CONCORDANCIA
de las Sagradas Escrituras

Revisión de 1960 de la versión Reina-Valera

Compilada por
C.P. DENYER

A division of Thomas Nelson
P.O. Box 141000
Nashville, TN 37217

Editorial Caribe es una division de Thomas Nelson, Inc.

P.O. Box 141000
Nashville, TN 37214-1000
E-Mail: editorial@editorialcaribe.com
www.caribebetania.com

ISBN: 0-89922-004-5

Impreso en Colombia
Printed in Colombia.

DEDICATORIA

Carlos P. Denyer, compilador de esta Concordancia, nació en Londres, Inglaterra en 1898. Era de ascendencia hugonote. A la edad de catorce años, se embarcó con su padre rumbo a Costa Rica, donde éste había de asumir el cargo de administrador de una gran hacienda cafetalera.

A los dieciocho años aceptó al Señor Jesucristo como Salvador personal, y durante el transcurso de una vida consagrada a Dios, fundó el coro de la iglesia a la cual pertenecía y desempeñó el cargo de superintendente de la escuela dominical. En 1945 participó en la fundación de la Asociación de Iglesias Bíblicas Costarricenses que hoy es una de las denominaciones más numerosas del país. Fue también uno de los fundadores de la Alianza Costarricense, organización que hermana a la mayoría de los miembros de la comunidad evangélica de Costa Rica.

Pese a su escasa preparación académica, el joven Denyer llegó a ser un autodidacta excepcional, y su gran afición a la literatura le permitió adquirir conocimientos amplísimos en ramas muy diversas de la ciencia humana. Su dominio del idioma español, dicho sea de paso, era extraordinario.

La variedad caracterizó su vida profesional, pues en diferentes épocas de su vida fue finquero, ganadero y ebanista. Trabajó, además, con compañías tan conocidas como la *Ford* y el *Royal Bank of Canada*. Gracias a su excepcional dominio del español, llegó a ocupar el puesto de traductor oficial en varias organizaciones. Fue, por espacio de cinco años, traductor de cables de la Prensa Asociada en el *Diario de Costa Rica*, y tradujo manuales, leyes y documentos oficiales para diferentes empresas extranjeras, así como para el Consulado Británico. Como se ve, pues, tenía una magnífica preparación para la gran obra que le aguardaba.

Hubo un tiempo cuando don Carlos no creía poseer ningún don que se pudiese utilizar para la gloria del Señor, mas llegó el momento en que comprendió que su misma facilidad para la traducción y la mucha experiencia que había adquirido constituían un verdadero don. Posteriormente, don Carlos llegó a ser uno de los traductores evangélicos más hábiles de América Latina, y hoy sus traducciones se leen en todo el mundo de habla española.

La primera obra de esta índole que tradujo fue *El triunfo de Juan y Betty Stam*, emocionante relato de dos jóvenes misioneros y su martirio a manos de los chinos comunistas en 1934. Tan excelente fue su traducción que los directores de la Misión Latinoamericana le invitaron a colaborar con la División de Literatura.

Trabajando bajo los auspicios de dicha organización, su aporte a la literatura evangélica hispanoamericana ha sido de incalculable valor. Entre sus contribuciones más destacadas figuran la traducción de gran parte de los materiales *Luz del Evangelio*, y su versión castellana del *Compendio manual de la Biblia*, obra de unas 770 páginas que ha sido de inmensa utilidad a los estudiantes de las Sagradas Escrituras.

Pero la obra cumbre de don Carlos la constituye su colaboración con el comité de revisores de la Biblia en castellano al cual se debe la última revisión de la Versión Reina-Valera. El comité, que en 1950 se encontraba reunido en el Seminario Bíblico Latinoamericano, necesitaba un secretario-coordinador; lo hallaron en don Carlos, cuya cooperación con el comité resultó extremadamente valiosa tanto por su vasto conocimiento de las Escrituras como por su meticulosidad y sin par eficiencia. En esta forma colaboró con el comité durante diez años, es decir hasta que se publicó la Revisión de 1960.

Refiriéndose a la meritoria cooperación de don Carlos, el Dr. Eugenio Nida, director de traducciones de la Sociedad Bíblica Americana, hizo la siguiente afirmación: "Se debe a don Carlos más que a ningún

otro el que tengamos el texto más libre de erratas y mejor adaptado linguísticamente que la Sociedad Bíblica ha publicado en muchos años."

Al terminarse la revisión de la Biblia, don Carlos compiló una concordancia breve de 280 páginas, la cual se editó al mismo tiempo que la Revisión de 1960, ora como un tomo aparte, ora como apéndice de la Biblia.

Terminada la *Concordancia Breve*, don Carlos emprendió la ardua labor de compilar una concordancia extensa, empresa colosal a la cual consagró seis años de su vida, y cuyo fruto es la obra monumental que el lector tiene en sus manos.

Don Carlos deseaba ver concluida la obra en cuya preparación había vertido tanto de sí mismo. Pero cuando había terminado todo el manuscrito y la revisión inicial del mismo, a excepción de unas pocas páginas, el Señor lo llamó a su presencia.

Don Carlos era muy aficionado a caminar por las hermosas montañas que circundan a San José. Fue precisamente en una de esas caminatas, el 12 de noviembre de 1967, cuando lo sorprendió la muerte.

Dos años antes, *Sterling College* (una universidad presbiteriana) del estado de Kansas, Estados Unidos le otorgó el Doctorado *Honoris Causa* en virtud de su benemérita contribución al pueblo evangélico de América Latina. Mas en el "día del Señor," don Carlos P. Denyer recibirá una corona *honoris causa* mucho más gloriosa al oír a nuestro Señor decir: *Bien, buen siervo y fiel; sobre poco has sido fiel, sobre mucho te pondré; entra en el gozo de tu Senor*.

Wilton M. Nelson
Rector del Seminario Bíblico Latinoamericano
27 de junio de 1968
San José, Costa Rica

INTRODUCCIÓN

Esta Concordancia se basa en el texto bíblico castellano de la Versión de Reina-Valera, Revisión de 1960, editada por las Sociedades Bíblicas en América Latina. Es esta la Concordancia bíblica más completa que existe en lengua española, pues registra todas las palabras importantes de la Biblia e indica los lugares en que se hallan. Es también, a excepción de la *Concordancia Breve*, la única concordancia basada en esta Revisión.

Una concordancia, especialmente si es tan completa como la presente, puede ayudar al estudioso en múltiples aspectos de su investigación de las Sagradas Escrituras. No se trata, pues, de un simple índice para encontrar pasajes específicos. Una vez que el lector encuentre el versículo que busca, la Concordancia le ayudará a encontrar otros pasajes que tengan relación con el primero. Es también de gran utilidad si el lector desea emprender el estudio de temas importantes de la Biblia, descubrir los distintos significados que tiene una palabra en diferentes partes de la Biblia, o hacer un estudio biográfico sobre importantes personajes bíblicos. El encargado de los cultos de la iglesia, el maestro de clases bíblicas o cualquiera otra persona que tenga interés en el estudio de la Palabra de Dios, hallará en esta Concordancia la "materia prima" para una variedad ilimitada de estudios originales.

A continuación se explican algunas maneras de usar la Concordancia con mayor provecho. El lector irá descubriendo otras que le serán igualmente provechosas. Luego, se describen algunos detalles de la organización de la Concordancia, cuyo conocimiento facilitará notablemente el uso de ella.

USOS DE LA CONCORDANCIA

Para localizar textos

Cuando el lector quiera hallar en la Biblia un versículo que conoce y cuya cita no recuerda, la Concordancia le ayudará a localizarlo rápidamente. Usándola como simple índice alfabético, sólo tiene que buscar una de las palabras principales del pasaje y luego el versículo deseado. Aunque todas las palabras importantes aparecen en orden alfabético, suele ser más fácil hallar un versículo bajo un vocablo poco común. En el caso del pasaje que dice: "Con sus plumas te cubrirá, y debajo de sus alas estarás seguro," las palabras principales son *plumas*, *cubrirá*, *alas*, y *seguro*, y se podría encontrar la cita bíblica bajo cualquiera de ellas. Sin embargo, si busca *cubrir* o *ala*, encontrará una lista de pasajes bastante extensa, en tanto que al buscar *pluma* o *seguro*, palabras poco frecuentes, encontrará una lista mucho más breve, lo cual facilitará la localización del versículo.

Si al buscar un texto bajo determinada palabra el lector no lo encuentra, debe buscarlo bajo otra de sus palabras principales. Si, por ejemplo, el lector busca el versículo antes mencionado bajo la palabra *debajo*, no lo hallará, pues esta palabra no se encuentra incluida en la Concordancia por ser demasiado común. Por otra parte, es posible que el lector no haya recordado con exactitud el pasaje, o bien que lo haya recordado tal como aparece en alguna otra versión. De ser así, tal vez no encuentre el texto bajo las palabras que haya buscado. Se recomienda que en casos como este, el lector busque el versículo bajo algún sinónimo de la palabra que recuerde.

Si al buscar un pasaje el lector se halla frente a una larga lista de citas, puede ahorrarse tiempo teniendo presente si el versículo que busca se encuentra en el Antiguo o en el Nuevo Testamento, si son palabras de Jesús (lo cual situaría el versículo casi siempre en los cuatro Evangelios), palabras de Pablo (que lo situaría en los Hechos o las Epístolas), etcétera. De esta manera resulta innecesario leer todas las citas que aparecen bajo la palabra correspondiente.

Para estudiar personajes, lugares o acontecimientos

No pocas veces el lector querrá saber algo respecto a determinado personaje, sobre lo sucedido en cierto lugar, o bien en cuanto a cierto acontecimiento, pero sin tener en mente ningún pasaje específico. Puesto que los nombres propios aparecen en orden alfabético, es fácil encontrar la información deseada buscándola bajo el nombre respectivo.

Es frecuente que tal uso de la Concordancia conduzca a un estudio más a fondo. Si el lector busca en la Biblia todas las citas referentes a un personaje, y las estudia en sus contextos respectivos, obtendrá toda una biografía de la persona. Pero además de los versículos propiamente biográficos, hay otros que no lo son, pero que sí revelan el concepto que de un individuo se tiene en las Escrituras. Al realizar el estudio resulta interesante usar este tipo de texto en combinación con los textos biográficos.

Para estudiar temas e ideas especiales

He aquí uno de los usos más provechosos de la Concordancia. Como se verá, ya no sirve tan sólo como índice de lo conocido, sino también como instrumento para descubrir cosas ignoradas y relaciones nuevas entre cosas ya conocidas. Al investigar los pasajes en los cuales aparecen ciertas palabras clave como *amor*, *cielo*, *perdón*, *justificar* o *misericordia*, el lector va encontrando textos que versan sobre la idea que está estudiando.

Al abordar el estudio de un tema dado, el lector debe escoger una palabra clave y buscar todas las citas en que aparece dicha palabra. Asimismo conviene buscar los sinónimos de la palabra clave e igualmente otras palabras relacionadas con el tema. Estas palabras, a su vez, podrán sugerir otras cuyos textos vale la pena buscar. Y así se va desarrollando un estudio "en cadena" sobre el tema. Por ejemplo, se podría comenzar con *misericordia.* Además de los versículos que contienen esta palabra, se consultarían las citas correspondientes a *misericordioso; misericordia* hace pensar en *gracia*, *compasión* y *benignidad*, palabras que, a su vez, sugieren otras como *amor*, *favor* y así sucesivamente.

No basta, desde luego, leer sólo los fragmentos que trae la Concordancia. El lector debe buscar los textos mismos y leerlos en relación con sus contextos respectivos. Así, por ejemplo, un estudio sobre la *misericordia* lo llevaría a leer el pasaje de Lot y Sodoma (Gn. 9.16 y todo el contexto), el relato de la liberación de los israelitas (Ex. 15.13), la historia de los jueces (Jue. 2.18), la parábola de los deudores (Mt. 18.27 y todo el contexto), la curación del leproso (Mr. 1.41) y otros pasajes.

Por lo general, conviene que el lector busque pasajes en los que la palabra estudiada sea palabra clave. Por ejemplo, un estudio sobre *resucitar*, *resurrección* o *levantar*, conduciría inevitablemente a pasajes como Juan 11, 1 Corintios 15 y los últimos capítulos de los Evangelios donde se habla de la resurrección de Cristo.

Son muchas las palabras que sufren un cambio de significado según el contexto en que se hallen. Por ejemplo los textos que trae la Concordancia bajo la palabra *gracia* muestran que ésta se emplea con diversos sentidos. Es interesante agrupar los pasajes según el significado que la palabra estudiada tenga en cada contexto. Una manera como el lector puede percatarse de tales diferencias es estudiar los propios pasajes. Otra consiste en examinar los mismos pasajes en otras versiones, como por ejemplo, la Versión Popular, que tiende a traducir una misma palabra de diferentes maneras según lo que significa en cada contexto.

Puesto que la Biblia es tan extensa, resulta a menudo necesario que el lector se concrete a estudiar un solo aspecto de un tema dado. Por ejemplo, volviendo al tema de la *misericordia*, ¿cómo se presenta y qué significa esta palabra en los Profetas, en los Evangelios o en las Epístolas? O se podría limitar al estudio de la misericordia de Dios o de la misericordia humana. Al lector se le ocurrirán otras muchas maneras de limitar el tema para que el estudio no sea demasiado extenso.

De especial provecho es la investigación del uso que han hecho de una misma palabra diferentes autores. Mateo emplea las palabras *justo* y *justicia*, por ejemplo, de una manera bastante diferente de la de Pablo. Una misma palabra puede usarse con un sentido en el Pentateuco, con otro en los Salmos y aún con otro en el Nuevo Testamento. Es importante notar la evolución del significado, o sea lo que va significando una palabra en diferentes épocas. En el Antiguo Testamento, *ley* se refiere principalmente al Pentateuco o "Ley de Moisés," mientras que Pablo usa esta palabra a veces con ese sentido y otras veces para designar con ella un principio general de actividad. *Fe*, en el Antiguo Testamento, suele significar "fidelidad," en tanto que en el Nuevo se entiende más bien como "confianza," "lealtad," "entrega."

Naturalmente, las palabras de la versión en castellano no corresponden exactamente a las de las lenguas originales. *Justicia* se usa para traducir una palabra hebrea en el Antiguo Testamento y otra griega en el Nuevo. No pocas veces una misma palabra hebrea o griega se traduce con dos o más en español, y viceversa, de acuerdo con el contexto.

ERRORES EN EL USO DE LA CONCORDANCIA

El lector cuidadoso evitará ciertos errores en el uso de la Concordancia, los cuales suelen cometerse como resultado de algunos conceptos erróneos respecto a lo que es una concordancia. Uno de esos errores consiste en creer que existe una correspondencia absoluta entre las palabras castellanas y las de las lengues originales de las Escrituras. Hay que recordar que nuestra Biblia en español es una traducción, y que no puede haber, por tanto, una correspondencia exacta entre el léxico español y el de las lenguas originales.

Otro error es el de pensar que las palabras más frecuentes son siempre las más importantes. De ser así, palabras como *decir* y *venir*, que llenan varias páginas de esta Concordancia, serían de mayor importancia que *creer* y *amar*, que son mucho menos frecuentes. De hecho, las palabras más comunes suelen ser menos significativas. Pero el mero hecho de haberse empleado poco no implica de por sí que una palabra sea importante. *Avestruz* y *asfalto*, por ejemplo, se han usado muy pocas veces, pero no por ello superan en importancia a *esperanza* y *compasión*.

Otro concepto erróneo es creer que una palabra que aparece en diferentes partes de la Biblia tiene siempre un mismo significado. Esto ya se ha comentado arriba; una misma palabra, aun en hebreo o en griego, puede usarse de diversas maneras en diferentes épocas, por diferentes autores o en contextos distintos. El estudio de tales cambios semánticos puede ser verdaderamente provechoso.

DESCRIPCION DE LA CONCORDANCIA

En esta Concordancia, se ha procurado incluir todas las palabras importantes que hay en la Biblia con indicación de los lugares de la misma en que aparecen. Se registran todos los sustantivos (nombres comunes y propios), casi todos los adjetivos, los adverbios más importantes, el verbo principal de cada oración gramatical, prescindiendo, no obstante, de los verbos *ser* y *estar* y de los auxiliares como *haber*. Se han omitido las palabras cuya función es primordialmente gramatical, y otras que, por ser muy frecuentes y pòco importantes, en nada contribuirían a la utilidad de la Concordancia. Otras palabras que se han excluido son los artículos (*el*, *la*, *un*, etc.), los pronombres (*él*, *lo*, *éste*, *aquél*, *que*, etc.), adverbios de comparación (*más*, *menos*, *muy*, etc.), adverbios de lugar (*cerca*, *aquí*, *donde*, etc.) y de tiempo (*cuando*, *entonces*, etc.), conjunciones (*y*, *pero*, *pues*, *o*, *ni*, *que*, *porque*, etc.) y la mayoría de las preposiciones (*a*, *de*, *en*, *para*, *por*, etc.).

No obstante lo anterior, sí se han incluido algunas de esas palabras cuando son de importancia en contextos especiales. Por ejemplo, en "¿Dónde estás tú?" (Gn. 3.9), según las normas ya expuestas, las tres palabras, *dónde*, *estás*, y *tú* quedarían excluidas; pero se ha incluido este pasaje en la lista de citas encabezadas por *dónde*, lista que sólo incluye los pasajes en los que esa palabra es importante. De igual manera, *siempre* sólo se ha admitido en la expresión *para siempre* y en unos pocos pasajes más. Otros pasajes, como: "Yo soy el que soy," aparecen en la lista incompleta encabezada por el verbo *ser*. Se han incluido unas pocas de las citas en que aparecen adverbios como *cerca* y *lejos* para no tener que omitir pasajes como "¿Soy yo Dios de cerca solamente, dice Jehová, y no Dios desde muy lejos?" (Jer. 23.23). De otra manera el lector se vería obligado a buscar este pasaje entre las interminables listas que corresponden a *Dios* o *Jehová*.

Con excepciónes como las que se han mencionado, todas las palabras de la Biblia aparecen en letras mayúsculas y en orden alfabético (de *Aarón* a *Zuzitas*). Debajo de cada palabra clave aparecen en orden bíblico el nombre del libro, el número del capítulo y del versículo donde ocurre la palabra, y un fragmento del pasaje. Excepción hecha de los verbos, todas las palabras se escriben completas sólo cuando encabezan listas; de ahí en adelante la palabra se indica con su letra inicial en tipo cursivo. Con el fin de poder incluir un fragmento más significativo, se omite a veces una palabra o frase, omisión que se señala mediante dos puntos suspensivos (. .). Por ejemplo, bajo *eterno* encontraremos:

Ro. 16.25 el misterio . . oculto desde tiempos *e*

Los puntos suspensivos indican la omisión de las palabras "que se ha mantenido." Se omiten los signos de puntuación al final de la línea, excepción hecha de ? y !, y se usa mayúscula al principio de la línea únicamente cuando se trata de nombres propios o títulos divinos.

Sustantivos. Generalmente en la cabeza de lista se señala sólo la forma singular del sustantivo, aunque se citan luego los textos que tienen dicha palabra en cualquiera de sus formas (singular o plural). En el caso de aquellos sustantivos que carecen de singular, aparece, naturalmente, la forma plural (p. ej.: *víveres*).

Los sustantivos que tienen forma masculina y femenina (*hermano*, *hermana*) se tratan por lo general como palabras separadas; no obstante, en algunos casos se consignan juntas, especialmente si la forma femenina es poco frecuente (p. ej.: *anciano*, *na*).

Adjetivos. Por lo que respecta a los adjetivos, aparecen como cabeza de lista en la forma masculina, seguida de la terminación femenina (p. ej.: *bueno*, *na*), y se incluyen a continuación tanto los versículos que presentan una forma como la otra. Como en el caso de los sustantivos, si en la Biblia sólo aparece una forma distinta de la del singular del masculino, ésa es la que se consigna.

Hay muchos casos en que es difícil determinar si una palabra se ha usado como adjetivo o como sustantivo; es frecuente, por tanto, que se consignen juntos los sustantivos y adjetivos (p. ej.: *vecino*). Tampoco faltan casos en que puede haber confusión respecto de si cierta palabra se usa como adjetivo o como participio. Puesto que los participios se han incluido con las demás formas del verbo, el lector debe buscar su texto bajo el verbo correspondiente si no lo encuentra bajo el adjetivo.

Por ejemplo, "el varón de ojos abiertos" (Nm. 24.3) aparece bajo *abierto*, pero el lector tendrá que buscar el verbo *abrir* para encontrar "un manantial *abierto* para la casa de David" (Zac. 13.1). De igual manera, *bendito* siempre se halla bajo el verbo *bendecir*, aun "los *benditos* de Jehová", pasaje en que bien podría considerarse como sustantivo. En aquellos casos en que es probable que el lector busque un pasaje bajo una forma equivocada, se ha procurado incluir remisiones (*véase*, o *véase también*). Sin embargo, es posible que no todos esos casos se hayan tomado en cuenta.

Números. Los números que constan de más de una cifra deben buscarse *en orden alfabético*, como si fuesen una sola palabra. Por ejemplo, *dos mil quinientos* aparece solo bajo *dos mil quinientos*. (En los fragmentos citados, algunas de las cifras largas se han transcrito en números arábigos para economizar espacio.)

Verbos. En el caso de los verbos, sólo el infinitivo aparece como cabeza de lista, y en los fragmentos citados aparece la forma completa según se haya conjugado en cada caso. Esta norma se ha observado aun cuando se trata de verbos irregulares. Por ejemplo, bajo *ir* se hallan textos con *voy*, *fueron*, *yendo*, *ido*, etc.

Cuando en un fragmento citado se repite una misma forma del verbo, la segunda vez sólo aparece la letra inicial en tipo cursivo. Por ejemplo:

Salmo 139.23 *conoce* mi corazón; pruébame y *c* mis

Nombres propios. Cuando se trata de nombres propios, la Concordancia da, a la cabeza de la lista, una breve descripción de la persona o del lugar nombrado. Esto es aún más necesario cuando dos o más personas (o lugares) tienen un mismo nombre. Sin embargo, se identifican en esta forma todos los nombres propios con la excepción de algunos tan conocidos que toda explicación sería superflua (p. ej.: *Jesucristo*, *Moisés*). (Aun en el caso de nombres tan conocidos como *Jesús*, es necesario distinguir entre Jesucristo y otras personas del Nuevo Testamento que tienen el mismo nombre.)

Es sorprendente el número de nombres que se refieren a más de una persona o lugar. Hay por ejemplo, tres que se llaman *Daniel*, catorce que se llaman *Joel*, y treinta y uno llamados *Zacarías*. En la Concordancia, cada uno tiene una sección aparte. Separar e identificar así a los miles de personas y lugares de la Biblia, fue en verdad una tarea difícil. Aprovechando la labor que han realizado los eruditos bíblicos a través de los siglos, según aparece en los diccionarios de la Biblia más recientes y completos, se ha asignado un número, de acuerdo con el orden en que aparece en la Biblia, a cada persona o lugar cuyo nombre es idéntico al de otro. En la descripción que se da de cada uno de estos personajes o lugares, sólo se incluye la información necesaria para distinguirlo de los otros que tienen el mismo nombre. Si el lector desea información más completa sobre cualquier persona o lugar, se le recomienda consultar un buen diccionario de la Biblia.

En aquellos casos en que un solo personaje o lugar tiene más de un nombre, esto se indica a la cabeza de la lista, remitiendo al otro nombre mediante el signo de igual. Por ejemplo, *Abraham=Abram*. Si uno de los dos nombres se usa poco, al buscar éste, el lector será remitido al más común. Si, en cambio, busca primero el nombre común, éste no siempre lo remite al menos común.

Hay muchos nombres personales o geográficos que aparecen en la Biblia únicamente en listas como, por ejemplo, genealogías. En la mayoría de tales casos, se ha indicado simplemente la cita o citas, sin dedicarle una línea a cada versículo en que aparece el nombre.

PREPARACION DE LA CONCORDANCIA

Esta Concordancia comenzó a prepararse aun antes de que apareciera la Revisión de 1960 de la Versión Reina-Valera de la Biblia, basándose en el material entonces inédito de dicha revisión, bajo el patrocinio de la Sociedad Bíblica Americana.

La mencionada Sociedad sufragó los gastos de este proyecto, deseando que la presente Concordancia fuese una obra verdaderamente digna de tan importante versión de la Biblia. Primero se preparó la *Concordancia Breve*, que fue editada en 1960 por las Sociedades Bíblicas en América Latina. Posteriormente, se compiló la Concordancia grande que el lector tiene en sus manos.

Una vez que el personal de la Sociedad Bíblica Americana hubo terminado la compilación y la corrección inicial del manuscrito, el material se entregó a Editorial Caribe para su publicación.

En 1969, después de tres años más de esmerada revisión y corrección, Editorial Caribe se complace en ofrecer esta obra monumental a la comunidad cristiana de habla española. Nuestro deseo más ferviente es que ayude a los miembros de esa comunidad a penetrar más hondo en el estudio de la Biblia, y que estimule así el desarrollo de una iglesia hispana firmemente arraigada en la santa e inspirada Palabra de Dios.

AGRADECIMIENTO

Editorial Caribe agradece la inmensa labor realizada por Paul C. Clarke, quien compiló los datos biográficos y geográficos que permiten identificar todos los nombres propios. Agradecemos también el trabajo del Dr. William L. Wonderly, quien, con la colaboración del Dr. Eugene Nida, reunió y redactó el material introductorio. Por último, expresamos nuestra sincera gratitud a otras muchas personas que no pueden mencionarse aquí por ser tan numerosas, pero sin cuya colaboración el presente volumen no hubiera podido publicarse.

CONCORDANCIA

de las

Sagradas Escrituras

Revisión de 1960 de la versión Reina-Valera

AARÓN ***Hermano de Moisés y primer sumo sacerdote***

Éx. 4.14 ¿no conozco yo a tu hermano *A*, levita
4.27 Jehová dijo a *A:* Vé a recibir a Moisés
4.28 contó Moisés a *A* todas las palabras de
4.29 fueron Moisés y *A*, y reunieron a todos
5.1 Moisés y *A* entraron a la presencia de
5.4 Moisés y *A*, ¿por qué hacéis cesar al
5.20 encontrando a Moisés y *A*, que estaban a
6.13 Jehová habló a Moisés y a *A* y les dio
6.20 Jocabed su tía..dio a luz a *A* y a Moisés
6.23 y tomó *A* por mujer a Elisabet hija de
6.25 Eleazar hijo de *A* tomó para sí mujer de
6.26 es aquel *A* y aquel Moisés, a los cuales
6.27 éstos son los..Moisés y *A* fueron éstos
7.1 yo te he..y tu hermano *A* será tu profeta
7.2 *A* tu hermano hablará a Faraón, para que
7.6 e hizo Moisés y *A* como Jehová les mandó
7.7 y *A* de edad de ochenta y tres, cuando
7.8 habló Jehová a Moisés y a *A*, diciendo
7.9 dirás a *A:* Toma tu vara, y échala delante de
7.10 vinieron, pues, Moisés y *A* a Faraón
7.10 echó *A* su vara delante de Faraón y de
7.12 la vara de *A* devoró las varas de ellos
7.19 dí a *A:* Toma tu vara, y extiende tu mano
7.20 Moisés y *A* hicieron como Jehová lo mandó
8.5 dí a *A:* Extiende tu mano con tu vara sobre
8.6 *A* extendió su mano sobre las aguas de
8.8 Faraón llamó a Moisés y a *A*, y les dijo
8.12 salieron Moisés y *A* de la presencia de
8.16 dí a *A:* Extiende tu vara y golpea el
8.17 así; y *A* extendió su mano con su vara
8.25 entonces Faraón llamó a Moisés y a *A*
9.8 dijo a Moisés y a *A:* Tomad puñados de
9.27 Faraón envió a llamar a Moisés y a *A*
10.3 entonces vinieron Moisés y *A* a Faraón
10.8 y Moisés y *A* volvieron a ser llamados
10.16 se apresuró a llamar a Moisés y a *A*
11.10 Moisés y *A* hicieron..estos prodigios
12.1 habló Jehová..a *A* en la tierra de Egipto
12.28 hicieron como Jehová había mandado..*A*
12.31 hizo llamar a Moisés y a *A* de noche
12.43 Jehová dijo a Moisés y a *A:* Esta es la
12.50 como mandó Jehová a..*A*..lo hicieron
15.20 María..hermana de *A*, tomó un pandero
16.2 murmuró contra Moisés y *A* en..desierto
16.6 Moisés y *A* a todos los hijos de Israel
16.9 Moisés a *A:* Dí a toda la congregación
16.10 hablando *A* a toda la congregación de
16.33 dijo Moisés a *A:* Toma una vasija y pon
16.34 *A* lo puso delante del Testimonio para
17.10 Moisés y *A* y Hur subieron a la cumbre
17.12 *A* y Hur sostenían sus manos, el uno de
18.12 vino *A* y todos los ancianos de Israel
19.24 desciende, y subirás tú, y *A* contigo
24.1 sube ante Jehová, tú y *A*, Nadab, y Abiú
24.9 subieron Moisés y *A*, Nadab y Abiú, y 70
24.14 y he aquí *A* y Hur están con vosotros
27.21 las pondrá en orden *A* y sus hijos para
28.1 llegar delante de ti a *A* tu hermano, y a
28.1 *A*..Abiú, Eleazar e Itamar hijos de *A*
28.2 harás vestiduras sagradas a *A* tu hermano
28.3 tú hablarás a..hagan las vestiduras de *A*
28.4 hagan..las vestiduras sagradas para *A*
28.12 *A* llevará los nombres de ellos delante
28.29 llevará *A* los nombres de los hijos de
28.30 para que estén sobre el corazón de *A*
28.30 llevará..*A* el juicio de los hijos de
28.35 estará sobre *A* cuando ministre; y se
28.38 sobre la..de *A*, y llevará *A* las faltas
28.40 y para los hijos de *A* harás túnicas
28.41 con ellos vestirás a *A* tu hermano, y a
28.43 y estarán sobre *A* y sobre sus hijos
29.4 llevarás a *A* y a sus hijos a la puerta
29.5 y vestirás a *A* la túnica, el manto del
29.9 les ceñirás el cinto a *A* y a sus hijos
29.9 así consagrarás a *A* y a sus hijos
29.10,15,19 *A* y sus hijos pondrán sus manos
29.20 la pondrás sobre..la oreja derecha de *A*
29.21 rociarás sobre *A*, sobre sus vestiduras
29.24 lo pondrás todo en las manos de *A*, y en
29.26 tomarás el pecho del carnero..es de *A*
29.27 las consagraciones de *A* y de sus hijos
29.28 y será para *A*..como estatuto perpetuo
29.29 y las vestiduras santas, que son de *A*
29.32 y *A* y sus hijos comerán la carne del
29.35 harás a *A*..todo lo que yo te he mandado
29.44 santificaré..a *A* y a sus hijos, para que
30.7 y *A* quemará incienso aromático sobre él
30.8 *A* encienda las lámparas al anochecer
30.10 sobre sus cuernos hará *A* expiación una
30.19 ella se lavarán *A* y sus hijos las manos
30.30 ungirás también a *A* y a sus hijos, y los
31.10 vestiduras santas para *A* el sacerdote
32.1 se acercaron entonces a *A*, y le dijeron
32.2 *A* les dijo: Apartad los zarcillos de oro
32.3 los zarcillos de oro..los trajeron a *A*
32.5 *A*, edificó un altar..y pregonó *A*, y dijo
32.21 dijo Moisés a *A:* ¿Qué te ha hecho este
32.22 y respondió *A:* No se enoje mi señor; tú
32.25 *A* lo había permitido, para vergüenza
32.35 habían hecho el becerro que formó *A*
34.30 *A* y todos..de Israel miraron a Moisés
34.31 *A* y..los príncipes de la congregación
35.19 sagradas vestiduras de *A* el sacerdote
38.21 dirección de Itamar hijo..sacerdote *A*
39.1 hicieron las vestiduras sagradas para *A*
39.27 las túnicas de..para *A* y para sus hijos
39.41 sagradas vestiduras para *A* el sacerdote
40.12 llevarás a *A* y a sus hijos a la puerta
40.13 harás vestir a *A*..vestiduras sagradas
40.31 *A* y sus hijos lavaban en ella sus manos
Lv. 1.5 los sacerdotes hijos de *A* ofrecerán la
1.7 los hijos del sacerdote *A* pondrán fuego
1.8 los..hijos de *A* acomodarán las piezas, la
1.11 hijos de *A* rociarán su sangre sobre el
2.2 la traerá a los sacerdotes, hijos de *A*
2.3,10 lo que resta de la ofrenda será de *A*
3.2,8,13 los hijos de *A* rociarán su sangre
3.5 hijos de *A* harán arder esto en el altar
6.9 manda a *A* y a sus hijos, y diles: Esta es
6.14 la ofrecerán los hijos de *A* delante de
6.16 el sobrante de..lo comerán *A* y sus hijos
6.18 los varones de los hijos de *A* comerán de
6.20 esta es la ofrenda de *A* y de sus hijos
6.22 el sacerdote que en lugar de *A*..ungido
6.25 habla a *A* y a sus hijos, y diles: Esta
7.10 ofrenda..será de todos los hijos de *A*
7.31 mas el pecho será de *A* y de sus hijos
7.33 el que de los hijos de *A* ofreciere la
7.34 he dado a *A* el sacerdote y a sus hijos
7.35 esta es la porción de *A* y la porción de
8.2 toma a *A* y a sus hijos con él..vestiduras
8.6,13 hizo acercarse a *A* y a sus hijos, y
8.12 derramó del aceite..sobre la cabeza de *A*
8.14,18,22 *A* y sus hijos pusieron sus manos
8.23 puso sobre el lóbulo de la oreja..de *A*
8.24 hizo acercarse luego los hijos de *A*, y
8.27 y lo puso todo en las manos de *A*, y en
8.30 y roció sobre *A*, y sobre sus vestiduras
8.30 santificó a *A* y sus vestiduras, y a sus
8.31 dijo Moisés a *A* y a sus hijos: Comed la
8.31 yo he mandado..*A* y sus hijos la comerán
8.36 *A* y sus hijos hicieron todas las cosas
9.1 Moisés llamó a *A* y a sus hijos, y a los
9.2 dijo a *A:* Toma de la vacada un becerro
9.7 dijo Moisés a *A:* Acércate al altar, y haz
9.8 se acercó *A* al altar y degolló el becerro
9.9 y los hijos de *A* le trajeron la sangre
9.12,18 hijos de *A* le presentaron la sangre
9.21 los pechos..los meció *A* como ofrenda
9.22 alzó *A* sus manos hacia el pueblo y lo
9.23 y entraron Moisés y *A* en el tabernáculo
10.1 hijos de *A*, tomaron..uno su incensario
10.3 Moisés a *A:* Esto es lo que habló Jehová
10.3 esto es lo que habló Jehová..Y *A* calló
10.4 llamó Moisés a..hijos de Uziel tío de *A*
10.6 y Moisés dijo a *A*, y a Eleazar e Itamar
10.8 y Jehová habló a *A*, diciendo
10.12 Moisés dijo a *A*, y a Eleazar y a Itamar
10.16 se enojó contra Eleazar..hijos..de *A*
10.19 respondió *A* a Moisés: He aquí hoy han
11.1 habló Jehová a Moisés y a *A*, diciéndoles
13.1 habló Jehová a Moisés y a *A*, diciendo
13.2 será traído a *A* el sacerdote o a uno de
14.33; 15.1 Jehová a Moisés y a *A*, diciendo
16.1 después de la muerte de los..hijos de *A*
16.2 dí a *A*..que no en todo tiempo entre en
16.3 con esto entrará *A* en el santuario; con
16.6 hará traer *A* el becerro de la expiación
16.8 echará suertes *A* sobre los dos machos
16.9 y hará traer *A* el macho cabrío sobre el
16.11 hará traer *A* el becerro que era para
16.21 pondrá *A* sus dos manos sobre la cabeza
16.23 vendrá *A* al tabernáculo de reunión, y
17.2 habla a *A* y a sus hijos, y a todos los
21.1 habla a los..hijos de *A*, y diles que no
21.17 habla a *A* y dile: Ninguno de tus
21.21 de la descendencia del sacerdote *A*, en
21.24 y Moisés habló esto a *A*, y a sus hijos
22.2 dí a *A* y..que se abstengan de las cosas
22.4 la descendencia de *A* que fuere leproso
22.18 habla a *A* y a sus hijos, y a todos los
24.3 las dispondrá *A* desde la tarde hasta la
24.9 será de *A* y de sus hijos, los cuales lo
Nm. 1.3 los contaréis tú y *A* por sus ejércitos
1.17 tomaron..Moisés y *A* a estos varones que
1.44 contaron Moisés y *A*, con los príncipes
2.1 habló Jehová a Moisés y a *A*, diciendo
3.1 son los descendientes de *A* y de Moisés, en
3.2,3 estos son los nombres de los hijos de *A*
3.4 ejercieron el sacerdocio delante de *A* su
3.6 hazla estar delante del sacerdote *A*, para
3.9 y darás los levitas a *A* y a sus hijos; le
3.10 constituirás a *A* y a sus hijos para que
3.32 Eleazar hijo del sacerdote *A*, jefe de los
3.38 los que acamparán..serán Moisés y *A* y sus
3.39 que Moisés y *A*..contaron por sus familias
3.48 y darás a *A* y a sus hijos el dinero del
3.51 Moisés dio el dinero..a *A* y a sus hijos
4.1 habló Jehová a Moisés y a *A*, diciendo
4.5 *A* y sus hijos y desarmarán el velo de la
4.15 cuando acaben *A* y sus hijos de cubrir el
4.16 a cargo de Eleazar hijo del sacerdote *A*
4.17 habló..Jehová a Moisés y a *A*, diciendo
4.19 *A* y sus hijos vendrán y los pondrán a
4.27 según la orden de *A*..todo el ministerio
4.28 cargo de..Itamar hijo del sacerdote *A*
4.33 dirección de Itamar hijo..sacerdote *A*
4.34 *A*..contaron a los hijos de Coat por sus
4.37 de Coat..los cuales contaron Moisés y *A*
4.41,45 los cuales contaron Moisés y *A*
4.46 Moisés y *A*..contaron por sus familias
6.23 habla a *A* y a sus hijos y diles: Así
7.8 la mano de Itamar hijo del sacerdote *A*
8.2 habla a *A* y dile: Cuando enciendas las
8.3 y *A* lo hizo así; encendió hacia la parte
8.11 ofrecerá *A* los levitas delante de Jehová
8.13 presentarás a los levitas delante de *A*
8.19 he dado en don los levitas a *A* y a sus
8.20 y *A*..hicieron con los levitas conforme a
8.21 y *A* los ofreció en ofrenda delante de
8.21 hizo *A* expiación por..para purificarlos
8.22 para ejercer su ministerio..delante de *A*
9.6 vinieron delante de Moisés y delante de *A*
10.8 y los hijos de *A*..tocarán las trompetas
12.1 y *A* hablaron contra Moisés a causa de la
12.4 dijo Jehová a Moisés, a *A* y a María

AARÓN *(Continúa)*
Nm. 12.5 Jehová descendió..llamó a *A* y a María
12.10 y miró *A* a María..que estaba leprosa
12.11 y dijo *A* a Moisés: ¡Ah! señor mío, no
13.26 y vinieron a Moisés y a *A*, y a toda la
14.2 y se quejaron contra Moisés y contra *A*
14.5 Moisés y *A* se postraron sobre..rostros
14.26 Jehová habló a Moisés y a *A*, diciendo
15.33 le hallaron..lo trajeron a Moisés y a *A*
16.3 se juntaron contra Moisés y *A* y..dijeron
16.11 *A*, ¿qué es..que contra él murmuréis?
16.16 delante de Jehová; tú, y ellos, y *A*
16.17 tú..y *A*, cada uno con su incensario
16.18 se pusieron a la puerta..con Moisés y *A*
16.20 y Jehová habló a Moisés y a *A*, diciendo
16.37 di a Eleazar hijo del sacerdote *A*, que
16.40 que no sea de la descendencia de *A* se
16.41 de Israel murmuró contra Moisés y *A*
16.42 cuando se juntó la..contra Moisés y *A*
16.43 Moisés y *A* delante del tabernáculo de
16.46 dijo Moisés a *A:* Toma el incensario, y
16.47 tomó *A* el incensario, como Moisés dijo
16.50 volvió *A*..a la puerta del tabernáculo
17.3 y escribirás..de *A* sobre la vara de Leví
17.6 y la vara de *A* estaba entre las varas de
17.8 la vara de *A* de..Leví había reverdecido
17.10 vuelve la vara de *A*..se guarde por señal
18.1 Jehová dijo a *A:* Tú y tus hijos, y la
18.8 dijo..Jehová a *A:* He aquí yo te he dado
18.20 Jehová dijo a *A:* De la tierra de ellos
18.28 y daréis..la ofrenda..al sacerdote *A*
19.1 Jehová habló a Moisés y a *A*, diciendo
20.2 no..agua..se juntaron contra Moisés y *A*
20.6 se fueron Moisés y *A* de delante de la
20.8 toma la vara..tú y *A* tu hermano, y hablad
20.10 reunieron Moisés y *A* a la congregación
20.12 Jehová dijo a Moisés y a *A:* Por cuanto
20.23 Jehová habló..y a *A* en el monte de Hor
20.24 *A* será reunido a su pueblo..no entrará
20.25 toma a *A* y a Eleazar..y hazlos subir al
20.26 desnuda a *A* de sus vestiduras, y viste
20.26 *A* será reunido a su pueblo, y..morirá
20.28 y Moisés desnudó a *A* de sus vestiduras
20.28 y *A* murió allí en la cumbre del monte
20.29 viendo..que *A* había muerto, le hicieron
25.7,11 Finees hijo..hijo del sacerdote *A*
26.1 a Eleazar hijo del sacerdote *A*, diciendo
26.9 que se rebelaron contra Moisés y *A* con
26.59 ésta dio a luz de Amram a *A* y a Moisés
26.60 y a *A* le nacieron Nadab, Abiú, Eleazar
26.64 ninguno hubo de los contados por..*A*
27.13 pueblo, como fue reunido tu hermano *A*
33.1 salieron..bajo el mando de Moisés y *A*
33.38 subió..*A* al monte de Hor, conforme al
33.39 era *A*..de 123 años, cuando murió en el
Dt. 9.20 contra *A*..se enojó Jehová..oré por *A*
10.6 allí murió *A*, y allí fue sepultado, y en
32.50 muere..como murió *A*..en el monte Hor
Jos. 21.4 los hijos de *A*..obtuvieron por suerte
21.10 las cuales obtuvieron los hijos de *A*
21.13 y a los hijos del sacerdote *A* dieron
21.19 ciudades de los..hijos de *A* son trece
24.5 yo envié a Moisés y a *A*, y herí a Egipto
24.33 también murió Eleazar hijo de *A*, y lo
Jue. 20.28 y Finees hijo de Eleazar, hijo de *A*
1 S. 12.6 Jehová que designó a Moisés y a *A*
12.8 Jehová envió a Moisés y a *A*, los cuales
1 Cr. 6.3 los hijos de Amram: *A*, Moisés y María
6.3 los hijos de *A:* Nadab, Abiú, Eleazar e
6.49 mas *A* y sus hijos ofrecían sacrificios
6.50 los hijos de *A* son estos: Eleazar su hijo
6.54 los hijos de *A* por las familias de los
6.57 Judá dieron a los hijos de *A* la ciudad
12.27 Joiada, príncipe de..del linaje de *A*
15.4 reunió..David a los hijos de *A* y a los
23.13 los hijos de Amram: *A* y Moisés
23.13 *A* fue apartado para ser dedicado a las
23.28,32 bajo las órdenes de los hijos de *A*
24.1 hijos de *A* fueron distribuidos en grupos
24.1 los hijos de *A:* Nadab, Abiú, Eleazar e
24.19 según les fue ordenado por *A* su padre
24.31 suertes, como sus hermanos..hijos de *A*
27.17 de los levitas, Hasabías..de *A*, Sadoc
2 Cr. 13.9 ¿no habéis arrojado..los hijos de *A*
13.10 y los sacerdotes..son los hijos de *A*
26.18 no..sino a los sacerdotes hijos de *A*
29.21 y dijo a los sacerdotes hijos de *A* que
31.19 del mismo modo para los hijos de *A*
35.14 hijos de *A*, estuvieron ocupados hasta
35.14 los levitas prepararon para..hijos de *A*
Esd. 7.5 Eleazar, hijo de *A*, primer sacerdote
Neh. 10.38 sacerdote hijo de *A* con los levitas
12.47 consagraban parte a los hijos de *A*
Sal. 77.20 condujiste..mano de Moisés y de *A*
99.6 Moisés y *A* entre..sacerdotes, y Samuel
105.26 envió a su siervo Moisés, y a *A*, al
106.16 tuvieron envidia..contra *A*, el santo
115.10 casa de *A*, confiad en Jehová; él es
115.12 Jehová se..bendecirá a la casa de *A*
118.3 diga..la casa de *A*, que para siempre es
133.2 desciende sobre..la barba de *A*, y baja
135.19 Israel..casa de *A*, bendecid a Jehová
Mi. 6.4 envié delante de ti a Moisés, a *A* y a
Lc. 1.5 mujer era de las hijas de *A*..Elisabet
Hch. 7.40 cuando dijeron a *A:* Haznos dioses que
He. 5.4 que es llamado por Dios, como lo fue *A*
7.11 que no fuese llamado según el orden de *A*?
9.4 que estaba..la vara de *A* que reverdeció

ABADÓN *Lugar de destrucción*
Job 26.6 el Seol está..el *A* no tiene cobertura
28.22 el *A* y la muerte dijeron: Su fama hemos
31.12 es fuego que devoraría hasta el *A*, y
Sal. 88.11 ¿será contada..o tu verdad en el *A*?
Pr. 15.11 el Seol y el *A* están delante de Jehová
27.20 el Seol y el *A* nunca se sacian; así los
Ap. 9.11 nombre en hebreo es *A*, y en griego

ABAGTA *Eunuco del rey Asuero*, **Est. 1.10**

ABAJO
Is. 7.11 ya sea de *a* en lo profundo, o de arriba
Mt. 4.6 le dijo: Si eres Hijo de Dios, échate *a*
Jn. 8.23 vosotros sois de *a*, yo soy de arriba

ABANA *Río de Damasco*, **2 R. 5.12**

ABANDERADO
Is. 10.18 y vendrá a ser como *a* en derrota

ABANDONAR
Lv. 26.43 la tierra será *abandonada* por ellos
Dt. 31.17 los *abandonaré*, y esconderé de ellos
32.15 entonces *abandonó* al Dios que lo hizo
Jue. 5.6 quedaron *abandonados* los caminos, y los
5.7 las aldeas quedaron *abandonadas* en Israel
1 S. 9.5 *abandonada* la preocupación por..asnas
2 S. 20.2 hombres de Israel *abandonaron* a David
2 R. 7.7 huyeron..*abandonando* sus tiendas, sus
2 Cr. 16.5 oyendo esto Baasa..*abandonó* su obra
24.20 haber dejado..él también os *abandonará*
Esd. 8.22 su furor contra..los que le *abandonan*
Neh. 9.17 clemente y piadoso..no los *abandonaste*
9.19 tú..no los *abandonaste* en el desierto
9.28 los *abandonaste* en mano de sus enemigos
10.39 y no *abandonaremos* la casa de..Dios
13.11 ¿por qué..la casa de Dios *abandonada?*
Job 6.14 que *abandona* el temor del Omnipotente
14.6 si tú lo *abandonares*, él dejará de ser
18.4 ¿será *abandonada* la tierra por tu causa
Sal. 88.5 soy *abandonado* entre los muertos, como
94.14 no *abandonará* Jehová a su pueblo, ni
119.121 no me *abandones* a mis opresores
Pr. 2.17 *abandona* al compañero de su juventud
Is. 6.12 multiplicado los lugares *abandonados*
7.16 tierra de los dos reyes..será *abandonada*
10.14 como se recogen los huevos *abandonados*
27.10 la ciudad habitada será *abandonada* y
54.6 mujer *abandonada* y triste de espíritu
54.7 por un breve momento te *abandoné*, pero
60.15 en vez de estar *abandonada* y aborrecida
Jer. 3.20 como la esposa infiel *abandona* a su
4.29 todas las ciudades fueron *abandonadas*, y
9.19 porque *abandonamos* la tierra, porque han
10.20 mis hijos me han *abandonado* y perecieron
48.28 *abandonad* las ciudades y habitad en
52.8 al rey..y lo *abandonó* todo su ejército
Lm. 5.20 y nos *abandonas* tan largo tiempo?
Ez. 8.12 no nos ve Jehová..*abandonado* la tierra
9.9 ha *abandonado* Jehová la tierra, y..no ve
Dn. 11.30 con los que *abandonen* el santo pacto
Os. 11.8 ¿cómo podré *abandonarte*, oh Efraín?
Jon. 2.8 que siguen..su misericordia *abandonan*
Zac. 11.17 ¡ay del pastor inútil que *abandona*
Mal. 1.3 *abandoné* su heredad para los chacales
Hch. 27.15 nos *abandonamos* a él y nos dejamos
1 Co. 7.11 que el marido no *abandone* a su mujer
7.12 ella consiente en vivir..no la *abandone*
7.13 él consiente en vivir con..no lo *abandone*
2 Ti. 1.15 me *abandonaron* todos los que están
2 P. 1.14 sabiendo que..debo *abandonar* el cuerpo
Jud. 6 a los ángeles..que *abandonaron* su propia

ABARCAR
Jos. 19.15 *abarca* Catat, Naalal, Simrón, Idala
19.25 territorio *abarcó* Helcat, Halí, Betén
19.28 *abarca* a Hebrón, Rehob, Hamón y Caná
19.30 *abarca* también Uma, Afec y Rehob; 22
19.33 *abarcó* su territorio desde Helef..Lacum

ABARIM *Región al oriente del Mar Muerto*
Nm. 27.12 sube a este monte *A*, y verás la tierra
33.47 acamparon en los montes de *A*, delante de
33.48 salieron de los montes de *A* y acamparon
Dt. 32.49 sube a este monte de *A*, al monte Nebo

ABASTECER
Dt. 15.14 *abastecerás*..de tus ovejas, de tu era
1 R. 4.7 estaba obligado a *abastecerlo*..un mes
Is. 23.2 Sidón..pasando el mar te *abastecían*
Hch. 12.20 su territorio era *abastecido* por el

ABASTO
Nm. 11.22 los peces del mar para que tengan *a*?

ABATIDO *Véase Abatir*

ABATIMIENTO
Sal. 136.23 en nuestro *a* se acordó de nosotros
Pr. 18.12 se eleva..antes de la honra es el *a*
Lm. 3.19 acuérdate de mi aflicción y de mi *a*
Mi. 6.14 comerás..y tu *a* estará en medio de ti

ABATIR
Gn. 41.6,23 siete espigas..*abatidas* del viento
Jue. 4.23 así *abatió* Dios..a Jabín rey de Canaán
11.35 hija mía! en verdad me has *abatido*, y
20.45 y de ellos fueron *abatidos* cinco mil
1 S. 2.7 Jehová empobrece..*abate*, y enaltece
2 S. 22.28 sobre los altivos para *abatirlos*
Job 9.13 debajo de él se *abaten* los que ayudan
22.29 fueren *abatidos*..Enaltecimiento habrá
24.24 y son *abatidos* como todos los demás
29.24 me reía..no *abatían* la luz de mi rostro
40.11 tu ira; mira a todo altivo, y *abátelo*
Sal. 42.5,11 ¿por qué te *abates*, oh alma mía
42.6 Dios mío, mi alma está *abatida* en mí
43.5 ¿por qué te *abates*, oh alma mía, y por
51.8 se recrearán los huesos que has *abatido*
57.6 se ha *abatido* mi alma; hoyo han cavado
59.11 dispérsalos con..y *abátelos*, oh Jehová
74.21 no vuelva avergonzado el *abatido*
79.8 vengan pronto tus..estamos muy *abatidos*
106.26 alzó su mano..*abatirlos* en el desierto
107.39 son menoscabados y *abatidos* a causa de
119.25 *abatida* hasta el polvo está mi alma
Pr. 12.25 la congoja en el corazón..lo *abate*
15.13 por el dolor del corazón el..se *abate*
29.23 la soberbia del hombre le *abate;* pero
Ec. 12.4 todas las hijas del canto serán *abatidas*
Is. 2.11 la altivez de los ojos..será *abatida*
2.12 sobre todo enaltecido, y será *abatido*
2.17 la altivez del hombre será *abatida*, y la
5.15 el varón será *abatido*, y serán bajados
13.11 haré..*abatiré* la altivez de los fuertes
16.7 gemiréis en gran manera *abatidos*, por
16.14 será *abatida* la gloria de Moab, con toda
23.9 para *abatir* a..los ilustres de la tierra
25.11 *abatirá* su soberbia y la destreza de
25.12 *abatirá* la fortaleza de..altos muros
32.19 y la ciudad será del todo *abatida*
46.1 postró Bel, se *abatió* Nebo; sus imágenes
46.2 humillados, fueron *abatidos* juntamente
53.4 le tuvimos por..herido de Dios y *abatido*
57.9 y te *abatiste* hasta la profundidad del
61.1 a predicar buenas nuevas a los *abatidos*
Lm. 1.11 mira, oh Jehová..que estoy *abatida*
3.20 porque mi alma está *abatida* dentro de
Ez. 17.14 para que el reino fuese *abatido* y no
17.24 que yo Jehová *abatí* el árbol sublime
Abd. 2 he aquí..estás *abatido* en gran manera
Mt. 11.23 y tú..hasta el Hades serás *abatida*
Lc. 10.15 tú, que..hasta el Hades serás *abatida*

ABBA
Mr. 14.36 decía: *A*, Padre, todas las cosas son
Ro. 8.15 sino..por el cual clamamos: ¡*A*, Padre!
Gá. 4.6 el Espíritu..el cual clama: ¡*A*, Padre!

ABDA
1. *Padre de Adoniram*, **1 R. 4.6**
2. *Levita en Jerusalén (=Obadías No. 3)*, **Neh. 11.17**

ABDEEL *Padre de Selemías No. 6*, **Jer. 36.26**

ABDI
1. *Ascendiente de Etán*, **1 Cr. 6.44; 2 Cr. 29.12**
2. *Uno de los que se casaron con mujeres extranjeras en tiempo de Esdras*, **Esd. 10.26**

ABDÍAS
1. *Mayordomo del rey Acab*

1 R. 18.3 Acab llamó a *A* su mayordomo. *A* era
18.4 *A* tomó a cien profetas y los escondió
18.5 dijo, pues, Acab a *A:* Vé por el país a
18.6 Acab fue..*A* fue separadamente por otro
18.7 yendo *A* por el camino, se encontró con
18.16 *A* fue a encontrarse con Acab, y le dio

2. *Descendiente de David*, **1 Cr. 3.21**
3. *Príncipe de Zabulón*, **1 Cr. 27.19**
4. *Príncipe de Judá*, **2 Cr. 17.7**
5. *Levita en tiempo del rey Josías*, **2 Cr. 34.12**
6. *Profeta*, **Abd. 1**

ABDIEL *Descendiente de Gad No. 1*, **1 Cr. 5.15**

ABDÓN
1. *Ciudad de los levitas*, **Jos. 21.30; 1 Cr. 6.74**
2. *Juez de Israel*, **Jue. 12.13,15**
3. *Hijo de Sasac*, **1 Cr. 8.23**
4. *Ascendiente del rey Saúl*, **1 Cr. 8.30; 9.36**
5. *Un enviado del rey Josías (=Acbor No. 2)*, **2 Cr. 34.20**

ABED-NEGO ***Compañero de Daniel***
Dn. 1.7 puso a Daniel, Beltsasar..Azarías, *A*
2.49 pusiera sobre los negocios..Sadrac..*A*
3.12 unos varones judíos..Sadrac, Mesac y *A*
3.13 dijo con ira..que trajesen a..Mesac y *A*
3.14 y *A*, que vosotros no honráis a mi dios
3.16 y *A* respondieron al rey Nabucodonosor
3.19 se demudó..su rostro contra..Mesac y *A*
3.20 mandó..que atasen a Sadrac, Mesac y *A*
3.22 mató a aquellos que habían alzado a..*A*
3.23 Sadrac, Mesac y *A*..dentro del horno de
3.26 y *A*, siervos del Dios Altísimo, salid
3.26 Sadrac, Mesac y *A* salieron de en medio
3.28 bendito sea el Dios de..*A*, que envió su
3.29 dijere blasfemia contra el Dios de..*A*
3.30 el rey engrandeció a Sadrac, Mesac y *A*

ABEJA
Jue. 14.8 en el cuerpo del león había..*a*, y un
Sal. 118.12 me rodearon como *a*..enardecieron
Is. 7.18 silbará..a la *a* que está en..Asiria

ABEL
1. ***Hijo de Adán y Eva***
Gn. 4.2 dio a luz a su..*A*. Y *A* fue pastor de
4.4 *A* trajo también de los primogénitos de
4.4 miró Jehová con agrado a *A* y..ofrenda
4.8 y dijo Caín a su hermano *A*: Salgamos al
4.8 se levantó contra su hermano *A* y lo mató
4.9 dijo a Caín: ¿Dónde está *A* tu hermano?
4.25 ha sustituido otro hijo en lugar de *A*
Mt. 23.35 desde la sangre de *A* el justo hasta
Lc. 11.51 desde la sangre de *A* hasta la sangre
He. 11.4 la fe *A* ofreció a Dios más excelente
12.24 la sangre..que habla mejor que la de *A*
2. ***Ciudad de Manasés (=Abel-bet-maaca),* 2 S. 20.18**

ABEL-BET-MAACA ***Ciudad en el norte de Israel (=Abel No. 2 y Abel-maim),* 2 S. 20.14,15; 1 R. 15.20; 2 R. 15.29**

ABEL-MAIM ***=Abel-bet-maaca,* 2 Cr. 16.4**

ABEL-MEHOLA ***Ciudad al oriente del Jordán, de donde era el profeta Elías,* Jue. 7.22; 1 R. 4.12; 19.16**

ABEL-MIZRAIM ***Lugar donde endecharon a Jacob,* Gn. 50.11**

ABEL-SITIM ***=Sitim,* Nm. 33.49**

ABERTURA
Éx. 28.32 medio de él por arriba habrá una *a*
39.23 su *a*..con un borde alrededor de la *a*
Is. 2.19 se meterán en..y en las *a* de la tierra
Am. 6.11 con hendiduras..y la casa menor con *a*
Mr. 2.4 haciendo una *a*, bajaron el lecho en que
Stg. 3.11 por una misma *a* agua dulce y amarga?

ABEZ ***Ciudad de Isacar,* Jos. 19.20**

ABI ***=Abías No. 7,* 2 R. 18.2**

ABI-ALBÓN ***Uno de los 30 valientes de David (=Abiel No. 2),* 2 S. 23.31**

ABIAM ***Rey de Judá (=Abías No. 4)***
1 R. 14.31 Roboam..reinó en su lugar *A* su hijo
15.1 año 18..*A* comenzó a reinar sobre Judá
15.7 demás hechos de *A*..¿no está escrito en
15.7 y hubo guerra entre *A* y Jeroboam
15.8 durmió *A* con sus padres, y lo sepultaron

ABÍAS
1. ***Hijo de Samuel,* 1 S. 8.2; 1 Cr. 6.28**
2. ***Hijo de Jeroboam No. 1,* 1 R. 14.1**
3. ***Mujer de Hezrón No. 2,* 1 Cr. 2.24**
4. ***Rey de Judá (=Abiam)***
1 Cr. 3.10 Roboam, cuyo hijo fue *A*, del cual
2 Cr. 11.20 Maaca..le dio a luz *A*, Atai, Ziza
11.22 y puso Roboam a *A* hijo de..por jefe y
12.16 Roboam..reinó en su lugar *A* su hijo
13.1 a los 18 años del rey Jeroboam, reinó *A*
13.2 y hubo guerra entre *A* y Jeroboam
13.3 *A* ordenó batalla con un ejército de
13.4 se levantó *A* sobre el monte de..y dijo
13.15 Dios desbarató a..Israel delante de *A*
13.17 *A* y su gente hicieron..una gran matanza
13.19 siguió *A* a Jeroboam, y le tomó algunas
13.20 nunca más tuvo..poder en los días de *A*
13.21 *A* se hizo mas poderoso. Tomó 14 mujeres
13.22 los demás hechos de *A*, sus caminos y
14.1 durmió *A* con sus padres, y fue sepultado
Mt. 1.7 Salomón engendró a..Roboam a *A*, y *A* a
5. ***Descendiente de Benjamín,* 1 Cr. 7.8**
6. ***Sacerdote en tiempo de David,* 1 Cr. 24.10; Lc. 1.5**
7. ***Madre de Ezequías,* 2 Cr. 29.1**
8. ***Sacerdote en tiempo de Nehemías,* Neh. 10.7**
9. ***Sacerdote que regresó del cautiverio (posiblemente =No. 8),* Neh. 12.4,17**

ABIASAF ***Hijo de Coré,* Éx. 6.24**

ABIATAR ***Sumo sacerdote en tiempo de David***
1 S. 22.20 pero uno..que se llamaba *A*, escapó
22.21 *A* dio aviso a David de cómo Saúl había
22.22 dijo David a *A*: Yo sabía que..Doeg el
23.6 cuando *A* hijo de Ahimelec huyó..a Keila
23.9 David..dijo a *A* sacerdote: Trae el efod
30.7 dijo David al sacerdote *A*..Yo te ruego
30.7 me acerques el efod. Y *A* acercó el efod
2 S. 8.17 y Ahimelec hijo de *A* eran sacerdotes
15.24 y subió *A* después que todo el pueblo
15.27 Ahimaas tu hijo, y Jonatán hijo de *A*
15.29 Sadoc y *A* volvieron el arca de Dios a
15.35 ¿no estarán allí..sacerdotes Sadoc y *A*?
15.35 todo..se lo comunicarás a..Sadoc y *A*
15.36 Ahimaas el de Sadoc y Jonatán el de *A*
17.15 dijo..Husai a..*A*: Así y así aconsejó
19.11 David envió a..y *A*, diciendo: Hablad a
20.25 era escriba, y Sadoc y *A*, sacerdotes
1 R. 1.7 puesto de acuerdo con..el sacerdote *A*
1.19 ha convidado..al sacerdote *A*, y a Joab
1.25 ha convidado a..también al sacerdote *A*
1.42 aquí vino Jonatán hijo del sacerdote *A*
2.22 tiene también al sacerdote *A*, y a Joab
2.26 rey dijo al sacerdote *A*: Vete a Anatot
2.27 así echó Salomón a *A* del sacerdocio de
2.35 a Sadoc puso el rey por..en lugar de *A*
4.4 Benaía hijo..Sadoc y *A*, los sacerdotes
1 Cr. 15.11 llamó David a..Sadoc y *A*, y a los
18.16 y Abimelec hijo de *A* eran sacerdotes
24.6 delante de Sadoc..Ahimelec hijo de *A* y
27.34 después de Ahitofel estaba Joiada..y *A*
Mr. 2.26 cómo entró..siendo *A* sumo sacerdote

ABIB ***Primer mes del año en el calendario de los hebreos***
Éx. 13.4 vosotros salís hoy en el mes de *A*
23.15 yo te mandé, en el tiempo del mes de *A*
34.18 comerás..mes de *A*..el mes de *A* saliste
Dt. 16.1 guardarás el mes de *A*..de *A* te sacó

ABIDA ***Hijo de Madián,* Gn. 25.4; 1 Cr. 1.33**

ABIDÁN ***Jefe de Benjamín en tiempo de Moisés,* Nm. 1.11; 2.22; 7.60,65; 10.24**

ABIEL
1. ***Ascendiente del rey Saúl,* 1 S. 9.1; 14.51**
2. ***Uno de los 30 valientes de David, (=Abi-albón),* 1 Cr. 11.32**

ABIERTAMENTE
Mr. 1.45 no podía entrar *a* en la ciudad, sino
Jn. 7.10 subió a la fiesta, no *a*..en secreto
7.13 pero ninguno hablaba *a* de él, por miedo
10.24 alma? Si tú eres el Cristo, dínoslo *a*
11.54 Jesús ya no andaba *a* entre los judíos
Hch. 28.31 predicando el reino..y enseñando..*a*

ABIERTO, TA ***Véase también Abrir***
Gn. 1.20 aves que vuelen..en la *a* expansión de
Nm. 19.15 toda vasija *a*, cuya tapa no esté bien
24.3 dijo Balaam..y dijo el varón de ojos *a*
24.4,16 el que oyó..caído, pero *a* los ojos
24.15 dijo Balaam..dijo el varón de ojos *a*
Jos. 8.17 seguir a Israel dejaron la ciudad *a*
1 R. 8.29 estén tus ojos *a* de noche y de día
2 Cr. 6.20 que tus ojos estén *a* sobre esta casa
6.40 que estén *a* tus ojos y atentos tus oídos
7.15 estarán *a* mis ojos y atentos mis oídos
Neh. 1.6 *a* tus ojos para oír la oración de tu
4.13 y en los sitios *a*, puse al pueblo por
6.5 Sanbalat envió..una carta *a* en su mano
Job 29.19 mi raíz estaba *a* junto a las aguas
Sal. 5.9 sepulcro *a* es su garganta..su lengua
Is. 60.11 tus puertas estarán de continuo *a*
Jer. 5.16 su aljaba como sepulcro *a*..valientes
32.11 tomé..la carta de venta..y la copia *a*
32.14 esta carta *a*, y ponlas en una vasija
32.19 porque tus ojos están *a* sobre todos los
Ez. 41.12 el edificio..delante del espacio *a* al
41.13 y el espacio *a*..cien codos de longitud
41.14 el ancho..del espacio *a* al oriente era
41.15 del edificio..delante del espacio *a* que
42.1 a la cámara..delante del espacio *a* que
42.10 enfrente del espacio *a*, y delante del
42.13 las cámaras del..delante del espacio *a*
Dn. 6.10 y *a* las ventanas..se arrodillaba tres
Jn. 1.51 veréis el cielo *a*, y a los ángeles de
Hch. 7.56 los cielos *a*, y al Hijo del Hombre
10.11 vio el cielo *a*, y que descendía algo
Ro. 3.13 sepulcro *a* es su garganta..lengua
He. 4.13 todas las cosas están..*a* los ojos
Ap. 3.8 he puesto delante de ti una puerta *a*
4.1 y he aquí una puerta *a* en el cielo; y la
10.2 tenía en su mano un librito *a*; y puso
19.11 vi el cielo *a*; y he aquí un caballo

ABIEZER
1. ***Descendiente (o una familia) de Manasés No. 1 (véase también Abiezerita),* Jos. 17.2; Jue. 8.2; 1 Cr. 7.18**
2. ***Miembro de la guardia personal de David,* 2 S. 23.27; 1 Cr. 11.28; 27.12**

ABIEZERITA ***Perteneciente a Abiezer No. 1***
Jue. 6.11 debajo de la encina..era de Joás *a*
6.24 permanece hasta hoy en Ofra de los *a*
6.34 tocó el cuerno, los *a* se reunieron con
8.32 Gedeón..fue sepultado en..Ofra de los *a*

ABIGABAÓN ***Ascendiente del rey Saúl,* 1 Cr. 8.29**

ABIGAIL
1. ***Mujer de Nabal y luego de David***
1 S. 25.3 varón se llamaba Nabal, y su mujer, *A*
25.14 uno de..dio aviso a *A* mujer de Nabal
25.18 *A* tomó..doscientos panes, dos cueros de
25.23 cuando *A* vio a David, se bajó..del asno
25.32 dijo David a *A*: Bendito sea Jehová Dios
25.36 y *A* volvió a Nabal, y he aquí que él
25.39 después envió David a hablar con *A*
25.40 los siervos de David vinieron a *A* en
25.42 levantándose..*A* con cinco doncellas que
27.3; 30.5 *A* la que fue mujer de Nabal el de
2 S. 2.2 con él sus dos mujeres, Ahinoam..y *A*
3.3 Quileab, de *A* la mujer de Nabal el de
1 Cr. 3.1 el segundo, Daniel, de *A* la de Carmel
2. ***Hermana de David***
2 S. 17.25 el cual se había llegado a *A* hija de
1 Cr. 2.16 cuales Sarvia y *A* fueron hermanas
2.17 *A* dio a luz a Amasa, cuyo padre fue

ABIGARRADO
Gn. 31.10 aquí los machos..eran listados..y *a*
31.12 los machos..son listados, pintados y *a*

ABIHAIL
1. ***Padre de Zuriel,* Nm. 3.35**
2. ***Mujer de Abisur,* 1 Cr. 2.29**
3. ***Jefe de una familia de Gad,* 1 Cr. 5.14**
4. ***Suegra de Roboam,* 2 Cr. 11.18**
5. ***Padre de Ester,* Est. 2.15; 9.29**

ABILINIA ***Región de Siria,* Lc. 3.1**

ABIMAEL ***Hijo de Joctán,* Gn. 10.28; 1 Cr. 1.22**

ABIMELEC
1. ***Rey de Gerar en tiempo de Abraham***
Gn. 20.2 y *A* rey de Gerar envió y tomó a Sara
20.3 Dios vino a *A* en sueños de noche, y le
20.4 *A* no se había llegado a ella, y dijo
20.8 *A* se levantó de mañana y llamó a todos
20.9 después llamó *A* a Abraham, y le dijo
20.10 *A* a Abraham: ¿Qué pensabas, para que
20.14 *A* tomó ovejas y vacas, y siervos y
20.15 *A*: He aquí mi tierra está delante de ti
20.17 y Dios sanó a *A* y a su mujer, y a sus
20.18 cerrado..toda matriz de la casa de *A*
21.22 *A*, y Ficol príncipe de su ejército, a
21.25 y Abraham reconvino a *A* a causa de un
21.25 que los siervos de *A* le habían quitado
21.26 y respondió *A*: No sé quién haya hecho
21.27 tomó Abraham ovejas y vacas, y dio a *A*
21.29 dijo *A* a Abraham: ¿Qué significan esas
21.32 se levantó *A*, y Ficol príncipe de su
2. ***Rey de Gerar en tiempo de Isaac***
Gn. 26.1 se fue Isaac a *A* rey de los filisteos
26.8 *A*, rey de los filisteos, mirando por una
26.9 llamó *A* a Isaac, y le dijo: He aquí ella
26.10 *A* dijo: ¿Por qué nos has hecho esto?
26.11 *A* mandó a todo el pueblo, diciendo: El
26.16 dijo *A* a Isaac: Apártate de nosotros
26.26 y *A* vino a él desde Gerar, y Ahuzat
3. ***Hijo de Gedeón***
Jue. 8.31 dio un hijo, y le puso por nombre *A*
9.1 *A* hijo de Jerobaal fue a Siquem, a los
9.3 el corazón de..se inclinó a favor de *A*
9.4 *A* alquiló hombres ociosos y vagabundos
9.6 fueron y eligieron a *A* por rey, cerca de
9.16 si..habéis procedido en hacer rey a *A*
9.18 os habéis puesto por rey..a *A* hijo de su
9.19 que gocéis de *A*, y él goce de vosotros
9.20 fuego salga de *A*..y fuego..consuma a *A*
9.21 allí se estuvo por miedo de *A* su hermano
9.22 *A* hubo dominado sobre Israel tres años
9.23 mal espíritu entre *A* y los..de Siquem
9.23 y los de Siquem se levantaron contra *A*
9.24 y la sangre de ellos, recayera sobre *A*
9.25 Siquem..de la cual fue dado aviso a *A*
9.27 entrando en el templo..maldijeron a *A*
9.28 ¿quién es *A*, y qué es Siquem, para que
9.29 yo arrojaría luego a *A*, y diría a *A*
9.31 y envió secretamente mensajeros a *A*
9.34 levantándose..*A* y todo el pueblo que con

ABIMELEC ***(Continúa)***

Jue. 9.35 *A* y todo el pueblo. . se levantaron de la
9.38 ¿quién es *A* para que le sirvamos? ¿No
9.39 Gaal salió. . de Siquem, y peleó contra *A*
9.40 mas lo persiguió *A*, y Gaal huyó. . de él
9.41 *A* se quedó en Aruma; y Zebul echó fuera
9.42 el pueblo salió. . y fue dado aviso a *A*
9.44 *A* y la compañía. . con él acometieron con
9.45 *A* peleó contra la ciudad todo aquel día
9.47 y fue dado aviso a *A*, de que estaban
9.48 subió *A* al monte. . y tomó *A* un hacha en
9.49 siguieron a *A*, y las pusieron junto a
9.50 *A* se fue a Tebes, y puso sitio a Tebes
9.52 y vino *A* a la torre, y combatiéndola
9.53 caer un pedazo de una rueda. . sobre. . *A*
9.55 y cuando. . vieron muerto a *A*, se fueron
9.56 pagó Dios a *A* el mal que hizo contra
10.1 después de *A*, se levantó para librar a
2 S. 11.21 ¿quién hirió a *A* hijo de Jerobaal?

4. Sacerdote (=Ahimelec No. 2), **1 Cr. 18.16**

5. Rey de Gat (=Aquis No. 1), **Sal. 34 *tít.***

ABINADAB

1. Israelita en cuya casa se cuidaba el arca

1 S. 7.1 la pusieron en casa de *A*, situada en
2 S. 6.3 llevaron de la casa de *A*, que estaba
6.3 Uza. . hijos de *A*, guiaban el carro nuevo
6.4 cuando lo llevaban de la casa de *A*, que
1 Cr. 13.7 llevaron el arca. . de la casa de *A* en

2. Hijo de Isaí

1 S. 16.8 llamó Isaí a *A*. . hizo pasar delante
17.13 eran. . el segundo *A*, y el tercero Sama
1 Cr. 2.13 Isaí engendró a. . el segundo *A*, Simea

3. Hijo del rey Saúl

1 S. 31.2 mataron a. . *A* y a Malquisúa, hijos de
1 Cr. 8.33 engendró a Jonatán, Malquisúa, *A* y
9.39 Saúl engendró a Jonatán. . *A* y Es-baal
10.2 mataron los filisteos a Jonatán, a *A*

4. Padre de un oficial de Salomón, **1 R. 4.11**

ABINOAM ***Padre de Barac,*** **Jue. 4.6,12; 5.1,12**

ABIRAM

1. Compañero de Coré y Datán

Nm. 16.1 Datán y *A* hijos de Eliab, y On hijo
16.12 y envió Moisés a llamar a Datán y *A*
16.24 apartaos. . de la tienda de. . Datán y *A*
16.25 Moisés se levantó y fue a Datán y a *A*
16.27 y se apartaron de las tiendas de. . de *A*
16.27 Datán y *A* salieron y se pusieron a las
26.9 los hijos de Eliab: Nemuel, Datán y *A*
26.9 estos Datán y *A* fueron los del consejo
Dt. 11.6 que hizo con Datán y *A*, hijos de Eliab
Sal. 106.17 la tierra. . cubrió la compañía de *A*

2. Primogénito de Hiel de Bet-el, **1 R. 16.34**

ABISAG ***Virgen que servía a David en su vejez***

1 R. 1.3 y hallaron a *A*. . y la trajeron al rey
1.15 el rey era muy viejo, y *A* sunamita le
2.17 para que me dé *A* sunamita por mujer
2.21 dese *A*. . por mujer a tu hermano Adonías
2.22 por qué pides a *A* sunamita para Adonías?

ABISAI ***Hijo de Sarvia, hermana de David***

1 S. 26.6 dijo. . a *A* hijo de Sarvia, hermano de
26.6 ¿quién. . y dijo *A:* Yo descenderé contigo
26.7 David, pues, y *A*, fueron de noche al
26.8 dijo *A* a David: Hoy ha entregado Dios
26.9 David respondió a *A:* No le mates; porque
2 S. 2.18 estaban allí los 3. . Joab, *A* y Asael
2.24 Joab y *A* siguieron a Abner; y se puso
3.30 Joab. . y *A* su hermano, mataron a Abner
10.10 el resto del ejército en mano de *A* su
10.14 huyeron también ellos delante de *A*
16.9 *A*. . dijo al rey: ¿Por qué maldice este
16.11 dijo David a *A*. . He aquí, mi hijo que
18.2 una tercera parte bajo el mando de *A*
18.5 y el rey mandó a. . *A* y a Itai, diciendo
18.12 el rey te mandó a ti y a *A*. . diciendo
19.21 respondió *A*. . ¿No ha de morir por esto
20.6 dijo David a *A:* Seba hijo de Bicri nos
20.10 Joab y. . *A* fueron en persecución de Seba
21.17 mas *A*. . llegó en su ayuda, e hirió al
23.18 y *A*. . fue el principal de los treinta
1 Cr. 2.16 hijos de Sarvia. . *A*, Joab y Asael
11.20 y *A*. . era jefe de los treinta, el cual
18.12 *A*. . destrozó en el. . a 18.000 edomitas
19.11 puso luego el resto. . en mano de *A* su
19.15 huyeron también ellos delante de *A* su

ABISALOM **=*Absalón,* 1 R. 15.2,10**

ABISMAR

Job 37.20 el hombre razone, quedará. . *abismado*

ABISMO

Gn. 1.2 tinieblas estaban sobre la faz del *a*
7.11 fueron rotas. . las fuentes del grande *a*
8.2 y se cerraron las fuentes del *a* y las
49.25 con bendiciones del *a* que está abajo
Éx. 15.5 los *a* los cubrieron; descendieron a
15.8 los *a* se cuajaron en medio del mar
Dt. 33.13 bendita de. . con el *a* que está abajo
Job 28.14 el *a* dice: No está en mí; y el mar
38.16 mar, y has andado escudriñando el *a*?
38.30 de piedra, y se congela la faz del *a*
41.32 en pos de sí. . parece que el *a* es cano
Sal. 18.15 aparecieron los *a* de las aguas, y
33.7 las aguas. . él pone en depósitos los *a*
36.6 tu justicia es. . tus juicios, *a* grande
42.7 *a* llama a otro a la voz de tus cascadas
69.2 he venido a *a* de aguas, y la corriente
69.15 ni me trague el *a*, ni el pozo cierre
71.20 me levantarás de los *a* de la tierra
77.16 aguas. . los *a* también se estremecieron
78.15 y les dio a beber como de grandes *a*
104.6 con el *a*, como. . vestido, la cubriste
106.9 hizo ir por el *a* como por un desierto
107.26 suben a los cielos, descienden a los *a*
135.6 lo hace. . en los mares y en todos los *a*
140.10 en *a* profundos de donde no salgan
148.7 alabad a Jehová desde la. . todos los *a*
Pr. 1.12 y enteros, como los que caen en un *a*
3.20 con su ciencia los *a* fueron divididos
8.24 antes de los *a* fui engendrada; antes que
8.27 trazaba el círculo sobre la faz del *a*
8.28 cielos. . cuando afirmaba las fuentes del *a*
23.27 porque *a* profundo es la ramera, y pozo
Is. 14.15 derribado eres. . a los lados del *a*
51.10 eres tú el que secó. . aguas del gran *a*
63.13 el que los condujo por los *a*, como un
Ez. 26.19 haré subir sobre ti el *a*. . te cubrirán
31.4 lo hicieron crecer, lo encumbró el *a*
31.15 hice cubrir por él el *a*, y detuve sus
Am. 7.4 y consumió un gran *a*, y consumió una
Jon. 2.5 rodeóme el *a*; el alga se enredó a mi
Hab. 3.10 el *a* dio su voz, a lo alto alzó sus
Lc. 8.31 le rogaban que no les mandase ir al *a*
Ro. 10.7 quién descenderá al *a*? (esto es, para
Ap. 9.1 y se le dio la llave del pozo del *a*
9.2 y abrió el pozo del *a*, y subió humo del
9.11 y tienen por rey. . al ángel del *a*, cuyo
11.7 la bestia que sube del *a* hará guerra
17.8 está para subir del *a* e ir a perdición
20.1 vi a un ángel que. . con la llave del *a*
20.3 lo arrojó al *a*, y lo encerró, y puso su

ABISÚA

1. Descendiente de Aarón, **1 Cr. 6.4,5,50; Esd. 7.5**

2. Descendiente de Benjamín, **1 Cr. 8.4**

ABISUR ***Descendiente de Jerameel,*** **1 Cr. 2.28,29**

ABITAL ***Mujer de David,*** **2 S. 3.4; 1 Cr. 3.3**

ABITOB ***Descendiente de Benjamín,*** **1 Cr. 8.11**

ABIÚ ***Hijo de Aarón***

Éx. 6.23 la cual dio a luz a Nadab, *A*, Eleazar
24.1 sube ante Jehová, tú. . Nadab, y *A*, y 70
24.9 subieron. . *A*, y setenta de los ancianos
28.1 harás llegar. . Nadab, *A*, Eleazar e Itamar
Lv. 10.1 Nadab y *A*. . tomaron. . uno su incensario
Nm. 3.2 de Aarón: Nadab. . *A*, Eleazar e Itamar
3.4 pero Nadab y *A* murieron delante de Jehová
26.60 a Aarón le nacieron Nadab, *A*, Eleazar
26.61 Nadab y *A* murieron cuando ofrecieron
1 Cr. 6.3; 24.1 los hijos de Aarón: Nadab, *A*
24.2 Nadab y *A* murieron antes que su padre

ABIUD

1. Descendiente de Benjamín, **1 Cr. 8.3**

2. Hijo de Zorobabel, **Mt. 1.13**

ABLANDAR

Sal. 65.10 la *ablandas* con lluvias, bendices
Pr. 7.5 de la extraña que *ablanda* sus palabras

ABLUCIÓN

He. 9.10 ya que consiste sólo. . de diversas *a*

ABNER ***General del ejército del rey Saúl***

1 S. 14.50 nombre del general. . *A*, hijo de Ner
14.51 Ner padre de *A*, fueron hijos de Abiel
17.55 a *A*. . *A*, ¿de quién es hijo ese joven?
17.55 ¿de quién es hijo ese. . Y *A* respondió
17.57 *A* lo tomó y lo llevó delante de Saúl
20.25 se sentó *A* al lado de Saúl, y el lugar
26.5 miró. . el lugar donde dormían Saúl y *A*
26.7 *A* y el ejército. . tendidos alrededor de
26.14 dio voces David al pueblo, y a *A* hijo
26.14 ¿no respondes, *A*. . *A* respondió y dijo
26.15 dijo David a *A:* ¿No eres tú un hombre?
2 S. 2.8 pero *A* hijo de Ner. . tomó a Is-boset
2.12 *A*. . salió de Mahanaim a Gabaón con los
2.14 y dijo *A* a Joab: Levántense ahora los
2.17 y *A*. . fueron vencidos por los siervos de
2.19 siguió Asael tras de *A*, sin apartarse ni
2.20 y miró. . *A*, y dijo: ¿No eres tú Asael?
2.21 *A* le dijo: Apártate a la derecha o a la
2.22 *A* volvió a decir a Asael: Apártate de en
2.23 lo hirió *A* con el regatón de la lanza
2.24 Joab y Abisai siguieron a *A;* y se puso
2.25 juntaron. . en pos de *A* formando un solo
2.26 *A* dio voces a Joab. . ¿Consumirá la espada
2.29 y *A* y los suyos caminaron por el Arabá
2.30 Joab también volvió de perseguir a *A*
2.31 hirieron. . de los de *A*, a 360 hombres
3.6 que *A* se esforzaba por la casa de Saúl
3.7 Is-boset a *A:* ¿Por qué te has llegado a
3.8 se enojó *A*. . por las palabras de Is-boset
3.9 así haga Dios a *A* y aun le añada, si como
3.11 no pudo responder palabra a *A*. . le temía
3.12 envió *A* mensajeros a David de su parte
3.16 le dijo *A:* Anda, vuélvete. . él se volvió
3.17 y habló *A* con los ancianos de Israel
3.19 habló también *A* a los de Benjamín; y fue
3.19 fue. . *A* a Hebrón a decir a David todo lo
3.20 vino, pues, *A*. . David hizo banquete a *A*
3.21 y dijo *A* a David: Yo me levantaré e iré
3.21 David despidió. . a *A*, y él se fue en paz
3.22 *A* no estaba con David en Hebrón, pues ya
3.23 *A* hijo de Ner ha venido al rey, y él le
3.24 *A* vino a ti; ¿por qué. . le dejaste que se
3.25 tú conoces a *A* hijo de Ner. No ha venido
3.26 saliendo Joab. . envió mensajeros tras *A*
3.27 cuando *A* volvió a Hebrón, Joab lo llevó
3.28 inocente soy. . de la sangre de *A* hijo de
3.30 Joab. . y Abisai su hermano, mataron a *A*
3.31 ceñíos de. . y haced duelo delante de *A*
3.32 y sepultaron a *A* en. . al sepulcro de *A*
3.33 y endechando el rey al mismo *A*, decía
3.33 ¿había de morir *A*. . muere un villano?
3.37 que no. . del rey el matar a *A* hijo de Ner
4.1 oyó. . que *A* había sido muerto en Hebrón
4.12 y la enterraron en el sepulcro de *A* en
1 R. 2.5 que hizo a. . *A* hijo de Ner y a Amasa
2.32 mató. . a *A* hijo de Ner. . a Amasa, general
1 Cr. 26.28 que había consagrado. . *A* hijo de Ner
27.21 de los de Benjamín, Jaasiel hijo de *A*

ABOFETEAR

Mt. 26.67 de puñetazos, y otros le *abofeteaban*
1 Co. 4.11 estamos desnudos. . somos *abofeteados*
2 Co. 12.7 mensajero de Satanás. . me *abofetee*
1 P. 2.20 sois *abofeteados*, y lo soportáis?

ABOGADO

1 Jn. 2.1 si alguno hubiere pecado, *a* tenemos

ABOGAR

Sal. 74.22 levántate, oh Dios, *aboga* tu causa
Pr. 18.17 justo parece el primero que *aboga* por
Is. 51.22 tu Dios, el cual *aboga* por su pueblo
Jer. 50.34 de cierto *abogará* la causa de ellos
Lm. 3.58 *abogaste*, Señor, la causa de mi alma

ABOLIR

2 Co. 3.13 de aquello que había de ser *abolido*
Ef. 2.15 *aboliendo* en su carne las enemistades

ABOMINABLE

Gn. 34.30 me habéis turbado con hacerme *a* a los
Éx. 5.21 nos habéis hecho *a* delante de Faraón
Lv. 11.43 no hagáis *a* vuestras personas con
18.30 guardad. . no haciendo las costumbres *a*
Dt. 7.26 no traerás cosa *a* a. . no seas anatema
12.31 cosa *a*. . hicieron ellos a sus dioses
14.3 nada *a* comerás
1 S. 13.4 que. . se había hecho *a* a los filisteos
27.12 él se ha hecho *a* a su pueblo de Israel
1 R. 11.5 y a Milcom, ídolo *a* de los amonitas
11.7 lugar alto a Quemos, ídolo *a* de Moab
11.7 a Moloc, ídolo *a* de los hijos de Amón
21.26 él fue en gran manera *a*, caminando en
2 R. 16.3 según. . prácticas *a* de las naciones
23.13 a Quemos ídolo *a*. . y a Milcom ídolo *a*
1 Cr. 21.6 porque la orden del rey. . *a* a Joab
2 Cr. 15.8 quitó los ídolos *a* de. . la tierra
Job 7.5 costras de polvo; mi piel hendida y *a*
15.16 ¿cuánto menos el hombre *a* y vil, que
Sal. 14.1 se han corrompido, hacen obras *a;* no
53.1 se han corrompido, e hicieron *a* maldad
Pr. 28.9 aparta su oído. . oración también es *a*
Is. 14.19 tú echado eres de tu. . como vástago *a*
66.24 los cadáveres. . serán *a* a todo hombre
Jer. 2.7 entrasteis. . e hicisteis *a* mi heredad
44.4 no hagáis esta cosa *a* que yo aborrezco
Ez. 8.10 y bestias *a*, y todos los ídolos de la
16.25 hiciste *a* tu hermosura, y te ofreciste
16.52 que tú hiciste, más *a* que los de ellas
Os. 9.10 se hicieron *a* como aquello que amaron
Hch. 10.28 sabéis cuán *a* es para un varón judío
Tit. 1.16 siendo *a* y rebeldes, reprobados en
1 P. 4.3 andando en lascivias. . y idolatrías *a*
Ap. 21.8 los *a* y homicidas. . tendrán su parte en

ABOMINACIÓN

Gn. 34.14 incircunciso. . entre nosotros es *a*
43.32 comer pan con los. . es *a* a los egipcios
46.34 para los egipcios es *a* todo pastor de
Éx. 8.26 ofreceríamos a. . la *a* de los egipcios
8.26 si sacrificáramos la *a* de los egipcios

ABOMINACIÓN ***(Continúa)***

Lv. 7.18 *a* será, y la persona que de él comiere
7.21 la persona que tocare..o cualquier *a*
11.10 no tienen aletas..los tendréis en *a*
11.11 os serán..*a;* de su carne no comeréis
11.12 que no tuviere aletas..tendréis en *a*
11.13 y de las aves, éstas tendréis en *a*
11.13 no se comerán, serán *a:* el águila, el
11.20,23 todo insecto alado..tendréis en *a*
11.41 reptil que se arrastra sobre la..es *a*
11.42 arrastra..no lo comeréis, porque es *a*
18.22 no te..con varón como con mujer; es *a*
18.26 y no hagáis ninguna de estas *a,* ni el
18.27 todas estas *a* hicieron los hombres de
18.28 cualquiera que hiciere..todas estas *a*
19.7 y si se comiere el día tercero, será *a*
20.13 *a* hicieron; ambos han de ser muertos
20.23 hicieron todas estas..y los tuve en *a*
Dt. 7.25 oro de ellos..es *a* a Jehová tu Dios
13.14 si pareciere verdad..que tal *a* se hizo
17.1 cosa mala, pues es *a* a Jehová tu Dios
17.4 cierta, que tal *a* ha sido hecho en Israel
18.9 no aprenderás a hacer según las *a* de
18.12 *a* para con Jehová cualquiera que hace
18.12 por estas *a* Jehová tu Dios echa estas
20.18 que no os enseñen a hacer según..sus *a*
22.5 *a* es a Jehová tu Dios..que esto hace
23.18 *a* es a Jehová tanto lo uno como lo otro
24.4 porque es *a* delante de Jehová, y no has
25.16 *a* es a Jehová tu Dios cualquiera que
27.15 *a* a Jehová, obra de mano de artífice
29.17 y habéis visto sus *a* y sus ídolos de
32.16 despertaron..lo provocaron a ira con *a*
Jue. 20.10 le hagan conforme a toda la *a* que
1 R. 14.24 hicieron..las *a* de las naciones que
2 R. 21.2 hizo lo malo..las *a* de las naciones
21.11 por cuanto Manasés..ha hecho estas *a*
23.24 barrió Josías a..las *a* que se veían en
2 Cr. 28.3 conforme a las *a* de las naciones que
33.2 hizo..conforme a las *a* de las naciones
34.33 quitó Josías todas las *a* de toda la
36.8 hechos de Joacim, y las *a* que hizo, y lo
36.14 siguiendo todas las *a* de las naciones
Esd. 9.1 no..separado..hacen conforme a sus *a*
9.11 por las *a* de que la han llenado de uno
9.14 a emparentar con..que cometen estas *a?*
Neh. 9.18 hicieron..becerro..y cometieron..*a*
9.26 provocaron a ira..e hicieron grandes *a*
Sal. 88.8 has puesto por *a* a ellos; encerrado
Pr. 11.1 el peso falso es *a* a Jehová; mas la
11.20 *a* son a Jehová..perversos de corazón
12.22 los labios mentirosos son *a* a Jehová
13.19 apartarse del mal es *a* a los necios
15.8 sacrificio de los impíos es *a* a Jehová
15.9 *a* es a Jehová el camino del impío; mas
15.26 *a* son a Jehová..pensamientos del malo
16.5 *a* es a Jehová todo altivo de corazón
16.12 *a* es a..reyes hacer impiedad, porque
17.15 y el..ambos son igualmente *a* a Jehová
20.10 pesa falsa y medida falsa..*a* a Jehová
20.23 *a* son a Jehová las pesas falsas, y la
21.27 el sacrificio de los impíos es *a*
24.9 necio..*a* a los hombres el escarnecedor
26.25 no..porque siete *a* hay en su corazón
29.27 *a* es a los justos el hombre inicuo
29.27 y *a* es al impío el de caminos rectos
Is. 1.13 el incienso me es *a;* luna nueva y día
41.24 sois..vanidad; *a* es el que os escogió
44.19 la comí. ¿Haré del resto de él una *a?*
66.3 propios caminos, y su alma amó sus *a*
Jer. 4.1 si quitares de delante de mí tus *a*
6.15 ¿se han avergonzado de haber hecho *a?*
7.10 para seguir haciendo todas estas *a?*
7.30 pusieron sus *a* en la casa sobre la cual
8.12 ¿se han avergonzado de haber hecho *a?*
11.15 en mi casa, habiendo hecho muchas *a?*
13.27 en el campo vi tus *a.* ¡Ay..Jerusalén!
16.18 ídolos, y de sus *a* llenaron mi heredad
32.34 pusieron sus *a* en la casa en la cual
32.35 ni me vino al..que hiciesen esta *a*
44.22 a causa de las *a* que habíais hecho
Lm. 1.17 Jerusalén fue objeto de *a* entre ellos
3.45 nos volviste en oprobio y *a* en medio de
Ez. 5.9 haré en ti lo..a causa de todas tus *a*
5.11 profanado mi santuario con todas tus *a*
6.9 de los males que hicieron en todas sus *a*
6.11 por todas las grandes *a* de la casa de
7.3 juzgaré..y pondré sobre ti todas tus *a*
7.4 en medio de ti estarán tus *a;* y sabréis
7.8 te juzgaré según..pondré sobre ti tus *a*
7.9 tus caminos..en medio de ti estarán tus *a*
8.6 ¿no ves..las grandes *a*..verás *a* mayores
8.9 y ve las malvadas *a* que éstos hacen allí
8.13 me dijo..verás *a* mayores que hacen éstos
8.15 vuélvete aún, verás *a* mayores que estas
8.17 ¿es cosa liviana..hacer las *a* que hacen
9.4 a causa de todas las *a* que se hacen en
11.18 allá, y quitarán de ella..todas sus *a*
11.21 anda tras..sus idolatrías y de sus *a*
12.16 para que cuenten todas sus *a* entre las
14.6 apartad vuestro rostro de..vuestras *a*
16.2 de hombre, notifica a Jerusalén sus *a*
16.22 con todas tus *a* y tus fornicaciones no
16.36 a los ídolos de tus *a,* y en la sangre
16.47 ni hiciste según sus *a;* antes, como si
16.50 e hicieron *a* delante de mí, y cuando lo
16.51 tú multiplicaste tus *a* más que ellas
16.51 has justificado a tus..con todas las *a*
16.58 sufre tú el castigo de tu..y de tus *a*
18.12 alzare sus ojos a..ídolos e hiciere *a*
18.13 todas estas *a* hizo; de cierto morirá
18.24 hiciere..*a* que el impío hizo, ¿vivirá
20.4 hazles conocer las *a* de sus padres
20.7 cada uno eche de sí las *a* de delante de
20.8 no echó de sí cada uno las *a* de delante
20.30 os contamináis y fornicáis tras sus *a*
22.2 juzgarás..y le mostrarás todas sus *a?*
22.11 uno hizo *a* con la mujer de su prójimo
23.36 y a Aholiba, y les denunciarás sus *a?*
33.26 hicisteis *a,* y contaminasteis cada cual
33.29 convierta la tierra en soledad..las *a*
36.31 y os avergonzaréis de..por vuestras *a*
37.23 con sus *a* y con todas sus rebeliones
43.8 contaminado mi santo nombre con sus *a*
44.6 basta ya de todas vuestras *a,* oh casa de
44.7 de invalidar mi pacto con..vuestras *a*
44.13 sino que llevarán..las *a* que hicieron
Dn. 9.27 con..de las *a* vendrá el desolador
11.31 tropas que..pondrán la *a* desoladora
12.11 hasta la *a* desoladora habrá 1.290 días
Os. 6.9 como ladrones que..así cometieron *a*
Zac. 9.7 quitaré..sus *a* de entre sus dientes
Mal. 2.11 y en Jerusalén se ha cometido *a*
Mt. 24.15 cuando veáis..*a* desoladora de que
Mr. 13.14 cuando veáis la *a* desoladora de que
Lc. 16.15 por sublime, delante de Dios es *a*
Ap. 17.4 tenía..un cáliz de oro lleno de *a* y
17.5 BABILONIA..LA MADRE..*a* DE LA TIERRA
21.27 no entrará en ella..hace *a* y mentira

ABOMINAR

Lv. 11.11 y *abominaréis* sus cuerpos muertos
26.11 mi morada..y mi alma no os *abominará*
26.30 lugares altos..mi alma os *abominará*
26.44 yo..ni los *abominaré* para consumirlos
Dt. 7.26 y la *abominarás,* porque es anatema
Job 7.16 *abomino* de mi vida; no he de vivir
9.31 y mis propios vestidos me *abominarán*
30.10 me *abominan,* se alejan de mí, y aun de
Sal. 5.6 hombre sanguinario..*abominará* Jehová
22.24 ni *abominó* la aflicción del afligido
106.40 el furor de Jehová..*abominó* su heredad
107.18 su alma *abominó* todo alimento, y
119.163 mentira aborrezco y *abomino;* tu ley
Pr. 3.32 porque Jehová *abomina* al perverso; mas
6.16 seis cosas..y aun siete *abomina* su alma
8.7 boca..y la impiedad *abominan* mis labios
Is. 5.24 y *abominaron* la palabra del Santo de
49.7 ha dicho..al *abominado* de las naciones
Am. 5.10 y al que hablaba lo recto *abominaron*
5.21 *abominé* vuestras solemnidades, y no me
6.8 ha dicho: *Abomino* la grandeza de Jacob
Mi. 3.9 *abomináis* el juicio, y pervertís todo
Ro. 2.22 que *abominas* de los ídolos, ¿cometes

ABONAR

Lc. 13.8 cave alrededor de ella, y la *abone*

ABORRECEDOR

Dt. 30.7 y sobre tus *a* que te persiguieron
Is. 61.8 y *a* del latrocinio para holocausto
Lm. 1.5 *a* fueron prosperados, porque Jehová
Ro. 1.30 *a* de Dios, injuriosos, soberbios
2 Ti. 3.3 sin afecto..crueles, *a* de lo bueno

ABORRECER

Gn. 26.27 pues que me habéis *aborrecido,* y me
27.41 y *aborreció*..a Jacob por la bendición
37.4 le *aborrecían,* y no podían hablarle
37.5 ellos llegaron a *aborrecerle* más todavía
37.8 le *aborrecieron* aun más a causa de sus
49.23 asaetearon..*aborrecieron* los arqueros
50.15 quizá nos *aborrecerá* José, y nos dará
Éx. 18.21 varones..que *aborrezcan* la avaricia
20.5 cuarta generación de..que me *aborrecen*
23.5 vieres el asno del que te *aborrece* caído
Lv. 19.17 no *aborrecerás* a tu hermano en tu
26.17 los que os *aborrecen* se enseñorearán
Nm. 10.35 y huyan de tu..los que te *aborrecen*
11.20 hasta que..la *aborrezcáis,* por cuanto
Dt. 1.27 nos *aborrece,* nos ha sacado de..Egipto
5.9 y cuarta generación de..que me *aborrecen*
7.10 y que da el pago en..al que le *aborrece*
7.15 pondrá sobre..los que te *aborrecieren*
7.26 del todo la *aborrecerás* y..es anatema
9.28 los *aborrecía,* los sacó para matarlos
12.31 toda cosa..que Jehová *aborrece,* hicieron
16.22 estatua, lo..*aborrece* Jehová tu Dios
19.11 alguno que *aborreciere* a su prójimo y
21.15 la una amada y la otra *aborrecida,* y la
21.15 y la *aborrecida* le hubieren dado hijos
21.15 hijo primogénito fuere de la *aborrecida*
21.16 preferencia al hijo de la *aborrecida*
21.17 mas al hijo de la *aborrecida* reconocerá
22.13 alguno tomare mujer, y..la *aborreciere*
22.16 yo di mi hija a este..y él la *aborrece*
23.7 no *aborrecerás* al edomita, porque es tu
23.7 no *aborrecerás* al egipcio..forastero
24.3 pero si la *aborreciere* este último, y
32.41 la retribución a los que me *aborrecen*
33.11 hiere los..de los que los *aborrecieren*
Jue. 11.7 Jefté respondió..¿No me *aborrecisteis*
14.16 solamente me *aborreces,* y no me amas
15.2 me persuadí de que la *aborrecías,* y la
2 S. 5.8 ciegos *aborrecidos* del alma de David
13.15 luego la *aborreció* Amnón con tan gran
13.15 el odio con que la *aborreció* fue mayor
13.22 Absalón *aborrecía* a Amnón, porque
19.6 amando a los que te *aborrecen*..te aman
19.6 *aborreciendo* a los que te aman; porque
22.18 me libró..y de los que me *aborrecían*
22.41 yo destruyese a los que me *aborrecen*
1 R. 11.25 *aborreció* a Israel, y reinó sobre
22.8 le *aborrezco*..nunca me profetiza bien
2 Cr. 18.7 yo le *aborrezco*..nunca me profetiza
19.2 y amas a los que *aborrecen* a Jehová?
Est. 9.1 enseñorearon de los que los *aborrecían*
Job 8.20 he aquí, Dios no *aborrece* al perfecto
8.22 los que te *aborrecen* serán vestidos de
19.19 mis íntimos amigos me *aborrecieron,* y
31.29 quebrantamiento del que me *aborrecía*
33.20 le hace que su vida *aborrezca* el pan
34.17 ¿gobernará el que *aborrece* juicio?
42.6 me *aborrezco,* y me arrepiento en polvo
Sal. 5.5 *aborreces* a..los que hacen iniquidad
9.13 a causa de los que me *aborrecen,* tú que
11.5 al malo y..al que su alma los *aborrece*
18.17 me libró de..y de los que me *aborrecían*
18.40 que yo destruya a los que me *aborrecen*
21.8 tu..alcanzará a los que te *aborrecen*
25.19 y con odio violento me *aborrecen*
26.5 *aborrecí* la reunión de los malignos
31.6 *aborrezco* a..que esperan en vanidades
34.21 y los que *aborrecen* al justo serán
35.19 los que me *aborrecen*..guiñen el ojo
36.2 de que su iniquidad no será..*aborrecida*
36.4 en camino no bueno; el mal no *aborrece*
38.19 se han aumentado los que me *aborrecen*
41.7 murmuran..todos los que me *aborrecen*
44.7 has avergonzado a los que nos *aborrecían*
44.10 y nos saquean..los que nos *aborrecían*
45.7 has amado la..y *aborrecido* la maldad
50.17 *aborreces* la corrección, y echas a tu
55.12 se alzó contra mí el que me *aborrecía*
68.1 huyan de su presencia..que le *aborrecen*
69.4 se han aumentado..los que me *aborrecen*
69.14 yo libertado de los que me *aborrecen*
78.59 y en gran manera *aborreció* a Israel
81.15 que *aborrecen* a Jehová se le habrían
83.2 y los que te *aborrecen* alzan cabeza
86.17 y véanla los que me *aborrecen,* y sean
89.23 sino que..heriré a los que le *aborrecen*
97.10 que amáis a Jehová, *aborreced* el mal
101.3 *aborrezco* la obra de los que se desvían
105.25 para que *aborreciesen* a su pueblo
106.24 pero *aborrecieron* la tierra deseable
106.41 enseñorearon..los que les *aborrecían*
107.11 *aborrecieron* el consejo del Altísimo
118.7 veré mi deseo en los que me *aborrecen*
119.104 he *aborrecido* todo camino de mentira
119.113 *aborrezco* a los hombres hipócritas
119.128 y *aborrecí* todo camino de mentira
119.163 mentira *aborrezco* y abomino; tu ley
120.6 ha morado..con los que *aborrecen* la paz
129.5 vueltos atrás..los que *aborrecen* a Sion
139.21 ¿no odio, oh..a los que te *aborrecen*
139.22 los *aborrezco* por completo; los tengo
Pr. 1.22 los insensatos *aborrecerán* la ciencia?
1.29 por cuanto *aborrecieron* la sabiduría, y
5.12 digas: ¡Cómo *aborrecí* el consejo, y mi
6.16 seis cosas *aborrece* Jehová, y aun siete
8.13 el temor de Jehová es *aborrecer* el mal
8.13 soberbia..y la boca perversa, *aborrezco*
8.36 todos..que me *aborrecen* aman la muerte
9.8 no reprendas al..para que no te *aborrezca*
11.15 el que *aborreciere* las fianzas vivirá
12.1 que *aborrece* la reprensión es ignorante
13.5 el justo *aborrece* la palabra de mentira
13.24 detiene el castigo, a su hijo *aborrece*
14.17 y el hombre perverso será *aborrecido*
15.10 el que *aborrece* la corrección morirá
15.27 mas el que *aborrece* el soborno vivirá
19.7 los hermanos del pobre le *aborrecen*
25.17 no sea que hastiado de ti te *aborrezca*
25.21 si el que te *aborrece* tuviere hambre
27.6 importunos los besos del que *aborrece*
28.16 el que *aborrece* la avaricia prolongará
29.10 los..sanguinarios *aborrecen* al perfecto
29.24 cómplice del ladrón *aborrece* su..alma
Ec. 2.17 *aborrecí,* por tanto, la vida, porque
2.18 asimismo *aborrecí* todo mi trabajo que
3.8 tiempo de amar, y tiempo de *aborrecer*
Is. 1.14 fiestas..las tiene *aborrecidas* mi alma
33.8 *aborreció* las ciudades, tuvo en nada a
33.15 que *aborrece* la ganancia de violencias
60.15 en vez de estar abandonada y *aborrecida*
66.5 vuestros hermanos que os *aborrecen,* y
Jer. 6.19 no escucharon..*aborrecieron* mi ley
7.29 ha *aborrecido* y dejado la generación
8.9 que *aborrecieron* la palabra de Jehová
12.8 dio su rugido; por tanto, la *aborrecí*

ABORRECER *(Continúa)*

Jer. 14.19 ¿ha *aborrecido* tu alma a Sion? ¿Por
44.4 esta cosa abominable que yo *aborrezco*
Ez. 16.27 te entregué. . filisteos. . te *aborrecen*
16.37 amaste, con todos los que *aborreciste*
20.43 y os *aborreceréis* a vosotros mismos a
23.28 en mano de aquellos que *aborreciste*
35.6 la sangre no *aborreciste*. . te perseguirá
Am. 5.10 ellos *aborrecieron* al reprensor en la
5.15 *aborreced* el mal, y amad el bien, y
5.21 *aborrecí*, abominé. . solemnidades, y no
6.8 *aborrezco* sus palacios; y entregaré al
Mi. 3.2 que *aborrecéis* lo bueno y amáis lo malo
Zac. 8.17 estas son cosas que *aborrezco*, dice
11.8 también el alma de ellos me *aborreció*
Mal. 1.3 Esaú *aborrecí*, y convertí sus montes
2.16 Jehová Dios de. . él *aborrece* el repudio
Mt. 5.43 fue dicho. . y *aborrecerás* a tu enemigo
5.44 haced bien a los que os *aborrecen*, y
6.24 o *aborrecerá* al uno y amará al otro, o
10.22 *aborrecidos*. . por causa de mi nombre
24.9 seréis *aborrecidos* de todas las gentes
24.10 entonces. . unos a otros se *aborrecerán*
Mr. 13.13 y seréis *aborrecidos* de todos por
Lc. 1.71 mano de todos los que nos *aborrecieron*
6.22 bienaventurados. . cuando. . os *aborrezcan*
6.27 amad. . haced bien a los que os *aborrecen*
14.26 viene a mí, y no *aborrece* a su padre
16.13 o *aborrecerá* al uno y amará al otro, o
19.14 pero sus conciudadanos le *aborrecían*
21.17 seréis *aborrecidos* de todos por causa
Jn. 3.20 todo aquel que hace lo malo, *aborrece*
7.7 el mundo *aborreceros*. . a mí me *aborrece*
12.25 el que *aborrece* su vida en este mundo
15.18 si. . os *aborrece*. . a mí me ha *aborrecido*
15.19 no sois. . por eso el mundo os *aborrece*
15.23 el que me *aborrece* a mí. . a mi Padre *a*
15.24 han visto y han *aborrecido* a mí y a mi
15.25 escrita. . Sin causa me *aborrecieron*
17.14 el mundo los *aborreció*, porque no son
Ro. 7.15 no. . sino lo que *aborrezco*, eso hago
9.13 escrito: A Jacob amé, mas a Esaú *aborrecí*
12.9 *aborreced* lo malo, seguid lo bueno
Ef. 5.29 nadie *aborreció* jamás. . propia carne
Tit. 3.3 envidia. . *aborreciéndonos* unos a otros
He. 1.9 y *aborrecido* la maldad, por lo cual te
1 Jn. 2.9 dice que está en la luz, y *aborrece* a
2.11 el que *aborrece* a su hermano está en
3.13 no os extrañéis si el mundo os *aborrece*
3.15 que *aborrece* a su hermano es homicida
4.20 alguno dice: Yo amo a Dios, y *aborrece* a
Jud. 23 *aborreciendo* aun la ropa contaminada
Ap. 2.6 *aborreces* las obras de los nicolaítas
2.6 obras. . las cuales yo también *aborrezco*
2.15 doctrina de los nicolaítas. . *aborrezco*
17.16 éstos *aborrecerán* a la ramera, y la

ABORRECIBLE

2 S. 16.21 oirá que te has hecho *a* a tu padre
Tit. 3.3 *a*, y aborreciéndonos unos a otros
Ap. 18.2 se ha hecho. . albergue de toda ave. . *a*

ABORRECIDO *Véase Aborrecer*

ABORRECIMIENTO

2 S. 13.15 la aborreció Amnón con tan gran *a*

ABORTAR

Gn. 31.38 ovejas y tus cabras nunca *abortaron*
Éx. 21.22 ésta *abortare*, pero sin haber muerte
23.26 no habrá mujer que *aborte*, ni estéril
Os. 9.14 matriz que *aborte*, y pechos enjutos

ABORTIVO

Job 3.16 ¿por qué no fui escondido como *a*, como
Ec. 6.3 careció. . digo que un *a* es mejor que él
1 Co. 15.8 de todos, como a un *a*, me apareció

ABRAHAM =*Abram*

Gn. 17.5 no. . Abram, sino que será tu nombre *A*
17.9 dijo de nuevo Dios a *A*: En cuanto a ti
17.15 a *A*: A Sarai tu mujer no la llamarás
17.17 *A* se postró sobre su rostro, y se rio
17.18 y dijo *A* a Dios: Ojalá Ismael viva
17.22 con él, y subió Dios de estar con *A*
17.23 tomó *A* a Ismael su hijo, y a todos los
17.23 a todo varón entre los. . de la casa de *A*
17.24 era *A* de edad de noventa y nueve años
17.26 el mismo día fueron circuncidados *A* e
18.6 *A* fue de prisa a la tienda a Sara, y le
18.7 corrió *A* a las. . y tomó un becerro tierno
18.11 *A* y Sara eran viejos, de edad avanzada
18.13 dijo a *A*: ¿Por qué se ha reído Sara
18.16 de allí. . *A* iba con ellos acompañándolos
18.17 ¿encubriré yo a *A* lo que voy a hacer
18.18 habiendo de ser *A* una nación grande y
18.19 que haga venir Jehová sobre *A* lo que ha
18.22 pero *A* estaba aún delante de Jehová
18.23 se acercó *A* y dijo: ¿Destruirás también
18.27 *A* replicó y dijo: He aquí ahora que he
18.33 que acabó de hablar a *A*; y *A* volvió a su
19.27 y subió *A* por la mañana al lugar donde
19.29 se acordó de *A*, y envió fuera a Lot de
20.1 de allí partió *A* a la tierra del Neguev
20.2 dijo *A* de Sara su mujer: Es mi hermana
20.9 llamó Abimelec a *A*, y le dijo: ¿Qué nos
20.10 dijo. . Abimelec a *A*: ¿Qué pensabas, para
20.11 y *A* respondió: Porque dije para mí
20.14 dio a *A*, y le devolvió a Sara su mujer
20.17 *A* oró a Dios; y Dios sanó a Abimelec
20.18 de Abimelec, a causa de Sara mujer de *A*
21.2 Sara concibió y dio a *A* un hijo en su
21.3 y llamó *A* el nombre de su hijo que le
21.4 y circuncidó *A* a su hijo Isaac de ocho
21.5 era *A* de cien años cuando nació Isaac
21.7 ¿quién dijera a *A* que Sara habría de dar
21.8 hizo *A* gran banquete el día que fue
21.9 el cual ésta le había dado a luz a *A*, se
21.10 dijo a *A*: Echa a esta sierva y a su hijo
21.11 dicho pareció grave en gran manera a *A*
21.12 dijo Dios a *A*: No te parezca grave a
21.14 *A* se levantó muy de mañana, y tomó pan
21.22 que habló Abimelec. . a *A*, diciendo: Dios
21.24 y respondió *A*: Yo juraré
21.25 *A* reconvino a Abimelec a causa de un
21.27 y tomó *A* ovejas y. . y dio a Abimelec
21.28 puso *A* siete corderas del rebaño aparte
21.29 y dijo Abimelec a *A*: ¿Qué significan
21.33 y plantó *A* un. . tamarisco en Beerseba
21.34 moró *A* en tierra de los filisteos. . días
22.1 que probó Dios a *A*, y le dijo: *A*. Y él
22.3 *A* se levantó muy de mañana. . fue al lugar
22.4 alzó *A* sus ojos, y vio el lugar de lejos
22.5 dijo *A* a sus siervos: Esperad aquí con
22.6 tomó *A* la leña del holocausto, y la puso
22.7 habló Isaac a *A* su padre, y dijo: Padre
22.8 y respondió *A*: Dios se proveerá de
22.9 edificó allí *A* un altar, y compuso la
22.10 extendió *A* su mano y tomó el cuchillo
22.11 dijo: *A*, *A*. Y él respondió: Heme aquí
22.13 alzó *A* sus ojos y miró, y he aquí a sus
22.13 fue *A* y tomó el carnero, y lo ofreció
22.14 y llamó *A* el nombre de aquel lugar
22.15 y llamó el ángel de. . a *A* segunda vez
22.19 volvió *A* a sus. . y habitó *A* en Beerseba
22.20 que fue dada noticia a *A*, diciendo: He
22.23 los ocho hijos. . de Nacor hermano de *A*
23.2 y vino *A* a hacer duelo por Sara, y a
23.3 se levantó *A* de delante de su muerta
23.5 respondieron los hijos de Het a *A*, y le
23.7 *A* se levantó, y se inclinó al pueblo de
23.10 respondió Efrón. . a *A*, en presencia de
23.12 *A* se inclinó delante del pueblo de la
23.14 respondió Efrón a *A*, diciéndole
23.16 *A* se convino con. . y pesó *A*. . el dinero
23.18 como propiedad de *A*, en presencia de
23.19 sepultó *A* a Sara su mujer en la cueva
23.20 quedó la heredad y la cueva que. . de *A*
24.1 era *A* ya viejo, y bien avanzado en años
24.1 y Jehová había bendecido a *A* en todo
24.2 dijo *A* a un criado suyo, el más viejo
24.6 *A* le dijo: Guárdate que no vuelvas a
24.9 puso su mano debajo del muslo de *A* su
24.12 Dios de mi señor *A*, dame, te ruego, el
24.12 y haz misericordia con mi señor *A*
24.15 de Milca mujer de Nacor hermano de *A*
24.27 bendito sea Jehová, Dios de mi amo *A*
24.34 entonces dijo: Yo soy criado de *A*
24.42 Dios de mi señor *A*, si tú prosperas
24.48 y bendije a Jehová Dios de mi señor *A*
24.52 cuando el criado de *A* oyó. . palabras
24.59 dejaron ir a. . al criado de *A* y a sus
25.1 *A* tomó otra mujer. . nombre era Cetura
25.5 y *A* dio todo cuanto tenía a Isaac
25.6 los hijos de sus concubinas dio *A* dones
25.7 fueron los días que vivió *A*: 175 años
25.8 murió *A* en buena vejez, anciano y lleno
25.10 heredad que compró *A* de los hijos de
25.10 allí fue sepultado *A*, y Sara su mujer
25.11 muerto *A*, que Dios bendijo a Isaac su
25.12 los descendientes de Ismael hijo de *A*
25.19 de Isaac hijo de *A*: *A* engendró a Isaac
26.1 primera hambre que hubo en. . días de *A*
26.3 confirmaré el juramento que hice a *A*
26.5 por cuanto oyó *A* mi voz, y guardó mi
26.15 que habían abierto los criados de *A*
26.18 los pozos de. . abierto en los días de *A*
26.18 habían cegado después de la muerte de *A*
26.24 le dijo: Yo soy el Dios de *A* tu padre
26.24 descendencia por amor de *A* mi siervo
28.4 y te dé la bendición de *A*. . que heredes
28.4 heredes la tierra en. . que Dios dio a *A*
28.9 hija de Ismael hijo de *A*, hermana de
28.13 yo soy Jehová, el Dios de *A* tu padre
31.42 si el Dios. . Dios de *A* y temor de Isaac
31.53 el Dios de *A* y el Dios de Nacor juzgue
32.9 Dios de mi padre *A*, y Dios de. . Isaac
35.12 la tierra que he dado a *A* y a Isaac, la
35.27 es Hebrón, donde habitaron *A* e Isaac
48.15 anduvieron mis padres *A* e Isaac, el
48.16 y el nombre de mis padres *A* e Isaac
49.30 la cual compró *A* con el mismo campo
49.31 allí sepultaron a *A* y a Sara su mujer
50.13 en la cueva. . la que había comprado *A*
50.24 a la tierra que juró a *A*, a Isaac y a
Éx. 2.24 y se acordó de su pacto con *A*, Isaac
3.6,15,16 Dios de *A*, Dios de Isaac, y Dios
4.5 el Dios de *A*, Dios de Isaac y Dios de
6.3 aparecí a *A*, a. . como Dios Omnipotente
6.8 mano jurando que la daría a *A*, a Isaac y
32.13 acuérdate de *A*, de Isaac y de Israel
33.1 sube. . a la tierra de la cual juré a *A*
Lv. 26.42 de mi pacto con *A* me acordaré, y haré
Nm. 32.11 la tierra que prometí. . a *A*, Isaac y
Dt. 1.8 la tierra que Jehová juró a. . *A*, Isaac
6.10 la tierra que juró a tus padres *A*, Isaac
9.5 la palabra que Jehová juró a. . *A*, Isaac
9.27 acuérdate de. . siervos *A*, Isaac y Jacob
29.13 como lo juró a tus. . *A*, Isaac y Jacob
30.20 la tierra que juró Jehová a. . *A*, Isaac
34.4 es la tierra de que juré a *A*, a Isaac
Jos. 24.2 esto es, Taré, padre de *A* y de Nacor
24.3 tomé a vuestro padre *A* del otro lado del
1 R. 18.36 Dios de *A*, de Isaac y de Israel, sea
2 R. 13.23 los miró, a causa de su pacto con *A*
1 Cr. 1.27 y Abram, el cual es *A*
1.28 los hijos de *A*: Isaac e Ismael
1.32 y Cetura, concubina de *A*, dio a luz a
1.34 *A* engendró a Isaac, y los hijos de Isaac
16.16 del pacto que concertó con *A*, y de su
29.18 Dios de *A*. . conserva. . esta voluntad del
2 Cr. 20.7 y la diste a la descendencia de *A*
30.6 volveos a Jehová el Dios de *A*, de Isaac
Neh. 9.7 lo sacaste. . y le pusiste el nombre *A*
Sal. 47.9 reunieron como pueblo del Dios de *A*
105.6 vosotros, descendencia de *A* su siervo
105.9 la cual concertó con *A*, y de. . a Isaac
105.42 su santa palabra dada a *A* su siervo
Is. 29.22 Jehová, que redimió a *A*, dice así a
41.8 tú, Israel. . descendencia de *A* mi amigo
51.2 mirad a *A* vuestro padre, y a Sara que os
63.16 *A* nos ignora, e Israel no nos conoce
Jer. 33.26 sobre la posteridad de *A*, de Isaac
Ez. 33.24 *A* era uno, y poseyó la tierra; pues
Mi. 7.20 cumplirás la. . y a *A* la misericordia
Mt. 1.1 Jesucristo, hijo de David, hijo de *A*
1.2 *A* engendró a Isaac, Isaac a Jacob. . Judá
1.17 las generaciones desde *A* hasta David son
3.9 no penséis decir. . *A* tenemos por padre
3.9 digo que Dios puede levantar hijos a *A*
8.11 y se sentarán con *A* e Isaac y Jacob en
22.32; Mr. 12.26 soy el Dios de *A*, el Dios
Lc. 1.55 con *A* y su descendencia para siempre
1.73 del juramento que hizo a *A* nuestro padre
3.8 a decir dentro de. . Tenemos a *A* por padre
3.8 Dios puede levantar hijos a *A* aun de
3.34 hijo de *A*, hijo de Taré, hijo de Nacor
13.16 y a esta hija de *A*. . ¿no se le debía
13.28 cuando veáis a *A*. . en el reino de Dios
16.22 llevado por los ángeles al seno de *A*
16.23 y vio de lejos a *A*, y a Lázaro en su
16.24 dijo: Padre *A*, ten misericordia de mí
16.25 pero *A* le dijo: Hijo, acuérdate que
16.29 *A* le dijo: A Moisés y a los profetas
16.30 no, padre *A*; pero si alguno fuere a
16.31 *A* le dijo: Si no oyen a Moisés y a los
19.9 por cuanto él también es hijo de *A*
20.37 cuando llama al Señor, Dios de *A*, Dios
Jn. 8.33 le respondieron: Linaje de *A* somos, y
8.37 sé que sois descendientes de *A*; pero
8.39 respondieron y. . Nuestro padre es *A*
8.39 si. . hijos de *A*, las obras de *A* haríais
8.40 ahora procuráis matarme. . no hizo esto *A*
8.52 *A* murió, y los profetas; y tú dices: El
8.53 ¿eres tú acaso mayor que nuestro padre *A*
8.56 *A* vuestro padre se gozó de que había de
8.57 aún no tienes. . años, ¿y has visto a *A*?
8.58 cierto os digo: Antes que *A* fuese, yo soy
Hch. 3.13 el Dios de *A*, de Isaac y de Jacob
3.25 a *A*: En tu simiente serán benditas todas
7.2 el Dios de. . apareció a nuestro padre *A*
7.8 *A* engendró a Isaac, y le circuncidó al
7.16 que. . compró *A* de los hijos de Hamor
7.17 la promesa, que Dios había jurado a *A*
7.32 yo soy el Dios de. . *A*, el Dios de Isaac
13.26 hermanos, hijos del linaje de *A*, y los
Ro. 4.1 qué. . diremos que halló *A*, nuestro padre
4.2 porque si *A* fue justificado por. . obras
4.3 creyó *A* a Dios, y le fue contado por
4.9 decimos que a *A* le fue contada la fe por
4.12 la fe que tuvo nuestro padre *A* antes de
4.13 no por la ley fue dada a *A*. . la promesa
4.16 para la que es de la fe de *A*, el cual
9.7 ni por ser descendientes de *A*, son todos
11.1 soy israelita, de la descendencia de *A*
2 Co. 11.22 ¿son descendientes de *A*? También yo
Gá. 3.6 *A* creyó a Dios, y le fue contado por
3.7 los que son de fe, éstos son hijos de *A*
3.8 dio. . la buena nueva a *A*, diciendo: En ti
3.9 los de la fe son bendecidos con el. . *A*
3.14 bendición de *A* alcanzase a los gentiles
3.16 a *A* fueron hechas las promesas, y a su
3.18 Dios la concedió a *A* mediante la promesa
3.29 linaje de *A* sois, y herederos según la
4.22 está escrito que *A* tuvo dos hijos; uno
He. 2.16 que socorrió a la descendencia de *A*
6.13 porque cuando Dios hizo la promesa a *A*
7.1 este Melquisedec. . que salió a recibir a *A*
7.2 a quien. . dio *A* los diezmos de todo; cuyo
7.4 a quien aun *A* el patriarca dio diezmos
7.5 también hayan salido de los lomos de *A*

ABRAHAM *(Continúa)*
He. 7.6 tomó de *A* los diezmos, y bendijo al que
7.9 así, en *A* pagó el diezmo también Leví
11.8 *A*, siendo llamado, obedeció para salir
11.17 *A*, cuando fue probado, ofreció a Isaac
Stg. 2.21 ¿no fue justificado por las obras *A*
2.23 *A* creyó a Dios, y le fue contado por
1 P. 3.6 Sara obedecía a *A*, llamándole señor

ABRAM =*Abraham*
Gn. 11.26 Taré vivió 70 años, y engendró a *A*
11.27 Taré engendró a *A*, a Nacor y a Harán
11.29 y tomaron *A* y Nacor para sí mujeres
11.29 el nombre de la mujer de *A* era Sarai
11.31 tomó Taré a *A* su hijo, y a Lot hijo de
11.31 a Sarai su nuera, mujer de *A* su hijo
12.1 pero Jehová había dicho a *A*: Vete de
12.4 se fue *A*. .y era *A* de edad de 75 años
12.5 tomó, pues, *A* a Sarai su mujer, y a Lot
12.6 y pasó *A* por aquella tierra hasta el
12.7 apareció Jehová a *A*, y le dijo: A tu
12.9 y *A* partió de allí, caminando y yendo
12.10 descendió *A* a Egipto para morar allá
12.14 aconteció. .cuando entró *A* en Egipto
12.16 hizo bien a *A* por causa de ella; y él
12.17 plagas, por causa de Sarai mujer de *A*
12.18 entonces Faraón llamó a *A*, y le dijo
12.20 dio orden a su gente acerca de *A*; y le
13.1 subió, pues, *A* de Egipto hacia el Neguev
13.2 *A* era riquísimo en ganado, en plata y en
13.4 altar. .invocó allí *A* el nombre de Jehová
13.5 Lot, que andaba con *A*, tenía ovejas
13.7 entre los pastores del ganado de *A* y los
13.8 *A* dijo a Lot: No haya ahora altercado
13.12 *A* acampó en la tierra de Canaán, en
13.14 dijo a *A*, después que Lot se apartó de
13.18 *A*, pues, removiendo su tienda, vino y
14.12 tomaron. .a Lot hijo del hermano de *A*
14.13 vino uno. .y lo anunció a *A* el hebreo
14.13 Escol y. .los cuales eran aliados de *A*
14.14 oyó *A*. .su pariente estaba prisionero
14.19 le bendijo, diciendo: Bendito sea *A* del
14.20 y le dio *A* los diezmos de todo
14.21 el rey de Sodoma dijo a *A*: Dame las
14.22 y respondió *A* al rey de Sodoma: He
14.23 para que no digas: Yo enriquecí a *A*
15.1 vino la palabra de Jehová a *A* en visión
15.1 no temas, *A*; yo soy tu escudo, y tu
15.2 y respondió *A*: Señor Jehová, ¿qué me
15.3 dijo también *A*: Mira que no me has dado
15.11 descendían aves. .y *A* los ahuyentaba
15.12 caída del sol sobrecogió el sueño a *A*
15.13 Jehová dijo a *A*: Ten por cierto que tu
15.18 aquel día hizo Jehová un pacto con *A*
16.1 Sarai mujer de *A* no le daba hijos
16.2 dijo entonces Sarai a *A*: Ya ves que
16.2 te ruego. .Y atendió *A* al ruego de Sarai
16.3 Sarai mujer de *A*. .la dio por mujer a *A*
16.3 años que había habitado *A* en la tierra
16.5 Sarai dijo a *A*: Mi afrenta sea sobre ti
16.6 respondió *A*. .tu sierva está en tu mano
16.15 dio a luz un hijo a *A*. .llamó *A*. .Ismael
16.16 era *A* de edad de 86 años cuando Agar
17.1 era *A* de edad de 99 años, cuando le
17.3 entonces *A* se postró sobre su rostro, y
17.5 y no se llamará más tu nombre *A*, sino
1 Cr. 1.27 y *A*, el cual es Abraham
Neh. 9.7 escogiste a *A*, y lo sacaste de Ur de

ABRASADA *Véase Abrasar*

ABRASADOR
Éx. 24.17 era como un fuego *a* en la cumbre del
Sal. 11.6 y viento *a* será la porción del cáliz
Is. 64.2 como fuego *a* de fundiciones, fuego que
Stg. 1.11 cuando sale el sol con calor *a*, la

ABRASAR
Dt. 29.23 sal, *abrasada* toda su tierra; no será
32.22 *abrasará* los fundamentos de los montes
Sal. 83.14 fuego. .llama que *abrasa* el bosque
97.3 fuego. .*abrasará* a. .enemigos alrededor
Is. 10.17 que *abrase* y consuma en un día sus
Jl. 1.19 y llama *abrasó*. .los árboles del campo
2.3 tras de él *abrasará* llama; como el. .Edén
Mal. 4.1 aquel día que vendrá los *abrasará*, ha

ABRAZAR
Gn. 29.13 Labán. .lo *abrazó*, lo besó, y lo trajo
33.4 Esaú corrió a su encuentro y le *abrazó*
48.10 acercarse a. .y él les besó y les *abrazó*
2 R. 4.16 el año que viene. .*abrazarás* un hijo
2 Cr. 7.22 han *abrazado* a dioses ajenos, y los
Job 24.8 *abrazan* las peñas por falta de abrigo
Pr. 4.8 te honrará, cuando tú la hayas *abrazado*
5.20 y *abrazarás* el seno de la extraña?
Ec. 3.5 tiempo de *abrazar*, y. .abstenerse de *a*
Cnt. 2.6; 8.3 su izquierda. .derecha me *abrace*
Is. 56.2 y el hijo de hombre que lo *abraza*; que
56.4 escojan lo que yo quiero, y *abracen* mi
56.6 para no profanarlo, y *abracen* mi pacto
Jer. 8.5 pueblo. .rebelde. .*abrazaron* el engaño
Lm. 4.5 los que. .se *abrazaron* a los estercoleros
Mt. 28.9 acercándose, *abrazaron* sus pies, y lo
Hch. 20.1 habiéndolos. .*abrazado*, se despidió
20.10 Pablo. .*abrazándole*, dijo: No os alarméis
21.6 *abrazándonos* los unos. .subimos al barco

ABREVADERO
Gn. 30.38 puso las varas. .los canales de los *a*
30.41 las varas delante de las ovejas en los *a*
Jue. 5.11 en los *a*, allí repetirán los triunfos

ABREVAR
Gn. 29.2 de aquel pozo *abrevaban* los ganados
29.3 y *abrevaban* las ovejas, y volvían la
29.7 *abrevad* las ovejas, e id a apacentarlas
29.8 del pozo, para que *abrevemos* las ovejas
29.10 *abrevó* el rebaño de Labán hermano de
Sal. 36.8 tú los *abrevarás* del torrente de tus

ABRIGAR
Jue. 9.15 *abrigaos* bajo de mi sombra; y si no
1 R. 1.2 que esté delante del rey y lo *abrigue*
1.4 ella *abrigaba* al rey, y le servía; pero
Hch. 24.15 la cual ellos también *abrigan*, de que

ABRIGO
Job 24.8 y abrazan las peñas por falta de *a*
31.19 sin vestido, y al menesteroso sin *a*
Sal. 91.1 el que habita al *a* del Altísimo
Is. 4.6 habrá un *a* para sombra contra el calor
1 Ti. 6.8 teniendo. .y *a*, estemos contentos con

ABRIR *Véase también Abierto*
Gn. 3.5 serán *abiertos* vuestros ojos, y seréis
3.7 fueron *abiertos* los ojos de ambos, y
4.11 tierra, que *abrió* su boca para recibir
7.11 y las cataratas de los cielos. .*abiertas*
8.6 *abrió* Noé la ventana del arca que había
21.19 *abrió* Dios los ojos, y vio una fuente
26.15 pozos que habían *abierto* los criados
26.18 volvió a *abrir* Isaac los pozos de agua
26.18 pozos. .que habían *abierto* en los días
26.21 *abrieron* otro pozo, y también riñeron
26.22 se apartó de allí, y *abrió* otro pozo
26.25 *abrieron* allí los. .de Isaac un pozo
26.32 acerca del pozo que habían *abierto*
38.29 ella dijo: ¡Qué brecha te has *abierto*!
41.56 *abrió* José todo granero donde había, y
42.27 *abriendo* uno de ellos su saco para dar
43.21 *abrimos* nuestros costales. .el dinero de
44.11 ellos. .*abrió* cada cual el costal suyo
Éx. 2.6 cuando la *abrió*, vio al niño; y. .lloraba
13.2 cualquiera que *abre* matriz entre los
13.12 dedicarás a Jehová. .que *abriere* matriz
21.33 si. .*abriere* un pozo, o cavare cisterna
Nm. 16.30 tierra *abriere* su boca y los tragare
16.31 se *abrió* la tierra que estaba debajo de
16.32 *abrió* la tierra su boca, y los tragó a
18.15 todo lo que *abre* matriz, de toda carne
22.28 Jehová *abrió* la boca al asna, la cual
22.31 Jehová *abrió* los ojos de Balaam, y vio
26.10 la tierra *abrió* su boca y los tragó a
Dt. 11.6 *abrió* su boca la tierra, y los tragó
15.8 sino *abrirás* a él tu mano liberalmente
15.11 te mando. .*Abrirás* tu mano a tu hermano
20.11 si respondiere: Paz, y te *abriere*, todo
28.12 *abrirá* Jehová su buen tesoro, el cielo
Jos. 10.22 dijo. .*Abrid* la entrada de la cueva
Jue. 3.25 él no *abría* las puertas. .y *abrieron*
4.19 ella *abrió* un odre de leche y le dio
15.19 *abrió* Dios la cuenca que hay en Lehi
19.27 *abrió* las puertas de la casa, y salió
21.15 Jehová había *abierto* una brecha entre
1 S. 3.15 *abrió* las puertas de la casa de Jehová
2 R. 4.35 el niño estornudó. .y *abrió* sus ojos
6.17 ruego. .que *abras* sus ojos para que vea
6.17 Jehová *abrió* los ojos del criado, y miró
6.20 *abre* los ojos de éstos. .Y Jehová *abrió*
8.12 *abrirás* el vientre a sus mujeres que
9.3 y *abriendo* la puerta, echa a huir, y no
9.10 seguida *abrió* la puerta, y echó a huir
11.16 le *abrieron*, pues, paso; y en el camino
13.17 dijo: *Abre* la ventana que da al oriente
13.17 cuando él la *abrió*, dijo Eliseo: Tira
15.16 porque no le habían *abierto*. .puertas
15.16 *abrió* el vientre a todas sus mujeres
19.16 oye; *abre*, oh Jehová, tus ojos, y mira
25.4 *abierta* ya. .la ciudad, huyeron de noche
1 Cr. 9.27 cargo. .de *abrirla* todas las mañanas
2 Cr. 26.10 *abrió* muchas cisternas; porque tuvo
29.3 *abrió* las puertas de la casa de Jehová
Neh. 7.3 no se *abran* las puertas de Jerusalén
8.5 *abrió*, pues, Esdras el libro a ojos de
8.5 cuando lo *abrió*, todo el pueblo estuvo
13.19 que no las *abriesen* hasta después del
Job 3.1 *abrió* Job su boca, y maldijo su día
11.5 que Dios. .*abriera* sus labios contigo
12.14 encerrará. .y no habrá quien le *abra*
14.3 ¿sobre éste *abres* tus ojos, y me traes
16.10 *abrieron* contra mí su boca; hirieron
27.19 pero. .*abrirá* sus ojos, y nada tendrá
28.4 *abren* minas lejos de lo habitado, en
29.23 *abrían* su boca como a la lluvia tardía
31.32 noche; mis puertas *abría* al caminante
32.20 pues. .*abriré* mis labios, y responderé
33.2 yo *abriré* ahora mi boca, y mi lengua
35.16 por eso Job *abre* su boca vanamente, y
41.14 ¿quién *abrirá* las puertas de su rostro?
Sal. 22.13 *abrieron* sobre mí su boca como león
38.13 y soy como mudo que no *abre* la boca
39.9 no *abrí* mi boca, porque tú lo hiciste
40.6 has *abierto* mis oídos; holocausto y
51.15 Señor, *abre* mis labios, y publicará
74.15 *abriste* la fuente y el río; secaste
78.2 *abriré* mi boca en proverbios; hablaré
78.23 y *abrió* las puertas de los cielos
81.10 yo soy. .*abre* tu boca, y yo la llenaré
104.28 das. .*abres* tu mano, se sacian de bien
105.41 *abrió* la peña, y fluyeron aguas. .río
106.17 se *abrió* la tierra y tragó a Datán
109.2 boca de impío. .se han *abierto* contra
118.19 *abridme* las puertas de la justicia
119.18 *abre* mis ojos, y miraré las. .de tu ley
119.131 boca *abrí* y suspiré, porque deseaba
145.16 *abres* tu mano, y colmas de bendición
146.8 Jehová *abre* los ojos a los ciegos
Pr. 8.6 y *abriré* mis labios para cosas rectas
13.3 el que mucho *abre* sus labios tendrá
17.19 el que *abre* demasiado la puerta busca
20.13 *abre* tus ojos, y te saciarás de pan
24.7 el insensato. .en la puerta no *abrirá*
31.8 *abre* tu boca por el mudo en el juicio
31.9 *abre* tu boca, juzga con justicia, y
31.26 *abre* su boca con sabiduría, y la ley
Cnt. 5.2 *ábreme*, hermana mía, amiga mía, paloma
5.5 yo me levanté para *abrir* a mi amado, y
5.6 *abrí* yo a mi amado; pero mi amado se
Is. 10.14 no hubo. .ni *abriese* boca y graznase
14.17 a sus presos nunca *abrió* la cárcel?
22.22 *abrirá*, y nadie cerrará. .y nadie *a*
24.18 porque de lo alto se *abrirán* ventanas
26.2 *abrid* las puertas, y entrará la gente
35.5 los ojos. .serán *abiertos*. .oídos. .*abrirán*
37.17 *abre*, oh Jehová, tus ojos, y mira
41.18 en las alturas *abriré* ríos, y fuentes
41.18 *abriré* en el desierto estanques de
42.7 para que *abras* los ojos de los ciegos
42.20 advierte, que *abre* los oídos y no oye?
43.16 así dice Jehová, el que *abre* camino en
43.19 otra vez *abriré* camino en el desierto
45.1 para *abrir* delante de él puertas, y las
45.8 rociad. .*ábrase* la tierra, y prodúzcanse
48.8 ciertamente no se *abrió* antes tu oído
48.21 *abrió* la peña, y corrieron las aguas
50.5 me *abrió* el oído, y yo no fui rebelde
53.7 llevado. .enmudeció, y no *abrió* su boca
Jer. 13.19 ciudades. .no hubo quien las *abriese*
22.14 le *abre* ventanas, y la cubre de cedro
39.2 nueve días del mes se *abrió* brecha en
50.25 *abrió* Jehová su tesoro, y sacó. .furor
50.26 *abrid* sus almacenes, convertidla en
52.7 y fue *abierta* una brecha en el muro de
Lm. 2.16 tus enemigos *abrieron* contra ti su boca
3.46 todos nuestros enemigos *abrieron*. .boca
Ez. 1.1 los cielos se *abrieron*, y vi visiones
2.8 mas tú. .*abre* tu boca y come lo que te doy
3.2 *abrí* mi boca, y me hizo comer aquel rollo
3.27 yo te hubiere hablado, *abriré* tu boca
12.5 te *abrirás* paso por entre la pared, y
12.7 a la tarde me *abrí* paso por entre la
12.12 por la pared *abrirán* paso para sacarlo
16.63 y nunca más *abras* la boca, a causa de
24.27 se *abrirá* tu boca para hablar con el
25.9 he aquí yo *abro* el lado de Moab desde
29.21 y *abriré* tu boca en medio de ellos, y
33.22 había *abierto* mi boca. .*abrió* mi boca
37.12 yo *abro* vuestros sepulcros, pueblo mío
37.13 sabréis que yo soy Jehová, cuando *abra*
44.2 puerta. .no se *abrirá*, ni entrará por ella
46.1 el día de reposo se *abrirá*; se *a* también
46.12 *abrirán* la puerta que mira al oriente
Dn. 7.10 se sentó, y los libros fueron *abiertos*
9.18 *abre* tus ojos, y mira. .desolaciones, y
10.16 entonces *abrí* mi boca y hablé, y dije
Os. 13.16 sus mujeres encintas serán *abiertas*
Am. 1.13 *abrieron* a las mujeres de Galaad que
8.5 semana, y *abriremos* los graneros del pan
Mi. 2.13 subirá el que *abre* caminos delante de
2.13 *abrirán* camino y pasarán la puerta, y
7.5 la que duerme. .cuídate, no *abras* tu boca
Nah. 2.6 las puertas de los ríos se *abrirán*
3.13 las puertas de tu tierra se *abrirán* de
Zac. 11.1 Líbano, *abre* tus puertas, y consuma
12.4 sobre la casa de Judá *abriré* mis ojos
13.1 un manantial *abierto* para la casa de
Mal. 3.10 os *abriré* las ventanas de los cielos
Mt. 2.11 *abriendo* sus tesoros, le ofrecieron
3.16 los cielos le fueron *abiertos*, y vio al
5.2 *abriendo* su boca les enseñaba, diciendo
7.7 buscad, y hallaréis; llamad. .os *abrirá*
7.8 que busca. .y al que llama, se le *abrirá*
9.30 y los ojos de ellos fueron *abiertos*
13.35 profeta. .*Abriré* en parábolas mi boca
17.27 tómalo, y al *abrirle* la boca, hallarás
20.33 Señor, que sean *abiertos* nuestros ojos
25.11 diciendo: ¡Señor, señor, *ábrenos*!
27.52 y se *abrieron* los sepulcros, y muchos
Mr. 1.10 subía del agua, vio *abrirse* los cielos

ABRIR *(Continúa)*
Mr. 7.34 y le dijo: Efata, es decir: *Sé abierto*
7.35 fueron *abiertos* sus oídos, y se desató
Lc. 1.64 fue *abierta* su boca y suelta su lengua
2.23 todo varón que *abriere* la matriz será
3.21 bautizado; y orando, el cielo se *abrió*
4.17 y habiendo *abierto* el libro, halló el
11.9 buscad, y hallaréis; llamad..os *abrirá*
11.10 halla; y al que llama, se le *abrirá*
12.36 que cuando..llame, le *abran* en seguida
13.25 Señor, Señor, *ábrenos*..os dirá: No sé
23.53 lo puso en un sepulcro *abierto* en una
24.31 entonces les fueron *abiertos* los ojos
24.32 y cuando nos *abría* las Escrituras?
24.45 les *abrió* el entendimiento, para que
Jn. 9.10 ¿cómo te fueron *abiertos* los ojos?
9.14 el lodo, y le había *abierto* los ojos
9.17 ¿qué dices tú del que te *abrió*..ojos?
9.21 no lo sabemos; o quien le haya *abierto*
9.26 ¿qué te hizo? ¿Cómo te *abrió* los ojos?
9.30 que no sepáis..y a mí me *abrió* los ojos
9.32 que alguno *abriese* los ojos a uno que
10.3 a éste *abre* el portero, y las ovejas
10.21 demonio *abrir* los ojos de los ciegos?
11.37 podía éste, que *abrió* los ojos al ciego
19.34 le *abrió* el costado con una lanza, y
Hch. 5.19 *abriendo* de noche las puertas de la
5.23 cuando *abrimos*, a nadie hallamos dentro
8.32 como oveja a la..así no *abrió* su boca
8.35 Felipe, *abriendo* su boca..le anunció el
9.8 Saulo se levantó..y *abriendo* los ojos
9.40 ella *abrió* los ojos, y al ver a Pedro
10.34 entonces Pedro, *abriendo* la boca, dijo
12.10 se les *abrió* por sí misma; y salidos
12.14 de gozo no *abrió* la puerta, sino que
12.16 Pedro..cuando *abrieron* y le vieron, se
14.27 cómo había *abierto* la puerta de la fe
16.14 y el Señor *abrió* el corazón de ella
16.26 se *abrieron* todas las puertas, y las
16.27 y viendo *abiertas* las puertas de la
26.18 para que *abras* sus ojos, para que se
27.41 la popa se *abría* con la violencia del
1 Co. 15.52 en un *abrir* y cerrar de ojos, a la
16.9 se me ha *abierto* puerta grande y eficaz
2 Co. 2.12 aunque se me *abrió* puerta en el Señor
6.11 nuestra boca se ha *abierto* a vosotros
Ef. 6.19 al *abrir* mi boca me sea dada palabra
Col. 4.3 Señor nos *abra* puerta para la palabra
He. 10.20 camino nuevo y vivo que él nos *abrió*
Ap. 3.7 *abre* y ninguno cierra..y ninguno *a*
3.20 oye mi voz y *abre* la puerta, entraré a
5.2 voz: ¿Quién es digno de *abrir* el libro y
5.3 ninguno..podía *abrir* el libro, ni aun
5.4 a ninguno digno de *abrir* el libro, ni de
5.5 ha vencido para *abrir* el libro y desatar
5.9 digno eres..de *abrir* sus sellos; porque
6.1 vi cuando el Cordero *abrió* uno de los
6.3 *abrió* el segundo sello, oí al segundo ser
6.5 *abrió* el tercer sello, oí al tercer ser
6.7 cuando *abrió* el cuarto sello, oí la voz
6.9 *abrió* el quinto sello, vi bajo el altar
6.12 miré cuando *abrió* el sexto sello, y he
8.1 cuando *abrió* el séptimo sello, se hizo
9.2 *abrió* el pozo del abismo, y subió humo
10.8 toma el librito que está *abierto* en la
11.19 el templo de Dios fue *abierto* en el
12.16 la tierra *abrió* su boca y tragó el río
13.6 *abrió* su boca en blasfemias contra Dios
15.5 fue *abierto* en el cielo el templo del
20.12 y los libros fueron *abiertos*, y otro
20.12 otro libro fue *abierto*, el cual es el

ABROGAR
Dn. 6.8,12 ley..la cual no puede ser *abrogada*
6.15 que ningún edicto..puede ser *abrogado*
Mt. 5.17 que he venido para *abrogar* la ley o
Gá. 3.17 la ley..no lo *abroga*, para invalidar
He. 7.18 queda, pues, *abrogado* el mandamiento

ABROJO
Jue. 8.7 trillaré vuestra carne con espinos y *a*
8.16 *a* del desierto, y castigó con ellos a
Job 31.40 en lugar de trigo me nazcan *a*, y
Mt. 7.16 ¿acaso se recogen..o higos de los *a*?
He. 6.8 la que produce espinos..*a* es reprobada

ABRONA ***Lugar donde acampó Israel,***
Nm. 33.34,35

ABRUMAR
Neh. 5.15 *abrumaron* al pueblo, y tomaron de
2 Co. 1.8 *abrumados* sobremanera más allá de
2 P. 2.7 *abrumado* por la nefanda conducta de

ABSALÓN ***Hijo de David (=Abisalom)***
2 S. 3.3 *A* hijo de Maaca, hija de Talmai rey
13.1 teniendo *A*..hermana hermosa..Tamar
13.4 amo a Tamar la hermana de *A* mi hermano
13.20 dijo..*A*: ¿Ha estado contigo..Amnón?
13.20 quedó Tamar..en casa de *A* su hermano
13.22 *A* no habló con..*A* aborrecía a Amnón
13.23 que *A* tenía esquiladores..y convidó *A* a
13.24 y vino *A* al rey, y dijo: He aquí, tu
13.25 respondió el rey a *A*: No, hijo mío, no
13.26 dijo *A*: Pues si no, te ruego que venga
13.27 como *A* le importunaba, dejó ir con él a
13.28 *A* había dado orden a sus criados..Herid
13.29 los criados de *A* hicieron..como *A* les
13.30 *A* ha dado muerte a..los hijos del rey
13.32 porque por mandato de *A* esto había sido
13.34 *A* huyó. Entre tanto, alzando sus ojos
13.37 *A* huyó y se fue a Talmai hijo de Amiud
13.38 así huyó *A* y se fue a Gesur, y estuvo
13.39 el rey David deseaba ver a *A*: pues ya
14.1 el corazón del rey se inclinaba por *A*
14.21 dijo a Joab..vé, y haz volver al joven *A*
14.23 fue a Gesur, y trajo a *A* a Jerusalén
14.24 volvió *A* a su casa, y no vio el rostro
14.25 tan alabado por su hermosura como *A*
14.27 le nacieron a *A* tres hijos, y una hija
14.28 *A* por espacio de dos años en Jerusalén
14.29 mandó *A* por Joab, para enviarlo al rey
14.30 y los siervos de *A* prendieron fuego al
14.31 se levantó Joab y vino a casa de *A*, y
14.32 *A* respondió a Joab..he enviado por ti
14.33 entonces llamó a *A*..y el rey besó a *A*
15.1 que *A* se hizo de carros y caballos, y
15.2 se levantaba *A* de mañana, y se ponía a
15.2 venía al rey a..*A* le llamaba y le decía
15.3 *A* le decía..palabras son buenas y justas
15.4 y decía *A*: ¡Quién me pusiera por juez
15.6 así robaba *A* el corazón de los de Israel
15.7 *A* dijo al rey: Yo te ruego me permitas
15.10 envió *A* mensajeros por todas las tribus
15.10 la trompeta diréis: *A* reina en Hebrón
15.11 fueron con *A* 200 hombres de Jerusalén
15.12 y mientras *A* ofrecía los sacrificios
15.12 y aumentaba el pueblo que seguía a *A*
15.13 el corazón de todo Israel se va tras *A*
15.14 y huyamos..no podremos escapar..de *A*
15.31 está entre los que conspiraron con *A*
15.34 y dijeres a *A*: Rey, yo seré tu siervo
15.37 así vino Husai..y *A* entró en Jerusalén
16.8 ha entregado el reino en mano de tu..*A*
16.15 *A* y..la gente..entraron en Jerusalén
16.16 cuando Husai..vino al encuentro de *A*
16.17 *A* dijo..¿Es este tu agradecimiento para
16.18 Husai respondió a *A*: No, sino que de
16.20 dijo *A*..Dad vuestro consejo sobre lo
16.21 dijo a *A*: Llégate a las concubinas de
16.22 entonces pusieron para *A* una tienda
16.22 se llegó *A* a las concubinas de su padre
16.23 Ahitofel, tanto con David como con *A*
17.1 Ahitofel dijo a *A*: Yo escogeré ahora
17.4 consejo pareció bien a *A* y a todos los
17.5 y dijo *A*: Llamad también ahora a Husai
17.6 Husai vino a *A*, le habló *A*, diciendo: Así
17.7 Husai dijo a *A*: El consejo que ha dado
17.9 pueblo que sigue a *A* ha sido derrotado
17.14 *A* y..los de Israel dijeron: El consejo
17.14 que Jehová hiciese venir el mal sobre *A*
17.15 así y así aconsejó Ahitofel a *A* y a
17.18 por un joven, el cual lo hizo saber a *A*
17.20 llegando..los criados de *A* a la casa
17.24 y *A* pasó el Jordán con toda la gente
17.25 *A* nombró a Amasa jefe del ejército en
17.26 y acampó Israel con *A* en..de Galaad
18.5 tratad benignamente por..mí al joven *A*
18.5 cuando dio el rey orden acerca de *A* a
18.9 se encontró *A* con los siervos de David
18.9 iba *A* sobre un mulo, y el mulo entró
18.9 *A* quedó suspendido entre el cielo y la
18.10 que he visto a *A* colgado de una encina
18.12 mirad que ninguno toque al joven *A*
18.14 dardos..los clavó en el corazón de *A*
18.15 diez jóvenes escuderos..hirieron a *A*
18.17 tomando..*A*, le echaron en un gran hoyo
18.18 *A* había tomado y erigido una columna
18.18 se ha llamado Columna de *A*, hasta hoy
18.29,32 el rey dijo: ¿El joven *A* está bien?
18.33 ¡hijo mío *A*, hijo mío, hijo mío *A*!
18.33 diera que muriera en lugar de ti, *A*
19.1 he aquí el rey llora, y hace duelo por *A*
19.4 clamaba..¡Hijo mío *A*, *A* hijo mío, hijo
19.6 hoy me has hecho ver..que si *A* viviera
19.9 ahora ha huido del país por miedo de *A*
19.10 y *A*..ungido..ha muerto en la batalla
20.6 Seba hijo..nos hará ahora más daño que *A*
1 R. 1.6 hermoso..y había nacido después de *A*
2.7 a mí, cuando iba huyendo de *A* tu hermano
2.28 Joab..si bien no se había adherido a *A*
1 Cr. 3.2 *A*, hijo de Maaca, hija de Talmai rey
2 Cr. 11.20 después de..tomó a Maaca hija de *A*
11.21 Roboam amó a Maaca hija de *A* sobre
Sal. 34 *tít.* cuando huía delante de *A* su hijo

ABSOLVER
Éx. 21.19 entonces..*absuelto* el que lo hirió
21.28 mas el dueño del buey será *absuelto*
Dt. 25.1 *absolverán* al justo, y condenarán al
1 R. 2.9 no lo *absolverás*; pues hombre sabio
Jer. 25.29 ¿y..seréis *absueltos*? No seréis *a*
49.12 ¿y serás tú *absuelto* del..No serás *a*

ABSORBER
2 Co. 5.4 lo mortal sea *absorbido* por la vida

ABSTENERSE
Lv. 22.2 que se *abstengan* de las cosas santas
Nm. 6.3 se *abstendrá* de vino y de sidra; no
Dt. 23.22 cuando te *abstengas* de prometer, no
Ec. 3.5 y tiempo de *abstenerse* de abrazar
Hch. 15.29 os *abstengáis* de lo sacrificado a
21.25 se *abstengan* de lo sacrificado a los
1 Co. 9.25 todo aquel que lucha..se *abstiene*
1 Ts. 5.22 *absteneos* de toda especie de mal
1 Ti. 4.3 mandarán *abstenerse* de alimentos que
1 P. 2.11 os *abstengáis* de los deseos carnales

ABSTINENCIA
Zac. 7.3 ¿haremos *a* como hemos..algunos años?

ABSUELTO ***Véase Absolver***

ABUBILLA
Lv. 11.19; Dt. 14.18 la *a* y el murciélago

ABUELO, LA
Éx. 10.6 cual nunca vieron tus padres ni tus *a*
2 Ti. 1.5 fe..la cual habitó primero en tu *a*

ABUNDANCIA
Gn. 27.28 Dios..te dé..*a* de trigo y de mosto
41.29 he aquí vienen siete años de gran *a*
41.30 toda la *a* será olvidada en la tierra
41.31 aquella *a* no se echará de ver, a causa
41.34 quinte la tierra..siete años de la *a*
41.47 siete años de *a* la tierra produjo a
41.48 de los siete años de *a* que hubo en la
41.53 así se cumplieron los siete años de *a*
45.18 venid..comeréis de la *a* de la tierra
Dt. 15.4 Jehová te bendecirá con *a* en la tierra
16.10 de la *a*..de tu mano será lo que dieres
17.17 plata ni oro amontonará para sí en *a*
28.47 con gozo..por la *a* de todas las cosas
33.15 y con la *a* de los collados eternos
33.19 por lo cual chuparán la *a* de los mares
1 R. 10.2 vino a Jerusalén con..oro en gran *a*
10.27 cedros..cabrahigos de la Sefela en *a*
1 Cr. 12.40 trajeron..y bueyes y ovejas en *a*
22.4 habían traído a David *a* de madera de
22.5 David antes..hizo preparativos en gran *a*
29.2 toda clase de..piedras de mármol en *a*
29.16 esta *a*..de tu mano es, y todo es tuyo
2 Cr. 1.15 y acumuló el rey plata..cedro..en *a*
9.1 la reina de Sabá..vino..con oro en *a*, y
9.27 cedros como los cabrahigos de la..en *a*
11.23 dio provisiones en *a*, y muchas mujeres
17.5 Josafat..tuvo riquezas y gloria en *a*
18.1 tenía..Josafat riquezas y gloria en *a*
29.35 hubo *a* de holocaustos, con grosura de
31.5 trajeron..en *a* los diezmos de todas las
31.10 y ha quedado esta *a* de provisiones
32.29 adquirió..hatos de ovejas..en gran *a*
Neh. 5.18 cada diez días vino en toda *a*; y con
Job 20.22 el colmo de su *a* padecerá estrechez
22.11 para que no veas, y *a* de agua te cubre
22.25 será tu defensa, y tendrás plata en *a*
36.28 nubes, goteando en *a* sobre los hombres
Sal. 5.7 por la *a* de tu misericordia entraré
37.11 los mansos..se recrearán con *a* de paz
66.12 pasamos por el fuego..nos sacaste a *a*
69.13 oh Dios, por la *a* de tu misericordia
73.10 aguas en *a* serán extraídas para ellos
80.5 les diste..a beber lágrimas en gran *a*
Pr. 3.10 serán llenos tus graneros con *a*, y tus
14.4 por la fuerza del buey hay *a* de pan
21.5 los pensamientos del..tienden a la *a*
27.27 *a* de leche de..para tu mantenimiento
Ec. 5.12 pero al rico no le deja dormir la *a*
Cnt. 5.1 comed, amigos; bebed en *a*, oh amados
Is. 7.22 y a causa de la *a* de leche que darán
33.6 reinarán..la ciencia, y *a* de salvación
Jer. 2.7 os introduje en tierra de *a*, para que
8.16 vinieron y devoraron la tierra y su *a*
31.14 el alma del sacerdote satisfaré con *a*
33.6 y les revelaré *a* de paz y de verdad
44.17 tuvimos *a* de pan, y estuvimos alegres
Ez. 16.49 y *a* de ociosidad tuvieron ella y sus
27.12 Tarsis comerciaba contigo por la *a* de
27.18 por la *a* de toda tu riqueza; con vino
Dn. 11.24 estando la provincia en..*a*, entrará
Os. 10.1 conforme a la *a* de su fruto..altares
Nah. 2.12 el león arrebataba en *a* para sus
Zac. 1.17 rebosarán mis ciudades con la *a* del
14.14 plata, y ropas de vestir, en gran *a*
Mal. 2.15 hizo..habiendo en él la *a* de espíritu?
Mt. 12.34; Lc. 6.45 de la *a* del corazón habla
Lc. 12.15 la vida..no consiste en la *a* de los
15.17 en casa de mi padre tienen *a* de pan
Jn. 10.10 tengan vida, y..que la tengan en *a*
Hch. 15.32 confirmaron a los..con *a* de palabras
20.2 exhortarles con *a* de palabras, llegó a
Ro. 5.17 los que reciben la *a* de la gracia y
15.29 con *a* de la bendición del evangelio
2 Co. 8.2 *a* de su gozo y su profunda pobreza
8.14 la *a* vuestra supla la escasez de ellos
8.14 la *a* de ellos supla la necesidad vuestra
Fil. 4.12 sé vivir humildemente, y sé tener *a*
4.12 para tener *a* como para padecer necesidad

ABUNDANCIA *(Continúa)*
Fil. 4.18 pero todo lo he recibido, y tengo *a*
Col. 3.16 la palabra de Cristo more en *a* en
1 Ti. 6.17 que nos da todas las cosas en *a* para
He. 6.14 te bendeciré con *a* y te multiplicaré
Stg. 1.21 desechando. . *a* de malicia, recibid con

ABUNDANTE
Éx. 36.7 tenían material *a* para hacer toda la
Sal. 68.9 *a* lluvia esparciste, oh Dios; a tu
107.37 siembran campos. . y rinden *a* fruto
130.7 hay misericordia, y *a* redención con él
Is. 30.23 dará pan del fruto. . será *a* y pingüe
Jer. 40.12 Mizpa; y recogieron vino y *a* frutos
Ez. 17.5 la plantó junto a aguas *a*, la puso
Dn. 4.12 y su fruto *a*, y había en él alimento
4.21 y su fruto *a*, y en que había alimento
Os. 10.1 Israel. . que da *a* fruto para sí mismo
Zac. 10.1 os dará lluvia *a*, y hierba verde en
Hch. 4.33 y *a* gracia era sobre todos ellos
1 Co. 12.24 dando más *a* honor al que le faltaba
2 Co. 7.15 cariño. . con vosotros es aun más *a*
8.20 cuanto a. . ofrenda *a* que administramos
11.23 yo más: en trabajos más *a;* en azotes
Ef. 2.7 mostrar. . las *a* riquezas de su gracia
1 Ti. 1.14 gracia de nuestro Señor fue más *a*

ABUNDANTEMENTE
1 S. 1.10 con amargura de alma oró. . y lloró *a*
Sal. 31.23 paga *a* al que procede con soberbia
132.15 bendeciré *a* su provisión; a. . pobres
Ef. 3.20 hacer todas las cosas mucho más *a* de
Tit. 3.6 derramó en nosotros *a* por Jesucristo
Stg. 1.5 el cual da a todos *a* y sin reproche

ABUNDAR
Dt. 30.9 te hará Jehová. . *abundar* en toda obra
Sal. 4.7 cuando *abundaba* su grano y su mosto
Ec. 5.7 *abundan* los sueños. . *a* las vanidades
Hch. 9.36 ésta *abundaba* en buenas obras y en
Ro. 3.7 verdad de Dios *abundó* para su gloria
5.15 *abundaron* mucho más para los muchos
5.20 la ley se. . para que el pecado *abundase*
5.20 el pecado *abundó*, sobreabundó la gracia
6.1 ¿perseveraremos en. . que la gracia *abunde?*
15.13 para que *abundéis* en esperanza por el
1 Co. 14.12 *abundar* en ellos para edificación
2 Co. 1.5 *abundan* en nosotros las aflicciones
1.5 así *abunda* también por el mismo Cristo
3.9 más *abundará* en gloria el ministerio de
4.15 *abundando* la gracia por medio de muchos
8.2 *abundaron* en riquezas de su generosidad
8.7 en todo *abundáis*, en fe, en palabra, en
8.7 ciencia. . *abundad* también en esta gracia
9.8 hacer que *abunde* en vosotros toda gracia
9.8 de que. . *abundéis* para toda buena obra
9.12 *abunda* en muchas acciones de gracias
Fil. 1.9 pido. . que vuestro amor *abunde* aun más
1.26 para que *abunde* vuestra gloria de mí
4.17 que busco fruto que *abunde* en vuestra
Col. 2.7 así *abundando* en acciones de gracias
1 Ts. 3.12 el Señor os haga. . *abundar* en amor
4.1 cómo. . conduciros. . así *abundéis* más y más
4.10 rogamos. . que *abundéis* en ello más y más
2 Ts. 1.3 el amor. . *abunda* para con los demás
2 P. 1.8 cosas están en vosotros, y *abundan*

ABUSAR
Jue. 19.25 entraron a ella, y *abusaron* de ella
1 Co. 9.18 para no *abusar* de mi derecho en el

ACAB
1. Rey de Israel
1 R. 16.28 Omri. . reinó en lugar suyo *A* su hijo
16.29 comenzó a reinar *A* hijo de Omri sobre
16.30 reinó *A* hijo de Omri. . *A*. . hizo lo malo
16.33 hizo también *A* una imagen de Asera
16.33 haciendo así. . *A* más que todos los reyes
17.1 dijo a *A:* Vive Jehová Dios de Israel, en
18.1 muéstrate a *A*, y yo haré llover sobre la
18.2 fue, pues, Elías a mostrarse a *A*
18.3 *A* llamó a Abdías su mayordomo. Abdías
18.5 dijo, pues, *A* a Abdías: Vé por el país
18.6 *A* fue por un camino, y Abdías. . por otro
18.9 que entregues a tu siervo en mano de *A*
18.12 y al venir yo y dar las nuevas a *A*, al
18.16 Abdías fue a. . *A*. . *A* vino a. . con Elías
18.17 cuando *A* vio a Elías, le dijo: ¿Eres tú
18.20 *A* convocó a todos los hijos de Israel
18.41 entonces Elías dijo a *A:* Sube, come y
18.42 *A* subió a comer y a beber. Y Elías
18.44 dí a *A:* Unce tu carro y desciende, para
18.45 lluvia. Y subiendo *A*, vino a Jezreel
18.46 y corrió delante de *A* hasta llegar a
19.1 *A* dio a Jezabel la nueva de todo lo que
20.2 envió mensajeros a la ciudad a *A* rey
20.13 un profeta vino a *A* rey de Israel, y
20.14 y respondió *A:* ¿Por mano de quién?
20.14 dijo *A:* ¿Quién comenzará la batalla?
20.33 Ben-adad entonces se presentó a *A*, y
20.34 yo, dijo *A*, te dejaré partir con este
21.1 una viña junto al palacio de *A* rey de
21.2 *A* habló a Nabot. . Dame tu viña para un
21.3 Nabot respondió a *A:* Guárdeme Jehová de
21.4 y vino *A* a su casa triste y enojado, por
21.8 ella escribió cartas en nombre de *A*, y
21.15 dijo a *A:* Levántate y toma la viña de
21.16 y oyendo *A* que Nabot era muerto, se
21.18 desciende a encontrarte con *A* rey de
21.20 y *A* dijo a Elías: ¿Me has hallado
21.21 hasta el último varón de la casa de *A*
21.24 el que de *A* fuere muerto en la ciudad
21.25 a la verdad ninguno fue como *A*, que se
21.27 cuando *A* oyó estas palabras, rasgó sus
21.29 ¿no has visto cómo *A* se ha humillado
22.20 ¿quién inducirá a *A*, para que suba y
22.39 los hechos de *A*, y todo lo que hizo
22.40 durmió *A* con sus padres, y reinó en su
22.41 comenzó. . en el cuarto año de *A* rey de
22.49 Ocozías hijo de *A* dijo a Josafat: Vayan
22.51 Ocozías hijo de *A* comenzó a reinar
2 R. 1.1 después de la muerte de *A*, se rebeló
3.1 hijo de *A* comenzó a reinar en Samaria
3.5 pero muerto *A*, el rey de Moab se rebeló
8.16 en el quinto año de Joram hijo de *A*, rey
8.18 y anduvo en el. . como hizo la casa de *A*
8.18 una hija de *A* fue su mujer; e hizo lo
8.25 en el año doce de Joram hijo de *A*, rey
8.27 anduvo en el camino de la casa de *A*
8.27 e hizo lo malo ante. . como la casa de *A*
8.27 malo. . porque era yerno de la casa de *A*
8.28 y fue a la guerra con Joram hijo de *A* a
8.29 descendió. . a visitar a Joram hijo de *A*
9.7 herirás la casa de *A* tu señor, para que
9.8 perecerá. . la casa de *A*, y destruiré de *A*
9.9 casa de *A* como la casa de Jeroboam hijo
9.25 cuando tú y yo íbamos con la gente de *A*
9.29 en el undécimo año de Joram hijo de *A*
10.1 tenía *A* en Samaria setenta hijos; y Jehú
10.1 Jehú escribió cartas. . a los ayos de *A*
10.10 que Jehová habló sobre la casa de *A*
10.11 mató entonces Jehú a. . de la casa de *A*
10.17 a todos los que habían quedado de *A* en
10.18 dijo: *A* sirvió poco a Baal, mas Jehú
10.30 hiciste a la casa de *A* conforme a todo
21.3 e hizo una imagen. . como había hecho *A*
21.13 extenderé. . la plomada de la casa de *A*
2 Cr. 18.1 Josafat. . contrajo parentesco con *A*
18.2 para visitar a *A*. . *A* mató muchas ovejas
18.3 dijo *A* rey de Israel a Josafat rey de
18.19 ¿quién inducirá a *A* rey de Israel para
21.6 y anduvo en el. . como hizo la casa de *A*
21.6 porque tenía por mujer a la hija de *A*
21.13 fornicase. . como fornicó la casa de *A*
22.3 anduvo en los caminos de la casa de *A*
22.4 hizo, pues, lo malo. . como la casa de *A*
22.5 fue a la guerra con Joram hijo de *A*, rey
22.6 visitar a Joram hijo de *A* en Jezreel
22.7 para que exterminara la familia de *A*
22.8 haciendo juicio. . contra la casa de *A*
Mi. 6.16 toda obra de la casa de *A;* y en los
2. Falso profeta, Jer. 29.21,22

ACABAR
Gn. 2.1 fueron, pues, *acabados* los cielos y la
2.2 *acabó* Dios en el día séptimo la obra que
6.16 y la *acabarás* a un codo de elevación
44.12 desde el mayor. . y *acabó* en el menor
47.15 *acabado* el dinero. . vino todo Egipto a
47.15 moriremos. . haberse *acabado* el dinero
47.16 ganados, si se ha *acabado* el dinero
47.18 *acabado* aquel año, vinieron a él el
47.18 que el dinero ciertamente se ha *acabado*
Éx. 5.13 *acabad* vuestra obra, la tarea de cada
39.32 fue *acabada*. . la obra del tabernáculo
40.33 erigió el atrio. . *acabó* Moisés la obra
Nm. 32.13 fue *acabada* toda aquella generación
Dt. 2.14 que se *acabó* toda la generación de los
2.15 para destruirlos de en. . hasta *acabarlos*
3.3 al cual derrotamos hasta *acabar* con todos
7.22 no podrás *acabar* con ellas en seguida
31.30 habló Moisés. . cántico hasta *acabarlo*
Jos. 3.16 que descendían al mar. . se *acabaron*
Jue. 19.9 he aquí el día se *acaba*, duerme aquí
Rt. 2.21 hasta que hayan *acabado* toda mi siega
2.23 estuvo, pues. . hasta que se *acabó* la siega
1 S. 9.7 el pan. . se ha *acabado*, y no tenemos
15.18 y hazles guerra hasta que los *acabes*
2 S. 3.35 que comiera antes que *acabara* el día
22.38 los destruiré, y no volveré. . *acabarlos*
1 R. 6.7 de piedras que traían ya *acabadas*, de
6.38 en el mes de Bul. . fue *acabada* la casa
7.22 y así se *acabó* la obra de las columnas
9.1 Salomón hubo *acabado* la obra de la casa
9.21 los hijos de Israel no pudieron *acabar*
11.16 hasta que hubo *acabado* con todo el sexo
14.10 barreré la posteridad de. . sea *acabado*
22.11 acornearás a los sirios hasta *acabarlos*
1 Cr. 27.24 comenzado a contar; pero no *acabó*
28.20 hasta que *acabes* toda la obra para el
2 Cr. 4.11 *acabó* Hiram la obra que hacía al rey
5.1 *acabada* toda la obra que hizo Salomón
8.16 hasta que la casa de Jehová fue *acabada*
20.23 hubieron *acabado*. . cada cual ayudó a su
29.34 les ayudaron hasta que *acabaron* la obra
31.1 los lugares altos. . hasta *acabarlo* todo
Esd. 9.1 *acabadas* estas cosas, los príncipes
Neh. 4.2 *¿acabarán* en un día? ¿Resucitarán de
Est. 8.11 matar, y *acabar* con. . fuerza armada
9.24 Pur. . para consumirlos y *acabar* con ellos
Job 6.9 que soltara su mano, y *acabara* conmigo!
23.14 *acabará* lo que ha determinado de mí
36.11 *acabarán* sus días en bienestar, y sus
Sal. 12.1 salva, oh. . se *acabaron* los piadosos
18.37 perseguí a. . y no volví hasta *acabarlos*
59.13 *acábalos* con furor, *a*, para que no sean
71.9 mi fuerza se *acabare*, no me desampares
77.8 ha *acabado* perpetuamente su promesa?
90.9 *acabamos* nuestros años. . un pensamiento
102.27 el mismo, y tus años no se *acabarán*
Is. 10.12 el Señor haya *acabado* toda su obra
10.25 se *acabará* mi furor y mi enojo, para
14.4 cómo *acabó* la ciudad codiciosa de oro!
24.8 se *acabó* el estruendo de los que se
27.10 allí tendrá su majada, y *acabará* sus
29.20 porque el violento será *acabado*, y el
38.13 de la mañana a la noche me *acabarás*
60.20 y los días de tu luto serán *acabados*
Jer. 9.16 enviaré espada. . hasta que los *acabe*
25.35 y se *acabará* la huida de los pastores
27.8 castigaré a tal nación. . que la *acabe* yo
44.8 que os *acabéis*, y seáis por maldición
49.7 se ha *acabado* el consejo de los sabios?
49.37 y enviaré. . espada hasta que los *acabe*
Lm. 2.22 crie y mantuve, mi enemigo los *acabó*
Ez. 6.6 vuestros ídolos. . quebrados y *acabarán*
28.12 de sabiduría, y *acabado* de hermosura
42.15 luego que *acabó* las medidas de la casa
43.27 *acabados* estos días, del octavo día en
Dn. 12.7 se *acabe* la dispersión del poder del
Zac. 4.9 sus manos la *acabarán;* y conocerás que
Mt. 26.1 *acabado* Jesús todas estas palabras
Lc. 2.43 *acabada* la fiesta, se quedó el niño
4.13 el diablo hubo *acabado* toda tentación
14.28 tiene lo que necesita para *acabarla?*
14.29 puesto el cimiento, y no pueda *acabarla*
14.30 comenzó a edificar, y no pudo *acabar*
Jn. 4.34 haga la voluntad. . y que *acabe* su obra
17.4 yo. . he *acabado* la obra que me diste que
Hch. 20.24 tal que *acabe* mi carrera con gozo
1 Co. 13.8 las profecías se *acabarán*, y cesarán
13.8 las lenguas, y la ciencia se *acabará*
13.10 entonces lo que es en parte se *acabará*
2 Co. 8.6 *acabe* también entre vosotros. . obra
Gá. 3.3 tan necios sois. . *acabar* por la carne?
Ef. 6.13 y habiendo *acabado* todo, estar firmes
2 Ti. 4.7 he *acabado* la carrera, he guardado la
He. 1.12 tú eres el mismo, y tus años no *acabarán*
4.3 las obras suyas estaban *acabadas* desde
Ap. 11.7 cuando hayan *acabado* su testimonio, la

ACACIA
Éx. 25.5 rojo, pieles de tejones, maderas de *a*
25.10 harán también un arca de madera de *a*
25.13 harás unas varas de madera de *a*, las
25.23 una mesa de madera de *a;* su longitud
25.28 harás las varas de maderas de *a*, y las
26.15 harás para el. . tablas de madera de *a*
26.26 cinco barras de madera de *a*, para las
26.32 sobre cuatro columnas de madera de *a*
26.37 y harás. . cinco columnas de madera de *a*
27.1 harás también un altar de madera de *a*
27.6 harás también. . varas de madera de *a*, las
30.1 un altar para. . de madera de *a* lo harás
30.5 harás las varas de madera de *a*, y las
35.7 de rojo, pieles de tejones, madera de *a*
35.24 todo el que tenía madera de *a* la traía
36.20 hizo. . tablas de madera de *a*, derechas
36.31 hizo también las barras de madera de *a*
36.36 él hizo cuatro columnas de madera de *a*
37.1 hizo. . Bezaleel el arca de madera de *a*
37.4 hizo también varas de madera de *a*, y las
37.10 hizo también la mesa de madera de *a*
37.15,28 hizo las varas de madera de *a*
37.25 hizo también el altar. . de madera de *a*
38.1 de madera de *a* el altar del holocausto
38.6 hizo las varas de madera de *a*, y las
Dt. 10.3 hice un arca de madera de *a*, y labré
Is. 41.19 daré en el desierto cedros, *a*. . olivos

ACAD *Ciudad de Sinar*, Gn. 10.10

ACAICO *Compañero de Pablo*, 1 Co. 16.17

ACALLAR
Sal. 62.1 en Dios solamente está *acallada* mi
131.2 y he *acallado* mi alma como un niño

ACAMPAR
Gn. 13.12 Abram *acampó* en la tierra de Canaán
20.1 Abraham. . *acampó* entre Cades y Shur, y
26.17 Isaac se. . y *acampó* en el valle de Gerar
31.25 Labán *acampó* con sus parientes en el
33.18 Siquem. . y *acampó* delante de la ciudad
Éx. 13.20 y partieron de Sucot y *acamparon* en
14.2 que den la vuelta y *acampen* delante de
14.2 delante de él *acamparéis* junto al mar
14.9 los alcanzaron *acampados* junto al mar

ACAMPAR *(Continúa)*
Éx. 15.27 Elim. . *acamparon* allí junto a las aguas
17.1 *acamparon* en Refidim; y no había agua
18.5 y Jetro vino a Moisés. . estaba *acampado*
19.2 *acamparon* en el desierto; y *acampó* allí
Nm. 1.50 y *acamparán* alrededor del tabernáculo
1.52 *acamparán* cada uno en su campamento, y
1.53 pero los levitas *acamparán* alrededor del
2.2 hijos de Israel *acamparán* cada uno junto
2.2 alrededor del tabernáculo de. . *acamparán*
2.3 éstos *acamparán* al oriente, al este. . Judá
2.5 junto a él *acamparán* los de la. . de Isacar
2.12 *acamparán* junto a él los de la. . de Simeón
2.17 el orden en que *acampan;* así marchará
2.27 junto a él *acamparán* los de la. . de Aser
2.34 así *acamparon* por sus banderas, y así
3.23 *acamparán* a espaldas del tabernáculo, al
3.29 las familias. . de Coat *acamparán* al lado
3.35 *acamparán* al lado del tabernáculo, al
3.38 que *acamparán* delante del tabernáculo al
9.17 donde la nube paraba, allí *acampaban*
9.18,20,23 al mandato de Jehová *acampaban*
9.18 la nube estaba. . permanecían *acampados*
9.22 Israel seguían *acampados,* y no se movían
10.5 moverán los que. . *acampados* al oriente
10.6 moverán. . los que están *acampados* al sur
10.31 tú conoces los. . donde hemos de *acampar*
12.16 y *acamparon* en el desierto de Parán
20.1 *acampó* el. . en Cades; y allí murió María
21.10 partieron. . Israel y *acamparon* en Obot
21.11 partiendo de. . *acamparon* en Ije-abarim
21.12 partieron. . y *acamparon* en el valle de
21.13 y *acamparon* al otro lado de Arnón, que
22.1 partieron. . y *acamparon* en los campos de
33.5 los hijos de Israel. . *acamparon* en Sucot
33.6 salieron de Sucot y *acamparon* en Etam
33.7 salieron. . *acamparon* delante de Migdol
33.8 anduvieron tres días. . *acamparon* en Mara
33.9 vinieron a Elim, donde. . y *acamparon* allí
33.10 de Elim y *acamparon* junto al Mar Rojo
33.11 Rojo y *acamparon* en el desierto de Sin
33.12 salieron. . de Sin y *acamparon* en Dofca
33.13 salieron de Dofca y *acamparon* en Alús
33.14 salieron de. . y *acamparon* en Refidim
33.15 y *acamparon* en el desierto de Sinaí
33.16 de Sinaí y *acamparon* en Kibrot-hataava
33.17 salieron de. . y *acamparon* en Hazerot
33.18 salieron de Hazerot y *acamparon* en
33.19 salieron de. . y *acamparon* en Rimón-peres
33.20 salieron de Rimón-peres *acamparon* en
33.21 salieron de Libna y *acamparon* en Rissa
33.22 salieron de. . y *acamparon* en Ceelata
33.23 de Ceelata y *acamparon* en el monte de
33.24 salieron. . Sefer y *acamparon* en Harada
33.25 salieron de. . y *acamparon* en Macelot
33.26 salieron de Macelot y *acamparon* en
33.27 salieron de Tahat y *acamparon* en Tara
33.28 salieron de Tara y *acamparon* en Mitca
33.29 salieron de. . y *acamparon* en Hasmona
33.30 salieron de. . y *acamparon* en Moserot
33.31 de Moserot y *acamparon* en Bene-jaacán
33.32 de Bene-jaacán y *acamparon* en el monte
33.33 monte de Gidgad y *acamparon* en Jotbata
33.34 salieron de Jotbata y *acamparon* en
33.35 salieron de. . y *acamparon* en Ezión-geber
33.36 salieron. . y *acamparon* en el desierto de
33.37 y *acamparon* en el monte de Hor, en la
33.41 salieron. . Hor y *acamparon* en Zalmona
33.42 salieron de Zalmona y *acamparon* en
33.43 salieron de Punón y *acamparon* en Obot
33.44 salieron de. . y *acamparon* en Ije-abarim
33.45 salieron de. . y *acamparon* en Dibón-gad
33.46 salieron. . *acamparon* en Almón-diblataim
33.47 y *acamparon* en los montes de Abarim
33.48 *acamparon* en los campos de Moab, junto
33.49 finalmente *acamparon* junto al Jordán
Dt. 1.33 reconoceros el lugar donde. . de *acampar*
Jos. 4.8 las pasaron al lugar donde *acamparon*
4.19 *acamparon* en Gilgal, al lado oriental de
5.10 los hijos de Israel *acamparon* en Gilgal
8.11 la gente de. . *acamparon* al norte de Hai
10.5 *acamparon* cerca de Gabaón, y pelearon
10.31 pasó. . a Laquis, y *acampó*. . la combatió
10.34 pasó. . Eglón; y *acamparon* cerca de ella
11.5 estos reyes. . *acamparon* unidos junto a
Jue. 6.4 *acampando*. . destruían los frutos de la
6.33 pasando *acamparon*. . el valle de Jezreel
7.1 *acamparon* junto a la fuente de Harod
10.17 y *acamparon* en Galaad. . y *a* en Mizpa
11.18 *acampó* al otro lado de Arnón, y no entró
11.20 *acampó* en Jahaza, y peleó contra Israel
15.9 los filisteos. . *acamparon* en Judá, y se
18.12 fueron y *acamparon* en Quiriat-jearim
1 S. 4.1 salió Israel. . *acampó* junto a Eben-ezer
4.1 salió. . los filisteos *acamparon* en Afec
11.1 subió. . y *acampó* contra Jabes de Galaad
13.5 y *acamparon* en Micmas, al oriente de
13.16 los filisteos habían *acampado* en Micmas
17.1 los filisteos. . *acamparon* entre Soco y
17.2 y *acamparon* en el valle de Ela, y se
26.3 y *acampó* Saúl en el collado de Haquila
26.5 vino al sitio donde Saúl había *acampado*
26.5 el pueblo. . *acampado* en derredor de él
28.4 vinieron y *acamparon* en Sunem; y Saúl
28.4 juntó a. . Israel, y *acamparon* en Gilboa
29.1 e Israel *acampó* junto a la fuente que
2 S. 12.28 *acampa* contra la ciudad y tómala
17.26 *acampó* Israel con Absalón en. . Galaad
24.5 *acamparon* en Aroer, al sur de la ciudad
1 R. 16.15 el pueblo había *acampado* contra
20.29 siete días estuvieron *acampados* los
20.27 *acamparon* los hijos de Israel delante
2 R. 18.17 y *acamparon* junto al acueducto del
1 Cr. 19.7 *acamparon* delante de Medeba. . Amón
2 Cr. 32.1 vino. . y *acampó* contra las ciudades
Esd. 8.15 junto al río. . *acampamos* allí 3 días
Job 19.12 y *acamparon* en derredor de mi tienda
Sal. 27.3 aunque un ejército *acampe* contra mí
34.7 el ángel de Jehová *acampa* alrededor de
Is. 7.19 vendrán y *acamparán*. . en los valles
22.7 los de a caballo *acamparon* a la puerta
29.3 porque *acamparé* contra ti alrededor, y
36.2 *acampó* junto al acueducto del estanque
Jer. 39.3 y *acamparon* a la puerta de en medio
50.29 arco; *acampad* contra ella alrededor
52.4 y *acamparon* contra ella, y. . baluartes
Lm. 4.6 sin que *acamparan* contra ella compañías
Jon. 4.5 salió. . y *acampó* hacia el oriente de la
Zac. 9.8 *acamparé* alrededor de mi casa como un

ACÁN
1. ***Hijo de Ezer (=Jaacán),*** **Gn. 36.27**
2. ***El que perturbó a Israel***
Jos. 7.1 prevaricación. . porque *A* hijo de Carmi
7.18 y fue tomado *A* hijo de Carmi, hijo de
7.19 Josué dijo a *A:* Hijo mío, da gloria a
7.20 y *A* respondió a Josué. . he pecado contra
7.24 tomaron a *A* hijo de Zera, el dinero, el
22.20 ¿no cometió *A* hijo de. . prevaricación
1 Cr. 2.7 hijo de Carmi fue *A*, el que perturbó

ACAPARAR
Pr. 11.26 al que *acapara* el grano, el pueblo

ACARICIAR
Gn. 26.8 vio a Isaac que *acariciaba* a Rebeca

ACARREADOR
Neh. 4.10 fuerzas de los *a* se han debilitado

ACARREAR
Nm. 5.18 aguas amargas que *acarrean* maldición
Neh. 4.17 que *acarreaban,* y los que cargaban
13.15 vi. . que *acarreaban* haces, y cargaban
Pr. 9.7 el que corrige al. . se *acarrea* afrenta
10.10 el que guiña el ojo *acarrea* tristeza
13.17 el mal mensajero *acarrea* desgracia; mas
13.17 mas el mensajero fiel *acarrea* salud
19.26 el que roba a su padre. . *acarrea* oprobio
Jer. 2.17 ¿no te *acarreó* esto el haber dejado
Ro. 13.2 *acarrean* condenación para sí mismos
1 Ti. 1.4 *acarrean* disputas más. . que edificación

ACATAR
Dn. 6.13 ni *acata* el edicto que confirmaste

ACAYA ***Provincia romana***
Hch. 18.12 pero siendo Galión procónsul de *A*
18.27 queriendo él pasar a *A*. . le animaron
19.21 ir. . después de recorrer Macedonia y *A*
Ro. 15.26 *A* tuvieron a bien hacer una ofrenda
16.5 Epeneto. . primer fruto de *A* para Cristo
1 Co. 16.15 la familia de. . es la primicia de *A*
2 Co. 1.1 todos los santos que están en toda *A*
9.2 que *A* está preparada desde el año pasado
11.10 esta mi gloria en las regiones de *A*
1 Ts. 1.7 habéis sido ejemplo a todos los de. . *A*
1.8 divulgada la palabra. . no sólo en. . y *A*

ACAZ
1. ***Rey de Israel, hijo y sucesor de Jotam***
2 R. 15.38 durmió. . reinó en su lugar *A* su hijo
16.1 año 17 de Peka. . comenzó a reinar *A*
16.2 cuando comenzó a reinar *A* era de 20 años
16.5 para hacer guerra y sitiar a *A;* mas no
16.7 *A* envió embajadores a Tiglat-pileser rey
16.8 tomando *A* la plata. . que se halló en la
16.10 después fue el rey *A* a encontrar a
16.10 vio. . *A* el altar que estaba en Damasco
16.11 conforme a todo lo que el rey *A* había
16.11 entre tanto. . el rey *A* venía de Damasco
16.15 el rey *A* al sacerdote Urías, diciendo
16.16 hizo. . las cosas que el rey *A* le mandó
16.17 cortó el rey *A*. . tableros de las basas
16.19 los demás hechos que puso por obra *A*
16.20 durmió el rey *A* con sus padres, y fue
17.1 el año duodécimo de *A*. . comenzó a reinar
18.1 año comenzó a reinar Ezequías hijo de *A*
20.11 que había descendido en el reloj de *A*
23.12 los altares. . sobre la azotea de. . de *A*
1 Cr. 3.13 hijo de éste fue *A*, del que fue hijo
2 Cr. 28.1 de 20 años era *A*. . comenzó a reinar
28.9 Jotam. . y reinó en su lugar *A* su hijo
28.16 envió a pedir. . *A* a los reyes de Asiria
28.19 humillado a Judá por causa de *A* rey de
28.21 que despojó *A* la casa de Jehová, y la
28.22 además el rey *A*. . añadió mayor pecado
28.24 recogió *A* los utensilios de la casa de
28.27 durmió *A* con sus padres, y lo sepultaron
29.19 los utensilios que. . desechado el rey *A*
Is. 1.1 la cual vio. . en días de Uzías, Jotam, *A*
7.1 aconteció en los días de *A* hijo de Jotam
7.3 sal al encuentro de *A*, tú, y Sear-jasub
7.10 habló también Jehová a *A*, diciendo
7.12 respondió *A:* No pediré, y no tentaré a
14.28 en el año que murió el rey *A* fue esta
38.8 haré volver la sombra. . en el reloj de *A*
Os. 1.1 en días de *A* y Ezequías, reyes de Judá
Mi. 1.1 palabra de Jehová. . en días de Jotam, *A*
Mt. 1.9 engendró a. . Jotam a *A*, y *A* a Ezequías
2. ***Descendiente del rey Saúl,*** **1 Cr. 8.35,36; 9.41,42**

ACBOR
1. ***Padre de Baal-hanán, rey de Edom,*** **Gn. 36.38,39; 1 Cr. 1.49**
2. ***Un enviado del rey Josías (=Abdón No. 5),*** **2 R. 22.12,14**
3. ***Padre de Elnatán (posiblemente =No. 2),*** **Jer. 26.22; 36.12**

ACCEDER
Hch. 18.20 quedase con ellos. . mas no *accedió*
Gá. 2.5 por un momento *accedimos* a someternos

ACCESO
Ef. 3.12 en quien tenemos. . y *a* con confianza

ACCIDENTE
Jos. 20.3 el homicida que matare. . por *a* y no
20.5 por cuanto hirió a su prójimo por *a*, y
20.9 cualquiera que hiriese a alguno por *a*
1 S. 6.9 no es su mano. . que esto ocurrió por *a*

ACCIÓN
Gn. 44.15 ¿qué *a* es esta que habéis hecho?
Lv. 7.12 se ofreciere en *a* de gracias, ofrecerá
7.12 ofrecerá por sacrificio de *a* de gracias
7.13 en el sacrificio de *a* de gracias de paz
7.15 la carne. . en *a* de gracias se comerá en
22.29 sacrificio de *a* de gracias a Jehová, lo
1 S. 2.3 es Jehová, y a él toca el pesar las *a*
Neh. 11.17 el que empezaba las. . *a* de gracias
12.46 para los cánticos. . *a* de gracias a Dios
Sal. 26.7 para exclamar con voz de *a* de gracias
100.4 entrad por. . puertas con *a* de gracias
Jer. 30.19 saldrá de ellos *a* de gracias, y voz
33.11 voz de los que traigan ofrenda de *a* de
1 Co. 5.2 fuese quitado. . el que cometió tal *a?*
14.16 ¿cómo dirá el amén a tu *a* de gracias?
2 Co. 4.15 la *a* de gracias sobreabunde para
9.11 la cual produce. . *a* de gracias a Dios
9.12 abunda en muchas *a* de gracias a Dios
Ef. 5.4 no convienen. . antes bien *a* de gracias
Col. 2.7 enseñados, abundando en *a* de gracias
4.2 en la oración, velando. . con *a* de gracias
1 Ts. 3.9 ¿qué *a* de gracias podremos dar a Dios
2 Ts. 2.7 porque ya está en *a* el misterio de
1 Ti. 2.1 *a* de gracias, por todos los hombres
4.3 con *a* de gracias participasen de ellos
4.4 es bueno. . si se toma con *a* de gracias
Ap. 4.9 dan *a* de gracias al que está sentado
7.12 y la *a* de gracias. . sean a nuestro Dios
19.8 lino fino es las *a* justas de los santos

ACECHAR
Dt. 19.11 aborreciere. . prójimo y lo *acechare*
Jue. 16.2 *accecharon* toda aquella noche a la
1 S. 22.8 que me *aceche*, tal como lo hace hoy
22.13 para que. . *acechase*, como lo hace hoy
2 S. 16.11 mi hijo. . *acecha* mi vida; ¿cuánto más
Job 31.9 si estuve *acechando* a la puerta de mi
38.40 se están en sus guaridas para *acechar?*
39.29 desde allí *acecha* la presa; sus ojos
Sal. 10.8 sus ojos están *acechando* al desvalido
10.9 *acecha* en oculto, como el león desde su
10.9 cueva; *acecha* para arrebatar al pobre
37.32 *acecha* el impío al justo, y procura
56.6 pasos, como quienes *acechan* a mi alma
59.3 porque he aquí están *acechando* mi vida
71.10 los que *acechan* mi alma consultaron
Pr. 1.11 ven. . *acechemos* sin motivo al inocente
7.12 está. . *acechando* por todas las esquinas
23.28 también ella, como robador, *acecha*
24.15 impío, no *aceches* la tienda del justo
Jer. 5.6 lobo. . leopardo *acechará* sus ciudades
5.26 *acechaban* como quien pone lazos. . cazar
Lm. 3.10 fue para mí como oso que *acecha*, como
Os. 13.7 como un leopardo en el. . los *acecharé*
Mi. 7.2 todos *acechan* por sangre; cada cual
Mr. 3.2 *acechaban* para ver si en. . le sanaría
6.19 pero Herodías le *acechaba*, y deseaba
Lc. 6.7 *acechaban*. . ver si en el día de reposo
11.54 *acechándole*, y procurando. . acusarle
14.1 habiendo entrado. . éstos le *acechaban*
20.20 y *acechándole* enviaron espías que se
Hch. 23.21 de 40 hombres de ellos le *acechan*

ACECHO
Jue. 16.9 tenía hombres en *a* en el aposento
Sal. 10.8 se sienta en *a* cerca de las aldeas

ACEITE
Gn. 28.18 la alzó. . y derramó *a* encima de ella
35.14 erigió una señal. . y echó sobre ella *a*
Éx. 25.6 *a* para el alumbrado, especias para el
25.6 especias para el *a* de la unción y para
27.20 mandarás. . te traigan *a* puro de olivas
29.2 y tortas sin levadura amasadas con *a*
29.2 y hojaldres sin levadura untadas con *a*
29.7 luego tomarás el *a* de la unción, y lo
29.21 el *a* del la unción, rociarás sobre Aarón
29.23 una torta de pan de *a*, y una hojaldre
29.40 amasada. . la cuarta parte de un hin de *a*
30.24 de casia quinientos. . *a* de olivas un hin
30.25 el *a* de. . será el *a* de la unción santa
30.31 este será mi *a* de la santa unción por
31.11 el *a* de la unción, y el incienso para
35.8 *a*. . alumbrado, especias para el *a* de la
35.14 sus lámparas, y el *a* para el alumbrado
35.15 el altar. . *a* de la unción, el incienso
35.28 el *a* para el alumbrado. . *a* de la unción
37.29 el *a* santo de la unción, y el incienso
39.37 sus utensilios, el *a* para el alumbrado
39.38 altar. . el *a* de la unción, el incienso
40.9 tomarás el *a* de la unción y ungirás el
Lv. 2.1 flor de harina, sobre la cual echará *a*
2.2 puño lleno de la flor de harina y del *a*
2.4 tortas de flor de harina amasadas con *a*
2.4 y hojaldres sin levadura untadas con *a*
2.5 será de flor de harina sin. . amasada con *a*
2.6 piezas, y echarás sobre ella *a*; es ofrenda
2.7 la ofrenda. . hará de flor de harina con *a*
2.15 pondrás sobre ella *a* y. . incienso; es
2.16 hará arder. . parte del grano. . y del *a*
5.11 no pondrá sobre ella *a*, ni. . incienso
6.15 tomará. . su *a*, y todo el incienso que
6.21 en sartén se preparará con *a*; frita la
7.10 y toda ofrenda amasada con *a*, o seca
7.12 tortas sin levadura amasadas con *a*, y
7.12 hojaldres sin levadura untadas con *a*
7.12 harina frita en tortas amasadas con *a*
8.2 toma. . las vestiduras, el *a* de la unción
8.10 tomó Moisés el *a* de la unción y ungió
8.12 derramó del *a*. . sobre la cabeza de Aarón
8.26 tomó una torta. . una torta de pan de *a*
8.30 luego tomó Moisés del *a* de la unción
9.4 un carnero. . y una ofrenda amasada con *a*
10.7 el *a* de la unción. . está sobre vosotros
14.10 ofrenda amasada con *a*, y un log de *a*
14.12 ofrecerá por la culpa, con el log de *a*
14.15 tomará del log de *a*. . y lo echará sobre
14.16 dedo derecho en el *a*. . esparcirá del *a*
14.17,18 de lo que quedare del *a* que tiene
14.21 de harina amasada con *a* para ofrenda
14.21 flor de harina amasada. . y un log de *a*
14.24 el log de *a*, y los mecerá el sacerdote
14.26 echará. . *a* sobre la palma de su mano
14.27 el sacerdote rociará del *a* que tiene
14.28 pondrá del *a*. . el lóbulo de la oreja
14.29 lo que sobre del *a*. . lo pondrá sobre la
21.10 sobre cuya cabeza fue derramado el *a*
21.12 consagración por el *a*. . está sobre él
23.13 ofrenda. . flor de harina amasada con *a*
24.2 que te traigan para el alumbrado *a* puro
Nm. 4.9 sus utensilios del *a* con que se sirve
4.16 a cargo de Eleazar. . el *a* del alumbrado
4.16 la ofrenda continua y el *a* de la unción
5.15 no echará sobre ella *a*, ni pondrá sobre
6.15 tortas. . amasadas con *a*. . untadas con *a*
7.13,19,25,31,37,43,49,55,61,67,73,79 flor de harina amasada con *a*
8.8 ofrenda de flor de harina amasada con *a*
11.8 su sabor era como sabor de *a* nuevo
15.4 efa. . con la cuarta parte de un hin de *a*
15.6 ofrenda. . flor de harina, amasada con. . *a*
15.9 amasada con la mitad de un hin de *a*
18.12 de *a*, de mosto y de trigo. . escogido
28.5 de harina, amasada con. . de *a* de olivas
28.9,12(2),13,20,28; 29.3,9,14 flor de harina amasada con *a*
35.25 el cual fue ungido con el *a* santo
Dt. 7.13 bendecirá. . tu *a*, la cría de tus vacas
8.8 trigo. . tierra de olivos, de *a* y de miel
11.14 y recogerás tu grano, tu vino y tu *a*
12.17 el diezmo. . de tu *a*, ni las primicias
14.23 el diezmo. . de tu *a*, y las primicias de
18.4 las primicias de. . de tu vino y de tu *a*
28.40 olivos en. . mas no te ungirás con el *a*
28.51 no te dejará. . mosto, ni *a*, ni la cría
32.13 hizo que chupase. . *a* del duro pedernal
33.24 bendito. . sea Aser, y moje en *a* su pie
Jue. 9.9 ¿he de dejar mi *a*, con el cual en mí
1 S. 10.1 tomando. . Samuel una redoma de *a*, la
16.1 llena tu cuerno de *a*, y. . te enviaré a
16.13 Samuel tomó el cuerno. . *a*, y lo ungió
2 S. 1.21 como si no hubiera sido ungido con *a*
1 R. 1.39 tomando. . Sadoc el cuerno del *a* del
5.11 daba a Hiram. . veinte coros de *a* puro
17.12 tengo. . y un poco de *a* en una vasija
17.14 ni el *a* de la vasija disminuirá, hasta
17.16 la harina. . ni el *a* de la vasija menguó
2 R. 4.2 ninguna cosa. . sino una vasija de *a*
4.5 traían las vasijas, y ella echaba del *a*
4.6 no hay más vasijas. Entonces cesó el *a*
4.7 y vende el *a*, y paga a tus acreedores
9.1 toma esta redoma de *a* en tu mano, y vé
9.3 toma luego la redoma de *a*, y derrámala
9.6 y el otro derramó el *a* sobre su cabeza
18.32 tierra. . de *a*, y de miel; y viviréis
1 Cr. 9.29 tenían el cargo. . del vino, del *a*
12.40 trajeron. . pasas, vino y *a*, y bueyes
27.28 de los. . de los almacenes del *a*, Joás
2 Cr. 2.10 de vino, y veinte mil batos de *a*
2.15 envíe mi señor. . cebada, y *a* y vino, que
11.11 fortalezas, y puso en ellas. . vino y *a*
31.5 primicias de grano, vino, *a*, miel, y de
32.28 hizo depósitos para las rentas. . del *a*
Esd. 3.7 y dieron. . *a* a los sidonios y tirios
6.9 vino y *a*, conforme a lo que dijeren los
7.22 y cien batos de *a*; y sal sin medida
Neh. 5.11 centésima parte del dinero. . y del *a*
10.37 primicias. . del *a*, para los sacerdotes
10.39 la ofrenda del grano, del vino y del *a*
13.5 guardaban. . el diezmo. . del vino y del *a*
13.12 todo Judá trajo el diezmo. . y del *a*, a
Job 24.11 dentro de sus paredes exprimen el *a*
29.6 y la piedra me derramaba ríos de *a*!
Sal. 23.5 unges mi cabeza con *a*; mi copa está
55.21 suaviza sus palabras más que el *a*, mas
92.10 mis fuerzas. . seré ungido con *a* fresco
104.15 el *a* que hace brillar el rostro, y el
109.18 entró como agua en. . *a* en sus huesos
Pr. 5.3 y su paladar es más blando que el *a*
21.20 tesoro. . y *a* hay en la casa del sabio
27.16 como. . sujetar el *a* en la mano derecha
Is. 1.6 no están. . vendadas, ni suavizadas con *a*
Jer. 31.12 al pan, al vino, al *a*, y al ganado
40.10 tomad el. . el *a* y ponedlo en vuestros
41.8 tesoros de trigos y cebadas y *a* y miel
Ez. 16.9 lavé tus sangres de. . y te ungí con *a*
16.13 comiste flor de harina de trigo. . y *a*
16.18 y mi *a* y mi. . pusiste delante de ellas
16.19 el *a* y la miel, con que yo te mantuve
23.41 sobre ella pusiste mi incienso y mi *a*
27.17 con trigos. . *a* y resina negociaban en
32.14 correr sus ríos como *a*, dice Jehová
45.14 ordenanza para el *a* será. . un bato de *a*
45.24 ofrecerá. . y por cada efa un hin de *a*
45.25 en cuanto al presente y en cuanto al *a*
46.5 por ofrenda. . y un hin de *a* con el efa
46.7,11 ofrenda. . un hin de *a* con cada efa
46.14 la tercera parte de un hin de *a* para
46.15 ofrecerán, pues. . y la ofrenda y el *a*
Os. 2.5 que me dan. . mi lino, mi *a* y mi bebida
2.8 que yo le daba el trigo. . el vino y el *a*
2.22 y la tierra responderá. . al vino y al *a*
12.1 hicieron pacto. . el *a* se lleva a Egipto
Jl. 1.10 trigo. . secó el mosto, se perdió el *a*
2.19 yo os envío pan, mosto y *a*, y seréis
2.24 y los lagares rebosarán de vino y *a*
Mi. 6.7 se agradará. . de diez mil arroyos de *a*?
6.15 aceitunas, mas no te ungirás con el *a*
Hag. 1.11 llamé la sequía. . sobre el *a*, sobre
2.12 tocare pan. . *a*, o cualquier otra comida
Zac. 4.12 tubos de. . vierten de sí *a* como oro?
Mt. 25.3 las insensatas. . no tomaron consigo *a*
25.4 las prudentes tomaron *a* en sus vasijas
25.8 dijeron. . Dadnos de vuestro *a*; porque
Mr. 6.13 ungían con *a* a muchos enfermos, y los
Lc. 7.46 no ungiste mi cabeza con *a*; mas ésta
10.34 vendó sus heridas, echándoles *a* y vino
16.6 él dijo: Cien barriles de *a*. Y le dijo
Stg. 5.14 ungiéndole con *a* en el nombre del
Ap. 6.6 por un denario; pero no dañes el *a* ni
18.13 *a*, flor de harina, trigo, bestias

ACEITUNA
Dt. 28.40 mas no te ungirás con. . tu *a* se caerá
Mi. 6.15 pisarás *a*, mas no te ungirás con el
Stg. 3.12 ¿puede acaso la higuera producir *a*

ACÉLDAMA *"Campo de sangre"*, Hch. 1.19

ACEPCIÓN
Dt. 10.17 que no hace *a* de personas, ni toma
16.19 no hagas *a* de personas, ni. . soborno
2 Cr. 19.7 con Jehová. . no hay. . *a* de personas
Job 13.8 ¿haréis *a* de personas a su favor?
13.10 si solapadamente hacéis *a* de personas
32.21 no haré ahora *a* de personas, ni usaré
34.19 a aquel que no hace *a* de personas de
Pr. 24.23 hacer *a* de personas en. . no es bueno
28.21 hacer *a* de personas no es bueno; hasta
Mal. 2.9 y en la ley hacéis *a* de personas
Lc. 20.21 que no haces *a* de persona, sino que
Hch. 10.34 que Dios no hace *a* de personas
Ro. 2.11 no hay *a* de personas para con Dios
Gá. 2.6 importa; Dios no hace *a* de personas
Ef. 6.9 y que para él no hay *a* de personas
Col. 5.25 hiciere, porque no hay *a* de personas
Stg. 2.1 vuestra fe en. . sea sin *a* de personas
2.9 pero si hacéis *a* de personas, cometéis
1 P. 1.17 que sin *a* de personas juzga según la

ACEPTABLE
Lv. 22.29 lo sacrificaréis de manera que sea *a*
Is. 49.8 así dijo Jehová: En tiempo *a* te oí
Jer. 6.20 vuestros holocaustos no son *a*, ni
2 Co. 6.2 en tiempo *a*. . aquí ahora el tiempo *a*
1 P. 2.5 para ofrecer sacrificios. . *a* a Dios

ACEPTAR
Gn. 25.21 lo *aceptó* Jehová, y concibió Rebeca
33.10 *acepta* mi presente, porque he visto tu
33.11 *acepta*, te ruego, mi presente que te
Éx. 22.11 su dueño lo *aceptará*. . otro no pagará
Lv. 1.4 será *aceptado* para expiación suya
22.19 que sea *aceptado*, ofreceréis macho sin
22.21 para que sea *aceptado* será sin defecto
22.25 en ellos defecto, no se os *aceptarán*
Jue. 13.23 si. . nos quisiera matar, no *aceptaría*
1 S. 26.19 si Jehová te incita. . *acepte* él la
2 R. 5.16 dijo: Vive Jehová. . no lo *aceptaré*
5.16 y le instaba que *aceptara* alguna cosa
Est. 4.4 envió vestidos. . mas él no los *aceptó*
9.23 judíos *aceptaron*. . lo que les escribió
Job 34.33 te retribuirá. . rehúses, ora *aceptes*
42.9 dijo; y Jehová *aceptó* la oración de Job
Sal. 20.3 haga memoria. . y *acepte* tu holocausto
82.2 *aceptaréis* las personas de los impíos?
Pr. 6.35 no *aceptará* ningún rescate, ni querrá
Jer. 14.12 y cuando ofrezcan. . no lo *aceptaré*
42.2 *acepta* ahora nuestro ruego delante de
Ez. 20.40 allí los *aceptaré*, y allí demandaré
20.41 como incienso agradable os *aceptaré*
Dn. 4.27 *acepta* mi consejo; tus pecados redime
Os. 14.2 quita toda iniquidad, y *acepta* el bien
Mal. 1.10 ni de vuestra mano *aceptaré* ofrenda
1.13 ¿*aceptaré* yo eso de vuestra mano? dice
2.13 no miraré. . para *aceptarla* con gusto de
2 Co. 11.4 otro evangelio que el que. . *aceptado*
He. 11.35 no *aceptando* el rescate, a fin de
3 Jn. 7 salieron. . sin *aceptar*. . de los gentiles

ACEPTO
Gn. 32.20 veré su rostro; quizá le seré *a*
Lv. 7.18 el que lo ofreciere no será *a*, ni le
19.5 ofrecedlo de tal manera que seáis *a*
19.7 si se comiere el día tercero. . no será *a*
22.20 cosa en que haya defecto. . no será *a*
22.23 que tenga. . en pago de voto no será *a*
22.27 desde el octavo. . será *a* para ofrenda
23.11 mecerá la gavilla. . para que seáis *a*
1 S. 2.26 el joven Samuel. . *a* delante de Dios
18.5 y era *a* a los ojos de todo el pueblo
Is. 56.7 sacrificios serán *a* sobre mi altar
Ez. 43.27 y me seréis *a*, dice Jehová el Señor
Mal. 1.8 ¿acaso. . agradará de ti, o le serás *a*?
Lc. 4.24 ningún profeta es *a* en su. . tierra
Ro. 15.31 que. . ofrenda de mi servicio. . sea *a*
1 Co. 8.8 vianda no nos hace más *a* ante Dios
2 Co. 8.12 *a* según lo que uno tiene, no según
Ef. 1.6 con la cual nos hizo *a* en el Amado
Fil. 4.18 fragante, sacrificio *a*, agradable a

ACERCAR
Gn. 18.23 *acercó* Abraham y dijo: ¿Destruirás
19.9 y se *acercaron* para romper la puerta
27.21 *acércate* ahora, y te palparé, hijo mío
27.22 se *acercó* Jacob a su padre. . le palpó
27.25 *acércamela*, y comeré de la caza de mi
27.25 y Jacob se la *acercó*, e Isaac comió
27.26 *acércate* ahora, y bésame, hijo mío
27.27 y Jacob se *acercó*, y lo besó, y olió
29.10 se *acercó* Jacob y removió la piedra de
43.19 se *acercaron* al mayordomo de la casa
44.18 entonces Judá se *acercó* a él, y dijo
45.4 *acercaos* ahora a mí. Y. . se *acercaron*
48.9 y él dijo: *Acércalos* ahora a mí, y los
48.10 los hizo, pues *acercarse* a él, y los
48.13 tomó José a ambos. . y los *acercó* a él
Éx. 3.5 no te *acerques*; quita tu calzado de tus
14.10 cuando Faraón se hubo *acercado*, los
14.20 nunca se *acercaron*. . unos a los otros
16.9 dí. . *Acercaos* a la presencia de Jehová
19.22 los sacerdotes que se *acercan* a Jehová
20.21 Moisés se *acercó* a la oscuridad en la
24.2 Moisés solo se *acercará* a Jehová, y
24.2 ellos no se *acerquen*, ni suba el pueblo
28.43 se *acerquen* al altar para servir en
29.8 harás que se *acerquen* sus hijos, y les
30.20 se *acerquen* al altar para ministrar
32.1 se *acercaron*. . a Aarón, y le dijeron
34.30 y tuvieron miedo de *acercarse* a él
34.32 se *acercaron* todos los hijos de Israel
40.14 se *acerquen* sus hijos, y les vestirás
40.32 y cuando se *acercaban* al. . se lavaban
Lv. 8.6 Moisés hizo *acercarse* a Aarón y a sus
8.13,24 hizo *acercarse* los hijos de Aarón
9.7 *acércate* al altar, y haz tu expiación y
9.8 se *acercó* Aarón al altar y degolló el
10.3 los que a mí se *acercan* me santificaré
10.4 *acercaos* y sacad a vuestros hermanos de
10.5 y ellos se *acercaron* y los sacaron con
16.1 cuando se *acercaron* delante de Jehová
21.17 se *acercará* para ofrecer el pan de su
21.18,21 en el cual haya defecto se *acercará*

ACERCAR *(Continúa)*
Lv. 21.21 no se *acercará* a ofrecer el pan de su
21.23 pero no se *acercará* tras el velo, ni
21.23 ni se *acercará* al altar..hay defecto
22.3 varón..se *acercare* a las cosas sagradas
Nm. 1.51 y el extraño que se *acercare* morirá
3.6 haz que se *acerque* la tribu de Leví, y
3.10,38 el extraño que se *acercare*, morirá
4.19 cuando se *acerquen* al lugar santísimo
5.16 el sacerdote hará que ella se *acerque*
6.6 aparte..no se *acercará* a persona muerta
8.9 que los levitas se *acerquen* delante del
8.10 y cuando hayas *acercado* a los levitas
8.19 *acercarse* los..de Israel al santuario
16.5 hará que se *acerque* a él..lo *acercará*
16.9 *acercándoos* a él para que ministréis
16.10 y que te hizo *acercar* a ti, y a todos
16.17 y *acercaos* delante de Jehová cada uno
16.40 ningún extraño..se *acerque* para ofrecer
17.13 cualquiera que se *acercare*, el..morirá
18.2 se *acerquen* a ti y se junten contigo
18.3 no se *acercarán* a los utensilios santos
18.4 ningún extraño se..*acercar* a vosotros
18.7 y el extraño que se *acercare*, morirá
18.22 no se *acercarán*..los hijos de Israel
Dt. 2.19 cuando te *acerques* a..hijos de Amón
4.11 os *acercasteis* y os..al pie del monte
5.27 *acércate* tú, y oye todas las cosas que
20.2 cuando os *acerquéis* para combatir, se
20.10 cuando te *acerques* a una ciudad para
25.9 se *acercará*..su cuñada a él delante de
25.11 *acercare* la mujer de uno para librar
31.14 se ha *acercado* el día de tu muerte
Jos. 3.4 haya distancia como..no os *acercaréis*
3.9 dijo a..de Israel: *Acercaos*, y escuchad
7.14 os *acercaréis*..y la tribu..se *acercará*
7.14 la familia..se *acercará*..la casa..se *a*
7.16 hizo *acercar* a Israel por sus tribus
7.17 *acercar* a la tribu..*a* a la familia de
7.18 hizo *acercar* su casa por los varones
8.5 yo y todo..nos *acercaremos* a la ciudad
8.11 la gente de guerra..subió y se *acercó*
10.24 *acercaos*, y poned vuestros pies sobre
10.24 ellos se *acercaron* y pusieron sus pies
Jue. 3.20 se le *acercó* Aod, estando él sentado
4.21 pero Jael..se le *acercó* calladamente y
16.26 *acércame*, y hazme palpar las columnas
20.24 se *acercaron* los hijos de Israel contra
20.34 no sabían..ya el desastre se *acercaba*
1 S. 9.18 *acercándose*, pues, Saúl a Samuel en
10.20 se *acercasen* todas las tribus de Israel
14.36 dijo luego..*Acerquémonos* aquí a Dios
17.41 el filisteo venía..*acercándose* a David
30.7 me *acerques* el efod. Y Abiatar *acercó* el
2 S. 10.13 se *acercó* Joab, y el pueblo que con
11.20 ¿por qué os *acercasteis* demasiado a la
11.21 ¿por qué os *acercasteis* tanto al muro
15.5 alguno se *acercaba* para inclinarse a él
18.25 en tanto que él venía *acercándose*
20.17 cuando él se *acercó* a..dijo la mujer
1 R. 18.21 *acercándose* Elías a todo el pueblo
18.30 *acercaos* a mí..el pueblo se le *acercó*
18.36 *acercó* el profeta Elías y dijo: Jehová
20.39 se me *acercó* un soldado y me trajo un
22.24 se *acercó* Sedequías..golpeó a Micaías
2 R. 2.5 se *acercaron* a Eliseo los hijos de los
4.27 y se *acercó* Giezi para quitarla; pero
5.13 mas sus criados se le *acercaron* y le
16.12 se *acercó* el rey..ofreció sacrificios
16.14 e hizo *acercar* el altar de bronce que
1 Cr. 19.14 se *acercó* Joab..para pelear contra
2 Cr. 18.23 Sedequías..se le *acercó* y golpeó
29.23 hicieron *acercar*..los machos cabríos
29.31 *acercaos*..y presentad sacrificios y
Job 33.22 su alma se *acerca* al sepulcro, y su
40.19 hacer que su espada a él se *acerque*
41.13 ¿quién se *acercará* a él con su freno
Sal. 32.9 freno, porque si no, no se *acercan*
69.18 *acércate* a mi alma, redímela; líbrame
73.28 a mí, el *acercarme* a Dios es el bien
101.3 ninguno de ellos se *acercará* a mí
119.150 se *acercaron* a la maldad los que
Pr. 5.8 no te *acerques* a la puerta de su casa
Ec. 5.1 *acércate* más para oír que..ofrecer el
Is. 5.19 *acérquese*, y venga el consejo del
26.17 la mujer encinta cuando se *acerca* el
29.13 este pueblo se *acerca* a mí con su boca
34.1 *acercaos*, naciones, juntaos para oír
41.1 *acérquense*, y entonces hablen; estemos
45.21 proclamad, y hacedlos *acercarse*..todos
46.13 haré que se *acerque* mi justicia; no
48.16 *acercaos*..oíd esto: desde el principio
50.8 ¿quién es el adversario..*Acérquese* a mí
54.14 y de temor, porque no se *acercará* a ti
58.2 piden..juicios, y quieren *acercarse* a
65.5 no te *acerques*..soy más santo que tú
Jer. 30.21 haré llegar cerca, y él se *acercará*
30.21 ¿quién es..se atreve a *acercarse* a mí?
Lm. 3.57 te *acercaste* el día que te invoqué
4.18 se *acercó* nuestro fin, se cumplieron
Ez. 7.12 el tiempo ha venido, se *acercó* el día
9.6 el cual hubiere señal, no os *acercaréis*
12.23 se han *acercado* aquellos días, y el
22.4 has hecho *acercar* tu día, y has llegado
42.13 los sacerdotes que se *acercan* a Jehová
42.14 se *acercarán* a lo que es del pueblo
43.19 los sacerdotes..que se *acerquen* a mí
44.13 no se *acercarán* a mí para servirme como
44.13 ni se *acercarán* a..de mis cosas santas
44.15 se *acercarán* para ministrar ante mí
44.16 se *acercarán* a mi mesa para servirme
44.25 no se *acercarán* a hombre muerto para
45.4 se *acercarán* para ministrar a Jehová
Dn. 3.26 Nabucodonosor se *acercó* a la puerta
6.20 y *acercándose* al foso llamó a voces a
7.13 y le hicieron *acercarse* delante de él
7.16 me *acerqué* a uno de los que asistían
Jl. 3.9 *acérquense*, vengan todos los hombres
Am. 6.3 malo, y *acercáis* la silla de iniquidad
6.7 y se *acercará* el duelo de los que se
9.10 no se *acercará*, ni nos alcanzará el mal
Jon. 1.6 el patrón de la nave se le *acercó* y
Hab. 2.15 ¡ay de ti, que le *acercas* tu hiel
Sof. 3.2 no confió en..no se *acercó* a su Dios
Mt. 3.2; 4.17 reino de los cielos..*acercado*
9.20 mujer..se le *acercó* por detrás y tocó
10.7 el reino de los cielos se ha *acercado*
13.10 *acercándose* los discípulos, le dijeron
13.36 y *acercándose* a él sus discípulos, le
14.15 se *acercaron*..sus discípulos, diciendo
15.1 se *acercaron* a Jesús ciertos escribas
15.12 *acercándose* sus discípulos, le dijeron
15.23 *acercándose* sus discípulos, le rogaron
15.30 y se le *acercó* mucha gente que traía
17.7 Jesús se *acercó* y los tocó..Levantaos
18.21 entonces se le *acercó* Pedro y le dijo
20.20 se le *acercó* la madre de los hijos de
21.1 se *acercaron* a Jerusalén, y vinieron a
21.23 se *acercaron* a él mientras enseñaba, y
21.28 *acercándose* al primero, le dijo: Hijo
21.30 y *acercándose* al otro, le dijo de la
21.34 cuando se *acercó* el tiempo de..frutos
24.1 *acercaron* sus discípulos para mostrarle
24.3 los discípulos se le *acercaron* aparte
26.46 vamos; ved, se *acerca* el que me entrega
26.49 se *acercó* a Jesús y..¡Salve, Maestro!
26.50 se *acercaron* y echaron mano de Jesús
26.69 se le *acercó* una criada, diciendo: Tú
26.73 *acercándose* los que por allí estaban
28.9 ellas, *acercándose*, abrazaron sus pies
28.18 Jesús se *acercó* y les habló diciendo
Mr. 1.15 y el reino de Dios se ha *acercado*
1.31 él se *acercó*, y la tomó de la mano y
2.4 no podían *acercarse* a él a causa de la
6.35 discípulos se *acercaron* a él, diciendo
10.2 se *acercaron* los fariseos..preguntaron
10.35 Jacobo y..se le *acercaron*, diciendo
11.1 cuando se *acercaban* a Jerusalén, junto
12.28 *acercándose* uno de los escribas, que
14.42 he aquí, se *acerca* el que me entrega
14.45 *acercó* luego a él, y le dijo: Maestro
Lc. 7.14 *acercándose*, tocó el féretro; y los
8.44 le *acercó* por detrás y tocó el borde de
9.12 *acercándose* los..le dijeron..Despide a
9.42 se *acercaba* el muchacho, el demonio le
10.9 se ha *acercado* a vosotros el reino de
10.11 el reino de..se ha *acercado* a vosotros
10.34 y *acercándose*, vendó sus heridas..vino
10.40 *acercándose*..Señor, ¿no te da cuidado
15.1 *acercaban* a Jesús todos los publicanos
18.35 *acercándose* Jesús a Jericó, un ciego
22.47 y se *acercó* hasta Jesús para besarle
23.36 *acercándose*, y presentándole vinagre
24.15 Jesús mismo se *acercó*, y caminaba con
Jn. 1.47 Jesús vio a..que se le *acercaba*, dijo
6.19 vieron a Jesús..se *acercaba* a la barca
12.21 éstos..se *acercaron* a Felipe, que era
19.29 una esponja..se la *acercaron* a la boca
20.27 *acerca* tu mano, y métela en mi costado
Hch. 7.17 se *acercaba* el tiempo de la promesa
7.31 *acercándose*..vino a él la voz del Señor
8.29 Felipe: *Acércate* y júntate a ese carro
10.9 se *acercaban* a la ciudad, Pedro subió
10.28 juntarse o *acercarse* a un extranjero
22.13 *acercándose*, me dijo: Hermano Saulo
Ro. 13.12 la noche está avanzada, y se *acerca*
1 Co. 7.35 que sin impedimento os *acerquéis* al
He. 4.16 *acerquémonos*..confiadamente al trono
7.19 esperanza, por la cual nos *acercamos* a
7.25 salvar..a los que por él se *acercan*
10.1 hacer perfectos a los que se *acercan*
10.22 *acerquémonos* con corazón sincero, en
10.25 cuanto veis que aquel día se *acerca*
11.6 el que se *acerca* a Dios crea que le hay
12.18 no os habéis *acercado* al monte que se
12.22 os habéis *acercado* al monte de Sion
Stg. 4.8 *acercaos* a Dios, y él se *acercará* a
5.8 porque la venida del Señor se *acerca*
1 P. 2.4 *acercándoos* a él, piedra..desechada
4.7 mas el fin de todas las cosas se *acerca*

ACERTADO
2 S. 17.14 *a* consejo de Ahitofel se frustrara
Est. 8.5 si place al rey, y..le parece *a* al rey

ACLAMACIÓN
Zac. 4.7 sacará..con *a* de: Gracia, gracia a ella

ACLAMAR
1 Cr. 16.7 David comenzó a *aclamar* a Jehová
16.34 *aclamad* a Jehová, porque él es bueno
25.3 profetizaba con arpa, para *aclamar* y
2 Cr. 23.12 de los que *aclamaban* al rey, vino
Esd. 3.11 el pueblo *aclamaba* con gran júbilo
Sal. 33.2 *aclamad* a Jehová con arpa; cantadle
47.1 manos; *aclamad* a Dios con voz de júbilo
66.1 *aclamad* a Dios con alegría, toda la
81.1 al Dios de Jacob *aclamad* con júbilo
89.15 bienaventurado el..que sabe *aclamarte*
95.1 venid, *aclamemos* alegremente a Jehová
95.2 con alabanza; *aclamémosle* con cánticos
98.6 *aclamad* con trompetas y sonidos de
Is. 12.4 cantad a Jehová, *aclamad* su nombre
Mt. 21.9 *aclamaba*, diciendo: ¡Hosanna al Hijo
21.15 los muchachos *aclamando* en el templo
Hch. 12.22 el pueblo *aclamaba* gritando: ¡Voz

ACLARAR
1 S. 14.27 miel..y fueron *aclarados* sus ojos
14.29 ved..cómo han sido *aclarados* mis ojos
1 Co. 4.5 *aclarará*..lo oculto de las tinieblas
Ef. 3.9 de *aclarar*..cual sea la dispensación

ACMETA *Ciudad de Media, Esd. 6.2*

ACO *Ciudad en el norte de Palestina, Jue. 1.31*

ACOBARDAR
Éx. 15.15 se *acobardarán* todos los moradores
2 R. 19.26 sus moradores fueron..*acobardados*
Is. 31.4 ni se *acobardará* por el tropel de ellos
37.27 sus moradores fueron..*acobardados* y

ACOGER
Lv. 25.35 empobreciere y se *acogiere* a ti, tú
Jos. 20.3 para que se *acoja* allí el homicida
20.4 el que se *acogiere* a..aquellas ciudades
20.9 se *acogiese*..cualquiera que hiriese a
Jue. 19.15 no hubo quien los *acogiese* en casa
Sal. 10.14 a ti se *acoge* el desvalido; tú eres
Is. 10.3 ¿a quién os *acogeréis*..que os ayude
14.32 que a ella se *acogerán* los afligidos
20.6 nos *acogimos* por socorro para ser libres
3 Jn. 8 debemos *acoger* a tales personas, para

ACOMETER
Gn. 49.19 Gad, ejército lo *acometerá;* mas él *a*
Jue. 9.44 Abimelec y..*acometieron* con ímpetu
9.44 *acometieron* a todos los que estaban en
18.25 no sea que los de ánimo..os *acometan*
20.37 y los hombres de..*acometieron*..a Gabaa
1 S. 22.18 y *acometió* a los sacerdotes, y mató
2 S. 17.12 le *acometeremos* en cualquier lugar
Job 1.15 *acometieron* los sabeos y los tomaron
Jer. 32.24 con arietes han *acometido* la ciudad
Am. 5.6 no sea que *acometa* como fuego a la casa
Hab. 3.14 que como tempestad *acometieron* para

ACOMODAR
Lv. 1.8 hijos de Aarón *acomodarán* las piezas
1.12 *acomodará* sobre la leña que está sobre
6.12 y *acomodará* el holocausto sobre él, y
1 S. 19.13 le *acomodó* por cabecera una almohada
1 Co. 2.13 *acomodando* lo..a lo espiritual

ACOMPAÑAR
Gn. 12.20 y le *acompañaron*, y a su mujer, con
18.16 Abraham iba con ellos *acompañándolos*
2 S. 19.31 *acompañarle* al otro lado del Jordán
19.40 el pueblo de Judá *acompañaba* al rey
Pr. 22.24 te *acompañes* con el hombre de enojos
Jn. 11.33 y a los judíos que la *acompañaban*
11.45 habían venido para *acompañar* a María
Hch. 10.23 le *acompañaron*..hermanos de Jope
20.4 *acompañaron* hasta Asia, Sópater de Berea
20.38 doliéndose..Y le *acompañaron* al barco
21.5 *acompañándonos* todos, con sus mujeres
1 Ti. 6.6 gran ganancia es la piedad *acompañada*
He. 4.2 por no ir *acompañada* de fe en los que

ACONDICIONAR
Nm. 10.21 otros *acondicionaron* el tabernáculo

ACONGOJAR
1 S. 9.5 padre..estará *acongojado* por nosotros
Sal. 38.10 mi corazón está *acongojado*, me ha
69.20 el escarnio ha..y estoy *acongojado*

ACONSEJAR
Éx. 18.19 oye ahora mi voz; yo te *aconsejaré*
Dt. 13.5 *aconsejó* rebelión contra Jehová..Dios
2 S. 17.11 *aconsejo*..que todo Israel se junte
17.15 así y así *aconsejó* Ahitofel a Absalón
17.15 dijo..Husai..de esta manera *aconsejé* yo
1 R. 12.6,9 ¿cómo *aconsejáis*..que responda a
2 Cr. 10.6,9 ¿cómo *aconsejáis*..que responda a
22.3 su madre le *aconsejaba* a que actuase
22.4 ellos le *aconsejaron* para su perdición

ACONSEJAR *(Contin úa)*
Job 26.3 ¿en qué *aconsejaste* al que no tiene
Sal. 16.7 bendeciré a Jehová que me *aconseja*
Pr. 26.16 sabio que siete que sepan *aconsejar*
Ec. 8.2 te *aconsejo* que guardes el mandamiento
Is. 40.13 ¿quién. . o le *aconsejó* enseñándole?
Mi. 6.5 qué *aconsejó* Balac rey. . y qué respondió
2 Ti. 1.6 te *aconsejo* que avives el fuego del
Ap. 3.18 yo te *aconsejo* que de mí compres oro

ACONTECER
Gn. 42.4 sea que le *acontezca* algún desastre
42.29 contaron. . lo que les había *acontecido*
42.38 y si le *aconteciere* algún desastre en
44.29 a éste. . y le *acontece* algún desastre
49.1 declararé lo que os ha de *acontecer* en
Éx. 1.10 y *acontezca* que viniendo guerra, él
2.4 se puso a. . para ver lo que *acontecería*
4.8 si *aconteciere* que no te creyeren ni
32.1,23 no sabemos qué le haya *acontecido*
Dt. 18.22 no se cumpliere la. . ni *aconteciere*
23.10 de alguna impureza *acontecida* de noche
28.1 *acontecerá* que si oyeres atentamente
28.15 pero *acontecerá*, si no oyeres la voz
Jos. 2.23 contaron todas las cosas. . *acontecido*
22.28 dijimos. . si *aconteciere* que tal digan
22.29 nunca tal *acontezca* que nos rebelemos
23.14 todas os han *acontecido*, no ha faltado
24.16 tal *acontezca*, que dejemos a Jehová
Jue. 6.38 y *aconteció* así. . exprimió el vellón
Rt. 3.16 le contó ella todo lo que. . *acontecido*
1 S. 2.34 te será por señal esto que *acontecerá*
4.16 Elí dijo: ¿Qué ha *acontecido*, hijo mío?
9.6 todo lo que él dice *acontece* sin falta
10.9 estas señales *acontecieron*. . aquel día
20.26 le habrá *acontecido* algo, y no está
2 S. 1.4 David le dijo: ¿Qué ha *acontecido?*
20.20 nunca. . me *acontezca*, que yo destruya
1 R. 18.12 *acontecerá* que luego que yo me haya
2 Cr. 32.31 prodigio que había *acontecido* en el
Est. 4.7 le declaró. . lo que le había *acontecido*
Job 3.25 y me ha *acontecido* lo que yo temía
27.5 nunca tal *acontezca* que yo os justifique
Pr. 12.21 ninguna adversidad *acontecerá* al justo
Ec. 2.14 mismo suceso *acontecerá* al uno como
8.14 hay justos a quienes *acontece* como si
9.2 todo *acontece* de la misma manera a todos
9.3 que un mismo suceso *acontece* a todos, y
9.11 que tiempo y ocasión *acontecen* a todos
Is. 2.2 *acontecerá*. . lo postrero de los tiempos
4.3 *acontecerá* que el que quedare en Sion
7.18 *acontecerá* que aquel día silbará Jehová
7.21 *acontecerá* en aquel tiempo, que criará
7.23 *acontecerá*. . lugar donde había mil vides
8.21 y *acontecerá* que teniendo hambre, se
10.12 *acontecerá* que después que el Señor
10.20 *acontecerá* en aquel tiempo, que los que
10.27 *acontecerá*. . que su carga será quitada
11.10 *acontecerá* en aquel tiempo que la raíz
11.11 *acontecerá*. . alzará otra vez su mano para
23.15 *acontecerá* en aquel día, que Tiro será
23.17 *acontecerá* que al fin de los 70 años
24.18 *acontecerá* que el que huyere de la voz
24.21 *acontecerá*. . Jehová castigará el ejército
27.12 *acontecerá* en aquel día, que trillará
27.13 *acontecerá*. . se tocará con gran trompeta
51.19 dos cosas te han *acontecido*. . hambre y
Jer. 3.16 *acontecerá*. . cuando os multipliquéis
16.10 *acontecerá* que cuando anuncies a este
48.19 pregunta a. . dile: ¿Qué ha *acontecido?*
49.39 pero *acontecerá* en los últimos días, que
52.4 *aconteció*. . a los 9 años de su reinado
Ez. 1.1 *aconteció* en el año treinta, en el mes
Dn. 2.28 ha de *acontecer* en los postreros días
2.45 Dios ha mostrado al rey. . ha de *acontecer*
Jl. 1.2 ¿ha *acontecido* esto en vuestros días
Am. 6.9 *acontecerá* que si diez hombres quedaren
8.9 *acontecerá* en aquel día. . se ponga el sol
Jon. 4.5 se sentó. . hasta ver qué *acontecería*
Mi. 4.1 *acontecerá* en los postreros tiempos que
5.10 *acontecerá* en aquel día, dice Jehová, que
Sof. 1.12 *acontecerá*. . escudriñaré a Jerusalén
Zac. 8.23 *acontecerá* que diez hombres de las
13.3 *acontecerá* que cuando. . profetizare aún
13.8 *acontecerá*. . que las dos terceras partes
14.6 *acontecerá*. . en ese día no habrá luz clara
14.8 *acontecerá*. . en aquel día, que saldrán de
14.13 y *acontecerá*. . entre ellos gran pánico
14.17 *acontecerá* que los de las familias de
Mt. 1.22 esto *aconteció* para que se cumpliese
2.13 *acontecerá* que Herodes buscará al niño
12.45 así. . *acontecerá* a esta mala generación
16.22 en ninguna manera esto te *acontezca*
18.13 si *acontece* que la encuentra. . regocija
19.1 *aconteció* que cuando Jesús terminó estas
21.4 esto *aconteció* para que se cumpliese lo
24.6 es necesario que todo esto *acontezca*
24.34 no pasará. . hasta que. . esto *acontezca*
28.11 todas las cosas que habían *acontecido*
Mr. 5.16 cómo le había *acontecido* al que había
10.32 las cosas que le habían de *acontecer*
13.30 no pasará. . hasta que todo. . *acontezca*
Lc. 8.34 cuando vieron lo. . *acontecido*, huyeron
9.28 *aconteció* como ocho días después de
9.44 *acontecerá* que el Hijo del Hombre será
21.9 es necesario que estas cosas *acontezcan*
21.32 no pasará. . hasta que. . esto *acontezca*
22.49 viendo. . lo que había de *acontecer*, le
23.47 centurión vio lo que había *acontecido*
23.48 viendo lo que había *acontecido*, se
24.14 aquellas cosas que habían *acontecido*
24.18 las cosas que en ella han *acontecido*
24.21 el tercer día que esto ha *acontecido*
24.35 las cosas que les habían *acontecido*
Hch. 5.7 no sabiendo lo que había *acontecido*
7.40 este. . no sabemos qué le haya *acontecido*
20.22 saber lo que allá me ha de *acontecer*
Ro. 11.25 *acontecido* a Israel endurecimiento
1 Co. 10.11 estas cosas les *acontecieron* como
1 Ts. 3.4 tribulaciones, como ha *acontecido* y
1 P. 4.12 alguna cosa extraña os *aconteciese*
2 P. 2.22 ha *acontecido*. . verdadero proverbio

ACOR ***Valle cerca de Jericó***
Jos. 7.24 a Acán. . lo llevaron. . al valle de *A*
15.7 luego sube a Debir desde el valle de *A*
Is. 65.10 el valle de *A* para majada de vacas
Os. 2.15 el valle de *A* por puerta de esperanza

ACORDAR
Gn. 8.1 y se *acordó* Dios de Noé, y. . animales
9.15 me *acordaré* del pacto. . que hay entre mí
9.16 el arco. . veré y me *acordaré* del pacto
19.29 se *acordó* de Abraham, y envió fuera a
30.22 *acordó* Dios de Raquel, y la oyó Dios
40.14 *acuérdate*, pues, de mí cuando tengas
40.23 el jefe de los. . no se *acordó* de José
41.9 habló a. . Me *acuerdo* hoy de mis faltas
42.9 se *acordó* José de los sueños que había
Éx. 2.24 se *acordó* de su pacto con Abraham
6.5 he oído. . y me he *acordado* de mi pacto
20.8 *acuérdate* del día de reposo para
32.13 *acuérdate* de Abraham, de Isaac y de
Lv. 26.42 yo me *acordaré* de mi pacto con Jacob
26.42 de mi pacto con Abraham me *acordaré*
26.45 me *acordaré* de. . por el pacto antiguo
Nm. 11.5 *acordamos* del pescado que comíamos
15.39 os *acordéis* de todos los mandamientos
15.40 para que os *acordéis*. . y seáis santos
Dt. 5.15 *acuérdate* que fuiste siervo en. . Egipto
7.18 *acuérdate* bien de lo que hizo Jehová tu
8.2 te *acordarás* de todo el camino por donde
8.18 *acuérdate* de Jehová tu Dios, porque él
9.7 *acuérdate*, no olvides que has provocado
9.27 *acuérdate* de tus siervos Abraham, Isaac
15.15 y te *acordarás* de que fuiste siervo en
16.3 te *acuerdes* del día en que saliste de la
16.12 *acuérdate* de que fuiste siervo en Egipto
24.9 *acuérdate* de lo que hizo. . Dios a María en
24.18 *acordarás* que fuiste siervo en Egipto
24.22 *acordarás* que fuiste siervo en. . Egipto
25.17 *acuérdate* de lo que hizo Amalec contigo
32.7 *acuérdate*. . tiempos antiguos, considera los
Jos. 1.13 *acordaos* de la palabra que. . os mandó
Jue. 8.34 no se *acordaron*. . de Jehová su Dios
9.2 *acordaos*. . yo soy hueso vuestro, y carne
16.28 Señor Jehová, *acuérdate* ahora de mí
1 S. 1.11 te *acordares* de mí, y no te olvidares
1.19 se llegó a Ana. . Jehová se *acordó* de ella
25.31 a mi señor, y *acuérdate* de tu sierva
2 S. 14.11 que te *acuerdes* de Jehová tu Dios
2 R. 9.25 *acuérdate* que cuando. . íbamos juntos
2 Cr. 6.42 *acuérdate* de tus misericordias para
24.22 Joás no se *acordó* de. . Joiada padre de
Neh. 1.8 *acuérdate* ahora de la palabra que
4.14 *acordaos* del Señor, grande y temible
5.19 *acuérdate* de mí para bien, Dios mío
6.14 *acuérdate*, Dios mío, de Tobías y de
6.14 también *acuérdate* de Noadías profetisa
9.17 ni se *acordaron* de tus maravillas que
13.14 *acuérdate* de mí, oh Dios, en orden a
13.22 *acuérdate* de mí, Dios mío, y perdóname
13.29 *acuérdate* de ellos, Dios mío, contra
13.31 *acuérdate* de mí, Dios mío, para bien
Est. 2.1 se *acordó* de Vasti y de lo que ella
Job 7.7 *acuérdate* que mi vida es un soplo, y
10.9 *acuérdate* que como a barro me diste
11.16 o te *acordarás* de ella como de aguas
14.13 pusieses plazo, y de mí te *acordarás!*
21.6 mismo, cuando me *acuerdo*, me asombro
36.24 *acuérdate* de engrandecer su obra, la
41.8 te *acordarás* de la batalla, y nunca más
Sal. 9.12 el que demanda la sangre se *acordó*
22.27 se *acordarán*, y se volverán a Jehová
25.6 *acuérdate*, oh Jehová, de tus piedades
25.7 y de mis rebeliones, no te *acuerdes*
25.7 conforme a tu misericordia *acuérdate*
42.4 me *acuerdo* de estas cosas, y derramo
42.6 me *acordaré*. . de ti desde la tierra del
48.9 *acordamos* de tu misericordia, oh Dios
63.6 cuando me *acuerde* de ti en mi lecho
74.2 *acuérdate* de tu congregación, la que
74.18 *acuérdate* de esto: que el enemigo ha
74.22 *acuérdate* de. . el insensato te injuria
77.3 me *acordaba* de Dios, y me conmovía; me
77.6 me *acordaba* de mis cánticos de noche
77.11 *acordaré* de las obras de JAH; sí, haré
78.35 *acordaban* de que Dios era su refugio
78.39 se *acordó* de que era carne, soplo que
78.42 no se *acordaron* de su mano, del día
87.4 yo me *acordaré* de Rahab y de Babilonia
88.5 de quienes no te *acuerdas* ya, y que
89.50 *acuérdate* del oprobio de tus siervos
98.3 se ha *acordado* de su misericordia y de
103.14 él. . se *acuerda* de que somos polvo
103.18 que se *acuerdan* de sus mandamientos
105.5 *acordaos* de las maravillas que él ha
105.8 se *acordó* para siempre de su pacto
105.42 se *acordó* de su santa palabra dada a
106.4 *acuérdate* de mí, oh Jehová, según tu
106.7 no se *acordaron* de. . tus misericordias
106.45 y se *acordaba* de su pacto con ellos
109.16 no se *acordó* de hacer misericordia
111.5 para siempre se *acordará* de su pacto
115.12 Jehová se *acordó* de nosotros; nos
119.49 *acuérdate* de la palabra dada a tu
119.52 me *acordé*. . de tus juicios antiguos
119.55 me *acordé* en la noche de tu nombre
132.1 *acuérdate*, oh Jehová, de David, y de
136.23 en nuestro abatimiento se *acordó* de
137.1 aun llorábamos, *acordándonos* de Sion
137.6 se pegue a mi. . si de ti no me *acordare*
143.5 me *acordé* de los días antiguos. . obras
Pr. 31.7 beban. . y de su miseria no se *acuerden*
Ec. 5.20 no se *acordará* mucho de los días de
9.15 y nadie se *acordaba* de aquel hombre
11.8 *acuérdese*. . de los días de las tinieblas
12.1 *acuérdate* de tu Creador en los días de
Cnt. 1.4 nos *acordaremos* de tus amores más que
Is. 7.5 ha *acordado* maligno consejo contra ti
10.22 destrucción *acordada* rebosará justicia
14.26 este es el consejo que está *acordado*
17.10 y no te *acordaste* de la roca de tu
19.17 todo hombre que de ella se *acordare*
19.17 causa del consejo que Jehová. . *acordó*
26.13 en ti. . nos *acordaremos* de tu nombre
38.3 te ruego que te *acuerdes* ahora que he
43.18 no os *acordéis* de las cosas pasadas
43.25 borro. . no me *acordaré* de tus pecados
44.21 *acuérdate* de estas cosas, oh Jacob, e
46.8 *acordaos* de esto, y tened vergüenza
46.9 *acordaos* de las cosas pasadas desde los
47.7 no has pensado en esto, ni te *acordaste*
57.11 no te has *acordado* de mí, ni te vino
62.6 que os *acordáis* de Jehová, no reposéis
63.11 pero se *acordó* de los días antiguos
64.5 que se *acordaban* de ti en tus caminos
Jer. 2.2 me he *acordado* de ti, de la fidelidad
3.16 ni se *acordarán* de ella, ni la echarán
14.10 tanto, se *acordará* ahora de su maldad
14.21 *acuérdate*, no invalides tu pacto con
15.15 *acuérdate*. . y véngame de mis enemigos
17.2 sus hijos se *acuerdan* de sus altares y
18.20 *acuérdate* que me puse delante de ti
20.9 y dije: No me *acordaré* más de él, ni
30.17 es Sion, de la que nadie se *acuerda*
31.20 me he *acordado* de él constantemente
31.34 perdonaré la. . y no me *acordaré* más de
44.21 ¿no se ha *acordado* Jehová, y no ha
49.20 consejo que Jehová ha *acordado* sobre
50.45 determinación que Jehová ha *acordado*
51.50 *acordaos*. . de Jehová, y a de Jerusalén
Lm. 1.7 se *acordó* de los días de su aflicción
1.9 su inmundicia. . y no se *acordó* de su fin
2.1 no se *acordó* del estrado de sus pies en
3.19 *acuérdate* de mi aflicción. . abatimiento
5.1 *acuérdate*, oh. . de lo que nos ha sucedido
Ez. 6.9 los que. . se escaparen se *acordarán* de
16.22 no te has *acordado* de los días de tu
16.43 cuanto no te *acordaste* de los días de
16.61 y te *acordarás* de tus caminos y te
16.63 para que te *acuerdes* y te avergüences
20.43 allí os *acordaréis* de vuestros caminos
23.27 ni nunca más te *acordarás* de Egipto
36.31 *acordaréis* de vuestros malos caminos
Dn. 6.7 han *acordado*. . que promulgues un edicto
Os. 8.13 ahora se *acordará* de su iniquidad
9.9 se *acordará* de su iniquidad, castigará
Am. 1.9 no se *acordaron* del pacto de hermanos
Jon. 2.7 alma desfallecía en mí, me *acordé*
Mi. 6.5 *acuérdate*. . qué aconsejó Balac rey de
Nah. 2.5 se *acordará* él de sus valientes; se
Hab. 3.2 la ira *acuérdate* de la misericordia
Zac. 10.9 en lejanos países se *acordarán* de
Mal. 4.4 *acordaos*. . ley de Moisés mi siervo
Mt. 5.23 *acuerdas* de que tu hermano tiene algo
16.9 ni os *acordáis* de los cinco panes entre
26.75 Pedro se *acordó* de. . palabras de Jesús
27.63 nos *acordamos* que aquel engañador dijo
Mr. 11.21 *acordándose*, le dijo: Maestro, mira
14.72 Pedro se *acordó* de las palabras que
Lc. 1.54 siervo, *acordándose* de la misericordia
1.72 padres, y *acordarse* de su santo pacto
16.25 *acuérdate* que recibiste. . en tu vida
17.32 *acordaos* de la mujer de Lot
22.61 Pedro se *acordó*. . palabra del Señor
23.42 *acuérdate* de mí cuando vengas en tu
24.6 *acordaos* de lo que os habló, cuando aún
24.8 entonces. . se *acordaron* de sus palabras
Jn. 2.17 *acordaron*. . que está escrito: El celo

ACORDAR *(Continúa)*

Jn. 2.22 sus. .se *acordaron* que había dicho esto
9.22 habían *acordado*. .si alguno confesase
11.53 que, desde aquel día *acordaron* matarle
12.10 *acordaron* dar muerte también a Lázaro
12.16 *acordaron* de que estas cosas estaban
15.20 *acordaos* de la palabra que yo os he
16.4 os *acordéis* de que ya os lo había dicho
16.21 después. .no se *acuerda* de la angustia
Hch. 11.16 me *acordé* de lo dicho por el Señor
16.4 las ordenanzas que habían *acordado* los
20.31 velad, *acordándoos* que por tres años
27.12 mayoría *acordó* zarpar también de allí
27.39 *acordaron* varar, si pudiesen, la nave
27.42 soldados *acordaron* matar a los presos
1 Co. 11.2 os alabo. .en todo os *acordáis* de mí
2 Co. 7.15 *acuerda* de la obediencia de todos
Gá. 2.10 nos *acordásemos* de los pobres; lo cual
Ef. 2.11 *acordaos* de. .vosotros, los gentiles
Fil. 1.3 siempre que me *acuerdo* de vosotros
Col. 4.18 de Pablo. *Acordaos* de mis prisiones
1 Ts. 1.3 *acordándonos* sin cesar delante del
2.9 os *acordáis*, hermanos, de nuestro trabajo
3.1 *acordamos* quedarnos solos en Atenas
2 Ts. 2.5 ¿no os *acordáis* que cuando yo estaba
2 Ti. 1.3 que sin cesar me *acuerdo* de ti en
1.4 deseando verte, al *acordarme* de tus
2.8 *acuérdate* de Jesucristo, del linaje de
He. 2.6 el hombre, para que te *acuerdes* de él
8.12; 10.17 nunca más me *acordaré*. .pecados
13.3 *acordaos* de los presos, como si. .presos
13.7 *acordaos* de vuestros pastores, que os
Ap. 3.3 *acuérdate*. .de lo que has recibido y
18.5 y Dios se ha *acordado* de sus maldades

ACORNEADOR

Éx. 21.29 el buey fuere *a* desde tiempo atrás
21.36 si era notorio que el buey era *a* desde

ACORNEAR

Éx. 21.28 un buey *acorneare* a hombre o a mujer
21.31 haya *acorneado* a hijo, o haya *a* a hija
21.32 si el buey *acorneare* a un siervo o a
Dt. 33.17 con ellas *acorneará* a los pueblos
1 R. 22.11; 2 Cr. 18.10 *acornearás* a los sirios
Ez. 34.21 *acorneasteis* con vuestros cuernos a

ACORTAR

Nm. 11.23 se ha *acortado* la mano de Jehová?
Job 17.1 aliento se agota, se *acortan* mis días
17.12 luz se *acorta* delante de las tinieblas
18.7 sus pasos vigorosos serán *acortados*
Sal. 89.45 *acortado* los días de su juventud
102.23 debilitó mi fuerza. .*acortó* mis días
Pr. 10.27 años de los impíos serán *acortados*
Is. 50.2 ¿acaso se ha *acortado* mi mano para
59.1 que no se ha *acortado* la mano de Jehová
Mi. 2.7 ¿se ha *acortado* el Espíritu de Jehová?
Mt. 24.22 si aquellos días no fuesen *acortados*
24.22 mas por. .aquellos días serán *acortados*
Mr. 13.20 el Señor no hubiese *acortado*. .días
13.20 por causa de los escogidos que. .*acortó*

ACOSAR

Jue. 1.34 amorreos *acosaron* a los hijos de Dan
20.43 *acosaron*. .desde Menúha hasta. .Gabaa
2 Cr. 18.32 que no era. .desistieron de *acosarle*
Sal. 35.5 tamo. .y el ángel de Jehová los *acose*
57.3 salvará de la infamia del que me *acosa*
Hch. 27.20 *acosados*. .una tempestad no pequeña

ACOSTAR

Gn. 19.4 antes que se *acostasen*, rodearon la
19.33 él no sintió cuándo se *acostó* ella, ni
19.35 no echó de ver cuándo se *acostó* ella
28.11 durmió allí. .se *acostó* en aquel lugar
28.13 la tierra en que estás *acostado* te la
34.2 Siquem. .*acostó* con ella, y la deshonró
34.7 hizo vileza. .*acostándose* con la hija de
39.10 *acostarse* al lado de ella, para estar
Lv. 15.4 toda cama en que se *acostare* el que
15.20 todo aquello sobre que ella se *acostare*
Dt. 6.7 hablarás de ellas. .andando. .*acostarte*
11.19 hablando de ellas. .cuando te *acuestes*
22.22 sorprendido. .*acostado* con una mujer
22.22 morirán, el hombre que se *acostó* con
22.23 la hallare en. .y se *acostare* con ella
22.25 la forzare aquel. .*acostándose* con ella
22.25 morirá. .hombre que se *acostó* con ella
22.28 la tomare, y se *acostare* con ella, y
22.29 el hombre que se *acostó* con ella dará
24.12 no te *acostarás* reteniendo. .su prenda
27.20 maldito. .se *acostare* con la mujer de
27.22 maldito el. .se *acostare* con su hermana
27.23 maldito el. .se *acostare* con su suegra
Rt. 3.4 se *acueste*, notarás. .donde se *acuesta*
3.4 irás. .y te *acostarás* allí; y él te dirá
3.7 vino. .le descubrió los pies y se *acostó*
3.8 una mujer estaba *acostada* a sus pies
1 S. 3.2 estando Elí *acostado* en su aposento
3.5 *acuéstate*. Y él se volvió y se *acostó*
3.6 hijo. .no he llamado; vuelve y *acuéstate*
3.9 vé y *acuéstate*; y si te llamare, dirás
3.9 se fue Samuel, y se *acostó* en su lugar
3.15 Samuel estuvo *acostado* hasta la mañana
2 S. 12.16 y pasó la noche *acostado* en tierra
13.5 le dijo: *Acuéstate* en tu cama, y finge
13.6 se *acostó*. .Amnón, y fingió que estaba
13.8 Tamar. .Amnón, el cual estaba *acostado*
13.11 ven, hermana mía, *acuéstate* conmigo
13.14 mas él. .la forzó, y se *acostó* con ella
1 R. 3.19 murió, porque ella se *acostó* sobre
21.4 *acostó* en su cama, y volvió su rostro
Job 7.4 *acostado*, digo: ¿Cuándo me levantaré?
11.19 te *acostarás*, y no. .quién te espante
27.19 rico se *acuesta*, pero por última vez
Sal. 3.5 me *acosté* y dormí, y desperté, porque
4.8 en paz me *acostaré*, y. .dormiré; porque
Pr. 3.24 cuando te *acuestes*, no tendrás temor
3.24 que te *acostarás*, y tu sueño será grato
Is. 11.6 leopardo con el cabrito se *acostará*
14.30 menesterosos se *acostarán* confiados
Ez. 4.4 te *acostarás* sobre tu lado izquierdo
4.6 te *acostarás* sobre tu lado derecho. .vez
4.9 el número de los días que te *acuestes*
Dn. 6.18 rey. .se *acostó* ayuno; ni instrumentos
Am. 2.8 se *acuestan* junto a cualquier altar
Mr. 1.30 la suegra de Simón estaba *acostada*
7.30 halló. .a la hija *acostada* en la cama
Lc. 2.7 *acostó* en un pesebre, porque no había
2.12 y hallaréis al niño. .*acostado*. .pesebre
2.16 José, y al niño *acostado* en el pesebre
5.25 tomando el lecho en que. .*acostado*, se
Jn. 5.6 cuando Jesús lo vio *acostado*, y supo

ACOSTUMBRAR

Lv. 23.38 ofrendas. .*acostumbráis* dar a Jehová
Nm. 22.30 he *acostumbrado* hacerlo así contigo?
Jue. 4.5 *acostumbraba* sentarse bajo la palmera
1 S. 1.21 ofrecer. .el sacrificio *acostumbrado*
2.19 para ofrecer el sacrificio *acostumbrado*
20.5 *acostumbro* sentarme con el rey a comer
Est. 1.13 así *acostumbraba* el rey con todos
Sal. 119.132 *acostumbras* con los que aman tu
Jer. 2.24 asna montés *acostumbrada* al desierto
9.5 *acostumbraron* su lengua a hablar mentira
Dn. 3.19 calentase 7 veces. .lo *acostumbrado*
Mt. 27.15 *acostumbraba* el gobernador soltar
Hch. 17.2 Pablo, como *acostumbraba*, fue a ellos

ACRABIM ***Garganta en las montañas de Palestina*, Nm. 34.4; Jos. 15.3; Jue. 1.36**

ACRECENTAR

Sal. 89.17 por tu. .*acrecentarás* nuestro poder
Hch. 9.31 se *acrecentaban* fortalecidas por el

ACREEDOR

2 R. 4.1 ha venido el *a* para tomarse dos hijos
4.7 vé y vende el aceite, y paga a tus *a*
Sal. 109.11 *a* se apodere de todo lo que tiene
Is. 50.1 ¿o quiénes son mis *a*, a quienes yo os
Lc. 7.41 *a* tenía dos deudores: el uno le debía

ACRISOLAR

2 S. 22.31; y *acrisolada* la palabra de Jehová
Sal. 18.30 y *acrisolada* la palabra de Jehová

ACSA *Hija de Caleb*

Jos. 15.16 la tomare. . daré mi hija *A* por mujer
15.17 Caleb. .él le dio su hija *A* por mujer
Jue. 1.12 tomare. .le daré *A* mi hija por mujer
1.13 Caleb; y él le dio *A* su hija por mujer
1 Cr. 2.49 Saaf. .Seva. .y *A* fue hija de Caleb

ACSAF ***Ciudad de Canaán*, Jos 11.1; 12.20; 19.25**

ACTA

2 Cr. 33.18 escrito en las *a* de los reyes de
Col. 2.14 anulando el *a* de los decretos que

ACTIVAR

2 Cr. 34.12 para que *activasen* la obra; y de
Esd. 3.8 para que *activasen* la obra de la casa
3.9 para *activar* a los que hacían la obra en

ACTIVIDAD

Ef. 4.16 ayuden. .según la *a*. .de cada miembro

ACTIVO

1 R. 11.28 viendo Salomón al joven que era. .*a*

ACTO

Lv. 18.20 no tendrás *a* carnal con la mujer de
Nm. 5.13 ni. .hubiere sido sorprendida en el *a*
Dn. 9.16 Señor, conforme a. .tus *a* de justicia
Jn. 8.4 sorprendida en el *a* mismo de adulterio

ACTUAR

Nm. 12.11 locamente hemos *actuado*, y. .pecado
Jue. 9.16 si habéis *actuado* bien con Jerobaal
1 S. 14.45 Jonatán. .que ha *actuado* hoy con Dios
1 R. 8.32 tú oirás desde el cielo y *actuarás*
8.39 *actuarás*, y darás a cada uno conforme
2 Cr. 6.23 *actuarás*, y juzgarás a tus siervos
22.3 le aconsejaba a que *actuase* impíamente
28.19 Acaz. .había *actuado* desenfrenadamente
Sal. 119.126 tiempo es de *actuar*, oh Jehová
Ec. 8.10 en la ciudad donde habían *actuado* con
Jer. 9.5 engaña. .ocupan de *actuar* perversamente
14.7 oh Jehová, *actúa* por amor de tu nombre
Ez. 20.9 *actúe* para sacarlos de la tierra de
20.14 pero *actué* a causa de mi nombre, para
Dn. 11.32 mas el pueblo. .se esforzará y *actuará*
Mal. 3.17 especial tesoro. .día en que yo *actúe*
4.3 el día en que yo *actúe*, ha dicho Jehová
Mt. 14.2; Mr. 6.14 y por eso *actúan* en él estos
2 Co. 4.12 que la muerte *actúa* en nosotros, y en
Gá. 2.8 el que *actuó* en Pedro. .*a* también en mí
Ef. 3.20 según el poder que *actúa* en nosotros
Col. 1.29 la cual *actúa* poderosamente en mí
1 Ts. 2.13 cual *actúa* en vosotros los creyentes
Stg. 2.22 ¿no ves que la fe *actuó*. .con sus obras
Ap. 13.5 le dio autoridad para *actuar* 42 meses

ACUB

1. ***Descendiente de David*, 1 Cr. 3.24**
2. ***Portero del templo*, 1 Cr. 9.17; Neh. 11.19; 12.25**
3. ***Jefe de una familia de porteros del templo*, Esd. 2.42; Neh. 7.45**
4. ***Jefe de una familia de sirvientes del templo*, Esd. 2.45**
5. ***Levita que ayudó a Esdras*, Neh. 8.7**

ACUDIR

Éx. 24.14 que tuviere asuntos, *acuda* a ellos
Nm. 25.3 así *acudió* el pueblo a Baal-peor
Dt. 25.1 hubiere pleito. .*acudieren* al tribunal
2 Cr. 11.16 *acudieron*. .de todas las tribus de
20.2 y *acudieron* algunos y dieron aviso a
Sal. 70.1 Dios, *acude* a librarme; apresúrate
71.12 Dios mío, *acude* pronto en mi socorro
Os. 7.11 llamarán a Egipto, *acudirán* a Asiria
9.10 *acudieron* a Baal-peor, se apartaron
11.11 como ave *acudirán*. .de Egipto, y de la
Am. 6.1 a los cuales *acude* la casa de Israel!
Hch. 8.30 *acudiendo* Felipe, le oyó que leía al
23.27 lo libré yo *acudiendo* con la tropa
He. 6.18 los que hemos *acudido* para asirnos de

ACUEDUCTO

2 R. 18.17 acamparon junto al *a* del estanque
Is. 7.3 al extremo del *a* del estanque de arriba
36.2 y acampó junto al *a* del estanque de

ACUERDO

1 R. 1.7 se había puesto de *a* con Joab hijo de
Esd. 10.8 conforme al *a* de los príncipes y de
Dn. 6.17 el *a* acerca de Daniel no se alterase
Am. 3.3 ¿andarán dos. .si no estuviesen de *a?*
Mt. 5.25 ponte de *a* con tu adversario pronto
18.19 si dos. .se pusieren de *a* en la tierra
Lc. 23.51 no había consentido en el *a* ni en
Hch. 12.20 pero ellos vinieron de *a* ante él
15.25 ha parecido, habiendo llegado a un *a*
18.12 los judíos se levantaron de común *a*
28.25 como no estuviesen de *a*. .dijo Pablo
2 Co. 6.16 qué *a* hay entre el templo de Dios y
Tit. 2.1 tú habla lo. .de *a* con la sana doctrina

ACUMULAR

2 Cr. 1.15 *acumuló*. .plata y oro en Jerusalén
9.27 y *acumuló* el rey plata. .como piedras
Ez. 28.4 *acumulado* riquezas, y has adquirido
Hab. 2.6 *acumular* sobre sí prenda tras prenda?
Stg. 5.3 habéis *acumulado* tesoros para los

ACUSACIÓN

Dt. 19.15 por el testimonio. .se mantendrá la *a*
Esd. 4.6 escribieron *a* contra los habitantes
Jn. 18.29 ¿qué *a* traéis contra este hombre?
Hch. 25.7 lo rodearon. .presentando. .graves *a*
25.16 el acusado. .pueda defenderse de la *a*
1 Ti. 5.19 contra un anciano no admitas *a* sino

ACUSADO *Véase también Acusar*

Hch. 25.16 él *a* tenga delante a sus acusadores

ACUSADOR

Hch. 23.30 intimando también a los *a*. .traten
23.35 le dijo: Te oiré cuando vengan tus *a*
24.8 mandando a sus *a* que viniesen a ti
25.16 que el acusado tenga delante a sus *a*
25.18 estando presentes los *a*, ningún cargo
Ap. 12.10 sido lanzado fuera el *a* de nuestros

ACUSAR

Dt. 19.18 si aquel. .hubiere *acusado* falsamente
Pr. 30.10 no *acuses* al siervo ante su señor
Dn. 3.8 y *acusaron* maliciosamente a los judíos
6.4 buscaban ocasión para *acusar* a Daniel en
6.5 no hallaremos. .ocasión. .para *acusarle*
6.24 aquellos. .que habían *acusado* a Daniel
Zac. 3.1 Satanás. .su mano derecha para *acusarle*

ACUSAR *(Continúa)*
Mt. 12.10 preguntaron a Jesús..poder *acusarle*
27.12 y siendo *acusado* por..nada respondió
Mr. 3.2 acechaban para..fin de poder *acusarle*
15.3 los principales sacerdotes le *acusaban*
15.4 ¿nada..Mira de cuántas cosas te *acusan*
Lc. 6.7 le acechaban..hallar de qué *acusarle*
11.54 cazar alguna palabra de..para *acusarle*
16.1 *acusado*..como disipador de sus bienes
23.2 comenzaron a *acusarle*, diciendo: A éste
23.10 escribas *acusándole* con..vehemencia
23.14 delito alguno de..de que le *acusáis*
Jn. 5.45 yo voy a *acusaros*..hay quien os *acusa*
8.6 decían tentándole, para poder *acusarle*
8.9 *acusados* por su conciencia, salían uno
8.10 mujer, ¿dónde están..que te *acusaban?*
Hch. 19.38 hay; *acúsense* los unos a los otros
19.40 seamos *acusados* de sedición por esto
22.30 por la cual le *acusaban* los judíos
23.28 queriendo saber..por qué le *acusaban*
23.29 le *acusaban* por cuestiones de la ley
24.2 Tértulo comenzó a *acusarle*, diciendo
24.8 podrás informarte..de que le *acusamos*
24.13 probar..cosas de que ahora me *acusan*
24.19 ellos debieran comparecer..y *acusarme*
25.5 si hay algún crimen en este..*acúsenle*
25.11 si nada hay de..de que éstos me *acusan*
26.2 todas las cosas de que soy *acusado* por
26.7 por esta esperanza, oh rey..soy *acusado*
28.19 porque tenga de qué *acusar* a mi nación
Ro. 2.15 y *acusándoles* o defendiéndoles sus
3.9 ya hemos *acusado* a judíos y a gentiles
8.33 ¿quién *acusará* a los escogidos de Dios?
1 Co. 9.3 contra los que me *acusan*, esta es mi
Tit. 1.6 que no estén *acusados* de disolución ni
Ap. 12.10 el que los *acusaba* delante de..Dios

ACZIB
1. ***Población en Judá*, Jos. 15.44; Mi. 1.14**
2. ***Población en Galilea*, Jos. 19.29; Jue. 1.31**

ACHICAR
Am. 8.5 *achicaremos* la medida, y subiremos el

ADA
1. ***Mujer de Lamec No. 1*, Gn. 4.19,20,23**
2. ***Mujer de Esaú*, Gn. 36.2,4,10,12,16**

ADADA ***Ciudad en Judá*, Jos. 15.22**

ADAÍA
1. ***Abuelo del rey Josías*, 2 R. 22.1**
2. ***Ascendiente de Asaf No. 2 (=Iddo No. 2)*, 1 Cr. 6.41**
3. ***Sacerdote (=Adaías No. 3)*, 1 Cr. 9.12**
4. ***Padre de Maasías No. 2*, 2 Cr. 23.1**
5. ***Nombre de dos de los que se casaron con mujeres extranjeras en tiempo de Esdras*, Esd. 10.29,39**

ADAÍAS
1. ***Descendiente de Benjamín*, 1 Cr. 8.21**
2. ***Descendiente de Judá*, Neh. 11.5**
3. ***Sacerdote en tiempo de Nehemías (=Adaía No. 3)*, Neh. 11.12**

ADALÍA ***Hijo de Amán*, Est. 9.8**

ADAM ***Ciudad en el valle del Jordán*, Jos. 3.16**

ADAMA ***Ciudad en Neftalí*, Jos. 19.36**

ADAMI-NECEB ***Población en Neftalí*, Jos. 19.33**

ADÁN
Gn. 2.19 toda bestia del campo..las trajo a *A*
2.19 y todo lo que *A* llamó a los animales
2.20 puso *A* nombre a toda bestia y ave de los
2.20 para *A* no se halló ayuda idónea para él
2.21 Dios hizo caer sueño profundo sobre *A*
2.23 dijo..*A*: Esto es..hueso de mis huesos
2.25 y estaban ambos desnudos, *A* y su mujer
3.20 y llamó *A* el nombre de su mujer, Eva
4.1 conoció *A* a su mujer Eva..y dio a luz a
4.25 conoció de nuevo *A* a su mujer, la cual
5.1 este es el libro de las generaciones de *A*
5.2 los creó..y llamó el nombre de ellos *A*
5.3 vivió *A* 130 años, y engendró un hijo a
5.4 fueron los días de *A*..ochocientos años
5.5 y fueron todos los días que vivió *A* 930
1 Cr. 1.1 *A*, Set, Enós
Job 15.7 ¿naciste tú primero que *A?* ¿O fuiste
Os. 6.7 mas ellos, cual *A*, traspasaron el pacto
Lc. 3.38 hijo de Set, hijo de *A*, hijo de Dios
Ro. 5.14 a la manera de la transgresión de *A*
5.14 reinó la muerte desde *A* hasta Moisés
1 Co. 15.22 porque así como en *A* todos mueren
15.45 fue hecho el primer..*A* alma viviente
15.45 el postrer *A*, espíritu vivificante
1 Ti. 2.13 *A* fue formado primero, después Eva
2.14 y *A* no fue engañado, sino que la mujer
Jud. 14 también profetizó Enoc, séptimo desde *A*

ADAR
1. ***Ciudad de Judá*, Jos. 15.3**
2. ***Hijo de Bela No. 3*, 1 Cr. 8.3**
3. ***Decimosegundo mes del año hebreo*, Esd. 6.15; Est. 3.7,13; 8.12; 9.1,15,17,19,21**

ADARGA
Sal. 91.4 te cubrirá..escudo y *a* es su verdad

ADBEEL ***Hijo de Ismael No. 1*, Gn. 25.13; 1 Cr. 1.29**

ADDÁN ***Lugar en Babilonia (=Adón)*, Esd. 2.59**

ADELANTAR
1 S. 9.27 se *adelante*..y se *adelantó* el criado
17.25 él se *adelanta* para provocar a Israel
2 S. 5.10 iba *adelantando* y engrandeciéndose
1 Cr. 11.9 David iba *adelantando* y creciendo
Job 24.22 a los fuertes *adelantó* con su poder
Mt. 27.24 viendo Pilato que nada *adelantaba*
Mr. 6.48 vino a ellos..y quería *adelantárseles*
Jn. 18.4 *adelantó* y les dijo: ¿A quién buscáis?
Hch. 20.5 habiéndose *adelantado*, nos esperaron
20.13 *adelantándonos*..navegamos a Asón para
1 Co. 11.21 uno se *adelanta* a tomar su propia

ADELANTE
Jos. 6.5 el pueblo, cada uno derecho hacia *a*
6.20 pueblo subió, cada uno derecho hacia *a*
Jer. 49.5 seréis lanzados..uno derecho hacia *a*
Ez. 1.9,12 que cada uno caminaba derecho hacia *a*
2 Ti. 3.9 no irán más *a;* porque su insensatez
He. 6.1 *a* a la perfección; no echando otra vez

ADER ***Descendiente de Benjamín*, 1 Cr. 8.15**

ADEREZAR
Sal. 23.5 *aderezas* mesa delante de mí en

ADHERIR
1 R. 2.28 Joab se había *adherido* a Adonías, si
2.28 si bien no se había *adherido* a Absalón
Jer. 39.9 y a los que se habían *adherido* a él
Os. 11.7 mi pueblo está *adherido* a la rebelión

ADI ***Ascendiente de Jesucristo*, Lc. 3.28**

ADIEL
1. ***Descendiente de Simeón*, 1 Cr. 4.36**
2. ***Descendiente de Aarón*, 1 Cr. 9.12**
3. ***Padre de Azmavet No. 4*, 1 Cr. 27.25**

ADIESTRAR
2 S. 22.35 *adiestra* mis manos para la batalla
Sal. 18.34; 144.1 *adiestra* mis manos para la
Is. 2.4 ni se *adiestrarán* más para la guerra

ADÍN
1. ***Ascendiente de algunos que regresaron con Zorobabel*, Esd. 2.15; Neh. 7.20**
2. ***Ascendiente de algunos que regresaron con Esdras*, Esd. 8.6**
3. ***Firmante del pacto de Nehemías*, Neh. 10.16**

ADINA ***Valiente del ejército de David*, 1 Cr. 11.42**

ADINO ***Uno de los 30 valientes de David*, 2 S. 23.8**

ADITAIM ***Población en Judá*, Jos. 15.36**

ADIVINACIÓN
Lv. 20.27 o se entregare a la *a*, ha de morir
Nm. 22.7 fueron..las dádivas de *a* en su mano
23.23 Jacob no hay agüero, ni *a* contra Israel
Dt. 18.10 ni quien practique *a*, ni agorero, ni
1 S. 15.23 como pecado de *a* es la rebelión
28.7 una mujer que tenga espíritu de *a*, para
28.7 hay una mujer..que tiene espíritu de *a*
28.8 que me adivines por el espíritu de *a*
2 R. 17.17 y se dieron a *a* y a agüeros, y se
2 Cr. 33.6 dado a *a*, y consultaba a adivinos
Jer. 14.14 *a*, vanidad y engaño de su corazón
Ez. 12.24 ni habrá *a* de lisonjeros en medio de
13.6 vieron vanidad y *a* mentirosa. Dicen: Ha
13.7 habéis visto visión..dicho *a* mentirosa
13.23 no veréis más visión vana, ni..más *a*
21.21 se ha detenido en una..para usar de *a*
21.22 *a* señaló a su mano derecha..Jerusalén
21.23 para ellos esto será como *a* mentirosa
Hch. 16.16 una muchacha que tenía espíritu de *a*

ADIVINAR
Gn. 44.5 ¿no es esta..por la que suele *adivinar?*
44.15 que un hombre como yo sabe *adivinar?*
1 S. 28.8 que me *adivines* por el espíritu de
Ez. 13.9 los profetas que ven..*adivinan* mentira
21.29 *adivinan* mentira, para que la emplees
22.28 y *adivinándoles* mentira, diciendo: Así
Mi. 3.6 se hará noche, y oscuridad del *adivinar*
3.11 y sus profetas *adivinan* por dinero; y
Hch. 16.16 gran ganancia a sus amos, *adivinando*

ADIVINO
Lv. 19.26 con sangre. No seréis agoreros, ni *a*
19.31 no os volváis a los encantadores ni..*a*
20.6 atendiere a..*a*, para prostituirse tras
Dt. 18.11 encantador, ni *a*, ni mago, ni quien
18.14 estas naciones..a agoreros y a *a* oyen
Jos. 13.22 mataron a espada..a Balaam el *a*
Jue. 9.37 por el camino de la encina de los *a*
1 S. 6.2 filisteos, llamando a..sacerdotes y *a*
28.3 Saúl había arrojado de la tierra a..*a*
28.9 cómo ha cortado de la tierra..a los *a*
2 R. 21.6 se dio a..instituyó encantadores y *a*
23.24 barrió Josías a los encantadores, *a* y
1 Cr. 10.13 así murió Saúl..consultó a una *a*
2 Cr. 33.6 y consultaba a *a* y encantadores; se
Is. 3.2 juez y el profeta, el *a* y el anciano
8.19 si os dijeren: Preguntad..a los *a*, que
19.3 preguntarán a sus..evocadores y a sus *a*
44.25 que deshago las señales de los *a*, y
Jer. 27.9 no prestéis oído a vuestros..*a*, ni a
29.8 no os engañen vuestros..*a;* ni atendáis
50.36 espada contra los *a*..se entontecerán
Dn. 2.27 ni magos ni *a* lo pueden revelar al rey
4.7 vinieron magos..y *a*, y les dije el sueño
5.7 que hiciesen venir magos, caldeos y *a*
5.11 constituyó jefe sobre todos los..y *a*
Mi. 3.7 y se confundirán los *a;* y ellos todos
Zac. 10.2 los *a* han visto mentira, han hablado

ADJUDICAR
Jos. 18.11 territorio *adjudicado*..hijos de Judá
Jue. 1.3 el territorio que se me ha *adjudicado*

ADLAI ***Padre de Safat No. 5*, 1 Cr. 27.29**

ADMA ***Ciudad vecina de Sodoma***
Gn. 10.19 en dirección de Sodoma, Gomorra, *A*
14.2 contra Sinab rey de *A*, contra Semeber
14.8 el rey de *A*, el rey de Zeboim y el rey
Dt. 29.23 en la destrucción de..*A* y de Zeboim
Os. 11.8 ¿cómo..yo hacerte como *A*, o ponerte

ADMATA ***Príncipe de Persia y Media*, Est. 1.14**

ADMINISTRACIÓN
Ef. 3.2 es que habéis oído de la *a* de la gracia
Col. 1.25 hecho ministro, según la *a* de Dios

ADMINISTRADOR
1 Cr. 27.31 estos eran *a* de la hacienda del rey
28.1 reunió David..los *a* de toda la hacienda
29.6 jefes..con los *a* de la hacienda del rey
1 Co. 4.1 Cristo, y *a* de los misterios de Dios
4.2 se requiere de los *a*, que cada uno sea
Tit. 1.7 el obispo sea irreprensible, como *a* de
1 P. 4.10 como buenos *a* de la..gracia de Dios

ADMINISTRAR
Dt. 18.5 esté para *administrar* en el nombre de
2 S. 8.15 David *administraba* justicia y equidad
1 Co. 12.28 los que *administran*, los que tienen
2 Co. 8.19 que es *administrado* por nosotros para
8.20 esta ofrenda abundante que *administramos*
1 P. 1.12 *administraban* las cosas que ahora se

ADMIRABLE
Jue. 13.18 preguntas por mi nombre, que es *a?*
Is. 9.6 llamará su nombre *A*, Consejero, Dios
1 P. 2.9 os llamó de las tinieblas a su luz *a*
Ap. 15.1 vi en el cielo otra señal, grande y *a*

ADMIRACIÓN
Is. 29.14 excitaré yo la *a* de este pueblo con

ADMIRAR
Mt. 7.28 terminó Jesús..la gente se *admiraba*
22.33 oyendo esto la gente, se *admiraba* de
Mr. 1.22 se *admiraban* de su doctrina; porque
6.2 se *admiraban*, y decían: ¿De dónde tiene
11.18 pueblo estaba *admirado* de su doctrina
Lc. 4.32 y se *admiraban* de su doctrina, porque
9.43 se *admiraban* de la grandeza de Dios
2 Ts. 1.10 y ser *admirado* en..los que creyeron

ADMISIÓN
2 Cr. 19.7 con Jehová..no hay..ni *a* de cohecho
Ro. 11.15 ¿qué será su *a*, sino vida de entre los

ADMITIR

Éx. 23.1 no *admitirás*..rumor..ser testigo falso
Sal. 2.10 *admitid* amonestación, jueces de la
15.3 no..ni *admite* reproche..contra su vecino
15.5 ni contra el inocente *admitió* cohecho
Ec. 4.13 viejo y necio que no *admite* consejo
Jer. 7.28 no escuchó la..ni *admitió* corrección
15.18 ¿por qué..herida..no *admitió* curación?
2 Co. 7.2 *admitidnos:* a nadie hemos agraviado
12.16 *admitiendo* esto, que yo no os he sido
1 Ti. 5.11 pero viudas más jóvenes no *admitas*
5.19 contra un anciano no *admitas* acusación

ADNA

1. Uno de los que se casaron con mujeres extranjeras en tiempo de Esdras, **Esd. 10.30**
2. Sacerdote que regresó del exilio con Zorobabel, **Neh. 12.15**

ADNAS

1. Uno que se unió a David en Siclag, **1 Cr. 12.20**
2. General bajo el rey Josafat, **2 Cr. 17.14**

ADOBAR

Cnt. 8.2 vino *adobado* del mosto de..granadas

ADOBE

Ez. 4.1 tómate un *a*, y ponlo delante de ti

ADOLESCENCIA

Ec. 11.9 tome placer tu..en los días de tu *a*
11.10 porque la *a* y la juventud son vanidad

ADOLORIDO

Lm. 1.22 mis suspiros, y mi corazón está *a*

ADÓN *Lugar en Babilonia (=Addán)*, **Neh. 7.61**

ADONÍAS

1. Hijo de David

2 S. 3.4 el cuarto, *A* hijo de Haguit; el quinto
1 R. 1.5 *A* hijo de Haguit se rebeló, diciendo
1.7 Joab..Abiatar..los cuales ayudaban a *A*
1.8 todos los grandes de David, no seguían a *A*
1.9 y matando *A* ovejas y vacas y animales
1.11 ¿no has oído que reina *A* hijo de Haguit
1.13 ¿no juraste a..¿Por qué, pues, reina *A?*
1.18 *A* reina, y tú, mi señor rey, no lo sabes
1.24 ¿has dicho tú: *A* reinará después de mí
1.25 y he aquí..y han dicho: ¡Viva el rey *A!*
1.41 lo oyó *A*, y todos los convidados que con
1.42 al cual dijo *A:* Entra, porque tú eres
1.43 Jonatán..dijo a *A*..David ha hecho rey
1.49 se levantaron todos..que estaban con *A*
1.50 *A*, temiendo de la presencia de Salomón
1.51 *A* tiene miedo del rey Salomón, pues se
2.13 *A* hijo de Haguit vino a Betsabé madre
2.19 vino Betsabé al..para hablarle por *A*
2.21 dése Abisag..por mujer a tu hermano *A*
2.22 rey..¿Por qué pides a Abisag..para *A?*
2.23 contra su vida ha hablado *A*..palabras
2.24 ahora, pues, vive Jehová..*A* morirá hoy
2.28 Joab se había adherido a *A*, si bien no
1 Cr. 3.2 Absalón..el cuarto, *A* hijo de Haguit

2. Levita en tiempo del rey Josafat, **2 Cr. 17.8**
3. Firmante del pacto de Nehemías, **Neh. 10.16**

ADONI-BEZEC *Rey cananeo (probablemente =Adonisedec)*, **Jue. 1.5,6,7**

ADONICAM *Ascendiente de algunos que regresaron del exilio*, **Esd. 2.13; 8.13; Neh. 7.18**

ADONIRAM *=Adoram No. 2*

1 R. 4.6 y *A* hijo de Abda, sobre el tributo
5.14 y *A* estaba encargado de aquella leva

ADONISEDEC *Rey de Jerusalén (probablemente =Adoni-besec)*, **Jos. 10.1,3**

ADOPCIÓN

Ro. 8.15 que habéis recibido el espíritu de *a*
8.23 gemimos..esperando la *a*, la redención
9.4 son israelitas, de los cuales son la *a*
Gá. 4.5 a fin de que recibiésemos la *a* de hijos

ADOPTAR

Est. 2.7 Ester..Mardoqueo la *adoptó* como hija
Ef. 1.5 ser *adoptados* hijos suyos por medio de

ADORADOR

Jn. 4.23 los verdaderos *a* adorarán al Padre en
4.23 el Padre tales *a* buscan que le adoren

ADORAIM *Ciudad de Judá*, **2 Cr. 11.9**

ADORAM

1. Hijo de Joctán, **Gn. 10.27; 1 Cr. 1.21**
2. Oficial de los reyes David, Salomón y Roboam (=Adoniram)

2 S. 20.24 *A* sobre los tributos, y Josafat hijo
1 R. 12.18 el rey Roboam envió a *A*, que estaba
2 Cr. 10.18 envió luego el rey Roboam a *A*, que

3. Hijo de Toi, rey de Hamat, **1 Cr. 18.10**

ADORAR

Gn. 22.5 yo y..iremos hasta allí y *adoraremos*
24.26 el hombre entonces se inclinó, y *adoró*
24.48 incliné y *adoré* a Jehová, y bendije a
Éx. 4.31 y oyendo..se inclinaron y *adoraron*
12.27 entonces el pueblo se inclinó y *adoró*
32.8 han hecho un becerro..y lo han *adorado*
33.10 se levantaba cada uno a la..y *adoraba*
34.8 bajó la cabeza hacia el suelo y *adoró*
Dt. 26.10 y *adorarás* delante de Jehová tu Dios
Jos. 5.14 Josué, postrándose..tierra, le *adoró*
Jue. 2.12 otros dioses..a los cuales *adoraron*
2.13 dejaron..y *adoraron* a Baal y a Astarot
2.17 que fueron tras dioses ajenos..*adoraron*
7.15 Gedeón oyó el relato del sueño..*adoró*
1 S. 1.3 aquel varón subía de su..para *adorar*
1.19 *adoraron* delante de Jehová, y volvieron
1.28 yo, pues, lo dedico..*adoró* allí a Jehová
15.25 vuelve conmigo para que *adore* a Jehová
15.30 vuelvas conmigo..*adore* a Jehová tu Dios
15.31 volvió Samuel..y *adoró* Saúl a Jehová
2 S. 12.20 entró a la casa de Jehová, y *adoró*
15.32 cuando David llegó a..para *adorar* allí
1 R. 1.47 rey David..y el rey *adoró* en la cama
9.6 y sirviereis a dioses..y los *adorareis*
9.9 los *adoraron* y los sirvieron; por eso ha
11.33 y han *adorado* a Astoret diosa de los
12.30 el pueblo iba a *adorar* delante de uno
16.31 y fue y sirvió a Baal, y lo *adoró*
22.53 sirvió a Baal, y lo *adoró*, y provocó a
2 R. 5.18 el templo de Rimón para *adorar* en él
17.16 *adoraron* a..el ejército de los cielos
17.31 quemaban..para *adorar* a Adramelec y a
17.35 ni los *adoraréis*, ni les serviréis, ni
17.36 a Jehová..a éste *adoraréis*, y a éste
18.22 delante de este altar *adoraréis* en
19.37 *adoraba* en el templo de Nisroc su dios
21.3 *adoró* a todo el ejército de los cielos
21.21 sirvió a los ídolos a los..y los *adoró*
1 Cr. 29.20 *adoraron* delante de Jehová y del
2 Cr. 7.3 se postraron..y *adoraron*, y alabaron
7.19 y sirviereis a dioses..y los *adorareis*
7.22 los *adoraron* y sirvieron; por eso él ha
20.18 postraron delante..*adoraron* a Jehová
25.14 los dioses de los hijos de Seir..*adoró*
29.28 la multitud *adoraba*, y los cantores
29.29 se inclinó el rey, y todos..*adoraron*
29.30 alabaron..y se inclinaron y *adoraron*
32.12 delante de este solo altar *adoraréis*
33.3 *adoró* a todo el ejército de los cielos
Neh. 8.6 y se humillaron y *adoraron* a Jehová
9.3 confesaron..y *adoraron* a Jehová su Dios
9.6 y los ejércitos de los cielos te *adoran*
Job 1.20 Job se..y se postró en tierra y *adoró*
Sal. 5.7 *adoraré* hacia tu santo templo en tu
22.27 las familias de las naciones *adorarán*
22.29 y *adorarán*..los poderosos de la tierra
29.2 *adorad* a Jehová en la hermosura de la
66.4 toda la tierra te *adorará*, y cantará a ti
86.9 todas las naciones..vendrán y *adorarán*
95.6 venid, *adoremos* y postrémonos..delante
96.9 *adorad* a Jehová en la hermosura de la
Is. 2.20 ídolos..le hicieron para que *adorase*
27.13 *adorarán* a Jehová en el monte santo
36.7 dijo..Delante de este altar *adoraréis?*
37.38 aconteció que mientras *adoraba* en el
44.15 panes; hace además un dios, y lo *adora*
44.17 se postra delante de él, lo *adora*, y
46.6 alquilan un platero..se postran y *adoran*
49.7 vendrán reyes, y..y *adorarán* por Jehová
49.23 rostro inclinado a tierra te *adorarán*
66.23 vendrán todos a *adorar* delante de mí
Jer. 1.16 dioses..la obra de sus manos *adoraron*
7.2 oíd..Judá, los que entráis..para *adorar*
22.9 *adoraron* dioses ajenos y les sirvieron
25.6 de dioses..sirviéndoles y *adorándoles*
26.2 habla..ciudades..que vienen para *adorar*
Ez. 8.16 *adoraban* al sol, postrándose hacia el
46.2 *adorará* junto a la entrada de la puerta
46.3 *adorará* el pueblo de..delante de Jehová
Dn. 3.5 postréis y *adoréis* la estatua de oro
3.6 y cualquiera que no se postre y *adore*
3.7 postraron y *adoraron* la estatua de oro
3.10 que..se postre y *adore* la estatua de oro
3.11 el que no..*adore*, sea echado dentro de
3.12 no *adoran* tus dioses, ni a la estatua
3.14 a mi dios, ni *adoráis* la estatua de oro
3.15 que..*adoréis* la estatua que he hecho?
3.15 si no la *adorareis*, en la misma hora
3.18 tampoco *adoraremos* la estatua que has
3.28 antes que servir y *adorar* a otro dios
Mi. 6.6 ¿con qué..*adoraré* al Dios Altísimo?
Zac. 14.16 subirán..*adorar* al rey, a Jehová
14.17 no subieren a Jerusalén para *adorar*
Mt. 2.2 hemos visto en..y vinimos a *adorarle*
2.8 para que yo también vaya y le *adore*
2.11 vieron al niño, con su madre..*adoraron*
4.9 esto te daré, si postrado me *adorares*
4.10 escrito está: Al Señor..Dios *adorarás*
14.33 le *adoraron*, diciendo: Verdaderamente
28.9 ellas..abrazaron sus pies, y le *adoraron*
28.17 cuando le vieron, le *adoraron;* pero
Lc. 4.7 tú postrado me *adorares*..serán tuyos
4.8 al Señor tu Dios *adorarás*, y a él solo
24.52 después de haberle *adorado*, volvieron
Jn. 4.20 nuestros padres *adoraron* en..monte
4.20 en Jerusalén es..donde se debe *adorar*
4.21 ni en este monte..*adoraréis* al Padre
4.22 vosotros *adoráis* lo que no sabéis
4.22 *adoramos* lo que sabemos; porque la
4.23 cuando..*adorarán* al Padre en espíritu
4.23 tales adoradores busca que le *adoren*
4.24 y los que le *adoran*, en espíritu y en
4.24 y en verdad es necesario que *adoren*
9.38 y él dijo: Creo, Señor; y le *adoró*
12.20 entre los que había subido a *adorar* en
Hch. 7.43 figuras..os hicisteis para *adorarlas*
8.27 había venido a Jerusalén para *adorar*
10.25 salió..postrándose a sus pies, *adoró*
16.14 una mujer..Lidia..que *adoraba* a Dios
17.23 al que..*adoráis*, pues, sin conocerle
24.11 días que subí a *adorar* a Jerusalén
1 Co. 14.25 así, postrándose..*adorará* a Dios
He. 1.6 *adórenle* todos los ángeles de Dios
11.21 *adoró* apoyado sobre el extremo de su
Ap. 4.10 y *adoran* al que vive por los siglos
5.14 los 24 ancianos..*adoraron* al que vive
7.11 y se postraron sobre..y *adoraron* a Dios
9.20 ni dejaron de *adorar* a los demonios, y
11.1 mide..el altar, y a los que *adoran* en él
11.16 se postraron sobre..y *adoraron* a Dios
13.4 *adoraron* al dragón que..y *a* a la bestia
13.8 y la *adoraron* todos los moradores de la
13.12 hace que la..*adoren* a la primera bestia
13.15 hiciese matar a..el que no la *adorase*
14.7 *adorad* a aquel que hizo el cielo y la
14.9 alguno *adora* a la bestia y a su imagen
14.11 no tienen reposo..los que *adoran* a la
15.4 naciones vendrán y te *adorarán*, porque
16.2 una úlcera..sobre los..que *adoraban* su
19.4 se postraron en tierra y *adoraron* a Dios
19.10 yo me postré a sus pies para *adorarle*
19.10 *adora* a Dios; porque el testimonio de
19.20 engañado a..y habían *adorado* su imagen
20.4 que no habían *adorado* a la bestia ni a su
22.8 postré para *adorar* a los pies del ángel
22.9 me dijo: Mira, no lo hagas..*Adora* a Dios

ADORMECER

Job 33.15 cuando se *adormecen* sobre el lecho
Sal. 121.4 no se *adormecerá* ni dormirá el que

ADORMECIMIENTO

Sal. 132.4 no daré sueño..ni a mis párpados *a*
Pr. 6.4 no des sueño a tus ojos, ni..párpados *a*

ADORNAR

2 S. 1.24 quien *adornaba* vuestras ropas con
1 R. 6.19 *adornó* el lugar santísimo por dentro
Job 26.13 espíritu *adornó* los cielos; su mano
40.10 *adórnate*..de majestad y de alteza, y
Pr. 7.16 *adornado* mi cama con colchas..Egipto
15.2 la lengua de los sabios *adornará* la
Is. 54.14 con justicia serás *adornada;* estarás
61.10 y como a novia *adornada* con sus joyas
Jer. 2.33 *adornas* tu camino para hallar amor
4.30 aunque te *adornes* con atavíos de oro
10.4 con plata y oro lo *adornan;* con clavos
31.4 serás *adornada* con tus panderos, y
Ez. 16.13 así fuiste *adornada* de oro y de plata
Os. 2.13 se *adornaba* de sus zarcillos y de sus
Mt. 12.44 halla desocupada, barrida y *adornada*
23.29 *adornáis* los monumentos de los justos
Lc. 11.25 llega, la halla barrida y *adornada*
21.5 estaba *adornado* de hermosas piedras y
Tit. 2.10 para que..*adornen* la doctrina de Dios
Ap. 17.4 y la mujer estaba..*adornada* de oro, de
18.16 y estaba *adornada* de oro, de piedras
21.19 los cimientos..estaban *adornados* con

ADORNO

Éx. 39.28 los *a* de las tiaras de lino fino, y
Jue. 8.21 tomó los *a* de lunetas que..traían al
1 R. 7.36 hizo..entalladuras..alrededor otros *a*
Pr. 1.9 porque *a* de gracia serán a tu cabeza
4.9 *a* de gracia dará a tu cabeza; corona de
Ez. 16.11 te atavié con *a*, y puse brazaletes
23.26 te arrebatarán..los *a* de tu hermosura
23.40 por amor de ellos..te ataviaste con *a*
1 P. 3.3 no..de *a* de oro o de vestidos lujosos

ADQUIRIR

Gn. 4.1 por voluntad de..he *adquirido* varón
12.5 y las personas que habían *adquirido* en
31.1 de nuestro padre ha *adquirido*..riqueza
31.18 ganado, y todo cuanto había *adquirido*

ADQUIRIR ***(Continúa)***
Gn. 36.6 Esaú tomó. . todo cuanto había *adquirido*
46.6 sus bienes que habían *adquirido* en la
1 R. 10.29 así los *adquirían* por mano de ellos
2 Cr. 32.27 tuvo Ezequías. . y *adquirió* tesoros
32.29 *adquirió* también ciudades, y hatos de
Rt. 4.9 he *adquirido* de mano de Noemí todo lo
Job 4.21 mueren sin haber *adquirido* sabiduría
Sal. 74.2 que *adquiriste* desde tiempos antiguos
119.104 de tus. . he *adquirido* inteligencia
Pr. 1.5 sabio. . el entendido *adquirirá* consejo
4.5 *adquiere* sabiduría, *a* inteligencia; no
4.7 sabiduría ante todo; *adquiere* sabiduría
4.7 sobre. . posesiones *adquiere* inteligencia
16.16 mejor es *adquirir* sabiduría que oro
16.16 *adquirir* inteligencia vale más que la
18.15 el corazón del. . *adquiere* sabiduría
20.21 los bienes que se *adquieren* de prisa
Is. 15.7 las riquezas que habrán *adquirido*, y
Ez. 28.4 has *adquirido* oro y. . en tus tesoros
Os. 12.12 Israel sirvió para *adquirir* mujer, y
12.12 Israel. . por *adquirir* mujer fue pastor
Am. 6.13 ¿no hemos *adquirido* poder con. . fuerza
Hch. 1.18 éste. . *adquirió* un campo, y cayendo
22.28 una gran suma *adquirí* esta ciudadanía
Ef. 1.14 la redención de la posesión *adquirida*
1 P. 2.9 nación santa, pueblo *adquirido* por

ADRAMELEC
1. ***Dios de los de Sefarvaim*, 2 R. 17.31**
2. ***Hijo de Senaquerib*, 2 R. 19.37; Is. 37.38**

ADRAMITENA ***Perteneciente a Adramitio, puerto del Mar Egeo*, Hch. 27.2**

ADRIÁTICO ***Parte del Mar Mediterráneo*, Hch. 27.27**

ADRIEL ***Yerno del rey Saúl*, 1 S. 18.19; 2 S. 21.8**

ADUEÑARSE
Is. 34.11 se *adueñarán* de ella el pelícano y

ADULAM ***Véase también Adulamita***
1. ***Ciudad de los cananeos y posteriormente de Judá*, Jos. 12.15; 15.35; 2 Cr. 11.7; Neh. 11.30; Mi. 1.15**
2. ***Cueva cerca de No. 1***
1 S. 22.1 luego David. . huyó a la cueva de *A*
2 S. 23.13 vinieron. . a David en la cueva de *A*
1 Cr. 11.15 descendieron a la peña. . cueva de *A*

ADULAMITA ***Habitante de Adulam No. 1*, Gn. 38.1,12,20**

ADULAR
Jud. 16 *adulando*. . personas para sacar provecho

ADÚLTERA
Lv. 20.10 el adúltero y la *a*. . serán muertos
Pr. 30.20 proceder de la mujer *a* es así: Come
Ez. 16.32 como mujer *a*, que. . recibe a ajenos
16.38 yo te juzgaré por las leyes de las *a*
23.45 las juzgarán por la ley de las *a*, y
Os. 3.1 vé, ama a una mujer amada. . aunque *a*
Mal. 3.5 y seré pronto testigo contra los. . *a*
Mt. 12.39; 16.4 la generación mala y *a* demanda
Mr. 8.38 se avergonzare. . en esta generación *a*
Ro. 7.3 se uniere a otro varón, será llamada *a*
7.3 si se uniere a otro marido, no será *a*
Stg. 4.4 almas *a!* No sabéis que la amistad del

ADULTERAR
Jer. 3.9 la tierra fue contaminada, y *adulteró*
5.7 *adulteraron*, y en casa de rameras se
7.9 matando, *adulterando*, jurando en falso
Ez. 23.37 han *adulterado*, y hay sangre en sus
Os. 4.2 mentir, matar. . y *adulterar* prevalecen
4.13 por tanto. . *adulterarán* vuestras nueras
4.14 ni a vuestras nueras cuando *adulteren*
Mt. 5.28 mira a una mujer. . *adulteró* con ella
5.32 el que repudia. . hace que ella *adultere*
19.9 repudia. . y se casa con otra, *adultera*
19.9 que se casa con la repudiada, *adultera*
19.18 no *adulterarás*. No hurtarás. No dirás
Mr. 10.19 no *adulteres*. No mates. No hurtes
Lc. 16.18 repudia. . se casa con otra, *adultera*
16.18 que se casa con la repudiada. . *adultera*
18.20 sabes: No *adulterarás*; no matarás; no
Ro. 2.22 que no se ha de *adulterar*, *¿adulteras?*
13.9 porque: No *adulterarás*, no matarás, no
2 Co. 4.2 no *adulterando* la palabra de Dios
1 P. 2.2 la leche espiritual no *adulterada*
Ap. 2.22 tribulación. . que con ella *adulteran*

ADULTERIO
Éx. 20.14 no cometerás *a*
Lv. 20.10 hombre cometiere *a* con la mujer de
Dt. 5.18 no cometerás *a*
Pr. 6.32 comete *a* es falto de entendimiento
Jer. 13.27 tus *a*, tus relinchos, la maldad de
23.14 los profetas. . cometían *a*, y andaban
29.23 cometieron *a* con las mujeres de sus
Ez. 23.43 dije respecto de la envejecida en *a*
Os. 2.2 aparte, pues. . sus *a* de entre sus pechos
Mt. 5.27 oísteis que fue dicho: No cometerás *a*
5.32 que se casa con la repudiada, comete *a*
15.19 porque del corazón salen los. . los *a*
Mr. 7.21 del corazón de los hombres. . salen. . *a*
10.11 se casa con otra, comete *a* contra ella
10.12 la mujer. . se casa con otro, comete *a*
Jn. 8.3 le trajeron una mujer sorprendida en *a*
8.4 sido sorprendida en el acto mismo de *a*
Gá. 5.19 son las obras de la carne, que son: *a*
Stg. 2.11 porque el que dijo: No cometerás *a*
2 P. 2.14 los ojos llenos de *a*, no se sacian

ADÚLTERO
Lv. 20.10 el *a* y la adúltera. . serán muertos
Job 24.15 el ojo del *a* está aguardando la noche
Sal. 50.18 al ladrón. . y con los *a* era tu parte
Is. 57.3 generación del *a* y de la fornicaria
Jer. 9.2 porque todos ellos son *a*, congregación
23.10 la tierra está llena de *a*; a causa de
Ez. 23.45 son *a*, y sangre hay en sus manos
Os. 7.4 ellos son *a*; son como horno encendido
Lc. 18.11 no soy. . *a*, ni aun como este publicano
1 Co. 6.9 ni los *a*, ni los afeminados, ni los
He. 13.4 fornicarios y a los *a*. . juzgará Dios

ADUMIN ***Garganta de montaña en el camino entre Jericó y Jerusalén*, Jos. 15.7; 18.17**

ADVENEDIZO
1 Cr. 29.15 extranjeros y *a* somos delante de ti
Sal. 39.12 porque forastero soy para ti, y *a*
Ef. 2.19 que ya no sois extranjeros ni *a*, sino

ADVENIMIENTO
2 Ts. 2.9 inicuo cuyo *a* es por obra de Satanás
2 P. 3.4 ¿dónde está la promesa de su *a?*

ADVERSARIO
Nm. 22.22 el ángel de Jehová se puso en. . por *a*
Dt. 32.27 no sea que se envanezcan sus *a*, no
1 S. 2.10 de Jehová serán quebrantados sus *a*
2 S. 2.16 uno echó mano de la cabeza de su *a*
2.16 metió su espada en el costado de su *a*
19.22 ¿que tengo. . para que hoy me seáis *a?*
1 R. 5.4 dado paz. . ni hay *a*, ni mal que temer
11.14 y Jehová suscitó un *a* a Salomón: Hadad
11.23 Dios. . levantó por *a* contra Salomón a
11.25 *a* de Israel todos los días de Salomón
2 R. 21.14 serán para presa y despojo de. . *a*
1 Cr. 21.12 derrotado. . con la espada de tus *a*
Est. 7.6 el enemigo y *a* es este malvado Amán
Job 22.20 fueron destruidos nuestros *a*, y el
27.7 sea como el impío. . como el inicuo mi *a*
31.35 por mí, aunque mi *a* me forme proceso
Sal. 3.1 cuánto se han multiplicado mis *a!*
10.5 de su vista; a todos sus *a* desprecia
44.5 en tu nombre hollaremos a nuestros *a*
69.19 sabes. . delante de ti están todos mis *a*
71.13 sean avergonzados, perezcan los *a* de
81.14 habría. . vuelto mi mano contra sus *a*
89.42 enemigos; has alegrado a todos sus *a*
106.10 los salvó. . los rescató de mano del *a*
108.12 danos socorro contra el *a*, porque vana
109.4 en pago de mi amor me han sido *a*; mas
143.12 destruirás a todos los *a* de mi alma
Pr. 18.17 justo. . pero viene su *a*, y le descubre
Is. 1.24 de mis enemigos, me vengaré de mis *a*
50.8 ¿quién es el *a* de mi causa? Acérquese
59.18 sus enemigos, y dar el pago a sus *a*
Jer. 30.14 te herí, con azote de *a* cruel, a
30.16 todos tus *a*, todos irán en cautiverio
Lm. 2.4 entesó. . afirmó su mano derecha como *a*
2.17 ha hecho. . enalteció el poder de tus *a*
4.12 que el enemigo y el *a* entrara por las
Mi. 2.8 a los que pasaban, como *a* de guerra
5.9 alzará. . y todos tus *a* serán destruidos
Nah. 1.2 venga de sus *a*, y guarda enojo para
1.8 mas con inundación. . consumirá a sus *a*
Mt. 5.25 ponte de acuerdo con tu *a* pronto
5.25 no sea que el *a* te entregue al juez, y
Lc. 12.58 cuando vayas al magistrado con tu *a*
13.17 al decir. . se avergonzaban todos sus *a*
18.3 a él, diciendo: Hazme justicia de mi *a*
1 Co. 16.9 puerta grande. . y muchos son los *a*
1 Ti. 5.14 que no den al *a* ninguna ocasión de
Tit. 2.8 de modo que el *a* se avergüence, y no
He. 10.27 de fuego que ha de devorar a los *a*
1 P. 5.8 vuestro *a* el diablo. . anda alrededor

ADVERSIDAD
Sal. 35.15 se alegraron en mi *a*, y se juntaron
49.5 ¿por qué he de temer en los días de *a*
Pr. 12.21 ninguna *a* acontecerá al justo; mas
Ec. 7.14 goza del. . y en el día de la *a* considera
Is. 45.7 que hago la paz y creo la *a*. Yo Jehová

ADVERTENCIA
Lc. 17.20 dijo: El reino de Dios no vendrá con *a*

ADVERTIR
Is. 41.20 para que vean y conozcan, y *adviertan*
42.20 que ve muchas cosas y no *advierte*, que
48.5 antes que sucediera te lo *advertí*, para
He. 8.5 como se le *advirtió* a Moisés cuando iba
11.7 la fe Noé, cuando fue *advertido* por Dios

AFABLE
1 P. 2.18 no solamente a los buenos y *a*, sino

AFÁN
Ec. 5.17 comerá en tinieblas, con mucho *a* y
Mt. 6.34 porque el día de mañana traerá su *a*
13.22 el *a* de este siglo. . ahogan la palabra
Mr. 4.19 los *a* de este siglo. . ahogan la palabra
Lc. 8.14 son ahogados por los *a* y las riquezas
21.34 se carguen de. . y de los *a* de esta vida
2 Ts. 3.8 trabajamos con *a* y fatiga día y noche

AFANARSE
Sal. 39.6 como una sombra. . en vano se *afana*
Pr. 23.4 no te *afanes* por hacerte rico; sé
Ec. 1.3 trabajo con que se *afana* debajo del sol
2.19 mi trabajo en que yo me *afané* y en que
2.20 mi trabajo en que me *afané*, y en que
2.22 la fatiga. . con que se *afana* debajo del
3.9 ¿qué provecho. . aquello en que se *afana?*
9.9 trabajo con que te *afanas* debajo del sol
Is. 22.4 lloraré. . no os *afanéis* por consolarme
Zac. 6.7 y los alazanes. . se *afanaron* por ir a
Mt. 6.25 digo: No os *afanéis* por vuestra vida
6.27 quién de. . podrá, por mucho que se *afane*
6.28 y por el vestido, ¿por qué os *afanáis?*
6.31 no os *afanéis*, pues, diciendo: ¿Qué
6.34 así. . no os *afanéis* por el día de mañana
Lc. 10.41 Marta, *afanada* y. . con muchas cosas
12.22 digo: No os *afanéis* por vuestra vida
12.25 ¿quién. . podrá con *afanarse* añadir a su
12.26 si. . ¿por qué os *afanáis* por lo demás?

AFANOSO
Fil. 4.6 por nada estéis *a*, sino sean conocidas

AFEAR
Job 3.5 *aféenlo* tinieblas y sombra de muerte

AFEC
1. ***Ciudad real de los cananeos (posiblemente =Afeca)*, Jos. 12.18; 1 S. 4.1; 29.1**
2. ***Lugar en el norte de Canaán*, Jos. 13.4; 19.30; Jue. 1.31**
3. ***Ciudad en Basán*, 1 R. 20.26,30; 2 R. 13.17**

AFECA ***Ciudad de Judá (posiblemente =Afec No. 1)*, Jos. 15.53**

AFECTAR
Lv. 13.33 pero no rasurará el lugar *afectado*
Col. 2.18 *afectando* humildad y culto. . ángeles

AFECTO
1 Cr. 29.3 tengo mi *a* en la casa de mi Dios
Job 14.15 tendrás *a* a la hechura de tus manos
Am. 1.11 y violó todo *a* natural; y en su furor
Ro. 1.31 desleales, sin *a* natural, implacables
2 Co. 7.7 haciéndonos saber vuestro gran *a*. . mi
7.11 qué temor, qué ardiente *a*, qué celo, y
Ef. 1.5 hijos. . según el puro *a* de su voluntad
Fil. 2.1 si algún consuelo. . algún *a* entrañable
1 Ts. 2.8 tan grande es nuestro *a* por vosotros
2 Ti. 3.3 sin *a* natural, implacables. . crueles
2 P. 1.7 la piedad, *a* fraternal; y al *a*. . amor

AFEITAR
Gn. 41.14 se *afeitó* y mudó sus vestidos, y vino

AFEITE
Est. 2.12 perfumes aromáticos y *a* de mujeres

AFEMINADO
1 Co. 6.9 ni los *a*, ni los que se echan con

AFERRAR
Mr. 7.3 *aferrándose* a la tradición de. . ancianos
7.8 os *aferráis* a la tradición de los hombres
Fil. 2.6 no estimó. . como cosa a que *aferrarse*

AFÍA ***Ascendiente del rey Saúl*, 1 S. 9.1**

AFIANZAR
Sal. 119.122 *afianza* a tu siervo para bien; no

AFILAR
Éx. 4.25 Séfora tomó un pedernal *afilado* y
Dt. 32.41 si *afilare* mi reluciente espada
Jos. 5.2 dijo a Josué: Hazte cuchillos *afilados*
5.3 se hizo cuchillos *afilados*, y circuncidó
1 S. 13.20 para *afilar* cada uno la reja de su
13.21 tercera parte de un siclo por *afilar*
Sal. 7.12 si no se arrepiente, él *afilará* su

AFILAR *(Continúa)*
Sal. 52.2 tu lengua..navaja *afilada* hace engaño
64.3 *afilan* como espada su lengua; lanzan
Is. 5.28 sus saetas estarán *afiladas*, y todos
Jer. 9.8 saeta *afilada* es la lengua de ellos
Ez. 21.9 la espada, la espada está *afilada* y
21.10 para degollar víctimas está *afilada*
21.11 la espada está *afilada*, y está pulida

AFINAR
1 Cr. 15.21 tenían arpas *afinadas* en la octava
Sal. 19.10 deseables..más que mucho oro *afinado*
66.10 nos ensayaste como se *afina* la plata
Mal. 3.3 se sentará para *afinar* y limpiar la
3.3 los *afinará* como a oro y como a plata

AFIRMAR
Gn. 42.14 he dicho, *afirmando* que sois espías
Éx. 15.17 santuario que tus manos..han *afirmado*
Lv. 26.9 haré..*afirmaré* mi pacto con vosotros
Dt. 8.19 yo lo *afirmo* hoy contra vosotros, que
1 S. 2.8 Jehová..*afirmó* sobre ellas el mundo
2 S. 7.12 uno de tu linaje..*afirmaré* su reino
7.13 *afirmaré*..siempre el trono de su reino
7.16 será *afirmada* tu casa y tu reino para
1 R. 9.5 *afirmaré* el trono de tu reino sobre
2 R. 14.5 hubo *afirmado* en sus manos el reino
1 Cr. 17.11 descendencia..y *afirmaré* su reino
22.10 *afirmaré* el trono de su reino sobre
2 Cr. 1.1 Salomón..fue *afirmado* en su reino
9.8 tu Dios amó a Israel para *afirmarlo*
Est. 1.2 fue *afirmado* el rey Asuero sobre el
1.22 que..*afirmase* su autoridad en su casa
Job 18.9 lazo..se *afirmará* la trampa contra él
Sal. 24.2 la fundó..la *afirmó* sobre los ríos
30.7 Jehová..me *afirmaste* como monte fuerte
48.8 ciudad..la *afirmará* Dios para siempre
65.6 el que *afirma* los montes con su poder
80.15 y el renuevo que para ti *afirmaste*
80.17 hijo de hombre que para ti *afirmaste*
86.11 *afirma* mi corazón para que tema tu
89.2 en los cielos..*afirmarás* tu verdad
93.1 *afirmó* también el mundo, y no se moverá
96.10 *afirmó* el mundo, no será conmovido
101.7 el que habla mentira no se *afirmará*
111.8 *afirmados* eternamente y para siempre
119.90 tú *afirmaste* la tierra, y subiste
Pr. 3.19 *afirmó* los cielos con inteligencia
8.28 *afirmaba* los cielos..a las fuentes de
12.3 el hombre no se *afirmará* por medio de
15.22 la multitud de consejeros se *afirman*
15.25 pero *afirmará* la heredad de la viuda
16.3 y tus pensamientos serán *afirmados*
16.12 con justicia será *afirmado* el trono
22.18 si..se *afirmaren* sobre tus labios
24.3 la casa, y con prudencia se *afirmará*
25.5 y su trono se *afirmará* en justicia
29.4 el rey con el juicio *afirma* la tierra
30.4 ¿quién *afirmó*..términos de la tierra?
Is. 33.23 no *afirmaron* su mástil, ni entesaron
35.3 manos..*afirmad* las rodillas endebles
41.7 lo *afirmó* con clavos..que no se moviese
59.16 le salvó..le *afirmó* su misma justicia
61.8 por tanto, *afirmaré* en verdad su obra
Jer. 10.4 con clavos y martillo lo *afirman* para
33.2 Jehová que la formó para *afirmarla*
51.15 que *afirmó* el mundo con su sabiduría
Lm. 2.4 *afirmó* su..derecha como adversario
Ez. 2.2 me *afirmó* sobre mis pies, y oí al que
3.24 y me *afirmó* sobre mis pies, y me habló
4.3 *afirmarás* luego tu rostro contra ella
4.7 asedio de Jerusalén *afirmarás* tu rostro
26.8 baluarte, y escudo *afirmará* contra ti
Dn. 11.17 *afirmará* luego su rostro para venir
Hab. 2.1 sobre la fortaleza *afirmaré* el pie
Zac. 14.4 se *afirmarán* sus pies en aquel día
Lc. 9.51 *afirmó* su rostro para ir a Jerusalén
22.59 *afirmaba*..también éste estaba con él
Hch. 3.7 al momento se le *afirmaron* los pies
23.8 pero los fariseos *afirman* estas cosas
25.19 Jesús..que Pablo *afirmaba* estar vivo
Ro. 3.8 algunos..*afirman* que nosotros decimos
1 Ts. 3.13 sean *afirmados* vuestros corazones
2 Ts. 3.3 fiel es el Señor, que os *afirmará*
1 Ti. 1.7 sin entender ni lo..ni lo que *afirman*
He. 13.9 buena cosa es *afirmar* el corazón con
Stg. 5.8 *afirmad* vuestros corazones; porque la
1 P. 5.10 él mismo os..*afirme*, fortalezca y
Ap. 3.2 *afirma* las otras cosas que están para

AFLICCIÓN
Gn. 16.11 Ismael, porque Jehová ha oído tu *a*
29.32 concibió Lea..Ha mirado Jehová mi *a*
31.42 Dios vio mi *a* y el trabajo de..manos
41.52 hizo fructificar en la tierra de mi *a*
Éx. 3.7 he visto la *a* de mi pueblo..en Egipto
3.17 yo os sacaré de la *a* de Egipto, a la
4.31 y que había visto su *a*, se inclinaron
5.19 entonces los capataces..se vieron en *a*
Dt. 16.3 pan de *a*..aprisa saliste de..Egipto
26.7 Jehová..vio nuestra *a*, nuestro trabajo
32.35 porque el día de su *a* está cercano, y
Jue. 2.15 estaba contra ellos..tuvieron gran *a*
10.14 os libren ellos en el tiempo de..*a*
10.16 angustiado a causa de la *a* de Israel
11.7 venís ahora a mí cuando estáis en *a*?
1 S. 1.11 dignares mirar a la *a* de tu sierva
1.16 de mis congojas y de mi *a* he hablado
10.19 que os guarda de todas vuestras *a* y
26.24 ojos de Jehová, y me libre de toda *a*
2 S. 16.12 quizá mirará Jehová mi *a*, y me dará
1 R. 22.27 con pan de angustia y con agua de *a*
2 R. 13.4 Jehová lo oyó..miró la *a* de Israel
14.26 Jehová miró la muy amarga *a* de Israel
1 Cr. 7.23 por cuanto había estado en *a* en su
2 Cr. 15.5 sino..*a* sobre los habitantes de las
18.26 sustentadle con pan de *a* y agua de
Esd. 9.5 hora del sacrificio..levanté de mi *a*
Neh. 9.9 y miraste la *a* de nuestros padres en
Job 5.6 porque la *a* no sale del polvo, ni la
5.7 como las..así el hombre nace para la *a*
22.23 volvieres..alejarás de tu tienda la *a*
30.16 ahora..días de *a* se apoderan de mí
30.27 agitan..días de *a* me han sobrecogido
36.8 y aprisionados en las cuerdas de *a*
36.15 librará..y en la *a* despertará su oído
36.21 pues ésta escogiste más bien que la *a*
42.10 quitó Jehová la *a* de Job, cuando él
Sal. 9.13 mira mi *a* que padezco a causa de las
22.24 no menospreció ni..la *a* del afligido
25.18 mira mi *a* y mi trabajo, y perdona
31.7 me gozaré y alegraré..has visto mi *a*
34.19 muchas son las *a* del justo, pero de
44.24 ¿por qué..te olvidas de nuestra *a*, y
88.9 mis ojos enfermaron a causa de mi *a*
94.13 hacerle descansar en los días de *a*
107.6,13,19 clamaron..y los libró de sus *a*
107.10 aprisionados en *a* y en hierros
107.28 claman a Jehová..los libra de sus *a*
119.50 ella es mi consuelo en mi *a*, porque
119.92 si tu ley..en mi *a* hubiera perecido
119.143 *a* y angustia se han apoderado de mí
119.153 mira mi *a*, y líbrame, porque de tu
132.1 acuérdate..de David, y de toda su *a*
Pr. 27.10 ni vayas a la casa..el día de tu *a*
Ec. 1.14 todo ello es vanidad y *a* de espíritu
1.17 conocí que aun esto era *a* de espíritu
2.11 aquí, todo era vanidad y *a* de espíritu
2.17 cuanto todo es vanidad y *a* de espíritu
2.26; 4.4 esto es vanidad y *a* de espíritu
4.6 que ambos puños llenos con trabajo y *a*
4.16 esto es también vanidad y *a* de espíritu
6.9 también esto es vanidad y *a* de espíritu
Is. 9.1 en angustia, tal como la *a* que le vino
25.4 fuiste..fortaleza al menesteroso en su *a*
48.10 he aquí..te he escogido en horno de *a*
53.11 verá el fruto de la *a* de su alma, y
57.1 de delante de la *a* es quitado el justo
Jer. 2.28 podrán librar en el tiempo de tu *a*
11.14 no oiré en el día que en su *a* clamen
14.8 Guardador suyo en el tiempo de la *a*
15.11 en tiempo de *a* y en época de angustia
16.19 y refugio mío en el tiempo de la *a*
28.8 profetizaron..*a* y pestilencia contra
Lm. 1.3 a causa de la *a* y de la..servidumbre
1.7 se acordó de los días de su *a*, y de sus
1.9 mira, oh Jehová, mi *a*, porque el enemigo
3.1 yo soy el hombre que ha visto *a* bajo el
3.19 acuérdate de mi *a* y de mi abatimiento
35.5 poder de la espada en el tiempo de su *a*
Hab. 3.7 he visto las tiendas de Cusán en *a*
Mt. 13.21 pues al venir la *a* o..luego tropieza
Jn. 16.33 el mundo tendréis *a*; pero confiad
Hch. 7.34 he visto la *a* de mi pueblo que está
Ro. 8.18 que las *a* del tiempo presente no son
1 Co. 7.28 pero los tales tendrán *a* de la carne
2 Co. 1.5 abundan en nosotros las *a* de Cristo
1.6 cual se opera en el sufrir las mismas *a*
1.7 que así como sois compañeros en las *a*
Fil. 1.16 pensando añadir *a* a mis prisiones
Col. 1.24 cumplo..que falta de las *a* de Cristo
1 Ts. 3.7 en medio de..*a* fuimos consolados de
2 Ti. 1.8 participa de las *a* por el evangelio
4.5 soporta las *a*, haz obra de evangelista
He. 2.10 perfeccionase por *a* al autor de la
Stg. 5.10 tomad como ejemplo de *a* a..profetas

AFLIGIR
Gn. 16.6 como Sarai la *afligía*, ella huyó de
31.50 si *afligieres* a mis hijas, o si tomares
45.26 Jacob se *afligió*, porque no los creía
Éx. 5.22 ¿por qué *afliges* a este pueblo? ¿Para
5.23 ha *afligido* a este pueblo; y tú no has
22.22 a ninguna viuda ni huérfano *afligiréis*
22.23 llegas a *afligirles*, y ellos clamaren a
23.22 yo..*afligiré* a los que te *afligieren*
Lv. 16.29 mes séptimo..*afligiréis* vuestras almas
16.31 *afligiréis* vuestras almas; es estatuto
23.27 de este mes..*afligiréis* vuestras almas
23.29 toda persona que no se *afligiere* en
23.32 de reposo..y *afligiréis* vuestras almas
Nm. 24.24 y *afligirán* a Asiria, *a* también a
25.18 ellos os *afligieron*..con sus ardides
29.7 mes séptimo..*afligiréis* vuestras almas
30.13 voto..obligándose a *afligir* el alma
33.55 os *afligirán* sobre la tierra en que
Dt. 8.2 *afligirte*..para saber lo que había en
8.3 te *afligió*, y te hizo tener hambre, y te
8.16 *afligiéndote*..a la postre hacerte bien
26.6 los egipcios..nos *afligieron*, y pusieron
Jue. 2.18 gemidos a causa de los que..*afligían*
6.9 de mano de todos los que os *afligieron*
10.9 y fue *afligido* Israel en gran manera
16.19 y ella comenzó a *afligirlo*..su fuerza
Rt. 1.21 Jehová..Todopoderoso me ha *afligido*?
1 S. 1.8 ¿y por qué está *afligido* tu corazón?
5.9 *afligió* a los hombres de aquella ciudad
6.4 una misma plaga ha *afligido* a..vosotros
10.2 tu padre ha..está *afligido* por vosotros
10.18 y os libré de todos..que os *afligieron*
22.2 se juntaron con él todos los *afligidos*
2 S. 7.10 ni los inicuos le *aflijan* más, como
12.18 ¿cuánto más se *afligirá* si le decimos
22.28 porque tú salvas al pueblo *afligido*
1 R. 2.26 has sido *afligido* en todas las cosas
2.26 las cosas en que fue *afligido* mi padre
8.35 y se volvieren..cuando los *afligieres*
11.39 yo *afligiré* a la descendencia de David
17.20 Dios..¿aún a la viuda que..has *afligido*
2 R. 13.4 lo oyó..el rey de Siria los *afligía*
13.22 Hazael..rey de Siria *afligió* a Israel
17.20 Jehová..los *afligió*, y los entregó en
2 Cr. 6.26 oraren a ti..cuando los *afligieres*
Esd. 8.21 *afligirnos* delante de nuestro Dios
Neh. 9.27 enemigos, los cuales los *afligieron*
Job 10.15 de deshonra, y de verme *afligido*
24.21 a la mujer..que no concebía, *afligió*
30.11 Dios desató su cuerda, y me *afligió*
30.25 ¿no lloré yo al *afligido*? Y mi alma
31.39 si comí..o *afligí* el alma de sus dueños
36.6 pero a los *afligidos* dará su derecho
37.23 en multitud de justicia no *afligirá*
Sal. 9.12 no se olvidó del clamor..*afligidos*
18.27 porque tú salvarás al pueblo *afligido*
22.24 ni abominó la aflicción del *afligido*
25.16 ten misericordia..estoy solo y *afligido*
35.10 libras al *afligido* del más fuerte que
35.12 mal por bien, para *afligir* a mi alma
35.13 de cilicio; *afligí* con ayuno mi alma
40.17 aunque *afligido* yo y necesitado, Jehová
44.2 *afligiste* a los pueblos, y..arrojaste
69.10 lloré *afligiendo* con ayuno mi alma, y
69.29 mas a mí, *afligido*..me ponga en alto
70.5 estoy *afligido* y menesteroso; apresúrate
72.2 juzgará a..a tus *afligidos* con juicio
72.4 juzgará a los *afligidos* del pueblo
72.12 él librará..al *afligido* que no tuviere
74.19 y no..la congregación de tus *afligidos*
74.21 el *afligido* y el menesteroso alabarán
82.3 justicia al *afligido* y al menesteroso
82.4 librad al *afligido* y al necesitado
86.1 oído, y escúchame..*afligido* y menesteroso
88.7 y me has *afligido* con todas tus ondas
88.15 estoy *afligido* y menesteroso; desde la
90.15 conforme a los días que nos *afligiste*
94.5 a tu pueblo, oh..y a tu heredad *afligen*
105.18 *afligieron* sus pies con grillos
107.17 *afligidos* los insensatos, a causa de
109.16 cuanto..persiguió al hombre *afligido*
109.22 yo estoy *afligido* y necesitado, y mi
116.10 creí..estando *afligido* en gran manera
119.75 conforme a tu fidelidad me *afligiste*
119.107 *afligido* estoy..vivifícame conforme a
140.12 Jehová tomará..la causa del *afligido*
142.6 escucha mi clamor..estoy muy *afligido*
Pr. 11.15 será *afligido* el que sale por fiador
15.15 todos los días del *afligido*..difíciles
22.22 ni quebrantes en la puerta al *afligido*
25.20 que canta canciones al corazón *afligido*
31.5 perviertan el derecho de..los *afligidos*
Is. 10.2 quitar el derecho a los *afligidos* de
11.13 de Judá, ni Judá *afligirá* a Efraín
14.32 a ella se acogerán los *afligidos* de su
26.6 la hollará pie, los pies del *afligido*
41.17 los *afligidos* y menesterosos buscan las
49.10 sed, ni el calor ni el sol los *afligirá*
51.13 día temiste..del furor del que *aflige*
51.13 en dónde está el furor del que *aflige*?
51.21 oye..ahora esto, *afligida*, ebria, y no
53.7 *afligido*, no abrió su boca..enmudeció
58.5 que de día *aflija* el hombre su alma, que
58.10 si dieres..saciares el alma *afligida*
60.14 vendrán..hijos de los que te *afligieron*
61.3 ordenar que a los *afligidos* de Sion se
64.12 ¿callarás, y nos *afligirás* sobremanera?
65.25 no *afligirán*, ni harán mal en todo mi
Jer. 10.18 y los *afligiré*, para que lo sientan
22.16 él juzgó la causa del *afligido* y del
31.28 así como..trastornar y perder y *afligir*
51.29 temblará la tierra, y se *afligirá*
Lm. 1.4 vírgenes están *afligidas*, y ella tiene
1.5 Jehová la *afligió* por la multitud de sus
3.32 antes si *aflige*, también se compadece
3.33 no *aflige* ni..a los hijos de los hombres
Ez. 16.49 y no fortaleció la mano del *afligido*
22.29 *afligido* y menesteroso hacía violencia
Dn. 10.2 *afligido* por espacio de tres semanas
Os. 8.10 serán *afligidos*..por la carga del rey
Am. 5.12 que *afligís* al justo, y recibís cohecho
6.6 no se afligen por el quebrantamiento de

AFLIGIR *(Continúa)*

Mi. 4.6 recogeré la descarriada. . la que *afligí*
Nah. 1.12 te he *afligido;* no te *afligiré* ya más
Zac. 12.10 *afligiéndose*. . como quien se *aflige*
Mal. 3.14 y que andemos *afligidos* en presencia
Mt. 4.24 *afligidos* por diversas enfermedades
Mr. 10.22 *afligido* por esta palabra, se fue
1 Ti. 5.10 si ha socorrido a los *afligidos*
Stg. 4.9 *afligios*, y lamentad, y llorad
5.13 ¿está alguno entre vosotros *afligido?*
1 P. 1.6 aunque. . tengáis que ser *afligidos* en
2 P. 2.8 Lot. . *afligía* cada día su alma justa

AFLOJAR

Is. 33.23 cuerdas se *aflojaron;* no afirmaron su

AFRENTA

Gn. 16.5 mi *a* sea sobre ti; yo te di mi sierva
30.23 dio a luz. . dijo: Dios ha quitado mi *a*
1 S. 11.2 ojo. . ponga esta *a* sobre todo Israel
25.39 la causa de mi *a* recibida de. . de Nabal
Neh. 1.3 están en gran mal y *a*, y el muro de
Job 16.10 hirieron mis mejillas con *a;* contra
Sal. 40.15 sean asolados en pago de su *a* los
44.13 nos pones por *a* de nuestros vecinos
69.7 porque por amor de ti he sufrido *a*
69.10 afligiendo mi alma. . me ha sido por *a*
69.19 sabes mi *a*, mi confusión y mi oprobio
70.3 sean vueltos atrás, en pago de su *a*, los
78.66 hirió. . por detrás; les dio perpetua *a*
89.45 has acortado los. . le has cubierto de *a*
Pr. 6.33 hallará, y su *a* nunca será borrada
9.7 corrige al escarnecedor, se acarrea *a*
14.34 mas el pecado es *a* de las naciones
18.3 viene el impío. . con el deshonrador la *a*
22.10 echa fuera al. . y cesará el pleito y la *a*
Is. 25.8 y quitará la *a* de su pueblo de toda
45.16 irán con *a* a todos los fabricadores de
51.7 no temáis *a* de hombre, ni desmayéis por
54.4 y de la *a* de tu viudez no tendrás más
Jer. 3.25 nuestra *a* nos cubre, porque pecamos
15.15 tú. . sabes que por amor de ti sufro *a*
20.8 la palabra de Jehová me ha sido para *a*
20.18 ¿para. . que mis días se gastasen en *a*
23.40 y pondré sobre vosotros *a* perpetua, y
29.18 los daré. . por burla y por *a* para todas
31.19 me avergoncé. . llevé la *a* de mi juventud
34.17 os pondré por *a* ante todos los reinos
42.18 seréis objeto de. . de maldición y de *a*
46.12 las naciones oyeron tu *a*, y tu clamor
51.51 estamos avergonzados, porque oímos la *a*
Lm. 3.30 dé la mejilla al. . y sea colmado de *a*
Ez. 16.57 llevas tú la *a* de las hijas de Siria
36.7 que las naciones que. . han de llevar su *a*
Dn. 11.18 un príncipe hará cesar su *a*, y aun
Os. 4.7 así pecaron. . yo cambiaré su honra en *a*
Hab. 2.16 cáliz. . y vómito de *a* sobre tu gloria
Sof. 2.8 yo he oído las *a* de Moab, y. . de Amón
Lc. 1.25 dignó quitar mi *a* entre los hombres
Hch. 5.41 por dignos de padecer *a* por causa del
2 Co. 12.10 me gozo en. . en *a*, en necesidades
He. 10.29 e hiciere *a* al Espíritu de gracia?

AFRENTAR

1 S. 20.34 no comió. . padre le había *afrentado*
1 Cr. 19.5 envió a recibirlos. . muy *afrentados*
Sal. 42.10 mis enemigos me *afrentan*. . cada día
55.12 porque no me *afrentó* un enemigo, lo
74.10 ¿hasta cuándo, oh Dios, nos *afrentará*
74.18 que el enemigo ha *afrentado* a Jehová
79.4 somos *afrentados* de nuestros vecinos
83.17 sean *afrentados* y. . para siempre; sean
102.8 cada día me *afrentan* mis enemigos; los
Pr. 14.31 el que oprime al pobre *afrenta* a su
17.5 el que escarnece al pobre *afrenta* a su
Is. 1.29 *afrentarán* los huertos que escogisteis
45.17 no os. . *afrentaréis*. . por todos los siglos
54.4 porque no serás *afrentada*, sino que te
65.7 sobre los collados me *afrentaron;* por
Jer. 50.12 se *afrentó* la que os dio a luz
Ez. 20.27 en esto me *afrentaron* vuestros padres
Nah. 3.6 *afrentaré*, y te pondré como estiércol
Sof. 2.10 porque *afrentaron*. . pueblo de Jehová
Mt. 22.6 y otros. . los *afrentaron* y los mataron
Mr. 12.4 siervo. . también le enviaron *afrentado*
Lc. 11.45 dices esto, también nos *afrentas* a
18.32 escarnecido y *afrentado*, y escupido
20.11 golpeado y *afrentado*, le enviaron con
Hch. 14.5 los judíos. . se lanzaron a *afrentarlos*
1 Co. 11.4 profetiza con la. . *afrenta* su cabeza
11.5 ora. . descubierta, *afrenta* su cabeza
Stg. 2.6 vosotros habéis *afrentado* al pobre

AFRENTOSAMENTE

Job 42.8 no trataros *a*, por cuanto no habéis

ÁFRICA Hch. 2.10

AFSES *Ciudad de los levitas*, 1 Cr. 24.15

AFUERA

1 Ts. 4.12 os. . honradamente para con los de *a*
1 Ti. 3.7 tenga buen testimonio de los de *a*

AGABO *Profeta cristiano*

Hch. 11.28 *A*, daba a entender. . vendría. . hambre
21.10 descendió de Judea un profeta llamado *A*

AGACHAR

Sal. 10.10 se *agacha*, y caen en sus. . garras

AGAG

1. Nombre poético de Amalec No. 2, Nm. 24.7
2. Rey de Amalec No. 2

1 S. 15.8 tomó vivo a *A* rey de Amalec, pero a
15.9 Saúl y el pueblo perdonaron a *A*, y a lo
15.20 fui a. . y he traído a *A* rey de Amalec
15.32 traedme a *A*. . y *A* vino a él. . y dijo *A*
15.33 entonces Samuel cortó en pedazos a *A*

AGAGUEO *Perteneciente a Agag No. 1*

Est. 3.1 engrandeció a Amán hijo de Hamedata *a*
3.10 dio a Amán hijo de Hamedata *a*, enemigo
8.3 que hiciese nula la maldad de Amán *a* y su
8.5 la trama de Amán hijo de Hamedata *a*, que
9.24 Amán hijo de Hamedata *a*. . había ideado

ÁGAPE

Jud. 12 son manchas en vuestros *á*, que comiendo

AGAR *Sierva de Sara y madre de Ismael*

Gn. 16.1 ella tenía una sierva. . que se llamaba *A*
16.3 tomó a *A*. . y la dio por mujer a Abram
16.4 y él se llegó a *A*, la cual concibió
16.8 *A*, sierva de Sarai, ¿de dónde vienes tú
16.15 y *A* dio a luz un hijo a Abram, y llamó
16.15 el nombre del hijo que le dio *A*, Ismael
16.16 años, cuando *A* le dio a luz a Ismael
21.9 y vio Sara que el hijo de *A* la egipcia
21.14 lo dio a *A*, poniéndolo sobre su hombro
21.17 el ángel. . llamó a *A*. . ¿Qué tienes, *A?*
25.12 a quien le dio a luz *A* egipcia, sierva
Gá. 4.24 da hijos para esclavitud; éste es *A*
4.25 porque *A* es el monte Sinaí en Arabia

AGARENOS *Tribu enemiga de Israel*

1 Cr. 5.10 de Saúl hicieron guerra contra los *a*
5.19 éstos tuvieron guerra contra los *a*, y
5.20 los *a* y todos. . se rindieron en sus manos
27.31 de las ovejas, Jaziz *a*. Todos éstos
Sal. 83.6 las tiendas de los edomitas. . y los *a*

AGASAJAR

Ec. 2.3 propuse. . *agasajar* mi carne con vino

ÁGATA

Éx. 28.19; 39.12 la tercera. . un jacinto, una *á*
Ap. 21.19 el tercero, *á;* el cuarto, esmeralda

AGE *Padre de Sama No. 3*, 2 S. 23.11

AGENTE

Ez. 27.27 los *a* de tus negocios, y. . tus hombres

AGILIDAD

Sal. 147.10 ni se complace en la *a* del hombre

AGITAR

Gn. 41.8 la mañana estaba *agitado* su espíritu
1 R. 14.15 al modo que la caña se *agita* en las
Job 26.12 él *agita* el mar con su poder, y con
30.27 mis entrañas se *agitan*, y no reposan
Is. 51.15 Jehová que *agito* el mar y hago rugir
Jer. 4.19 mi corazón se *agita* dentro de mí; no
Jn. 5.4 un ángel descendía. . y *agitaba* el agua
5.7 quien me meta. . cuando se *agita* el agua

AGOBIAR

2 Cr. 24.25 dejaron *agobiado* por sus dolencias
Sal. 44.25 nuestra alma está *agobiada* hasta el
Is. 21.3 me *agobié*. . y al ver me he espantado
51.14 preso el *agobiado* será libertado pronto
Ro. 11.10 y *agóbiales* la espalda para siempre

AGOLPAR

Mr. 1.33 toda la ciudad se *agolpó* a la puerta
3.20 se *agolpó* de nuevo la gente, de modo que
9.25 Jesús vio que la multitud se *agolpaba*
Lc. 5.1 el gentío se *agolpaba* sobre él para oír
Hch. 16.22 y se *agolpó* el pueblo contra ellos
21.30 se conmovió, y se *agolpó* el pueblo
2 Co. 11.28 lo que sobre mí se *agolpa* cada día

AGONÍA

Lc. 22.44 estando en *a*, oraba. . intensamente

AGONIZAR

Mr. 5.23 diciendo: Mi hija está *agonizando;* ven

AGORERO

Lv. 19.26 con sangre. No seréis *a*, ni adivinos
Dt. 18.10 no sea hallado en. . *a*, ni sortílego
18.14 estas naciones. . a *a* y a adivinos oyen
2 R. 21.6 se dio a observar los tiempos, y fue *a*

Is. 2.6 llenos de costumbres traídas de. . y de *a*
44.25 que deshago las. . y enloquezco a los *a*
Jer. 27.9 ni a vuestros *a*, ni a. . encantadores
Mi. 5.12 hechicerías, y no se hallarán en ti *a*

AGOSTAR

Nah. 1.4 amenaza al mar. . *agosta* todos los ríos

AGOTAR

Job 3.17 allí descansan los de *agotadas* fuerzas
14.11 las aguas. . el río se *agota* y se seca
17.1 mi aliento se *agota*, se acortan mis días
Sal. 31.10 se *agotan* mis fuerzas a causa de mi
Is. 19.5 del mar faltarán, y el río se *agotará*
19.6 se *agotarán* y secarán las corrientes de
Ez. 23.34 lo *agotarás*, y quebrarás sus tiestos
Os. 13.15 su manantial, y se *agotará* su fuente
Nah. 2.10 vacía, *agotada* y desolada está, y el
Lc. 12.33 tesoro en los cielos que no se *agote*
18.5 que viniendo de. . me *agote* la paciencia

AGRACIADA

Pr. 11.16 mujer *a* tendrá honra, y los fuertes

AGRADABLE

Gn. 3.6 vio la mujer. . que era *a* a los ojos
2 S. 19.35 ¿podré distinguir entre lo. . *a* y lo
Esd. 6.10 que ofrezcan sacrificios *a* al Dios del
Est. 8.5 si place al rey. . y yo soy *a* a sus ojos
Sal. 119.108 ruego. . te sean *a* los sacrificios
Pr. 11.20 mas los perfectos de camino le son *a*
16.7 cuando los caminos del hombre son *a* a
21.3 juicio es a Jehová más *a* que sacrificio
24.4 se llenarán. . de todo bien preciado y *a*
Ec. 9.7 come tu pan. . tus obras ya son *a* a Dios
11.7 suave es la luz, y *a* a los ojos ver el
12.10 procuró. . hallar palabras *a*, y escribir
Is. 38.3 lo que ha sido *a* delante de tus ojos
58.5 ¿llamaréis esto ayuno, y día *a* a Jehová?
Jer. 31.26 desperté, y vi, y mi sueño me fue *a*
Lm. 1.7 de todas las cosas *a* que tuvo desde los
Ez. 16.19 pusiste delante de ellas para olor *a*
20.28 allí pusieron también su incienso *a*
20.41 como incienso *a* os aceptaré, cuando es
Lc. 4.19 a predicar el año *a* del Señor
Hch. 7.20 nació Moisés, y fue *a* a Dios; y fue
Ro. 12.1 en sacrificio vivo, santo, *a* a Dios
12.2 la buena voluntad de Dios, *a* y perfecta
15.16 para que los gentiles le sean ofrenda *a*
2 Co. 5.9 por tanto procuramos también. . serle *a*
Ef. 5.10 comprobando lo que es *a* al Señor
Fil. 4.18 fragante, sacrificio acepto, *a* a Dios
1 Ti. 2.3; 5.4 es bueno y *a* delante de Dios
He. 13.21 haciendo. . lo que es *a* delante de él
1 Jn. 3.22 hacemos las cosas que son *a* delante

AGRADAR

Gn. 34.19 la hija de Jacob le había *agradado*
45.16 y esto *agradó* en los ojos de Faraón
Éx. 21.8 si no *agradare* a su señor, por lo cual
Nm. 14.8 si Jehová se *agradare* de nosotros, él
Dt. 10.15 de tus padres se *agradó* Jehová para
21.14 no te *agradare*, la dejarás en libertad
24.1 si no le *agradare* por haber hallado en
Jue. 14.3 tómame ésta por mujer. . ella me *agrada*
14.7 y habló a la mujer; y. . *agradó* a Sansón
17.11 *agradó*, pues, al levita morar con aquel
1 S. 8.6 pero no *agradó* a Samuel esta palabra
29.6 a los ojos de los príncipes no *agradas*
2 S. 3.36 todo el pueblo supo esto, y le *agradó*
3.36 pues todo lo que el rey hacía *agradaba*
22.20 sacó. . me libró, porque se *agradó* de mí
1 R. 3.10 y *agradó*. . que Salomón pidiese esto
10.9 Dios sea bendito, que se *agradó* de ti
2 R. 20.3 que he hecho las cosas que te *agradan*
1 Cr. 28.4 de entre los hijos. . se *agradó* de mí
29.17 sé, Dios. . que la rectitud te *agrada*
2 Cr. 9.8 Dios, el cual se ha *agradado* de ti
10.7 si. . y les *agradares*. . ellos te servirán
30.4 esto *agradó* al rey y a toda la multitud
Neh. 2.6 *agradó* al rey enviarme, después que
Est. 1.2 *agradó* esta palabra a los ojos del rey
2.4 la doncella que *agrade* a los ojos del rey
2.4 *agradó* a los ojos del rey, y lo hizo así
2.9 la doncella *agradó* a sus ojos, y halló
5.14 *agradó* esto a los ojos de Amán, e hizo
Job 6.9 que *agradara* a Dios quebrantarme; que
Sal. 18.19 me libró, porque se *agradó* de mí
40.6 sacrificio y ofrenda no te *agrada;* has
40.8 hacer tu voluntad. . Dios, me ha *agradado*
41.11 en esto conoceré que te he *agradado*, que
51.19 entonces te *agradarán* los sacrificio
69.31 *agradará* a Jehová más que sacrificio
Pr. 10.32 del justo saben hablar lo que *agrada*
11.1 peso falso. . mas la pesa cabal le *agrada*
Ec. 2.26 al hombre que le *agrada*, Dios le da
2.26 le da. . para darlo al que *agrada* a Dios
7.26 el que *agrada* a Dios escapará de ella
Is. 38.17 a ti *agradó* librar mi vida del hoyo
Jer. 6.20 ni vuestros sacrificios me *agradan*
14.10 por tanto, Jehová no se *agrada* de ellos
48.38 a Moab como a vasija que no *agrada*
Mi. 6.7 *agradará* Jehová de millares de carneros

AGRADAR *(Continúa)*
Mal. 1.8 ¿acaso se *agradará* de ti, o le serás
1.9 pero ¿cómo podéis *agradarle*, si hacéis
2.17 que decís..que hace mal *agrada* a Jehová
Mt. 11.26 sí, Padre, porque así te *agradó*
12.18 mi amado, en quien se *agrada* mi alma
14.6 la hija de..danzó..y *agradó* a Herodes
Mr. 6.22 danzó, y *agradó* a Herodes y a los que
Lc. 10.21 sí, Padre, porque así te *agradó*
Jn. 8.29 porque..hago siempre lo que le *agrada*
Hch. 6.5 *agradó* la propuesta a..la multitud
10.35 *agrada* del que le teme y hace justicia
12.3 que esto había *agradado* a los judíos
Ro. 8.8 viven según la carne no pueden *agradar*
14.18 en esto sirve a Cristo, *agrada* a Dios
15.1 los débiles, y no *agradarnos* a nosotros
15.2 *agrade* a su prójimo en lo que es bueno
15.3 porque ni aun Cristo se *agradó* a sí mismo
1 Co. 1.21 *agradó* a Dios salvar a..creyentes
7.32 el soltero..de cómo *agradar* al Señor
7.33 tiene cuidado..de cómo *agradar a* su mujer
7.34 cuidado de..de cómo *agradar* a su marido
10.5 de los más de ellos no se *agradó* Dios
10.33 yo en todas las cosas *agrado* a todos
Gá. 1.10 ¿o trato de *agradar* a los hombres?
1.10 pues si todavía *agradara* a los hombres
1.15 *agradó* a Dios, que me apartó desde el
6.12 todos los que quieren *agradar* en la carne
Ef. 6.6 los que quieren *agradar* a los hombres
Col. 1.10 *agradándole* en todo, llevando fruto
1.19 *agradó* al Padre que en él habitase toda
3.20 obedeced..porque esto *agrada* al Señor
3.22 los que quieren *agradar* a los hombres
1 Ts. 2.4 no como para *agradar* a los hombres
2.15 no *agradan* a Dios, y se oponen a todos
4.1 cómo os conviene..*agradar* a Dios, así
2 Ti. 2.4 a fin de *agradar* a aquel que lo tomó
Tit. 2.9 *agraden* en todo..no sean respondones
He. 10.6,8 expiaciones por..no te *agradaron*
10.38 si retrocediere, no *agradará* a mi alma
11.5 tuvo testimonio de haber *agradado* a Dios
11.6 pero sin fe es imposible *agradar* a Dios
12.28 *agradándole* con temor y reverencia
13.16 de tales sacrificios se *agrada* Dios
1 P. 4.3 para haber hecho lo que *agrada* a los

AGRADECIDO
Jue. 8.35 ni se mostraron *a* con..de Jerobaal
Col. 3.15 la paz de Dios gobierne en..y sed *a*

AGRADECIMIENTO
2 S. 16.17 ¿es este tu *a* para con tu amigo?
1 Co. 10.30 si yo con *a* participo, ¿por qué he

AGRADO
Gn. 4.4 miró Jehová con *a* a Abel y..ofrenda
4.5 pero no miró con *a* a Caín y a su ofrenda
Dt. 33.11 y recibe con *a* la obra de sus manos
Is. 60.7 serán ofrecidos con *a* sobre mi altar
2 Co. 8.3 de que con *a* han dado conforme a sus
Stg. 2.3 y miráis con *a* al que trae la ropa

AGRAVAR
Gn. 18.20 y el pecado de ellos se ha *agravado*
47.20 se *agravó* el hambre sobre ellos; y la
48.10 los ojos..tan *agravados* por la vejez
Éx. 5.9 *agrávese* la servidumbre sobre ellos
1 S. 5.6 se *agravó* la mano de Jehová sobre los
5.11 la mano de Dios se había *agravado* allí
1 R. 12.4,10 tu padre *agravó* nuestro yugo, mas
12.14 mi padre *agravó* vuestro yugo, pero yo
2 Cr. 10.4,10 tu padre *agravó* nuestro yugo
Job 33.7 no te..ni mi mano se *agravará* sobre ti
Sal. 32.4 de día y de noche se *agravó* sobre mí
38.4 mis iniquidades se han *agravado* sobre
38.4 carga pesada se han *agravado* sobre mí
39.2 enmudecí..callé..y se *agravó* mi dolor
Is. 6.10 y *agrava* sus oídos, y ciega sus ojos
24.20 *agravará* sobre ella su pecado, y caerá
47.6 sobre el anciano *agravaste* mucho tu yugo
59.1 no..ni se ha *agravado* su oído para oír
Zac. 1.15 yo estaba enojado..*agravaron* el mal

AGRAVIAR
1 S. 12.3 o si he *agraviado* a alguno, o si de
12.4 nunca nos has *agraviado*, ni has tomado
Sal. 105.14 consintió que nadie los *agraviase*
146.7 que hace justicia a los *agraviados*, que
Pr. 27.11 tendré..responder al que me *agravie*
Is. 1.17 restituid al *agraviado*, haced justicia
2 Co. 7.2 nadie hemos *agraviado*, a nadie hemos
1 Ts. 4.6 ninguno *agravie*..en nada a su hermano

AGRAVIO
Éx. 23.2 ni responderás en litigio..hacer *a*
Nm. 5.8 dará la indemnización del *a* a Jehová
2 S. 22.48 el Dios que venga mis *a*, y sujeta
Job 19.7 he aquí, yo clamaré *a*, y no seré oído
Sal. 7.16 su *a* caerá sobre su propia coronilla
18.47 Dios que venga mis *a*, y somete pueblos
52.2 *a* maquina tu lengua; como navaja afilada
94.20 el trono..que hace *a* bajo forma de ley?
Pr. 3.30 no tengas pleito..si no te han hecho *a*
Jer. 22.17 ojos..para opresión y para hacer *a*
Lm. 3.59 has visto, oh Jehová, mi *a*; defiende
Ez. 18.18 por cuanto hizo *a*, despojó..al hermano
Hab. 1.13 muy limpio eres..ni puedes ver el *a*
Mt. 20.13 amigo, no te hago *a*; ¿no conviniste
Hch. 18.14 fuera algún *a* o algún crimen enorme
25.10 a los judíos no les he hecho ningún *a*
25.11 algún *a*, o cosa alguna digna de muerte
1 Co. 6.7 ¿por qué no sufrís más bien el *a*?
6.8 pero vosotros cometéis el *a*, y defraudáis
2 Co. 7.12 no..por causa del que cometió el *a*
12.13 os he sido carga? ¡Perdonadme este *a*!
Gá. 4.12 os ruego..Ningún *a* me habéis hecho

AGRAZ
Job 15.33 perderá su *a* como la vid, y..su flor

AGREGAR
1 S. 2.36 te ruego que me *agregues* a alguno de
Hch. 11.24 gran multitud fue *agregada* al Señor

AGRICULTURA
2 Cr. 26.10 viñas y..porque era amigo de la *a*

AGRIA
Jer. 31.29 los padres comieron las uvas *a*, y
31.30 de todo hombre que comiere las uvas *a*
Ez. 18.2 los padres comieron las uvas *a*, y los

AGRIPA *Nieto de Herodes No. 1 (el Grande) (No se hace mención de su padre en la Biblia)*
Hch. 25.13 rey *A* y Berenice vinieron a Cesarea
25.22 *A* dijo a Festo: Yo también quisiera oír
25.23 viniendo *A* y Berenice con mucha pompa
25.24 rey *A*, y todos los varones que estáis
25.26 le he traído..ante ti, oh rey *A*, para
26.1 *A* dijo a Pablo: Se te permite hablar por
26.2 me tengo por dichoso, oh rey *A*, de que
26.7 por esta esperanza, oh rey *A*, soy acusado
26.19 oh rey *A*, no fui rebelde a la visión
26.27 ¿crees, oh rey *A*, a los profetas? Yo sé
26.28 *A* dijo a Pablo: Por poco me persuades a
26.32 *A* dijo a Festo: Podía este hombre ser

AGRUPAR
Nm. 1.18 fueron *agrupados* por familias, según

AGUA
Gn. 1.2 Espíritu..movía sobre la faz de las *a*
1.6 medio de las *a*, y separe las *a* de las *a*
1.7 separó las *a*..de las *a* que estaban sobre
1.9 júntense las *a* que están debajo de los
1.10 y a la reunión de las *a* llamó Mares
1.20 dijo: Produzcan las *a* seres vivientes
1.21 todo ser..que las *a* produjeron según su
1.22 fructificad..y llenad las *a* en los mares
6.17 he aquí que yo traigo un diluvio de *a*
7.6 el diluvio de las *a* vino sobre la tierra
7.7 causa de las *a* del diluvio entró Noé al
7.10 séptimo día las *a* del diluvio vinieron
7.17 y las *a* crecieron, y alzaron el arca
7.18 subieron..*a* y crecieron en gran manera
7.18 flotaba..sobre la superficie de las *a*
7.19 y las *a* subieron mucho sobre la tierra
7.20 quince codos más alto subieron las *a*
7.24 prevalecieron las *a* sobre la tierra 150
8.1 pasar Dios un viento..disminuyeron las *a*
8.3 las *a* decrecían..y se retiraron las *a* al
8.5 las *a* fueron decreciendo hasta el mes
8.7 y volviendo hasta que las *a* se secaron
8.8 para ver si las *a* se habían retirado de
8.9 las *a* estaban aún sobre la faz de toda
8.11 entendió Noé..las *a* se habían retirado
8.13 mes, las *a* se secaron sobre la tierra
9.11 no exterminaré ya más toda carne con *a*
9.15 no habrá más diluvio de *a* para destruir
16.7 halló el ángel..junto a una fuente de *a*
18.4 se traiga ahora un poco de *a*, y lavad
21.14 pan, y un odre de *a*, y lo dio a Agar
21.15 y le faltó el *a* del odre, y echó al
21.19 le abrió Dios..y vio una fuente de *a*
21.19 llenó el odre de *a*, y dio de beber al
21.25 reconvino a..a causa de un pozo de *a*
24.11 arrodillar los..junto a un pozo de *a*
24.11 hora en que salen las doncellas por *a*
24.13 aquí yo estoy junto a la fuente de *a*
24.13 las hijas de los varones..salen por *a*
24.17 des a beber un poco de *a* de tu cántaro
24.19 también para tus camellos sacaré *a*
24.20 corrió..otra vez al pozo para sacar *a*
24.32 les dio..*a* para lavar los pies de él
24.43 he aquí yo estoy junto a la fuente de *a*
24.43 doncella que saliere por *a*, a la cual
24.43 dame..ruego, un poco de *a* de tu cántaro
24.44 y también para tus camellos sacaré *a*
24.45 descendió a la fuente, y sacó *a*; y le
26.18 y volvió a abrir Isaac los pozos de *a*
26.19 y hallaron allí un pozo de *a* vivas
26.20 riñeron con..diciendo: El *a* es nuestra
26.32 el pozo..y le dijeron: Hemos hallado *a*
30.38 abrevaderos del *a* donde venían a beber
37.24 la cisterna..vacía; no había en ella *a*
43.24 les dio *a*, y lavaron sus pies, y dio
49.4 impetuoso como las *a*, no..el principal
Éx. 2.10 diciendo: Porque de las *a* lo saqué
2.16 sacar *a* para llenar las pilas y dar de
2.19 sacó el *a*, y dio de beber a las ovejas
4.9 tomarás de las *a* del río y las derramarás
4.9 cambiarán aquellas *a* que tomarás del río
7.17 golpearé con la..el *a* que está en el río
7.18 los egipcios tendrán asco de beber el *a*
7.19 extiende tu mano sobre las *a* de Egipto
7.19 tu vara..sobre todos sus depósitos de *a*
7.20 vara golpeó las *a* que había en el río
7.20 todas las *a*..se convirtieron en sangre
7.24 porque no podían beber de las *a* del río
8.6 Aarón extendió su mano sobre las *a* de
12.9 ni cocida en *a*, sino asada al fuego; su
14.21 el mar en seco, y..*a* quedaron divididas
14.22,29 teniendo las *a* como muro a su derecha
14.26 extiende tu mano..las *a* vuelvan sobre
14.28 volvieron las *a*, y cubrieron los carros
15.8 soplo de tu aliento se amontonaron las *a*
15.10 se hundieron como plomo en las..*a*
15.19 hizo volver las *a* del mar sobre ellos
15.22 tres días por el desierto sin hallar *a*
15.23 llegaron a..y no pudieron beber las *a*
15.25 lo echó en las *a*, y las *a* se endulzaron
15.27 y llegaron a..había doce fuentes de *a*
15.27 a Elim..y acamparon allí junto a las *a*
17.1 no había *a* para que el pueblo bebiese
17.2 y dijeron: Danos *a* para que bebamos
17.6 golpearás la peña, y saldrán de ella *a*
20.4 de lo que esté arriba en el..ni en las *a*
23.25 Jehová..y él bendecirá tu pan y tus *a*
29.4 a Aarón y a sus hijos..los lavarás con *a*
30.18 fuente de bronce..y pondrás en ella *a*
30.20 se lavarán con *a*, para que no mueran
32.20 esparció sobre las *a*, y lo dio a beber
34.28 no comió pan, ni bebió *a*; y escribió en
40.7 pondrás la fuente..y pondrás *a* en ella
40.12 Aarón y a sus hijos..los lavarás con *a*
40.30 la fuente..y puso en ella *a* para lavar
Lv. 1.9 lavará con *a* los intestinos y..piernas
1.13 lavará las entrañas y las piernas con *a*
6.28 de bronce, será fregada y lavada con *a*
8.6 hizo acercarse a Aarón..y los lavó con *a*
8.21 lavó luego con *a* los intestinos y las
11.9 todos los animales que viven en las *a*
11.9 los que tienen aletas..en las *a* del mar
11.10 toda cosa viviente que está en las *a*
11.12 no tuviere aletas y escamas en las *a*
11.32 sea cosa de madera..será metido en *a*
11.34 el cual cayere el *a* de tales vasijas
11.36 la..donde se recogen *a* serán limpias
11.38 si se hubiere puesto *a* en la semilla
11.46 todo ser viviente que se mueve en las *a*
14.5 matar una avecilla..sobre *a* corrientes
14.6 avecilla muerta sobre las *a* corrientes
14.8 raerá..y se lavará con *a*, y será limpio
14.9 y lavará su cuerpo en *a*, y será limpio
14.50 degollará una avecilla..*a* corrientes
14.51 y los mojará en..y en las *a* corrientes
14.52 purificará..con las *a* corrientes, con
15.5,6,7,11,22,27 se lavará..sí mismo con *a*
15.8 y después de haberse lavado con *a*, será
15.10,21 después de lavarse con *a*..inmundo
15.11 tocare el..y no lavare con *a* sus manos
15.12 toda vasija de madera será lavada con *a*
15.13 y lavará su cuerpo en *a* corrientes, y
15.16 lavará en *a* todo su cuerpo, y será
15.17 se lavará con *a*, y será inmunda hasta
15.18 lavarán con *a*, y serán inmundos hasta
16.4 vestir después de lavar su cuerpo con *a*
16.24 lavará..su cuerpo con *a* en el lugar del
16.26,28 lavará también su cuerpo con *a*, y
17.15 y a sí mismo se lavará con *a*, y será
22.6 antes que haya lavado su cuerpo con *a*
Nm. 5.17 tomará..del *a* santa..echará en el *a*
5.18,19,22,24(2),27 las *a* amargas que traen maldición
5.23 escribirá..las borrará con las *a* amargas
5.26 después dará a beber las *a* a la mujer
5.27 le dará, pues, a beber las *a*; y si fuere
8.7 rocía sobre ellos el *a* de la expiación
19.7,8 lavará también su cuerpo con *a*, y
19.8 el que la quemó lavará sus vestidos en *a*
19.9 las guardará..para el *a* de purificación
19.12 tercer día se purificará con aquella *a*
19.13 cuanto el *a* de..no fue rociada sobre él
19.17 echarán sobre ella *a* corriente en un
19.18 tomará hisopo, y lo mojará en el *a*
19.19 y a sí mismo se lavará con *a*, y será
19.20 no fue rociada sobre él el *a* de la
19.21 que rociare el *a*..lavará sus vestidos
19.21 que tocare el *a* de la purificación será
20.2 no había *a*..se juntaron contra Moisés
20.5 no es lugar de..ni aun de *a* para beber
20.8 dará su *a*, y les sacarás *a* de la peña
20.10 os hemos de hacer salir *a* de esta peña?
20.11 y golpeó la peña..y salieron muchas *a*
20.13 estas son las *a* de la rencilla, por las
20.17 ni por viña, ni beberemos *a* de pozos
20.19 si bebiéremos tus *a* yo y mis ganados
20.24 rebeldes a mí en las *a* de la rencilla

AGUA (*Continúa*)

Nm. 21.5 no hay pan ni a, y nuestra alma tiene
21.16 dijo. . Reúne al pueblo, y les daré a
21.22 no beberemos las a de los pozos; por
24.6 como áloes. . como cedros junto a las a
24.7 de sus manos destilarán a. . en muchas a
27.14 no santificándome en las a a ojos de
27.14 estas son las a de la rencilla de Cades
31.23 que en las a de purificación habrá de
31.23 por a todo lo que no resiste el fuego
33.9 a Elim, donde había doce fuentes de a
33.14 donde el pueblo no tuvo a para beber
Dt. 2.6 compraréis de ellos el a, y beberéis
2.28 a también me darás por dinero, y beberé
4.18 figura de pez alguno que haya en el a
5.8 de cosa. . ni en las a debajo de la tierra
8.7 tierra de arroyos, de a, de fuentes y de
8.15 no había a, y él te sacó a de la roca
9.9 en el monte. . sin comer pan ni beber a
9.18 ni bebí a, a causa de. . vuestro pecado
10.7 allí a Jotbata, tierra de arroyos de a
11.4 cómo precipitó las a del Mar Rojo sobre
11.11 que bebe las a de la lluvia del cielo
12.16 sobre la tierra la derramaréis como a
12.24 no la comerás. . la derramarás como a
14.9 que está en el a, éstos podréis comer
15.23 sobre la tierra la derramarás como a
23.4 no os salieron a recibir con pan y a
23.11 pero al caer la noche se lavará con a
29.11 el que corta. . hasta el que saca tu a
32.51 pecasteis. . en las a de Meriba de Cades
33.8 con quien contendiste en las a de Meriba
Jos. 2.10 Jehová hizo secar las a del Mar Rojo
3.8 entrado hasta el borde del a del Jordán
3.13 plantas de. . pies. . se asienten en las a
3.13 las a. . se dividirán. . las a. . se detendrán
3.15 los pies de. . mojados a la orilla del a
3.16 las a. . se detuvieron como en un montón
4.7 las a del Jordán fueron divididas delante
4.7 pasó el. . las a del Jordán se dividieron
4.18 las a del Jordán se volvieron a su lugar
4.23 secó. . a del Jordán delante de vosotros
5.1 había secado las a del Jordán delante de
7.5 el corazón del pueblo. . vino a ser como a
9.23 y saque el a para la casa de mi Dios
11.5 acamparon unidos junto a las a de Merom
11.7 vino contra ellos junto a las a de Merom
15.7 pasa hasta las a de En-semes, y sale a
15.9 hasta la fuente de las a de Neftoa, y
15.19 dado tierra. . dame también fuentes de a
16.1 hasta las a de Jericó hacia el oriente
18.15 sale. . a la fuente de las a de Neftoa
Jue. 1.15 dame. . fuentes de a. Entonces Caleb
4.19 te ruego me des de beber un poco de a
5.4 los cielos destilaron. . nubes gotearon a
5.19 en Taanac, junto a las a de Meguido
5.25 pidió a, y ella le dio leche; en tazón
6.38 exprimió. . y sacó. . un tazón lleno de a
7.4 llévalos a las a, y allí te los probaré
7.5 llevó el pueblo a las a; y Jehová dijo
7.5 lamiere las a con su. . como lame el perro
7.6 lamieron llevando el a con la mano a su
7.6 se dobló sobre. . rodillas para beber las a
7.7 con estos. . que lamieron el a os salvaré
15.19 salió de allí a, y él bebió, y recobró
Rt. 2.9 vé. . y bebe del a que sacan los criados
1 S. 7.6 se reunieron en Mizpa, y sacaron a
9.11 unas doncellas que salían por a, a las
25.11 ¿he de tomar. . mi pan, mi a, y la carne
26.11 toma ahora. . la vasija de a, y vámonos
26.12 la vasija de a de la cabecera de Saúl
26.16 donde está la lanza. . y la vasija de a
30.11 le dieron pan. . y le dieron a beber a
30.12 no había. . pan ni bebido a en tres días
2 S. 12.27 yo he. . he tomado la ciudad de las a
14.14 morimos, y somos como a derramadas por
17.20 ya han pasado el vado de las a. Y como
17.21 levantaos y daos prisa a pasar las a
21.10 la siega hasta que llovió sobre ellos a
22.12 puso. . oscuridad de a y densas nubes
22.16 aparecieron los torrentes de las a
22.17 alto y me tomó; me sacó de las muchas a
23.15 ¡quién me diera a beber del a del pozo
23.16 sacaron a del pozo de Belén que había
1 R. 13.8 no iría. . ni bebería a en este lugar
13.9 ni bebas a, ni regreses por el camino
13.16 pan ni beberé a contigo en este lugar
13.17 ha sido dicho: No comas pan ni bebas a
13.18 a tu casa, para que coma pan y beba a
13.19 volvió con él, y comió pan. . y bebió a
13.22 bebiste a en el lugar donde Jehová te
13.22 te había dicho que no. . ni bebieses a
14.15 al modo que la caña se agita en las a
17.10 te ruego que me traigas un poco de a
18.4 los escondió. . y los sustentó con pan y a
18.5 vé por el país a todas las fuentes de a
18.13 a cien varones. . mantuve con pan y a?
18.34 y dijo: Llenad cuatro cántaros de a, y
18.35 que el a corría alrededor del altar
18.35 también se había llenado de a la zanja
18.38 aun lamió el a que estaba en la zanja
19.6 aquí. . una torta cocida. . y una vasija de a
22.27 pan de angustia y con a de aflicción
2 R. 2.8 golpeó las a, las cuales se apartaron
2.14 golpeó las a. . modo las a, se apartaron
2.19 las a son malas, y la tierra es estéril
2.21 saliendo él a los manantiales de las a
2.21 yo sané estas a, y no habrá más en ellas
2.22 fueron sanas las a hasta hoy, conforme
3.9 les faltó a para el ejército, y para las
3.17 este valle será lleno de a, y beberéis
3.19 cegaréis. . las fuentes de a, y destruiréis
3.20 vinieron a. . y la tierra se llenó de a
3.22 cuando se. . y brilló el sol sobre las a
3.25 cegaron. . todas las fuentes de las a, y
5.12 son mejores que todas las a de Israel?
6.5 se le cayó el hacha en el a; y gritó
6.22 pon delante de ellos pan y a, para que
8.15 tomó un paño y lo metió en a, y lo puso
18.31 coma. . y beba cada uno las a de su pozo
19.24 he cavado y bebido las a extrañas, y
20.20 Ezequías. . y metió las a en la ciudad
1 Cr. 11.17 ¡quién me diera. . de las a del pozo
11.18 sacaron a del pozo de Belén, que está
14.11 Dios rompió mis. . como se rompen las a
2 Cr. 18.26 pan de aflicción y a de angustia
32.3 para cegar las fuentes de a que estaban
32.4 hallar los reyes de. . a cuando vengan?
32.30 condujo el a hacia el occidente de la
Esd. 10.6 ni bebió a, porque se entristeció a
Neh. 3.26 hasta enfrente de la puerta de las A
8.1 se juntó. . delante de la puerta de las A
8.3 la plaza. . delante de la puerta de las A
8.16 en la plaza de la puerta de las A, y en
9.11 echaste. . como una piedra en profundas a
9.15 en su sed les sacaste a de la peña
9.20 tu maná de su boca, y a les diste. . su sed
12.37 hasta la puerta de las A, al oriente
13.2 no salieron a recibir a los. . con pan y a
Job 3.24 suspiro, y mis gemidos corren como a
5.10 que da. . y envía las a sobre los campos
8.11 ¿crece el junco. . ¿crece el prado sin a?
9.30 aunque me lave con a de nieve, y limpie
11.16 o te acordarás de ella como de a que
12.15 si él detiene las a, todo se seca
14.9 al percibir el a reverdecerá, y hará
14.11 como las a se van del mar, y el río se
14.19 las piedras se desgastan con el a
15.16 el hombre. . que bebe la iniquidad como a
22.7 no diste de beber a al cansado. . el pan
22.11 que no veas, y abundancia de a te cubre
24.18 huyen ligeros como corrientes de a
24.19 y el calor arrebatan las a de la nieve
26.8 ata las a en sus nubes, y las nubes no
26.10 puso límite a la superficie de las a
27.20 se apoderarán de él terrores como a
28.25 al dar peso. . y poner las a por medida
29.19 mi raíz estaba abierta junto a las a
34.7 como Job, que bebe el escarnio como a
36.27 él atrae las gotas de las a. . en vapor
37.10 da el hielo, y las anchas a se congelan
38.30 las a se endurecen a manera de piedra
38.34 para que te cubra muchedumbre de a?
Sal. 1.3 árbol plantado junto a corrientes de a
18.11 oscuridad de a, nubes de los cielos
18.15 aparecieron los abismos de las a, y
18.16 alto; me tomó, me sacó de las muchas a
22.14 he sido derramado como a, y todos mis
23.2 junto a a de reposo me pastoreará
29.3 voz de Jehová sobre las a; truena el
29.3 truena el. . Jehová sobre las muchas a
32.6 en la inundación de muchas a no llegarán
33.7 junta como montón las a del mar; él pone
42.1 brama por las corrientes de las a, así
46.3 aunque bramen y se turben sus a, y se
58.7 sean disipados como a que corren; cuando
63.1 en la tierra seca y árida donde no hay a
65.9 con el río de Dios, lleno de a, preparas
66.12 pasamos por el fuego y por el a, y
69.1 sálvame, oh Dios, porque. . a han entrado
69.2 he venido a abismos de a, y la corriente
69.14 libertado. . y de lo profundo de las a
69.15 no me anegue la corriente de las a
73.10 a en abundancia serán extraídas para
74.13 quebrantaste. . de monstruos en las a
77.16 vieron las a, oh Dios; las a te vieron
77.17 las nubes echaron inundaciones de a
77.19 camino, y tus sendas en las muchas a
78.13 pasar; detuvo las a como en un montón
78.16 de la peña. . hizo descender a como ríos
78.20 aquí ha herido la peña, y brotaron a
79.3 derramaron su sangre como a. . Jerusalén
81.7 te libré. . probé junto a las a de Meriba
88.17 me han rodeado como a continuamente
90.5 los arrebatas como con torrente de a
93.4 más poderoso que el estruendo de las. . a
104.3 establece sus aposentos entre las a
104.6 abismo. . sobre los montes estaban las a
105.29 volvió sus a en sangre, y mató sus
105.41 abrió la peña, y fluyeron a. . un río
106.11 cubrieron las a a sus enemigos
106.32 le irritaron en las a de Meriba
107.23 los que. . hacen negocio en las muchas a
107.33 los manantiales de las a en sequedales
107.35 vuelve el desierto en estanques de a
109.18 entró como a en sus entrañas, y como
114.8 estanque de a, y en fuente de a la roca
119.136 ríos de a descendieron de mis ojos
124.4 entonces nos habrían inundado las a
124.5 pasado sobre nuestra alma. . a impetuosas
136.6 al que extendió la tierra sobre las a
144.7 sácame de las muchas a, de la mano de
147.18 soplará su viento, y fluirán las a
148.4 alabadle. . a que están sobre los cielos
Pr. 5.15 bebe el a de tu misma cisterna, y los
5.16 ¿se derramarán. . tus corrientes de a por
8.24 que fuesen las fuentes de las muchas a
8.29 que las a no traspasasen su mandamiento
9.17 a hurtadas son dulces, y el pan comido
17.14 es como quien suelta las a; deja, pues
18.4 a profundas son las palabras de la boca
20.5 a profundas es el consejo en el corazón
21.1 como los repartimientos de las a, así
25.21 pan, y si tuviere sed, dale de beber a
25.25 como el a fría al alma sedienta, así
27.19 como en el a el rostro corresponde al
30.4 ¿quién ató las a en un paño? ¿Quién
30.16 la tierra que no se sacia de a, y el
Ec. 2.6 me hice estanques de a, para regar de
11.1 echa tu pan sobre las a. . lo hallarás
11.3 si las nubes fueren llenas de a, sobre
Cnt. 4.15 pozo de a vivas, que corren del Líbano
5.12 palomas junto a los arroyos de las a
8.7 las muchas a no podrán apagar el amor, ni
Is. 1.22 escorias, tu vino está mezclado con a
1.30 y como huerto al que le faltan las a
3.1 todo sustento de pan y todo socorro de a
8.6 desechó este pueblo las a de Siloé, que
8.7 el Señor hace subir sobre ellos a de ríos
11.9 será llena del. . como las a cubren el mar
12.3 sacaréis con gozo a de las fuentes de la
14.23 y la convertiré en. . y en lagunas de a
15.6 las a de Nimrim serán consumidas, y se
15.9 y las a de Dimón se llenarán de sangre
17.12 harán alboroto como bramido de muchas a
17.13 estrépito como de ruido de muchas a
18.2 que envía. . naves de junco sobre las a
19.5 y las a del mar faltarán, y el río se
19.8 río. . los que extienden red sobre las a
21.14 llevadle a, moradores de tierra de Tema
22.9 recogisteis las a del estanque de abajo
22.11 hicisteis foso. . las a del estanque viejo
23.3 que crecen con las muchas a del Nilo
28.2 como ímpetu de recias a que inundan, con
28.17 granizo. . y a arrollarán el escondrijo
30.14 no se halla tiesto. . sacar a del pozo
30.20 os dará el Señor pan de congoja y a de
30.25 habrá ríos y corrientes de a el día de
32.2 como arroyos de a en tierra de sequedad
32.20 dichosos los que sembráis junto a. . a
33.16 se le dará su pan. . sus a serán seguras
35.6 porque a serán cavadas en el desierto
35.7 seco se convertirá. . en manaderos de a
36.16 coma. . beba cada cual las a de su pozo
37.25 cavé y bebí las a, y con las pisadas de
40.12 ¿quién midió las a con el hueco de su
40.15 las naciones le son como la gota de a
41.17 afligidos. . buscan las a, y no las hay
41.18 estanques de a, y manantiales de a en
43.2 cuando pases por. . a, yo estaré contigo
43.16 el que abre camino en el mar. . en las a
43.20 porque daré a en el desierto, ríos en
44.3 yo derramaré a sobre el sequedal, y ríos
44.4 como sauces junto a las riberas de las a
44.12 tiene hambre. . no bebe a, y se desmaya
48.1 los que salieron de las a de Judá, los
48.21 hizo brotar a de la. . y corrieron las a
49.10 que. . los conducirá a manantiales de a
50.2 sus peces se pudren por falta de a, y
51.10 ¿no eres tú el que secó. . las a del gran
54.9 nunca más las a de Noé pasarían sobre la
55.1 a todos los sedientos: Venid a las a
57.20 como el mar. . sus a arrojan cieno y lodo
58.11 y como manantial de a, cuyas a nunca
63.12 el que dividió las a delante de ellos
64.2 fuego que hace hervir las a, para que
Jer. 2.13 me dejaron a mí, fuente de a viva
2.13 cisternas rotas que no retienen a
2.18 bebas a del Nilo. . bebas a del Eufrates?
3.3 a han sido detenidas, y faltó la lluvia
6.7 como la fuente nunca cesa de manar sus a
8.14 Jehová. . nos ha dado a beber a de hiel
9.1 ¡oh, si mi cabeza se hiciese a, y mis ojos
9.15 ajenjo, y les daré a beber a de hiel
9.18 y nuestros párpados se destilen en a
10.13 a su voz se produce muchedumbre de a
13.1 y cíñelo sobre tus. . y no lo metas en a
14.3 los nobles enviaron. . al a. . no hallaron a
15.18 ¿serás. . y como a que no son estables?
17.8 será como el árbol plantado junto a las a
17.13 dejaron a Jehová, manantial de a vivas
18.14 ¿faltarán las a frías que corren de
23.15 ajenjos, y les haré beber a de hiel
31.9 y los haré andar junto a arroyos de a
38.6 y en la cisterna no había a, sino cieno
46.7 ¿quién es éste. . cuyas a se mueven como
46.8 se ensancha, y las a se mueven como ríos
47.2 suben a del norte, y se harán torrente
48.34 también las a de Nimrim serán destruidas
49.23 derritieron en a de desmayo, no pueden
50.38 sequedad sobre sus a, y se secarán
51.13 tú, la que moras entre muchas a, rica en

AGUA *(Continúa)*
Jer. 51.16 a su voz se producen tumultos de *a* en
51.55 como sonido de muchas *a* será la voz de
Lm. 1.16 mis ojos fluyen *a*, porque se alejó de
2.19 derrama como *a* tu corazón ante..Señor
3.48 ríos de *a* echan mis ojos por..mi pueblo
3.54 *a* cubrieron mi cabeza; yo dije: Muerto
5.4 nuestra *a* bebemos por dinero; compramos
Ez. 1.24 oí el sonido de sus alas..de muchas *a*
4.11 beberás el *a* por medida, la sexta parte
4.16 y beberán el *a* por medida y con espanto
4.17 que al faltarles el pan y el *a*, se miren
7.17 toda mano..rodilla será débil como el *a*
12.18 y bebe tu *a* con estremecimiento y con
12.19 y con espanto beberán su *a*; porque su
16.4 ni fuiste lavada con *a* para limpiarte, ni
16.9 te lavé con *a*, y lavé tus sangres..de ti
17.5 la plantó junto a *a* abundantes, la puso
17.8 junto a muchas *a*, fue plantada, para que
19.10 plantada junto a las *a*..las muchas *a*
21.7 toda mano..rodilla será débil como el *a*
24.3 pon una olla, ponla, y echa..en ella *a*
26.12 y pondrán..tu polvo en medio de las *a*
26.19 te convertiré en..muchas *a* te cubrirán
27.26 en muchas *a* te engolfaron tus remeros
27.34 quebrantada..en lo profundo de las *a*
31.4 las *a* lo hicieron crecer, lo encumbró el
31.5 a causa de las..*a* se alargó su ramaje
31.7 porque su raíz estaba junto a muchas *a*
31.14 los árboles que crecen junto a las *a*
31.14 confíen en su..todos los que beben *a*
31.15 ríos, y las muchas *a* fueron detenidas
31.16 los que beben *a*, fueron consolados en
32.2 ríos, y enturbiabas las *a* con tus pies
32.13 sus bestias destruiré de sobre las..*a*
32.14 haré asentarse sus *a*, y haré correr sus
34.18 que bebiendo las *a* claras, enturbiáis
36.25 esparciré sobre vosotros *a* limpia, y
43.2 sonido era como el sonido de muchas *a*
47.1 he aquí *a* que salían de debajo del umbral
47.1 y las *a* descendían de debajo, hacia el
47.2 y vi que las *a* salían del lado derecho
47.3 me hizo pasar..las *a* hasta los tobillos
47.4 *a* hasta las rodillas..*a* hasta los lomos
47.5 porque las *a* habían crecido de manera
47.8 estas *a* salen a la región del oriente
47.8 entradas en el..recibirán sanidad las *a*
47.9 peces por haber entrado allá estas *a*
47.12 sus *a* salen del santuario; y su fruto
47.19 desde Tamar hasta las *a* de..rencillas
48.28 será el límite..las *a* de las rencillas
Dn. 1.12 nos den legumbres a comer, y *a* a beber
11.22 serán barridas..como con inundación de *a*
12.6 y dijo uno al..que estaba sobre las *a*
12.7 oí al..que estaba sobre las *a* del río
Os. 2.5 mis amantes, que me dan mi pan y mi *a*
5.10 derramaré sobre ellos como *a* mi ira
10.7 como espuma sobre la superficie de las *a*
Jl. 1.20 porque se secaron los arroyos de las *a*
3.18 por todos los arroyos de Judá correrán *a*
Am. 4.8 dos o tres..a una ciudad para beber *a*
5.8 que llama a las *a* del mar, y las derrama
5.24 pero corra el juicio como las *a*, y la
8.11 ni sed de *a*, sino de oír la palabra de
9.6 él llama las *a* del mar, y sobre la faz de
Jon. 2.5 las *a* me rodearon..rodeóme el abismo
3.7 rey..no se les dé alimento, ni beban *a*
Mi. 1.4 como las *a* que corren por un precipicio
Nah. 2.8 Nínive de..antiguo como estanque de *a*
3.8 rodeada de *a*..era el mar, y *a* por muro?
3.14 provéete de *a* para el asedio, refuerza
Hab. 2.14 llena del..como las *a* cubren el mar
3.10 pasó la inundación de las *a*; el abismo
3.15 caminaste en la mole de las grandes *a*
Zac. 9.11 presos de la cisterna en que no hay *a*
14.8 saldrán de Jerusalén *a* vivas, la mitad
Mt. 3.11 yo a la verdad os bautizo en *a* para
3.16 Jesús..subió luego del *a*; y he aquí los
8.32 se precipitó en..y perecieron en las *a*
10.42 que dé a uno de estos..un vaso de *a*
14.28 tú, manda que yo vaya a ti sobre las *a*
14.29 andaba sobre las *a* para ir a Jesús
17.15 muchas veces cae en el fuego..en el *a*
27.24 tomó *a* y se lavó las manos delante del
Mr. 1.8 yo a la verdad os he bautizado con *a*
1.10 y cuando subía del *a*, vio abrirse los
9.22 muchas veces le echa en el..y en el *a*
9.41 que os diere un vaso de *a* en mi nombre
14.13 un hombre que lleva un cántaro de *a*
Lc. 3.16 yo a la verdad os bautizo en *a*; pero
7.44 no me diste *a* para mis pies; mas ésta
8.25 que aun..a las *a* manda, y le obedecen?
12.54 luego decís: *A* viene; y así sucede
16.24 para que moje la punta de su dedo en *a*
22.10 un hombre que lleva un cántaro de *a*
Jn. 1.26 Juan les respondió..Yo bautizo con *a*
1.31 yo..por esto vine yo bautizando con *a*
1.33 me envió a bautizar con *a*, aquél me dijo
2.6 estaban allí 6 tinajas de piedra para *a*
2.7 Jesús..dijo: Llenad estas tinajas de *a*
2.9 el maestresala probó el *a* hecha vino, sin
2.9 lo sabían los..que habían sacado el *a*
3.5 que el que no naciere de *a* y del Espíritu
3.23 en Enón..porque había allí muchas *a*
4.7 vino una mujer de Samaria a sacar *a*; y
4.10 tú le pedirías, y él te daría *a* viva
4.11 ¿de dónde, pues, tienes el *a* viva?
4.13 dijo: Cualquiera que bebiere de esta *a*
4.14 mas el que bebiere del *a* que yo le daré
4.14 el *a*..en él una fuente de *a* que salte
4.15 dame de esa *a*, para que no tenga yo sed
4.46 donde había convertido el *a* en vino
5.3 multitud..esperaban el movimiento del *a*
5.4 porque un ángel descendía..y agitaba el *a*
5.4 después del movimiento..*a*, quedaba sano
5.7 quien me meta en el..cuando se agita el *a*
7.38 de su interior correrán ríos de *a* viva
13.5 luego puso *a* en un lebrillo, y comenzó a
19.34 lanza, y al instante salió sangre y *a*
Hch. 1.5 porque Juan ciertamente bautizó con *a*
8.36 llegaron a cierta *a*..Aquí hay *a*; ¿qué
8.38 y descendieron ambos al *a*, Felipe y el
8.39 cuando subieron del *a*, el Espíritu del
10.47 alguno impedir el *a*, para que no sean
11.16 dijo: Juan ciertamente bautizó en *a*
27.41 dando en un lugar de dos *a*, hicieron
Ef. 5.26 purificado en el lavamiento del *a* por
1 Ti. 5.23 no bebas *a*, sino usa de un poco de
He. 9.19 tomó la sangre..con *a*, lana escarlata
10.22 corazones..y lavados los cuerpos con *a*
Stg. 3.12 ninguna fuente..dar *a* salada y dulce
1 P. 3.20 es decir, ocho, fueron salvadas por *a*
2 P. 2.17 son fuentes sin *a*, y nubes empujadas
3.5 que proviene del *a* y por el *a* subsiste
3.6 el mundo de entonces pereció anegado en *a*
1 Jn. 5.6 vino mediante *a* y sangre; no mediante
5.6 no mediante *a*..sino mediante *a* y sangre
5.8 el Espíritu, el *a* y la sangre; y estos 3
Jud. 12 nubes sin *a*, llevadas de acá para allá
Ap. 1.15 y su voz como estruendo de muchas *a*
7.17 los guiará a fuentes de *a* de vida; y Dios
8.10 cayó sobre..sobre las fuentes de las *a*
8.11 parte de las *a* se convirtió en ajenjo
8.11 y muchos..murieron a causa de esas *a*
11.6 poder sobre las *a* para convertirlas en
12.15 serpiente arrojó de su..*a* como un río
14.2 oí una voz..como estruendo de muchas *a*
14.7 adorad a aquel que hizo..fuentes de..*a*
16.4 derramó su copa sobre..fuentes de las *a*
16.5 oí al ángel de las *a*, que decía: Justo
16.12 río Eufrates, y el *a* de éste se secó
17.1 contra la..que está sentada sobre muchas *a*
17.15 las *a* que has visto donde la ramera se
19.6 como el estruendo de muchas *a*, y como la
21.6 le daré..de la fuente del *a* de la vida
22.1 me mostró un río limpio de *a* de vida
22.17 tome del *a* de la vida gratuitamente

AGUACERO
Job 37.6 la llovizna, y a los *a* torrenciales
Is. 4.6 para refugio..contra el turbión y..el *a*

AGUADOR
Jos. 9.21 y fueron constituidos leñadores y *a*
9.27 y Josué los destinó aquel día a ser..*a*

AGUARDAR
Jue. 19.8 dijo..*aguarda* hasta que decline el día
1 S. 12.7 *aguardad*, y contenderé con vosotros
Job 18.10 y una trampa le *aguarda* en la senda
24.15 del adúltero está *aguardando* la noche
35.14 la causa está..por tanto, *aguárdale*
Sal. 27.14 *aguarda* a Jehová; esfuérzate, y
119.95 los impíos..*aguardado* para destruirme
Pr. 8.34 *aguardando* a los postes de..puertas
Lm. 4.17 en nuestra esperanza *aguardamos* a una
Mi. 5.7 las lluvias..ni *aguardan* a hijos de
Lc. 12.36 hombres que *aguardan* a que su señor
Ro. 8.19 es el *aguardar* la manifestación de los
8.25 esperamos..con paciencia lo *aguardamos*
Gá. 5.5 *aguardamos* por fe la esperanza de la
Tit. 2.13 *aguardando* la esperanza..gloriosa
Stg. 5.7 *aguardando*..hasta que reciba la lluvia

AGUDEZ
Job 41.30 por debajo..imprime su *a* en el suelo

AGUDO, DA
1 S. 14.4 un peñasco *a* de un lado, y otro del
Job 41.30 por debajo tiene *a* conchas; imprime
Sal. 45.5 saetas *a*..penetrarán en el corazón de
57.4 dientes son lanzas..su lengua espada *a*
120.4 *a* saetas de valiente, con brasas de
Pr. 5.4 su fin es..*a* como espada de dos filos
25.18 saeta *a* es el hombre que habla contra
Is. 49.2 puso mi boca como espada *a*, me cubrió
Ez. 5.1 tómate un cuchillo *a*, toma una navaja
Ap. 1.16 de su boca salía una espada *a* de dos
2.12 el que tiene la espada *a* de..dice esto
14.14 corona de oro, y en la mano una hoz *a*
14.17 salió otro ángel..teniendo..una hoz *a*
14.18 llamó a gran voz al que tenía la hoz *a*
14.18 mete tu hoz *a*, y vendimia los racimos
19.15 su boca sale una espada *a*, para herir

AGÜERO
Nm. 23.23 porque contra Jacob no hay *a*, ni
24.1 no fue..en busca de *a*, sino que puso
2 R. 17.17 se dieron a adivinaciones y a *a*, y se
2 Cr. 33.6 miraba en *a*, era dado a adivinaciones

AGUIJADA
Jue. 3.31 mató a..filisteos con una *a* de bueyes
1 S. 13.21 tercera parte de..por componer las *a*

AGUIJÓN
Nm. 33.55 ellos serán por *a* en vuestros ojos
Ec. 12.11 las palabras de los sabios son como *a*
Ez. 28.24 nunca más será..ni *a* que le dé dolor
Hch. 9.5; 26.14 dura..es dar coces contra el *a*
1 Co. 15.55 ¿dónde está, oh muerte, tu *a*?
15.56 ya que el *a* de la muerte es el pecado
2 Co. 12.7 me fue dado un *a* en mi carne, un
Ap. 9.10 tenían colas..y también *a*; y en sus

ÁGUILA
Éx. 19.4 tomé sobre alas de *á*, y os he traído
Lv. 11.13 no se comerán..abominación: el *á*, el
Dt. 14.12 de las que no podréis comer: el *á*
28.49 que vuele como *á*, nación cuya lengua
32.11 el *á* que excita su nidada..sus pollos
2 S. 1.23 más ligeros eran que *á*, más fuertes
Job 9.26 como el *á* que se arroja sobre la presa
39.27 ¿se remonta el *á* por tu mandamiento
Sal. 103.5 modo que te rejuvenezcas como el *á*
Pr. 23.5 harán alas, como alas de *á*, y volarán
30.17 lo saquen, y lo devoren los hijos del *á*
30.19 el rastro del *á* en el aire; el rastro
Is. 40.31 levantarán alas como las *á*; correrán
Jer. 4.13 más ligeros son sus caballos que las *á*
48.40 que como *á* volará, y extenderá sus alas
49.16 aunque alces como *á* tu nido, de allí te
49.22 como *á* subirá y volará, y extenderá sus
Lm. 4.19 ligeros fueron..que las *á* del cielo
Ez. 1.10 caras..había en los cuatro cara de *á*
10.14 la..cara de león; la cuarta, cara de *á*
17.3 una gran *á*..vino al Líbano, y tomó el
17.6 y sus ramas miraban al *á*, y sus raíces
17.7 había..otra gran *á*, de grandes alas y de
Dn. 4.33 que su pelo creció como plumas de *á*
7.4 la primera era como..y tenía alas de *á*
Os. 8.1 como *á* viene contra la casa de Jehová
Abd. 4 aunque te remontares como *á*, y aunque
Mi. 1.16 calvo como *á*, porque en cautiverio
Hab. 1.8 volarán como *á*..se apresuran a devorar
Mt. 24.28 el cuerpo muerto..se juntarán las *á*
Lc. 17.37 estuviere el cuerpo..también las *á*
Ap. 4.7 el cuarto era semejante a un *á* volando
12.14 le dieron..las dos alas de la gran *á*

AGUJA
Mt. 19.24; Mr. 10.25; Lc. 18.25 pasar un camello
por el ojo de una *a*

AGUJERO
2 R. 12.9 tomó un arca e hizo en la tapa un *a*
Cnt. 2.14 paloma mía, que estás en los *a* de la
Ez. 8.7 y miré, y he aquí en la pared un *a*

AGUR ***Autor de algunos proverbios*, Pr. 30.1**

AGUSANAR
Éx. 16.24 guardaron..y no se *agusanó*, ni hedió

AGUZAR
Job 16.9 contra mí *aguzó* sus ojos mi enemigo
Sal. 140.3 *aguzaron* su lengua como la serpiente
Pr. 27.17 hierro con hierro se *aguza*; y así el
27.17 el hombre *aguza* el rostro de su amigo

AH
Sal. 70.3 vueltos atrás..los que dicen: *¡A! ¡A!*

AHARA ***Hijo de Benjamín (=Ahiram)*,
1 Cr. 8.1**

AHARHEL ***Descendiente de Judá*, 1 Cr. 4.8**

AHASBAI ***Padre de Elifelet No. 2*, 2 S. 23.34**

AHASTARI ***Familia de la tribu de Judá*,
1 Cr. 4.6**

AHAVA ***Río en Babilonia*, Esd. 8.15,21,31**

AHBÁN ***Hijo de Abisur*, 1 Cr. 2.29**

AHER ***Descendiente de Benjamín*, 1 Cr. 7.12**

AHI
***1. Hijo de Abdiel*, 1 Cr. 5.15**
***2. Hijo de Semer No. 3*, 1 Cr. 7.34**

AHÍA ***Padre de Baasa, rey de Israel (=Ahías
No. 4)*, 2 R. 9.9**

AHÍAM ***Uno de los 30 valientes de David*,
2 S. 23.33; 1 Cr. 11.35**

AHIAN *Descendiente de Manasés*, 1 Cr. 7.19

AHIAS

1. Sacerdote en tiempo del rey Saúl

1 S. 14.3 y *A* hijo de Ahitob..llevaba el efod
14.18 y Saúl dijo a *A:* Trae el arca de Dios

2. Oficial del rey Salomón, 1 R. 4.3

3. Profeta en tiempo del rey Salomón

1 R. 11.29 Jeroboam..le encontró..el profeta *A*
11.30 tomando *A* la capa nueva que tenía sobre
12.15 que Jehová había hablado por medio de *A*
14.2 allí está el profeta *A*, el que me dijo
14.4 vino a casa de *A*. Y ya no podía ver *A*
14.5 Jehová había dicho a *A:* He aquí que la
14.6 cuando *A* oyó el sonido de sus pies, al
14.18 él había hablado por su..el profeta *A*
15.29 Jehová habló por su siervo *A* silonita
2 Cr. 9.29 en la profecía de *A* silonita, y en
10.15 la palabra que había hablado por *A*

4. Padre de Baasa, rey de Israel (=Ahía), 1 R. 15.27,33; 21.22

5. Hijo de Jerameel, 1 Cr. 2.25

6. Descendiente de Benjamín, 1 Cr. 8.7

7. Uno de los valientes de David, 1 Cr. 11.36

8. Tesorero del templo, 1 Cr. 26.20

9. Firmante del pacto de Nehemías, Neh. 10.26

AHICAM *Ministro del rey Josías y posteriormente protector del profeta Jeremías*

2 R. 22.12 el rey dio orden..a *A* hijo de Safán
22.14 fueron..Hilcías, y *A*, Acbor, Safán y
25.22 puso por gobernador a Gedalías hijo de *A*
2 Cr. 34.20 mandó a Hilcías y a *A* hijo de Safán
Jer. 26.24 la mano de *A*.. a favor de Jeremías
39.14 y lo entregaron a Gedalías hijo de *A*
40.5 vuélvete a Gedalías hijo de *A*, hijo de
40.6 se fue..Jeremías a Gedalías hijo de *A*
40.7 a Gedalías hijo de *A* para gobernar la
40.9 les juró Gedalías hijo de *A*..No tengáis
40.11 que había puesto..a Gedalías hijo de *A*
40.14 mas Gedalías hijo de *A* no les creyó
40.16 pero Gedalías hijo de *A* dijo a Johanán
41.1 Ismael..a Gedalías hijo de *A* en Mizpa
41.2 hirieron a espada a Gedalías hijo de *A*
41.6 les dijo: Venid a Gedalías hijo de *A*
41.10 había encargado..a Gedalías hijo de *A*
41.16 después que mató a Gedalías hijo de *A*
41.18 haber dado muerte..a Gedalías hijo de *A*
43.6 con Gedalías hijo de *A*, hijo de Safán

AHIEZER

1. Jefe de la tribu de Dan, Nm. 1.12; 2.25; 7.66,71; 10.25

2. Capitán que se unió a David, 1 Cr. 12.3

AHILUD *Padre de Josafat No. 1 y Baana No. 3*, 2 S. 8.16; 20.24; 1 R. 4.3,12; 1 Cr. 18.15

AHIMAAS

1. Suegro del rey Saúl, 1 S. 14.50

2. Hijo del sacerdote Sadoc

2 S. 15.27 *A* tu hijo, y Jonatán hijo de Abiatar
15.36 dos hijos, *A* el de Sadoc, y Jonatán el
17.17 Jonatán y *A* estaban junto a la fuente
17.20 ¿dónde están *A* y Jonatán? Y la mujer
18.19 *A* hijo de Sadoc dijo: ¿Correré ahora
18.22 *A* hijo de Sadoc volvió a decir a Joab
18.23 corrió..*A* por el camino de la llanura
18.27 me parece..como el correr de *A* hijo de
18.28 *A* dijo en alta voz al rey: Paz. Y se
18.29 y *A* respondió: Vi yo un gran alboroto
1 Cr. 6.8 engendró a Sadoc, Sadoc engendró a *A*
6.9 *A* engendró a Azarías, Azarías engendró
6.53 Sadoc su hijo, *A* su hijo

3. Oficial del rey Salomón, 1 R. 4.15

AHIMAN

1. Uno de los hijos de Anac, Nm. 13.22; Jos. 15.14; Jue. 1.10

2. Portero de Jerusalén, 1 Cr. 9.17

AHIMELEC

1. Sacerdote en tiempo del rey Saúl

1 S. 21.1 vino David a..*A;* y se sorprendió *A*
21.2 respondió David al sacerdote *A:* El rey
21.8 David dijo a *A:* ¿No tienes..o espada?
22.9 vi al hijo de Isaí que vino a Nob, a *A*
22.11 el rey envió por el sacerdote *A* hijo de
22.14 entonces *A* respondió al rey, y dijo
22.16 sin duda morirás, *A*, tú y toda la casa
22.20 uno de los hijos de *A* hijo de Ahitob
23.6 cuando Abiatar hijo de *A* huyó..a Keila
30.7 David al sacerdote Abiatar hijo de *A*
1 Cr. 24.31 delante del rey..y de Sadoc y de *A*
Sal. 52 *tít.* David ha venido a casa de *A*

2. Sacerdote en tiempo del rey David (=Abimelec No. 4), 2 S. 8.17; 1 Cr. 24.3,6

3. Heteo en el servicio de David, 1 S. 26.6

AHIMOT *Descendiente de Coat*, 1 Cr. 6.25

AHINADAB *Oficial del rey Salomón*, 1 R. 4.14

AHINOAM

1. Mujer del rey Saúl, 1 S. 14.50

2. Mujer del rey David

1 S. 25.43 tomó David a *A* de Jezreel, y ambas
27.3 *A* jezreelita y Abigail la que..de Nabal
30.5 las dos mujeres de David, *A*..y Abigail
2 S. 2.2 con él sus dos mujeres, *A* jezreelita
3.2 primogénito fue Amnón, de *A* jezreelita
1 Cr. 3.1 los hijos de David..de *A* jezreelita

AHIO

1. Hijo de Abinadab No. 1

2 S. 6.3 Uza y *A* hijos de..guiaban el carro
6.4 lo llevaban de..*A* iba delante del arca
1 Cr. 13.7 el arca..Uza y *A* guiaban el carro

2. Hijo de Elpaal, 1 Cr. 8.14

3. Hijo de Abi-gabaón, 1 Cr. 8.31; 9.37

AHIRA *Príncipe de la tribu de Neftalí*, Nm. 1.15; 2.29; 7.78,83; 10.27

AHIRAM *Hijo de Benjamín (=Ahara)*, Nm. 26.38

AHIRAMITA *Descendiente de Ahiram*, Nm. 26.38

AHISAHAR *Descendiente de Benjamín*, 1 Cr. 7.10

AHISAMAC *Padre de Aholiab*, Ex. 31.6; 35.34; 38.23

AHISAR *Mayordomo del rey Salomón*, 1 R. 4.6

AHITOB *Nombre de varios sacerdotes*

1 S. 14.3 y Ahías hijo de *A*, hermano de Icabod
22.9 yo ví..que vino a..Ahimelec hijo de *A*
22.11 el rey envió por..Ahimelec hijo de *A*
22.12 le dijo: Oye, ahora, hijo de *A*. Y él
22.20 uno de los hijos de Ahimelec hijo de *A*
2 S. 8.17 hijo de *A* y Ahimelec..eran sacerdotes
1 Cr. 6.7 Meraiot engendró a Amarías..a *A*
6.8 *A* engendró a Sadoc, Sadoc..a Ahimaas
6.11 Azarías engendró a Amarías, Amarías..*A*
6.12 *A* engendró a Sadoc, Sadoc engendró a
6.52 Meraiot su hijo, Amarías su hijo, *A*
9.11 hijo de *A*, príncipe de la casa de Dios
18.16 Sadoc hijo de *A* y Abimelec hijo de
Esd. 7.2 de Salum, hijo de Sadoc, hijo de *A*
Neh. 11.11 hijo de *A*, príncipe de la casa de

AHITOFEL *Consejero de David*

2 S. 15.12 llamó a *A*..consejero de David, de su
15.31 *A* está entre los que conspiraron con
15.31 entorpece..oh Jehová, el consejo de *A*
15.34 entonces..harás nulo el consejo de *A*
16.15 entraron en Jerusalén, y con él *A*
16.20 dijo Absalón a *A:* Dad vuestro consejo
16.21 *A* dijo..Llégate a las concubinas de tu
16.23 el consejo que daba *A*..era como si se
16.23 así era todo consejo de *A*, tanto con
17.1 entonces *A* dijo a Absalón: Yo escogeré
17.6 así ha dicho *A;* ¿seguiremos su consejo
17.7 el consejo que ha dado..*A* no es bueno
17.14 de Husai..es mejor que el consejo de *A*
17.14 el acertado consejo de *A* se frustrara
17.15 así y así aconsejó *A* a Absalón y a los
17.21 *A* ha dado tal consejo contra vosotros
17.23 *A*, viendo que no se había seguido su
23.34 Elifelet..Eliam hijo de *A*, gilonita
1 Cr. 27.33 *A* era consejero del rey; y Husai
27.34 después de *A* estaban Joiada hijo de

AHIUD

1. Príncipe de la tribu de Aser, Nm. 34.27

2. Descendiente de Benjamín, 1 Cr. 8.7

AHLAB *Población en el territorio de Aser*, Jue. 1.31

AHLAI

1. Descendiente de Jerameel, 1 Cr. 2.31

2. Padre de Zabad No. 3, 1 Cr. 11.41

AHOA *Descendiente de Benjamín*, 1 Cr. 8.4

AHOGADO *Véase también Ahogar*

Hch. 15.20 de fornicación, de *a* y de sangre
15.29 os abstengáis..de *a* y de fornicación
21.25 se abstengan..de *a*, y de fornicación

AHOGAR

Cnt. 8.7 apagar el amor, ni lo *ahogarán* los ríos
Nah. 2.12 *ahogaba* para sus leonas, y llenaba
Mt. 13.7 los espinos crecieron, y la *ahogaron*
13.22 engaño de..riquezas *ahogan* la palabra
18.28 y asiendo de él, le *ahogaba*, diciendo
Mr. 4.7 los espinos crecieron y la *ahogaron*
4.19 pero los afanes de..*ahogan* la palabra
5.13 un despeñadero, y en el mar se *ahogaron*
Lc. 8.7 los espinos que nacieron..la *ahogaron*
8.14 *ahogados* por los afanes y las riquezas
8.33 hato se precipitó..al lago, y se *ahogó*
He. 11.29 e intentando los egipcios..*ahogados*

AHOHITA *Perteneciente a la familia de Ahoa*, 2 S. 23.9,28; 1 Cr. 11.12,29; 27.4

AHOLA *Nombre simbólico de Samaria y las diez tribus*

Ez. 23.4 llamaban, la mayor, *A*, y su hermana
23.4 y se llamaron..*A;* y Jerusalén, Aholiba
23.5 *A* cometió fornicación aun estando en mí
23.36 ¿no juzgarás tú a *A* y a Aholiba, y les
23.44 como quien viene a..así vinieron a *A*

AHOLIAB *Uno de los dos encargados de la construcción del tabernáculo*

Ex. 31.6 he puesto con él a *A* hijo de Ahisamac
35.34 así él como *A* hijo..de la tribu de Dan
36.1 Bezaleel y *A*, y todo hombre sabio de
36.2 Moisés llamó a Bezaleel y a *A* y a todo
38.23 y con él estaba *A* hijo de Ahisamac, de

AHOLIBA *Nombre simbólico de Jerusalén y Judá*

Ez. 23.4 y se llamaban..Ahola, y su hermana, *A*
23.4 se llamaron: Samaria..y Jerusalén, *A*
23.11 lo vio su hermana *A*, y enloqueció de
23.22 por tanto, *A*, así ha dicho Jehová el
23.36 ¿no juzgarás tú a Ahola y a *A*, y les
23.44 como quien viene a..así vinieron a..*A*

AHOLIBAMA

1. Mujer de Esaú (Judit), Gn. 36.2,5,14,18(2),25

2. Jefe de Esaú No. 2, Gn. 36.41; 1 Cr. 1.52

AHONDAR

Sal. 7.15 lo ha *ahondado;* y en el hoyo que hizo
Lc. 6.48 y *ahondó* y puso el fundamento sobre la

AHORA

2 Co. 6.2 *a* el tiempo aceptable; he aquí *a* el

AHORCAR

Gn. 40.22 hizo *ahorcar* al jefe de los panaderos
Nm. 25.4 *ahórcalos* ante Jehová delante del sol
2 S. 17.23 después de..se *ahorcó*, y así murió
21.6 siete varones..para que los *ahorquemos*
21.9 *ahorcaron* en el monte delante de Jehová
21.13 también los huesos de los *ahorcados*
Mt. 27.5 arrojando las piezas..fue y se *ahorcó*

AHORRAR

Pr. 17.27 *ahorra* sus palabras tiene sabiduría

AHUMAI *Descendiente de Judá*, 1 Cr. 4.2

AHUYENTAR

Gn. 15.11 descendían aves..Abram las *ahuyentaba*
Neh. 13.28 yerno de Sanbalat..lo *ahuyenté* de mí
Pr. 19.26 el que roba a..y *ahuyenta* a su madre
25.23 el viento del norte *ahuyenta* la lluvia
Is. 17.13 serán *ahuyentados* como el tamo de los

AHUZAM *Descendiente de Judá*, 1 Cr. 4.6

AHUZAT *Amigo de Abimelec No. 2*, Gn. 26.26

AÍA *Población cerca de Bet-el (=Hai)*, Neh. 11.31

AÍN

1. Ciudad en la frontera de Palestina, Nm. 34.11

2. Ciudad en Simeón, Jos. 15.32; 19.7; 21.16; 1 Cr. 4.32

AIRAR

Nm. 16.22 *airarte* contra toda la congregación?
Dt. 1.37 contra mí se *airó* Jehová por vosotros
Jos. 22.18 se *airará* él contra..la congregación
1 R. 8.46 estuvieres *airado* contra ellos, y los
2 R. 17.18 Jehová..*airó* en gran manera contra
19.28 por cuanto te has *airado* contra mí, por
2 Cr. 28.11 Jehová está *airado* contra vosotros
Neh. 4.5 se *airaron* contra los que edificaban
Sal. 7.11 *airado* contra el impío todos los días
58.9 así vivos, así *airados*, los arrebatará él
60.1 te has *airado;* ¡vuélvete a nosotros!
79.5 ¿estarás *airado* para siempre? ¿Arderá
89.38 a tu ungido, y te has *airado* con él

AIRAR *(Continúa)*
Pr. 14.29 el que tarda en airarse es grande de
15.18 mas el que tarda en airarse apacigua
16.32 mejor es el que tarda en airarse que
22.14 contra el cual Jehová estuviere airado
25.23 el rostro airado la lengua detractora
Cnt. 1.6 los hijos de mi madre se airaron contra
Is. 34.2 Jehová está airado contra. .las naciones
37.29 contra mí te airaste, y tu arrogancia
Jer. 8.19 ¿por qué me hicieron airar con sus
37.15 los príncipes se airaron contra Jeremías
Lm. 5.22 te has airado contra nosotros en gran
Dn. 11.10 mas los hijos de aquél se airarán, y
Hab. 3.8 te airaste, oh Jehová, contra los ríos?
3.8 ¿contra los ríos te airaste? ¿Fue tu ira
Zac. 1.12 con las cuales has estado airado por
1.15 estoy muy airado contra las naciones que
Ef. 4.26 airaos, pero no pequéis; no se ponga
Stg. 1.19 tardo para hablar, tardo para airarse
Ap. 11.18 se airaron las naciones, y tu ira ha

AIRE
Gn. 3.8 Dios. .se paseaba en el huerto, al a
Dt. 4.17 figura de. .alada que vuele por el a
Job 5.7 se levantan para volar por el a, así
Pr. 30.19 rastro del águila en el a; el rastro
Is. 27.8 él los remueve. .en el día del a solano
Hch. 22.23 ellos gritaban. .y lanzaban polvo al a
1 Co. 9.26 así. .peleo, no como quien golpea el a
14.9 si. .no diereis palabra. .hablaréis al a
Ef. 2.2 conforme al príncipe. .potestad del a
1 Ts. 4.17 nubes para recibir al Señor en el a
Ap. 9.2 se oscureció el sol y el a por el humo
16.17 séptimo ángel derramó su copa por el a

AIROSA
Jer. 22.14 para mí casa espaciosa, y salas a

AJA
1. Hijo de Zibeón, **Gn. 36.24; 1 Cr. 1.40**
2. Padre de Rizpa, **2 S. 3.7; 21.8,10,11**

AJALÓN
1. Valle en el territorio de Dan, **Jos. 10.12**
2. Nombre de varias poblaciones
Jos. 19.42 Saalabín, A, Jetla
21.24 A con sus ejidos y Gat-rimón con sus
Jue. 1.35 el amorreo persistió en habitar en. .A
12.12 murió Elón. .y fue sepultado en A en la
1 S. 14.31 e hirieron. .desde Micmas hasta A
1 Cr. 6.69 A con sus ejidos y Gat-rimón con sus
8.13 de las familias de los moradores de A
2 Cr. 11.10 Zora, A y Hebrón, que eran. .Judá
28.18 los filisteos. .habían tomado. .A, Gederot

AJAT *Probablemente =Hai,* **Is. 10.28**

AJELET-SAHAR *"Cierva de la mañana",* **Sal. 22 tít.**

AJENJO
Dt. 29.18 que haya. .raíz que produzca hiel y a
Pr. 5.4 su fin es amargo como el a, agudo como
Jer. 9.15 a este pueblo yo les daré a comer a
23.15 yo les hago comer a, y les haré beber
Lm. 3.15 llenó de amarguras, me embriagó de a
3.19 acuérdate. .de mi abatimiento, del a y de
Os. 10.4 juicio florecerá como a en los surcos
Am. 5.7 los que convertís en a el juicio, y la
6.12 convertido. .el fruto de justicia en a?
Ap. 8.11 el nombre de la estrella es A. Y la
8.11 la tercera parte de. .se convirtió en a

AJENO, NA
Gn. 15.13 que tu descendencia morará en tierra a
35.2 quitad. .dioses a que hay entre vosotros
35.4 así dieron. .todos los dioses a que había
Éx. 2.22 porque dijo: Forastero soy en tierra a
18.3 dijo: Forastero he sido en tierra a
20.3; Dt. 5.7 no tendrás dioses a delante de
Dt. 6.14 no andaréis en pos de dioses a, de
7.4 desviará a tu hijo. .servirán a dioses a
8.19 y anduvieres en pos de dioses a, y les
11.16 os apartéis y sirváis a dioses a, y os
11.28 para ir en pos de dioses a que no habéis
13.2 vamos en pos de dioses a. .no conociste
13.6 vamos y sirvamos a dioses a, que ni tú
13.13 y sirvamos a dioses a, que vosotros no
17.3 que hubiere ido y servido a dioses a, y
18.20 o que hablare en nombre de dioses a, el
28.14 no te apartares. .para ir tras dioses a
28.36 allá servirás a dioses a, al palo y a la
28.64 servirás a dioses a que no conociste tú
29.26 sirvieron a dioses a, y se inclinaron
30.17 inclinares a dioses a y les sirvieres
31.16 fornicará tras los dioses a de la tierra
31.18 el mal. .por haberse vuelto a dioses a
31.20 y se volverán a dioses a y les servirán
32.16 le despertaron a celos con los dioses a
Jos. 23.16 honrando a dioses a e inclinándoos a
24.20 y sirviereis a dioses a, él se volverá
24.23 quitad. .los dioses a que están entre
Jue. 2.17 tras dioses a, a los cuales adoraron
2.19 siguiendo a dioses a para servirles
10.13 y habéis servido a dioses a; por tanto
10.16 quitaron de. .los dioses a, y sirvieron
1 S. 7.3 quitad los dioses a y a Astarot de
8.8 dejándome a mí y sirviendo a dioses a
26.19 arrojado hoy. .Vé y sirve a dioses a
1 R. 9.6 que fuereis y sirviereis a dioses a
9.9 echaron mano a dioses a, y los adoraron
11.4 inclinaron su corazón tras dioses a
11.10 que no siguiese a dioses a; mas él no
14.9 pues. .te hiciste dioses a e imágenes de
2 R. 17.7 hijos de Israel. .temieron a dioses a
17.37 por obra, y no temeréis a dioses a
17.38 no olvidaréis. .ni temeréis a dioses a
22.17 cuanto. .quemaron incienso a dioses a
2 Cr. 7.19 si vosotros. .sirviereis a dioses a
7.22 por cuanto. .y han abrazado a dioses a
28.25 para quemar incienso a los dioses a
33.15 quitó los dioses a, y el ídolo de la
34.25 han ofrecido sacrificios a dioses a
Job 24.6 siegan. .los impíos vendimian la viña a
Sal. 44.20 o alzado nuestras manos a dioses a
81.9 no habrá en ti dios a, ni te inclinarás
Pr. 2.16 de la a que halaga con sus palabras
5.20 ¿y por qué. .andarás ciego con la mujer a
7.5 para que te guarden de la mujer a, y de
26.17 que. .se deja llevar de la ira en pleito a
27.2 alábete el. .el a, y no los labios tuyos
Is. 43.12 oír, no hubo entre vosotros dios a
Jer. 5.19 y servisteis a dioses a en. .tierra
5.19 así serviréis a extraños en tierra a
7.6 ni anduviereis en pos de dioses a para
7.18 tortas a la reina. .ofrendas a dioses a
8.19 me hicieron airar con. .con vanidades a?
11.10 se fueron tras dioses a para servirles
13.10 que va en pos de dioses a para servirles
16.11 padres. .anduvieron en pos de dioses a
16.13 serviréis a dioses a de día y de noche
19.4 y ofrecieron en él incienso a dioses a
19.13 y vertieron libaciones a dioses a
22.9 y adoraron dioses a y les sirvieron
22.26 te haré llevar. .a tierra a en que no
25.6 y no. .en pos de dioses a, sirviéndoles
32.29 derramaron libaciones a dioses a, para
35.15 no vayáis tras dioses a para servirles
44.3 a ofrecer incienso, honrando a dioses a
44.5 para dejar de ofrecer incienso a dioses a
44.8 ofreciendo incienso a dioses a en la
44.15 que. .habían ofrecido incienso a dioses a
Ez. 16.32 que en lugar de su marido recibe a a
Dn. 11.39 con un dios a. .colmará de honores a
Os. 3.1 cuales miran a dioses a, y aman tortas
Hab. 1.6 que camina. .para poseer las moradas a
Lc. 16.12 si en lo a no fuisteis fieles, ¿quién
Hch. 7.6 sería extranjera en tierra a, y que
Ro. 14.4 tú quién eres, que juzgas al criado a?
15.20 para no edificar sobre fundamento a
2 Co. 10.15 no nos gloriamos. .trabajos a, sino
Ef. 2.12 y a a los pactos de la promesa, sin
4.18 a de la vida de Dios por la ignorancia
2 Ts. 3.11 en nada, sino entreteniéndose en lo a
1 Ti. 5.22 ninguno, ni participes en pecados a
He. 9.25 entra el sumo sacerdote con sangre a
11.9 por la fe habitó. .en tierra a, morando
1 P. 4.15 padezca. .o por entremeterse en lo a

AJO
Nm. 11.5 nos acordamos del. .las cebollas y los a

AJUSTAR
Éx. 36.29 por arriba se ajustaban con un gozne
Lv. 8.7 lo ciñó con el cinto. .y lo ajustó con él
8.13 ajustó las tiaras, como Jehová lo había
Nm. 19.15 vasija. .cuya tapa no esté bien ajustada
1 R. 6.35 y las cubrió de oro ajustado a las
7.9 de piedras. .ajustadas con sierras según
Is. 28.17 ajustaré el juicio a cordel, y a nivel

ALA
Éx. 19.4 cómo os tomé sobre a de águilas, y os
25.20 los querubines extenderán encima las a
25.20 cubriendo con sus a el propiciatorio
37.9 extendían sus a. .cubriendo con sus a el
Lv. 1.17 la henderá por sus a. .no la dividirá
Dt. 32.11 extiende sus a, los toma, los lleva
Rt. 2.12 bajo cuyas a has venido a refugiarte
2 S. 22.11 y voló; voló sobre las a del viento
1 R. 6.24 una a. .tenía cinco codos, y. .otra a
6.24 diez codos desde la punta de una a hasta
6.27 extendían sus a, de modo que el a de uno
6.27 el a del otro. .las otras dos a se tocaban
8.6 arca. .debajo de las a de los querubines
8.7 los querubines tenían extendidas las a
1 Cr. 28.18 que con las a. .cubrían el arca del
2 Cr. 3.11 de las a. .una a era de cinco codos
3.11,12 una a. .tocaba el a del otro querubín
3.13 los querubines tenían las a extendidas por
5.7 el arca del. .bajo las a de los querubines
5.8 extendían las a sobre el lugar del arca
Job 39.13 ¿diste. .a al pavo real, o a y plumas
39.26 ¿vuela. .y extiende hacia el sur sus a?
Sal. 17.8 escóndeme bajo la sombra de tus a
18.10 y voló; voló sobre las a del viento
36.7 por eso. .amparan bajo la sombra de tus a
55.6 ¡quién me diese a como de paloma!
57.1 y en la sombra de tus a me ampararé
61.4 estaré seguro bajo la cubierta de tus a
63.7 así en la sombra de tus a me regocijaré
68.13 seréis como a de paloma cubiertas de
91.4 plumas. .debajo de sus a estarás seguro
104.3 el que anda sobre las a del viento, el
139.9 si tomare las a del alba y habitare en
Pr. 23.5 se harán a como a de águila, y volarán
Ec. 10.20 las que tienen a harán saber la palabra
Is. 6.2 había serafines; cada uno tenía seis a
8.8 extendiendo sus a, llenará la anchura de
10.14 no hubo quien moviese a, ni abriese boca
18.1 ¡ay de la tierra que hace sombra con las a
34.15 sus pollos. .los juntará debajo de sus a
40.31 levantarán a como las águilas; correrán
Jer. 48.9 dad a a Moab, para que se vaya volando
48.40 como águila. .extenderá. .a contra Moab
49.22 volará, y extenderá sus a contra Bosra
Ez. 1.6 cada uno tenía cuatro caras y cuatro a
1.8 debajo de sus a, a sus cuatro lados
1.8 y sus caras y sus a por los cuatro lados
1.9 con las a se juntaban el uno al otro. No se
1.11 tenían sus a extendidas por encima, cada
1.23 y debajo de la expansión las a de ellos
1.23 y cada uno tenía dos a que cubrían su
1.24 y oí el sonido de sus a cuando andaban
1.24 y oí. .Cuando se paraban, bajaban sus a
1.25 cuando se paraban y bajaban sus a, se oía
3.13 sonido de las a de los seres vivientes
10.5 el estruendo de las a de los querubines
10.8 la figura de una mano. .debajo de sus a
10.12 a y las ruedas estaban llenos de ojos
10.16 cuando los querubines alzaban sus a para
10.19 y alzando los querubines sus a, se
10.21 cada uno cuatro a, y figuras de manos
10.21 figura de mano de hombre debajo. .sus a
11.22 después alzaron los querubines sus a, y
17.3 una gran águila, de grandes a y de largos
17.7 otra gran águila, de grandes a y. .plumas
Dn. 7.4 la primera era como. .tenía a de águila
7.4 yo estaba mirando hasta que sus a fueron
7.6 otra. .con cuatro a de ave en sus espaldas
Os. 4.19 el viento los ató en sus a, y de sus
Zac. 5.9 y traían viento en sus a, y tenían a
Mal. 4.2 el Sol de. .y en sus a traerá salvación
Mt. 23.37 como la gallina junta. .debajo de sus a
Lc. 13.34 como la gallina a sus. .debajo de sus a
Ap. 4.8 tenían cada uno seis a, y alrededor y
9.9 el ruido de sus a era como. .muchos carros
12.14 le dieron. .las dos a de la gran águila

ALABADO *Véase Alabar*

ALABANZA
Lv. 19.24 fruto será consagrado en a a Jehová
Dt. 10.21 es el objeto de tu a, y él es tu Dios
Jos. 7.19 da gloria a Jehová el Dios. .y dale a
1 Cr. 16.27 a y magnificencia delante de él
16.35 que confesemos. .y nos gloriemos en tus a
23.5 los instrumentos que he. .para tributar a
23.30 a dar gracias y tributar a a Jehová
2 Cr. 20.22 comenzaron a entonar cantos de a
23.13 los cantores con. .música dirigían la a
29.31 presentad sacrificios y a en la casa de
29.31 la multitud presentó sacrificios y a
33.16 sacrificó. .de ofrendas de paz y de a
Neh. 9.5 nombre. .glorioso y alto sobre toda. .a
11.17 que empezaba las a y acción de gracias
12.8 Matanías. .oficiaba en los cantos de a
12.27 hacer la dedicación y la fiesta con a
12.46 un director de. .para los cánticos y a
Sal. 9.14 para que cuente yo todas tus a en las
22.3 tú que habitas entre las a de Israel
22.25 de ti será mi a en la gran congregación
27.6 de júbilo; cantaré y entonaré a a Jehová
33.1 Jehová; en los íntegros es hermosa la a
34.1 su a estará de continuo en mi boca
35.28 de tu justicia y de tu a todo el día
40.3 puso luego en mi boca cántico nuevo, a
42.4 entre voces. .de a del pueblo en fiesta
50.14 sacrifica a Dios a, y paga tus votos
50.23 el que sacrifica a me honrará, y al que
51.15 abre mis labios, y publicará mi boca. .a
56.12 sobre mí, oh. .tus votos; te tributaré a
65.1 tuya es la a en Sion, oh Dios, y a ti se
66.2 cantad la gloria. .poned gloria en su a
66.8 bendecid. .y haced oír la voz de su a
69.30 alabaré yo el nombre de. .exaltaré con a
71.6 el que me sacó; de ti será siempre mi a
71.8 sea llena mi boca de tu a, de tu gloria
75.9 anunciaré y cantaré a al Dios de Jacob
78.4 contando. .las a de Jehová, y su potencia
79.13 te alabaremos para. .cantaremos tus a
95.2 lleguemos ante su presencia con a
96.4 grande es Jehová, y digno de suprema a
96.6 a y magnificencia delante de él; poder
100 tít. Salmo de a
100.4 entrad. .por sus atrios con a; alabadle
102.21 para que publique. .su a en Jerusalén
106.2 ¿quién expresará las. .contará sus a?
106.12 entonces creyeron a. .y cantaron su a
106.47 para que alabemos. .gloriemos en tus a

ALABANZA *(Continúa)*
Sal. 107.22 ofrezcan sacrificios de *a*, y publiquen
109.1 oh Dios de mi *a*, no calles
116.17 ofreceré sacrificio de *a*, e invocaré
119.171 labios rebosarán *a* cuando me enseñes
126.2 boca se llenará. . nuestra lengua de *a*
145 *tít.* Salmo de *a*; de David
145.3 grande es Jehová, y digno de suprema *a*
145.21 la *a* de Jehová proclamará mi boca
147.1 alabad. . porque suave y hermosa es la *a*
147.7 cantad a Jehová con *a*, cantad con arpa
149.1 *a* sea en la congregación de los santos
Is. 14.7 la tierra está es reposo. . cantaron *a*
38.19 el que vive, éste te dará *a*, como yo hoy
42.8 no daré mi gloria, ni mi *a* a esculturas
42.10 cantad. . su *a* desde el fin de la tierra
43.21 he creado para mí; mis *a* publicará
44.23 prorrumpid, montes, en *a*; bosque, y todo
48.9 por amor de. . y para *a* mía la reprimiré
49.13 cantad *a*. . oh cielos, y alégrate, tierra
49.13 y prorrumpid en *a*, oh montes; porque
51.3 se hallará en ella. . *a* y voces de canto
52.9 cantad *a*, alegraos juntamente, soledades
60.6 traerán oro e incienso, y publicarán *a*
60.18 a tus muros llamarás. . a tus puertas *A*
61.11 hará brotar justicia y *a* delante de todas
62.7 deis tregua, hasta que. . la ponga por *a*
63.7 de las. . haré memoria, de la *a* de Jehová
Jer. 13.11 para que me fuesen. . por *a* y por honra
17.14 seré sano. . salvo; porque tú eres mi *a*
17.26 trayendo sacrificio de *a* a la casa de
33.9 será por nombre de gozo, de *a* y de gloria
Dn. 5.23 diste *a* a dioses de plata y oro, de
Am. 4.5 ofreced sacrifico de *a* con pan leudado
Jon. 2.9 con voz de *a* te ofreceré sacrificios
Mi. 2.9 a sus niños quitasteis mi perpetua *a*
Hab. 3.3 cielos, y la tierra se llenó de su *a*
Sof. 3.19 y os pondré por *a*. . en toda la tierra
3.20 pondré. . para *a* entre todos los pueblos
Mt. 21.16 de la boca de. . perfeccionaste la *a*?
Lc. 18.43 el pueblo, cuando vio. . dio *a* a Dios
Ro. 2.29 la *a* del cual no viene de los hombres
13.3 temer. . Haz lo bueno, y tendrás *a* de ella
1 Co. 4.5 entonces cada. . recibirá su *a* de Dios
2 Co. 8.18 hermano cuya *a*. . se oye por todas las
Ef. 1.6 para *a* de la gloria de su gracia, con
1.12 a fin de que seamos para *a* de su gloria
1.14 la redención de la. . para *a* de su gloria
Fil. 1.11 llenos de frutos. . gloria y *a* de Dios
4.8 si hay. . algo digno de *a*, en esto pensad
He. 13.15 sacrificio de *a*, es decir, fruto de
Stg. 5.13 oración. ¿Está alguno alegre? Cante *a*
1 P. 1.7 vuestra fe. . sea hallada en *a*, gloria y
2.14 castigo de. . y *a* de los que hacen bien
Ap. 5.12 es digno de tomar el. . la gloria y la *a*
5.13 trono, y al Cordero, sea la *a*, la honra

ALABAR
Gn. 12.15 príncipes. . la *alabaron* delante de él
29.35 y dijo: Esta vez *alabaré* a Jehová; por
49.8 Judá, te *alabarán* tus hermanos: tu mano
Éx. 15.2 Jehová. . este es mi Dios, y lo *alabaré*
Lv. 9.24 *alabaron*, y se postraron. . sus rostros
Dt. 32.43 *alabad*, naciones, a su pueblo, porque
Jue. 7.2 no sea que se *alabe* Israel contra mí
16.24 viéndolo el pueblo, *alabaron* a su dios
2 S. 14.25 ninguno tan *alabado* por su hermosura
22.4 Jehová, quien es digno de ser *alabado*
1 R. 20.11 no se *alabe* tanto el que se ciñe las
1 Cr. 16.8 *alabad* a Jehová, invocad su nombre
16.36 dijo. . el pueblo, Amén, y *alabó* a Jehová
23.5 porteros, y 4.000 para *alobar* a Jehová
25.3 profetizaba con arpa, para. . *alabar* a
29.13 *alabamos* y loamos tu glorioso nombre
2 Cr. 5.13 para *alabar* y dar gracias a Jehová
5.13 *alababan* a Jehová, diciendo: Porque él
7.3 adoraron, y *alabaron* a Jehová, diciendo
7.6 instrumentos. . para *alabar*. . David *alababa*
8.14 los levitas en sus cargos. . que *alabasen*
20.19 y se levantaron. . para *alabar* a Jehová
20.21 puso a algunos que cantasen y *alabasen*
29.30 a los levitas que *alabasen* a Jehová con
29.30 ellos *alabaron* con gran alegría, y se
31.2 diesen gracias y *alabasen* dentro de las
Esd. 3.10 levitas. . para que *alabasen* a Jehová
3.11 cantaban, *alabando* y dando gracias a
3.11 *alabando* a Jehová porque se echaban los
Neh. 5.13 *alabaron* a Jehová. Y el pueblo hizo
12.24 para *alabar* y dar gracias, conforme al
Job 38.7 *alababan* todas las estrellas del alba
Sal. 6.5 porque. . en el Seol, ¿quién te *alabará*?
7.17 *alabaré* a Jehová conforme a su. . justicia
9.1 *alabaré*, oh Jehová, con todo mi corazón
18.3 invocaré a Jehová. . digno de ser *alabado*
21.13 cantaremos y *alabaremos* tu poderío
22.22 en medio de la congregación te *alabaré*
22.23 los que teméis a Jehová, *alabadle*
22.26 *alabarán* a Jehová los que le buscan
28.7 se gozó mi. . y con mi cántico le *alabaré*
30.9 *alabará* el polvo? ¿Anunciará tu verdad?
30.12 Jehová Dios. . te *alabaré* para siempre
35.18 te *alabaré* entre numeroso pueblo
42.5,11 espera en Dios. . aún he de *alabarle*
43.4 te *alabaré* con arpa, oh Dios, Dios mío
43.5 espera en Dios. . aún he de *alabarle*
44.8 y para siempre *alabaremos* tu nombre
45.17 por lo cual te *alabarán* los pueblos
48.1 grande es Jehová. . en gran manera *alabado*
52.9 te *alabaré* para siempre, porque lo has
54.6 *alabaré* tu nombre, oh Jehová. . es bueno
56.4 en Dios *alabaré* su palabra; en Dios he
56.10 en Dios *alabaré*. . en Jehová su palabra *a*
57.9 te *alabaré* entre los pueblos, oh Señor
59.16 yo. . *alabaré* de mañana tu misericordia
63.3 tu misericordia. . mis labios te *alabarán*
63.5 con labios de júbilo te *alabará* mi boca
63.11 será *alabado* cualquiera que jura por él
67.3,5 te *alaben* los pueblos. . pueblos te *a*
69.30 *alabaré*. . el nombre de Dios con cántico
69.34 *alábenle* los cielos y la tierra. . mares
71.14 mas yo esperaré. . te *alabaré* más y más
71.22 te *alabaré* con instrumentos de salterio
74.21 el afligido y el. . *alabarán* tu nombre
76.10 ciertamente la ira del. . te *alabará*
79.13 nosotros. . te *alabaremos* para siempre
84.4 los que habitan en tu casa. . te *alabarán*
86.12 te *alabaré*. . Dios. . con todo mi corazón
88.10 levantarán los muertos para *alabarte*?
92.1 bueno es *alabarte*, oh Jehová, y cantar
97.12 y *alabad* la memoria de su santidad
99.3 *alaben* tu nombre grande y temible; él es
100.4 entrad. . *alabadle*, bendecid su nombre
102.18 el pueblo que está por nacer *alabará*
105.1 *alabad* a Jehová, invocad su nombre; dad
106.1 *alabad* a Jehová, porque él es bueno
106.47 para que *alabemos* tu santo nombre
107.1 *alabad* a Jehová, porque él es bueno
107.8,15,21,31 *alaben* la misericordia de
107.32 en la reunión de ancianos lo *alaben*
108.3 *alabaré*, oh Jehová, entre los pueblos
109.30 *alabaré* a Jehová en gran manera con
109.30 boca, y en medio de muchos le *alabaré*
111.1 *alabaré* a Jehová con todo el corazón
113.1 *alabad*, siervos de Jehová, *a* el nombre
113.3 desde. . sea *alabado* el nombre de Jehová
115.17 no *alabarán* los muertos a JAH, ni
117.1 *alabad* a Jehová, naciones. . *alabadle*
118.1,29 *alabad* a Jehová, porque él es bueno
118.19 entraré por ellas, *alabaré* a JAH
118.21 te *alabaré* porque me has oído, y me
118.28 mi Dios eres tú, y te *alabaré*; Dios
119.7 te *alabaré* con rectitud de corazón
119.62 a medianoche me levanto para *alabarte*
119.164 siete veces al día te *alabo* a causa de
119.175 viva mi alma y te *alabe*. . me ayuden
122.4 allá. . para *alabar* el nombre de Jehová
135.1 *alabad* el nombre de Jehová; *alabadle*
135.3 *alabad* a JAH, porque él es bueno
136.1 *alabad* a Jehová, porque él es bueno
136.2 *alabad* al Dios de los dioses, porque
136.3 *alabad* al Señor de los señores, porque
136.26 *alabad* al Dios de los cielos, porque
138.1 te *alabaré* con todo mi corazón; delante
138.2 *alabaré* tu nombre por tu misericordia
138.4 *alabarán*. . todos los reyes de la tierra
139.14 te *alabaré*. . maravillosas son tus obras
140.13 los justos *alabarán* tu nombre. . rectos
142.7 saca mi alma. . para que *alabe* tu nombre
145.2 *alabaré* tu nombre eternamente y para
145.10 te *alaben*, oh Jehová, todas tus obras
146.1 *alaba*, oh alma mía, a Jehová
146.2 *alabaré* a Jehová en mi vida; cantaré
147.1 *alabad* a JAH, porque es bueno cantar
147.12 *alaba* a Jehová. . *a* a tu Dios, oh Sion
148.1 *alabad* a Jehová desde. . *alabadle* en las
148.2 *alabadle* vosotros todos sus ángeles; *a*
148.3 *alabadle*, sol y luna; *a*, vosotras todas
148.4 *alabadle*, cielos de los cielos, y las
148.5 *alaben* el nombre de Jehová; porque él
148.7 *alabad* a Jehová desde la tierra, los
148.13 *alaben* el nombre de Jehová, porque sólo
148.14 *alábenle* todos sus santos, los hijos
149.3 *alaben* su nombre con danza; con pandero
150.1 *alabad* a Dios en su santuario
150.1 *alabadle* en la magnificencia de su
150.2 *alabadle* por sus proezas; *a*. . grandeza
150.3 *alabadle* a son de bocina; *a* con. . arpa
150.4 *alabadle* con pandero y. . *a* con cuerdas
150.5 *alabadle* con címbalos resonantes; *a* con
150.6 todo lo que respira *alabe* a JAH
Pr. 12.8 según su sabiduría es *alabado* el hombre
20.14 dice. . mas cuando se aparta, se *alaba*
25.6 no te *alabes* delante del rey, ni estés
27.2 *alábete* el extraño, y no tu propia boca
27.21 y al hombre la boca del que lo *alaba*
28.4 los que dejan la ley *alaban* a los impíos
31.28 sus hijos. . su marido también la *alaba*
31.30 mujer que teme a Jehová. . será *alabada*
31.31 y *alábenla* en las puertas sus hechos
Ec. 4.2 *alabé* yo a los finados. . que ya murieron
8.15 por tanto, *alabé* yo la alegría; que no
Cnt. 6.9 reinas y las concubinas, y la *alabaron*
Is. 25.1 *alabaré* tu nombre, porque has hecho
38.18 el Seol no te. . ni te *alabará* la muerte
61.7 *alabarán* en sus heredades; por lo cual
62.9 sino que. . comerán, y *alabarán* a Jehová
64.11 en la cual te *alabaron* nuestros padres
Jer. 9.23 no se *alabe* el sabio. . ni el rico se *a*
9.23 ni en su valentía se *alabe* el valiente
9.24 mas *alábese* en esto el que. . de *alabar*
31.7 haced oir, *alabad*, y decid: Oh Jehová
33.11 *alabad* a Jehová de los. . Jehová es bueno
48.2 no se *alabará* ya más Moab; en Hesbón
49.25 ¡cómo dejaron a la ciudad tan *alabada*
51.41 tomada la que era *alabada* por toda la
Ez. 26.17 ciudad que era *alabada*. . era fuerte en
Dn. 2.23 a ti. . Dios. . te doy gracias y te *alabo*
4.34 y *alabé*. . al que vive para siempre, cuyo
4.37 ahora yo. . *alabo*, engrandezco y glorifico
5.4 *alabaron* a los dioses de oro y de plata
Jl. 2.26 y *alabaréis* el nombre de Jehová. . Dios
Mt. 6.2 para ser *alabados* por los hombres
11.25 yo te *alabo*, Padre, Señor del cielo y
Lc. 2.13 una multitud de. . que *alababan* a Dios
2.20 volvieron los pastores. . . *alabando* a Dios
10.21 yo te *alabo*, oh Padre, Señor del cielo
16.8 *alabó* el amo al mayordomo malo por
19.37 comenzó a *alabar* a Dios a grandes voces
24.53 *alabando* y bendiciendo a Dios. Amén
Hch. 2.47 *alabando* a Dios, y teniendo favor con
3.8 entró con. . saltando, y *alabando* a Dios
3.9 el pueblo le vio andar y *alabar* a Dios
5.13 mas el pueblo los *alababa* grandemente
Ro. 15.11 *alabad* al Señor todos los gentiles
1 Co. 11.2 os *alabo*. . en todo os acordáis de mí
11.17 pero al anunciaros esto. . no os *alabo*
11.22 diré? ¿Os *alabaré*? En esto no os *alabo*
2 Co. 10.12 algunos que se *alaban* a sí mismos
10.18 no es aprobado el que se *alaba* a sí
10.18 no es. . sino aquel a quien Dios *alaba*
12.11 pues yo debía ser *alabado* por vosotros
Ef. 5.19 y *alabando* al Señor en. . corazones
He. 2.12 en medio de la congregación te *alabaré*
Ap. 19.5 *alabad* a. . Dios todos sus siervos, y

ALABASTRO
Est. 1.6 losado. . de mármol, y de *a* y de jacinto
Mt. 26.7 vino a él una mujer, con un vaso de *a*
Mr. 14.3 un vaso de *a*. . y quebrando el vaso de *a*
Lc. 7.37 trajo un frasco de *a* con perfume

ALADO, DA
Gn. 1.21 creó Dios. . toda ave *a* según su especie
Lv. 11.20 insecto *a* que anduviere sobre cuatro
11.21 pero esto comeréis de todo insecto *a*
11.23 todo insecto *a* que tenga cuatro patas
Dt. 4.17 figura de ave alguna *a* que vuele por
14.19 insecto *a* será inmundo; no se comerá

ALAMELEC ***Población en Aser*, Jos. 19.26**

ALAMET ***Descendiente de Benjamín*, 1 Cr. 7.8**

ÁLAMO
Gn. 30.37 tomó luego Jacob varas verdes de *á*
Os. 4.13 incensaron. . debajo de las encinas, *á*

ALAMOT ***"Voz tiple"*, 1 Cr. 15.20; Sal. 46 *tít.***

ALANCEAR
Nm. 25.8 fue. . y los *alanceo* a ambos, al varón
Is. 13.15 hallado será *alanceado*; y cualquiera
Jer. 51.4 caerán muertos. . *alanceados* en. . calles

ALARDE
Sal. 75.5 no hagáis *a* de vuestro poder. . habléis

ALARGAR
Gn. 3.22 que no *alargue* su mano, y tome también
19.10 los varones *alargaron* la mano. . a Lot
Éx. 20.12 que tus días se *alarguen* en la tierra
Dt. 25.11 y *alargando* su mano asiere de sus
Jue. 3.21 *alargó* Aod su mano izquierda, y tomó
1 S. 14.27 *alargó* la punta de una vara que traía
1 R. 3.14 y si anduvieres en. . *alargaré* tus días
Pr. 31.20 *alarga* su mano al pobre, y extiende
Ec. 7.15 hay impío que por su maldad *alarga* sus
Is. 13.22 su tiempo, y sus días no se *alargarán*
54.2 *alarga* tus cuerdas, y refuerza. . estacas
57.4 ¿contra quién. . *alargasteis* la lengua?
Ez. 31.5 se *alargó* su ramaje que había echado
Hch. 20.7 *alargó* el discurso hasta. . medianoche

ALARIDO
Éx. 32.17 dijo a Moisés: *A* de pelea hay en el
32.18 no es voz de *a* fuertes, ni voz de *a*
Is. 15.8 hasta Eglaim llegó su *a*, y. . Beer-elim

ALARMA
Nm. 10.5 cuando tocareis *a*, entonces moverán
10.6 y cuando tocareis *a* la segunda vez
10.6 moverán los. . *a* tocarán para sus partidas
10.7 reunir. . tocaréis, mas no con sonido de *a*
10.9 la guerra. . tocaréis *a* con las trompetas
Sal. 144.14 ni grito de *a* en nuestras plazas
Os. 5.8 sonad *a* en Bet-avén; tiembla. . Benjamín
Jl. 2.1 *a* en mi santo monte; tiemblen todas

ALARMAR
Lc. 21.9 oigáis de guerras y de. . no os *alarméis*
Hch. 20.10 dijo: No os *alarméis*, pues está vivo

ALAZÁN, NA

Nm. 19.2 que te traigan una vaca *a*, perfecta
Zac. 1.8 varón que cabalgaba sobre un caballo *a*
1.8 y detrás de él había caballos *a*, overos
6.2 en el primer carro había caballos *a*, en
6.7 y los *a* salieron y se afanaron por ir a

ALBA

Gn. 19.15 al rayar el *a*, los. .daban prisa a Lot
32.24 luchó con él. .hasta que rayaba el *a*
32.26 déjame, porque raya el *a*. Y Jacob le
Jos. 6.15 se levantaron al despuntar el *a*, y
Jue. 19.25 y la dejaron cuando apuntaba el *a*
1 S. 9.26 despuntar el *a*, Samuel llamó a Saúl
Neh. 4.21 tenían lanzas desde la subida del *a*
8.3 leyó. .desde el *a* hasta el mediodía, en
Job 3.9 oscurézcanse las estrellas de su *a*
7.4 y estoy lleno de inquietudes hasta el *a*
38.7 cuando alababan. .las estrellas del *a*
38.12 tus días? ¿Has mostrado al *a* su lugar?
41.18 sus ojos son como los párpados del *a*
Sal. 108.2 despiértate, salterio y arpa. .al *a*
119.147 me anticipé al *a*, y clamé; esperé
139.9 si tomare las alas del *a* y habitare en
Cnt. 6.10 ¿quién es. .que se muestra como el *a*
Is. 58.8 entonces nacerá tu luz como el *a*, y
Os. 6.3 como el *a* está dispuesta su salida, y
Jl. 2.2 sobre los montes se extiende como el *a*
Jon. 4.7 al venir el *a* del día siguiente, Dios
Hch. 20.11 habló largamente hasta el *a*; y así

ALBAÑIL

1 R. 5.18 *a* de Salomón. .cortaron y prepararon
2 R. 12.12 y a los *a* y canteros; y en comprar
22.6 a los carpinteros, maestros y *a*, para
1 Cr. 14.1 madera de cedro, y *a* y carpinteros
22.15 tú tienes. .canteros, *a*, carpinteros, y
Esd. 3.7 y dieron dinero a los *a* y carpinteros
3.10 los *a* del templo. .echaban los cimientos
Am. 7.7 un muro. .en su mano una plomada de *a*
7.8 dije: Una plomada de *a*. Y el Señor dijo
7.8 pongo plomada de *a* en medio de. .Israel

ALBARDA

Gn. 31.34 tomó Raquel los ídolos de. .en una *a*

ALBERGAR

Is. 58.7 los pobres errantes *albergues* en casa

ALBERGUE

Jer. 9.2 quién me diese en el desierto un *a* de
Ap. 18.2 y se ha hecho. .*a* de toda ave inmunda

ALBOROTADORA

Pr. 7.11 *a* y rencillosa, sus pies no pueden estar
9.13 la mujer insensata es *a*; es simple e
20.1 el vino es escarnecedor, y la sidra *a*

ALBOROTAR

1 R. 1.41 ¿por qué se *alborota* la ciudad con
Job 34.20 se *alborotarán* los pueblos, y pasarán
Pr. 15.27 *alborota* su casa el codicioso; mas el
30.21 por tres cosas se *alborota* la tierra
Is. 10.31 Madmena se *alborotó*; los moradores de
Jer. 46.9 subid, caballos, *alborotaos*, carros
Am. 3.6 tocará. .y no se *alborotará* el pueblo?
Mr. 5.39 ¿por qué *alborotáis* y lloráis? La niña
Lc. 23.5 *alborota* al pueblo, enseñando por toda
Hch. 16.20 hombres. .*alborotan* nuestra ciudad
17.5 *alborotaron* la ciudad; y asaltando la
17.8 *alborotaron* al pueblo y a. .autoridades
17.13 también *alborotaron* a las multitudes
21.27 judíos. .*alborotaron* a toda la multitud
21.31 ciudad de Jerusalén estaba *alborotada*

ALBOROTO

1 S. 4.14 dijo: ¿Qué estruendo de *a* es este?
14.19 el *a*. .de los filisteos aumentaba, e iba
2 S. 18.29 vi yo un gran *a* cuando envió Joab al
1 R. 1.45 ungido. .este es el *a* que habéis oído
Sal. 65.7 el que sosiega. .y el *a* de las naciones
74.23 el *a* de los que se levantan contra ti
Is. 17.12 naciones que harán *a* como bramido de
22.2 tú, llena de *a*, ciudad turbulenta, ciudad
22.5 día es de *a*, de angustia y de confusión
66.6 voz de *a* de la ciudad, voz del templo
Jer. 10.22 y *a* grande de la tierra del norte
47.3 por el sonido de. .por el *a* de sus carros
Os. 10.14 en tus pueblos se levantará *a*, y todos
Sof. 1.15 día de *a* y de asolamiento, día de
Mt. 9.23 los que tocaban. .la gente que hacía *a*
26.5 no. .para que no se haga *a* en el pueblo
27.24 viendo. .que se hacía más *a*, tomó agua
Mr. 5.38 vino. .y vio el *a* y a los que lloraban
13.8 hambres y *a*; principios de dolores son
14.2 fiesta, para que no se haga *a* del pueblo
Hch. 12.18 hubo no poco *a* entre los soldados
20.1 después que cesó el *a*, llamó Pablo a los
21.34 no podía entender nada. .a causa del *a*
24.18 me hallaron. .no con multitud ni con *a*

ALBOROZO

Neh. 12.43 *a* de Jerusalén fue oído desde lejos

ALCANZAR

Gn. 3.6 codiciable para *alcanzar* la sabiduría
19.19 no sea que me *alcance* el mal, y muera
31.23 y le *alcanzó* en el monte de Galaad
31.25 *alcanzó*, pues, Labán a Jacob; y éste
44.4 y cuando los *alcances*, diles: ¿Por qué
44.6 cuando él los *alcanzó*, les dijo estas
Éx. 14.9 los *alcanzaron* acampados junto al mar
Lv. 25.49 si sus medios *alcanzaren*. .rescatará
26.5 vuestra trilla *alcanzará* a la vendimia
26.5 y la vendimia *alcanzará* a la sementera
Nm. 32.23 sabed que vuestro pecado os *alcanzará*
Dt. 4.30 te *alcanzaren* todas estas cosas, si en
19.6 y le *alcance* por ser largo el camino
28.2 y vendrán. .bendiciones y te *alcanzarán*
28.15 vendrán. .maldiciones, y te *alcanzarán*
28.45 te *alcanzarán* hasta que perezcas; por
Jos. 2.5 seguidlos aprisa, y los *alcanzaréis*
Jue. 14.9 cuando *alcanzó* a su padre y a su madre
20.42 volvieron. .pero la batalla los *alcanzó*
1 S. 30.8 ¿los podré *alcanzar?*. .los *alcanzarás*
31.3 le *alcanzaron* los flecheros, y tuvo gran
2 S. 15.14 no sea que. .nos *alcance*, y arroje el
1 R. 10.1 la fama que Salomón había *alcanzado*
2 R. 7.9 si esperamos. .*alcanzará* nuestra maldad
1 Cr. 10.3 Saúl, le *alcanzaron* los flecheros
Neh. 9.32 todo el sufrimiento que ha *alcanzado*
Est. 8.6 ver el mal que *alcanzará* a mi pueblo?
Job 37.23 Todopoderoso, al cual no *alcanzamos*
41.26 cuando alguno lo *alcanzare*, ni espada
Sal. 7.5 persiga el enemigo mi alma y *alcáncela*
10.6 dice. .nunca me *alcanzará* el infortunio
18.37 perseguí a mis enemigos, y los *alcancé*
21.8 *alcanzará* tu mano a todos tus enemigos
21.8 diestra *alcanzará* a los que te aborrecen
36.5 y tu fidelidad *alcanza* hasta las nubes
40.12 han *alcanzado* mis maldades, y no puedo
69.24 ira, y el furor de tu enojo los *alcance*
73.12 aquí estos impíos. .*alcanzaron* riquezas
Pr. 8.35 me halla. .*alcanzará* el favor de Jehová
12.2 el bueno *alcanzará* favor de Jehová; mas
13.4 el. .del perezoso desea, y nada *alcanza*
14.22 y verdad *alcanzarán* los que piensan el
18.22 y *alcanza* la benevolencia de Jehová
20.5 mas el hombre entendido lo *alcanzará*
28.13 que los confiesa. .*alcanzará* misericordia
Ec. 3.11 sin que *alcance* el hombre a entender
8.17 el hombre no puede *alcanzar* la obra que
8.17 la conoce, no por eso podrá *alcanzarla*
Is. 40.28 entendimiento no hay quien lo *alcance*
59.9 se alejó. .y no nos *alcanzó* la rectitud
Jer. 39.5 *alcanzaron* a Sedequías en los llanos
42.16 la espada que teméis, os *alcanzará* allí
52.8 *alcanzaron* a Sedequías en los llanos de
Lm. 1.3 sus perseguidores la *alcanzaron* entre
Dn. 4.11 se le *alcanzaba* a ver desde todos los
Os. 2.7 seguirá a. .amantes, y no los *alcanzará*
8.5 que no pudieron *alcanzar* purificación
14.3 en ti el huérfano *alcanzará* misericordia
Am. 9.10 no se acercará, ni nos *alcanzará* el mal
9.13 en que el que ara *alcanzará* al segador
Mi. 2.6 no. .porque no les *alcanzará* vergüenza
Zac. 1.6 mis palabras. .no *alcanzaron* a. .padres?
Mt. 5.7 porque ellos *alcanzarán* misericordia
Lc. 20.35 por dignos de *alcanzar* aquel siglo
Hch. 26.7 han de *alcanzar* nuestras doce tribus
Ro. 9.30 que los gentiles. .han *alcanzado* justicia
9.31 mas Israel, que iba tras. .no la *alcanzó*
11.7 no lo ha *alcanzado*. .los escogidos. .han *a*
11.30 ahora habéis *alcanzado* misericordia por
11.31 que. .ellos también *alcancen* misericordia
1 Co. 2.6 entre los que han *alcanzado* madurez
7.25 como quien ha *alcanzado* misericordia
10.11 a quienes han *alcanzado* los fines de los
Gá. 3.14 la bendición de Abraham *alcanzase* a los
Fil. 3.12 no que lo haya *alcanzado* ya, ni que ya
3.13 no pretendo haberlo ya *alcanzado*; pero
Col. 2.2 hasta *alcanzar* todas las riquezas de
1 Ts. 5.9 sino para *alcanzar* salvación por medio
2 Ts. 2.14 *alcanzar* la gloria de nuestro Señor
He. 4.1 alguno de. .parezca no haberlo *alcanzado*
4.16 acerquémonos. .para *alcanzar* misericordia
5.14 es para los que han *alcanzado* madurez
6.15 habiendo esperado. .*alcanzó* la promesa
11.2 por ella *alcanzaron* buen testimonio los
11.4 por lo cual *alcanzó* testimonio de que era
11.33 que por fe. .*alcanzaron* promesas, taparon
11.39 éstos, aunque *alcanzaron* buen testimonio
12.15 que alguno deje de *alcanzar* la gracia de
Stg. 4.2 ardéis. .envidia, y no podéis *alcanzar*
1 P. 1.5 para *alcanzar* la salvación que está
2.10 no habíais *alcanzado* misericordia, pero
2.10 pero ahora habéis *alcanzado* misericordia
2 P. 1.1 Pedro. .a los que habéis *alcanzado*. .fe
Ap. 15.2 los que habían *alcanzado* la victoria

ALCÁZAR

Pr. 18.19 contiendas de. .son como cerrojos de *a*
Is. 25.2 el *a* de los extraños para que no sea
34.13 en sus *a* crecerán espinos, y ortigas

ALCOBA

2 S. 13.10 trae la comida a la *a*, para que yo
13.10 las llevó a su hermano Amnón a la *a*

ALDEA

Lv. 25.31 las casas de las *a* que no tienen muro
Nm. 21.25 habitó en. .Hesbón y en todas sus *a*
21.32 tomaron sus *a*, y echaron al amorreo que
31.10 e incendiaron todas sus ciudades, *a* y
32.41 Jair. .tomó sus *a*, y les puso por nombre
32.42 y tomó Kenat y sus *a*, y lo llamó Noba
Dt. 2.23 a los aveos que habitaban en *a* hasta
26.12 darás. .comerán en tus *a*, y se saciarán
Jos. 13.23 los hijos de Rubén. .ciudades con sus *a*
13.28 heredad. .Gad. .estas ciudades con sus *a*
13.30 todas las *a* de Jair que están en Basán
15.32 Rimón; por todas 29 ciudades con sus *a*
15.36 Gederotaim; catorce ciudades con sus *a*
15.41 Gederot. .dieciséis ciudades con sus *a*
15.44 Keila, Aczib. .nueve ciudades con sus *a*
15.45 Ecrón con sus villas y sus *a*
15.46 las que están cerca de Asdod con sus *a*
15.47 Asdod con sus villas y sus a; Gaza. .*a*
15.51 Gosén, Holón. .once ciudades con sus *a*
15.54 Humta. .y Sior; nueve ciudades con sus *a*
15.57 Caín. .y Timna; diez ciudades con sus *a*
15.59 y Eltecón; seis ciudades con sus *a*
15.60 Quiriat-baal. .dos ciudades con sus *a*
15.62 Nibsán. .Engadi; seis ciudades con sus *a*
16.9 se apartaron. .todas ciudades con sus *a*
17.11 a Bet-seán y sus *a*, a Ibleam y sus *a*
17.11 también. .Dor y sus *a*. .Endor y sus *a*
17.11 Taanac y sus *a*. .Meguido y sus *a*; tres
17.16 los que están en Bet-seán y en sus *a*
18.24 Ofni y Geba; doce ciudades con sus *a*
18.28 y Quiriat; catorce ciudades con sus *a*
19.6 Bet-lebaot y. .trece ciudades con sus *a*
19.7 Aín, Rimón. .cuatro ciudades con sus *a*
19.8 las *a* que. .alrededor de estas ciudades
19.15 Catat, Naalal. .doce ciudades con sus *a*
19.16 heredad. .de Zabulón. .ciudades con sus *a*
19.22 el Jordán; dieciséis ciudades con sus *a*
19.23 heredad. .de Isacar. .ciudades con sus *a*
19.30 abarca. .veintidós ciudades con sus *a*
19.31 la heredad. .de Aser. .ciudades con sus *a*
19.38 Irón. .diecinueve ciudades con sus *a*
19.39 heredad. .Neftalí. .ciudades con sus *a*
19.48 la heredad. .de Dan. .ciudades con sus *a*
21.12 el campo de la. .y sus *a* dieron a Caleb
Jue. 1.27 de Bet-seán. .de sus *a*. .Taanac y sus *a*
1.27 a los de Dor y sus *a*, ni. .Ibleam y sus *a*
1.27 a los que habitan en Meguido y en sus *a*
5.7 *a* quedaron abandonadas en Israel. .decaído
5.11 los triunfos de sus *a* en Israel; entonces
11.26 a Hesbón y sus *a*, a Aroer y sus *a*, y
1 S. 6.18 así las ciudades. .como las *a* sin muro
27.5 séame dado lugar en alguna de las *a* para
1 Cr. 2.23 tomaron de ellos. .Kenat con sus *a*
4.32 sus *a* fueron Etam, Aín, Rimón, Toquén
4.33 todas sus *a* que estaban en contorno de
5.16 habitaron. .Basán y en sus *a*, y en todos
6.56 de la ciudad y sus *a* se dieron a Caleb
7.28 heredad. .de ellos fue Bet-el con sus *a*
7.28 y a la parte del occidente Gezer y sus *a*
7.28 Siquem y sus *a*, hasta Gaza y sus *a*
7.29 Bet-seán con sus *a*, Taanac con sus *a*
7.29 Meguido con sus *a*, y Dor con sus *a*
8.12 el cual edificó Ono, y Lod con sus *a*
9.16 cual habitó en las *a* de los netofatitas
9.25 sus hermanos que estaban en sus *a* venían
27.25 los tesoros de los campos, de. .de las *a*
2 Cr. 13.19 le tomó. .Bet-el con sus *a*, a Jesana
13.19 Jesana con sus *a*, y a Efraín con sus *a*
28.18 los filisteos. .tomado. .Soco con sus *a*
28.18 Timna. .con sus *a*, y Gimzo con sus *a*
Neh. 6.2 y reunámonos en alguna de las *a* en el
11.25 tocante a las *a* y sus tierras, algunos
11.25 Judá habitaron en Quiriat-arba y sus *a*
11.25 en Dibón y sus *a*, en Jecabseel y sus *a*
11.27 en Hazar-sual, en Beerseba y sus *a*
11.28 en Siclag, en Mecona y sus *a*
11.30 en Adulam y sus *a*. .y en Azeca y sus *a*
11.31 habitaron desde. .Aía, en Bet-el y sus *a*
12.28 así. .como de las *a* de los netofatitas
12.29 porque. .cantores se habían edificado *a*
Sal. 10.8 se sienta en acecho cerca de las *a*
Cnt. 7.11 ven, oh amado mío. .moremos en las *a*
Is. 42.11 alcen la voz. .las *a* donde habita Cedar
Ez. 30.18 moradores de sus *a* irán en cautiverio
Os. 11.6 caerá espada sobre. .y consumirá sus *a*
Mt. 9.35 recorría Jesús todas las. .*a*, enseñando
10.11 en cualquier ciudad o *a* donde entréis
14.15 que vayan por las *a* y compren de comer
21.2 id a la *a* que está enfrente de vosotros
Mr. 6.6 recorría las *a* de alrededor, enseñando
6.36 vayan a. .las *a* de alrededor, y compren
6.56 *a*, ciudades. .ponían en las calles a los
8.23 le sacó fuera de la *a*; y escupiendo en
8.26 no entres en la *a*, ni lo digas. .en la *a*
8.27 salieron. .por las *a* de Cesarea de Filipo
11.2 id a la *a* que está enfrente de vosotros
Lc. 5.17 habían venido de. .las *a* de Galilea
8.1 que Jesús iba por todas las ciudades y *a*
9.6 pasaban por todas las *a*, anunciando el
9.12 que vayan a las *a* y campos. .y se alojen
9.52 y entraron en una *a* de los samaritanos
9.56 para salvarlas. Y se fueron a otra *a*
10.38 yendo de. .entró en una *a*; y una mujer

ALDEA *(Continúa)*
Lc. 13.22 pasaba Jesús. .ciudades y *a*, enseñando
17.12 y al entrar en una *a*, le salieron al
19.30 diciendo: Id a la *a* de enfrente, y al
24.13 dos de ellos iban el mismo día a una *a*
24.28 llegaron a la *a* adonde iban, y él hizo
Jn. 7.42 la *a* de Belén. .ha de venir el Cristo?
11.1 de Betania, la *a* de María y de Marta su
11.30 Jesús. .no había entrado en la *a*, sino

ALDEANO
Est. 9.19 los judíos *a* que habitaban en. .villas

ALEGAR
Job 19.5 pero si. .contra mí *alegáis* mi oprobio
Is. 41.21 *alegad* por vuestra causa, dice Jehová
Jer. 12.1 *alegaré* mi causa ante ti. ¿Por qué es
Hch. 25.8 *alegando* Pablo en su defensa: Ni

ALEGORÍA
Jn. 10.6 esta *a* les dijo Jesús; pero ellos no
16.25 he hablado en *a*. .no os hablaré por *a*
16.29 hablas claramente, y ninguna *a* dices
Gá. 4.24 una *a*, pues estas mujeres son los dos

ALEGRAR
Gn. 43.34 José. .bebieron, y se *alegraron* con él
Éx. 4.14 y al verte se *alegrará* en su corazón
18.9 y se *alegró* Jetro de todo el bien que
Dt. 12.7 y os *alegraréis*. .y vuestras familias
12.12 os *alegraréis* delante de Jehová. .Dios
12.18 te *alegrarás* delante de Jehová tu Dios
14.26 comerás. .te *alegrarás* tú y tu familia
16.11 te *alegrarás* delante de Jehová tu Dios
16.14 y te *alegrarás* en tus fiestas solemnes
24.5 un año, para *alegrar* a la mujer que tomó
26.11 te *alegrarás* en todo el bien que Jehová
27.7 te *alegrarás* delante de Jehová tu Dios
33.18 *alégrate*, Zabulón, cuando salieres; y tú
Jue. 9.13 mi mosto, que *alegra* a Dios y a los
16.23 ofrecer sacrificio a. .y para *alegrarse*
18.20 y se *alegró* el corazón del sacerdote
19.6 pasar. .la noche. .se *alegrará* tu corazón
19.9 duerme. .para que se *alegre* tu corazón
1 S. 2.1 por cuanto me *alegré* en tu salvación
11.9 a los de Jabes, los cuales se *alegraron*
11.15 se *alegraron*. .Saúl y todos los de Israel
19.5 tú lo viste, y te *alegraste*; ¿por qué
2 S. 1.20 para que no se *alegren* las hijas de
1 R. 4.20 comiendo, bebiendo y *alegrándose*
5.7 Hiram. .se *alegró* en gran manera, y dijo
21.7 levántate, y come y *alégrate*; yo te daré
1 Cr. 16.10 *alégrese* el corazón de los que buscan
16.31 *alégrense* los cielos, y gócese la tierra
16.32 *alégrese* el campo, y todo lo que contiene
29.9 se *alegró* el pueblo por haber contribuido
29.10 se *alegró* mucho el rey David, y bendijo
2 Cr. 15.15 todos los de Judá se *alegraron* de
29.36 se *alegró* Ezequías con todo el pueblo
30.25 se *alegró*. .toda la congregación de Judá
Esd. 6.22 por cuanto Jehová los había *alegrado*
Neh. 12.43 se *alegraron*. .las mujeres y los niños
Est. 8.15 la ciudad de Susa. .*alegró* y regocijó
Job 3.22 que se *alegran* sobremanera, y se gozan
31.25 si me *alegré* de que mis riquezas se
31.29 si me *alegré* en el quebrantamiento del
39.21 escarba la tierra. .*alegra* en su fuerza
Sal. 2.11 servid a Jehová con temor, y *alegraos*
5.11 *alégrense* todos los que en ti confían
9.2 me *alegraré* y me regocijaré en ti; cantaré
13.4 enemigos se *alegrarían*, si yo resbalara
13.5 mi corazón se *alegrará* en tu salvación
14.7 se gozará Jacob, y se *alegrará* Israel
16.9 se *alegró* por tanto mi corazón, y se gozó
19.5 se *alegra* cual gigante para correr el
19.8 los mandamientos de. .*alegran* el corazón
20.5 nosotros nos *alegraremos* en tu salvación
21.1 el rey se *alegra* en tu poder, oh Jehová
25.2 Dios. .no se *alegren* de mí mis enemigos
30.1 no. .que mis enemigos se *alegraran* de mí
31.7 me gozaré y *alegraré* en tu misericordia
32.11 *alegraos* en Jehová y gozaos, justos
33.1 *alegraos*, oh justos, en Jehová; en los
33.21 por. .en él se *alegrará* nuestro corazón
34.2 lo oirán los mansos, y se *alegrarán*
35.9 entonces mi alma se *alegrará* en Jehová
35.15 pero ellos se *alegraron* en mi adversidad
35.19 no se *alegren* de mí los que sin causa
35.24 júzgame. .Dios. .y no se *alegren* de mí
35.26 a una los que de mi mal se *alegran*
35.27 *alégrense* los que están a favor de mi
38.16 no se *alegren*. .cuando mi pie resbale
40.16 *alégrense* en ti todos los que te buscan
46.4 del río sus corrientes *alegran* la ciudad
48.11 *alegrará* el monte de Sion; se gozarán
53.6 se gozará Jacob, y se *alegrará* Israel
58.10 se *alegrará* el justo cuando viere la
60.6 dicho en su santuario: Yo me *alegraré*
63.11 pero el rey se *alegrará* en Dios; será
64.10 *alegrará* el justo en Jehová, y confiará
65.8 haces *alegrar* las salidas de la mañana
66.6 por el río pasaron. .en él nos *alegramos*
67.4 *alégrense* y gócense las naciones, porque
68.3 mas los justos se *alegrarán*; se gozarán
68.4 JAH es su nombre; *alegraos* delante de él
70.4 *alégrense* en ti todos los que te buscan
71.23 mis labios se *alegrarán* cuando cante a
86.4 *alegra* el alma de tu siervo, porque a ti
89.16 en tu nombre se *alegrará* todo el día
89.42 has *alegrado* a todos sus adversarios
90.14 y nos *alegraremos* todos nuestros días
90.15 *alégranos* conforme a los días que nos
92.4 me has *alegrado*, oh Jehová, con tus obras
94.19 tus consolaciones *alegraban* mi alma
96.11 *alégrense* los cielos, y gócese la tierra
97.1 regocíjese la tierra; *alégrense*. .costas
97.8 oyó Sion, y se *alegró*; y las hijas de
97.12 *alegraos*, justos, en Jehová, y alabad
104.15 y el vino que *alegra* el corazón del
104.31 sea la. .*alégrese* Jehová en sus obras
105.3 *alégrese* el corazón de los que buscan
105.38 Egipto se *alegró* de que salieran
107.30 se *alegran*, porque se apaciguaron
107.42 véanlo los rectos, y *alégrense*, y todos
108.7 dicho en su santuario: Yo me *alegraré*
118.24 día. .nos gozaremos y *alegraremos* en él
119.74 que te temen me verán, y se *alegrarán*
122.1 yo me *alegré* con los que me decían
149.2 *alégrese* Israel en su Hacedor; los hijos
Pr. 2.14 que se *alegran* haciendo el mal, que
5.18 y *alégrate* con la mujer de tu juventud
7.18 embriaguémonos. .*alegrémonos* en amores
10.1 el hijo sabio *alegra* al padre, pero el
11.10 en el bien de los. .la ciudad se *alegra*
12.25 abate; mas la buena palabra lo *alegra*
13.9 la luz de los justos se *alegrará*; mas se
15.20 el hijo sabio *alegra* al padre; mas el
15.23 el hombre se *alegra* con la respuesta de
15.30 la luz de los ojos *alegra* el corazón
17.5 y el que se *alegra* de la calamidad no
17.21 y el padre del necio no se *alegrará*
23.15 también a mí se me *alegrará* el corazón
23.16 mis entrañas también se *alegrarán*
23.24 mucho se *alegrará* el padre del justo
23.25 *alégrense* tu padre y. .madre, y gócese
24.17 y cuando tropezare, no se *alegre* tu
27.9 y el perfume *alegran* el corazón, y el
27.11 sé sabio, hijo mío, y *alegra* mi corazón
28.12 justos se *alegran*, grande es la gloria
29.2 los justos dominan, el pueblo se *alegra*
29.3 el hombre que ama la sabiduría *alegra* a
29.6 lazo; mas el justo cantará y se *alegrará*
Ec. 2.24 y que su alma se *alegre* en su trabajo
3.12,22 que no hay. .cosa mejor que *alegrarse*
8.15 sino que coma y beba y se *alegre*; y que
10.19 el vino *alegra* a los vivos; y el dinero
11.9 *alégrate*, joven, en tu juventud, y tome
Cnt. 1.4 nos gozaremos y *alegraremos* en ti; nos
Is. 9.3 *alegrarán*. .como se *alegran* en la siega
13.3 ira, a los que se *alegran* con mi gloria
14.29 no te *alegres* tú, Filistea toda, por
23.12 no te *alegrarás* más, oh oprimida hija
24.8 se acabó el. .de los que se *alegran*, cesó
25.9 nos gozaremos y nos *alegraremos* en su
35.1 se *alegrarán* el desierto y la soledad
35.2 *alegrará* y cantará con júbilo; la gloria
49.13 cantad. .oh cielos, y *alégrate*, tierra
52.9 cantad alabanzas, *alegraos* juntamente
61.10 mi alma se *alegrará* en mi Dios; porque
65.13 he aquí que mis siervos se *alegrarán*
65.18 os *alegraréis* para siempre en las cosas
65.19 me *alegraré* con Jerusalén, y me gozaré
66.10 *alegraos* con Jerusalén, y gozaos con
66.14 veréis, y se *alegrará* vuestro corazón
Jer. 20.15 te ha nacido, haciéndole *alegrarse*
31.13 la virgen se *alegrará* en la danza, los
31.13 y los consolaré, y los *alegraré* de su
32.41 me *alegraré* con ellos haciéndoles bien
41.13 que cuando. .vio a Johanán. .se *alegraron*
50.11 os *alegrasteis*, porque os gozasteis
51.39 que se embriaguen, para que se *alegren*
Lm. 1.21 enemigos han oído mi mal, se *alegran*
2.17 ha hecho que el enemigo se *alegre* sobre
4.21 gózate y *alégrate*, hija de Edom, la que
Ez. 7.12 compra, no se *alegre*, y el que vende
21.10 ¿hemos de *alegrarnos*? Al cetro de mi
35.15 cuando te *alegraste* sobre la heredad
Dn. 6.23 *alegró* el rey en gran manera a causa
Os. 7.3 con su maldad *alegran* al rey, y a los
9.1 no te *alegres*, oh Israel, hasta saltar de
Jl. 2.21 tierra, no temas; *alégrate* y gózate
2.23 hijos de Sion, *alegraos* y. .en Jehová
Am. 6.13 vosotros que os *alegráis* en nada, que
Abd. 12 haberte *alegrado* de los hijos de Judá
Jon. 4.6 y Jonás se *alegró*. .por la calabacera
Mi. 7.8 tú, enemiga mía, no te *alegres* de mí
Hab. 1.15 lo cual se *alegrará* y se regocijará
3.18 yo me *alegraré* en Jehová, y me gozaré en
Sof. 3.11 quitaré. .a los que se *alegran* en tu
Zac. 2.10 canta y *alégrate*, hija de Sion. .vengo
4.10 los que menospreciaron el. .se *alegrarán*
9.9 *alégrate* mucho, hija de Sion; da voces de
9.17 trigo *alegrará* a los jóvenes, y el vino
10.7 se *alegrará* su corazón como a causa de
10.7 sus hijos también verán, y se *alegrarán*
Mt. 5.12 y *alegraos*, porque vuestro galardón
Mr. 14.11 *alegraron*, y prometieron darle dinero
Lc. 6.23 *alegraos*. .vuestro galardón es grande
22.5 *alegraron*, y convinieron en darle dinero
23.8 Herodes, viendo a Jesús, se *alegró* mucho
Jn. 11.15 me *alegro*. .de no haber estado allí
16.20 lloraréis. .y el mundo se *alegrará*; pero
Hch. 2.26 por lo cual mi corazón se *alegró*, y
Ro. 15.10 *alegraos*, gentiles, con su pueblo
1 Co. 7.30 se *alegran*, como si no se *alegrasen*
2 Co. 2.2 ¿quién será luego el que me *alegre*
1 P. 1.6 lo cual vosotros os *alegráis*, aunque
1.8 en quien. .os *alegráis* con gozo inefable
Ap. 11.10 moradores de la tierra. .se *alegrarán*
12.12 por lo cual *alegraos*, cielos, y los
18.20 *alégrate* sobre ella, cielo, y vosotros
19.7 y *alegrémonos* y démosle gloria; porque

ALEGRE
Dt. 16.15 bendecido. .estarás verdaderamente *a*
1 S. 25.36 el corazón de Nabal estaba *a*. .ebrio
2 S. 13.28 corazón de Amnón esté *a* por el vino
1 R. 8.66 se fueron. .*a* y gozosos de corazón
2 Cr. 7.10 envió al pueblo a sus hogares, *a* y
Est. 1.10 estando el corazón del rey *a* del vino
5.9 salió Amán. .día contento y *a* de corazón
5.14 al rey. .y entra *a* con el rey al banquete
Sal. 98.4 cantad *a* a Jehová, toda la tierra
100.1 cantad *a* a Dios, habitantes de toda la
126.3 cosas ha hecho Jehová con. .estaremos *a*
Pr. 15.13 el corazón *a* hermosea el rostro; mas
Ec. 9.7 con gozo, y bebe tu vino con *a* corazón
Is. 22.2 turbulenta, ciudad *a*; tus muertos no
23.7 ¿no era ésta vuestra ciudad *a*, con. .días
24.7 gimieron todos los que eran *a* de corazón
41.27 y a Jerusalén. .un mensajero de *a* nuevas
52.7 los montes los pies del que trae *a* nuevas
Jer. 31.4 serás adornada. .y saldrás en *a* danzas
44.17 abundancia de pan, y estuvimos *a*, y no
Sof. 2.15 es la ciudad *a* que estaba confiada
2 Co. 9.7 cada uno dé. .Dios ama al dador *a*
Stg. 5.13 ¿está alguno *a*? Cante alabanzas

ALEGRÍA
Gn. 31.27 para que yo te despidiera con *a* y con
Nm. 10.10 el día de vuestra *a*, y. .solemnidades
Dt. 28.47 no serviste a Jehová. .con *a* y con gozo
Jue. 16.25 que cuando sintieron *a* en su corazón
1 S. 10.24 el pueblo clamó con *a*. .¡Viva el rey!
18.6 salieron las mujeres. .con cánticos de *a*
2 S. 6.12 llevó con *a* el arca de Dios de casa
1 R. 1.40 cantaba la gente. .y hacían grandes *a*
1.45 y de allí han subido con *a*, y la ciudad
1 Cr. 12.40 en abundancia. .en Israel había *a*
15.16 que resonasen y alzasen la voz con *a*
15.25 fueron a traer el arca del pacto. .con *a*
16.27 alabanza. .delante de él; poder y *a* en su
29.17 he visto con *a* que tu pueblo, reunido
2 Cr. 23.13 el pueblo de la tierra mostraba *a*
29.30 ellos alabaron con gran *a*. .y adoraron
30.23 y la celebraron otros siete días con *a*
Esd. 3.12 muchos otros daban grandes gritos de *a*
3.13 no podía distinguir. .de los gritos de *a*
Neh. 8.12 el pueblo se fue. .a gozar de grande *a*
8.17 hizo tabernáculos. .y hubo *a* muy grande
Est. 8.16 los judíos tuvieron luz y *a*, y gozo
8.17 los judíos tuvieron *a* y gozo, banquete
9.17 y lo hicieron día de banquete y de *a*
9.19 hacen. .día de *a* y de banquete, un día de
9.22 mes que de tristeza se les cambió en *a*
Job 20.5 la *a* de los malos es breve, y el gozo
29.13 mí, y al corazón de la viuda yo daba *a*
Sal. 4.7 tú diste *a* a mi corazón, mayor que la
21.6 porque. .lo llenaste de *a* con tu presencia
30.5 el lloro, y a la mañana vendrá la *a*
30.11 desataste mi cilicio, y me ceñiste de *a*
42.4 voces de *a* y de alabanza del pueblo en
43.4 entraré al. .al Dios de mi *a* y de mi gozo
45.7 te ungió Dios. .con óleo de *a* más que a
45.15 serán traídas con *a* y gozo; entrarán
51.8 hazme oír gozo y *a*, y se recrearán los
65.12 desierto, y los collados se ciñen de *a*
66.1 aclamad a Dios con *a*, toda la tierra
68.3 los justos se alegrarán. .saltarán de *a*
97.11 justo, y *a* para los rectos de corazón
100.2 servid a Jehová con *a*; venid ante su
106.5 para que me goce en la *a* de tu nación
137.3 los que nos habían desolado nos pedían *a*
137.6 a Jerusalén. .preferente asunto de mi *a*
Pr. 10.28 la esperanza de los justos es *a*; mas
12.20 pero *a* en el de los que piensan el bien
14.10 y extraño no se entremeterá en su *a*
14.13 risa. .y el término de la *a* es congoja
15.21 necedad es *a* al falto de entendimiento
16.15 en la *a* del rostro del rey está la vida
21.15 *a* es para el justo el hacer juicio; mas
29.17 corrige a tu hijo. .y dará *a* a tu alma
Ec. 2.1 te probaré con *a*, y gozarás de bienes
5.20 pues Dios le llenará de *a* el corazón
7.4 los insensatos, en la casa en que hay *a*
8.15 por tanto, alabé yo la *a*; que no tiene
Is. 9.3 multiplicaste la. .y aumentaste la *a*
16.10 quitado es el gozo y la *a* del campo
22.13 gozo y *a*, matando vacas y degollando
24.8 cesó el regocijo de. .cesó la *a* del arpa
24.11 todo gozo. .desterró la *a* de la tierra

ALEGRÍA *(Continúa)*
Is. 29.19 los humildes crecerán en *a* en Jehová
30.29 tendréis..*a* de corazón, como el que va
32.13 las casas en que hay *a* en la ciudad de *a*
35.10 los redimidos de..vendrán a Sion con *a*
48.20 salid..dad nuevas de esto con voz de *a*
51.3 se hallará en ella *a* y gozo, alabanza y
51.11 gozo y *a*, y el dolor y el gemido huirán
55.12 con *a* saldréis, y con paz seréis vueltos
61.3 óleo..y manto de *a* en lugar de espíritu
65.18 yo traigo a Jerusalén *a*, y a su pueblo
66.5 él se mostrará para *a* vuestra, y ellos
Jer. 7.34 haré cesar..la voz de *a*, la voz del
15.16 tu palabra me fue por gozo y por *a* de
16.9 haré cesar..toda voz de *a*, y toda voz de
25.10 haré que desaparezca de entre..voz de *a*
31.7 regocijaos en Jacob con *a*, y dad voces
33.11 ha de oírse aún voz de gozo y de *a*, voz
48.33 y será cortada la *a* y el regocijo de
Ez. 7.7 de tumulto, y no de *a*, sobre los montes
36.5 disputaron mi tierra por heredad con *a*
Jl. 1.16 ¿no fue arrebatado el alimento..la *a*
Sof. 3.17 se gozará sobre ti con *a*, callará de
Zac. 8.19 se convertirán..en *a*, y en festivas
Lc. 1.14 gozo y *a*, y muchos se regocijarán de
1.44 la criatura saltó de *a* en mi vientre
Hch. 2.46 comían juntos con *a* y sencillez de
14.17 llenando de..y de *a* nuestros corazones
Ro. 12.8 el que hace misericordia, con *a*
He. 1.9 con óleo de *a* más que a tus compañeros
13.17 para que lo hagan con *a*, y no quejándose
1 P. 4.13 en la revelación..gocéis con gran *a*
Jud. 24 sin mancha delante de su gloria con..*a*

ALEJADO *Véase Alejar*

ALEJANDRÍA *Ciudad de Egipto*, Hch. 6.9; 18.24

ALEJANDRINA *Perteneciente a Alejandría*, Hch. 27.6; 28.11

ALEJANDRO
1. Hijo de Simón de Cirene, Mr. 15.21
2. Pariente del sumo sacerdote Anás, Hch. 4.6
3. Judío de Éfeso, Hch. 19.33
4. Un apóstata, 1 Ti. 1.20
5. Calderero, enemigo de Pablo, 2 Ti. 4.14

ALEJAR
Gn. 44.4 de la que aún no se habían *alejado*
Éx. 23.7 de palabra de mentira te *alejarás*, y no
Dt. 2.8 nos *alejamos* del territorio de..hermanos
Jos. 8.4 no os *alejaréis* mucho de la ciudad, y
8.6 saldrán..que los *alejemos* de la ciudad
8.16 en Hai..siendo así *alejados* de la ciudad
Jue. 18.22 ya se habían *alejado* de la casa de
20.31 salieron los..*alejándose* de la ciudad
20.32 huiremos, y los *alejaremos* de la ciudad
1 S. 18.13 Saúl lo *alejó* de sí, y le hizo jefe
2 S. 14.14 para no *alejar* de sí al desterrado
23.9 se habían *alejado* los hombres de Israel
Esd. 6.6 ahora, pues, Tatnai..*alejaos* de allí
Job 15.12 ¿por qué tu corazon te *aleja*, y por
19.13 hizo *alejar* de mí a mis hermanos, y mis
22.23 *alejarás* de tu tienda la aflicción
30.10 me abominan, se *alejan* de mí, y aun de
Sal. 22.11 te *alejes* de mí, porque la angustia
22.19 tú, Jehová, no te *alejes;* fortaleza mía
35.22 no calles; Señor, no te *alejes* de mí
38.11 amigos..y mis cercanos se han *alejado*
38.21 Jehová; Dios mío, no te *alejes* de mí
44.23 despierta, no te *alejes* para siempre
71.12 oh Dios, no te *alejes* de mí; Dios mío
73.27 aquí, los que se *alejan* de ti perecerán
88.8 has *alejado* de mí mis conocidos; me has
88.18 *alejado* de mí al amigo y al compañero
103.12 hizo *alejar* de nosotros..rebeliones
109.17 no quiso la bendición..se *alejó* de él
119.150 me persiguen; se *alejaron* de tu ley
Pr. 4.24 *aleja* de ti la iniquidad de los labios
5.8 *aleja* de ella tu camino, y no te acerques
19.7 ¡cuánto más..amigos se *alejarán* de él!
22.5 el que guarda su alma se *alejará* de ellos
22.15 vara de la corrección la *alejará* de él
Ec. 7.23 sabio; pero la sabiduría se *alejó* de
Is. 19.6 y se *alejarán* los ríos, se agotarán y
46.13 se acerque mi justicia; no se *alejará*
59.9 por esto se *alejó* de nosotros la justicia
59.11 hay; salvación, y se *alejó* de nosotros
Jer. 2.5 ¿qué maldad hallaron..que se *alejaron*
27.10 para haceros *alejar* de vuestra tierra
38.27 se *alejaron* de él, porque el asunto
Lm. 1.16 porque se *alejó* de mí el consolador
3.17 mi alma se *alejó* de la paz, me olvidé
Ez. 7.26 la ley se *alejará* del sacerdote, y de
8.6 hace aquí para *alejarme* de mi santuario?
11.15 *alejaos* de Jehová; a nosotros es dada
44.10 cuando Israel se *alejó* de mí, yéndose
Os. 8.5 becerro, oh Samaria, te hizo *alejarte*
11.2 los llamaba, tanto más se *alejaban* de mí
Jl. 2.20 y haré *alejar* de vosotros al del norte
3.6 vendisteis..para *alejarlos* de su tierra
Mt. 19.1 *alejó* de Galilea, y fue a las regiones
Mr. 7.17 se *alejó* de la multitud y entró en casa
Jn. 11.54 se *alejó* de allí a la región contigua
Gá. 1.6 os hayáis *alejado* del que os llamó por
Ef. 2.12 *alejados* de la ciudadanía de Israel y
1 Jn. 2.28 no nos *alejemos* de él avergonzados

ALELUYA
Sal. 104.35 bendice, alma mía, a Jehová. *A*
105.45 guardasen..y cumpliesen sus leyes. *A*
106.1 *A*. Alabad a Jehová, porque él es bueno
106.48 Dios..y diga todo el pueblo, Amén. *A*
111, 112, 113, 135, 146, 148, 149, 150 *tít. A*
113.9 que se goza en ser madre de hijos. *A*
115.18 bendeciremos a JAH..para siempre. *A*
116.19 en medio de ti, oh Jerusalén. *A*
117.2 y la fidelidad de..es para siempre. *A*
135.21 Jehová, quien mora en Jerusalén. *A*
146.10 reinará Jehová para siempre..Sion..*A*
147.20 a sus juicios, no los conocieron. *A*
148.14 alábenle todos..los hijos de Israel..*A*
149.9 gloria será..para todos sus santos. *A*
150.6 todo lo que respira alabe a JAH. *A*
Ap. 19.1 *¡A!* Salvación y honra y gloria y poder
19.3 otra vez dijeron: *¡A!* Y el humo de ella
19.4 adoraron a Dios..y decían: ¡Amén! *¡A!*
19.6 decía: *¡A*, porque el Señor nuestro Dios

ALEMET
1. Ciudad de los levitas (=Almón), 1 Cr. 6.60
2. Descendiente de Jonatán No. 2, 1 Cr. 8.36; 9.42

ALENTAR
2 S. 11.25 hasta que la rindas. Y tú *aliéntale*
Job 16.5 pero yo os *alentaría* con mis palabras
Sal. 27.14 *aliéntese* tu corazón; sí, espera a
Dn. 10.19 esfuérzate y *aliéntate*. Y mientras él
1 Ts. 4.18 *alentaos* los unos..con estas palabras
5.14 que *alentéis* a los de poco ánimo, que

ALETA
Lv. 11.9 que tienen *a* y escamas en las aguas
11.10 los que no tienen *a*..en el mar y en los
11.12 todo lo que no tuviere *a* y escamas en
Dt. 14.9 podréis comer; todo lo que tiene *a* y
14.10 lo que no tiene *a* y escama, no comeréis

ALEVOSÍA
Éx. 21.14 y lo matare con *a*, de mi altar lo

ALFA
Ap. 1.8,11; 21.6; 22.13 yo soy el *A* y la Omega

ALFARERO
1 Cr. 4.23 éstos eran *a*, y moraban en medio de
Sal. 2.9 como vasija de *a* los desmenuzarás
Is. 29.16 será reputada como el barro del *a*
30.14 quebrará como se quiebra un vaso de *a*
41.25 como lodo, y como pisa el barro el *a*
Jer. 18.2 vete a casa del *a*, y allí te haré oir
18.3 descendí a casa del *a*, y..él trabajaba
18.6 ¿no podré yo hacer..como este *a*, oh casa
18.6 como el barro en la mano del *a*, así sois
19.1 vé y compra una vasija de barro del *a*
Lm. 4.2 por vasija de barro, obra de manos de *a!*
Dn. 2.41 parte de barro cocido de *a* y en parte
Mt. 27.7 compraron con ellas el campo del *a*
27.10 y las dieron para el campo del *a*, como
Ro. 9.21 no tiene potestad el *a* sobre el barro
Ap. 2.27 vara..serán quebradas como vaso de *a*

ALFEO
1. Padre de Jacobo No. 2, Mt. 10.3; Mr. 3.18; Lc. 6.15; Hch. 1.13
2. Padre de Mateo (Leví), Mr. 2.14

ALFOLÍ
Jl. 1.17 los *a* destruidos..se secó el trigo
Mal. 3.10 traed todos los diezmos al *a*, y haya

ALFORJA
1 S. 9.7 el pan de nuestras *a* se ha acabado, y
Mt. 10.10 *a* para el camino, ni de dos túnicas
Mr. 6.8; Lc. 9.3 ni *a*, ni pan, ni dinero
Lc. 10.4 no llevéis bolsa, ni *a*, ni calzado; y a
22.35 cuando os envié sin bolsa, sin *a*, y sin
22.36 que tiene bolsa, tómela, y también la *a*

ALGA
Jon. 2.5 rodearon..el *a* se enredó a mi cabeza

ALGARROBA
Lc. 15.16 y deseaba llenar su vientre de las *a*

ALGAZARA
Sof. 1.16 de trompeta y de *a* sobre las ciudades

ALGO
Gá. 6.3 el que se cree ser *a*, no siendo nada

ALGUACIL
Mt. 5.25 te entregue al juez, y el juez al *a*
26.58 se sentó con los *a*, para ver el fin
Mr. 14.54 estaba sentado con..*a*, calentándose
14.65 profetiza..Y los *a* le daban de bofetadas
Lc. 12.58 te entregue al *a*, y el *a* te meta en
Jn. 7.32 enviaron *a* para que le prendiesen
7.45 los *a* vinieron a los..y a los fariseos
7.46 los *a* respondieron: ¡Jamás hombre alguno
18.3 tomando una compañía de soldados, y *a*
18.12 los *a* de los judíos, prendieron a Jesús
18.18 estaban en pie los siervos y los *a* que
18.22 uno de los *a*..allí, le dio una bofetada
19.6 cuando le vieron..los *a*, dieron voces
Hch. 5.22 pero cuando llegaron los *a*, no los
5.26 fue el jefe de..con los *a*, y los trajo
16.35 magistrados enviaron *a* a decir: Suelta
16.38 los *a* hicieron saber estas palabras a los

ALHAJA
Gn. 24.53 sacó el criado *a* de plata y *a* de oro
Éx. 3.22 pedirá cada mujer..*a* de plata, *a* de
11.2 pida..a su vecino *a* de plata y de oro
12.35 pidiendo de los egipcios *a* de plata, y
22.7 diere..*a* a guardar, y fuere hurtado de
Nm. 31.50 hemos ofrecido a Jehová..*a* de oro
31.51 recibieron el oro..*a*, todas elaboradas
1 R. 10.25 todos le llevaban cada año..*a* de oro
15.15 metió en la casa de Jehová..plata y *a*
2 Cr. 9.24 su presente, *a* de plata, *a* de oro
20.25 entre los cadáveres..así vestidos como *a*
Job 28.17 oro..ni se cambiará por *a* de oro fino
Pr. 25.4 quita las escorias de la..y saldrá *a*
Ez. 16.17 tomaste..tus *a* de oro y de plata que
16.39 llevarán tus hermosas *a*, y te dejarán
Os. 13.15 saqueará el tesoro de todas sus..*a*

ALHEÑA
Cnt. 1.14 flores de *a* en las viñas de En-gadi
4.13 son paraíso..de flores de *a* y nardos

ALIADO, DA
Gn. 14.13 Escol..Aner..cuales eran *a* de Abram
Jer. 47.4 para destruir..todo *a* que les queda
Ez. 30.5 y los hijos de las tierras *a*, caerán
Abd. 7 todos tus *a* te han engañado; hasta los

ALIANZA
Éx. 23.32 no harás *a* con ellos, ni con..dioses
34.12 guárdate de hacer *a* con los moradores
34.15 por tanto, no harás *a* con los moradores
Dt. 7.2 no harás con ellas *a*, ni tendrás de ellos
Jos. 9.6 haced, pues, ahora *a* con nosotros
9.7 ¿cómo..podremos hacer *a* con vosotros?
9.11 y decidles..haced ahora *a* con nosotros
9.15 Josué hizo paz..y celebró con ellos *a*
9.16 días después que hicieron *a* con ellos
1 S. 11.1 haz *a* con nosotros, y te serviremos
11.2 con esta condición haré *a* con vosotros
22.8 mi hijo ha hecho *a* con el hijo de Isaí
1 R. 15.19 *a* entre nosotros..y rompe tu pacto
2 R. 11.4 hizo con ellos *a*, juramentándoles en
2 Cr. 16.3 haya *a* entre tú y yo, como la hubo
16.3 deshagas la *a* que tienes con Baasa rey
23.1 se animó Joiada, y tomó consigo en *a* a
Sal. 83.5 se confabulan..contra ti han hecho *a*
Dn. 2.43 se mezclarán por medio de *a* humanas
11.6 al cabo de años harán *a*, y la hija del

ALIENTO
Gn. 2.7 Dios..sopló en su nariz *a* de vida, y
7.22 todo lo que tenía *a* de..de vida..murió
Éx. 15.8 al soplo de tu *a* se amontonaron las
Jos. 2.11 ni ha quedado más *a* en hombre alguno
5.1 desfalleció su..y no hubo más *a* en ellos
2 S. 22.16 por el soplo del *a* de su nariz
1 R. 17.17 fue tan grave que no quedó en él *a*
2 Cr. 14.13 etíopes hasta no quedar en ellos *a*
Job 4.9 perecen por el *a* de Dios, y por el soplo
9.18 no me ha concedido que tome *a*, sino que
15.30 secará..y con el *a* de su boca perecerá
17.1 mi *a* se agota, se acortan mis días, y me
19.17 mi *a* vino a ser extraño a mi mujer
34.14 si..recogiese así su espíritu y su *a*
41.21 *a* enciende los carbones, y de su boca
Sal. 18.15 oh Jehová, por el soplo del *a* de tu
23.4 tu vara y tu cayado me infundirán *a*
31.24 esforzaos todos..tome *a* vuestro corazón
33.6 fueron hechos los..por el *a* de su boca
135.17 no oyen; tampoco hay *a* en sus bocas
146.4 pues sale su *a*, y vuelve a la tierra
Pr. 21.6 es *a* fugaz de aquellos que buscan la
Is. 2.22 dejaos del hombre, cuyo *a* está en su
30.28 su *a*, cual torrente que inunda; llegará
42.5 que da *a* al pueblo que mora sobre ella
Lm. 4.20 el *a* de nuestras vidas, el ungido de
Dn. 10.17 me faltó la fuerza, y no me quedó *a*
Hch. 17.25 pues él es quien da a todos vida y *a*
28.15 Pablo dio gracias a Dios y cobró *a*
Ap. 13.15 infundir *a* a la imagen de la bestia

ALIGERAR
Hch. 27.38 y ya satisfechos, *aligeraron* la nave

ALIJAR
Hch. 27.28 al siguiente día empezaron a *alijar*

ALIMENTAR
Gn. 45.11 te *alimentaré*, pues aun quedan cinco
47.12 *alimentaba* José a su padre y. .hermanos
Pr. 15.14 la boca de los necios se *alimenta* de
Is. 44.20 de ceniza se *alimenta;* su corazón
Jer. 5.8 como caballos bien *alimentados*, cada
23.16 *alimentan* con vanas esperanzas; hablan
Ez. 3.3 *alimenta* tu vientre, y llena. .entrañas
Mt. 6.26 vuestro Padre celestial las *alimenta*
Lc. 12.24 los cuervos, que. .y Dios los *alimenta*

ALIMENTO
Gn. 6.21 y toma contigo de todo *a* que se come
41.48 él reunió todo el *a* de los siete años de
41.48 guardó *a*. .en cada ciudad el *a* del campo
42.1 viendo Jacob que en Egipto había *a*, dijo
42.7 de la tierra de Canaán, para comprar *a*
42.10 que tus siervos han venido a comprar *a*
42.19 llevad el *a* para el hambre de vuestra
43.2 y comprad para nosotros un poco de *a*
43.4 si. .descenderemos, y te compraremos *a*
43.20 descendimos al principio a comprar *a*
43.22 otro dinero para comprar *a;* nosotros
44.1 llena de *a* los costales de estos varones
44.25 dijo. .Volved a comprarnos un poco de *a*
47.14 recogió José todo el dinero. .por los *a*
47.17 José les dio *a* por caballos, y. .ganado
Éx. 21.10 si tomare. .mujer, no disminuirá su *a*
Lv. 11.34 *a* que se come, sobre el cual cayere
22.7 podrá comer las cosas sagradas. .su *a* es
22.11 nacido en su casa podrá comer de su *a*
22.13 viuda. .podrá comer del *a* de su padre
Dt. 2.6 compraréis de ellos por dinero los *a*
1 S. 14.28 maldito sea el hombre que tome hoy *a*
2 S. 20.3 y las puso en reclusión, y les dio *a*
1 R. 11.18 les señaló *a*, y aun les dio tierra
Neh. 12.47 todo Israel. .daba *a* a los cantores
Est. 2.9 que hizo darle prontamente atavíos y *a*
Job 6.7 mi alma no quería tocar, son ahora mi *a*
38.41 ¿quién prepara al cuervo su *a*, cuando
Sal. 107.18 su alma abominó todo *a*, y llegaron
111.5 ha dado *a* a los que le temen. .su pacto
136.25 el que da *a* a todo ser viviente, porque
Is. 65.25 y el polvo será el *a* de la serpiente
Dn. 4.12 fruto abundante, y había en él *a* para
4.21 que había *a* para todos, debajo del cual
Jl. 1.16 ¿no fue arrebatado el *a* de delante de
Jon. 3.7 diciendo. .no se les dé *a*, ni beban agua
Mal. 1.12 cuando decís que su *a* es despreciable
3.10 y haya *a* en mi casa; y probadme ahora en
Mt. 6.25 ¿no es la vida más que el *a*, y el cuerpo
10.10 porque el obrero es digno de su *a*
24.45 su casa para que les dé el *a* a tiempo?
Mr. 7.19 decía, haciendo limpios todos los *a*
Lc. 9.12 que vayan. .y se alojen y encuentren *a*
9.13 vayamos nosotros a comprar *a* para toda
Hch. 7.11 hambre. .nuestros padres no hallaban *a*
9.19 y habiendo tomado *a*, recobró fuerzas
1 Co. 10.3 todos comieron el mismo *a* espiritual
1 Ti. 4.3 y mandarán abstenerse de *a* que Dios
He. 5.12 necesidad de leche, y no de *a* sólido
5.14 el *a* sólido es para los que han alcanzado

ALINEAR
2 S. 10.10 *alineó* para encontrar a los amonitas

ALISAR
Éx. 34.1 *alísate* dos tablas de piedra como las
34.4 Moisés *alisó* dos tablas de piedra como
Is. 41.7 animó al platero, y el que *alisaba* con
Ez. 24.7 sobre. .piedra *alisada* la ha derramado

ALISTAR
Éx. 30.7 quemará. .cuando *aliste* las lámparas
Pr. 21.31 el caballo se *alista* para el día de

ALIVIAR
Gn. 5.29 éste nos *aliviará* de nuestras obras
Éx. 18.22 así *aliviarás* la carga de sobre ti
1 S. 6.5 quizá *aliviará* su. .de sobre vosotros
2 Cr. 10.4 *alivia* algo de la dura servidumbre
10.9 *alivia* algo del yugo que tu padre puso

ALIVIO
1 S. 16.16 él toque con su mano, y tengas *a*
16.23 David tomaba el arpa. .y Saúl tenía *a*
Lm. 3.49 mis ojos destilan y no cesan. .no hay *a*

ALJABA
Gn. 27.3 toma, pues, ahora. .tu *a* y tu arco, y
Job 39.23 contra él suenan la *a*, el hierro de la
Sal. 127.5 el hombre que llenó su *a* de ellos
Is. 22.6 Elam tomó *a*, con carros y con jinetes
49.2 y me puso por saeta. .me guardó en su *a*
Jer. 5.16 su *a* como sepulcro abierto. .valientes
Lm. 3.13 entrar en mis entrañas. .saetas de su *a*

ALMA
Gn. 12.13 vaya bien. .viva mi *a* por causa de ti
32.30 a Dios cara a cara, y fue librada mi *a*
34.3 pero su *a* se apegó a Dina la hija de Lea
34.8 el *a* de mi hijo Siquem se ha apegado a
35.18 que al salírsele el *a*. .llamó su nombre
42.21 la angustia de su *a* cuando nos rogaba
49.6 su consejo no entre mi *a*, ni mi espíritu
Éx. 15.9 mi *a* se saciará de ellos; sacaré mi
23.9 sabéis cómo es el *a* del extranjero, ya
Lv. 16.29 el mes séptimo. .afligiréis vuestras *a*
16.31 y afligiréis vuestras *a;* es estatuto
17.11 para hacer expiación. .por vuestras *a*
23.27 y afligiréis vuestras *a*, y ofreceréis
23.32 día de reposo. .y afligiréis vuestras *a*
26.11 mi morada en. .y mi *a* no os abominará
26.15 vuestra *a* menospreciare mis estatutos
26.16 enviaré sobre vosotros. .atormenten el *a*
26.30 vuestros ídolos, y mi *a* os abominará
26.43 y su *a* tuvo fastidio de mis estatutos
Nm. 11.6 y ahora nuestra *a* se seca; pues nada
16.38 de éstos que pecaron contra sus *a*
21.5 *a* tiene fastidio de este pan tan liviano
29.7 diez de este mes. .afligiréis vuestras *a*
30.2 juramento ligando su *a* con obligación
30.4 oyere. .la obligación con que ligó su *a*
30.4,5,11 la obligación con que. .ligado su *a*
30.6 pronunciare. .cosa con que obligue su *a*
30.7 obligación con que ligó su *a*, firme será
30.8 el voto que. .con que ligó su *a*, será nulo
30.9 todo voto de viuda. .con que ligare su *a*
30.10 y hubiere ligado su *a* con obligación de
30.12 votos, y cuanto a la obligación de su *a*
30.13 juramento obligándose a afligir el *a*
31.50 hacer expiación por nuestras *a* delante
Dt. 4.9 guárdate, y guarda tu *a* con diligencia
4.15 guardad, pues, mucho vuestras *a;* pues
4.29 lo hallarás, si lo buscares. .de toda tu *a*
6.5 amarás a Jehová tu Dios de. .de toda tu *a*
10.12 ames. .con todo tu corazón y con. .tu *a*
11.13 amando a Jehová. .y con toda vuestra *a*
11.18 pondréis. .mis palabras en vuestra *a*
13.3 si amáis a Jehová. .con toda vuestra *a*
18.6 viniere con. .el deseo de su *a* al lugar
26.16 de ponerlos por obra. .con toda tu *a*
28.65 pues allí te dará Jehová. .tristeza de *a*
30.2 y obedecieres a su voz. .y con toda tu *a*
30.6 que ames a Jehová tu Dios. .con toda tu *a*
30.10 cuando te convirtieres. .con toda tu *a*
Jos. 22.5 sigáis. .le sirváis. .de toda vuestra *a*
23.11 guardad. .vuestras *a*. .que améis a Jehová
23.14 reconoced, pues, con toda vuestra *a*, que
Jue. 5.21 de Cisón. Marcha, oh *a* mía, con poder
16.16 su *a* fue reducida a mortal angustia
Rt. 4.15 será restaurador de tu *a*, y sustentador
1 S. 1.10 ella con amargura de *a* oró a Jehová
1.15 que he derramado mi *a* delante de Jehová
1.26 vive tu *a*, señor. .yo soy aquella mujer
2.33 para consumir tus ojos y llenar tu *a* de
2.35 que haga conforme a mi corazón y a mi *a*
17.56 vive tu *a*, oh rey, que no lo sé. Y el rey
18.1 el *a* de Jonatán quedó ligada con. .David
20.3 vive tu *a*, que apenas hay un paso entre
20.4 dijo. .Lo que deseare tu *a*, haré por ti
25.26 vive tu *a*, que Jehová te ha impedido el
30.6 todo el pueblo estaba en amargura de *a*
2 S. 4.9 dijo: Vive Jehová que ha redimido mi *a*
5.8 hiera a los cojos. .aborrecidos del *a* de
11.11 por vida de tu *a*, que yo no haré tal cosa
14.19 vive tu *a*. .que no hay que apartarse a
1 R. 1.29 que ha redimido mi *a* de toda angustia
2.4 hijos guardaren mi camino. .de toda su *a*
8.48 si se convirtieren a ti. .de toda su *a*
11.37 reinarás en. .las cosas que deseare tu *a*
15.29 sin dejar *a* viviente de los de Jeroboam
17.21 que hagas volver el *a* de este niño a él
17.22 oyó la voz. .el *a* del niño volvió a él
20.32 tu siervo. .dice: Te ruego que viva mi *a*
2 R. 2.2,4,6 y vive tu *a*, que no te dejaré
4.27 déjala, porque su *a* está en amargura, y
4.30 Jehová, y vive tu *a*, que no te dejaré
23.3 guardarían. .sus estatutos. .con toda el *a*
23.25 que se convirtiese. .de toda su *a* y de
2 Cr. 6.38 si se convirtieren a ti de toda su *a*
15.12 que buscarían a Jehová. .de toda su *a*
34.31 y con toda su *a*, poniendo por obra las
Job 6.7 las cosas que mi *a* no quería tocar, son
7.11 y me quejaré con la amargura de mi *a*
7.15 así mi *a* tuvo por mejor la estrangulación
10.1 está mi *a* hastiada. .con amargura de mi *a*
12.10 en su mano está el *a* de todo viviente
14.22 se dolerá, y se entristecerá en él su *a*
16.4 si vuestra *a* estuviera en lugar de la mía
19.2 ¿hasta cuándo angustiaréis mi *a*, y me
23.13 determina una cosa. .su *a* deseó, e hizo
24.12 claman las *a* de los heridos de muerte
27.2 y el Omnipotente, que amargó el *a* mía
27.3 que todo el tiempo que mi *a* esté en mí
30.16 y ahora mi *a* está derramada en mí; días
30.25 y mi *a*, ¿no se entristeció sobre el
31.30 mi lengua, pidiendo maldición para su *a*
31.39 si comí su. .o afligí el *a* de sus dueños
33.18 detendrá su *a* del sepulcro, y su vida
33.20 aborrezca el pan. .su *a* la comida suave
33.22 su *a* se acerca al sepulcro, y su vida a
33.28 Dios redimirá su *a* para que no pase al
33.30 para apartar su *a* del sepulcro, y para
36.14 fallecerá el *a* de ellos en su juventud
Sal. 6.3 mi *a* también está muy turbada; y tú
6.4 vuélvete, oh Jehová, libra mi *a;* sálvame
7.2 no sea que desgarren mi *a* cual león, y me
7.5 persiga el enemigo mi *a*, y alcáncela
10.3 porque el malo se jacta del deseo de su *a*
11.1 ¿cómo decís a mi *a* que escape al monte
11.5 que ama la violencia, su *a* los aborrece
13.2 ¿hasta cuándo pondré consejos en mi *a*
16.2 oh *a* mía, dijiste a Jehová: Tú eres mi
16.9 se alegró. .mi corazón, y se gozó mi *a*
16.10 porque no dejarás mi *a* en el Seol, ni
17.13 libra mi *a* de los malos con tu espada
19.7 la ley de Jehová es. .que convierte el *a*
22.20 libra de la espada mi *a*, del poder del
22.29 que no puede conservar la vida a su. .*a*
23.3 confortará mi *a;* me guiará por sendas de
24.4 el que no ha elevado su *a* a cosas vanas
25.1 a ti, oh Jehová, levantaré mi *a*
25.20 guarda mi *a*, y líbrame. .en ti confié
26.9 no arrebates con los pecadores mi *a*, ni
30.3 hiciste subir mi *a* del Seol; me diste
31.7 porque. .has conocido mi *a* en las angustias
31.9 han consumido. .mi *a* también y mi cuerpo
33.19 para librar sus *a* de la muerte, y para
33.20 nuestra *a* espera a Jehová; nuestra ayuda
34.2 en Jehová se gloriará mi *a;* lo oirán los
34.22 Jehová redime el *a* de sus siervos, y no
35.3 saca la. .dí a mi *a:* Yo soy tu salvación
35.7 hoyo; sin causa cavaron hoyo para mi *a*
35.9 entonces mi *a* se alegrará en Jehová; se
35.12 me. .mal por bien, para afligir a mi *a*
35.13 afligí con ayuno mi *a*, y mi oración se
35.17 rescata mi *a* de sus destrucciones. .vida
35.25 no digan en su corazón: ¡Ea, *a* nuestra!
41.4 sana mi *a*, porque contra ti he pecado
42.1 así clama por ti, oh Dios, el *a* mía
42.2 mi *a* tiene sed de Dios, del Dios vivo
42.4 me acuerdo. .y derramo mi *a* dentro de mí
42.5,11 ¿por qué te abates, oh *a* mía, y te
42.6 Dios mío, mi *a* está abatida en mí; me
43.5 ¿por qué te abates, oh *a* mía, y por qué
44.25 nuestra *a* está agobiada hasta el polvo
49.18 mientras viva, llame dichosa a su *a*
55.18 él redimirá en paz mi *a* de la guerra
56.6 mis pasos, como quienes acechan a mi *a*
56.13 porque has librado mi *a* de la muerte
57.1 porque en ti ha confiado mi *a*, y en la
57.6 se ha abatido mi *a;* hoyo han cavado
57.8 despierta, *a* mía; despierta, salterio y
62.1 en Dios solamente está acallada mi *a*
62.5 *a* mía, en Dios solamente reposa, porque
63.1 mi *a* tiene sed de ti, mi carne te anhela
63.5 como de. .y de grosura será saciada mi *a*
63.8 está mi *a* apegada a ti; tu diestra me
63.9 pero los que. .buscaron mi *a* caerán en
66.9 él es quien preservó la vida a nuestra *a*
66.16 venid. .contaré lo que ha hecho a mi *a*
69.1 porque las aguas han entrado hasta el *a*
69.10 lloré afligiendo con ayuno mi *a*, y esto
69.18 acércate a mi *a*, redímela; líbrame a
71.10 que acechan mi *a* consultaron juntamente
71.13 perezcan los adversarios de mi *a;* sean
71.23 se alegrarán. .y mi *a*, la cual redimiste
72.14 de engaño y de violencia redimirá sus *a*
73.21 se llenó de amargura mi *a*, y. .corazón
74.19 no entregues a las fieras el *a* de tu
77.2 sin descanso; mi *a* rehusaba consuelo
84.2 anhela mi *a*. .desea los atrios de Jehová
86.2 guarda mi *a*, porque soy piadoso; salva
86.4 alegra el *a* de tu siervo, porque a ti
86.4 porque a ti, oh Señor, levanto mi *a*
86.13 has librado mi *a* de las profundidades
88.3 mi *a* está hastiada de males, y mi vida
88.14 ¿por qué, oh Jehová, desechas mi *a?*
94.17 si. .pronto moraría mi *a* en el silencio
94.19 en la. .tus consolaciones alegraban mi *a*
97.10 él guarda las *a* de sus santos; de mano
103.1,2,22; 104.1,35 bendice, *a* mía, a Jehová
107.5 y sedientos, su *a* desfallecía en ellos
107.9 porque sacia al *a* menesterosa, y llena
107.9 y llena de bien al *a* hambrienta
107.18 su *a* abominó todo alimento, y llegaron
107.26 descienden. .*a* se derriten con el mal
109.31 para librar su *a* de los que le juzgan
116.4 diciendo: Oh Jehová, libra ahora mi *a*
116.7 vuelve, oh *a* mía, a tu reposo, porque
116.8 pues tú has librado mi *a* de la muerte
119.20 quebrantada está mi *a* de desear tus
119.25 abatida hasta el polvo está mi *a*
119.28 deshace mi *a* de ansiedad; susténtame
119.81 desfallece mi *a* por tu salvación, mas
119.129 son. .por tanto, los ha guardado mi *a*
119.167 mi *a* ha guardado tus testimonios, y los
119.175 viva mi *a* y te alabe, y tus juicios
120.2 libra mi *a*. .del labio mentiroso, y de
120.6 ha morado mi *a* con los que aborrecen la
121.7 Jehová te guardará de. .él guardará tu *a*
123.4 hastiada está nuestra *a* del escarnio
124.4 nuestra *a* hubiera pasado el torrente
124.5 sobre nuestra *a* las aguas impetuosas
124.7 nuestra *a* escapó cual ave del lazo de
130.5 esperé yo a Jehová, esperó mi *a;* en su
130.6 *a* espera a Jehová más que los centinelas

ALMA *(Continúa)*

Sal. 131.2 he acallado mi *a* como un niño destetado
131.2 como un niño destetado está mi *a*
138.3 me fortaleciste con vigor en mi *a*
139.14 estoy maravillado, y mi *a* lo sabe muy
141.8 en ti he confiado; no desampares mi *a*
142.7 saca mi *a* de la cárcel, para que alabe
143.3 porque ha perseguido el enemigo mi *a*
143.6 a ti, mi *a* a ti como la tierra sedienta
143.8 hazme oír. . porque a ti he elevado mi *a*
143.11 por tu justicia sacarás mi *a* de angustia
143.12 destruirás a. . los adversarios de mi *a*
146.1 alaba, oh *a* mía, a Jehová
Pr. 1.18 ponen asechanzas, y a sus *a* tienden
2.10 cuando. . la ciencia fuere grata a tu *a*
3.22 serán vida a tu *a*, y gracia a tu cuello
6.16 seis cosas. . y aun siete abomina su *a*
6.26 la mujer caza la preciosa *a* del varón
6.32 el que comete adulterio. . corrompe su *a*
8.36 el que peca contra mí, defrauda su *a*
11.17 a su *a* hace bien el. . misericordioso
11.25 el *a* generosa será prosperada; y el
11.30 árbol de vida; y el que gana *a* es sabio
13.2 el *a* de los prevaricadores hallará el mal
13.3 el que guarda su boca guarda su *a*, mas
13.4 el *a* del perezoso. . el *a* de los diligentes
13.19 el deseo cumplido regocija el *a*; pero
13.25 el justo come hasta saciar su *a*; mas el
14.10 el corazón conoce la amargura de su *a*
15.32 el que tiene en poco. . menosprecia su *a*
16.24 suavidad al *a* y medicina para los huesos
16.26 el *a* del que trabaja, trabaja para sí
18.7 boca. . y sus labios son lazos para su *a*
19.2 el *a* sin ciencia no es buena, y aquel que
19.8 el que posee entendimiento ama su *a*
19.15 sueño, y el *a* negligente padecerá hambre
19.16 que guarda el mandamiento guarda su *a*
19.18 mas no se apresure tu *a* para destruirlo
21.10 el *a* del impío desea el mal; su prójimo
21.23 el que guarda. . su lengua, su *a* guarda
22.5 el que guarda su *a* se alejará de ellos
22.23 y despojará el *a* de aquellos que los
22.25 sus maneras, y tomes lazo para tu *a*
23.14 lo castigarás. . y librarás su *a* del Seol
24.12 el que mira por tu *a*, él lo conocerá
24.14 así será a tu *a* el. . de la sabiduría
25.13 pues al *a* de su señor da refrigerio
25.25 como el agua fría al *a* sedienta, así
29.17 corrige a tu hijo, y. . alegría a tu *a*
29.24 el cómplice del ladrón aborrece su. . *a*
Ec. 2.24 y que su *a* se alegre en su trabajo
4.8 defraudo mi *a* del bien? También esto es
6.2 nada le falta de todo lo que su *a* desea
6.3 si su *a* no se sació del bien, y también
7.28 que aún busca mi *a*, y no lo encuentra
Cnt. 1.7 hazme saber, oh tú a quien ama mi *a*
3.1 busqué en mi lecho al que ama mi *a*
3.2 buscaré al que ama mi *a*; lo busqué, y no
3.3 les dije: ¿Habéis visto al que ama mi *a*?
3.4 hallé luego al que ama mi *a*; lo así, y no
5.6 y tras su hablar salió mi *a*. Lo busqué
6.12 antes que lo supiera, mi *a* me puso entre
Is. 1.14 fiestas. . las tiene aborrecidas mi *a*
3.9 ¡ay del *a* de ellos!. . amontonaron mal para
10.18 consumirá totalmente, *a* y cuerpo, y
15.4 lamentará el *a* de cada uno dentro de él
26.8 y tu memoria son el deseo de nuestra *a*
26.9 con mi *a* te he deseado en la noche, y en
32.6 vacía el *a* hambrienta, y quitando la
38.15 a causa de aquella amargura de mi *a*
42.1 en quien mi *a* tiene contentamiento; he
44.20 le desvía, para que no libre su *a*, ni
49.7 ha dicho Jehová. . al menospreciado de *a*
51.23 tus angustiadores, que dijeron a tu *a*
53.11 verá el fruto de la aflicción de su *a*
55.2 y se deleitará vuestra *a* con grosura
55.3 venid a mí; oíd, y vivirá vuestra *a*
57.16 decaería ante mí el espíritu, y las *a*
58.3 humillamos nuestras *a*, y no te diste por
58.5 que de día aflija el hombre su *a*, que
58.10 al hambriento, y saciares al *a* afligida
58.11 saciará tu *a*, y dará vigor a tus huesos
61.10 me gozaré. . mi *a* se alegrará en mi Dios
66.3 y su *a* amó sus propias abominaciones
Jer. 4.10 pues la espada ha venido hasta el *a*
4.19 has oído, oh *a* mía, pregón de guerra
4.31 que mi *a* desmaya a causa de los asesinos
5.9 como esta, ¿no se había de vengar mi *a*?
5.29 ¿no. . y de tal gente no se vengará mi *a*?
6.8 corrígete. . que no se aparte mi *a* de ti
6.16 y hallaréis descanso para vuestras *a*
9.9 de tal nación, ¿no se vengará mi *a*?
12.7 he entregado lo que amaba mi *a* en mano
13.17 en secreto llorará mi *a* a causa de
14.19 ¿ha aborrecido tu *a* a Sion? ¿Por qué
15.9 se llenó de dolor su *a*, su sol se puso
18.20 para que hayan cavado hoyo a mi *a*?
20.13 ha librado el *a* del pobre de mano de
22.27 cual ellos con toda el *a* anhelan volver
26.19 pues, tan gran mal contra nuestras *a*?
31.12 y su *a* será como huerto de riego, y
31.14 y el *a* del sacerdote satisfaré con
31.25 satisfaré al *a* cansada, y saciaré. . *a*
32.41 y los plantaré. . corazón y de toda mi *a*
38.16 vive Jehová que nos hizo esta *a*, que no
38.17 tu *a* vivirá, y esta ciudad no. . a fuego
42.20 ¿por qué hicisteis errar vuestras *a*?
50.19 en el monte de Efraín. . se saciará su *a*
Lm. 1.16 el consolador que dé reposo a mi *a*
2.12 derramando sus *a* en el regazo de sus
3.17 mi *a* se alejó de la paz, me olvidé del
3.20 porque mi *a* está abatida dentro de mí
3.24 mi porción es Jehová, dijo mi *a*
3.25 bueno es Jehová a los. . al *a* que le busca
3.51 mis ojos contristaron mi *a* por todas las
3.58 abogaste, Señor, la causa de mi *a*
Ez. 3.19 él morirá. . pero tú habrás librado tu *a*
3.21 cierto vivirá. . y tú habrás librado tu *a*
4.14 mi *a* no es inmunda, ni nunca desde mi
7.19 saciarán su *a*, ni llenarán sus entrañas
13.18 para cazar las *a*. . las *a* de mi pueblo
13.20 como aves las *a* que vosotras cazáis
13.20 vendas. . con que cazáis las *a* al vuelo
18.4 he aquí que todas las *a* son mías; como
18.4 el *a* del padre, así el *a* del hijo es mía
18.4,20 el *a* que pecare, esa morirá
18.27 haciendo. . la justicia, hará vivir su *a*
22.25 presa; devoraron *a*, tomaron haciendas
22.27 derramando sangre, para destruir las *a*
23.17 se contaminó. . su *a* se hastió de ellos
23.18 por lo cual mi *a* se hastió de ella
23.18 se había ya hastiado mi *a* de su hermana
23.22 amantes, de los cuales se hastió tu *a*
23.28 aquellos de los cuales se hastió tu *a*
24.21 yo profano. . el deleite de vuestra *a*
24.25 que yo arrebate. . y el anhelo de sus *a*
25.6 batiste tus manos. . y te gozaste en el *a*
27.31 endecharán por ti. . con amargura del *a*
47.9 toda *a* viviente que nadare por. . vivirá
Os. 4.8 pecado. . y en su maldad levantan su *a*
Jon. 2.5 aguas me rodearon hasta el *a*; rodeóme
2.7 cuando mi *a* desfallecía en mí, me acordé
Mi. 6.7 primogénito. . por el pecado de mi *a*?
7.1 comer; mi *a* deseó los primeros frutos
7.3 el grande habla el antojo de su *a*, y lo
Hab. 2.4 cuya *a* no es recta, se enorgullece
2.5 ensanchó como el Seol su *a*, y es como la
Zac. 11.8 mi *a* se impacientó contra ellos, y
11.8 y también el *a* de ellos me aborreció
Mt. 10.28 no temáis a. . el *a* no pueden matar
10.28 temed. . a aquel que puede destruir el *a*
11.29 y hallaréis descanso para vuestras *a*
12.18 mi Amado, en quien se agrada mi *a*
16.26 ganare todo el mundo, y perdiere su *a*?
16.26 qué recompensa dará el hombre por su *a*?
22.37 amarás al Señor tu Dios. . con toda tu *a*
26.38 Jesús les dijo: Mi *a* está muy triste
Mr. 8.36 ganare todo el mundo, y perdiere su *a*?
8.37 ¿o qué recompensa dará el. . por su *a*?
12.30 con toda tu *a*, y con toda tu mente y
12.33 el amarle. . con toda el *a*, y con todas
14.34 les dijo: Mi *a* está muy triste, hasta
Lc. 1.46 María dijo: Engrandece mi *a* al Señor
2.35 y una espada traspasará tu misma *a*
9.56 no ha venido para perder las *a* de los
10.27 amarás al Señor tu Dios con toda tu *a*
12.19 diré a mi *a*: *A*, muchos bienes tienes
12.20 necio, esta noche vienen a pedirte tu *a*
21.19 vuestra paciencia ganaréis vuestras *a*
Jn. 10.24 ¿hasta cuándo nos turbarás el *a*? Si
12.27 ahora está turbada mi *a*; ¿y qué diré?
Hch. 2.27 porque no dejarás mi *a* en el Hades
2.31 que su *a* no fue dejada en el Hades, ni
3.23 toda *a* que no oiga a aquel profeta, será
4.32 de los que habían creído era de. . un *a*
15.24 han inquietado. . perturbando vuestras *a*
1 Co. 15.45 hecho el primer. . Adán *a* viviente
2 Co. 1.23 invoco a Dios. . testigo sobre mi *a*
12.15 me gastaré del. . por amor de vuestras *a*
1 Ts. 5.23 espíritu, *a* y cuerpo, sea guardado
He. 4.12 y penetra hasta partir el *a* y el
6.19 tenemos como segura y firme ancla del *a*
10.38 y si retrocediere, no agradará a mi *a*
10.39 que tienen fe para preservación del *a*
13.17 porque ellos velan por vuestras *a*, como
Stg. 1.21 la palabra. . puede salvar vuestras *a*
4.4 *a* adúlteras! ¿No sabéis que la amistad
5.20 salvará de muerte un *a*, y cubrirá
1 P. 1.9 fe, que es la salvación de vuestras *a*
1.22 habiendo purificado vuestras *a* por la
2.11 los deseos. . que batallan contra el *a*
2.25 habéis vuelto al. . Obispo de vuestras *a*
4.19 encomienden sus *a* al fiel Creador, y
2 P. 2.8 afligía cada día su *a* justa, viendo
2.14 seducen a las *a* inconstantes, tienen
3 Jn. 2 tengas salud, así como prospera tu *a*
Ap. 6.9 las *a* de los que habían sido muertos
18.13 caballos y. . y esclavos, *a* de hombres
18.14 los frutos codiciados por tu *a* se
20.4 vi las *a* de los decapitados por causa

ALMACÉN

1 Cr. 27.28 Sefela. . de los *a* del aceite, Joás
Neh. 13.12 y todo Judá trajo el diezmo. . a los *a*
Jer. 40.10 ponedlos en vuestros *a*, y quedaos en
50.26 abrid sus *a*, convertidla en montón de

ALMACENAJE

Éx. 1.11 edificaron. . Faraón las ciudades de *a*

ALMACENAR

Gn. 6.21 toma. . de todo alimento. . y *almacénalo*
2 S. 9.10 *almacenarás* los frutos, para que el

ALMAGRE

Is. 44.13 el carpintero. . señala con *a*, lo labra

ALMENDRA

Gn. 43.11 llevad. . un presente. . mirra, nueces y *a*
Nm. 17.8 vara. . había reverdecido. . y producido *a*

ALMENDRO

Éx. 25.33(2) tres copas en forma de flor de *a*
25.34 cuatro copas en forma de flor de *a*
37.19(2) tres copas en figura de flor de *a*
37.20 cuatro copas en figura de flor de *a*
Ec. 12.5 florecerá el *a*, y la langosta será una
Jer. 1.11 ¿qué ves. . y dije: Veo una vara de *a*

ALMENA

Jer. 5.10 quitad las *a* de sus muros, porque no

ALMODAD *Hijo de Joctán*, Gn. 10.26; 1 Cr. 1.20

ALMOHADA

1 S. 19.13 y le acomodó por cabecera una *a* de
19.16 una *a* de pelo de cabra a su cabecera

ALMÓN *Ciudad de Benjamín (=Alemet No. 1)*, Jos. 21.18

ALMÓN-DIBLATAIM *Lugar donde acampó Israel*, Nm. 33.46,47

ALMUD

Mt. 5.15 enciende. . y se pone debajo de un *a*
Mr. 4.21 para ponerla debajo del *a*, o debajo
Lc. 11.33 nadie pone. . la luz. . debajo del *a*

ÁLOE

Nm. 24.6 como *á* plantados por Jehová, como
Sal. 45.8 *á* y casia exhalan todos tus vestidos
Pr. 7.17 he perfumado mi cámara con mirra, *á*
Cnt. 4.14 *á*, con todas las principales especies
Jn. 19.39 trayendo un compuesto de mirra y. . *á*

ALOJAMIENTO

Flm. 22 prepárame también *a*, porque espero que

ALOJAR

Nm. 24.2 vio a Israel *alojado* por sus tribus
Jue. 19.4 se quedó en su casa. . *alojándose* allí
2 R. 19.23 *alojaré* en sus más remotos lugares
Is. 10.29 *alojaron* en Geba; Ramá tembló; Gabaa
Lc. 9.12 vayan. . *alojen* y encuentren alimentos

ALÓN *Jefe de una familia de Simeón*, 1 Cr. 4.37

ALÓN-BACUT *"Encina de lágrimas"*, Gn. 35.8

ALÓN-SAANANIM *Lugar en Neftalí*, Jos. 19.33

ALOT *Lugar en Aser o en Judá*, 1 R. 4.16

ALQUILAR

Gn. 30.16 te he *alquilado* por las mandrágoras
Éx. 22.15 si era *alquilada*, reciba. . el alquiler
Dt. 23.4 *alquilaron* contra ti a Balaam hijo de
Jue. 9.4 con. . Abimelec *alquiló* hombres ociosos y
1 S. 2.5 los saciados se *alquilaron* por pan
Is. 7.20 día el Señor raerá con navaja *alquilada*
46.6 *alquilan* un platero para hacer un dios
Os. 8.9 solo; Efraín con salario *alquiló* amantes
8.10 aunque *alquilen* entre las naciones, ahora
Hch. 28.30 permaneció. . en una casa *alquilada*

ALQUILER

Éx. 22.15 era alquilada, reciba el dueño su *a*

ALREDEDOR

Gn. 35.5 sobre las ciudades que había en sus *a*
41.48 guardó. . el alimento del campo de sus *a*
Dt. 13.7 los dioses de. . que están en vuestros *a*
17.14 todas las naciones que están en mis *a*
Jue. 2.12 los dioses de los pueblos. . en sus *a*
2 S. 24.6 de allí a Danjaán y a los *a* de Sidón
2 R. 15.16 Manahem saqueó a Tifsa, y a. . sus *a*
23.5 los lugares altos en los *a* de Jerusalén
Esd. 1.6 los que estaban en sus *a* les ayudaron
Sal. 79.3 sangre como agua en. . *a* de Jerusalén
79.4 burlados de los que están en nuestros *a*
Jer. 17.26 vendrán de. . de los *a* de Jerusalén
48.39 espanto a todos los que están en sus *a*
49.5 traigo sobre ti espanto. . de todos tus *a*
Ez. 28.26 todos los que los despojan en sus *a*
Zac. 7.7 Jerusalén estaba habitada y. . en sus *a*
Mt. 2.16 mandó matar a. . en Belén y en. . sus *a*

ALTANERÍA

1 S. 2.3 no multipliquéis palabras de . . *a;* cesen
Sal. 73.8 y hablan . . de hacer violencia . . con *a*

ALTANERO

Sal. 101.5 al de ojos *a* y de corazón vanidoso
Jer. 48.29 Moab, que es . . altivo y *a* de corazón

ALTAR

Gn. 8.20 edificó Noé un *a* . . holocausto en el *a*
12.7 y edificó allí un *a* a Jehová, quien le
12.8 y edificó allí *a* a Jehová, e invocó el
13.4 al lugar del *a* que había hecho allí antes
13.18 Abram, pues . . edificó allí *a* a Jehová
22.9 edificó allí Abraham un *a* . . ató a Isaac
22.9 a Isaac . . lo puso en el *a* sobre la leña
26.25 edificó allí un *a*, e invocó el nombre
33.20 erigió . . *a*, y lo llamó El-Elohe-Israel
35.1 sube a Bet-el . . y haz allí un *a* al Dios
35.3 haré allí *a* al Dios que me respondió
35.7 edificó allí un *a*, y llamó el . . El-bet-el
Éx. 17.15 y Moisés edificó un *a*, y llamó su
20.24 *a* de tierra harás para . . y sacrificarás
20.25 y si me hicieres *a* de piedras, no las
20.26 no subirás por gradas a mi *a*, para que
21.14 de mi *a* lo quitarás para que muera
24.4 levantándose . . edificó un *a* al pie del
24.6 la otra mitad de la sangre sobre el *a*
27.1 harás también un *a* . . será cuadrado el *a*
27.5 dentro del cerco del *a* . . la mitad del *a*
27.6 harás también varas para el *a*, varas de
27.7 estarán aquellas varas a . . lados del *a*
28.43 cuando se acerquen al *a* para servir en
29.12 y pondrás sobre los cuernos del *a* con
29.12 derramarás toda la . . sangre al pie del *a*
29.13 la grosura . . y lo quemarás sobre el *a*
29.16 y con su sangre rociarás sobre el *a*
29.18 y quemarás todo el carnero sobre el *a*
29.20 rociarás la sangre sobre el *a* alrededor
29.21 y con la sangre que estará sobre el *a*
29.25 lo tomarás . . y lo harás arder en el *a*
29.36 purificarás el *a* . . hagas expiación por
29.37 expiación por el *a* . . será un *a* santísimo
29.37 cosa que tocare el *a*, será santificada
29.38 esto es lo que ofrecerás sobre el *a;* 2
29.44 santificaré el tabernáculo de . . y el *a*
30.1 asimismo un *a* para quemar el incienso
30.18 colocarás entre el tabernáculo . . y el *a*
30.20 cuando se acerquen al *a* para ministrar
30.27 el candelero con . . y el *a* del incienso
30.28 el *a* del holocausto con . . sus utensilios
31.8 el candelero limpio . . el *a* del incienso
31.9 el *a* del holocausto y . . sus utensilios
32.5 Aarón, edificó un *a* delante del becerro
34.13 derribaréis sus *a*, y quebraréis sus
35.15 el *a* del incienso y sus varas, el aceite
35.16 el *a* del holocausto, su enrejado de
37.25 hizo . . el *a* del incienso, de madera de
38.1 de madera de acacia el *a* del holocausto
38.3 hizo asimismo todos los utensilios del *a*
38.4 e hizo para el *a* un enrejado de bronce
38.4 debajo de su cerco hasta la mitad del *a*
38.7 las varas . . los anillos a los lados del *a*
38.30 el *a* de bronce y . . los utensilios del *a*
39.38 el *a* de oro, el aceite de la unción
39.39 *a* de bronce con su enrejado de bronce
40.5 y pondrás el *a* de oro para el incienso
40.6 pondrás el *a* del holocausto delante de
40.7 entre el tabernáculo de reunión y el *a*
40.10 ungirás también el *a* del holocausto y
40.10 santificarás el *a*, y . . un *a* santísimo
40.26 puso . . el *a* de oro en el tabernáculo de
40.29 colocó el *a* del holocausto a la entrada
40.30 entre el tabernáculo de reunión y el *a*
40.32 cuando se acercaban al *a*, se lavaban
40.33 atrio alrededor del tabernáculo y del *a*
Lv. 1.5 y la rociarán alrededor sobre el *a*, el
1.7 fuego sobre el *a*, y compondrán la leña
1.8,12 sobre el fuego que habrá encima del *a*
1.9 el sacerdote hará arder todo sobre el *a*
1.11 lo degollará al lado norte del *a* delante
1.11 de Aarón rociarán su sangre sobre el *a*
1.13,17 el sacerdote . . hará arder sobre el *a*
1.15 el sacerdote la ofrecerá sobre el *a*, y
1.15 hará que arda en el *a;* y su sangre será
1.15 su sangre será exprimida . . la pared del *a*
1.16 el buche y las plumas . . echará junto al *a*
2.2 lo hará arder sobre el *a* para memorial
2.8 la ofrenda . . el sacedote . . la llevará al *a*
2.9 su memorial, y lo hará arder sobre el *a*
2.12 mas no subirán sobre el *a* en olor grato
3.2,8,13 Aarón rociarán su sangre sobre el *a*
3.5 hijos de Aarón harán arder esto en el *a*
3.11,16 sacerdote hará arder esto sobre el *a*
4.7,18,25,30,34 sangre . . los cuernos del *a*
4.7,18,25,30,34 de la sangre al pie del *a*
4.10,19,31,35 lo hará arder sobre el *a*
4.26 quemará . . su grosura sobre el *a*, como la
5.9 rociará . . la sangre . . sobre la pared del *a*
5.9 lo que sobrare . . lo exprimirá al pie del *a*
5.12 la hará arder en el *a* sobre las ofrendas
6.9 el holocausto estará . . el *a* toda la noche
6.9 hasta la mañana; el fuego del *a* arderá
6.10 apartará él las cenizas de sobre el *a*, y
6.10 apartará él las . . las pondrá junto al *a*
6.12 el fuego . . sobre el *a* no se apagará, sino
6.13 el fuego arderá continuamente en el *a*
6.14 ofrecerán los hijos de Aarón . . ante el *a*
6.15 lo hará arder sobre el *a* por memorial
7.2 rociará su sangre alrededor sobre el *a*
7.5 y el sacerdote lo hará arder sobre el *a*
7.31 la grosura la hará arder . . en el *a*, mas
8.11 y roció de él sobre el *a* siete veces
8.11 y ungió el *a* y todos sus utensilios, y
8.15 puso con su dedo sobre los cuernos del *a*
8.15 purificó el *a;* y . . sangre al pie del *a*
8.16 tomó . . y lo hizo arder Moisés sobre el *a*
8.19,24 roció Moisés la sangre sobre el *a*
8.21 quemó Moisés todo el carnero sobre el *a*
8.28 hizo arder en el *a* sobre el holocausto
8.30 tomó . . de la sangre que estaba sobre el *a*
9.7 acércate al *a*, y haz tu expiación y tu
9.8 se acercó Aarón al *a* y degolló el becerro
9.9 y puso de ella sobre los cuernos del *a*
9.9 derramó el resto . . la sangre al pie del *a*
9.10 e hizo arder sobre el *a* la grosura con
9.12,18 la sangre . . la cual roció . . sobre el *a*
9.13 holocausto . . los hizo quemar sobre el *a*
9.14 y los quemó sobre el holocausto en el *a*
9.17 la ofrenda, y lo hizo quemar sobre el *a*
9.20 las grosuras . . y él las quemó sobre el *a*
9.24 y consumió . . con las grosuras sobre el *a*
10.12 comedla . . junto al *a* . . es cosa muy santa
14.20 y hará subir el . . la ofrenda sobre el *a*
16.12 tomará un incensario lleno . . fuego del *a*
16.18 saldrá al *a* que está delante de Jehová
16.18 y la pondrá sobre los cuernos del *a*
16.20 cuando hubiere acabado de expiar . . el *a*
16.26 en el *a* la grosura del sacrificio por
16.33 también hará expiación por el *a*, por los
17.6 esparcirá la sangre sobre el *a* de Jehová
17.11 he dado para hacer expiación sobre el *a*
21.23 ni se acercará al *a* . . hay defecto en él
22.22 ni de ellos pondréis . . el *a* de Jehová
Nm. 3.26 y la cortina de . . junto al *a* alrededor
3.31 a cargo de ellos estarán el arca . . los *a*
4.11 sobre el *a* de oro extenderán un paño
4.13 quitarán la ceniza del *a*, y extenderán
4.14 y pondrán sobre él . . los utensilios del *a*
4.26 la cortina de la . . que está cerca del . . *a*
5.25 la ofrenda . . y la ofrecerá delante del *a*
5.26 lo quemará sobre el *a*, y después dará a
7.1 santificado el *a* y todos sus utensilios
7.10 trajeron . . para la dedicación del *a* el día
7.10 los príncipes su ofrenda delante del *a*
7.11 ofrecerán su . . para la dedicación del *a*
7.84 para la dedicación del *a*, el día en que
7.88 fue la ofrenda para la dedicación del *a*
16.38 de él planchas batidas para cubrir el *a*
16.39 tomó . . y los batieron para cubrir el *a*
16.46 pon en él fuego del *a*, y sobre él pon
18.3 no se acercarán a . . ni al *a*, para que no
18.5 tendréis el cuidado . . del *a*, para que no
18.7 en todo lo relacionado con el *a*, y del
18.17 la sangre de ellos rociarás sobre el *a*
23.1 Balaam dijo a . . Edifícame aquí siete *a*
23.2 ofrecieron un . . y un carnero en cada *a*
23.4 dijo: Siete *a* he ordenado, y en cada *a*
23.14 edificó siete *a*, y ofreció un becerro y
23.14 ofreció un becerro y . . carnero en cada *a*
23.29 edifícame aquí siete *a*, y prepárame aquí
23.30 y Balac . . ofreció un becerro . . en cada *a*
Dt. 7.5 sus *a* destruiréis, y quebraréis sus
12.3 derribaréis sus *a*, y quebraréis . . Asera
12.27 ofrecerás . . sobre el *a* de Jehová tu Dios
12.27 la sangre . . será derramada sobre el *a* de
16.21 no plantarás ningún árbol . . cerca del *a*
26.4 pondrá delante del *a* de Jehová tu Dios
27.5 edificarás allí un *a* . . Dios, *a* de piedras
27.6 de piedras enteras edificarás el *a* de
33.10 el incienso . . y el holocausto sobre tu *a*
Jos. 8.30 Josué edificó un *a* a Jehová Dios de
8.31 ley de Moisés, un *a* de piedras enteras
9.27 a ser . . aguadores . . para el *a* de Jehová
22.10 un *a* junto al . . *a* de grande apariencia
22.11 edificado un *a* frente a la tierra de
22.16 edificándoos *a* para ser rebeldes contra
22.19 edificándoos *a* además del *a* de Jehová
22.23 si nos hemos edificado *a* para volvernos
22.26 edifiquemos . . un *a*, no para holocausto
22.28 mirad el símil del *a* de Jehová, el cual
22.29 edificando *a* para holocaustos, para
22.29 además del *a* de Jehová nuestro Dios que
22.34 Gad pusieron por nombre al *a* Ed; porque
Jue. 2.2 moradores . . cuyos *a* habéis de derribar
6.24 edificó allí Gedeón *a* a Jehová, y lo
6.25 derriba el *a* de Baal que tu padre tiene
6.26 edifica *a* a Jehová . . en la cumbre de este
6.28 he aquí que el *a* de Baal estaba derribado
6.28 había . . ofrecido . . sobre el *a* edificado
6.30 ha derribado el *a* de Baal y ha cortado
6.31 Baal . . sí mismo con el que derribó su *a*
6.32 llamado Jerobaal . . por cuanto derribó su *a*
13.20 cuando la llama subía del *a* hacia el
13.20 ángel de Jehová subió en la llama del *a*
21.4 y edificaron allí *a*, y . . holocaustos
1 S. 2.28 le escogí . . que ofreciese sobre mi *a*
2.33 el varón . . que yo no corte de mi *a*, será
7.17 después volvía a Ramá . . edificó allí un *a*
14.35 edificó Saúl *a* a Jehová; este *a* fue el
2 S. 24.18 levanta un *a* a Jehová en la era de
24.21 a fin de edificar un *a* a Jehová, para
24.25 edificó allí . . *a* a Jehová, y sacrificó
1 R. 1.50 fue, y se asió de los cuernos del *a*
1.51 pues se ha asido de los cuernos del *a*
1.53 envió el rey . . y lo trajeron del *a;* y él
2.28 huyó Joab . . se asió de los cuernos del *a*
2.29 Joab había huido . . que estaba junto al *a*
3.4 mil holocaustos . . Salomón sobre aquel *a*
6.20 asimismo cubrió de oro el *a* de cedro
6.22 cubrió de oro . . el *a* que estaba frente
7.48 un *a* de oro, y una mesa también de oro
8.22 se puso Salomón delante del *a* de Jehová
8.31 y viniere el juramento delante de tu *a*
8.54 se levantó de . . delante del *a* de Jehová
8.64 el *a* de . . delante de Jehová era pequeño
9.25 y ofrecía, . sobre el *a* que él edificó a
12.32 fiesta solemne . . y sacrificó sobre un *a*
12.33 sacrificó . . sobre el *a* que él había hecho
12.33 hizo . . y subió al *a* para quemar incienso
13.1 a Bet-el; y estando Jeroboam junto al *a*
13.2 clamó contra el *a* . . y dijo: *A*, *a*, así ha
13.3 *a* se quebrará, y la ceniza que sobre él
13.4 que había clamado contra el *a* de Bet-el
13.4 extendiendo su mano desde el *a*, dijo
13.5 el *a* se rompió, y se . . la ceniza del *a*
13.32 vendrá lo que él dijo . . contra el *a* que
16.32 e hizo *a* a Baal, en el templo de Baal
18.26 ellos andaban saltando cerca del *a* que
18.30 él arregló el *a* de Jehová que estaba
18.32 edificó . . un *a* en el nombre de Jehová
18.32 hizo una zanja alrededor del *a*, en que
18.35 que el agua corría alrededor del *a*, y
19.10,14 han derribado tus *a*, y han matado a
2 R. 11.11 junto al *a* y el templo, en derredor
11.18 de Baal . . despedazaron . . *a* y sus imágenes
11.18 mataron a Matán . . Baal delante de los *a*
12.9 tomó un arca . . la puso junto al *a*, a la
16.10 envió . . la descripción del *a*, conforme
16.10 vio el rey . . el *a* que estaba en Damasco
16.11 y el sacerdote Urías edificó el *a*
16.12 el rey . . vio el *a*, se acercó el rey a él
16.13 esparció la sangre de sus . . junto al *a*
16.14 el *a* de bronce . . entre el *a* y el templo
16.14 lo puso al lado del *a* hacia el norte
16.15 en el gran *a* encenderás el holocausto
16.15 el *a* de bronce será mío para consultar
18.22 ¿no es éste aquel cuyos . . *a* ha quitado
18.22 delante de este *a* adoraréis en Jerusalén
21.3 levantó *a* a Baal, e hizo una imagen de
21.4 edificó *a* en la casa de Jehová, de la
21.5 edificó *a* para . . el ejército de los cielos
23.8 derribó los *a* de las puertas que estaban
23.9 los sacerdotes . . no subían al *a* de Jehová
23.12 derribó . . el rey los *a* que estaban sobre
23.12 y los *a* que había hecho Manasés en los
23.15 el *a* que estaba en Bet-el . . destruyó
23.15 aquel *a* y el lugar alto destruyó, y lo
23.16 los quemó sobre el *a* para contaminarlo
23.17 estas cosas . . tú has hecho sobre el *a*
23.20 mató . . sobre los *a* a todos los sacerdotes
1 Cr. 6.49 ofrecían . . sobre el *a* del holocausto
6.49 sobre el *a* del perfume quemaban incienso
16.40 y tarde, holocaustos a Jehová en el *a*
21.18 a David que . . construyese un *a* a Jehová
21.22 la era, para que edifique un *a* a Jehová
21.26 y edificó allí David un *a* a Jehová, en
21.26 quien le respondió por fuego . . en el *a*
21.29 el *a* del holocausto, estaban . . Gabaón
22.1 y aquí el *a* del holocausto para Israel
28.18 oro puro en peso para el *a* del incienso
2 Cr. 1.5 *a* de bronce que había hecho Bezaleel
1.6 subió, pues, Salomón, allá . . al *a* de bronce
4.1 hizo . . un *a* de bronce de veinte codos de
4.19 hizo . . el *a* de oro, y las mesas sobre las
5.12 los levitas cantores . . al oriente del *a*
6.12 se puso luego Salomón delante del *a* de
6.22 viniere a jurar ante tu *a* en esta casa
7.7 en el *a* de bronce . . no podían caber los
7.9 hecho la dedicación del *a* en siete días
8.12 ofreció Salomón holocaustos . . sobre el *a*
14.3 porque quitó los *a* del culto extraño
15.8 reparó el *a* de Jehová que estaba delante
23.10 hacia el *a* y la casa, alrededor del rey
23.17 Baal, y lo derribaron, y también sus *a*
23.17 y mataron delante de los *a* a Matán
26.16 quemar incienso en el *a* del incienso
26.19 Uzías . . la lepra le brotó en . . junto al *a*
28.24 *a* en Jerusalén en todos los rincones
29.18 ya hemos limpiado . . el *a* del holocausto
29.19 he aquí están delante del *a* de Jehová
29.21 que los ofreciesen sobre el *a* de Jehová
29.22 la sangre, y la esparcieron sobre el *a*
29.22(2) y esparcieron la sangre sobre el *a*
29.24 ofrenda de expiación con . . sobre el *a*
29.27 mandó . . sacrificar el holocausto en el *a*
30.14 quitaron los *a* que . . los *a* de incienso
31.1 y derribaron los lugares altos y los *a*
32.12 ha quitado sus . . y sus *a*, y ha dicho a
32.12 delante de este solo *a* adoraréis, y
33.3 levantó *a* a los baales, e hizo imágenes

ALTAR *(Continúa)*
2 Cr. 33.4 edificó también *a* en la casa de Jehová
33.5 edificó. .*a* a todo el ejército de los
33.15 quitó. .todos los *a* que había edificado
33.16 reparó. .el *a* de Jehová, y sacrificó
34.4 derribaron. .los *a* de los baales, e hizo
34.5 los huesos de los sacerdotes sobre sus *a*
34.7 hubo derribado los *a* y las imágenes de
35.16 sacrificar los. .sobre el *a* de Jehová
Esd. 3.2 edificaron el *a* del Dios de Israel
3.3 y colocaron al *a* sobre su base, porque
7.17 los ofrecerás sobre el *a* de la casa de
Neh. 10.34 quemar sobre el *a* de Jehová nuestro
Sal. 26.6 andaré alrededor de tu *a*, oh Jehová
43.4 y entraré al *a* de Dios, al Dios de mi
51.19 entonces ofrecerán becerros sobre tu *a*
84.3 ponga sus polluelos, cerca de tus *a*, oh
118.27 atad víctimas con. .a los cuernos del *a*
Is. 6.6 carbón. .tomado del *a* con unas tenazas
17.8 y no mirará a los *a* que hicieron sus
19.19 en aquel tiempo habrá *a* para Jehová en
27.9 haga todas las piedras del *a* como. .cal
36.7 cuyos *a* hizo quitar Ezequías, y dijo a
36.7 y dijo a. .Delante de este *a* adoraréis?
56.7 sacrificios serán aceptos sobre mi *a*
60.7 serán ofrecidos con agrado sobre mi *a*
Jer. 11.13 los *a* de ignominia, *a* para. .a Baal
17.1 esculpido está. .en los cuernos de sus *a*
17.2 sus hijos se acuerdan de sus *a* y de sus
Lm. 2.7 desechó el Señor su *a*, menospreció su
Ez. 6.4 vuestros *a* serán asolados, y vuestras
6.5 vuestros huesos esparciré en. .vuestros *a*
6.6 que sean asolados. .desiertos vuestros *a*
6.13 sus muertos estén. .en derredor de sus *a*
8.5 junto a la puerta del *a*, aquella imagen
8.16 entre la entrada y el *a*, como 25 varones
9.2 entrados. .pararon junto al *a* de bronce
16.24 y te hiciste *a* en todas las plazas
16.31 haciendo tus *a* en todas las plazas!
16.39 derribarán tus *a*, y te despojarán de
40.46 es de los. .que hacen la guardia del *a*
40.47 atrio. .y el *a* estaba delante de la casa
41.22 altura del *a* de madera era tres codos
43.13 son las medidas del *a*. .el zócalo del *a*
43.15 *a* era de cuatro codos, y encima del *a*
43.16 el *a* tenía doce codos de largo, y doce
43.18 estas son las ordenanzas del *a* el día
43.20 y pondrás en los cuatro cuernos del *a*
43.22 purificarán el *a* como lo purificaron
43.26 por siete días harán expiación por el *a*
43.27 los sacerdotes sacrificarán sobre el *a*
45.19 los cuatro ángulos del descanso del *a*
47.1 las aguas descendían de. .al sur del *a*
Os. 8.11 multiplicó. .*a* para pecar, tuvo *a* para
10.1 multiplicó también los *a*, conforme a la
10.2 Jehová demolerá sus *a*, destruirá sus
10.8 crecerá sobre sus *a* espino y cardo
12.11 sus *a* son como montones en los surcos
Jl. 1.13 gemid, ministros del *a*; venid, dormid
2.17 la entrada y el *a* lloren los. .ministros
Am. 2.8 sobre. .se acuestan junto a cualquier *a*
3.14 día. .castigaré también los *a* de Bet-el
3.14 y serán cortados los cuernos del *a*
9.1 vi al Señor que estaba sobre el *a*, y dijo
Zac. 9.15 se llenarán como. .como cuernos del *a*
14.20 y las ollas de. .como los tazones del *a*
Mal. 1.7 en que ofrecéis sobre mi *a* pan inmundo
1.10 las puertas o alumbre mi *a* de balde?
2.13 haréis cubrir el *a* de Jehová de lágrimas
Mt. 5.23 si traes tu ofrenda al *a*, y allí te
5.24 deja allí tu ofrenda delante del *a*, y
23.18 si alguno jura por el *a*, no es nada
23.19 la ofrenda, o el *a* que santifica la
23.20 pues el que jura por el *a*, jura por él
23.35 quien matasteis entre el templo y el *a*
Lc. 1.11 un ángel del Señor. .a la derecha del *a*
11.51 que murió entre el *a* y el templo; sí
Hch. 17.23 *a* en el cual estaba esta inscripción
Ro. 11.3 y tus *a* han derribado; y sólo yo he
1 Co. 9.13 que sirven al *a*, del *a* participan?
10.18 los que comen. .¿no son partícipes del *a*?
He. 7.13 tribu, de la cual nadie sirvió al *a*
13.10 *a*, del cual no tienen derecho de comer
Stg. 2.21 ofreció a su hijo Isaac sobre el *a*?
Ap. 6.9 bajo el *a* las almas de los que habían
8.3 otro ángel vino. .y se paró ante el *a* con
8.3 el *a* de oro que estaba delante del trono
8.5 lo llenó del fuego del *a*, y lo arrojó a
9.13 oí una voz de entre los. .cuernos del *a*
11.1 mide el templo de Dios, y el *a*, y a los
14.18 salió del *a* otro ángel, que tenía poder
16.7 también oí a otro que desde el *a* decía

ALTERAR
Esd. 6.11 cualquiera que *altere* este decreto
Sal. 37.7 no te *alteres* con motivo del que
Dn. 6.17 lo selló. .el acuerdo. .no se *alterase*

ALTERCADO
Gn. 13.8 Lot: No haya ahora *a* entre nosotros

ALTERCAR
Gn. 26.20 Esek, porque habían *altercado* con él
Éx. 17.2 *altercó* el pueblo. .¿Por qué *altercáis*
Mi. 6.2 tiene pleito con. .*altercará* con Israel
Ro. 9.20 ¿quién eres tú, para que *alterques* con

ALTERNAR
1 Cr. 26.12 *alternando* los principales de los

ALTEZA
Job 13.11 de cierto su *a* os habría de espantar
40.10 adórnate ahora de majestad y de *a*, y

ALTILOCUENCIA
Pr. 17.7 no conviene al necio la *a*; ¡cuánto

ALTÍSIMO
Gn. 14.18 sacerdote del Dios *A*, sacó pan y vino
14.19 bendito sea Abram del Dios *A*, creador
14.20 y bendito sea el Dios *A*, que entregó
14.22 he alzado mi mano a Jehová Dios *A*
Nm. 24.16 dijo. .el que sabe la ciencia del *A*
Dt. 32.8 cuando el *A* hizo heredar a. .naciones
2 S. 22.14 tronó desde los. .y el *A* dio su voz
Sal. 7.17 y cantaré al nombre de Jehová el *A*
9.2 me alegraré. .cantaré a tu nombre, oh *A*
18.13 el *A* dio su voz; granizo y carbones
21.7 el rey confía. .en la misericordia del *A*
46.4 Dios, el santuario de las moradas del *A*
47.2 Jehová el *A* es temible; Rey grande sobre
50.14 sacrifica a Dios. .paga tus votos al *A*
57.2 clamaré al Dios *A*, al Dios que me
73.11 y dicen. .¿Y hay conocimiento en el *A*?
77.10 traeré. .los años de la diestra del *A*
78.17 rebelándose contra el *A* en el desierto
78.35 era su refugio, y el Dios *A* su Redentor
78.56 pero ellos tentaron y. .al Dios *A*, y no
82.6 vosotros sois dioses, y. .hijos del *A*
83.18 Jehová; tú solo *A* sobre toda la tierra
87.5 se dirá. .y el *A* mismo la establecerá
91.1 el que habita al abrigo del *A* morará
91.9 has puesto a. .al *A* por tu habitación
92.1 bueno. .cantar salmos a tu nombre, oh *A*
92.8 mas tú, Jehová, para siempre eres *A*
107.11 cuanto. .aborrecieron el consejo del *A*
Is. 14.14 sobre. .subiré, y seré semejante al *A*
Lm. 3.35 torcer el derecho. .presencia del *A*
3.38 ¿de la boca del *A* no sale lo malo y lo
Dn. 3.26 y dijo. .siervos del. .*A*, salid y venid
4.2 señales. .que el Dios *A* ha hecho conmigo
4.17 conozcan. .que el *A* gobierna el reino de
4.24 la sentencia del *A*, que ha venido sobre
4.25,32 que el *A* tiene dominio en el reino
4.34 bendije al *A*, y alabé y glorifiqué al
5.18 el *A* Dios, oh rey, dio a. .tu padre el
5.21 el *A* Dios tiene dominio sobre el reino
7.18 recibirán el reino los santos del *A*
7.22 y se dio el juicio a los santos del *A*
7.25 hablará palabras contra el *A*, y a los
7.25 y a los santos del *A* quebrantará, y
7.27 sea dado al pueblo de los santos del *A*
Os. 7.16 volvieron, pero no al *A*; fueron como
11.7 aunque me llaman *A*, ninguno. .enaltecer
Abd. 3 tú que moras. .en tu *a* morada; que dices
Mi. 6.6 ¿con qué me presentaré. .adoraré al. .*A*?
Mr. 5.7 ¿qué tienes conmigo. .Hijo del Dios *A*?
Lc. 1.32 y será llamado Hijo del *A*; y el Señor
1.35 el poder del *A* te cubrirá con su sombra
1.76 y tú, niño, profeta del *A* serás llamado
6.35 seréis hijos del *A*; porque él es benigno
8.28 ¿qué tienes conmigo. .Hijo del Dios *A*?
Hch. 7.48 el *A* no habita en templos hechos de
16.17 estos hombres son siervos del Dios *A*
He. 7.1 Melquisedec. .sacerdote del Dios *A*, que

ALTIVEZ
Dt. 1.43 persistiendo con *a* subisteis al monte
Job 20.6 aunque subiere su *a* hasta el cielo
Sal. 10.4 el malo, por la *a* de su rostro, no
Pr. 16.18 y antes de la caída la *a* de espíritu
21.4 *a* de ojos, y orgullo de. .son pecado
Is. 2.11 la *a* de los ojos del hombre. .abatida
2.17 la *a* del hombre será abatida, y la
9.9 que con soberbia y con *a* de corazón dicen
10.12 rey de. .y la gloria de la *a* de sus ojos
13.11 que cese. .y abatiré la *a* de los fuertes
16.6 muy grandes son su soberbia, su. .y su *a*
Ez. 30.6 la *a* de su poderío caerá; desde Migdol
2 Co. 10.5 refutando. .*a* que se levanta contra

ALTIVO
2 S. 22.28 mas tus ojos están sobre los *a* para
Job 40.11 de tu ira; mira a todo *a*, y abátelo
Sal. 18.27 tú salvarás. .humillarás los ojos *a*
138.6 al humilde, mas al *a* mira de lejos
Pr. 6.17 los ojos *a*, la lengua mentirosa, las
16.5 abominación es a Jehová. .*a* de corazón
28.25 el *a* de ánimo suscita contiendas; mas
30.13 hay generación cuyos ojos son *a* y cuyos
Ec. 7.8 mejor es el sufrido. .el *a* de espíritu
Is. 2.12 día de Jehová. .sobre todo soberbio y *a*
5.15 y serán bajados los ojos de los *a*
Jer. 48.29 de Moab. .orgulloso, *a* y altanero
Dn. 8.23 al fin. .se levantará un rey *a* de rostro
Ro. 1.30 *a*, inventores de males, desobedientes
12.16 no *a*, sino asociándoos con los humildes
1 Ti. 6.17 a los ricos de. .manda que no sean *a*

ALTO, TA
Gn. 7.19 todos los montes *a*. .fueron cubiertos
28.13 he aquí Jehová estaba en lo *a* de ella
Éx. 26.24 se juntarán por su *a* con un gozne
Lv. 26.30 destruiré. .lugares *a*, y derribaré
Nm. 33.52 y destruiréis todos sus lugares *a*
Dt. 1.28 pueblo es mayor y más *a* que nosotros
2.10,21 pueblo grande y numeroso, y *a* como
3.5 eran ciudades fortificadas con muros *a*
9.2 pueblo grande y *a*, hijos de los anaceos
12.2 sirvieron. .dioses, sobre los montes *a*
28.43 extranjero. .se elevará sobre ti muy *a*
28.52 sitio a. .hasta que caigan tus muros *a*
1 S. 9.12 tiene hoy un sacrificio en el lugar *a*
9.13 antes que suba al lugar *a* a comer; pues
9.14 he aquí Samuel venía. .subir al lugar *a*
9.19 sube delante de mí al lugar *a*, y come
9.25 cuando hubieron descendido del lugar *a*
10.5 de profetas que descienden del lugar *a*
10.13 cesó de profetizar, y llegó al lugar *a*
10.23 desde los. .era más *a* que todo el pueblo
22.6 Saúl estaba. .de un tamarisco sobre un *a*
28.12 y viendo la mujer a. .clamó en *a* voz, y
2 S. 2.25 hicieron *a* en la cumbre del collado
15.23 todo el país lloró en *a* voz; pasó luego
18.28 Ahimaas dijo en *a* voz al rey: Paz
19.4 mas el rey. .clamaba en *a* voz: ¡Hijo mío
22.3 mi escudo, y el fuerte de. .mi *a* refugio
22.17 envió desde lo *a* y me tomó; me sacó
23.1 dijo aquel varón que fue levantado en *a*
1 R. 3.2 el pueblo sacrificaba en los lugares *a*
3.3 y quemaba incienso en los lugares *a*
3.4 Gabaón. .aquel era el lugar *a* principal
6.2 sesenta codos de. .y treinta codos de *a*
6.16 de cedro desde el suelo hasta lo más *a*
7.35 y en lo *a* de la basa había una pieza
7.41 capiteles redondos que estaban en lo *a*
8.55 bendijo a. .Israel, diciendo en voz *a*
10.19 la parte *a* era redonda por el respaldo
11.7 edificó Salomón un lugar *a* a Quemos
12.31 hizo. .casas sobre los lugares *a*, e hizo
12.32 ordenó. .sacerdotes para los lugares *a*
13.2 a los sacerdotes de los lugares *a* que
13.32 contra todas las casas de los lugares *a*
13.33 a hacer sacerdotes de los lugares *a* de
13.33 fuese de. .sacerdotes de los lugares *a*
14.23 se edificaron lugares *a*, estatuas, e
14.23 e imágenes de Asera, en todo collado *a*
15.14 embargo, los lugares *a* no se quitaron
18.27 diciendo: Gritad en *a* voz, porque dios
22.43 los lugares *a* no fueron quitados; porque
2 R. 9.13 lo puso debajo de Jehú en un trono *a*
12.3 los lugares *a* no se quitaron, porque el
12.3 pueblo aún sacrificaba. .en los lugares *a*
14.4 con todo eso, los lugares *a* no fueron
14.4 pueblo. .quemaba incienso en. .lugares *a*
15.4 los lugares *a* no se quitaron, porque el
15.4,35 y quemaba incienso en los lugares *a*
15.35 los lugares *a* no fueron quitados, porque
15.35 edificó él la puerta más *a* de la casa
16.4 quemó incienso en los lugares *a*, y sobre
17.9 edificándose lugares *a* en. .sus ciudades
17.10 estatuas. .de Asera en todo collado *a*
17.11 quemaron. .incienso en. .los lugares *a*
17.29 los templos de los lugares *a* que habían
17.32 e hicieron. .sacerdotes de los lugares *a*
17.32 sacrificaban para ellos en. .lugares *a*
18.4 él quitó los lugares *a*, y quebró las
18.22 es éste aquel cuyos lugares *a* y altares
19.22 contra quién. .levantado en *a* tus ojos?
19.23 cortaré sus *a* cedros, sus cipreses más
21.3 porque volvió a edificar los lugares *a*
23.5 que quemasen incienso en los lugares *a*
23.8 profanó los lugares *a* donde. .quemaban
23.9 sacerdotes de los lugares *a* no subían
23.13 profanó. .los lugares *a*. .de Jerusalén
23.15 lugar *a* que había hecho Jeroboam hijo
23.15 aquel altar y el lugar *a* destruyó, y lo
23.19 las casas de los lugares *a*. .las quitó
23.20 mató. .los sacerdotes de los lugares *a*
1 Cr. 16.39 en el lugar *a* que estaba en Gabaón
21.29 el altar del. .en el lugar *a* de Gabaón
2 Cr. 1.3 fue Salomón. .al lugar *a* que había en
1.13 y desde el lugar *a* que había en Gabaón
11.15 sacerdotes para los lugares *a*, y para
14.3 quitó los altares del. .y los lugares *a*
14.5 de Judá los lugares *a* y las imágenes de
15.17 los lugares *a* no eran quitados de Israel
17.6 quitó los lugares *a* y las imágenes de
20.19 alabar a Jehová. .con fuerte y *a* voz
20.33 eso, los lugares *a* no fueron quitados
21.11 hizo lugares *a* en los montes de Judá
24.20 pie, donde estaba más *a* que el pueblo
28.4 y quemó incienso en los lugares *a*, en
28.25 hizo. .lugares *a* en todas las ciudades
31.1 derribaron los lugares *a* y los altares
32.12 mismo que ha quitado sus lugares *a* y
33.3 reedificó los lugares *a* que Ezequías
33.14 elevó el muro muy *a*; y puso capitanes

ALTO, TA *(Continúa)*
2 Cr. 33.17 sacrificaba en los lugares *a*, aunque
33.19 los sitios donde edificó lugares *a* y
34.3 a limpiar a Judá y a. .de los lugares *a*
Esd. 3.12 lloraban en *a* voz, mientras muchos
10.12 dijeron en *a* voz: Así se haga conforme
Neh. 3.25 la torre *a* que sale de la casa del rey
8.5 porque estaba más *a* que todo el pueblo
9.4 y clamaron en voz *a* a Jehová su Dios
9.5 tuyo, glorioso y *a* sobre toda bendición
12.42 y los cantores cantaban en *a* voz, e
Job 11.8 es más *a* que los cielos; ¿qué harás?
35.5 considera que las nubes son más *a* que tú
39.18 se levanta en *a*, se burla del caballo
39.27 ¿se remonta el. .y pone en *a* su nido?
41.34 menosprecia toda cosa *a*; es rey sobre
Sal. 7.7 y sobre ella vuélvete a sentar en *a*
18.2 la fuerza de mi salvación, mi *a* refugio
18.16 envió desde lo *a*; me tomó, me sacó de
27.5 morada; sobre una roca me pondrá en *a*
61.2 llévame a la roca que es más *a* que yo
68.15 monte de Dios es. .monte *a* el de Basán
68.16 ¿por qué observáis, oh montes *a*, al
68.18 subiste a lo *a*, cautivaste la cautividad
69.29 tu salvación, oh Dios, me ponga en *a*
78.56 le enojaron con sus lugares *a*, y le
91.14 le pondré en *a*, por cuanto ha conocido
102.19 porque miró desde lo *a* de su santuario
104.18 los montes *a* para las cabras monteses
139.6 para mí; *a* es, no lo puedo comprender
144.7 envía tu mano desde lo *a*; redímeme, y
Pr. 9.3 sobre lo más *a* de la ciudad clamó
9.14 se sienta. .en los lugares *a* de la ciudad
18.11 y como un muro *a* en su imaginación
19.11 y su honra es pasar por *a* la ofensa
24.7 *a* está para el insensato la sabiduría
27.14 el que bendice a su amigo en *a* voz
Ec. 5.8 sobre el *a*. .otro más *a*, y uno más *a*
12.5 cuando también temerán de lo que es *a*
Is. 2.13 sobre todos los cedros del Líbano *a*
2.14 sobre todos los montes *a*, y. .collados
2.15 sobre toda torre *a*, y. .todo muro fuerte
6.1 vi yo al Señor sentado sobre un trono *a*
7.11 ya sea de abajo en. .o de arriba en lo *a*
8.21 maldecirán. .levantando el rostro en *a*
10.33 cortados, y los *a* serán humillados
13.2 levantad bandera sobre un *a* monte; alzad
14.13 en lo *a*, junto a. .levantaré mi trono
15.2 subió a Bayit y a Dibón, lugares *a*, a
16.12 apareciere Moab. .sobre los lugares *a*
19.16 temerán en la presencia de la mano *a*
22.16 el que en lugar *a* labra su sepultura
24.4 enfermaron los *a* pueblos de la tierra
24.18 de lo *a* se abrirán ventanas, y temblarán
24.21 castigará al ejército de los. .en lo *a*
25.12 y abatirá la fortaleza de tus *a* muros
30.25 y sobre todo monte *a*. .ríos y corrientes
32.15 que. .sea derramado el Espíritu de lo *a*
36.7 es éste aquel cuyos lugares *a* y altares
37.23 ¿contra quién has alzado tu voz. .en *a*?
37.24 cortaré sus *a* cedros, sus cipreses
38.14 me quejaba; gemía. .alzaba en *a* mis ojos
40.9 súbete sobre un monte *a*, anunciadora de
40.26 levantad en *a* vuestros ojos, y mirad
52.13 mi siervo será prosperado. .muy en *a*
55.9 como son más *a* los cielos que la tierra
55.9 mis caminos más *a* que vuestros caminos
57.7 sobre el monte *a* y empinado pusiste tu
57.15 porque así dijo el *A* y Sublime, el que
Jer. 2.20 con todo eso, sobre todo collado *a* y
3.6 se va sobre todo monte *a* y debajo de todo
7.31 y han edificado los lugares *a* de Tofet
17.2 junto a los árboles. .en los collados *a*
17.3 por el pecado de tus lugares *a* en todo
19.5 edificaron lugares *a* a Baal para quemar
25.30 Jehová rugirá desde lo *a*, y desde su
31.12 vendrán con gritos de gozo en lo *a* de
31.21 establécete señales, ponte majanos *a*
32.35 edificaron lugares *a* a Baal. .de Hinom
48.35 quien sacrifique sobre los lugares *a*
51.58 sus *a* puertas serán quemadas a fuego
Lm. 1.13 desde lo *a* envió fuego que consume mis
Ez. 1.18 sus aros eran *a* y espantosos, y llenos
6.3 espada, y destruiré vuestros lugares *a*
6.6 lugares *a* serán asolados, para que sean
6.13 todo collado *a*, en todas las cumbres de
16.16 hiciste diversos lugares *a*, y fornicaste
16.24 te edificaste lugares *a*, y te hiciste
16.25 toda cabeza de camino edificaste lugar *a*
16.31 tus lugares *a* en toda cabeza de camino
16.39 destruirán tus lugares *a*, y derribarán
17.22 tomaré yo del cogollo de aquel *a* cedro
17.22 lo plantaré sobre el monte *a* y sublime
17.23 en el monte *a* de Israel lo plantaré
20.28 miraron a todo collado *a* y a todo árbol
20.29 es ese lugar *a* adonde vosotros vais?
20.40 el *a* monte de Israel. .allí me servirá
21.26 sea exaltado lo bajo, y humillado lo *a*
34.6 anduvieron perdidas. .en todo collado *a*
34.14 en los *a* montes de. .estará su aprisco
40.2 me puso sobre un monte muy *a*, sobre el
42.5 y las cámaras más *a* eran más estrechas
43.7 los cuerpos muertos de. .en sus lugares *a*
Dn. 3.4 pregonero anunciaba en *a* voz: Mándase
5.7 el rey gritó en *a* voz que hiciesen venir
8.3 los cuernos eran *a*, uno era más *a* que el
8.3 dos cuernos. .y el más *a* creció después
Os. 10.8 los lugares *a* de Avén serán destruidos
Am. 7.9 los lugares *a* de Isaac serán destruidos
Mi. 1.5 ¿y cuáles son los lugares *a* de Judá?
4.1 monte de la casa. .más *a* que los collados
Hab. 2.9 que codicia. .para poner en *a* su nido
3.10 abismo dio su voz; a lo *a* alzó sus manos
Sof. 1.16 día de trompeta. .sobre las *a* torres
Mt. 4.8 le llevó el diablo a un monte muy *a*
17.1 tomó a. .y los llevó aparte a un monte *a*
Mr. 9.2 y los llevó aparte solos a un monte *a*
14.15 él os mostrará un gran aposento *a* ya
Lc. 1.78 con que nos visitó desde lo *a* la aurora
4.5 llevó el diablo a un *a* monte y le mostró
11.42 y pasáis por *a* la justicia y el amor
22.12 él os mostrará un gran aposento *a* ya
24.49 seáis investidos de poder desde lo *a*
Jn. 11.41 Jesús, alzando los ojos a lo *a*, dijo
Hch. 1.13 y entrados, subieron al aposento *a*
17.30 habiendo pasado por *a* los tiempos de
20.8 había muchas lámparas en el aposento *a*
24.21 que. .prorrumpí en *a* voz: Acerca de la
2 Co. 11.25 he estado como náufrago en *a* mar
Ef. 4.8 dice: Subiendo a lo *a*, llevó cautiva la
Stg. 1.17 todo don perfecto desciende de lo *a*
3.15 esta sabiduría no. .desciende de lo *a*
3.17 la sabiduría que es de lo *a* es. .pura
Ap. 21.10 me llevó en. .a un monte grande y *a*
21.12 tenía un muro grande y *a* con 12 puertas

ALTURA
Gn. 6.15 de 50 codos su anchura, y de 30. .su *a*
Éx. 25.10 un arca de madera. .*a* de codo y medio
25.23 harás. .una mesa. .su *a* de codo y medio
27.1 cuadrado el altar, y su *a* de tres codos
27.18 longitud del atrio. .su *a* de cinco codos
30.2 será cuadrado, y su *a* de dos codos
37.1 hizo. .el arca. .y su *a* de codo y medio
37.10 la mesa de madera. .de codo y medio su *a*
37.25 el altar. .cuadrado, y su *a* de dos codos
38.1 altar. .cuadrado, y de tres codos de *a*
38.18 anchura, o sea su *a*, era de cinco codos
Nm. 21.28 a Ar. .los señores de las *a* de Arnón
Dt. 32.13 hizo subir sobre las *a* de la tierra
33.29 humillados, y tú hollarás sobre sus *a*
Jue. 5.18 Zabulón. .y Neftalí en las *a* del campo
1 S. 17.4 y tenía de *a* seis codos y un palmo
2 S. 1.19 ha perecido la gloria de. .sobre tus *a*!
1.25 han caído. .Jonatán, muerto en tus *a*!
22.34 pies. .me hace estar firme sobre mis *a*
1 R. 6.10 el aposento. .de *a* de cinco codos, el
6.20 tenía. .veinte de ancho, y veinte de *a*
6.23 querubines. .cada uno de diez codos de *a*
6.26 la *a* del uno era de diez codos, y. .otra
7.2 tenía. .treinta codos de *a*, sobre cuatro
7.15 columnas. .*a* de cada una era de 18 codos
7.16 la *a* de un capitel era de cinco codos
7.23 su *a* era de cinco codos, y lo ceñía
7.27 anchura de 4 codos, y de 3 codos la *a*
7.32 la *a* de cada rueda era. .un codo y medio
7.35 una pieza redonda de medio codo de *a*
2 R. 19.23 con. .he subido a las *a* de los montes
25.17 la *a* de una columna era de 18 codos
25.17 *a* del capitel era de 3 codos, y sobre
2 Cr. 3.4 y su *a* de 120 codos; y lo cubrió por
3.15 dos columnas de 35 codos de *a* cada una
4.1 hizo además un altar. .de 10 codos de *a*
4.2 hizo un mar de. .su *a* era de cinco codos
6.13 había hecho un estrado. .*a* de tres codos
Esd. 6.3 su *a* de 60 codos. .60 codos su anchura
Neh. 4.6 fue terminada hasta la mitad de su *a*
Est. 5.14 hagan una horca de 50 codos de *a*, y
7.9 la horca de 50 codos de *a* que hizo Amán
Job 5.11 que pone a los humildes en *a*, y a los
16.19 mas he aquí que. .mi testimonio en las *a*
22.12 ¿no está Dios en la *a* de los cielos?
25.2 el señorío y el. .él hace paz en sus *a*
31.2 me daría. .el Omnipotente desde las *a*?
Sal. 18.33 y me hace estar firme sobre mis *a*
93.4 Jehová en las *a* es más poderoso que el
95.4 tierra, y las *a* de los montes son suyas
103.11 como la *a* de los cielos sobre la tierra
113.5 nuestro Dios, que se sienta en las *a*
148.1 alabad a Jehová. .alabadle en las *a*
Pr. 8.2 en las *a* junto al camino. .encrucijadas
25.3 para la *a* de los cielos, y. .profundidad
Ec. 10.6 la necedad está colocada en grandes *a*
Is. 10.33 los árboles de gran *a* serán cortados
14.14 sobre las *a* de las nubes subiré, y seré
33.5 exaltado Jehová, el cual mora en las *a*
33.16 habitará en las *a*; fortaleza de rocas
37.24 subiré a las *a* de los montes. .laderas
41.18 en las *a* abriré ríos, y fuente en medio
49.9 que. .en todas las *a* tendrán sus pastos
57.15 yo habito en la *a* y la santidad, y con
58.14 te haré subir sobre las *a* de la tierra
Jer. 3.2 tus ojos a las *a*, y ve en qué lugar no
3.21 voz fue oída sobre las *a*, llanto de los
4.11 viento seco de las *a* del desierto vino
7.29 y levanta llanto sobre las *a*; porque
12.12 las *a* del desierto vinieron destruidores
14.6 los asnos monteses se ponían en las *a*
49.16 que habitas. .que tienes la *a* del monte
51.53 suba Babilonia. .se fortifique en las *a*
52.21 la *a* de cada columna era de 18 codos
52.22 el capitel. .era de una *a* de cinco codos
Ez. 17.6 y brotó, y se hizo una vid. .de poca *a*
19.11 vista por causa de su *a* y la multitud
31.3 cedro. .grande *a*, y su copa estaba entre
31.5 se encumbró su *a* sobre todos los árboles
31.10 encumbrado en *a*, y haber levantado su
31.10 ramas, su corazón se elevó con su *a*
31.14 que no se exalten en su *a*. .los árboles
31.14 ni confíen en su *a*. .los que beben aguas
36.2 *a* eternas nos han sido dadas. .heredad
40.5 midió el espesor. .y la *a* de otra caña
40.42 de un codo de *a*; sobre éstas pondrán
41.8 y miré la *a* de la casa alrededor; los
41.22 la *a* del altar de madera. .tres codos
Dn. 3.1 estatua. .cuya *a* era de sesenta codos
4.10 parecía ver. .un árbol, cuya *a* era grande
Am. 2.9 cuya *a* era como la *a* de los cedros
4.13 hace. .y pasa sobre las *a* de la tierra
Mi. 1.3 Jehová sale. .hollará las *a* de la tierra
Hab. 3.19 el cual hace. .en mis *a* me hace andar
Mt. 21.9 bendito el que. .¡Hosanna en las *a*!
Mr. 11.10 bendito el reino. .¡Hosanna en las *a*!
Lc. 2.14 ¡gloria a Dios en las *a*, y en la. .paz
19.38 paz en el cielo, y gloria en las *a*!
Ef. 3.18 la longitud, la profundidad y la *a*
He. 1.3 a la diestra de la Majestad en las *a*
Ap. 21.16 la *a* y la anchura de ella son iguales

ALUMBRADO
Éx. 25.6 aceite para el *a*, especias para el
27.20 te traigan aceite puro de. .para el *a*
35.8 aceite para el *a*, especias para el aceite
35.14 el candelero del *a* y sus utensilios
35.14 sus lámparas, y el aceite para el *a*
35.28 el aceite para el *a* y para el aceite
39.37 sus utensilios, el aceite para el *a*
Lv. 24.2 que te traigan para el *a* aceite puro
Nm. 4.9 un paño. .y cubrirán el candelero del *a*
4.16 a cargo de. .estará el aceite del *a*, el

ALUMBRAMIENTO
1 S. 4.19 nuera. .estaba encinta, cercana al *a*
Is. 26.17 se acerca el *a* gime y da gritos en
Lc. 1.57 cumplió el tiempo de su *a*, dio a luz
2.6 ellos allí, se cumplieron los días de su *a*
Ap. 12.2 clamaba con dolores. .la angustia del *a*

ALUMBRAR
Gn. 1.15 lumbreras. .*alumbrar* sobre la tierra
1.17 puso Dios. .para *alumbrar* sobre la tierra
Éx. 13.21 una columna de fuego para *alumbrarles*
14.20 era nube. .*alumbraba* a Israel de noche
25.37 lamparillas. .*alumbren* hacia adelante
Nm. 8.2 lámparas *alumbrarán* hacia adelante del
2 S. 22.29 mi Dios *alumbrará* mis tinieblas
Esd. 9.8 fin de *alumbrar*. .Dios nuestros ojos
Neh. 9.12,19 para *alumbrarles* el camino por
Sal. 13.3 *alumbra* mis ojos, para que no duerma
18.28 Jehová; mi Dios *alumbrará* mis tinieblas
19.8 el precepto. .puro, que *alumbra* los ojos
34.5 los que miraron a él fueron *alumbrados*
77.18; 97.4 relámpagos *alumbraron* el mundo
105.39 nube. .y fuego para *alumbrar* la noche
119.130 la exposición de tus palabras *alumbra*
Pr. 29.13 Jehová *alumbra* los ojos de ambos
Is. 60.19 ni el resplandor. .luna te *alumbrará*
Mal. 1.10 ¿quién. .*alumbre* mi altar de balde?
Mt. 5.15 *alumbra* a todos los que están en casa
5.16 así *alumbre* vuestra luz delante de los
Lc. 11.36 cuando una lámpara te *alumbra* con su
Jn. 1.9 luz. .que *alumbra* a todo hombre, venía
5.35 él era antorcha que ardía y *alumbraba*
Ef. 1.18 *alumbrando* los ojos de. .entendimiento
5.14 levántate de los. .y te *alumbrará* Cristo
2 P. 1.19 antorcha que *alumbra* en lugar oscuro
1 Jn. 2.8 porque la luz verdadera ya *alumbra*
Ap. 18.1 la tierra fue *alumbrada* con su gloria
18.23 luz de lámpara no *alumbrará* más en ti

ALÚS *Lugar donde acampó Israel,*
Nm. 33.13,14

ALVA *Jefe de Esaú,* **Gn. 36.40; 1 Cr. 1.51**

ALVÁN *Descendiente de Seir,* **Gn. 36.23;**
1 Cr. 1.40

ALZAR
Gn. 7.17 las aguas crecieron, y *alzaron* el arca
13.10 *alzó* Lot sus ojos, y vio. .la llanura
13.14 *alza* ahora tus ojos, y mira desde el
14.22 *alzado* mi mano a Jehová Dios Altísimo
18.2 *alzó* sus ojos y miró, y he aquí tres
21.16 sentó. .el muchacho *alzó* su voz y lloró
21.18 *alza* al muchacho, y sostenlo con tu

ALZAR *(Continúa)*

Gn. 22.4 *alzó* Abraham sus ojos, y vio el lugar
22.13 *alzó* Abraham sus ojos y miró, y he aquí
24.63 y *alzando* sus ojos miró, y he aquí los
24.64 Rebeca. .*alzó* sus ojos y vio a Isaac
27.38 bendíceme. .Y *alzó* Esaú su voz y lloró
28.18 y tomó la piedra. .y la *alzó* por señal
29.11 y Jacob besó a. .y *alzó* su voz y lloró
31.10 *alcé* yo mis ojos y vi en sueños, y he
31.12 *alza* ahora tus ojos, y verás que todos
33.1 *alzando* Jacob sus ojos, miró, y. .Esaú
33.5 *alzó* sus ojos y vio a las mujeres y a
37.25 *alzando* los ojos miraron. .una compañía
39.15 viendo que yo *alzaba* la voz y gritaba
39.18 cuando yo *alcé* mi voz y grité, él. .huyó
40.20 *alzó* la cabeza del jefe de los coperos
41.44 sin ti ninguno *alzará* su mano ni su pie
43.29 *alzando* José sus ojos vio a Benjamín
Éx. 6.8 en la tierra por la cual *alcé* mi mano
7.20 *alzando* la vara golpeó las aguas. .río
14.10 los hijos de Israel *alzaron* sus ojos
14.16 *alza* tu vara, y extiende tu mano sobre
17.11 cuando *alzaba* Moisés su mano, Israel
20.25 porque si *alzares* herramienta sobre él
26.30 y *alzarás* el tabernáculo conforme al
40.18 sus barras, e hizo *alzar* sus columnas
40.36 la nube se alzaba del tabernáculo, los
40.37 si la nube no se *alzaba*, no se movían
40.37 hasta el día en que ella se *alzaba*
Lv. 9.22 *alzó* Aarón sus manos hacia el pueblo
Nm. 6.26 *alce* sobre ti su rostro, y ponga en ti
9.17 cuando se *alzaba* la nube del tabernáculo
10.11 la nube se *alzó* del tabernáculo del
14.30 por la cual *alcé* mi mano y juré que os
20.11 *alzó* Moisés su mano y golpeó la peña
24.2 *alzando* sus ojos, vio a Israel alojado
Dt. 3.27 sube a la cumbre del Pisga y *alza* tus
4.19 no sea que *alces* tus ojos al cielo, y
13.9 tu mano se *alzará* primero sobre él para
27.5 no *alzarás* sobre ellas instrumento de
32.40 yo *alzaré* a los cielos mi mano, y diré
Jos. 5.13 Josué. .*alzó* sus ojos y vio un varón
8.19 corrieron luego que él *alzó* su mano
8.31 sobre las cuales nadie *alzó* hierro, y
Jue. 2.4 habló. .el pueblo *alzó* su voz y lloró
9.7 *alzando* su voz clamó y les dijo: Oídme
19.17 *alzando* el viejo los ojos, vio a aquel
21.2 y *alzando* su voz hicieron gran llanto
Rt. 1.9 las besó, y. .*alzaron* su voz y lloraron
1.14 *alzaron* otra vez su voz y lloraron
1 S. 6.13 y *alzando* los ojos vieron el arca
9.24 *alzó* el cocinero una espaldilla, con lo
11.4 y todo el pueblo *alzó* su voz y lloró
24.16 hijo mío. .Y *alzó* Saúl su voz y lloró
30.4 David y la. .*alzaron* su voz y lloraron
2 S. 3.32 *alzando* el rey su voz, lloró junto al
13.34 *alzando* sus ojos el joven. .de atalaya
13.36 y *alzando* su voz lloraron. Y también
18.24 *alzando* sus ojos, miró, y vio a uno que
23.18 éste *alzó* su lanza contra trescientos
1 R. 7.21 cuando hubo *alzado* la columna del lado
7.21 y *alzando* la columna del lado izquierdo
11.26 Jeroboam. .*alzó* su mano contra el rey
11.27 la causa por la cual éste *alzó* su mano
2 R. 2.1 quiso. .*alzar* a Elías en un torbellino
2.13 *alzó*. .el manto de Elías que. .había caído
5.11 y *alzará* su mano y tocará el lugar, y
9.32 *alzando* él. .su rostro hacia la ventana
19.22 ¿y contra quién has *alzado* la voz, y
1 Cr. 15.16 resonasen y *alzasen* la voz con alegría
21.16 *alzando* David sus ojos, vio al ángel de
2 Cr. 5.13 que *alzaban* la voz con trompetas y
13.15 así que ellos *alzaron* el grito, Dios
32.5 hizo *alzar* las torres, y otro muro por
Esd. 6.11 *alzado*, sea colgado en él, y su casa
Neh. 8.6 el pueblo respondió. .*alzando* sus manos
9.15 la tierra, por la cual *alzaste* tu mano
Job 2.12 cuales, *alzando* los ojos desde lejos
6.2 que. .se *alzasen* igualmente en balanza!
10.16 si mi cabeza se *alzare*. .tú me cazas
22.26 deleitarás. .y *alzarás* a Dios tu rostro
31.21 si *alcé* contra el huérfano mi mano
38.34 ¿*alzarás* tú a las nubes tu voz, para
Sal. 4.6 *alza* sobre nosotros. .luz de tu rostro
7.6 *álzate* en contra de. .angustiadores
10.12 Dios, *alza* tu mano; no te olvides de
20.5 *alzaremos* pendón en el nombre de. .Dios
24.7,9 *alzad*, oh puertas. .y *alzaos* vosotras
28.2 *alzo* mis manos hacia tu santo templo
41.9 el hombre de. .*alzó* contra mí el calcañar
44.20 o *alzado* nuestras manos a dios ajeno
55.12 se *alzó* contra mí el que me aborrecía
60.4 bandera que *alcen*. .causa de la verdad
63.4 mi vida; en tu nombre *alzaré* mis manos
77.2 *alzaba* a él mis manos de noche, sin
83.2 y los que te aborrecen *alzan* cabeza
93.3 *alzaron* los ríos. .los ríos a su sonido
93.3 su sonido; *alzaron* los ríos sus ondas
102.10 pues me *alzaste*, y me has arrojado
106.26 por tanto, *alzó* su mano contra ellos
113.7 pobre. .al menesteroso *alza* del muladar
119.48 *alzaré*. .mis manos a tus mandamientos
121.1 *alzaré* mis ojos a los montes; ¿de dónde
123.1 a ti *alcé* mis ojos, a ti que habitas en
134.2 *alzad* vuestras manos al santuario, y
Pr. 1.20 sabiduría. .*alza* su voz en las plazas
Is. 2.4 no *alzará* espada nación contra nación
5.26 *alzará* pendón a naciones lejanas, y
9.18 serán *alzados* como remolinos de humo
10.24 contra ti *alzará* su palo, a la manera
10.26 *alzará* su vara sobre el mar como hizo
10.32 *alzará* su mano al monte de la hija de
11.11 que Jehová *alzará* otra vez su mano para
13.2 *alzad* la voz a ellos, *a* la mano, para
24.14 *alzarán* su voz, cantarán gozosos por
26.11 Jehová, tu mano está *alzada*, pero ellos
37.23 ¿contra quién has *alzado* tu voz. .ojos
38.14 como la paloma; *alzaba* en alto los ojos
40.4 valle sea *alzado*, y bájese todo monte
42.2 no gritará, ni *alzará* su voz, ni la hará
42.11 *alcen* la voz el desierto y sus ciudades
46.1 *alzadas* cual carga, sobre las bestias
49.18 *alza* tus ojos alrededor, y mira; todos
51.6 *alzad* a los cielos vuestros ojos, y mirad
52.8 *alzarán* la voz, juntamente darán voces
58.1 *alza* tu voz como trompeta, y anuncia a
60.4 *alza* tus ojos alrededor y mira, todos
62.10 las piedras, *alzad* pendón a los pueblos
Jer. 2.15 *alzaron* su voz, y asolaron su tierra
3.2 *alza* tus ojos a las alturas, y ve en qué
4.6 *alzad* bandera en Sion. .no os detengáis
6.1 *alzad* por señal humo sobre Bet-haquerem
13.20 *alzad* vuestros ojos, y ved a los que
21.5 pelearé contra vosotros con mano *alzada*
49.16 aunque *alces* como águila tu nido, de
51.9 juicio, y se ha *alzado* hasta las nubes
51.27 *alzad* bandera en la tierra. .trompeta
52.31 *alzó* la cabeza de Joaquín rey de Judá
Lm. 2.19 *alza* tus manos a él implorando la vida
Ez. 8.3 el Espíritu me *alzó* entre el cielo y la
8.5 *alza*. .tus ojos. .y *alcé* mis ojos hacia el
10.16 cuando los querubines *alzaban* sus alas
10.17 cuando ellos se *alzaban*, se *a* con ellos
10.19 y *alzando* los querubines sus alas, se
10.19 las ruedas se *alzaron* al lado de ellos
11.22 *alzaron* los querubines sus alas, y las
17.23 *alzará* ramas, y dará fruto, y se hará
18.6,15 ni *alzare* sus ojos a los ídolos de la
18.12 *alzare* sus ojos a los ídolos e hiciere
20.5 que *alcé* mi mano para jurar a la. .casa
20.5 cuando *alcé* mi mano y les juré diciendo
20.6 aquel día que les *alcé* mi mano, jurando
20.15,23 yo les *alcé* mi mano en el desierto
20.28 la tierra sobre la cual había *alzado* mi
20.42 a la tierra. .por la cual *alcé* mi mano
29.15 nunca más se *alzará* sobre las naciones
33.25 a vuestros ídolos *alzaréis* vuestros ojos
36.7 yo he *alzado* mi mano, he jurado que las
43.5 me *alzó* el Espíritu y me llevó al atrio
44.12 por tanto, he *alzado* mi mano y jurado
47.14 por ella *alcé* mi mano jurando que la
Dn. 3.22 a aquellos que habían *alzado* a Sadrac
4.34 *alcé* mis ojos al cielo, y mi razón me
7.5 la cual se *alzaba* de un costado más que
8.3 *alcé* los ojos y miré. .aquí un carnero que
10.5 *alcé* mis ojos y miré. .un varón vestido
12.7 el cual *alzó* su diestra y su siniestra
Os. 11.4 como los que *alzan* el yugo de sobre su
Mi. 4.3 no *alzará* espada nación contra nación
5.9 tu mano se *alzará* sobre tus enemigos
Hab. 3.10 dio su voz, a lo alto *alzó* sus manos
Zac. 1.18 *alcé* mis ojos y miré. .cuatro cuernos
1.21 tanto que ninguno *alzó* su cabeza; mas
1.21 que *alzaron* el cuerno sobre la. .de Judá
2.1 *alcé* después mis ojos y miré, y he aquí
2.9 he aquí yo *alzo* mi mano sobre ellos, y
5.1 de nuevo *alcé* mis ojos y miré, y he aquí
5.5 *alza* ahora tus ojos, y mira qué es esto
5.9 *alcé* luego mis ojos, y miré, y he aquí
5.9 y *alzaron* el efa entre la tierra y los
6.1 *alcé* mis ojos y miré, y he aquí cuatro
Mt. 17.8 *alzando* ellos los ojos, a nadie vieron
Lc. 6.20 *alzando* los ojos hacia sus discípulos
16.23 en el Hades *alzó* sus ojos, estando en
17.13 *alzaron* la voz, diciendo: Jesús, Maestro
18.13 ni aun *alzar* los ojos al cielo, sino
24.50 sacó. .y *alzando* sus manos, los bendijo
Jn. 4.35 os digo: *Alzad* vuestros ojos y mirad
6.5 cuando *alzó* Jesús los ojos, y vio que
7.28 *alzó* la voz y dijo: A mí me conocéis, y
7.37 Jesús se puso en pie y *alzó* la voz
11.41 Jesús, *alzando* los ojos a lo alto, dijo
Hch. 1.9 fue *alzado*, y le recibió una nube que
2.14 Pedro. .en pie, *alzó* la voz y les habló
4.24 oído, *alzaron*. .la voz a Dios, y dijeron
14.11 gente. .*alzó* la voz, diciendo en lengua
22.22 *alzaron* la voz, diciendo: Quita de la
23.6 Pablo. .*alzó* la voz en el concilio: Varones

ALLANAR

2 R. 11.6 guardaréis la casa. .no sea *allanada*
Is. 40.4 lo. .se enderece, y lo áspero se *allane*
57.14 *allanad*, *a*; barred el camino, quitad
62.10 pasad. .*allanad*, *a* la calzada, quitad
Lc. 3.5 valle. .y los caminos ásperos *allanados*

ALLEGADO

Est. 9.27 tomaron. .sobre todos los *a* a ellos

AMA

Gn. 35.8 entonces murió Débora, *a* de Rebeca
1 R. 17.17 que cayó enfermo el hijo del *a* de la
2 R. 11.2 lo ocultó de Atalía, a él y a su *a* en
2 Cr. 22.11 guardó a él y a su *a* en uno de los

AMABLE

Sal. 84.1 ¡cuán *a* son tus moradas, oh Jehová
Fil. 4.8 lo *a*, todo lo que es de buen nombre
1 Ti. 3.3 no codicioso de ganancias. .sino *a*
2 Ti. 2.24 *a* para con todos, apto para enseñar
Tit. 3.2 que no sean pendencieros, sino *a* para
Stg. 3.17 pura, después pacífica, *a*, benigna

AMAD *Pueblo en Aser, Jos. 19.26*

AMADO, DA *Véase también Amar*

Dt. 21.15 tuviere dos mujeres, la una *a* y la
21.15 y la *a* y la. .le hubieren dado hijos
21.16 dar. .la primogenitura al hijo de la *a*
33.12 el *a* de Jehová habitará confiado cerca
33.24 el *a* de sus hermanos, y moje en aceite
Sal. 60.5 para que se libren tus *a*, salva con
108.6 para que sean librados tus *a*, salva
127.2 pues que a su *a* dará Dios el sueño
Cnt. 1.13 mi *a* es para mí un manojito de mirra
1.14 racimo de flores de. .es para mí mi *a*
1.16 he aquí que tú eres hermoso, *a* mío, y
2.3 el manzano. .así es mi *a* entre los jóvenes
2.8 ¡la voz de mi *a*!. .aquí él viene saltando
2.9 *a* es semejante al corzo, o al cervatillo
2.10 *a* habló, y me dijo: Levántate, oh amiga
2.16 *a* es mío, y yo suya; él apacienta entre
2.17 vuélvete, *a* mío; sé semejante al corzo
4.16 venga mi *a* a su huerto, y coma de su
5.1 comed, amigos; bebed en abundancia, oh *a*
5.2 voz de mi *a* que llama: Abreme, hermana
5.4 mi *a* metió su mano por la ventanilla
5.5 levanté para abrir a mi *a*, y mis manos
5.6 abrí yo a mi *a*; pero mi *a* se había ido
5.8 si halláis a mi *a*, que le hagáis saber
5.9(2) ¿qué es tu *a* más que otro *a*, oh la más
5.10 mi *a* es blanco y rubio, señalado entre
5.16 tal es mi *a*. .mi amigo, oh doncellas de
6.1 dónde se ha ido tu *a*, oh la más hermosa
6.1 ¿a dónde se apartó tu *a*, y lo buscaremos
6.2 mi *a* descendió a su huerto, a las eras
6.3 soy de mi *a*, y mi *a* es mío; él apacienta
7.9 buen vino, que se entra a mi *a* suavemente
7.10 yo soy de mi *a*, y conmigo tiene su
7.11 *a* mío, salgamos al campo, moremos en
7.13 que para ti, oh *a* mío, he guardado
8.5 ésta que sube del. .recostada sobre su *a*?
8.14 apresúrate, *a* mío, y sé semejante al
Is. 5.1 cantaré por mi *a* el cantar de mi *a*
5.1 tenía mi *a* una viña en una ladera fértil
Jer. 11.15 ¿qué derecho tiene mi *a* en mi casa
Dn. 10.11 Daniel, varón muy *a*, está atento a
10.19 muy *a*, no temas; la paz sea contigo
Mt. 3.17 que decía: Este es mi Hijo *a*, en quien
12.18 aquí. .mi *A*, en quien se agrada mi alma
17.5 que decía: Este es mi Hijo *a*, en quien
Mr. 1.11 mi Hijo *a*; en ti tengo complacencia
9.7 que decía: Este es mi Hijo *a*; a él oíd
12.6 teniendo aún un hijo suyo *a*, lo envió
Lc. 3.22 mi Hijo *a*; en ti tengo complacencia
9.35 que decía: Este es mi Hijo *a*; a él oíd
20.13 dijo: ¿Qué haré? Enviaré a mi hijo *a*
Hch. 15.25 enviarlos. .con nuestros *a* Bernabé y
Ro. 12.19 no os venguéis vosotros mismos, *a*
16.5 saludad a Epeneto, *a* mío, que es el
16.8 saludad a Amplias, *a* mío en el Señor
16.9 saludad a Urbano. .y a Estaquis, *a* mío
1 Co. 4.14 para amonestaros como a hijos míos *a*
4.17 he enviado a Timoteo, que es mi hijo *a*
10.14 por tanto, *a* míos, huid de la idolatría
15.58 así que, hermanos míos *a*, estad firmes
2 Co. 7.1 *a*, puesto que tenemos tales promesas
12.19 todo, muy *a*, para vuestra edificación
Ef. 1.6 con la cual nos hizo aceptos en el *A*
5.1 sed. .imitadores de Dios como hijos *a*
6.21 Tíquico, hermano *a* y fiel ministro en
Fil. 2.12 *a* míos. .siempre habéis obedecido
4.1 así. .hermanos míos *a* y deseados, gozo
4.1 mía, estad así firmes en el Señor, *a*
Col. 1.7 Epafras, nuestro consiervo *a*, que es
1.13 nos ha. .trasladado al reino de su *a* Hijo
3.12 como escogidos de Dios, santos y *a*, de
4.7 lo hará saber Tíquico, *a* hermano y fiel
4.9 con Onésimo, *a* y fiel hermano, que es uno
4.14 os saluda Lucas, el médico *a*, y Demas
1 Ts. 1.4 conocemos, hermanos *a*. .elección
1 Ti. 6.2 creyentes y *a* los que se benefician
2 Ti. 1.2 Timoteo, *a* hijo. .misericordia y paz
Flm. 1 Pablo. .el hermano Timoteo, al *a* Filemón
2 a la *a* hermana Apia, y a Arquipo nuestro
16 sino como hermano *a*, mayormente para mí
He. 6.9 oh *a*, estamos persuadidos de cosas
Stg. 1.16 *a* hermanos míos, no erréis
1.19 *a* hermanos, todo hombre sea pronto para

AMADO, DA *(Continúa)*
Stg. 2.5 hermanos míos *a*, oíd: ¿No ha elegido
1 P. 2.11 *a*, yo os ruego como a extranjeros y
4.12 *a*, no os sorprendáis. .fuego de prueba
2 P. 1.17 este es mi Hijo *a*, en el cual tengo
3.1 *a*. .es la segunda carta que os escribo
3.8 oh *a*, no ignoréis esto: que para con el
3.14 oh *a*. .procurad. .ser hallados por él con
3.15 nuestro *a* hermano Pablo. .os ha escrito
3.17 *a*. .guardaos, no sea que arrastrados por
1 Jn. 3.2 *a*, ahora somos hijos de Dios, y aún
3.21 *a*, si nuestro corazón no nos reprende
4.1 *a*, no creáis a todo espíritu, sino probad
4.7 *a*, amémonos unos a otros; porque el amor
4.11 *a*, si Dios nos ha amado así, debemos
3 Jn. 1 el anciano a Gayo, el *a*, a quien amo en
2 *a*, yo deseo que tú seas prosperado en todas
5 *a*, fielmente te conduces cuando prestas
11 *a*, no imites lo malo, sino lo bueno
Jud. 3 *a*, por la gran solicitud que tenía de
17 *a*, tened memoria de las palabras que antes
20 *a*, edificándoos sobre vuestra santísima fe
Ap. 20.9 rodearon el campamento. .la ciudad *a*

AMADOR
Os. 12.7 que tiene. .peso falso, *a* de opresión
2 Ti. 3.2 porque habrá hombres *a* de sí mismos
3.4 *a* de los deleites más que de Dios

AMAL *Descendiente de Aser*, 1 Cr. 7.35

AMALEC
1. Descendiente de Esaú
Gn. 36.12 Timna fue. .y ella le dio a luz a *A*
36.16 Coré, Gatam, y *A*; estos son los jefes
1 Cr. 1.36 hijos de Elifaz. .Cenaz, Timna y *A*
2. Descendiente de No. 1 (=Amalecita)
Éx. 17.8 entonces vino *A* y peleó contra Israel
17.9 sal a pelear contra *A*; mañana yo estaré
17.10 como le dijo Moisés, peleando contra *A*
17.11 Moisés. .bajaba su mano, prevalecía *A*
17.13 Josué deshizo a *A* y a su pueblo a filo
17.14 dí. .que raeré del todo la memoria de *A*
17.16 por cuanto. .Jehová tendrá guerra con *A*
17.16 cuanto la mano de *A* se levantó contra
Nm. 13.29 *A* habita el Neguev, y el heteo, el
24.20 y viendo a *A*, tomó su parábola y dijo
24.20 *A*, cabeza de naciones; mas. .perecerá
Dt. 25.17 acuérdate de lo que hizo *A* contigo
25.19 borrarás la memoria de *A* de debajo del
Jue. 3.13 éste juntó. .los hijos de Amón y de *A*
5.14 de Efraín vinieron los radicados en *A*
10.12 de *A* y de Maón, y clamando a mí no os
12.15 murió. .fue sepultado. .en el monte de *A*
1 S. 14.48 y derrotó a *A*, y libró a Israel de
15.2 yo castigaré lo que hizo *A* a Israel al
15.3 hiere a *A*, y destruye todo lo que tiene
15.5 y viniendo Saúl a la ciudad de *A*, puso
15.6 idos, apartaos y salid de entre los de *A*
15.6 se apartaron. .de entre los hijos de *A*
15.8 tomó vivo a Agag rey de *A*, pero a todo
15.15 Saúl respondió: De *A* los han traído
15.18 dijo: Vé, destruye a los pecadores de *A*
15.20 fui a la. .y he traído a Agag rey de *A*
15.32 dijo Samuel: Traedme a Agag rey de *A*
28.18 ni cumpliste el ardor de su. .contra *A*
30.1 los de *A* habían invadido el Neguev y a
1 Cr. 4.43 destruyeron a los que. .quedado de *A*
18.11 plata y el oro que había tomado de. .*A*
Sal. 83.7 *A*, los filisteos y los habitantes de

AMALECITA *Descendiente de Amalec No. 1*
Gn. 14.7 y devastaron todo el país de los *a*
Nm. 14.25 *a* y el cananeo habitan en el valle
14.43 el *a* y el cananeo están allí delante de
14.45 y descendieron el *a* y el cananeo que
Jue. 6.3 sembrado, subían los madianitas y *a*
6.33 *a* y los del oriente se juntaron a una
7.12 los *a* y los. .estaban tendidos en el valle
1 S. 15.7 y Saúl derrotó a los *a* desde Havila
15.20 fui a la misión. .y he destruido a los *a*
27.8 David. .hacían incursiones contra. .los *a*
30.13 soy siervo de un *a*, y me dejó mi amo
30.18 libró. .todo lo que los *a* habían tomado
2 S. 1.1 vuelto David de la derrota de los *a*
1.8 ¿quién eres tú? y yo le respondí: Soy *a*
1.13 eres tú. .Yo soy hijo de un extranjero, *a*
8.12 de los *a*, y del botín de Hadad-ezer hijo

AMAMANTAR
Lm. 4.3 los chacales. .*amamantan* a sus cachorros

AMAM *Ciudad en Judá*, Jos. 15.26

AMÁN *Adversario de los judíos*
Est. 3.1 el rey Asuero engrandeció a *A* hijo de
3.2 todos los siervos. .se inclinaban ante *A*
3.4 denunciaron a *A*, para ver si Mardoqueo se
3.5 vio *A* que Mardoqueo ni se arrodillaba ni
3.6 procuró *A* destruir a todos los judíos que
3.7 fue echada Pur. .la suerte, delante de *A*
3.8 dijo *A* al rey Asuero: Hay un pueblo
3.10 y lo dio a *A* hijo de Hamedata agagueo
3.12 escrito conforme a todo lo que mandó *A*
3.15 el rey y *A* se sentaron a beber; pero la
4.7 la plata que *A* había dicho que pesaría
5.4 vengan hoy el rey y *A* al banquete que he
5.5 llamad a *A*, para hacer lo que Ester ha
5.5 vino, pues, el rey con *A* al banquete que
5.8 que venga el rey con *A* a otro banquete
5.9 salió *A* aquel día contento y alegre de
5.10 pero se refrenó *A* y vino a su casa, y
5.11 les refirió *A* la gloria de sus riquezas
5.12 y añadió *A*: También la reina Ester a
5.14 y agradó esto a los ojos de *A*, e hizo
6.4 *A* había venido al patio exterior de la
6.5 he aquí *A* está en el patio. Y el rey dijo
6.6 entró, pues, *A*, y el rey le dijo: ¿Qué
6.6 dijo *A* en su corazón: ¿A quién deseará
6.7 respondió *A* al rey: Para el varón cuya
6.10 el rey dijo a *A*: Date prisa, toma el
6.11 *A* tomó el vestido y el caballo, y vistió
6.12 y *A* se dio prisa para irse a su casa
6.13 contó. .*A* a Zeres su mujer y a todos sus
6.14 llegaron. .para llevar a *A* al banquete
7.1 fue, pues, el rey con *A* al banquete de
7.6 enemigo y adversario es este malvado *A*
7.6 entonces se turbó *A* delante del rey y de
7.7 y se quedó *A* para suplicarle a la reina
7.8 y *A* había caído sobre el lecho en que
7.8 proferir el rey. .cubrieron el rostro a *A*
7.9 aquí en casa de *A* la horca. .que hizo *A*
7.10 colgaron a *A* en la horca que él había
8.1 el rey Asuero dio a. .Ester la casa de *A*
8.2 quitó el rey el anillo que recogió de *A*
8.2 Ester puso a Mardoqueo sobre la casa de *A*
8.3 que hiciese nula la maldad de *A* agagueo
8.5 cartas que autorizan la trama de *A* hijo
8.7 yo he dado a Ester la casa de *A*, y a él
9.10 hijos de *A* hijo de Hamedata, enemigo de
9.12 los judíos han matado. .a diez hijos de *A*
9.13 que cuelguen en. .a los diez hijos de *A*
9.14 Susa, y colgaron a los diez hijos de *A*
9.24 *A* hijo. .había ideado contra los judíos

AMANA *Cerro en Líbano*, Cnt. 4.8

AMANCILLAR
Gn. 34.5 que Siquem había *amancillado* a Dina
34.13 por cuanto había *amancillado* a Dina su
34.27 cuanto habían *amancillado* a su hermana
Lv. 18.23 con ningún animal. .*amancillándote* con
18.24 en ninguna de. .cosas os *amancillaréis*
Nm. 5.13 haberse ella *amancillado* ocultamente
5.14 habiéndose ella *amancillado*; o viniere
5.14 celos. .no habiéndose ella *amancillado*
5.20 has descarriado. .y te has *amancillado*
5.29 la mujer cometiere. .y se *amancillare*
35.33 esta sangre *amancillará* la tierra, y la
Is. 48.11 para que no sea *amancillado* mi nombre
Jer. 3.1 ¿no será tal tierra. .todo *amancillada?*
7.30 fue invocado mi nombre, *amancillándola*
Ez. 22.5 *amancillada* de nombre, y de grande

AMANECER *(s.)*
1 S. 29.10 mañana. .levantándoos al *a*, marchad
2 R. 7.9 si esperamos hasta el *a*, nos alcanzará
Mt. 28.1 al *a* del primer día de la semana

AMANECER *(v.)*
Éx. 14.27 y cuando *amanecía*, el mar se volvió
Jue. 19.26 cuando ya *amanecía*, vino la mujer
2 S. 2.32 caminaron. .y les *amaneció* en Hebrón
17.22 pasaron. .Jordán antes que *amaneciese*
Is. 8.20 esto, es porque no les ha *amanecido*
60.2 mas sobre ti *amanecerá* Jehová, y sobre
Jn. 21.4 ya iba *amaneciendo*, se presentó Jesús
Hch. 27.33 cuando comenzó a *amanecer*, Pablo

AMANTE
Is. 61.8 porque yo Jehová soy *a* del derecho
Jer. 4.30 te menospreciarán tus *a*, buscarán tu
Lm. 1.2 no tiene quien la consuele de. .sus *a*
1.19 di voces a mis *a*, mas. .me han engañado
Ez. 23.5 Ahola. .enamoró de sus *a* los asirios
23.9 la entregué en mano de sus *a*. .los asirios
23.22 yo suscitaré contra ti a tus *a*, a los
Os. 2.5 iré tras mis *a*, que me dan mi pan y mi
2.7 seguirá a sus *a*, y no los alcanzará; los
2.10 su locura delante de los ojos de sus *a*
2.12 mi salario son. .que me han dado mis *a*
2.13 se iba tras sus *a* y se olvidaba de mi
8.9 subieron. .Efraín con salario alquiló *a*
Mt. 22.16 sabemos que eres *a* de la verdad, y
Tit. 1.8 *a* de lo bueno, sobrio, justo, santo

AMAR *Véase también Amado*
Gn. 22.2 toma. .Isaac, a quien *amas*, y vete a
24.67 Isaac. .tomó a Rebeca por mujer. .*amó*
25.28 *amó* Isaac a. .Rebeca *amaba* a Jacob
29.18 Jacob *amó* a Raquel, y dijo. .te serviré
29.20 le parecieron como pocos días. .la *amaba*
29.30 a Raquel. .la *amó* también más que a Lea
29.32 ahora, por tanto, me *amará* mi marido
37.3 y *amaba* Israel a José más que a todos
37.4 viendo. .que su padre lo *amaba* más que
44.20 él solo quedó de. .y su padre lo *ama*
Éx. 20.6 hago misericordia. .a los que me *aman*
21.5 yo *amo* a mi señor, a mi mujer y a mis
Lv. 19.18 *amarás* a tu prójimo como a ti mismo
19.34 al extranjero. .*amarás* como a ti mismo
Dt. 4.37 cuanto él *amó* a tus padres, escogió
5.10 que me *aman* y guardan mis mandamientos
6.5 *amarás* a Jehová tu Dios de todo tu
7.8 por cuanto Jehová os *amó*, y quiso guardar
7.9 que le *aman* y guardan sus mandamientos
7.13 te *amará*. .bendecirá y te multiplicará
10.12 que lo *ames*, y sirvas a Jehová tu Dios
10.15 de tus padres se agradó. .para *amarlos*
10.18 que *ama*. .al extranjero, dándole pan y
10.19 *amaréis*, pues al extranjero; porque
11.1 *amarás*. .a Jehová tu Dios, y guardarás sus
11.13 *amando* a Jehová. .Dios, y sirviéndole
11.22 *amareis* a Jehová vuestro Dios, andando
13.3 saber si *amáis* a Jehová vuestro Dios con
15.16 te dijere: No te dejaré; porque te *ama*
19.9 *ames* a Jehová. .y andes en sus caminos
23.5 no quiso. .porque Jehová tu Dios te *amaba*
30.6 que *ames* a Jehová tu Dios con todo tu
30.16 yo te mando hoy que *ames* a Jehová tu
30.20 *amando* a Jehová. .atendiendo a su voz
33.3 *amó* a su pueblo; todos los consagrados
Jos. 22.5 *améis* a Jehová vuestro Dios, y andéis
23.11 para que *améis* a Jehová vuestro Dios
Jue. 5.31 mas los que te *aman*, sean como el sol
14.16 y no me *amas*, pues no me declaras el
16.15 le dijo: ¿Cómo dices: Yo te *amo*, cuando
Rt. 4.15 tu nuera, que te *ama*, lo ha dado a luz
1 S. 1.5 porque *amaba* a Ana, aunque Jehová no
16.21 Saúl. .le *amó* mucho, y le hizo su paje
18.1 de David, y lo *amó* Jonatán como a sí
18.3 Jonatán. .le *amaba* como a sí mismo
18.16 mas todo Israel y Judá *amaba* a David
18.20 pero Mical. .hija de Saúl *amaba* a David
18.22 el rey te *ama*, y todos sus siervos te
18.28 Saúl, viendo. .su hija Mical lo *amaba*
19.1 Jonatán. .*amaba* a David en gran manera
20.17 porque le *amaba*, pues le *a* como a sí
2 S. 1.23 Saúl y Jonatán, *amados* y queridos en
12.24 su nombre Salomón, al cual *amó* Jehová
13.4 yo *amo* a Tamar la hermana de Absalón
13.15 mayor que el amor . .que la había *amado*
19.6 *amando* a los que te aborrecen, y
19.6 aborreciendo a los que te *aman*; porque
20.11 cualquiera que *ame* a Joab y a David
1 R. 3.3 Salomón *amó* a Jehová, andando en los
5.1 porque Hiram siempre había *amado* a David
10.9 porque Jehová ha *amado* siempre a Israel
11.1 el rey Salomón *amó*. .mujeres extranjeras
2 Cr. 2.11 porque Jehová *amó* a su pueblo, te
9.8 tu Dios *amó* a Israel para afirmarlo
11.21 Roboam *amó* a Maaca hija. .sobre todas
19.2 y *amas* a los que aborrecen a Jehová?
Neh. 1.5 que le *aman* y guardan sus mandamientos
13.26 era *amado* de su Dios, y Dios lo había
Est. 2.17 el rey *amó* a Ester más que a todas las
Job 19.19 los que yo *amaba* se volvieron contra
33.26 orará a Dios, y éste le *amará*, y verá
Sal. 4.2 *amaréis* la vanidad, y buscaréis la
5.11 ti se regocijen los que *aman* tu nombre
11.5 y al que *ama* la violencia, su alma los
11.7 Jehová es justo, y *ama* la justicia
18.1 te *amo*, oh Jehová, fortaleza mía
26.8 Jehová, la habitación de tu casa he *amado*
31.23 *amad* a Jehová. .vosotros sus santos
33.5 él *ama* justicia y juicio. .la misericordia
35.27 Jehová, que *ama* la paz de su siervo
37.28 Jehová *ama* la rectitud, y no desampara
40.16 y digan. .los que *aman* tu salvación
45.7 has *amado* la justicia y aborrecido la
47.4 la hermosura de Jacob, al cual *amó*
51.6 tú *amas* la verdad en lo íntimo, y en lo
52.3 *amaste* el mal más que el bien, la mentira
52.4 has *amado* toda. .de palabras perniciosas
62.4 *aman* la mentira; con su boca bendicen
69.36 y los que *aman* su nombre habitarán en
70.4 digan siempre los que *aman* tu salvación
78.68 escogió. .monte de Sion al cual *amó*
87.2 *ama* Jehová las puertas de Sion más que
97.10 los que *amáis* a Jehová, aborreced el
99.4 y la gloria del rey *ama* el juicio; tú
102.14 tus siervos *aman* sus piedras, y del
109.17 *amó* la maldición, y ésta le sobrevino
116.1 *amo* a Jehová, pues ha oído mi voz y mi
119.47 tus mandamientos, los cuales he *amado*
119.48 mis manos a tus mandamientos que *amé*
119.97 ¡oh, cuánto *amo* yo tu ley! Todo el día
119.113 aborrezco. .hipócritas; mas *amo* tu ley
119.119 tanto, yo he *amado* tus testimonios
119.127 por eso he *amado* tus mandamientos
119.132 como acostumbras con los que *aman*
119.140 pura es tu palabra, y la *ama* tu siervo
119.159 oh Jehová, que *amo* tus mandamientos
119.163 la mentira aborrezco y. .tu ley *amo*
119.165 mucha paz tienen los que *aman* tu ley
119.167 guardado . . he *amado* en gran manera
122.6 paz. .sean prosperados los que te *aman*

AMAR (*Continúa*)
Sal. 145.20 Jehová guarda a todos los que le *aman*
146.8 a los caídos; Jehová *ama* a los justos
Pr. 1.22 ¿hasta cuándo, oh. .*amaréis* la simpleza
3.12 Jehová al que *ama* castiga, como el padre
4.6 no la dejes, y. .*ámala*, y te conservará
5.19 como cierva *amada* y graciosa gacela
8.17 yo *amo* a los que me *aman*, y me hallan
8.21 que los que me *aman* tengan su heredad
8.36 los que me aborrecen *aman* la muerte
9.8 reprendas. .corrige al sabio, y te *amará*
12.1 que *ama* la instrucción. .*a* la sabiduría
13.24 que lo *ama*, desde temprano lo corrige
14.20 pero muchos son los que *aman* al rico
15.9 impío; mas él *ama* al que sigue justicia
15.12 escarnecedor no *ama* al que le reprende
16.13 y éstos *aman* al que habla lo recto
17.17 en todo tiempo *ama* el amigo, y es como
17.19 el que *ama* la disputa, *a* la transgresión
18.21 y el que la *ama* comerá de sus frutos
19.8 el que posee entendimiento *ama* su alma
20.13 no *ames* el sueño. .que no te empobrezcas
21.17 necesitado será el que *ama* el deleite
21.17 el que *ama* el vino. .no se enriquecerá
22.11 el que *ama* la limpieza de corazón, por
27.6 fieles son las heridas del que *ama*; pero
29.3 el hombre que *ama* la sabiduría alegra a
Ec. 3.8 tiempo de *amar*, y tiempo de aborrecer
5.10 el que *ama* el dinero, no se saciará de
5.10 que *ama* el mucho tener, no sacará fruto
9.9 goza de la vida con la mujer que *amas*
Cnt. 1.3 como. .por eso las doncellas te *aman*
1.4 nos acordaremos de tus. .con razón te *aman*
1.7 hazme saber, oh tú a quien *ama* mi alma
3.1 busqué en mi lecho al que *ama* mi alma
3.2 buscaré al que *ama* mi alma; lo busqué
3.3 dije: ¿Habéis visto al que *ama* mi alma?
3.4 hallé luego al que *ama* mi alma; lo así
Is. 1.23 todos *aman* el soborno, y. .recompensas
1.29 os avergonzarán las encinas que *amasteis*
43.4 estima, fuiste honorable, y yo te *amé*
48.14 aquel a quien Jehová *amó* ejecutará su
56.6 y que *amen* el nombre de Jehová para ser
56.10 soñolientos, echados, *aman* el dormir
57.8 *amaste* su cama dondequiera que la veías
66.3 su alma *amó* sus propias abominaciones
66.10 gozaos con ella, todos los que la *amáis*
Jer. 2.25 extraños he *amado*, y tras ellos he de
6.10 la. .les es cosa vergonzosa, no la *aman*
8.2 el ejército del cielo, a quienes *amaron*
12.7 he entregado lo que *amaba* mi alma en
31.3 con amor eterno te he *amado*; por tanto
Ez. 16.37 a todos los que *amaste*, con todos los
Dn. 9.4 que te *aman* y guardan tus mandamientos
9.23 tú eres muy *amado*. Entiende, pues, la
Os. 3.1 *ama* a una mujer *amada* de su compañero
3.1 miran a dioses. .y *aman* tortas de pasas
4.18 sus príncipes *amaron* lo que avergüenza
9.1 *amaste* salario de ramera en todas las eras
9.10 abominables como aquello que *amaron*
9.15 no los *amaré* más; todos sus príncipes
11.1 cuando Israel era muchacho, yo lo *amé*
14.4 los *amaré* de pura gracia; porque mi ira
Am. 5.15 aborreced el mal, y *amad* el bien
Mi. 3.2 que aborrecéis lo bueno y *amáis* lo malo
6.8 *amar* misericordia, y humillarte ante tu
Zac. 8.17 ni *améis* el juramento falso; porque
8.19 ha dicho. .*Amad*, pues, la verdad y la paz
Mal. 1.2 yo os he *amado*. .¿En qué nos *amaste?*
1.2 ¿no era Esaú hermano de. .y *amé* a Jacob
2.11 ha profanado el santuario. .que él *amó*
Mt. 5.43 que fue dicho: *Amarás* a tu prójimo, y
5.44 *amad* a vuestros enemigos, bendecid a los
5.46 porque si *amáis* a los que os *aman*, ¿qué
6.5 *aman* el orar en pie en las sinagogas
6.24 o aborrecerá al uno y *amará* al otro, o
10.37 que *ama* a padre o madre más que a mí
10.37 el que *ama* a hijo o hija más que a mí
19.19 *amarás* a tu prójimo como a ti mismo
22.37 *amarás* al Señor tu Dios con todo tu
22.39 segundo es. .*Amarás* a tu prójimo como
23.6 *aman* los primeros asientos en las cenas
Mr. 10.21 Jesús, mirándole, le *amó*, y le dijo
12.30 *amarás* al Señor tu Dios con todo tu
12.31 *amarás* a tu prójimo como a ti mismo
12.33 y el *amarle* con todo el corazón, con
12.33 y *amar* al prójimo como a uno mismo
12.38 *aman* las salutaciones en las plazas
Lc. 6.27 *amad* a vuestros enemigos, haced bien
6.32 *amáis* a los que os *aman*, ¿qué mérito
6.32 los pecadores *aman* a los que los *a*
6.35 *amad*, pues, a vuestros enemigos, y haced
7.5 *ama* a nuestra nación, y nos edificó una
7.42 di, pues, ¿cual de ellos le *amará* más?
7.47 pecados le son perdonados, porque *amó*
7.47 a quien se le perdona poco, poco *ama*
10.27 dijo: *Amarás* al Señor tu Dios con todo
11.43 que *amáis* las primeras sillas en las
16.13 o aborrecerá al uno y *amará* al otro
20.46 y *aman* las salutaciones en las plazas
Jn. 3.16 de tal manera *amó* Dios al mundo, que
3.19 los hombres *amaron* más las tinieblas que
3.35 el Padre *ama* al Hijo, y todas las cosas
5.20 Padre *ama* al Hijo, y le muestra todas
8.42 si vuestro padre fuese Dios. .me *amaríais*
10.17 por eso me *ama* el Padre, porque yo
11.3 Señor, he aquí el que *amas* está enfermo
11.5 *amaba* Jesús a Marta, a su. .y a Lázaro
11.36 dijeron. .judíos: Mirad cómo le *amaba*
12.25 el que *ama* su vida, la perderá; y el
12.43 *amaban* más la gloria de los hombres que
13.1 como había *amado*. .los *amó* hasta el fin
13.23 al cual Jesús *amaba*. .estaba recostado
13.34 os *améis* unos a. .como yo os he *amado*
14.15 si me *amáis*, guardad mis mandamientos
14.21 y los guarda, ése es el que me *ama*
14.21 que me *ama*, será *amado* por mi Padre
14.21 y yo le *amaré*, y me manifestaré a él
14.23 el que me *ama*, mi palabra guardará
14.23 mi Padre le *amará*, y vendremos a él
14.24 que no me *ama*, no guarda mis palabras
14.28 si me *amarais*, os habríais regocijado
14.31 que el mundo conozca que *amo* al Padre
15.9 como el Padre me ha *amado*. .yo os he *a*
15.12 os *améis* unos a. .como yo os he *amado*
15.17 os mando: Que os *améis* unos a otros
15.19 si fuerais del mundo, el mundo *amaría*
16.27 Padre mismo os *ama*. .me habéis *amado*
17.23 has *amado* a ellos como. .a mí me has *a*
17.24 porque me has *amado* desde antes de la
17.26 el amor con que me has *amado*, esté en
19.26 vio Jesús. .discípulo a quien él *amaba*
20.2 aquel al que *amaba* Jesús, y les dijo
21.7 aquel. .quien Jesús *amaba*, dijo a Pedro
21.15,16,17 Simón, hijo de Jonás, ¿me *amas*
21.15,16 sí, Señor; tú sabes que te *amo*
21.17 que le dijese la tercera vez: ¿Me *amas?*
21.17 tú lo sabes todo; tú sabes que te *amo*
21.20 les seguía el discípulo a quien *amaba*
Ro. 1.7 los que estáis en Roma, *amados* de Dios
8.28 a los que *aman* a Dios, todas las cosas
8.37 más que vencedores. .de aquel que nos *amó*
9.13 como. .A Jacob *amé*, mas a Esaú aborrecí
9.25 llamaré pueblo mío. .a la no *amada*, *a*
11.28 son *amados* por causa de los padres
12.10 *amaos* los unos a los otros con amor
13.8 no debáis. .sino el *amaros* unos a otros
13.8 que *ama* al prójimo, ha cumplido la ley
13.9 *amarás* a tu prójimo como a ti mismo
16.12 saludad a la *amada* Pérsida, la cual ha
1 Co. 2.9 ha preparado para los que le *aman*
8.3 si alguno *ama* a Dios, es conocido por él
16.22 el que no *amare* al Señor. .sea anatema
2 Co. 9.7 dé. .porque Dios *ama* al dador alegre
9.14 a quienes *aman* a causa de la. .gracia
11.11 qué? ¿Porque no os *amo?* Dios lo sabe
12.15 aunque *amándoos* más, sea *amado* menos
Gá. 2.20 me *amó* y se entregó a sí mismo por mí
5.14 *amarás* a tu prójimo como a ti mismo
Ef. 2.4 Dios. .por su gran amor con que nos *amó*
5.2 y andad en amor, como. .Cristo nos *amó*
5.25 maridos, *amad* a vuestras mujeres, así
5.25 así como Cristo *amó* a la iglesia, y se
5.28 los maridos deben *amar* a sus mujeres
5.28 el que *ama* a su mujer, a sí mismo se *a*
5.33 *ame* también a su mujer como a sí mismo
6.24 la gracia sea con todos los que *aman* a
Fil. 1.8 Dios me es testigo de cómo os *amo* a
Col. 3.19 maridos, *amad* a vuestras mujeres, y
1 Ts. 4.9 habéis aprendido de Dios que os *améis*
2 Ts. 2.13 hermanos *amados* por el Señor, de que
2.16 nos *amó* y nos dio consolación eterna
2 Ti. 4.8 sino. .a todos los que *aman* su venida
4.10 Demas me ha desamparado, *amando* este
Tit. 2.4 enseñen a las. .a *amar* a sus maridos
3.15 saluda a los que nos *aman* en la fe
He. 1.9 has *amado* la justicia, y aborrecido la
12.6 porque el Señor al que *ama*, disciplina
Stg. 1.12 Dios ha prometido a los que le *aman*
2.5 reino que ha prometido a los que le *aman?*
2.8 *amarás* a tu prójimo como a ti mismo
1 P. 1.8 a quien *amáis* sin haberle visto, en
1.22 *amaos* unos a otros entrañablemente, de
2.17 honrad a todos. *Amad* a los hermanos
3.8 todos de un mismo sentir. .*amándoos*
3.10 el que quiere *amar* la vida y ver días
2 P. 2.15 el cual *amó* el premio de la maldad
1 Jn. 2.10 el que *ama* a su hermano, permanece
2.15 no *améis* al mundo, ni las cosas que
2.15 alguno *ama* al mundo, el amor del Padre
3.10 que no *ama* a su hermano, no es de Dios
3.11 el mensaje. .Que nos *amemos* unos a otros
3.14 a vida, en que *amamos* a los hermanos
3.14 el que no *ama* a su hermano, permanece en
3.18 no *amemos* de palabra ni de lengua, sino
3.23 nos *amemos* unos a otros como nos lo ha
4.7 amados, *amémonos* unos a otros, porque el
4.7 todo aquel que *ama*, es nacido de Dios
4.8 el que no *ama*, no ha conocido a Dios
4.10 no en que nosotros hayamos *amado* a Dios
4.10 en que él nos *amó* a nosotros, y envió a
4.11 amados, si Dios. .ha *amado* así, debemos
4.11 debemos también. .*amarnos* unos a otros
4.12 nos *amamos* unos a otros, Dios permanece
4.19 *amamos* a él, porque él nos *amó* primero
4.20 si alguno dice: Yo *amo* a Dios, y aborrece
4.20 el que no *ama* a su hermano a quien ha
4.20 ¿cómo puede *amar* a Dios a quien no ha
4.21 el que *ama* a Dios, *ame* también. .hermano
5.1 *ama* al que engendró, *a* también al que ha
5.2 *amamos* a los hijos de Dios, cuando *a* a
2 Jn. 1 hijos, a quienes yo *amo* en la verdad
5 y ahora te ruego. .nos *amemos* unos a otros
3 Jn. 1 el anciano a Gayo. .a quien *amo* en la
Ap. 1.5 al que nos *amó*, y nos lavó de nuestros
3.9 vengan. .y reconozcan que yo te he *amado*
3.19 reprendo y castigo a todos los que *amo*
22.15 y todo aquel que *ama* y hace mentira

AMARGAR
Ex. 1.4 *amargaron* su vida con dura servidumbre
Nm. 5.24,27 entrarán en ella para *amargar*
Job 3.20 ¿por qué. .vida a los de ánimo *amargado*
27.2 el Omnipotente, que *amargó* el alma mía
Pr. 31.6 dad. .el vino a los de *amargado* ánimo
Ap. 10.9 *amargará* el vientre, pero en tu boca
10.10 pero cuando lo hube comido, *amargó* mi

AMARGO, GA
Gn. 27.34 Esaú. .clamó con. .muy *a* exclamación
12.8 carne asada. .con hierbas *a* lo comerán
15.23 no pudieron beber las aguas. .eran *a*
Nm. 5.18 las aguas *a* que acarrean maldición
5.19 libre seas de estas aguas *a* que traen
5.23 escribirá. .las borrará con las aguas *a*
5.24 y dará. .las aguas *a* que traen maldición
9.11 con panes. .y con hierbas *a* la comerán
Dt. 32.24 y devorados de fiebre. .y de peste *a*
32.32 las uvas de ellos. .racimos muy *a* tienen
2 R. 14.26 pero Jehová miró la muy *a* aflicción
Est. 4.1 fue. .clamando con grande y *a* clamor
Sal. 64.3 lanzan cual saeta suya, palabra *a*
Pr. 5.4 su fin es *a* como el ajenjo, agudo como
27.7 pero al hambriento todo lo *a* es dulce
Ec. 7.26 he hallado más *a* que la muerte a la
Is. 5.20 ponen lo *a* por dulce, y lo dulce. .*a!*
24.9 sidra les será *a* a los que la bebieron
Jer. 2.19 *a* es el haber dejado tú a Jehová tu
31.15 voz fue oída en Ramá, llanto y lloro *a*
Ez. 27.31 y endecharán por ti endechas *a*, con
Am. 8.10 la volveré. .su postrimería como día *a*
Sof. 1.14 *a* la voz del día de Jehová; gritará
Stg. 3.11 alguna fuente echa. .agua dulce y *a?*
3.14 si tenéis celos *a*. .en vuestro corazón
Ap. 8.11 murieron a causa de esas aguas. .*a*

AMARGURA
Gn. 26.35 *a* de espíritu para Isaac y. .Rebecca
49.23 le causaron *a*, le asaetearon, y le
Rt. 1.13 que mayor *a* tengo yo que vosotras, pues
1.20 en grande *a* me ha puesto el Todopoderoso
1 S. 1.10 con *a* de alma oró a Jehová, y lloró
15.32 y dijo Agag. .ya pasó la *a* de la muerte
22.2 todos . . que se hallaban en *a* de espíritu
30.6 pues todo el pueblo estaba en *a* de alma
2 S. 2.26 ¿no sabes tú que el final será *a?*
17.8 sabes que. .y que están con *a* de ánimo
2 R. 4.27 dijo: Déjala, porque su alma está en *a*
Job 7.11 hablaré. .quejaré con la *a* de mi alma
9.18 aliento, sino que me ha llenado de *a*
10.1 hastiada de. .hablaré con *a* de mi alma
13.26 ¿por qué escribes contra mí *a*, y me
17.2 escarnecedores, en cuya *a* se detienen mis
21.25 este otro morirá en *a* de ánimo, y sin
23.2 hoy también hablaré con *a*; porque es
Sal. 73.21 llenó de *a* mi alma, y en mi corazón
Pr. 14.10 el corazón conoce la *a* de su alma
17.25 hijo necio es. .*a* a la que lo dio a luz
Is. 38.15 andaré humildemente. .a causa de. .*a*
38.17 *a* grande me sobrevino en la paz, mas
Jer. 4.18 la cual *a* penetrará hasta tu corazón
6.26 luto como por hijo único, llanto de *a*
Lm. 1.4 vírgenes están afligidas, y. .tiene *a*
3.5 contra mí, y me rodeó de *a* y de trabajo
3.15 me llenó de *a*, me embriagó de ajenjos
Ez. 3.14 en *a*, en la indignación de mi espíritu
21.6 hijo de. .gime con quebrantamiento. .con *a*
27.31 endecharán. .endechas. .con *a* del alma
Os. 12.14 Efraín ha provocado a Dios con *a*
Hch. 8.23 porque en hiel de *a*. .veo que estás
Ro. 3.14 su boca está llena de maldición y de *a*
Ef. 4.31 quítense de vosotros toda *a*, enojo, ira
He. 12.15 brotando alguna raíz de *a*, os estorbe

AMARÍAS
1. *Abuelo de Sadoc No. 1*, 1 Cr. 6.7,52; Esd. 7.3
2. *Hijo de Azarías No. 7*, 1 Cr. 6.11
3. *Descendiente de Coat*, 1 Cr. 23.19; 24.23
4. *Sacerdote en tiempo del rey Josafat*, 2 Cr. 19.11
5. *Levita en tiempo de Ezequías*, 2 Cr. 31.15
6. *Uno de los que se casaron con mujeres extranjeras en tiempo de Esdras*, Esd. 10.42
7. *Firmante del pacto de Nehemías*, Neh. 10.3; 12.2,13
8. *Descendiente de Judá*, Neh. 11.4
9. *Ascendiente del profeta Sofonías*, Sof. 1.1

AMARILLENTO

Lv. 13.30 y el pelo de ella fuere *a* y delgado
13.32 ni hubiere en ella pelo *a*, ni pareciere
13.36 no busque el sacerdote el pelo *a*; es

AMARILLEZ

Sal. 68.13 alas de paloma. .pluma con *a* de oro

AMARILLO

Ap. 6.8 miré, y he aquí un caballo *a*, y el que

AMARRA

Hch. 27.32 soldados cortaron las *a* del esquife
27.40 mar, largando también las *a* del timón

AMASA

1. General del ejército de Absalón

2 S. 17.25 Absalón nombró a *A* jefe. .ejército
17.25 *A* era hijo de un varón. .llamado Itra
19.13 diréis a *A*: ¿No eres tú. .hueso mío y
20.4 después dijo el rey a *A*: Convócame a
20.5 fue, pues, *A* para convocar a los de Judá
20.8 les salió *A* al encuentro. Y Joab estaba
20.9 Joab dijo a *A*: ¿Te va bien, hermano mío?
20.9 tomó Joab. .la barba de *A*, para besarlo
20.10 y *A* no se cuidó de la daga. .de Joab
20.12 *A* yacía revolcándose en su sangre en
20.12 apartó a *A* del camino al campo, y echó
1 R. 2.5 sabes tú. .lo que hizo a. .Abner. .y a *A*
2.32 mató a Abner hijo. .y a *A* hijo de Jeter
1 Cr. 2.17 Abigail dio a luz a *A*, cuyo padre

***2. Efrainita en tiempo del rey Acaz*, 2 Cr. 28.12**

AMASADA *Véase Amasar*

AMASADORA

1 S. 8.13 a vuestras hijas para que sean. .*a*

AMASAI

***1. Descendiente de Coat*, 1 Cr. 6.25,35; 2 Cr. 29.12**

***2. Capitán que se unió a David en Siclag*, 1 Cr. 12.18**

***3. Sacerdote en tiempo de David*, 1 Cr. 15.24**

***4. Sacerdote en tiempo de Nehemías*, Neh. 11.13**

AMASAR

Gn. 18.6 flor de harina, y *amasa* y haz panes
Éx. 2.5 de flor de harina. .*amasada* con aceite
29.2 tortas sin levadura *amasada* con aceite
29.40 de flor de harina *amasada* con. .aceite
Lv. 2.4 de flor de harina *amasada* con aceite
7.10 toda ofrenda *amasada* con aceite, o seca
7.12 tortas sin levadura *amasadas* con aceite
7.12 frita en tortas *amasadas* con aceite
9.4 carnero. .una ofrenda *amasada* con aceite
14.10 ofrenda *amasada* con aceite, y un log de
14.21; 23.13 flor de harina *amasada* con aceite
Nm. 6.15; 7.13,19,25,31,37,43,49,55,61,67,73,79; 8.8; 15.4,6,9; 28.5,9,12(2),13,20,28; 29.3,9,14 flor de harina *amasada* con aceite
15.20 de lo primero que *amaséis*, ofreceréis
Dt. 28.5 benditas serán. .tu artesa de *amasar*
28.17 maldita tu canasta. .tu artesa de *amasar*
1 S. 28.24 tomó harina y la *amasó*, y coció de
2 S. 13.8 *amasó*, e hizo hojuelas delante de él
Jer. 7.18 mujeres *amasan* la masa, para hacer

AMASÍAS

1. Rey de Israel

2 R. 12.21 murió. .reinó en su lugar *A* su hijo
13.12 el esfuerzo con que guerreó contra *A*
14.1 en el año segundo. .comenzó a reinar *A*
14.8 *A* envió mensajeros a Joás hijo de Jehú
14.9 envió a *A* rey de Judá esta respuesta
14.11 pero *A* no escuchó; por lo cual subió
14.11 se vieron las caras él y *A* rey de Judá
14.13 Joás. .tomó a *A* rey de Judá, hijo de
14.15 y cómo peleó contra *A* rey de Judá, ¿no
14.17 *A*. .vivió después de la muerte de Joás
14.18 demás hechos de *A* ¿no están escritos
14.21 lo hicieron rey en lugar de *A* su padre
14.23 el año quince de *A*. .comenzó a reinar
15.1 comenzó a reinar Azarías hijo de *A*, rey
15.3 las cosas que su padre *A* había hecho
1 Cr. 3.12 del cual fue hijo *A*, cuyo hijo fue
2 Cr. 24.27 Joás. .reinó en su lugar *A* su hijo
25.1 de 25 años. .*A* cuando comenzó a reinar
25.5 reunió luego *A* a Judá, y con arreglo a
25.9 y *A* dijo al varón de Dios: ¿Qué, pues
25.10 *A* apartó el ejército de la gente que
25.11 *A*, sacó a su pueblo, y vino al Valle
25.13 los del ejército que *A* había despedido
25.14 volviendo luego *A* de la matanza de los
25.15 se encendió la ira de Jehová contra *A*
25.17 *A* rey de Judá. .envió a decir a Joás
25.18 Joás. .envió a decir a *A* rey de Judá
25.20 *A* no quiso oír; porque era la. .de Dios
25.21 se vieron cara a. .él y *A* rey de Judá en
25.23 Joás. .apresó en Bet-semes a *A* rey de
25.25 vivió *A* hijo. .15 años después de. .Joás
25.26 demás hechos de *A*, primeros y postreros
25.27 el tiempo en que *A* se apartó de Jehová
26.1 pusieron por rey en lugar de *A* su padre
26.2 después que el rey *A* durmió con. .padres
26.4 hizo. .todas las cosas que había hecho *A*

***2. Descendiente de Simeón*, 1 Cr. 4.34**

***3. Descendiente de Merari*, 1 Cr. 6.45**

***4. General del ejército del rey Josafat*, 2 Cr. 17.16**

***5. Sacerdote idólatra en Bet-el*, Am. 7.10,12,14**

AMATISTA

Éx. 28.19; 39.12 la tercera. .una ágata y una *a*
Ap. 21.20 undécimo, jacinto; el duodécimo, *a*

AMBULANTE

Hch. 19.13 exorcistas *a*, intentaron invocar el

AMEDRENTAR

Dt. 28.67 el miedo. .con que estarás *amedrentado*
2 Cr. 20.15 ni os *amedrentéis* delante de esta
Neh. 6.9 todos ellos nos *amedrentaban*, diciendo
Is. 44.8 no temáis, ni os *amedrentéis*; ¿no te
Jer. 5.22 ¿no os *amedrentaréis* ante mí, que
23.4 y pondré. .pastores. .ni se *amedrentarán*
Abd. 9 valientes, oh Temán, serán *amedrentados*
Mi. 4.4 y no habrá quien los *amedrente*; porque
7.17 se volverán *amedrentados* ante Jehová
Mr. 4.40 ¿por qué estáis así *amedrentados*?
2 Co. 10.9 no parezca. .que os quiero *amedrentar*
1 P. 3.14 no os *amedrentéis* por temor de ellos

AMÉN

Nm. 5.22 caer tu muslo. Y la mujer dirá: *A*, *a*
Dt. 27.15 todo el pueblo responderá y dirá: *A*
27.16,17,18,19,20,21,22,23,24,25,26 y dirá todo el pueblo: *A*
1 R. 1.36 Benaía. .respondió al rey y dijo: *A*
1 Cr. 16.36 dijo todo el pueblo, *A*; y alabó a
Neh. 5.13 y respondió toda la congregación: ¡*A*!
8.6 el pueblo respondió: ¡*A*! ¡*A*! alzando sus
Sal. 41.13 por los siglos de los siglos. *A* y *A*
72.19 la tierra sea llena de su gloria. *A* y *A*
89.52 bendito sea Jehová. .siempre. *A*, y *A*
106.48 y diga todo el pueblo, *A*. Aleluya
Jer. 11.5 día. Y respondí y dije: *A*, oh Jehová
28.6 dijo. .Jeremías: *A*, así lo haga Jehová
Mt. 6.13 porque tuyo es el reino por. .siglos. *A*
28.20 yo estoy con vosotros todos los días. .*A*
Mr. 16.20 predicaron. .ayudándoles el Señor. .*A*
Lc. 24.53 alabando y bendiciendo a Dios. *A*
Jn. 21.25 libros que se habrían de escribir. *A*
Ro. 1.25 el cual es bendito por los siglos. *A*
9.5 cual es Dios. .bendito por los siglos. *A*
11.36 a él sea la gloria por los siglos. *A*
15.33 Dios de paz sea con todos vosotros. *A*
16.24 la gracia. .sea con todos vosotros. *A*
16.27 al único y sabio Dios, sea gloria. .*A*
1 Co. 14.16 dirá el *A* a tu acción de gracias?
16.24 mi amor. .esté con todos vosotros. *A*
2 Co. 1.20 las promesas de Dios son. .en él *A*
13.14 el amor de Dios. .sean con todos. .*A*
Gá. 1.5 a quien sea la gloria por los siglos. *A*
6.18 la gracia. .sea con vuestro espíritu. *A*
Ef. 3.21 sea gloria en la iglesia en Cristo. .*A*
6.24 que aman a nuestro Señor Jesucristo. .*A*
Fil. 4.20 al Dios. .sea gloria por los siglos. .*A*
4.23; Col. 4.18; 1 Ts. 5.28; 2 Ts. 3.18 la gracia. .sea con todos vosotros. *A*
1 Ti. 1.17 único. .Dios, sea honor y gloria. .*A*
6.16 al cual sea la honra y el imperio. .*A*
6.21 se desviaron. .La gracia sea contigo. *A*
2 Ti. 4.18 a él sea gloria por los siglos. .*A*
4.22 sea con. .La gracia sea con vosotros. *A*
Tit. 3.15 la gracia sea con todos vosotros. *A*
Flm. 25 gracia de nuestro Señor. .sea con. .*A*
He. 13.21 cual sea la gloria por los siglos. .*A*
13.25 la gracia sea con todos vosotros. *A*
1 P. 4.11 a quien pertenecen la gloria y el. .*A*
5.11 a él sea la gloria y el imperio por. .*A*
5.14 la paz sea con todos. .en Jesucristo. *A*
2 P. 3.18 a él sea gloria ahora y hasta el. .*A*
1 Jn. 5.21 hijitos, guardaos de los ídolos. *A*
2 Jn. 13 los hijos de tu hermana. .te saludan. *A*
Jud. 25 sea gloria. .por todos los siglos. *A*
Ap. 1.6 a él sea gloria. .por los siglos de. .*A*
1.7 tierra harán lamentación por él. Sí, *a*
1.18 que vivo por los siglos de los siglos, *a*
3.14 el *A*, el testigo fiel y verdadero, el
5.14 los cuatro seres vivientes decían: *A*
7.12 diciendo: *A*. La bendición y la gloria
7.12 la bendición. .sean a nuestro Dios. .*A*
19.4 y adoraron a. .y decían: ¡*A*! ¡Aleluya!
22.20 ciertamente vengo en breve. *A*; sí, ven
22.21 la gracia. .sea con todos vosotros. *A*

AMENAZA

Is. 30.17 un millar huirá a la *a* de uno; a la
30.17 a la *a* de cinco huiréis vosotros todos
Hch. 4.29 mira sus *a*, y concede a tus siervos
9.1 Saulo, respirando aún *a* y muerte contra
Ef. 6.9 dejando las *a*, sabiendo que el Señor
1 P. 3.6 si hacéis el bien, sin temer ninguna *a*

AMENAZADOR

Is. 58.9 yugo, el dedo *a*, y el hablar vanidad

AMENAZAR

Is. 30.13 este pecado como grieta que *amenaza*
Nah. 1.4 él *amenaza* al mar, y lo hace secar
Hch. 4.17 *amenacémosles* para que no hablen de
4.21 entonces les *amenazaron* y les soltaron
1 P. 2.23 cuando padecía, no *amenazaba*, sino

AMI ***Siervo de Salomón (=Amón No. 4)*, Esd. 2.57**

AMIEL

***1. Uno de los doce espías*, Nm. 13.12**

***2. Padre de Maquir No. 2*, 2 S. 9.4,5; 17.24**

***3. Suegro de David (=Eliam No. 1)*, 1 Cr. 3.5**

***4. Portero del tabernáculo*, 1 Cr. 26.5**

AMIGA

Cnt. 1.9 a yegua de los. .te he comparado, *a* mía
1.15 he aquí que tú eres hermosa, *a* mía
2.2 como el lirio entre. .así es mi *a* entre
2.10,13 levántate, oh *a* mía, hermosa mía
4.1 he aquí que tú eres hermosa, *a* mía; he
4.7 tú eres hermosa, *a* mía, y en ti no hay
5.2 ábreme. .*a* mía, paloma mía, perfecta mía
6.4 hermosa eres tú, oh *a* mía, como Tirsa
Jer. 9.20 enseñad. .lamentación cada una a su *a*
Lc. 15.9 reúne. .*a* y vecinas, diciendo: Gozaos

AMIGABLE

1 P. 3.8 todos. .amándoos fraternalmente. .*a*

AMIGABLEMENTE

Pr. 26.25 cuando hablare *a*, no le creas; porque
Jer. 52.32 habló con él *a*, e hizo poner su

AMIGO *Véase también Amiga*

Gn. 26.26 Ahuzat *a* suyo, y Ficol capitán de su
38.12 Judá. .subía. .a Timnat, él y su *a* Hira
38.20 envió el cabrito de. .por medio de su *a*
Éx. 32.27 matad cada uno. .*a*, y a su pariente
Dt. 13.6 si te incitare. .tu *a* íntimo, diciendo
Jue. 14.20 al cual él había tratado como su *a*
1 S. 30.26 envió del botín a. .sus *a*, diciendo
2 S. 3.8 he hecho hoy misericordia. .con sus *a*
13.3 tenía un *a* que se llamaba Jonadab, hijo
15.37 vino Husai *a* de David a la ciudad; y
16.16 que cuando Husai. .*a* de David, vino al
16.17 ¿es. .tu agradecimiento para con tu *a*?
16.17 a Husai. .¿Por qué no fuiste con tu *a*?
1 R. 4.5 Zabud. .ministro principal y *a* del rey
16.11 mató a. .sin dejar en ella varón. .ni *a*
1 Cr. 27.33 Ahitofel. .Husai arquita *a* del rey
2 Cr. 20.7 a la descendencia de Abraham tu *a*
26.10 viñas. .porque era *a* de la agricultura
Est. 5.10 y mandó llamar a sus *a* y a Zeres su
5.14 y le dijo Zeres su mujer y todos sus *a*
6.13 contó luego Amán. .a todos sus *a*, todo lo
Job 2.11 tres *a* de Job. .luego que oyeron todo
6.27 también. .caváis un hoyo para vuestro *a*
12.4 yo soy uno de quien su *a* se mofa, que
16.20 disputadores son mis *a*; mas ante Dios
17.5 al que denuncia a sus *a* como presa, los
19.19 mis íntimos *a* me aborrecieron, y los
19.21 vosotros mis *a*, tened compasión de mí
32.3 se encendió en ira contra sus tres *a*
42.10 de Job, cuando él hubo orado por sus *a*
Sal. 38.11 *a*. .se mantienen lejos de mi plaga
88.18 has alejado de mí al *a* y al compañero
Pr. 6.1 hijo mío, si salieres fiador por tu *a*
6.3 hijo. .vé, humíllate, y asegúrate de tu *a*
14.20 el pobre es odioso aun a su *a*; pero
16.28 y el chismoso aparta a los mejores *a*
17.9 falta. .el que la divulga, aparta al *a*
17.17 en todo tiempo ama el *a*, y es como un
17.18 sale por fiador en presencia de su *a*
18.24 hombre que tiene *a* ha de mostrarse *a*
18.24 y *a* hay más unido que un hermano
19.4 muchos *a*. .el pobre es apartado de su *a*
19.6 buscan. .cada uno es *a* del hombre que da
19.7 ¡cuánto más sus *a* se alejarán de él!
26.19 tal es el hombre que engaña a su *a*
27.9 y el cordial consejo del *a*, al hombre
27.10 no dejes a tu *a*, ni al *a* de tu padre
27.14 el que bendice a su *a* en alta voz
27.17 así el hombre aguza el rostro de su *a*
Cnt. 5.1 comed, *a*; bebed en abundancia. .amados
5.16 tal es mi *a*, oh doncellas de Jerusalén
Is. 41.8 Israel. .descendencia de Abraham mi *a*
Jer. 3.1 tú, pues, has fornicado con muchos *a*
9.8 con su boca dice paz a su *a*, y dentro de
13.21 a quienes tú enseñaste a ser tus *a*?
19.9 cada uno comerá la carne de su *a* en el
20.10 todos mis *a* miraban si claudicaría
38.22 y han prevalecido contra ti tus *a*

AMIGO *(Continúa)*
Lm. 1.2 todos sus *a* le faltaron, se le volvieron
Mi. 7.5 no creáis en *a*, ni confiéis en príncipe
Zac. 3.8 tú y tus *a* que se sientan delante de
13.6 con ellas fui herido en casa de mis *a*
Mt. 11.19 un. . *a* de publicanos y de pecadores
20.13 *a*, no te hago agravio; ¿no conviniste
22.12 dijo: *A*, ¿cómo entraste aquí, sin estar
26.50 y Jesús le dijo: *A*, ¿a qué vienes?
Lc. 7.34 es un. . *a* de publicanos y de pecadores
11.5 ¿quién de vosotros que tenga un *a*, va a
11.5 va. . y le dice: *A*, préstame tres panes
11.6 un *a* mío ha venido a mí de viaje, y no
11.8 no se levante a dárselos por ser su *a*
12.4 mas os digo, *a* míos: No temáis a los que
14.10 te diga: *A*, sube más arriba; entonces
14.12 no llames a tus *a*, ni a tus hermanos
15.6 reúne a sus *a* y vecinos, diciéndoles
15.29 ni un cabrito para gozarme con mis *a*
16.9 *a* por medio de las riquezas injustas
21.16 entregados aun por. . parientes, y *a*; y
23.12 se hicieron *a* Pilato y Herodes aquel día
Jn. 3.29 el *a* del esposo, que está a su lado
11.11 nuestro *a* Lázaro duerme; mas voy para
15.13 este, que uno ponga su vida por sus *a*
15.14 vosotros sois mis *a*, si hacéis lo que
15.15 os he llamado *a*, porque todas las cosas
19.12 si a éste sueltas, no eres *a* de César
Hch. 10.24 habiendo convocado a. . *a* más íntimos
19.31 las autoridades de Asia, que eran sus *a*
27.3 Julio. . le permitió que fuese a los *a*
Stg. 2.23 creyó a Dios. . fue llamado *a* de Dios
4.4 cualquiera. . que quiera ser *a* del mundo
3 Jn. 15 los *a* te saludan. Saluda tú a los *a*

AMINADAB
1. Suegro de Aarón, Éx. 6.23
2. Padre de Naasón, Nm. 1.7; 2.3; 7.12,17; 10.14; Rt. 4.19,20; 1 Cr. 2.10; Mt. 1.4; Lc. 3.33
3. Hijo de Coat, 1 Cr. 6.22
4. Descendiente de Coat, 1 Cr. 15.10,11
5. Personaje desconocido, Cnt. 6.12

AMISABAD *Hijo de Benaía No. 1*, 1 Cr. 27.6

AMISADAI *Padre de Ahiezer No. 1*, Nm. 1.12; 2.25; 7.66,71; 10.25

AMISTAD
2 Cr. 20.35 Josafat rey de. . trabó *a* con Ocozías
Job 22.21 vuelve ahora en *a* con él, y tendrás
Sal. 55.14 y andábamos en *a* en la casa de Dios
Pr. 17.9 el que cubre la falta busca *a*; mas el
22.11 por la gracia de. . tendrá la *a* del rey
Stg. 4.4 la *a* del mundo es enemistad con Dios?

AMITAI *Padre del profeta Jonás*, 2 R. 14.25; Jon. 1.1

AMIUD
1. Padre de Elisama No. 1, Nm. 1.10; 2.18; 7.48,53; 10.22; 1 Cr. 7.26
2. Padre de Semuel No. 1, Nm. 34.20
3. Padre de Pedael, Nm. 34.28
4. Padre de Talmai rey de Gesur, 2 S. 13.37
5. Descendiente de Judá, 1 Cr. 9.4

AMMA *Collado en Benjamín*, 2 S. 2.24

AMMI *"Pueblo mío", nombre simbólico*, Os. 2.1

AMNÓN
1. Primogénito de David
2 S. 3.2 hijos. . su primogénito fue *A*, de Ahinoam
13.1 Tamar. . enamoró de ella *A* hijo de David
13.2 estaba *A* angustiado. . le parecía a *A* que
13.3 y *A* tenía un amigo. . Jonadab, hijo de
13.4 *A* le respondió. . amo a Tamar la hermana
13.6 se acostó pues, *A*, y fingió que estaba
13.6 dijo *A* al rey: Yo te ruego que venga mi
13.7 vé. . a casa de *A* tu hermano, y hazle de
13.8 y fue Tamar a casa de su hermano *A*, el
13.9 y dijo *A*: Echad fuera de aquí a todos
13.10 *A* dijo a Tamar: Trae la comida a la
13.10 las llevó a su hermano *A* a la alcoba
13.15 luego la aborreció *A*. . le dijo *A*. . vete
13.20 dijo. . ¿Ha estado contigo tu hermano *A*?
13.22 mas Absalón no habló con *A* ni malo ni
13.22 aunque Absalón aborrecía a *A*, porque
13.26 te ruego que venga con nosotros *A* mi
13.27 dejó ir con él a *A* y a todos los hijos
13.28 cuando el corazón de *A* esté alegre por
13.28 decir yo: Herid a *A*, entonces matadle
13.29 hicieron con *A* como Absalón les había
13.32 *A* ha sido muerto. . *A* forzó a Tamar su
13.33 todos. . porque sólo *A* ha sido muerto
13.39 David. . ya estaba consolado acerca de *A*
1 Cr. 3.1 los hijos de David. . *A* el primogénito
2. Descendiente de Judá, 1 Cr. 4.20

AMO *Véase también Ama*
Gn. 24.27 bendito sea. . Dios de mi *a* Abraham
24.27 que no apartó de mi *a* su misericordia
24.27 camino a casa de los hermanos de mi *a*
24.35 Jehová ha bendecido mucho a mi *a*, y él
24.36 Sara, mujer de mi *a*, dio a luz en su
24.37 *a* me hizo jurar, diciendo: No tomarás
39.2 y estaba en la casa de su *a* el egipcio
39.3 vio su *a* que Jehová estaba con él, y que
39.7 la mujer de su *a* puso sus ojos en José
39.8 él no quiso, y dijo a la mujer de su *a*
39.19 cuando oyó el *a* de José las palabras de
39.20 y tomó su *a* a José, y lo puso en la
Éx. 21.4 si su *a* le hubiere dado mujer, y ella
21.4 la mujer y sus hijos serán de su *a*, y
21.6 su *a* lo llevará ante los jueces, y le
21.6 su *a* le horadará la oreja con lesna, y
Dt. 23.15 el siervo que se huyere a ti de su *a*
1 S. 25.14 David envió. . saludasen a nuestro *a*
25.17 mal está ya resuelto contra nuestro *a*
30.13 soy. . y me dejó mi *a* hoy hace tres días
30.15 no. . ni me entregarás en mano de mi *a*
1 R. 11.23 Rezón. . el cual había huido de su *a*
18.8,11,14 vé, dí a tu *a*: Aquí está Elías
2 R. 6.32 ¿no se oye tras él. . los pasos de su *a*?
Pr. 29.21 el siervo mimado desde la. . por su *a*
Is. 24.2 sucederá. . como al siervo, así a su *a*
Mt. 15.27 migajas que caen de la mesa de sus *a*
Lc. 16.3 porque mi *a* me quita la mayordomía
16.5 llamando a. . los deudores de su *a*, dijo
16.5 dijo al primero: ¿Cuánto debes a mi *a*?
16.8 alabó el *a* al mayordomo malo por haber
Hch. 16.16 la cual daba gran ganancia a sus *a*
16.19 pero viendo sus *a* que había salido la
Ef. 6.5 obedeced a vuestros *a* terrenales con
6.9 vosotros, *a*, haced con ellos lo mismo
Col. 3.22 siervos, obedeced en. . a vuestros *a*
4.1 *a*, haced lo que es justo y recto. . siervos
4.1 sabiendo que. . tenéis un *A* en los cielos
1 Ti. 6.1 tengan a sus *a* por dignos de. . honor
6.2 y los que tienen *a* creyentes, no los
Tit. 2.9 que se sujeten a sus *a*, que agraden en
1 P. 2.18 criados, estad sujetos. . a vuestros *a*

AMOC *Sacerdote que regresó de Babilonia con Zorobabel*, Neh. 12.7,20

AMOLAR
Ec. 10.10 hierro, y su filo no fuere *amolado*

AMÓN
1. Una tribu descendiente de Ben-Ammi que se llama "hijos de Amón" y algunas veces "Amón" (=Amonita)
Nm. 21.24 tomó la tierra. . de *A*. . frontera de *A*
Dt. 2.19 a los hijos de *A*, no los molestes, ni
2.19 no te daré posesión de la tierra. . de *A*
2.37 la tierra de los hijos de *A* no llegamos
3.11 cama. . ¿no está en Rabá de los hijos de *A*?
3.16 de Jaboc. . es límite de los hijos de *A*
Jos. 12.2 el arroyo. . término de los hijos de *A*
13.10 hasta los límites de los hijos de *A*
13.25 mitad de la tierra de los hijos de *A*
Jue. 3.13 juntó. . a los hijos de *A* y de Amalec
10.6 a los dioses de los hijos de *A* y a los
10.7 los entregó. . en mano de los hijos de *A*
10.9 los hijos de *A* pasaron el Jordán para
10.17 se juntaron los hijos de *A* y acamparon
10.18 comenzará la batalla contra los. . de *A*?
11.4 los hijos de *A* hicieron guerra contra
11.5 cuando los hijos de *A* hicieron guerra
11.6 ven. . para que peleemos contra los. . de *A*
11.8 vengas. . y pelees contra los hijos de *A*
11.9 para que pelee contra los hijos de *A*
11.15 no tomó. . ni tierra de los hijos de *A*
11.27 Jehová. . juzgue hoy entre. . hijos de *A*
11.28 el rey de los hijos de *A* no atendió a
11.29 y de Mizpa de. . pasó a los hijos de *A*
11.32 y fue Jefté hacia los hijos de *A* para
11.36 ha hecho venganza en. . los hijos de *A*
12.1 a hacer guerra contra los hijos de *A*
12.2 teníamos. . contienda con los hijos de *A*
12.3 arriesgué. . y pasé contra los hijos de *A*
1 S. 12.12 que Nahas rey de los hijos de *A* venía
14.47 hizo guerra a. . contra los hijos de *A*
2 S. 10.1 que murió el rey de los hijos de *A*
10.2 llegados. . a la tierra de los hijos de *A*
10.3 los príncipes de los hijos de *A* dijeron
10.6 y viendo los. . de *A* que se habían hecho
10.6 los hijos de *A*. . tomaron a sueldo a los
10.8 saliendo los hijos de *A*, se pusieron en
10.11 si los hijos de *A* pudieren más que tú
10.14 *A*, viendo que los sirios habían huido
10.14 Joab de luchar contra los hijos de *A*
10.19 temieron ayudar más a los hijos de *A*
12.9 y a él lo mataste con la espada de. . *A*
12.26 peleaba contra Rabá de los hijos de *A*
12.31 todas las ciudades de los hijos de *A*
17.27 hijo de Nahas, de Rabá de los hijos de *A*
1 R. 11.1 Salomón amó. . las de *A*, a las de Edom
11.7 lugar alto. . a Moloc. . de los hijos de *A*
11.33 Moab, y a Moloc dios de los hijos de *A*
2 R. 23.13 a Milcom ídolo. . de los hijos de *A*
1 Cr. 18.11 el oro. . de Moab, de los hijos de *A*
19.1 que murió Nahas rey de los hijos de *A*
19.2 llegaron. . a la tierra de los hijos de *A*
19.3 los príncipes de los hijos de *A* dijeron
19.6 y viendo los. . de *A* que se habían hecho
19.6 Hanún y los hijos de *A* enviaron. . plata
19.7 y se juntaron también los hijos de *A* de
19.9 los hijos de *A* salieron, y ordenaron la
19.15 los hijos de *A*, viendo que los sirios
19.19 nunca más quiso ayudar a los hijos de *A*
20.1 Joab. . destruyó la tierra de los. . de *A*
20.3 a todas las ciudades de los hijos de *A*
2 Cr. 20.1 hijos de Moab y de *A*, y con ellos
20.10 los hijos de *A* y los de Moab, y los del
20.22 Jehová puso contra los hijos de *A*, de
20.23 hijos de *A* y Moab se levantaron contra
27.5 él guerra con el rey de los hijos de *A*
27.5 le dieron los hijos de *A* en aquel año
27.5 le dieron los hijos de *A*, y lo mismo
Sal. 83.7 Gebal, *A* y Amalec, los filisteos y
Is. 11.14 Edom. . los hijos de *A* los obedecerán
Jer. 9.26 a Egipto. . a los hijos de *A* y de Moab
25.21 a Edom, a Moab y a los hijos de *A*
27.3 al rey de los hijos de *A*, y al rey de
40.11 los judíos que. . y entre los hijos de *A*
40.14 ¿no sabes que. . rey de los hijos de *A* ha
41.10 y se fue para pasarse a los hijos de *A*
41.15 Ismael. . escapó. . se fue a los hijos de *A*
49.1 acerca de los hijos de *A*. Así ha dicho
49.2 clamor de guerra en. . de los hijos de *A*
49.6 volver a los cautivos de los hijos de *A*
Ez. 21.20 la espada a Rabá de los hijos de *A*
21.28 así ha dicho. . acerca de los hijos de *A*
25.2 pon tu rostro hacia los hijos de *A*, y
25.3 y dirás a los hijos de *A*: Oíd palabra de
25.5 y a los hijos de *A* por majada de ovejas
25.10 los hijos del oriente contra los. . de *A*
25.10 no haya más memoria de los hijos de *A*
Dn. 11.41 escaparán. . mayoría de los hijos de *A*
Am. 1.13 por tres pecados de los hijos de *A*
Sof. 2.8 he oído. . denuestos de los hijos de *A*
2.9 Moab será. . y los hijos de *A* como Gomorra
2. Gobernador de Samaria bajo Acab, 1 R. 22.26; 2 Cr. 18.25
3. Rey de Judá
2 R. 21.18 Manasés. . reinó en su lugar *A* su hijo
21.19 de 22 años. . *A* cuando comenzó a reinar
21.23 los siervos de *A* conspiraron contra él
21.24 que habían conspirado contra el rey *A*
21.25 los demás hechos de *A*, ¿no están todos
1 Cr. 3.14 fue hijo *A*, cuyo hijo fue Josías
2 Cr. 33.20 Manasés. . y reinó en su lugar *A* su
33.21 de 22 años. . *A* cuando comenzó a reinar
33.25 que habían conspirado contra el rey *A*
Jer. 1.2 vino en los días de Josías hijo de *A*
25.3 de Josías hijo de *A*, rey de Judá, hasta
Sof. 1.1 días de Josías hijo de *A*, rey de Judá
Mt. 1.10 engendró. . Manasés a *A*, y *A* a Josías
4. Siervo de Salomón, Neh. 7.59
5. Dios de Tebas, Jer. 46.25

AMONESTACIÓN
Sal. 2.10 admitid *a*, jueces de la tierra
Pr. 15.31 el oído que escucha las *a* de la vida
Ef. 6.4 criadlos en disciplina y *a* del Señor
Tit. 3.10 después de una y otra *a* deséchalo
2 P. 1.13 tengo por justo. . despertaros con *a*

AMONESTAR
2 R. 17.13 Jehová *amonestó*. . a Israel y a Judá
2 Cr. 19.10 *amonestaréis* que no pequen contra
24.19 los cuales les *amonestaron*; mas ellos
Neh. 9.29 les *amonestaste* a que se volviesen a
9.34 tus testimonios con que les *amonestabas*
13.15 y los *amonesté* acerca del día en que
13.21 y les *amonesté* y les dije: ¿Por qué os
Sal. 19.11 tu siervo es además *amonestado* con
81.8 oye, pueblo mío, y te *amonestaré*. Israel
Pr. 21.11 le *amonesta* al sabio, aprende ciencia
Ec. 12.12 hijo. . a más de esto, sé *amonestado*
Jer. 6.10 ¿a quién. . *amonestaré*, para que oigan?
11.7 *amonestándoles*. . temprano y sin cesar
Ez. 3.17 oirás. . y los *amonestarás* de mi parte
3.18 y tú no le *amonestares* ni le hablares
3.19 si tú *amonestares* al impío, y él no se
3.20 él morirá, porque tú no le *amonestaste*
3.21 pero si al justo *amonestares* para que no
33.7 de cierto vivirá, porque fue *amonestado*
33.7 oirás la. . y los *amonestarás* de mi parte
Zac. 3.6 y el ángel de Jehová *amonestó* a Josué
Hch. 20.31 no he cesado de *amonestar*. . lágrimas a
27.9 pasado ya el ayuno, Pablo les *amonestaba*
Ro. 15.14 que podéis *amonestaros* los unos a los
1 Co. 4.14 para *amonestaros* como a hijos míos
10.11 y están escritas para *amonestarnos* a
Gá. 5.21 acerca de las cuales os *amonesto*, como
Col. 1.28 quien anunciamos, *amonestando* a todo
1 Ts. 5.12 reconozcáis a los que. . os *amonestan*
5.14 os rogamos. . que *amonestéis* a los ociosos
2 Ts. 3.15 sino *amonestadle* como a hermano
He. 12.25 al que los *amonestaba* en la tierra
12.25 si desecháremos al que *amonesta* desde
1 P. 5.12 he escrito brevemente, *amonestándoos*

AMONITA *Descendiente de Ben-ammi (=Amón No. 1)*

Gn. 19.38 el cual es padre de los *a* hasta hoy
Dt. 2.20 a los cuales los *a* llamaban zomzomeos
2.21 cuales Jehová destruyó delante de los *a*
23.3 no entrará *a* ni..en la congregación de
Jue. 10.11 ¿no habéis sido oprimidos..de los *a*
11.12,14 envió..mensajeros al rey de los *a*
11.13 el rey de los *a* respondió a..de Jefté
11.30 si entregares a los *a* en mis manos
11.31 cuando regrese victorioso de los *a*, será
11.33 fueron sometidos los *a* por..de Israel
1 S. 11.1 subió Nahas *a*, y acampó contra Jabes
11.2 Nahas *a*..respondió: Con esta condición
11.11 hirieron a los *a* hasta..el día calentó
2 S. 8.12 moabitas, de los *a*, de los filisteos
10.10 y lo alineó para encontrar a los *a*
11.1 destruyeron a los *a*, y sitiaron a Rabá
23.37 Selec *a*, Naharai..escudero de Joab
1 R. 11.5 a Milcom, ídolo abominable de los *a*
14.21,31 el nombre de su madre fue Naama, *a*
2 R. 24.2 pero envió contra Joacim..tropas de *a*
1 Cr. 11.39 Selec *a*, Naharai..escudero de Joab
19.11 y los ordenó en batalla contra los *a*
19.12 si los *a* fueren más fuertes que tú, yo
2 Cr. 12.13 de la madre de Roboam fue Naama *a*
20.1 y de Amón, y con ellos otros de los *a*
24.26 que conspiraron..Zabad hijo de Simeat *a*
26.7 Dios le dio ayuda contra..contra los *a*
26.8 y dieron los *a* presentes a Uzías, y se
Esd. 9.1 no se han separado de los pueblos..*a*
Neh. 2.10 pero oyéndolo..y Tobías el siervo *a*
2.19 lo oyeron..Tobías el siervo *a*, y Gesem
4.3 estaba junto a él Tobías *a*, el cual dijo
4.7 oyendo Sanbalat y..los *a* y los de Asdod
13.1 que los *a* y moabitas no debían entrar en
13.23 a judíos que habían tomado mujeres..*a*

AMONTONAR

Éx. 15.8 al soplo de tu..*amontonaron* las aguas
22.6 quemare mieses *amontonadas* o en pie, o
Dt. 17.17 ni plata ni oro *amontonará* para sí
32.23 *amontonaré* males..en ellos mis saetas
Jue. 15.5 y quemó las mieses *amontonadas* y en
Job 27.16 aunque *amontone* plata como polvo, y
Sal. 39.6 *amontona* riquezas, y no sabe quién
Pr. 21.6 *amontonar* tesoros..lengua mentirosa
25.22 ascuas *amontonarás* sobre su cabeza
Ec. 2.8 *amontoné*..plata y..tesoros preciados
2.26 al pecador da el trabajo de..*amontonar*
Is. 3.9 ¡ay del alma..*amontonaron* mal para sí
24.22 serán *amontonados* como se *amontona* a
Jer. 2.22 te laves..y *amontones* jabón sobre ti
17.11 el que injustamente *amontona* riquezas
Zac. 9.3 *amontonó* plata como polvo, y oro como
Ro. 12.20 ascuas..*amontonarás* sobre su cabeza
2 Ti. 4.3 *amontonarán* maestros conforme a sus

AMOR

Gn. 18.24 no perdonarás al lugar por *a* a los 50
18.26 perdonaré a..este lugar por *a* a ellos
18.29 respondió: No lo haré por *a* a los 40
18.31,32 no la destruiré, respondió, por *a* a
26.24 multiplicaré tu..por *a* de Abraham mi
Éx. 18.8 Jehová había hecho a..por *a* de Israel
Dt. 32.36 por *a* de sus siervos se arrepentirá
Rt. 1.13 de quedaros sin casar por *a* a ellos?
2 S. 1.26 más maravilloso..fue tu *a* que el *a* de
5.12 había engrandecido su reino por *a* de su
7.23 por *a* de tu pueblo que rescataste para
9.1 haga yo misericordia por *a* de Jonatán?
9.7 misericordia por *a* de Jonatán tu padre
13.15 el odio..fue mayor que el *a* con que la
15.20 te muestre *a* permanente y fidelidad
18.5 tratad benignamente por *a* de mí al joven
1 R. 11.2 a éstas, pues, se juntó Salomón con *a*
11.12 no lo haré en..por *a* a David tu padre
11.13,32 por *a* a David..y por *a* a Jerusalén
11.34 lo retendré..por *a* a David mi siervo
15.4 por *a* a David, Jehová..le dio lámpara en
2 R. 8.19 no quiso destruir..por *a* a David su
19.34; 20.6 por *a* a mí mismo, y por *a* a David
1 Cr. 16.21 por *a* de ellos castigó a los reyes
17.19 por *a* de tu siervo y según tu corazón
Sal. 23.3 guiará por sendas de justicia por *a*
25.11 por *a* de tu nombre, oh..perdonarás mi
45 *tít.* de los hijos de Coré. Canción de *a*
69.7 porque por *a* de ti he sufrido afrenta
79.9 y perdona nuestros pecados por *a* de tu
91.14 por cuanto en mí ha puesto su *a*, yo
106.8 pero él los salvó por *a* de su nombre
109.4 en pago de mi *a* me han sido adversarios
109.5 devuelven mal por bien, y odio por *a*
109.21 Señor..favoréceme por *a* de tu nombre
122.8 por *a* de mis hermanos y mis compañeros
122.9 por *a* a la casa de Jehová nuestro Dios
132.10 por *a* de David tu siervo no vuelvas
Pr. 5.19 satisfagan..en su *a* recréate siempre
7.18 embriaguémonos de *a*..alegrémonos en *a*
10.12 pero el *a* cubrirá todas las faltas
15.17 mejor es la..de legumbres donde hay *a*
27.5 es reprensión manifiesta que *a* oculto
Ec. 9.1 que sea *a* o que sea odio, no lo saben
9.6 su *a* y su odio y su envidia fenecieron
Cnt. 1.2 porque mejores son tus *a* que el vino
1.4 nos acordaremos de tus *a* más que del vino
2.4 me llevó a..y su bandera sobre mí fue *a*
2.5 confortadme con manzanas..enferma de *a*
2.7; 3.5 no despertéis ni hagáis velar al *a*
3.10 interior recamado de *a* por las doncellas
4.10 hermosos son tus *a*, hermana, esposa mía
4.10 ¡cuánto mejores que el vino tus *a*, y el
5.8 le hagáis saber que estoy enferma de *a*
7.6 hermosa..y cuán suave, oh *a* deleitoso!
7.12 si han florecido los..allí te daré mis *a*
8.4 ni hagáis velar al *a*, hasta que quiera
8.6 fuerte es como la muerte el *a*; duros como
8.7 las muchas aguas no podrán apagar el *a*
8.7 todos los bienes de su casa por este *a*
Is. 37.35 por *a* de mí mismo, y por *a* de David
42.21 se complació por *a* de su justicia en
43.25 el que borro tus rebeliones por *a* de mí
45.4 por *a* de mi siervo Jacob, y de Israel
48.9 por *a* de mi nombre diferiré mi ira, y
48.11 por *a* de mí mismo lo haré, para que no
62.1 por *a* de Sion no callaré, y por *a* de
62.4 el *a* de Jehová estará en ti, y tu tierra
63.9 en su *a* y en su clemencia los redimió
63.17 vuélvete por *a* de tus siervos, por las
Jer. 2.2 me he acordado..del *a* de tu desposorio
2.33 por qué adornas tu camino para hallar *a*?
14.7 Jehová, actúa por *a* de tu nombre; porque
14.21 por *a* de tu nombre no nos deseches, ni
15.15 sabes que por *a* de ti sufro afrenta
31.3 con *a* eterno te he amado; por tanto, te
Ez. 16.8 he aquí que tu tiempo era tiempo de *a*
20.44 haga con vosotros por *a* de mi nombre
23.17 se llegaron a ella los..en su lecho de *a*
23.40 por *a* de ellos te lavaste, y pintaste
33.32 que tú eres a ellos como cantor de *a*
Dn. 9.17 Dios..oye la oración..por *a* del Señor
9.19 no tardes, por *a* de ti mismo, Dios mío
11.37 no hará caso, ni del *a* de las mujeres
Os. 3.1 el *a* de Jehová para con los hijos
11.4 con cuerdas..los atraje, con cuerdas de *a*
Sof. 3.17 callará de *a*, se regocijará sobre ti
Mt. 24.12 maldad, el *a* de muchos se enfriará
Lc. 11.42 pasáis por alto la justicia y el *a* de
Jn. 5.42 que no tenéis *a* de Dios en vosotros
13.35 si tuviereis *a* los unos con los otros
15.9 así..yo os he amado; permaneced en mi *a*
15.10 si guardareis..permaneceréis en mi *a*
15.10 he guardado los..y permanezco en su *a*
15.13 nadie tiene mayor *a* que este, que uno
17.26 que el *a* con que me has amado, esté en
Ro. 1.5 la obediencia a la fe..*a* de su nombre
5.5 porque el *a* de Dios ha sido derramado en
5.8 Dios muestra su *a* para con nosotros en
8.35 ¿quién nos separará del *a* de Cristo?
8.39 ni lo..nos podrá separar del *a* de Dios
9.3 separado de Cristo, por *a* a mis hermanos
12.9 el *a* sea sin fingimiento. Aborreced lo
12.10 amaos los unos a los..con *a* fraternal
13.10 el *a* no hace mal al prójimo; así que el
13.10 que el cumplimiento de la ley es el *a*
14.15 la comida..ya no andas conforme al *a*
15.30 os ruego..por el *a* del Espíritu, que me
1 Co. 4.6 como ejemplo en mí..por *a* de vosotros
4.10 somos insensatos por *a* de Cristo, mas
4.21 ¿iré a vosotros con vara, o con *a* y
8.1 conocimiento envanece, pero el *a* edifica
13.1 si yo hablase lenguas..y no tengo *a*
13.2 y si tuviese toda la fe..y no tengo *a*
13.3 quemado, y no tengo *a*, de nada me sirve
13.4 el *a* es sufrido..el *a* no tiene envidia
13.4 el *a* no es jactancioso, no se envanece
13.8 *a* nunca deja de ser; pero las profecías
13.13 permanecen la fe, la esperanza y el *a*
13.13 tres; pero el mayor de ellos es el *a*
14.1 seguid el *a*; y procurad los dones
16.14 todas vuestras cosas sean hechas con *a*
16.24 mi *a* en Cristo Jesús esté con todos
2 Co. 2.4 supieseis cuán grande es el *a* que os
2.8 os ruego que confirméis el *a* para con él
4.5 a nosotros como..siervos por *a* de Jesús
4.15 estas cosas padecemos por *a* a vosotros
5.14 el *a* de Cristo nos constriñe, pensando
6.6 bondad, en el Espíritu Santo, en *a* sincero
8.7 en vuestro *a* para con nosotros, abundad
8.8 poner a prueba..sinceridad del *a* vuestro
8.9 por *a* a vosotros se hizo pobre, siendo
8.24 mostrad, pues..la prueba de vuestro *a*
12.10 *a* a Cristo me gozo en las debilidades
12.15 me gastaré del todo por *a* de vuestras
13.11 Dios de paz y de *a* estará con vosotros
13.14 el *a* de Dios..sean con todos vosotros
Gá. 5.6 vale algo..sino la fe que obra por el *a*
5.13 sino servíos por *a* los unos a los otros
5.22 el fruto del Espíritu es *a*, gozo, paz
Ef. 1.5 en *a* habiéndonos predestinado para ser
1.15 de vuestro *a* para con todos los santos
2.4 Dios, que..por su gran *a* con que nos amó
3.17 fin de que, arraigados y cimentados en *a*
3.19 de conocer el *a* de Cristo, que excede a
4.2 soportándoos..los unos a los otros en *a*
4.15 que siguiendo la verdad en *a*, crezcamos
4.16 crecimiento para ir edificándose en *a*
5.2 andad en *a*, como también Cristo nos amó
6.23 y *a* con fe, de Dios Padre y del Señor
6.24 que aman a..Jesucristo con *a* inalterable
Fil. 1.8 os amo a todos..con el entrañable *a*
1.9 esto pido en oración, que vuestro *a* abunde
1.17 pero los otros por *a*, sabiendo que estoy
2.1 si hay..algún consuelo de *a*, si alguna
2.2 sintiendo lo mismo, teniendo el mismo *a*
3.7 he estimado como pérdida por *a* de Cristo
3.8 por *a* del cual lo he perdido todo, y lo
Col. 1.4 del *a* que tenéis a todos los santos
1.8 nos ha declarado vuestro *a* en el Espíritu
2.2 unidos en *a*, hasta alcanzar todas las
3.14 y sobre todas estas cosas vestíos de *a*
1 Ts. 1.3 del trabajo de vuestro *a* y de vuestra
1.5 sabéis cuáles fuimos..por *a* de vosotros
3.6 nos dio buenas noticias de vuestra fe y *a*
3.12 haga..abundar en *a* unos para con otros
4.9 del *a* fraternal no tenéis necesidad de que
5.8 vestido con la coraza de fe y de *a*, y con
5.13 que los tengáis en mucha estima y *a* por
2 Ts. 1.3 y el *a* de todos..abunda para con los
2.10 no recibieron el *a* de la verdad para ser
3.5 encamine vuestros corazones al *a* de Dios
1 Ti. 1.5 propósito de este mandamiento es el *a*
1.14 fue más abundante con la fe y el *a* que
2.15 se salvará..si permaneciere en fe, *a*
4.12 sino sé ejemplo de los creyentes en..*a*
6.10 raíz de..los males es el *a* al dinero
6.11 sigue la justicia..el *a*, la paciencia
2 Ti. 1.7 espíritu de..*a* y de dominio propio
1.13 en la fe y *a* que es en Cristo Jesús
2.10 todo lo soporto por *a* de los escogidos
2.22 sigue la justicia, la fe, el *a* y la paz
3.10 tú has seguido mi doctrina..*a*, paciencia
Tit. 2.2 en la fe, en el *a*, en la paciencia
3.4 se manifestó..su *a* para con los hombres
Flm. 5 oigo del *a*..que tienes hacia el Señor
7 pues tenemos gran gozo y consolación en tu *a*
9 te ruego por *a*, siendo como soy, Pablo ya
He. 6.10 olvidar vuestra obra y el trabajo de *a*
10.24 estimularnos al *a* y a las buenas obras
13.1 permanezca el *a* fraternal
1 P. 1.20 manifestado en los..por *a* de vosotros
1.22 el *a* fraternal no fingido, amaos unos a
4.8 tened..*a*..el *a* cubrirá multitud de pecados
5.14 saludaos..con ósculo de *a*. Paz sea con
2 P. 1.7 fraternal; y al afecto fraternal, *a*
1 Jn. 2.5 en..el *a* de Dios se ha perfeccionado
2.15 al mundo, el *a* del Padre no está en él
3.1 mirad cuál *a* nos ha dado el Padre, para
3.16 en esto hemos conocido el *a*, en que él
3.17 ve a su..¿cómo mora el *a* de Dios en él?
4.7 amémonos unos a otros..el *a* es de Dios
4.8 no ha conocido a Dios; porque Dios es *a*
4.9 en esto se mostró el *a* de Dios para con
4.10 en esto consiste el *a*: no en que nosotros
4.12 y su *a* se ha perfeccionado en nosotros
4.16 hemos..creído el *a* que Dios tiene para
4.16 Dios es *a*; y el que permanece en *a*
4.17 en..se ha perfeccionado el *a* en nosotros
4.18 en el *a* no hay temor, sino que el
4.18 que el perfecto *a* echa fuera el temor
4.18 teme, no ha sido perfeccionado en el *a*
5.3 este es el *a* a Dios, que guardemos sus
2 Jn. 3 y paz, de Dios Padre..en verdad y en *a*
6 el *a*, que andemos según sus mandamientos
6 que andéis en *a*, como vosotros habéis oído
3 Jn. 6 los cuales han dado..testimonio de tu *a*
7 ellos salieron por *a* del nombre de El, sin
Jud. 2 misericordia y paz y *a*..multiplicados
21 conservaos en el *a* de Dios, esperando la
Ap. 2.3 has trabajado..por *a* de mi nombre, y no
2.4 contra ti, que has dejado tu primer *a*
2.19 conozco tus obras, y *a*, y fe, y servicio

AMORATADO

Pr. 23.29 ¿para quién lo *a* de los ojos?

AMOROSAMENTE

Jue. 19.3 se levantó..siguió, para hablarle *a*

AMORREO *Tribu cananea*

Gn. 10.16 al jebuseo, al *a*, al gergeseo
14.7 al *a* que habitaba en Hazezon-tamar
14.13 habitaba en el encinar de Mamre el *a*
15.16 ha llegado a su colmo la maldad del *a*
15.21 los *a*, los cananeos, los gergeseos y
48.22 la cual tomé yo de mano del *a* con mi
Éx. 3.8,17 del *a*, del ferezeo, del heveo y
13.5 te hubiere metido en la tierra..del *a*
23.23 te llevará a la tierra del *a*, del heteo
33.2 y echaré fuera al cananeo..*a*, al heteo
34.11 echo de delante de tu presencia al *a*
Nm. 13.29 *a* habitan en el monte, y el cananeo
21.13 de Arnón..que sale del territorio del *a*
21.13 es límite de Moab, entre Moab y el *a*
21.21 envió..embajadores a Sehón rey de los *a*
21.25 habitó Israel en..las ciudades del *a*
21.26 era la ciudad de Sehón rey de los *a*
21.29 en cautividad, por Sehón rey de los *a*
21.31 así habitó Israel en la tierra del *a*
21.32 envió..y echaron al *a* que estaba allí

AMORREO ***(Continúa)***
Nm. 21.34 él como hiciste de Sehón rey de los *a*
22.2 vio Balac. . que Israel había hecho al *a*
32.33 el reino de Sehón rey *a* y el reino de
32.39 la tomaron, y echaron al *a* que estaba
Dt. 1.4 derrotó a Sehón rey de los *a*, el cual
1.7 id al monte del *a* y a todas sus comarcas
1.19 anduvimos. . por el camino del monte del *a*
1.20 habéis llegado al monte del *a*, el cual
1.27 entregarnos en manos del *a*. . destruirnos
1.44 a vuestro encuentro el *a*, que habitaba
2.24 he entregado en tu mano a Sehón rey. . *a*
3.2 harás con él como hiciste con Sehón. . *a*
3.8 tomamos. . de manos de los dos reyes *a* que
3.9 llaman a Hermón, Sirión; y los *a*, Senir
4.46 en la tierra de Sehón rey de los *a* que
4.47 reyes de los *a* que estaban de este lado
7.1 haya echado. . al *a*, al cananeo, al ferezeo
20.17 destruirás. . al *a*, al cananeo, al ferezeo
31.4 hizo con Sehón y con Og, reyes de los *a*
Jos. 2.10 habéis hecho a los dos reyes de los *a*
3.10 echará. . al gergeseo, al *a* y al jebuseo
5.1 reyes de los *a* que estaban al otro lado
7.7 para entregarnos en las manos de los *a*
9.1 cuando oyeron los heteos, *a*, cananeos
9.10 lo que hizo a los dos reyes de los *a* que
10.5 y cinco reyes de los *a*. . se juntaron y
10.6 todos los reyes de los *a*. . se han unido
10.12 entregó al *a* delante de los hijos de
11.3 al *a*, al heteo, al ferezeo, al jebuseo
12.2 Sehón rey de los *a*. . habitaba en Hesbón
12.8 el *a*, el cananeo, el ferezeo, el heveo
13.4 sur. . hasta Afec, hasta los límites del *a*
13.10 todas las ciudades de Sehón rey de los *a*
13.21 y todo el reino de Sehón rey de los *a*
24.8 yo os introduje en la tierra de los *a*
24.11 pelearon contra vosotros; los *a*. . heteos
24.12 dos reyes de los *a*; no con tu espada
24.15 a los dioses de los *a* en cuya tierra
24.18 arrojó. . al *a* que habitaba en la tierra
Jue. 1.34 *a* acosaron a los hijos de Dan hasta
1.35 y el *a* persistió en habitar en. . Heres
1.36 el límite del *a* fue desde la. . de Acrabim
3.5 habitaban entre los. . *a*, ferezeos, heveos
6.10 os dije. . no temáis a los dioses de los *a*
10.8 en la tierra del *a*, que está en Galaad
10.11 ¿no habéis sido oprimidos. . de los *a*, de
11.19 mensajeros a Sehón rey de los *a*, rey de
11.21 se apoderó Israel de. . la tierra de los *a*
11.22 apoderaron. . de todo el territorio del *a*
11.23 Jehová. . desposeyó al *a* delante de su
1 S. 7.14 libró. . y hubo paz entre Israel y el *a*
2 S. 21.2 los gabaonitas. . del resto de los *a*
1 R. 4.19 la tierra de Sehón rey de los *a* y de
9.20 todos los pueblos que quedaron de los *a*
21.26 conforme a todo lo que hicieron los *a*
2 R. 21.11 más mal que. . lo que hicieron los *a*
1 Cr. 1.14 al jebuseo, al *a*, al gergeseo
2 Cr. 8.7 el pueblo que había quedado de los. . *a*
Esd. 9.1 no se han separado de. . egipcios y *a*
Neh. 9.8 darle la tierra del. . *a*, del ferezeo
Sal. 135.11 a Sehón rey *a*, a Og rey de Basán
136.19 a Sehón rey *a*, porque para siempre es
Ez. 16.3 di. . tu padre fue *a*, y tu madre hetea
16.45 vuestra madre. . hetea, y vuestro padre *a*
Am. 2.9 yo destruí delante de ellos al *a*, cuya
2.10 entraseis en posesión. . la tierra del *a*

AMÓS
1. Profeta
Am. 1.1 las palabras de *A*, que fue uno de los
7.8 me dijo: ¿Qué ves, *A*? Y dije: Una plomada
7.10 *A* se ha levantado contra ti en medio de
7.11 así ha dicho *A*: Jeroboam morirá a espada
7.12 Amasías dijo a *A*: Vidente, vete, huye a
7.14 respondió *A*, y dijo. . No soy profeta, ni
8.2 ¿qué ves, *A*? Y respondí: Un canastillo de
2. Ascendiente de Jesucristo, Lc. 3.25

AMOTINAR
Sal. 2.1; Hch. 4.25 ¿por qué se *amotinan* las
Hch. 24.12 ni *amotinando* a la multitud; ni en

AMOZ ***Padre del profeta Isaías (véase Isaías)***,
2 R. 19.2,20; 20.1; 2 Cr. 26.22; 32.20,32;
Is. 1.1; 2.1; 13.1; 20.2; 37.2,21; 38.1

AMPARAR
Lv. 25.35 hermano empobreciere. . lo *ampararás*
2 R. 19.34 *ampararé* esta ciudad para salvarla
20.6 y *ampararé* esta ciudad por amor a mí
2 Cr. 6.35,39 oirás. . su ruego, y *ampararás* su
Job 26.2 cómo has *amparado* al brazo sin fuerza?
Sal. 36.7 se *amparan* bajo la sombra de tus alas
57.1 en la sombra de tus alas me *ampararé*
Is. 1.17 haced justicia al. . *amparad* a la viuda
31.5 como las aves. . así *amparará*. . a Jerusalén
31.5 Jehová. . *amparando*, librando. . y salvando
37.35 yo *ampararé* a esta ciudad para salvarla
38.6 y te libraré. . y a esta ciudad *ampararé*
Ez. 7.13 porque. . ninguno podrá *amparar* su vida
Zac. 9.15 Jehová de los ejércitos los *amparará*

AMPARO
Nm. 14.9 su *a* se ha apartado de ellos, y con
Sal. 10.14 se acoge. . tú eres el *a* del huérfano
46.1 Dios es nuestro *a* y fortaleza, nuestro
59.16 has sido mi *a* y refugio en el día de
Is. 30.3 *a* en la sombra de Egipto en confusión

AMPLIAS ***Cristiano saludado por Pablo***,
Ro. 16.8

AMPLIO, PLIA
Sal. 119.96 *a* sobremanera es tu mandamiento
Is. 55.7 Dios nuestro. . cual será *a* en perdonar
He. 9.11 el más *a* y más perfecto tabernáculo
2 P. 1.11 será otorgada *a*. . entrada en el reino

AMPUTAR
Dt. 23.1 que tenga. . *amputado* su miembro viril

AMRAFEL ***Rey de Sinar***, **Gn. 14.1,9**

AMRAM
1. Padre de Moisés y Aarón
Éx. 6.18 y los hijos de Coat: *A*, Izhar, Hebrón
6.20 y *A* tomó por mujer a Jocabed su tía, la
6.20 los años de la vida de *A* fueron 137 años
Nm. 3.19 los hijos de Coat. . *A*, Izhar, Hebrón
26.58 de los levitas. . Y Coat engendró a *A*
26.59 la mujer de *A*. . dio a luz de *A* a Aarón
1 Cr. 6.2,18; 23.12 los hijos de Coat: *A*, Izhar
6.3 los hijos de *A*: Aarón, Moisés y María
23.13 los hijos de *A*: Aarón y Moisés. Y Aarón
24.20 hijos de Leví. . Subael, de los hijos de *A*
2. Hijo de Disón (=Hemdán), 1 Cr. 1.41
3. Uno de los que se casaron con mujeres extranjeras en tiempo de Esdras, Esd. 10.34

AMRAMITA ***Descendiente de Amram No. 1***,
Nm. 3.27; 1 Cr. 26.23

AMSI
1. Ascendiente de Etán No. 4, 1 Cr. 6.46
2. Ascendiente de Adaías No. 3, Neh. 11.12

AMURALLAR
Lv. 25.29 que vendiere casa. . ciudad *amurallada*
25.30 casa. . en la ciudad *amurallada* quedará
Dt. 1.28; 9.1 ciudades grandes y *amuralladas*
2 Cr. 33.14 *amuralló* Ofel, y elevó el muro muy

ANÁ
1. Padre de Aholibama No. 1,
Gn. 36.2,14,18,25
2. Hijo de Seir, Gn. 36.20,29; 1 Cr. 1.38
3. Hijo de Zibeón, Gn. 36.24; 1 Cr. 1.40,41

ANA
1. Madre de Samuel
1 S. 1.2 el nombre de una era *A*. . otra, Penina
1.2 Penina tenía hijos, mas *A* no los tenía
1.5 a *A* daba una parte escogida. . amaba a *A*
1.7 así; por lo cual *A* lloraba, y no comía
1.8 su marido le dijo: *A*, ¿por qué lloras?
1.9 se levantó *A* después que hubo comido y
1.13 *A* hablaba en su corazón, y. . no se oía
1.15 *A* le respondió diciendo: No, señor mío
1.19 Elcana se llegó a *A*. . y Jehová se acordó
1.20 después de haber concebido *A*. . un hijo
1.22 *A* no subió, sino dijo a su marido: Yo
2.1 *A* oró y dijo: Mi corazón se regocija en
2.21 y visitó Jehová a *A*, y ella concibió
2. Profetisa, Lc. 2.36

ANAB ***Collado en Judá***, **Jos. 11.21; 15.50**

ANAC ***Tribu antigua del sur de Palestina (hijos de Anac=Anaceos)***
Nm. 13.22 estaban Ahimán, Sesai. . hijos de *A*
13.28 y también vimos allí a los hijos de *A*
13.33 vimos allí gigantes, hijos de *A*, raza
Dt. 1.28 también vimos allí a los hijos de *A*
2.11 por gigantes eran. . como los hijos de *A*
2.21 grande y numeroso. . como los hijos de *A*
9.2 ¿quién se sostendrá delante. . hijos de *A*?
Jos. 15.13 la ciudad de Quiriat-arba padre de *A*
15.14 Caleb echó de allí a los 3 hijos de *A*
15.14 a Sesai, Ahimán y Talmai, hijos de *A*
21.11 les dieron Quiriat-arba del padre de *A*
Jue. 1.20 arrojó de allí a los tres hijos de *A*

ANACEO ***=Hijo de Anac***
Dt. 9.2 un pueblo grande y alto, hijos de los *a*
Jos. 11.21 y destruyó a los *a* de los montes de
11.22 ninguno de los *a* quedó en la tierra de
14.12 tú oíste aquel día que los *a* están allí
14.15 Arba fue un hombre grande entre los *a*

ANAHARAT ***Población en Isacar***, **Jos. 19.19**

ANAÍAS ***Firmante del pacto de Nehemías (=Anías)***, **Neh. 10.22**

ANAMELEC ***Dios de los de Sefarvaim***,
2 R. 17.31

ANAMIM ***Tribu descendiente de Mizraim***,
Gn. 10.13; 1 Cr. 1.11

ANÁN ***Firmante del pacto de Nehemías***,
Neh. 10.26

ANANI ***Descendiente de David***, **1 Cr. 3.24**

ANANÍAS ***Véase también Hananías***
1. Ascendiente de Azarías No. 18, Neh. 3.23
2. Población en Benjamín, Neh. 11.32
3. Padre de Sedequías No. 6, Jer. 36.12
4. Compañero de Daniel (=Sadrac)
Dn. 1.6 Daniel, *A*, Misael. . de los hijos de Judá
1.7 puso a. . a *A*, Sadrac; a Misael, Mesac; y a
1.11 estaba puesto. . sobre Daniel, *A*, Misael
1.19 no fueron hallados entre. . otros como. . *A*
2.17 e hizo saber lo que había a *A*, Misael y
5. Miembro de la iglesia de Jerusalén
Hch. 5.1 hombre llamado *A*. . vendió una heredad
5.3 *A*, ¿por qué llenó Satanás tu corazón para
5.5 al oír *A* estas palabras, cayó y expiró
6. Discípulo en Damasco
Hch. 9.10 en Damasco un discípulo llamado *A*
9.10 a quien el Señor dijo en visión: *A*. Y él
9.12 ha visto en visión a un varón llamado *A*
9.13 *A* respondió: Señor, he oído de muchos
9.17 fue entonces *A* y entró en la casa, y
22.12 uno llamado *A*, varón piadoso según la
7. Sumo sacerdote en tiempo de Pablo,
Hch. 23.2; 24.1

ANÁS ***Sumo sacerdote en tiempo de Cristo***
Lc. 3.2 y siendo sumos sacerdotes *A* y Caifás
Jn. 18.13 le llevaron primeramente a *A*, porque
18.24 *A* entonces le envió atado a Caifás, el
Hch. 4.6 el sumo sacerdote *A*, y Caifás y Juan

ANAT ***Padre de Samgar***, **Jue. 3.31; 5.6**

ANATEMA
Lv. 27.29 ninguna persona separada como *a* podrá
Dt. 7.26 cosa abominable. . para que no seas *a*
7.26 del todo la aborrecerás. . porque es *a*
13.17 y no se pegará a tu mano nada del *a*
Jos. 6.17 será la ciudad *a* a Jehová, con todas
6.18 guardaos del *a*; ni toquéis. . cosa del *a*
6.18 sea que hagáis *a* el campamento de Israel
7.1 una prevaricación en cuanto al *a*. . Acán
7.1 Acán hijo de Carmi, hijo de. . tomó del *a*
7.11 han tomado del *a*, y hasta han hurtado
7.12 han venido a ser *a*. . no destruyereis el *a*
7.13 *a* hay en. . hasta que hayáis quitado el *a*
7.15 el que fuere sorprendido en el *a*, será
22.20 ¿no cometió Acán. . prevaricación en el *a*
1 S. 15.21 tomó del botín. . las primicias del *a*
1 R. 20.42 cuanto soltaste. . el hombre de mi *a*
1 Cr. 2.7 Acán. . perturbó a. . prevaricó en el *a*
Is. 34.5 que descenderá. . sobre el pueblo de mi *a*
43.28 por *a* a Jacob y por oprobio a Israel
Ro. 9.3 deseara yo mismo ser *a*. . de Cristo, por
1 Co. 12.3 nadie que hable por. . llama *a* a Jesús
16.22 que no amare al Señor Jesucristo, sea *a*
Gá. 1.8 si. . os anunciare otro evangelio. . sea *a*
1.9 os predica diferente evangelio del. . sea *a*

ANATOT
1. Ciudad de los sacerdotes en Benjamín
Jos. 21.18 *A* con sus ejidos, Almón. . sus ejidos
1 R. 2.26 vete a *A*, a tus heredades, pues eres
1 Cr. 6.60 Alemet con sus. . y *A* con sus ejidos
Esd. 2.23; Neh. 7.27 los varones de *A*, 128
Neh. 11.32 en *A*, Nob, Ananías
Is. 10.30 que se oiga hacia Lais, pobrecilla *A*
Jer. 1.1 de los sacerdotes que estuvieron en *A*
11.21 de los varones de *A* que buscan tu vida
11.23 yo traeré mal sobre los varones de *A*
29.27 no has reprendido ahora a Jeremías de *A*
32.7,8 cómprame mi heredad que está en *A*
32.9 y compré la heredad de. . que estaba en *A*
2. Descendiente de Bequer No. 1, 1 Cr. 7.8
3. Firmante del pacto de Nehemías,
Neh. 10.19

ANATOTÍAS ***Descendiente de Benjamín***,
1 Cr. 8.24

ANATOTITA ***Perteneciente a Anatot No. 1***,
2 S. 23.27; 1 Cr. 11.28; 12.3; 27.12

ANCA
1 R. 7.25 *a*. . estaban hacia la parte de adentro
2 Cr. 4.4 las *a* de ellos estaban hacia adentro

ANCIANO, NA
Gn. 25.8 murió Abraham en. . *a* y lleno de años
43.27 ¿vuestro padre, el *a*. . lo pasa bien?
44.20 tenemos un padre *a*, y un hermano joven

ANCIANO, NA *(Continúa)*
Gn. 50.7 los *a* de su casa, y todos los *a*..Egipto
Éx. 3.16 vé, y reúne a los *a* de Israel, y diles
3.18 e irás tú, y los *a* de Israel, al rey de
4.29 reunieron a todos los *a* de los hijos de
12.21 Moisés convocó a todos los *a* de Israel
17.5 y toma contigo de los *a* de Israel; y toma
17.6 Moisés lo hizo así en presencia de los *a*
18.12 vino Aarón y todos los *a* de Israel para
19.7 vino Moisés, y llamó a los *a* del pueblo
24.1 sube..tú..y setenta de los *a* de Israel
24.9 y subieron..y setenta de los *a* de Israel
24.14 y dijo a los *a:* Esperadnos aquí hasta
Lv. 4.15 *a*..pondrán sus manos sobre la cabeza
9.1 Moisés llamó a Aarón..y a los *a* de Israel
19.32 levantarás, y honrarás el rostro del *a*
Nm. 11.16 reúne setenta varones de..*a* de Israel
11.16 que tú sabes que son *a* del pueblo y sus
11.24 reunió a..los *a* del pueblo, y los hizo
11.25 tomó..lo puso en los setenta varones *a*
11.30 y Moisés volvió..él y los *a* de Israel
16.25 y los *a* de Israel fueron en pos de él
22.4 y dijo Moab a los *a* de Madián..lamerá
22.7 fueron los *a* de Moab y los *a* de Madián
Dt. 5.23 vinisteis a mí..príncipes..y vuestros *a*
19.12 los *a* de..enviarán y lo sacarán de allí
21.2 tus *a* y..saldrán y medirán la distancia
21.3,6 los *a* de la ciudad más cercana al lugar
21.4 los *a* de..traerán la becerra a un valle
21.19 lo sacarán ante los *a* de su ciudad, y a
21.20 dirán a los *a*..nuestro hijo es contumaz
22.15 tomarán y sacarán las señales..a los *a*
22.16 dirá el padre..a los *a:* Yo di mi hija
22.17 extenderán la vestidura delante..los *a*
22.18 los *a*..tomarán al hombre y lo castigarán
25.7 irá..cuñada a la puerta, a los *a*, y dirá
25.8 los *a*..lo harán venir, y hablarán con él
25.9 se acercará..su cuñada delante de los *a*
27.1 ordenó Moisés, con los *a* de Israel, al
28.50 gente fiera..que no tendrá respeto al *a*
29.10 vuestros *a* y vuestros oficiales, todos
31.9 la dio a los..y a todos los *a* de Israel
31.28 congregad a mí..los *a* de vuestras tribus
32.7 pregunta a tu..a tus *a*, y ellos te dirán
Jos .7.6 Josué..se postró..él y los *a* de Israel
8.10 subió él, con los *a* de Israel, delante del
8.33 y todo Israel, con sus *a*..estaba de pie
9.11 nuestros *a* y todos..nos dijeron: Tomad
20.4 expondrá sus razones en oídos de los *a*
23.2 llamó a..Israel, a sus *a*, sus príncipes
24.1 y llamó a los *a* de Israel, sus príncipes
24.31 el tiempo de los *a* que sobrevivieron a
Jue. 2.7 había servido a Jehová..tiempo de los *a*
8.14 le dio..los nombres..de los *a* de Sucot
8.16 tomó a los *a* de la ciudad, y espinos y
11.5 los *a* de Galaad fueron a traer a Jefté
11.7 Jefté respondió a los *a* de Galaad: ¿No
11.8,10 los *a* de Galaad respondieron a Jefté
11.9 Jefté entonces dijo a los *a* de Galaad
11.11 entonces Jefté vino con los *a* de Galaad
19.20 el hombre *a* dijo: Paz sea contigo; tu
19.22 hablaron al *a*, dueño..diciendo: Saca al
21.16 los *a*..dijeron: ¿Qué haremos respecto
Rt. 4.2 tomó a diez varones de..*a* de la ciudad
4.4 en presencia de los..de los *a* de mi pueblo
4.9 y Booz dijo a los *a* y a todo el pueblo
4.11 los..que estaban a la puerta con los *a*
1 S. 2.31 padre, de modo que no haya *a* en tu casa
2.32 y en ningún tiempo habrá *a* en tu casa
4.3 los *a* de Israel dijeron: ¿Por qué nos ha
8.4 entonces todos..los *a* de Israel se juntaron
11.3 *a* de Jabes le dijeron: Danos siete días
15.30 me honres delante de los *a* de mi pueblo
16.4 los *a* de la ciudad salieron a recibirle
28.14 un hombre *a* viene, cubierto de un manto
30.26 envió del botín a los *a* de Judá, sus
2 S. 3.17 y habló Abner con los *a* de Israel
5.3 vinieron..todos los *a* de Israel al rey en
12.17 levantaron los *a* de su casa, y fueron
17.4 consejo pareció bien a..los *a* de Israel
17.15 así aconsejó Ahitofel..a los *a* de Israel
19.11 hablad a los *a* de Judá, y decidles: ¿Por
19.32 era Barzilai muy *a*, de ochenta años
1 R. 8.1 Salomón reunió..en Jerusalén a los *a*
8.3 y vinieron todos los *a* de Israel, y los
12.6 el rey Roboam pidió consejo de los *a* que
12.8 él dejó el consejo que los *a* le habían
12.13 el rey..dejando el consejo que los *a* le
20.7 el rey de..llamó a todos los *a* del país
20.8 los *a*..respondieron: No le obedezcas, ni
21.8 las envió a los *a* y a los principales que
21.11 los *a*..hicieron como Jezabel les mandó
2 R. 6.32 con él estaban sentados los *a;* y el
6.32 dijo él a los *a:* ¿No habéis visto cómo
10.1 cartas..a los *a* y a los ayos de Acab
10.5 los *a* y los ayos enviaron a decir a Jehú
19.2 y envió a..y a los *a* de los sacerdotes
23.1 el rey mandó reunir con él a todos los *a*
1 Cr. 11.3 vinieron todos los *a* de Israel al rey
15.25 David..y los *a*..fueron a traer el arca
21.16 David y los *a* se postraron sobre sus
2 Cr. 5.2 Salomón reunió..a los *a* de Israel y
5.4 vinieron..los *a* de Israel, y los levitas
10.6 el rey Roboam tomó consejo con los *a* que
10.8 dejando el consejo que le dieron los *a*
10.13 dejó el rey Roboam el consejo de los *a*
34.29 el rey envió y reunió a todos los *a* de
36.17 que mató a..sin perdonar..*a* ni decrépito
Esd. 3.12 *a* que habían visto la casa primera
5.5 los ojos de Dios estaban sobre los *a* de
5.9 entonces preguntamos a los *a*, diciéndoles
6.7 y sus *a* reedifiquen esa casa de Dios en
6.8 de lo que habéis de hacer con esos *a* de
6.14 *a* de los judíos edificaban y prosperaban
10.8 no viniera..conforme al acuerdo de los..*a*
10.14 con ellos los *a* de cada ciudad, y los
Est. 3.13 orden de destruir..jóvenes y *a*, niños
Job 12.12 en los *a* está la ciencia, y en la larga
12.20 priva del..y quita a los *a* el consejo
15.10 cabezas canas y hombres muy *a* hay entre
29.8 los *a* se levantaban, y estaban de pie
32.6 yo soy joven, y vosotros *a;* por tanto, he
32.9 no son los..ni los *a* entienden el derecho
Sal. 105.22 para que..a sus *a* enseñara sabiduría
107.32 exáltenlo..la reunión de *a* lo alaben
148.12 jóvenes y también..los *a* y los niños
Pr. 20.29 y la hermosura de los *a* es su vejez
31.23 cuando se sienta con los *a* de la tierra
Is. 3.2 el juez y el profeta, el adivino y el *a*
3.5 el joven se levantará contra el *a*, y el
3.14 Jehová vendrá a juicio contra los *a* de
9.15 el *a* y venerable de rostro es la cabeza
20.4 así llevará..a jóvenes y a *a*, desnudos y
24.23 reine..y delante de sus *a* sea glorioso
37.2 envió a..*a* de los sacerdotes, cubiertos
47.6 sobre el *a* agravaste mucho tu yugo
Jer. 6.11 será preso..el viejo como el muy *a*
19.1 llevá..de los *a* del pueblo, y los *a* de
26.17 se levantaron algunos de los *a* de la
29.1 de la carta que..Jeremías envió..a los *a*
Lm. 1.19 mis sacerdotes y mis *a* en la ciudad
2.10 tierra, callaron los *a* de la hija de Sion
5.14 los *a* no se ven más en la puerta, los
Ez. 7.26 la ley se alejará..de los *a* el consejo
8.1 los *a* de Judá estaban sentados delante de
8.11 setenta varones de los *a* de la casa de
8.12 cosas que los *a* de la casa de Israel hacen
9.6 comenzaron, pues, desde los varones *a* que
14.1 vinieron a mí algunos de los *a* de Israel
20.1 vinieron..los *a* de Israel a consultar a
20.3 habla a los *a* de Israel, y diles: Así ha
27.9 los *a* de Gebal..calafateaban tus junturas
Dn. 7.9 un *A* de días, cuyo vestido era blanco
7.13 vino hasta el *A* de días, y le hicieron
7.22 hasta que vino el *A* de días, y se dio el
Jl. 1.2 oíd esto, *a*, y escuchad..los moradores
1.14 congregad a los *a* y a todos los moradores
2.16 juntad a los *a*, congregad a los niños y
2.28 *a* soñarán sueños, y vuestros jóvenes
Zac. 8.4 aún han de morar *a* y *a* en las calles de
Mt. 15.2 tus..quebrantan la tradición de los *a?*
16.21 ir a Jerusalén y padecer mucho de los *a*
21.23 y los *a* del pueblo se acercaron a él
26.3 *a* del pueblo se reunieron en el patio de
26.47 de parte de los..y de los *a* del pueblo
26.57 estaban reunidos los escribas y los *a*
26.59 los *a*..buscaban falso testimonio contra
27.1 y los *a* del pueblo entraron en consejo
27.3 devolvió..las treinta piezas..a los *a*
27.12 y siendo acusado por..*a*, nada respondió
27.20 los *a* persuadieron a la multitud que
27.41 escarneciéndole..los fariseos y los *a*
28.12 reunidos con los *a*, y habido consejo
Mr. 7.3 aferrándose a la tradición de los *a*, si
7.5 no andan conforme a la tradición de los *a*
8.31 era necesario..ser desechado por los *a*
11.27 vinieron a él los..los escribas y los *a*
14.43 con él mucha gente..de parte..de los *a*
14.53 reunieron todos los..*a* y los escribas
15.1 habiendo tenido consejo los..con los *a*
Lc. 7.3 le envió unos *a* de los judíos, rogándole
9.22 padezca..y sea desechado por los *a*, por
20.1 llegaron los..y los escribas, con los *a*
22.52 Jesús dijo a..los *a*, que habían venido
22.66 de día, se juntaron los *a* del pueblo
Hch. 2.17 verán visiones, y..*a* soñarán sueños
4.5 que se reunieron en..los *a* y los escribas
4.8 les..Gobernantes del pueblo, y *a* de Israel
4.23 contaron todo lo que..*a* les habían dicho
5.21 convocaron..a todos los *a* de los hijos de
6.12 soliviantaron al pueblo, a los *a* y a los
11.30 enviándolo a los *a* por mano de..Saulo
14.23 constituyeron *a* en cada iglesia..orado
15.2 subiesen a..los *a*, para tratar..cuestión
15.4 fueron recibidos por la iglesia y..los *a*
15.6 reunieron..a los *a* para conocer de este
15.22 pareció bien a los apóstoles y a los *a*
15.23 los apóstoles y los *a* y los hermanos, a
16.4 las ordenanzas que habían acordado ..los *a*
20.17 hizo llamar a los *a* de la iglesia
21.18 al día..se hallaban reunidos todos los *a*
22.5 me es testigo, y todos los *a*, de quienes
23.14 los cuales fueron..a los *a* y dijeron
24.1 descendió Ananías con algunos de los *a*
25.15 se me presentaron..los *a* de los judíos
1 Ti. 5.1 no reprendas al *a*, sino exhórtale como
5.2 a las *a*, como a madres; a las jovencitas
5.17 los *a* que gobiernan bien, sean tenidos
5.19 contra un *a* no admitas acusación sino
Tit. 1.5 y establecieses *a* en cada ciudad, así
2.2 los *a* sean sobrios, serios, prudentes
2.3 *a* asimismo sean reverentes en su porte
Flm. 9 siendo como soy, Pablo ya *a*, y ahora
Stg. 5.14 llame a los *a* de la iglesia, y oren
1 P. 5.1 ruego a los *a*, yo *a* también con ellos
5.5 jóvenes, estad sujetos a los *a;* y todos
2 Jn. 1 el *a* a la señora elegida y a sus hijos
3 Jn. 1 el *a* a Gayo, el amado, a quien amo en
Ap. 4.4 y vi sentados en los tronos a 24 *a*
4.10 los 24 *a* se postraron delante del que
5.5 y uno de los *a* me dijo: No llores. He aquí
5.6 medio de los *a*, estaba en pie un Cordero
5.8,14 y los veinticuatro *a* se postraron
5.11 muchos ángeles alrededor del..y de los *a*
7.11 los ángeles..alrededor..de los *a* y de los
7.13 uno de los *a* habló, diciéndome: Estos que
11.16 los 24 *a* que estaban sentados delante de
14.3 cantaban un cántico..delante..de los *a*
19.4 los veinticuatro *a*..se postraron en tierra

ANCLA
Hch. 27.13 levaron *a* e iban costeando Creta
27.29 temiendo dar en escollos, echaron 4 *a*
27.30 como que querían largar las *a* de proa
27.40 cortando, pues, las *a*, las dejaron en
He. 6.19 tenemos como segura y firme *a* del

ANCHO, CHA
Gn. 13.17 vé por la tierra a lo largo..y a su *a*
34.21 aquí la tierra es bastante *a* para ellos
Éx. 3.8 tierra buena y *a*, a tierra que fluye
27.12 el *a* del atrio, del lado occidental
27.13 el *a* del atrio por el lado del oriente
28.16 de un palmo de largo y un palmo de *a*
1 R. 6.2 de largo y 20 de *a*, y 30 codos de alto
6.3 veinte codos de largo a lo *a* de la casa
6.3 el *a* delante de la casa era de diez codos
6.4 hizo a la casa ventanas *a* por dentro y
6.6 aposento de abajo era de cinco codos de *a*
6.6 el de en medio de seis codos de *a*, y el
6.6 y el tercero de siete codos de *a;* porque
6.20 tenía veinte codos de largo, veinte de *a*
7.6 un pórtico..que tenía ..treinta codos de *a*
1 Cr. 4.40 y hallaron..y tierra *a* y espaciosa
2 Cr. 3.4 el pórtico que..igual al *a* de la casa
3.8 según el *a* del frente de la casa, y su
6.13 un estrado de bronce de cinco codos de *a*
Neh. 3.8 reparada a Jerusalén hasta el muro *a*
12.38 desde la torre ..de los..hasta el muro *a*
Job 11.9 su dimensión es más..más *a* que el mar
12.5 despreciado de aquel que está a sus *a*
30.14 como por portillo *a*, se revolvieron sobre
37.10 da el hielo, y las *a* aguas se congelan
Is. 30.33 profundo y *a*, cuya pira es de fuego
33.21 lugar de ríos, de arroyos muy *a*, por el
Jer. 51.58 el muro *a* de Babilonia será derribado
Ez. 23.32 beberás el..y *a* cáliz de tu hermana
40.6 un poste de la puerta, de una caña de *a*
40.6 midió..el otro poste, de otra caña de *a*
40.7 cámara tenía una caña..una caña de *a*
40.7 entre las cámaras había cinco codos de *a*
40.11 midió el *a* de la entrada de la puerta
40.13 midió la puerta desde el..25 codos de *a*
40.21 cincuenta codos de..y veinticinco de *a*
40.25,29,36 codos, y de veinticinco codos el *a*
40.30 los arcos..eran de..y cinco codos de *a*
40.42 mesas..codo y medio de *a*, y de un codo
40.49 y el *a* once codos, al cual subían por
41.1 el *a* seis codos..era el *a* del tabernáculo
41.2 el *a* de la puerta era de diez codos, y
41.9 *a* de la pared de afuera de las cámaras
41.11 *a* del espacio que quedaba era de cinco
41.14 el *a* del frente de la casa y del espacio
42.2 su longitud era..el *a* de cincuenta codos
42.4 había un corredor de diez codos de *a*
42.11 su longitud como su *a* eran lo mismo
42.20 muro..de quinientas cañas de *a*, para
43.13 la base, de un codo, y de un codo el *a*
43.14 de abajo, dos codos..y el *a* de un codo
43.16 el altar tenía doce..y doce codos de *a*
45.1 y diez mil de *a;* esto será santificado
45.2 y quinientas de *a*, en cuadro alrededor
45.3 medirás..de *a* diez mil, en lo cual estará
45.5 y diez mil de *a*, lo cual será para los
46.22 había patios cercados, de..treinta de *a*
48.9 la porción..para Jehová..diez mil de *a*
48.10 de diez mil de *a* al oriente, y de diez
Zac. 5.2 un rollo que vuela..de diez codos de *a*
Mt. 7.13 *a* es la puerta, y espacioso el camino

ANCHURA
Gn. 6.15 arca, de 50 codos su *a*, y de 30 codos
Éx. 25.10 su *a* de codo y medio, y su altura de
25.17 un propiciatorio..su *a* de codo y medio
25.23 una mesa de..un codo su *a*, y su altura
25.25 una moldura..de un palmo menor de *a*
26.2 la *a* de la misma cortina de cuatro codos
26.8 y la *a* de cada cortina de cuatro codos
26.16 cada tabla será..y de codo y medio la *a*

ANCHURA ***(Continúa)***

Éx. 27.1 un altar de madera..de cinco codos de *a*
27.18 la *a* 50 por un lado y 50 por el otro
30.2 su longitud..un codo, y su *a* de un codo
36.9,15 una cortina..y la *a* de cuatro codos
36.21 cada tabla era..de codo y medio la *a*
37.1 su *a* de codo y medio, y su altura de codo
37.6 el propiciatorio..y su *a* de codo y medio
37.10 su *a* de un codo, y de codo y medio su
37.12 hizo..moldura de un palmo menor de *a*
37.25 un codo su longitud, y de otro codo su *a*
38.1 el altar del..y su *a* de otros cinco codos
38.18 *a*, o sea su altura, era de cinco codos
39.9 y de un palmo su *a*, cuando era doblado
Dt. 3.11 su *a* de cuatro codos, según el codo de
1 R. 4.29 *a* de corazón como la arena que está
7.2 tenía..cincuenta codos de *a* y 30 codos
7.27 la *a* de cuatro codos, y de tres codos la
2 Cr. 3.3 la casa de Dios..la *a* de veinte codos
3.8 su *a* de 20 codos; y lo cubrió de oro fino
4.1 hizo..un altar..20 codos de *a*, y 10 codos
Esd. 6.3 altura de 60 codos, y de 60 codos su *a*
Job 38.18 ¿has considerado..la *a* de la tierra?
Is. 8.8 llenará la *a* de tu tierra, oh Emanuel
Ez. 40.19 y midió la *a* desde el frente de la
40.20 de la puerta..midió su longitud y su *a*
40.33 longitud era..la *a* de veinticinco codos
40.47 y midió el atrio..cien codos de *a*; era
40.48 la *a* de la puerta tres codos de un lado
41.2 midió su longitud..y la *a* de veinte codos
41.3 y la *a* de la entrada, de siete codos
41.4 la *a* de veinte codos, delante del templo
41.5 y de cuatro codos la *a* de las cámaras, en
41.7 había mayor *a*..la casa tenía más *a* arriba
41.10 entre las cámaras..*a* de veinte codos por
43.14 *a* de un codo; y desde la cornisa menor
43.17 y catorce de *a* en sus cuatro lados, y de
45.6 señalaréis cinco mil de *a* y 25.000 de
48.8 estará la porción..de 25.000 cañas de *a*
48.10 la porción santa..de diez mil de *a* al
48.13 cañas de longitud, y de diez mil de *a*
48.13 toda la longitud de..y la *a* de diez mil
48.15 las cinco mil cañas de *a* que quedan de
Dn. 3.1 y su *a* de seis codos; la levantó en el
Hab. 1.6 que camina por la *a* de la tierra para
Zac. 2.2 para ver cuánta es su *a*, y cuánta su
Ef. 3.18 comprender..cuál sea la *a*, la longitud
Ap. 20.9 y subieron sobre la *a* de la tierra
21.16 en cuadro, y su longitud es igual a su *a*
21.16 la altura y la *a* de ella son iguales

ANCHUROSO

Sal. 104.25 he allí el grande y *a* mar, en donde

ANDAR ***(s.)***

Sal. 139.3 has escudriñado mi *a* y mi reposo
Pr. 30.29 tres cosas hay de hermoso *a*, y la

ANDAR ***(v.)***

Gn. 3.14 sobre tu pecho *andarás*, y polvo comerás
4.3 y aconteció *andando* el tiempo, que Caín
9.23 Sem..*andando* hacia atrás, cubrieron la
13.5 también Lot, que *andaba* con Abram, tenía
15.2 ¿qué me darás, siendo así que *ando* sin
17.1 dijo..*anda* delante de mí y sé perfecto
21.14 salió y *anduvo* errante por el desierto
24.40 Jehová, en..presencia he *andado*, enviará
24.42 prosperas..mi camino por el cual *ando*
33.12 dijo: *Anda*, vamos; y yo iré delante de ti
35.3 al Dios que..en el camino que he *andado*
37.15 halló..*andando* él errante por el campo
42.33 tomad para..de vuestras casas, y *andad*
48.15 el Dios en cuya presencia *anduvieron*
Éx. 8.25 *andad*, ofreced sacrificio a..Dios en el
10.8 dijo: *Andad*, servid a Jehová vuestro Dios
13.21 fin de que *anduviesen* de día y de noche
15.22 y *anduvieron* tres días por el desierto
16.4 que yo lo pruebe si *anda* en mi ley, o no
18.20 muéstrales el camino por donde..*andar*
21.19 si se..y *anduviere* fuera sobre su báculo
32.7 Moisés: *Anda*, desciende, porque tu pueblo
33.1 *anda*, sube de aquí, tú y el pueblo que
33.16 sino en que tú *andes* con nosotros, y que
Lv. 11.20 insecto..que *anduviere* sobre cuatro
11.21 esto comeréis de..insecto alado que *anda*
11.27 los animales que *andan* en cuatro patas
11.27 por inmundo a..que *ande* sobre sus garras
11.42 todo lo que *anda* sobre el pecho, y todo
11.42 lo que *anda* sobre cuatro o más patas, de
18.3 ni haréis..ni *andaréis* en sus estatutos
18.4 estatutos guardaréis, *andando* en ellos
19.16 no *andarás* chismeando entre tu pueblo
20.23 y no *andéis* en las prácticas de las
26.3 si *anduviereis* en mis decretos..por obra
26.12 *andaré* entre vosotros, y..vuestro Dios
26.13 os he hecho *andar* con el rostro erguido
26.21,23 si *anduviereis* conmigo en oposición
26.40 porque *anduvieron* conmigo en oposición
26.41 también habré *andado* en contra de ellos
Nm. 13.26 y *anduvieron* y vinieron a Moisés y a
14.33 vuestros hijos *andarán* pastoreando en
32.13 los hizo *andar* errantes cuarenta años
33.8 *anduvieron* tres días de camino por el
36.9 no *ande* la heredad rodando de una tribu
Dt. 1.19 *anduvimos*..grande y terrible desierto
1.31 todo el camino que habéis *andado*, hasta
1.33 para mostraros el..por donde *anduvieseis*
2.7 él sabe que *andas* por este gran desierto
2.14 y los días que *anduvimos* de Cades-barnea
5.33 *andad*..camino que Jehová vuestro Dios os
6.7 y las repetirás a..*andando* por el camino
6.14 no *andaréis* en pos de dioses ajenos, de
8.6 Dios, *andando* en sus caminos, y temiéndole
8.19 si..*anduvieres* en pos de dioses ajenos
10.11 *anda*, para que marches delante del pueblo
10.12 que *andes* en todos sus caminos, y que
11.19 hablando de..cuando *andes* por el camino
11.22 *andando* en..sus caminos, y siguiéndole
13.4 en pos de Jehová vuestro Dios *andaréis*
13.5 por el cual..Dios te mandó que *anduvieses*
19.9 y *andes* en sus caminos todos los días
23.14 tu Dios *anda* en medio de tu campamento
26.17 declarado..que *andarás* en sus caminos
28.9 guardares..y *anduvieres* en sus caminos
29.19 tendré paz, aunque *ande* en la dureza de
30.16 te mando hoy..que *andes* en sus caminos
Jos. 2.1 *andad*, reconoced la tierra, y a Jericó
5.6 *anduvieron* por el desierto cuarenta años
6.13 *andando* siempre y tocando las bocinas
14.10 cuando Israel *andaba* por el desierto
22.5 que améis..y *andéis* en todos sus caminos
24.17 ha guardado..por donde hemos *andado*
Jue. 2.17 camino en que *anduvieron* sus padres
2.22 seguir el camino de Jehová, *andando* por
5.6 que *andaban* por las sendas se apartaron
9.10,14 *anda* tú, reina sobre nosotros
10.14 *andad* y clamad a los dioses que..elegido
11.4 aconteció *andando* el tiempo, que..Amón
11.16 Israel..*anduvo* por el desierto hasta el
18.6 id en paz..vuestro camino en que *andáis*
Rt. 1.8 *andad*, volveos cada una a la casa de su
1.19 *anduvieron*..hasta que llegaron a Belén
1 S. 2.30 que tu casa y..*andarían* delante de mí
2.35 *andará* delante de mi ungido todos los días
6.12 las vacas..seguían..*andando* y bramando
8.3 no *anduvieron*..por los caminos de su padre
8.5 y tus hijos no *andan* en tus caminos; por
9.10 dices bien; *anda*, vamos. Y fueron a la
12.2 yo he *andado* delante de vosotros desde
17.39 probó a *andar*, porque nunca había hecho
17.39 dijo David..Yo no puedo *andar* con esto
17.41 el filisteo venía *andando* y acercándose
17.48 echó a *andar* para ir al encuentro de
19.23 y siguió *andando* y profetizando hasta
22.5 Gad dijo..*anda* y vete a tierra de Judá
23.13 Keila, y *anduvieron* de un lugar a otro
24.11 no hay mal..tú *andas* a caza de mi vida
27.1 para que Saúl..no me *ande* buscando más
31.12 todos los..*anduvieron* toda aquella noche
2 S. 3.16 dijo Abner: *Anda*, vuélvete..volvió
3.29 que nunca falte..quien *ande* con báculo
6.13 habían *andado* seis pasos, él sacrificó
7.3 *anda*, y haz..lo que está en tu corazón
7.6 que he *andado* en tienda y en tabernáculo
7.7 y en todo cuanto he *andado* con..de Israel
7.9 estado contigo en todo cuanto has *andado*
14.19 ¿no *anda* la mano de Joab contigo en
16.13 Simei iba por el..*andando* y maldiciendo
1 R. 2.3 *andando* en sus caminos, y observando
2.4 hijos..*andando* delante de mí con verdad
3.3 *andando* en..estatutos de su padre David
3.6 porque él *anduvo* delante de ti en verdad
3.14 si *anduvieres* en mis..como *anduvo* David
6.12 *anduvieres* en mis estatutos e hicieres
6.12 todos mis mandamientos *andando* en ellos
8.23 los que *andan* delante de ti con todo su
8.25 *anden* delante de mí como tú has *andado*
8.36 enseñándoles el..camino en que *anden*
8.58 para que *andemos* en todos sus caminos
8.61 *andando* en sus estatutos y guardando
9.4 y si tú *anduvieres*..como *anduvo* David tu
11.33 no han *andado* en mis caminos para hacer
11.38 *anduvieres* en mis caminos, e hicieres
14.8 *anduvo* en pos de mí con todo su corazón
15.3 *anduvo* en todos los pecados que su padre
15.26 *andando* en el camino de su padre, y en
15.34 *anduvo* en el camino de Jeroboam, y en
16.2 has *andado* en el camino de Jeroboam, y
16.19 *andando* en los caminos de Jeroboam
16.26 *anduvo* en todos los caminos de Jeroboam
16.31 fue ligera cosa *andar* en los pecados de
18.26 ellos *andaban* saltando cerca del altar
21.27 durmió en cilicio, y *anduvo* humillado
22.43 *anduvo* en..el camino de Asa su padre
22.52 *anduvo* en el camino de su padre, y en
2 R. 3.9 *anduvieron*..por el desierto siete días
4.24 guía y *anda*; y no me hagas detener en el
5.5 *anda*, vé, y yo enviaré cartas al rey de
6.2 y hagamos allí lugar en..Y él dijo: *Andad*
8.18 *anduvo* en el camino de..reyes de Israel
8.27 *anduvo* en el camino de la casa de Acab
10.31 no cuidó de *andar* en la ley de Jehová
13.6 de los pecados de la..en ellos *anduvieron*
13.11 los pecados de Jeroboam..en ellos *anduvo*
16.3 antes *anduvo* en el camino de los reyes de
17.8 y *anduvieron* en los estatutos de las
17.19 *anduvieron* en los estatutos de Israel
17.22 *anduvieron* en..los pecados de Jeroboam
20.3 que he *andado* delante de ti en verdad
21.21 *anduvo* en..los caminos en que su padre *a*
21.22 dejó a Jehová..no *anduvo* en el camino
22.2 *anduvo* en..el camino de David su padre
1 Cr. 16.20 *andaban* de nación en nación, y de
17.6 dondequiera que *anduve* con todo Israel
17.8 estado contigo en todo cuanto has *andado*
2 Cr. 6.16 *andando*..mi ley, como tú has *andado*
6.27 enseñarás el buen camino para que *anden*
6.31 para que te teman y *anden* en tus caminos
7.17 y si tú *anduvieres*..como *anduvo* David tu
11.17 tres años *anduvieron* en el camino de
17.3 *anduvo* en los..caminos de David su padre
17.4 buscó al..y *anduvo* en sus mandamientos
18.21 tú le..y lo lograrás; *anda*, y hazlo así
20.32 y *anduvo* en el camino de Asa su padre
21.6 *anduvo* en el camino de..reyes de Israel
21.12 por cuanto no has *andado* en los caminos
21.13 sino que has *andado* en el camino de los
22.3 él *anduvo* en los caminos de la casa de
22.5 *anduvo* en los consejos de ellos, y fue
28.2 *anduvo* en los caminos de los reyes de
34.2 *anduvo* en los caminos de David su padre
34.21 *andad*, consultad a Jehová por mí y por
Neh. 5.9 ¿no *andaréis* en el temor de nuestro
10.29 y jurar que *andarían* en la ley de Dios
Job 1.7; 2.2 de rodear la tierra, y de *andar* por
5.14 a mediodía *andan* a tientas como de noche
9.8 extendió..y *anda* sobre las olas del mar
12.17 hace *andar* despojados de consejo a los
18.8 red será echada..y sobre mallas *andará*
21.11 como manada, y sus hijos *andan* saltando
24.10 al desnudo hacen *andar* sin vestido, y a
24.18 no *andarán* por el camino de las viñas
30.3 por causa de..del hambre *andaban* solos
30.28 *ando* ennegrecido, y no por el sol
31.5 si *anduve* con mentira, y si mi pie se
34.8 compañía..*anda* con los hombres malos?
38.16 y has *andado* escudriñando el abismo?
38.41 y *andan* errantes por falta de comida?
39.8 su pasto, y *anda* buscando toda cosa verde
Sal. 1.1 el varón que no *anduvo* en consejo de
12.8 cercando *andan* los malos, cuando la
15.2 el que *anda* en integridad y hace justicia
23.4 aunque *ande* en valle de sombra de muerte
26.1 porque yo en mi integridad he *andado*; he
26.3 tu misericordia está..*ando* en tu verdad
26.4 ni entré con los que *andan* simuladamente
26.6 *andaré* alrededor de tu altar, oh Jehová
26.11 yo *andaré* en mi integridad; redímeme
32.8 te enseñaré el camino en que debes *andar*
35.14 como por mi hermano *andaba*; como el
38.6 humillado en..*ando* enlutado todo el día
42.9; 43.2 ¿por qué *andaré* yo enlutado por la
48.12 *andad* alrededor de Sion, y rodeadla
55.14 *andábamos* en amistad en la casa de Dios
56.13 para que *ande* delante de Dios en la luz
59.15 *anden* ellos errantes para hallar..comer
68.7 Dios..cuando *anduviste* por el desierto
78.10 de Dios, ni quisieron *andar* en su ley
81.13 en mis caminos hubiera *andado* Israel!
82.5 saben, no entienden, *andan* en tinieblas
84.11 no quitará el bien a los que *andan* en
89.15 *andará*..Jehová, a la luz de tu rostro
89.30 mi ley, y no *anduvieren* en mis juicios
91.6 ni pestilencia que *ande* en oscuridad, ni
101.2 en la integridad..*andaré* en medio de mi
101.6 que *ande* en el camino de la perfección
104.3 el que *anda* sobre las alas del viento
104.26 allí *andan* las naves; allí este leviatán
105.13 y *andaban* de nación en nación, de un
107.4 *anduvieron* perdidos por el desierto, por
107.40 y les hace *andar* perdidos, vagabundos
109.10 *anden* sus hijos vagabundos, y..lejos
115.7 tienen pies, mas no *andan*; no hablan
116.9 *andaré* delante de Jehová en la tierra
119.1 los que *andan* en la ley de Jehová
119.3 no hacen iniquidad los que *andan* en sus
119.45 y *andaré* en libertad, porque busqué tu
119.67 antes que fuera yo..descarriado *andaba*
119.176 *anduve* errante como oveja extraviada
126.6 irá *andando* y llorando el que lleva la
128.1 todo aquel que..que *anda* en sus caminos
131.1 ni *anduve* en grandezas, ni en cosas
138.7 si *anduviere* yo en medio de la angustia
142.3 en el camino en que *andaba* me..lazo
143.8 hazme saber el camino por donde *ande*
Pr. 1.15 hijo mío, no *andes* en camino con ellos
2.13 dejan..para *andar* por sendas tenebrosas
2.20 así *andarás* por el camino de los buenos
3.23 *andarás* por tu camino confiadamente, y tu
3.28 no digas a..*Anda*, y vuelve, y mañana te
4.11 por veredas derechas te he hecho *andar*
4.12 cuando *anduvieres*, no se estrecharán tus
5.20 ¿y por qué..*andarás* ciego con la mujer
6.12 el hombre malo..que *anda* en perversidad
6.14 *anda* pensando el mal en todo tiempo
6.22 te guiarán cuando *andes*; cuando duermas
6.28 ¿*andará* el hombre sobre brasas sin que
9.6 *andad* por el camino de la inteligencia
10.9 que camina en integridad *anda* confiado
11.13 que *anda* en chismes descubre el secreto
13.20 el que *anda* con sabios, sabio será; mas

ANDAR *(Continúa)*
Pr. 16.29 y le hace *andar* por camino no bueno
20.19 que *anda* en chismes descubre el secreto
Ec. 2.3 que *anduviese* mi corazón en sabiduría
2.14 el sabio. . mas el necio *anda* en tinieblas
9.7 *anda*, y come tu pan con gozo, y bebe tu
10.7 príncipes que *andaban* como siervos sobre
11.9 y *anda* en los caminos de tu corazón y en
12.5 los endechadores *andarán* alrededor por
Is. 3.16 y *andan* con cuello erguido y con ojos
3.16 cuando *andan* van danzando, y haciendo
6.9 *anda*, y dí a este pueblo: Oíd bien, y no
9.2 el pueblo que *andaba* en tinieblas vio gran
11.6 y el león y la bestia. . *andarán* juntos
16.3 no entregues a los que *andan* errantes
18.2 *andad*, mensajeros veloces, a la nación
20.2 lo hizo así, *andando* desnudo y descalzo
20.3 de la manera que *anduvo* mi siervo Isaías
26.20 *anda*, pueblo. . entra en tus aposentos
30.21 diga: Este es el camino, *andad* por él
33.21 no *andará* galera de remos, ni por él
35.8 que *anduviere* en este. . no se extraviará
38.3 que he *andado* delante de ti en verdad
38.15 *andaré* humildemente todos mis años
42.5 da. . espíritu a los que por ella *andan*
42.16 les haré *andar* por sendas que no habían
42.24 no quisieron *andar* en sus caminos, ni
50.10 el que *anda* en tinieblas y carece de luz
50.11 *andad* a la luz de vuestro fuego, y de
57.2 descansarán. . que *andan* delante de Dios
58.13 lo venerares, no *andando* en tus propios
59.9 esperamos luz. . y *andamos* en oscuridad
59.10 como ciegos, y *andamos* a tientas como
60.3 *andarán* las naciones a tu luz, y los reyes
65.2 el cual *anda* por camino no bueno, en pos
Jer. 2.2 *anda* y clama a los oídos de Jerusalén
2.2 *andabas* en pos de mí en el desierto, en
2.8 y *anduvieron* tras lo que no aprovecha
2.23 inmunda, nunca *anduve* tras los baales?
2.25 guarda tus pies de *andar* descalzos, y tu
3.17 ni *andarán* más tras la dureza. . corazón
4.1 si te. . y no *anduvieres* de acá para allá
6.16 *andad* por él. . Mas dijeron: No *andaremos*
6.25 salgas al campo, ni *andes* por el camino
7.6 ni *anduviereis* en pos de dioses ajenos
7.9 Baal, y *andando* tras dioses extraños que
7.12 *andad* ahora a mi lugar en Silo, donde
7.23 *andad* en todo camino que os mande, para
8.2 en pos de quienes *anduvieron*, a quienes
9.4 engaña. . todo compañero *anda* calumniando
10.5 son llevados, porque no pueden *andar*
13.10 *anda* en las imaginaciones de su corazón
14.18 el profeta como el. . *anduvieron* vagando
16.11 vuestros padres. . *anduvieron* en pos de
23.14 los profetas de. . *andaban* en mentiras, y
23.17 *anda* tras la obstinación de. . corazón
26.4 si no me oyereis para *andar* en mi ley
31.9 los haré *andar* junto a arroyos de aguas
31.22 ¿hasta cuándo *andarás* errante, oh hija
32.23 no oyeron tu voz, ni *anduvieron* en tu
44.23 ni *anduvisteis* en su ley ni en sus
50.4 e irán *andando* y llorando, y buscarán a
50.6 *anduvieron* de monte en collado, y se
51.50 los que escapasteis de la espada, *andad*
Lm. 1.6 *anduvieron* sin. . delante del perseguidor
4.18 cazaron nuestros pasos. . no *anduviésemos*
5.18 por el monte de Sion. . zorras *andan* por él
Ez. 1.9 no se volvían cuando *andaban*, sino que
1.12 que *anduviesen*, *andaban*; y cuando *a*, no
1.13 de hachones. . que *andaba* entre los seres
1.17 cuando *andaban*. . no se volvían cuando *a*
1.19 cuando los seres. . *andaban*, las ruedas *a*
1.20(2) el espíritu les movía que *anduviesen*
1.21 cuando ellos *andaban*, *a* ellas, y cuando
1.24 oí el sonido de sus alas cuando *andaban*
5.6 desecharon mis decretos. . no *anduvieron* en
5.7 no habéis *andado* en mis mandamientos, ni
5.7 ni aun según. . las naciones. . habéis *andado*
10.11 cuando *andaban*, hacia los. . frentes *a*
10.11(2) no se volvían cuando *andaban*
10.16 *andaban* los querubines, *a* las ruedas
11.12 no habéis *andado* en mis estatutos, ni
11.20 *anden* en mis ordenanzas, y guarden mis
11.21 mas a aquellos cuyo corazón *anda* tras el
13.3 ¡ay de los profetas. . que *andan* en pos de
14.7 se hubiere apartado de *andar* en pos de
16.47 ni aun *anduviste* en sus caminos, ni
18.17 decretos y *anduviere* en mis ordenanzas
19.6 y él *andaba* entre los leones; se hizo
20.13,16,21 no *anduvieron* en mis estatutos
20.18 antes dije. . No *andéis* en los estatutos
20.19 *andad* en mis estatutos, y guardad mis
20.39 dicho. . *Andad* cada uno tras sus ídolos
23.31 en el camino de tu hermana *anduviste*
33.31 el corazón. . *anda* en pos de su avaricia
34.5 y *andan* errantes por falta de pastor
34.6 *anduvieron* perdidas mis ovejas por todos
36.12 y haré *andar* hombres sobre vosotros, a
36.27 que *andéis* en mis estatutos, y guardéis
37.24 *andarán* en mis preceptos, y. . por obra
Dn. 4.37 humillar a los que *andan* con soberbia
9.10 *andar* en sus leyes que él puso delante
12.9 *anda*, Daniel, pues estas palabras están
Os. 5.6 con. . vacas *andarán* buscando a Jehová
5.11 porque quiso *andar* en pos de vanidades
5.15 *andaré* y volveré a mi lugar, hasta que
9.17 y *andarán* errantes entre las naciones
11.3 yo. . enseñaba a *andar* al mismo Efraín
14.9 rectos, y los justos *andarán* por ellos
Jl. 1.18 ¡cuán turbados *anduvieron* los hatos de
Am. 2.4 en pos de las cuales *anduvieron* sus
3.3 ¿*andarán* dos juntos, si no estuvieren de
Mi. 1.8 aullaré, y *andaré* despojado y desnudo
2.3 ni *andaréis* erguidos; porque el tiempo
2.10 y *andad*, porque no es este el lugar de
2.11 alguno *andando* con espíritu de falsedad
4.2 sus caminos, y *andaremos* por sus veredas
4.5 *anden* cada uno en el nombre de su dios
4.5 nosotros con todo *andaremos* en el nombre
6.16 y en los consejos de ellos *anduvisteis*
Hab. 3.11 a la luz de tus saetas *anduvieron*
3.19 Jehová el. . en mis alturas me hace *andar*
Sof. 1.17 *andarán* como ciegos, porque pecaron
Zac. 3.7 si *anduvieres* por mis caminos, y si
Mal. 2.6 en paz y en justicia *anduvo* conmigo
3.14 que *andemos* afligidos en presencia de
Mt. 4.18 *andando* Jesús junto al mar de Galilea
9.5 es más fácil, decir. . Levántate y *anda?*
11.5 los ciegos ven, los cojos *andan*, los
12.43 el espíritu inmundo. . *anda* por lugares
14.25 Jesús vino a ellos *andando* sobre el mar
14.26 viéndole *andar*. . el mar, se turbaron
14.29 *andaba* sobre las aguas para ir a Jesús
15.31 viendo. . a los cojos *andar*. . ciegos ver
Mr. 1.16 *andando* junto al mar de Galilea, vio
2.9 o decirle: Levántate, toma tu. . y *anda?*
2.23 *andando*, comenzaron a arrancar espigas
5.5 *andaba* dando voces en los montes y en los
5.42 luego la niña se levantó y *andaba*, pues
6.48 vino a ellos *andando* sobre el mar, y
6.49 viéndole. . *andar* sobre el mar. . gritaron
7.5 ¿por qué tus discípulos no *andan* conforme
8.24 veo los hombres. . pero los veo que *andan*
10.21 *anda*, vende todo lo que tienes, y dalo
11.27 *andando* él por el templo, vinieron a él
12.38 que gustan de *andar* con largas ropas
Lc. 1.6 y *andaban* irreprensibles en todos los
2.44 *anduvieron* camino de un día. . buscaban
5.23 es más fácil, decir. . Levántate y *anda?*
7.22 cojos *andan*, los leprosos son limpiados
11.24 sale del hombre, *anda* por lugares secos
11.44 hombres que *andan* encima no lo saben
13.11 *andaba* encorvada, y en ninguna manera
20.46 que gustan de *andar* con ropas largas
Jn. 1.36 y mirando a Jesús que *andaba* por allí
5.8 le dijo: Levántate, toma tu lecho, y *anda*
5.9 y tomó su lecho, y *anduvo*. Y era día de
5.11 él mismo me dijo: Toma tu lecho y *anda*
5.12 el que te dijo: Toma tu lecho y *anda?*
6.19 vieron a Jesús que *andaba* sobre el mar
6.66 volvieron atrás, y ya no *andaban* con él
7.1 *andaba* Jesús en Galilea. . no quería *andar*
8.12 el que me sigue, no *andará* en tinieblas
10.23 *andaba* en el templo por el pórtico de
11.9 el que *anda* de día, no tropieza, porque
11.10 el que *anda* de noche, tropieza, porque
11.54 Jesús ya no *andaba* abiertamente entre
12.35 *andad* entre tanto que tenéis luz, para
12.35 que *anda* en tinieblas, no sabe a dónde
Hch. 3.6 te doy; en el nombre de Jesucristo. . *anda*
3.8 saltando, se puso en pie y *anduvo;* y entró
3.8 y entró con ellos en el templo, *andando*
3.9 el pueblo le vio *andar* y alabar a Dios
3.12 o piedad hubiésemos hecho *andar* a éste?
9.31 iglesias. . *andando* en el temor del Señor
10.38 éste *anduvo* haciendo bienes y sanando
13.11 *andando*. . buscaba quien le condujese de
14.8 hombre de Listra. . que jamás había *andado*
14.10 levántate derecho. . Y él saltó, y *anduvo*
14.16 ha dejado. . *andar* en sus propios caminos
21.24 sino que tú también *andas* ordenadamente
Ro. 6.4 así también nosotros *andemos* en vida
8.1 que no *andan* conforme a la carne, sino
8.4 en nosotros, que no *andamos* conforme a la
13.13 *andemos* como de día, honestamente; no
14.15 ya no *andas* conforme al amor. No hagas
1 Co. 3.3 sois carnales, y *andáis* como hombres?
4.19 el poder de los que *andan* envanecidos
2 Co. 4.2 vergonzoso, no *andando* con astucia
5.7 porque por fe andamos, no por vista
6.16 habitaré y *andaré* entre ellos, y seré su
10.2 nos tienen como si *anduviésemos* según la
10.3 aunque *andamos* en la carne, no militamos
Gá. 2.14 cuando vi que no *andaban* rectamente
5.16 digo, pues: *Andad* en el Espíritu, y no
5.25 si vivimos por el Espíritu, *andemos*
6.16 todos los que *anden* conforme a esta regla
Ef. 2.2 los cuales *anduvisteis* en otro tiempo
2.10 buenas obras. . que *anduviésemos* en ellas
4.1 os ruego que *andéis* como es digno de la
4.17 que ya no *andéis* como los otros gentiles
4.17 que *andan* en la vanidad de su mente
5.2 *andad* en amor, como. . Cristo nos amó, y se
5.8 ahora sois luz. . *andad* como hijos de luz
5.15 mirad, pues, con diligencia como *andéis*
Fil. 3.18 *andan* muchos. . son enemigos de la cruz
Col. 1.10 que *andéis* como es digno del Señor
2.6 que habéis recibido al Señor. . *andad* en él
3.7 en las cuales. . *anduvisteis* en otro tiempo
4.5 *andad* sabiamente para con los de afuera
1 Ts. 2.12 *anduvieseis* como es digno de Dios
2 Ts. 3.6 hermano que *ande* desordenadamente
3.7 nosotros no *anduvimos* desordenadamente
3.11 que algunos de. . *andan* desordenadamente
1 Ti. 5.13 ser ociosas, *andando* de casa en casa
He. 3.10 siempre *andan* vagando en su corazón
11.37 *anduvieron* de acá. . cubiertos de pieles
1 P. 4.3 *andando* en lascivias, concupiscencias
5.8 diablo. . *anda* alrededor buscando a quien
2 P. 2.10 la carne, *andan* en concupiscencia e
3.3 *andando* según sus propias concupiscencias
3.11 *andar* en santa y piadosa manera de vivir
1 Jn. 1.6 si decimos. . y *andamos* en tinieblas
1.7 si *andamos* en luz. . tenemos comunión unos
2.6 el que dice que. . debe *andar* como él *anduvo*
2.11 el que aborrece a su. . *anda* en tinieblas
2 Jn. 4 a algunos de tus hijos *andando* en la
6 amor, que *andemos* según sus mandamientos
6 este es el mandamiento: que *andéis* en amor
3 Jn. 3 testimonio. . de cómo *andas* en la verdad
4 el oir que mis hijos *andan* en la verdad
Jud. 16 que *andan* según sus propios deseos, cuyo
18 que *andarán* según sus malvados deseos
Ap. 2.1 que *anda* en medio de los siete candeleros
3.4 y *andarán* conmigo en vestiduras blancas
9.20 las cuales no pueden. . ni oir, ni *andar*
16.15 que no *ande* desnudo, y vean su vergüenza
21.24 las naciones. . *andarán* a la luz de ella

ANDRAJOSO, SA
Jer. 38.11 tomó. . ropas raídas y *a*, y los echó
38.12 esos trapos viejos y ropas raídas y *a*
Stg. 2.2 también entra un pobre con vestido *a*

ANDRÉS *Apóstol de Jesucristo*
Mt. 4.18 dos hermanos. . Pedro, y *A* su hermano
10.2 y *A* su hermano; Jacobo hijo de Zebedeo
Mr. 1.16 Simón y a *A* su hermano, que echaban
1.29 sinagoga, vinieron a casa de Simón y *A*
3.18 a *A*, Felipe, Bartolomé, Mateo, Tomás
13.3 Jacobo, Juan y *A* le preguntaron aparte
Lc. 6.14 *A* su hermano, Jacobo y Juan, Felipe
Jn. 1.40 *A*. . uno de los dos que habían oído a Juan
1.44 era de Betsaida, la ciudad de *A* y Pedro
6.8 uno. . *A*, hermano de Simón Pedro, le dijo
12.22 se lo dijo a *A;* entonces *A* y Felipe se
Hch. 1.13 donde moraban Pedro y. . *A*, Felipe

ANDRÓNICO ***Cristiano, pariente de Pablo,* Ro. 16.7**

ANEGAR
Sal. 69.2 de aguas, y la corriente me ha *anegado*
69.15 no me *anegue* la corriente de las aguas
Is. 43.2 pases. . por los ríos, no te *anegarán*
Mr. 4.37 olas. . de tal manera que ya se *anegaba*
Lc. 8.23 el lago; y se *anegaban*, y peligraban
2 P. 3.6 el mundo de entonces pereció *anegado*

ANEM ***Pueblo en Isacar (=En-ganim No. 2),* 1 Cr. 6.73**

ANER
1. ***Aliado de Abram,* Gn. 14.13,24**
2. ***Ciudad de refugio en Manasés,* 1 Cr. 6.70**

ANFÍPOLIS ***Ciudad de Macedonia,* Hch. 17.1**

ÁNGEL
Gn. 16.7 halló el *á* de Jehová junto a una fuente
16.9 y le dijo el *á* de Jehová: Vuélvete a tu
16.10 le dijo. . el *á* de Jehová: Multiplicaré
16.11 le dijo el *á* de Jehová: He aquí que has
19.1 llegaron, pues, los dos *á* a Sodoma a la
19.15 rayar el alba, los *á* daban prisa a Lot
21.17 *á* de Dios llamó a Agar desde el cielo
22.11 *á* de Jehová le dio voces desde el cielo
22.15 el *á* de Jehová a Abraham segunda vez
24.7 Jehová, Dios. . enviará su *á* delante de ti
24.40 Jehová. . enviará su *á*. . y prosperará tu
28.12 aquí *á* de Dios que subían y descendían
31.11 me dijo el *á* de Dios en sueños: Jacob
32.1 y le salieron al encuentro *á* de Dios
48.16 el *A* que me liberta de todo mal, bendiga
Éx. 3.2 le apareció el *A* de Jehová en una llama
14.19 el *á* de Dios que iba delante. . de Israel
23.20 he aquí yo envío mi *A* delante de ti para
23.23 mi *A* irá delante de ti, y te llevará a
32.34 he aquí mi *á* irá delante de ti; pero en
33.2 yo enviaré delante de ti el *á*, y echaré
Nm. 20.16 y envió un *á*, y nos sacó de Egipto
22.22 el *á* de Jehová se puso en el camino por
22.23 el asna vio al *á* de Jehová que estaba
22.24 el *á*. . se puso en una senda de viñas que
22.25,27 viendo el asna al *á* de Jehová, se
22.26 el *á* de Jehová pasó más allá, y se puso
22.31 abrió los ojos de. . y vio al *á* de Jehová
22.32 el *á* de Jehová le dijo: ¿Por qué has
22.34 Balaam dijo al *á*. . He pecado, porque no
22.35 y el *á* de Jehová dijo a Balaam: Vé con

ÁNGEL *(Continúa)*

Jue. 2.1 *á* de Jehová subió de Gilgal a Boquim
2.4 *á* de Jehová habló estas palabras a todos
5.23 maldecid a Meroz, dijo el *á* de Jehová
6.11 vino el *á* de Jehová, y se sentó debajo
6.12 y el *á* de Jehová se le apareció, y le
6.20 el *á* de Dios le dijo: Toma la carne y
6.21 extendiendo el *á*..el báculo que tenía en
6.21 el *á* de Jehová desapareció de su vista
6.22 viendo..Gedeón que era el *á* de Jehová
6.22 que he visto al *á* de Jehová cara a cara
13.3 a esta mujer apareció el *á* de Jehová
13.6 cuyo aspecto era como el aspecto de un *á*
13.9 el *á* de Dios volvió otra vez a la mujer
13.13 y el *á*..respondió a Manoa: La mujer se
13.15 Manoa dijo al *á* de Jehová: Te ruego nos
13.16 el *á* de..respondió a Manoa: Aunque me
13.16 no sabía Manoa que aquél fuese *á* de
13.17 dijo Manoa al *á*..¿Cuál es tu nombre
13.18 el *á*..respondió: ¿Por qué preguntas por
13.19 *á* hizo milagro ante los ojos de Manoa
13.20 *á* de Jehová subió en la llama del altar
13.21 y el *á* de..no volvió a aparecer a Manoa
13.21 conoció Manoa que era el *á* de Jehová
1 S. 29.9 eres bueno ante mis ojos, como un *á*
2 S. 14.17 mi señor el rey es como un *á* de Dios
14.20 sabio conforme a la sabiduría de un *á*
19.27 mi señor el rey es como un *á* de Dios
24.16 el *á* extendió su mano sobre Jerusalén
24.16 Jehová..dijo al *á* que destruía al pueblo
24.16 el *á*..estaba junto a la era de Arauna
24.17 David dijo a Jehová, cuando vio al *á*
1 R. 13.18 y un *á* me ha hablado por palabra de
19.5 un *á* le tocó, y le dijo: Levántate, come
19.7 volviendo el *á*..la segunda vez, lo tocó
2 R. 1.3 el *á* de Jehová habló a Elías tisbita
1.15 el *á* de Jehová dijo a Elías: Desciende
19.35 que aquella..noche salió el *á* de Jehová
1 Cr. 21.12 que el *á* de Jehová haga destrucción
21.15 y envió Jehová el *á* a Jerusalén para
21.15 dijo al *á* que destruía: Basta ya; detén
21.15 el *á*..estaba junto a la era de Ornán
21.16 vio al *á* de Jehová, que estaba entre el
21.18 el *á*..ordenó a Gad que dijese a David
21.20 vio al *á*, por lo que se escondieron 4
21.27 habló al *á*, y éste volvió su espada a
21.30 estaba atemorizado..de la espada del *á*
2 Cr. 32.21 envió un *á*, el cual destruyó a todo
Job 4.18 sus siervos..y notó necedad en sus *á*
Sal. 8.5 le has hecho poco menor que los *á*
34.7 el *á* de Jehová acampa alrededor de los
35.5,6 sean como..y el *á* de Jehová los acose
78.49 envió..un ejército de *á* destructores
91.11 a sus *á* mandará acerca de ti, que te
103.20 bendecid a Jehová, vosotros sus *á*
148.2 alabadle, vosotros todos sus *á*; alabadle
Ec. 5.6 ni digas delante del *á*..fue ignorancia
Is. 37.36 salió el *á* de Jehová y mató..asirios
63.9 y el *á* de su faz los salvó; en su amor
Dn. 3.28 bendito sea el Dios de..que envió su *á*
6.22 Dios envió su *á*, el cual cerró la boca
Os. 12.3 su hermano, y con su poder venció al *á*
12.4 venció al *á*, y prevaleció; lloró, y le
Zac. 1.9 dijo el *á* que hablaba conmigo: Yo te
1.11 ellos hablaron a aquel *á* de Jehová que
1.12 respondió el *á*..y dijo..¿hasta cuándo no
1.13 Jehová respondió..*á* que hablaba conmigo
1.14 dijo el *á*..Clama diciendo: Así ha dicho
1.19 dije al *á* que hablaba conmigo: ¿Qué son
2.3 salía aquel *á*..otro *á* le salió al encuentro
3.1 Josué..estaba delante del *á* de Jehová
3.3 Josué estaba vestido de..delante del *á*
3.4 y habló el *á*, y mandó a los que estaban
3.5 las ropas. Y el *á* de Jehová estaba en pie
3.6 el *á* de Jehová amonestó a Josué, diciendo
4.1 volvió el *á*..estaba conmigo, y me despertó
4.4 diciendo a aquel *á* que hablaba conmigo
4.5 el *á* que hablaba conmigo respondió y me
5.5 salió aquel *á* que hablaba conmigo, y me
5.10 dije al *á* que..¿A dónde llevan el efa?
6.4 dije al *á* que..Señor mío, ¿qué es esto?
6.5 el *á* me respondió..Estos son los cuatro
12.8 como el *á* de Jehová delante de ellos
Mal. 3.1 yo envío..el *á* del pacto, a quien deseáis
Mt. 1.20 un *á* del Señor le apareció en sueños
1.24 José..hizo como el *á*..le había mandado
2.13,19 un *á* del Señor apareció en sueños a
4.6 escrito está: A sus *á* mandará acerca de
4.11 dejó; y he aquí vinieron *á* y le servían
13.39 del siglo; y los segadores son los *á*
13.41 enviará el Hijo del Hombre a sus *á*
13.49 saldrán los *á*, y apartarán a los malos
16.27 vendrá en la gloria de su Padre con..*á*
18.10 *á*..ven siempre el rostro de mi Padre
22.30 serán como los *á* de Dios en el cielo
24.31 enviará sus *á* con gran voz de trompeta
24.36 ni aun los *á* de los cielos, sino sólo
25.31 el Hijo del..y todos los santos *á* con él
25.41 fuego eterno..para el diablo y sus *á*
26.53 no me daría más de doce legiones de *á*?
28.2 un *á* del Señor, descendiendo del cielo
28.5 el *á*, respondiendo, dijo a las mujeres
Mr. 1.13 con las fieras; y los *á* le servían
8.38 venga en la gloria de..con los santos *á*
12.25 serán como los *á* que están en los cielos
13.27 entonces enviará a sus *á*, y juntará a
13.32 nadie sabe, ni aún los *á* que están en
Lc. 1.11 y se le apareció un *á* del Señor puesto
1.13 pero el *á* le dijo: Zacarías, no temas
1.18 dijo Zacarías al *á*: ¿En qué conoceré esto?
1.19 respondiendo el *á*, le dijo..soy Gabriel
1.28 entrando el *á* en donde ella estaba, dijo
1.30 el *á* le dijo: María, no temas, porque
1.34 María dijo al *á*: ¿Cómo será esto? pues
1.35 el *á*, le dijo: El Espíritu Santo vendrá
1.38 hágase la..Y el *á* se fue de su presencia
2.9 un *á* del Señor, y la gloria del Señor los
2.10 el *á* les dijo: No temáis; porque he aquí
2.13 apareció con el *á* una multitud de las
2.15 que cuando los *á* se fueron de ellos al
2.21 le había sido puesto por el *á* antes que
4.10 a sus *á* mandará acerca de ti, que te
9.26 y en la del Padre, y de los santos *á*
12.8 le confesará delante de los *á* de Dios
12.9 será negado delante de los *á* de Dios
15.10 hay gozo delante de los *á* de Dios por
16.22 fue llevado por los *á* al seno de Abraham
20.36 son iguales a los *á*, y son hijos de Dios
22.43 y se le apareció un *á* del cielo para
24.23 visión de *á*, quienes dijeron que él vivía
Jn. 1.51 los *á* de Dios que suben y descienden
5.4 porque un *á* descendía de tiempo en tiempo
12.29 otros decían: Un *á* le ha hablado
20.12 y vio a dos *á* con vestiduras blancas
Hch. 5.19 un *á* del Señor, abriendo de noche las
6.15 vieron su rostro como el rostro de un *á*
7.30 un *á* se le apareció en el desierto del
7.35 por mano del *á* que se le apareció en la
7.38 aquel Moisés que estuvo en la..con el *á*
7.53 recibisteis la ley por disposición de *á*
8.26 un *á* del Señor habló a Felipe, diciendo
10.3 que un *á* de Dios entraba donde él estaba
10.7 ido el *á* que hablaba con Cornelio, éste
10.22 ha recibido instrucciones de un santo *á*
11.13 cómo había visto en su casa un *á*, que
12.7 se presentó un *á* del Señor, y una luz
12.8 dijo el *á*: Cíñete, y átate las sandalias
12.9 no sabía que era verdad lo que hacía el *á*
12.10 pasaron..y luego el *á* se apartó de él
12.11 que el Señor ha enviado su *á*, y me ha
12.15 loca..Entonces ellos decían: ¡Es su *á*!
12.23 *á* del Señor le hirió, por cuanto no dio
23.8 dicen que no hay resurrección ni *á*, ni
23.9 le ha hablado, o un *á*, no resistamos a
27.23 noche ha estado conmigo el *á* del Dios
Ro. 8.38 ni *á*, ni principados, ni potestades
1 Co. 4.9 a ser espectáculo al mundo, a los *á*
6.3 ¿o no sabéis que hemos de juzgar a los *á*?
11.10 sobre su cabeza, por causa de los *á*
2 Co. 11.14 Satanás se disfraza como *á* de luz
Gá. 1.8 si aun nosotros, o un *á*..anunciare otro
3.19 fue ordenada por medio de *á* en mano de
4.14 bien me recibisteis como a un *á* de Dios
Col. 2.18 afectando humildad y culto a los *á*
2 Ts. 1.7 se manifieste..con los *á* de su poder
1 Ti. 3.16 fue..visto de los *á*, predicado a los
5.21 te encarezco delante de Dios y..sus *á*
He. 1.4 hecho tanto superior a los *á*, cuanto
1.5 ¿a cuál de los *á* dijo Dios..Mi Hijo eres
1.6 y otra vez..Adórenle todos los *á* de Dios
1.7 de los *á*..El que hace a sus *á* espíritus
1.13 ¿a cuál de los *á* dijo Dios..Siéntate a
2.2 si la palabra dicha por..los *á* fue firme
2.5 porque no sujetó a..*á* el mundo venidero
2.7 le hiciste un poco menor que los *á*, le
2.9 que fue hecho un poco menor que los *á*
2.16 ciertamente no socorrió a los *á*, sino
12.22 a la compañía de muchos millares de *á*
13.2 ella algunos, sin saberlo, hospedaron *á*
1 P. 1.12 en las cuales anhelan mirar los *á*
3.22 y a él están sujetos *á*, autoridades y
2 P. 2.4 si Dios no perdonó a los *á* que pecaron
2.11 los *á*..no pronuncian juicio de maldición
Jud. 6 y a los *á* que no guardaron su dignidad
Ap. 1.1 y la declaró..por medio de su *á* a..Juan
1.20 siete estrellas son los *á* de las siete
2.1 escribe al *á* de la iglesia en Efeso
2.8 escribe al *á* de la iglesia en Esmirna
2.12 escribe al *á* de la iglesia en Pérgamo
2.18 escribe al *á* de la iglesia en Tiatira
3.1 escribe al *á* de la iglesia en Sardis
3.5 confesaré su nombre..delante de sus *á*
3.7 escribe al *á* de la iglesia en Filadelfia
3.14 escribe al *á* de la iglesia en Laodicea
5.2 a un *á* fuerte que pregonaba a gran voz
5.11 la voz de muchos *á* alrededor del trono
7.1 después de esto vi a cuatro *á* en pie sobre
7.2 vi..a otro *á* que subía de donde sale el
7.2 los cuatro *á*, a quienes se les había dado
7.11 los *á* estaban en pie alrededor del trono
8.2 los siete *á* que estaban en pie ante Dios
8.3 *á* vino entonces y se paró ante el altar
8.4 de la mano del *á* subió..humo del incienso
8.5 el *á* tomó el incensario, y lo llenó del
8.6 los siete *á* que tenían las siete trompetas
8.7 el primer *á* tocó la trompeta, y hubo
8.8 el segundo *á* tocó la trompeta, y como una
8.10 el tercer *á* tocó la trompeta, y cayó del
8.12 cuarto *á* tocó la trompeta, y fue herida
8.13 oí a un *á* volar por en medio del cielo
8.13 toques de..están para sonar los tres *á*!
9.1 el quinto *á* tocó la trompeta, y vi una
9.11 y tienen por rey..al *á* del abismo, cuyo
9.13 el sexto *á* tocó la trompeta, y oí una voz
9.14 al sexto *á*..Desata a los cuatro *á* que
9.15 y fueron desatados los 4 *á* que estaban
10.1 vi descender del cielo a otro *á* fuerte
10.5 el *á* que vi en pie..levantó su mano al
10.7 que en los días de la voz del séptimo *á*
10.8 el librito que está..en la mano del *á*
10.9 al *á*, diciéndole que me diese el librito
10.10 tomé el librito de la mano del *á*, y lo
11.15 el séptimo *á* tocó la trompeta, y hubo
12.7 Miguel y sus *á*..y..el dragón y sus *á*
12.9 Satanás..y sus *á* fueron arrojados con él
14.6 vi volar..otro *á* que tenía el evangelio
14.8 otro *á* le siguió, diciendo: Ha caído
14.9 el tercer *á* los siguió, diciendo a gran
14.10 atormentado..delante de los santos *á*
14.15 y del templo salió otro *á*, clamando a
14.17 salió otro *á* del templo que está en el
14.18 salió del altar otro *á*, que tenía poder
14.19 y el *á* arrojó su hoz en la tierra, y
15.1 vi..siete *á* que tenían las siete plagas
15.6 y del templo salieron los siete *á* que
15.7 dio a los siete *á* siete copas de oro
15.8 cumplido las siete plagas de los siete *á*
16.1 una gran voz que decía..a los siete *á*
16.3 el segundo *á* derramó su copa sobre el mar
16.4 tercer *á* derramó su copa sobre los ríos
16.5 oí al *á* de las aguas, que decía: Justo
16.8 el cuarto *á* derramó su copa sobre el sol
16.10 quinto *á* derramó su copa sobre el trono
16.12 el sexto *á* derramó su copa sobre el gran
16.17 el séptimo *á* derramó su copa por el aire
17.1 vino..uno de los siete *á* que tenían las
17.7 y el *á* me dijo: ¿Por qué te asombras?
18.1 otro *á* descender del cielo con gran poder
18.21 un *á* poderoso tomó una piedra, como una
19.9 el *á* me dijo: Escribe: Bienaventurados
19.17 vi a un *á* que estaba en pie en el sol
20.1 *á* que descendía del cielo, con la llave
21.9 vino entonces a mí uno de los siete *á*
21.12 y en las puertas, doce *á*, y nombres
21.17 de medida de hombre, la cual es de *á*
22.6 enviado su *á*, para mostrar a sus siervos
22.8 me postré para adorar a los pies del *á*
22.16 he enviado mi *á* para daros testimonio

ANGÉLICA

1 Co. 13.1 si yo hablase lenguas humanas y *a*

ANGOSTO, TA

Pr. 23.27 porque abismo..y pozo *a* la extraña
Mt. 7.14 y *a* el camino que lleva a la vida, y
Lc. 13.24 esforzaos a entrar por la puerta *a*

ANGOSTURA

Nm. 22.26 el ángel de Jehová..se puso en una *a*

ANGULAR

Job 38.6 sus basas? ¿O quién puso su piedra *a*
Is. 19.13 que son la piedra *a* de sus familias
28.16 en Sion..una piedra probada, *a*, preciosa
Zac. 10.4 de él saldrá la piedra *a*, de él la

ÁNGULO

Éx. 26.23 las esquinas..los dos *á* posteriores
2 Cr. 25.23 derribó el muro..la puerta del *á*
26.9 junto a la puerta del *á*, y junto a la
Neh. 3.24 hasta el *á* entrante del muro, y hasta
Sal. 118.22 piedra..venido a ser cabeza del *á*
Jer. 31.38 desde la torre de..la puerta del *A*
Ez. 45.19 sobre los cuatro *á* del descanso del
Zac. 14.10 la puerta del *A*, y desde la torre de
Mt. 21.42; Mr. 12.10; Lc. 20.17; Hch. 4.11 la
piedra..ha venido a ser cabeza del *á*
Ef. 2.20 la principal piedra del *á* Jesucristo
1 P. 2.6 pongo en Sion la principal piedra del *á*
2.7 piedra..ha venido a ser la cabeza del *á*
Ap. 7.1 ángeles en pie sobre los cuatro *á* de la
20.8 engañar a las naciones..en los cuatro *á*

ANGUSTIA

Gn. 35.3 Dios que me respondió en el día de..*a*
42.21 vimos la *a* de su alma cuando nos rogaba
42.21 por eso ha venido sobre nosotros esta *a*
Éx. 3.7 he oído su clamor..he conocido sus *a*
Dt. 4.30 *a*, y te alcanzaren todas estas cosas
31.17 vendrán sobre ellos muchos males y *a*
31.21 cuando les vinieren muchos males y *a*
Jue. 16.16 su alma fue reducida a mortal *a*
1 S. 10.19 que os guarda de todas vuestras..*a*
2 S. 1.9 ha apoderado de mí la *a*; pues mi vida
1.26 *a* tengo por ti, hermano mío Jonatán
4.9 Jehová que ha redimido mi alma de toda *a*
22.7 en mi *a* invoqué a Jehová, y clamé a mi
24.14 David dijo a Gad: En grande *a* estoy
1 R. 1.29 que ha redimido mi alma de toda *a*
22.27 y mantenedle con pan de *a* y con agua
2 R. 19.3 este día es día de *a*, de reprensión

ANGUSTIA *(Continúa)*
1 Cr. 21.13 David. . a Gad: Estoy en grande *a*
2 Cr. 18.26 con pan de aflicción y agua de *a*
33.12 fue puesto en *a*, oró a Jehová su Dios
Neh. 9.37 por nuestros pecados. . en grande *a*
Job 7.11 hablaré en la *a* de mi espíritu, y me
15.24 tribulación y *a* le turbarán, y se
36.16 te apartará de la boca de la *a* a lugar
38.23 tengo reservados para el tiempo de *a*
Sal. 4.1 estaba en *a*, tú me hiciste ensanchar
9.9 del pobre, refugio para el tiempo de *a*
18.6 en mi *a* invoqué a Jehová, y clamé a mi
22.11 no te alejes de mí, porque la *a* está
25.17 las *a* de mi corazón se han aumentado
25.22 redime, oh Dios, a Israel de todas. . *a*
31.7 has visto. . has conocido mi alma en las *a*
31.9 ten misericordia de. . porque estoy en *a*
32.7 tú eres mi refugio; me guardarás de la *a*
34.6 le oyó Jehová, y lo libró de todas sus *a*
34.17 Jehová oye, y los libra de todas sus *a*
37.39 él es su fortaleza en el tiempo de la *a*
50.15 invócame en el día de la *a*; te libraré
54.7 él me ha librado de toda *a*, y mis ojos
59.16 has sido mi. . refugio en el día de mi *a*
71.20 que me has hecho ver muchas *a* y males
77.2 al Señor busqué en el día de mi *a*; alzaba
78.42 mano, del día que los redimió de la *a*
78.49 sobre ellos el. . enojo, indignación y *a*
86.7 en el día de mi *a* te llamaré, porque tú
91.15 con él estaré yo en la *a*; lo libraré y
102.2 no escondas de mí tu. . en el día de mi *a*
106.44 miraba cuando estaban en *a*, y oía su
107.6,13,19 clamaron a Jehová en su *a*. . libró
107.28 claman a Jehová en su *a*, y los libra
116.3 muerte, me encontraron las *a* del Seol
116.3 me rodearon. . *a* y dolor había yo hallado
118.5 desde la *a* invoqué a JAH. . me respondió
119.143 aflicción y *a* se han apoderado de mí
120.1 a Jehová clamé estando en *a*, y él me
138.7 si anduviere yo en medio de la *a*, tú me
142.2 queja; delante de él manifestaré mi *a*
143.11 por tu justicia sacarás mi alma de *a*
Pr. 1.27 sobre vosotros viniere tribulación y *a*
17.17 y es como un hermano en tiempo de *a*
21.23 que guarda su boca. . su alma guarda de *a*
25.19 es la confianza en el. . en tiempo de *a*
Is. 8.22 y mirarán a la tierra. . oscuridad y *a*
9.1 oscuridad para la que está ahora en *a*
13.8 *a* y dolores se apoderarán de ellos
17.11 será arrebatada en el día de la *a*, y
21.3 *a* se apoderaron de mí, como *a* de mujer
22.5 día es de alboroto, de *a* y de confusión
30.6 tierra de tribulación y de *a*, de donde
30.20 os dará el Señor pan de. . y agua de *a*
37.3 día de *a*, de reprensión y de blasfemia
63.9 en toda *a* de ellos él fue angustiado, y el
65.16 porque las *a* primeras serán olvidadas
Jer. 4.31 *a* como de primeriza; voz de la hija
6.24 se apoderó de nosotros *a*, dolor como de
15.11 en tiempo de aflicción y en época de *a*!
30.7 tiempo de *a* para Jacob; pero de ella será
48.41 de Moab como el corazón de mujer en *a*
49.22 de Edom. . como el corazón de mujer en *a*
49.24 tomó temblor y *a*, y dolores le tomaron
50.43 *a* le tomó, dolor como de mujer de parto
Ez. 4.16 pan. . y comerán el pan por peso y con *a*
30.16 Tebas será. . Menfis tendrá continuas *a*
Dn. 12.1 será tiempo de *a*, cual nunca fue desde
Os. 5.15 que reconozcan su. . En su *a* me buscarán
Abd. 12 ni. . haberte jactado en el día de la *a*
14 ni. . a los que quedaban en el día de la *a*
Jon. 2.2 invoqué en mi *a* a Jehová, y él me oyó
Nah. 1.7 Jehová es. . fortaleza en el día de la *a*
Hab. 3.16 bien estaré quieto en el día de la *a*
Sof. 1.15 día de ira aquel. . de *a* y de aprieto
Lc. 2.48 tu padre y yo te hemos buscado con *a*
21.25 señales. . en la tierra *a* de las gentes
Jn. 16.21 pero después. . no se acuerda de la *a*
Ro. 2.9 *a* sobre todo ser humano que hace lo malo
8.35 *a*, o persecución, o hambre, o desnudez
2 Co. 2.4 la mucha. . *a* del corazón os escribí
5.4 estamos en este tabernáculo gemimos con *a*
6.4 en tribulaciones, en necesidades, en *a*
12.10 me gozo en. . persecuciones, en *a*; porque
Ap. 12.2 clamaba con. . en la *a* del alumbramiento

ANGUSTIADO *Véase Angustiar*

ANGUSTIADOR
Sal. 6.7 han envejecido a causa de todos mis *a*
7.6 álzate en contra de la furia de mis *a*
23.5 aderezas mesa. . mí en presencia de mis *a*
27.2 se juntaron contra mí. . *a* y mis enemigos
74.10 ¿hasta cuándo, oh. . nos afrentará el *a*?
Is. 51.23 pondré en mano de tus *a*, que dijeron

ANGUSTIAR
Gn. 32.7 Jacob tuvo gran temor, y se *angustió*
Éx. 22.21 y al extranjero no. . ni *angustiarás*
23.9 y no *angustiarás* al extranjero; porque
Nm. 22.3 se *angustió* Moab a causa de. . Israel
Dt. 2.25 oirán. . y se *angustiarán* delante de ti
28.53 apuro con que te *angustiará* tu enemigo
Jue. 10.16 *angustiado* a causa de la aflicción
1 S. 28.15 Saúl respondió: Estoy muy *angustiado*
30.6 David se *angustió*. . el pueblo hablaba de
2 S. 13.2 Amnón *angustiado* hasta enfermarse por
13.20 es; no se *angustie* tu corazón por esto
Esd. 9.3 oí esto. . senté *angustiado* en extremo
9.4 estuve muy *angustiado* hasta la hora del
Job 19.2 ¿hasta cuándo *angustiaréis* mi alma
21.4 por qué no se ha de *angustiar* mi espíritu?
Sal. 66.14 y habló mi boca. . estaba *angustiado*
69.17 estoy *angustiado*; apresúrate, óyeme
102 *tít.* oración del que sufre. . *angustiado*
129.1,2 me han *angustiado* desde mi juventud
142.3 mi espíritu se *angustiaba* dentro de mí
143.4 mi espíritu se *angustió* dentro de mí
Pr. 18.14 ¿quién soportará. . ánimo *angustiado?*
Is. 53.7 *angustiado* él, y. . no abrió su boca
61.3 les dé. . en lugar del espíritu *angustiado*
63.9 en toda angustia de. . él fue *angustiado*
Lm. 1.12 Jehová me ha *angustiado* en el día de
Ez. 21.7 se *angustiará* todo espíritu, y. . toda
Mt. 26.37 comenzó. . a *angustiarse* en gran manera
Mr. 14.33 y a Juan, y comenzó a. . *angustiarse*
Lc. 12.50 ¡cómo. . *angustio* hasta que se cumpla!
2 Co. 4.8 atribulados en. . mas no *angustiados*
Fil. 2.26 se *angustió* porque habíais oído que
He. 11.37 pobres, *angustiados*, maltratados

ANGUSTIOSO
Dn. 9.25 se volverá a edificar la. . en tiempos *a*

ANHELAR
Job 6.8 que me otorgase Dios lo que *anhelo*
36.20 no *anheles* la noche, en que los pueblos
Sal. 63.1 mi carne te *anhela*, en tierra seca
84.2 *anhela* mi alma. . los atrios de Jehová
119.40 aquí yo he *anhelado* tus mandamientos
Jer. 22.27 ellos con toda el alma *anhelan* volver
Mi. 1.12 moradores de Marot *anhelaron*. . el bien
1 Co. 14.12 pues que *anheláis* dones espirituales
1 Ti. 3.1 alguno *anhela* obispado, buena obra
He. 11.16 pero *anhelaban* una mejor. . celestial
Stg. 4.5 el Espíritu. . nos *anhela* celosamente?
1 P. 1.12 las cuales *anhelan* mirar los ángeles

ANHELO
Sal. 78.30 no habían quitado de sí su *a*, aún
Ez. 24.25 que yo arrebate. . el *a* de sus almas
Ro. 8.19 el *a*. . de la creación es el aguardar la
10.1 el *a* de mi corazón. . es para salvación
Fil. 1.20 conforme a mi *a* y esperanza de que

ANIAM *Descendiente de Manasés,* 1 Cr. 7.19

ANÍAS *Levita que ayudó a Esdras en la lectura de la ley (=Anaías),* Neh. 8.4

ANIDAR
Sal. 104.17 allí *anidan* las aves; en las hayas
Is. 34.15 allí *anidará* el buho, pondrá sus huevos
Dn. 4.21 en cuyas ramas *anidaban* las aves del
Lc. 13.19 aves del cielo *anidaron* en sus ramas

ANILLO
Gn. 41.42 quitó su *a* de su mano, y lo puso en
Éx. 25.12 cuatro *a* de oro. . dos *a*. . dos *a* al otro
25.14 meterás las varas por los *a* a los lados
25.15 las varas quedarán en los *a* del arca; no
25.26 le harás cuatro *a* de oro, los cuales
25.27 los *a* estarán debajo de la moldura, para
26.29 harás sus *a* de oro para meter. . barras
27.4 sobre la rejilla harás 4 *a* de bronce a
27.7 las varas se meterán por los *a*, y estarán
28.23 harás en el pectoral dos *a* de oro, los
28.24 los dos cordones de oro en los dos *a* a
28.26 dos *a* de oro. . dos extremos del pectoral
28.27 los dos *a* de oro. . fijarás en la parte
28.28 el pectoral por sus *a* a los dos *a* del
30.4 harás. . dos *a* de oro debajo de su cornisa
35.22 trajeron. . *a* y. . toda clase de joyas de
36.34 hizo de oro los *a* de ellas, por donde
37.3 fundió. . cuatro *a* de oro. . dos *a*. . dos *a*
37.5 metió las varas por los *a* a los lados del
37.13 le hizo. . de fundición cuatro *a* de oro
37.14 debajo de la moldura estaban los *a*, por
37.27 dos *a* de oro debajo de la cornisa en
38.5 fundió cuatro *a* a los cuatro extremos del
38.7 metió las varas por los *a* a los lados del
39.16 hicieron. . dos engastes y dos *a* de oro
39.16 dos *a* de oro en los dos extremos del
39.17 fijaron los dos cordones de oro. . dos *a*
39.19 hicieron. . dos *a* de oro que pusieron en
39.20 otros dos *a* de oro que pusieron en la
39.21 ataron el pectoral por sus *a* a los *a*
Nm. 31.50 hemos ofrecido a Jehová ofrenda. . *a*
1 R. 21.8 escribió cartas. . las selló con su *a*
Est. 1.6 sobre cuerdas de lino. . en *a* de plata
3.10 entonces el rey quitó el *a* de su mano
3.12 fue escrito, y sellado con el *a* del rey
8.2 se quitó el rey el *a* que recogió de Amán
8.8 y selladlo con el *a* del rey; porque un
8.8 un edicto que. . se sella con el *a* del rey
8.10 selló con el *a* del rey, y envió cartas
Job 42.11 cada uno de ellos le dio. . *a* de oro
Cnt. 5.14 sus manos, como *a* de oro engastados
Is. 3.21 los *a*, y los joyeles de las narices
Jer. 22.24 si Conías hijo de Joacim. . fuera *a* en
Dn. 6.17 selló el rey con su *a* y con el *a* de sus
Hag. 2.23 y te pondré como *a* de sellar; porque
Lc. 15.22 poned un *a* en su mano, y calzado en
Stg. 2.2 y entra un hombre con *a* de oro y con

ANIM *Ciudad de Judá,* Jos. 15.50

ANIMAL
Gn. 1.24 produzca la tierra. . serpientes y *a* de
1.25 hizo Dios *a*. . y todo *a* que se arrastra
1.26 señoree. . en todo *a* que se arrastra sobre
2.19 todo lo que Adán llamó a los *a* vivientes
3.1 serpiente era astuta, más que todos los *a*
3.14 maldita serás entre. . los *a* del campo
7.2 de todo *a* limpio tomarás siete parejas
7.2 de los *a* que no son limpios, una pareja
7.8 *a* limpios, y de los *a* que no eran limpios
7.14 todos los *a* silvestres. . *a* domesticados
8.1 se acordó Dios de Noé, y de todos los *a*
8.17 los *a* que están contigo de toda carne
8.19 todos los *a*, y todo. . salieron del arca
8.20 de todo *a* limpio y de toda ave limpia
9.2 sobre todo *a* de la tierra, y sobre toda
9.5 de mano de todo *a* la demandaré, y de mano
9.10 aves, *a* y toda bestia de la tierra que
9.10 los que salieron del arca hasta todo *a*
15.17 que pasaba por entre los *a* divididos
Éx. 9.19 hombre o *a* que se halle en el campo
12.5 el *a* será sin defecto, macho de un año
12.29 Jehová hirió a todo primogénito. . los *a*
13.2 así de los hombres como de los *a*, mío es
13.12 dedicarás. . todo primer nacido de tus *a*
19.13 tocará. . sea *a* o sea hombre, no vivirá
22.10 dado a su. . *a* a guardar, y éste muriere
Lv. 5.2 hubiere tocado. . cadáver de *a* inmundo o
7.21 la persona que tocare alguna. . *a* inmundo
7.24 la grosura de *a* muerto, y la grosura del
7.25 comiere grosura de *a*, del cual se ofrece
11.2 estos son los *a* que comeréis de entre
11.2 entre todos los *a* que hay sobre la tierra
11.3 entre todos los *a*. . el que tiene pezuña
11.9 de todos los *a* que viven en las aguas
11.26 todo *a* de pezuña, pero que no tiene
11.27 todos los *a* que andan en cuatro patas
11.29 inmundos a estos *a* que se mueven sobre
11.31 inmundos de entre los *a* que se mueven
11.39 algún *a* que tuviereis para comer muriere
11.42 todo *a* que se arrastra sobre la tierra
11.43 no hagáis abominables. . con ningún *a* que
11.44 no contaminéis. . personas con ningún *a*
11.46 ley acerca de. . todo *a* que se arrastra
11.47 *a* que se pueden comer y los *a* que no se
17.15 que comiere *a* mortecino o despedazado
18.23 ni con ningún *a* tendrás ayuntamiento
18.23 ni mujer. . se pondrá delante de *a* para
19.19 no harás ayuntar tu ganado con *a* de otra
20.16 se llegare a algún *a* para ayuntarse con
20.16 a la mujer y al *a* matarás; morirán
20.25 diferencia entre *a* limpio e inmundo, y
20.25 y no contaminéis. . personas con los *a*
22.24 no ofreceréis. . *a* con testículos heridos
22.25 ni de. . tomarás estos *a* para ofrecerlos
24.18 el que hiere a algún *a* ha de. . *a* por *a*
24.21 el que hiere algún *a* ha de restituirlo
25.7 y a tu *a*, y a la bestia que hubiere en
27.9 si fuere *a* de los que se ofrece ofrenda
27.10 si se permutare un *a* por otro, él y el
27.11 si fuere algún *a* inmundo, de que no se
27.11 el *a* será puesto delante del sacerdote
27.26 pero el primogénito de los *a*, que por
27.27 fuere de los *a* inmundos, lo rescatarán
27.28 y *a*, y de las tierras de su posesión
Nm. 3.13 así de hombres como de *a*; míos serán
3.41 los *a* de los levitas en lugar de todos
3.41 primogénitos de los *a* de los hijos de
3.45 los *a* de los levitas en lugar de sus *a*
8.17 todo primogénito. . de hombres como de *a*
9.12 no dejarán del *a* sacrificado para la
18.15 así de hombres como de *a*, será tuyo
18.15 redimir el primogénito de *a* inmundo
31.30 de todo *a*, y los darás a los levitas
31.47 de las personas como de los *a*, y los dio
35.3 y los ejidos de ellas serán para sus *a*
Dt. 4.17 figura de *a* alguno que. . en la tierra
4.18 figura de. . *a* que se arrastre sobre la
5.14 ni ningún *a* tuyo, ni el extranjero que
14.4 son los *a* que podréis comer; el buey, la
14.6 y todo *a*. . que rumiare entre los *a*, ese
20.14 los *a*, y todo lo que haya en la ciudad
1 S. 15.9 y a lo mejor. . de los *a* engordados, de
1 R. 1.9 matando Adonías. . *a* gordos junto a la
1.19,25 ha matado. . *a* gordos, y muchas ovejas
4.33 disertó sobre los *a*, sobre las aves
Job 28.8 nunca la pisaron *a* fieros, ni león pasó
41.33 se le parezca; *a* hecho exento de temor
Sal. 36.6 oh Jehová, al hombre y al *a* conservas
50.10 mía. . los millares de *a* en los collados
66.15 holocaustos de *a* engordados te ofreceré
148.10 bestia y todo *a*, reptiles y volátiles
Pr. 30.30 el león, fuerte entre todos los *a*, que

ANIMAL *(Continúa)*
Ec. 3.21 que el espíritu del *a* desciende abajo
Is. 1.11 hastiado estoy de. . de sebo de *a* gordos
40.16 ni. . ni todos sus *a* para el sacrificio
43.23 no me trajiste. . *a* de tus holocaustos
46.1 sus imágenes fueron puestas. . *a* de carga
Jer. 7.20 y mi ira se derramarán. . sobre los *a*
31.27 sembraré. . simiente de hombre y. . de *a*
32.43 está desierta, sin hombres y sin *a*, es
33.10 que está desierto sin hombres y sin *a*
33.10 sin hombre y sin morador y sin *a*, en las
33.12 en este lugar. . sin hombre y sin *a*, y en
36.29 hará que no queden. . ni hombres ni *a?*
50.3 no habrá ni hombre ni *a* que en ella more
51.62 hasta no quedar en él. . ni hombre ni *a*
Ez. 29.11 ni pie de *a* pasará por ella, ni será
44.31 ni desgarrada, así de aves como de *a*
Jl. 2.22 *a* del campo, no temáis; porque los
Am. 5.22 ni miraré. . ofrendas de. . *a* engordados
Jon. 3.7 hombres y *a*. . no gustan cosa alguna; no
3.8 cúbranse de cilicio hombres y *a*, y clamen
4.11 de Nínive. . ciudad donde hay. . muchos *a?*
Mal. 1.8 y cuando ofrecéis el *a* ciego para el
2.3 os echaré al. . el estiércol de vuestros *a*
Mt. 21.5 sobre un pollino, hijo de *a* de carga
22.4 toros y *a* engordados han sido muertos
1 Co. 15.44 siembra cuerpo *a*, resucitará cuerpo
15.44 hay cuerpo *a*, y hay cuerpo espiritual
15.46 lo espiritual no es primero, sino lo *a*
He. 13.11 los cuerpos de aquellos *a* cuya sangre
Stg. 3.15 lo alto, sino terrenal, *a*, diabólica
2 P. 2.12 éstos, hablando. . como *a* irracionales
Jud. 10 éstos se corrompen como *a* irracionales

ANIMAR
Dt. 1.38 *anímale*. . él la hará heredar a Israel
3.28 manda a Josué, y *anímalo*, y fortalécelo
31.7 *anímate;* porque tú entrarás con este
31.23 *anímate*, pues tú introducirás. . Israel
1 Cr. 28.20 dijo. . David a Salomón. . *Anímate* y
2 Cr. 17.6 se *animó* su corazón en los caminos
23.1 el. . año se *animó* Joiada, y tomó consigo
32.7 *animaos;* no temáis, ni tengáis miedo del
Job 16.3 vacías? ¿O qué te *anima* a responder?
Is. 41.7 el carpintero *animó* al platero, y el
Dn. 11.1 yo. . estuve para *animarlo* y fortalecerlo
Hch. 18.27 hermanos le *animaron*, y escribieron
1 Ts. 5.11 por lo cual, *animaos* unos a otros

ÁNIMO
Gn. 43.3 varón nos protestó con *á* resuelto
Éx. 31.6 he puesto sabiduría en el *á* de todo
Dt. 31.6 esforzaos y cobrad *á;* no temáis, ni
Jue. 18.25 sea que los de *á* colérico os acometan
2 S. 17.8 tú sabes. . que están con amargura de *á*
1 Cr. 12.38 los demás de Israel. . de un mismo *á*
22.13 esfuérzate, pues, y cobra *á;* no temas
22.19 poned. . vuestros *á* en buscar a Jehová
28.9 con corazón perfecto y con *á* voluntario
2 Cr. 15.8 Asa. . cobró *á*, y quitó los ídolos de
32.5 con *á* resuelto edificó Ezequías todos
Neh. 4.6 porque el pueblo tuvo *á* para trabajar
Job 3.20 ¿por qué se. . vida a los de *á* amargado
21.25 este otro morirá en amargura de *á*, y
Pr. 18.14 *á* del hombre soportará su enfermedad
18.14 mas ¿quién soportará al *á* angustiado?
28.25 el altivo de *á* suscita contiendas; mas
31.6 dad la. . y el vino a los de amargado *á*
Ez. 13.22 que no se apartase de. . infundiéndole *á*
25.15 cuando se vengaron con despecho de *á*
32.10 sobresaltarán en sus *á* a cada momento
36.5 y con enconamiento de *á*, para que sus
Hag. 2.4 y cobrad *á*, pueblo todo de la tierra
Mt. 9.2 *á*, hijo; tus pecados te son perdonados
9.22 dijo: Ten *á*, hija; tu fe te ha salvado
14.27; Mr. 6.50 ¡tened *á;* yo soy, no temáis!
Hch. 14.2 y corrompieron los *á* de los gentiles
14.22 confirmando los *á* de los discípulos
23.11 ten *á*, Pablo, pues como has testificado
24.10 eres juez. . con buen *á* haré mi defensa
27.22 pero ahora os exhorto a tener buen *á*
27.25 por tanto, oh varones, tened buen *á*
27.36 todos, teniendo ya mejor *á*, comieron
Fil. 1.14 cobrando *á*. . se atreven mucho más a
2.19 para que yo. . esté de buen *á* al saber de
2.20 a ninguno tengo del mismo *á*, y que tan
1 Ts. 5.14 que alentéis a los de poco *á*, que
He. 12.3 para que vuestro *á* no se canse hasta
Stg. 1.8 el hombre de doble *á* es inconstante en
4.8 de doble *á*, purificad vuestros corazones
1 P. 5.2 no por ganancia. . sino con *á* pronto

ANIQUILAR
Jer. 10.24 no con tu furor. . no me *aniquiles*
Hab. 1.17 no tendrá piedad de *aniquilar* naciones

ANOCHE
Gn. 31.29 mas el Dios de tu padre me habló *a*
31.42 Dios vio mi aflicción. . y te reprendió *a*

ANOCHECER *(s.)*
Éx. 30.8 cuando. . encienda las lámparas al *a*
Jue. 19.16 venía de su trabajo del campo al *a*
2 R. 7.5 se levantaron, pues, al *a*, para ir al
7.7 y huyeron al *a*, abandonando sus tiendas
Mr. 13.35 no sabéis. . si al *a*, o a la medianoche
Jn. 6.16 al *a*, descendieron sus discípulos al

ANOCHECER *(v.)*
Jue. 19.9 he aquí. . el día declina para *anochecer*
Mt. 14.15 cuando *anochecía*, se acercaron a él
16.2 *anochece*, decís: Buen tiempo; porque el
Mr. 11.11 como ya *anochecía*, se fue a Betania

ANOTAR
2 Cr. 31.16 los varones *anotados* por sus linajes

ANSIAR
Lc. 16.21 *ansiaba* saciarse de las migajas que
Hch. 27.29 y *ansiaban* que se hiciese de día
Ap. 9.6 *ansiarán* morir, pero la muerte huirá de

ANSIEDAD
Sal. 119.28 se deshace mi alma de *a;* susténtame
Pr. 11.15 con *a* será afligido el que sale. . fiador
Ez. 12.18 come tu pan. . y bebe tu agua con. . *a*
1 P. 5.7 echando toda vuestra *a* sobre él, porque

ANSIOSA
Lc. 12.29 preocupéis. . ni estéis en *a* inquietud

ANTEAYER
1 S. 21.5 mujeres han estado lejos de. . ayer y *a*

ANTECALVA
Lv. 13.42 cuando en la. . *a* hubiere llaga blanca
13.42 lepra es que brota en su calva o en su *a*
13.43 si pareciere la hinchazón de la. . en su *a*

ANTEMANO *(m. adv.)*
Hch. 7.52 anunciaron de *a* la venida del Justo
Ro. 9.23 vasos. . que él preparó de *a* para gloria
Ef. 2.10 las cuales Dios preparó de *a* para que
1 P. 1.11 anunciaba de *a* los sufrimientos de
2 P. 3.17 sabiéndolo de *a*, guardaos, no sea que

ANTEMURO
Sal. 48.13 considerad atentamente su *a*, mirad
Is. 26.1 salvación puso Dios por muros y *a*
Lm. 2.8 hizo. . que se lamentara el *a* y el muro

ANTEPASADO
Sal. 79.8 no recuerdes. . las iniquidades de. . *a*
Is. 37.12 las naciones que destruyeron mis *a*

ANTERIOR
Nm. 8.3 hacia la parte *a* del candelero. . lámparas
He. 7.18 abrogado el mandamiento *a* a causa de

ANTICIPAR
Sal. 119.147 *anticipé* al alba, y clamé; esperé
119.148 se *anticiparon* mis ojos a las vigilias
Mr. 14.8 se ha *anticipado* a ungir mi cuerpo para
Hch. 2.23 consejo y *anticipado* conocimiento de

ANTICRISTO
1 Jn. 2.18 vosotros oísteis que el *a* viene, así
2.18 han surgido muchos *a;* por esto conocemos
2.22 este es *a*, el que niega al Padre y al Hijo
4.3 este es el espíritu del *a*, el cual vosotros
2 Jn. 7 quien esto hace es el engañador y el *a*

ANTIGÜEDAD
Gn. 6.4 fueron los valientes que desde la *a*
2 R. 19.25 desde los días. . *a* lo tengo ideado?
Sal. 55.19 Dios oirá. . que permanece desde la *a*
68.33 sobre los cielos. . que son desde la *a*
Is. 23.7 ciudad alegre, con muchos días de *a?*
37.26 desde los días de la *a* lo tengo ideado?
44.8 ¿no te lo hice oír desde la *a*, y te lo
46.10 anuncio. . desde la *a* lo que aún no era
63.9 él. . los levantó todos los días de la *a*

ANTIGUO, GUA
Lv. 26.45 me acordaré de ellos por el pacto *a*
Dt. 19.14 los límites de la. . que fijaron los *a*
32.7 acuérdate de los tiempos *a*, considera los
33.15 con el fruto más fino de los montes *a*
Jue. 5.21 el *a* torrente, el torrente de Cisón
1 S. 24.13 como dice el proverbio de los *a:* De
2 R. 17.40 antes hicieron según su costumbre *a*
19.25 ¿nunca has oído que desde tiempos *a* yo
1 Cr. 4.22 volvieron a Lehem, según registros *a*
2 Cr. 24.13 la casa de Dios a su *a* condición
Esd. 4.15 de tiempo *a* forman en. . ella rebeliones
4.19 de tiempo *a* se levanta contra los reyes
Neh. 12.46 de *a*, había un director de cantores
Job 22.15 ¿quieres tú seguir la senda *a* que
Sal. 44.1 la obra que hiciste. . en los tiempos *a*
74.2 que adquiriste desde tiempos *a*, la que
74.12 pero Dios es mi rey desde tiempo *a;* el
77.11 haré yo memoria de tus maravillas *a*
78.2 hablaré cosas escondidas desde tiempos *a*
89.49 ¿dónde están tus *a* misericordias, que
119.52 me acordé, oh Jehová, de tus juicios *a*
143.5 me acordé de los días *a;* meditaba en
Pr. 8.22 Jehová me poseía. . de *a*, antes de sus
22.28 no traspases los linderos *a* que pusieron
23.10 no traspases el lindero *a*, ni entres en
Is. 19.11 diréis. . Yo soy hijo de. . los reyes *a?*
25.1 tus consejos *a* son verdad y firmeza
37.26 ¿no has oído. . que desde tiempos *a* yo lo
43.18 no os. . ni traigáis a memoria las cosas *a*
44.7 hago yo desde que establecí el pueblo *a?*
46.9 acordaos de las cosas. . desde los tiempos *a*
51.9 despiértate como en el tiempo *a*, en los
57.11 ¿no he guardado silencio desde tiempos *a*
58.12 y los tuyos edificarán las ruinas *a;* los
61.4 reedificarán las ruinas *a*, y levantarán
63.11 pero se acordó de los días *a*, de Moisés
65.7 por. . yo les mediré su obra *a* en su seno
Jer. 5.15 gente *a*, gente cuya lengua ignorarás
6.16 preguntad por las sendas *a*, cuál sea el
18.15 y ha tropezado en sus. . en las sendas *a*
Lm. 1.7 las cosas. . que tuvo desde los tiempos *a*
2.17 la cual él había mandado desde tiempo *a*
Ez. 25.15 ánimo, destruyendo por *a* enemistades
26.20 los desiertos *a*, con los que descienden
Mi. 7.20 la misericordia, que juraste. . tiempos *a*
Nah. 2.8 fue Nínive de tiempo *a* como estanque
Hab. 3.6 los montes *a*. . collados *a* se humillaron
Mal. 3.4 será grata a Jehová. . como en los años *a*
Mt. 5.21 oísteis. . fue dicho a los *a:* No matarás
5.33 fue dicho a los *a:* No perjurarás, sino
Lc. 9.8,19 algún profeta de los *a* ha resucitado
Hch. 3.21 profetas que han sido desde tiempo *a*
15.18 hace conocer todo esto desde tiempos *a*
15.21 Moisés desde tiempos *a* tiene en cada
21.16 llamado Mnasón. . discípulo *a*, con quien
2 Co. 3.14 cuando leen el *a* pacto, les queda el
He. 11.2 ella alcanzaron buen testimonio los *a*
2 P. 1.9 olvidando la purificación. . *a* pecados
2.5 si no perdonó al mundo *a*, sino que guardó
3.5 que en el tiempo *a* fueron hechos por la
1 Jn. 2.7 el mandamiento *a* que habéis tenido
2.7 este mandamiento *a* es la palabra. . oído
Ap. 12.9 la serpiente *a*, que se llama diablo y
20.2 prendió al dragón, la serpiente *a*, que

ANTÍLOPE
Dt. 14.5 el íbice, el *a* y el carnero montés
Is. 51.20 estuvieron tendidos. . como *a* en la red

ANTIMONIO
2 R. 9.30 Jezabel. . se pintó los ojos con *a*, y
Jer. 4.30 aunque pintes con *a* tus ojos, en vano

ANTIOQUÍA
1. Ciudad en Siria
Hch. 6.5 Parmenas, y a Nicolás prosélito de *A*
11.19 pasaron hasta Fenicia, Chipre y *A*, no
11.20 en *A*, hablaron también a los griegos
11.22 y enviaron a Bernabé que fuese hasta *A*
11.25 para buscar a. . hallándole, le trajo a *A*
11.26 se les llamó cristianos por. . vez en *A*
11.27 profetas descendieron de Jerusalén a *A*
13.1 la iglesia que estaba en *A*, profetas
14.26 allí navegaron a *A*, desde donde habían
15.22 elegir de. . varones y enviarlos a *A* con
15.23 hermanos. . que están en *A*, en Siria y en
15.30 enviados descendieron a *A*, y reuniendo
15.35 y Pablo y Bernabé continuaron en *A*
18.22 habiendo arribado. . luego descendió a *A*
Gá. 2.11 Pedro vino a *A*, le resistí cara a cara
2. Ciudad en Pisidia
Hch. 13.14 ellos, pasando de Perge, llegaron a *A*
14.19 vinieron unos judíos de *A* y de Iconio
14.21 volvieron a Listra, a Iconio y a *A*
2 Ti. 3.11 como los que me sobrevinieron en *A*

ANTIPAS *Mártir cristiano*, Ap. 2.13

ANTÍPATRIS *Ciudad entre Jerusalén y Cesarea*, Hch. 23.31

ANTOJO
Sal. 73.7 logran con creces los *a* del corazón
Mi. 7.3 el grande habla el *a* de su alma, y lo

ANTORCHA
Gn. 15.17 una *a* de fuego que pasaba por entre
Is. 62.1 y su salvación se encienda como una *a*
Dn. 10.6 relámpago, y sus ojos como *a* de fuego
Nah. 2.3 el carro como fuego de *a;* el día que
2.4 su aspecto. . como *a* encendidas, correrán
Zac. 12.6 leña, y como *a* ardiendo entre gavillas
Jn. 5.35 él era *a* que ardía y alumbraba; y
18.3 fue allí con linternas y *a*, y con armas
2 P. 1.19 atentos como a una *a* que alumbra en
Ap. 8.10 una gran estrella, ardiendo como una *a*

ANUAL
1 S. 20.6 Belén. . celebran allá el sacrificio *a*

ANUB *Dscendiente de Judá*, 1 Cr. 4.8

ANULAR
Nm. 6.12 y los días primeros serán *anulados*, por
30.12 si su marido los *anuló* el día que los
30.12 marido los *anuló*, y Jehová la perdonará
30.13 lo confirmará, o su marido lo *anulará*
30.15 si los *anulare* después de haberlos oído
Is. 8.10 tomad consejo, y será *anulado;* proferid
28.18 será *anulado* vuestro pacto con la muerte
33.8 *anulado* el pacto, aborreció las ciudades
Ro. 4.14 vana resulta. . fe, y *anulada* la promesa
Col. 2.14 *anulando* el acta de los decretos que

ANUNCIADO *Véase Anunciar*

ANUNCIADORA
Is. 40.9 súbete sobre un monte alto, *a* de Sion
40.9 fuertemente tu voz, *a* de Jerusalén

ANUNCIAR
Gn. 14.13 vino. . lo *anunció* a Abram el hebreo
Éx. 9.16 nombre sea *anunciado* en toda la tierra
19.3 dirás. . *anunciarás* a los hijos de Israel
Dt. 4.13 os *anunció* su pacto, el cual os mandó
13.1 profeta. . te *anunciare* señal o prodigios
13.2 se cumpliere la señal. . que él te *anunció*
Jue. 13.23 ni ahora nos habría *anunciado* esto
1 S. 11.9 vinieron. . lo *anunciaron* a los de Jabes
2 S. 1.20 no lo *anunciéis* en Gat, ni deis las
1 R. 22.13 una voz *anuncian* al rey cosas buenas
22.13 tu palabra. . *anuncia* también buen éxito
2 R. 7.11 los porteros. . lo *anunciaron* dentro
23.16 el varón de Dios. . había *anunciado* esto
2 Cr. 18.12 una voz *anuncian* al rey cosas buenas
Job 26.4 ¿a quién has *anunciado* palabras, y de
33.23 algún. . que *anuncie* al hombre su deber
Sal. 19.1 el firmamento *anuncia* la obra de sus
22.22 *anunciaré* tu nombre a mis hermanos; en
22.31 vendrán, y *anunciarán* su justicia
22.31 a pueblo. . *anunciarán* que él hizo esto
30.9 ¿te alabará el. . ¿*anunciará* tu verdad?
40.5 si yo *anunciare* y hablare de ellos, no
40.9 he *anunciado* justicia en. . congregación
64.9 temerán. . y *anunciarán* la obra de Dios
71.18 que *anuncie* tu poder a la posteridad
75.9 *anunciaré*, y cantaré alabanzas al Dios
92.2 *anunciar* por la mañana tu misericordia
92.15 para *anunciar* que Jehová mi. . es recto
96.2 *anunciad* de día en día su salvación
97.6 los cielos *anunciaron* su justicia, y
145.4 obras, y *anunciará* tus poderosos hechos
Is. 41.22 traigan, *anúnciennos* lo que ha de
41.26 ¿quién lo *anunció* desde el principio
41.26 cierto, no hay quien *anuncie*; sí, no hay
42.9 *anuncio* cosas nuevas; antes que salgan
42.12 gloria a Jehová, y *anuncien* sus loores
43.12 *anuncié*, y salvé, e hice oir, y no hubo
44.7 *anúncienles* lo que viene, y lo que está
45.19 yo soy Jehová que. . que *anuncio* rectitud
46.10 *anuncio* lo por venir desde el principio
48.6 lo viste. . ¿y no lo *anunciaréis* vosotros?
48.14 ¿quién hay. . que *anuncie* estas cosas?
52.7 que *anuncia* la paz, del que trae nuevas
58.1 alza tu voz como trompeta, y *anuncia* a
Jer. 4.5 *anunciad* en Judá, y proclamad. . decid
4.20 quebrantamiento sobre. . es *anunciado*
5.20 *anunciad* esto en las casa de Jacob, y
6.4 *anunciad* guerra contra ella; levantaos
16.10 acontecerá que cuando *anuncies* a este
16.10 ¿por qué *anuncia* Jehová. . todo este mal
34.15 lo recto. . *anunciando* cada uno libertad a
36.31 traeré sobre. . el mal que les he *anunciado*
46.14 *anunciad* en Egipto, y haced saber en
48.20 *anunciad* en Arnón. . Moab es destruido
50.2 *anunciad* en las naciones, y haced saber
51.31 para *anunciar* al rey de Babilonia que su
Lm. 1.21 harás venir el día que has *anunciado*
Dn. 3.4 y el pregonero *anunciaba* en alta voz
Os. 7.12 les castigaré conforme a lo. . *anunciado*
Am. 4.13 y *anuncia* al hombre su pensamiento
Jon. 3.7 e hizo proclamar y *anunciar* en Nínive
Mi. 7.4 viene, el que *anunciaron* tus atalayas
Nah. 1.15 los pies del. . del que *anuncia* la paz
Zac. 9.12 os *anuncio* que os restauraré el doble
Mt. 11.5 a los pobres es *anunciado* el evangelio
12.18 él, y a los gentiles *anunciará* juicio
Lc. 3.18 *anunciaba* las buenas nuevas al pueblo
4.43 a otras ciudades *anuncie* el evangelio del
7.22 y a los pobres es *anunciado* el evangelio
8.1 iba por. . *anunciando* el evangelio del reino
9.6 pasaban. . aldeas, *anunciando* el evangelio
9.60 deja. . y tú vé, y *anuncia* el reino de Dios
16.16 el reino de Dios es *anunciado*, y todos
20.1 y *anunciando* el evangelio, llegaron los
Jn. 16.25 sino que. . *anunciaré* acerca del Padre
Hch. 3.18 cumplido. . que había antes *anunciado*
3.20 Jesucristo, que os fue antes *anunciado*
3.24 los profetas. . han *anunciado* estos días
4.2 y *anunciasen* en Jesús la resurrección de
5.20 *anunciad* al pueblo todas las palabras de
7.52 que *anunciaron* de. . la venida del Justo
8.4 esparcidos iban. . *anunciando* el evangelio
8.12 a Felipe, que *anunciaba* el evangelio del
8.25 en muchas poblaciones de. . *anunciaron* el
8.35 Felipe. . le *anunció* el evangelio de Jesús
8.40 *anunciaba* el evangelio en. . las ciudades
10.36 *anunciando* el evangelio de la paz por
11.20 *anunciando* el evangelio del Señor Jesús
13.5 *anunciaban* la palabra de Dios en las
13.32 también os *anunciamos* el evangelio de
13.38 de él se os *anuncia* perdón de pecados
14.15 os *anunciamos* que de estas vanidades os
14.21 y después de *anunciar* el evangelio a
15.35 *anunciando* el evangelio con otros muchos
15.36 las ciudades en que hemos *anunciado* la
16.10 para que les *anunciásemos* el evangelio
16.17 son. . os *anuncian* el camino de salvación
17.3 Jesús, a quien yo. . *anuncio*. . es el Cristo
17.13 Berea era *anunciada* la palabra de Dios
17.23 al que vosotros adoráis. . yo os *anuncio*
20.20 que fuese útil he rehuido de *anunciaros*
20.27 no he rehuido *anunciaros* todo el consejo
21.26 *anunciar* el cumplimiento de los días de
26.20 sino que *anuncié*. . a los que están en
26.23 *anunciar* luz al pueblo y a los gentiles
Ro. 1.15 pronto estoy a *anunciaros* el evangelio
9.17 que mi nombre sea *anunciado* por toda la
10.15 que *anuncian* la paz. . *a* buenas nuevas!
15.21 nunca les fue *anunciado* acerca de él
1 Co. 2.1 para *anunciaros* el testimonio de Dios
9.14 ordenó el Señor a los que *anuncian* el
9.16 si *anuncio* el evangelio, no tengo por qué
9.16 ¡ay de mí si no *anunciare* el evangelio!
11.17 pero al *anunciaros* esto que sigue, no os
11.26 la muerte del Señor *anunciáis* hasta que
2 Co. 10.16 y que *anunciaremos* el evangelio en
Gá. 1.8 os *anunciare* otro evangelio diferente
1.8 del que os hemos *anunciado*, sea anatema
1.11 que el evangelio *anunciado* por mí, no es
4.13 os *anuncié* el evangelio al principio
Ef. 2.17 vino y *anunció* las buenas nuevas de paz
3.8 *anunciar* entre los gentiles el evangelio
Fil. 1.16 unos *anuncian* a Cristo por contención
1.18 de todas maneras. . Cristo es *anunciado*
Col. 1.25 para que *anuncie*. . la palabra de Dios
1.28 a quien *anunciamos*, amonestando a todo
1 Ts. 2.2 para *anunciaros* el evangelio de Dios
He. 2.3 habiendo sido *anunciada*. . por el Señor
2.12 *anunciaré* a mis hermanos tu nombre, en
4.2 se nos ha *anunciado* la buena nueva como
4.6 a quienes. . se les *anunció* la buena nueva
9.19 *anunciado* Moisés todos los mandamientos
1 P. 1.11 el cual *anunciaba*. . los sufrimientos de
1.12 las cosas que ahora os son *anunciadas* por
1.25 es la palabra que. . os ha sido *anunciada*
2.9 para que *anunciéis* las virtudes de aquel
1 Jn. 1.2 os *anunciamos* la vida eterna, la cual
1.3 lo que hemos visto y oído. . os *anunciamos*
1.5 este es el mensaje que. . os *anunciamos*
Ap. 10.7 como él lo *anunció* a sus siervos los

ANUNCIO
Is. 53.1; Jn. 12.38; Ro. 10.16 ¿quién ha creído a
nuestro *a?*

ANZUELO
Job 41.1 ¿sacarás tú al leviatán con *a*, o con
Is. 19.8 harán duelo todos los que echan *a* en
Am. 4.2 y a vuestros descendientes con *a* de
Hab. 1.15 sacará a todos con *a*, los recogerá con
Mt. 17.27 al mar, y echa el *a*, y el primer pez

AÑADIDO *Véase Añadir*

AÑADIDURA
1 R. 7.29 encima. . había unas *a* de bajo relieve

AÑADIR
Gn. 19.9 *añadieron*: Vino este extraño. . habitar
21.7 *añadió:* ¿Quién dijera a Abraham que Sara
24.25 y *añadió:* También hay en. . casa paja y
30.24 diciendo: *Añádame* Jehová otro hijo
Lv. 5.16; 6.5 y *añadirá* a ello la quinta parte
22.14 *añadirá* a ella una quinta parte, y la
26.21 *añadiré* sobre. . siete veces más plagas
27.13,15 *añadirá* sobre tu valuación la quinta
27.19 *añadirá* a tu estimación la quinta parte
27.27 y *añadirán* sobre ella la quinta parte
27.31 rescatar. . *añadirá* la quinta parte de su
Nm. 5.7 y *añadirá* sobre ello la quinta parte
32.14 *añadir* aún a la ira de Jehová contra
36.3,4 será *añadida* a la herencia de la tribu
Dt. 4.2 no *añadiréis* a la palabra que. . os mando
5.22 palabras habló Jehová. . y no *añadió* más
12.32 no *añadirás* a ello, ni de ello quitarás
19.9 *añadirás* tres ciudades más a estas tres
Jos. 3.10 y *añadió* Josué: En esto conoceréis que
Rt. 1.17 así me haga Jehová, y aun me *añada*, que
1 S. 3.17 así te haga Dios y aun te *añada*, si me
12.19 hemos *añadido* este mal de pedir rey
14.44 así me haga Dios y aun me *añada*, que sin
17.10 *añadió* el filisteo: Hoy yo he desafiado
17.37 *añadió* David: Jehová, que me ha librado
20.13 haga así a Jonatán, y aun le *añada*, si
25.22 así haga Dios a los. . y aun les *añada*
2 S. 3.9 así haga Dios a Abner y aun le *añada*
3.35 me haga Dios y aun me *añada*, si antes
7.20 ¿y qué más puede *añadir* David hablando
12.8 y si esto fuera poco, te habría *añadido*
17.8 *añadió* Husai: Tú sabes que tu padre y los
19.13 así me haga Dios, y aun me *añada*, si no
24.3 *añada* Jehová tu Dios al pueblo cien veces
1 R. 2.23 así me haga Dios y aun me *añada*, que
12.11,14 pero yo *añadiré* a vuestro yugo
19.2 así me hagan los dioses, y aun me *añadan*
20.10 me *añadan*, que el polvo de Samaria no
2 R. 6.31 así me haga Dios, y aun me *añada*, si
20.6 y *añadiré* a tus días quince años, y te
1 Cr. 17.18 puede *añadir* David pidiendo de ti
21.3 *añada* Jehová a su pueblo cien veces más
22.14 he preparado madera y piedra. . *añadirás*
2 Cr. 10.11,14 yo *añadiré* a vuestro yugo; mi
28.13 tratáis de *añadir* sobre. . pecados y sobre
28.22 el rey Acaz. . *añadió* mayor pecado contra
Esd. 10.10 *añadiendo*. . sobre el pecado de Israel
Neh. 13.18 *añadís* ira sobre Israel profanando el
Est. 5.12 *añadió* Amán: También la reina Ester
Job 34.37 porque a su pecado *añadió* rebeldía
36.1 *añadió* Eliú y dijo
Sal. 61.6 días sobre días *añadirás* al rey; sus
Pr. 9.11 tus días, y años de vida se te *añadirán*
10.22 la que enriquece, y no *añade* tristeza
11.24 hay quienes reparten, y les es *añadido*
16.23 su boca, y *añade* gracia a sus labios
19.19 y si usa de violencias, *añadirá*. . males
30.6 no *añadas* a sus palabras, para que no te
Ec. 1.18 porque. . quien *añade* ciencia, *a* dolor
3.14 sobre aquello no se *añadirá*, ni de ello
10.10 hay que *añadir* entonces más fuerza; pero
Is. 5.8 *añaden* heredad a. . hasta ocuparlo todo!
29.1 *añadid* un año a otro, las fiestas sigan
30.1 se apartan. . *añadiendo* pecado a pecado!
38.5 aquí que yo *añado* a tus días quince años
39.8 *añadió:* A lo menos, haya paz y seguridad
Jer. 7.21 *añadid* vuestros holocaustos. . y comed
36.32 fueron *añadidas* sobre. . otras palabras
45.3 ha *añadido* Jehová tristeza a mi dolor
Dn. 4.36 reino, y mayor grandeza me fue *añadida*
Os. 13.2 *añadieron* a su pecado, y de su plata
Mt. 6.27 podrá. . *añadir* a su estatura un codo?
6.33 y todas estas cosas os serán *añadidas*
Mr. 4.24 se os *añadirá* a vosotros los que oís
Lc. 3.20 *añadió* además esta: encerró a Juan en
4.24 *añadió:* De cierto os digo, que ningún
12.25 podrá. . *añadir* a su estatura un codo?
12.31 y todas estas cosas os serán *añadidas*
Jn. 21.19 Dios. Y dicho esto, *añadió:* Sígueme
Hch. 2.41 se *añadieron* aquel día como tres mil
2.47 el Señor *añadía* cada día a la iglesia los
Gá. 3.15 una vez ratificado, nadie. . ni le *añade*
3.19 fue *añadida* a causa de las transgresiones
Fil. 1.16 *añadir* aflicción a mis prisiones
He. 10.17 *añade:* Y nunca más me acordaré de sus
2 P. 1.5 *añadid* a vuestra fe virtud; a la virtud
Ap. 8.3 incienso para *añadirlo* a las oraciones
22.18 si alguno *añadiere* a estas cosas, Dios

AÑEJO, JA
Lv. 25.22 y comeréis del fruto *a;* hasta el año
25.22 hasta que venga. . fruto, comeréis del *a*
26.10 comeréis lo *a*. . y pondréis fuera lo *a*
Cnt. 7.13 dulces frutas, nuevas y *a*, que para
Lc. 5.39 que beba del *a*, quiere luego el nuevo
5.39 el nuevo; porque dice: El *a* es mejor

AÑO
Gn. 1.14 sirvan de señales para las. . días y *a*
5.3 vivió Adán 130 *a*, y engendró un hijo a
5.4 y fueron los días de Adán. . ochocientos *a*
5.5 los días que vivió Adán 930 *a;* y murió
5.6 vivió Set 105 *a*, y engendró a Enós
5.7 y vivió Set, después. . 807 *a*, y engendró
5.8 y fueron todos los días de Set 912 *a*
5.9 vivió Enós noventa *a*, y engendró a Cainán
5.10 y vivió Enós. . 815 *a*, y engendró hijos e
5.11 y fueron todos los días de Enós 905 *a*
5.12 vivió Cainán setenta *a*, y engendró a
5.13 vivió Cainán. . 840 *a*, y engendró hijos e
5.14 y fueron todos los días de Cainán 910 *a*
5.15 vivió Mahalaleel 65 *a*, y engendró a
5.16 vivió Mahalaleel. . 830 *a*, y engendró hijos
5.17 fueron todos los días de Mahalaleel 895 *a*
5.18 vivió Jared 162 *a*, y engendró a Enoc
5.19 vivió Jared, después que. . ochocientos *a*
5.20 y fueron todos los días de Jared 962 *a*
5.21 vivió Enoc. . 65 *a*, y engendró a Matusalén
5.22 y caminó Enoc con Dios. . trescientos *a*
5.23 y fueron todos los días de Enoc 365 *a*
5.25 vivió Matusalén 187 *a*, y engendró a
5.26 vivió Matusalén. . 782 *a*, y engendró hijos
5.27 fueron todos los días de Matusalén 969 *a*
5.28 vivió Lamec 182 *a*, y engendró un hijo
5.30 vivió Lamec. . 595 *a*, y engendró hijos e
5.31 y fueron todos los días de Lamec 777 *a*
5.32 y siendo Noé de 500 *a*, engendró a Sem
6.3 carne; mas serán sus días ciento veinte *a*
7.6 era Noé de 600 *a* cuando el diluvio de las
7.11 el *a* seiscientos de la vida de Noé, en el
8.13 y sucedió que en el *a* 601 de Noé, en el
9.28 y vivió Noé después del diluvio 350 *a*

AÑO *(Continúa)*
Gn. 9.29 y fueron todos los días de Noé 950 *a*
11.10 de edad de cien *a*, engendró a Arfaxad
11.10 a Arfaxad, dos *a* después del diluvio
11.11 y vivió Sem. . 500 *a*, y engendró hijos e
11.12 Arfaxad vivió 35 *a*, y engendró a Sala
11.13 y vivió Arfaxad, después. . Sala, 403 *a*
11.14 Sala vivió 30 *a*, y engendró a Heber
11.15 y vivió Sala. . 403 *a*, y engendró hijos
11.16 Heber vivió 34 *a*, y engendró a Peleg
11.17 y vivió Heber, después. . Peleg 430 *a*, y
11.18 Peleg vivió treinta *a*, y engendró a Reu
11.19 vivió Peleg. . 209 *a*, y engendró hijos e
11.20 Reu vivió 32 *a*, engendró a Serug
11.21 vivió Reu. . 207 *a*, y engendró hijos e
11.22 Serug vivió 30 *a*, y engendró a Nacor
11.23 y vivió Serug. . 200 *a*, y engendró hijos
11.24 Nacor vivió 29 *a*, y engendró a Taré
11.25 vivió Nacor. . 119 *a*, y engendró hijos e
11.26 Taré vivió 70 *a*, y engendró a Abram
11.32 fueron los días de Taré 205 *a*; y murió
12.4 era Abram de edad de 75 *a* cuando salió
14.4 doce *a* habían servido a Quedorlaomer, y
14.5 en el *a* decimocuarto vino Quedorlaomer
15.9 una becerra de tres *a*. . cabra de tres *a*
15.9 carnero de tres *a*, una tórtola también
15.13 será esclava. . oprimida cuatrocientos *a*
16.3 cabo de diez *a* que había habitado Abram
16.16 era Abram de edad de 86 *a*, cuando Agar
17.1 era Abram de edad de noventa y nueve *a*
17.17 ¿a hombre de cien *a*. . Y Sara, ya de 90 *a*
17.21 dará a luz. . este tiempo el *a* que viene
17.24 era Abraham de edad de 99 *a*. . circuncidó
17.25 Ismael su hijo era de trece *a*, cuando
21.5 era Abraham de cien *a* cuando nació Isaac
23.1 de Sara 127 *a*. . los *a* de la vida de Sara
24.1 Abraham ya viejo, y bien avanzado en *a*
25.7 fueron los días que vivió Abraham: 175 *a*
25.8 y lleno de *a*, y fue unido a su pueblo
25.17 los *a* de vida de Ismael, 137 *a*
25.20 era Isaac de cuarenta *a* cuando tomó por
25.26 Isaac. . 60 *a* cuando ella los dio a luz
26.12 Isaac cosechó aquel *a* ciento por uno
26.34 cuando Esaú era de cuarenta *a*, tomó por
29.18 te serviré siete *a* por Raquel tu hija
29.20 sirvió Jacob por Raquel siete *a*; y le
29.27 por el servicio que hagas. . otros siete *a*
29.30 Lea; y sirvió a Labán aún otros siete *a*
31.38 estos veinte *a* he estado contigo; tus
31.41 he estado 20 *a* en tu casa; 14 *a* te serví
31.41 y seis *a* por tu ganado, y has cambiado mi
35.28 y fueron los días de Isaac 180 *a*
37.2 José, siendo de edad de 17 *a*, apacentaba
41.1 que pasados dos *a* tuvo Faraón un sueño
41.26 las siete vacas hermosas siete *a* son; y
41.26 y las espigas hermosas son siete *a*; el
41.27 siete vacas flacas y feas. . son siete *a*
41.27 siete espigas. . siete *a* serán de hambre
41.29 he aquí vienen siete *a* de gran abundancia
41.30 tras ellos seguirán siete *a* de hambre
41.34 quinte la. . en los siete *a* de abundancia
41.35 junten toda la provisión de. . buenos *a*
41.36 en depósito. . para los siete *a* de hambre
41.46 era José de edad de treinta *a* cuando fue
41.47 en aquellos siete *a* de abundancia la
41.48 el alimento de los siete *a* de abundancia
41.50 antes que viniese el primer *a* del hambre
41.53 los siete *a* de abundancia que hubo en
41.54 comenzaron a venir. . siete *a* del hambre
45.6 dos *a* de hambre. . aún quedan cinco *a* en
45.11 pues aún quedan cinco *a* de hambre, para
47.8 ¿cuántos son los días de los *a* de tu vida?
47.9 los días de los *a* de mi. . son 130 *a*; pocos
47.9 pocos y malos han sido. . los *a* de mi vida
47.9 no han llegado a los días de los *a* de la
47.17 sustentó de pan por. . sus ganados aquel *a*
47.18 acabado aquel *a*, vinieron. . el segundo *a*
47.28 vivió Jacob en la. . de Egipto diecisiete *a*
47.28 días de Jacob, los *a* de su vida, 147 *a*
50.22 habitó José en. . vivió José ciento diez *a*
50.26 y murió José a la edad de ciento diez *a*
Éx. 6.16 y los *a* de la vida de Leví fueron 137 *a*
6.18 y los *a* de la vida de Coat fueron 133 *a*
6.20 y los *a* de la vida de Amram fueron 137 *a*
7.7 era Moisés de. . ochenta *a*, y Aarón de. . 83
12.2 será este el primero en los meses del *a*
12.5 el animal será sin defecto, macho de un *a*
12.40 de Israel habitaron en Egipto fue 430 *a*
12.41 pasados los 430 *a*. . salieron de. . de Egipto
13.10 guardarás . . rito en su tiempo de *a* en *a*
16.35 comieron los hijos de Israel maná 40 *a*
21.2 si comprares siervo hebreo, seis *a* servirá
23.10 seis *a* sembrarás tu tierra, y recogerás
23.11 el séptimo *a* la dejarás libre, para que
23.14 tres veces en el *a*. . celebraréis fiesta
23.16 fiesta de la cosecha a la salida del *a*
23.17 tres veces en el *a* se presentará. . varón
23.29 no los echaré de delante de ti en un *a*
29.38 ofrecerás. . dos corderos de un *a* cada
30.10 hará Aarón expiación una vez en el *a* con
30.10 una vez en el *a* hará expiación sobre él
30.14 el que sea contado, de veinte *a* arriba
34.22 la fiesta de la cosecha a la salida del *a*
34.23 tres veces en el *a* se presentará. . varón
34.24 delante de Jehová. . Dios 3 veces en el *a*
38.26 veinte *a* arriba, que fueron 603.550
40.17 el segundo *a*, el tabernáculo fue erigido
Lv. 9.3 tomad. . y un cordero de un *a*, sin defecto
12.6 traerá un cordero de un *a* para holocausto
14.10 una cordera de un *a* sin tacha, y. . harina
16.34 hacer expiación una vez al *a* por todos
19.23 de su fruto; tres *a* os será incircunciso
19.24 cuarto *a* todo su fruto será consagrado
19.25 mas al quinto *a* comeréis el fruto de él
23.12 gavilla, ofreceréis un cordero de un *a*
23.18 ofreceréis. . siete corderos de un *a*, sin
23.19 dos corderos de un *a* en sacrifico de
23.41 fiesta a Jehová por siete días cada *a*
25.3 seis *a* sembrarás. . seis *a* podarás tu viña
25.4 el séptimo *a* la tierra tendrá descanso
25.5 las uvas. . *a* de reposo será para la tierra
25.8 siete semanas de *a*, siete veces siete *a*
25.8 siete semanas de *a* vendrán a serte 49 *a*
25.10 el *a* cincuenta. . ese *a* os será de jubileo
25.11 el *a* cincuenta os será jubileo; no
25.13 en este *a* de jubileo volveréis cada uno
25.15 al número de los *a* después del jubileo
25.15 conforme al número de los *a*. . te venderá
25.16 cuanto mayor fuere el número de los *a*
25.20 dijereis: ¿Qué comeremos el séptimo *a*?
25.21 yo os enviaré mi bendición el sexto *a*
25.21 y ella hará que haya fruto por tres *a*
25.22 sembraréis el *a* octavo, y comeréis del
25.22 hasta el *a* noveno, hasta que venga su
25.27 contará los *a* desde que vendió, y pagará
25.28 en poder del que lo compró hasta el *a*
25.29 el término de un *a*. . un *a* será el término
25.30 y si no fuere rescatada dentro de un *a*
25.40 como. . hasta el *a* del jubileo te servirá
25.50 desde el *a* que se vendió. . hasta el *a* del
25.50 el precio. . conforme al número de los *a*
25.51 aún fueren muchos *a*, conforme a ellos
25.52 si. . poco tiempo hasta el *a* del jubileo
25.52 devolverá su rescate conforme a sus *a*
25.54 no se rescatare en esos *a*, en el *a* del
27.3 al varón de veinte *a* hasta sesenta, lo
27.5 y si fuere de cinco *a* hasta veinte, al
27.6 y si fuere de un mes hasta 5 *a*. . 5 siclos
27.7 si fuere de sesenta *a* o más, al varón lo
27.17 si dedicare su. . desde el *a* del jubileo
27.18 los *a* que quedaren hasta el *a* del jubileo
27.23 calculará con él. . hasta el *a* del jubileo
27.24 en el *a* del jubileo, volverá la tierra
Nm. 1.1 en el segundo *a* de su salida de. . Egipto
1.3 de veinte *a* arriba, todos los que pueden
1.18 conforme a la cuenta de. . de 20 *a* arriba
1.20,22 todos los varones de veinte *a* arriba
1.24,26,28,30,32,34,36,38,40,42 la cuenta de
los nombres, de veinte *a* arriba
1.45 todos los contados de. . de veinte *a* arriba
4.3,23,30,35,39,43,47 de edad de treinta *a*
arriba hasta cincuenta *a*
6.12 traerá un cordero de un *a* en expiación
6.14 ofrecerá. . un cordero de un *a* sin tacha
6.14 ofrecerá. . una cordera de un *a* sin defecto
7.15,21,27,33,39,45,51,57,63,69,75,81 un cordero
de un *a* para holocausto
7.17,23,29,35,41,47,53,59,65,71,77,83 cinco
corderos de un *a*
7.87 doce los corderos de un *a*, con su ofrenda
7.88 la ofrenda. . sesenta los corderos de un *a*
8.24 los levitas de 25 *a* arriba entrarán a
8.25 pero desde los 50 *a* cesarán de ejercer
9.1 en el segundo *a* de su salida de. . Egipto
9.22 un *a*, mientras la nube se detenía sobre
10.11 en el *a* segundo, en el mes segundo, a
13.22 Hebrón fue edificada siete *a* antes de
14.29 que fueron contados. . de veinte *a* arriba
14.33 hijos andarán pastoreando. . cuarenta *a*
14.34 iniquidades cuarenta *a*, un *a* por . . día
15.27 pecare por. . ofrecerá una cabra de un *a*
26.2 tomad el censo de. . de veinte *a* arriba
26.4 contaréis el pueblo de veinte *a* arriba
28.3 dos corderos sin tacha de un *a*, cada día
28.9 dos corderos de un *a* sin defecto, y dos
28.11 ofreceréis en. . siete corderos de un *a*
28.14 holocausto. . por todos los meses del *a*
28.19,27 ofreceréis. . siete corderos de un *a*
29.2,8,36 ofreceréis. . siete corderos de un *a*
29.13,17,20,23,26,29,32 catorce corderos de un
a sin defecto
32.11 no verán los varones. . de veinte *a* arriba
32.13 los hizo andar errantes cuarenta *a* por
33.38 murió a los cuarenta *a* de la salida de
33.39 era Aarón de edad de 123 *a*, cuando murió
Dt. 1.3 que a los cuarenta *a*, en el mes undécimo
2.7 estos 40 *a* Jehová tu. . ha estado contigo
2.14 los días que anduvimos de. . fueron 38 *a*
8.2 te ha traído Jehová tu Dios estos 40 *a* en
8.4 ni el pie se te ha hinchado en estos 40 *a*
11.12 desde el principio del *a* hasta el fin
14.22 del grano que rindiere tu campo cada *a*
14.28 al fin de cada tres *a* sacarás. . el diezmo
14.28 el diezmo de tus productos de aquel *a*
15.1 cada siete *a* harás remisión
15.9 diciendo: Cerca está el *a* séptimo, el de
15.12 y te hubiere servido seis *a*, al séptimo
15.18 por la mitad del costo. . te sirvió seis *a*
15.20 delante de. . tu Dios los comerás cada *a*
16.16 tres veces cada *a* aparecerá todo varón
24.5 libre estará en su casa por un *a*, para
26.12 en el *a* tercero, el *a* del diezmo, darás
29.5 y yo os he traído 40 *a* en el desierto
31.2 este día soy de edad de ciento veinte *a*
31.10 al fin de cada siete *a*, en el *a* de la
32.7 considera los *a* de muchas generaciones
34.7 era Moisés de edad de 120 *a* cuando murió
Jos. 5.6 anduvieron por el desierto cuarenta *a*
5.12 comieron de los frutos. . Canaán aquel *a*
13.1 siendo Josué ya viejo, entrado en *a*
14.7 era de edad de cuarenta *a* cuando Moisés
14.10 me ha hecho vivir. . estos 45 *a*, desde el
14.10 hoy soy de edad de ochenta y cinco *a*
23.1 Josué, siendo ya viejo y avanzado en *a*
23.2 dijo: Yo ya soy viejo y avanzado en *a*
24.29; Jue. 2.8 murió Josué. . de ciento diez *a*
Jue. 3.8 sirvieron los hijos de Israel. . ocho *a*
3.11 y reposó la tierra 40 *a*; y murió Otoniel
3.14 sirvieron. . Israel a Eglón rey. . dieciocho *a*
3.30 de Israel; y reposó la tierra ochenta *a*
4.3 oprimido. . los hijos de Israel por veinte *a*
5.31 su fuerza. Y la tierra reposó cuarenta *a*
6.1 los entregó en mano de Madián por siete *a*
6.25 toma un toro. . el segundo toro de siete *a*
8.28 reposó la tierra cuarenta *a* en los días
9.22 Abimelec hubo dominado sobre Israel 3 *a*
10.2 y juzgó a Israel veintitrés *a*; y murió
10.3 Jair. . el cual juzgó a Israel veintidós *a*
10.8 quebrantaron a los hijos de Israel. . 18 *a*
11.26 ha estado habitando por 300 *a* a Hesbón
11.40 que de *a* en *a* fueran las doncellas de
11.40 a endechar a la hija de. . 4 días en el *a*
12.7 Jefté juzgó a Israel 6 *a*; y murió Jefté
12.9 el cual tuvo 30. . y juzgó a Israel siete *a*
12.11 Elón zabulonita. . juzgó a Israel diez *a*
12.14 tuvo 40 hijos. . y juzgó a Israel ocho *a*
13.1 entregó en mano de los filisteos por 40 *a*
15.20 juzgó a Israel en los días de los. . 20 *a*
16.31 le sepultaron. . juzgó a Israel veinte *a*
17.10 y yo te daré diez siclos de plata por *a*
21.19 cada *a* hay fiesta solemne de Jehová en
Rt. 1.4 tomaron. . y habitaron allí unos diez *a*
1 S. 1.3 y todos los *a* aquel varón subía de su
1.7 así hacía cada *a*; cuando subía a la casa
2.19 le hacía. . una túnica. . se la traía cada *a*
4.15 era ya Elí de edad de 98 *a*, y sus ojos
4.18 Elí cayó. . y había juzgado a Israel 40 *a*
7.2 el día que llegó el arca. . pasaron. . 20 *a*
7.16 todos los *a* iba y daba vuelta a Bet-el
13.1 había ya reinado Saúl un *a*. . reinado dos *a*
27.7 David habitó en la. . un *a* y cuatro meses
29.3 David. . que ha estado conmigo por días y *a*
2 S. 2.10 de 40 *a* era Isboset. . y reinó dos *a*
2.11 David reinó en Hebrón. . siete *a* y 6 meses
4.4 tenía cinco *a*. . cuando llegó de Jezreel la
5.4 era David de treinta *a*. . y reinó cuarenta *a*
5.5 en Hebrón reinó sobre. . siete *a* y seis meses
5.5 en Jerusalén reinó 33 *a* sobre todo Israel
11.1 aconteció al *a* siguiente, en el tiempo
13.38 así huyó Absalón. . y estuvo allá tres *a*
14.26 se cortaba el cabello. . al fin de cada *a*
14.28 y estuvo Absalón. . de dos *a* en Jerusalén
15.7 al cabo de cuatro *a*. . Absalón dijo al rey
19.32 era Barzilai. . de ochenta *a*, y él había
19.34 ¿cuántos *a* más habré de vivir, para que
19.35 de edad ochenta *a* soy este día. ¿Podré
21.1 hubo hambre en. . por tres *a* consecutivos
24.13 te vengan siete *a* de hambre en tu tierra
1 R. 2.11 los días que reinó David. . fueron 40 *a*
2.11 siete *a* reinó en Hebrón, y 33 *a* reinó en
2.39 pasados tres *a*. . que dos siervos de Simei
4.7 obligado a abastecerlo. . un mes en el *a*
5.11 trigo. . esto daba Salomón a Hiram cada *a*
6.1 el *a* 480 después que. . Israel salieron de
6.1 el cuarto *a* del principio del reino de
6.37 en el cuarto *a*. . se echaron los cimientos
6.38 y en el undécimo *a*. . fue acabada la casa
6.38 fue acabada. . La edificó, pues, en siete *a*
7.1 edificó. . su propia casa en trece *a*, y la
9.10 al cabo de veinte *a*, cuando Salomón ya
9.25 y ofrecía Salomón tres veces cada *a*
10.14 oro que Salomón tenía de renta cada *a*
10.22 vez cada tres *a* venía la flota de Tarsis
10.25 todos le llevaban cada *a* sus presentes
11.42 días que Salomón reinó en. . fueron 40 *a*
14.20 tiempo que reinó Jeroboam fue de 22 *a*
14.21 de 41 *a* era Roboam cuando. . 17 *a* reinó
14.25 al quinto *a* del rey Roboam subió Sisac
15.1 en el *a* 18 del rey Jeroboam hijo de Nabat
15.2 reinó tres *a* en Jerusalén. El nombre de
15.9 el *a* 20 de Jeroboam rey de Israel, Asa
15.10 y reinó cuarenta y un *a* en Jerusalén
15.25 Nadab. . a reinar. . en el segundo *a* de Asa
15.25 Nadab hijo de. . reinó sobre Israel dos *a*
15.28 lo mató. . Baasa en el tercer *a* de Asa rey
15.33 en el tercer *a* de Asa rey de Judá
15.33 Baasa hijo de. . y reinó veinticuatro *a*
16.8 en el *a* veintiséis de Asa rey de Judá
16.8 comenzó a reinar Ela hijo. . y reinó dos *a*
16.10 Zimri. . lo mató, en el *a* 27 de Asa rey
16.15 el *a* 27 de Asa rey de Judá, comenzó a
16.23 el *a* 31 de Asa rey de Judá. . reinar Omri

AÑO *(Continúa)*
1 R. 16.23 Omri. . reinó doce *a;* en Tirsa reinó 6 *a*
16.29 comenzó a reinar Acab. . el *a* 38 de Asa
16.30 y reinó Acab hijo de. . en Samaria 22 *a*
17.1 que no habrá lluvia ni rocío en estos *a*
18.1 vino palabra de Jehová. . en el tercer *a*
20.22 pasado un *a*, el rey de Siria vendrá
20.26 pasado un *a*, Ben-adad pasó revista al
22.1 tres *a* pasaron sin guerra entre los sirios
22.2 al tercer *a*, que Josafat rey. . descendió
22.41 Josafat. . en el cuarto *a* de Acab rey de
22.42 era Josafat de 35 *a*. . y reinó 25 *a* en
22.51 comenzó a reinar. . *a* 17 de Josafat rey
22.51 Ocozías hijo. . reinó dos *a* sobre Israel
2 R. 1.17 el segundo *a* de Joram hijo de Josafat
3.1 Joram. . el *a* 18 de Josafat. . reinó doce *a*
4.16 le dijo: El *a* que viene, por este tiempo
4.17 dio a luz un hijo el *a* siguiente, en el
8.1 hambre. . vendrá sobre la tierra por siete *a*
8.2 vivió en tierra de los filisteos siete *a*
8.3 pasado los siete *a*, la mujer volvió de la
8.16 en el quinto *a* de Joram hijo de Acab, rey
8.17 de 32 *a* era. . y ocho *a* reinó en Jerusalén
8.25 en el *a* doce de Joram hijo de Acab, rey
8.26 de 22 *a* era Ocozías cuando. . y reinó un *a*
9.29 el undécimo *a* de Joram hijo de Acab
10.36 en el tiempo que reinó Jehú. . fue de 28 *a*
11.3 escondido en la casa de. . seis *a;* y Atalía
11.4 al séptimo *a* envió Joiada y tomó jefes
11.21 Joás de siete *a* cuando comenzó a reinar
12.1 en el séptimo *a* de Jehú comenzó a reinar
12.1 Joás, y reinó cuarenta *a* en Jerusalén
12.6 en el *a* 23 del rey Joás aún no habían
13.1 en el *a* 23 de Joás hijo de Ocozías, rey
13.1 reinar Joacaz hijo. . y reinó diecisiete *a*
13.10 *a* 37 de Joás rey. . comenzó a reinar Joás
13.10 a reinar Joás hijo. . y reinó dieciséis *a*
13.20 entrado el *a*, vinieron bandas armadas
14.1 en el *a* segundo de Joás hijo. . comenzó a
14.2 era de 25 *a*, y 29 *a* reinó en Jerusalén
14.17 Amasías hijo. . vivió después. . quince *a*
14.21 tomó a Azarías, que era de 16 *a*, y lo
14.23 el *a* quince de Amasías hijo de Joás rey
14.23 comenzó a reinar Jeroboam. . y reinó 41 *a*
15.1 el *a* 27 de Jeroboam rey. . comenzó a reinar
15.2 era de 16 *a*, y 52 *a* reinó en Jerusalén
15.8 en el *a* 38 de Azarías rey. . reinó Zacarías
15.13 comenzó a reinar en el *a* 39 de Uzías rey
15.17 el *a* 39 de Azarías rey de Judá, reinó
15.17 reinó Manahem. . sobre Israel diez *a*, en
15.23 el *a* 50 de Azarías rey de Judá, reinó
15.23 reinó Pekaía hijo. . sobre Israel. . dos *a*
15.27 el *a* 52 de Azarías. . reinó Peka. . 20 *a*
15.30 a los veinte *a* de Jotam hijo de Uzías
15.32 el segundo *a* de Peka. . comenzó a reinar
15.33 era de 25 *a*, y reinó 16 *a* en Jerusalén
16.1 en el *a* 17 de Peka. . comenzó a reinar Acaz
16.2 era de 20 *a*, y reinó en Jerusalén 16 *a*
17.1 en el *a* duodécimo de Acaz rey de Judá
17.1 comenzó a reinar Oseas. . y reinó nueve *a*
17.4 no pagaba tributo. . como lo hacía cada *a*
17.5 sitió a Samaria, y estuvo. . ella tres *a*
17.6 en el *a* nueve de Oseas, el rey de Asiria
18.1 en el tercer *a* de Oseas. . comenzó a reinar
18.2 era de 25 *a*, y reinó en Jerusalén 29 *a*
18.9 el cuarto *a* del rey Ezequías, que era el
18.9 el *a* séptimo de Oseas hijo de Ela, rey de
18.10 y la tomaron al cabo de tres *a*. En el
18.10 en el *a* sexto. . era el *a* noveno de Oseas
18.13 a los catorce *a* del rey Ezequías, subió
19.29 este *a* comeréis lo que. . y el segundo *a*
19.29 y el tercer *a* sembraréis, y segaréis
20.6 añadiré a tus días quince *a*, y te librare
21.1 de doce *a* era Manasés. . y reinó en. . 55 *a*
21.19 de 22 *a* era Amón cuando. . y reinó dos *a*
22.1 cuando Josías. . era de 8 *a*, y reinó. . 31 *a*
22.3 a los 18 *a* del rey Josías, envió el rey
23.23 los 18 *a* del rey Josías. . aquella pascua
23.31 de 23 *a* era Joacaz. . comenzó a reinar, y
23.36 de 25 *a* era Joacim cuando. . y 11 *a* reinó
24.1 Joacim vino a ser su siervo por tres *a*
24.8 de 18 *a* era Joaquín. . comenzó a reinar, y
24.12 lo prendió. . en el octavo *a* de su reinado
24.18 de 21 *a* era Sedequías. . y reinó. . once *a*
25.1 aconteció a los nueve *a* de su reinado
25.2 la ciudad sitiada hasta el *a* undécimo del
25.8 siendo el *a* 19 de Nabucodonosor rey de
25.27 a los 37 *a* del cautiverio de Joaquín rey
25.27 en el primer *a* de su reinado, libertó a
1 Cr. 2.21 la cual tomó siendo él de 60 *a*, y ella
3.4 reinó siete *a*. . y en Jerusalén reinó 33 *a*
20.1 la vuelta del *a*, en el tiempo que suelen
21.12 escoge para ti: o 3 *a* de hambre, o por 3
23.3 fueron contados. . levitas de 30 *a* arriba
23.24,27 los hijos de Leví. . veinte *a* arriba
26.31 en el *a* cuarenta del reinado de David
27.1 entraban y salían cada mes durante. . el *a*
27.23 y no tomó. . los que eran de 20 *a* abajo
29.27 tiempo que reinó. . 40 *a*. Siete *a* reinó
2 Cr. 3.2 comenzó a edificar. . en el cuarto *a* de
8.1 después de veinte *a*, durante los cuales
8.13 las fiestas solemnes tres veces en el *a*
9.13 peso del oro que venía a Salomón cada *a*
9.21 y cada tres *a* solían venir las naves de
9.24 cada uno. . traía su presente. . todos los *a*
9.30 reinó Salomón en Jerusalén. . cuarenta *a*
11.17 confirmaron a Roboam hijo. . por tres *a*
11.17 porque tres *a* anduvieron en el camino
12.2 el quinto *a* del rey Roboam subió Sisac
12.13 era Roboam de 41 *a*. . reinar, y 17 *a* reinó
13.1 los 18 *a* del rey Jeroboam, reinó Abías
13.2 y reinó tres *a* en Jerusalén. El nombre
14.1 Asa. . días tuvo sosiego el país por 10 *a*
15.10 el mes tercero del *a* decimoquinto del
15.19 no hubo más guerra hasta los 35 *a* del
16.1 el *a* 36 del reinado de Asa, subió Baasa
16.12 en el *a* 39 de su reinado, Asa enfermó
16.13 durmió Asa con. . en el *a* 41 de su reinado
17.7 tercer *a* de su reinado envió. . enseñasen
18.2 y después de algunos *a* descendió a. . Acab
20.31 reinó Josafat. . de 35 *a*. . y reinó 25 *a*
21.5 cuando comenzó. . de 32 *a*, y reinó ocho *a*
21.19 al cabo de dos *a*, los intestinos se le
21.20 comenzó a reinar. . 32 *a*, y. . reinó. . 8 *a*
22.2 Ocozías. . era de 42 *a*, y reinó un *a* en
22.12 estuvo. . escondido en la casa de Dios 6 *a*
23.1 en el séptimo *a* se animó Joiada, y tomó
24.1 de siete *a* era Joás cuando. . y 40 *a* reinó
24.5 para que cada *a* sea reparada la casa de
24.15 mas Joiada. . de 130 *a* era cuando murió
24.23 a la vuelta del *a* subió contra él el
25.1 de 25 *a* era Amasías cuando. . y 29 *a* reinó
25.5 puso en lista a todos los de 20 *a* arriba
25.25 vivió Amasías. . quince *a* después de la
26.1 tomó a Uzías, el cual tenía 16 *a* de edad
26.3 de 16 *a* era Uzías cuando. . y 52 *a* reinó en
27.1 de 25 *a* era Jotam cuando. . y 16 *a* reinó en
27.5 le dieron. . en aquel *a*. . en el segundo *a* y
27.8 cuando comenzó a reinar era de 25 *a*, y 16
28.1 de 20 *a* era Acaz cuando. . y 16 *a* reinó en
29.1 Ezequías siendo de 25 *a*, y reinó 29 *a*
29.3 en el primer *a* de su reinado, en el mes
31.16 de 3 *a* arriba, a todos los que entraban
31.17 y a los levitas de edad de 20 *a* arriba
33.1 de 12 *a* era Manasés cuando. . y 55 *a* reinó
33.21 de 22 *a* era Amón cuando. . y dos *a* reinó
34.1 de 8 *a* era Josías cuando. . y 31 *a* reinó
34.3 a los ocho *a* de su reinado, siendo aún
34.3 a los doce *a* comenzó a limpiar a Judá y
34.8 los 18 *a* de su reinado, después de haber
35.19 esta pascua fue celebrada en el *a* 18 del
36.2 de 23 *a* era Joacaz. . comenzó a reinar y
36.5 Joacim era de 25 *a*, y reinó once *a* en
36.9 de ocho *a* era Joaquín cuando comenzó a
36.10 a la vuelta del *a* el rey Nabucodonosor
36.11 de 21 *a* era Sedequías. . y once *a* reinó
36.21 hasta que los 70 *a* fueron cumplidos
36.22 al primer *a* de Ciro rey de los persas
Esd. 1.1 en el primer *a* de Ciro rey de Persia
3.8 en el *a* segundo de su venida a la casa de
3.8 pusieron a los levitas de 20 *a* arriba para
4.24 quedó suspendida hasta el *a* segundo del
5.11 la casa que ya muchos *a* antes había sido
5.13 en el *a* primero de Ciro rey de Babilonia
6.3 en el *a* primero del rey Ciro, el mismo rey
6.15 era el sexto *a* del reinado del rey Darío
7.7 con él. . en el séptimo *a* del rey Artajerjes
7.8 llegó. . en el mes quinto del *a* séptimo del
Neh. 1.1 el *a* 20, estando yo en Susa, capital del
2.1 sucedió en. . el *a* veinte del rey Artajerjes
5.14 el *a* veinte del rey Artajerjes hasta el
5.14 el *a* 32, doce *a*, ni yo ni mis hermanos
9.21 los sustentaste cuarenta *a* en el desierto
9.30 les soportaste por muchos *a*, y les
10.31 que el *a* séptimo. . descansar la tierra
10.32 contribuir cada *a* con la tercera parte
10.34 leña. . los tiempos determinados cada *a*
10.35 y que cada *a* traeríamos a la casa de
13.6 porque en el *a* 32 de Artajerjes rey de
Est. 1.3 tercer *a* de su reinado hizo banquete
2.16 llevaba. . en el a séptimo de su reinado
3.7 el *a* duodécimo del rey Asuero, fue echada
3.7 suerte para cada día y cada mes del *a;* y
9.21 ordenándoles que celebrasen el. . cada *a*
9.27 de celebrar. . conforme a su tiempo cada *a*
Job 3.6 no sea contada entre los días del *a*, ni
10.5 ¿son. . o tus *a* como los tiempos humanos
15.20 y el número de sus *a* está escondido para
16.22 los *a* contados vendrán, y yo iré por el
32.7 la muchedumbre de *a* declarará sabiduría
36.11 acabarán sus días en. . y sus *a* en dicha
36.26 ni se puede seguir la huella de sus *a*
42.16 después de esto vivió Job 140 *a*, y vio
Sal. 31.10 se va gastando. . y mis *a* de suspirar
61.6 sus *a* serán como generación y generación
65.11 coronas el *a* de tus bienes, y tus nubes
77.5 consideraba los días. . los *a* de los siglos
77.10 traeré. . a la memoria los *a* de la diestra
78.33 consumió sus días. . sus *a* en tribulación
90.4 mil *a* delante de tus ojos son como el día
90.9 acabamos nuestros *a* como un pensamiento
90.10 los días de nuestra edad son setenta *a*
90.10 y si en los más robustos son ochenta *a*
90.15 conforme *a*. . y los *a* en que vimos el mal
95.10 cuarenta *a*. . disgustado con la nación
102.24 generación de generaciones son tus *a*
102.27 eres el mismo, y tus *a* no se acabarán
Pr. 3.2 de días y *a* de vida y paz te aumentarán
4.10 oye, hijo. . se te multiplicarán *a* de vida
5.9 no des a los. . tu honor, y tus *a* al cruel
9.11 tus días, y *a* de vida se te añadirán
10.27 mas los *a* de los impíos serán acortados
Ec. 6.3 aunque. . viviere muchos *a*, y los días de
6.6 porque si aquél viviere mil *a* dos veces
11.8 pero aunque un hombre viva muchos *a*, y
12.1 y lleguen los *a* de los cuales digas: No
Is. 6.1 en el *a* que murió el rey Uzías vi yo al
7.8 y dentro de 65 *a* Efraín será quebrantado
14.28 en el *a* que murió el rey Acaz fue esta
15.5 fugitivos huirán. . como novilla de tres *a*
16.14 de tres *a*, como los *a* de un jornalero
20.1 el *a* que vino el Tartán a Asdod, cuando
20.3 anduvo. . Isaías desnudo y descalzo tres *a*
21.16 dicho. . De aquí a un *a*, semejante a *a* de
23.15 que Tiro será puesta en olvido por 70 *a*
23.15 después de los setenta *a*, cantará Tiro
23.17 que al fin de los 70 *a* visitará Jehová
29.1 añadid un *a* a otro, las fiestas sigan su
32.10 de aquí a. . más de un *a* tendréis espanto
34.8 es día de. . Jehová, *a* de retribuciones en
36.1 aconteció en el *a* 14 del rey Ezequías, que
37.30 comeréis este *a* lo que. . y el *a* segundo lo
37.30 y el *a* tercero sembraréis y segaréis
38.5 he aquí que yo añado a tus días quince *a*
38.10 yo dije. . privado soy del resto de mis *a*
38.15 andaré humildemente todos mis *a*, a causa
61.2 a proclamar el *a* de la buena voluntad de
63.4 día. . y el *a* de mis redimidos ha llegado
65.20 morirá de 100 *a*, y el pecador de 100 *a*
Jer. 1.2 en el *a* decimotercero de su reinado
1.3 hasta el fin del *a* undécimo de Sedequías
11.23 yo traeré mal sobre. . el *a* de su castigo
17.8 y en el *a* de sequía no se fatigará, ni
23.12 yo traeré mal sobre ellos en el *a* de su
25.1 en el cuarto *a* de Joacim. . el *a* primero de
25.3 desde el *a* trece de. . que son veintitrés *a*
25.11 y servirán. . al rey de Babilonia 70 *a*
25.12 y cuando sean cumplidos los setenta *a*
28.1 aconteció en el mismo *a*. . en el *a* cuarto
28.3 dentro de dos *a* haré volver a este lugar
28.11 romperé el yugo. . rey. . dentro de dos *a*
28.16 morirás en este *a*. . hablaste rebelión
28.17 en el mismo *a* murió Hananías, en el mes
29.10 cuando. . se cumplan los setenta *a*, yo os
32.1 el *a* décimo de. . que fue el *a* decimoctavo
34.14 al cabo de siete *a* dejará cada uno a su
34.14 le servirá seis *a*, y lo enviará libre
36.1 en el cuarto *a* de Joacim hijo de Josías
36.9 aconteció en el *a* quinto de Joacim hijo
39.1 en el noveno *a* de Sedequías rey de Judá
39.2 en el undécimo *a* de Sedequías, en el mes
45.1 habló. . Jeremías a Baruc. . en el *a* cuarto
46.2 en el *a* cuarto de Joacim hijo de Josías
48.34 Zoar hasta Horonaim, becerra de tres *a*
48.44 traeré. . sobre Moab, el *a* de su castigo
51.46 en un *a* vendrá el rumor. . y en otro *a*
51.59 a Babilonia. . el cuarto *a* de su reinado
52.1 de edad de veintiún *a*. . y reinó once *a* en
52.4 a los nueve *a* de su reinado, en el mes
52.5 estuvo sitiada. . hasta el undécimo *a* del
52.12 era el *a* 19 del reinado de Nabucodonosor
52.28 el *a* séptimo, a 3.023 hombres de Judá
52.29 el *a* dieciocho de Nabucodonosor él llevó
52.30 el *a* veintitrés de Nabucodonosor. . llevó
52.31 en el *a* treinta y siete del cautiverio
52.31 en el *a* primero de su reinado, alzó la
Ez. 1.1 aconteció en el *a* treinta, en el mes
1.2 en el quinto *a* de la deportación del rey
4.5 yo te he dado los *a* de su maldad por el
4.6 días; día por *a*, día por *a* te lo he dado
8.1 en el sexto *a*, en el mes sexto, a los 5
20.1 aconteció en el *a* séptimo. . el mes quinto
22.4 tu día, y has llegado al término de tus *a*
24.1 vino. . palabra de Jehová. . en el *a* noveno
26.1 aconteció en el undécimo *a*, en el día
29.1 el *a* décimo, en el mes décimo, a los 12
29.11 ella, ni será habitada, por cuarenta *a*
29.12 las ciudades. . desoladas por cuarenta *a*
29.13 al fin de cuarenta *a* recogeré a Egipto
29.17 aconteció en el *a* veintisiete, en el mes
30.20; 31.1 aconteció en el *a* undécimo, en el
32.1 aconteció en el *a* duodécimo, en el mes
32.17 aconteció en el *a* duodécimo, a los quince
33.21 en el *a* duodécimo de nuestro cautiverio
38.8 al cabo de *a* vendrás a la tierra salvada
39.9 y los quemarán en el fuego por siete *a*
40.1 en el *a* veinticinco. . al principio del *a*
40.1 a los catorce *a* después que la ciudad fue
46.13 ofrecerás. . cordero de un *a* sin defecto
46.17 de él hasta el *a* del jubileo, y volverá
Dn. 1.1 en el *a* tercero del reinado de Joacim
1.5 que los criase tres *a*, para que al fin de
1.21 y continuó Daniel hasta el *a* primero del
2.1 el segundo *a* del reinado de Nabucodonosor
5.31 Darío de. . tomó el reino, siendo de 62 *a*
7.1 el primer *a* de Belsasar rey de Babilonia
8.1 el *a* tercero del reinado del rey Belsasar
9.1 en el *a* primero de Darío hijo de Asuero
9.2 en el *a* primero de su reinado, yo Daniel
9.2 el número de los *a* de que habló Jehová al
9.2 de cumplirse las desolaciones de. . en 70 *a*

AÑO *(Continúa)*
Dn. 10.1 en el *a* tercero de Ciro rey de Persia fue
11.1 el *a* primero de Darío el medo, estuve para
11.6 al cabo de *a* harán alianza, y la hija del
11.8 por *a* se mantendrá él contra el rey del
11.13 y al cabo de algunos *a* vendrá..ejército
Jl. 2.2 jamás, ni después de él lo habrá en *a*
2.25 os restituiré los *a* que comió la oruga
Am. 1.1 que profetizó..dos *a* antes del terremoto
2.10 os conduje por el desierto 40 *a*, para que
5.25 ¿me ofrecisteis..en cuarenta *a*, oh casa
Mi. 6.6 ¿me presentaré..con becerros de un *a*?
Hag. 1.1 el *a* segundo del rey Darío, en el mes
1.15 mes sexto, en el segundo *a* del rey Darío
2.10 en el segundo *a* de Darío, vino palabra de
Zac. 1.1 en el octavo mes del *a* segundo de Darío
1.7 en el *a* segundo de Darío, vino palabra de
1.12 estado airado por espacio de setenta *a*?
7.1 el *a* cuarto del rey Darío vino palabra de
7.3 abstinencia como hemos hecho ya algunos *a*
7.5 cuando ayunasteis y llorasteis.. setenta *a*
14.16 subirán de *a* en *a* para adorar al Rey, a
Mal. 3.4 será grata a..como en los *a* antiguos
Mt. 2.16 mandó matar a..niños menores de dos *a*
9.20 una mujer enferma de..desde hacía doce *a*
Mr. 5.25 desde hacía doce *a* padecía de flujo
5.42 la niña se levantó..pues tenía doce *a*
Lc. 2.36 había vivido con su marido 7 *a* desde su
2.37 era viuda hacía ochenta y cuatro *a*; y no
2.41 iban sus padres todos los *a* a Jerusalén
2.42 cuando tuvo doce *a*, subieron a Jerusalén
3.1 el *a* decimoquinto del imperio de Tiberio
3.23 Jesús mismo al..era como de treinta *a*
4.19 a predicar el *a* agradable del Señor
4.25 cuando el cielo fue cerrado por tres *a*
8.42 tenía una hija única, como de doce *a*, que
8.43 padecía de flujo..desde hacía doce *a*, y
12.19 bienes tienes guardados para muchos *a*
13.7 hace tres *a* que vengo a buscar fruto en
13.8 Señor, déjala todavía este *a*, hasta que
13.11 hacía 18 *a* tenía espíritu de enfermedad
13.16 que Satanás había atado dieciocho *a*, ¿no
15.29 he aquí, tantos *a* te sirvo, no habiéndote
Jn. 2.20 en cuarenta y seis *a* fue edificado este
8.57 no tienes cincuenta *a*, ¿y has visto a
11.49 Caifás, uno de..sumo sacerdote aquel *a*
11.51 era el sumo sacerdote aquel *a*, profetizó
18.13 Caifás, que era sumo sacerdote aquel *a*
Hch. 4.22 que el hombre..tenía más de cuarenta *a*
7.6 y los maltratarían, por cuatrocientos *a*
7.23 cuando hubo cumplido la edad de 40 *a*, le
7.30 cuarenta *a*, un ángel se le apareció en el
7.36 señales..y en el desierto por cuarenta *a*
7.42 sacrificios en el desierto por cuarenta *a*
9.33 hacía ocho *a* que estaba en cama, pues era
11.26 y se congregaron allí todo un *a* con la
13.18 de cuarenta *a* los soportó en el desierto
13.20 por cuatrocientos cincuenta *a*, les dio
13.21 Dios les dio a Saúl hijo..por cuarenta *a*
18.11 y se detuvo allí un *a* y seis meses
19.10 continuó por espacio de dos *a*, de manera
20.31 por tres *a*..no he cesado de amonestar
24.10 hace muchos *a* eres juez de esta nación
24.17 pasados algunos *a*, vine a hacer limosnas
28.30 y Pablo permaneció dos *a*..en una casa
Ro. 4.19 al considerar su cuerpo..de casi cien *a*
15.23 y deseando desde hace..*a* ir a vosotros
2 Co. 8.10 sino..a quererlo, desde el *a* pasado
9.2 que Acaya está preparada desde el *a* pasado
12.2 hace catorce *a*..fue arrebatado hasta el
Gá. 1.18 pasados tres *a*, subí a Jerusalén para
2.1 pasados catorce *a*, subí..vez a Jerusalén
3.17 ley, que vino 430 *a* después, no lo abroga
4.10 guardáis los días..los tiempos y los *a*
1 Ti. 5.9 sólo la viuda no menor de sesenta *a*
He. 1.12 tú eres el mismo, y tus *a* no acabarán
3.9 me probaron, y vieron mis obras cuarenta *a*
3.17 ¿con quiénes estuvo él disgustado 40 *a*?
9.7 sólo el sumo sacerdote una vez al *a*, no
9.25 como entra el..cada *a* con sangre ajena
10.1 los..que se ofrecen continuamente cada *a*
10.3 pero en estos sacrificios cada *a* se hace
Stg. 4.13 estaremos allá un *a*, y traficaremos
5.17 no llovió sobre..por tres *a* y seis meses
2 P. 3.8 un día es como mil *a*, y mil *a* como un
Ap. 9.15 para la hora, día, mes y *a*, a fin de
20.2 prendió al dragón..y lo ató por mil *a*
20.3 no..hasta que fuesen cumplidos mil *a*
20.4 y vivieron y reinaron con Cristo mil *a*
20.5 a vivir hasta que se cumplieron mil *a*
20.6 serán sacerdotes..reinarán con él mil *a*
20.7 cuando los mil *a* se cumplan, Satanás

AÑUBLO
Dt. 28.22 te herirá..con *a*; y te perseguirán
1 R. 8.37 si en la tierra hubiere..*a*, langosta
2 Cr. 6.28 si hubiere..*a*, langosta o pulgón

AOD
1. Libertador de Israel
Jue. 3.15 Jehová les levantó..a *A* hijo de Gera
3.16 *A* se había hecho un puñal de dos filos
3.20 se le acercó *A*, estando él sentado solo
3.20 y *A* dijo: Tengo palabra de Dios para ti
3.21 alargó *A* su..izquierda, y tomó el puñal
3.23 salió *A* al corredor, y cerró tras sí las
3.26 *A* escapó, y pasando los ídolos, se puso
4.1 después de la muerte de *A*, los hijos de

2. Descendiente de Benjamín, 1 Cr. 7.10; 8.6

APACENTAR
Gn. 29.7 abrevad las ovejas..id a *apacentarlas*
30.31 si..esto, volveré a *apacentar* tus ovejas
30.36 y Jacob *apacentaba* las otras ovejas de
36.24 este Aná..cuando *apacentaba* los asnos
37.2 *apacentaba* las ovejas con sus hermanos
37.12 fueron sus hermanos a *apacentar* las
37.13 tus hermanos *apacientan* las ovejas en
37.16 que me muestres dónde están *apacentando*
Éx 3.1 *apacentando* Moisés las ovejas de Jetro
1 S. 16.11 queda aun el menor, que *apacienta* las
17.15 para *apacentar* las ovejas de su padre
25.15 estuvimos con..*apacentando* los ganados
25.16 muro fueron..*apacentando* las ovejas
2 S. 5.2 tú *apacentarás* a mi pueblo Israel, y tú
7.7 mandado *apacentar* a mi pueblo de Israel
1 Cr. 11.2 tú *apacentarás* a mi pueblo Israel, y
17.6 a los cuales mandé que *apacentasen* a mi
Job 24.2 roban los ganados, y los *apacientan*
Sal. 37.3 confía..y te *apacentarás* de la verdad
78.71 para que *apacentase* a Jacob su pueblo
78.72 *apacentó* conforme a la integridad de su
Pr. 10.21 labios del justo *apacientan* a muchos
Cnt. 1.7 hazme saber..dónde *apacientas*, dónde
1.8 *apacienta* tus cabritas junto a las cabañas
2.16 mi amado es..él *apacienta* entre lirios
4.5 de gacela, que se *apacientan* entre lirios
6.2 para *apacentar* en los huertos, y..lirios
6.3 mi amado es mío; él *apacienta* entre los
Is. 5.17 los corderos serán *apacentados* según
14.30 primogénitos de los..serán *apacentados*
30.23 ganados en aquel tiempo..*apacentados*
40.11 como pastor *apacentará* su rebaño; en su
49.9 en los caminos serán *apacentados*, y en
61.5 extranjeros *apacentarán* vuestras ovejas
65.25 el lobo y el cordero serán *apacentados*
Jer. 3.15 que os *apacienten* con ciencia y con
6.3 junto a..cada uno *apacentará* en su lugar
23.2 a los pastores que *apacientan* mi pueblo
23.4 sobre ellas pastores que las *apacienten*
Ez. 34.2 ¡ay..pastores..*apacientan* a sí mismos!
34.2 ¿no *apacientan* los pastores a los rebaños?
34.3 coméis la..mas no *apacentáis* a las ovejas
34.8 se *apacentaron* a sí..y no *a* mis ovejas
34.10 les haré dejar de *apacentar* las ovejas
34.10 ni los pastores se *apacentarán* más a sí
34.13 las *apacentaré* en los montes de Israel
34.14 en buenos pastos las *apacentaré*, y en
34.14 *apacentadas* sobre los montes de Israel
34.15 yo *apacentaré* mis ovejas, y yo les daré
34.16 yo buscaré..las *apacentaré* con justicia
34.23 y él las *apacentará*..David, él las *a*, y
Dn. 4.25 te *apacentarán* como a los bueyes, y con
4.32 y como a los bueyes te *apacentarán*
Os. 4.16 ¿los *apacentará* ahora Jehová como a
12.1 Efraín se *apacienta* de viento, y sigue al
Mi. 5.4 él..*apacentará* con poder de Jehová, con
7.14 *apacienta* tu pueblo con tu cayado, el
Sof. 2.7 para el remanente de..allí *apacentarán*
3.13 ellos serán *apacentados*, y dormirán, y no
Zac. 11.4 *apacienta* las ovejas de la matanza
11.7 *apacenté*, pues, las ovejas de la matanza
11.7 tomé..dos cayados..y *apacenté* las ovejas
11.9 y dije: No os *apacentaré*; la que muriere
Mt. 2.6 un guiador, que *apacentará* a mi pueblo
8.33 y los que los *apacentaban* huyeron, y
Mr. 5.14 los que *apacentaban* los cerdos huyeron
Lc. 8.34 los que *apacentaban*..cuando vieron lo
15.15 le envió a..para que *apacentase* cerdos
17.7 teniendo un siervo que ara o *apacienta*
Jn. 21.15 él le dijo: *Apacienta* mis corderos
21.17 Jesús le dijo: *Apacienta* mis ovejas
Hch. 20.28 para *apacentar* la iglesia del Señor
1 Co. 9.7 ¿o quién *apacienta* el rebaño y no toma
1 P. 5.2 *apacentad* la grey de Dios que está
Jud. 12 que comiendo..se *apacientan* a sí mismos

APACIBLE
1 R. 19.12 tras el fuego un silbo *a* y delicado
Pr. 14.30 el corazón *a* es vida de la carne, mas
15.4 la lengua *a* es árbol de vida; mas la
1 Ti. 3.3 no codicioso..sino amable, *a*, no avaro
He. 12.11 pero después da fruto *a* de justicia a
1 P. 3.4 el..ornato de un espíritu afable y *a*

APACIGUAR
Gn. 32.20 *apaciguaré* su ira con el presente que
Est. 7.10 colgaron..se *apaciguó* la ira del rey
Job 14.13 encubrieses hasta *apaciguarse* tu ira
16.5 consolación..*apaciguaría* vuestro dolor
Sal. 107.29 cambia la..y se *apaciguan* sus ondas
107.30 se alegran, porque se *apaciguaron*
Pr. 15.18 tarda en airarse *apacigua* la rencilla
Hch. 19.35 había *apaciguado* a la multitud, dijo
19.36 es necesario que os *apacigüéis*, y que

APAGAR
Lv. 6.12 fuego encendido..el altar no se *apagará*
6.13 el fuego arderá..el altar; no se *apagará*
1 S. 3.3 que la lámpara de Dios fuese *apagada*
2 S. 14.7 *apagarán* el ascua que me ha quedado
21.17 no sea que *apagues* la lámpara de Israel
2 R. 22.17 ira se ha encendido..y no se *apagará*
2 Cr. 29.7 las puertas..y *apagaron* las lámparas
34.25 se derramará mi ira sobre..no se *apagará*
Job 18.5 la luz de los impíos será *apagada*, y no
18.6 la luz..y se *apagará* sobre él su lámpara
21.17 la lámpara de los impíos es *apagada*
29.10 la voz de los principales se *apagaba*
Pr. 13.9 se *apagará* la lámpara de los impíos
20.20 se le *apagará* su lámpara en oscuridad
24.20 la lámpara de los impíos será *apagada*
26.20 sin leña se *apaga* el fuego, y donde no
31.18 ve que..su lámpara no se *apaga* de noche
Cnt. 8.7 muchas aguas no podrán *apagar* el amor
Is. 1.31 serán encendidos..no habrá quien *apague*
34.10 no se *apagará* de noche ni de día..humo
42.3 no..ni *apagará* el pábilo que humeare
43.17 fenecen, como pábilo quedan *apagados*
66.24 nunca morirá, ni su fuego se *apagará*
Jer. 4.4 se encienda y no haya quien la *apague*
7.20 mi furor..encenderán, y no se *apagarán*
17.27 consumirá los palacios..y no se *apagará*
21.12 se encienda y no haya quien lo *apague*
Ez. 20.47 no se *apagará* la llama del fuego
20.48 que yo Jehová lo encendí; no se *apagará*
Am. 5.6 sin haber en Bet-el quien lo *apague*
Mt. 3.12 la paja en fuego que nunca se *apagará*
12.20 el pábilo que humea no *apagará*, hasta
25.8 dadnos de..nuestras lámparas se *apagan*
Mr. 9.43 ir..al fuego que no puede ser *apagado*
9.44,46,48 no muere, y el fuego nunca se *apaga*
9.45 echado..fuego que no puede ser *apagado*
Lc. 3.17 la paja en fuego que nunca se *apagará*
Ef. 6.16 escudo de la fe, con que podáis *apagar*
1 Ts. 5.19 no *apaguéis* al Espíritu
He. 11.34 *apagaron* fuegos impetuosos, evitaron

APAIM *Descendiente de Jerameel,*
1 Cr. 2.30,31

APARECER
Gn. 12.7 y *apareció* Jehová a Abram, y le dijo
12.7 un altar a Jehová, quien le había *aparecido*
17.1 le *apareció* Jehová y le dijo: Yo soy el
18.1 *apareció* Jehová en el encinar de Mamre
26.2 y se le *apareció* Jehová, y le dijo: No
26.24 se le *apareció* Jehová aquella noche, y.
35.1 haz allí un altar al Dios que te *apareció*
35.7 El-bet-el..allí le había *aparecido* Dios
35.9 *apareció* otra vez Dios a Jacob, cuando
48.3 Dios..me *apareció* en Luz en la tierra de
Éx. 3.2 se le *apareció* el ángel de Jehová en una
3.16 Dios..me *apareció* diciendo: En verdad os
4.1 porque dirán: No te ha *aparecido* Jehová
4.5 por esto creerán que se te ha *aparecido*
6.3 *aparecí* a Abraham, a Issac y a Jacob como
16.10 la gloria de Jehová *apareció* en la nube
Lv. 9.4 porque Jehová se *aparecerá*..a vosotros
9.6 hacedlo, y la gloria de..se os *aparecerá*
9.23 la gloria..se *apareció* a todo el pueblo
13.10 si *apareciere* tumor blanco en la piel
13.14 día que *apareciere* en él la carne viva
13.21 y no *apareciere* en ella pelo blanco, ni
13.26 mirare, y no *apareciere* en la mancha
13.39 en la piel..*aparecieren* manchas blancas
13.57 y si *apareciere* de nuevo en el vestido
14.35 algo como plaga ha *aparecido* en mi casa
16.2 porque yo *apareceré* en la nube sobre el
Nm. 12.6 haya..profeta..le *apareceré* en visión
14.14 que cara a cara *aparecías* tú, oh Jehová
16.19 la gloria..*apareció* a..la congregación
16.42 miraron..*apareció* la gloria de Jehová
20.6 la gloria de Jehová *apareció* sobre ellos
Dt. 16.16 *aparecerá* todo varón tuyo delante de
31.15 y se *apareció* Jehová en el tabernáculo
Jue. 6.12 y el ángel de Jehová se le *apareció*
13.3 a esta..*apareció* el ángel de Jehová, y le
13.10 se me ha *aparecido* aquel varón que vino
13.21 el ángel..no volvió a *aparecer* a Manoa
1 S. 3.21 y Jehová volvió a *aparecer* en Silo
2 S. 22.16 entonces *aparecieron* los torrentes de
1 R. 3.5 *apareció* Jehová a Salomón..y le dijo
9.2 *apareció* a Salomón..le había *aparecido* en
11.9 Jehová..se le había *aparecido* dos veces
2 Cr. 1.7 aquella noche *apareció* Dios a Salomón
7.12 *apareció* Jehová a Salomón de noche, y le
Job 33.21 sus huesos, que..no se veían, *aparecen*
Sal. 18.15 entonces *aparecieron* los abismos de
90.16 *aparezca* en tus siervos tu obra, y tu
Pr. 17.24 en el rostro del entendido *aparece* la
27.25 saldrá la grama, *aparecerá* la hierba
Is. 16.12 cuando *apareciere* Moab cansado sobre
Jer. 50.20 la maldad de Israel..y no *aparecerá*
Ez. 1.22 *aparecía* una expansión a manera de
10.8 *apareció* en los querubines la figura de
Dn. 5.5 hora *aparecieron* los dedos de una mano
8.1 año..me *apareció* una visión a mí, Daniel
8.1 después de aquella que me había *aparecido*

APARECER *(Continúa)*
Mt. 1.20 ángel del Señor le *apareció* en sueños
2.13,19 un ángel. .*apareció* en sueños a José
13.26 entonces *apareció* también la cizaña
17.3 les *aparecieron* Moisés y Elías, hablando
24.30 *aparecerá* la señal del Hijo del Hombre
27.53 vinieron a la. .y *aparecieron* a muchos
Mr. 9.4 y les *apareció* Elías con Moisés, que
16.9 *apareció*. .a María Magdalena, de quien
16.12 después *apareció* en otra forma a dos de
16.14 se *apareció* a los once mismos, estando
Lc. 1.11 le *apareció* un ángel de Señor puesto
2.13 *apareció* con el ángel una multitud de las
9.8 otros: Elías ha *aparecido*. .algún profeta
9.31 quienes *aparecieron* rodeados de gloria
22.43 se le *apareció* un ángel del cielo para
24.34 resucitado el Señor. .*aparecido* a Simón
Hch. 1.3 *apareciéndoseles* durante cuarenta días
2.3 y se les *aparecieron* lenguas repartidas
7.2 el Dios. .*apareció* a nuestro padre Abraham
7.30 un ángel se le *apareció* en el desierto del
7.35 por mano del ángel que se le *apareció* en
9.17 Jesús, que se te *apareció* en el camino
13.31 y él se *apareció* durante muchos días a
26.16 porque para esto he *aparecido* a ti, para
26.16 y de aquellas en que me *apareceré* a ti
27.20 no *apareciendo* ni sol ni estrellas por
1 Co. 15.5 que *apareció* a Cefas, y. .a los doce
15.6 *apareció* a más de 500 hermanos a la vez
15.7 *apareció* a Jacobo; después a todos los
15.8 y al último de todos. .me *apareció* a mí
2 Co. 13.7 no para que. .*aparezcamos* aprobados
He. 9.28 sola vez. .y *aparecerá* por segunda vez
Stg. 4.14 es neblina que se *aparece* por un poco
1 P. 4.18 dónde *aparecerá* el impío y el pecador?
5.4 *aparezca* el Príncipe de los pastores
1 Jn. 3.5 y sabéis que él *apareció* para quitar
3.8 para esto *apareció* el Hijo de Dios, para
Ap. 12.1 *apareció* en el cielo una gran señal
12.3 también *apareció* otra señal en el cielo

APAREJO
Hch. 27.19 manos arrojamos los *a* de la nave

APARENTAR
Hch. 27.30 *aparentaban* como que querían largar

APARICIÓN
Mt. 2.7 indagó. .tiempo de la *a* de la estrella
1 Ti. 6.14 la *a* de nuestro Señor Jesucristo
2 Ti. 1.10 sido manifestada por la *a*. .Salvador

APARIENCIA
Gn. 41.18 subían siete vacas de. .hermosa *a*, que
41.21 la *a* de las flacas era aún mala, como
Éx. 24.17 la *a* de la gloria. .era como un fuego
Nm. 9.15 había. .como una *a* de fuego, hasta la
9.16 continuamente. .de noche la *a* de fuego
12.8 hablaré con él. .y verá la *a* de Jehová
Jos. 22.10 edificaron allí. .un altar de grande *a*
1 S. 25.3 era. .de hermosa *a*; pero el hombre era
Sal. 73.20 como sueño del. .menospreciarás su *a*
Is. 3.9 *a* de sus rostros testifica contra ellos
Ez. 1.5 esta era su *a*: había en ellos semejanza
1.16 su *a* y su obra eran como rueda en medio
1.27 y vi *a* como de bronce. .como *a* de fuego
10.10 en cuanto a su *a*, las cuatro eran de una
10.22 la semejanza. .era. .su misma *a* y su ser
23.15 teniendo. .*a* de capitanes, a la manera
Dn. 8.15 puso delante de mí uno con *a* de hombre
Mt. 22.16; Mr. 12.14 porque no miras la *a* de los
Lc. 9.29 oraba, la *a* de su rostro se hizo otra
Jn. 7.24 no juzguéis según las *a*, sino juzgad
1 Co. 7.31 porque la *a* de este mundo se pasa
2 Co. 5.12 los que se glorían en las *a* y no en
10.7 miráis las cosas según la *a*. Si alguno
2 Ti. 3.5 tendrán *a* de piedad, pero negarán la

APARTADO, DA *Véase también Apartar*
2 Cr. 26.21 rey Uzías fue leproso. .en una casa *a*
Mt. 14.13 se apartó de. .a un lugar desierto y *a*
Lc. 15.13 se fue lejos a una provincia *a*; y allí

APARTAMIENTO
Nm. 6.5 sean cumplidos los días de su *a* a Jehová

APARTAR
Gn. 13.9 ruego que te *apartes* de mí. Si fueres
13.11 fue Lot. .y se *apartaron* el uno del otro
13.14 a Abram, después que Lot se *apartó* de
18.22 *apartaron* de allí los varones, y fueron
24.27 que no *apartó* de mi amo su misericordia
26.16 *apártate* de nosotros, porque mucho más
26.22 y se *apartó* de allí, y abrió otro pozo
28.22 de todo lo. .el diezmo *apartaré* para ti
30.35 Labán *apartó* aquel día. .machos cabríos
30.40 y *apartaba* Jacob los corderos, y ponía
31.49 cuando nos *apartemos* el uno del otro
38.1 Judá se *apartó* de sus hermanos, y se fue
38.16 se *apartó* del camino hacia ella, y le
42.24 y se *apartó* José de ellos, y lloró
49.7 los *apartaré* en Jacob, y los. .en Israel
49.26 sobre la frente del que fue *apartado* de
Éx. 8.22 *apartaré* la tierra de Gosén, en la cual
13.22 nunca se *apartó* de delante del pueblo
14.19 el ángel. .se *apartó* e iba en pos de ellos
14.19 nube. .se *apartó* y se puso a sus espaldas
29.27 *apartarás* el pecho de la ofrenda mecida
32.2 *apartad* los zarcillos de oro que están en
32.3 *apartó* los zarcillos de oro que tenían en
32.8 pronto se han *apartado* del camino que yo
32.24 *apartadlo*. Y me lo dieron, y lo eché en
33.11 Josué. .nunca se *apartaba* de en medio del
33.16 y que yo y tu pueblo seamos *apartados* de
33.23 *apartaré* mi mano, y verás mis espaldas
Lv. 6.10 *apartará* él las cenizas de. .el altar
15.19 la mujer tuviere. .7 días estará *apartada*
15.31 *apartaréis* de sus impurezas a. .Israel
20.24 yo. .que os he *apartado* de los pueblos
20.25 los cuales os he *apartado* por inmundos
20.26 os he *apartado* de los pueblos para que
22.15 las cosas. .las cuales *apartan* para Jehová
Nm. 5.19 y si no te has *apartado* de tu marido a
6.2 que se *apartare* haciendo voto de nazareo
6.6 todo el tiempo que se *aparte* para Jehová
8.14 así *apartarás* a los levitas de entre los
12.10 la nube se *apartó* del tabernáculo, y he
14.9 su amparo se ha *apartado* de ellos, y con
14.44 el arca. .no se *apartaron* de en medio del
16.9 que el Dios de Israel os haya *apartado* de
16.21 *apartaos* de entre esta. .y los consumiré
16.24 *apartaos* de en derredor de la tienda de
16.26 *apartaos* ahora de las tiendas de estos
16.27 y se *apartaron* de las tiendas de Coré
16.45 *apartaos* de. .esta congregación, y los
20.17 sin *apartarnos* a diestra ni a siniestra
22.23 y se *apartó* el asna del camino, e iba
22.26 camino para *apartarse* ni a derecha ni a
22.33 el asna. .se ha *apartado* luego de. .de mí
22.33 y si de mí no se hubiera *apartado*, yo
25.4 la ira de Jehová se *apartará* de Israel
25.11 Finees. .ha hecho *apartar* mi furor de los
31.28 y *apartarás* para Jehová el tributo de
31.42 de la mitad. .que *apartó* Moisés de los
Dt. 2.27 iré, sin *apartarme* ni a diestra ni a
4.9 ni se *aparten* de tu corazón todos los días
4.41 *apartó* Moisés tres ciudades a este lado
5.32 no os *apartéis* a diestra ni a siniestra
9.12 pronto se han *apartado* del camino que yo
9.16 *apartándoos*. .camino que Jehová os había
10.8 *apartó* Jehová la tribu de Leví para que
11.16 y os *apartéis* y sirváis a dioses ajenos
11.28 si. .os *apartareis* del camino que yo os
13.5 trató de *apartarte* del camino por el cual
13.10 le apedrearás. .cuanto procuró *apartarte*
13.17 Jehová se *aparte* del ardor de su ira
17.11 no te *apartarás* ni a diestra ni a siniestra
17.20 ni se *aparte* del mandamiento a diestra
19.2 te *apartarás* tres ciudades en medio de la
22.4 si vieres el asno. .no te *apartarás* de él
28.14 si no te *apartares* de todas las palabras
29.18 cuyo corazón se *aparte* hoy de Jehová
29.21 lo *apartará* Jehová de todas las tribus
30.17 si tu corazón se *apartare* y no oyeres
31.29 *apartaréis* del camino que os he mandado
Jos. 1.7 no te *apartes* de ella ni a diestra ni a
1.8 nunca se *apartará* de tu boca este libro de
16.9 ciudades que se *apartaron* para los hijos
21.42 ciudades estaban *apartadas* la una de
22.16 para *apartaros* hoy de seguir a Jehová
22.18 que. .os *apartéis* hoy de seguir a Jehová?
22.29 nunca. .que nos *apartemos* hoy de seguir
23.6 sin *apartaros* de ello ni a diestra ni a
23.12 si os *apartareis*, y os uniereis a lo que
Jue. 2.17 se *apartaron* pronto del camino en que
2.19 no se *apartaban* de sus obras, ni de su
4.11 Heber. .se había *apartado* de los ceneos
5.6 y los. .se *apartaban* por senderos torcidos
14.8 se *apartó* del camino para ver el. .león
16.17 si. .rapado, mi fuerza se *apartará* de mí
16.19 le rapó. .pues su fuerza se *apartó* de él
16.20 que Jehová ya se había *apartado* de él
19.15 y se *apartaron* del camino para entrar a
Rt. 1.16 no me ruegues que te deje, y me *aparte*
1 S. 6.3 por qué no se *apartó* de vosotros su
6.12 sin *apartarse*. .a derecha ni a izquierda
10.2 hoy, después que te hayas *apartado* de mí
10.9 al volver él la. .para *apartarse* de Samuel
12.20 no os *apartéis* de en pos de Jehová, sino
12.21 no os *apartéis* en pos de vanidades que
15.6 *apartaos* y salid. .se *apartaron* los ceneos
16.14 el Espíritu de Jehová se *apartó* de Saúl
16.23 y el espíritu malo se *apartaba* de él
17.30 y *apartándose* de él. .preguntó de igual
18.12 cuanto Jehová. .se había *apartado* de Saúl
19.10 él se *apartó* de delante de Saúl, el cual
20.15 no *apartarás* tu misericordia de mi casa
28.15 filisteos. .y Dios se ha *apartado* de mí
28.16 si Jehová se ha *apartado* de ti y es tu
2 S. 2.19 Asael tras de Abner, sin *apartarse* ni
2.21 *apártate* a la derecha o a la izquierda
2.21 Asael no quiso *apartarse* de en pos de él
2.22 y Abner volvió a decir a Asael: *Apártate*
7.15 pero mi misericordia no se *apartará* de él
7.15 como la *aparté* de Saúl, al cual quité de
12.10 se *apartará* jamás de tu casa la espada
14.19 que no hay que *apartarse* a derecha ni a
20.12 *apartó* a Amasa del camino al campo, y
20.13 que fue *apartado* del camino, pasaron
22.22 y no me *aparté* impíamente de mi Dios
22.23 y no me he *apartado* de sus estatutos
1 R. 8.53 tú los *apartaste* para ti como heredad
9.6 os *apartareis* de mí. .no guardareis mis
11.9 su corazón se había *apartado* de Jehová
12.19 así se *apartó* Israel de la casa de David
13.33 con todo esto, no se *apartó* Jeroboam de
15.5 y de ninguna cosa. .se había *apartado* en
15.19 tu pacto con Baasa. .que se *aparte* de mí
17.3 *apártate* de aquí. .el arroyo de Querit
20.36 cuando te *apartes*. .te herirá un león
20.36 cuando se *apartó*. .le encontró un león
22.33 que no era el rey. .se *apartaron* de él
2 R. 2.8 golpeó las aguas. .se *apartaron* a uno y
2.11 un carro de fuego con. .*apartó* a los dos
2.14 las aguas, se *apartaron*. .y pasó Eliseo
3.3 que hizo pecar a. .y no se *apartó* de ellos
3.27 y se *apartaron* de él, y se volvieron a
10.29 Jehú no se *apartó* de los pecados de
10.31 ni se *apartó* de los pecados de Jeroboam
13.2 siguió en los pecados de. .y no se *apartó*
13.6 no se *apartaron* de los pecados de la casa
13.11; 14.24; 15.9,18,24,28 no se *apartó* de
los pecados de Jeroboam
17.21 Jeroboam *apartó* a Israel de. .de Jehová
17.22 anduvieron en. .sin *apartarse* de ellos
18.6 siguió a Jehová, y no se *apartó* de él
18.14 *apártate* de mí, y haré todo lo que me
22.2 anduvo en. .sin *apartarse* a derecha ni a
1 Cr. 23.13 Aarón fue *apartado*. .dedicado a las
25.1 *apartaron* para el. .a los hijos de Asaf
2 Cr. 8.15 no se *apartaron* del mandamiento del
10.19 así se *apartó* Israel de la casa de David
12.12 la ira de Jehová se *apartó* de él, para
18.31 Jehová lo ayudó, y los *apartó* Dios de
20.10 se *apartase* de ellos, y no los destruyese
20.32 el camino de Asa su padre, sin *apartarse*
25.10 *apartó* el ejército de la gente que había
25.27 desde. .que Amasías se *apartó* de Jehová
29.6 *apartaron* sus rostros del tabernáculo de
29.10 *aparte* de nosotros el ardor de su ira
30.8 ardor de su ira se *apartará* de vosotros
30.9 y no *apartará* de vosotros su rostro, si
34.2 *apartarse* a la derecha ni a la izquierda
34.33 no se *apartaron* de en pos de Jehová su
35.15 no era necesario que se *apartasen* de su
Esd. 6.21 se habían *apartado* de las inmundicias
8.24 *aparté* luego a doce de los principales
10.11 *apartaos* de los pueblos de las tierras
10.14 hasta que *apartemos*. .el ardor de la ira
10.16 y fueron *apartados* el sacerdote Esdras
Neh. 4.19 estamos *apartados* en el muro, lejos
9.2 ya se había *apartado*. .Israel de todos los
9.19 la columna de nube no se *apartó* de ellos
10.28 los que se habían *apartado* de los pueblos
Job 1.1,8; 2.3 temeroso de Dios y *apartado* del
6.18 se *apartan* de la senda de su rumbo, van
7.19 ¿hasta cuándo no *apartarás*. .tu mirada
13.21 *aparta* de mí tu mano, y no me asombre
16.6 y si dejo de hablar, no se *aparta* de mí
19.13 mis conocidos como. .se *apartaron* de mí
21.14; 22.17 a Dios: *Apártate* de nosotros
23.11 pies. .guardé su camino, y no me *aparté*
24.4 *apartar* del camino a los menesterosos
28.28 y el *apartarse* del mal, la inteligencia
31.7 si mis pasos se *apartaron* del camino, si
33.17 quitar. .*apartar* del varón la soberbia
33.30 para *apartar* su alma del sepulcro, y para
34.27 así se *apartaron* de él, y no consideraron
36.7 no *apartará* de los justos sus ojos; antes
36.16 te *apartará* de la boca de la angustia
36.18 no puedas *apartar* de ti con gran rescate
41.17 están trabados. .que no se pueden *apartar*
Sal. 6.8 *apartaos* de mí, todos los hacedores de
18.21 y no me *aparté* impíamente de mi Dios
18.22 y no me he *apartado* de sus estatutos
27.9 no *apartes* con tu ira a tu siervo. .ayuda
34.14; 37.27 *apártate* del mal, y haz el bien
44.18 ni se han *apartado* de. .nuestros pasos
55.11 y el engaño no se *apartan* de sus plazas
58.3 se *apartaron* los impíos desde la matriz
73.27 destruirás a todo aquel que. .se *aparta*
78.38 *apartó* muchas veces su ira, y. .su enojo
80.18 no nos *apartaremos* de ti; vida. .darás
81.6 *aparté* su hombro de debajo de la carga
85.3 enojo; te *apartaste* del ardor de tu ira
101.4 corazón perverso se *apartará* de mí; no
106.23 a fin de *apartar* su indignación para
119.22 *aparta*. .el oprobio y el menosprecio
119.29 *aparta* de mí el camino de la mentira
119.37 *aparta* mis ojos. .que no vean la vanidad
119.51 de mí, mas no me he *apartado* de tu ley
119.102 no me *aparté* de tus juicios, porque
119.115 *apartaos* de mí, malignos, pues yo
119.157 de tus testimonios no me he *apartado*
125.5 a los que se *apartan* tras. .Jehová los
139.19 *apartaos*, pues. .hombres sanguinarios
Pr. 1.15 no andes. .*aparta* tu pie de sus veredas
3.3 nunca se *aparten* de ti la misericordia y

APARTAR *(Continúa)*
Pr. 3.7 no seas..teme a Jehová, y *apártate* del mal
3.21 no se *aparten* estas cosas de tus ojos
4.5 ni te *apartes* de las razones de mi boca
4.15 déjala, no pases por ellas, *apártate* de
4.21 no se *aparten* de tus ojos; guárdalas en
4.24 *aparta* de ti la perversidad de la boca
4.27 no te desvíes a..*aparta* tu pie del mal
5.7 no os *apartéis* de las razones de mi boca
7.25 no se *aparte* tu corazón a sus caminos
11.22 es la mujer hermosa y *apartada* de razón
13.14 para *apartarse* de los lazos de la muerte
13.19 *apartarse* del mal es abominación a los
14.16 el sabio teme y se *aparta* del mal; mas
14.27 para *apartarse* de los lazos de la muerte
15.24 hacia arriba..*apartarse* del Seol abajo
16.6 el temor de Jehová..se *apartan* del mal
16.17 camino de los rectos se *aparta* del mal
16.28 el chismoso *aparta* a los mejores amigos
17.9 mas el que la divulga, *aparta* al amigo
17.13 da mal por bien, no se *apartará* el mal
19.4 mas el pobre es *apartado* de su amigo
20.14 dice: Malo..cuando se *aparta*, se alaba
21.16 el hombre que se *aparta* del camino de
22.6 instruye al niño..no se *apartará* de él
24.18 que Jehová..*aparte* de sobre él su enojo
25.5 *aparta* al impío de la presencia del rey
27.22 necio..no se *apartará* de él su necedad
28.9 el que *aparta* su oído para no oir la ley
28.13 que los confiesa y se *aparta* alcanzará
28.27 que *aparta* sus ojos tendrá..maldiciones
29.8 en llamas, mas los sabios *apartan* la ira
30.8 vanidad y palabra mentirosa *aparta* de mí
Ec. 2.10 ni *aparté* mi corazón de placer alguno
7.18 también de aquello no *apartes* tu mano
11.10 el enojo, y *aparta* de tu carne el mal
Cnt. 6.1 ¿a dónde..a dónde se *apartó* tu amado
6.5 *aparta* tus ojos..de mí..ellos me vencieron
Is. 7.17 desde el día que Efraín se *apartó* de
10.2 para *apartar* del juicio a los pobres, y
12.1 contra mí, tu indignación se *apartó*, y
14.25 su yugo será *apartado* de ellos, y su
30.1 ¡ay de los hijos que se *apartan*, dice
30.2 que se *apartan* para descender a Egipto
30.11 dejad el camino, *apartaos* de la senda
30.22 las *apartarás* como trapo asqueroso; ¡Sal
37.8 ya..oído que se había *apartado* de Laquis
49.19 tus destruidores serán *apartados* lejos
49.20 estrecho es..*apártate*, para que yo more
52.11 *apartaos*, *a*, salid de ahí, no toquéis
53.6 cada cual se *apartó* por su camino; mas
54.10 no se *apartará* de ti mi misericordia
56.3 hable diciendo: Me *apartará*..de su pueblo
59.13 el *apartarse* de en pos de nuestro Dios
Jer. 2.35 soy..de cierto su ira se *apartó* de mí
3.19 y no os *apartaréis* de en pos de mí
4.8 porque la ira de Jehová no se ha *apartado*
5.23 este pueblo..se *apartaron* y se fueron
5.25 pecados *apartaron* de vosotros el bien
6.8 corrígete, Jerusalén..que no se *aparte*
9.2 dejase a mi pueblo, y de..me *apartase!*
17.5 brazo, y su corazón se *aparta* de Jehová
17.13 que se *apartan* de mí serán escritos en
18.20 que me puse..para *apartar* de ellos tu ira
23.20 no se *apartará* el furor de Jehová hasta
31.19 después que me *aparté*..arrepentimiento
32.40 de ellos, para que no se *aparten* de mí
37.9 sin duda..caldeos se *apartarán*..no se *a*
37.12 para *apartarse* de en medio del pueblo
Lm. 4.15 ¡*apartaos*!..les gritaban; ¡*a*, *a*, no
4.16 ira de Jehová los *apartó*, no los mirará
Ez. 3.20 si el justo se *apartare* de su justicia
6.9 su corazón fornicario que se *apartó* de mí
7.22 y *apartaré* de ellos mi rostro, y será
10.16 las ruedas tampoco se *apartaban* de ellos
13.22 para que no se *apartase* de su mal camino
14.5 han *apartado* de mi todos..por sus ídolos
14.6 *apartad* vuestro rostro de..abominaciones
14.7 se hubiere *apartado* de andar en pos de mí
16.42 ira sobre ti, y se *apartará* de ti mi celo
18.17 *apartare* su mano del pobre, interés y
18.21 *apartare* de todos sus pecados que hizo
18.23 impío..¿No vivirá, si se *apartare* de sus
18.24 si el justo se *apartare* de su justicia
18.26 *apartándose* el justo de su justicia, y
18.27 *apartándose* el impío de su impiedad que
18.28 y se *apartó* de todas sus transgresiones
18.30 y *apartaos* de..vuestras trangresiones
20.38 *apartaré* de entre vosotros a..rebeldes
22.26 y de mis días de reposo *apartaron* sus
33.9 si tú avisares al..para que se *aparte* de
33.9 él no se *apartare* de su camino, él morirá
33.18 el justo se *apartare* de su justicia, e
33.19 el impío se *apartare* de su impiedad, e
44.10 y los levitas que se *apartaron* de mí
44.15 cuando los hijos de Israel se *apartaron*
45.1 *apartaréis* una porción para Jehová, que
45.6,7(2) lo que se *apartó* para el santuario
Dn. 9.5 nos hemos *apartado* de tus mandamientos
9.11 ley *apartándose* para no obedecer tu voz
9.16 *apártese* ahora tu ira y tu furor de sobre
Os. 1.2 la tierra fornica *apartándose* de Jehová
2.2 *aparte*..sus fornicaciones de su rostro
4.16 como novilla indómita se *apartó* Israel
5.6 a Jehová, y no le hallarán; se *apartó* de
7.13 ¡ay de ellos! porque se *apartaron* de mí
9.1 pues has fornicado *apartándote* de tu Dios
9.10 ellos..se *apartaron* para vergüenza, y se
9.12 ¡ay de ellos..cuando de ellos me *aparte!*
14.4 los amaré de..mi ira se *apartó* de ellos
Jon. 3.9 se *apartará* del ardor de su ira, y no
Nah. 3.1 ¡ay de ti..sin *apartarte* del pillaje!
3.7 todos los que te vieren se *apartarán* de ti
Sof. 1.6 los que se *apartan* de en pos de Jehová
3.15 Jehová ha *apartado* tus juicios..es Rey
Zac. 14.4 la mitad..se *apartará* hacia el norte
Mal. 2.6 a muchos hizo *apartar* de la iniquidad
2.8 mas vosotros os habéis *apartado* del camino
3.7 os habéis *apartado* de mis leyes, y no las
Mt. 7.23 *apartaos* de mí, hacedores de maldad
9.24 *apartaos*, porque la niña no está muerta
12.15 sabiendo esto Jesús, se *apartó* de allí
13.49 *apartarán* a los malos de..los justos
14.13 Jesús, se *apartó* de allí en una barca
25.32 *apartará* los..como *aparta* el pastor las
25.41 dirá..a los de la izquierda: *Apartaos*
Mr. 14.36 *aparta* de mí esta copa; mas no lo que
Lc. 2.37 era viuda..y no se *apartaba* del templo
4.13 el diablo..se *apartó* de él por un tiempo
5.3 le rogó que la *apartase* de tierra un poco
5.8 *apártate* de mí..porque soy hombre pecador
5.16 mas él se *apartaba* a lugares desiertos
6.22 cuando os *aparten* de sí, y os vituperen
8.13 y en el tiempo de la prueba se *apartan*
9.33 *apartándose* ellos de..Pedro dijo a Jesús
9.39 le toma, y..a duras penas se *aparta* de él
13.27 *apartaos* de mí..vosotros, hacedores de
22.41 él se *apartó* de ellos a distancia como
Jn. 5.13 Jesús se había *apartado* de la gente
12.11 los judíos se *apartaban* y creían en Jesús
Hch. 5.38 *apartaos* de estos hombres, y dejadlos
7.42 y Dios se *apartó*, y los entregó a que
12.10 calle, y luego el ángel se *apartó* de él
13.2 *apartadme* a Bernabé y a Saulo para la
13.8 procurando *apartar* de la fe al procónsul
13.13 pero Juan, *apartándose* de ellos, volvió
15.20 que se *aparten* de..ídolos..y de sangre
15.38 al que se había *apartado* de ellos desde
19.9 se *apartó* Pablo de ellos y separó a los
19.26 toda Asia, ha *apartado* a muchas gentes
22.29 se *apartaron* de él los que le iban a
Ro. 1.1 siervo de..*apartado* para el evangelio
11.26 vendrá..*apartará* de Jacob la impiedad
16.17 os fijéis en..y que os *apartéis* de ellos
2 Co. 6.17 salid de..y *apartaos*, dice el Señor
Gá. 1.5 Dios, que me *apartó* desde el vientre de
2.12 pero después..se retraía y se *apartaba*
4.17 quieren *apartaros* de nosotros para que
1 Ts. 4.3 voluntad..os *apartéis* de fornicación
2 Ts. 3.6 os *apartéis* de todo hermano que ande
1 Ti. 1.6 de las..se *apartaron* a vana palabrería
5.15 algunas se han *apartado* en pos de Satanás
6.5 hombres corruptos..*apártate* de los tales
2 Ti. 2.19 *apártese* de iniquidad todo aquel que
4.4 y *apartarán* de la verdad el oído y se
Tit. 1.14 ni a mandamientos de..que se *apartan*
Flm. 15 porque quizás para esto se *apartó* de ti
He. 3.12 corazón malo..*apartarse* del Dios vivo
7.26 *apartado* de los pecadores, y hecho más
1 P. 3.11 *apártase* del mal, y haga el bien..paz
Ap. 18.14 frutos codiciados..se *apartaron* de ti

APEDREAR

Éx. 8.26 si sacrificáramos..no nos *apedrearían?*
17.4 ¿qué haré..aquí a un poco me *apedrearán*
19.13 no lo tocará..porque será *apedreado* o
21.28 buey será *apedreado*, y no será comida su
21.29 el buey será *apedreado*..morirá su dueño
21.32 acorneare a un siervo..será *apedreado*
Lv. 20.2 el pueblo de la tierra lo *apedreará*
20.27 *apedreados;* su sangre será sobre ellos
24.14 saca..y *apedréelo* toda la congregación
24.16 toda la congregación lo *apedreará;* así
24.23 sacaron..al blasfemo y lo *apedrearon*
Nm. 14.10 toda la multitud habló de *apedrearlos*
15.35 *apedréelo* toda la congregación fuera del
15.36 lo sacó la congregación..lo *apedrearon*
Dt. 13.10 le *apedrearás* hasta que muera, por
17.5 sacarás..y los *apedrearás*, y así morirán
21.21 los hombres de..lo *apedrearán*, y morirá
22.21 la *apedrearán* los hombres de su ciudad
22.24 los sacaréis a ambos..y los *apedrearéis*
Jos. 7.25 todos los israelitas los *apedrearon*
7.25 y los quemaron después de *apedrearlos*
1 S. 30.6 el pueblo hablaba de *apedrearlo*, pues
1 R. 12.18 pero le *apedreó* todo Israel, y murió
21.10 sacadlo, y *apedreadlo* para que muera
21.13 llevaron fuera..lo *apedrearon*, y murió
21.14 Nabot ha sido *apedreado* y ha muerto
21.15 que Nabot había sido *apedreado* y muerto
2 Cr. 10.18 le *apedrearon* los hijos de Israel
24.21 lo *apedrearon* hasta matarlo, en el patio
Ez. 16.40 y te *apedrearán*, y te atravesarán con
23.47 las *apedrearán*, y las atravesarán con
Mt. 21.35 a otro mataron, y a otro *apedrearon*
23.37 y *apedreas* a los que te son enviados!
Mr. 12.4 *apedreándole*, le hirieron en la cabeza
Lc. 13.34 y *apedreas* a los que te son enviados!
20.6 decimos..todo el pueblo nos *apedreará*
Jn. 8.5 en la ley nos mandó Moisés *apedrear* a
10.31 judíos a tomar piedras para *apedrearle*
10.32 obras..¿por cuál de ellas me *apedreáis?*
10.33 por buena obra no te *apedreamos*, sino
11.8 ahora procuraban los judíos *apedrearte*
Hch. 5.26 temían ser *apedreados* por el pueblo
7.58 y echándole fuera de la..le *apedrearon*
7.59 *apedreaban* a Esteban, mientras él..decía
14.5 se lanzaron a afrentarlos y *apedrearlos*
14.19 *apedreado* a Pablo, le arrastraron fuera
2 Co. 11.25 varas; una vez *apedreado;* tres veces
He. 11.37 fueron *apedreados*, aserrados, puestos
12.20 bestia tocare el monte, será *apedreada*

APEGARSE

Gn. 34.3 su alma se *apegó* a Dina la hija de Lea
34.8 el alma de..se ha *apegado* a vuestra hija
Sal. 63.8 está mi alma *apegada* a ti; tu diestra
119.31 he *apegado* a tus testimonios; oh Jehová

APELAR

Hch. 25.11 nadie puede entregarme..César *apelo*
25.12 Festo..A César has *apelado;* a César
25.21 Pablo *apeló* para que se le reservase
25.25 y como él mismo *apeló* a Augusto, he
26.32 podía..si no hubiera *apelado* a César
28.19 pero..me vi obligado a *apelar* a César

APELES *Cristiano saludado por Pablo*, Ro. 16.10

APELLIDAR

Is. 44.5 se *apellidará* con el nombre de Israel
Mr. 3.17 a quienes *apellidó* Boanerges, esto es

APERCIBIR

Sal. 59.4 sin delito mío corren y se *aperciben*
Ez. 3.18 impío sea *apercibido* de su mal camino
33.4 oyere el sonido de..y no se *apercibiere*
33.5 de la trompeta oyó, y no se *apercibió*
33.5 el que se *apercibiere* librará su vida
33.6 el pueblo no se *apercibiere*, y viniendo
38.7 *apercíbete*, tú y toda tu multitud que

APERO

Zac. 11.15 toma..los *a* de un pastor insensato

APERTURA

Is. 61.1 publicar..a los presos *a* de la cárcel

APESADUMBRAR

1 S. 15.11 *apesadumbró* Samuel, y clamó a Jehová
Est. 6.12 se dio prisa para irse..*apesadumbrado*
Jon. 4.1 pero Jonás se *apesadumbró*..y se enojó

APESTAR

Éx. 8.14 en montones, y *apestaba* la tierra

APETITO

Pr. 6.30 si hurta para saciar su *a* cuando tiene
23.2 pon cuchillo a tu garganta, si tienes *a*
Ec. 12.5 se perderá el *a;* porque el hombre va
Col. 2.23 no tienen valor alguno contra los *a*

APIA *Cristiana en Colosas*, Flm. 2

APIADAR

1 S. 15.3 no te *apiades* de él; mata a hombres
Is. 30.19 el que tiene misericordia se *apiadará*

APIÑARSE

Lc. 11.29 y *apiñándose* las multitudes, comenzó

APIO *Véase Foro de Apio*

APLACAR

Gn. 27.45 que se *aplaque* la ira de tu hermano
Éx. 32.30 quizá le *aplacaré* acerca de vuestro
Jue. 8.3 el enojo de ellos contra él se *aplacó*
Sal. 90.13 y *aplácate* para con tus siervos
Pr. 25.15 con..paciencia se *aplaca* el príncipe

APLASTAR

Sal. 62.3 tratando..de *aplastarle* como pared
72.4 salvará a los..y *aplastará* al opresor
Is. 17.14 es la parte de los que nos *aplastan*
Ro. 16.20 el Dios de paz *aplastará* en breve a

APLAUDIR

Sal. 98.4 la voz, y *aplaudid*, y cantad salmos

APLAUSO

Is. 55.12 los árboles del..darán palmadas de *a*

APLAZAR

Hch. 24.22 Félix, oídas estas cosas..les *aplazó*

APLICAR
Dt. 23.25 mas no *aplicarás* hoz a la mies de tu
32.46 y les dijo: *Aplicad* vuestro corazón a
Pr. 22.17 y *aplica* tu corazón a mi sabiduría
23.12 *aplica* tu corazón a la enseñanza, y tus
31.19 *aplica* su mano al huso, y sus manos a
Ec. 7.21 tampoco *apliques* tu corazón a todas las
Ez. 8.17 he aquí. .*aplican* el ramo a sus narices
16.44 *aplicará* a ti el refrán que dice: Cual
Os. 7.6 *aplicaron* su corazón. .a sus artificios

APOCAR
Dt. 20.8 y no *apoque* el corazón de sus hermanos
Is. 35.4 a los de corazón *apocado:* Esforzaos

APODERARSE
Gn. 27.36 se *apoderó* de mi primogenitura, y he
Éx. 15.14 se *apoderará* dolor de la tierra de los
Nm. 21.35 hirieron. .y se *apoderaron* de su tierra
Jue. 11.21 se *apoderó* Israel de toda la tierra
11.22 se *apoderaron*. .de todo el territorio del
11.23 así que. .¿pretendes tú *apoderarte* de él?
2 S. 1.9 se ha *apoderado* de mí la angustia; pues
Est. 3.13 la orden. .de *apoderarse* de sus bienes
8.11 a destruir. .y *apoderarse* de sus bienes
Job 27.20 *apoderarán* de él terrores como aguas
30.16 días de aflicción se *apoderan* de mí
Sal. 41.8 cosa pestilencial se ha *apoderado* de
44.3 no se *apoderaron* de la tierra por su
109.11 que el acreedor se *apodere* de todo lo
119.53 horror se *apoderó* de mí a causa de los
119.143 aflicción y angustia se han *apoderado*
Is. 10.14 así me *apoderé* yo de toda la tierra
13.8 angustias y dolores se *apoderarán* de
21.3 de dolor; angustias se *apoderaron* de mí
Jer. 6.24 *apoderó* de nosotros angustia, dolor
Dn. 6.24 los leones se *apoderaron* de ellos y
10.7 sino. .se *apoderó* de ellos un gran temor
11.43 *apoderará* de los tesoros de oro y plata
Mt. 21.38 venid, matémosle, y *apoderémonos* de
Lc. 5.9 temor se había *apoderado* de él, y de
8.29 mucho tiempo. .se había *apoderado* de él
Jn. 6.15 para *apoderarse* de él y hacerle rey
Hch. 18.17 *apoderándose* de Sóstenes, principal
21.30 *apoderándose* de Pablo, le arrastraron

APOLILLARSE
Is. 40.20 el pobre. .madera que no se *apolille*

APOLIÓN *"Destructor"*, Ap. 9.11

APOLONIA *Ciudad de Macedonia*, Hch. 17.1

APOLOS *Cristiano eminente*
Hch. 18.24 llegó. .a Efeso un judío llamado *A*
19.1 que entre tanto que *A* estaba en Corinto
1 Co. 1.12 uno. .dice: Yo soy de Pablo; y yo de *A*
3.4 el otro: Yo soy de *A*, ¿no sois carnales?
3.5 ¿qué. .es Pablo, y qué es *A*? Servidores
3.6 yo planté, *A* regó; pero el crecimiento lo
3.22 sea *A*, sea Cefas, sea el mundo, sea la
4.6 he presentado como ejemplo en mí y en *A*
16.12 acerca del hermano *A*, mucho le rogué
Tit. 3.13 y a *A*, encamínales con solicitud, de

APORTILLAR
Sal. 80.12 ¿por qué *aportillaste* sus vallados
89.40 *aportillaste* todos sus vallados; has
Ec. 10.8 al que *aportillare* vallado, le morderá
Is. 5.5 *aportillaré* su cerca, y será hollada

APOSENTO
Gn. 6.14 harás *a* en el arca, y la calafatearás
Jue. 15.1 diciendo: Entraré a mi mujer en el *a*
16.9 y ella tenía hombres en acecho en el *a*
16.12 los espías estaban en el *a*. Mas él las
1 S. 3.2 estando Elí acostado en su *a*, cuando
1 R. 6.5 edificó. .junto al muro de la casa *a*
6.6 el *a* de abajo era de cinco codos de ancho
6.8 la puerta del *a*. .estaba al lado derecho
6.8 y se subía. .del *a* de en medio al tercero
6.10 edificó. .el *a* alrededor de toda la casa
6.16 al final. .un *a* que es el lugar santísimo
17.19 lo llevó al *a* donde él estaba, y lo puso
17.23 tomando. .al niño, lo trajo del *a* a la
20.30 Ben-adad vino. .y se escondía de *a* en *a*
22.25 cuando te irás metiendo de *a* en *a* para
2 R. 4.10 te ruego que hagamos un pequeño *a* de
4.11 vino él por allí, y se quedó en aquel *a*
1 Cr. 28.11 dio a Salomón. .el plano. .de sus *a*
2 Cr. 3.9 clavos. .cubrió también de oro los *a*
22.11 guardó a él y a su ama en uno de los *a*
Esd. 8.29 los peséis. .en los *a* de la casa de
Est. 5.1 en el patio. .enfrente del *a* del rey
5.1 el *a* real, enfrente de la puerta del *a*
7.8 rey volvió del huerto. .al *a* del banquete
Sal. 104.3 que establece sus *a* entre las aguas
104.13 él riega los montes desde sus *a*; del
Is. 26.20 pueblo mío, entra en tus *a*, cierra
Jer. 35.2 introdúcelos. .en uno de los *a*, y dales
35.4 y los llevé al *a* de los hijos de Hanán
35.4 sobre el *a* de Maasías hijo de Salum
36.10 Baruc leyó. .en el *a* de Gemarías hijo
36.12 al *a* del secretario, y. .los príncipes
36.20 depositado el rollo en el *a* de Elisama
36.21 cual lo tomó del *a* de Elisama secretario
Mt. 6.6 cuando ores, entra en tu *a*, y cerrada
24.26 o mirad, está en los *a*, no lo creáis
Mr. 14.14 ¿dónde está el *a* donde he de comer la
14.15 os mostrará un gran *a* alto ya dispuesto
Lc. 12.3 en los *a*, se proclamará en las azoteas
22.11 ¿dónde está el *a* donde he de comer la
22.12 os mostrará un gran *a* alto ya dispuesto
Hch. 1.13 subieron al *a* alto, donde moraban
20.8 había muchas lámparas en el *a* alto donde

APOSTASÍA
2 Ts. 2.3 no vendrá sin que antes venga la *a*, y

APOSTATAR
Hch. 21.21 que enseñas. .a *apostatar* de Moisés
1 Ti. 4.1 *apostatarán* de la fe, escuchando a

APÓSTOL
Mt. 10.2 los nombres de los doce *a* son estos
Mr. 6.30 entonces los *a* se juntaron con Jesús
Lc. 6.13 a doce. .a los cuales también llamó *a*
9.10 vueltos los *a*, le contaron todo lo que
11.49 les enviaré profetas y *a*; y de ellos, a
17.5 dijeron los *a* al Señor: Auméntanos la fe
22.14 hora, se sentó a la mesa, y con él los *a*
24.10 quienes dijeron estas cosas a los *a*
Hch. 1.2 dado. .por el Espíritu Santo a los *a*
1.26 Matías; y fue contado con los once *a*
2.37 dijeron a Pedro y a los otros *a*: Varones
2.42 y perseveraban en la doctrina de los *a*
2.43 muchas. .señales eran hechas por los *a*
4.33 los *a* daban testimonio de la resurrección
4.35 y lo ponían a los pies de los *a*; y se
4.36 José, a quien los *a* pusieron. .Bernabé
4.37 el precio y lo puso a los pies de los *a*
5.2 solo una parte, la puso a los pies de los *a*
5.12 y por la mano de los *a* se hacían muchas
5.18 echaron mano a los *a* y los pusieron en la
5.29 los *a*, dijeron: Es necesario obedecer a
5.34 que sacasen fuera por un momento a los *a*
5.40 y llamando a los *a*, después de azotarlos
6.6 los cuales presentaron ante los *a*, quienes
8.1 todos fueron esparcidos por. .salvo los *a*
8.14 los *a* que estaban en Jerusalén oyeron que
8.18 por la imposición de las manos de los *a*
9.27 Bernabé, tomándole, lo trajo a los *a*
11.1 oyeron los *a* y los. .que estaban en Judea
14.4 unos estaban con los. .y otros con los *a*
14.14 cuando lo oyeron los *a*. .rasgaron sus
15.2 subiesen Pablo y. .a los *a* y los ancianos
15.4 fueron recibidos por. .*a* y los ancianos
15.6 se reunieron los *a*. .para conocer de este
15.22 pareció bien a los *a* y a los ancianos
15.23 los *a* y los ancianos y. .a los hermanos
16.4 las ordenanzas que habían acordado los *a*
Ro. 1.1 Pablo. .llamado a ser *a*, apartado para
11.13 cuanto yo soy *a* los gentiles, honro mi
16.7 y a Junias. .muy estimados entre los *a*
1 Co. 1.1 Pablo, llamado a ser *a* de Jesucristo
4.9 Dios nos ha exhibido a nosotros los *a* como
9.1 ¿no soy *a*? ¿No soy libre? ¿No he visto
9.2 si para otros no soy *a*, para vosotros
9.5 como también los otros *a*, y los. .y Cefas
12.28 puso. .primeramente *a*, luego profetas
12.29 ¿son todos *a*? ¿son todos profetas?
15.7 apareció a Jacobo; después a todos los *a*
15.9 soy el más pequeño de los *a*, que no soy
15.9 que no soy digno de ser llamado *a*, porque
2 Co. 1.1 Pablo, *a* de Jesucristo por la voluntad
11.5 en nada he sido inferior a aquellos. .*a*
11.13 estos son falsos *a*, obreros fraudulentos
11.13 que se disfrazan como *a* de Cristo
12.11 en nada he sido menos que aquellos. .*a*
12.12 las señales de *a* han sido hechas entre
Gá. 1.1 Pablo, *a* (no de hombres ni por hombre
1.17 ni subí a. .a los que eran *a* antes que yo
1.19 pero no vi a ningún otro de los *a*, sino
Ef. 1.1 Pablo, *a* de Jesucristo por la voluntad
2.20 edificados sobre el fundamento de los *a*
3.5 como ahora es revelado a sus santos *a* y
4.11 y él mismo constituyó a unos, *a*; a otros
Col. 1.1 Pablo, *a* de Jesucristo por la voluntad
1 Ts. 2.6 aunque podíamos seros carga como *a* de
1 Ti. 1.1 Pablo, *a* de Jesucristo por mandato de
2.7 constituido predicador y *a* (digo verdad
2 Ti. 1.1 *a* de Jesucristo por la voluntad de
1.11 fui constituido predicador, *a* y maestro
Tit. 1.1 Pablo, siervo de Dios y *a* de Jesucristo
He. 3.1 considerad al *a* y sumo sacerdote de
1 P. 1.1 *a* de Jesucristo, a los expatriados de
2 P. 1.1 Simón Pedro, siervo y *a* de Jesucristo
3.2 y del mandamiento. .dado por vuestros *a*
Jud. 17 palabras. .dichas por los *a* de nuestro
Ap. 2.2 has probado a los que se dicen ser *a*, y
18.20 alégrate sobre ella, cielo, y. .santos, *a*
21.14 doce nombres de los doce *a* del Cordero

APOSTOLADO
Hch. 1.25 tome la parte de este ministerio y *a*
Ro. 1.5 y por quien recibimos la gracia y el *a*
1 Co. 9.2 el sello de mi *a* sois vosotros en el
Gá. 2.8 el que actuó en Pedro para el *a* de la

APOYAR
Gn. 28.12 escalera que estaba *apoyada* en tierra
Jue. 16.26 las columnas. .que me *apoye* sobre ellas
2 S. 1.6 a Saúl que se *apoyaba* sobre su lanza
1 R. 6.10 se *apoyaba* en la casa con maderas de
7.3 se *apoyaban* en 45 columnas; cada hilera
7.25 bueyes. .sobre éstos se *apoyaba* el mar
2 R. 5.18 señor el rey. .*apoyare* sobre mi brazo
7.2,17 príncipe. .cuyo brazo el rey se *apoyaba*
18.19 ¿qué confianza es esta en que te *apoyas?*
18.21 si alguno se *apoyare*, se le entrará por
2 Cr. 13.18 se *apoyaban* en Jehová el Dios de
14.11 ayúdanos, oh Jehová. .en ti nos *apoyamos*
16.7 te has *apoyado* en el rey de Siria, y no
16.7 y no te *apoyaste* en Jehová tu Dios, por
16.8 te *apoyaste* en Jehová, él los entregó en
32.3 tuvo consejo con sus. .y ellos le *apoyaron*
Est. 9.3 los príncipes. .*apoyaban* a los judíos
Job 8.15 *apoyará* él en su casa. .no permanecerá
8.20 Dios no. .*apoya* la mano de los malignos
Pr. 3.5 y no te *apoyes* en tu propia prudencia
Is. 10.20 nunca más se *apoyarán* en el que los
10.20 que se *apoyarán* con verdad en Jehová
30.12 iniquidad, y en ello os habéis *apoyado*
36.4 ¿qué confianza es esta en que te *apoyas?*
36.6 si alguien se *apoyare*, se le entrará por
50.10 confíe en. .Jehová, y *apóyese* en su Dios
64.7 que se despierte para *apoyarse* en ti
Ez. 29.7 se *apoyaron* en ti, te quebraste, y les
Am. 5.19 entrare en casa y *apoyare* su mano en
Mi. 3.11 y se *apoyan* en Jehová, diciendo: ¿No
Ro. 2.17 y te *apoyas* en la ley, y te glorías en
He. 11.21 Jacob. .adoró *apoyado* sobre. .bordón

APOYO
2 S. 22.19; Sal. 18.18 me asaltaron. .mas Jehová
fue mi *a*
Ez. 29.16 no será ya más para. .*a* de confianza
Mi. 1.11 el llanto de Bet-esel os quitará su *a*

APRECIAR
Lv. 25.50 de *apreciarse* el precio de su venta
1 R. 10.21 tiempo de Salomón no era *apreciada*
2 Cr. 9.20 en los días. .plata no era *apreciada*
Job 28.16 puede ser *apreciada* con oro de Ofir
28.19 ella. .no se podrá *apreciar* con oro fino
Zac. 11.13 precio con que me han *apreciado!*
Mt. 27.9 piezas de plata, precio del *apreciado*

APREHENDER
Hch. 23.27 hombre, *aprehendido* por los judíos

APREMIADOR
Zac. 10.4 de él saldrá la piedra angular. .todo *a*

APREMIANTE
1 S. 21.8 no. .por cuanto la orden del rey era *a*
Dn. 3.22 y como la orden del rey era *a*, y lo

APREMIAR
Éx. 5.13 cuadrilleros los *apremiaban*, diciendo
12.33 los egipcios *apremiaban* al pueblo. .prisa
2 Cr. 10.4 yugo con que tu padre nos *apremió*
Job 32.18 me *apremia* el espíritu dentro de mí
Sof. 3.19 yo *apremiaré* a todos tus opresores
1 Co. 7.26 a causa de la necesidad que *apremia*

APRENDER
Dt. 4.10 oir mis palabras, las cuales *aprenderán*
4.39 *aprende*. .y reflexiona en tu corazón que
5.1 *aprendedlos*, y guardadlos, para ponerlos
14.23 para que *aprendas* a temer a Jehová tu
17.19 que *aprenda* a temer a Jehová su Dios
18.9 no *aprenderás* a hacer. .las abominaciones
31.12 que oigan y *aprendan*, y teman a Jehová
31.13 y los hijos. .*aprendan* a temer a Jehová
Sal. 106.35 se mezclaron. .*aprendieron* sus obras
119.7 cuando *aprendiere* tus justos juicios
119.71 bueno. .para que *aprenda* tus estatutos
119.73 entender, y *aprenderé* tus mandamientos
Pr. 21.11 le amonesta al sabio, *aprende* ciencia
22.25 que *aprendas* sus maneras, y tomes lazo
30.3 yo ni *aprendí* sabiduría, ni conozco la
Is. 1.17 *aprended* a hacer el bien; buscad el
26.9 moradores del mundo *aprenden* justicia
26.10 se mostrará piedad al. .y no *aprenderá*
29.24 los extraviados de espíritu *aprenderán*
29.24 y los murmuradores *aprenderán* doctrina
Jer. 10.2 no *aprendáis* el camino de. .naciones
12.16 *aprendieren* los caminos de mi pueblo
35.13 no *aprenderéis* a obedecer mis palabras?
Ez. 19.3,6 y *aprendió* a arrebatar la presa
Mt. 9.13 id, pues, y *aprended* lo que significa
11.29 mi yugo. .*aprended* de mí, que soy manso
24.32; Mr. 13.28 de la higuera *aprended* la
Jn. 6.45 oyó al Padre, y *aprendió* de él, viene

APRENDER *(Continúa)*
Ro. 16.17 en contra de la doctrina que. .*aprendido*
1 Co. 4.6 *aprendáis* a no pensar más de lo que
14.31 podéis profetizar. .que todos *aprendan*
14.35 si quieren *aprender* algo, pregunten en
Gá. 1.12 ni lo *aprendí* de hombre alguno, sino
Ef. 4.20 mas. .no habéis *aprendido* así a Cristo
Fil. 4.9 lo que *aprendisteis*. .en mí, esto haced
4.11 he *aprendido* a contentarme, cualquiera
Col. 1.7 como lo habéis *aprendido* de Epafras
1 Ts. 4.1 que *aprendisteis* de. .cómo os conviene
4.9 habéis *aprendido* de Dios que os améis unos
2 Ts. 2.15 retened la doctrina que. .*aprendido*
1 Ti. 1.20 para que *aprendan* a no blasfemar
2.11 la mujer *aprenda* en silencio, con toda
5.4 *aprendan* éstos primero a ser piadosos para
5.13 también *aprenden* a ser ociosas, andando
2 Ti. 3.7 siempre están *aprendiendo*, y nunca
3.14 persiste tú en lo que has *aprendido* y te
3.14 persiste. .sabiendo de quién has *aprendido*
Tit. 3.14 *aprendan*. .a ocuparse en buenas obras
He. 5.8 por lo que padeció *aprendió* la obediencia
Ap. 14.3 y nadie podía *aprender* el cántico sino

APRESAR
Éx. 15.9 dijo. .*apresaré*, repartiré despojos; mi
2 R. 25.5 y lo *apresó* en las llanuras de Jericó
2 Cr. 25.23 *apresó* en Bet-semes a Amasías rey
Cnt. 4.9 has *apresado* mi corazón con uno de tus
Is. 8.15 caerán. .se enredarán y serán *apresados*
Jer. 34.3 serás *apresado*, y en su mano serás
37.13 *apresó* al profeta Jeremías, diciendo
38.23 que por mano del rey de. .serás *apresado*
51.41 ¡cómo fue *apresada* Babilonia, y fue
51.56 destruidor. .valientes fueron *apresados*
Lm. 4.20 el ungido de. .fue *apresado* en sus lazos
Ez. 19.8 extendieron. .y en el foso fue *apresado*
21.23 la maldad de ellos, para *apresarlos*
Am. 3.4 ¿dará. .rugido desde su. .si no *apresare?*
Ap. 19.20 la bestia fue *apresada*, y con ella el

APRESTAR
Job 3.8 se *aprestan* para despertar a Leviatán

APRESTO
Ef. 6.15 calzados los pies. .el *a* del evangelio

APRESURADAMENTE
Gn. 41.14 sacaron *a* de la cárcel, y se afeitó
Éx. 12.11 lo comeréis *a;* es la Pascua de Jehová

APRESURADO *Véase Apresurar*

APRESURAMIENTO
Sal. 116.11 dije en mi *a*. .hombre es mentiroso

APRESURAR
Gn. 41.32 la cosa. .Dios se *apresura* a hacerla
43.30 José se *apresuró*. .se conmovieron sus
Éx. 10.16 Faraón se *apresuró* a llamar a Moisés
34.8 Moisés, *apresurándose*, bajó la cabeza
Dt. 32.35 lo que les está preparado se *apresura*
Jos. 8.14 de Hai. .se *apresuraron* y madrugaron
8.19 la ciudad. .*apresuraron* a prenderle fuego
10.13 el sol. .no se *apresuró* a ponerse casi
Jue. 9.48 me habéis visto. .*apresuraos* a hacerlo
2 S. 15.14 sea que *apresurándose* él nos alcance
1 R. 12.18 Roboam se *apresuró* a subirse en un
20.33 se *apresuraron* a tomar la palabra de su
2 Cr. 10.18 se *apresuró* el rey. .subiendo. .huyó
35.21 y Dios me ha dicho que me *apresure*
Est. 6.14 eunucos del rey llegaron *apresurados*
Job 20.2 responder, y por tanto me *apresuro*
31.5 si anduve. .mi pie se *apresuró* a engaño
Sal. 22.19 tú, Jehová. .*apresúrate* a socorrerme
38.22 *apresúrate* a ayudarme, oh Señor, mi
40.13 quieras. .Jehová, *apresúrate* a socorrerme
48.5 ellos. .se turbaron, se *apresuraron* a huir
55.8 me *apresuraría* a escapar del viento
68.31 Etiopía se *apresurará* a extender sus
69.17 estoy angustiado; *apresúrate*, óyeme
70.1 Dios. .*apresúrate*, oh Dios, a socorrerme
70.5 *apresúrate* a mí, oh Dios, ayuda mía y mi
102.2 *apresúrate* a responderme el día que te
104.7 al sonido de tu trueno se *apresuraron*
119.60 me *apresuré* y no me retardé en guardar
141.1 *apresúrate* a mí; escucha mi voz cuando
Pr. 7.23 como el ave que se *apresura* a la red
19.2 aquel que se *apresura* con los pies, peca
19.18 no se *apresure* tu alma para destruirlo
21.5 todo el que se *apresura*. .va a la pobreza
28.20 se *apresura* a enriquecerse no será sin
28.22 *apresura* a ser rico el avaro, y no sabe
Ec. 1.5 se *apresura* a volver al lugar de donde
5.2 tu corazón se *apresure* a proferir palabra
7.9 no te *apresures* en tu. .a enojarte; porque
8.3 no te *apresures* a irte de su presencia, ni
Cnt. 8.14 *apresúrate*, amado. .y sé semejante al
Is. 5.19 venga ya, *apresúrese* su obra, y veamos
16.5 juzgue y busque el juicio, y *apresure* la
28.16 piedra. .el que creyere, no se *apresure*
52.12 no saldréis *apresurados*, ni. .huyendo
59.7 mal, se *apresuran* para derramar la sangre
Jer. 1.12 *apresuro* mi palabra para ponerla por
48.16 cercano está. .su mal se *apresura* mucho
Jon. 4.2 por eso me *apresuré* a huir a Tarsis
Nah. 2.5 valientes; se *apresurarán* a su muro, y
Hab. 1.8 como águilas que se *apresuran* a devorar
2.3 mas se *apresura* hacia el fin, y no mentirá
Sof. 1.18 destrucción *apresurada* hará de todos
3.7 ellos se *apresuraron* a corromper todas sus
Hch. 20.16 se *apresuraba* por estar el día de
Ro. 3.15 pies se *apresuran* para derramar sangre
Tit. 3.12 *apresúrate* a venir a mí en Nicópolis
2 P. 3.12 *apresurándoos* para la venida del día

APRETAR
Nm. 22.25 *apretó* contra la pared el. .de Balaam
Is. 28.22 no os burléis, para que no se *aprieten*
59.5 que. .si los *apretaren*, saldrán víboras
Ez. 23.3 allí fueron *apretados* sus pechos, allí
Am. 2.13 os *apretaré*. .como se *aprieta* el carro
Mr. 5.24 le seguía una. .multitud, y le *apretaban*
5.31 la multitud te *aprieta*, y dices: ¿Quién
Lc. 6.38 medida buena, *apretada*, remecida y
8.45 la multitud te *aprieta* y oprime, y dices

APRETURA
Is. 29.2 pondré a Ariel en *a*, y. .desconsolada
29.7 los que pelean. .y los que la ponen en *a*

APRIETO
1 S. 13.6 estrecho (porque el pueblo estaba en *a*
Sof. 1.15 día de angustia y de *a*, día de alboroto

APRISCO
Gn. 49.14 Isacar, asno. .se recuesta entre los *a*
2 Cr. 32.28 hizo. .establos. .*a* para los ganados
Sal. 50.9 no tomaré. .ni machos cabríos de tus *a*
Ez. 25.4 y pondrán en ti sus *a* y plantarán en
34.14 en los altos montes. .estará su *a;* allí
34.15 y yo les daré *a*, dice Jehová el Señor
Mi. 2.12 como rebaño en medio de su *a;* harán

APRISIONAR
Gn. 42.24 José. .tomó. .Simeón, y lo *aprisionó*
2 R. 17.4 le *aprisionó* en la casa de la cárcel
2 Cr. 33.11 *aprisionaron* con grillos a Manasés
Job 11.10 y *aprisiona*, y llama a juicio, ¿quién
36.8 *aprisionados* en las cuerdas de aflicción
Sal. 107.10 *aprisionados* en aflicción. .hierros
149.8 para *aprisionar* a sus reyes con grillos
Jer. 39.7 le *aprisionó* con grillos para llevarle
Nah. 3.10 todos sus grandes fueron *aprisionados*

APROBACIÓN
1 P. 2.19 esto merece *a*, si alguno a causa de

APROBAR
Sal. 37.23 son ordenados. .él *aprueba* su camino
Lm. 3.36 en su causa, el Señor no lo *aprueba*
Hch. 2.22 Jesús nazareno. .*aprobado* por Dios
Ro. 1.28 no *aprobaron* tener en cuenta a Dios
2.18 instruidos por la ley *apruebas* lo mejor
7.16 esto hago, *apruebo* que la ley es buena
14.18 a Dios, y es *aprobado* por los hombres
14.22 no se condena a sí. .en lo que *aprueba*
16.10 saludad a Apeles, *aprobado* en Cristo
1 Co. 11.19 manifiestos. .los que son *aprobados*
2 Co. 10.18 no es *aprobado* el que se alaba a sí
13.7 no para que. .aparezcamos *aprobados*, sino
Fil. 1.10 para que *aprobéis* lo mejor, a fin de
1 Ts. 2.4 según fuimos *aprobados* por Dios para
2 Ti. 2.15 presentarte a Dios *aprobado*, como
1 P. 2.20 ciertamente es *aprobado* delante de

APROPIADO
Is. 28.25 pone el trigo. .la avena en su borde *a?*

APROVECHAMIENTO
1 Ti. 4.15 para que tu *a* sea manifiesto a todos

APROVECHAR
1 S. 12.21 en pos de vanidades que no *aprovechan*
Job 21.15 de qué nos *aprovechará* que oremos a él
30.13 se *aprovecharon* de mi quebrantamiento
33.27 que dijere: Pequé. .no me ha *aprovechado*
35.8 al hijo de hombre *aprovechará* tu justicia
Sal. 120.3 te *aprovechará*, oh lengua engañosa?
Pr. 11.4 no *aprovecharán* las riquezas en el día
17.10 la reprensión *aprovecha* el entendido
Ec. 5.16 de qué le *aprovechó* trabajar en vano?
Is. 19.15 no *aprovechará* a Egipto cosa que haga
30.5 del pueblo que no les *aprovecha*, ni los
57.12 yo publicaré tu. .que no te *aprovecharán*
Jer. 2.8 y anduvieron tras lo que no *aprovecha*
2.11 ha trocado su. .por lo que no *aprovecha*
7.8 palabras de mentira, que no *aprovechan*
12.13 la heredad, mas no *aprovecharon* nada
48.30 conozco. .jactancias no le *aprovecharán*
Mal. 3.14 ¿qué *aprovecha* que guardemos su ley
Mt. 16.26 ¿qué *aprovechará* al hombre, si ganare
Mr. 5.26 y nada había *aprovechado*. .le iba peor
8.36 qué *aprovechará* al hombre si ganare todo
Lc. 9.25 ¿qué *aprovecha* al hombre, si gana todo
Jn. 6.63 da vida; la carne para nada *aprovecha*
Ro. 2.25 en verdad la circuncisión *aprovecha*, si
3.1 ¿o de qué *aprovecha* la circuncisión?
1 Co. 9.15 yo de nada de esto me he *aprovechado*
14.6 ¿qué os *aprovechará*, si no os hablare con
15.32 batallé en Efeso. .¿qué me *aprovecha?*
Gá. 5.2 os digo que. .nada os *aprovechará* Cristo
Ef. 5.16 *aprovechando* bien el tiempo, porque los
1 Ti. 4.8 la piedad para todo *aprovecha*, pues
2 Ti. 2.14 lo cual para nada *aprovecha*, sino que
He. 4.2 pero no les *aprovechó* el oir la palabra
13.9 viandas, que nunca *aprovecharon* a los que
Stg. 2.14 ¿de qué *aprovechará* si alguno dice que
2.16 pero no les dais las. .¿de qué *aprovecha?*

APROVISIONAMIENTO
2 Cr. 8.4 las ciudades de *a* que edificó en Hamat
16.4 conquistaron Ijón. .y las ciudades de *a*
17.12 Josafat. .edificó en Judá. .ciudades de *a*

APTO
1 S. 14.52 veía que era hombre. .*a* para combatir
1 Cr. 25.7 instruirlos en el canto. .todos los *a*
Lc. 9.62 mira hacia atrás, es *a* para el reino de
Col. 1.12 *a* para participar de la herencia de
1 Ti. 3.2 el obispo sea. .sobrio. .*a* para enseñar
2 Ti. 2.24 sino amable con todos, *a* para enseñar
He. 13.21 os haga *a* en toda obra buena para que

APUNTAR
Jue. 19.25 y la dejaron cuando *apuntaba* el alba
Esd. 8.34 y se *apuntó* todo aquel peso en aquel
Cnt. 2.17; 4.6 *apunte* el día y huyan las sombras

APURAR
2 Cr. 28.22 en el tiempo que aquél le *apuraba*
Sal. 75.8 el fondo lo *apurarán*, y lo beberán

APURO
Dt. 28.53 el *a* con que te angustiará tu enemigo
28.55,57 el *a* con que tu enemigo te oprimirá
1 S. 14.24 los. .de Israel fueron puestos en *a*
Job 36.16 te apartará. .a lugar. .libre de todo *a*
Jer. 19.9 y en el *a* con que los estrecharán sus
2 Co. 4.8 estamos. .en *a*, mas no desesperados

AQUÍ
Gn. 22.1 dijo: Abraham. Y él respondió: Heme *a*
27.1 llamó a Esaú. .Y él respondió: Heme *a*
1 S. 3.4 llamó a Samuel; y él respondió: Heme *a*
3.5,6 dijo: Heme *a;* ¿para qué me llamaste?
Is. 6.8 entonces respondí yo: Heme *a*, envíame
Mt. 24.23; Mr. 13.21 os dijere: Mirad, *a* está
Lc. 17.21 ni dirán: Helo *a*, o helo allí; porque

AQUIETAR
Jon. 1.11 ¿haremos. .que el mar se nos *aquiete?*
1.12 echadme al mar, y el mar se os *aquietará*
1.15 lo echaron al mar; y el mar se *aquietó*

AQUILA *Amigo y compañero de Pablo*
Hch. 18.2 halló a un judío llamado *A*, natural del
18.18 navegó a Siria, y con él Priscila y *A*
18.26 oyeron Priscila y *A*, le tomaron aparte
Ro. 16.3 saludad a. .a *A*, mis colaboradores en
1 Co. 16.19 *A* y Priscila. .os saludan mucho en
2 Ti. 4.19 saluda a Prisca y a *A*, y a la casa

AQUILÓN
Cnt. 4.16 levántate, *A*, y ven, Austro; soplad

AQUIM *Ascendiente de Jesucristo*, Mt. 1.14

AQUIS
1. Rey de Gat en tiempo de David (=Abimelec No. 5)
1 S. 21.10 David. .huyó. .y se fue a *A* rey de Gat
21.11 los siervos de *A* le dijeron: ¿No es éste
21.12 David. .tuvo gran temor de *A* rey de Gat
21.14 dijo *A* a sus siervos: He aquí, veis que
27.2 se pasó a *A* hijo de Maoc, rey de Gat
27.3 y moró David con *A* en Gat, él y sus
27.5 David dijo a *A:* Si he hallado gracia en
27.6 *A* le dio aquel día a Siclag, por lo cual
27.9 asolaba David el país. .y regresaba a *A*
27.10 decía *A:* ¿Dónde habéis merodeado hoy?
27.12 y *A* creía a David, y decía: El se ha
28.1 dijo *A* a David: Ten entendido que has de
28.2 David respondió a *A:* Muy bien, tú sabrás
28.2 y *A* dijo a David. .te constituiré guarda
29.2 David y sus hombres iban en la. .con *A*
29.3 *A* respondió a los príncipes de. .¿No es
29.6 *A* llamó a David y le dijo: Vive Jehová
29.8 y David respondió a *A:* ¿Qué he hecho?
29.9 *A* respondió a David. .Yo sé que tú eres
2. Rey de Gat en tiempo de Salomón
1 R. 2.39 siervos. .huyeron a *A* hijo de Maaca
2.40 Simei se. .ensilló su asno y fue a *A* en

AR *Ciudad de Moab*
Nm. 21.15 la corriente de. .que va a parar en *A*
21.28 y consumió a *A* de Moab, a los señores

AR *(Continúa)*

Dt. 2.9 he dado a *A* por heredad a los hijos de
2.18 pasarás hoy el territorio de Moab, a *A*
2.29 los moabitas que habitaban en *A;* hasta
Is. 15.1 noche fue destruida *A* de Moab, puesta

ARA

1. Nombre de dos descendientes de Aser, **1 Cr. 7.38,39**
2. Ascendiente de algunos que regresaron de Babilonia, **Esd. 2.5; Neh. 7.10**
3. Ascendiente de Secanías No. 7, **Neh. 6.18**

ARAB *Aldea de Judá,* **Jos. 15.52**

ARABÁ *Una de las regiones principales de la tierra de Israel. Abarca el valle del Jordán y su prolongación al sur hasta Elat.*

Dt. 1.1 palabras que habló. . en el *A* frente al
1.7 en el *A*, en el monte, en los valles, en
2.8 el camino del *A* desde Elat y Ezión-geber
3.17 *A*, con el Jordán. . hasta el mar del *A*,
4.49 todo el *A*. . hasta el mar del *A*, al pie de
11.30 habita en el *A* frente a Gilgal, junto
Jos. 3.16 las que descendían al mar del *A*, al
8.14 salieron al. . para combatir, frente al *A*
11.2 a los reyes que estaban. . en el *A* al sur
11.16 tomó. . el *A*, las montañas de Israel y
12.1 el arroyo de Arnón. . todo el *A* al oriente
12.3 el *A* hasta el mar. . hasta el mar del *A*
12.8 en el *A*, en las laderas, en el desierto
18.18 pasa al lado. . del *A*, y desciende al *A*
1 S. 23.24 Maón, en el *A* al sur del desierto
2 S. 2.29 caminaron por el *A* toda aquella noche
4.7 caminaron. . la noche por el camino del *A*
2 R. 14.25 límites. . Hamat hasta el mar del *A*
25.4 y el rey se fue por el camino del *A*
Jer. 39.4 y salió el rey por el camino del *A*
52.7 se fueron por el camino del *A*, estando
Ez. 47.8 estas aguas salen. . y descenderán al *A*
Am. 6.14 que os oprimirá. . hasta el arroyo del *A*

ÁRABE *Habitante de Arabia*

2 Cr. 17.11 los *á* también le trajeron ganados
21.16 la ira. . de los *á* que estaban junto a los
22.1 una banda. . que había venido con los *á* al
26.7 Dios le dio ayuda contra. . y contra los *á*
Neh. 2.19 y Gesem el *á*, hicieron escarnio de
4.7 que oyendo Sanbalat. . y los *á*, los amonitas
6.1 oyeron Sanbalat y Tobías y Gesem el *á*
Is. 13.20 nunca. . ni levantará allí tienda el *á*
Jer. 3.2 te sentabas. . como *á* en el desierto
Hch. 2.11 y *á*, les oímos hablar en. . lenguas las

ARABIA *Región noroeste de la península de Arabia, o sus habitantes*

1 R. 10.15 y lo de todos los reyes de *A*, y de
2 Cr. 9.14 los reyes de *A*. . traían oro y plata
Is. 21.13 sobre *A*. En. . pasaréis la noche en *A*
Jer. 25.24 a todos los reyes de *A*, a todos los
Ez. 27.21 *A* y. . traficaban contigo en corderos
30.5 *A*, Libia, y los hijos de las tierras
Gá. 1.17 fui a *A*, y volví de nuevo a Damasco
4.25 porque Agar es el monte Sinaí en *A*, y

ARACEO *Perteneciente a Arca, ciudad cananea,* **Gn. 10.17; 1 Cr. 1.15**

ARAD

1. Ciudad cananea, **Nm. 21.1; 33.40; Jos. 12.14; Jue. 1.16**
2. Descendiente de Benjamín, **1 Cr. 8.15**

ARADA

Gn. 45.6 años en los cuales ni habrá *a* ni siega
Éx. 34.21 aun en la *a* y en la siega, descansarás

ARADO *Véase también Arar*

1 S. 13.20 para afilar cada uno la reja de su *a*
13.21 era un pim por las rejas de *a* y por los
1 R. 19.21 con el *a*. . coció la carne, y la dio
Is. 2.4 volverán sus espadas en rejas de *a*, y
Lc. 9.62 poniendo su mano en el *a* mira. . atrás

ARADOR

Sal. 129.3 sobre mis espaldas araron los *a*

ARALOT *Lugar cerca de Gilgal No. 1,* **Jos. 5.3**

ARAM

1. Hijo de Sem, **Gn. 10.22,23; 1 Cr. 1.17**
2. Hijo de Kemuel No. 1, **Gn. 22.21**
3. Los arameos, o territorio habitado por ellos. Esta voz hebrea se traduce generalmente por Siria o sirios, y a veces Mesopotamia. Véanse también Aram de Soba, Aram-naharaim, Padan-aram y Soba.

Nm. 23.7 de *A* me trajo Balac, rey de Moab, de
1 Cr. 2.23 Gesur y *A* tomaron. . ciudades de Jair
Os. 12.12 pero Jacob huyó a tierra de *A*, Israel

4. Descendiente de Aser, **1 Cr. 7.34**
5. Ascendiente de Jesucristo, **Mt. 1.3,4; Lc. 3.33**

ARAM DE SOBA *Lugar al norte de Israel,* **Sal. 60, tít.**

ARAMEO *Pueblo migratorio descendiente de Sem, o su idioma*

Gn. 25.20 hija de Betuel *a*. . hermana de Labán *a*
28.5 así envió Isaac a Jacob. . a Labán hijo. . *a*
31.20 Jacob engañó a Labán *a*, no haciéndole
31.24 y vino Dios a Labán *a* en sueños. . noche
Dt. 26.5 un *a* a punto de perecer fue mi padre
2 R. 18.26 hables a tus siervos en *a*, porque
Esd. 4.7 y el lenguaje de la carta eran en *a*
Is. 36.11 que hables a tus siervos en *a*, porque
Dn. 2.4 hablaron los caldeos al rey en lengua *a*
Am. 9.7 ¿no hice yo subir a. . y de Kir a los *a?*

ARAM-NAHARAIM *Mesopotamia,* **Sal. 60, tít.**

ARÁN *Hijo de Disán,* **Gn. 36.28; 1 Cr. 1.42**

ARAÑA

Job 8.14 cortada, y su confianza es tela de *a*
Pr. 30.28 la *a* que atrapas con la mano, y está
Is. 59.5 huevos de áspides, y tejen telas de *a*

ARAR

Dt. 21.4 a un valle. . que nunca haya sido *arado*
22.10 no *ararás* con buey y. . asno juntamente
Jue. 14.18 si no *araseis* con mi novilla, nunca
1 S. 8.12 los pondrá. . a que *aren* sus campos y
1 R. 19.19 a Eliseo. . que *araba* con doce yuntas
Job 1.14 estaban *arando* los bueyes, y las asnas
4.8 visto, los que *aran* iniquidad. . la siegan
Sal. 129.3 sobre. . espaldas *araron* los aradores
Pr. 20.4 perezoso no *ara* a causa del invierno
Is. 28.24 el que *ara* para. . *¿arará* todo el día?
Jer. 4.3 dice. . *Arad* campo para vosotros, y no
26.18 diciendo. . Sion será *arada* como campo
Os. 10.11 *arará* Judá, quebrará sus terrones
10.13 *arado* impiedad, y segasteis iniquidad
Am. 6.12 las peñas? *¿Ararán* en ellas con bueyes?
9.13 que el que *ara* alcanzará al segador, y
Mi. 3.12 será *arada* como campo, y Jerusalén
Lc. 17.7 un siervo que *ara* o apacienta ganado
1 Co. 9.10 con esperanza debe *arar* el que *ara*

ARARAT *Región que actualmente se llama Armenia*

Gn. 8.4 reposó el arca. . sobre los montes de *A*
2 R. 19.37 lo hirieron a espada, y huyeron a. . *A*
Is. 37.38 sus hijos. . huyeron a la tierra de *A*
Jer. 51.27 juntad contra ella los reinos de *A*

ARARITA *Natural de los cerros de Judá,* **2 S. 23.11,33; 1 Cr. 11.34,35**

ARAUNA *Jebuseo, habitante de Jerusalén en tiempo de David (=Ornán)*

2 S. 24.16 estaba junto a la era de *A* jebuseo
24.18 y levanta un altar a. . en la era de *A*
24.20 *A* miró, y vio al rey y. . *A*, se inclinó
24.21 *A* dijo: ¿Por qué viene mi señor el rey
24.22 *A* dijo a David: Tome y ofrezca. . el rey
24.23 esto, oh rey, *A* lo da al rey. . dijo *A* al
24.24 el rey dijo a *A:* No, sino por precio

ARBA *Padre de los anaceos (véase también Quiriat-arba),* **Gn. 35.27; Jos. 14.15.**

ARBATITA *Habitante de Bet-arabá,* **2 S. 23.31; 1 Cr. 11.32**

ARBITA *Habitante de Arab,* **2 S. 23.35**

ARBITRARIAMENTE

Dn. 8.24 y hará *a*, y destruirá a los fuertes

ARBITRIO

Nm. 24.13 para hacer cosa buena ni mala de mi *a*
Dn. 11.7 con ejército. . y hará en ellos a su *a*

ÁRBITRO

Job 9.33 no hay entre nosotros *á* que ponga su

ÁRBOL

Gn. 1.11 produzca la tierra. . *á* de fruto que dé
1.12 *á* que da fruto, cuya semilla está en él
1.29 todo *á* en que hay fruto. . serán para comer
2.9 hizo nacer. . todo *á* delicioso a la vista
2.9 el *á* de vida. . el *á* de la ciencia del bien
2.16 Dios. . De todo *á* del huerto podrás comer
2.17 del *á* de la ciencia del bien. . no comerás
3.1 ha dicho: No comáis de todo *á* del huerto?
3.2 fruto de los *á* del huerto podemos comer
3.3 pero del fruto del *á* que está en medio del
3.6 y vio la mujer que el *á* era bueno para
3.6 agradable a los ojos, y *á* codiciable para
3.8 se escondieron de. . entre los *á* del huerto
3.11 ¿has comido del *á* de que yo te mandé no
3.12 la mujer que me diste por. . me dio del *á*
3.17 del *á* de que te mandé. . No comerás de él
3.22 tome también del *á* de la vida, y coma
3.24 para guardar el camino del *á* de la vida
18.4 que se traiga. . y recostaos debajo de un *á*
18.8 y él se estuvo con ellos debajo del *á*
21.33 Abraham un *á* tamarisco en Beerseba, e
23.17 y todos los *á* que había en la heredad
Éx. 9.25 granizo. . desgajó todos los *á* del país
10.5 comerá. . todo *á* que os fructifica en el
10.15 consumió toda. . todo el fruto de los *á*
10.15 no quedó cosa verde en *á* ni en hierba
15.25 le mostró un *á;* y lo echó en las aguas
Lv. 19.23 y plantéis toda clase de *á* frutales
23.40 tomaréis. . ramas con fruto de *á* hermoso
23.40 ramas de *á* frondosos, y sauces de los
26.4 yo daré. . y el *á* del campo dará su fruto
26.20 los *á* de la tierra no darán su fruto
27.30 como del fruto de los *á*, de Jehová es
Nm. 13.20 el terreno, si es. . si en él hay *á* o no
Dt. 12.2 collados. . y debajo de todo *á* frondoso
16.21 no plantarás ningún *á* para Asera cerca
20.19 no destruirás sus *á* metiendo hacha en
20.19 el *á* del campo no es hombre para venir
20.20 mas el *á* que sepas que no lleva fruto
22.6 encuentres. . algún nido. . en cualquier *á*
Jue. 9.8 fueron una vez los *á* a elegir rey sobre
9.9,11,13 para ir a ser grande sobre los *á?*
9.10,12,14 dijeron los *á* a. . reina sobre nosotros
9.15 la zarza respondió a los *á:* Si en verdad
9.48 tomó Abimelec. . cortó una rama de los *á*
1 S. 31.13 sepultaron debajo de un *á* en Jabes
1 R. 4.33 disertó sobre los *á*, desde el cedro
14.23 collado alto y debajo de todo *á* frondoso
2 R. 3.19 talaréis todo buen *á*, cegaréis todas
3.25 aguas, y derribaron todos los buenos *á*
6.5 uno derribaba un *á*, se le cayó el hacha
16.4 y quemó incienso en los. . debajo de todo *á*
17.10 estatuas. . y debajo de todo *á* frondoso
1 Cr. 16.33 cantarán los *á* de. . delante de Jehová
2 Cr. 28.4 sacrificó. . debajo de todo *á* frondoso
Neh. 8.15 traed ramas de. . y de todo *á* frondoso
9.25 heredaron. . y muchos *á* frutales; comieron
10.35 primicias de nuestra tierra. . de todo *á*
10.37 y del fruto de todo *á*, y del vino y del
Job 8.16 a manera de un *á* está verde delante del
14.7 si el *á* fuere cortado, aún queda de él
19.10 pasar mi esperanza como *á* arrancado
24.20 como un *á* los impíos serán quebrantados
40.22 los *á* sombríos lo cubren con su sombra
Sal. 1.3 será como *á* plantado junto a. . de aguas
96.12 los *á* del bosque rebosarán de contento
104.16 se llenan de savia los *á* de Jehová, los
105.33 viñas. . y quebró los *á* de su territorio
148.9 montes. . el *á* de fruto y todos los cedros
Pr. 3.18 *á* de vida a los que de ella echan mano
11.30 el fruto del justo es *á* de vida; y el
13.12 pero *á* de vida es el deseo cumplido
15.4 la lengua apacible es *á* de vida; mas la
Ec. 2.5 hice. . y planté en ellos *á* de todo fruto
2.6 para regar de ellos. . donde crecían los *á*
11.3 si el *á* cayere al sur, o al norte, en el
11.3 en el lugar que el *á* cayere, allí quedará
Cnt. 2.3 el manzano entre los *á* silvestres, así
4.14 con todos los *á* de incienso; mirra y áloes
Is. 7.2 estremecen los *á* del monte a causa del
10.19 y los *á* que queden en su bosque serán en
10.33 los *á* de gran altura serán cortados, y los
44.14 encina, que crecen entre los *á* del bosque
44.19 me postraré delante de un tronco de *á?*
44.23 y todo *á* que en él está; porque Jehová
55.12 todos los *á* del campo darán palmadas de
56.3 ni diga el eunuco: He aquí yo soy *á* seco
57.5 debajo de todo *á*. . sacrificáis los hijos
61.3 serán llamados *á* de justicia, plantío de
65.22 según los días de los *á* serán los días
Jer. 2.20 debajo de todo *á* frondoso te echabas
3.6 monte alto y debajo de todo *á* frondoso, y
3.13 fornicaste con. . debajo de todo *á* frondoso
6.6 cortad *á*, y levantad vallado. . Jerusalén
7.20 furor y mi ira se derramarán. . sobre los *á*
11.19 diciendo: Destruyamos el *á* con su fruto
17.2 imágenes de Asera. . están junto a los *á*
17.8 será como el *á* plantado junto a las aguas
Ez. 6.13 debajo de todo *á* frondoso y debajo de
15.2 es el sarmiento entre los *á* del bosque?
15.6 como la madera de la vid entre los *á* del
17.24 sabrán todos los *á*. . yo Jehová abatí el *á*
17.24 yo. . levanté el *á* bajo, hice secar el *á*
17.24 e hice reverdecer el *á* seco. Yo Jehová
20.28 miraron a. . y a todo *á* frondoso, y allí
20.47 consumirá en ti todo *á* verde y. . *á* seco
31.4 y a todos los *á* del campo enviaba sus
31.5 su altura sobre todos los *á* del campo
31.8 ningún *á* en el huerto. . fue semejante a él
31.9 los *á* del Edén que. . tuvieron de él envidia
31.14 no se exalten en su altura todos los *á*
31.15 y todos los *á* del campo se desmayaron
31.16 todos los *á* escogidos del Edén, y los mejores
31.18 ¿a quién te has. . entre los *á* del Edén?
31.18 derribado serás con los *á* del Edén en lo
34.27 *á* del campo dará su fruto, y la tierra

ÁRBOL *(Continúa)*
Ez. 36.30 multiplicaré asimismo el fruto de los á
47.7 en la ribera del río había muchísimos á
47.12 crecerá toda clase de á frutales; sus
Dn. 4.10 me parecía ver. .un á, cuya altura era
4.11 crecía este á, y se hacía fuerte, y su
4.14 decía. .Derribad el á, y cortad sus ramas
4.20 á que viste, que crecía y se hacía fuerte
4.23 cortad el á y destruidlo; mas la cepa de
4.26 dejar. .la cepa de las raíces del mismo á
Jl. 1.12 los á del campo se secaron, por lo cual
1.19 y llama abrasó todos los á del campo
2.22 los á llevarán su fruto, la higuera y la
Hag. 2.19 ni el á de olivo ha florecido todavía
Zac. 11.2 porque los á magníficos son derribados
Mt. 3.10 el hacha está puesta a la raíz de los á
3.10 todo á que no da buen fruto es cortado
7.17 así todo buen á da buenos frutos, pero el
7.17 frutos, pero el á malo da frutos malos
7.18 no puede el buen á dar. .ni el á malo dar
7.19 todo á que no da buen fruto, es cortado
12.33 o haced el á bueno, y. .o haced el á malo
12.33 malo; porque por el fruto se conoce el á
13.32 se hace á, de tal manera que vienen las
21.8 cortaban ramas de los á, y las tendían
Mr. 8.24 dijo: Veo los hombres como á, pero los
11.8 cortaban ramas de los á, y las tendían
Lc. 3.9 el hacha está puesta a la raíz de los á
3.9 todo á que no da buen fruto se corta y se
6.43 no es buen á el que da malos frutos, ni
6.43 no es. .ni á malo el que da buen fruto
6.44 porque cada á se conoce por su fruto
13.19 creció, y se hizo á grande, y las aves
19.4 corriendo delante, subió a un á sicómoro
21.29 les dijo. .Mirad la higuera y todos los á
23.31 si en el á verde hacen estas cosas, ¿en
Jud. 12 á otoñales, sin fruto, 2 veces muertos
Ap. 2.7 daré a comer del á de la vida, el cual
7.1 no soplase viento alguno. .sobre ningún á
7.3 no hagáis daño a la tierra, ni. .ni a los á
8.7 la tercera parte de los á se quemó, y se
9.4 se les mandó que no dañasen. .a ningún á
22.2 y en medio de la calle. .el á de la vida
22.2 las hojas del á eran para la sanidad de
22.14 para tener derecho al á de la vida, y

ARBOLEDA
Dt. 28.42 tu a y el fruto de. .serán consumidos

ARBUSTO
Gn. 21.15 y echó al muchacho debajo de un a
Job 30.4 recogían malvas entre los a, y raíces

ARCA
Gn. 6.14 hazte un a de. .harás aposentos en el a
6.15 de trescientos codos la longitud del a
6.16 una ventana harás al a. .la puerta del a
6.18 y entrarás en el a tú, tus hijos. .mujer
6.19 dos de cada especie meterás en el a, para
7.1 a Noé: Entra tú y toda tu casa en el a
7.7 entró Noé al a, y con él sus hijos. .mujer
7.9 de dos en dos entraron con Noé en el a
7.13 entraron Noé, y Sem, Cam. .con él en el a
7.15 vinieron, pues, con Noé al a, de dos en
7.17 las aguas crecieron, y alzaron el a, y se
7.18 flotaba el a sobre la superficie de las
7.23 Noé, y los que con él estaban en el a
8.1 las bestias que estaban con él en el a
8.4 y reposó el a en el mes séptimo, a los 17
8.6 abrió Noé la ventana del a que había hecho
8.9 y no halló la paloma. .y volvió a él al a
8.9 su mano, y. .la hizo entrar consigo en el a
8.10 volvió a enviar la paloma fuera del a
8.13 quitó Noé la cubierta del a, y miró, y he
8.16 sal del a tú, y tu mujer, y tus hijos
8.19 ave. .según sus especies, salieron del a
9.10 todos los que salieron del a hasta todo
9.18 y los hijos de Noé que salieron del a
Éx. 25.10 también un a de madera de acacia, cuya
25.14 y meterás las varas. .a los lados del a
25.14 las varas. .para llevar el a con ellas
25.15 las varas quedarán en los anillos del a
25.16 pondrás en el a el testimonio que yo te
25.21 y pondrás el propiciatorio encima del a
25.21 en el a pondrás el testimonio que yo te
25.22 los dos querubines que están sobre el a
26.33 meterás. .adentro, el a del testimonio
26.34 pondrás el propiciatorio sobre el a del
30.6 delante del velo que está junto al a del
30.26 con él ungirás el. .el a del testimonio
31.7 el a del testimonio, el propiciatorio que
35.12 el a y sus varas, el propiciatorio, el
37.1 hizo. .Bezaleel el a de madera de acacia
37.5 anillos a los lados del a, para llevar el a
39.35 el a del testimonio y sus varas, el
40.3 pondrás en él el a del testimonio, y la
40.5 y pondrás el altar de oro. .delante del a
40.20 el testimonio, y lo puso dentro del a
40.20 y colocó las varas en el a, y encima el
40.20 y encima el propiciatorio sobre el a
40.21 metió el a. .ocultó el a del testimonio
Lv. 16.2 del propiciatorio que está sobre el a
Nm. 3.31 a cargo de ellos estarán el a, la mesa
4.5 velo. .cubrirán con él el a del testimonio
7.89 del propiciatorio que estaba sobre el a
10.33 el a del pacto de. .fue delante de ellos
10.35 cuando el a se movía, Moisés decía
14.44 pero el a. .y Moisés, no se apartaron de
Dt. 10.1 sube. .al monte, y hazte un a de madera
10.2 en aquellas tablas. .las pondrás en el a
10.3 hice un a. .y labré dos tablas de piedra
10.5 puse las tablas en el a que había hecho
10.8 de Leví para que llevase el a del pacto
31.9 sacerdotes. .que llevaban el a del pacto
31.25 Moisés a los levitas que llevaban el a
31.26 ley, y ponedlo al lado del a del pacto
Jos. 3.3 cuando veáis el a del pacto de Jehová
3.6 tomad el a del pacto. .ellos tomaron el a
3.8 mandarás a los. .que llevan el a del pacto
3.11 a del pacto del Señor de toda la tierra
3.13 pies de los sacerdotes que llevan el a
3.14 los sacerdotes. .llevando el a del pacto
3.15 cuando los que llevaban el a entraron en
3.15 pies de los sacerdotes que llevaban el a
3.17 llevaban el a del pacto. .en seco, firmes
4.5 pasad delante del a de Jehová vuestro Dios
4.7 las aguas. .fueron divididas delante del a
4.9 pies de los. .que llevaban el a del pacto
4.10 que llevaban el a se pararon en medio del
4.11 pasó el a de Jehová, y los sacerdotes, en
4.16 manda a los sacerdotes que llevan el a
4.18 sacerdotes que llevaban el a del pacto de
6.4 llevarán siete bocinas de. .delante del a
6.6 Josué. .les dijo: Llevad el a del pacto
6.6 lleven bocinas. .delante del a de Jehová
6.7 que están armados pasarán delante del a
6.8 pasaron delante del a. .y el a. .les seguía
6.9 y la retaguardia iba tras el a, mientras
6.11 hizo que el a de Jehová diera una vuelta
6.12 y los sacerdotes tomaron el a de Jehová
6.13 los siete sacerdotes. .fueron delante del a
6.13 y la retaguardia iba tras el a de Jehová
7.6 sobre su rostro delante del a de Jehová
8.33 estaba de pie a uno y otro lado del a
8.33 levitas que llevaban el a del pacto de
Jue. 20.27 el a del pacto de Dios estaba allí en
1 S. 3.3 durmiendo. .donde estaba el a de Dios
4.3 traigamos a nosotros de Silo el a del pacto
4.4 trajeron de. .el a. .estaban allí con el a
4.5 cuando el a. .Jehová llegó al campamento
4.6 que el a de Jehová había sido traída al
4.11 el a de Dios fue tomada, y muertos los
4.13 estaba temblando por causa del a de Dios
4.17 muertos, y el a de Dios ha sido tomada
4.18 cuando él hizo mención del a de Dios, Elí
4.19 rumor que el a de Dios había sido tomada
4.21 por haber sido tomada el a de Dios, y por
4.22 dijo. .porque ha sido tomada el a de Dios
5.1 los filisteos capturaron el a de Dios, la
5.2 tomaron los filisteos el a de Dios, y la
5.3 Dagón postrado. .delante del a de Jehová
5.4 caído postrado. .delante del a de Jehová
5.7 no quede con nosotros el a del Dios de
5.8 ¿qué haremos del a. .pásese el a del. . a Gat
5.8 y pasaron allá el a del Dios de Israel
5.10 el a de Dios a Ecrón. Y cuando el a de
5.10 han pasado a nosotros el a del Dios de
5.11 enviad el a del Dios de Israel. .a su lugar
6.1 estuvo el a de Jehová en la tierra de los
6.2 ¿qué haremos del a de Jehová? Hacednos
6.3 si enviáis el a del. .no la enviéis vacía
6.8 tomaréis el a de Jehová, y la pondréis
6.11 pusieron el a de Jehová sobre el carro
6.13 segaban. .y alzando los ojos vieron el a
6.15 los levitas bajaron el a de Jehová, y la
6.18 sobre la cual pusieron el a de Jehová
6.19 porque habían mirado dentro. .a de Jehová
6.21 los filisteos han devuelto el a de Jehová
7.1 el a. .y la pusieron en casa de Abinadab
7.1 Eleazar. .para que guardase el a de Jehová
7.2 el día que llegó el a a Quiriat-jearim
14.18 trae el a. .porque el a de Dios estaba
2 S. 6.2 para hacer pasar de allí el a de Dios
6.3 pusieron el a de Dios sobre un carro nuevo
6.4 con el a de Dios, Ahío iba delante del a
6.6 Uza extendió su mano al a de Dios, y la
6.7 Uza. .cayó allí muerto junto al a de Dios
6.9 ¿cómo ha de venir a mí el a de Jehová?
6.10 que David no quiso traer para sí el a de
6.11 y estuvo el a de. .en casa de Obed-edom
6.12 ha bendecido la. .a causa del a de Dios
6.12 fue, y llevó con alegría el a de Dios
6.13 y cuando los que llevaban el a de Dios
6.15 David y toda la. .conducían el a de Jehová
6.16 el a de Jehová llegó a la ciudad de David
6.17 metieron, pues, el a de Jehová. .su lugar
7.2 en casa. .y el a de Dios está entre cortinas
11.11 a e Israel y Judá están bajo tiendas, y
15.24 llevaban el a. .asentaron el a del pacto
15.25 vuelve el a de Dios a la ciudad. Si yo
15.29 Sadoc y Abiatar volvieron el a de Dios a
1 R. 2.26 has llevado el a de Jehová el Señor
3.15 y se presentó delante del a del pacto de
6.19 para poner allí el a del pacto de Jehová
8.1 para traer el a del. .de la ciudad de David
8.3 vinieron. .y los sacerdotes tomaron el a
8.4 y llevaron el a de. .y el tabernáculo de
8.5 rey Salomón. .estaban con él delante del a
8.6 metieron el a del pacto de. .en su lugar
8.7 extendidas las alas sobre el lugar del a
8.7 así cubrían. .el a y sus varas por encima
8.9 en el a ninguna cosa había sino las dos
8.21 y he puesto en ella lugar para el a, en
2 R. 12.9 Joiada tomó un a e hizo. .un agujero
12.10 veían que había mucho dinero en el a
1 Cr. 6.31 la casa. .después que el a tuvo reposo
13.3 y traigamos el a de. .Dios a nosotros
13.5 reunió. .para que trajesen el a de Dios de
13.6 para pasar de allí el a de Jehová Dios
13.7 y llevaron el a de Dios de la. .en un carro
13.9 Uza extendió su mano al a para sostenerlo
13.10 lo hirió. .había extendido su mano al a
13.12 dijo: ¿Cómo he de traer a mi casa el a
13.13 y no trajo David el a a su casa en la
13.14 y el a de Dios estuvo con la familia de
15.1 hizo David. .y arregló un lugar para el a
15.2 el a de Dios no debe ser llevada sino por
15.2 ha elegido Jehová para que lleven el a de
15.3 para que pasasen el a de Jehová a su lugar
15.12 pasad el a de Jehová Dios de Israel al
15.14 se santificaron para traer el a de Jehová
15.15 los hijos de los levitas trajeron el a
15.23 Berequías y Elcana eran porteros del a
15.24 las trompetas delante del a de Dios
15.24 Obed-edom y Jehías eran. .porteros del a
15.25 fueron a traer el a del pacto de Jehová
15.26 ayudando Dios a los. .que llevaban el a
15.27 todos los levitas que llevaban el a
15.28 de esta manera llevaba todo Israel el a
15.29 a del pacto. .llegó a la ciudad de David
16.1 trajeron el a de Dios, y la pusieron en
16.4 delante del a. .ministros de los levitas
16.6 sonaban. .las trompetas delante del a del
16.37 dejó allí, delante del a. .a Asaf y a sus
16.37 para que ministrasen de. .delante del a
17.1 y el a del pacto de. .debajo de cortinas
22.19 para traer el a del pacto de Jehová, y
28.2 casa en la cual reposara el a del pacto
28.18 con las alas extendidas cubrían el a del
2 Cr. 1.4 pero David había traído el a de Dios
5.2 que trajesen el a del pacto de Jehová de
5.4 vinieron pues. .y los levitas tomaron el a
5.5 llevaron el a, y el tabernáculo de reunión
5.6 que se había reunido con él delante del a
5.7 metieron el a del pacto de Jehová en su
5.8 extendían las alas sobre el lugar del a
5.8 los querubines cubrían por encima así el a
5.9 se viesen las cabezas de las barras del a
5.10 en el a no había más que las dos tablas
6.11 en ella he puesto el a, en la cual está
6.41 para habitar en tu reposo, tú y el a de
8.11 ha entrado el a de Jehová, son sagradas
24.8 mandó, pues, el rey que hiciesen un a, la
24.10 y las echaron en el a hasta llenarla
24.11 para llevar el a al secretario del rey
24.11 y llevaban el a, y la vaciaban, y la
35.3 poned el a santa en la casa que edificó
Sal. 132.8 levántate, oh. .tú y el a de tu poder
Jer. 3.16 no se dirá más; A del pacto de Jehová
Mt. 24.38 hasta el día en que Noé entró en el a
Mr. 12.41 sentado delante del a de la ofrenda
12.41 cómo el pueblo echaba dinero en el a
12.43 esta viuda. .echó más que todos. .en el a
Lc. 17.27 hasta el día en que entró Noé en el a
21.1 ricos que echaban sus ofrendas en el a
He. 9.4 el a del pacto cubierta de oro por todas
11.7 por la fe Noé. .con temor preparó el a en
1 P. 3.20 Noé, mientras se preparaba el a, en la
Ap. 11.19 el a de su pacto se veía en el templo

ARCÁNGEL
1 Ts. 4.16 con voz de a, y con trompeta de Dios
Jud. 9 pero cuando el a Miguel contendía con el

ARCILLOSO, SA
1 R. 7.46 todo lo hizo fundir el rey. .en tierra a
2 Cr. 4.17 los fundió el rey. .en tierra a entre

ARCO
Gn. 9.13 mi a he puesto en las nubes, el cual
9.14 se dejará ver entonces mi a en las nubes
9.16 estará el a en las nubes, y lo veré, y
21.16 enfrente, a distancia de un tiro de a
21.20 el muchacho. .creció. .y fue tirador de a
27.3 toma. .tu aljaba y tu a, y sal al campo
48.22 tomé yo de. .con mi espada y con mi a
49.24 su a se mantuvo poderoso, y los brazos
Jos. 24.12 tábanos. .no con tu espada, ni con tu a
1 S. 2.4 los a de los fuertes fueron quebrados
18.4 se lo dio a David. .su a y su talabarte
2 S. 1.22 el a de Jonatán no volvía atrás, ni la
22.35 se doble el a de bronce con mis brazos
1 R. 22.34 disparó su a a la ventura e hirió al
2 R. 6.22 a los que tomaste cautivos. .con tu a?
9.24 pero Jehú entesó su a, e hirió a Joram
13.15 toma un a y unas. .tomó él entonces un a
13.16 Eliseo al rey. .Pon tu mano sobre el a
13.16 y puso él su mano sobre el a. Entonces

ARCO *(Continúa)*
1 Cr. 5.18 hombres valientes..que entesaban *a*
12.2 estaban armados de *a*, y..saetas con *a*
2 Cr. 14.8 entesaban *a*, todos hombres diestros
17.17 y con él 200.000 armados de *a* y escudo
18.33 mas disparando uno el *a* a la ventura
26.14 y Uzías preparó..*a*, y hondas para tirar
Neh. 4.13 puse al pueblo por familias, con..*a*
4.16 la otra mitad tenía lanzas, escudos, *a*
Job 20.24 huirá..el *a* de bronce le atravesará
29.20 en mí, y mi *a* se fortalecía en mi mano
Sal. 7.12 armado tiene..su *a*, y lo ha preparado
11.2 malos tienden el *a*, disponen sus saetas
18.34 entesar con mis brazos el *a* de bronce
37.14 impíos..entesan su *a*, para derribar al
37.15 su espada entrará..y su *a* será quebrado
44.6 no confiaré en mi *a*, ni mi espada me
46.9 quiebra el *a*, corta la lanza, y quema
76.3 allí quebró las saetas del *a*, el escudo
78.57 sino que..se volvieron como *a* engañoso
Is. 5.28 estarán afiladas, y..sus *a* entesados
7.24 con saetas y *a* irán allá, porque toda
13.18 con *a* tirarán a los niños, y no tendrán
21.15 ante el *a* entesado, ante el peso de la
22.3 todos tus príncipes juntos huyeron del *a*
41.2 polvo, como hojarasca que su *a* arrebata?
66.19 a Fut y Lud que disparan *a*, a Tubal y
Jer. 6.23 *a* y jabalina empuñarán; crueles son
9.3 que su lengua lanzará mentira como un *a*
46.9 Put..y los de Lud que toman y entesan *a*
49.35 yo quiebro el *a* de Elam..su fortaleza
50.14 poneos en orden..todos los que entesáis *a*
50.29 haced juntar..todos los que entesan *a*
50.42 *a* y lanza manejarán; serán crueles, y
51.3 diré al flechero que entesa su *a*, y al que
51.56 el *a* de ellos fue quebrado, porque Jehová
Lm. 2.4 entesó su *a* como enemigo, afirmó..mano
3.12 entesó su *a*, y me puso como blanco para
Ez. 1.28 como parece el *a* iris que está en las
39.3 y sacaré tu *a* de tu mano izquierda, y
39.9 y quemarán..*a* y saetas, dardos de mano y
40.21 postes y sus *a* eran como la medida de la
40.22 sus *a* y sus palmeras eran conforme a la
40.22 subía..y delante de ellas estaban sus *a*
40.24, 29, 33 y sus *a* conforme a estas medidas
40.25,29,33 sus ventanas y sus *a* alrededor
40.26 sus gradas..con sus *a* delante de ellas
40.30 *a*..eran de veinticinco codos de largo
40.31, 34 y sus *a* caían afuera al atrio, con
40.36 postes, sus *a* y sus ventanas alrededor
Os. 1.5 en aquel día quebraré yo el *a* de Israel
1.7 no los salvaré con *a*, ni con espada, ni
2.18 quitaré de la tierra *a* y espada y guerra
7.16 como *a* engañoso; cayeron sus príncipes
Am. 2.15 el que maneja el *a* no resistirá, ni
Hab. 3.9 se descubrió enteramente tu *a*; los
Zac. 9.10 y los *a* de guerra serán quebrados
9.13 entesado para mí a Judá como *a*, e hice
10.4 de él saldrá la piedra..el *a* de guerra
Ap. 4.3 y había alrededor del trono un *a* iris
6.2 el que lo montaba tenía un *a*; y le fue
10.1 a otro ángel..el *a* iris sobre su cabeza

ARCHIVO
Esd. 6.1 la orden de buscar en la casa de los *a*

ARD *Descendiente de Benjamín,* **Gn. 46.21; Nm. 26.40**

ARDER
Éx. 3.2 vio que la zarza *ardía* en fuego, y la
27.20 aceite..para hacer *arder*..las lámparas
27.21 para que *ardan* delante de Jehová desde
29.25 lo harás *arder* en el altar, sobre el
32.19 vio el becerro..*ardió* la ira de Moisés
Lv. 1.9 el sacerdote hará *arder* todo sobre el
1.13 lavará..y lo hará *arder* sobre el altar
1.15 hará que *arda* en el altar; y su sangre
1.17; 2.2,9 lo hará *arder* sobre el altar
2.16 el sacerdote hará *arder* el memorial de
3.5 los hijos de Aarón harán *arder* esto en el
3.11,16 el sacerdote hará *arder* esto sobre
4.10,19,31 lo hará *arder* sobre el altar
4.35 hará *arder* en el altar sobre la ofrenda
5.12 y la hará *arder* en el altar sobre las
6.9 la noche..el fuego del altar *arderá* en él
6.13 fuego *arderá* continuamente en el altar
6.15; 7.5 lo hará *arder* sobre el altar
7.31 la grosura la hará *arder* el sacerdote
8.16 y lo hizo *arder* Moisés sobre el altar
8.20 Moisés hizo *arder* la cabeza, y..trozos
8.28 *arder* en el altar sobre el holocausto
9.10 e hizo *arder* sobre el altar la grosura
24.2 hacer *arder* las lámparas continuamente
Nm. 11.1 y *ardió* su ira, y se encendió en ellos
19.6 lo echará en..fuego en que *arde* la vaca
Dt. 4.11 el monte *ardía* en fuego hasta en medio
5.23 y visteis al monte que *ardía* en fuego
9.15 y descendí del monte, el..*ardía* en fuego
32.22 *arderá* hasta las profundidades del Seol
Jue. 7.16 cántaros vacíos con teas *ardiendo*
2 Cr. 13.11 lámparas para que *ardan* cada tarde
Job 19.11 hizo *arder* contra mí su furor, y me
30.30 mi piel..se me cae, y mis huesos *arden*
Sal. 79.5 ¿hasta..¿*Arderá* como fuego tu celo?
89.46 ¿hasta..¿*arderá* tu ira como el fuego?
Pr. 6.27 fuego en..sin que sus vestidos *ardan?*
Is. 43.2 no te quemarás..ni la llama *arderá* en
65.5 éstos son..fuego que *arde* todo el día
Jer. 15.14 en mi furor, y *arderá* sobre vosotros
17.4 en mi furor, que para siempre *arderá*
36.22 había un brasero *ardiendo* delante de él
Dn. 3.6,11 dentro de un horno de fuego *ardiendo*
3.15 echados en..un horno de fuego *ardiendo*
3.17 librarnos del horno de fuego *ardiendo*
3.20 echarlos en el horno de fuego *ardiendo*
3.21,23 dentro del horno de fuego *ardiendo*
3.26 acercó a la puerta del horno..*ardiendo*
Os. 7.7 ellos *arden* como un horno, y devoraron
Zac. 12.6 como antorcha *ardiendo* entre gavillas
Lc. 24.32 ¿no *ardía* nuestro corazón en nosotros
Jn. 5.35 él era antorcha que *ardía* y alumbraba
15.6 las recogen..echan en el fuego, y *arden*
He. 12.18 al monte que se..que *ardía* en fuego
Stg. 4.2 *ardéis* de envidia, y no..alcanzar
2 P. 3.10 los elementos *ardiendo* serán deshechos
Ap. 4.5 delante del trono *ardían* siete lámparas
8.8 una gran montaña *ardiendo* en fuego fue
8.10 cayó..una gran estrella, *ardiendo* como
19.20 dentro de un lago de fuego que *arde* con
21.8 tendrán su parte en el lago que *arde* con

ARDID
Nm. 25.18 os afligieron a vosotros con sus *a*

ARDIENTE
Nm. 21.6 serpientes *a*, que mordían al pueblo
21.8 una serpiente *a*, y ponla sobre una asta
Dt. 8.15 por un desierto..lleno de serpientes *a*
32.24 devorados de fiebre *a* y de peste amarga
2 S. 22.13 resplandor..encendieron carbones *a*
Sal. 7.13 ha preparado..y ha labrado saetas *a*
18.12 sus nubes pasaron; granizo y carbones *a*
Is. 34.9 se convertirán..y su tierra en brea *a*
Jer. 12.13 se avergonzarán..a causa de la *a* ira
20.9 había en mi corazón como un fuego *a*
Lm. 1.12 ha angustiado en el día de su *a* furor
Dn. 7.9 trono..y las ruedas del mismo, fuego *a*
Mal. 4.1 he aquí, viene el día *a* como un horno
Ro. 8.19 porque el anhelo *a* de la creación es
2 Co. 7.11 qué temor, qué *a* afecto, qué celo

ARDITA *Descendiente de Ard,* **Nm. 26.40**

ARDÓN *Descendiente de Caleb,* **1 Cr. 2.18**

ARDOR
Gn. 31.36 que con tanto *a* hayas venido en mi
Éx. 32.12 vuélvete del *a* de tu ira..este mal
Nm. 25.4 el *a* de la ira de Jehová se apartará
Dt. 13.17 que Jehová se aparte del *a* de su ira
28.22 te herirá de tisis..de *a*, con sequía
29.24 ¿qué significa el *a* de esta gran ira?
Jos. 7.26 y Jehová se volvió del *a* de su ira
1 S. 28.18 ni cumpliste el *a* de su ira contra
2 R. 23.26 Jehová no desistió del *a*..gran ira
2 Cr. 28.13 grande..*a* de la ira contra Israel
29.10 que aparte de nosotros el *a* de su ira
30.8 el *a* de su ira se apartará de vosotros
Esd. 10.14 hasta que apartemos..el *a* de la ira
Job 20.23 Dios enviará sobre él el *a* de su ira
40.11 derrama el *a* de tu ira; mira a todo
Sal. 38.7 mis lomos están llenos de *a*, y nada
78.49 envió sobre ellos el *a* de su ira; enojo
85.3 tu enojo; te apartaste del *a* de tu ira
Is. 7.4 por el *a* de la ira de Rezín y de Siria
10.16 encenderá una hoguera como *a* de fuego
13.9 terrible, y de indignación y *a* de ira
13.13 se moverá..en el día del *a* de su ira
42.25 tanto, derramó sobre él el *a* de su ira
Jer. 2.24 asna..que en su *a* olfatea el viento
4.26 eran asoladas..delante del *a* de su ira
25.37 serán destruidos por el *a* de la ira de
30.24 no se calmará el *a* de la ira de Jehová
49.37 traeré sobre ellos mal..el *a* de mi ira
51.45 salvad cada uno su vida del *a* de la ira
Lm. 2.3 cortó con el *a* de su ira todo el poderío
2.6 en el *a* de su ira ha desechado al rey y
4.11 cumplió..su enojo, derramó el *a* de su ira
5.10 se ennegreció..a causa del *a* del hambre
Ez. 22.31 con el *a* de mi ira los consumí; hice
23.20 cuya lujuria es como el *a* carnal de los
Dn. 11.25 despertará..*a* contra el rey del sur
Os. 11.9 ejecutaré el *a* de mi ira, ni volveré
Jon. 3.9 Dios, y se apartará del *a* de su ira
Nah. 1.6 ¿y quién quedará en pie en el *a* de su
Sof. 3.8 derramar sobre ellos..el *a* de mi ira
Ap. 16.19 darle el cáliz del vino del *a* de su

ARDUO
Ez. 29.18 a su ejército prestar un *a* servicio
Ap. 2.2 yo conozco..tu *a* trabajo y paciencia

ARELI *Hijo de Gad No. 1,* **Gn. 46.16; Nm. 26.17**

ARELITA *Descendiente de Areli,* **Nm. 26.17**

ARENA
Gn. 22.17 como la *a* que está a la orilla del mar
32.12 tu descendencia será como la *a* del mar
41.49 recogió José trigo como *a* del mar
Éx. 2.12 mató al egipcio y lo escondió en la *a*
Dt. 33.19 y los tesoros escondidos de la *a*
Jos. 11.4 gente, como la *a*..a la orilla del mar
Jue. 7.12 sus camellos eran..como la *a* que está
1 S. 13.5 los filisteos..como la *a* que está a la
2 S. 17.11 en multitud como la *a* que está a la
1 R. 4.20 Judá e Israel eran muchos, como la *a*
4.29 anchura de corazón como la *a* que está a
Job 6.3 pesarían ahora más que la *a* del mar
29.18 decía yo..como *a* multiplicaré mis días
Sal. 78.27 carne como polvo, como *a* del mar
139.18 si los..se multiplican más que la *a*
Pr. 27.3 pesada es la piedra, y la *a* pesa; mas
Is. 10.22 tu pueblo..fuere como las *a* del mar
48.19 fuera como la *a* tu descendencia, y los
48.19 de tus entrañas como los granos de *a*
Jer. 5.22 ante mí, que puse *a* por término al mar
15.8 viudas se me multiplicaron más que la *a*
33.22 como..ni la *a* del mar se puede medir
Os. 1.10 el número de..Israel como la *a* del mar
Hab. 1.9 el terror..recogerá cautivos como *a*
Mt. 7.26 insensato, que edificó su casa..la *a*
Ro. 9.27 fuere el número de..Israel como la *a*
He. 11.12 como la *a*..está a la orilla del mar
Ap. 13.1 me paré sobre la *a* del mar, y vi subir
20.8 el número de los cuales es como la *a* del

ARENGAR
Hch. 12.21 se sentó en el tribunal y les *arengó*

AREOPAGITA *Miembro del concilio del Areópago*
Hch. 17.34 entre..cuales estaba Dionisio el *a*

AREÓPAGO *Collado rocoso en Atenas donde se reunía un concilio*
Hch. 17.19 trajeron al *A*, diciendo: ¿Podremos
17.22 Pablo, puesto en pie en medio del *A*

ARETAS *Rey de Nabatea*
2 Co. 11.32 gobernador de..provincia del rey *A*

ARFAD *Ciudad y estado en el norte de Siria*
2 R. 18.34 ¿dónde está el dios de Hamat y de *A?*
19.13 ¿dónde está..el rey de *A*, y el rey de
Is. 10.9 no es..Hamat como *A*, y Samaria como
36.19 dónde está el dios de Hamat y de *A?*
37.13 ¿dónde está el rey de..*A*, y el rey de
Jer. 49.23 se confundieron Hamat y *A*, porque

ARFAXAD *Tercer hijo de Sem,* **Gn. 10.22,24; 11.10,11,12,13; 1 Cr. 1.17,18,24; Lc. 3.36**

ARGOB
1. *Parte del territorio de Og rey de Basán,* **Dt. 3.4,13,14; 1 R. 4.13**
2. *Conspirador con Peka contra Pekaía,* **2 R. 15.25**

ARGOL
Lv. 11.22 esto comeréis..el *a* según su especie

ARGOLLA
2 S. 1.10 tomé la..y la *a* que traía en su brazo

ARGÜIR
Is. 11.3 ni *argüirá* por lo que oigan sus oídos
11.4 *argüirá* con equidad por los mansos de la

ARGUMENTO
Job 13.6 y estad atentos a los *a* de mis labios
23.4 expondría mi..y llenaría mi boca de *a*
32.11 he escuchado vuestros *a*, en tanto que
2 Co. 10.5 derribando *a*, y toda altivez que se
1 Ti. 6.20 *a* de la falsamente llamada ciencia

ÁRIDA
Sal. 63.1 en tierra seca y *á* donde no hay aguas
Is. 44.3 yo derramaré..y ríos sobre la tierra *á*

ARIDAI *Hijo de Amán,* **Est. 9.9**

ARIDATA *Hijo de Amán,* **Est. 9.8**

ARIDEZ
Ez. 19.13 ahora está plantada..en tierra de..*a*

ARIÉ *Conspirador con Peka contra Pekaía,* **2 R. 15.25**

ARIEL
1. *Uno de los "hombres principales" despachados por Esdras,* **Esd. 8.16**
2. *Voz poética por Jerusalén*

Is. 29.1 ¡ay de *A*, de *A*..donde habitó David!

ARIEL *(Continúa)*
Is. 29.2 mas yo pondré a *A* en apretura, y será
29.2 desconsolada y triste; y será..como *A*
29.7 las naciones que pelean contra *A*, y todos

ARIETE
Jer. 32.24 con *a* han acometido la ciudad para
33.4 las casas..derribadas con *a* y con hachas
Ez. 4.2 campamento, y colocarás contra ella *a*
21.22 orden..para poner *a* contra las puertas
26.9 y pondrá contra ti *a*, contra tus muros

ARIMATEA *Población en Judea*
Mt. 27.57 un hombre rico de *A*, llamado José
Mr. 15.43 José de *A*..vino y entró osadamente a
Lc. 23.50 había un varón llamado José, de *A*
Jn. 19.38 José de *A*..rogó a Pilato..el cuerpo

ARIOC
1. Rey de Elasar, Gn. 14.1,9
2. Capitán de la guardia de Nabucodonosor
Dn. 2.14 Daniel habló sabia y prudentemente a *A*
2.15 dijo a *A* capitán del rey: ¿Cuál es la
2.15 entonces *A* hizo saber a Daniel lo que
2.24 Daniel a *A*, al cual el rey había puesto
2.25 entonces *A* llevó..a Daniel ante el rey

ARISAI *Hijo de Amán*, Est. 9.9

ARISTARCO *Compañero de Pablo*
Hch. 19.29 teatro, arrebatando a Gayo y a *A*
20.4 le acompañaron hasta Asia..*A* y Segundo
27.2 estando con nosotros *A*, macedonio de
Col. 4.10 *A*, mi compañero de prisiones, os
Flm. 24 *A*, Demas y Lucas, mis colaboradores

ARISTÓBULO *Cabeza de una familia saludada por Pablo*, Ro. 16.10

ARMA
Gn. 27.3 toma..ahora tus *a*, tu aljaba y tu arco
49.5 Simeón y Leví son..*a* de iniquidad sus *a*
Dt. 1.41 os armasteis cada uno..sus *a* de guerra
23.13 tendrás también entre tus *a* una estaca
Jue. 18.11 salieron de..armados de *a* de guerra
18.16 armados de sus *a* de guerra a la entrada
18.17 los 600 hombres armados de *a* de guerra
1 S. 8.12 pondrá..a que hagan sus *a* de guerra
14.1 Jonatán..a su criado que le traía las *a*
14.6 dijo, pues, Jonatán a su paje de *a*: Ven
14.7 su paje de *a* le respondió: Haz todo lo
14.12 y a su paje de *a*..dijo a su paje de *a*
14.13 subió Jonatán..y tras él su paje de *a*
14.13 su paje de *a* que iba tras él los mataba
14.14 que hicieron Jonatán y su paje de *a*
14.17 aquí que faltaba Jonatán y su paje de *a*
16.21 le amó mucho, y le hizo su paje de *a*
17.54 pero las *a* de él las puso en su tienda
20.40 luego dio Jonatán sus *a* a su muchacho
21.8 no tomé en mi mano mi espada ni mis *a*
31.9 y le despojaron de las *a*; y enviaron
31.10 pusieron sus *a* en el templo de Astarot
2 S. 1.27 ¡cómo..han perecido las *a* de guerra!
1 R. 10.25 le llevaban..vestidos, *a*, especias
20.11 no se alabe tanto el que se ciñe las *a*
2 R. 10.2 tienen..ciudad fortificada, y las *a*
11.8,11 teniendo cada uno sus *a* en las manos
20.13 Ezequías..les mostró..la casa de sus *a*
1 Cr. 7.40 entre los que podían tomar las *a*
10.9 tomaron su cabeza y sus *a*, y enviaron
10.10 y pusieron sus *a* en el templo de sus
12.33 Zabulón..con toda clase de *a* de guerra
12.37 Manasés..con toda clase de *a* de guerra
2 Cr. 9.24 éstos traía su presente..*a*, perfumes
23.7 rey..y cada uno tendrá sus *a* en la mano
Job 20.24 huirá de las *a* de hierro, y el arco
39.21 escarba la..sale al encuentro de las *a*
41.29 tiene toda *a* por hojarasca, y..se burla
Sal. 7.13 asimismo ha preparado *a* de muerte
76.3 quebró las saetas..y las *a* de guerra
Ec. 8.8 la muerte; y no valen *a* en tal guerra
9.18 mejor es la sabiduría que..*a* de guerra
Is. 22.8 miraste..hacia la casa de *a* del bosque
32.7 las *a* del tramposo son malas..intrigas
39.2 les mostró..toda su casa de *a*, y todo lo
54.17 ninguna *a* forjada contra..prosperará
Jer. 21.4 yo vuelvo atrás las *a* de guerra que
22.7 contra ti destruidores, cada uno con..*a*
51.20 martillo me sois, y *a* de guerra; y por
Ez. 23.12 de los asirios..vestidos de ropas y *a*
32.27 descendieron al Seol con..*a* de guerra
39.9 quemarán *a*, escudos, paveses, arcos y
39.10 leña..sino quemarán las *a* en el fuego
Lc. 11.22 le quita todas sus *a* en que confiaba
Jn. 18.3 fue..con linternas y antorchas, y con *a*
Ro. 13.12 tinieblas, y vistámonos las *a* de la
2 Co. 6.7 *a* de justicia a diestra y a siniestra
10.4 *a* de nuestra milicia no son carnales

ARMADO *Véase Armar*

ARMADURA
1 R. 22.34 hirió al rey..las junturas de la *a*
2 R. 3.21 desde los que apenas podían ceñir *a*
Ef. 6.11 vestíos de toda la *a* de Dios, para que
6.13 la *a* de Dios, para que podáis resistir

ARMAGEDÓN *"Monte de Meguido,"* Ap. 16.16

ARMAR
Gn. 14.14 oyó Abram que..y *armó* a sus criados
Éx. 13.18 y subieron..Israel de Egipto *armados*
Nm. 1.51 los levitas lo *armarán*; y el extraño
20.18 de otra manera, saldré contra ti *armado*
31.3 *armaos* algunos de vosotros..la guerra
32.17 nosotros nos *armaremos*, e iremos con
32.21 todos..pasáis *armados* el Jordán delante
32.27 tus siervos, *armados*..pasarán delante de
32.29 *armados* todos para la guerra delante de
32.30 mas si no pasan *armados* con vosotros
32.32 pasaremos *armados* delante de Jehová a
Dt. 1.41 os *armasteis* cada uno con sus armas de
3.18 pero iréis *armados* todos los valientes
Jos. 1.14 pasaréis *armados* delante de..hermanos
4.12 pasaron *armados* delante de los hijos de
4.13 cuarenta mil hombres *armados*, listos para
6.7 los que están *armados* pasarán delante del
6.9,13 los hombres *armados* iban delante de
Jue. 7.11 hasta los puestos..de la gente *armada*
18.11 de Dan, *armados* de armas de guerra
18.16 estaban *armados* de sus armas de guerra
18.17 con los seiscientos hombres *armados* de
1 S. 17.38 vistió a David..y le *armó* de coraza
2 S. 23.7 que quiere tocarlos se *arma* de hierro
2 R. 5.2 de Siria habían salido bandas *armadas*
6.23 y nunca más vinieron bandas *armadas* de
13.20 vinieron bandas *armadas* de moabitas a
13.21 que al sepultar..vieron una banda *armada*
1 Cr. 12.2 estaban *armados* de arcos, y usaban
2 Cr. 17.17 y con él 200.000 *armados* de arco y
20.21 mientras salía la gente *armada*, y que
22.1 una banda *armada*..había matado a todos
Est. 8.11 y acabar con toda fuerza *armada* del
Sal. 7.12 *armado* tiene ya su arco, y..preparado
38.12 los que buscan mi vida *arman* lazos, y
57.6 red han *armado* a mis pasos..han cavado
68.30 reprime la reunión de gentes *armadas*
78.9 los hijos de Efraín, arqueros *armados*
Pr. 6.5 como ave de la mano del que *arma* lazos
6.11; 24.34 tu pobreza como hombre *armado*
Is. 29.21 los que *arman* lazo al que reprendía
Mi. 7.2 todos acechan..*arma* red a su hermano
Lc. 11.21 el hombre..*armado* guarda su palacio
1 P. 4.1 también *armaos* del mismo pensamiento

ARMAZÓN
2 Cr. 34.11 que comprasen..madera para los *a*

ARMERÍA
Neh. 3.19 otro tramo frente a la subida de la *a*
Cnt. 4.4 tu cuello, como la..edificada para *a*

ARMONI *Hijo de Saúl*, 2 S. 21.8

ARMONÍA
Sal. 133.1 habitar los hermanos juntos en *a*!

ARMONIZAR
Lc. 5.36 el remiendo..no *armoniza* con el viejo

ARNÁN *Descendiente de Zorobabel*, 1 Cr. 3.21

ARNÓN *Río que desemboca en el Mar Muerto*
Nm. 21.13 otro lado de *A*..*A* es límite de Moab
21.14 lo que hizo en..y en los arroyos de *A*
21.24 y tomó su tierra desde *A* hasta Jaboc
21.26 tomado de su poder..su tierra hasta *A*
21.28 a Ar..a los señores de las alturas de *A*
22.36 ciudad..que está junto al límite de *A*
Dt. 2.24 levantaos..y pasad el arroyo de *A*; he
2.36 está junto a la ribera del arroyo de *A*
3.8 tomamos..desde el arroyo de *A* hasta el
3.12 Aroer, que está junto al arroyo de *A*, y la
3.16 les di de Galaad hasta el arroyo de *A*
4.48 desde Aroer..la ribera del arroyo de *A*
Jos. 12.1 desde el arroyo de *A* hasta el monte
12.2 Aroer..está a la ribera del arroyo de *A*
13.9,16 que está a la orilla del arroyo de *A*
Jue. 11.13 Israel tomó..desde *A* hasta Jaboc y
11.18 al otro lado de *A*..porque *A* es..de Moab
11.22 se apoderaron también de..*A* hasta Jaboc
11.26 ciudades..están en el territorio de *A*
2 R. 10.33 Aroer..junto al arroyo de *A*, hasta
Is. 16.2 las hijas de Moab en los vados de *A*
Jer. 48.20 anunciad en *A*..que Moab es destruido

ARO
Ez. 1.18 *a* eran altos y espantosos, y llenos de

AROD *Hijo de Gad No. 1 (=Arodi)*, Nm. 26.17

ARODI *Hijo de Gad No. 1 (=Arod)*, Gn. 46.16

ARODITA *Descendiente de Arod*, Nm. 26.17

AROER
1. Población en Galaad
Nm. 32.34 los hijos de Gad edificaron..Atarot, *A*
Jos. 13.25 hasta *A*, que está enfrente de Rabá
2 S. 24.5 acamparon en *A*, al sur de la ciudad
Is. 17.2 las ciudades de *A* están desamparadas
2. Ciudad al oriente del Mar Muerto
Dt. 2.36 desde *A*, que está junto a la ribera del
3.12 esta tierra..desde *A*, que está junto al
4.48 desde *A*..hasta el monte de Sion, que es
Jos. 12.2 Sehón rey de los..señoreaba desde *A*
13.9 *A*, que está a la orilla del arroyo de
13.16 y fue el territorio de ellos desde *A*
Jue. 11.26 habitando por 300 años..a *A* y sus
11.33 desde *A* hasta llegar a Minit, veinte
2 R. 10.33 desde *A* que está junto al arroyo de
1 Cr. 5.8 Bela hijo de..habitó en *A* hasta Nebo
Jer. 48.19 camino, y mira, oh moradora de *A*
3. Población en Judá, 1 S. 30.28

AROERITA *Perteneciente a Aroer No. 3*, 1 Cr. 11.44

AROMA
Gn. 37.25 camellos traían *a*, bálsamo y mirra
43.11 llevad..un presente..*a* y mirra, nueces
Cnt. 4.16 soplad en..huerto, despréndanse sus *a*
5.1 he recogido mi mirra y mis *a*; he comido
8.14 al corzo..sobre las montañas de los *a*

AROMÁTICO, CA
Éx. 25.6 especias para el..y para el incienso *a*
30.7 Aarón quemará incienso *a* sobre él; cada
30.23 de canela *a* la mitad..de cálamo *a* 250
30.34 especias *a*, estacte y uña *a* y gálbano *a*
31.11 y el incienso *a* para el santuario; harán
35.8 especias para el aceite..el incienso *a*
35.15 el aceite de la unción, el incienso *a*
35.28 y las especias *a*..para el incienso *a*
37.29 el incienso puro, *a*, según el arte del
39.38 el aceite de la unción, el incienso *a*
40.27 quemó sobre él incienso *a*, como Jehová
Lv. 4.7 los cuernos del altar del incienso *a*, que
16.12 sus puños llenos del perfume *a* molido
Nm. 4.16 el incienso *a*, la ofrenda continua y el
1 R. 10.25 le llevaban..especias *a*, caballos y
1 Cr. 9.30 los sacerdotes hacían los perfumes *a*
2 Cr. 2.4 para quemar incienso *a* delante de él
9.1 con camellos cargados de especias *a*, oro
9.9 dio al rey..gran cantidad de especias *a*
9.9 nunca hubo tales especias *a* como las que
13.11 queman para Jehová los..y el incienso *a*
16.14 ataúd, el cual llenaron de..especias *a*
Est. 2.12 seis meses con perfumes *a* y afeites
Cnt. 3.6 sahumada de mirra y de..todo polvo *a*?
4.10 mejores que..que todas las especias *a*!
4.14 nardo y azafrán, caña *a* y canela, con
4.14 con todas las principales especias *a*
5.13 tus mejillas, como una era de especias *a*
Is. 3.24 y en lugar de los perfumes *a* vendrá
43.24 no compraste para mí caña *a* por dinero
Ez. 27.19 negociar en tu mercado con..caña *a*
Mr. 16.1 compraron especias *a* para ir a ungirle
Lc. 23.56 prepararon especias *a* y ungüentos
24.1 las especias *a* que habían preparado, y
Jn. 19.40 lo envolvieron en..con especias *a*
Ap. 18.13 canela, especias *a*, incienso, mirra

ARPA
Gn. 4.21 fue padre de..los que tocan *a* y flauta
31.27 despidiera..cantares, con tamborín y *a*?
1 S. 10.5 pandero, flauta y *a*, y..profetizando
16.16 que busquen a alguno que sepa tocar el *a*
2 S. 6.5 con *a*, salterios, panderos, flautas y
1 R. 10.12 hizo..*a* también y salterios para los
1 Cr. 13.8 Israel se regocijaban..cánticos, *a*
15.16 cantores con salterios y *a* y címbalos
15.21 *a* afinadas en la octava para dirigir
15.28 llevaba..arca..al son de salterios y *a*
16.5 con sus instrumentos de salterios y *a*
25.1 para que profetizasen con *a*, salterios
25.3 el cual profetizaba con *a*, para aclamar
25.6 y *a*, para el ministerio del templo de
2 Cr. 5.12 los levitas cantores..salterios y *a*
9.11 hizo..*a* y salterios para los cantores
20.28 vinieron a Jerusalén con salterios, *a*
29.25 levitas en la casa de Jehová con..y *a*
Job 30.31 ha cambiado mi *a* en luto, y mi flauta
Sal. 33.2 aclamad a Jehová con *a*; cantadle con
43.4 y te alabaré con *a*, oh Dios, Dios mío
49.4 mi oído; declararé con el *a* mi enigma
57.8 despierta, alma..despierta, salterio y *a*
71.22 tu verdad cantaré a ti en el *a*, oh Santo
81.2 tañed el..el *a* deliciosa y el salterio
92.3 en el salterio, en tono suave con el *a*
98.5 cantad salmos a..con *a*; con *a* y voz de
108.2 despiértate, salterio y *a*; despertaré
137.2 sobre los sauces..colgamos nuestras *a*
147.7 cantad a..cantad con *a* a nuestro Dios

ARPA *(Continúa)*
Sal. 149.3 con danza; con pandero y *a* a él canten
150.3 alabadle a..alabadle con salterio y *a*
Is. 5.12 y en sus banquetes hay *a*, vihuelas
16.11 mis entrañas vibrarán como *a* por Moab
23.16 toma *a*, y rodea la ciudad, oh ramera
24.8 se acabó el estruendo..la alegría del *a*
30.32 cada golpe..será con panderos y con *a*
Dn. 3.5,7,10,15 al oir el son..*a*, del salterio
Ap. 5.8 todos tenían *a*, y copas de oro llenas
14.2 era como de arpistas que tocaban sus *a*
15.2 en pie sobre el mar..con las *a* de Dios

ARPISTA
Ap. 14.2 voz que oí era como de *a* que tocaban
18.22 y voz de *a*, de..no se oirá más en ti

ARPÓN
Job 41.7 cortarás..*a* de pescadores su cabeza?

ARQUELAO *Hijo de Herodes el Grande*, **Mt. 2.22**

ARQUERO
Gn. 49.23 le asaetearon, y le aborrecieron los *a*
Jue. 5.11 lejos del ruido de los *a*, en los
Sal. 78.9 hijos de Efraín, *a* armados, volvieron
Pr. 26.10 como *a* que a todos hiere, es el que

ARQUILLA
Éx. 2.3 tomó una *a* de juncos y la calafateó con
2.5 vio ella la *a* en el carrizal, y envió una

ARQUIPO *Cristiano en Colosas*, **Col. 4.17; Flm. 2**

ARQUITA *Perteneciente a una familia de Benjamín*
Jos. 16.2 a lo largo del territorio de los *a*
2 S. 15.32 Husai *a* que le salió al encuentro
16.16 cuando Husai *a*..vino al encuentro de
17.5 llamad también ahora a Husai *a*, para que
17.14 el consejo de Husai *a* es mejor que el
1 Cr. 27.33 Ahitofel..y Husai *a* amigo del rey

ARQUITECTO
1 Co. 3.10 yo como perito *a* puse el fundamento
He. 11.10 ciudad..cuyo *a* y constructor es Dios

ARRAIGAR
Sal. 80.9 hiciste *arraigar* sus raíces, y llenó
Ef. 3.17 que, *arraigados* y cimentados en amor
Col. 2.7 *arraigados* y sobreedificados en él

ARRANCAR
Lv. 5.8 le *arrancará* de su cuello la cabeza, mas
14.40 mandará..*arrancarán* las piedras en que
14.43 después que hizo *arrancar* las piedras
Dt. 23.25 podrás *arrancar* espigas con tu mano
28.63 seréis *arrancados* de sobre la tierra
Jue. 16.14 *arrancó* la estaca del telar con la
2 S. 23.6 serán todos..como espinos *arrancados*
1 R. 14.15 *arrancará* a Israel de esta..tierra
2 Cr. 7.20 os *arrancaré* de mi tierra que os he
Esd. 6.11 se le *arranque* un madero de su casa
9.3 *arranqué* pelo de mi cabeza y de mi barba
Neh. 13.25 y les *arranqué* los cabellos, y les
Job 8.18 si le *arrancaren* de su lugar, éste le
9.5 él *arranca* los montes con su furor, y no
17.11 fueron *arrancados* mis pensamientos, los
18.14 confianza será *arrancada* de su tienda
19.10 pasar mi esperanza como árbol *arrancado*
31.8 y otro coma, y sea *arrancada* mi siembra
Sal. 52.5 asolará y te *arrancará* de tu morada
Ec. 3.2 y tiempo de *arrancar* lo plantado
Is. 28.9 se enseñará..*arrancados* de los pechos?
33.20 ni serán *arrancadas* sus estacas, ni
51.1 la cantera de donde fuisteis *arrancados*
Jer. 1.10 mira que te he puesto..para *arrancar*
6.29 se quemó..la escoria no se ha *arrancado*
12.14 los *arrancaré* de su tierra, y *a* de en
12.15 después que los haya *arrancado*, volveré
12.17 mas si no oyeren, *arrancaré* esa nación
18.7 hablaré contra pueblos y..para *arrancar*
22.24 fuera anillo..aun de allí te *arrancaría*
23.39 *arrancaré* de mi presencia a vosotros y a
24.6 volveré..los plantaré y no los *arrancaré*
31.28 así como tuve cuidado de..para *arrancar*
31.40 no será *arrancada* ni destruida más para
42.10 os plantaré, y no os *arrancaré*; porque
45.4 yo destruyo..y *arranco* a los que planté
Ez. 17.4 *arrancó* el principal de sus renuevos
17.9 ¿no *arrancará* sus raíces..y se secará?
17.9 ni mucha gente para *arrancarla* de sus
19.12 pero fue *arrancada* con ira, derribada
Dn. 7.4 hasta que sus alas fueron *arrancadas*
7.8 delante..fueron *arrancados* tres cuernos
11.4 porque su reino será *arrancado*, y será
Am. 9.15 nunca..serán *arrancados* de su tierra
Mi. 5.14 *arrancaré* tus imágenes de Asera de en
Mt. 12.1 y comenzaron a *arrancar* espigas y a
13.28 ¿quieres..que vayamos y la *arranquemos?*
13.29 que al *arrancar* la..*arranquéis*..el trigo
13.40 como se *arranca* la cizaña, y se quema
Mr. 2.23 un día..comenzaron a *arrancar* espigas
Lc. 6.1 discípulos *arrancaban* espigas y comían

ARRAS
2 Co. 1.22 nos ha dado las *a* del Espíritu en
5.5 Dios, quien nos ha dado las *a* del Espíritu
Ef. 1.14 es las *a* de nuestra herencia hasta la

ARRASAR
Sal. 137.7 *arrasadla, a* hasta los cimientos

ARRASTRAR
Gn. 1.25 todo animal que se *arrastra* sobre la
1.26 en todo animal que se *arrastra* sobre la
1.30; 7.8 lo que se *arrastra* sobre la tierra
7.14,21 todo reptil que se *arrastra* sobre la
8.17 de todo reptil que se *arrastra*..sacarás
Lv. 11.41 reptil que se *arrastra*..abominación
11.42,46 todo animal que se *arrastra* sobre
11.43,44 con ningún animal que se *arrastra*
20.25 con nada que se *arrastra* sobre la tierra
Dt. 4.18 figura de..animal que se *arrastre* sobre
2 S. 17.13 y la *arrastraremos* hasta el arroyo
Jer. 22.19 *arrastrándole* y echándole fuera de
49.20 *arrastrarán*, y destruirán sus moradas
50.45 a los más pequeños de..los *arrastrarán*
Ez. 38.20 toda serpiente que se *arrastra* sobre
Lc. 12.58 no sea que te *arrastre* al juez, y el
Jn. 21.8 *arrastrando* la red de peces, pues no
Hch. 8.3 *arrastraba* a hombres y a mujeres, y
14.19 a Pablo, le *arrastraron* fuera de la
20.30 para *arrastrar* tras sí a los discípulos
21.30 Pablo, le *arrastraron* fuera del templo
Gá. 2.13 Bernabé fue también *arrastrado* por la
2 Ti. 3.6 *arrastradas*..diversas concupiscencias
Stg. 1.6 onda del mar, que es *arrastrada* por el
2.6 ricos..que os *arrastran* a los tribunales?
2 P. 3.17 no sea que *arrastrados* por el error
Ap. 12.4 su cola *arrastraba* la tercera parte de
12.15 para que fuese *arrastrada* por el río

ARRAYÁN
Neh. 8.15 traed ramas..de *a*, de palmeras y de
Is. 41.19 dará en el desierto cedros, acacias, *a*
55.13 en lugar de la ortiga crecerá *a*; y será

ARREBATADO *Véase Arrebatar*

ARREBATADOR
Gn. 49.27 Benjamín es lobo *a*; a la mañana..presa

ARREBATAR
Gn. 31.39 te traje lo *arrebatado* por las fieras
Éx. 22.13 *arrebatado* por fiera..no pagará lo *a*
Lv. 26.22 bestias..se *arrebaten* vuestros hijos
Nm. 31.9 Israel..*arrebataron* todos sus bienes
Dt. 28.31 tu asno será *arrebatado* de delante de
33.20 como león reposa, y *arrebata* brazo y
Jue. 21.21 y *arrebatad* cada uno mujer para sí
2 S. 23.21 *arrebató* al egipcio la lanza de la
2 R. 3.27 *arrebató* a su primogénito que había
1 Cr. 11.23 *arrebató* al egipcio la lanza de la
Job 9.12 *arrebatará*; ¿quién le hará restituir?
13.25 a la hoja *arrebatada* has de quebrantar
16.12 *arrebató* por la cerviz y me despedazó
21.18 como el tamo que *arrebata* el torbellino
24.19 el calor *arrebatan* las aguas de la nieve
27.20 él..torbellino lo *arrebatará* de noche
27.21 y tempestad lo *arrebatará* de su lugar
Sal. 1.4 como el tamo que *arrebata* el viento
10.9 acecha para *arrebatar* al pobre; *arrebata*
26.9 no *arrebates* con los pecadores mi alma
28.3 no me *arrebates*..con los malos, y con
58.9 vivos..los *arrebatará* él con tempestad
88.5 y que fueron *arrebatados* de tu mano
90.5 los *arrebatas* como con torrente de aguas
Is. 5.29 crujirá los dientes, y *arrebatará* la
10.6 que quite despojos, y *arrebate* presa, y
17.11 la cosecha será *arrebatada* en el día de
28.19 que comience a pasar, él os *arrebatará*
33.23 botín..los cojos *arrebatarán* el botín
41.2 como hojarasca que su arco *arrebata?*
49.25 y el botín será *arrebatado* al tirano
57.13 a todos ellos..un soplo los *arrebatará*
Jer. 5.6 que de ellas saliere será *arrebatado*
8.21 quebrantado..espanto me ha *arrebatado*
12.3 *arrebátalos* como..para el degolladero
Ez. 19.3,6 aprendió a *arrebatar* la presa
22.25 como león rugiente que *arrebata* presa
22.27 son como lobos que *arrebatan* presa
23.26 y te *arrebatarán* todos los adornos de
24.25 el día que yo *arrebate*..su fortaleza
29.19 y *arrebatará* botín, y habrá paga para
38.12 *arrebatar* despojos y para tomar botín
38.13 ¿has venido a *arrebatar* despojos? ¿Has
Os. 5.14 yo *arrebataré*, y me iré; tomaré, y no
6.1 él *arrebató*, y nos curará; hirió, y nos
Jl. 1.16 fue *arrebatado* el alimento de delante
Mi. 5.8 pasare..*arrebatare*, no hay quien escape
Nah. 2.12 el león *arrebataba*..para sus cachorros
Zac. 3.2 ¿no es éste un tizón *arrebatado* del
Mt. 11.12 el reino..los violentos lo *arrebatan*
13.19 viene el malo, y *arrebata* lo..sembrado
Jn. 10.12 y el lobo *arrebata* las ovejas y las
10.28 ni nadie las *arrebatará* de mi mano
10.29 nadie las puede *arrebatar* de la mano de
Hch. 6.12 *arrebataron*, y le trajeron al concilio
8.39 el Espíritu del Señor *arrebató* a Felipe
19.29 se lanzaron al..*arrebatando* a Gayo y a
23.10 y le *arrebatasen* de en medio de ellos
27.15 siendo *arrebatada* la nave, y no pudiendo
2 Co. 12.2 fue *arrebatado* hasta el tercer cielo
12.4 que fue *arrebatado* al paraíso, donde oyó
1 Ts. 4.17 seremos *arrebatados* juntamente con
Jud. 23 otros salvad, *arrebatándolos* del fuego
Ap. 12.5 su hijo fue *arrebatado* por Dios y para

ARREBOL
Mt. 16.2 buen tiempo, porque el cielo tiene *a*
16.3 hoy habrá tempestad..tiene *a* el cielo

ARREBOZAR
Gn. 38.14 se cubrió con un velo, y se *arrebozó*

ARRECIAR
Jue. 20.34 la batalla *arreciaba;* mas..no sabían
1 S. 31.3 *arreció* la batalla contra Saúl, y le
1 R. 22.35 la batalla había *arreciado* aquel día
1 Cr. 10.3 y *arreciando* la batalla contra Saúl
2 Cr. 18.34 *arreció* la batalla aquel día, por

ARREGLAR
Dt. 19.3 *arreglarás* los caminos, y dividirás en
1 R. 18.30 y él *arregló* el altar de Jehová que
1 Cr. 15.1 David..*arregló* un lugar para el arca
2 Cr. 31.2 *arregló* Ezequías la distribución de
Neh. 3.1 *arreglaron* y levantaron sus puertas
Mt. 25.7 levantaron, y *arreglaron* sus lámparas
25.19 vino el señor..*arregló* cuentas con ellos
Lc. 12.58 procura..*arreglarte* con él, no sea que

ARREGLO
2 R. 22.5,9 tienen a su cargo el *a* de la casa
2 Cr. 25.5 con *a* a las familias les puso jefes

ARREMETER
1 S. 22.18 tú, y *arremete* contra los sacerdotes
1 R. 2.25 Benaía.. el cual *arremetió* contra él
2.29 envió Salomón..Vé, y *arremete* contra él
2.34 Benaía..subió y *arremetió* contra él, y
Job 1.17 *arremetieron* contra los camellos y se
Jer. 8.6 como caballo que *arremete* con ímpetu
Ez. 19.8 *arremetieron* contra él las gentes de
Hch. 6.12 *arremetiendo*, le arrebataron, y le
7.57 voces..y *arremetieron* a una contra él

ARRENDAR
Mt. 21.33 *arrendó* a unos labradores, y se fue
21.41 y *arrendará* su viña a otros labradores
Mr. 12.1 una viña..la *arrendó* a unos labradores
Lc. 20.9 la *arrendó* a labradores, y se ausentó

ARREPENTIDO *Véase Arrepentirse*

ARREPENTIMIENTO
Jer. 31.19 porque después que me aparté tuve *a*
Mt. 3.8 haced, pues, frutos dignos de *a*
3.11 yo a la verdad os bautizo en agua para *a*
9.13 llamar a justos, sino a pecadores, al *a*
Mr. 1.4 Juan..predicaba el bautismo del *a* para
Lc. 3.3 y él fue..predicando el bautismo del *a*
3.8 haced, pues, frutos dignos de *a*, y no
5.32 llamar a justos, sino a pecadores al *a*
15.7 que por 99 justos que no necesitan de *a*
24.47 y que se predicase en su nombre el *a*
Hch. 5.31 dar a Israel *a* y perdón de pecados
11.18 a los gentiles ha dado Dios *a* para vida
13.24 predicó Juan el bautismo de *a* a todo
19.4 Juan bautizó con bautismo de *a*, diciendo
20.21 testificando a..acerca del *a* para con
26.20 a Dios, haciendo obras dignas de *a*
Ro. 2.4 ignorando..su benignidad te guía al *a?*
2 Co. 7.9 porque fuisteis contristados para *a*
7.10 la tristeza..produce *a* para salvación
He. 6.1 el fundamento del *a* de obras muertas
6.6 recayeron, sean otra vez renovados para *a*
12.17 no hubo oportunidad para el *a*, aunque
2 P. 3.9 perezca, sino que todos procedan al *a*

ARREPENTIRSE
Gn. 6.6 y se *arrepintió* Jehová de haber hecho
6.7 raeré.. me *arrepiento* de haberlos hecho
Éx. 13.17 no se *arrepienta* el pueblo cuando vea
32.12 *arrepiéntete* de..mal contra tu pueblo
32.14 entonces Jehová se *arrepintió* del mal
Nm. 23.19 no es hombre, para que se *arrepienta*
Dt. 30.1 te *arrepintieres* en medio de todas las
32.36 por amor de sus siervos se *arrepentirá*
Jue. 21.6 los hijos de Israel se *arrepintieron*
1 S. 15.29 el que..no mentirá, ni se *arrepentirá*
15.29 no es hombre para que se *arrepienta*

ARREPENTIRSE *(Continúa)*
1 S. 15.35 Jehová se *arrepentía* de. . Saúl por rey
2 S. 24.16 Jehová se *arrepintió* de aquel mal
1 Cr. 21.15 miró Jehová y se *arrepintió* de. . mal
Job 42.6 y me *arrepiento* en polvo y ceniza
Sal. 7.12 no se *arrepiente*. . afilará su espada
106.45 *arrepentía* conforme a. . misericordias
110.4 juró Jehová, y no se *arrepentirá*: Tú
Jer. 4.28 hablé, lo pensé, y no me *arrepentí*
8.6 no hay hombre que se *arrepienta* de su mal
15.6 destruiré; estoy cansado de *arrepentirme*
18.8 me *arrepentiré* del mal que había pensado
18.10 *arrepentiré* del bien que había pensado
20.16 que asoló Jehová, y no se *arrepintió*
26.3 me *arrepentiré* yo del mal que pienso
26.13 y se *arrepentirá* Jehová del mal que ha
26.19 Jehová se *arrepintió* del mal que había
34.11 se *arrepintieron*, e hicieron volver a
36.3 se *arrepienta* cada uno de su mal camino
42.10 porque estoy *arrepentido* del mal que os
Ez. 24.14 no. . misericordia, ni me *arrepentiré*
Jl. 2.14 se *arrepentirá* y dejará bendición tras
Am. 7.3,6 se *arrepintió* Jehová de esto: No será
Jon. 3.9 ¿quién sabe si se. . *arrepentirá* Dios
3.10 se *arrepintió* del mal que había dicho
4.2 tú eres Dios. . que te *arrepientes* del mal
Zac. 8.14 pensé haceros mal. . y no me *arrepentí*
Mt. 3.2; 4.17 *arrepentíos*, porque el reino de
11.20 las ciudades. . no se habían *arrepentido*
11.21 se hubieran *arrepentido* en cilicio y
12.41 *arrepintieron* a la predicación de Jonás
21.29 no quiero; pero después, *arrepentido*
21.32 no os *arrepentisteis*. . para creerle
27.3 Judas. . devolvió *arrepentido* las. . de plata
Mr. 1.15 *arrepentíos*, y creed en el evangelio
6.12 predicaban. . los hombres se *arrepintiesen*
Lc. 10.13 tiempo ha que. . se habrían *arrepentido*
11.32 predicación de Jonás se *arrepintieron*
13.3,5 si no os *arrepentís*, todos pereceréis
15.7,10 gozo. . por un pecador que se *arrepiente*
16.30 si alguno fuere a ellos. . se *arrepentirán*
17.3 pecare. . y si se *arrepintiere*, perdónale
17.4 a ti, diciendo: Me *arrepiento*; perdónale
Hch. 2.38 *arrepentíos*, y bautícese cada uno en
3.19 que, *arrepentíos*. . para que sean borrados
8.22 *arrepiéntete*, pues, de esta tu maldad
17.30 manda a todos los. . que se *arrepientan*
26.20 se *arrepintiesen* y se convirtiesen a
Ro. 2.5 tu corazón no *arrepentido* atesoras. . ira
2 Co. 7.10 de que no hay que *arrepentirse*; pero
12.21 han pecado, y no se han *arrepentido* de
2 Ti. 2.25 Dios les conceda que se *arrepientan*
He. 7.21 juró el Señor, y no se *arrepentirá*
Ap. 2.5 *arrepiéntete*, y haz las primeras obras
2.5 quitaré. . si no te hubieres *arrepentido*
2.16 *arrepiéntete*; pues si no, vendré a ti
2.21 le he dado tiempo para que se *arrepienta*
2.21 no quiere *arrepentirse* de su fornicación
2.22 no se *arrepienten* de las obras de ella
3.3 acuérdate, pues. . guárdalo, y *arrepiéntete*
3.19 amo; sé, pues, celoso, y *arrepiéntete*
9.20 ni aun así se *arrepintieron* de las obras
9.21 no se *arrepintieron* de sus homicidios
16.9 y no se *arrepintieron* para darle gloria
16.11 y no se *arrepintieron* de sus obras

ARRESTAR
Gn. 40.5 que estaban *arrestados* en la prisión

ARRIAR
Hch. 27.17 *arriaron* las velas y quedaron a la

ARRIBA
Pr. 15.24 el camino de la vida es hacia *a* al
Is. 7.11 ya sea de abajo en. . o de *a* en lo alto
Jn. 3.31 el que de *a* viene, es sobre todos
8.23 dijo: Vosotros sois de abajo, yo soy de *a*

ARRIBAR
Mr. 6.53 vinieron a. . Genesaret, y *arribaron* a
Lc. 8.26 *arribaron* a la tierra de los gadarenos
Jn. 6.23 pero otras barcas habían *arribado* de
Hch. 13.13 Pablo y sus compañeros *arribaron* a
18.22 habiendo *arribado* a Cesarea, subió para
21.3 *arribamos* a Tiro, porque el barco había
21.7 saliendo de Tiro y *arribando* a Tolemaida
27.5 el mar. . *arribamos* a Mira, ciudad de Licia
27.12 por si pudiesen *arribar* a Fenice, puerto

ARRIERO
Job 39.7 se burla de la. . no oye las voces del *a*

ARRIESGAR
Jue. 12.3 *arriesgué* me vida, y pasé contra los
1 S. 28.21 he *arriesgado* mi vida, y he oído las

ARRIMAR
Lc. 15.15 se *arrimó* a uno de los ciudadanos de

ARRINCONAR
Jer. 9.26 los *arrinconados* en el postrer rincón

ARRODILLARSE
Gn. 24.11 hizo *arrodillar* los camellos fuera de
2 Cr. 6.13 se *arrodilló* delante de toda. . Israel
Est. 3.2 y todos los siervos. . se *arrodillaban*
3.2 pero Mardoqueo ni se *arrodillaba* ni se
3.5 vio. . que Mardoqueo ni se *arrodillaba* ni
Sal. 95.6 *arrodillémonos* delante de Jehová
Is. 2.8 se han *arrodillado* ante la obra de sus
44.15 adora; fabrica un ídolo, y se *arrodilla*
65.12 y todos vosotros os *arrodillaréis* al
Dn. 6.10 Daniel. . *arrodillaba* tres veces al día
Mt. 17.14 un hombre que se *arrodilló* delante de
Mr. 5.6 vio a. . corrió, y se *arrodilló* ante él

ARROGANCIA
2 R. 19.28 por cuanto tu *a* ha subido a mis oídos
Job 26.12 con su entendimiento hiere la *a* suya
Sal. 10.2 con *a* el malo persigue al pobre; será
Pr. 8.13 la soberbia y la *a*, el mal camino, y
Is. 13.11 haré que cese la *a* de los soberbios
16.6 muy grandes son su. . su *a* y su altivez
37.29 airaste, y tu *a* ha subido a mis oídos
Jer. 49.16 tu *a* te engañó, y la soberbia de tu

ARROGANTE
1 S. 2.3 cesen las palabras *a* de vuestra boca
Sal. 73.3 porque tuve envidia de los *a*, viendo
Jer. 48.29 Moab, que es. . soberbio, *a*, orgulloso
Ro. 11.25 que no seáis *a* en cuanto a vosotros

ARROGANTEMENTE
Sal. 17.10 con su grosura; con su boca hablan *a*

ARROJAR
Gn. 40.10 como que brotaba, y *arrojaba* su flor
Éx. 10.19 quitó la langosta y la *arrojó* en el
32.19 ardió la ira de Moisés, y *arrojó* las
34.24 porque yo *arrojaré* a las naciones de tu
Nm. 17.8 y que la vara. . había. . *arrojado* renuevos
Dt. 2.12 Esaú; y los *arrojaron* de su presencia
6.19 *arroje* a tus enemigos de delante de ti
9.4 por la impiedad de. . Jehová las *arroja*
9.5 Jehová tu Dios las *arroja* de delante de
9.17 *arrojé* de mis dos manos, y las quebré
29.28 y los *arrojó* a otra tierra, como hoy
30.1 las naciones adonde te hubiere *arrojado*
Jos. 10.11 *arrojó*. . grandes piedras sobre ellos
15.63 los hijos de Judá no pudieron *arrojarlos*
16.10 no *arrojaron* al cananeo que habitaba en
17.12 hijos de Manasés no pudieron *arrojar*
17.13 lo hicieron tributario. . no lo *arrojaron*
17.18 tú *arrojarás* al cananeo, aunque tenga
23.5 y las *arrojará* de vuestra presencia
23.9 ha *arrojado* Jehová. . y fuertes naciones
23.13 Dios no *arrojará* más a estas naciones
24.12 tábanos, los cuales los *arrojaron* de
24.18 Jehová *arrojó*. . a todos los pueblos, y
Jue. 1.19 Judá. . *arrojó* a los de las montañas
1.19 no pudo *arrojar* a los que habitaban en
1.20 y él *arrojó*. . a los tres hijos de Anac
1.21 jebuseo. . en Jerusalén no lo *arrojaron*
1.27 tampoco. . *arrojó* a los de Bet-seán, ni
1.28 hizo al. . tributario, mas no lo *arrojó*
1.29 tampoco Efraín *arrojó* al cananeo. . Gezer
1.30 tampoco Zabulón *arrojó* a los. . en Quitrón
1.31 tampoco Aser *arrojó* a. . habitaban en Aco
1.32 Aser entre los cananeos. . no los *arrojó*
1.33 tampoco Neftalí *arrojó* a. . en Bet-semes
2.21 a *arrojar*. . ninguna de las naciones que
2.23 dejó Jehová a. . naciones, sin *arrojarlas*
9.29 yo *arrojaría* luego a Abimelec, y diría a
15.17 *arrojó* de su mano la quijada, y llamó
1 S. 18.11 y *arrojó* Saúl la lanza. . lo evadió
20.33 Saúl le *arrojó* una lanza para herirlo
25.29 *arrojará* la vida de tus enemigos como
26.19 me han *arrojado* hoy para que no tenga
28.3 Saúl había *arrojado*. . a los encantadores
2 S. 11.20 sabíais lo que suelen *arrojar* desde
13.16 mayor mal es éste de *arrojarme*, que el
15.14 *arroje* el mal sobre nosotros, y hiera
16.6 *arrojando* piedras contra David, y contra
16.13 Simei iba. . *arrojando* piedras delante de
20.21 cabeza te será *arrojada* desde el muro
20.22 cortaron la cabeza a. . y se la *arrojaron*
2 R. 7.15 enseres. . los sirios habían *arrojado*
13.21 *arrojaron* el cadáver en el sepulcro de
23.12 y *arrojó* el polvo al arroyo del Cedrón
2 Cr. 7.20 yo la *arrojaré* de mi presencia, y la
13.9 ¿no habéis *arrojado*. . a los sacerdotes de
20.11 viniendo a *arrojarnos* de la heredad que
26.15 para *arrojar* saetas y grandes piedras
28.3 de las naciones que Jehová había *arrojado*
Neh. 13.8 *arrojé* todos los muebles de la casa
Job 6.27 *arrojáis* sobre el huérfano, y caváis
9.26 como el águila que se *arroja* sobre la
30.5 eran *arrojados* de entre las gentes, y
Sal. 44.2 afligiste a los pueblos. . los *arrojaste*
62.4 consultan para *arrojarle* de su grandeza
102.10 pues me alzaste, y me has *arrojado*
136.15 *arrojó* a Faraón y a su ejército en el
Is. 2.20 día *arrojará* el hombre a los topos y
5.25 cadáveres fueron *arrojados* en medio de
22.19 te *arrojaré* de tu lugar, y de tu puesto
31.7 *arrojará* el hombre sus ídolos de plata
34.3 y los muertos de ellas serán *arrojados*
37.33 no entrará. . ni *arrojará* saeta en ella
57.20 mar. . y sus aguas *arrojan* cieno y lodo
Jer. 7.29 corta tu cabello, y *arrójalo*. . llanto
8.3 en todos los lugares adonde *arroje* yo a
10.18 *arrojaré* con honda los moradores de la
16.13 os *arrojaré* de esta tierra a una tierra
16.15 las tierras adonde los había *arrojado*
22.28 fueron *arrojados* él y su generación
24.9 todos los lugares adonde yo los *arroje*
27.10,15 para que yo os *arroje* y perezcáis
29.14 os reuniré de. . lugares adonde os *arrojé*
29.18 naciones entre las cuales he *arrojado*
49.32 serán. . *arrojados* hasta el último rincón
Ez. 4.13 las naciones a donde los *arrojaré* yo
5.16 cuando *arroje* yo sobre ellos las. . saetas
7.19 *arrojarán* su plata en las calles, y su
11.16 aunque les he *arrojado* lejos entre las
16.5 fuiste *arrojada* sobre la faz del campo
17.6 vid, y *arrojó* sarmientos y echó mugrones
28.16 *arrojé* de entre las piedras del fuego
28.17 yo te *arrojaré* por tierra; delante de
43.9 *arrojarán* lejos de mí sus fornicaciones
Dn. 4.32 de entre los hombres te *arrojarán*, y
Os. 13.3 tamo que la tempestad *arroja* de la era
Mal. 2.3 y seréis *arrojados* juntamente con él
Mt. 27.5 y *arrojando* las piezas de plata en el
Mr. 9.42 una piedra. . se le *arrojase* en el mar
10.50 y *arrojando* su capa, se levantó y vino
Lc. 14.35 ni para la tierra. . la *arrojan* fuera
17.2 atase al cuello. . se le *arrojase* al mar
Jn. 8.7 el primero en *arrojar* la piedra contra
8.59 tomaron. . piedras para *arrojárselas*; pero
Hch. 7.45 cuales Dios *arrojó* de la presencia de
22.23 *arrojaban* sus ropas y lanzaban polvo
27.19 día. . *arrojamos* los aparejos de la nave
2 P. 2.4 *arrojándolos* al infierno los entregó
Ap. 2.22 la *arrojo* en cama, y en. . tribulación
8.5 llenó del fuego. . y lo *arrojó* a la tierra
12.4 estrellas. . y las *arrojó* sobre la tierra
12.9 gran dragón. . fue *arrojado* a la tierra
12.9 y sus ángeles fueron *arrojados* con él
12.13 vio el dragón que había sido *arrojado*
12.15 la serpiente *arrojó*. . agua como un río
14.19 y el ángel *arrojó* su hoz en la tierra
18.21 y la *arrojó* en el mar, diciendo: Con el
20.3 lo *arrojó* al abismo, y lo encerró, y puso

ARROLLAR
Is. 28.17 y aguas *arrollarán* el escondrijo

ARROYO
Gn. 32.23 hizo pasar el *a* a ellos y a todo lo
Éx. 7.19 sobre sus *a* y sobre sus estanques, y
8.5 extiende tu mano con. . sobre los ríos, *a* y
Lv. 23.40 y sauces de los *a*, y os regocijaréis
Nm. 13.23 y llegaron hasta el *a* de Escol, y de
21.14 que hizo en el Mar. . y en los *a* de Arnón
21.15 la corriente de los *a* que va a parar en
24.6 como *a* están extendidas, como huertos
Dt. 2.13 pasad el *a* de Zered. Y pasamos el *a*
2.14 pasamos el *a* de Zered fueron 33 años
2.24 salid, y pasad el *a* de Arnón; he aquí he
2.36 Aroer. . junto a la ribera del *a* de Arnón
2.37 lo que está a la orilla del *a* de Jaboc
3.8 tomamos. . el *a* de Arnón hasta el monte de
3.12 desde Aroer, que está junto al *a* de
3.16 v a. . gaditas les di. . hasta el *a* de Arnón
3.16 por límite. . valle, hasta el *a* de Jaboc
4.48 Aroer. . junto a la ribera del *a* de Arnón
8.7 tierra de *a*, de aguas, de fuentes y de
9.21 eché el polvo. . en el *a* que descendía del
10.7 de allí. . a Jotbata, tierra de *a* de aguas
Jos. 12.1 el *a* de Arnón hasta el monte Hermón
12.2 Aroer, que está a la ribera del *a* de Arnón
12.2 hasta el *a* de Jaboc, término de. . Amón
13.9,16 Aroer. . a la orilla del *a* de Arnón
15.4 y salía al *a* de Egipto, y terminaba en
15.7 sube. . de Adumín, que está al sur del *a*
16.8 se vuelve. . al *a* de Caná, y sale al mar
17.9 este. . al *a* de Caná, hacia el sur del *a*
17.9 el límite. . es desde el norte del mismo *a*
19.11 de allí hasta el *a* que está delante de
Jue. 4.7 yo atraeré hacia ti al *a* de Cisón a
4.13 desde Haroset-goim hasta el *a* de Cisón
1 S. 17.40 escogió cinco piedras lisas del *a*
2 S. 17.13 la arrastraremos hasta el *a*, hasta
23.30 Benaía piratonita, Hidai del *a* de Gaas
1 R. 17.3 escóndete en el *a* de Querit, que está
17.4 beberás del *a*; y yo he mandado a los
17.5 se fue y vivió junto al *a* de Querit, que
17.6 le traían pan y carne por. . y bebía del *a*
17.7 se secó el *a*, porque no había llovido
18.5 vé por el. . a todos los *a*, a ver si acaso
18.40 los llevó Elías al *a* de Cisón, y allí
2 R. 10.33 desde Aroer que está junto al *a* de
23.12 el rey. . arrojó el polvo al *a* del Cedrón
2 Cr. 7.8 desde. . de Hamat hasta el *a* de Egipto
20.16 los subirán. . los hallaréis junto al *a*
32.4 cegaron. . y el *a* que corría a través del
Job 20.17 no verá los *a*, los ríos, los torrentes

ARROYO *(Continúa)*
Job 22.24 tendrás. .como piedras de *a* oro de Ofir
30.6 habitaban en las barrancas de los *a*, en
40.22 lo cubren. .los sauces del *a* lo rodean
Sal. 83.9 hazles como. .a Jabín en el *a* de Cisón
104.10 el que envía las fuentes por los *a*
110.7 del *a* beberá en el camino, por lo cual
126.4 volver nuestra cautividad. .como los *a*
Pr. 18.4 *a* que rebosa, la fuente de la sabiduría
Cnt. 5.12 sus ojos, como palomas junto a los *a*
Is. 32.2 como *a* de aguas en tierra de sequedad
33.21 lugar de ríos, de *a* muy anchos, por el
34.9 sus *a* se convertirán en brea, y su polvo
Jer. 31.9 los haré andar junto a *a* de aguas, por
31.40 todas las llanuras hasta el *a* de Cedrón
Lm. 2.18 echa lágrimas cual *a* día y noche
Ez. 6.3 ha dicho Jehová. .a los *a* y a los valles
31.12 por. .los *a* de la tierra será quebrado
32.6 de tu sangre. .y los *a* se llenarán de ti
35.8 en todos tus *a*, caerán muertos a espada
36.4 ha dicho Jehová. .a los *a* y a los valles
36.6 a los montes. .y a los *a* y a los valles
47.19; 48.28 Cades y el *a* hasta el Mar Grande
Jl. 1.20 porque se secaron los *a* de las aguas
3.18 por todos los *a* de Judá correrán aguas
Am. 5.24 corra. .y la justicia como impetuoso *a*
6.14 que os oprimirá. .hasta el *a* de Arabá
Mi. 6.7 ¿se agradará. .de diez mil *a* de aceite?

ARRUGA
Job 16.8 tú me has llenado de *a*; testigo es mi
Ef. 5.27 iglesia. .que no tuviese mancha ni *a*

ARRUINAR
Dt. 28.63 así se gozará Jehová en *arruinaros* y
1 R. 18.30 arregló el altar. .estaba *arruinado*
Job 2.3 me incitaste contra él. .que lo *arruinara*
19.10 me *arruinó* por todos lados, y perezco
Sal. 75.3 *arruinaban* la tierra y sus moradores
Is. 3.8 *arruinada* está Jerusalén, y Judá ha
49.19 tierra devastada, *arruinada* y desierta
61.4 y restaurarán las ciudades *arruinadas*
Jer. 1.10 para destruir, para *arruinar* y para
48.8 *arruinará*. .el valle, y será destruida
Ez. 26.12 *arruinarán* tus muros, y tus casas
36.35 y estas ciudades que eran. .*arruinadas*
Dn. 7.26 para que sea destruido y *arruinado*
Am. 3.15 y muchas casas serán *arruinadas*, dice
8.4 oíd esto, los que. .*arruináis* a los pobres
Mi. 5.11 haré. .*arruinaré* todas tus fortalezas
Mal. 1.4 pero volveremos a edificar lo *arruinado*

ARSA ***Mayordomo del rey Ela*, 1 R. 16.9**

ARTAJERJES ***Rey de Persia en tiempo de Esdras y Nehemías***
Esd. 4.7 también en los días de *A* escribieron
4.7 escribieron Bislam. .a *A* rey de Persia
4.8 escribieron una carta contra. .al rey *A*
4.11 al rey *A*: Tus siervos del otro lado del
4.23 la copia de la carta del rey *A* fue leída
6.14 por mandato de Ciro. .de *A* rey de Persia
7.1 en el reinado de *A* rey de Persia, Esdras
7.7 subieron. .en el séptimo año del rey *A*
7.11 la carta que dio el rey *A* al sacerdote
7.12 *A* rey de reyes, a Esdras, sacerdote y
7.21 y por mí, *A* rey, es dada orden a todos
8.1 subieron conmigo de. .reinando el rey *A*
Neh. 2.1 mes de Nisán, en el año 20 del rey *A*
5.14 desde el año veinte del rey *A* hasta el
13.6 en el año 32 de *A* rey de Babilonia fui

ARTE
Éx. 30.25 ungüento, según el *a* del perfumador
30.35 un perfume según el *a* del perfumador
31.3 lo he llenado del Espíritu. .en todo *a*
35.31 en inteligencia, en ciencia y en todo *a*
35.35 que hagan toda obra de *a* y de invención
37.29 el incienso. .según el *a* del perfumador
Hch. 8.11 con sus *a* mágicas les había engañado
17.29 sea semejante a. .escultura de *a* y de

ARTEMAS ***Compañero de Pablo*, Tit. 3.12**

ARTESA
Éx. 8.3 criará ranas. .en tus hornos y en tus *a*
Dt. 28.5 benditas. .tu canasta y tu *a* de amasar
28.17 maldita tu canasta, y tu *a* de amasar

ARTESANO
2 R. 24.14 llevó en cautiverio. .a todos los *a*
24.16 y a los *a* y herreros. .llevó cautivos
2 Cr. 24.13 hacían, pues, los *a* la obra, y por
Jer. 24.1 transportado. .y los *a* y herreros de

ARTESONADO, DA
1 R. 6.9 la terminó; y la cubrió con *a* de cedro
Cnt. 1.17 vigas. .son de cedro, y de ciprés los *a*
Hag. 1.4 tiempo. .de habitar en vuestras casas *a*

ARTÍFICE
Gn. 4.22 *a* de toda obra de bronce y de hierro
Éx. 38.23 Aholiab. .*a*, diseñador y recamador en
Dt. 27.15 hiciere escultura o imagen. .mano de *a*
1 Cr. 4.14 los habitantes del valle. .fueron *a*
29.5 para toda la obra de las manos de los *a*
2 Cr. 24.12 *a* en hierro y bronce para componer
Neh. 11.35 Lod, y Ono, valle de los *a*
Is. 3.3 consejero. .el *a* excelente y el. .orador
40.19 el *a* prepara la imagen de talla. .funde
44.11 avergonzados. .*a* mismos son hombres
Jer. 10.3 leño. .obra de manos de *a* con buril
10.9 oro. .obra de *a*, y de manos del fundidor
29.2 los *a* y los ingenieros de Jerusalén
51.17 se avergüenza todo *a* de su escultura
Ez. 21.31 en mano de hombres. .*a* de destrucción
Os. 8.6 *a* lo hizo; no es Dios; por lo que será
13.2 han hecho según. .ídolos, toda obra de *a*
Hch. 19.24 Demetrio. .no poca ganancia a los *a*
19.38 los *a* que están con él tienen pleito
Ap. 18.22 ningún *a* de. .se hallará más en ti

ARTIFICIO
Éx. 31.5 y en *a* de piedras. .y en *a* de madera
Sal. 10.2 será atrapado en los *a* que ha ideado
Os. 7.6 corazón, semejante a un horno, a sus *a*

ARTIFICIOSA
2 P. 1.16 no os. .siguiendo fábulas *a*, sino como

ARTIMAÑA
Ef. 4.14 que emplean con astucia las *a* del error

ARUBOT ***Pueblo en un distrito administrativo de Salomón*, 1 R. 4.10**

ARUMA ***Lugar donde vivió Abimelec No. 3*, Jue. 9.41**

ARVAD ***Ciudad insular de Siria*, Ez. 27.8,11**

ARVADEO ***Habitante de Arvad*, Gn. 10.18; 1 Cr. 1.16**

ASA
1. Rey de Judá
1 R. 15.8 Abiam. .y reinó *A* su hijo en su lugar
15.9 el año 20 de. .*A* comenzó a reinar sobre
15.11 *A* hizo lo recto ante. .de Jehová, como
15.13 deshizo *A* el ídolo de su madre, y lo
15.14 el corazón de *A* fue perfecto para con
15.16 hubo guerra entre *A* y Baasa. .de Israel
15.17 para no dejar. .salir ni entrar a *A* rey
15.18 tomando *A* toda la plata y el oro que
15.18 los envió el rey *A* a Ben-adad hijo de
15.20 Ben-adad consintió con el rey *A*, y envió
15.22 entonces el rey *A* convocó a todo Judá
15.22 y edificó el rey *A* con ello a Geba de
15.23 los demás hechos de *A*, y todo su poderío
15.24 durmió *A* con. .y fue sepultado con ellos
15.25 comenzó. .en el segundo año de *A* rey de
15.28 lo mató. .Baasa en el tercer año de *A*
15.32 y hubo guerra entre *A* y Baasa rey de
15.33 el tercer año de *A* rey de Judá. .Baasa
16.8 año 26 de *A* rey de Judá comenzó a reinar
16.10 vino Zimri. .lo mató, en el año 27 de *A*
16.15 el año 27 de *A* rey de Judá, comenzó a
16.23 en el año 31 de *A* rey de Judá comenzó
16.29 a reinar Acab. .año 38 de *A* rey de Judá
22.41 Josafat hijo de *A* comenzó a reinar
22.43 anduvo en todo el camino de *A* su padre
22.46 quedado en el tiempo de su padre *A*
1 Cr. 3.10 Abías, del cual fue hijo *A*, cuyo
2 Cr. 14.1 Abías. .reinó en su lugar su hijo *A*
14.2 hizo *A* lo bueno y lo recto ante los ojos
14.8 tuvo. .*A* ejército que traía escudos y
14.10 *A* contra él, y ordenaron la batalla en
14.11 clamó *A* a Jehová su Dios, y dijo: ¡Oh
14.12 deshizo a los etíopes delante de *A* y
14.13 y *A*, y el pueblo que. .los persiguieron
15.2 y salió al encuentro de *A*, y le dijo
15.2 dijo: Oídme, *A* y todo Judá y Benjamín
15.8 cuando oyó *A* las palabras y la profecía
15.10 el mes tercero del año. .del reinado de *A*
15.16 aun a Maaca, madre del rey *A*. .la depuso
15.16 y *A* destruyó la imagen, y la desmenuzó
15.17 el corazón de *A* fue perfecto en todos
15.19 hasta los 35 años del reinado de *A*
16.1 el año 36 del reinado de *A*, subió Baasa
16.1 no dejar. .ni entrar a ninguno al rey *A*
16.2 sacó *A* la plata y el oro de. .la casa de
16.4 consintió Ben-adad con el rey *A*, y envió
16.6 el rey *A* tomó a todo Judá, y se llevaron
16.7 vino el vidente Hanani a *A* rey de Judá
16.10 se enojó *A* contra el vidente y lo echó
16.10 y oprimió *A* en. .a algunos del pueblo
16.11 hechos de *A*. .están escritos en el libro
16.12 *A* enfermó gravemente de los pies, y en
16.13 y durmió *A* con sus padres, y murió en
17.2 ciudades de. .que su padre *A* había tomado
20.32 anduvo en el camino de *A* su padre, sin
21.12 tu padre, ni en los caminos de *A* rey de
Jer. 41.9 hecho el rey *A* a causa de Baasa rey
Mt. 1.7 engendró. .Roboam a Abías, y Abías a *A*
1.8 *A* engendró a Josafat, Josafat a Joram
***2. Padre de Berequías No. 3*, 1 Cr. 9.16**

ASADO ***Véase también Asar***
Is. 44.16 come carne, prepara un *a*, y se sacia

ASAEL
1. Sobrino de David
2 S. 2.18 estaban allí los tres. . Abisai y *A*
2.18 *A* era ligero de pies como una gacela del
2.19 siguió *A* tras de Abner, sin apartarse ni
2.20 dijo: ¿No eres tú *A*? Y él respondió: Sí
2.21 pero *A* no quiso apartarse de en pos de él
2.22 Abner volvió a decir a *A*: Apártate de en
2.23 los que venían por. .donde *A* había caído
2.30 faltaron de los. .diecinueve hombres y *A*
2.32 tomaron luego a *A*, y lo sepultaron en el
3.27 en venganza de la muerte de *A* su hermano
3.30 Abner, porque él había dado muerte a *A*
23.24 *A* hermano de Joab fue de los treinta
1 Cr. 2.16 los hijos de Sarvia fueron. .Joab y *A*
11.26 y los valientes de. .*A* hermano de Joab
27.7 el cuarto jefe para el cuarto mes era *A*
***2. Levita en tiempo del rey Josafat*, 2 Cr. 17.8**
***3. Levita en tiempo del rey Ezequías*, 2 Cr. 31.13**
***4. Padre de Jonatán No. 10*, Esd. 10.15**

ASAETEAR
Gn. 49.23 le *asaetearon*, y le aborrecieron los
Éx. 19.13 no lo tocará mano. .será. .*asaeteado*
Sal. 11.2 para *asaetear* en oculto a los rectos
64.4 para *asaetear*. .al íntegro. .lo *asaetean*

ASAF
***1. Padre de Joa No. 1*, 2 R. 18.18,37; Is. 36.3,22**
2. Cantor en tiempo de David
1 Cr. 6.39 y su hermano *A*, el cual estaba a su
6.39 *A*, hijo de Berequías, hijo de Simea
15.17 *A* hijo de Berequías; y de los hijos de
15.19 *A* y Etán, que eran cantores, sonaban
16.5 *A* el primero: *A* sonaba los címbalos
16.7 aclamar a Jehová por mano de *A* y de sus
16.37 allí, delante del arca del pacto. .a *A*
25.1 apartaron. .a los hijos de *A*, de Hemán y
25.2 de los hijos de *A*: Zacur, José, Netanías
25.2 la dirección de *A*, el cual profetizaba
25.6 *A*. .Hemán estaban por disposición del rey
25.9 primera suerte salió por *A*, para José
2 Cr. 5.12 todos los de *A*, los de Hemán y los
20.14 levita de los hijos de *A*, sobre el cual
29.13 de los hijos de *A*, Zacarías y Matanías
29.30 alabasen. .con las palabras de. .y de *A*
35.15 los cantores hijos de *A* estaban en su
35.15 conforme al mandamiento de David, de *A*
Esd. 2.41 los cantores: Los hijos de *A*, 128
3.10 a los levitas hijos de *A* con címbalos
Neh. 7.44 cantores: los hijos de *A*, 148
11.17 Zabdi, hijo de *A*, el principal, el que
11.22 de los hijos de *A*, cantores, sobre la
12.35 de Micaías, hijo de Zacur, hijo de *A*
12.46 desde el tiempo de. .*A*, ya de antiguo
Sal. 50, 73, 75, 76, 77, 79, 80, 81, 82, 83 *títs.* salmo de *A*
74, 78 *títs.* Masquil de *A*
***3. Ascendiente de algunos levitas que regresaron del cautiverio*, 1 Cr. 9.15**
***4. Ascendiente de Meselemías*, 1 Cr. 26.1**
***5. Oficial del rey Artajerjes*, Neh. 2.8**

ASAÍA ***Oficial del rey Josías*, 2 R. 22.12,14**

ASAÍAS
***1. Descendiente de Simeón*, 1 Cr. 4.36**
***2. Descendiente de Merari*, 1 Cr. 6.30; 15.6,11**
***3. Silonita que regresó del cautiverio (=Maasías No. 11)*, 1 Cr. 9.5**
***4. Siervo del rey Josías*, 2 Cr. 34.20**

ASALARIADO
Lv. 25.50 conforme al tiempo de un criado *a*
Jn. 10.12 *a*. .de quien no son propias las ovejas
10.13 así que el *a* huye, porque es *a*, y no le

ASALTAR
2 S. 22.19 *asaltaron* en el día de mi quebranto
22.30 contigo. .y con mi Dios *asaltaré* muros
Job 6.10 si me *asaltase* con dolor sin dar más
Sal. 18.18 *asaltaron* en el día de mi quebranto
18.29 contigo. .y con mi Dios *asaltaré* muros
31.13 el miedo me *asalta* por todas partes
Jer. 6.4 levantaos y *asaltémosla* a mediodía
6.5 levantaos y *asaltemos* de noche. .palacios
Hch. 17.5 una turba. .*asaltando* la casa de Jasón

ASALTO
Sal. 144.14 no tengamos *a*, ni que hacer salida

ASAMBLEA
Dt. 9.10 palabras que os habló..el día de la *a*
10.4 Jehová os había hablado..el día de la *a*
18.16 pediste a Jehová tu Dios..día de la *a*
1 Cr. 13.2 y dijo David a toda la *a* de Israel
13.4 la *a* que se hiciese así, porque la cosa
29.1 después dijo el rey David a toda la *a*
2 Cr. 1.3 y fue Salomón, y con él toda esta *a*
1.5 fue a consultar Salomón con aquella *a*
7.9 al octavo día hicieron solemne *a*, porque
20.5 Josafat se puso en pie en la *a* de Judá
30.23 *a* determinó que celebrasen la fiesta
30.24 el rey..había dado a la *a* mil novillos
Esd. 10.12 respondió toda la *a*, y dijeron en
Neh. 5.7 y convoqué contra ellos una gran *a*
8.18 el octavo día fue de solemne *a*, según
Sal. 40.10 no oculté tu..tu verdad en grande *a*
74.4 tus enemigos vociferan en medio de tus *a*
Is. 1.13 el convocar *a*, no lo puedo sufrir
14.31 porque..no quedará uno solo en sus *a*
Ez. 46.11 en las *a* solemnes será la ofrenda un
Jl. 1.14; 2.15 proclamad ayuno, convocad a *a*
Am. 5.21 abominé..y no me complaceré en..*a*
Hch. 19.39 cosa, en legítima *a* se puede decidir
19.41 y habiendo dicho esto, despidió la *a*
23.7 se produjo disensión..y la *a* se dividió

ASÁN ***Ciudad levítica en Judá (=Corasán), Jos. 15.42; 19.7; 1 Cr. 4.32; 6.59***

ASAR ***Véase también Asado***
Éx. 12.8 comerán la carne *asada* al fuego, y
12.9 cruda, ni cocida en..sino *asada* al fuego
Dt. 16.7 y la *asarás* y comerás en el lugar que
1 S. 2.15 da carne que *asar* para el sacerdote
2 Cr. 35.13 y *asaron* la pascua..conforme a la
Pr. 12.27 el indolente ni aun *asará* lo..cazado
Is. 44.19 sus brasas cocí pan, *asé* carne, y la
Jer. 29.22 a Acab, a quienes *asó* al fuego el rey
Lc. 24.42 le dieron parte de un pez *asado*, y un

ASAREEL ***Descendiente de Judá, 1 Cr. 4.16***

ASARELA ***Músico, hijo de Asaf (=Jesarela), 1 Cr. 25.2***

ASBEL ***Hijo de Benjamín, Gn. 46.21; Nm. 26.38; 1 Cr. 8.1***

ASBELITA ***Descendiente de Asbel, Nm. 26.38***

ASCALÓN ***Una de las cinco ciudades principales de los filisteos***
Jue. 1.18 tomó..*A* con su territorio y Ecrón con
14.19 descendió a *A* y mató a treinta hombres
1 S. 6.17 por *A* uno, por Gat uno, por Ecrón uno
2 S. 1.20 ni deis las nuevas en las plazas de *A*
Jer. 25.20 a *A*, a Gaza, a Ecrón y al remanente
47.5 *A* ha perecido, y el resto de su valle
47.7 Jehová te ha enviado contra *A*, y contra
Am. 1.8 destruiré a..y a los gobernadores de *A*
Sof. 2.4 Gaza será desamparada, y *A* asolada
2.7 en las casas de *A* dormirán de noche
Zac. 9.5 verá *A*, y temerá..*A* no será habitada

ASCALONEO ***Habitante de Ascalón, Jos. 13.3***

ASCENDER
2 Cr. 3.8 oro fino que *ascendía* a 600 talentos

ASCO
Éx. 7.18 egipcios tendrán *a* de beber el agua

ASCUA
2 S. 14.7 así apagarán el *a* que me ha quedado
1 R. 19.6 una torta cocida sobre las *a*, y una
Pr. 25.22 porque *a* amontonarás sobre su cabeza
Is. 44.12 trabaja en las *a*, le da forma con los
54.16 sopla las *a* en el fuego, y que saca la
Ro. 12.20 *a* de fuego amontonarás sobre..cabeza

ASDOD ***Una de las cinco ciudades principales de los filisteos (=Azoto)***
Jos. 11.22 anaceos..quedaron en Gaza..y en *A*
15.46 las que están cerca de *A* con sus aldeas
15.47 *A* con sus villas y sus aldeas; Gaza con
1 S. 5.1 arca..la llevaron desde Eben-ezer a *A*
5.3 los de *A* se levantaron de mañana, he aquí
5.5 no pisan el umbral de Dagón en *A*, hasta
5.6 se agravó..sobre los de *A*..tumores en *A*
5.7 viendo esto los de *A*, dijeron: No quede
6.17 por *A* uno, por Gaza uno, por Ascalón uno
2 Cr. 26.6 rompió..muro de *A*; y edificó..en *A*
Neh. 4.7 que oyendo..los de *A*, que los muros
13.23 judíos que habían tomado mujeres de *A*
13.24 la mitad de..hablaban la lengua de *A*
Is. 20.1 vino el Tartán a *A*..y peleó contra *A*
Jer. 25.20 Gaza, a Ecrón y al remanente de *A*
Am. 1.8 destruiré a los moradores de *A*, y a los
3.9 proclamad en los palacios de *A*, y en los
Sof. 2.4 saquearán a *A* en pleno día, y Ecrón
Zac. 9.6 habitará en *A* un extranjero, y pondrá

ASDODEO ***Habitante de Asdod, Jos. 13.3***

ASECHADOR
Jue. 9.25 pusieron..*a* que robaban a todos los
Esd. 8.31 nos libró de mano..del *a* en el camino

ASECHANZA
Nm. 35.20 o echó sobre él alguna cosa por *a*
35.22 si..o echó sobre él..instrumento sin *a*
Pr. 1.11 ven..pongamos *a* para derramar sangre
1.18 pero ellos a su propia sangre ponen *a*
12.6 las palabras de los impíos son *a* para
Jer. 9.8 dice paz a..y dentro de sí pone sus *a*
Hch. 9.24 sus *a* llegaron a conocimiento de Saulo
20.3 siéndole puestas *a* por los judíos para
20.19 me han venido por las *a* de los judíos
23.30 pero al ser avisado de *a* que los judíos
Ef. 6.11 estar firmes contra las *a* del diablo

ASEDIAR
Sal. 118.11 me rodearon y me *asediaron;* mas en
Ec. 9.14 contra ella un gran rey, y la *asedia*
Ez. 6.12 quede y sea *asediado* morirá de hambre
Hab. 1.4 el impío *asedia* al justo, por eso sale
He. 12.1 todo peso y del pecado que nos *asedia*

ASEDIO
Dt. 28.55,57 *a*..con que tu enemigo te oprimirá
Sal. 53.5 los huesos del que puso *a* contra ti
Jer. 19.9 en el *a* y en..con que los estrecharán
Ez. 4.7 al *a* de Jerusalén afirmarás tu rostro
4.8 hasta que hayas cumplido los días de tu *a*
5.2 quemarás..cuando se cumplan los días del *a*
Nah. 3.14 provéete de agua para el *a*, refuerza

ASEGURAR
Jue. 3.23 cerró..y las *aseguró* con el cerrojo
16.13 si tejieres..y las *asegurares* con la
16.14 ella las *aseguró* con la estaca, y le
1 S. 23.22 *aseguraos* más, conoced y ved el lugar
1 Cr. 18.3 yendo éste a *asegurar* su dominio
Job 3.26 no me *aseguré*, ni estuve reposado; no
Sal. 112.8 *asegurado* está su corazón; no temerá
Pr. 6.3 vé, humíllate, y *asegúrate* de tu amigo
Is. 12.2 me *aseguraré* y no temeré; porque mi
Mt. 27.64 manda..que se *asegure* el sepulcro
27.65 Pilato les dijo..*aseguradlo* como sabéis
27.66 ellos fueron y *aseguraron* el sepulcro
Hch. 12.15 estás loca. Pero ella *aseguraba* que
16.24 los metió..*aseguró* los pies en el cepo
1 Co. 15.31 os *aseguro*, hermanos, por la gloria
1 Jn. 3.19 *aseguraremos*..corazones delante de

ASEMEJAR
Is. 46.5 ¿a quién me *asemejáis* y me igualáis

ASENA
1. ***Nombre de dos ciudades de Judá, Jos. 15.33,43***
2. ***Jefe de una familia de sirvientes del templo que regresaron del exilio, Esd. 2.50***

ASENAT ***Mujer de José, Gn. 41.45,50; 46.20***

ASENTAR
Éx. 10.14 la langosta..se *asentó* en todo el país
40.18 *asentó* sus basas, y colocó sus tablas
Dt. 29.20 se *asentará* sobre él toda maldición
Jos. 3.13 pies de los sacerdotes se *asientan* en
6.26 sobre su hijo menor *asiente* sus puertas
2 S. 15.24 *asentaron* el arca del pacto de Dios
2 Cr. 4.4 estaba *asentado* sobre doce bueyes, 3
Is. 30.32 cada golpe..*asiente* Jehová sobre él
Jer. 30.18 templo será *asentado* según su forma
Ez. 24.11 *asentando*..la olla vacía sobre sus
27.3 a Tiro, que está *asentada* a las orillas
32.14 entonces haré *asentarse* sus aguas, y
Nah. 3.8 Tebas..estaba *asentada* junto al Nilo
Sof. 1.12 que reposan..como el vino *asentado*
Mt. 4.16 pueblo *asentado* en tinieblas vio..luz
4.16 a los *asentados* en región de sombra de
5.14 una ciudad *asentada* sobre un monte no
Hch. 2.3 lenguas..*asentándose* sobre cada uno de
7.5 no le dio..ni aun para *asentar* un pie

ASENTIR
Hch. 28.24 algunos *asentían* a lo que se decía

ASENÚA ***Padre de una familia de Benjamín, 1 Cr. 9.7***

ASER ***Hijo del patriarca Jacob y la tribu que formó su posteridad***
Gn. 30.13 para dicha mía..y llamó su nombre *A*
35.26 los hijos de Zilpa, sierva de..Gad y *A*
46.17 y los hijos de *A:* Imna, Isúa, Isúi
49.20 el pan de *A* será substancioso, y él dará
Éx. 1.4 Dan, Neftalí, Gad y *A*
Nm. 1.13 de *A*, Pagiel hijo de Ocrán
1.40 de los hijos de *A*, por su descendencia
1.41 contados de la tribu de *A* fueron 41.500
2.27 junto a él acamparán..de la tribu de *A*
2.27 el jefe de los hijos de *A*, Pagiel hijo
7.72 príncipe de los hijos de *A*, Pagiel hijo
10.26 sobre..los hijos de *A*, Pagiel hijo de
13.13 de la tribu de *A*, Setur hijo de Micael
26.44 hijos de *A* por sus familias: de Imna
26.46 y el nombre de la hija de *A* fue Sera
26.47 estas son las familias de los hijos de *A*
34.27 de *A*, el príncipe Ahiud hijo de Selomi
Dt. 27.13 estos estarán..Gad, *A*, Zabulón, Dan
33.24 a *A* dijo: Bendito sobre los hijos sea *A*
Jos. 17.7 fue el territorio de Manasés desde *A*
17.10 y se encuentra con *A* al norte, y con
17.11 tuvo también Manasés en Isacar y en *A*
19.24 suerte correspondió a la tribu..de *A*
19.31 esta es la heredad..de los hijos de *A*
19.34 y al occidente confinaba con *A*, y con
21.6 de la tribu de *A*, de la..trece ciudades
21.30 la tribu de *A*, Miseal con sus ejidos
Jue. 1.31 tampoco *A* arrojó a los que habitaban
1.32 moró *A* entre los cananeos..no los arrojó
5.17 se mantuvo *A* a la ribera del mar, y se
6.35 mensajeros a *A*, a Zabulón y a Neftalí
7.23 y juntándose los..de *A* y de todo Manasés
1 R. 4.16 Baana hijo de Husai, en *A* y en Alot
1 Cr. 2.2 José, Benjamín, Neftalí, Gad y *A*
6.62 de la tribu de *A*, de la tribu de Neftalí y
6.74 de la tribu de *A*, Masal con sus ejidos
7.30 los hijos de *A:* Imna, Isúa, Isúi, Bería
7.40 todos estos fueron hijos de *A*, cabezas de
12.36 de *A*..preparados para pelear, 40.000
2 Cr. 30.11 algunos hombres de *A*, de Manasés y
Ez. 48.2 el lado del mar, tendrá *A* una parte
48.3 junto al límite de *A*, desde el lado del
48.34 puerta de *A*, otra; la puerta de Neftalí
Lc. 2.36 Ana..hija de Fanuel, de la tribu de *A*
Ap. 7.6 de la tribu de *A*, doce mil sellados

ASERA ***Diosa de los habitantes de Canaán***
Éx. 34.13 altares..cortaréis sus imágenes de *A*
Dt. 7.5 y destruiréis sus imágenes de *A*..fuego
12.3 sus imágenes de *A* consumiréis con fuego
16.21 no plantarás ningún árbol para *A* cerca
Jue. 3.7 sirvieron a los..y a las imágenes de *A*
6.25 también la imagen de *A* que está junto a
6.26 la madera de la imagen de *A* que habrás
6.28 cortada la imagen de *A* que estaba junto
6.30 y ha cortado la imagen de *A* que estaba
1 R. 14.15 cuanto han hecho sus imágenes de *A*
14.23 imágenes de *A*, en todo collado alto y
15.13 a su madre..había hecho un ídolo de *A*
16.33 hizo también Acab una imagen de *A*
18.19 congrégame a..y los 400 profetas de *A*
2 R. 13.6 la imagen de *A* permaneció en Samaria
17.10 levantaron estatuas e imágenes de *A* en
17.16 se hicieron..imágenes de *A*, y adoraron
18.4 las imágenes, y cortó los símbolos de *A*
21.3 hizo una imagen de *A*, como había hecho
21.7 puso una imagen de *A* que él había hecho
23.4 los utensilios..hechos para Baal, para *A*
23.6 sacar la imagen de *A* fuera de la casa de
23.7 cuales tejían las mujeres tiendas para *A*
23.14 y quebró..y derribó las imágenes de *A*
23.15 lo quemó..puso fuego a la imagen de *A*
2 Cr. 14.3 quebró..y destruyó los símbolos de *A*
15.16 porque había hecho una imagen de *A*
17.6 quitó..las imágenes de *A* de en medio de
19.3 quitado de la tierra las imágenes de *A*
24.18 sirvieron a los símbolos de *A* y a las
31.1 de Judá..y destruyeron las imágenes de *A*
33.3 hizo imágenes de *A*, y adoró a todo el
33.19 los sitios donde..erigió imágenes de *A* e
34.3 limpiar a Judá..de los..imágenes de *A*
34.4 despedazó también las imágenes de *A*, las
34.7 y cuando hubo derribado..imágenes de *A*
Is. 17.8 no mirará..ni a los símbolos de *A*, ni
27.9 y no se levanten los símbolos de *A* ni
Jer. 17.2 se acuerdan de..de sus imágenes de *A*
Mi. 5.14 arrancaré tus imágenes de *A* de..de ti

ASERRAR
He. 11.37 fueron..*aserrados*, puestos a prueba

ASESINAR
Nm. 19.18 que hubiere tocado el..o el *asesinado*

ASESINO
Jer. 4.31 que mi alma desmaya a causa de los *a*

ASFALTO
Gn. 11.3 les sirvió..el *a* en lugar de mezcla
14.10 de Sidim estaba lleno de pozos de *a*
Éx. 2.3 y la calafateó con *a* y brea, y colocó

ASIA ***Provincia romana en Asia Menor***
Hch. 2.9 los que habitamos..en el Ponto y en *A*
6.9 se levantaron unos de..de *A*, disputando
16.6 les fue prohibido..hablar la palabra en *A*
19.10 todos los que habitaban en *A*, judíos y
19.22 él se quedó por algún tiempo en *A*
19.26 en casi toda *A*, ha apartado a muchas
19.27 a ser destruida..a quien venera toda *A*

ASIA *(Continúa)*
Hch. 19.31 autoridades de *A*, que eran sus amigos
20.4 le acompañaron hasta *A*, Sópater de Berea
20.4 le acompañaron..de *A*, Tíquico y Trófimo
20.16 largo a Efeso, para no detenerse en *A*
20.18 me he comportado..desde que entré en *A*
21.27 unos judíos de *A*, al verle en el templo
24.18 judíos de *A* me hallaron purificado en
27.2 nave..que iba a tocar los puertos de *A*
1 Co. 16.19 las iglesias de *A* os saludan. Aquila
2 Co. 1.8 tribulación que nos sobrevino en *A*
2 Ti. 1.15 me abandonaron..los que están en *A*
1 P. 1.1 Pedro..a los expatriados..*A* y Bitinia
Ap. 1.4,11 las siete iglesias que están en *A*

ASIEL ***Descendiente de Simeón*, 1 Cr. 4.35**

ASIENTO
1 S. 20.18 serás echado de menos, porque tu *a*
20.25 rey se sentó en su *a* junto a la pared
20.27 aconteció..que el *a* de David quedó vacío
1 R. 10.19 tenía brazos cerca del *a*, junto a
2 Cr. 9.18 y brazos a uno y otro lado del *a*, y
Job 29.7 yo..en la plaza hacía preparar mi *a*
Sal. 50.20 tomabas *a*, y hablabas contra tu
Cnt. 3.10 su *a* de grana, su interior recamado
Is. 22.23 será por *a* de honra a la casa de su
Mt. 23.6; Mr. 12.39 los primeros *a* en las cenas
Lc. 14.7 cómo escogían los primeros *a* a la mesa
20.46 aman las..y los primeros *a* en las cenas

ASIGNAR
Mt. 26.15 ellos le *asignaron* 30 piezas de plata
Lc. 22.29 *asigno* un reino, como..me lo *asignó*

ASIMA ***Dios (o diosa) de los de Hamat*, 2 R. 17.30**

ASÍNCRITO ***Cristiano saludado por Pablo*, Ro. 16.14**

ASIR *(n.)*
1. Hijo de Coré, **Éx. 6.24; 1 Cr. 6.22**
2. Descendiente de Salomón, **1 Cr. 3.17**
3. Descendiente de Coré, **1 Cr. 6.23,37**

ASIR *(v.)*
Gn. 19.16 los varones *asieron* de su mano, y de
39.12 y ella lo *asió* por su ropa, diciendo
48.17 José..*asió* la mano de su padre, para
Dt. 25.11 y alargando su mano *asiere* de..partes
Jue. 16.29 *asió* luego Sansón las dos columnas
1 S. 15.27 él se *asió* de la punta de su manto
2 S. 1.11 *asiendo* de sus vestidos, los rasgó
13.11 *asió* de ella, y le dijo: Ven, hermana
1 R. 1.50 y se *asió* de los cuernos del altar
1.51 Adonías..se ha *asido* de los cuernos del
2.28 Joab..se *asió* de los cuernos del altar
2 R. 4.27 luego que llegó..se *asió* de sus pies
Job 8.15 se *asirá* de ella, mas no resistirá
27.6 mi justicia tengo *asida*, y no la cederé
Sal. 139.10 me guiará..y me *asirá* tu diestra
Pr. 7.13 *asió* de él, y le besó. Con semblante
Cnt. 3.4 lo *así*, y no lo dejé, hasta que lo metí
7.8 dije: Subiré a la palmera, *asiré* sus ramas
Mt. 14.31 extendiendo la mano, *asió* de él, y le
18.28 *asiendo* de él, le ahogaba, diciendo
Hch. 3.11 teniendo *asidos* a Pedro y a Juan el
Fil. 2.16 *asidos* de la palabra de vida, para
3.12 si..*asir* aquello para lo cual fui..*asido*
Col. 2.19 no *asiéndose* de la Cabeza, en virtud
He. 6.18 *asirnos* de la esperanza puesta delante

ASIRIA ***Imperio al norte de Babilonia***
Gn. 2.14 Hidekel..es el que va al oriente de *A*
10.11 de esta tierra salió para *A*, y edificó
25.18 está enfrente de Egipto viniendo de *A*
Nm. 24.22 echado, cuando *A* te llevará cautivo
24.24 y afligirán a *A*, afligirán..a Heber
2 R. 15.19 vino Pul rey de *A* a atacar la tierra
15.20 de cada uno 50 siclos..dar al rey de *A*
15.20 el rey de *A* se volvió, y no se detuvo
15.29 Tiglat-pileser..los llevó cautivos a *A*
16.7 embajadores a Tiglat-pileser rey de *A*
16.8 Acaz..envió al rey de *A* un presente
16.9 atendió el rey de *A*..subió el rey de *A*
16.10 a encontrar a Tiglat-pileser rey de *A*
16.18 los quitó del..por causa del rey de *A*
17.4 rey de *A* descubrió que Oseas conspiraba
17.4 y no pagaba tributo al rey de *A*, como lo
17.4 el rey de *A* le detuvo, y le aprisionó en
17.5 rey de *A* invadió todo el país, y sitió
17.6 el rey de *A*..llevó a Israel cautivo a *A*
17.23 Israel fue llevado cautivo de su..a *A*
17.24 trajo el rey de *A* gente de Babilonia
17.26 dijeron..al rey de *A*: Las gentes que tú
17.27 rey de *A* mandó, diciendo: Llevad allí
18.7 él se rebeló contra el rey de *A*, y no le
18.11 el rey de *A* llevó cautivo a Israel a *A*
18.13 subió Senaquerib rey de *A* contra todas
18.14 envió a decir al rey de *A* que estaba en
18.14 y el rey de *A* impuso a Ezequías rey de
18.16 quitó el oro de..y lo dio al rey de *A*
18.17 el rey de *A* envió contra el rey Ezequías
18.19 les dijo el..Así dice el gran rey de *A*
18.23 que des rehenes a mi señor, el rey de *A*
18.28 la palabra del gran rey, el rey de *A*
18.30 ciudad no será..en mano del rey de *A*
18.31 así dice el rey de *A*: Haced conmigo paz
18.33 ha librado su tierra de..del rey de *A*?
19.6 han blasfemado los siervos del rey de *A*
19.8 al rey de *A* combatiendo contra Laquis
19.10 no será entregada en mano del rey de *A*
19.11 oído lo que han hecho los reyes de *A* a
19.17 que los reyes de *A* han destruido las
19.20 me pediste acerca de..rey de *A*, he oído
19.32 dice Jehová..del rey de *A*: No entrará
19.36 Senaquerib rey de *A* se fue, y volvió a
20.6 te libraré a ti y..de mano del rey de *A*
23.29 Necao rey de..subió contra el rey de *A*
2 Cr. 28.16 envió a pedir el..a los reyes de *A*
30.6 quedado de la mano de los reyes de *A*
32.4 han de hallar los reyes de *A* muchas aguas
32.7 ni tengáis miedo del rey de *A*, ni de toda
32.11 Dios nos librará de la..del rey de *A*?
32.21 destruyó..en el campamento del rey de *A*
32.22 así salvó..de las manos de..rey de *A*
Esd. 4.2 desde los días de Esar-hadón rey de *A*
6.22 y había vuelto el corazón del rey de *A*
Neh. 9.32 los días de los reyes de *A* hasta este
Is. 7.17 Jehová hará venir sobre ti..rey de *A*
7.18 a la abeja que está en la tierra de *A*
7.20 esto es, con el rey de *A*, cabeza y pelo de
8.4 y los despojos de..delante del rey de *A*
8.7 esto es, al rey de *A* con todo su poder
10.5 oh *A*, vara y báculo de mi furor, en su
10.12 de la soberbia del corazón del rey de *A*
10.24 mío, morador de Sion, no temas de *A*
11.11 de su pueblo que aún quede en *A*, Egipto
11.16 habrá camino para..el que quedó de *A*
19.23 calzada de Egipto a *A*..y egipcios en *A*
19.24 Israel será tercero con Egipto y con *A*
20.1 lo envió Sargón rey de *A*, y peleó contra
20.4 así llevará el rey de *A* a los cautivos
20.6 acogimos..para ser libres de..rey de *A*
23.13 este pueblo no existía; *A* la fundó para
27.13 vendrán..esparcidos en la tierra de *A*
30.31 *A* que hirió con vara..será quebrantada
31.8 entonces caerá *A* por espada no de varón
36.1 Senaquerib rey de *A* subió contra todas
36.2 rey de *A* envió al Rabsaces con un gran
36.4 el rey de *A*, dice así: ¿Qué confianza es
36.8 yo te ruego que des rehenes al rey de *A*
36.13 las palabras del gran rey, el rey de *A*
36.15 no será entregada..manos del rey de *A*
36.16 así dice el rey de *A*: Haced conmigo paz
36.18 libraron los..de la mano del rey de *A*?
37.4 rey de *A* su señor envió para blasfemar
37.6 han blasfemado los siervos del rey de *A*
37.8 al rey de *A* que combatía contra Laquis
37.10 no será entregada en mano del rey de *A*
37.11 oíste lo que han hecho los reyes de *A*
37.18 reyes de *A* destruyeron todas las tierras
37.21 de lo que me rogaste sobre..rey de *A*
37.33 así dice Jehová acerca del rey de *A*: No
38.6 y te libraré a ti..de mano del rey de *A*
Jer. 2.18 ¿y qué tienes tú en el camino de *A*
2.36 de Egipto, como fuiste avergonzada de *A*
50.17 rey de *A* lo devoró primero..lo deshuesó
50.18 castigo al..como castigué al rey de *A*
Ez. 23.23 y todos los de *A* con ellos; jóvenes
27.23 mercaderes de Sabá, de *A* y de Quilmad
32.22 allí está *A* con toda su multitud
Os. 5.13 irá entonces Efraín a *A*, y enviará al
7.11 Efraín..llamarán a Egipto, acudirán a *A*
8.9 subieron a *A*, como asno montés para sí
9.3 sino que volverá Efraín a Egipto y a *A*
10.6 llevado a *A* como presente al rey Jareb
11.11 y de la tierra de *A* como paloma; y los
Mi. 5.6 devastarán la tierra de *A* a espada, y
7.12 ese día vendrán hasta ti desde *A* y las
Nah. 3.18 durmieron tus pastores, oh rey de *A*
Sof. 2.13 extenderá su mano..destruirá a *A*, y
Zac. 10.10 y los recogeré de *A*; y los traeré a
10.11 la soberbia de *A* será derribada, y se

ASIRIO ***Habitante de Asiria***
2 R. 15.29 vino..rey de los *a*, y tomó a Ijón
17.3; 18.9 subió Salmanasar rey de los *a*
19.4 el rey de los *a* su señor ha enviado para
19.35 en el campamento de los *a* a 185.000
1 Cr. 5.6 fue transportado por..rey de los *a*
5.26 excitó el espíritu de Pul rey de los *a*
5.26 espíritu de Tiglat-pileser rey de los *a*
2 Cr. 28.20 vino contra él..rey de los *a*, quien
28.21 despojó Acaz..para dar al rey de los *a*
32.1 Senaquerib rey de los *a*..invadió a Judá
32.9 Senaquerib rey de los *a*..para decir a
32.10 así ha dicho Senaquerib rey de los *a*
33.11 Jehová trajo contra ellos..rey de los *a*
Sal. 83.8 también el *a* se ha juntado con ellos
Is. 14.25 quebrantaré al *a* en mi tierra, y en
19.23 *a* entrarán en Egipto, y egipcios en
19.23 los egipcios servirán con los *a* a Jehová
19.25 bendito el pueblo mío Egipto, y el *a*
37.36 y mató a..en el campamento de los *a*
52.4 mi pueblo..y el *a* lo cautivó sin razón
Lm. 5.6 al egipcio y al *a* extendimos la mano
Ez. 16.28 fornicaste también con los *a*, por no
23.5 se enamoró de sus amantes los *a*, vecinos
23.7 con todos los más escogidos de los..*a*
23.9 entregué en mano de los hijos de los *a*
23.12 se enamoró de los hijos de los *a* sus
31.3 he aquí era el *a* cedro en el Líbano, de
Os. 11.5 que el *a* mismo será su rey, porque no
12.1 hicieron pacto con los *a*, y el aceite se
14.3 no nos librará el *a*; no montaremos en
Mi. 5.5 cuando el *a* viniere a nuestra tierra
5.6 nos librará del *a*, cuando viniere contra

ASISTIR
Éx. 1.16 *asistáis* a las hebreas en sus partos
1 Cr. 23.30 *asistir* cada mañana..a dar gracias
Esd. 3.9 *asistían* para activar a los que hacían
Dn. 7.10 y millones de..*asistían* delante de él
7.16 me acerqué a uno de los que *asistían*, y
Hch. 10.7 devoto soldado de los que le *asistían*

ASKENAZ ***Hijo (o los descendientes) de Gomer*, Gn. 10.3; 1 Cr. 1.6; Jer. 51.27**

ASMÓN ***Lugar en la frontera de Judá*, Nm. 34.4,5; Jos. 15.4**

ASNA ***Véase también Asno***
Gn. 12.16 tuvo..siervos, criadas, *a* y camellos
32.15 diez novillos, veinte *a* y diez borricos
45.23 y diez *a* cargadas de trigo, y pan y
49.11 atando a la..a la cepa el hijo de su *a*
Nm. 22.21 Balaam..enalbardó su *a* y fue con los
22.22 iba..él montado sobre su *a*, y con él
22.23 el *a* vio al ángel..y se apartó el *a* del
22.23 azotó Balaam al *a* para hacerla volver al
22.25 viendo el *a* al ángel..pegó a la pared
22.27 viendo el *a* al ángel..se echó debajo de
22.27 y Balaam se enojó y azotó al *a* con un
22.28 Jehová abrió la boca al *a*, la cual dijo
22.29 Balaam respondió al *a*..te has burlado
22.30 el *a* dijo a Balaam: ¿No soy yo tu *a*?
22.32 ¿por qué has azotado tu *a*..tres veces?
22.33 el *a* me ha visto, y se ha apartado luego
Jue. 5.10 los que cabalgáis en *a* blancas, los
1 S. 9.3 se habían perdido las *a* de Cis, padre
9.3 toma..y levántate, y vé a buscar las *a*
9.5 padre, abandonada la preocupación..las *a*
9.20 y de las *a* que..pierde cuidado de ellas
10.2 *a*..se han hallado; tu padre ha dejado..*a*
10.14 y él respondió: A buscar las *a*; y como
10.16 nos declaró..las *a* habían sido halladas
2 R. 4.22 que envíes..criados y una de las *a*
4.24 hizo enalbardar el *a*, y dijo al criado
1 Cr. 27.30 los camellos, Obil..las *a*, Jehedías
Job 1.3 su hacienda era siete mil ovejas..500 *a*
1.14 arando, y las *a* paciendo cerca de ellos
42.12 tuvo..mil yuntas de bueyes y mil *a*
Jer. 2.24 *a* montés acostumbrada al desierto
Zac. 9.9 cabalgando sobre un pollino hijo de *a*
Mt. 21.2 hallaréis una *a* atada, y un pollino
21.5 manso, y sentado sobre una *a*, sobre un
21.7 trajeron el *a* y el pollino, y pusieron
Jn. 12.15 viene, montado sobre un pollino de *a*

ASNAPAR ***Rey asirio***
Esd. 4.10 que el grande y glorioso *A* transportó

ASNILLO
Jn. 12.14 halló Jesús un *a*, y montó sobre él

ASNO ***Véase también Asna***
Gn. 12.16 y él tuvo ovejas, vacas, *a*, siervos
22.3 y enalbardó su *a*, y tomó consigo dos
22.5 dijo Abraham..Esperad aquí con el *a*, y
24.35 y le ha dado..y siervas, camellos y *a*
30.43 y siervas y siervos, y camellos y *a*
32.5 tengo..*a*, ovejas, y siervos y siervas
34.28 tomaron..sus *a*, y lo que había en la
36.24 apacentaba los *a* de Zibeón su padre
42.26 y ellos pusieron su trigo sobre sus *a*
42.27 para dar de comer a su *a* en el mesón
43.18 tomarnos por siervos..y a nuestros *a*
43.24 y les dio agua..y dio de comer a sus *a*
44.3 los hombres fueron despedidos con sus *a*
44.13 cargó cada uno su *a* y volvieron a la
45.23 diez *a* cargados de lo mejor de Egipto
47.17 José les dio alimentos por..y por *a*; y
49.14 Isacar, *a* fuerte que se recuesta entre
Éx. 4.20 los puso sobre un *a*, y volvió a tierra
9.3 sobre tus..*a*, camellos, vacas y ovejas
13.13 todo primogénito de *a* redimirás con un
20.17 no codiciarás..ni su *a*, ni cosa alguna
21.33 no la cubriere, y cayere allí buey o *a*
22.4 hurto en la mano..sea buey o *a* u oveja
22.9 en toda clase de fraude..sobre *a*, sobre
22.10 dado a su prójimo *a*, o buey..a guardar
23.4 si encontrares..*a*, extraviado, vuelve a
23.5 si vieres el *a* del que te aborrece caído
23.12 reposarás..que descanse tu buey y tu *a*
34.20 con cordero el primogénito del *a*; y si

ASNO *(Continúa)*
Nm. 16.15 ni aun un *a* he tomado de ellos, ni a
31.28 así de las personas como. .de los *a* y de
31.30 tomarás. .de los *a*, de las ovejas y de
31.34 y sesenta y un mil *a*
31.39,45 de los *a*, treinta mil quinientos
Dt. 5.14 ninguna obra harás tú, ni tu. .ni tu *a*
5.21 ni desearás. .su *a*, ni cosa alguna de tu
22.3 así harás con su *a*, así harás también
22.4 si vieres el *a* de tu hermano, o su buey
22.10 no ararás con buey y con *a* juntamente
28.31 tu *a* será arrebatado de delante de ti
Jos. 6.21 destruyeron a filo de espada. .los *a*
7.24 tomaron a Acán. .sus *a*, sus ovejas, su
9.4 fueron. .tomaron sacos viejos sobre sus *a*
15.18 ella. .se bajó del *a*. Y Caleb le dijo
Jue. 1.14 ella se bajó del *a*, y Caleb le dijo
6.4 y no dejaban. .ni ovejas, ni bueyes, ni *a*
10.4 hijos, que cabalgaban sobre treinta *a*
12.14 nietos, que cabalgaban sobre setenta *a*
15.15 y hallando una quijada de *a* fresca aún
15.16 con la quijada de un *a*, un montón, dos
15.16 la quijada de un *a* maté a mil hombres
19.3 llevaba consigo. .criado, y un par de *a*
19.10 llegó hasta. .con su par de *a* ensillados
19.19 tenemos paja y forraje para nuestros *a*
19.21 dio de comer a sus *a*; y se lavaron los
19.28 y echándola sobre su *a*. .fue a su lugar
1 S. 8.16 tomará. .vuestros *a*, y con ellos hará
12.3 atestiguad. .si he tomado el *a* de alguno
15.3 mata a hombres. .ovejas, camellos y *a*
16.20 y tomó Isaí un *a* cargado de pan. .vino
22.19 bueyes, *a* y ovejas, todo lo hirió a filo
25.18 Abigail tomó luego. .lo cargó todo en *a*
25.20 montando un *a*, descendió por una parte
25.23 Abigail. .se bajó prontamente del *a*, y
25.42 Abigail. .montó en un *a* y siguió a los
27.9 David. .se llevaba. .los *a*, los camellos
2 S. 16.1 que salía a recibirle con un par de *a*
16.2 los *a* son para que monte la familia del
17.23 enalbardó su *a*, y se levantó y se fue
19.26 enalbardame un *a*, y montaré en él, e
1 R. 2.40 Simei. .ensilló su *a* y fue a Aquis en
13.13 ensilladme el *a*. Y. .le ensillaron el *a*
13.23 cuando había comido pan. .ensilló el *a*
13.24 estaba echado. .y el *a* junto a él, y el
13.27 ensilladme un *a*. Y. .se lo ensillaron
13.28 halló. .el *a* y el león. .junto al cuerpo
13.28 el león no había comido. .ni dañado al *a*
13.29 el cuerpo. .lo puso sobre el *a* y se lo
2 R. 6.25 que la cabeza de un *a* se vendía por
7.7 abandonando sus. .sus *a*, y el campamento
7.10 que no había allí. .sino. .*a* también atados
1 Cr. 5.21 tomaron. .250.000 ovejas y 2.000 *a*
12.40 trajeron víveres en *a*, camellos, mulos
2 Cr. 28.15 condujeron en *a* a todos los débiles
Esd. 2.67; Neh. 7.69 sus camellos, 435; *a*, 6.720
Neh. 13.15 vi. .cargaban *a* con vino, y también de
Job 6.5 gime el *a* montés junto a la hierba?
11.12 un pollino de *a* montés nazca hombre
24.3 se llevan el *a* de los huérfanos, y toman
24.5 como *a* monteses en el desierto, salen a
39.5 ¿quién echó libre al *a* montés, y quién
Sal. 104.11 dan. .mitigan su sed los *a* monteses
Pr. 26.3 el látigo para. .el cabestro para el *a*
Is. 1.3 conoce. .y el *a* el pesebre de su señor
21.7 vio hombres montados. .sobre *a*. .camellos
30.6 llevan sobre lomos de *a* sus riquezas
30.24 *a* que labran la tierra comerán grano
32.14 cuevas. .donde descansen *a* monteses
32.20 aguas, y dejáis libres al buey y al *a*
Jer. 14.6 *a* monteses se ponían en las alturas
22.19 en sepultura de *a* será enterrado
Ez. 23.20 es como el ardor carnal de los *a*, y
Dn. 5.21 y con los *a* monteses fue su morada
Os. 8.9 subieron a Asiria, como *a* montés para
Zac. 9.9 tu rey vendrá. .cabalgando sobre un *a*
14.15 así también será la plaga de. .de los *a*
Mt. 18.6 se le colgase. .piedra de molino de *a*
Lc. 13.15 ¿no desata en el día de reposo su *a*
14.5 ¿quién de vosotros, si su *a* o su buey cae

ASOCIAR
Ro. 12.16 sino *asociándoos* con los humildes

ASOLADO ***Véase Asolar***

ASOLADOR, RA
Job 15.21 en la prosperidad el *a* vendrá sobre
Is. 49.17 tus destruidores y tus *a* saldrán de
Dn. 8.13 ¿hasta cuándo durará. .prevaricación *a*

ASOLAMIENTO
2 Cr. 36.21 la tierra. .el tiempo de su *a* reposó
Sal. 46.8 Jehová, que ha puesto *a* en la tierra
73.18 los has puesto en. .en *a* los harás caer
74.3 dirige tus pasos a los *a* eternos, a todo
Is. 1.7 tierra está. .asolada como *a* de extraños
10.3 que os ayude, cuando venga de lejos el *a*?
13.6 el día. .vendrá como *a* del Todopoderoso
34.11 se extenderá sobre ella. .niveles de *a*
51.19 te han acontecido: *a* y quebrantamiento
61.4 antiguas, y levantarán los *a* primeros
Jer. 12.11 fue puesta en *a*, y lloró sobre mí
44.22 tanto, vuestra tierra fue puesta en *a*
49.13 *a*, oprobio, soledad y maldición será
50.3 una nación. .la cual pondrá su tierra en *a*
51.26 porque perpetuo *a* serás. .dicho Jehová
Lm. 3.47 temor y lazo fueron. .*a* y quebranto
Ez. 15.8 convertiré la tierra en *a*, por cuanto
35.9 te pondré en *a* perpetuo, y tus ciudades
36.4 así ha dicho Jehová. .a las ruinas y *a*
Mi. 6.16 para que yo te pusiese en *a*, y tus
Sof. 1.15 día de alboroto y de *a*. .de tiniebla
2.9 Moab será como Sodoma. .sal, y *a* perpetuo
2.13 a Asiria, y convertirá a Nínive en *a*

ASOLAR
Gn. 19.29 *asolar* las ciudades donde Lot estaba
47.19 que vivamos. .y no sea *asolada* la tierra
Lv. 26.31 y *asolaré* vuestros santuarios, y no
26.32 *asolaré*. .la tierra, y se pasmarán por
26.33 vuestra tierra. .*asolada*, y desiertas
26.34 de reposo, los días que esté *asolada*
26.35 el tiempo que esté *asolada*, descansará
Jos. 8.28 quemó a Hai y. .*asolada* para siempre
10.1 tomado a Hai, y que la había *asolado*
Jue. 1.17 derrotaron al. .en Sefat, y la *asolaron*
9.45 y *asoló* la ciudad, y la sembró de sal
1 S. 27.9 *asolaba* David el país, y no dejaba
30.1 y habían *asolado* a Siclag y le habían
2 R. 3.25 y *asolaron* las ciudades, y en todas
22.19 que vendrán a ser *asolados* y malditos
2 Cr. 34.6 lo mismo. .y en los lugares *asolados*
Est. 9.5 *asolaron* los judíos a. .sus enemigos
Job 15.28 y habitó las ciudades *asoladas*, las
15.34 la congregación de los. .será *asolada*
16.7 ahora tú. .has *asolado* toda mi compañía
30.3 huían a la. .a lugar tenebroso, *asolado*
Sal. 40.15 sean *asolados* en pago de su afrenta
52.5 Dios. .te *asolará* y te arrancará de tu
69.25 su palacio *asolado*: en sus tiendas no
73.19 ¡cómo han sido *asolados* de repente!
79.7 han consumido a. .su morada han *asolado*
80.16 quemada a fuego. .*asolada*; perezcan por
Pr. 14.11 la casa de los impíos será *asolada*
15.25 Jehová *asolará* la casa de los soberbios
Is. 1.7 *asolada* como asolamiento de extraños
1.8 hija de Sion como. .como ciudad *asolada*
5.9 las muchas casas han de quedar *asoladas*
6.11 hasta que las ciudades estén *asoladas* y
14.17 que *asoló* sus ciudades, que a sus presos
24.6 tierra, y sus moradores fueron *asolados*
34.10 generación en generación será *asolada*
42.14 voces. .*asolaré* y devoraré juntamente
49.8 para que. .que heredes *asoladas* heredades
54.3 heredará. .habitará las ciudades *asoladas*
60.12 no te sirviere. .del todo será *asolado*
Jer. 2.15 alzaron su voz, y *asolaron* su tierra
4.7 ciudades quedarán *asoladas* y sin morador
4.23 la tierra, y he aquí que estaba *asolada*
4.26 sus ciudades eran *asoladas* delante de
4.27 toda la tierra será *asolada*; pero no la
9.12 la tierra. .ha sido *asolada* como desierto
10.25 han consumido, y han *asolado* su morada
12.11 fue *asolada* toda la tierra, porque no
20.16 como las ciudades que *asoló* Jehová, y
25.36 ¡voz de. .porque Jehová *asoló* sus pastos
25.38 *asolada* fue la tierra de ellos por la
26.9 será *asolada* hasta no quedar morador?
33.10 que están *asoladas*, sin hombre y sin
43.11 y vendrá y *asolará* la tierra de Egipto
44.2 ciudades. .están el día de hoy *asoladas*
46.13 la venida de Nabucodonosor. .para *asolar*
46.19 será *asolada* hasta no quedar morador
48.15 destruido fue Moab. .ciudades *asoladas*
49.28 los cuales *asoló* Nabucodonosor rey de
50.13 no será habitada, sino será *asolada* toda
51.43 sus ciudades fueron *asoladas*, la tierra
51.62 lugar. .para siempre ha de ser *asolado*
Lm. 1.4 todas sus puertas están *asoladas*, sus
4.5 los que comían. .fueron *asolados* en las
5.18 por el monte de Sion que está *asolado*
Ez. 6.4 serán *asolados*, y vuestras imágenes del
6.6 altos serán *asolados*, para que sean *a* y
6.14 más *asolada* y devastada que el desierto
12.20 la tierra será *asolada*; y sabréis que
14.15 hiciere pasar bestias. .y la *asolaren*
19.7 saqueó fortalezas, y *asoló* ciudades
25.3 tierra de Israel era *asolada*, y llevada
25.13 cortaré de ella hombres y. .la *asolaré*
26.19 te convertiré en ciudad *asolada*, como
29.9 tierra de Egipto será *asolada* y desierta
29.12 en soledad entre las tierras *asoladas*
30.7 serán *asolados* entre las tierras *a*, y sus
30.14 *asolaré* a Patros, y pondré fuego a Zoán
32.15 cuando *asuele* la tierra de Egipto, y la
33.24 que habitan aquellos lugares *asolados*
33.27 en. .lugares *asolados* caerán a espada
33.28 y los montes de Israel serán *asolados*
35.4 tus ciudades *asolaré*, y tú serás *asolado*
35.15 te alegraste sobre. .porque fue *asolada*
35.15 *asolado* será el monte de Seir, y todo
36.3 *asolaron* y os tragaron de todas partes
36.34 tierra *asolada* será labrada, en lugar
36.34 en lugar de haber permanecido *asolada* a
36.35 esta tierra que era *asolada* ha venido
36.35 ciudades que eran desiertas y *asoladas*
Dn. 9.17 sobre tu santuario *asolado*, por amor
Os. 5.9 Efraín será *asolado*. .el día del castigo
13.16 Samaria será *asolada*, porque se rebeló
Jl. 1.7 *asoló* mi vid, y descortezó mi higuera
1.10 campo está *asolado*, se enlutó la tierra
1.17 graneros fueron *asolados*, los alfolíes
1.18 también fueron *asolados* los rebaños de
2.3 él, y detrás de él como desierto *asolado*
3.19 y Edom será vuelto en desierto *asolado*
Am. 7.9 los santuarios de Israel serán *asolados*
9.8 y yo lo *asolaré* de la faz de la tierra
9.14 edificarán ellos las ciudades *asoladas*
Mi. 1.7 y *asolaré* todos sus ídolos; porque de
6.13 hiriéndote, *asolándote* por tus pecados
7.13 será *asolada* la tierra a causa de sus
Nah. 3.7 y dirán: Nínive es *asolada*; ¿quién se
Hab. 2.10 *asolaste*. .pueblos, y has pecado contra
Sof. 1.13 serán saqueados. .y sus casas *asoladas*
2.4 Gaza será desamparada, y Ascalón *asolada*
2.15 fue *asolada*, hecha guarida de fieras!
3.6 sus habitaciones están *asoladas*; hice
3.6 ciudades están *asoladas* hasta no quedar
Zac. 11.3 aullido. .su magnificencia es *asolada*
11.6 *asolarán* la tierra, y yo no los libraré
Mt. 12.25; Lc. 11.17 reino dividido. .es *asolado*
Hch. 8.3 Saulo *asolaba* la iglesia, y entrando
9.21 ¿no es éste el que *asolaba* en Jerusalén
Gá. 1.13 que perseguía. .la iglesia. .y la *asolaba*
1.23 predica la fe que en otro tiempo *asolaba*

ASOMAR
Jue. 5.28 la madre de. .se *asoma* a la ventana
2 R. 9.30 Jezabel. .oyó. .se *asomó* a una ventana

ASOMBRAR
1 R. 9.8 cualquiera que pase. .se *asombrará*, y
10.5 la comida de su mesa. .quedó *asombrada*
2 Cr. 9.4 viandas de su mesa. .quedó *asombrada*
Job 13.21 aparta de. .y no me *asombre* tu terror
18.11 de todas partes lo *asombrarán* temores
21.6 mismo, cuando me acuerdo, me *asombro*
Is. 13.8 se *asombrará* cada cual al mirar a su
19.16 porque se *asombrarán* y temerán en la
33.14 los pecadores se *asombraron* en Sion
44.11 se *asombrarán*, y serán avergonzados a
52.14 como se *asombraron* de ti muchos, de tal
52.15 así *asombrará* él a muchas naciones; los
Jer. 17.18 *asómbrense* ellos, y yo no me *asombre*
18.16; 19.8 que pasare por ella se *asombrará*
49.17 que pasare por ella se *asombrará*, y se
50.13 que pasare por Babilonia se *asombrará*
Dn. 7.15 las visiones de mi cabeza me *asombraron*
8.17 y con su venida me *asombré*, y me postré
Hab. 1.5 mirad entre las naciones. .y *asombraos*
Mt. 19.25 los discípulos, oyendo. .se *asombraron*
Mr. 1.27 todos se *asombraron*, de tal manera que
2.12 que todos se *asombraron*, y glorificaron
6.6 estaba *asombrado* de la incredulidad de
6.51 ellos se *asombraron* en gran manera, y se
9.15 la gente. .se *asombró*, y corriendo a él
10.24 los discípulos se *asombraron* de sus
10.26 ellos se *asombraban* aun más, diciendo
10.32 ellos se *asombraron*, y le seguían con
Lc. 24.22 nos han *asombrado* unas mujeres de
Hch. 13.41 mirad. .*asombraos*, y pereced; porque
Ap. 17.6 vi, quedé *asombrado* con gran asombro
17.7 el ángel me dijo: ¿Por qué te *asombras*?
17.8 se *asombrarán* viendo la bestia que era

ASOMBRO
Dt. 28.20 y *a* en todo cuanto pusieres mano e
Lc. 5.26 sobrecogidos de *a*, glorificaban a Dios
Hch. 3.10 se llenaron de *a* y espanto por lo que
Ap. 17.6 la vi, quedé asombrado con gran *a*

ASOMBROSA
Sal. 66.3 decid a Dios: ¡Cuán *a* son tus obras!

ASÓN ***Puerto en la provincia de Asia***
Hch. 20.13 navegamos a *A* para recoger allí a
20.14 cuando se reunió con nosotros en *A*

ASPATA ***Hijo de Amán*, Est. 9.7**

ASPECTO
Gn. 12.11 conozco que eres mujer de hermoso *a*
24.16 doncella era de *a* muy hermoso, virgen
26.7 causa de Rebeca. .ella era de hermoso *a*
41.3,4 vacas de feo *a* y enjutas de carne, y
41.19 otras siete vacas. .flacas y de muy feo *a*
Lv. 13.5 y si la llaga conserva el mismo *a*, no
13.55 pareciere. .la plaga no ha cambiado de *a*
Jue. 8.18 ¿qué *a* tenían aquellos hombres que
13.6 cuyo *a* era como el *a* de un ángel de Dios
2 S. 14.20 para mudar el *a*. .Joab tu siervo ha
Job 38.14 muda. .de *a* como barro bajo el sello
Cnt. 2.14 dulce es la voz tuya, y hermoso tu *a*
5.15 su *a* como el Líbano, escogido como los
Lm. 4.8 oscuro más que la negrura es su *a*
Ez. 1.10 el *a* de sus caras era cara de hombre

ASPECTO ***(Continúa)***
Ez. 1.13 seres. . *a* era como de carbones de fuego
1.16 el *a* de las ruedas. . semejante al color
1.27 desde el *a* de sus lomos para arriba
8.2 resplandor, el *a* de bronce refulgente
10.9 el *a* de las ruedas era como de crisólito
40.3 un varón, cuyo *a* era como *a* de bronce
43.3 el *a* de lo que vi era como una visión
Dn. 2.31 una gran imagen. . y su *a* era terrible
3.19 demudó el *a* de su rostro contra Sadrac
3.25 el *a* del cuarto es semejante a hijo de
Jl. 2.4 su *a*, como *a* de caballos, y como gente
Nah. 2.4 su *a* será como antorchas encendidas
Mt. 16.3 que sabéis distinguir el *a* del cielo
28.3 *a* era como un relámpago, y su vestido
Lc. 9.53 porque su *a* era como de ir a Jerusalén
12.56 sabéis distinguir el *a* del cielo y de
Jn. 5.37 oído su voz, ni habéis visto su *a*
Ap. 4.3 *a* del que estaba sentado era semejante
4.3 arco iris, semejante en *a* a la esmeralda
9.7 el *a* de las langostas era semejante a

ASPENAZ ***Oficial del rey Nabucodonosor,*** **Dn. 1.3**

ASPERAMENTE
Gn. 42.7 y les habló *á*, y les dijo: ¿De dónde
42.30 nos habló *á*, y nos trató como a espías
1 S. 20.10 aviso si tu padre te respondiere *á?*
2 Cr. 10.13 el rey les respondió *á;* pues dejó

ÁSPERO, RA
Pr. 15.1 mas la palabra *á* hace subir el furor
Is. 40.4 torcido se enderece, y lo *á* se allane
Lc. 3.5 enderezados, y los caminos *á* allanados
Col. 3.19 maridos, amad. . y no seáis *á* con ellas

ASPERSIÓN
He. 11.28 por la fe celebró la pascua y la *a*

ÁSPID
Dt. 32.33 veneno. . es vino, y ponzoña. . de *á*
Job 20.14 entrañas; hiel de *á* será dentro de él
20.16 veneno de *á* chupará; lo matará lengua
Sal. 58.4 como el *á* sordo que cierra su oído
91.13 sobre el león y el *á* pisarás; hollarás
140.3 veneno de *á* hay debajo de sus labios
Pr. 23.32 al fin. . morderá, y como *á* dará dolor
Is. 11.8 el niño. . jugará sobre la cueva del *á*
14.29 de la raíz de la culebra saldrá *á*, y su
59.5 incuban huevos de *á*, y tejen telas de
Jer. 8.17 yo envío sobre vosotros serpientes, *á*
Ro. 3.13 veneno de *á* hay debajo de sus labios

ASPIRACIÓN
1 P. 3.21 *a* de una buena conciencia hacia Dios

ASPIRAR
Jer. 14.6 *aspiraban* el viento como chacales

ASQUEROSO
Is. 30.22 apartarás como trapo *a;* ¡Sal fuera!

ASRIEL ***Descendiente de Manasés,*** **Nm. 26.31; Jos. 17.2; 1 Cr. 7.14**

ASRIELITA ***Descendiente de Asriel,*** **Nm. 26.31**

ASTA
Nm. 21.8 una serpiente ardiente. . sobre una *a*
21.9 hizo una serpiente. . la puso sobre una *a*
Dt. 33.17 y sus *a* como *a* de búfalo; con ellas
1 S. 17.7 el *a* de su lanza era como un rodillo
2 S. 21.19 *a* de cuya lanza era como el rodillo
23.7 se arma de hierro y de *a* de lanza, y son
1 Cr. 20.5 *a* de cuya lanza era como un rodillo

ASTAROT
*1. **Ciudad en Basán (=Astarot Karnaim),*** **Dt. 1.4; Jos. 9.10; 12.4; 13.12,31; 1 Cr. 6.71**
*2. **Diosa de los cananeos (=Astoret)***
Jue. 2.13 dejaron a Jehová, y adoraron. . y a *A*
10.6 y sirvieron a los baales y a *A*, a los
1 S. 7.3 quitad los dioses ajenos y a *A* de entre
7.4 los hijos de Israel quitaron a los. . y a *A*
12.10 hemos pecado. . servido a los baales y a *A*
31.10 pusieron sus armas en el templo de *A*

ASTAROTITA ***Habitante de Astarot,*** **1 Cr. 11.44**

ASTAROT KARNAIM ***=Astarot No. 1,*** **Gn. 14.5**

ASTORET ***Diosa de los sidonios (=Astarot)***
1 R. 11.5 Salomón siguió a *A*, diosa. . sidonios
11.33 han adorado a *A* diosa de los sidonios
2 R. 23.13 Salomón. . había edificado a *A* ídolo

ASTRO
Ez. 32.8 entenebrecer todos los *a* brillantes

ASTRÓLOGO
Dn. 1.20 mejores que todos los. . *a* que había en
2.2 hizo llamar el rey a magos, *a*. . para que
2.10 preguntó cosa semejante a ningún. . ni *a*
2.27 sabios, ni *a*. . lo pueden revelar al rey
4.7 vinieron magos, *a*, caldeos y adivinos, y
5.11 jefe sobre todos los magos, *a*, caldeos
5.15 y ahora fueron traídos delante de mí. . *a*

ASTUCIA
Jos. 9.4 usaron de *a*. . se fingieron embajadores
2 R. 10.19 lo hacía Jehú con *a*, para exterminar
Job 5.13 prende a los sabios en la *a* de ellos
Sal. 119.118 hollaste. . porque su *a* es falsedad
Lc. 20.23 mas él, comprendiendo la *a* de ellos
Hch. 7.19 rey, usando de *a* con nuestro pueblo
1 Co. 3.19 prende a los sabios en la *a* de ellos
2 Co. 4.2 no andando con *a*, ni adulterando la
11.3 como la serpiente con su *a* engañó a Eva
Ef. 4.14 emplean con *a* las artimañas del error

ASTUTO, TA
Gn. 3.1 la serpiente era *a*, más que todos los
1 S. 23.22 porque se me ha dicho que él es *a*
2 S. 13.3 un amigo. . Jonadab era hombre muy *a*
14.2 y tomó de allá una mujer *a*, y le dijo
Job 5.12 que frustra los pensamientos de los *a*
15.5 pues has escogido el hablar de los *a*
Pr. 7.10 con atavío de ramera y *a* de corazón
2 Co. 12.16 como soy *a*, os prendí por engaño

ASUERO
*1. **Rey de Persia, 529 a 522 a. de J. C.***
Esd. 4.6 en el reinado de *A*, en el principio de
*2. **Rey de Persia, 486 a 465 a. de J. C.***
Est. 1.1 en los días de *A*, el *A* que reinó desde
1.2 fue afirmado el rey *A* sobre el trono de
1.9 hizo banquete. . en la casa real del rey *A*
1.10 eunucos que servían delante del rey *A*
1.15 no había cumplido la orden del rey *A*
1.16 que hay en todas las provincias del rey *A*
1.17 *A* mandó traer delante de sí a la reina
1.19 que Vasti no venga más delante del rey *A*
2.1 sosegada ya la ira del rey *A*, se acordó
2.12 llegaba el tiempo. . para venir al rey *A*
2.16 Ester llevada al rey *A* a su casa real en
2.21 dos. . procuraban poner mano en el rey *A*
3.1 *A* engrandeció a Amán hijo de Hamedata
3.6 destruir a. . los judíos. . en el reino de *A*
3.7 de Nisán, en el año duodécimo del rey *A*
3.8 Amán al rey *A:* Hay un pueblo esparcido
3.12 nombre del rey *A* fue escrito, y sellado
6.2 habían procurado poner mano en el rey *A*
7.5 respondió el. . *A*, y dijo a la reina Ester
8.1 *A* dio a la reina Ester la casa de Amán
8.7 respondió el rey *A* a la reina Ester y a
8.10 escribió en nombre del rey *A*, y lo selló
8.12 en todas las provincias del rey *A*, en el
9.2 se reunieron en. . las provincias del rey *A*
9.20 que estaban en. . las provincias del rey *A*
9.30 judíos, a las 127 provincias del rey *A*
10.1 el rey *A* impuso tributo sobre la tierra y
10.3 Mardoqueo. . segundo después del rey *A*
*3. **Padre de Darío de Media,*** Dn. 9.1

ASUNTO
Gn. 41.37 el *a* pareció bien a Faraón y a sus
Éx. 18.16 cuando tienen *a*, vienen a mí. . juzgo
18.19 está tú por. . y somete tú los *a* a Dios
18.22 todo *a* grave lo traerán a ti, y ellos
18.22 y ellos juzgarán todo *a* pequeño
18.26 el *a* difícil. . juzgaban todo *a* pequeño
24.14 Aarón. . el que tuviere *a*, acuda a ellos
Dt. 3.26 dijo. . Basta, no me hables más de este *a*
Jos. 2.14 si no denunciareis este *a* a nuestro
2.20 y si tú denunciares este. . *a*, nosotros
22.33 el *a* pareció bien a los hijos de Israel
Rt. 3.18 hasta que sepas cómo se resuelve el *a*
3.18 no descansará hasta que concluya el *a*
1 S. 10.16 mas del *a* del reino. . no le descubrió
18.14 conducía prudentemente en todos sus *a*
20.2 ha de encubrir mi padre este *a?* No será
20.23 en cuanto al *a* de que. . hemos hablado
21.2 el rey me encomendó un *a*, y me dijo
21.2 sepa cosa alguna del *a* a que te envío
22.15 tu siervo ninguna cosa sabe de este *a*
2 S. 11.18 hizo saber a David todos los *a* de
11.19 de contar al rey. . los *a* de la guerra
12.14 cuanto con este *a* hiciste blasfemar a
17.19 extendió sobre. . y nada se supo del *a*
20.18 pregunte. . y así concluían cualquier *a*
1 Cr. 26.29 jueces sobre Israel en *a* exteriores
2 Cr. 19.11 será el que os presida en todo *a* de
24.5 y vosotros poned diligencia en el *a*
34.16 Safán lo llevó al rey, y le contó el *a*
Esd. 5.5 hasta que el *a* fuese llevado a Darío
10.9 temblando con motivo de aquel *a*. . lluvia
10.16 se sentaron el. . para inquirir sobre el *a*
Neh. 6.4 enviaron a mí con el mismo *a* hasta 4
Est. 2.23 se hizo investigación del *a*, y fue
Job 4.12 el *a* también me era a mí oculto; mas
19.28 ya que la raíz del *a* se halla en mí
Sal. 112.5 y presta; gobierna sus *a* con juicio
137.6 Jerusalén. . preferente *a* de mi alegría
Pr. 25.2 gloria de Dios es encubrir un *a;* pero
Jer. 38.27 se alejaron. . el *a* no se había oído
Dn. 1.20 en todo *a* de sabiduría. . que el rey les
2.5 *a* lo olvidé; si no me mostráis el sueño
2.8 ponéis dilaciones. . que el *a* se me ha ido
2.10 no hay hombre. . que pueda declarar el *a*
2.11 el *a* que el rey demanda es difícil, y no
2.23 pues nos has dado a conocer el *a* del rey
3.16 no es necesario que te. . sobre este *a*
5.15 podido mostrarme la interpretación del *a*
5.26 esta es la interpretación del *a:* MENE
6.14 el rey oyó el *a*, le pesó en gran manera
7.1 escribió el. . y relató lo principal del *a*
7.28 demudó; pero guardé el *a* en mi corazón
Hch. 8.21 tienes tú parte ni suerte en este *a*
15.6 se reunieron los. . para conocer de este *a*
24.22 Lisias, acabaré de conocer de vuestro *a*
2 Co. 7.11 os habéis mostrado limpios en el *a*
13.1 por boca de. . testigos se decidirá todo *a*
Ef. 6.21 vosotros sepáis mis *a*, y lo que hago
Fil. 2.23 éste. . luego que yo vea como van mis *a*

ASUR
*1. **Hijo de Sem,*** **Gn. 10.22; 1 Cr. 1.17**
*2. **Hijo de Hezrón,*** **1 Cr. 2.24; 4.5**

ASURIM ***Tribu descendiente de Abraham y Cetura,*** **Gn. 25.3**

ASUSTAR
Job 7.14 me *asustas* con sueños, y me aterras con
Is. 57.11 ¿y de quién te *asustaste* y temiste
Mr. 16.6 dijo: No os *asustéis;* buscáis a Jesús

ASVAT ***Descendiente de Aser,*** **1 Cr. 7.33**

ATAC ***Aldea en Judá,*** **1 S. 30.30**

ATACAR
Gn. 14.15 cayó sobre ellos. . y les *atacó*, y les
32.8 si viene Esaú contra un. . y lo *ataca*, el
34.30 se juntarán contra mí y me *atacarán*
43.18 aquí, para tendernos lazo, y *atacarnos*
Jos. 8.21 se volvieron y *atacaron* a los de Hai
15.16 al que *atacare* a Quiriat-sefer, y la
Jue. 1.12 el que *atacare* a Quiriat-sefer y la
6.3 los madianitas y. . subían y los *atacaban*
8.11 subiendo. . Gedeón. . *atacó* el campamento
9.43 y se levantó contra ellos y los *atacó*
1 S. 13.3 Jonatán *atacó* a la guarnición de los
13.4 Saúl ha *atacado* a la guarnición de los
23.2 *a atacar* a estos filisteos?. . Vé, *ataca*
2 R. 3.24 y *atacaron* a los de Moab, los cuales
3.26 para *atacar* al rey de Edom; mas no pudo
8.21 y levantándose de noche *atacó* a los de
15.19 Pul rey de Asiria a *atacar* la tierra
2 Cr. 14.14 *atacaron*. . las ciudades alrededor de
14.15 *atacaron* las cabañas de. . tenían ganado
28.17 los edomitas habían. . *atacado* a. . de Judá
Neh. 4.8 a una para venir a *atacar* a Jerusalén
Jer. 32.29 los caldeos que *atacan* esta ciudad
37.8 volverán los caldeos y *atacarán*. . ciudad

ATAD ***Lugar donde endecharon a Jacob (=Abel-mizraim),*** **Gn. 50.10,11**

ATADO ***Véase también Atar***
Gn. 42.35 en el saco. . estaba el *a* de su dinero
42.35 y viendo ellos y su padre los *a* de su

ATADURA
Jue. 15.14 lino. . y las *a* se cayeron de sus manos
Job 39.5 ¿quién echó libre. . quién soltó sus *a?*
Is. 28.22 que no se aprieten más vuestras *a*
52.2 suelta las *a* de tu cuello, cautiva hija
Jer. 2.20 porque desde muy atrás rompiste. . *a*
Lm. 1.14 *a* han sido echados sobre mi cerviz
Ez. 4.8 he puesto sobre ti *a*, y no te volverás
Dn. 4.15,23 con *a* de hierro y de bronce entre
Zac. 11.7 puse por nombre Gracia, y al otro *A*
11.14 quebré luego el otro cayado, *A*, para

ATAI
*1. **Descendiente de Jerameel,*** **1 Cr. 2.35,36**
*2. **Guerrero que se unió a David en Siclag,*** **1 Cr. 12.11**
*3. **Hijo del rey Roboam,*** **2 Cr. 11.20**

ATAÍAS ***Habitante de Jerusalén en tiempo de Nehemías,*** **Neh. 11.4**

ATAJAR
1 R. 18.44 y desciende. . la lluvia no te *ataje*

ATALAYA
2 S. 13.34 alzando sus ojos el joven. . *a*, miró
18.24 y el *a* había ido al terrado sobre la
18.25 el *a* dio. .voces, y lo hizo saber al rey
18.26 vio el *a* a otro que. .y dio voces el *a* al
18.27 *a* volvió a decir: Me parece el correr
2 R. 9.17 *a* que estaba en la torre de Jezreel
9.18 el *a* dio luego aviso. .El mensajero llegó
9.20 el *a* volvió a decir: También éste llegó
17.9; 18.8 desde las torres de las *a* hasta las
Is. 21.8 sobre la *a* estoy yo continuamente de
52.8 ¡voz de tus *a!* Alzarán la voz. .júbilo
56.10 sus *a* son ciegos, todos ellos ignorantes
Jer. 6.17 también sobre vosotros *a*, que dijesen
Ez. 3.17 te he puesto por *a* a la casa de Israel
33.2 tomare un hombre. .y lo pusiere por *a*
33.6 el *a* viere venir la espada y no tocare
33.6 pero demandaré su sangre de mano del *a*
33.7 te he puesto por *a* a la casa de Israel
Os. 9.8 *a* es Efraín para con mi Dios. .es lazo
Mi. 7.4 castigo viene, el que anunciaron tus *a*

ATALAYAR
Gn. 31.49 dijo: *Atalaye* Jehová entre tú y yo
Sal. 66.7 sus ojos *atalayan* sobre las naciones

ATALÍA *Hija de Acab y Jezabel*
2 R. 8.26 el nombre de su madre fue *A*, hija de
11.1 cuando *A*. .vio que su hijo era muerto, se
11.2 y lo ocultó de *A*, a él y a su ama, en la
11.3 escondido. .y *A* fue reina sobre el país
11.13 oyendo *A* el estruendo del pueblo que
11.14 *A*, rasgando sus vestidos, clamó a voz
11.20 se regocijó. .habiendo sido *A* muerta a
2 Cr. 22.2 el nombre de su madre fue *A*, hija
22.10 *A* madre de Ocozías, viendo que su hijo
22.11 lo escondió Josabet. .de delante de *A*
22.12 entre tanto, *A* reinaba en el país
23.12 cuando *A* oyó el estruendo de la gente
23.13 entonces *A* rasgó sus vestidos, y dijo
23.21 después que mataron a *A* a. .de espada
24.7 *A* y sus hijos habían destruido la casa

ATALIA *Puerto en Asia Menor*, **Hch. 14.25**

ATALÍAS
1. *Descendiente de Benjamín*, **1 Cr. 8.26**
2. *Padre de Jesaías No. 4*, **Esd. 8.7**

ATAQUE
2 S. 11.25 refuerza tu *a* contra la ciudad hasta
1 Cr. 19.10 y viendo Joab que el *a* contra él
Ez. 21.22 dar la orden de *a*, para dar comienzo

ATAR
Gn. 22.9 *ató* a Isaac su hijo, y lo puso en el
37.7 que *atábamos* manojos en medio del campo
38.28 tomó y *ató* a su mano un hilo de grana
49.11 *atando* a la vid su pollino, y a la cepa
Éx. 29.9 y les *atarás* las tiaras, y tendrán el
39.21 *ataron* el pectoral por sus anillos a
Dt. 6.8 y las *atarás* como una señal en tu mano
11.18 las *ataréis* como señal en vuestra mano
Jos. 2.18 tú *atarás* este cordón. .a la ventana
2.21 ella *ató* el cordón de grana a la ventana
Jue. 15.13 le *ataron* con dos cuerdas nuevas
16.5 cómo. .para que lo *atemos* y lo dominemos
16.6 cómo podrás ser *atado* para ser dominado
16.7 si me *ataren* con siete mimbres verdes que
16.8 siete mimbres. .y ella le *ató* con ellos
16.10,13 descúbreme. .cómo podrás ser *atado*
16.11 si me *ataren*. .con cuerdas nuevas que no
16.12 y Dalila tomó cuerdas nuevas, y le *ató*
16.21 le *ataron* con cadenas para que moliese
2 S. 3.34 tus manos no estaban *atadas*, ni tus
2 R. 5.23 *ató* dos talentos de plata en. .bolsas
7.10 sino caballos *atados*, asnos también *a*
25.7 y *atado* con. .lo llevaron a Babilonia
2 Cr. 33.11; 36.6 llevó a Babilonia *atado* con
Job 12.18 rompe. .y les *ata* una soga a sus lomos
26.8 *ata* las aguas en sus nubes, y las nubes
36.13 ira, y no clamarán cuando él los *atare*
38.31 ¿podrás tú *atar* los lazos de. .Pléyades
39.10 ¿*atarás* tú al búfalo con coyundas para
41.5 ¿jugarás con. .lo *atarás* para tus niñas?
Sal. 118.27 *atad* víctimas con cuerdas a. .altar
Pr. 3.3 *átalas* a tu cuello, escríbelas en la
6.21 *átalos* siempre en tu corazón. .tu cuello
30.4 ¿quien *ató* las aguas en un paño? ¿Quién
Is. 8.16 *ata* el testimonio, sella la ley entre
22.3 juntos huyeron del arco, fueron *atados*
22.3 que en ti se hallaron, fueron *atados*
Jer. 51.63 le *atarás* una piedra, y lo echarás
52.11 le sacó los ojos. .y le *ató* con grillos
Lm. 1.14 yugo de mis rebeliones ha sido *atado*
3.53 *ataron* mi vida en cisterna, pusieron
Ez. 5.3 y los *atarás* en la falda de tu manto
24.17 *ata* tu turbante. .y pon tus zapatos en
Dn. 3.20 que *atasen* a Sadrac, Mesac y Abed-nego
3.21 fueron *atados* con sus mantos, sus calzas
3.23 cayeron *atados* dentro del horno de fuego
3.24 ¿no echaron a tres varones *atados* dentro
Os. 4.19 el viento los *ató* en sus alas, y de
10.10 cuando sean *atados* por su doble crimen
13.12 *atada* está la maldad de Efraín. .pecado
Mt. 12.29 sus bienes, si primero no le *ata?*
13.30 recoged. .la cizaña, y *atadla* en manojos
16.19 lo que *atares* en la tierra será *atado*
18.18 lo que *atéis* en la tierra, será *atado*
21.2 hallaréis una asna *atada*, y un pollino
22.13 *atadle* de pies y manos, y echadle en las
23.4 porque *atan* cargas. .difíciles de llevar
27.2 y le llevaron *atado*, y le entregaron a
Mr. 3.27 saquear sus bienes, si antes no le *ata*
5.3 nadie podía *atarle*, ni aun con cadenas
5.4 había sido *atado* con grillos y cadenas
9.42 le *atase* una piedra de molino al cuello
11.2 hallaréis un pollino *atado*, en el cual
11.4 hallaron el pollino *atado* afuera a la
15.1 a Jesús *atado*, y le entregaron a Pilato
Lc. 8.29 le *ataban* con cadenas y grillos, pero
13.16 esta hija de. .que Satanás había *atado*
17.2 que se le *atase* al cuello una piedra de
19.30 hallaréis un pollino *atado*, en el cual
Jn. 11.44 salió, *atadas* las manos y los pies
18.12 judíos, prendieron a Jesús y le *ataron*
18.24 Anás entonces le envió *atado* a Caifás
Hch. 10.11 que *atado* de las cuatro puntas era
12.8 le dijo. .Cíñete, y *átate* las sandalias
21.11 y *atándose* los pies y las manos, dijo
21.11 así *atarán* los judíos. .al varón de quien
21.13 yo estoy dispuesto no sólo a ser *atado*
21.33 prendió y le mandó *atar* con dos cadenas
22.25 pero cuando le *ataron*. .Pablo dijo al
22.29 también tuvo temor por haberle *atado*
Ap. 9.14 desata a los. .ángeles que están *atados*
20.2 prendió al dragón. .lo *ató* por mil años

ATARA *Mujer de Jerameel*, **1 Cr. 2.26**

ATARIM *Camino en el Neguev*, **Nm. 21.1**

ATAROT
1. *Ciudad en Gad*, **Nm. 32.3,34**
2. *Población en la frontera de Efraín y Benjamín (=Atarot-adar)*, **Jos. 16.2**
3. *Población en la frontera oriental de Efraín*, **Jos. 16.7**

ATAROT-ADAR *Población en la frontera de Efraín y Benjamín (=Atarot No. 2)*, **Jos. 16.5; 18.13**

ATAROT-SOFÁN *Ciudad edificada por los gaditas cerca de Atarot No. 1*, **Nm. 32.35**

ATAÚD
Gn. 50.26 José. .fue puesto en un *a* en Egipto
2 Cr. 16.14 lo pusieron en un *a*. .de perfumes

ATAVIAR
2 R. 9.30 Jezabel lo oyó. .*atavió* su cabeza, y
Est. 2.13 para venir *ataviada* con ello desde
Is. 61.10 como a novio me *atavió*, y como a novia
Ez. 16.11 te *atavié* con adornos, y. .brazaletes
23.40 pintaste tus. .te *ataviaste* con adornos
1 Ti. 2.9 mujeres se *atavíen* de ropa decorosa
1 P. 3.5 también se *ataviaban* en otro tiempo
Ap. 21.2 una esposa *ataviada* para su marido

ATAVÍO
Éx. 33.4 mala noticia. .y ninguno se puso sus *a*
33.5 quítate. .ahora tus *a*, para que yo sepa
33.6 hijos de Israel se despojaron de sus *a*
Est. 2.3 jóvenes vírgenes. .y que les den sus *a*
2.9 hizo darle prontamente *a* y alimentos
2.12 pues así se cumplía el tiempo de sus *a*
Pr. 7.10 con *a* de ramera y astuta de corazón
Is. 3.18 en aquel día quitará el Señor el *a* del
3.20 las cofias, los *a* de las piernas, los
Jer. 2.32 ¿se olvida la virgen de su *a*, o la
4.30 aunque te adornes con *a* de oro, aunque
1 P. 3.3 vuestro *a* no sea el externo de. .oro

ATEMORIZAR
Dt. 1.28 *atemorizado* nuestro corazón, diciendo
Jos. 10.25 y Josué les dijo. .ni os *atemoricéis*
1 S. 7.10 y los *atemorizó*, y fueron vencidos
2 S. 4.1 que oyó. .fue *atemorizado* todo Israel
14.15 es porque el pueblo me *atemorizó;* y tu
17.2 lo *atemorizaré*, y todo el pueblo. .huirá
22.5 ondas. .y torrentes de. .me *atemorizaron*
1 Cr. 21.30 *atemorizado* a causa de la espada del
2 Cr. 32.18 *atemorizarles*, a fin de poder tomar
Esd. 4.4 el pueblo de la tierra. .lo *atemorizó*
Neh. 6.19 y enviaba. .cartas para *atemorizarme*
Job 31.34 el menosprecio de las. .me *atemorizó*
Sal. 18.4 y. .de perversidad me *atemorizaron*
27.1 mi vida; ¿de quién he de *atemorizarme?*
Jer. 30.10 no temas. .ni te *atemorices*, Israel
46.27 Jacob. .y no habrá quien lo *atemorice*
Dn. 11.44 noticias. .del norte lo *atemorizarán*
Os. 10.5 serán *atemorizados* los moradores de
Sof. 3.13 y no habrá quien los *atemorice*
Lc. 8.25 y *atemorizados*, se maravillaban, y se
24.37 espantados y *atemorizados*, pensaban que
Hch. 10.4 *atemorizado*, dijo: ¿Qué es, Señor?

ATENAS *Ciudad principal de Grecia*
Hch. 17.15 de conducir a Pablo le llevaron a *A*
17.16 mientras Pablo los esperaba en *A*, su
18.1 cosas, Pablo salió de *A* y fue a Corinto
1 Ts. 3.1 más, acordamos quedarnos solos en *A*

ATENCIÓN
Éx. 7.23 Faraón se volvió. .y no dio *a* tampoco
1 S. 9.12 ha venido. .en *a* a que el pueblo tiene
15.22 mejor. .el prestar *a* que la grosura de
Job 13.17 oíd con *a* mi razonamiento, y. .oídos
32.12 os he prestado *a*, y he aquí que no hay
Ez. 44.5 pon *a*, y mira con tus ojos, y oye con
44.5 y pon *a* a las entradas de la casa, y a
Mi. 6.9 *a* al castigo, y a quien lo establece
Hch. 28.10 también nos honraron con muchas *a*
1 Ti. 1.4 ni presten *a* a fábulas y genealogías

ATENDER
Gn. 16.2 y *atendió* Abram al ruego de Sarai
39.23 no necesitaba *atender* el jefe. .cárcel
Éx. 5.9 que. .no *atiendan* a palabras mentirosas
Lv. 20.6 persona que *atendiere* a encantadores
Dt. 8.20; 28.45 no habréis *atendido* a la voz de
30.20 *atendiendo* a su voz, y siguiéndole a él
Jos. 8.4 *atended*, pondréis emboscada a la ciudad
10.14 *atendido* Jehová a la voz de un hombre
Jue. 2.2 vosotros no habéis *atendido* a mi voz
11.28 el rey de. .Amón no *atendió* a las razones
1 R. 8.28 *atenderás* a la oración de tu siervo
2 R. 16.9 le *atendió* el rey de Asiria; pues subió
18.12 no habían *atendido* a la voz de Jehová
2 Cr. 33.13 y habiendo orado a él, fue *atendido*
35.22 y no *atendió* a las palabras de Necao
Neh. 9.34 ni *atendieron* a tus mandamientos y
Job 23.6 de fuerza? No; antes él me *atendería*
24.12 claman. .pero Dios no *atiende* su oración
30.20 clamo. .me presento, y no me *atiendes*
42.8 porque de cierto a él *atenderé* para no
Sal. 28.5 no *atendieron* a los hechos de Jehová
39.1 dije: *Atenderé* a mis caminos, para no
61.1 Jehová, mi clamor; a mi oración *atiende*
66.19 Dios; *atendió* a la voz de mi súplica
119.6 *atendiese* a todos tus mandamientos
138.6 es excelso, y *atiende* al humilde, mas
Pr. 1.24 mi mano, y no hubo quien *atendiese*
8.33 *atended* el consejo, y sed sabios, y no
29.12 si un gobernante *atiende* la palabra
Is. 28.23 estad atentos, y oíd mi voz; *atended*
42.23 ¿quién *atenderá* y escuchará respecto al
48.18 hubieras *atendido* a mis mandamientos!
Jer. 2.31 *atended* vosotros. .palabra de Jehová
18.18 no *atendamos* a ninguna de sus palabras
26.5 *atender* a las palabras de mis siervos
29.8 no. .ni *atendáis* a los sueños que soñáis
Ez. 12.3 si tal vez *atienden*, porque son casa
Dn. 8.27 convalecí, *atendí* los negocios del rey
Zac. 1.4 no *atendieron*, ni me escucharon, dice
Hch. 27.3 amigos, para ser *atendido* por ellos
Ro. 13.6 son servidores de Dios, que *atienden*
Tit. 1.14 no *atendiendo* a fábulas judaicas, ni
He. 2.1 *atendamos* a las cosas que hemos oído

ATENIENSE *Habitante de Atenas*
Hch. 17.21 *a*. .ninguna otra cosa se interesaban
17.22 varones *a*, en todo observo que sois

ATENTAR
Lv. 19.16 no *atentarás*. .la vida de tu prójimo
1 S. 25.29 y *atentar* contra tu vida, con todo

ATENTO
Jue. 21.21 estad *a;* y cuando veáis salir a las
1 S. 15.1 ahora, pues, está *a* a las palabras de
1 R. 8.52; 2 Cr. 6.40 *a* tus oídos a la oración
2 Cr. 7.15 estarán. .*a* mis oídos a la oración en
Neh. 1.6 esté. .*a* tu oído y abiertos tus ojos
1.11 ruego, oh Jehová, esté ahora *a* tu oído
8.3 los oídos. .estaban *a* al libro de la ley
8.5 cuando lo abrió, todo el pueblo estuvo *a*
8.7 la ley; y el pueblo estaba *a* en su lugar
Job 13.6 estad *a* a los argumentos de mis labios
34.2 oíd, sabios, mis palabras, y. .estadme *a*
Sal. 5.2 está *a* a la voz de mi clamor, Rey mío
10.17 dispones su corazón, y haces *a* tu oído
17.1 oye. .una causa justa; está *a* a mi clamor
33.15 él formó el. .*a* está a todas sus obras
34.15 ojos. .y *a* sus oídos al clamor de ellos
55.2 está *a*, y respóndeme; clamo en mi oración
86.6 escucha. .está *a* a la voz de mis ruegos
130.2 estén *a* tus oídos a la. .de mi súplica
Pr. 2.2 haciendo estar *a* tu oído a la sabiduría
4.1 oíd. .estad *a*, para que conozcáis cordura
4.20 está *a* a mis palabras; inclina tu oído
5.1 hijo mío, está *a* a mi sabiduría, y a mi
7.24 hijos, oídme, y estad *a* a las razones de
17.4 el malo está *a* al labio inicuo; y el
Is. 28.23 estad *a*, y oíd mi voz; atended, y oíd

ATENTO *(Continúa)*
Is. 32.3 ojos. .los oídos de los oyentes oirán *a*
51.4 estad *a* a mí, pueblo mío, y oídme. .mía
Jer. 23.18 ¿quién estuvo *a* a su palabra, y la
Dn. 10.11 está *a* a las palabras que te hablaré
Os. 5.1 estad *a*, casa de Israel, y casa del rey
Mi. 1.2 está *a*, tierra, y cuanto hay en ti
Hch. 3.5 él les estuvo *a*, esperando recibir de
8.11 y le estaban *a*, porque con sus artes
16.14 que estuviese *a* a lo que Pablo decía
1 P. 3.12 justos, y sus oídos *a* a sus oraciones
2 P. 1.19 la cual hacéis bien en estar *a* como

ATENUAR
Job 7.13 cuando digo cama *atenuará* mis quejas
Is. 17.4 la gloria de Jacob se *atenuará*, y se

ATER
1. ***Padre de una familia que regresó del exilio,*** **Esd. 2.16; Neh. 7.21**
2. ***Padre de una familia de porteros del templo (posiblemente =No. 1),*** **Esd. 2.42; Neh. 7.45**
3. ***Firmante del pacto de Nehemías,*** **Neh. 10.17**

ATERRADOR
Dt. 4.34 y hechos *a* como todo lo que hizo con

ATERRAR
Job 7.14 me asustas. .y me *aterras* con visiones
Sal. 83.15 con. .y *atérralos* con tu torbellino

ATERRORIZAR
Is. 7.6 vamos contra Judá y *aterroricémosla*, y
Ap. 11.13 se *aterrorizaron*, y dieron gloria al

ATESORAR
2 R. 20.17 todo lo que tus padres han *atesorado*
Job 36.13 hipócritas. .*atesoran* para sí la ira
Pr. 7.1 hijo. .*atesora* contigo mis mandamientos
Is. 23.18 no se guardarán ni se *atesorarán*
39.6 y lo que tus padres han *atesorado* hasta
Am. 3.10 *atesorando* rapiña y. .en sus palacios
Ro. 2.5 *atesoras*. .ira para el día de la ira y
2 Co. 12.14 no deben *atesorar* los hijos para
1 Ti. 6.19 *atesorando* para sí buen fundamento

ATESTAR
Ro. 1.29 estando *atestados* de toda injusticia

ATESTIGUAR
1 S. 12.3 *atestiguad* contra mí. .si he tomado
2 S. 1.16 tu misma boca *atestiguó* contra ti
1 R. 21.10 *atestigüen* contra él y digan: Tú has
21.13 perversos *atestiguaron* contra Nabot
Is. 59.12 y nuestros pecados han *atestiguado*
Mal. 2.14 Jehová ha *atestiguado* entre ti y la
Jn. 3.33 que recibe. .*atestigua* que Dios es veraz
He. 10.15 *atestigua* lo mismo el Espíritu Santo

ATISBAR
Cnt. 2.9 helo aquí. .*atisbando* por las celosías

ATIZAR
Job 20.26 fuego no *atizado* los consumirá

ATLAI ***Uno de los que se casaron con mujeres extranjeras en tiempo de Esdras,*** **Esd. 10.28**

ATLETA
2 Ti. 2.5 el que lucha como *a*, no es coronado

ATÓNITO, TA
Gn. 43.33 aquellos hombres *a* mirándose el uno
Jer. 4.9 los sacerdotes. .*a*, y se maravillarán
14.9 ¿por qué eres como hombre *a*, y como
Ez. 3.15 allí permanecí siete días *a* entre ellos
26.16 temblarán a cada momento, y estarán *a*
32.10 dejaré *a* por ti a muchos pueblos, y sus
Dn. 4.19 Daniel. .quedó *a* casi una hora, y sus
Mt. 12.23 gente estaba *a*, y decía: ¿Será éste
Lc. 8.56 sus padres estaban *a*; pero Jesús les
Hch. 2.7 y estaban *a* y maravillados, diciendo
2.12 *a* y perplejos, diciéndose unos a otros
3.11 todo el pueblo, *a*, concurrió a ellos al
8.13 Simón. .viendo las señales. .estaban *a*
9.7 se pararon *a*, oyendo a la verdad la voz
9.21 los que le oían estaban *a*, y decían: ¿No
10.45 *a* de que también sobre los gentiles se
12.16 abrieron y le vieron, se quedaron *a*

ATORMENTADOR
Is. 16.4 porque el *a* fenecerá, el devastador

ATORMENTAR
Lv. 26.16 que consuman los ojos y *atormenten* el
1 S. 16.14 le *atormentaba* un espíritu malo de
16.15 he aquí. .un espíritu malo. .te *atormenta*
Job 15.20 todos. .días, el impío es *atormentado*
Pr. 11.17 mas el cruel se *atormenta* a sí mismo
26.28 la lengua falsa *atormenta* al que ha
Mt. 8.6 mi criado está. .gravemente *atormentado*
8.29 acá para *atormentarnos* antes del tiempo?
15.22 mi hija es. .*atormentada* por un demonio
Mr. 5.7 conjuro por Dios que no me *atormentes*
5.15 ven al que había sido *atormentado* del
Lc. 6.18 habían sido *atormentados* de espíritus
8.28 Jesús. .Te ruego que no me *atormentes*
16.24 porque estoy *atormentado* en esta llama
16.25 éste es consolado aquí, y tú *atormentado*
Hch. 5.16 *atormentados* de espíritus inmundos
He. 11.35 mas otros fueron *atormentados*, no
Ap. 9.5 sino que los *atormentasen* cinco meses
11.10 habían *atormentado* a los moradores de
14.10 y será *atormentado* con fuego y azufre
20.10 serán *atormentados* día y noche por los

ATRACTIVO
Is. 53.2 le veremos, mas sin *a* para que le

ATRAER
Gn. 20.9 *atraído* sobre mí. .tan grande pecado?
Jue. 4.7 yo *atraeré* hacia ti al arroyo de Cisón
Job 36.27 él *atrae* las gotas de las aguas, al
Sal. 65.4 bienaventurado el que tú. .*atrajeres*
Pr. 9.7 que reprende al impío, se *atrae* mancha
Cnt. 1.4 *atráeme;* en pos de ti correremos
Os. 2.14 la *atraeré* y la llevaré al desierto
11.4 cuerdas humanas los *atraje*, con cuerdas
Jn. 12.32 si fuere levantado. .a todos *atraeré*
Stg. 1.14 su propia concupiscencia es *atraído*
2 P. 2.1 *atrayendo* sobre sí mismos destrucción

ATRANCAR
Neh. 7.3 allí, cerrad las puertas y *atrancadlas*

ATRAPAR
Sal. 10.2 será *atrapado* en los artificios que
Pr. 11.6 mas los pecadores serán *atrapados* en
30.28 araña que *atrapas* con la mano, y está
Is. 42.22 todos ellos *atrapados* en cavernas y
Am. 3.5 ¿se levantará. .si no ha *atrapado* algo?

ATRAVESAR
Jue. 5.26 y le horadó, y *atravesó* sus sienes
9.54 mató. Y su escudero le *atravesó*, y murió
Job 20.24 huirá. .arco de bronce le *atravesará*
Sal. 84.6 *atravesando* el valle de lágrimas lo
Is. 36.6 entrará por la mano, y la *atravesará*
Ez. 16.40 y te *atravesarán* con sus espadas
23.47 turbas. .las *atravesarán* con sus espadas
Mr. 11.16 nadie *atravesase* el templo llevando
Jn. 8.59 y *atravesando* por en medio de ellos
Hch. 13.6 y habiendo *atravesado* toda la isla
16.6 *atravesando* Frigia. .les fue prohibido
27.5 habiendo *atravesado* el. .frente a Cilicia

ATREVERSE
Jer. 30.21 ¿quién. .se *atreve* a acercarse a mí?
Jn. 21.12 ninguno de. .se *atrevía* a preguntarle
Hch. 5.13 ninguno se *atrevía* a juntarse. .ellos
7.32 y Moisés, temblando, no se *atrevía* a
2 Co. 10.12 no nos *atrevemos* a contarnos ni a
Fil. 1.14 se *atreven*. .más a hablar la palabra
Jud. 9 Miguel. .no se *atrevió* a proferir juicio

ATREVIDAMENTE
Mi. 2.8 quitasteis las capas *a* a los

ATREVIDO
2 P. 2.10 *a* y contumaces, no temen decir mal de

ATREVIMIENTO
Ro. 15.15 he escrito, hermanos, en parte con *a*

ATRIBUIR
Dt. 22.14 *atribuyere* faltas que den que hablar
22.17 le *atribuye* faltas que dan que hablar
Job 1.22 ni *atribuyó* a Dios despropósito alguno
36.3 lejos, y *atribuiré* justicia a mi Hacedor
Sal. 68.34 *atribuid* poder a Dios; sobre Israel
Hab. 1.11 ofenderá *atribuyendo* su fuerza a su
Ro. 4.6 hombre a quien Dios *atribuye* justicia

ATRIBULAR
1 S. 1.15 soy una mujer *atribulada* de espíritu
Job 6.14 el *atribulado* es consolado. .compañero
Lm. 1.20 mira, oh Jehová, estoy *atribulado*, mis
Sof. 1.17 *atribularé* a los hombres, y andarán
2 Co. 1.6 pero si somos *atribulados*, es para
4.8 *atribulados* en todo, mas no angustiados
7.5 en todo fuimos *atribulados;* de fuera
2 Ts. 1.6 tribulación a los que os *atribulan*
1.7 a vosotros que sois *atribulados*, daros

ATRINCHERAR
Job 19.12 sus ejércitos. .*atrincheraron* en mí

ATRIO
Éx. 27.9 asimismo harás el *a* del tabernáculo
27.9 tendrá el *a* cortinas de lino torcido
27.12 el ancho del *a*, del lado occidental
27.13 ancho del *a* por el lado del oriente
27.16 para la puerta del *a* habrá una cortina
27.17 las columnas alrededor del *a* estarán
27.18 la longitud del *a* será de cien codos
27.19 y todas las estacas del *a*. .de bronce
35.17 las cortinas del *a*. .la puerta del *a*
35.18 estacas del tabernáculo, y las. .del *a*
38.9 hizo asimismo el *a*. .las cortinas del *a*
38.15 de uno y otro lado de la puerta del *a*
38.16 cortinas del *a*. .eran de lino torcido
38.17 las columnas del *a* tenían molduras de
38.18 la cortina de la entrada del *a* era de
38.18 codos, lo mismo que las cortinas del *a*
38.20 las estacas del tabernáculo y del *a*
38.31 las basas del *a*. .de la puerta del *a*
38.31 y todas las estacas del *a* alrededor
39.40 las cortinas del *a*. .la entrada del *a*
40.8 finalmente pondrás el *a* alrededor, y la
40.8 pondrás. .la cortina a la entrada del *a*
40.33 erigió el *a*. .cortina a la entrada del *a*
Lv. 6.16 en el *a* del tabernáculo de. .lo comerán
6.26 será comida, en el *a* del tabernáculo de
Nm. 3.26 las cortinas del *a*. .de la puerta del *a*
3.37 las columnas alrededor del *a*, sus basas
4.26 las cortinas del *a*. .de la puerta del *a*
4.32 columnas del *a*. .y sus basas, sus estacas
1 R. 6.36 edificó el *a*. .tres hileras de piedras
7.8 casa en que él moraba, en otro *a* dentro
7.9 y asimismo por fuera hasta el gran *a*
7.12 en el gran *a*. .tres hileras de piedras
7.12 también el *a* interior. .el *a* de la casa
8.64 santificó el rey el medio del *a*, el cual
2 R. 21.5; 23.12 altares. .los dos *a* de la casa
1 Cr. 23.28 ministrar en. .los *a*, en las cámaras
28.6 Salomón. .él edificará mi casa y mis *a*
28.12 el plano. .los *a* de la casa de Jehová
2 Cr. 4.9 también hizo el *a* de los sacerdotes, y
4.9 el gran *a*, y las portadas del *a*, y cubrió
6.13 un estrado de bronce. .en medio del *a*
7.7 Salomón consagró la parte central del *a*
20.5 Josafat se puso. .delante del *a* nuevo
29.16 sacaron toda la inmundicia. .al *a* de la
31.2 alabasen dentro de las puertas de los *a*
33.5 altares. .los dos *a* de la casa de Jehová
Neh. 13.7 cámara en los *a* de la casa de Dios
Sal. 65.4 atrajeres a ti. .que habite en tus *a*
84.2 anhela mi alma. .desea los *a* de Jehová
84.10 mejor es un día en tus *a* que mil fuera
92.13 en los *a* de nuestro Dios florecerán
96.8 dad a. .traed ofrendas, y venid a sus *a*
100.4 entrad por sus. .por sus *a* con alabanza
116.19 los *a* de las casa de Jehová, en medio
135.2 en los *a* de la casa de nuestro Dios
Is. 1.12 cuando venís a. .mí para hollar mis *a?*
62.9 lo beberán en los *a* de mi santuario
Jer. 19.14 se paró en el *a* de la casa de Jehová
26.2 ponte en el *a* de la casa de Jehová, y
36.10 en el *a* de arriba, a la entrada de la
36.20 entraron a donde estaba el rey, al *a*
52.24 tomó. .a Sofonías. .tres guardas del *a*
Ez. 8.7 y me llevó a la entrada del *a*, y miré
8.16 me llevó al *a* de adentro de la casa de
9.7 contaminad la casa, y llenad los *a* de
10.3 entró; y la nube llenaba el *a* de adentro
10.4 el *a* se llenó del resplandor de la gloria
10.5 se oía hasta el *a* de afuera, como la voz
40.14 cada poste del *a* y del portal todo en
40.17 me llevó luego al *a* exterior, y he aquí
40.17 treinta cámaras. .alrededor en aquel *a*
40.19 el frente del *a* interior por fuera, de
40.20 de la puerta. .en el *a* exterior, midió
40.23 la puerta del *a* interior estaba enfrente
40.27 también puerta. .el sur del *a* interior
40.28 me llevó después en el *a* de adentro a la
40.31,34,37 y sus arcos caían afuera al *a*
40.32 me llevó al *a* interior hacia el oriente
40.44 en el *a* de adentro que estaba al lado
40.47 y midió el *a*, cien codos de longitud
41.15 templo de dentro, y los portales del *a*
41.25 como los que había en. .la fachada del *a*
42.1 me trajo luego al *a* exterior hacia el
42.3 veinte codos que había en el *a* interior
42.3 del enlosado que había en el *a* exterior
42.6 y no tenían columnas como las. .de los *a*
42.7 el muro. .hacia el *a* exterior delante de
42.8 longitud de las cámaras del *a* de afuera
42.9 para entrar en él desde el *a* exterior
42.10 a lo largo del muro del *a*, hacia el
42.14 no saldrán del lugar santo al *a* exterior
43.5 y me alzó el Espíritu y me llevó al *a*
44.17 entren por las puertas del *a* interior
44.17 cuando ministren en las puertas del *a*
44.19 salgan al *a* exterior, al *a* de afuera
44.21 cuando haya de entrar en el *a* interior
44.27 el día que entre. .al *a* interior, para
45.19 sobre los postes de las puertas del *a*
46.1 puerta del *a* interior que mira al oriente
46.20 allí cocerán la. .para no sacarla al *a*
46.21 me sacó al *a*. .los cuatro rincones del *a*
46.22 los cuatro rincones del *a* había patios
Zac. 3.7 guardarás mis *a*, y entre éstos que
Mr. 15.16 los soldados le llevaron dentro del *a*

ATROPELLADOR
Nah. 3.2 fragor..caballo *a*, y carro que salta

ATROPELLAR
2 R. 7.17 y lo *atropelló* el pueblo a la entrada
7.20 el pueblo le *atropelló* a la entrada, y
9.33 y ellos la echaron..y él la *atropelló*
Nah. 2.5 sus valientes; se *atropellarán* en su
Lc. 12.1 tanto que unos a otros se *atropellaban*

ATROT-BET-JOAB *Descendiente de Judá,* 1 Cr. 2.54

ATURDIDO *Véase Aturdir*

ATURDIMIENTO
Sal. 60.3 a tu pueblo..hiciste beber vino de *a*
Is. 51.17 porque el cáliz de *a* bebiste hasta
51.22 he quitado de tu mano el cáliz de *a*

ATURDIR
Is. 28.1 valle fértil de los *aturdidos* del vino
28.7 se *aturdieron* con la sidra, erraron en
Jer. 51.7 *aturdieron*, por tanto, las naciones

AUDIENCIA
Hch. 19.38 *a* se conceden, y procónsules hay
25.23 entrando en la *a* con los tribunos y

AUGURIO
1 R. 20.33 tomaron aquellos hombres por buen *a*

AUGUSTA
Hch. 27.1 un..llamado Julio, de la compañía *A*

AUGUSTO *Título de los emperadores romanos*
Lc. 2.1 edicto de parte de *A* César, que todo el
Hch. 25.21 para el conocimiento de *A*, mandé que
25.25 como..apeló a *A*, he determinado enviarle

AULLAR
Is. 13.6 *aullad*, porque cerca está el día de
13.22 en sus palacios *aullarán* hienas, y
14.31 *aúlla*, oh puerta; clama, oh ciudad
15.2 sobre Nebo y sobre Medeba *aullará* Moab
15.3 en sus plazas *aullarán* todos..en llanto
15.4 que *aullarán* los guerreros de Moab, se
16.7 *aullará* Moab, todo él *a;* gemiréis todos
23.1,14 *aullad*, naves..porque destruida es
23.6 Tarsis; *aullad*, moradores de la costa
52.5 que en él se enseñorean, lo hacen *aullar*
65.14 por el quebrantamiento de..*aullaréis*
Jer. 4.8 vestíos de cilicio, endechad y *aullad*
25.34 *aullad*, pastores, y clamad; revolcaos
48.31 *aullaré* sobre Moab; sobre todo Moab
Mi. 1.8 *aullaré*, y andaré despojado y desnudo
Sof. 1.11 *aullad*, habitantes de Mactes, porque
Zac. 11.2 *aúlla*, oh ciprés, porque el cedro
11.2 *aullad*, encinas de Basán, porque el cedro
Stg. 5.1 llorad y *aullad* por las miserias que os

AULLIDO
Jer. 25.36 voz..*a* de los mayorales del rebaño!
Mi. 1.8 haré *a* como de chacales, y lamento como
Sof. 1.10 habrá..*a* desde la segunda puerta, y
Zac. 11.3 *a* de pastores, porque su..es asolada

AUMENTAR
Gn. 18.20 el clamor contra Sodoma..*aumenta* más
34.12 *aumentad* a cargo mío mucha dote y dones
47.27 y se *aumentaron*, y se..en gran manera
Éx. 1.7 fueron *aumentados* y fortalecidos en
19.19 el sonido de la bocina iba *aumentando*
23.29 *aumenten* contra ti las fieras del campo
30.15 ni el rico *aumentará*, ni el..disminuirá
Lv. 25.16 mayor fuere el..*aumentarás* el precio
Dt. 7.22 las fieras..no se *aumenten* contra ti
8.13 y tus vacas y tus ovejas se *aumenten*
8.13 oro..y todo lo que tuvieres se *aumente*
17.16 pero él no *aumentará* para sí caballos
17.16 Egipto con el fin de *aumentar* caballos
28.59 entonces Jehová *aumentará*..tus plagas
Jos. 24.3 *aumenté* su descendencia, y le di Isaac
Jue. 9.29 a Abimelec: *Aumenta* tus ejércitos
1 S. 14.19 el alboroto que había en..*aumentaba*
2 S. 14.11 que el vengador..no *aumente* el daño
15.12 y *aumentaba* el pueblo que..a Absalón
2 Cr. 33.23 nunca se humilló..*aumentó* el pecado
36.14 sacerdotes..*aumentaron* la iniquidad
Job 1.10 bienes han *aumentado* sobre la tierra
9.17 ha *aumentado* mis heridas sin causa
10.17 *aumentas* conmigo tu furor como tropas
17.9 el limpio de manos *aumentará* la fuerza
42.10 *aumentó* al doble todas las cosas que
Sal. 25.17 las angustias de..se han *aumentado*
38.19 se han *aumentado* los que me aborrecen
40.5 has *aumentado*..tus maravillas; y tus
40.12 se han *aumentado* más que los cabellos
49.16 cuando *aumenta* la gloria de su casa
62.10 si se *aumentan* las riquezas, no pongáis
69.4 se han *aumentado*..los que me aborrecen
71.21 *aumentarás* mi grandeza, y volverás a
92.10 *aumentarás* mis fuerzas como las del
115.14 *aumentará* Jehová bendición..vosotros
Pr. 1.5 oirá el sabio, y *aumentará* el saber
3.2 largura de días y..y paz te *aumentarán*
9.9 enseña al justo, y *aumentará* su saber
9.11 porque por mí se *aumentarán* tus días
10.27 el temor de Jehová *aumentará* los días
13.11 recoge con mano laboriosa las *aumenta*
16.21 la dulzura de labios *aumenta* el saber
22.16 que oprime al pobre para *aumentar* sus
28.8 el que *aumenta* sus riquezas con usura
28.8 se compadece de los pobres las *aumenta*
Ec. 2.9 fui..*aumentado* más que todos los que
5.11 *aumentan* los bienes, también *a* los que
Is. 9.3 multiplicaste la gente, y *aumentaste* la
26.15 *aumentaste* el pueblo, oh Jehová, *a* el
Jer. 5.6 se han *aumentado* sus deslealtades
Lm. 4.6 se *aumentó* la iniquidad de la hija de
Ez. 5.16 *aumentaré* el hambre sobre vosotros
16.26 y *aumentaste* tus fornicaciones para
23.14 y *aumentó* sus fornicaciones..caldeos
Dn. 12.4 muchos correrán..ciencia se *aumentará*
Os. 10.1 conforme a la..*aumentaron* sus ídolos
12.1 Efraín..mentira y destrucción *aumenta*
12.10 a los profetas, y *aumenté* la profecía
Am. 4.4 *aumentad* en Gilgal la rebelión, y traed
Lc. 17.5 dijeron..al Señor: *Auméntanos* la fe
Hch. 5.14 los que creían en el Señor *aumentaban*
16.5 las iglesias..y *aumentaban* en número
2 Co. 9.10 y *aumentará* los frutos de..justicia

AUMENTO
Pr. 4.18 va en *a* hasta que el día es perfecto

AURORA
Sal. 110.3 desde el seno de la *a* tienes tú el
Pr. 4.18 la senda de..es como la luz de la *a*
Lc. 1.78 con que nos visitó desde lo alto la *a*

AUSENCIA
1 Co. 16.17 pues ellos han suplido vuestra *a*
Fil. 2.12 habéis obedecido..más ahora en mi *a*

AUSENTAR
Lc. 20.9 arrendó..se *ausentó* por mucho tiempo

AUSENTE
Éx. 22.14 fuere estropeada..estando *a* su dueño
1 Co. 5.3 como *a* en cuerpo, pero presente en
2 Co. 5.6 entre tanto que..estamos *a* del Señor
5.8 más quisiéramos estar *a* del cuerpo, y
5.9 por tanto procuramos..o *a* o presentes
10.1 yo que..*a* soy osado para con vosotros
10.11 así como somos..por cartas, estando *a*
13.2 y ahora *a* lo escribo a los que antes
13.10 por esto os escribo estando *a*, para no
Fil. 1.27 o sea que vaya a veros, o que esté *a*
Col. 2.5 aunque estoy *a* en cuerpo, no obstante

AUSTERO
Mt. 6.16 cuando ayunéis, no seáis *a*, como los

AUSTRAL
Ez. 20.46 derrama tu palabra hacia la parte *a*

AUSTRO
Cnt. 4.16 levántate, Aquilón, y ven, *A;* soplad
Zac. 9.14 Jehová..irá entre torbellinos del *a*

AUTOR
Éx. 22.3 *a* de la muerte será reo de homicidio
Hch. 3.15 matasteis al *A* de la vida, a quien
He. 2.10 perfeccionase..al *a* de la salvación
5.9 vino a ser *a* de eterna salvación para
12.2 en Jesús, el *a* y consumador de la fe

AUTORIDAD
Neh. 11.21 *a* sobre los sirvientes del templo
Est. 1.22 todo hombre afirmase su *a* en su casa
9.29 suscribieron con plena *a* esta..carta
10.2 su..*a*, y el relato sobre la grandeza de
Mt. 7.29 enseñaba como quien tiene *a*, y no como
8.9 también yo soy hombre bajo *a*, y tengo
10.1 les dio *a* sobre los espíritus inmundos
21.23 ¿con qué *a*..¿y quién te dio esta *a?*
21.24 yo os diré con qué *a* hago estas cosas
21.27 tampoco yo os digo con qué *a* hago estas
Mr. 1.22 enseñaba como quien tiene *a*, y no como
1.27 con *a* manda aun a los espíritus inmundos
3.15 que tuviesen *a* para sanar enfermedades
6.7 les dio *a* sobre los espíritus inmundos
11.28 ¿con qué *a* haces estas..quién te dio *a*
11.29 y os diré con qué *a* hago estas cosas
11.33 tampoco yo os digo con qué *a* hago estas
13.34 dejó su casa, y dio *a* a sus siervos
Lc. 4.32 se admiraban..su palabra era con *a*
4.36 con *a*..manda a los espíritus inmundos
7.8 también yo soy hombre puesto bajo *a*, y
9.1 dio poder y *a* sobre todos los demonios
12.11 os trajeren a las *a*, no os preocupéis
19.17 fiel, tendrás *a* sobre diez ciudades
20.2 ¿con qué *a*..¿o quién..ha dado esta *a?*
20.8 tampoco os diré con qué *a* hago estas
20.20 entregarle al poder y *a* del gobernador
22.25 que sobre ellas tienen *a* son llamados
Jn. 5.27 también le dio *a* de hacer juicio, por
19.10 sabes que tengo *a* para crucificarte
19.10 ¿no sabes..que tengo *a* para soltarte?
19.11 ninguna *a* tendrías contra mí, si no te
Hch. 9.14 aun aquí tiene *a* de los principales
16.19 y los trajeron al foro, ante las *a*
17.6 trajeron a Jasón y a..ante las *a* de la
17.8 alborotaron al pueblo y a las *a* de la
19.31 de las *a* de Asia, que eran sus amigos
Ro. 13.1 sométase..a las *a*..no hay *a* sino de
13.2 quien se opone a la *a*, a lo establecido
13.3 ¿quieres..no temer la *a?* Haz lo bueno
1 Co. 11.10 mujer debe tener señal de *a* sobre
15.24 haya suprimido todo dominio, toda *a* y
2 Co. 10.8 aunque me gloríe algo..de nuestra *a*
13.10 conforme a la *a* que el Señor me ha dado
Ef. 1.21 sobre todo principado y *a* y poder y
Tit. 2.15 habla, y exhorta y reprende con..*a*
3.1 recuérdales que se sujeten a los..y *a*
1 P. 3.22 a él están sujetos..*a* y potestades
Jud. 8 estos..rechazan la *a* y blasfeman de las
Ap. 2.26 fin, yo le daré *a* sobre las naciones
12.10 ahora ha venido..y la *a* de su Cristo
13.2 el dragón le dio su poder y..grande *a*
13.4 adoraron al dragón que había dado *a* a la
13.5 y se le dio *a* para actuar 42 meses
13.7 se le dio *a* sobre toda tribu, pueblo
13.12 ejerce toda la *a* de la primera bestia
17.12 por una hora recibirán *a* como reyes
17.13 entregarán su poder y su *a* a la bestia

AUTORIZAR
Est. 8.5 para revocar las cartas que *autorizan*

AUXILIO
Job 6.13 ¿no es así..que todo *a* me ha faltado?
Sal. 46.1 nuestro pronto *a* en..tribulaciones
Is. 31.2 contra el *a* de los que hacen iniquidad
Hch. 26.22 pero habiendo obtenido *a* de Dios

AVA *Distrito en Babilonia,* 2 R. 17.24

AVALUAR
2 R. 23.35 hizo *avaluar* la tierra para dar el

AVANZADO, DA
Gn. 18.11 Abraham y Sara..viejos, de edad *a*
24.1 era Abraham ya viejo, y bien *a* en años
Jos. 13.1 tú eres ya viejo, de edad *a*, y queda
23.1 que Josué, siendo ya viejo y *a* en años
23.2 les dijo: Yo ya soy viejo y *a* en años
Jue. 7.11 y él descendió..hasta los puestos *a*
1 R. 1.1 el rey David era viejo y *a* en días
Job 15.10 mucho más *a* en días que tu padre
Mr. 6.35 ya era muy *a* la hora..la hora ya *a*
Lc. 1.7 era estéril, y ambos eran ya de edad *a*
1.18 yo soy viejo, y mi mujer es de edad *a*
2.36 de edad muy *a*, pues había vivido con su
Ro. 13.12 la noche está *a*, y se acerca el día

AVANZAR
Jos. 8.13 Josué *avanzó* aquella noche hasta la
Jue. 20.37 y *avanzaron* e hirieron a filo de
1 S. 13.23 guarnición de los filisteos *avanzó*
2 S. 20.8 una daga..se le cayó cuando él *avanzó*
2 R. 20.9 ¿*avanzará* la sombra diez grados, o

AVARICIA
Éx. 18.21 varones de verdad..aborrezcan la *a*
1 S. 8.3 padre, antes se volvieron tras la *a*
Sal. 119.36 inclina mi corazón a..y no a la *a*
Pr. 28.16 el que aborrece la *a* prolongará sus
Jer. 6.13; 8.10 desde el..cada uno sigue la *a*
22.17 mas tus ojos y..no son sino para tu *a*
Ez. 22.13 que batí mis manos a causa de tu *a*
33.31 corazón de ellos anda en pos de su *a*
Mr. 7.22 hurtos, las *a*, las maldades, el engaño
Lc. 12.15 les dijo: Mirad, y guardaos de toda *a*
Ro. 1.29 atestados de..perversidad, *a*, maldad
Ef. 5.3 o *a*, ni aun se nombre entre vosotros
Col. 3.5 malos deseos y *a*, que es idolatría
1 Ts. 2.5 ni encubrimos *a;* Dios es testigo
He. 13.5 vuestras costumbres sin *a*, contentos
2 P. 2.3 y por *a* harán mercadería de vosotros

AVARO
Pr. 23.6 no comas pan con el *a*, ni codicies sus
28.22 apresura a ser rico el *a*, y no sabe que
Lc. 16.14 oían también..los fariseos, que eran *a*
1 Co. 5.10 no absolutamente con..o con los *a*
5.11 llamándose hermano, fuere..*a*, o idólatra
6.10 los ladrones, ni los *a*, ni los borrachos
Ef. 5.5 ningún..*a*..tiene herencia en el reino
1 Ti. 3.3 no codicioso..amable, apacible, no *a*
2 Ti. 3.2 hombres..*a*, vanagloriosos, soberbios

AVE
Gn. 1.20 produzcan las aguas..y *a* que vuelen
1.21 y creó..toda *a* alada según su especie

AVE *(Continúa)*
Gn. 1.22 y multiplíquense las *a* en la tierra
1.26 y señoree. .en las *a* de los cielos, en
1.28 y señoread en. .en las *a* de los cielos
1.30 a todas las *a* de los cielos, y a todo
2.19 Dios formó. .toda *a* de los cielos, y las
2.20 puso Adán nombre a toda bestia y *a* de
6.7 raeré. .hasta el reptil y las *a* del cielo
6.20 las *a* según su especie, y de las bestias
7.3 de las *a* de los cielos, siete parejas
7.8 de las *a*, y de todo lo que se arrastra
7.14 toda *a* según su especie, y todo pájaro
7.21 murió toda carne. .de *a* como de ganado
7.23 destruido. .desde el hombre hasta. .las *a*
8.17 de *a* y de bestias y de todo reptil que
8.19 todo reptil y toda *a*. .salieron del arca
8.20 tomó de todo animal limpio y de toda *a*
9.2 sobre toda *a* de los cielos, en todo lo
9.10 *a*, animales y toda bestia de las tierra
15.10 partió por la mitad. .no partió las *a*
15.11 descendían *a* de rapiña sobre. .cuerpos
40.17 y las *a* las comían del canastillo de
40.19 y las *a* comerán tu carne de sobre ti
Lv. 1.14 si la ofrenda para Jehová fuere. .de *a*
7.26 ninguna sangre. .ni de *a* ni de bestias
11.13 de las *a*, éstas tendréis en abominación
11.46 la ley acerca de las bestias, y las *a*
17.13 que cazare animal o *a* que sea de comer
20.25 diferencia. .entre *a* inmunda y limpia
20.25 no contaminéis. .con las *a*, ni con nada
Dt. 4.17 figura de *a* alguna alada que vuele por
14.11,20 toda *a* limpia podréis comer
22.6 cuando encuentres. .algún nido de *a* en
28.26 servirán de comida a toda *a* del cielo
1 S. 17.44 y daré tu carne a las *a* del cielo
17.46 los cuerpos de los filisteos a las *a*
2 S. 21.10 que ninguna *a*. .posase sobre ellos
1 R. 4.23 sin los ciervos, gacelas, corzos y *a*
4.33 disertó sobre las *a*, sobre los reptiles
14.11 que muera. .lo comerán las *a* del cielo
16.4; 21.24 muerto. .comerán las *a* del cielo
Neh. 5.18 también eran preparadas para mí *a*
Job 12.7 las *a* de los cielos. .te lo mostrarán
28.7 senda que nunca la conoció *a*, ni ojo de
28.21 ojos. .y a toda *a* del cielo es oculta
35.11 y nos hace sabios más que a las *a* del
Sal. 8.8 *a* de los cielos y los peces del mar
11.1 a mi alma que escape al monte cual *a?*
50.11 conozco a todas las *a* de los montes
78.27 hizo llover sobre ellos. .*a* que vuelan
79.2 dieron los cuerpos. .por comida a las *a*
104.12 sus orillas habitan las *a* de los cielos
104.17 allí anidan las *a;* en las hayas hace
124.7 nuestra alma escapó cual *a* del lazo de
Pr. 1.17 tiende la red ante los ojos de toda *a*
6.5 y como *a* de la mano del que arma lazos
7.23 el *a* que se apresura a la red, y no sabe
27.8 cual *a* que se va de su nido, tal es el
Ec. 9.12 como las *a* que se enredan en lazo, así
10.20 las *a* del cielo llevarán la voz, y las
12.4 se levantarán a la voz del *a*, y todas
Is. 16.2 cual *a* espantada que huye de su nido
18.6 dejados todos para las *a* de los montes
18.6 sobre ellos tendrán el verano las *a*, e
31.5 como las *a* que vuelan. .amparará Jehová
46.11 que llamo desde el oriente al *a*, y de
Jer. 4.25 todas las *a* del cielo se habían ido
7.33 para comida de las *a* del cielo y de las
9.10 desde las *a* del cielo hasta las bestias
12.4 faltaron los ganados y las *a;* porque
12.9 ¿es mi heredad para mí como *a* de rapiña
12.9 contra ella *a* de rapiña en derredor?
15.3 *a* del cielo y bestias de la tierra para
16.4 servirán de comida a las *a* del cielo y
19.7 y daré sus cuerpos para comida a las *a*
34.20 sus cuerpos. .serán comida de las *a* del
Lm. 3.52 mis enemigos me dieron caza como a *a*
Ez. 13.20 vuelen como *a* las almas que. .cazáis
17.23 habitarán debajo de él todas las *a* de
29.5 a las *a* del cielo te he dado por comida
31.6 en sus ramas hacían nido todas las *a*
31.13 sobre su ruina habitarán. .*a* del cielo
32.4 posar sobre ti todas las *a* del cielo
38.20 las *a* del cielo, las bestias del campo
39.4 a *a* de rapiña. .te he dado por comida
39.17 dí a las *a* de toda especie. .Juntaos
44.31 ninguna cosa mortecina. .así de *a* como
Dn. 2.38 dondequiera que habitan. .*a* del cielo
4.12 sus ramas hacían morada las *a* del cielo
4.14 váyanse las bestias. .las *a* de sus ramas
4.21 en cuyas ramas anidaban las *a* del cielo
4.33 su pelo. .y sus uñas como las de las *a*
7.6 con cuatro alas de *a* en sus espaldas
Os. 2.18 haré para ti pacto. .las *a* del cielo
4.3 se extenuará. .las bestias. .*a* del cielo
7.12 mi red; les haré caer como *a* del cielo
9.11 la gloria de Efraín volará cual *a*, de
11.11 como *a* acudirán velozmente de Egipto
Am. 3.5 ¿caerá el *a* en lazo sobre la tierra
Sof. 1.3 destruiré las *a* del cielo y los peces
Mt. 6.26 las *a* del cielo, que no siembran, ni
8.20 las *a* del cielo nidos; mas el Hijo del
13.4 camino; y vinieron las *a* y la comieron
13.32 vienen las *a* del cielo y hacen nidos en
Mr. 4.4 al camino, y vinieron las *a* del cielo
4.32 *a* del cielo pueden morar bajo su sombra
Lc. 8.5 hollada, y las *a* del cielo la comieron
9.58 guaridas, y las *a* de los cielos nidos
12.24 ¿no valéis vosotros. .más que las *a?*
13.19 las *a* del cielo anidaron en sus ramas
Hch. 10.12 de todos los. .reptiles y *a* del cielo
11.6 vi. .y fieras, y reptiles, y *a* del cielo
Ro. 1.23 imagen de hombre. .de *a*, de cuadrúpedos
1 Co. 15.39 otra carne la de. .otra la de las *a*
Stg. 3.7 toda naturaleza. .de *a*. .se doma y ha
Ap. 18.2 ha hecho. .albergue de toda *a* inmunda
19.17 y clamó a gran voz. .a todas las *a* que
19.21 *a* se saciaron de las carnes de ellos

AVECILLA
Lv. 14.4 que se tomen. .dos *a* vivas, limpias
14.5 matar una *a* en un vaso de barro sobre
14.6 tomará la *a* viva, el cedro, la grana y
14.6 la *a* viva en la sangre de la *a* muerta
14.7 rociará. .soltará la *a* viva en el campo
14.49 para limpiar la casa dos *a*, y madera
14.50 degollará una *a* en una vasija de barro
14.51 la *a* viva. .en la sangre de la *a* muerta
14.52 con la sangre de la *a*. .con la *a* viva
14.53 soltará la *a* viva fuera de la ciudad

AVELLANO
Gn. 30.37 tomó. .Jacob varas. .de *a* y de castaño

AVÉN *Palabra que se refiere a varios centros de idolatría*, Ez. 30.17; Os. 10.8; Am. 1.5

AVENA
Is. 28.25 pone. .la *a* en su borde apropiado?
Ez. 4.9 toma para ti. .lentejas, millo y *a*, y

AVENTADO *Véase Aventar*

AVENTADOR
Jer. 15.7 los aventé con *a* hasta las puertas
51.2 enviaré. .*a* que la avienten, y vaciarán
Mt. 3.12; Lc. 3.17 su *a* está en su mano, y

AVENTAJADO
1 Cr. 19.10 escogió de los más *a* que había en

AVENTAJAR
Gá. 1.14 en el judaísmo *aventajaba* a muchos de

AVENTAR
Rt. 3.2 él *avienta* esta noche la parva de las
Pr. 20.26 el rey sabio *avienta* a los impíos
Is. 21.10 oh pueblo mío, trillado y *aventado*
30.24 comerán grano limpio, *aventado* con pala
41.16 los *aventarás*, y los llevará el viento
Jer. 4.11 viento. .no para *aventar*, ni para
15.7 *aventé*. .hasta las puertas de la tierra
49.36 y los *aventaré* a todos estos vientos
51.2 enviaré a. .aventadores que la *avienten*

AVEOS *Tribu cananea en el sur de Palestina (=Avim)*
Dt. 2.23 a los *a* que habitaban en aldeas hasta
Jos. 13.3 ascaloneo. .el ecroneo; también los *a*
2 R. 17.31 los *a* hicieron a Nibhaz y a Tartac

AVERGONZADO *Véase Avergonzar*

AVERGONZADOR
Sal. 119.42 daré por respuesta a mi *a*, que en

AVERGONZAR
Gn. 2.25 ambos desnudos. .y no se *avergonzaban*
Nm. 12.14 ¿no se *avergonzaría* por siete días?
Rt. 2.15 recoja también. .y no la *avergoncéis*
2 S. 10.5 ellos estaban en extremo *avergonzados*
19.3 como suele entrar. .el pueblo *avergonzado*
19.5 hoy has *avergonzado* el rostro de todos
2 R. 2.17 hasta que *avergonzándose* dijo: Enviad
2 Cr. 32.21 se volvió. .*avergonzado* a su tierra
Esd. 9.6 Dios mío, confuso y *avergonzado* estoy
Job 6.20 fueron *avergonzados* por su esperanza
11.3 ¿harás. .no habrá quien te *avergüence?*
19.3 ya. .¿no os *avergonzáis* de injuriarme?
Sal. 6.10 se *avergonzarán*. .todos mis enemigos
6.10 todos. .serán *avergonzados* de repente
22.5 confiaron en. .y no fueron *avergonzados*
25.2 no sea yo *avergonzado*, no se alegren
25.3 serán *avergonzados* los que se rebelan
25.20 sea yo *avergonzado*, porque en ti confié
31.17 no sea yo *avergonzado*, oh Jehová, ya
31.17 sean *avergonzados* los impíos, estén
34.5 y sus rostros no fueron *avergonzados*
35.4 sean *avergonzados*. .los que buscan mi
35.4 y *avergonzados* los que mi mal intentan
35.26 sean *avergonzados*. .a una los que de mi
37.19 no serán *avergonzados* en el mal tiempo
40.14 sean *avergonzados* y confundidos a una
40.14 *avergüéncense* los que mi mal desean
44.7 *avergonzado* a los que nos aborrecían
44.9 nos has hecho *avergonzar;* y no sales
53.5 *avergonzaste*, porque Dios los desechó
69.6 no sean *avergonzados* por causa mía los
70.2 *avergonzados*. .los que buscan mi vida
70.2 sean vueltos atrás y *avergonzados* los
71.1 me he refugiado; no sea yo *avergonzado*
71.13 sean *avergonzados*. .los adversarios de
71.24 han sido *avergonzados*. .sido confundidos
74.21 no vuelva *avergonzado* el abatido
86.17 véanla los que. .y sean *avergonzados*
97.7 *avergüéncense* todos los que sirven a
109.28 levántense, mas sean *avergonzados*, y
119.6 entonces no sería yo *avergonzado*
119.31 me he apegado a. .no me *avergüences*
119.46 hablaré de tus. .y no me *avergonzaré*
119.78 *avergonzados* los soberbios, porque
119.80 sea. .para que no sea yo *avergonzado*
119.116 quede yo *avergonzado* de mi esperanza
127.5 no será *avergonzado* cuando hablare con
129.5 *avergonzados*. .los que aborrecen a Sion
Pr. 10.5 el que duerme. .es hijo que *avergüenza*
14.35 su enojo contra el que lo *avergüenza*
25.8 que tu prójimo te haya *avergonzado*
28.7 compañero de glotones *avergüenza* a su
29.15 el muchacho consentido *avergonzará* a
Is. 1.29 *avergonzarán* las encinas que amasteis
20.5 se turbarán y *avergonzarán* de Etiopía
23.4 *avergüénzate*, Sidón, porque el mar, la
24.23 la luna se *avergonzará*, y el sol se
26.11 se *avergonzarán* los que envidian a tu
29.22 no será ahora *avergonzado* Jacob, ni su
30.5 todos se *avergonzarán* del pueblo que no
33.9 el Líbano se *avergonzó*, y fue cortado
41.11 contra ti. .*avergonzados* y confundidos
44.11 que todos los suyos serán *avergonzados*
44.11 todos ellos. .serán *avergonzados* a una
45.16 confusos y *avergonzados* serán todos
45.17 no os *avergonzaréis* ni os afrentaréis
45.24 los que. .enardecen serán *avergonzados*
49.23 no se *avergonzarán* los que esperan en
50.7 me ayudará, por tanto no me *avergoncé*
50.7 pedernal, y sé que no seré *avergonzado*
54.4 y no te *avergüences*, porque no serás
65.13 he aquí. .vosotros seréis *avergonzados*
Jer. 2.26 como se *avergüenza* el ladrón cuando
2.26 así se *avergonzará* la casa de Israel
2.36 serás *avergonzada* de Egipto. .*a* de Asiria
6.15; 8.12 ¿se han *avergonzado*. .no se han *a*
8.9 sabios se *avergonzaron*, se espantaron y
8.12 ni supieron *avergonzarse;* caerán, por
9.19 en gran manera hemos sido *avergonzados*
10.14 *avergüenza* de su ídolo todo fundidor
12.13 *avergonzarán* de sus frutos, a causa de
14.3 se *avergonzaron*. .cubrieron sus cabezas
15.9 fue *avergonzada* y llena de confusión
17.13 los que te dejan serán *avergonzados*
17.18 *avergüéncense*. .y no me *avergüence* yo
20.11 mas serán *avergonzados* en gran manera
22.22 *avergonzarás* y te confundirás a causa
31.19 me *avergoncé* y me confundí, porque
46.24 se *avergonzará* la hija de Egipto
48.1 ¡ay de Nebo!. .destruida y *avergonzada*
48.13 se *avergonzará* Moab. .se *avergonzó* de
48.20 se *avergonzó* Moab. .fue quebrantado
48.39 volvió la espalda. .y fue *avergonzado!*
50.12 vuestra madre se *avergonzó* mucho, se
51.17 *avergüenza*. .artífice de su escultura
51.47 será *avergonzada*, y todos sus muertos
51.51 estamos *avergonzados*, porque oímos la
Ez. 6.9 *avergonzarán* de sí mismos, a causa de
16.27 se *avergüenzan* de tu camino deshonesto
16.52 *avergüénzate*. .y lleva tu confusión
16.54 *avergüences* de todo lo que has hecho
16.61 te acordarás de tus. .y te *avergonzarás*
16.63 para que te acuerdes y te *avergüences*
32.30 príncipes. .*avergonzados* de su poderío
34.29 ni ya más serán *avergonzados* por las
36.31 os *avergonzaréis* de vosotros mismos
36.32 *avergonzaos* y cubríos de confusión por
43.10 *avergüéncense* de sus pecados; y midan
43.11 si se *avergonzaren* de todo lo que han
Os. 4.18 príncipes amaron lo que *avergüenza*
4.19 de sus sacrificios serán *avergonzados*
10.6 *avergonzado*, e Israel se *avergonzará* de
Jl. 2.26,27 jamás será mi pueblo *avergonzado*
Mi. 3.7 serán *avergonzados* los profetas, y se
7.16 y se *avergonzarán* de todo su poderío
Sof. 3.11 no serás *avergonzada* por. .tus obras
Zac. 10.5 los que cabalgan. .serán *avergonzados*
13.4 profetas se *avergonzarán* de su visión
Mr. 8.38 el que se *avergonzare* de mí y de mis
8.38 el Hijo del Hombre se *avergonzará*. .de él
Lc. 9.26 el que se *avergonzare* de mí y de mis
9.26 éste se *avergonzará* el Hijo del Hombre
13.17 se *avergonzaban* todos sus adversarios
Ro. 1.16 porque no me *avergüenzo* del evangelio
5.5 y la esperanza no *avergüenza;* porque el
6.21 cosas de las cuales. .os *avergonzáis?*
9.33 el que creyere en él, no será *avergonzado*
10.11 que en él creyere, no será *avergonzado*
1 Co. 1.27 Dios, para *avergonzar* a los sabios
1.27 lo débil. .para *avergonzar* a lo fuerte
4.14 no escribo esto para *avergonzaros*, sino
6.5 para *avergonzaros* lo digo. ¿Pues qué, no

AVERGONZAR ***(Continúa)***
1 Co. 11.22 *avergonzáis* a los que no tienen nada?
2 Co. 7.14 no he sido *avergonzado*, sino que así
9.4 nos *avergoncemos* nosotros, por no decir
10.8 aunque me glorie. .no me *avergonzaré*
Fil. 1.20 que en nada seré *avergonzado;* antes
2 Ts. 3.14 señaladlo. .para que se *avergüence*
2 Ti. 1.8 no te *avergüences* de dar testimonio
1.12 padezco esto; pero no me *avergüenzo*
1.16 y no se *avergonzó* de mis cadenas
2.15 obrero que no tiene de qué *avergonzarse*
Tit. 2.8 modo que el adversario se *avergüence*
He. 2.11 no se *avergüenza* de llamarlos hermanos
11.16 no se *avergüenza* de llamarse Dios de
1 P. 2.6 el que creyere. .no será *avergonzado*
3.16 en lo que murmuran. .sean *avergonzados*
4.16 padece como cristiano, no se *avergüence*
1 Jn. 2.28 no nos alejemos de él *avergonzados*

AVERIGUAR
Mt. 2.8 id allá, y *averiguad*. .acerca del niño

AVERSIÓN
Os. 9.15 allí. .les tomé *a;* por la perversidad

AVESTRUZ
Lv. 11.16; Dt. 14.15 *a*, la lechuza, la gaviota
Job 30.29 he venido a ser. .y compañero de *a*
39.13 ¿diste tú. .alas. .o alas y plumas al *a?*
Is. 13.21 allí habitarán *a*, y allí saltarán las
34.13 serán. .patio para los pollos de los *a*
43.20 honrarán. .chacales y los pollos del *a*
Jer. 50.39 morarán. .en ella polluelos de *a*
Lm. 4.3 mi pueblo es cruel como los *a* en el
Mi. 1.8 haré aullido como. .y lamento como de *a*

AVIDEZ
Ef. 4.19 cometer con *a* toda clase de impureza

AVIM *=Aveos*, **Jos. 18.23**

AVISADO, DA
Jue. 5.29 las más *a* de sus damas le respondían
Pr. 13.10 mas con los *a* está la sabiduría
14.15 lo cree; mas el *a* mira bien sus pasos
19.25 escarnecedor, y el simple se hará *a*
22.3; 27.12 el *a* ve el mal y se esconde; mas

AVISAR
Nm. 23.3 cosa que me mostrare, te *avisaré*
Jue. 13.10 la mujer. .a *avisarle* a su marido
1 S. 19.11 mas Mical su mujer *avisó* a David
20.9 si yo supiere. .¿no te lo *avisaría* yo?
2 S. 17.17 fue una criada y les *avisó*, porque
18.10 viéndolo uno, *avisó* a Joab, diciendo
Is. 40.14 ¿a quién pidió consejo. .ser *avisado?*
Jer. 42.19 sabed ciertamente que os lo *aviso*
Ez. 33.3 tocare trompeta y *avisare* al pueblo
33.9 si tú *avisares* al impío de su camino
Mt. 2.12 pero siendo *avisados* por revelación en
2.22 pero *avisado* por revelación. .se fue a
Lc. 8.20 se le *avisó*, diciendo: Tu madre y tus
Hch. 21.31 le *avisó* al tribuno de la compañía
23.30 al ser *avisado* de asechanzas que los

AVISO
Gn. 38.13 dado *a* a Tamar, diciendo: He aquí
38.24 fue dado *a* a Judá, diciendo: Tamar tu
Éx. 14.5 fue dado *a* al rey de Egipto, que el
Lv. 14.35 vendrá aquel. .y dará *a* al sacerdote
Nm. 11.27 corrió un joven y dio *a* a Moisés, y
Dt. 17.4 te fuere dado *a*, y después que oyeres
Jos. 2.2 fue dado *a* al rey de Jericó, diciendo
10.17 fue dado *a* a Josué que los cinco reyes
Jue. 9.25 de lo cual fue dado *a* a Abimelec
9.42 pueblo salió. .y fue dado *a* a Abimelec
9.47 fue dado *a* a Abimelec, de que estaban
1 S. 14.33 dieron *a*. .diciendo: El pueblo peca
15.12 fue dado *a* a Samuel, diciendo: Saúl ha
19.2 dio *a* a David, diciendo: Saúl mi padre
19.19 fue dado *a* a Saúl, diciendo. .David está
20.10 dijo. .¿Quién me dará *a* si tu padre te
22.21 dio *a* a David de cómo Saúl había dado
23.1 dieron *a* a David. .los filisteos combaten
23.7 dado *a* a Saúl que David había venido a
23.25 dado *a* a David, y descendió a la peña
24.1 dieron *a*, diciendo: He aquí David está
25.14 pero uno de los criados dio *a* a Abigail
27.11 no sea que den *a* de nosotros y digan
2 S. 2.4 *a* a David, diciendo: Los de Jabes de
3.23 fue dado *a* a Joab, diciendo: Abner hijo
6.12 fue dado *a* al rey. .diciendo: Jehová ha
10.17 cuando fue dado *a* a David, reunió a
15.28 hasta que venga respuesta. .que me dé *a*
15.31 dieron *a* a David, diciendo: Ahitofel
15.36 me enviaréis *a* de todo lo que oyereis
17.16 dad *a* a David, diciendo: No te quedes
17.21 y dieron *a* al rey David, diciéndole
19.1 dieron *a* a Joab: He aquí el rey llora
19.8 fue dado *a* a todo el pueblo, diciendo
1 R. 1.23 dieron *a* al rey, diciendo: He aquí
2.39 dieron *a* a Simei, diciendo: He aquí que
18.16 Abdías fue. .le dio el *a;* y Acab vino a
20.17 Ben-adad había enviado quien le dio *a*
2 R. 8.7 dieron *a*, diciendo: El varón de Dios
9.18 atalaya dio luego *a*. .El mensajero llegó
1 Cr. 19.17 fue dado *a* a David, reunió a todo
2 Cr. 20.2 dieron *a* a Josafat, diciendo: Contra
Dn. 8.25 el engaño. .y sin *a* destruirá a muchos
11.21 pero vendrá sin *a* y tomará el reino
Mt. 28.11 dieron *a* a los principales sacerdotes
Mr. 5.14; Lc. 8.34 dieron *a* en la ciudad y en
Jn. 5.15 el hombre se fue, y dio *a* a los judíos
Hch. 5.22 los alguaciles. .volvieron y dieron *a*
22.26 dio *a* al tribuno, diciendo: ¿Qué vas a
23.16 el hijo de la hermana. .dio *a* a Pablo
23.17 este joven. .tiene cierto *a* que darle
23.22 a nadie dijese que le había dado *a* de

AVISPA
Éx. 23.28 enviaré delante de ti la *a*, que eche
Dt. 1.44 os persiguieron como hacen las *a*, y
7.20 enviará Jehová tu Dios *a* sobre ellos

AVISTAR
Hch. 21.3 al *avistar* Chipre, dejándola a mano

AVIT ***Ciudad en Edom*, Gn. 36.35; 1 Cr. 1.46**

AVIVAR
Sal. 119.37 aparta mis. .*avívame* en tu camino
Os. 7.4 que cesa de *avivar* el fuego después que
Hab. 3.2 *aviva* tu obra en medio de los tiempos
2 Ti. 1.6 que *avives* el fuego del don de Dios

AY
Nm. 21.29 ¡*a* de ti, Moab! Pereciste, pueblo de
1 S. 4.7 ¡*a* de nosotros! pues antes de ahora
4.8 ¡*a* de nosotros! ¿Quién nos librará de la
Job 10.15 si fuere malo, ¡*a* de mí! Y si fuere
Sal. 120.5 ¡*a* de mí, que moro en Mesec, y
Pr. 23.29 ¿para quién será el *a?* ¿Para quién
Ec. 4.10 ¡*a* del solo! que cuando cayere, no
10.16 ¡*a* de ti, tierra, cuando tu rey es
Is. 3.9 ¡*a* del alma de ellos! .amontonaron mal
3.11 ¡*a* del impío! Mal le irá, porque según
5.8 ¡*a* de los que juntan casa a casa, y
5.11 ¡*a* de los que se levantan de mañana
5.18 ¡*a* de los que traen la iniquidad con
5.20 ¡*a* de los que a lo malo dicen bueno, y
5.21 ¡*a* de los sabios en sus propios ojos
5.22 ¡*a* de los que son valientes para beber
6.5 entonces dije: ¡*A* de mí! que soy muerto
10.1 ¡*a* de los que dictan leyes injustas, y
18.1 ¡*a* de la tierra que hace sombra con las
28.1 ¡*a* de la corona de soberbia de los ebrios
29.1 ¡*a* de Ariel, de. .donde habitó David!
30.1 ¡*a* de los hijos que se apartan, dice
31.1 ¡*a* de los que descienden a Egipto por
45.9 ¡*a* del que pleitea con su Hacedor!
Jer. 4.31 ¡*a* ahora de mí! que mi alma desmaya
6.4 ¡*a* de nosotros! que va cayendo ya el día
22.13 ¡*a* del que edifica su casa sin justicia
23.1 ¡*a* de los pastores que destruyen y
Ez. 2.10 escritas en él. .lamentaciones y *a*
16.23 (¡*a*, *a* de ti! dice Jehová el Señor)
24.6,9 ¡*a* de la ciudad de sangres
30.2 ha dicho. .Lamentad: ¡*A* de aquel día!
34.2 ha dicho Jehová el. .¡*A* de los pastores
Os. 7.13 ¡*a* de ellos! porque se apartaron de mí
9.12 ¡*a* de ellos también, cuando de ellos me
Jl. 1.15 ¡*a* del día! porque cercano está el día
Am. 5.16 en todas las calles dirán: ¡*A*! ¡*A*!
5.18 ¡*a* de los que desean el día de Jehová!
6.1 ¡*a* de los reposados en Sion, y de los
Mi. 2.1 ¡*a* de. .en sus camas piensan iniquidad
7.1 ¡*a* de mí! porque estoy como cuando han
Nah. 3.1 ¡*a* de ti, ciudad sanguinaria, toda
Hab. 2.6 ¡*a* del que multiplicó lo que no era
2.9 ¡*a* del que codicia injusta ganancia para
2.12 ¡*a* del que edifica la ciudad con sangre
2.15 ¡*a* del que da de beber a su prójimo!
2.15 ¡*a* de ti, que le acercas tu hiel, y le
2.19 ¡*a* del que dice al palo: Despiértate
Sof. 2.5 ¡*a* de los que moran en la costa del
3.1 ¡*a* de la ciudad rebelde y contaminada y
Zac. 11.17 ¡*a* del pastor inútil que abandona el
Mt. 11.21 ¡*a* de ti, Corazín! ¡*a*. .Betsaida!
18.7 ¡*a* del mundo por los tropiezos! porque
18.7 pero ¡*a* de. .por quien viene el tropiezo
23.13,14,15,23,25,27,29 ¡*a* de vosotros,
escribas y fariseos, hipócritas!
23.16 ¡*a* de vosotros, guías ciegos! que decís
24.19 ¡*a* de las que estén encintas, y de las
26.24 ¡*a* de aquel hombre por quien el Hijo
Mr. 13.17 ¡*a* de las que estén encintas, y de
14.21 ¡*a* de aquel hombre por quien el Hijo
Lc. 6.24 ¡*a* de vosotros, ricos! porque ya tenéis
6.25 ¡*a* de vosotros, los que ahora estáis
6.25 ¡*a* de vosotros, los que ahora reís!
6.26 ¡*a* de vosotros, cuando. .hablen bien de
10.13 ¡*a* de ti, Corazín! ¡*a* de ti, Betsaida!
11.42 ¡*a* de vosotros, fariseos! que diezmáis
11.43 ¡*a* de vosotros, fariseos! que amáis las
11.44 ¡*a* de vosotros, escribas y fariseos
11.46 ¡*a* de vosotros. .intérpretes de la ley!
11.47 ¡*a* de vosotros, que edificáis los
11.52 ¡*a* de vosotros, intérpretes de la ley!
17.1 mas ¡*a* de aquel por quien vienen!
21.23 ¡*a* de las que estén encintas, y de las
22.22 ¡*a* de aquel. .por quien es entregado!
1 Co. 9.16 ¡*a*. .si no anunciare el evangelio!
Jud. 11 ¡*a* de ellos! porque han seguido el
Ap. 8.13 ¡*a*, *a*, *a*, de los que moran en la
9.12 el primer *a* pasó. .vienen aún dos *a*
11.14 el segundo *a* pasó. .el tercer *a* viene
12.12 ¡*a* de los moradores de la tierra y del
18.10 ¡*a*, *a*, de la gran ciudad de Babilonia
18.16 ¡*a*, *a*, de la gran ciudad, que estaba
18.19 ¡*a*, *a* de la gran ciudad, en la cual

AYA
Rt. 4.16 tomando Noemí el hijo, lo. .fue su *a*

AYER
Éx. 5.14 no habéis cumplido. .ni *a* ni hoy, como
1 S. 20.27 a comer el hijo de Isaí hoy ni *a?*
21.5 mujeres han estado lejos de nosotros *a*
2 S. 15.20 *a* viniste, ¿y he de hacer hoy que
2 R. 9.26 yo he visto *a* la sangre de Nabot
Job 8.9 nosotros somos de *a*, y nada sabemos
Sal. 90.4 como el día de *a*, que pasó, y como
Mi. 2.8 que *a* era mi pueblo, se ha levantado
Jn. 4.52 le dijeron: *A* a las siete le dejó la
Hch. 7.28 matarme, como mataste *a* al egipcio?
He. 13.8 Jesucristo es el mismo *a*, y hoy, y

AYO
2 R. 10.1 Jehú escribió cartas. .los *a* de Acab
10.5 los *a* enviaron a decir a Jehú: Siervos
Is. 49.23 reyes serán tus *a*, y sus reinas tus
1 Co. 4.15 aunque tengáis diez mil *a* en Cristo
Gá. 3.24 manera que la ley ha sido nuestro *a*
3.25 venida la fe, ya no estamos bajo *a*

AYUDA
Gn. 2.18 no es bueno. .haré *a* idónea para él
2.20 para Adán no se halló *a* idónea para él
Éx. 23.5 si vieres el asno. .¿le dejarás sin *a?*
Dt. 22.1 vieres. .el buey. .no le negarás tu *a*
22.3 harás también. .no podrás negarle tu *a*
33.7 oye. .y tú seas su *a* contra sus enemigos
33.26 cabalga sobre los cielos para tu *a*, y
Jos. 10.6 a Josué. .No niegues *a* a tus siervos
10.33 Horam rey. .subió en *a* de Laquis; mas
2 S. 8.5 los sirios. .para dar *a* a Hadad-ezer
10.11 si. .pudieren más que tú, yo te daré *a*
18.3 mejor que tú nos des *a* desde la ciudad
21.17 mas Abisai. .llegó en su *a*, e hirió al
1 R. 20.16 los 32 reyes. .habían venido en su *a*
2 R. 14.26 no había. .ni quien diese *a* a Israel
1 Cr. 12.22 todos los días venía *a* a David
18.5 viniendo los sirios en *a* de Hadad-ezer
2 Cr. 14.11 en dar *a* al poderoso o al que no
19.2 al rey. .¿Al impío das *a*, y amas a los
20.4 de Judá vinieron a pedir *a* a Jehová
26.7 Dios le dio *a* contra los filisteos, y
Sal. 20.2 envíe *a* desde el santuario, y desde
27.9 no apartes con ira a tu. .mi *a* has sido
33.20 Jehová; nuestra *a* y nuestro escudo es
35.2 echa mano al escudo. .levántate en mi *a*
40.17 mi *a* y mi libertador eres tú; Dios
60.11 porque vana es la *a* de los hombres
70.5 oh Dios. *A* mía y mi libertador eres tú
108.12 danos socorro. .vana es la *a* del hombre
115.9 confía en Jehová; él es tu *a* y escudo
115.10,11 Jehová; él es vuestra *a* y escudo
Is. 30.7 Egipto en vano e inútilmente dará *a*
31.1 ¡ay de los que descienden a Egipto por *a*
Os. 13.9 te perdiste, oh. .mas en mí está tu *a*
He. 13.16 de hacer bien y de la *a* mutua no os

AYUDADO ***Véase Ayudar***

AYUDADOR
1 Cr. 12.18 paz, paz contigo, y paz con tus *a*
Job 29.12 libraba. .al huérfano que carecía de *a*
30.13 desbarataron. .contra ellos no hubo *a*
Sal. 30.10 ten misericordia. .Jehová, sé tú mi *a*
146.5 aquel cuyo *a* es el Dios de Jacob, cuya
Is. 31.3 caerá el *a* y caerá el ayudado, y todos
Ez. 30.8 Egipto, y sean quebrantados. .sus *a*
Nah. 3.9 sin límite; Fut y Libia fueron sus *a*
He. 13.6 el Señor es mi *a;* no temeré lo que me

AYUDANTE
Nm. 11.28 respondió Josué hijo de. .*a* de Moisés
Jue. 9.28 ¿no es hijo de. .no es Zebul *a* suyo?
Hch. 13.5 llegados. .Tenían también a Juan de *a*

AYUDAR
Gn. 49.25 por el Dios de. .el cual te *ayudará*
Éx. 18.4 Dios de mi padre me *ayudó*, y me libró
23.5; Dt. 22.4 el asno. .*ayudarás* a levantarlo
Dt. 32.38 levántense. .os *ayuden* y os defiendan
Jos. 1.14 pasaréis armados. .y les *ayudaréis*
10.4 *ayudadme*, y combatamos a Gabaón

AYUDAR *(Continúa)*
Jos. 10.6 prontamente..defendernos y *ayudarnos*
1 S. 7.12 diciendo: Hasta aquí nos *ayudó* Jehová
2 S. 10.11 los sirios pudieren más..me *ayudarás*
10.19 los reyes que *ayudaban* a Hadad-ezer
10.19 temieron *ayudar* más a..hijos de Amón
1 R. 1.7 Joab..los cuales *ayudaban* a Adonías
2 R. 15.19 *ayudara* a confirmarse en el reino
1 Cr. 5.20 fueron *ayudados* contra ellos, y los
6.33 estos, pues, con sus hijos, *ayudaban*
11.10 y los que le *ayudaron* en su reino, con
12.1 valientes que le *ayudaron* en la guerra
12.17 si habéis venido a mí..para *ayudarme*
12.18 y paz..pues también tu Dios te *ayuda*
12.19 David no les *ayudó*, porque los jefes
12.21 *ayudaron* a David contra la banda de
15.26 y *ayudando* Dios a los levitas que
19.12 si..más fuertes que yo, tú me *ayudarás*
19.12 si..más fuertes que tú, yo te *ayudaré*
19.19 el pueblo sirio nunca más quiso *ayudar*
22.17 mandó David..que *ayudasen* a Salomón
2 Cr. 14.11 *ayúdanos*, oh..en ti nos apoyamos
18.31 mas Josafat clamó, y Jehová lo *ayudó*
20.23 cada cual *ayudó* a la destrucción de su
25.8 poder, o para *ayudar*, o para derribar
26.13 para *ayudar* al rey contra los enemigos
26.15 fue *ayudado* maravillosamente, hasta
28.16 a pedir el rey Acaz..que le *ayudasen*
28.21 que despojó Acaz la casa..no le *ayudó*
28.23 los dioses de..de Siria les *ayudan*
28.23 ofreceré sacrificios a..que me *ayuden*
29.34 sus hermanos los levitas les *ayudaron*
32.8 está Jehová..para *ayudarnos* y pelear
Esd. 1.4 *ayúdenle* los..de su lugar con plata
1.6 y todos..les *ayudaron* con plata y oro
5.2 los profetas de Dios que les *ayudaban*
8.36 *ayudaron* al pueblo y a la casa de Dios
10.15 levitas Mesulam y Sabetai les *ayudaron*
Neh. 3.5 grandes no se prestaron para *ayudar*
Job 9.13 abaten los que *ayudan* a los soberbios
26.2 ¿en qué *ayudaste* al que no tiene poder?
31.21 aunque viese que me *ayudaran* en la
Sal. 22.11 no te alejes..no hay quien *ayude*
28.7 en él confió mi corazón, y fui *ayudado*
37.40 Jehová los *ayudará* y los librará; los
38.22 apresúrate a *ayudarme*, oh Señor, mi
44.26 levántate para *ayudarnos*, y redímenos
46.5 Dios la *ayudará* al clarear la mañana
54.4 Dios es el que me *ayuda*; el Señor está
79.9 *ayúdanos*, oh Dios de nuestra salvación
86.17 Jehová, me *ayudaste* y me consolaste
94.17 no me *ayudara* Jehová, pronto moraría
107.12 cayeron, y no hubo quien los *ayudase*
109.26 *ayúdame*, Jehová Dios mío; sálvame
118.7 Jehová está..entre los que me *ayudan*
118.13 me empujaste..pero me *ayudó* Jehová
119.86 sin causa me persiguen; *ayúdame*
119.175 viva mi alma..y tus juicios me *ayuden*
Is. 10.3 ¿a quién os acogeréis..que os *ayude*
31.3 caerá el ayudador y caerá el *ayudado*
41.6 cada cual *ayudó* a su vecino, y..hermano
41.10 siempre te *ayudaré*..te sustentaré con
41.13 tu Dios..dice: No temas, yo te *ayudo*
44.2 Jehová..el cual te *ayudará*: No temas
49.8 te oí, y en el día de salvación te *ayudé*
50.7 Jehová el Señor me *ayudará*, por tanto
50.9 he aquí que Jehová el Señor me *ayudará*
63.5 no había quien *ayudara*, y me maravillé
Lm. 1.7 cuando cayó..no hubo quien la *ayudase*
Ez. 12.14 estuvieren alrededor..para *ayudarle*
32.21 los que le *ayudaron*, que descendieron
Dn. 10.13 he aquí Miguel..vino para *ayudarme*
10.21 y ninguno me *ayuda* contra ellos, sino
11.34 serán *ayudados* de pequeño socorro
11.45 a su fin, y no tendrá quien le *ayude*
Am. 2.14 y al fuerte no le *ayudará* su fuerza
Zac. 6.15 y *ayudarán* a edificar el templo de
Mt. 15.5 todo aquello con que pudiera *ayudarte*
Mr. 9.22 misericordia de nosotros, y *ayúdanos*
9.24 y dijo: Creo; *ayuda* mi incredulidad
16.20 *ayudándoles* el Señor y confirmando la
Lc. 5.7 señas..para que viniesen a *ayudarles*
10.40 servir sola? Dile, pues, que me *ayude*
Hch. 16.9 visión .. Pasa a Macedonia y *ayúdanos*
19.22 dos de los que le *ayudaban*, Timoteo y
20.35 así, se debe *ayudar* a los necesitados
21.28 ¡varones israelitas, *ayudad!* Este es
Ro. 8.26 el Espíritu nos *ayuda* en..debilidad
8.28 todas las cosas les *ayudan* a bien, esto
15.30 os ruego..*ayudéis* orando por mí a Dios
16.2 que la *ayudéis* en cualquier cosa en que
16.2 ella ha *ayudado* a muchos, y a mí mismo
1 Co. 12.28 los que *ayudan*, los que administran
16.16 y a todos los que *ayudan* y trabajan
Ef. 4.16 coyunturas que se *ayudan* mutuamente
Fil. 4.3 que *ayudes* a éstas que combatieron
Col. 4.11 los únicos..que me *ayudan* en el reino
2 Ti. 1.18 y cuánto nos *ayudó* en Efeso, tú lo
Ap. 12.16 pero la tierra *ayudó* a la mujer, pues

AYUNAR
Jue. 20.26 y *ayunaron* aquel día hasta la noche
1 S. 7.6 sacaron agua..y *ayunaron* aquel día
31.13 los sepultaron..y *ayunaron* siete días
2 S. 1.12 y *ayunaron* hasta la noche, por Saúl
12.16 David rogó a Dios por..y *ayunó* David
12.21 por el niño, viviendo aún, *ayunabas* y
12.22 viviendo..el niño, yo *ayunaba* y lloraba
12.23 que ha muerto, ¿para qué he de *ayunar?*
1 R. 21.27 Acab..*ayunó*, y durmió en cilicio
1 Cr. 10.12 enterraron..y *ayunaron* siete días
Esd. 8.23 *ayunamos*..y pedimos a nuestro Dios
Neh. 1.4 *ayuné* y oré delante del Dios de los
Est. 4.16 *ayunad* por mí..yo también..*ayunaré*
Is. 58.3 dicen, *ayunamos*, y no hiciste caso
58.4 que para contiendas y debates *ayunáis*
58.4 no *ayunéis* como hoy, para que vuestra
Jer. 14.12 cuando *ayunen*, yo no oiré su clamor
Zac. 7.5 cuando *ayunasteis*..*ayunado* para mí?
Mt. 4.2 después de haber *ayunado* 40 días y 40
6.16 cuando *ayunéis*, no seáis austeros, como
6.16 para mostrar a los hombres que *ayunan*
6.17 pero tú, cuando *ayunes*, unge tu cabeza
6.18 para no mostrar a los hombres que *ayunas*
9.14 *ayunamos*..y tus discípulos no *ayunan?*
9.15 les será quitado, y entonces *ayunarán*
Mr. 2.18 los discípulos de Juan y los..*ayunaban*
2.18 fariseos *ayunan*, y tus discípulos no *a?*
2.19 pueden los que están de bodas *ayunar*
2.19 tienen..al esposo, no pueden *ayunar*
2.20 y entonces en aquellos días *ayunarán*
Lc. 5.33 discípulos de Juan *ayunan* muchas veces
5.34 hacer que los que están de bodas *ayunen*
5.35 entonces, en aquellos días *ayunarán*
18.12 *ayuno* dos..a la semana, doy diezmos
Hch. 13.2 y *ayunando*, dijo el Espíritu Santo
13.3 habiendo *ayunado* y orado, les impusieron

AYUNO, NA
1 R. 21.9 proclamad *a*, y poned a Nabot delante
21.12 y promulgaron *a*, y pusieron a Nabot
2 Cr. 20.3 Josafat..hizo pregonar *a* a..Judá
Esd. 8.21 publiqué *a* allí junto al río Ahava
Neh. 9.1 reunieron los hijos de Israel en *a*
Est. 4.3 tenían los judíos gran luto, *a*, lloro
9.31 para conmemorar el fin de los *a* y de
Sal. 35.13 afligí con *a* mi alma, y mi oración
69.10 lloré afligiendo con *a* mi alma, y esto
109.24 mis rodillas están debilitadas..del *a*
Is. 58.3 el día de vuestro *a* buscáis vuestro
58.5 ¿es tal el *a* que yo escogí, que de día
58.5 ¿llamaréis esto *a*, y día agradable a
58.6 ¿no es más bien el *a* que yo escogí
Jer. 36.6 lee de este rollo que..el día del *a*
36.9 promulgaron *a* en la presencia de Jehová
Dn. 6.18 rey se fue a su palacio, y se acostó *a*
9.3 buscándole en..en *a*, cilicio y ceniza
Jl. 1.14 proclamad *a*, convocad a asamblea
2.12 convertíos a..con *a* y lloro y lamento
2.15 en Sion, proclamad *a*, convocad asamblea
Jon. 3.5 de Nínive creyeron..y proclamaron *a*
Zac. 8.19 el *a* del cuarto mes, el *a* del quinto
8.19 el *a* del séptimo, y el *a* del décimo
Mt. 15.32 enviarlos en *a* no quiero, no sea que
17.21 género no sale sino con oración y *a*
Mr. 8.3 y si los enviare en *a* a sus casas, se
9.29 género con nada puede salir, sino..*a*
Lc. 2.37 sirviendo de noche y de día con *a* y
Hch. 10.30 hace cuatro días que..estaba en *a*
14.23 habiendo orado con *a*, los encomendaron
27.9 la navegación, por haber pasado ya el *a*
27.33 veláis y permanecéis en *a*, sin comer
2 Co. 6.5 en trabajos, en desvelos, en *a*
11.27 en muchos *a*, en frío y en desnudez

AYUNTAMIENTO
Lv. 18.23 con ningún animal tendrás *a*..con él
Jue. 21.11 mujer que haya conocido *a* de varón
21.12 que no habían conocido *a* de varón, y

AYUNTAR
Lv. 18.23 de animal para *ayuntarse* con él
19.19 no harás *ayuntar* tu ganado con..otra
20.13 si alguno se *ayuntare* con varón como
20.16 mujer se llegare a..*ayuntarse* con él
Dt. 27.21 maldito el que se *ayuntare*..bestia

AZADA
Is. 7.25 todos los montes que se cavaban con *a*

AZADÓN
1 S. 13.20 para afilar..*a*, su hacha o su hoz
13.21 un pim..por los *a*, y la tercera parte
Jl. 3.10 forjad espadas de vuestros *a*, lanzas
Mi. 4.3 martillarán sus espadas para *a*, y sus

AZAFRÁN
Cnt. 4.14 nardo y *a*, caña aromática y canela

AZAI ***Ascendiente de Amasai*, Neh. 11.13**

AZAL ***Lugar no identificado*, Zac. 14.5**

AZALIA ***Padre de Safán No. 1*, 2 R. 22.3; 2 Cr. 34.8**

AZÁN ***Padre de Paltiel No. 1*, Nm. 34.26**

AZANÍAS ***Firmante del pacto de Nehemías*, Neh. 10.9**

AZARAEL ***Sacerdote en tiempo de Nehemías*, Neh. 12.36**

AZAREEL
1. ***Guerrero que se unió a David en Siclag*, 1 Cr. 12.6**
2. ***Músico entre los hijos de Hemán (=Uziel No. 4)*, 1 Cr. 25.18**
3. ***Jefe de Dan bajo David*, 1 Cr. 27.22**
4. ***Uno de los que se casaron con mujeres extranjeras en tiempo de Esdras*, Esd. 10.41**
5. ***Padre de Amasai*, Neh. 11.13**

AZARÍAS
1. ***Hijo del sacerdote Sadoc*, 1 R. 4.2**
2. ***Jefe de gobernadores bajo el rey Salomón*, 1 R. 4.5**
3. ***Rey de Judá (=Uzías No. 1)***

2 R. 14.21 pueblo de Judá tomó a *A*, que era
15.1 comenzó a reinar *A* hijo de Amasías, rey
15.6 demás hechos de *A*..¿no está escrito en
15.7 durmió *A* con sus padres, y lo sepultaron
15.8 en el año 38 de *A*..reinó Zacarías hijo
15.17 el año 39 de *A*..reinó Manahem hijo de
15.23 en al año 50 de *A*..reinó Pekaía hijo
15.27 en el año 52 de *A*..reinó Peka hijo de
1 Cr. 3.12 Amasías, cuyo hijo fue *A*, e hijo de

4. ***Hijo de Etán No. 2*, 1 Cr. 2.8**
5. ***Descendiente de Jerameel*, 1 Cr. 2.38,39**
6. ***Hijo de Ahimaas No. 2*, 1 Cr. 6.9**
7. ***Sacerdote, nieto de No. 6*, 1 Cr. 6.10,11**
8. ***Hijo de Hilcías No. 2 y ascendiente de Esdras*, 1 Cr. 6.13,14; 9.11; Esd. 7.1**
9. ***Ascendiente de Hemán (=Uzías No. 2)*, 1 Cr. 6.36**
10. ***Profeta en tiempo del rey Asa*, 2 Cr. 15.1,8**
11. ***Nombre de dos hijos del rey Josafat*, 2 Cr. 21.2(2)**
12. ***Nombre de dos oficiales del ejército que ayudaron al sacerdote Joiada*, 2 Cr. 23.1(2)**
13. ***Sumo sacerdote en tiempo del rey Uzías*, 2 Cr. 26.17,20**
14. ***Jefe de Efraín en tiempo del rey Acaz*, 2 Cr. 28.12**
15. ***Nombre de dos levitas en tiempo del rey Ezequías*, 2 Cr. 29.12(2)**
16. ***Sumo sacerdote en tiempo del rey Ezequías*, 2 Cr. 31.10,13**
17. ***Ascendiente de Esdras (posiblemente =No. 13 o No. 16)*, Esd. 7.3**
18. ***Habitante de Jerusalén en tiempo de Nehemías*, Neh. 3.23,24**
19. ***Uno que regresó del exilio con Zorobabel*, Neh. 7.7**
20. ***Levita que ayudó a Esdras*, Neh. 8.7**
21. ***Firmante del pacto de Nehemías*, Neh. 10.2**
22. ***Príncipe de Judá en tiempo de Nehemías*, Neh. 12.33**
23. ***Enemigo del profeta Jeremías*, Jer. 43.2**
24. ***Compañero de Daniel (=Abed-nego)***

Dn. 1.6 Ananías, Misael y *A*, de los hijos de
1.7 el jefe..puso nombres..a *A*, Abed-nego
1.11 que estaba puesto..sobre..Misael y *A*
1.19 y no fueron hallados..otros como..*A*
2.17 hizo saber lo que había a Ananías..y *A*

AZAZ ***Descendiente de Rubén*, 1 Cr. 5.8**

AZAZEL
Lv. 16.8 suerte por Jehová, y..suerte por *A*
16.10 sobre el cual cayere la suerte por *A*
16.10 hacer..para enviarlo a *A* al desierto
16.26 hubiere llevado el macho cabrío a *A*

AZAZÍAS
1. ***Músico en el templo bajo David*, 1 Cr. 15.21**
2. ***Padre de Oseas No. 3*, 1 Cr. 27.20**
3. ***Mayordomo del templo bajo Ezequías*, 2 Cr. 31.13**

AZBUC ***Padre de Nehemías No. 3*, Neh. 3.16**

AZECA ***Ciudad fortificada en Judá***
Jos. 10.10 siguió..los hirió hasta *A* y Maceda
10.11 grandes piedras sobre ellos hasta *A*
15.35 Jarmut, Adulam, Soco, *A*
1 S. 17.1 filisteos..acamparon entre Soco y *A*
2 Cr. 11.9 Adoraim, Laquis, *A*

AZECA *(Continúa)*
Neh. 11.30 en Zanoa, en Adulam..*A* y sus aldeas
Jer. 34.7 ejército del rey..peleaba..contra *A*

AZEL ***Descendiente del rey Saúl,***
1 Cr. 8.37,38; 9.43,44

AZGAD
1. ***Ascendiente de una familia que regresó del exilio,*** **Esd. 2.12; 8.12; Neh. 7.17**
2. ***Firmante del pacto de Nehemías,*** **Neh. 10.15**

AZIEL ***Músico en tiempo de David (=Jaaziel),*** **1 Cr. 15.20**

AZIZA ***Uno de los que se casaron con mujeres extranjeras en tiempo de Esdras,*** **Esd. 10.27**

AZMAVET
1. ***Uno de los 30 valientes de David,*** **2 S. 23.31; 1 Cr. 11.33**
2. ***Descendiente del rey Saúl,*** **1 Cr. 8.36; 9.42**
3. ***Padre de Jeziel y Pelet,*** **1 Cr. 12.3**
4. ***Tesorero del rey David,*** **1 Cr. 27.25**
5. ***Población en Benjamín,*** **Esd. 2.24; Neh. 12.29**

AZNOT-TABOR ***Lugar en la frontera de Neftalí,*** **Jos. 19.34**

AZOR ***Ascendiente de Jesucristo,*** **Mt. 1.13,14**

AZOR
Lv. 11.13 no se comerán serán..águila..el *a*
Dt. 14.12 que no podréis comer: el águila..el *a*

AZORAR
Dt. 20.3 no temáis, ni os *azoréis*..desalentéis

AZOTAR
Éx. 5.14 *azotaban* a los capataces de..Israel
5.16 tus siervos son *azotados*, y el pueblo
Lv. 19.20 ambos serán *azotados;* no morirán
Nm. 22.23 *azotó* Balaam al asna para hacerla
22.25 apretó..el pie..y él volvió a *azotarla*
22.27 y Balaam se enojó y *azotó* al asna con
22.28 que me has *azotado* estas tres veces?
22.32 ¿por qué has *azotado* tu asna estas tres
Dt. 25.2 mereciere ser *azotado*..le hará *azotar*
Job 1.19 *azotó* las cuatro esquinas de la casa
Sal. 73.5 son *azotados* como los demás hombres
73.14 sido *azotado* todo el día, y castigado
Pr. 23.35 dolió; me *azotaron*, mas no lo sentí
Is. 53.4 nosotros le tuvimos por *azotado*, por
Jer. 2.30 en vano he *azotado* a vuestros hijos
5.3 oh Jehová..los *azotaste*, y no les dolió
20.2 *azotó* Pasur al profeta Jeremías, y lo
31.18 *azotaste*, y fui castigado como novillo
37.15 le *azotaron* y le pusieron en prisión
Mt. 10.17 y en sus sinagogas os *azotarán*
14.24 la barca estaba..*azotada* por las olas
20.19 para que le escarnezcan, le *azoten*, y
23.34 otros *azotaréis* en vuestras sinagogas
27.26 habiendo *azotado* a Jesús, le entregó
Mr. 10.34 le *azotarán*, y escupirán en él, y le
13.9 en las sinagogas os *azotarán;* y delante
15.15 entregó a Jesús, después de *azotarle*
Lc. 12.48 hizo cosas dignas..será *azotado* poco
18.33 después..le hayan *azotado*, le matarán
Jn. 19.1 tomó Pilato a Jesús, y le *azotó*
Hch. 5.40 después de *azotarlos*, les intimaron
16.22 ropas, ordenaron *azotarles* con varas
16.23 después de haberlos *azotado* mucho, los
16.37 después de *azotarnos* públicamente sin
22.19 yo..*azotaba* en todas las sinagogas a
22.25 ¿os es lícito *azotar* a un..romano sin
2 Co. 11.25 tres veces he sido *azotado* con
He. 12.6 *azota* a todo el que recibe por hijo

AZOTE
Dt. 25.2 según su delito será el número de *a*
25.3 se podrá dar cuarenta *a*, no más; no sea
25.3 lo hirieren con muchos *a* más que éstos
Jos. 23.13 os serán por lazo..*a* para vuestros
Jue. 2.3 que serán *a* para vuestros costados, y
2 S. 7.14 castigaré..con *a* de hijos de hombres
1 R. 12.11,14 mi padre os castigó con *a*, mas
2 Cr. 10.11,14 mi padre os castigó con *a*, y yo
Job 5.21 del *a* de la lengua serás encubierto
9.23 si *a* mata de repente, se ríe..inocentes
21.9 temor, ni viene *a* de Dios sobre ellos
37.13 unas veces por *a*, otras por causa de su
Sal. 89.32 castigaré..y con *a* sus iniquidades
Pr. 17.10 reprensión..más que cien *a* al necio
18.6 traen contienda; y su boca los *a* llama
19.29 y *a* para las espaldas de los necios
20.30 los *a* que hieren son medicina para el
Is. 10.26 levantará Jehová..*a* contra él como
28.15 el turbión del *a*, no llegará a nosotros
28.18 cuando pase el turbión del *a*, seréis
Jer. 30.14 te herí, con *a* de adversario cruel
Mr. 5.29 y sintió..que estaba sana de aquel *a*
5.34 hija..vé en paz, y queda sana de tu *a*
Lc. 12.47 no se preparó ni..recibirá muchos *a*
12.48 sin conocerla hizo cosas dignas de *a*
Jn. 2.15 haciendo un *a* de cuerdas, echó fuera
Hch. 22.24 y ordenó que fuese examinado con *a*
2 Co. 6.5 en *a*, en cárceles, en tumultos, en
11.23 en *a* sin número; en cárceles más
11.24 cinco veces he recibido 40 *a* menos uno
He. 11.36 otros experimentaron vituperios y *a*

AZOTEA
2 R. 23.12 derribó..los altares..sobre la *a*
Jer. 32.29 las casas sobre cuyas *a* ofrecieron
Mt. 10.27 lo que oís..proclamadlo desde las *a*
24.17 el que esté en la *a*, no descienda para
Mr. 13.15 el que esté en la *a*, no descienda a
Lc. 12.3 al oído en los..se proclamará en las *a*
17.31 el que esté en la *a*, y sus bienes en
Hch. 10.9 Pedro subió a la *a* para orar, cerca

AZOTO =***Asdod,*** **Hch. 8.40**

AZRICAM
1. ***Descendiente de Zorobabel,*** **1 Cr. 3.23**
2. ***Descendiente del rey Saúl,*** **1 Cr. 8.38; 9.44**
3. ***Ascendiente de Semaías No. 5,*** **1 Cr. 9.14; Neh. 11.15**
4. ***Mayordomo del rey Acaz,*** **2 Cr. 28.7**

AZRIEL
1. ***Jefe de Manasés,*** **1 Cr. 5.24**
2. ***Padre de Jerimot No. 4,*** **1 Cr. 27.19**
3. ***Padre de Seraías No. 9,*** **Jer. 36.26**

AZUBA
1. ***Madre del rey Josafat,*** **1 R. 22.42; 2 Cr. 20.31**
2. ***Mujer de Caleb,*** **1 Cr. 2.18,19**

AZUFRE
Gn. 19.24 Jehová hizo llover sobre Sodoma..*a*
Dt. 29.23 *a* y sal, abrasada toda su tierra
Job 18.15 piedra de *a* será esparcida sobre su
Sal. 11.6 fuego, *a* y viento abrasador será la
Is. 30.33 soplo de Jehová, como torrente de *a*
34.9 convertirán..en *a*, y su tierra en brea
Ez. 38.22 llover sobre él..granizo, fuego y *a*
Lc. 17.29 del cielo fuego y *a*, y los destruyó
Ap. 9.17 corazas de fuego, de zafiro y de *a*
9.17 y de su boca salían fuego, humo y *a*
9.18 el humo y el *a* que salían de su boca
14.10 atormentado con fuego y *a* delante de
19.20 de un lago de fuego que arde con *a*
20.10 fue lanzado en el lago de fuego y *a*
21.8 en el lago que arde con fuego y *a*, que

AZUL
Éx. 25.4 *a*, púrpura, carmesí, lino fino, pelo
26.1 cortinas de lino torcido, *a*, púrpura y
26.4 harás lazadas de *a* en la orilla de la
26.31 harás un velo de *a*, púrpura, carmesí
26.36 una cortina de *a*, púrpura, carmesí
27.16 cortina de veinte codos, de *a*, púrpura
28.5 tomarán oro, *a*, púrpura, carmesí y lino
28.6 harán el efod de..*a*, púrpura, carmesí
28.8 su cinto..de oro, *a*, púrpura, carmesí
28.15 el pectoral..*a*, púrpura, carmesí y lino
28.28 juntarán el pectoral..un cordón de *a*
28.31 harás el manto del efod todo de *a*
28.33 y en sus orlas harás granadas de *a*
28.37 la pondrás con un cordón de *a*, y estará
35.6 *a*, púrpura, carmesí, lino fino, pelo de
35.23 hombre que tenía *a*, púrpura, carmesí
35.25 y traían..*a*, púrpura, carmesí o lino
35.35 bordado en *a*, púrpura, en carmesí
36.8 diez cortinas de *a*, púrpura y carmesí
36.11 hizo lazadas de *a* en la orilla de la
36.35 hizo asimismo el velo de *a*, púrpura
36.37 hizo también el velo..de *a*, púrpura
38.18 entrada..de *a*, púrpura, carmesí y lino
38.23 recamador en *a*, púrpura, carmesí y lino
39.1 del *a*, púrpura y carmesí hicieron las
39.2 hizo..el efod de oro, de *a*, púrpura
39.3 cortaron hilos para tejerlos entre el *a*
39.5 cinto del efod..oro, *a*, púrpura, carmesí
39.8 el pectoral..oro, *a*, púrpura y carmesí y
39.21 ataron el pectoral..con un cordón de *a*
39.22 el manto..de obra de tejedor, todo de *a*
39.24 granadas de *a*, púrpura, carmesí y lino
39.29 cinto de lino torcido, de *a*, púrpura
39.31 un cordón de *a* para colocarla sobre la
Nm. 4.6 y extenderán encima un paño todo de *a*
4.7 sobre la mesa de..extenderán un paño *a*
4.9 tomarán un paño *a* y cubrirán el candelero
4.11 sobre el altar..extenderán un paño *a*, y
4.12 los pondrán en un paño *a*, y los cubrirán
15.38 pongan en cada franja..un cordón de *a*
2 Cr. 2.7 que sepa trabajar en..grana y en *a*
2.14 sabe trabajar en oro..y en *a*, en lino
3.14 también el velo de *a*, púrpura, carmesí
Est. 1.6 el pabellón era de blanco, verde y *a*
8.15 salió..con vestido real de *a* y blanco
Jer. 10.9 los vestirán de *a* y de púrpura, obra
Ez. 27.7 de *a* y púrpura de las costas de Elisa
27.24 en mantos de *a* y bordados, y en cajas

AZUR
1. ***Firmante del pacto de Nehemías,*** **Neh. 10.17**
2. ***Padre de Hananías No. 10,*** **Jer. 28.1**
3. ***Padre de Jaazanías No. 4,*** **Ez. 11.1**

B

BAAL
1. ***Dios de los cananeos; imagen de él***

Jue. 2.11 hijos de Israel..sirvieron a los *b*
2.13 dejaron a Jehová, y adoraron a *B* y a
3.7 olvidaron a Jehová..sirvieron a los *b*
6.25 y derriba el altar de *B* que tu padre
6.28 que el altar de *B* estaba derribado, y
6.30 ha derribado el altar de *B* y ha cortado
6.31 y Joás..¿Contenderéis vosotros por *B?*
6.32 Jerobaal, esto es: Contienda *B* contra
8.33 volvieron a prostituirse yendo..los *b*
10.6 sirvieron a los *b* y a Astarot, a los
10.10 hemos dejado..Dios, y servido a los *b*
1 S. 7.4 los hijos de Israel quitaron a los *b*
12.10 y hemos servido a los *b* y a Astarot
1 R. 16.31 por mujer..y sirvió a *B*, y lo adoró
16.32 e hizo altar a *B*, en el templo de *B*
18.18 sino tú y la casa..siguiendo a los *b*
18.19 congrégame a..los 450 profetas de *B*
18.21 si Jehová es..y si *B*, id en pos de él
18.22 de los profetas de *B* hay 450 hombres
18.25 entonces Elías dijo a los profetas de *B*
18.26 e invocaron el nombre de *B* desde la
18.26 diciendo: ¡*B*, respóndenos! Pero no había
18.40 prended a los profetas de *B*, para que
19.18 cuyas rodillas no se doblaron ante *B*
22.53 sirvió a *B*, y lo adoró, y provocó a
2 R. 3.2 quitó las estatuas de *B* que su padre
10.18 Acab sirvió poco a *B*, mas Jehú..mucho
10.19 llamadme..a todos los profetas de *B*
10.19 que..tengo un gran sacrificio para *B*
10.19 para exterminar a los que honraban a *B*
10.20 dijo..Santificad un día solemne a *B*
10.21 los siervos de *B*..en el templo de *B*
10.21 el templo de *B* se llenó de extremo a
10.22 saca vestiduras para..los siervos de *B*
10.23 entró Jehú..en el templo de *B*, y dijo
10.23 dijo a los siervos de *B:* Mirad y ved
10.23 no haya..sino sólo los siervos de *B*

BAAL *(Continúa)*
2 R. 10.25 hasta el lugar santo del templo de *B*
10.26 sacaron las estatuas del templo de *B*
10.27 quebraron la estatua de *B*, y derribaron
10.27 el templo de *B*, y lo convirtieron en
10.28 así exterminó Jehú a *B* de Israel
11.18 el pueblo de..entró en el templo de *B*
17.16 se hicieron imágenes..y sirvieron a *B*
21.3 levantó altares a *B*, e hizo una imagen
23.4 utensilios..hechos para *B*, para Asera
23.5 a los que quemaban incienso a *B*, al sol
2 Cr. 17.3 Josafat..anduvo..y no buscó a los *b*
23.17 entró todo el pueblo en el templo de *B*
23.17 y mataron..a Matán, sacerdote de *B*
28.2 además hizo imágenes fundidas a los *b*
33.3 levantó altares a los *b*, e..imágenes
34.4 los altares de los *b*, e hizo pedazos los
Jer. 2.8 profetas profetizaron en nombre de *B*
2.23 decir: No..nunca anduve tras los *b*?
7.9 jurando en falso, e incensando a *B*, y
9.14 y en pos de los *b*, según les enseñaron
11.13 altares para ofrecer incienso a *B*
11.17 provocándome a ira con incensar a *B*
12.16 enseñaron a mi pueblo a jurar por *B*
19.5 altos a *B*..en holocaustos al mismo *B*
23.13 profetizaban en nombre de *B*..errar a
23.27 sus padres se olvidaron de mi..por *B*?
32.29 cuyas azoteas ofrecieron incienso a *B*
32.35 edificaron lugares altos a *B*..Hinom
Os. 2.8 multipliqué..el oro que ofrecían a *B*
2.13 por los días en que incensaba a los *b*
2.17 quitaré de su boca los nombres de los *b*
11.2 a los *b* sacrificaban, y a los ídolos
13.1 fue exaltado en..mas pecó en *B*, y murió
Sof. 1.4 exterminaré de este lugar los..de *B*
Ro. 11.4 no han doblado la rodilla delante de *B*
2. *Población en Simeón (=Baalat-beer)*, 1 Cr. 4.33
3. *Descendiente de Rubén*, 1 Cr. 5.5
4. *Descendiente de Benjamín*, 1 Cr. 8.30; 9.36

BAALA
1. *Nombre antiguo de Quiriat-jearim*
Jos. 15.9 rodea este límite..rodeando luego a *B*
15.10 este límite desde *B* hacia el occidente
2 S. 6.2 levantó David y partió de *B* de Judá
1 Cr. 13.6 subió David con todo Israel a *B* de
2. *Monte en la frontera de Judá*, Jos. 15.11
3. *Aldea en Judá (=Bala y Bilha)*, Jos. 15.29

BAALAT *Población en Dan*, Jos. 19.44; 1 R. 9.18; 2 Cr. 8.6

BAALAT-BEER *Ciudad en Simeón (=Ramat del Neguev)*, Jos. 19.8

BAAL-BERIT *Dios cananeo cuyo templo estaba en Siquem*, Jue. 8.33; 9.4

BAAL-GAD *Población cerca del Monte Hermón*, Jos. 11.17; 12.7; 13.5

BAAL-HAMÓN *Lugar no identificado*, Cnt. 8.11

BAAL-HANÁN
1. *Rey edomita*, Gn. 36.38,39; 1 Cr. 1.49,50
2. *Oficial del rey David*, 1 Cr. 27.28

BAAL-HAZOR *Hogar de Absalón, cerca del pueblo de Efraín*, 2 S. 13.23

BAAL-HERMÓN *Ciudad de los heveos cerca del Monte Hermón (posiblemente =Baal-gad)*, Jue. 3.3; 1 Cr. 5.23

BAALI . *"Mi señor", nombre simbólico*, Os. 2.16

BAALIS *Rey amonita*, Jer. 40.14

BAAL-MEÓN *Ciudad en Moab*, Nm. 32.38; 1 Cr. 5.8; Ez. 25.9

BAAL-PEOR *Dios de los moabitas y madianitas*
Nm. 25.3 así acudió el pueblo a *B*; y el furor
25.5 matad cada uno a..se han juntado con *B*
25.18 os han engañado en lo tocante a *B*, y
25.18 fue muerta el día de..por causa de *B*
31.16 Israel prevaricasen..en lo tocante a *B*
Dt. 4.3 lo que hizo Jehová con motivo de *B*
4.3 todo hombre que fue en pos de *B* destruyó
Sal. 106.28 unieron asimismo a *B*, y comieron
Os. 9.10 ellos acudieron a *B*, se apartaron para

BAAL-PERAZIM *Lugar cerca del valle de Refaim*
2 S. 5.20 y vino David a *B*, y allí los venció
5.20 esto llamó el nombre de aquel lugar *B*
1 Cr. 14.11 subieron..a *B*, y allí los derrotó
14.11 llamaron el nombre de aquel lugar *B*

BAAL-SALISA *Lugar cerca de Siquem*, 2 R. 4.42

BAAL-TAMAR *Lugar cerca de Gabaa de Benjamín*, Jue. 20.33

BAAL-ZEBUB *Dios de Ecrón*
2 R. 1.2 id y consultad a *B* dios de Ecrón, si
1.3 que vais a consultar a *B* dios de Ecrón?
1.6 tú envías a consultar a *B* dios de Ecrón
1.16 cuanto enviaste..a consultar a *B* dios de

BAAL-ZEFÓN *Lugar en Egipto donde acampó Israel*
Éx. 14.2 y acampen..Migdol y el mar hacia *B*
14.9 los alcanzaron acampados..delante de *B*
Nm. 33.7 Pi-hahirot, que está delante de *B*, y

BAANA
1. *Asesino de Is-boset*
2 S. 4.2 el nombre de uno era *B*, y el del otro
4.5 *B*, fueron y entraron en el mayor calor
4.6 Recab y *B*..se introdujeron en la casa
4.9 David respondió a Recab y a..*B*, hijos
2. *Padre de Heleb (o Heled)*, 2 S. 23.29; 1 Cr. 11.30
3. *Gobernador de Salomón sobre Taanac y Meguido*, 1 R. 4.12
4. *Gobernador de Salomón sobre Aser y Alot*, 1 R. 4.16
5. *Uno que regresó del exilio con Zorobabel*, Esd. 2.2; Neh. 7.7
6. *Uno que ayudó en la reparación del muro y firmó el pacto de Nehemías*, Neh. 3.4; 10.27

BAARA *Mujer de Saharaim*, 1 Cr. 8.8

BAASA *Rey de Israel*
1 R. 15.16,32 hubo guerra entre Asa y *B* rey
15.17 subió *B* rey de Israel contra Judá, y
15.19 y rompe tu pacto con *B* rey de Israel
15.21 oyendo esto *B*, dejó de edificar a Ramá
15.22 quitaron..madera con que *B* edificaba
15.27 *B*..conspiró contra él, y lo hirió *B*
15.28 lo mató, pues, *B* en el tercer año de
15.33 tercer año de Asa..comenzó a reinar *B*
16.1 vino palabra de Jehová a Jehú..contra *B*
16.3 he aquí yo barreré la posteridad de *B*
16.4 el que de *B* fuere muerto en la ciudad
16.5 demás hechos de *B*, y las cosas que hizo
16.6 durmió *B* con sus padres, y fue sepultado
16.7 pero la palabra..había sido contra *B*
16.8 comenzó a reinar Ela hijo de *B* sobre
16.11 mató a toda la casa de *B*, sin dejar
16.12 exterminó Zimri a toda la casa de *B*
16.12 que Jehová había proferido contra *B*
16.13 por todos los pecados de *B* y..de Ela
21.22 como la casa de *B* hijo de Ahías, por
2 R. 9.9 la casa de Acab como la casa de *B* hijo
2 Cr. 16.1 en el año 36..subió *B* rey de Israel
16.3 alianza que tienes con *B* rey de Israel
16.5 oyendo esto *B*, cesó de edificar a Ramá
16.6 piedra y la madera con que *B* edificaba
Jer. 41.9 el rey Asa a causa de *B* rey de Israel

BAASÍAS *Ascendiente de Asaf el cantor*, 1 Cr. 6.40

BABEL *Forma hebrea del nombre Babilonia*
Gn. 10.10 fue el comienzo de su reino *B*, Erec
11.9 por esto fue llamado el nombre de ella *B*

BABILONIA *Ciudad principal de Mesopotamia de la antigüedad, o el distrito de esa ciudad, o el imperio que encabezó*
2 R. 17.24 trajo el rey de Asiria gente de *B*
17.30 los de *B* hicieron a Sucot-benot, los
20.12 rey de *B* envió mensajeros con cartas
20.14 de lejanas tierras han venido, de *B*
20.17 atesorado hasta hoy, será llevado a *B*
20.18 serán eunucos..palacio del rey de *B*
24.1 subió en campaña Nabucodonosor rey de *B*
24.7 el rey de *B* le tomó todo lo que era suyo
24.10 subieron contra Jerusalén..rey de *B*
24.11 vino también..rey de *B* contra la ciudad
24.12 salió Joaquín rey de Judá al rey de *B*
24.12 lo prendió el rey de *B* en el octavo año
24.15 cautivos a *B* a Joaquín, a la madre del
24.15 cautivos los llevó de Jerusalén a *B*
24.16 todos los..llevó cautivos el rey de *B*
24.17 el rey de *B* puso por rey en lugar de
24.20 Sedequías se rebeló contra el rey de *B*
25.1 rey de *B* vino con todo su ejército
25.6 preso..le trajeron al rey de *B* en Ribla
25.7 y atado con cadenas lo llevaron a *B*
25.8 el año 19 de Nabucodonosor rey de *B*
25.8 Nabuzaradán, capitán de..del rey de *B*
25.11 los que se habían pasado al rey de *B*
25.13 los caldeos..llevaron el bronce a *B*
25.20 tomó..y los llevó a Ribla al rey de *B*
25.21 el rey de *B* los hirió y mató en Ribla
25.22 pueblo que..rey de *B* dejó en tierra de
25.23 rey de *B* había puesto por..a Gedalías
25.24 y servid al rey de *B*, y os irá bien
25.27 rey de *B*..libertó a Joaquín rey de Judá
25.28 de los reyes que estaban con él en *B*
1 Cr. 9.1 los de Judá fueron transportados a *B*
2 Cr. 32.31 los mensajeros de los..de *B*, que
33.11 a Manasés, y atado..lo llevaron a *B*
36.6 subió..rey de *B*, y lo llevó a *B* atado
36.7 llevó..a *B*..los puso en su templo en *B*
36.10 lo hizo llevar a *B*, juntamente con los
36.18 los tesoros de la..todo lo llevó a *B*
36.20 la espada fueron llevados cautivos a *B*
Esd. 1.11 los hizo llevar..de *B* a Jerusalén
2.1 rey de *B* había llevado cautivos a *B*, y
4.9 de *B*, de Susa, esto es, los elamitas
5.12 los entregó en mano de..rey de *B*, caldeo
5.12 el cual..llevó cautivo al pueblo a *B*
5.13 en el año primero de Ciro rey de *B*, el
5.14 y los había llevado al templo de *B*
5.14 el rey Ciro los sacó del templo de *B*
5.17 búsquese en la casa..que está allí en *B*
6.1 donde guardaban los tesoros allí en *B*
6.5 y los pasó a *B*, sean devueltos y vayan
7.6 Esdras subió de *B*. Era escriba..en la ley
7.9 fue el principio de la partida de *B*, y
7.16 plata y el oro que halles en toda..*B*
8.1 genealogía de aquellos que subieron..*B*
Neh. 7.6 los que llevó cautivos..rey de *B*, y
13.6 el año 32 de Artajerjes rey de *B* fui al
Est. 2.6 hizo transportar Nabucodonosor..de *B*
Sal. 87.4 yo me acordaré de Rahab y de *B* entre
137.1 junto a los ríos de *B*..nos sentábamos
137.8 hija de *B* la desolada, bienaventurado
Is. 13.1 profecía sobre *B*, revelada a Isaías
13.19 *B*..será como Sodoma y Gomorra, a las
14.4 proverbio contra el rey de *B*, y dirás
14.22 raeré de *B* el nombre y el remanente
21.9 después habló y dijo: Cayó, cayó *B*
39.1 rey de *B*, envió cartas y presentes a
39.3 de tierra muy lejana han venido..de *B*
39.6 llevado a *B* todo lo que hay en tu casa
39.7 tus hijos..serán eunucos..del rey de *B*
43.14 vosotros envié a *B*, e hice descender
47.1 siéntate en el polvo, virgen hija de *B*
48.14 ejecutará su voluntad en *B*, y su brazo
48.20 salid de *B*, huid de entre los caldeos
Jer. 20.4 Judá entregaré en manos del rey de *B*
20.4 los llevará cautivos a *B*, y los matará
20.5 tesoros..los tomarán y los llevarán a *B*
20.6 tú, Pasur..entrarás en *B*, y allí morirás
21.2 rey de *B* hace guerra contra nosotros
21.4 vosotros peleáis contra el rey de *B*
21.7 a Sedequías rey..en mano de..rey de *B*
21.10 en mano del rey de *B* será entregada
22.25 sí, en mano de Nabucodonosor rey de *B*
24.1 transportado..rey de *B* a Jeconías hijo
24.1 haberlos llevado a *B*, me mostró Jehová
25.1 el cual era el año primero de..rey de *B*
25.9 y a Nabucodonosor rey de *B*, mi siervo
25.11 y servirán estas naciones al rey de *B*
25.12 castigaré al rey de *B* y a..nación
25.26 y el rey de *B* beberá después de ellos
27.6 puesto..tierras en mano de..rey de *B*
27.8 y al reino que no sirviere a..rey de *B*
27.8 su cuello debajo del yugo del rey de *B*
27.9,14 diciendo: No serviréis al rey de *B*
27.11 que sometiere su..al yugo del rey de *B*
27.12 someted..cuellos al yugo del rey de *B*
27.13 la nación que no sirviere al rey de *B*
27.16 los utensilios de la casa..volverán de *B*
27.17 servid al rey de *B* y vivid; ¿por qué
27.18 utensilios que han quedado..no vayan a *B*
27.20 rey de *B* cuando..a *B* a Jeconías hijo
27.22 a *B* serán transportados, y allí estarán
28.2 habló..Quebranté el yugo del rey de *B*
28.3 rey de *B* tomó de..para llevarlos a *B*
28.4 los transportados..que entraron en *B*
28.4 yo quebrantaré el yugo del rey de *B*
28.6 han de ser devueltos de *B* a este lugar
28.11 manera romperé el yugo de..rey de *B*
28.14 sirvan a..rey de *B*, y han de servirle
29.1 que..llevó cautivo de Jerusalén a *B*
29.3 a quienes envió..Judá a *B*, a..rey de *B*
29.4 que hice transportar de Jerusalén a *B*
29.10 cuando en *B* se cumplan los 70 años
29.15 Jehová nos ha levantado profetas en *B*
29.20 los transportados que envié de..a *B*
29.22 transportados de Judá que están en *B*
29.22 a quienes asó al fuego el rey de *B*
29.28 nos envió a decir en *B*: Largo será el
32.2 el ejército del rey de *B* tenía sitiada
32.3,28 esta ciudad en mano del rey de *B*
32.4,36 será entregado en mano del rey de *B*
32.5 y hará llevar a Sedequías a *B*, y allá
34.1 cuando Nabucodonosor rey de *B* y todo su
34.2 yo entregaré esta ciudad al rey de *B*
34.3 tus ojos verán..rey de *B*..en *B* entrarás
34.7 el ejército del rey de *B* peleaba contra
34.21 y en mano del ejército del rey de *B*
35.11 rey de *B* subió a la tierra, dijimos
36.29 vendrá el rey de *B*, y destruirá esta
37.1 Nabucodonosor rey de *B* constituyó por

BABILONIA *(Continúa)*

Jer. 37.17 en mano del rey de *B* serás entregado
37.19 no vendrá el rey de *B* contra vosotros
38.3 en mano del ejército del rey de *B*, y
38.17 si te entregas..a los..del rey de *B*
38.18 no te entregas a los príncipes..de *B*
38.22 sacadas a los príncipes del rey de *B*
38.23 por mano del rey de *B* serás apresado
39.1 vino Nabucodonosor rey de *B*..Jerusalén
39.3 (2) todos los príncipes del rey de *B*
39.5 donde estaba Nabucodonosor rey de *B*, y
39.6 y degolló el rey de *B* a los hijos de
39.6 degollar el rey de *B* a todos los nobles
39.7 y le aprisionó con..para llevarle a *B*
39.9 capitán de la guardia..transportó a *B*
39.13 y todos los príncipes del rey de *B*
40.1 los cautivos..que iban deportados a *B*
40.4 (2) te parece bien venir conmigo a *B*
40.5 el rey de *B* ha puesto sobre todas las
40.7 oyeron que el rey de *B* había puesto a
40.7 pobres de..no fueron transportados a *B*
40.9 y servid al rey de *B*, y os irá bien
40.11 decir que el rey de *B* había dejado a
41.2 aquel a quien el rey de *B* había puesto
41.18 el rey de *B* había puesto para gobernar
42.11 no temáis de la presencia del rey de *B*
43.3 para matarnos y hacernos transportar a *B*
43.10 tomaré..rey de *B*, mi siervo, y pondré
44.30 en mano de Nabucodonosor rey de *B*, su
46.2 a quien destruyó Nabucodonosor rey de *B*
46.13 acerca de la venida de..rey de *B*, para
46.26 los entregaré en mano de..rey de *B* y
49.28 los cuales asoló Nabucodonosor rey de *B*
49.30 tomó consejo..Nabucodonosor rey de *B*
50.1 palabra que habló Jehová contra *B*
50.2 decid: Tomada es *B*, Bel es confundido
50.8 huid de en medio de *B*, y salid de la
50.9 hago subir contra *B* reunión de grandes
50.13 hombre que pasare por *B* se asombrará
50.14 poneos en orden contra *B* alrededor
50.16 destruid en *B* al que siembra, y al que
50.17 Nabucodonosor rey de *B* lo deshuesó
50.18 yo castigo al rey de *B* y a su tierra
50.23 se convirtió *B* en desolación entre las
50.24 te puse lazos, y fuiste tomada, oh *B*
50.28 voz de los que huyen y escapan de..*B*
50.29 haced juntar contra *B* flecheros..arco
50.34 reposar la tierra, y turbar a los..de *B*
50.35 espada..y contra los moradores de *B*
50.42 se prepararán contra ti..oh hija de *B*
50.43 oyó la noticia el rey de *B*, y..dolor
50.45 oíd..que Jehová ha acordado contra *B*
50.46 al grito de la toma de *B* la..tembló
51.1 levanto un viento destruidor contra *B*
51.2 enviaré a *B* aventadores que la avienten
51.6 huid de en medio de *B*, y librad cada uno
51.7 copa de oro fue *B* en la mano de Jehová
51.8 en un momento cayó *B*, y se despedazó
51.9 curamos a *B*, y no ha sanado; dejadla, y
51.11 porque contra *B* es su pensamiento para
51.12 levantad bandera sobre los muros de *B*
51.12 ha dicho contra los moradores de *B*
51.24 pagaré a *B* y a todos los moradores de
51.29 es confirmado contra *B*..el pensamiento
51.29 para poner la tierra de *B* en soledad
51.30 los valientes de *B* dejaron de pelear
51.31 anunciar al rey de *B* que su ciudad es
51.33 la hija de *B* es como una era cuando
51.34 me desmenuzó Nabucodonosor rey de *B*
51.35 sobre *B* caiga la violencia hecha a mí
51.37 será *B* montones de ruinas, morada de
51.41 fue apresada *B*..vino a ser *B* objeto de
51.42 subió el mar sobre *B*; de la multitud
51.44 juzgaré a Bel en *B*..el muro de *B* caerá
51.47 destruiré los ídolos de *B*, y toda su
51.48 los cielos..cantarán de gozo sobre *B*
51.49 caerá *B*, como por *B* cayeron..muertos
51.53 aunque suba *B* hasta el cielo, y se
51.54 óyese el clamor de *B*..quebrantamiento
51.55 porque Jehová destruirá a *B*, y quitará
51.56 vino destruidor contra ella, contra *B*
51.58 el muro ancho de *B* será derribado
51.59 iba con Sedequías rey de Judá a *B*, en
51.60 todo el mal que había de venir sobre *B*
51.60 palabras que están escritas contra *B*
51.61 cuando llegues a *B*, y veas y leas todas
51.64 así se hundirá *B*, y no se levantará
52.3 se rebeló Sedequías contra el rey de *B*
52.4 vino..rey de *B*, él y todo su ejército
52.9 le hicieron venir al rey de *B*, a Ribla
52.10 y degolló el rey de *B* a los hijos de
52.11 el rey de *B*..sacó los ojos a Sedequías
52.11 y lo hizo llevar a *B*; y lo puso en la
52.12 del reinado de Nabucodonosor rey de *B*
52.12 que solía estar delante del rey de *B*
52.15 que se habían pasado al rey de *B*, y a
52.17 caldeos..llevaron todo el bronce a *B*
52.26 tomó..los llevó al rey de *B* en Ribla
52.27 el rey de *B* los hirió, y los mató en
52.31 Evil-merodac rey de *B*..lo sacó de la
52.32 tronos de los reyes que estaban..en *B*
52.34 daba una ración de parte del rey de *B*
Ez. 12.13 llevarlo a *B*, a tierra de caldeos
17.12 rey de *B*..vino..y los llevó consigo a *B*
17.16 que morirá en medio de *B*, en el lugar
17.20 y lo haré venir a *B*, y allí entraré en
19.9 con cadenas, y lo llevaron al rey de *B*
21.19 por donde venga la espada del rey de *B*
21.21 porque el rey de *B* se ha detenido en
23.15 manera de los hombres de *B*, de Caldea
23.17 se llegaron a ella los hombres de *B*
23.23 los de *B*, y todos los caldeos, los de
24.2 el rey de *B* puso sitio a Jerusalén este
26.7 norte traigo yo contra Tiro a..rey de *B*
29.18 rey de *B* hizo a su ejército prestar un
29.19 doy a..rey de *B*, la tierra de Egipto
30.10 destruiré..Egipto por mano..rey de *B*
30.24,25 fortaleceré los brazos del rey de *B*
30.25 ponga mi espada en la..del rey de *B*
32.11 la espada del rey de *B* vendrá sobre ti
Dn. 1.1 vino..rey de *B* a Jerusalén, y la sitió
2.12 mandó que matasen a..los sabios de *B*
2.14 salido para matar a los sabios de *B*
2.18 no pereciesen con los otros sabios de *B*
2.24 puesto para matar a los sabios de *B*, y
2.24 no mates a los sabios de *B*; llévame a
2.48 gobernador de toda la provincia de *B*
2.48 jefe supremo de todos los sabios de *B*
2.49 pusiera sobre los negocios..*B* a Sadrac
3.1 levantó en..Dura, en la provincia de *B*
3.12 cuales pusiste sobre los negocios de..*B*
3.30 el rey engrandeció a Sadrac..en la..de *B*
4.6 vinieran delante de mí..los sabios de *B*
4.29 meses, paseando en el palacio real de *B*
4.30 ¿no es ésta la gran *B* que yo edifiqué
5.7 dijo..a los sabios de *B*: Cualquiera que
7.1 el primer año de Belsasar rey de *B* tuvo
Mi. 4.10 ahora saldrás de..y llegarás hasta *B*
Zac. 2.7 Sion, la que moras con la hija de *B*
6.10 toma de los..los cuales volvieron de *B*
Mt. 1.11 en el tiempo de la deportación a *B*
1.12 después de la deportación a *B*, Jeconías
1.17 desde David hasta la deportación a *B*
1.17 deportación a *B* hasta Cristo, catorce
Hch. 7.43 os transportaré, pues, más allá de *B*
1 P. 5.13 la iglesia que está en *B*..os saludan
Ap. 14.8 ha caído, ha caído *B*, la gran ciudad!
16.19 gran *B* vino en memoria delante de Dios
17.5 *B* LA GRANDE, LA MADRE DE LAS RAMERAS
18.2 ha caído, ha caído la gran *B*, y se ha
18.10 ay, de la gran ciudad de *B*, la ciudad
18.21 con el mismo ímpetu será derribada *B*

BABILÓNICO *Propio de Babilonia*

Jos. 7.21 vi entre los despojos un manto *b* muy

BACBACAR *Levita, descendiente de Asaf el cantor*, 1 Cr. 9.15

BACBUC *Padre de una familia de siervos del templo*, Esd. 2.51; Neh. 7.53

BACBUQUÍAS *Cantor y portero del templo*, Neh. 11.17; 12.9,25

BÁCULO

Gn. 38.18 sello, tu cordón, y tu *b* que tienes
38.25 estas cosas, el sello, el cordón y el *b*
Éx. 21.19 levantare y anduviere..sobre su *b*
Nm. 21.18 lo cavaron..el legislador, con sus *b*
Jue. 6.21 extendiendo el ángel de Jehová el *b*
2 S. 3.29 de la casa de Joab quien ande con *b*
2 R. 4.29 toma mi *b*..mi *b* sobre el rostro del
4.31 había puesto el *b* sobre el rostro del
18.21 confías en este *b* de caña cascada, en
1 Cr. 11.23 él descendió con un *b*, y arrebató
Is. 10.5 oh Asiria, vara y *b* de mi furor, en
10.15 si el *b* levantase al que lo levanta
14.5 quebrantó Jehová el *b* de los impíos
36.6 que confías en este *b* de caña frágil
Jer. 48.17 cómo se quebró la vara..*b* hermoso!
Ez. 29.6 fueron *b* de caña a la casa de Israel

BAGAJE

Jue. 18.21 niños, el ganado y el *b* por delante
1 S. 10.22 aquí, él está escondido entre el *b*
17.22 carga en mano del que guardaba el *b*
25.13 subieron..dejaron doscientos con el *b*
30.24 de ser la parte del que queda con el *b*

BAHÍA

Jos. 15.2 desde la *b* que mira hacia el sur
15.5 desde la *b* del mar en la desembocadura
18.19 termina en la *b* norte del Mar Salado

BAHURIM *Aldea cerca de Jerusalén*

2 S. 3.16 marido fue con ella..llorando hasta *B*
16.5 vino..David hasta *B*; y he aquí salía
17.18 y llegaron a casa de un hombre en *B*
19.16 Simei hijo de..era de *B*, se dio prisa
1 R. 2.8 Simei..de Benjamín, de *B*..me maldijo

BAILAR

Jue. 21.21 veáis salir..hijas de Silo a *bailar*
Ec. 3.4 tiempo de endechar, y tiempo de *bailar*
Mt. 11.17; Lc. 7.32 tocamos..y no *bailasteis*

BAILE

Sal. 30.11 cambiado mi lamento en *b*..alegría

BAJADA

Jos. 7.5 siguieron..y los derrotaron en la *b*
10.11 a la *b*..Jehová arrojó desde el cielo
Jer. 48.5 a la *b* de Horonaim los enemigos
Lc. 19.37 de la *b* del monte de los Olivos

BAJAR

Gn. 24.14 *baja* tu cántaro, te ruego, para que
24.18 se dio prisa a *bajar* su cántaro sobre
24.46 *bajó*..su cántaro de encima de sí, y
49.15 *bajó* su hombro para llevar, y sirvió
Éx. 17.11 él *bajaba* su mano, prevalecía Amalec
34.8 Moisés..*bajó* la cabeza hacia el suelo
Nm. 34.11 y *bajará* este límite desde Sefam a
Jos. 15.18 ella..se *bajó* del asno. Y Caleb le
16.3 *baja* hacia el occidente al territorio
Jue. 1.14 ella se *bajó* del asno, y Caleb le dijo
7.10 *baja* tú con..tu criado al campamento
Rt. 2.10 *bajando* su rostro se inclinó a tierra
1 S. 6.15 los levitas *bajaron* el arca de Jehová
10.8 luego *bajarás* delante de mí a Gilgal
25.23 *bajó*..del asno, y postrándose sobre su
2 R. 5.21 se *bajó* del carro para recibirle, y
Sal. 133.2 *baja* hasta el borde de..vestiduras
Is. 5.15 serán *bajados* los ojos de los altivos
40.4 alzado, y *bájese* todo monte y collado
Lm. 2.10 vírgenes..*bajaron* sus cabezas a tierra
Ez. 1.24 cuando se paraban, *bajaban* sus alas
1.25 y cuando se paraban y *bajaban* sus alas
Os. 5.2 haciendo víctimas han *bajado* hasta lo
Jon. 1.5 Jonás había *bajado* al interior de la
Mr. 2.4 *bajaron* el lecho..yacía el paralítico
15.36 dejad, veamos si viene Elías a *bajarle*
Lc. 3.5 y se *bajará* todo monte y collado; los
5.19 por el tejado le *bajaron* con el lecho
24.5 tuvieron temor, y *bajaron* el rostro a
Jn. 20.5 y *bajándose* a mirar, vio los lienzos
Hch. 9.25 discípulos..le *bajaron* por el muro
10.11 atado de las..era *bajado* a la tierra
11.5 era *bajado* del cielo y venía hasta mí
23.10 *bajasen* soldados y le arrebatasen de

BAJEZA

Lc. 1.48 porque ha mirado la *b* de su sierva

BAJO, JA

Gn. 6.16 y le harás piso *b*, segundo y tercero
2 S. 6.22 me haré más vil..seré *b* a tus ojos
24.6 fueron a Galaad y a la tierra *b* de
1 R. 9.17 restauró..Salomón..a la *b* Bet-horón
Neh. 4.13 por las partes *b* del..puse al pueblo
Job 30.8 hijos de viles..más *b* que la..tierra
Sal. 63.9 caerán en los sitios *b* de la tierra
Pr. 22.29 no estará delante..de *b* condición
Ec. 10.6 los ricos están sentados en lugar *b*
12.4 se cerrarán, por lo *b* del ruido de la
Ez. 17.24 levanté el árbol *b*, hice secar el
21.26 sea exaltado lo *b*, y humillado lo alto
Dn. 4.17 constituye sobre él al más *b* de los
Os. 9.9 hasta lo más *b* en su corrupción, como
Mal. 2.9 hecho viles y *b* ante todo el pueblo
Ef. 4.9 había descendido..a las partes más *b*

BALA *Ciudad en Simeón*, Jos. 19.3

BALAAM *Adivino de Petor en Mesopotamia*

Nm. 22.5 envió mensajeros a *B* hijo de Beor
22.7 llegaron a *B* y le dijeron las palabras
22.8 los príncipes de Moab se quedaron con *B*
22.9 vino Dios a *B*, y le dijo: ¿Qué varones
22.10 *B* respondió a Dios: Balac..de Zipor
22.12 dijo Dios a *B*: No vayas con ellos, ni
22.13 *B* se levantó..y dijo a los príncipes
22.14 dijeron: *B* no quiso venir con nosotros
22.16 vinieron a *B*, y le dijeron: Así dice
22.18 y *B* respondió y dijo a los siervos de
22.20 y vino Dios a *B* de noche, y le dijo
22.21 así *B* se levantó..y enalbardó su asna
22.23 azotó *B* al asna para hacerla volver
22.25 y apretó contra la pared el pie de *B*
22.27 se echó debajo de *B*; y *B* se enojó y
22.28 abrió la boca al asna, la cual dijo a *B*
22.29 y *B* respondió al asna..te has burlado
22.30 el asna dijo a *B*: ¿No soy yo tu asna?
22.31 Jehová abrió los ojos de *B*, y vio al
22.31 *B* hizo reverencia, y se inclinó sobre
22.34 *B* dijo al ángel de Jehová: He pecado
22.35 el ángel de Jehová dijo a *B*: Vé..*B* fue
22.36 Balac que *B* venía, salió a recibirle a
22.37 Balac dijo a *B*: ¿No envié..llamarte?
22.38 *B* respondió a Balac..yo he venido a ti
22.39 y fue *B* con Balac, y..a Quiriat-huzot
22.40 Balac hizo matar bueyes..y envió a *B*
22.41 tomó a *B* y lo hizo subir a Bamot-baal
23.1 y *B* dijo a Balac: Edifícame aquí siete
23.2 Balac hizo como le dijo *B*; y ofrecieron
23.2 ofrecieron Balac y *B* un becerro y un
23.3 y *B* dijo..Ponte junto a tu holocausto
23.4 vino Dios al encuentro de *B*, y éste le
23.5 puso palabra en la boca de *B*, y le dijo

BALAAM *(Continúa)*
Nm. 23.11 Balac dijo a *B:* ¿Qué me has hecho?
23.16 Jehová salió al encuentro de *B*, y puso
23.25 Balac dijo a *B:* Ya que no lo maldices
23.26 *B* respondió y dijo a Balac: ¿No te he
23.27 y dijo Balac a *B:* Te ruego que vengas
23.28 y Balac llevó a *B* a la cumbre de Peor
23.29 *B* dijo a Balac: Edifícame aquí siete
23.30 Balac hizo como *B* le dijo; y ofreció
24.1 cuando vio *B* que parecía bien a Jehová
24.3 dijo *B* hijo de Beor, y dijo el varón
24.10 se encendió la ira de Balac contra *B*
24.12 y *B* le respondió: ¿No lo declaré yo
24.15 dijo *B* hijo de Beor, dijo el varón de
24.25 se levantó *B* y se fue, y volvió a su
31.8 también a *B* hijo de Beor mataron a
31.16 por consejo de *B* ellas fueron causa de
Dt. 23.4 alquilaron contra ti a *B* hijo de Beor
23.5 no quiso Jehová. .oir a *B;* y Jehová tu
Jos. 13.22 mataron a espada. .a *B* el adivino
24.9 envió a llamar a *B* hijo de Beor, para
24.10 yo no quise escuchar a *B*, por lo cual
Neh. 13.2 sino que dieron dinero a *B* para que
Mi. 6.5 qué le respondió *B* hijo de Beor, desde
2 P. 2.15 siguiendo el camino de *B* hijo de Beor
Jud. 11 se lanzaron por lucro en el error de *B*
Ap. 2.14 a los que retienen la doctrina de *B*

BALAC ***Rey de Moab***
Nm. 22.2 vio *B* hijo de Zipor todo lo que Israel
22.4 y *B* hijo de Zipor era entonces rey de
22.7 ancianos. .le dijeron las palabras de *B*
22.10 respondió a Dios: *B* hijo de Zipor, rey
22.13 así Balaam. .dijo a los príncipes de *B*
22.14 y vinieron a *B* y dijeron: Balaam no
22.15 volvió *B* a enviar. .vez más príncipes
22.16 le dijeron: Así dice *B*, hijo de Zipor
22.18 dijo a los siervos de *B:* Aunque *B* me
22.35 así Balaam fue con los príncipes de *B*
22.36 oyendo *B* que Balaam venía, salió a
22.37 *B* dijo a Balaam: ¿No envié. .llamarte
22.38 Balaam respondió a *B*. .he venido a ti
22.39 fue. .con *B*, y vinieron a Quiriat-huzot
22.40 *B* hizo matar bueyes y ovejas, y envió
22.41 el día siguiente, *B* tomó a Balaam y
23.1 Balaam dijo a *B:* Edifícame aquí siete
23.2 *B* hizo como le dijo. .y ofrecieron *B* y
23.3 dijo a *B:* Ponte junto a tu holocausto
23.5 Jehová. .le dijo: Vuelve a *B*, y dile así
23.7 de Aram me trajo *B*, rey de Moab, de
23.11 *B* dijo a Balaam: ¿Qué me has hecho?
23.13 dijo *B:* Te ruego que vengas conmigo a
23.15 él dijo a *B:* Ponte aquí junto a tu
23.16 Jehová. .dijo: Vuelve a *B*, y dile así
23.17 y le dijo *B:* ¿Qué ha dicho Jehová?
23.18 dijo: *B*, levántate y oye; escucha mis
23.25 *B* dijo a Balaam: Ya que no lo maldices
23.26 Balaam. .dijo a *B:* ¿No te he dicho que
23.27 dijo *B* a Balaam: Te ruego que vengas
23.28 *B* llevó a Balaam a la cumbre de Peor
23.29 Balaam dijo a *B:* Edifícame aquí siete
23.30 *B* hizo como Balaam le dijo; y ofreció
24.10 se encendió la ira de *B* contra Balaam
24.13 si *B* me diese su casa llena de plata
24.25 fue. .y también *B* se fue por su camino
Jos. 24.9 después se levantó *B* hijo de Zipor
Jue. 11.25 ¿eres tú ahora mejor en algo que *B*
Mi. 6.5 acuérdate. .qué aconsejó *B* rey de Moab
Ap. 2.14 enseñaba a *B* a poner tropiezo ante los

BALADÁN ***Padre de Merodac-baladán, rey de Babilonia,*** **Is. 39.1**

BALANCEAR
Job 28.4 son. .*balanceados*, lejos de los demás

BALANZA
Lv. 19.36 *b* justas, pesas justas y medidas
Job 6.2 pesasen. .y se alzasen igualmente en *b!*
31.6 péseme. .en *b* de justicia, y conocerá
Sal. 62.9 pesándolos a todos. .en la *b*, serán
Pr. 16.11 peso y *b* justas son de Jehová; obra
20.23 pesas falsas, y la *b* falsa no es buena
Is. 40.12 pesó los montes con *b* y con pesas
40.15 y como menudo polvo en las *b* le son
46.6 pesan plata con *b*, alquilan un platero
Jer. 32.10 certificar. .y pesé el dinero en *b*
Ez. 5.1 toma después una *b* de pesar y divide
45.10 *b* justas, efa. .y bato justo tendréis
Dn. 5.27 pesado has sido en *b*. .hallado falto
Am. 8.5 precio, y falsearemos con engaño la *b*
Mi. 6.11 por inocente al que tiene *b* falsa y
Ap. 6.5 que lo montaba tenía una *b* en la mano

BALAUSTRE
1 R. 10.12 hizo el rey *b* para la casa de Jehová

BALDE *(m. adv.)*
Gn. 29.15 ¿por ser tú mi. .me servirás de *b?*
Éx. 21.2 seis. .al séptimo saldrá libre, de *b*
Job 1.9 dijo: ¿Acaso teme Job a Dios de *b?*
Sal. 44.12 has vendido a tu pueblo de *b;* no
Pr. 23.29 ¿para quién las heridas en *b?* ¿Para
31.27 considera los. .y no come el pan de *b*
Is. 52.3 de *b* fuisteis vendidos; por tanto, sin
Jer. 22.13 sirviéndose de su prójimo de *b*, y no
Mal. 1.10 ¿quién. .hay. .alumbre mi altar de *b?*
2 Co. 11.7 os he predicado el evangelio. .de *b?*
2 Ts. 3.8 ni comimos de *b* el pan de nadie, sino

BALDÓN
Neh. 4.4 vuelve el *b* de ellos sobre su cabeza

BALIDO
Jue. 5.16 quedaste. .oir los *b* de los rebaños?
1 S. 15.14 qué *b* de ovejas y bramido de vacas

BALSA
1 R. 5.9 la enviaré en *b* por mar hasta el lugar
2 Cr. 2.16 la traeremos en *b* por el mar hasta

BALSAMERA
2 S. 5.23 vendrás a ellos enfrente de las *b*
5.24 oigas ruido. .por las copas de las *b*
1 Cr. 14.14 venir a ellos por delante de las *b*
14.15 un estruendo por las copas de las *b*

BÁLSAMO
Gn. 37.25 camellos traían aromas, *b* y mirra
43.11 llevad. .un poco de *b*, un poco de miel
Sal. 141.5 que me reprenda será un excelente *b*
Jer. 8.22 ¿no hay *b* en Galaad? ¿No. .médico?
46.11 sube. .y toma *b*, virgen hija de Egipto
51.8 ella; tomad *b* para su dolor, quizá sane

BALUARTE
Dt. 20.20 para construir *b* contra la ciudad
2 S. 20.15 y pusieron *b* contra la ciudad, y
2 R. 19.32 escudo, ni levantará contra ella *b*
2 Cr. 26.15 para que estuviesen en. .y en los *b*
Job 13.12 ceniza, y vuestros *b* son *b* de lodo
Ec. 9.14 rey. .y levanta contra ella grandes *b*
Is. 29.3 te sitiaré. .y levantaré contra ti *b*
37.33 no vendrá. .ni levantará contra ella *b*
Jer. 51.32 tomados, y los *b* quemados a fuego
52.4 todas partes edificaron contra ella *b*
Lm. 3.5 edificó *b* contra mí, y me rodeó de
Ez. 4.2 y sacarás contra ella *b*, y pondrás
26.8 levantará. .*b*, y escudo afirmará contra
Dn. 11.15 vendrá. .rey del norte, y levantará *b*
Nah. 3.8 cuyo *b* era el mar, y aguas por muro?
1 Ti. 3.15 la iglesia. .columna y *b* de la verdad

BAMA ***"Lugar alto"***
Ez. 20.29 y fue llamado su nombre *B* hasta el

BAMOT ***Lugar cerca de Moab donde acampó Israel,*** **Nm. 21.19,20**

BAMOT-BAAL ***Población en Moab,*** **Nm. 22.41; Jos. 13.17**

BANCO
Ez. 27.6 tus *b* de pino de las costas de Quitim
Mt. 9.9; Mr. 2.14; Lc. 5.27 sentado al *b* de los tributos públicos
Lc. 19.23 no pusiste mi dinero en el *b*, para

BANDA
2 S. 4.2 dos. .capitanes de *b* de merodeadores
2 R. 5.2 de Siria habían salido *b* armadas, y
6.23 nunca más vinieron *b* armadas de Siria
13.20 vinieron *b* armadas de moabitas a la
13.21 vieron una *b* armada, y arrojaron el
1 Cr. 12.21 éstos ayudaron a David contra la *b*
2 Cr. 22.1 una *b* armada. .había matado a todos

BANDERA
Nm. 1.52; 2.2 acamparán. .cada uno junto a su *b*
2.3 la *b* del campamento de Judá, por sus
2.10 *b* del campamento de Rubén estará al sur
2.17 luego. .marchará cada uno junto a su *b*
2.18 la *b* del campamento de Efraín por sus
2.25 *b* del campamento de Dan estará al norte
2.31 de Dan. .irán los últimos tras sus *b*
2.34 acamparon por sus *b*, y así marcharon
10.14 la *b* del. .de Judá comenzó a marchar
10.18 marchar la *b* del campamento de Rubén
10.22 la *b* del campamento de los. .de Efraín
10.25 a marchar la *b* del campamento de. .Dan
Sal. 60.4 dado a los que te temen *b* que alcen
Cnt. 2.4 me llevó a. .y su *b* sobre mí fue amor
Is. 13.2 levantad *b* sobre un alto monte; alzad
18.3 cuando se levante *b* en los montes, mirad
30.17 mástil. .como bandera sobre una colina
31.9 sus príncipes, con pavor, dejarán sus *b*
49.22 he aquí. .a los pueblos levantaré mi *b*
59.19 Espíritu de Jehová levantará *b* contra
Jer. 4.6 alzad *b* en Sion, huid, no os detengáis
4.21 ¿hasta cuándo he de ver *b*, he de oir
50.2 levantad. .*b*, publicad, y no encubráis
51.12 levantad *b* sobre los muros de Babilonia
51.27 alzad *b* en la tierra, tocad trompeta

BANI
1. ***Uno de los 30 valientes de David,*** **2 S. 23.36**
2. ***Ascendiente de Etán No. 4,*** **1 Cr. 6.46**
3. ***Ascendiente de Utai No. 1,*** **1 Cr. 9.4**
4. ***Ascendiente de un grupo que regresó del exilio con Zorobabel,*** **Esd. 2.10; 10.29**
5. ***Ascendiente de algunos que se casaron con mujeres extranjeras en tiempo de Esdras,*** **Esd. 10.34**
6. ***Descendiente de No. 5,*** **Esd. 10.38**
7. ***Padre de Rehum No. 3,*** **Neh. 3.17**
8. ***Nombre de dos levitas en tiempo de Nehemías,*** **Neh. 8.7; 9.4(2),5**
9. ***Nombre de dos firmantes del pacto de Nehemías,*** **Neh. 10.13,14**
10. ***Padre de Uzi No. 5,*** **Neh. 11.22**

BANQUERO
Mt. 25.27 debías haber dado mi dinero a los *b*

BANQUETE
Gn. 19.3 hizo *b*, y coció panes sin levadura
21.8 hizo Abraham gran *b*. .destetado Isaac
26.30 él les hizo *b*, y comieron y bebieron
29.22 Labán juntó a. .los varones. .e hizo *b*
40.20 el rey hizo *b* a todos sus sirvientes
Jue. 14.10 Sansón hizo allí *b*. .así solían hacer
14.12 en los siete días del *b* me lo declaráis
14.17 lloró. .siete días que ellos tuvieron *b*
1 S. 25.36 él tenía *b* en su casa como *b* de rey
2 S. 3.20 David hizo *b* a Abner y a los que con
1 R. 3.15 hizo también *b* a todos sus siervos
Est. 1.3 *b* a todos sus príncipes y cortesanos
1.5 hizo el rey otro *b* por siete días en el
1.9 la reina Vasti hizo *b* para las mujeres
2.18 hizo. .el rey un gran *b*. .el *b* de Ester
5.4 vengan hoy el rey y Amán al *b* que he
5.5 vino. .el rey con Amán al *b* que Ester
5.6 dijo el rey a Ester en el *b*, mientras
5.8 venga el rey con Amán a otro *b* que les
5.12 a ninguno hizo venir con el rey al *b*
5.14 mañana. .entra alegre con el rey al *b*
6.14 llegaron. .para llevar a Amán al *b* que
7.1 el rey con Amán al *b* de la reina Ester
7.7 rey se levantó del *b*, encendido en ira
7.8 después el rey volvió. .al aposento del *b*
8.17 los judíos tuvieron. .*b* y día de placer
9.17,18 y lo hicieron día de *b* y de
9.19 hacen. .el día de alegría y de *b*, un día
9.22 que los hiciesen días de *b* y de gozo
Job 1.4 iban sus hijos y hacían *b* en sus casas
41.6 ¿harán de él *b* los compañeros?
Pr. 15.15 el de corazón contento tiene un *b*
Ec. 7.2 mejor es ir a la casa del luto que. .*b*
10.19 por el placer se hace el *b*, y el vino
Cnt. 2.4 me llevó a la casa del *b*, y su bandera
Is. 5.12 en sus *b* hay arpas, vihuelas. .y vino
25.6 Jehová de los. .hará en este monte. .*b*
Jer. 16.8 no entres en casa de *b*, para sentarte
51.39 en medio de su calor les pondré *b*, y
Dn. 5.1 Belsasar hizo un gran *b* a. .príncipes
5.10 la reina. .entró a la sala del *b*, y dijo
Lc. 5.29 Leví le hizo gran *b* en su casa; y
14.13 mas cuando hagas *b*, llama a los pobres
16.19 y hacía cada día *b* con esplendidez

BANQUETEAR
Ec. 10.16 tus príncipes *banquetean* de mañana

BAÑAR
2 S. 11.2 vio a una mujer que se estaba *bañando*
Neh. 4.23 se desnudaba solamente para *bañarse*
Dn. 4.25 con el rocío del cielo serás *bañado*

BARAC ***Juez de Israel***
Jue. 4.6 envió a llamar a *B* hijo de Abinoam
4.8 *B* le respondió: Si tú fueres conmigo, yo
4.9 levantándose Débora, fue con *B* a Cedes
4.10 juntó *B* a Zabulón y a Neftalí en Cedes
4.12 que *B*. .había subido al monte de Tabor
4.14 Débora dijo a *B:* Levántate, porque este
4.14 y *B* descendió del monte de Tabor, y diez
4.15 Jehová quebrantó a Sísara. .delante de *B*
4.16 mas *B* siguió los carros y el ejército
4.22 y siguiendo *B* a Sísara, Jael salió a
5.1 día cantó Débora con *B* hijo de Abinoam
5.12 levántate, *B*, y lleva tus cautivos, hijo
5.15 y como *B*. .Isacar se precipitó a pie en
1 S. 12.11 entonces Jehová envió a. .*B*, a Jefté
He. 11.32 de Gedeón, de *B*, de Sansón, de Jefté

BARAQUEL ***Padre de Eliú No. 5,*** **Job 32.2,6**

BARBA
Lv. 13.29 saliere llaga en la cabeza, o en la *b*
13.30 tiña, es lepra de la cabeza o de la *b*
14.9 raerá. .su *b* y las cejas de sus ojos y
19.27 no. .ni dañaréis la punta de vuestra *b*
21.5 ni raerán la punta de su *b*, ni en su

BARBA *(Continúa)*

1 S. 21.13 y dejaba correr la saliva por su *b*
2 S. 10.4 rapó la mitad de la *b*, les cortó los
10.5 que os vuelva a nacer la *b*, y entonces
19.24 pies, ni había cortado su *b*, ni. . lavado
20.9 tomó Joab. . la *b* de Amasa, para besarlo
1 Cr. 19.5 estaos en Jericó. . que os crezca la *b*
Esd. 9.3 arranqué pelo de mi cabeza y de mi *b*
Sal. 133.2 desciende sobre la *b*, la *b* de Aarón
Is. 7.20 los pies, y aun la *b* también quitaré
15.2 cabeza. . será rapada, y toda *b* rasurada
50.6 mejillas a los que me mesaban la *b*
Jer. 41.5 venían. . raída la *b* y rotas las ropas
48.37 toda cabeza será rapada, y toda *b* raída
Ez. 5.1 hazla pasar sobre tu cabeza y tu *b*

BÁRBARO

Col. 3.11 no hay. . *b* ni escita, siervo ni libre

BARBECHO

Pr. 13.23 en el *b* de los pobres hay mucho pan
Os. 10.12 haced para vosotros *b;* porque es el

BARBERO

Ez. 5.1 una navaja de *b*, y hazla pasar sobre

BARCA

Mt. 4.21 Jacobo hijo de Zebedeo. . en la *b* con
4.22 dejando al instante la *b*. . le siguieron
8.23 entrando él en la *b*, sus discípulos le
8.24 una tempestad. . las olas cubrían la *b*
9.1 entrando Jesús en la *b*, pasó al otro lado
13.2 entrando él en la *b*, se sentó, y toda la
14.13 se apartó de allí en una *b* a un lugar
14.22 hizo. . entrar en la *b* e ir delante de él
14.24 la *b* estaba en medio del mar, azotada
14.29 y descendiendo Pedro de la *b*, andaba
14.32 y cuando ellos subieron en la *b*, se
14.33 los que estaban en la *b* vinieron y le
15.39 entró en la *b*, y vino a la región de
Mr. 1.19 vio a Jacobo. . y a Juan. . ellos en la *b*
1.20 dejando a su padre Zebedeo en la *b* con
3.9 dijo. . que le tuviesen siempre lista la *b*
4.1 entrando en una *b*, se sentó en ella en
4.36 le tomaron. . en la *b;* y había. . otras *b*
4.37 echaba las olas en la *b*, de tal manera
5.2 salió él de la *b*. . vino a su encuentro
5.18 entrar él en la *b*, el que había estado
5.21 pasando otra vez Jesús en una *b* a la
6.32 se fueron. . en una *b* a un lugar desierto
6.45 en la *b*.e ir delante de él a Betsaida
6.47 la *b* estaba en medio del mar, y él solo
6.51 y subió a ellos en la *b*, y se calmó el
6.54 y saliendo ellos de la *b*. . le reconoció
8.10 entrando en la *b*. . vino a la región de
8.13 volvió a entrar en la *b*, y se fue a la
8.14 no tenían sino un pan consigo en la *b*
Lc. 5.2 dos *b* que estaban cerca de la orilla
5.3 entrando en una. . *b*, la cual era de Simón
5.3 y sentándose, enseñaba desde la *b* a la
5.7 los compañeros que estaban en la otra *b*
5.7 llenaron ambas *b*, de tal manera que se
5.11 trajeron a tierra las *b*, dejándolo todo
8.22 que entró en una *b* con sus discípulos
8.37 y Jesús, entrando en la *b*, se volvió
Jn. 6.17 entrando en una *b*, iban cruzando el
6.19 vieron a Jesús que. . se acercaba a la *b*
6.21 ellos. . con gusto le recibieron en la *b*
6.22 vio que no había. . allí más que una sola *b*
6.23 pero otras *b* habían arribado de Tiberias
6.24 entraron en las *b* y fueron a Capernaum
21.3 entraron en una *b;* y aquella noche no
21.6 dijo: Echad la red a la derecha de la *b*
21.8 los otros discípulos vinieron con la *b*

BARCO

Hch. 20.38 doliéndose. . y le acompañaron al *b*
21.2 hallando un *b* que pasaba a Fenicia, nos
21.3 porque el *b* había de descargar allí
21.6 subimos al *b*, y ellos se volvieron a

BARCOS ***Padre de una familia de sirvientes del templo,* Esd. 2.53; Neh. 7.55**

BARHUMITA ***Habitante de Bahurim,* 2 S. 23.31; 1 Cr. 11.33**

BARÍAS ***Descendiente de David,* 1 Cr. 3.22**

BARIM ***Lugar no identificado,* 2 S. 20.14**

BARJESÚS ***Falso profeta en Pafos (=Elimas),* Hch. 13.6**

BARRA

Ex. 26.26 también cinco *b* de madera de acacia
26.27 y cinco *b* para las tablas. . y cinco *b*
26.28 la *b* de en medio pasará por en medio
26.29 meter. . las *b*. . cubrirás de oro las *b*
35.11 sus tablas, sus *b*, sus columnas y sus
36.31 hizo también las *b* de madera de acacia
36.32 cinco *b* para las tablas del. . y cinco *b*
36.33 hizo que la *b* de en medio pasase por
36.34 pasasen las *b;* cubrió. . de oro las *b*
39.33 tablas, sus *b*, sus columnas, sus basas
40.18 puso sus *b*, e hizo alzar sus columnas
Nm. 3.36 la custodia de. . sus *b*, sus columnas
4.31 cargo. . sus *b*, sus columnas y sus basas
Dt. 3.5 ciudades fortificadas. . con puertas y *b*
1 Cr. 15.15 los levitas trajeron el arca. . las *b*
2 Cr. 5.8 querubines cubrían. . arca como sus *b*
5.9 hicieron salir las *b*. . las cabezas de las *b*
8.5 a Bet-horón la de. . con muros, puertas y *b*
14.7 cerquémoslas. . con torres, puertas y *b*
Job 40.18 bronce, y sus miembros como *b* de
Is. 48.4 eres duro, y *b* de hierro tu cerviz

BARRABÁS ***Criminal que Pilato soltó en lugar de Jesús***

Mt. 27.16 tenían. . un preso famoso llamado *B*
27.17 ¿a quién queréis que os suelte: a *B*, o a
27.20 persuadieron. . multitud que pidiese a *B*
27.21 ¿cuál de los dos. . Y ellos dijeron: A *B*
27.26 soltó a *B;* y habiendo azotado a Jesús
Mr. 15.7 y había uno que se llamaba *B*, preso
15.11 para que les soltase más bien a *B*
15.15 Pilato. . soltó a *B*, y entregó a Jesús
Lc. 23.18 ¡fuera con éste, y suéltanos a *B!*
Jn. 18.40 no a éste, sino a *B*. Y *B* era ladrón

BARRANCA

Job 30.6 habitaban en las *b* de los arroyos

BARRER

Jue. 5.21 los *barrió* el torrente de Cisón, el
1 R. 14.10 *barreré* la posteridad. . de Jeroboam
14.10 como se *barre* el estiércol, hasta que
16.3 yo *barreré* la posteridad de Baasa, y la
21.21 y *barreré* tu posteridad y destruiré
22.46 *barrió*. . el resto de los sodomitas que
2 R. 23.24 *barrió* Josías a los encantadores
Is. 14.23 *barreré* con escobas de destrucción
28.17 granizo *barrerá* el refugio. . mentira
57.14 allanad; *barred* el camino, quitad los
62.10 *barred* el camino al pueblo; allanad la
Ez. 26.4 y *barreré* de ella hasta su polvo, y
Dn. 11.22 las fuerzas enemigas serán *barridas*
Mt. 12.44; Lc. 11.25 la halla *barrida* y adornada
Lc. 15.8 *barre* la casa, y busca con diligencia

BARRERA

Job 15.26 corrió. . la espesa *b* de sus escudos

BARRIDA ***Véase Barrer***

BARRIL

Lc. 16.6 él dijo: Cien *b* de aceite. Y le dijo

BARRIO

2 Cr. 34.22 Hulda. . la cual moraba. . el segundo *b*

BARRO

Éx. 1.14 en hacer *b* y ladrillo, y en toda labor
Lv. 6.28 y la vasija de *b* en que fuere cocida
11.33 vasija de *b* dentro de la cual cayere
14.5 matar una avecilla en un vaso de *b* sobre
14.41 derramarán fuera. . el *b* que rasparen
14.42 tomarán otro *b* y recubrirán la casa
14.50 degollará. . avecilla en una vasija de *b*
15.12 la vasija de *b* que tocare el que tiene
Nm. 5.17 tomará. . del agua santa en un vaso de *b*
2 S. 17.28 trajeron a David. . vasijas de *b*, trigo
Job 4.19 más en los que habitan en casas de *b*
10.9 acuérdate que como a *b* me diste forma
33.6 heme aquí. . de *b* fui yo también formado
38.14 muda. . de aspecto como *b* bajo el sello
Is. 29.16 perversidad será reputada como el *b*
41.25 como lodo, y como pisa el *b* el alfarero
45.9 ¿dirá el *b* al que lo labra: ¿Qué haces?
64.8 nosotros *b*, y tú el que nos formaste
Jer. 18.4 la vasija de *b* que él hacía se echó
18.6 como el *b* en la mano del alfarero, así
19.1 y compra una vasija de *b* del alfarero
19.11 como quien quiebra una vasija de *b*
32.14 y ponlas en una vasija de *b*, para que
43.9 cúbrelas de *b* en el enladrillado que
Lm. 4.2 son tenidos por vasijas de *b*, obra de
Dn. 2.33 en parte de hierro y en parte de *b*
2.34 hirió a la imagen en sus pies. . *b* cocido
2.35 fueron desmenuzados. . el *b* cocido, el
2.41 lo que viste de. . en parte de *b* cocido
2.41,43 así como viste hierro mezclado con *b*
2.42 por ser los dedos. . en parte de *b* cocido
2.43 como el hierro no se mezcla con el *b*
2.45 la cual desmenuzó el. . *b*, la plata y el
Nah. 3.14 entra. . pisa el *b*, refuerza el horno
Ro. 9.20 ¿dirá el vaso de *b* al que lo formó
9.21 potestad. . sobre el *b*, para hacer de la
2 Co. 4.7 pero tenemos este tesoro en vasos de *b*
2 Ti. 2.20 plata, sino también de madera y de *b*

BARSABÁS

1. ***Candidato al apostolado,* Hch. 1.23**
2. ***Sobrenombre de Judas No. 6,* Hch. 15.22**

BARTIMEO ***Un ciego de Jericó,* Mr. 10.46**

BARTOLOMÉ ***Uno de los doce apóstoles,* Mt. 10.3; Mr. 3.18; Lc. 6.14; Hch. 1.13**

BARUC

1. ***Uno que ayudó en la restauración del muro de Jerusalén,* Neh. 3.20**
2. ***Firmante del pacto de Nehemías,* Neh. 10.6**
3. ***Padre de Maasías No. 11,* Neh. 11.5**
4. ***Amanuense del profeta Jeremías***

Jer. 32.12 y di la carta de venta a *B* hijo de
32.13 di orden a *B* delante de ellos, diciendo
32.16 después que di la carta de venta a *B*
36.4 llamó Jeremías a *B* hijo de Nerías, y
36.4 escribió *B* de boca de Jeremías, en un
36.5 mandó Jeremías a *B*, diciendo: A mí se
36.8 *B* hijo de Nerías hizo conforme a todas
36.10 y *B* leyó en el libro las palabras de
36.13 había oído cuando *B* leyó en el libro
36.14 dijese a *B:* Toma. . Y *B*. . tomó el rollo
36.15 siéntate ahora, y léelo. . se lo leyó *B*
36.16 dijeron a *B:* Sin duda contaremos al rey
36.17 a *B*. . Cuéntanos ahora cómo escribiste
36.18 *B* les dijo: El me dictaba de su boca
36.19 a *B:*Vé y escóndete, tú, y Jeremías, y
36.26 prendiesen a *B*. . y al profeta Jeremías
36.27 palabras que *B* había escrito de boca
36.32 tomó Jeremías otro rollo y lo dio a *B*
43.3 sino que *B*. . te incita contra nosotros
43.6 al profeta Jeremías y a *B* hijo de Nerías
45.1 palabra que habló. . Jeremías a *B* hijo de
45.2 dicho Jehová Dios de Israel a ti, oh *B*

BARZILAI

1. ***Galaadita que socorrió a David***

2 S. 17.27 Maquir. . y *B* galaadita de Rogelim
19.31 también *B*. . pasó el Jordán con el rey
19.32 era *B* muy anciano, de ochenta años, y
19.33 el rey dijo a *B:* Pasa conmigo, y yo te
19.34 *B* dijo al rey: ¿Cuántos años más habré
19.39 el rey besó a *B*, y lo bendijo; y él se
1 R. 2.7 a los hijos de *B*. . harás misericordia
Esd. 2.61; Neh. 7.63 las hijas de *B*

2. ***Padre de Adriel,* 2 S. 21.8**
3. ***Sacerdote, yerno de No. 1,* Esd. 2.61; Neh. 7.63**

BASA

Éx. 26.19 harás cuarenta *b* de plata debajo de
26.19 dos *b* debajo de una tabla. . dos *b* debajo
26.21 sus cuarenta *b* de plata, dos *b* debajo
26.21 una tabla, y dos *b* debajo de otra tabla
26.25 ocho tablas, con sus *b* de plata, 16 *b*
26.25 *b* debajo de una tabla, y dos *b* debajo
26.32 sus capiteles de oro, sobre *b* de plata
26.37 fundirás cinco *b* de bronce para ellas
27.10,11 sus veinte columnas y sus veinte *b*
27.12 tendrá. . columnas diez, con sus diez *b*
27.14,15 sus columnas tres, con sus tres *b*
27.16 sus columnas cuatro, con sus cuatro *b*
27.17 capiteles de plata, y sus *b* de bronce
27.18 sus cortinas de lino, y sus *b* de bronce
35.11 tablas, sus barras, sus columnas y sus *b*
35.17 sus columnas y sus *b*, la cortina de
36.24,26 cuarenta *b* de plata
36.24,26 dos *b* debajo de una tabla. . y dos *b*
36.30 sus *b* de plata 16; dos *b* debajo de cada
36.36 y fundió para ellas cuatro *b* de plata
36.38 columnas. . hizo de bronce sus cinco *b*
38.10 columnas. . con sus veinte *b* de bronce
38.12 sus columnas diez, y sus diez *b;* los
38.14,15 sus tres columnas y sus tres *b*
38.17 las *b* de las columnas eran de bronce
38.19 columnas eran 4, con sus 4 *b* de bronce
38.27 las *b* del santuario y las *b* del velo
38.27 cien *b*, cien talentos, a talento por *b*
38.30 fueron hechas las *b* de la puerta del
38.31 las *b* del atrio. . las *b* de la puerta del
39.33 el tabernáculo y. . sus columnas, sus *b*
39.40 sus columnas y sus *b*, la cortina para
40.18 y asentó sus *b*, y colocó sus tablas
Nm. 3.36 sus *b* y todos sus enseres, con todo su
3.37 atrio, sus *b*, sus estacas y sus cuerdas
4.31 será el deber de. . sus columnas y sus *b*
4.32 las columnas del atrio. . y sus *b*, sus
1 R. 7.27 diez de *b* de. . longitud de cada *b* de
7.28 la obra de las *b* era esta: tenían unos
7.29 sobre las molduras de la *b*, así encima
7.30 cada *b* tenía cuatro ruedas de bronce
7.31 el remate que salía para arriba de la *b*
7.32 ejes de las ruedas nacían en la misma *b*
7.34 repisas de las cuatro esquinas de cada *b*
7.34 las repisas eran parte de la misma *b*
7.35 lo alto de la *b* había una pieza redonda
7.35 encima de la *b* sus molduras y tableros
7.37 diez *b*, fundidas de una misma manera
7.38 una fuente sobre cada una de las diez *b*
7.39 cinco *b* a la mano derecha de la casa
7.43 diez *b*, y las diez fuentes sobre las *b*
2 R. 16.17 cortó. . Acaz los tableros de las *b*

BASA *(Continúa)*
2 R. 25.13 quebraron. . las *b*, y el mar de bronce
25.16 y las *b* que Salomón había hecho para
2 Cr. 4.14 las *b*, sobre las cuales colocó las
Job 38.6 ¿sobre qué están fundadas sus *b?*
Cnt. 5.15 columnas. . fundadas sobre *b* de oro
Jer. 27.19 acerca. . de las *b* y del resto de los
52.17 las *b*, y el mar de bronce que estaba
52.20 doce bueyes de bronce. . debajo de las *b*

BASÁN *Parte septentrional de la región al oriente del Jordán*
Nm. 21.33 volvieron, y subieron camino de *B*
21.33 y salió contra ellos Og rey de *B*, él
32.33 Moisés dio a. . el reino de Og rey de *B*
Dt. 1.4 a Og rey de *B* que habitaba en Astarot
3.1 camino de *B*, y nos salió. . Og rey de *B*
3.3 entregó. . en nuestra mano a Og rey de *B*
3.4 la tierra de Argob, del reino de Og en *B*
3.10 Galaad, y todo *B*. . del reino de Og en *B*
3.11 Og rey de *B* había quedado del resto de
3.13 todo *B*. . di a la media tribu de Manasés
4.43 Ramot. . Golán en *B* para los de Manasés
4.47 poseyeron. . y la tierra de Og rey de *B*
29.7 salieron Sehón. . y Og rey de *B* delante de
32.14 carneros de *B;* también machos cabríos
33.22 Dan es cachorro de. . que salta desde *B*
Jos. 9.10 todo lo que hizo a. . y a Og rey de *B*
12.4 el territorio de Og rey de *B*, que había
12.5 dominaba. . en todo *B* hasta los límites
13.11 Galaad, y la tierra de *B* hasta Salca
13.12 el reino de Og en *B*, el cual reinó en
13.30 el territorio de ellos fue. . todo *B*
13.30 todo el reino de Og rey de *B*, y todas
13.30 las aldeas de Jair que están en *B*, 60
13.31 y Edrei, ciudades del reino de Og en *B*
17.1 fue hombre de guerra, tuvo Galaad y *B*
17.5 además de la tierra de Galaad y de *B* que
20.8 y Golán en *B* de la tribu de Manasés
21.6 de la media tribu de Manasés en *B*, trece
21.27 dieron de. . Golán en *B* con sus ejidos
22.7 había dado Moisés posesión en *B;* mas
1 R. 4.13 provincia de Argob que estaba en *B*
4.19 y de Og rey de *B;* éste era el único
2 R. 10.33 desde Aroer. . Arnón, hasta Galaad y *B*
1 Cr. 5.11 de Gad habitaron. . en la tierra de *B*
5.12 Joel fue el principal en *B;* el segundo
5.16 habitaron. . en *B* y en sus aldeas, y en
5.23 habitaron. . desde *B* hasta Baal-hermón
6.62 y de la tribu de Manasés en *B*, trece
6.71 dieron de. . Golán en *B* con sus ejidos
Neh. 9.22 poseyeron. . la tierra de Og rey de *B*
Sal. 22.12 fuertes toros de *B* me han cercado
68.15 monte de Dios. . *B;* monte alto el de *B*
68.22 el Señor dijo: De *B* te haré volver
135.11 a Og rey de *B*, y a todos los reyes de
136.20 a Og rey de *B*, porque para siempre es
Is. 2.13 cedros. . sobre todas las encinas de *B*
33.9 Sarón. . *B* y el Carmelo fueron sacudidos
Jer. 22.20 sube al Líbano y clama, y en *B* da
50.19 Israel. . pacerá en el Carmelo y en *B*
Ez. 27.6 de encinas de *B* hicieron tus remos
39.18 bueyes y de toros, engordados. . en *B*
Am. 4.1 esta palabra, vacas de *B*, que estáis
Mi. 7.14 busque pasto en *B* y Galaad, como en
Nah. 1.4 *B* fue destruido, y el Carmelo, y la
Zac. 11.2 aullad, encinas de *B*. . es derribado

BASÁN-HAVOT-JAIR *Grupo de aldeas en Basán*, **Dt. 3.14**

BASE
Éx. 30.18 fuente de bronce, con su *b* de bronce
30.28; 31.9 altar. . utensilios. . fuente y su *b*
35.16 sus utensilios, y la fuente con su *b*
38.8 la fuente de bronce y su *b* de bronce
39.39 el altar. . sus varas. . la fuente y su *b*
40.11 asimismo ungirás la fuente y su *b*
Lv. 8.11 ungió el altar. . y la fuente y su *b*
Esd. 3.3 colocaron el altar sobre su *b*, porque
Ez. 43.13 *b*, de un codo, y de un codo el ancho
43.14 desde la *b*, sobre el suelo. . dos codos
43.17 la *b* de un codo por todos lados; y sus
Zac. 5.11 cuando esté. . la pondrán sobre su *b*

BASEMAT
1. ***Hija de Elón heteo y mujer de Esaú,*** **Gn. 26.34**
2. ***Hija de Ismael y mujer de Esaú,*** **Gn. 36.3,4,10,13,17**
3. ***Hija de Salomón,*** **1 R. 4.15**

BASTAR
Gn. 45.28 dijo Israel: *Basta;* José mi hijo vive
Éx. 12.4 que no *baste* para comer el cordero
Nm. 11.22 se degollarán. . bueyes que les *basten?*
16.3 y les dijeron: ¡*Basta* ya de vosotros!
16.7 y poned. . esto os *baste*, hijos de Leví
Dt. 3.26 *basta*, no me hables más de este asunto
33.7 sus manos le *basten*, y tú seas su ayuda
Jos. 17.16 no nos *bastará* a nosotros este monte
Jue. 21.14 mujeres. . mas no les *bastaron* éstas
2 S. 24.16 dijo al ángel. . *Basta* ahora; detén tu
1 R. 19.4 *basta* ya, oh Jehová, quítame la vida
20.10 el polvo de Samaria no *bastará* a los
1 Cr. 21.15 dijo al ángel. . *Basta* ya; detén tu
2 Cr. 29.34 sacerdotes. . no *bastaban*. . desollar
Pr. 25.16 ¿hallaste miel? Come lo que te *basta*
30.15 tres. . aun la cuarta nunca dice: ¡*Basta!*
30.16 y el fuego que jamás dice: ¡*Basta!*
Is. 40.16 ni el Líbano *bastará* para el fuego
Jer. 49.9 no habrían tomado lo que les *bastase?*
Ez. 44.6 *basta* ya de. . vuestras abominaciones
45.9 ¡*basta* ya, oh príncipes de Israel!
Abd. 5 ¿no hurtarían lo que les *bastase?*
Zac. 10.10 traeré a. . Galaad. . y no les *bastará*
Mt. 6.34 afán. *Basta* a cada día su propio mal
10.25 *bástale* al discípulo. . como su maestro
Mr. 7.11 *basta* que diga un hombre al padre o a
14.41 *basta*, la hora ha venido; he aquí, el
Lc. 22.38 hay dos espadas. Y él les dijo: *Basta*
22.51 *basta* ya; dejad. Y tocando su oreja
Jn. 6.7 doscientos denarios de pan no *bastarían*
14.8 Señor, muéstranos el Padre, y nos *basta*
2 Co. 2.6 *basta* a tal persona esta reprensión
12.9 me ha dicho: *Bástate* mi gracia; porque
1 P. 4.3 *baste* ya el tiempo pasado para haber

BASTARDO
Dt. 23.2 no entrará *b* en la congregación de
He. 12.8 si se os deja sin disciplina. . sois *b*

BASURA
Fil. 3.8 lo tengo por *b*, para ganar a Cristo

BATALLA
Gn. 14.8 y ordenaron contra ellos *b* en. . Sidim
Nm. 21.14 dice en el libro de las *b* de Jehová
Dt. 20.3 os juntáis hoy en *b* contra vuestros
20.5,6,7 vuélvase. . no sea que muera en la *b*
Jue. 3.10 salió a *b*, y Jehová entregó en su
8.13 Gedeón hijo de Joás volvió de la *b* antes
10.18 ¿quién comenzará la *b* contra. . Amón?
20.20 los varones de Israel ordenaron la *b*
20.22 volvieron a ordenar la *b*. . mismo lugar
20.30 ordenaron la *b* delante de Gabaa, como
20.33 pusieron en orden de *b* en Baal-tamar
20.34 y la *b* arreciaba; mas ellos no sabían
20.39 los de Israel retrocedieron en la *b*
20.39 ellos han caído. . como en la primera *b*
20.42 la *b* los alcanzó, y los que salían de
1 S. 4.1 salió Israel a encontrar en *b* a los
4.2 los filisteos presentaron la *b* a Israel
4.2 hirieron en la *b*. . como a 4.000 hombres
4.12 corriendo de la *b* un hombre de. . a Silo
4.16 aquel hombre a Elí: Yo vengo de la *b*
13.22 el día de la *b* no se halló espada ni
14.20 llegaron hasta el lugar de la *b;* y he
14.22 ellos los persiguieron en aquella *b*
14.23 así salvó. . Y llegó la *b* hasta Bet-avén
17.2 se pusieron en orden de *b* contra los
17.8 para qué os habéis puesto en orden de *b?*
17.20 cuando el ejército salía en orden de *b*
17.21 se pusieron en orden de *b* Israel y los
17.28 conozco. . que para ver la *b* has venido
17.47 de Jehová es la *b*, y él os entregará en
17.48 corrió a la. . de *b* contra el filisteo
18.17 con tal que. . y pelees las *b* de Jehová
23.8 convocó Saúl a todo el pueblo a la *b*
25.28 cuanto mi señor pelea las *b* de Jehová
26.10 que muera, o descendiendo en *b* perezca
29.4 no venga. . a la *b*, no sea que en la *b* se
29.9 han dicho: No venga con nosotros a la *b*
30.24 a la parte del que desciende a la *b*
31.3 arreció la *b* contra Saúl, y. . flecheros
2 S. 1.4 él respondió: El pueblo huyó de la *b*
1.25 ¡cómo han caído los. . en medio de la *b!*
2.17 la *b* fue muy reñida aquel día, y Abner
3.30 él había dado muerte a Asael. . en la *b* de
10.8 se pusieron en orden de *b* a la entrada
10.9 viendo. . Joab que se le presentaba la *b*
10.9 se puso en orden de *b* contra los sirios
10.17 los sirios se pusieron en orden de *b*
11.15 poned a Urías. . en lo más recio de la *b*
17.11 mar, y que tú en persona vayas a la *b*
18.6 se libró la *b* en el bosque de Efraín
18.8 y la *b* se extendió por todo el país
19.3 pueblo avergonzado que ha huido de la *b*
19.10 y Absalón, a quien. . ha muerto en la *b*
21.17 nunca más. . saldrás con nosotros a la *b*
22.35 quien adiestra mis manos para la *b*
23.9 que se habían reunido allí para la *b*
1 R. 8.44 si tu pueblo saliere en *b* contra sus
16.16 sobre Israel a Omri. . en el campo de *b*
20.14 y dijo Acab: ¿Quién comenzará la *b?*
20.29 al séptimo día se dio la *b;* y los hijos
20.39 dijo: Tu siervo salió en medio de la *b*
22.30 me disfrazaré. . en la *b*. . entró en la *b*
22.35 pero la *b* había arreciado aquel día
2 R. 3.26 de Moab vio que era vencido en la *b*
14.7 tomó a Sela en *b*, y la llamó Jocteel
1 Cr. 5.18 de Rubén. . eran 44.760 que salían a *b*
10.3 arreciando la *b*. . Saúl, le alcanzaron los
11.13 estando allí juntos en *b* los filisteos
12.19 cuando vino con los filisteos a la *b*
14.15 sal luego a la *b*, porque Dios saldrá
19.9 ordenaron la *b* a entrada de la ciudad
19.11 y los ordenó en *b* contra los amonitas
19.17 vino a ellos, y ordenó *b* contra ellos
2 Cr. 13.3 Abías ordenó *b*. . y Jeroboam ordenó *b*
13.14 tenían *b* por delante y a las espaldas
14.10 ordenaron la *b* en el valle de Sefata
18.29 me disfrazaré. . en la *b*. . entró en la *b*
18.34 y arreció la *b* aquel día, por lo que
25.21 se vieron cara a. . en la *b* de Bet-semes
32.8 para ayudarnos y pelear nuestras *b*
35.22 Josías. . que se disfrazó para darle *b*
35.22 vino a darle *b* en el campo de Meguido
Job 15.24 se esforzarán. . como un rey. . para la *b*
38.23 para el día de la guerra y de la *b?*
39.25 y desde lejos huele la *b*, el grito de
41.8 acordarás de la *b*, y nunca más volverás
Sal. 18.34 quien adiestra mis manos para la *b*
24.8 Jehová el fuerte y. . el poderoso en *b*
78.9 volvieron las espaldas en el día de la *b*
89.43 su espada, y no lo levantaste en la *b*
140.7 a cubierto mi cabeza en el día de *b*
144.1 quien adiestra mis manos para la *b*, y
Pr. 21.31 caballo se alista para el día de la *b*
Is. 9.5 que lleva el guerrero en el. . de la *b*
13.4 pasa revista a las tropas para la *b*
21.15 huye, ante la espada. . el peso de la *b*
27.4 ¿quién pondrá contra mí en *b* espinos y
28.6 por fuerzas a los que rechacen la *b* en
30.32 en *b* tumultuosa peleará contra ellos
Jer. 8.6 caballo que arremete con ímpetu a la *b*
49.14 y venid contra ella, y subid a la *b*
Ez. 7.14 tocarán. . y no habrá quien vaya a la *b*
13.5 que resista firme en la *b* en el día de
17.17 ni. . hará Faraón nada por él en la *b*
Dn. 11.20 será quebrantado. . no en ira, ni en *b*
Os. 1.7 no los salvaré. . con *b*, ni con caballos
10.9 no los tomó la *b* en Gabaa contra los
10.14 destruyó Salmán a. . en el día de la *b*
Jl. 2.5 como pueblo fuerte dispuesto para la *b*
Am. 1.14 consumirá sus palacios. . día de la *b*
Abd. 1 levantémonos contra este pueblo en *b*
Zac. 10.5 como valientes que en la *b* huellan
14.3 peleará. . como peleó en el día de la *b*
1 Co. 14.8 si. . ¿quién se preparará para la *b?*
1 Ti. 6.12 pelea la buena *b* de la fe, echa mano
2 Ti. 4.7 he peleado la buena *b*, he acabado la
He. 11.34 se hicieron fuertes en *b*, pusieron en
Ap. 9.9 carros de caballos corriendo a la *b*
12.7 hubo una gran *b* en el cielo: Miguel y
16.14 van a los reyes. . para reunirlos a la *b*
20.8 engañar. . a fin de reunirlos para la *b*

BATALLAR
1 Co. 15.32 si como hombre *batallé* en Efeso
1 P. 2.11 deseos. . que *batallan* contra el alma

BATIR
Éx. 39.3 *batieron* láminas de oro, y cortaron
Nm. 16.38 planchas *batidas* para cubrir el altar
16.39 y los *batieron* para cubrir el altar
24.10 a Balaam, y *batiendo* sus manos le dijo
1 R. 10.16 200 escudos grandes de oro *batido*
10.17 trescientos escudos de oro *batido* hizo
2 R. 11.12 *batiendo* las manos dijeron: ¡Viva el
1 Cr. 20.1 y Joab *batió* a Rabá, y la destruyó
2 Cr. 9.15 doscientos paveses de oro *batido*
9.16 trescientos escudos de oro *batido*
28.5 el cual lo *batió* con gran mortandad
Job 27.23 *batirán* las manos sobre él, y desde
34.37 *bate* palmas contra nosotros, y contra
Sal. 47.1 pueblos. . *batid* las manos; aclamad
98.8 los ríos *batan* las manos, los montes
Pr. 30.33 que *bate* la leche sacará mantequilla
Is. 41.7 al que *batía* en el yunque, diciendo
Jer. 10.9 traerán plata *batida* de Tarsis y oro
Lm. 2.15 los que pasaban. . *batieron* las manos
Ez. 21.14 profetiza, y *bate* una mano contra
21.17 y yo. . *batiré* mi mano contra mi mano
22.13 *batí* mis manos a causa de tu avaricia
25.6 cuanto *batiste* tus manos, y golpeaste
Nah. 3.19 que oigan tu fama *batirán* las manos

BATO
1 R. 7.26 del mar. . y cabían en él dos mil *b*
7.38 cada fuente contenía cuarenta *b*, y cada
2 Cr. 2.10 dado. . 20.000 *b* de vino, y 20.000 *b*
4.5 tenía de grueso. . y le cabían tres mil *b*
Esd. 7.22 cien *b* de vino, y cien *b* de aceite
Is. 5.10 diez yugadas de viña producirán un *b*
Ez. 45.10 balanzas justas, efa justo, y *b* justo
45.11 efa y el *b* serán de una misma medida
45.11 el *b* tenga la décima parte del homer
45.14 ofreceréis un *b* de aceite, que es la
45.14 diez *b* harán un homer. . diez *b* son un

BAT-RABIM *Puerta de Hesbón, ciudad de Moab*, **Cnt. 7.4**

BAUTISMO
Mt. 3.7 al ver él que. . saduceos venían a su *b*
20.22,23 con el *b* con que yo soy bautizado
21.25 el *b* de Juan, ¿de dónde era? ¿Del cielo

BAUTISMO ***(Continúa)***
Mr. 1.4 el *b* de arrepentimiento para perdón
10.38,39 con el *b* con que yo soy bautizado
11.30 el *b* de Juan, ¿era del cielo, o de los
Lc. 3.3 predicando el *b* del arrepentimiento
7.29 a Dios, bautizándose con el *b* de Juan
12.50 de un *b* tengo que ser bautizado
20.4 el *b* de Juan, ¿era del cielo, o de los
Hch. 1.22 comenzando desde el *b* de Juan hasta
10.37 Judea. .después del *b* que predicó Juan
13.24 predicó Juan el *b* de arrepentimiento
18.25 aunque solamente conocía el *b* de Juan
19.3 ¿en qué. . Ellos dijeron: En el *b* de Juan
19.4 Juan bautizó con *b* de arrepentimiento
Ro. 6.4 somos sepultados. .para muerte por el *b*
Ef. 4.5 un Señor, una fe, un *b*
Col. 2.12 sepultados con él en el *b*, en el cual
He. 6.2 de la doctrina de *b*, de la imposición
1 P. 3.21 el *b* que corresponde a esto ahora

BAUTISTA ***Véase Juan No. 1***

BAUTIZAR
Mt. 3.6 y eran *bautizados* por él en el Jordán
3.11 os *bautizo* en agua para arrepentimiento
3.11 os *bautizará* en Espíritu Santo y fuego
3.13 Jesús vino. .para ser *bautizado* por él
3.14 yo necesito ser *bautizado* por ti, ¿y tú
3.16 Jesús, después que fue *bautizado*, subió
20.22 *bautizados* con. .que yo soy *bautizado?*
20.23 que yo soy *bautizado*, seréis *bautizados*
28.19 *bautizándolos* en el nombre del Padre
Mr. 1.4 *bautizaba* Juan en el desierto, y
1.5 eran *bautizados* por él en el río Jordán
1.8 yo a la verdad os he *bautizado* con agua
1.8 pero él os *bautizará* con Espíritu Santo
1.9 y fue *bautizado* por Juan en el Jordán
10.38 *bautizados* con. .que yo soy *bautizado*
10.39 que yo soy *bautizado*, seréis *bautizados*
16.16 creyere y fuere *bautizado*, será salvo
Lc. 3.7 que salían para ser *bautizados* por él
3.12 unos publicanos para ser *bautizados*, y
3.16 yo a la verdad os *bautizo* en agua; pero
3.16 os *bautizará* en Espíritu Santo y fuego
3.21 pueblo se *bautizaba*. .Jesús fue *bautizado*
7.29 *bautizándose* con el bautismo de Juan
7.30 fariseos. .no siendo *bautizados* por Juan
12.50 de un bautismo tengo que ser *bautizado*
Jn. 1.25 ¿por qué, pues, *bautizas*, si tú no eres
1.26 les respondió. .Yo *bautizo* con agua; mas
1.28 Jordán, donde Juan estaba *bautizando*
1.31 por esto vine yo *bautizando* con agua
1.33 el que me envió a *bautizar* con agua
1.33 ése es el que *bautiza* con el Espíritu
3.22 y estuvo allí con ellos, y *bautizaba*
3.23 Juan *bautizaba* también en Enón, junto
3.23 en Enón. .y venían, y eran *bautizados*
3.26 dijeron. .*bautiza*, y todos vienen a él
4:1 Jesús hace y *bautiza* más discípulos que
4.2 Jesús no *bautizaba*, sino sus discípulos
10.40 donde. .había estado *bautizando* Juan
Hch. 1.5 *bautizó* con agua. .seréis *bautizados*
2.38 *bautícese* cada uno de vosotros en el
2.41 fueron *bautizados*; y. .como tres mil
8.12 cuando creyeron a Felipe. .se *bautizaban*
8.13 habiéndose *bautizado*, estaba siempre
8.16 habían sido *bautizados* en el nombre de
8.36 agua; ¿qué impide que yo sea *bautizado?*
8.38 descendieron ambos al agua. .y le *bautizó*
9.18 la vista; y levantándose, fue *bautizado*
10.47 para que no sean *bautizados* estos que
10.48 mandó *bautizarles* en el nombre del
11.16 Juan ciertamente *bautizó* en agua, mas
11.16 mas vosotros seréis *bautizados* con el
16.15 fue *bautizada*, y su familia, nos rogó
16.33 se *bautizó* él con todos los suyos
18.8 los corintios. .creían y eran *bautizados*
19.3 ¿en qué, pues, fuisteis *bautizados?*
19.4 dijo Pablo: Juan *bautizó* con bautismo
19.5 fueron *bautizados* en el nombre del
22.16 ahora. .*bautízate*, y lava tus pecados
Ro. 6.3 *bautizados* en Cristo. .*b* en su muerte?
1 Co. 1.13 ¿o fuisteis *bautizados* en. .Pablo?
1.14 que a ninguno de vosotros he *bautizado*
1.15 que fuisteis *bautizados* en mi nombre
1.16 *bauticé* a la familia de Estéfanas
1.16 no sé si he *bautizado* a algún otro
1.17 no me envió Cristo a *bautizar*, sino a
10.2 en Moisés fueron *bautizados* en la nube
12.13 fuimos todos *bautizados* en un cuerpo
15.29 los que se *bautizan* por los muertos
15.29 ¿por qué. .se *bautizan* por los muertos?
Gá. 3.27 todos los que habéis sido *bautizados*

BAVAI ***Levita que ayudó en la restauración del muro de Jerusalén*, Neh. 3.18**

BAYIT ***Población en Moab*, Is. 15.2**

BAZLUT ***Padre de una familia de sirvientes del templo*, Esd. 2.52; Neh. 7.54**

BEALÍAS ***Benjamita que se unió a David en Siclag*, 1 Cr. 12.5**

BEALOT ***Población en Judá*, Jos. 15.24**

BEBAI
1. ***Ascendiente de un grupo que regresó del exilio con Zorobabel*, Esd. 2.11; 8.11; 10.28; Neh. 7.16**
2. ***Padre de Zacarías No. 21*, Esd. 8.11**
3. ***Firmante del pacto de Nehemías*, Neh. 10.15**

BEBEDOR
Sal. 69.12 me zaherían en sus canciones los *b*
Pr. 23.20 no estés con los *b* de vino, ni con
23.21 porque el *b* y el comilón empobrecerán
Mt. 11.19; Lc. 7.34 hombre comilón y *b* de vino

BEBER
Gn. 9.21 y *bebió* del vino, y se embriagó, y
19.32 demos a *beber* vino. .y durmamos con él
19.33,35 y dieron a *beber* vino a su padre
19.34 démosle a *beber* vino también esta noche
21.19 llenó el. .y dio de *beber* al muchacho
24.14 baja tu cántaro. .para que yo *beba*
24.14 *bebe*, y también daré de *beber* a tus
24.17 te ruego me des a *beber* un. .de agua
24.18 *bebe*, señor mío, y. .le dio a *beber*
24.19 cuando acabó de darle de *beber*, dijo
24.19 sacaré agua, hasta que acaben de *beber*
24.22 cuando los camellos acabaron de *beber*
24.43 dame de *beber*. .un poco de agua de tu
24.44 *bebe* tú, y también para tus camellos
24.45 le dije: Te ruego que me des de *beber*
24.46 *bebe*, y. .a tus camellos daré de *beber*
24.46 *bebí*, y dio. .de *beber* a mis camellos
24.54 comieron y *bebieron* él y los varones
25.34 comió y *bebió*, y se levantó y se fue
26.30 hizo banquete, y comieron y *bebieron*
27.25 comió; le trajo también vino, y *bebió*
30.38 agua donde venían a *beber* las ovejas
30.38 cuales procreaban cuando venían a *beber*
43.34 y *bebieron*, y se alegraron con él
44.5 ¿no es ésta en la que *bebe* mi señor
Éx. 2.16 dar de *beber* a las ovejas de su padre
2.17 defendió, y dio de *beber* a sus ovejas
2.19 y también. .dio de *beber* a las ovejas
7.18 egipcios tendrán asco de *beber* el agua
7.21 el río. .egipcios no podían *beber* de él
7.24 pozos. .para *beber*. .no podían *b*. .del río
15.23 llegaron a Mara, y no pudieron *beber*
15.24 pueblo murmuró. .¿Qué hemos de *beber?*
17.1 no había agua. .que el pueblo *bebiese*
17.2 dijeron: Danos agua para que *bebamos*
17.6 saldrán de. .aguas, y *beberá* el pueblo
24.11 vieron a Dios, y comieron y *bebieron*
32.6 se sentó el pueblo a comer y a *beber*
32.20 lo dio a *beber* a los hijos de Israel
34.28 no comió pan, ni *bebió* agua; y escribió
Lv. 10.9 tú, y tus hijos. .no *beberéis* vino ni
Nm. 5.24 a *beber* a la mujer las aguas amargas
5.26 dará a *beber* las aguas a la mujer
5.27 le dará, pues, a *beber* las aguas; y si
6.3 no *beberá* vinagre de vino, ni vinagre
6.3 ni *beberá*. .licor de uvas, ni tampoco
6.20 después el nazareo podrá *beber* vino
20.5 no es lugar. .ni aun de agua para *beber*
20.8 sacarás aguas de la. .y darás de *beber*
20.11 *bebió* la congregación, y sus bestias
20.17 por viña, ni *beberemos* agua de pozos
20.19 *bebiéremos* tus aguas. .daré el precio
21.22 no *beberemos* las aguas de los pozos
23.24 no se echará hasta que. .*beba* la sangre
33.14 el pueblo no tuvo aguas para *beber*
Dt. 2.6 compraréis de ellos el agua, y *beberéis*
2.28 el agua. .me darás por dinero, y *beberé*
9.9 en el monte. .sin comer pan ni *beber* agua
9.18 no comí pan ni *bebí* agua, a causa de
11.11 que *bebe* las aguas de la lluvia del cielo
28.39 plantarás viñas. .pero no *beberás* vino
29.6 no habéis comido pan, ni *bebisteis* vino
32.14 y de la sangre de la uva *bebiste* vino
32.38 y *bebían* el vino de sus libaciones?
Jue. 4.19 me des de *beber*. .y ella. .dio de *b*
7.5 doblare sobre sus rodillas para *beber*
7.6 pueblo se dobló. .para *beber* las aguas
9.27 en el templo de sus dioses. .y *bebieron*
13.4,7 no *bebas* vino ni sidra, ni comas cosa
13.14 no *beberá* vino ni sidra, y no comerá
15.19 abrió Dios la cuenca que. .y él *bebió*
19.4 quedó en su casa. .comiendo y *bebiendo*
19.6 y se sentaron. .y comieron y *bebieron*
19.21 y se lavaron. .y comieron y *bebieron*
Rt. 2.9 *bebe* del agua que sacan los criados
3.3 hasta que él haya acabado de. .y de *beber*
3.7 cuando Booz hubo. .*bebido*, y su corazón
1 S. 1.9 levantó Ana después que hubo. .*bebido*
1.15 no he *bebido* vino ni sidra, sino que
30.11 le dieron pan. .y le dieron a *beber* agua
30.12 no había. .*bebido* agua en tres días y
30.16 desparramados. .comiendo y *bebiendo*
2 S. 11.11 entrar en mi casa. .comer y *beber*
11.13 y David lo convidó a comer y a *beber*
12.3 *bebiendo* de su vaso, y durmiendo en su
16.2 vino para que *beban* los que se cansen
19.35 ¿tomará gusto. .en lo que coma o *beba?*
23.15 ¡quién me diera a *beber* del agua del
23.16 no la quiso *beber*, sino que la derramó
23.17 ¿he de *beber* la. .Y no quiso *beberla*
1 R. 1.25 comiendo y *bebiendo* delante de él
4.20 Judá. .comiendo, *bebiendo* y alegrándose
10.21 todos los vasos de *beber*. .eran de oro
13.8 no iría. .ni *bebería* agua en este lugar
13.9,17 no comas pan ni *bebas* agua
13.16 ni *beberé* agua contigo en este lugar
13.18 tráele. .para que coma pan y *beba* agua
13.19 volvió con él, y comió. .y *bebió* agua
13.22 comiste. .*bebiste* agua en el lugar donde
13.22 te había dicho que no. .*bebieses* agua
13.23 cuando había comido el pan y *bebido*
16.9 estando él en Tirsa, *bebiendo*. .en casa
17.4 *beberás* del arroyo; y yo he mandado a
17.6 los cuervos le traían. .y *bebía* del arroyo
17.10 que me traigas. .agua. .para que *beba*
18.41 come y *bebe*; porque una lluvia grande
18.42 Acab subió a comer y a *beber*. Y Elías
19.6 y comió y *bebió*, y volvió a dormirse
19.8 se levantó, pues, y comió y *bebió*
20.12 *bebiendo* con los reyes en las tiendas
20.16 Ben-adad *bebiendo* y embriagándose en
2 R. 3.17 lleno de agua, y *beberéis* vosotros
6.22 pan y agua, para que coman y *beban*, y
6.23 habían comido y *bebido*, los envió, y
7.8 leprosos llegaron. .comieron y *bebieron*
9.34 y después que comió y *bebió*, dijo: Id
18.27 expuestos a. .y *beber* su propia orina
18.31 y *beba* cada uno las aguas de su pozo
19.24 he cavado y *bebido* las aguas extrañas
1 Cr. 11.17 quién me diera de *beber*. .de Belén
11.18 no la quiso *beber*, sino que la derramó
11.19 ¿había yo de *beber* la. .Y no la quiso *b*
12.39 allí con David tres días. .*bebiendo*
29.22 *bebieron* delante de Jehová aquel día
2 Cr. 28.15 les dieron de comer y de *beber*
Esd. 10.6 ni *bebió* agua, porque se entristeció
Neh. 8.10 comed grosuras, y *bebed* vino dulce
8.12 el pueblo se fue a comer y a *beber*, y
Est. 1.7 daban a *beber* en vasos de oro, y vasos
1.8 nadie fuese obligado a *beber*; porque así
3.15 el rey y Amán se sentaron a *beber*; pero
4.16 no comáis ni *bebáis* en tres días, noche
5.6 el rey a Ester en. .mientras *bebían* vino
7.2 mientras *bebían* vino, dijo el rey a Ester
Job 1.4 para que comiesen y *bebiesen* con ellos
1.13 sus hijos comían y *bebían* vino en casa
1.18 tus hijos. .estaban comiendo y *bebiendo*
5.5 su mies. .sedientos *beberán* su hacienda
6.4 las saetas. .cuyo veneno *bebe* mi espíritu
15.16 vil, que *bebe* la iniquidad como agua?
21.20 y *beberá* de la ira del Todopoderoso
22.7 no diste de *beber* agua al cansado, y
34.7 Job, que *bebe* el escarnio como agua
Sal. 50.13 de *beber* sangre de machos cabríos?
60.3 nos hiciste *beber* vino de aturdimiento
69.21 y en mi sed me dieron a *beber* vinagre
75.8 *beberán* todos los impíos de la tierra
78.15 dio a *beber* como de grandes abismos
78.44 ríos en sangre. .para que no *bebiesen*
80.5 y a *beber* lágrimas en gran abundancia
104.11 dan de *beber* a. .las bestias del campo
110.7 del arroyo *beberá* en el camino, por lo
Pr. 4.17 pan de maldad, y *beben* vino de robos
5.15 *bebe* el agua de tu misma cisterna, y
9.5 pan, y *bebed* del vino que yo he mezclado
23.7 come y *bebe*, te dirá; mas su corazón
25.21 si tuviere sed, dale de *beber* agua
26.6 como el que se corta los pies y *bebe*
31.4 no es de los reyes *beber* vino, ni de
31.5 no sea que *bebiendo* olviden la ley, y
31.7 *beban*, y olvídense de su necesidad
Ec. 2.24 no hay cosa mejor. .que coma y *beba*
3.13 que todo hombre coma y *beba*, y goce el
5.18 que lo bueno es comer y *beber*, y gozar
8.15 sol, sino que coma y *beba* y se alegre
9.7 gozo, y *bebe* tu vino con alegre corazón
10.17 reponer sus fuerzas y no para *beber!*
Cnt. 5.1 mi miel, mi vino y mi leche he *bebido*
5.1 comed. .*bebed* en abundancia, oh amados
8.2 tú me enseñarías, y yo te haría *beber*
Is. 5.22 ¡ay de los. .valientes para *beber* vino
21.5 mesa, extienden tapices; comen, *beben*
22.13 gozo. .comiendo carne y *bebiendo* vino
22.13 *bebamos*, porque mañana moriremos
24.9 no *beberán* vino con cantar; la sidra les
24.9 les será amarga a los que la *bebieren*
29.8 parece que *bebe*, pero cuando despierta
36.12 expuestos a comer su. .y *beber* su orina
36.16 y *beba* cada cual las aguas de su pozo
37.25 yo cavé, y *bebí* las aguas, y. .secaré
43.20 para que *beba* mi pueblo, mi escogido
44.12 las fuerzas; no *bebe* agua, y se desmaya
51.17 *bebiste* de la mano de Jehová el cáliz
51.17 el cáliz de aturdimiento *bebiste* hasta
51.22 cáliz de mi ira; nunca más lo *beberás*
62.8 ni *beberán* los extraños el vino que es
62.9 *beberán* en los atrios de mi santuario
65.13 mis siervos *beberán*, y vosotros. .sed
66.11 para que *bebáis*, y os deleitéis con

BEBER ***(Continúa)***
Jer. 2.18 que *bebas* agua del Nilo. .*b* agua del
8.14 ha dado a *beber* aguas de hiel, porque
9.15 a comer ajenjo, y. .*beber* aguas de hiel
16.7 les darán a *beber* vaso de consolaciones
16.8 no entres en casa de banquete. .a *beber*
22.15 comió y *bebió* tu padre, e hizo juicio
23.15 y les haré *beber* agua de hiel; porque
25.15 da a *beber* de él a todas las naciones
25.16 y *beberán*, y temblarán y enloquecerán
25.17 y di de *beber* a todas las naciones, a
25.26 y el rey de Babilonia *beberá* después
25.27 *bebed*, y embriagaos, y vomitad, y caed
25.28 y si no quieren. .*beber*. .Tenéis que *b*
35.2 de los recabitas. .y dales a *beber* vino
35.5 llenas de vino, y les dije: *Bebed* vino
35.6 mas ellos dijeron: No *beberemos* vino
35.6 no *beberéis* jamás vino vosotros ni
35.8 no *beber* vino en todos nuestros días
35.14 no *bebiesen* vino, y no lo han *bebido*
49.12 los que no estaban condenados a *beber*
49.12 *beberán*. .no serás absuelto. .*beberás*
51.7 de su vino *bebieron* los pueblos
Lm. 5.4 agua *bebemos* por dinero; compramos
Ez. 4.11 *beberás*. .de tiempo en tiempo la *b*
4.16 *beberán* el agua por medida y con espanto
12.18 *bebe* tu agua con estremecimiento y con
12.19 y con espanto *beberán* su agua; porque
23.32 *beberás* el hondo y ancho cáliz de tu
23.34 lo *beberás*. .y lo agotarás, y quebrarás
25.4 comerán tus sementeras, y *beberán* tu
31.14 ni confíen. .todos los que *beben* aguas
31.16 los que *beben* aguas, fueron consolados
34.18 *bebiendo* las aguas claras, enturbiáis
34.19 *beben* lo que con vuestros pies habéis
39.17 y comeréis carne y *beberéis* sangre
39.18 y *beberéis* sangre de príncipes de la
39.19 *beberéis* hasta embriagaros de sangre
44.21 ninguno de los sacerdotes *beberá* vino
Dn. 1.5 la comida del rey, y del. .que él *bebía*
1.8 contaminarse. .con el vino que él *bebía*
1.12 y nos den legumbres a. .y agua a *beber*
1.16 se llevaba. .el vino que habían de *beber*
5.1 Belsasar. .en presencia de los mil *bebía*
5.2 para que *bebiesen* en ellos el rey y sus
5.3 *bebieron* en ellos el rey y sus príncipes
5.4 *bebieron* vino, y alabaron a los dioses de
5.23 y tus grandes. .*bebisteis* vino en ellos
Jl. 1.5 llorad; gemid, todos los que *bebéis* vino
3.3 vendieron las niñas por vino para *beber*
Am. 2.8 el vino. .*beben* en la casa de sus dioses
2.12 disteis de *beber* vino a los nazareos
4.1 a vuestros señores: Traed, y *beberemos*
4.8 venían dos o tres ciudades. .para *beber*
5.11 viñas, mas no *beberéis* el vino de ellas
6.6 *beben* vino en tazones, y se ungen con
9.14 plantarán viñas, y *beberán* el vino de
Abd. 16 de la manera que vosotros *bebisteis*
16 *beberán* continuamente. .*b*, y engullirán
Jon. 3.7 no se les dé alimento, ni *beban* agua
Mi. 6.15 el aceite; y mosto, mas no *beberás* el
Hab. 2.15 ay del que da de *beber* a su prójimo!
2.16 *bebe* tú también, y serás descubierto
Sof. 1.13 plantarán viñas, mas no *beberán* el
Hag. 1.6 *bebéis*, y no quedáis satisfechos
Zac. 7.6 coméis y *bebéis*, ¿no coméis y *b* para
9.15 *beberán*, y harán estrépito como tomados
Mt. 6.25 no os afanéis por. .qué habéis de *beber*
6.31 ¿qué comeremos, o qué *beberemos*, o qué
11.18 vino Juan, que ni comía ni *bebía*, y
11.19 vino el Hijo. .que come y *bebe*, y dicen
20.22 ¿podéis *beber* del vaso que yo he de *b*
20.23 a la verdad, de mi vaso *beberéis*, y con
24.38 del diluvio estaban comiendo y *bebiendo*
24.49 a comer y a *beber* con los borrachos
25.35 tuve sed, y me disteis de *beber*; fui
25.37 vimos. .sediento, y te dimos de *beber?*
25.42 tuve sed, y no me disteis de *beber*
26.27 les dio, diciendo: *Bebed* de ella todos
26.29 no *beberé* más de este fruto de la vid
26.29 hasta. .que lo *beba* nuevo con vosotros
26.42 si no puede pasar. .sin que yo la *beba*
27.34 le dieron a *beber* vinagre. .con hiel
27.34 después de. .probado, no quiso *beberlo*
27.48 la empapó de vinagre. .y le dio a *beber*
Mr. 2.16 que él come y *bebe* con los publicanos
7.4,8 los lavamientos de los vasos de *beber*
10.38 ¿podéis *beber* del vaso que yo *bebo*, o
10.39 del vaso que yo *bebo*, *beberéis*, y con
14.23 les dio; y *bebieron* de ella todos
14.25 que no *beberé* más del fruto de la vid
14.25 día en que lo *beba* nuevo en el reino
15.23 y le dieron a *beber* vino mezclado con
15.36 uno. .le dio a *beber*, diciendo: Dejad
16.18 *bebieren* cosa mortífera, no les hará
Lc. 1.15 no *beberá* vino ni sidra, y será lleno
5.30 ¿por qué coméis y *bebéis* con publicanos
5.33 ayunan. .pero los tuyos comen y *beben?*
5.39 y ninguno que *beba* del añejo, quiere
7.33 vino Juan. .que ni *bebía* vino, y decís
7.34 vino el Hijo. .que come y *bebe*, y decís
10.7 casa, comiendo y *bebiendo* lo que os den
12.19 diré a mi alma. .come, *bebe*, regocíjate
12.29 no os preocupéis. .que habéis de *beber*
12.45 comenzare a. .y a *beber* y embriagarse
13.15 desata. .su buey. .y lo lleva a *beber?*
13.26 delante de ti hemos comido y *bebido*
17.8 sírvame hasta que haya comido y *bebido*
17.8 y después de esto, come y *bebe* tú?
17.27 comían, *bebían*, se casaban y se daban
17.28 comían, *bebían*, compraban, vendían
22.18 que no *beberé* más del fruto de la vid
22.30 comáis y *bebáis* a mi mesa en mi reino
Jn. 2.10 cuando ya han *bebido* mucho. .inferior
4.7 una mujer. .y Jesús le dijo: Dame de *beber*
4.9 me pides a mí de *beber*, que soy mujer
4.10 quién es el que te dice: Dame de *beber*
4.12 del cual *bebieron* él, sus hijos y sus
4.13 cualquiera que *bebiere* de esta agua
4.14 el que *bebiere* del agua que yo le daré
6.53 y *bebéis* su sangre, no tenéis vida en
6.54,56 que come mi carne y *bebe* mi sangre
7.37 si alguno tiene sed, venga a mí y *beba*
18.11 la copa. .ha dado, ¿no la he de *beber?*
Hch. 9.9 tres días sin ver, y no comió ni *bebió*
10.41 nosotros que comimos y *bebimos* con él
23.12 ni *beberían* hasta que. .muerte a Pablo
23.21 no comer ni *beber* hasta que le hayan
Ro. 12.20 enemigo. .tuviere sed, dale de *beber*
14.21 bueno es no comer carne, ni *beber* vino
1 Co. 3.2 os di a *beber* leche, y no vianda
9.4 no tenemos derecho de comer y *beber?*
10.4 *bebieron* la. .porque *bebían* de la roca
10.7 se sentó el pueblo a comer y a *beber*
10.21 no podéis *beber* la copa del Señor, y
10.31 si, pues, coméis o *bebéis*, o hacéis
11.22 ¿no tenéis casas en que. .o *bebáis?*
11.25 todas las veces que la *bebiereis*, en
11.26 y *bebiereis* esta copa, la muerte del
11.27 comiere este pan o *bebiere* esta copa
11.28 coma así del pan, y *beba* de la copa
11.29 come. .y *bebe*. .juicio come y *b* para sí
12.13 nos dio a *beber* de un mismo Espíritu
15.32 y *bebamos*, porque mañana moriremos
1 Ti. 5.23 ya no *bebas* agua, sino usa de un poco
He. 6.7 la tierra que *bebe* la lluvia que. .cae
Ap. 14.8 ha hecho *beber* a todas las naciones
14.10 *beberá* del vino de la ira de Dios, que
16.6 tú les has dado a *beber* sangre; pues lo
18.3 todas las naciones han *bebido* del vino

BEBIDA
Lv. 11.34 toda *b* que hubiere en esas vasijas
Esd. 3.7 y dieron. .*b* y aceite a los sidonios
Est. 1.8 y la *b* era según esta ley: Que nadie
Sal. 102.9 de pan, y mi *b* mezclo con lágrimas
Cnt. 7.2 tu ombligo como una. .que no le falta *b*
Is. 5.22 son. .hombres fuertes para mezclar *b*
32.6 hambrienta, y quitando la *b* al sediento
Dn. 1.10 que señaló vuestra comida y vuestra *b*
Os. 2.5 que me dan. .mi lino, mi aceite y mi *b*
4.18 su *b* se corrompió; fornicaron sin cesar
Jn. 6.55 mi carne es. .mi sangre es verdadera *b*
Ro. 14.17 el reino de Dios no es comida ni *b*
1 Co. 10.4 todos bebieron la misma *b* espiritual
Col. 2.16 nadie os juzgue en comida o en *b*, o
He. 9.10 ya que consiste sólo de comidas y *b*
Ap. 18.6 en el cáliz en que ella preparó *b*

BECERRA
Gn. 15.9 y le dijo: Tráeme una *b* de tres años
Dt. 21.3 tomarán de las vacas una *b* que no
21.4 los ancianos. .traerán la *b* a un valle
21.4 y quebrarán la cerviz de la *b* allí en
21.6 sobre la *b* cuya cerviz fue quebrada
1 S. 16.2 toma contigo una *b* de la vacada, y
Jer. 46.20 *b* hermosa es Egipto; mas viene
48.34 Zoar hasta Horonaim, *b* de tres años
Os. 10.5 las *b* de Bet-avén serán atemorizados
He. 9.13 y las cenizas de la *b* rociadas a los

BECERRO
Gn. 18.7 corrió Abraham a las. .y tomó un *b*
18.8 y el *b* que había preparado, y lo puso
Éx. 24.5 los cuales ofrecieron holocaustos y *b*
29.1 toma un *b* de la vacada, y dos carneros
29.3 ofrecerás, con el *b* y los dos carneros
29.10 llevarás el *b* delante del tabernáculo
29.10 pondrán sus manos sobre la cabeza del *b*
29.11 matarás el *b* delante de Jehová, a la
29.12 de la sangre del *b* tomarás y pondrás
29.14 pero la carne del *b*, y su piel y su
29.36 cada día ofrecerás el *b* del sacrificio
32.4 tomó. .e hizo de ello un *b* de fundición
32.5 Aarón, edificó un altar delante del *b*
32.8 se han hecho un *b* de fundición, y lo han
32.19 y vio el *b* y las danzas, ardió la ira
32.20 tomó el *b*. .y lo quemó en el fuego, y
32.24 y lo eché en el fuego, y salió este *b*
32.35 habían hecho el *b* que formó Aarón
Lv. 1.5 degollará el *b* en la presencia de Jehová
4.3 ofrecerá. .un *b* sin defecto para expiación
4.4 traerá el *b* a la puerta del tabernáculo
4.4 pondrá su mano sobre la cabeza del *b*, y
4.5 el sacerdote. .tomará de la sangre del *b*
4.7 resto de la sangre del *b* al pie del altar
4.8 tomará del *b* para la expiación toda su
4.11 la piel del *b*, y toda su carne, con su
4.12 todo el *b* sacará fuera del campamento
4.14 la congregación ofrecerá un *b* por
4.15 pondrán sus manos sobre la cabeza del *b*
4.15 presencia de Jehová degollarán aquel *b*
4.16 el sacerdote. .meterá de la sangre del *b*
4.20 hará de aquel *b* como hizo con el *b* de
4.21 sacará el *b*. .quemará como. .primer *b*
8.2 toma a Aarón y a. .el *b* de la expiación
8.14 luego hizo traer el *b* de la expiación
8.14 pusieron. .manos sobre la cabeza del *b*
8.17 el *b*, su piel, su carne y su estiércol
9.2 toma de la vacada un *b* para expiación
9.3 tomad. .un *b* y un cordero de un año, sin
9.8 se acercó. .degolló el *b* de la expiación
16.3 entrará Aarón. .con un *b* para expiación
16.6 hará traer Aarón el *b* de la expiación
16.11 traer. .*b* que era para expiación suya
16.11 y degollará en expiación el *b* que es
16.14 tomará luego de la sangre del *b*, y la
16.15 hará. .como hizo con la sangre del *b*
16.18 sangre del *b* y de la sangre del macho
16.27 sacarán fuera. .el *b* y el macho cabrío
22.27 *b*. .cuando naciere, siete días estará
23.18 ofreceréis. .un *b* de la vacada, y dos
Nm. 7.15,21,27,33,39,45,51,57,63,69,75,81
un *b*, un carnero, un cordero de un año
7.87 todos los bueyes para holocausto, doce *b*
23.1,29 y prepárame aquí siete *b* y 7 carneros
23.2,14,30 un *b* y un carnero en cada altar
23.4 y en cada altar he ofrecido un *b* y un
28.11 meses ofreceréis. .dos *b* de la vacada
28.12 harina amasada. .ofrenda con cada *b*
28.14 sus libaciones. .medio hin con cada *b*
28.19,27 ofreceréis. .dos *b* de la vacada, y
28.20,28 tres décimas con cada *b*, y dos
29.2 holocausto a Jehová, un *b* de la vacada
29.3,9 tres décimas. .con cada *b*, dos décimas
29.8 ofreceréis. .*b* de la vacada, un carnero
29.13 ofreceréis. .trece *b* de la vacada, dos
29.14 tres décimas con cada uno de los 13 *b*
29.17 doce *b*. .dos carneros, catorce corderos
29.18,21,24,27,30,33,37 libaciones con los *b*
29.20 once *b*, dos carneros, catorce corderos
29.23 diez *b*, dos carneros, catorce corderos
29.26 nueve *b*, dos carneros, catorce corderos
29.29 ocho *b*, dos carneros, catorce corderos
29.32 siete *b*, dos carneros, catorce corderos
29.36 un *b*, un carnero, siete corderos de
Dt. 9.16 os habíais hecho un *b* de fundición
9.21 tomé el *b* que habíais hecho, y lo quemé
1 S. 1.24 lo llevó consigo, con tres *b*, un efa
1.25 matando el *b*, trajeron el niño a Elí
6.7 y haced volver sus *b* de detrás de ellas
6.10 dos vacas. .y encerraron en casa sus *b*
14.32 tomaron ovejas. .y *b*, y los degollaron
1 R. 12.28 hizo el rey dos *b* de oro, y dijo al
12.32 sacrificios a los *b* que había hecho
2 R. 10.29 dejó en pie los *b* de oro. .en Dan y
17.16 hicieron imágenes fundidas de dos *b*
1 Cr. 29.21 y ofrecieron. .mil *b*, mil carneros
2 Cr. 11.15 sacerdotes. .para los *b* que él había
13.8 tenéis con vosotros los *b* de oro que
13.9 venga a consagrarse con un *b* y siete
Esd. 6.9 *b*, carneros y corderos. .holocaustos
6.17 y ofrecieron en la dedicación. .cien *b*
7.17 comprarás. .con este dinero *b*, carneros
8.35 ofrecieron. .doce *b* por todo Israel, 90
Neh. 9.18 hicieron para sí *b* de fundición y
Job 42.8 tomaos siete *b* y carneros, e id
Sal. 29.6 los hizo saltar como *b*; al Líbano y
50.9 tomaré de tu casa *b*, ni machos cabríos
51.19 entonces ofrecerán *b* sobre tu altar
68.30 la multitud de toros con los *b* de los
69.31 más que sacrificio de buey, o de *b* que
106.19 hicieron *b* en Horeb, se postraron
Is. 11.6 el *b* y el león y la. .andarán juntos
27.10 pastará el *b*, allí tendrá su majada
34.7 con ellos caerán búfalos, y toros con *b*
Jer. 34.18 pacto dividiendo en dos partes el *b*
34.19 que pasaron entre las partes del *b*
46.21 sus soldados. .en medio de ella como *b*
Ez. 1.7 planta. .pies como planta de pie de *b*
43.19 darás un *b* de la vacada para expiación
43.21 tomarás luego el *b* de la expiación, y
43.22 el altar como lo purificaron con el *b*
43.23 ofrecerás un *b* de la vacada sin defecto
43.25 sacrificarán el *b* de la vacada y un
45.18 tomarás de la vacada un *b* sin defecto
45.22 sacrificará por sí. .un *b* por el pecado
45.23 ofrecerá. .siete *b* y siete carneros sin
45.24 con cada *b* ofrecerá ofrenda de un efa
46.6 el día de. .un *b* sin tacha de la vacada
46.7 hará ofrenda de un efa con el *b*, y un
46.11 será la ofrenda un efa con cada *b*, y
Os. 8.5 tu *b*, oh Samaria, te hizo alejarte
8.6 será deshecho en pedazos el *b* de Samaria
10.5 pueblo lamentará a causa del *b*, y sus
13.2 a los. .que sacrifican, que besen los *b*
Mi. 6.6 presentaré ante él. .con *b* de un año?
Mal. 4.2 saldréis, y saltaréis como *b* de la
Lc. 15.23 el *b* gordo y matadlo, y comamos y
15.27 y tu padre ha hecho matar el *b* gordo
15.30 has hecho matar para él el *b* gordo

BECERRO *(Continúa)*
Hch. 7.41 hicieron un *b*, y ofrecieron. . al ídolo
He. 9.12 ni de *b*, sino por su propia sangre
9.19 tomó la sangre de los *b*. . y roció el
Ap. 4.7 el segundo era semejante a un *b*

BECORAT ***Ascendiente del rey Saúl,* 1 S. 9.1**

BEDAD ***Padre de Hadad, rey edomita,* Gn. 36.35; 1 Cr. 1.46**

BEDÁN ***Descendiente de Manasés,* 1 Cr. 7.17**

BEDELIO
Gn. 2.12 y el oro. . hay allí también *b* y ónice
Nm. 11.7 el maná. . su color como el color de *b*

BEDÍAS ***Uno de los que se casaron con mujeres extranjeras en tiempo de Esdras,* Esd. 10.35**

BEELIADA ***Hijo de David (=Eliada No. 1),* 1 Cr. 14.7**

BEELZEBÚ ***"Príncipe de los demonios"***
Mt. 10.25 si al padre de familia llamaron *B*
12.24 no echa fuera los demonios sino por *B*
12.27 y si yo echo fuera los demonios por *B*
Mr. 3.22 los escribas. . decían que tenía a *B*
Lc. 11.15 decían: Por *B*. . fuera los demonios
11.18 que por *B* echo yo fuera los demonios
11.19 si yo echo fuera los demonios por *B*

BEER
1. ***Lugar donde acampó Israel (=Beer-elim),* Nm. 21.16**
2. ***=Beerot,* Jue. 9.21**

BEERA
1. ***Descendiente de Rubén,* 1 Cr. 5.6**
2. ***Descendiente de Aser,* 1 Cr. 7.37**

BEER-ELIM ***Ciudad en Moab (=Beer No. 1),* Is. 15.8**

BEERI
1. ***Padre de Judit, mujer de Esaú,* Gn. 26.34**
2. ***Padre del profeta Oseas,* Os. 1.1**

BEEROT ***Ciudad en Benjamín,* Jos. 9.17; 18.25; 2 S. 4.2; Esd. 2.25; Neh. 7.29**

BEEROT-BENE-JAACÁN ***Lugar donde acampó Israel,* Dt. 10.6**

BEEROTITA ***Habitante de Beerot***
2 S. 4.2 era Baana, y. . Recab, hijos de Rimón *b*
4.3 pues los *b* habían huido a Gitaim, y moran
4.5 hijos, pues, de Rimón *b*, Recab y Baana
4.9 y David respondió a. . hijos de Rimón *b*
23.37; 1 Cr. 11.39 Naharai *b*, escudero de Joab

BEERSEBA ***Ciudad principal del Neguev***
Gn. 21.14 ella salió y anduvo. . el desierto de *B*
21.31 por esto llamó aquel lugar *B*; porque
21.32 así hicieron pacto en *B*; y se levantó
21.33 plantó Abraham un árbol tamarisco en *B*
22.19 se fueron. . a *B*; y habitó Abraham en *B*
26.23 y de allí subió a *B*
26.33 el nombre de aquella ciudad es *B* hasta
28.10 salió, pues, Jacob de *B*, y fue a Harán
46.1 Israel con todo lo que tenía, y vino a *B*
46.5 se levantó Jacob de *B*; y tomaron los
Jos. 15.28 Hazar-sual, *B*, Bizotia
19.2 tuvieron en su heredad a *B*, Seba, Molada
Jue. 20.1 se reunió la congregación. . hasta *B*
1 S. 3.20 desde Dan hasta *B*, conoció que Samuel
8.2 fue Joel, y. . Abías; y eran jueces en *B*
2 S. 3.10 el trono de David. . desde Dan hasta *B*
17.11 Israel se junte a ti, desde Dan hasta *B*
24.2 desde Dan hasta *B*, y haz un censo del
24.7 Tiro. . y salieron al Neguev de Judá en *B*
24.15 murieron. . desde Dan hasta *B*, 70,000
1 R. 4.25 vivían seguros. . desde Dan hasta *B*
19.3 y vino a *B*, que está en Judá, y dejó
2 R. 12.1 nombre de su madre fue Sibia, de *B*
23.8 los lugares altos. . desde Geba hasta *B*
1 Cr. 4.28 habitaron en *B*, Molada, Hazar-sual
21.2 haced censo de Israel desde *B* hasta Dan
2 Cr. 19.4 Josafat. . salía al pueblo, desde *B*
24.1 el nombre de su madre fue Sibia, de *B*
30.5 desde *B* hasta Dan, para que viniesen a
Neh. 11.27 en Hazar-sual, en *B* y sus aldeas
11.30 habitaron desde *B* hasta el valle de
Am. 5.5 ni paséis a *B*. . Gilgal será llevada en
8.14 los que juran por. . Por el camino de *B*

BEESTERA ***Ciudad de los levitas en Manasés (=Astarot No. 1),* Jos. 21.27**

BEHEMOT
Job 40.15 he aquí ahora *b*, el cual hice como

BEL ***Dios principal de Babilonia***
Is. 46.1 postró *B*, se abatió Nebo; sus imágenes
Jer. 50.2 *B* es confundido, deshecho es Merodac
51.44 juzgaré a *B* en Babilonia, y sacaré de

BELA
1. ***=Zoar,* Gn. 14.2,8**
2. ***Primer rey de Edom,* Gn. 36.32,33; 1 Cr. 1.43,44**
3. ***Hijo de Benjamín,* Gn. 46.21; Nm. 26.38,40; 1 Cr. 7.6,7; 8.1,3**
4. ***Descendiente de Rubén,* 1 Cr. 5.8**

BELAÍTA ***Descendientes de Bela No. 3,* Nm. 26.38**

BELÉN
1. ***Ciudad en Judá***

Gn. 35.19; 48.7 en el camino de Efrata. . es *B*
Jue. 17.7 había un joven de *B* de Judá, de la
17.8 partió de la ciudad de *B* de Judá para
17.9 le respondió: Soy de *B* de Judá, y voy a
19.1 había tomado para sí mujer. . de *B* de Judá
19.2 se fue de él a casa de su padre, a *b*
19.18 pasamos de *B*. . había ido a *B* de Judá
Rt. 1.1 y un varón de *B*. . fue a morar en los
1.2 aquel varón era. . efrateos de *B* de Judá
1.19 llegaron a *B*; y habiendo entrado en *B*
1.22 y llegaron a *B* al comienzo de la siega
2.4 Booz vino de *B*, y dijo a los segadores
4.11 seas ilustre. . y seas de renombre en *B*
1 S. 16.1 ven, te enviaré a Isaí de *B*, porque
16.4 luego que él llegó a *B*, los ancianos de
16.18 un hijo de Isaí de *B*, que sabe tocar
17.12 David era hijo. . efrateo de *B* de Judá
17.15 apacentar las ovejas de su padre en *B*
17.58 yo soy hijo de tu siervo Isaí de *B*
20.6 me rogó mucho que lo dejase ir. . a *B* su
20.28 David me pidió. . que le dejase ir a *B*
2 S. 2.32 tomaron. . Asael, y lo sepultaron. . *B*
21.19 Elhanán, hijo de Jaare-oregim de *B*
23.14 en *B* una guarnición de los filisteos
23.15 me diera. . del agua del pozo de *B* que
23.16 sacaron agua del pozo de *B* que estaba
23.24 de los 30; Elhanán hijo de Dodo de *B*
1 Cr. 11.16 guarnición de los filisteos en *B*
11.17 quién me diera. . aguas del pozo de *B*
11.18 sacaron agua del pozo de *B*, que está
11.26 valientes. . Elhanán hijo de Dodo de *B*
2 Cr. 11.6 edificó *B*, Etam, Tecoa
Esd. 2.21 los hijos de *B*, ciento veintitrés
Neh. 7.26 los varones de *B* y de Netofa, 188
Jer. 41.17 habitaron. . cerca de *B*, a fin de ir
Mi. 5.2 tú, *B* Efrata, pequeña para estar entre
Mt. 2.1 cuando Jesús nació en *B* de Judea en
2.5 ellos le dijeron: En *B* de Judea; porque
2.6 tú, *B*, de la tierra de Judá, no eres la
2.8 enviándolos a *B*, dijo: Id. . y averiguad
2.16 matar a todos los niños. . que había en *B*
Lc. 2.4 José subió. . la ciudad. . que se llama *B*
2.15 pasemos, pues, hasta *B*, y veamos esto
Jn. 7.42 aldea de *B*. . ha de venir el Cristo?

2. ***Población en Zabulón,* Jos. 19.15; Jue. 12.8,10**
3. ***Descendiente de Judá,* 1 Cr. 2.51,54; 4.4**

BELIAL ***Probablemente = el Maligno (Satanás)***
2 Co. 6.15 ¿y qué concordia Cristo con *B*?

BELSASAR ***Rey de Babilonia***
Dn. 5.1 el rey *B* hizo un gran banquete a mil
5.2 *B*, con el gusto del vino, mandó que
5.9 el rey *B* se turbó. . y palideció, y sus
5.22 su hijo *B*, no has humillado tu corazón
5.29 mandó *B* vestir a Daniel de púrpura, y
5.30 la misma noche fue muerto *B* rey de los
7.1 en el primer año de *B* rey de Babilonia
8.1 en el año tercero del reinado del rey *B*

BELTSASAR ***Nombre caldeo de Daniel***
Dn. 1.7 el jefe. . puso nombres: puso a Daniel, *B*
2.26 a Daniel, al cual llamaban *B*: ¿Podrás
4.8 delante de mí Daniel, cuyo nombre es *B*
4.9 *B*, jefe de los magos. . he entendido que
4.18 tú, pues, *B*, dirás la interpretación
4.19 Daniel, cuyo nombre era *B*, quedó atónito
4.19 dijo: *B*, no te turben ni el sueño ni su
4.19 *B* respondió. . Señor mío, el sueño sea
5.12 Daniel, al cual el rey. . por nombre *B*
10.1 revelada palabra a Daniel, llamado *B*

BELLEZA
Est. 1.11 mostrar a los pueblos. . su *b*; porque
Ez. 27.4 los que te edificaron completaron tu *b*

BELLA
Gn. 39.6 era José de hermoso. . y *b* presencia
Cnt. 1.15 eres *b*; tus ojos son como palomas
Jer. 6.2 destruiré a la *b* y delicada hija de
49.19 como león subirá. . contra la *b* y robusta
Ez. 23.42 sabeos. . *b* coronas sobre sus cabezas

BENAÍA
1. ***Oficial de David y Salomón***

2 S. 8.18; 20.23 *B*. . los cereteos y peleteos
23.20 después, *B* hijo de Joiada, hijo de un
23.22 esto hizo *B* hijo de Joiada, y ganó
1 R. 1.8 y *B* hijo de Joiada, el profeta Natán
1.10 no convidó al. . ni a *B*, ni a los grandes
1.26 ni a *B* hijo de Joiada, ni a Salomón tu
1.32 llamadme. . Natán, y a *B* hijo de Joiada
1.36 *B* hijo. . respondió al rey y dijo: Amén
1.38 descendieron. . Natán, *B* hijo de Joiada
1.44 el rey ha enviado. . a *B* hijo de Joiada
2.25 el rey Salomón envió por mano de *B* hijo
2.29 envió Salomón a *B* hijo de. . diciendo: Vé
2.30 entró *B* al tabernáculo de Jehová, y le
2.30 y *B* volvió con esta respuesta al rey
2.34 *B* hijo de. . subió y arremetió contra él
2.35 rey puso en su lugar a *B* hijo de Joiada
2.46 rey mandó a *B*. . el cual salió y lo hirió
4.4 *B* hijo de Joiada sobre el ejército; Sadoc
1 Cr. 11.22 *B*. . venció a los dos leones de Moab
11.24 hizo *B* hijo de Joiada, y fue nombrado
18.17 *B*. . estaba sobre los cereteos y peleteos
27.5 el jefe. . para el tercer mes era *B*, hijo
27.6 este *B* era valiente entre los treinta

2. ***Uno de los 30 valientes de David,* 2 S. 23.30; 1 Cr. 11.31; 27.14**
3. ***Descendiente de Simeón,* 1 Cr. 4.36**
4. ***Levita, músico en tiempo de David,* 1 Cr. 15.18,20; 16.5**
5. ***Sacerdote en tiempo de David,* 1 Cr. 15.24; 16.6**
6. ***Nieto de No. 1,* 1 Cr. 27.34**
7. ***Ascendiente de Jahaziel No. 4,* 2 Cr. 20.14**
8. ***Mayordomo del rey Ezequías,* 2 Cr. 31.13**
9. ***Nombre de cuatro varones entre los que se casaron con mujeres extranjeras en tiempo de Esdras,* Esd. 10.25,30,35,43**
10. ***Padre de Pelatías No. 4,* Ez. 11.1,13**

BEN-ADAD
1. ***Rey de Siria en tiempo de Baasa rey de Israel***

1 R. 15.18 envió. . a *B* hijo de Tabrimón, hijo
15.20 *B* consintió con el rey Asa, y envió
2 Cr. 16.2 envió a *B* rey de Siria. . diciendo
16.4 y consintió *B* con el rey Asa, y envió

2. ***Rey de Siria en tiempo de Omri rey de Israel***

1 R. 20.1 *B* rey de Siria. . sitió a Samaria, y
20.3 ha dicho *B*: Tu plata y tu oro son míos
20.5 dijo *B*: Yo te envié a decir: Tu plata y
20.9 él respondió a los embajadores de *B*
20.10 y *B*. . le envió a decir: Así me hagan los
20.16 y estaba *B* bebiendo y embriagándose en
20.17 y *B* había enviado quien le dio aviso
20.20 el rey de. . *B*, se escapó en un caballo
20.26 *B* pasó revista al ejército de. . sirios
20.30 también *B* vino huyendo a la ciudad, y
20.32 tu siervo *B* dice: Te ruego que viva mi
20.33 dijeron: Tu hermano *B* vive. Y él dijo
20.33 *B* entonces se presentó a Acab, y él le
20.34 le dijo *B*: Las ciudades que mi padre
2 R. 6.24 *B*. . de Siria reunió todo su ejército
8.7 *B* rey de Siria estaba enfermo, al cual
8.9 tu hijo *B*. . me ha enviado a ti, diciendo
8.15 un paño. . lo puso sobre el rostro de *B*

3. ***Rey de Siria en tiempo de Joacaz rey de Israel***

2 R. 13.3 entregó. . mano de *B* hijo de Hazael
13.24 murió. . y reinó en su lugar *B* su hijo
13.25 y tomó de mano de *B*. . las ciudades que

4. ***"Palacios (casas) de Ben-adad",* Jer. 49.27; Am. 1.4**

BEN-AMMI ***Hijo de Lot y padre de los amonitas,* Gn. 19.38**

BENDECIR
Gn. 1.22 los *bendijo*, diciendo: Fructificad
1.28 *bendijo* Dios, y les dijo: Fructificad
2.3 *bendijo* Dios al día séptimo. . santificó
5.2 los *bendijo*, y llamó el nombre de ellos
9.1 *bendijo* Dios a Noé y a sus hijos, y les
9.26 *bendito* por Jehová mi Dios sea Sem, y
12.2 te *bendeciré*, y engrandeceré tu nombre
12.3 *bendeciré* a los que te *bendijeren*, y a
12.3 *benditas* en ti todas las familias de la
14.19 *bendijo*, diciendo: *Bendito* sea Abram
14.20 y *bendito* sea el Dios Altísimo, que
17.16 *bendeciré*, y también te daré de ella
17.16 la *bendeciré*, y vendrá a ser madre de
17.20 le *bendeciré*, y le haré fructificar y
18.18 habiendo de ser *benditas* en él todas
22.17 de cierto te *bendeciré*, y multiplicaré

BENDECIR ***(Continúa)***

Gn. 22.18 en tu simiente serán *benditas* todas las
24.27 *bendito* sea Jehová, Dios de mi amo
24.31 ven, *bendito* de Jehová; ¿por qué estás
24.35 Jehová ha *bendecido* mucho a mi amo
24.48 *bendije* a Jehová Dios de mi..Abraham
24.60 y *bendijeron* a Rebeca, y le dijeron
25.11 que Dios *bendijo* a Isaac su hijo
26.3 estaré contigo, y te *bendeciré*; porque
26.4 las naciones..*benditas* en tu simiente
26.12 Isaac..cosechó..y le *bendijo* Jehová
26.24 porque yo estoy contigo, y te *bendeciré*
26.29 paz; tú eres ahora *bendito* de Jehová
27.4 para que yo te *bendiga* antes que muera
27.7 te *bendiga* en presencia de Jehová antes
27.10 que él te *bendiga* antes de su muerte
27.19 come de mi caza, para que me *bendigas*
27.23 no le conoció, porque sus..y le *bendijo*
27.25 comeré de la..para que yo te *bendiga*
27.27 y le *bendijo*, diciendo: Mira, el olor
27.27 olor del campo que Jehová ha *bendecido*
27.29 señor.. y *benditos* los que te *bendijeren*
27.30 que Isaac acabó de *bendecir* a Jacob
27.31 come de la caza..para que me *bendiga*
27.33 ¿quién..Yo le *bendije*, y será *bendito*
27.34,38 *bendíceme* también a mí, padre mío
27.41 con que su padre le había *bendecido*
28.1 Isaac llamó a Jacob, y lo *bendijo*, y le
28.3 Dios omnipotente te *bendiga*, y te haga
28.6 vio Esaú cómo Isaac había *bendecido* a
28.6 que cuando le *bendijo*, le había mandado
28.14 familias de la tierra serán *benditas*
30.27 Jehová me ha *bendecido* por tu causa
30.30 Jehová te ha *bendecido* con mi llegada
31.55 Labán..besó sus hijos..y los *bendijo*
32.26 dijo..No te dejaré, si no me *bendices*
32.29 el varón respondió..y lo *bendijo* allí
35.9 apareció..Dios a Jacob..y le *bendijo*
39.5 *bendijo* la casa del egipcio a causa de
47.7 lo presentó..y Jacob *bendijo* a Faraón
47.10 Jacob *bendijo* a Faraón, y salió de la
48.3 Dios..me apareció en Luz..y me *bendijo*
48.9 acércalos ahora a mí, y los *bendeciré*
48.15 *bendijo* a José, diciendo: El Dios en
48.16 el Angel que..*bendiga* a estos jóvenes
48.20 y los *bendijo*..En ti *bendecirá* Israel
49.25 Omnipotente, el cual te *bendecirá* con
49.28 que su padre les dijo, al *bendecirlos*
49.28 cada uno por su bendición los *bendijo*
Éx. 12.32 salid..e idos; y *bendecidme* también
18.10 *bendito* sea Jehová, que os libró de
20.11 Jehová *bendijo* el día de reposo y lo
20.24 mi nombre, vendré a ti y te *bendeciré*
23.25 Jehová..*bendecirá* tu pan y tus aguas
39.43 vio Moisés toda la obra..los *bendijo*
Lv. 9.22 alzó Aarón sus manos y los *bendijo*
9.23 Moisés y Aarón..y *bendijeron* al pueblo
Nm. 6.23 así *bendeciréis* a los hijos de Israel
6.24 Jehová te *bendiga*, y te guarde
6.27 pondrán mi nombre..y yo los *bendeciré*
22.6 sé que el que tú *bendigas*, será *bendito*
22.12 ni maldigas al pueblo..*bendito* es
23.20 he aquí, he recibido orden de *bendecir*
23.25 que no lo maldices, tampoco lo *bendigas*
24.1 parecía bien..que él *bendijese* a Israel
24.9 *benditos*..te *bendijeren*, y malditos los
24.10 he aquí los has *bendecido* ya tres veces
Dt. 1.11 Dios..*bendiga*, como os ha prometido!
2.7 tu Dios te ha *bendecido* en toda obra de
7.13 te amará, te *bendecirá*..y *b* el fruto de
7.14 *bendito* serás más que todos los pueblos
8.10 comerás..y *bendecirás* a Jehová tu Dios
10.8 para *bendecir* en su nombre, hasta hoy
12.7 en la cual..Dios te hubiere *bendecido*
14.24 cuando Jehová tu Dios te *bendijere*
14.29 Dios te *bendiga* en toda obra que tus
15.4 Jehová te *bendecirá* con abundancia en
15.6 que Jehová tu Dios te habrá *bendecido*
15.10 por ello te *bendecirá* Jehová tu Dios
15.14 en que Jehová te hubiere *bendecido*
15.18 te *bendecirá* en todo cuanto hicieres
16.10 según Jehová tu..te hubiere *bendecido*
16.15 te habrá *bendecido* Jehová tu Dios en
21.5 y para *bendecir* en el nombre de Jehová
23.20 para que te *bendiga* Jehová..toda obra
24.13 pueda dormir en su ropa, y te *bendiga*
24.19 para que te *bendiga* Jehová..toda obra
26.15 y *bendice* a tu pueblo Israel, y a la
27.12 sobre el monte Gerizim para *bendecir*
28.3 *bendito* serás tú en la ciudad, y *b* tú
28.4 *bendito* el fruto de tu vientre, el
28.5 *benditas* serán tu canasta y tu artesa
28.6 *bendito* serás en tu entrar, y *b* en tu
28.8 y te *bendecirá* en la tierra que Jehová
28.12 para *bendecir* toda obra de tus manos
29.19 él se *bendiga* en su corazón, diciendo
30.16 Jehová..te *bendiga* en la tierra a la
33.1 la bendición con la cual *bendijo* Moisés
33.11 *bendice*, oh Jehová, lo que hicieren, y
33.13 *bendita* de Jehová sea tu tierra, con
33.20 *bendito* el que hizo ensanchar a Gad
33.24 *bendito* sobre los hijos sea Aser; sea
Jos. 8.33 que *bendijesen*..al pueblo de Israel
14.13 Josué..le *bendijo*, y dio a Caleb hijo
17.14 Jehová nos ha *bendecido* hasta ahora?
22.6 *bendiciéndolos*, Josué los despidió, y
22.7 envió..después de haberlos *bendecido*
22.33 *bendijeron* a Dios los hijos de Israel
24.10 por lo cual os *bendijo* repetidamente
Jue. 5.24 *bendita* sea entre las mujeres Jael
5.24 sobre las mujeres *bendita* sea en la
13.24 el niño creció, y Jehová lo *bendijo*
17.2 la madre dijo: *Bendito* seas de Jehová
Rt. 2.4 ellos respondieron: Jehová te *bendiga*
2.19 *bendito* sea el que te ha reconocido
2.20 dijo Noemí..Sea él *bendito* de Jehová
3.10 dijo: *Bendita* seas tú de Jehová, hija
1 S. 2.20 y Elí *bendijo* a Elcana y a su mujer
9.13 él es el que *bendice* el sacrificio
15.13 Saúl le dijo: *Bendito* seas tú de Jehová
23.21 Saúl dijo: *Benditos* seáis vosotros de
25.32 David a Abigail: *Bendito* sea Jehová
25.33 *bendito* sea tu razonamiento, y *b* tú
25.39 *bendito* sea Jehová que juzgó la causa
26.25 dijo a David: *Bendito* eres tú, hijo
2 S. 2.5 *benditos* seáis vosotros de Jehová, que
6.11 *bendijo* Jehová a Obed-edom y a toda su
6.12 ha *bendecido* la casa de Obed-edom y todo
6.18 *bendijo* al pueblo en el nombre de Jehová
7.29 ten ahora a bien *bendecir* la casa de
7.29 con tu bendición será *bendita* la casa
8.10 envió Toi a Joram su..para *bendecirle*
13.25 porfió..no quiso ir, mas le *bendijo*
14.22 después que *bendijo* al rey, dijo: Hoy
18.28 dijo: *Bendito* sea Jehová Dios tuyo
19.39 el rey besó a Barzilai, y lo *bendijo*
21.3 para que *bendigáis* la heredad de Jehová?
22.47 viva Jehová, y *bendita* sea mi roca
1 R. 1.47 han venido a *bendecir* a nuestro señor
1.48 *bendito* sea Jehová Dios de Israel, que
2.45 el rey Salomón será *bendito*, y el trono
5.7 *bendito* sea hoy Jehová, que dio hijo
8.14 el rey..*bendijo* a toda la congregación
8.15 *bendito* sea Jehová, Dios de Israel, que
8.55 *bendijo* a la congregación de Israel
8.56 *bendito* sea Jehová, que ha dado paz a
8.66 y ellos, *bendiciendo* al rey, se fueron
10.9 Dios sea *bendito*, que se agradó de ti
1 Cr. 13.14 *bendijo* Jehová la casa de Obed-edom
16.2 David..*bendijo* al pueblo en el nombre de
16.36 *bendito* sea Jehová Dios de Israel, de
16.43 David se volvió para *bendecir* su casa
17.27 querido *bendecir* la casa de tu siervo
17.27 tú..la has *bendecido*, y será *bendita*
18.10 para..*bendecirle* por haber peleado con
23.13 *bendijesen* en su nombre para siempre
26.5 porque Dios había *bendecido* a Obed-edom
29.10 *bendijo* a Jehová delante de toda la
29.10 *bendito* seas tú, oh Jehová Dios de
29.20 *bendecid* ahora a Jehová vuestro Dios
29.20 la congregación *bendijo* a Jehová Dios
2 Cr. 2.12 *bendito*..Jehová el Dios de Israel
6.3 *bendijo* a toda la congregación de Israel
6.4 *bendito* sea Jehová Dios de Israel, quien
9.8 *bendito* sea Jehová tu Dios, el cual se
20.26 Beraca; porque allí *bendijeron* a Jehová
30.27 los sacerdotes..*bendijeron* al pueblo
31.8 *bendijeron* a Jehová, y a su pueblo Israel
31.10 Jehová ha *bendecido* a su pueblo; y ha
Esd. 7.27 *bendito*..Dios de nuestros padres, que
Neh. 8.6 *bendijo*..Esdras a Jehová, Dios grande
9.5 *bendecid* a Jehová vuestro Dios desde la
9.5 y *bendígase* el nombre tuyo, glorioso y
11.2 *bendijo* el pueblo a todos los varones
Job 1.21 dio..sea el nombre de Jehová *bendito*
31.20 si no me *bendijeron* sus lomos, y del
42.12 *bendijo* Jehová el postrer estado de Job
Sal. 5.12 tú, oh Jehová, *bendecirás* al justo
10.3 *bendice* al codicioso, y desprecia a
16.7 *bendeciré* a Jehová que me aconseja; aun
18.46 *bendita* sea mi roca, y enaltecido sea
21.6 porque lo has *bendecido* para siempre
26.12 las congregaciones *bendeciré* a Jehová
28.6 *bendito* sea Jehová, que oyó la voz de
28.9 a tu pueblo, y *bendice* a tu heredad
29.11 Jehová *bendecirá* a su pueblo con paz
31.21 *bendito*..maravillosa su misericordia
34.1 *bendeciré* a Jehová en todo tiempo; su
37.22 los *benditos* de él heredarán la tierra
41.13 *bendito* sea Jehová, el Dios de Israel
45.2 por tanto, Dios te ha *bendecido* para
62.4 con su boca *bendicen*, pero maldicen en
63.4 te *bendeciré* en mi vida; en tu nombre
65.10 la ablandas con..*bendices* sus renuevos
66.8 *bendecid*, pueblos, a nuestro Dios, y
66.20 *bendito* sea Dios, que no echó de sí mi
67.1 Dios tenga misericordia..y nos *bendiga*
67.6 nos *bendecirá* Dios, el Dios nuestro
67.7 *bendíganos* Dios, y témanlo todos los
68.19 *bendito* el Señor; cada día nos colma
68.26 *bendecid* a Dios en las congregaciones
72.15 se orará..todo el día se le *bendecirá*
72.17 *benditas* serán en él todas las naciones
72.18 *bendito* Jehová Dios, el Dios de Israel
72.19 *bendito* su nombre glorioso para siempre
89.52 *bendito* sea Jehová para siempre. Amén
96.2 cantad a Jehová, *bendecid* su nombre
100.4 entrad..alabadle, *bendecid* su nombre
103.1 *bendice*, alma mía, a Jehová, y *bendiga*
103.2 *bendice*, alma..a Jehová, y no olvides
103.20 *bendecid* a Jehová, vosotros..ángeles
103.21 *bendecid* a Jehová, vosotros todos sus
103.22 *bendecid* a Jehová..todas sus obras
103.22; 104.1 *bendice*, alma mía, a Jehová
104.35 *bendice*, alma mía, a Jehová. Aleluya
106.48 *bendito* Jehová Dios de Israel, desde
107.38 los *bendice*, y se multiplican en gran
109.28 maldigan ellos, pero *bendice* tú
112.2 la generación de los rectos será *bendita*
113.2 sea el nombre de Jehová *bendito* desde
115.12 se acordó de nosotros; nos *bendecirá*
115.12 *bendecirá* a la casa de Israel; *b* a la
115.13 *bendecirá* a los que temen a Jehová
115.15 *benditos* vosotros de Jehová, que hizo
115.18 *bendeciremos* a JAH desde ahora y para
118.26 *bendito* el que viene en el nombre de
118.26 desde la casa de Jehová os *bendecimos*
119.12 *bendito* tú, oh..enséñame tus estatutos
124.6 *bendito* sea Jehová, que no nos dio por
128.4 *bendecido* el hombre que teme a Jehová
128.5 *bendígate* Jehová desde Sion, y veas el
129.8 os *bendecimos* en el nombre de Jehová
134.1 mirad, *bendecid* a Jehová, vosotros todos
134.2 alzad..manos al..y *bendecid* a Jehová
134.3 desde Sion te *bendiga* Jehová, el cual
135.19 casa de Israel, *bendecid* a Jehová
135.19 casa de Aarón, *bendecid* a Jehová
135.20 casa de Leví, *bendecid* a Jehová; los
135.20 los que teméis a Jehová, *bendecid* a
135.21 desde Sion sea *bendecido* Jehová, quien
144.1 *bendito* sea Jehová, mi roca, quien
145.1 y *bendeciré* tu nombre eternamente y
145.2 cada día te *bendeciré*, y alabaré tu
145.10 te alaben..y tus santos te *bendigan*
145.21 *bendigan* su santo nombre..para siempre
147.13 *bendijo* a tus hijos dentro de ti
Pr. 3.33 pero *bendecirá* la morada de los justos
5.18 *bendita* tu manantial, y alégrate con
10.7 la memoria del justo será *bendita*; mas
20.21 de prisa..no serán al final *bendecidos*
22.9 el ojo misericordioso será *bendito*
27.14 el que *bendice* a su amigo en alta voz
30.11 que maldice..y a su madre no *bendice*
Is. 19.25 Jehová de los ejércitos los *bendecirá*
19.25 *bendito* el pueblo mío Egipto, y el
51.2 lo llamé, y lo *bendije* y lo multipliqué
61.9 reconocerán que son linaje *bendito* de
65.16 el que se *bendijere* en la tierra, en
65.16 en el Dios de verdad se *bendecirá*
65.23 son linaje de los *benditos* de Jehová
66.3 incienso, como si *bendijese* a un ídolo
Jer. 4.2 naciones serán *benditas* en él, y en
17.7 *bendito* el varón que confía en Jehová
20.14 día en que..me dio a luz no sea *bendito*
31.23 dirán..Jehová te *bendiga*, oh morada
Ez. 3.12 que decía: *Bendita* sea la gloria de
Dn. 2.19 por lo cual *bendijo* Daniel al Dios
2.20 *bendito* el nombre de Dios de siglos en
3.28 dijo: *Bendito* sea el Dios de ellos, de
4.34 me fue devuelta; y *bendije* al Altísimo
Hag. 2.19 mas desde este día os *bendeciré*
Zac. 11.5 *bendito* sea Jehová..he enriquecido
Mt. 5.44 amad..*bendecid* a los que os maldicen
14.19 *bendijo*, y partió y dio los panes a los
21.9; 23.39 ¡*bendito*..viene en el nombre de
25.34 Rey dirá..Venid, *benditos* de mi Padre
26.26 tomó el pan, y *bendijo*, y lo partió
Mr. 6.41 *bendijo*, y partió los panes, y dio a
8.7 los *bendijo*, y mandó..pusiesen delante
10.16 tomándolos en los brazos..los *bendecía*
11.9 ¡*bendito* el que viene en el nombre del
11.10 ¡*bendito* el reino de nuestro padre
14.22 pan y *bendijo*, y lo partió y les dio
14.61 eres tú el Cristo, el Hijo del *Bendito?*
Lc. 1.28 el Señor es contigo; *bendita* tú entre
1.42 *bendita* tú entre..y *bendito* el fruto de
1.64 su lengua, y habló *bendiciendo* a Dios
1.68 *bendito* el Señor Dios de Israel, que ha
2.28 le tomó en sus brazos, y *bendijo* a Dios
2.34 los *bendijo* Simeón, y dijo a su madre
6.28 *bendecid* a los que os maldicen, y orad
9.16 los *bendijo*, y los partió, y dio a sus
13.35 *bendito* el que viene en nombre del
19.38 *bendito* el rey que viene en el nombre
24.30 tomó el pan y lo *bendijo*, lo partió
24.50 sacó..alzando sus manos, los *bendijo*
24.51 *bendiciéndolos*, se separó de ellos, y
Jn. 12.13 *bendito* el que viene en el nombre del
Hch. 3.25 en tu simiente serán *benditas* todas
3.26 lo envió para que os *bendijese*, a fin de
Ro. 1.25 al Creador, el cual es *bendito* por los
9.5 el cual es Dios..*bendito* por los siglos
12.14 *bendecid* a los que os persiguen; *b*, y no
1 Co. 4.12 maldicen, y *bendecimos*; padecemos
10.16 la copa de..que *bendecimos*, ¿no es la
14.16 si *bendices* sólo con el espíritu, el
2 Co. 1.3 *bendito* sea el Dios y Padre..Señor
11.31 Dios y Padre..*bendito* por los siglos
Gá. 3.8 diciendo: En ti serán *benditas* todas
3.9 que los de la fe son *bendecidos* con el
Ef. 1.3 *bendito* sea el Dios y Padre de nuestro

BENDECIR *(Continúa)*

Ef. 1.3 *bendijo* con toda bendición espiritual en
1 Ti. 1.11 glorioso evangelio del Dios *bendito*
He. 6.14 de cierto te *bendeciré*. . multiplicaré
7.1 salió a recibir a Abraham. . y le *bendijo*
7.6 tomó. . *bendijo* al que tenía las promesas
7.7 sin. . el menor es *bendecido* por el mayor
11.20 por la fe *bendijo* Isaac a Jacob y a
11.21 *bendijo* a cada uno de los hijos de José
Stg. 3.9 con ella *bendecimos* al Dios y Padre
1 P. 1.3 *bendito* el Dios y Padre de nuestro
3.9 sino por el contrario, *bendiciendo*

BENDICIÓN

Gn. 12.2 y engrandeceré tu nombre, y serás *b*
27.12 y traeré sobre mí maldición y no *b*
27.35 vino tu hermano con engaño, y. . tu *b*
27.36 y ha tomado mi *b*. . ¿No has guardado *b*
27.38 ¿no tienes más que una sola *b*, padre
27.41 y aborreció Esaú a Jacob por la *b* con
28.4 te dé la *b* de Abraham, y a tu. . contigo
39.5 y la *b* de Jehová estaba sobre todo lo
49.25 con *b* de los cielos. . con *b* del abismo
49.25 con *b* de los pechos y del vientre
49.26 las *b* de tu padre fueron mayores que
49.26 mayores que las *b* de mis progenitores
49.28 a cada por su *b* los bendijo
Éx. 32.29 para que él dé *b* hoy sobre vosotros
Lv. 25.21 os enviaré mi *b* el sexto año, y ella
Nm. 23.11 maldigas. . y he aquí has proferido *b*
23.20 orden. . él dio *b*, y no podré revocarla
Dt. 11.26 pongo hoy delante de vosotros la *b*
11.27 la *b*, si oyereis los mandamientos de
11.29 pondrás la *b* sobre el monte Gerizim
12.15 según la *b* que Jehová tu Dios te haya
16.17 conforme a la *b* que Jehová tu Dios te
23.5 tu Dios te convirtió la maldición en *b*
28.2 y vendrán sobre ti todas estas *b*, y te
28.8 Jehová te enviará su *b*. . tus graneros
30.1 *b* y la maldición que he puesto delante
30.19 la *b* y la maldición; escoge, pues, la
33.1 esta es la *b* con la cual bendijo Moisés
33.7 esta *b* profirió para Judá. Dijo así
33.23 a Neftalí. . y lleno de la *b* de Jehová
Jos. 8.34 leyó todas. . las *b* y las maldiciones
2 S. 7.29 y con tu *b* será bendita la casa de
1 Cr. 4.10 invocó Jabes. . ¡Oh, si me dieras *b*
Neh. 9.5 tuyo, glorioso y alto sobre toda *b* y
13.2 nuestro Dios volvió la maldición en *b*
Job 1.10 al trabajo de sus manos has dado *b*
29.13 *b* del que se iba a perder venía sobre
Sal. 3.8 de Jehová; sobre tu pueblo sea tu *b*
21.3 has salido al encuentro con *b* de bien
24.5 él recibirá *b* de Jehová, y justicia del
37.26 y presta; y su descendencia es para *b*
109.17 no quiso la *b*, y ella se alejó de él
115.14 aumentará Jehová *b* sobre vosotros
119.56 *b* tuve porque guardé tus mandamientos
129.8 ni dijeron los. . *B* de Jehová sea sobre
133.3 allí envía Jehová *b*, y vida eterna
145.16 y colmas de *b* a todo ser viviente
Pr. 10.6 *b* sobre la cabeza del justo; pero
10.22 la *b* de Jehová es la que enriquece, y
11.11 por la *b* de los rectos la ciudad será
11.26 *b*. . sobre la cabeza del que lo vende
24.25 felicidad, y sobre ellos vendrá gran *b*
28.20 el hombre de verdad tendrá muchas *b*
Is. 19.24 Israel será tercero con. . para *b* en
44.3 derramaré sobre. . mi *b* sobre tus renuevos
65.8 no lo desperdicies, porque *b* hay en él
Ez. 34.26 daré *b* a ellas. . lluvias de *b* serán
44.30 para que repose la *b* en vuestras casas
Jl. 2.14 dejará *b* tras de él, esto es, ofrenda
Zac. 8.13 de Israel, así os salvaré y seréis *b*
Mal. 2.2 y maldeciré vuestras *b*; y aun las he
3.10 derramaré sobre vosotros *b* hasta que
Ro. 15.29 con abundancia de la *b* del evangelio
1 Co. 10.16 la copa de *b* que bendecimos, ¿no
Gá. 3.14 *b* de Abraham alcanzase a los gentiles
Ef. 1.3 nos bendijo con toda *b* espiritual en
He. 6.7 que bebe la lluvia. . recibe *b* de Dios
12.17 deseando heredar la *b*, fue desechado
Stg. 3.10 misma boca proceden *b* y maldición
1 P. 3.9 fuisteis llamados. . que heredaseis *b*
Ap. 7.12 la *b*. . a nuestro Dios por los siglos

BENDITO *Véase Bendecir*

BENE-BERAC *Ciudad en Dan,* Jos. 19.45

BENEFICIAR

Est. 3.8 al rey nada le *beneficia* el dejarlos
1 Ti. 6.2 son. . amados los que se *benefician*

BENEFICIO

1 R. 8.66 todos los *b* que Jehová había hecho
2 Cr. 7.10 por los *b* que Jehová había hecho a
Sal. 68.19 cada día nos colma de *b* el Dios de
103.2 bendice. . y no olvides ninguno de sus *b*
104.24 obras. . la tierra está llena de tus *b*
116.12 ¿qué pagaré a Jehová por todos sus *b*
Is. 63.7 de la grandeza de sus *b* hacia la casa
Hch. 4.9 se nos interroga acerca del *b* hecho a
1 Co. 10.33 no procurando mi propio *b*, sino el
Fil. 1.22 mas si el vivir. . resulta para mí en *b*

BENÉFICA

Neh. 2.8 según la *b* mano de Jehová sobre mí

BENE-JAACÁN *Lugar donde acampó Israel (=Beerot-bene-jaacán),* Nm. 33.31,32

BENEPLÁCITO

Ef. 1.9 a conocer el misterio de. . según su *b*

BENEVOLENCIA

Rt. 2.20 no ha rehusado a los vivos la *b* que
2 R. 25.28 y le habló con *b*, y puso su trono
Est. 2.17 halló ella gracia y *b* delante de él
Sal. 51.18 haz bien con tu *b* a Sion; edifica
106.4 acuérdate de mí. . según tu *b* para con
Pr. 14.35 la *b* del rey es para con el servidor
16.15 y su *b* es como nube de lluvia tardía
18.22 halla el bien, y alcanza la *b* de Jehová

BEN-HAIL *Príncipe y oficial del rey Josafat,* 2 Cr. 17.7

BEN-HANÁN *Descendiente de Judá,* 1 Cr. 4.20

BENIGNAMENTE

2 S. 18.5 tratad *b* por amor de mí al. . Absalón

BENIGNIDAD

2 S. 22.36; Sal. 18.35 tu *b* me ha engrandecido
Os. 2.19 te desposaré conmigo en justicia. . *b*
Ro. 2.4 ¿o menosprecias las riquezas de su *b*
2.4 ignorando que su *b*. . al arrepentimiento?
Gá. 5.22 amor, gozo, paz, paciencia, *b*, bondad
Col. 3.12 de *b*, de humildad, de mansedumbre
1 P. 2.3 es que habéis gustado la *b* del Señor

BENIGNO, NA

Sal. 69.16 respóndeme, Jehová, porque *b* es tu
135.3 salmos a su nombre, porque él es *b*
Lc. 6.35 él es *b* para con los ingratos y malos
1 Co. 13.4 el amor es sufrido, es *b*; el amor
Ef. 4.32 sed *b* unos con otros, misericordiosos
Stg. 3.17 amable, *b*, llena de misericordia y

BENINU *Firmante del pacto de Nehemías,* Neh. 10.13

BENJAMÍN

1. Hijo menor de Jacob y la tribu que formó su posteridad

Gn. 35.18 llamó su nombre. . su padre lo llamó *B*
35.24 los hijos de Raquel: José y *B*
42.4 mas Jacob no envió a *B*, hermano de José
42.36 a *B* le llevaréis; contra mí son todas
43.14 suelte al otro. . hermano, y a este *B*
43.15 doble cantidad de dinero, y a *B*; y se
43.16 y vio José a *B* con ellos, y dijo al
43.29 y alzando José sus ojos vio a *B* su
43.34 la porción de *B* era cinco veces mayor
44.12 la copa fue hallada en el costal de *B*
45.12 ojos ven, y los ojos de mi hermano *B*
45.14 sobre el cuello de *B*. . también *B* lloró
45.22 a *B* dio trescientas piezas de plata
46.19 los hijos de Raquel, mujer de Jacob. . *B*
46.21 hijos de *B* fueron Bela, Bequer, Asbel
49.27 *B* es lobo arrebatador. . comerá la presa
Éx. 1.3 Isacar, Zabulón, *B*
Nm. 1.11 de *B*, Abidán hijo de Gedeoni
1.36 de los hijos de *B*, por su descendencia
1.37 contados de la tribu de *B* fueron 35.400
2.22 y la tribu de *B*; y el jefe de los. . de *B*
7.60 el príncipe de los hijos de *B*, Abidán
10.24 sobre. . los hijos de *B*, Abidán hijo de
13.9 de la tribu de *B*, Palti hijo de Rafú
26.38 los hijos de *B* por sus familias: de
26.41 son los hijos de *B* por sus familias
34.21 la tribu de *B*, Elidad hijo de Quislón
Dt. 27.12 bendecir al pueblo. . Isacar, José y *B*
33.12 a *B* dijo: El amado de Jehová habitará
Jos. 18.11 se sacó la suerte de la tribu. . de *B*
18.20 esta es la heredad de los hijos de *B*
18.21 ciudades de la tribu de los hijos de *B*
18.28 esta es la heredad de los hijos de *B*
21.4 obtuvieron por suerte. . de la tribu de *B*
21.17 la tribu de *B*, Gabaón con sus ejidos
Jue. 1.21 no lo arrojaron los hijos de *B*, y el
1.21 el jebuseo habitó con los hijos de *B*
5.14 en pos de ti, *B*, entre tus pueblos; de
10.9 guerra. . contra *B* y la casa de Efraín
19.14 se les puso el sol junto a Gabaa. . de *B*
19.16 pero los moradores de. . eran hijos de *B*
20.3 y los hijos de *B* oyeron que. . de Israel
20.4 llegué a Gabaa de *B*. . para pasar allí la
20.10 para que yendo a Gabaa de *B* le hagan
20.12 enviaron varones por toda la tribu de *B*
20.13 los de *B* no quisieron oir la voz de sus
20.14 de *B* se juntaron. . para salir a pelear
20.15 fueron contados en. . los hijos de *B* de
20.17 contados. . fuera de *B*, 400.000 hombres
20.18 en la guerra contra los hijos de *B*?
20.20 salieron. . de Israel a combatir contra *B*
20.21 los hijos de *B*, derribaron. . día 22.000
20.23 ¿volveremos a pelear con los hijos de *B*
20.24 se acercaron. . contra los hijos de *B*
20.25 aquel segundo día, saliendo *B* de Gabaa
20.28 a salir contra los hijos de *B* nuestros
20.30 contra los hijos de *B* el tercer día
20.31 salieron los hijos de *B* al encuentro
20.32 los hijos de *B* decían: Vencidos son
20.35 derrotó Jehová a *B* delante de Israel
20.35 mataron. . 25.100 hombres de *B*, todos los
20.36 vieron los. . de *B* que eran derrotados
20.36 los hijos de Israel cedieron campo a *B*
20.39 los de *B* comenzaron a herir y matar a
20.40 los de *B* miraron hacia atrás. . el humo
20.41 los de *B* se llenaron de temor. . vieron
20.43 así cercaron a los de *B*, y los acosaron
20.44 y cayeron de *B* dieciocho mil hombres
20.46 *B* murieron aquel día, 25.000 hombres
20.48 volvieron sobre los hijos de *B*, y los
21.1 ninguno de. . dará su hija a los de *B* por
21.6 de Israel se arrepintieron a causa de *B*
21.13 envió. . a hablar a los hijos de *B* que
21.14 y volvieron entonces los de *B*, y les
21.15 el pueblo tuvo compasión de *B*, porque
21.16 porque fueron muertas. . mujeres de *B*
21.17 tenga *B* herencia en los que. . escapado
21.20 mandaron a los hijos de *B*, diciendo
21.21 arrebatad cada uno. . idos a tierra de *B*
21.23 hijos de *B* lo hicieron así; y tomaron
1 S. 4.12 corriendo. . un hombre de *B*, llegó el
9.1 había un varón de *B*, hombre valeroso, el
9.4 por la tierra de *B*, y no las encontraron
9.16 enviaré a ti un varón de la tierra de *B*
9.21 Saúl respondió. . ¿No soy yo hijo de *B*
9.21 de la más pequeña. . de la tribu de *B*?
10.2 dos hombres. . en el territorio de *B*, en
10.20 de Israel, fue tomada la tribu de *B*
10.21 e hizo llegar la tribu de *B* por sus
13.2 mil estaban con Jonatán en Gabaa de *B*
13.15 Samuel, subió de Gilgal a Gabaa de *B*
13.16 Saúl, pues. . se quedaron en Gabaa de *B*
14.16 vieron desde Gabaa de *B*. . la multitud
22.7 oíd ahora, hijos de *B*; ¿Os dará también
2 S. 2.9 lo hizo rey sobre. . *B* y. . todo Israel
2.15 doce de *B* por parte de Is-boset hijo de
2.25 se juntaron los hijos de *B* en pos de
2.31 hirieron de los de *B* y de los de Abner
3.19 habló también Abner a los de *B*; y fue
3.19 que parecía bien a. . toda la casa de *B*
4.2 de los hijos de *B* (porque Beerot era. . *B*
16.11 vida; ¿cuánto más ahora un hijo de. *B*?
19.16 y Simei hijo de Gera, hijo de *B*, que
19.17 con él venían mil hombres de *B*. . Siba
20.1 hombre de *B*, el cual tocó la trompeta
21.14 sepultaron. . de Jonatán en tierra de *B*
23.29 Itai hijo. . de Gabaa de los hijos de *B*
1 R. 2.8 Simei. . de *B*, de Bahurim. . me maldijo
4.18 Simei hijo de Ela, en *B*
12.21 Roboam. . reunió a toda. . a las tribu de *B*
12.23 habla a Roboam. . a toda la casa de. . *B*
15.22 edificó el rey Asa. . a Geba de *B*, y a
1 Cr. 2.2 Dan, José, *B*, Neftalí, Gad y Aser
6.60 de la tribu de *B*, Geba con sus ejidos
6.65 dieron. . de la tribu de los hijos de *B*
7.6 los hijos de *B* fueron tres: Bela, Bequer
8.1 *B* engendró a Bela su. . Asbel el segundo
8.40 todos éstos fueron de los hijos de *B*
9.3 habitaron en Jerusalén. . los hijos de *B*
9.7 de los hijos de *B*: Salú hijo de Mesulam
11.31 Itai hijo de Ribai. . de los hijos de *B*
12.2 con arco. De los hermanos de Saúl de *B*
12.16 de los hijos de *B*. . vinieron a David al
12.29 de los hijos de *B*. . tres mil; porque
21.6 no fueron contados. . ni los hijos de *B*
27.21 de los de *B*, Jaasiel hijo de Abner
2 Cr. 11.1 vino Roboam. . reunió. . de Judá y de *B*
11.3 habla a todos los israelitas en Judá y *B*
11.10 eran ciudades fortificadas de Judá y *B*
11.12 fortificó. . Judá y *B* le estaban sujetos
11.23 esparció a todos sus hijos por. . de *B*
14.8 ejército. . de *B* doscientos ochenta mil
15.2 Asa y todo Judá y *B*: Jehová estará con
15.8 Asa. . quitó los ídolos. . de Judá y de *B*
15.9 después reunió a todo Judá y *B*, y con
17.17 de *B*, Eliada, hombre muy valeroso, y
25.5 les puso jefes de. . sobre todo Judá y *B*
31.1 derribaron. . los altares por todo Judá y *B*
34.9 el dinero. . recogido. . de todo Judá y *B*
34.32 se obligaran. . los que estaban en. . *B*
Esd. 1.5 levantaron los jefes. . de Judá y de *B*
4.1 oyendo los enemigos de Judá y de *B* que
10.9 todos los hombres. . de *B* se reunieron
Neh. 11.4 habitaron algunos de los. . hijos de *B*
11.7 estos son los hijos de *B*: Salú hijo de
11.31 y los hijos de *B* habitaron desde Geba
11.36 en los repartimientos de Judá y de *B*
Est. 2.5 de Simei, hijo de Cis, del linaje de *B*
Sal. 7 *tít.* de las palabras de Cus hijo de *B*
68.27 estaba el joven *B*, señoreador de ellos
80.2 despierta tu poder delante de. . *B* y de
Jer. 1.1 estuvieron en Anatot, en tierra de *B*
6.1 huid, hijos de *B*, de en medio de Jerusalén

BENJAMÍN *(Continúa)*
Jer. 17.26 vendrán. . de Judá. . de tierra de *B*, de la
32.8 compra. . heredad. . Anatot en tierra de *B*
32.44 en tierra de *B* y en los contornos de
33.13 en la tierra de *B*. . aún pasarán ganados
37.12 salía Jeremías de. . irse a tierra de *B*
Ez. 48.22 el límite de Judá y el límite de *B*
48.23 el lado del mar, tendrá *B* una porción
48.24 junto al límite de *B*, desde el lado
48.32 la puerta de *B*, otra; la puerta de Dan
Os. 5.8 tocad bocina en Gabaa. . tiembla, oh *B*
Abd. 19 poseerán el monte de Esaú. . *B* a Galaad
Hch. 13.21 Saúl hijo. . varón de la tribu de *B*
Rom. 11.1 yo soy israelita. . de la tribu de *B*
Fil. 3.5 de la tribu de *B*, hebreo de hebreos
Ap. 7.8 de la tribu de *B*, doce mil sellados
2. *Nieto de No. 1*, 1 Cr. 7.10
3. *Uno de los que se casaron con mujeres extranjeras en tiempo de Esdras*, Esd. 10.32
4. *Uno que ayudó en la reparación del muro de Jerusalén*, Neh. 3.23
5. *Príncipe de Judá en tiempo de Nehemías (posiblemente =No. 4)*, Neh. 12.34
6. *"Puerta de Benjamín", una puerta de Jerusalén*
Jer. 20.2 el cepo. . en la puerta superior de *B*
37.13 fue a la puerta de *B*, estaba allí un
38.7 estando sentado el rey a la puerta de *B*
Zac. 14.10 desde la puerta de *B* hasta el lugar

BENJAMITA *Descendiente de Benjamín No. 1*
Jue. 3.15 levantó. . Aod. . *b*, el cual era zurdo
21.18 maldito el que diere mujer a los *b*
1 S. 9.1 Becorat, hijo de Afía, hijo de un *b*
1 Cr. 27.12 el noveno mes era Abiezer. . los *b*

BENO *Levita, descendiente de Merari*, 1 Cr. 24.26,27

BENONI *=Benjamín No. 1*, Gn. 35.18

BENZOHET *Descendiente de Judá*, 1 Cr. 4.20

BEÓN *Población en Moab*, Nm. 32.3

BEOR
1. *Padre de Bela rey de Edom*, Gn. 36.32; 1 Cr. 1.43
2. *Padre de Balaam*, Nm. 22.5; 24.3,15; 31.8; Dt. 23.4; Jos. 13.22; 24.9; Mi. 6.5; 2 P. 2.15

BEQUER
1. *Hijo de Benjamín*, Gn. 46.21; 1 Cr. 7.6; 7.8(2)
2. *Descendiente de Efraín*, Nm. 26.35

BEQUERITA *Descendiente de Bequer No. 2*, Nm. 26.35

BERA *Rey de Sodoma*, Gn. 14.2

BERACA
1. *Guerrero que se unió a David en Siclag*, 1 Cr. 12.3
2. *Valle en el desierto de Judá*, 2 Cr. 20.26(2)

BERAÍAS *Descendiente de Benjamín*, 1 Cr. 8.21

BEREA *Ciudad en Macedonia*
Hch. 17.10 enviaron de noche a Pablo. . hasta *B*
17.13 también en *B* era anunciada la palabra
20.4 le acompañaron. . Sópater de *B*, Aristarco

BERED
1. *Lugar entre Palestina y Egipto*, Gn. 16.14
2. *Hijo de Efraín*, 1 Cr. 7.20

BERENICE *Hermana del rey Agripa*
Hch. 25.13 rey Agripa y *B* vinieron a Cesarea
25.23 viniendo Agripa y *B* con mucha pompa
26.30 se levantó el rey. . y *B*, y los que se

BEREQUÍAS
1. *Hijo de Zorobabel*, 1 Cr. 3.20
2. *Padre de Asaf No. 2*, 1 Cr. 6.39; 15.17
3. *Habitante de Jerusalén después del exilio*, 1 Cr. 9.16
4. *Portero del arca*, 1 Cr. 15.23
5. *Uno de los principales de Efraín en tiempo del rey Peka*, 2 Cr. 28.12
6. *Padre de Mesulam No. 13*, Neh. 3.4,30; 6.18
7. *Padre del profeta Zacarías*, Zac. 1.1,7; Mt. 23.35

BERI *Descendiente de Aser*, 1 Cr. 7.36

BERÍA
1. *Descendiente de Aser*, Gn. 46.17(2); Nm. 26.44,45; 1 Cr. 7.30,31
2. *Descendiente de Efraín*, 1 Cr. 7.23,25
3. *Descendiente de Benjamín*, 1 Cr. 8.13,16
4. *Descendiente de Simei No. 1*, 1 Cr. 23.10,11

BERIAÍTAS *Descendientes de Bería No. 1*, Nm. 26.44

BERILO
Éx. 28.20; 39.13 cuarta hilera, un *b*, un ónice
Ez. 28.13 tu vestidura. . *b* y ónice; de zafiro
Dn. 10.6 su cuerpo era como de *b*, y su rostro
Ap. 21.20 el octavo, *b*; el noveno, topacio

BERIT *Dios adorado en Siquem (=Baal-berit)*, Jue. 9.46

BERMEJO
Ap. 6.4 y salió otro caballo, *b*; y al que lo

BERMELLÓN
Jer. 22.14 la cubre de cedro, y la pinta de *b*

BERNABÉ *Compañero de los apóstoles (=José No. 12)*
Hch. 4.36 José, a. . pusieron por sobrenombre *B*
9.27 *B*, tomándole, lo trajo a los apóstoles
11.22 enviaron a *B* que fuese hasta Antioquía
11.25 fue *B* a Tarso para buscar a Saulo; y
11.30 enviándolo. . por mano de *B* y de Saulo
12.25 y *B* y Saulo, cumplido su servicio
13.1 profetas y maestros: *B*, Simón el que se
13.2 apartadme a *B* y a Saulo para la obra a
13.7 éste, llamando a *B* y a Saulo, deseaba
13.43 muchos de los. . siguieron a Pablo y a *B*
13.46 Pablo y *B*, hablando con denuedo, dijeron
13.50 levantaron persecución contra Pablo y *B*
14.12 *B* llamaban Júpiter, y a Pablo Mercurio
14.14 oyeron. . *B* y Pablo, rasgaron sus ropas
14.20 día siguiente salió con *B* para Derbe
15.2 como Pablo y *B* tuviesen una discusión
15.2 se dispuso que subiesen Pablo y *B* a
15.12 oyeron a *B*. . que contaban cuán grandes
15.22 enviarlos a Antioquía con Pablo y *B*
15.25 enviarlos a vosotros con. . *B* y Pablo
15.35 y Pablo y *B* continuaron en Antioquía
15.36 Pablo dijo a *B*: Volvamos a visitar a
15.37 *B* quería que llevasen consigo a Juan
15.39 *B*, tomando a Marcos, navegó a Chipre
1 Co. 9.6 ¿o sólo yo y *B* no tenemos derecho de
Gá. 2.1 después. . otra vez a Jerusalén con *B*
2.9 dieron a mí y a *B* la diestra en señal de
2.13 aun *B* fue. . arrastrado por la hipocresía
Col. 4.10 os saluda, y Marcos el sobrino de *B*

BEROTA *Población en la frontera norte de Israel (=Berotai)*, Ez. 47.16

BEROTAI *Ciudad en Siria (=Berota)*, 2 S. 8.8

BESAI *Jefe de una familia de sirvientes del templo*, Esd. 2.49; Neh. 7.52

BESAR
Gn. 27.26 acércate ahora, y *bésame*, hijo mío
27.27 y Jacob se acercó, y le *besó*; y olió
29.11 Jacob *besó* a Raquel, y alzó su voz y
29.13 Labán. . lo *besó*, y lo trajo a su casa
31.28 ni aun me dejaste *besar* a mis hijos y
31.55 Labán. . *besó* sus hijos y sus hijas, y
33.4 Esaú. . echó sobre su cuello, y le *besó*
45.15 y *besó* a todos sus hermanos, y lloró
48.10 acercarse. . y él les *besó* y les abrazó
50.1 echó José. . y lloró sobre él, y lo *besó*
Éx. 4.27 lo encontró en el monte de. . y le *besó*
18.7 Moisés salió a. . se inclinó, y lo *besó*
Rt. 1.14 *besó* a su suegra, mas Rut se quedó con
1 S. 20.41 *besándose* el uno al otro, lloraron
2 S. 14.33 inclinó su. . y el rey *besó* a Absalón
15.5 él extendía la mano y lo. . y lo *besaba*
19.39 el rey *besó* a Barzilai, y lo bendijo
20.9 tomó. . la barba de Amasa, para *besarlo*
1 R. 19.18 queden. . cuyas bocas no lo *besaron*
19.20 te ruego que me dejes *besar* a mi padre
Job 31.27 si mi corazón. . mi boca *besó* mi mano
Sal. 85.10 la justicia y la paz se *besaron*
Pr. 7.13 se asió de él, y le *besó*. . descarado
24.26 *besados*. . los labios del que responde
Cnt. 1.2 si él me *besara* con besos de su boca
8.1 hallándote fuera, te *besaría*, y no me
Os. 13.2 dicen a los. . que *besen* los becerros
Mt. 26.48 al que yo *besare*, ése es; prendedle
26.49 se acercó. . ¡Salve, Maestro! Y le *besó*
Mr. 14.44 al que yo *besare*, ése es; prendedle
14.45 le dijo: Maestro, Maestro. Y le *besó*
Lc. 7.38 y *besaba* sus pies, y los ungía con el
7.45 ésta. . no ha cesado de *besar* mis pies
15.20 y se echó sobre su cuello, y le *besó*
22.47 y se acercó hasta Jesús para *besarle*
Hch. 20.37 echándose al cuello de. . le *besaban*

BESER
1. *Ciudad de los levitas en Dan*, Dt. 4.43; Jos. 20.8; 21.36; 1 Cr. 6.78
2. *Descendiente de Aser*, 1 Cr. 7.37

BESO
Pr. 27.6 importunos los *b* del que aborrece
Cnt. 1.2 si él me besara con *b* de su boca!
Lc. 7.45 no me diste *b*; mas ésta. . no ha cesado
22.48 ¿con un *b* entregas al Hijo del Hombre?

BESODÍAS *Padre de Mesulam No. 14*, Neh. 3.6

BESOR *Torrente en la región de Siclag*, 1 S. 30.9,10,21

BESTIA
Gn. 1.24 produzca. . *b* y serpientes y animales
1.26 señoree. . en las *b*, en toda la tierra
1.28 en todas las *b* que se mueven sobre la
1.30 toda *b* de la tierra, y a todas las aves
2.19 formó. . de la tierra toda *b* del campo
2.20 y puso Adán nombre a toda *b* y ave de
3.14 maldita serás entre todas las *b* y entre
6.7 el hombre hasta la *b*, y hasta el reptil
6.20 las *b* según su especie, de todo reptil
7.21 murió. . de aves como de ganado y de *b*
7.23 destruido. . desde el hombre hasta la *b*
8.1 se acordó Dios de Noé. . y de todas las *b*
8.17 de aves y de *b* y de todo reptil que se
9.10 aves, animales y toda *b* de la tierra que
34.23 sus bienes y todas sus *b* serán nuestros
36.6 Esaú tomó. . sus *b*, y todo cuanto había
37.20,33 alguna mala *b* lo devoró
45.17 cargad vuestras *b*, e id, volved a la
Éx. 8.17,18 piojos. . los hombres como en las *b*
9.9,10 úlceras en los hombres y en las *b*
9.22 venga granizo en. . Egipto. . sobre las *b*, y
9.25 aquel granizo hirió en. . hombres como *b*
11.5 morirá todo. . todo primogénito de las *b*
11.7 hombre hasta la *b*, ni un perro moverá su
12.12 heriré. . de los hombres como de las *b*
13.15 hizo morir en. . el primogénito de la *b*
20.10 no hagas en él obra alguna, tú. . ni tu *b*
22.5 si alguno. . metiere su *b* en campo de otro
22.14 si alguno hubiere tomado prestada *b* de
22.19 cualquiera. . cohabitare con *b*, morirá
23.11 lo que quedare comerán las *b* del campo
Lv. 5.2 sea cadáver de *b* inmunda, o. . de animal
7.26 ninguna sangre comeréis. . de aves ni de *b*
11.46 esta es la ley acerca de las *b*, y las
20.15 tuviere cópula con *b*. . mataréis a la *b*
25.7 a la *b* que hubiere en tu tierra, será
26.6 quitar de vuestra tierra las malas *b*
26.22 enviaré contra vosotros *b* fieras que
Nm. 20.4 muramos aquí nosotros y nuestras *b*?
20.8 sacarás aguas y. . darás de beber. . a sus *b*
20.11 peña. . y bebió la congregación, y sus *b*
31.9 de Israel llevaron cautivas. . todas sus *b*
31.11 y tomaron todo. . de hombres como de *b*
31.26 cuenta. . de las personas como de las *b*
32.26 nuestras *b*, estarán. . en las ciudades
35.3 y los ejidos de ellas serán para. . sus *b*
Dt. 27.21 maldito el que se ayuntare con. . *b*
28.4 bendito. . el fruto de tus *b*, la cría de
28.11 en el fruto de tu *b*, y en el fruto de
28.51 comerá el fruto de tu *b* y el fruto de
30.9 te hará. . abundar. . en el fruto de tu *b*
Jos. 8.2 sus despojos y sus *b* tomaréis para
8.27 los israelitas tomaron para sí las *b* y
11.14 tomaron. . y las *b* de aquellas ciudades
Jue. 20.48 hirieron. . las *b* y todo lo. . hallado
1 S. 17.44 y daré tu carne. . a las *b* del campo
17.46 daré. . filisteos. . a las *b* de la tierra
1 R. 4.28 cebada y paja para. . las *b* de carga
18.5 hierba. . para que no nos quedemos sin *b*
2 R. 3.9 faltó agua. . para las *b* que los seguían
3.17 agua, y beberéis vosotros, y vuestras *b*
2 Cr. 32.28 hizo. . establos para toda clase de *b*
Job 12.7 pregunta ahora a las *b*, y ellas te
18.3 ¿por qué somos tenidos por *b*, y. . viles?
35.11 nos enseña más que a las *b* de la tierra
37.8 las *b* entran en su escondrijo, y se están
39.15 y que puede quebrarlos la *b* del campo
40.20 montes. . y toda *b* del campo retoza allá
Sal. 8.7 todo ello, y asimismo las *b* del campo
49.12 hombre. . semejante a las *b* que perecen
49.20 y no entiende, semejante es a las *b*
50.10 porque mía es toda *b* del bosque, y los
73.22 tan torpe era. . como una *b* delante de ti
78.48 entregó al pedrisco sus *b*, y. . ganados
79.2 la carne de tus santos a las *b* de la
80.13 la destroza. . el *b* del campo la devora
104.11 dan de beber a todas las *b* del campo
104.14 él hace producir el heno para las *b*
104.20 en ella corretean todas las *b* de la
135.8 hizo morir. . desde el hombre hasta la *b*
147.9 él da a la *b* su mantenimiento, y a los
148.10 *b* y todo animal, reptiles y volátiles
Pr. 12.10 el justo cuida de la vida de su *b*

BESTIA ***(Continúa)***
Ec. 3.18 que ellos mismos son semejantes a las *b*
3.19 lo que sucede a las *b*, un mismo suceso
3.19 ni tiene más el hombre que la *b*; porque
Is. 11.6 el león y la *b*. . andarán juntos, y un
18.6 serán dejados. . para las *b* de la tierra
18.6 e invernarán todas las *b* de la tierra
30.6 sobre las *b* del Neguev: Por tierra de
46.1 imágenes fueron puestas sobre *b*, sobre
46.1 alzadas cual carga, sobre las *b* cansadas
56.9 las *b* del campo, todas las fieras, venid
63.14 pastoreó, como a una *b* que desciende
Jer. 7.33 para comida de. . las *b* de la tierra
9.10 hasta las *b* de la tierra huyeron, y se
15.3 y aves del cielo y *b* de la tierra para
16.4; 19.7 para comida a las aves. . y a las *b*
21.6 hombres y las *b* morirán de pestilencia
27.5 yo hice. . las *b* que están sobre la faz de
27.6; 28.14 aun las *b* del campo le he dado
34.20 serán comida. . de las *b* de la tierra
Ez. 5.17 enviaré. . sobre vosotros. . *b* feroces
8.10 toda forma de reptiles y *b* abominables
14.13,17,19,21 y cortar de ella hombres y *b*
14.15 hiciere pasar *b* feroces por la tierra
25.13 cortaré de ella hombres y *b*. . asolaré
29.8 espada, y cortaré de ti hombres y *b*
31.6 debajo de su ramaje parían todas las *b*
31.13 sobre sus ramas estarán todas las *b*
32.13 *b* destruiré de sobre las muchas aguas
32.13 hombre, ni pezuña de *b* las enturbiará
38.20 las *b* del campo y toda serpiente que
Dn. 2.38 habitan. . *b* del campo y aves del cielo
4.12 se ponían a la sombra las *b* del campo
4.14 váyanse las *b* que están debajo de él
4.15 con las *b* sea su parte entre la hierba
4.16 sea dado corazón de *b*, y pasen sobre él
4.21 debajo del cual moraban las *b* del campo
4.23 con las *b* del campo sea su parte, hasta
4.25,32 con las *b* del campo será tu
5.21 mente se hizo semejante a la de las *b*
7.3 cuatro *b* grandes, diferentes la una de la
7.5 segunda *b*, semejante a un oso, la cual
7.6 tenía también esta *b* cuatro cabezas
7.7 la cuarta *b*, espantosa y terrible y en
7.7 era muy diferente de todas las *b* que vi
7.11 miraba hasta que mataron a la *b*, y su
7.12 quitado a las otras *b* su dominio, pero
7.17 cuatro grandes *b* son cuatro reyes que
7.19 saber la verdad acerca de la cuarta *b*
7.23 la cuarta *b* será un cuarto reino en la
8.4 que ninguna *b* podía parar delante de él
Os. 2.12 un matorral, y las comerán las *b* del
2.18 haré para ti pacto con las *b* del campo
4.3 se extenuará. . con las *b* del campo y las
Jl. 1.18 ¡cómo gimieron las *b*! ¡cuán turbados
1.20 las *b* del campo bramarán también a ti
Mi. 1.13 uncid al carro *b* veloces. . moradores
5.8 como el león entre las *b* de la selva
Sof. 1.3 destruiré los hombres y las *b*. . aves
2.14 harán en ella majada. . las *b* del campo
Hag. 1.11 sobre los hombres y sobre las *b*, y
Zac. 8.10 no ha habido paga de. . ni paga de *b*
14.15 será la plaga de los. . y de todas las *b*
1 Co. 15.39 otra carne la de las *b*, otra la de
Tit. 1.12 los cretenses. . mentirosos, malas *b*
He. 12.20 si aun una *b* tocare el monte, será
Stg. 3.7 naturaleza de *b*. . se doma y ha sido
2 P. 2.16 muda *b*. . hablando con voz de hombre
Ap. 11.7 la *b* que sube del abismo hará guerra
13.1 vi subir del mar una *b* que tenía siete
13.2 la *b* que vi era semejante a un leopardo
13.3 maravilló toda la tierra en pos de la *b*
13.4 dado autoridad a la *b*, y adoraron a la *b*
13.4 ¿quién como la *b*, y quién podrá luchar
13.11 después vi otra *b* que subía de la tierra
13.12 ejerce. . la autoridad de la primera *b*
13.12 hace que. . adoren a la primera *b*, cuya
13.14 con las señales. . en presencia de la *b*
13.14 que le hagan imagen a la *b* que tiene
13.15 infundir aliento a la imagen de la *b*
13.17 tuviese la marca o el nombre de la *b*
13.18 cuente el número de la *b*. . número es 666
14.9 si alguno adora a la *b* y a su imagen, y
14.11 no tienen reposo. . los que adoran a la *b*
15.2 habían alcanzado la victoria sobre la *b*
16.2 sobre los. . que tenían la marca de la *b*
16.10 derramó su copa sobre el trono de la *b*
16.13 vi salir. . de la boca de la *b*, y de la
17.3 y vi a una mujer sentada sobre una *b*
17.7 te diré el misterio. . de la *b* que la trae
17.8 *b* que has visto, era, y no es; y está
17.8 se asombrarán viendo la *b* que era y no
17.11 la *b* que era, y no es, es. . el octavo
17.12 una hora recibirán autoridad. . con la *b*
17.13 entregarán su. . y su autoridad a la *b*
17.16 y los diez cuernos que viste en la *b*
17.17 y dar su reino a la *b*, hasta que se
18.13 trigo, *b*, ovejas, caballos y carros
19.19 vi a la *b*, a los reyes de la tierra
19.20 la *b* fue apresada, y con ella el falso
19.20 a los que recibieron la marca de la *b*
20.4 los que no habían adorado a la *b* ni a su
20.10 donde estaban la *b* y el falso profeta

BETA ***Ciudad en el reino de Hadad-ezer, 2 S. 8.8***

BETÁBARA ***Lugar al oriente del Jordán donde Juan bautizaba, Jn. 1.28***

BET-ANAT ***Población en Neftalí, Jos. 19.38; Jue. 1.33(2)***

BETANIA ***Aldea cerca de Jerusalén***
Mt. 21.17 salió fuera de la ciudad, a *B*, y posó
26.6 Jesús en *B*, en casa de Simón el leproso
Mr. 11.1 a Betfagé y a *B*, frente al monte de
11.11 ya anochecía, se fue a *B* con los doce
11.12 día. . cuando salieron de *B*, tuvo hambre
14.3 pero estando él en *B*, en casa de Simón
Lc. 19.29 llegando cerca de Betfagé y de *B*, al
24.50 los sacó fuera hasta *B*, y alzando sus
Jn. 11.1 estaba entonces enfermo. . Lázaro, de *B*
11.18 *B* estaba cerca de Jerusalén, como a
12.1 vino Jesús a *B*, donde estaba Lázaro, el

BET-ANOT ***Aldea en Judá, Jos. 15.59***

BET-ARABÁ ***Lugar en la frontera de Judá y Benjamín, Jos. 15.6,61; 18.22***

BET-ARAM ***=Bet-arán, Jos. 13.27***

BET-ARÁN ***Ciudad fortificada en Gad, Nm. 32.36***

BET-ARBEL ***Lugar en Galaad, Os. 10.14***

BET-ASBEA ***Lugar no identificado, 1 Cr. 4.21***

BET-AVÉN ***Población cerca de Bet-el***
Jos. 7.2 Jericó a Hai, que estaba junto a *B*
18.12 sube. . y viene a salir al desierto de *B*
1 S. 13.5 acamparon en Micmas, al oriente de *B*
14.23 así salvó. . Y llegó la batalla hasta *B*
Os. 4.15 ni subáis a *B*, ni juréis: Vive Jehová
5.8 sonad alarma en *B*; tiembla, oh Benjamín
10.5 por las becerras de *B* serán atemorizados

BET-AZMAVET ***=Azmavet No. 5, Neh. 7.28***

BET-BAAL-MEÓN ***=Baal-meón, Jos. 13.17***

BET-BARA ***Población en el valle del Jordán***
Jue. 7.24 tomad los vados de *B*. . antes que
7.24 hombres de. . tomaron los vados de *B*

BET-BIRAI ***Ciudad en Simeón (=Bet-lebaot), 1 Cr. 4.31***

BET-CAR ***Lugar no identificado, 1 S. 7.11***

BET-DAGÓN
1. ***Aldea en Judá, Jos. 15.41***
2. ***Lugar cerca del monte Carmelo, Jos. 19.27***

BET-DIBLATAIM ***Ciudad de Moab, Jer. 48.22***

BET-EDÉN ***=Edén No. 2, Am. 1.5***

BET-EL ***Ciudad importante, 18 km. al norte de Jerusalén***
Gn. 12.8 se pasó. . a un monte al oriente de *B*
12.8 teniendo a *B* al occidente y Hai al
13.3 desde el Neguev hacia *B*. . entre *B* y Hai
28.19 y llamó el nombre de aquel lugar *B*
31.13 yo soy el Dios de *B*, donde tú ungiste
35.1 dijo Dios a Jacob: Levántate y sube a *B*
35.3 levantémonos y subamos a *B*; y haré allí
35.6 y llegó Jacob a Luz. . (esta es *B*), él y
35.8 Débora, ama. . fue sepultada al pie de *B*
35.15 llamó Jacob el nombre de aquel lugar. . *B*
35.16 después partieron de *B*; y había aún
Jos. 7.2 junto a Bet-avén hacia el oriente de *B*
8.9 se pusieron entre *B* y Hai, al occidente
8.12 cinco mil. . en emboscada entre *B* y Hai
8.17 no quedó hombre. . en *B*, que no saliera
12.9 el rey de Hai, que está al lado de *B*
12.16 el rey de Maceda. . el rey de *B*, otro
16.1 desierto que sube . . las montañas de *B*
16.2 de *B* sale a Luz, y pasa a lo largo del
18.13 pasa. . al lado sur de Luz (que es *B*), y
18.22 Bet-arabá, Zemaraim, *B*
Jue. 1.22 la casa de José subió contra *B*
1.23 casa de José puso espías en *B*, ciudad
4.5 la palmera de Débora, entre Ramá y *B*, en
20.31 los caminos, uno de los cuales sube a *B*
21.19 año hay fiesta. . en Silo. . al norte de *B*
21.19 del camino que sube de *B* a Siquem, y
1 S. 7.16 daba vuelta a *B*, a Gilgal y a Mizpa
10.3 tres hombres que suben a Dios en *B*
13.2 dos mil. . en Micmas y en el monte de *B*
30.27 envió a los que estaban en *B*, en Ramot
1 R. 12.29 y puso uno en *B*, y el otro en Dan
12.32 así hizo en *B*, ofreciendo sacrificios
12.32 ordenó también en *B* sacerdotes para
12.33 sobre el altar que él había hecho en *B*
13.1 que un varón de Dios. . vino de Judá a *B*
13.4 que había clamado contra el altar de *B*
13.10 el camino por donde había venido a *B*
13.11 moraba entonces en *B* un viejo profeta
13.11 que el varón de Dios había hecho. . en *B*
13.32 dijo. . contra el altar que está en *B*
16.34 su tiempo Hiel de *B* reedificó a Jericó
2 R. 2.2 aquí, porque Jehová me ha enviado a *B*
2.2 no te dejaré. Descendieron, pues, a *B*
2.3 hijos de los profetas que estaban en *B*
2.23 subió de allí a *B*; y subiendo por el
10.29 los becerros de oro que estaban en *B*
17.28 uno de los sacerdotes. . y habitó en *B*
23.4 e hizo llevar las cenizas de ellos a *B*
23.15 el altar que estaba en *B*, y. . destruyó
23.17 que tú has hecho sobre el altar de *B*
23.19 e hizo de ellas como había hecho en *B*
1 Cr. 7.28 la heredad. . de ellos fue *B* con sus
2 Cr. 13.19 tomó. . a *B* con sus aldeas, a Jesana
Esd. 2.28; Neh. 7.32 los varones de *B* y Hai
Neh. 11.31 habitaron. . en Aía, en *B* y sus aldeas
Jer. 48.13 se avergonzó de *B*, su confianza
Os. 10.15 así hará a vosotros *B*, por causa de
12.4 en *B* le halló, y allí habló con nosotros
Am. 3.14 castigaré también los altares de *B*
4.4 id a *B*, y prevaricad; aumentad en Gilgal
5.5 y no busquéis a *B*, ni. . *B* será deshecha
5.6 fuego. . sin haber en *B* quien lo apague
7.10 Amasías de *B* envió a decir a Jeroboam
7.13 no profetices más en *B*. . es santuario
Zac. 7.2 cuando el pueblo de *B* había enviado

BET-EMEC ***Población en la frontera de Aser, Jos. 19.27***

BETÉN ***Población en la frontera de Aser, Jos. 19.25***

BETER ***Población en Judá, Cnt. 2.17***

BET-ESEL ***Población en Judá, Mi. 1.11***

BETFAGÉ ***Aldea cerca de Jerusalén***
Mt. 21.1 vinieron a *B*, al monte de los Olivos
Mr. 11.1 a *B* y a Betania, frente al monte de
Lc. 19.29 llegando cerca de *B* y de Betania, al

BET-GADER ***Descendiente de Judá, 1 Cr. 2.51***

BET-GAMUL ***Población en Moab, Jer. 48.23***

BET-HANÁN ***Aldea en Dan, 1 R. 4.9***

BET-HAQUEREM ***Aldea en Judá, Neh. 3.14; Jer. 6.1***

BET-HOGLA ***Población en Benjamín, Jos. 15.6; 18.19,21***

BET-HORÓN ***Dos poblaciones vecinas (la alta y la baja) en Efraín***
Jos. 10.10 siguió por el camino que sube a *B*
10.11 la bajada de *B*, Jehová arrojó. . piedras
16.3 baja. . hasta el límite de *B* la de abajo
16.5 límite. . fue desde Atarot-adar hasta *B*
18.13 de Atarot-adar al monte. . al sur de *B*
18.14 sur del monte que está delante de *B*
21.22 y *B* con sus ejidos; cuatro ciudades
1 S. 13.18 otro escuadrón marchaba hacia *B*, y
1 R. 9.17 restauró, pues, Salomón. . a la baja *B*
1 Cr. 6.68 Jocmeam con sus ejidos, *B* con sus
7.24 Seera. . edificó a *B* la baja y la alta
2 Cr. 8.5 reedificó a *B* la de arriba y a *B* la
25.13 invadieron las. . desde Samaria hasta *B*

BET-JESIMOT ***Población en la llanura de Moab, Nm. 33.49; Jos. 12.3; 13.20; Ez. 25.9***

BET-LE-AFRA ***Lugar no identificado, Mi. 1.10***

BET-LEBAOT ***Ciudad en Simeón (=Bet-birai), Jos. 19.6***

BET-MARCABOT ***Ciudad en Simeón, cerca de Siclag, Jos. 19.5; 1 Cr. 4.31***

BET-MEÓN ***Población en Moab (=Baal-Meón), Jer. 48.23***

BET-NIMRA ***Ciudad fortificada en Gad, Nm. 32.36; Jos. 13.27***

BETONIM ***Ciudad en la frontera norte de Gad, Jos. 13.26***

BET-PASES ***Ciudad en la frontera de Isacar, Jos. 19.21***

BET-PELET ***Ciudad en Judá, cerca de Beerseba, Jos. 15.27; Neh. 11.26***

BET-PEOR ***Ciudad en Moab***
Dt. 3.29 y paramos en el valle delante de *B*
4.46 en el valle delante de *B*, en la tierra
34.6 lo enterró en el valle. . enfrente de *B*
Jos. 13.20 *B* . . laderas de Pisga, Bet-jesimot

BET-RAFA *Descendiente de Judá,* **1 Cr. 4.12**

BET-REHOB *Población en el norte de Canaán (=Rehob)*
Jue. 18.28 estaba en el valle que hay junto a *B*
2 S. 10.6 tomaron a sueldo a los sirios de *B*

BETSABÉ *Mujer de Urías heteo, posteriormente de David (=Bet-súa)*
2 S. 11.3 es *B*, hija de Eliam, mujer de Urías
12.24 consoló David a *B*. . llegándose a ella
1 R. 1.11 habló Natan a *B* madre de Salomón
1.15 *B* entró a la cámara del rey; y el rey
1.16 *B* se inclinó, e hizo reverencia al rey
1.28 David respondió. . Llamadme a *B*. Y ella
1.31 entonces *B* se inclinó ante el rey, con
2.13 Adonías hijo de Haguit vino a *B* madre de
2.18 *B* dijo: Bien; yo hablaré por ti al rey
2.19 vino *B* al rey. . para hablarle por Adonías
Sal. 51 *tít.* después que se llegó a *B*, vino

BETSAIDA *Ciudad en la ribera del mar de Galilea*
Mt. 11.21 ¡ay de ti, *B!* Porque si en Tiro y en
Mr. 6.45 delante de él a *B*, en la otra ribera
8.22 luego a *B;* y le trajeron un ciego
Lc. 9.10 a un lugar desierto de la ciudad. . *B*
10.13 ¡ay de ti, Corazín! ¡Ay de ti, *B!* que
Jn. 1.44 Felipe era de *B*, la ciudad de Andrés
12.21 se acercaron a Felipe, que era de *B*

BET-SÁN *Ciudad importante donde se une el valle de Jezreel con el del Jordán (=Bet-seán)*
1 S. 31.10 colgaron su cuerpo en el muro de *B*
31.12 y quitaron el cuerpo de. . del muro de *B*
2 S. 21.12 los habían hurtado de la plaza de *B*

BET-SEÁN *Ciudad en Manasés (=Bet-sán)*
Jos. 17.11 tuvo. . Manasés en. . a *B* y sus aldeas
17.16 los que están en *B* y en sus aldeas
Jue. 1.27 tampoco Manasés arrojó a los de *B*
1 R. 4.12 en toda *B*. . desde *B* hasta Abel-mehola
1 Cr. 7.29 *B* con sus aldeas, Taanac con sus

BET-SEMES
1. Ciudad en la frontera de Judá y Dan
Jos. 15.10 este límite. . desciende a *B*, y pasa
21.16 y *B* con sus ejidos; nueve ciudades
Jue. 1.33 tampoco. . a los que habitaban en *B*
1.33 fueron tributarios los moradores de *B*
1 S. 6.9 sube por el camino de su tierra a *B*
6.12 vacas se encaminaron por el camino de *B*
6.12 filisteos fueron. . hasta el límite de *B*
6.13 los de *B* segaban el trigo en el valle
6.14 el carro vino al campo de Josué de *B*
6.15 hombres de *B* sacrificaron holocaustos
6.18 piedra. . está en el campo de Josué de *B*
6.19 Dios hizo morir a los hombres de *B*
6.20 dijeron los de *B:* ¿Quién podrá estar
1 R. 4.9 en Macaz, en Saalbim, en *B*, en Elón
2 R. 14.11 se vieron las caras. . en *B*, que es
14.13 Joás rey de Israel tomó a Amasías. . *B*
1 Cr. 6.59 con sus ejidos y *B* con sus ejidos
2 Cr. 25.21 vieron cara a. . en la batalla de *B*
25.23 Joás rey. . apresó en *B* a Amasías rey de
28.18 los filisteos. . habían tomado *B*, Ajalón
2. Ciudad en Isacar, **Jos. 19.22**
3. Ciudad en Neftalí, **Jos. 19.38**
4. Ciudad en Egipto (=Heliopolis), **Jer. 43.13**

BET-SITA *Lugar en el valle de Jezreel,* **Jue. 7.22**

BET-SÚA *=Betsabé,* **1 Cr. 3.5**

BET-SUR
1. Población en Judá, **Jos. 15.58; 2 Cr. 11.7; Neh. 3.16**
2. Descendiente de Judá, **1 Cr. 2.45**

BET-TAPÚA *Población en Judá,* **Jos. 15.53**

BETUEL
1. Hijo de Nacor y padre de Rebeca
Gn. 22.22 Quesed, Hazo, Pildas, Jidlaf y *B*
22.23 *B* fue el padre de Rebeca. Estos son
24.15 Rebeca, que había nacido a *B*, hijo de
24.24 soy hija de *B* hijo de Milca, el cual
24.47 hija de *B* hijo de Nacor, que le dio a
24.50 Labán y *B* respondieron y dijeron: De
25.20 a Rebeca. . de *B* arameo de Padan-aram
28.2 casa de *B*, padre de tu madre, y toma
28.5 a Labán hijo de *B* arameo, hermano de
2. Población en Simeón (=Betul), **1 Cr. 4.30**

BETUL *Población en Simeón (=Betuel No. 2),* **Jos. 19.4**

BEULA *"Desposada", voz poética,* **Is. 62.4**

BEZAI
1. Padre de una familia que regresó del exilio, **Esd. 2.17; Neh. 7.23**
2. Firmante del pacto de Nehemías, **Neh. 10.18**

BEZALEEL
1. Encargado de la construcción del tabernáculo
Éx. 31.2 he llamado por nombre a *B* hijo de Uri
35.30 Jehová ha nombrado a *B* hijo de Uri
36.1 *B* y Aholiab, y todo. . sabio de corazón
36.2 Moisés llamó a *B* y a Aholiab y a todo
37.1 hizo. . *B* el arca de madera de acacia
38.22 y *B* hijo de Uri, hijo de Hur, de la
1 Cr. 2.20 engendró a Uri, y Uri engendró a *B*
2 Cr. 1.5 el altar. . había hecho *B* hijo de Uri
2. Uno de los que se casaron con mujeres extranjeras en tiempo de Esdras, **Esd. 10.30**

BEZEC
1. Lugar cerca de Jerusalén, **Jue. 1.4,5**
2. Ciudad en Manasés, **1 S. 11.8**

BICRI *Padre de Seba No. 7,* **2 S. 20.1,2,6,7,10,13,21,22**

BIDCAR *Compañero de Jehú cuando mató al rey Joram,* **2 R. 9.25**

BIEN *(s.)*
Gn. 2.9 árbol de la ciencia del *b* y del mal
2.17 árbol de la ciencia del *b*. . no comerás
3.5 y seréis como Dios, sabiendo el *b* y el
3.22 uno de nosotros, sabiendo el *b* y el mal
12.5 tomó. . y todos sus *b* que habían ganado
12.16 hizo *b* a Abram por causa de ella; y él
14.12 tomaron también. . sus *b*, y se fueron
14.16 recobró todos los *b*, y. . a Lot. . y sus *b*
14.21 dame las personas, y toma para ti los *b*
26.29 como solamente te hemos hecho *b*, y te
32.9 vuélvete a tu tierra y. . y yo te haré *b*
32.12 yo te haré *b*, y tu descendencia será
34.23 sus *b* y. . sus bestias serán nuestros
34.29 y todos sus *b;* llevaron cautivos a
36.7 los *b* de ellos eran muchos; y no podían
40.14 acuérdate. . de mí cuando tengas ese *b*
40.16 viendo. . que había interpretado para *b*
44.4 ¿por qué habéis vuelto mal por *b?* ¿Por
46.6 tomaron. . sus *b* que habían adquirido en
50.20 Dios lo encaminó a *b*, para hacer lo que
Éx. 1.20 y Dios hizo *b* a las parteras; y el
18.9 se alegró Jetro de todo el *b* que Jehová
22.8 vea si ha metido su mano en los *b* de su
22.11 no metió su mano a los *b* de su prójimo
33.19 yo haré pasar todo mi *b* delante de tu
Lv. 5.4 si alguno jurare. . hacer mal o hacer *b*
Nm. 10.29 ven con nosotros, y te haremos *b*
10.29 porque Jehová ha prometido el *b* a Israel
10.32 tengamos el *b*. . nosotros te haremos *b*
16.32 los tragó a ellos, a. . y a todos sus *b*
31.9 sus ganados; y arrebataron todos sus *b*
Dt. 6.11 y casas llenas de todo *b*, que tú no
8.16 probándote, para a la postre hacerte *b*
26.11 te alegrarás en todo el *b* que Jehová
28.11 te hará Jehová sobreabundar en *b*, en
28.63 así como Jehová se gozaba en haceros *b*
30.5 te hará *b*, y te multiplicará más que a
30.9 abundar en. . fruto de tu tierra, para *b*
30.9 Jehová volverá a gozarse sobre ti para *b*
Jos. 24.20 hará mal. . después que os ha hecho *b*
1 S. 2.32 mientras Dios colma de *b* a Israel
24.18 mostrado hoy que has hecho conmigo *b*
24.19 Jehová te pague con *b* por lo que en
25.21 en vano. . y él me ha vuelto mal por *b*
25.30 Jehová haga. . conforme a todo el *b* que
25.31 pues. . cuando Jehová haga *b* a mi señor
2 S. 2.6 os haré *b* por esto que habéis hecho
7.28 y tú has prometido este *b* a tu siervo
16.12 me dará Jehová *b* por sus maldiciones
18.27 ése es hombre de *b*, y viene con buenas
1 R. 1.52 si él fuere hombre de *b*, ni uno de
10.7 es mayor tu sabiduría y *b*, que la fama
22.8 porque nunca me profetiza *b*, sino. . mal
2 R. 8.9 tomó. . un presente de entre los *b* de
1 Cr. 17.26 que has hablado de tu siervo este *b*
2 Cr. 1.11 no pediste riquezas, *b* o gloria, ni
1.12 y también te daré riquezas, *b* y gloria
18.17 que no me profetizaría *b*, sino mal?
21.17 y tomaron todos los *b* que hallaron en
24.16 había hecho *b* con Israel, y para con
32.25 Ezequías no correspondió al *b* que le
Esd. 1.4 ayúdenle. . con plata, oro, *b* y ganados
1.6 ayudaron con plata y oro, con *b* y ganado
8.21 camino derecho. . para todos nuestros *b*
8.22 la mano de nuestro Dios es para *b* sobre
9.12 comáis el *b* de la tierra, y la dejéis
Neh. 2.10 procurar el *b* de los hijos de Israel
2.18 declaré. . así esforzaron sus manos para *b*
5.19 acuérdate de mí para *b*, Dios mío, y de
9.25 y heredaron casas llenas de todo *b*
9.35 en tu mucho *b* que les diste, y en la
9.36 diste a. . que comiesen su fruto y su *b*
13.31 acuérdate de mí, Dios mío, para *b*
Est. 3.13 con la orden de. . apoderarse de sus *b*
8.11 destruir, y matar. . apoderarse de sus *b*
9.10 hijos de Amán. . pero no tocaron sus *b*
9.15,16 y mataron. . pero no tocaron sus *b*
Job 1.10 sus *b* han aumentado sobre la tierra
2.10 ¿recibiremos de Dios el *b*, y el mal no
7.7 y que mis ojos no volverán a ver el *b*
9.25 más ligeros. . huyeron, y no vieron el *b*
20.18 restituirá. . conforme a los *b* que tomó
21.16 que su *b* no está en mano de ellos; el
22.18 les había colmado de *b* sus casas. Pero
24.21 a la mujer. . y a la viuda nunca hizo *b*
30.26 esperaba yo el *b*, entonces vino el mal
Sal. 4.6 que dicen: ¿Quién nos mostrará el *b?*
13.6 cantaré a Jehová, porque me ha hecho *b*
14.1 abominables; no hay quien haga el *b*
16.2 mi Señor; no hay para mí *b* fuera de ti
21.3 le has salido al. . con bendiciones de *b*
23.6 ciertamente el *b* y la misericordia me
34.10 buscan a Jehová no tendrán falta de. . *b*
34.12 que desea muchos días para ver el *b?*
34.14 apártate del mal, y haz el *b;* busca la
35.12 me devuelven mal por *b*, para afligir
36.3 ha dejado de ser cuerdo y de hacer el *b*
37.3 confía en Jehová, y haz el *b;* y habitarás
37.27 apártate del mal, y haz el *b*, y vivirás
38.20 que pagan mal por *b* me son contrarios
49.6 que confían en sus *b*, y de la. . se jactan
51.18 haz *b* con tu benevolencia a Sion. . muros
52.3 amaste el mal más que el *b*, la mentira
53.1 han corrompido. . no hay quien haga el *b*
65.4 seremos saciados del *b* de tu casa, de
65.11 coronas el año con tus *b*, y tus nubes
69.22 sea su. . lo que es para *b*, por tropiezo
73.28 cuanto a mí, acercarme a Dios es el *b*
84.11 no quitará el *b* a los que andan en
85.12 Jehová dará también el *b*, y nuestra
86.17 haz conmigo señal para *b*, y véanla los
103.5 el que sacia de *b* tu boca, de modo que
104.28 les das. . abres tu mano, se sacian de *b*
106.5 para que yo vea el *b* de tus escogidos
107.9 sacia. . y llena de *b* al alma hambrienta
109.5 devuelven mal por *b*, y odio por amor
112.3 *b* y riquezas hay en su casa, y su
112.5 el hombre de *b* tiene misericordia, y
116.7 vuelve, oh alma. . Jehová te ha hecho *b*
119.17 haz *b* a tu siervo; que viva, y guarde
119.122 afianza a tu siervo para *b;* no
122.9 amor a la casa de Jehová buscaré tu *b*
125.4 haz *b*, oh Jehová, a los buenos, y a los
128.5 veas el *b* de Jerusalén todos los días
Pr. 3.9 honra a Jehová con tus *b*, y. . primicias
3.27 no te niegues a hacer el *b* a quien es
11.10 en el *b* de los justos. . se alegra; mas
11.17 a su alma hace *b* el. . misericordioso
11.23 deseo de los justos es solamente el *b*
11.27 el que procura el *b* buscará favor; mas
12.14 será saciado de *b* del fruto de su boca
12.20 alegría en el de los que piensan el *b*
13.2 fruto de su boca el hombre comerá el *b*
13.21 los justos serán premiados con el *b*
14.14 el hombre de *b* estará contento del suyo
14.22 verdad alcanzarán los que piensan el *b*
16.20 el entendido en la palabra hallará el *b*
17.13 da mal por *b*, no se apartará el mal de
17.20 perverso de corazón nunca hallará el *b*
18.22 que halla esposa halla el *b*, y alcanza
19.8 que guarda la inteligencia hallará el *b*
19.17 *b* que ha hecho, se lo volverá a pagar
20.21 *b* que se adquieren de prisa al principio
24.4 llenarán las cámaras de todo *b* preciado
28.10 fosa; mas los perfectos heredarán el *b*
29.3 el que frecuenta rameras perderá los *b*
31.12 le da ella *b* y no mal todos los días de
31.29 muchas mujeres hicieron el *b;* mas tú
Ec. 2.1 ven ahora, te probaré. . y gozarás de *b*
2.3 hasta ver cuál fuese el *b* de los hijos de
3.12 cosa mejor que. . y hacer *b* en su vida
3.13 que coma. . y goce el *b* de toda su labor
4.8 para quién. . y defraudo mi alma del *b?*
5.11 cuando aumentan los *b*, también aumentan
5.11 ¿qué *b*. . tendrá su dueño, sino verlos con
5.18 he aquí, pues, el *b* que yo he visto; que
5.18 gozar uno del *b* de todo su trabajo con
5.19; 6.2 hombre a quien Dios da riquezas y *b*
6.3 si su alma no se sació del *b*, y también
6.6 viviere. . sin gustar el *b*, ¿no van todos
6.12 ¿quién sabe cuál es el *b* del hombre en
7.14 en el día del *b* goza del *b;* y en el día
7.20 no hay. . hombre. . haga el *b* y nunca peque
8.15 que no tiene el hombre *b* debajo del sol
9.18 mejor. . pero un pecador destruye mucho *b*
Cnt. 8.7 si diese el hombre todos los *b* de su
Is. 1.17 aprended a hacer el *b;* buscad el juicio
1.19 si quisiereis y oyereis, comeréis el *b*
41.23 haced *b*, o mal, para que tengamos qué
52.7 que trae nuevas del *b*, del que publica
55.2 oídme atentamente, y comed del *b*, y se
Jer. 2.7 para que comieseis su fruto y su *b*
4.22 el mal, pero hacer el *b* no supieron
5.25 y vuestros pecados apartaron de. . el *b*
8.15 esperamos paz, y no hubo *b;* día de

BIEN *(Continúa)*
Jer. 12.1 ¿por qué..y tienen *b* todos los que se
13.23 ¿podréis vosotros hacer *b*, estando
14.19 esperamos paz, y no hubo *b*; tiempo de
15.11 si no te he rogado por su *b*, si no he
17.6 y no verá cuando viene el *b*, sino que
18.10 si hiciere lo malo..arrepentiré del *b*
18.20 ¿se da mal por *b*, para que hayan cavado
21.10 porque mi rostro..para mal, y no para *b*
24.5 así miraré a los transportados..para *b*
24.6 pondré mis ojos sobre ellos para *b*, y
29.32 ni verá el *b* que haré yo a mi pueblo
31.12 correrán al *b* de Jehová, al pan, al
31.14 mi pueblo será saciado de mi *b*, dice
32.39 para que tengan *b* ellos, y sus hijos
32.40 que no me volveré atrás de hacerles *b*
32.41 y me alegraré con ellos haciéndoles *b*
32.42 así traeré sobre ellos todo el *b* que
33.9 habrán oído todo el *b* que yo les hago
33.9 y temblarán de todo el *b* y de toda la
39.16 sobre esta ciudad para mal, y no para *b*
44.27 velo sobre ellos para mal, y no para *b*
48.7 confiaste en tus *b* y en tus tesoros, tú
Lm. 3.17 se alejó de la paz, me olvidé del *b*
Ez. 36.11 os haré mayor *b* que en..principios
Os. 8.3 desechó el *b*; enemigo lo perseguirá
14.2 quita toda iniquidad, y acepta el *b*, y
Am. 5.15 amad el *b*, y estableced la justicia
9.4 pondré sobre ellos mis ojos..no para *b*
Abd. 13 haber echado mano a sus *b* en el día de
Mi. 1.12 los moradores de Marot anhelaron..*b*
2.7 ¿no hacen..*b* al que camina rectamente?
Sof. 1.12 dicen..Jehová ni hará *b* ni hará mal
1.13 por tanto, serán saqueados sus *b*, y sus
Zac. 1.17 rebosarán..con la abundancia del *b*
8.15 he pensado hacer *b* a Jerusalén y a la
Mt. 5.44 haced *b* a los que os aborrecen, y orad
12.12 lícito hacer el *b* en los días de reposo
12.29 casa del hombre fuerte, y saquear sus *b*
19.16 ¿qué *b* haré para tener la vida eterna?
24.47 digo que sobre todos sus *b* le pondrá
25.14 llamó a sus siervos y les entregó sus *b*
Mr. 3.4 en los días de reposo hacer *b*, o hacer
3.27 ninguno puede entrar..y saquear sus *b*
14.7 y cuando queráis les podréis hacer *b*
Lc. 1.53 a los hambrientos colmó de *b*, y a los
6.9 en día de reposo hacer *b*, o hacer mal?
6.27 amad a..haced *b* a los que os aborrecen
6.33 si hacéis *b* a los que os hacen *b*, ¿qué
6.35 haced *b*, y prestad, no esperando de ello
8.3 y otras muchas que le servían de sus *b*
12.15 no consiste en la abundancia de los *b*
12.18 allí guardaré todos mis frutos y mis *b*
12.19 alma, muchos *b* tienes guardados para
12.44 digo que le pondrá sobre todos sus *b*
15.12 parte de los *b*..y les repartió los *b*
15.13 desperdició sus *b* viviendo perdidamente
15.30 que ha consumido tus *b* con rameras
16.1 acusado ante él como disipador de sus *b*
16.25 acuérdate que recibiste tus *b* en tu vida
17.31 sus *b* en casa, no descienda a tomarlos
19.8 la mitad de mis *b* doy a los pobres; y si
Hch. 2.45 vendían sus propiedades y sus *b*, y lo
10.38 cómo éste anduvo haciendo *b* y sanando
14.17 haciendo *b*, dándonos lluvias del cielo
Ro. 2.7 perseverando en *b* hacer, buscan gloria
3.8 decir..Hagamos males para que vengan *b*?
7.18 y yo sé que..en mi carne, no mora el *b*
7.18 el querer el *b* está en mí, pero no el
7.19 porque no hago el *b* que quiero, sino el
7.21 queriendo yo hacer el *b*, hallo esta ley
8.28 que aman..todas las cosas les ayudan a *b*
9.11 ni habían hecho aún ni *b* ni mal, para
12.21 de lo malo, sino vence con el *b* el mal
13.3 para infundir temor al que hace el *b*
13.4 porque es servidor de Dios para tu *b*
14.16 no sea, pues, vituperado vuestro *b*
15.27 han sido hechos participantes de sus *b*
16.19 que seáis sabios para el *b*, e ingenuos
1 Co. 10.24 ninguno busque su propio *b*, sino el
13.3 si repartiese todos mis *b* para dar de
Gá. 4.17 tienen celo de..pero no para *b*, sino
6.9 no nos cansemos, pues, de hacer *b*; porque
6.10 hagamos *b* a todos, y mayormente a los
Ef. 6.8 el *b* que cada uno hiciere, ése recibirá
2 Ts. 3.13 hermanos, no os canséis de hacer *b*
1 Ti. 6.18 hagan *b*, que sean ricos en..obras
Tit. 2.3 no esclavas del vino, maestras del *b*
Flm. 6 eficaz en el conocimiento de todo el *b*
He. 5.14 en el discernimiento del *b* y del mal
9.11 sumo sacerdote de los *b* venideros, por
10.1 teniendo la sombra de los *b* venideros
10.34 el despojo de vuestros *b* sufristeis
13.16 de hacer *b* y de la ayuda mutua no os
1 P. 2.14 para..alabanza de los que hacen *b*
2.15 haciendo *b*, hagáis callar la ignorancia
3.6 hacéis el *b*, sin temer ninguna amenaza
3.11 apártese del mal, y haga el *b*; busque
3.13 hacer daño, si vosotros seguís el *b*?
3.17 mejor es que padezcáis haciendo el *b*
4.19 encomienden sus almas al..y hagan el *b*
1 Jn. 3.17 el que tiene *b* de..y ve a su hermano

BIEN *(adv.)*
Gn. 4.7 si *b* hicieres, ¿no serás enaltecido?
4.7 y si no hicieres *b*, el pecado está a la
12.13 para que me vaya *b* por causa tuya, y
29.6 les dijo: ¿Está *b*? Y ellos dijeron: *B*
43.28 *b* va a tu siervo nuestro padre: aún
Éx. 18.17 suegro..dijo: No está *b* lo que haces
Nm. 14.41 dijo Moisés: Esto tampoco os saldrá *b*
Dt. 4.40 para que te vaya *b* a ti y a tus hijos
5.16 honra a tu padre..para que te vaya *b*
5.28 he oído..*b* está todo lo que han dicho
5.29 que a ellos..les fuese *b* para siempre!
5.33 para que viváis y os vaya *b*, y tengáis
6.3 te vaya *b* en la tierra que fluye leche y
6.18 haz lo recto y bueno..para que te vaya *b*
12.25,28 para que te vaya *b* a ti y a tus hijos
15.16 dijere: No te dejaré..le va *b* contigo
22.7 que te vaya *b*, y prolongues tus días
Rt. 3.1 hogar para ti, para que te vaya *b*?
1 S. 12.14 si..servís a Jehová..Dios, haréis *b*
17.22 preguntó por..hermanos, si estaban *b*
26.16 que has hecho no está *b*. Vive Jehová
2 S. 18.29 rey dijo: ¿El joven Absalón está *b*?
20.9 Joab dijo a Amasa: ¿Te va *b*, hermano
2 R. 4.26 digas: ¿Te va *b* a ti? ¿Le va *b* a tu
4.26 tu marido, y a tu hijo? Y ella dijo: *B*
5.21 se bajó del carro..y dijo: ¿Va todo *b*?
5.22 él dijo: *B*. Mi señor me envía a decirte
7.9 se dijeron el uno..No estamos haciendo *b*
25.24 no temáis..servid al rey..y os irá *b*
2 Cr. 12.12 también en Judá..cosas fueron *b*
24.20 no os vendrá *b* por ello; porque por
Est. 7.9 Mardoqueo..había hablado *b* por el rey
Job 9.4 se endureció contra él, y le fue *b*?
10.3 ¿te parece *b* que oprimas, que deseches
22.21 tendrás paz; y por ello te vendrá *b*
Sal. 119.65 *b* has hecho..tu siervo, oh Jehová
128.2 bienaventurado serás, y te irá *b*
Pr. 31.18 que van *b* sus negocios; su lámpara
Ec. 8.12 que les irá *b* a los que a Dios temen
8.13 que no le irá *b* al impío, ni le serán
Is. 3.10 decid al justo que le irá *b*, porque
Jer. 7.23 camino que os mande..que os vaya *b*
18.20 me puse delante de ti para hablar *b*
22.15 ¿no hizo juicio..y entonces le fue *b*?
32.5 y si peleareis contra los..no os irá *b*
38.20 oye ahora le voz de Jehová..te irá *b*
40.9 servid al rey de Babilonia, y os irá *b*
42.6 que obedeciendo a la voz de..nos vaya *b*
Jon. 4.4 dijo: ¿Haces tú *b* en enojarte tanto?
Mt. 15.26 no está *b* tomar el pan de los hijos
Mr. 7.37 diciendo: *B* lo ha hecho todo; hace a
12.28 que..sabía que les había respondido *b*
Lc. 6.26 cuando..hombres hablen *b* de vosotros!
20.39 los escribas, dijeron: Maestro, *b* has
Jn. 13.13 llamáis Maestro, y Señor; y decís *b*
Hch. 15.29 os guardareis, *b* haréis. Pasadlo *b*
Ef. 6.3 que te vaya *b*, y seas de larga vida

BIENAVENTURADO, DA
Dt. 33.29 *b* tú, oh Israel, ¿quién como tú
1 R. 10.8; 2 Cr. 9.7 *b* tus hombres, dichosos
Job 5.17 *b* es el hombre a quien Dios castiga
29.11 los oídos que me oían me llamaban *b*
Sal. 1.1 *b* el varón que no anduvo en consejo de
2.12 su ira. *B* todos los que en él confían
32.1 *b* aquel..transgresión ha sido perdonada
32.2 *b* el hombre a quien Jehová no culpa de
33.12 *b* la nación cuyo Dios es Jehová, el
40.4 *b* el hombre que..en Jehová su confianza
41.1 *b* el que piensa en el pobre; en el día
41.2 será *b* en la tierra, y no los entregarás a
65.4 *b* el que tú escogieres y atrajeres a ti
72.17 benditas serán en él..lo llamarán *b*
84.4 *b* los que habitan en tu casa..alabarán
84.5 *b* el hombre que tiene en ti sus fuerzas
89.15 *b* el pueblo que sabe aclamarte; andará
94.12 *b* el hombre a quien tú, JAH, corriges
112.1 *b* el hombre que teme a Jehová, y en sus
119.1 *b* los perfectos de camino, los que
119.2 *b* los que guardan sus testimonios, y
127.5 *b* el hombre que llenó su aljaba de ellos
128.1 *b* todo aquel que teme a Jehová, que
128.2 cuando comieres..*b* serás, y te irá bien
137.8 *b* el que te diere el pago de lo que
144.15 *b* al pueblo que tiene esto; *b* el pueblo
146.5 *b* aquel cuyo ayudador es el Dios de
Pr. 3.13 *b* el hombre que halla la sabiduría
3.18 es árbol de..*b* son los que la retienen
8.32 oídme, y *b* los que guardan mis caminos
8.34 *b* el hombre que me escucha, velando a
14.21 tiene misericordia de los pobres es *b*
16.20 el bien, y el que confía en Jehová es *b*
28.14 *b* el hombre que siempre teme a Dios
29.18 pueblo..mas el que guarda la ley es *b*
31.28 se levantan sus hijos y la llaman *b*
Ec. 10.17 ¡*b* tú, tierra, cuando tu rey es hijo
Cnt. 6.9 vieron las doncellas, y la llamaron *b*
Is. 30.18 justo; *b* todos los que confían en él
56.2 *b* el hombre que hace esto, y el hijo de
Dn. 12.12 *b* el que espere, y llegue a 1.335 días
Mal. 3.12 todas las naciones os dirán *b*; porque
3.15 decimos..ahora: *B* son los soberbios
Mt. 5.3 *b* los pobres en espíritu, porque de
5.4 *b* los que lloran..recibirán consolación
5.5 *b* los mansos, porque ellos recibirán la
5.6 *b* los que tienen hambre y..de justicia
5.7 *b* los misericordiosos..ellos alcanzarán
5.8 *b* los de limpio corazón..verán a Dios
5.9 *b* los pacificadores, porque ellos serán
5.10 *b* los que padecen persecución por causa
5.11 *b* sois cuando por mi causa os vituperen
11.6 y *b* es el que no halle tropiezo en mí
13.16 *b* vuestros ojos, porque ven; y vuestros
16.17 respondió Jesús: *B* eres, Simón, hijo de
24.46 *b* aquel siervo al cual, cuando su señor
Lc. 1.45 y *b* la que creyó, porque se cumplirá
1.48 ahora me dirán *b* todas las generaciones
6.20 *b* vosotros los pobres, porque vuestro
6.21 *b* los que ahora tenéis hambre, porque
6.21 *b* los que ahora..lloráis, porque reiréis
6.22 *b*..cuando los hombres os aborrezcan
7.23 *b* es aquel que no halle tropiezo en mí
10.23 *b*..ojos que ven lo que vosotros veis
11.27 *b* el vientre que te trajo, y los senos
11.28 antes *b* los que oyen la palabra de Dios
12.37 *b* aquellos siervos a los cuales su
12.38 los hallaré así, *b* son aquellos siervos
12.43 *b* aquel siervo al cual, cuando su señor
14.14 y serás *b*; porque ellos no te pueden
14.15 *b* el que coma pan en el reino de Dios
23.29 *b* las estériles, y los vientres que
Jn. 13.17 si sabéis..*b* seréis si las hiciereis
20.29 dijo..*b* los que no vieron, y creyeron
Hch. 20.35 que dijo: Más *b* es dar que recibir
Ro. 4.7 *b*..cuyas iniquidades son perdonadas
4.8 *b* el varón a quien el Señor no inculpa
14.22 *b* el que no se condena a sí mismo en
1 Ti. 6.15 la cual a su tiempo mostrará el *b*
Tit. 2.13 aguardando la esperanza *b*..gloriosa
Stg. 1.12 *b* el varón que soporta la tentación
1.25 sino hacedor de..será *b* en lo que hace
5.11 he aquí, tenemos por *b* a los que sufren
1 P. 3.14 si alguna cosa padecéis por..*b* sois
4.14 sois vituperados por el nombre..sois *b*
Ap. 1.3 *b* el que lee..que oyen las palabras de
14.13 *b*..los muertos que mueren en el Señor
16.15 *b* el que vela, y guarda sus ropas para
19.9 *b* los que son llamados a la cena de las
20.6 *b* y santo el que tiene parte en la
22.7 *b* el que guarda las palabras de..libro
22.14 *b* los que lavan sus ropas, para tener

BIENAVENTURANZA
Ro. 4.6 David habla de la *b* del hombre a quien
4.9 ¿es, pues, esta *b* solamente para los de

BIENESTAR
Est. 10.3 porque procuró el *b* de su pueblo y
Job 20.21 no quedó nada..su *b* no será duradero
36.11 le sirvieren, acabarán sus días en *b*
Sal. 25.13 gozará él de *b*, y su descendencia

BIENHECHOR
Sal. 119.68 bueno eres tú, y *b*; enséñame tus
Lc. 22.25 que tienen autoridad son llamados *b*

BIENVENIDO
2 Jn. 10 no lo recibáis en..ni le digáis: ¡*B*!
11 el que le dice: ¡*B*!, participa en sus

BIGTA ***Eunuco del rey Asuero*, Est. 1.10**

BIGTÁN ***Eunuco que conspiró contra el rey Asuero*, Est. 2.21; 6.2**

BIGVAI
1. ***Uno que regresó del exilio con Zorobabel*, Esd. 2.2; Neh. 7.7**
2. ***Padre de una familia que regresó del exilio*, Esd. 2.14; 8.14; Neh. 7.19**
3. ***Firmante del pacto de Nehemías (posiblemente =No. 1)*, Neh. 10.16**

BILDAD ***Uno de los tres amigos de Job*, Job 2.11; 8.1; 18.1; 25.1; 42.9**

BILEAM ***Ciudad de los levitas en Manasés (=Ibleam)*, 1 Cr. 6.70**

BILGA
1. ***Sacerdote en tiempo de David*, 1 Cr. 24.14**
2. ***Sacerdote que regresó del exilio (=Bilgai)*, Neh. 12.5,18**

BILGAI ***Firmante del pacto de Nehemías (=Bilga No. 2)*, Neh. 10.8**

BILHA
1. ***Concubina de Jacob***

Gn. 29.29 dio Labán a Raquel..*B* por criada
30.3 he aquí mi sierva *B*; llégate a ella, y
30.4 así le dio a *B* su sierva por mujer; y
30.5 concibió *B*, y dio a luz un hijo a Jacob
30.7 concibió otra vez *B* la sierva de Raquel

BILHA *(Continúa)*
Gn. 35.22 fue Rubén y durmió con *B* la concubina
35.25 los hijos de *B*, sierva de Raquel: Dan
37.2 el joven estaba con los hijos de *B* y
46.25 hijos de *B*, la que dio Labán a Raquel
1 Cr. 7.13 Guni, Jezer y Salum, hijos de *B*
2. ***Aldea en Judá (=Bala y Baala No. 3, 1 Cr. 4.29***

BILHÁN
1. ***Hijo de Ezer, jefe horeo*, Gn. 36.27; 1 Cr. 1.42**
2. ***Descendiente de Benjamín*, 1 Cr. 7.10(2)**

BILSÁN ***Uno que regresó del exilio con Zorobabel*, Esd. 2.2; Neh. 7.7**

BIMHAL ***Descendiente de Aser*, 1 Cr. 7.33**

BINA ***Descendiente del rey Saúl*, 1 Cr. 8.37; 9.43**

BINÚI
1. ***Jefe de una familia que regresó del exilio con Zorobabel*, Esd. 8.33; Neh. 7.15**
2. ***Nombre de dos de los que se casaron con mujeres extranjeras en tiempo de Esdras*, Esd. 10.30,38**
3. ***Uno que ayudó en la restauración del muro de Jerusalén*, Neh. 3.24; 10.9**
4. ***Levita en tiempo de Nehemías (posiblemente =No. 3)*, Neh. 12.8**

BIRSA ***Rey de Gomorra*, Gn. 14.2**

BIRZAVIT ***Descendiente de Aser*, 1 Cr. 7.31**

BISLAM ***Uno de los tres que escribieron carta al rey Artajerjes contra los judíos*, Esd. 4.7**

BITIA ***Hijo de Faraón No. 9*, 1 Cr. 4.18**

BITINIA ***Región en el noroeste de Asia Menor***
Hch. 16.7 intentaron ir a *B*, pero el Espíritu
1 P. 1.1 a los expatriados..en el Ponto..y *B*

BITRÓN ***Camino o valle entre el Jordán y Mahanaim*, 2 S. 2.29**

BIZOTIA ***Lugar en Judá*, Jos. 15.28**

BIZTA ***Uno de los siete eunucos del rey Asuero*, Est. 1.10**

BLANCA ***(moneda)***
Mr. 12.42 y echó dos *b*, o sea un cuadrante
Lc. 12.59 que hayas pagado aun la última *b*
21.2 viuda muy pobre, que echaba allí dos *b*

BLANCO ***(s.)***
1 S. 20.20 tiraré..como ejercitándome al *b*
Job 7.20 por qué me pones por *b* tuyo, hasta
16.12 me despedazó, y me puso por *b* suyo
Lm. 3.12 entesó su arco, y me puso como *b* para

BLANCO, CA ***(adj.)***
Gn. 30.35 aquella que tenía en sí algo de *b*
30.37 y descortezó en ellas mondaduras *b*
30.37 descubriendo así lo *b* de las varas
40.16 yo soñé que veía tres canastillos *b*
49.12 del vino, y sus dientes *b* de la leche
Éx. 16.31 *b*, y su sabor como de hojuelas con
Lv. 13.2 hombre tuviere en la piel..mancha *b*
13.3 si el pelo en la llaga se ha vuelto *b*
13.4 mancha *b*..el pelo se hubiere vuelto *b*
13.10 si apareciere tumor *b* en la piel, el
13.13 ella se ha vuelto *b*, y él es limpio
13.16 la carne viva cambiare y se volviere *b*
13.17 y si la llaga se hubiere vuelto *b*, el
13.19 una hinchazón, o una mancha *b* rojiza
13.20 pelo se hubiere vuelto *b*, el sacerdote
13.21 no apareciere en ella pelo *b*, ni fuere
13.23 la mancha *b* se estuviere en su lugar
13.24 hubiere en lo sanado del..rojiza o *b*
13.25 pelo se hubiere vuelto *b* en la mancha
13.26 no apareciere en la mancha pelo *b*, ni
13.38 la mujer tuviere en la piel..manchas *b*
13.39 aparecieren manchas *b* algo oscurecidas
13.42 en la antecalva hubiere llaga *b* rojiza
13.43 si pareciere la hinchazón..*b* rojiza en
14.56 acerca de la hinchazón, y..la mancha *b*
Jue. 5.10 los que cabalgáis en asnas *b*, los que
2 R. 5.27 salió de..leproso, *b* como la nieve
Est. 1.6 el pabellón era de *b*, verde y azul
8.15 y salió..con vestido real de azul y *b*
Sal. 51.7 lávame, y seré más *b* que la nieve
Ec. 9.8 en todo tiempo sean *b* tus vestidos
Cnt. 5.10 mi amado es *b* y rubio, señalado entre
Is. 1.18 pecados..vendrán a ser como *b* lana
Lm. 4.7 sus nobles fueron..más *b* que la leche
Ez. 27.18 vino de Helbón y lana *b* negociaban
Dn. 7.9 cuyo vestido era *b* como la nieve, y le
Jl. 1.7 asoló mi vid, y..sus ramas quedaron *b*
Zac. 1.8 y detrás de él..alazanes, overos y *b*
6.3 en el tercer carro caballos *b*, y en el
6.6 los *b* salieron tras ellos, y los overos
Mt. 5.36 no puedes hacer *b* o negro un cabello
17.2 sus vestidos se hicieron *b* como la luz
28.3 su aspecto..su vestido *b* como la nieve
Mr. 9.3 sus vestidos se volvieron..*b*, como la
9.3 ningún lavador en..los puede hacer tan *b*
16.5 un joven..cubierto de una larga ropa *b*
Lc. 9.29 se hizo..vestido *b* y resplandeciente
Jn. 4.35 y mirad los campos..*b* para la siega
20.12 y vio a dos ángeles con vestiduras *b*
Hch. 1.10 he aquí..dos varones con vestiduras *b*
Ap. 1.14 sus cabellos eran *b* como *b* lana, como
2.17 le daré una piedrecita *b*, y..un nombre
3.4 andarán conmigo en vestiduras *b*, porque
3.5 que venciere será vestido de vestiduras *b*
3.18 compres..y vestiduras *b* para vestirte
4.4 había..24 ancianos, vestidos de ropas *b*
6.2 miré, y he aquí un caballo *b*; y el que
6.11 les dieron vestiduras *b*, y se les dijo
7.9 vestidos de ropas *b*, y con palmas en las
7.13 estos..vestidos de ropas *b*, ¿quiénes son
14.14 y he aquí una nube *b*; y sobre la nube
19.11 un caballo *b*, y el que lo montaba se
19.14 vestidos de lino finísimo, *b* y limpio
19.14 los ejércitos..le seguían en caballos *b*
20.11 y vi un gran trono *b* y al que estaba

BLANDIR
1 Cr. 11.11 Jasobeam..el cual *blandió* su lanza
11.20 Abisai..*blandió* su lanza contra 300
Job 41.29 del *blandir* de la jabalina se burla

BLANDO, DA
Sal. 55.21 los dichos de su boca son más *b* que
Pr. 5.3 y su paladar es más *b* que el aceite
15.1 la *b* respuesta quita la ira; mas la
25.15 y la lengua *b* quebranta los huesos

BLANDURA
Pr. 6.24 la *b* de la lengua de la mujer extraña

BLANQUEADO, DA
Mt. 23.27 porque sois semejantes a sepulcros *b*
Hch. 23.3 ¡Dios te golpeará a ti, pared *b*!

BLANQUECINA
Lv. 13.24 hubiere..mancha *b*, rojiza o blanca

BLASFEMADOR
Hch. 19.37 sacrílegos ni *b* de vuestra diosa

BLASFEMAR
Lv. 24.11 y el hijo de la..*blasfemó* el Nombre
24.16 el que *blasfemare* el nombre de Jehová
24.16 si *blasfemare* el Nombre, que muera
1 S. 3.13 sus hijos han *blasfemado* a Dios, y
2 S. 12.14 hiciste *blasfemar* a los enemigos
1 R. 21.10 digan: Tú has *blasfemado* a Dios y
21.13 Nabot ha *blasfemado* a Dios y al rey
2 R. 19.4 para *blasfemar* al Dios viviente, y
19.6 me han *blasfemado* los siervos del rey
19.16 enviado a *blasfemar* al Dios viviente
19.22 ¿a quién has..*blasfemado*? ¿y contra
2 Cr. 32.17 escribió cartas en que *blasfemaba*
Job 1.5 quizá..habrán *blasfemado* contra Dios
1.11; 2.5 verás si no *blasfema* contra ti en
Sal. 74.10 de *blasfemar* el enemigo..tu nombre?
74.18 y pueblo insensato ha *blasfemado* tu
Pr. 30.9 hurte, y *blasfeme* el nombre de mi
Is. 37.4 envió para *blasfemar* al Dios vivo
37.6 me han *blasfemado* los siervos del rey
37.17 ha enviado a *blasfemar* al Dios viviente
37.23 ¿a quién vituperaste, y..*blasfemaste*?
52.5 *blasfemado* mi nombre todo el día
Mt. 9.3 decían dentro de sí: Este *blasfema*
26.65 ¡ha *blasfemado*! ¿Qué más necesidad
Mr. 3.29 que *blasfeme* contra el Espíritu Santo
Lc. 12.10 al que *blasfemare* contra el Espíritu
Jn. 10.36 decís: Tú *blasfemas*, porque dije
Hch. 13.45 rebatían lo que Pablo..*blasfemando*
18.6 oponiéndose y *blasfemando* éstos, les dijo
26.11 muchas veces..los forcé a *blasfemar*
Ro. 2.24 el nombre de Dios es *blasfemado* entre
1 Ti. 1.20 para que aprendan a no *blasfemar*
6.1 no sea *blasfemado* el nombre de Dios y
Tit. 2.5 la palabra de Dios no sea *blasfemada*
Stg. 2.7 ¿no *blasfeman* ellos el buen nombre
1 P. 4.14 él es *blasfemado*, pero por vosotros
2 P. 2.2 camino de la verdad será *blasfemado*
Jud. 8 *blasfeman* de las potestades superiores
10 *blasfeman* de cuantas cosas no conocen
Ap. 13.6 abrió su boca..para *blasfemar* de su
16.9 se quemaron..y *blasfemaron* el nombre
16.11 *blasfemaron* contra el Dios del cielo
16.21 los hombres *blasfemaron* contra Dios

BLASFEMIA
2 R. 19.3 este día es día de..reprensión y de *b*
Sal. 139.20 *b* dicen ellos contra ti..enemigos
Is. 37.3 día de..reprensión y de *b* es este día
Dn. 3.29 nación..que dijere *b* contra el Dios
Mt. 12.31 todo pecado y *b* será perdonado a los
12.31 la *b* contra el Espíritu no les será
15.19 hurtos, los falsos testimonios, las *b*
26.65 he aquí, ahora mismo habéis oído su *b*
Mr. 2.7 por qué habla éste así? *B* dice. ¿Quién
3.28 perdonados..las *b* cualesquiera que sean
14.64 habéis oído la *b*; ¿qué os parece?
Lc. 5.21 ¿quién es éste que habla *b*? ¿Quién
Jn. 10.33 por la *b*; porque tú, siendo hombre
Col. 3.8 malicia, *b*, palabras deshonestas de
1 Ti. 6.4 de las cuales nacen envidias..*b*
Ap. 2.9 la *b* de los que se dicen ser judíos
13.5 se le dio boca que hablaba grandes..*b*
13.6 abrió su boca en *b* contra Dios, para
17.3 bestia escarlata llena de nombres de *b*

BLASFEMO, MA
Lv. 24.14 saca al *b* fuera del campamento, y
24.23 y ellos sacaron..al *b* y lo apedrearon
Hch. 6.11 que le habían oído hablar palabras *b*
6.13 no cesa de hablar palabras *b* contra este
1 Ti. 1.13 habiendo yo sido..*b*, perseguidor
2 Ti. 3.2 habrá hombres..*b*, desobedientes a los
Ap. 13.1 tenía..sobre sus cabezas, un nombre *b*

BLASTO ***Camarero del rey Herodes No. 3*, Hch. 12.20**

BOANERGES ***"Hijos del trueno"*, Mr. 3.17**

BOAZ ***Una de las dos columnas a la entrada del templo de Salomón*, 1 R. 7.21; 2 Cr. 3.17**

BOCA
Gn. 4.11 la tierra, que abrió su *b* para recibir
29.2 había una gran piedra sobre la *b* del pozo
29.3 revolvían la piedra de la *b* del pozo
29.3 volvían la piedra sobre la *b* del pozo
29.8 y remuevan la piedra de la *b* del pozo
29.10 Jacob y removió la piedra de la *b* del
42.27 dinero que estaba en la *b* de su costal
43.12 el dinero vuelto en las *b* de vuestros
43.21 el dinero..estaba en la *b* de su costal
44.1 pon el dinero de..en la *b* de su costal
44.2 y pondrás mi copa..en la *b* del costal
44.8 hallamos en la *b* de nuestros costales
45.12 vuestros ojos ven..que mi *b* os habla
Éx. 4.11 respondió: ¿Quién dio la *b* al hombre?
4.12 estaré con tu *b*, y te enseñaré lo que
4.15 pondrás en su *b*..y yo estaré con tu *b*
4.16 él te será..en lugar de *b*, y tú serás
13.9 para que la ley de Jehová esté en tu *b*
23.13 otros dioses..ni se oirá de vuestra *b*
Nm. 16.30 la tierra abriere su *b* y los tragare
16.32 abrió la tierra su *b*, y..tragó a ellos
22.28 Jehová abrió la *b* al asna, la cual dijo
22.38 la palabra que Dios pusiere en mi *b*
23.5 Jehová puso palabra en la *b* de Balaam
23.12 de decir lo que Jehová ponga en mi *b*?
23.16 puso palabra en su *b*, y le dijo: Vuelve
26.10 tierra abrió su *b* y los tragó a ellos
30.2 conforme a todo lo que salió de su *b*
32.24 y haced lo que ha declarado vuestra *b*
Dt. 8.3 de todo lo que sale de la *b* de Jehová
11.6 cómo abrió su *b* la tierra, y los tragó
18.18 pondré mis palabras en su *b*, y él les
23.23 la ofrenda..que prometiste con tu *b*
30.14 cerca..está..en tu *b* y en tu corazón
31.19 en *b* de ellos, para que este cántico
31.21 pues será recordado por la *b* de sus
32.1 y oiga la tierra los dichos de mi *b*
Jos. 1.8 nunca se apartará de tu *b* este libro
6.10 ni saldrá palabra de vuestra *b*, hasta
Jue. 7.6 llevando el agua con la mano a su *b*
9.38 ¿dónde está ahora tu *b* con que decías
18.19 pon la mano sobre tu *b*, y vente con
1 S. 1.12 Elí estaba observando la *b* de ella
2.1 mi *b* se ensanchó sobre mis enemigos
2.3 cesen las palabras arrogantes de vuestra *b*
14.26 quien hiciera llegar su mano a su *b*
14.27 panal de miel, y llevó su mano a la *b*
17.35 salía yo tras él..lo libraba de su *b*
2 S. 1.16 misma *b* atestiguó contra ti, diciendo
14.3 rey..y puso Joab las palabras en su *b*
14.19 en *b* de tu sierva todas estas palabras
17.19 extendió sobre la *b* del pozo, y tendió
22.9 y de su *b* fuego consumidor; carbones
1 R. 7.31 la *b* de la fuente..la *b* era redonda
7.31 había también sobre la *b* entalladuras
8.24 lo dijiste con tu *b*, y con tu mano lo
17.24 la palabra de Jehová es verdad en tu *b*
19.18 siete mil..y cuyas *b* no lo besaron
20.33 a tomar la palabra de su *b*, y dijeron
22.22,23 espíritu de mentira en la *b*..profetas
2 R. 4.34 poniendo su *b* sobre la *b* de él, y sus
21.13 como se limpia un..y se vuelve *b* abajo
1 Cr. 16.12 memoria..y de los juicios de su *b*
2 Cr. 6.4 prometió con su *b* a David mi padre
6.15 lo dijiste con tu *b*, y con tu mano lo
18.21,22 espíritu de mentira en la *b*..profetas
35.22 palabras de Necao..eran de *b* de Dios
36.21,22 palabra de Jehová por *b* de Jeremías

BOCA ***(Continúa)***
Esd. 1.1 palabra de Jehová por *b* de Jeremías
8.17 y puse en *b* de ellos las palabras que
Neh. 9.20 no retiraste tu maná de su *b*, y agua
Job 3.1 esto abrió Job su *b*, y maldijo su día
5.15 libra..de la *b* de los impíos, y de la
5.16 esperanza..y la iniquidad cerrará su *b*
7.11 por tanto, no refrenaré mi *b;* hablaré
8.2 las palabras de tu *b* serán como viento
8.21 aún llenará tu *b* de risa, y tus labios
9.20 yo me justificare, me condenaría mi *b*
15.5 porque tu *b* declaró tu iniquidad, pues
15.6 *b* te condenará, y no yo; y tus labios
15.13 para que..saques tales palabras de tu *b?*
15.30 y con el aliento de su *b* perecerá
16.10 abrieron contra mí su *b;* hirieron mis
19.16 llamé a..de mi propia *b* le suplicaba
20.12 si el mal se endulzó en su *b*, si lo
21.5 espantaos, y poned la mano sobre la *b*
22.22 toma ahora la ley de su *b*, y pon sus
23.4 mi causa..y llenaría mi *b* de argumentos
23.12 guardé las palabras de su *b* más que mi
29.9 los príncipes..ponían la mano sobre su *b*
29.23 y abrían su *b* como a la lluvia tardía
31.27 engañó en secreto, y mi *b* besó mi mano
32.5 no había respuesta en la *b* de aquellos
33.2 abriré ahora mi *b*, y mi lengua hablará
35.16 Job abre su *b* vanamente, y multiplica
36.16 te apartará de la *b* de la angustia a
37.2 su voz, y el sonido que sale de su *b*
40.4 yo soy vil..mi mano pongo sobre mi *b*
40.23 todo un Jordán se estrelle contra su *b*
41.19 su *b* salen hachones de fuego; centellas
41.21 su aliento enciende..de su *b* sale llama
Sal. 5.9 en la *b* de ellos no hay sinceridad
8.2 de la *b* de los niños y de los que maman
10.7 llena está su *b* de maldición..de fraude
17.3 resuelto que mi *b* no haga transgresión
17.10 con su *b* hablan arrogantemente
18.8 y de su *b* fuego consumidor; carbones
19.14 sean gratos los dichos de mi *b* y la
22.7 todos..estiran la *b*, menean la cabeza
22.13 abrieron sobre mí su *b* como..rapaz
22.21 sálvame de la *b* del león, y líbrame
33.6 hechos los cielos..el aliento de su *b*
34.1 su alabanza estará de continuo en mi *b*
35.21 ensancharon contra mí su *b;* dijeron
36.3 las palabras de su *b* son iniquidad y
37.30 la *b* del justo habla sabiduría, y su
38.13 mas yo soy como mudo que no abre la *b*
38.14 como un hombre que no oye, y en cuya *b*
39.1 guardaré mi *b* con freno, en tanto que
39.9 enmudecí, no abrí mi *b*..tú lo hiciste
40.3 puso..en mi *b* cántico nuevo, alabanza
49.3 mi *b* hablará sabiduría, y..inteligencia
50.16 leyes, y que tomar mi pacto en tu *b?*
51.15 labios, y publicará mi *b* tu alabanza
54.2 oh Dios..escucha las razones de mi *b*
55.21 los dichos de su *b* son más blandos que
58.6 oh Dios, quiebra sus dientes en sus *b*
59.7 proferirán con su *b;* espadas hay en sus
59.12 por el pecado de su *b*, por la palabra
62.4 con su *b* bendicen, pero maldicen en su
63.5 con labios de júbilo te alabará mi *b*
63.11 la *b* de los que hablan mentira será
66.14 habló mi *b*, cuando estaba angustiado
66.17 a él clamé con mi *b*, y fue exaltado
69.15 no me..ni el pozo cierre sobre mí su *b*
71.8 sea llena mi *b* de tu alabanza, de tu
71.15 *b* publicará tu justicia y tus hechos
73.9 ponen su *b* contra el cielo, y su lengua
78.1 inclinad..oído a las palabras de mi *b*
78.2 abriré mi *b* en proverbios; hablaré
78.30 anhelo, aún estaba la comida en su *b*
78.36 pero le lisonjeaban con su *b*, y con
81.10 tu Dios..abre tu *b*, y yo la llenaré
89.1 haré notoria tu fidelidad con mi *b*
103.5 el que sacia de bien tu *b* de modo que
105.5 acordaos de..y de los juicios de su *b*
107.42 véanlo..todos los malos cierren su *b*
109.2 *b* de impío y *b* de engañador se han
109.30 alabaré a Jehová en gran..con mi *b*
115.5 tienen *b*, mas no hablan; tienen ojos
119.13 he contado todos los juicios de tu *b*
119.43 no quites de mi *b*..palabra de verdad
119.72 mejor me es la ley de tu *b* que..oro
119.88 y guardaré los testimonios de tu *b*
119.103 dulces son..más que la miel a mi *b*
119.108 agradables los sacrificios..de mi *b*
119.131 mi *b* abrí y suspiré, porque deseaba
126.2 entonces nuestra *b* se llenará de risa
135.16 tienen *b*, y no hablan; tienen ojos
135.17 no oyen; tampoco hay aliento en sus *b*
138.4 porque han oído los dichos de tu *b*
141.3 pon guarda a mi *b*, oh Jehová; guarda
141.7 esparcidos nuestros huesos a la *b* del
144.8 cuya *b* habla vanidad, y cuya diestra
144.11 los..extraños, cuya *b* habla vanidad
145.21 la alabanza de Jehová proclamará mi *b*
Pr. 2.6 y de su *b* viene el conocimiento y la
4.5 ni te apartes de las razones de mi *b*
4.24 aparta de ti la perversidad de la *b*, y
5.7 no os apartéis de las razones de mi *b*
6.2 has enlazado con las palabras de tu *b*
6.12 malo..el que anda en perversidad de *b*
7.24 y estad atentos a las razones de mi *b*
8.7 mi *b* hablará verdad, y la impiedad
8.8 justas son todas las razones de mi *b*
8.13 la soberbia..y la *b* perversa, aborrezco
10.6 violencia cubrirá la *b* de los impíos
10.11 manantial de vida es la *b* del justo
10.11 violencia cubrirá la *b* de los impíos
10.14 la *b* del necio es calamidad cercana
10.31 la *b* del justo producirá sabiduría; mas
10.32 la *b* de los impíos habla perversidades
11.9 el hipócrita con la *b* daña a su prójimo
11.11 por la *b* de los impíos será trastornada
12.6 impíos..la *b* de los rectos los librará
12.14 será saciado de bien del fruto de su *b*
13.2 del fruto de su *b* el hombre comerá el
13.3 el que guarda su *b* guarda su alma; mas
14.3 en la *b* del necio está la vara de la
15.2 mas la *b* de los necios hablará sandeces
15.7 la *b* de los sabios esparce sabiduría
15.14 mas la *b* de los necios se alimenta de
15.23 se alegra con la respuesta de su *b*
15.28 la *b* de los impíos derrama malas cosas
16.10 del rey; en juicio no prevaricará su *b*
16.23 corazón del sabio hace prudente su *b*
16.26 trabaja para..porque su *b* le estimula
18.4 aguas profundas..las palabras de la *b*
18.6 traen contienda; y su *b* los azotes llama
18.7 *b* del necio es quebrantamiento para sí
18.20 del fruto de la *b*..llenará su vientre
19.24 su mano..y ni aun a su *b* la llevará
19.28 *b* de los impíos encubrirá la iniquidad
20.17 pero después su *b* será llena de cascajo
21.23 el que guarda su *b* y su lengua, su alma
22.14 profunda es la *b* de la mujer extraña
24.7 insensato..la puerta no abrirá él su *b*
26.7,9 así es el proverbio en la *b* del necio
26.15 su mano..se cansa de llevarla a su *b*
26.28 lengua..la *b* lisonjera hace resbalar
27.2 alábete el extraño, y no tu propia *b*
27.21 oro, y al hombre la *b* del que lo alaba
30.20 come, y limpia su *b* y dice: No he
30.32 si..hacer mal, pon el dedo sobre tu *b*
31.8 abre tu *b* por el mudo en el juicio de
31.9 abre tu *b*, juzga..justicia, y defiende
31.26 abre su *b* con sabiduría, y la ley de
Ec. 5.2 no te des prisa con tu *b*, ni tu corazón
5.6 no dejes que tu *b* te haga pecar, ni digas
6.7 todo el trabajo del hombre es para su *b*
10.12 palabras de la *b* del sabio son llenas
10.13 el principio de las palabras de su *b*
Cnt. 1.2 oh, si él me besara con besos de su *b!*
7.8 vid, el olor de tu *b* como de manzanas
Is. 1.20 porque la *b* de Jehová lo ha dicho
5.14 ensanchó..y sin medida extendió su *b*
6.7 tocando con él sobre mi *b*, dijo: He aquí
9.12 y a *b* llena devorarán a Israel. Ni con
9.17 son falsos..toda *b* habla despropósitos
10.14 y no hubo quien..abriese *b* y graznase
11.4 y herirá la tierra con la vara de su *b*
29.13 este pueblo se acerca a mí con su *b*
30.2 se apartan..no han preguntado de mi *b*
34.16 su *b* mandó, y los reunió su..Espíritu
40.5 verá; porque la *b* de Jehová ha hablado
45.23 de mi *b* salió palabra en justicia, y
48.3 lo dije, y de mi *b* salió; lo publiqué
49.2 puso mi *b* como espada aguda, me cubrió
51.16 en tu *b* he puesto mis palabras, y con
52.15 los reyes cerrarán ante él la *b*, porque
53.7 angustiado..afligido, no abrió su *b*
53.7 como oveja..enmudeció, y no abrió su *b*
53.9 nunca hizo maldad, ni..engaño en su *b*
55.11 así será mi palabra que sale de mi *b*
57.4 ¿contra quién ensanchasteis la *b*, y
58.14 porque la *b* de Jehová lo ha hablado
59.21 palabras..en tu *b*, no faltarán de tu *b*
59.21 ni de la *b* de tus hijos, ni de la *b* de
62.2 un nombre..que la *b* de Jehová nombrará
Jer. 1.9 tocó mi *b* y..mis palabras en tu *b*
5.14 yo pongo mis palabras en tu *b* por fuego
7.28 verdad, y de la *b* de ellos fue cortada
9.8 con su *b* dice paz a su amigo, y dentro
9.12 ¿y a quién habló la *b* de Jehová, para
9.20 vuestro oído reciba la palabra de su *b*
12.2 cercano estás tu en sus *b*, pero lejos
15.19 y si entresacares lo..serás como mi *b*
17.16 lo que de mi *b* ha salido, fue en tu
23.16 hablan visión de..no de la *b* de Jehová
32.4 hablará con él *b* a *b*, y sus ojos verán
34.3 rey..te hablará *b* a *b*, y en Babilonia
36.4 escribió Baruc de *b* de Jeremías, en un
36.6 de este rollo que escribiste de mi *b*
36.17 cómo escribiste de *b* de Jeremías todas
36.18 dictaba de su *b* todas estas palabras
36.32 escribió en él de *b* de Jeremías todas
44.17 toda palabra que ha salido de nuestra *b*
44.25 vosotros..hablasteis con vuestras *b*
44.26 no será invocado..*b* de ningún hombre
45.1 escribía en..palabras de *b* de Jeremías
48.28 la paloma que hace nido en la *b* de la
51.44 sacaré de su *b* lo que se ha tragado
Lm. 2.16 tus enemigos abrieron contra ti su *b*
3.29 ponga su *b* en el polvo, por si aún hay
3.38 ¿de la *b* del Altísimo no sale lo malo y
3.46 enemigos abrieron contra nosotros su *b*
Ez. 2.8 tú..abre tu *b*, y come lo que yo te doy
3.2 abrí mi *b*, y me hizo comer aquel rollo
3.3 lo comí, y fue en mi *b* dulce como miel
3.27 cuando te hubiere hablado, abriré tu *b*
4.14 ni nunca en mi *b* entró carne inmunda
16.56 no era..digna de mención en tu *b* en el
16.63 y nunca más abras la *b*, a causa de tu
24.27 aquel día se abrirá tu *b* para hablar
29.21 abriré tu *b* en medio de ellos, y sabrán
33.7 oirás la palabra de mi *b*..amonestarás
33.22 había abierto mi *b*..abrió mi *b*, y ya
33.31 hacen halagos con sus *b*, y el corazón
34.10 libraré mis ovejas de sus *b*, y no les
35.13 os engrandecisteis..con vuestra *b*, y
36.3 se os ha hecho caer en *b* de habladores
Dn. 4.31 aún estaba la palabra en la *b* del rey
6.22 el cual cerró la *b* de los leones, para
7.5 tenía en su *b* tres costillas entre los
7.8 tenía..una *b* que hablaba grandes cosas
7.20 este mismo cuerno tenía ojos, y *b* que
10.3 ni entró en mi *b* carne ni vino, ni me
10.16 entonces abrí mi *b* y hablé, y dije al
Os. 2.17 quitaré de su *b* los nombres..baales
6.5 con las palabras de mi *b* los maté; y tus
8.1 pon a tu *b* trompeta. Como águila viene
Jl. 1.5 bebéis vino..os es quitado de vuestra *b*
Am. 3.12 que el pastor libra de la *b* del león
Mi. 4.4 porque la *b* de Jehová..lo ha hablado
7.5 la que duerme..cuídate, no abras tu *b*
7.16 naciones..pondrán la mano sobre su *b*
Nah. 3.12 caen en la *b* del que las ha de comer
Sof. 3.13 mentira, ni en *b* de ellos se hallará
Zac. 5.8 echó la masa de plomo en la *b* del efa
8.9 los que oís en..de la *b* de los profetas
9.7 quitaré la sangre de su *b*..sus dientes
14.12 y la lengua se les deshará en su *b*
Mal. 2.6 la ley de verdad estuvo en su *b*, e
2.7 de su *b* el pueblo buscará la ley; porque
Mt. 4.4 toda palabra que sale de la *b* de Dios
5.2 y abriendo su *b* les enseñaba, diciendo
12.34 de la abundancia del corazón habla la *b*
13.35 abriré en parábolas mi *b;* declararé
15.11 no lo que entra en la *b* contamina al
15.11 lo que sale de la *b*, esto contamina al
15.17 lo que entra en la *b* va al vientre, y
15.18 lo que sale de la *b*, del corazón sale
17.27 al abrirle la *b*, hallarás un estatero
18.16 para que en *b* de dos o tres testigos
21.16 la *b* de los niños y de los que maman
Lc. 1.64 fue abierta su *b* y suelta su lengua
1.70 habló por *b* de sus santos profetas que
4.22 palabras de gracia que salían de su *b*
6.45 de la abundancia del corazón habla la *b*
11.54 cazar..palabra de su *b* para acusarle
19.22 mal siervo, por tu propia *b* te juzgo
22.71 nosotros mismos la hemos oído de su *b*
Jn. 19.29 en un hisopo, se la acercaron a la *b*
Hch. 1.16 el Espíritu Santo habló antes por *b*
3.18 anunciado por *b* de todos sus profetas
3.21 de que habló Dios por *b* de sus santos
4.25 que por *b* de David tu siervo dijiste
8.32 a la muerte fue llevado..no abrió su *b*
8.35 Felipe, abriendo su *b*..le anunció el
10.34 Pedro, abriendo la *b*, dijo: En verdad
11.8 cosa común o inmunda entró..en mi *b*
15.7 los gentiles oyesen por mi *b* la palabra
22.14 que conozcas..y oigas la voz de su *b*
23.2 Ananías ordenó..le golpeasen en la *b*
Ro. 3.14 *b* está llena de maldición..amargura
3.19 lo dice..para que toda *b* se cierre y
10.8 cerca de ti..en tu *b* y en tu corazón
10.9 si confesares con tu *b* que Jesús es el
10.10 con la *b* se confiesa para salvación
2 Co. 6.11 nuestra *b* se ha abierto a vosotros
13.1 por *b* de dos o de tres..decidirá todo
Ef. 4.29 ninguna palabra..salga de vuestra *b*
6.19 que al abrir mi *b* me sea dada palabra
Col. 3.8 palabras deshonestas de vuestra *b*
2 Ts. 2.8 Señor matará con el espíritu de su *b*
2 Ti. 4.17 así fui librado de la *b* del león
Tit. 1.11 a los cuales es preciso tapar la *b*
He. 11.33 que por fe..taparon *b* de leones
Stg. 3.3 ponemos freno en la *b* de los caballos
3.10 de una misma *b* proceden bendición y
1 P. 2.22 no hizo..ni se halló engaño en su *b*
Jud. 16 cuya *b* habla cosas infladas, adulando
Ap. 1.16 de su *b* salía una espada aguda de dos
2.16 pelearé contra ti con la espada de mi *b*
3.16 frío ni caliente, te vomitaré de mi *b*
9.17 y de su *b* salían fuego, humo y azufre
9.18 el humo y el azufre que salían de su *b*
9.19 el poder de los caballos estaba en su *b*
10.9 pero en tu *b* será dulce como la miel
10.10 era dulce en mi *b* como la miel, pero
11.5 sale fuego de la *b* de ellos, y devora a
12.15 la serpiente arrojó de su *b*..agua como
12.16 la tierra abrió su *b* y tragó el río
12.16 río que el dragón había echado de su *b*
13.2 era semejante a..y su *b* como *b* de león
13.5 se le dio *b* que hablaba..blasfemias
13.6 y abrió su *b* en blasfemias contra Dios
14.5 en sus *b* no fue hallada mentira, pues
16.13 salir de la *b* del dragón, y de la *b* de

BOCA *(Continúa)*
Ap. 16.13 salir. . de la *b* del falso profeta, tres
19.15 de su *b* sale una espada aguda, para
19.21 con la espada que salía de la *b* del que

BOCADO
Gn. 18.5 y traeré un *b* de pan, y sustentad
Jue. 8.5 os ruego que deis. . algunos *b* de pan
19.5 conforta tu corazón con un *b* de pan, y
Rt. 2.14 del pan, y moja tu *b* en el vinagre
1 S. 2.36 por un *b*. . pueda comer un *b* de pan
28.22 pondré yo. . un *b* de pan para que comas
2 S. 12.3 comiendo de su *b* y bebiendo de su
1 R. 17.11 te ruego que me traigas. . un *b* de pan
Job 31.17 si comí mi *b* solo, y no comió de él
Pr. 6.26 el hombre es reducido a un *b* de pan
17.1 mejor es un *b* seco, y en paz, que casa
18.8; 26.22 palabras del chismoso son como *b*
28.21 por un *b* de pan prevaricará el hombre
Jn. 13.27 después del *b*, Satanás entró en él
13.30 cuando. . hubo tomado el *b*, luego salió

BOCINA
Éx. 19.13 cuando suene. . la *b*, subirán al monte
19.16 espesa nube. . y sonido de *b* muy fuerte
19.19 el sonido de la *b* iba aumentando en
20.18 el pueblo observaba. . el sonido de la *b*
Jos. 6.4 siete *b* de. . sacerdotes tocarán las *b*
6.5 el sonido de la *b*, todo el pueblo gritará
6.6 siete sacerdotes lleven *b* de cuerno de
6.8 siete sacerdotes, llevando las siete *b*
6.8 pasaron delante del arca. . tocaron las *b*
6.9 iban delante de los. . que tocaban las *b*
6.9,13 mientras las *b* sonaban continuamente
6.13 llevando las siete *b*. . y tocando las *b*
6.16 cuando. . tocaron las *b* la séptima vez
6.20 entonces. . los sacerdotes tocaron las *b*
6.20 el pueblo hubo oído el sonido de la *b*
1 Cr. 15.28 llevaba. . el arca. . al sonido de *b*
2 Cr. 15.14 júbilo, al son de trompetas y de *b*
23.13 alegría, y sonaba *b*, y los cantores con
Sal. 98.6 sonidos de *b*, delante del rey Jehová
150.3 alabadle a son de *b*; alabadle. . arpa
Jer. 6.1 tocad *b* en Tecoa, y alzad por señal
Dn. 3.5,7,10,15 oir el son de la *b*. . postréis
Os. 5.8 tocad *b* en Gabaa, trompeta en Ramá

BOCRU ***Descendiente del rey Saúl*, 1 Cr. 8.38; 9.44**

BODA
Mt. 9.15 los que están de *b* tener luto entre
22.2 un rey que hizo fiesta de *b* a su hijo
22.3 a llamar a los convidados a las *b*; mas
22.4 decid a los convidados. . venid a las *b*
22.8 las *b* a la verdad están preparadas; mas
22.9 id. . y llamad a las *b* a cuantos halléis
22.10 y las *b* fueron llenas de convidados
22.11 un hombre que no estaba vestido de *b*
22.12 entraste aquí, sin estar vestido de *b?*
25.10 el esposo; y. . entraron con él a las *b*
Mr. 2.19 ¿acaso pueden. . que están de *b* ayunar
Lc. 5.34 hacer que los que están de *b* ayunen
12.36 a que su señor regrese de las *b*, para
14.8 cuando fueres convidado por alguno a *b*
Jn. 2.1 se hicieron unas *b* en Caná de Galilea
2.2 fueron también invitados a las *b* Jesús
Ap. 19.7 porque han llegado las *b* del Cordero
19.9 llamados a la cena de las *b* del Cordero

BODEGA
1 Cr. 27.27 del fruto de las viñas para las *b*

BOFETADA
Mr. 14.65 profetiza. . alguaciles le daban de *b*
Jn. 18.22 uno de los alguaciles. . le dio una *b*
19.3 decían: ¡Salve, Rey. . y le daban de *b*
2 Co. 11.20 toleráis si. . si alguno os da de *b*

BOGAR
Lc. 5.4 *boga* mar adentro, y echad. . redes

BOHÁN ***Mojón en la frontera de Judá y Benjamín*, Jos. 15.6; 18.17**

BOJ
Is. 41.19 pondré en la soledad cipreses. . y *b*
60.13 vendrá a ti. . pinos y *b* juntamente

BOLA
1 R. 7.24 rodeaban aquel mar por debajo unas *b*
Is. 22.18 te echará a rodar. . a *b* por tierra

BOLSA
Dt. 25.13 no tendrás en tu *b* pesa grande y
1 S. 17.49 y metiendo David su mano en la *b*
2 R. 5.23 ató dos talentos de plata en dos *b*
Pr. 1.14 echa tu suerte. . tengamos todos una *b*
7.20 la *b* de dinero llevó en su mano; el día
16.11 obra suya son todas las pesas de la *b*
Is. 3.22 los mantoncillos, los velos, las *b*
46.6 sacan oro de la *b*, y pesan plata con
Mi. 6.11 tiene balanza. . *b* de pesas engañosas?
Lc. 10.4 no llevéis *b*, ni alforja, ni calzado
12.33 haceos *b* que no se envejezcan, tesoro
22.35 cuando os envié sin *b*, sin alforja, y
22.36 pues ahora, el que tiene *b*, tómela, y
Jn. 12.6 teniendo la *b*, sustraía de lo que se
13.29 pensaban, puesto que Judas tenía la *b*

BONANZA
Mt. 8.26 reprendió a los vientos y. . grande *b*
Mr. 4.39 cesó el viento, y se hizo grande *b*
Lc. 8.24 reprendió al viento y. . y se hizo *b*

BONDAD
Gn. 21.23 conforme a la *b* que yo hice contigo
Rt. 3.10 has hecho mejor tu postrera *b* que la
2 Cr. 6.41 y tus santos se regocijen en tu *b*
Neh. 9.25 se saciaron, y se deleitaron en tu. . *b*
Sal. 25.7 acuérdate de mí, por tu *b*, oh Jehová
27.13 si no creyese que veré la *b* de Jehová
31.19 ¡cuán grande es tu *b*, que has guardado
68.10 tu *b*, oh Dios, has provisto al pobre
145.7 proclamarán la memoria de tu inmensa *b*
Pr. 20.6 muchos hombres proclaman su propia *b*
Os. 3.5 temerán a Jehová y a su *b* en el fin de
10.1 conforme a la *b* de su tierra. . sus ídolos
Zac. 9.17 ¡cuánta es su *b*, y su. . hermosura!
Ro. 11.22 mira. . la *b* y la severidad de Dios
11.22 *b* para contigo, si permaneces en esa *b*
15.14 de que. . estáis llenos de *b*, llenos de
2 Co. 6.6 en *b*, en el Espíritu Santo, en amor
Gá. 5.22 gozo, paz, paciencia, benignidad, *b*
Ef. 2.7 en su *b* para con nosotros en Cristo
5.9 el fruto del Espíritu es en toda *b*
2 Ts. 1.11 y cumpla todo propósito de *b* y toda
Tit. 3.4 se manifestó la *b* de Dios. . Salvador

BOOZ ***Ascendiente del rey David***
Rt. 2.1 un pariente de. . el cual se llamaba *B*
2.3 aquella parte del campo era de *B*, el cual
2.4 *B* vino de Belén, y dijo a los segadores
2.5 *B* dijo a su criado el mayordomo de las
2.8 *B* dijo a Rut: Oye, hija mía, no vayas a
2.11 *B*, le dijo: He sabido. . lo que has hecho
2.14 *B* le dijo a la hora de comer: Ven aquí
2.15 *B* mandó. . diciendo: Que recoja también
2.19 contó ella. . el nombre del varón. . es *B*
2.23 estuvo. . junto con las criadas de *B*
3.2 ¿no es *B* nuestro pariente, con cuyas
3.7 cuando *B* hubo comido y bebido. . contento
4.1 *B* subió a la puerta y se sentó allí; y
4.1 aquel pariente de quien *B* había hablado
4.5 replicó *B:* El mismo día que compres las
4.8 entonces el pariente dijo a *B:* Tómalo
4.9 *B* dijo a los ancianos y a todo el pueblo
4.13 *B*. . tomó a Rut, y ella fue su mujer; y
4.21 Salmón engendró a *B*, y *B* engendró a
1 Cr. 2.11 Naasón engendró a Salmón, y. . a *B*
2.12 *B* engendró a Obed, y Obed engendró a
Mt. 1.5 Salmón engendró de Rahab a *B*, *B*. . Rut
Lc. 3.32 de *B*, hijo de Salmón, hijo de Naasón

BOQUIM ***"Los que lloran", lugar entre Gilgal y Bet-el*, Jue. 2.1,5**

BORDADO ***Véase también Bordar***
Éx. 35.35 *b* en azul, en púrpura, en carmesí
Ez. 16.10 te vestí de *b*, te calcé de tejón, te
16.13 tu vestido era de lino fino, seda y *b*
27.24 negociaban. . en mantos de azul y *b*, y

BORDAR
Éx. 28.4 el manto, la túnica *bordada*, la mitra
28.39 *bordarás* una túnica de lino, y harás
Jue. 5.30 las vestiduras *bordadas* de colores
5.30 ropa de color *bordada* de ambos lados
Sal. 45.14 con vestidos *bordados* será llevada
Ez. 26.16 y desnudarán sus ropas *bordadas;* de
27.7 de lino fino *bordado* de Egipto era tu
27.16 con. . vestidos *bordados*, linos finos

BORDE
Éx. 26.10 cincuenta lazadas. . al *b* en la unión
28.32 tendrá un *b* alrededor de obra tejida
39.23 con un *b* alrededor de las abertura, para
Nm. 15.38 diles que se hagan franjas en los *b*
15.38 en cada franja de los *b* un cordón de
Jos. 3.8 hayáis entrado hasta el *b* del agua del
4.18 corriendo como antes sobre todos sus *b*
Rt. 3.9 extiende el *b* de tu capa sobre tu
1 R. 7.24 rodeaban. . mar por debajo de su *b*
7.26 el *b* era labrado como el *b* de un cáliz
2 Cr. 4.2 un mar. . diez codos de un *b* al otro
4.5 el *b* tenía la forma del *b* de un cáliz
Job 26.14 estas cosas son sólo los *b* de sus
Sal. 133.2 baja hasta el *b* de sus vestiduras
Is. 28.25 pone el. . y la avena en su *b* apropiado?
Ez. 43.13 su remate por su *b* alrededor, de un
43.17 y de medio codo el *b* alrededor; y la
43.20 sangre, y pondrás. . en el *b* alrededor
Mt. 9.20 se le acercó. . tocó el *b* de su manto
14.36; Mr. 6.56 dejase tocar. . *b* de su manto
Lc. 8.44 tocó el *b* de su manto; y al instante

BORDO
Hch. 20.14 tomándole a *b*, vinimos a Mitilene
27.17 subido a *b*, usaron de refuerzos para

BORDÓN
Éx. 12.11 lo comeréis. . vuestro *b* en vuestra
Zac. 8.4 morar ancianos. . con *b* en su mano por
Mt. 10.10 calzado, ni de *b;* porque el obrero
Mr. 6.8 que no llevasen nada. . sino solamente *b*
Lc. 9.3 ni *b*, ni alforja, ni pan, ni dinero
He. 11.21 adoró apoyado sobre el extremo. . su *b*

BORRACHERA
Ro. 13.13 y *b*, no en lujurias y lascivias, no
Gá. 5.21 *b*, orgías, y cosas semejantes a estas

BORRACHO
Dt. 21.20 es contumaz y rebelde. . es glotón y *b*
Job 12.25 a tientas. . y los hace errar como *b*
Jl. 1.5 despertad, *b*, y llorad; gemid, todos
Mt. 24.49 y aun a comer y a beber con los *b*
1 Co. 5.11 que no os juntéis con. . *b*, o ladrón
6.10 avaros, ni los *b*, ni los maldicientes

BORRAR
Nm. 5.23 y las *borrará* con las aguas amargas
Dt. 9.14 *borre* su nombre de debajo del cielo
25.6 el nombre de. . no sea *borrado* de Israel
25.19 *borrarás* la memoria de Amalec. . cielo
29.20 Jehová *borrará* su nombre de debajo del
Jos. 7.9 los cananeos. . *borrarán* nuestro nombre
Rt. 4.10 el nombre del muerto no se *borre* de
1 S. 24.21 júrame. . ni *borrarás* mi nombre de la
Neh. 4.5 ni su pecado sea *borrado* delante de ti
13.14 no *borres* mis misericordias que hice
Sal. 9.5 *borraste* el nombre de. . para siempre
51.1 conforme a la. . *borra* mis rebeliones
51.9 mis pecados, y *borra* todas mis maldades
109.13 en la segunda. . sea *borrado* su nombre
109.14 el pecado de su madre no sea *borrado*
Pr. 6.33 y su afrenta nunca será *borrada*
Is. 43.25 yo soy el que *borro* tus rebeliones
Jer. 18.23 ni *borres* su pecado de delante de
23.40 eterna confusión que nunca *borrará* el
Hch. 3.19 que sean *borrados* vuestros pecados
Ap. 3.5 no *borraré* su nombre del libro de la

BORRASCOSO
Sal. 55.8 escapar del viento *b*. . de la tempestad

BORREGO
Gn. 30.39 ovejas. . parían *b* listados, pintados

BORRICO
Gn. 32.15 diez novillos, veinte asnas y diez *b*

BOSCAT ***Aldea en Judá, cerca de Laquis*, Jos. 15.39; 2 R. 22.1**

BOSES ***Uno de los peñascos en Micmas y Gabaa*, 1 S. 14.4**

BOSQUE
Jos. 17.15 subid al *b*, y haceos desmontes allí
17.18 aunque es *b*, tú lo desmontarás y lo
1 S. 14.25 el pueblo llegó a un *b*, donde había
14.26 entró, pues, el pueblo en el *b*, y he aquí
22.5 y David se fue, y vino al *b* de Haret
2 S. 18.6 libró la batalla en el *b* de Efraín
18.8 fueron más los que destruyó el *b* aquel
18.17 le echaron en un gran hoyo en el *b*, y
1 R. 7.2 edificó la casa del *b* del Líbano, la
10.17 los puso en la casa del *b* del Líbano
10.21 la vajilla de la casa del *b* del Líbano
2 R. 19.23 me alojaré. . en el *b* de sus feraces
1 Cr. 16.33 cantarán los árboles de los *b*
2 Cr. 9.16 los puso el rey en la casa del *b* del
9.20 la vajilla de la casa del *b* del Líbano
27.4 construyó fortalezas y torres en los *b*
Neh. 2.8 carta para Asaf guarda del *b* del rey
Sal. 29.9 voz de Jehová que. . y desnuda los *b*
50.10 porque mía es toda bestia del *b*, y
74.5 levantan el hacha en medio de tupido *b*
83.14 como fuego que. . llama que abrasa el *b*
96.12 árboles del *b* rebosarán de contento
132.6 oímos. . lo hallamos en los campos del *b*
Ec. 2.6 me hice estanques. . regar de ellos el *b*
Is. 9.18 y se encenderá en lo espeso del *b*, y
10.18 la gloria de su *b* y de campo fértil
10.19 y los árboles que queden en su *b* serán
10.34 cortará con hierro la espesura del *b*
21.13 en el *b* pasaréis la noche en Arabia
22.8 miraste. . hacia la casa de armas del *b*
29.17; 32.15 el campo fértil. . estimado por *b*
37.24 llegaré. . al *b* de sus feraces campos
44.14 que crecen entre los árboles del *b*
44.23 *b*, y todo árbol que en él está; porque
56.9 todas las fieras del *b*, venid a devorar
Jer. 4.29 entraron en las espesuras de los *b*
10.3 leño del *b* cortaron, obra de manos de
21.14 encender fuego en su *b*, y consumirá
26.18 el monte de la casa como cumbres de *b*

BOSQUE *(Continúa)*
Jer. 46.23 cortarán sus *b*..aunque..impenetrables
Ez. 15.2 el sarmiento entre los árboles del *b*?
15.6 como la madera de la vid entre..del *b*
20.46 profetiza contra el *b* del Neguev
20.47 dirás al *b* del Neguev: Oye la palabra
34.25 con seguridad, y dormirán en los *b*
39.10 ni cortarán de los *b*, sino quemarán
Mi. 3.12 monte de la casa como cumbres de *b*
Zac. 11.2 encinas de..el *b* espeso es derribado
Stg. 3.5 grande *b* enciende un pequeño fuego!

BOSRA *Ciudad fortificada en Edom*
Gn. 36.33; 1 Cr. 1.44 Jobab hijo de Zera, de *B*
Is. 34.6 porque Jehová tiene sacrificios en *B*
63.1 ¿quién es éste que viene de Edom, de *B*
Jer. 48.24 Queriot, sobre *B* y sobre todas las
49.13 he jurado..soledad y maldición será *B*
49.22 volará, y extenderá sus alas contra *B*
Am. 1.12 fuego..y consumirá los palacios de *B*
Mi. 2.12 lo reuniré como ovejas de *B*, como

BOTÍN
Nm. 31.11 y tomaron..el despojo, y todo el *b*
31.12 y trajeron a Moisés..cautivos y el *b*
31.26 toma la cuenta del *b* que se ha hecho
31.27 partirás..el *b* entre los que pelearon
31.32 fue el *b*, el resto del *b* que tomaron
31.53 habían tomado *b* cada uno para sí
Dt. 1.39 cuales dijisteis que servirían de *b*
13.16 juntarás..su *b* en medio de la plaza
13.16 consumirás con fuego..todo su *b*, todo
20.14 todo su *b* tomarás para ti; y comerás
20.14 y comerás del *b* de tus enemigos, los
Jos. 11.14 los hijos de Israel tomaron..el *b*
22.8 compartid..el *b* de vuestros enemigos
Jue. 5.30 hallado *b*, y lo están repartiendo?
5.30 para los jefes de los que tomaron el *b*
8.24 cada uno me dé los zarcillos de su *b*
8.25 echó..cada uno los zarcillos de su *b*
1 S. 14.30 comido..*b* tomado de sus enemigos?
14.32 se lanzó el pueblo sobre el *b*..vacas
15.19 vuelto al *b* has hecho lo malo ante los
15.21 el pueblo tomó del *b* ovejas y vacas
30.16 haciendo fiesta..por todo aquel gran *b*
30.20 delante, decían: Este es el *b* de David
30.22 no les daremos del *b* que hemos quitado
30.26 envió del *b* a los..un presente..del *b*
2 S. 3.22 los siervos..traían consigo gran *b*
8.12 del *b* de Hadad-ezer hijo de Rehob, rey
12.30 David..sacó muy grande *b* de la ciudad
23.10 en pos de él tan sólo para recoger el *b*
2 R. 3.23 dijeron..ahora, pues, ¡Moab, al *b*!
1 Cr. 20.2 tomó..de la ciudad muy grande *b*
26.27 y de los *b*, para reparar la casa de
2 Cr. 14.13 el pueblo..tomaron muy grande *b*
14.14 saquearon todas..había en ellas gran *b*
15.11 sacrificaron..del *b* que habían traído
20.25 tres días estuvieron recogiendo el *b*
24.23 enviaron todo el *b* al rey a Damasco
28.8 además de haber tomado de ellos mucho *b*
28.14 el ejército dejó los cautivos y el *b*
Is. 33.23 se repartirá entonces *b* de..despojos
33.23 entonces..los cojos arrebatarán el *b*
42.24 ¿quién dio a Jacob en *b*, y entregó a
49.24 ¿será quitado el *b* al valiente? ¿Será
49.25 y el *b* será quitado al tirano; y tu
Jer. 38.2 pues su vida le será por *b*, y vivirá
39.18 tu vida te será por *b*, porque tuviste
45.5 a ti te daré tu vida por *b* en todos los
49.32 sus camellos por *b*, y la multitud de
50.10 y Caldea será para *b*; todos los que la
Ez. 29.19 arrebatará *b*, y habrá paga para su
36.4 que fueron puestas por *b* y escarnio de
38.12 y para tomar *b*, para poner tus manos
38.13 ¿has reunido tu multitud para tomar *b*
Dn. 11.24 *b*, despojos y riquezas repartirá a
Mi. 4.13 trilla..y consagrarás a Jehová su *b*
Lc. 11.22 viene otro más fuerte..reparte el *b*
He. 7.4 a quien aun Abraham..dio diezmos del *b*

BOTÓN
1 R. 6.18 tenía entalladuras..de *b* de flores
6.29 y esculpió..*b* de flores, por dentro y
6.32,35 en ellas..palmeras y *b* de flores

BÓVEDA
Jer. 37.16 la casa de la cisterna, y en las *b*

BOYERO
Am. 7.14 que soy *b*, y recojo higos silvestres

BOZAL
Dt. 25.4 no pondrás *b* al buey cuando trillare
1 Co. 9.9; 1 Ti. 5.18 no..*b* al buey que trilla

BRAMAR
1 S. 6.12 seguían camino recto..*bramando*, sin
Job 30.7 *bramaban* entre las matas..los espinos
37.4 después de ella *brama* el sonido, truena
Sal. 42.1 como el ciervo *brama* por las..aguas
46.3 aunque *bramen* y se turben sus aguas
46.6 *bramaron* las naciones, titubearon los
96.11; 98.7 *brame* el mar y su plenitud
Is. 5.30 *bramará* sobre..como bramido del mar
Jer. 5.22 *bramarán* sus ondas..no lo pasarán
6.23 crueles..su estruendo *brama* como el mar
31.35 que parte el mar, y *braman* sus ondas
51.55 *bramarán* sus olas, y como sonido de
Jl. 1.20 las bestias del campo *bramarán*..a ti

BRAMIDO
1 S. 15.14 qué balido de ovejas y *b* de vacas
Job 4.10 los *b* del rugiente, y los dientes de
Is. 5.30 bramará..en aquel día como *b* del mar
17.12 harán alboroto como *b* de muchas aguas
Jer. 9.10 hasta no quedar..oírse *b* de ganado
Lc. 21.25 confundidas a causa del *b* del mar

BRASA
Lv. 16.12 tomará un incensario lleno de *b* de
Sal. 120.4 agudas saetas de valientes, con *b*
140.10 caerán sobre ellos *b*; serán echados
Pr. 6.28 ¿andará el hombre sobre *b* sin que sus
26.21 el carbón para *b*, y la leña para el
Cnt. 8.6 los celos; sus *b*, *b* de fuego, fuerte
Is. 44.19 sobre sus *b* cocí pan, asé carne, y la
47.14 no quedará *b* para calentarse, ni lumbre
Ez. 24.11 asentando..la olla vacía sobre sus *b*
Jn. 21.9 vieron *b* puestas, y un pez encima de

BRASERO
Éx. 27.3 harás..tazones, sus garfios y sus *b*
Nm. 4.14 los *b* y los tazones..los utensilios
Jer. 36.22 había un *b* ardiendo delante de él
36.23 lo echó en el *b*..el fuego que en el *b*
Zac. 12.6 los capitanes de Judá como *b* de fuego

BRAVEZA
Sal. 46.3 tiemblen los montes a causa de su *b*
89.9 tú tienes dominio sobre la *b* del mar

BRAZA
Hch. 27.28 hallaron veinte *b*..hallaron quince *b*

BRAZALETE
Gn. 24.22 pendiente..y dos *b* que pesaban diez
24.30 y cuando vio el pendiente y los *b* en
24.47 entonces le puse..y *b* en sus brazos
Éx. 35.22 trajeron..*b* y toda clase de joyas de
Nm. 31.50 hemos ofrecido..*b*, manillas, anillos
Is. 3.19 los collares, los pendientes y los *b*
Ez. 16.11 puse *b* en tus brazos y collar a tu

BRAZO
Gn. 2.10 y de allí se repartía en cuatro *b*
24.47 un pendiente..y brazaletes en sus *b*
49.24 los *b* de sus manos se fortalecieron
Éx. 6.6 y os redimiré con *b* extendido, y con
15.16 a la grandeza de tu *b* enmudezcan como
25.32 y saldrán seis *b* de sus lados; tres *b*
25.32 candelero a un lado, y tres *b* al otro
25.33 en forma de flor..en un *b*..en otro *b*
25.33 en los seis *b* que salen del candelero
25.35 manzana debajo de dos *b*..otros dos *b*
25.35 manzana debajo de los otros dos *b*
25.35 así para los seis *b* que salen del
25.36 sus manzanas y sus *b* serán de una pieza
37.18 de sus lados salían seis *b*; tres *b* de
37.18 un lado..otros tres *b* del otro lado
37.19 en un *b*, tres copas..y en otro *b* tres
37.19 en los seis *b* que salían del candelero
37.21 manzana debajo de dos *b*..otros dos *b*
37.21 los otros dos *b*, conforme a los seis *b*
37.22 sus manzanas y sus *b* eran de lo mismo
Dt. 4.34 y *b* extendido, y hechos aterradores
5.15 te sacó..con mano fuerte y *b* extendido
7.19 el *b* extendido con que Jehová tu Dios
9.29 pueblo que sacaste..con tu *b* extendido
11.2 visto..mano poderosa, y su *b* extendido
26.8 nos sacó..con *b* extendido, con grande
33.20 como león reposa, y arrebata *b* y testa
33.27 tu refugio, y acá abajo los *b* eternos
Jue. 15.14 las cuerdas que estaban en sus *b* se
16.12 él las rompió de sus *b* como un hilo
1 S. 2.31 cortaré tu *b* y el *b* de la casa de tu
2 S. 1.10 tomé..la argolla que traía en su *b*
22.35 se doble el arco de bronce con mis *b*
1 R. 8.42 oirán de tu gran..de tu *b* extendido
10.19 tenía *b* cerca del asiento, junto a los
2 R. 5.18 y se apoyare sobre mi *b*..inclinare
7.2,17 un príncipe sobre cuyo *b*..se apoyaba
17.36 Jehová, que os sacó..con..*b* extendido
2 Cr. 6.32 venido..a causa..de tu *b* extendido
9.18 *b* a uno y otro lado del asiento, y dos
9.18 el trono tenía..leones..junto a los *b*
32.8 con él está el *b* de carne, mas con
Job 22.9 *b* de los huérfanos fueron quebrados
26.2 ¿cómo has amparado al *b* sin fuerza?
31.22 caiga..el hueso de mi *b* sea quebrado
38.15 luz..y el *b* enaltecido es quebrantado
40.9 ¿tienes tú un *b* como el de Dios?..voz
Sal. 10.15 quebranta tú el *b* del inicuo, y
18.34 entesar con mis *b* el arco de bronce
37.17 los *b* de los impíos serán quebrados
44.3 ni su *b* los libró..tu diestra, y tu *b*
77.15 con tu *b* redimiste a tu pueblo, a los
79.11 conforme..grandeza de tu *b* preserva
83.8 asirio..sirven de *b* a los hijos de Lot
89.10 con tu *b* poderoso esparciste a tus
89.13 tuyo es el *b* potente; fuerte es tu
89.21 con él, mi *b* también lo fortalecerá
98.1 su diestra lo ha salvado, y su santo *b*
129.7 su mano, ni sus *b* el que hace gavillas
136.12 con mano fuerte, y *b* extendido, porque
Pr. 31.17 ciñe de fuerza sus lomos, y..sus *b*
Cnt. 8.6 como una marca sobre tu *b*; porque
Is. 9.20 cada cual comerá la carne de su *b*
11.15 lo herirá en sus siete *b*, y hará que
17.5 el segador..con su *b* siega las espigas
30.30 hará ver el descenso de su *b*, con furor
33.2 tú, *b* de ellos en la mañana, sé también
40.10 vendrá con poder, y su *b* señoreará
40.11 en su *b* llevará los corderos, y en su
44.12 trabaja en ellos con la fuerza de su *b*
48.14 en Babilonia, y su *b* estará sobre los
49.22 traerán en *b* a tus hijos, y tus hijas
51.5 mis *b* juzgarán a los pueblos; a mí me
51.5 esperan..y en mi *b* ponen su esperanza
51.9 despiértate, vístete de poder, oh *b* de
52.10 desnudó su santo *b* ante los ojos de
53.1 quién se ha manifestado el *b* de Jehová?
59.16 lo salvó su *b*, y le afirmó su..justicia
60.4 lejos, y tus hijas serán llevadas en *b*
62.8 juró Jehová por su mano..su poderoso *b*
63.5 me salvó mi *b*, y me sostuvo mi ira
63.12 que los guio..con el *b* de su gloria
66.12 en los *b* seréis traídos, y sobre las
Jer. 17.5 el varón que..pone carne por su *b*
21.5 pelearé contra vosotros..con *b* fuerte
27.5 con mi gran poder y con mi *b* extendido
32.17 tu *b* extendido, ni hay nada..difícil
32.21 con mano fuerte y *b* extendido, y con
48.25 cortado es..Moab, y su *b* quebrantado
Ez. 4.7 descubierto tu *b*, profetizarás contra
16.11 puse brazaletes en tus *b* y collar a tu
20.33 con..*b* extendido..he de reinar sobre
20.34 os reuniré..con..*b* extendido, y enojo
30.21 quebrado el *b* de Faraón rey de Egipto
30.22 quebraré..*b*, el fuerte y el fracturado
30.24 fortaleceré los *b* del rey de Babilonia
30.24 quebraré los *b* de Faraón, y..gemirá
30.25 fortaleceré..*b* del rey de Babilonia, y
30.25 los *b* de Faraón caerán; y sabrán que yo
31.17 que fueron su *b*, los que estuvieron a
Dn. 2.32 pecho y sus *b*, de plata; su vientre
10.6 sus *b*..como de color de bronce bruñido
11.6 ella no podrá retener la fuerza de su *b*
11.6 ni permanecerá él, ni su *b*; porque será
Os. 7.15 les enseñé y fortalecí sus *b*, contra
11.3 enseñaba a andar al..tomándole de los *b*
Zac. 11.17 hiera la espada su *b*..ojo derecho
11.17 se secará su *b*, y su ojo derecho será
Mr. 9.36 un niño..tomándole en sus *b*, les dijo
10.16 y tomándolos en sus *b*..los bendecía
Lc. 1.51 hizo proezas con su *b*; esparció a los
2.28 él le tomó en sus *b*, y bendijo a Dios
Jn. 12.38 ¿y a quién se ha revelado el *b* del
Hch. 13.17 y con *b* levantado los sacó de ella

BREA
Gn. 6.14 la calafatearás con *b* por dentro y
Éx. 2.3 la calafateó con asfalto y *b*, y colocó
Is. 34.9 se convertirán en *b*..en *b* ardiente

BRECHA
Gn. 38.29 ¡qué *b* te has abierto! Y llamó su
Jue. 21.15 Jehová había abierto una *b* entre
2 R. 25.4 abierta..*b* en el muro de la ciudad
Is. 22.9 visteis las *b* de la ciudad de David
Jer. 39.2; 52.7 *b* en el muro de la ciudad
Ez. 13.5 no habéis subido a las *b*, ni habéis
22.30 hombre..se pusiese en la *b* delante de
Am. 4.3 y saldréis por las *b* una tras otra, y

BREGA
Job 7.1 ¿no es acaso *b* la vida del hombre

BREVA
Jer. 24.2 cesta tenía higos muy buenos, como *b*
Nah. 3.12 tus fortalezas..cual higueras con *b*

BREVE
2 Cr. 12.7 los salvaré en *b*, y no derramaré
Esd. 9.8 un *b* momento ha habido misericordia
Job 20.5 que la alegría de los malos es *b*, y el
32.22 porque..en *b* mi Hacedor me consumiría
Sal. 89.47 recuerda cuán *b* es mi tiempo; ¿por
Is. 54.7 por un *b* momento te abandoné, pero te
Hch. 25.4 Cesarea, adonde él..partiría en *b*
Ro. 16.20 Dios de paz aplastará en *b* a Satanás
2 P. 1.14 que en *b* debo abandonar el cuerpo
3 Jn. 14 espero verte en *b*, y hablaremos cara
Ap. 17.10 es necesario que dure *b* tiempo
22.20 ciertamente vengo en *b*. Amén; sí, ven

BRILLANTE
Is. 18.2 nación de..tez *b*, al pueblo temible
18.7 del pueblo de elevada estatura y tez *b*

BRILLANTE *(Continúa)*
Ez. 32.8 haré entenebrecer todos los astros *b*
Hab. 3.4 la luz; rayos *b* salían de su mano, y

BRILLAR
2 R. 3.22 *brilló* el sol sobre las aguas, vieron
Job 36.32 le manda no *brillar*, interponiendo
Sal. 104.15 el aceite que hace *brillar* el rostro
Ap. 21.23 de sol ni de luna que *brillen* en ella

BRILLO
Est. 1.4 mostrar. . el *b* y la magnificencia de
Lm. 4.1 ¡cómo el buen oro ha perdido su *b!*

BRINCAR
Cnt. 2.8 viene. . *brincando* sobre los collados

BRISA
Hch. 27.13 y soplando una *b* del sur. . levaron

BROCADO
Sal. 45.13 la hija. . de *b* de oro es su vestido

BROMA
Pr. 26.19 y dice: Ciertamente lo hice por *b*

BRONCE
Gn. 4.22 artífice de. . obra de *b* y de hierro
Éx. 26.11 harás asimismo 50 corchetes de *b*
26.37 fundirás cinco basas de *b* para ellas
27.2 le harás cuernos. . y lo cubrirás de *b*
27.3 harás también. . sus utensilios de *b*
27.4 y le harás un enrejado de *b* de obra de
27.4 sobre la rejilla harás 4 anillos de *b*
27.6 varas de madera. . cuales cubrirás de *b*
27.10 columnas y sus 20 basas serán de *b*
27.11 sus 20 columnas con sus 20 basas de *b*
27.17 capiteles de plata, y sus basas de *b*
27.18 sus cortinas de lino. . sus basas de *b*
27.19 todas las estacas del atrio. . de *b*
30.18 harás. . fuente de *b*, con su base de *b*
31.4 para trabajar en oro, en plata y en *b*
35.5 ofrenda para Jehová. . oro, plata, *b*
35.16 altar. . su enrejado de *b* y sus varas
35.24 todo el que ofrecía ofrenda. . o de *b*
35.32 para trabajar en oro, en plata y en *b*
36.18 cincuenta corchetes de *b* para enlazar
36.38 columnas. . e hizo de *b* sus cinco basas
38.2 era de la misma pieza, y lo cubrió de *b*
38.3 del altar. . sus utensilios los hizo de *b*
38.4 hizo para el altar un enrejado de *b* de
38.5 los cuatro extremos del enrejado de *b*
38.6 hizo las varas de madera. . cubrió de *b*
38.8 hizo la fuente de *b* y su base de *b*, de
38.10,11 columnas. . con sus veinte basas de *b*
38.17 las basas de las columnas eran de *b*
38.19 sus cuatro basas de *b* y sus capiteles
38.20 las estacas del tabernáculo. . eran de *b*
38.30,39 el altar de *b* y su enrejado de *b*
Lv. 6.28 si fuere cocida en vasija de *b*, será
26.19 como hierro, y vuestra tierra como *b*
Nm. 16.39 Eleazar tomó los incensarios de *b*
21.9 Moisés hizo una serpiente de *b*, y la
21.9 miraba a la serpiente de *b*, y vivía
31.22 la plata, el *b*, hierro, estaño, y plomo
Dt. 28.23 cielos que están sobre. . serán de *b*
33.25 hierro y *b* serán tus cerrojos, y como
Jos. 6.19 los utensilios de *b*. . sean consagrados
6.24 pusieron en el tesoro. . utensilios de *b*
22.8 plata, con oro, y *b*, y muchos vestidos
1 S. 17.5 y traía un casco de *b* en su cabeza
17.5 era el peso de la cota 5.000 siclos de *b*
17.6 grebas de *b*, y jabalina de *b* entre sus
17.38 y puso sobre su cabeza un casco de *b*
2 S. 8.8 tomó el rey David gran cantidad de *b*
8.10 Joram llevaba. . utensilios. . de oro y de *b*
21.16 cuya lanza pesaba 300 siclos de *b*, y
22.35 se doble el arco de *b* con mis brazos
1 R. 4.13 ciudades con muro y cerraduras de *b*
7.14 padre, que trabajaba en *b*, era de Tiro
7.14 lleno de sabiduría. . en toda obra de *b*
7.15 vació dos columnas de *b;* la altura de
7.16 hizo. . dos capiteles de fundición de *b*
7.27 hizo también diez basas de *b*, siendo la
7.30 tenía cuatro ruedas de *b*, con ejes de *b*
7.38 hizo también diez fuentes de *b;* cada
7.45 todos los utensilios que. . de *b* bruñido
7.47 no inquirió Salomón el peso del *b* de
8.64 el altar de *b*. . de Jehová era pequeño
14.27 hizo el rey Roboam escudos de *b*, y los
2 R. 16.14 e hizo acercar el altar de *b* que
16.15 el altar de *b* será mío para consultar
16.17 quitó. . el mar de sobre los bueyes de *b*
18.4 e hizo pedazos la serpiente de *b* que
25.13 quebraron. . caldeos las columnas de *b*
25.13 el mar de *b* que estaba en la casa de
25.13 los caldeos. . llevaron el *b* a Babilonia
25.14 llevaron también. . los utensilios de *b*
25.17 de una columna. . encima un capitel de *b*
25.17 había una red y granadas. . todo de *b*
1 Cr. 15.19 cantores, sonaban címbalos de *b*
18.8 de Cun. . tomó David muchísimo *b*, con el
18.8 hizo el mar de *b*, las. . y utensilios de *b*
18.10 le envió. . de utensilios de oro. . y de *b*
22.3 mucho *b* sin peso, y madera de cedro
22.14 he preparado. . *b* y hierro sin medida
22.16 del oro. . *b* y del hierro, no hay cuenta
29.2 *b* para las de *b*, hierro para las de
29.7 dieron 18.000 talentos de *b*, y 5.000
2 Cr. 1.5 altar de *b* que habían hecho Bezaleel
1.6 subió. . al altar de *b* que estaba en el
2.7 que sepa trabajar en oro, en plata, en *b*
2.14 sabe trabajar en oro, plata, *b* y hierro
4.1 hizo además un altar de *b* de 20 codos
4.9 del atrio, y cubrió de *b* las puertas de
4.16 de *b* muy fino hizo todos sus enseres
4.18 número. . no pudo saberse el peso del *b*
6.13 Salomón había hecho un estrado de *b*
7.7 en el altar de *b*. . no podían caber los
12.10 hizo el rey Roboam escudos de *b*, y los
24.12 artífices en hierro y *b* para componer
Esd. 8.27 y dos vasos de *b* bruñido muy bueno
Job 6.12 ¿es mi fuerza la. . o es mi carne de *b?*
20.24 huirá de. . y el arco de *b* le atravesará
40.18 sus huesos son fuertes como *b*, y sus
41.27 como paja. . y el *b* como leño podrido
Sal. 18.34 entesar con sus brazos el arco de *b*
107.16 porque quebrantó las puertas de *b*, y
Is. 45.2 quebrantaré puertas de *b*, y cerrojos
48.4 conozco que eres duro. . tu frente de *b*
60.17 en vez de *b* traeré oro. . y por madera *b*
Jer. 1.18 te he puesto. . como muro de *b* contra
6.28 *b* y hierro; todos ellos son corruptores
15.12 ¿puede alguno quebrar el hierro. . el *b?*
15.20 te pondré. . por muro fortificado de *b*
52.17 las columnas de *b*. . y el mar de *b* que
52.17 caldeos. . llevaron todo el *b* a Babilonia
52.18 utensilios de *b* con que se ministraba
52.20 y los doce bueyes de *b* que estaban
52.20 el peso del *b* de todo. . era incalculable
52.22 el capitel de *b* que había sobre ella
52.22 una red y granadas alrededor. . todo de *b*
Ez. 1.4 venía. . que parecía como *b* refulgente
1.7 centelleaban a manera de *b* muy bruñido
1.27 apariencia como de *b* refulgente, como
8.2 resplandor, el aspecto de *b* refulgente
9.2 entrados, se pararon junto al altar de *b*
22.18 todos ellos son *b* y estaño y hierro
22.20 como quien junta plata y *b* y hierro y
27.13 y con utensilios de *b* comerciaban en
40.3 un varón, cuyo aspecto era como. . de *b*
Dn. 2.32 plata; su vientre y sus muslos, de *b*
2.35 fueron desmenuzados. . el *b*, la plata y
2.39 un tercer reino de *b*, el cual dominará
2.45 desmenuzó el hierro, el *b*, el barro, la
4.15,23 con atadura de. . *b* entre la hierba
5.4 alabaron a los dioses. . de *b*, de hierro
5.23 diste alabanza a dioses de plata. . de *b*
7.19 que tenía. . y uñas de *b*, que devoraba
10.6 y sus pies como de color de *b* bruñido
Mi. 4.13 haré. . tus uñas de *b*, y desmenuzarás
Zac. 6.1 montes; y aquellos montes eran de *b*
Ap. 1.15; 2.18 pies semejantes al *b* bruñido
9.20 ni dejaron de adorar. . imágenes de. . *b*

BROTAR
Gn. 40.10 como que *brotaba*, y arrojaba su flor
Lv. 13.12 si *brotare* la lepra cundiendo por la piel; está
13.39 es empeine que *brotó* en la piel; está
13.42 lepra es que *brota* en su calva o en su
14.43 si la plaga volviere a *brotar* en. . casa
Dt. 8.7 arroyos. . que *brotan* en vegas y montes
2 S. 23.4 la lluvia que hace *brotar* la hierba
2 Cr. 26.19 Uzías. . lepra le *brotó* en la frente
Job 5.6 no. . ni la molestia *brota* de la tierra
38.27 y para hacer *brotar* la tierna hierba?
Sal. 78.20 ha herido la peña, y *brotaron* aguas
85.11 la verdad *brotará* de la tierra, y la
92.7 *brotan* los impíos como la hierba, y
Cnt. 6.11 para ver si *brotaban* las vides, si
7.12 veamos si *brotan* las vides, si están
Is. 17.11 que su simiente *brote* de mañana
44.4 y *brotarán* entre hierba, como sauces
45.8 la justicia; háganse *brotar* juntamente
48.21 hizo *brotar* agua de la piedra; abrió
61.11 hace *brotar* su semilla. . hará *b* justicia
Jer. 33.15 haré *brotar* a David un Renuevo de
Ez. 17.6 *brotó*, y se hizo una vid de. . ramaje
Zac. 6.12 el Renuevo, el cual *brotará* de sus
Mt. 13.5 y *brotó* pronto. . no tenía profundidad
24.32 *brotan* las hojas, sabéis que el verano
Mr. 4.5 y *brotó* pronto. . no tenía profundidad
4.8 *brotó* y creció, y produjo a treinta, a
4.27 la semilla *brota*. . sin que él sepa cómo
13.28 *brotan* las hojas, sabéis que el verano
Lc. 21.30 cuando ya *brotan*, viéndolo, sabéis
He. 12.15 que *brotando* alguna raíz de amargura

BRUÑIDO, DA
1 R. 7.45 todos los utensilios. . de bronce *b*
Esd. 8.27 y dos vasos de bronce *b* muy bueno
Is. 49.2 me puso por saeta *b*, me guardó en su
Ez. 1.7 centelleaban a manera de bronce muy *b*
Dn. 10.6 y sus pies como de color de bronce *b*
Ap. 1.15; 2.18 pies semejantes al bronce *b*

BUCHE
Lv. 1.16 quitará el *b* y las plumas, lo cual

BUENO, NA
Gn. 1.4 vio Dios que la luz era *b;* y separó
1.10,12,18,21,25 y vio Dios que era *b*
1.31 y vio Dios todo. . era *b* en gran manera
2.9 y todo árbol delicioso. . y *b* para comer
2.12 y el oro de aquella tierra es *b;* hay
2.18 dijo. . No es *b* que el hombre esté solo
3.6 vio. . que el árbol era *b* para comer, y
15.15 vendrás. . serás sepultado en *b* vejez
18.7 Abraham. . tomó un becerro tierno y *b*
23.16 de plata, de *b* ley entre mercaderes
24.12 dame. . el tener hoy *b* encuentro, y haz
24.50 esto; no podemos hablarte malo ni *b*
25.8 y murió Abraham en *b* vejez, anciano y
27.9 y tráeme de allí dos *b* cabritos de las
30.20 dijo Lea: Dios me ha dado una *b* dote
41.35 junten. . la provisión de estos *b* años
45.18 os daré lo *b* de la tierra de Egipto
49.15 y vio que el descanso era *b*, y que la
Éx. 3.8 y sacarlos de. . a una tierra *b* y ancha
Lv. 27.10 trocado, *b* por malo, ni malo por *b*
27.12,14 el sacerdote lo valorará, sea *b* o
27.33 no mirará si es *b* o. . ni lo cambiará
Nm. 13.19 es la tierra habitada, si es *b* o mala
14.7 la tierra. . es tierra en gran manera *b*
24.13 hacer cosa *b* ni mala de mi arbitrio
Dt. 1.14 dijisteis: *B* es hacer lo que has dicho
1.25 es *b* la tierra que Jehová. . Dios nos da
1.39 y vuestros hijos que no saben hoy lo *b*
3.25 pase yo. . ruego, y vea aquella tierra *b*
4.21 juró que yo. . no entraría en la *b* tierra
4.22 pasaréis, y poseeréis aquella *b* tierra
6.10 en ciudades. . y *b* que tú no edificaste
6.18 haz lo recto y *b* ante los ojos de Jehová
8.10 bendecirás a Jehová. . por la *b* tierra
8.12 que. . edifiques *b* casas en que habites
11.17 y perezcáis pronto de la *b* tierra que
12.28 haciendo lo *b* y lo recto ante los ojos
Jos. 7.21 pues vi. . un manto babilónico muy *b*
9.25 lo que te pareciere *b* y recto hacer de
21.45 no faltó palabra de todas las *b*. . que
23.14 no ha faltado una palabra de. . las *b*
23.16 y pereceréis. . de esta *b* tierra que él
Jue. 18.9 región, y hemos visto que es muy *b*
1 S. 2.24 porque no es *b* fama la que yo oigo
12.23 os instruiré en el camino *b* y recto
15.9 perdonaron a Agag, y a. . y de todo lo *b*
16.12 era. . hermoso de ojos, y de *b* parecer
17.18 mira si tus hermanos están *b*, y toma
18.9 día Saúl no miró con *b* ojos a David
19.4 sus obras han sido muy *b* para contigo
25.8 hemos venido en *b* día; te ruego que
25.15 aquellos hombres han sido muy *b* con
29.9 sé que tú eres *b* ante mis ojos, como
31.9 que llevaran las *b* nuevas al templo de
2 S. 4.10 imaginándose que traía *b* nuevas, yo
13.22 Absalón no habló con Amnón ni. . ni *b*
14.17 para discernir entre lo *b* y lo malo
15.3 mira, tus palabras son *b* y justas; mas
17.7 consejo que ha dado. . Ahitofel no es *b*
18.25 rey dijo: Si viene solo, *b* nuevas trae
18.27 hombre de bien, y viene con *b* nuevas
1 R. 1.42 eres. . valiente, y traerás *b* nuevas
1.47 Dios haga *b* el nombre de Salomón más
2.38 y Simei dijo al rey: La palabra es *b*
2.42 dijiste: La palabra es *b*. . la obedezco
3.9 y para discernir entre lo *b* y lo malo
8.36 enseñándoles el *b* camino en que anden
12.7 si tú. . respondiéndoles *b* palabras les
14.13 se ha hallado en él alguna cosa *b*
14.15 arrancará a Israel de esta *b* tierra
22.18 ninguna cosa *b* profetizará él acerca
2 R. 2.19 el lugar. . es *b*, como mi señor ve
3.19 talaréis todo *b* árbol, cegaréis todas
3.25 derribaron todos los *b* árboles; hasta
7.9 es día de *b* nueva, y nosotros callamos
20.19 palabra de Jehová. . has hablado, es *b*
1 Cr. 4.40 y hallaron. . *b* pastos, y tierra ancha
16.34 aclamad a Jehová, porque él es *b*
28.8 que poseáis la *b* tierra, y la dejéis
29.28 y murió en *b* vejez, lleno de días, de
2 Cr. 5.13 él es *b*, porque su misericordia es
7.3 porque él es *b*, y su misericordia es para
10.7 hablares *b* palabras, ellos te servirán
14.2 hizo Asa lo *b* y lo recto ante los ojos
18.7 porque nunca me profetiza cosa *b*, sino
18.12 los profetas. . anuncian al rey cosas *b*
19.3 pero se han hallado en ti *b* cosas, por
19.11 esforzaos. . y Jehová estará con el *b*
30.18 Jehová, que es *b*, sea propicio a todo
30.22 los levitas que tenían *b* inteligencia
31.20 y ejecutó lo *b*, recto y verdadero
Esd. 3.11 porque él es *b*, porque para siempre
7.9 llegó. . estando con él la *b* mano de Dios
8.18 nos trajeron según la *b* mano de. . Dios
8.27 y dos vasos de bronce bruñido muy *b*
Neh. 1.11 concede ahora *b* éxito a tu siervo
2.18 la mano de mi Dios había sido *b* sobre
5.9 no es *b* lo que hacéis. ¿No andaréis en
6.19 contaban. . las *b* obras de él, y a él le
9.13 diste juicios rectos. . y mandamientos *b*

BUENO, NA ***(Continúa)***

Neh. 9.20 enviaste tu *b* Espíritu para enseñarles
Est. 2.2,3 jóvenes vírgenes de *b* parecer
2.7 era de hermosa figura y de *b* parecer
9.22 tristeza se les cambió. .luto en día *b*
Job 13.9 ¿sería *b* qué él os escudriñase?
34.4 conozcamos entre nosotros cuál sea lo *b*
Sal. 14.3 no hay quien haga lo *b*, no hay ni
25.8 *b* y recto es Jehová. .él enseñará a los
34.8 gustad, y ved que es *b* Jehová; dichoso
36.4 está en camino no *b*, el mal no aborrece
38.20 me son contrarios, por seguir yo lo *b*
39.2 silencio; me callé aun respecto de lo *b*
45.1 rebosa mi corazón palabra *b*; dirijo al
49.14 se consumirá su *b* parecer, y el Seol
52.9 y esperaré en tu nombre, porque es *b*
53.3 no hay quien haga lo *b*, no hay ni aun
54.6 alabaré tu nombre, oh Jehová. .es *b*
68.11 multitud de las que llevaban *b* nuevas
69.13 a ti oraba. .tiempo de tu *b* voluntad
73.1 ciertamente es *b* Dios para con Israel
86.5 porque tú, Señor, eres *b* y perdonador
89.17 por tu *b* voluntad acrecentarás. .poder
92.1 *b* es alabarte, oh Jehová, y cantar
100.5 porque Jehová es *b*; para siempre es
106.1; 107.1 alabad a Jehová, porque él es *b*
109.21 líbrame, porque tu misericordia es *b*
111.10 *b* entendimiento tienen todos los que
118.1,29 alabad a Jehová, porque él es *b*
119.39 quita de mí. .porque *b* son tus juicios
119.68 *b* eres tú, y bienhechor; enséñame tus
119.71 *b* me es haber sido humillado, para
125.4 haz bien, oh Jehová, a los *b*, y a los
133.1 ¡mirad cuán *b* y cuán delicioso es
133.2 es como el *b* óleo sobre la cabeza, el
135.3 alabad a JAH, porque él es *b*; cantad
136.1 alabad a Jehová. .él es *b*; porque para
143.10 tu *b* espíritu me guíe a tierra de
145.9 *b* es Jehová para con todos, y sus
147.1 es *b* cantar salmos a nuestro Dios
Pr. 2.9 entenderás justicia. .y todo *b* camino
2.20 así andarás por el camino de los *b*, y
3.4 y hallarás gracia y *b* opinión ante los
4.2 doy *b* enseñanza; no desamparéis mi ley
8.14 conmigo está el consejo y el *b* juicio
12.2 el *b* alcanzará favor de Jehová; mas el
12.25 lo abate; mas la *b* palabra lo alegra
13.15 el *b* entendimiento da gracia; mas el
13.22 el *b* dejará herederos a los hijos de
14.9 mas entre los rectos hay *b* voluntad
14.19 malos se inclinarán delante de los *b*
15.3 los ojos. .mirando a los malos y a los *b*
15.23 y la palabra a su tiempo, ¡cuán *b* es!
15.30 alegra. .la *b* nueva conforta los huesos
16.29 lisonjea. .hace andar por camino no *b*
17.26 no es *b* condenar al justo, ni herir a
18.5 pervertir el derecho del justo, no es *b*
19.2 alma sin ciencia no es *b*, y aquel que
20.23 las pesas. .y la balanza falsa no es *b*
22.1 de más estima es el *b* nombre que las
22.1 y la *b* fama más que la plata y el oro
24.13 come, hijo. .de la miel, porque es *b*
24.20 porque para el malo no habrá *b* fin
24.23 hacer acepción de personas. .no es *b*
25.25 son las *b* nuevas de lejanas tierras
25.27 comer mucha miel no es *b*, ni el buscar
28.21 hacer acepción de personas no es *b*
Ec. 5.18 que lo *b* es comer y beber, y gozar
7.1 mejor es la *b* fama que el *b* ungüento
7.11 *b* es la ciencia con herencia. .para los
7.18 *b* es que tomes esto, y. .de aquello no
9.2 al *b*, al limpio y al no limpio; al que
9.2 como al *b*, así al que peca; al que jura
11.6 o si lo uno y lo otro es igualmente *b*
12.14 toda cosa encubierta, sea *b* o. .mala
Cnt. 7.9 paladar como el *b* vino, que se entra
Is. 5.20 que a lo malo dicen *b*, y a lo *b* malo
7.15 que sepa desechar lo malo y escoger lo *b*
7.16 antes que el niño sepa. .escoger lo *b*
23.16 haz *b* melodía, reitera la canción, para
39.8 palabra de Jehová que has hablado es *b*
41.7 el yunque, diciendo: *B* está la soldadura
60.10 *b* voluntad tendré de ti misericordia
61.1 me ha enviado a predicar *b* nuevas a los
61.2 a proclamar el año de la *b* voluntad de
65.2 rebelde, el cual anda por camino no *b*
Jer. 6.16 preguntad. .cuál sea el *b* camino, y
6.20 ¿para qué a mí. .la *b* caña olorosa de
13.7 había podrido; para ninguna cosa era *b*
13.10 este cinto, que para ninguna cosa es *b*
24.2 una cesta tenía higos muy *b*, como brevas
24.3 dije: Higos; higos *b*, muy *b*; y malos
24.5 como a estos higos *b*, así miraré a los
29.10 despertaré sobre vosotros mi *b* palabra
33.11 Jehová es *b*, porque para siempre es su
33.14 confirmaré la *b* palabra que he hablado
42.6 sea *b*, sea malo, a la voz de Jehová
Lm. 3.25 *b* es Jehová a los que en él esperan
3.26 *b* es esperar en silencio la salvación de
3.27 *b* le es al hombre llevar el yugo desde
3.38 ¿de la boca del Altísimo no sale. .lo *b*?
4.1 ¡cómo el *b* oro ha perdido su brillo!
Ez. 17.5 la puso en un campo *b* para sembrar
17.8 en un *b* campo, junto a muchas aguas fue
18.18 hizo. .lo que no es *b*. .el morirá por su
20.25 también les di estatutos que no eran *b*
24.4 sus piezas de carne. .todas *b* piezas
34.14 en *b* pastos. .allí dormirán en *b* redil
34.18 es poco que comáis los *b* pastos, sino
36.31 y de vuestras obras que no fueron *b*
Os. 4.13 debajo de. .olmos que tuviesen *b* sombra
Am. 5.14 buscad lo *b*, y no lo malo, para que
Mi. 3.2 vosotros que aborrecéis lo *b* y amáis
6.8 él te ha declarado lo que es *b*, y qué
Nah. 1.7 Jehová es *b*, fortaleza en el día de
1.15 montes los pies del que trae *b* nuevas
Zac. 1.13 respondió *b* palabras. .al ángel que
Mt. 3.10 árbol que no da *b* fruto es cortado
5.16 vean vuestras *b* obras, y glorifiquen a
5.45 que hace salir su sol sobre malos y *b*
6.22 si tu ojo es *b*, todo tu cuerpo estará
7.11 pues si vosotros. .sabéis dar *b* dádivas
7.11 vuestro Padre. .dará *b* cosas a los que le
7.17 *b* árbol da *b* frutos, pero el árbol malo
7.18 no puede el *b* árbol dar malos frutos, ni
7.18 no puede. .ni el árbol malo dar frutos *b*
7.19 todo árbol que no da *b* fruto, es cortado
12.33 haced el árbol *b* y su fruto *b*, o haced
12.34 cómo podéis hablar lo *b*, siendo malos?
12.35 el hombre *b*, del *b* tesoro. .saca *b* cosas
13.8 parte cayó en *b* tierra, y dio fruto
13.23 el que fue sembrado en *b* tierra, éste
13.24 a un hombre que sembró *b* semilla en su
13.27 ¿no sembraste *b* semilla en tu campo?
13.37 el que siembra la *b* semilla es el Hijo
13.38 la *b* semilla son los hijos del reino
13.45 es. .a un mercader que busca *b* perlas
13.48 lo *b* en cestas, y lo malo echan fuera
16.2 dijo: Cuando anochece, decís: *B* tiempo
17.4 Señor, *b* es para nosotros que estemos
19.16 Maestro *b*, ¿qué bien haré para tener
19.17 ¿por qué me llamas *b*? Ninguno hay *b*
20.15 ¿o tienes tú envidia, porque yo soy *b*?
22.10 juntaron a todos. .juntamente malos y *b*
25.21 *b* siervo y fiel; sobre poco has sido
26.10 mujer. .ha hecho conmigo una *b* obra
26.24 *b* le fuera a ese hombre no. .nacido
Mr. 4.8 parte cayó en *b* tierra, y dio fruto
4.20 éstos son los. .sembrados en *b* tierra
6.20 perplejo, pero le escuchaba de *b* gana
9.5 *b* es para nosotros que estemos aquí; y
9.50 *b* es la sal; mas si. .se hace insípida
10.17 Maestro *b*, ¿qué haré para heredar la
10.18 ¿por qué me llamas *b*? Ninguno hay *b*
12.37 multitud del pueblo le oía de *b* gana
14.6 Jesús dijo: Dejadla. .*B* obra me ha hecho
14.21 *b* le fuera a. .hombre no haber nacido
Lc. 1.19 sido enviado a. .darte estas *b* nuevas
2.14 paz, *b* voluntad para con los hombres!
3.9 todo árbol que no da *b* fruto se corta y
3.18 con. .anunciaba las *b* nuevas al pueblo
4.18 me ha ungido para dar *b* nuevas a los
6.38 os dará; medida *b*, apretada, remecida
6.43 no es *b* árbol el que da malos frutos, ni
6.43 no es. .ni árbol malo el que da *b* fruto
6.45 el hombre *b*, del *b* tesoro de. .saca lo *b*
8.8 otra parte cayó en *b* tierra, y nació y
8.15 la que cayó en *b* tierra, éstos son los
8.15 que con corazón *b* y recto retienen la
9.33 Maestro, *b* es para nosotros que estemos
10.42 María ha escogido la *b* parte, la cual
11.13 siendo malos, sabéis dar *b* dádivas a
11.34 cuando tu ojo es *b*, también todo tu
14.34 *b* es la sal; mas si la sal se hiciere
15.27 gordo, por haberle recibido *b* y sano
18.18 Maestro *b*, ¿qué haré para heredar la
18.19 me llamas *b*? Ninguno hay *b*, sino sólo
19.17 bien, *b* siervo; por cuanto en lo poco
23.50 miembro del concilio, varón *b* y justo
Jn. 1.46 ¿de Nazaret puede salir algo de *b*?
2.10 todo hombre sirve primero el *b* vino, y
2.10 tú has reservado el *b* vino hasta ahora
5.29 los que hicieron lo *b*, saldrán a. .vida
7.12 unos decían: Es *b*; pero otros. .No, sino
10.11 yo soy el *b* pastor; el *b* pastor su vida
10.14 soy el *b* pastor; y conozco mis ovejas
10.32 *b* obras os he mostrado de mi Padre
10.33 por *b* obra no te apedreamos, sino por
Hch. 6.3 buscad. .a 7 varones de *b* testimonio
9.36 abundaba en *b* obras y en limosnas que
10.22 tiene *b* testimonio en toda la nación
11.24 era varón *b*, y lleno del Espíritu Santo
16.2 daban *b* testimonio de él los hermanos
22.12 tenía *b* testimonio de todos los judíos
23.1 con toda *b* conciencia he vivido delante
24.10 eres juez. .con *b* ánimo haré mi defensa
27.8 llegamos a un lugar. .llaman *B* Puertos
27.22 pero ahora os exhorto a tener *b* ánimo
27.25 por tanto, oh varones, tened *b* ánimo
Ro. 2.10 honra y paz a todo el que hace lo *b*
3.12 no hay quien haga lo *b*, no hay ni aun
5.7 pudiera ser que alguno. .morir por el *b*
7.12 ley. .y el mandamiento santo, justo y *b*
7.13 ¿luego lo que es *b*, vino a ser muerte
7.13 produjo. .la muerte por medio de lo. .*b*
7.16 si. .esto hago, apruebo que la ley es *b*
10.15 la paz, de los que anuncian *b* nuevas!
11.24 contra. .fuiste injertado en el *b* olivo
12.2 cuál sea la *b* voluntad de Dios, agradable
12.9 el amor. .aborreced lo malo, seguid lo *b*
12.17 procurad lo *b* delante de todos los
13.3 haz lo *b*, y tendrás alabanza de ella
14.21 *b* es no comer carne, ni beber vino, ni
15.2 agrade a su prójimo en lo que es *b*, para
15.27 les pareció *b*, y son deudores a ellos
1 Co. 5.6 no es *b* vuestra jactancia. ¿No sabéis
7.1 *b* le sería al hombre no tocar mujer
7.8 digo. .que *b* les fuera quedarse como yo
7.26 tengo, pues, esto por *b* a causa de la
9.17 si lo hago de *b* voluntad, recompensa
15.33 malas conversaciones corrompen las *b*
2 Co. 5.10 lo que haya hecho. .sea *b* o sea malo
6.8 por deshonra, por mala fama y por *b* fama
8.19 y para demostrar vuestra *b* voluntad
9.2 conozco vuestra *b* voluntad, de la cual
9.8 a fin de que. .abundéis para toda *b* obra
11.19 porque de *b* gana toleráis a los necios
12.9 de *b* gana me gloriaré. .mis debilidades
13.7 para que vosotros hagáis lo *b*, aunque
Gá. 3.8 dio. .la *b* nueva a Abraham, diciendo
4.18 *b* es mostrar celo en lo *b* siempre, y no
6.6 haga partícipe de toda cosa *b* al que lo
Ef. 2.10 creados en Cristo Jesús para *b* obras
2.17 anunció las *b* nuevas de paz a vosotros
4.28 haciendo con sus manos lo que es *b*
4.29 sino la que sea *b* para. .edificación
6.7 sirviendo de *b* voluntad, como al Señor
Fil. 1.6 el que comenzó en vosotros la *b* obra
1.15 por envidia. .pero otros de *b* voluntad
2.13 así. .como el hacer, por su *b* voluntad
2.19 para que yo también esté de *b* ánimo
4.8 lo amable, todo lo que es de *b* nombre
Col. 1.10 todo, llevando fruto en toda *b* obra
2.5 gozándome y mirando vuestro *b* orden y
1 Ts. 3.6 nos dio *b* noticias de vuestra fe
5.15 seguid siempre lo *b* unos para con otros
5.21 examinadlo todo; retened lo *b*
2 Ts. 2.16 y nos dio. .*b* esperanza por gracia
2.17 os confirme en toda *b* palabra y obra
1 Ti. 1.5 es el amor nacido. .de *b* conciencia
1.8 sabemos que la ley es *b*, si uno la usa
1.18 que. .milites por ellas la *b* milicia
1.19 fe y *b* conciencia, desechando la cual
2.3 esto es *b* y agradable delante de Dios
2.10 sino con *b* obras, como corresponde a
3.1 si alguno anhela obispado, *b* obra desea
3.7 es necesario que tenga *b* testimonio de
4.4 porque todo lo que Dios creó es *b*, y
4.6 si esto enseñas. .serás *b* ministro de
4.6 nutrido con. .de la *b* doctrina que has
5.4 esto es lo *b* y agradable delante de Dios
5.10 que tenga testimonio de *b* obras; si ha
5.10 si ha criado. .ha practicado toda *b* obra
5.25 se hacen manifiestas las *b* obras; y las
6.2 los que se benefician de su *b* servicio
6.12 pelea la *b* batalla de la fe, echa mano
6.12 habiendo hecho la *b* profesión delante de
6.13 que dio testimonio de la *b* profesión
6.18 que sean ricos en *b* obras, dadivosos
6.19 atesorando. .*b* fundamento para lo por
2 Ti. 1.14 guarda el *b* depósito por el Espíritu
2.3 tú. .sufre. .como *b* soldado de Jesucristo
2.21 al Señor, y dispuesto para toda *b* obra
3.3 intemperantes. .aborrecedores de lo *b*
3.17 enteramente preparado para toda *b* obra
4.7 he peleado la *b* batalla, he acabado la
Tit. 1.8 amante de lo *b*, sobrio, justo, santo
1.16 reprobados en cuanto a toda *b* obra
2.5 ser. .*b*, sujetas a sus maridos, para que
2.7 presentándote. .como ejemplo de *b* obras
2.14 un pueblo propio, celoso de *b* obras
3.1 que estén dispuestos a toda *b* obra
3.8 insistas. .procuren ocuparse en *b* obras
3.8 estas cosas son *b* y útiles a los hombres
3.14 y aprendan. .a ocuparse en *b* obras para
He. 4.2 se nos ha anunciado la *b* nueva como a
4.6 a quienes. .se les anunció la *b* nueva no
6.5 gustaron de la *b* palabra de Dios y los
10.24 estimularnos al amor y a las *b* obras
11.2 por ella alcanzaron *b* testimonio los
11.39 éstos, aunque alcanzaron *b* testimonio
13.9 *b* cosa es afirmar el corazón con la
13.18 confiamos en que tenemos *b* conciencia
13.21 os haga aptos en toda obra *b* para que
Stg. 1.17 toda *b* dádiva. .desciende de lo alto
2.3 siéntate tú aquí en *b* lugar; y decís al
2.7 ¿no blasfeman ellos el *b* nombre que fue
3.13 muestre por la *b* conducta sus obras en
3.17 llena. .de *b* frutos, sin incertidumbre
4.17 al que sabe hacer lo *b*, y no lo hace
1 P. 2.12 *b* vuestra manera de vivir entre los
2.12 a Dios. .al considerar vuestras *b* obras
2.18 no solamente a los *b* y afables, sino
2.20 si haciendo lo *b* sufrís, y lo soportáis
3.10 el que quiere. .ver días *b*, refrene su
3.16 teniendo *b* conciencia, para que en lo
3.16 calumnian vuestra *b* conducta en Cristo
3.21 como la aspiración de una *b* conciencia
4.10 minístrelo. .como *b* administradores de
3 Jn. 11 amado, no imites lo malo, sino lo *b*
11 el que hace lo *b* es de Dios; pero el que

BUEY
Éx. 20.17 no codiciarás..ni su *b*, ni su asno
21.28 si un *b* acorneare..el *b* será apedreado
21.28 mas el dueño del *b* será absuelto
21.29 si el *b* fuere acorneador desde tiempo
21.29 el *b* será apedreado..morirá su dueño
21.32 si el *b* acorneare a un siervo o a una
21.32 pagará su dueño..el *b* será apedreado
21.33 no la cubriere, y cayere allí *b* o asno
21.35 si el *b* de alguno hiriere al *b* de su
21.35 venderán el *b*..y partirán el *b* muerto
21.36 si era notorio que el *b* era acorneador
21.36 pagará *b* por *b*, y el *b* muerto será
22.1 hurtare *b*..por aquel *b* pagará cinco *b*
22.4 hurto en la mano..sea *b* o asno u oveja
22.9 en toda clase de fraude, sobre *b*..asno
22.10 dado a su prójimo asno, o *b*..a guardar
22.30 lo mismo harás con el de tu *b* y de tu
23.4 si encontrares el *b* de tu enemigo o su
23.12 reposarás..que descanse tu *b* y tu asno
34.3 ovejas ni *b* pazcan delante del monte
Lv. 4.10 de la manera que se quita del *b* del
7.23 ninguna grosura de *b* ni..cabra comeréis
9.4 un *b* y un carnero para sacrificio de paz
9.18 degolló también el *b* y el carnero en
9.19 y las grosuras del *b* y del carnero, la
17.3 varón de la..que degollare *b* o cordero
22.23 *b* o carnero..tenga de más o de menos
27.26 nadie lo dedicará; sea *b* u oveja, de
Nm. 7.3 trajeron..6 carros cubiertos y doce *b*
7.3 cada dos príncipes..y por cada uno un *b*
7.6 Moisés recibió los carros y los *b*, y los
7.7 y cuatro *b* dio a los hijos de Gersón
7.8 a los hijos de Merari..carros y ocho *b*
7.17,23,29,35,41,47,53,59,65,71,77,83 y para ofrenda de paz, dos *b*
7.87 los *b* para holocausto, doce becerros
7.88 los *b* de la ofrenda de paz, 24 novillos
11.22 ¿se degollarán para..*b* que les basten?
15.11 así se hará con cada *b*, o carnero, o
22.4 lamerá esta gente..lame el *b* la grama
22.40 Balac hizo matar *b* y ovejas, y envió
31.28 así de las personas como de los *b*, de
31.30 tomarás..de los *b*, de los asnos, de las
31.33 setenta y dos mil *b*
31.38 los *b*, treinta y seis mil; y de ellos
31.44 de los *b*, treinta y seis mil
Dt. 5.14 ninguna obra harás tú..ni tu *b*, ni tu
5.21 ni desearás..su *b*, ni su asno, ni cosa
14.4 podréis comer: el *b*, la oveja, la cabra
17.1 no ofrecerás en sacrificio..*b* o cordero
18.3 de los que ofrecieren en sacrificio *b* o
22.1 vieres extraviado el *b* de tu hermano
22.4 si vieres..o su *b*, caído en el camino
22.10 no ararás con *b* y con asno juntamente
25.4 no pondrás bozal al *b* cuando trillare
28.31 tu *b* será matado delante de tus ojos
Jos. 6.21 destruyeron..los *b*, las ovejas, y los
7.24 tomaron a Acán..sus *b*, sus asnos, sus
Jue. 6.4 no dejaban..ni ovejas, ni *b*, ni asnos
1 S. 11.5 Saúl que venía del campo, tras los *b*
11.7 tomando un par de *b*, los cortó en
11.7 así se hará con los *b* del que no saliere
12.3 si he tomado el *b* de alguno..el asno
22.19 *b*, asnos y ovejas, todo lo hirió a filo
2 S. 6.6 la sostuvo; porque los *b* tropezaban
6.13 sacrificó un *b* y un carnero engordado
24.22 he aquí *b* para el holocausto, y los
24.22 trillos y los yugos de los *b* para leña
24.24 entonces David compró la era y los *b*
1 R. 1.19,25 ha matado *b*, y animales gordos
4.23 diez *b* gordos, veinte *b* de pasto, y
7.25 descansaba sobre doce *b*; tres miraban
7.29 había figuras de..*b* y de querubines
7.29 encima como debajo de los leones y..*b*
7.44 un mar, con doce *b* debajo del mar
8.5 estaban con él..sacrificando ovejas y *b*
8.63 ofreció..22.000 *b* y 120.000 ovejas
18.23 dénsenos..dos *b*, y escojan ellos uno
18.23 yo prepararé el otro *b*, y lo pondré
18.25 escogeos un *b*, y preparadlo vosotros
18.26 ellos tomaron el *b* que les fue dado
18.33 cortó el *b* en pedazos, y lo puso sobre
19.20 dejando él los *b*, vino..en pos de Elías
19.21 tomó un par de *b* y los mató, y con el
19.21 con el arado de los *b* coció la carne
2 R. 5.26 tomar..ovejas, *b*, siervos y siervas?
16.17 quitó también el mar de sobre los *b*
1 Cr. 12.40 trajeron víveres en asnos..y *b*
12.40 trajeron..*b* y ovejas en abundancia
13.9 sostenerla, porque los *b* tropezaban
21.23 y aun los *b* daré para el holocausto
2 Cr. 4.4 estaba asentado sobre doce *b*, tres
4.15 un mar, y doce *b* debajo de él
5.6 sacrificaron..*b*, que por ser tantos no
7.5 y ofreció el rey Salomón..22.000 *b*, y
15.11 sacrificaron..setecientos *b* y siete mil
18.2 Acab mató muchas ovejas y *b* para él
29.32 holocaustos..setenta *b*, cien carneros
29.33 las ofrendas fueron 600 *b* y tres mil
35.7 dio el rey Josías..y tres mil *b*, todo
35.8 a los sacerdotes..2.600 ovejas y 300 *b*
35.9 para..la pascua, 5.000 ovejas y 500 *b*
35.12 Moisés; y asimismo tomaron de los *b*
Neh. 5.18 se preparaba para cada día era un *b*
Job 1.3 su hacienda era..quinientas yuntas de *b*
1.14 dijo: Estaban arando los *b*, y las asnas
6.5 ¿acaso..¿Muge el *b* junto a su pasto?
24.3 y toman en prenda el *b* de la viuda
40.15 behemot, el cual..hierba come como *b*
42.12 tuvo..mil yuntas de *b* y mil asnas
Sal. 8.7 ovejas y *b*, todo ello, y asimismo las
66.15 te ofreceré en sacrificio *b* y machos
69.31 agradará a..más que sacrificio de *b*
106.20 cambiaron..por la imagen de un *b* que
144.14 nuestros *b*..fuertes para el trabajo
Pr. 7.22 marchó..como va el *b* al degolladero
14.4 sin *b* el granero está vacío; mas por
14.4 la fuerza del *b* hay abundancia de pan
15.17 que de *b* engordado donde hay odio
Is. 1.3 el *b* conoce a su dueño, y el asno el
1.11 no quiero sangre de *b*, ni de ovejas, ni
7.25 que serán para pasto de *b* y para ser
11.7 la osa..y el león como el *b* comerá paja
30.24 tus *b* y tus asnos que labran la tierra
32.20 aguas, y dejáis libres al *b* y al asno
65.25 el lobo..el león comerá paja como el *b*
66.3 el que sacrifica *b* es como si matase a
Jer. 52.20 y los doce *b* de bronce que estaban
Ez. 1.10 cara de *b* a la izquierda en los cuatro
4.15 te permito usar estiércol de *b* en lugar
39.18 de *b* y de toros, engordados todos en
Dn. 4.25 te apacentarán como a los *b*, y con el
4.32 como a los *b* te apacentarán; y siete
4.33 y comía hierba como los *b*, y su cuerpo
5.21 hierba le hicieron comer como a *b*, y
Os. 12.11 Gilgal sacrificaron *b*, y sus altares
Jl. 1.18 ¡cuán turbados..los hatos de los *b*
Am. 6.12 ¿correrán..¿ararán en ellas con *b*?
Jon. 3.7 *b* y ovejas, no gusten cosa alguna; no
Lc. 13.15 ¿no desata..su *b*..y lo lleva a beber?
14.5 o su *b* cae en algún pozo, no lo sacará
14.19 he comprado cinco yuntas de *b*, y voy a
Jn. 2.14 halló en el templo a los que vendían *b*
2.15 echó fuera del templo a..ovejas y los *b*
1 Co. 9.9 está escrito: No pondrás bozal al *b*
9.9 que trilla. ¿Tiene Dios cuidado de los *b*
1 Ti. 5.18 no pondrás bozal al *b* que trilla; y

BÚFALO
Nm. 23.22; 24.8 tiene fuerzas como de *b*
Dt. 33.17 sus astas como astas de *b*; con ellas
Job 39.9 ¿querrá el *b* servirte a ti, o quedar
39.10 ¿atarás tú al *b* con coyunda para el
Sal. 22.21 y líbrame de los cuernos de los *b*
29.6 al Líbano y el Sirión como hijos de *b*
92.10 aumentarás mis fuerzas como las del *b*
Is. 34.7 ellos caerán *b*, y toros con becerros

BUFIDO
Jer. 8.16 Dan se oyó el *b* de sus caballos

BUHO
Lv. 11.17 el *b*, el somormujo, el ibis
Dt. 14.16 el *b*, el ibis, el calamón
Sal. 102.6 semejante al..*b* de las soledades
Is. 34.15 allí anidará el *b*, pondrá sus huevos

BUITRE
Lv. 11.18 el calamón, el pelícano, el *b*
Dt. 14.17 el pelícano, el *b*, el somormujo
Job 28.7 que nunca la conoció ave, ni ojo de *b*
Is. 34.15 se juntarán allí *b*..con su compañera

BUL ***Octavo mes en el calendario de los hebreos***
1 R. 6.38 en el mes de *B*..fue acabada la casa

BULLICIO
Jer. 3.23 vanidad son los collados, y el *b*

BUNA ***Descendiente de Jerameel,*** **1 Cr. 2.25**

BUNI
1. ***Levita en tiempo de Nehemías,*** **Neh. 9.4**
2. ***Firmante del pacto de Nehemías,*** **Neh. 10.15**
3. ***Ascendiente de Semaías No. 5,*** **Neh. 11.15**

BUQUI
1. ***Príncipe de la tribu de Dan,*** **Nm. 34.22**
2. ***Sacerdote,*** **1 Cr. 6.5,51; Esd. 7.4**

BUQUÍAS ***Músico entre los hijos de Hemán,*** **1 Cr. 25.4,13**

BURIL
Éx. 32.4 dio forma con *b*, e hizo..un becerro
Jer. 10.3 obra de manos de artífice con *b*

BURLA
Gn. 39.14 para que hiciese *b* de nosotros
Dt. 28.37 servirás de refrán y de *b* a todos
2 R. 4.16 señor mío..no hagas *b* de tu sierva
2 Cr. 7.20 pondré por *b* y escarnio de todos
Job 30.9 soy objeto de su *b*, y les sirvo de
39.22 *b* del espanto, y no teme, ni vuelve
Sal. 44.13 pones..por *b* de los que nos rodean
Jer. 18.16 su tierra en..objeto de *b* perpetua
19.8 pondré a esta ciudad por espanto y *b*
25.9 y los pondré por escarnio y por *b* y en
25.18 para ponerlos en..en *b* y en maldición
29.18 daré..por *b* y por afrenta para todas
51.18 vanidad son, obra digna de *b*; en el
51.37 Babilonia..espanto y *b*, sin morador
Lm. 3.14 escarnio..*b* de ellos todos los días
Mi. 6.16 te pusiese..y tus moradores para *b*
Hab. 1.10 y de los príncipes hará *b*; se reirá
Lc. 14.29 lo vean comiencen a hacer *b* de él

BURLADOR
Gn. 27.12 tendrá por *b*, y traeré..maldición
Pr. 1.22 ¿hasta cuándo..*b* desearán el burlar
13.1 mas el *b* no escucha las reprensiones
Is. 28.14 varones *b*..oíd la palabra de Jehová
Jer. 15.17 no me senté en compañía de *b*, ni
2 P. 3.3 que en los postreros días vendrán *b*
Jud. 18 el postrer tiempo habrá *b*, que andarán

BURLAR
Gn. 19.14 pareció a sus yernos..se *burlaba*
21.9 el hijo de Agar..se *burlaba* de su hijo
Nm. 22.29 Balaam respondió..has *burlado* de mí
1 R. 9.8 cualquiera que pase..*burlará*, y dirá
18.27 se *burlaba* de ellos, diciendo..Gritad
2 R. 2.23 se *burlaban* de él, diciendo: ¡Calvo
4.28 ¿no dije yo que no te *burlases* de mí?
2 Cr. 30.10 mas se reían y *burlaban* de ellos
36.16 *burlándose* de sus profetas, hasta que
Job 13.9 *burlaréis* de él como quien se *burla*
39.7 se *burla* de la multitud de la ciudad
39.18 se *burla* del caballo y de su jinete
41.9 la esperanza acerca de él será *burlada*
41.29 y del blandir de la jabalina se *burla*
Sal. 2.4 reirá; el Señor se *burlará* de ellos
14.6 del consejo del pobre se han *burlado*
59.8 tú..te *burlarás* de todas las naciones
79.4 somos..escarnecidos y *burlados* de los
80.6 nuestros enemigos se *burlan* entre sí
109.25 ellos..*burlándose* meneaban su cabeza
119.51 los soberbios se *burlaron* mucho de mí
Pr. 1.22 y los burladores desearán el *burlar*
1.26 *burlaré* cuando os viniere lo que teméis
19.28 el..perverso se *burlará* del juicio, y
Is. 28.22 no os *burléis*, para que no se aprieten
57.4 ¿de quién os habéis *burlado*? ¿Contra
Jer. 19.8 *burlará* sobre toda su destrucción
20.7 escarnecido, cada cual se *burla* de mí
48.27 cuando de él hablaste..te has *burlado*
49.17 se *burlará* de todas sus calamidades
50.13 hombre..se *burlará* de sus calamidades
Lm. 1.7 la miraron..y se *burlaron* de su caída
2.16 se *burlaron*, y crujieron los dientes
Sof. 2.15 cualquiera que pasare..se *burlará* y
Mt. 2.16 cuando se vio *burlado* por los magos
9.24 niña no está muerta..se *burlaban* de él
Mr. 5.40 se *burlaban* de él. Mas él, echando
Lc. 8.53 se *burlaban* de él, sabiendo que estaba
16.14 oían..los fariseos..se *burlaban* de él
22.63 se *burlaban* de él y le golpeaban
23.35 aun los gobernantes se *burlaban* de él
Hch. 2.13 *burlándose*, decían: Están llenos de
17.32 lo de la resurrección de..se *burlaban*
Gá. 6.7 Dios no puede ser *burlado*: pues todo

BUSCA
Nm. 24.1 no fue..en *b* de agüero, sino que puso
Rt. 3.10 yendo en *b* de los jóvenes, sean pobres
1 S. 23.15 Saúl había salido en *b* de su vida
24.2 Saúl..en *b* de David y de sus hombres
1 Cr. 14.8 todos los filisteos en *b* de David
Sal. 78.34 se volvían solícitos en *b* suya
Pr. 16.27 el hombre perverso cava en *b* del mal
Jer. 31.2 cuando Israel iba en *b* de reposo

BUSCAR
Gn. 19.11 que se fatigaban *buscando* la puerta
27.5 fue Esaú al campo para *buscar* la caza
31.34 *buscó* Labán en toda la tienda, y no
31.35 y él *buscó*, pero no halló los ídolos
31.37 has *buscado* en todas mis cosas, ¿qué
37.15 y le preguntó..diciendo: ¿Qué *buscas?*
37.16 José respondió: *Busco* a mis hermanos
43.30 *buscó* dónde llorar; y entró..cámara
44.12 *buscó*; desde el mayor comenzó, y acabó
Éx. 33.7 cualquiera que *buscaba* a Jehová salía
Lv. 13.36 no *busque* el sacerdote..es inmundo
26.25 si *buscareis* refugio en..ciudades, yo
Nm. 10.33 fue..*buscándoles* lugar de descanso
Dt. 4.29 mas si desde allí *buscares* a Jehová
4.29 si lo *buscares* de todo tu corazón y de
12.5 el lugar..ése *buscaréis*, y allá iréis
13.14 *buscarás* y preguntarás con diligencia
22.2 contigo hasta que tu hermano lo *busque*
Jos. 2.22 *buscaron* por todo..no los hallaron
Jue. 4.22 te mostraré al varón que tú *buscas*
6.29 *buscando*..les dijeron: Gedeón hijo de
14.4 él *buscaba* ocasión contra los filisteos
18.1 tribu de Dan *buscaba* posesión para sí

BUSCAR ***(Continúa)***

Rt. 3.1 ¿no he de *buscar* hogar para ti, para
1 S. 9.3 y levántate, y vé a *buscar* las asnas
10.2 las asnas que habías ido a *buscar* se han
10.14 y él respondió: A *buscar* las asnas
10.21 Saúl. .le *buscaron*, pero no fue hallado
13.14 se ha *buscado* un varón conforme a su
16.16 *busquen* a alguno que sepa tocar el arpa
16.17 Saúl respondió. .*Buscadme*, pues, ahora
20.1 es mi pecado. .para que *busque* mi vida?
20.21 luego enviaré. .vé, *busca* las saetas
20.36 corre y *busca* las saetas que yo tirare
22.23 quien *buscare* mi vida, *buscará*. .tuya
23.14 lo *buscaba* Saúl todos los días, pero
23.23 le *buscaré* entre todos los millares de
23.25 se fue Saúl con su gente a *buscarlo*
26.2 Saúl. .descendió. .para *buscar* a David
26.20 ha salido el rey. .a *buscar* una pulga
27.1 para que Saúl no. .no me ande *buscando*
27.4 vino a Saúl la nueva. .y no lo *buscó* más
28.7 *buscadme* una mujer que tenga espíritu
2 S. 5.17 los filisteos para *buscar* a David
17.3 pues tú *buscas*. .la vida de un hombre
17.20 ellos los *buscaron* y no los hallaron
1 R. 1.2 *busquen* para . .el rey una joven virgen
1.3 *buscaron* una joven hermosa por toda la
2.40 Simei. .fue. .para *buscar* a sus siervos
18.10 mi señor no haya enviado a *buscarte*
19.10,14 me *buscan* para quitarme la vida
20.7 ved ahora cómo éste no *busca* sino mal
2 R. 2.16 vayan ahora y *busquen* a tu señor
2.17 *buscaron* tres días, mas no lo hallaron
5.7 ahora. .ved cómo *busca* ocasión contra mí
6.19 y yo os guiaré al hombre que *buscáis*
1 Cr. 4.39 *buscando* pastos para sus ganados
15.13 no le *buscamos* según su ordenanza
16.10 el corazón de los que *buscan* a Jehová
16.11 *buscad* a Jehová. .poder; *b* su rostro
22.19 vuestros ánimos en *buscar* a Jehová
28.9 si tú le *buscares*, lo hallarás; mas si
2 Cr. 7.14 oraren, y *buscaren* mi rostro, y se
11.16 puesto su corazón en *buscar* a Jehová
12.14 no dispuso su. .para *buscar* a Jehová
14.4 mandó a Judá que *buscase* a Jehová el
14.7 hemos *buscado* a Jehová. .le hemos *b*, y
15.2 le *buscareis*, será hallado de vosotros
15.4 y le *buscaron*, él fue hallado de ellos
15.12 prometieron. .que *buscarían* a Jehová
15.13 cualquiera que no *buscase* a Jehová el
15.15 de toda su voluntad lo *buscaban*, y fue
16.12 y en su enfermedad no *buscó* a Jehová
17.3 anduvo en los. .y no *buscó* a los baales
17.4 sino que *buscó* al Dios de su padre, y
19.3 has dispuesto tu corazón para *buscar* a
22.9 *buscando* a Ocozías. .lo hallaron y lo
22.9 de todo su corazón *buscó* a Jehová
25.15 ¿por qué has *buscado* los dioses de
25.20 habían *buscado* los dioses de Edom
26.5 persistió en *buscar* a Dios en los días
26.5 días en que *buscó* a Jehová. .prosperó
30.18 preparado su corazón. .*buscar* a Dios
31.21 en todo. .*buscó* a su Dios, lo hizo de
34.3 comenzó a *buscar* al Dios de David su
Esd. 2.62 *buscaron* su registro de genealogías
4.15 se *busque* en el libro de las memorias
4.19 fue dada orden y *buscaron;* y hallaron
5.17 *búsquese* en la casa de los tesoros del
6.1 Darío dio la orden de *buscar* en la casa
6.21 para *buscar* a Jehová Dios de Israel
8.15 habiendo *buscado* entre el pueblo y entre
8.22 sobre todos los que le *buscan;* mas su
Neh. 7.64 *buscaron* su registro de genealogías
12.27 *buscaron* a los levitas de todos sus
Est. 2.2 *busquen* para el rey jóvenes vírgenes
Job 3.21 la muerte. .la *buscan* más que tesoros
5.8 yo *buscaría* a Dios, y encomendaría a él
7.21 si me *buscares* de mañana. .no existiré
8.5 tú de mañana *buscares* a Dios, y rogares
10.6 inquieras mi iniquidad, y *busques* mi
32.11 he escuchado. .en tanto que *buscabais*
33.10 aquí que él *buscó* reproches contra mí
39.8 pasto, y anda *buscando* toda cosa verde
Sal. 4.2 ¿hasta cuándo. .*buscaréis* la mentira?
9.10 no desamparaste a los que te *buscaron*
10.4 malo. .no *busca* a Dios; no hay Dios en
14.2 algún entendido, que *buscara* a Dios
17.9 de mis enemigos que *buscan* mi vida
22.26 alabarán a Jehová los que le *buscan*
24.6 los que le *buscan*. .que *b* tu rostro, oh
27.4 una cosa he demandado a. .ésta *buscaré*
27.8 *buscad* mi rostro. Tú rostro *buscaré*
34.4 *busqué* a Jehová, y él oyó, y me
34.10 que *buscan* a Jehová no tendrán falta
34.14 haz el bien; *busca* la paz, y síguela
35.4 avergonzados. .los que *buscan* mi vida
37.36 él pasó. .lo *busqué*, y no fue hallado
38.12 los que *buscan* mi vida arman lazos
40.14 los que *buscan* mi vida para destruirla
40.16 y alégrense todos los que te *buscan*
53.2 si había algún entendido que *buscara*
54.3 hombres violentos *buscan* mi vida
63.1 de madrugada te *buscaré;* mi alma tiene
63.9 los que. .*buscaron* mi alma caerán en los
69.6 no sean confundidos. .los que te *buscan*
69.32 *buscad* a Dios, y vivirá vuestro corazón
70.2 y confundidos los que *buscan* mi vida
70.4 gócense. .en ti todos los que te *buscan*
71.13 de confusión los que mi mal *buscan*
77.2 al Señor *busqué* en el día de mi angustia
78.34 si los hacía morir. .*buscaban* a Dios
83.16 de vergüenza, y *busquen* tu nombre, oh
86.14 y conspiración de. .ha *buscado* mi vida
104.21 rugen para *buscar* de Dios su comida
105.3 el corazón de los que *buscan* a Jehová
105.4 *buscad* a Jehová. .*b* siempre su rostro
111.2 *buscadas* de todos los que las quieren
119.2 los que. .con todo el corazón le *buscan*
119.10 con todo mi corazón te he *buscado*
119.45 andaré en. .*busqué* tus mandamientos
119.94 porque he *buscado* tus mandamientos
119.155 los impíos. .no *buscan* tus estatutos
119.176 *busca* a tu siervo, porque no me he
122.9 por amor a la casa de. .*buscaré* tu bien
Pr. 1.28 *buscarán* de mañana, y no me hallarán
2.4 si como a la plata la *buscares*, y la
7.15 *buscando* diligentemente tu rostro, y
8.17 me hallan los que temprano me *buscan*
11.27 el que procura el bien *buscará* favor
11.27 al que *busca* el mal, éste le vendrá
14.6 *busca* el escarnecedor la sabiduría y no
15.14 corazón entendido *busca* la sabiduría
17.9 el que cubre la falta *busca* amistad
17.11 el rebelde no *busca* sino el mal, y
17.19 el que abre. .la puerta *busca* su ruina
18.1 su deseo *busca* el que se desvía, y se
18.15 el oído de los sabios *busca* la ciencia
19.6 muchos *buscan* el favor del generoso, y
19.7 *buscará* la palabra, y no la hallará
21.6 aliento fugaz de aquellos que *buscan* la
23.30 para los que van *buscando* la mistura
23.35 despertare, aún lo volveré a *buscar*
25.27 ni el *buscar* la. .gloria es gloria
28.5 mas los que *buscan* a Jehová entienden
29.10 los rectos *buscan* su contentamiento
29.26 muchos *buscan* el favor del príncipe
31.13 *busca* lana. .con voluntad trabaja con
Ec. 1.13 mi corazón a. .a *buscar* con sabiduría
3.6 tiempo de *buscar*, y tiempo de perder
7.28 aún *busca* mi alma, y no lo encuentra
7.29 pero ellos *buscaron* muchas perversiones
8.17 por mucho que trabaje. .*buscándola*, no
Cnt. 3.1 *busqué*. .al que ama mi alma; lo *b*, y
3.2 *buscaré* al que ama mi alma; lo *busqué*
5.6 lo *busqué*, y no lo hallé; lo llamé, y
6.1 ¿a dónde se. .y lo *buscaremos* contigo?
Is. 1.17 *buscad* el juicio. .haced justicia al
9.13 no. .ni *buscó* a Jehová de los ejércitos
11.10 la raíz de. .será *buscada* por las gentes
16.5 se sentará. .juzgue y *busque* el juicio
26.9 madrugaré a *buscarte;* porque luego que
26.16 Jehová, en la tribulación te *buscaron*
31.1 no miran al Santo. .ni *buscan* a Jehová
40.20 *busca* un maestro sabio, que le haga una
41.12 *buscarás* a los que tienen contienda
41.17 menesterosos *buscan* las aguas, y no las
45.19 no dije a. .Jacob: En vano me *buscáis*
51.1 oídme, los que. .los que *buscáis* a Jehová
55.6 *buscad* a Jehová mientras. .ser hallado
58.2 que me *buscan* cada día, y quieren saber
58.3 *buscáis* vuestro propio gusto, y oprimís
58.13 ni *buscando* tu voluntad, ni hablando
65.1 fui *buscado* por los que no preguntaban
65.1 fui hallado por los que no me *buscaban*
65.10 de Acor. .para mi pueblo que me *buscó*
Jer. 2.24 los que la *buscaren* no se fatigarán
4.30 te menospreciarán tus. .*buscarán* tu vida
5.1 *buscad* en sus. .a ver si halláis hombre
5.1 mirad. .si hay alguno. .que *busque* verdad
9.17 plañideras. .*buscad* a las hábiles en su
10.21 los pastores. .y no *buscaron* a Jehová
11.21 varones de Anatot que *buscan* tu vida
19.7 las manos de los que *buscan* sus vidas
19.9; 21.7 mano. .de los que *buscan* sus vidas
22.25 en mano de los que *buscan* tu vida, y
29.13 me *buscaréis* y me hallaréis, porque
29.13 me *buscaréis* de todo vuestro corazón
30.14 enamorados te olvidaron; no te *buscan*
34.20,21 en mano de los que *buscan* su vida
38.4 hombre no *busca* la paz de este pueblo
38.16 en mano de estos varones que *buscan* tu
44.30 yo entrego a Faraón. .que *buscan* su vida
44.30 entregué a Sedequías. .*buscaba* su vida
45.5 y tú *buscas*. .grandezas? No las *busques*
46.26 en mano de los que *buscan* su vida, en
49.37 Elam se intimide. .de los que *buscan* su
50.4 irán andando y llorando, y *buscarán* a
50.20 la maldad de Israel será *buscada*, y no
Lm. 1.11 todo su pueblo *buscó* su pan suspirando
1.19 *buscando* comida para sí con que. .su vida
3.25 bueno es Jehová. .al alma que le *busca*
3.40 y *busquemos*, y volvámonos a Jehová
Ez. 7.25 destrucción viene; y *buscarán* la paz
7.26 *buscarán* respuesta del profeta, mas la
22.30 y *busqué*. .hombre que hiciese vallado
26.21 serás *buscada*, y nunca. .serás hallada
34.4 ni *buscasteis* la perdida, sino que os
34.6 perdidas. .y no hubo quien las *buscase*
34.8 ni mis pastores *buscaron* mis ovejas
34.11 yo, yo mismo iré a *buscar* mis ovejas
34.16 *buscaré* la perdida, y haré volver al
Dn. 2.13 *buscaron* a Daniel y a sus compañeros
4.36 y mis consejeros me *buscaron;* y fui
6.4 *buscaban* ocasión para acusar a Daniel en
9.3 volví mi rostro a. .*buscándole* en oración
Os. 2.7 seguirá. .los *buscará*, y no los hallará
3.5 *buscarán* a Jehová su Dios, y a David su
5.6 con sus vacas andarán *buscando* a Jehová
5.15 reconozcan su pecado y *busquen* mi rostro
5.15 mi rostro. En su angustia me *buscarán*
7.10 a Jehová. .ni lo *buscaron* con todo esto
10.12 porque es el tiempo de *buscar* a Jehová
Am. 5.4 así dice Jehová. .*Buscadme*, y viviréis
5.5 y no *busquéis* a Bet-el, ni entréis en
5.6 *buscad* a Jehová, y vivid; no sea que
5.8 *buscad* al que hace las Pléyades. .Orión
5.14 *buscad* lo bueno, y no lo malo, para que
8.12 errantes. .*buscando* palabra de Jehová
9.3 allí los *buscaré* y los tomaré; y aunque
Abd. 6 sus tesoros escondidos fueron *buscados*
Mi. 7.14 *busque* pasto en Basán y Galaad, como
Nah. 3.7 ¿dónde te *buscaré* consoladores?
3.11 *buscarás* refugio a causa del enemigo
Sof. 1.6 los que no *buscaron* a Jehová, ni le
2.3 *buscad* a Jehová todos los humildes de
2.3 *buscad* justicia, *b* mansedumbre; quizás
Hag. 1.9 *buscáis*. .y halláis poco. .lo disiparé
Zac. 8.21 a *buscar* a Jehová de los ejércitos
8.22 y vendrán. .naciones a *buscar* a Jehová
11.16 ni *buscará* la pequeña, ni curará la
Mal. 2.7 de su boca el pueblo *buscará* la ley
2.15 porque *buscaba* una descendencia para
3.1 vendrá. .Señor a quien vosotros *buscáis*
Mt. 2.13 Herodes *buscará* al niño para matarlo
6.32 los gentiles *buscan* todas estas cosas
6.33 *buscad* primeramente el reino de Dios y
7.7 buscad, y *hallaréis;* llamad. .os abrirá
7.8 el que *busca*, halla; y al que llama, se
12.43 anda. .*buscando* reposo, y no lo halla
13.45 a un mercader que *busca* buenas perlas
18.12 a *buscar* la que se había descarriado?
21.46 al *buscar* cómo echarle mano, temían al
26.16 *buscaba* oportunidad para entregarle
26.59 el concilio, *buscaban* falso testimonio
28.5 yo sé que *buscáis* a Jesús, el que fue
Mr. 1.36 y le *buscó* Simón, y los que con él
1.37 hallándole, le dijeron: Todos te *buscan*
3.32 tus hermanos están afuera, y te *buscan*
11.18 lo oyeron los. .y *buscaban* cómo matarle
14.1 *buscaban*. .los escribas cómo prenderle
14.11 *buscaba* oportunidad para entregarle
14.55 todo el concilio *buscaban* testimonio
16.6 *buscáis* a Jesús. .que fue crucificado
Lc. 2.44 y le *buscaban* entre los parientes y
2.45 pero. .volvieron a Jerusalén *buscándole*
2.48 he aquí, tu padre y yo te hemos *buscado*
2.49 él les dijo: ¿Por qué me *buscabais?*
4.42 la gente le *buscaba*, y llegando a donde
11.9 *buscad*, y hallaréis; llamad, y se os
11.10 y el que *busca*, halla; y al que llama
11.24 anda. .*buscando* reposo; y no hallándolo
12.30 todas estas cosas *buscan* las gentes del
12.31 mas *buscad* el reino de Dios, y todas
13.6 y vino a *buscar* fruto en ella, y no lo
13.7 vengo a *buscar* fruto en esta higuera
15.8 *busca* con diligencia hasta encontrarla?
19.10 el Hijo. .vino a *buscar* y a salvar lo que
22.2 *buscaban* cómo matarle; porque temían al
22.6 *buscaba* una oportunidad. .entregárselo
24.5 ¿por qué *buscáis* entre los muertos al
Jn. 1.38 y volviéndose Jesús. .¿Qué *buscáis?*
4.23 el Padre tales adoradores *busca* que le
5.30 no *busco* mi voluntad, sino la voluntad
5.44 no *buscáis* la gloria que viene del Dios
6.24 y fueron a Capernaum, *buscando* a Jesús
6.26 me *buscáis*, no porque habéis visto las
7.11 y le *buscaban* los judíos en la fiesta
7.18 el que habla por. .su propia gloria *busca*
7.18 el que *busca* la gloria del que le envió
7.25 no es éste a quien *buscan* para matarle?
7.34,36 me *buscaréis*, y no me hallaréis; y a
8.21 dijo Jesús: Yo me voy, y me *buscaréis*
8.50 no *busco* mi gloria; hay quien la *busca*
11.56 *buscaban* a Jesús, y. .se preguntaban
13.33 *buscaréis;* pero como dije a los judíos
18.4 adelantó y les dijo: ¿A quién *buscáis?*
18.7 volvió. .preguntarles: ¿A quién *buscáis?*
18.8 si me *buscáis* a mí, dejad ir a éstos
20.15 ¿por qué lloras? ¿A quién *buscas?*
Hch. 6.3 *buscad*, pues. .de entre vosotros a 7
9.11 *busca* en casa de Judas a uno. .Saulo, de
10.19 dijo. .He aquí, tres hombres te *buscan*
10.21 soy el que *buscáis*; ¿cuál es la causa
11.25 fue Bernabé a Tarso para *buscar* a Saulo
12.19 mas Herodes, habiéndole *buscado* sin
13.11 *buscaba* quien le condujese de la mano
15.17 para que el resto de. .*busque* al Señor
17.27 para que *busquen* a Dios, si en alguna
Ro. 2.7 a los que, perseverando. .*buscan* gloria
3.11 entienda, no hay quien *busque* a Dios
10.20 fui hallado de los que no me *buscaban*
11.7 ¿qué pues? Lo que *buscaba* Israel, no lo
1 Co. 1.22 judíos. .los griegos *buscan* sabiduría

BUSCAR *(Continúa)*
1 Co. 10.24 ninguno *busque* su propio bien, sino el
13.5 no *busca* lo suyo, no se irrita..rencor
2 Co. 12.14 porque no *busco* lo vuestro, sino
13.3 *buscáis* una prueba de que habla Cristo
Gá. 1.10 *¿busco* ahora el favor de los hombres
2.17 si *buscando* ser justificados en Cristo
Fil. 2.21 todos *buscan* lo suyo propio, no lo que
4.17 no es que *busque* dádivas..*busco* fruto
Col. 3.1 *buscad* las cosas de arriba, donde está
1 Ts. 2.6 ni *buscamos* gloria de los hombres
2 Ti. 1.17 me *buscó* solícitamente y me halló
He. 11.6 es galardonador de los que le *buscan*
11.14 dan a entender que *buscan* una patria
13.14 una ciudad..que *buscamos* la por venir
1 P. 3.11 el mal, y haga el bien; *busque* la paz
5.8 diablo..anda alrededor *buscando* a quien
Ap. 9.6 en aquellos días..*buscarán* la muerte

BUZ
1. *Hijo de Nacor,* Gn. 22.21
2. *Descendiente de Gad,* 1 Cr. 5.14
3. *Lugar en Arabia,* Jer. 25.23

BUZI *Padre del profeta Ezequiel,* Ez. 1.3

BUZITA *Habitante de Buz No. 3,* Job 32.2,6

C

CAB
2 R. 6.25 cuarta parte de un *c* de estiércol

CABAL
Dt. 25.15 efa *c* y justo tendrás, para que tus
1 Cr. 21.22 de la era..dámelo por su *c* precio
Pr. 11.1 el peso falso..mas la pesa *c* le agrada
Mr. 5.15; Lc. 8.35 vestido, y en su *c* juicio
Stg. 1.4 que seáis perfectos y *c,* sin que os

CABALGADURA
Neh. 2.12 ni había *c* conmigo, excepto la única
2.14 no había lugar por donde pasase la *c*
Lc. 10.34 poniéndole en su *c,* lo llevó al mesón
Hch. 23.24 preparasen *c* en que poniendo a Pablo

CABALGAR
Éx. 15.19 entró *cabalgando* con sus carros y su
Lv. 15.9 toda montura sobre que *cabalgare* el
Nm. 22.30 sobre mí has *cabalgado* desde que tú
Dt. 33.26 quien *cabalga* sobre los cielos para
Jue. 5.10 los que *cabalgáis* en asnas blancas
10.4 hijos, que *cabalgaban* sobre 30 asnos
12.14 que *cabalgaban* sobre setenta asnos
2 S. 22.11 *cabalgó* sobre un querubín, y voló
2 R. 9.16 Jehú *cabalgó* y fue a Jezreel, porque
Neh. 2.12 excepto la única en que yo *cabalgaba*
Est. 6.8 el caballo en que el rey *cabalga,* y
Job 30.22 el viento, me hiciste *cabalgar* en él
Sal. 18.10 *cabalgó* sobre un querubín, y voló
45.4 *cabalga* sobre palabra de verdad, de
66.12 *cabalgar* hombres sobre nuestra cabeza
68.4,33 el que *cabalga* sobre los cielos
Is. 30.16 sobre corceles veloces *cabalgaremos*
36.8 si tú puedes dar jinetes que *cabalguen*
Am. 2.15 ni el que *cabalga* en..salvará su vida
Zac. 1.8 he aquí un varón que *cabalgaba* sobre
9.9 tu rey vendrá..*cabalgando* sobre un asno
10.5 y los que *cabalgan*..serán avergonzados

CABALLERÍA
Éx. 14.9 siguiéndolos..con toda la *c* y carros
14.17 glorificaré en..sus carros y en su *c*
14.23 los egipcios, entraron..la *c* de Faraón
14.26 que las aguas vuelvan sobre..sobre su *c*
14.28 cubrieron los carros y la *c,* y todo el
Jos. 24.6 los egipcios siguieron..con carros y *c*
1 R. 20.20 el rey..escapó..alguna gente de *c*
Ez. 26.10 el estruendo de su *c* y de las ruedas

CABALLERIZA
1 R. 4.26 Salomón tenía 40.000 caballos en..*c*
2 Cr. 9.25 tuvo también Salomón cuatro mil *c*

CABALLO
Gn. 47.17 José les dio alimentos por *c,* y por
49.17 muerde los talones del *c,* y hace caer
50.9 subieron..con él carros y gente de a *c*
Éx. 9.3 sobre tus..*c,* asnos, camellos, vacas
14.9 siguiéndolos..su gente de a *c,* y todo su
14.18 me glorifique en..y en su gente de a *c*
14.23 entraron..sus carros y su gente de a *c*
15.1,21 echado en el mar al *c* y al jinete
15.19 entró..con sus carros y su gente de a *c*
Dt. 11.4 lo que hizo..a sus *c* y a sus carros
17.16 no aumentará para sí *c,* ni hará volver
17.16 ni..a Egipto, con el fin de aumentar *c*
20.1 si vieres *c* y carros, y un pueblo más
Jos. 11.4 con muchísimos *c* y carros de guerra
11.6 desjarretarás sus *c*..sus carros quemarás
11.9 desjarretó sus *c,* y sus carros quemó a
Jue. 5.22 resonaron los cascos de los *c* por el
1 S. 8.11 vuestros hijos..en su gente de a *c*
13.5 los filisteos..seis mil hombres de a *c*
2 S. 1.6 venían tras él carros y gente de a *c*
8.4 tomó David de ellos 1.700 hombres de a *c*
8.4 desjarretó..los *c* de todos los carros
10.18 David mató de..40.000 hombres de a *c*
15.1 que Absalón se hizo de carros y *c,* y 50
1 R. 1.5 se hizo de carros y de gente de a *c*
4.26 tenía 40.000 *c* en sus caballerizas
4.28 cebada y paja para los *c* y..bestias
9.19 y las ciudades de la gente de a *c,* y
9.22 hombres de guerra..o su gente de a *c*
10.25 todos le llevaban cada año..*c* y mulos
10.26 juntó Salomón carros y gente de a *c*
10.28 traían de Egipto *c* y lienzos a Salomón
10.28 la compañía de..compraba *c* y lienzos
10.29 el *c* por ciento cincuenta; y así los
18.5 con que conservemos la vida a los *c* y
20.1 y con él a 32 reyes, con *c* y carros
20.20 el rey..Ben-adad, se escapó en un *c*
20.21 hirió la gente de a *c,* y los carros
20.25 ejército..*c* por *c,* y carro por carro
22.4 yo soy como tú, y..y mis *c* como tus *c*
2 R. 2.11 un carro..con *c* de fuego apartó a los
2.12 carro de Israel y su gente de a *c!*
3.7 yo soy como tú..y mis *c* como los tuyos
5.9 y vino Naamán con sus *c* y con su carro
6.14 envió el rey..gente de a *c,* y carros
6.15 sitiada la ciudad, con gente de a *c* y
6.17 el monte estaba lleno de gente de a *c*
7.6 se oyese estruendo de carros, ruido de *c*
7.7 abandonando sus tiendas, sus *c*..asnos
7.10 no había allí..sino *c* atados, asnos
7.13 tomen..cinco de los *c* que han quedado
7.14 tomaron, pues, dos *c* de un carro, y
9.33 sangre salpicó en la pared, y en los *c*
10.2 y los que tienen carros y gente de a *c*
11.16 donde entran los de a *c* a la casa del
13.7 quedado..sino cincuenta hombres de a *c*
13.14 carro de Israel y su gente de a *c!*
14.20 lo trajeron..sobre *c,* y lo sepultaron
18.23 te daré dos mil *c,* si tú puedes dar
18.24 confiado en Egipto..su gente de a *c?*
23.11 los *c* que los reyes..dedicado al sol
1 Cr. 18.4 tomó David..carros, 7.000 de a *c*
18.4 y desjarretó David los *c* de todos los
19.6 tomar a sueldo carros y gente de a *c*
2 Cr. 1.14 juntó Salomón carros y gente de a *c*
1.16 y los mercaderes del rey compraban..*c*
1.17 un carro..y un *c* por ciento cincuenta
8.6 todas las ciudades..de la gente de a *c*
8.9 hijos de Israel..eran..su gente de a *c*
9.24 traía su presente, alhajas..*c* y mulos
9.25 cuatro mil caballerizas para sus *c,* y
9.28 traían..*c* para Salomón, de Egipto y de
12.3 carros, y con 60.000 hombres de a *c*
16.8 con carros y mucha gente de a *c?* Con
23.15 la entrada de la puerta de los *c* de
25.28 lo trajeron en *c,* y lo sepultaron con
Esd. 2.66 sus *c* eran setecientos treinta y seis
8.22 tuve vergüenza de pedir..gente de a *c*
Neh. 2.9 el rey envió conmigo..gente de a *c*
3.28 desde la puerta de los *C* restauraron
7.68 sus *c,* setecientos treinta y seis; sus
Est. 6.8 traigan..el *c* en que el rey cabalga
6.9 den el vestido y el *c* en mano de alguno
6.9 vistan..y llévenlo en el *c* por la plaza
6.10 toma..el *c,* como tú has dicho, y hazlo
6.11 Amán tomó el vestido y el *c,* y vistió
6.11 vistió a..y lo condujo a *c* por la plaza
8.10 por medio de correos montados en *c*
8.14 los correos, pues, montados en *c* veloces
Job 39.18 alto, se burla del *c* y de su jinete
39.19 ¿diste tú al *c* la fuerza? ¿Vestiste tú
Sal. 20.7 confían en carros, y aquéllos en *c*
32.9 no seáis como el *c,* o como el mulo, sin
33.17 vano para salvarse es el *c*..su fuerza
76.6 el carro y el *c* fueron entorpecidos
147.10 no se deleita en la fuerza del *c,* ni
Pr. 21.31 *c* se alista para el día de la batalla
26.3 el látigo para el *c,* el cabestro para el
Ec. 10.7 siervos a *c,* y príncipes que andaban
Is. 2.7 también está su tierra llena de *c,* y
5.28 los cascos de sus *c*..como de pedernal
22.7 y los de a *c* acamparon a la puerta
30.16 no, antes huiremos en *c;* por tanto
31.1 que descienden a Egipto..y confían en *c*
31.3 los egipcios hombres son..y sus *c* carne
36.8 daré 2.000 *c,* si tu puedes dar jinetes
36.9 confiado en Egipto con..gente de a *c?*
43.17 que saca carro y *c,* ejército y fuerza
63.13 como un *c* por el desierto, sin que
66.20 traerán..en *c,* en carros, en literas
Jer. 4.13 más ligeros son sus *c* que las águilas
4.29 al estruendo de la gente de a *c* y de
5.8 como *c* bien alimentados..relinchaba tras
6.23 montarán a *c* como hombres dispuestos
8.6 *c* que arremete con ímpetu a la batalla
8.16 desde Dan se oyó el bufido de sus *c*
12.5 ¿como contenderás con los *c?* Y si en la
17.25 entrarán..en carros y en *c,* los reyes
22.4 entrarán montados en carros y en *c* por
31.40 hasta la esquina de la puerta de los *c*
46.4 uncid *c* y subid, vosotros los jinetes
46.9 subid, *c,* y alborotaos, carros, y
47.3 por el sonido de los cascos de sus *c*
50.11 como novilla..y relinchasteis como *c*
50.37 espada contra sus *c,* contra sus carros
50.42 su voz rugirá como..y montarán sobre *c*
51.21 por tu..quebrantaré *c* y a sus jinetes
51.27 haced subir *c* como langostas erizadas
Ez. 17.15 para que le diese *c* y mucha gente
23.6 jóvenes codiciables todos..que iban a *c*
23.12 jinetes que iban a *c,* todos..jóvenes
23.20 lujuria..y cuyo flujo como flujo de *c*
23.23 capitanes..que montan a *c* todos ellos
26.7 con *c* y carros y jinetes, y tropas y
26.10 por la multitud de sus *c* te cubrirá el
26.11 con los cascos de sus *c* hollará todas
27.14 de Togarma, con *c* y corceles de guerra
38.4 *c* y jinetes, de todo en todo equipados
38.15 todos..a *c,* gran multitud y poderoso
39.20 os saciaréis..de *c* y de jinetes fuertes
Dn. 11.40 con carros y gente de a *c,* y..naves
Os. 1.7 no los salvaré con..con *c* ni jinetes
14.3 no montaremos en *c,* ni nunca..diremos
Jl. 2.4 como..*c,* y como gente de a *c* correrán
Am. 2.15 ni el que cabalga en *c* salvará su vida
4.10 cautiverio de vuestros *c,* e hice subir el
6.12 ¿correrán los *c* por las peñas? ¿Ararán
Mi. 5.10 haré matar tus *c* de en medio de ti
Nah. 3.2 *c* atropellador, y carro que salta
Hab. 1.8 sus *c* serán más ligeros que leopardos
3.8 montaste en tus *c,* y en tus carros de
3.15 caminaste en el mar con tus *c,* sobre
Hag. 2.22 y vendrán abajo los *c* y sus jinetes
Zac. 1.8 vi..un varón que cabalgaba sobre un *c*
1.8 y detrás de él había *c* alazanes, overos
6.2 primer carro había *c* alazanes..*c* negros
6.3 *c* blancos, y en el cuarto carro *c* overos
6.6 el carro con los *c* negros salía hacia la
9.10 destruiré..*c* de Jerusalén, y los arcos
10.3 pondrá como su *c* de honor en la guerra
10.5 los que cabalgan en *c* serán avergonzados
12.4 aquel día..heriré con pánico a todo *c*
12.4 y a todo *c* de los pueblos heriré con
14.15 así también será la plaga de los *c,* de
14.20 grabado sobre las campanillas de los *c*
Stg. 3.3 ponemos freno en la boca de los *c*
Ap. 6.2 miré, y he aquí un *c* blanco; y el que
6.4 salió..*c,* bermejo; y al que lo montaba
6.5 miré, y he aquí un *c* negro; y el que lo
6.8 miré, y he aquí un *c* amarillo, y el que
9.7 semejante a *c* preparados para la guerra
9.9 como el estruendo de muchos carros de *c*
9.17 así vi en visión los *c* y a sus jinetes
9.17 cabezas de los *c* eran como..de leones
9.19 el poder de los *c* estaba en su boca y
14.20 salió sangre hasta los frenos de los *c*
18.13 ovejas, *c* y carros, y esclavos, almas

CABALLO *(Continúa)*
Ap. 19.11 vi..un c blanco, y el que lo montaba
19.14 ejércitos celestiales..le seguían en c
19.18 carnes de c y de sus jinetes, y carnes
19.19 guerrear contra el que montaba el c
19.21 con la espada..del que montaba el c

CABAÑA
Gn. 33.17 Jacob fue..e hizo c para su ganado
1 Cr. 4.41 desbarataron sus tiendas y c que
2 Cr. 14.15 atacaron las c de los que..ganado
Cnt. 1.8 y apacienta..a las c de los pastores
Is. 1.8 la hija de Sion como..c en melonar
Jer. 33.12 habrá c de pastores que hagan pastar

CABECEAR
Pr. 24.33 poco de sueño, *cabeceando* otro poco
Mt. 25.5 tardándose el esposo, *cabecearon*

CABECERA
Gn. 28.11 tomó de las piedras..y puso a su c
28.18 tomó la piedra que había puesto de c
47.31 Israel se inclinó sobre la c de la cama
1 S. 9.22 dio lugar a la c de los convidados
19.13 le acomodó por c una almohada de pelo
19.16 una almohada de pelo de cabra a su c
26.7 y su lanza clavada en tierra a su c
26.11 toma ahora la lanza que está a su c
26.12 se llevó..la lanza..de la c de Saúl
26.16 la vasija de agua que estaba a su c
1 R. 19.6 él miró, y..a su c una torta cocida
Mi. 4.1 el monte de la casa de Jehová será..c
Jn. 20.12 sentados el uno a la c, y el otro a

CABECILLA
Hch. 24.5 es..c de la secta de los nazarenos

CABELLERA
Dt. 32.42 las cabezas de larga c del enemigo

CABELLO
Lv. 13.40 cuando se le cayere el c, es calvo
13.41 si hacia su frente se le cayere el c
Nm. 6.5 voto..será santo; dejará crecer su c
6.18 tomará los c de su cabeza consagrada
Jue. 16.22 el c de su cabeza comenzó a crecer
20.16 tiraban una piedra con la honda a un c
1 S. 14.45 que no ha de caer un c de su cabeza
2 S. 14.11 no caerá ni un c de la cabeza de tu
14.26 cuando se cortaba el c..pesaba el c
1 R. 1.52 ni uno de sus c caerá en tierra; mas
Neh. 13.25 les arranqué los c, y les hice jurar
Sal. 40.12; 69.4 se han aumentado más que los c
Cnt. 4.1 tus c como manada de cabras que se
5.2 de rocío, mis c de las gotas de la noche
5.11 sus c crespos, negros como el cuervo
6.5 tu c es como manada de cabras que se
7.5 c..como la púrpura del rey suspendida
Is. 3.24 rapada en lugar de compostura del c
22.12 día..a raparse el c y a vestir cilicio
Jer. 7.29 corta tu c, y arrójalo, y levanta
16.6 se rasgarán ni se raerán los c por ellos
Ez. 5.1 toma..balanza de pesar y divide los c
27.31 se raerán por ti los c, se ceñirán de
44.20 ni dejarán crecer su c, sino que lo
Dn. 3.27 ni aun el c de sus cabezas se había
Mt. 5.36 no puedes hacer blanco o..un solo c
10.30 aun vuestros c están todos contados
Lc. 7.38 sus pies, y los enjugaba con sus c
7.44 lágrimas, y los ha enjugado con sus c
12.7 los c de..cabeza están todos contados
21.18 ni un c de vuestra cabeza perecerá
Jn. 11.2 ungió..y le enjugó los pies con sus c
12.3 ungió los pies..y los enjugó con sus c
Hch. 27.34 ni aun un c de la cabeza..perecerá
1 Co. 11.6 si..no se cubre, que se corte..el c
11.6 si le es vergonzoso a la..cortarse el c
11.14 le es deshonroso dejarse crecer el c?
11.15 a la mujer dejarse crecer el c le es
11.15 porque en lugar de velo le es dado el c
Ap. 1.14 su cabeza y sus c eran blancos como
9.8 tenían c como c de mujer; sus dientes

CABELLUDA
Sal. 68.21 herirá..la testa c del que camina

CABER
1 R. 7.26 del mar..*cabían* en él dos mil batos
8.64 y no *cabían* en él los holocaustos, las
18.32 zanja..*cupieran* dos medidas de grano
2 Cr. 4.5 un cáliz, y le *cabían* tres mil batos
7.7 en el altar de bronce..no podían *caber*
Mr. 2.2 que ya no *cabían* ni aun a la puerta
Jn. 2.6 en cada una..*cabían* dos o tres cántaros
21.25 ni..*cabrían* los libros que se habrían

CABESTRO
Sal. 32.9 de ser sujetados con c y con freno
Pr. 26.3 el látigo para el..el c para el asno

CABEZA
Gn. 3.15 herirá en la c, y tú..en el calcañar
40.13 cabo de tres días levantará Faraón tu c
40.16 que veía tres canastillos..sobre mi c
40.17 comían del canastillo de sobre mi c
40.19 quitará Faraón tu c de sobre ti, y te
40.20 y alzó la c del jefe de los coperos
40.20 la c del jefe de los panaderos, entre
48.14 sobre la c de Efraín..la c de Manasés
48.17 la mano derecha sobre la c de Efraín
48.17 de la c de Efraín a la c de Manasés
48.18 dijo..pon tu mano derecha sobre su c
49.26 sobre la c de José, y sobre la frente
Éx. 12.9 su c con sus pies y sus entrañas
16.16 un gomer por c, conforme al número de
29.6 pondrás la mitra sobre su c, y sobre
29.7 lo derramarás sobre su c, y le ungirás
29.10 pondrán sus manos..la c del becerro
29.15 Aarón y..pondrán sus manos sobre la c
29.17 pondrás sobre sus trozos y sobre su c
29.19 pondrán sus manos sobre la c..carnero
34.8 Moisés..la c hacia el suelo y adoró
38.17 cubiertas de las c de ellas, de plata
38.26 medio siclo por c, según el siclo del
Lv. 1.4 su mano sobre la c del holocausto, y
1.8 acomodarán las piezas, la c y la grosura
1.12 su c y la grosura de los intestinos
1.15 le quitará la c, y hará que arda en el
3.2,8,13 pondrá su mano sobre la c de su
4.4 pondrá su mano sobre la c del becerro
4.11 con su c, sus piernas, sus intestinos
4.15 pondrán..manos sobre la c del becerro
4.24 pondrá su mano sobre la c del..cabrío
4.29,33 su mano sobre la c de la ofrenda
5.8 arrancará de su cuello la c, mas no la
8.9 la mitra sobre su c, y sobre la mitra
8.12 derramó del aceite..sobre la c de Aarón
8.14,18 pusieron sus manos sobre la c del
8.20 Moisés hizo arder la c, y los trozos
8.22 pusieron..manos sobre la c del carnero
9.13 le presentaron el holocausto..y la c
10.6 no descubráis vuestras c, ni rasguéis
13.12 cubriere..desde la c hasta sus pies
13.29 saliere llaga en la c, o en la barba
13.30 es tiña, es lepra de la c o de la barba
13.44 es inmundo, y..en su c tiene la llaga
13.45 llevará..su c descubierta, y embozado
14.9 raerá todo el pelo de su c, su barba y
14.18,29 sobre la c del que se purifica
16.21 sus dos manos sobre la c del..cabrío
16.21 poniéndolos así sobre la c del macho
19.27 no haréis tonsura en vuestra c, ni
21.5 no harán tonsura en su c, ni raerán la
21.10 sobre cuya c fue derramado el aceite
21.10 el sumo sacerdote..no descubrirá su c
24.14 pongan sus manos sobre la c de él, y
Nm. 1.2 nombres, todos los varones por sus c
1.18,20,22 a la cuenta de los nombres por c
3.47 tomarás cinco siclos por c; conforme al
5.18 descubrirá la c de la mujer, y pondrá
6.5 no pasará navaja sobre su c; hasta que
6.7 la consagración de su..tiene sobre su c
6.9 su c consagrada será contaminada; por
6.9 el día de su purificación raerá su c; al
6.11 sacerdote ofrecerá..y santificará su c
6.18 el nazareo raerá a la..su c consagrada
6.18 tomará los cabellos de su c consagrada
6.19 después que fuere raída su c consagrada
8.12 sus manos sobre las c de los novillos
24.20 Amalec, c de naciones; mas..perecerá
Dt. 20.9 tomarán el mando a la c del pueblo
21.12 ella rapará su c, y cortará sus uñas
28.13 te pondrá Jehová por c, y no por cola
28.23 los cielos..sobre tu c serán de bronce
28.44 él será por c, y tú serás por cola
29.10 los c de vuestras tribus..ancianos
32.42 las c de larga cabellera del enemigo
33.16 la gracia..venga sobre la c de José
Jos. 2.19 saliere..su sangre será sobre su c
2.19 sangre será sobre nuestra c, si mano
7.6 se postró..y echaron polvo sobre sus c
11.10 Hazor había sido antes c de..reinos
14.1 repartieron..los c de los padres de las
19.51 heredades que..y los c de los padres
21.1 vinieron..a los c de los padres de las
22.21 y dijeron a los c de los millares de
Jue. 5.26 hirió su c, y le horadó, y atravesó
7.25 trajeron las c de Oreb y de..a Gedeón
8.28 Madián..nunca más volvió a levantar c
9.53 dejó caer un..sobre la c de Abimelec
9.57 el mal..hizo Dios volver sobre su c
13.5 y navaja no pasará sobre su c, porque
16.13 si tejieres siete guedejas de mi c con
16.17 nunca a mi c llegó navaja; porque soy
16.19 le rapó las siete guedejas de su c
16.22 y el cabello de su c comenzó a crecer
1 S. 1.11 un hijo..no pasará navaja sobre su c
4.12 rotos sus vestidos y tierra sobre su c
5.4 la c de Dagón y las dos palmas de sus
10.1 la derramó sobre su c, y lo besó, y le
14.45 que no ha de caer un cabello de su c
17.5 y traía un casco de bronce en su c, y
17.38 y puso sobre su c un casco de bronce
17.46 te cortaré la c, y daré..los cuerpos
17.51 lo acabó de matar, y le cortó..la c
17.54 y David tomó la c del filisteo, y la
17.57 teniendo David la c del filisteo en su
25.39 la maldad de Nabal sobre su propia c
29.4 volvería..con las c de estos hombres?
31.9 le cortaron la c, y le despojaron de
2 S. 1.2 rotos..vestidos, y tierra sobre su c
1.10 tomé la corona que tenía en su c, y la
1.16 dijo: Tu sangre sea sobre tu c, pues tu
2.16 echó mano de la c de su adversario, y
3.8 ¿soy yo c de perro que pertenezca a
3.29 caiga sobre la c de Joab, y sobre toda
4.7 le cortaron la c, y habiéndola tomado
4.8 y trajeron la c de Is-boset a David en
4.8 dijeron..He aquí la c de Is-boset hijo
4.12 tomaron la c de Is-boset..enterraron
12.30 y quitó la corona de la c de su rey
12.30 la corona..puesta sobre la c de David
13.19 tomó ceniza y la esparció sobre su c
13.19 y puesta su mano sobre su c, se fue
14.11 no caerá ni un cabello de la c de tu
14.26 pesaba el cabello de su c 200 siclos
15.30 la c cubierta..cubrió cada uno su c
15.32 Husai..rasgados..y tierra sobre su c
16.9 que me dejes pasar, y le quitaré la c
18.9 le enredó la c en la encina, y Absalón
20.21 su c te será arrojada desde el muro
20.22 cortaron la c a Seba hijo de Bicri
22.44 me guardaste..que fuese c de naciones
1 R. 2.32 Jehová hará volver su sangre..su c
2.33 sobre la c de Joab, y sobre la c de su
2.37 morirás, y tu sangre será sobre tu c
2.44 Jehová..hecho volver el mal sobre tu c
7.16 puestos sobre las c de las columnas
7.17 de poner sobre las c de las columnas
7.18 los capiteles que estaban en las c de
7.22 puso en las c de las columnas tallado
7.41,42 dos capiteles..la c de las columnas
8.32 haciendo recaer su proceder sobre su c
2 R. 4.19 y dijo a su padre: ¡Ay, mi c, mi c!
6.25 la c de un asno se vendía por ochenta
6.31 si la c de Eliseo..queda sobre él hoy
6.32 este hijo de..envía a cortarme la c?
9.3 aceite, y derrámala sobre su c, y dí
9.6 y el otro derramó el aceite sobre su c
9.30 atavió su c, y se asomó a una ventana
10.6 las c de los hijos varones de vuestro
10.7 pusieron sus c en canastas, y se las
10.8 han traído las c de los hijos del rey
19.21 detrás de ti mueve su c la hija de
1 Cr. 7.40 fueron hijos de Aser, c de familias
10.9 despojaron, tomaron su c y sus armas
10.10 y colgaron la c en el templo de Dagón
11.6 derrote a los jebuseos será c y jefe
12.19 con peligro de nuestras c se pasará a
20.2 tomó..la corona de encima de la c del
20.2 corona..fue puesta sobre la c de David
23.3 levitas..el número..por sus c..38.000
23.24 contados..sus c, de 20 años arriba
24.4 de los hijos de Eleazar, 16 c de casas
2 Cr. 4.12 capiteles sobre las c de..columnas
5.9 se viesen las c de las barras del arca
6.23 haciendo recaer su proceder sobre su c
20.27 todo Judá..Josafat a la c..volvieron
Esd. 5.10 nombres de los..que estaban a la c
9.3 y arranqué pelo de mi c y de mi barba
9.6 se han multiplicado sobre nuestra c
Neh. 4.4 vuelve el baldón de ellos sobre su c
7.70 y algunos de los c de familias dieron
7.71 los c de familias dieron para el tesoro
8.13 se reunieron los c de las familias de
10.14 los c del pueblo: Paros, Pahat-moab
Est. 2.17 y puso la corona real en su c, y la
6.8 la corona real que está puesta en su c
6.12 se dio prisa para irse..cubierta su c
9.25 perverso designio..recayera sobre su c
Job 1.20 rasuró su c, y se postró en tierra
2.7 una sarna maligna..la coronilla de la c
2.12 los tres esparcieron polvo sobre sus c
10.15 y si fuere justo, no levantaré mi c
10.16 si mi c se alzare, cual león tú me
15.10 c canas..ancianos hay entre nosotros
16.4 yo podría..sobre vosotros mover mi c
16.15 cosí cilicio..y puse mi c en el polvo
19.9 mi gloria, y quitado la corona de mi c
20.6 su altivez..y su c tocare en las nubes
24.24 serán..y cortados como c de espigas
29.3 cuando hacía resplandecer sobre mi c su
41.7 ¿cortarás..arpón de pescadores su c?
Sal. 3.3 eres escudo..y el que levanta mi c
7.16 su iniquidad volverá sobre su c, y su
18.43 me has hecho c de las naciones; pueblo
21.3 corona de oro..has puesto sobre su c
22.7 estiran la boca, menean la c, diciendo
23.5 unges mi c con aceite; mi copa está
24.7,9 alzad, oh puertas, vuestras c, y
27.6 levantará mi c sobre mis enemigos que
38.4 iniquidades se han agravado sobre mi c
40.12 aumentado más que..cabellos de mi c
44.14 naciones; todos al verlos menean la c
60.7 Efraín es la fortaleza de mi c; Judá
66.12 hiciste cabalgar hombres..nuestra c
68.21 Dios herirá la c de sus enemigos, la
69.4 aumentado más que los cabellos de mi c
74.13 quebrantaste c de monstruos en las
74.14 magullaste las c del leviatán, y lo
83.2 rugen..y los que te aborrecen alzan c

CABEZA *(Continúa)*
Sal. 108.8 Efraín es la fortaleza de mi c; Judá
109.25 miraban, y burlándose meneaban su c
110.6 quebrantará las c en muchas tierras
110.7 beberá en..por lo cual levantará la c
118.22 piedra..ha venido a ser c del ángulo
133.2 es como el buen óleo sobre la c, el
140.7 pusiste a cubierto mi c en el día de
140.9 la maldad de sus..labios cubrirá su c
141.5 excelente bálsamo..no me herirá la c
Pr. 1.9 porque adorno de gracia serán a tu c
4.9 adorno de gracia dará a tu c; corona de
10.6 hay bendiciones sobre la c del justo
11.26 bendición será sobre la c del que lo
25.22 porque ascuas amontonarás sobre su c
Ec. 2.14 el sabio tiene sus ojos en su c, mas
9.8 vestidos, y nunca falte ungüento..tu c
Cnt. 2.6 su izquierda esté debajo de mi c, y
5.2 ábreme..porque mi c está llena de rocío
5.11 su c como oro finísimo; sus cabellos
7.5 tu c encima de ti, como el Carmelo; y
7.5 el cabello de tu c, como la púrpura del
8.3 su izquierda esté debajo de mi c, y su
Is. 1.5 toda c está enferma, y todo corazón
1.6 desde la planta del pie hasta la c no
2.2 será confirmado..como c de los montes
3.17 Señor raerá la c de las hijas de Sion
3.24 c rapada en lugar de la compostura del
7.8 la c de Siria es Damasco, y la c de
7.9 la c de Efraín es Samaria, y la c de
7.20 c y pelo de los pies, y aun la barba
9.14 y Jehová cortará de Israel c y cola
9.15 anciano y venerable de rostro es la c
15.2 toda c de ella será rapada, y..barba
19.15 cosa que haga la c o la cola, la rama
28.1,4 que está sobre la c del valle fértil
29.10 velo sobre las c de vuestros videntes
35.10 gozo perpetuo..sobre sus c..alegría
37.22 de ti mueve su c la hija de Jerusalén
51.11 Sion..gozo perpetuo habrá sobre sus c
58.5 incline su c como junco, y haga cama
59.17 con yelmo de salvación en su c; tomó
Jer. 2.37 de allí saldrás con tus..sobre tu c
9.1 si mi c se hiciese aguas, y mis ojos
13.18 la corona de..ha caído de vuestras c
13.21 él ponga como c sobre ti a aquellos
14.3 se confundieron, y cubrieron sus c
14.4 están confusos los..cubrieron sus c
18.16 pasare..se asombrará, y meneará la c
23.19 la tempestad..caerá sobre la c de los
30.23 tempestad..sobre la c de los impíos
31.7 dad voces de júbilo a la c de naciones
48.37 toda c será rapada, y toda barba raída
52.31 alzó la c de Joaquín rey de Judá y lo
Lm. 2.10 polvo sobre sus c..bajaron sus c a
2.15 movieron despectivamente sus c sobre la
3.54 aguas cubrieron mi c; yo dije: Muerto
5.16 cayó la corona de nuestra c; ¡ay ahora
Ez. 1.22 y sobre las c de los seres vivientes
1.22 cristal..extendido encima sobre sus c
1.25,26 la expansión que había sobre sus c
5.1 toma una navaja..hazla pasar sobre tu c
7.18 habrá vergüenza..sus c estarán rapadas
8.3 figura..me tomó por las guedejas de mi c
9.10 haré recaer el camino de..sobre sus..c
10.1 en la expansión que había sobre la c de
11.21 traigo su camino sobre sus propias c
13.18 hacen velos mágicos para la c de toda
16.12 joyas..y una hermosa diadema en tu c
16.25 en toda c de camino edificaste lugar
16.31 edificando..altos en toda c de camino
16.43 también traeré tu camino sobre tu c
17.19 el juramento..traeré sobre su misma c
22.31 volver el camino..sobre su propia c
23.15 tiaras de colores en sus c, teniendo
23.42 pusieron..bellas coronas sobre sus c
24.23 vuestros turbantes estarán sobre..c
27.30 polvo sobre sus c, y se revolcarán en
29.18 toda c ha quedado calva, y..espalda
32.27 y sus espadas puestas debajo de sus c
33.4 lo hiriere, su sangre será sobre su c
44.18 turbantes de lino tendrán sobre sus c
44.20 no se raparán su c, ni dejarán crecer
Dn. 1.10 condenaréis para con el rey mi c
2.32 la c de esta imagen era de oro fino
2.38 en tu mano..tú eres aquella c de oro
3.27 ni..cabello de sus c se había quemado
4.5 un sueño..visiones de mi c me turbaron
4.10,13 las visiones de mi c mientras estaba
7.1 tuvo..visiones de su c mientras estaba
7.6 tenía también esta bestia cuatro c
7.9 y el pelo de su c como lana limpia; su
7.15 y las visiones de mi c me asombraron
7.20 de los diez cuernos que tenía en su c
Jl. 3.4 haré yo recaer la paga..vuestra c
3.7 y volveré vuestra paga sobre vuestra c
Am. 2.7 pisotean en..las c de los desvalidos
6.7 irán a la c de los que van a cautividad
8.10 haré..que se rape toda c; y la volveré
9.1 y hazlos pedazos sobre la c de todos
Abd. 15 como..recompensa volverá sobre tu c
Jon. 2.5 me rodearon..el alga se enredó a mi c
4.6 para que hiciese sombra sobre su c, y
4.8 y el sol hirió a Jonás en la c, y se
Mi. 2.13 rey pasará..y a la c de ellos Jehová
Hab. 3.13 traspasaste la c..casa del impío
3.14 horadaste..las c de sus guerreros, que
Zac. 1.21 a Judá, tanto que ninguno alzó su c
3.5 dijo: Pongan mitra limpia sobre su c
3.5 y pusieron una mitra limpia sobre su c
6.11 pondrás en la c del..sacerdote Josué
Mt. 5.36 ni por tu c jurarás..un solo cabello
6.17 tú, cuando ayunes, unge tu c y lava tu
8.20 el Hijo..no tiene donde recostar su c
14.8 dame aquí en..la c de Juan el Bautista
14.11 y fue traída su c en un plato, y dada
21.42 piedra..ha venido a ser c del ángulo
26.7 y lo derramó sobre la c de él, estando
27.29 pusieron sobre su c una corona tejida
27.30 tomaban la caña y le golpeaban en la c
27.37 pusieron sobre su c su causa escrita
27.39 pasaban le injuriaban, meneando la c
Mr. 6.24 ¿qué pediré?..c de Juan el Bautista
6.25 me des en un..la c de Juan el Bautista
6.27 mandó que fuese traída la c de Juan
6.28 trajo su c en un plato y la dio a la
12.4 apedreándole, le hirieron en la c, y
12.10 piedra..ha venido a ser c del ángulo
14.3 quebrando el vaso..derramó sobre su c
15.19 le golpeaban en la c con una caña, y
15.29 injuriaban, meneando la c y diciendo
Lc. 7.46 no ungiste mi c con aceite; mas ésta
9.58 el Hijo..no tiene donde recostar la c
12.7 cabellos de vuestra c están contados
20.17 piedra..ha venido a ser c del ángulo?
21.18 ni un cabello de vuestra c perecerá
21.28 levantad vuestra c, porque vuestra
Jn. 13.9 Señor, no sólo mis pies, sino..la c
19.2 una corona de..la pusieron sobre su c
19.30 y habiendo inclinado la c, entregó el
20.7 sudario, que había estado sobre la c
Hch. 1.18 y cayendo de c, se reventó por la
4.11 la cual ha venido a ser c del ángulo
18.6 vuestra sangre sea sobre vuestra..c
18.18 habiéndose rapado la c en Cencrea
21.24 sus gastos para que se rasuren la c
27.34 ni aun un cabello de la c..perecerá
Ro. 12.20 ascuas de..amontonarás sobre su c
1 Co. 11.3 Cristo es la c de todo varón, y el
11.3 varón es la c de la mujer, y Dios la c
11.4 ora o..con la c cubierta, afrenta su c
11.5 que ore..la c descubierta, afrenta su c
11.7 el varón no debe cubrirse la c, pues él
11.10 tener señal de autoridad sobre su c
11.13 que la mujer ore..sin cubrirse la c?
12.21 ni tampoco la c a los pies: No tengo
Ef. 1.22 lo dio por c sobre todas las cosas a
4.15 crezcamos en todo en aquel que es la c
5.23 porque el marido es c de la mujer, así
5.23 así como Cristo es c de la iglesia, la
Col. 1.18 es la c del cuerpo que es la iglesia
2.10 es la c de todo principado y potestad
2.19 y no asiéndose de la C, en virtud de
1 P. 2.7 piedra..venido a ser la c del ángulo
Ap. 1.14 su c y sus cabellos eran blancos como
4.4 ancianos..con coronas de oro en sus c
9.7 en las c tenían como coronas de oro; sus
9.17 las c de los caballos..como c de leones
9.19 colas..tenían c, y con ellas dañaban
10.1 otro ángel..con el arco iris sobre su c
12.1 sobre su c una corona de doce estrellas
12.3 tenía siete c..en sus c siete diademas
13.1 bestia que tenía siete c y diez cuernos
13.1 tenía..sobre sus c, un nombre blasfemo
13.3 vi una de sus c como herida de muerte
14.14 tenía en la c una corona de oro, y en
17.3 bestia..que tenía siete c y diez cuernos
17.7 la cual tiene las siete c y los diez
17.9 las siete c son siete montes, sobre los
18.19 y echaron polvo sobre sus c, y dieron
19.12 y había en su c muchas diademas

CABEZAL
Mr. 4.38 estaba en la..durmiendo sobre un c

CABIDA
Jn. 8.37 mi palabra no halla c en vosotros

CABO
Gn. 8.3 retiraron las aguas al c de 150 días
8.6 al c de 40 días abrió Noé la ventana del
16.3 al c de diez años que había habitado
Dt. 19.5 el hacha..saltare el hierro del c
2 S. 15.7 al c de cuatro años, aconteció que
24.8 volvieron..al c de 9 meses y 20 días
2 R. 18.10 y la tomaron al c de tres años
2 Cr. 21.19 al c..los intestinos se le salieron
Neh. 13.6 al c de algunos días pedí permiso
Sal. 61.2 desde el c de la tierra clamaré a ti
Is. 7.4 a causa de estos dos c de tizón que
Jer. 34.14 al c de siete años dejará cada uno
42.7 c de diez días vino palabra de Jehová
Ez. 3.16 al c de los 7 días vino a mí palabra
38.8 c de años vendrás a la tierra salvada
38.16 al c de los días; y te traeré sobre mi
39.14 al c de siete meses..reconocimiento
Dn. 1.15 c de los diez días pareció el rostro
4.29 al c de doce meses, paseando..palacio
11.6 al c de años harán alianza, y la hija
11.13 al c de algunos años vendrá..ejército
11.40 c del tiempo el rey del sur contenderá
Hch. 24.27 al c de dos años recibió Félix por
2 Co. 8.11 llevad también a c el hacerlo, para

CABÓN *Aldea en Judá, cerca de Laquis,* Jos. 15.40

CABRA
Gn. 15.9 y una c de tres años, y un carnero
27.9 tráeme..dos buenos cabritos de las c
30.32 las..salpicadas de color entre las c
30.33 la que no fuere..ni manchada en las c
30.35 Labán apartó..todas las c manchadas
31.38 tus ovejas y tus c nunca abortaron
32.14 doscientas c y veinte machos cabríos
37.31 ellos..degollaron un cabrito de las c
38.17 te enviaré del..un cabrito de las c
38.20 y Judá envió el cabrito de las c por
Éx. 12.5 lo tomaréis de las ovejas o de las c
25.4 púrpura, carmesí, lino fino, pelo de c
26.7 harás asimismo cortinas de pelo de c
35.6 púrpura, carmesí, lino fino, pelo de c
35.23 tenía..pelo de c, pieles de carneros
35.26 todas las mujeres..hilaron pelo de c
36.14 cortinas de pelo de c para una tienda
Lv. 1.10 fuere del rebaño, de las ovejas o..c
3.12 si..c su ofrenda, la ofrecerá delante
4.28 su ofrenda una c, una c sin defecto
5.6 traerá..una c como ofrenda de expiación
7.23 ninguna grosura de..ni de c comeréis
17.3 que degollare buey o cordero o c, en el
22.19 entre los corderos, o de entre las c
22.27 c, cuando naciere, siete días estará
Nm. 15.27 por yerro, ofrecerá una c de un año
18.17 y el primogénito de c, no redimirás
31.20 purificaréis..toda obra de pelo de c
Dt. 14.4 podréis comer..buey, la oveja, la c
14.5 la c montés, el íbice, el antílope y el
1 S. 19.13 almohada de pelo de c y la cubrió
19.16 una almohada de pelo de c a su cabecera
24.2 por..de los peñascos de las c monteses
25.2 rico, y tenía tres mil ovejas y mil c
1 R. 20.27 Israel..como dos rebañuelos de c
Job 39.1 tiempo en que paren las c monteses?
Sal. 104.18 montes altos para las c monteses
Pr. 27.27 leche de..c para tu mantenimiento
Cnt. 4.1; 6.5 tus cabellos como manada de c
Is. 13.21 casas..allí saltarán las c salvajes
34.14 y la c salvaje gritará a su compañero
He. 11.37 cubiertos de pieles de ovejas y de c

CABRAHIGO
1 R. 10.27 los cedros como c de la Sefela en
2 Cr. 1.15; 9.27 cedro como c de la Sefela
Is. 9.10 cortaron los c, pero en su lugar

CABRÍO
Gn. 30.35 Labán apartó aquel día los machos c
32.14 doscientas cabras y veinte machos c
Lv. 4.23 presentará..un macho c sin defecto
4.24 su mano sobre la cabeza del macho c
9.3 tomad un macho c para expiación, y un
9.15 el macho c que era para la expiación
10.16 preguntó por el macho c..expiación
16.5 tomará dos machos c para expiación, y
16.7 tomará los dos machos c y..presentará
16.8 echará suertes..sobre los dos machos c
16.9,10 el macho c sobre el cual cayere la
16.15 degollará el macho c en expiación por
16.18 tomará de..y de la sangre del macho c
16.20 acabado..hará traer el macho c vivo
16.21 dos manos sobre la cabeza del macho c
16.21 poniéndolos así sobre la..del macho c
16.22 aquel macho c llevará sobre sí todas
16.22 dejará ir al macho c por el desierto
16.26 hubiere llevado el macho c a Azazel
16.27 y el macho c inmolados por el pecado
23.19 ofreceréis..un macho c por expiación
Nm. 7.16,22,28,34,40,46,52,58,64,70,76,82 un macho c para expiación
7.17,23,29,35,41,47,53,59,65,71,77,83 cinco machos c y cinco corderos
7.87 y doce los machos c para expiación
7.88 sesenta..machos c, y sesenta..corderos
15.24; 28.15 un macho c en expiación
28.22 c por expiación, para reconciliaros
28.30 y un macho c para hacer expiación por
29.5,11,16,19,22,25,28,31,34,38 un macho c por expiación
Dt. 32.14 carneros de Basán; también machos c
2 Cr. 17.11 siete mil setecientos machos c
29.21 siete machos c para expiación por el
29.23 hicieron acercar..los machos c para
Esd. 6.17; 8.35 doce machos c en expiación
Sal. 50.9 no tomaré de tu casa..ni machos c
66.15 te ofreceré en sacrificio..machos c
Pr. 30.31 ceñido de lomos..el macho c; y el
Is. 1.11 no quiero sangre de..ni de machos c
34.6 engrasada está de grosura..de machos c
Jer. 50.8 como los machos c que van delante
51.40 al matadero, como carneros y machos c

CABRÍO *(Continúa)*
Ez. 27.21 traficaban contigo en. . y machos *c*
34.17 yo juzgo. . entre carneros y machos *c*
39.18 comeréis carne. . machos *c*, de bueyes
43.22 día ofrecerás un macho *c* sin defecto
43.25 sacrificarán un macho *c* cada día en
45.23 y por el pecado un macho *c* cada día
Dn. 8.5 macho *c* venía del lado del poniente
8.5 y aquel macho *c* tenía un cuerno notable
8.8 el macho *c* se engrandeció notablemente
8.21 el macho *c* es el rey de Grecia, y el
He. 9.12 y no por sangre de machos *c* ni de
9.13 sangre de los toros y de los machos *c*
9.19 tomó la sangre de los. . machos *c*, con
10.4 la sangre de. . machos *c* no puede quitar

CABRITO
Gn. 27.9 tráeme. . dos buenos *c* de las cabras
27.16 cubrió sus. . con las pieles de los *c*
37.31 y degollaron un *c* de las cabras, y
38.17 yo te enviaré del ganado un *c* de las
38.20 y Judá envió el *c* de las cabras por
38.23 he enviado este *c*, y tú no la hallaste
Éx. 23.19; 34.26 el *c* en la leche de su madre
Nm. 15.11 se hará con cada buey, o carnero. . *c*
Dt. 14.21 no cocerás el *c* en la leche de su
Jue. 6.19 y entrando Gedeón, preparó un *c*, y
13.15 te ruego nos. . y te prepararemos un *c*
13.19 Manoa tomó un *c* y una ofrenda, y los
14.6 al león como quien despedaza un *c*, sin
15.1 que. . Sansón visitó a su mujer con un *c*
1 S. 10.3 tres hombres. . llevando uno tres *c*
16.20 y tomó Isaí. . un *c*, y lo envió a Saúl
2 Cr. 35.7 dio el rey Josías. . corderos y *c* de
Pr. 27.26 y los *c* para el precio del campo
Cnt. 1.8 apacienta tus *c* junto a las cabañas
Is. 11.6 y el leopardo con el *c* se acostará
Mt. 25.32 aparta el pastor. . ovejas de los *c*
25.33 a su derecha, y los *c* a su izquierda
Lc. 15.29 y nunca me has dado ni un *c* para

CABSEEL *Ciudad en Judá*, **Jos. 15.21; 2 S. 23.20; 1 Cr. 11.22**

CABUL
1. *Población en Aser*, **Jos. 19.27**
2. *Distrito en Galilea*, **1 R. 9.13**

CACHO
Cnt. 4.3; 6.7 tus mejillas, como *c* de granada

CACHORRO
Gn. 49.9 *c* de león, Judá; de la presa subiste
Dt. 33.22 es *c* de león que salta desde Basán
2 S. 17.8 la osa. . cuando le han quitado sus *c*
Sal. 91.13 hollarás al *c* del león y al dragón
Pr. 17.12 una osa a la cual han robado sus *c*
19.12 rugido de *c* de león es la ira del rey
20.2 como rugido de *c* de león es el terror
Is. 31.4 el león y el *c* de león ruge sobre la
Jer. 2.15 los *c* del león rugieron contra él
51.38 rugirán como leones; como *c* de leones
Lm. 4.3 aun los chacales. . amamantan a sus *c*
Ez. 19.2 entre los leoncillos crio sus *c*
19.3 e hizo subir uno de sus *c*; vino a ser
19.5 tomó otro. . *c*, y lo puso por leoncillo
Os. 5.14 y como *c* de león a la casa de Judá
Mi. 5.8 como el *c* del león entre las manadas
Nah. 2.11 de la majada de los *c* de los leones
2.11 donde se recogía el. . y los *c* del león
2.12 arrebataba en abundancia para sus *c*, y
Zac. 11.3 estruendo de rugidos de *c* de leones

CADÁVER
Lv. 5.2 *c* de bestia inmunda, o *c* de animal
5.2 o *c* de reptil inmundo, bien que no lo
11.25,28 llevare. . sus *c* lavará sus vestidos
11.27,39 tocare sus *c* será inmundo hasta
11.35 sobre que cayere algo del *c* de ellos
11.36 hubiere tocado en los *c* será inmundo
11.37 si cayere algo de los *c* sobre alguna
11.38 y cayere algo de los *c* sobre ella, la
22.4 el que tocare cualquiera cosa de *c*, o
Nm. 19.11 el que tocare *c*. . inmundo siete días
19.13 que tocare *c* de cualquier persona, y
19.16 tocare algún muerto. . algún *c*, o hueso
Dt. 28.26 tus *c* servirán de comida a toda ave
2 R. 13.21 y arrojaron el *c* en el sepucro de
2 Cr. 20.25 hallaron entre los *c*. . riquezas
Job 39.30 y donde hubiere *c*, allí está ella
Sal. 110.6 juzgará. . naciones, las llenará de *c*
Is. 5.25 sus *c* fueron arrojados en medio de
26.19 sus *c* resucitarán. ¡Despertad y cantad
34.3 y de sus *c* se levantará hedor; y los
66.24 y verán los *c* de los hombres que se
Jer. 16.18 contaminaron mi tierra con los *c*
Ez. 32.5 montes, y llenaré los valles de tus *c*
Nah. 3.3 multitud de *c*; *c* sin fin, y en sus *c*
Ap. 11.8 sus *c* estarán en la plaza de. . ciudad
11.9 verán sus *c* por tres días y medio, y

CADEMOT *Ciudad de los levitas en Rubén*, **Dt. 2.26; Jos. 13.18; 21.37; 1 Cr. 6.79**

CADENA
Éx. 35.22 trajeron *c* y zarcillos, anillos y
Nm. 31.50 ofrecido. . anillos, zarcillos y *c*
Jue. 16.21 le ataron con *c* para que moliese en
1 R. 6.21 cerró la entrada del santuario con *c*
7.17 había unos cordones a manera de *c*, para
2 R. 25.7 atado con *c* lo llevaron a Babilonia
2 Cr. 3.5 e hizo realzar en ella palmeras y *c*
3.16 hizo. . *c* en el santuario, y las puso
3.16 cien granadas, las cuales puso en las *c*
33.11 y atado con *c* lo llevaron a Babilonia
36.6 rey. . lo llevó a Babilonia atado con *c*
Job 12.18 él rompe las *c* de los tiranos, y les
Sal. 149.8 reyes. . sus nobles con *c* de hierro
Ec. 12.6 antes que la *c* de plata se quiebre
Is. 40.19 el platero le. . y le funde *c* de plata
Jer. 40.1 atado con *c* entre todos los cautivos
40.4 te he soltado hoy de las *c* que tenías
Lm. 3.7 me cercó. . ha hecho más pesadas mis *c*
Ez. 7.23 una *c*, porque la tierra está llena de
19.9 lo llevaron con *c*, y lo llevaron al rey
Mr. 5.3 y nadie podía atarle, ni aun con *c*
5.4 atado con grillos y *c*, mas las *c* habían
Lc. 8.29 le ataban con *c*. . pero rompiendo las *c*
Hch. 12.6 sujeto con dos *c*, y los guardas
12.7 y las *c* se le cayeron de las manos
16.26 puertas, y las *c* de todos se soltaron
21.33 le mandó atar con dos *c*, y preguntó
22.30 le soltó de las *c*, y mandó venir a
26.29 tales cual yo soy, excepto estas *c*!
28.20 por la esperanza. . sujeto con esta *c*
Ef. 6.20 por el cual soy embajador en *c*; que
2 Ti. 1.16 confortó, y no se avergonzó. . *c*
Ap. 20.1 a un ángel. . y una gran *c* en la mano

CADERA
Gn. 32.31 le salió el sol; y cojeaba de su *c*
Jue. 15.8 hirió *c* y muslo con gran mortandad

CADES *Ciudad en la frontera sur de Judá (=Cades-barnea)*
Gn. 14.7 y vinieron a En-mispat, que es *C*, y
16.14 al pozo. . He aquí está entre *C* y Bered
20.1 acampó entre *C* y Shur, y habitó como
Nm. 13.26 el desierto de Parán, en *C*, y dieron
20.1 acampó el pueblo en *C*. . murió María
20.14 envió Moisés embajadores al. . desde *C*
20.16 he aquí estamos en *C*, ciudad cercana
20.22 y partiendo de *C* los hijos de Israel
27.14 son las aguas de la rencilla de *C* en
33.36 acamparon en el desierto de. . que es *C*
33.37 salieron de *C* y acamparon en el monte
Dt. 1.46 estuvisteis en *C* por muchos días, los
32.51 en las aguas de Meriba de *C*, en el
Jue. 11.16 Israel subió de Egipto. . llegó a *C*
11.17 se quedó, por tanto, Israel en *C*
Sal. 29.8 hace temblar Jehová el desierto de *C*
Ez. 47.19 *C* y el arroyo hasta el Mar Grande
48.28 y desde *C* y el arroyo hasta el Mar

CADES-BARNEA *=Cades y En-Mispat*
Nm. 32.8 los envié desde *C* para que viesen la
34.4 se extenderá del sur a *C*; y continuará
Dt. 1.2 once jornadas hay desde Horeb. . hasta *C*
1.19 de Horeb, anduvimos. . llegamos hasta *C*
2.14 anduvimos de *C* hasta cuando pasamos el
9.23 envió desde *C*, diciendo: Subid y poseed
Jos. 10.41 los hirió Josué desde *C* hasta Gaza
14.6 sabes lo que Jehová dijo a Moisés en *C*
14.7 me envió de *C* a reconocer la tierra
15.3 subiendo por el sur hasta *C*, pasaba a

CADMIEL
1. *Levita, padre de una familia que regresó del exilio con Zorobabel*, **Esd. 2.40; Neh. 7.43**
2. *Varón de Judá que con sus hijos ayudó en la reconstrucción del templo*, **Esd. 3.9**
3. *Levita en tiempo de Nehemías*, **Neh. 9.4,5; 10.9; 12.8,24**

CADMONEOS *Tribu en Arabia al oriente de Palestina*, **Gn. 15.19**

CADUCA
Is. 28.1,4 de la flor *c* de la hermosura de

CAER
Gn. 2.21 hizo *caer* sueño profundo sobre Adán
14.10 cuando huyeron. . algunos *cayeron* allí
14.15 y *cayó* sobre ellos de noche, él y sus
15.12 de una grande oscuridad *cayó* sobre él
49.17 Dan. . hace *caer* hacia atrás al jinete
Éx. 9.19 el granizo *caerá* sobre él, y morirá
9.33 la lluvia no *cayó* más sobre la tierra
15.16 *caiga* sobre ellos temblor y espanto
16.12 al *caer* la tarde comeréis carne, y por
19.21 no traspase. . *caerá* multitud de ellos
21.18 éste no muriere, pero *cayere* en cama
21.33 no la cubriere, y *cayere* allí buey o
23.5 vieres el asno del que te aborrece *caído*
32.28 *cayeron* del pueblo en aquel día como
Lv. 6.27 lavarás aquello sobre que *cayere*, en
11.32 aquello sobre que *cayere* algo de ellos
11.33 toda vasija. . dentro de la cual *cayere*
11.34 todo alimento. . sobre el cual *cayere*
11.35 sobre que *cayere* algo del cadáver de
11.37,38 *cayere* algo de los cadáveres sobre
13.40 cuando. . le *cayere* el cabello, es calvo
13.41 y si hacia su frente se le *cayere* el
15.17 piel sobre la cual *cayere* la emisión
16.9,10 sobre el cual *cayere* la suerte por
19.10 tu viña, ni recogerás el fruto *caído*
26.7 y *caerán* a espada delante de vosotros
26.8 vuestros enemigos *caerán* a. . de espada
26.36 y *caerán* sin que nadie los persiga
Nm. 5.21 tu muslo *caiga* y que tu vientre se
5.22 y hagan hinchar tu vientre y *caer* tu
5.27 vientre se hinchará y *caerá* su muslo
14.3 por qué nos trae. . para *caer* a espada
14.29 este desierto *caerán* vuestros cuerpos
14.32 vuestros cuerpos *caerán* en. . desierto
14.43 cananeo están allí. . *caeréis* a espada
15.31 cortada. . su iniquidad *caerá* sobre ella
24.4,16 oyó. . *caído*, pero abiertos los ojos
33.54 donde le *cayere* la suerte. . la tendrá
34.2 la tierra que os ha de *caer* en herencia
35.23 sin verlo hizo *caer* sobre él. . piedra
Dt. 17.7 mano de los testigos *caerá* primero
22.4 el asno. . o su buey, *caído* en el camino
22.8 culpa de sangre. . si de él *cayere* alguno
23.11 al *caer* la noche se lavará con agua
28.40 no te ungirás. . tu aceituna se *caerá*
28.52 pondrá sitio a. . que *caigan* tus muros
Jos. 2.9 el temor de vosotros ha *caído* sobre
6.5 gritará. . y el muro de la ciudad *caerá*
7.6 Josué. . se postró. . hasta *caer* la tarde
8.24 y todos habían *caído* a filo de espada
8.25 el número de los que *cayeron*. . doce mil
8.29 al rey de Hai lo colgó. . *caer* la noche
10.26 quedaron colgados. . hasta *caer* la noche
21.4 la suerte *cayó* sobre las familias de
Jue. 3.25 su señor *caído* en tierra, muerto
4.16 todo el ejército. . *cayó* a filo de espada
5.27 *cayó* encorvado entre. . entre sus pies *c*
5.27 donde se encorvó, allí *cayó* muerto
7.13 golpeó. . manera que *cayó*. . la tienda *c*
8.10 pues habían *caído* 120.000 hombres que
9.33 y por la mañana. . *cae* sobre la ciudad
9.40 *cayeron* heridos muchos hasta. . la puerta
9.53 una mujer dejó *caer*. . rueda de molino
15.14 las ataduras se *cayeron* de sus manos
15.18 *caeré* en mano de los incircuncisos?
16.30 se inclinó. . y *cayó* la casa sobre los
19.26 la mujer. . *cayó* delante de la puerta
20.39 han *caído* delante de nosotros, como
20.44 *cayeron* de Benjamín 18.000 hombres
Rt. 2.16 dejaréis. . *caer*. . algo de los manojos
1 S. 3.19 dejó *caer*. . ninguna de sus palabras
4.10 pues *cayeron* de Israel 30.000 hombres
4.18 *cayó* hacia atrás de la silla al lado
5.4 que Dagón había *caído* postrado en tierra
11.7 y *cayó* temor de Jehová sobre el pueblo
14.13 a los que *caían*. . su paje. . los mataba
14.24 que coma pan antes de *caer* la noche
14.41 y la suerte *cayó* sobre Jonatán y Saúl
14.42 echad. . y la suerte *cayó* sobre Jonatán
14.45 no ha de *caer* un cabello de su cabeza
17.49 hirió. . *cayó* sobre su rostro en tierra
17.52 y *cayeron* los heridos de los filisteos
18.25 hacer *caer* a David en manos de los
26.12 un profundo sueño. . *caído* sobre ellos
26.20 no *caiga*. . ahora mi sangre en tierra
28.20 Saúl *cayó* en tierra cuan grande era
31.1 *cayeron* muertos en el monte de Gilboa
2 S. 1.4 también muchos del pueblo *cayeron* y
1.12 porque habían *caído* a filo de espada
1.19,25,27 ¡cómo han *caído* los valientes!
1.21 rocío ni lluvia *caiga* sobre vosotros
2.16 *cayeron* a una; por lo que fue llamado
2.23 *cayó* allí, y murió en aquel mismo sitio
2.23 que venían por. . donde Asael había *caído*
3.29 *caiga* sobre la cabeza de Joab, y sobre
3.34 *caíste* como los que *caen* delante de
3.38 un príncipe y. . ha *caído* hoy en Israel?
4.4 huyó. . se le *cayó* el niño y quedó cojo
6.7 *cayó* allí muerto junto al arca de Dios
11.2 sucedió un día, al *caer* la tarde, que
11.17 y *cayeron* algunos. . siervos de David
14.11 no *caerá* ni un cabello de la cabeza
17.2 *caeré* sobre él mientras está cansado
17.9 y si al principio *cayeren* algunos de
17.12 *caeremos*. . como cuando el rocío *cae*
18.7 *cayó* el pueblo de Israel delante de los
20.8 una daga. . se le *cayó* cuando él avanzó
20.10 *cayó* muerto sin darle. . segundo golpe
21.22 los cuales *cayeron* por mano de David
22.39 los heriré. . *caerán* debajo de mis pies
24.14 *caigamos* ahora en mano de Jehová
24.14 mas no *caiga* yo en manos de hombres
1 R. 1.52 uno de sus cabellos *caerá* en tierra
14.1 Abías hijo de Jeroboam *cayó* enfermo
17.17 *cayó* enfermo el hijo del ama de la
18.38 *cayó* fuego de Jehová, y consumió el
20.30 y el muro *cayó* sobre 27.000 hombres
22.20 que suba y *caiga* en Ramot de Galaad?

CAER ***(Continúa)***
2 R. 1.2 Ocozías *cayó* por la ventana de una
2.13,14 el manto de Elías que. .había *caído*
6.5 se le *cayó* el hacha en el agua; y gritó
6.6 el varón de Dios preguntó: ¿Dónde *cayó?*
9.24 Jehú. .hirió a Joram. .*cayó* en su carro
10.10 que de la palabra. .nada *caerá* en tierra
14.10 mal, para que *caigas* tú y Judá contigo?
14.12 Judá *cayó* delante de Israel, y huyeron
19.7 y haré que en su tierra *caiga* a espada
20.1 Ezequías *cayó* enfermo. .y vino. .Isaías
20.12 oído que Ezequías había *caído* enfermo
1 Cr. 5.10 los agarenos. .*cayeron* en su mano
5.22 *cayeron* muchos. .la guerra era de Dios
10.1 *cayeron* heridos en el monte de Gilboa
19.16,19 viendo los sirios que habían *caído*
20.8 los cuales *cayeron* por mano de David y
21.13 que yo *caiga* en la mano de Jehová
21.13 pero que no *caiga* en manos de hombres
26.14 para la del oriente *cayó* a Selemías
2 Cr. 13.17 *cayeron* heridos. .500.000 hombres
14.13 *cayeron* los etíopes hasta no quedar
14.14 el terror de Jehová *cayó* sobre ellas
17.10 *cayó* el pavor de Jehová sobre todos
18.19 que suba y *caiga* en Ramot de Galaad?
20.29 pavor de Dios *cayó* sobre todos los
25.8 si vas así. .Dios te hará *caer* delante
25.19 provocas un mal en que puedas *caer*
25.22 *cayó* Judá delante de Israel, y huyó
29.9 nuestros padres han *caído* a espada, y
32.5 edificó Ezequías. .los muros *caídos*, e
34.21 grande es la ira. .que ha *caído* sobre
Neh. 4.12 decían. .ellos *caerán* sobre vosotros
Est. 6.13 delante de quien. .comenzado a *caer*
6.13 sino que *caerás*. .cierto delante de él
7.8 Amán había *caído* sobre el lecho en que
8.17 temor de los judíos había *caído* sobre
9.2 temor de ellos había *caído* sobre todos
9.3 el temor de Mardoqueo había *caído* sobre
Job 1.16 fuego de Dios *cayó* del cielo, que
1.19 la casa, la cual *cayó* sobre los jóvenes
4.13 cuando el sueño *cae* sobre los hombres
13.11 su pavor habría de *caer* sobre vosotros
14.18 monte que *cae* se deshace, y las peñas
16.11 las manos de los impíos me hizo *caer*
18.20 y pavor *caerá* sobre los de oriente
30.30 mi piel se ha ennegrecido y se me *cae*
31.22 mi espalda se *caiga* de mi hombro, y
33.15 cuando el sueño *cae* sobre los hombres
Sal. 1.3 fruto en su tiempo, y su hoja no *cae*
5.10 *caigan* por sus mismos consejos; por la
7.15 ha cavado. .en el hoyo que hizo *caerá*
7.16 y su agravio *caerá* sobre su. .coronilla
9.3 enemigos. .*cayeron* y perecieron delante
10.10 y *caen* en sus fuertes garras muchos
16.6 las cuerdas me *cayeron* en lugares
18.38 los herí. .*cayeron* debajo de mis pies
20.8 ellos flaquean y *caen*, mas nosotros
27.2 enemigos. .ellos tropezaron y *cayeron*
35.8 red. .con quebrantamiento *caiga* en ella
36.12 *cayeron* los hacedores de iniquidad
37.24 cuando. .*cayere*, no quedará postrado
38.2 porque tus saetas *cayeron* sobre mí, y
38.17 pero yo estoy a punto de *caer*, y mi
41.8 *cayó* en cama no volverá a levantarse
45.5 saetas agudas, con que *caerán* pueblos
55.4 terrores de muerte sobre mí han *caído*
55.22 no dejará para siempre *caído* al justo
56.13 has librado. .mis pies de *caída*, para
57.6 en medio de él han *caído* ellos mismos
63.9 *caerán* en los sitios bajos de la tierra
64.8 sus propias lenguas los harán *caer*
69.9 los denuestos de los. .*cayeron* sobre mí
73.18 puesto. .en asolamientos los harás *caer*
78.28 las hizo *caer* en medio del campamento
78.64 sus sacerdotes *cayeron* a espada, y sus
82.7 como cualquiera de. .príncipes *caeréis*
91.7 *caerán* a tu lado mil, y diez mil a tu
105.38 su terror había *caído* sobre ellos
107.12 *cayeron*, y no hubo quien los ayudase
118.13 me empujaste. .para que *cayese;* pero
140.10 *caerán* sobre ellos brasas. .el fuego
141.10 *caigan* los impíos a una en sus redes
145.14 sostiene Jehová a todos los que *caen*
146.8 Jehová levanta a los *caídos;* Jehová
Pr. 1.12 y enteros, como los que *caen* en un
4.16 pierden el sueño si no han hecho *caer*
6.3 y líbrate, ya que has *caído* en la mano
7.26 a muchos ha hecho *caer* heridos, y aun
10.8 el sabio. .mas el necio de labios *caerá*
11.5 mas el impío por su impiedad *caerá*
11.14 donde no hay dirección sabia, *caerá* el
11.28 el que confía en sus riquezas *caerá*
17.20 el que revuelve con. .*caerá* en el mal
19.15 la pereza hace *caer* en profundo sueño
22.14 Jehová estuviere airado *caerá* en ella
24.16 *cae* el justo, y vuelve a levantarse
24.16 mas los impíos *caerán* en el mal
24.17 *cayere* tu enemigo, no te regocijes
25.26 es el justo que *cae* delante del impío
26.27 el que cava foso *caerá* en él; y al que
28.10 hace errar a. .*caerá* en su misma fosa
28.14 endurece su corazón *caerá* en el mal
28.18 mas el de perversos caminos *caerá* en

Ec. 4.10 si *cayeren*, el uno levantará a su
4.10 cuando *cayere*, no habrá segundo que lo
9.12 el tiempo malo, cuando *cae* de repente
10.8 el que hiciere hoyo *caerá* en él; y al
10.18 por la pereza se *cae* la techumbre, y
11.3 si el árbol *cayere* al sur. .allí quedará
11.3 el lugar que el árbol *cayere*. .quedará
Is. 1.30 encina a la que se le *cae* la hoja, y
3.8 arruinada. .Jerusalén, y Judá ha *caído*
3.25 varones *caerán* a espada, y tu fuerza
8.14 por tropezadero para *caer*, y por lazo
8.15 muchos. .*caerán*, y serán quebrantados
9.8 el Señor envió palabra. .y *cayó* en Israel
9.10 ladrillos *cayeron*, pero edificaremos de
10.4 sin mí se. .y entre los muertos *caerán*
10.34 cortará. .el Líbano *caerá* con estruendo
13.15 por ellos sea tomado, *caerá* a espada
14.12 ¡cómo *caíste* del cielo, oh Lucero
16.9 sobre tu siega *caerá* el grito de guerra
21.9 después habló y dijo: *Cayó, c* Babilonia
22.25 el clavo. .será quebrado y *caerá*, y la
24.4 *cayó* la tierra; enfermó, *c* el mundo
24.18 que huyere de la voz del terror *caerá*
24.20 ella. .*caerá*, y nunca más se levantará
26.18 ni *cayeron* los moradores del mundo
28.13 hasta que vayan y *caigan* de espaldas
30.25 matanza, cuando *caerán* las torres
31.3 *caerá* el ayudador y *c* el ayudado, y
31.8 *caerá* Asiria por espada no de varón, y
32.19 y cuando *caiga* granizo, *caerá* en los
34.4 *caerá*. .como se *cae* la hoja de la parra
34.4 parra, y como se *cae* la de la higuera
34.7 con ellos *caerán* búfalos, y toros con
40.15 como la gota de agua que *cae* del cubo
40.30 se cansan, los jóvenes flaquean y *caen*
43.17 *caen* juntamente para no levantarse
47.11 *caerá* sobre ti quebrantamiento, el cual
54.15 el que contra ti conspirare. .*caerá*
64.6 *caímos* todos nosotros como la hoja, y
Jer. 3.12 dice. .no haré *caer* mi ira sobre ti
6.4 ¡ay de nosotros! que va *cayendo* ya el día
6.15 por tanto, *caerán* entre los que *caigan*
6.15 cuando los castigue *caerán*, dice Jehová
6.21 *caerán* en ellos los padres y los hijos
8.4 el que *cae*, ¿no se levanta? El que se
8.12 *caerán*, por tanto, entre los que *caigan*
8.12 cuando los castigue *caerán*, dice Jehová
8.13 no quedarán uvas. .y se *caerá* la hoja
9.22 cuerpos de los hombres muertos *caerán*
13.18 la corona de vuestra gloria ha *caído*
15.8 hice que de repente *cayesen* terrores
19.7 les haré *caer* a espada delante de sus
20.4 *caerán* por la espada de sus enemigos
23.12 oscuridad; serán empujados, y *caerán*
23.19 tempestad. .*caerá* sobre la cabeza de
25.27 y vomitad, y *caed*, y no os levantéis
25.34 seáis degollados. .y *caeréis* como vaso
37.20 *caiga* ahora mi súplica delante de ti
39.18 no *caerás* a espada, sino que tu vida
44.12 *caerán* a espada, y serán consumidos
46.6 al norte junto a. .tropezaron y *cayeron*
46.12 tropezó contra valiente, y *cayeron*
46.16 multiplicó los *caídos*, y cada uno *cayó*
48.44 el que huyere del miedo *caerá* en el
49.26 sus jóvenes *caerán* en sus plazas, y
50.15 han *caído* sus cimientos, derribados
50.30 sus jóvenes *caerán* en sus plazas, y
50.32 el soberbio tropezará y *caerá*, y no
51.8 en un momento *cayó* Babilonia, y se
51.35 sobre Babilonia *caiga* la violencia
51.35 sangre *caiga* sobre los moradores de
51.44 juzgaré. .y el muro de Babilonia *caerá*
51.47 sus muertos *caerán* en medio de ella
51.49 *caerá* Babilonia, como. .*cayeron* los
Lm. 1.7 *cayó* su pueblo en mano del enemigo
2.21 mis vírgenes y mis jóvenes *cayeron* a
3.65 corazón; tu maldición *caiga* sobre ellos
5.16 *cayó* la corona de nuestra cabeza; ¡ay
Ez. 5.12 y una tercera parte *caerá* a espada
6.4 que *caigan* vuestros muertos delante de
6.7 los muertos *caerán* en medio de vosotros
6.11 y con hambre y con pestilencia *caerán*
6.12 el que esté cerca *caerá* a espada, y el
11.10 a espada *caeréis;* en los límites de
12.13 yo extenderé mi red. .y *caerá* preso en
13.11 dí a los recubridores con. .que *caerá*
13.11 piedras de granizo que la hagan *caer*
13.12 cuando la pared haya *caído*, ¿no os
13.14 *caerá*, y seréis consumidos en medio
17.21 todos sus fugitivos. .*caerán* a espada
21.12 *caerán* ellos a espada. .con mi pueblo
23.25 y lo que te quedare *caerá* a espada
24.21 y vuestros hijos y. .*caerán* a espada
25.13 Temán hasta Dedán *caerán* a espada
26.11 tus fuertes columnas *caerán* a tierra
27.27 *caerán* en medio de los mares el día
27.34 toda tu compañía *caerán* en medio de
28.23 *caerán* muertos en medio de ella, con
29.5 tus ríos; sobre la faz del campo *caerás*
30.4 miedo. .cuando *caigan* heridos en Egipto
30.5 Fut. .*caerán* con ellos a filo de espada
30.6 *caerán* los que sostienen a Egipto, y la
30.6 la altivez de su poderío *caerá;* desde
30.6 desde Migdol hasta Sevene *caerán* en él

30.17 los jóvenes. .*caerán* a filo de espada
30.22 que la espada se le *caiga* de la mano
30.25 los brazos de Faraón *caerán;* y sabrán
31.12 sus ramas *caerán* sobre los montes y
32.12 con espadas de. .haré *caer* tu pueblo
32.20 entre los muertos a espada *caerá;* a la
32.22,23,24 ellos *cayeron* muertos a espada
32.27 no yacerán con los fuertes. .*cayeron*
33.27 en aquellos lugares asolados *caerán* a
35.8 en tus valles. .*caerán* muertos a espada
36.3 os ha hecho *caer* en boca de habladores
38.20 los vallados *caerán*, y todo muro *caerá*
39.4 sobre los montes de Israel *caerás* tú
39.5 sobre la faz del campo *caerás;* porque
39.23 los entregué. .y *cayeron* todos a espada
40.31,34 sus arcos *caían* afuera al atrio
40.37 sus postes *caían* afuera al atrio, con
47.12 sus hojas nunca *caerán*, ni faltará su
Dn. 3.23 *cayeron* atados dentro del horno de
7.20 delante del cual habían *caído* tres
8.18 *caí* dormido en tierra sobre mi rostro
9.11 ha *caído* sobre nosotros la maldición y
10.9 al oir. .*caí* sobre mi rostro en. .sueño
11.14 se levantarán para. .pero ellos *caerán*
11.19 tropezará y *caerá*, y no será hallado
11.26 destruido, y *caerán* muchos muertos
11.33 por algunos días *caerán* a espada y a
11.35 algunos de los sabios *caerán* para ser
11.41 entrará a. .y muchas provincias *caerán*
Os. 4.5 *caerás* por tanto en el día. .destruiré
4.5 *caerá*. .contigo el profeta de noche
4.14 por. .el pueblo sin entendimiento *caerá*
7.7 *cayeron* todos sus reyes; no hay entre
7.12 les haré *caer* como aves del cielo; les
7.16 *cayeron* sus príncipes a espada por la
10.8 y a los collados: *Caed* sobre nosotros
11.6 *caerá* espada sobre sus ciudades. .aldeas
13.16 Samaria será asolada. .*caerán* a espada
14.1 vuelve. .porque por tu pecado has *caído*
14.9 porque. .los rebeldes *caerán* en ellos
Jl. 2.8 *cayendo* sobre la espada no se herirán
Am. 3.5 *¿caerá* el ave en lazo sobre la tierra
3.14 los cuernos del altar, y *caerán* a tierra
5.2 *cayó* la virgen de Israel, y no podrá
7.17 tus hijos y tus hijas *caerán* a espada
8.14 juran. .*caerán*, y nunca. .se levantarán
9.9 como se zarandea. .y no *cae* un granito
9.11 levantaré el tabernáculo *caído* de David
Jon. 1.7 suertes, y la suerte *cayó* sobre Jonás
Mi. 7.8 aunque *caí*, me levantaré; aunque more
Nah. 3.12 si las sacuden, *caen* en la boca del
Hab. 2.17 la rapiña del Líbano *caerá* sobre ti
Zac. 11.2 aúlla. .porque el cedro *cayó*, porque
14.7 sucederá que al *caer* la tarde habrá luz
Mt. 5.29,30 si tu. .te es ocasión de *caer*
7.25 contra aquella casa; y no *cayó*, porque
7.27 vientos. .y *cayó*, y fue grande su ruina
10.29 uno de ellos *cae* a tierra sin vuestro
12.11 y si ésta *cayere* en un hoyo en día de
13.4 parte. .semilla *cayó* junto al camino
13.5 parte *cayó* en pedregales, donde no
13.7 parte *cayó* entre espinos; y los espinos
13.8 pero parte *cayó* en buena tierra, y dio
15.14 si el ciego guiare. .*caerán* en el hoyo
15.27 los perrillos comen. .migajas que *caen*
17.15 muchas veces *cae* en el fuego, y en el
18.8 tu mano o tu pie te es ocasión de *caer*
18.9 si tu ojo te es ocasión de *caer*, sácalo
21.44 que *cayere* sobre. .sobre quien ella *c*
24.29 las estrellas *caerán* del cielo, y las
Mr. 3.10 cuantos tenían plagas *caían* sobre él
4.4 que una parte *cayó* junto al camino, y
4.5 otra parte *cayó* en pedregales, donde no
4.7 parte *cayó* entre espinos; y los espinos
4.8 otra parte *cayó* en buena tierra, y dio
9.20 quien *cayendo* en tierra se revolcaba
9.43,45,47 tu. .te fuere ocasión de *caer*
13.25 las estrellas *caerán* del cielo, y las
Lc. 5.8 *cayó* de rodillas ante Jesús, diciendo
6.39 un ciego. .¿no *caerán* ambos en el hoyo?
6.49 *cayó*, y fue grande la ruina de aquella
8.5 una parte *cayó* junto al camino, y fue
8.6 parte *cayó* sobre la piedra; y nacida, se
8.7 parte *cayó* entre espinos, y los espinos
8.8 parte *cayó* en buena tierra, y nació
8.14 la que *cayó* entre espinos, éstos son
8.15 la que *cayó* en buena tierra, éstos son
10.18 a Satanás *caer* del cielo como un rayo
10.30 *cayó* en manos de ladrones, los cuales
10.36 prójimo del que *cayó* en manos de los
11.17 una casa dividida contra sí misma, *cae*
13.4 sobre los cuales *cayó* la torre en Siloé
14.5 si su asno o su buey *cae* en algún pozo
16.21 migajas que *caían* de la mesa del rico
20.18 todo el que *cayere* sobre aquella piedra
20.18 sobre quien. .*cayere*, le desmenuzará
21.24 *caerán* a filo de espada, y. .cautivos
22.44 gotas de sangre que *caían* hasta la
23.30 a los montes: *Caed* sobre nosotros
Jn. 12.24 el grano de trigo no *cae* en la tierra
18.6 soy, retrocedieron, y *cayeron* a tierra
Hch. 1.18 *cayendo* de cabeza, se reventó por la
1.25 de este ministerio. .de que *cayó* Judas
1.26 suertes, y la suerte *cayó* sobre Matías

CAER *(Continúa)*
Hch. 5.5 al oír Ananías estas palabras, *cayó* y
5.10 ella *cayó* a los pies de él, y expiró
5.15 su sombra *cayese* sobre alguno de ellos
9.4 *cayendo* en tierra, oyó una voz..le decía
9.18 le *cayeron* de los ojos como escamas
10.44 el Espíritu Santo *cayó* sobre todos los
11.15 *cayó* el Espíritu Santo sobre ellos
12.7 las cadenas se le *cayeron* de las manos
13.11 *cayeron* sobre él oscuridad y tinieblas
15.16 tabernáculo de David, que está *caído*
20.9 vencido del sueño *cayó* del tercer piso
22.7 *caí* al suelo, y oí una voz que me decía
26.14 habiendo *caído*..en tierra, oí una voz
28.2 a causa de la lluvia que *caía*, y del
28.6 se hinchase, o *cayese* muerto de repente
Ro. 11.11 ¿han tropezado los..para que *cayesen?*
11.22 la severidad..para con los que *cayeron*
14.4 para su propio señor está en pie, o *cae*
14.13 no poner..ocasión de *caer* al hermano
15.3 los vituperios de los..*cayeron* sobre mí
1 Co. 8.13 si la comida le es..ocasión de *caer*
10.8 fornicaron, y *cayeron* en un día 23.000
10.12 piensa estar firme, mire que no *caiga*
Gá. 5.4 de Cristo..de la gracia habéis *caído*
1 Ti. 3.6 no sea que..*caiga* en la condenación
3.7 que no *caiga* en descrédito y en lazo del
6.9 quieren enriquecerse *caen* en tentación
He. 3.17 cuyos cuerpos *cayeron* en el desierto?
4.11 ninguno *caiga* en semejante ejemplo de
6.7 que bebe la lluvia que..*cae* sobre ella
10.31 ¡horrenda cosa es *caer* en manos del
11.30 por la fe *cayeron* los muros de Jericó
12.12 por lo cual, levantad las manos *caídas*
Stg. 1.11 la hierba se seca, su flor se *cae*, y
5.12 no, para que no *caigáis* en condenación
1 P. 1.24 la hierba se seca, y la flor se *cae*
2.8 piedra de tropiezo, y roca que hace *caer*
2 P. 1.10 haciendo estas cosas, no *caeréis*
3.17 arrastrados por el error de los..*caigáis*
Ap. 1.17 cuando le vi, *caí* como muerto a sus
2.5 recuerda, por tanto, de dónde has *caído*
6.13 las estrellas..*cayeron* sobre la tierra
6.13 como la higuera deja *caer* sus higos
6.16 decían a..montes..*Caed* sobre nosotros
7.16 y el sol no *caerá* más sobre ellos,.ni
8.10 tocó..y *cayó* del cielo una gran estrella
8.10 y *cayó* sobre la tercera parte de los
9.1 vi una estrella que *cayó* del cielo a la
11.11 *cayó* gran temor sobre los que..vieron
14.8 diciendo: Ha *caído*, ha *c* Babilonia, la
16.19 y las ciudades de las naciones *cayeron*
16.21 y *cayó* del cielo..un enorme granizo
17.10 cinco de ellos han *caído;* uno es, y el
18.2 ha *caído*, ha *c* la gran Babilonia, y se

CAFIRA ***Ciudad de los heveos cerca de Gabaón*, Jos. 9.17; 18.26; Esd. 2.25; Neh. 7.29**

CAFTOR ***Tierra de donde eran los filisteos***
Dt. 2.23 los caftoreos que salieron de *C* los
Jer. 47.4 destruirá..al resto de la costa de *C*
Am. 9.7 hice yo subir a..a los filisteos de *C*

CAFTOREOS ***Habitantes de Caftor (=Caftorim)*, Dt. 2.23; 1 Cr. 1.12**

CAFTORIM ***Habitantes de Caftor (=Caftoreos)*, Gn. 10.14**

CAÍDA
Gn. 15.12 a la *c* del sol sobrecogió el sueño
19.1 llegaron..a Sodoma a la *c* de la tarde
Éx. 29.39 otro..ofrecerás a la *c* de la tarde
29.41 el otro cordero a la *c* de la tarde
Nm. 28.4 cordero ofrecerás a la *c* de la tarde
28.8 el segundo cordero a la *c* de la tarde
2 S. 1.10 que no podía vivir después de su *c*
Pr. 16.18 antes de la *c* la altivez de espíritu
Is. 30.13 cuya *c* viene súbita y repentinamente
Jer. 49.21 del estruendo de la *c* de ellos la
Lm. 1.7 la miraron los..y se burlaron de su *c*
Ez. 26.15 estremecerán..al estruendo de tu *c*
26.18 estremecerán..islas en el día de tu *c*
27.27 toda tu compañía..caerán..día de tu *c*
31.16 del estruendo de su *c* hice temblar a
32.10 se sobresaltarán..en el día de tu *c*
Dn. 11.34 en su *c* serán ayudados de..socorro
Lc. 2.34 he aquí, éste está puesto para *c* y
Ro. 9.33 pongo en Sion piedra de..y roca de *c*
Jud. 24 que es poderoso para guardaros sin *c*

CAÍDO ***Véase Caer***

CAIFÁS ***Sumo sacerdote en tiempo de Jesucristo***
Mt. 26.3 patio del sumo sacerdote llamado *C*
26.57 Jesús le llevaron al sumo sacerdote *C*
Lc. 3.2 siendo sumos sacerdotes Anás y *C*, vino
Jn. 11.49 *C*..sumo sacerdote aquel año..dijo
18.13 a Anás; porque era suegro de *C*, que
18.14 era *C* el que había dado el consejo a
18.24 Anás entonces le envió atado a *C*, el
18.28 llevaron a Jesús de..de *C* al pretorio
Hch. 4.6 *C*..y todos los que eran de la familia

CAÍN
*1. **Primogénito de Adán y Eva***
Gn. 4.1 Eva, la cual concibió y dio a luz a *C*
4.2 Abel fue..*C* fue labrador de la tierra
4.3 *C* trajo del fruto..una ofrenda a Jehová
4.5 no miró con agrado a *C*..y se ensañó *C*
4.6 dijo a *C:* ¿Por qué te has ensañado, y
4.8 dijo *C* a su hermano Abel: Salgamos al
4.8 *C* se levantó contra su hermano Abel, y
4.9 dijo a *C:* ¿Dónde está Abel tu hermano?
4.13 dijo *C* a Jehová: Grande es mi castigo
4.15 cualquiera que matare a *C*, siete veces
4.15 Jehová puso señal en *C*, para que no lo
4.16 salió, pues, *C* de delante de Jehová, y
4.17 conoció *C* a su mujer, la cual concibió
4.24 si siete veces será vengado *C*, Lamec
4.25 hijo en lugar de Abel, a quien mató *C*
He. 11.4 Abel..más excelente sacrificio que *C*
1 Jn. 3.12 no como *C*, que era del maligno y
Jud. 11 porque han seguido el camino de *C*, y
*2. **Ciudad en Judá**,* **Jos. 15.57**

CAINÁN
*1. **Hijo de Enós y padre de Mahalaleel**,* **Gn. 5.9,10,12,13,14; 1 Cr. 1.2; Lc. 3.37**
*2. **Hijo de Arfaxad**,* **Lc. 3.36**

CAJA
1 S. 6.8 las pondréis en una *c* al lado de ella
6.11 *c* con los ratones de oro y las figuras
6.15 bajaron..la *c* que estaba junto a ella
Ez. 27.24 en *c* de ropas preciosas, enlazadas

CAL
Dt. 27.2 piedras grandes..las revocarás con *c*
27.4 estas piedras..y las revocarás con *c*
Is. 27.9 piedras del altar como piedras de *c*
33.12 y los pueblos serán como *c* quemada

CALA ***Ciudad importante de Asiria***
Gn. 10.11 salió..y edificó Nínive, Rehobot, *C*
10.12 y Resén entre Nínive y *C*, la cual es

CALABACERA
Jon. 4.6 preparó Dios una *c*, la cual creció
4.6 Jonás se alegró grandemente por la *c*
4.7 un gusano, el cual hirió la *c*, y se secó
4.9 dijo Dios a..¿Tanto te enojas por la *c?*
4.10 tuviste tú lástima de la *c*, en la cual

CALABAZA
1 R. 6.18 tenía entalladuras de *c* silvestres
7.24 rodeaban aquel mar..unas bolas como *c*
2 R. 4.39 ella llenó su falda de *c* silvestres
2 Cr. 4.3 debajo del mar había figuras de *c*
4.3 dos hileras de *c* fundidas..con el mar

CALABOZO
Jer. 29.26 hombre loco..poniéndolo en el *c*
Hch. 16.24 los metió en el *c* de más adentro

CALAFATEADOR
Ez. 27.27 tus *c* y los agentes de tus negocios

CALAFATEAR
Gn. 6.14 la *calafatearás* con brea por dentro
Éx. 2.3 una arquilla..la *calafateó* con asfalto
Ez. 27.9 ancianos..*calafateaban* tus junturas

CALAI ***Sacerdote en tiempo de Joiacim*, Neh. 12.20**

CALAMIDAD
Dt. 28.22 Jehová te herirá..con *c* repentina y
2 Cr. 15.6 Dios los turbó con toda clase de *c*
Job 7.3 así he recibido meses de *c*, y noches
30.14 vinieron..se revolvieron sobre mi *c*
Sal. 11.6 sobre los malos hará llover *c;* fuego
81.7 en la *c* clamaste, y yo te libré; te
Pr. 1.26 me reiré en vuestra *c*, y me burlaré
1.27 y vuestra *c* llegare como un torbellino
6.15 *c* vendrá de repente; súbitamente será
10.14 mas la boca del necio es *c* cercana
13.3 el que mucho abre sus labios tendrá *c*
17.5 y el que se alegra de la *c* no quedará
Jer. 2.27 en el tiempo de su *c* dicen..líbranos
4.15 hace oír la *c* desde el monte de Efraín
17.16 no he..ni deseé día de *c*, tú lo sabes
49.17 aquel que pasare..se burlará de..sus *c*
50.13 hombre que pasare..burlará de sus *c*
Abd. 13 haber echado mano..en el día de su *c*
Lc. 21.23 habrá gran *c* en la tierra, e ira

CÁLAMO
Éx. 30.23 de *c* aromático doscientos cincuenta

CALAMÓN
Lv. 11.18 el *c*, el pelícano, el buitre
Dt. 14.16 el buho, el ibis, el *c*

CALAVERA
2 R. 9.35 no hallaron de ella más que la *c*, y
Mt. 27.33 Gólgota..significa: Lugar de la *C*
Mr. 15.22 lugar llamado Gólgota..Lugar de la *C*
Lc. 23.33 cuando llegaron al lugar..de la *C*
Jn. 19.17 salió al lugar llamado de la *C*, y en

CALCAÑAR
Gn. 3.15 ésta te herirá..tú le herirás en el *c*
25.26 salió..trabada su mano al *c* de Esaú
Job 18.9 lazo prenderá su *c;* se afirmará la
Sal. 41.9 el hombre de mi paz..contra mí el *c*
Jer. 13.22 tu maldad..fueron desnudados tus *c*
Os. 12.3 en el seno materno tomó por el *c* a su
Jn. 13.18 que come pan..levantó contra mí su *c*

CALCINAR
Am. 2.1 quemó los huesos del..hasta *calcinarlos*

CALCOL ***Hijo de Zera y nieto de Judá*, 1 Cr. 2.6; 1 R. 4.31**

CALCULAR
Lv. 27.23 el sacerdote *calculará* con él la suma
Lc. 14.28 no se sienta primero y *calcula* los

CÁLCULO
Lv. 25.52 un *c* con él, y devolverá su rescate

CALDEA ***Región en el sur de Babilonia***
Jer. 50.10 *C* será para botín; todos los que la
51.24 pagaré a..a todos los moradores de *C*
51.35 sangre caiga sobre..*C*, dirá Jerusalén
Ez. 23.15 la manera de los hombres de..de *C*

CALDEAR
Ez. 24.11 que se *caldee*, y se queme su fondo

CALDEO ***Propio de Caldea***
Gn. 11.28 y murió Harán antes..en Ur de los *c*
11.31 y salió con ellos de Ur de los *c*, para
15.7 soy Jehová, que te saqué de Ur de los *c*
2 R. 24.2 envió contra Joacim tropas de *c*
25.4 estando los *c* alrededor de la ciudad
25.5 y el ejército de los *c* siguió al rey
25.10 ejército de los *c*..derribó los muros
25.13 y quebraron los *c* las columnas de
25.24 no temáis de ser siervos de los *c*
25.25 hirieron..a los *c* que estaban con él
25.26 fueron a Egipto, por temor de los *c*
2 Cr. 36.17 trajo contra ellos al rey de los *c*
Esd. 5.12 entregó en mano de Nabucodonosor..*c*
Neh. 9.7 sacaste de Ur de los *c*, y le pusiste
Job 1.17 dijo: Los *c* hicieron tres escuadrones
Is. 13.19 ornamento de la grandeza de los *c*
23.13 mira la tierra de los *c*. Este pueblo
43.14 los *c* en las naves de que se gloriaban
47.1 en la tierra, sin trono, hija de los *c*
47.5 y entra en tinieblas, hija de los *c*
48.14 Jehová..su brazo estará sobre los *c*
48.20 salid de Babilonia, huid de entre..*c*
Jer. 21.4 a los *c* que están fuera..los reuniré
21.9 mas el que saliere y se pasare a los *c*
22.25 te entregaré en..y en mano de los *c*
24.5 eché de este lugar a la tierra de los *c*
25.12 castigaré..a la tierra de los *c;* y la
32.4 no escapará de la mano de los *c*, sino
32.5 peleareis contra los *c*, no os irá bien
32.24 va a ser entregada en mano de los *c*
32.25 ciudad sea entregada en manos de..*c?*
32.28 entregar esta ciudad en mano de los *c*
32.29 vendrán los *c* que atacan esta ciudad
32.43 tierra..entregada en manos de los *c*
33.5 vinieron para pelear contra los *c*, para
35.11 ocultémonos en..del ejército de los *c*
37.5 los *c* que tenían sitiada a Jerusalén
37.8 volverán los *c* y atacarán esta ciudad
37.9 sin duda ya..*c* se apartarán de nosotros
37.10 el ejército de los *c* que pelean contra
37.11 cuando el ejército de los *c* se retiró
37.13 apresó..diciendo: Tú te pasas a los *c*
37.14 y Jeremías dijo..no me paso a los *c*
38.2 el que se pasare a los *c* vivirá, pues
38.18 será entregada en manos de los *c*, y
38.19 los judíos que se han pasado a los *c*
38.23 sacarán..mujeres y tus hijos a los *c*
39.5 pero el ejército de los *c* los siguió
39.8 los *c* pusieron a fuego la casa del rey
40.9 no tengáis temor de servir a los *c*
40.10 estar delante de los *c* que vendrán a
41.3 mató Ismael a todos..a los soldados *c*
41.18 a causa de los *c;* porque los temían
43.3 para entregarnos en manos de los *c*
50.1 palabra que habló Jehová contra..los *c*
50.8 huid de..salid de la tierra de los *c*
50.25 obra de Jehová..en la tierra de los *c*
50.35 espada contra los *c*, dice Jehová, y
50.45 pensamientos..contra la tierra de..*c*

CALDEO *(Continúa)*
Jer. 51.4 caerán muertos en la tierra de los *c*
51.54 quebrantamiento de la tierra de los *c*
52.7 aún los *c* junto a la ciudad alrededor
52.8 y el ejército de los *c* siguió al rey
52.14 el ejército de los *c*, que venía con el
52.17 los *c* quebraron las columnas de bronce
Ez. 1.3 la tierra de los *c*, junto al río Quebar
11.24 volvió a llevar. .a la tierra de los *c*
12.13 haré llevarlo. .a tierra de *c*, pero no
16.29 tu fornicación en la tierra. .de los *c*
23.14 vio. .imágenes de *c* pintadas de color
23.16 envió mensajeros a la tierra de los *c*
23.23 todos los *c*, los de Pecod, Soa y Coa
Dn. 1.4 enseñase las letras. .lengua de los *c*
2.2 hizo llamar el rey a. .encantadores y *c*
2.4 hablaron los *c* al rey en lengua aramea
2.5 y dijo a los *c*: El asunto lo olvidé; si
2.10 los *c* respondieron delante del rey, y
2.10 preguntó cosa semejante a ningún. .ni *c*
3.8 varones *c* vinieron y acusaron. .judíos
4.7 vinieron magos. .*c* y adivinos, y les dije
5.7 que hiciesen venir magos. .*c* y adivinos
5.11 sobre todos los magos. .*c* y adivinos
5.30 noche fue muerto Belsasar rey de los *c*
9.1 vino a ser rey sobre el reino de los *c*
Hab. 1.6 he aquí, yo levanto a los *c*, nación
Hch. 7.4 salió de la tierra de los *c* y habitó

CALDERERO
2 Ti. 4.14 Alejandro el *c* me ha causado muchos

CALDERO
Éx. 27.3 harás. .sus *c* para recoger la ceniza
38.3 *c*, tenazas, tazones, garfios y palas
Nm. 11.8 y lo cocía en *c* o hacía de él tortas
1 S. 2.14 lo metía. .en el *c* o en la marmita
1 R. 7.45 *c*, paletas. .y todos los utensilios
2 R. 25.14 llevaron también los *c*, las paletas
2 Cr. 4.11 Hiram. .hizo *c*, y palas, y tazones
4.16 *c*, palas y garfios; de bronce muy fino
35.13 lo cocieron en ollas, en *c* y sartenes
Job 41.20 sale humo, como de una olla o *c* que
Jer. 52.18 llevaron también los *c*, las palas
Mi. 3.3 y los rompéis como para el *c*, y como

CALDO
Jue. 6.19 puso. .el *c* en una olla, y sacándolo
6.20 toma. .y vierte el *c*. Y él lo hizo así
Is. 65.4 en sus ollas hay *c* de cosas inmundas

CALEB
1. *Hijo de Jefone, uno de los 12 espías*
Nm. 13.6 de la tribu de Judá, *C* hijo de Jefone
13.30 *C* hizo callar al pueblo delante de
14.6 Josué. .y *C*. .hijo rompieron sus vestidos
14.24 a mi siervo *C*, por cuanto hubo en él
14.30 exceptuando a *C* hijo de Jefone, y a
14.38 Josué hijo de. .y *C*. .quedaron con vida
26.65 no quedó varón de ellos, sino *C* hijo
32.12 excepto *C* hijo de Jefone. .y Josué hijo
34.19 de la tribu de Judá, *C* hijo de Jefone
Dt. 1.36 excepto *C* hijo de Jefone; él la verá
Jos. 14.6 *C*, hijo de Jefone cenezeo, le dijo
14.13 dio a *C* hijo de Jefone a Hebrón por
14.14 Hebrón vino a ser heredad de *C* hijo de
15.13 a *C* hijo de Jefone dio su parte entre
15.14 y *C* echó de allí a los tres hijos de
15.16 dijo *C*: Al que atacare a Quiriat-sefer
15.17 y la tomó Otoniel, hijo. .hermano de *C*
15.18 se bajó del. .*C* le dijo: ¿Qué tienes?
21.12 el campo de. .y sus aldeas dieron a *C*
Jue. 1.12 *C*: El que atacare a Quiriat-sefer y
1.13 y la tomó Otoniel. .hermano menor de *C*
1.14 ella se bajó. .*C* le dijo: ¿Qué tienes?
1.15 *C* le dio las fuentes de arriba y las de
1.20 dieron Hebrón a *C*, como Moisés había
3.9 a Otoniel hijo de. .hermano menor de *C*
1 S. 25.3 el hombre era duro. .del linaje de *C*
30.14 hicimos una incursión. .al Neguev de *C*
1 Cr. 2.46 concubina de *C* dio a luz a Harán
2.48 Maaca concubina de *C* dio a luz a Seber
2.49 dio a luz a Saaf. .y Acsa fue hija de *C*
4.15 hijos de *C* hijo de Jefone: Iru, Ela y
6.56 la ciudad y sus aldeas se dieron a *C*
2. *Hijo de Hezrón (posiblemente =No. 1)*, 1 Cr. 2.18,19,42,50
3. *Aldea en Judá (posiblemente =Efrata)*, 1 Cr. 2.24

CALENTAR
Éx. 16.21 que el sol *calentaba*, se derretía
1 S. 11.9 al *calentar* el sol, seréis librados
11.11 hirieron a los. .hasta que el día *calentó*
1 R. 1.1 le cubrían de ropas. .no se *calentaba*
Neh. 7.3 se abran. .hasta que *caliente* el sol
Job 6.17 *calentarse*, desaparecen de su lugar
30.4 recogían. .y raíces de. .para *calentarse*
31.20 del vellón de mis ovejas se *calentaron*
39.14 huevos, y sobre el polvo los *calienta*
Ec. 4.11 dos durmieren juntos, se *calentarán*
4.11 dos. .mas ¿cómo se *calentará* uno solo?
Is. 44.15 de él. .toma de ellos para *calentarse*
44.16 se *calienta* y dice. .me he *calentado*
47.14 no quedará brasa para *calentarse*, ni
Dn. 3.19 el horno se *calentase* siete veces más
3.22 y lo habían *calentado* mucho, la llama
Hag. 1.6 os vestís, y no os *calentáis*; y el
Mr. 14.54 los alguaciles, *calentándose* al fuego
14.67 cuando vio a Pedro que se *calentaba*
Jn. 18.18 porque hacía frío, y se *calentaban*
18.18,25 estaba Pedro en pie, *calentándose*
Stg. 2.16 *calentaos* y. .no les dais las cosas

CALENTURA
Lv. 26.16 enviaré. .*c*, que consuman los ojos y

CALIENTE
Jos. 9.12 pan lo tomamos *c* de nuestras casas
1 S. 21.6 poner panes *c* el día que aquéllos
Job 37.17 ¿por qué están *c*. .vestidos cuando
Ap. 3.15 ni eres frío ni *c*. ¡Ojalá fueses. .o *c*!
3.16 y no frío ni *c*, te vomitaré de mi boca

CALIFICAR
Job 29.25 *calificaba* yo el camino de ellos, y

CALIGINOSO
Job 3.5 nublado. .lo haga horrible como día *c*

CÁLIZ
1 R. 7.26 era labrado como el borde de un *c*
2 Cr. 4.5 tenía la forma de un borde de un *c*
Sal. 11.6 azufre. .la porción del *c* de ellos
75.8 *c* está en la mano de Jehová, y el vino
Is. 51.17 Jerusalén, que bebiste. .*c* de su ira
51.17 el *c* de aturdimiento bebiste hasta los
51.22 he aquí he quitado de tu mano el *c* de
51.22 los sedimentos del *c* de mi ira; nunca
Jer. 49.12 no estaban condenados a beber el *c*
Ez. 23.31 tu hermana. .pondré su *c* en tu mano
23.32 el hondo y ancho *c* de tu hermana, que
23.33 *c* de soledad. .*c* de tu hermana Samaria
Hab. 2.16 el *c* de la. .de Jehová vendrá hasta ti
Ap. 14.10 sido vaciado puro en el *c* de su ira
16.19 darle el *c* del vino del ardor de su ira
17.4 tenía en la mano un *c* de oro lleno de
18.6 en el *c* en que ella preparó bebida

CALMAR
Pr. 21.14 la dádiva en secreto *calma* el furor
Jer. 30.24 no se *calmará* el ardor de la ira de
Mt. 14.32 subieron en la barca, se *calmó* el
Mr. 6.51 subió a ellos. .y se *calmó* el viento

CALNE *Ciudad en Babilonia (=Calno y Cane)*
Gn. 10.10 Erec. .y *C*, en la tierra de Sinar
Am. 6.2 pasad a *C*, y mirad; y de allí id a la

CALNO *Ciudad en Babilonia (=Calne y Cane)*
Is. 10.9 ¿no es *C* como Carquemis, Hamat como

CALOR
Gn. 8.22 no cesarán. .la siega, el frío y el *c*
18.1 sentado a la puerta de. .en el *c* del día
31.40 de día me consumía el *c*, y de noche la
2 S. 4.5 y entraron en el mayor *c* del día en
1 R. 1.2 lo abrigue. .y entrará en *c* mi señor
2 R. 4.34 tendió. .el cuerpo del niño entró en *c*
Job 6.17 que al tiempo del *c* son deshechas, y
24.19 el *c* arrebatan las aguas de la nieve
30.30 se me cae, y mis huesos arden de *c*
Sal. 19.6 y nada hay que se esconda de su *c*
Is. 4.6 habrá un abrigo. .sombra contra el *c*
18.4 como nube de rocío en el *c* de la tierra
25.4 sombra contra el *c*; porque el ímpetu
25.5 *c* en lugar seco. .como *c* debajo de nube
49.10 ni sed, ni el *c* ni el sol los afligirá
Jer. 17.8 no verá cuando viene el *c*, sino que
36.30 será echado al *c* del día y al hielo
51.39 en medio de su *c* les pondré banquetes
Mt. 20.12 hemos soportado la carga y el *c* del
Lc. 12.55 sopla el. .decís: Hará *c*; y lo hace
Hch. 28.3 víbora, huyendo del *c*, se le prendió
Stg. 1.11 cuando sale el sol con *c* abrasador
Ap. 7.16 el sol no caerá más sobre ellos, ni *c*
16.9 los hombres se quemaron con el gran *c*

CALUMNIA
Lv. 6.4 aquello que robó, o el daño de la *c*
Sal. 31.13 oigo la *c* de muchos; el miedo me
Pr. 10.18 encubre. .el que propaga *c* es necio
Is. 59.13 prevaricar. .el hablar *c* y rebelión

CALUMNIADOR, RA
Ez. 22.9 *c* hubo en ti para derramar sangre
1 Ti. 3.11 no *c*, sino sobrias, fieles en todo
2 Ti. 3.3 sin afecto natural. .implacables, *c*
Tit. 2.3 no *c*, no esclavas del vino, maestras

CALUMNIAR
Lv. 6.2 bien robare o *calumniare* a su prójimo
1 S. 12.3 tomado. .si he *calumniado* a alguien
12.4 nunca nos has *calumniado* ni agraviado
2 S. 19.27 ha *calumniado* a tu siervo delante
Sal. 15.3 el que no *calumnia* con su lengua, ni
109.20 este el pago. .a los que me *calumnian*
109.29 sean vestidos. .los que me *calumnian*
119.78 porque sin causa me han *calumniado*
Jer. 9.4 porque. .compañero anda *calumniando*
Lc. 3.14 no hagáis extorsión a. .ni *calumniéis*
6.28 bendecid. .orad por los. .os *calumnian*
Ro. 3.8 como se nos *calumnia*, y como algunos
1 P. 3.16 sean avergonzados los que *calumnian*

CALUROSA
Is. 32.2 sombra de gran peñasco en tierra *c*

CALVA
Lv. 13.42 cuando en la *c*. .hubiere llaga blanca
13.42 lepra es que brota en su *c* o en su
13.43 y si pareciere la hinchazón. .en su *c*

CALVO, VA
Lv. 13.40 cayere el cabello, es *c*, pero limpio
13.41 frente. .es *c* por delante, pero limpio
2 R. 2.23 de él, diciendo: ¡*C*, sube! ¡*c*, sube!
Ez. 29.18 cabeza ha quedado *c*, y toda espalda
Mi. 1.16 trasquílate por. .hazte *c* como águila

CALZA
Dn. 3.21 fueron atados con. .*c*, sus turbantes

CALZADA
Pr. 15.19 la vereda de los rectos, como una *c*
Is. 19.23 habrá una *c* de Egipto a Asiria, y
33.8 las *c* están deshechas, cesaron los
35.8 habrá allí *c* y camino, y será llamado
40.3 enderezad *c* en la soledad a nuestro
49.11 mis montes, y mis *c* serán levantadas
58.12 serás. .restaurador de *c* para habitar
62.10 allanad la *c*, quitad las piedras, alzad
Jer. 31.21 nota atentamente la *c*; vuélvete por
Lm. 1.4 las *c* de Sion tienen luto, porque no

CALZADO
Gn. 14.23 hasta una correa de *c*, nada tomaré
Éx. 3.5 quita tu *c* de tus pies. .tierra santa
12.11 y lo comeréis así. .*c* en vuestros pies
Dt. 25.9 quitará el *c* del pie, y le escupirá
29.5 ni vuestro *c* se ha envejecido sobre
Jos. 5.15 quita el *c* de tus pies, porque el
Sal. 60.8; 108.9 sobre Edom echaré mi *c*; me
Is. 3.18 quitará el Señor el atavío del *c*, las
9.5 *c* que lleva el guerrero en el tumulto de
Mt. 3.11 cuyo *c* yo no soy digno de llevar, es
10.10 de dos túnicas, ni de *c*, ni de bordón
Mr. 1.7 desatar encorvado la correa de su *c*
Lc. 3.16 digno de desatar la correa de su *c*
10.4 no llevéis bolsa, ni alforja, ni *c*
15.22 un anillo en su mano, y *c* en sus pies
22.35 cuando os envié sin bolsa. .y sin *c*
Jn. 1.27 soy digno de desatar la correa del *c*
Hch. 7.33 le dijo el Señor: Quita el *c* de tus
13.25 de quien no soy digno de desatar el *c*

CALZAR
2 Cr. 28.15 *calzaron*, y les dieron de comer
Ez. 16.10 te *calcé* de tejón, te ceñí de lino
Mr. 6.9 *calzacen* sandalias, y no vistiesen dos
Ef. 6.15 *calzados* los pies con el apresto del

CALZONCILLO
Éx. 28.42 les harás *c* de lino para cubrir su
39.28 la mitra. .*c* de lino, de lino torcido
Lv. 6.10 y vestirá *c* de lino sobre su cuerpo
16.4 sobre su cuerpo tendrá *c* de lino, y se
Ez. 44.18 y *c* de lino sobre sus lomos; no se

CALLAR
Gn. 24.21 *callando*, para saber si Jehová había
34.5 *calló* Jacob hasta que ellos viniesen
Lv. 10.3 esto es lo que habló. .Y Aarón *calló*
Nm. 13.30 Caleb hizo *callar* al pueblo delante
30.4 su padre oyere su voto. .*callare* a ello
30.7 oyere, y cuando lo oyere *callare* a ello
30.11 si su marido oyó, y *calló* a ello y no le
30.14 su marido *callare* a ello de día en día
30.14 los confirmó, por cuanto *calló* a ello
Jue. 3.19 dijo: *Calla.* Y salieron de delante de
16.2 estuvieron *callados* toda aquella noche
18.19 *calla*, pon la mano sobre tu boca, y
1 S. 25.9 dijeron. .estas palabras. .y *callaron*
2 S. 13.20 pues *calla* ahora, hermana mía; tu
19.10 ¿por qué. .estáis *callados* respecto de
2 R. 2.3,5 quitará hoy. .Sí, yo lo sé; *callad*
7.9 hoy es día de buena nueva, y. .*callamos*
18.36 el pueblo *calló*, y no le respondió
Neh. 5.8 *callaron*. .no tuvieron qué responder
8.11 los levitas, pues, hacían *callar* a todo
8.11 *callad*, porque es día santo, y no os
Est. 4.14 porque si *callas*. .liberación vendrá
7.4 si para siervos y siervas. .me *callaría*
Job 6.24 enseñadme. .*callaré*; hacedme entender
11.3 ¿harán tus falacias *callar* a. .hombres?
13.5 ojalá *callarais* por completo, porque

CALLAR *(Continúa)*

Job 13.19 porque si ahora yo *callara*, moriría
29.21 me oían, y esperaban, y *callaban* a mi
31.34 temor..*callé*, y no salí de mi puerta
32.16 más bien *callaron* y no respondieron
33.31 escucha..y óyeme; *calla*, y yo hablaré
33.33 óyeme..*calla*, y te enseñaré sabiduría
Sal. 4.4 meditad en vuestro corazón..y *callad*
8.2 hacer *callar* al enemigo y al vengativo
30.12 tanto, a ti cantaré..no estaré *callado*
32.3 mientras *callé*, se envejecieron mis
35.22 no *calles*; Señor, no te alejes de mí
39.2 me *callé* aun respecto de lo bueno
39.12 no *calles* ante mis lágrimas; porque
50.3 vendrá nuestro Dios, y no *callará*
50.21 estas cosas hiciste, y yo he *callado*
83.1 no *calles*, oh Dios, ni te estés quieto
109.1 oh Dios de mi alabanza, no *calles*
Pr. 11.12 el que..mas el hombre prudente *calla*
17.28 el necio, cuando *calla*, es contado por
Ec. 3.7 tiempo de *callar*, y tiempo de hablar
Is. 23.2 *callad*, moradores de la costa..Sidón
36.21 ellos *callaron*, y no le respondieron
42.14 desde el siglo he *callado*, he guardado
47.5 siéntate, *calla*, y entra en tinieblas
62.1 por amor de Sion no *callaré*, y por amor
62.6 día y toda la noche no *callarán* jamás
64.12 *¿callarás*, y..afligirás sobremanera?
65.6 no *callaré*, sino que recompensaré, y
Jer. 4.19 *callaré*; porque sonido de trompeta
Lm. 2.10 *callaron* los ancianos de la hija de
3.28 que se siente solo y *calle*, porque es
Ez. 33.22 mi boca, y ya no más estuve *callado*
Am. 5.13 prudente en tal tiempo *calla*, porque
6.10 *calla*, porque no podemos mencionar el
Hab. 1.13 *callas* cuando destruye el impío al
2.20 *calle* delante de él toda la tierra
Sof. 1.7 *calla* en la presencia de Jehová el
3.17 *callará* de amor, se regocijará sobre
Zac. 2.13 *calle* toda carne delante de Jehová
Mt. 20.31 la gente les reprendió..que *callasen*
22.34 que había hecho *callar* a los saduceos
26.63 mas Jesús *callaba*. Entonces el sumo
Mr. 1.25 Jesús..diciendo: *¡Cállate*, y sal de él!
3.4 les dijo: ¿Es lícito..Pero ellos *callaban*
4.39 dijo al mar: *Calla*, enmudece. Y cesó el
9.34 mas ellos *callaron*; porque en el camino
10.48 muchos le reprendían para que *callase*
14.61 mas él *callaba*, y nada respondía
Lc. 4.35 Jesús..diciendo: *Cállate*, y sal de él
9.36 y ellos *callaron*, y por aquellos días
14.4 mas ellos *callaron*. Y él, tomándole, le
18.39 le reprendían para que *callase*; pero
19.40 éstos *callaran*, las piedras clamarían
20.26 maravillados de..respuesta, *callaron*
Hch. 11.18 entonces, oídas..cosas, *callaron*, y
12.17 que *callasen*, les contó cómo el Señor
15.12 la multitud *calló*, y oyeron a Bernabé
15.13 cuando ellos *callaron*, Jacobo respondió
18.9 no temas, sino habla, y no *calles*
1 Co. 14.28 si no hay intérprete, *calle* en la
14.30 le fuere revelado a..*calle* el primero
14.34 mujeres *callen* en las congregaciones
1 P. 2.15 *callar* la ignorancia de los hombres

CALLE

Gn. 19.2 que en la *c* nos quedaremos esta noche
2 S. 22.43 como lodo de las *c* los pisé y los
Esd. 10.13 y no podemos estar en la *c*; ni la
Job 18.17 tierra, y no tendrá nombre por las *c*
Sal. 18.42 los eché fuera como lodo de las *c*
Pr. 1.20 la sabiduría clama en las *c*, alza su
5.16 ¿se derramarán tus fuentes por las *c*
7.8 pasaba por la *c*, junto a la esquina, e
7.12 unas veces está en la *c*, otras veces en
22.13 león está fuera; seré muerto en la *c*
26.13 dice el perezoso..león está en las *c*
Ec. 12.5 los endechadores andarán..por las *c*
Cnt. 3.2 rodearé..por las *c* y por las plazas
Is. 5.25 cadáveres fueron arrojados en..las *c*
10.6 para ser hollado como lodo de las *c*
15.3 se ceñirán de cilicio en sus *c*; en sus
24.11 clamores por falta de vino en las *c*
42.2 alzará su voz, ni la hará oír en las *c*
Jer. 5.1 recorred las *c* de Jerusalén, y mirad
6.11 la derramaré sobre los niños en la *c*
7.17 no ves lo que éstos hacen..en las *c* de
7.34 haré cesar..de las *c* de Jerusalén, la
9.21 para exterminar a los niños de las *c*
11.6 y en las *c* de Jerusalén, diciendo: Oíd
11.13 según el número de tus *c*..los altares
14.16 y el pueblo..será echado en las *c* de
33.10 de Judá y en las *c* de Jerusalén, que
37.21 pan al día, de la *c* de los Panaderos
44.6 ira..se encendió..en las *c* de Jerusalén
44.9 las maldades..que hicieron..en las *c* de
44.21 el incienso que ofrecisteis..en las *c*
48.38 sobre..terrados de Moab, y en sus *c*
51.4 caerán muertos..y alanceados en sus *c*
Lm. 2.12 desfallecían..en las *c* de la ciudad
2.19 desfallecen de hambre en..todas las *c*
2.21 niños y..yacían por tierra en las *c*
4.1 esparcidas por las encrucijadas de..*c*
4.5 los que comían..fueron asolados en las *c*
4.8 es su aspecto; no los conocen por las *c*
4.14 titubearon como ciegos en las *c*, fueron
4.18 para que no anduviésemos por nuestras *c*
Ez. 7.19 arrojarán su plata en las *c*, y su oro
11.6 ciudad, y habéis llenado de muertos..*c*
26.11 con..sus caballos hollará todas tus *c*
28.23 a ella pestilencia y sangre en sus *c*
Am. 5.16 en todas las *c* dirán: ¡Ay! ¡Ay!, y al
Mi. 7.10 ahora será hollada como lodo de las *c*
Nah. 2.4 carros..estruendo rodarán por las *c*
3.10 pequeños fueron estrellados en las..*c*
Sof. 3.6 hice desiertas sus *c*, hasta no quedar
Zac. 8.4 aún han de morar ancianos..en las *c*
8.5 y las *c* de..estarán llenas de muchachos
9.3 amontonó plata..oro como lodo de las *c*
10.5 huellan al enemigo en el lodo de las *c*
Mt. 6.2 como hacen los hipócritas en..las *c*
6.5 aman el orar..en las esquinas de las *c*
12.19 voceará, ni nadie oirá en las *c* su voz
Mr. 6.56 en las *c* a los que estaban enfermos
Lc. 10.10 no os reciban, saliendo por sus *c*
14.21 vé pronto por..las *c* de la ciudad, y
Hch. 5.15 sacaban los enfermos a las *c*, y los
9.11 dijo..vé a la *c* que se llama Derecha
12.10 pasaron una *c*, y luego el ángel se
Ap. 21.21 y la *c* de la ciudad era de oro puro
22.2 en medio de la *c*..estaba el árbol de la

CAM *Segundo hijo de Noé ("tierra de Cam" =Egipto)*

Gn. 5.32 Noé..engendró a Sem, a *C* y a Jafet
6.10 engendró Noé tres hijos: a Sem, a *C* y
7.13 entraron Noé, y Sem, *C* y Jafet hijos
9.18 *C* y Jafet; y *C* es el padre de Canaán
9.22 y *C*..vio la desnudez de su padre, y lo
10.1 Sem, *C* y Jafet, a quienes nacieron
10.6 los hijos de *C*: Cus, Mizraim, Fut y
10.20 son los hijos de *C* por sus familias
1 Cr. 1.4 Noé, Sem, *C* y Jafet
1.8 hijos de *C*: Cus, Mizraim, Fut y Canaán
4.40 porque los de *C* la habitaban antes
Sal. 78.51 hizo morir a..en las tiendas de *C*
105.23 entró..Jacob moró en la tierra de *C*
105.27 y sus prodigios en la tierra de *C*
106.22 maravillas en la tierra de *C*, cosas

CAMA

Gn. 47.31 se inclinó sobre la cabecera de la *c*
48.2 esforzó Israel, y se sentó sobre la *c*
49.33 encogió sus pies en la *c*, y expiró
Éx. 8.3 la cámara donde duermes, y sobre tu *c*
21.18 y éste no muriere, pero cayere en *c*
Lv. 15.4 *c* en que se acostare el que tuviere
15.5,21 que tocare su *c* lavará sus vestidos
15.23 lo que estuviere sobre la *c*, o sobre
15.24 *c* sobre que durmiere, será inmunda
15.26 *c* en que durmiere..será como la *c* de
Dt. 3.11 *c*, una *c* de hierro, ¿no está en Rabá
1 S. 19.13 una estatua, y la puso sobre la *c*
19.15 traédmelo en la *c* para que lo mate
19.16 entraron..la estatua estaba en la *c*
28.23 se levantó, pues..y se sentó sobre una *c*
2 S. 4.11 mataron a un hombre..y sobre su *c*?
11.13 él salió a la tarde a dormir en su *c*
13.5 acuéstate en tu *c*, y finge que estás
17.28 trajeron a David..*c*, tazas, vasijas
1 R. 1.47 haga mayor..Y el rey adoró en la *c*
17.19 lo llevó al aposento..puso sobre su *c*
21.4 se acostó en su *c*, y volvió su rostro
2 R. 4.10 aposento..y pongamos allí *c*, mesa
4.21 lo puso sobre la *c* del varón de Dios
4.32 niño estaba muerto tendido sobre su *c*
2 Cr. 24.25 y lo hirieron en su *c*, y murió
Est. 4.3 cilicio y ceniza era la *c* de muchos
Job 7.13 cuando digo..*c* atenuará mis quejas
17.13 el Seol es..haré mi *c* en las tinieblas
33.19 sobre su *c* es castigado con dolor
Sal. 4.4 vuestro corazón estando en vuestra *c*
6.6 las noches..riego mi *c* con mis lágrimas
36.4 medita maldad sobre su *c*; está en
41.3 mullirás toda su *c* en su enfermedad
41.8 que cayó en *c* no volverá a levantarse
149.5 regocíjense..y canten aun sobre sus *c*
Pr. 7.16 adornado mi *c* con colchas recamadas
22.27 ¿por qué han de quitar tu *c* de debajo
26.14 así el perezoso se vuelve en su *c*
Is. 14.11 gusanos serán tu *c*, y..te cubrirán
28.20 la *c* será corta para poder estirarse
57.7 sobre el monte..empinado pusiste tu *c*
57.8 y ensanchaste tu *c*, e..amaste su *c*
58.5 junco, y haga *c* de cilicio y de ceniza?
Dn. 2.28 las visiones que has tenido en tu *c*
2.29 en tu *c*, te vinieron pensamientos por
4.5 un sueño que me espantó, y tendido en *c*
4.10,13 visiones..mientras estaba en mi *c*
Os. 7.14 no clamaron a..gritaban sobre sus *c*
Am. 3.12 que moran en..en el rincón de una *c*
6.4 duermen en *c* de marfil, y reposan sobre
Mi. 2.1 de los que en sus *c* piensen iniquidad
Mt. 8.14 vio a la suegra de éste postrada en *c*
9.2 un paralítico, tendido sobre una *c*
9.6 levántate, toma tu *c*, y vete a tu casa
Mr. 4.21 la luz para ponerla..debajo de la *c*?
7.30 halló que..y a la hija acostada en la *c*
Lc. 8.16 ni la pone debajo de la *c*, sino que
11.7 mis niños están conmigo en *c*; no puedo
17.34 dos en una *c*; el uno será tomado, y el
Hch. 5.15 los ponían en *c* y lechos, para que
9.33 hacía ocho años que estaba en *c*, pues
9.34 y le dijo Pedro..levántate, y haz tu *c*
28.8 el padre de Publio estaba en *c*, enfermo
Ap. 2.22 la arrojo en *c*, y en gran tribulación

CAMALEÓN

Lv. 11.30 erizo..lagarto, la lagartija y el *c*

CÁMARA

Gn. 43.30 José..entró en su *c*, y lloró allí
Éx. 8.3 la *c* donde duermes, y sobre tu cama
Dt. 32.25 dentro de las *c* el espanto; así al
2 S. 4.5 estaba durmiendo la siesta en su *c*
4.7 Is-boset dormía..en su *c*; y lo hirieron
1 R. 1.15 Betsabé entró a la *c* del rey; y el
6.5 edificó..e hizo *c* laterales alrededor
14.28 los ponían en la *c* de los de la guardia
2 R. 6.12 declara..palabras..tú hablas en tu *c*
9.2 haz que se levante de..y llévalo a la *c*
11.2 lo ocultó de Atalía..en la *c* de dormir
23.11 junto a la *c* de Natán-melec eunuco, el
1 Cr. 9.26 a su cargo las *c* y los tesoros de
9.33 cantores..moraban en las *c* del templo
23.28 las *c*, y en la purificación de todas
26.18 la *c* de los utensilios al occidente
26.18 cuatro al camino, y dos en la *c*
28.11 David dio a Salomón..el plano..sus *c*
28.12 el plano..para todas las *c* alrededor
2 Cr. 12.11 los volvían a la *c* de la guardia
18.24 tú..entres de *c* en *c* para esconderte
31.11 que preparasen *c* en la casa de Jehová
Esd. 10.6 a la *c* de Johanán hijo de Eliasib
Neh. 3.30 restauró Mesulam..enfrente de su *c*
10.37 las primicias..a las *c* de la casa de
10.38 llevarían el diezmo..las *c* de la casa
10.39 a las *c* del tesoro han de llevar los
12.44 varones sobre las *c* de los tesoros, de
13.4 Eliasib, siendo jefe de la *c* de la casa
13.5 le había hecho una gran *c*, en la cual
13.7 haciendo para él una *c* en los atrios de
13.8 y arrojé todos los muebles de..de la *c*
13.9 que limpiasen las *c*, e hice volver allí
Sal. 105.30 ranas hasta en las *c* de sus reyes
Pr. 7.17 he perfumado mi *c* con mirra, áloes y
7.27 casa, que conduce a las *c* de la muerte
24.4 con ciencia se llenarán las *c* de todo
24.15 no aceches la tienda..no saquees su *c*
Ec. 10.20 ni en lo..de tu *c* digas mal del rico
Cnt. 1.4 el rey me ha metido en sus *c*; nos
3.4 lo metí..en la *c* de la que me dio a luz
Ez. 8.12 uno en sus *c* pintadas de imágenes?
40.7 cada *c* tenía una caña de largo, y una
40.7 entre las *c* había cinco codos de ancho
40.10 y la puerta oriental tenía tres *c* a
40.12 el espacio delante de las *c* era de un
40.12 cada *c* tenía seis codos por un lado
40.13 midió..desde el techo de una *c* hasta
40.16 había ventanas estrechas en las *c*, y
40.17 había *c*..treinta *c* había alrededor en
40.21 sus *c* eran tres de un lado, y tres del
40.29,33 *c*..eran conforme a estas medidas
40.36 sus *c*, sus postes, sus arcos y sus
40.38 había..una *c*, y su puerta con postes
40.44 el atrio..estaban las *c* de los cantores
40.45 esta *c* que mira hacia el sur es de los
40.46 y la *c* que mira hacia el norte es de
41.5 y de cuatro codos la anchura de las *c*
41.6 las *c* laterales estaban sobrepuestas
41.6 sobre los que estribasen las *c*, para
41.7 mayor anchura en las *c* de más arriba
41.8 los cimientos de las *c* eran de una caña
41.9 el ancho de la pared de..las *c* era de
41.9 igual al espacio que quedaba de las *c*
41.10 entre las *c* había anchura de 20 codos
41.11 la puerta de cada *c* salía al espacio
41.15 midió..las *c* de uno y otro lado, cien
41.16 y las *c* alrededor de los tres pisos
41.26 eran las *c* de la casa y los umbrales
42.1 me llevó a la *c*..delante del espacio
42.3 las *c*, las unas enfrente de las otras
42.4 delante de las *c* había un corredor de
42.5 y las *c* más altas eran más estrechas
42.7 el muro..enfrente de las *c*, hacia el
42.7 muro..delante de las *c*, tenía 50 codos
42.8 la longitud de las *c*..cincuenta codos
42.9 y debajo de las *c* estaba la entrada al
42.10 hacia..delante del edificio, había *c*
42.11 el corredor..era semejante al de las *c*
42.12 así también eran las puertas de las *c*
42.12 una puerta..para quien entraba en las *c*
42.13 me dijo: Las *c*..*c* santas en las cuales
44.19 y las dejarán en las *c* del santuario
45.5 cual será para los levitas..con veinte *c*
46.19 me trajo..a las *c*..de los sacerdotes
Dn. 6.10 y abiertas las ventanas de su *c* que
Jl. 2.16 de su *c* el novio, y de su tálamo la
Am. 9.6 él edificó en el cielo sus *c*, y ha

CAMARERO

Jer. 51.59 a Seraías..Seraías el principal *c*
Hch. 12.20 sobornado Blasto, que era *c* mayor

CAMBIAR

Gn. 31.7 me ha *cambiado* el salario diez veces
31.41 y has *cambiado* mi salario diez veces
48.17 *cambiarla* de la cabeza de Efraín a la
Éx. 4.9 *cambiarán* aquellas aguas que tomarás
Lv. 13.16 mas cuando la carne viva *cambiare* y
13.55 pareciere que la plaga no ha *cambiado*
27.10 no será *cambiado* ni trocado, bueno por
27.33 no. .ni lo *cambiará;* y si lo *cambiare*
1 S. 21.13 y *cambió* su manera de comportarse
2 S. 12.20 David. .*cambió* sus ropas, y entró a
2 R. 23.34 *cambió* el nombre por el de Joacim
24.17 *cambió* el nombre por el de Sedequías
25.29 le *cambió* los vestidos de prisionero
Esd. 6.12 *cambiar* o destruir esa casa de Dios
Est. 9.22 de tristeza se les *cambió* en alegría
Job 23.13 determina. .¿quién lo hará *cambiar?*
28.17 ni se *cambiará* por alhajas de oro fino
30.31 se ha *cambiado* mi arpa en luto, y mi
Sal. 15.4 aun jurando en daño suyo, no. .*cambia*
30.11 has *cambiado* mi lamento en baile
55.19 por cuanto no *cambian*, ni temen a Dios
84.6 valle de lágrimas lo *cambian* en fuente
105.25 *cambió* el corazón de ellos para que
106.20 *cambiaron* su gloria por la imagen de
107.29 *cambia* la tempestad en sosiego, y se
114.8 el cual *cambió* la peña en estanque de
Is. 30.3 fuerza. .se os *cambiará* en vergüenza
42.16 delante. .*cambiaré* las tinieblas en luz
51.3 *cambiará* su desierto en paraíso, y su
Jer. 2.11 alguna nación ha *cambiado* sus dioses
2.36 discurres tanto, *cambiando* tus caminos?
8.8 ciertamente la ha *cambiado* en mentira
31.13 y *cambiaré* su lloro en gozo, y los
48.11 su sabor. .y su olor no se ha *cambiado*
Lm. 5.15 cesó el. .nuestra danza se *cambió* en
Ez. 5.6 ella *cambió* mis decretos. .en impiedad
Dn. 4.16 su corazón de hombre sea *cambiado*, y
7.25 y pensará en *cambiar* los tiempos y la
10.8 fuerza se *cambió* en desfallecimiento
Os. 4.7 también yo *cambiaré* su. .en afrenta
Am. 8.10 *cambiaré* vuestras fiestas en lloro
Mi. 2.4 ha *cambiado* la porción de mi pueblo
Mal. 3.6 porque yo Jehová no *cambio;* por esto
Hch. 6.14 *cambiará* las costumbres que nos dio
28.6 *cambiaron* de parecer y dijeron que era
Ro. 1.23 *cambiaron* la gloria del. .incorruptible
1.25 que *cambiaron* la verdad de Dios por la
1.26 sus mujeres *cambiaron* el uso natural
Gá. 4.20 estar con vosotros. .*cambiar* de tono
He. 7.12 *cambiado* el sacerdocio, necesario es

CAMBIO

Lv. 27.10 y el dado en *c* de él serán sagrados
27.33 tanto él como el que se dio en *c* serán
He. 7.12 necesario es que haya también *c* de

CAMBISTA

Mt. 21.12; Mr. 11.15 volcó las mesas de los *c*
Jn. 2.14 halló en el templo. .*c* allí sentados
2.15 esparció las monedas de los *c*, y volcó

CAMELLO

Gn. 12.16 él tuyo. .siervos, criadas, asnas y *c*
24.10 tomó diez *c* de los *c* de su señor, y se
24.11 arrodillar los *c* fuera de la ciudad
24.14 bebe, y también daré de beber a tus *c*
24.19 dijo: También para tus *c* sacaré agua
24.20 sacar agua, y sacó para todos sus *c*
24.22 y cuando los *c* acabaron de beber, le
24.30 que estaba con los *c* junto a la fuente
24.31 he preparado la. .y el lugar para los *c*
24.32 Labán desató los *c;* y les dio paja y
24.35 ha dado. .siervos y siervas, *c* y asnos
24.44 también para tus *c* sacaré agua; sea
24.46 bebe, y también a tus *c* daré de beber
24.46 bebí, y dio también de beber a mis *c*
24.61 se levantó Rebeca y. .montaron en los *c*
24.63 ojos miró, y he aquí los *c* que venían
24.64 Rebeca. .vio a Isaac, y descendió del *c*
30.43 tuvo siervas y siervos, y *c* y asnos
31.17 sus hijos y sus mujeres sobre los *c*
31.34 los puso en una albarda de un *c*, y se
32.7 las vacas y los *c*, en dos campamentos
32.15 treinta *c* paridas con sus crías, 40
37.25 sus *c* traían aromas, bálsamo y mirra
Éx. 9.3 *c*, vacas y ovejas, con plaga gravísima
Lv. 11.4 *c*, porque rumia pero no tiene pezuña
Dt. 14.7 *c*, liebre y conejo; porque rumian
Jue. 6.5 ellos y sus *c* eran innumerables; así
7.12 sus *c* eran innumerables como la arena
8.21 tomó los adornos. .que sus *c* traían al
8.26 y sin los collares que traían sus *c* al
1 S. 15.3 mata a hombres. .ovejas, *c* y asnos
27.9 David. .se llevaba. .los *c* y las ropas
30.17 sino. .jóvenes que montaron sobre los *c*
1 R. 10.2 vino a. .con *c* cargados de especias
2 R. 8.9 tomó, pues, Hazael. .40 *c* cargados, y
1 Cr. 5.21 tomaron sus ganados. .*c*. .2.000 asnos
12.40 trajeron víveres en asnos, *c*, mulos y
27.30 de los *c*, Obil ismaelita; de las asnas
2 Cr. 9.1 reina de Sabá. .vino. .con *c* cargados
14.15 atacaron. .y se llevaron. .ovejas y *c*
Esd. 2.67; Neh. 7.69 sus *c*, 435; asnos, 6.720
Job 1.3 su hacienda era. .3.000 *c*, 500 yuntas
1.17 y arremetieron contra los *c* y se los
42.12 tuvo. .6.000 *c*, mil yuntas de bueyes y
Is. 21.7 hombres montados, jinetes. .sobre *c*
30.6 llevan. .sus tesoros sobre jorobas de *c*
60.6 multitud de *c* te cubrirá; dromedarios
66.20 en mulos y en *c*, a mi santo monte de
Jer. 49.29 sus *c* tomarán para sí, y clamarán
49.32 serán sus *c* por botín, y la multitud
Ez. 25.5 pondré a Rabá por habitación de *c*, y
Zac. 14.15 así también será la plaga. .de los *c*
Mt. 3.4 Juan estaba vestido de pelo de *c*, y
19.24 es más fácil pasar un *c* por el ojo de
23.24 que coláis el mosquito y tragáis el *c!*
Mr. 1.6 Juan estaba vestido de pelo de *c*, y
10.25; Lc. 18.25 más fácil es pasar un *c* por

CAMINANTE

Jue. 19.17 alzando el. .los ojos, vio a aquel *c*
2 S. 12.4 guisar para el *c* que había venido a
Job 6.19 miraron los *c* de Temán. .los *c* de Sabá
31.32 el forastero. .mis puertas abría al *c*
Pr. 6.11; 24.34 así vendrá tu necesidad como *c*
Is. 21.13 pasaréis la noche en. .oh *c* de Dedán
33.8 las calzadas. .deshechas, cesaron los *c*
Jer. 9.2 ¡oh, quién me diese. .un albergue de *c*
14.8 *c* que se retira para pasar la noche?

CAMINAR

Gn. 5.22 y *caminó* Enoc con Dios, después que
5.24 *caminó*. .Enoc con Dios. .le llevó Dios
6.9 Noé, varón justo. .con Dios *caminó* Noé
12.9 Abram partió. .*caminando* y yendo hacia
Dt. 8.15 hizo *caminar* por un desierto grande
Jos. 2.22 *caminando* ellos, llegaron al monte
Jue. 19.14 *caminaron*, y se les puso el sol
Rt. 1.7 comenzaron a *caminar*. .volverse a. .Judá
2 S. 2.29 *caminaron* por el Arabá. .aquella noche
2.32 y *caminaron* toda aquella noche Joab y
4.7 *caminaron* toda la noche por. .del Arabá
17.18 los dos se dieron prisa a *caminar*, y
1 R. 19.8 *caminó* 40 días y 40 noches. .Horeb
21.26 él fue. .*caminando* en pos de los ídolos
2 R. 5.19 y *caminó* como media legua de tierra
2 Cr. 6.14 siervos que *caminan* delante de ti
34.31 pacto de *caminar* en pos de Jehová y
Job 29.3 cuya luz yo *caminaba* en la oscuridad
Sal. 68.21 testa. .del que *camina* en sus pecados
81.12 *caminaron* en sus propios consejos
86.11 enséñame. .*caminaré* yo en tu verdad
Pr. 2.7 escudo a los que *caminan* rectamente
10.9 que *camina* en integridad anda confiado
14.2 que *camina* en su rectitud teme a Jehová
19.1 es el pobre que *camina* en integridad
20.7 *camina* en su integridad el justo; sus
28.6 es el pobre que *camina* en su integridad
28.18 el que en integridad *camina* será salvo
28.26 que *camina* en sabiduría será librado
Ec. 4.15 vi a todos. .*caminando* con el. .sucesor
6.8 pobre que supo *caminar* entre los vivos?
Is. 2.3 subamos. .y *caminaremos* por sus sendas
2.5 venid. .y *caminaremos* a la luz de Jehová
8.11 que no *caminase* por el camino de este
33.15 que *camina* en justicia y habla lo recto
35.9 ni fiera. .para que *caminen* los redimidos
40.31 esperan. .*caminarán*, y no se fatigarán
Jer. 7.24 *caminaron* en sus propios consejos
9.13 no obedecieron a mi voz, ni *caminaron*
10.23 ni del hombre que *camina* es el ordenar
16.12 que vosotros *camináis* cada uno tras la
18.15 antiguas, para que *camine* por sendas y
44.10 ni han *caminado* en mi ley ni en mis
Ez. 1.9,12 cada uno *caminaba* derecho hacia
10.22 cada uno *caminaba* derecho. .adelante
18.9 en mis ordenanzas *caminare*, y guardare
33.15 y *caminare* en los estatutos de la vida
Os. 11.10 pos de Jehová *caminarán;* él rugirá
Mi. 2.7 hacen. .bien al que *camina* rectamente?
Hab. 1.6 *camina* por la anchura de la tierra
3.15 *caminaste* en el mar con tus caballos
Zac. 10.12 *caminarán* en su nombre, dice Jehová
Mr. 9.30 salido de allí, *caminaron* por Galilea
Lc. 24.15 Jesús. .acercó, y *caminaba* con ellos
24.17 ¿qué pláticas son. .mientras *camináis*

CAMINO

Gn. 3.24 guardar el *c* del árbol de la vida
6.12 toda carne había corrompido su *c* sobre
16.7 junto a la fuente que está en el *c* de
18.19 mandará. .que guarden el *c* de Jehová
19.2 os levantaréis, y seguiréis vuestro *c*
24.10 y puesto en *c*, llegó a Mesopotamia, a
24.27 guiándome Jehová en el *c* a casa de los
24.40 enviará su ángel. .y prosperará tu *c*
24.42 prosperas ahora mi *c* por el cual ando
24.48 que me había guiado por *c* de verdad
24.56 ya que Jehová ha prosperado mi *c*
29.1 siguió luego Jacob su *c*, y fue a la
30.36 puso tres días de *c* entre sí y Jacob
31.18 y puso en *c* todo su ganado, y todo
31.23 fue tras Jacob *c* de siete días, y le
32.1 Jacob siguió su *c*, y le salieron al
33.16 así volvió Esaú aquel día por su *c* a
35.3 al Dios que. .ha estado conmigo en el *c*
35.19 Raquel. .sepultada en el *c* de Efrata
38.14 y se puso a la. .junto al *c* de Timnat
38.16 se apartó del *c* hacia ella, y le dijo
38.21 dónde está la ramera de. .junto al *c?*
42.25 y les diesen comida para el *c;* y así
42.38 le aconteciere algún desastre en el *c*
45.21 y les suministró víveres para el *c*
45.23 pan y comida, para su padre en el *c*
45.24 y él les dijo: No riñáis por el *c*
48.7 se me murió Raquel en. .Canaán, en el *c*
48.7 la sepulté allí en el *c* de Efrata, que
49.17 será Dan serpiente junto al *c*, víbora
Éx. 3.18 nosotros iremos ahora *c* de tres días
4.24 aconteció en el *c*, que en una posada
5.3; 8.27 *c* de tres días por el desierto
13.17 no los llevó por el *c* de la tierra de
13.18 pueblo rodease por *c* del desierto
13.21 columna de nube para guiarlos por el *c*
18.8 el trabajo que habían pasado en el *c*
18.20 muéstrales el *c* por donde deben andar
23.20 envío mi Angel. .que te guarde en el *c*
32.8 se han apartado del *c* que yo les mandé
33.3 no subiré. .sea que te consuma en el *c*
33.13 te ruego que me muestres ahora tu *c*
Lv. 26.22 fieras. .y vuestros *c* sean desiertos
Nm. 10.33 partieron del monte. .*c* de tres días
10.33 el arca. .fue delante. .*c* de tres días
11.31 un día de *c* a un lado, y un día de *c*
14.25 y salid al desierto, *c* del Mar Rojo
20.17 por el *c* real iremos, sin apartarnos
20.19 dijeron: Por el *c* principal iremos
21.1 oyó que venía Israel por el *c* de Atarim
21.4 partieron del monte de Hor, *c* del Mar
21.4 Edom; y se desanimó el pueblo por el *c*
21.22 el *c* real iremos, hasta que pasemos
21.33 subieron *c* de Basán; y salió. .Og rey
22.22 el ángel de Jehová se puso en el *c* por
22.23 asna vio al ángel. .que estaba en el *c*
22.23 se apartó el asna del *c*, e iba por el
22.23 azotó. .al asna para hacerla volver al *c*
22.26 donde no había *c* para apartarse ni a
22.31 y vio al ángel de Jehová. .en el *c*, y
22.32 porque tu *c* es perverso delante de mí
22.34 no sabía que tú te ponías. .en el *c*
24.25 volvió. .también Balac se fue por su *c*
33.8 anduvieron tres días de *c*. .el desierto
Dt. 1.2 once jornadas hay desde Horeb, *c* del
1.19 anduvimos. .el *c* del monte del amorreo
1.22 y a su regreso nos traigan razón del *c*
1.31 por todo el *c* que habéis andado, hasta
1.33 iba delante de vosotros por el *c* para
1.33 con fuego de noche para mostraros el *c*
1.40 volveos e id al desierto, *c* del Mar Rojo
2.1 y salimos al desierto, *c* del Mar Rojo
2.8 *c* del Arabá. .el *c* del desierto de Moab
2.27 pasaré por. .por el *c;* por el *c* iré, sin
3.1 subimos *c* de Basán, y nos salió. .Og rey
5.33 andad en todo el *c* que Jehová vuestro
6.7 hablarás de ellas. .andando por el *c*, y
8.2 todo el *c* por donde te ha traído Jehová
8.6 tu Dios, andando en sus *c*, y temiéndole
9.12 se han apartado del *c* que yo les mandé
9.16 apartándoos pronto del *c* que Jehová os
10.12 que andes en todos sus *c*, y que lo ames
11.19 hablando de. .cuando andes por el *c*
11.22 andando en todos sus *c*, y siguiéndole
11.28 y os apartareis del *c* que yo os ordeno
11.30 tras el *c* del occidente en la tierra
13.5 de apartarte del *c* por el cual Jehová
14.24 si el *c* fuere tan largo que no puedas
17.16 ha dicho: No volváis nunca por este *c*
19.3 arreglarás los *c*, y dividirás en tres
19.6 vengador. .le alcance por ser largo el *c*
19.9 ames a. .y andes en sus *c* todos los días
22.4 si vieres el asno de tu. .caído en el *c*
22.6 cuando encuentres por el *c* algún nido
23.4 no os salieron a recibir con pan. .al *c*
24.9 lo que hizo Jehová tu. .a María en el *c*
25.17 de lo que hizo Amalec contigo en el *c*
25.18 de cómo te salió al encuentro en el *c*
26.17 que andarás en sus *c*, y guardarás sus
27.18 el que hiciere errar al ciego en el *c*
28.7 por un *c* saldrán. .y por siete *c* huirán
28.9 cuando guardares. .anduvieres en sus *c*
28.25 por un *c* saldrás. .y por siete *c* huirás
28.29 y no serás prosperado en tus *c;* y no
28.68 el *c* del cual te ha dicho: Nunca más
30.16 que ames a. .andes en sus *c*, y guardes
31.29 os apartaréis del *c* que os he mandado
32.4 porque todos sus *c* son rectitud; Dios
Jos. 1.8 entonces harás prosperar tu *c*, y todo
2.7 fueron tras ellos por el *c* del Jordán
2.16 dijo. .después os iréis por vuestro *c*
2.22 buscaron por todo el *c*, pero no los
3.4 que sepáis el *c*. .no habéis pasado. .este *c*
5.4 habían muerto en el desierto por el *c*
5.5 nacido. .por el *c*, después que hubieron
5.7 no habían sido circuncidados por el *c*
8.15 Israel. .huyeron. .por el *c* del desierto
9.5 el pan que traían para el *c* era seco y
9.11 tomad. .manos provisión para el *c*, e id
9.12 pan lo tomamos caliente de. .para el *c*

CAMINO *(Continúa)*
Jos. 9.13 viejos a causa de lo muy largo del *c*
10.10 siguió por el *c* que sube a Bet-horón
12.3 por el *c* de Bet-jesimot, y desde el sur
22.5 améis a. .Dios, y andéis en todos sus *c*
23.14 entrar hoy por el *c* de toda la tierra
24.17 ha guardado por todo el *c* por donde
Jue. 2.17 apartaron. .del *c* en que anduvieron
2.19 no se apartaban. .ni de su obstinado *c*
2.22 si procurarían. .seguir el *c* de Jehová
5.6 quedaron abandonados los *c*, y los que
8.11 el *c* de los que habitaban en tiendas
9.25 robaban a todos los que pasaban. .el *c*
9.37 una tropa viene por el *c* de la encina
14.8 apartó del *c* para ver el cuerpo muerto
14.9 tomándolo. .se fue comiéndolo por el *c*
17.8 y llegando en su *c* al monte de Efraín
18.6 delante de Jehová está vuestro *c* en que
18.26 y prosiguieron los hijos de Dan su *c*
19.9 os levantaréis temprano a vuestro *c*
19.15 se apartaron del *c* para entrar a pasar
19.27 abrió las puertas. .para seguir su *c*
20.31 matándolos como las. .veces por los *c*
20.32 alejaremos de la ciudad hasta los *c*
20.42 volvieron. .hacia el *c* del desierto
20.45 fueron abatidos cinco mil. .en los *c*
21.19 y al lado. .del *c* que sube de Bet-el
1 S. 1.18 se fue la mujer por su *c*, y comió
4.13 que Elí estaba. .vigilando junto al *c*
6.9 sube por el *c* de su tierra a Bet-semes
6.12 encaminaron por el *c*. .seguían *c* recto
8.3 no anduvieron los. .por los *c* de su padre
8.5 tus hijos no andan en tus *c*; por tanto
9.6 del objeto por el cual emprendimos. .*c*
9.8 daré al. .para que nos declare nuestro *c*
12.23 os instruiré en el *c* bueno y recto
13.17 un escuadrón marchaba por el *c* de Ofra
15.2 que hizo Amalec. .al oponérsele en el *c*
17.52 cayeron. .por el *c* de Saaraim hasta Gat
24.3 llegó a un redil de ovejas en el *c*
24.7 Saúl, saliendo de la cueva, siguió su *c*
25.12 y los jóvenes. .se volvieron por su *c*
26.3 al oriente del desierto, junto al *c*
26.25 se fue por su *c*, y Saúl se volvió a
28.22 de que cobres fuerzas, y sigas tu *c*
30.2 se los habían llevado al seguir su *c*
2 S. 2.24 junto al *c* del desierto de Gabaón
4.7 caminaron. .la noche por el *c* del Arabá
11.10 David a Urías: ¿No has venido de *c*?
12.4 vino uno de *c* al hombre rico; y éste
13.30 aún en el *c*, llegó a David el rumor
13.34 mucha gente que venía por el *c* a sus
15.2 y se ponía a un lado del *c* junto a la
15.23 el pueblo pasó al *c* que va al desierto
16.13 mientras David y. .suyos iban por el *c*
18.23 corrió, pues, Ahimaas por el *c* de la
20.12 Amasa yacía. .en mitad del *c*; y todo
20.12 apartó a Amasa del *c* al campo, y echó
20.13 luego que fue apartado del *c*, pasaron
22.22 porque yo he guardado los *c* de Jehová
22.31 en cuanto a Dios, perfecto es su *c*, y
22.33 Dios es el que. .y quien despeja mi *c*
1 R. 1.49 entonces. .se fue cada uno por su *c*
2.2 yo sigo el *c* de todos en la tierra
2.3 tu Dios, andando en sus *c*, y observando
2.4 si tus hijos guardaren mi *c*, andando
3.14 si anduvieres en mis *c*, guardando mis
8.25 con tal que tus hijos guarden mi *c* y
8.36 enseñándoles el buen *c* en que anden
8.39 y darás a cada uno conforme a sus *c*
8.44 en batalla. .por el *c* que tú les mandes
8.58 que andemos en todos sus *c*, y guardemos
11.29 le encontró en el *c* el profeta Ahías
11.33 no han andado en mis *c* para hacer lo
11.38 si. .y anduvieres en mis *c*, e hicieres lo
13.9,17 ni regreses por el *c* que fueres
13.10 por otro *c*, y no volvió por el *c* por
13.12 ¿por qué *c* se fue?. .le mostraron el *c*
13.24 le topó un león en el *c*, y le mató
13.24 su cuerpo estaba echado en el *c*, y el
13.25 vieron el cuerpo. .echado en el *c*, y el
13.26 el profeta. .le había hecho volver del *c*
13.28 el cuerpo tendido en el *c*, y el asno
13.33 no se apartó Jeroboam de su mal *c*
15.26 andando en el *c* de su padre, y en los
15.34 y anduvo en el *c* de Jeroboam, y en su
16.2 has andado en el *c* de Jeroboam, y has
16.19 y andando en los *c* de Jeroboam, y en
16.26 pues anduvo en todos los *c* de Jeroboam
18.6 Acab fue por un *c*, y Abdías. .por otro
18.7 yendo Abdías por el *c*, se encontró con
18.27 quizá. .va de *c*; tal vez duerme, y hay
19.4 él se fue por el desierto un día de *c*
19.7 levántate y come. .largo *c* te resta
19.15 vuélvete por tu *c*, por el desierto de
20.38 se puso delante del rey en el *c*, y se
22.43 anduvo en todo el *c* de Asa su padre
22.52 *c* de su padre, y en el *c* de su madre
22.52 en el *c* de Jeroboam hijo de Nabat, que
2 R. 2.23 subiendo por el *c*. .unos muchachos de
3.8 ¿por qué *c* iremos?. .el *c* del desierto
3.9 anduvieron. .siete días de *c*, les faltó
3.20 vinieron aguas por el *c* de Edom, y la
4.24 y no me hagas detener en el *c*, sino
6.19 no es este el *c*, ni es esta la ciudad
7.15 el *c* estaba lleno de vestidos y enseres
8.18 anduvo en el *c* de los reyes de Israel
8.27 anduvo en el *c* de la casa de Acab, e
9.27 huyó por el *c* de la casa del huerto
10.12 en el *c* llegó a una casa de esquileo
11.16 el *c* por donde entran los de a caballo
11.19 vinieron por el *c* de la puerta de la
16.3 anduvo en el *c* de los reyes de Israel
17.13 volveos de vuestros. .*c*, y guardad mis
18.17 acamparon. .en el *c* de la heredad del
19.28 haré volver por el *c* por donde viniste
19.33 por el mismo *c* que vino, volverá, y no
21.21 en todos los *c* en que su padre anduvo
21.22 dejó a Jehová. .y no anduvo en el *c* de
22.2 anduvo en todo el *c* de David su padre
25.4 por el *c* de la puerta. .el *c* del Arabá
1 Cr. 26.16 de Salequet, en el *c* de la subida
26.18 cuatro al *c*, y dos en la cámara
2 Cr. 6.16 con tal que tus hijos guarden su *c*
6.27 enseñarás el buen *c* para que anden en
6.30 y darás a cada uno conforme a sus *c*
6.31 te teman y anden en tus *c*, todos los
6.34 pueblo saliere a. .por el *c* que tú les
7.14 se convirtieren de sus malos *c*. .oiré
11.17 tres años anduvieron en el *c* de David
13.22 sus *c* y sus dichos, están escritos en
17.3 anduvo en los primeros *c* de David su
17.6 se animó su corazón en los *c* de Jehová
18.23 ¿por qué *c* se fue de mí el Espíritu
20.32 anduvo en el *c* de Asa su padre, sin
21.6 anduvo en el *c* de los reyes de Israel
21.12 los *c* de Josafat. .ni en los *c* de Asa
21.13 has andado en el *c* de los reyes de
22.3 él anduvo en los *c* de la casa de Acab
27.6 porque preparó sus *c* delante de Jehová
27.7 Jotam. .y sus *c*, he aquí están escritos
28.2 anduvo en los *c* de los reyes de Israel
28.26 y todos sus *c*, primeros y postreros
34.2 anduvo en los *c* de David su padre, sin
Esd. 8.21 para solicitar de él *c* derecho para
8.22 que nos defendiesen del enemigo en el *c*
8.31 nos libró de. .y del asechador en el *c*
Neh. 9.12,19 para alumbrarles el *c* por donde
9.19 no se apartó de. .para guiarlos por el *c*
Job 4.6 tu esperanza la integridad de tus *c*?
8.13 los *c* de todos los que olvidan a Dios
8.19 ciertamente este será el gozo de su *c*
12.24 los hace vagar como por un yermo sin *c*
13.15 he aquí. .defenderé delante de él mis *c*
13.27 y observas todos mis *c*, trazando un
16.22 y yo iré por el *c* de donde no volveré
17.9 no obstante, proseguirá el justo su *c*
19.8 cercó de vallado mi *c*, y no pasaré
21.14 no queremos el conocimiento de tus *c*
21.29 preguntado a los que pasan por los *c*
21.31 ¿quién le denunciará en su cara su *c*?
22.3 provecho de. .tú hagas perfectos tus *c*?
22.28 firme, y sobre tus *c* resplandecerá luz
23.10 él conoce mi *c*; me probará, y saldré
23.11 pisadas; guardé su *c*, y no me aparté
24.4 hacen apartar del *c* a los menesterosos
24.13 rebeldes a la. .nunca conocieron sus *c*
24.18 no andarán por el *c* de las viñas
24.23 sus ojos están sobre los *c* de ellos
26.14 estas cosas son. .los bordes de sus *c*
28.23 Dios entiende el *c* de ella, y conoce
28.26 ley. .y *c* al relámpago de los truenos
29.25 calificaba yo el *c* de ellos. .como rey
30.12 prepararon contra mí *c* de perdición
31.4 ve él mis *c*, y cuenta todos mis pasos?
31.7 si mis pasos se apartaron del *c*, si mi
34.11 obra, y le retribuirá conforme a su *c*
34.21 sus ojos están sobre los *c* del hombre
34.27 y no consideraron ninguno de sus *c*
36.23 ¿quién le ha prescrito su *c*? ¿y quién
38.19 ¿por dónde va el *c* a la habitación de
38.24 ¿por qué *c* se reparte la luz, y se
38.25 ¿quién repartió. .*c* a los relámpagos y
40.19 él es el principio de los *c* de Dios
Sal. 1.1 de malos, ni estuvo en *c* de pecadores
1.6 Jehová conoce el *c* de los justos; mas la
2.12 que no se enoje, y perezcáis en el *c*
5.8 guíame. .endereza delante de mí tu *c*
10.5 sus *c* son torcidos en todo tiempo; tus
17.5 sustenta mis pasos en tus *c*, para que
18.21 yo he guardado los *c* de Jehová, y no
18.30 en cuanto a Dios, perfecto es su *c*, y
18.32 Dios es el. .quien hace perfecto mi *c*
19.5 se alegra cual gigante para correr el *c*
25.4 muéstrame, oh Jehová, tus *c*; enséñame
25.8 tanto, él enseñará a los pecadores el *c*
25.12 él le enseñará el *c* que ha de escoger
27.11 enséñame, oh Jehová, tu *c*, y guíame por
32.8 y te enseñaré el *c* en que debes andar
35.6 sea su *c* tenebroso y resbaladizo, y el
36.4 está en *c* no bueno, el mal no aborrece
37.5 encomienda a Jehová tu *c*, y confía en
37.7 no te alteres. .del que prospera en su *c*
37.23 ordenados los pasos. .y él aprueba su *c*
37.34 espera en Jehová, y guarda su *c*, y él
39.1 dije: Atenderé a mis *c*, para no pecar
44.18 ni. .apartado de tus *c* nuestros pasos
49.13 este su *c* es locura; con todo, sus
50.23 al que ordenare su *c*, le mostraré la
51.13 enseñaré a los transgresores tus *c*, y
67.2 que sea conocido en la tierra tu *c*, en
68.24 vieron tus *c*. .Dios; los *c* de mi Dios
77.13 oh Dios, santo es tu *c*; ¿qué dios es
77.19 en el mar fue tu *c*, y tus sendas en las
78.50 dispuso *c* a su furor; no eximió la
80.12 la vendimian. .los que pasan por el *c*?
81.13 oh. .si en mis *c* hubiera andado Israel!
84.5 el hombre. .en cuyo corazón están tus *c*
85.13 de él, y sus pasos nos pondrá por *c*
86.11 enséñame, oh Jehová, tu *c*; caminaré
89.41 saquean todos los que pasan por el *c*
91.11 sus ángeles. .te guarden en todos tus *c*
95.10 que divaga de. .no han conocido mis *c*
101.2 el *c* de la perfección, cuando vengas a
101.6 el que ande en el *c* de la perfección
102.23 él debilitó mi fuerza en el *c*; acortó
103.7 *c* notificó a Moisés, y a los hijos de
107.4 anduvieron. .por la soledad sin *c*, sin
107.7 los dirigió por *c* derecho, para que
107.17 afligidos. .causa del *c* de su rebelión
107.40 y les hace andar. .vagabundos y sin *c*
110.7 del arroyo beberá en el *c*, por lo cual
119.1 bienaventurados los perfectos de *c*
119.3 no hacen iniquidad los que andan en. .*c*
119.5 ¡ojalá fuesen ordenados mis *c* para
119.9 ¿con qué limpiará el joven su *c*? Con
119.14 he gozado en el *c* de tus testimonios
119.15 en tus. .meditaré; consideraré tus *c*
119.26 te he manifestado mis *c*, y me has
119.27 entender el *c* de tus mandamientos
119.29 aparta de mí el *c* de la mentira, y en
119.30 escogí el *c* de la verdad; he puesto
119.32 por el *c* de tus mandamientos correré
119.33 enséñame. .el *c* de tus estatutos, y lo
119.37 aparta mis ojos, que. .avívame en tu *c*
119.59 consideré mis *c*, y volví mis pies a
119.101 de todo mal *c* contuve mis pies, para
119.104 he aborrecido todo *c* de mentira
119.105 lámpara es a mis. .y lumbrera a mi *c*
119.128 por eso. .aborrecí todo *c* de mentira
119.168 porque todos mis *c* están delante de
128.1 que teme a Jehová, que anda en sus *c*
138.5 cantarán de los *c* de Jehová, porque
139.3 andar. .y todos mis *c* te son conocidos
139.24 y ve si hay en mí *c* de perversidad
139.24 ve si hay. .y guíame en el *c* eterno
142.3 en el *c* en que. .me escondieron lazo
143.8 saber el *c* por donde ande, porque a ti
145.17 justo es Jehová en todos sus *c*, y
146.9 Jehová. .el *c* de los impíos trastorna
Pr. 1.15 hijo mío, no andes en *c* con ellos
1.31 comerán del fruto de su *c*. .hastiados
2.8 es el que. .preserva el *c* de sus santos
2.9 entenderás justicia, juicio. .todo buen *c*
2.12 librarte del mal *c*, de los hombres que
2.13 que dejan los *c* derechos, para andar por
2.15 veredas son torcidas, y torcidos sus *c*
2.20 así andarás por el *c* de los buenos, y
3.6 reconócelo en todos tus *c*. .tus veredas
3.17 sus *c* son *c* deleitosos. .sus veredas paz
3.23 andarás por tu *c* confiadamente, y tu
3.31 no envidies. .escojas ninguno de sus *c*
4.11 el *c* de la sabiduría te he encaminado
4.14 entres. .ni vayas por el *c* de los malos
4.19 el *c* de los impíos es como la oscuridad
4.26 la senda de. .y todos tus *c* sean rectos
5.6 sus *c* son inestables; no los conocerás
5.6 no los. .si no considerares el *c* de vida
5.8 aleja de ella tu *c*, y no te acerques a
5.21 porque los *c* del hombre están ante los
6.6 vé a la hormiga. .mira sus *c*, y sé sabio
6.23 y *c* de vida las reprensiones que te
7.8 el cual pasaba. .iba *c* a la casa de ella
7.25 no se aparte tu corazón a sus *c*
7.27 *c* al Seol es su casa, que conduce a las
8.2 en las alturas junto al *c*. .encrucijadas
8.13 el mal *c*, y la boca perversa, aborrezco
8.32 bienaventurados los que guardan mis *c*
9.6 vivid, y andad. .el *c* de la inteligencia
9.15 que pasan por el *c*, que van por sus *c*
10.9 el que pervierte sus *c* será quebrantado
10.17 *c* a la vida es guardar la instrucción
10.29 *c* de Jehová es fortaleza al perfecto
11.5 justicia del perfecto enderezará su *c*
11.20 los perfectos de *c* le son agradables
12.15 *c* del necio es derecho en su opinión
12.26 mas el *c* de los impíos les hace errar
12.28 en el *c* de la justicia está la vida
12.28 la justicia. .y en sus *c* no hay muerte
13.6 la justicia guarda al de perfecto *c*
13.15 mas el *c* de los transgresores es duro
14.2 mas el de *c* pervertidos lo menosprecia
14.8 la ciencia del. .está en entender su *c*
14.12 hay *c* que al hombre le parece derecho
14.12 derecho; pero su fin es *c* de muerte
14.14 de sus *c* será hastiado el necio de
15.9 abominación es a Jehová el *c* del impío
15.10 es molesta al que deja el *c*; y el que
15.19 *c* del perezoso es como seto de espinos
15.24 el *c* de la vida es hacia arriba al
16.2 todos los *c* del hombre son limpios en
16.7 cuando los *c*. .son agradables a Jehová

CAMINO ***(Continúa)***

Pr. 16.9 el corazón del hombre piensa su c
16.17 el c de los rectos se aparta del mal
16.17 su vida guarda el que guarda su c
16.25 hay c que..pero su fin es c de muerte
16.29 lisonjea..le hace andar por c no bueno
16.31 vejez que se halla en el c de justicia
18.16 la dádiva del hombre le ensancha el c
19.3 la insensatez del hombre tuerce su c
19.16 mas el que menosprecia sus c morirá
20.24 ¿como, pues, entenderá el hombre su c?
21.2 todo c del hombre es recto en..opinión
21.8 el c del hombre perverso es torcido y
21.16 que se aparta del c de la sabiduría
21.29 endurece..mas el recto ordena sus c
22.5 espinos y..hay en el c del perverso
22.6 instruye al niño en su c, y aun cuando
23.19 sé sabio, y endereza tu corazón al c
23.26 corazón, y miren tus ojos por mis c
26.13 dice el perezoso: El león está en el c
28.6 mejor es..que el de perversos c y rico
28.10 hace errar a los rectos por el mal c
28.18 mas el de perversos c caerá en alguno
29.27 abominación es al impío el de c rectos
31.3 ni tus c a lo que destruye a los reyes
31.27 considera los c de su casa, y no come
Ec. 10.3 aun mientras va el necio por el c, le
11.5 tú no sabes cuál es el c del viento, o
11.9 anda en los c de tu corazón y en la vista
12.5 temerán de lo..y habrá terrores en el c
Is. 2.3 y nos enseñará sus c, y caminaremos por
3.12 te engañan, y tuercen el curso de tus c
7.3 sal..en el c de la heredad del Lavador
8.11 que no caminase por el c de este pueblo
9.1 al fin llenará de gloria el c del mar
11.16 habrá c para el remanente de su pueblo
15.5 levantarán grito..por el c de Horonaim
26.7 el c del justo es rectitud; tú, que eres
26.7 tú, que eres recto, pesas el c del justo
26.8 en el c de tus juicios, oh Jehová, te
30.11 el c, apartaos de la senda, quitad de
30.21 que diga: Este es el c, andad por él
35.8 habrá allí..c..llamado C de Santidad
35.8 anduviere en este c, por torpe que sea
36.2 acampó..el c de la heredad del Lavador
37.29 haré volver por el c por donde viniste
37.34 el c que vino, volverá, y no entrará
40.3 preparad c a Jehová; enderezad calzada
40.14 ¿quién le enseñó el c del juicio, o le
40.27 mi c está escondido de Jehová, y de mi
41.3 pasó en paz por c por donde sus pies
42.16 guiaré..ciegos por c que no sabían
42.24 no quisieron andar en sus c, ni oyeron
43.16 que abre c en el mar, y senda en las
43.19 otra vez abriré c en el desierto, y
45.13 enderezaré todos sus c; él edificará
47.15 cada uno irá por su c, no habrá quien
48.15 y le traje; por..será prosperado su c
48.17 te encamina por el c que debes seguir
49.9 en los c serán apacentados, y en todas
49.11 convertiré en c todos mis montes, y
51.10 transformó en c las profundidades del
51.20 en las encrucijadas de todos los c
51.23 tu cuerpo..como c, para que pasaran
53.6 se apartó por su c; mas Jehová cargó
55.7 deje el impío su c, y el hombre inicuo
55.8 no son vuestros..c mis c, dijo Jehová
55.9 así son mis c más altos que vuestros c
56.11 todos ellos siguen sus propios c, cada
57.10 en..tus c te cansaste, pero no dijiste
57.14 barred el c, quitad..tropiezos del c
57.17 siguió rebelde por el c de su corazón
57.18 he visto sus c; pero le sanaré..daré
58.2 buscan cada día, y quieren saber mis c
58.13 y lo venerares, no andando en tus..c
59.7 destrucción y quebrantamiento..en sus c
59.8 no conocieron c de paz, ni..en sus c
62.10 barred el c al pueblo..alzad pendón a
63.17 Jehová, nos has hecho errar de tus c
64.5 de los que se acordaban de ti en tus c
65.2 el cual anda por c no bueno, en pos de
66.3 porque escogieron sus propios c, y su
Jer. 2.17 dejado a Jehová..conducía por el c?
2.18 ¿qué tienes tú en el c de..c de Asiria
2.23 dromedaria ligera que tuerce su c
2.33 ¿por qué adornas tu c para hallar amor?
2.33 aun a las malvadas enseñaste tus c
2.36 ¿para qué discurres..cambiando tus c?
3.2 junto a los c te sentabas para ellos
3.21 han torcido su c, de Jehová su Dios se
4.18 tu c y tus obras te hicieron esto; esta
5.4,5 conocen el c de Jehová, el juicio de
6.16 paraos en los c, y mirad, y preguntad
6.16 las sendas antiguas, cuál sea el buen c
6.25 no salgas al campo, ni andes por el c
6.27 conocerás, pues, y examinarás el c de
7.3 mejorad vuestros c y vuestras obras, y
7.5 pero si mejorareis..vuestros c y..obras
7.23 andad en todo c que os mande, para que
8.4 cae..el que se desvía, ¿no vuelve al c?
10.2 no aprendáis el c de las naciones, ni
10.23 el hombre no es señor de su c, ni del
12.1 por qué es prosperado el c de los impíos
12.16 y si..aprendieren los c de mi pueblo
15.7 lo desbaraté, no se volvieron de sus c
16.17 mis ojos están sobre todos sus c, los
17.10 para dar a cada uno según su c, según
18.11 su mal c, y mejore sus c y sus obras
18.15 mi pueblo..ha tropezado en sus c, en
18.15 para que camine por sendas y no por c
21.8 pongo delante..c de vida y c de muerte
22.21 este fue tu c desde tu juventud, que
23.12 c será como resbaladeros en oscuridad
23.22 y lo habrían hecho volver de su mal c
25.5 volveos ahora de vuestro mal c y de la
26.3 quizá..se vuelvan cada uno de su mal c
26.13 mejorad..vuestros c y vuestras obras
28.11 habló Hananías..siguió Jeremías su c
31.9 por c derecho en el cual no tropezarán
31.21 vuélvete por el c por donde fuiste
32.19 tus ojos están..sobre todos los c de
32.19 dar a cada uno según sus c, y según el
32.39 les daré un corazón y un c, para que
35.15 volveos..de vuestro mal c, y enmendad
36.3 arrepienta..de su mal c, y yo perdonaré
36.7 quizá..se vuelva cada uno de su mal c
39.4 el c del huerto del rey..c del Arabá
42.3 que Jehová..nos enseñe el c por donde
48.19 párate en el c, y mira, oh moradora
50.5 preguntarán por el c de Sion, hacia
52.7 el c de la puerta..por el c del Arabá
Lm. 1.12 ¿no os conmueve a cuantos pasáis..c?
2.15 los que pasaban por el c batieron las
3.9 cercó mis c con piedra labrada, torció
3.11 torció mis c, y me despedazó; me dejó
3.40 escudriñemos nuestros c, y busquemos
Ez. 3.18 el impío sea apercibido de su mal c
3.19 y él no se convirtiere..de su mal c
7.3 te juzgaré según tus c; y pondré sobre
7.4 antes pondré sobre ti tus c, y en medio
7.8 cumpliré en ti..te juzgaré según tus c
7.9 según tus c pondré sobre ti, y en medio
7.27 según su c haré con ellos, y con los
9.2 venían del c de la puerta de arriba que
9.10 recaer el c de ellos sobre sus cabezas
11.21 traigo su c sobre sus propias cabezas
13.22 para que no se apartase de su mal c
14.22 y veréis su c y sus hechos, y seréis
14.23 y os consolarán cuando viereis su c y
16.25 en toda cabeza de c edificaste lugar
16.27 se avergüenzan de tu c deshonesto
16.31 edificando..altos en toda cabeza de c
16.43 también traeré tu c sobre tu cabeza
16.47 ni aun anduviste en sus c, ni hiciste
16.47 te corrompiste más que..en todos sus c
16.61 te acordarás de tus c y te avergonzarás
18.23 ¿no vivirá, si se apartare de sus c?
18.25 si dijereis: No es recto el c del Señor
18.25 ¿no es recto mi c? ¿no son vuestros c
18.29 aún dijere..No es recto el c del Señor
18.29 ¿no son rectos mis c..vuestros c no
18.30 yo os juzgaré..según sus c, oh casa de
20.43 allí os acordaréis de vuestros c, y de
20.44 cuando haga..no según vuestros c malos
21.19 traza dos c por donde venga la espada
21.19 pon una señal al comienzo de cada c
21.20 c señalarás por donde venga la espada
21.21 ha detenido..al principio de los dos c
22.31 volver el c de ellos sobre su..cabeza
23.13 y vi que..un mismo c era el de ambas
23.31 en el c de tu hermana anduviste; yo
24.14 según tus c y tus obras te juzgarán
28.15 perfecto eras en todos tus c desde el
33.8 para que se guarde el impío de su c
33.9 tú avisares al impío de su c para que
33.9 y él no se apartare de su c, él morirá
33.11 sino que se vuelva el impío de su c
33.11 volveos de vuestra malos c; ¿por qué
33.17 dirán..No es recto el c del Señor
33.17 el c de ellos es el que no es recto
33.20 dijisteis: No es recto el c del Señor
33.20 juzgaré..a cada uno conforme a sus c
36.17 contaminó con sus c y con sus obras
36.17 como inmundicia de menstruosa..su c
36.19 conforme a sus c y..obras les juzgué
36.31 os acordaréis de vuestros malos c, y
42.15 luego..me sacó por el c de la puerta
44.3 el vestíbulo..y por ese mismo c saldrá
46.2,8 príncipe entrará por el c del portal
46.8 el príncipe..y por el mismo c saldrá
47.2 me sacó por el c de la puerta del norte
47.2 la vuelta por el c exterior..al c de la
47.15 el límite..el Mar Grande, c de Hetlón
Dn. 4.37 obras son verdaderas, y sus c justos
5.23 cuyos son todos tus c, nunca honraste
Os. 2.6 he aquí yo rodearé de espinos su c, y
2.6 la cercaré con seto, y no hallará sus c
6.9 una compañía de sacerdotes mata en el c
9.8 el profeta es lazo de cazador en..sus c
10.13 confiaste en tu c y en la multitud de
12.2 para castigar a Jacob conforme a sus c
13.7 como un leopardo en el c los acecharé
14.9 los c de Jehová son rectos, y los justos
Jl. 2.7 cada cual marchará..su c, y no torcerá
Am. 2.7 y tuercen el c de los humildes; y el
8.14 y dicen..Por el c de Beerseba, caerán
Jon. 3.3 era Nínive ciudad..de tres días de c
3.4 a entrar por la ciudad, c de un día, y
3.8 sino..conviértase cada uno de su mal c
3.10 que se convirtieron de su mal c; y se
Mi. 2.13 subirá el que abre c delante de ellos
2.13 abrirán c y pasarán la puerta, y saldrán
4.2 nos enseñará en sus c, y andaremos por
Nah. 2.1 vigila el c..refuerza mucho tu poder
Hab. 3.6 se levantó, y midió..sus c son eternos
Hag. 1.5,7 ha dicho..Meditad..sobre vuestros c
Zac. 1.4 volveos ahora de vuestros malos c y
1.6 pensó tratarnos conforme a nuestros c
3.7 si anduvieres por mis c, y si guardares
Mal. 2.8 vosotros os habéis apartado del c
2.9 no habéis guardado mis c, y en la ley
3.1 el cual preparará el c delante de mí
Mt. 2.12 regresaron a su tierra por otro c
3.3 preparad el c del Señor, enderezad sus
4.15 c del mar, al otro lado del Jordán
5.25 entre tanto que estás con él en el c
7.13 espacioso el c que lleva a la perdición
7.14 y angosto el c que lleva a la vida, y
8.28 tanto que nadie podía pasar por aquel c
10.5 diciendo: Por c de gentiles no vayáis
10.10 alforja para el c, ni de dos túnicas
11.10 el cual preparará tu c delante de ti
13.4 parte de la semilla cayó junto al c
13.19 es el que fue sembrado junto al c
15.32 no quiero, no sea que desmayen en el c
20.17 a sus doce discípulos aparte en el c
20.30 ciegos que estaban sentados junto al c
21.8 sus mantos en el c..las tendían en el c
21.19 viendo una higuera cerca del c, vino
21.32 vino a vosotros Juan en c de justicia
22.9 id..a las salidas de los c, y llamad a
22.10 saliendo..por los c, juntaron a todos
22.16 y que enseñas con verdad el c de Dios
Mr. 1.2 el cual preparará tu c delante de ti
1.3 preparad el c del Señor; enderezad sus
4.4 y al sembrar..una parte cayó junto al c
4.15 éstos son los de junto al c: en quienes
6.8 les mandó que no llevasen nada para el c
8.3 se desmayarán en el c, pues algunos de
8.27 y en el c preguntó a sus discípulos
9.33 qué disputabais entre vosotros en el c?
9.34 porque en el c habían disputado entre
10.17 al salir él para seguir su c, vino uno
10.32 iban por el c subiendo a Jerusalén
10.46 Bartimeo el..estaba sentado junto al c
10.52 y en seguida..seguía a Jesús en el c
11.4 hallaron el pollino..en el recodo del c
11.8 sus mantos por el c..tendían por el c
12.14 que con verdad enseñas el c de Dios
16.12 apareció..a dos de ellos que iban de c
Lc. 1.76 irás delante de..para preparar sus c
1.79 encaminar nuestros pies por c de paz
2.44 anduvieron c de un día; y le buscaban
3.4 está escrito..Preparad el c del Señor
3.5 los c torcidos..los c ásperos allanados
7.27 el cual preparará tu c delante de ti
8.5 parte cayó junto al c, y fue hollada
8.12 y los de junto al c son los que oyen
9.3 no toméis nada para el c, ni bordón, ni
9.57 uno le dijo en el c: Señor, te seguiré
10.4 ni calzado; y a nadie saludéis por el c
10.31 que descendió un sacerdote por aquel c
10.33 samaritano, que iba de c, vino cerca
10.38 que yendo de c, entró en una aldea; y
12.58 procura en el c arreglarte con él, no
13.33 necesario que hoy y mañana..siga mi c
14.23 dijo..vé por los c y los vallados
18.35 un ciego estaba sentado junto al c
19.36 a su paso tendían sus mantos por el c
20.21 que enseñas el c de Dios con verdad
24.32 ardía..mientras nos hablaba en el c, y
24.35 cosas que..habían acontecido en el c
Jn. 1.23 enderezad el c del Señor, como dijo
4.6 Jesús, cansado del c, se sentó..al pozo
14.4 y sabéis a dónde voy, y sabéis el c
14.5 vas; ¿cómo, pues, podemos saber el c?
14.6 yo soy el c, y la verdad, y la vida
Hch. 1.12 está cerca de..c de un día de reposo
2.28 me hiciste conocer los c de la vida
8.26 por el c que desciende de Jerusalén a
8.36 yendo por el c, llegaron a cierta agua
8.39 eunuco no lo vio..y siguió gozoso su c
9.2 hombres..de este C, los trajese presos
9.3 yendo por el c, aconteció que al llegar
9.17 Jesús, que se te apareció en el c por
9.27 contó cómo Saulo había visto en el c al
10.9 ellos iban por el c y se acercaban a la
13.10 de trastornar los c rectos del Señor?
14.16 él ha dejado..andar en sus propios c
16.17 quienes os auncian el c de salvación
18.25 había sido instruido en el c del Señor
18.26 y le expusieron más exactamente el c
19.9 no creyendo, maldiciendo el C delante
19.23 un disturbio no pequeño acerca del C
22.4 perseguía yo este C hasta la muerte
24.14 según el C que ellos llaman herejía
24.22 estando bien informado de este C, les
25.3 preparando ellos..para matarle en el c
26.13 yendo por el c, vi una luz del cielo
Ro. 3.16 quebranto y desventura hay en sus c
3.17 y no conocieron c de paz
11.33 insondables son..inescrutables sus c!

CAMINO *(Continúa)*
1 Co. 12.31 os muestro un *c* aun más excelente
2 Co. 11.26 en *c* muchas veces; en peligros de
1 Ts. 3.11 el mismo Dios y. .dirijan nuestro *c*
He. 3.10 andan vagando. .no han conocido mis *c*
9.8 no se había manifestado el *c* al Lugar
10.20 por el *c* nuevo y vivo que él nos abrió
12.13 que lo cojo no se salga del *c*, sino
Stg. 1.8 de doble ánimo es inconstante en. .*c*
2.25 los mensajeros y los envió por otro *c*?
5.20 el que haga volver al pecador. .de su *c*
2 P. 2.2 por. .el *c* de la verdad será blasfemado
2.15 han dejado el *c* recto. .el *c* de Balaam
2.21 no haber conocido el *c* de la justicia
Jud. 11 seguido el *c* de Caín, y se lanzaron
Ap. 15.3 justos y verdaderos son tus *c*, Rey
16.12 preparado el *c* a los reyes del oriente

CAMÓN *Ciudad en Galaad,* Jue. 10.5

CAMPAMENTO
Gn. 25.16 nombres, por sus villas y por sus *c*
32.2 dijo Jacob cuando los vio: *C* de Dios es
32.7 Jacob. .distribuyó el pueblo. .en dos *c*
32.8 Esaú contra un *c*. .el otro *c* escapará
32.21 y él durmió aquella noche en el *c*
Éx. 14.19 ángel de Dios que iba delante del *c*
14.20 iba entre el *c* de los. .y el *c* de Israel
14.24 que Jehová miró el *c* de los egipcios
14.24 nube, y trastornó el *c* de los egipcios
16.13 subieron codornices que cubrieron el *c*
16.13 por la mañana. .rocío en derredor del *c*
19.16 se estremeció todo el pueblo. .en el *c*
19.17 Moisés sacó del *c* al pueblo. .a Dios
29.14 los quemarás a fuego fuera del *c*; es
32.17 a Moisés: Alarido de pelea hay en el *c*
32.19 él llegó al *c*, y vio el becerro y las
32.26 se puso Moisés a la puerta del *c*, y
32.27 pasad y volved. .el *c*, y matad cada uno
33.7 levantó lejos, fuera del *c*, y lo llamó
33.7 salía al tabernáculo de. .fuera del *c*
33.11 y él volvía al *c*; pero el joven Josué
36.6 pregonar por el *c*. .Ningún. .haga más
Lv. 4.12 todo el becerro sacará fuera del *c* a
4.21 sacará el becerro. .del *c*, y lo quemará
6.11 y sacará las cenizas fuera del *c* a un
8.17 becerro. .lo quemó al fuego fuera del *c*
9.11 y la piel las quemó al fuego fuera del *c*
10.4 sacad a vuestros hermanos. .fuera del *c*
10.5 los sacaron con sus túnicas fuera del *c*
13.46 inmundo. .fuera del *c* será su morada
14.3 éste saldrá fuera del *c* y lo examinará
14.8 entrará en el *c*, y morará fuera de su
16.26 lavará sus. .y después entrará en el *c*
16.27 sacarán fuera del *c* el becerro y el
16.28 lavará. .después podrá entrar en el *c*
17.3 degollare buey o. .en el *c* o fuera de él
24.10 hijo de la israelita. .riñeron en el *c*
24.14 saca al blasfemo fuera del *c*, y todos
24.23 ellos sacaron del *c* al blasfemo y lo
Nm. 1.52 acamparán cada uno en su *c*, y cada
2.3 bandera del *c* de Judá, por sus ejércitos
2.9 los contados en el *c* de Judá, 186.400
2.10 la bandera del *c* de Rubén estará al sur
2.16 los contados en el *c* de Rubén, 151.450
2.17 el *c* de los levitas, en medio de los *c*
2.18 la bandera del *c* de Efraín. .al occidente
2.24 todos los contados en el *c* de Efraín
2.25 la bandera del *c* de Dan estará al norte
2.31 los contados en el *c* de Dan, 157.600
2.32 los contados por *c*, por sus ejércitos
4.5,15 cuando haya de mudarse al *c*, vendrán
5.2 manda. .que echen del *c* a todo leproso
5.3 fuera del *c*. .que no contaminen el *c* de
5.4 lo hicieron. .y los echaron fuera del *c*
10.2 te servirán. .y para hacer mover los *c*
10.5 moverán. .*c* de los que están acampados
10.6 moverán los *c* de los que están. .al sur
10.14 la bandera del *c*. .de Judá comenzó a
10.18 marchar la bandera del *c* de Rubén por
10.22 bandera del *c* de los hijos de Efraín
10.25 a marchar la bandera del *c* de. .de Dan
10.25 de Dan. .a retaguardia de todos los *c*
10.34 y la nube de. .desde que salieron del *c*
11.1 ira. .consumió uno de los extremos del *c*
11.9 cuando descendía el rocío sobre el *c*
11.26 y habían quedado en el *c* dos varones
11.26 Eldad y. .Medad. .profetizaron en el *c*
11.27 dijo: Eldad y Medad profetizan en el *c*
11.30 Moisés volvió al *c*, él y los ancianos
11.31 trajo codornices. .las dejó sobre el *c*
11.31 un día de camino al. .alrededor del *c*
11.32 las tendieron para sí. .alrededor del *c*
12.14 sea echada fuera del *c* por siete días
12.15 así María fue echada del *c* siete días
13.19 cómo son las ciudades. .son *c* o plazas
14.44 no se apartaron de en medio del *c*
15.35 apedréelo. .la congregación fuera del *c*
15.36 lo sacó la congregación fuera del *c*
19.3 sacará fuera del *c*, y la hará degollar
19.7 lavará luego. .después entrará en el *c*
19.9 las cenizas de. .las pondrá fuera del *c*
31.12 trajeron a Moisés. .los despojos al *c*
31.13 y salieron. .a recibirlos fuera del *c*
31.19 permaneced fuera del *c* siete días, y
31.24 lavaréis. .y después entraréis en el *c*
Dt. 2.14 se acabó toda la generación de. .del *c*
2.15 destruirlos de en medio del *c*, hasta
23.10 saldrá fuera del *c*, y no entrará en él
23.11 puesto el sol, podrá entrar en el *c*
23.12 tendrás un lugar fuera del *c* a donde
23.14 Jehová tu Dios anda en medio de tu *c*
23.14 por tanto, tu *c* ha de ser santo, para
29.11 tus extranjeros que habitan en. .tu *c*
Jos. 1.11 pasad por en medio del *c* y mandad al
3.2 tres días, los oficiales recorrieron el *c*
5.8 se quedaron. .en el *c*, hasta que sanaron
6.11 volvieron luego al *c*, y allí pasaron
6.14 dieron otra vuelta. .y volvieron al *c*
6.18 sea que hagáis anatema el *c* de Israel
6.23 y los pusieron fuera del *c* de Israel
8.13 todo el *c* al norte de la ciudad, y su
9.6 vinieron a Josué al *c* en Gilgal, y le
10.6 a decir a Josué al *c* en Gilgal: No
10.15 Josué. .Israel. .volvió al *c* en Gilgal
10.21 todo el pueblo volvió. .al *c* en Maceda
10.43 volvió Josué. .Israel. .al *c* en Gilgal
18.9 en un libro, y volvieron a Josué al *c*
Jue. 7.1 tenía el *c* de los madianitas al norte
7.8 tenía el *c* de Madián abajo en el valle
7.9 levántate, y desciende al *c*; porque yo
7.10 si tienes temor. .baja tú con Fura. .al *c*
7.11 oirás lo que hablan. .descenderás al *c*
7.11 de la gente armada que estaba en el *c*
7.13 veía un pan. .que rodaba hasta el *c* de
7.14 ha entregado. .madianitas con todo el *c*
7.15 vuelto al *c* de Israel, dijo: Levantaos
7.15 Jehová ha entregado el *c* de Madián en
7.17 que cuando yo llegue al extremo del *c*
7.18 las trompetas alrededor de todo el *c*
7.19 llegaron. .Gedeón y. .al extremo del *c*
7.21 se estuvieron firmes. .en derredor del *c*
7.22 cada uno contra su compañero en. .el *c*
8.11 Gedeón. .atacó el *c*, porque el ejército
13.25 comenzó a manifestarse en él en los *c*
18.12 llamaron a aquel lugar el *c* de Dan
21.8 que ninguno de. .había venido al *c*, a
21.12 doncellas. .las trajeron al *c* en Silo
1 S. 4.3 cuando volvió el pueblo al *c*, los
4.5 cuando el arca. .llegó al *c*, todo Israel
4.6 ¿qué voz. .esta en el *c* de los hebreos?
4.6 arca de Jehová había sido traída al *c*
4.7 decían: Ha venido Dios al *c*. Y dijeron
11.11 entraron en medio del *c* a la vigilia de
13.17 merodeadores del *c* de los filisteos
14.15 y hubo pánico en el *c* y por el campo
14.19 el alboroto. .en el *c* de los filisteos
14.21 habían venido con ellos de los. .al *c*
17.4 salió. .del *c* de los filisteos un paladín
17.10 he desafiado al *c* de Israel; dadme un
17.17 y llévalo pronto al *c* a tus hermanos
17.20 y llegó al *c* cuando el ejército salía
17.23 que se ponía en medio de los dos *c*
17.53 los hijos de Israel. .saquearon su *c*
26.5 miró. .y estaba Saúl durmiendo en el *c*
26.6 descenderá conmigo a Saúl en el *c*?
26.7 Saúl estaba tendido durmiendo en el *c*
28.5 cuando vio Saúl el *c* de los filisteos
29.6 tu salida y tu entrada en el *c* conmigo
2 S. 1.2 sucedió que vino uno del *c* de Saúl
1.3 ¿de dónde. .he escapado del *c* de Israel
5.24 saldrá. .a herir el *c* de los filisteos
23.13 *c* de los filisteos estaba en el valle
23.16 irrumpieron por el *c* de los filisteos
1 R. 16.16 y el pueblo que estaba en el *c* oyó
22.36 salió un pregón por el *c*, diciendo
2 R. 3.24 pero cuando llegaron al *c* de Israel
6.8 el rey. .En tal y tal lugar estará mi *c*
7.4 vamos. .y pasemos al *c* de los sirios; si
7.5 ir al *c* de. .llegaron a la entrada del *c*
7.6 en el *c* de. .se oyese estruendo de carros
7.7 abandonando sus tiendas. .asnos, y el *c*
7.8 los leprosos llegaron a la entrada del *c*
7.10 fuimos al *c* de los sirios, y he aquí que
7.10 sino caballos atados. .y el *c* intacto
7.14 envió el rey al *c*. .diciendo: Id y ved
7.16 el pueblo. .saqueó el *c* de los sirios
19.35 el ángel. .mató en el *c* de los asirios
1 Cr. 9.19 como sus padres guardaron la. .del *c*
11.15 estando el *c* de los filisteos en el
11.18 rompieron por el *c* de los filisteos
2 Cr. 22.1 que había venido con los árabes al *c*
32.21 destruyó a. .en el *c* del rey de Asiria
Sal. 78.28 hizo caer en medio del *c*, alrededor
106.16 tuvieron envidia de Moisés en el *c*
Cnt. 6.13 ¿qué. .Algo como la reunión de dos *c*
Is. 29.3 te sitiaré con *c*, y levantaré contra
37.36 mató a 185.000 en el *c* de los asirios
Jer. 1.15 y pondrá cada uno su *c* a la entrada
Ez. 4.2 pondrás delante de ella *c*, y colocarás
Jl. 2.11 porque muy grande es su *c*; fuerte es
Am. 4.10 e hice subir el hedor de vuestros *c*
Zac. 14.15 de todas las bestias. .en aquellos *c*
He. 13.11 cuerpos de. .son quemados fuera del *c*
13.13 salgamos. . a él, fuera del *c*, llevando
Ap. 20.9 y rodearon el *c* de los santos y la

CAMPANILLA
Éx. 28.33 y entre ellas *c* de oro alrededor
28.34 una *c* de oro y una granada, otra *c* de
39.25 hicieron. .*c* de oro. .pusieron *c* entre
39.26 *c* y una granada, otra *c* y otra granada
Zac. 14.20 grabado sobre las *c* de los caballos

CAMPAÑA
Dt. 23.9 salieres a *c* contra tus enemigos, te
1 S. 18.30 a *c* los príncipes de los filisteos
28.1 que has de salir conmigo a *c*, tú y tus
2 R. 24.1 en su tiempo subió en *c* Nabucodonosor
1 Cr. 12.33 de Zabulón 50.000, que salían a *c*
Dn. 11.11 pondrá en *c* multitud grande, y toda
11.13 volverá a poner en *c*. .multitud mayor

CAMPO
Gn. 2.5 toda planta del *c*. .toda hierba del *c*
2.19 formó. .toda bestia del *c*, y toda ave
2.20 puso Adán nombre. .a todo ganado del *c*
3.1 era astuta, más que. .los animales del *c*
3.14 maldita serás entre. .los animales del *c*
3.18 te producirá, y comerás plantas del *c*
4.8 Caín a su hermano Abel: Salgamos al *c*
4.8 estando ellos en el *c*, Caín se levantó
24.63 y había salido Isaac a meditar al *c*, a
24.65 que viene por el *c* hacia nosotros?
25.27 Esaú fue diestro en la. .hombre del *c*
25.29 y volviendo Esaú del *c*, cansado
27.3 toma. .arco, y sal al *c* y tráeme caza
27.5 se fue Esaú al *c* para buscar la caza
27.27 el olor del *c* que Jehová ha bendecido
29.2 miró, y vio un pozo en el *c*; y he aquí
30.14 fue Rubén. .halló mandrágoras en el *c*
30.16 cuando, pues, Jacob volvía del *c* a la
31.4 llamó. .al *c* donde estaban sus ovejas
32.3 a Esaú. .a la tierra de Seir, *c* de Edom
33.19 una parte del *c*, donde plantó su tienda
34.5 estando sus hijos con su ganado en el *c*
34.7 hijos de Jacob vinieron del *c* cuando
34.28 tomaron sus. .y lo que había. .en el *c*
36.35 que derrotó a Madián en el *c* de Moab
37.7 atábamos manojos en medio del *c*, y he
37.15 lo halló. .andando él errante por el *c*
39.5 Jehová bendijo la. .en casa como en el *c*
41.48 en cada ciudad el alimento del *c* de
49.29,30 en la cueva que está en el *c* de
49.30 la cual compró Abraham con el mismo *c*
49.32 la compra del *c* y de la cueva. .en él
50.13 y lo sepultaron en la cueva del *c* de
50.13 la que había comprado. .con el mismo *c*
Éx. 1.14 toda labor del *c* y en todo su servicio
8.13 murieron las ranas de las casas. .los *c*
9.3 tus ganados que están en el *c*, caballos
9.19 tu ganado, y todo lo que tienes en el *c*
9.19 animal que se halle en el *c*, y no sea
9.21 dejó sus criados y sus ganados en el *c*
9.22 granizo. .sobre toda la hierba del *c* en
9.25 hirió en. .todo lo que estaba en el *c*
9.25 destrozó el granizo. .la hierba del *c*
10.5 todo árbol que os fructifica en el *c*
10.15 no quedó cosa verde. .en hierba del *c*
16.25 es día de reposo. .no hallaréis en el *c*
22.5 pastar en *c* o. .su bestia en *c* de otro
22.5 de lo mejor de su *c* y. .su viña pagará
22.6 quemare mieses amontonadas o en. .o *c*
22.31 carne destrozada por. .fieras en el *c*
23.11 que quedare comerán las bestias del *c*
23.16 frutos. .que hubieres sembrado en el *c*
23.16 recogido los frutos de. .labores del *c*
23.29 se aumenten contra ti las fieras del *c*
Lv. 14.7 y soltará la avecilla viva en el *c*
14.53 la avecilla viva. .sobre la faz del *c*
17.5 los que sacrifican en medio del *c*, para
19.19 *c* no sembrarás con mezcla de semillas
25.31 estimadas como los terrenos del *c*
26.4 yo daré. .y el árbol del *c* dará su fruto
Nm. 19.16 muerto a espada sobre la faz del *c*
21.20 al valle que está en los *c* de Moab
22.1 y acamparon en los *c* de Moab junto al
22.4 lamerá. .lame el buey la grama del *c*
22.23 se apartó el asna del. .e iba por el *c*
23.14 lo llevó al *c* de Zofim, a la cumbre
26.3 hablaron con ellos en los *c* de Moab
26.63 contaron los. .Israel en los *c* de Moab
33.48 acamparon en los *c* de Moab, junto al
33.49 finalmente acamparon. .los *c* de Moab
33.50; 35.1 habló Jehová a Moisés en los *c*
36.13 que mandó Jehová. .en los *c* de Moab
Dt. 7.22 que las fieras del *c* no se aumenten
11.15 daré. .hierba en tu *c* para tus ganados
14.22 del grano que rindiere tu *c* cada año
20.19 el árbol del *c* no es hombre para venir
21.1 hallado alguien muerto, tendido en el *c*
22.25 hallare en el *c* a la joven desposada
22.27 la halló en el *c*; dio voces la joven
24.19 cuando siegues tu mies en tu *c*, y
24.19 y olvides alguna gavilla en el *c*, no
28.3 bendito serás tú en la ciudad. .en el *c*
28.16 maldito serás tú en la ciudad, y. .el *c*
28.38 mucha semilla al *c*, y recogerás poco
32.13 lo hizo subir. .comió los frutos del *c*
32.32 vid de Sodoma. .y de los *c* de Gomorra

CAMPO *(Continúa)*

Dt. 34.1 subió Moisés de los c de Moab al monte
34.8 y lloraron..a Moisés en los c de Moab
Jos. 8.24 matar a..moradores de Hai en el c
21.12 mas el c de la ciudad..dieron a Caleb
24.32 c que Jacob compró de los..de Hamor
Jue. 1.14 persuadió..pidiese a su padre un c
5.4 cuando te marchaste de los c de Edom
5.18 Zabulón..Neftalí en las alturas del c
9.27 saliendo al c, vendimiaron sus viñedos
9.32 levántate, pues..pon emboscadas en el c
9.42 pueblo salió al c; y fue dado aviso a
9.43 puso emboscadas en el c; y cuando miró
9.44 acometieron a..los que estaban en el c
13.9 el ángel..volvió..estando ella en el c
19.16 un hombre viejo que venía de su..del c
20.31 a Bet-el, y el otro a Gabaa en el c
20.36 los..de Israel cedieron c a Benjamín
Rt. 1.1 un varón..fue a morar en los c de Moab
1.2 llegaron..a los c de Moab, y se quedaron
1.6 se levantó..y regresó de los c de Moab
1.6 oyó en el c..que Jehová había visitado
1.22 volvió de los c de Moab, y llegaron a
2.2 ruego que me dejes ir al c, y recogeré
2.3 espigó en el c..c era de Booz, el cual
2.6 que volvió con Noemí de los c de Moab
2.8 no vayas a espigar a otro c, ni pases
2.9 mira bien el c que sieguen, y síguelas
2.17 espigó, pues, en el c hasta la noche
2.22 mejor..que no te encuentren en otro c
4.3 al pariente: Noemí, que ha vuelto del c
1 S. 4.2 hirieron..el c como a 4.000 hombres
6.14 carro vino al c de Josué de Bet-semes
6.18 la gran piedra..está en el c de Josué
8.12 los pondrá..a que aren sus c y sieguen
11.5 Saúl que venía del c, tras los bueyes
14.15 hubo pánico en el campamento y..el c
14.25 había miel en la superficie del c
17.44 y daré tu carne..a las bestias del c
19.3 y yo..estaré junto a mi padre en el c
20.5 tú dejarás que me esconda en el c hasta
20.11 salgamos al c. Y salieron ambos al c
20.24 David..se escondió en el c, y cuando
20.35 salió Jonatán al c, al tiempo señalado
30.11 hallaron en el c a un hombre egipcio
2 S. 2.18 ligero de pies como una gacela del c
3.22 siervos de David y Joab venían del c
10.8 los sirios de..estaban aparte en el c
11.11 y los siervos de mi señor, en el c
11.23 hombres..salieron contra nosotros al c
14.6 dos hijos, y los dos riñeron en el c
14.30 el c de Joab..prendieron fuego al c
14.31 han prendido fuego tus siervos a mi c?
17.8 la osa en el c cuando le han quitado sus
18.6 salió..el pueblo al c contra Israel, y
21.10 no dejó que..ni fieras del c de noche
1 R. 11.29 y estaban ellos dos solos en el c
14.11 el que muera en el c, lo comerán las
16.4 el que de él fuere muerto en el c, lo
16.16 a Omri, general..en el c de batalla
20.25 luego pelearemos con ellos en c raso
21.24 que fuere muerto en el c, lo comerán
22.34 y sácame del c, pues estoy herido
2 R. 4.39 salió uno al c a recoger hierbas, y
7.12 y se han escondido en el c, diciendo
9.10 Jezabel la comerán los perros en el c
19.23 lugares, en el bosque de sus feraces c
19.26 vinieron a ser como la hierba del c
23.4 los quemó fuera de..en el c del Cedrón
1 Cr. 1.46 derrotó a Madián en el c de Moab
16.32 alégrese el c, y todo lo que contiene
19.9 los reyes que..estaban aparte en el c
27.25 Jonatán hijo de..los tesoros de los c
2 Cr. 18.33 sácame del c..estoy mal herido
26.23 sepultaron con sus padres en el c de
35.22 a darle batalla en el c de Meguido
Neh. 6.2 ven y reunámonos en..en el c de Ono
12.29 de los c de Geba y de Asmavet; porque
Job 5.10 que da..envía las aguas sobre los c
5.22 reirás, y no temerás de..fieras del c
5.23 con las piedras del c tendrás tu pacto
5.23 las fieras del c estarán en paz contigo
24.6 en el c siegan su pasto, y los impíos
39.15 que puede quebrarlos la bestia del c
40.20 montes..toda bestia del c retoza allá
Sal. 8.7 ello, y asimismo las bestias del c
50.11 lo que se mueve en los c me pertenece
78.12 hizo maravillas en..en el c de Zoán
78.43 puso..sus maravillas en el c de Zoán
80.13 destroza..y la bestia del c la devora
96.12 regocíjese el c, y todo lo que en él
103.15 hombre..florece como la flor del c
104.11 dan de beber a todas las bestias del c
107.37 siembran c, y plantan viñas, y..fruto
132.6 oímos..hallamos en los c del bosque
144.13 que se multipliquen..en nuestros c
Pr. 8.26 había aún hecho la tierra, ni los c
24.27 prepara..fuera, y disponlas en tus c
24.30 pasé junto al c del hombre perezoso
27.26 y los cabritos para el precio del c
Ec. 5.9 el rey mismo está sujeto a los c
Cnt. 2.7; 3.5 conjuro..por las ciervas del c
7.11 oh amado mío, salgamos al c, moremos
Is. 5.17 extraños devorarán los c desolados
10.18 su bosque y de su c fértil consumirá
16.8 los c de Hesbón fueron talados, y las
16.10 quitado es el gozo y la..del c fértil
29.17 convertirá..el Líbano en c fructífero
32.12 lamentarán por los c deleitosos, por
32.15 el desierto se convierta en c fértil
32.15 el c fértil sea estimado por bosque
32.16 y en el c fértil morará la justicia
37.24 llegaré..al bosque de sus feraces c
37.27 fueron como hierba del c y hortaliza
40.6 carne..toda su gloria como flor del c
43.20 fieras del c me honrarán, los chacales
55.12 todos los árboles del c darán palmadas
56.9 las bestias del c, todas las fieras del
Jer. 4.3 arad c para vosotros, y no sembréis
4.17 guardas de c estuvieron en derredor de
4.26 y he aquí el c fértil era un desierto
6.25 no salgas al c, ni andes por el camino
7.20 se derramarán..sobre los árboles del c
8.10 daré a..sus c a quienes los conquisten
9.22 caerán como estiércol sobre la..del c
12.4 y marchita la hierba de todo el c?
12.9 vosotras todas las fieras del c, venid
13.27 en el c vi tus abominaciones. ¡Ay de ti
14.5 las ciervas en los c parían y dejaban la
14.18 si salgo al c, he aquí muertos a espada
17.3 sobre las montañas y sobre el c. Todos
18.14 ¿faltará la nieve..de la piedra del c?
26.18 Sion será arada como c, y Jerusalén
27.6 aun las bestias del c le he dado para
28.14 también le he dado las bestias del c
40.7 los jefes..que estaban por el c..oyeron
40.13 los príncipes de..que estaban en el c
41.8 tenemos en el c tesoros de trigos y
48.33 cortada la alegría y el regocijo..c
Ez. 3.22 y sal al c, y allí hablaré contigo
3.23 salí al c..estaba la gloria de Jehová
7.15 el que esté en el c morirá a espada, y
8.4 como la visión que yo había visto en el c
16.5 que fuiste arrojada sobre la faz del c
16.7 hice multiplicar como la hierba del c
17.5 la puso en un c bueno para sembrar, la
17.8 en un buen c, junto a muchas aguas, fue
17.24 sabrán todos los árboles del c que yo
26.6 hijas que están en el c serán muertas
26.8 matará..a tus hijas que están en el c
29.5 la faz del c caerás; no serás recogido
31.4 a todos los árboles del c enviaba sus
31.5 encumbró..sobre todos los árboles del c
31.6 ramaje parían todas las bestias del c
31.13 sobre sus ramas..las bestias del c
31.15 todos los árboles del c se desmayaron
32.4 te echaré sobre la faz del c, y haré
33.27 que está sobre la faz del c entregaré
34.5,8 son presa de todas las fieras del c
34.27 y el árbol del c dará su fruto, y la
36.30 multiplicaré asimismo el fruto de..c
37.2 que eran muchísimos sobre la faz del c
38.20 bestias del c y toda serpiente que se
39.4 las fieras del c, te he dado por comida
39.5 sobre la faz del c caerás; porque yo he
39.10 no traerán leña del c, ni cortarán de
39.17 a toda fiera del c: Juntaos, y venid
Dn. 2.38 que habitan..bestias del c y aves del
3.1 una estatua..la levantó en el c de Dura
4.12 se ponían a la sombra las bestias del c
4.15,23 atadura de..entre la hierba del c
4.21 debajo del..moraban las bestias del c
4.23 y con las bestias del c sea su parte
4.25 con las bestias del c será tu morada
4.25 con hierba del c te apacentarán como a
4.32 las bestias del c será tu habitación
Os. 2.12 vides..las comerán las bestias del c
2.18 haré para ti pacto con las bestias del c
4.3 se extenuará..con las bestias del c y
10.4 juicio florecerá..en los surcos del c
12.11 son como montones en los surcos del c
13.8 devorаré..fiera del c los despedazará
Jl. 1.10 c está asolado, se enlutó la tierra
1.11 gemid..porque se perdió la mies del c
1.12 todos los árboles del c se secaron, por
1.19 y llama abrasó todos los árboles del c
1.20 las bestias del c bramarán también a ti
2.22 animales del c, no temáis; porque los
Am. 1.2 los c de los pastores se enlutarán, y
Abd. 19 poseerán..los c de Efraín, y los c de
Mi. 2.4 ¡cómo nos quitó nuestros c! Los dio y
3.12 Sion será arada como c, y Jerusalén
4.10 saldrás de la ciudad y morarás en el c
7.14 mora solo en..en c fértil; busque pasto
Sof. 2.9 Moab..c de ortigas, y mina de sal
2.14 harán en ella majada..las bestias del c
Zac. 10.1 y hierba verde en el c a cada uno
13.5 he estado en el c desde mi juventud
Mal. 3.11 ni vuestra vid en el c será estéril
Mt. 6.28 considerad los lirios del c..crecen
6.30 si la hierba del c..Dios la viste así
13.24 hombre..sembró buena semilla en su c
13.27 ¿no sembraste buena semilla en tu c?
13.31 mostaza..un hombre..sembró en su c
13.36 explícanos la parábola de la..del c
13.38 el c es el mundo; la buena semilla son
13.44 semejante a..tesoro escondido en un c
13.44 vende todo..tiene, y compra aquel c
24.18 el que esté en el c, no vuelva atrás
24.40 entonces estarán dos en el c; el uno
27.7 compraron con ellas el c del alfarero
27.8 aquel c se llama hasta el..C de Sangre
27.10 y las dieron para el c del alfarero
Mr. 5.14 dieron aviso en la ciudad y en los c
6.36 para que vayan a los c..y compren pan
6.56 c, ponían en las calles a los enfermos
13.16 el que esté en el c, no vuelva atrás
15.21 venía del c, a que le llevase la cruz
16.12 apareció..a dos de ellos..yendo al c
Lc. 8.34 dieron aviso en la ciudad y por los c
9.12 que vayan a las aldeas y c..y se alojen
12.28 hierba que hoy está en el c, y mañana
15.25 su hijo mayor estaba en el c; y cuando
17.7 al volver él del c, luego le dice: Pasa
17.31 y el que en el c, asimismo no vuelva
17.36 estarán en el c; el uno será tomado, y
21.21 que estén en los c, no entren en ella
23.26 Simón de Cirene, que venía del c, y le
Jn. 4.35 alzad vuestros ojos y mirad los c
Hch. 1.18 adquirió un c, y cayendo de cabeza
1.19 c se llama en su..lengua..C de Sangre
Ro. 15.23 no teniendo más c en estas regiones

CANÁ

1. Arroyo en la frontera de Efraín y Manasés, **Jos. 16.8; 17.9**
2. Ciudad en la frontera de Aser, **Jos. 19.28**
3. Ciudad en Galilea

Jn. 2.1 hicieron unas bodas en C de Galilea
2.11 principio de señales hizo Jesús en C
4.46 vino..Jesús otra vez a C de Galilea
21.2 estaban..Natanael el de C de Galilea

CANA *Véase también Cano*

Gn. 42.38; 44.29 descender mis c con dolor al
44.31 descender las c de tu siervo nuestro
Lv. 19.32 delante de las c te levantarás, y
1 S. 12.2 soy ya viejo y lleno de c; pero mis
1 R. 2.6 no dejarás descender sus c al Seol en
2.9 harás descender sus c con sangre al Seol
Sal. 71.18 la vejez y las c..no me desampares
Is. 46.4 la vejez y hasta las c os soportaré
Os. 7.9 aun c le han cubierto, y él no lo supo

CANAÁN *Hijo de Cam. Sus descendientes habitaron la parte de Palestina al oeste del Jordán y dieron su nombre a esa región.*

Gn. 9.18 Cam y Jafet; y Cam es el padre de C
9.22 Cam, padre de C, vio la desnudez de su
9.25 dijo: Maldito sea C; siervo de siervos
9.26 bendito por..sea Sem, y sea C su siervo
9.27 engrandezca..a Jafet..sea C su siervo
10.6 hijos de Cam: Cus, Mizraim, Fut y C
10.15 y C engendró a Sidón su primogénito
11.31 salió..de Ur..para ir a la tierra de C
12.5 para ir a..C; y a tierra de C llegaron
13.12 Abram acampó en la tierra de C..habitó
16.3 había habitado Abram en la tierra de C
17.8 y te daré a ti..toda la tierra de C en
23.2 murió Sara..Hebrón, en la tierra de C
23.19 Mamre..es Hebrón, en la tierra de C
28.1,6 no tomes mujer de las hijas de C
28.8 que las hijas de C parecían mal a Isaac
31.18 para volverse a Isaac..la tierra de C
33.18 de Siquem, que está en la tierra de C
35.6 Jacob a Luz, que está en tierra de C
36.2 Esaú tomó sus mujeres de..hijas de C
36.5 hijos de Esaú, que le nacieron en..C
36.6 adquirido en la tierra de C, y se fue
37.1 habitó Jacob en la..en la tierra de C
42.5 porque había hambre en la tierra de C
42.7 ellos respondieron: De la tierra de C
42.13 hijos de un varón en la tierra de C
42.29 y venidos a Jacob su..en tierra de C
42.32 con nuestro padre en la tierra de C
44.8 volvimos a traer desde la tierra de C
45.17 haced esto..id, volved a la tierra de C
45.25 llegaron a la tierra de C a Jacob su
46.6 que habían adquirido en la tierra de C
46.12 Er y Onán murieron en la tierra de C
46.31 padre, que estaban en la tierra de C
47.1 mi padre..han venido de la tierra de C
47.4 el hambre es grave en la tierra de C
47.13 desfalleció..Egipto y la tierra de C
47.14 todo el dinero..y en la tierra de C
47.15 acabado el dinero..de la tierra de C
48.3 me apareció en Luz en la tierra de C
48.7 se me murió Raquel en la tierra de C
49.30 al oriente de Mamre en la tierra de C
50.5 que cavé para mí en la tierra de C, allí
50.13 lo llevaron sus hijos a la tierra de C
Éx. 6.4 mi pacto con..de darles la tierra de C
15.15 acobardarán todos los moradores de C
16.35 maná comieron hasta..la tierra de C
Lv. 14.34 hayáis entrado en la tierra de C
18.3 ni haréis como hacen en la tierra de C
25.38 os saqué de..para daros la tierra de C
Nm. 13.2 reconozcan la tierra de C, la cual
13.17 los envió..a reconocer la tierra de C

CANAÁN *(Continúa)*
Nm. 26.19 Er y Onán murieron en la tierra de *C*
32.30 tendrán posesión. .en la tierra de *C*
32.32 pasaremos armados. .a la tierra de *C*
33.40 y el cananeo. .en la tierra de *C*, oyó
33.51 pasado el. .entrando en la tierra de *C*
34.2 cuando hayáis entrado. .*C*. .tierra de *C*
34.29 la repartición de. .en la tierra de *C*
35.10 cuando hayáis pasado. .a la tierra de *C*
35.14 y tres ciudades en la tierra de *C*, las
Dt. 32.49 mira la tierra de *C*, que yo doy por
Jos. 5.12 que comieron de los frutos de la. .*C*
14.1 tomaron por heredad en la tierra de *C*
21.2 les hablaron en Silo en la tierra de *C*
22.9 desde Silo, que está en la tierra de *C*
22.10 llegando a los límites. .la tierra de *C*
22.11 un altar frente a la tierra de *C*, en
22.32 regresaron de Galaad a la tierra de *C*
24.3 y lo traje por toda la tierra de *C*, y
Jue. 3.1 no habían conocido. .las guerras de *C*
4.2 los vendió en mano de Jabín rey de *C*, el
4.23 abatió Dios aquel día a Jabín rey de *C*
4.24 endureciéndose. .contra Jabín rey de *C*
5.19 pelearon los reyes de *C*, en Taanac
21.12 en Silo, que está en la tierra de *C*
1 Cr. 1.8 los hijos de Cam. .Mizraim, Fut y *C*
1.13 *C* engendró a Sidón su primogénito, y a
16.18 a ti daré la tierra de *C*, porción de
Sal. 105.11 a ti te daré la tierra de *C* como
106.38 que ofrecieron en. .a los ídolos de *C*
135.11 rey de Basán, y a todos los reyes de *C*
Is. 19.18 hablen la lengua de *C*, y que juren
23.11 y Jehová mandó respecto a *C*, que sus
Ez. 16.3 tu origen. .es de la tierra de *C*; tu
16.29 tu fornicación en la tierra de *C* y de
Sof. 2.5 la palabra. .es contra vosotros, oh *C*
Hch. 7.11 vino. .hambre en toda la tierra. .de *C*
13.19 destruido 7 naciones en la tierra de *C*

CANAL
Gn. 30.38 en los *c* de los abrevaderos del agua
2 S. 5.8 suba por el *c* y hiera a los cojos y
Sal. 65.10 sus surcos, haces descender sus *c*

CANANEO, NEA ***Descendiente de Canaán***
Gn. 10.18 se dispersaron las familias de los *c*
10.19 fue el territorio de los *c* desde Sidón
12.6 y el *c* estaba entonces en la tierra
13.7 *c* y el ferezeo habitaban. .en la tierra
15.21 los *c*, los gergeseos y los jebuseos
24.3,37 para mi hijo mujer de las. .de los *c*
34.30 con hacerme abominable a. .el *c* y el
38.2 vio allí Judá la hija de un hombre *c*
46.10 Jaquín, Zohar, y Saúl hijo de la *c*
50.11 y viendo. .los *c*, el llanto en la era
Éx. 3.8 a los lugares del *c*, del heteo, del
3.17 sacaré. .a la tierra del *c*, del heteo
6.15 Jaquín, Zohar, y Saúl hijo de una *c*
13.5,11 Jehová. .metido en la tierra del *c*
23.23 Angel. .te llevará a la tierra. .del *c*
23.28 avispa, que eche fuera al heveo, al *c*
33.2 y echaré fuera al *c* y al amoreo, al
34.11 echo de delante de tu presencia al *c*
Nm. 13.29 monte, y el *c* habita junto al mar
14.25 amalecita y el *c* habitan en el valle
14.43 y el *c* están allí delante de vosotros
14.45 descendieron. .y el *c* que habitaban en
21.1 cuando el *c*, el rey de Arad. .oyó que
21.3 entregó al *c*, y los destruyó a ellos y
33.40 el *c*. .oyó que habían venido. .Israel
Dt. 1.7 a la tierra del *c*, y al Líbano, hasta
7.1 haya echado. .al *c*, al ferezeo, al heveo
11.30 tras el camino del. .la tierra del *c*
20.17 destruirás. .al *c*, al ferezeo, al heveo
Jos. 3.10 echará de delante de vosotros al *c*
5.1 reyes de los *c*. .cerca del mar, oyeron
7.9 los *c*. .oirán, y nos rodearán, y borrarán
9.1 oyeron estas cosas. .*c*, ferezeos, heveos
11.3 *c* que estaba al oriente y al occidente
12.8 el *c*, el ferezeo, el heveo y el jebuseo
13.3 de Ecrón al. .que se considera de los *c*
13.4 sur toda la tierra de los *c*, y Mehara
16.10 pero no arrojaron al *c*. .quedó el *c* en
17.12 el *c* persistió en habitar en aquella
17.13 hicieron tributario al *c*, mas no lo
17.16 y todos los *c*. .tienen carros herrados
17.18 tú arrojarás al *c*, aunque tenga carros
24.11 pelearon contra vosotros. .*c*, heteos
Jue. 1.1 subirá primero a pelear contra los *c*?
1.3 sube conmigo al. .y peleemos contra el *c*
1.4 y Jehová entregó en sus manos al *c* y al
1.5 pelearon. .y derrotaron al *c* y al ferezeo
1.9 hijos de Judá. .para pelear contra el *c*
1.10 marchó Judá contra el *c* que. .en Hebrón
1.17 Judá. .derrotaron al *c* que habitaba en
1.27 el *c* persistía en habitar en aquella
1.28 hizo al *c* tributario, mas no lo arrojó
1.29 tampoco Efraín arrojó al *c*. .habitó el *c*
1.30 sino que el *c* habitó en medio de él, y
1.32 moró Aser entre los *c* que habitaban en
1.33 Neftalí. .moró entre los *c* que habitaban
3.3 todos los *c*, los sidonios, y los heveos
3.5 los hijos de Israel habitaban entre los *c*
2 S. 24.7 fueron. .a todas las ciudades de. .*c*
1 R. 9.16 y dio muerte a los *c* que habitaban
1 Cr. 2.3 tres le nacieron de la hija de Súa, *c*
Esd. 9.1 no se ha separado. .de los *c*, heteos
Neh. 9.8 pacto con él. .darle la tierra del *c*
9.24 humillaste. .a los moradores. .a los *c*
Abd. 20 cautivos. .poseerán lo de los *c* hasta
Mt. 15.22 he aquí una mujer *c* que había salido

CANANISTA ***Miembro de un partido nacionalista (véase también Zelote),* Mt. 10.4; Mr. 3.18**

CANASTA
Dt. 26.2 las pondrás en una *c*, e irás al lugar
26.4 y el sacerdote tomará la *c* de tu mano
28.5 benditas serán tu *c* y tu artesa de
28.17 maldita tu *c*, y tu artesa de amasar
2 R. 10.7 pusieron sus cabezas en *c*, y se las
Mt. 15.37 recogieron. . pedazos, siete *c* llenas
16.10 siete panes. .y cuántas *c* recogisteis?
Mr. 8.8 y recogieron de los pedazos. .siete *c*
8.20 ¿cuántas *c*. .de los pedazos recogisteis?
Hch. 9.25 le bajaron. .descolgándole en una *c*

CANASTILLO
Gn. 40.16 veía tres *c* blancos sobre mi cabeza
40.17 en el *c* mas alto había de toda clase
40.17 y las aves las comían del *c* de sobre
40.18 esta es su. .los tres *c* tres días son
Éx. 29.3 y las pondrás en un *c*, y en el *c* las
29.23 una hojaldre del *c* de los panes sin
29.32 comerán. .y el pan que estará en el *c*
Lv. 8.2 toma. .el *c* de los panes sin levadura
8.26 y del *c* de los panes sin levadura, que
8.31 comedla. .con el pan que está en el *c*
Nm. 6.15 además un *c* de tortas sin levadura
6.17 con el *c* de los panes sin levadura
6.19 tomará. . una torta sin levadura del *c*
Jue. 6.19 puso la carne en un *c*, y el caldo en
Am. 8.1 ha mostrado. .un *c* de fruta de verano
8.2 y respondí: Un *c* de fruta de verano

CANASTO
2 Co. 11.33 y fui descolgado del muro en un *c*

CANCILLER
1 R. 4.3 Elihoref. .Josafat hijo de Ahilud, *c*
2 R. 18.18 salió a ellos. . Joa hijo de Asaf, *c*
18.37 hijo de Asaf, *c*, vinieron a Ezequías
1 Cr. 18.15 Joab. .y Josafat hijo de Ahilud, *c*
2 Cr. 34.8 envió a. .y a Joa hijo de Joacaz, *c*
Esd. 4.8 Rehum *c* y Simsai. .escribieron una
4.9 escribieron Rehum *c* y Simsai secretario
4.17 a Rehum *c*, a Simsai secretario, a los
Is. 36.3 salió. .Sebna. .y Joa hijo de Asaf, *c*

CANCIÓN
Job 3.7 ¡oh. .que no viniera *c* alguna en ella!
Sal. 45 *tít.* los hijos de Coré. *C* de amores
69.12 me zaherían en sus *c* los bebedores
81.2 entonad *c*, y tañed el pandero, el arpa
Pr. 25.20 el que canta *c* al corazón afligido
Ec. 7.5 mejor es oir la reprensión. .que la *c*
Cnt. 2.12 el tiempo de la *c* ha venido, y en
Is. 12.2 mi fortaleza y mi *c* es JAH Jehová
23.15 años, cantará Tiro *c* como de ramera
23.16 reitera la *c*, para que seas recordada
54.1 levanta *c* y da voces de júbilo, la que
55.12 y los collados levantarán *c* delante de
Jer. 25.30 *c* de lagareros cantará contra todos
48.33 vino; no pisarán con *c*; la *c* no será *c*
Lm. 3.63 su sentarse y su levantarse. .soy su *c*
5.14 no se ven. .los jóvenes dejaron sus *c*
Ez. 26.13 haré cesar el estrépito de tus *c*, y

CANDACE ***Reina de los etíopes,* Hch. 8.27**

CANDELABRO
Zac. 4.2 me dijo: ¿Qué ves?. .un *c* todo de oro
4.2 y sus siete lámparas encima del *c*, y 7
4.11 estos dos olivos a la derecha del *c* y a
He. 9.2 la primera parte. .estaba el *c*, la mesa

CANDELERO
Éx. 25.31 un *c* de oro puro; labrado. .el *c*
25.32 tres brazos del *c* a un lado, y tres
25.33,35 los seis brazos que salen del *c*
25.34 en la caña central del *c* cuatro copas
26.35 *c* enfrente de la mesa al lado sur del
30.27 el *c* con todos sus utensilios, el altar
31.8 el *c* limpio y todos sus utensilios, el
35.14 el *c* del alumbrado y sus utensilios
37.17 el *c* de oro puro, labrado a martillo
37.18 tres brazos de un lado del *c*, y otros
37.18 otros tres brazos del otro lado del *c*
37.19 en los seis brazos que salían del *c*
37.20 y en la caña del *c* había cuatro copas
39.37 el *c* puro, sus lamparillas. .el aceite
40.4 meterás también el *c* y encenderás sus
40.24 puso el *c* en el tabernáculo de reunión
Lv. 24.4 sobre el *c*. .pondrá siempre en orden
Nm. 3.31 a cargo de ellos estarán. .el *c*, los
4.9 un paño. .y cubrirán el *c* del alumbrado
8.2 lámparas alumbrarán hacia adelante del *c*
8.3 encendió hacia la parte anterior del *c*
8.4 era la hechura del *c*, de oro labrado a
8.4 conforme al modelo que. .así hizo el *c*
1 R. 7.49 cinco *c* de oro purísimo a. .derecha
2 R. 4.10 pongamos allí cama, mesa, silla y *c*
1 Cr. 28.15 oro en peso para los *c*. .para cada *c*
28.15 *c* de plata, plata en peso para cada *c*
28.15 plata. .conforme al servicio de cada *c*
2 Cr. 4.7 hizo. .diez *c* de oro según su forma
4.20 los *c* y sus lámparas, de oro puro, para
13.11 el *c* de oro con sus lámparas para que
Jer. 52.19 *c*, escudillas y tazas; lo de oro por
Dn. 5.5 una mano. .que escribía delante del *c*
Mt. 5.15 sobre el *c*, y alumbra a todos los que
Mr. 4.21 la luz. .¿No es para ponerla en el *c*?
Lc. 8.16 la pone en un *c* para que los que entran
11.33 en el *c*, para que los. .que vean la luz
Ap. 1.12 me volví. .y vuelto, vi siete *c* de oro
1.13 medio de los siete *c*, a uno semejante
1.20 siete *c* de oro. .siete *c* que has visto
2.1 que anda en medio de los siete *c* de oro
2.5 vendré. .y quitaré tu *c* de su lugar, si
11.4 los dos *c* que están en pie delante del

CANE ***Ciudad en Babilonia (=Calne y Calno),* Ez. 27.23**

CANELA
Éx. 30.23 y de *c* aromática la mitad, esto es
Pr. 7.17 he perfumado mi cámara con mirra. .*c*
Cnt. 4.14 *c*, con todos los árboles de incienso
Ap. 18.13 y *c*, especias aromáticas, incienso

CANO, NA ***Véase también Cana***
Dt. 32.25 al niño de pecho como al hombre *c*
Job 15.10 cabezas *c* y hombres muy ancianos hay
41.32 senda, que parece que el abismo es *c*

CANSADO ***Véase Cansar***

CANSANCIO
Is. 40.28 no desfallece, ni se fatiga con *c*, y

CANSAR
Gn. 25.29 y volviendo Esaú del campo, *cansado*
25.30 me des a comer de. .estoy muy *cansado*
Éx. 17.12 y las manos de Moisés se *cansaban*
Dt. 25.18 te salió. .cuando tú estabas *cansado*
Jue. 4.21 estaba cargado de sueño y *cansado*
8.4 vino Gedeón. .los 300 hombres. .*cansados*
8.5 que deis a la gente. .pan. .están *cansados*
8.15 que demos. .pan a tus hombres *cansados?*
1 S. 14.31 pero el pueblo estaba muy *cansado*
30.10 *cansados* no pudieron pasar el torrente
30.21 hombres que habían quedado *cansados*
2 S. 16.2 para que beban los que se *cansen* en
17.2 caeré sobre él mientras está *cansado*
17.29 el pueblo está. .*cansado* y sediento en
21.15 con los filisteos; y David se *cansó*
23.10 hirió a los. .hasta que su mano se *cansó*
Job 22.7 no diste de beber agua al *cansado*, y
Sal. 69.3 *cansado* estoy de llamar; mi garganta
Pr. 26.15 el plato; se *cansa* de llevarla a su
Is. 1.14 me son. .*cansado* estoy de soportarlas
5.27 no habrá entre ellos *cansado*, ni quien
28.12 es el reposo; dad reposo al *cansado*
29.8 despierta, se halla *cansado* y sediento
35.3 fortaleced las manos *cansadas*, afirmad
40.29 da esfuerzo al *cansado*, y multiplica
40.30 los muchachos se fatigan y se *cansan*
40.31 correrán, y no se *cansarán;* caminarán
42.4 no se *cansará* ni desmayará, hasta que
43.22 sino que de mí te *cansaste*, oh Israel
46.1 cual carga, sobre las bestias *cansadas*
50.4 para saber hablar palabras al *cansado*
57.10 en. .tus caminos te *cansate*, pero no
Jer. 6.11 la ira. .estoy *cansado* de contenerme
12.5 si corriste con los de. .y te *cansaron*
15.6 te destruiré. .*cansado* de arrepentirme
31.25 satisfaré al alma *cansada*, y saciaré
51.58 las naciones se *cansaron*. .para el fuego
Ez. 24.12 en vano se *cansó*, y no salió de ella
Zac. 11.16 no. .ni llevará la *cansada* a cuestas
Mal. 2.17 hecho *cansar* a Jehová con. .palabras
2.17 y decís: ¿En qué le hemos *cansado?* En
Jn. 4.6 Jesús, *cansado* del camino, se sentó
Gá. 6.9 no nos *cansemos*, pues, de hacer bien
2 Ts. 3.13 hermanos, no os *canséis* de hacer
He. 12.3 que vuestro ánimo no se *canse* hasta

CANTAR *(s.)*
Gn. 31.27 yo te despidiera con alegría y con *c*
1 R. 4.32 proverbios, y sus *c* fueron 1.005
Cnt. 1.1 *c* de los *c*, el cual es de Salomón
Is. 5.1 cantaré por mi amado el *c* de mi amado
24.9 no beberán vino con *c*; la sidra les
Am. 5.23 quita de mí la multitud de tus *c*
8.10 cambiaré. .vuestros *c* en lamentaciones

CANTAR *(v.)*

Éx. 15.1 *cantó* Moisés y los hijos de Israel
15.1 *cantaré* yo a Jehová, porque se ha
15.21 *cantad* a Jehová. .se ha engrandecido
32.18 ni voz de alaridos. .voz de *cantar* oigo
Nm. 21.17 *cantó*. .Sube, oh pozo; a él *cantad*
Jue. 5.1 aquel día *cantó* Débora con Barac hijo
5.3 yo *cantaré* a Jehová, *cantaré* salmos a
1 S. 18.6 las mujeres de. .de Israel *cantando*
18.7 *cantaban* las mujeres que danzaban, y
21.11; 29.5 de quien *cantaban* en las danzas
2 S. 22.50 te confesaré. .y *cantaré* a tu nombre
1 R. 1.40 y *cantaba* la gente con flautas, y
1 Cr. 16.9 *cantad* a él, *cantadle* salmos; hablad
16.23 *cantad* a Jehová. .la tierra; proclamad
16.24 *cantad* entre las gentes su gloria, y
16.33 *cantarán* los árboles de los bosques
2 Cr. 5.13 y *cantaban* todos a una, para alabar
20.21 a algunos que *cantasen* y alabasen a
29.28 adoraba, y los cantores *cantaban*, y
30.21 *cantando* con instrumentos. .a Jehová
Esd. 3.11 *cantaban*, alabando y dando gracias
Neh. 12.42 los cantores *cantaban* en alta voz
Sal. 7 *tít.* Sigaión de David, que *cantó* a
7.17 y *cantaré* al. .de Jehová el Altísimo
9.2 en ti; *cantaré* a tu nombre, oh Altísimo
9.11 *cantad* a Jehová, que habita en Sion
13.6 *cantaré* a Jehová. .me ha hecho bien
18.49 por tanto yo te. .*cantaré* a tu nombre
21.13 *cantaremos* y alabaremos tu poderío
27.6 *cantaré* y entonaré alabanzas a Jehová
30 *tít.* Salmo *cantado* en la dedicación de
30.4 *cantad* a Jehová, vosotros sus santos
30.12 por tanto, a ti *cantaré*, gloria mía
32.11 *cantad* con júbilo todos vosotros los
33.2 *cantadle* con salterio y decacordio
33.3 *cantadle* cántico nuevo; hacedlo bien
35.27 *canten*. .los que están a favor de mi
47.6 *cantad* a Dios, *c; c* a nuestro Rey, *c*
47.7 es el Rey de. .*cantad* con inteligencia
51.14 líbrame. .*cantará* mi lengua tu justicia
57.7 dispuesto; *cantaré*, y trovaré salmos
57.9 Señor; *cantaré* de ti entre las naciones
59.16 yo *cantaré* de tu poder, y alabaré de
59.17 fortaleza mía, a ti *cantaré;* porque
61.8 así *cantaré* tu nombre para siempre
65.13 dan voces de júbilo, y aun *cantan*
66.2 *cantad* la gloria de su nombre; poned
66.4 y *cantará* a ti; *cantarán* a tu nombre
68.4 *cantad* a Dios, *c* salmos a su nombre
68.32 reinos de. .*cantad* a Dios, *c* al Señor
71.22 tu verdad *cantaré* a ti en el arpa, oh
71.23 mis labios se alegrarán cuando *cante*
75.9 y *cantaré* alabanzas al Dios de Jacob
79.13 alabaremos. .*cantaremos* tus alabanzas
81.1 *cantad* con gozo a Dios, fortaleza
84.2 mi corazón y mi carne *cantan* al Dios
88 *tít.* Salmo. .para *cantar* sobre Mahalat
89.1 las misericordias de Jehová *cantaré*
89.12 y el Hermón *cantarán* en tu nombre
90.14 *cantaremos* y nos. .todos nuestros días
92.1 bueno es. .y *cantar* salmos a tu nombre
95.1 *cantemos*. .la roca de nuestra salvación
96.1 *cantad* a Jehová cántico nuevo, *c* a
96.2 *cantad* a Jehová, bendecid su nombre
98.1 *cantad* a Jehová cántico nuevo, porque
98.4 *cantad* alegres a Jehová, toda la tierra
98.4 levantad la. .aplaudid, y *cantad* salmos
98.5 *cantad* salmos a Jehová con arpa; con
100.1 *cantad* alegres a Dios, habitantes de
101.1 juicio *cantaré;* a ti *c* yo, oh Jehová
104.12 las aves de. .*cantan* entre las ramas
104.33 a Jehová *cantaré* en mi. .a mi Dios *c*
105.2 *cantadle*, *c* salmos; hablad de todas
106.12 creyeron a. .y *cantaron* su alabanza
108.1 *cantaré* y entonaré salmos; esta es mi
108.3 a ti *cantaré* salmos entre las naciones
135.3 *cantad* salmos a su nombre, porque él
137.3 y los que. .nos pedían que *cantásemos*
137.3 *cantadnos* algunos. .cánticos de Sion
137.4 ¿cómo *cantaremos* cántico de Jehová en
138.1 delante de. .dioses te *cantaré* salmos
138.5 y *cantarán* de los caminos de Jehová
144.9 a ti *cantaré* cántico nuevo. .*c* a ti
145.7 proclamarán la. .y *cantarán* tu justicia
146.2 *cantaré* salmos a mi Dios mientras viva
147.1 es bueno *cantar* salmos a nuestro Dios
147.7 *cantad* a Jehová con alabanza, *c* con
149.1 *cantad* a Jehová cántico nuevo; su
149.3 danza; con pandero y arpa a él *canten*
149.5 gloria, y *canten* aun sobre sus camas
Pr. 25.20 el que *canta*. .al corazón afligido
29.6 mas el justo *cantará* y se alegrará
Is. 5.1 *cantaré* por mi amado el cantar de mi
12.1 *cantaré* a ti, oh Jehová; pues aunque
12.4 y diréis en aquel día: *Cantad* a Jehová
12.5 *cantad* salmos a Jehová, porque ha hecho
12.6 regocíjate y *canta*, moradora de Sion
14.7 reposo y en paz: se *cantaron* alabanzas
16.10 fértil; en las viñas no *cantarán*, ni
23.15 después de los setenta años, *cantará*
24.14 *cantarán* gozosos por la grandeza de
26.1 en aquel día *cantarán* este cántico en
26.19 ¡despertad y *cantad*, moradores del
27.2 en aquel día *cantad* acerca de la viña
35.2 alegrará y *cantará* con júbilo. .gloria
35.6 entonces. .*cantará* la lengua del mudo
38.20 *cantaremos* nuestros cánticos en la
42.10 *cantad* a Jehová un nuevo cántico, su
42.11 *canten* los moradores de Sela, y desde
44.23 *cantad* loores. .porque Jehová lo hizo
49.13 *cantad* alabanzas. .cielos, y alégrate
51.11 redimidos. .volverán a Sion *cantando*
52.9 *cantad* alabanzas, alegraos juntamente
65.14 que mis siervos *cantarán* por júbilo
Jer. 20.13 *cantad* a Jehová, load a Jehová
25.30 canción de lagareros *cantará* contra
51.48 cielos y la tierra. .*cantarán* de gozo
Ez. 32.16 esta es la endecha, y la *cantarán*
32.16 las hijas de las naciones la *cantarán*
33.32 como. .hermoso de voz y que *canta* bien
Os. 2.15 allí *cantará* como en los tiempos de
Sof. 2.14 el erizo. .*cantará* en las ventanas
3.14 *canta*, oh hija de Sion; da voces de
Zac. 2.10 *canta* y alégrate, hija de Sion
Mt. 26.30 hubieron *cantado* el himno, salieron
26.34 antes que el gallo *cante*, me negarás
26.74 a jurar. .Y en seguida *cantó* el gallo
26.75 antes que *cante* el gallo, me negarás
Mr. 14.26 hubieron *cantado* el himno, salieron
14.30 antes que el gallo haya *cantado* dos
14.68 negó. .No le conozco. .y *cantó* el gallo
14.72 el gallo *cantó* la segunda vez. Entonces
14.72 antes que el gallo *cante* dos veces, me
Lc. 22.34 el gallo no *cantará* hoy antes que tú
22.60 él todavía hablaba, el gallo *cantó*
22.61 antes que el gallo *cante*, me negarás
Jn. 13.38 *cantará* el gallo, sin que me hayas
18.27 negó Pedro. .en seguida *cantó* el gallo
Hch. 16.25 Pablo y Silas, *cantaban* himnos a
Ro. 15.9 te confesaré. .y *cantaré* a tu nombre
1 Co. 14.15 *cantaré* con el espíritu, pero *c*
Ef. 5.19 *cantando* y alabando al Señor en
Col. 3.16 *cantando*. .en vuestros corazones al
Stg. 5.13 está alguno alegre? *Cante* alabanzas
Ap. 5.9 y *cantaban* un nuevo cántico, diciendo
14.3 *cantaban* un cántico nuevo delante del
15.3 *cantan* el cántico de Moisés siervo de

CÁNTARO

Gn. 24.14 baja tu *c*, te ruego, para que yo
24.15 la cual salía con su *c* sobre su hombro
24.16 descendió a la fuente, y llenó su *c*
24.17 des a beber un poco de agua de tu *c*
24.18 dio prisa a bajar su *c* sobre su mano
24.20 se dio prisa, y vació su *c* en la pila
24.43 dame de beber. .poco de agua de tu *c*
24.45 Rebeca, que salía con su *c* sobre su
24.46 y bajó. .su *c* de encima de sí, y dijo
Jue. 7.16 *c*. .con teas ardiendo dentro de los *c*
7.19 quebraron los *c* que llevaban en sus
7.20 y quebrando los *c* tomaron en la mano
1 R. 7.50 los *c*, despabiladeras, tazas. .de oro
18.34 llenad cuatro *c* de agua, y derramadla
Ec. 12.6 y el *c* se quiebre junto a la fuente
Hag. 2.16 venían al lagar para. .cincuenta *c*
Mr. 14.13; Lc.22.10 un hombre que lleva un *c*
Jn. 2.6 en cada una de las. .cabían dos o tres *c*
4.28 la mujer dejó su *c*, y fue a la ciudad

CANTERA

Is. 51.1 de la *c* de donde fuisteis arrancados

CANTERÍA

Éx. 20.25 altar de piedras, no. .labres de *c*
1 R. 5.18 prepararon. .la *c* para labrar la casa
2 R. 12.12 en comprar la madera y piedra de *c*
22.6 comprar. .piedra de *c* para reparar la
2 Cr. 34.11 para que comprasen piedra de *c*
Is. 9.10 los. .cayeron, pero edificaremos de *c*

CANTERO

2 S. 5.11 rey de Tiro envió. .carpinteros, y *c*
2 R. 12.12 y a los. .*c;* y en comprar la madera
1 Cr. 22.2 entre ellos *c* que labrasen piedras
22.15 tú tienes. .*c*, albañiles, carpinteros
2 Cr. 2.18 y 80.000 *c* en la montaña, y 3.600
24.12 y tomaban *c* y carpinteros. .reparasen
34.11 a los. .*c* para que comprasen piedra

CÁNTICO

Éx. 15.1 cantó Moisés y los. .de Israel este *c*
15.2 Jehová es mi fortaleza y mi *c*, y ha
Nm. 21.17 cantó Israel este *c:* Sube, oh pozo
Dt. 31.19 escribíos este *c*, y enséñalo a los
31.19 este *c* me sea por testigo contra los
31.21 *c* responderá en su cara como testigo
31.22 Moisés escribió este *c* aquel día, y lo
31.30 habló Moisés. .las palabras de este *c*
32.44 y recitó. .de este *c* a oídos del pueblo
Jue. 5.12 despierta, despierta, Débora. .*c*
1 S. 18.6 salieron. .mujeres. .con *c* de alegría
2 S. 22.1 habló David. .las palabras de este *c*
1 Cr. 13.8 se regocijaban. .*c*, arpas, salterios
2 Cr. 23.18 los holocaustos. .con gozo y con *c*
29.27 comenzó también el *c* de Jehová, con
Neh. 12.27 para hacer la dedicación y. .con *c*
12.46 un director de cantores para los *c* y
Job 35.10 ¿dónde está Dios. .da *c* en la noche
Sal. 18 *tít.* las palabras de este *c* el día que
28.7 gozó mi corazón, y con mi *c* le alabaré
32.7 eres. .con *c* de liberación me rodearás
33.3 cantadle *c* nuevo; hacedlo bien, tañendo
40.3 puso luego en mi boca *c* nuevo, alabanza
42.8 de día. .y de noche su *c* estará conmigo
48 *tít. c.* Salmo de los hijos de Coré
También en el título de los Salmos 65, 66, 67, 75, 83, 87, 92, 108 se encuentra la palabra cántico
69.30 alabaré yo el nombre de Dios con *c*
77.6 acordaba de mis *c* de noche; meditaba
95.2 ante. .con alabanza; aclamémosle con *c*
96.1; 98.1 cantad a Jehová *c* nuevo
98.5 cantad. .con arpa; con arpa y voz de *c*
118.14 mi fortaleza y mi *c* es JAH, y él me
119.54 *c* fueron para mí tus estatutos en las
120, 121, 122, 123, 124, 125, 126, 127, 128, 129, 130, 131, 132, 133, 134, *tít. c* gradual
137.3 cantadnos algunos de los *c* de Sion
137.4 ¿cómo cantaremos *c* de Jehová en tierra
144.9 oh Dios, a ti cantaré *c* nuevo; con
149.1 cantad a Jehová *c* nuevo; su alabanza
Is. 24.16 de lo postrero de la tierra oímos *c*
26.1 día cantarán este *c* en tierra de Judá
30.29 tendréis *c* como de noche en que se
38.20 cantaremos nuestros *c* en la casa de
42.10 cantad a Jehová un *c* nuevo. .desde el
Sof. 3.17 amor, se regocijará sobre ti con *c*
Ef. 5.19 salmos, con himnos y *c* espirituales
Col. 3.16 cantando con gracia. .*c* espirituales
Ap. 5.9 cantaban un *c* nuevo, diciendo: Digno
14.3 cantaban un *c* nuevo delante del trono
14.3 nadie podía aprender el *c* sino aquellos
15.3 cantan el *c* de Moisés. .el *c* del Cordero

CANTIDAD

Gn. 43.12 tomad. .doble *c* de dinero, y llevad
43.15 tomaron en su mano doble *c* de dinero
Éx. 10.14 la langosta. .asentó. .en tan gran *c*
2 S. 8.8 tomó el rey David gran *c* de bronce
1 R. 7.47 no inquirió. .por la gran *c* de ellos
10.10 nunca vino tan gran *c* de especias
2 Cr. 9.9 al rey. .oro, y gran *c* de especias
Lc. 5.6 encerraron gran *c* de peces, y su red
Jn. 21.6 no la podían sacar, por la gran *c* de

CANTO

1 Cr. 6.31 sobre el servicio de *c* en la casa
6.32 los cuales servían. .en el *c*, hasta que
15.22 Quenanías. .puesto para dirigir el *c*
15.27 Quenanías era maestro de *c* entre los
25.7 instruidos en el *c* para Jehová. .288
2 Cr. 20.22 cuando comenzaron a entonar *c* de
Neh. 12.8 que. .oficiaba en los *c* de alabanza
Sal. 45.1 dirijo al rey mi *c;* mi lengua es
78.63 sus vírgenes no fueron loadas en *c*
Ec. 12.4 todas las hijas del *c* serán abatidas
Is. 51.3 hallará en ella. .gozo. .y voces de *c*
Mr. 13.35 no sabéis cuándo. .o al *c* del gallo

CANTOR, RA

2 S. 19.35 ¿oiré. .la voz de los *c* y de las *c?*
23.1 dijo David hijo. .el dulce *c* de Israel
1 R. 10.12 hizo. .arpas. .y salterios para los *c*
1 Cr. 6.33 de los hijos de Coat, el *c* Hemán
9.33 había *c*, jefes de familias de los levitas
15.16 que designasen de sus hermanos a *c* con
15.19 Asaf y. .que eran *c*, sonaban címbalos
15.27 *c;* y Quenanías era maestro de canto
2 Cr. 5.12 y los levitas *c*, todos los de Asaf
9.11 rey hizo. .arpas y salterios para los *c*
23.13 y los *c* con instrumentos de música
29.28 y los *c* cantaban, y los trompeteros
35.15 *c* hijos de Asaf estaban en su puesto
35.25 los *c* y *c* recitan esas lamentaciones
Esd. 2.41 los *c:* los hijos de Asaf, 128
2.65 eran 7.337; y tenían doscientos *c* y *c*
2.70 y habitaron. .los *c*, los porteros y los
7.7 subieron. .*c*, porteros y sirvientes del
7.24 a todos los. .*c*, porteros, sirvientes del
10.24 de los *c:* Eliasib; y de los porteros
Neh. 7.1 luego. .fueron señalados. .*c* y levitas
7.44 *c:* los hijos de Asaf, 148
7.67 siervos. .y entre ellos había 245 *c* y *c*
7.73 habitaron. .los *c*, los del pueblo, los
10.28 *c*, los sirvientes del templo, y todos
10.39 y allí estarán. .los porteros y los *c*
11.22 de los hijos de Asaf, *c*, sobre la obra
11.23 distribución para los *c* para cada día
12.28 y fueron reunidos los hijos de los *c*
12.29 *c* se habían edificado aldeas alrededor
12.42 los *c* cantaban en alta voz, e Izrahías
12.45 habían cumplido. .también los *c* y los
12.46 ya de antiguo, había un director de *c*
12.47 alimentos a los *c* y a los porteros
13.5 estaba mandado dar a los levitas, a. .*c*
13.10 *c* que hacían el servicio habían huido
Sal. 68.25 *c* iban delante, los músicos detrás
87.7 *c* y tañedores en ella dirán: Todas mis
Ec. 2.8 me hice de *c* y *c*, de los deleites de

CANTOR, RA *(Continúa)*
Ez. 33.32 que tú eres a ellos como *c* de amores
40.44 en el atrio de. . las cámaras de los *c*
Am. 8.3 los *c* del templo gemirán en aquel día
Hab. 3.19 al jefe de los *c*, sobre. . de cuerdas

CAÑA
Gn. 41.5 siete espigas. . crecían de una sola *c*
41.22 en una misma *c*, llenas y hermosas
Éx. 9.31 la cebada estaba ya. . y el lino en *c*
25.31 su pie, su *c*, sus copas, sus manzanas
25.34 en la *c* central del candelero 4 copas
37.17 su *c*, sus copas, sus manzanas y sus
37.20 en la *c* del candelero había 4 copas
1 R. 14.15 al modo que la *c* se agita en las
2 R. 18.21 confías en este báculo de *c* cascada
Job 40.21 se echará. . en lo oculto de las *c* y
Cnt. 4.14 *c* aromática y canela, con todos los
Is. 9.14 cortará. . rama y *c* en un mismo día
19.6 ríos. . la *c* y el carrizo serán cortados
35.7 en su guarida, será lugar de *c* y juncos
36.6 que confías en este báculo de *c* frágil
42.3 no quebrará la *c* cascada, ni apagará
43.24 no compraste para mí *c* aromática por
Jer. 6.20 ¿para qué a mí. . la buena *c* olorosa
Ez. 27.19 negociar en tu mercado. . *c* aromática
29.6 fueron báculo de *c* a la casa de Israel
40.3 tenía un cordel de. . y una *c* de medir
40.5 la *c*. . que aquel varón tenía en la mano
40.5 el espesor del muro, de una *c*, y. . otra *c*
40.6 poste. . una *c* de ancho, y el. . de otra *c*
40.7 tenía una *c* de largo, y una *c* de ancho
40.7 cada poste de la puerta junto a. . una *c*
40.8 midió. . la entrada de la puerta. . una *c*
41.8 los cimientos de. . eran de una *c* entera
42.16 la *c* de medir, 500 *c* de la *c* de medir
42.17,18,19 quinientas *c* de la *c* de medir
42.20 un muro. . 500 *c* de longitud y 500 *c* de
45.1 de longitud de 25.000 *c* y 10.000 de
45.2 el santuario quinientas *c* de longitud
45.3 de esta. . medirás en longitud 25.000 *c*
45.5 veinticinco mil *c* de longitud y 10.000
48.8 la porción que reservaréis de 25.000 *c*
48.9 tendrá de longitud 25.000 *c*, y 10.000
48.10 la porción santa. . de 25.000 *c* al norte
48.13 de 25.000 *c* de longitud, y de 10.000
48.15 las cinco mil *c* de anchura que quedan
48.16 lado del norte cuatro mil quinientas *c*
48.17 ejido. . será al norte de 250 *c*, al sur
48.18 diez mil *c* al oriente y diez mil al
48.20 la porción reservada. . de 25.000 *c* por
48.21 del príncipe. . delante de las 25.000 *c*
48.30 salidas. . al lado del norte, 4.500 *c*
48.32 lado oriental 4.500 *c*, y tres puertas
48.33 al lado del sur, 4.500 *c* por medida, y
48.34 al lado occidental 4.500 *c*, y sus tres
48.35 en derredor tendrá dieciocho mil *c*
Mt. 11.7 a ver. . una *c* sacudida por el viento?
12.20 la *c* cascada no quebrará, y el pábilo
27.29 y pusieron. . una *c* en su mano derecha
27.30 tomaban la *c*. . golpeaban en la cabeza
27.48 y poniéndola en una *c*, le dio a beber
Mr. 15.19 le golpeaban en la cabeza con una *c*
15.36 y poniéndola en una *c*, le dio a beber
Lc. 7.24 a ver. . una *c* sacudida por el viento?
Ap. 11.1 fue dada una *c* semejante a una vara
21.15 el que hablaba conmigo tenía una *c* de
21.16 él midió la ciudad con la *c*, doce mil

CAÑADA
Pr. 30.17 los cuervos de la *c* lo saquen, y lo

CAPA
Rt. 3.9 yo soy Rut. . extiende el borde de tu *c*
1 R. 11.29 éste estaba cubierto con una *c* nueva
11.30 y tomando Ahías la *c* nueva que tenía
Jer. 43.12 Egipto, como el pastor limpia su *c*
Mi. 2.8 de sobre el vestido quitasteis las *c*
Mt. 5.40 y quitarte la túnica. . también la *c*
24.18 campo, no vuelva atrás para tomar su *c*
Mr. 10.50 arrojando su *c*, se levantó y vino a
13.16 el campo, no vuelva atrás a tomar su *c*
Lc. 6.29 que te quite la *c*, ni aun la túnica

CAPACIDAD
Ez. 23.32 el hondo y ancho cáliz. . es de gran *c*
Mt. 25.15 a uno. . a cada uno conforme a su *c*

CAPADOCIA *Provincia romana en Asia Menor*, Hch. 2.9; 1 P. 1.1

CAPATAZ
Éx. 5.6 a los cuadrilleros. . a sus *c*, diciendo
5.10 y saliendo los cuadrilleros. . y sus *c*
5.14,15,19 los *c* de los hijos de Israel
2 Cr. 2.18 y 3.600 por *c* para hacer trabajar
Neh. 11.16 *c* de la obra exterior de la casa de
Job 3.18 los cautivos; no oyen la voz del *c*

CAPAZ
Gn. 47.6 si. . hombres *c*, ponlos por mayorales
2 Cr. 2.6 ¿quién será *c* de edificarle casa
Mt. 19.11 no todos son *c* de recibir esto, sino
19.12 sea *c* de recibir esto, que lo reciba
1 Co. 3.2 aún no erais *c*, ni sois *c* todavía
Ef. 3.18 *c* de comprender con todos los santos
Stg. 3.2 *c* también de refrenar todo el cuerpo

CAPERNAUM *Ciudad en la ribera del mar de Galilea*
Mt. 4.13 dejando a Nazaret, vino y habitó en *C*
8.5 entrando. . en *C*, vino a él un centurión
11.23 *C*, que eres levantada hasta el cielo
17.24 cuando llegaron a *C*, vinieron a Pedro
Mr. 1.21 y entraron en *C*. . sinagoga, enseñaba
2.1 otra vez en *C* después de algunos días
9.33 y llegó a *C*; y cuando estuvo en casa
Lc. 4.23 que hemos oído que se han hecho en *C*
4.31 descendió Jesús a *C*, ciudad de Galilea
7.1 después que hubo terminado. . entró en *C*
10.15 *C*, que hasta los cielos eres levantada
Jn. 2.12 después de esto descendieron a *C*, él
4.46 había en *C* un oficial del rey, cuyo
6.17 una barca, iban cruzando el mar hacia *C*
6.24 barcas y fueron a *C*, buscando a Jesús
6.59 dijo en la sinagoga, enseñando en *C*

CAPITAL
Neh. 1.1 el año veinte, estando yo en Susa, *c*
Est. 1.2 el cual estaba en Susa *c* del reino
1.5 el pueblo que había en Susa *c* del reino
3.15; 8.14 el edicto fue dado en Susa *c* del
9.6 Susa *c* del reino mataron. . 500 hombres
9.12 Susa *c* del reino los judíos han matado
Dn. 8.2 estaba en Susa, que es la *c* del reino
Am. 7.13 es santuario del rey, y *c* del reino

CAPITÁN
Gn. 26.26 Abimelec. . y Ficol, *c* de su ejército
37.36 Potifar, oficial de. . *c* de la guardia
39.1 Potifar. . *c* de la guardia. . lo compró de
40.3 prisión en la casa del *c* de la guardia
40.4 y el *c* de la. . encargó de ellos a José
41.10 nos echó a. . casa del *c* de la guardia
41.12 hebreo, siervo del *c* de la guardia
Éx. 14.7 carros de Egipto, y los *c* sobre ellos
15.4 sus *c* escogidos fueron hundidos en el
Nm. 1.16 eran los. . *c* de los millares de Israel
14.4 designemos un *c*, y volvámonos a Egipto
31.14 y se enojó Moisés contra los *c*. . jefes
Dt. 20.9 los *c* del ejército tomarán el mando
Jue. 4.2 *c* de su ejército se llamaba Sísara
4.7 a Sísara, *c* del ejército de Jabín, con
2 S. 4.2 hombres, *c* de bandas de merodeadores
18.5 cuando dio el rey orden. . a todos los *c*
23.8 Joseb-basebet el. . principal de los *c*
24.4 palabra del rey prevaleció sobre. . los *c*
24.4 salió. . Joab, con los *c* del ejército
1 R. 1.25 y ha convidado. . a los *c* del ejército
9.22 sus *c*, comandantes de sus carros, o su
11.24 y se había hecho *c* de una compañía
14.27 los dio a los *c* de los de la guardia
20.24 a los reyes. . y pon *c* en lugar de ellos
22.31 rey de Siria había mandado a sus 32 *c*
22.32 los *c* de los carros vieron a Josafat
22.33 viendo. . los *c* de los carros que no era
2 R. 1.9 envió a él un *c* de 50. . y el *c* le dijo
1.10 Elías. . dijo al *c* de cincuenta: Si yo soy
1.11 volvió el rey a enviar a él otro *c* de
1.13 volvió a enviar al tercer *c* de 50 con
1.13 subiendo aquel tercer *c* de 50, se puso
1.14 ha consumido a los dos primeros *c* de 50
8.21 atacó a los de. . y a los *c* de los carros
9.25 Jehú a Bidcar su *c*: Tómalo, y échalo a
10.25 dijo a. . y a los *c*: Entrad, y matadlos
10.25 mataron a espada. . la guardia y los *c*
11.4 Joiada. . tomó. . *c*, y gente de la guardia
11.19 tomó a. . los *c*, la guardia y todo el
15.25 conspiró contra él Peka hijo. . *c* suyo
18.24 ¿cómo, pues, podrás resistir a un *c*
25.8 Nabuzaradán, *c* de la guardia, siervo del
25.10 el *c* de la guardia, derribó los muros
25.11 los llevó cautivos. . *c* de la guardia
25.12 de los pobres de. . dejó Nabuzaradán, *c*
25.15 de plata. . lo llevó el *c* de la guardia
25.18 tomó. . *c*. . al primer sacerdote Seraías
25.20 tomó Nabuzaradán, *c* de la guardia, y
25.26 levantándose. . con los *c* del ejército
1 Cr. 4.42 llevando por *c* a Pelatías, Nearías
9.20 Finees hijo de. . fue antes *c* sobre ellos
12.14 éstos fueron *c* del ejército de. . de Gad
12.18 David. . puso entre los *c* de la tropa
12.21 valientes, y fueron *c* en el ejército
12.34 de Neftalí, mil *c*, y con ellos 37.000
13.1 David tomó consejo con los *c*. . los jefes
15.25 David. . y los *c* de millares, fueron a
19.16 cuyo *c* era Sofac, general del ejército
26.26 los *c* de millares y de centenas, y los
27.3 jefe de todos los *c* de las compañías
2 Cr. 8.9 sus *c*, y comandantes de sus carros
11.11 puso en ellas *c*, y provisiones, vino
16.4 y envió los *c* de sus ejércitos contra
18.30 el rey. . mandado a los *c* de los carros
18.31 los *c* de los carros vieron a Josafat
18.32 viendo los *c* de los. . que no era el rey
32.6 y puso *c* de guerra sobre el pueblo, y
32.21 un ángel. . destruyó. . a los jefes y *c* en
33.14 puso *c* de ejército en todas la ciudades
Esd. 8.36 a sus sátrapas y *c* del otro lado del
Neh. 2.9 el rey envió conmigo *c* del ejército
Est. 3.12 que mandó Amán. . a los *c* que estaban
8.9 y se escribió. . a. . los *c* y los príncipes
9.3 los sátrapas, *c* y. . apoyaban a los judíos
Job 39.25 huele la batalla, el grito de los *c*
Sal. 83.11 pon a sus *c* como a Oreb y a Zeeb
Pr. 6.7 la cual no teniendo *c*, ni gobernador
Is. 3.3 el *c* de 50 y el hombre de respeto, el
36.9 podrás resistir a un *c*, al menor de los
Jer. 37.13 allí un *c* que se llamaba Irías hijo
39.9 resto. . *c* de la guardia los transportó
39.10 *c* de la guardia hizo quedar en tierra
39.11 ordenado a. . *c* de la guardia acerca de
39.13 envió. . Nabuzaradán *c* de la guardia, y
40.1 después que. . *c* de la guardia le envió
40.2 tomó. . el *c* de la guardia a Jeremías y
40.5 le dio el *c* de la guardia provisiones
41.10 cual había encargado. . *c* de la guardia
41.13 vio. . los *c* de la gente de guerra que
41.16 los *c* de la gente de guerra que con
43.6 había dejado Nabuzaradán *c* de la guardia
51.27 alzad bandera. . señalad contra ella *c*
51.28 Media, sus *c* y todos sus príncipes, y
51.57 enbriagaré. . a sus *c*, a sus nobles y a
52.12 vino. . Nabuzaradán *c* de la guardia, que
52.14 el ejército. . que venía con el *c* de la
52.15 e hizo transportar Nabuzaradán *c* de la
52.16 dejó Nabuzaradán *c* de. . para viñadores
52.19 de plata. . se llevó el *c* de la guardia
52.24 tomó. . el *c* de la guardia a Seraías el
52.25 a un oficial que era *c* de los hombres
52.26 los tomó. . Nabuzaradán *c* de la guardia
52.30 *c* de la guardia llevó cautivas a 745
Ez. 23.6 y *c*, jóvenes codiciables todos ellos
23.12 *c*, vestidos de ropas y armas. . jinetes
23.15 teniendo todos ellos apariencia de *c*
23.23 *c*, nobles y varones de renombre, que
Dn. 2.14 habló. . a Arioc, *c* de la guardia del
2.15 a Arioc *c* del rey: ¿Cuál es la causa de
3.2 que se reuniesen. . *c*, oidores, tesoreros
3.3 fueron. . reunidos. . *c*, oidores, tesoreros
3.27 se juntaron. . los *c* y los consejeros del
6.7 *c* han acordado por consejo. . promulgues
Mi. 3.9 oíd. . jefes. . y *c* de la casa de Israel
Zac. 9.7 y serán como *c* en Judá, y Ecrón será
12.5 y los *c* de Judá dirán en su corazón
12.6 a los *c* de Judá como brasero de fuego
Ap. 6.15 los *c*, los poderosos. . se escondieron
19.18 que comáis carnes de reyes y de *c*, y

CAPITEL
Éx. 26.32 sus *c* de oro, sobre basas de plata
26.37 cinco columnas de. . con sus *c* de oro
27.10,11 *c* de las columnas y sus. . de plata
27.17 sus *c* de plata, y sus basas de bronce
36.36 sus *c* eran de oro; y fundió para ellas
36.38 con sus *c*; y cubrió de oro los *c* y las
38.10,11,12,17 los *c* de las columnas y sus
38.19 sus cuatro basas de bronce y sus *c* de
38.19 las cubiertas de los *c*. . sus molduras
38.28 hizo los *c* de. . y cubrió los *c* de ellas
1 R. 7.16 hizo. . dos *c* de fundición de bronce
7.16 la altura de un *c* era. . y la del otro *c*
7.17 cordones. . para los *c*. . siete para cada *c*
7.18 cubrir los *c* que estaban en las cabezas
7.18 y de la misma forma hizo en el otro *c*
7.19 los *c*. . tenían forma de lirios, y eran
7.20 tenían. . los *c*. . 200 granadas. . en cada *c*
7.41 los *c* redondos que estaban en lo alto
7.41 redes que cubrían los dos *c* redondos
7.42 cubrir los dos *c* redondos que estaban
2 R. 25.17 y tenía encima un *c* de bronce; la
25.17 la altura del *c*. . 3 codos, y sobre el *c*
2 Cr. 3.15 dos columnas. . *c* encima, de 5 codos
3.16 las puso sobre los *c* de las columnas
4.12 los *c*. . cubrir las dos esferas de los *c*
4.13 *c* que estaban encima de las columnas
Jer. 52.22 *c* de bronce que había sobre ella
52.22 granadas alrededor del *c*. . de bronce
Am. 9.1 dijo: Derriba el *c*, y estremézcanse

CAPOTE
2 Ti. 4.13 el *c* que dejé en Troas en casa de

CAPTURAR
1 S. 5.1 cuando. . *capturaron* el arca de Dios
23.26 encerrado a David. . para *capturarlos*

CARA
Gn. 32.30 porque dijo: Vi a Dios *c* a *c*, y fue
Éx. 33.11 *c* a *c*, como habla cualquiera a su
Nm. 12.8 *c* a *c* hablaré con él, y claramente
14.14 han oído que tú. . *c* a *c* aparecías tú
Dt. 5.4 *c* a *c* habló Jehová con vosotros en el
31.21 este cántico responderá en su *c* como
34.10 a quien haya conocido Jehová *c* a *c*
Jue. 6.22 he visto al ángel de Jehová *c* a *c*
1 R. 10.24 ver la *c* de Salomón, para oir la
2 R. 14.8 ven, para que nos veamos las *c*
14.11 y se vieron las *c* él y Amasías rey de

CARA *(Continúa)*
2 Cr. 25.17 a decir a..Ven, y veámonos *c* a *c*
25.21 y se vieron *c* a *c* él y Amasías rey de
Est. 1.14 siete príncipes..veían la *c* del rey
Job 21.31 le denunciará en su *c* su camino?
Is. 3.15 majáis..moléis las *c* de los pobres?
Ez. 1.6 cada uno tenía cuatro *c* y cuatro alas
1.8 y sus *c* y sus alas por los cuatro lados
1.10 y el aspecto de sus *c* era *c* de hombre
1.10 *c* de león..y *c* de buey..*c* de águila en
1.11 así eran sus *c*. Y..sus alas extendidas
10.14 cada uno tenía cuatro *c*. La primera
10.14 la tercera, *c* de león; la cuarta, *c* de
10.21 cada uno tenía cuatro *c* y..cuatro alas
20.35 y allí litigaré con vosotros *c* a *c*
Os. 5.5 la soberbia de..le desmentirá en su *c*
7.10 soberbia de Israel..contra él en su *c*
1 Co. 13.12 ahora..mas entonces veremos *c* a *c*
2 Co. 3.18 a *c* descubierta como en un espejo la
Gá. 2.11 resistí *c* a *c*, porque era de condenar
2 Jn. 12 espero ir a vosotros y hablar *c* a *c*
3 Jn. 14 porque espero verte..hablaremos *c* a *c*
Ap. 9.7 aspecto de..sus *c* eran como *c* humanas

CARACOL
1 R. 6.8 se subía por una escalera de *c* al de
Sal. 58.8 pasen ellos como el *c* que se deslíe
Ez. 41.7 la escalera de *c* de la casa subía muy

CARÁCTER
Is. 8.1 escribe en ella con *c* legibles tocante

CARAVANA
Ez. 27.25 las naves de Tarsis eran como tus *c*

CARBÓN
2 S. 22.9 su nariz: *c* fueron por él encendidos
22.13 por el resplandor de..se encendieron *c*
Job 41.21 aliento enciende los *c*, y de su boca
Sal. 18.8 fuego..*c* fueron por él encendidos
18.12 nubes pasaron; granizo y *c* ardientes
18.13 el Altísimo dio su voz; granizo y *c* de
Pr. 26.21 el *c* para brasas, y la leña para el
Is. 6.6 en su mano un *c* encendido, tomado del
Ez. 1.13 aspecto era como de *c* de fuego, como
10.2 entra..llena tus manos de *c* encendidos
Hab. 3.5 iba..y a sus pies salían *c* encendidos

CARBUNCLO
Éx. 28.17; 39.10 sárdica, un topacio y un *c*
Is. 54.11 yo cimentaré tus piedras sobre *c*, y
54.12 tus puertas de piedras de *c*, y toda
Ez. 28.13 *c*, esmeralda y oro; los primores de

CARCA *Ciudad en la frontera sur de Judá,* **Jos. 15.3**

CARCAS *Uno de los siete eunucos del rey Asuero,* **Est. 1.10**

CÁRCEL
Gn. 39.20 lo puso en la *c*..estuvo allí en la *c*
39.21 gracia en los ojos del jefe de la *c*
39.22 jefe de la *c* entregó en mano de José
39.23 no necesitaba atender el jefe de la *c*
40.3 puso..en la *c* donde José estaba preso
40.15 tampoco..por qué me pusiesen en la *c*
41.14 y lo sacaron apresuradamente de la *c*
42.17 los puso juntos en la *c* por tres días
42.19 preso en la casa de vuestra *c* uno de
Éx. 12.29 primogénito del..que estaba en la *c*
Lv. 24.12 y lo pusieron en la *c*, hasta que les
Nm. 15.34 pusieron en la *c*, porque no estaba
Jue. 16.21 le ataron..para que moliese en la *c*
16.25 llamaron a Sansón de la *c*, y sirvió de
1 R. 22.27 echad a éste en la *c*, y mantenedle
2 R. 17.4 y le aprisionó en la casa de la *c*
25.27 libertó a Joaquín..sacándole de la *c*
2 Cr. 16.10 se enojó Asa..y lo echó en la *c*
18.26 poned a éste en la *c*, y sustentadle
Neh. 3.25 torre..que está en el patio de la *c*
12.39 y se detuvieron en la puerta de la *C*
Sal. 105.18 pies..en *c* fue puesta su persona
142.7 saca mi alma de la *c*, para que alabe
Ec. 4.14 de la *c* salió para reinar, aunque en
Is. 14.17 que a sus presos nunca abrió la *c*?
42.7 para que saques de la *c* a los presos, y
42.22 escondidos en *c*..puestos para despojo
53.8 por *c* y por juicio fue quitado; y su
61.1 publicar..a los presos apertura de la *c*
Jer. 32.2 estaba preso en el patio de la *c* que
32.8 vino a mí..al patio de la *c*, y me dijo
32.12 judíos que estaban en el patio de la *c*
33.1 estando él..preso en el patio de la *c*
37.4 todavía no lo habían puesto en la *c*
37.15 en la casa..la habían convertido en *c*
37.18 ¿en qué pequé..me pusieseis en la *c*?
37.21 y custodiaron a..en el patio de la *c*
37.21 y quedó Jeremías en el patio de la *c*
38.6 cisterna..que estaba en el patio de la *c*
38.13,28 quedó Jeremías en el patio de la *c*
39.14 tomaron a Jeremías del patio de la *c*
39.15 estando preso en el patio de la *c*
52.11 y lo puso en la *c* hasta el día en que
52.31 alzó la cabeza de..y lo sacó de la *c*
Lm. 3.55 invoqué tu nombre, oh..desde la *c*
Mt. 5.25 te entregue..y seas echado en la *c*
11.2 y al oír Juan, en la *c*, los hechos de
14.3 y le había encadenado y metido en la *c*
14.10 y ordenó decapitar a Juan en la *c*
18.30 y le echó en la *c*, hasta que pagase
25.36 enfermo, y..en la *c*, y vinisteis a mí
25.39 ¿cuándo te vimos..*c*, y vinimos a ti?
25.43 enfermo..la *c*, y no me visitasteis
25.44 enfermo, o en la *c*, y no te servimos?
Mr. 6.17 le había encadenado en la *c* por causa
6.28 el guarda fue, le decapitó en la *c*, y
Lc. 3.20 además esta: encerró a Juan en la *c*
12.58 juez..y el alguacil te meta en la *c*
21.12 y os entregarán a las sinagogas y..*c*
22.33 dispuesto estoy a ir contigo..a la *c*
23.19,25 sido echado en la *c* por sedición
Hch. 4.3 y los pusieron en la *c* hasta el día
5.18 los apóstoles..pusieron en la *c* pública
5.19 abriendo de noche las puertas de la *c*
5.21 enviaron a la *c* para que fuesen traídos
5.22 los alguaciles, no los hallaron en la *c*
5.23 la *c* hemos hallado cerrada con toda
5.25 varones que pusisteis en la *c* están en
8.3 arrastraba a..y los entregaba en la *c*
12.4 le puso en la *c*, entregándole a cuatro
12.5 Pedro estaba custodiado en la *c*; pero
12.6 los guardas delante..custodiaban la *c*
12.7 ángel..y una luz resplandeció en la *c*
12.17 cómo el Señor le había sacado de la *c*
16.23 haberlos azotado..los echaron en la *c*
16.26 que los cimientos de la *c* se sacudían
16.27 viendo abiertas las puertas de la *c*
16.37 echaron en la *c*, ¿y ahora nos echan
16.40 saliendo de la *c*, entraron en casa de
22.4 y entregando en *c* a hombres y mujeres
26.10 yo encerré en *c* a muchos de los santos
2 Co. 6.5 en *c*, en tumultos, en trabajos, en
11.23 yo más..en azotes sin número; en *c* más
He. 11.36 azotes, y a más de..prisiones y *c*
Ap. 2.10 el diablo echará a algunos..en la *c*

CARCELERO
Hch. 16.23 mandando al *c* que los guardase con
16.27 despertando el *c*, y viendo abiertas
16.36 el *c* hizo saber estas palabras a Pablo

CARCOMA
Job 13.28 mi cuerpo se va gastando como de *c*
Pr. 12.4 mas la mala, como *c* en sus huesos
14.30 mas la envidia es *c* de los huesos
Os. 5.12 yo, pues, seré..*c* a la casa de Judá

CARCOMER
2 Ti. 2.17 su palabra *carcomerá* como gangrena

CARCOR *Lugar en Galaad,* **Jue. 8.10**

CARDO
Gn. 3.18 espinos y *c* te producirá, y comerás
2 R. 14.9 el *c* que está en el Líbano envió a
14.9 y pasaron los fieras..y hollaron el *c*
2 Cr. 25.18 el *c* que estaba en el Líbano envió
25.18 las fieras..pasaron, y hollaron el *c*
Is. 5.6 haré que..crecerán el *c* y los espinos
7.23 el lugar donde..será para espinos y *c*
7.24 porque toda la tierra será espinos y *c*
7.25 no llegarán allá por el temor..de los *c*
9.18 como fuego, *c* y espinos devorará; y se
10.17 consuma en un día sus *c* y sus espinos
27.4 ¿quién pondrá contra mí..espinos y *c*?
32.13 sobre la tierra..subirán espinos y *c*
34.13 crecerán espinos, y ortigas y *c* en sus
Os. 10.8 crecerá sobre sus altares espino y *c*

CAREA *Padre de Johanán No. 1,* **2 R. 25.23; Jer. 40.13,15,16; 41.11,13,14,16; 42.1,8; 43.2,4,5**

CARECER
Job 29.12 al huérfano que *carecía* de ayudador
Pr. 11.12 *carece* de entendimiento menosprecia
12.9 que el que se jacta, y *carece* de pan
31.11 confiado, y no *carecerá* de ganancias
Ec. 6.3 si..*careció* de sepultura, yo digo que
Is. 50.10 *carece* de luz, confíe en el nombre
1 Co. 14.10 y ninguno de..*carece* de significado

CARENCIA
Dt. 28.57 los comerá ocultamente, por la *c* de

CARGA
Éx. 1.11 comisarios..los molestasen con sus *c*
18.22 así aliviarás la *c* de sobre ti, y la
23.5 si vieres el asno..caído debajo de su *c*
Nm. 4.15 estas serán las *c* de los hijos de Coat
11.11 que has puesto la *c* de todo..sobre mí?
11.17 llevarán contigo la *c* del pueblo, y no
Dt. 1.12 ¿cómo llevaré yo solo..vuestras *c* y
1 S. 17.20 se fue con su *c* como Isaí le había
17.22 dejó su *c* en mano del que guardaba el
2 S. 15.33 si pasares conmigo, me serás *c*
19.35 ¿para qué, pues, ha de ser tu..una *c*
1 R. 4.28 cebada y paja para..las bestias de *c*
5.15 tenía Salomón 70.000 que llevaban las *c*
2 R. 5.17 no se dará..la *c* de un par de mulas?
2 Cr. 2.2 y designó..70.000..que llevasen *c*
2.18 y señaló de ellos 70.000 para llevar *c*
10.10 tu padre agravó..disminuye nuestra *c*
Neh. 13.15 cargaban..higos y toda suerte de *c*
13.19 que en día de reposo no introdujeran *c*
Job 7.20 convertirme en una *c* para mí mismo
Sal. 38.4 como *c* pesada se han agravado sobre
55.22 sobre Jehová tu *c*, y él te sustentará
66.11 pusiste sobre nuestros lomos pesada *c*
81.6 aparté su hombro de debajo de la *c*
Ec. 12.5 la langosta será una *c*, y se perderá
Is. 10.27; 14.25 *c* será quitada de tu hombro
22.25 y caerá, y la *c* que sobre él se puso
43.24 pusiste sobre mí la *c* de tus pecados
46.1 sobre animales de *c*..son alzadas cual *c*
46.2 y no pudieron escaparse de la *c*, sino
58.6 soltar las *c* de opresión, y dejar ir
Jer. 17.21 guardaos..de llevar *c* en el día de
17.22 ni saquéis *c* de vuestras casas en el
17.24 no metiendo *c* por..en el día de reposo
17.27 para no traer *c* ni..en día de reposo
Os. 8.10 serán afligidos..por la *c* del rey y
Am. 5.11 vejáis al pobre y recibís de él *c* de
Sof. 3.18 para quienes el oprobio..era una *c*
Mt. 5.41 te obligue a llevar *c* por una milla
11.30 porque mi yugo es fácil, y ligera mi *c*
20.12 hemos soportado la *c* y el calor del día
21.5 sobre un pollino, hijo de animal de *c*
23.4 atan *c* pesadas y difíciles de llevar
Lc. 11.46 cargáis a..con *c* que no pueden llevar
Hch. 15.28 no imponeros ninguna *c* más que estas
2 Co. 11.9 y tuve necesidad, a ninguno fui *c*
12.13 sino en que yo mismo no os he sido *c*?
12.16 yo no os he sido *c*, sino que como soy
Gá. 6.2 sobrellevad..unos las *c* de los otros
6.5 porque cada uno llevará su propia *c*
1 Ts. 2.6 podíamos seros *c* como apóstoles de
2 P. 2.16 muda bestia de *c*, hablando con voz
Ap. 2.24 yo os digo: No os impondré otra *c*

CARGADO *Véase Cargar*

CARGADOR
2 Cr. 34.13 también velaban sobre los *c*, y

CARGAMENTO
Hch. 27.10 pérdida, no sólo del *c* y de la nave

CARGAR
Gn. 44.13 y *cargó* cada uno su asno y volvieron
45.17 *cargad* vuestras bestias, e id, volved
45.23 diez asnos *cargados*..y diez asnas *c* de
Jue. 4.21 estaba *cargado* de sueño y cansado
1 S. 16.20 tomó Isaí un asno *cargado* de pan
25.18 Abigail tomó..lo *cargó* todo en asnos
1 R. 10.2 camellos *cargados* de especias, y oro
12.11 mi padre os *cargó* de pesado yugo, mas
2 R. 8.9 tomó..cuarenta camellos *cargados*, y
2 Cr. 9.1 con camellos *cargados* de especias
10.11 si mi padre os *cargó* de yugo pesado, yo
35.3 para que no la *carguéis* más sobre los
Neh. 4.17 que acarreaban, y los que *cargaban*
13.15 vi en Judá a..*cargaban* asnos con vino
Job 34.23 no *carga*..al hombre más de lo justo
Pr. 28.17 el hombre *cargado* de la sangre de
Is. 1.4 ¡oh gente pecadora, pueblo *cargado* de
53.6 Jehová *cargó* en él el pecado de todos
Zac. 12.3 que se la *cargaren* serán despedazados
Mt. 11.28 a mí todos los que estáis..*cargados*
26.43 los ojos de ellos estaban *cargados* de
Mr. 2.3 paralítico, que era *cargado* por cuatro
14.40 los ojos de ellos estaban *cargados* de
Lc. 11.46 *cargáis* a los hombres con cargas que
21.34 corazones no se *carguen* de glotonería
Jn. 19.17 él, *cargando* su cruz, salió al lugar
Hch. 28.10 nos *cargaron* de las cosas necesarias
2 Ti. 3.6 las mujercillas *cargadas* de pecados

CARGO
Gn. 34.12 aumentad a *c* mío muchas dote y dones
Éx. 5.6 los cuadrilleros..que lo tenían a su *c*
Nm. 3.25 a *c* de los hijos de Gersón..la tienda
3.31 a *c* de ellos estarán el arca, la mesa
3.36 a *c* de los hijos de Merari estará la
4.16 a *c* de Eleazar..el *c* de..el tabernáculo
4.19 pondrán a cada uno en su oficio y..su *c*
4.27 el ministerio..de Gersón en todos sus *c*
4.27 encomendaréis en guarda todos sus *c*
4.28 *c*..estará bajo la dirección de Itamar
4.31 será el deber de su *c* para..su servicio
4.47 tener *c*..en el tabernáculo de reunión
4.49 fueron contados..cada uno según su..*c*
18.3 guardarán..el *c* de todo el tabernáculo
18.4 tendrán el *c* del tabernáculo de reunión
27.19 y le darás el *c* en presencia de ellos
27.23 dio el *c*, como Jehová había mandado
Dt. 31.14 esperad en..para que yo le dé el *c*
Jue. 19.20 necesidad..quede solamente a mi *c*
2 S. 3.8 haces hoy *c* del pecado de esta mujer?

CARGO *(Continúa)*
1 R. 5.16 tenían a *c* el pueblo que hacía la
11.28 le encomendó..el *c* de la casa de José
2 R. 10.22 al que tenía el *c* de las vestiduras
12.8 ni tener el *c* de reparar las grietas
12.11 que tenían a su *c* la casa de Jehová
15.5 Jotam hijo del..tenía el *c* del palacio
22.5,9 tienen a su *c* el arreglo de la casa
23.11 Natán-melec..tenía a su *c* los ejidos
25.19 que tenía a su *c* los hombres de guerra
1 Cr. 9.19 coreítas..tuvieron a su *c* la obra
9.26 tenían a su *c* las cámaras y los tesoros
9.27 tenían el *c* de guardarla, y de abrirla
9.28 tenían a su *c* los utensilios para el
9.29 de ellos tenían el *c* de la vajilla, y de
9.31 Matatías..tenía a su *c* las cosas que se
9.32 tenían a su *c*..panes de la proposición
12.14 el menor tenía *c* de cien hombres, y el
26.20 Ahías tenía *c* de los tesoros de la
26.22 tuvieron *c* de los tesoros de la casa
26.26 tenían a su *c*..las cosas santificadas
26.28 consagraba, estaba a *c* de Selomit y
27.25 Azmavet..tenía a su *c* los tesoros del
2 Cr. 8.14 levitas en sus *c*, para que alabasen
10.18 Adoram, que tenía *c* de los tributos
26.21 Jotam su hijo tuvo *c* de la casa real
31.12 dieron *c* de ello al levita Conanías
31.14 Coré hijo de..tenía *c* de las ofrendas
31.19 tenían *c* de dar sus porciones a todos
Neh. 10.32 nos impusimos..el *c* de contribuir
Est. 2.8 en Susa residencia real, a *c* de Hegai
2.14 la casa..a *c* de Saasgaz eunuco del rey
Job 13.26 y me haces *c* de los pecados de mi
Sal. 140.12 Jehová tomará a su *c* la causa del
Hch. 25.18 ningún *c* presentaron de los que yo
25.27 y no informar de los *c* que haya en su

CARICIA
Pr. 5.19 sus *c* te satisfagan en todo tiempo

CARIÑO
2 Co. 7.15 *c* para con vosotros es..abundante
1 Ts. 3.6 y que siempre nos recordáis con *c*

CARISIM ***Valle entre Lod y Ono,* 1 Cr. 4.14**

CARMEL ***Ciudad en Judá. Véase también Carmelo***
Jos. 15.55 Maón, *C*, Zif, Juta
1 S. 15.12 aviso..diciendo: Saúl ha venido a *C*
25.2 un hombre que tenía su hacienda en *C*
25.2 que estaba esquilando sus ovejas en *C*
25.5 subid a *C* e id a Nabal, y saludadle
25.7 tus pastores..ni les faltó nada..en *C*
25.40 los siervos..vinieron a Abigail en *C*
27.3; 30.5 la que fue mujer de Nabal el de *C*
2 S. 2.2; 3.3 Abigail..mujer de Nabal el de *C*
1 Cr. 3.1 segundo, Daniel, de Abigail la de *C*

CARMELITA ***Habitante de Carmel,* 2 S. 23.35; 1 Cr. 11.37**

CARMELO ***Monte en la costa de Palestina. Véase también Carmel***
Jos. 12.22 el rey..rey de Jocneam del *C*, otro
19.26 y llega hasta *C* al occidente, y a
1 R. 18.19 congrégame a..Israel en el monte *C*
18.20 reunió a los profetas en el monte *C*
18.42 Acab..y Elías subió a la cumbre del *C*
2 R. 2.25 fue al monte *C*..y volvió a Samaria
4.25 y vino al varón de Dios, al monte *C*
Cnt. 7.5 tu cabeza encima de ti, como el *C*
Is. 33.9 Sarón..Basán y el *C* fueron sacudidos
35.2 dada, la hermosura del *C* y de Sarón
Jer. 46.18 y como *C* junto al mar, así vendrá
50.19 morada, y pacerá en el *C* y en Basán
Am. 1.2 rugirá..y se secará la cumbre del *C*
9.3 se escondieren en la cumbre del *C*, allí
Nah. 1.4 *C*, y la flor del Líbano fue destruida

CARMESÍ
Éx. 25.4 púrpura, *c*, lino fino, pelo de cabras
26.1 diez cortinas de..azul, púrpura y *c*
26.31 harás un velo de azul, púrpura, *c* y
26.36 cortina de azul, púrpura, *c*, y lino
27.16 una cortina de..*c*, y lino torcido, de
28.5 tomarán oro, azul, púrpura, *c* y lino
28.6 el efod de oro, azul..*c* y lino torcido
28.8 cinto..de oro, azul, púrpura, *c*, y lino
28.15 el pectoral..púrpura, *c* y lino torcido
28.33 harás granadas de azul, púrpura y *c*
35.6 púrpura, *c*, lino fino, pelo de cabras
35.23 todo hombre que tenía..*c*, lino fino
35.25 lo que habían hilado..*c* o lino fino
35.35 hagan toda obra..*c*, en lino fino y en
36.8 cortinas de lino..de azul, púrpura y *c*
36.35 hizo..el velo de azul, púrpura, *c* y
36.37 la puerta..púrpura, *c* y lino torcido
38.18 la cortina..púrpura, *c* y lino torcido
38.23 recamador en azul, púrpura, *c* y lino
39.1 del azul..y *c* hicieron las vestiduras
39.2 hizo..el efod de oro..*c* y lino torcido
39.3 tejerlos entre el azul..el *c* y el lino
39.5 cinto..azul, púrpura, *c* y lino torcido
39.8 el pectoral..de oro..*c* y lino torcido
39.24 granadas de..púrpura, *c* y lino torcido
39.29 el cinto de..*c*, de obra de recamador
Nm. 4.8 extenderán sobre ella un paño *c*, y lo
2 Cr. 2.14 trabajar..en azul, en lino y en *c*
3.14 hizo también el velo de..púrpura *c* y
Is. 1.18 si fueren rojos como el *c*, vendrán a

CARMI
1. ***Hijo de Rubén,* Gn. 46.9; Éx. 6.14; Nm. 26.6; 1 Cr. 5.3**
2. ***Padre de Acán,* Jos. 7.1,18; 1 Cr. 2.7; 4.1**

CARMITAS ***Descendientes de Carmi No. 1,* Nm. 26.6**

CARNAL
Lv. 18.20 no tendrás acto *c* con la mujer de tu
Ez. 23.20 cuya lujuria es como el ardor *c* de los
Ro. 7.14 ley..mas yo soy *c*, vendido al pecado
8.7 la mente *c* es enemistad contra Dios
1 Co. 3.1 como a *c*, como a niños en Cristo
3.3 aún sois *c*: pues habiendo entre vosotros
3.3 ¿no sois *c*, y andáis como hombres?
3.4 diciendo..Yo soy de Apolos, ¿no sois *c*?
2 Co. 10.4 armas de nuestra milicia no son *c*
Col. 2.11 al echar de..el cuerpo pecaminoso *c*
2.18 vanamente hinchado por su..mente *c*
1 P. 2.11 que os abstengáis de los deseos *c*

CARNE
Gn. 2.21 Jehová Dios..cerró la *c* en su lugar
2.23 dijo..Adán: Esto es ahora..*c* de mi *c*
2.24 unirá a su mujer, y serán una sola *c*
6.3 el hombre..porque ciertamente él es *c*
6.12 toda *c* había corrompido su camino sobre
6.17 toda *c* en que haya espíritu de vida
6.19 de todo lo que vive, de toda *c*, dos de
7.15 toda *c* en que había espíritu de vida
7.16 que vinieron, macho y hembra de toda *c*
7.21 y murió toda *c* que se mueve sobre la
8.17 animales..contigo de toda *c*, las aves
9.4 *c* con su vida..es su sangre, no comeréis
9.11 no exterminaré ya más toda *c* con aguas
9.15 vosotros y todo ser viviente de toda *c*
9.15 diluvio de aguas para destruir toda *c*
9.16 pacto..toda *c* que hay sobre la tierra
9.17 la señal del pacto..entre mí y toda *c*
17.11 circuncidaréis, pues, la *c* de vuestro
17.13 estará mi pacto en vuestra *c* por pacto
17.14 que no hubiere circuncidado la *c* de su
17.23 y circuncidó la *c* del prepucio de ellos
17.24 años..circuncidó la *c* de su prepucio
17.25 fue circuncidada la *c* de su prepucio
29.14 ciertamente hueso mío y *c* mía eres
37.27 es nuestro hermano, nuestra propia *c*
40.19 y las aves comerán tu *c* de sobre ti
41.3 vacas de feo aspecto y enjutas de *c*, y
41.4 que las vacas..enjutas de *c* devoraban a
41.18 del río subían siete vacas de gruesas *c*
Éx. 4.7 aquí que se había vuelto como la otra *c*
12.8 comerán la *c* asada al fuego, y panes
12.46 no llevarás de aquella *c* fuera de ella
16.3 cuando nos sentábamos a las ollas de *c*
16.8 Jehová os dará en la tarde *c* para comer
16.12 al caer la tarde comeréis *c*, y por la
21.28 será apedreado, y no será comida su *c*
22.31 no comeréis *c* destrozada..las fieras
29.14 pero la *c* del becerro, y su piel y su
29.31 carnero..cocerás su *c* en lugar santo
29.32 Aarón y sus..comerán la *c* del carnero
29.34 sobrare hasta la mañana algo de la *c*
30.32 sobre *c* de hombre no será derramado
Lv. 4.11 toda su *c* con su cabeza, sus piernas
6.27 lo que tocare su *c*, será santificado
7.15 *c* del sacrificio de paz..se comerá en
7.17 lo que quedare de la *c* del sacrificio
7.18 si se comiere de la *c* del sacrificio de
7.19 la *c* que tocare alguna cosa inmunda, no
7.19 toda persona limpia podrá comer la *c*
7.20 persona que comiere la *c* del sacrificio
7.21 tocare..y comiere la *c* del sacrificio
8.17 su *c* y su estiércol, lo quemó al fuego
8.31 comed la *c* a la puerta del tabernáculo
8.32 lo que sobre de la *c*..lo quemaréis al
9.11 la *c* y la piel las quemó al fuego fuera
11.8 la *c* de ellos no comeréis, ni tocaréis
11.11 su *c* no comeréis, y abominaréis sus
13.3 llaga más profunda que la piel de la *c*
13.10 del pelo, y se descubre asimismo la *c*
13.14 el día que apareciere en él la *c* viva
13.15 mirará la *c* viva..es inmunda la *c* viva
13.16 la *c* viva cambiare y se volviere blanca
13.18 en la piel de la *c* hubiere divieso, y
16.27 quemarán..su piel, su *c* y su estiércol
17.11 la vida de la *c* en la sangre está, y yo
17.14(2) la vida de toda *c* es su sangre
17.14 no comeréis la sangre de ninguna *c*
21.5 ni raerán la..ni en su *c* harán rasguño
26.29 comeréis la *c*..la *c* de vuestras hijas
Nm. 11.4 dijeron: ¡Quién nos diera a comer *c*!
11.13 ¿de dónde conseguiré yo *c* para dar a
11.13 a mí diciendo: Danos *c* que comamos
11.18 santificaos para mañana, y comeréis *c*
11.18 ¡quién nos diera a comer *c*!..os dará *c*
11.21 les daré *c*, y comerán un mes entero!
11.33 aún estaba la *c* entre los dientes de
12.12 al salir del vientre..consumida su *c*
16.22 Dios, Dios de los espíritus de toda *c*
18.15 de toda *c* que ofrecerán a Jehová, así
18.18 la *c* de ellos será tuya; como el pecho
19.5 cuero y su *c* y su sangre..hará quemar
27.16 pongo..Dios de los espíritus de toda *c*
Dt. 12.15 podrás matar y comer *c* en todas tus
12.20 dijeres: Comeré *c*..deseaste comerla
12.23 no comerás la..juntamente con su *c*
12.27 ofrecerás..la *c* y la sangre, sobre el
12.27 altar de Jehová..y podrás comer la *c*
14.8 la *c* de éstos no comeréis, ni tocaréis
16.4 de la *c* que..no quedará hasta la mañana
28.53 comerás..*c* de tus hijos y de tus hijas
28.55 no dar a..ellos de la *c* de sus hijos
32.42 y mi espada devorará *c*; en la sangre
Jue. 6.19 Gedeón..puso la *c* en un canastillo
6.20 toma la *c* y..y ponlos sobre esta peña
6.21 tocó con..la *c* y los panes sin levadura
6.21 y subió fuego de la peña..consumió la *c*
8.7 dijo..trillaré vuestra *c* con espinos y
9.2 acordaos que yo soy hueso..y *c* vuestra
1 S. 2.13 el criado..mientras se cocía la *c*
2.15 da *c* que asar..no tomará de ti *c* cocida
14.33 el pueblo peca..comiendo la *c* con la
14.34 pequéis..comiendo la *c* con la sangre
17.44 ven..y daré tu *c* a las aves del cielo
25.11 ¿he de tomar..*c* que he preparado para
2 S. 5.1 henos aquí, hueso tuyo y *c* tuya somos
6.19 un pedazo de *c* y una torta de pasas
19.12 mis hermanos; mis huesos y mi *c* sois
19.13 a Amasa: ¿No eres..hueso mío y *c* mía?
1 R. 17.6 pan y *c* por la mañana, y pan y *c*
19.21 con el arado..coció la *c*, y la dio al
21.27 y puso cilicio sobre su *c*, ayunó, y
2 R. 5.10 vé y lávate..tu *c* se te restaurará
5.14 y su *c* se volvió como la *c* de un niño
9.36 comerán los perros la *c* de Jezabel
1 Cr. 11.1 aquí nosotros somos tu hueso y tu *c*
16.3 repartió..una pieza de *c*, y una torta
2 Cr. 32.8 con él está el brazo de *c*, mas con
Neh. 5.5 *c* es como la *c* de nuestros hermanos
Job 2.5 y toca su hueso y su *c*, y verás si no
6.12 ¿es mi fuerza la..o es mi *c* de bronce?
7.5 *c* está vestida de gusanos, y de costras
10.4 ¿tienes tú acaso ojos de *c*? ¿Ves tú
10.11 me vestiste de piel y *c*, y me tejiste
13.14 por qué quitaré yo mi *c* con mis dientes
14.22 su *c* sobre él se dolerá..entristecerá
19.20 piel y mi *c* se pegaron a mis huesos
19.22 por qué..ni aun de mi *c* os saciáis?
19.26 después de..en mi *c* he de ver a Dios
21.6 asombro, y el temblor estremece mi *c*
31.31 decían: ¿Quién no..saciado de su *c*?
33.21 *c* desfallece, de manera que no se ve
33.25 su *c* será más tierna que la del niño
34.15 *c* perecería juntamente, y el hombre
41.23 las partes más flojas de su *c* están
Sal. 16.9 mi *c* también reposará confiadamente
27.2 se juntaron contra mí..para comer mis *c*
38.3 nada hay sano en mi *c*, a causa de tu
38.7 lomos están..y nada hay sano en mi *c*
50.13 ¿he de comer yo *c* de toros, o de beber
63.1 mi *c* te anhela, en tierra seca y árida
65.2 tú oyes la oración; a ti vendrá toda *c*
73.26 mi *c* y mi corazón desfallecen; mas la
78.20 ¿podrá..dispondrá *c* para su pueblo?
78.27 hizo llover sobre ellos *c* como polvo
78.39 se acordó de que eran *c*, soplo que va
79.2 la *c* de tus santos a las bestias de la
84.2 mi corazón y mi *c* cantan al Dios vivo
102.5 voz..mis huesos se han pegado a mi *c*
109.24 mi *c* desfallece por falta de gordura
119.120 *c* se ha estremecido por temor de ti
Pr. 5.11 al final, cuando se consuma tu *c* y tu
14.30 el corazón apacible es vida de la *c*
23.20 no estés con..con los comedores de *c*
Ec. 2.3 propuse en mi..agasajar mi *c* con vino
4.5 el necio cruza sus manos y come su..*c*
11.10 quita, pues..y aparta de tu *c* el mal
12.12 y el mucho estudio es fatiga de la *c*
Is. 9.20 cada cual comerá la *c* de su brazo
17.4 y se enflaquecerá la grosura de su *c*
22.13 comiendo *c* y bebiendo vino, diciendo
31.3 hombres..y no Dios; y sus caballos *c*
40.5 la gloria de Jehová, y toda *c*..la verá
40.6 toda *c* es hierba, y toda su gloria como
44.16 parte de él como *c*, prepara un asado
44.19 quemé en..cocí pan, asé *c*, y la comí
49.26 comer sus propias *c*, y con su sangre
65.4 comen *c* de cerdo, y en sus ollas hay
66.17 que comen *c* de cerdo y abominación
Jer. 7.21 vuestros sacrificios, y comed la *c*
11.15 y las *c*..pueden evitarte el castigo?
12.12 la espada..no habrá paz para ninguna *c*
17.5 maldito el varón..pone *c* por su brazo
19.9 haré comer la *c* de sus hijos y la *c* de
19.9 cada uno comerá la *c* de su amigo, en
25.31 porque Jehová..él es el Juez de toda *c*

CARNE *(Continúa)*

Jer. 32.27 yo soy Jehová, Dios de toda *c*; ¿habrá
45.5 traigo mal sobre toda *c*..pero a ti te
51.35 caiga la violencia hecha a mí y a mi *c*
Lm. 3.4 envejecer mi *c* y mi piel; quebrantó
Ez. 4.14 ni nunca en mi boca entró *c* inmunda
11.3 esta será la olla, y nosotros la *c*
11.7 muertos..son la *c*, y ella es la olla
11.11 olla, ni..seréis en medio de ella la *c*
11.19 quitaré el corazón de piedra..de su *c*
11.19 quitaré el..y les daré un corazón de *c*
16.26 de Egipto, tus vecinos, gruesos de *c*
20.48 verá toda *c* que yo Jehová lo encendí
21.4 mi espada saldrá de su..contra toda *c*
21.5 y sabrá toda *c* que yo Jehová saqué mi
24.4 junta sus piezas de *c* en ella; todas
24.10 encendiendo el fuego..consumir la *c*
32.5 tus *c* sobre los montes, y llenaré los
36.26 y quitaré de vuestra *c* el corazón de
36.26 de piedra, y os daré un corazón de *c*
37.6 subir sobre vosotros *c*, y os cubriré de
37.8 la *c* subió, y la piel cubrió por encima
39.17 venid..y comeréis *c* y beberéis sangre
39.18 comeréis *c* de fuertes, y..de príncipes
40.43 sobre las mesas la *c* de las víctimas
44.7 traer extranjeros..incircuncisos de *c*
44.9 ningún..incircunciso de *c*, entrará en
Dn. 2.11 los dioses cuya morada no es con la *c*
4.12 su fruto era..se mantenía de él toda *c*
7.5 fue dicho así: Levántate, devora mucha *c*
10.3 ni entró en mi boca *c* ni vino, ni me
Os. 8.13 sacrificaron *c*, y comieron; no los
Jl. 2.28 derramaré mi Espíritu sobre toda *c*
Mi. 3.2 les quitáis su piel y su *c* de sobre
3.3 que coméis asimismo la *c* de mi pueblo
3.3 los rompéis como para..y como *c* en olla
Sof. 1.17 como polvo, y su *c* como estiércol
Hag. 2.12 llevare *c* santificada en la falda de
Zac. 2.13 calle toda *c* delante de Jehová
11.9 que cada una coma la *c* de su compañera
11.16 sino que comerá la *c* de la gorda, y
14.12 la *c* de ellos se corromperá estando
Mt. 16.17 no te lo reveló *c* ni sangre, sino mi
19.5 a su mujer, y los dos serán una sola *c*?
19.6 que no son ya más dos, sino una sola *c*
26.41 está dispuesto, pero la *c* es débil
Mr. 10.8 los dos serán una sola *c*; así que no
14.38 está dispuesto, pero la *c* es débil
Lc. 3.6 y verá toda *c* la salvación de Dios
24.39 un espíritu no tiene *c* ni huesos, como
Jn. 1.13 ni de voluntad de *c*, ni de voluntad
1.14 aquel Verbo fue hecho *c*, y habitó entre
3.6 lo que es nacido de la *c*, *c* es; y lo que
6.51 el pan que yo daré es mi *c*, la cual yo
6.52 ¿cómo puede éste darnos de comer su *c*?
6.53 si no coméis la *c* del Hijo del Hombre
6.54 el que come mi *c* y..tiene vida eterna
6.55 mi *c* es verdadera comida, y mi sangre
6.56 el que come mi *c*..en mí permanece, y yo
6.63 que da vida; la *c* para nada aprovecha
8.15 vosotros juzgáis según la *c*; yo no juzgo
17.2 como le has dado potestad sobre toda *c*
Hch. 2.17 derramaré..Espíritu sobre toda *c*
2.26 y aun mi *c* descansará en esperanza
2.30 de su descendencia, en cuanto a la *c*
2.31 no fue dejada..ni su *c* vio corrupción
Ro. 1.3 que era del linaje de David según la *c*
2.28 la circuncisión la que se hace..en la *c*
4.1 halló Abraham, nuestro padre según la *c*?
7.5 mientras estábamos en la *c*, las pasiones
7.18 sé que en mí..en mi *c*, no mora el bien
7.25 sirvo a..con la *c* a la ley del pecado
8.1 los que no andan conforme a la *c*, sino
8.3 imposible..por cuanto era débil por la *c*
8.3 en semejanza de *c* de pecado y a causa del
8.3 enviando a su..condenó al pecado en la *c*
8.4 no andamos conforme a la *c*..al Espíritu
8.5 son de la *c* piensan en las cosas de la *c*
8.6 el ocuparse de la *c* es muerte, pero el
8.8 que viven según la *c* no pueden agradar
8.9 mas vosotros no vivís según la *c*, sino
8.12 no a la *c*..que vivamos conforme a la *c*
8.13 si vivís conforme a la *c*, moriréis; mas
8.13 hacéis morir..obras de la *c*, viviréis
9.3 los que son mis parientes según la *c*
9.5 de los cuales, según la *c*, vino Cristo
9.8 no los que son hijos según la *c* son los
13.14 y no proveáis para los deseos de la *c*
14.21 bueno es no comer *c*, ni beber vino, ni
1 Co. 1.26 no sois muchos sabios según la *c*
5.5 sea entregado..para destrucción de la *c*
6.16 porque dice: Los dos serán una sola *c*
7.28 los tales tendrán aflicción de la *c*; y
8.13 no comeré *c*..para no poner tropiezo a
10.18 mirad a Israel según la *c*; los que
15.39 no toda *c* es la misma *c*, sino que una
15.39 una *c* es la de los hombres, otra *c* la
15.50 la *c* y la sangre no pueden heredar el
2 Co. 1.17 lo pienso según la *c*, para que haya
3.3 escrita..sino en tablas de *c* del corazón
4.11 la vida de..se manifieste en nuestra *c*
5.16 adelante a nadie conocemos según la *c*
5.16 y aun si a Cristo conocimos según la *c*
7.1 limpiémonos de toda contaminación de *c*
10.2 tienen como si anduviésemos según la *c*
10.3 andamos en la *c*, no militamos..la *c*
11.18 se glorían según la *c*, también yo me
12.7 dado un aguijón en mi *c*, un mensajero
Gá. 1.16 no consulté en seguida con *c* y sangre
2.20 lo que ahora vivo en la *c*, lo vivo en
3.3 Espíritu, ahora vais a acabar por la *c*?
4.23 pero el de la esclava nació según la *c*
4.29 el que había nacido según la *c* perseguía
5.13 la libertad como ocasión para la *c*, sino
5.16 y no satisfagáis los deseos de la *c*
5.17 el deseo de la *c* es contra el Espíritu
5.17 el deseo..del Espíritu es contra la *c*
5.19 manifiestas son las obras de la *c*, que
5.24 han crucificado la *c* con sus pasiones
6.8 el que siembra para su *c*, de la *c* segará
6.12 los que quieren agradar en la *c*, éstos
6.13 os circuncidéis, para gloriarse en..*c*
Ef. 2.3 vivimos..en los deseos de nuestra *c* y
2.3 haciendo la voluntad de la *c* y de los
2.11 los gentiles en cuanto a la *c*, erais
2.11 circuncisión hecha con mano en la *c*
2.15 aboliendo en su *c* las enemistades, la
5.29 nadie aborreció jamás a su propia *c*
5.30 somos miembros..su *c* y de sus huesos
5.31 se unirá a..y los dos serán una sola *c*
6.12 no tenemos lucha contra sangre y *c*, sino
Fil. 1.22 si el vivir en la *c* resulta para mí
1.24 pero quedar en la *c* es más necesario
3.3 espíritu..no teniendo confianza en la *c*
3.4 tengo también de qué confiar en la *c*
3.4 tiene de qué confiar en la *c*, yo más
Col. 1.22 en su cuerpo de *c*, por medio de la
1.24 y cumplo en mi *c* lo que falta de las
2.13 en la incircuncisión de vuestra *c*, os
2.23 no tienen valor..los apetitos de la *c*
1 Ti. 3.16 fue manifestado en *c*, justificado
Flm. 16 más para ti, tanto en la *c* como en el
He. 2.14 los hijos participaron de *c* y sangre
5.7 Cristo, en los días de su *c*, ofreciendo
9.10 abluciones, y ordenanzas acerca de la *c*
9.13 santifican para la purificación de la *c*
10.20 a través del velo, esto es, de su *c*
Stg. 5.3 y devorará del todo vuestras *c* como
1 P. 1.24 porque toda *c* es como hierba, y toda
3.18 siendo a la verdad muerto en la *c*, pero
3.21 no quitando las inmundicias de la *c*
4.1 Cristo ha padecido por nosotros en la *c*
4.1 quien ha padecido en la *c*, terminó con
4.2 no vivir el tiempo que resta en la *c*
4.6 para que sean juzgados en *c* según los
2 P. 2.10 aquellos que, siguiendo la *c*, andan
2.18 seducen con concupiscencias de la *c* y
1 Jn. 2.16 los deseos de la *c*..no proviene del
4.2,3 confiesa que Jesucristo ha venido en *c*
2 Jn. 7 no confiesan..Jesucristo ha venido en *c*
Jud. 8 mancillan la *c*, rechazan la autoridad y
23 aborreciendo..ropa contaminada por su *c*
Ap. 17.16 y devorarán sus *c*, y la quemarán con
19.18 que comáis *c* de reyes..y *c* de fuertes
19.18 *c* de caballos..y *c* de todos, libres y
19.21 las aves se saciaron de las *c* de ellos

CARNERO

Gn. 15.9 y le dijo: Tráeme..un *c* de tres años
22.13 miró, y he aquí a sus espaldas un *c*
22.13 tomó el *c*, y lo ofreció en holocausto
31.38 abortaron, ni yo comí *c* de tus ovejas
32.14 cabras..doscientas ovejas y veinte *c*
Éx. 25.5 pieles de *c* teñidas de rojo, pieles
26.14 y una cubierta de pieles de *c* teñidas
29.1 toma un becerro de..y dos *c* sin defecto
29.3 ofrecerás, con el becerro y los dos *c*
29.15 tomarás uno de los *c*, y Aarón y sus
29.15,19 pondrán sus manos..la cabeza del *c*
29.16 matarás el *c*, y con su sangre rociarás
29.17 cortarás el *c* en pedazos, y lavarás
29.18 quemarás todo el *c* sobre el altar
29.19 tomarás luego el otro *c*, y Aarón y sus
29.20 matarás el *c*, y tomarás de su sangre
29.22 tomarás del *c*..es *c* de consagración
29.26 el pecho del *c* de las consagraciones
29.27 fue elevado del *c* de las consagraciones
29.31 y tomarás el *c* de las consagraciones
29.32 y Aarón y sus..comerán la carne del *c*
35.7,23 pieles de *c* teñidas de rojo
36.19,34 cubierta de pieles de *c* teñidas de
Lv. 5.15 traerá por su culpa a Jehová un *c* sin
5.16 hará expiación..con el *c* del sacrificio
5.18; 6.6 traerá..un *c* sin defecto de los
8.2 toma..los dos *c*, y el canastillo de los
8.18 hizo que trajeran el *c* del holocausto
8.18,22 sus manos sobre la cabeza del *c*
8.20 y cortó el *c* en trozos; y Moisés hizo
8.21 quemó Moisés todo el *c* sobre el altar
8.22 hizo que trajeran el otro *c*, el *c* de
8.29 del *c*..aquella fue la parte de Moisés
9.2 toma..un *c* para holocausto, sin defecto
9.4 *c* para sacrificio de paz, que inmoléis
9.18 degolló..el *c* en sacrificio de paz, que
9.19 las grosuras del buey y del *c*, la cola
16.3 con esto entrará..un *c* para holocausto
16.5 tomará dos machos..un *c* para holocausto
19.21 traerá..un *c* en expiación por su culpa
19.22 con el *c*..lo reconciliará el sacerdote
22.23 o *c* que tenga de más o menos, podrás
23.18 y ofreceréis con el pan..dos *c*; serán
Nm. 5.8 dará..además del *c* de las expiaciones
6.14 un *c* sin defecto por ofrenda de paz
6.17 ofrecerá el *c* en ofrenda de..a Jehová
6.19 tomará el..la espaldilla cocida del *c*
7.15,21,27,33,39,45,51,57,63,69,75,81 un becerro, un *c*, un cordero de un año
7.17,23,29,35,41,47,53,59,65,71,77,83 cinco *c*, cinco machos cabríos y cinco corderos
7.87 doce los *c*, doce los corderos de un año
7.88 sesenta..*c*, sesenta machos cabríos
15.6 por cada *c* harás ofrenda de dos décimas
15.11 se hará con cada buey, o *c*, o cordero
23.1,29 altares..siete becerros y siete *c*
23.2,14,30 un becerro y un *c* en cada altar
23.4 y en cada altar he ofrecido un..y un *c*
28.11 ofreceréis..un *c*, y siete corderos de
28.12 de flor de harina..ofrenda con cada *c*
28.14 la tercera parte de un hin con cada *c*
28.19,27; 29.2,8 un *c*, y siete corderos de
28.20,28; 29.3,9 y dos décimas con cada *c*
29.13,17,20,23,26,29,32 ofreceréis..dos *c*, y catorce corderos
29.14 dos décimas con cada uno de los dos *c*
29.18,21,24,27,30,33 libaciones..con los *c*
29.36 ofreceréis..un *c*, siete corderos de un
29.37 con el *c* y con los corderos, según el
Dt. 14.5 el íbice, el antílope y el *c* montés
32.14 y *c* de Basán; también machos cabríos
Jos. 6.4,6,8,13 bocinas de cuernos de *c*
6.5 cuando toquen..el cuerno de *c*, así que
1 S. 15.9 mejor..de los *c* y de todo lo bueno
15.22 el prestar atención que la..de los *c*
2 S. 6.13 sacrificó un buey y un *c* engordado
2 R. 3.4 pagaba..cien mil *c* con sus vellones
1 Cr. 15.26 sacrificaron siete novillos y 7 *c*
29.21 ofrecieron..mil *c*, mil corderos con
2 Cr. 13.9 a consagrarse con un becerro y 7 *c*
17.11 le trajeron..7.700 *c* y 7.700 machos
29.21 y presentaron siete novillos, siete *c*
29.22 mataron luego los *c*, y esparcieron la
29.32 bueyes, cien *c* y doscientos corderos
Esd. 6.9 *c* y corderos para holocaustos al Dios
6.17 ofrecieron en la dedicación..200 *c* y
7.17 comprarás, pues..becerros, *c* y corderos
8.35 ofrecieron..96 *c*, 77 corderos, y doce
10.19 ofrecieron..un *c* de los rebaños por
Job 42.8 tomaos..y siete *c*, e id a mi siervo
Sal. 37.20 perecerán..como la grasa de los *c*
66.15 holocaustos de..con sahumerio de *c*
114.4 montes saltaron como *c*, los collados
114.6 oh montes, ¿por qué saltasteis como *c*
Is. 1.11 hastiado estoy de holocaustos de *c* y
34.6 engrasada..de grosura de riñones de *c*
60.7 *c* de Nebaiot te serán servidos; serán
Jer. 51.40 los haré traer..al matadero, como *c*
Ez. 27.21 Arabia y..traficaban contigo en..*c*
34.17 juzgo entre..entre *c* y machos cabríos
39.18 de *c*, de corderos, de machos cabríos
43.23 ofrecerás..un *c* sin tacha de la manada
43.25 sacrificarán..*c* sin tacha del rebaño
45.23 ofrecerá..y siete *c* sin defecto, cada
45.24 ofrenda de un efa, y con cada *c* un efa
46.4 el holocausto..será..y un *c* sin tacha
46.5 y por ofrenda un efa con cada *c*; y con
46.6 seis corderos, y un *c*; deberán ser sin
46.7,11 con el becerro, y un efa con cada *c*
Dn. 8.3 miré..un *c* que estaba delante del río
8.4 el *c* hería con los cuernos al poniente
8.6 vino hasta el *c* de dos cuernos, que yo
8.7 llegó junto al *c*, y se levantó contra él
8.7 *c* no tenía fuerzas para pararse delante
8.7 y no hubo quien librase al *c* de su poder
8.20 en cuanto al *c* que viste, que tenía dos
Mi. 6.7 ¿se agradará Jehová de millares de *c*

CARNICERÍA

1 Co. 10.25 de todo lo que se vende en la *c*

CARPINTERO

2 S. 5.11 Hiram rey de Tiro envió..cedro, y *c*
2 R. 12.11 en pagar a los *c* y maestros que
22.6 *c*, maestros y albañiles, para comprar
1 Cr. 14.1 *c*, para que le edificasen una casa
22.15 tú tienes..*c*, y todo hombre experto
2 Cr. 24.12 tomaban..*c* que reparasen la casa
34.11 a los *c* y canteros para que compraran
Esd. 3.7 y dieron dinero a los albañiles y *c*
Is. 41.7 *c* animó al platero, y el que alisaba
44.13 el *c* tiende la regla, lo señala con
Zac. 1.20 me mostró luego Jehová cuatro *c*
Mt. 13.55 ¿no es éste el hijo del *c*? ¿No se
Mr. 6.3 ¿no es..el *c*, hijo de María, hermano

CARPO *Cristiano en Troas, 2 Ti. 4.13*

CARQUEMIS *Ciudad importante en el río Éufrates*

2 Cr. 35.20 para hacer guerra en *C* junto al
Is. 10.9 ¿no es Calno como *C*, Hamat como Arfad
Jer. 46.2 estaba cerca del río Eufrates en *C*

CARRERA
Sal. 25.9 juicio, y enseñará a los mansos su *c*
Ec. 9.11 y vi..que ni es de los ligeros la *c*
Jer. 8.6 cada cual se volvió a su propia *c*
23.10 la *c* de ellos fue mala, y su valentía
Jl. 2.8 cada uno irá por su *c*; y aun cayendo
Hch. 13.25 cuando Juan terminaba su *c*, dijo
20.24 con tal que acabe mi *c* con gozo, y el
2 Ti. 4.7 he acabado la *c*, he guardado la fe
He. 12.1 corramos con paciencia la *c*..delante

CARRETA
Is. 5.18 y el pecado como con coyundas de *c*
28.27 ni sobre el comino se pasa rueda de *c*
28.28 ni lo comprime con la rueda de su *c*
Ez. 23.24 y vendrán contra ti carros, *c* y

CARRIZAL
Éx. 2.3 y lo puso en un *c* a la orilla del río
2.5 vio ella la arquilla en el *c*, y envió

CARRIZO
Is. 19.6 secarán..caña y el *c* serán cortados

CARRO
Gn. 41.43 subir en su segundo *c*, y pregonaron
45.19 tomaos de la tierra de Egipto *c* para
45.21 dio..*c* conforme a la orden de Faraón
45.27 viendo Jacob los *c* que José enviaba
46.5 en los *c* que Faraón había enviado para
46.29 y José unció su *c* y vino a recibir a
50.9 subieron también con él *c* y gente de a
Éx. 14.6 unció su *c*, y tomó consigo su pueblo
14.7 tomó 600 *c*..y todos los *c* de Egipto, y
14.9 con toda la caballería y *c* de Faraón
14.17 glorificaré en..su ejército, en sus *c*
14.18 me glorificaré en Faraón, en sus *c*, y
14.23 entraron..*c*, y su gente de a caballo
14.25 quito las ruedas de sus *c*..trastornó
14.26 que las aguas vuelvan..sobre sus *c*, y
14.28 cubrieron los *c* y la caballería, y todo
15.4 echó en el mar los *c* de Faraón y su
15.19 Faraón entró cabalgando con sus *c*, y
Nm. 7.3 trajeron..seis *c* cubiertos y 12 bueyes
7.3 por cada dos príncipes un *c*, y cada uno
7.6 Moisés recibió los *c* y los bueyes, y los
7.7 dos *c* y cuatro bueyes dio a los hijos de
7.8 a los hijos de Merari dio cuatro *c* y 8
Dt. 11.4 lo que hizo..a sus caballos y a sus *c*
20.1 si vieres..*c*, y un pueblo más grande
Jos. 11.4 muchísimos caballos y *c* de guerra
11.6 sus caballos, y sus *c* quemarás a fuego
11.9 desjarretó sus caballos, y sus *c* quemó
17.16 todos los cananeos..tienen *c* herrados
17.18 arrojarás al cananeo, aunque tenga *c*
24.6 egipcios siguieron..con *c* y caballería
Jue. 1.19 habitaban en los llanos..tenían *c*
4.3 tenía 900 *c* herrados, y había oprimido
4.7 a Sísara..con sus *c* y su ejército, y lo
4.13 reunió..sus *c*, novecientos *c* herrados
4.15 Jehová quebrantó a Sísara, a..sus *c* y
4.15 y Sísara descendió del *c*, y huyó a pie
4.16 Barac siguió los *c* y el ejército hasta
5.28 ¿por qué tarda su *c* en..ruedas de sus *c*
1 S. 6.7 un *c* nuevo, y..uncid las vacas al *c*
6.8 el arca..la pondréis sobre el *c*, y las
6.10 tomando dos vacas..las uncieron al *c*
6.11 pusieron el arca de Jehová sobre el *c*
6.14 *c* vino al campo de Josué de Bet-semes
6.14 paró..y ellos cortaron la madera del *c*
8.11 vuestros hijos, y los pondrá en sus *c*
8.11 los pondrá..que corran delante de su *c*
8.12 y a que hagan..los pertrechos de sus *c*
13.5 los filisteos se juntaron..treinta mil *c*
2 S. 1.6 venían tras él *c* y gente de a caballo
6.3 pusieron el arca de Dios sobre un *c*, y la
6.3 Uza y Ahío, hijos de..guiaban el *c* nuevo
8.4 desjarretó..los caballos de todos los *c*
8.4 tomó..pero dejó suficientes para cien *c*
10.18 David mató..la gente de setecientos *c*
15.1 que Absalón se hizo de *c* y caballos, y
1 R. 1.5 se hizo de *c* y de gente de a caballo
4.26 tenía 40.000 caballos en..para sus *c*
7.33 forma..como la de las ruedas de un *c*
9.19 las ciudades de los *c*, y las ciudades
9.22 comandantes de sus *c*, o su gente de a
10.26 y juntó Salomón *c*..y tenía 1.400 *c*
10.26 cuales puso en las ciudades de los *c*
10.29 el *c* por 600 piezas de plata, y el
12.18 se apresuró a subirse en un *c* y huir
16.9 Zimri, comandante de la mitad de los *c*
18.44 tu *c* y desciende, para que la lluvia
20.1 juntó..a 32 reyes, con caballos y *c*
20.21 hirió la gente de a caballo, y los *c*
20.25 caballo por caballo, y *c* por *c*; luego
20.33 a Acab, y él le hizo subir en un *c*
22.31 mandado a sus 32 capitanes de los *c*
22.32 cuando los capitanes de los *c* vieron
22.33 viendo..los capitanes de los *c* que no
22.35 estuvo en su *c* delante de los sirios
22.35 la sangre..corría por el fondo del *c*
22.38 y lavaron el *c*..estanque de Samaria
2 R. 2.11 un *c* de fuego con..apartó a los dos
2.12 *c* de Israel y su gente de a caballo!
5.9 vino Naamán..con su *c*, y se paró a las
5.21 se bajó del *c* para recibirle, y dijo
5.26 el hombre volvió de su *c* a recibirte?
6.14 envió el rey..*c*, y un gran ejército
6.15 sitiada la..con gente de a caballo y *c*
6.17 y de *c* de fuego alrededor de Eliseo
7.6 oyese estruendo de *c*, ruido de caballos
7.14 tomaron, pues, dos caballos de un *c*, y
8.21 Joram..pasó a Zair, y todos sus *c* con
8.21 atacó a los..y a los capitanes de los *c*
9.21 unce el *c*. Y cuando estaba uncido su *c*
9.21 salieron Joram rey..cada uno en su *c*
9.24 Jehú..hirió a Joram..y él cayó en su *c*
9.27 diciendo: Herid también a éste en el *c*
9.28 le llevaron en un *c* a Jerusalén, y allá
10.2 los que tienen *c* y gente de a caballo
10.15 luego lo hizo subir consigo en el *c*
10.16 dijo: Ven..lo pusieron, pues, en su *c*
13.7 y diez *c*, y diez mil hombres de a pie
13.14 padre mío, *c* de Israel y su gente de
18.24 estés confiado en Egipto con sus *c* y
19.23 con..mis *c* he subido a las alturas de
23.11 quitó..y quemó al fuego los *c* del sol
23.30 siervos lo pusieron en un *c*..muerto
1 Cr. 13.7 *c* nuevo; y Uza y Ahío guiaban el *c*
18.4 y le tomó David mil *c*, siete mil de a
18.4 desjarretó David los caballos de..los *c*
18.4 desjarretó..excepto los de cien *c* que
19.6 plata para tomar a sueldo *c* y gente de
19.7 tomaron a sueldo 32.000 *c*, y al rey de
19.18 mató David..a 7.000 hombres de los *c*
28.18 oro..para el *c* de los querubines de
2 Cr. 1.14 y juntó..*c*..las ciudades de los *c*
1.14 Salomón..tuvo 1.400 *c* y 12.000 jinetes
1.17 compraban..*c* por 600 piezas de plata
8.6 ciudades de los *c* y..gente de a caballo
8.9 comandantes de sus *c*, y su gente de a
9.25 caballerizas para sus caballos y *c*, y
9.25 jinetes..puso en las ciudades de los *c*
10.18 rey Roboam, y subiendo en su *c* huyó a
12.3 mil doscientos *c*, y con 60.000 hombres
14.9 ejército de un millón..y trescientos *c*
16.8 eran un ejército..con *c* y mucha gente
18.30 mandado a los capitanes de los *c* que
18.31 capitanes de los *c* vieron a Josafat
18.32 viendo los capitanes de los *c* que no
18.34 estuvo el rey de Israel en pie en el *c*
21.9 entonces pasó Joram con..todos sus *c*
21.9 Joram..derrotó..comandantes de sus *c*
35.24 lo sacaron de aquel *c*..un segundo *c*
Sal. 20.7 confían en *c*, y aquéllos en caballos
46.9 quiebra el..y quema los *c* en el fuego
68.17 los *c* de Dios se cuentan por..millares
76.6 el *c* y el caballo fueron entorpecidos
Cnt. 1.9 a yegua de los *c* de..te he comparado
6.12 alma me puso entre los *c* de Aminadab
Is. 2.7 de caballos, y sus *c* son innumerables
5.28 y las ruedas de sus *c* como torbellino
22.6 Elam tomó aljaba, con *c* y con jinetes
22.7 tus hermosos valles fueron llenos de *c*
22.18 y allá estarán los *c* de tu gloria, oh
31.1 su esperanza..en *c*, porque son muchos
36.9 estés confiado en Egipto con sus *c* y
37.24 con la multitud de mis *c* subiré a las
43.17 el que saca *c* y caballo, ejército y
66.15 Jehová vendrá con fuego, y sus *c* como
66.20 y traerán..en *c*, en literas, en mulos
Jer. 4.13 como nube, y su *c* como torbellino
17.25; 22.4 entrarán..en *c* y en caballos
46.9 alborotaos, *c*, y salgan los valientes
47.3 por el sonido de..el alboroto de sus *c*
50.37 espada..contra sus *c*, y contra todo
51.21 quebrantaré *c* y a..que en ellos suben
Ez. 23.24 y vendrán contra ti *c*, carretas y
26.7 *c* y jinetes, y tropas y mucho pueblo
26.10 el estruendo..de las ruedas y de los *c*
27.20 comerciaba contigo en paños..para *c*
Dn. 11.40 levantará contra él..con *c* y gente
Jl. 2.5 como estruendo de *c* saltarán sobre las
Am. 2.13 como se aprieta el *c*..de gavillas
Mi. 1.13 al *c* bestias veloces, oh moradores de
5.10 en aquel día, dice..haré destruir tus *c*
Nah. 2.3 el *c* como fuego de antorchas; el día
2.4 los *c* se precipitarán a las plazas, con
2.13 encenderé y reduciré a humo tus *c*, y
3.2 caballo atropellador, y *c* que salta
Hab. 3.8 cuando montaste..tus *c* de victoria?
Hag. 2.22 trastornaré los *c* y los que..suben
Zac. 6.1 cuatro *c* que salían de entre..montes
6.2 en el primer *c* había caballos alazanes
6.2 había..en el segundo *c* caballos negros
6.3 en el tercer *c* caballos blancos, y en el
6.3 y en el cuarto *c* caballos overos rucios
6.6 *c* con los caballos negros salía hacia
9.10 de Efraín destruiré los *c*, y..caballos
Hch. 8.28 volvía sentado en su *c*, y leyendo al
8.29 a Felipe: Acércate y júntate a ese *c*
8.38 mandó parar el *c*; y descendieron ambos
Ap. 9.9 era como el estruendo de muchos *c* de
18.13 caballos y *c*, y esclavos, almas de

CARROZA
Sal. 104.3 el que pone las nubes por su *c*, el
Cnt. 3.9 rey Salomón se hizo una *c* de madera

CARSENA *Uno de siete príncipes de Persia y Media,* Est. 1.14

CARTA *Ciudad de los levitas en Zabulón,* Jos. 21.34

CARTA
Dt. 24.1 escribirá *c* de divorcio..en su mano
24.3 y le escribiere *c* de divorcio, y se la
2 S. 11.14 escribió David a Joab una *c*, la cual
11.15 y escribió en la *c*..Poned a Urías al
1 R. 21.8 ella escribió *c* en nombre de Acab
21.9 las *c* que escribió decían..Proclamad
21.11 conforme a lo escrito en las *c* que ella
2 R. 5.5 anda..yo enviaré *c* al rey de Israel
5.6 *c* para el rey de Israel, que decían así
5.6 cuando lleguen a ti estas *c*, sabe por
5.7 el rey de Israel leyó las *c*, rasgó sus
10.1 Jehú escribió *c* y las envió a Samaria
10.2 que lleguen estas *c* a vosotros los que
10.7 *c* llegaron a ellos, tomaron a los hijos
19.14 y tomó Ezequías las *c* de mano de los
20.12 envió mensajeros con *c* y..a Ezequías
2 Cr. 21.12 le llegó una *c* del profeta Elías
30.1 envió..Ezequías..y escribió *c* a Efraín
30.6 fueron..con *c* de mano del rey y de sus
32.17 *c* en que blasfemaba contra Jehová el
Esd. 4.7 y el lenguaje de la *c* eran en arameo
4.8 escribieron una *c* contra Jerusalén al rey
4.11 esta es la copia de la *c* que enviaron
4.18 la *c* que nos enviasteis fue leída
4.23 de la *c* del rey Artajerjes fue leída
5.5 entonces respondieron por *c* sobre esto
5.6 copia de la *c* que..enviaron al rey Darío
5.7 le enviaron *c*, y así estaba escrito en
7.11 la copia de la *c* que dio..Artajerjes
Neh. 2.7 que se me den *c* para los gobernadores
2.8 *c* para Asaf guarda del bosque del rey
2.9 a los gobernadores..les di las *c* del rey
6.5 envió a..con una *c* abierta en su mano
6.17 muchas *c* de los principales de Judá a
6.19 y enviaba Tobías *c* para atemorizarme
Est. 1.22 envió *c* a todas las provincias del
3.13 fueron enviadas *c* por medio de correos
8.5 dé orden escrita para revocar las *c* que
8.10 envió *c* por medio de correos montados
9.20 envió *c* a todos los judíos que estaban
9.25 ordenó por *c* que el perverso designio
9.26 debido a..de esta *c*, y por lo que ellos
9.29 suscribieron..esta segunda *c* referente
9.30 fueron enviadas *c* a todos los judíos
Is. 37.14 tomó Ezequías las *c* de mano de los
39.1 envió *c* y presentes a Ezequías; porque
50.1 dijo Jehová: ¿Qué es de la *c* de repudio
Jer. 3.8 había despedido y dado *c* de repudio
29.1 la *c* que el profeta Jeremías envió de
29.25 tú enviaste *c* en tu nombre a todo el
29.29 Sofonías había leído esta *c* a oídos del
32.10 y escribí la *c* y la sellé, y la hice
32.11 tomé..la *c* de venta, sellada según el
32.12 di la *c* de venta..habían suscrito la *c*
32.14 toma estas *c*, esta *c* de venta sellada
32.14 esta *c* abierta, y ponlas en una vasija
32.16 después que di la *c* de venta a Baruc
Mt. 5.31 repudie..mujer, dele *c* de divorcio
19.7 mandó..dar *c* de divorcio, y repudiarla?
Mr. 10.4 Moisés permitió dar *c* de divorcio, y
Hch. 9.2 pidió *c* para las sinagogas de Damasco
15.30 reuniendo..congregación, entregaron la *c*
22.5 de quienes también recibí *c* para los
23.25 y escribió una *c* en estos términos
23.33 llegaron..dieron la *c* al gobernador
23.34 leída la *c*, preguntó de qué provincia
28.21 ni hemos recibido de Judea *c*..de ti
1 Co. 5.9 he escrito por *c*, que no os juntéis
16.3 a quienes hubiereis designado por *c*, a
2 Co. 3.1 necesidad..de *c* de recomendación para
3.2 nuestras *c* sois vosotros, escritas en
3.3 sois *c* de Cristo expedida por nosotros
7.8 aunque os contristé con la *c*, no me
7.8 porque veo que aquella *c*..os contristó
10.9 como que os quiero amedrentar por *c*
10.10 dicen, las *c* son duras y fuertes; mas
10.11 así como somos en la palabra por *c*
Col. 4.16 cuando esta *c* haya sido leída entre
1 Ts. 5.27 esta *c* se lea a todos los santos
2 Ts. 2.2 ni por *c* como si fuera nuestra, en
2.15 habéis aprendido, sea..o por *c* nuestra
3.14 a lo que decimos por medio de esta *c*
3.17 Pablo, que es el signo en toda *c* mía
2 P. 3.1 amados, esta es la segunda *c* que os

CARTÁN *Ciudad de los levitas en Neftalí (=Quiriataim No. 2),* Jos. 21.32

CASA
Gn. 7.1 Noé: Entra tú y toda tu *c* en el arca
12.1 vete de tu tierra..de la *c* de tu padre
12.15 y fue llevada la mujer a *c* de Faraón
12.17 a Faraón y a su *c* con grandes plagas
14.14 armó a sus criados, los nacidos en su *c*
15.2 el mayordomo de mi *c* es ese damasceno
15.3 mi heredero un esclavo nacido en mi *c*
17.12 nacido en *c*, y el comprado por dinero

CASA *(Continúa)*
Gn. 17.13 ser circuncidado el nacido en tu c, y
17.23 y a todos los siervos nacidos en su c
17.23 todo varón entre. .de la c de Abraham
17.27 todos los varones de su c, el siervo
17.27 el siervo nacido en c, y el comprado
18.19 sé que mandará a sus hijos y a sus c
19.2 que vengáis a c de vuestro siervo y os
19.3 y fueron con él, y entraron en su c
19.4 rodearon la c los hombres de. .Sodoma
19.10 y metieron a Lot en c con ellos, y
19.11 a los hombres que. .a la puerta de la c
20.13 me hizo salir errante de la c de mi
20.18 había cerrado. .toda matriz de la c de
24.2 un criado suyo, el más viejo de su c
24.7 que me tomó de la c de mi padre y de
24.23 me digas: ¿hay en c de tu padre lugar
24.25 hay en nuestra c paja y mucho forraje
24.27 guiándome. .a c de los hermanos de mi
24.28 e hizo saber en c de su madre estas
24.31 he preparado la c, y el lugar para los
24.32 el hombre vino a c, y Labán desató los
24.38 irás a c de mi padre y a mi parentela
24.40 mujer de mi familia y de la c de mi
27.15 vestidos de Esaú. .que ella tenía en c
27.43 hijo. .levántate y huye a c de Labán
28.2 vé a. .a c de Betuel, padre de tu madre
28.17 lugar. No es otra cosa que c de Dios
28.21 y si volviere en paz a c de mi padre
28.22 esta piedra. .por señal, será c de Dios
29.13 oyó Labán. .lo beso, y lo trajo a su c
30.30 ¿cuándo trabajaré. .por mi propia c?
31.14 o heredad en la c de nuestro padre?
31.30 tenías deseo de la c de tu padre
31.37 ¿qué has hallado de. .enseres de tu c?
31.41 veinte años en tu c; catorce años te
33.17 Jacob fue a. .y edificó allí c para sí
34.19 era el mas distinguido de toda la c de
34.26 tomaron a Dina de c de Siquem, y se
34.29 y robaron todo lo que había en c
34.30 atacarán, y seré destruido yo y mi c
36.6 Esaú tomó. .todas las personas de su c
38.11 quédate viuda en c de tu padre, hasta
38.11 fue Tamar, y estuvo en c de su padre
39.2 y estaba en la c de su amo el egipcio
39.4 le hizo mayordomo de su c y entregó en
39.5 cuando le dio el encargo de su c y de
39.5 Jehová bendijo la c del egipcio. .José
39.5 bendijo la. .así en c como en el campo
39.8 no se preocupa. .de lo que hay en c, y
39.9 no hay otro mayor que yo en esta c, y
39.11 entró él un día en c para hacer su
39.11 y no había nadie de los de c allí
39.14 llamó a los de c. .diciendo: Mirad, nos
39.16 José, hasta que vino su señor a su c
40.3 en la c del capitán de la guardia, en
40.7 él en la prisión de la c de su señor
40.14 hagas mención. .y me saques de esta c
41.10 la prisión de la c del capitán de la
41.40 estarás sobre mi c, y por tu palabra
41.51 me hizo olvidar. .toda la c de mi padre
42.19 quede. .en la c de vuestra cárcel uno
42.19 alimento para el hambre de vuestra c
42.33 tomad para el hambre de vuestras c
43.16 mayordomo de su c: Lleva a c a estos
43.17 y llevó a los hombres a c de José
43.18 fueron llevados a c de José, y decían
43.19 se acercaron al mayordomo de la c de
43.19 y le hablaron a la entrada de la c
43.24 y llevó. .a los hombres a c de José
43.26 y vino José a c, y ellos le trajeron
43.26 trajeron el presente. .dentro de la c
44.1 mandó. .al mayordomo de su c. .Llena de
44.8 ¿cómo. .habíamos de hurtar de c de tu
44.14 vino Judá con. .hermanos a c de José
45.2 a llorar. .y oyó también la c de Faraón
45.8 me ha puesto. .por señor de toda su c
45.11 que no perezcas de pobreza tú y tu c
45.16 y se oyó la noticia en la c de Faraón
46.27 todas las personas de la c de Jacob
46.31 José dijo a su. .y a la c de su padre
46.31 y la c de mi padre. .han venido a mí
47.12 alimentaba José a. .la c de su padre
47.14 metió José el dinero en c de Faraón
47.24 y para. .los que están en vuestras c
50.4 habló José a los de la c de Faraón
50.7 subieron con él. .los ancianos de su c
50.8 toda la c de José. .y la c de su padre
50.22 habitó José en. .él y la c de su padre
Éx. 7.23 Faraón se volvió y fue a su c, y no
8.3 ranas. .en tu c. .en las c de tus siervos
8.9 las ranas sean quitadas de ti y de tus c
8.11 y las ranas se irán de ti, y de tus c
8.13 y murieron las ranas de las c, de los
8.21 yo enviaré. .tus c toda clase de moscas
8.21 y las c de los egipcios se llenarán de
8.24 moscas. .c de Faraón. .c de sus siervos
9.19 no sea recogido a c, el granizo caerá
9.20 hizo huir sus criados y su ganado a c
10.6 llenará tus c, y las c de tus siervos
10.6 y llenará. .las c de todos los egipcios
12.4 él y su vecino inmediato a su c tomarán
12.7 sangre. .pondrán. .en el dintel de las c
12.13 la sangre os será por señal en las c
12.15 que no haya levadura en vuestras c
12.19 no se hallará levadura en vuestras c
12.22 ninguno. .salga de las puertas de su c
12.23 no dejará entrar al heridor. .c para
12.27 pasó. .las c de los hijos de Israel en
12.27 hirió. .egipcios, y libró nuestras c
12.30 no había c donde no hubiese un muerto
12.46 comerá en una c, y no llevarás. .fuera
13.3 habéis salido. .de la c de servidumbre
13.14 Jehová nos sacó. .de c de servidumbre
16.31 la c de Israel lo llamó Maná; y era
19.3 así dirás a la c de Jacob, y anunciarás
20.2 soy. .que te saqué. .de c de servidumbre
20.17 no codiciarás la c de tu prójimo, no
22.2 el ladrón fuere hallado forzando una c
22.7 fuere hurtado de la c de aquel hombre
22.8 el dueño de la c será presentado a los
23.19 primicias de. .traerás a la c de Jehová
34.26 los primeros frutos. .a la c de Jehová
40.38 nube. .a vista de toda la c de Israel
Lv. 10.6 toda la c de Israel, sí lamentarán
14.34 pusiere yo plaga de lepra en alguna c
14.35 vendrá aquel de quien fuere la c y
14.35 algo como plaga ha aparecido en mi c
14.36 el sacerdote mandará desocupar la c
14.36 no sea contaminado. .estuviere en la c
14.37 vieren manchas en las paredes de la c
14.38 saldrá de la c a la. .y cerrará la c
14.39 si. .extendido en las paredes de la c
14.41 hará raspar la c por dentro alrededor
14.42 tomarán otro barro y recubrirán la c
14.43 plaga volviere a brotar en aquella c
14.43 plaga. .después que hizo. .raspar la c
14.44 plaga en la c. .lepra maligna en la c
14.45 derribará, por tanto, la tal c, sus
14.45 sus maderos y toda la mezcla de la c
14.46 y cualquiera que entrare en aquella c
14.47 el que durmiere en aquella c, lavará
14.47 comiere en la c, lavará sus vestidos
14.48 que la plaga no se ha extendido en la c
14.48 el sacerdote declarará limpia la c
14.49 tomará para limpiar la c dos avecillas
14.51 los mojará. .y rociará la c siete veces
14.52 y purificará la c con la sangre de la
14.53 hará expiación por la c, y será limpia
14.55 y de la lepra del vestido, y de la c
16.6,11 hará reconciliación por sí y por su c
16.17 hecho la expiación por sí, por su c y
17.3 varón de la c de Israel que degollare
17.8,10 cualquier varón de la c de Israel, o
18.9 tu hermana. .nacida en c o nacida fuera
19.13 no retendrás el salario del. .en tu c
22.11 también el nacido en su c podrá comer
22.13 se hubiere vuelto a la c de su padre
22.18 cualquier varón de la c de Israel, o
25.29 el varón que vendiere c de habitación
25.30 fuere rescatada dentro de un año. .la c
25.31 las c de las aldeas que no tienen muro
25.32 podrán rescatar en. .c en las ciudades
25.33 saldrá de la c. .las c. .son la posesión
25.41 saldrá libre de tu c; él y sus hijos
27.14 dedicara su c consagrándola a Jehová
27.15 el que dedicó su c deseare rescatarla
Nm. 1.2 las c de sus padres, con la cuenta de
1.4 cada uno jefe de la c de sus padres
1.18,20,22,24,26,28,30,32,34,36,38,40,42 según las c de sus padres
1.44 varones, uno por cada c de sus padres
1.45 los contados. .por las c de sus padres
2.2 bajo las enseñas de las c de sus padres
2.32 contados de. .según las c de sus padres
2.34 marcharon. .según las c de sus padres
3.15 cuenta los hijos de Leví según las c
3.20 son las familias de Leví, según las c
3.35 el jefe de la c del linaje de Merari
4.2 hijos de Coat. .según las c de sus padres
4.22 el número. .hijos de Gersón según las c
4.29 de Merari. .según las c de sus padres
4.34,38,40,42,46 según las c de sus padres
7.2 los jefes de las c de sus padres, los
12.7 siervo Moises, que es fiel en toda mi c
16.32 los tragó. .sus c, a todos los hombres
17.2 toma de ellos una vara por cada c de
17.2 doce. .conforme a las c de sus padres
17.6 cada príncipe por las c de sus padres
17.8 la vara de Aarón de la c de Leví había
18.1 y la c de tu padre contigo, llevaréis el
18.11,13 todo limpio en tu c comerá de ellas
22.18; 24.13 Balac me diese su c llena de
26.2 tomad el censo de. .las c de sus padres
30.3 y se ligare con obligación en c de su
30.10 hubiere hecho voto en c de su marido
30.16 durante su juventud en c de su padre
32.18 no volveremos a nuestras c hasta que
34.14(2) la tribu. .según las c de sus padres
36.1 y hablaron delante de. .jefes de las c
Dt. 5.6 Dios, que te saqué. .c de servidumbre
5.21 ni desearás la c de tu prójimo, ni su
6.7 y hablarás de ellas estando en tu c, y
6.9 y las escribirás en los postes de tu c
6.11 c llenas de. .bien, que tú no llenaste
6.12 te sacó. .de Egipto, de c de servidumbre
6.22 Egipto, sobre Faraón y sobre toda su c
7.26 y no traerás cosa abominable a tu c
8.12 y edifiques buenas c en que habites
8.14 Dios, que te sacó. .de c de servidumbre
11.19 hablando de. .cuando te sientes en tu c
11.20 las escribirás en los postes de tu c
13.5 sacó. .y te rescató de c de servidumbre
13.10 Dios, que te sacó. .de c de servidumbre
15.16 porque te ama a ti y a tu c, y porque
19.1 y habites en sus ciudades, y en sus c
20.5 ¿quién ha edificado c nueva, y no la ha
20.5,6,7,8 vaya, y vuélvase a su c
21.12 la meterás en tu c; y ella rapará su
21.13 y se quedará en tu c; y llorará a su
22.2 lo recogerás en tu c, y estará contigo
22.8 cuando edifiques c nueva, harás pretil
22.8 que no eches culpa de sangre sobre tu c
22.21 la sacarán a la puerta de la c de su
22.21 vileza. .fornicando en c de su padre
23.18 no traerás la paga. .a la c de Jehová
24.1 le escribirá. .y la despedirá de su c
24.2 salida de su c, podrá ir y casarse con
24.3 y la despidiere de su c; o si hubiere
24.5 libre estará en su c por un año, para
24.10 no entrarás en su c. .tomarle prenda
25.9 no quiere edificar la c de su hermano
25.10 dará este nombre. .La c del descalzado
25.14 ni tendrás en tu c efa grande y efa
26.11 tu Dios te haya dado a ti y a tu c
26.13 he sacado lo consagrado de mi c, y
28.30 edificarás c, y no habitarás en ella
Jos. 2.1 y entraron en c de una ramera que se
2.3 saca a los hombres. .han entrado a tu c
2.12 la haréis vosotros con la c de mi padre
2.15 su c estaba en el muro de la ciudad
2.18 reunirás en tu c a tu padre y. .madre
2.19 saliere fuera de las puertas de tu c
2.19 mas cualquiera que se estuviere en c
6.17 vivirá, con todos los que estén en c
6.22 dijo. .Entrad en c de la mujer ramera
6.24 en el tesoro de la c de Jehová la plata
6.25 Josué salvó. .a Rahab. .la c de su padre
7.14 por sus c; y la c que Jehová tomare, se
7.18 su c por los varones, y fue tomado Acán
9.12 pan lo tomanos caliente de nuestras c
9.23 y saque el agua para la c de mi Dios
17.17 respondió a la c de José, a Efraín y
18.5 los de la c de José en el suyo al norte
20.6 el homicida podrá volver a su. .y a su c
21.45 promesas que. .había hecho a la c de
22.14 príncipe por cada c paterna de todas
22.14 cada uno de. .era jefe de la c de sus
24.15 pero yo y mi c serviremos a Jehová
24.17 Dios. .nos sacó. .de la c de servidumbre
Jue. 1.22 la c de José subió contra Bet-el
1.23 y la c de José puso espías en Bet-el
1.35 pero cuando la c de José cobró fuerzas
4.17 había paz entre Jabín. .y la c de Heber
6.8 Egipto, y os saqué de la c de servidumbre
6.15 pobre. .yo el menor en la c de mi padre
8.27 efod. .fue tropezadero a Gedeón y a su c
8.29 Jerobaal hijo de. .fue y habitó en su c
8.35 ni se. .agradecidos con la c de Jerobaal
9.1 Abimelec. .habló con. .la c del padre de
9.5 y viniendo a la c de su padre en Ofra
9.6 se juntaron. .con toda la c de Milo, y
9.16 actuado bien con Jerobaal y con su c
9.18 levantado hoy contra la c de mi padre
9.19 si. .procedido con Jerobaal y con su c
9.20 consuma. .la c de Milo, y. .la c de Milo
9.55 muerto a Abimelec, se fueron. .a su c
10.9 guerra contra Judá y. .la c de Efraín
11.2 no heredarás en la c de nuestro padre
11.7 ¿no me. .echasteis de la c de mi padre?
11.31 que saliere de las puertas de mi c a
11.34 volvió Jefté a Mizpa, a su c; y he aquí
12.1 dijeron a Jefté: ¿Por. .quemaremos tu c
14.15 te quememos a ti y a la c de tu padre
14.19 de enojo se volvió a la c de su padre
16.26 columnas sobre las que descansa la c
16.27 la c estaba llena de hombres y mujeres
16.29 columnas. .sobre. .que descansaba la c
16.30 y cayó la c sobre los principales, y
16.31 toda la c de su padre. .le sepultaron
17.4 la cual fue puesta en la c de Micaía
17.5 Micaía tuvo c de dioses, e hizo efod
17.8 este hombre partió. .vino a c de Micaía
17.10 Micaía le dijo: Quédate en mi c, y
17.12 al levita. .permaneció en la c de Micaía
18.2 éstos vinieron al. .hasta la c de Micaía
18.3 cuando estaban cerca de la c de Micaía
18.13 de allí. .vinieron hasta la c de Micaía
18.14 ¿no sabéis que en estas c hay efod y
18.15 la c del joven levita, en c de Micaía
18.18 entrando. .aquéllos en la c de Micaía
18.19 ¿es mejor que seas tú sacerdote en c
18.22 se habían alejado de la c de Micaía
18.22 en las c cercanas a la c de Micaía se
18.26 más fuertes. .volvió y regresó a su c
18.31 tiempo que la c de Dios estuvo en Silo
19.2 se fue de él a c de su padre, a Belén
19.3 ella le hizo entrar en la c de su padre
19.4 le detuvo su. .y quedó en su c tres días
19.9 levantaréis temprano. .y te irás a tu c
19.15 no hubo quien los acogiese en c para
19.18 ahora voy a la c de Jehová, y no hay

CASA *(Continúa)*

Jue. 19.18 voy a..y no hay quien me reciba en c
19.21 y los trajo a su c, y dio de comer a
19.22 rodearon la c, golpeando a la puerta
19.22 hablaron al..dueño de la c, diciendo
19.22 saca al hombre que ha entrado en tu c
19.23 salió a ellos el dueño de la c y les
19.23 ya que este hombre ha entrado en mi c
19.26 cayó delante de..la c de aquel hombre
19.27 y abrió las puertas de la c, y salió
19.27 tendida delante de la puerta de la c
19.29 y llegando a su c, tomó un cuchillo
20.5 rodearon contra mí la c por la noche
20.8 ni volverá ninguno de nosotros a su c
20.18 de Israel, y subieron a la c de Dios
20.26 y vinieron a la c de Dios; y lloraron
21.2 y vino el pueblo a la c de Dios, y se
Rt. 1.8 volveos cada una a la c de su madre
4.11 haga a la mujer que entra en tu c como
4.11 Lea, las cuales edificaron la c de Israel
4.12 y sea tu c como la c de Fares, el que
1 S. 1.7 hacía..cuando subía a la c de Jehová
1.19 y volvieron y fueron a su c en Ramá
1.24 destetado..lo trajo a la c de Jehová
2.11 Elcana se volvió a su c en Ramá; y el
2.20 Elí bendijo a..y se volvieron a su c
2.27 ¿no me manifesté..a la c de tu padre
2.27 ¿no..cuando estaban..en c de Faraón?
2.28 a la c de tu padre todas las ofrendas
2.30 había dicho que tu c y la c de tu padre
2.31 c de tu padre..no haya anciano en tu c
2.32 verás tu c humillada, mientras Dios
2.32 en ningún tiempo habrá anciano en tu c
2.33 los nacidos en tu c morirán en la edad
2.35 le edificaré c firme, y andará delante
2.36 el que hubiere quedado en tu c vendrá a
3.12 Elí..las cosas que he dicho sobre su c
3.13 y le mostraré que yo juzgaré su c para
3.14 a la c de Elí que la iniquidad de la c
3.15 y abrió las puertas de la c de Jehová
5.2 el arca..la metieron en la c de Dagón
6.7 haced volver sus becerros de detrás..a c
6.10 vacas..y encerraron en c sus becerros
7.1 el arca..la pusieron en c de Abinadab
7.2 c de Israel lamentaba en pos de Jehová
7.3 Samuel a toda la c de Israel, diciendo
7.17 volvía a Ramá, porque allí estaba su c
9.18 me enseñes dónde está la c del vidente
9.20 para ti y para toda la c de tu padre?
10.26 cada uno a su c. Saúl..se fue a su c
15.34 y Saúl subió a su c en Gabaa de Saúl
17.25 eximirá de tributos a la c de su padre
18.2 y no le dejó volver a c de su padre
18.10 Saúl, y él desvariaba en medio de la c
19.9 sentado en su c tenía una lanza a mano
19.11 envió luego mensajeros a c de David
20.15 no apartarás tu misericordia de mi c
20.15 nombre..sea quitado de la c de David
20.16 hizo Jonatán pacto con la c de David
21.15 loco..¿había de entrar éste en mi c?
22.1 cuando..la c de su padre lo supieron
22.11 envió por..Ahimelec..la c de su padre
22.14 a tus órdenes y es ilustre en tu c?
22.15 no culpe el rey a..ni a toda la c de
22.16 morirás, Ahimelec, tú y toda la c de
22.22 ocasionado la muerte a..c de tu padre
23.18 en Hores, y Jonatán se volvió a su c
24.21 ni borrarás mi nombre de la c de mi
24.22 y se fue Saúl a su c, y David y sus
25.1 Samuel..lo sepultaron en su c en Ramá
25.17 el mal está ya resuelto contra..su c
25.28 pues Jehová..hará c estable a mi señor
25.35 sube en paz a tu c, y..he oído tu voz
25.36 él tenía banquete en su c como..de rey
28.24 tenía en su c un ternero engordado
2 S. 1.12 ayunaron hasta..por la c de Israel
2.4 allí a David por rey sobre la c de Judá
2.7 de la c de Judá me han ungido por rey
2.10 los de la c de Judá siguieron a David
2.11 que David reinó en..sobre la c de Judá
3.1 larga guerra entre la c de Saúl y la c
3.1 David..la c de Saúl se iba debilitando
3.6 como había guerra entre la c de Saúl y
3.6 que Abner se esforzaba por la c de Saúl
3.8 misericordia con la c de Saúl tu padre
3.10 trasladando el reino de la c de Saúl
3.19 parecía bien..a toda la c de Benjamín
3.29 caiga sobre..Joab, y..la c de su padre
3.29 falte de la c de Joab quien padezca
4.5 entraron..calor del día en c de Is-boset
4.6 portera de la c había estado limpiando
4.6 Recab y Baana..se introdujeron en la c
4.7 cuando entraron en la c, Is-boset dormía
4.11 que mataron a un hombre justo en su c
5.8 dijo: Ciego ni cojo no entrará en la c
5.11 los cuales edificaron la c de David
6.3 y la llevaron de la c de Abinadab, que
6.4 cuando lo llevaban de la c de Abinadab
6.5 y David y toda la c de Israel danzaban
6.10 la hizo llevar David a c de Obed-edom
6.11 y estuvo el arca de..en c de Obed-edom
6.11 y bendijo..a Obed-edom y a toda su c
6.12 Jehová ha bendecido la c de Obed-edom
6.12 el arca..de c de Obed-edom a la ciudad
6.15 toda la c de Israel conducían el arca
6.19 se fue todo el pueblo, cada uno a su c
6.20 volvió luego David para bendecir su c
6.21 quien me eligió en preferencia a tu..c
7.1 que cuando ya el rey habitaba en su c
7.2 habito en c de cedro, y el arca de Dios
7.5 me has de edificar c en que yo more?
7.6 no he habitado en c desde el día en que
7.7 qué no me habéis edificado c de cedro?
7.11 Jehová te hace saber que él te hará c
7.13 edificará c a mi nombre, y yo afirmaré
7.16 afirmada tu c y tu reino para siempre
7.18 y qué es mi c, para que tú me hayas
7.19 has hablado de la c de tu siervo en lo
7.25 la palabra que has hablado sobre..su c
7.26 que la c de tu siervo David sea firme
7.27 diciendo: Yo te edificaré c. Por esto
7.29 ten..a bien bendecir la c de tu siervo
7.29 ahora..será bendita la c de tu siervo
9.1 quedado alguno de la c de Saúl, a quien
9.2 había un siervo de la c de Saúl..Siba
9.3 ¿no ha quedado nadie de la c de Saúl, a
9.4 está en c de Maquir hijo de Amiel, en
9.5 envió..le trajo de la c de Maquir hijo
9.9 todo lo que fue de Saúl y de toda su c
9.12 la familia de la c de Siba eran siervos
11.2 paseaba sobre el terrado de la c real
11.4 ella se purificó de..y se volvió a su c
11.8 desciende a tu c, y lava tus pies
11.8 saliendo Urías de la c del rey, le fue
11.9 durmió a la puerta de la c del rey con
11.9 Urías durmió a..y no descendió a su c
11.10 Urías no ha descendido a su c. Y dijo
11.10 ¿por qué, pues, no descendiste a tu c?
11.11 había yo de entrar en mi c para comer
11.13 y él salió a..mas no descendió a su c
11.27 envió David y la trajo a su c; y fue
12.8 te di la c de tu señor..la c de Israel
12.10 no se apartará jamás de tu c la espada
12.11 haré levantar el mal..de tu misma c
12.15 Natán se volvió a su c. Y Jehová hirió
12.17 y se levantaron los ancianos de su c
12.20 se levantó..y entró a la c de Jehová
12.20 vino a su c, y pidió, y le pusieron
13.7 a Tamar a su c..vé ahora a c de Amnón
13.8 fue Tamar a c de su hermano Amnón, el
13.20 quedó Tamar..c de Absalón su hermano
14.8 dijo..Vete a tu c, y yo daré órdenes
14.9 la maldad sea..sobre la c de mi padre
14.24 rey..Váyase a su c, y no vea mi rostro
14.24 y volvió Absalón a su c, y no vio el
14.31 se levantó Joab y vino a c de Absalón
15.16 diez mujeres..para que guardasen la c
15.35 lo que oyeres en la c del rey, se lo
16.3 me devolverá la c de Israel el reino
16.5 salía uno..de la c de Saúl, el cual se
16.8 pago de toda la sangre de la c de Saúl
16.21 que él dejó para guardar la c; y todo
17.18 llegaron a c de un hombre en Bahurim
17.19 tomando la mujer de la c una manta, la
17.20 llegando luego los..a la c de la mujer
17.23 se fue a su c..su c en orden, se ahorcó
19.5 Joab vino al rey en la c, y dijo: Hoy
19.11 en hacer volver el rey a su c, cuando
19.11 venido al rey..hacerle volver a su c?
19.17 venían..Siba, criado de la c de Saúl
19.20 el primero de toda la c de José, para
19.28 la c de mi padre era digna de muerte
19.30 que..el rey ha vuelto en paz a su c
19.39 el rey besó a Barzilai..volvió a su c
20.3 que llegó David a su c en Jerusalén
20.3 que había dejado para guardar la c, y
21.1 por aquella c de sangre, por cuanto
21.4 no..querella..con Saúl y con su c; ni
23.5 no es así mi c..con Dios; sin embargo
24.17 contra mí y contra la c de mi padre
1 R. 1.53 vino..Salomón le dijo: Vete a tu c
2.24 me ha hecho c, como me había dicho
2.27 había dicho sobre la c de Elí en Silo
2.31 y quita..de la c de mi padre la sangre
2.33 y sobre su c..habrá perpetuamente paz
2.34 fue sepultado en su c en el desierto
2.36 edifícate una c en Jerusalén y mora ahí
3.1 acababa..su c, y la c de Jehová, y los
3.2 porque no había c edificada al nombre de
3.17 morábamos en una misma c, yo di a luz
3.17 yo di a luz estando con ella en la c
3.18 ninguno..c, sino nosotras dos en la c
4.7 los cuales mantenían al rey y a su c
5.3 no pudo edificar c al nombre de Jehová
5.5 he determinado..edificar c al nombre de
5.5 tu hijo, a..él edificará c a mi nombre
5.14 viniendo..a estar..dos meses en sus c
5.17 piedra..para los cimientos de la c de
5.18 madera y la cantería para labrar la c
6.1 comenzó él a edificar la c de Jehová
6.2 la c..tenía 60 codos de largo y veinte
6.3 el pórtico..de la c tenía veinte codos
6.3 lo ancho de la c..ancho delante de la c
6.4 hizo a la c ventanas anchas por dentro
6.5 edificó también junto al muro de la c
6.5 contra las paredes de la c alrededor del
6.6 fuera había hecho disminuciones a la c
6.6 para no empotrar las vigas en..de la c
6.7 cuando se edificó la c, la fabricaron de
6.7 ni martillos ni hachas se oyeron en la c
6.8 la puerta del..al lado derecho de la c
6.9 labró..la c, y la terminó; y la cubrió
6.10 edificó..aposento alrededor de..la c
6.10 apoyaba en la c con maderas de cedro
6.12 con relación a esta c que tú edificas
6.14 así..Salomón labró la c y la terminó
6.15 cubrió las paredes de la c con..cedro
6.15 desde el suelo de la c hasta las vigas
6.16 hizo al final de la c un edificio de
6.16 así hizo en la c un aposento que es el
6.17 la c, esto es, el templo de adelante
6.18 c estaba cubierta de cedro por dentro
6.19 el lugar santísimo..en medio de la c
6.21 Salomón cubrió de oro..la c por dentro
6.22 cubrió..de oro..la c de arriba abajo
6.27 puso estos querubines dentro de la c
6.27 dos alas se tocaban..en medio de la c
6.29 y esculpió todas las paredes de la c
6.30 y cubrió de oro el piso de la c, por
6.37 año..se echaron los cimientos de la c
6.38 en el mes de Bul..fue acabada la c con
7.1 edificó..su propia c en trece años, y
7.2 edificó la c del bosque del Líbano, la
7.8 y la c en que él moraba, en otro atrio
7.8 c de hechura semejante a la del pórtico
7.12 de la c de Jehová, y el atrio de la c
7.39 puso cinco basas a derecha de la c, y
7.39 colocó el mar al lado derecho de la c
7.40,51 terminó toda la obra..c de Jehová
7.45 los utensilios que..para la c de Jehová
7.48 los enseres que pertenecían a la c de
7.50 los quiciales de las puertas de la c
7.51 depositó..en las tesorerías de la c de
8.6 arca..su lugar, en el santuario de la c
8.10 salieron..la nube llenó la c de Jehová
8.11 la gloria de Jehová había llenado la c
8.13 yo he edificado c por morada para ti
8.16 para edificar c en la cual estuviese mi
8.17 y David..tuvo en su corazón edificar c
8.18 haber tenido en tu corazón edificar c
8.19 tú no edificarás la c, sino tu hijo que
8.19 tu hijo que..él edificará c a mi nombre
8.20 he edificado la c al nombre de Jehová
8.27 ¿cuánto menos..c que yo he edificado?
8.29 estén tus ojos abiertos..sobre esta c
8.31 juramento delante de tu altar en esta c
8.33 y te rogaren y suplicaren en esta c
8.38 cuando..extendiere sus manos a esta c
8.42 el extranjero..viniere a orar a esta c
8.43 que tu nombre es invocado sobre esta c
8.44,48 rostro..hacia la c que yo edifiqué
8.63 así dedicaron..Israel la c de Jehová
8.64 del atrio..delante de la c de Jehová
9.1 acabado la..la c de Jehová, y la c real
9.3 santificado esta c que tú has edificado
9.7 esta c..yo la echaré de delante de mí
9.8 y esta c..cualquiera que pase por ella
9.8 ¿por qué ha hecho así Jehová..a esta c?
9.10 Salomón ya había edificado las dos c
9.10 edificado..la c de Jehová y la c real
9.15 edificar la c de Jehová, y su propia c
9.24 subió la hija de Faraón de la..a su c
9.25 altar..después que la c fue terminada
10.4 reina de Sabá vio..c que había edificado
10.5 sus holocaustos que ofrecía en la c de
10.12 hizo..balaustres para la c de Jehová
10.12 hizo..balaustres..para las c reales
10.17 los puso en la c del bosque del Líbano
10.21 toda la vajilla de la c del bosque del
11.18 Faraón..les dio c y le señaló alimentos
11.20 cual destetó Tahpenes en c de Faraón
11.20 estaba Genubat en c de Faraón entre
11.28 le encomendó..el cargo de la c de José
11.38 estaré contigo y..te edificaré c firme
12.16 Israel..¡Provee ahora en tu c, David!
12.19 así se apartó Israel de la c de David
12.20 tribu..que siguese la c de David, sino
12.21 Roboam..reunió a toda la c de Judá y
12.21 fin de hacer guerra a la c de Israel
12.23 habla a Roboam..y a toda la c de Judá
12.24 volveos cada uno a su c, porque esto
12.26 se volverá el reino de la c de David
12.27 ofrecer sacrificios en la c de Jehová
12.31 hizo también c..lugares altos, e hizo
13.2 a la c de David nacerá un hijo..Josías
13.7 rey dijo al varón de..Ven conmigo a c
13.8 aunque me dieras la mitad de tu c, no
13.15 le dijo: Ven conmigo a c, y come pan
13.18 tráele contigo a tu c, para que coma
13.19 volvió con él, y comió pan en su c
13.32 y contra todas las c de los lugares
13.34 causa de pecado a la c de Jeroboam
14.4 y fue a Silo, y vino a c de Ahías
14.8 rompí el reino de la c de David y te lo
14.10 yo traigo mal sobre la c de Jeroboam
14.10 y barreré la posteridad de la c de
14.12 levántate y vete a tu c; y al poner tu
14.13 ha hallado en él..en la c de Jeroboam
14.14 el cual destruirá la c de Jeroboam en
14.17 y entrando ella por el umbral de la c
14.26 tesoros de la c de Jehová..la c real
14.27 quienes custodiaban la puerta de la c

CASA ***(Continúa)***

1 R. 14.28 cuando el..entraba en la *c* de Jehová
15.15 metió en la *c* de Jehová lo..dedicado
15.18 los tesoros de la *c* de Jehová, y los
15.18 tomando Asa..los tesoros de la *c* real
15.27 Baasa..el cual era de la *c* de Isacar
15.29 reino, mató a toda la *c* de Jeroboam
16.3 yo barreré la..y la posteridad de su *c*
16.3 pondré su *c* como la *c* de Jeroboam hijo
16.7 la palabra..contra Baasa..contra su *c*
16.7 que fuese hecha como la *c* de Jeroboam
16.9 estando él..en *c* de Arsa su mayordomo
16.11 mató a toda la *c* de Baasa, sin dejar
16.12 exterminó Zimri a toda la *c* de Baasa
16.18 se metió en el palacio de la *c* real
16.18 y prendió fuego a la *c*..y así murió
17.15 comió él, y ella y su *c*, muchos días
17.17 cayó enfermo el hijo del ama de la *c*
17.20 a la viuda en cuya *c* estoy hospedado
17.23 lo trajo del aposento a la *c*, y lo dio
18.18 no he turbado a..sino tú y la *c* de tu
20.6 registrarán tu *c*, y las *c* de..siervos
20.31 oído de los reyes de la *c* de Israel
20.43 el rey..se fue a su *c* triste y enojado
21.2 dame tu viña para..está cercana a mi *c*
21.4 y vino Acab a su *c* triste y enojado
21.21 hasta el último varón de la *c* de Acab
21.22 y pondré tu *c* como la *c* de Jeroboam
21.22 y como la *c* de Baasa hijo de Ahías
21.29 en los días..traeré el mal sobre su *c*
22.17 no tienen..vuélvase cada uno a su *c*
22.39 la *c* de marfil que construyó, y todas
2 R. 1.2 cayó por la ventana..de la *c* que tenía
4.2 declárame qué tienes en *c*. Y ella dijo
4.2 tu sierva ninguna cosa tiene en *c*, sino
4.8 Eliseo..venía a la *c* de ella a comer
4.9 éste que siempre pasa por nuestra *c*, es
4.32 y venido Eliseo a la *c*, he aquí que el
4.35 volviéndose luego, se paseó por la *c*
5.9 se paró a las puertas de la *c* de Eliseo
5.24 lo tomó..de ellos, y lo guardó en la *c*
6.32 Eliseo estaba sentado en su *c*, y con él
7.9 entremos y demos la nueva en *c* del rey
8.1 vete tú y toda tu *c* a vivir donde puedas
8.3,5 para implorar al rey por su *c* y por sus
8.18,27 anduvo en el camino de..la *c* de Acab
8.27 como la *c* de Acab..era yerno de la *c* de
9.6 él se levantó, y entró en *c*; y el otro
9.7 herirás la *c* de Acab tu señor, para que
9.8 perecerá..la *c* de Acab, y destruiré de
9.9 la *c* de Acab como la *c* de Jeroboam hijo
9.9 y como la *c* de Baasa hijo de Ahías
9.27 huyó por el camino de la *c* del huerto
10.3 y pelead por la *c* de vuestro señor
10.10 que Jehová habló sobre la *c* de Acab
10.11 mató..de la *c* de Acab en Jezreel, a
10.12 llegó a una *c* de esquileo de pastores
10.14 los degollaron junto..la *c* de esquileo
10.30 e hiciste a la *c* de Acab conforme a
11.3 escondido en la *c* de Jehová seis años
11.4 y los metió consigo en la *c* de Jehová
11.4 juramentándolos en la *c* de Jehová
11.5 tendrá la guardia de la *c* del rey el
11.6 guardaréis la *c*..que no sea allanada
11.7 tendréis la guardia de la *c* de Jehová
11.10 los escudos..estaban en la *c* de Jehová
11.11 desde el lado derecho de la *c* hasta el
11.16 entran los de a caballo a la *c* del rey
11.18 puso guarnición sobre la *c* de Jehová
11.19 llevaron al rey desde la *c* de Jehová
11.19 vinieron..a la *c* del rey; y se sentó
11.20 Atalía muerta..junto a la *c* del rey
12.4 dinero..se suele traer a la *c* de Jehová
12.4 propia voluntad trae a la *c* de Jehová
12.9,13 dinero que se traía a la *c* de Jehová
12.11 a los que tenían a su cargo la *c* de
12.11 pagar a..maestros que reparaban la *c*
12.12 para reparar las grietas de la *c* de
12.12 todo lo que se gastaba en la *c* para
12.14 y con él reparaban la *c* de Jehová
12.16 el dinero por el..no se llevaba a la *c*
12.18 el oro..de la *c* de Jehová..la *c* del rey
12.20 conspiraron..y mataron a Joás en la *c*
13.6 de los pecados de la *c* de Jeroboam, el
14.10 gloríate pues, mas quédate en tu *c*
14.14 utensilios..hallados en la *c* de Jehová
14.14 y en los tesoros de la *c* del rey, y a
15.5 habitó en *c* separada, y Jotam hijo del
15.25 lo hirió..en el palacio de la *c* real
15.35 edificó él la puerta más alta de la *c*
16.8 el oro que se halló en la *c* de Jehová
16.8 y en los tesoros de la *c* real, envió al
16.14 en la parte delantera de la *c*, entre
16.18 el pórtico..habían edificado en la *c*
17.4 rey..le aprisionó en la *c* de la cárcel
17.21 separó a Israel de la *c* de David, y
18.15 plata que fue hallada en la *c* de Jehová
18.15 la plata..en los tesoros de la *c* real
19.1 de cilicio, y entró en la *c* de Jehová
19.14 subió a la *c* de Jehová, y las extendió
19.30 lo que hubiere quedado de la *c* de Judá
20.1 dice así: Ordena tu *c*, porque morirás
20.5 al tercer día subirás a la *c* de Jehová
20.8 subiré a la *c* de Jehová al tercer día?
20.13 y les mostró toda la *c* de sus tesoros
20.13 Ezequías..mostró..la *c* de sus armas
20.13 así en su *c* como en todos sus dominios
20.15 volvió a decir: ¿Qué vieron en tu *c*?
20.15 todo lo que había en mi *c*; nada quedó
20.17 todo lo que está en tu *c*..a Babilonia
21.4 edificó altares en la *c* de Jehová, de
21.5 altares..en los dos atrios de la *c* de
21.7 y puso una imagen de Asera..en la *c* de
21.7 yo pondré mi nombre..siempre en esta *c*
21.13 extenderé..la plomada de la *c* de Acab
21.18 y fue sepultado en el huerto de su *c*
21.23 conspiraron..y mataron al rey en su *c*
22.3 envió el rey a Safán..a la *c* de Jehová
22.4 recoja el dinero que han traído a la *c*
22.5 tienen a su cargo el arreglo de la *c*
22.5 la obra de la *c*..las grietas de la *c*
22.6 comprar madera y piedra..reparar la *c*
22.8 he hallado el libro de la ley en la *c*
22.9 su cargo el arreglo de la *c* de Jehová
23.2 subió el rey a la *c* de Jehová con todos
23.2,24 libro..hallado en la *c* de Jehová
23.6 sacar la imagen de..de la *c* de Jehová
23.7 los lugares de prostitución..en la *c* de
23.12 altares..en los dos atrios de la *c* de
23.19 las *c* de los lugares altos que..quitó
23.27 desecharé..*c* de la cual había yo dicho
24.13 todos los tesoros de la *c* de Jehová
24.13 y los tesoros de la *c* real, y rompió
24.13 hecho Salomón rey..en la *c* de Jehová
25.9 y quemó la *c* de Jehová, y la *c* del rey
25.9 las *c* de Jerusalén, y todas las *c* de los
25.13 quebraron..columnas..en la *c* de Jehová
25.13 el mar de bronce..en la *c* de Jehová
25.16 mar, y las basas..para la *c* de Jehová
1 Cr. 2.55 de Hamat padre de la *c* de Recab
4.38 *c* de sus padres fueron multiplicadas en
5.15 Ahí hijo de..fue principal en la *c* de
5.24(2) jefes de las *c* de sus padres
6.10 Azarías, el..tuvo el sacerdocio en la *c*
6.31 sobre el servicio de canto en la *c* de
6.32 hasta que..edificó la *c* de Jehová en
6.48 ministerio del tabernáculo de la *c* de
7.7 cinco jefes de *c* paternas, hombres de
7.23 cuanto había estado en aflicción en su *c*
8.6 estos los jefes de *c* paternas..en Geba
9.9 jefes de familia en sus *c* paternas
9.11 de Ahitob, príncipe de la *c* de Dios
9.13 sus hermanos, jefes de sus *c* paternas
9.13 eficaces en la..del ministerio en la *c*
9.19 y sus hermanos los..por la *c* de su padre
9.23 eran porteros..a las puertas de la *c* de
9.23 las puertas..y de la *c* del tabernáculo
9.26 a su cargo..los tesoros de la *c* de Dios
9.27 alrededor de la *c* de Dios..guardarla
10.6 y toda su *c* murió juntamente con él
12.28 Sadoc..con 22 de..de la *c* de su padre
12.29 se mantenían fieles a la *c* de Saúl
12.30 varones ilustres en las *c* de..padres
13.7 y llevaron el arca de Dios de la *c* de
13.12 ¿cómo he de traer a mi *c* el arca de
13.13 no trajo David el arca a su *c* en la
13.13 que la llevó a *c* de Obed-edom geteo
13.14 y el arca de Dios estuvo con..en su *c*
13.14 y bendijo Jehová la *c* de Obed-edom, y
14.1 madera de..para que le edificasen una *c*
15.1 hizo David..*c* para sí en la ciudad de
15.25 traer el arca del..de *c* de Obed-edom
16.43 todo el pueblo se fue cada uno a su *c*
16.43 y David se volvió para bendecir su *c*
17.1 morando David en su *c*, dijo David al
17.1 yo habito en *c* de cedro, y el arca del
17.4 tú no me edificarás *c* en que habite
17.5 no he habitado en *c* alguna desde el día
17.6 ¿por qué no me edificáis..*c* de cedro?
17.10 te hago saber..Jehová te edificará *c*
17.12 él me edificará *c*, y yo confirmaré su
17.14 lo confirmaré en mi *c* y en mi reino
17.16 yo, y cuál es mi *c*, para que me hayas
17.17 que has hablado de la *c* de tu siervo
17.23 hablado acerca de tu siervo y de su *c*
17.24 y sea la *c* de tu siervo David firme
17.25 a tu siervo que le has de edificar *c*
17.27 has querido bendecir la *c* de tu siervo
21.17 contra mí, y contra la *c* de mi padre
22.1 dijo David: Aquí estará la *c* de..Dios
22.2 que labrasen piedras para edificar la *c*
22.5 y la *c* que se ha de edificar a Jehová
22.6 le mandó que edificase *c* a Jehová Dios
22.8 no edificarás *c* a mi nombre, porque has
22.10 él edificará *c* a mi nombre, y él me
22.11 edifiques *c* a Jehová tu Dios, como él
22.14 he preparado para la *c* de Jehová..oro
22.19 para traer el arca del pacto..a la *c*
23.4 para dirigir la obra de la *c* de Jehová
23.24 trabajaban en el ministerio de la *c*
23.28 para ministrar en la *c* de Jehová, en
23.28 obra del ministerio de la *c* de Dios
23.32 en el ministerio de la *c* de Jehová
24.4 de Eleazar, 16 cabezas de *c* paternas
24.4 hijos de Itamar, por sus *c* paternas, 8
24.5 de Eleazar..príncipes de la *c* de Dios
24.6 delante de..los jefes de las *c* paternas
24.6 una *c* paterna para Eleazar, y otra para
24.19 para que entrasen en la *c* de Jehová
24.30 los levitas conforme a sus *c* paternas
24.31 de los jefes de las *c* paternas de los
25.6 en la música, en la *c* de Jehová, con
26.6 fueron señores sobre la *c* de sus padres
26.12 los porteros..servir en la *c* de Jehová
26.13 echaron suertes..según sus *c* paternas
26.15 y a sus hijos la *c* de provisiones del
26.17 a la *c* de provisiones de dos en dos
26.20 cargo de los tesoros de la *c* de Dios
26.21 los jefes de las *c* paternas de Laadán
26.22 cargo de..tesoros de la *c* de Jehová
26.26 David, y los jefes de las *c* paternas
26.27 botines, para reparar la *c* de Jehová
28.2 yo tenía el propósito de edificar una *c*
28.3 tú no edificarás *c* a mi nombre, porque
28.4 Jehová..me eligió de..la *c* de mi padre
28.4 y de la *c* de Judá a la familia de mi
28.6 Salomón..edificará mi *c* y mis atrios
28.10 para que edifiques *c* para el santuario
28.11 David dio..plano del templo y sus *c*
28.11 sus cámaras y la *c* del propiciatorio
28.12 el plano..para los atrios de la *c* de
28.12 para las tesorerías de la *c* de Dios
28.13 para toda la obra..de la *c* de Jehová
28.13 los utensilios del..de la *c* de Jehová
28.20 que acabes toda la obra..de la *c* de
28.21 todo el ministerio de la *c* de Dios
29.1 *c* no es para hombre, sino para..Dios
29.2 he preparado para la *c* de mi Dios, oro
29.3 tengo mi afecto en la *c* de mi Dios, yo
29.3 para la *c* del santuario..*c* de mi Dios
29.4 de plata..cubrir las paredes de las *c*
29.7 y dieron para el servicio de la *c* de
29.8 dio para el tesoro de la *c* de Jehová
29.16 para edificar *c* a tu santo nombre
29.19 y te edifique la *c* para la cual yo he
2 Cr. 2.1 *c* al nombre de Jehová, y *c* para su
2.3 cedros para que edificara para sí *c* en
2.4 edificar *c* al nombre de Jehová mi Dios
2.5 la *c* que tengo que edificar, ha de ser
2.6 mas ¿quién será capaz de edificarle *c*
2.6 ¿quién..soy yo, para que le edifique *c*
2.9 la *c* que tengo que edificar ha de ser
2.12 que edifique *c* a Jehová, y *c* para su
3.1 a edificar la *c* de Jehová en Jerusalén
3.3 medidas que dio Salomón..la *c* de Dios
3.4 el pórtico que..igual al ancho de la *c*
3.6 cubrió..la *c* de piedras preciosas para
3.7 así que cubrió la *c*, sus vigas..con oro
3.8 según el ancho del frente de la *c*, y su
3.11,12 ala..llegaba hasta la pared de la *c*
3.13 querubines..con los rostros hacia la *c*
3.15 delante de la *c* hizo dos columnas de
4.10 colocó el mar..hacia el sureste de la *c*
4.11 acabó Hiram la obra..para la *c* de Dios
4.16 todos sus enseres..para la *c* de Jehová
4.19 hizo..los utensilios para la *c* de Dios
4.22 oro..la entrada de la *c*, sus puertas
4.22 de oro..las puertas de la *c* del templo
5.1 acabada toda la obra..la *c* de Jehová
5.1 puso la..en los tesoros de la *c* de Dios
5.7 metieron el arca..el santuario de la *c*
5.13 *c* se llenó de una nube, la *c* de Jehová
5.14 la gloria..había llenado la *c* de Dios
6.2 he edificado una *c* de morada para ti, y
6.5 edificar *c* donde estuviese mi nombre
6.7 y David..tuvo en su corazón edificar *c*
6.8 deseo de edificar *c* a mi nombre, bien
6.9 tú no edificarás la *c*, sino tu hijo que
6.9 sino tu hijo..él edificará *c* a mi nombre
6.10 y he edificado *c* al nombre de Jehová
6.18 ¿cuánto menos esta *c* que he edificado?
6.20 tus ojos estén abiertos sobre esta *c*
6.22 viniere a jurar ante tu altar en esta *c*
6.24 si tu..rogare delante de ti en esta *c*
6.29 si extendiere sus manos hacia esta *c*
6.32 al extranjero que..orare hacia esta *c*
6.33 que tu nombre es invocado sobre esta *c*
6.34,38 oraren..hacia la *c* que he edificado
7.1 fuego..y la gloria de Jehová llenó la *c*
7.2 no podían entrar los..en la *c* de Jehová
7.2 la gloria..había llenado la *c* de Jehová
7.3 vieron..la gloria de Jehová sobre la *c*
7.5 así dedicaron la *c* de Dios el rey y
7.7 del atrio que estaba delante de la *c*
7.11 terminó..la *c* de Jehová, y la *c* del rey
7.11 en la *c* de Jehová..y en su propia *c*
7.12 y he elegido para mí este lugar por *c*
7.16 he..santificado esta *c*, para que esté
7.20 esta *c* que he santificado a mi nombre
7.21 esta *c* que es tan excelsa, será espanto
7.21 ¿por qué ha hecho así Jehová a..esta *c*?
8.1 edificado la *c* de Jehová y su propia *c*
8.11 la hija de Faraón a..la *c* que él había
8.11 mi mujer no morará en la *c* de David
8.16 que se pusieron los cimientos de la *c*
8.16 hasta que la *c* de Jehová fue acabada
9.3 viendo la reina..*c* que había edificado
9.4 escalinata por..subía a la *c* de Jehová
9.11 el rey hizo gradas en la *c* de Jehová
9.11 hizo gradas..en las *c* reales, y arpas
9.16 los puso el rey en la *c* del bosque del
9.20 toda la vajilla de la *c* del..de oro puro

CASA *(Continúa)*
2 Cr. 10.16 ¡David, mira ahora por tu *c!* Así se
10.19 así se apartó Israel de la *c* de David
11.1 vino Roboam..reunió de la *c* de Judá y
11.4 vuélvase cada uno a su *c*, porque yo he
12.9 tomó los tesoros de la *c* de Jehová, y
12.9 Sisac..tomó..tesoros de la *c* del rey
12.10 custodiaban la entrada de la *c* del rey
12.11 cuando el rey iba a la *c* de Jehová
15.18 trajo a la *c* de Dios lo que su padre
16.2 sacó Asa la..tesoros de la *c* de Jehová
16.2 sacó Asa la plata y el oro..de la *c* real
17.14 el número de ellos según sus *c* paternas
18.16 éstos..vuélvase cada uno en paz a su *c*
19.1 Josafat rey de..volvió en paz a su *c* en
19.11 Zebadías..príncipe de la *c* de Judá, en
20.5 Josafat se puso en pie..la *c* de Jehová
20.9 si..nos presentaremos delante de esta *c*
20.9 de ti (porque tu nombre está en esta *c)*
20.28 arpas y trompetas, a la *c* de Jehová
21.6 y anduvo en el..como hizo la *c* de Acab
21.7 Jehová no quiso destruir la *c* de David
21.13 fornicase..como fornicó la *c* de Acab
21.17 tomaron todos los bienes..la *c* del rey
22.3 anduvo en los caminos de la *c* de Acab
22.4 hizo, pues, lo malo..como la *c* de Acab
22.8 y haciendo juicio Jehú contra la *c* de
22.9 la *c* de Ocozías no tenía fuerzas para
22.10 Atalía..y exterminó..de la *c* de Judá
22.12 estuvo con ellos escondido en la *c* de
23.3 hizo pacto con el rey en la *c* de Dios
23.5 otra tercera parte, a la *c* del rey
23.5 el pueblo estará en los patios de la *c*
23.6 ninguno entre en la *c* de Jehová, sino
23.7 cualquiera que entre en la *c*, que muera
23.9 escudos..que estaban en la *c* de Dios
23.10 hacia el altar y la *c*, alrededor del
23.12 Atalía oyó..vino al pueblo a la *c* de
23.14 que no la matasen en la *c* de Jehová
23.15 hubo pasado la entrada..la *c* del rey
23.18 ordenó Joiada los oficios en la *c* de
23.18 los había distribuido en la *c* de Jehová
23.19 puso..porteros a las puertas de la *c*
23.20 conducir al rey desde la *c* de Jehová
23.20 de la puerta mayor de la *c* del rey
24.4 Joás decidió restaurar la *c* de Jehová
24.5 año sea reparada la *c* de vuestro Dios
24.7 Atalía..habían destruido la *c* de Dios
24.7 gastado..las cosas..de la *c* de Jehová
24.8 un arca..a la puerta de la *c* de Jehová
24.12 a los que hacían el trabajo..de la *c*
24.12 y carpinteros que reparasen la *c* de
24.12 y artífices en hierro..componer la *c*
24.13 la obra..y restituyeron la *c* de Dios
24.14 hicieron de él utensilios para la *c* de
24.14 sacrificaban..en la *c* de Jehová todos
24.16 cuanto había hecho bien con..y con su *c*
24.18 desampararon la *c* de Jehová el Dios
24.21 lo apedrearon..en el patio de la *c* de
24.27 la restauración de la *c* de Jehová, he
25.10 la gente..para que se fuesen a sus *c*
25.10 Judá, y volvieron a sus *c* encolerizados
25.19 tu corazón se..Quédate ahora en tu *c*
25.22 pero cayó Judá..huyó cada uno a su *c*
25.24 tomó todo el oro..la *c* de Dios en *c* de
25.24 tomó..los tesoros de la *c* del rey, y
26.19 la lepra le brotó..en la *c* de Jehová
26.21 habitó leproso en una *c* apartada, por
26.21 Uzías..fue excluido de la *c* de Jehová
26.21 Jotam su hijo tuvo cargo de la *c* real
27.3 edificó él la puerta mayor de la *c* de
28.21 que despojó Acaz la *c* de Jehová, y la
28.21 despojó Acaz..la *c* real, y las de los
28.24 recogió Acaz los utensilios de la *c* de
28.24 y cerró las puertas de la *c* de Jehová
29.3 abrió las puertas de la *c* de Jehová, y
29.5 santificad la *c* de Jehová el Dios de
29.15 entraron..para limpiar la *c* de Jehová
29.16 y entrando..dentro de la *c* de Jehová
29.16 sacaron..al atrio de la *c* de Jehová
29.17 santificaron la *c* de Jehová en 8 días
29.18 ya hemos limpiado toda la *c* de Jehová
29.20 rey Ezequías..subió a la *c* de Jehová
29.25 levitas en la *c* de Jehová con címbalos
29.31 presentad sacrificios..la *c* de Jehová
29.35 quedó restablecido el servicio de la *c*
30.1 viniesen..a la *c* de Jehová para celebrar
30.15 y trajeron los holocaustos a la *c* de
31.10 Azarías, de la *c* de Sadoc, le contestó
31.10 a traer las ofrendas a la *c* de Jehová
31.11 preparasen cámaras en la *c* de Jehová
31.13 de Azarías, príncipe de la *c* de Dios
31.16 a todos los que entraban en la *c* de
31.17 eran contados..según sus *c* paternas
31.21 emprendió en el servicio de la *c* de
33.4 edificó..altares en la *c* de Jehová, de
33.5 edificó..en los dos atrios de la *c* de
33.7 una imagen fundida..en la *c* de Dios, de
33.15 quitó los..el ídolo de la *c* de Jehová
33.15 quitó..en el monte de la *c* de Jehová
33.20 durmió Manasés..lo sepultaron en su *c*
33.24 y conspiraron..y lo mataron en su *c*
34.8 después de haber limpiado la..y la *c*
34.8 que reparasen la *c* de Jehová su Dios
34.9,14 el dinero..traído a la *c* de Jehová
34.10 que eran mayordomos en la *c* de Jehová
34.10 y trabajaban en la *c* de Jehová, para
34.15 el libro de la ley en la *c* de Jehová
34.17 dinero que se halló en la *c* de Jehová
34.30 subió el rey a la *c* de Jehová, y con
34.30 del libro..hallado en la *c* de Jehová
35.2 los confirmó en el..de la *c* de Jehová
35.3 poned el arca santa en la *c* que edificó
35.8 y Jehiel, oficiales de la *c* de Dios
35.20 luego de haber reparado Josías la *c*
35.21 sino contra la *c* que me hace guerra
36.7 llevó..los utensilios de la *c* de Jehová
36.10 objetos preciosos de la *c* de Jehová
36.14 contaminando la *c* de Jehová, la cual
36.17 mató a espada..en la *c* de su santuario
36.18 utensilios de la *c* de Dios..lo llevó a
36.18 tesoros de la *c* de Jehová..*c* del rey
36.19 y quemaron la *c* de Dios, y rompieron
36.23 me ha mandado que le edifique *c* en
Esd. 1.2 Jehová..ha mandado que le edifique *c*
1.3 y edifique la *c* a Jehová Dios de Israel
1.4 además de ofrendas..para la *c* de Dios
1.5 levantaron los jefes de las *c*..de Judá
1.5 subir a edificar la *c* de Jehová, la cual
1.7 sacó los utensilios de la *c* de Jehová
1.7 los había puesto en la *c* de sus dioses
2.36 los hijos de Jedaías, de la *c* de Jesúa
2.59 que no pudieron demostrar la *c* de sus
2.68 los jefes de *c* paternas, cuando vinieron
2.68 la *c* de Jehová que estaba en Jerusalén
2.68 ofrendas voluntarias para la *c* de Dios
3.8 su venida a la *c* de Dios en Jerusalén
3.8 que activasen la obra de la *c* de Jehová
3.9 los que hacían la obra en la *c* de Dios
3.11 porque se echaban los cimientos de la *c*
3.12 de los jefes de *c* paternas, ancianos
3.12 muchos..que habían visto la *c* primera
3.12 viendo echar los cimientos de esta *c*
4.2 vinieron a..a los jefes de *c* paternas
4.3 jefes de *c* paternas de Israel dijeron
4.3 edificar con vosotros *c* a nuestro Dios
4.24 entonces cesó la obra de la *c* de Dios
5.2 y comenzaron a reedificar la *c* de Dios
5.3 edificar esta *c* y levantar estos muros?
5.8 fuimos..a la *c* del gran Dios, la cual
5.9 ¿quién os dio orden para edificar esta *c*
5.11 y reedificamos la *c* que ya muchos años
5.12 el cual destruyó esta *c* y llevó cautivo
5.13 que esta *c* de Dios fuese reedificada
5.14 los utensilios de oro..de la *c* de Dios
5.15 sea reedificada la *c* de Dios en su lugar
5.16 y puso los cimientos de la *c* de Dios
5.17 búsquese en la *c* de los tesoros del rey
5.17 la orden para reedificar esta *c* de Dios
6.1 orden de buscar en la *c* de los archivos
6.3 rey Ciro dio orden acerca de la *c* de Dios
6.3 orden..para que fuese la *c* reedificada
6.5 los utensilios de oro..de la *c* de Dios
6.5 vayan a..y sean puestos en la *c* de Dios
6.7 dejad que se haga la obra de esa *c* de
6.7 reedifiquen esa *c* de Dios en su lugar
6.8 orden de..para reedificar esa *c* de Dios
6.11 le arranque un madero de su *c*, y alzado
6.11 sea colgado..y su *c* sea hecha muladar
6.12 su mano para..destruir esa *c* de Dios
6.15 *c* fue terminada el tercer día del mes
6.16 hicieron la dedicación de esta *c* de Dios
6.17 en la dedicación de esta *c* de Dios cien
6.22 fortalecer..en la obra de la *c* de Dios
7.16 ofrecieren para la *c* de su Dios, la cual
7.17 los ofrecerás sobre el altar de la *c* de
7.19 los utensilios..para..la *c* de tu Dios
7.20 y todo lo que se requiere para la *c* de
7.20 lo darás de la *c* de los tesoros del rey
7.23 sea hecho..para la *c* del Dios del cielo
7.24 a todos los..ministros de la *c* de Dios
7.27 honrar la *c* de..que está en Jerusalén
8.1 estos son los jefes de *c* paternas, y la
8.17 trajesen ministros para la *c* de..Dios
8.25 ofrenda que para la *c* de nuestro Dios
8.29 los jefes de las *c* paternas de Israel
8.29 guardadlos..en los aposentos de la *c* de
8.30 para traerlo..a la *c* de nuestro Dios
8.33 pesada la plata..en la *c* de nuestro Dios
8.36 ayudaron al pueblo y a la *c* de Dios
9.9 para levantar la *c* de ..Dios y restaurar
10.1 y postrándose delante de la *c* de Dios
10.6 se levantó..Esdras de delante de la *c*
10.9 se sentó..en la plaza de la *c* de Dios
10.16 jefes de *c* paternas según..*c* paternas
Neh. 1.6 yo y la *c* de mi padre hemos pecado
2.3 *c* de los sepulcros de mis padres, está
2.8 enmaderar..puertas del palacio de la *c*
2.8 para enmaderar..la *c* en que yo estaré
3.10 restauró..frente a su *c*, Jedaías hijo
3.16 restauró..hasta la *c* de los Valientes
3.20 hasta la puerta de la *c* de Eliasib sumo
3.21 desde la entrada de la *c* de Eliasib hasta
3.21 hasta el extremo de la *c* de Eliasib
3.23 restauraron Benjamín..frente a su *c*
3.23 restauró Azarías hijo de..cerca de su *c*
3.24 restauró Binúi..desde la *c* de Azarías
3.25 la torre alta que sale de la *c* del rey
3.28 restauraron..cada uno enfrente de su *c*
3.29 restauró Sadoc hijo..enfrente de su *c*
3.31 restauró Malquías..hasta la *c* de los
4.14 no temáis..y pelead por..por vuestras *c*
4.16 estaban los jefes de toda la *c* de Judá
5.3 hemos empeñado..*c*, para comprar grano
5.11 os ruego que les devolváis hoy..sus *c*
5.13 así sacuda Dios de su *c* y de su trabajo
6.10 vine.. a *c* de Semaías hijo de Delaía
6.10 reunámonos en la *c* de Dios, dentro del
7.3 señalé guardas..cada uno delante de su *c*
7.4 poco pueblo..y no había *c* reedificadas
7.39 sacerdotes: los..de la *c* de Jesúa, 973
7.61 no pudieron mostrar la *c* de sus padres
8.16 tabernáculos..en los patios de la *c* de
9.25 heredaron *c* llenas de todo bien..viñas
10.32 para la obra de la *c* de nuestro Dios
10.33 el servicio de la *c* de nuestro Dios
10.34 a la *c* de nuestro Dios, según las *c* de
10.35 cada año traeríamos a la *c* de Jehová
10.36 que traeríamos..a la *c* de nuestro Dios
10.36 a los..que ministran en la *c* de..Dios
10.37 a las cámaras de la *c* de nuestro Dios
10.38 llevarían el diezmo del diezmo a la *c*
10.38 a las cámaras de la *c* del tesoro
10.39 no abandonaremos la *c* de nuestro Dios
11.11 de Ahitob, príncipe de la *c* de Dios
11.12 los que hacían la obra de la *c*, 822
11.16 capataces de la obra exterior de la *c*
11.22 Asaf, cantores, sobre la obra de la *c*
12.29 de la *c* de Gilgal, y de los campos de
12.37 desde la *c* de David hasta la puerta de
12.40 llegaron..los dos coros a la *c* de Dios
13.7 una cámara en los atrios de la *c* de Dios
13.8 arrojé..los muebles de la *c* de Tobías
13.9 volver..los utensilios de la *c* de Dios
13.11 ¿por qué está la *c* de Dios abandonada?
13.14 misericordias que hice en la *c* de mi
Est. 1.8 mandado el rey a..mayordomos de su *c*
1.9 hizo banquete..la *c* real del rey Asuero
1.22 hombre afirmase su autoridad en su *c*
2.3 *c* de las mujeres, al cuidado de Hegai
2.8 Ester también fue llevada a la *c* del rey
2.9 le dio..siete doncellas..de la *c* del rey
2.9 llevó..lo mejor de la *c* de las mujeres
2.11 se paseaba delante del patio de la *c* de
2.13 para venir..desde la *c* de las mujeres
2.13 ataviada con ello..hasta la *c* del rey
2.14 volvía a la *c* segunda de las mujeres
2.16 fue..llevada al rey Asuero a su *c* real
4.13 que escaparás en la *c* del rey más que
4.14 mas tú y la *c* de tu padre pereceréis
5.1 en el patio interior de la *c* del rey
5.10 pero se refrenó Amán y vino a su *c*, y
6.4 Amán había venido al patio..de la *c* real
6.12 y Amán se dio prisa para irse a su *c*
7.8 también violar a la reina en mi propia *c?*
7.9 he aquí en *c* de Amán la horca..que hizo
8.1 el rey Asuero dio a..Ester la *c* de Amán
8.2 y Ester puso a Mardoqueo sobre la *c* de
8.7 yo he dado a Ester la *c* de Amán, y a él
9.4 Mardoqueo era grande en la *c* del rey, y
Job 1.4 sus hijos y hacían banquetes en sus *c*
1.10 ¿no le has cercado..a él y a su *c* y a
1.13 que sus hijos..bebían vino en *c* de su
1.18 y bebiendo vino en *c* de su hermano el
1.19 y azotó las cuatro esquinas de la *c*, la
3.15 o con los..que llenaban de plata sus *c*
4.19 ¡cuánto más en los que habitan en *c* de
7.10 no volverá más a su *c*, ni su lugar le
8.15 apoyará él en su *c*, mas no permanecerá
11.14 y no..que more en tu *c* la injusticia
15.28 habitó..*c* inhabitadas, que estaban en
17.13 si yo espero, el Seol es mi *c;* haré mi
19.15 los moradores de mi *c* y mis criadas me
20.19 por cuanto..robó *c*, y no las edificó
20.28 renuevos de su *c* serán transportados
21.9 sus *c* están a salvo de temor, ni viene
21.21 ¿qué deleite tendrá él de su *c* después
21.28 decís: ¿Qué hay de la *c* del príncipe
22.18 les había colmado de bienes sus *c*. Pero
24.16 en las tinieblas minan las *c* que de día
27.18 edificó su *c* como la polilla, y como
30.23 y a la *c* determinada a todo viviente
38.20 para que..entiendas las sendas de su *c?*
39.6 al cual yo puse *c* en la soledad, y sus
42.11 todos..comieron con él pan en su *c*, y
Sal. 5.7 por..tu misericordia entraré en tu *c*
23.6 en la *c* de Jehová moraré por largos días
26.8 Jehová, la habitación de tu *c* he amado
27.4 que esté yo en la *c* de Jehová todos los
30 *tít.* cantado en la dedicación de la *C*
36.8 serán..saciados de la grosura de tu *c*
42.4 de cómo..la conduje hasta la *c* de Dios
45.10 olvida tu pueblo, y la *c* de tu padre
49.11 pensamiento es que sus *c* serán eternas
49.16 no..cuando aumenta la gloria de su *c*
50.9 no tomaré de tu *c* becerros, ni machos
52 *tít.* David ha venido a *c* de Ahimelec
52.8 estoy como olivo verde en la *c* de Dios
55.14 andábamos en amistad en la *c* de Dios
59 *tít.* David..vigilaron la *c* para matarlo
65.4 seremos saciados del bien de tu *c*, de
66.13 entraré en tu *c* con holocaustos; te

CASA *(Continúa)*

Sal. 68.12 y las que se quedaban en c repartían
69.9 porque me consumió el celo de tu c, y
84.3 gorrión halla c, y la golondrina nido
84.4 bienaventurados los que habitan en tu c
84.10 estar a la puerta de la c de mi Dios
92.13 plantados en la c de Jehová, en los
93.5 la santidad conviene a tu c, oh Jehová
98.3 misericordia. . para con la c de Israel
101.2 integridad. . andaré en medio de mi c
101.7 no habitará dentro de mi c el. . fraude
104.17 en las hayas hace su c la cigüeña
105.21 lo puso por señor de su c. . gobernador
112.3 bienes y riquezas hay en su c, y su
114.1 cuando salió. . la c de Jacob del pueblo
115.10 c de Aarón, confiad en Jehová; él es
115.12 bendecirá. . c de Israel. . c de Aarón
116.19 en los atrios de la c de Jehová, en
118.3 diga. . la c de Aarón, que para siempre
118.26 desde la c de Jehová os bendecimos
119.54 en la c en donde fui extranjero
122.1 que me decían: A la c de Jehová iremos
122.5 allá están. . los tronos de la c de David
122.9 amor a la c de Jehová buscaré tu bien
127.1 si Jehová no edificare la c, en vano
128.3 que lleva fruto a los lados de tu c
132.3 no entraré en la morada de mi c, ni
134.1 los que en la c de Jehová estáis por
135.2 los que estáis en la c de Jehová, en
135.2 en los atrios de la c de nuestro Dios
135.19 c de Israel, bendecid a. . c de Aarón
135.20 c de Leví, bendecid a Jehová; los que
Pr. 1.13 llenaremos nuestras c de despojos
2.18 su c está inclinada a la muerte, y sus
3.33 maldición de Jehová. . en la c del impío
5.8 y no te acerques a la puerta de su c
5.10 y tus trabajos estén en c del extraño
6.31 veces; entregará todo el haber de su c
7.6 mirando yo por la ventana de mi c, por
7.8 pasaba por. . iba camino a la c de ella
7.11 rencillosa. . pies no pueden estar en c
7.19 el marido no está en c; se ha ido a un
7.20 llevó. . el día señalado volverá a su c
7.27 camino al Seol es su c, que conduce a
9.1 la sabiduría edificó su c, labró sus 7
9.14 se sienta. . a la puerta de su c, en los
11.29 el que turba su c heredará viento
12.7 la c de los justos permanecerá firme
14.1 mujer sabia edifica su c; mas la necia
14.11 la c de los impíos será asolada; pero
15.6 en la c del justo hay gran provisión
15.25 Jehová asolará la c de los soberbios
15.27 alborota su c el codicioso; mas el que
17.1 que c de contiendas llena de provisiones
17.13 da mal. . no se apartará el mal de su c
19.14 la c y las riquezas son herencia de los
21.9 que con mujer rencillosa en c espaciosa
21.12 considera el justo la c del impío
21.20 tesoro precioso. . hay en la c del sabio
24.3 con sabiduría se edificará la c, y con
24.27 tus labores. . y después edificarás tu c
25.17 detén tu pie de la c de tu vecino, no
25.24 que con mujer rencillosa en c espaciosa
27.10 ni vayas a la c de tu hermano en el
27.27 de leche. . para mantenimiento de tu c
30.26 los conejos. . ponen su c en la piedra
31.27 considera los caminos de su c, y no
Ec. 2.4 edifiqué para mí c, planté para mí
2.7 tuve siervos nacidos en c; también tuve
5.1 cuando fueres a la c de Dios, guarda tu
7.2 mejor es ir a la c del luto que a la c
7.4 corazón de los sabios está en la c del
7.4 los insensatos, en la c en que. . alegría
10.18 por la flojedad de las. . se llueve la c
12.3 cuando temblarán los guardas de la c
Cnt. 1.17 las vigas de nuestra c son de cedro
2.4 llevó a la c del banquete, y su bandera
3.4 hasta que lo metí en c de mi madre, y
8.2 te llevaría, te metería en c de mi madre
8.7 todos los bienes de su c por este amor
Is. 2.2 que será confirmado el monte de la c
2.3 y subamos al. . a la c de Dios de Jacob
2.5 venid, oh c de Jacob, y caminaremos a
2.6 tú has dejado tu pueblo, la c de Jacob
3.7 en mi c ni hay pan, ni qué vestir; no me
3.14 el despojo del pobre está en vuestras c
5.7 la viña de Jehová de. . es la c de Israel
5.8 ¡ay de los que juntan c a c, y añaden
5.9 que las muchas c han de quedar asoladas
6.4 la voz del que clamaba, y la c se llenó
6.11 y no haya hombre en las c, y la tierra
7.2 vino la nueva a la c de David, diciendo
7.13 dijo entonces Isaías: Oíd. . c de David
7.17 hará venir sobre ti. . la c de tu padre
8.14 a las dos c de Israel, por piedra para
8.17 escondió su rostro de la c de Jacob, y
10.20 los que hayan quedado de la c de Jacob
13.16 sus c serán saqueadas, y violadas sus
13.21 fieras. . y sus c se llenarán de hurones
13.22 aullarán hienas. . en sus c de deleite
14.2 la c de Israel los poseerá por siervos
22.8 y miraste en aquel día hacia la c de
22.10 y contasteis las c de Jerusalén, y
22.10 derribasteis c para fortificar el muro
22.18 rodar. . oh vergüenza de la c de tu señor
22.21 será padre al morador. . a la c de Judá
22.22 pondré la llave de la c de David sobre
22.23 y será por asiento de honra a la c de
22.24 colgarán de él toda la honra de la c
23.1 destruida es Tiro hasta no quedar c, ni
24.10 toda c se ha cerrado, para que no entre
29.22 Jehová. . dice así a la c de Jacob: No
31.2 levantará. . contra la c de los malignos
32.13 sobre todas las c en que hay alegría
33.18 que pone en lista las c más insignes?
37.1 el rey Ezequías. . vino a la c de Jehová
37.14 subió a la c de Jehová, y las extendió
37.31 lo que hubiere quedado de la c de Judá
38.1 dice así: Ordena tu c, porque morirás
38.20 cantaremos nuestros cánticos en la c
38.22 ¿qué señal tendré de que subiré a la c
39.2 mostró la c de su tesoro. . c de armas
39.2 no hubo cosa en su c. . que Ezequías no
39.4 dijo entonces: ¿Qué han visto en tu c?
39.4 todo lo que hay en mi c han visto, y
39.6 será llevado. . todo lo que hay en tu c
42.7 y de c de prisión a los que moran en
44.13 lo hace en forma de. . para tenerlo en c
46.3 oídme, oh c de Jacob, y. . la c de Israel
48.1 oíd esto, c de Jacob, que os llamáis
56.5 yo les daré lugar en mi c y dentro de
56.7 llevaré. . los recrearé en mi c de oración
56.7 c será llamada c de oración para todos
58.1 rebelión, y a la c de Jacob su pecado
58.7 y a los pobres errantes albergues en c
60.7 altar, y glorificaré la c de mi gloria
63.7 de sus beneficios hacia la c de Israel
64.11 la c de nuestro santuario y de nuestra
65.21 edificarán c, y morarán en. . plantarán
66.1 ¿dónde. . la c que me habréis de edificar
66.20 ofrenda en utensilios limpios a la c de
Jer. 2.4 oíd. . c de Jacob, y. . de la c de Israel
2.26 así avergonzará la c de Israel, ellos
3.18 irán de la c de Judá a la c de Israel
3.20 así prevaricasteis contra mí, oh c de
5.7 en c de rameras se juntaron en compañías
5.11 contra mí la c de Israel y las c de Judá
5.15 traigo. . gente de lejos, oh c de Israel
5.20 anunciad esto en la c de Jacob. . Judá
5.27 así están sus c llenas de engaño; así
6.12 y sus c serán traspasadas a otros, sus
7.2 ponte a la puerta de la c de Jehová, y
7.10 en esta c sobre la cual es invocado mi
7.11 ¿es cueva de ladrones. . esta c sobre la
7.14 haré también a esta c sobre la cual es
7.30 pusieron sus abominaciones en la c
9.26 toda la c de Israel es incircuncisa de
10.1 hablado sobre vosotros, oh c de Israel
11.10 c de Israel y la c de Judá invalidaron
11.15 ¿qué derecho tiene mi amada en mi c
11.17 la maldad que la c de Israel y la c de
12.6 aun tus hermanos y la c de tu padre
12.7 he dejado mi c, desamparé mi heredad
12.14 arrancaré de en medio. . a la c de Judá
13.11 hice juntar a mí toda la c de Israel
13.11 y toda la c de Judá, dice Jehová, para
16.5 así. . No entres en c de luto, ni vayas a
16.8 asimismo no entres en c de banquete
17.22 ni saquéis carga de vuestras c en el
17.26 trayendo sacrificio. . a la c de Jehová
18.2 vete a c del alfarero, y allí te haré
18.3 y descendí a c del alfarero, y he aquí
18.6 ¿no podré yo hacer de vosotros. . oh c de
18.6 así sois vosotros en. . oh c de Israel
18.22 óigase clamor de sus c, cuando traigas
19.13 c de Jerusalén, y las c de los reyes
19.13 por todas las c sobre cuyos tejados
19.14 se paró en el atrio de la c de Jehová
20.1 Pasur. . como príncipe en la c de Jehová
20.2 en la puerta. . conducía a la c de Jehová
20.6 tú, Pasur. . los moradores de tu c iréis
21.11 y a la c del rey de Judá dirás: Oíd
21.12 c de David, así dijo Jehová: Haced de
22.1 desciende a la c del rey. . y habla allí
22.4 en caballos por las puertas de esta c
22.5 dice Jehová, que esta c será desierta
22.6 ha dicho Jehová acerca de la c del rey
22.13 ¡ay del que edifica su c sin justicia
22.14 dice: Edificaré para mí c espaciosa
23.8 trajo la descendencia de la c de Israel
23.11 impíos; aun en mi c hallé su maldad
23.34 yo enviaré castigo sobre. . y sobre su c
26.2 ponte en el atrio de la c de Jehová, y
26.2 vienen para adorar en la c de Jehová
26.6 pondré esta c como Silo, y esta ciudad
26.7 oyeron. . hablar estas palabras en la c
26.9 esta c será como Silo, y esta ciudad
26.9 pueblo se juntó contra Jeremías en la c
26.10 y subieron de la c del rey a la c de
26.10 de la puerta nueva de la c de Jehová
26.12 me envió a profetizar contra esta c
26.18 monte de la c como cumbres de bosque
27.16 utensilios de la c de Jehová volverán
27.18,21 en la c de Jehová y en la c del rey
28.1 Hananías. . me habló en la c de Jehová
28.3 haré volver. . los utensilios de la c de
28.5 el pueblo que estaba en la c de Jehová
28.6 que los utensilios de la c. . devueltos
29.5 edificad c, y habitadlas; y plantad
29.26 que te encargues en la c de Jehová de
29.28 largo será el cautiverio: edificad c
31.27 en qué sembraré la c de Israel y la c
31.31 pacto con la c de Israel y. . c de Judá
31.33 el pacto que haré con la c de Israel
32.2 el patio de la cárcel. . en la c del rey
32.15 aún se comprarán c, heredades y viñas
32.29 las c sobre cuyas azoteas ofrecieron
32.34 pusieron sus abominaciones en la c en
33.4 de las c de esta ciudad. . c de los reyes
33.11 de los que traigan ofrendas. . a la c de
33.14 he hablado a la c de Israel y a la c
33.17 que se siente sobre el trono de la c de
34.13 que los saqué de. . de c de servidumbre
34.15 la c en la cual es invocado mi nombre
35.2 vé a c de los recabitas. . la c de Jehová
35.4 los llevé a la c de Jehová, al aposento
35.7 ni edificaréis c, ni sembraréis. . viña
35.9 y de no edificar c para nuestra morada
36.3 quizá oiga la c de Judá todo el mal que
36.5 ha prohibido entrar en la c de Jehová
36.6 y lee de este rollo. . en la c de Jehová
36.8 las palabras de Jehová en la c de Jehová
36.10 Baruc leyó en el. . en la c de Jehová
36.10 leyó. . a la entrada. . de la c de Jehová
36.12 descendió a la c del rey, al aposento
36.22 el rey estaba en la c de invierno en
37.15 y le pusieron en prisión en la c del
37.16 Jeremías en la c de la cisterna, y en
37.17 preguntó el rey secretamente en su c
37.20 y no me hagas volver a c del escriba
38.7 oyendo Ebed-melec. . eunuco de la c real
38.8 salió de la c del rey y habló al rey
38.11 y entró a la c del rey debajo de la
38.14 la tercera entrada de la c de Jehová
38.17 tu alma vivirá. . y vivirás tú y tu c
38.22 que han quedado en c del rey de Judá
38.26 que no me hiciese volver a c de Jonatán
39.8 pusieron a fuego la c del rey y las c
39.14 para que lo sacase a c; y vivió entre
41.5 incienso para llevar a la c de Jehová
43.9 a la puerta de la c de Faraón en Tafnes
48.13 la c de Israel se avergonzó de Bet-el
49.27 fuego. . y consumirá las c de Ben-adad
51.30 incendiadas están sus c, rotos sus
51.51 vinieron extranjeros. . la c de Jehová
52.13 quemó la c de Jehová, y las c del rey
52.13 quemó la. . y todas las c de Jerusalén
52.17 las columnas. . que estaban en la c de
52.17 el mar de bronce que estaba en la c de
52.20 había hecho el rey. . en la c de Jehová
Lm. 2.7 resonar su voz en la c de Jehová como
5.2 a extranjeros, nuestras c a forasteros
Ez. 2.5 no escucharen, porque son una c rebelde
2.6 ni temas delante de. . porque son c rebelde
2.8 no seas rebelde como la c rebelde; abre
3.1 come este rollo y habla a la c de Israel
3.4 vé y entra a la c de Israel, y habla a
3.5 no eres enviado a. . sino a la c de Israel
3.7 la c de Israel no te querrá oir, porque
3.7 toda la c de Israel es dura de frente y
3.9 ni tengas miedo. . porque son c rebelde
3.17 he puesto por atalaya a la c de Israel
3.24 dijo: Entra, y enciérrate dentro de tu c
3.26 estarás mudo, y. . porque son c rebelde
3.27 no quiera oir, no oiga. . c rebelde son
4.3 y la sitiarás. Es señal a la c de Israel
4.4 y pondrás sobre él la maldad de la c de
4.5 llevarás tú la maldad de la c de Israel
4.6 y llevarás la maldad de la c de Judá 40
5.4 saldrá el fuego a toda la c de Israel
6.11 grandes abominaciones de la c de Israel
7.24 más perversos. . poseerán las c de ellos
8.1 sentado en mi c, y los ancianos de Judá
8.6 abominaciones que la c de Israel hace
8.10 los ídolos de la c de Israel. . pintados
8.11 varones de. . ancianos de la c de Israel
8.12 que los ancianos de la c de Israel hacen
8.14 a la puerta de la c de Jehová, que está
8.16 y me llevó al atrio. . de la c de Jehová
8.17 es cosa liviana para la c de Judá hacer
9.3 la gloria. . se elevó. . al umbral de la c
9.7 contaminad la c, y llenad los atrios de
9.9 la maldad de la c de Israel y de Judá es
10.3 querubines estaban a. . derecha de la c
10.4 y la c fue llena de la nube, y el atrio
10.18 gloria. . se elevó. . del umbral de la c
10.19 de la puerta oriental de la c de Jehová
11.1 me llevó por la puerta oriental de la c
11.3 dicen: No será. . pronto; edifiquemos c
11.5 así habéis hablado, oh c de Israel, y
11.15 y toda la c de Israel, toda ella son
12.2 tú habitas en medio de c rebelde, los
12.2 no ven. . y no oyen, porque son c rebelde
12.3 tal vez atienden, porque son c rebelde
12.6 por señal te he dado a la c de Israel
12.9 te ha dicho la c de Israel. . c rebelde
12.10 se refiere. . a toda la c de Israel que
12.24 lisonjeros en medio de la c de Israel
12.25 oh c rebelde, hablaré. . y la cumpliré
12.27 los de la c de Israel dicen: La visión
13.5 muro alrededor de la c de Israel, para
13.9 ni serán inscritos en el libro de la c

CASA *(Continúa)*
Ez. 14.4 cualquier hombre de la *c* de Israel que
14.5 tomar a la *c* de Israel por el corazón
14.6 a la *c* de Israel. . Convertíos, y volveos
14.7 cualquier hombre de la *c* de Israel, y de
14.11 para que la *c* de Israel no se desvíe
16.41 quemarán tus *c* a fuego, y harán en ti
17.2 y compón una parábola a la *c* de Israel
17.12 dí ahora a la *c* rebelde: ¿No habéis
18.6,15 alzare. . ojos a los ídolos de la *c* de
18.25 *c* de Israel: ¿No es recto mi camino?
18.29 dijere la *c* de Israel: No es recto el
18.29 son rectos mis caminos, *c* de Israel?
18.30 os juzgaré a cada uno. . oh *c* de Israel
18.31 nuevo. ¿Por qué moriréis, *c* de Israel?
20.5 para jurar a la descendencia de la *c* de
20.13 se rebeló contra mí la *c* de Israel en
20.27 habla a la *c* de Israel y, diles: Así
20.30 a la *c* de Israel: Así ha dicho Jehová
20.31 ¿y he de responderos yo, *c* de Israel?
20.39 y a vosotros, oh *c* de Israel, así ha
20.40 allí me servirá toda la *c* de Israel
20.44 y sabréis que yo soy Jehová. . oh *c* de
22.18 la *c* de Israel se me ha convertido en
23.39 he aquí, así hicieron en medio de mi *c*
23.47 matarán. . y sus *c* consumirán con fuego
24.3 y habla por parábola a la *c* rebelde, y
24.21 a la *c* de Israel: Así ha dicho Jehová
25.3 y llevada en cautiverio la *c* de Judá
25.8 he aquí la *c* de Judá es como todas las
25.12 hizo Edom, tomando venganza de la *c*
26.12 tus *c* preciosas destruirán; y pondrán
27.14 los de la *c* de Togarma, con caballos
28.24 nunca más será a la *c* de Israel espina
28.25 cuando recoja a la *c* de Israel de los
28.26 y edificarán *c*, y plantarán viñas, y
29.6 fueron báculo de caña a la *c* de Israel
29.16 no será ya. . para la *c* de Israel apoyo
29.21 haré retoñar el poder de la *c* de Israel
33.7 he puesto por atalaya a la *c* de Israel
33.10 dí a la *c* de Israel: Vosotros habéis
33.11 ¿por qué moriréis, oh *c* de Israel?
33.20 os juzgaré, oh *c* de Israel, a cada uno
33.30 mofan de ti junto a las paredes. . las *c*
34.30 y ellos son mi pueblo, las *c* de Israel
35.15 te alegraste sobre. . de la *c* de Israel
36.10 haré multiplicar. . toda la *c* de Israel
36.17 mientras la *c* de Israel moraba en su
36.21 nombre profanado por la *c* de Israel
36.22 a la *c* de Israel: Así ha dicho Jehová
36.22 no lo hago por vosotros, oh *c* de Israel
36.32 cubríos de confusión por. . *c* de Israel
36.37 aún seré solicitado por la *c* de Israel
37.11 todos estos huesos son la *c* de Israel
37.16 toda la *c* de Israel sus compañeros
38.6 la *c* de Togarma, de los confines del
39.12 la *c* de Israel los estará enterrando
39.22 sabrá la *c* de Israel que yo soy Jehová
39.23 que la *c* de Israel fue llevada cautiva
39.25 tendré misericordia de. . la *c* de Israel
39.29 derramado de mi Espíritu sobre la *c*
40.4 cuenta todo lo que ves a la *c* de Israel
40.5 y he aquí un muro fuera de la *c*; y la
40.47 midió. . el altar estaba delante de la *c*
41.5 el muro de la *c*. . de en torno de la *c*
41.6 modillones en la pared de la *c*, sobre
41.6 que no estribasen en la pared de la *c*
41.7 la escalera de caracol de la *c* subía
41.7 muy alto alrededor por dentro de la *c*
41.7 tanto, la *c* tenía más anchura arriba
41.8 miré la altura de la *c* alrededor; los
41.9 al espacio. . de las cámaras de la *c* por
41.10 por todos lados alrededor de la *c*
41.13 luego midió la *c*, cien codos de largo
41.14 ancho del frente de la *c*. . cien codos
41.17 hasta la *c* de adentro, y afuera de ella
41.19 un rostro de. . por toda la *c* alrededor
41.26 así eran las cámaras de la *c* y los
42.15 y luego que acabó las medidas de la *c*
43.4 la gloria de Jehová entró en la *c* por
43.5 aquí que la gloria de Jehová llenó la *c*
43.6 y oí uno que me hablaba desde la *c*
43.7 nunca más profanará la *c* de Israel mi
43.10 hijo. . muestra a la *c* de Israel esta *c*
43.11 hazles entender el diseño de la *c*, su
43.12(2) esta es la ley de la *c*
43.21 lo quemarás conforme a la ley de la *c*
44.4 me llevó. . por delante de la *c*; y miré
44.4 la gloria. . había llenado la *c* de Jehová
44.5 todas las ordenanzas de la *c* de Jehová
44.5 pon atención a las entradas de la *c*, y
44.6 dirás. . a la *c* de Israel: Así ha dicho
44.6 basta ya de todas. . abominaciones, oh *c*
44.7 traer. . incircuncisos. . contaminar mi *c*
44.11 porteros. . de la *c* y sirvientes en la *c*
44.12 fueron a la *c* de Israel. . tropezadero
44.14 por guardas encargados. . de la *c* para
44.17 cuando ministren en las. . dentro de la *c*
44.22 tomará virgen del linaje. . *c* de Israel
44.30 que repose la bendición en vuestras *c*
45.4 y servirá de lugar para sus *c*, y como
45.5 será para los levitas ministros de la *c*
45.6 delante. . será para toda la *c* de Israel
45.8 la tierra a la *c* de Israel conforme a
45.17 en todas las fiestas de la *c* de Israel
45.17 para hacer expiación por la *c* de Israel
45.19 y pondrá sobre los postes de la *c*, y
45.20 séptimo día. . harás expiación por la *c*
46.24 donde los servidores de la *c* cocerán
47.1 hizo volver luego a la entrada de la *c*
47.1 aguas que salían de debajo del. . de la *c*
47.1 la fachada de la *c* estaba al oriente
47.1 hacia el lado derecho de la *c*, al sur
48.21 el santuario de la *c* estará en medio
Dn. 1.2 y parte de los utensilios de la *c* de
1.2 los trajo. . a la *c* de su dios, y colocó
1.2 colocó los utensilios en la *c* del. . dios
2.5 y vuestras *c*. . convertidas en muladares
2.17 fue Daniel a su *c* e hizo saber lo que
3.29 su *c* convertida en muladar; por cuanto
4.4 estaba tranquilo en mi *c*, y floreciente
4.30 yo edifiqué para *c* real con la fuerza
5.3 que habían traído del templo de la *c* de
5.23 traer delante de ti los vasos de su *c*
6.10 entró en su *c*, y abiertas las ventanas
Os. 1.4 yo castigaré a la *c* de Jehú por causa
1.4 y haré cesar el reino de la *c* de Israel
1.6 no me compadeceré más de la *c* de Israel
1.7 mas de la *c* de Judá tendré misericordia
5.1 estad atentos, *c* de Israel, y *c* del rey
5.12 yo. . seré como carcoma a la *c* de Judá
5.14 y como cachorro de león a la *c* de Judá
6.10 en la *c* de Israel he visto inmundicia
8.1 como águila viene contra la *c* de Jehová
9.4 ese pan no entrará en la *c* de Jehová
9.8 el profeta es. . odio en la *c* de su Dios
9.15 por la. . de sus obras los echaré de mi *c*
11.11 los haré habitar en sus *c*, dice Jehová
11.12 me rodeó. . y la *c* de Israel de engaño
Jl. 1.9 desapareció. . *c* de Jehová la ofrenda
1.13 porque quitada es de la *c*. . la ofrenda
1.14 congregad a. . en la *c* de Jehová. . Dios
1.16 y el placer de la *c* de nuestro Dios?
2.9 subirán por las *c*, entrarán por las
3.18 saldrá una fuente de la *c* de Jehová, y
Am. 1.4 prenderé fuego en la *c* de Hazael, y
2.8 el vino de. . beben en la *c* de sus dioses
3.13 oíd y testificad contra la *c* de Jacob
3.15 y heriré la *c* de invierno con la *c* de
3.15 las *c* de marfil perecerán; y muchas *c*
5.1 esta palabra que yo levanto. . *c* de Israel
5.3 volverá con ciento. . en la *c* de Israel
5.4 dice Jehová a la *c* de Israel: Buscadme
5.6 que acometa como fuego a la *c* de José
5.11 edificasteis *c* de piedra labrada, mas no
5.19 como si entrare en *c* y apoyare su mano
5.25 me ofrecisteis sacrificios. . *c* de Israel?
6.1 ¡ay. . a los cuales acude la *c* de Israel!
6.9 diez hombres quedaren en una *c*, morirán
6.10 lo quemará para sacar los huesos de *c*
6.10 al que estará en los rincones de la *c*
6.11 la *c* mayor, y la *c* menor con aberturas
6.14 oh *c* de Israel, dice Jehová. . levantaré
7.9 levantaré. . espada sobre la *c* de Jeroboam
7.10 Amós se ha levantado. . en medio de la *c*
7.16 dices. . ni hables contra la *c* de Isaac
9.8 mas no destruiré del todo la *c* de Jacob
9.9 haré que la *c* de Israel sea zarandeada
Abd. 17 *c* de Jacob recuperará sus posesiones
18 la *c* de Jacob será fuego, y la *c* de José
18 y la *c* de Esaú estopa, y los quemarán y
18 ni aun resto quedará de la *c* de Esaú
Mi. 1.5 y por los pecados de la *c* de Israel
1.14 *c* de Aczib serán para engaño a. . reyes
2.2 codician las. . *c*, y las toman; oprimen al
2.2 oprimen al hombre y a su *c*, al hombre y
2.7 que te dices *c* de Jacob, ¿se ha acortado
2.9 a las mujeres. . echasteis fuera de las *c*
3.1 Dije: Oíd ahora. . jefes de la *c* de Israel
3.9 oíd ahora esto, jefes de la *c* de Jacob
3.9 oíd. . capitanes de la *c* de Israel, que
3.12 monte de la *c* como cumbres de bosque
4.1 el monte de la *c* de Jehová. . establecido
4.2 subamos al monte. . *c* del Dios de Jacob
6.4 yo te. . de la *c* de servidumbre te redimí
6.10 aún en *c* del impío tesoros de impiedad?
6.16 y toda obra de la *c* de Acab; y en los
7.6 los enemigos del hombre son los de su *c*
Nah. 1.14 la *c* de tu dios destruiré escultura
Hab. 2.9 que codicia injusta ganancia para su *c*
2.10 tomaste consejo vergonzoso para tu *c*
3.13 traspasaste la cabeza de la *c* del impío
Sof. 1.9 que llenan las *c*. . de robo y de engaño
1.13 saqueados sus bienes, y sus *c* asoladas
1.13 edificarán *c*, mas no las habitarán, y
2.7 lugar para el remanente de la *c* de Judá
2.7 en las *c* de Ascalón dormirán de noche
Hag. 1.2 de que la *c* de Jehová sea reedificada
1.4 en vuestras *c*. . y esta *c* está desierta?
1.8 subid. . traed madera, y reedificad la *c*
1.9 encerráis en *c*, y yo lo disiparé en un
1.9 por cuanto mi *c* está desierta, y cada uno
1.9 cada uno de vosotros corre a su propia *c*
1.14 y trabajaron en la *c* de Jehová de los
2.3 haya visto esta *c* en su gloria primera
2.7 llenaré de gloria. . *c*, ha dicho Jehová
2.9 la gloria postrera de esta *c* será mayor
Zac. 1.16 en ella será edificada mi *c*, dice
3.7 también tú gobernarás mi *c*. . mis atrios
4.9 echarán el cimiento de esta *c*, y sus
5.4 vendrá a la *c* del ladrón, y a la *c* del
5.4 y permanecerá en medio de su *c* y la
5.11 le sea edificada *c* en tierra de Sinar
6.10 irás. . y entrarás en *c* de Josías hijo de
7.3 a los sacerdotes que estaban en la *c* de
8.9 que se echó el cimiento a la *c* de Jehová
8.13 fuisteis maldición. . oh *c* de Judá y *c* de
8.15 he pensado hacer bien. . a la *c* de Judá
8.19 convertirán para la *c* de Judá en gozo
9.8 alrededor de mi *c* como un guarda, para
10.3 Jehová. . visitará. . la *c* de Judá, y los
10.6 fortaleceré la *c* de Judá, y guardaré la
10.6 guardaré la *c* de José, y. . haré volver
11.13 las eché en la *c* de Jehová al tesoro
12.4 mas sobre la *c* de Judá abriré mis ojos
12.7 para que la gloria de la *c* de David y
12.8 la *c* de David como Dios, como el ángel
12.10 derramaré sobre la *c* de David, y sobre
12.12 *c* de David por sí. . *c* de Natán por sí
12.13 descendientes de la *c* de Leví por sí
13.1 un manantial abierto para la *c* de David
13.6 con ellas fui herido en *c* de mis amigos
14.2 serán saqueadas las *c*, y violadas las
14.20 las ollas de la *c* de Jehová serán como
14.21 y no habrá. . mercader en la *c* de Jehová
Mal. 3.10 los diezmos. . haya alimento en mi *c*
Mt. 2.11 al entrar en la *c*, vieron al niño con
5.15 y alumbra a todos los que están en *c*
7.24 hombre. . que edificó su *c* sobre la roca
7.25 y golpearon contra aquella *c*; y no cayó
7.26 un hombre. . edificó su *c* sobre la arena
7.27 y dieron con ímpetu contra aquella *c*
8.6 mi criado está postrado en *c*, paralítico
8.14 Jesús a *c* de Pedro, y vio a la suegra
9.6 levántate, toma tu cama, y vete a tu *c*
9.7 entonces él se levantó y se fue a su *c*
9.10 estando él sentado a la mesa en la *c*
9.23 al entrar Jesús en la *c* del principal
9.28 llegado a la *c*, vinieron a él. . ciegos
10.6 a las ovejas perdidas de la *c* de Israel
10.12 y al entrar en la *c*, saludadla
10.13 si la *c* fuere digna, vuestra paz vendrá
10.14 salid de aquella *c* o ciudad, y sacudid
10.25 si al padre. . ¿cuánto más a los de su *c*?
10.36 enemigos del hombre serán los de su *c*
11.8 delicadas, en las *c* de los reyes están
12.4 cómo entró en la *c* de Dios, y comió los
12.25 ciudad o *c* dividida contra sí misma
12.29 ¿cómo puede alguno entrar en la *c* del
12.29 le ata? Y entonces podrá saquear su *c*
12.44 entonces dice: Volveré a mi *c* de donde
13.1 salió Jesús de la *c* y se sentó junto al
13.36 entró Jesús en la *c*; y acercándose a él
13.57 profeta sin honra, sino en. . y en su *c*
15.24 sino a las ovejas perdidas de la *c* de
17.25 y al entrar él en *c*, Jesús le habló
19.29 cualquiera que haya dejado *c*. . o padre
21.13 mi *c*, *c* de oración será llamada; mas
23.14 porque devoráis las *c* de las viudas, y
23.38 aquí vuestra *c* os es dejada desierta
24.17 no descienda para tomar algo de su *c*
24.43 que. . velaría, y no dejaría minar su *c*
24.45 al cual puso su señor sobre su *c* para
26.6 estando Jesús. . en *c* de Simón el leproso
26.18 en tu *c* celebraré la pascua con mis
Mr. 1.29 vinieron a *c* de Simón y Andrés, con
2.1 entró Jesús. . y se oyó que estaba en *c*
2.11 levántate, toma tu lecho, y vete a tu *c*
2.15 que estando Jesús a la mesa en *c* de él
2.26 entró en la *c* de Dios, siendo Abiatar
3.19 Judas Iscariote, el que. . Y vinieron a *c*
3.25 *c* está dividida contra sí misma, tal *c*
3.27 entrar en la *c* de un hombre fuerte y
3.27 le ata, y entonces podrá saquear su *c*
5.19 vete a tu *c*, a los tuyos, y cuéntales
5.35 vinieron de *c* del principal de. . diciendo
5.38 vino a *c* del principal de la sinagoga
6.4 no hay profeta sin honra sino. . y en su *c*
6.10 entréis en una *c*, posad en ella hasta
7.17 se alejó. . y entró en *c*, le preguntaron
7.24 entrando en una *c*, no quiso que nadie
7.30 llegó ella a su *c*, halló que el demonio
8.3 y si los enviare en ayunas a su *c*, se
8.26 lo envió a su *c*, diciendo: No entres en
9.28 cuando él entró en *c*, sus discípulos le
9.33 cuando estuvo en *c*, les preguntó: ¿Qué
10.10 en *c* volvieron los. . a preguntarle de lo
10.29 ninguno que haya dejado *c*, o hermanos
10.30 *c*, hermanos, hermanas, madres, hijos
11.17 *c* será llamada *c* de oración para todas
12.40 que devoran las *c* de las viudas, y por
13.15 no descienda a la *c*. . tomar algo de su *c*
13.34 el hombre que yéndose lejos, dejó su *c*
13.35 cuándo vendrá el señor de la *c*; si al
14.3 estando él en Betania, en *c* de Simón el
14.14 decid al señor de la *c*: El Maestro dice
Lc. 1.23 cumplidos los días de. . se fue a su *c*
1.24 recluyó en *c* por cinco meses, diciendo
1.27 varón que se llamaba José, de la *c* de David
1.33 y reinará sobre la *c* de Jacob. . siempre
1.40 y entró en *c* de Zacarías, y saludó a
1.56 tres meses; después se volvió a su *c*

CASA *(Continúa)*
Lc. 1.69 un poderoso Salvador en la *c* de David
2.4 cuanto era de la *c* y familia de David
4.38 Jesús. . salió de. . y entró en *c* de Simón
5.19 subieron encima de la *c*, y. . el tejado
5.24 levántate, toma tu lecho, y vete a tu *c*
5.25 se fue a su *c*, glorificando a Dios
5.29 Leví le hizo gran banquete en su *c*
6.4 entró en la *c* de Dios, y tomó los panes
6.48 al hombre que al edificar una *c*, cavó
6.48 el río dio. . contra aquella *c*, pero no
6.49 al hombre que edificó su *c* sobre tierra
6.49 y fue grande la ruina de aquella *c*
7.6 pero cuando ya no estaban lejos de la *c*
7.10 y al regresar a *c* los que habían sido
7.36 habiendo entrado en *c* del fariseo, se
7.37 saber que Jesús estaba. . *c* del fariseo
7.44 entré en tu *c*, y no me diste agua para
8.27 ni moraba en *c*, sino en los sepulcros
8.39 vuélvete a tu *c*, y cuenta cuán grandes
8.41 Jairo. . le rogaba que entrase en su *c*
8.49 cuando vino uno de *c* del principal de
8.51 entrando en la *c*, no dejó entrar a nadie
9.4 y en cualquier *c* donde entréis, quedad
9.61 me despida. . de los que están en mi *c*
10.5 en cualquier *c*. . decid: Paz sea a esta *c*
10.7 y posad en. . *c*. . No os paséis de *c* en *c*
10.38 una mujer. . Marta le recibió en su *c*
11.17 y una *c* dividida contra sí misma, cae
11.24 dice: Volveré a mi *c* de donde salí
11.37 entrando Jesús en la *c*, se sentó a la
12.39 que si supiese. . no dejaría minar su *c*
12.42 su señor pondrá sobre su *c*, para que
13.35 he aquí vuestra *c* os es dejada desierta
14.1 en *c* de un gobernante, que era fariseo
14.23 fuérzalos a entrar. . que se llene mi *c*
15.6 y al llegar a *c*, reúne a sus amigos y
15.8 y barre la *c*, y busca con diligencia
15.17 ¡cuántos jornaleros en *c* de mi padre
15.25 y cuando vino, y llegó cerca de la *c*
16.4 se me quite de la. . me reciban en sus *c*
16.27 te ruego. . le envíes a la *c* de mi padre
17.31 bienes en *c*, no descienda a tomarlos
18.14 que éste descendió a su *c* justificado
18.29 nadie que haya dejado *c*, o padres, o
19.5 hoy es necesario que pose yo en tu *c*
19.9 hoy ha venido la salvación a esta *c*
19.46 mi *c* es *c* de oración; mas vosotros la
20.47 que devoran las *c* de las viudas, y por
22.10 agua; seguidle hasta la *c* donde entrare
22.11 y decid al padre de familia de esa *c*
22.54 y le condujeron a *c* del sumo sacerdote
24.12 y se fue a *c* maravillándose de lo que
Jn. 2.16 hagáis. . *c* de mi Padre *c* de mercado
2.17 que está escrito: El celo de tu *c* me
4.53 tu hijo vive; y creyó él con toda su *c*
7.53 cada uno se fue a su *c*
8.35 el esclavo no queda en la *c* para siempre
11.20 encontrarle; pero María se quedó en *c*
11.31 los judíos que estaban en *c* con ella y
12.3 y la *c* se llenó del olor del perfume
14.2 en la *c* de mi Padre muchas moradas hay
18.28 llevaron a Jesús de *c* de Caifás al
19.27 hora el discípulo la recibió en su *c*
Hch. 2.2 el cual llenó toda la *c* donde estaban
2.36 sepa. . la *c* de Israel, que a este Jesús
2.46 y partiendo el pan en las *c*, comían
4.34 todos los que poseían. . *c*, las vendían
5.42 en el templo y por las *c*, no cesaban de
7.10 lo puso por gobernador sobre. . toda su *c*
7.20 fue criado tres meses en *c* de su padre
7.42 ¿acaso me ofrecisteis. . *c* de Israel?
7.47 mas Salomón le edificó *c*
7.49 ¿qué *c* me edificaréis? dice el Señor
8.3 entrando *c* por *c*, arrastraba a hombres
9.11 busca en *c* de Judas a. . llamado Saulo
9.17 entró en la *c*, y poniendo sobre él las
9.43 que se quedó. . en *c* de un cierto Simón
10.2 temeroso de Dios con toda su *c*, y que
10.6 posa en *c* de. . Simón. . su *c* junto al mar
10.17 cuales, preguntando por la *c* de Simón
10.22 de hacerte venir a su *c* para oír tus
10.30 oraba en mi *c*, vi que se puso delante
10.32 Pedro, el cual mora en *c* de Simón, un
11.3 ¿por qué has entrado en *c* de hombres
11.11 llegaron tres hombres a la *c* donde yo
11.12 fueron. . y entramos en *c* de un varón
11.13 había visto en su *c* un ángel, que se
11.14 las cuales serás salvo tú, y toda tu *c*
12.12 llegó a *c* de María la madre de Juan
16.15 entrad en mi *c*, y posad. Y nos obligó
16.31 cree en el. . y serás salvo, tú y tu *c*
16.32 a él y a todos los que estaban en su *c*
16.34 llevándolos a su *c*, les puso la mesa
16.34 y se regocijó con toda su *c* de haber
16.40 saliendo de la. . entraron en *c* de Lidia
17.5 y asaltando la *c* de Jasón, procuraban
18.7 a la *c* de uno llamado Justo, temeroso
18.8 Crispo. . creyó en el Señor con toda su *c*
19.16 que huyeron de aquella *c* desnudos y
20.20 de anunciaros y enseñaros. . por las *c*
21.6 al barco, y ellos se volvieron a sus *c*
21.8 entrando en *c* de Felipe. . posamos con él
28.30 Pablo permaneció. . en una *c* alquilada
Ro. 16.5 saludad también a la iglesia de su *c*
16.10 saludad a los de la *c* de Aristóbulo
16.11 saludad a los de la *c* de Narciso, los
1 Co. 11.22 no tenéis *c* en que comáis y bebáis?
11.34 si alguno tuviere hambre, coma en su *c*
14.35 pregunten en *c* a sus maridos; porque
16.19 iglesia que está en su *c*, os saludan
2 Co. 5.1 tenemos de Dios un edificio, una *c*
Fil. 4.22 especialmente los de la *c* de César
Col. 4.15 saludad. . la iglesia que está en su *c*
1 Ti. 3.4 que gobierne bien su *c*, que tenga a
3.5 que no sabe gobernar su propia *c*, ¿cómo
3.12 que gobiernen bien sus hijos y sus *c*
3.15 cómo debes conducirte en la *c* de Dios
5.8 si alguno no provee para los. . de su *c*
5.13 a ser ociosas, andando de *c* en *c*; y no
5.14 se casen, críen hijos, gobiernen su *c*
2 Ti. 1.16 tenga el Señor misericordia de la *c*
2.20 en una *c* grande hay utensilios de oro y
3.6 de éstos son los que se meten en las *c*
4.13 trae. . el capote que dejé en Troas en *c*
4.19 saluda a Prisca. . y a la *c* de Onesíforo
Tit. 1.11 que trastornan *c* enteras, enseñando
2.5 ser prudentes, castas, cuidadosas de su *c*
Flm. 2 Apia. . y a la iglesia que está en tu *c*
He. 3.2 como. . fue Moisés en toda la *c* de Dios
3.3 tiene mayor honra que la *c* el que la hizo
3.4 porque toda *c* es hecha por alguno; pero
3.5 y Moisés. . fue fiel en toda la *c* de Dios
3.6 como hijo sobre su *c*, la cual *c* somos
8.8 con la *c* de Israel y la *c* de Judá. . pacto
8.10 es el pacto que haré con la *c* de Israel
10.21 teniendo un gran sacerdote sobre la *c*
11.7 preparó el arca en que su *c* se salvase
1 P. 2.5 edificados como *c* espiritual. . santo
4.17 que el juicio comience por la *c* de Dios
2 Jn. 10 si. . no lo recibáis en *c*, ni le digáis

CASADO, DA
Nm. 30.6 pero si fuere *c* e hiciere votos, o
Dt. 24.5 alguno fuere recién *c*, no saldrá a la
Is. 54.1 más son los hijos de. . que los de la *c*
Ro. 7.2 la mujer *c* está sujeta por la ley al
1 Co. 7.33 el *c* tiene cuidado de las cosas del
7.34 hay. . diferencia entre la *c* y la doncella
7.34 *c* tiene cuidado de las cosas del mundo
7.39 *c* está ligada por la ley mientras su
Ef. 5.22 *c* estén sujetas a sus propios maridos
5.24 las *c* lo estén a sus maridos en todo
Col. 3.18 *c*, estad sujetas a vuestros maridos

CASAMIENTO
Mt. 22.30 ni se casarán ni se darán en *c*, sino
24.38 casándose y dando en *c*, hasta el día
Mr. 12.25 ni se casarán ni se darán en *c*, sino
Lc. 17.27 se casaban y se daban en *c*, hasta el
20.34 los hijos de. . se casan, y se dan en *c*
20.35 muertos, ni se casan, ni se dan en *c*
1 Co. 7.38 el que la da en *c* hace bien, y el que
7.38 bien, y el que no la da en *c* hace mejor

CASAR *Véase también Casado*
Gn. 20.3 mujer que has. . es *casada* con marido
Lv. 21.7 con. . ramera o infame no se *casarán*
22.12 la hija. . si se *casare* con varón extraño
Nm. 36.3 si ellas se *casaren* con. . otras tribus
36.6 *cásense* como a ellas les plazca, pero
36.6 en la familia. . de su padre se *casarán*
36.8 con alguno de la familia de. . se *casará*
36.11 Noa. . se *casaron* con hijos de sus tíos
36.12 se *casaron* en la familia de. . Manasés
Dt. 22.22 acostado con una mujer *casada* con
24.1 cuando alguno tomare mujer y se *casare*
24.2 y salida. . podrá ir y *casarse* con otro
25.5 la mujer del muerto no se *casará* fuera
Jue. 12.9 *casó* fuera, y tomó de fuera 30 hijas
Rt. 1.13 quedaros sin *casar* por amor a ellos?
1 Cr. 4.18 Bitia hija. . con la cual *casó* Mered
Pr. 30.23 por la mujer odiada cuando se *casa*
Jer. 29.6 *casaos*, y engendrad hijos e hijas
Mal. 2.11 Judá. . *casó* con hija de dios extraño
Mt. 5.32 que se *casa* con la repudiada, comete
19.9 repudia a. . y se *casa* con otra, adultera
19.9 que se *casa* con la repudiada, adultera
19.10 le dijeron. . así. . no conviene *casarse*
22.24 su hermano se *casará* con su mujer, y
22.25 hermanos; el primero se *casó*, y murió
22.30 ni se *casarán* ni se darán en casamiento
24.38 *casándose* y dando en casamiento, hasta
Mr. 10.11 repudia a su mujer y se *casa* con otra
10.12 si la mujer repudia. . se *casa* con otro
12.19 su hermano se *case* con ella, y levante
12.21 el segundo se *casó* con ella, y murió
12.25 ni se *casarán* ni se darán en casamiento
Lc. 14.20 dijo: Acabo de *casarme*, y por tanto
16.18 repudia a su mujer, y se *casa* con otra
16.18 se *casa* con la repudiada del marido
17.27 *casaban* y se daban en casamiento, hasta
20.28 su hermano se *case* con ella, y levante
20.34 los hijos de este siglo se *casan*, y se
20.35 ni se *casan*, ni se dan en casamiento
1 Co. 7.9 *cásense*, pues mejor es *casarse* que
7.11 quédese sin *casar*, o reconcíliese con su
7.27 ¿estás libre de. . No procures *casarte*
7.28 mas también si te *casas*, no pecas; y si
7.28 y si la doncella se *casa*, no peca; pero
7.36 haga lo que quiera, no peca; que se *case*
7.39 libre es para *casarse* con. . en el Señor
1 Ti. 4.3 prohibirán *casarse*, y. . abstenerse de
5.11 rebelan contra Cristo, quieren *casarse*
5.14 que las viudas jóvenes se *casen*, críen

CASCADA *Véase también Cascar*
Sal. 42.7 un abismo llama. . a la voz de tus *c*

CASCAJO
Pr. 20.17 pero después su boca será llena de *c*
Lm. 3.16 mis dientes quebró con *c*, me cubrió

CASCAR
2 R. 18.21 confías en. . báculo de caña *cascada*
Is. 42.3 no quebrará las caña *cascada*, ni apagará
Mt. 12.20 caña *cascada* no quebrará, y el pábilo

CASCO
Jue. 5.22 resonaron los *c* de los caballos por
1 S. 17.5 traía un *c* de bronce en su cabeza
17.38 puso sobre su cabeza un *c* de bronce
Is. 5.28 *c* de sus caballos. . como de pedernal
Jer. 47.3 el sonido de los *c* de sus caballos
Ez. 26.11 los *c* de sus caballos hollará. . calles

CASIA
Éx. 30.24 de *c* quinientos, según el siclo del
Sal. 45.8 áloe y *c* exhalan todos tus vestidos

CASIFIA ***Lugar en Babilonia*, Esd. 8.17(2)**

CASIS ***Valle en Benjamín*, Jos. 18.21**

CASLUHIM ***País de donde eran los filisteos*, Gn. 10.14; 1 Cr. 1.12**

CASO
Dt. 19.4 este es el *c* del homicida que huirá
1 S. 25.25 no haga *c*. . mi señor de ese. . Nabal
30.24 ¿y quién os escuchará en este *c*?
2 S. 18.3 huyéremos, no harán *c* de nosotros
18.3 y aunque la mitad de. . muera, no harán *c*
1 Cr. 13.3 el arca. . no hemos hecho *c* de ella
Est. 2.23 fue escrito el *c* en el libro de las
Job 9.21 si fuese íntegro, no haría *c* de mí
11.11 el conoce. . la iniquidad, ¿y no hará *c*?
35.14 menos cuando dices. . no haces *c* de él?
Pr. 12.16 no hace *c* de la injuria es prudente
29.19 el siervo no. . entiende, mas no hace *c*
Is. 42.25 fuego. . le consumió, mas no hizo *c*
58.3 qué, dicen, ayunamos, y no hiciste *c*
Ez. 44.24 los *c* de pleito ellos estarán para
Dn. 11.37 Del Dios de sus padres no hará *c*, ni
Mt. 22.5 mas ellos, sin hacer *c*, se fueron, uno
Hch. 18.21 en todo *c* yo guarde en Jerusalén la
20.24 pero de ninguna cosa hago *c*, ni estimo
Ro. 5.16 no sucede como en el *c* de aquel uno
14.6 el que hace *c* del día. . no hace *c* del día
Gá. 5.11 en tal *c* se ha quitado el tropiezo de
Tit. 3.14 a ocuparse. . para los *c* de necesidad

CASTA
Tit. 2.5 a ser prudentes, *c*, cuidadosas de su
1 P. 3.2 considerando vuestra conducta *c* y

CASTAÑO
Gn. 30.37 varas. . de álamo, de avellano y de *c*
Ez. 31.8 los *c* fueron semejantes a su ramaje

CASTIGAR
Gn. 4.15 matare a Caín, 7 veces será *castigado*
Éx. 8.2 *castigaré* con ranas. . tus territorios
21.20 muriere bajo su mano, será *castigado*
21.21 sobreviviere un día. . no será *castigado*
32.34 pero. . yo *castigaré* en ellos su pecado
Lv. 26.18 yo volveré a *castigaros* siete veces
26.28 *castigaré* aún siete veces por vuestros
Dt. 8.5 que como *castiga* el hombre. . Dios te *c*
21.18 habiéndole *castigado*, no. . obedeciere
22.18 tomarán al hombre y lo *castigarán*
Jue. 8.16 y *castigó* con ellos a los de Sucot
1 S. 15.2 yo *castigaré* lo que hizo Amalec a
2 S. 7.14 yo le *castigaré* con vara de hombres
1 R. 12.11,14 padre os *castigó*. . os *castigaré*
1 Cr. 16.21 amor de ellos *castigó* a los reyes
2 Cr. 10.11,14 mi padre os *castigó* con azotes
Esd. 9.13 no nos has *castigado* de acuerdo con
Job 5.17 bienaventurado. . a quien Dios *castiga*
11.6 que Dios te ha *castigado* menos de lo que
22.4 te *castiga*, o viene a juicio contigo
31.11 maldad. . que han de *castigar* los jueces
33.19 sobre su cama es *castigado* con dolor
35.15 ahora, porque en su ira no *castiga*, ni
36.31 por esos medios *castiga* a los pueblos
Sal. 6.1; 38.1 no me reprendas. . ni me *castigues*
59.5 para *castigar* a todas las naciones

CASTIGAR *(Continúa)*
Sal. 73.14 sido..*castigado* todas las mañanas
89.32 *castigaré* con vara su rebelión, y con
94.10 el que *castiga* a las naciones, ¿no
105.14 por causa de ellos *castigó* a los reyes
118.18 me *castigó* gravemente JAH, mas no me
141.5 que el justo me *castigue*, será un favor
Pr. 3.12 al que ama *castiga*, como el padre al
7.22 el necio a..prisiones para ser *castigado*
10.10 y el necio de labios será *castigado*
11.21 tarde o temprano, el malo..*castigado*
19.18 *castiga* a tu hijo en tanto..esperanza
21.11 cuando el escarnecedor es *castigado*
23.13 si lo *castigas* con vara, no morirá
23.14 lo *castigarás* con vara, y librarás su
Is. 1.5 ¿por qué queréis ser *castigados* aún?
2.19,21 él se levante para *castigar* la tierra
9.13 no se convirtió al que lo *castigaba*, ni
10.12 *castigará* el fruto de la soberbia del
13.11 *castigaré* al mundo por su maldad, y a
24.21 Jehová *castigará* al ejército de los
24.22 y serán *castigados* después de muchos
26.14 *castigaste*, y destruiste..su recuerdo
26.16 derramaron oración cuando..*castigaste*
26.21 Jehová sale de su lugar para *castigar*
27.1 en aquel día Jehová *castigará* con su
27.8 con medida lo castigarás en sus vástagos
57.6 ¿no habré de *castigar* estas cosas?
60.10 porque en mi ira te *castigué*, mas en
Jer. 2.19 tu maldad te *castigará*..rebeldías
5.9 ¿no había de *castigar* esto? dijo Jehová
5.29 ¿no *castigaré* esto? dice Jehová; ¿y de
6.6 es la ciudad que ha de ser *castigada*
6.15; 8.12 cuando los *castigue* caerán, dice
9.9 ¿no los he de *castigar* por estas cosas?
9.25 que *castigaré* a todo circuncidado, y a
10.24 *castígame*, oh Jehová, mas con juicio
11.22 yo los *castigaré*; los jóvenes morirán
14.10 se acordará de..*castigará* sus pecados
21.14 yo os *castigaré* conforme al fruto de
23.2 yo *castigo* la maldad de vuestras obras
25.12 *castigaré* al rey de Babilonia..nación
27.8 *castigaré* a tal nación con espada y con
29.32 *castigaré* a Semaías de Nehelam y a su
30.11 sino que te *castigaré* con justicia
30.20 y *castigaré* a todos sus opresores
31.18 y fui *castigado* como novillo indómito
32.18 y *castigas* la maldad de los padres en
36.31 y *castigaré* su maldad en él, y en su
44.13 *castigaré*..como castigué a Jerusalén
44.29 señal..de que en este lugar os *castigo*
46.25 Jehová..ha dicho..*castigo* a Amón dios
46.28 sino que te *castigaré* con justicia; de
49.8 sobre él el tiempo en que lo *castigue*
50.18 yo *castigo* al..como *castigué* al rey de
50.31 venido, el tiempo en que te *castigaré*
Lm. 4.22 *castigará* tu iniquidad, oh hija de
Ez. 7.9 sabréis..yo Jehová soy el que *castiga*
Os. 1.4 *castigaré* a la casa de Jehú por causa
2.13 *castigaré* por los días en que incensaba
4.9 le *castigaré* por su conducta, y le pagaré
4.14 no *castigaré* a..hijas cuando forniquen
5.2 por tanto, yo *castigaré* a todos ellos
7.12 les *castigaré* conforme a lo..anunciado
8.13; 9.9 se acordará..*castigará* su pecado
10.10 y los *castigaré* cuando lo desee
12.2 pleito tiene Jehová..*castigar* a Jacob
Am. 3.2 *castigaré* por todas vuestras maldades
3.14 que *castigue* las rebeliones de Israel
3.14 *castigaré* también los altares de Bet-el
Hab. 1.12 oh Roca, lo fundaste para *castigar*
Sof. 1.8 *castigaré* a los príncipes, y a..hijos
1.9 *castigaré*..todos los que saltan la puerta
1.12 y *castigaré* a los hombres que reposan
3.7 todo aquello por lo cual la *castigué*
Zac. 10.3 mi enojo, y *castigaré* a los jefes
Mt. 24.51 y lo *castigará* duramente, y pondrá
Lc. 12.46 vendrá el..y le *castigará* duramente
23.16 le soltaré, pues, después de *castigarle*
23.22 él; le *castigaré*, pues, y le soltaré
Hch. 4.21 hallando ningún modo de *castigarles*
22.5 traer presos..para que fuesen *castigados*
26.11 *castigándolos* en todas las sinagogas
Ro. 13.4 vengador para *castigar* al que hace lo
1 Co. 11.32 siendo juzgados, somos *castigados*
2 Co. 6.9 como *castigados*, mas no muertos
10.6 prontos para *castigar* toda desobediencia
2 P. 2.9 a los injustos para ser *castigados*
Ap. 3.19 yo reprendo y *castigo* a todos los que

CASTIGO
Gn. 4.13 y dijo Caín a Jehová: Grande es mi *c*
19.15 que no perezcas en el *c* de la ciudad
Éx. 32.34 el día del *c*, yo castigaré..su pecado
Lv. 26.43 se someterán al *c* de sus iniquidades
Nm. 14.34 año por cada día; y conoceréis mi *c*
Dt. 11.2 hijos que no han..visto el *c* de Jehová
1 Cr. 21.24 por esto vino el *c* sobre Israel
2 Cr. 20.9 mal..o espada de *c*, o pestilencia
Job 31.23 porque temí el *c* de Dios, contra cuya
34.31 he llevado ya *c*, no ofenderé ya más
Sal. 39.11 *c* por el pecado corriges al hombre
149.7 para ejecutar..y *c* entre los pueblos
Pr. 3.11 no menosprecies, hijo..el *c* de Jehová
13.24 que detiene el *c*, a su hijo aborrece
17.5 el que se alegra de..no quedará sin *c*
19.5,9 el testigo falso no quedará sin *c*
20.30 los azotes..y el *c* purifica el corazón
30.10 no sea que te maldiga, y lleves el *c*
Is. 10.3 qué haréis en el día del *c*? ¿A quién
53.5 el *c* de nuestra paz fue sobre él, y por
Jer. 10.15 vana; al tiempo de su *c* perecerán
11.15 ¿crees que los..pueden evitarte el *c*?
11.23 yo traeré mal sobre los..el año de su *c*
15.3 enviaré sobre ellos cuatro géneros de *c*
17.16 yo no he ido en..para incitarte a su *c*
23.12 traeré mal sobre..en el año de su *c*
23.34 enviaré *c* sobre tal hombre y sobre su
30.11 a ti..de ninguna manera te dejaré sin *c*
46.21 vino sobre ellos..el tiempo de su *c*
46.28 a ti..de ninguna manera te dejaré sin *c*
48.44 traeré sobre él..Moab, el año de su *c*
50.27 ha venido su día, el tiempo de su *c*
51.18 de burla; en el tiempo del *c* perecerán
Lm. 4.22 se ha cumplido tu *c*, oh hija de Sion
5.7 padres pecaron..nosotros llevamos su *c*
Ez. 14.10 y llevarán ambos el *c* de su maldad
16.58 sufre tú el *c* de..de tus abominaciones
30.3 nublado, día de *c* de las naciones será
Os. 5.9 Efraín será asolado en el día del *c*
9.7 vinieron los días del *c*..la retribución
Jl. 2.13 misericordioso es..que se duele del *c*
Am. 1.3,6,9,11,13; 2.1,4,6 por tres pecados..y
por el cuarto, no revocaré su *c*
Mi. 6.9 atención al *c*, y a quien lo establece
7.4 el día de tu *c* viene, el que anunciaron
Mt. 10.15; 11.22,24 será más tolerable el *c*
25.46 irán estos al *c* eterno, y los justos a
Mr. 6.11; Lc. 10.12,14 mas tolerable el *c*
Ro. 3.5 diremos? ¿Será injusto Dios que da *c*?
13.5 sujetos, no solamente por razón del *c*
He. 10.29 ¿cuánto mayor *c* pensáis que merecerá
1 P. 2.14 enviados para *c* de los malhechores
1 Jn. 4.18 el temor lleva en sí *c*. De donde el
Jud. 7 por ejemplo, sufriendo el *c* del fuego

CASTILLO
Sal. 18.2 Jehová, roca mía y *c*..mi libertador
31.3 tú eres mi roca y mi *c*; por tu nombre
91.2 diré yo a Jehová: Esperanza mía, y *c*
144.2 misericordia mía y mi *c*, fortaleza mía

CÁSTOR Y PÓLUX *Dioses paganos gemelos*, Hch. 28.11

CATARATA
Gn. 7.11 las *c* de los cielos fueron abiertas
8.2 se cerraron las..y las *c* de los cielos

CATAT *Población en Zabulón (=Quitrón)*, Jos. 19.15

CÁTEDRA
Mt. 23.2 la *c* de Moisés se sientan los escribas

CATORCE *Véase Catorce mil, etc.*
Gn. 31.41 *c* años te serví por tus dos hijas
46.22 hijos de Raquel..por todas *c* personas
Éx. 12.6 lo guardaréis hasta el día *c* de este
12.18 comeréis los panes..desde el día *c* del
Lv. 23.5 a los *c* del mes, entre las dos tardes
Nm. 9.5 celebraron la pascua en..a los *c* días
9.11 en el mes segundo, a los *c* días del mes
28.16 a los *c* días del mes, será la pascua
29.13 ofreceréis en..y *c* corderos de un año
29.15 y con cada uno de los *c* corderos, una
29.17,20,23,26,29,32 *c* corderos de un año
Jos. 5.10 y celebraron la pascua a los *c* días
15.36 Gederotaim; *c* ciudades con sus aldeas
18.28 y Quiriat; *c* ciudades con sus aldeas
1 R. 8.65 Salomón hizo fiesta..es, por *c* días
2 R. 18.13 a los *c* años del rey Ezequías, subió
1 Cr. 25.5 dio a Hemán *c* hijos y tres hijas
2 Cr. 13.21 Abías..tomó *c* mujeres, y engendró
30.15; 35.1 sacrificaron la pascua, a los *c*
Esd. 6.19 celebraron la pascua a los *c* días del
Est. 9.15,18 judíos..se juntaron..el *c* del mes
9.17 y reposaron en el día *c* del mismo, y lo
9.19 hacen a los *c* del mes..día de alegría
Is. 36.1 año *c* del rey Ezequías, que Senaquerib
Ez. 40.1 los *c* años después que la ciudad fue
43.17 de *c* codos de longitud y *c* de anchura
45.21 el mes primero, a los *c* días del mes
Mt. 1.17 desde Abraham hasta David son *c*
1.17 hasta la deportación a Babilonia, *c*
1.17 desde la deportación..hasta Cristo, *c*
2 Co. 12.2 hace *c* años..fue arrebatado hasta
Gá. 2.1 después, pasados *c* años, subí otra vez

CATORCE MIL
Job 42.12 tuvo *14.000* ovejas, 6.000 camellos

CATORCE MIL SETECIENTOS
Nm. 16.49 los que murieron en..fueron *14.700*

CAUDILLO
Éx. 15.15 entonces los *c* de Edom se turbarán
Jue. 5.2 por haberse puesto al frente los *c*
5.15 *c* también de Isacar fueron con Débora
10.18 *c* sobre todos..que habitan en Galaad
11.8 seas *c* de todos..que moramos en Galaad
11.9 si me hacéis volver..¿seré yo vuestro *c*?
11.11 y el pueblo lo eligió por su *c* y jefe
1 Cr. 11.11 Jasobeam hijo de..*c* de los treinta
28.4 a Judá escogió por *c*, y de la casa de
Neh. 9.17 pensaron poner *c* para volverse a su

CAUSA
Gn. 3.17 maldita será la tierra por tu *c*; con
Éx. 3.3 y veré..por qué *c* la zarza no se quema
22.9 *c* de ambos vendrá delante de los jueces
23.3 ni al pobre distinguirás en su *c*
Nm. 27.5 y Moisés llevó su *c* delante de Jehová
31.16 fueron *c* de que..Israel prevaricasen
Dt. 1.17 la *c* que os fuere difícil, la traeréis
Jos. 5.4 la *c* por la cual Josué los circuncidó
Jue. 6.31 y Joás respondió..¿Defenderéis su *c*?
1 S. 19.5 por qué, pues..matando a David sin *c*?
24.15 él vea y sustente mi *c*, y me defienda
25.31 por haber derramado sangre sin *c*, o por
25.39 que juzgó la *c* de mi afrenta recibida
2 S. 18.19 Jehová ha defendido su *c* de mano de
18.31 ha defendido tu *c* de la mano de todos
1 R. 8.59 para que él proteja la *c* de su siervo
11.27 la *c* por la cual éste alzó su mano
12.30 fue *c* de pecado; porque el pueblo iba
13.34 fue *c* de pecado a la casa de Jeroboam
2 Cr. 6.35,39 oirás..ruego, y ampararás su *c*
10.15 *c* era de Dios..que Jehová cumpliera
19.8 a algunos de los levitas y..para las *c*
19.10 cualquier *c* que viniere a vosotros de
19.10 en *c* de sangre, entre ley y precepto
Job 2.3 contra él para que lo arruinara sin *c*?
5.8 yo buscaría a Dios, y encomendaría..mi *c*
13.18 he aquí ahora, si yo expusiere mi *c*
22.6 sacaste prenda a tus hermanos sin *c*, y
23.4 expondría mi *c* delante de él..mi boca
29.16 de la *c* que no entendía, me informaba
35.14 la *c* está delante de él; por tanto
Sal. 7.4 antes he libertado al que sin *c* era
9.4 porque has mantenido mi derecho y mi *c*
17.1 oye, oh Jehová, una *c* justa; está atento
35.23 despierta..Dios..para defender mi *c*
35.27 los que están a favor de mi justa *c*
56.5 todos los días ellos pervierten mi *c*
69.4 aumentado..los que me aborrecen sin *c*
74.22 oh Dios, aboga tu *c*; acuérdate de cómo
106.36 sirvieron a sus ídolos..*c* de su ruina
109.3 rodeado, y pelearon contra mí sin *c*
119.78 porque sin *c* me han calumniado; pero
119.86 verdad; sin *c* me persiguen; ayúdame
119.154 defiende mi *c*, y redímeme..palabra
119.161 príncipes me han perseguido sin *c*
140.12 tomará a su cargo la *c* del afligido
Pr. 18.17 justo parece el..que aboga por su *c*
22.23 porque Jehová juzgará la *c* de ellos
23.11 el cual juzgará la *c* de ellos contra ti
24.28 seas sin *c* testigo contra tu prójimo
25.9 tu *c* con tu compañero, y no descubras
26.2 así la maldición nunca vendrá sin *c*
29.7 conoce el justo la *c* de los pobres
31.9 y defiende la *c* del pobre..menesteroso
Ec. 7.10 ¿cuál es la *c* de que los tiempos
Is. 1.23 no..ni llega a ellos la *c* de la viuda
29.21 pervierten la *c* del justo con vanidad
41.21 alegad por vuestra *c*, dice Jehová
49.4 pero mi *c* está delante de Jehová, y mi
50.8 el adversario de mi *c*? Acérquese a mi
Jer. 3.3 esta *c* las aguas han sido detenidas
5.28 no juzgaron la *c*, la *c* del huérfano
5.28 con todo..*c* de los pobres no juzgaron
9.12 ¿por qué *c* la tierra ha perecido, ha
11.20 vea..porque ante ti he expuesto mi *c*
12.1 sin embargo, alegaré mi *c* ante ti
15.5 ¿quién se entristecerá por tu *c*..paz?
20.12 oh Jehová..a ti he encomendado mi *c*
22.16 él juzgó la *c* del afligido y del
30.13 no hay quien juzgue tu *c* para sanarte
50.34 de cierto abogará la *c* de ellos para
51.36 que yo juzgo tu *c* y haré tu venganza
Lm. 3.36 trastornar al hombre en su *c*, el
3.58 abogaste, Señor, la *c* de mi alma..vida
3.59 tú has visto..mi agravio; defiende mi *c*
Ez. 14.23 y conoceréis que no sin *c* hice todo
Dn. 2.15 ¿cuál es la *c* de que este edicto se
Am. 5.12 y en..hacéis perder su *c* a los pobres
Jon. 1.7 sepamos por *c* de quién nos ha venido
1.12 por mi *c* ha venido esta gran tempestad
Mi. 7.9 que juzgue mi *c* y haga mi justicia
Mt. 19.3 repudiar a su mujer por cualquier *c*?
19.9 salvo por *c* de fornicación, y se casa
19.12 se hicieron eunucos por *c* del reino de
27.37 pusieron sobre su cabeza su *c* escrita
Mr. 15.26 el título escrito de su *c* era: El Rey
Jn. 12.30 no ha venido..por *c* mía, sino por *c*
15.25 está escrita..Sin *c* me aborrecieron
Hch. 10.29 ¿por qué *c* me habéis hecho venir?
19.40 ninguna *c* por la cual podamos dar razón
22.30 saber de..la *c* por la cual le acusaban
23.28 y queriendo saber la *c*..qué le acusaban
25.14 expuso al rey la *c* de Pablo, diciendo

CAUSA *(Continúa)*
Ro. 15.22 por esta *c* me he visto impedido..ir
Ef. 3.1 por esta *c* yo Pablo, prisionero de
He. 12.11 ninguna disciplina..parece ser *c* de

CAUSAR
Gn. 48.17 sobre..de Efraín, le *causó*..disgusto
49.23 le *causaron* amargura, le asaetearon
Lv. 24.19 el que *causare* lesión en su prójimo
Nm. 35.24 juzgará entre el que *causó* la muerte
1 S. 23.5 David..les *causó* una gran derrota
2 S. 14.26 cabello..pues le *causaba* molestia
20.6 Seba hijo de Bicri..nos *cause* dificultad
1 R. 20.21 deshizo a..*causándoles* gran estrago
Job 33.22 y su vida a los que *causan* la muerte
Pr. 19.26 que roba..es hijo que *causa* vergüenza
30.33 el que provoca la ira *causará* contienda
Ec. 10.12 los labios del necio *causan* su..ruina
Is. 30.26 vendare..curare la llaga que él *causó*
Dn. 8.24 y *causará* grandes ruinas, y prosperará
Hch. 15.3 y *causaban* gran gozo a..los hermanos
Ro. 16.17 los que *causan* divisiones y tropiezos
2 Co. 2.5 si alguno me ha *causado* tristeza, no
2.5 no me la ha *causado* a mí solo, sino en
Gá. 6.17 en adelante nadie me *cause* molestias
2 Ti. 4.14 Alejandro..ha *causado* muchos males
Tit. 3.10 al..que *cause* divisiones..deséchalo
Jud. 19 éstos son los que *causan* divisiones; los

CAUTERIZAR
1 Ti. 4.2 teniendo *cauterizada* la conciencia

CAUTIVA *Véase Cautivo*

CAUTIVAR
1 R. 8.46 los *cautive* y lleve a tierra enemiga
8.47 en la tierra de los que los *cautivaron*
Sal. 68.18 *cautivaste* la cautividad, tomaste
Is. 14.2 *cautivarán* a los que los *cautivaron*
52.4 pueblo..el asirio lo *cautivó* sin razón

CAUTIVERIO
Dt. 21.13 se quitará el vestido de su *c*, y se
28.41 hijos e hijas engendrarás..irán en *c*
Jue. 18.30 sacerdotes en..hasta el día del *c*
2 R. 24.14 llevó en *c* a toda Jerusalén, a todos
25.27 a los 37 años del *c* de Joaquín rey de
1 Cr. 5.22 habitaron en sus lugares hasta el *c*
Esd. 1.11 llevar..con los que subieron del *c* de
2.1 son los hijos de la..que subieron del *c*
6.21 comieron los..que habían vuelto del *c*
8.35 hijos de..los que habían venido del *c*
9.4 a causa de la prevaricación de los del *c*
9.7 entregados..a *c*, a robo, y a vergüenza
10.6 no comió..causa del pecado de los del *c*
10.7 hijos del *c* se reuniesen en Jerusalén
10.8 excluido de la congregación de los del *c*
10.16 así hicieron los hijos del *c*. Y fueron
Neh. 4.4 entrégalos por..en la tierra de su *c*
7.6 éstos son los hijos..que subieron del *c*
Sal. 78.61 entregó a *c* su poderío, y su gloria
Is. 22.17 Jehová te transportará en duro *c*, y
46.2 que tuvieron ellos mismos que ir en *c*
Jer. 13.19 Judá fue transportada, llevada en *c*
15.2 el que a muerte, a..el que a *c*, a *c*
22.22 y tus enamorados irán en *c*; entonces
29.16 que no salieron con vosotros en *c*
29.28 decir..Largo será el *c*; edificad casas
30.16 todos tus adversarios, todos irán en *c*
43.11 asolará la..de Egipto..los que a *c*, a *c*
46.19 hazte enseres de *c*, moradora hija de
48.7 y Quemos será llevado en *c*..sacerdotes
48.11 no fue vaciado..ni nunca estuvo en *c*
48.46 hijos..cautividad, y tus hijas para *c*
49.3 Milcom fue llevado en *c*, sus sacerdotes
52.31 el año 37 del *c* de Joaquín rey de Judá
Lm. 1.3 ha ido en *c* a causa de la aflicción
1.18 vírgenes y mis jóvenes..llevados en *c*
2.14 no descubrieron tu..para impedir tu *c*
Ez. 12.4 tus enseres de día..como enseres de *c*
12.4 tú saldrás por la tarde..quien sale en *c*
12.7 saqué mis enseres de día..enseres de *c*
16.53 y haré volver los cautivos de tus *c*
25.3 era asolada, y llevada en *c* la casa de
30.17 caerán a filo..y las mujeres irán en *c*
30.18 los moradores de sus aldeas irán en *c*
32.9 cuando lleve al *c* a los tuyos entre las
33.21 en el año duodécimo de nuestro *c*, en el
39.28 después de haberlos llevado al *c* entre
40.1 en el año veinticinco de nuestro *c*, al
Os. 6.11 cuando yo haga volver el *c*..pueblo
Am. 1.15 su rey irá en *c*, él y..sus príncipes
4.10 con *c* de vuestros caballos, e hice subir
5.5 Gilgal será llevada en *c*, y Bet-el será
7.11 e Israel será llevado de su tierra en *c*
9.4 y si fueren en *c*..allí mandaré la espada
9.14 y traeré del *c* a mi pueblo Israel, y
Mi. 1.16 los hijos de tus..en *c* se fueron de ti
Nah. 3.10 sin embargo ella fue llevada en *c*
Sof. 2.7 Dios los visitará; y levantará su *c*
3.20 yo os traeré..cuando levante vuestro *c*
Zac. 6.10 toma de los del *c* a Heldai, a Tobías
14.2 la mitad de la ciudad irá en *c*, mas el

CAUTIVIDAD
Nm. 21.29 puestos..sus hijas en *c*, por Sehón
2 Cr. 6.37,38 convirtieren..la tierra de su *c*
Esd. 3.8 que habían venido de la *c* a Jerusalén
4.1 los venidos de la *c* edificaban el templo
6.16 y los demás que habían venido de la *c*
6.19 los hijos de la *c* celebraron la pascua
6.20 sacrificaron la pascua..hijos de la *c*
8.35 los hijos de la *c*, los que habían venido
Neh. 1.2 les pregunté..habían quedado de la *c*
1.3 quedaron de la *c*, allí en la provincia
8.17 la congregación que volvió de la *c* hizo
Sal. 53.6 hiciere volver de la *c* a su pueblo
68.18 a lo alto, cautivaste la *c*, tomaste dones
85.1 fuiste propicio..volviste la *c* de Jacob
126.1 Jehová hiciere volver la *c* de Sion
126.4 haz volver nuestra *c*, oh Jehová, como
Jer. 1.3 le vino..hasta la *c* de Jerusalén en el
29.4 ha dicho Jehová..a todos los de la *c*
29.14 y haré volver vuestra *c*, y os reuniré
30.10 que yo soy el que te salvo..tierra de *c*
46.27 te salvaré..a tu descendencia..de su *c*
48.46 tus hijos fueron puestos presos para *c*
Lm. 1.5 hijos fueron en *c* delante del enemigo
Ez. 12.11 como yo..partiréis al destierro, en *c*
39.25 ahora volveré la *c* de Jacob, y tendré
Dn. 5.13 ¿eres tú..Daniel de los hijos de la *c*
11.33 días caerán a espada y a fuego, en *c*
Jl. 3.1 tiempo en que haré volver la *c* de Judá
Am. 6.7 irán a la cabeza de los que van a *c*
Ef. 4.8 llevó cautiva la *c*, y dio dones a los
Ap. 13.10 si alguno lleva en *c*, vā en *c*; si

CAUTIVO, VA
Gn. 34.29 llevaron *c*..sus niños y sus mujeres
Éx. 12.29 el primogénito del *c* que estaba en
Nm. 24.22 el ceneo..cuando Asiria te llevará *c*
31.9 llevaron *c* a las mujeres..madianitas
31.12 trajeron..*c* y el botín y los despojos
31.19 os purificaréis..vosotros y vuestros *c*
Dt. 21.10 cuando salieres..tomares de ellos *c*
21.11 y vieres entre los *c* a alguna mujer
30.3 entonces Jehová hará volver a tus *c*, y
32.42 en la sangre de los muertos y de los *c*
Jue. 5.12 levántate, Barac, y lleva tus *c*, hijo
1 S. 30.2 se habían llevado *c* a las mujeres y
30.3 hijos e hijas habían sido llevados *c*
30.5 las dos mujeres de David..también eran *c*
30.8 los alcanzarás, y..librarás a los *c*
1 R. 8.47 en la tierra donde fueren *c*; si se
8.48 los hubieren llevado *c*, y oraren a ti
8.50 harás..los que los hubieren llevado *c*
2 R. 5.2 habían llevado *c* de..a una muchacha
6.22 matarías tú a los que tomaste *c* con tu
15.29 toda la tierra de Neftalí; y llevó *c*
16.9 tomó, y llevó *c* a los moradores a Kir
17.6 llevó a Israel *c* a Asiria, y los puso
17.23 e Israel fue llevado *c* de su tierra
17.28 los sacerdotes que habían llevado *c* de
18.11 y el rey de Asiria llevó *c* a Israel a
24.14 llevó en cautiverio..hasta 10.000 *c*
24.15 llevó *c* a Babilonia a Joaquín, a la
24.15 *c* los llevó de Jerusalén a Babilonia
24.16 a todos..llevó *c* el rey de Babilonia
25.11 los llevó *c* Nabuzaradán, capitán de la
25.21 fue llevado *c* Judá de sobre su tierra
1 Cr. 6.15 llevado *c* cuando Jehová transportó
2 Cr. 6.36 los lleven *c* a tierra de enemigos
6.37 tierra donde fueren llevados *c*..oraren
6.38 la tierra..donde los hubieren llevado *c*
28.11 y devolved a los *c* que habéis tomado
28.13 no traigáis aquí a los *c*, porque el
28.14 ejército dejó los *c* y el botín delante
28.15 tomaron a los *c*, y..vistieron a los
28.17 los edomitas habían..y habían llevado *c*
29.9 nuestras mujeres fueron llevados *c* por
30.9 misericordia..de los que los tienen *c*
36.20 espada fueron llevados *c* a Babilonia
Esd. 2.1 llevado *c* a Babilonia, y..volvieron
5.12 caldeo..y llevó *c* al pueblo a Babilonia
Neh. 7.6 los que llevó *c* Nabucodonosor rey de
Est. 2.6 había sido transportado de..con los *c*
Job 3.18 allí..reposan los *c*; no oyen la voz
Sal. 14.7 hiciere volver a los *c* de su pueblo
68.6 a los *c* a prosperidad; mas los rebeldes
106.46 misericordia todos..que los tenían *c*
137.3 que nos habían llevado *c* nos pedían
146.7 hace justicia..Jehová liberta a los *c*
Is. 5.13 pueblo fue llevado *c*, porque no tuvo
20.4 así llevará el rey de Asiria a los *c* de
45.13 edificará mi ciudad, y soltará mis *c*
49.24 ¿será rescatado el *c* de un tirano?
49.25 el *c* será rescatado del valiente, y el
52.2 levántate y siéntate..*c* hija de Sion
61.1 publicar libertad a los *c*..los presos
Jer. 13.17 porque el rebaño de Jehová fue..*c*
20.4 llevará *c* a Babilonia, y los matará a
20.6 todos los moradores de tu casa iréis *c*
22.12 morirá en..adonde lo llevaron *c*, y no
22.26 te haré llevar *c* a ti y a tu madre que
29.1 todo el pueblo que..llevó *c* de Jerusalén
29.31 envía a decir a todos los *c*: Así ha
30.3 vienen días..en que haré volver a los *c*
30.18 volver los *c* de las tiendas de Jacob
31.23 aún dirán..cuando yo haga volver sus *c*
32.44 yo haré regresar sus *c*, dice Jehová
33.7 volver los *c* de Judá y los *c* de Israel
33.11 volveré a traer los *c* de la tierra como
33.26 haré volver sus *c*, y tendré de ellos
40.1 atado..entre todos los *c* de Jerusalén
41.10 llevó Ismael *c* a..los llevó..*c* Ismael
41.14 el pueblo que Ismael había traído *c*
43.12 pondrá fuego a los templos..llevará *c*
48.47 pero haré volver a los *c* de Moab en
49.6 volver a los *c* de los hijos de Amón
49.39 volver a los *c* de Elam, dice Jehová
50.33 los que los tomaron *c* los retuvieron
52.28 el pueblo que Nabucodonosor llevó *c*
52.29 él llevó *c* de Jerusalén a 832 personas
52.30 llevó *c* a 745 personas de los..de Judá
Lm. 4.22 de Sion; nunca más te hará llevar *c*
Ez. 1.1 estando yo en medio de los *c* junto al
3.11 y vé y entra a los *c*, a los hijos de tu
3.15 vine a los *c* en Tel-abib, que moraban
6.9 entre las naciones en las..cuales serán *c*
11.24 me volvió a llevar en visión..a los *c*
11.25 hablé a los *c*..las cosas que Jehová
16.53 haré volver a sus *c*, los *c* de Sodoma
16.53 *c* de Samaria y..*c* de tus cautiverios
29.14 volveré a traer los *c* de Egipto, y los
39.23 de Israel fue llevada *c* por su pecado
Dn. 6.13 Daniel, que es de los..*c* de Judá, no
11.8 y aun a los dioses..llevará *c* a Egipto
Am. 1.6 porque llevó *c* a todo un pueblo para
1.9 entregaron a todo un pueblo *c* a Edom
7.17 Israel será llevado *c* lejos de su tierra
Abd. 11 que extraños llevaban..*c* su ejército
20 *c* de..poseerán lo de los cananeos hasta
20 los *c* de Jerusalén..poseerán..del Neguev
Nah. 2.7 y la reina será *c*; mandarán que suba
Hab. 1.9 ella vendrá..y recogerá *c* como arena
Lc. 4.18 enviado..a pregonar libertad a los *c*
21.24 serán llevados *c* a todas las naciones
Ro. 7.23 que me lleva *c* a la ley del pecado
2 Co. 10.5 y llevando *c* todo pensamiento a la
Ef. 4.8 llevó *c* la cautividad, y dio dones a
2 Ti. 2.26 del lazo del diablo, en que están *c*
3.6 se meten..y llevan *c* a las mujercillas

CAVAR
Gn. 21.30 testimonio de que yo *cavé* este pozo
26.19 siervos de Isaac *cavaron* en el valle
50.5 sepulcro que *cavé* para mí en la tierra
Éx. 21.33 *cavare* cisterna, y no la cubriere, y
Nm. 21.18 pozo, el cual *cavaron* los señores; lo
21.18 lo *cavaron* los príncipes del pueblo, y
Dt. 6.11 y *cisternas* cavadas que tú no *cavaste*
23.13 *cavarás* con ella, y luego al volverte
2 R. 19.24 *cavado* y bebido las aguas extrañas
Job 6.27 y *caváis* un hoyo para vuestro amigo
Sal. 7.15 pozo ha *cavado*, y lo ha ahondado
35.7 sin causa *cavaron* hoyo para mi alma
57.6 hoyo han *cavado*..han caído ellos mismos
94.13 en tanto que para el impío se *cava* el
119.85 los soberbios me han *cavado* hoyos; mas
Pr. 16.27 hombre perverso *cava* en busca del mal
26.27 el que *cava* foso caerá en él; y al que
Is. 5.6 no será..*cavada*, y crecerán el cardo y
7.25 a todos los montes que se *cavaban* con
35.6 aguas serán *cavadas* en el desierto, y
37.25 yo *cavé*, y bebí las aguas, y..secaré
Jer. 2.13 y *cavaron* para sí cisternas..rotas
13.7 fui al Eufrates, y *cavé*, y tomé el cinto
18.20 para que hayan *cavado* hoyo a mi alma?
18.22 *cavaron* hoyo para prenderme, y a mis
Ez. 8.8 *cava*..en la pared. Y cavé en la pared
Am. 9.2 aunque *cavasen* hasta el Seol, de allá
Mt. 21.33 *cavó* en ella un lagar, edificó una
25.18 fue y *cavó* en la tierra, y escondió el
Mr. 12.1 *cavó* un lagar, edificó una torre, y
15.46 sepulcro que estaba *cavado* en una peña
Lc. 6.48 *cavó* y ahondó y puso el fundamento
13.8 hasta que yo *cave* alrededor de ella, y
16.3 ¿qué haré..*Cavar*, no puedo; mendigar

CAVERNA
Jue. 6.2 cuevas..y *c*, y lugares fortificados
1 S. 14.11 he aquí los hebreos, que salen de..*c*
Job 30.6 habitaban en..en las *c* de la tierra
Is. 2.19,21 se meterán en las *c* de las peñas
7.19 en las *c* de las piedras, y en todos los
11.8 extenderá su mano sobre la *c*..víbora
42.22 todos..atrapados en *c* y escondidos en
Jer. 16.16 cazarán..por las *c* de los peñascos
48.28 paloma..hace nido en la boca de la *c*
49.16 que habitas en *c* de peñas, que tienes
Nah. 2.12 y llenaba de presa sus *c*, y de robo
He. 11.38 errando..por las cuevas y por las *c*

CAVILAR
Mr. 2.6 los cuales *cavilaban* en sus corazones
2.8 que *cavilaban*..dijo: ¿Por qué *caviláis*
Lc. 5.21 a *cavilar*, diciendo: ¿Quién es éste
5.22 ¿qué *caviláis* en vuestros corazones?

CAYADO
Gn. 32.10 con mi *c* pasé este Jordán, y ahora
1 S. 17.40 tomó su *c* en su mano, y escogió 5
Sal. 23.4 tu vara y tu *c* me infundirán aliento
Mi. 7.14 apacienta tu pueblo con tu *c*. .rebaño
Zac. 11.7 tomé para mí dos *c*: al uno puse por
11.10 tomé luego mi *c* Gracia, y lo quebré
11.14 quebré luego el otro *c*, Ataduras, para

CAZA
Gn. 25.27 Esaú fue diestro en la *c*, hombre del
25.28 amó Isaac a Esaú, porque comía de su *c*
27.3 toma, pues, ahora tus armas. .tráeme *c*
27.5 se fue Esaú al campo para buscar la *c*
27.7 tráeme *c* y hazme un guisado, para que
27.19 y come de mi *c*, para que me bendigas
27.25 comeré de la *c* de mi hijo, para que yo
27.31 coma de la *c* de su hijo, para que me
27.33 ¿quién. .trajo *c*, y me dio, y comí de
1 S. 24.11 andas a *c* de mi vida. .quitármela
Sal. 76.4 tú, poderoso más que los montes de *c*
Lm. 3.52 mis enemigos me dieron *c* como a ave

CAZADOR
Gn. 10.9 fue vigoroso *c*. .*c* delante de Jehová
Sal. 91.3 él te librará del lazo del *c*, de la
124.7 alma escapó cual ave del lazo de los *c*
Pr. 6.5 escápate como gacela de la mano del *c*
Jer. 16.16 enviaré muchos *c*, y los cazarán por
Os. 9.8 profeta es lazo de *c* en. .sus caminos
Am. 3.5 ¿caerá el ave en lazo. .sin haber *c*?

CAZAR
Gn. 27.30 que Esaú su hermano volvió de *cazar*
Lv. 17.13 *cazare* animal o ave que sea de comer
Jue. 15.4 fue Sansón y *cazó* trescientas zorras
Job 10.16 si mi cabeza. .cual león tú me *cazas*
38.39 ¿*cazarás* tú la presa para el león?
Sal. 140.11 mal *cazará* al hombre injusto para
Pr. 6.26 mujer *caza* la preciosa alma del varón
12.27 el indolente ni aun asará lo. .*cazado*
Cnt. 2.15 *cazadnos* las zorras, las. .pequeñas
Jer. 5.26 pusieron trampa para *cazar* hombres
16.16 los *cazarán* por todo monte y por todo
Lm. 4.18 *cazaron* nuestros pasos, para que no
Ez. 13.18 velos mágicos. .para *cazar* las almas!
13.18 ¿habéis de *cazar*. .almas de mi pueblo
13.20 vendas mágicas, con que *cazáis*. .almas
13.20 las almas que vosotros *cazáis* volando
Lc. 11.54 procurando *cazar* alguna palabra de

CAZUELA
Lv. 2.7 si ofrecieres ofrenda cocida en *c*, se
7.9 lo que fuere preparado en sartén o en *c*

CEBADA
Éx. 9.31 el lino. .y la *c* fueron destrozados
9.31 la *c* estaba ya espigada, y el lino en
Lv. 27.16 un homer de siembra de *c* se valorará
Nm. 5.15 décima parte de un efa de harina de *c*
Dt. 8.8 tierra de trigo y *c*, de vides. .miel
Jue. 7.13 soñé un sueño: Veía un pan de *c* que
Rt. 1.22 Belén al comienzo de la siega de la *c*
2.17 espigó. .recogido, y fue como un efa de *c*
2.23 hasta que se acabó la siega de la *c* y
3.2 él avienta esta noche la parva de las *c*
3.15 midió seis medidas de *c*, y se las puso
3.17 seis medidas de *c* me dio, diciéndome
2 S. 14.30 tiene allí *c*; id y prendedle fuego
17.28 trajeron a David y. .*c*, harina, grano
21.9 muertos. .al comenzar la siega de la *c*
1 R. 4.28 traer *c* y paja para los caballos y
2 R. 4.42 veinte panes de *c*, y trigo nuevo en
7.1 dos seahs de *c* un siclo, a la puerta de
7.16,18 dos seahs de *c* por un siclo
1 Cr. 11.13 una parcela de tierra llena de *c*
2 Cr. 2.10 he dado. .veinte mil coros de *c*. .vino
2.15 envíe mi señor. .el trigo y *c*, y aceite
27.5 dieron los hijos de Amón. .10.000 de *c*
Job 31.40 abrojos, y espinos en lugar de *c*
Is. 28.25 pone. .la *c* en el lugar señalado, y la
Jer. 41.8 tesoros de trigos y *c* y aceites y
Ez. 4.9 toma para ti trigo, *c*, habas, lentejas
4.12 y comerás pan de *c* cocido debajo de la
13.19 habéis de profanarme. .por puñados de *c*
45.13 sexta parte de. .por cada homer de la *c*
Os. 3.2 la compré. .por. .un homer y medio de *c*
Jl. 1.11 gemid, viñeros, por el trigo y la *c*
Jn. 6.9 tiene cinco panes de *c* y dos pececillos
6.13 doce cestas. .de los cinco panes de *c*
Ap. 6.6 seis libras de *c* por un denario; pero

CEBOLLA
Nm. 11.5 melones, los puerros, las *c* y los ajos

CEDAR
1. Segundo hijo de Ismael, Gn. 25.13; 1 Cr. 1.29
2. Tribu descendiente de No. 1
Sal. 120.5 y habito entre las tiendas de *C*!
Cnt. 1.5 pero codiciable como las tiendas de *C*
Is. 21.16 toda la gloria de *C* será deshecha
21.17 de los valientes flecheros, hijos de *C*
42.11 alcen la voz. .aldeas donde habita *C*
60.7 todo el ganado de *C* será juntado para
Jer. 2.10 pasad a. .enviad a *C*, y considerad, y
49.28 acerca de *C* y de los reinos de Hazor
49.28 subid contra *C*. .destruid a los hijos
Ez. 27.21 los príncipes de *C* traficaban contigo

CEDEMA *Hijo de Ismael*, Gn. 25.15; 1 Cr. 1.31

CEDER
Jue. 20.36 los hijos de Israel *cedieron* campo
Job 27.6 justicia tengo asida, y no la *cederé*

CEDES
1. Ciudad cananea, posteriormente en Neftalí
Jos. 12.22 rey de *C*, otro; el rey de Jocneam
19.37 *C*, Edrei, En-hazor
20.7 señalaron a *C* en Galilea, en el monte
21.32 *C* en Galilea con sus ejidos. .refugio
Jue. 4.6 a llamar a Barac. .de *C* de Neftalí, y
4.9 levantándose Débora, fue con Barac a *C*
4.10 juntó Barac a Zabulón y a Neftalí en *C*
4.11 el valle de Zaanaim, que está junto a *C*
2 R. 15.29 Tiglat-pileser. .tomó a. .*C*, Hazor
1 Cr. 6.76 *C* en Galilea con sus ejidos, Hamón
2. Población en la frontera sur de Judá, Jos. 15.23
3. Ciudad de los levitas en Isacar (=Cisón No. 1), 1 Cr. 6.72

CEDRO
Lv. 14.6 tomará. .el *c*, la grana y el hisopo, y
14.49 tomará. .y madera de *c*, grana e hisopo
14.51 tomará el *c*, el hisopo, la grana y la
14.52 purificará la casa con la. .madera de *c*
Nm. 19.6 luego tomará. .madera de *c*, e hisopo
24.6 como áloes. .como *c* junto a las aguas
Jue. 9.15 salga fuego de la zarza y devore. .*c*
2 S. 5.11 Hiram rey de Tiro envió. .madera de *c*
7.2 habito en casa de *c*, y el arca de Dios
7.7 ¿por qué no me habéis edificado. .de *c*?
1 R. 4.33 disertó sobre. .el *c* del Líbano hasta
5.6 manda, pues. .que me corten *c* del Líbano
5.8 yo haré todo. .acerca de la madera de *c*
5.10 dio, pues, Hiram a Salomón madera de *c*
6.9 la casa. .la cubrió con artesonados de *c*
6.10 se apoyaba en la casa con maderas de *c*
6.15 cubrió las paredes de. .con tablas de *c*
6.16 un edificio de 20 codos, de tablas de *c*
6.18 cubierta de *c* por dentro. .Todo era *c*
6.20 asimismo cubrió de oro el altar de *c*
6.36 el atrio. .de una hilera de vigas de *c*
7.2 casa. .de columnas de *c*, con vigas de *c*
7.3 estaba cubierta de tablas de *c* arriba
7.7 pórtico. .cubrió de *c* del suelo al techo
7.11 arriba. .piedras costosas. .y madera de *c*
7.12 el gran atrio. .una hilera de vigas de *c*
9.11 Hiram rey de. .había traído. .madera de *c*
10.27 y los *c* como cabrahigos de la Sefela
2 R. 14.9 el cardo. .envió a decir al *c* que está
19.23 cortaré sus altos *c*, sus cipreses más
1 Cr. 14.1 Hiram rey de. .envió a. .madera de *c*
17.1 yo habito en casa de *c*, y el arca del
17.6 ¿por qué no me edificáis una casa de *c*?
22.3 mucho bronce. .y madera de *c* sin cuenta
22.4 habían traído a David. .de madera de *c*
2 Cr. 1.15 y *c* como cabrahigos de la Sefela en
2.3 enviándole *c* para que edificara para sí
2.8 envíame. .madera del Líbano: *c*, ciprés y
9.27 *c* como los cabrahigos de la Sefela en
25.18 envió al *c* que estaba en el Líbano
Esd. 3.7 trajesen madera de *c* desde el Líbano
Job 40.17 cola mueve como un *c*, y los nervios
Sal. 29.5 voz de Jehová que quebranta los *c*
29.5 quebrantó Jehová los *c* del Líbano
80.10 y con sus sarmientos los *c* de Dios
92.12 el justo. .crecerá como *c* en el Líbano
104.16 árboles. .*c* del Líbano que él plantó
148.9 montes. .árbol de fruto y todos los *c*
Cnt. 1.17 las vigas de nuestra casa son de *c*
5.15 su aspecto como el Líbano. .como los *c*
8.9 fuere. .la guarneceremos con tablas de *c*
Is. 2.13 sobre todos los *c* del Líbano altos y
9.10 cortaron. .pero en su lugar pondremos *c*
14.8 se regocijaron. .*c* del Líbano, diciendo
37.24 cortaré sus altos *c*, sus cipreses
41.19 daré en el desierto *c*, acacias. .olivos
44.14 corta *c*, y toma ciprés y encina, que
Jer. 22.14 casa. .la cubre de *c*, y la pinta de
22.15 ¿reinarás, porque te rodeas de *c*? ¿No
22.23 habitaste en. .hiciste tu nido en los *c*
Ez. 17.3 gran águila. .y tomó el cogollo del *c*
17.22 tomaré yo del cogollo de aquel alto *c*
17.23 y dará fruto, y se hará magnífico *c*
27.5 tomaron *c* del Líbano. .hacerte el mástil
27.24 negociaban contigo. .y en madera de *c*
31.3 he aquí era el asirio *c* en el Líbano
31.8 *c* no lo cubrieron en el huerto de Dios
Am. 2.9 cuya altura era como la altura de los *c*
Sof. 2.14 su enmaderamiento de *c*. .descubierto
Zac. 11.1 oh Líbano. .y consuma el fuego tus *c*
11.2 aúlla, oh ciprés, porque el *c* cayó

CEDRÓN *Torrente al oriente de Jerusalén*
2 S. 15.23 pasó. .toda la gente el torrente de *C*
1 R. 2.37 pasares el torrente de *C*, sin duda
15.13 ídolo. .lo quemó junto al torrente de *C*
2 R. 23.4 y los quemó fuera. .en el campo del *C*
23.6 hizo. .sacar la imagen. .al valle del *C*
23.6 la imagen. .la quemó en el valle del *C*
23.12 el rey. .arrojó el polvo al arroyo del *C*
2 Cr. 15.16 y la quemó junto al torrente de *C*
29.16 la inmundicia. .fuera al torrente de *C*
30.14 los altares. .echaron al torrente de *C*
Jer. 31.40 las llanuras hasta el arroyo de *C*
Jn. 18.1 Jesús. .salió. .al otro lado del. .de *C*

CEELATA *Lugar donde acampó Israel*, Nm. 33.22,23

CEFAS *=Simón No. 2 y Pedro*
Jn. 1.42 serás llamado *C*. .quiere decir Pedro
1 Co. 1.12 de Pablo; y yo de Apolos; y yo de *C*
3.22 sea *C*, sea el mundo, sea la vida, sea
9.5 como los. .los hermanos del Señor, y *C*?
15.5 que apareció a *C*, y después a los doce
Gá. 2.9 *C* y. .eran considerados como columnas

CEGAR
Gn. 26.15 pozos. .filisteos los habían *cegado*
26.18 los filisteos habían *cegado* después de
Éx. 23.8 porque el presente *ciega* a los que ven
Dt. 16.19 soborno *ciega* los ojos de los sabios
1 S. 12.3 tomado cohecho para *cegar* mis ojos
2 R. 3.19 *cegaréis* todas las fuentes de aguas
3.25 *cegaron*. .todas las fuentes de las aguas
2 Cr. 32.3 consejo. .*cegar* las fuentes de agua
32.4 *cegaron*. .las fuentes, y el arroyo que
Is. 6.10 y agrava sus oídos, y *ciega* sus ojos
29.9 ofuscaos y *cegaos*; embriagaos, y no de
Jn. 9.39 para que. .y los que ven, sean *cegados*
12.40 *cegó* los ojos. .y endureció su corazón
2 Co. 4.4 dios de este. .*cegó* el entendimiento
1 Jn. 2.11 las tinieblas le han *cegado* los ojos

CEGUERA
Gn. 19.11 hirieron con *c* desde el menor hasta
Dt. 28.28 te herirá con locura, *c* y turbación
2 R. 6.18 ruego que hieras con *c* a esta gente
6.18 hirió con *c*, conforme a la petición de
Zac. 12.4 a todo caballo de los pueblos. .con *c*

CEJA
Lv. 14.9 raerá. .*c* de sus ojos y todo su pelo

CELADA
Jer. 51.12 la guardia. .centinelas, disponed *c*
Hch. 23.16 oyendo hablar de la *c*, fue y entró
25.3 preparando ellos una *c* para matarle en

CELAR
Zac. 1.14 *celé* con gran celo a Jerusalén y a
8.2 *celé* a Sion con gran. .con gran ira la *c*
2 Co. 11.2 porque os *celo* con celo de Dios

CELEBRACIÓN
Éx. 13.5 la tierra. .harás esta *c* en este mes
Est. 9.32 el mandamiento de Ester confirmó. .*c*

CELEBRAR
Éx. 5.1 a mi pueblo a *celebrarme* fiesta en el,
12.14 lo *celebraréis* como fiesta solemne para
12.14 por estatuto perpetuo lo *celebraréis*
12.48 quisiere *celebrar* la pascua para Jehová
12.48 circuncidado todo varón. .la *celebrará*
23.14 veces en el año me *celebraréis* fiesta
31.16 *celebrándolo* por sus generaciones por
34.22 *celebrarás* la fiesta de las semanas
Nm. 9.2 hijos de Israel *celebrarán* la pascua
9.3 la *celebraréis* a su tiempo; conforme a
9.3 y conforme a. .sus leyes la *celebraréis*
9.4 y habló. .para que *celebrasen* la pascua
9.5 *celebraron* la pascua en el mes primero
9.6 algunos. .no pudieron *celebrar* la pascua
9.10 estuviere inmundo. .*celebrará* la pascua
9.11 mes, entre las dos tardes, la *celebrarán*
9.12 conforme a todos los ritos. .*celebrarán*
9.13 si dejare de *celebrar* la pascua, la tal
9.14 y si. .extranjero, y *celebrare* la pascua
9.14 y conforme a sus leyes la *celebrará*
29.12 y *celebraréis* fiesta solemne a Jehová
Dt. 16.15 *celebrarás* fiesta solemne a Jehová
29.1 que *celebrase* con los hijos de Israel
Jos. 5.10 y *celebraron* la pascua a los 14 días
9.15 y Josué hizo. .*celebró* con ellos alianza
Rt. 4.14 cuyo nombre será *celebrado* en Israel
1 S. 20.6 familia *celebran* allá el sacrificio
20.29 nuestra familia *celebra* sacrificio en
1 R. 12.32 la fiesta. .que se *celebraba* en Judá
2 Cr. 6.11 el pacto de Jehová que *celebró* con
7.9 habían *celebrado* la fiesta. .siete días
30.1 para *celebrar* la pascua a Jehová Dios

CELEBRAR *(Continúa)*
2 Cr. 30.2 tomado consejo. .para *celebrar* la pascua
30.3 no la podían *celebrar*, por cuanto no
30.5 viniesen a *celebrar* la pascua a Jehová
30.5 en mucho tiempo no la habían *celebrado*
30.13 se reunió en. .para *celebrar* la fiesta
30.21 *celebraron* la fiesta. .de los panes sin
30.23 *celebrasen* la fiesta por. .siete días
30.23 fiesta. .la *celebraron* otros siete días
35.1 Josías *celebró* la pascua a Jehová en
35.8 dieron a los. .para *celebrar* la pascua
35.16 preparado. .día, para *celebrar* la pascua
35.17 *celebraron* la pascua en aquel tiempo
35.18 nunca fue *celebrada* una pascua como
35.18 *celebró* pascua tal como la que *c* el
35.19 esta pascua fue *celebrada* en el año 18
Esd. 3.4 *celebraron*. .la fiesta solemne de los
6.19 *celebraron* la pascua a los 14 días del
6.22 y *celebraron* con regocijo la fiesta
Est. 9.21 ordenándoles que *celebrasen* el día
9.27 no dejarían de *celebrar* estos dos días
9.28 que estos días serían. .*celebrados* por
Sal. 30.4 *celebrad* la memoria de su santidad
89.5 *celebrarán* los cielos tus maravillas
145.4 generación a. .*celebrará* tus obras, y
Is. 30.29 de noche en que se *celebra* pascua
Jer. 34.18 palabras del pacto que *celebraron*
Nah. 1.15 *celebra*, oh Judá, tus fiestas, cumple
Zac. 14.16 subirán. .*celebrar* la fiesta de los
14.18,19 no subieren a *celebrar* la fiesta
Mt. 14.6 cuando se *celebraba* el cumpleaños de
26.2 dentro de dos días se *celebra* la pascua
26.18 en tu casa *celebraré* la pascua con mis
Jn. 10.22 *celebrábase* en Jerusalén la fiesta
1 Co. 5.8 *celebremos* la fiesta, no. .levadura
He. 11.28 por la fe *celebró* la pascua. .sangre

CÉLEBRE
Is. 12.4 *c* en los pueblos sus obras, recordad
Ez. 39.13 será para ellos *c* el día en que yo

CELESTE
Ef. 6.12 huestes. .de maldad en las regiones *c*

CELESTIAL
Mt. 6.14 os perdonará también. .vuestro Padre *c*
6.26 las aves. .vuestro Padre *c* las alimenta
6.32 Padre *c* sabe que tenéis necesidad de
15.13 toda planta que no plantó mi Padre *c*
18.35 también mi Padre *c* hará con vosotros
Lc. 2.13 multitud de las huestes *c*. .alababan
11.13 ¿cuánto más vuestro Padre *c* dará el
Jn. 3.12 ¿cómo creeréis si os dijere las *c?*
Hch. 26.19 rey. .no fui rebelde a la visión *c*
1 Co. 15.40 cuerpos *c*, y cuerpos terrenales
15.40 una es la gloria de los *c*, y otra la
15.48 terrenal. .y cual el *c*. . también los *c*
15.49 traeremos también la imagen del *c*
2 Co. 5.2 revestidos de. .nuestra habitación *c*
Ef. 1.3 que nos bendijo con. .en los lugares *c*
1.20 sentándole a su diestra en. .lugares *c*
2.6 hizo sentar en los lugares *c* con Cristo
3.10 ahora dada a conocer. .en los lugares *c*
2 Ti. 4.18 el Señor. .preservará para su reino *c*
He. 3.1 santos participantes del llamamiento *c*
6.4 y gustaron del don *c*, y fueron hechos
8.5 que es figura y sombra de las cosas *c*
9.23 que las figuras de las cosas *c* fuesen
9.23 las cosas *c*. .con mejores sacrificios
11.16 pero anhelaban una mejor, esto es, *c*
12.22 la ciudad del Dios vivo, Jerusalén la *c*
Ap. 19.14 los ejércitos *c*, vestidos. .le seguían

CELO
Gn. 30.41 cuantas veces se hallaban en *c* las
31.10 al tiempo que las ovejas estaban en *c*
Nm. 5.14 si viniere. .espíritu de *c*, y tuviere *c*
5.15 es ofrenda de *c*, ofrenda recordativa
5.18 recordativa, que es la ofrenda de *c;* y
5.25 tomará. .la ofrenda de los *c*, y la mecerá
5.29 esta es la ley de los *c*, cuando la mujer
5.30 pasare espíritu de celos, y tuviere *c*
11.29 Moisés le respondió: ¿Tienes tú *c* por
25.11 hecho apartar mi furor. .llevado de *c*
25.11 yo no he consumido en mi *c* a. .Israel
25.13 por cuanto tuvo *c* por su Dios e hizo
Dt. 29.20 humeará la ira. .*c* sobre el tal hombre
32.16 despertaron a *c* con los dioses ajenos
32.21 ellos me movieron a *c*. .los moveré a *c*
2 S. 21.2 Saúl había procurado matarlos en su *c*
1 R. 19.10,14 he sentido un vivo *c* por Jehová
2 R. 10.16 ven conmigo, y verás mi *c* por Jehová
19.31 *c* de Jehová de los ejércitos hará esto
Sal. 69.9 porque me consumió el *c* de tu casa
78.58 le provocaron a *c* con sus imágenes de
79.5 hasta cuándo. .¿Arderá como fuego tu *c?*
119.139 mi *c* me ha consumido, porque mis
Pr. 6.34 porque los *c* son el furor del hombre
Cnt. 8.6 el amor; duros como el sepulcro los *c*
Is. 9.7; 37.32 *c* de Jehová de los. .hará esto
42.13 y como hombre de guerra despertará *c*
59.17 ropas de. .se cubrió de *c* como de manto
63.15 tu *c*, y tu poder, la conmoción de tus
Jer. 2.24 en el tiempo de su *c* la hallarán
Ez. 5.13 y sabrán que yo. .he hablado en mi *c*
8.3 de la imagen del *c*, la que provoca a *c*
8.5 junto a la puerta. .aquella imagen del *c*
16.38 y traeré sobre ti sangre de ira y de *c*
16.42 y se apartará de ti mi *c*, y descansaré
23.25 y pondré mi *c* contra ti, y procederán
35.11 y conforme a tu *c* con que procediste
36.5 he hablado. .en el fuego de mi *c* contra
36.6 en mi *c*. .he hablado, por cuanto habéis
38.19 he hablado en mi *c*, y en el fuego de
Sof. 1.18 será consumida con el fuego de su *c*
3.8 por el fuego de mi *c* será consumida toda
Zac. 1.14 celé con gran *c* a Jerusalén y a Sion
8.2 celé a Sion con gran *c*, y con gran ira
Jn. 2.17 escrito: El *c* de tu casa me consume
Hch. 5.17 secta de. .saduceos, se llenaron de *c*
13.45 judíos. .se llenaron de *c*, y rebatían lo
17.5 los judíos que no creían, teniendo *c*
Ro. 10.2 doy testimonio de que tienen *c* de Dios
10.19 os provocaré a *c* con un pueblo que no
11.11 a los gentiles, para provocarles a *c*
11.14 puedo provocar a *c* a los de mi sangre
1 Co. 3.3 habiendo entre vosotros *c*. .carnales
10.22 ¿o provocaremos a *c* al Señor? ¿Somos
2 Co. 7.11 qué temor, qué ardiente afecto. .*c*
9.2 y vuestro *c* ha estimulado a la mayoría
11.2 porque os celo con *c* de Dios; pues os
Gá. 4.17 tienen *c* por vosotros, pero no. .bien
4.17 para que vosotros tengáis *c* por ellos
4.18 bueno es mostrar *c* en lo bueno siempre
5.20 pleitos, *c*. .contiendas, disensiones
Fil. 3.6 cuanto a *c*, perseguidor de la iglesia
Stg. 3.14 pero si tenéis *c*. .en vuestro corazón
3.16 porque donde hay *c*. .hay perturbación y

CELOSAMENTE
Stg. 4.5 el Espíritu que él ha hecho. .anhela *c?*

CELOSÍA
Jue. 5.28 madre. .por entre las *c* a voces dice
Pr. 7.6 mirando yo por la ventana de. .por mi *c*
Cnt. 2.9 por las ventanas, atisbando por las *c*

CELOSO
Éx. 20.5 yo soy Jehová tu Dios, fuerte, *c*, que
34.14 Jehová, cuyo nombre es *C*, Dios *c* es
Dt. 4.24 Jehová. .es fuego consumidor, Dios *c*
5.9 porque yo soy Jehová tu Dios, fuerte, *c*
6.15 el Dios *c*. .tu Dios, en medio de ti está
Jos. 24.19 porque él es Dios santo, y Dios *c*
Ez. 39.25 me mostraré *c* por mi santo nombre
Nah. 1.2 Jehová es Dios *c* y vengador. .se venga
Hch. 21.20 han creído; y todos son *c* por la ley
22.3 *c* de Dios, como hoy lo sois. .vosotros
Gá. 1.14 más *c* de las tradiciones de mis padres
Tit. 2.14 un pueblo propio, *c* de buenas obras
Ap. 3.19 castigo a. .sé, pues, *c*, y arrepiéntete

CENA
Mt. 23.6 y aman los primeros asientos en las *c*
Mr. 6.21 daba una *c* a sus príncipes y tribunos
12.39 sillas. .los primeros asientos en las *c*
Lc. 14.12 cuando hagas comida o *c*, no llames a
14.16 un hombre hizo una gran *c*, y convidó
14.17 y a la hora de la *c* envió a su siervo
14.24 que ninguno de aquellos. .gustará mi *c*
17.8 ¿no le dice. .Prepárame la *c*, cíñete, y
20.46 aman. .los primeros asientos en las *c*
Jn. 12.2 le hicieron allí una *c;* Marta servía
13.4 se levantó de la *c*, y se quitó su manto
21.20 en la *c* se había recostado al lado de
1 Co. 11.20 esto no es comer la *c* del Señor
11.21 uno se adelanta a tomar su propia *c*
Ap. 19.9 bienaventurados los. .llamados a la *c*
19.17 venid, y congregaos a la. .*c* de Dios

CENAGOSO
Sal. 40.2 hizo sacar. .del lodo *c;* puso mis pies

CENAR
Lc. 22.20 después que. .*cenado*, tomó la copa
Jn. 13.2 y cuando *cenaban*, como el diablo ya
1 Co. 11.25 la copa, después de haber *cenado*
Ap. 3.20 entraré a él, y *cenaré* con él, y él

CENAZ
1. *Hijo de Elifaz y nieto de Esaú*, Gn. 36.11,15; 1 Cr. 1.36
2. *Jefe de los edomitas (posiblemente =No. 1)*, Gn. 36.42; 1 Cr. 1.53
3. *Padre de Otoniel*, Jos. 15.17; Jue. 1.13; 3.9,11; 1 Cr. 4.13
4. *Nieto de Caleb*, 1 Cr. 4.15

CENCREA *Puerto cerca de Corinto*
Hch. 18.18 habiéndose rapado la cabeza en *C*
Ro. 16.1 Febe. .es diaconisa de la iglesia en *C*

CENEO *Tribu nómada en Palestina*
Gn. 15.19 la tierra de los *c*, los cenezeos, los
Nm. 24.21 viendo al *c*, tomó su parábola y dijo
24.22 porque el *c* será echado, cuando Asiria
Jue. 1.16 y los hijos del *c*, suegro de Moisés
4.11 y Heber *c*. .se había apartado de los *c*
4.17 a la tienda de Jael mujer de Heber *c*
4.17 paz entre Jabín. .y la casa de Heber *c*
5.24 bendita sea. .Jael, mujer de Heber *c*
1 S. 15.6 dijo Saúl a los *c*. .apartaron los *c*
27.10 David decía. .o en el Neguev de los *c*
30.29 en. .de Jerameel, en las ciudades del *c*
1 Cr. 2.55 los cuales son los *c* que vinieron

CENEZEO *Descendiente de Cenaz No. 1 ó 2*, Gn. 15.19; Nm. 32.12; Jos. 14.6,14

CENIZA
Gn. 18.27 replicó y dijo. .aunque soy polvo y *c*
Éx. 9.8 tomad puñados de *c* de un horno, y la
9.10 y tomaron *c* del horno, y se pusieron
27.3 harás. .sus calderos para recoger la *c*
Lv. 1.16 junto al altar, en el lugar de las *c*
4.12 un lugar limpio, donde se echan las *c*
4.12 en donde se echan las *c* será quemado
6.10 apartará él las *c* de sobre el altar, y
6.11 sacará las *c* fuera del campamento a un
Nm. 4.13 quitarán la *c* del altar, y extenderán
19.9 un hombre limpio recogerá las *c* de la
19.10 el que recogió las *c* de la vaca lavará
19.17 tomarán de la *c* de la vaca quemada de
Dt. 28.24 dará Jehová por lluvia a. .polvo y *c*
2 S. 13.19 Tamar tomó *c* y la esparció sobre su
1 R. 13.3 la *c* que sobre él está se derramará
13.5 se rompió, y se derramó la *c* del altar
17.13 una pequeña torta cocida debajo de la *c*
2 R. 23.4 e hizo llevar las *c* de ellos a Bet-el
Est. 4.1 se vistió de cilicio y de *c*, y se fue
4.3 luto. .cilicio y *c* era la cama de muchos
Job 2.8 tomaba Job un. .sentado en medio de *c*
13.12 vuestras máximas son refranes de *c*, y
30.19 lodo, y soy semejante al polvo y a la *c*
42.6 por tanto. .me arrepiento en polvo y *c*
Sal. 102.9 por lo cual yo como *c* a manera de pan
147.16 nieve. .y derrama la escarcha como *c*
Is. 44.20 de *c* se alimenta; su corazón engañado
58.5 junco, y haga cama de cilicio y de *c?*
61.3 se les dé gloria en lugar de *c*, óleo de
Jer. 6.26 cíñete de cilicio, y revuélcate en *c*
31.40 el valle de los cuerpos muertos y de. .*c*
Lm. 3.16 mis dientes quebró. .me cubrió de *c*
Ez. 4.12 y comerás pan. .cocido debajo de la *c*
27.30 polvo sobre sus. .y se revolcarán en *c*
28.18 puse en *c* sobre la tierra a los ojos de
Dn. 9.3 buscándole en oración y. .cilicio y *c*
Jon. 3.6 el rey de Nínive. .y se sentó sobre *c*
Mal. 4.3 los cuales serán *c* bajo las plantas de
Mt. 11.21 que se hubieran arrepentido en. .en *c*
Lc. 10.13 sentadas en cilicio y *c*, se habrían
He. 9.13 y las *c* de la becerra rociadas a los
2 P. 2.6 condenó a. .Sodoma. .reduciéndolas a *c*

CENSAR
2 S. 24.10 después que David hubo *censado* al

CENSO
Éx. 38.26 los que pasaron por el *c*, de edad de
Nm. 1.2; 26.2 tomad el *c* de. .la congregación
2 S. 24.1 incitó. .vé, haz un *c* de Israel y de
24.2 haz un *c* del pueblo, para que yo sepa
24.4 para hacer el *c* del pueblo de Israel
24.9 y Joab dio el *c* del pueblo al rey
1 Cr. 21.1 e incitó a David a que hiciese *c* de
21.2 id, haced *c* de Israel desde Beerseba
23.24 Leví. .jefes de familias según el *c* de
Lc. 2.2 *c* se hizo siendo Cirenio gobernador de
Hch. 5.37 se levantó Judas. .en los días del *c*

CENSURA
Job 6.25 pero ¿qué reprende la *c* vuestra?
20.3 la reprensión de mi *c* he oído, y me hace
Pr. 13.8 sus riquezas; pero el pobre no oye *c*

CENSURAR
Job 6.26 ¿pensáis *censurar* palabras. .discursos
1 Co. 10.30 ¿por qué he de ser *censurado* por
2 Co. 8.20 nadie nos *censure* en cuanto a esta

CENTELLA
Job 18.5 y no resplandecerá la *c* de su fuego
41.19 de su boca salen. .*c* de fuego proceden
Is. 1.31 será. .estopa, y lo que hizo como *c*

CENTELLEAR
Ez. 1.7 *centelleaban* a manera de bronce muy

CENTENA
Éx. 18.21 ponlos sobre el pueblo por jefes. .*c*
Nm. 31.14 contra los jefes de millares y de *c*
31.48 vinieron. .los jefes de millares y de *c*
31.52 que ofrecieron a Jehová los jefes de. .*c*
31.54 recibieron. .el oro de los jefes de. .*c*
Dt. 1.15 jefes. .de *c*, de cincuenta y de diez
1 S. 22.7 os hará a todos vosotros jefes de *c*
2 S. 18.1 David. .puso sobre ellos. .jefes de *c*

CENTENA *(Continúa)*
2 R. 11.4 año envió Joiada y tomó jefes de *c*
11.9 los jefes de *c*. .hicieron todo como el
11.10 el sacerdote dio a los jefes de *c* las
11.15 mandó a los jefes de *c*. .Sacadla fuera
11.19 tomó a los jefes de *c*, los capitanes
1 Cr. 13.1 consejo con los capitanes de. .de *c*
26.26 los capitanes de millares y de *c*, y los
27.1 jefes de millares y de *c*, y oficiales
28.1 reunió David. .jefes de millares y de *c*
29.6 jefes. .de *c*. .ofrecieron voluntariamente
2 Cr. 1.2 convocó. .a jefes de millares y de *c*
23.1 tomó. .a los jefes de *c* Azarías hijo de
23.9 dio. .Joiada a los jefes de *c* las lanzas
23.14 mandó que salieran los jefes de *c* del
23.20 llamó después a los jefes de *c*, y a los
25.5 puso jefes de millares y de *c* sobre todo

CENTENO
Éx. 9.32 el trigo y el *c* no fueron destrozados

CENTÉSIMA
Neh. 5.11 que les devolváis hoy. .la *c* parte del

CENTINELA
Jue. 7.19 cuando acababan de renovar los *c*
1 S. 14.16 y los *c* de Saúl vieron desde Gabaa
Neh. 4.22 de noche sirvan de *c* y de día en la
Sal. 130.6 alma espera a Jehová más que los *c*
Is. 21.6 vé, pon *c* que haga saber lo que vea
Jer. 51.12 guardia, poned *c*, disponed celadas

CENTRAL
Éx. 25.34 la caña *c* del candelero cuatro copas
2 Cr. 7.7 consagró la parte *c* del atrio que
Ez. 38.12 que mora en la parte *c* de la tierra

CENTURIÓN
Mt. 8.5 Capernaum, vino a él un *c*, rogándole
8.8 respondió el *c*. .Señor, no soy digno de
8.13 Jesús dijo al *c*: Vé, y como creíste, te
27.54 *c*. .visto el terremoto, y las. .temieron
Mr. 15.39 el *c* que estaba frente a él, viendo
15.44 y haciendo venir al *c*, le preguntó si
15.45 e informado por el *c*, dio el cuerpo a
Lc. 7.2 el siervo de un *c*, a quien éste quería
7.3 cuando el *c* oyó hablar de Jesús. .envió
7.6 el *c* envió a él unos amigos, diciéndole
23.47 cuando el *c* vio lo que. .acontecido, dio
Hch. 10.1 *c* de la compañía llamada la Italiana
10.22 Cornelio el *c*, varón justo y temeroso
21.32 tomando. .soldados y *c*, corrió a ellos
22.25 cuando le ataron con. .Pablo dijo al *c*
22.26 cuando el *c* oyó esto, fue y dio aviso
23.17 Pablo, llamando a uno de los *c*, dijo
23.23 llamando a dos *c*, mandó que preparasen
24.23 mando al *c* que se custodiase a Pablo
27.1 entregaron a Pablo. .un *c* llamado Julio
27.6 hallando allí el *c* una nave alejandrina
27.11 pero el *c* daba más crédito al piloto y
27.31 Pablo dijo al *c* y a los soldados: Si
27.43 pero el *c*, queriendo salvar a Pablo
28.16 el *c* entregó los presos al prefecto

CEÑIDO *Véase Ceñir*

CEÑIDOR
Is. 11.5 y será la. .fidelidad *c* de su cintura

CEÑIMIENTO
Is. 3.24 en lugar de ropa de gala *c* de cilicio

CEÑIR
Éx. 12.11 comeréis así: *ceñidos* vuestros lomos
27.17 las columnas. .estarán *ceñidas* de plata
29.5 a Aarón. .*ceñirás* con el cinto del efod
29.9 les *ceñirás* el cinto de Aarón y a sus
38.28 y cubrió los capiteles de. .y las *ciñó*
Lv. 8.7 puso. .túnica, y le *ciñó* con el cinto
8.7 el efod, y lo *ciñó* con el cinto del efod
8.13 les *ciñó* con cintos, y les ajustó las
16.4 la túnica. .se *ceñirá* el cinto de lino
Jue. 3.16 y se lo *ciñó* debajo de sus vestidos
1 S. 2.4 arcos. .los débiles se *ciñeron* de poder
17.39 *ciñó* David su espada sobre. .vestidos
25.13 *ciñase* cada uno su espada. Y se *ciñó*
25.13 David se *ciñó* su espada; y subieron
2 S. 3.31 David a. .*ceñíos* de cilicio, y haced
20.8 Joab estaba *ceñido* de su ropa, y sobre
21.16 Isbi-benob, uno. .*ceñido* con una espada
22.33 Dios es el que me *ciñe* de fuerza, y
22.40 me *ceñiste* de fuerzas para la pelea
1 R. 7.23 mar. .lo *ceñía*. .un cordón de 30 codos
7.24 bolas. .que *ceñían* el mar. .en dos filas
18.46 *ciñó*. .lomos, y corrió delante de Acab
20.11 no se alabe tanto el que se *ciñe* las
20.32 *ciñeron*, pues, sus lomos con cilicio
2 R. 1.8 y *ceñía* sus lomos con un cinturón de
3.21 los que apenas podían *ceñir* armadura en
4.29 dijo. .*Ciñe* tus lomos, y toma mi báculo
9.1 *ciñe* tus lomos, y toma esta redoma de
2 Cr. 4.2 un cordón de treinta codos. .lo *ceñía*
Neh. 4.18 cada uno tenía su espada *ceñida* a
Job 30.18 me *ciñe* como el cuello de mi túnica
31.36 yo lo. .me lo *ceñiría* como una corona
38.3 ahora *ciñe* como varón tus lomos; yo te
40.7 *ciñete* ahora como varón tus lomos; yo
Sal. 18.32 Dios es el que me *ciñe* de poder, y
18.39 me *ceñiste* de fuerzas para la pelea
30.11 desataste mi. .y me *ceñiste* de alegría
45.3 *ciñe* tu espada sobre el. .oh valiente
65.6 afirma los montes. .*ceñido* de valentía
65.12 y los collados se *ciñen* de alegría
93.1 Jehová se vistió, se *ciñó* de poder
109.19 y en lugar de cinto con que se *ciña*
Pr. 30.31 el *ceñido* de lomos. .el macho cabrío
31.17 *ciñe* de fuerza sus lomos. .sus brazos
Is. 8.9 reuníos. .ceñíos, y seréis quebrantados
15.3 se *ceñirán* de cilicio en sus calles; en
22.21 lo *ceñiré* de tu talabarte, y entregaré
32.11 desnudaos, *ceñid* los lomos con cilicio
45.5 yo te *ceñiré*, aunque tú no me conociste
49.18 y de ellos serás *ceñida* como novia
Jer. 1.17 tú, pues, *ciñe* tus lomos, levántate
6.26 hija de mi pueblo, *cíñete* de cilicio
13.1 cómprate un cinto. .y *cíñelo* sobre tus
Lm. 2.10 echaron polvo. .se *ciñeron* de cilicio
Ez. 7.18 se *ceñirán* también de cilicio, y les
16.10 y te. .*ceñí* de lino y te cubrí de seda
23.15 *ceñidos* por sus lomos con talabartes
27.31 *ceñirán* de cilicio, y endecharán por ti
44.18 no se *ceñirán* cosa que los haga sudar
Dn. 10.5 y *ceñidos* sus lomos de oro de Ufaz
Jl. 1.13 *ceñíos* y lamentad, sacerdotes; gemid
Nah. 2.1 *cíñete* los lomos, refuerza. .tu poder
Lc. 12.35 *ceñidos* vuestros lomos, y vuestros
12.37 se *ceñirá*, y hará que se sienten a la
17.8 cena, *cíñete*, y sírveme hasta que haya
Jn. 13.4 manto, y tomando una toalla. .la *ciñó*
13.5 con la toalla con que estaba *ceñido*
21.7 oyó que era el Señor, se *ciñó* la ropa
21.18 te *ceñías*, e ibas a donde querías; mas
21.18 te *ceñirá* otro, y te llevará a donde
Hch. 12.8 dijo. .*Cíñete*, y átate las sandalias
27.17 usaron de refuerzos para *ceñir* la nave
Ef. 6.14 *ceñidos* vuestros lomos con la verdad
1 P. 1.13 *ceñid* los lomos de. .entendimiento
Ap. 1.13 *ceñido* por el pecho con un cinto de
15.6 *ceñidos* alrededor del pecho con cintos

CEPA
Gn. 49.11 atando a. .a la *c* el hijo de su asna
Dn. 4.15,23 la *c* de sus raíces dejaréis en la
4.26 la orden de dejar. .la *c* de las raíces

CEPILLO
Is. 44.13 el carpintero. .lo labra con los *c*

CEPO
Job 13.27 pones. .mis pies en el *c*, y observas
33.11 puso mis pies en el *c*, y vigiló todas
Jer. 20.2 puso en el *c* que estaba en la puerta
20.3 el día siguiente. .sacó a Jeremías del *c*
29.26 todo hombre loco. .poniéndolo en. .el *c*
Hch. 16.24 metió. .les aseguró los pies en el *c*

CERA
Sal. 22.14 mi corazón fue como *c*, derritiéndose
68.2 como se derrite la *c* delante del fuego
97.5 montes se derritieron como *c* delante de
Mi. 1.4 valles se hendirán como la *c* delante

CERCA *(s.)*
Sal. 62.3 aplastarle como pared. .*c* derribada?
Pr. 24.31 y su *c* de piedra estaba ya destruida
Is. 5.5 le quitaré su. .su *c*, y será hollada

CERCA *(adv.)*
Dt. 30.14 porque muy *c* de ti está la palabra
Job 10.13 estas cosas. .yo sé que están *c* de ti
Sal. 22.11 no te alejes. .la angustia está *c*
Pr. 27.10 mejor es el vecino *c* que el hermano
Is. 13.6 aullad, porque *c* está el día de Jehová
33.13 los que estáis *c*, conoced mi poder
Jer. 23.23 ¿soy yo Dios de *c* solamente, dice
25.26 los de *c* y los de lejos, los unos con
48.24 todas las ciudades. .de lejos y las de *c*
Ez. 22.5 las que están *c* de ti. .reirán de ti
Dn. 9.7 y todo Israel, los de *c* y los de lejos
Mr. 13.28 brotan. .sabéis que el verano está *c*
13.29 así. .conoced que está *c*, a las puertas
Ro. 10.8 ¿qué dice? *C* de ti está la palabra, en
13.11 ahora está más *c* de. .nuestra salvación
Ef. 2.17 anunció. .lejos y a los que estaban *c*
2 Ts. 2.2 sentido de que el día del Señor. .*c*
Ap. 22.10 no selles las palabras de la. .está *c*

CERCADO *Véase también Cercar*
1 Cr. 4.23 alfareros, y moraban en medio de. .*c*

CERCANO, NA
Lv. 21.2 por su pariente *c*, por su madre o por
21.3 por su hermana virgen, a él *c*, la cual
25.49 su tío. .o un pariente *c*. .lo rescatará
Nm. 20.16 en Cades, ciudad *c* a tus fronteras
22.41 desde allí vio a los más *c* del pueblo
23.13 los veas; solamente los más *c* verás
27.11 daréis su herencia a su pariente más *c*
Dt. 4.7 ¿qué nación. .tenga dioses tan *c* a ellos
21.3,6 ancianos de la ciudad más *c* al lugar
32.35 porque el día de su aflicción está *c*
Jue. 18.22 habitaban en las casas *c* a. .Micaía
Rt. 3.9 extiende. .por cuanto eres pariente *c*
3.12 soy pariente *c*. .hay pariente más *c* que
1 S. 4.19 su nuera. .estaba *c* al alumbramiento
1 R. 21.2 dame tu viña para. .está *c* a mi casa
Est. 9.20 cartas a. .los judíos. .*c* y distantes
Sal. 34.18 *c* está Jehová a los quebrantados de
38.11 amigos. .lejos. .y mis *c* se han alejado
75.1 gracias te damos, pues *c* está tu nombre
85.9 *c* está su salvación a los que le temen
88.3 mi alma está hastiada. .vida *c* al Seol
119.151 *c* estás tú, oh Jehová, y todos tus
145.18 *c* está Jehová a. .los que le invocan
148.14 alábenle todos sus. .el pueblo a él *c*
Pr. 10.14 mas la boca del necio es calamidad *c*
Is. 13.22 y *c* a llegar está su tiempo, y sus
50.8 *c* está de mí el que me salva; ¿quién
51.5 *c*. .mi justicia, ha salido mi salvación
55.6 buscad a. .llamadle en tanto que está *c*
56.1 porque *c* está mi salvación para venir
57.19 paz, paz al que está lejos y al *c*, dijo
Jer. 12.2 *c* estás tú en sus bocas, pero lejos
23.30 que hurtan mis palabras. .de su más *c*
48.16 *c* está el quebrantamiento de Moab para
Ez. 7.7 el tiempo viene, *c* está el día; día de
Jl. 1.15 *c* está el día de Jehová, y vendrá como
2.1 viene el día de Jehová, porque está *c*
3.14; Abd. 15 *c* está el día de Jehová
Sof. 1.7 calla. .porque el día de Jehová esta *c*
1.14 *c* está el día grande. .*c* y muy próximo
Ef. 2.13 habéis sido hechos *c* por la sangre de

CERCAR
Jue. 20.43 así *cercaron* a los de Benjamín, y
2 Cr. 14.7 y *cerquémoslas* de muros con torres
Job 1.10 ¿no le has *cercado* alrededor a él y
19.8 *cercó* de vallado mi camino, y no pasaré
Sal. 12.8 *cercando* andan los malos, cuando la
17.11 *cercado* ahora nuestros pasos; tienen
22.12 fuertes toros de Basán me han *cercado*
22.16 me ha *cercado* cuadrilla de malignos
88.17 me han rodeado. .a una me han *cercado*
Cnt. 7.2 como montón de trigo *cercado* de lirios
Is. 5.2 *cercado* y despedregado y plantado de
Lm. 3.7 me *cercó* por todos lados, y no puedo
3.9 *cercó* mis caminos con piedra labrada, y
Ez. 46.22 los cuatro rincones. .patios *cercados*
Os. 2.6 la *cercaré* con seto, y no hallará sus
Mt. 21.33 la *cercó* de vallado, cavó en ella un
Mr. 12.1 plantó una viña, la *cercó* de vallado

CERCENAR
2 R. 10.32 comenzó. .a *cercenar* el territorio de

CERCIORAR
Hch. 24.11 como tú puedes *cerciorarte*, no hace

CERCO
Éx. 27.5 pondrás dentro del *c* del altar abajo
38.4 enrejado. .que puso por debajo de su *c*
Ez. 4.3 plancha de hierro. .será en lugar de *c*

CERDO
Lv. 11.7 también el *c*. .los tendréis por inmundo
Dt. 14.8 *c*. .tiene pezuña hendida, mas no rumia
Pr. 11.22 zarcillo de oro en el hocico de un *c*
Is. 65.4 comen carne de *c*, y en sus ollas hay
66.3 ofrenda, como si ofreciese sangre de *c*
66.17 comen carne de *c* y abominación y ratón
Mt. 7.6 ni echéis vuestras perlas delante de. .*c*
8.30 estaba paciendo lejos. .hato de muchos *c*
8.31 fuera, permítenos ir a aquel hato de *c*
8.32 se fueron a aquel hato de *c*; y he aquí
8.32 todo el hato de *c* se precipitó en el mar
Mr. 5.11 cerca del. .un gran hato de *c* paciendo
5.12 envíanos a los *c* para que entremos en
5.13 entraron en los *c*. .eran como dos mil
5.14 y los que apacentaban los *c* huyeron, y
5.16 contaron. .lo habían visto. .lo de los *c*
Lc. 8.32 un hato de muchos *c* que pacían en el
8.33 entraron en los *c*; y el hato. .se ahogó
8.34 los que apacentaban los *c*. .vieron lo que
15.15 le envió a su. .para que apacentase *c*
15.16 deseaba. .algarrobas que comían los *c*

CERETEO
1. Tribu vecina de los filisteos
1 S. 30.14 la parte del Neguev que es de los *c*
Ez. 25.16 cortaré a los *c*, y destruiré el resto
Sof. 2.5 ¡ay de los que. .del pueblo de los *c*!
2. Tropa de No. 1 que servía a David
2 S. 8.18 Benaía hijo. .sobre los *c* y peleteos
15.18 pasaban a su lado, con. .los *c* y peleteos
20.7 salieron en pos de él. .los *c* y peleteos
20.23 Benaía hijo de. .sobre los *c* y peleteos

CERETEO ***(Continúa)***
1 R. 1.38 descendieron..los *c* y los peleteos
1.44 y el rey ha enviado con él..a los *c* y
1 Cr. 18.17 Benaía hijo de..estaba sobre los *c*

CERRADO ***Véase Cerrar***

CERRADURA
1 S. 23.7 entrando en ciudad con puertas y *c*
1 R. 4.13 sesenta..ciudades con..*c* de bronce
Neh. 3.3,6,13 levantaron sus puertas, con sus *c*
3.14,15 levantó sus puertas, sus *c*..cerrojos

CERRAR
Gn. 2.21 tomó una..y *cerró* la carne en su lugar
7.16 vinieron..y Jehová le *cerró* la puerta
8.2 se *cerraron* las fuentes del abismo y las
19.6 salió a..a la puerta, y *cerró* la puerta
19.10 metieron a Lot en..y *cerraron* la puerta
20.18 Jehová había *cerradc*..toda matriz de la
46.4 y la mano de José *cerrará* tus ojos
Lv. 14.38 saldrá de..*cerrará* la casa por 7 días
14.46 entrare en..días en que la mandó *cerrar*
20.4 *cerrare* sus ojos respecto de aquel varón
Dt. 11.17 y *cierre* los cielos, y no haya lluvia
15.7 ni *cerrarás* tu mano contra tu hermano
Jos. 2.5 se iba a *cerrar* la puerta..se salieron
2.7 puerta fue *cerrada* después que salieron
6.1 Jericó estaba *cerrada*, bien *c*, a causa de
Jue. 3.23 Aod..*cerró* tras sí las puertas de la
3.24 viendo las puertas de la sala *cerradas*
9.51 *cerrando*..puertas, se subieron al techo
2 S. 13.17 a ésta..y *cierra* tras ella la puerta
13.18 echó fuera, y *cerró* la puerta tras ella
1 R. 6.21 y *cerró* la entrada del santuario con
8.35 si el cielo se *cerrare* y no lloviere
11.27 a Milo, *cerró* el portillo de la ciudad
2 R. 4.5 y se fue la mujer, y *cerró* la puerta
4.21 la cama..y *cerrando* la puerta, se salió
4.33 *cerró* la puerta tras..y oró a Jehová
6.32 viniere el mensajero, *cerrad* la puerta
2 Cr. 6.26 los cielos se *cerraren* y no..lluvias
7.13 yo *cerrare* los cielos para que no haya
28.24 *cerró* las puertas de la casa de Jehová
29.7 y aun *cerraron* las puertas del pórtico
Neh. 4.7 portillos comenzaban a ser *cerrados*
6.10 casa..y *cerremos* las puertas del templo
7.3 aunque haya gente..*cerrad* las puertas y
13.19 que se *cerrasen* las puertas, y ordené
Job 3.10 no *cerró* las puertas del vientre donde
5.16 esperanza..la iniquidad *cerrará* su boca
41.15 son escudos fuertes, *cerrados* entre sí
Sal. 35.3 *cierra* contra mis perseguidores
58.4 como el áspid sordo que *cierra* su oído
63.11 la boca..que hablan mentira será *cerrada*
69.15 no..ni el pozo *cierre* sobre mí su boca
107.42 y todos los malos *cierren* su boca
Pr. 16.30 *cierra* sus ojos para..perversidades
17.28 el que *cierra* sus labios es entendido
21.13 que *cierra* su oído al clamor del pobre
Ec. 12.4 y las puertas de afuera se *cerrarán*
Cnt. 4.12 huerto *cerrado* eres..mía, fuente *c*
Is. 22.22 y nadie *cerrará*; *c*, y nadie abrirá
24.10 casa se ha *cerrado*, para que no entre
26.20 *cierra* tras ti tus puertas, escóndete
29.10 *cerró* los ojos de vuestros profetas
33.15 *cierra* sus ojos para no ver cosa mala
44.18 *cerrados* están sus ojos para no ver, y
45.1 para abrir..las puertas no se *cerrarán*
52.15 reyes *cerrarán* ante él la boca, porque
60.11 puertas..no se *cerrarán* de día ni de
Jer. 13.19 ciudades del Neguev fueron *cerradas*
Lm. 3.8 di voces, *cerró* los oídos a mi oración
Ez. 44.1 la puerta exterior..y estaba *cerrada*
44.2 puerta estará *cerrada*; no se abrirá..*c*
46.1 puerta..estará *cerrada* los seis días de
46.2 no se *cerrará* la puerta hasta la tarde
46.12 *cerrarán* la puerta después que saliere
Dn. 6.22 el cual *cerró* la boca de los leones
12.4 tú, Daniel, *cierra* las palabras y sella
12.9 palabras están *cerradas* y selladas hasta
Am. 9.11 *cerraré* sus portillos y levantaré sus
Mi. 3.7 ellos todos *cerrarán* sus labios, porque
Mal. 1.10 ¿quién..hay..que *cierre* las puertas
Mt. 6.6 *cerrada* la puerta, ora a tu Padre que
13.15 han *cerrado* sus ojos; para que no vean
23.13 *cerráis* el reino de los cielos delante
25.10 entraron con él..y se *cerró* la puerta
Lc. 4.25 cuando el cielo fue *cerrado* por 3 años
11.7 la puerta ya está *cerrada*, y mis niños
13.25 se haya levantado y *cerrado* la puerta
Jn. 20.19 estando las puertas *cerradas* en el
20.26 llegó..estando las puertas *cerradas*, y
Hch. 5.23 la cárcel hemos hallado *cerrada* con
21.30 e inmediatamente *cerraron* las puertas
28.27 sus ojos han *cerrado*, para que no vean
Ro. 3.19 para que toda boca se *cierre* y todo
1 Co. 15.52 en un abrir y *cerrar* de ojos, a la
1 Jn. 3.17 ve a..y *cierra* contra él su corazón
Ap. 3.7 abre y ninguno *cierra*, y *c* y ninguno
3.8 una puerta..la cual nadie puede *cerrar*
11.6 éstos tienen poder para *cerrar* el cielo
21.25 puertas nunca serán *cerradas* de día

CERROJO
Dt. 33.25 hierro y bronce serán tus *c*, y como
Jue. 3.23 las puertas de..las aseguró con el *c*
16.3 puertas de..con sus dos pilares y su *c*
Neh. 3.3,6,13,14,15 con sus cerraduras y sus *c*
Job 38.10 y establecí sobre..puse puertas y *c*
Sal. 107.16 de bronce, y desmenuzó los *c* de
147.13 porque fortificó los *c* de tus puertas
Pr. 18.19 las contiendas de los hermanos son..*c*
Cnt. 5.5 que corría sobre la manecilla del *c*
Is. 45.2 de bronce, y *c* de hierro haré pedazos
Jer. 49.31 ni tiene puertas ni *c*..vive solitaria
51.30 incendiadas están sus casas, rotos..*c*
Lm. 2.9 destruyó y quebrantó sus *c*; su rey y
Ez. 38.11 sin muros, y no tienen *c* ni puertas
Am. 1.5 quebraré los *c* de Damasco, y destruiré
Jon. 2.6 la tierra echó sus *c* sobre mí para
Nah. 3.13 se abrirán de..fuego consumirá tus *c*

CERTEZA
1 S. 26.4 y supo con *c* que Saúl había venido
He. 6.11 el fin, para plena *c* de la esperanza
11.1 es..la fe la *c* de lo que se espera, la

CERTIDUMBRE
Pr. 22.21 hacerte saber la *c* de las palabras
1 Ts. 1.5 en el Espíritu Santo y en plena *c*
He. 10.22 acerquémonos con..en plena *c* de fe

CERTIFICAR
Jer. 32.10 y la hice *certificar* con testigos

CERVATILLO
Cnt. 2.9 amado es semejante al corzo, o al *c*
2.17 como el *c* sobre los montes de Beter
8.14 sé semejante al corzo, o al *c*, sobre

CERVIZ
Gn. 27.40 cuando..descargarás su yugo de tu *c*
49.8 Judá..tu mano en la *c* de tus enemigos
Éx. 13.13 si no lo redimieres, quebrarás su *c*
23.27 y te daré la *c* de todos tus enemigos
32.9 he visto..por cierto es pueblo de dura *c*
33.3 yo no subiré en..eres pueblo de dura *c*
33.5 sois pueblo de dura *c*; en un momento
34.9 en medio..porque es un pueblo de dura *c*
34.20 y si no lo redimieres, quebrarás su *c*
Dt. 9.6 sabe..porque pueblo duro de *c* eres tú
9.13 a ese pueblo..que es pueblo duro de *c*
10.16 circuncidad..y no endurezcáis más..*c*
21.4 y quebrarán la *c* de la becerra allí en
21.6 sobre la becerra cuya *c* fue quebrada
31.27 yo conozco tu rebelión, y tu dura *c*
2 R. 17.14 endurecieron su *c*, como la *c* de sus
2 Cr. 30.8 endurezcáis, pues, ahora vuestra *c*
36.13 endureció su *c*, y obstinó su corazón
Neh. 9.16 endurecieron su *c*, y no escucharon
9.17 endurecieron su *c*, y en su rebelión
9.29 endurecieron su *c*, y no escucharon
Job 16.12 me arrebató por la *c* y me despedazó
41.22 en su *c* está la fuerza, y delante de él
Sal. 75.5 no hagáis..no habléis con *c* erguida
Pr. 29.1 hombre que reprendido endurece la *c*
Is. 10.27 su carga será quitada..yugo de tu *c*
48.4 que eres duro, y barra de hierro tu *c*
Jer. 2.27 me volvieron la *c*, y no el rostro
7.26 endurecieron su *c*, e hicieron peor que
17.23 no oyeron..endurecieron su *c* para no oir
19.15 porque han endurecido su *c* para no oir
32.33 y me volvieron la *c*, y no el rostro
Lm. 1.14 ataduras han sido echadas sobre mi *c*
Os. 10.11 pasaré sobre su lozana *c*; haré llevar
11.4 los que alzan el yugo de sobre su *c*, y
Hch. 7.51 ¡duros de *c*, e incircuncisos..oídos!
15.10 sobre la *c* de los discípulos un yugo

CÉSAR ***Título del emperador romano***
Mt. 22.17 ¿es lícito dar tributo a *C*, o no?
22.21 dijeron: De *C*. Y les dijo: Dad, pues, a
22.21 dad, pues, a *C* lo que es de *C*, y a Dios
Mr. 12.14 ¿es lícito dar tributo a *C*, o no?
12.16 ¿de quién es..Ellos le dijeron: De *C*
12.17 dad a *C* lo que es de *C*, y a Dios lo que
Lc. 2.1 un edicto de parte de Augusto *C*, que
3.1 en el año 15 del imperio de Tiberio *C*
20.22 ¿nos es lícito dar tributo a *C*, o no?
20.24 de quién..Y respondiendo dijeron: De *C*
20.25 dad a *C* lo que es de *C*, y a Dios lo que
23.2 prohibe dar tributo a *C*, diciendo que él
Jn. 19.12 si a éste sueltas, no eres amigo de *C*
19.12 todo el que se hace rey, a *C* se opone
19.15 respondieron..No tenemos más rey que *C*
Hch. 17.7 éstos contravienen los decretos de *C*
25.8 templo, ni contra *C* he pecado en nada
25.10 ante el tribunal de *C* estoy, donde debo
25.11 nadie puede entregarme a..A *C* apelo
25.12 respondió: A *C* has apelado; a *C* irás
25.21 mandé que..hasta que le enviara yo a *C*
26.32 en libertad, si no hubiera apelado a *C*
27.24 es necesario que comparezcas ante *C*
28.19 me vi obligado a apelar a *C*; no porque
Fil. 4.22 y especialmente los de la casa de *C*

CESAR
Gn. 8.22 no *cesarán* la sementera y la siega
18.11 a Sara le había *cesado* ya la costumbre
Éx. 5.4 ¿por qué hacéis *cesar* al pueblo de su
5.5 vosotros les hacéis *cesar* de sus tareas
9.28 orad..para que *cesen* los truenos de Dios
9.29 y los truenos *cesarán*, y no habrá más
9.33 *cesaron* los truenos y el granizo, y la
9.34 viendo Faraón..la lluvia había *cesado*
31.17 Jehová..el séptimo día *cesó* y reposó
Nm. 8.25 desde los 50 años *cesarán* de ejercer
11.25 espíritu, profetizaron, y no *cesaron*
16.48 se puso entre los..y *cesó* la mortandad
16.50 volvió Aarón..mortandad había *cesado*
17.5 *cesar*..las quejas de los hijos de Israel
17.10 harás *cesar* sus quejas de delante de
25.8 *cesó* la mortandad de los hijos de Israel
Dt. 32.26 haría *cesar* de entre los hombres la
Jos. 5.12 el maná *cesó* el día siguiente, desde
1 S. 2.3 *cesen* las palabras arrogantes de..boca
2 S. 24.21 que *cese* la mortandad del pueblo
24.25 Jehová oyó..y *cesó* la plaga en Israel
2 R. 4.6 no hay más vasijas..*cesó* el aceite
1 Cr. 21.22 lugar en la era..*cese* la mortandad
Esd. 4.21 dad orden que *cesen* aquellos hombres
4.23 les hicieron *ce*~~r~~*ar* con poder y violencia
4.24 entonces *cesó* la obra de la casa de Dios
5.5 y no les hicieron *cesar* hasta que el
6.8 los gastos, para que no *cese* la obra
Neh. 4.11 entremos en..y hagamos *cesar* la obra
6.3 *cesaría* la obra, dejándola yo para ir a
Job 10.20 *cesa*..déjame, para que me consuele
16.6 si hablo, mi dolor no *cesa*; y si dejo
Sal. 46.9 que hace *cesar* las guerras hasta los
77.8 *cesado* para siempre su misericordia?
85.4 y haz *cesar* tu ira de sobre nosotros
89.44 hiciste *cesar* su gloria, y echaste su
Pr. 22.10 echa..*cesará* el pleito y la afrenta
26.20 donde no..chismoso, *cesa* la contienda
Ec. 10.4 la mansedumbre hará *cesar*..ofensas
12.3 y *cesarán* las muelas..han disminuido
Is. 5.25; 9.12,17,21; 10.4 ni con todo esto ha
cesado su furor
13.11 y haré que *cese* la arrogancia de los
16.10 he hecho *cesar* el grito del lagarero
17.3 *cesará* el socorro de Efraín, y el reino
21.2 oh Media. Todo su gemido hice *cesar*
24.8 *cesó* el regocijo de los panderos, se
32.14 la multitud de la ciudad *cesará*; las
33.8 las calzadas están deshechas, *cesaron*
Jer. 7.13 os hablé desde temprano y sin *cesar*
7.25 os envié todos los profetas..sin *cesar*
7.34 haré *cesar*..la voz de gozo y la voz de
11.7 amonestándoles..temprano y sin *cesar*
14.17 ojos lágrimas noche y día, y no *cesen*
16.9 haré *cesar* en este lugar..voz de gozo
25.3 he hablado desde temprano y sin *cesar*
25.4; 26.5 los profetas..temprano y sin *cesar*
29.19 palabras..que les envié..y sin *cesar*
32.33 enseñaba desde temprano y sin *cesar*
35.14 os he hablado..temprano y sin *cesar*
44.4 envié..siervos los profetas..sin *cesar*
Lm. 2.18 no descanses, ni *cesen* las niñas de
3.49 mis ojos destilan y no *cesan*, porque
5.15 *cesó* el gozo de nuestro corazón..luto
Ez. 7.24 *cesar* la soberbia de los poderosos
12.23 *cesar* este refrán, y no repetirán más
23.27 y haré *cesar* de ti tu lujuria, y tu
23.48 haré *cesar* la lujuria de la tierra, y
26.13 haré *cesar* el estrépito de..canciones
30.18; 33.28 *cesará*..soberbia de su poderío
Dn. 9.27 hará *cesar* el sacrificio y la ofrenda
11.18 mas un príncipe hará *cesar* su afrenta
Os. 1.4 haré *cesar* el reino de la casa de Israel
2.11 haré *cesar* todo su gozo, sus fiestas
4.18 fornicaron sin *cesar*; sus príncipes
Am. 7.5 Jehová, *cesa* ahora; ¿quién levantará a
Mr. 4.39 *cesó* el viento, y se hizo..bonanza
Lc. 8.24 las olas..*cesaron*, y se hizo bonanza
9.36 cuando *cesó* la..Jesús fue hallado solo
Hch. 12.5 la iglesia hacía sin *cesar* oración a
20.1 después que *cesó* el alboroto, llamó
Ro. 1.9 que sin *cesar* hago mención de vosotros
1 Co. 13.8 y *cesarán* las lenguas, y la ciencia
1 Ts. 1.3 acordándonos sin *cesar*..de la obra de
2.13 sin *cesar* damos gracias a Dios, de que
5.17 orad sin *cesar*
2 Ti. 1.3 que sin *cesar* me acuerdo de ti en mis

CESAREA ***Puerto y capital de la provincia de Judea***
Hch. 8.40 anunciaba el evangelio en..llegó a *C*
9.30 llevaron hasta *C*, y le enviaron a Tarso
10.1 había en *C* un hombre llamado Cornelio
10.24 otro día entraron en *C*. Y Cornelio los
11.11 tres hombres a..enviados a mí desde *C*
12.19 descendió de Judea a *C* y se quedó allí
18.22 arribado a *C*, subió para saludar a la
21.8 al otro día, saliendo Pablo..fuimos a *C*
21.16 y vinieron..*C* algunos de los discípulos
23.23 que preparasen..para que fuesen hasta *C*
23.33 a *C*, y dieron la carta al gobernador
25.1 subió de *C* a Jerusalén tres días después

CESAREA *(Continúa)*
Hch. 25.4 que Pablo estaba custodiado en *C*, adonde
25.6 venido a *C*, al siguiente día se sentó en
25.13 y Berenice vinieron a *C* para saludar a

CESAREA DE FILIPO *Ciudad en la falda del monte Hermón*
Mt. 16.13 viniendo Jesús a la región de *C de F*
Mr. 8.27 salieron. .por las aldeas de *C de F*

CESIA *Segunda hija de Job*, Job 42.14

CESTA
Jer. 24.1 mostró Jehová dos *c* de higos puestas
24.2 una *c* tenía higos. .*c* tenía higos. .malos
Mt. 13.48 lo bueno en *c*, y lo malo echan fuera
14.20 recogieron. .los pedazos, doce *c* llenas
16.9 ni os acordáis. .cuántas *c* recogisteis?
Mr. 6.43 recogieron. .doce *c* llenas, y de lo que
8.19 ¿cuántas *c*. .de los pedazos recogisteis?
Lc. 9.17 lo que les sobró, doce *c* de pedazos
Jn. 6.13 llenaron doce *c* de pedazos, que de los

CESTO
Dt. 23.24 podrás comer uvas. .no pondrás en tu *c*
Sal. 81.6 sus manos fueron descargadas de los *c*

CETRO
Gn. 49.10 no será quitado el *c* de Judá, ni el
Nm. 24.17 se levantará *c* de Israel, y herirá
Est. 4.11 a quien el rey extendiere el *c* de oro
5.2 el rey extendió a Ester el *c* de oro que
5.2 entonces. .Ester y tocó la punta del *c*
8.4 el rey extendió a Ester el *c* de oro, y
Sal. 45.6 *c* de justicia es el *c* de tu reino
Is. 9.4 el *c* de su opresor, como en el día de
14.5 quebrantó Jehová. .el *c* de los señores
Jer. 51.19 él. .e Israel es el *c* de su herencia
Ez. 19.11 tuvo varas fuertes para *c* de reyes
19.14 no ha quedado en ella vara. .para *c* de
21.10 al *c* de mi hijo ha despreciado como a
21.13 qué, si la espada desprecia aun al *c*?
Zac. 10.11 Asiria. .y se perderá el *c* de Egipto
He. 1.8 Dios. .*c* de equidad es el *c* de tu reino

CETURA *Mujer de Abraham después de la muerte de Sara*
Gn. 25.1 Abraham tomó otra. .cuyo nombre era *C*
25.4; 1 Cr. 1.33 todos estos fueron hijos de *C*
1 Cr. 1.32 *C*, concubina de Abraham, dio a luz

CICATRIZ
Lv. 13.23 no se hubiere extendido, es la *c* del
13.28 es la *c* de la quemadura; el sacerdote

CIEGO
Éx. 4.11 ¿o quien hizo al mudo. .que ve y al *c*?
Lv. 19.14 y delante del *c* no pondrás tropiezo
21.18 varón *c*, o cojo, o mutilado, o sobrado
22.22 *c*, perniquebrado, mutilado, verrugoso
Dt. 15.21 si fuere *c*, o cojo, o hubiere en él
27.18 maldito el que hiciere errar al *c* en el
28.29 palparás a mediodía como palpa el *c* en
2 S. 5.6 pues aun los *c* y los cojos te echarán
5.8 hiera a. .*c* aborrecidos del alma de David
5.8 se dijo: *C* ni cojo no entrará en la casa
Job 29.15 yo era ojos al *c*, y pies al cojo
Sal. 146.8 Jehová abre los ojos a los *c*; Jehová
Is. 29.18 ojos de los *c* verán en. .la oscuridad
35.5 los ojos de los *c* serán abiertos, y los
42.7 para que abras los ojos de los *c*, para
42.16 y guiaré a los *c* por camino que no
42.18 sordos, oíd, y vosotros, *c*, mirad para
42.19 ¿quién es *c*, sino mi siervo? ¿Quién es
42.19 *c* como mi escogido, y *c* como el siervo
43.8 sacad al pueblo *c* que tiene ojos, y a
56.10 atalayas son *c*, todos ellos ignorantes
59.10 palpamos la pared como *c*, y andamos a
Jer. 31.8 y entre ellos *c* y cojos, la mujer que
Lm. 4.14 titubearon como *c* en las calles, fueron
Sof. 1.17 andarán como *c*, porque pecaron contra
Mal. 1.8 ofrecéis el animal *c* para el sacrificio
Mt. 9.27 pasando Jesús de. .le siguieron dos *c*
9.28 llegado a la casa, vinieron a él los *c*
11.5 los *c* ven, los cojos andan, los leprosos
12.22 entonces fue traído a él un. .*c* y mudo
12.22 manera que el *c* y mudo veía y hablaba
15.14 dejadlos; son *c* guías de *c*; y si el
15.14 si el *c* guiare al *c*, ambos caerán en el
15.30 gente que traía. .*c*, mudos, mancos, y
15.31 viendo a. .los cojos andar, y a los *c* ver
20.30 y dos *c* que estaban sentados junto al
21.14 vinieron a él. .*c* y cojos, y los sanó
23.16 ¡ay de vosotros, guías *c*! que decís: Si
23.17 ¡insensatos y *c*!. .¿cuál es mayor, el
23.19 ¡necios y *c*! porque ¿cuál es mayor, la
23.24 *c*, que coláis el mosquito, y tragáis
23.26 ¡fariseo *c*! Limpia primero lo de dentro
Mr. 8.22 vino. .a Betsaida; y le trajeron un *c*
8.23 tomando la mano del *c*, le sacó fuera de
10.46 Bartimeo el *c*. .sentado junto al camino
10.49 deteniéndose. .llamaron al *c*, diciéndole
10.51 el *c* le dijo: Maestro, que recobre la
Lc. 4.18 a pregonar libertad. .y vista a los *c*
6.39 ¿acaso puede un *c* guiar a otro *c*? ¿No
7.21 sanó a. .y a muchos *c* les dio la vista
7.22 los *c* ven, los cojos andan, los leprosos
14.13 llama a los pobres. .los cojos y los *c*
14.21 y trae acá a los pobres. .cojos y los *c*
18.35 un *c* estaba sentado junto al camino
Jn. 5.3 en éstos yacía una multitud. .*c*, cojos
9.1 Jesús, vio a un hombre *c* de nacimiento
9.2 ¿quién pecó. .para que haya nacido *c*?
9.6 lodo. .y untó con el dedo los ojos del *c*
9.8 los que antes le habían visto que era *c*
9.13 ante los fariseos al que había sido *c*
9.18 los judíos no creían que él había sido *c*
9.19 que vosotros decís que nació *c*? ¿Cómo
9.20 que éste es nuestro hijo, y que nació *c*
9.24 a llamar al hombre que había sido *c*, y
9.25 sé, que habiendo yo sido *c*, ahora veo
9.32 abriese los ojos a uno que nació *c*
9.40 le dijeron: ¿Acaso nosotros somos. .*c*?
9.41 si fuerais *c*, no tendríais pecado; mas
10.21 acaso el demonio abrir. .ojos de los *c*?
11.37 ¿no podía éste, que abrió los ojos al *c*
Hch. 13.11 serás *c*, y no verás el sol por algún
Ro. 2.19 confías en que eres guía de los *c*, luz
2 P. 1.9 pero el que no tiene estas cosas. .es *c*
Ap. 3.17 y no sabes que tú eres un. .*c* y desnudo

CIELO
Gn. 1.1 el principio creó Dios los *c* y la tierra
1.8 y llamó Dios a la expansión *C*. Y fue la
1.9 júntense las aguas que. .debajo de los *c*
1.14,15 lumbreras en la expansión de los *c*
1.17 las puso Dios en la expansión de los *c*
1.20 aves. .en la abierta expansión de los *c*
1.26 señoree. .en las aves de los *c*, en las
1.28 señoread. .en las aves de los *c*, y en todas
1.30 a todas las aves de los *c*, y a todo lo
2.1 fueron, pues, acabados los *c* y la tierra
2.4 estos son los orígenes de los *c* y de la
2.4 el día que Jehová Dios hizo la. .y los *c*
2.19 Jehová Dios formó. .toda ave de los *c*
2.20 puso Adán nombre a toda. .ave de los *c*
6.7 y hasta el reptil y las aves del *c*; pues
6.17 carne en que haya. .de vida debajo del *c*
7.3 aves de los *c*, siete parejas, macho y
7.11 las cataratas de los *c* fueron abiertas
7.19 todos los montes altos. .debajo de. .los *c*
7.23 destruido. .el hombre hasta. .aves del *c*
8.2 las cataratas de los *c*. .la lluvia de los *c*
9.2 el temor. .estarán sobre toda ave de los *c*
11.4 y una torre, cuya cúspide llegue al *c*
14.19,22 creador de los *c* y de la tierra
15.5 mira ahora los *c*, y cuenta las estrellas
19.24 fuego de parte de Jehová desde los *c*
21.17 ángel de Dios llamó a Agar desde el *c*
22.11 el ángel de Jehová le dio voces del *c*
22.15 llamó el ángel. .segunda vez desde el *c*
22.17 descendencia como las estrellas del *c*
24.3 Dios de los *c* y Dios de la tierra, que
24.7 Dios de los *c*, que me tomó de la casa
26.4 descendencia como las estrellas del *c*
27.28 Dios, pues, te dé del rocío del *c*, y
27.39 será tu. .del rocío de los *c* de arriba
28.12 una escalera. .su extremo tocaba en el *c*
28.17 lugar. .casa de Dios, y puerta del *c*
49.25 con bendiciones de los *c* de arriba, con
Éx. 9.8 la esparcirá Moisés hacia el *c* delante
9.10 ceniza. .la esparció Moisés hacia el *c*
9.22 extiende tu mano hacia el *c*, para que
9.23 y Moisés extendió su vara hacia el *c*
10.21 extiende tu mano hacia el *c*, para que
10.22 y extendió Moisés su mano hacia el *c*
16.4 Jehová dijo. .yo os haré llover pan del *c*
17.14 la memoria de Amalec de debajo del *c*
20.4 ni ninguna semejanza de. .arriba en el *c*
20.11 seis días hizo Jehová los *c* y la tierra
20.22 que he hablado desde el *c* con vosotros
24.10 semejante al *c* cuando está sereno
31.17 seis días hizo Jehová los *c* y la tierra
32.13 descendencia como las estrellas del *c*
Lv. 26.19 haré vuestro *c* como hierro, y vuestra
Dt. 1.10 vosotros sois como las estrellas del *c*
1.28 las ciudades. .y amuralladas hasta el *c*
2.25 sobre los pueblos debajo de todo el *c*
3.24 ¿qué dios hay en el *c*. .que haga obras
4.11 el monte ardía. .hasta en medio de los *c*
4.19 alces tus ojos al *c*. .el ejército del *c*
4.19 todos los pueblos debajo de todos los *c*
4.26 yo pongo hoy por testigos al *c* y. .tierra
4.32 si desde un extremo del *c* al otro se ha
4.36 desde los *c* te hizo oir su voz, para que
4.39 Jehová es Dios arriba en el *c* y abajo en
5.8 imagen. .de cosa que está arriba en los *c*
7.24 destruirás el nombre de. .de debajo del *c*
9.1 ciudades grandes y amuralladas hasta el *c*
9.14 borre su nombre de debajo del *c*, y yo te
10.14 de Jehová. .son los *c*, y los *c* de los *c*
10.22 te ha hecho como las estrellas del *c* en
11.11 que bebe las aguas de la lluvia del *c*
11.17 y cierre los *c*, y no haya lluvia, ni la
11.21 como los días de los *c* sobre la tierra
17.3 inclinado a. .o a todo el ejército del *c*
25.19 borrarás la memoria de Amalec. .del *c*
26.15 mira. .desde el *c*, y bendice a. .Israel
28.12 te abrirá Jehová su buen tesoro, el *c*
28.23 los *c*. .sobre tu cabeza serán de bronce
28.24 de los *c* descenderán sobre ti hasta que
28.26 servirán de comida a toda ave del *c* y
28.62 de haber sido como las estrellas del *c*
29.20 tal hombre. .su nombre de debajo del *c*
30.4 partes más lejanas que hay debajo del *c*
30.12 no está en el *c*, para que digas: ¿Quién
30.12 ¿quién subirá. .al *c*, y nos lo traerá y
30.19 a los *c*. .llamo por testigos hoy contra
31.28 llamaré por testigos. .*c* y a la tierra
32.1 escuchad, *c*, y hablaré; y oiga la tierra
32.40 alzaré a los *c* mi mano, y diré: Vivo
33.13 bendita. .con lo mejor de los *c*, con el
33.26 cabalga sobre los *c* para tu ayuda, y
33.28 de vino; también sus *c* destilarán rocío
Jos. 2.11 Jehová. .Dios es Dios arriba en los *c*
8.20 que el humo de la ciudad subía al *c*, y
10.11 desde el *c* grandes piedras sobre ellos
10.13 el sol se paró en medio del *c*, y no se
Jue. 5.4 la tierra tembló, y los *c* destilaron
5.20 desde los *c* pelearon las estrellas; desde
13.20 la llama subía del altar hacia el *c*
20.40 vieron. .el humo de la ciudad subía al *c*
1 S. 2.10 y sobre ellos tronará desde los *c*
5.12 y el clamor de la ciudad subía al *c*
17.44 ven. .y daré tu carne a las aves del *c*
17.46 daré hoy los cuerpos. .a las aves del *c*
2 S. 18.9 quedó suspendido entre el *c*. .tierra
21.10 hasta que llovió sobre ellos agua del *c*
21.10 ninguna ave del *c* se posase sobre ellos
22.8 se conmovieron los cimientos de los *c*
22.10 e inclinó los *c*, y descendió; y había
22.14 tronó desde los *c* Jehová. .dio su voz
1 R. 8.22 del altar. .extendiendo sus manos al *c*
8.23 arriba en los *c* ni abajo en la tierra
8.27 que los *c*, los *c* de los *c*, no te pueden
8.30 tú lo oirás en el lugar de tu. .en los *c*
8.32 oirás desde el *c*. .juzgarás a tus siervos
8.34,36 tú oirás en los *c*, y perdonarás el
8.35 el *c* se cerrare y no lloviere, por haber
8.39,43,49 tú oirás en los *c*, en el lugar de tu
8.45 tú oirás en los *c* su oración y su súplica
8.54 se levantó. .sus manos extendidas al *c*
14.11 el que muera. .lo comerán las aves del *c*
16.4 muerto en el. .lo comerán las aves del *c*
18.45 que los *c* se oscurecieron con nubes y
21.24 muerto en el. .lo comerán las aves del *c*
22.19 el ejército de los *c* estaba junto a él
2 R. 1.10,12 descienda fuego del *c*, y consúmate
1.10,12 y descendió fuego del *c*. .lo consumió
1.14 he aquí ha descendido fuego del *c*, y ha
2.1 a Elías en un torbellino al *c*, Elías venía
2.11 y Elías subió al *c* en un torbellino
7.2,19 si Jehová hiciese. .ventanas en el *c*
14.27 raer el nombre de Israel de debajo. .*c*
17.16 adoraron a todo el ejército de los *c*
19.15 sólo tú. .tú hiciste el *c* y la tierra
21.3 y adoró a todo el ejército de los *c*, y
21.5 altares para todo el ejército de los *c*
23.4 hechos para. .todo el ejército de los *c*
23.5 incienso. .a todo el ejército de los *c*
1 Cr. 16.26 son ídolos; mas Jehová hizo los *c*
16.31 alégrense los *c*, y gócese la tierra
21.16 vio al ángel. .entre el *c* y la tierra
21.26 le respondió por fuego desde los *c* en
27.23 multiplicaría a Israel como las. .del *c*
29.11 las cosas están en los *c*. .son tuyas
2 Cr. 2.6 que los *c* y los *c* de los *c* no pueden
2.12 hizo los *c* y la tierra, y que dio al rey
6.13 se arrodilló. .y extendió sus manos al *c*
6.14 no hay Dios semejante a ti en el *c* ni en
6.18 *c* y los *c* de los *c* no te pueden contener
6.21 tú oirás desde los *c*, desde el lugar de
6.23 tú oirás. .los *c*, y actuarás, y juzgarás
6.25,27 tú oirás desde los *c*, y perdonarás el
6.26 los *c* se cerraren y no hubieren lluvias
6.30,33,39 oirás desde los *c*, desde el lugar
6.35 oirás desde los *c* su oración y su ruego
7.1 descendió fuego de los *c* y consumió el
7.13 yo cerrare los *c* para que no haya lluvia
7.14 yo oiré desde los *c*, y perdonaré sus
18.18 el ejército de los *c* estaba a su mano
20.6 ¿no eres tú Dios en los *c*, y tienes
28.9 matado con ira que ha llegado hasta el *c*
30.27 su oración llegó a. .su santuario, al *c*
32.20 Ezequías y el. .oraron. .y clamaron al *c*
33.3 adoró a todo el ejército de los *c*, y les
33.5 altares a todo el ejército de los *c* en
36.23 Jehová, el Dios de los *c*, me ha dado
Esd. 1.2 Dios de los *c* me ha dado todos los
5.11 siervos del Dios del *c* y de la tierra
5.12 padres provocaron a ira al Dios de los *c*
6.9 para holocaustos al Dios del *c*, trigo, sal
6.10 que ofrezcan sacrificios. .al Dios del *c*
7.12 erudito en la ley del Dios del *c*: Paz
7.21 Esdras, escriba de la ley del Dios del *c*
7.23 todo lo que es mandado por el Dios del *c*
7.23 sea hecho. .para la casa del Dios del *c*
9.6 nuestros delitos han crecido hasta el *c*
Neh. 1.4 ayuné y oré delante del Dios de los *c*
1.5 oh Jehová, Dios de los *c*, fuerte, grande
1.9 fuere hasta el extremo de los *c*, de allí

CIELO *(Continúa)*

Neh. 2.4 me dijo..Entonces oré al Dios de los *c*
2.20 el Dios de los *c*, él nos prosperará, y
9.6 tú hiciste los *c*, y los *c* de los *c*, con
9.6 tú solo..los ejércitos de los *c* te adoran
9.13 y hablaste con ellos desde el *c*, y les
9.15 les diste pan del *c* en su hambre, y en
9.23 sus hijos como las estrellas del *c*, y los
9.27 clamaron a ti..tú desde los *c* los oíste
9.28 y tú desde los *c* los oías, y según tus
Job 1.16 fuego de Dios cayó del *c*, que quemó
2.12 los tres esparcieron polvo..hacia el *c*
9.8 él solo extendió los *c*, y anda sobre las
11.8 es más alta que los *c*; ¿qué harás?
12.7 aves de los *c*, y ellas te lo mostrarán
14.12 hasta que no haya *c*, no despertarán, ni
15.15 ni aun los *c* son limpios delante de sus
16.19 he aquí que en los *c* está mi testigo
20.6 aunque subiere su altivez hasta el *c*
20.27 *c* descubrirán su iniquidad, y la tierra
22.12 ¿no está Dios en la altura de los *c*?
22.14 no ve; y por el circuito del *c* se pasea
26.11 las columnas del *c* tiemblan..espantan
26.13 su espíritu adornó los *c*; su mano creó
28.21 viviente, y a toda ave del *c* es oculta
28.24 mira hasta..y ve cuanto hay bajo los *c*
35.5 mira a los *c*, y ve, y considera que las
35.11 nos hace sabios más que a las aves del *c*?
37.3 debajo de todos los *c* lo dirige, y su
37.18 ¿extendiste tú con él los *c*, firmes
37.21 ya no se puede mirar la luz..en los *c*
38.29 la escarcha del *c*, ¿quién la engendró?
38.32 ¿sacarás tú..las constelaciones de los *c*
38.33 ¿supiste tú las ordenanzas de los *c*?
38.37 puso por cuenta los *c* con sabiduría?
38.37 y los odres de los *c*, ¿quién los hace
41.11 todo lo que hay debajo del *c* es mío
Sal. 2.4 que mora en los *c* se reirá; el Señor
8.1 Señor..has puesto tu gloria sobre los *c*
8.3 cuando veo tus *c*, obra de tus dedos, la
8.8 las aves de los *c* y los peces del mar
11.4 templo; Jehová tiene en el *c* su trono
14.2 Jehová miró desde los *c* sobre los hijos
18.9 inclinó los *c*, y descendió; y..tinieblas
18.11 puso..oscuridad de aguas, nubes de los *c*
18.13 tronó en los *c* Jehová, y el Altísimo
19.1 los *c* cuentan la gloria de Dios, y el
19.6 de un extremo de los *c* es su salida, y
20.6 su ungido; lo oirá desde sus santos *c*
33.6 por la palabra de..fueron hechos los *c*
33.13 desde los *c* miró Jehová; vio a todos
36.5 hasta los *c* llega tu misericordia, y tu
50.4 convocará a los *c*..y a la tierra, para
50.6 y los *c* declararán su justicia, porque
53.2 Dios desde los *c* miró sobre los hijos de
57.3 él enviará desde los *c*, y me salvará de
57.5,11 exaltado seas sobre los *c*, oh Dios
57.10 grande es hasta los *c* tu misericordia
68.4 exaltad al que cabalga sobre los *c*
68.8 destilaron los *c* ante la presencia de
68.33 al que cabalga sobre los *c* de los *c*
68.34 atribuid poder..su poder está en los *c*
69.34 alábenle los *c* y la tierra, los mares
73.9 ponen su boca contra el *c*, y su lengua
73.25 ¿a quién tengo yo en los *c* sino a ti?
76.8 desde los *c* hiciste oir juicio; la tierra
77.17 tronaron los *c*, y discurrieron..rayos
78.23 mandó a..y abrió las puertas de los *c*
78.24 hizo llover..y les dio trigo de los *c*
78.26 movió el solano en el *c*, y trajo con
79.2 siervos por comida a las aves de los *c*
80.14 mira desde el *c*..y visita esta viña
85.11 verdad..la justicia mirará desde los *c*
89.2 en los *c* mismos afirmarás tu verdad
89.5 celebrarán..*c* tus maravillas, oh Jehová
89.6 ¿quién en los *c* se igualará a Jehová?
89.11 tuyos son los *c*..también la tierra
89.29 pondré..trono como los días de los *c*
89.37 la luna..como un testigo fiel en el *c*
96.5 son ídolos; pero Jehová hizo los *c*
96.11 alégrense los *c*, y gócese la tierra
97.6 los *c* anunciaron su justicia, y todos
102.19 Jehová miró desde los *c* a la tierra
102.25 tierra, y los *c* son obra de tus manos
103.11 porque como la altura de los *c* sobre
103.19 Jehová estableció en los *c* su trono
104.2 que extiende los *c* como una cortina
104.12 sus orillas habitan las aves de los *c*
105.40 codornices, y los sació de pan del *c*
107.26 suben a los *c*, descienden a..abismos
108.4 más grande que los *c* es tu misericordia
108.4 más grande..y hasta los *c* tu verdad
108.5 exaltado seas sobre los *c*, oh Dios
113.4 excelso sobre..sobre los *c* su gloria
113.6 que se humilla a mirar en el *c* y en la
115.3 nuestro Dios está en los *c*; todo lo que
115.15 de Jehová, que hizo los *c* y la tierra
115.16 los *c* son los *c* de Jehová; y ha dado
119.89 Jehová, permanece tu palabra en los *c*
121.2 de Jehová, que hizo los *c* y la tierra
123.1 mis ojos, a ti que habitas en los *c*
124.8 de Jehová, que hizo el *c* y la tierra
134.3 el cual ha hecho los *c* y la tierra
135.6 en los *c* y en la tierra, en los mares
136.5 al que hizo los *c* con entendimiento
136.26 alabad al Dios de los *c*, porque para
139.8 si subiere a los *c*, allí estás tú; y si
144.5 oh Jehová, inclina tus *c* y desciende
146.6 el cual hizo los *c* y la tierra, el mar
147.8 él es quien cubre de nubes los *c*, el que
148.1 alabad a Jehová desde los *c*; alabadle
148.4 alabadle, *c* de los *c*, y las aguas que
148.4 y las aguas que están sobre los *c*
148.13 porque..su gloria es sobre tierra y *c*
Pr. 3.19 Jehová..afirmó los *c* con inteligencia
3.20 con su ciencia..y destilan rocío los *c*
8.27 cuando formaba los *c*, allí estaba yo
8.28 cuando afirmaba los *c* arriba, cuando
23.5 porque se harán alas..y volarán al *c*
25.3 altura de los *c*, y para la profundidad
30.4 ¿quién subió al *c*, y descendió? ¿Quién
Ec. 1.13 a buscar..lo que se hace debajo del *c*
2.3 en el cual se ocuparan debajo del *c* todos
3.1 lo que se quiere debajo del *c* tiene su
5.2 Dios está en el *c*, y tú sobre la tierra
6.1 hay un mal que he visto debajo del *c*, y
10.20 porque las aves del *c* llevarán la voz
Is. 1.2 oíd, *c*, y escucha tú, tierra; porque
5.30 mirará..y en sus *c* se oscurecerá la luz
13.5 de lejana tierra, de lo postrero de los *c*
13.10 las estrellas de los *c*..no darán su luz
13.13 haré estremecer los *c*, y la tierra se
14.12 ¡cómo caíste del *c*, oh Lucero, hijo de
14.13 subiré al *c*; en lo alto, junto a las
24.21 castigará al ejército de los *c* en lo
34.4 todo el ejército de los *c* se disolverá
34.4 enrollarán los *c* como un libro; y caerá
34.5 porque en los *c* se embriagará mi espada
37.16 eres Dios..tú hiciste los *c* y la tierra
40.12 ¿quién midió las..y los *c* con su palmo
40.22 él extiende los *c* como una cortina, los
42.5 así dice Jehová Dios, Creador de los *c*
44.23 cantad loores, oh *c*, porque Jehová lo
44.24 que extiendo solo los *c*, que extiendo la
45.8 rociad, *c*, de arriba, y..nubes destilen
45.12 yo, mis manos, extendieron los *c*, y a
45.18 así dijo Jehová, que creó los *c*; él es
47.13 defiendan los contempladores de los *c*
48.13 mano derecha midió los *c* con el palmo
49.13 alabanzas, oh *c*, y alégrate, tierra
51.6 alzad a los *c* vuestros ojos, y mirad
51.6 porque los *c* serán deshechos como humo
51.13 que extendió los *c* y fundó la tierra
51.16 de mi mano te cubrí, extendiendo los *c*
55.9 como son más altos los *c* que la tierra
55.10 como desciende de los *c* la lluvia y la
63.15 mira desde el *c*, y contempla desde tu
64.1 ¡oh, si rompieses los *c*, y descendieras
65.17 que yo crearé nuevos *c* y nueva tierra
66.1 Jehová dijo así: El *c* es mi trono, y la
66.22 como los *c* nuevos y la nueva tierra que
Jer. 2.12 espantaos, *c*, sobre..y horrorizaos
4.23 miré..a los *c*, y no había en ellos luz
4.25 miré, y..las aves del *c* se habían ido
4.28 se enlutará la tierra, y los *c* arriba se
7.18 para hacer tortas a la reina del *c* y
7.33 para comida de las aves del *c* y de las
8.2 los esparcirán..a todo el ejército del *c*
8.7 aun la cigüeña en el *c* conoce su tiempo
9.10 desde las aves del *c* hasta las bestias
10.2 ni de las señales del *c* tengáis temor
10.11 los dioses que no hicieron los *c* ni la
10.11 desaparezcan de la tierra y..de los *c*
10.12 el que..extendió los *c* con su sabiduría
10.13 produce muchedumbre de aguas en el *c*
14.22 haga llover? ¿y darán los *c* lluvias?
15.3 aves del *c* y bestias de la tierra para
16.4 servirán de comida a las aves del *c* y a
19.7 daré sus cuerpos..a las aves del *c* y a
19.13 ofrecieron..a todo el ejército del *c*
23.24 ¿no lleno yo, dice Jehová, el *c* y la
31.37 así..Si los *c* arriba se pueden medir
32.17 hiciste el *c* y la tierra con tu gran
33.22 no puede ser contado el ejército del *c*
33.25 si yo no he puesto las leyes del *c* y
34.20 serán comida de las aves del *c*, y de
44.17,18,25 ofrecer incienso a la reina del *c*
44.19 ofrecimos incienso a la reina del *c*
49.36 vientos de los cuatro puntos del *c*
51.9 porque ha llegado hasta el *c* su juicio
51.15 y extendió los *c* con su inteligencia
51.16 se producen tumultos de aguas en los *c*
51.48 los *c* y la tierra y..cantarán de gozo
51.53 aunque suba Babilonia hasta el *c*, y se
Lm. 2.1 derribó del *c* a la tierra la hermosura
3.41 levantemos..corazones..a Dios en los *c*
3.50 hasta que Jehová mire y vea desde los *c*
3.66 y quebrántalos de debajo de los *c*, oh
4.19 más ligeros fueron..que las águilas del *c*
Ez. 1.1 los *c* se abrieron, y vi visiones de Dios
8.3 Espíritu me alzó entre el *c* y la tierra
29.5 a las aves del *c* te he dado por comida
31.6 ramas hacían nido todas las aves del *c*
31.13 sobre su ruina habitarán..aves del *c*
32.4 haré posar sobre ti..las aves del *c*
32.7 cubriré los *c*..sol cubriré con nublado
32.8 entenebrecer..los astros brillantes del *c*
38.20 las aves del *c*, las bestias del campo
Dn. 2.18 pidiesen misericordias del Dios del *c*
2.19 por lo cual bendijo Daniel al Dios del *c*
2.28 hay un Dios en los *c*, el cual revela los
2.37 el Dios del *c* te ha dado reino, poder
2.38 dondequiera que habitan..y aves del *c*
2.44 el Dios del *c* levantará un reino que no
4.11 y su copa llegaba hasta el *c*, y se le
4.12 sus ramas hacían morada las aves del *c*
4.13,23 un vigilante y santo descendía del *c*
4.15,23 sea mojado con el rocío del *c*, y con las
4.20 copa llegaba hasta el *c*, y que se veía
4.21 en cuyas ramas anidaban las aves del *c*
4.22 tu grandeza y ha llegado hasta el *c*, y
4.25 con el rocío del *c* serás bañado; y siete
4.26 luego que reconozcas que el *c* gobierna
4.31 vino una voz del *c*: A ti se te dice, rey
4.33 su cuerpo se mojaba con el rocío del *c*
4.34 alcé mis ojos al *c*, y mi razón me fue
4.35 él hace según su voluntad en el..del *c*
4.37 y glorifico al Rey del *c*, porque todas
5.21 su cuerpo fue mojado con el rocío del *c*
5.23 sino que contra el Señor del *c* te has
6.27 hace..maravillas en el *c* y en la tierra
7.2 los cuatro vientos del *c* combatían en el
7.13 con las nubes del *c* venía uno como un
7.27 de los reinos debajo de todo el *c*, sea
8.8 cuernos..hacia los cuatro vientos del *c*
8.10 se engrandeció hasta el ejército del *c*
9.12 pues nunca fue hecho debajo del *c* nada
11.4 y repartido hacia los 4 vientos del *c*
12.7 el cual alzó su diestra..al *c*, y juró
Os. 2.18 haré para ti pacto con..las aves del *c*
2.21 responderé a los *c*, y ellos responderán
4.3 extenuará todo..las bestias..aves del *c*
7.12 haré caer como aves del *c*; les castigaré
Jl. 2.10 estremecerán los *c*; el sol y la luna
2.30 daré prodigios en el *c* y en la tierra
3.16 temblarán..*c* y la tierra; pero Jehová
Am. 9.2 y aunque subieren hasta el *c*, de allá
9.6 él edificó en el *c* sus cámaras, y ha
Jon. 1.9 soy hebreo, y temo a..Dios de los *c*
Nah. 3.16 mercaderes más que..estrellas del *c*
Hab. 3.3 su gloria cubrió los *c*, y la tierra se
Sof. 1.3 destruiré las aves del *c* y los peces
1.5 a los que..se postran al ejército del *c*
Hag. 1.10 por eso se detuvo del los *c*..la lluvia
2.6,21 yo haré temblar los *c* y la tierra
Zac. 2.6 los cuatro vientos de los *c* os esparcí
5.9 alzaron el efa entre la tierra y los *c*
6.5 estos son los cuatro vientos de los *c*
8.12 y los *c* darán su rocío; y haré que el
12.1 Jehová, que extiende los *c* y funda la
Mal. 3.10 si no os abriré las ventanas de los *c*
Mt. 3.2 arrepentíos, porque el reino de los *c*
3.16 he aquí los *c* le fueron abiertos, y vio
3.17 hubo una voz de los *c*, que decía: Este
4.17 porque el reino de los *c* se ha acercado
5.3,10 porque de ellos es el reino de los *c*
5.12 vuestro galardón es grande en los *c*
5.16 glorifiquen a..Padre que está en los *c*
5.18 hasta que pasen el *c* y la tierra, ni una
5.19 muy pequeño será llamado en el..de los *c*
5.19 será llamado grande en el reino de los *c*
5.20 que..no entraréis en el reino de los *c*
5.34 ni por el *c*, porque es el trono de Dios
5.45 hijos de vuestro Padre que está en los *c*
5.48 como vuestro Padre que está en los *c* es
6.1 recompensa de..Padre que está en los *c*
6.9 así: Padre nuestro que estás en los *c*
6.10 hágase tu voluntad, como en el *c*, así
6.20 sino haceos tesoros en el *c*, donde ni la
6.26 mirad las aves del *c*, que no siembran
7.11 vuestro Padre que está en los *c* dará
7.21 no todo el..entrará en el reino de los *c*
7.21 hace la voluntad de mi Padre..en los *c*
8.11 y se sentarán con..en el reino de los *c*
8.20 y las aves del *c* nidos; mas el Hijo del
10.7 predicad..reino de los *c* se ha acercado
10.32,33 delante de..Padre que está en los *c*
11.11 pero el más pequeño en el reino de los *c*
11.12 el reino de los *c* sufre violencia, y los
11.23 Capernaum..eres levantada hasta el *c*
11.25 te alabo..Señor del *c* y de la tierra
12.50 hace la voluntad de mi Padre..en los *c*
13.11 saber los misterios del reino de los *c*
13.24,31,33,44,45,47 reino de los *c* es semejante
13.32 vienen las aves del *c* y hacen nidos en
13.52 escriba docto en el reino de los *c* es
14.19 levantando los ojos al *c*, bendijo, y
16.1 le pidieron que les mostrase señal del *c*
16.2 decís: Buen tiempo..*c* tiene arreboles
16.3 porque tiene arreboles el *c* nublado
16.3 que sabéis distinguir el aspecto del *c*
16.17 lo reveló..mi Padre que está en los *c*
16.19 te daré las llaves del reino de los *c*
16.19 lo que atares en..será atado en los *c*
16.19 que desatares..será desatado en los *c*
18.1 ¿quién es el mayor en el reino de..*c*?
18.3 que..no entraréis en el reino de los *c*
18.4 ése es el mayor en el reino de los *c*
18.10 os digo que sus ángeles en los *c* ven
18.10 rostro de mi Padre que está en los *c*
18.14 la voluntad..Padre que está en los *c*
18.18 todo lo que atéis..será atado en el *c*

CIELO *(Continúa)*

Mt. 18.18 lo que desatéis. .será desatado en el *c*
18.19 hecho por mi Padre que está en los *c*
18.23 el reino de los *c* es semejante a un rey
19.12 enunucos por causa del reino de los *c*
19.14 porque de los tales es el reino de los *c*
19.21 vende lo que. .tendrás tesoro en el *c*
19.23 difícilmente entrará un rico en. .los *c*
20.1 porque el reino de los *c* es semejante a
21.25 el bautismo. .¿del *c*, o de los hombres?
21.25 si decimos, del *c*, nos dirá: ¿Por qué
22.2 el reino de los *c* es semejante a un rey
22.30 serán como los ángeles de Dios en el *c*
23.9 es vuestro Padre, el que está en los *c*
23.13 cerráis el reino de los *c* delante de los
23.22 el que jura por el *c*, jura por el trono
24.29 y las estrellas caerán del *c*, y las
24.29 las potencias de los *c* serán conmovidas
24.30 aparecerá la señal del Hijo. .en el *c*
24.30 Hijo. .viniendo sobre las nubes del *c*
24.31 desde un extremo del *c* hasta el otro
24.35 el *c* y la tierra pasarán, pero mis
24.36 nadie sabe, ni. .los ángeles de los *c*
25.1 el reino de los *c* será semejante a diez
25.14 reino de los *c* es como un hombre que
26.64 al Hijo. .viniendo en las nubes del *c*
28.2 un ángel del Señor, descendiendo del *c*
28.18 toda potestad me es dada en el *c* y en
Mr. 1.10 vio abrirse los *c*, y al Espíritu como
1.11 vino una voz de los *c* que decía: Tú eres
4.4 y vinieron las aves del *c* y la comieron
4.32 que las aves del *c* pueden morar bajo su
6.41 levantando los ojos al *c*, bendijo, y
7.34 levantando los ojos al *c*, gimió, y le
8.11 pidiéndole señal del *c*, para tentarle
10.21 vende todo. .y tendrás tesoro en el *c*
11.25 Padre que está en los *c* os perdone a
11.26 tampoco vuestro Padre que está en. .*c*
11.30 el bautismo de Juan, ¿era del *c*, o de
11.31 si decimos, del *c*, dirá: ¿Por qué, pues
12.25 sino serán como los ángeles. .en los *c*
13.25 y las estrellas caerán del *c*, y las
13.25 las potencias que están en los *c* serán
13.27 extremo de la tierra. .el extremo del *c*
13.31 el *c* y. .pasarán, pero mis palabras no
13.32 ni aún los ángeles que están en el *c*
14.62 al Hijo. .viniendo en las nubes del *c*
16.19 después. .fue recibido arriba en el *c*
Lc. 2.15 los ángeles se fueron de ellos al *c*
3.21 fue bautizado; y orando, el *c* se abrió
3.22 y vino una voz del *c* que decía: Tú eres
4.25 cuando el *c* fue cerrado por tres años
6.23 vuestro galardón es grande en los *c*
8.5 fue hollada, y las aves del *c* la comieron
9.16 levantando los ojos al *c*, los bendijo
9.54 descienda fuego del *c*, como hizo Elías
9.58 y las aves de los *c* nidos; mas el Hijo
10.15 que hasta los *c* eres levantada, hasta
10.18 yo veía a Satanás caer del *c* como un
10.20 vuestros nombres están escritos en. .*c*
10.21 oh Padre, Señor del *c* y de la tierra
11.2 decid: Padre nuestro que estás en los *c*
11.2 hágase tu voluntad, como en el *c*, así en
11.16 para tentarle, le pedían señal del *c*
12.33 tesoro en los *c* que no se agote, donde
12.56 sabéis distinguir el aspecto del *c* y de
13.19 las aves del *c* anidaron en sus ramas
15.7 habrá más gozo en el *c* por un pecador
15.18,21 he pecado contra el *c* y contra ti
16.17 más fácil es que pasen el *c* y la tierra
17.24 resplandece desde un extremo del *c*, así
17.29 de Sodoma, llovió del *c* fuego y azufre
18.13 ni aun alzar los ojos al *c*, sino que
18.22 a los pobres, y tendrás tesoro en el *c*
19.38 paz en el *c*, y gloria en las alturas!
20.4 el bautismo. .del *c*, o de los hombres?
20.5 si decimos, del *c*, dirá: ¿Por qué, pues
21.11 habrá terror y grandes señales del *c*
21.26 las potencias de los *c* serán conmovidas
21.33 el *c* y la tierra pasarán, pero mis
22.43 y se le apareció un ángel del *c* para
24.51 se separó. .y fue llevado arriba al *c*
Jn. 1.32 al Espíritu que descendía del *c* como
1.51 veréis el *c* abierto, y a los ángeles de
3.13 subió al *c*, sino el que descendió del *c*
3.13 el Hijo del Hombre, que está en el *c*
3.27 recibir nada, si no le fuere dado del *c*
3.31 el que viene del *c*, es sobre todos; el
6.31 está escrito: Pan del *c* les dio a comer
6.32 no os dio Moisés el pan del *c*, mas mi
6.32 mi Padre os da el verdadero pan del *c*
6.33 es aquel que descendió del *c* y da vida
6.38 he descendido del *c*, no para hacer mi
6.41 dicho: Yo soy el pan que descendió del *c*
6.42 ¿cómo. .dice éste: Del *c* he descendido?
6.50 este es el pan que desciende del *c*, para
6.51 yo soy el pan vivo que descendió del *c*
6.58 este es el pan que descendió del *c*; no
12.28 vino una voz del *c*: Lo he glorificado
17.1 levantando los ojos al *c*, dijo: Padre
Hch. 1.10 ellos con los ojos puestos en el *c*
1.11 galileos, ¿por qué estáis mirando al *c*?
1.11 que ha sido tomado de vosotros al *c*, así
1.11 así vendrá como le habéis visto ir al *c*
2.2 vino del *c* un estruendo como de un viento
2.5 judíos. .de todas las naciones bajo el *c*
2.19 daré prodigios arriba en el *c*, y señales
2.34 porque David no subió a los *c*; pero él
3.21 de cierto es necesario que el *c* reciba
4.12 no hay otro nombre bajo el *c*, dado a los
4.24 tú eres el Dios que hiciste el *c* y la
7.42 que rindiesen culto al ejército del *c*
7.49 el *c* es mi trono, y la tierra el estrado
7.55 puestos los ojos en el *c*, vio la gloria
7.56 veo los *c* abiertos, y al Hijo del Hombre
9.3 le rodeó un resplandor de luz del *c*
10.11 vio el *c* abierto, y que descendía algo
10.12 había de todos. .reptiles y aves del *c*
10.16 lienzo volvió a ser recogido en el *c*
11.5 lienzo. .bajado del *c* y venía hasta mí
11.6 cuadrúpedos. .y reptiles, y aves del *c*
11.9 voz me respondió del *c* por segunda vez
11.10 y volvió todo a ser llevado arriba al *c*
14.15 al Dios vivo, que hizo el *c* y la tierra
14.17 bien, dándonos lluvias del *c* y tiempos
17.24 siendo Señor del *c* y de la tierra, no
22.6 de repente me rodeó mucha luz del *c*
26.13 vi una luz del *c* que sobrepasaba el
Ro. 1.18 la ira de Dios se revela desde el *c*
10.6 digas en tu corazón: ¿Quién subirá al *c*?
1 Co. 8.5 se llamen dioses, sea en el *c*, o en
15.47 el segundo. .que es el Señor, es del *c*
2 Co. 5.1 una casa no hecha. .eterna, en los *c*
12.2 que. .fue arrebatado hasta el tercer *c*
Gá. 1.8 si. .un ángel del *c*, os anunciare otro
Ef. 1.10 así las que están en los *c*, como las
3.15 toma nombre toda familia en los *c* y en
4.10 subió por encima de todos los *c* para
6.9 sabiendo que el Señor de. .está en los *c*
Fil. 2.10 que están en los *c*, y en la tierra
3.20 mas nuestra ciudadanía está en los *c*, de
Col. 1.5 esperanza. .os está guardada en los *c*
1.16 las que hay en los *c* y las que hay en la
1.20 en la tierra como las que están en los *c*
1.23 toda la creación que está debajo del *c*
4.1 sabiendo que. .tenéis un Amo en los *c*
1 Ts. 1.10 esperar de los *c* a su Hijo, al cual
4.16 el Señor mismo con. .descenderá del *c*
2 Ts. 1.7 se manifieste el Señor. .desde el *c*
He. 1.10 fundaste la tierra, y los *c* son obra
4.14 gran sumo sacerdote que traspasó los *c*
7.26 inocente. .y hecho más sublime que los *c*
8.1 se sentó a la diestra del trono. .en los *c*
9.24 en el *c* mismo para presentarse ahora por
10.34 mejor y perdurable herencia en los *c*
11.12 como las estrellas del *c* en multitud
12.23 de los primogénitos. .inscritos en los *c*
12.25 nosotros. .al que amonesta desde los *c*
12.26 aun una vez, y conmoveré. .también el *c*
Stg. 5.12 no juréis, ni por el *c*, ni por la tierra
5.18 otra vez oró, y el *c* dio lluvia, y la
1 P. 1.4 reservada en los *c* para vosotros
1.12 por el Espíritu Santo enviado del *c*
3.22 habiendo subido al *c* está a la diestra
2 P. 1.18 oímos esta voz enviada del *c*, cuando
3.5 hechos por la palabra de Dios los *c*, y
3.7 pero los *c* y la tierra que existen ahora
3.10 los *c* pasarán con grande estruendo, y los
3.12 en el cual los *c*. .serán deshechos, y los
3.13 esperamos. .*c* nuevos y tierra nueva, en
1 Jn. 5.7 son los que dan testimonio en el *c*
Ap. 3.12 Jerusalén, la cual desciende del *c*, de
4.1 he aquí una puerta abierta en el *c*; y la
4.2 y he aquí, un trono establecido en el *c*
5.3 ninguno, ni en el *c* ni en la tierra ni en
5.13 todo lo creado que está en el *c*, y sobre
6.13 y las estrellas del *c* cayeron sobre la
6.14 y el *c* se desvaneció como un pergamino
8.1 se hizo silencio en el *c*. .por media hora
8.10 cayó del *c* una gran estrella, ardiendo
8.13 oí a un ángel volar por en medio del *c*
9.1 una estrella que cayó del *c* a la tierra
10.1 vi descender del *c* a otro ángel fuerte
10.4 oí una voz del *c* que me decía: Sella las
10.5 y el ángel que vi. .levantó su mano al *c*
10.6 que creó el *c* y las cosas que están en
10.8 voz que oí del *c* habló otra vez conmigo
11.6 éstos tienen poder para cerrar el *c*, a
11.12 oyeron una. .voz del *c*, que les decía
11.12 subid acá; y subieron al *c* en una nube
11.13 los demás. .dieron gloria al Dios del *c*
11.15 tocó la. .y hubo grandes voces en el *c*
11.19 el templo de Dios fue abierto en el *c*
12.1 apareció en el *c* una gran señal. .mujer
12.3 apareció otra señal en el *c*: he aquí un
12.4 su cola arrastraba. .las estrellas del *c*
12.7 después hubo una gran batalla en el *c*
12.8 ni se halló ya lugar para ellos en el *c*
12.10 entonces oí una gran voz en el *c*, que
12.12 alegraos, *c*, y los que moráis en ellos
13.6 blasfemar de. .de los que moran en el *c*
13.13 hace descender fuego del *c* a la tierra
14.2 y oí una voz del *c* como estruendo de
14.6 vi volar por en medio del *c* a otro ángel
14.7 adorad a aquel que hizo el *c* y la tierra
14.13 una voz que desde el *c* me decía: Escribe
14.17 salió otro ángel del templo. .en el *c*
15.5 aquí fue abierto en el *c* el templo del
16.11 y blasfemaron contra el Dios del *c* por
16.17 y salió una gran voz del templo del *c*
16.21 cayó del *c*. .un enorme granizo como del
18.1 vi a otro ángel descender del *c* con gran
18.4 otra voz del *c*, que decía: Salid de ella
18.5 sus pecados han llegado hasta el *c*, y
18.20 alégrate sobre ella, *c*, y vosotros
19.1 oí una gran voz de gran multitud en el *c*
19.11 vi el *c* abierto; y he aquí un caballo
19.17 a. .las aves que vuelan en medio del *c*
20.1 vi a un ángel que descendía del *c*, con
20.9 descendió fuego del *c*, y los consumió
20.11 del cual huyeron la tierra y el *c*, y
21.1 vi un *c* nuevo y. .el primer *c* y. .pasaron
21.2 la nueva Jerusalén, descender del *c*, de
21.3 y oí una gran voz del *c* que decía: He
21.10 gran ciudad santa. .que descendía del *c*

CIEN *Véase Ciento*

CIENCIA

Gn. 2.9 y el árbol de la *c* del bien y del mal
2.17 del árbol de la *c* del bien. .no comerás
Éx. 31.3 lo he llenado. .en inteligencia, en *c*
35.31 lo ha llenado del Espíritu de Dios. .*c*
Nm. 24.16 dijo. .el que sabe la *c* del Altísimo
1 R. 7.14 Hiram era lleno de. .*c* en toda obra
2 Cr. 1.10 dame ahora sabiduría y *c*. .gobernar
1.11 sino que has pedido. .*c* para gobernar a
1.12 sabiduría y *c* te son dadas; y también
Job 12.12 en los ancianos está la *c*, y en la
26.3 ¿en qué aconsejaste al que no tiene *c*
Sal. 94.10 ¿no sabrá el que enseña al. .la *c*?
107.27 como ebrios, y toda su *c* es inútil
Pr. 1.22 burlar. .insensatos aborrecerán la *c*?
2.10 corazón, y la *c* fuere grata a tu alma
3.20 con su *c* los abismos fueron divididos
5.2 el consejo, y tus labios conserven la *c*
8.10 recibid. .*c* antes que el oro escogido
8.12 cordura, y hallo la *c* de los consejos
14.7 vete de. .en él no hallarás labios de *c*
14.8 la *c* del prudente está en entender su
18.15 y el oído de los sabios busca la *c*
19.2 el alma sin *c* no es buena, y aquel que
19.25 corrigiendo al entendido, entenderá *c*
21.11 cuando. .amonesta al sabio aprende *c*
22.12 los ojos de Jehová velan por la *c*; mas
22.20 ¿no te he escrito tres veces. .y en *c*
24.4 con *c* se llenarán las cámaras de todo
30.3 ni aprendí. .ni conozco la *c* del Santo
Ec. 1.16 mi corazón ha percibido. .sabiduría y *c*
1.18 molestia; y quien añade *c*, añade dolor
2.21 el hombre trabaje. .con *c* y con rectitud
2.26 al hombre que le agrada, Dios de la. .*c*
7.11 buena es la *c* con herencia, y provechosa
7.12 escudo es la *c*, y escudo es el dinero
9.10 no hay. .ni trabajo, ni *c*, ni sabiduría
9.16 la *c* del pobre sea menospreciada, y no
Is. 28.9 ¿a quién se enseñará *c*, o a quién se
33.6 reinarán en tus tiempos la sabiduría. .*c*
40.14 o le enseñó *c*, o le mostró la senda de
47.10 tu sabiduría y tu misma *c* te engañaron
Jer. 3.15 daré pastores. .os apacienten con *c*
10.14 todo hombre se embrutece, y le falta *c*
51.17 hombre se ha infatuado, y no tiene *c*
Dn. 1.4 sabios en *c* y de buen entendimiento
1.17 Dios les dio. .inteligencia en todas. .*c*
2.21 da la sabiduría. .y la *c* a los entendidos
5.12 fue hallado en él mayor espíritu y *c*
12.4 muchos correrán de. .y la *c* se aumentará
Lc. 11.52 ¡ay. .habéis quitado la llave de la *c*
Ro. 2.20 que tienes en la ley la forma de la *c*
10.2 tienen celo de Dios. .no conforme a *c*
11.33 ¡oh profundidad de. .y de la *c* de Dios!
1 Co. 1.5 enriquecidos en. .palabra y en toda *c*
12.8 palabra de *c* según el mismo Espíritu
13.2 entendiese. .*c*, y si tuviese toda la fe
13.8 y cesarán las lenguas y la *c* acabará
14.6 no os hablare con revelación, o con *c*
2 Co. 6.6 en *c*, en longanimidad, en bondad, en
8.7 fe, en palabra, en *c*, en toda solicitud
Fil. 1.9 vuestro amor abunde aun más y. .en *c*
1 Ti. 6.20 argumentos. .falsamente llamada *c*

CIEN MIL

1 R. 20.29 mataron. .*100.000* hombres de a pie
2 R. 3.4 *100.000* corderos y *100.000* carneros
1 Cr. 5.21 tomaron. .asnos, y *100.000* personas
22.14 he preparado. .*100.000* talentos de oro
2 Cr. 25.6 sueldo. .a *100.000* hombres valientes

CIENO

Sal. 69.2 estoy hundido en *c* profundo, donde no
Is. 57.20 en tempestad. .aguas arrojan *c* y lodo
Jer. 38.6 sino *c*, y se hundió Jeremías en el *c*
38.22 tus amigos; hundieron en el *c* tus pies
2 P. 2.22 la puerca lavada a revolcarse en el *c*

CIENTO, CIEN *Véase también Ciento Cinco y otros números*

Gn. 11.10 Sem, de edad de *c* años, engendró a
17.17 ¿a hombre de *c* años ha de nacer hijo?
21.5 Abraham de *c* años cuando nació Isaac

CIENTO, CIEN *(Continúa)*
Gn. 26.12 y cosechó aquel año *c* por uno; y le
33.19 una parte del campo..por *c* monedas
Éx. 18.25 puso por jefes..sobre mil, sobre *c*
27.9,11 cortinas..de *c* codos de longitud
27.18 la longitud del atrio será de *c* codos
38.9 las cortinas del atrio eran de *c* codos
38.11 y del lado norte cortinas de *c* codos
38.25 la plata..fue *c* talentos y 1.775 siclos
38.27 hubo además *c* talentos de plata para
38.27 en *c* basas, *c* talentos, a talento por
Lv. 26.8 perseguirán a *c*, y *c*..perseguirán a
Dt. 22.19 y le multarán en *c* piezas de plata
Jos. 24.32 Jacob compró..por *c* piezas de dinero
Jue. 7.19 llegaron..Gedeón y los *c* hombres que
20.10 tomaremos diez hombres de cada *c* por
20.10 *c* de cada mil, y mil de cada 10.000
1 S. 18.25 no desea la dote, sino *c* prepucios
25.18 Abigail tomó..*c* racimos de uvas pasas
29.2 pasaban revista a sus compañías de a *c*
2 S. 3.14 cual desposé conmigo por *c* prepucios
8.4 caballos..dejó suficientes para *c* carros
16.1 *c* racimos de pasas, *c* panes de higos
18.4 salía todo el pueblo de *c* en *c* y de mil
24.3 añada Jehová al..*c* veces tanto como son
1 R. 4.23 *c* ovejas; sin los ciervos, gacelas
7.2 la casa del..tenía *c* codos de longitud
18.4 Abdías tomó a *c* profetas y..escondió
18.13 escondí a *c* varones de los profetas
2 R. 4.43 pondré esto delante de *c* hombres?
23.33 impuso..multa de *c* talentos de plata
1 Cr. 12.14 el menor tenía cargo de *c* hombres
18.4 desjarretó..excepto los de *c* carros
21.3 añada Jehová a su pueblo *c* veces más
2 Cr. 3.16 e hizo *c* granadas, las cuales puso
4.8 hizo diez mesas..hizo *c* tazones de oro
25.6 tomó a sueldo por *c* talentos de plata
25.9 ¿qué, pues, se hará de los *c* talentos
27.5 le dieron los..*c* talentos de plata
29.32 de los holocaustos..*c* carneros y 200
36.3 condenó la tierra a pagar *c* talentos
Esd. 2.69 dieron..y *c* túnicas sacerdotales
6.17 ofrecieron..*c* becerros, 200 carneros
7.22 hasta *c* talentos de plata, *c* coros de
7.22 *c* batos de vino, y *c* batos de aceite
8.26 y utensilios de plata por *c* talentos
8.26 en manos de ellos..y *c* talentos de oro
Pr. 17.10 aprovecha..más que *c* azotes al necio
Ec. 6.3 aunque el hombre engendrare *c* hijos
8.12 aunque el pecador haga mal *c* veces, y
Is. 65.20 morirá de *c* años, y el pecador de *c*
Jer. 52.23 granadas en..eran *c* sobre la red
Ez. 40.19 midió la anchura..de *c* codos hacia
40.23,27 midió de puerta a puerta, *c* codos
40.47 midió..*c* codos de longitud, y *c* codos
41.13 luego midió la casa, *c* codos de largo
41.13 midió..el edificio..*c* codos de longitud
41.14 y el ancho..de la casa..era de *c* codos
41.15 la longitud del edificio que..*c* codos
42.2 su longitud era de *c* codos, y el ancho
42.8 delante de la fachada del..había *c* codos
Am. 5.3 ciudad que salga con mil, volverá con *c*
5.3 y la que salga con *c* volverá con diez
Mt. 13.8 y dio fruto, cuál a *c*, cuál a sesenta
13.23 y produce a *c*, a sesenta, y a treinta
18.28 halló a uno de..que le debía *c* denarios
19.29 recibirá *c* veces más, y heredará la vida
Mr. 4.8 y produjo a treinta, a sesenta, y a *c*
4.20 y dan fruto a treinta, a sesenta y a *c*
6.40 y se recostaron por grupos, de *c* en *c*
10.30 no reciba *c* veces más ahora en este
Lc. 8.8 parte..nació y llevó fruto a *c* por uno
16.6 él dijo: *C* barriles de aceite. Y le dijo
16.7 él dijo: *C* medidas de trigo. Él le dijo
Jn. 19.39 un compuesto de mirra..como *c* libras
Ro. 4.19 considerar su cuerpo..de casi *c* años

CIENTO CINCO
Gn. 5.6 vivió Set *105* años, y engendró a Enós

CIENTO CINCUENTA
Gn. 7.24 y prevalecieron las aguas..*150* días
8.3 se retiraron..aguas al cabo de *150* días
1 R. 10.29 el caballo por *150*; y así..adquirían
1 Cr. 8.40 los hijos de Ulam..muchos hijos..*150*
2 Cr. 1.17 compraban..carro..un caballo por *150*
Esd. 8.3 y con él, en la línea de varones, *150*
Neh. 5.17 además, *150* judíos..estaban a mi mesa

CIENTO CINCUENTA Y SEIS
Esd. 2.30 los hijos de Magbis, *156*

CIENTO CINCUENTA Y SIETE MIL SEISCIENTOS
Nm. 2.31 todos los contados en..Dan, *157.600*

CIENTO CINCUENTA Y TRES
Jn. 21.11 la red..llena de grandes peces, *153*

CIENTO CINCUENTA Y TRES MIL SEISCIENTOS
2 Cr. 2.17 extranjeros que..hallados *153.600*

CIENTO CINCUENTA Y UN MIL CUATROCIENTOS CINCUENTA
Nm. 2.16 los contados en el..de Rubén, *151.450*

CIENTO CUARENTA
Job 42.16 después de esto vivió Job *140* años

CIENTO CUARENTA Y CUATRO
Ap. 21.17 midió su muro, *144* codos, de medida

CIENTO CUARENTA Y CUATRO MIL
Ap. 7.4 oí el número..*144.000* sellados de todas
14.1 y con él *144.000*, que tenían el nombre
14.3 podía aprender..sino aquellos *144.000*

CIENTO CUARENTA Y OCHO
Neh. 7.44 cantores: los hijos de Asaf, *148*

CIENTO CUARENTA Y SIETE
Gn. 47.28 y fueron los días de Jacob..*147* años

CIENTO DIECINUEVE
Gn. 11.25 y vivió Nacor..*119* años, y engendró

CIENTO DIEZ
Gn. 50.22 habitó José en..y vivió José *110* años
50.26 murió José a la edad de *110* años; y lo
Jos. 24.29; Jue. 2.8 murió Josué..de *110* años
Esd. 8.12 Johanán hijo de Hacatán, y con él *110*

CIENTO DOCE
1 Cr. 15.10 el principal, y sus hermanos, *112*
Esd. 2.18 los hijos de Jora, *112*
Neh. 7.24 los hijos de Harif, *112*

CIENTO OCHENTA
Gn. 35.28 y fueron los días de Isaac *180* años
Est. 1.4 y su poder, por muchos días, *180* días

CIENTO OCHENTA MIL
1 R. 12.21 reunió..*180.000* hombres, guerreros
2 Cr. 11.1 reunió..*180.000* hombres escogidos de
17.18 tras éste, Jozabad, y con él *180.000*

CIENTO OCHENTA Y CINCO MIL
2 R. 19.35 el ángel..mató..asirios a *185.000*
Is. 37.36 mató a *185.000* en el campamento de

CIENTO OCHENTA Y DOS
Gn. 5.28 vivió Lamec *182* años, y engendró un

CIENTO OCHENTA Y OCHO
Neh. 7.26 los varones de Belén y de Netofa, *188*

CIENTO OCHENTA Y SEIS MIL CUATROCIENTOS
Nm. 2.9 en el campamento de Judá, *186.400*

CIENTO OCHENTA Y SIETE
Gn. 5.25 vivió Matusalén *187* años, y engendró

CIENTO OCHO MIL CIEN
Nm. 2.24 los contados en..de Efraín, *108.100*

CIENTO SESENTA
Esd. 8.10 el hijo de Josifías, y con él *160*

CIENTO SESENTA Y DOS
Gn. 5.18 vivió Jared *162* años, y engendró a

CIENTO SETENTA Y DOS
Neh. 11.19 Acub..guardas en las puertas, *172*

CIENTO SETENTA Y CINCO
Gn. 25.7 los días que vivió Abraham: *175* años

CIENTO TREINTA
Gn. 5.3 y vivió Adán *130* años, y engendró un
47.9 los días de los años de..son *130* años
Nm. 7.13,19,25,31,37,43,49,55,61,67,73,79 un plato de plata de *130* siclos
7.85 cada plato de *130* siclos, y cada jarro
1 Cr. 15.7 de Gersón, Joel..sus hermanos, *130*
2 Cr. 24.15 Joiada..*130* años era cuando murió

CIENTO TREINTA Y NUEVE
Esd. 2.42 los hijos de Sobai; por todos, *139*

CIENTO TREINTA Y OCHO
Neh. 7.45 porteros..los hijos de Sobai, *138*

CIENTO TRIENTA Y SIETE
Gn. 25.17 años de la vida de Ismael, *137* años
Éx. 6.16 y los años..de Leví fueron *137* años
6.20 los años de la vida de Amram fueron *137*

CIENTO TREINTA Y TRES
Éx. 6.18 los años de la vida de Coat fueron *133*

CIENTO VEINTE
Gn. 6.3 es carne; mas serán sus días *120* años
Nm. 7.86 el oro de las cucharas, *120* siclos
Dt. 31.2 dijo: Este día soy de edad de *120* años
34.7 era Moisés de..de *120* años cuando murió
1 R. 9.14 enviado al rey *120* talentos de oro
10.10 y dio ella al rey *120* talentos de oro
1 Cr. 15.5 de Coat, Uriel..y sus hermanos, *120*
2 Cr. 3.4 el pórtico..y su altura de *120* codos
5.12 y con ellos *120* sacerdotes que tocaban
9.9 y dio al rey *120* talentos de oro, y gran
Dn. 6.1 constituir sobre el reino *120* sátrapas
Hch. 1.15 los reunidos eran como *120* en número

CIENTO VEINTE MIL
Jue. 8.10 pues habían caído *120.000* hombres que
1 R. 8.63 ofreció Salomón..*120.000* ovejas. Así
1 Cr. 12.37 media tribu de Manasés, *120.000*
2 Cr. 7.5 y ofreció..Salomón..*120.000* ovejas
28.6 Peka..mató..en un día *120.000* hombres
Jon. 4.11 donde hay más de *120.000* personas que

CIENTO VEINTIDÓS
Esd. 2.27; Neh. 7.31 varones de Micmas, *122*

CIENTO VEINTIOCHO
Esd. 2.23 los varones de Anatot, *128*
2.41 los cantores: los hijos de Asaf, *128*
Neh. 7.27 los varones de Anatot, *128*
11.14 hermanos, hombres de gran vigor, *128*

CIENTO VEINTISIETE
Gn. 23.1 fue la vida de Sara *127* años; tantos
Est. 1.1 Asuero que reinó..sobre *127* provincias
8.9 se escribió..a..*127* provincias; a cada
9.30 cartas..a las *127* provincias del rey

CIENTO VEINTITRÉS
Nm. 33.39 Aarón de edad de *123* años, cuando
Esd. 2.21 los hijos de Belén, *123*
Neh. 7.32 los varones de Bet-el y de Hai, *123*

CIERNE
Cnt. 2.13 higos, y las vides en *c* dieron olor
2.15 las zorras..nuestras viñas están en *c*
7.12 si brotan las vides, si están en *c*, si

CIERTÍSIMAMENTE
Hch. 2.36 sepa..*c* toda la casa de Israel, que

CIERTÍSIMA
Lc. 1.1 las cosas que entre nosotros han sido *c*

CIERTO, TA
Dt. 13.14 si pareciere verdad, cosa *c*, que tal
17.4 la cosa pareciere..*c*, que tal abominación
Rt. 3.12 es *c* que yo soy pariente cercano, con
Est. 2.23 hizo investigación..y fue hallado *c*
Job 5.2 es *c* que al necio lo mata la ira, y al
Hch. 16.10 dando por *c* que Dios nos llamaba
22.30 queriendo saber de *c* la causa por la
23.15,20 inquirir alguna cosa más *c* acerca de
25.26 cosa *c* que escribir a mi señor, le he
Ro. 8.18 pues tengo por *c* que las aflicciones

CIERVA
Gn. 49.21 Neftalí, *c* suelta, que pronunciará
2 S. 22.34 quien hace mis pies como de *c*, y me
Job 39.1 miraste tú..*c* cuando están pariendo?
Sal. 18.33 quien hace mis pies como de *c*, y me
Pr. 5.19 como *c* amada y graciosa gacela. Sus
Cnt. 2.7; 3.5 los corzos y por las *c* del campo
Jer. 14.5 las *c* en..parían y dejaban la cría
Hab. 3.19 el cual hace mis pies como de *c*, y en

CIERVO
Dt. 12.15 podrá comer, como..de gacela o de *c*
12.22 lo mismo que se come la gacela y el *c*
14.5 *c*, la gacela, el corzo, la cabra montés
15.22 comerán..como de una gacela o de un *c*
1 R. 4.23 sin los *c*, gacelas, corzos y aves
Sal. 42.1 como el *c* brama por las corrientes
Is. 35.6 el cojo saltará como un *c*, y cantará
Lm. 1.6 príncipes fueron como *c* que no hallan

CIGUEÑA
Lv. 11.19; Dt. 14.18 la *c*, la garza según su
Sal. 104.17 en las hayas hace su casa la *c*
Jer. 8.7 aun la *c* en el cielo conoce su tiempo
Zac. 5.9 dos mujeres..tenían alas como de *c*

CILICIA *Comarca romana en Asia Menor*
Hch. 6.9 de *C* y de Asia, disputando con Esteban
15.23 los hermanos..que están..en *C*, salud
15.41 pasó por Siria y *C*, confirmando a las
21.39 de Tarso, ciudadano de una ciudad..de *C*
22.3 soy judío, nacido en Tarso de *C*, pero
23.34 y habiendo entendido que era de *C*
27.5 atravesado el mar..frente a *C* y Panfilia
Gá. 1.21 fui a las regiones de Siria y de *C*

CILICIO
Gn. 37.34 y puso *c* sobre sus lomos, y guardó
2 S. 3.31 ceñíos de *c*, y haced duelo delante de
21.10 Rizpa..tomó una tela de *c* y la tendió
1 R. 20.31 pongamos, pues, ahora *c* en..lomos
20.32 ciñeron, pues, sus lomos con *c*, y sogas
21.27 puso *c* sobre su carne..y durmió en *c*
2 R. 6.30 rasgó..y el pueblo vio el *c* que traía
19.1 se cubrió de *c*, y entró en la casa de
19.2 y envió a Eliaquim..cubiertos de *c*, al
1 Cr. 21.16 David..se postraron..cubiertos de *c*
Neh. 9.1 se reunieron..con *c* y tierra sobre sí
Est. 4.1 se vistió de *c* y de ceniza, y se fue
4.2 no era lícito pasar adentro..vestido de *c*
4.3 luto..*c* y ceniza era la cama de muchos
4.4 envió vestidos para..hacerle quitar el *c*
Job 16.15 *c* sobre mi piel, y puse mi cabeza
Sal. 30.11 desataste mi *c*, y me ceñiste de
35.13 cuando ellos enfermaron, me vestí de *c*
69.11 puse además *c* por mi vestido, y vine
Is. 3.24 en lugar de ropa de..ceñimiento de *c*
15.3 se ceñirán de *c* en sus calles; en sus
20.2 vé y quita el *c* de tus lomos, y descalza
22.12 a raparse el cabello y a vestir *c*
32.11 oh indolentes..ceñid los lomos con *c*
37.1 Ezequías..cubierto de *c* vino a la casa
37.2 envió a..los sacerdotes, cubiertos de *c*
50.3 los cielos, y hago como *c* su cubierta
58.5 aflija el..y haga cama de *c* y de ceniza?
Jer. 4.8 esto vestíos de *c*, endechad y aullad
6.26 hija de mi pueblo, cíñete de *c*..ceniza
48.37 sobre toda mano..y *c* sobre todo lomo
49.3 hijas de Rabá, vestíos de *c*, endechad
Lm. 2.10 polvo..sus cabezas, se ciñeron de *c*
Ez. 7.18 se ceñirán también de *c*, y les cubrirá
27.31 se ceñirán de *c*, y endecharán por ti
Dn. 9.3 oración y ruego, en ayuno, *c* y ceniza
Jl. 1.8 llora tú como joven vestida de *c* por
1.13 venid, dormid en *c*, ministros de..Dios
Am. 8.10 haré poner *c* sobre todo lomo, y que
Jon. 3.5 vistieron de *c* desde el mayor hasta
3.6 se cubrió de *c* y se sentó sobre ceniza
3.8 sino cúbranse de *c* hombres y animales
Mt. 11.21 que se hubieran arrepentido en *c* y
Lc. 10.13 sentadas en *c*..habrían arrepentido
Ap. 6.12 el sol se puso negro como tela de *c*
11.3 testigos que profeticen..vestidos de *c*

CIMA
Gn. 8.5 se descubrieron las *c* de los montes
Nm. 14.44 se obstinaron en subir a la *c* del
Jer. 22.6 como Galaad..y como la *c* del Líbano
Os. 4.13 las *c* de los montes sacrificaron, e

CÍMBALO
2 S. 6.5 danzaban..con..panderos, flautas y *c*
1 Cr. 13.8 David y..regocijaban..*c* y trompetas
15.16 cantores con..arpas y *c*, que resonasen
15.19 que eran cantores, sonaban *c* de bronce
15.28 el arca..con..*c*, y al son de salterios
16.5 instrumentos..pero Asaf sonaba los *c*
16.42 a Hemán y a Jedutún con trompetas y *c*
25.1 para que profetizasen con arpas..y *c*
25.6 casa de Jehová, con *c*, salterios y arpas
2 Cr. 5.12 estaban con *c* y salterios y arpas
5.13 que alzaban la voz con trompetas y *c* y
29.25 levitas en la casa de Jehová con *c*
Esd. 3.10 los levitas..con *c*, para que alabasen
Neh. 12.27 hacer la dedicación..*c*, salterios
Sal. 150.5 alabadle con *c* resonantes; alabadle
150.5 alabadle..alabadle con *c* de júbilo
1 Co. 13.1 vengo a ser como..o *c* que retiñe

CIMENTAR
Sal. 78.69 la tierra que *cimentó* para siempre
Is. 54.11 *cimentaré*..piedras sobre carbunclo
Ef. 3.17 que, arraigados y *cimentados* en amor

CIMIENTO
Jos. 6.26 sobre su primogénito eche los *c* de
2 S. 22.8 se conmovieron los *c* de los cielos
22.16 y quedaron al descubierto los *c* del
1 R. 5.17 piedras costosas, para..*c* de la casa
6.37 se echaron los *c* de la casa de Jehová
7.9 piedras costosas..el *c* hasta los remates
7.10 el *c* era de piedras costosas..grandes
16.34 precio de la vida de Abiram..echó el *c*
2 Cr. 3.3 medidas que dio Salomón a los *c* de la
8.16 desde el día en que se pusieron los *c* de
23.5 la otra tercera parte, a la puerta del *C*
Esd. 3.6 los *c* del templo..no se habían echado
3.10 y cuando los albañiles..echaban los *c*
3.11 se echaban los *c* de la casa de Jehová
3.12 viendo echar..*c* de esta casa, lloraban
5.16 Sesbasar vino y puso los *c* de la casa
Job 4.19 casas de barro, cuyos *c* están en el
Sal. 18.7 se conmovieron los *c* de los montes
18.15 y quedaron al descubierto los *c* del
82.5 tiemblan todos los *c* de la tierra
87.1 su *c* está en el monte santo
89.14; 97.2 justicia y juicio son el *c* de tu
104.5 fundó la tierra sobre sus *c*; no será
137.7 cuando decían..arrasadla hasta los *c*
Is. 24.18 porque..temblarán los *c* de la tierra
28.16 he puesto en Sion..piedra..de *c* estable
51.16 extendiendo los cielos y echando los *c*
58.12 los *c* de generación y..levantarás, y
Jer. 50.15 han caído sus *c*, derribados son sus
51.26 y nadie tomará de ti..ni piedra para *c*
Lm. 4.11 encendió en Sion fuego..hasta sus *c*
Ez. 13.14 y será descubierto su *c*, y caerá, y
41.8 los *c*..era de una caña entera de seis
Jon. 2.6 descendí a los *c* de los montes; la
Mi. 1.6 montones de ruinas..descubriré sus *c*
6.2 oíd..fuertes *c* de la tierra, el pleito
Hab. 3.13 la casa del impío, descubriendo el *c*
Hag. 2.18 el día que se echó el *c* del templo
Zac. 4.9 las manos de Zorobabel echarán el *c*
8.9 desde el día que se echó el *c* a la casa
Lc. 14.29 sea que después que haya puesto el *c*
Hch. 16.26 que los *c* de la cárcel se sacudían
Ap. 21.14 y el muro de la ciudad tenía doce *c*
21.19 y los *c* del muro de..estaban adornados
21.19 primer *c* era jaspe; el segundo, zafiro

CINA *Ciudad en Judá*, **Jos. 15.22**

CINCEL
Job 19.24 con *c* de hierro y con plomo fuesen
Jer. 17.1 el pecado de Judá escrito está con *c*

CINCO *Véase Cinco mil, etc.*
Gn. 14.9 rey de Elasar; cuatro reyes contra *c*
18.28 quizá faltarán de cincuenta justos *c*
18.28 ¿destruirás por aquellos..*c* la ciudad?
43.34 *c* veces mayor que cualquiera de las de
45.6 *c* años en los cuales ni habrá arada ni
45.11 quedan *c* años de hambre, para que no
45.22 y a Benjamín dio..*c* mudas de vestidos
47.2 tomó *c* varones, y los presentó delante
Éx. 22.1 por aquel buey pagará *c* bueyes, y por
26.3 *c* cortinas estarán unidas una con la
26.3 y las otras *c* cortinas unidas una con
26.9 unirás *c* cortinas aparte y las otras 6
26.26 harás..*c* barras de madera de acacia
26.27 *c* barras para las tablas del otro lado
26.27 *c*..para las tablas del lado posterior
26.37 harás..*c* columnas de madera de acacia
26.37 fundirás *c* basas de bronce para ellas
27.1 altar..de *c* codos de longitud, y de *c*
27.18 y la altura de *c* codos; sus cortinas
36.10 *c* de las cortinas las unió entre sí, y
36.10 unió las otras *c* cortinas entre sí
36.16 y unió *c* de las cortinas aparte, y las
36.31 barras..*c* para las tablas de un lado
36.32 *c* barras para las tablas del otro lado
36.32 *c* barras para las tablas del..posterior
36.38 *c* columnas con sus capiteles; y cubrió
36.38 de oro los..e hizo de bronce sus *c* basas
38.1 hizo..el altar..su longitud de *c* codos
38.1 y su anchura de otros *c* codos, cuadrado
38.18 su altura, era de *c* codos, lo mismo que
Lv. 26.8 *c* de vosotros perseguirán a ciento, y
27.5 y si fuere de *c* años hasta veinte, el
27.6 un mes hasta *c* años..*c* siclos de plata
Nm. 3.47 *c* siclos por cabeza; conforme al siclo
7.17,23,29,35,41,47,53,59,65,71,77,83 *c* carneros,
c..cabríos y *c* corderos
11.19 no comeréis un día..ni *c* días, ni diez
18.16 por el precio de *c* siclos, conforme al
31.8 mataron..los *c* reyes de Madián; también
Jos. 10.5 *c* reyes de..se juntaron y subieron
10.16 los *c* reyes huyeron, y se escondieron
10.17 que los *c* reyes habían sido hallados
10.22 abrid..la cueva, y sacad..a esos *c* reyes
10.23 sacaron de la cueva a aquellos *c* reyes
10.26 mató, y los hizo colgar en *c* maderos
13.3 *c* príncipes de los filisteos: el gazeo
Jue. 3.3 los *c* príncipes de los filisteos, todos
18.2 Dan enviaron..*c* hombres de entre ellos
18.7 aquellos *c* hombres salieron, y vinieron a
18.14 *c* hombres que habían ido..dijeron a sus
18.17 subiendo los *c* hombres..entraron allá
1 S. 6.4 *c* tumores de oro, y *c* ratones de oro
6.16 cuando vieron esto los *c* príncipes de los
6.18 pertenecientes a los *c* príncipes, así las
17.40 escogió *c* piedras lisas del arroyo, y
21.3 dame *c* panes, o lo que tengas a mano
25.18 *c* ovejas guisadas, *c* medidas de grano
25.42 levantándose..Abigail con *c* doncellas
2 S. 4.4 tenía *c* años de edad cuando llegó de
21.8 tomó el rey a..*c* hijos de Mical hija de
1 R. 6.6 el aposento..era de *c* codos de ancho
6.10 el aposento..de altura de *c* codos, el
6.24 una ala..tenía *c* codos, y la otra ala..*c*
6.31 umbral y los postes eran de *c* esquinas
7.16 capitel era de *c* codos..otro..*c* codos
7.23 su altura era de *c* codos, y lo ceñía
7.39 *c* basas a la mano derecha..las otras *c*
7.49 *c* candeleros de oro purísimo..otros *c*
2 R. 6.25 estiércol de palomas por *c* piezas de
7.13 tomen ahora *c* de los caballos que han
13.19 *c* o seis golpes, hubieras derrotado a
25.19 tomó..*c* varones de los consejeros del
1 Cr. 2.4 todos los hijos de Judá fueron *c*
2.6 los hijos de Zera: Zimri..por todos *c*
3.20 Hasadías y Jusab-hesed; *c* por todos
4.32 y sus aldeas fueron Etam..*c* pueblos
7.3 hijos de Israhías..por todos, *c* príncipes
7.7 los hijos de Bela: Ezbón, Uzi..*c* jefes
11.23 venció a un egipcio, hombre de *c* codos
2 Cr. 3.11,12 ala era de *c* codos..la otra de *c*
3.15 con sus capiteles encima, de *c* codos
4.2 hizo un mar de fundición..era de *c* codos
4.6 diez fuentes..puso *c* a la derecha y *c* a
4.7 diez candeleros..*c* a la derecha y *c* a la
4.8 mesas..*c* a la derecha y *c* a la izquierda
6.13 estrado..*c* codos de largo, de *c* codos
Is. 17.6 cuatro o *c* en sus ramas..fructíferas
19.18 *c* ciudades en la tierra de Egipto que
30.17 la amenaza de *c* huiréis vosotros todos
Jer. 52.22 el capitel..de una altura de *c* codos
Ez. 1.1 a los *c* días del mes, que estando yo
1.2 en el quinto año..a los *c* días del mes
8.1 sexto, a los *c* días del mes, aconteció
33.21 a los *c* días del mes, que vino a mí un
40.7 y entre las cámaras había *c* codos de
40.30 los arcos..eran de..*c* codos de ancho
40.48 poste..*c* codos de un lado, y *c* codos de
41.2 puerta, de *c* codos de un lado, y *c* del
41.9 el ancho de la pared de..era de *c* codos
41.11 el ancho del espacio..era de *c* codos
41.12 pared..de *c* codos de grueso alrededor
Mt. 14.17 no tenemos aquí sino *c* panes y dos
14.19 y tomando los *c* panes y los dos peces
16.9 ni os acordáis de los *c* panes entre
25.2 *c* de ellas eran prudentes y *c* insensatas
25.15 a uno dio *c* talentos, y a otro dos, y
25.16 el que había recibido *c* talentos fue
25.16 fue y negoció..y ganó otros *c* talentos
25.20 recibido *c* talentos, trajo otros *c*
25.20 *c* talentos me entregaste; aquí tienes
25.20 he ganado otros *c* talentos sobre ellos
Mr. 6.38 al saberlo, dijeron: *C*, y dos peces
6.41 tomó los *c* panes y los dos peces, y
8.19 cuando partí los *c* panes entre cinco mil
Lc. 1.24 recluyó en casa por *c* meses, diciendo
9.13 dijeron..No tenemos más que *c* panes y
9.16 tomando los *c* panes y los dos pescados
12.6 se venden *c* pajarillos por dos cuartos?
12.52 *c* en una familia estarán divididos, tres
14.19 he comprado *c* yuntas de bueyes, y voy a
16.28 tengo *c* hermanos..que les testifique
19.18 otro..Señor, tu mina ha ganado *c* minas
19.19 dijo: Tú también sé sobre *c* ciudades
Jn. 4.18 *c* maridos has tenido, y el que ahora
5.2 un estanque..el cual tiene *c* pórticos
6.9 aquí está un muchacho, que tiene *c* panes
6.13 llenaron doce cestas de..de los *c* panes
Hch. 20.6 en *c* días nos reunimos con ellos en
24.1 *c* días después, descendió el..Ananías
1 Co. 14.19 prefiero hablar *c* palabras con mi
2 Co. 11.24 *c* veces he recibido cuarenta azotes
Ap. 9.5 no..sino que los atormentasen *c* meses
9.10 para dañar a los hombres durante *c* meses
17.10 son siete reyes. *C* de ellos han caído

CINCO MIL
Jos. 8.12 tomó como *5.000* hombres, y los puso
Jue. 20.45 fueron abatidos *5.000* hombres en
1 S. 17.5 era el peso de la cota *5.000* siclos
1 Cr. 29.7 dieron para..*5.000* talentos..de oro
29.7 de bronce, y *5.000* talentos de hierro
2 Cr. 35.9 dieron..*5.000* ovejas y 500 bueyes
Esd. 2.69 al tesorero..*5.000* libras de plata
Ez. 45.6 la ciudad señalaréis *5.000* de anchura
48.15 las *5.000* cañas de anchura que quedan
Mt. 14.21 y los que comieron fueron como *5.000*
16.9 de los cinco panes entre *5.000* hombres
Mr. 6.44 los que comieron eran *5.000* hombres
8.19 los cinco panes entre *5.000*, ¿cuántas
Lc. 9.14 y eran como *5.000* hombres. Entonces
Jn. 6.10 se recostaron como en número de *5.000*
Hch. 4.4 número de los varones era como *5.000*

CINCO MIL CUATROCIENTOS
Esd. 1.11 los utensilios de oro y..eran *5.400*

CINCUENTA *Véase también Cincuenta y dos, Cincuenta mil, etc.*
Gn. 6.15 de *c* codos su anchura, y de treinta
18.24 quizá haya *c* justos dentro de la ciudad
18.24 perdonarás al lugar por amor a los *c*
18.26 si hallare en Sodoma *c* justos dentro de
18.28 quizá faltarán de *c* justos cinco
Éx. 18.21 y ponlos..por jefes..de *c* y de diez
18.25 y los puso por jefes..sobre *c* y sobre
26.5 *c* lazadas..en la primera cortina, y *c*
26.6 harás también *c* corchetes de oro, con
26.10 *c* lazadas en la orilla..y *c* lazadas en
26.11 asimismo *c* corchetes de bronce, los
27.12 lado occidental..cortinas de *c* codos
27.13 en el ancho del atrio..habrá *c* codos
27.18 anchura *c* por un lado y *c* por el otro
36.12 *c* lazadas hizo en la..y otras *c* en la
36.13 hizo también *c* corchetes de oro, con
36.17 *c* lazadas en la orilla de..y otras *c* en
36.18 hizo también *c* corchetes de bronce para
38.12 lado del occidente, cortinas de *c* codos

CINCUENTA *(Continúa)*
Éx. 38.13 del lado. . al este, cortinas de *c* codos
Lv. 23.16 hasta el día. . reposo contaréis *c* días
25.10 santificaréis el año *c*, y pregonaréis
25.11 el año *c* os será jubileo; no sembraréis
27.3 al varón. . estimarás en *c* siclos de plata
27.16 un homer. . se valorará en *c* siclos de
Nm. 4.3,23,30 de treinta años arriba hasta *c*
4.35,39,43,47 hasta el de edad de *c* años
8.25 desde los *c* años cesarán de ejercer su
31.30 tomarás uno de cada *c* de las personas
31.47 tomó Moisés uno de cada *c*, así de las
Dt. 1.15 los puse por jefes sobre. . *c* y de diez
22.29 al padre de la joven *c* piezas de plata
Jos. 7.21 vi. . un lingote de oro. . de *c* siclos
2 S. 15.1 Absalón se hizo de carros. . *c* hombres
24.24 compró la era. . por *c* siclos de plata
1 R. 1.5 *c* hombres que corriesen delante de él
7.2 tenía. . *c* codos de anchura y 30 codos de
7.6 un pórtico. . que tenía *c* codos de largo
18.4,13 cien profetas. . de *c* en *c* en cuevas
2 R. 1.9 envió a él un capitán de *c* con sus *c*
1.10 Elías. . dijo al capitán de *c:* Si yo soy
1.10,12 fuego del cielo. . consúmate con tus *c*
1.10,12 fuego del. . lo consumió a él y a sus *c*
1.11 a enviar. . otro capitán de *c* con sus *c*
1.13 enviar al tercer capitán de *c* con sus *c*
1.13 subiendo aquel tercer capitán de *c*, se
1.13 mi vida, y la vida de estos tus *c* siervos
1.14 ha consumido a. . capitanes de *c* con sus *c*
2.7 vinieron *c* varones de los hijos de los
2.16 hay con tus siervos *c* varones fuertes
2.17 ellos enviaron *c* hombres, los cuales lo
13.7 no le había quedado. . sino *c* hombres de
15.20 cada uno *c* siclos de plata, para dar al
15.23 el año *c* de Azarías rey. . reinó Pekaía
15.25 en compañía. . de *c* hombres. . galaaditas
2 Cr. 3.9 el peso de. . era de uno hasta *c* siclos
Esd. 8.6 hijo de Jonatán, y con él *c* varones
Neh. 7.70 el gobernador dio. . *c* tazones, y 530
Est. 5.14 hagan una horca de *c* codos de altura
7.9 la horca de *c* codos de altura que hizo
Is. 3.3 el capitán de *c* y el hombre de respeto
Ez. 40.15 el frente de la puerta de. . *c* codos
40.21 *c* codos de longitud, y veinticinco de
40.25,29,33,36 la longitud era de *c* codos
42.2 su longitud era. . y el ancho de *c* codos
42.7 el muro. . afuera. . tenía *c* codos de largo
42.8 la longitud de las cámaras. . de *c* codos
45.2 y *c* codos en derredor para sus ejidos
Hag. 2.16 venían. . sacar *c* cántaros, y había 20
Mr. 6.40 se recostaron por grupos. . de *c* en *c*
Lc. 7.41 uno le debía 500 denarios, y el otro *c*
9.14 hacedlos sentar en grupos, de *c* en *c*
16.6 toma tu cuenta, siéntate. . y escribe *c*
Jn. 8.57 aún no tienes *c* años, ¿y has visto a

CINCUENTA MIL
1 Cr. 5.21 y tomaron. . *50.000* camellos. . asnos
12.33 de Zabulón *50.000*, que. . para la guerra
Hch. 19.19 hallaron que era *50.000* piezas de

CINCUENTA MIL SETENTA
1 S. 6.19 hizo morir del pueblo *50.070* hombres

CINCUENTA Y CINCO
2 R. 21.1 Manasés. . reinó en Jerusalén *55* años
2 Cr. 33.1 de doce. . era Manasés. . *55* años reinó

CINCUENTA Y CUATRO MIL CUATROCIENTOS
Nm. 1.29 los contados. . de Isacar fueron *54.400*
2.6 de ejército, con sus contados, *54.400*

CINCUENTA Y DOS
2 R. 15.2 años, y *52* años reinó en Jerusalén
15.27 el año *52* de Azarías. . reinó Peka hijo
2 Cr. 26.3 Uzías. . y *52* años reinó en Jerusalén
Esd. 2.29 los hijos de Nebo, *52*
Neh. 6.15 fue terminado. . el muro. . en *52* días
7.33 los varones del otro Nebo, *52*

CINCUENTA Y DOS MIL SETECIENTOS
Nm. 26.34 y fueron contados de ellas *52.700*

CINCUENTA Y NUEVE MIL TRESCIENTOS
Nm. 1.23 los contados. . Simeón fueron *59.300*
2.13 de ejército, con sus contados, *59.300*

CINCUENTA Y SEIS
Esd. 2.22 los varones de Netofa, *56*

CINCUENTA Y SIETE MIL CUATROCIENTOS
Nm. 1.31 los contados. . Zabulón fueron *57.400*
2.8 de ejército, con sus contados, *57.400*

CINCUENTA Y TRES MIL CUATROCIENTOS
Nm. 1.43 los contados. . de Neftalí fueron *53.400*
2.30 de ejército, con sus contados, *53.400*
26.47 Aser; y fueron contados de ellas *53.400*

CINCUENTENA
1 S. 8.12 nombrará para sí jefes. . y jefes de *c*

CINERET
1. Nombre antiguo del mar de Galilea
Nm. 34.11 llegará a la costa del mar de *C*, al
Dt. 3.17 el Jordán como límite desde *C* hasta
Jos. 11.2 a los reyes. . en el Arabá al sur de *C*
12.3 el Arabá hasta el mar de *C*, al oriente
13.27 límite hasta el extremo del mar de *C*
2. Ciudad fortificada en Neftalí, **Jos. 19.35**
3. Distrito en Neftalí, **1 R. 15.20**

CINTA
Pr. 31.24 telas, y vende, y da *c* al mercader

CINTO
Éx. 28.8 *c* de obra primorosa que estará sobre
28.27 delante de su juntura sobre el *c*. . efod
28.28 el pectoral. . esté sobre el *c* del efod
28.39 también un *c* de obra de recamador
28.40 les harás *c*, y. . tiaras para honra y
29.5 a Aarón. . le ceñirás con el *c* del efod
29.9 les ceñirás el *c* a Aarón y a sus hijos
39.5 el *c* del efod que estaba sobre él era
39.20 dos anillos de oro. . sobre el *c* del efod
39.21 estuviese sobre el *c* del mismo efod
39.29 el *c* de lino torcido, de azul, púrpura
Lv. 8.7 sobre él la túnica, y le ciñó con el *c*
8.7 lo ciñó con el *c* del efod, y lo ajustó
8.13 les ciñó con *c*, y les ajustó las tiaras
16.4 se ceñirá el *c* de lino, y con la mitra
2 S. 20.8 pegado a sus lomos el *c* con una daga
Job 12.21 derrama. . desata el *c* de los fuertes
Sal. 109.19 lugar de *c* con que se ciña siempre
Is. 5.27 a ninguno se le desatará el *c* de los
11.5 y será la justicia *c* de sus lomos, y la
Jer. 13.1 vé y cómprate un *c* de lino, y cíñelo
13.2 y compré el *c* conforme a la palabra de
13.4 el *c* que compraste, que está sobre tus
13.6 toma de allí el *c* que te mandé esconder
13.7 y tomé el *c*. . que el *c* se había podrido
13.10 este *c*, que para ninguna cosa es bueno
13.11 porque como el *c* se junta a los lomos
Mt. 3.4 y tenía un *c* de cuero alrededor de sus
10.9 no os proveáis de oro. . en vuestros *c*
Mr. 1.6 y tenía un *c* de cuero alrededor de sus
6.8 que no llevasen nada. . ni dinero en el *c*
Hch. 21.11 tomó el *c* de Pablo, y atándose los
21.11 así atarán. . al varón de quien es este *c*
Ap. 1.13 ceñido por el pecho con un *c* de oro
15.6 ceñidos alrededor del pecho con *c* de oro

CINTURA
Is. 11.5 y será la. . fidelidad ceñidor de su *c*
Ez. 9.2 varón. . el cual traía a su *c* un tintero
9.3 al varón. . que tenía a su *c* el tintero de
9.11 el varón. . que tenía el tintero a su *c*

CINTURÓN
Éx. 28.4 la túnica bordada, la mitra y el *c*
2 R. 1.8 y ceñía sus lomos con un *c* de cuero
Is. 3.24 cuerda en lugar de *c*, y cabeza rapada

CINCHO
1 R. 7.33 sus cubos y sus *c*. . era de fundición

CIPRÉS
1 R. 5.8 haré todo. . acerca de. . la madera de *c*
5.10 Hiram a Salomón. . cedro y madera de *c*
6.15 y cubrió. . el pavimento con madera de *c*
6.34 pero las dos puertas eran de madera de *c*
9.11 había traído a. . madera de cedro y de *c*
2 R. 19.23 cortaré sus altos cedros, sus *c* más
2 Cr. 2.8 envíame. . cedro, *c*, y sándalo; porque
3.5 y techó el. . del edificio con madera de *c*
Cnt. 1.17 son de cedro, y de *c* los artesonados
Is. 14.8 aun los *c* se regocijaron a causa de ti
37.24 contaré sus. . cedros, sus *c* escogidos
41.19 pondré en la soledad *c*, pinos y bojes
44.14 toma *c* y encina, que crecen entre los
55.13 lugar de la zarza crecerá *c*, y en lugar
60.13 gloria del Líbano vendrá a ti, *c*, pinos
Zac. 11.2 aúlla, oh *c*, porque el cedro cayó

CIRCUITO
Job 22.14 no ve; y por el *c* del cielo se pasea

CÍRCULO
Pr. 8.27 trazaba el *c* sobre la faz del abismo
Is. 40.22 está sentado sobre el *c* de la tierra

CIRCUNCIDAR
Gn. 17.10 será *circuncidado* todo varón de entre
17.11 *circuncidaréis*. . la carne de vuestro
17.12 de edad de ocho días será *circuncidado*
17.13 debe ser *circuncidado* el nacido en tu
17.14 no hubiere *circuncidado* la carne de su
17.23 y *circuncidó* la carne del prepucio de
17.24 Abraham. . cuando *circuncidó* la carne de
17.25 de trece años, cuando fue *circuncidada*
17.26 fueron *circuncidados* Abraham e Ismael
17.27 todos los. . fueron *circuncidados* con él
21.4 *circuncidó* Abraham a su hijo Isaac de 8
34.15 se *circuncide* entre vosotros todo varón
34.17 nos prestareis oído para *circuncidaros*
34.22 se *circuncide* todo varón entre nosotros
34.22 que. . así como ellos son *circuncidados*
34.24 *circuncidaron* a todo varón, a cuantos
Éx. 12.44 después que lo hubieres *circuncidado*
12.48 séale *circuncidado* todo. . la celebrará
Lv. 12.3 al octavo día se *circuncidará* al niño
Dt. 10.16 *circuncidad*, pues. . de vuestro corazón
30.6 *circuncidará* Jehová tu Dios tu corazón
Jos. 5.2 vuelve a *circuncidar*. . hijos de Israel
5.3 Josué. . *circuncidó* a los hijos de Israel
5.4 la causa por la cual Josué los *circuncidó*
5.5 los del pueblo que. . estaban *circuncidados*
5.5 salido de Egipto, no estaba *circuncidado*
5.7 los hijos de ellos. . Josué los *circuncidó*
5.7 porque no habían sido *circuncidados* por
5.8 acabaron de *circuncidar* a toda la gente
Jer. 4.4 *circuncidaos* a Jehová, y quitad el
9.25 castigaré a todo *circuncidado*, y a todo
Lc. 1.59 vinieron para *circuncidar* al niño
2.21 para *circuncidar* al niño, le pusieron
Jn. 7.22 y en el día de reposo *circuncidáis* al
Hch. 7.8 engendró a Isaac, y le *circuncidó* al
15.1 si no os *circuncidáis* conforme al rito
15.5 diciendo: Es necesario *circuncidarlos*
15.24 mandando *circuncidaros* y guardar la ley
16.3 le *circuncidó* por causa de los judíos
21.21 enseñas. . que no *circunciden* a sus hijos
Ro. 4.11 padre de todos los. . no *circuncidados*
4.12 la fe que tuvo. . antes de ser *circuncidado*
1 Co. 7.18 fue. . incircunciso? No se *circuncide*
Gá. 2.3 ni aun Tito. . obligado a *circuncidarse*
5.2 yo Pablo os digo que si os *circuncidáis*
5.3 a todo hombre que se *circuncida*, que está
6.12 a que os *circuncidéis*. . para no padecer
6.13 ni aun los. . se *circuncidan* guardan la ley
6.13 quieren que vosotros os *circuncidéis*
Fil. 3.5 *circuncidado* al octavo día, del linaje
Col. 2.11 en él también fuisteis *circuncidados*

CIRCUNCISIÓN
Éx. 4.26 dijo: Esposo de sangre, a causa de la *c*
Jn. 7.22 Moisés os dio la *c* (no porque sea de
7.23 si recibe el hombre la *c* en el día de
Hch. 7.8 dio el pacto de la *c;* y así Abraham
10.45 y los fieles de la *c* que habían venido
11.2 disputaban con él los que eran de la *c*
Ro. 2.25 la *c* aprovecha, si guardas la ley; pero
2.25 la ley, tu *c* viene a ser incircuncisión
2.26 será tenida su incircuncisión como *c?*
2.27 y con la *c* eres transgresor de la ley
2.28 ni es la *c* la que se hace. . en la carne
2.29 la *c* es la del corazón, en espíritu, no
3.1 ¿qué ventaja. . ¿o de qué aprovecha la *c?*
3.30 él justificará por la fe a los de la *c*
4.9 ¿es, pues. . solamente para los de la *c*, o
4.10 ¿estando en la *c*, o en la incircuncisión?
4.10 no en la *c*, sino en la incircuncisión
4.11 recibió la *c* como señal, como sello de
4.12 padre de la *c*. . no solamente son de la *c*
15.8 Cristo Jesús vino a ser siervo de la *c*
1 Co. 7.19 *c* nada es, y la incircuncisión nada
Gá. 2.7 encomendado. . como a Pedro el de la *c*
2.8 actuó en Pedro para el apostolado de la *c*
2.9 fuésemos a los gentiles, y ellos a la *c*
2.12 se apartaba. . tenía miedo de los de la *c*
5.6 en Cristo Jesús ni la *c* vale algo, ni la
5.11 si aún predico la *c*, ¿por qué padezco
6.15 en Cristo Jesús ni la *c* vale nada, ni
Ef. 2.11 por la llamada *c* hecha con mano en la
Fil. 3.3 porque nosotros somos la *c*, los que
Col. 2.11 *c* no hecha a mano. . en la *c* de Cristo
3.11 no hay griego ni. . *c* ni incircuncisión
4.11 son los únicos de la *c* que me ayudan en
Tit. 1.10 engañadores, mayormente los de la *c*

CIRCUNCISO
1 Co. 7.18 llamado alguno siendo *c?* Quédese *c*

CIRCUNDAR
2 Cr. 4.3 figuras de calabazas. . lo *circundaban*

CIRCUNVECINA
Hch. 14.6 huyeron a Listra y. . toda la región *c*

CIRENE *Ciudad en la costa mediterránea del África*
Mt. 27.32 un hombre de *C* que se llamaba Simón
Mr. 15.21 obligaron a uno. . Simón de *C*, padre
Lc. 23.26 tomaron a cierto Simón de *C*, que
Hch. 2.10 las regiones de Africa más allá de *C*
6.9 se levantaron. . de los de *C*, de Alejandría
11.20 había. . unos varones de Chipre y de *C*
13.1 que se llamaba Niger, Lucio de *C*, Manaén

CIRENIO *Gobernador de Siria cuando nació Jesucristo,* **Lc. 2.2**

CIRO ***Rey de Persia***
2 Cr. 36.22 primer año de *C* rey de los persas
36.22 Jehová despertó el espíritu de *C* rey de
36.23 así dice *C*, rey de los persas: Jehová
Esd. 1.1 en el primer año de *C* rey de Persia
1.1 despertó Jehová el espíritu de *C* rey de
1.2 así ha dicho *C* rey de Persia: Jehová el
1.7 el rey *C* sacó los utensilios de la casa
1.8 los sacó. . *C* rey de Persia, por mano de
3.7 conforme a la voluntad de *C*. . de Persia
4.3 como nos mandó el rey *C*, rey de Persia
4.5 todo el tiempo de *C* rey de Persia y hasta
5.13 año primero de *C*. . rey *C* dio orden para
5.14 rey *C* los sacó del templo de Babilonia
5.17 por el rey *C* había sido dada la orden
6.3 el año primero del rey *C*, el mismo rey *C*
6.14 mandato de *C*, de Darío, y de Artajerjes
Is. 44.28 dice de *C*: Es mi pastor, y cumplirá
45.1 dice Jehová a su ungido, a *C*, al cual
Dn. 1.21 continuó Daniel hasta el año. . rey *C*
6.28 Daniel prosperó. . durante el reinado de *C*
10.1 en el año tercero de *C* rey de Persia fue

CIS
1. ***Padre del rey Saúl***
1 S. 9.1 hombre valeroso, el cual se llamaba *C*
9.3 perdido las asnas de *C*. . dijo *C* a Saúl
10.11 ¿qué le ha sucedido al hijo de *C*? ¿Saúl
10.21 y de ella fue tomado Saúl hijo de *C*
14.51 *C* padre. . y Ner. . fueron hijos de Abiel
2 S. 21.14 lo sepultaron. . en el sepulcro de *C*
1 Cr. 8.33; 9.39 Ner engendró a *C*, *C* engendró
12.1 encerrado por causa de Saúl hijo de *C*
26.28 que había consagrado. . Saúl hijo de *C*
Hch. 13.21 rey, y Dios les dio a Saúl hijo de *C*
2. ***Hijo de Jehiel o Abigabaón***, **1 Cr. 8.30; 9.36**
3. ***Levita, hijo de Mahli y padre de Jerameel***, **1 Cr. 23.21,22; 24.29**
4. ***Levita en tiempo del rey Ezequías***, **2 Cr. 29.12**
5. ***Ascendiente de Mardoqueo***, **Est. 2.5**

CISÓN
1. ***Ciudad de los levitas en Isacar (=Cedes No. 3)***, **Jos. 21.28**
2. ***Arroyo en el norte de Palestina***
Jue. 4.7 atraeré hacia. . al arroyo de *C* a Sísara
4.13 y reunió Sísara. . hasta el arroyo de *C*
5.21 barrió el torrente de *C*, el antiguo. . *C*
1 R. 18.40 llevó Elías al arroyo de *C*, y allí
Sal. 83.9 hazles como. . Jabín en el arroyo de *C*

CISTERNA
Gn. 37.20 matémosle y echémosle en una *c*, y
37.22 no derraméis sangre; echadlo en esta *c*
37.24 le echaron en la *c*; pero la *c* estaba
37.28 sacaron ellos a José de la *c*. . vendieron
37.29 Rubén volvió a la *c*, y no halló a José
Éx. 21.33 alguno abriere un pozo, o cavare *c*
21.34 el dueño de la *c* pagará el daño. . dueño
Lv. 11.36 y la *c* donde se recogen aguas serán
Dt. 6.11 y *c* cavadas que tú no cavaste, viñas
1 S. 13.6 escondieron en cuevas. . rocas y en *c*
2 Cr. 26.10 y abrió muchas *c*. . muchos ganados
Neh. 9.25 y heredaron casas. . *c* hechas, viñas
Pr. 5.15 bebe el agua de tu misma *c*, y. . pozo
Jer. 2.13 cavaron. . *c*, *c* rotas que no retienen
37.16 entró. . Jeremías en la casa de la *c*, y
38.6 echar en la *c*. . y en la *c* no había agua
38.7 que habían puesto a Jeremías en la *c*
38.9 Jeremías, al cual hicieron echar en la *c*
38.10 haz sacar al profeta Jeremías de la *c*
38.11 los echó a Jeremías con sogas en la *c*
38.13 lo subieron de la *c*; y quedó Jeremías
41.7 los degolló, y los echó dentro de una *c*
41.9 *c* en que echó Ismael todos los cuerpos
Lm. 3.53 ataron mi vida en *c*, pusieron piedra
Zac. 9.11 he sacado tus presos de la *c* en que

CÍTARA
Neh. 12.27 hacer la dedicación. . salterios y *c*
Job 21.12 al son de tamboril y de *c* saltan, y
Ez. 26.13 cesar. . no se oirá más el son de tus *c*
1 Co. 14.7 o la *c*, si no dieren distinción de
14.7 lo que se toca con la flauta o con la *c*?

CIUDAD
Gn. 4.17 edificó una *c*, y llamo. . la *c*. . Enoc
10.12 y Resén. . y Cala, la cual es *c* grande
11.4 edifiquémonos una *c* y una torre, cuya
11.8 los esparció. . dejaron de edificar la *c*
13.12 Lot habitó en las *c* de la llanura, y
18.24 quizá haya 50 justos dentro de la *c*
18.26 si hallare 50 justos dentro de la *c*
18.28 ¿destruirás por aquellos cinco. . la *c*?
19.4 rodearon la casa los hombres de la *c*
19.12 y todo lo que tienes en la *c*, sácalo
19.14 les dijo. . Jehová va a destruir esta *c*
19.15 que no perezcas en el castigo de la *c*
19.16 lo sacaron y lo pusieron fuera de la *c*
19.20 ahora esta *c* está cerca para huir allá
19.21 no destruiré la *c* de que has hablado
19.22 fue llamado el nombre de la *c*, Zoar
19.25 y destruyó las *c*. . los moradores de. . *c*
19.29 así, cuando destruyó Dios las *c* de la
19.29 y envió fuera a Lot. . al asolar las *c*
23.10,18 que entraban por la puerta de su *c*
24.10 llegó a Mesopotamia, a la *c* de Nacor
24.11 arrodillar los camellos fuera de la *c*
24.13 y las hijas. . de esta *c* salen por agua
26.33 nombre de aquella *c* es Beerseba hasta
28.19 Luz era el nombre de la *c* primero
33.18 llegó sano y salvo a la *c* de Siquem
33.18 Jacob llegó. . y acampó delante de la *c*
34.20 Hamor y. . vinieron a la puerta de su *c*
34.20 Hamor. . hablaron a los varones de su *c*
34.24 los que salían por la puerta de la *c*
34.24 a cuantos salían por la puerta de su *c*
34.25 vinieron contra la *c* que. . desprevenida
34.27 y saquearon la *c*, por cuanto habían
34.28 tomaron. . lo que había en la *c* y en el
35.5 el terror de Dios estuvo sobre las *c* que
35.27 vino Jacob a Isaac su. . a la *c* de Arba
36.32 Bela. . y el nombre de su *c* fue Dinaba
36.35 Hadad hijo. . el nombre de su *c* fue Avit
36.39 Hadar hijo. . el nombre de su *c* fue Pau
41.35 el trigo. . para mantenimiento de las *c*
41.48 guardó alimento en las *c*. . en cada *c*
44.4 ellos salido de la *c*, de la que aún no se
44.13 cargó cada uno su. . y volvieron a la *c*
47.21 al pueblo lo hizo pasar a las *c*, desde
Éx. 1.11 edificaron para Faraón las *c* de. . Pitón
9.29 salga yo de la *c*, extenderé mis manos
9.33 salido. . fuera de la *c*, extendió sus manos
Lv. 14.40 y las echarán fuera de la *c* en lugar
14.41 derramarán fuera de la *c*. . el barro que
14.45 y sacarán todo fuera de la *c* a lugar
14.53 soltará la avecilla viva fuera de la *c*
25.29 que vendiere casa de. . en *c* amurallada
25.30 casa que estuviere en la *c* amurallada
25.32 cuanto a las *c* de los levitas, éstos
25.32 podrán rescatar. . las *c* de su posesión
25.33 saldrá de la casa vendida, o de la *c* de
25.33 las casas de las *c* de los levitas son
25.34 mas la tierra del ejido de sus *c* no se
26.25 y si buscareis refugio en vuestras *c*
26.31 haré desiertas vuestras *c*, y asolaré
26.33 vuestra tierra. . y desiertas vuestras *c*
Nm. 13.19 y cómo son las *c* habitadas, si son
13.28 las *c* muy grandes y fortificadas. . Anac
20.16 en Cades, *c* cercana a tus fronteras
21.2 entregares. . pueblo. . yo destruiré sus *c*
21.3 Israel. . los destruyó a ellos y a sus *c*
21.25 tomó Israel. . estas *c*, y habitó. . las *c*
21.26 Hesbón era la *c* de Sehón rey de los
21.27 edifíquese y repárese la *c* de Sehón
21.28 y llama de la *c* de Sehón, y consumió a
22.36 salió a recibirlo a la *c* de Moab, que
24.19 y destruirá lo que quedare de la *c*
31.10 e incendiaron todas sus *c*, aldeas y
32.16 edificaremos. . *c* para nuestros niños
32.17 quedarán en *c* fortificadas a causa de
32.24 edificaos *c* para vuestros niños, y
32.26 nuestros niños. . estarán ahí en las *c*
32.33 la tierra con sus *c* y. . las *c* del país
32.36 y Bet-arán, *c* fortificadas; hicieron
32.38 pusieron nombres a. . *c* que edificaron
35.2 que den a los levitas. . *c* en que habiten
35.2 daréis a. . levitas los ejidos de esas *c*
35.3 y tendrán ellos las *c* para habitar, y
35.4 los ejidos de las *c* que. . serán mil codos
35.4 mil codos. . desde el muro de la *c* para
35.5 mediréis fuera de la *c* al. . del oriente
35.5 y la *c* estará en medio; esto tendrán por
35.5 esto tendrán por los ejidos de las *c*
35.6 de las *c* que daréis. . 6 *c* serán de refugio
35.6 además de éstas daréis cuarenta y dos *c*
35.7 todas las *c* que daréis. . serán 48 *c* con
35.8 y en cuanto a las *c* que diereis de la
35.8 cada uno dará de sus *c* a los levitas
35.11 os señalaréis *c*, *c* de refugio tendréis
35.12 y os serán aquellas *c* para refugiarse
35.13 de las *c*. . tendréis seis *c* de refugio
35.14 tres *c* daréis a este lado del Jordán
35.14 tres *c* daréis en. . Canaán. . *c* de refugio
35.15 estas seis *c* serán de refugio para los
35.25 lo hará volver a su *c* de refugio, en la
35.26 saliere fuera de los límites de su *c* de
35.27 le hallare fuera del límite de la *c*
35.28 en su *c* de refugio deberá aquél habitar
35.32 precio del que huyó a su *c* de refugio
Dt. 1.22 razón. . de las *c* adonde hemos de llegar
1.28 *c* grandes y amuralladas hasta el cielo
2.34 tomamos. . *c*, y destruimos todas las *c*
2.35 despojos de las *c* que habíamos tomado
2.36 la *c* que está en el valle, hasta Galaad
2.36 no hubo *c* que escapase de nosotros; todas
2.37 las *c* del monte, ni a lugar alguno que
3.4 tomamos. . todas sus *c*; no quedó *c* que no
3.4 sesenta *c*, toda la tierra de Argob, del
3.5 estas eran *c* fortificadas con muros altos
3.5 sin contar otras muchas *c* sin muro
3.6 matando en toda *c* a hombres, mujeres y
3.7 tomamos. . ganado y los despojos de las *c*
3.10 las *c* de la llanura. . *c* del reino de Og
3.12 la mitad del monte de Galaad con sus *c*
3.19 hijos. . quedarán en las *c* que os he dado
4.41 apartó. . tres *c* a este lado del Jordán
4.42 huyendo a una de estas *c* salvase su vida
6.10 *c* grandes y buenas que tú no edificaste
9.1 *c* grandes y amuralladas hasta el cielo
13.12 oyeres que se dice de alguna de tus *c*
13.13 han instigado a los moradores de su *c*
13.15 herirás. . a los moradores de aquella *c*
13.16 consumirás con fuego la *c* y. . su botín
14.28 todo el diezmo. . lo guardarás en tus *c*
15.7 haya. . menesteroso. . en alguna de tus *c*
16.5 sacrificar. . en cualquiera de las *c* que
16.11 el levita que habitare en tus *c*, y el
16.18 oficiales pondrás en todas tus *c* que
17.2 cuando se hallare. . en alguna de tus *c*
17.8 y otra, en negocios de litigio en tus *c*
18.6 saliere un levita de alguna de tus *c* de
19.1 y tú. . habites en sus *c*, y en sus casas
19.2 apartarás tres *c* en medio de la tierra
19.5 aquél huirá a una de estas *c*, y vivirá
19.7 yo te mando, diciendo: Separarás tres *c*
19.9 que. . añadirás tres *c* más a estas tres
19.11 alguno. . si huyere a alguna de estas *c*
19.12 entonces los ancianos de su *c* enviarán
20.10 te acerques a una *c* para combatirla, le
20.14 animales, y todo lo que haya en la *c*
20.15 así harás a todas las *c* que estén muy
20.15 que no sean de las *c* de estas naciones
20.16 de las *c* de estos pueblos que Jehová
20.19 sities a alguna *c*, peleando contra ella
20.20 para construir baluarte contra la *c* que
21.2 y medirán la distancia hasta las *c* que
21.3,6 ancianos de la *c* más cercana al lugar
21.4 y los ancianos de aquella *c* traerán la
21.19 y lo sacarán ante los ancianos de su *c*
21.20 y dirán a los ancianos de la *c*: Este
21.21 todos los hombres de su *c* lo apedrearán
22.15 a los ancianos de la *c*, en la puerta
22.17 la vestidura delante. . ancianos de la *c*
22.18 los ancianos de la *c* tomarán al hombre
22.21 y la apedrearán los hombres de su *c*
22.23 muchacha. . y alguno la hallare en la *c*
22.24 sacaréis a ambos a la puerta de la *c*
22.24 la joven porque no dio voces en la *c*
23.16 lugar que escogiere en alguna de tus *c*
24.14 o de los extranjeros. . dentro de tus *c*
25.8 los ancianos de aquella *c* lo harán venir
28.3 bendito serás tú en la *c*. . en el campo
28.16 maldito serás tú en la *c*. . en el campo
28.52 pondrá sitio a todas tus *c*, hasta que
28.52 sitiará. . todas tus *c* y toda la tierra
28.55,57 enemigo te oprimirá en todas tus *c*
31.12 tus extranjeros que estuvieren en tus *c*
34.3 Jericó, *c* de las palmeras, hasta Zoar
Jos. 2.15 su casa estaba en el muro de la *c*
3.16 detuvieron. . bien lejos de la *c* de Adam
6.3 rodearéis. . pues, la *c* todos los hombres
6.3 todos. . yendo alrededor de la *c* una vez
6.4 séptimo día daréis siete vueltas a la *c*
6.5 gritará a. . voz, y el muro de la *c* caerá
6.7 y rodead la *c*; y los que están armados
6.11 arca diera una vuelta alrededor de la *c*
6.14 dieron otra vuelta a la *c* el segundo día
6.15 dieron vuelta a la *c* de la misma manera
6.16 porque Jehová os ha entregado la *c*
6.17 será la *c* anatema a Jehová, con todas
6.20 el pueblo subió luego a la *c*, cada uno
6.21 destruyeron. . todo lo que en la *c* había
6.24 y consumieron con fuego la *c*, y todo lo
6.26 maldito. . el hombre. . reedificare esta *c*
8.1 yo he entregado. . Hai. . su *c* y a su tierra
8.2,4 pondrás emboscadas a la *c* detrás de
8.4 atended. . no os alejaréis mucho de la *c*
8.5 y todo el pueblo. . nos acercaremos a la *c*
8.6 saldrán. . hasta que los alejemos de la *c*
8.7 vosotros os levantaréis. . y tomaréis la *c*
8.11 la gente de. . llegaron delante de la *c*
8.12 puso en emboscada. . al occidente de la *c*
8.13 todo el campamento al norte de la *c*, y
8.13 emboscada al occidente de la *c*, y Josué
8.14 hombres de la *c* salieron al encuentro
8.14 puesta emboscada a espaldas de la *c*
8.16 el pueblo. . siendo así alejados de la *c*
8.17 por seguir a Israel dejaron la *c* abierta
8.18 Josué extendió hacia la *c* la lanza que
8.19 corrieron luego. . a la *c*, y la tomaron
8.20 al mirar. . humo de la *c* subía al cielo
8.21 Josué. . viendo que. . habían tomado la *c*
8.21 viendo. . que el humo de la *c* subía, se
8.22 otros salieron de la *c* a su encuentro
8.27 los israelitas tomaron. . despojos de la *c*
8.29 su cuerpo. . echasen a la puerta de la *c*
9.17 Israel. . al tercer día llegaron a las *c*
9.17 y sus *c* eran Gabaón, Cafira, Beerot y
10.2 Gabaón era una gran *c*, como. . las *c* reales
10.19 seguid a. . sin dejarles entrar en sus *c*
10.20 los que quedaron. . se metieron en las *c*
10.37 hirieron. . todas sus *c*, con todo lo que
10.39 la tomó, y a su rey, y a todas sus *c*
11.12 tomó Josué. . las *c* de aquellos reyes, y
11.13 a todas las *c* que. . no las quemó Israel

CIUDAD ***(Continúa)***
Jos. 11.14 Israel tomaron..bestias de aquellas *c*
11.19 no hubo *c* que hiciese paz con..Israel
11.21 Josué los destruyó a ellos y a sus *c*
13.9,16 y la *c* que está en medio del valle
13.10 las *c* de Sehón rey de los amorreos, el
13.17 Hesbón, con todas sus *c* que están en
13.21 todas las *c* de la llanura, y todo el
13.23 heredad..de Rubén..*c* con sus aldeas
13.25 el territorio..fue Jazer..*c* de Galaad
13.28 heredad..Gad..estas *c* con sus aldeas
13.31 Astarot y Edrei, *c* del reino de Og en
14.4 a los levitas en..sino *c* en que morasen
14.12 este monte..*c* grandes y fortificadas
15.9 límite..sale a las *c* del monte de Efrón
15.13 a Caleb..la *c* de Quiriat-arba padre de
15.21 fueron las *c* de la tribu de los hijos
15.32 por todas veintinueve *c* con sus aldeas
15.36 Gederotaim; catorce *c* con sus aldeas
15.41 Gederot..dieciséis *c* con sus aldeas
15.44 Keila, Aczib..nueve *c* con sus aldeas
15.51 Gosén, Holón y..once *c* con sus aldeas
15.54 Humta..y Sior; nueve *c* con sus aldeas
15.57 Gabaa y Timna; diez *c* con sus aldeas
15.59 Maarat..Eltecón; seis *c* con sus aldeas
15.60 Quiriat-baal..Rabá; 2 *c* con sus aldeas
15.62 la *C* de la Sal y Engadi; seis *c* con sus
16.9 *c* que se apartaron..*c* con sus aldeas
17.9 estas *c*..están entre las *c* de Manasés
17.12 no pudieron arrojar a..de aquellas *c*
18.9 delineándola por *c* en siete partes en
18.14 *c* de los hijos de Judá. Este es el lado
18.21 las *c* de la tribu de los..de Benjamín
18.24 Ofni y Geba; doce *c* con sus aldeas
18.28 y Quiriat; catorce *c* con sus aldeas
19.6 Bet-lebaot y..trece *c* con sus aldeas
19.7 Aín, Rimón, Eter..cuatro *c* con sus aldeas
19.8 todas las aldeas..alrededor de estas *c*
19.15 Catat, Naalal..doce *c* con sus aldeas
19.16 la heredad..de Zabulón..estas *c* con sus
19.22 el Jordán, dieciséis *c* con sus aldeas
19.23 los hijos de Isacar..*c* con sus aldeas
19.29 de allí..hasta la *c* fortificada de Tiro
19.30 Uma, Afec..veintidós *c* con sus aldeas
19.31 tribu de Aser..estas *c* con sus aldeas
19.35 y las *c* fortificadas son Sidim, Zer
19.38 Bet-anat..diecinueve *c* con sus aldeas
19.39 heredad..de Neftalí..*c* con sus aldeas
19.48 los hijos de Dan..estas *c* con sus aldeas
19.50 dieron la *c* que él pidió, Timnat-sera
19.50 y él reedificó la *c* y habitó en ella
20.2 y diles: Señalaos las *c* de refugio, de
20.4 que se acogiere a alguna de aquellas *c*
20.4 la puerta de la *c*..ancianos de aquella *c*
20.4 ellos le recibirán consigo dentro de la *c*
20.6 y quedará en..*c* hasta que comparezca en
20.6 podrá volver a su *c*..la *c* de donde huyó
20.9 fueron las *c* señaladas para todos los
21.2 nos fuesen dadas *c* donde habitar, con
21.3 Israel dieron..estas *c* con sus ejidos
21.4 los hijos de Aarón..obtuvieron..trece *c*
21.5 de Coat obtuvieron por suerte diez *c* de
21.6 de Gersón obtuvieron por suerte..trece *c*
21.7 los hijos de Merari..obtuvieron..doce *c*
21.8 a los levitas estas *c* con sus ejidos
21.9 dieron estas *c* que fueron nombradas
21.12 mas el campo de la *c*..dieron a Caleb
21.13 Hebrón con sus ejidos como *c* de refugio
21.16 Aín con..nueve *c* de estas dos tribus
21.18 Anatot..Almón con sus ejidos; cuatro *c*
21.19 todas las *c* de los sacerdotes..son trece
21.20 recibieron por..*c* de la tribu de Efraín
21.21 les dieron Siquem..como *c* de refugio
21.22 y Bet-horón con sus ejidos; cuatro *c*
21.24 y Gat-rimón con sus ejidos; cuatro *c*
21.25 Taanac con..ejidos y Gat-rimón..dos *c*
21.26 *c*..de Coat fueron diez con sus ejidos
21.27 Golán..*c* de refugio para los homicidas
21.27 además, Beestera con sus ejidos; dos *c*
21.29 y En-ganim con sus ejidos; cuatro *c*
21.31 Helcat..Rehob con sus ejidos; cuatro *c*
21.32 Cedes en..como *c* de refugio para los
21.32 además..Cartán con sus ejidos; tres *c*
21.33 todas las *c* de..trece *c* con sus ejidos
21.35 Dimna..Naalal con sus ejidos; cuatro *c*
21.37 Cademot con sus..y Mefaat..cuatro *c*
21.38 Ramot de Galaad con..como *c* de refugio
21.39 Hesbón..Jazer con sus ejidos; cuatro *c*
21.40 las *c* de los hijos de Merari..doce *c*
21.41 todas las *c* de los levitas..fueron 48 *c*
21.42 estas *c* estaban apartadas la una de la
21.42 sus ejidos alrededor..con todas estas *c*
24.13 y os di..las *c* que no edificasteis, en
Jue. 1.8 a Jerusalén..y pusieron fuego a la *c*
1.16 subieron de la *c* de las palmeras con
1.17 Judá..pusieron por nombre a la *c*, Horma
1.23 en Bet-el, *c* que antes se llamaba Luz
1.24 vieron a un hombre que salía de la *c*
1.24 muéstranos ahora la entrada de la *c*, y
1.25 mostró la entrada a la *c*, y la hirieron
1.26 edificó una *c* a la cual llamó Luz; y este
3.13 vino e hirió..y tomó la *c* de las palmeras
6.27 temiendo..los hombres de la *c*, lo hizo
6.28 cuando los de la *c* se levantaron, he
6.29 entonces los..de la *c* dijeron a Joás
8.16 tomó a los ancianos de la *c*, y espinos
8.17 derribó la torre..y mató a los de la *c*
8.27 un efod, el cual hizo guardar en su *c*
9.30 cuando Zebul gobernador de la *c* oyó las
9.31 aquí que están sublevando la *c* contra ti
9.33 por la mañana..madruga y cae sobre la *c*
9.35 puso a la entrada de la puerta de la *c*
9.43 miró, he aquí el pueblo que salía de la *c*
9.44 se detuvieron a la entrada de..de la *c*
9.45 Abimelec peleó contra la *c*..y tomó la *c*
9.45 tomó..y asoló la *c*, y la sembró de sal
9.51 en medio de aquella *c* había una torre
9.51 a la cual se retiraron todos..de la *c*
10.4 treinta *c*, que se llaman las *c* de Jair
11.26 y todas las *c* que están en..de Arnón
11.33 y desde Aroer hasta llegar a..veinte *c*
12.7 fue sepultado en una de las *c* de Galaad
14.18 los de la *c* le dijeron: ¿Qué cosa más
16.2 acecharon toda..noche a la puerta de la *c*
16.3 y tomando las puertas de la *c* con sus
17.8 hombre partió de la *c* de Belén de Judá
18.27 a Lais..y los hirieron..y quemaron la *c*
18.28 la *c* estaba en el valle que hay junto a
18.28 reedificaron la *c*, y habitaron en ella
18.29 y llamaron el nombre de aquella *c* Dan
18.29 bien que antes se llamaba la *c* Lais
19.11 ven..vámonos a esta *c* de los jebuseos
19.12 no iremos a ninguna *c* de extranjeros
19.15 se sentaron en la plaza de la *c*, porque
19.17 vio aquel caminante en la plaza de la *c*
19.22 hombres de aquella *c*..rodearon la casa
20.11 y se juntaron..de Israel contra la *c*
20.14 juntaron de las *c* en Gabaa, para salir
20.31 y salieron..pueblo, alejándose de la *c*
20.32 huiremos, y los alejaremos de la *c*
20.37 hirieron a filo de espada a toda la *c*
20.38 hiciesen subir..gran humareda de la *c*
20.40 a subir de la *c*..el humo de la *c* subía
20.42 los que salían de las *c* los destruían
20.48 hirieron..así a los hombres de cada *c*
20.48 asimismo pusieron fuego a todas las *c*
21.23 reedificaron las *c*, y habitaron en ellas
Rt. 1.19 la *c* se conmovió por causa de ellas
2.18 lo tomó, y se fue a la *c*; y su suegra
3.15 se las puso encima; y ella se fue a la *c*
4.2 tomó a diez varones de..ancianos de la *c*
1 S. 1.3 aquel varón subía de su *c* para adorar
4.13 llegado, pues..a la *c*..toda la *c* gritó
5.9 Jehová estuvo contra la *c*..afligió a..*c*
5.11 había consternación de muerte en..la *c*
5.12 y el clamor de la *c* subía al cielo
6.18 conforme al número de todas las *c* de los
6.18 así las *c* fortificadas como las aldeas
7.14 fueron restituidas..*c* que los filisteos
8.22 dijo Samuel..Idos cada uno a vuestra *c*
9.6 hay en esta *c* un varón de Dios, que es
9.10 fueron a la *c* donde estaba el varón de
9.11 y cuando subían por la cuesta de la *c*
9.12 hoy ha venido a la *c* en atención a que el
9.13 entréis en la *c*, le encontraréis luego
9.14 subieron a la *c*; y cuando estuvieron
9.25 descendido del..a la *c*, él habló con Saúl
9.27 y descendiendo ellos al extremo de la *c*
10.5 cuando entres allá en la *c* encontrarás
15.5 Saúl a la *c* de Amalec, puso emboscada
16.4 ancianos de la *c* salieron a recibirle
18.6 salieron las mujeres de todas las *c* de
20.6 rogó mucho..lo dejase ir..a Belén su *c*
20.29 familia celebra sacrificio en la *c*, y
20.40 dio..y le dijo: Vete y llévalas a la *c*
20.42 se..y se fue; y Jonatán entró en la *c*
22.19 Nob, *c* de los sacerdotes, hirió a filo
23.7 entrando en *c* con puertas y cerraduras
23.10 que Saúl..destruir la *c* por causa mía
27.5 ha de morar tu siervo..en la *c* real?
28.3 y le habían sepultado en Ramá, su *c*
30.3 vino, pues, David con los suyos a la *c*
30.29 las *c* de Jerameel, en las *c* del ceneo
31.7 los de Israel..dejaron las *c* y huyeron
2 S. 2.1 ¿subiré a alguna de las *c* de Judá?
2.3 los cuales moraron en las *c* de Hebrón
5.7 tomó la..Sion, la cual es la *c* de David
5.9 moró..y le puso por nombre la *C* de David
6.10 no quiso traer para sí el arca..a la *c*
6.12 fue, y llevó..el arca..a la *c* de David
6.16 cuando el arca..llegó a la *c* de David
8.8 de Beta..*c* de Hadad-ezer, tomó..bronce
10.3 ¿no ha enviado David..inspeccionar la *c*
10.12 esforcémonos por..y por las *c* de..Dios
10.14 Amón..huyeron..y se refugiaron en la *c*
11.16 cuando Joab sitió la *c*, puso a Urías
11.17 saliendo luego los de la *c*, pelearon
11.20 ¿por qué os acercasteis..a la *c* para
11.25 refuerza tu ataque contra la *c*, hasta
12.1 había dos hombres en una *c*, el uno rico
12.26 Joab peleaba contra Rabá..y tomó la *c*
12.27 a Rabá, y he tomado la *c* de las aguas
12.28 y acampa contra la *c*..que tome yo la *c*
12.30 David..sacó muy grande botín de la *c*
12.31 lo mismo hizo a todas las *c* de..Amón
15.2 Absalón le..y le decía: ¿De qué *c* eres?
15.12 llamó a Ahitofel gilonita..de su *c* de
15.14 no sea que..hiera la *c* a filo de espada
15.24 el pueblo hubo acabado de salir de la *c*
15.25 dijo..Vuelve el arca de Dios a la *c*
15.27 vuelve en paz a la *c*, y con vosotros
15.34 volvieres a la *c*, y dijeres a Absalón
15.37 así vino Husai amigo de David a la *c*
17.13 si se refugiare en alguna *c*, todos los
17.13 los de Israel llevarán sogas a aquella *c*
17.17 no podían mostrarse viniendo a la *c*
17.23 se levantó y se fue a su casa a su *c*
18.3 mejor que tú nos des ayuda desde la *c*
19.3 y entró el pueblo aquel día en la *c*
19.37 que muera en mi *c*, junto al sepulcro de
20.6 no sea que halle para sí *c* fortificadas
20.15 pusieron baluarte contra la *c*, y quedó
20.16 mujer sabia dio voces en la *c*, diciendo
20.19 procuras destruir una *c* que es madre
20.21 Seba..entregad a ése..y me iré de la *c*
20.22 y se retiraron de la *c*, cada uno a su
24.5 al sur de la *c* que está en medio del
24.7 fueron..y a todas las *c* de los heveos
1 R. 1.41 dijo: ¿Por qué se alborota la *c* con
1.45 han ungido..la *c* está llena de estruendo
2.10 durmió David..y fue sepultado en su *c*
3.1 la hija de Faraón..trajo a la *c* de David
4.13 también las *c* de Jair hijo de Manasés
4.13 sesenta grandes *c* con muro y cerraduras
8.1 para traer el arca del..de la *c* de David
8.16 no he escogido *c* de todas las tribus de
8.44,48 el rostro hacia la *c* que tú elegiste
9.11 el rey Salomón dio a Hiram veinte *c* en
9.12 salió Hiram..para ver las *c* que Salomón
9.13 dijo: ¿Qué *c* son estas que me has dado
9.16 y dio muerte a los..que habitaban la *c*
9.19 las *c* donde Salomón tenía provisiones
9.19 las *c* de los carros, y las *c* de la gente
9.24 subió la hija de Faraón de la *c* de David
10.26 en las *c* de los carros, y con el rey
11.27 cerró el portillo de la *c* de David su
11.32 *c* que yo he elegido de todas las tribus
11.36 *c* que yo me elegí para poner en ella
11.43 y fue sepultado en la *c* de su padre
12.17 sobre los..que moraban en las *c* de Judá
13.25 y lo dijeron en la *c* donde el..profeta
13.29 viejo vino a la *c*, para endecharle y
13.32 los lugares altos que están en las *c*
14.11 que muera de los de Jeroboam en la *c*
14.12 poner tu pie en la *c*, morirá el niño
14.21 *c* que Jehová eligió de..las tribus de
14.31 fue sepultado con sus..en la *c* de David
15.8 lo sepultaron en la *c* de David; y reinó
15.20 los ejércitos que tenía contra las *c*
15.23 *c* que edificó, ¿no está todo escrito en
15.24 fue sepultado..la *c* de David su padre
16.4 el que de Baasa fuere muerto en la *c*, lo
16.15 había acampado contra Gibetón, *c* de
16.18 viendo Zimri tomada la *c*, se metió en
16.24 el nombre de la *c* que edificó, Samaria
17.10 y cuando llegó a la puerta de la *c*, he
20.2 envió mensajeros a la *c* a Acab rey de
20.12 y ellos se dispusieron contra la *c*
20.19 salieron, pues, de la *c* los siervos de
20.30 huyeron a Afec, a la *c*; y el muro cayó
20.30 también Ben-adad vino huyendo a la *c*, y
20.34 las *c* que mi padre tomó al tuyo, yo las
21.8 los ancianos..moraban en la *c* con Nabot
21.11 los de su *c*, los..que moraban en su *c*
21.13 y lo llevaron..de la *c* y lo apedrearon
21.24 el que de Acab fuere muerto en la *c*
22.26 llévalo a Amón gobernador de la *c*, y a
22.36 cada uno a su *c*, y cada cual a su tierra
22.39 las *c* que edificó, ¿no está escrito en
22.50 y fue sepultado con..en la *c* de David
2 R. 2.19 los hombres de la *c* dijeron a Eliseo
2.19 el lugar en donde está..esta *c* es bueno
2.23 salieron unos muchachos de la *c*, y se
3.19 destruiréis toda *c* fortificada y toda
3.25 asolaron las *c*, y en todas las tierras
6.14 los..vinieron de noche, y sitiaron la *c*
6.15 he aquí el ejército..tenía sitiada la *c*
6.19 no es este el camino, ni es esta la *c*
7.4 si tratáremos de entrar en la *c*, por el
7.4 por el hambre que hay en la *c* moriremos
7.10 a los guardas de la puerta de la *c*, y les
7.12 diciendo: Cuando hayan salido de la *c*
7.12 tomaremos vivos, y entraremos en la *c*
7.13 de los caballos que han quedado en la *c*
8.24 fue sepultado con ellos en la *c* de David
9.15 ninguno escape de la *c*, para ir a dar
9.28 allá le sepultaron con..en la *c* de David
10.2 que tienen..la *c* fortificada, y las armas
10.5 el gobernador de la *c*, los ancianos y
10.6 estaban con los principales de la *c*, que
11.20 la *c* estuvo en reposo, habiendo sido
12.21 lo sepultaron con sus..en la *c* de David
13.25 tomó..las *c* que éste había tomado en
13.25 lo derrotó Joás, y restituyó las *c* de
14.20; 15.7 lo sepultaron..en la *c* de David
15.38; 16.20 fue sepultado..en la *c* de David
17.6 y los puso en..y en las *c* de los medos
17.9 edificándose lugares altos en..sus *c*
17.9 las torres de..hasta las *c* fortificadas
17.24 puso en las *c* de Samaria, en lugar de
17.24 y poseyeron a..y habitaron en sus *c*

CIUDAD *(Continúa)*
2 R. 17.26 las gentes que tú. .y pusiste en las *c*
17.29 hizo sus dioses. .en su *c* donde habitaba
18.8 hirió también. .hasta la *c* fortificada
18.11 y los puso en. .y en las *c* de los medos
18.13 subió Senaquerib. .contra todas las *c*
18.30 esta *c* no será entregada en mano del
19.13 ¿dónde está. .rey de la *c* de Sefarvaim
19.25 serás. .para reducir las *c* fortificadas
19.32 del rey de Asiria: No entrará en esta *c*
19.33 y no entrará en esta *c*, dice Jehová
19.34 porque yo ampararé esta *c* para salvarla
20.6 te libraré a ti y a esta *c* de mano del
20.6 ampararé esta *c* por amor a mí mismo
20.20 cómo hizo. .y metió las aguas en la *c*
22.14 moraba en. .en la segunda parte de la *c*
23.5 quemasen incienso en. .en las *c* de Judá
23.8 hizo venir. .los sacerdotes de las *c* de
23.8 la puerta de Josué, gobernador de la *c*
23.8 derribó los altares. .a la puerta de la *c*
23.17 y los de la *c* le respondieron: Este es
23.19 casas de los lugares altos. .en las *c*
23.27 desecharé a esta *c* que había escogido
24.10 contra Jerusalén. .y la *c* fue sitiada
24.11 vino. .Nabucodonosor rey. .contra la *c*
25.2 la *c* sitiada hasta el año undécimo del
25.3 prevaleció el hambre en la *c*, hasta que
25.4 abierta ya una brecha en el muro de la *c*
25.4 estando los caldeos alrededor de la *c*
25.11 del pueblo que habían quedado en la *c*
25.19 de la *c* tomó un oficial que tenía a su
25.19 consejeros del rey, que estaban en la *c*
25.19 tomó. .60 varones del pueblo. .en la *c*
1 Cr. 1.43 Bela. .el nombre de su *c* fue Dinaba
1.46 Hadad hijo. .el nombre de su *c* fue Avit
1.50 Hadad, el nombre de cuya *c* fue Pai
2.22 Jair. .tuvo 23 *c* en la tierra de Galaad
2.23 tomaron. .las *c* de Jair, con Kenat y sus
4.12 a Tehina padre de la *c* de Nahas; éstos
4.31 estas fueron sus *c* hasta el reinado de
4.33 aldeas. .estaban en contorno de estas *c*
6.56 el territorio de la *c*. .se dieron a Caleb
6.57 de Judá dieron. .la *c* de refugio. .Hebrón
6.60 sus *c* fueron trece *c*. .por sus linajes
6.61 diez *c* de la media tribu de Manasés
6.62 a los hijos de Gersón. .dieron. .trece *c*
6.63 de Merari. .dieron por suerte doce *c*
6.64 dieron a los levitas *c* con sus ejidos
6.65 dieron por suerte. .las *c* que nombraron
6.66 hijos de Coat dieron *c* con sus ejidos
6.67 les dieron la *c* de refugio, Siquem con
9.2 que entraron en sus posesiones en las *c*
10.7 los de Israel. .dejaron sus *c* y huyeron
11.5 la fortaleza de Sion. .es la *c* de David
11.7 y por esto la llamaron la *C* de David
11.8 edificó la *c* alrededor desde Milo hasta
11.8 el muro; y Joab reparó el resto de la *c*
13.2 por los sacerdotes y levitas. .en sus *c*
13.13 no trajo. .el arca a su casa en la *c* de
15.1 hizo David. .casas para sí en la *c* de
15.29 arca del pacto. .llegó a la *c* de David
18.8 y de Cun, *c* de Hadad-ezer, tomó David
19.7 se juntaron. .los hijos de Amón de sus *c*
19.9 y ordenaron la batalla a la entrada. .*c*
19.13 esfuérzate. .por las *c* de nuestro Dios
19.15 de Amón. .huyeron. .y entraron en la *c*
20.2 además de. .sacó de la *c* muy grande botín
20.3 lo mismo hizo David a todas las *c* de los
27.25 tenía Jonatán. .los tesoros. .de las *c*
2 Cr. 1.14 cuales puso en las *c* de los carros
5.2 trajesen el arca del. .de la *c* de David
6.5 ninguna *c* he elegido de. .tribus de Israel
6.34,38 oraren. .hacia la *c* que tú elegiste
8.2 reedificó Salomón las *c* que Hiram. .dado
8.4 las *c* de aprovisionamiento que. .en Hamat
8.5 reedificó a. .*c* fortificadas, con muros
8.6 las *c* de provisiones que Salomón tenía
8.6 todas las *c* de los carros y las de la
8.11 hija de Faraón, de la *c* de David a la
9.25 jinetes, los cuales puso en las *c* de los
9.31 lo sepultaron en la *c* de David su padre
10.17 Israel que habitaban en las *c* de Judá
11.5 Roboam. .edificó *c* para fortificar a Judá
11.10 eran *c* fortificadas de Judá y Benjamín
11.12 y en todas las *c* puso escudos y lanzas
11.23 esparció a todos sus hijos por. .las *c*
12.4 tomó las *c* fortificadas de Judá, y llegó
12.13 Jerusalén, *c* que escogió Jehová de todas
12.16 Roboam. .fue sepultado en la *c* de David
13.19 y le tomó algunas *c*, a Bet-el con sus
14.1 Abías. .fue sepultado en la *c* de David
14.5 quitó. .las *c* de Judá los lugares altos
14.6 y edificó *c* fortificadas en Judá, por
14.7 edifiquemos estas *c*, y cerquémoslas de
14.14 atacaron. .todas las *c* alrededor de Gerar
14.14 saquearon todas las *c*, porque había en
15.6 una *c* a otra *c*; porque Dios los turbó
15.8 Asa. .quitó los ídolos. .de las *c* que él
16.4 los capitanes de. .contra las *c* de Israel
16.4 conquistaron Ijón. .y las *c* de. .Neftalí
16.14 y lo sepultaron en. .en la *c* de David
17.2 ejércitos en todas las *c* fortificadas
17.2 colocó gente. .en las *c* de Efraín que su
17.7 para que enseñasen en las *c* de Judá
17.9 y recorrieron. .las *c* de Judá enseñando
17.12 edificó en. .y *c* de aprovisionamiento
17.13 muchas provisiones en las *c* de Judá
17.19 sin los que el rey había puesto en las *c*
18.25 llevadlo a Amón gobernador de la *c*, y a
19.5 puso jueces en todas las *c* fortificadas
19.10 vuestros hermanos que habitan en las *c*
20.4 las *c* de Judá vinieron a pedir ayuda a
21.1 lo sepultaron con sus. .en la *c* de David
21.3 su padre les había dado. .*c* fortificadas
21.20 lo sepultaron en la *c* de David, pero no
23.2 reunieron a los levitas de todas las *c*
23.21 y la *c* estuvo tranquila, después que
24.5 dijo: Salid por las *c* de Judá, y recoged
24.16,25 y lo sepultaron en la *c* de David
25.13 del ejército. .invadieron las *c* de Judá
25.28 lo sepultaron con sus. .en la *c* de Judá
26.6 edificó *c* en Asdod, y en la tierra de
27.4 edificó *c* en las montañas de Judá, y
27.9 Jotam. .lo sepultaron en la *c* de David
28.15 y los llevaron hasta Jericó, *c* de las
28.18 los filisteos. .extendido por las *c* de
28.25 lugares altos en todas las *c* de Judá
28.27 durmió Acaz. .y lo sepultaron en la *c* de
29.20 el rey. .reunió los principales de la *c*
30.10 pasaron, pues, los correos de *c* en *c*
31.1 de Israel. .salieron por las *c* de Judá
31.1 volvieron. .los hijos de Israel a sus *c*
31.6 de Judá, que habitaban en las *c* de Judá
31.15 en las *c* de los sacerdotes, para dar
31.19 los ejidos de sus *c*, por todas las *c*
32.1 acampó contra las *c* fortificadas, con
32.3 para cegar las fuentes de. .fuera de la *c*
32.5 fortificó. .a Milo en la *c* de David, y
32.6 la plaza de la puerta de la *c*, y habló
32.18 espantarles. .a fin de poder tomar la *c*
32.29 adquirió también *c*, y hatos de ovejas
32.30 el agua hacia el occidente de la *c* de
33.14 edificó el muro exterior de la *c* de
33.14 y puso capitanes de. .en todas las *c*
33.15 los altares. .y los echó fuera de la *c*
34.6 mismo hizo en las *c* de Manasés, Efraín
34.8 envió. .a Maasías gobernador de la *c*, y a
Esd. 2.1 volvieron a. .a Judá, cada uno a su *c*
2.70 habitaron. .sus *c*. .todo Israel en sus *c*
3.1 los. .de Israel, ya establecidos en las *c*
4.10 hizo habitar en las *c* de Samaria y las
4.12 judíos. .y edifican la *c* rebelde y mala
4.13 que si aquella *c* fuere reedificada, y
4.15 que esta *c* es *c* rebelde, y perjudicial
4.15 sabrás. .por lo que esta *c* fue destruida
4.16 al rey que si esta *c* fuere reedificada
4.19 aquella *c* de tiempo antiguo se levanta
4.21 no sea esa *c* reedificada hasta que por
10.14 que en nuestras *c* hayan tomado mujeres
10.14 con ellos los ancianos de cada *c*, y los
Neh. 2.3 cuando la *c*, casa de los sepulcros de
2.5 envíame. .a la *c* de los sepulcros de mis
2.8 para el muro de la *c*, y la casa en que
3.15 gradas que descienden de la *c* de David
7.4 la *c* era espaciosa y grande, pero poco
7.6 y que volvieron a Jerusalén y a. .a su *c*
7.73 habitaron los. .y todo Israel, en sus *c*
7.73 los hijos de Israel estaban en sus *c*
8.15 pregón por todas sus *c* y por Jerusalén
9.25 tomaron *c* fortificadas y tierra fértil
10.37 recibirían las décimas. .en todas las *c*
11.1 para que morase en Jerusalén, *c* santa
11.1 y las otras nueve partes en las otras *c*
11.3 en las *c* de Judá habitaron cada uno en
11.3 de Judá habitaron. .su posesión, en sus *c*
11.9 Judá hijo de Senúa el segundo en la *c*
11.18 todos los levitas en la santa *c* eran 284
11.20 en todas las *c* de Judá, cada uno en su
12.37 subieron. .las gradas de la *c* de David
12.44 para recoger. .de los ejidos de las *c*
13.16 había en la *c* tirios que traían pescado
13.18 y trajo. .todo este mal. .sobre esta *c*?
Est. 3.15 pero la *c* de Susa estaba conmovida
4.1 fue por la *c* clamando con grande. .clamor
4.6 salió, pues, Hatac. .a la plaza de la *c*
6.9 vistan. .y llévenlo. .por la plaza de la *c*
6.11 condujo a caballo por la plaza de la *c*
8.11 facultad a los judíos. .en todas las *c*
8.15 la *c* de. .entonces se alegró y regocijó
8.17 en cada *c* donde llegó el mandamiento
9.2 judíos se reunieron en sus *c*, en todas
9.28 celebrados por todas las. .provincias y *c*
Job 15.28 y habitó las *c* asoladas, las casas
24.12 desde la *c* gimen los moribundos, y
39.7 se burla de la multitud de la *c*; no oye
Sal. 9.6 *c* que derribaste, su memoria pereció
31.21 su misericordia para. .en *c* fortificada
46.4 sus corrientes alegran la *c* de Dios
48.1 la *c* de nuestro Dios, en su monte santo
48.2 hermosa provincia. .la *c* del gran Rey
48.8 así lo hemos visto en la *c* de Jehová
48.8 hemos visto. .en la *c* de nuestro Dios
55.9 he visto violencia y rencilla en la *c*
59.6 volverán a la tarde. .y rodearán la *c*
59.14 vuelvan. .como perros. .y rodeen la *c*
60.9 ¿quién me llevará a la *c* fortificada?
69.35 a Sion, y reedificará las *c* de Judá
72.16 los de la *c* florecerán como la hierba
87.3 cosas gloriosas se han dicho de ti, *c* de
101.8 exterminar de la *c* de Jehová a todos
107.4 perdidos. .sin hallar *c* en donde vivir
107.7 los dirigió. .que viniesen a *c* habitable
107.36 establece. .y fundan *c* en donde vivir
108.10 ¿quién me guiará a la *c* fortificada?
122.3 como una *c* que está bien unida entre sí
127.1 si Jehová no guardare la *c*, en vano
Pr. 1.21 en las puertas de la *c* dice sus razones
8.3 a la entrada de la *c*, a la entrada de las
9.3 envió. .sobre lo más alto de la *c* clamó
9.14 se sienta. .en los lugares altos de la *c*
10.15 riquezas del rico son su *c* fortificada
11.10 en el bien de los justos la *c* se alegra
11.11 de los rectos la *c* será engrandecida
16.32 mejor es el que. .que el que toma una *c*
18.11 riquezas del rico son. .*c* fortificada
18.19 ofendido es más tenaz que una *c* fuerte
21.22 tomó el sabio la *c* de los fuertes, y
25.28 como *c* derribada. .es el hombre cuyo
29.8 escarnecedores ponen la *c* en llamas
Ec. 7.19 más que diez poderosos que. .en una *c*
8.10 puestos en olvido en la *c* donde habían
9.14 una pequeña *c*, y pocos hombres en ella
9.15 el cual libra a la *c* con su sabiduría
10.15 porque no saben por dónde ir a la *c*
Cnt. 3.2 levantaré ahora, y rodearé por la *c*
3.3; 5.7 me hallaron los. .que rondan la *c*
Is. 1.7 destruida, vuestras *c* puestas a fuego
1.8 como cabaña en melonar, como *c* asolada
1.21 te has convertido en ramera, oh *c* fiel?
1.26 entonces te llamarán *C* de justicia, *C*
6.11 hasta que las *c* estén asoladas y sin
14.4 ¡cómo paró. .cómo acabó la *c* codiciosa
14.17 que asoló sus *c*, que a sus presos nunca
14.21 ni posean la tierra, ni llenen de *c* la
14.31 oh *c*; disuelta estás toda tú, Filistea
17.1 Damasco dejará de ser *c*, y será montón
17.2 las *c* de Aroer están desamparadas, en
17.9 en aquel día sus *c* fortificadas serán
19.2 cada. .*c* contra *c*, y reino contra reino
19.18 en aquel tiempo habrá cinco *c* en la
19.18 juren. .una será llamada la *c* de Herez
22.2 *c* turbulenta, *c* alegre; tus muertos no
22.9 visteis las brechas de la *c* de David
23.7 ¿no era ésta. .*c* alegre, con muchos días
23.16 toma arpa, y rodea la *c*, oh ramera
24.10 quebrantada está la *c* por la vanidad
24.12 la *c* quedó desolada, y con ruina fue
25.2 porque convertiste la *c* en montón, la
25.2 la *c* fortificada en ruina; el alcázar
25.2 para que no sea *c*, ni nunca jamás sea
25.3 te dará gloria. .temerá la *c* de gentes
26.1 cantarán. .Fuerte *c* tenemos; salvación
26.5 derribó a los. .humilló a la *c* exaltada
27.10 porque la *c* fortificada será desolada
27.10 la *c* habitada será abandonada y dejada
29.1 ¡ay de Ariel, de. .*c* donde habitó David!
32.13 en que hay alegría en la *c* de alegría
32.14 desiertos, la multitud de la *c* cesará
32.19 montes; y la *c* será del todo abatida
33.8 aborreció las *c*, tuvo en nada a los
33.20 mira a Sion, *c* de nuestras fiestas
36.1 subió contra todas las *c* fortificadas
36.15 no será entregada esta *c* en manos del
37.13 ¿dónde está. .rey de la *c* de Sefarvaim
37.26 serás para reducir las *c* fortificadas
37.33 del rey de Asiria: No entrará en esta *c*
37.34 y no entrará en esta *c*, dice Jehová
37.35 porque yo ampararé a. .*c* para salvarla
38.6 te libraré a ti y a esta *c*. .de Asiria
38.6 de mano del rey de. .a esta *c* ampararé
40.9 dí a las *c* de Judá: ¡Ved aquí al Dios
42.11 alcen la voz el desierto y sus *c*, las
44.26 y a las *c* de Judá: Reconstruidas serán
45.13 edificará mi *c*, y soltará mis cautivos
48.2 de la santa *c* se nombran, y en el Dios
52.1 vístete tu ropa. .oh Jerusalén, *c* santa
54.3 tu descendencia. .habitará las *c* asoladas
60.14 llamarán *C* de Jehová, Sion del Santo
61.4 y restaurarán las *c* arruinadas, los
62.12 te llamarán *C* Deseada, no desamparada
64.10 tus santas *c* están desiertas, Sion es
66.6 voz de alboroto de la *c*, voz del templo
Jer. 1.15 vendrán. .contra todas las *c* de Judá
1.18 que yo te he puesto en este día como *c*
2.15 quemadas están sus *c*, sin morador
2.28 según el número de tus *c*. .tus dioses
3.14 os tomaré uno de cada *c*, y dos de cada
4.5 decid. .entrémonos en las *c* fortificadas
4.7 tus *c* quedarán asoladas y sin morador
4.16 y lanzarán su voz contra las *c* de Judá
4.26 sus *c* eran asoladas delante de Jehová
4.29 al estruendo de la gente. .huyó toda la *c*
4.29 las *c* fueron abandonadas, y no quedó en
5.6 los destruirá. .el leopardo acechará sus *c*
5.17 convertirá en nada tus *c* fortificadas
6.6 esta es la *c* que ha de ser castigada
7.17 ¿no ves lo que. .hacen en las *c* de Judá
7.34 y haré cesar de las *c* de Judá, y de las
8.14 reuníos, y entremos en. .*c* fortificadas
8.16 devoraron. .la *c* y a los moradores de ella
9.11 convertiré las *c* de Judá en desolación

CIUDAD *(Continúa)*

Jer. 10.22 para convertir en soledad todas las *c*
11.6 pregona todas estas palabras en las *c* de
11.12 irán las *c* de Judá y los moradores de
11.13 según el número de tus *c*..tus dioses
13.19 las *c* del Neguev fueron cerradas, y no
14.18 si entro en la *c*, he aquí enfermos de
15.8 de repente cayesen terrores sobre la *c*
17.24 no metiendo carga por las puertas de..*c*
17.25 entrarán por las puertas de esta *c*, en
17.25 y esta *c* será habitada para siempre
17.26 vendrán de las *c* de Judá..de Jerusalén
19.8 pondré a esta *c* por espanto y burla; todo
19.11 quebrantaré a este pueblo y a esta *c*
19.12 así haré..poniendo esta *c* como Tofet
19.15 traigo sobre esta *c*..todo el mal que
20.5 entregaré..toda la riqueza de esta *c*
20.16 sea el tal hombre como las *c* que asoló
21.4 los caldeos..reuniré en medio de esta *c*
21.6 heriré a los moradores de esta *c*, y los
21.7 a los que queden de..del hambre en la *c*
21.9 el que quedare en esta *c* morirá a espada
21.10 mi rostro he puesto contra esta *c* para
22.6 te convertiré en..como *c* deshabitadas
22.8 muchas gentes pasarán junto a esta *c*
22.8 ¿por qué hizo así Jehová con esta..*c*?
23.39 de mi presencia a vosotros y a la *c*
25.18 a las *c* de Judá y a sus reyes, y a sus
25.29 la *c* en la cual es invocado mi nombre
26.2 a todas las *c* de Judá, que vienen para
26.6 esta *c* la pondré por maldición a todas
26.9 *c* será asolada hasta no quedar morador
26.11 porque profetizó contra esta *c*, como
26.12 me envió a profetizar contra..esta *c*
26.15 sangre inocente echaréis..sobre esta *c*
26.20 Urías hijo de..profetizó contra esta *c*
27.17 ¿por qué ha de ser desolada esta *c*?
27.19 de los utensilios que quedan en esta *c*
29.7 de la *c* a la cual os hice transportar
29.16 de todo el pueblo que mora en esta *c*
30.18 y la *c* será edificada sobre su colina
31.21 virgen de Israel, vuelve a estas tus *c*
31.23 dirán esta palabra en..Judá y en sus *c*
31.24 y habitará allí Judá..sus *c* labradores
31.38 la *c* será edificada a Jehová, desde la
32.3 aquí yo entrego esta *c* en mano del rey
32.24 acometido la *c*..y la *c* va a ser entregada
32.25 la *c* sea entregada en manos..caldeos?
32.28 voy a entregar esta *c* en mano de los
32.29 vendrán los caldeos que atacan esta *c*
32.31 para ira mía me ha sido esta *c* desde
32.36 a esta *c*, de la cual decís vosotros
32.44 en las *c* de Judá, y..*c* de las montañas
32.44 *c* de la Sefela, y en las *c* del Neguev
33.4 ha dicho..acerca de las casas de esta *c*
33.5 escondí mi rostro de esta *c* a causa de
33.10 en las *c* de Judá y en las calles de
33.12 en todas sus *c*, aún habrá cabañas de
33.13 en las *c* de las montañas, en las *c* de
33.13 en las *c* del Neguev..en las *c* de Judá
34.1 peleaban contra Jerusalén..todas sus *c*
34.2 yo entregaré esta *c* al rey de Babilonia
34.7 contra..las *c* de Judá..*c* fortificadas
34.22 haré volver a esta *c*..a soledad las *c*
36.6 todos los de Judá que vienen de sus *c*
36.9 que venía de las *c* de Judá a Jerusalén
37.8 volverán los caldeos y atacarán esta *c*
37.10 se levantará..pondrán esta *c* a fuego
37.21 hasta que..el pan de la *c* se gastase
38.2 que se quedare en esta *c* morirá a espada
38.3 cierto será entregada esta *c* en manos
38.4 hombres de guerra..quedado en esta *c*
38.9 morirá..porque no hay más pan en la *c*
38.17 *c* no será puesta a fuego, y vivirás tú
38.18 esta *c* será entregada en mano de los
38.23 serás apresado, y a esta *c* quemará a
39.2 mes se abrió brecha en el muro de la *c*
39.4 huyeron y salieron de noche de la *c*
39.9 al resto del pueblo que había..en la *c*
39.16 traigo mis palabras sobre esta *c* para
40.5 ha puesto sobre todas las *c* de Judá
40.10 y quedaos en vuestras *c* que habéis
41.7 llegaron dentro de la *c*, Ismael hijo de
44.2 el mal que traje sobre..las *c* de Judá
44.6 se encendió en las *c* de Judá y en las
44.17 como hemos hecho..en las *c* de Judá y
44.21 incienso que ofrecisteis en las *c* de
46.8 destruiré a la *c* y a los que en ella
47.2 inundarán..la *c* y los moradores de ella
48.8 vendrá destruidor a cada una de las *c*
48.8 ninguna *c* escapará; se arruinará..valle
48.9 serán desiertas sus *c* hasta no quedar
48.15 destruido fue Moab, y sus *c* asoladas
48.24 y sobre todas las *c* de tierra de Moab
48.28 abandonad las *c* y habitad en peñascos
48.41 tomadas..las *c*, y tomadas..fortalezas
49.1 su pueblo se ha establecido en sus *c*?
49.2 sus *c* serán puestas a fuego, e Israel
49.13 sus *c* serán desolaciones perpetuas
49.18 la destrucción de Sodoma..y de sus *c*
49.25 ¡cómo dejaron a la *c*..la *c* de mi gozo!
50.32 y encenderé fuego en sus *c*, y quemaré
50.40 la destrucción..de Gomorra y de sus *c*
51.31 para anunciar al rey..su *c* es tomada
51.43 sus *c* fueron asoladas, la tierra seca
52.5 estuvo sitiada la *c* hasta el undécimo
52.6 prevaleció el hambre en la *c*, hasta no
52.7 abierta una brecha en el muro de la *c*
52.7 huyeron, y salieron de la *c* de noche por
52.7 aún los caldeos junto a la *c* alrededor
52.15 del pueblo que había quedado en la *c*
52.25 y de la *c* tomó a un oficial que era
52.25 siete..consejeros..que estaban en la *c*
52.25 pueblo que se hallaron dentro de la *c*

Lm. 1.1 ¡cómo ha quedado sola la *c* populosa!
1.19 mis sacerdotes y mis..en la *c* perecieron
2.11 desfallecía el niño..las plazas de la *c*
2.12 desfallecían como..en las calles de la *c*
2.15 ¿es esta la *c* que decían de perfecta
3.51 contristaron mi alma por..hijas de mi *c*
5.11 violaron..las vírgenes en las *c* de Judá

Ez. 4.1 un adobe..sobre él la *c* de Jerusalén
4.3 ponla en lugar de muro..entre ti y la *c*
5.2 parte quemarás a fuego en medio de la *c*
5.2 la cortarás con espada alrededor de la *c*
6.6 serán desiertas las *c*, y..lugares altos
7.15 y al que esté en la *c* lo consumirá el
7.23 la tierra..la *c* está llena de violencia
9.1 los verdugos de la *c* han llegado, y cada
9.4 pasa por en medio de la *c*, por en medio
9.5 pasad por la *c* en pos de él, y matad; no
9.7 llenad los..Y salieron, y mataron en la *c*
9.9 la *c* está llena de perversidad; porque
10.2 llena..de carbones..espárcelos sobre la *c*
11.2 hombres que..dan en esta *c* mal consejo
11.6 multiplicado vuestros muertos en esta *c*
11.11 la *c* no os será por olla, ni vosotros
11.23 se elevó de en medio de la *c*, y se puso
11.23 el monte que está al oriente de la *c*
12.20 y las *c* habitadas quedarán desiertas
17.4 llevó..lo puso en una *c* de comerciantes
19.7 y asoló *c*; y la tierra fue desolada, y
21.19 una señal..que indique la *c* adonde va
21.20 contra Jerusalén, la *c* fortificada
22.2 no juzgarás tú a la *c* derramadora de
22.3 ¡*c* derramadora de sangre en medio de sí
24.6,9 ha dicho..¡Ay de la *c* de sangres!
25.9 yo abro el lado de Moab desde las *c*
25.9 desde sus *c* que están en su confín, las
26.10 cuando entre..como por portillos de *c*
26.17 *c* que era alabada, que era fuerte en
26.19 te convertiré en *c* asolada, como las *c*
29.12 sus *c* entre las *c* destruidas estarán
30.7 y sus *c* serán entre las *c* desiertas
33.21 vino..diciendo: La *c* ha sido conquistada
35.4 a tus *c* asolaré, y tú serás asolado
35.9 *c* nunca más se restaurarán; y sabréis
36.4 ha dicho Jehová..a las *c* desamparadas
36.10 y las *c* serán habitadas, y edificadas
36.33 haré también que sean habitadas las *c*
36.35 estas *c* que eran desiertas y asoladas
36.38 las *c* desiertas serán llenas de rebaños
39.9 los moradores de las *c* de Israel saldrán
39.16 también el nombre de la *c* será Hamona
40.1 años después que la *c* fue conquistada
40.2 había un edificio parecido a una gran *c*
43.3 que vi cuando vine para destruir la *c*
45.6 propiedad de la *c* señalaréis cinco mil
45.7 junto a la posesión de la *c*, delante de
45.7 delante de la posesión de la *c*, desde el
48.15 para la *c*, para..y la *c* estará en medio
48.17 el ejido de la *c* será al norte de 250
48.18 para sembrar para los que sirven a la *c*
48.19 y los que sirvan a la *c* serán de todas
48.20 reservaréis..para la posesión de la *c*
48.21 uno y otro lado..de la posesión de la *c*
48.22 y la porción de la *c*, entre el límite
48.30 estas son las salidas de la *c*: al lado
48.31 las puertas de la *c* serán según..tribus
48.35 el nombre de la *c* desde aquel día será

Dn. 9.16 apártese ahora tu ira..de sobre tu *c*
9.18 *c* sobre la cual es invocado tu nombre
9.19 tu nombre es invocado sobre tu *c* y sobre
9.24 semanas están determinadas..tu santa *c*
9.26 destruirá la *c* y el santuario; y su fin
11.15 vendrá..el rey..y tomará la *c* fuerte

Os. 6.8 Galaad, *c* de hacedores de iniquidad
8.14 Judá multiplicó *c* fortificadas; mas yo
8.14 meteré fuego en sus *c*, el cual consumirá
11.6 caerá espada sobre sus *c*, y consumirá
11.9 porque Dios soy..y no entraré en la *c*
13.10 rey, para que te guarde con todas tus *c*

Jl. 2.9 irán por la *c*, correrán por el muro

Am. 3.6 ¿se tocará la trompeta en la *c*, y no
3.6 ¿habrá algún mal en la *c*, el cual Jehová
4.6 hice estar a diente limpio..vuestras *c*
4.7 hice llover sobre una *c*, y sobre otra *c*
4.8 venían dos o tres *c* a una *c* para beber
5.3 *c* que salga con mil, volverá con ciento
5.10 aborrecieron al..en la puerta de la *c*
6.8 entregaré al enemigo la *c* y cuanto hay
7.17 tu mujer será ramera en medio de la *c*
9.14 edificarán ellos las *c* asoladas, y las

Abd. 20 los cautivos..poseerán las *c* del Neguev

Jon. 1.2; 3.2 vé a Nínive, aquella gran *c*, y
3.3 era Nínive *c* grande en extremo, de tres
3.4 comenzó Jonás a entrar por la *c*, camino
4.5 salió Jonás de la *c*, y acampó hacia el
4.5 Jonás..acampó hacia el oriente de la *c*
4.5 sentó..hasta ver qué acontecería en la *c*
4.11 Nínive, aquella gran *c* donde hay más de

Mi. 4.10 ahora saldrás de la *c* y morarás en el
5.11 también destruir las *c* de tu tierra, y
5.14 arrancaré tus imágenes..destruiré tus *c*
6.9 la voz de Jehová clama a la *c*; es sabio
7.12 ti desde Asiria y las *c* fortificadas, y
7.12 y desde las *c* fortificadas hasta el Río

Nah. 3.1 ay de ti, *c* sanguinaria, toda llena

Hab. 2.8,17 de las *c* y de todos los que habitan
2.12 ¡ay del que edifica la *c* con sangre, y
2.12 ¡ay..del que funda una *c* con iniquidad!

Sof. 1.16 trompeta y de algazara sobre las *c*
2.15 esta es la *c* alegre que estaba confiada
3.1 ¡ay de la *c* rebelde y contaminada y
3.6 *c* están asoladas hasta no quedar hombre

Zac. 1.12 no tendrás piedad..de las *c* de Judá
1.17 aún rebosarán mis *c* con la abundancia
7.7 y sus *c* en sus alrededores y el Neguev
8.3 y Jerusalén se llamará *C* de la Verdad
8.5 y las calles de la *c* estarán llenas de
8.20 aún vendrán..y habitantes de muchas *c*
8.21 vendrán los habitantes de una *c* a otra
14.2 la *c* será tomada, y serán saqueadas las
14.2 la mitad de la *c* irá en cautiverio, mas
14.2 resto del pueblo no será cortado de la *c*

Mt. 2.23 y habitó en la *c* que se llama Nazaret
4.5 entonces el diablo le llevó a la santa *c*
4.13 y habitó en Capernaum, *c* marítima, en
5.14 *c* asentada sobre un monte no se puede
5.35 ni por Jerusalén..es la *c* del gran Rey
8.33 viniendo a la *c*, contaron..las cosas
8.34 toda la *c* salió al encuentro de Jesús
9.1 entrando Jesús en la barca..vino a su *c*
9.35 recorría Jesús todas las *c* y aldeas
10.5 diciendo..*c* de samaritanos no entréis
10.11 en cualquier *c* o aldea donde entréis
10.14 salid de aquella casa o *c*, y sacudid
10.15 será más tolerable..que para aquella *c*
10.23 cuando os persigan en esta *c*, huid a
10.23 no acabaréis de recorrer..*c* de Israel
11.1 se fue de allí..a predicar en las *c* de
11.20 reconvenir a las *c* en las cuales había
12.25 toda *c* o casa dividida contra sí misma
14.13 la gente..le siguió a pie desde las *c*
21.10 la *c* se conmovió, diciendo: ¿Quién es
21.17 y dejándolos, salió fuera de la *c*, a
21.18 mañana, volviendo a la *c*, tuvo hambre
22.7 al oírlo el rey, se enojó..y quemó su *c*
23.34 azotaréis..y perseguiréis de *c* en *c*
26.18 id a la *c* a cierto hombre, y decidle
27.53 vinieron a la santa *c*, y aparecieron a
28.11 guardia fueron a la *c*, y dieron aviso

Mr. 1.33 y toda la *c* se agolpó a la puerta
1.45 ya Jesús no podía entrar..en la *c*, sino
5.14 y dieron aviso en la *c* y en los campos
6.11 será más tolerable..que para aquella *c*
6.33 muchos fueron allá a pie desde las *c*
6.56 *c* o campos, ponían en las calles a los
11.19 llegar la noche, Jesús salió de la *c*
14.13 id a la *c*, y os saldrá..un hombre que
14.16 entraron en la *c*, y hallaron como les

Lc. 1.26 Gabriel fue enviado por Dios a una *c*
1.39 María, fue de prisa a..a una *c* de Judá
2.3 iban todos para ser empadronados..su *c*
2.4 José subió..de la *c* de Nazaret..a la *c*
2.11 que os ha nacido hoy, en la *c* de David
2.39 volvieron a Galilea, a su *c* de Nazaret
4.29 le echaron fuera de la *c*, y le llevaron
4.29 sobre el cual estaba edificada la *c* de
4.31 descendió..a Capernaum, *c* de Galilea
4.43 también a otras *c* anuncie el evangelio
5.12 en una de las *c*, se presentó un hombre
7.11 él iba a la *c* que se llama Naín, e iban
7.12 cuando llegó cerca de la puerta de la *c*
7.12 y había con ella mucha gente de la *c*
7.37 una mujer de la *c*, que era pecadora, al
8.1 que Jesús iba por todas las *c* y aldeas
8.4 los que de cada *c* venían a él, les dijo
8.27 vino..un hombre de la *c*, endemoniado
8.34 dieron aviso en la *c* y por los campos
8.39 publicando por toda la *c* cuán grandes
9.5 salid de aquella *c*, y sacudid el polvo
9.10 se retiró..a un lugar desierto de la *c*
10.1 envió..a toda *c* y lugar adonde él había
10.8 cualquier *c* donde entréis, y os reciban
10.10 en..*c* donde entréis, y no os reciban
10.11 aun el polvo de vuestra *c*..sacudimos
10.12 será más tolerable..que para aquella *c*
13.22 pasaba Jesús por *c* y aldeas, enseñando
14.21 por las..calles de la *c*, y trae acá a
18.2 había en una *c* un juez, que ni temía a
18.3 también en aquella *c* una viuda, la cual
19.1 Jesús en Jericó, iba pasando por la *c*
19.17 fiel, tendrás autoridad sobre diez *c*
19.19 a este dijo..también sé sobre cinco *c*
19.41 cuando llegó cerca de la *c*, al verla
22.10 entrar en la *c* os saldrá al encuentro
23.19 en la cárcel por sedición en la *c*, y por
23.50 llamado José, de Arimatea, *c* de Judea

CIUDAD ***(Continúa)***
Lc. 24.49 quedaos vosotros en la *c* de Jerusalén
Jn. 1.44 de Betsaida, la *c* de Andrés y Pedro
4.5 vino. .a una *c* de Samaria llamada Sicar
4.8 discípulos habían ido a la *c* a comprar
4.28 la mujer dejó su cántaro, y fue a la *c*
4.30 entonces salieron de la *c*, y vinieron a
4.39 los samaritanos de aquella *c* creyeron
11.54 alejó de allí. .a una *c* llamada Efraín
19.20 el lugar donde. .estaba cerca de la *c*
Hch. 4.27 se unieron en esta *c* contra tu santo
5.16 y aun de las *c* vecinas muchos venían a
7.58 echándole fuera de la *c*, le apedrearon
8.5 Felipe, descendiendo a la *c* de Samaria
8.8 así que había gran gozo en aquella *c*
8.9 que antes ejercía la magia en aquella *c*
8.40 anunciaba el evangelio en todas las *c*
9.6 en la *c*, y se te dirá lo que debes hacer
10.9 se acercaban a la *c*, Pedro subió a la
11.5 estaba yo en la *c* de Jope orando, y vi
12.10 a la puerta de hierro que daba a la *c*
13.44 se juntó casi toda la *c* para oir la
13.50 instigaron. .a los principales de la *c*
14.4 la gente de la *c* estaba dividida; unos
14.6 huyeron a Listra y Derbe, *c* de Licaonia
14.13 Júpiter. .templo estaba frente a la *c*
14.19 le arrastraron fuera de la *c*, pensando
14.20 se levantó y entró en la *c*; y al día
14.21 de anunciar el evangelio a aquella *c*
15.21 porque Moisés. .tiene en cada *c* quien
15.36 visitar a los hermanos en todas las *c*
16.4 al pasar por las *c*, les entregaban las
16.12 que es la primera *c* de la provincia de
16.12 y estuvimos en aquella *c* algunos días
16.14 una mujer. .Lidia. .de la *c* de Tiatira
16.20 estos hombres. .alborotan nuestra *c*
16.39 les pidieron que salieran de la *c*
17.5 alborotaron la *c*; y asaltando la casa
17.6 a Jasón. .ante las autoridades de la *c*
17.8 alborotaron. .a las autoridades de la *c*
17.16 se enardecía viendo la *c* entregada a
18.10 porque yo tengo mucho pueblo en. .*c*
19.29 la *c* se llenó de confusión, y a una
19.35 que no sabe que la *c* de los efesios es
20.23 que. .por todas las *c* me da testimonio
21.5 acompañándonos. .hasta fuera de la *c*
21.29 habían visto con él en la *c* a Trófimo
21.30 toda la *c* se conmovió, y se agolpó el
21.31 la *c* de Jerusalén estaba alborotada
21.39 de una *c* no insignificante de Cilicia
22.3 nacido en Tarso. .pero criado en esta *c*
24.12 templo, ni en las sinagogas ni en la *c*
25.23 con los. .principales hombres de la *c*
26.11 los perseguí hasta en las *c* extranjeras
27.5 Panfilia, arribamos a Mira, *c* de Licia
27.8 cerca del cual estaba la *c* de Lasea
Ro. 16.23 os saluda Erasto, tesorero de la *c*
2 Co. 11.26 peligros en la *c*. .en el desierto
11.32 el gobernador de la. .guardaba la *c* de
Tit. 1.5 establecieses ancianos en cada *c*, así
He. 11.10 esperaba la *c* que tiene fundamentos
11.16 Dios de ellos. .les ha preparado una *c*
12.22 habéis acercado. .a la *c* del Dios vivo
13.14 porque no tenemos aquí *c* permanente
Stg. 4.13 iremos a tal *c*, y estaremos allá un
2 P. 2.6 y si condenó. .a las *c* de Sodoma y de
Jud. 7 como Sodoma y Gomorra y las *c* vecinas
Ap. 3.12 nombre de la *c* de mi Dios, la nueva
11.2 y ellos hollarán la *c* santa 42 meses
11.8 sus cadáveres estarán en. .la grande *c*
11.13 y la décima parte de la *c* se derrumbó
14.8 ha caído Babilonia, la gran *c*, porque
14.20 y fue pisado el lagar fuera de la *c*
16.19 la gran *c* fue dividida en tres partes
16.19 y las *c* de las naciones cayeron; y la
17.18 y la mujer que has visto en la gran *c*
18.10 ¡ay, ay, de la gran *c* de. .la *c* fuerte
18.16 ¡ay de la gran *c*, que estaba vestida
18.18 ¿qué *c* era semejante a esta gran *c*?
18.19 ay, ay de la gran *c*, en la cual todos
18.21 será derribada Babilonia, la gran *c*
20.9 rodearon el campamento. .y la *c* amada
21.2 Juan vi la santa *c*, la nueva Jerusalén
21.10 mostró la gran *c* santa de Jerusalén
21.14 el muro de la *c* tenía doce cimientos
21.15 tenía una caña. .oro, para medir la *c*
21.16 la *c* se halla establecida en cuadro
21.16 midió la *c* con la. .doce mil estadios
21.18 pero la *c* era de oro puro, semejante
21.19 cimientos del muro de la *c*. .adornados
21.21 y la calle de la *c* era de oro puro
21.23 la *c* no tiene necesidad de sol ni de
22.2 en medio de la calle de la *c*. .el árbol
22.14 y para entrar por las puertas en la *c*
22.19 del libro de la vida, y de la santa *c*

CIUDADANÍA
Hch. 22.28 yo con una gran suma adquirí esta *c*
Ef. 2.12 alejados de la *c* de Israel y ajenos
Fil. 3.20 mas nuestra *c* está en los cielos, de

CIUDADANO
Lc. 15.15 se arrimó a uno de los *c* de aquella
Hch. 16.37 siendo *c* romanos, nos echaron en la
21.39 *c* de una ciudad no insignificante de
22.25 ¿os es lícito azotar a un *c* romano sin
22.26 hacer? Porque este hombre es *c* romano
22.27 dime ¿eres tú *c* romano? El dijo: Sí
22.29 al saber que era *c* romano. .tuvo temor
23.27 yo. .habiendo sabido que era *c* romano

CIZAÑA
Mt. 13.25 vino su enemigo y sembró *c* entre el
13.26 cuando salió la hierba. .también la *c*
13.27 le dijeron. .¿De dónde, pues, tiene *c*?
13.29 dijo: No, no sea que al arrancar la *c*
13.30 recoged. .la *c*, y atadla en manojos
13.36 explícanos la parábola. .*c* del campo
13.38 reino, y la *c* son los hijos del malo
13.40 como se arranca la *c*, y se quema en

CLAMAR
Gn. 4.10 la sangre de tu hermano *clama* a mí
27.34 cuando Esaú oyó las palabras. .*clamó*
41.55 el pueblo *clamó* a Faraón por pan
45.1 *clamó:* Haced salir de mi presencia a
Éx. 2.23 *clamaron:* y subió a Dios el clamor
8.12 y *clamó* Moisés a Jehová tocante a las
14.10 Israel temieron. .y *clamaron* a Jehová
14.15 Jehová dijo a. .¿Por qué *clamas* a mí?
15.25 Moisés *clamó* a Jehová. .le mostró un
17.4 *clamó* Moisés a Jehová, diciendo: ¿Qué
22.23 ellos *clamaren* a mí. .oiré yo su clamor
22.27 y cuando él *clamare* a mí, yo le oiré
Nm. 11.2 el pueblo *clamó* a Moisés, y Moisés
12.13 Moisés *clamó* a Jehová. .ruego, oh Dios
20.16 *clamamos* a Jehová, el cual oyó. .voz
Dt. 15.9 él podrá *clamar* contra ti a Jehová
24.15 para que no *clame* contra ti a Jehová
26.7 *clamamos* a Jehová el Dios de nuestros
Jos. 24.7 cuando ellos *clamaron* a Jehová, él
Jue. 3.9,15 *clamaron* los hijos de Israel a
4.3; 6.6,7 los hijos de Israel *clamaron* a Jehová
9.7 *clamó* y. .dijo: Oídme, varones de Siquem
10.10 los hijos de Israel *clamaron* a Jehová
10.12 y *clamando* a mí no os libré de sus
10.14 *clamad* a los dioses. .os habéis elegido
15.18 y teniendo gran sed, *clamó*. .a Jehová
16.28 *clamó* Sansón a Jehová, y dijo: Señor
1 S. 7.8 no ceses de *clamar*. .a Jehová nuestro
7.9 *clamó* Samuel a Jehová por Israel. .le oyó
8.18 *clamaréis* aquel día a causa de. .rey que
10.24 pueblo *clamó*. .diciendo: ¡Viva el rey!
12.8 vuestros padres *clamaron*. .Jehová envió a
12.10 ellos *clamaron* a Jehová. .Hemos pecado
12.17 y *clamaré* a Jehová, y él dará truenos
12.18 y Samuel *clamó* a. .y Jehová dio truenos
15.11 y *clamó* a Jehová toda aquella noche
28.12 viendo la mujer a. .*clamó* en alta voz
2 S. 19.4 el rey. .*clamaba* en alta voz: ¡Hijo
19.28 ¿qué derecho. .para *clamar* más al rey?
22.7 invoqué a Jehová, y *clamé* a mi Dios
22.42 *clamaron*, y no hubo quien los salvase
1 R. 8.43 el extranjero hubiere *clamado* a ti
13.2 *clamó* contra el altar por palabra de
13.4 había *clamado* contra el altar de Bet-el
13.21 y *clamó* al varón de Dios que. .de Judá
17.20 *clamando* a Jehová, dijo: Jehová Dios
17.21 y *clamó* a Jehová y dijo: Jehová Dios
18.28 ellos *clamaban* a grandes voces, y se
2 R. 2.12 Eliseo, *clamaba:* ¡Padre mío, padre
4.1 una mujer. .*clamó* a Eliseo, diciendo: Tu
11.14 y *clamó* a voz en cuello: ¡Traición
18.28 el Rabsaces se puso en pie y *clamó* a
20.11 Isaías *clamó* a Jehová; e hizo volver
1 Cr. 5.20 *clamaron* a Dios en la guerra, y les
2 Cr. 6.33 por las cuales hubiere *clamado* a ti
13.14 *clamaron* a Jehová, y. .las trompetas
14.11 y *clamó* Asa a Jehová su Dios, y dijo
18.31 mas Josafat *clamó*, y Jehová lo ayudó
20.9 *clamaremos*. .y tú nos oirás y salvarás
32.18 y *clamaron* a gran voz en judaico al
32.20 oraron por esto, y *clamaron* al cielo
Esd. 3.13 *clamaba* el pueblo con gran júbilo, y
Neh. 9.4 *clamaron* en voz alta a Jehová su Dios
9.27 *clamaron* a ti, y tú desde los cielos los
9.28 volvían y *clamaban* otra vez a ti, y tú
Est. 4.1 *clamando* con grande y amargo clamor
Job 19.7 *clamaré* agravio, y no seré oído; daré
24.12 y *claman* las almas de los heridos de
29.12 porque yo libraba al pobre que *clamaba*
30.20 *clamo* a ti, y no me oyes; me presento
30.24 ¿*clamarán* los sepultados cuando él los
30.28 ando. .me he levantado en la. .y *clamado*
31.38 si mi tierra *clama* contra mí, y lloran
35.9 a causa de la. .de las violencias *claman*
35.12 *clamarán*, y él no oirá, por la soberbia
36.13 ira, y no *clamarán* cuando él los atare
38.41 cuando sus polluelos *claman* a Dios, y
Sal. 3.4 con mi voz clamé a Jehová, y él me
4.1 respóndeme cuando *clamo*, oh Dios de mi
4.3 sí; Jehová oirá cuando yo a él *clamare*
18.6 invoqué a Jehová, y *clamé* a mi Dios
18.41 *clamaron*, y no hubo quien salvase; aun
22.2 Dios mío, *clamo* de día, y no respondes
22.5 *clamaron* a ti, y fueron librados. .y no
22.24 sino que cuando *clamó* a él, le oyó
27.7 oye, oh Jehová. .voz con que a ti *clamo*
28.1 a ti *clamaré*, oh Jehová. Roca mía, no
28.2 la voz de mis ruegos cuando *clamo* a ti
30.2 Dios mío, a ti *clamé*, y me sanaste
30.8 a ti, oh. .*clamaré*, y al Señor suplicaré
31.22 oíste. .mis ruegos cuando a ti *clamaba*
34.6 este pobre *clamó*, y le oyó Jehová, y lo
34.17 *claman* los justos, y Jehová oye, y los
42.1 así *clama* por ti, oh Dios, el alma mía
55.2 *clamo* en mi oración, y me conmuevo
55.16 cuanto a mí, a Dios *clamaré;* y Jehová
55.17 oraré y *clamaré*, y él oirá mi voz
56.9 vueltos atrás. .el día en que yo *clamare*
57.2 *clamaré* al Dios Altísimo, al Dios que
61.2 desde el cabo de la tierra *clamaré* a ti
66.17 a él *clamé* con mi boca, y fue exaltado
72.12 él librará al menesteroso que *clamare*
77.1 con mi voz *clamé* a Dios, a Dios *c*, y él
81.7 en la calamidad *clamaste*, y yo te libré
86.3 Jehová, porque a ti *clamo* todo el día
88.1 Dios. .día y noche *clamo* delante de ti
88.13 mas yo a ti he *clamado*, oh Jehová, y de
89.26 me *clamará:* Mi padre eres tú, mi Dios
107.6,13,19 *clamaron* a Jehová en su angustia
107.28 *claman* a Jehová en su angustia, y los
119.145 *clamé* con. .mi corazón; respóndeme
119.146 a ti *clamé;* sálvame, y guardaré tus
119.147 me anticipé al alba, y *clamé;* esperé
120.1 a Jehová *clamé* estando en angustia, y
130.1 de lo profundo, oh Jehová, a ti *clamo*
138.3 el día que *clamé*, me respondiste
141.1 Jehová, a ti he *clamado;* apresúrate a
142.1 con mi voz *clamaré* a Jehová; con mi
142.5 *clamé* a ti, oh Jehová; dije: Tú eres
147.9 a los hijos de los cuervos que *claman*
Pr. 1.20 la sabiduría *clama* en las calles, alza
1.21 *clama* en los principales lugares de
2.3 si *clamares* a la inteligencia, y a la
8.1 ¿no *clama* la sabiduría, y da su voz la
8.4 oh hombres, a vosotros *clamo;* dirijo mi
9.3 sobre lo más alto de la ciudad *clamó*
21.13 también él *clamará*, y no será oído
Is. 6.4 estremecieron con la voz. .que *clamaba*
14.31 *clama*, oh ciudad; disuelta estás toda
19.20 *clamarán* a Jehová a causa. .opresores
22.5 derribar el muro, y *clamar* al monte
40.3 voz que *clama* en el desierto: Preparad
57.13 cuando *clames*, que te libren tus ídolos
58.1 *clama* a voz en cuello, no te detengas
58.9 te oirá. .*clamarás*, y dirá él: Heme aquí
59.4 no hay quien *clame* por la justicia, ni
65.14 y vosotros *clamaréis* por el dolor del
65.24 y antes que *clamen*, responderé yo
Jer. 2.2 anda y *clama* a los oídos de Jerusalén
3.12 y *clama* estas palabras hacia el norte
11.11 he aquí. .*clamarán* a mí, y no los oiré
11.12 irán. .de Judá. .y *clamarán* a los dioses
11.14 no oiré. .en su aflicción *clamen* a mí
22.20 sube al Líbano y *clama*, y en Basán da
25.34 aullad, pastores, y *clamad:* revolcaos
31.6 habrá día en que *clamarán* los guardas
33.3 *clama* a mí, y yo te responderé, y te
47.2 los hombres *clamarán*, y lamentará todo
48.20 se avergonzó Moab. .lamentad y *clamad*
49.3 *clamad*, hijas de. .vestíos de cilicio
49.29 *clamarán* contra ellos: Miedo alrededor
Lm. 2.18 el corazón de ellos *clamaba* al Señor
3.8 cuando *clamé* y di voces, cerró los oídos
Ez. 9.1 *clamó* en mis oídos con. .voz, diciendo
9.4 una señal en. .a los hombres. .què *claman*
9.8 postré sobre mi rostro, y *clamé* y dije
11.13 *clamé* con gran voz, y dije: ¡Ah, Señor
21.12 *clama* y lamenta, oh hijo de hombre
Dn. 4.14 *clamaba*. .decía así: Derribad el árbol
Os. 7.7 y no hay entre ellos quien a mí *clame*
7.14 no *clamaron* a. .gritaban sobre sus camas
8.2 a mí *clamará* Israel: Dios mío, te hemos
Jl. 1.14 convocad a asamblea. .*clamad* a Jehová
1.19 a ti, oh Jehová, *clamaré;* porque fuego
Jon. 1.5 *clamaba* a su dios; y echaron suertes
1.6 levántate, y *clama* a tu Dios; quizá él
1.14 *clamaron* a Jehová y dijeron: Te rogamos
2.2 desde el seno del Seol *clamé*, y mi voz
3.8 sino cúbranse de cilicio. .*clamen* a Dios
Mi. 3.4 entonces *clamaréis* a Jehová, y no os
3.5 *claman:* Paz, cuando tienen algo que
6.9 la voz de Jehová *clama* a la ciudad
Hab. 1.2 cuándo, oh Jehová, *clamaré*, y no oirás
2.11 porque la piedra *clamará* desde el muro
Zac. 1.4 a los cuales *clamaron* los. .profetas
1.14 *clama* diciendo: Así ha dicho Jehová de
1.17 *clama* aún, diciendo: Así dice Jehová de
7.13 que así como él *clamó*, y no escucharon
7.13 ellos *clamaron*, y yo no escuché, dice
Mt. 3.3 que *clama* en el desierto: Preparad el
8.29 y *clamaron*. .¿Qué tienes con nosotros
15.22 una mujer cananea. .*clamaba*, diciéndole
20.30 *clamaron*. .¡Señor, Hijo de David, ten
20.31 ellos *clamaban* más, diciendo: ¡Señor
27.46 Jesús *clamó* a gran voz, diciendo: Elí

CLAMAR *(Continúa)*
Mt. 27.50 habiendo otra vez *clamado* a gran voz
Mr. 1.3 que *clama* en el desierto: Preparad el
1.26 y *clamando* a gran voz, salió de él
5.7 *clamando* a gran voz, dijo: ¿Qué tienes
9.24 padre del muchacho *clamó* y dijo..Creo
9.26 entonces el espíritu, *clamando*..salió
10.48 él *clamaba* mucho más: Hijo de David
15.34 Jesús *clamó* a gran voz, diciendo: Eloi
15.39 que después de *clamar* había expirado
Lc. 3.4 dice: Voz del que *clama* en el desierto
8.54 él..*clamó* diciendo: Muchacha, levántate
9.38 *clamó* diciendo: Maestro, te ruego que
18.7 escogidos, que *claman* a él día y noche?
18.39 él *clamaba* mucho más: ¡Hijo de David
19.40 éstos callaran, las piedras *clamarían*
23.46 *clamando* a gran voz, dijo: Padre, en
Jn. 1.15 y *clamó* diciendo: Este es de quien yo
1.23 yo soy la voz..que *clama* en el desierto
11.43 *clamó* a gran voz: ¡Lázaro, ven fuera!
12.13 y *clamaban:* ¡Hosanna! Bendito el que
12.44 Jesús *clamó* y dijo: El que cree en mí
Hch. 7.60 *clamó* a gran voz: Señor, no les tomes
16.28 Pablo *clamó*..No te hagas ningún mal
22.24 por qué causa *clamaban* así contra él
Ro. 8.15 por el cual *clamamos:* ¡Abba, Padre!
9.27 también Isaías *clama* tocante a Israel
Gá. 4.6 Espíritu..el cual *clama:* ¡Abba, Padre!
4.27 *clama*, tú que no tienes dolores de parto
Stg. 5.4 *clama* el jornal de los obreros que han
Ap. 6.10 y *clamaban*..diciendo: ¿Hasta cuándo
7.2 y *clamó* a gran voz a los cuatro ángeles
7.10 *clamaban* a gran voz, diciendo: La
10.3 *clamó* a gran voz..y cuando hubo *clamado*
12.2 encinta, *clamaba* con dolores de parto
14.15 salió otro ángel, *clamando* a gran voz
18.2 y *clamó* con voz potente, diciendo: Ha
19.17 *clamó*..voz, diciendo a todas las aves

CLAMOR
Gn. 18.20 cuanto el *c* contra Sodoma..aumenta
18.21 obra según el *c* que ha venido hasta mí
19.13 el *c* contra ellos ha subido de punto
Éx. 2.23 subió a Dios el *c* de ellos con motivo
3.7 he oído su *c* a causa de sus exactores
3.9 el *c*, pues, de los hijos de Israel ha
11.6 habrá gran *c* por..la tierra de Egipto
12.30 y hubo un gran *c* en Egipto, porque no
22.23 si..ellos clamaren a mí..oiré yo su *c*
32.17 cuando oyó Josué el *c* del pueblo que
1 S. 5.12 y el *c* de la ciudad subía al cielo
9.16 a mi pueblo..su *c* ha llegado hasta mí
2 S. 22.7 oyó mi voz..mi *c* llegó a sus oídos
1 R. 1.40 la tierra se hundía con el *c* de ellos
8.28 oyendo el *c* y la oración que tu siervo
2 Cr. 6.19 para oír el *c* y la oración con que
Esd. 3.13 no podía distinguir el pueblo el *c*
Neh. 5.1 gran *c* del pueblo y de sus mujeres
5.6 me enojé en gran manera cuando oí su *c*
9.9 y oíste el *c* de ellos en el Mar Rojo
Est. 4.1 se fue..clamado con grande y amargo *c*
9.31 conmemorar el fin de..ayunos y de su *c*
Job 16.18 no cubras..y no haya lugar para mi *c*
27.9 ¿oirá Dios su *c* cuando la tribulación
34.28 venir delante de él el *c* del pobre, y
34.28 y que oiga el *c* de los necesitados
Sal. 5.2 está atento a la voz de mi *c*, Rey mío
9.12 él..no se olvidó del *c* de los afligidos
17.1 oye..una causa justa; está atento a mi *c*
18.6 mi *c* llegó delante de él, a sus oídos
22.1 tan lejos de..de las palabras de mi *c?*
34.15 ojos..atentos sus oídos al *c* de ellos
39.12 oye mi oración, oh..y escucha mi *c*
40.1 esperé a..y se inclinó a mí, y oyó mi *c*
61.1 oye, oh Dios, mi *c;* a mi oración atiende
88.2 a tu presencia; inclina tu oído a mi *c*
102.1 Jehová, escucha..y llegue a ti mi *c*
106.44 él miraba cuando estaban..y oía su *c*
119.169 llegue mi *c* delante de ti, oh Jehová
142.6 escucha mi *c*, porque estoy..afligido
145.19 oirá..el *c* de ellos, y los salvará
Pr. 21.13 el que cierra su oído al *c* del pobre
Ec. 9.17 mejores que el *c* del señor entre los
Is. 5.7 esperaba juicio..justicia, y he aquí *c*
15.8 hasta Eglaim..y hasta Beer-elim su *c*
24.11 hay *c* por falta de vino en las calles
30.19 al oír la voz de tu *c* te responderá
65.19 nunca más se oirán en ella..voz de *c*
Jer. 7.16 ni levantes por ellos *c* ni oración
8.19 voz del *c* de la hija de mi pueblo, que
11.14 tú..ni levantes por ellos *c* ni oración
14.2 enlutó Judá..y subió el *c* de Jerusalén
14.12 cuando ayunen, yo no oiré su *c*, y
18.22 óigase *c* de sus casas, cuando traigas
46.12 oyeron tu afrenta..*c* llenó la tierra
48.3 ¡voz de *c* de Horonaim, destrucción y
48.4 hicieron..se oyese el *c* de sus pequeños
48.5 a la bajada de..oyeron *c* de quebranto
48.31 sobre todo Moab haré *c*, y sobre los
48.34 *c* de Hesbón llega hasta Eleale; hasta
49.2 en que haré oír *c* de guerra en Rabá de
50.46 la tierra tembló, y el *c* se oyó entre
51.54 ¡óyese el *c* de Babilonia, y el gran

Lm. 3.56 no escondas tu oído al *c* de..suspiros
Sof. 1.10 voz de *c* desde la puerta del Pescado
Mal. 2.13 haréis cubrir el altar de Jehová..*c*
Mt. 25.6 y a la medianoche se oyó un *c:* ¡Aquí
He. 5.7 con gran *c* y lágrimas al que le podía
Stg. 5.4 *c* de los que habían segado han entrado
Ap. 21.4 y ya no habrá muerte..ni *c*, ni dolor

CLARA
Job 6.6 sal? ¿Habrá gusto en la *c* del huevo?

CLAREAR
Sal. 46.5 Dios la ayudará al *clarear* la mañana

CLARIDAD
Job 3.4 aquel día..ni *c* sobre él resplandezca
37.22 viniendo de la..del norte la dorada *c*

CLARÍN
Job 39.25 antes como que dice entre los *c:* ¡Ea!

CLARO, RA
Job 11.17 la vida te será más *c* que el mediodía
Cnt. 5.14 su cuerpo, como *c* marfil cubierto de
Is. 18.4 como sol *c* después de la lluvia, como
Ez. 34.18 que bebiendo las aguas *c*, enturbiáis
Am. 8.9 y cubriré de tinieblas la..en el día *c*
Zac. 14.6 en ese día no habrá luz *c*, ni oscura

CLASE
Gn. 24.10 tomando toda *c* de regalos escogidos
40.17 de toda *c* de manjares de..para Faraón
Éx. 8.21 yo enviaré sobre ti..toda *c* de moscas
8.21 casas..se llenarán de toda *c* de moscas
8.22 ninguna *c* de moscas haya en ella, a fin
8.24 y vino toda *c* de moscas molestísimas
8.29 que las diversas *c* de moscas se vayan
12.38 grande multitud de toda *c* de gentes
31.5 artificio..trabajar en toda *c* de labor
35.22 y brazaletes y toda *c* de joyas de oro
Lv. 19.23 plantéis toda *c* de árboles frutales
Dt. 17.8 el jucio, entre una *c* de homicidios y
17.8 entre una *c* de derecho legal y otra, y
17.8 una *c* de herida y otra, en negocios de
2 S. 6.5 danzaban..con toda *c* de instrumentos
1 Cr. 12.33,37 con toda *c* de armas de guerra
18.10 le envió..toda *c* de utensilios de oro
29.2 toda *c* de piedras preciosas..de mármol
2 Cr. 2.14 sabe esculpir toda *c* de figuras, y
15.6 Dios los turbó con toda *c* de calamidades
32.27 Ezequías..adquirió..y toda *c* de joyas
32.28 hizo..establos para toda *c* de bestias
34.13 que se ocupaban en cualquier *c* de obra
Esd. 6.18 pusieron..los levitas en sus *c*, para
Pr. 1.13 hallaremos riquezas de toda *c*..casas
Ec. 2.8 y de toda *c* de instrumentos de música
Is. 22.24 colgarán de..hasta toda *c* de jarros
Ez. 47.12 crecerá toda *c* de árboles frutales
Nah. 2.9 y suntuosidad de toda *c* de efectos
Mt. 5.11 digan toda *c* de mal contra vosotros
13.47 una red..que..recoge de toda *c* de peces
Lc. 1.5 sacerdote..Zacarías, de la *c* de Abías
1.8 que ejerciendo..según el orden de su *c*
7.39 conocería..qué *c* de mujer es la que le
1 Co. 14.10 tantas *c* de idiomas hay..en el mundo
Ef. 4.19 cometer con avidez toda *c* de impureza

CLAUDA ***Isla en el Mediterráneo al sur de Creta*, Hch. 27.16**

CLAUDIA ***Cristiana en Roma*, 2 Ti. 4.21**

CLAUDICAR
1 R. 18.21 ¿hasta cuándo *claudicaréis*..entre dos
Jer. 20.10 mis amigos miraban si *claudicaría*

CLAUDIO ***Emperador romano***
Hch. 11.28 hambre en..sucedió en tiempos de *C*
18.2 *C* había mandado que..los judíos saliesen

CLAUDIO LISIAS ***Tribuno romano*, Hch. 23.26**

CLAVAR
1 S. 17.49 la piedra quedó *clavada* en la frente
26.7 lanza *clavada* en tierra a su cabecera
2 S. 18.14 los *clavó* en el corazón de Absalón
Col. 2.14 quitándola..y *clavándola* en la cruz

CLAVAZÓN
1 Cr. 22.3 hierro para la *c* de las puertas, y

CLAVIJA
Zac. 10.4 de él saldrá..la *c*, de él el arco de

CLAVO
2 Cr. 3.9 el peso de los *c* era de uno hasta 50
Ec. 12.11 *c* hincados son las de los maestros
Is. 22.23 y lo hincaré como *c* en lugar firme
22.25 *c* hincado en lugar firme será quitado

41.7 lo afirmó con *c*, para que no se moviese
Jer. 10.4 con *c* y martillo lo afirman para que
Jn. 20.25 dijo: Si no viere..la señal de los *c*
20.25 metiere mi dedo en el lugar de los *c*

CLEMENCIA
Pr. 20.28 al rey, y con *c* se sustenta su trono
31.26 boca..y la ley de *c* está en su lengua
Is. 63.9 en su amor y en su *c* los redimió, y
Jer. 16.13 arrojaré..porque no os mostraré *c*
1 Ti. 1.16 mostrase en mí el primero..su *c*

CLEMENTE ***Cristiano en Filipos*, Fil. 4.3**

CLEMENTE
Éx. 33.19 y seré *c* para con el que seré *c*
1 R. 20.31 reyes de la..Israel, que son reyes *c*
2 Cr. 30.9 porque Jehová vuestro Dios es *c* y
Neh. 9.17 eres Dios que perdonas, *c* y piadoso
9.31 porque eres Dios *c* y misericordioso
Sal. 86.15 tú, Señor, Dios misericordioso y *c*
103.8 misericordioso y *c* es Jehová; lento
111.4 ha hecho..*c* y misericordioso es Jehová
112.4 rectos; es *c*, misericordioso y justo
116.5 *c* es Jehová, y justo..es nuestro Dios
145.8 *c* y misericordioso es Jehová, lento
Is. 19.22 convertirán a Jehová, y les será *c*
Jl. 2.13 misericordioso es y *c*, tardo para la
Jon. 4.2 sabía yo que tú eres Dios *c* y piadoso

CLEOFAS
1. ***Uno de los dos discípulos que Jesús encontró en el camino de Emaús*, Lc. 24.18**
2. ***Marido de una de las Marías que estuvieron junto a la cruz*, Jn. 19.25**

CLOÉ ***Mujer conocida por Pablo y la iglesia de Corinto*, 1 Co. 1.11**

COA ***Tribu al nordeste de Babilonia*, Ez. 23.23**

COAT ***Segundo hijo de Leví***
Gn. 46.11; Éx. 6.16 hijos de Leví..Gersón, *C*
Éx. 6.18 hijos de *C:* Amram, Izhar, Hebrón
6.18 los años de la vida de *C* fueron 133
Nm. 3.17 los hijos de Leví fueron..*C* y Merari
3.19 hijos de *C* por sus familias son: Amram
3.27 de *C* eran la familia de los amramitas
3.29 las familias de..*C* acamparán al lado del
4.2 la cuenta de los hijos de *C* de entre los
4.4 el oficio de los hijos de *C*..será este
4.15 vendrán..los hijos de *C* para llevarlos
4.15 serán las cargas de los hijos de *C* en
4.18 no haréis que perezca la tribu de..*C*
4.34 contaron a los..de *C* por sus familias
4.37 fueron..contados de las familias de *C*
7.9 pero a los hijos de *C* no les dio, porque
16.1 Coré hijo de Izhar, hijo de *C*, hijo de
26.57 levitas..*C*, la familia de los coatitas
26.58 de los levitas..y *C* engendró a Amram
Jos. 21.5 los otros hijos de *C*..diez ciudades
21.10 las familias de *C*, de los hijos de Leví
21.20 de *C*..que quedaban de los hijos de *C*
21.26 ciudades para..hijos de *C* fueron diez
1 Cr. 6.1,16 hijos de Leví: Gersón, *C* y Merari
6.2,18 los hijos de *C:* Amram, Izhar, Hebrón
6.22 los hijos de *C:* Aminadab su hijo, Coré
6.33 de los hijos de *C*, el cantor Hemán hijo
6.38 hijo de Izhar, hijo de *C*, hijo de Leví
6.61 a los hijos de *C*..dieron por suerte 10
6.66 de los hijos de *C* dieron ciudades con
6.70 de los hijos de *C* que habían quedado
9.32 los hijos de *C*..tenían a su cargo los
15.5 de los hijos de *C*, Uriel el principal
23.6 conforme a los hijos de Leví: Gersón, *C*
23.12 los hijos de *C:* Amram, Izhar, Hebrón
2 Cr. 20.19 levantaron los..de los hijos de *C*
29.12 se levantaron los levitas..hijos de *C*
34.12 eran sus mayordomos..de los hijos de *C*

COATITA ***Descendiente de Coat***
Nm. 3.27 de Coat eran la..son las familias *c*
10.21 comenzaron a marchar los *c* llevando el
26.57 de Coat, la familia de los *c;* de Merari
Jos. 21.4 suerte cayó sobre..familias de los *c*
1 Cr. 6.54 familias de los *c*..tocó en suerte

COBARDE
Ap. 21.8 los *c*..tendrán su parte en el lago que

COBARDÍA
Lv. 26.36 infundiré en sus corazones tal *c*, en
2 Ti. 1.7 no nos ha dado Dios espíritu de *c*

COBERTURA
Job 24.7 sin ropa, sin tener *c* contra el frío
26.6 el Seol está..y el Abadón no tiene *c*

COBIJAR
Job 36.30 *cobija* con ella las profundidades del
Is. 30.1 apartan..para *cobijarse* con cubierta

COBRADOR

Dn. 11.20 uno que hará pasar un *c* de tributos

COBRAR

Gn. 31.39 lo hurtado así de día. .me lo *cobrabas*
Dt. 31.6 esforzaos y *cobrad* ánimo; no temáis
Jue. 1.35 cuando la casa de José *cobró* fuerzas
1 S. 28.22 *cobres* fuerzas, y sigas tu camino
1 Cr. 22.13 *cobra* ánimo; no temas, ni desmayes
2 Cr. 15.8 Asa. .*cobró* ánimo, y quitó los ídolos
Hag. 2.4 y *cobrad* ánimo, pueblo. .de la tierra
Mt. 17.24 vinieron a Pedro los que *cobraban* las
17.25 ¿de quiénes *cobran* los tributos o los
Hch. 28.15 dio gracias a Dios y *cobró* aliento
Fil. 1.14 *cobrando* ánimo. .atreven mucho más

COBRE

Éx. 25.3 ofrenda que tomaréis. .oro, plata, *c*
Dt. 8.9 son hierro, y de cuyos montes sacarás *c*
Job 28.2 se saca. .y de la piedra se funde el *c*
Mt. 10.9 no os proveáis de oro, ni plata, ni *c*
Ap. 18.12 objeto de marfil. .de *c*, de hierro y

COCER

Gn. 11.3 vamos, hagamos ladrillo y *cozámoslo*
18.6 haz panes *cocidos* debajo del rescoldo
19.3 *coció* panes sin levadura, y comieron
Éx. 12.9 ninguna cosa comeréis. .ni *cocida* en
12.39 y *cocieron* tortas sin levadura de la
16.23 lo que habéis de *cocer*, *cocedlo* hoy, y
29.31 tomarás el carnero. .*cocerás* su carne
34.26 no *cocerás* el cabrito en la leche de
Lv. 2.4 cuando ofrecieres ofrenda *cocida* en
2.7 si ofrecieres ofrenda *cocida* en cazuela
6.17 no se *cocerá* con levadura; la he dado a
6.21 pedazos *cocidos* de la ofrenda ofrecerás
6.28 la vasija de barro en que fuere *cocida*
6.28 y si fuere *cocida* en vasija de bronce
7.9 toda ofrenda que se *cociere* en horno, y
23.17 de flor de harina, *cocidos* con levadura
24.5 y tomarás flor de harina, y *cocerás* de
26.26 *cocerán* diez mujeres vuestro pan en un
Nm. 6.19 la espaldilla *cocida* del carnero, una
11.8 recogía. .y lo *cocía* en caldera o hacía
Dt. 14.21 no *cocerás* el cabrito en la leche de
1 S. 2.13 el criado. .mientras se *cocía* la carne
2.15 porque no tomará de ti carne *cocida*
28.24 y *coció* de ella panes sin levadura
2 S. 13.8 e hizo hojuelas delante. .y las *coció*
1 R. 17.12 vive Jehová. .que no tengo pan *cocido*
17.13 haz. .torta *cocida* debajo de la ceniza
19.6 una torta *cocida* sobre las ascuas, y una
19.21 con el arado. .*coció* la carne, y la dio
2 R. 6.29 *cocimos*. .a mi hijo, y lo comimos
2 Cr. 35.13 mas lo. .santificado lo *cocieron* en
Is. 44.15 enciende también el horno, y *cuece*
44.19 sobre sus brasas *cocí* pan, asé carne
Lm. 4.10 mujeres piadosas *cocieron* a sus hijos
Ez. 4.12 de cebada *cocido* debajo de la ceniza
4.12 lo *cocerás* a vista de ellos al fuego de
4.15 estiércol de bueyes. .para *cocer* tu pan
24.5 hierva bien; *cuece* también sus huesos
46.20 sacerdotes *cocerán* la ofrenda. .allí *c*
46.24 donde. .*cocerán* la ofrenda del pueblo
Dn. 2.33 sus pies. .y en parte de barro *cocido*
2.34 e hirió a. .en sus pies. .de barro *cocido*
2.35 desmenuzados. .el barro *cocido*, el bronce
2.41 en parte de barro *cocido* de alfarero y
2.41 viste hierro mezclado con barro *cocido*
2.42 ser los. .pies en parte de barro *cocido*
Zac. 14.21 que sacrificaren *cocerán* en ellas

COCES *Véase Coz*

COCIDO *Véase Cocer*

COCINA

Ez. 46.24 estas son las *c*, donde los servidores

COCINAR

Éx. 16.23 lo que habéis de *cocinar*, *cocinadlo*

COCINERO, RA

1 S. 8.13 también a vuestras hijas. .que sean *c*
9.23 y dijo Samuel al *c*: Trae acá la porción
9.24 entonces alzó el *c* una espaldilla, con

COCODRILO

Lv. 11.30 el *c*, el lagarto, la lagartija y el

COCHERO

1 R. 22.34 él a su *c*: Da la vuelta, y sácame
2 Cr. 18.33 al *c*: Vuelve las riendas, y sácame

CODICIA

Pr. 1.19 sendas de todo el que es dado a la *c*
Is. 57.17 por la iniquidad de su *c* me enojé
Jer. 51.13 ha venido tu fin, la medida de tu *c*
Mr. 4.19 los afanes. .las *c*. .ahogan la palabra
Ro. 7.7 yo tampoco conociera la *c*, si la ley no
7.8 el pecado. .produjo en mí toda *c*; porque
1 Ti. 6.9 caen en. .muchas *c* necias y dañosas
2 P. 2.14 tiene el corazón habituado a la *c*

CODICIABLE

Gn. 3.6 y árbol *c* para alcanzar la sabiduría
1 S. 9.20 ¿para quién es todo lo que hay de *c*
Cnt. 1.5 morena soy, oh hijas de. .pero *c* como
5.16 su paladar, dulcísimo, y todo él *c*
Ez. 23.6 jóvenes *c* todos ellos, jinetes que iban
23.12 iban a caballo, todos ellos jóvenes *c*
23.23 jóvenes *c*, gobernadores y capitanes
Nah. 2.9 suntuosidad de. .clase de efectos *c*

CODICIAR

Éx. 20.17 no *codiciarás* la mujer de tu prójimo
34.24 y ninguno *codiciará* tu tierra, cuando
Dt. 5.21 no *codiciarás* la mujer de tu prójimo
7.25 no *codiciarás* plata ni oro de ellas para
21.11 vieres. .alguna mujer. .y la *codiciares*
Jos. 7.21 y un lingote de oro. .lo cual *codicié*
Job 20.20 ni salvará nada de lo que *codiciaba*
Pr. 6.25 no *codicies* su hermosura en tu corazón
12.12 *codicia* el impío la red de. .malvados
21.26 hay quien todo el día *codicia*; pero el
23.3 no *codicies* sus manjares delicados
23.6 no comas pan. .ni *codicies* sus manjares
Is. 13.17 no se ocuparán de. .ni *codiciarán* oro
Mi. 2.2 *codician* las heredades, y las roban
Hab. 2.9 ¡ay del que *codicia* injusta ganancia
Mt. 5.28 que mira a una mujer para *codiciarla*
Hch. 20.33 plata ni oro. .de nadie he *codiciado*
Ro. 7.7 si la ley no dijera: No *codiciarás*
13.9 no *codiciarás*. .se resume: Amarás a tu
1 Co. 10.6 no *codiciemos*. .como ellos *codiciaron*
1 Ti. 6.10 al dinero, el cual *codiciando* algunos
Stg. 4.2 *codiciáis*, y no tenéis; matáis y ardéis
Ap. 18.14 los frutos *codiciados* por tu alma se

CODICIOSO, SA

Nm. 11.34 cuanto allí sepultaron al pueblo *c*
Job 5.2 al necio. .y al *c* lo consume la envidia
Sal. 10.3 bendice al *c*, y desprecia a Jehová
Pr. 15.27 alborota su casa el *c*; mas el que
Is. 14.4 cómo paró. .acabó la ciudad *c* de oro!
1 Ti. 3.3,8; Tit. 1.7 no *c* de ganancias

CODO

Gn. 6.15 de trescientos *c* la longitud del arca
6.15 de 50 *c* su anchura, y de 30 *c* su altura
6.16 y la acabarás a un *c* de elevación por la
7.20 quince *c* más alto subieron las aguas
Éx. 25.10 arca. .longitud será de dos *c* y medio
25.10 su anchura de *c* y medio, su altura de *c*
25.17 su longitud será de dos *c* y medio, y su
25.17 propiciatorio. .su anchura de *c* y medio
25.23 harás. .una mesa. .longitud será de dos *c*
25.23 *c* su anchura, y su altura de *c* y medio
26.2 una cortina de 28 *c*, y la anchura de. .4 *c*
26.8 cada cortina será de 30 *c*. .anchura. .4 *c*
26.13 un *c* de un lado, y otro *c* del otro lado
26.16 de diez *c*, y de *c* y medio la anchura
27.1 un altar de madera. .cinco *c* de longitud
27.1 cinco *c* de anchura. .su altura de tres *c*
27.9,11 cortinas. .de cien *c* de longitud
27.12 del lado occidental. .cortinas de 50 *c*
27.13 el ancho. .al este, habrá cincuenta *c*
27.14 cortinas a un lado. .serán de quince *c*
27.15 y al otro lado, quince *c* de cortinas
27.16 cortina de veinte *c*, de azul, púrpura
27.18 atrio. .cien *c*. .y la altura de cinco *c*
30.2 su longitud. .un *c*, y su anchura de un *c*
30.2 será cuadrado, y su altura de dos *c*
36.9 una cortina era de 28 *c*. .anchura de 4 *c*
36.15 una cortina era de 30 c. .anchura de 4 *c*
36.21 cada tabla era de 10 *c*, y de *c* y medio
37.1 el arca. .longitud era de dos *c* y medio
37.1 anchura de *c* y medio, y su altura de *c*
37.6 el propiciatorio. .su longitud de dos *c*
37.6 el propiciatorio. .anchura de *c* y medio
37.10 la mesa de madera. .longitud de dos *c*
37.10 su anchura de un *c*, y de *c* y medio su
37.25 el altar. .un *c* su longitud, y de otro *c*
37.25 era cuadrado, y su altura de dos *c*
38.1 su longitud de 5 *c*, y su anchura de. .5 *c*
38.1 el altar. .cuadrado, y de tres *c* de altura
38.9 las cortinas del atrio eran de cien *c*
38.11 y del lado norte cortinas de cien *c*
38.12 del occidente, cortinas de cincuenta *c*
38.13 lado oriental. .cortinas de cincuenta *c*
38.14 un lado cortinas de quince *c*, sus tres
38.15 cortinas de quince *c*, con sus. .columnas
38.18 la entrada. .era de veinte *c* de longitud
38.18 su anchura, o sea su altura, era de 5 *c*
Nm. 11.31 casi dos *c* sobre la faz de la tierra
35.4 los ejidos de las. .serán mil *c* alrededor
35.5 del oriente dos mil *c*, al. .sur dos mil *c*
35.5 del occidente dos mil *c*. .norte dos mil *c*
Dt. 3.11 la longitud de ella es de nueve *c*, y
3.11 y su anchura de cuatro *c*, según el *c* de
Jos. 3.4 haya distancia como de dos mil *c*; no os
Jue. 3.16 puñal de dos filos, de un *c* de largo
1 S. 17.4 y tenía de altura seis *c* y un palmo
1 R. 6.2 tenía 60 *c* de largo y. .30 *c* de alto
6.3 el pórtico. .tenía veinte *c* de largo a lo
6.3 el ancho delante de la casa era de diez *c*
6.6 el aposento de abajo era de 5 *c* de ancho
6.6 el de en medio de seis *c* de ancho, y el
6.6 el tercero de siete *c* de ancho; porque
6.10 el aposento. .altura de cinco *c*, el cual
6.16 final de la casa un edificio de veinte *c*
6.17 el templo de adelante, tenía cuarenta *c*
6.20 veinte *c* de largo, veinte de ancho, y
6.23 querubines. .cada uno de diez *c* de altura
6.24 una ala. .tenía cinco *c*. .otros cinco *c*
6.24 diez *c* desde la punta de una ala hasta
6.25 el otro querubín tenía diez *c*; porque
6.26 altura del uno era de diez *c*, y. .la otra
7.2 la casa del bosque. .cien *c* de longitud
7.2 cincuenta *c* de anchura y treinta *c* de
7.6 pórtico. .tenía 50 *c* de largo y 30 *c* de
7.10 piedras de diez *c* y piedras de ocho *c*
7.15 la altura de cada una era de 18 *c*, y
7.15 rodeaba a una y otra un hilo de doce *c*
7.16 capitel era de 5 *c*, y la del otro. .5 *c*
7.19 forma de lirios, y eran de cuatro *c*
7.23 hizo fundir. .un mar de diez *c* de un lado
7.23 su altura era de cinco *c*, y lo ceñía
7.23 un mar. .lo ceñía. .un cordón de treinta *c*
7.24 bolas como calabazas, diez en cada *c*
7.27 la longitud de cada basa de cuatro *c*
7.27 la anchura de cuatro *c*, y de tres *c* la
7.31 la boca. .entraba un *c* en el remate que
7.31 misma hechura del remate. .de *c* y medio
7.32 la altura de. .rueda era de un *c* y medio
7.35 una pieza redonda de medio *c* de altura
7.38 diez fuentes. .cada una era de cuatro *c*
2 R. 14.13 rompió el muro de. .cuatrocientos *c*
25.17 la altura de una columna era de 18 *c*
25.17 la altura del capitel era de tres *c*, y
1 Cr. 11.23 venció. .egipcio, hombre de cinco *c*
2 Cr. 3.3 longitud, de 60 *c*. .anchura de 20 *c*
3.4 el pórtico. .de 20 *c*. .su altura de 120 *c*
3.8 el lugar santísimo. .longitud era de 20 *c*
3.8 su anchura de 20 *c*; y lo cubrió de oro
3.11 la longitud de las alas de. .era de 20 *c*
3.11,12 una ala era de 5 *c*. .la otra de 5 *c*
3.13 querubines. .las alas extendidas por 20 *c*
3.15 columnas de 35 *c*. .sus capiteles. .de 5 *c*
4.1 un altar de bronce de 20 *c* de longitud
4.1 altar. .20 *c* de anchura, y 10 *c* de altura
4.2 hizo un mar de fundición. .tenía diez *c*
4.2 altura era de 5 *c*, y un cordón de 30 *c*
4.3 figuras de calabazas que. .diez en cada *c*
6.13 un estrado de bronce de 5 *c* de largo, de
6.13 de 5 *c* de ancho y de altura de tres *c*
25.23 derribó el muro de. .un tramo de 400 *c*
Esd. 6.3 altura de 60 *c*, y de 60 *c* su anchura
Neh. 3.13 levantaron. .y mil *c* del muro, hasta
Est. 5.14 hagan una horca de 50 *c* de altura
7.9 la horca de 50 *c* de altura que hizo Amán
Jer. 52.21 altura. .de 18 *c*. .cordón de doce *c*
52.22 el capitel. .de una altura de cinco *c*
Ez. 40.5 la caña. .era de seis *c* de a *c* y palmo
40.7 y entre las cámaras había cinco *c* de
40.9 midió. .la entrada del portal. .de ocho *c*
40.9 y sus postes de dos *c*; y la puerta
40.11 midió el ancho de la entrada. .diez *c*
40.11 la longitud del portal, de trece *c*
40.12 era de un *c* a un lado, y de otro *c* al
40.12 seis *c* por un lado, y seis *c* por el otro
40.13 midió la puerta desde el. .25 *c* de ancho
40.14 midió los postes, de sesenta *c*, cada
40.15 desde el frente de la puerta de. .50 *c*
40.19 la anchura. .de cien *c* hacia el oriente
40.21 cincuenta *c* de longitud, y 25 de ancho
40.23,27 y midió de puerta a puerta. .cien *c*
40.25 la longitud era de 50 *c*. .ancho de 25 *c*
40.29,36 longitud. .50 *c*, y de 25 *c* el ancho
40.30 los arcos. .de 25 *c* de largo, y 5 *c* de
40.33 longitud. .50 *c*, y la anchura de 25 *c*
40.42 cuatro mesas. .un *c* y medio de longitud
40.42 y *c* y medio de ancho, y de un *c* de
40.47 atrio, cien *c* de longitud, y cien *c* de
40.48 poste. .cinco *c* de un lado, y cinco *c*
40.48 puerta tres *c* de un lado, y tres *c* de
40.49 la longitud del pórtico, veinte *c*, y el
40.49 y el ancho once *c*, al cual subían por
41.1 postes. .seis *c* de un lado, y seis *c* de
41.2 el ancho de la puerta era de diez *c*, y
41.2 de cinco *c* de un lado, y cinco del otro
41.2 su longitud, de 40 *c*. .anchura de 20 *c*
41.3 cada poste de la puerta, de dos *c*; y la
41.3 la puerta, de seis *c*; y la anchura de la
41.3 y la anchura de la entrada, de siete *c*
41.4 longitud, de 20 *c*, y la anchura de 20 *c*
41.5 midió el muro de la casa, de seis *c*
41.5 de cuatro *c* la anchura de las cámaras
41.8 los cimientos. .una caña entera de seis *c*
41.9 el ancho de la pared de. .era de cinco *c*
41.10 anchura de veinte *c* por todos lados
41.11 y el ancho del espacio. .era de cinco *c*
41.12 edificio. .occidental era de setenta *c*
41.12 la pared. .5 *c* de grueso. .90 *c* de largo
41.13 luego midió la casa, cien *c* de largo
41.13 y el edificio. .de cien *c* de longitud

CODO *(Continúa)*
Ez. 41.14 y el ancho..de la casa..era de cien *c*
41.15 midió la longitud del edificio..cien *c*
41.22 la altura del altar..era de tres *c*, y
41.22 su longitud de dos *c*; y sus esquinas
42.2 longitud era de cien *c*..ancho de 50 *c*
42.3 frente a los veinte *c* que había en el
42.4 corredor de 10 *c*..con una vía de un *c*
42.7 el muro que..tenía cincuenta *c* de largo
42.8 la longitud de las cámaras..cincuenta *c*
42.8 y delante de la fachada..había cien *c*
43.13 estas son las medidas del altar por *c*
43.13 medidas..(el *c* de a *c* y palmo menor)
43.13 la base, de un *c*, y de un *c* el ancho
43.14 base..hasta el lugar de abajo, dos *c*
43.14 la anchura de un *c*; y desde la cornisa
43.14 menor hasta la cornisa mayor, cuatro *c*
43.14 y desde la base..y el ancho de un *c*
43.15 el altar era de cuatro *c*, y encima del
43.16 el altar tenía doce *c* de largo, y doce
43.17 el descanso..14 *c* de longitud y 14 de
43.17 y medio *c* el borde alrededor; y la
43.17 la base de un *c* por todos lados; y sus
45.2 cincuenta *c* en derredor para sus ejidos
46.22 patios..de cuarenta *c* de longitud y 30
47.3 y midió mil *c*, y me hizo pasar por las
Dn. 3.1 altura era de 60 *c*..anchura de seis *c*
Zac. 5.2 veo un rollo que..de veinte *c* de largo
5.2 un rollo que vuela..de diez *c* de ancho
Mt. 6.27; Lc. 12.25 añadir a su estatura un *c*?
Jn. 21.8 no distaban..sino como doscientos *c*
Ap. 21.17 midió su muro, 144 *c*, de medida de

CODORNIZ
Éx. 16.13 subieron *c*..cubrieron el campamento
Nm. 11.31 vino un viento de Jehová, y trajo *c*
11.32 y recogieron *c*: el que menos, recogió
Sal. 105.40 pidieron, e hizo venir *c*; y los

COFIA
Is. 3.20 las *c*, los atavíos de las piernas

COGOLLO
Ez. 17.3 vino al Líbano, y tomó el *c* del cedro
17.22 tomaré yo del *c* de aquel alto cedro

COHABITAR
Éx. 22.19 cualquiera que *cohabitare* con bestia
Nm. 5.13 y alguno *cohabitare* con ella, y su
5.20 ha *cohabitado* contigo alguno fuera de tu

COHECHO
Dt. 10.17 Dios..que no hace acepción..ni toma *c*
1 S. 12.3 si de alguien he tomado *c* para cegar
2 Cr. 19.7 con Jehová..no hay..ni admisión de *c*
Sal. 15.5 no..ni contra el inocente admitió *c*
Is. 5.23 que justifican al impío mediante *c*
33.15 que sacude sus manos para no recibir *c*
Am. 5.12 sé que afligís al justo, y recibís *c*
Mi. 3.11 jefes juzgan por *c*, y sus sacerdotes

COHEREDERO, RA
Ro. 8.17 herederos de Dios y *c* con Cristo, si
Ef. 3.6 que los gentiles son *c* y miembros del
He. 11.9 Isaac y Jacob, *c* de la misma promesa
1 P. 3.7 y como a *c* de la gracia de la vida

COJEAR
Gn. 32.31 salió el sol; y *cojeaba* de su cadera
Mi. 4.6 aquel día, dice..juntaré la que *cojea*
Sof. 3.19 salvaré a la que *cojea*, y recogeré

COJO, JA
Lv. 21.18 ciego, o *c*, o mutilado, o sobrado
Dt. 15.21 o *c*, o hubiere en él cualquier falta
2 S. 4.4 huyendo..se le cayó el niño y quedó *c*
5.6 pues aun los ciegos y los *c* te echarán
5.8 por el canal y hiera a los *c* y ciegos
5.8 se dijo: Ciego ni *c* no entrará en la casa
19.26 montaré en él..porque tu siervo es *c*
Job 29.15 yo era ojos al ciego, y pies al *c*
Pr. 26.7 las piernas del *c* penden inútiles; así
Is. 33.23 despojos; los *c* arrebatarán el botín
35.6 el *c* saltará como un ciervo, y cantará
Jer. 31.8 hago volver..entre ellos ciegos y *c*
Mi. 4.7 y pondré a la *c* como remanente, y a la
Mal. 1.8 cuando ofrecéis el *c* o el enfermo ¿no
1.13 trajisteis lo hurtado, o *c*, o enfermo
Mt. 11.5 *c* andan, los leprosos son limpiados
15.30 gente que traía consigo a *c*, ciegos
15.31 viendo..a los *c* andar, y a los ciegos
18.8 mejor te es entrar en la vida *c* o manco
21.14 vinieron a él en el templo ciegos y *c*
Mr. 9.45 mejor te es entrar a la vida *c*, que
Lc. 7.22 *c* andan, los leprosos son limpiados
14.13 llama a los pobres..los *c* y los ciegos
14.21 vé..y trae acá a..los *c* y los ciegos
Jn. 5.3 *c*..que esperaban el movimiento del agua
Hch. 3.2 era traído un hombre *c* de nacimiento
3.11 a Juan el *c* que había sido sanado, todo
8.7 y muchos paralíticos y *c* eran sanados
14.8 cierto hombre de..*c* de nacimiento, que
He. 12.13 para que lo *c* no se salga del camino

COLA
Éx. 4.4 extiende tu mano, y tómala por la *c*
29.22 tomarás del carnero la grosura, y la *c*
Lv. 3.9 ofrecerá..a Jehová la grosura, la *c*
7.3 y de ella ofrecerá..la *c*, y la grosura
8.25 tomó..la *c*, toda la grosura que estaba
9.19 *c*, la grosura que cubre los intestinos
Dt. 28.13 pondrá Jehová por cabeza, y no por *c*
28.44 él será por cabeza, y tú serás por *c*
Jue. 15.4 *c* con *c*, y..una tea entre cada dos *c*
Job 40.17 *c* mueve como un cedro, y los nervios
Is. 9.14 y Jehová cortará de Israel cabeza y *c*
9.15 el profeta que enseña mentira, es la *c*
19.15 que haga la cabeza o la *c*, la rama o
Ap. 9.10 *c* como de escorpiones..*c* tenían poder
9.19 el poder..estaba en su boca y en sus *c*
9.19 sus *c*, semejantes a serpientes, tenían
12.4 su *c* arrastraba..parte de las estrellas

COLABORADOR
Ro. 16.3 saludad a Priscila y a Aquila, mis *c*
16.9 saludad a Urbano..*c* en Cristo Jesús, y a
16.21 saludan Timoteo mi *c*, y Lucio, Jasón
1 Co. 3.9 nosotros somos *c* de Dios, y vosotros
2 Co. 6.1 nosotros, como *c* suyos, os exhortamos
8.23 en cuanto a Tito..*c* para con vosotros
Fil. 2.25 enviaros a Epafrodito..hermano y *c*
4.3 con Clemente también y los demás *c* míos
1 Ts. 3.2 enviamos a Timoteo..*c* nuestro en el
Flm. 1 Pablo..al amado Filemón, *c* nuestro
24 Marcos, Aristarco, Demas y Lucas, mis *c*

COLABORAR
2 Co. 1.24 que *colaboramos* para vuestro gozo

COLAÍAS
1. Ascendiente de Salú No. 1, **Neh. 11.7**
2. Padre de Acab No. 2, **Jer. 29.21**

COLAR
Mt. 23.24 que *coláis* el mosquito, y tragáis el

COLCHA
Pr. 7.16 he adornado mi cama con *c* recamadas

CÓLERA
Jer. 48.30 conozco..su *c*, pero no tendrá efecto

COLÉRICO
Jue. 18.25 no..que los de ánimo *c* os acometan

COLGAR
Gn. 40.19 y te hará *colgar* en la horca, y las
41.13 fui restablecido..el otro fue *colgado*
Éx. 26.12 *colgará* a espaldas del tabernáculo
26.13 *colgará* sobre..lados del tabernáculo
Dt. 21.22 morir, y lo *colgaréis* en un madero
21.23 maldito por Dios es el *colgado*; y no
Jos. 8.29 al rey de Hai lo *colgó* de un madero
10.26 Josué..los mató, y los hizo *colgar* en
10.26 quedaron *colgados* en los maderos hasta
1 S. 31.10 y *colgaron* su cuerpo en el muro de
2 S. 4.12 y los *colgaron* sobre el estanque en
18.10 visto a Absalón *colgado* de una encina
21.12 donde los habían *colgado* los filisteos
1 Cr. 10.10 *colgaron* la cabeza en el templo de
Esd. 6.11 sea *colgado* en él, y su casa sea hecha
Est. 2.23 dos eunucos fueron *colgados* en una
5.14 dí al rey que *cuelguen* a Mardoqueo en
6.4 para que hiciese *colgar* a Mardoqueo en la
7.9 entonces el rey dijo: *Colgadlo* en ella
7.10 así *colgaron* a Amán en la horca que él
8.7 de Amán, y a él han *colgado* en la horca
9.13 *cuelguen* en la horca a los diez hijos de
9.14 y *colgaron* a los diez hijos de Amán
9.25 *colgaran* a él y a sus hijos en la horca
Job 26.7 extiende..*cuelga* la tierra sobre nada
Sal. 137.2 los sauces..*colgamos* nuestras arpas
Cnt. 4.4 mil escudos están *colgados* en ella
Is. 22.24 *colgarán* de él toda la honra de la
Jer. 10.20 no hay..quien *cuelgue* mis cortinas
Lm. 5.12 a los príncipes *colgaron* de las manos
Ez. 15.3 ¿tomarán..estaca para *colgar* en ella
27.10 escudos y yelmos *colgaron* en ti; ellos
27.11 sus escudos *colgaron* sobre tus muros
Mt. 18.6 que se le *colgase* al cuello una piedra
Lc. 23.39 uno de los..que estaban *colgados* le
Hch. 5.30 matasteis *colgándole* en un madero
10.39 quien mataron *colgándole* en un madero
28.4 vieron la víbora *colgando* de su mano
Gá. 3.13 maldito..que es *colgado* en un madero

COLHOZE
1. Padre de Salum No. 11, **Neh. 3.15**
2. Ascendiente de Maasías No. 11, **Neh. 11.5**

COLINA
Jos. 11.13 las ciudades..sobre *c*, no las quemó
Is. 30.17 que quedéis..como bandera sobre una *c*
Jer. 30.18 la ciudad será edificada sobre su *c*

COLIRIO
Ap. 3.18 y unge tus ojos con *c*, para que veas

COLMAR
1 S. 2.32 mientras Dios *colma* de..a Israel
Job 22.18 había *colmado* de bienes sus casas
Sal. 68.19 cada día nos *colma* de beneficios el
145.16 y *colmas* de bendición a..ser viviente
Pr. 12.21 los impíos serán *colmados* de males
Lm. 3.30 le hiere, y sea *colmado* de afrentas
Dn. 11.39 y *colmará* de honores a los que le
Mi. 6.12 sus ricos se *colmaron* de rapiña, y sus
Lc. 1.53 a los hambrientos *colmó* de bienes, y
1 Ts. 2.16 así *colman*..medida de sus pecados

COLMILLO
Job 29.17 quebrantaba los *c* del inicuo, y de
Ez. 27.15 *c* de marfil y..dieron por sus pagos

COLMO
Gn. 15.16 no ha llegado a su *c* la maldad del
Job 20.22 en el *c* de su abundancia..estrechez
Dn. 8.23 cuando los transgresores lleguen al *c*

COLOCACIÓN
2 Cr. 2.4 para la *c* continua de los panes de

COLOCAR
Gn. 48.14 puso..*colocando* así sus manos adrede
Éx. 2.3 *colocó* en ella al niño y lo puso en un
30.18 la *colocarás* entre el tabernáculo de
39.31 cordón..para *colocarla* sobre la mitra
40.18 *colocó* sus tablas, y puso sus barras
40.20 *colocó* las varas en el arca, y encima
40.29 y *colocó* el altar del holocausto a la
Nm. 4.10,12 lo *colocarán* sobre unas parihuelas
1 R. 7.38 *colocó* una fuente sobre cada una de
7.39 y *colocó* el mar al lado derecho de la
10.19 junto a los cuales estaban *colocados*
2 R. 2.19 en donde está *colocada* esta ciudad
2 Cr. 3.17 y *colocó* las columnas delante del
4.10 *colocó* el mar al lado derecho, hacia el
4.14 hizo..las basas, sobre las cuales *colocó*
17.2 y *colocó* gente de guarnición en..Judá
35.10 sacerdotes se *colocaron* en sus puestos
Esd. 3.3 y *colocaron* el altar sobre su base
Neh. 7.1 fue edificado, y *colocadas* las puertas
Ec. 10.6 la necedad está *colocada* en grandes
Cnt. 5.12 sus ojos..a la perfección *colocados*
Is. 46.7 lo llevan, y lo *colocan* en su lugar
Ez. 4.2 *colocarás* contra ella arietes alrededor
Dn. 1.2 y *colocó* los utensilios en la casa del
1 Co. 12.18 Dios ha *colocado* los miembros cada

COLONIA
Hch. 16.12 y de allí a Filipos, que es..y una *c*

COLOR
Gn. 30.32 ovejas..salpicadas de *c*..*c* oscuro
30.33 y de *c* oscuro entre mis ovejas, se me
30.35 cabras..salpicadas de *c*..de *c* oscuro
30.39 pintados y salpicados de diversos *c*
37.3 a José..hizo una túnica de diversos *c*
37.23 quitaron a..la túnica de *c* que tenía
37.32 enviaron la túnica de *c* y la trajeron
Lv. 13.10 el cual haya mudado el *c* del pelo
Nm. 11.7 era el maná..su *c* como *c* de bedelio
Jue. 5.30 las vestiduras de *c* para Sísara, las
5.30 vestiduras bordadas de *c*; la ropa de *c*
2 S. 13.18 llevaba..un vestido de diversos *c*
13.19 y rasgó la..de *c* de que estaba vestida
1 Cr. 29.2 piedras de diversos *c*, y toda clase
Pr. 23.31 cuando resplandece su *c* en la copa
Jer. 12.9 heredad..ave de rapiña de muchos *c*?
Ez. 1.16 obra era semejante al *c* del crisólito
16.18 tomaste tus vestidos de diversos *c* y
17.3 águila..llena de plumas de diversos *c*
23.14 vio..imágenes de caldeos pintadas de *c*
23.15 tiaras de *c* en sus cabezas, teniendo
Dn. 10.6 sus pies como de *c* de bronce bruñido

COLOSAS *Ciudad en la provincia de Asia*, **Col. 1.2**

COLUMNA
Éx. 13.21 una *c* de nube..una *c* de fuego para
13.22 la *c* de nube de día, ni de noche la *c*
14.19 la *c* de nube que iba delante de ellos
14.24 Jehová miró el campamento..desde la *c*
24.4 doce *c*, según las doce tribus de Israel
26.32 lo pondrás sobre cuatro *c* de madera
26.37 harás para la cortina cinco *c* de madera
27.10,11 sus veinte *c*..los capiteles de las *c*
27.12 cortinas..*c* diez, con sus diez basas
27.14,15 sus *c* tres, con sus tres basas
27.16 sus *c* cuatro, con sus cuatro basas
27.17 *c* alrededor del atrio estarán ceñidas

COLUMNA *(Continúa)*

Éx. 33.9 Moisés entraba..la *c* de nube descendía
33.10 y viendo todo el pueblo la *c* de nube
35.11 tablas, sus barras, sus *c* y sus basas
35.17 *c* y sus basas, la cortina de la puerta
36.36 él hizo cuatro *c* de madera de acacia
36.38 cinco *c* con sus capiteles; y cubrió de
38.10,11 sus *c* eran veinte..capiteles de las *c*
38.12 sus *c* diez, y..los capiteles de las *c*
38.14,15 cortinas..tres *c* y sus tres basas
38.17 las basas de las *c* eran de bronce; los
38.17 los capiteles de las *c* y sus molduras
38.17 *c* del atrio tenían molduras de plata
38.19 sus *c* eran cuatro, con sus cuatro basas
38.28 hizo los capiteles de las *c*, y cubrió
39.33 tablas, sus barras, sus *c*, sus basas
39.40 sus *c* y sus basas, la cortina para la
40.18 y puso sus barras, e hizo alzar sus *c*
Nm. 3.36 sus *c*, sus basas y todos sus enseres
3.37 y las *c* alrededor del atrio, sus basas
4.31 tablas del tabernáculo..*c* y sus basas
4.32 las *c* del atrio alrededor y sus basas
12.5 Jehová descendió en la *c* de la nube, y
14.14 en *c* de nube, y de noche en *c* de fuego
Dt. 31.15 se apareció Jehová..en la *c* de nube
31.15 la *c* de nube se puso sobre la puerta
Jue. 16.25 a Sansón..y lo pusieron entre las *c*
16.26 acércame, y hazme palpar las *c* sobre
16.29 asió luego Sansón..dos *c* de en medio
20.40 cuando la *c* de humo comenzó a subir de
1 S. 2.8 de Jehová son las *c* de la tierra, y
2 S. 18.18 había..erigido una *c*..en el valle
18.18 llamó aquella *c* por su..*C* de Absalón
1 R. 7.2 sobre cuatro hileras de *c* de cedro
7.2 la casa..con vigas de cedro sobre las *c*
7.3 vigas..45 *c*; cada hilera tenía quince *c*
7.6 también hizo un pórtico de *c*..con sus *c*
7.15 vació dos *c* de bronce; la altura de cada
7.16 para que fuesen puestos sobre..de las *c*
7.17 que se habían de poner sobre..de las *c*
7.18 los capiteles..en las cabezas de las *c*
7.19 los capiteles..sobre las *c* en el pórtico
7.20 tenían..los capiteles de las dos *c*, 200
7.21 estas *c* erigió en el pórtico del templo
7.21 alzado la *c* del lado derecho, le puso
7.21 alzando la *c* del lado izquierdo, llamó
7.22 puso en las cabezas de las *c* tallado en
7.22 lirios, y así se acabó la obra de las *c*
7.41 *c*, y los capiteles redondos que estaban
7.41 los capiteles..en lo alto de las dos *c*
7.41,42 que estaban sobre la cabeza de las *c*
2 R. 11.14 el rey estaba junto a la *c*, conforme
23.3 poniéndose el rey en pie junto a la *c*
25.13 quebraron los caldeos las *c* de bronce
25.16 dos *c*, un mar, y las basas que Salomón
25.17 la altura de una *c* era de 18 codos, y
25.17 e igual labor había en la otra *c* con su
1 Cr. 18.8 con el que Salomón hizo el mar..*c*
2 Cr. 3.15 hizo dos *c* de 35 codos de altura
3.16 las puso sobre los capiteles de las *c*
3.17 colocó las *c* delante del templo, una a
4.12 dos *c*..los capiteles sobre..las dos *c*
4.12,13 capiteles que estaban encima de las *c*
23.13 vio al rey que estaba junto a su *c* a
Neh. 9.12 *c* de nube..de día, y con *c* de fuego
9.19 *c* de nube no se apartó de ellos de día
9.19 no se apartó..ni de noche la *c* de fuego
Est. 1.6 anillos de plata y *c* de mármol; los
Job 9.6 remueve la tierra..hace temblar sus *c*
26.11 *c* del cielo tiemblan, y se espantan a
Sal. 75.3 y sus moradores; yo sostengo sus *c*
99.7 *c* de nube hablaba con ellos; guardaban
Pr. 9.1 la sabiduría edificó..labró sus siete *c*
Cnt. 3.6 que sube del desierto como *c* de humo
3.10 sus *c* de plata, su respaldo de oro, su
5.15 sus piernas, como *c* de mármol fundadas
Jer. 1.18 que yo te he puesto..como *c* de hierro
27.19 acerca de aquellas *c*, del estanque, de
52.17 los caldeos quebraron las *c* de bronce
52.20 las dos *c*, un mar, y los doce bueyes
52.21 a las *c*, la altura de cada *c* era de 18
52.22 lo mismo era lo de la segunda *c* con sus
Ez. 26.11 y tus fuertes *c* caerán a tierra
40.49 y había *c* junto a los postes, una de
42.6 no tenían *c* como las *c* de los atrios
Jl. 2.30 y daré..sangre, y fuego, y *c* de humo
Gá. 2.9 y Juan, que eran considerados como *c*
1 Ti. 3.15 iglesia..*c* y baluarte de la verdad
Ap. 3.12 venciere, yo lo haré *c* en el templo
10.1 otro ángel..y sus pies como *c* de fuego

COLLADO

Gn. 49.26 hasta el término de los *c* eternos
Éx. 17.9 yo estaré sobre la cumbre del *c*, y la
17.10 Moisés y..subieron a la cumbre del *c*
Nm. 23.9 veré, y desde los *c* lo miraré; he aquí
Dt. 12.2 sirvieron a sus dioses..sobre los *c*
33.15 con la abundancia de los *c* eternos
Jos. 5.3 circuncidó..Israel en el *c* de Aralot
24.33 murió Eleazar..lo enterraron en el *c*
Jue. 7.1 más allá del *c* de More, en el valle
1 S. 7.1 el arca..en casa de..situada en el *c*
10.5 después de esto llegarás al *c* de Dios
10.10 cuando llegaron allá al *c*, he aquí la
13.3 Jonatán atacó a la guarnición..en el *c*
23.19; 26.1 ¿no está David escondido en el *c*
26.3 y acampó Saúl en el *c* de Haquila, que
2 S. 2.24 se puso el sol cuando llegaron al *c*
2.25 e hicieron alto en la cumbre del *c*
6.3 la casa de Abinadab, que estaba en el *c*
6.4 cuando lo llevaban de la casa..en el *c*
1 R. 14.23 imágenes de Asera, en todo *c* alto
2 R. 16.4 quemó incienso..sobre los *c*, y debajo
17.10 y levantaron estatuas..en todo *c* alto
2 Cr. 28.4 quemó incienso ..en los *c*, y debajo
Job 15.7 tú..fuiste formado antes que los *c*?
Sal. 50.10 y los millares de animales en los *c*
65.12 destilan..y los *c* se ciñen de alegría
72.3 montes llevarán paz..y los *c* justicia
114.4 montes saltaron..los *c* como corderitos
114.6 montes..vosotros, *c*, como corderitos?
148.9 los montes y todos los *c*, el árbol de
Pr. 8.25 antes de los *c*..sido yo engendrada
Cnt. 2.8 aquí él viene..brincando sobre los *c*
4.6 me iré al monte de..y al *c* del incienso
Is. 2.2 el monte de..será exaltado sobre los *c*
2.14 los montes..sobre todos los *c* elevados
10.32 alzará su mano al..al *c* de Jerusalén
30.25 y sobre todo *c* elevado, habrá ríos y
31.4 sobre el monte de Sion, y sobre su *c*
40.4 y bájese todo monte y *c*; y lo torcido
40.12 pesó los montes..y con pesas los *c*?
41.15 montes..molerás, y *c* reducirás a tamo
42.15 convertiré en soledad montes y *c*, haré
54.10 montes se moverán, y los *c* temblarán
55.12 y los *c* levantarán canción delante de
65.7 y sobre los *c* me afrentaron; por tanto
Jer. 2.20 sobre todo *c* alto y debajo de todo
3.23 vanidad son los *c*, y el bullicio sobre
4.24 miré..y todos los *c* fueron destruidos
13.27 maldad de tu fornicación sobre los *c*
16.16 los cazarán por todo monte y por todo *c*
17.2 junto a los árboles..y en los *c* altos
31.39 sobre el *c* de Gareb, y rodeará a Goa
50.6 descarriaron; anduvieron de monte en *c*
Ez. 6.3 ha dicho Jehová..a los montes y a los *c*
6.13 sus muertos estén en..sobre todo *c* alto
20.28 y miraron a todo *c* alto y a todo árbol
34.6 perdidas mis ovejas por..en todo *c* alto
34.26 bendición..a los alrededores de mi *c*
35.8 en tus *c*, en tus valles..caerán muertos
36.4 ha dicho Jehová..a los montes y a los *c*
36.6 dí a..a los *c*, y a los arroyos y a los
Os. 4.13 incensaron sobre los *c*, debajo de las
10.8 y dirán..a los *c*: Caed sobre nosotros
Jl. 3.18 y los *c* fluirán leche, y por..arroyos
Am. 9.13 los montes destilarán..y todos los *c*
Mi. 4.1 y más alto que los *c*, y correrán a él
6.1 contiende contra..y oigan los *c* tu voz
Nah. 1.5 *c* se derriten; la tierra se conmueve
Hab. 3.6 montes..los *c* antiguos se humillaron
Sof. 1.10 y gran quebrantamiento desde los *c*
Lc. 3.5 se bajará todo monte y *c*; los caminos
23.30 decir a los montes..a los *c*: Cubridnos

COLLAR

Gn. 41.42 y puso un *c* de oro en su cuello
Jue. 8.26 y sin los *c* que traían sus camellos
Pr. 1.9 adorno de gracia serán..*c* a tu cuello
Cnt. 1.10 hermosas son..tu cuello entre los *c*
Is. 3.19 los *c*, los pendientes y los brazaletes
Ez. 16.11 puse brazaletes en..y *c* a tu cuello
Dn. 5.7 y un *c* de oro llevará en su cuello, y
5.16 un *c* de oro llevarás en tu cuello, y
5.29 mandó..poner en su cuello un *c* de oro

COMADREJA

Lv. 11.29 por inmundos..*c*, el ratón, la rana

COMANDANTE

1 R. 9.22 sus capitanes, *c* de sus carros, o su
16.9 conspiró..Zimri, *c* de la mitad de los
2 Cr. 8.9 eran..*c* de sus carros, y su gente de
21.9 derrotó..a todos los *c* de sus carros

COMARCA

Dt. 1.7 al monte del amorreo y a todas sus *c*
Is. 37.18 destruyeron todas las tierras y..*c*
Jer. 46.14 prepárate..espada devorará tu *c*

COMBATE

1 S. 4.2 trabándose el *c*, Israel fue vencido
4.16 dijo..a Elí: Yo..he escapado hoy del *c*
17.20 el ejército salía..daba el grito de *c*
He. 10.32 sostuvisteis gran *c* de padecimientos

COMBATIR

Dt. 20.2 cuando os acerquéis para *combatir*, se
20.10 acerques a una ciudad para *combatirla*
Jos. 8.14 hombres de..salieron..para *combatir*
10.4 subid..ayudadme..*combatamos* a Gabaón
10.31 pasó..a Laquis, y acampó..la *combatió*
10.34 pasó Josué..a Eglón..y la *combatieron*
10.36 subió luego..a Hebrón, y la *combatieron*
10.38 volvió Josué..sobre Debir, y *combatió*
19.47 y subieron..Dan y *combatieron* a Lesem
Jue. 1.8 *combatieron* los..de Judá a Jerusalén
9.52 y *combatiéndola*, llegó hasta la puerta
20.20 salieron..a *combatir* contra Benjamín
1 S. 14.52 y apto para *combatir*, lo juntaba
23.1 los filisteos *combaten* a Keila, y roban
2 S. 11.20 ¿por qué os acercasteis..*combatir?*
12.29 fue contra Rabá, y *combatió* contra ella
1 R. 20.1 y sitió a Samaria, y la *combatió*
2 R. 19.8 halló al rey de Asiria *combatiendo*
1 Cr. 7.11 valerosos..que salían a *combatir*
2 Cr. 32.2 intención de *combatir* a Jerusalén
Job 6.4 saetas..terrores de Dios me *combaten*
30.15 *combatieron* como viento mi honor, y
Sal. 35.1 pelea contra los que me *combaten*
56.1 porque..oprime *combatiéndome* cada día
Is. 7.1 subieron contra Jerusalén..*combatirla*
37.8 al rey de Asiria que *combatía* contra
Dn. 7.2 cuatro vientos del cielo *combatían* en
Zac. 14.2 naciones..*combatir* contra Jerusalén
Hch. 27.18 *combatidos* por..furiosa tempestad
Fil. 1.27 *combatiendo*..por la fe del evangelio
4.3 te ruego..ayudes a éstas que *combatieron*
He. 12.4 sangre, *combatiendo* contra el pecado
Stg. 4.1 vuestras pasiones, las cuales *combaten*
4.2 *combatís*..pero no tenéis lo que deseáis

COMEDOR, RA

Pr. 23.20 no estés con..ni con los *c* de carne
Ez. 36.13 *c* de hombres, y matadora..has sido

COMENZAR

Gn. 11.6 y han *comenzado* la obra, y nada les
44.12 desde el mayor *comenzó*, y acabó en el
Lv. 23.32 *comenzando* a los nueve días del mes
Nm. 16.46 el furor..la mortandad ha *comenzado*
16.47 mortandad había *comenzado* en el pueblo
Jue. 10.18 ¿quién *comenzará* la batalla contra
2 S. 21.9 fueron muertos..al *comenzar* la siega
1 R. 20.14 Acab: ¿Quién *comenzará* la batalla?
2 Cr. 29.27 y cuando *comenzó* el holocausto, *c*
Esd. 3.8 *comenzaron* Zorobabel hijo de Salatiel
Est. 9.23 hacer, según habían *comenzado*, lo que
Pr. 17.14 el que *comienza* la discordia es como
Lm. 2.19 da voces en..al *comenzar* las vigilias
Ez. 9.6 matad..y *comenzaréis* por mi santuario
9.6 *comenzaron*, pues..delante del templo
Mt. 20.8 *comenzando* desde los postreros hasta
Lc. 3.23 Jesús..al *comenzar* su ministerio era
23.5 *comenzando* desde Galilea hasta aquí
24.27 *comenzando* desde Moisés, y siguiendo
24.47 predicase..*comenzando* desde Jerusalén
Jn. 4.52 qué hora había *comenzado* a estar mejor
8.9 salían..*comenzando* desde los más viejos
Hch. 1.22 *comenzando* desde el bautismo de Juan
8.35 y *comenzando* desde esta escritura, le
26.1 Pablo entonces..*comenzó* así su defensa
2 Co. 8.6 como *comenzó* antes, asimismo acabe
Gá. 3.3 ¿habiendo *comenzado* por el Espíritu
Fil. 1.6 que *comenzó* en vosotros la buena obra
1 P. 4.17 juicio *comience* por la casa de Dios
4.17 si primero *comienza* por nosotros, ¿cuál

COMER

Gn. 1.29 árbol en que hay fruto..para *comer*
1.30 toda planta verde les será para *comer*
2.9 Dios hizo..todo árbol..bueno para *comer*
2.16 de todo árbol del huerto podrás *comer*
2.17 árbol de la ciencia..no *comerás* de él
2.17 porque el día que..*comieres*..morirás
3.1 os ha dicho: No *comáis* de todo árbol del
3.2 del fruto de..del huerto podemos *comer*
3.3 del fruto..dijo Dios: No *comeréis* de él
3.5 que sabe Dios que el día que *comáis* de él
3.6 vio la mujer que..era bueno para *comer*
3.6 *comió*..también a su marido, el cual *c*
3.11 *comido* del árbol..te mandé no *comieses?*
3.12 la mujer..me dio del árbol, y yo *comí*
3.13 y dijo..La serpiente me engañó, y *comí*
3.14 polvo *comerás* todos los días de tu vida
3.17 por cuanto..*comiste* del árbol de que te
3.17 que te mandé diciendo: No *comerás* de él
3.17 con dolor *comerás* de ella todos los días
3.18 producirá, y *comerás* plantas del campo
3.19 con el sudor..*comerás* el pan hasta que
3.22 del árbol de la vida, y *coma*, y viva
6.21 y toma..de todo alimento que se *come*
9.4 carne con su vida..la sangre, no *comeréis*
14.24 excepto..lo que *comieron* los jóvenes
18.8 y él se estuvo con ellos..y *comieron*
19.3 y coció panes sin levadura, y *comieron*
24.33 pusieron..qué *comer*..dijo..No *comeré*
24.54 *comieron* y bebieron él y los varones
25.28 amó Isaac a Esaú..*comía* de su caza
25.30 dijo..Te ruego que me des a *comer* de
25.34 *comió* y bebió, y se levantó y se fue
26.30 hizo banquete, y *comieron* y bebieron
27.4 y *comeré*, para que yo te bendiga antes
27.7 tráeme caza y hazme un..para que *coma*
27.10 tú las llevarás a tu padre, y *comerá*
27.19 siéntate, y *come* de mi caza, para que
27.25 *comeré* de la caza de mi hijo, para que
27.25 y Jacob se la acercó, e Isaac *comió*

COMER ***(Continúa)***
Gn. 27.31 mi padre, y *coma* de la caza de su hijo
27.33 y *comí* de todo antes que tú vinieses?
28.20 y me diere pan para *comer* y vestido
31.15 se ha *comido* del todo nuestro precio?
31.38 abortaron, ni yo *comí* carnero de tus
31.46 y *comieron* allí sobre aquel majano
31.54 y llamó a..a *comer* pan; y *comieron* pan
32.32 por esto no *comen* los hijos de Israel
37.25 y se sentaron a *comer* pan; y alzando
39.6 de cosa alguna sino del pan que *comía*
40.17 las aves las *comían* del canastillo de
40.19 las aves *comerán* tu carne de sobre ti
42.27 dar de *comer* a su asno en el mesón, vio
43.2 cuando acabaron de *comer* el trigo que
43.16 pues estos hombres *comerán* conmigo al
43.24 dio agua..y dio de *comer* a sus asnos
43.25 habían oído que allí habrían de *comer*
43.32 para los egipcios que con él *comían*
43.32 los egipcios no pueden *comer* pan con
45.18 *comeréis* de la abundancia de la tierra
47.22 *comían* la ración que Faraón les daba
47.24 serán..para que *coman* vuestros niños
49.27 Benjamín..a la mañana *comerá* la presa
Éx. 2.20 ¿dónde está..Llamadle para que *coma*
10.5 *comerá* lo que escapó..*c*..todo árbol que
12.4 familia..no baste para *comer* el cordero
12.4 conforme al *comer* de..haréis la cuenta
12.7 dintel de las casas en que lo han de *comer*
12.8 noche *comerán* la carne asada al fuego
12.8 panes..con hierbas amargas lo *comerán*
12.9 ninguna cosa *comeréis* de él cruda, ni
12.11 lo *comeréis* así..lo *c* apresuradamente
12.15 siete días *comeréis* panes sin levadura
12.15,19 cualquiera que *comiere* leudado
12.16 preparéis lo que cada..haya de *comer*
12.18 *comeréis* los panes sin levadura, desde
12.20 ninguna cosa leudada *comeréis;* en todas
12.20 en todas..*comeréis* panes sin levadura
12.43 de la pascua; ningún extraño *comerá* de
12.44 mas todo siervo humano..*comerá* de ella
12.45 el extranjero y el jornalero no *comerán*
12.46 se *comerá* en una casa, y no llevarás
12.48 la pascua..ningún incircunciso *comerá*
13.3 salido de Egipto..no *comeréis* leudado
13.6 siete días *comerás* pan sin leudar, y el
13.7 días se *comerán* los panes sin levadura
16.3 cuando *comíamos* pan hasta saciarnos
16.8 Jehová os dará en la..carne para *comer*
16.12 al caer la tarde *comeréis* carne, y por
16.15 es el pan que Jehová os da para *comer*
16.16 recoged de..según lo que pudiere *comer*
16.18,21 cada..según lo que había de *comer*
16.25 *comedlo* hoy..hoy es día de reposo para
16.32 que vean el pan que yo os di a *comer*
16.35 *comieron*..de Israel maná cuarenta años
16.35 maná *comieron* hasta que llegaron a los
18.12 vino Aarón..para *comer* con el suegro
21.28 acorneare a..no será *comida* su carne
22.31 no *comeréis* carne destrozada por las
23.11 la dejarás..para que *coman* las pobres
23.11 quedare *comerán* las bestias del campo
23.15 *comerás* los panes sin levadura, como
24.11 y vieron a Dios, y *comieron* y bebieron
29.32 Aarón y sus hijos *comerán* la carne del
29.33 *comerán* aquellas cosas con las cuales
29.33 el extraño no las *comerá*..son santas
29.34 no se *comerá*, porque es cosa santa
32.6 y se sentó el pueblo a *comer* y a beber
34.15 invitarán, y *comerás* de sus sacrificios
34.18 siete días *comerás* pan sin levadura
34.28 no *comió* pan, ni bebió agua; y escribió
Lv. 3.17 ninguna grosura ni..sangre *comeréis*
6.16 y el sobrante de ella lo *comerán* Aarón y
6.16 sin levadura se *comerá* en lugar santo
6.16 en el atrio del tabernáculo..lo *comerán*
6.18 los varones de..Aarón *comerán* de ella
6.23 toda ofrenda de sacerdote..no se *comerá*
6.26 el sacerdote que la ofreciere..*comerá*
6.26 en lugar santo será *comida*, en el atrio
6.29 todo varón de..los sacerdotes la *comerá*
6.30 no se *comerá* ninguna ofrenda de cuya
7.6 todo varón de..la *comerá;* será *comida* en
7.15 se *comerá* en el día que fuere ofrecida
7.16 será *comido* en el día que ofreciere su
7.16 él quedare, lo *comerán* al día siguiente
7.18 si se *comiere* de la carne..tercer día
7.18 persona que..*comiere* llevará su pecado
7.19 que tocare..cosa inmunda, no se *comerá*
7.19 toda persona limpia podrá *comer* la carne
7.20 que *comiere* la carne del sacrificio de
7.21 tocare alguna cosa inmunda..y *comiere*
7.23 ninguna grosura de buey ni de..*comeréis*
7.24 cualquier otro uso, mas no la *comeréis*
7.25 *comiere* grosura de animal, del cual se
7.25 la persona que lo *comiere* será cortada
7.26 ninguna sangre *comeréis* en ningún lugar
7.27 persona que *comiere* de alguna sangre
8.31 dijo Moisés..*Comed* la carne a la puerta
8.31 *comedla* allí con el pan que está en la
8.31 mandado..Aarón y sus hijos la *comerán*
10.12 tomad la ofrenda..*comedla* sin levadura
10.13 *comeréis*, pues, en lugar santo; porque
10.14 la *comeréis*..en lugar limpio, tú y tus
10.17 ¿por qué no *comisteis* la expiación en
10.18 debíais *comer* la ofrenda en el lugar
10.19 si hubiera yo *comido* hoy del sacrificio
11.2 estos son los animales que *comeréis* de
11.3 todo el que..y que rumia, éste *comeréis*
11.4 de los que rumian..no *comeréis* éstos: el
11.8 carne de ellos no *comeréis*, ni tocaréis
11.9 esto *comeréis*..los que tienen aletas..*c*
11.11 de su carne no *comeréis*, y abominaréis
11.13 y de las aves, éstas..no se *comerán*
11.21 esto *comeréis* de todo insecto alado que
11.22 estos *comeréis* de ellos: la langosta
11.34 todo alimento que se *come*, sobre el cual
11.39 algún animal que tuviereis para *comer*
11.40 *comiere* del cuerpo muerto, lavará sus
11.41 reptil que se arrastra..no se *comerá*
11.42 animal que se arrastra..no lo *comeréis*
11.47 que se pueden *comer* y..no se pueden *c*
14.47 el que *comiere* en la casa lavará sus
17.10 varón de la casa..*comiere* alguna sangre
17.10 contra la persona que *comiere* sangre
17.12 persona de vosotros *comerá* sangre, ni
17.12 ni el extranjero que..*comerá* sangre
17.13 cazare animal o ave que sea de *comer*
17.14 no *comeréis* la sangre de ninguna carne
17.14 cualquiera que la *comiere* será cortado
17.15 persona..que *comiere* animal mortecino
19.6 será *comido* el día que lo ofreciereis
19.7 si se *comiere* el día..será abominación
19.8 y el que lo *comiere* llevará su delito
19.23 será incircunciso; su fruto no se *comerá*
19.25 al quinto año *comeréis* el fruto de él
19.26 no *comeréis* cosa alguna con sangre
21.22 del pan de su Dios, de lo..podrá *comer*
22.4,6 no *comerá* de las cosas sagradas
22.7 después podrá *comer* las cosas sagradas
22.8 mortecino ni despedazado por..no *comerá*
22.10 ningún extraño *comerá* cosa sagrada
22.10 el jornalero, no *comerán* cosa sagrada
22.11 esclavo..podrá *comer* de ella, así como
22.11 el nacido en su casa podrá *comer* de su
22.12 si se casare..no *comerá* de la ofrenda
22.13 podrá *comer* del alimento de su padre
22.13 padre; pero ningún extraño *coma* de él
22.14 el que por yerro *comiere* cosa sagrada
22.16 *comiendo* las cosas santas de ellos
22.30 en el mismo día se *comerá;* no dejaréis
23.6 siete días *comeréis* panes sin levadura
23.14 no *comeréis* pan, ni grano tostado, ni
24.9 y será de Aarón..los cuales lo *comerán*
25.6 el descanso de la..te dará para *comer*
25.7 será todo el fruto de ella para *comer*
25.12 jubileo..el producto de la..*comeréis*
25.19 *comeréis* hasta saciaros, y habitaréis
25.20 y si..¿Qué *comeremos* el séptimo año?
25.22 y *comeréis* del fruto añejo; hasta el
25.22 que venga su fruto, *comeréis* del añejo
26.5 y *comeréis* vuestro pan hasta saciaros
26.10 *comeréis* lo añejo de mucho tiempo, y
26.16 porque vuestros enemigos la *comerán*
26.26 peso; y *comeréis*, y no os saciaréis
26.29 *comeréis* la carne de..hijos, y *c* la
Nm. 6.3 tampoco *comerá* uvas frescas ni secas
6.4 todo lo que se hace de la vid..no *comerá*
9.11 con panes..y hierbas amargas la *comerán*
11.4,18 ¡quién nos diera a *comer* carne!
11.5 nos acordamos del pescado que *comíamos*
11.13 a mí diciendo: Danos carne que *comamos*
11.18 dirás: Santificaos..y *comeréis* carne
11.18 Jehová pues, os dará carne, y *comeréis*
11.19 no *comeréis* un día, ni dos días, ni 5
11.21 daré carne, y *comerán* un mes entero!
14.9 porque nosotros los *comeremos* como pan
15.19 cuando comencéis a *comer* del pan de la
18.10 en el santuario la *comerás;* todo varón
18.10 varón *comerá* de ella; cosa santa será
18.11,13 limpio en tu casa *comerá* de ellas
18.31 *comeréis* en cualquier lugar, vosotros
25.2 el pueblo *comió*, y se inclinó a..dioses
28.17 siete días se *comerán*..sin levadura
Dt. 2.6 compraréis..los alimentos, y *comeréis*
2.28 comida me venderás..y *comeré;* el agua
4.28 dioses..que no ven, ni oyen, ni *comen*
6.11 olivares..y luego que *comas* y te sacies
8.9 en la cual no *comerás* el pan con escasez
8.10 *comerás* y te saciarás, y bendecirás a
8.12 no suceda que *comas* y te sacies..casas
9.9 en el monte..sin *comer* pan ni beber agua
9.18 no *comí* pan ni bebí agua, a causa de
11.15 daré también..*comerás*, y te saciarás
12.7 *comeréis* allí delante de Jehová..Dios
12.15 podrás matar y *comer* carne en todas tus
12.15 el inmundo y el limpio la podrá *comer*
12.16 que sangre no *comeréis;* sobre la tierra
12.17 ni *comerás*..el diezmo de tu grano, de
12.18 delante de Jehová tu Dios las *comerás*
12.20 *comeré* carne, porque deseaste *comerla*
12.20 conforme a lo que deseaste podrás *comer*
12.21 y *comerás* en tus puertas según todo lo
12.22 se *come* la gacela..así las podrás *comer*
12.22 el inmundo y el limpio podrán *comer*
12.23 te mantengas firme en no *comer* sangre
12.23 y no *comerás* la vida..con su carne
12.24 no la *comerás*..la derramarás como agua
12.25 no *comerás* de ella..que te vaya bien
12.27 ofrecerás tus..y podrás *comer* la carne
14.3 nada abominable *comerás*
14.4 los animales que podréis *comer:* el buey
14.6 y todo animal de pezuñas..podréis *comer*
14.7 estos no *comeréis*, entre los que rumian
14.8 carne de éstos no *comeréis*, ni tocaréis
14.9 podréis *comer:* todo lo que tiene aleta
14.10 no tiene aleta y escama, no *comeréis*
14.11,20 toda ave limpia podréis *comer*
14.12 de las que no podréis *comer:* el águila
14.19 insecto alado..inmundo; no se *comerá*
14.21 ninguna cosa mortecina *comeréis*..darás
14.21 extranjero..darás, y él podrá *comerla*
14.23 *comerás* delante de..Dios en el lugar
14.26 *comerás* allí delante de Jehová tu Dios
14.29 y *comerán* y serán saciados; para que
15.20 delante de Jehová tu..*comerás* cada año
15.22 lo *comerás;* el inmundo..*comerán* de él
15.23 no *comas* su sangre; sobre la tierra la
16.3 no *comerás* con ella pan con levadura
16.3 siete días *comerás* con..pan sin levadura
16.7 y la asarás y *comerás* en el lugar que
16.8 seis días *comerás* pan sin levadura, y
18.1 ofrendas..de la heredad de él *comerán*
18.8 igual ración a la de los otros *comerá*
20.14 y *comerás* del botín de tus enemigos
20.19 árboles..porque de ellos podrás *comer*
23.24 podrás *comer* uvas hasta saciarte; mas
26.12 *comerán* en tus aldeas, y se saciarán
26.14 no he comido de ello en mi luto, ni he
27.7 y *comerás* allí, y te alegrarás delante
28.31 tu buey será matado..y tú no *comerás*
28.33 fruto..*comerá* pueblo que no conociste
28.39 uvas, porque el gusano se las *comerá*
28.51 *comerá* el fruto de tu bestia y el fruto
28.53 y *comerás* el fruto de tu vientre, la
28.55 la carne de sus hijos, que él *comiere*
28.57 los *comerá*..por la carencia de todo
29.6 no habéis *comido* pan, ni bebisteis vino
31.20 leche y miel; y *comerán* y se saciarán
32.13 y *comió* los frutos del campo, e hizo
32.38 *comían* la grosura de sus sacrificios
Jos. 5.11 al otro día..*comieron* del fruto de la
5.12 desde que comenzaron a *comer* del fruto
5.12 *comieron* de los frutos de la tierra de
24.13 las viñas..que no plantasteis, *coméis*
Jue. 6.4 y no dejaban qué *comer* en Israel, ni
9.27 en el templo de sus dioses, *comieron* y
13.4,7 no bebas vino..ni *comas* cosa inmunda
13.14 no *comerá* cosa inmunda; guardará todo
13.16 aunque me detengas, no *comeré* de tu pan
14.9 tomándolo en..manos, se fue *comiéndolo*
14.9 les dio también a ellos que *comiesen*
19.4 quedó en su casa..*comiendo* y bebiendo
19.6 se sentaron ellos..y *comieron* y bebieron
19.8 dijo..aguarda..y *comieron* ambos juntos
19.21 a su casa, dio de *comer* a sus asnos
19.21 y se lavaron..y *comieron* y bebieron
Rt. 2.14 Booz le dijo a la hora de *comer:* Ven
2.14 ven aquí, y *come*..y *comió* hasta que se
3.3 hasta que él haya acabado de *comer* y de
3.7 cuando Booz hubo *comido* y bebido, y su
1 S. 1.7 por lo cual Ana lloraba, y no *comía*
1.8 Ana, ¿por qué lloras? ¿por qué no *comes?*
1.9 se levantó Ana después que hubo *comido*
1.18 se fue..y *comió*, y no estuvo más triste
2.36 para que pueda *comer* un bocado de pan
9.13 que suba..a *comer*..el pueblo no *comerá*
9.13 después de esto *comen* los convidados
9.19 *come* hoy conmigo, y por la mañana te
9.24 ponlo..y *come*..y Saúl *comió* aquel día
14.24 que *coma* pan antes de caer la noche
14.30 más si el pueblo hubiera *comido*..hoy
14.32 vacas..el pueblo los *comió* con sangre
14.33 el pueblo peca..*comiendo* la carne con
14.34 *comed;* y no pequéis..*comiendo*..sangre
20.5 acostumbro sentarme con el rey a *comer*
20.24 la nueva luna, se sentó el rey a *comer*
20.27 no ha venido a *comer* el hijo de Isaí
20.34 y no *comió* pan el segundo día de la
28.20 todo aquel día..no había *comido* pan
28.22 pondré..bocado de pan para que *comas*
28.23 y él rehusó diciendo: No *comeré*. Pero
28.25 después de haber *comido*, se levantaron
30.11 y le dieron pan, y *comió*, y le dieron
30.12 luego que *comió*, volvió..su espíritu
30.12 no había *comido* pan ni..en tres días
30.16 desparramados..*comiendo* y bebiendo y
2 S. 3.35 para persuadir a David que *comiera*
9.7 le dijo David..*comerás* siempre a mi mesa
9.10 el hijo de tu señor tenga pan para *comer*
9.10 Mefi-boset..*comerá* siempre a mi mesa
9.11 Mefi-boset, dijo el rey, *comerá* a mi
9.13 Mefi-boset..*comía*..a la mesa del rey
11.11 entrar en mi casa para *comer* y beber
11.13 y David lo convidó a *comer* y a beber
12.3 *comiendo* de su bocado y bebiendo de su
12.17 él no quiso, ni *comió* con ellos pan
12.20 vino a su..y le pusieron pan, y *comió*
12.21 y muerto él, te levantaste y *comiste*
13.5 me dé de *comer*..yo la *coma* de su mano
13.6 haga..dos hojuelas, para que *coma* yo de

COMER ***(Continúa)***

2 S. 13.7 vé. . a casa de Amnón. . y hazle de *comer*
13.9 las sacó. . mas él no quiso *comer*. Y dijo
13.10 trae la comida. . que yo *coma* de tu mano
13.11 se las puso delante para que *comiese*
16.2 las pasas para que *coman* los criados
17.29 y quesos de vaca, para que *comiesen*
19.35 ¿tomará gusto. . en lo que *coma* o beba?
19.42 ¿hemos nosotros *comido* algo del rey?
1 R. 1.25 *comiendo* y bebiendo delante de él
1.41 oyó Adonías. . ya habían acabado de *comer*
4.20 Judá. . *comiendo*, bebiendo y alegrándose
5.9 mi deseo al dar de *comer* a mi familia
13.7 rey dijo. . Ven conmigo a casa, y *comerás*
13.8 ni *comería* pan ni bebería agua en este
13.9 diciendo: No *comas* pan, ni bebas agua
13.15 dijo: Ven conmigo a casa, y *come* pan
13.16 ni tampoco *comeré* pan ni beberé agua
13.17 dicho: No *comas* pan ni bebas agua allí
13.18 tráele. . a tu casa, para que *coma* pan
13.19 volvió con él, y *comió* pan en su casa
13.22 que volviste, y *comiste* pan y bebiste
13.22 te había dicho que no *comieses* pan ni
13.23 cuando había *comido* pan y bebido, el
13.28 el león no había *comido* el cuerpo, ni
14.11; 16.4 lo *comerán* los perros. . *c* las aves
17.4 yo he mandado. . que te den allí de *comer*
17.12 que lo *comamos*, y nos dejemos morir
17.15 y *comió* él, y ella, y su casa, muchos
18.19 los. . que *comen* de la mesa de Jezabel
18.41 *come* y bebe; porque una lluvia grande
18.42 Acab subió a *comer* y a beber. Y Elías
19.5,7 ángel le tocó. . Levántate. . *come*
19.6 y *comió* y bebió, y volvió a dormirse
19.8 se levantó, pues, y *comió* y bebió
19.21 y la dio al pueblo para que *comiesen*
21.4 y se acostó en su cama, y. . y no *comió*
21.5 ¿por qué está tan decaído tu. . no *comes?*
21.7 *come* y alégrate; yo te daré la viña de
21.23 perros *comerán* a Jezabel en el muro de
21.24 los perros lo *comerán*. . lo *c* las aves
2 R. 4.8 una mujer. . le invitaba. . a que *comiese*
4.8 Eliseo. . venía a la casa de ella a *comer*
4.40 sirvió para que *comieran* los hombres
4.40 que *comiendo* ellos de aquel guisado
4.40 hay muerte en. . Y no lo pudieron *comer*
4.41 dijo: Da de *comer* a la gente. Y no hubo
4.42,43 dijo: Da a la gente para que *coma*
4.43 así ha dicho Jehová: *Comerán*, y sobrará
4.44 *comieron*, y les sobró, conforme a la
6.22 pon. . pan y agua, para que *coman* y beban
6.23 cuando habían *comido*. . los envió, y ellos
6.28 *comámoslo*. . y mañana *comeremos* el mío
6.29 cocimos, pues, a mi hijo, y lo *comimos*
6.29 da acá tu hijo, y *comámoslo*. Mas ella
7.2,19 verás con tus ojos, mas no *comerás*
7.8 entraron. . tienda y *comieron* y bebieron
9.10 a Jezabel la *comerán* los perros en el
9.34 después que *comió*. . dijo: Id ahora a ver
9.36 *comerán* los perros las carnes de Jezabel
18.27 expuestos a *comer* su propio estiércol
18.31 *coma* cada uno de su vid y. . su higuera
19.29 este año *comeréis* lo que nacerá de suyo
19.29 plantaréis viñas, y *comeréis* el fruto
23.9 que *comían* panes sin levadura entre sus
25.29 y *comió*. . delante de él todos los días
1 Cr. 12.39 allí con David tres días *comiendo*
29.22 *comieron* y bebieron delante de Jehová
2 Cr. 28.15 y les dieron de *comer* y de beber
30.18 *comieron* la pascua no conforme a lo que
30.22 *comieron* de lo sacrificado. . siete días
31.10 hemos *comido* y nos hemos saciado, y nos
Esd. 2.63 no *comiesen* de las cosas más santas
6.21 *comieron* los hijos de. . del cautiverio
9.12 que seáis fuertes y *comáis* el bien de
10.6 e ido allá, no *comió* pan ni bebió agua
Neh. 5.2 hemos pedido prestado. . para *comer*
5.14 ni yo ni mis hermanos *comimos* el pan del
7.65 que no *comiesen* de las cosas más santas
8.10 id, *comed* grosuras, y bebed vino dulce
8.12 el pueblo se fue a *comer* y a beber, y
9.25 *comieron*, se saciaron, y se deleitaron
9.36 para que *comiesen* su fruto y su bien
Est. 4.16 y no *comáis* ni bebáis en tres días
Job 1.4 para que *comiesen* y bebiesen con ellos
1.13 sus hijos e hijas *comían* y bebían vino
1.18 tus hijos. . estaban *comiendo* y bebiendo
5.5 su mies *comerán* los hambrientos, y la
6.6 ¿se *comerá* lo desabrido sin sal? ¿Habrá
20.21 quedó nada que no *comiese*; por tanto
21.25 morirá. . sin haber *comido*. . con gusto
31.8 siembre yo, y otro *coma*, y sea arrancada
31.17 si *comí*. . y no *comió* de él el huérfano
31.39 si *comí* su sustancia sin dinero, o afligí
34.3 como el paladar gusta lo que uno *come*
40.15 ahora behemot. . hierba *come* como buey
42.11 *comieron* con él pan en su casa, y se
Sal. 14.4 a mi pueblo como si *comiesen* pan
22.26 *comerán* los humildes, y serán saciados
22.29 *comerán* y adorarán todos los poderosos
27.2 juntaron contra. . para *comer* mis carnes
41.9 el hombre de mi paz. . que de mi pan *comía*
50.13 ¿he de *comer* yo carne de toros, o de
53.4 devoran a mi pueblo como si *comiesen*
59.15 ellos errantes para hallar qué *comer*
78.24 hizo llover. . maná para que *comiesen*
78.25 pan de nobles *comió* el hombre; les
78.29 *comieron*, y se saciaron; les cumplió
80.5 les diste a *comer* pan de lágrimas, y a
102.4 por lo cual me olvido de *comer* mi pan
102.9 yo *como* ceniza a manera de pan, y mi
105.35 y *comieron* toda la hierba de su país
106.20 la imagen de un buey que *come* hierba
106.28 *comieron* los sacrificios de. . muertos
127.2 por demás es. . que *comáis* pan de dolores
128.2 cuando *comieres* el trabajo de tus manos
141.4 no dejes. . no *coma* yo de sus deleites
Pr. 1.31 *comerán* del fruto de su camino, y
4.17 porque *comen* pan de maldad, y beben vino
9.5 *comed* mi pan, y bebed del vino que yo
9.17 y el pan *comido* en oculto es sabroso
13.2 del fruto de su boca el hombre *comerá*
13.25 el justo *come* hasta saciar su alma; mas
18.21 y el que la ama *comerá* de sus frutos
23.1 te sientes a *comer* con algún señor
23.6 no *comas* pan con el avaro, ni codicies
23.7 *come* y bebe, te dirá; mas su corazón
23.8 vomitarás la. . que *comiste*, y perderás
24.13 *come*, hijo. . la miel, porque es buena
25.16 ¿hallaste miel? *Come* lo que te basta
25.21 aborrece tuviere hambre, dale de *comer*
25.27 *comer* mucha miel no es bueno, ni el
27.18 quien cuida la higuera *comerá* su fruto
30.20 *come*, y limpia su boca y dice: No he
31.27 considera. . y no *come* el pan de balde
Ec. 2.24 no hay cosa mejor. . sino que *coma* y
2.25 ¿quién *comerá*, y quién. . mejor que yo?
3.13 es don de Dios que todo hombre *coma* y
4.5 necio cruza sus manos y *come* su. . carne
5.12 el sueño del trabajador, *coma* mucho, *c*
5.17 todos los días de. . *comerá* en tinieblas
5.18 que lo bueno es *comer* y beber, y gozar
5.19 le da. . facultad para que *coma* de ellas
8.15 *coma* y beba y se alegre; y que esto le
9.7 *come* tu pan con gozo, y bebe tu vino con
10.17 y tus príncipes *comen* a su hora, para
Cnt. 4.16 venga mi amado a su huerto, y *coma*
5.1 he *comido* mi panal y mi miel, mi vino y
5.1 *comed*, amigos; bebed en abundancia, oh
Is. 1.7 vuestra tierra. . *comida* por extranjeros
1.19 oyereis, *comeréis* el bien de la tierra
3.10 porque *comerá* de los frutos de sus manos
4.1 nosotras *comeremos* de nuestro pan, y nos
7.15 *comerá* mantequilla y miel, hasta que
7.22 *comerá* mantequilla. . miel *c* el que quede
9.20 tendrá hambre, y *comerá* a la izquierda
9.20 cada cual *comerá* la carne de su brazo
11.7 y el león como el buey *comerá* paja
21.5 ponen la mesa, extienden. . *comen*, beben
22.13 y alegría. . *comiendo* carne y bebiendo
22.13 *comamos* y bebamos, porque. . moriremos
23.18 para que *coman* hasta saciarse, y vistan
29.8 hambre y sueña, y le parece que *come*
30.24 tus asnos que labran la tierra *comerán*
36.12 expuestos a *comer* su estiércol y beber
36.16 *coma* cada uno de su viña, y cada uno
37.30 *comeréis* este año lo que nace de suyo
37.30 plantaréis viñas, y *comeréis* su fruto
44.16 con parte de él *come* carne, prepara un
44.19 quemé. . cocí pan, asé carne y la *comí*
49.26 los que te despojaron haré *comer* sus
50.9 he aquí. . serán *comidos* por la polilla
51.8 como a vestidura los *comerá* polilla
51.8 porque. . como a lana los *comerá* gusano
55.1 venid, comprad y *comed*. Venid, comprad
55.2 oídme atentamente, y *comed* del bien, y
55.10 da. . al que siembra, y pan al que *come*
58.14 y te daré a *comer* la heredad de Jacob
59.5 el que *comiere* de sus huevos, morirá
61.6 *comeréis* las riquezas de las naciones
62.9 que lo cosechan lo *comerán*, y alabarán
65.4 *comen* carne de cerdo, y en sus ollas hay
65.13 que mis siervos *comerán*, y vosotros
65.21 plantarán viñas, y *comerán* el fruto de
65.22 habite, ni plantarán para que otro *coma*
65.25 y el león *comerá* paja como el buey
66.17 que *comen* carne de cerdo y abominación
Jer. 2.7 os introduje. . que *comieseis* su fruto
5.17 *comerá* tu mies y tu pan, *c* a tus hijos
5.17 *comerá* tus ovejas y. . vacas, *c* tus viñas
7.21 añadid. . sacrificios, y *comed* la carne
9.15 les daré a *comer* ajenjo, y les daré a
10.25 se *comieron* a Jacob, lo devoraron, le
15.16 halladas tus palabras, y yo las *comí*
16.8 no entres en casa de banquete. . a *comer*
19.9 les haré *comer* la carne de sus hijos y
19.9 y cada uno *comerá* la carne de su amigo
22.15 *comió* y bebió tu padre, e hizo juicio
23.15 yo les hago *comer* ajenjos, y les haré
24.2,3,8 que de malos no se podían *comer*
29.5,28 plantad huertos, y *comed* del fruto
29.17 higos malos, que. . no se pueden *comer*
31.29 los padres *comieron* las uvas agrias y
31.30 los dientes de todo hombre que *comiere*
41.1 en Mizpa; y *comieron* pan juntos allí en
52.33 *comía* pan en la mesa del rey siempre
Lm. 2.20 ¿han de *comer* las mujeres el fruto de
4.5 que *comían* delicadamente fueron asolados
Ez. 2.8 abre tu boca, y *come* lo que yo te doy
3.1 dijo: Hijo de hombre, *come*. . *c* este rollo
3.2 y abrí mi boca, y me hizo *comer* aquel
3.3 *comí*, y fue en mi boca dulce como miel
4.9 trescientos noventa días *comerás* de él
4.10 que *comerás*. . de tiempo en tiempo la *c*
4.12 *comerás* pan de cebada cocido debajo de
4.13 así *comerán* los hijos de Israel su pan
4.14 nunca desde mi. . *comí* cosa mortecina ni
4.16 *comerán* el pan por peso y con angustia
5.10 padres *comerán* a los hijos. . los hijos *c*
12.18 *come* tu pan con temblor, y bebe tu agua
12.19 pan *comerán* con temor, y con espanto
16.13 *comiste* flor de harina de trigo, miel
18.2 los padres *comieron* las uvas agrias, y
18.6,15 no *comiere* sobre los montes, ni
18.11 sino que *comiere* sobre los montes, o
22.9 hubo. . y sobre los montes *comieron* en ti
24.17 con rebozo, ni *comas* pan de enlutados
24.22 ni *comeréis* pan de hombres en luto
25.4 *comerán* tus sementeras, y beberán tu
33.25 *¿comeréis* con sangre, y a vuestros
34.3 *coméis* la grosura. . vestís de la lana
34.18 es poco que *comáis* los buenos pastos
34.19 mis ovejas *comen* lo hollado de. . pies
39.17 y *comeréis* carne y beberéis sangre
39.18 *comeréis* carne de fuertes, y beberéis
39.19 *comeréis* grosura hasta saciaros, y
42.13 sacerdotes. . *comerán*. . santas ofrendas
44.3 se sentará allí para *comer* pan delante
44.29 y el sacrificio por el pecado *comerán*
44.31 ninguna cosa mortecina. . *comerán* los
45.21 la pascua. . se *comerá* pan sin levadura
47.12 y su fruto será para *comer*, y su hoja
Dn. 1.12 nos den legumbres a *comer*, y agua a
1.13 rostros de los muchachos que *comen* de la
1.15 el de los. . que *comían* de la porción de
4.33 y *comía* hierba como los bueyes, y su
5.21 hierba le hicieron *comer* como a buey
10.3 no *comí* manjar delicado, ni entró en mi
11.26 aun los que *coman* de sus manjares le
Os. 2.12 y las *comerán* las bestias del campo
4.8 del pecado de mi pueblo *comen*, y en su
4.10 *comerán*. . no se saciarán; fornicarán, mas
8.7 y si la hiciere, extraños la *comerán*
8.13 sacrificaron carne, y *comieron;* no los
9.3 a Asiria, donde *comerán* vianda inmunda
9.4 todos los que *coman* de él serán inmundos
10.13 *comeréis* fruto de mentira. . confiaste
Jl. 1.4 que quedó de la oruga *comió* el saltón
1.4 *comió* el revoltón; y la langosta *c* lo que
2.25 restituiré los años que *comió* la oruga
2.26 *comeréis* hasta saciaros, y alabaréis el
Am. 6.4 y *comen* los corderos del rebaño, y los
7.2 que cuando acabó de *comer* la hierba de
7.12 y *come* allá tu pan, y profetiza allá
9.14 y harán huertos, y *comerán* el fruto de
Abd. 7 los que *comían* tu pan pusieron lazo
Mi. 3.3 que *coméis*. . la carne de mi pueblo, y
3.5 y claman: Paz, cuando tienen. . que *comer*
3.5 que no les da de *comer*, proclaman guerra
6.14 *comerás*, y no te saciarás. . no salvarás
7.1 y no queda racimo para *comer;* mi alma
Nah. 3.12 en la boca del que la ha de *comer*
Hag. 1.6 *coméis*, y no os saciáis; bebéis, y no
Zac. 7.6 cuando *coméis* y bebéis, ¿no *c*. . para
11.9 cada una *coma* la carne de su compañera
11.16 sino que *comerá* la carne de la gorda
Mt. 6.25 qué habéis de *comer* o qué habéis de
6.31 ¿qué *comeremos*, o qué beberemos, o
9.11 *come* vuestro Maestro con los publicanos
11.18 vino Juan, que ni *comía* ni bebía, y
11.19 vino el Hijo del Hombre, que *come* y
12.1 comenzaron a arrancar espigas y a *comer*
12.4 cómo entró en la casa. . y *comió* los panes
12.4 que no les era lícito *comer* ni a él ni a
13.4 cayó. . y vinieron las aves y la *comieron*
14.15 para que vayan a. . y compren de *comer*
14.16 les dijo. . dadles vosotros de *comer*
14.20 *comieron*. . y se saciaron; y recogieron
14.21 los que *comieron* fueron como cinco mil
15.2 no se lavan las manos cuando *comen* pan
15.20 pero el *comer* con las manos sin lavar
15.27 aun los perrillos *comen* de las migajas
15.32 y no tienen qué *comer;* y enviarlos en
15.37 *comieron*. . y se saciaron; y recogieron
15.38 eran los que habían *comido*, cuatro mil
24.38 antes del diluvio estaban *comiendo* y
24.49 a *comer* y a beber con los borrachos
25.35 tuve hambre, y me disteis de *comer*
25.42 tuve hambre, y no me disteis de *comer*
26.17 preparemos para que *comas* la pascua?
26.21 mientras *comían*, dijo: De cierto os
26.26 mientras *comían*, tomó Jesús el pan, y
26.26 dijo: Tomad, *comed;* esto es mi cuerpo
Mr. 1.6 Juan. . *comía* langostas y miel silvestre
2.16 viéndole *comer* con los publicanos y con
2.16 que él *come* y bebe con los publicanos
2.26 y *comió* los panes de la proposición, de
2.26 de los cuales no es lícito *comer* sino
3.20 modo que ellos ni aun podían *comer* pan

COMER *(Continúa)*
Mr. 4.4 vinieron las aves del cielo y la *comieron*
5.43 mandó. . y dijo que se le diese de *comer*
6.31 que ni aun tenían tiempo para *comer*
6.36 compren pan, pues no tienen qué *comer*
6.37 él, les dijo: Dadles vosotros de *comer*
6.37 y compremos pan. . y les demos de *comer?*
6.42 y *comieron* todos, y se saciaron
6.44 los que *comieron* eran cinco mil hombres
7.2 viendo a. . *comer* pan con manos inmundas
7.3 veces no se lavan las manos, no *comen*
7.4 volviendo de. . si no se lavan, no *comen*
7.5 sino que *comen* pan con manos inmundas?
7.28 los perrillos. . *comen* de las migajas de
8.1 multitud, y no tenían qué *comer*, Jesús
8.2 que están conmigo, y no tienen qué *comer*
8.8 *comieron*, y se saciaron; y recogieron de
8.9 eran los que *comieron*, como cuatro mil
11.14 nunca jamás *coma* nadie fruto de ti
14.12 a preparar para que *comas* la pascua?
14.14 aposento donde he de *comer* la pascua
14.18 mientras *comían*, dijo Jesús: De cierto
14.18 uno. . *come* conmigo, me va a entregar
14.22 y mientras *comían*, Jesús tomó pan y
Lc. 3.11 el que tiene qué *comer*, haga lo mismo
4.2 no *comió* nada en aquellos días. . hambre
5.30 ¿por qué *coméis* y bebéis con publicanos
5.33 ayunan. . pero los tuyos *comen* y beben?
6.1 discípulos arrancaban espigas y *comían*
6.4 los cuales no es lícito *comer* sino sólo
6.4 *comió*, y dio. . a los que estaban con él?
7.33 vino Juan. . ni *comía* pan ni bebía vino
7.34 vino el Hijo. . que *come* y bebe, y decís
7.36 uno de. . rogó a Jesús que *comiese* con él
8.5 y fue hollada, y las aves. . la *comieron*
8.55 y él mandó que se le diese de *comer*
9.13 él les dijo: Dadles vosotros de *comer*
9.17 *comieron*. . y se saciaron; y recogieron lo
10.7 posad. . *comiendo* y bebiendo lo que os den
10.8 y os reciban, *comed* lo que os pongan
11.37 le rogó un fariseo que *comiese* con él
11.38 que no se hubiese lavado antes de *comer*
12.19 diré a mi alma. . repósate, *come*, bebe
12.22 no os afanéis por. . vida, qué *comeréis*
12.29 por lo que habéis de *comer*, ni por lo
12.45 comenzare a golpear. . a *comer* y beber
13.26 delante de ti hemos *comido* y bebido, y
14.1 habiendo entrado para *comer* en casa de
14.15 el que *coma* pan en el reino de Dios
15.2 los pecadores recibe, y con ellos *come*
15.16 de las algarrobas que *comían* los cerdos
15.23 traed el. . y *comamos* y hagamos fiesta
17.8 sírveme hasta que haya *comido* y bebido
17.8 y después de esto, *come* y bebe tú?
17.27 *comían*, bebían, se casaban y se daban
17.28 *comían*, bebían, compraban, vendían
22.8 preparadnos la pascua. . que la *comamos*
22.11 aposento donde he de *comer* la pascua
22.15 deseado *comer* con vosotros esta pascua
22.16 no la *comeré* más, hasta que se cumpla
22.30 para que *comáis* y bebáis a mi mesa en
24.41 les dijo: ¿Tenéis aquí algo de *comer?*
24.43 y él tomó, y *comió* delante de ellos
Jn. 4.8 habían ido a la. . a comprar de *comer*
4.31 los discípulos le rogaban. . Rabí, *come*
4.32 les dijo: Yo tengo una comida que *comer*
4.33 ¿le habrá traído alguien de *comer?*
6.5 compraremos pan para que *coman* éstos?
6.13 que. . sobraron a los que habían *comido*
6.23 junto al lugar donde habían *comido* el
6.26 me buscáis. . porque *comisteis* el pan y
6.31 nuestros padres *comieron* el maná en el
6.31 escrito: Pan del cielo les dio a *comer*
6.49 vuestros padres *comieron* el maná en el
6.50 para que el que de él *come*, no muera
6.51 si alguno *comiere* de este pan, vivirá
6.52 ¿cómo puede. . darnos de *comer* su carne?
6.53 no *coméis* la carne del Hijo del Hombre
6.54,56 que *come* mi carne y bebe mi sangre
6.57 el que me *come*, él también vivirá por mí
6.58 como vuestros padres *comieron* el maná
6.58 que *come* de este pan, vivirá eternamente
13.18 el que *come* pan conmigo, levantó contra
18.28 para no. . y así poder *comer* la pascua
21.5 dijo: Hijitos, ¿tenéis algo de *comer?*
21.12 les dijo Jesús: Venid, *comed*. Y ninguno
21.15 cuando hubieron *comido*, Jesús dijo a
Hch. 2.46 *comían*. . con alegría y sencillez de
9.9 tres días sin ver, y no *comió* ni bebió
10.10 y tuvo gran hambre, y quiso *comer*
10.13 una voz: Levántate, Pedro, mata y *come*
10.14 ninguna cosa común. . he *comido* jamás
10.41 nosotros que *comimos* y bebimos con él
11.3 incircuncisos, y has *comido* con ellos?
11.7 me decía: Levántate, Pedro, mata y *come*
12.23 le hirió. . y expiró *comido* de gusanos
20.11 después de. . partido el pan y *comido*
23.12 que no *comerían* ni beberían hasta que
23.21 no *comer* ni beber hasta que le hayan
27.21 como hacía ya mucho que no *comíamos*
27.33 Pablo exhortaba a todos que *comiesen*
27.33 permanecéis en ayunas, sin *comer* nada
27.34 os ruego que *comáis* por vuestra salud
27.35 tomó el pan y dio. . comenzó a *comer*
27.36 teniendo ya mejor ánimo, *comieron*
Ro. 12.20 si tu. . tuviere hambre, dale de *comer*
14.2 uno cree que se ha de *comer* de todo
14.2 otro, que es débil, *come* legumbres
14.3 que *come*, no menosprecie al que no *c*
14.3 y el que no *come*, no juzgue al que *c*
14.6 el que *come*, para el Señor *c*, porque da
14.6 el que no *come*, para el Señor no *c*, y da
14.20 haga tropezar a otros con lo que *come*
14.21 bueno el no *comer* carne, ni beber vino
14.23 duda sobre lo que *come*, es condenado
1 Co. 5.11 o ladrón; con el tal ni aun *comáis*
8.7 porque. . *comen* como sacrificado a ídolos
8.8 ni porque *comamos*. . más, ni porque no *c*
8.10 estimulada a *comer* de lo sacrificado a
8.13 no *comeré* carne jamás, para no poner
9.4 ¿acaso no tenemos derecho de *comer* y
9.7 ¿quién planta viña y no *come*. . fruto?
9.13 los que trabajan en. . *comen* del templo
10.3 *comieron* el mismo alimento espiritual
10.7 se sentó el pueblo a *comer* y a beber
10.18 los que *comen* de los sacrificios, ¿no
10.25 que se vende en la carnicería, *comed*
10.27 *comed*, sin preguntar nada por motivo
10.28 esto fue sacrificado a. . no lo *comáis*
10.31 si, pues, *coméis*. . hacedlo todo para la
11.20 esto no es *comer* la cena del Señor
11.21 porque al *comer*, cada uno se adelanta
11.22 no tenéis casas en que *comáis* y bebáis?
11.24 dijo: Tomad, *comed*; esto es mi cuerpo
11.26 todas las veces que *comiereis* este pan
11.27 que *comiere* este pan o bebiere esta copa
11.28 pruébese cada uno. . y *coma* así del pan
11.29 *come* y bebe. . juicio *c* y bebe para sí
11.33 cuando os reunís a *comer*, esperaos unos
11.34 tuviere hambre, *coma* en su casa, para
13.3 si repartiese. . para dar de *comer* a los
15.32 *comamos* y bebamos. . mañana moriremos
2 Co. 9.10 el que da. . pan al que *come*, proveerá
Gá. 2.12 pues antes que. . *comía* con los gentiles
5.15 si os mordéis y os *coméis* unos a otros
2 Ts. 3.8 ni *comimos* de balde el pan de nadie
3.10 alguno no quiere trabajar, tampoco *coma*
3.12 que trabajando. . *coman* su propio pan
He. 13.10 del cual no tienen derecho de *comer*
Stg. 5.2 y vuestras ropas. . *comidas* de polilla
2 P. 2.13 aun mientras *comen* con vosotros, se
Jud. 12 *comiendo*. . con vosotros se apacientan a
Ap. 2.7 que venciere, le daré a *comer* del árbol
2.14 enseñaba. . a *comer* de cosas sacrificadas
2.17 daré a *comer* del maná escondido, y le
2.20 enseñe. . a *comer* cosas sacrificadas a los
10.9 toma, y *cómelo;* y te amargará el vientre
10.10 tomé el librito de la mano. . y lo *comí*
10.10 pero cuando lo hube *comido*, amargó mi
19.18 para que *comáis* carnes de reyes y de

COMERCIANTE
Neh. 3.31 restauró. . hasta la casa de. . de los *c*
3.32 entre. . restauraron los plateros y los *c*
Ez. 17.4 arrancó. . y lo puso en una ciudad de *c*

COMERCIAR
Is. 23.17 Tiro; y volverá a *comerciar*, y otra vez
Ez. 27.12 *comerciaba* contigo por la abundancia
27.12 con plata. . *comerciaban* en tus ferias
27.13 y Mesec *comerciaba* también contigo
27.13 con hombres y con. . *comerciaban* en tus
27.14 con caballos y corceles. . *comerciaban*
27.17 Judá y la. . de Israel *comerciaban* contigo
27.18 Damasco *comerciaba* contigo por tus
27.20 Dedán *comerciaba*. . en paños preciosos

COMERCIO
Ez. 27.33 la multitud de tus riquezas y de tu *c*
27.34 tu *c* y toda tu compañía caerá en medio

COMESTIBLE
Dt. 23.19 ni interés de *c*, ni de cosa alguna
Neh. 10.31 a vender. . *c* en día de reposo, nada

COMETER
Éx. 20.14 no *cometerás* adulterio
28.38 llevará Aarón las faltas *cometidas* en
32.30 habéis *cometido* un gran pecado, pero
32.31 este pueblo ha *cometido* un gran pecado
Lv. 4.3 a Jehová, por su pecado que. . *cometido*
4.14 a ser conocido el pecado que *cometieren*
4.23,28 que conociere su pecado que *cometió*
4.28 una cabra sin. . por su pecado que *cometió*
4.35 expiación. . pecado que habrá *cometido*
5.6,7 traerá. . por su pecado que *cometió*
5.10 por el pecado de aquel que lo *cometió*
5.13 pecado que *cometió* en alguna de. . cosas
5.15 cuando alguna persona *cometiere* falta
5.18 por el yerro que *cometió* por ignorancia
19.22 reconciliará. . por su pecado que *cometió*
19.22 le perdonará su pecado que ha *cometido*
20.10 *cometiere* adulterio con la mujer de su
20.12 *cometieron* grave perversión. . su sangre
20.14 y a la madre de ella, *comete* vileza
20.21 tomare la mujer de. . *comete* inmundicia
Nm. 5.6 *cometiere* alguno de todos los pecados
5.7 persona confesará el pecado que *cometió*
5.29 *cometiere* infidelidad contra su marido
Dt. 5.18 no *cometerás* adulterio
9.18 pecado que habíais *cometido* haciendo el
19.15 relación. . cualquier ofensa *cometida*
21.22 alguno hubiere *cometido* algún crimen
Jos. 7.1 de Israel *cometieron* una prevaricación
7.15 quemado. . ha *cometido* maldad en Israel
22.20 ¿no *cometió* Acán. . prevaricación en el
Jue. 19.23 os ruego que no *cometáis* este mal
20.10 abominación que ha *cometido* en Israel
1 S. 19.4 ninguna cosa ha *cometido* contra ti
1 R. 2.44 que *cometiste* contra mi padre David
8.47 hecho lo malo, hemos *cometido* impiedad
14.22 hecho en sus pecados que *cometieron*
15.3 los pecados que su padre había *cometido*
15.30 pecados que Jeroboam había *cometido*
16.19 por los pecados que había *cometido*
16.19 y en su pecado que *cometió*, haciendo
2 R. 17.21 apartó. . les hizo *cometer* gran pecado
21.17 de Manasés. . y el pecado que *cometió*
Esd. 9.2 ha sido la primera en *cometer*. . pecado
9.14 y a emparentar con pueblos que *cometen*
Neh. 1.6 los pecados. . que hemos *cometido* contra
9.18 y *cometieron* grandes abominaciones
13.27 para *cometer* todo este mal tan grande
Sal. 59.2 líbrame de los que *cometen* iniquidad
Pr. 6.32 el que *comete* adulterio es falto de
Is. 32.6 iniquidad, para *cometer* impiedad y
Jer. 16.10 pecado. . que hemos *cometido* contra
23.14 los profetas de. . *cometían* adulterios
29.23 hicieron maldad. . *cometieron* adulterio
44.3 la maldad que. . *cometieron* para enojarme
Lm. 1.8 pecado *cometió* Jerusalén, por lo cual
Ez. 15.8 por cuanto *cometieron* prevaricación
16.51 Samaria no *cometió* ni la mitad de tus
18.7 que no *cometiere* robo, y que diere de
18.12 al pobre. . oprimiere, *cometiere* robos
18.16 la prenda no retuviere, ni *cometiere*
18.22 todas las transgresiones que *cometió*
18.24 *cometiere* maldad, e hiciere conforme a
18.24 el pecado que *cometió*, por ello morirá
18.28 sus transgresiones que había *cometido*
20.27 cuando *cometieron* rebelión contra mí
20.43 a causa de. . pecados que *cometisteis*
22.13 a causa de tu avaricia que *cometiste*
22.29 el pueblo de la tierra. . *cometía* robo
23.5 Ahola *cometió* fornicación aun estando
23.43 ¿todavía *cometerán* fornicaciónes con
33.16 sus pecados que había *cometido;* hizo
Dn. 9.5 hemos *cometido* iniquidad, hemos hecho
Os. 6.9 como ladrones. . *cometieron* abominación
Am. 3.9 las violencias *cometidas* en su medio
Mal. 2.11 en Israel. . se ha *cometido* abominación
Mt. 5.27 que fue dicho: No *cometerás* adulterio
5.32 el que se casa con la. . *comete* adulterio
Mr. 10.11,12 y se casa con. . *comete* adulterio
15.7 que habían *cometido* homicidio en una
Ro. 1.27 otros, *cometiendo* hechos vergonzosos
2.22 tú que abominas. . ¿*cometes* sacrilegio?
1 Co. 5.2 quitado. . el que *cometió* tal acción?
6.8 pero vosotros *cometéis* el agravio, y
6.18 pecado que el hombre *cometa*, está fuera
2 Co. 7.12 no fue por causa del que *cometió*
12.21 pecado. . y lascivia que han *cometido*
Ef. 4.19 para *cometer*. . toda clase de impureza
Stg. 2.9 *cometéis* pecado, y quedáis convictos
2.11 el que dijo: No *cometerás* adulterio
2.11 si no *cometes* adulterio, pero matas
5.15 si hubiere *cometido* pecados, le serán
1 Jn. 3.4 todo aquel que *comete* pecado, infringe
5.16 *cometer* pecado que no sea de muerte
5.16 esto es para los que *cometen* pecado que
Ap. 2.14 que enseñaba a. . a *cometer* fornicación

COMEZÓN
Dt. 28.27 y con *c* de que no puedas ser curado
2 Ti. 4.3 teniendo *c* de oír, se amontonarán

COMIDA *Véase también Comer*
Gn. 42.25 saco, y les diesen *c* para el camino
45.23 pan y *c*, para su padre en el camino
Éx. 12.39 tenido tiempo ni para prepararse *c*
16.22 sexto día recogieron doble porción de *c*
Dt. 2.28 la *c* me venderás por dinero, y comeré
8.3 te sustentó con maná, *c* que no conocías
8.16 maná. . *c* que. . padres no habían conocido
28.26 y tus cadáveres servirán de *c* a toda
Jos. 1.11 preparaos *c*, porque dentro de 3 días
Jue. 14.14 dijo: Del devorador salió *c*, y del
17.10 yo te daré diez siclos. . vestidos y *c*
2 S. 13.10 trae la *c* a la alcoba, para que yo
1 R. 10.5 la *c* de su mesa, las habitaciones de
19.8 fortalecido con aquella *c* caminó 40 días
2 R. 6.23 entonces se les preparó una gran *c*
25.30 le fue dada su *c* de parte del rey, de
Esd. 3.7 dieron. . *c*, bebida y aceite a. . tirios
Job 20.14 su *c* se mudará en sus entrañas; hiel
20.23 la hará llover sobre él y sobre su *c*
23.12 las palabras de su boca más que mi *c*
33.20 vida aborrezca el pan, y su alma la *c*

COMIDA *(Continúa)*
Job 38.41 Dios, y andan errantes por falta de *c*?
Sal. 69.21 me pusieron además hiel por *c*, y en
74.14 lo diste por *c* a los moradores del
78.18 tentaron a Dios. .pidiendo *c* a su gusto
78.25 pan de nobles. .envió *c* hasta saciarles
78.30 su anhelo, aún estaba la *c* en su boca
79.2 dieron los cuerpos. .por *c* a las aves de
104.21 la presa, y para buscar de Dios su *c*
104.27 esperan en ti, para que les des su *c*
145.15 en ti, y tú les das su *c* a su tiempo
Pr. 6.8 prepara en el verano su *c*, y recoge en
15.17 mejor es la *c* de legumbres donde hay
30.25 hormigas. .en el verano preparan su *c*
31.15 se levanta aun de. .y da *c* a su familia
Is. 62.8 jamás daré tu trigo por *c*. .enemigos
Jer. 7.33 los cuerpos. .*c* de las aves del cielo
16.4; 19.7 sus cuerpos. .*c* a las aves del cielo
34.20 sus cuerpos muertos serán *c* de las aves
Lm. 1.11 dieron por la *c*. .sus cosas preciosas
1.19 buscando *c* para sí con que entretener su
4.10 sus propios hijos les sirvieron de *c* en
Ez. 4.10 *c* que comerás será de peso de veinte
29.5 a las aves del cielo te he dado por *c*
34.10 mis ovejas. .y no les serán más por *c*
39.4 a aves de rapiña de. .te he dado por *c*
Dn. 1.5 señaló el rey. .de la provisión de la *c*
1.8 no contaminarse con. .la *c* del rey, ni con
1.10 que señaló vuestra *c* y vuestra bebida
1.13 los muchachos que comen. .de la *c* del rey
1.15 que el de los. .que comían. .*c* del rey
1.16 se llevaba la porción de la *c* de ellos
Os. 11.4 el yugo. .y puse delante de ellos la *c*
Hab. 1.16 con ellas engordó. .y engrasó su *c*
Hag. 2.12 ella tocare pan. .o cualquier otra *c*
Mt. 3.4 su *c* era langostas y miel silvestre
22.4 he aquí, he preparado mi *c*; mis toros
Lc. 12.23 la vida es más que la *c*, y el cuerpo
14.12 cuando hagas *c* o cena, no llames a tus
Jn. 4.32 tengo una *c* que comer, que vosotros no
4.34 mi *c* es que haga la voluntad del que me
6.27 la *c* que perece, sino. .la *c* que a vida
6.55 mi carne es verdadera *c*, y mi sangre es
Ro. 14.15 si por causa de la *c* tu hermano es
14.15 no hagas que por la *c* tuya se pierda
14.17 el reino de Dios no es *c* ni bebida, sino
14.20 no destruyas la obra. .por causa de la *c*
1 Co. 8.13 si la *c* le es a mi. .ocasión de caer
Col. 2.16 nadie os juzgue en *c* o en bebida, o
He. 9.10 ya que consiste sólo de *c* y bebidas
12.16 como Esaú, que por una sola *c* vendió

COMIENZO
Gn. 10.10 el *c* de su reino Babel, Erec, Acad
Rt. 1.22 a Belén al *c* de la siega de la cebada
Ez. 21.19 pon una señal al *c* de cada camino, que
21.22 la orden de ataque. .dar *c* a la matanza
42.12 había una puerta al *c* del corredor

COMILÓN
Pr. 23.21 el bebedor y el *c* empobrecerán, y el
Is. 56.11 esos perros *c* son insaciables; y los
Mt. 11.19; Lc. 7.34 un hombre *c*, y bebedor de

COMINO
Is. 28.25 eneldo, siembra el *c*, pone el trigo
28.27 ni sobre el *c* se pasa rueda de carreta
28.27 sacude el eneldo, y el *c* con una vara
Mt. 23.23 diezmáis la menta y el eneldo y el *c*

COMISARIO
Éx. 1.11 pusieron sobre ellos *c* de tributos que

COMISIÓN
Hch. 26.12 en *c* de los principales sacerdotes
1 Co. 9.17 pero si. .la *c* me ha sido encomendada

CÓMODO
Jer. 40.4 a donde mejor y más *c* te parezca ir
40.5 con él. .o vé a donde te parezca más *c*

COMPADECER
Dt. 13.8 oído, ni tu ojo le *compadecerá*, ni le
19.13 no le *compadecerás;* y quitarás de Israel
19.21 no le *compadecerás;* vida por vida, ojo
2 R. 13.23 Jehová. .se *compadeció* de ellos y
Sal. 69.20 esperé quien se *compadeciese* de mí
103.13 el padre se *compadece* de los hijos
103.13 *compadece* Jehová de los que le temen
135.14 Jehová. .*compadecerá* de sus siervos
Pr. 28.8 aquel que se *compadece* de los pobres
Is. 27.11 ni se *compadecerá*. .el que los formó
49.15 *compadecerse* del hijo de su vientre?
Jer. 48.17 *compadeceos* de él todos. .alrededor
Lm. 3.32 *compadece* según la multitud de sus
Ez. 16.5 no hubo ojo que se *compadeciese* de ti
Os. 1.6 no me *compadeceré* más de la casa de
Nah. 3.7 dirán. .¿quién se *compadecerá* de ella?
Mt. 20.34 *compadecido*, les tocó los ojos, y
Lc. 7.13 Señor la vio, se *compadeció* de ella
Ro. 9.15 me *compadeceré* del que. .*compadezca*
He. 4.15 sacerdote que no pueda *compadecerse*
10.34 porque de los presos. .*compadecisteis*

COMPAÑERA
Gn. 3.12 la mujer que me diste por *c* me dio
Jue. 11.37 y llore mi virginidad, yo y mis *c*
11.38 fue con sus *c*, y lloró su virginidad
Sal. 45.14 vírgenes. .*c* suyas serán traídas a
Is. 34.15 juntarán. .buitres, cada uno con su *c*
34.16 inquirid en el. .ninguno faltó con su *c*
Zac. 11.9 que cada uno coma la carne de su *c*
Mal. 2.14 siendo ella tu *c*, y la mujer de tu

COMPAÑERISMO
2 Co. 6.14 porque ¿qué *c* tiene la justicia con
Gá. 2.9 dieron a mí. .la diestra en señal de *c*

COMPAÑERO
Gn. 11.7 ninguno entienda el habla de su *c*
Éx. 33.11 cara, como habla cualquiera a su *c*
Jue. 7.13 un hombre estaba contando a su *c* un
7.14 su *c* respondió y dijo: Esto no es otra
7.22 Jehová puso la espada de. .contra su *c*
14.11 treinta *c* para que estuviesen con él
14.20 y la mujer de Sansón fue dada a su *c*
15.2 la di a tu *c*. Mas su hermana menor, ¿no
15.6 porque le quitó su mujer y la dio a su *c*
Rt. 4.7 se quitaba el zapato y lo daba a su *c*
1 S. 14.20 la espada de cada uno. .contra su *c*
28.17 el reino de. .lo ha dado a tu *c*, David
1 R. 20.35 un varón. .dijo a su *c* por palabra
2 R. 3.23 y cada uno ha dado muerte a su *c*
2 Cr. 20.23 cual ayudó a la destrucción de su *c*
Esd. 4.7 escribieron Bislam. .los demás *c* suyos
4.9 escribieron Rehum. .y los demás *c* suyos
4.17 y a los demás *c* suyos que. .Salud y paz
4.23 fue leída delante de Rehum, y. .y sus *c*
5.3 Tatnai. .Setar-Boznai y sus *c*. .dijeron
5.6 sus *c* los gobernadores. .enviaron al rey
6.6 y vuestros *c* los gobernadores que estáis
6.13 y sus *c*, hicieron. .según el rey Darío
Job 6.14 el atribulado es consolado por su *c*
30.29 venido a ser hermano. .*c* de avestruces
35.4 responderé razones, y a tus *c* contigo
41.6 ¿harán de él banquete los *c*. .repartirán
42.7 mi ira se encendió contra ti y tus dos *c*
Sal. 35.14 como por mi *c*, como por mi. .andaba
38.11 mis *c* se mantienen lejos de mi plaga
45.7 ungió. .óleo de alegría más que a tus *c*
88.18 has alejado de mí al amigo y al *c*
119.63 *c* soy yo de todos los que te temen
122.8 por amor de mis hermanos y. .*c* diré yo
Pr. 2.17 la cual abandona al *c* de su juventud
25.9 trata tu causa con tu *c*, y no descubras
28.7 el que es *c* de glotones avergüenza a su
28.24 que roba. .*c* es del hombre destruidor
Ec. 4.10 si cayeren, el uno levantará a su *c*
Cnt. 1.7 errante junto a los rebaños de tus *c*
8.13 los *c* escuchan tu voz; házmela oir
Is. 1.23 tus príncipes. .*c* de ladrones; todos
13.8 se asombrará cada cual al mirar a su *c*
34.14 y la cabra salvaje gritará a su *c*
Jer. 3.20 como la esposa infiel abandona a su *c*
6.21 tropiezos. .el vecino y su *c* perecerán
9.4 guárdese cada uno de su *c*, y. .hermano
9.4 con falacia, y todo *c* anda calumniando
22.8 gentes pasarán. .dirán cada uno a su *c*
23.27 sus sueños que cada uno cuenta a su *c*
23.35 diréis cada cual a su *c*, y cada cual a
34.17 promulgar cada uno libertad. .a su *c*
36.16 se volvió espantado a su *c*, y dijeron
46.16 cada uno cayó sobre su *c*; y dijeron
Ez. 37.16 para Judá, y. .hijos de Israel sus *c*
37.16 y para toda la casa de Israel sus *c*
37.19 y a las tribus de Israel sus *c*, y los
Dn. 2.13 buscaron a Daniel y. .*c* para matarlos
2.17 Daniel. .hizo saber lo que había. .sus *c*
2.18 fin de que Daniel y sus *c* no pereciesen
7.20 cuerno. .parecía más grande que sus *c*
Os. 3.1 ama a una mujer amada de su *c*, aunque
Jl. 2.8 ninguno estrechará a su *c*, cada uno irá
Jon. 1.7 dijeron. .uno a su *c*: Venid y echemos
Zac. 3.10 cada uno de vosotros convidará a su *c*
8.10 dejé a. .hombres cada cual contra su *c*
11.6 entregaré. .cada cual en mano de su *c* y
13.7 levántate, oh. .contra el hombre *c* mío
14.13 trabará cada uno de la mano de su *c*
14.13 levantará su mano contra la. .de su *c*
Mal. 3.16 hablaron cada uno a su *c*; y Jehová
Mt. 11.16 que se sientan. .y dan veces a sus *c*
Mr. 15.7 Barrabás, preso con sus *c* de motín
Lc. 5.7 hicieron señas a los *c* que estaban en
5.10 Jacobo y Juan, hijos. .eran *c* de Simón
Hch. 13.13 Pablo y sus *c* arribaron a Perge de
19.29 y a Aristarco, macedonios, *c* de Pablo
Ro. 16.7 saludad. .Junias. .mis *c* de prisiones
2 Co. 1.7 así como sois *c* en las aflicciones
8.19 como *c* de nuestra peregrinación para
8.23 en cuanto a Tito, es mi *c* y colaborador
Fil. 2.25 a Epafrodito, mi. .colaborador y *c* de
4.3 ruego también a ti, *c* fiel, que ayudes a
Col. 4.10 Aristarco, mi *c* de prisiones, os
Flm. 2 y a Arquipo nuestro *c* de milicia, y a
17 si me tienes por *c*, recíbele como a mí
23 te saludan Epafras, mi *c* de prisiones
He. 1.9 con óleo de alegría más que a tus *c*
10.33 llegasteis a ser *c* de los que estaban

COMPAÑÍA
Gn. 37.25 y he aquí una *c* de ismaelitas que
49.6 alma, ni mi espíritu se junte en su *c*
Nm. 4.3,23,30,35,39,43 los que entran en *c*
27.3 y él no estuvo en la *c* de los que se
Jue. 9.34 emboscada contra Siquem con cuatro *c*
9.43 tomado gente, la repartió en tres *c*
9.44 Abimelec y la *c*. .con él acometieron
9.44 y las otras dos *c* acometieron a todos
1 S. 10.5 encontrarás una *c* de profetas que
10.10 he aquí la *c* de los profetas que venía
11.11 dispuso Saúl al pueblo en tres *c*, y
19.20 mensajeros. .vieron una *c* de profetas
29.2 los filisteos pasaban revista a sus *c* de
1 R. 10.28 la *c*. .mercaderes del rey compraba
11.24 había hecho capitán de una *c*, cuando
2 R. 5.15 volvió al varón de Dios. .toda su *c*
15.25 lo hirió. .en *c* de Argob y de Arie, y
1 Cr. 27.3 jefe de todos los capitanes de las *c*
2 Cr. 20.36 hizo con él *c* para construir naves
20.37 por cuanto has hecho *c* con Ocozías
23.8 porque. .Joiada no dio licencia a las *c*
Job 16.7 has fatigado; has asolado toda mi *c*
34.8 y va en *c* con los que hacen iniquidad
Sal. 106.17 se abrió la tierra. .y cubrió la *c*
111.1 alabaré. .en la *c* y congregación de los
119.61 *c* de impíos me han rodeado, mas no
Pr. 21.16 vendrá a parar en la *c* de. .muertos
Jer. 5.7 en casa de rameras se juntaron en *c*
15.17 no me senté en *c* de burladores, ni me
31.8 yo los hago volver. .en gran *c* volverán
Lm. 1.15 llamó contra mí *c* para quebrantar a
4.6 Sodoma. .sin que acamparan contra ella *c*
Ez. 17.17 ni con mucha *c* hará Faraón nada por
23.42 oyó en ella voz de *c* que se solazaba
27.27 toda tu *c* que en medio de ti se halla
27.34 tu comercio. .*c* caerán en medio de ti
Os. 6.9 una *c* de sacerdotes mata en el camino
Mt. 27.27 reunieron alrededor de él a toda la *c*
Mr. 15.16 los soldados. .convocaron a toda la *c*
Lc. 2.44 y pensando que estaba entre la *c*
5.29 había mucha *c* de publicanos y de otros
6.17 y se detuvo. .en *c* de sus discípulos y
Jn. 18.3 Judas. .tomando una *c* de soldados, y
18.12 la *c* de soldados. .prendieron a Jesús
Hch. 10.1 Cornelio, centurión de la *c* llamada
21.31 se le avisó al tribuno de la *c*, que
27.1 a un centurión llamado Julio, de la *c*
He. 12.22 la *c* de muchos millares de ángeles

COMPARABLE
Ro. 8.18 aflicciones. .no son *c* con la gloria

COMPARACIÓN
Is. 40.17 en su *c* serán estimadas en menos que
Jer. 3.11 la rebelde Israel en *c* con la desleal
Ez. 29.15 *c* con los otros reinos será humilde

COMPARAR
Jue. 8.2 ¿qué he hecho yo ahora *comparado* con
8.3 qué he podido. .*comparado* con vosotros?
Pr. 3.15 desear, no se puede *comparar* a ella
8.11 desear, no es de *compararse* con ella
Cnt. 1.9 a yegua. .te he *comparado*, amiga mía
Is. 40.25 ¿a qué, pues. .me *compararéis?* dice
46.5 ¿a quién me. .igualáis, y me *comparáis*
Lm. 2.13 ¿a quién te *compararé* para consolarte
Ez. 31.2 ¿a quién te *comparaste* en tu grandeza?
31.18 ¿a quién te has *comparado*. .en gloria
Dn. 1.13 *compara* luego nuestros rostros con los
Mt. 7.24 *compararé* a un hombre prudente, que
7.26 le *compararé* a un hombre insensato, que
11.16 ¿a qué *compararé* esta generación? Es
Mr. 4.30 o con qué parábola lo *compararemos?*
Lc. 7.31 ¿a qué, pues, *compararé* los hombres
13.18 el reino de. .y con qué lo *compararé?*
13.20 ¿a qué *compararé* el reino de Dios?
2 Co. 10.12 ni a *compararnos* con algunos que
10.12 y *comparándose* consigo mismos, no son

COMPARECER
Jos. 20.6 que *comparezca* en juicio delante de
20.9 *compareciese* delante de la congregación
Est. 1.12 la reina Vasti no quiso *comparecer* a
Is. 47.13 *comparezcan* ahora y te defiendan los
48.13 cielos. .al llamarlos yo, *comparecieron*
Hch. 24.1 y *comparecieron* ante el gobernador
24.19 debieran *comparecer* ante ti y acusarme
24.20 cosa mal hecha, cuando *comparecí* ante
27.24 necesario que *comparezcas* ante César
Ro. 14.10 *compareceremos* ante el tribunal de
2 Co. 5.10 *comparezcamos* ante el tribunal de

COMPARTIR
Jos. 22.8 *compartid*. .el botín de. .enemigos
Pr. 17.2 los hermanos *compartirá* la herencia
Ez. 32.30 y *comparten* su confusión con los que
Ro. 12.13 *compartiendo* para las necesidades de
Ef. 4.28 para que tenga qué *compartir* con el

COMPÁS
Is. 44.13 le da figura con el *c*, lo hace en

COMPASIÓN
Éx. 2.6 teniendo *c* de él, dijo: De los niños de
Dt. 13.17 y tenga *c* de ti, y te multiplique
Jue. 21.15 pueblo tuvo *c* de Benjamín, porque
1 S. 23.21 Saúl dijo. .habéis tenido *c* de mí
2 S. 12.22 ¿quién sabe si Dios tendrá *c* de mí
Job 19.21 amigos, tened *c* de mí, tened *c* de
Sal. 102.14 aman. .del polvo de ella tienen *c*
109.12 ni. .quien tenga *c* de sus huérfanos
Is. 47.6 no les tuviste *c;* sobre el anciano
54.8 con misericordia eterna tendré *c* de ti
Jer. 15.5 ¿quién tendrá *c* de ti, oh Jerusalén?
21.7 ni tendrá *c* de ellos, ni. .misericordia
50.42 serán crueles, y no tendrán *c;* su voz
Os. 11.8 mi corazón se. .se inflama toda mi *c*
13.14 Seol; la *c* será escondida de mi vista
Jon. 1.6 Dios; quizá él tendrá *c* de nosotros
Mt. 9.36 al ver las multitudes, tuvo *c* de ellas
14.14 tuvo *c* de ellos, y sanó a los. .enfermos
15.32 tengo *c* de la gente, porque ya hace 3
16.22 Señor, ten *c* de ti; en ninguna manera
Mr. 6.34 salió Jesús y vio. .y tuvo *c* de ellos
8.2 tengo *c* de la gente, porque ya hace tres

COMPASIVO
Stg. 5.11 el Señor es muy misericordioso y *c*
1 P. 3.8 todos de un mismo sentir, *c*, amándoos

COMPENSAR
Nm. 5.7 y *compensará* enteramente el daño, y

COMPETENCIA
2 Co. 3.5 sino que nuestra *c* proviene de Dios

COMPETENTE
2 Co. 3.5 no que seamos *c* por nosotros mismos
3.6 nos hizo ministros *c* de un nuevo pacto

COMPLACENCIA
Sal. 16.3 y para los íntegros, es toda mi *c*
Mal. 1.10 no tengo *c* en vosotros, dice Jehová
Mt. 3.17; 17.5 mi Hijo amado, en quien tengo *c*
Mr. 1.11; Lc. 3.22 mi Hijo amado; en ti tengo *c*
2 P. 1.17 es mi Hijo amado, en el cual tengo *c*

COMPLACER
Gn. 34.15 con esta condición os *complaceremos*
Lv. 19.15 al pobre ni *complaciendo* al grande
1 S. 15.22 dijo: ¿Se *complace* Jehová tanto en
2 S. 15.26 y si dijere: No me *complazco* en ti
24.3 ¿por qué se *complace* en esto mi señor
Sal. 5.4 no eres un Dios que se *complace* en
22.8 sálvele, puesto que en él se *complacía*
44.3 libró. .porque te *complaciste* en ellos
49.13 sus descendientes se *complacen* en el
68.30 esparce a los. .*complacen* en la guerra
147.10 ni se *complace* en la agilidad del
147.11 *complace* Jehová en los que le temen
Ec. 5.4 él no se *complace* en los insensatos
Is. 42.21 Jehová se *complació* por amor de su
Am. 5.21 y no me *complaceré* en. .asambleas
Mal. 2.17 hace mal. .en los tales se *complace*
Ro. 1.32 *complacen* con los que las practican
2 Ts. 2.12 que se *complacieron* en la injusticia

COMPLETAR
Éx. 23.26 yo *completaré* el número de tus días
Ez. 27.4 los que te edificaron *completaron* tu
27.11 muros. .ellos *completaron* tu hermosura
Mi. 7.3 para *completar* la maldad con sus manos
Hch. 21.7 *completamos* la navegación, saliendo
Fil. 2.2 *completad* mi gozo, sintiendo lo mismo
1 Ts. 3.10 *completemos* lo. .falte a vuestra fe?
Ap. 6.11 hasta que se *completara* el número de

COMPLETO, TA
Éx. 22.3 el ladrón hará *c* restitución; si no
2 S. 17.10 el hombre valiente. .desmayará por *c*
2 Cr. 18.10 los sirios hasta destruirlos por *c*
Job 13.5 ojalá callarais por *c*, porque esto os
Is. 26.3 tú guardarás en *c* paz a aquel cuyo
Hch. 3.16 la fe. .ha dado a éste esta *c* sanidad
Col. 2.10 y vosotros estáis *c* en él, que es la
4.12 que estéis. .*c* en todo lo que Dios quiere
1 Ts. 5.23 el. .Dios de paz os santifique por *c*
Stg. 1.4 tenga la paciencia su obra *c*, para
1 P. 1.13 esperad por *c* en la gracia que se os

CÓMPLICE
Pr. 29.24 el *c* del ladrón aborrece su propia
Mt. 23.30 sus *c* en la sangre de los profetas

COMPLOT
Est. 6.2 había denunciado el *c* de Bigtán y de
Hch. 23.12 algunos de los judíos tramaron un *c*

COMPONER
Gn. 22.9 *compuso* la leña, y ató a Isaac su
Éx. 30.33 cualquiera que *compusiere* ungüento
Lv. 1.7 y *compondrán* la leña sobre el fuego
1 S. 13.21 por afilar. .*componer* las aguijadas
1 R. 4.32 *compuso* tres mil proverbios, y sus
2 Cr. 24.12 artífices. .para *componer* la casa
Sal. 50.19 boca. .y tu lengua *componía* engaño
Ec. 12.9 enseñó. .y *compuso* muchos proverbios
Is. 40.18 Dios, o qué imagen le *compondréis?*
45.18 formó la tierra. .la hizo y la *compuso*
Ez. 17.2 y *compón* una parábola a la casa de

COMPORTARSE
1 S. 21.13 y cambió su manera de *comportarse*
Sal. 131.2 en verdad que me he *comportado* y he
Hch. 20.18 sabéis cómo me he *comportado* entre
1 Ts. 2.10 cuán. .nos *comportamos* con vosotros
Fil. 1.27 que os *comportéis* como es digno del

COMPOSICIÓN
Éx. 30.32 ni haréis. .conforme a su *c;* santo
30.37 no os haréis otro según su *c;* te será

COMPOSTURA
Is. 3.24 rapada en lugar de la *c* del cabello

COMPRA
Gn. 49.32 la *c* del campo, y de la cueva. .en él

COMPRADO *Véase Comprar*

COMPRADOR
Zac. 11.5 las cuales matan sus *c*, y no se tienen

COMPRAR
Gn. 17.12 y el *comprado* por dinero a cualquier
17.13 el nacido. .y el *comprado* por tu dinero
17.23 y a todos los *comprados* por su dinero
17.27 el *comprado* por dinero del extranjero
25.10 heredad que *compró*. .de los hijos de
33.19 y *compró* una parte del campo, donde
39.1 Potifar. .lo *compró* de los ismaelitas
41.57 venían a Egipto para *comprar* de José
42.2 descended allá, y *comprad* de allí para
42.3 descendieron los diez. .a *comprar* trigo
42.5 vinieron los hijos de Israel a *comprar*
42.7 ¿de. .de Canaán, para *comprar* alimentos
42.10 siervos han venido a *comprar* alimentos
43.2 *comprad* para nosotros un. .de alimento
43.4 descenderemos y. .*compraremos* alimento
43.20 descendimos al. .a *comprar* alimentos
43.22 otro dinero para *comprar* alimentos
44.25 volved a *comprarnos* un. .de alimento
47.14 por los alimentos que de él *compraban*
47.19 *cómpranos* a nosotros y. .tierra por pan
47.20 *compró* José toda la tierra de Egipto
47.22 la tierra de los sacerdotes no *compró*
47.23 dijo. .os he *comprado* hoy, a vosotros y
49.30 cueva. .*compró* Abraham con el. .campo
50.13 la cueva. .que había *comprado* Abraham
Éx. 12.44 todo siervo humano *comprado*. .comerá
21.2 si *comprares* siervo hebreo, seis años
Lv. 22.11 el sacerdote *comprare* algún esclavo
25.14 *compraréis* de mano de vuestro prójimo
25.15 conforme al. .*comprarás* de tu prójimo
25.28 en poder del que lo *compró* hasta el año
25.30 quedará. .poder de aquel que la *compró*
25.33 el que *comprare* de los levitas saldrá
25.44 de ellos podréis *comprar* esclavos y
25.45 podréis *comprar* de los hijos de los
25.50 hará la cuenta con el que lo *compró*
27.22 si dedicare. .la tierra que él *compró*
27.24 a aquel de quien él la *compró*, cuya es
Dt. 2.6 *compraréis*. .por dinero los alimentos
2.6 *compraréis* de ellos el agua, y beberéis
28.68 vendidos a. .y no habrá quien os *compre*
Jos. 24.32 campo que Jacob *compró*. .de Hamor
Rt. 4.4 que la *compres* en presencia de los que
4.5 día que *compres* las tierras de mano de
2 S. 12.3 corderita. .había *comprado* y criado
24.21 respondió: Para *comprar* de ti la era
24.24 no, sino por precio te lo *compraré*
24.24 David *compró* la era y los bueyes por
1 R. 10.28 la compañía de. .*compraba* caballos
16.24 *compró* a Semer el monte de Samaria por
2 R. 12.12 y en *comprar* la madera y piedra de
22.6 *comprar* madera y piedra de cantería
1 Cr. 21.24 la *compraré* por su justo precio
2 Cr. 1.16 *compraban* por contrato caballos y
1.17 *compraban* en Egipto un carro por 600
1.17 así *compraban*. .para todos los reyes de
34.11 para que *comprasen* piedra de cantería
Esd. 7.17 *comprarás*. .con este dinero becerros
Neh. 5.3 hemos empeñado. .para *comprar* grano
5.16 restauré. .parte, y no *compramos* heredad
Pr. 17.16 el precio. .para *comprar* sabiduría
20.14 el que *compra* dice: Malo es, malo es
23.23 *compra* la verdad, y no la vendas
31.16 considera la heredad, y la *compra*, y
Ec. 2.7 *compré* siervos y siervas. .y ovejas
Is. 24.2 como al que *compra*, al que vende
43.24 no *compraste* para mí caña aromática
55.1 que no tienen dinero, venid, *comprad*
55.1 venid, *comprad* sin dinero y sin precio
Jer. 13.1 *cómprate* un cinto de lino, y cíñelo
13.2 *compré* el cinto conforme a la palabra
13.4 toma el cinto que *compraste*. .y vete al
19.1 dijo Jehová: Vé y *compra* una vasija de
32.7 *cómprame*. .tienes derecho a. .*comprarla*
32.8 *compra*. .mi heredad. .*cómprala* para ti
32.9 *compré* la heredad de Hanameel, hijo de
32.15 se *comprarán* casas, heredades y viñas
32.25 *cómprate* la heredad por dinero, y por
32.44 heredades *comprarán* por dinero, y harán
Lm. 5.4 agua. .*compramos* nuestra leña por precio
Ez. 7.12 el que *compra*, no se alegre, y el que
Os. 3.2 la *compré*. .para mí por quince siclos
Am. 8.6 para *comprar* los pobres por dinero, y
Mt. 13.44 y vende todo. .y *compra* aquel campo
13.46 y vendió todo lo que tenía, y la *compró*
14.15 vayan. .las aldeas y *compren* de comer
21.12 echó fuera a todos los que. .*compraban*
25.9 id más bien a. .y *comprad* para vosotras
25.10 mientras ellas iban a *comprar*, vino el
27.7 *compraron*. .el campo del alfarero, para
Mr. 6.36 vayan. .y *compren* pan, pues no tienen
6.37 *compremos* pan por 200 denarios, y les
11.15 a echar fuera a los que. .*compraban* en
15.46 *compró* una sábana, y. .lo envolvió en
16.1 *compraron* especias. .para ir a ungirle
Lc. 9.13 vayamos nosotros a *comprar* alimentos
14.18 he *comprado* una hacienda, y necesito
14.19 he *comprado* cinco yuntas de bueyes, y
17.28 comían, bebían, *compraban*, vendían
19.45 todos los que vendían y *compraban* en el
22.36 no tiene espada venda su capa y *compre*
Jn. 4.8 discípulos. .ciudad a *comprar* de comer
6.5 de dónde *compraremos* pan para que coman
13.29 decía: *Compra* lo que necesitamos para
Hch. 7.16 que. .*compró* Abraham de los hijos de
1 Co. 6.20 habéis sido *comprados* por precio
7.23 por precio fuisteis *comprados;* no os
7.30 los que *compran*, como si no poseyesen
Ap. 3.18 yo te aconsejo que de mí *compres* oro
13.17 que ninguno pudiese *comprar* ni vender
18.11 ninguno *compra* más sus mercaderías

COMPRENDER
Dt. 11.2 *comprended* hoy, porque no hablo con
32.29 fueran sabios, que *comprendieran* esto
Job 26.14 su poder, quién lo puede *comprender?*
36.29 ¿quién podrá *comprender* la extensión
42.3 cosas. .maravillosas. .yo no *comprendía*
Sal. 51.6 me has hecho *comprender* sabiduría
73.17 hasta que. .*comprendí* el fin de ellos
139.6 mí; alto es, no lo puedo *comprender*
Pr. 24.22 de repente; y. .¿quién lo *comprende?*
Is. 6.9 ved por cierto, mas no *comprendáis*
33.19 de lengua tartamuda que no *comprendas*
Ez. 48.22 la parte del príncipe. .*comprendida*
Dn. 8.15 consideraba la visión. .*comprenderla*
10.1 pero él *comprendió* la palabra, y tuvo
12.10 los impíos. .los entendidos *comprenderán*
Zac. 9.2 Hamat. .*comprendida* en el territorio
Mt. 17.13 *comprendieron* que les había hablado
Mr. 8.17 dijo. .¿No entendéis ni *comprendéis?*
Lc. 1.22 *comprendieron* que había visto visión
18.34 pero ellos nada *comprendieron* de estas
20.19 *comprendieron* que contra ellos había
20.23 él, *comprendiendo* la astucia de ellos
24.45 para que *comprendiesen* las Escrituras
Jn. 13.7 lo que yo hago, tú no lo *comprendes*
Hch. 7.25 pensaba que sus hermanos *comprendían*
10.34 *comprendo* que Dios no hace acepción de
21.24 *comprenderán* que no hay nada de lo que
Ef. 3.18 capaces de *comprender* con todos los

COMPRENSIBLE
1 Co. 14.9 no diereis palabra bien *c*, ¿cómo se

COMPRENSIÓN
Neh. 10.28 todo el que tenía *c* y discernimiento

COMPRIMIR
Is. 28.28 ni lo *comprime* con la rueda. .carreta
Ez. 23.8 *comprimieron* sus pechos virginales
23.21 los egipcios *comprimieron* tus pechos

COMPROBAR
Ro. 12.2 *comprobéis* cuál sea la buena voluntad
2 Co. 8.22 cuya diligencia hemos *comprobado*
Ef. 5.10 *comprobando* lo. .es agradable al Señor

COMPROMETER
Pr. 22.26 seas de aquellos que se *comprometen*
Lc. 22.6 *comprometió*, y buscaba. .oportunidad

COMPUESTO
Jn. 19.39 trayendo un *c* de mirra y de áloes

COMPUNGIR
Hch. 2.37 *compungieron* de corazón, y dijeron

COMÚN

1 S. 21.4 no tengo pan *c* a la mano. .tengo pan
2 R. 25.11 de la gente *c*, los llevó cautivos
Ec. 6.1 hay un mal. .muy *c* entre los hombres
Ez. 23.42 con los varones de la gente *c* fueron
Sof. 3.9 para que le sirvan de *c* consentimiento
Hch. 2.44 estaban juntos, y tenían en *c* todas
4.32 sino que tenían todas las cosas en *c*
10.14 ninguna cosa *c* o inmunda he comido
10.15 lo que Dios limpió, no lo llames tú *c*
10.28 que a ningún hombre llame *c* o inmundo
11.8 ninguna cosa *c*. .entró jamás en mi boca
11.9 lo que Dios limpió, no lo llames tú *c*
18.12 los judíos se levantaron de *c* acuerdo
Ro. 1.12 confortados por la fe que nos es *c* a
Tit. 1.4 a Tito, verdadero hijo en la *c* fe. .paz
Jud. 3 escribiros acerca de nuestra *c* salvación

COMUNICAR

2 S. 15.35 lo que oyeres. .lo *comunicarás* a los
Sal. 55.14 juntos *comunicábamos*. .los secretos
Ro. 1.11 para *comunicaros* algún don espiritual
Gá. 2.6 a mí, pues. .nada nuevo me *comunicaron*

COMUNIÓN

Sal. 25.14 la *c* íntima de Jehová es con los que
Pr. 3.32 mas su *c* íntima es con los justos
Hch. 2.42 perseveraban. .en la *c* unos con otros
1 Co. 1.9 por el cual fuisteis llamados a la *c*
10.16 ¿no es la *c* de la sangre de Cristo?
10.16 pan. .¿no es la *c* del cuerpo de Cristo?
2 Co. 6.14 ¿y qué *c* la luz con las tinieblas?
13.14 la *c* del Espíritu Santo sean con todos
Fil. 1.5 por vuestra *c* en el evangelio, desde
2.1 alguna *c* del Espíritu, si algún afecto
1 Jn. 1.3 que también. .tengáis *c* con nosotros
1.3 nuestra *c* verdaderamente es con el Padre
1.6 decimos que tenemos *c* con él, y andamos
1.7 andamos en luz. .tenemos *c* unos con otros

CONANÍAS

1. Levita, funcionario del rey Ezequías, 2 Cr. 31.12,13

2. Levita en tiempo del rey Josías, 2 Cr. 35.9

CONCEBIR

Gn. 4.1 Eva, la cual *concibió* y dio a luz a Caín
4.17 su mujer. .*concibió* y dio a luz a Enoc
16.4 él se llegó a Agar, la cual *concibió*
16.4 cuando vio que había *concebido*, miraba
16.11 has *concebido*, y darás a luz un hijo
17.17 Sara, ya de 90 años, ha de *concebir?*
19.36 y las dos hijas de Lot *concibieron* de
21.2 Sara *concibió* y dio a Abraham un hijo
25.21 y lo aceptó Jehová, y *concibió* Rebeca
29.32 *concibió* Lea, y dio a luz un hijo, y
29.33,34,35 *concibió* otra vez, y dio a luz
30.5 *concibió* Bilha, y dio a luz un hijo a
30.7 *concibió* otra vez Bilha la sierva de
30.17 *concibió*, y dio a luz el quinto hijo a
30.19 después *concibió* Lea otra vez, y dio a
30.23 *concibió*, y dio a luz un hijo, y dijo
30.39 así *concebían* las ovejas delante de las
30.41 para que *concibiesen* a la vista de las
38.3 ella *concibió*, y dio a luz un hijo, y
38.4 *concibió* otra vez, y dio a luz un hijo
38.5 volvió a *concebir*, y dio a luz un hijo
38.18 se llegó a ella, y ella *concibió* de él
Éx. 2.2 la que *concibió*, y dio a luz un hijo
Lv. 12.2 mujer cuando *conciba* y dé a luz varón
Nm. 11.12 *¿concebí* yo a todo este pueblo?
Jue. 13.3,5,7 *concebirás* y darás a luz un hijo
Rt. 4.13 Jehová le dio que *concibiese*. .un hijo
1 S. 1.20 después de haber *concebido* Ana, dio
2.21 Ana. .*concibió*, y dio a luz tres hijos
2 S. 11.5 *concibió* la mujer, y envió. .a David
2 R. 4.17 mujer *concibió*, y dio a luz un hijo
1 Cr. 7.23 ella *concibió* y dio a luz un hijo
Job 3.3 en que se dijo: Varón es *concebido*
15.35 *concibieron* dolor, dieron. .iniquidad
24.21 a la mujer. .que no *concebía*, afligió
Sal. 7.14 he aquí, el impío *concibió* maldad, se
51.5 he aquí. .en pecado me *concibió* mi madre
Pr. 13.10 la soberbia *concebirá* contienda; mas
Is. 7.14 la virgen *concebirá*, y dará a luz un
8.3 la cual *concibió*, y dio a luz un hijo
26.18 *concebimos*, tuvimos dolores de parto
33.11 *concebisteis* hojarascas, rastrojo. .luz
59.4 *conciben* maldades, y dan a luz iniquidad
59.13 hablar. .*concebir* y proferir. .mentira
66.8 *¿concebirá* la tierra en un día? ¿Nacerá
Ez. 38.10 corazón, y *concebirás*. .pensamiento
Os. 1.3 la cual *concibió* y le dio a luz un hijo
1.6 *concibió* ella otra vez, y dio a luz una
1.8 después de. .*concibió* y dio a luz un hijo
Mt. 1.18 que había *concebido* del Espíritu Santo
1.23 virgen *concebirá* y dará a luz un hijo
Lc. 1.24 después. .*concibió* su mujer Elisabet
1.31 *concebirás* en tu vientre, y darás a luz
1.36 Elisabet. . ha *concebido* hijo en su vejez
2.21 sido puesto. .antes que fuese *concebido*
23.29 los vientres que no *concibieron*, y los
Ro. 9.10 también cuando Rebeca *concibió* de uno
He. 11.11 Sara. .recibió fuerza para *concebir*
Stg. 1.15 después que ha *concebido*, da a luz el

CONCEDER

Gn. 30.22 y la oyó Dios, y le *concedió* hijos
Dt. 4.19 los ha *concedido* a todos los pueblos
Jos. 9.15 hizo paz con. .*concediéndoles* la vida
9.21 *concediéndoles* la vida, según. .habían
15.19; Jue. 1.15 respondió: *Concédeme* un don
Jue. 11.37 *concédeme* esto: déjame por dos meses
21.22 hacednos la merced de *concedérnoslas*
Rt. 1.9 os *conceda* Jehová que halléis descanso
1 S. 1.5,6 no le había *concedido* tener hijos
Esd. 7.6 le *concedió* el rey todo lo que pidió
7.21 lo que os pida. .Esdras. .se le *conceda*
Neh. 1.11 *concede* ahora buen éxito a tu siervo
2.8 me lo *concedió* el rey, según la benéfica
Est. 5.6 la mitad del reino, te será *concedida*
5.8 y si place al rey. .*conceder* mi demanda
7.2; 9.12 tu petición. .y te será *concedida*
9.13 *concédase*. .a los judíos en Susa, que
Job 9.18 no me ha *concedido* que tome aliento
10.12 vida y misericordia me *concediste*, y
Sal. 20.5 *conceda* Jehová todas tus peticiones
21.2 le has *concedido* el deseo de su corazón
37.4 *concederá* las peticiones de tu corazón
119.29 en tu misericordia *concédeme* tu ley
140.8 no *concedas*, oh. .al impío sus deseos
Ec. 8.15 días de su vida que Dios le *concede*
Mr. 10.37 *concédenos* que. .nos sentemos el uno
Lc. 1.43 ¿por qué se me *concede* esto a mí, que
1.73 juramento. .que nos había de *conceder*
7.4 diciéndole: Es digno de que le *concedas*
Jn. 19.38 Pilato se lo *concedió*. Entonces vino
Hch. 4.29 y *concede* a tus siervos que con todo
11.17 si Dios. .les *concedió*. .el mismo don
14.3 *concediendo* que se hiciesen. .prodigios
19.38 audiencias se *conceden*, y procónsules
24.23 que se le *concediese* alguna libertad
27.24 te ha *concedido* todos los que navegan
Ro. 11.31 que por la misericordia *concedida* a
1 Co. 2.12 sepamos lo que Dios. .ha *concedido*
3.5 eso según lo que a cada uno *concedió* el
2 Co. 1.11 dadas gracias. .por el don *concedido*
8.4 que les *concediésemos* el privilegio de
Gá. 3.18 Dios la *concedió* a Abraham mediante
Fil. 1.29 os es *concedido*. .no sólo que creáis
2 Ti. 1.18 *concédale*. .que halle misericordia
2.25 Dios les *conceda* que se arrepientan para
Flm. 22 vuestras oraciones os seré *concedido*
Ap. 19.8 le ha *concedido* que se vista de lino

CONCEPCIÓN

Os. 9.11 de modo que no habrá. .embarazos, ni *c*

CONCEPTO

Job 36.4 contigo. .el que es íntegro en sus *c*
Ro. 12.3 que no tenga más alto *c* de sí que el

CONCERNIR

Mi. 3.1 ¿no *concierne* a vosotros saber lo que

CONCERTAR

Éx. 23.1 no te *concertarás* con el impío para
Dt. 29.1 pacto que *concertó* con ellos en Horeb
29.12 juramento, que Jehová. .*concierta* hoy
29.25 el pacto de. .que él *concertó* con ellos
31.16 invalidará mi pacto que he *concertado*
Jos. 9.2 *concertaron* para pelear contra Josué
23.12 si *concertareis* con ellas matrimonios
Jue. 20.38 era la señal *concertada*. .humareda
1 Cr. 16.16 del pacto que *concertó* con Abraham
19.19 los sirios. .*concertaron* paz con David
Sal. 105.9 la cual *concertó* con Abraham, y de
Jer. 11.10 el cual había yo *concertado* con sus
Ez. 16.60 memoria de mi pacto que *concerté*
Zac. 11.10 para romper mi pacto que *concerté*
Ef. 4.16 todo el cuerpo, bien *concertado* y unido

CONCESIÓN

1 Co. 7.6 mas esto digo por vía de *c*, no por

CONCIENCIA

Sal. 16.7 aun en las noches me enseña mi *c*
Jn. 8.9 acusados por su *c*, salían uno a uno
Hch. 23.1 con toda buena *c* he vivido delante de
24.16 por esto procuro tener. .*c* sin ofensa
Ro. 2.15 sus corazones, dando testimonio su *c*
9.1 y mi *c* me da testimonio en el Espíritu
13.5 castigo, sino también por causa de la *c*
1 Co. 4.4 aunque de nada tengo mala *c*, no por
8.7 y su *c*, siendo débil, se contamina
8.10 la *c* de aquel que es débil, ¿no será
8.12 e hiriendo su débil *c*, contra Cristo
10.25,27 sin preguntar nada por motivos de *c*
10.28 no lo comáis, por. .y por motivos de *c*
10.29 *c*, digo, no la tuya, sino la del otro
10.29 de juzgar mi libertad por la *c* de otro?
2 Co. 1.12 el testimonio de nuestra *c*, que con
4.2 verdad recomendándonos a toda *c* humana
5.11 espero que también lo sea a vuestras *c*
1 Ti. 1.5 el amor nacido de. .buena *c*, y de fe
1.19 manteniendo la fe y buena *c*, desechando
3.9 guarden el misterio de la fe con limpia *c*
4.2 de mentirosos que. .cauterizada la *c*
Tit. 1.15 su mente y su *c* están corrompidas
He. 9.9 hacer perfecto, en cuanto a la *c*, al
9.14 limpiará vuestras *c* de obras muertas
10.2 limpios una vez, no tendrían ya más *c*
10.22 y purificados los corazones de mala *c*
13.18 pues confiamos en que tenemos buena *c*
1 P. 2.19 si alguno a causa de la *c* delante de
3.16 teniendo buena *c*, para que en lo que
3.21 la aspiración de una buena *c* hacia Dios

CONCIERTO

Job 37.15 ¿sabes tú cómo Dios las pone en *c*

CONCILIO

Mt. 5.22 diga: Necio. .será culpable ante el *c*
10.17 hombres, porque os entregarán a los *c*
26.59 y todo el *c*, buscaban falso testimonio
Mr. 13.9 porque os entregarán a los *c*, y en las
14.55 y todo el *c* buscaban testimonio contra
15.1 habiendo tenido consejo. .con todo el *c*
15.43 José de Arimatea, miembro noble del *c*
Lc. 22.66 y los escribas, y le trajeron al *c*
23.50 miembro del *c*, varón bueno y justo
Jn. 11.47 fariseos reunieron el *c*, y dijeron
Hch. 4.15 que saliesen del *c*; y conferenciaban
5.21 convocaron al *c* y a todos los ancianos
5.27 los trajeron, los presentaron en el *c*
5.34 el *c* un fariseo llamado Gamaliel, doctor
5.41 y ellos salieron de la presencia del *c*
6.12 le arrebataron, y le trajeron al *c*
6.15 todos los que estaban sentados en el *c*
22.30 mandó venir. .a todo el *c*, y sacando a
23.1 Pablo, mirando fijamente al *c*, dijo
23.6 Pablo, notando que. .alzó la voz en el *c*
23.15 con el *c*, requerid al tribuno que le
23.20 que mañana lleves a Pablo ante el *c*
23.28 y queriendo saber la causa. .llevé al *c*
24.20 mal hecha, cuando comparecí ante el *c*

CONCIUDADANO

Lc. 19.14 pero sus *c* le aborrecían, y enviaron
Ef. 2.19 sino *c* de los santos, y miembros de

CONCLUIR

Dt. 31.24 escribir. .un libro hasta *concluirse*
Rt. 3.18 no descansará hasta que *concluya* el
2 S. 20.18 y así *concluían* cualquier asunto
Esd. 5.16 se edifica, y aún no está *concluida*
Ro. 3.28 *concluimos*. .el hombre es justificado
15.28 así que, cuando haya *concluido* esto, y

CONCORDAR

Mr. 14.56 mas sus testimonios no *concordaban*
14.59 ni. .así *concordaban* en el testimonio
Hch. 15.15 con esto *concuerdan* las palabras de
1 Jn. 5.8 tres son los. .y estos tres *concuerdan*

CONCORDIA

2 Co. 6.15 ¿y qué *c* Cristo con Belial? ¿O qué

CONCUBINA

Gn. 22.24 y su *c*, que se llamaba Reúma, dio a
25.6 a los hijos de sus *c* dio Abraham dones
35.22 durmió con Bilha la *c* de su padre; lo
36.12 y Timna fue *c* de Elifaz hijo de Esaú
Jue. 8.31 su *c* que estaba en Siquem le dio un
19.1 levita. .había tomado. .mujer *c* de Belén
19.2 y su *c* le fue infiel, y se fue de él a
19.9 se levantó el varón para irse, él y su *c*
19.10 y llegó. .con su par de asnos. .y su *c*
19.24 mi hija virgen, y la *c* de él. .las sacaré
19.25 tomando aquel hombre a su *c*, la sacó
19.27 *c* estaba tendida delante de la puerta
19.29 echó mano de su *c*, y la partió por sus
20.4 llegué a Gabaa. .con mi *c*, para pasar la
20.5 a mi *c* la humillaron de tal manera que
20.6 tomando yo mi *c*, la corté en pedazos
2 S. 3.7 Saúl una *c* que se llamaba Rizpa, hija
3.7 qué te has llegado a la *c* de mi padre?
5.13 tomó David. .*c* y mujeres de Jerusalén
15.16 dejó el rey diez mujeres *c*, para que
16.21 llégate a las *c* de tu padre, que él dejó
16.22 y se llegó Absalón a las *c* de su padre
19.5 han librado tu vida. .y la vida de tus *c*
20.3 tomó el rey las diez mujeres *c* que había
21.11 que hacía Rizpa hija de Aja, *c* de Saúl
1 R. 11.3 tuvo. .trescientas *c*; y sus mujeres
1 Cr. 1.32 Cetura, *c* de Abraham, dio a luz a
2.46 y Efa *c* de Caleb dio a luz a Harán, a
2.48 Maaca *c* de Caleb dio a luz a Seber y a
3.9 hijos de David, sin los hijos de las *c*
7.14 Asriel, al cual dio a luz su *c* la siria
2 Cr. 11.21 Roboam amó a. .sobre todas. .sus *c*
11.21 tomó 18 mujeres y 60 *c*, y engendró 28
Est. 2.14 al cargo de Saasgaz. .guarda de las *c*
Cnt. 6.8 y ochenta las *c*, y las doncellas sin

CONCUBINA ***(Continúa)***

Cnt. 6.9 la vieron las..y las *c*, y la alabaron
Dn. 5.2 bebiesen en ellos..sus mujeres y sus *c*
5.3 bebieron en ellos el rey y sus..y sus *c*
5.23 tú..y tus *c*, bebisteis vino en ellos

CONCUPISCENCIA

Ro. 1.24 los entregó a..las *c* de sus corazones
6.12 no..de modo que lo obedezcáis en sus *c*
1 Ts. 4.5 no en pasión de *c*, como los gentiles
2 Ti. 3.6 las mujercillas..arrastradas por..*c*
4.3 oir..maestros conforme a sus propias *c*
Tit. 3.3 esclavos de *c* y deleites diversos
Stg. 1.14 cuando de su propia *c* es atraído y
1.15 la *c*, después que ha concebido, da a luz
1 P. 4.2 para no vivir..conforme a las *c* de los
4.3 andando en lascivias..*c*, embriagueces
2 P. 1.4 corrupción que hay..a causa de la *c*
2.10 aquellos que..andan en *c* e inmundicia
2.18 hablando..seducen con *c* de la carne y
3.3 burladores, andando según sus propias *c*

CONCURRENCIA

Jer. 44.15 gran *c*, y todo el pueblo..en Patros
Hch. 19.32 la *c* estaba confusa, y los más no

CONCURRIR

Hch. 3.11 pueblo..*concurrió* a ellos al pórtico
17.17 discutía en la..con los que *concurrían*

CONCURSO

Hch. 19.40 la cual podamos dar razón de este *c*

CONCHA

Job 41.30 por debajo tiene agudas *c;* imprime

CONDENACIÓN

Mt. 23.14 ¡ay de..por esto recibiréis mayor *c*
23.33 ¿cómo escaparéis de la *c* del infierno?
Mr. 12.40; Lc. 20.47 éstos recibirán mayor *c*
Lc. 23.40 ¿ni aun temes..estando en la misma *c?*
Jn. 3.19 esta es la *c:* que la luz vino al mundo
5.24 no vendrá a *c*, mas ha pasado de muerte
5.29 hicieron lo malo, a resurrección de *c*
Hch. 25.15 sacerdotes y..pidiendo *c* contra él
Ro. 3.8 algunos, cuya *c* es justa, afirman que
5.16 vino a causa de un solo pecado para *c*
5.18 por la transgresión de uno vino la *c*
8.1 ninguna *c* hay para los que..en Cristo
13.2 que resisten, acarrean *c* para sí mismos
2 Co. 3.9 si el ministerio de *c* fue con gloria
1 Ti. 3.6 no sea que..caiga en la *c* del diablo
5.12 incurriendo..en *c*, por haber quebrantado
Stg. 3.1 sabiendo que recibiremos mayor *c*
5.12 no juréis, ni..para que no caigáis en *c*
2 P. 2.3 ya de largo tiempo la *c* no se tarda
Jud. 4 antes habían sido destinados para esta *c*

CONDENAR

Éx. 22.9 el que los jueces *condenaren*, pagará
Nm. 35.31 no..precio..está *condenado* a muerte
Dt. 19.6 no debiendo ser *condenado* a muerte por
25.1 absolverán al..y *condenarán* al culpable
1 R. 8.32 tú oirás desde..*condenando* al impío y
2 Cr. 36.3 rey..*condenó* la tierra a pagar cien
Job 9.20 me justificare, me *condenaría* mi boca
10.2 no me *condenes;* hazme entender por qué
15.6 tu boca te *condenará*, y no yo; y tus
32.3 qué responder, aunque habían *condenado*
34.17 ¿y *condenarás* tú al que es tan justo?
40.8 ¿me *condenarás*..para justificarte tú?
Sal. 34.21 aborrecen al justo serán *condenados*
34.22 y no serán *condenados*..en él confían
37.33 ni lo *condenará* cuando le juzgaren
94.21 justo, y *condenan* la sangre inocente
Pr. 12.2 mas él *condenará* al hombre de malos
17.15 y el que *condena* al justo, ambos son
17.26 no es bueno *condenar* al justo, ni herir
Is. 50.9 ayudará; ¿quién hay que me *condene?*
54.17 *condenarás* toda lengua que se levante
Jer. 2.19 maldad..tus rebeldías te *condenarán*
49.12 los que no estaban *condenados* a beber
Dn. 1.10 *condenaréis* para con el rey mi cabeza
Mt. 12.7 supieseis..no *condenaríais*..inocentes
12.37 y por tus palabras serás *condenado*
12.41 de Nínive se levantarán..la *condenarán*
12.42 con esta generación, y la *condenará*
20.18 los escribas, y le *condenarán* a muerte
27.3 Judas, el que..viendo que era *condenado*
Mr. 7.2 comer pan..no lavadas, los *condenaban*
10.33 *condenarán* a muerte, y le entregarán
14.64 le *condenaron*, declarándole ser digno
16.16 mas el que no creyere, será *condenado*
Lc. 6.37 no *condenéis*, y no seréis *condenados*
11.31 levantará en el juicio..y los *condenará*
11.32 levantarán en el juicio..la *condenarán*
Jn. 3.17 no envió Dios..para *condenar* al mundo
3.18 el que en él cree, no es *condenado;* pero
3.18 el que no cree, ya ha sido *condenado*
8.10 ¿dónde están los..¿Ninguno te *condenó?*
8.11 Jesús le dijo: Ni yo te *condeno;* vete
Hch. 13.27 leen..las cumplieron al *condenarle*
22.25 a un..romano sin haber sido *condenado?*
Ro. 2.1 tú que juzgas..te *condenas* a ti mismo
2.27 te *condenará* a ti, que con la letra de
8.3 enviando..*condenó* al pecado en la carne
8.34 ¿quién es el que *condenará?* Cristo es
14.22 bienaventurado el que no se *condena* a
14.23 el que duda..es *condenado*, porque no
1 Co. 11.32 no seamos *condenados* con el mundo
2 Co. 7.3 no lo digo para *condenaros;* pues ya
Gá. 2.11 cara a cara, porque era de *condenar*
2 Ts. 2.12 *condenados* todos los que no creyeron
Tit. 3.11 y está *condenado* por su propio juicio
He. 11.7 y por esa fe *condenó* al mundo, y fue
Stg. 5.6 habéis *condenado*..al justo, y él no os
5.9 no os quejéis..que no seáis *condenados*
2 P. 2.6 si *condenó* por destrucción a..Sodoma

CONDICIÓN

Gn. 34.15 mas con esta *c* os complaceremos: si
34.22 con esta *c* consentirán estos hombres
1 S. 11.2 con esta *c* haré alianza con vosotros
2 Cr. 24.13 restituyeron la casa..su antigua *c*
33.8 a *c* de que guarden..todas las cosas que
Sal. 103.14 él conoce nuestra *c;* se acuerda de
Is. 37.28 he conocido tu *c*, tu salida y tu entrada
Mt. 19.10 así es la *c* del hombre con su mujer
Lc. 14.32 le envía una embajada y le pide *c* de
Fil. 2.8 estando en la *c* de hombre, se humilló
Stg. 1.9 hermano que es de humilde *c*, gloríese

CONDISCÍPULO

Jn. 11.16 dijo..a sus *c:* Vamos también nosotros

CONDOLERSE

Job 2.11 venir juntos para *condolerse* de él y
42.11 se *condolieron* de él, y le consolaron
Jer. 22.10 no lloréis al..ni de él os *condoláis*

CONDUCENTE

Zac. 8.16 juzgad según la verdad y lo *c* a la

CONDUCIR

Éx. 15.13 *condujiste* en tu..a este pueblo que
37.27 varas con que había de ser *conducido*
Lv. 18.3 de Canaán, a la cual yo os *conduzco*
1 S. 18.14 David se *conducía* prudentemente en
2 S. 6.15 David..*conducían* el arca de Jehová
2 Cr. 10.7 te *condujeres* humanamente con este
19.4 y los *conducía* a Jehová el Dios de sus
23.20 para *conducir* al rey desde la casa de
28.15 y *condujeron* en asnos a..los débiles
32.30 *condujo* el agua hacia el occidente de
Est. 6.11 y lo *condujo* a caballo por la plaza
Job 18.14 al rey de los espantos será *conducido*
30.23 yo sé que me *conduces* a la muerte, y a
Sal. 42.4 y la *conduje* hasta la casa de Dios
43.3 me *conducirán* a tu santo monte, y a tus
49.14 como a rebaños..son *conducidos* al Seol
77.20 *condujiste* a tu pueblo como ovejas por
Pr. 5.5 la muerte; sus pasos *conducen* al Seol
7.27 que *conduce* a las cámaras de la muerte
11.19 como la justicia *conduce* a la vida, así
Is. 49.10 los *conducirá* a manantiales de aguas
60.11 traídas..y *conducidos* a ti sus reyes
63.13 los *condujo* por los abismos, como un
Jer. 2.6 que nos *condujo* por el desierto, por
2.17 haber dejado a Jehová..te *conducía* por
20.2 cepo..en la puerta..la cual *conducía* a
Ez. 39.2 te *conduciré* y te haré subir de las
Am. 2.10 y os *conduje* por el desierto 40 años
Lc. 22.54 le *condujeron* a casa del..sacerdote
Hch. 13.11 buscaba quien le *condujese* de la
17.15 habían encargado de *conducir* a Pablo
2 Co. 1.12 con sencillez..nos hemos *conducido*
Fil. 3.17 y mirad a los que así se *conducen*
1 Ts. 4.1 conviene *conduciros* y agradar a Dios
4.12 a fin de que os *conduzcáis* honradamente
1 Ti. 3.15 cómo debes *conducirte* en la casa de
2 Ti. 2.16 *conducirán* más y más a la impiedad
He. 13.18 deseando *conducirnos* bien en todo
1 P. 1.17 *conducíos* en temor todo el tiempo de
3 Jn. 5 fielmente te *conduces* cuando prestas

CONDUCTA

Pr. 20.11 el muchacho..*c* fuere limpia y recta
Os. 4.9 le castigaré por su *c*, y le pagaré
Gá. 1.13 oído acerca de mi *c* en otro tiempo
1 Ti. 4.12 sé ejemplo de..en palabra, *c*, amor
2 Ti. 3.10 tú has seguido mi..*c*, propósito, fe
He. 13.7 cuál haya sido el resultado de su *c*
Stg. 3.13 muestre por la buena *c* sus obras en
1 P. 3.1 sean ganados..por la *c* de sus esposas
3.2 considerando vuestra *c*..y respetuosa
3.16 calumnian vuestra buena *c* en Cristo
2 P. 2.7 Lot, abrumado por..*c* de los malvados

CONDUCTO

Jos. 22.9 mandato de Jehová por *c* de Moisés
2 R. 20.20 Ezequías..hizo el estanque y el *c*
Job 38.25 repartió *c* al turbión, y camino a
Hch. 15.23 y escribir por *c* de..Los apóstoles
1 P. 5.12 *c* de Silvano..he escrito brevemente

CONEJO

Lv. 11.5 también el *c*..lo tendréis por inmundo
Dt. 14.7 estos no comeréis..liebre y *c;* porque
Sal. 104.18 las peñas, madrigueras para los *c*
Pr. 30.26 los *c*, pueblo nada esforzado, y ponen

CONFABULAR

Sal. 83.5 porque se *confabulan* de corazón a

CONFEDERAR

Is. 7.2 Siria se ha *confederado* con Efraín

CONFERENCIAR

Hch. 4.5 saliesen..y *conferenciaban* entre sí

CONFESAR

Lv. 5.5 pecare..*confesará* aquello en que pecó
16.21 *confesará* sobre él..las iniquidades de
26.40 y *confesarán* su iniquidad, y..padres
Nm. 5.7 aquella persona *confesará* el pecado que
2 S. 22.50 yo te *confesaré* entre las naciones
1 R. 8.33 *confesaren* tu nombre, y oraren y te
8.35 *confesaren* tu nombre, y se volvieren
1 Cr. 16.4 que..*confesasen* y loasen a Jehová
16.35 para que *confesemos* tu santo nombre
2 Cr. 6.24 convirtiere, y *confesare* tu nombre
6.26 si oraren a ti..y *confesaren* tu nombre
Neh. 1.6 y *confieso* los pecados de los hijos
9.2 *confesaron* sus pecados, y las iniquidades
9.3 *confesaron* sus pecados y adoraron a..Dios
Job 40.14 te *confesaré* que podrá salvarte tu
Sal. 18.49 yo te *confesaré* entre las naciones
32.5 *confesaré* mis transgresiones a Jehová
35.18 te *confesaré* en grande congregación
38.18 por tanto, *confesaré* mi maldad, y me
Pr. 28.13 mas el que los *confiesa* y se aparta
Dn. 9.20 aún estaba..*confesando* mi pecado y el
Mt. 3.6 bautizados en..*confesando* sus pecados
10.32 que me *confiese*..también le *confesaré*
Mr. 1.5 bautizados en..*confesando* sus pecados
Lc. 12.8 me *confesare*..el Hijo..le *confesará*
Jn. 1.20 *confesó*, y no negó, sino *c:* Yo no soy
9.22 que si alguno *confesase* que Jesús era
12.42 a causa de..fariseos no lo *confesaban*
Hch. 19.18 venían, *confesando* y dando cuenta
24.14 esto te *confieso*, que según el Camino
Ro. 10.9 si *confesares* con tu boca que Jesús
10.10 con la boca se *confiesa* para salvación
14.11 rodilla, y toda lengua *confesará* a Dios
15.9 yo te *confesaré* entre los gentiles, y
Fil. 2.11 toda lengua *confiese* que Jesucristo
He. 11.13 y *confesando* que eran extranjeros y
13.15 es decir, fruto de labios que *confiesan*
Stg. 5.16 *confesaos* vuestras ofensas unos a
1 Jn. 1.9 si *confesamos* nuestros pecados, él
2.23 el que *confiesa* al Hijo, tiene..al Padre
4.2 espíritu que *confiesa* que Jesucristo ha
4.3 no *confiesa* que Jesucristo ha venido en
4.15 aquel que *confiese* que Jesús es el Hijo
2 Jn. 7 no *confiesan* que Jesucristo ha venido
Ap. 3.5 y *confesaré* su nombre delante de mí

CONFESIÓN

Esd. 10.1 oraba Esdras y hacía *c*, llorando
Dn. 9.4 oré a Jehová mi Dios e hice *c* diciendo

CONFIADAMENTE

Sal. 16.9 mi alma; mi carne también reposará *c*
Pr. 1.33 el que me oyere, habitará *c* y vivirá
3.23 andarás por tu camino *c*, y tu pie no
Is. 47.8 tú que estás sentada *c*, tú que dices
Jer. 49.31 contra una nación pacífica..vive *c*
Ez. 28.26 casas, y plantarán viñas, y vivirán *c*
38.8 fue sacada de..y todos ellos morarán *c*
38.11 iré..gentes tranquilas que habitan *c*
He. 4.16 acerquémonos, pues, *c* al trono de la
13.6 de manera que podemos decir *c:* El Señor

CONFIADO, DA ***Véase también Confiar***

Jue. 18.7 el pueblo..estaba seguro, ocioso y *c*
18.10 llegaréis a un pueblo *c* y a una tierra
18.27 llegaron a..al pueblo tranquilo y *c*
Pr. 14.16 el insensato se muestra insolente y *c*
Is. 32.9 oíd mi voz; hijas *c*, escuchad mi razón
32.10 de aquí a un año tendréis espanto, oh *c*
32.11 temblad, oh indolentes; turbaos, oh *c*
Ez. 30.9 en naves, para espantar a Etiopía la *c*
2 Co. 5.6 así que vivimos *c* siempre, y sabiendo

CONFIANZA

Jue. 9.26 y los de Siquem pusieron en él su *c*
2 R. 18.19 ¿qué *c* es esta en que te apoyas?
2 Cr. 32.8 el pueblo tuvo *c* en las palabras de
Job 4.6 ¿no es tu temor a Dios tu *c?* ¿No es tu
8.14 será cortada, y su *c* es tela de araña
11.18 tendrás *c*, porque hay esperanza
18.14 su *c* será arrancada de su tienda, y al
24.23 les da seguridad y *c;* sus ojos están
31.24 si puse en..y dije al oro: Mi *c* eres tú
31.35 mi *c* es que el Omnipotente testificará
Sal. 40.4 el hombre que puso en Jehová su *c*

CONFIANZA *(Continúa)*
Sal. 78.7 a fin de que pongan en Dios su *c*, y no
94.22 refugio, y mi Dios por roca de mi *c*
Pr. 3.26 Jehová será tu *c*, y él preservará tu
14.26 en el temor de Jehová está la fuerte *c*
22.19 para que tu *c* sea en Jehová, te las
25.19 diente roto. .la *c* en el prevaricador
Is. 30.15 quietud y en *c* será vuestra fortaleza
36.4 así: ¿Qué *c* es esta en que te apoyas?
Jer. 9.4 guárdese. .y en ningún hermano tenga *c*
17.7 bendito el varón que. .cuya *c* es Jehová
39.18 te libraré, y. .porque tuviste *c* en mí
48.13 Israel se avergonzó de Bet-el, su *c*
Ez. 29.16 no será ya. .apoyo de *c*, que les haga
Mr. 10.49 ciego, diciéndole: Ten *c*; levántate
Hch. 26.26 delante de quien. .hablo con toda *c*
2 Co. 1.15 esta *c* quise ir primero a vosotros
3.4 *c* tenemos mediante Cristo para con Dios
7.16 gozo de que en todo tengo *c* en vosotros
8.22 por la mucha *c* que tiene en vosotros
9.4 avergoncemos nosotros. .de esta nuestra *c*
11.17 como en locura, con esta *c* de gloriarme
Ef. 3.12 seguridad y acceso con *c* por medio de
Fil. 1.20 con toda *c*. .será magnificado Cristo
3.3 gloriamos en. .no teniendo *c* en la carne
2 Ts. 3.4 tenemos *c* respecto a vosotros en el
1 Ti. 3.13 ganan para sí. .y mucha *c* en la fe
He. 3.6 si retenemos firme hasta el fin la *c*
3.14 hasta el fin nuestra *c* del principio
10.35 no perdáis, pues, vuestra *c*, que tiene
1 Jn. 2.28 que cuando se manifieste, tengamos *c*
3.21 corazón no nos reprende, *c* tenemos en
4.17 para que tengamos *c* en el día del juicio
5.14 esta es la *c* que tenemos en él, que si

CONFIAR
Nm. 23.9 aquí un pueblo que habitará *confiado*
Dt. 28.52 caigan tus muros. .en que tú *confías*
33.12 el amado de Jehová habitará *confiado*
33.28 Israel habitará *confiado*, la fuente de
Jue. 18.7 el pueblo. .seguro, ocioso y *confiado*
20.36 estaban *confiados* en las emboscadas que
2 S. 22.3 Dios. .fortaleza mía, en él *confiaré*
2 R. 18.20 ¿en qué *confías*, que te has rebelado
18.21 *confías* en este báculo de caña cascada
18.21 es Faraón para. .los que en él *confían*
18.22 me decís: Nosotros *confiamos* en Jehová
18.24 aunque estés *confiado* en Egipto con
18.30 no os haga Ezequías *confiar* en Jehová
19.10 te engañe tu Dios en quien tú *confías*
22.7 del dinero cuyo manejo se les *confiare*
2 Cr. 32.10 ¿en quién *confiáis*. .al resistir el
Job 4.18 he aquí, en sus siervos no *confía*, y
15.15 en sus santos no *confía*, y ni aun los
15.31 no *confíe* el iluso en la vanidad, porque
39.11 *¿confiarás* tú en él, por ser grande su
Sal. 2.12 bienaventurados. .los que en él *confían*
4.5 ofreced sacrificios. .y *confiad* en Jehová
4.8 solo tú, Jehová, me haces vivir *confiado*
5.11 alégrense todos los que en ti *confían*
7.1 Dios mío, en ti he *confiado*; sálvame
9.10 ti *confiarán* los que conocen tu nombre
11.1 en Jehová he *confiado*; ¿cómo decís a mi
13.5 mas yo en tu misericordia he *confiado*
16.1 guárdame, oh Dios. .en ti he *confiado*
18.2 Jehová. .fortaleza mía, en él *confiaré*
20.7 éstos *confían* en carros, y aquéllos en
21.7 por cuanto el rey *confía* en Jehová, y en
22.5 *confiaron* en. .y no fueron avergonzados
22.9 el que me hizo estar *confiado* desde que
25.2 mío, en ti *confío*; no sea yo avergonzado
25.20 guarda. .líbrame. .porque en ti *confié*
26.1 he *confiado*. .en Jehová sin titubear
27.3 se levante guerra, yo estaré *confiado*
28.7 en él *confió* mi corazón, y fui ayudado
31.1 en ti, oh Jehová, he *confiado*; no sea yo
31.14 mas yo en ti *confío*, oh Jehová; digo
33.21 en su santo nombre hemos *confiado*
34.8 dichoso el hombre que confía en él
34.22 y no serán condenados. .en él *confían*
37.3 *confía* en Jehová, y haz el bien
37.5 encomienda. .y *confía* en él; y él hará
40.3 verán. .temerán, y *confiarán* en Jehová
41.9 hombre de mi paz, en quien yo *confiaba*
44.6 no *confiaré* en mi arco, ni mi espada
49.6 los que *confían* en sus bienes, y de la
52.7 *confió* en la multitud de sus riquezas
52.8 yo. .en la misericordia de Dios *confío*
55.23 de sus días; pero yo en ti *confiaré*
56.3 en el día que temo, yo en ti *confío*
56.4,11 en Dios he *confiado*; no temeré; ¿qué
57.1 porque en ti ha *confiado* mi alma, y en
62.10 no *confiéis* en la violencia, ni en la
64.10 se alegrará el justo. .*confiará* en él
69.6 no sean avergonzados. .que en ti *confían*
78.22 ni habían *confiado* en su salvación
84.12 dichoso el hombre que en ti *confía*
86.2 salva tú. .a tu siervo que en ti *confía*
91.2 castillo mío; mi Dios, en quien *confiaré*
112.7 su corazón. .firme, *confiado* en Jehová
115.8 hacen, y cualquiera que *confía* en ellos
115.9 oh Israel, *confía* en Jehová; él es tu
115.10 casa de Aarón, *confiad* en Jehová
115.11 los que teméis a Jehová, *confiad* en
118.8,9 mejor es *confiar* en Jehová que *c* en
119.42 daré. .que en tu palabra he *confiado*
125.1 los que *confían* en Jehová son como el
135.18 semejantes. .los que en ellos *confían*
141.8 en ti he *confiado*; no desampares mi
143.8 hazme oír. .porque en ti he *confiado*
144.2 escudo mío, en quien he *confiado*
146.3 no *confiéis* en los príncipes, ni en
Pr. 3.29 prójimo que habita *confiado* junto a ti
10.9 que camina en integridad anda *confiado*
11.28 el que *confía* en sus riquezas caerá
16.20 que *confía* en Jehová es bienaventurado
21.22 derribó la fuerza en que ella *confiaba*
28.1 mas el justo está *confiado* como un león
28.25 mas el que *confía* en Jehová prosperará
28.26 el que *confía* en su propio corazón es
29.25 el que *confía* en Jehová será exaltado
31.11 corazón de su. .está en ella *confiado*
Is. 8.17 esperaré. .a Jehová. .y en él *confiaré*
14.30 menesterosos se acostarán *confiados*
26.3 guardarás en. .porque en ti ha *confiado*
26.4 *confiad* en Jehová perpetuamente, porque
30.12 *confiasteis* en violencia y en iniquidad
30.18 bienaventurados todos los que *confían*
31.1 ¡ay de los que. .y *confían* en caballos
36.5 ¿en quién *confías* para que te rebeles
36.6 *confías* en este báculo de caña frágil
36.6 tal es. .con todos los que en él *confían*
36.7 y si. .En Jehová nuestro Dios *confiamos*
36.9 aunque estés *confiado* en Egipto con sus
36.15 ni os haga Ezequías *confiar* en Jehová
37.10 te engañe tu Dios en quien tú *confías*
42.17 confundidos los que *confían* en ídolos
47.10 te *confiaste* en tu maldad, diciendo
48.2 en el Dios de Israel *confían*; su nombre
50.10 el que. .*confíe* en el nombre de Jehová
57.13 que en mí *confía* tendrá la tierra por
59.4 *confían* en vanidad, y hablan vanidades
Jer. 2.37 a aquellos en quienes tú *confiabas*
5.17 tus ciudades fortificadas en que *confías*
7.8 *confiáis* en palabras de mentira, que no
7.14 esta casa. .en la que vosotros *confiáis*
13.25 olvidaste. .y *confiaste* en la mentira
17.5 maldito el varón. .*confía* en el hombre
17.7 bendito el varón que *confía* en Jehová
23.6 salvo Judá, e Israel habitará *confiado*
28.15 tú has hecho *confiar* en mentira a este
29.31 profetizó. .os hizo *confiar* en mentira
46.25 a Faraón como a los que en él *confían*
48.7 *confiaste* en tus bienes y en. .tesoros
49.4 que *confía* en sus tesoros, la que dice
49.11 huérfanos. .en mí *confiarán* tus viudas
Ez. 16.15 pero *confiaste* en tu hermosura, y te
31.14 ni *confíen* en su altura todos los que
33.13 y él *confiado* en su justicia hiciere
Dn. 3.28 libró a sus siervos que *confiaron* en
6.23 él, porque había *confiado* en su Dios
9.18 no elevamos. .ruegos ante ti *confiados*
Os. 10.13 *confiaste* en tu camino y. .riquezas
12.6 vuélvete a. .y en tu Dios *confía* siempre
Am. 6.1 los *confiados* en el monte de Samaria
Mi. 7.5 no creáis en. .ni *confiéis* en príncipe
Nah. 1.7 Jehová. .conoce a los que en él *confían*
Hab. 2.18 que. .*confíe* el hacedor en su obra?
Sof. 2.15 la ciudad alegre que estaba *confiada*
3.2 no *confió* en Jehová, no se acercó a su
3.12 pueblo. .el cual *confiará* en el nombre
Mt. 27.43 *confió* en Dios; líbrele ahora si le
Mr. 10.24 a los que *confían* en las riquezas!
Lc. 11.22 le quita. .sus armas en que *confiaba*
12.48 al que mucho se le haya *confiado*, más
16.11 y si. .¿quién os *confiará* lo verdadero?
18.9 que *confiaban* en sí mismos como justos
Jn. 16.33 pero *confiad*, yo he vencido al mundo
Hch. 14.3 hablando con. .*confiados* en el Señor
27.25 porque yo *confío* en Dios que será así
Ro. 2.19 y *confías* en que eres guía de. .ciegos
3.2 les ha sido *confiada* la palabra de Dios
14.14 y *confío* en el Señor Jesús, que nada
2 Co. 1.9 que no *confiásemos* en nosotros mismos
2.3 *confiando*. .que mi gozo es el de todos
5.8 pero *confiamos*, y más quisiéramos estar
Gá. 5.10 *confío*. .que no pensaréis de otro modo
Fil. 1.25 y *confiado* en esto, sé que quedaré
2.24 *confío* en el Señor que yo también iré
3.4 yo tengo. .de qué *confiar* en la carne
3.4 que tiene de qué *confiar* en la carne, yo
1 Ts. 2.4 para que se nos *confiase* el evangelio
Flm. 21 he escrito *confiando* en tu obediencia
He. 2.13 y otra vez: Yo *confiaré* en él
13.18 *confiamos* en. .tenemos buena conciencia

CONFIGURACIÓN
Ez. 43.11 y todas sus *c*, y todas sus leyes; y

CONFÍN
Nm. 33.6 acamparon en Etam. .al *c* del desierto
1 S. 2.10 Jehová juzgará los *c* de la tierra
Sal. 2.8 como posesión tuya los *c* de la tierra
22.27 volverán a Jehová. .los *c* de la tierra
65.5 esperanza. .los más remotos *c* del mar
72.8 desde el río hasta los *c* de la tierra
Is. 11.12 de Judá de los cuatro *c* de la tierra
26.15 ensanchaste todos los *c* de la tierra
40.28 Dios. .el cual creó los *c* de la tierra?
41.5 los *c* de la tierra se espantaron
41.9 porque te tomé de los *c* de la tierra, y
43.6 trae. .mis hijos. .de los *c* de la tierra
52.10 los *c* de la tierra verán la salvación
Jer. 6.22 se levantará de los *c* de la tierra
Ez. 25.9 desde sus ciudades que están en su *c*
27.4 en el corazón de los mares están tus *c*
38.6 de los *c* del norte, y todas sus tropas
48.1 Hamat, Hazar-enán, en los *c* de Damasco
Dn. 4.11 a ver desde todos los *c* de la tierra
4.20 y que se veía desde todos los *c* de la
4.22 y tu dominio hasta los *c* de la tierra
Abd. 7 hasta los *c* te hicieron llegar; los que
Mi. 5.6 cuando viniere. .y hollare nuestros *c*

CONFINAR
Jos. 19.34 y al occidente *confinaba* con Aser
Gá. 3.23 fe, estábamos *confinados* bajo la ley

CONFIRMACIÓN
Rt. 4.7 para la *c* de cualquier negocio, el uno
Fil. 1.7 en la defensa y *c* del evangelio, todos
He. 6.16 fin de toda. .es el juramento para *c*

CONFIRMAR
Gn. 17.19 y *confirmaré* mi pacto con él como
26.3 y *confirmaré* el juramento que hice a
Nm. 30.13 su marido lo *confirmará*, o su marido
30.14 callare. .*confirmó* todos sus votos, y
30.14 los *confirmó*, por cuanto calló a ello
Dt. 8.18 a fin de *confirmar* su pacto que juró
9.5 *confirmar* la palabra que Jehová juró a
27.26 maldito. .no *confirmare* las palabras de
28.9 te *confirmará* Jehová por pueblo santo
29.13 para *confirmarte* hoy como su pueblo
1 S. 13.13 Jehová hubiera *confirmado* tu reino
2 S. 3.10 *confirmando* el trono de David sobre
5.12 que Jehová le había *confirmado* por rey
7.25 *confirma* para siempre la palabra que has
1 R. 2.4 para que *confirme* Jehová la palabra
2.24 vive Jehová, quien me ha *confirmado* y
2.46 el reino fue *confirmado* en la mano de
12.15 para *confirmar* la palabra que Jehová
2 R. 15.19 le ayudara a *confirmarse* en el reino
23.3 y todo el pueblo *confirmó* el pacto
1 Cr. 14.2 Jehová lo había *confirmado* como rey
16.17 el cual *confirmó* a Jacob por estatuto
17.12 y yo *confirmaré* su trono eternamente
17.14 sino que lo *confirmaré* en mi casa y
28.7 *confirmaré* su reino para siempre, si él
2 Cr. 1.9 *confírmese*. .Jehová Dios, tu palabra
7.18 yo *confirmaré* el trono de tu reino, como
11.17 *confirmaron* a Roboam hijo de Salomón
17.5 Jehová. .*confirmó* el reino en su mano
25.3 y luego que fue *confirmado* en el reino
35.2 y los *confirmó* en el ministerio de la
Est. 9.31 para *confirmar* estos días de Purim
9.32 el mandamiento de Ester *confirmó* estas
Sal. 68.28 *confirma*, oh Dios, lo que has hecho
89.4 para siempre *confirmaré* tu descendencia
90.17(2) la obra de nuestras manos *confirma*
99.4 tú *confirmas* la rectitud; tú has hecho
119.38 *confirma* tu palabra a tu siervo, que
Is. 2.2 será *confirmado* el monte de la casa de
9.7 y *confirmándolo* en juicio y en justicia
14.24 será *confirmado* como lo he determinado
Jer. 11.5 que *confirme* el juramento que hice
28.6 *confirme* Jehová tus palabras, con las
30.20 y su congregación. .será *confirmada*
33.14 yo *confirmaré* la buena palabra que he
44.25 *confirmáis* a la verdad vuestros votos
51.29 es *confirmado* contra Babilonia todo el
Ez. 13.6 esperan que él *confirme* la palabra de
16.12 por mi pacto que yo *confirmaré* contigo
Dn. 6.7 promulgues un edicto. .y lo *confirmes*
6.8 rey, *confirma* el edicto y fírmalo, para
6.12 ¿no has *confirmado* edicto que cualquiera
6.13 no acata el edicto que *confirmaste*, sino
6.15 que ningún edicto. .que el rey *confirme*
9.27 y por otra semana *confirmará* el pacto
Mi. 7.3 el grande habla el antojo. .lo *confirman*
Mr. 16.20 *confirmando* la palabra con. .señales
Lc. 22.32 tú. .vuelto, *confirma* a tus hermanos
Hch. 3.16 le ha *confirmado* su nombre; y la fe
14.22 *confirmando* los ánimos de. .discípulos
15.32 Judas. .*confirmaron* a los hermanos con
15.41 pasó por. .*confirmando* a las iglesias
16.5 las iglesias eran *confirmadas* en la fe
18.23 *confirmando* a todos los discípulos
24.9 los judíos. .*confirmaban*, diciendo ser así
Ro. 1.11 veros. .a fin de que seáis *confirmados*
3.31 en ninguna manera. .*confirmamos* la ley
15.8 para *confirmar* las promesas hechas a los
16.25 puede *confirmaros* según mi evangelio
1 Co. 1.6 el testimonio. .ha sido *confirmado* en
1.8 el cual. .os *confirmará* hasta el fin, para
2 Co. 1.21 el que nos *confirma* con vosotros en
2.8 ruego que *confirméis* el amor para con él
Col. 2.7 arraigados y. .y *confirmados* en la fe
1 Ts. 3.2 *confirmaros*. .respecto a vuestra fe

CONFIRMAR *(Continúa)*

2 Ts. 2.17 y os *confirme* en toda buena palabra
He. 2.3 nos fue *confirmada* por los que oyeron
9.17 testamento con la muerte se *confirma*
2 P. 1.12 y estéis *confirmados* en la verdad

CONFLICTO

Sal. 20.1 Jehová te oiga en el día de *c;* el
Dn. 10.1 y el *c* grande; pero él comprendió la
2 Co. 7.5 sino..de fuera, *c;* de dentro, temores
Fil. 1.30 teniendo el mismo *c* que habéis visto

CONFORMAR

Job 34.9 de nada servirá..*conformar* su voluntad
Ro. 12.2 no os *conforméis* a este siglo, sino
1 Ti. 6.3 no se *conforma* a las sanas palabras
1 P. 1.14 no os *conforméis* a..deseos que antes

CONFORTAR

Jue. 19.5 dijo a su yerno: *Conforta* tu corazón
19.8 *conforta* ahora tu corazón, y aguarda
Sal. 23.3 *confortará* mi alma; me guiará por
Pr. 15.30 la buena nueva *conforta* los huesos
Cnt. 2.5 con pasas, *confortadme* con manzanas
Ro. 1.12 ser mutuamente *confortados* por la fe
1 Co. 16.18 porque *confortaron* mi espíritu y el
2 Co. 7.13 haya sido *confortado* su espíritu por
Col. 4.8 Tíquico..*conforte* vuestros corazones
2 Ts. 2.17 *conforte* vuestros corazones, y os
2 Ti. 1.16 porque muchas veces me *confortó,* y
Flm. 7 han sido *confortados* los corazones de
20 el Señor; *conforta* mi corazón en el Señor

CONFUNDIR

Gn. 11.7 *confundamos* allí su lengua, para que
11.9 *confundió* Jehová el lenguaje de toda la
2 R. 19.26 fueron acobardados y *confundidos*
Sal. 25.3 ninguno de cuantos..será *confundido*
31.1 no sea yo *confundido* jamás; líbrame en
35.4,26; 40.14 sean avergonzados y *confundidos*
55.9 oh Señor; *confunde* la lengua de ellos
69.6 no sean *confundidos* por mí los que te
70.2 sean..*confundidos* los que buscan mi vida
71.24 han sido *confundidos* los que mi mal
Is. 19.9 los que tejen redes serán *confundidos*
24.23 y el sol se *confundirá,* cuando Jehová
41.11 contra ti..avergonzados y *confundidos*
42.17 *confundidos* los que confían en ídolos
54.4 no temas, pues no serás *confundida*
66.5 para alegría vuestra..serán *confundidos*
Jer. 14.3 *confundieron,* y cubrieron..cabezas
22.22 *confundirás* a causa de toda tu maldad
31.19 avergoncé y me *confundí,* porque llevé
48.1 Nebo..fue *confundida* Misgab, y desmayó
49.23 se *confundieron* Hamat y Arfad, porque
50.2 Bel es *confundido,* deshecho es Merodac
Jl. 1.11 *confundíos,* labradores; gemid, viñeros
Mi. 3.7 profetas, y se *confundirán* los adivinos
Zac. 9.5 porque su esperanza será *confundida*
Lc. 21.25 *confundidas* a causa del bramido del
Hch. 9.22 *confundía* a los judíos que moraban en

CONFUSIÓN

1 S. 14.20 contra su compañero, y había..*c*
20.30 para *c* tuya, y para *c*..de tu madre?
Job 8.22 que te aborrecen serán vestidos de *c*
Sal. 35.26 vístanse de vergüenza y de *c* los
44.15 cada día..la *c* de mi rostro me cubre
69.7 he sufrido afrenta; *c* ha cubierto mi
69.19 tú sabes mi afrenta, mi *c* y mi oprobio
71.13 sean cubiertos de..*c* los que mi mal
109.29 sean cubiertos de *c* como con manto
132.18 sus enemigos vestiré de *c,* mas sobre
Is. 22.5 día es de alboroto, de angustia y de *c*
30.3 el amparo en la sombra de Egipto en *c*
44.9 y ellos mismos son testigos para su *c*
61.7 en lugar de vuestra doble *c*..alabarán
Jer. 3.24 *c* consumió el trabajo de..padres
3.25 nuestra *c,* y nuestra afrenta nos cubre
7.19 ¿no obran más bien ellos..su propia *c?*
15.9 fue avergonzada y llena de *c;* y lo que
20.11 perpetua *c* que jamás será olvidada
23.40 eterna *c* que nunca borrará el olvido
51.51 la *c* cubrió nuestros rostros, porque
Ez. 16.36 y tu *c* ha sido manifestada a tus
16.52 lleva tu *c,* por cuanto has justificado
16.54 que lleves tu *c,* y te avergüences de
32.24,25,30 su *c* con los que descienden al
36.32 cubríos de *c* por vuestras iniquidades
Dn. 9.7 la justicia, y nuestra la *c* de rostro
9.8 nuestra es la *c* de rostro, de nuestros
12.2 y otros para vergüenza y *c* perpetua
Mi. 7.4 el día de tu castigo..ahora será su *c*
Hch. 19.29 y la ciudad se llenó de *c,* y a una
1 Co. 14.33 Dios no es Dios de *c,* sino de paz

CONFUSO, SA

Jue. 3.25 y habiendo esperado hasta estar *c*
Esd. 9.6 Dios mío, *c* y avergonzado estoy para
Job 6.20 vinieron hasta ellas, y se hallaron *c*
Is. 37.27 acobardados y *c,* fueron como hierba
45.16 *c* y avergonzados serán todos ellos
Jer. 14.4 están *c* los labradores, cubrieron
Hch. 2.6 estaban *c,* porque cada uno les oía
19.32 la concurrencia estaba *c,* y los más no

CONGELAR

Job 37.10 da..y las anchas aguas se *congelan*
38.30 aguas..y se *congela* la faz del abismo

CONGOJA

Éx. 6.9 ellos no escuchaban..a causa de la *c*
1 S. 1.16 por la magnitud de mis *c*..he hablado
Sal. 25.17 se han aumentado; sácame de mis *c*
73.4 porque no tienen *c* por su muerte, pues
107.39 a causa de tiranía, de males y *c*
Pr. 12.25 *c* en el corazón del hombre lo abate
14.13 risa..y el término de la alegría es *c*
Is. 30.20 bien que os dará el Señor pan de *c*
1 Co. 7.32 quisiera, pues, que estuvieseis sin *c*

CONGRACIARSE

Hch. 24.27 pero queriendo Felix *congraciarse*
25.9 queriendo *congraciarse* con los judíos

CONGREGACIÓN

Éx. 12.3 a toda la *c* de Israel, diciendo: En
12.6 y lo inmolará toda la *c* del pueblo de
12.19 comiere..será cortado de la *c* de Israel
12.47 toda la *c* de Israel lo hará
16.1 partió luego de Elim toda la *c* de los
16.2 toda la *c* de los hijos de Israel murmuró
16.9 dí a toda la *c* de los hijos de Israel
16.10 y hablando Aarón a toda la *c* de los
16.22 los príncipes de la *c* vinieron y se lo
17.1 la *c* de los hijos de Israel partió del
34.31 los príncipes de la *c* volvieron a él
35.1 Moisés convocó a toda la *c* de..Israel
35.4 habló Moisés a toda la *c* de los hijos
35.20 salió toda la *c*..de delante de Moisés
38.25 la plata de los empadronados de la *c*
Lv. 4.13 si toda la *c* de Israel hubiere errado
4.14 la *c* ofrecerá un becerro por expiación
4.15 los ancianos de la *c* pondrán sus manos
4.21 primer becerro; expiación es por la *c*
8.3,4 toda la *c* a la puerta del tabernáculo
8.5 Moisés a la *c:* Esto es lo que Jehová ha
9.5 vino..la *c* y se puso delante de Jehová
10.6 ni se levante la ira sobre toda la *c*
10.17 dio..para llevar la iniquidad de la *c*
16.5 de la *c* de..tomará dos machos cabríos
16.17 la expiación..por toda la *c* de Israel
16.33 expiación por..todo el pueblo de la *c*
19.2 habla a toda la *c* de los hijos de Israel
24.14 saca al blasfemo..apedréelo toda la *c*
24.16 la *c* lo apedreará; así el extranjero
Nm. 1.2 tomad el censo de toda la *c* de Israel
1.16 estos eran los nombrados de entre la *c*
1.18 reunieron a toda la *c* en el día primero
1.53 que no haya ira sobre la *c* de..Israel
3.7 y el encargo de toda la *c* delante del
4.34 Moisés..y los jefes de la *c,* contaron
8.9 reunirás a..la *c* de los hijos de Israel
8.20 y toda la *c*..hicieron con los levitas
10.2 te servirán para convocar la *c,* y para
10.3 y cuando las tocaren..la *c* se reunirá
10.7 para reunir la *c* tocaréis, mas no con
12.14 echada fuera..y después volverá a la *c*
13.26 y vinieron a..y a toda la *c* de..Israel
13.26 y dieron la información..a toda la *c*
14.1 entonces toda la *c* gritó, y dio voces
14.5 y Aarón se postraron..delante de..la *c*
14.7 y hablaron a toda la *c* de los hijos de
14.36 hecho murmurar contra él a toda la *c*
15.15 mismo estatuto..la *c* y el extranjero
15.24 hecho por yerro con ignorancia de la *c*
15.24 la *c* ofrecerá un novillo por holocausto
15.25 el sacerdote hará expiación por..la *c*
15.26 será perdonado a toda la *c* de..Israel
15.33 lo trajeron a Moisés y..y a toda la *c*
15.35 apedréelo..la *c* fuera del campamento
15.36 lo sacó la *c* fuera del campamento, y
16.2 levantaron..con 250 príncipes de la *c*
16.3 toda la *c,* todos ellos son santos, y en
16.3 ¿por qué pues, os levantáis..sobre la *c*
16.9 Dios de Israel os haya apartado de la *c*
16.9 estéis delante de la *c* para ministrarles
16.19 hecho juntar contra ellos toda la *c* a
16.19 gloria de Jehová apareció a toda la *c*
16.21 apartaos de..esta *c,* y los consumiré
16.22 ¿por qué airarte contra toda la *c?*
16.24 habla a la *c* y diles: Apartaos de en
16.26 y él habló a la *c,* diciendo: Apartaos
16.33 ellos..perecieron de en medio de la *c*
16.41 el día siguiente, toda la *c*..murmuró
16.42 cuando se juntó la *c* contra Moisés y
16.45 apartaos de en medio de esta *c,* y los
16.46 vé pronto a la *c,* y haz expiación por
16.47 y corrió en medio de la *c:* y he aquí
19.9 las guardará la *c* de los hijos de Israel
19.20 tal persona será cortada de entre la *c*
20.1 Israel, toda la *c,* al desierto de Zin
20.2 no había agua para la *c,* se juntaron
20.4 ¿por qué hiciste venir la *c* de Jehová
20.6 fueron..de delante de la *c* a la puerta
20.8 y reúne la *c*..y darás de beber a la *c*
20.10 reunieron..a la *c* delante de la peña
20.11 aguas, y bebió la *c,* y sus bestias
20.12 no meteréis esta *c* en la tierra que les
20.22 y partiendo de Cades..toda aquella *c*
20.27 y subieron al..a la vista de toda la *c*
20.29 y viendo..la *c* que Aarón había muerto
25.6 trajo una madianita..a ojos..de toda la *c*
25.7 se levantó de..la *c,* y tomó una lanza
26.2 tomad el censo de toda la *c* de..Israel
26.9 y Abiram fueron los del consejo de la *c*
27.2 y se presentaron delante..de toda la *c*
27.14 rebeldes a mi..en la rencilla de la *c*
27.16 ponga Jehová..un varón sobre la *c* de
27.17 la *c* de Jehová no sea como ovejas sin
27.19 y lo pondrás..y delante de toda la *c*
27.20 que toda la *c*..de Israel le obedezca
27.21 entrarán..Israel con él, y toda la *c*
27.22 tomó a Josué y lo puso delante..la *c*
31.12 trajeron..a la *c*..cautivos y el botín
31.13 salieron..todos los príncipes de la *c*
31.16 por lo que hubo mortandad en la *c* de
31.26 tú..y los jefes de los padres de la *c*
31.27 partirás..el botín entre..y toda la *c*
31.43 la mitad para la *c* fue: de las ovejas
32.2 Gad..hablaron..a los príncipes de la *c*
32.4 tierra que Jehová hirió delante de la *c*
35.12 que entre en juicio delante de la *c*
35.24 *c* juzgará entre el que causó la muerte
35.25 y la *c* librará al homicida de mano del
35.25 y la *c* lo hará volver a su ciudad de
Dt. 5.22 palabras habló Jehová a toda vuestra *c*
23.1 no entrará en la *c* de Jehová el que
23.2 no entrará bastardo en la *c* de Jehová
23.2,3 décima generación no entrarán en la *c*
23.3 no entrará amonita ni moabita en la *c*
23.8 la tercera generación entrarán en la *c*
31.30 habló Moisés a oídos de toda la *c* de
33.4 una ley, como heredad a la *c* de Jacob
Jos. 8.35 leer delante de toda la *c* de Israel
9.15 paz..lo juraron los príncipes de la *c*
9.18 los príncipes de la *c* les habían jurado
9.18 toda la *c* murmuraba contra los príncipes
9.19 los príncipes respondieron a toda la *c*
9.21 leñadores y aguadores para toda la *c*
9.27 a ser leñadores y aguadores para la *c*
18.1 la *c* de los hijos de Israel se reunió
20.6 comparezca en juicio delante de la *c*
20.9 hasta que compareciese delante de la *c*
22.12 se juntó..la *c* de los hijos de Israel
22.16 toda la *c*..dice así: ¿Qué transgresión
22.17 vino la mortandad en la *c* de Jehová
22.18 mañana se airará él contra toda la *c*
22.20 y vino ira sobre toda la *c* de Israel?
22.30 oyendo Finees..y los príncipes de la *c*
Jue. 20.1 se reunió la *c* como un solo hombre
21.10 la *c* envió allá a doce mil hombres de
21.13 la *c* envió luego a hablar a..Benjamín
21.16 ancianos de la *c* dijeron: ¿Qué haremos
1 S. 17.47 y sabrá..*c* que Jehová no salva con
1 R. 8.5 toda la *c* de Israel..se había reunido
8.14 bendijo a toda la *c*..la *c*..estaba de pie
8.22 se puso..en presencia de toda la *c* de
8.55 en pie, bendijo a toda la *c* de Israel
8.65 una gran *c,* desde donde entran en Hamat
12.3 vino..Jeroboam, y toda la *c* de Israel
12.20 a llamarle a la *c,* y le hicieron rey
1 Cr. 28.8 los ojos..*c* de Jehová, y en oídos de
29.10 bendijo a Jehová delante de toda la *c*
29.20 dijo David a toda la *c:* Bendecid ahora
29.20 toda la *c* bendijo a Jehová Dios de sus
2 Cr. 5.6 la *c* de Israel que se había reunido
6.3 bendijo a toda la *c*..la *c*..estaba en pie
6.12 en presencia de toda la *c* de Israel, y
6.13 y se arrodilló delante de toda la *c* de
7.8 gran *c,* desde la entrada de Hamat hasta
24.6 Moisés..impuso a la *c* de Israel para el
29.32 holocaustos que trajo la *c,* 70 bueyes
30.2 consejo..y con toda la *c* en Jerusalén
30.17 en la *c* que no estaban santificados
30.25 alegró, pues, toda la *c* de Judá, como
Esd. 2.64 toda la *c,* unida como un solo hombre
10.8 el tal fuese excluido de la *c* de los del
10.14 los que se queden en lugar de toda la *c*
Neh. 5.13 respondió..la *c:* ¡Amén! y alabaron
7.66 toda la *c* junta era de 42.360
8.2 Esdras trajo la ley delante de la *c,* así
8.17 la *c* que volvió de la..hizo tabernáculos
13.1 no debían entrar jamás en la *c* de Dios
Job 15.34 porque la *c* de los impíos será asolada
30.28 me he levantado en la *c,* y clamado
Sal. 1.5 los pecadores en la *c* de los justos
7.7 te rodeará *c* de pueblos, y sobre ella
22.22 nombre..en medio de la *c* te alabaré
22.25 de ti será mi alabanza en la gran *c*
26.12 rectitud; en las *c* bendeciré a Jehová
35.18 te confesaré en grande *c;* te alabaré
40.9 he anunciado justicia en grande *c*
58.1 oh *c,* ¿pronunciáis en verdad justicia?
68.26 bendecid a Dios en las *c;* al Señor
68.27 estaba..los príncipes de Judá en su *c*
74.2 acuérdate de tu *c,* la que adquiriste
74.19 y no olvides para siempre la *c* de tus

CONGREGACIÓN *(Continúa)*
Sal. 89.5 tu verdad también en la *c* de los santos
89.7 Dios temible en la gran *c* de los santos
107.32 exáltenlo en la *c* del pueblo, y en la
111.1 alabaré. .la compañía y *c* de los rectos
149.1 su alabanza sea en la *c* de los santos
Pr. 5.14 mal. .en medio de la sociedad y de la *c*
26.26 su maldad será descubierta en la *c*
Ec. 12.11 clavos. .las de los maestros de las *c*
Jer. 6.18 y entended, oh *c*, lo que sucederá
9.2 ellos son adúlteros, *c* de prevaricadores
30.20 y su *c* delante de mí será confirmada
Lm. 1.10 cuales mandaste. .no entrasen en tu *c*
Ez. 13.9 los profetas. .no estarán en la *c* de
Os. 7.12 conforme a. .se ha anunciado en sus *c*
Mi. 2.5 reparta heredades en la *c* de Jehová
Hch. 7.38 es aquel Moisés que estuvo en la *c*
13.43 despedida la *c*, muchos de los judíos
15.30 reuniendo a la *c*, entregaron la carta
1 Co. 14.34 vuestras mujeres callen en las *c*
14.35 indecoroso que una mujer hable en la *c*
He. 2.12 nombre, en medio de la *c* te alabaré
12.23 a la *c* de los primogénitos que están
Stg. 2.2 vuestra *c* entra un hombre con anillo

CONGREGAR
Gn. 49.10 y a él se *congregarán* los pueblos
Nm. 10.4 se *congregarán* ante ti los príncipes
Dt. 31.12 harás *congregar* al pueblo, varones y
31.28 *congregad* a mí todos los ancianos de
33.5 se *congregaron* los jefes del pueblo con
1 S. 17.1 los filisteos. .se *congregaron* en Soco
1 R. 18.19 y *congrégame* a todo Israel en el
1 Cr. 15.3 y *congregó* David a todo Israel en
2 Cr. 5.3 se *congregaron* con el rey todos los
Sal. 102.22 los pueblos y. .se *congreguen* en uno
107.3 y los ha *congregado* de las tierras, del
Is. 41.5 tierra se espantaron; se *congregaron*
43.9 *congréguense* a una todas las naciones
49.5 hacer volver. .para *congregarle* a Israel
52.12 irá. .y os *congregará* el Dios de Israel
56.8 aún juntaré sobre él a sus *congregados*
Lm. 2.6 destruyó el. .en donde se *congregaban*
Ez. 11.17 y os *congregaré* de las tierras en las
20.41 haya *congregado* de entre las tierras
Os. 1.11 se *congregarán* los hijos de Judá y de
7.14 para el trigo y el. .se *congregaron*, se
Jl. 1.14 *congregad* a los ancianos y a todos los
2.16 *congregad* a los niños y a los que maman
3.11 venid, naciones todas de. .y *congregaos*
Sof. 2.1 *congregaos* y meditad, oh nación sin
Mt. 18.20 dos o tres *congregados* en mi nombre
Jn. 11.52 para *congregar* en uno a los hijos de
Hch. 4.31 el lugar en que estaban *congregados*
11.26 se *congregaron* allí todo un año con la
1 Co. 11.17 no os *congregáis* para lo mejor, sino
He. 10.25 no dejando de *congregarnos*, como
Ap. 19.17 y *congregaos* a la gran cena de Dios

CONÍAS *Rey de Judá (=Jeconías y Joaquín)*
Jer. 22.24 *C* hijo de Joacim rey de Judá fuera
22.28 ¿es este hombre *C*. .vasija despreciada
37.1 en lugar de *C* hijo de Joacim reinó el

CONJUNTO
Gn. 35.11 y *c* de naciones procederán de ti, y

CONJURACIÓN
2 R. 12.20 conspiraron en *c*, y mataron a Joás
Ez. 22.25 *c* de sus profetas en medio de ella
Hch. 23.13 más de cuarenta. .habían hecho esta *c*

CONJURAR
Nm. 5.19 el sacerdote la *conjurará* y le dirá
5.21 el sacerdote *conjurará* a la mujer con
2 Cr. 18.15 *conjuraré* por el nombre de Jehová
Neh. 6.18 muchos en Judá se habían *conjurado*
Sal. 102.8 enfurecen, se han *conjurado* contra
Cnt. 2.7; 3.5; 5.8 os *conjuro*, oh doncellas de
5.9 más que otro amado, que así nos *conjuras?*
8.4 os *conjuro*. .que no despertéis ni hagáis
Mt. 26.63 te *conjuro* por el Dios viviente, que
Mr. 5.7 *conjuro* por Dios que no me atormentes
Hch. 19.13 os *conjuro* por Jesús, el que predica
1 Ts. 5.27 os *conjuro*. .que esta carta se lea

CONMEMORACIÓN
Lv. 23.24 tendréis. .una *c* al son de trompetas

CONMEMORAR
Est. 9.31 para *conmemorar* el fin de los ayunos
Sal. 70 *tít.* salmo de David, para *conmemorar*

CONMEMORATIVO
Jos. 4.7 estas piedras servirán de monumento *c*

CONMIGO
Gn. 31.42 si el Dios de Isaac no estuviera *c*
35.3 al Dios que. .ha estado *c* en el camino
1 S. 22.23 quédate *c*. .pues *c* estarás a salvo
Sal. 23.4 no temeré mal alguno. .tú estarás *c*
118.6 Jehová. .*c*; no temeré lo que me pueda
118.7 Jehová está *c* entre los que me ayudan
Jer. 20.11 Jehová está *c* como poderoso gigante
Mt. 12.30 el que no es *c*. .el que *c* no recoge
Lc. 23.43 de cierto te digo que hoy estarás *c*
Jn. 15.27 habéis estado *c* desde el principio
17.24 donde yo estoy, también ellos estén *c*

CONMISERACIÓN
1 Co. 15.19 somos los más dignos de *c* de todos

CONMOCIÓN
Sal. 38.8 gimo a causa de la *c* de mi corazón
Is. 63.15 y tu poder, la *c* de tus entrañas y

CONMOVER
Gn. 43.30 *conmovieron* sus entrañas a causa de
Rt. 1.19 ciudad se *conmovió* por causa de ellas
2 S. 22.8 la tierra fue *conmovida*, y tembló
22.8 y se *conmovieron* los cimientos de los
1 R. 3.26 sus entrañas se le *conmovieron* por su
1 Cr. 16.30 establecido. .que no se *conmueva*
2 Cr. 34.27 tu corazón se *conmovió*. .humillaste
Est. 3.15 la ciudad de Susa estaba *conmovida*
Sal. 16.8 está a mi diestra, no seré *conmovido*
18.7 la tierra fue *conmovida* y tembló
18.7 *conmovieron* los cimientos de los montes
21.7 rey confía en Jehová. .no será *conmovido*
30.6 en mi. .dije yo: No seré jamás *conmovido*
46.5 Dios está en medio. .no será *conmovida*
55.2 clamo en mi oración, y me *conmuevo*
77.3 me acordaba de Dios, y me *conmovía;* me
96.10 afirmó el mundo, no será *conmovido*
99.1 él está sentado. .se *conmoverá* la tierra
Cnt. 5.4 mi corazón se *conmovió* dentro de mí
Is. 24.19 en. .manera será la tierra *conmovida*
Jer. 31.20 mis entrañas se *conmovieron* por él
Lm. 1.12 ¿no os *conmueve* a cuantos pasáis por
2.11 mis ojos desfallecieron. .se *conmovieron*
Os. 11.8 mi corazón se *conmueve* dentro de mí
Nah. 1.5 la tierra se *conmueve* a su presencia
Hab. 3.16 oí, y se *conmovieron* mis entrañas
Mt. 21.10 toda la ciudad se *conmovió*, diciendo
24.29; Mr. 13.25; Lc. 21.26 las potencias de
los cielos serán *conmovidas*
Jn. 11.33 Jesús. .se estremeció. .y se *conmovió*
11.38 *conmovido* otra vez, vino al sepulcro
13.21 *conmovió* en espíritu, y declaró y dijo
Hch. 2.25 está a mi diestra, no seré *conmovido*
21.30 así que toda la ciudad se *conmovió*, y
He. 12.26 la voz del cual *conmovió*. .la tierra
12.26 *conmoveré* no solamente la tierra, sino

CONOCER
Gn. 3.7 ojos. .y *conocieron* que estaban desnudos
4.1 *conoció* Adán a su mujer Eva. .concibió
4.17 y *conoció* Caín a su mujer. .y dio a luz
4.25 y *conoció* de nuevo Adán a su mujer, la
12.11 *conozco* que eres mujer de hermoso
15.8 Señor Jehová, ¿en qué *conoceré* que la
19.5 a Lot. .sácalos, para que los *conozcamos*
19.8 dos hijas que no han *conocido* varón; os
22.12 *conozco* que temes a Dios, por cuanto
24.14 *conoceré* que habrás hecho misericordia
24.16 virgen, a la que varón no había *conocido*
27.23 no le *conoció*, porque sus manos eran
29.5 ¿*conocéis* a Labán hijo. .Sí, le *conocemos*
38.26 más justa es. .Y nunca más la *conoció*
41.21 mas no se *conocía* que hubiesen entrado
42.7 *conoció;* mas hizo. .que no los *conocía*
42.8 José. .*conoció*. .ellos no le *conocieron*
42.33 esto *conoceré* que sois hombres honrados
45.1 nadie con él, al darse a *conocer* José a
Éx. 1.8 un nuevo rey que no *conocía* a José
3.7 su clamor. .pues he *conocido* sus angustias
4.14 *conozco* yo a tu hermano Aarón, levita
5.2 no *conozco* a Jehová, ni tampoco dejaré ir
6.3 en mi nombre JEHOVA no me di a *conocer*
7.17 en esto *conocerás* que yo soy Jehová; he
8.10 para que *conozcas* que no hay como Jehová
18.11 *conozco* que Jehová es más grande que
29.46 y *conocerán* que yo soy Jehová su Dios
32.22 *conoces* al pueblo, que es inclinado a
33.12 dices: Yo te he *conocido* por tu nombre
33.13 para que te *conozca*, y halle gracia en
33.16 ¿y en qué se *conocerá*. .que he hallado
33.17 gracia. .y te he *conocido* por tu nombre
Lv. 4.14 que llegue a ser *conocido* el pecado
4.23,28 que *conociere* su pecado que cometió
Nm. 10.31 tú *conoces*. .donde hemos de acampar
14.31 vuestros niños. .*conocerán* la tierra que
14.34 cuarenta años. .y *conoceréis* mi castigo
16.28 en esto *conoceréis* que Jehová. .enviado
16.30 *conoceréis* que estos. .irritaron a Jehová
31.17 matad. .mujer que haya *conocido* varón
31.18 no hayan *conocido* varón, las dejaréis
31.35 de mujeres que no habían *conocido* varón
Dt. 7.9 *conoce*. .Jehová tu Dios es Dios, Dios
7.15 malas plagas de Egipto que tú *conoces*
8.3 maná, comida que no *conocías* tú, ni tus
8.3,16 maná. .tus padres no habían *conocido*
9.24 rebeldes. .desde el día que yo os *conozco*
11.28 de dioses ajenos que no habéis *conocido*
13.2 vamos en pos de dioses. .que no *conociste*
13.6 a dioses ajenos, que ni tú. .*conocisteis*
13.13 a dioses. .que vosotros no *conocisteis*
18.21 dijeres. .¿Cómo *conoceremos* la palabra
22.2 y si tu hermano no. .o no lo *conocieres*
28.33 fruto. .comerá pueblo que no *conociste*
28.36 te llevará. .a nación que no *conociste*
28.64 a dioses ajenos que no *conociste* tú ni
29.26 se inclinaron a. .dioses que no *conocían*
31.21 yo *conozco* lo que se proponen. .antes
31.27 *conozco* tu rebelión, y tu dura cerviz
32.17 dioses que no habían *conocido*, a nuevos
33.9 y no reconoció. .ni a sus hijos *conoció*
34.6 ninguno *conoce*. .su sepultura hasta hoy
34.10 quien haya *conocido* Jehová cara a cara
Jos. 3.10 *conoceréis* que el Dios viviente está
4.24 todos. .*conozcan* que la mano de Jehová es
Jue. 2.10 generación que no *conocía* a Jehová
3.1 no habían *conocido* todas las guerras de
3.2 para que. .de Israel *conociese* la guerra
3.2 a los que antes no la habían *conocido*
11.39 hizo de ella. .Y ella nunca *conoció* varón
13.21 *conoció* Manoa. .era el ángel de Jehová
19.22 saca al hombre. .para que lo *conozcamos*
21.11 a toda mujer que haya *conocido*. .varón
21.12 que no habían *conocido* ayuntamiento de
Rt. 2.11 venido a un pueblo que no *conociste*
3.3 no te darás a *conocer* al varón hasta que
1 S. 3.7 Samuel no había *conocido* aún a Jehová
3.20 Israel. .*conoció* que Samuel era. .profeta
6.3 *conoceréis* por qué no se apartó. .su mano
10.11 los que le *conocían* antes vieron que
12.17 *conozcáis*. .que es grande vuestra maldad
17.28 yo *conozco* tu soberbia y la malicia de
23.22 aseguraos más, *conoced* y ved el lugar
24.11 *conoce*. .ve que no hay mal ni traición
26.17 *conociendo* Saúl la voz de David, dijo
2 S. 3.25 tú *conoces* a Abner hijo de Ner
7.20 tú *conoces* a tu siervo, Señor Jehová
14.1 *conociendo* Joab. .que el corazón del rey
14.20 para *conocer* lo que hay en la tierra
22.44 pueblo que yo no *conocía* me servirá
1 R. 1.4 abrigaba al rey. .rey nunca la *conoció*
4.31 fue *conocido* entre todas las naciones de
8.39 cuyo corazón tú *conoces*. .solo tú *c* el
8.43 todos los pueblos de. .*conozcan* tu nombre
14.2 y disfrázate, para que no te *conozcan*
17.24 *conozco* que tú eres varón de Dios, y
18.37 *conozca* este pueblo que. .eres el Dios
20.13,28 para que *conozcas* que yo soy Jehová
20.41 el rey. .*conoció* que era de los profetas
2 R. 5.15 *conozco* que no hay Dios en. .la tierra
9.11 les dijo: Vosotros *conocéis* al hombre
17.26 no *conocen* la ley del Dios de aquella
19.27 he *conocido* tu situación, tu salida y
1 Cr. 16.8 a *conocer* en los pueblos sus obras
17.18 ¿qué más. .Mas tu *conoces* a tu siervo
2 Cr. 6.29 cualquiera que *conociere* su llaga y
6.30 *conocido* su corazón. .sólo tú *conoces* el
6.33 todos los pueblos de la tierra *conozcan*
32.31 para probarle, para hacer *conocer* todo
Esd. 7.25 los que *conocen* las leyes de tu Dios
7.25 y al que no las *conoce*, le enseñarás
Neh. 6.16 *conocieron* que por nuestro Dios había
Est. 1.13 los sabios que *conocían* los tiempos
8.13 darse por decreto. .que fuese *conocido*
Job 2.12 los ojos desde lejos, no lo *conocieron*
4.16 un fantasma, cuyo rostro yo no *conocí*
5.27 óyelo, y *conócelo* tú para tu provecho
7.10 no volverá más. .ni su lugar le *conocerá*
11.6 *conocerías*. .Dios te ha castigado menos
11.8 es más profunda . .¿cómo la *conocerás?*
11.11 porque él *conoce* a los hombres vanos
18.21 será el lugar del que no *conoció* a Dios
20.9 nunca más. .ni su lugar le *conocerá* más
21.19 Dios. .le dará su pago, para que *conozca*
21.27 *conozco* vuestros pensamientos, y las
21.29 y no habéis *conocido* su respuesta
23.10 mas él *conoce* mi camino; me probará
24.1 qué los que le *conocen* no ven sus días?
24.13 rebeldes. .nunca *conocieron* sus caminos
24.16 minan las casas. .no *conocen* la luz
24.17 si son *conocidos*, terrores. .los toman
26.3 qué. .inteligencia has dado a *conocer?*
28.7 senda que nunca la *conoció* ave, ni ojo
28.13 no *conoce* su valor el hombre, ni se
28.23 Dios entiende el. .y *conoce* su lugar
31.6 péseme Dios. .y *conocerá* mi integridad
34.4 *conozcamos*. .nosotros cuál sea lo bueno
36.9 él les dará a *conocer* la obra de ellos
36.26 aquí, Dios es grande. .no le *conocemos*
37.16 ¿has *conocido* tú las diferencias de las
42.2 yo *conozco* que todo lo puedes, y que no
42.11 vinieron. .los que. .le habían *conocido*
Sal. 1.6 Jehová *conoce* el camino de los justos
9.10 ti confiarán los que *conocen* tu nombre
9.16 Jehová se ha hecho *conocer* en el juicio
9.20 *conozcan* las naciones que no son sino
18.43 pueblo que yo no *conocía* me sirvió
20.6 *conozco* que Jehová salva a su ungido
25.14 temen, y a ellos hará *conocer* su pacto
31.7 has *conocido* mi alma en las angustias

CONOCER *(Continúa)*
Sal. 36.10 tu misericordia a los que te *conocen*
37.18 *conoce* Jehová..días de los perfectos
41.11 en esto *conoceré* que te he agradado
44.21 él *conoce* los secretos del corazón
46.10 estad quietos, y *conoced* que yo soy
48.3 en sus palacios Dios es *conocido* por
50.11 *conozco* a todas las aves de los montes
67.2 que sea *conocido* en la tierra tu camino
69.5 Dios, tú *conoces* mi insensatez, y mis
76.1 Dios es *conocido* en Judá; en Israel es
77.19 y tus pisadas no fueron *conocidas*
79.6 derrama tu ira sobre..que no te *conocen*
83.18 y *conozcan* que tu nombre es Jehová
87.4 de Babilonia entre los que me *conocen*
90.11 ¿quién *conoce* el poder de tu ira, y tu
91.14 alto, por cuanto ha *conocido* mi nombre
94.11 Jehová *conoce* los pensamientos de los
95.10 divaga..y no han *conocido* mis caminos
101.4 apartaré de mí; no *conoceré* al malvado
103.14 *conoce* nuestra condición; se acuerda
103.16 pereció, y su lugar no la *conocerá*
104.19 hizo la luna..el sol *conoce* su ocaso
105.1 dad a *conocer* sus obras en los pueblos
119.75 *conozco*..que tus juicios son justos
119.79 que te temen y *conocen* tus testimonios
119.125 dame entendimiento para *conocer* tus
139.1 Jehová, tú me has examinado y *conocido*
139.2 *conocido* mi sentarme y mi levantarme
139.3 y todos mis caminos te son *conocidos*
139.23 *conoce* mi corazón; pruébame y *c* mis
142.3 dentro de mí, tú *conociste* mi senda
142.4 pues no hay quien me quiera *conocer*
147.20 a sus juicios, no los *conocieron*
Pr. 1.2 entender..*conocer* razones prudentes
4.1 estad atentos, para que *conozcáis* cordura
5.6 caminos..inestables; no los *conocerás*
12.16 el necio al punto da a *conocer* su ira
14.10 el corazón *conoce* la amargura de su
14.33 no es *conocida* en medio de los necios
20.11 el muchacho es *conocido* por sus hechos
24.12 el que mira por tu alma..lo *conocerá*
27.23 sé diligente en *conocer* el estado de
29.7 *conoce* el justo la causa de los pobres
30.3 yo ni..ni *conozco* la ciencia del Santo
31.23 su marido es *conocido* en las puertas
Ec. 1.17 dediqué mi corazón a *conocer*..entender
1.17 *conocí* que aun esto era aflicción de
3.12 yo he *conocido* que no hay..cosa mejor
6.5 no ha visto el sol, ni lo ha *conocido*
7.25 para *conocer* la maldad de la insensatez
8.16 dediqué mi corazón a *conocer* sabiduría
8.17 aunque diga el sabio que la *conoce*, no
9.12 hombre tampoco *conoce* su tiempo; como
Is. 1.3 el buey *conoce* a su dueño, y el asno el
19.21 Jehová será *conocido* de Egipto, y los
19.21 y los de Egipto *conocerán* a Jehová en
29.15 ¿quién nos vé, y quién nos *conoce?*
33.13 vosotros los..cerca, *conoced* mi poder
37.20 reinos de la tierra *conozcan* que solo
37.28 he *conocido* tu condición, tu salida y
41.20 para que vean y *conozcan*, y adviertan
42.16 andar..sendas que no habían *conocido*
43.10 escogí, para que me *conozcáis* y creáis
43.19 pronto saldrá a luz; ¿no la *conoceréis?*
44.8 no hay Dios sino yo..no *conozco* ninguno
45.4 te llamé por tu..aunque no me *conociste*
45.5 yo te ceñiré, aunque tú no me *conociste*
47.8 tú que dices en..ni *conoceré* orfandad
48.4 cuanto *conozco* que eres duro..tu cerviz
48.8 sí, nunca lo habías oído, ni..*conocido*
49.23 y *conocerás* que yo soy Jehová, que no
49.26 y *conocerá* todo hombre que yo Jehová
51.7 que *conocéis* justicia, pueblo en cuyo
55.5 aquí, llamarás a gente que no *conociste*
55.5 gentes que no te *conocieron* correrán a
59.8 no *conocieron* camino de paz, ni hay
59.8 que por ellas fuere, no *conocerá* paz
59.12 porque..y *conocemos* nuestros pecados
60.16 y *conocerás* que..soy el Salvador tuyo
61.9 la descendencia de ellos será *conocida*
63.16 nos ignora, e Israel no nos *conoce;* tú
66.14 la mano de Jehová para..será *conocida*
66.18 *conozco* sus obras y sus pensamientos
Jer. 1.5 antes que te formase en el..te *conocí*
2.8 los que tenían la ley no me *conocieron*
2.23 *conoce* lo que has hecho, dromedaria
4.22 mi pueblo es necio, no me *conocieron*
5.4 pues no *conocen* el camino de Jehová, el
5.5 a los grandes..ellos *conocen* el camino de
6.27 *conocerás*, pues, y examinarás el camino
7.9 andando tras dioses..que no *conocisteis*
8.7 la cigüeña en el cielo *conoce* su tiempo
8.7 mi pueblo no *conoce* el juicio de Jehová
9.6 muy engañadores no quisieron *conocerme*
9.16 que ni ellos ni sus padres *conocieron*
9.24 alábese en..en entenderme y *conocerme*
10.23 *conozco*, oh Jehová, que el hombre no es
10.25 sobre los pueblos que no te *conocen*, y
11.18 y Jehová me lo hizo saber, y lo *conocí*
12.3 pero tú, oh Jehová, me *conoces;* me viste
15.14 haré servir..en tierra que no *conoces*
16.13 ni vuestros padres habéis *conocido*, y
16.21 les enseñaré esta vez, les haré *conocer*
17.4 haré servir..en tierra que no *conociste*
17.9 engañoso..perverso; ¿quién lo *conocerá?*
18.23 oh Jehová, *conoces* todo su consejo
19.4 incienso a dioses..no habían *conocido*
22.16 él juzgó..¿No es esto *conocerme* a mí?
22.28 echados a tierra..no habían *conocido?*
24.7 para que me *conozcan* que yo soy Jehová
28.9 *conocido* como el profeta que Jehová en
31.34 *conoce* a Jehová..todos me *conocerán*
32.8 entonces *conocí*..era palabra de Jehová
33.3 y te enseñaré cosas..que tú no *conoces*
44.3 dioses ajenos que..no habían *conocido*
48.30 yo *conozco*..su cólera, pero no tendrá
Lm. 4.8 oscuro..es su aspecto; no los *conocen*
Ez. 2.5 *conocerán* que hubo profeta entre ellos
6.14 extenderé mi mano..*conocerán* que yo soy
10.20 los mismos..*conocí* que eran querubines
14.23 *conoceréis* que no sin causa hice todo
20.4 hazles *conocer* las abominaciones de sus
20.5 me di a *conocer* a ellos en la tierra de
20.9 las naciones..en cuyos ojos fui *conocido*
20.11 les hice *conocer* mis decretos, por los
25.14 y *conocerán* mi venganza, dice Jehová
28.19 todos los que te *conocieron* de entre
32.9 lleve..por las tierras que no *conociste*
35.11 *conocido* en ellos, cuando te juzgue
38.16 las naciones me *conozcan*, cuando sea
38.23 seré *conocido* ante los ojos de muchas
Dn. 2.8 *conozco*..que vosotros ponéis dilaciones
2.22 *conoce* lo que está en tinieblas, y con
2.23 nos has dado a *conocer* el asunto del rey
2.26 ¿podrás tú hacerme *conocer* el sueño que
2.30 sino para que se dé a *conocer* al rey la
4.17 *conozcan* los vivientes que el Altísimo
4.25 *conozcas* que el Altísimo tiene dominio
7.16 y me hizo *conocer* la interpretación de
11.32 mas el pueblo que *conoce* a su Dios se
11.38 al dios..que sus padres no *conocieron*
Os. 2.20 y te desposaré..y *conocerás* a Jehová
5.3 yo *conozco* a Efraín, e Israel no me es
5.4 no piensan en..y no *conocen* a Jehová
5.9 tribus de Israel hice *conocer* la verdad
6.3 *conoceremos*, y proseguiremos en *conocer*
8.2 a mí clamará Israel..te hemos *conocido*
9.7 días del castigo, e Israel lo *conocerá*
11.3 Efraín..y no *conoció* que yo le cuidaba
13.4 no *conocerás*..otro dios fuera de mí, ni
13.5 yo te *conocí* en el desierto, en tierra
Jl. 2.27 y *conoceréis* que en medio de Israel
3.17 y *conoceréis* que yo soy Jehová..Dios
Am. 3.2 a vosotros..he *conocido* de todas las
Mi. 4.12 no *conocieron* los pensamientos de
6.5 para que *conozcas* las justicias de Jehová
Nah. 1.7 Jehová es bueno..y *conoce* a los que
3.17 y no se *conoce* el lugar donde están
Hab. 3.2 en medio de los tiempos hazla *conocer*
Sof. 3.5 el perverso no *conoce* la vergüenza
Zac. 2.11 *conocerás* que Jehová..me ha enviado
4.9 *conocerás* que Jehová de los..me envió
6.15 *conoceréis* que Jehová..me ha enviado
7.14 por..las naciones que ellos no *conocían*
11.11 *conocieron* los pobres del rebaño que
14.7 un día, el cual es *conocido* de Jehová
Mt. 1.25 no la *conoció* hasta que dio a luz a
7.16,20 por sus frutos los *conoceréis*
7.23 declararé: Nunca os *conocí;* apartaos de
9.4 y *conociendo* Jesús los pensamientos de
11.27 nadie *conoce* al Hijo..ni al Padre *c*
12.33 porque por el fruto se *conoce* el árbol
14.35 cuando le *conocieron* los hombres de
17.12 que Elías ya vino, y no le *conocieron*
22.18 Jesús, *conociendo* la malicia de ellos
24.33 *conoced* que está cerca, a las puertas
25.12 de cierto os digo, que no os *conozco*
25.24 Señor, te *conocía* que eres hombre duro
26.72 él negó otra vez..No *conozco* al hombre
26.74 comenzó..a jurar: No *conozco* al hombre
Mr. 1.34 no dejaba hablar..porque le *conocían*
2.8 *conociendo* luego Jesús..que cavilaban de
5.30 *conociendo*..poder que había salido de él
6.54 y saliendo ellos de..la gente le *conoció*
13.29 *conoced* que está cerca, a las puertas
14.68 mas él negó, diciendo: No le *conozco*
14.71 y a jurar: No *conozco* a este hombre de
15.10 *conocía* que por envidia le..entregado
Lc. 1.4 para que *conozcas* bien la verdad de las
1.18 ¿en qué *conoceré* esto? Porque yo soy
1.34 ¿cómo será esto? pues no *conozco* varón
2.17 y al verlo, dieron a *conocer* lo que se
4.34 *conozco* quién eres, el Santo de Israel
5.22 *conociendo* los pensamientos de ellos
6.8 mas él *conocía* los pensamientos de ellos
6.44 cada árbol se *conoce* por su fruto
7.39 *conocería* quién y qué clase de mujer es
8.10 él dijo: A vosotros os es dado *conocer*
8.17 haya de ser *conocido*, y de salir a luz
8.46 he *conocido* que ha salido poder de mí
10.22 nadie *conoce* quién es el Hijo sino el
11.17 él, *conociendo* los pensamientos de ellos
12.47 siervo que *conociendo* la voluntad de
12.48 que sin *conocerla* hizo cosas dignas de
16.15 Dios *conoce* vuestros corazones; porque
19.42 ¡oh, si..*conocieses*, a lo menos en este
19.44 por cuanto no *conociste* el tiempo de tu
22.34 tú niegues tres veces que me *conoces*
22.57 lo negó, diciendo: Mujer, no lo *conozco*
24.16 velados, para que no le *conociesen*
Jn. 1.10 en el mundo..el mundo no le *conoció*
1.18 el unigénito Hijo..le ha dado a *conocer*
1.26 está uno a quien vosotros no *conocéis*
1.31 yo no le *conocía;* mas para que fuese
1.33 yo no le *conocía;* pero el que me envió
1.48 le dijo Natanael: ¿De dónde me *conoces?*
2.24 no se fiaba de ellos..*conocía* a todos
4.10 si *conocieras* el don de Dios, y quién es
5.42 os *conozco*, que no tenéis amor de Dios
6.42 cuyo padre y madre nosotros *conocemos?*
6.69 hemos creído y *conocemos* que tú eres el
7.4 que procura darse a *conocer* hace algo en
7.17 *conocerá* si la doctrina es de Dios, o si
7.28 mí me *conocéis*, y sabéis de dónde soy
7.28 el que me envió..vosotros no *conocéis*
7.29 yo le *conozco*, porque de él procedo, y
8.19 ni a mí me *conocéis*, ni a mi Padre; si
8.19 si me *conocieseis*..mi Padre *conoceríais*
8.28 entonces *conoceréis* que yo soy, y que
8.32 *conoceréis* la verdad, y..os hará libres
8.52 *conocemos* que tienes demonio. Abraham
8.55 pero vosotros no le *conocéis;* mas yo le
8.55 yo le *conozco*, y si dijere que no le *c*
8.55 pero le *conozco*, y guardo su palabra
10.4 y las ovejas le siguen..*conocen* su voz
10.5 porque no *conocen* la voz de los extraños
10.14 *conozco* mis ovejas, y..mías me *conocen*
10.15 Padre me *conoce*, y yo *conozco* al Padre
10.27 ovejas oyen mi voz, y yo las *conozco*
10.38 que *conozcáis*..que el Padre está en mí
13.35 *conocerán* todos que sois mis discípulos
14.7 me *conocieseis*..a mi Padre *conoceríais*
14.7 ahora le *conocéis*, y le habéis visto
14.9 tiempo..y no me has *conocido*, Felipe?
14.17 ni le *conoce;* pero vosotros le *conocéis*
14.20 *conoceréis* que yo estoy en mi Padre
14.31 para que el mundo *conozca* que amo al
15.15 las cosas que..os las he dado a *conocer*
15.21 porque no *conocen* al que me ha enviado
16.3 y harán esto porque no *conocen* al Padre
16.19 Jesús *conoció* que querían preguntarle
17.3 *conozcan* a ti, el único Dios verdadero
17.7 han *conocido* que todas las cosas que me
17.8 y han *conocido*..que salí de ti, y han
17.23 que el mundo *conozca* que tú me enviaste
17.25 Padre..el mundo no te ha *conocido*, pero
17.25 yo te he *conocido*, y éstos han *c* que tú
17.26 les he dado a *conocer*..lo daré a *c* aún
18.2 el que le entregaba, *conocía* aquel lugar
18.15 este discípulo era *conocido* del sumo
18.16 salió..el discípulo que era *conocido*
Hch. 1.24 que *conoces* los corazones de todos
2.28 hiciste *conocer* los caminos de la vida
3.16 a éste, que..*conocéis*, le ha confirmado
7.13 José se dio a *conocer* a sus hermanos
7.18 levantó..otro rey que no *conocía* a José
13.27 no *conociendo* a Jesús, ni..los profetas
15.6 reunieron..para *conocer* de este asunto
15.8 Dios, que *conoce* los corazones, les dio
15.18 hace *conocer* todo esto desde tiempos
17.23 esta inscripción; AL DIOS NO *conocido*
17.23 al que..adoráis, pues, sin *conocerle*
18.25 solamente *conocía* el bautismo de Juan
19.15 a Jesús *conozco*, y sé quien es Pablo
19.34 cuando le *conocieron* que era judío
22.14 para que *conozcas* su voluntad, y veas
24.22 acabaré de *conocer* de vuestro asunto
26.3 porque tú *conoces* todas las costumbres
26.4 mi vida..la *conocen* todos los judíos
Ro. 1.19 que de Dios se *conoce* les es manifiesto
1.21 pues habiendo *conocido* a Dios, no le
2.18 y *conoces* su voluntad, e instruido por
3.17 y no *conocieron* camino de paz
7.1 pues hablo con los que *conocen* la ley
7.7 yo no *conocí* el pecado sino por la ley
7.7 tampoco *conociera* la codicia, si la ley
8.29 a los que antes *conoció*..los predestinó
10.19 digo: ¿No ha *conocido* esto Israel?
11.2 su pueblo, al cual desde antes *conoció*
13.11 *conociendo* el tiempo, que es ya hora
16.26 ha dado a *conocer* a todas las gentes
1 Co. 1.21 el mundo no *conoció* a Dios mediante
2.8 que ninguno de los príncipes de..*conoció*
2.8 si la hubieran *conocido*, nunca habrían
2.11 nadie *conoció* las cosas de Dios, sino
2.16 ¿quién *conoció* la mente del Señor?
3.20 el Señor *conoce* los pensamientos de los
4.19 y *conoceré*, no las palabras, sino el
8.3 si alguno ama a Dios, es *conocido* por él
13.9 porque en parte *conocemos*, y en parte
13.12 *conozco*..*conoceré* como fui *conocido*
15.34 porque algunos no *conocen* a Dios
2 Co. 3.2 *conocidas* y leídas por..los hombres
5.11 *conociendo*, pues, el temor del Señor
5.16 a nadie *conocemos* según la carne; y aun
5.16 si a Cristo *conocimos*..no lo *conocemos*
5.21 al que no *conoció* pecado, por nosotros
6.9 como desconocidos, pero bien *conocidos*
8.9 ya *conocéis* la gracia de nuestro Señor
9.2 pues *conozco* vuestra buena voluntad, de

CONOCER *(Continúa)*
2 Co. 12.2 *conozco* a un hombre en Cristo, que hace
12.3 *conozco* al tal hombre (si en el cuerpo
13.5 no os *conocéis* a vosotros mismos, que
13.6 *conoceréis* que. .no estamos reprobados
Gá. 1.22 no era *conocido* de vista a las iglesias
4.8 no *conociendo* a Dios, servíais a los que
4.9 *conociendo* a Dios, o. .siendo *conocidos*
Ef. 1.9 dándonos a *conocer* el misterio de su
3.5 no se dio a *conocer* a los hijos de los
3.10 dada a *conocer* por medio de la iglesia
3.19 *conocer* el amor de Cristo, que excede a
6.19 dar a *conocer* con denuedo el misterio
Fil. 2.22 pero ya *conocéis* los méritos de él
3.10 a fin de *conocerle*, y el poder de su
4.5 vuestra gentileza sea *conocida* de todos
4.6 sino sean *conocidas* vuestras peticiones
Col. 1.6 el día que oísteis y *conocisteis* la
1.27 dar a *conocer* las riquezas de la gloria
2.2 de *conocer* el misterio de Dios el Padre
4.3 dar a *conocer* el misterio de Cristo
4.8 el cual he enviado. .para que *conozca* lo
1 Ts. 1.4 *conocemos*, hermanos amados de Dios
4.5 como los gentiles que no *conocen* a Dios
2 Ts. 1.8 retribución a los que no *conocieron*
1 Ti. 1.9 *conociendo* esto, que la ley no fue
4.3 participasen. .que han *conocido* la verdad
2 Ti. 2.19 *conoce* el Señor a los que son suyos
2.25 se arrepientan para *conocer* la verdad
Tit. 1.16 profesan *conocer* a Dios, pero con los
He. 3.10 andan. .y no han *conocido* mis caminos
8.11 *conoce* al Señor. .todos me *conocerán*
10.30 pues *conocemos* al que dijo: Mía es la
2 P. 1.16 no os hemos dado a *conocer* el poder
2.21 mejor. .no haber *conocido* el camino de
2.21 después de haberlo *conocido*, volverse
1 Jn. 2.3 en esto sabemos que. .le *conocemos*
2.4 el que dice: Yo le *conozco*, y no guarda
2.13 *conocéis* al que es desde el principio
2.13 os escribo a. .habéis *conocido* al Padre
2.14 *conocido* al que es desde el principio
2.18 esto *conocemos* que es el último tiempo
2.20 la unión. .y *conocéis* todas las cosas
2.21 si ignoraseis. .sino porque la *conocéis*
3.1 mundo no nos *conoce*. .no le *conoció* a él
3.6 todo aquel que peca. .ni le ha *conocido*
3.16 en esto hemos *conocido* el amor, en que
3.19 en esto *conocemos* que somos de la verdad
4.2 en esto *conoced* el Espíritu de Dios: Todo
4.6 el que *conoce* a Dios, nos oye; el que no
4.6 en esto *conocemos* el espíritu de verdad
4.7 ama, es nacido de Dios, y *conoce* a Dios
4.8 el que no ama, no ha *conocido* a Dios
4.13 en esto *conocemos* que permanecemos en
4.16 hemos *conocido* y creído el amor que Dios
5.2 en esto *conocemos* que amamos a los hijos
5.20 *conocer* al que es verdadero; y estamos
2 Jn. 1 todos los que han *conocido* la verdad
Jud. 10 blasfeman de cuantas cosas no *conocen*
10 y en las que por naturaleza *conocen*, se
Ap. 2.2 *conozco* tus obras, y tu arduo trabajo
2.9 yo *conozco* tus obras, y tu tribulación
2.13 *conozco* tus obras, y dónde moras, donde
2.17 un nombre nuevo, el cual ninguno *conoce*
2.19 yo *conozco* tus obras, y amor, y fe, y
2.24 no han *conocido*. .las profundidades de
3.1 yo *conozco* tus obras, que tienes nombre
3.8 yo *conozco* tus obras; he aquí, he puesto
3.15 yo *conozco* tus obras, que ni eres frío
19.12 un nombre escrito que ninguno *conocía*

CONOCIDO
Job 19.13 mis *c* como extraños se apartaron de
19.14 mis parientes se. .*c* se olvidaron de mí
Sal. 31.11 soy. .oprobio. .y el horror de mis *c*
88.8 has alejado de mí mis *c*; me has puesto
88.18 y a mis *c* has puesto en tinieblas
Lc. 2.44 buscaban entre los parientes y los *c*
23.49 todos sus *c*. .estaban de lejos mirando

CONOCIMIENTO
Dt. 9.2 de los cuales tienes tú *c*, y has oído
1 S. 2.12 hijos de Elí. .no tenían *c*. .de Jehová
Est. 9.26 sobre esto, y lo que llegó a su *c*
Job 21.14 no queremos el *c* de tus caminos
Sal. 53.4 ¿no tienen *c* todos los que hacen
73.11 ¿cómo sabe. .¿y hay *c* en el Altísimo?
139.6 tal *c* es demasiado maravilloso para mí
Pr. 2.5 entenderás el. .y hallarás el *c* de Dios
2.6 de su boca viene el *c* y la inteligencia
9.10 el *c* del Santísimo es la inteligencia
24.14 así será a tu alma el *c* de la sabiduría
Is. 1.3 Israel no entiende. .pueblo no tiene *c*
5.13 fue llevado cautivo, porque no tuvo *c*
11.2 espíritu de *c* y de temor de Jehová
11.9 la tierra será llena del *c* de Jehová
45.20 no tiene *c*. .que erigen el madero de
53.11 por su *c* justificará mi siervo justo
Dn. 1.17 a estos 4 muchachos Dios les dio *c*
Os. 4.1 porque no hay. .*c* de Dios en la tierra
4.6 pueblo fue destruido, porque le faltó *c*
4.6 por cuanto desechaste el *c*, yo te echaré
6.6 quiero. .y *c* de Dios más que holocaustos
Hab. 2.14 llena del *c* de la gloria de Jehová
Lc. 1.77 para dar *c* de salvación a su pueblo
Hch. 2.23 y anticipado *c* de Dios, prendisteis
9.24 sus asechanzas llegaron a *c* de Saulo
25.21 se le reservase para el *c* de Augusto
Ro. 3.20 por medio de la ley es el *c* del pecado
1 Co. 8.1 que todos tenemos *c*. El *c* envanece
8.7 no en todos hay este *c*; porque algunos
8.10 alguno te ve a ti, que tienes *c*, sentado
8.11 y por el *c* tuyo, se perderá el hermano
2 Co. 2.14 manifiesta en todo. .el olor de su *c*
4.6 del *c* de la gloria de Dios en la faz de
10.5 que se levanta contra el *c* de Dios, y
11.6 tosco en la palabra, no lo soy en el *c*
Ef. 1.17 espíritu. .de revelación en el *c* de él
3.4 cuál sea mi *c* en el misterio de Cristo
3.19 el amor de Cristo, que excede a todo *c*
4.13 la unidad de. .y del *c* del Hijo de Dios
Fil. 1.9 amor abunde aun más y más. .en todo *c*
3.8 por la excelencia del *c* de Cristo Jesús
Col. 1.9 seáis llenos del *c* de su voluntad en
1.10 que andéis. .creciendo en el *c* de Dios
2.3 todos los tesoros de la sabiduría y del *c*
3.10 el cual. .va renovando hasta el *c* pleno
1 Ti. 2.4 salvos y vengan al *c* de la verdad
2 Ti. 3.7 y nunca. .llegar al *c* de la verdad
Tit. 1.1 *c* de la verdad que es según la piedad
Flm. 6 eficaz en el *c* de todo el bien que está
He. 10.26 de haber recibido el *c* de la verdad
2 P. 1.2 os sean multiplicadas, en el *c* de Dios
1.3 mediante el *c* de aquel que nos llamó por
1.5 añadid a vuestra fe. .a la virtud, *c*
1.6 al *c*, dominio propio; al dominio propio
1.8 fruto en cuanto al *c* de nuestro Señor
2.20 el *c* del Señor y Salvador Jesucristo
3.18 en la gracia y el *c* de nuestro Señor y

CONQUISTADORA
Is. 18.2,7 gente fuerte y *c*, cuya tierra es

CONQUISTAR
1 R. 15.20 Ben-adad. .envió. .y *conquistó* Ijón
2 Cr. 16.4 *conquistaron* Ijón, Dan, Abel-maim
32.1 rey. .con la intención de *conquistarlas*
Jer. 8.10 sus campos a quienes los *conquisten*
Ez. 33.21 diciendo: La ciudad ha. .*conquistada*
40.1 después que la ciudad fue *conquistada*
Os. 9.6 la ortiga *conquistará* lo deseable de su
He. 11.33 por fe *conquistaron* reinos, hicieron

CONSAGRACIÓN
Éx. 29.22 tomarás del carnero. .es carnero de *c*
29.26 el pecho del carnero de las *c*. .mecerás
29.27 elevado del carnero de las *c* de Aarón
29.31 tomarás el carnero de las *c*, y cocerás
29.34 si sobrare. .algo de la carne de las *c*
Lv. 7.37 ley. .de las *c* y del sacrificio de paz
8.22 hizo que trajeran. .el carnero de las *c*
8.28 las *c* en olor grato, ofrenda encendida a
8.29 del carnero de las *c*. .la parte de Moisés
8.31 pan que está en el canastillo de las *c*
8.33 que se cumplan los días de vuestras *c*
21.12 la *c* por el aceite de su. .está sobre él
Nm. 6.7 la *c* de su Dios tiene sobre su cabeza
Pr. 20.25 lazo es al hombre hacer. .voto de *c*

CONSAGRAR
Éx. 13.2 *conságrame* todo primogénito. .mío es
16.23 reposo, el reposo *consagrado* a Jehová
28.3 *consagrarle* para que sea mi sacerdote
28.38 *consagrado* en todas sus santas ofrendas
28.41 y los *consagrarás* y santificarás, para
29.1 es lo que les harás para *consagrarlos*
29.9 así *consagrarás* a Aarón y a sus hijos
29.29 ungidos. .para ser en ellas *consagrados*
29.33 para llenar sus manos para *consagrarlos*
29.35 harás. .por siete días los *consagrarás*
30.29 *consagrarás*, y serán cosas santísimas
30.30 a Aarón y a. .*consagrarás* para que sean
31.15 es día de reposo *consagrado* a Jehová
32.29 Moisés dijo: Hoy os habéis *consagrado*
32.29 cada uno se ha *consagrado* en su hijo
40.13 *consagrarás* para que sea mi sacerdote
Lv. 7.35 el día que él los *consagró* para ser
8.33 porque por siete días seréis *consagrados*
16.32 fuere. .*consagrado* para ser sacerdote
19.24 su fruto será *consagrado* en alabanzas
21.10 y que fue *consagrado* para llevar las
22.3 los hijos de Israel *consagran* a Jehová
27.14 *consagrándola* a Jehová, la valorará
27.21 la tierra será santa. .tierra *consagrada*
27.23 tu precio. .cosa *consagrada* a Jehová
27.28 no se rescatará ninguna cosa *consagrada*
27.28 todo lo *consagrado* será cosa santísima
27.32 el diezmo será *consagrado* a Jehová
Nm. 3.3 *consagró* para ejercer el sacerdocio
6.9 su cabeza *consagrada* será contaminada
6.12 *consagrará* para Jehová los días de su
6.18 el nazareo raerá. .su cabeza *consagrada*
6.18 los cabellos de su cabeza *consagrada* y
6.19 que fuere raída su cabeza *consagrada*
18.8 todas las cosas *consagradas*. .te he dado
18.14 lo *consagrado* por voto en. .será tuyo
18.29 la porción que ha de ser *consagrada*
Dt. 12.26 las cosas que hubieres *consagrado*
15.19 *consagrarás* a Jehová todo primogénito
26.13 he sacado lo *consagrado* de mi casa
33.3 los *consagrados* a él estaban en su mano
Jos. 6.19 la plata y el oro. .sean *consagrados*
Jue. 17.5 *consagró* a uno de sus hijos para que
17.12 Micaía *consagró* al levita. .le servía de
1 R. 13.33 y a quien quería lo *consagraba* para
2 R. 12.4 dinero *consagrado* que se suele traer
1 Cr. 22.19 los utensilios *consagrados* a Dios
26.26 que había *consagrado* el rey David, y
26.27 lo que habían *consagrado* de las guerras
26.28 que había *consagrado* el vidente Samuel
26.28 y todo lo que cualquiera *consagraba*
2 Cr. 2.4 edificar casa al. .para *consagrársela*
7.7 *consagró* la parte central del atrio que
13.9 venga a *consagrarse* con un becerro y 7
15.18 trajo a. .y lo que él había *consagrado*
23.6 éstos entrarán, porque están *consagrados*
24.7 cosas *consagradas* de la casa de Jehová
26.18 hijos de Aarón, que son *consagrados*
29.31 os habéis *consagrado* ahora a Jehová
31.12 y los diezmos y las cosas *consagradas*
31.18 con. .se *consagraban* a las cosas santas
Esd. 8.28 vosotros estáis *consagrados* a Jehová
Neh. 12.47 *consagraban*. .porciones a los levitas
12.47 y los levitas *consagraban* parte a los
Is. 13.3 yo mandé a mis *consagrados*, asimismo
23.18 ganancias serán *consagrados* a Jehová
Ez. 20.40 con todas vuestras cosas *consagradas*
36.38 las ovejas *consagradas*. .de Jerusalén
43.26 lo limpiarán, y así lo *consagrarán*
44.29 cosa *consagrada* en Israel será de ellos
45.1 porción. .le *consagraréis* en la tierra
45.4 lo *consagrado* de esta tierra será para
48.14 porque es cosa *consagrada* a Jehová
Mi. 4.13 *consagrarás* a Jehová su botín, y sus
Zac. 14.21 toda olla. .será *consagrada* a Jehová

CONSECUTIVO
2 S. 21.1 hubo hambre en los. .por tres años *c*

CONSEGUIR
Lv. 25.26 y *consiguiere* lo suficiente para el
25.28 si no *consiguiere* lo suficiente para
Nm. 11.13 ¿de dónde *conseguiré* yo carne para
1 R. 22.22 le inducirás, y aun lo *conseguirás*
Jn. 12.19 dijeron. .veis que no *conseguís* nada

CONSEJERO
2 S. 15.12 llamó a Ahitofel. .*c* de David, de su
2 R. 25.19 tomó. .cinco varones de los *c* del rey
1 Cr. 26.14 las suertes a Zacarías su hijo, *c*
27.32 Jonatán tío de David era *c*. .y escriba
27.33 Ahitofel era *c* del rey. .amigo del rey
2 Cr. 25.16 ¿te han puesto a ti por *c* del rey?
Esd. 4.5 sobornaron. .a los *c* para frustrar sus
7.14 de sus siete *c* eres enviado a visitar
7.15 el rey y sus *c* voluntariamente ofrecen
7.28 delante del rey y de sus *c*, y de todos
8.25 ofrenda. .habían ofrecido el rey y sus *c*
Job 3.14 con los *c* de la tierra, que reedifican
12.17 andar despojados de consejo a los *c*
Sal. 119.24 tus testimonios son mis. .y mis *c*
Pr. 11.14 en la multitud de *c* hay seguridad
15.22 mas en la multitud de *c* se afirman
24.6 en la multitud de *c* está la victoria
Is. 1.26 restauraré. .y tus *c* como eran antes
3.3 el *c*, el artífice excelente, y el hábil
9.6 y se llamará su nombre. .*C*, Dios fuerte
19.11 consejo de los prudentes *c* de Faraón
41.28 pregunté. .estas cosas, y ningún *c* hubo
Jer. 52.25 siete hombres de los *c* íntimos del
Dn. 3.2 se reuniesen los. .*c*, jueces, y todos
3.3 reunidos los. .*c*, jueces. .los gobernadores
3.27 se juntaron. .capitanes y los *c* del rey
4.36 mis *c* me buscaron; y fui restablecido en
Mi. 4.9 ¿no hay rey en ti? ¿Pereció tu *c*, que
Nah. 1.11 salió el que imaginó. .un *c* perverso
Ro. 11.34 ¿quién entendió la. .o quién fue su *c*?

CONSEJO
Gn. 49.6 su *c* no entre mi alma, ni mi espíritu
Nm. 16.2 se levantaron. .de los del *c*, varones
26.9 estos Datán y Abiram fueron los del *c*
31.16 por *c* de Balaam ellas fueron causa de
Dt. 32.28 porque son nación privada de *c*, y no
Jue. 19.30 considerad esto, tomad *c*, y hablad
20.7 vosotros. .dad aquí vuestro parecer y *c*
2 S. 15.31 entorpece. .Jehová, el *c* de Ahitofel
15.34 entonces. .harás nulo el *c* de Ahitofel
16.20 dad vuestro *c* sobre lo que debemos hacer
16.23 el *c* que daba Ahitofel. .era como si se
16.23 así era todo *c* de Ahitofel, tanto con
17.4 *c* pareció bien a Absalón y a todos los
17.6 ha dicho. .¿seguiremos su *c*, o no? Dí tú
17.7 el *c* que ha dado. .Ahitofel no es bueno
17.14 *c* de Husai arquita es mejor que el *c*
17.14 el acertado *c* de Ahitofel se frustrara
17.21 Ahitofel ha dado tal *c* contra vosotros
17.23 viendo que no se había seguido su *c*
1 R. 1.12 toma mi *c*, para que conserves tu vida

CONSEJO *(Continúa)*
1 R. 12.6 el rey Roboam pidió *c* de los ancianos
12.8 dejó el *c*..y pidió *c* de los jóvenes que
12.13 el *c* que los ancianos le habían dado
12.14 les habló conforme al *c* de los jóvenes
12.28 tenido *c*, hizo el rey dos becerros de
2 R. 18.20 *c* tengo y fuerzas para la guerra
1 Cr. 12.19 filisteos, habido *c*, lo despidieron
13.1 tomó *c* con los capitanes de millares
2 Cr. 10.6 Roboam tomó *c* con los ancianos que
10.8 dejando el *c* de..tomó *c* con los jóvenes
10.13 dejó el..Roboam el *c* de los ancianos
10.14 les habló conforme al *c* de los jóvenes
20.21 habido *c*..puso a algunos que cantasen
22.5 él anduvo en los *c* de ellos, y fue a la
25.16 has hecho esto, y no obedeciste mi *c*
25.17 Amasías..después de tomar *c*, envió a
30.2 el rey había tomado *c* con sus príncipes
32.3 *c* con sus príncipes y con sus hombres
Esd. 10.3 según el *c* de mi señor y de los que
Neh. 4.15 Dios había desbaratado el *c* de ellos
Job 12.13 con Dios..es el *c* y la inteligencia
12.17 andar despojados de *c* a los consejeros
12.20 priva del..y quita a los ancianos el *c*
18.7 acortados, y su mismo *c* lo precipitará
21.16 el *c* de los impíos lejos esté de mí
22.18 pero sea el *c* de ellos lejos de mí
29.21 oían, y esperaban, y callaban a mi *c*
33.16 revela al oído de..y les señala su *c*
38.2 ¿quién es ése que oscurece el *c* con
42.3 el que oscurece el *c* sin entendimiento
Sal. 1.1 el varón que no anduvo en *c* de malos
5.10 oh Dios; caigan por sus mismos *c*; por
13.2 ¿hasta cuándo pondré *c* en mi alma, con
14.6 del *c* del pobre se han burlado, pero
20.4 te dé conforme al..y cumpla todo tu *c*
33.10 Jehová hace nulo el *c* de las naciones
33.11 el *c* de Jehová permanecerá para siempre
64.2 escóndeme del *c*..de los malignos, de
73.24 me has guiado según tu *c*, y después me
81.12 los dejé..caminaron en su propios *c*
83.3 han entrado en *c* contra tus protegidos
106.13 pronto olvidaron..no esperaron su *c*
106.43 mas ellos se rebelaron contra su *c*
107.11 y aborrecieron el *c* del Altísimo
Pr. 1.3 recibir el *c* de prudencia, justicia
1.5 oirá el sabio..el entendido adquirirá *c*
1.25 sino que desechasteis todo *c* mío y mi
1.30 ni quisieron mi *c*, y menospreciaron toda
1.31 y serán hastiados de sus propios *c*
3.21 no se aparten..guarda la ley y el *c*
4.13 retén el *c*, no lo dejes..es tu vida
5.2 que guardes *c*, y tus labios conserven la
5.12 y digas: ¡Cómo aborrecí el *c*, y mi
8.12 la cordura, y hallo la ciencia de los *c*
8.14 conmigo está el *c* y el buen juicio
8.33 atended el *c*, y sed sabios, y no lo
12.5 los justos..los *c* de los impíos, engaño
12.15 mas el que obedece al *c* es sabio
13.1 el hijo sabio recibe el *c* del padre
13.18 vergüenza tendrá el..menosprecia el *c*
15.5 el necio menosprecia el *c* de su padre
15.22 son frustrados donde no hay *c*; mas en
19.20 escucha el *c*, y recibe la corrección
19.21 hombre; mas el *c* de Jehová permanecerá
20.5 aguas profundas es el *c* en el corazón
20.18 los pensamientos con el *c* se ordenan
21.30 no hay sabiduría..ni *c*, contra Jehová
22.20 ¿no te he escrito tres veces en *c* y en
24.32 lo puse en mi corazón; lo vi, y tomé *c*
27.9 y el cordial *c* del amigo, al hombre
Ec. 4.13 el rey viejo y necio que no admite *c*
Is. 5.19 venga el *c* del Santo de Israel, para
7.5 acordado maligno *c* contra ti el sirio
8.10 *c*, y será anulado; proferid palabra, y
11.2 espíritu de *c* y de poder, espíritu de
14.26 este es el *c* que está acordado sobre
16.3 reúne *c*, haz juicio; pon tu sombra en
19.3 Egipto se desvanecerá..destruiré su *c*
19.11 el *c* de los prudentes consejeros de
19.17 temerá por causa del *c* que Jehová de
25.1 tus *c* antiguos son verdad y firmeza
28.29 hacer maravilloso el *c* y engrandecer
29.15 encubriendo el *c*, y sus obras están
30.1 se apartan..para tomar *c*, y no de mí
36.5 digo que el *c* y poderío para la guerra
40.14 ¿a quién pidió *c* para ser avisado?
44.26 y cumple el *c* de sus mensajeros; que
46.10 mi *c* permanecerá, y haré todo lo que
46.11 y de tierra lejana al varón de mi *c*
47.13 te has fatigado en tus muchos *c*
Jer. 7.24 caminaron en sus propios *c*, en la
18.18 la ley no faltará al..ni el *c* al sabio
18.23 oh Jehová, conoces todo su *c* contra mí
19.7 desvaneceré el *c* de Judá y..Jerusalén
32.19 grande en *c*, y magnífico en hechos
38.15 dijo..si te diere *c*, no me escucharás
49.7 ¿se ha acabado el *c* en los sabios? ¿Se
49.20 el *c* que Jehová ha acordado sobre Edom
49.30 tomó *c* contra vosotros Nabucodonosor
Ez. 7.26 ley se alejará de..de los ancianos el *c*
11.2 hombres que..dan en esta ciudad mal *c*
Dn. 3.24 dijo a los de su *c*: ¿No echaron a tres
4.27 oh rey, acepta mi *c*: tus pecados redime
6.7 acordado por *c* que promulgues un edicto
Os. 10.6 aun..Israel se avergonzará de su *c*
11.6 las consumirá a causa de sus propios *c*
Mi. 4.12 no conocieron..ni entendieron su *c*
6.16 y en los *c* de ellos anduvisteis, para
Hab. 2.10 tomaste *c* vergonzoso para tu casa
Zac. 6.13 lado; y *c* de paz habrá entre ambos
Mt. 12.14 tuvieron *c* contra Jesús..destruirle
26.4 *c* para prender con engaño a Jesús, y
27.1 ancianos..entraron en *c* contra Jesús
28.12 habido *c*, dieron mucho dinero a los
Mr. 3.6 tomaron *c*..contra él para destruirle
15.1 tenido *c* los principales sacerdotes
Jn. 18.14 era Caifás el que había dado el *c* a
Hch. 2.23 *c* y anticipado conocimiento de Dios
4.28 tu mano y tu *c* habían antes determinado
5.38 si este *c* o esta obra es de los hombres
9.23 los judíos resolvieron en *c* matarle
20.27 rehuido anunciaros todo el *c* de Dios
25.12 habiendo hablado con el *c*, respondió
2 Co. 8.10 y en esto doy mi *c*; porque esto os
He. 6.17 mostrar más..la inmutabilidad de su *c*

CONSENTIDO *Véase Consentir*

CONSENTIDOR
Lc. 11.48 que sois testigos y *c* de los hechos

CONSENTIMIENTO
Jer. 44.19 acaso..libaciones, sin *c*..maridos?
Sof. 3.9 que invoquen el..le sirvan de común *c*
1 Co. 7.5 no os neguéis..a no ser..de mutuo *c*
Flm. 14 nada quise hacer sin tu *c*, para que tu

CONSENTIR
Gn. 34.22 con esta condición *consentirán* estos
Dt. 13.8 no *consentirás*..ni le prestarás oído
1 S. 15.24 temí..y *consentí* a la voz de ellos
1 R. 15.20 Ben-adad *consintió* con el rey Asa
2 R. 12.8 *consintieron* en no tomar más dinero
2 Cr. 16.4 *consintió* Ben-adad con el rey Asa
Job 11.14 no *consintieres* que more en tu casa
Sal. 105.14 no *consintió*..nadie los agraviase
Pr. 1.10 te quisieren engañar, no *consientas*
29.15 el muchacho *consentido* avergonzará
Dn. 1.14 *consintió*..y probó con ellos diez días
Mr. 11.16 no *consentía* que nadie atravesase el
Lc. 23.51 no había *consentido* en el acuerdo ni
Hch. 8.1 y Saulo *consentía* en su muerte
22.20 yo..presente, y *consentía* en su muerte
1 Co. 7.12 ella *consiente* en vivir con él, no
7.13 y él *consiente* en vivir con ella, no lo

CONSERVAR
Gn. 7.3 para *conservar* viva la especie sobre la
19.32,34 para que *conservemos*..descendencia
Lv. 13.5 si la llaga *conserva* el mismo aspecto
Dt. 6.24 nos *conserve* la vida, como hasta hoy
Jue. 8.19 si les hubierais *conservado* la vida
2 S. 18.18 no tengo hijo que *conserve*..nombre
1 R. 1.12 consejo, para que *conserves* tu vida
18.5 que *conservemos* la vida a los caballos
1 Cr. 29.18 *conserva*..esta voluntad del corazón
Sal. 22.29 el que no puede *conservar* la vida a
36.6 Jehová, al hombre y al animal *conservas*
61.7 misericordia y verdad..que lo *conserven*
89.28 le *conservaré* mi misericordia, y mi
Pr. 4.6 no la dejes..ámala, y te *conservará*
5.2 guardes..tus labios *conserven* la ciencia
Ec. 2.9 de esto, *conservé* conmigo mi sabiduría
Jer. 32.14 para que se *conserven* muchos días
Mt. 9.17; Lc. 5.38 uno y lo otro se *conservan*
2 Co. 1.8 perdimos la esperanza de *conservar*
1 Ti. 5.22 en pecados ajenos. *Consérvate* puro
Jud. 21 *conservaos*..amor de Dios, esperando

CONSIDERAR
Lv. 13.21 si el sacerdote la *considerare*, y no
19.23 *consideraréis* como incircunciso..fruto
Dt. 32.7 *considera* los años de..generaciones
Jos. 13.3 Ecrón..se *considera* de los cananeos
Jue. 19.30 *considerad* esto, tomad consejo, y
1 S. 12.24 pues *considerad* cuán grandes cosas
18.28 y *considerando* que Jehová..con David
1 R. 20.22 *considera* y mira lo que hagas
2 R. 5.7 *considerad*..y ved cómo busca ocasión
Job 1.8; 2.3 ¿no has *considerado* a mi siervo
6.29 volved aún a *considerar* mi justicia en
23.15 lo *considero*, tiemblo a causa de él
34.27 no *consideraron* ninguno de sus caminos
35.5 *considera* que las nubes son más altas
37.14 detente, y *considera* las maravillas de
38.18 ¿has *considerado* tú..las anchuras de
Sal. 5.1 escucha, oh..mis palabras; *considera*
37.37 *considera* al íntegro, y mira al justo
48.13 *considerad*..su antemuro..sus palacios
77.5 *consideraba* los días desde el principio
80.14 mira..y *considera*, y visita esta viña
102.17 habrá *considerado* la oración de los
119.15 meditaré; *consideraré* tus caminos
119.59 *consideré* mis caminos, y volví mis
119.95 mas yo *consideraré* tus testimonios
Pr. 5.6 si no *considerares* el camino de vida
5.21 Jehová..él *considera* todas sus veredas
7.7 *consideré* entre los jóvenes, a un joven
21.12 *considera* el justo la casa del impío
23.1 *considera* bien lo que está delante de ti
31.16 *considera* la heredad, y la compra, y
31.27 *considera* los caminos de su casa, y no
Ec. 7.14 en el día de la adversidad *considera*
Is. 5.12 ni *consideran* la obra de sus manos
Jer. 2.10 enviad a Cedar, y *considerad*..y ved
9.17 *considerad*, y llamad plañideras que
Lm. 2.20 mira..*considera* a quién has hecho así
Dn. 4.35 los habitantes..son *considerados* como
8.5 mientras yo *consideraba* esto, he aquí un
8.15 mientras yo..*consideraba* la visión y
Os. 7.2 y no *consideran*..que tengo en memoria
Mt. 6.28 *considerad* los lirios del campo, cómo
Lc. 12.24 *considerad* los cuervos, que ni
12.27 *considerad* los lirios, cómo crecen; no
14.31 se sienta..y *considera* si puede hacer
Hch. 11.6 *consideré* y vi cuadrúpedos..y aves
12.12 habiendo *considerado* esto, llegó a casa
Ro. 4.19 no se debilitó..*considerar* su cuerpo
6.11 *consideraos* muertos al pecado, pero
Gá. 2.9 que eran *considerados* como columnas
6.1 *considerándote* a ti mismo, no sea que tú
2 Ti. 2.7 *considera* lo que digo, y el Señor te
He. 3.1 *considerad* al apóstol y..sacerdote de
7.4 *considerad*, pues, cuán grande era éste
10.24 y *considerémonos* unos a otros para
12.3 *considerad* a aquel que sufrió tal
13.7 *considerad* cuál haya sido el resultado
Stg. 1.23 es semejante al hombre que *considera*
1.24 él se *considera* a sí mismo, y se vá, y
1 P. 2.12 al *considerar* vuestras buenas obras
3.2 *considerando* vuestra conducta casta y

CONSIERVO
Mt. 18.28 pero saliendo..halló a uno de sus *c*
18.29 su *c*..rogaba diciendo: Ten paciencia
18.31 viendo sus *c* lo que pasaba..fueron y
18.33 tener misericordia de tu *c*, como yo
24.49 y comenzare a golpear a sus *c*, y aun
Col. 1.7 aprendido de Epafras, nuestro *c* amado
4.7 os lo hará saber Tíquico..*c* en el Señor
Ap. 6.11 que se completara el número de sus *c*
19.10; 22.9 no lo hagas..yo soy *c* tuyo

CONSIGNAR
Nm. 4.32 *consignarás* por sus nombres todos los

CONSISTIR
Jue. 16.5,6,15 en qué *consiste* su gran fuerza
1 S. 14.38 en qué ha *consistido* este pecado hoy
Lc. 12.15 la vida..no *consiste* en la abundancia
1 Co. 4.20 el reino de Dios no *consiste* en
He. 9.10 que *consiste* sólo de comidas y bebidas
1 Jn. 4.10 en esto *consiste* el amor: no en que

CONSOLACIÓN
Job 15.11 ¿en tan poco tienes las *c* de Dios, y
16.5 la *c* de mis labios apaciguaría..dolor
Sal. 94.19 dentro de mí, tus *c* alegraban mi
Is. 66.11 y os saciéis de los pechos de sus *c*
Jer. 16.7 ni les darán a beber vaso de *c* por su
Mt. 5.4 que lloran, porque ellos recibirán *c*
Lc. 2.25 Simeón..esperaba la *c* de Israel; y el
Hch. 4.36 (que traducido es, Hijo de *c*), levita
15.31 leído la cual, se regocijaron por la *c*
Ro. 15.4 la paciencia y la *c* de las Escrituras
15.5 el Dios..de la *c* os dé..un mismo sentir
1 Co. 14.3 pero el que profetiza habla..para..*c*
2 Co. 1.3 Padre de misericordias y Dios de..*c*
1.4 de la *c* con que nosotros somos consolados
1.5 abunda..por el mismo Cristo nuestra *c*
1.6 si somos consolados, es para vuestra *c*
1.7 compañeros en..también lo sois en la *c*
7.4 mucho me glorío con..lleno estoy de *c*
7.7 con la *c* con que él había sido consolado
7.13 esto hemos sido consolados en vuestra *c*
Fil. 2.1 por tanto, si hay alguna *c* en Cristo
2 Ts. 2.16 nos dio *c* eterna y buena esperanza
Flm. 7 pues tenemos gran gozo y *c* en tu amor

CONSOLADO *Véase Consolar*

CONSOLADOR, RA
2 S. 10.3 por honrar..tu padre te ha enviado *c*?
1 Cr. 19.3 honra David a tu padre..enviado *c*?
Job 16.2 oído..*c* molestos sois todos vosotros
Sal. 69.20 esperé quien..y *c*, y ninguno hallé
Ec. 4.1 los oprimidos..y para ellos no había *c*
Is. 51.12 yo, yo soy vuestro *c*. ¿Quién eres tú
Lm. 1.16 se alejó de mí el *c* que dé reposo a mi
1.21 oyeron que gemía, mas no hay *c* para mí
Nah. 3.7 Nínive es..¿Dónde te buscaré *c*?
Zac. 1.13 respondió..palabras *c*, al ángel que
Jn. 14.16 yo rogaré al Padre, y os dará otro *C*
14.26 el *C*..a quien el Padre enviará en mi
15.26 pero cuando venga el *C*, a quien yo os
16.7 porque si no me fuere, el *C* no vendría

CONSOLAR

Gn. 24.67 se *consoló*..de la muerte de su madre
27.42 se *consuela* acerca de ti con la idea de
37.35 para *consolarlo*..él no quiso recibir
38.12 después Judá se *consoló*, y subía a los
50.21 los *consoló*, y les habló al corazón
Rt. 2.13 porque me has *consolado*, y..hablado
2 S. 10.2 envió..sus siervos para *consolarlo*
12.24 y *consoló* David a Betsabé su mujer, y
13.39 ya estaba *consolado* acerca de Amnón
1 Cr. 7.22 vinieron sus hermanos a *consolarlo*
19.2 envió embajadores que lo *consolasen* de
19.2 llegaron los..a Hanún, para *consolarle*
Job 2.11 venir juntos para..y para *consolarle*
6.14 el atribulado es *consolado*..compañero
7.13 cuando digo: Me *consolará* mi lecho, mi
10.20 déjame, para que me *consuele* un poco
21.34 ¿cómo, pues, me *consoláis* en vano
29.25 como el que *consuela* a los que lloran
42.11 y le *consolaron* de todo aquel mal que
Sal. 71.21 grandeza, y volverás a *consolarme*
86.17 Jehová, me ayudaste y me *consolaste*
119.52 me acordé, oh Jehová..y me *consolé*
119.76 sea..tu misericordia para *consolarme*
119.82 diciendo: ¿Cuándo me *consolarás?*
Ec. 4.1 los oprimidos, sin..quien los *consuele*
Is. 12.1 cantaré..oh Jehová..me has *consolado*
22.4 lloraré..no os afanéis por *consolarme* de
40.1 *consolaos*, *c*, pueblo mío, dice..Dios
49.13 Jehová ha *consolado* a su pueblo, y de
51.3 *consolará* Jehová a Sion; *c* todas sus
51.19 se dolerá de ti? ¿Quién te *consolará?*
52.9 porque Jehová ha *consolado* a su pueblo
61.2 año..a *consolar* a todos los enlutados
66.13 *consuela* su madre, así os *consolaré* yo
Jer. 16.5 ni vayas a lamentar, ni los *consueles*
16.7 ni partirán pan por..para *consolarlos*
31.13 y los *consolaré*, y los alegraré de su
31.15 Raquel que..y no quiso ser *consolada*
Lm. 1.2 no tiene quien la *consuele* de todos sus
1.9 descendido..no tiene quien la *consuele*
1.17 sus manos; no tiene quien la *consuele*
2.13 ¿a quién te compararé para *consolarte*
Ez. 14.22 seréis *consolados* del mal que hice
14.23 os *consolarán* cuando viereis su camino
31.16 *consolados* en lo profundo de la tierra
32.31 se *consolará* sobre toda su multitud
Zac. 1.17 *consolará* Jehová a Sion, y escogerá
Mt. 2.18 Raquel que..y no quiso ser *consolada*
Lc. 16.25 ahora éste es *consolado* aquí, y tú
Jn. 11.19 judíos habían venido a..*consolarlas*
11.31 los judíos que estaban..la *consolaban*
Hch. 15.32 Judas y..*consolaron*..a los hermanos
16.40 hermanos, los *consolaron*, y se fueron
20.12 vivo, y fueron grandemente *consolados*
2 Co. 1.4 el cual nos *consuela*..tribulaciones
1.4 podamos..*consolar* a los que están en
1.4 que nosotros somos *consolados* por Dios
1.6 si..*consolados*..para vuestra consolación
2.7 debéis perdonarle y *consolarle*, para que
7.6 pero Dios, que *consuela* a..nos *consoló*
7.7 que él había sido *consolado* en cuanto a
7.13 esto hemos sido *consolados* en vuestra
13.11 *consolaos*, sed de un mismo sentir, y
Ef. 6.22 y que *consuele* vuestros corazones
Col. 2.2 para que sean *consolados* sus corazones
1 Ts. 2.11 qué modo..*consolábamos* a cada uno
3.7 *consolados* de vosotros por..vuestra fe

CONSOLIDAR

2 Cr. 12.1 Roboam había *consolidado* el reino
24.13 restituyeron la casa..la *consolidaron*

CONSPIRACIÓN

2 S. 15.12 la *c* se hizo poderosa, y aumentaba
1 R. 16.20 los hechos de Zimri, y la *c* que hizo
2 R. 15.15 la *c* que tramó..están escritos en
2 Cr. 24.21 ellos hicieron *c* contra él, y por
Sal. 31.20 los esconderás de la *c* del hombre
64.2 de la *c* de los que hacen iniquidad
86.14 y *c* de violentos ha buscado mi vida
Is. 8.12 no llaméis *c* a..este pueblo llama *c*
Jer. 11.9 *c* se ha hallado entre los varones de

CONSPIRAR

Gn. 37.18 *conspiraron* contra él para matarle
1 S. 22.8 que todos vosotros hayáis *conspirado*
22.13 ¿por qué habéis *conspirado* contra mí
2 S. 15.31 los que *conspiraron* con Absalón
1 R. 15.27 *conspiró* contra él, y lo hirió Baasa
16.9 y *conspiró* contra él su siervo Zimri
16.16 Zimri ha *conspirado*, y ha dado muerte
2 R. 9.14 *conspiró* Jehú hijo de..contra Joram
10.9 he *conspirado* contra mi señor, y le he
12.20 *conspiraron* en conjuración, y mataron
14.19 *conspiraron* contra él en Jerusalén, y
15.10 contra él *conspiró* Salum..y lo hirió
15.25 *conspiró* contra él Peka hijo..lo hirió
15.30 Oseas..*conspiró* contra Peka hijo de
17.4 el rey..descubrió que Oseas *conspiraba*
21.23 siervos de Amón *conspiraron* contra él
21.24 mató a todos los que habían *conspirado*
2 Cr. 24.25 *conspiraron* contra él sus siervos
24.26 los que *conspiraron* contra él fueron
25.27 empezaron a *conspirar* contra él en
33.24 y *conspiraron* contra él sus siervos, y
33.25 los que habían *conspirado* contra el rey
Neh. 4.8 *conspiraron* todos a una para venir a
Is. 54.15 alguno *conspirare*..el que contra ti *c*

CONSTANCIA

1 Ts. 1.3 amor y de vuestra *c* en la esperanza

CONSTANTE

2 Cr. 12.15 entre Roboam y Jeroboam..guerra *c*
Ro. 12.12 gozosos..sufridos..*c* en la oración
1 Co. 15.58 estad firmes y *c*, creciendo en la

CONSTAR

Mt. 18.16 boca..testigos *conste* toda palabra

CONSTELACIÓN

Job 38.32 sacarás tú..las *c* de los cielos, o

CONSTERNACIÓN

Jos. 10.10 y Jehová los llenó de *c* delante de
1 S. 5.11 había *c* de muerte en toda la ciudad
14.15 la tierra tembló; hubo, pues, gran *c*

CONSTERNAR

Éx. 23.27 *consternaré* a..pueblo donde entres
Jer. 8.9 se espantaron y fueron *consternados*
51.32 se *consternaron* los hombres de guerra

CONSTITUIR

Éx. 7.1 yo te he *constituido* dios para Faraón
Nm. 3.10 y *constituirás* a Aarón y a sus hijos
Jos. 9.21 *constituidos* leñadores y aguadores
Jue. 8.30 setenta hijos que *constituyeron* su
1 S. 8.5 *constitúyenos*..un rey que nos juzgue
28.2 yo te *constituiré* guarda de mi persona
2 S. 6.21 me eligió..*constituirme* por príncipe
1 Cr. 9.22 cuales *constituyó*..David y Samuel
17.22 tú has *constituido* a tu pueblo Israel
26.32 David *constituyó* sobre los rubenitas
2 Cr. 8.14 *constituyó* los turnos de..sacerdotes
36.10 y *constituyó* a Sedequías su..por rey
Sal. 81.5 lo *constituyó* como testimonio en José
Pr. 17.22 corazón alegre *constituye*..remedio
Jer. 37.1 Nabucondonsor..*constituyó* por rey en
Dn. 4.17 y *constituye* sobre él al más bajo de
5.11 *constituyó* jefe sobre todos los magos
6.1 *constituir* sobre el reino 120 sátrapas
Os. 8.4 *constituyeron* príncipes..yo no lo supe
Hch. 14.23 *constituyeron* ancianos en..iglesia
Ro. 5.19 muchos fueron *constituidos* pecadores
5.19 los muchos serán *constituidos* justos
Ef. 4.11 él mismo *constituyó* a unos, apóstoles
1 Ti. 2.7 fui *constituido* predicador y apóstol
2 Ti. 1.11 fui *constituido* predicador, apóstol
He. 1.2 a quien *constituyó* heredero de todo
3.2 el cual es fiel al que le *constituyó*
5.1 es *constituido* a favor de los hombres
7.16 no *constituido* conforme a la ley del
7.28 la ley *constituye* sumos sacerdotes a
8.3 *constituido* para presentar ofrendas y
11.3 haber sido *constituido* el universo por
Stg. 4.4 mundo, se *constituye* enemigo de Dios

CONSTREÑIR

2 Co. 5.14 el amor de Cristo nos *constriñe*

CONSTRUCTOR

He. 11.10 ciudad..cuyo arquitecto y *c* es Dios

CONSTRUIR

Dt. 20.20 *construir* baluarte contra la ciudad
1 R. 22.39 y la casa de marfil que *construyó*
1 Cr. 21.18 *construyese* un altar a Jehová en
2 Cr. 20.36 compañía para *construir* naves que
20.36 *construyeron* las naves en Ezión-geber
27.4 y *construyó* fortalezas y torres en los

CONSUELO

Gn. 37.35 mas él no quiso recibir *c*, y dijo
2 S. 14.17 sea..de *c* la respuesta de mi señor
Job 6.10 sería..*c*, si me asaltase con dolor
21.2 oíd..mi palabra, y sea esto el *c* que
Sal. 77.2 alzaba a él mis manos..rehusaba *c*
119.50 ella es mi *c* en mi aflicción, porque
Is. 54.11 fatigada con tempestad, sin *c;* he
57.18 pastorearé, y le daré *c* a él y a sus
66.13 a vosotros, y en Jerusalén tomaréis *c*
Ez. 16.54 siendo tú motivo de *c* para ellas
Zac. 10.2 sueños vanos, y vano es su *c;* por
Lc. 6.24 ay..ricos! porque ya tenéis vuestro *c*
Fil. 2.1 si algún *c* de amor, si alguna comunión
Col. 4.11 me ayudan..y han sido para mí un *c*
He. 6.18 tengamos un..*c* los que hemos acudido

CONSULTAR

Gn. 25.22 los hijos luchaban..fue a *consultar*
Éx. 18.15 el pueblo viene a mí para *consultar*
Lv. 19.31 no los *consultéis* contaminándoos con
Nm. 27.21 le *consultará* por el juicio del Urim
Dt. 18.11 ni..ni quien *consulte* a los muertos
Jos. 9.14 tomaron..y no *consultaron* a Jehová
Jue. 1.1 hijos de Israel *consultaron* a Jehová
20.18 *consultaron* a Dios..¿Quién subirá de
20.23 *consultaron* a Jehová..¿Volveremos a
1 S. 9.9 que iba a *consultar* a Dios, decía así
14.37 Saúl *consultó* a Dios: ¿Descenderé tras
22.10 el cual *consultó* por él a Jehová y le
22.13 diste pan..*consultaste* por él a Dios
22.15 ¿he comenzado yo..a *consultar* por él
23.2 David *consultó* a Jehová, diciendo: ¿Iré
23.4 David volvió a *consultar* a Jehová
28.6 *consultó* Saúl a Jehová; pero Jehová no
30.8 David *consultó* a Jehová..¿Perseguiré a
2 S. 2.1 *consultó* a Jehová, diciendo: ¿Subiré
5.19 *consultó* David a Jehová..¿Iré contra
5.23 *consultando* David a Jehová..respondió
16.23 como si se *consultase* la palabra de
21.1 David *consultó* a Jehová, y Jehová le
1 R. 14.5 vendrá a *consultarte* por su hijo, que
22.5 ruego que *consultes* hoy la palabra de
22.7 algún profeta..por el cual *consultemos?*
22.8 un varón por el cual podríamos *consultar*
2 R. 1.2 y *consultad* a Baal-zebub dios de Ecrón
1.3,6,16 a *consultar* a Baal-zebub dios de
1.16 ¿no hay Dios en Israel para *consultar* en
3.11 *consultemos* a Jehová por medio de él?
6.8 *consultando* con sus siervos, dijo: En tal
8.8 vé a recibir.. y *consulta* por él a Jehová
16.15 altar de bronce será..para *consultar*
1 Cr. 10.13 murió Saúl..*consultó* a una adivina
10.14 no *consultó* a Jehová; por esta causa
14.10 *consultó* a Dios, diciendo: ¿Subiré
14.14 volvió a *consultar* a Dios, y Dios le
21.30 David no pudo ir allá a *consultar* a
2 Cr. 1.5 el altar..fue a *consultar* Salomón
18.4 te ruego que *consultes* hoy la palabra
20.3 humilló su rostro para *consultar* a
33.6 *consultaba* a adivinos y encantadores
34.21 *consultad* a Jehová por mí y por el
34.26 rey..que os ha enviado a *consultar* a
Esd. 2.63 sacerdote para *consultar* con Urim y
Neh. 6.7 ven, por tanto, y *consultemos* juntos
Sal. 2.2 príncipes *consultarán* unidos contra
31.13 *consultan* juntos contra mí e idean
62.4 solamente *consultan* para arrojarle de
71.10 los que acechan mi alma *consultaron*
83.3 contra tu pueblo han *consultado* astuta
Is. 8.19 ¿no *consultará* el pueblo a su Dios?
8.19 ¿*consultará* a..muertos por los vivos?
45.21 proclamad..y entren todos en *consulta*
Jer. 21.2 *consulta* ahora acerca de nosotros a
37.7 os envió a mí para que me *consultaseis*
Ez. 14.3 he de ser yo..*consultado* por ellos?
14.10 como la maldad del que *consultare*, así
20.1 vinieron algunos..a *consultar* a Jehová
20.3 ¿a *consultarme* venís vosotros? Vivo yo
21.21 *consultó* a sus ídolos, miró el hígado
Dn. 1.20 todo asunto..que el rey les *consultó*
Sof. 1.6 que no buscaron a..ni le *consultaron*
Mt. 22.15 se fueron los fariseos y *consultaron*
27.7 y después de *consultar*, compraron con
Gá. 1.16 no *consulté* en seguida con carne y

CONSUMACIÓN

Is. 10.23 Jehová de los ejércitos, hará *c* ya
Ez. 21.25,29 el tiempo de la *c* de la maldad
Dn. 9.27 hasta que venga la *c*, y lo que está
Nah. 1.9 hará *c;* no tomará venganza dos veces
He. 9.26 en la *c* de los siglos, se presentó

CONSUMADO *Véase Consumar*

CONSUMADOR

He. 12.2 ojos en Jesús, el autor y *c* de la fe

CONSUMAR

Gn. 18.21 veré si han *consumado* su obra según
Dn. 11.36 prosperará, hasta..*consumada* la ira
Jn. 19.28 ya todo estaba *consumado*..Tengo sed
19.30 tomado el vinagre, dijo: *Consumado* es
Stg. 1.15 el pecado, siendo *consumado*, da a luz
Ap. 10.7 misterio de Dios se *consumará*, como
15.1 en ellas se *consumaba* la ira de Dios

CONSUMIDO *Véase Consumir*

CONSUMIDOR

Dt. 4.24 Jehová tu..es fuego *c*, Dios celoso
9.3 que es Jehová..el que pasa..como fuego *c*
2 S. 22.9 de su boca fuego *c;* carbones fueron
Sal. 18.8 humo subió de..y de su boca fuego *c*
Is. 29.6; 30.30 torbellino..y llama de fuego *c*
33.14 ¿quién de nosotros morará..fuego *c?*
He. 12.29 porque nuestro Dios es fuego *c*

CONSUMIR

Gn. 31.40 de día me *consumía* el calor, y de
41.30 años..y el hambre *consumirá* la tierra
Éx. 3.2 en fuego, y la zarza no se *consumía*
10.12 y *consuma* todo lo que el granizo dejó
10.15 *consumió* toda la hierba de la tierra

CONSUMIR *(Continúa)*
Éx. 15.7 tu ira; los *consumió* como a hojarasca
32.10 se encienda mi ira en. .y los *consuma*
33.3 no. .no sea que te *consuma* en el camino
33.5 en un momento subiré. .y te *consumiré*
Lv. 6.10 el fuego. .*consumido* el holocausto
9.24 salió fuego. .y *consumió* el holocausto
26.16 enviaré. .calentura, que *consuman* los
26.20 vuestra fuerza se *consumirá* en vano
26.38 la tierra de. .enemigos os *consumirá*
26.44 yo. .ni los abominaré para *consumirlos*
Nm. 11.1 fuego. .*consumió* uno de los extremos
12.12 tiene ya medio *consumida* su carne
14.33 cuerpos sean *consumidos* en el desierto
14.35 en este desierto serán *consumidos*, y
16.21,45 apartaos. .*consumiré* en un momento
16.35 *consumió* a los. .hombres que ofrecían
21.28 *consumió* a Ar de Moab, a los señores
25.11 no he *consumido*. .los hijos de Israel
26.10 *consumió* el fuego a 250 varones, para
Dt. 5.25 porque este gran fuego nos *consumirá*
7.16 consumirás a. .pueblos que te da Jehová
12.3 sus imágenes de Asera *consumiréis* con
13.16 *consumirás* con fuego la ciudad y todo
28.21 que te *consuma* de la tierra a la cual
28.38 poco, porque la langosta lo *consumirá*
28.42 el fruto de. .serán *consumidos* por la
31.17 esconderé. .rostro, y serán *consumidos*
32.24 *consumidos*. .de hambre, y devorados
Jos. 5.6 hombres de guerra. .fueron *consumidos*
6.24 y *consumieron* con fuego la ciudad, y
8.24 habían caído a. .hasta ser *consumidos*
24.20 volverá y os hará mal, y os *consumirá*
Jue. 6.21 fuego. .el cual *consumió* la carne y
9.20 *consuma* a los de Siquem. .*c* a Abimelec
1 S. 2.33 para *consumir* tus ojos y llenar tu
2 S. 2.26 *consumirá* la espada perpetuamente?
11.25 no tengas pesar por. .la espada *consume*
22.39 los *consumiré* y los herí, de modo
1 R. 18.38 y *consumió* el holocausto, la leña
2 R. 1.10,12 descienda fuego del. .y *consúmate*
1.10,12 fuego. .lo *consumió* a él y a sus 50
1.14 y ha *consumido* a los dos. .capitanes de
13.17 herirás a los sirios. .hasta *consumirlos*
1 Cr. 17.9 ni los hijos de. .lo *consumirán* más
2 Cr. 7.1 fuego. .*consumió* el holocausto y las
7.13 a la langosta que *consuma* la tierra, o
29.28 duró hasta *consumirse* el holocausto
36.19 *consumieron* a fuego todos sus palacios
Esd. 9.14 ¿no te indignarías. .hasta *consumirnos*
Neh. 2.3 sus puertas *consumidas* por el fuego?
2.13,17 sus puertas. .*consumidas* por el fuego
9.31 no los *consumiste*, ni los desamparaste
Est. 9.24 para *consumirlos* y acabar con ellos
Job 1.16 fuego de Dios cayó del. .y los *consumió*
4.9 y por el soplo de su ira son *consumidos*
5.2 ira, y al codicioso lo *consume* la envidia
9.22 al perfecto y al impío él los *consume*
11.20 los ojos de los malos se *consumirán*
15.34 fuego *consumirá* las tiendas de soborno
20.26 fuego. .los *consumirá*; devorará lo que
22.20 fuego *consumió* lo que de ellos quedó
31.12 es fuego. .*consumiría* toda mi hacienda
32.22 en breve mi Hacedor me *consumiría*
Sal. 6.6 me he *consumido* a fuerza de gemir
21.9 deshará en su ira, y fuego los *consumirá*
31.9 se han *consumido* de tristeza mis ojos
31.10 agotan. .y mis huesos se han *consumido*
37.20 enemigos de Jehová. .serán *consumidos*
39.10 *consumido* bajo los golpes de tu mano
49.14 *consumirá* su buen parecer, y el Seol
50.3 vendrá. .fuego *consumirá* delante de él
69.9 porque me *consumió* el celo de tu casa
73.19 asolados. .se *consumieron* de terrores
78.33 *consumió* sus días en vanidad, y sus
79.7 han *consumido* a Jacob, y su morada han
90.7 con tu furor somos *consumidos*, y con tu
102.3 mis días se han *consumido* como humo
104.35 sean *consumidos* de la. .los pecadores
112.10 crujirá los dientes, y se *consumirá*
119.119 hiciste *consumir* a todos los impíos
119.139 mi celo me ha *consumido*, porque mis
Pr. 5.11 al final, cuando se *consuma* tu carne
Ec. 5.11 también aumentan los que los *consumen*
Is. 1.20 seréis *consumidos* a espada; porque la
1.28 los que dejan a Jehová serán *consumidos*
5.5 le quitaré su vallado, y será *consumida*
5.24 la lengua del fuego *consume* el rastrojo
10.17 abrase y *consuma* en un día sus cardos
10.18 la gloria de su. .*consumirá* totalmente
15.6 las aguas de Nimrim serán *consumidas*
16.4 el pisoteador será *consumido* de sobre
24.6 por esta causa la maldición *consumió* la
24.6 causa fueron *consumidos* los habitantes
26.11 y a tus enemigos fuego los *consumirá*
29.20 el escarnecedor será *consumido*; serán
30.27 ira, y su lengua como fuego que *consume*
31.8 *consumirá* espada no de hombre; y huirá
33.11 el soplo de vuestro fuego os *consumirá*
38.12 me *consumirás* entre el día y la noche
42.25 fuego. .y le *consumió*, mas no hizo caso
49.4 y sin provecho he *consumido* mis fuerzas
64.11 nuestro santuario. .*consumida* al fuego
Jer. 3.24 confusión *consumió* el trabajo. .padres
5.3 los *consumiste*, y no quisieron recibir
5.14 a este pueblo por leña, y los *consumirá*
6.29 por el fuego se ha *consumido* el plomo
10.25 Jacob, lo devoraron, le han *consumido*
14.12 los *consumiré* con espada, con hambre
14.15; 16.4 espada. .hambre serán *consumidos*
17.27 haré descender fuego. .y *consumirá* los
21.14 y *consumirá* todo lo que está alrededor
30.16 serán *consumidos*. .los que te *consumen*
36.23 el rollo se *consumió* sobre el fuego que
44.12 serán todos *consumidos*. .a espada, y
44.12 caerán. .y serán *consumidos* de hambre
44.18 a espada y de hambre somos *consumidos*
44.27 hombres. .serán *consumidos* a espada y
49.27 haré. .*consumirá* las casas de Ben-adad
Lm. 1.13 envió fuego que *consume* mis huesos
3.22 por la misericordia de. .no. .*consumidos*
4.11 encendió. .fuego que *consumió* hasta sus
Ez. 4.17 al faltarles. .se *consuman* en su maldad
5.12 será *consumida* de hambre en medio de ti
7.15 y al que esté en la ciudad lo *consumirá*
13.13 piedras de granizo con. .para *consumir*
13.14 y seréis *consumidos* en medio de ella
15.4 puesta en el fuego para ser *consumida*
15.4 sus dos extremos *consumió* el fuego, y
15.5 el fuego la hubiere *consumido*, y fuere
15.6 la. .di al fuego para que la *consumiese*
15.7 aunque. .escaparon, fuego los *consumirá*
16.20 sacrificaste a. .que fuesen *consumidos*
16.21 como ofrenda que el fuego *consumía*?
19.12 ramas fuertes. .las *consumió* el fuego
19.14 fuego. .ha *consumido* su fruto, y no ha
20.47 cual *consumirá* en ti todo árbol verde
21.28 para *consumir*. .pulida con resplandor
22.31 con el ardor de mi ira los *consumí*
23.25 tu remanente. .*consumido* por el fuego
23.47 sus hijas, y sus casas *consumirán* con
24.10 encendiendo. .para *consumir* la carne
24.11 se queme. .y se *consuma* su herrumbre
24.12 en fuego será su herrumbre *consumido*
24.23 os *consumiréis* a causa de. .maldades
28.18 saqué fuego. .el cual te *consumió*, y
33.10 y a causa de ellos somos *consumidos*
34.29 no serán ya más *consumidos* de hambre
43.8 por tanto, los *consumí* en mi furor
Dn. 2.44 *consumirá* a todos estos reinos, pero
11.16 la cual será *consumida* en su poder
Os. 5.7 en un solo mes serán *consumidos* ellos
8.14 yo meteré fuego. .*consumirá* sus palacios
11.6 espada. .*consumirá* sus aldeas; las *c* a
Jl. 1.19 porque fuego *consumió* los pastos del
1.20 fuego *consumió*. .praderas del desierto
2.3 delante de él *consumirá* fuego, tras de él
2.5 de llama de fuego que *consume* hojarascas
Am. 1.4 y *consumirá* los palacios de Ben-adad
1.7 fuego en. .Gaza, y *consumirá* sus palacios
1.10 fuego en. .Tiro, y *consumirá* sus palacios
1.12 fuego. .*consumirá* los palacios de Bosra
1.14 y *consumirá*. .sus palacios con estruendo
2.2 fuego en Moab, y *consumirá* los palacios
2.5 fuego en Judá. .*consumirá* los palacios de
5.6 acometa. .a la casa de José y la *consuma*
7.4 *consumió* un gran abismo, y *c* una parte de
Abd. 18 los quemarán y los *consumirán*; ni aun
Nah. 1.8 inundación. .*consumirá* a. .adversarios
1.10 serán *consumidos* como hojarasca. .seca
3.13 puertas. .fuego *consumirá* tus cerrojos
3.15 allí te *consumirá* el fuego, te talará
Sof. 1.18 la tierra será *consumida* con el fuego
3.8 de mi celo será *consumida* toda la tierra
Zac. 5.4 permanecerá en. .casa y la *consumirá*
9.4 herirá. .y ella será *consumida* de fuego
11.1 oh Líbano. .*consuma* el fuego tus cedros
12.6 y *consumirán* a diestra y a siniestra
14.12 se *consumirán* en las cuencas sus ojos
Mal. 3.6 por esto. .no habéis sido *consumidos*
Lc. 9.54 descienda fuego del cielo. .*consuma?*
15.30 ha *consumido* tus bienes con rameras
Jn. 2.17 escrito: El celo de tu. .me *consume*
2 Co. 2.7 que no sea *consumido* de. .tristeza
Gá. 5.15 mirad. .no os *consumáis* unos a otros
Ap. 18.17 en una hora han sido *consumidas*
20.9 descendió fuego del cielo y. .*consumió*

CONTAMINACIÓN
Hch. 15.20 se aparten de las *c* de los ídolos
2 Co. 7.1 limpiémonos de toda *c* de carne y de
1 P. 1.19 como de un cordero sin mancha y sin *c*
2 P. 2.20 habiéndose ellos escapado de las *c*

CONTAMINAR
Lv. 11.43 ni os *contaminéis* con ellos, ni seáis
11.44 no *contaminéis* vuestras personas con
14.36 para que no sea *contaminado* todo lo
15.31 por haber *contaminado* mi tabernáculo
18.20 acto carnal. .*contaminándote* con ella
18.21 no *contamines* así el nombre de tu Dios
18.25 la tierra fue *contaminada*; y yo visité
18.27 hicieron. .y la tierra fue *contaminada*
18.28 vomite por haberla *contaminado*, como
18.30 no os *contaminéis* en ellas. Yo Jehová
19.29 no *contaminarás* a tu hija. .fornicar
19.31 no los consultéis, *contaminándoos* con
20.3 *contaminando* mi santuario y profanando
20.25 no *contaminéis* vuestras personas con
21.1 que no se *contaminen* por un muerto en
21.3 por su hermana virgen. .se *contaminará*
21.4 no se *contaminará* como. .hombre de su
21.11 padre ni por su madre se *contaminará*
22.8 no comerá, *contaminándose* en ello
Nm. 5.2 leproso, y a. .*contaminado* con muerto
5.3 para que no *contaminen* el campamento de
6.7 ni aun por su padre. .podrá *contaminarse*
6.9 su cabeza. .será *contaminada*; por tanto
6.12 por cuanto fue *contaminado* su nazareato
18.32 no *contaminaréis* las cosas santas de
19.13 el tabernáculo de Jehová *contaminó*, y
19.20 *contaminó* el tabernáculo de Jehová
35.33 y no *contaminaréis* la tierra donde
35.34 no *contaminéis*, pues, la tierra donde
Dt. 21.23 no *contaminarás* tu tierra que Jehová
2 R. 23.16 quemó sobre el altar. .*contaminarlo*
2 Cr. 36.14 y *contaminando* la casa de Jehová
Neh. 13.29 los que *contaminan* el sacerdocio, y
Sal. 106.38 tierra fue *contaminada* con sangre
106.39 se *contaminaron* así con sus obras, y
Is. 24.5 tierra se *contaminó* bajo. .moradores
59.3 manos están *contaminadas* de sangre, y
Jer. 2.7 entrasteis y *contaminasteis* mi tierra
3.2 con tu maldad has *contaminado* la tierra
3.9 la tierra fue *contaminada*, y adulteró
16.18 porque *contaminaron* mi tierra con los
32.34 pusieron. .en la casa. .*contaminándola*
Lm. 4.14 calles, fueron *contaminados* con sangre
Ez. 9.7 *contaminad* la casa, y llenad los atrios
14.11 ni se *contamine* más en. .sus rebeliones
20.7 y no os *contaminéis* con los ídolos de
20.18 no. .ni os *contaminéis* con sus ídolos
20.26 y los *contaminé* en sus ofrendas cuando
20.30 ¿no os *contamináis*. .a la manera de
20.31 habéis *contaminado* con todos. .ídolos
20.43 hechos en que os *contaminasteis*; y os
22.3 y que hizo ídolos. .para *contaminarse!*
22.4 te has *contaminado* en tus ídolos que
22.11 cada uno *contaminó*. .su nuera, y cada
22.26 mi ley, y *contaminaron* mis santuarios
23.7 se *contaminó* con. .los ídolos de ellos
23.13 vi que se había *contaminado*; un mismo
23.17 la *contaminaron*, y ella. .se *contaminó*
23.30 con las cuales te *contaminaste* en sus
23.38 *contaminaron* mi santuario en aquel día
23.39 en mi santuario. .día para *contaminarlo*
33.26 *contaminasteis* cada cual a la mujer de
36.17 la *contaminó* con sus caminos y con sus
36.18 porque con sus ídolos la *contaminaron*
37.23 ni se *contaminarán* ya. .con sus ídolos
43.8 han *contaminado* mi santo nombre con sus
44.7 incircuncisos. .para *contaminar* mi casa
44.25 no se acercarán a. .para *contaminarse*
44.25 pero por padre. .sí podrán *contaminarse*
Dn. 1.8 no *contaminarse* con la porción de la
1.8 pidió. .no se le obligase a *contaminarse*
Os. 6.10 fornicó Efraín, y se *contaminó* Israel
Mi. 2.10 pues está *contaminado*, corrompido
Sof. 3.1 ay de la ciudad rebelde y *contaminada*
3.4 sus sacerdotes *contaminaron* el santuario
Mt. 15.11 no lo que entra. .*contamina* al hombre
15.11,18 lo que sale de. .*contamina* al hombre
15.20 estas cosas son. .*contaminan* al hombre
15.20 con las manos sin lavar no *contamina*
Mr. 7.15 entre en él, que le pueda *contaminar*
7.15 lo que sale de él. .*contamina* el hombre
7.18 lo de fuera que. .no le puede *contaminar*
7.20 lo que. .sale, eso *contamina* al hombre
7.23 estas maldades de. .*contaminan* al hombre
Jn. 18.28 no entraron en. .para no *contaminarse*
1 Co. 8.7 y su conciencia. .débil, se *contamina*
He. 12.15 y por ella muchos sean *contaminados*
Stg. 3.6 la lengua. .*contamina* todo el cuerpo
Jud. 23 aborreciendo aun la ropa *contaminada*
Ap. 14.4 estos son los que no se *contaminaron*

CONTAR
Gn. 13.16 si alguno puede *contar* el polvo de la
13.16 también tu descendencia será *contada*
15.5 *cuenta* las estrellas, si. .puedes *contar*
15.6 y creyó a Jehová. .*contado* por justicia
16.10 que no podrá ser *contada* a causa de la
24.66 criado *contó* a Isaac todo lo que había
29.13 y él *contó* a Labán todas estas cosas
32.12 que no se puede *contar* por la multitud
37.5 y soñó José un sueño, y lo *contó* a sus
37.9 otro sueño, y lo *contó* a sus hermanos
37.10 lo *contó* a su padre y a sus hermanos
40.8 ¿no son de Dios las. .*Contádmelo* ahora
40.9 *contó* su sueño a José, y le dijo: Yo
41.8 los magos. .les *contó* Faraón sus sueños
41.12 y se lo *contamos*, y él nos interpretó
41.49 no poderse *contar*. .no tenía número
42.29 le *contaron* todo lo que les. .acontecido
44.24 le *contamos* las palabras de mi señor
45.27 le *contaron* todas las palabras de José
Éx. 4.28 *contó* Moisés a Aarón. .las palabras de
10.2 que *cuentes* a tus hijos y a tus nietos
12.37 hombres de a pie, sin *contar* los niños

CONTAR *(Continúa)*

Éx. 13.8 lo *contarás*..a tu hijo, diciendo: Se hace
18.8 y Moisés *contó* a su suegro todas las
24.3 vino y *contó* al pueblo..las palabras de
30.12 cuando los *cuentes*, para que no haya
30.12 haya mortandad cuando los hayas *contado*
30.13 esto dará todo aquel que sea *contado*
30.14 el que sea *contado*..dará la ofrenda a
Lv. 7.18 no será acepto, ni le será *contado*
15.13 *contará* siete días..su purificación, y
15.28 libre de su flujo, *contará* siete días
23.15 y *contaréis* desde el día que sigue al
23.16 día de reposo *contaréis* cincuenta días
25.8 *contarás* siete semanas de años, siete
25.27 *contará* los años desde que vendió, y
25.50 se *contará* el tiempo que estuvo con él
Nm. 1.3 los que pueden salir a..los *contaréis*
1.19 Moisés..*contó* en el desierto de Sinaí
1.21 los *contados* de la tribu de Rubén fueron
1.22 fueron *contados* conforme a la cuenta de
1.23 *contados* de la tribu de Simeón fueron
1.25 los *contados* de la tribu de Gad fueron
1.27 los *contados* de la tribu de Judá fueron
1.29 *contados* de la tribu de Isacar fueron
1.31 *contados* de la tribu de Zabulón fueron
1.33 *contados* de la tribu de Efraín fueron
1.35 *contados* de la tribu de Manasés fueron
1.37 *contados* de la tribu de Benjamín fueron
1.39 los *contados* de la tribu de Dan fueron
1.41 los *contados* de la tribu de Aser fueron
1.43 *contados* de la tribu de Neftalí fueron
1.44 fueron..*contados*, los cuales *contaron*
1.45 los *contados* de los hijos de Israel por
1.46 fueron todos los *contados* 603.550
1.47 levitas..no fueron *contados* entre ellos
1.49 solamente no *contarás* la tribu de Leví
2.4,6,8,11,13,15,19,21,23,26,28,30 cuerpo
de ejército, con sus *contados*
2.9 los *contados* en el campamento de Judá
2.16 los *contados* en el campamento de Rubén
2.24 los *contados* en el campamento de Efraín
2.31 los *contados* en el campamento de Dan
2.32 son los *contados* de los hijos de Israel
2.32 todos los *contados* por campamentos, por
2.33 los levitas no fueron *contados* entre los
3.15 *cuenta* los hijos de Leví según..casas
3.15 *contarás*..los varones de un mes arriba
3.16 Moisés los *contó* conforme a..de Jehová
3.22 los *contados*..conforme a la cuenta de
3.22 los *contados* de ellos fueron 7.500
3.34 *contados*..conforme al número de todos
3.39 los *contados* de los levitas, que Moisés
3.39 que Moisés..*contaron* por sus familias
3.40 *cuenta* todos los primogénitos varones
3.40 de un mes..y *cuéntalos* por sus nombres
3.42 *contó* Moisés, como Jehová le mandó
4.23,30 de treinta años arriba..los *contarás*
4.29 *contarás* los hijos de Merari por sus
4.34 *contaron* a los hijos de Coat: por sus
4.36,40,44 *contados* de ellos por sus familias
4.37 los *contados* de las familias de Coat
4.37,41,45 cuales *contaron* Moisés y Aarón
4.38,41 los *contados* de los hijos de Gersón
4.42,45 *contados* de las familias de..Merari
4.46 todos los *contados* de los levitas que
4.46 que Moisés..*contaron* por sus familias
4.48 los *contados* de ellos fueron 8.580
4.49 como lo mandó Jehová..fueron *contados*
4.49 los cuales *contó*..como le fue mandado
7.2 los príncipes..estaban sobre los *contados*
13.27 *contaron*, diciendo: Nosotros llegamos
14.29 que fueron *contados* de entre vosotros
18.27 y se os *contará*..como grano de la era
18.30 será *contado*..como producto de la era
23.9 y no será *contado* entre las naciones
23.10 ¿quién *contará* el polvo de Jacob, o el
26.4 *contaréis* el pueblo de 20 años arriba
26.7 estas..fueron *contados* de ellas 43.730
26.18 Gad; y fueron *contados* de ellas 40.500
26.22 de Judá, y fueron *contados* de..76.500
26.25 de Isacar, y..*contados* de ellas 64.300
26.27 zabulonitas..*contados* de ellas 60.500
26.34 estas..fueron *contados* de ellas 52.700
26.37 Efraín; y fueron *contados* de..32.500
26.41 de Benjamín..*contados* de ellas 45.600
26.43 los suhamitas fueron *contados* 64.400
26.47 de Aser; y fueron *contados* de..53.400
26.50 de Neftalí..*contados* de ellas 45.400
26.51 son los *contados* de los hijos de Israel
26.54 su heredad conforme a sus *contados*
26.57 los *contados* de los levitas por sus
26.62 de los levitas fueron *contados* 23.000
26.62 no fueron *contados* entre los hijos de
26.63 los *contados* por Moisés y el..Eleazar
26.63 los cuales *contaron* los hijos de Israel
26.64 ninguno..de los *contados* por Moisés y
26.64 quienes *contaron* a los hijos de Israel
Dt. 3.5 sin *contar* otras muchas ciudades sin
15.9 podrá clamar..y se te *contará* por pecado
16.9 siete semanas *contarás*..que comenzare
16.9 comenzarás a *contar* las siete semanas
Jos. 2.23 vinieron..le *contaron* todas las cosas
Jue. 6.13 han *contado*, diciendo: ¿No nos sacó
7.13 un hombre estaba *contando* a..un sueño
13.6 la mujer vino y se lo *contó* a su marido
20.15 *contados*..de Benjamín..26.000 hombres
20.17 fueron *contados* los varones de Israel
21.9 fue *contado* el pueblo, y no hubo allí
Rt. 2.19 *contó* ella a su suegra con quién había
3.16 y le *contó* ella todo lo que..acontecido
1 S. 11.5 y le *contaron* las palabras de..Jabes
11.8 los *contó* en Bezec; y fueron..300.000
13.15 *contó* la gente que se hallaba con él
2 S. 4.2 Beerot..también..*contado* con Benjamín
11.19 cuando acabes de *contar* al rey todos
11.22 *contó* a David todo aquello a que Joab
1 R. 3.8 pueblo grande, que no se puede *contar*
8.5 bueyes..no se podían *contar* ni numerar
13.11 le *contó* todo lo que el varón de Dios
13.11 *contaron*..a su padre las palabras que
2 R. 4.7 vino ella..y lo *contó* al varón de Dios
8.4 me *cuentes*..las maravillas que ha hecho
8.5 *contando* al rey cómo había hecho vivir
8.6 preguntando el rey..ella se lo *contó*
12.10 y *contaban* el dinero que hallaban en
18.37 le *contaron* las palabras del Rabsaces
1 Cr. 5.1 y no fue *contado* por primogénito
5.7 por sus familias, cuando eran *contados*
5.17 fueron *contados*..en días de Jotam rey
7.2 de Tola fueron *contados* por sus linajes
7.5 *contados*..sus genealogías, eran 87.000
7.7 los hijos de Bela..fueron *contados* 22.034
7.9 *contados* por..resultaron 20.200 hombres
7.40 y *contados* que fueron por sus linajes
9.1 *contado* todo Israel..fueron escritos en
9.22 eran 212 cuando fueron *contados* por el
21.6 no fueron *contados* los levitas, ni los
21.17 soy yo el que hizo *contar* el pueblo?
23.3 fueron *contados* los levitas de 30 años
23.3 levitas..*contados* uno por uno, 38.000
23.11 cual fueron *contados* como una familia
23.14 los hijos de Moisés..fueron *contados*
23.24 los hijos de Leví en..*contados* por sus
27.24 Joab..había comenzado a *contar*; pero
2 Cr. 2.17 *contó* Salomón todos los..extranjeros
2.17 después de haberlos ya *contado* David
5.6 por ser tantos no se pudieron *contar* ni
31.17 *contados* entre los sacerdotes según
34.16 lo llevó al rey y le *contó* el asunto
Esd. 2.65 sin *contar* sus siervos y siervas, los
Neh. 6.19 *contaban* delante de mí..obras de él
Est. 4.9 Hatac y *contó* a Ester las palabras de
6.13 *contó*..todo lo que le había acontecido
Job 3.6 no sea *contada* entre los días del año
13.24 ¿por qué..me *cuentas* por tu enemigo?
14.16 me *cuentas* los pasos, y no das tregua
15.17 mostraré, y te *contaré* lo que he visto
15.18 los sabios nos *contaron* de sus padres
16.22 los años *contados* vendrán, y yo iré a
19.11 y me *contó* para sí entre sus enemigos
31.4 mis caminos, y *cuenta* todos mis pasos?
31.37 yo le *contaría* el número de mis pasos
37.20 será preciso *contarle* cuando yo hablare
39.2 ¿*contaste* tú los meses de su preñez, y
Sal. 9.1 Jehová..*contaré* todas tus maravillas
9.14 para que *cuente* yo todas tus alabanzas
19.1 los cielos *cuentan* la gloria de Dios
22.17 *contar* puedo todos mis huesos; entre
22.30 esto será *contado*..hasta la postrera
26.7 y para *contar* todas tus maravillas
40.5 y tus..no es posible *contarlos* ante ti
44.1 nos han *contado*, la obra que hiciste en
44.22 *contados* como ovejas para el matadero
48.12 andad..y rodeadla; *contad* sus torres
48.13 que lo *contéis* a la generación venidera
56.8 mis huidas tú has *contado*..lágrimas
66.16 y *contaré* lo que ha hecho a mi alma
68.17 los carros de Dios se *cuentan* por
69.26 y *cuentan* del dolor de los que tú
73.28 mi esperanza, para *contar*..tus obras
75.1 los hombres *cuentan* tus maravillas
78.3 que nuestros padres nos las *contaron*
78.4 *contando* a la..las alabanzas de Jehová
78.6 se levantarán lo *cuenten* a sus hijos
87.6 Jehová *contará* al inscribir a..pueblos
88.4 soy *contado* entre los que descienden al
88.11 *contada* en el sepulcro tu misericordia
90.12 enséñanos de tal modo a *contar* nuestros
106.2 obras..¿quién *contará* sus alabanzas?
106.31 *contado* por justicia de generación en
118.17 viviré, y *contaré* las obras de JAH
119.13 *contado* todos los juicios de tu boca
147.4 él *cuenta* el número de las estrellas
Pr. 17.28 el necio, cuando calla, es *contado* por
27.14 alta voz..por maldición se le *contará*
Ec. 1.15 y lo incompleto no puede *contarse*
Is. 10.19 número que un niño los pueda *contar*
10.28 Migrón; en Micmas *contará* su ejército
14.20 no serás *contado* con..en la sepultura
22.10 y *contasteis* las casas de Jerusalén, y
36.22 le *contaron* las palabras del Rabsaces
38.13 *contaba* yo hasta la mañana. Como un
40.26 él saca y *cuenta* su ejército; a todos
41.23 haced..para que tengamos qué *contar*
47.13 que *cuentan* los meses, para pronosticar
52.15 verán lo que nunca les fue *contado*, y
53.8 y su generación, ¿quién la *contará*?
53.12 *contado* con los pecadores, habiendo
Jer. 23.27 con sus sueños que cada uno *cuenta*
23.28 el profeta que tuviere un sueño, *cuente*
23.28 y aquel a..*cuente* mi palabra verdadera
23.32 los que profetizan sueños..los *cuentan*
33.13 por las manos del que los *cuente*, ha
33.22 puede ser *contado* el ejército del cielo
36.13 y les *contó* Micaías todas las palabras
36.16 sin duda *contaremos* al rey..palabras
36.17 *cuéntanos*..cómo escribiste de boca de
36.20 y *contaron* a oídos del rey..palabras
51.10 venid, y *contemos* en Sion la obra de
Ez. 12.16 que *cuenten* todas sus abominaciones
40.4 *cuenta*..lo que ves a la casa de Israel
44.26 después de su purificación..*contarán*
Dn. 4.8 *conté* delante de él el sueño, diciendo
5.26 MENE: *contó* Dios tu reino, y le ha
Os. 1.10 arena..que no se puede medir ni *contar*
Jl. 1.3 de esto *contaréis* a vuestros hijos, y
Hab. 1.5 cuando se os *contare*, no la creeréis
Mt. 8.33 y viniendo..*contaron* todas las cosas
10.30 vuestros cabellos están todos *contados*
14.21 cinco mil..sin *contar* las mujeres y los
15.38 cuatro mil..sin *contar* las mujeres y
26.13 se *contará* lo que ésta ha hecho, para
Mr. 5.16 les *contaron*..cómo le había acontecido
5.19 *cuéntales* cuán grandes cosas el Señor ha
6.30 y le *contaron* todo lo que habían hecho
14.9 se *contará* lo que ésta ha hecho, para
15.28 se cumplió..fue *contado* con los inicuos
Lc. 8.36 les *contaron* cómo había sido salvado
8.39 *cuenta* cuán grandes cosas ha hecho Dios
9.10 le *contaron* todo lo que habían hecho
12.7 aun los cabellos..están todos *contados*
13.1 que le *contaban* acerca de los galileos
22.37 cumpla..Y fue *contado* con los inicuos
24.35 *contaban* las cosas que les..acontecido
Hch. 1.17 y era *contado* con nosotros, y tenía
1.26 y fue *contado* con los once apóstoles
4.23 *contaron* todo lo que los principales
8.33 mas su generación, ¿quién la *contará*?
9.27 y les *contó* cómo Saulo había visto en
10.8 Jope, después de haberles *contado* todo
11.4 comenzó Pedro a *contarles* por orden lo
11.13 quien nos *contó* cómo había visto en su
12.17 les contó cómo el Señor le había sacado
13.41 no creeréis, si alguien os la *contare*
15.3 *contando* la conversión de los gentiles
15.12 *contaban* cuán grandes señales..había
15.14 Simón ha *contado* cómo Dios visitó por
21.19 *contó*..las cosas que Dios había hecho
Ro. 4.3 creyó..y le fue *contado* por justicia
4.4 no se le *cuenta* el salario como gracia
4.5 cree..su fe le es *contada* por justicia
4.9 que a Abraham le fue *contada* la fe por
4.10 ¿cómo, pues, le fue *contada*? ¿Estando
4.11 también a ellos la fe les sea *contada*
4.22 también su fe le fue *contada*..justicia
4.23 a él se escribió que le fue *contada*
4.24 a nosotros a quienes ha de ser *contada*
8.36 somos *contados* como ovejas de matadero
9.8 no los..son *contados* como descendientes
2 Co. 10.12 a *contarnos* ni a compararnos con
Gá. 3.6 creyó..y le fue *contado* por justicia
1 Ts. 1.9 *cuentan*..manera en que..recibisteis
He. 7.6 aquel cuya genealogía no es *contada* de
11.32 tiempo me faltaría *contando* de Gedeón
Stg. 2.23 y le fue *contado* por justicia, y fue
Ap. 7.9 multitud, la cual nadie podía *contar*
13.18 *cuente* el número de la bestia, pues es

CONTEMPLADOR

Is. 47.13 y te defiendan los *c* de los cielos

CONTEMPLAR

2 Cr. 16.9 los ojos de Jehová *contemplan* toda la
Job 36.24 su obra, la..*contemplan* los hombres
Sal. 27.4 *contemplar* la hermosura de Jehová
Is. 14.16 los que te vean, te *contemplarán*
17.7 sus ojos *contemplarán* al Santo de Israel
63.15 y *contempla* desde tu..gloriosa morada
Dn. 7.8 mientras yo *contemplaba* los cuernos
1 Jn. 1.1 lo que hemos *contemplado*, y palparon

CONTEMPORÁNEO

Gá. 1.14 en el judaísmo aventajaba a..mis *c*

CONTENCIÓN

Sal. 31.20 pondrás..a cubierto de *c* de lenguas
Fil. 1.16 los unos anuncian a Cristo por *c*, no
Tit. 3.9 y *c*, y discusiones acerca de la ley
Stg. 3.14 tenéis celos..*c* en vuestro corazón
3.16 donde hay..*c*, allí hay perturbación y

CONTENCIOSO

Ro. 2.8 pero ira y enojo a los que son *c* y no
1 Co. 11.16 si alguno quiere ser *c*, nosotros
2 Ti. 2.24 el siervo del Señor no debe ser *c*

CONTENDER
Gn. 6.3 no *contenderá*..espíritu con el hombre
30.8 he *contendido* con mi hermana..vencido
Nm. 20.13 *contendieron*..de Israel con Jehová
Dt. 2.19 los molestes, ni *contiendas* con ellos
33.8 con quien *contendiste* en las aguas de
Jue. 6.31 él: *¿Contenderéis* vosotros por Baal?
6.31 que *contienda* por él..*c* por sí mismo
6.32 Jerobaal..es, *contienda* Baal contra él
1 S. 12.7 *contenderé* con vosotros delante de
Job 9.3 quisiere *contender* con él, no le podrá
10.2 entender por qué *contiendes* conmigo
13.8 *¿contenderéis* vosotros por Dios?
13.19 ¿quién es el que *contenderá* conmigo?
23.6 *¿contendería* conmigo con grandeza de
31.13 de mi siervo..cuando ellos *contendían*
33.13 ¿por qué *contiendes* contra él? Porque
40.2 ¿es sabiduría *contender*..Omnipotente?
Sal. 35.1 con los que contra mí *contienden*
103.9 no *contenderá* para siempre, ni para
Pr. 28.4 los que la guardan *contenderán* con
29.9 si el..sabio *contendiere* con el necio
Ec. 6.10 no puede *contender* con Aquel que es
Is. 41.11 perecerán los que *contienden* contigo
50.8 ¿quién *contenderá* conmigo? Juntémonos
57.16 no *contenderé* para siempre, ni para
Jer. 2.9 por tanto, *contenderé* aún con vosotros
12.5 ¿cómo *contenderás* con los caballos?
18.19 la voz de los que *contienden* conmigo
Dn. 11.40 el rey del sur *contenderá* con él
Os. 2.2 *contended* con vuestra madre, *c*; porque
4.1 Jehová *contiende* con los moradores de la
4.4 *contienda* ni reprenda a hombre, porque
Mi. 6.1 *contiende* contra los montes, y oigan
Mt. 12.19 no *contenderá*, ni voceará, ni nadie
Jn. 6.52 judíos *contendían* entre sí, diciendo
Hch. 23.9 levantándose..fariseos, *contendían*
Ro. 14.1 pero no para *contender* sobre opiniones
2 Ti. 2.14 a que no *contiendan* sobre palabras
Jud. 3 que *contendáis* ardientemente por la fe
9 cuando el arcángel Miguel *contendía* con el

CONTENER
Gn. 43.31 lavó..se *contuvo*, y dijo: Poned pan
45.1 no podía ya José *contenerse* delante de
1 R. 7.38 cada fuente *contenía* cuarenta batos
8.27 de los cielos, no te pueden *contener*
1 Cr. 16.32 el campo, y todo lo que *contiene*
2 Cr. 2.6 que los cielos..no pueden *contenerlo?*
6.18 de los cielos no te pueden *contener*
Sal. 119.101 todo mal camino *contuve* mis pies
Pr. 27.16 *contenerla* es..refrenar el viento
Jer. 6.11 cansado de *contenerme;* la derramaré
He. 9.4 una urna de oro que *contenía* el maná
1 P. 2.6 por lo cual *contiene* la Escritura: He

CONTENTAMIENTO
Neh. 12.43 Dios los había recreado con grande *c*
Job 22.3 ¿tiene *c* el Omnipotente en que tú
Sal. 149.4 porque Jehová tiene *c* en su pueblo
Pr. 12.22 pero los que hacen verdad son su *c*
16.13 los labios justos son el *c* de los reyes
19.22 *c* es a los hombres hacer misericordia
29.10 aborrecen..mas los rectos buscan su *c*
Ec. 12.1 los años..digas: No tengo en ellos *c*
Cnt. 7.10 soy de mi amado, y conmigo tiene su *c*
Is. 9.17 el Señor no tomará *c* en sus jóvenes
42.1 mi escogido, en quien mi alma tiene *c*
1 Ti. 6.6 ganancia..la piedad acompañada de *c*

CONTENTAR
Lc. 3.14 dijo..*contentaos* con vuestro salario
Fil. 4.11 aprendido a *contentarme*, cualquiera

CONTENTO
Rt. 3.7 Booz..su corazón estuvo *c*, se retiró
2 S. 19.6 que si Absalón viviera..estarías *c*
Est. 5.9 salió Amán..día *c* y alegre de corazón
Job 31.16 si estorbé el *c* de los pobres, e hice
Sal. 96.12 árboles del bosque rebosarán de *c*
Pr. 14.14 el hombre de bien estará *c* del suyo
15.15 mas el de corazón *c* tiene un banquete
Ec. 4.16 que vengan..tampoco estarán *c* de él
1 Ti. 6.8 teniendo sustento y abrigo, estemos *c*
He. 13.5 avaricia, *c* con lo que tenéis ahora
3 Jn. 10 no *c* con estas cosas, no recibe a los

CONTESTAR
Éx. 34.10 él *contestó:* He aquí, yo hago pacto
Jue. 15.6 y les *contestaron:* Sansón, el yerno
1 R. 10.3 Salomón le *contestó*..sus preguntas
10.3 nada hubo que el rey no le *contestase*
2 Cr. 9.2 nada..que Salomón no le *contestase*
10.7 y ellos le *contestaron* diciendo: Si te
10.10 los jóvenes..*contestaron:* Así dirás al
31.10 el sumo sacerdote Azarías..le *contestó*
Job 38.3 yo te preguntaré, y tú me *contestarás*
Mt. 21.24 si me la *contestáis*..yo os diré con

CONTIENDA
Gn. 13.7 hubo *c* entre los pastores del ganado
Jue. 12.2 teníamos una..*c* con los hijos de Amón
2 S. 22.44; Sal. 18.43 me has librado de las *c*
Sal. 140.2 males en el corazón, cada día urden *c*
Pr. 13.10 la soberbia concebirá *c;* mas con los
15.18 el hombre iracundo promueve *c;* mas el
16.28 el hombre perverso levanta *c*, y el
17.1 paz, que casa de *c* llena de provisiones
17.14 deja, pues, la *c*, antes que se enrede
18.6 los labios del necio traen *c*, y su boca
18.19 las *c* de los hermanos son como cerrojos
19.13 y gotera continua las *c* de la mujer
20.3 honra es del hombre dejar la *c;* mas todo
22.10 echa..el escarnecedor, y saldrá la *c*
26.20 y donde no hay chismoso, cesa la *c*
26.21 el hombre rencilloso para encender *c*
28.25 el altivo de ánimo suscita *c;* mas el
29.22 el hombre iracundo levanta *c*, y el
30.33 sangre; y que provoca la ira causará *c*
Is. 41.12 buscarás a los que tienen *c* contigo
58.4 para *c* y debates ayunáis, y para herir
Jer 15.10 engendraste hombre de *c* y hombre de
Hab. 1.3 violencia..y pleito y *c* se levantan
Hch. 15.2 discusión y *c* no pequeña con ellos
Ro. 1.29 llenos de..*c*, engaños y malignidades
13.13 no en..y lascivias, no en *c* y envidia
1 Co. 1.11 he sido informado..que hay entre..*c*
3.3 pues habiendo entre vosotros celos, *c* y
2 Co. 12.20 que haya entre vosotros *c*, envidias
Gá. 5.20 celos, iras, *c*, disensiones, herejías
Fil. 1.15 predican a Cristo por envidia y *c*
2.3 nada hagáis por *c* o por vanagloria; antes
2.14 haced todo sin murmuraciones y *c*
1 Ti. 2.8 levantando manos santas, sin ira ni *c*
6.4 delira acerca de..*c* de palabras, de las
2 Ti. 2.23 desecha..sabiendo que engendran *c*

CONTIGO
Éx. 3.12 yo estaré *c;* y esto te será por señal
Dt. 31.8 Jehová..estará *c*, no te dejará, ni te
Jos. 1.5 como estuve con Moisés, estaré *c;* no
1.9 Jehová tu Dios estará *c* en dondequiera
3.7 que como estuve con Moisés, así estaré *c*
Jue. 6.16 estaré *c*, y derrotarás..madianitas
1 S. 20.13 Jehová *c*, como estuvo con mi padre
Sal. 73.23 con todo, yo siempre estuve *c;* me
139.18 los enumero..despierto, y aun estoy *c*
Is. 41.10 no temas..yo estoy *c;* no desmayes
43.2 cuando pases por las aguas, yo estaré *c*
Jer. 15.20 yo estoy *c* para guardarte y para
30.11 yo estoy *c* para salvarte, dice Jehová
Hch. 18.10 yo estoy *c*, y ninguno pondrá sobre

CONTINENCIA
1 Co. 7.9 pero si no tienen don de *c*, cásense

CONTINUAR
Nm. 34.4 y *continuará* a Hasar-adar, y pasará
Dn. 1.21 *continuó* Daniel hasta el año primero
Hch. 15.35 Pablo y..*continuaron* en Antioquía
19.10 así *continuó* por espacio de dos años
He. 7.23 que por la muerte no podían *continuar*
3 Jn. 6 encaminarlos..que *continúen* su viaje

CONTINUO, NUA
Éx. 29.42 esto será el holocausto *c* por vuestras
Nm. 4.7 sobre la mesa..pan *c* estará sobre ella
4.16 la ofrenda *c* y el aceite de la unción
28.6 holocausto *c*..fue ordenado en el..Sinaí
28.10 además del holocausto *c* y su libación
28.24 se ofrecerá además del holocausto *c* con
28.31 además del holocausto *c* con..ofrendas
29.11 del holocausto *c* y de sus ofrendas y
29.16,19,22,25,28,31,34,38 además del holocausto *c*, su ofrenda
2 Cr. 2.4 para la colocación *c* de los panes de
Esd. 3.5 el holocausto *c*, las nuevas lunas, y
Neh. 10.33 para la ofrenda *c*..el holocausto *c*
Sal. 34.1 su alabanza estará de *c* en mi boca
52.1 maldad..la misericordia de Dios es *c*
Pr. 15.15 corazón contento tiene un banquete *c*
19.13 gotera *c* las contiendas de la mujer
27.15 gotera *c*..lluvia y la mujer rencillosa
Ez. 30.16 Tebas..y Menfis tendrá *c* angustias
46.15 ofrecerán..el cordero..en holocausto *c*
Dn. 8.11 y por él fue quitado el *c* sacrificio
8.12 fue entregado..junto con el *c* sacrificio
8.13 cuándo durará la visión del *c* sacrificio
11.31 quitarán el *c* sacrificio, y pondrán la
12.11 que sea quitado el *c* sacrificio hasta
Ro. 9.2 gran tristeza y *c* dolor en mi corazón

CONTORNO
Gn. 23.17 había en la heredad, y en todos sus *c*
Nm. 22.4 lamerá esta gente todos nuestros *c*
Dt. 6.14 dioses de los pueblos..en vuestros *c*
Jos. 15.12 fue el límite..de Judá, por todo el *c*
21.11 la cuál es Hebrón..sus ejidos en sus *c*
1 Cr. 4.33 sus aldeas que estaban en *c* de estas
Cnt. 7.1 los *c* de tus muslos son como joyas
Jer. 32.44 en los *c* de Jerusalén, y en..Judá
Mt. 8.34; Mr. 5.17 rogar..que se fuera de sus *c*
Lc. 4.37 su fama se difundía por todos los..*c*

CONTRA
Nah. 2.13; 3.5 heme aquí *c* ti, dice Jehová de
Mr. 9.40; Lc. 9.50 el que no es *c* nosotros, por
Lc. 11.23 el que no es conmigo, *c* mí es; y el que

CONTRADECIR
Lc. 2.34 está..para señal que será *contradicha*
21.15 cual no podrán resistir ni *contradecir*
Hch. 13.45 los judíos..rebatían..*contradiciendo*
19.36 puesto que esto no puede *contradecirse*
Tit. 1.9 para..convencer a los que *contradicen*

CONTRADICCIÓN
He. 12.3 que sufrió tal *c* de pecadores contra
Jud. 11 de Balaam, y perecieron en la *c* de Coré

CONTRADICTOR
Ro. 10.21 mis manos a un pueblo rebelde y *c*

CONTRAER
Gn. 32.32 no comen..del tendón que se *contrajo*
32.32 a Jacob..en el tendón que se *contrajo*
2 Cr. 18.1 Josafat..*contrajo* parentesco..Acab

CONTRAFUERTE
Ez. 43.8 su *c* junto a mi *c*, mediando sólo una

CONTRAPONER
Éx. 26.5 las lazadas estarán *contrapuestas* la

CONTRARIO, RIA
Est. 9.1 día en que los enemigos..sucedió lo *c*
9.16 y mataron de sus *c* a 75.000; pero no
Job 16.9 su furor me despedazó, y me ha sido *c*
22.2 al *c*, para sí mismo es provechoso el
Sal. 38.20 los que pagan mal por bien me son *c*
Ez. 16.34 ha sucedido contigo..*c* de las demás
Mt. 14.24 por las olas; porque el viento era *c*
Mr. 6.48 fatiga, porque el viento les era *c*
Hch. 27.4 sotavento..de Chipre..vientos eran *c*
2 Co. 2.7 al *c*..debéis perdonarle y consolarle
Gá. 2.7 por el *c*, como vieron que me había sido
Col. 2.14 anulando el acta de..que nos era *c*
1 P. 3.9 sino por el *c*, bendiciendo, sabiendo

CONTRARRESTAR
Job 11.10 llama..¿quién podrá *contrarrestarle?*

CONTRATACIÓN
1 R. 10.15 sin..lo de la *c* de especias, y lo de
Ez. 28.5 en tus *c* has multiplicado tus riquezas
28.16 a causa de la multitud de tus *c* fuiste
28.18 y con la iniquidad de tus *c* profanaste

CONTRATAR
Ez. 27.23 los mercaderes..*contrataban* contigo
Mt. 20.1 que salió..a *contratar* obreros para
20.7 dijeron: Porque nadie nos ha *contratado*

CONTRATO
Rt. 4.7 esta costumbre en Israel tocante..al *c*
2 Cr. 1.16 compraban por *c* caballos y lienzos

CONTRAVENIR
Hch. 17.7 *contravienen* los decretos de César

CONTRIBUCIÓN
Esd. 7.24 ninguno podrá imponerles tributo, *c*
2 Co. 9.13 por la liberalidad de vuestra *c* para

CONTRIBUIR
1 Cr. 29.9 alegró el pueblo..haber *contribuido*
2 Cr. 31.3 rey *contribuyó* de su propia hacienda
Neh. 10.32 nos impusimos..*contribuir* cada año
Ro. 14.19 sigamos lo que *contribuye* a la paz

CONTRISTAR
Sal. 38.18 y me *contristaré* por mi pecado
Lm. 3.51 ojos *contristaron* mi alma por todas
Dn. 11.30 él se *contristará*, y volverá, y se
Ro. 14.15 si..tu hermano es *contristado*, ya no
2 Co. 2.2 si yo os *contristo*, ¿quién será luego
2.2 alegre, sino aquel a quien yo *contristé?*
2.4 no para que fueseis *contristados*, sino
7.8 os *contristé* con la carta, no me pesa
7.8 porque veo que aquella carta..*contristó*
7.9 no porque hayáis sido *contristados*, sino
7.9 fuisteis *contristados*..arrepentimiento
7.9 porque habéis sido *contristados* según
7.11 que hayáis sido *contristados* según Dios
Ef. 4.30 y no *contristéis* al Espíritu Santo de

CONTRITO
Sal. 34.18 Jehová..salva a los *c* de espíritu
51.17 al corazón *c*..no despreciarás tú, oh

CONTROVERSIA
He. 6.16 el fin de toda *c* es el juramento para

CONTUMAZ
Dt. 21.18 si alguno tuviere un hijo *c* y rebelde
21.20 este nuestro hijo es *c* y rebelde, no
Sal. 78.8 generación *c* y rebelde; generación
Jer. 31.22 ¿hasta cuándo andarás. .oh hija *c?*
49.4 oh hija *c*, la que confía en sus tesoros
Tit. 1.10 porque hay aún muchos *c*, habladores
2 P. 2.10 atrevidos y *c*, no temen decir mal de

CONTURBAR
2 Ts. 2.2 ni os *conturbéis*, ni por espíritu, ni
1 P. 3.14 no os amedrentéis. .ni os *conturbéis*

CONVALECER
Is. 39.1 había estado enfermo, y. .*convalecido*
Dn. 8.27 cuando *convalecí*, atendí los negocios

CONVENCER
Jn. 16.8 venga, *convencerá* al mundo de pecado
Ro. 4.21 *convencido* de que era. .poderoso para
14.5 cada uno. .*convencido* en su propia mente
1 Co. 14.24 indocto, por todos es *convencido*
Tit. 1.9 para. .*convencer* a los que contradicen
Jud. 22 a algunos que dudan, *convencedlos*

CONVENIENTE
Jue. 6.26 edifica altar a Jehová. .en lugar *c*
Hch. 27.21 sido. .*c*, oh varones, haberme oído

CONVENIO
Is. 28.15 e hicimos *c* con el Seol; cuando pase
28.18 y vuestro *c* con el Seol no será firme
Dn. 11.17 hará con aquél *c*, y le dará una hija

CONVENIR
Gn. 23.16 Abraham se *convino* con Efrón, y pesó
34.23 *convengamos* con ellos, y habitarán con
37.27 y sus hermanos *convinieron* con él
Éx. 2.21 y Moisés *convino* en morar con aquel
8.26 respondió: No *conviene* que hagamos así
Esd. 4.3 no nos *conviene* edificar con vosotros
Job 2.11 habían *convenido* en venir juntos para
34.31 de seguro *conviene* que se diga a Dios
Sal. 93.5 la santidad *conviene* a tu casa, oh
Pr. 17.7 no *conviene* al necio la altilocuencia
19.10 no *conviene* al necio el deleite. .menos
25.11 oro. .es la palabra dicha como *conviene*
26.1 como no *conviene* la nieve. .así no *c* al
Jer. 34.10 todo el pueblo que había *convenido*
Dn. 4.2 *conviene* que yo declare las señales y
Mt. 3.15 *conviene* que cumplamos toda justicia
19.10 dijeron. .si es así. .no *conviene* casarse
20.2 y habiendo *convenido*. .un denario al día
20.13 ¿no *conviniste* conmigo en un denario?
Lc. 22.5 ellos. .*convinieron* en darle dinero
Jn. 11.50 nos *conviene* que un hombre muera por
16.7 os *conviene* que yo me vaya; porque si
18.14 *convenía* que un solo hombre muriese por
Hch. 5.9 ¿por qué *convinisteis* en tentar al
5.40 *convinieron* con él; y llamando a los
22.22 quita de. .porque no *conviene* que viva
23.20 los judíos han *convenido* en rogarte que
Ro. 1.28 para hacer cosas que no *convienen*
8.26 pues qué hemos de pedir como *conviene*
1 Co. 6.12 son lícitas, mas no todas *convienen*
10.23 me es lícito, pero no todo *conviene*
2 Co. 8.10 porque esto os *conviene* a vosotros
12.1 ciertamente no me *conviene* gloriarme
Ef. 5.3 aun se nombre. .como *conviene* a santos
5.4 ni truhanerías, que no *convienen*, sino
Col. 3.18 sujetas a. .como *conviene* en el Señor
1 Ts. 4.1 cómo os *conviene* conduciros y agradar
Tit. 1.11 enseñando por ganancia. .no *conviene*
Flm. 8 libertad. .para mandarte lo que *conviene*
He. 2.10 *convenía* a aquel por cuya causa son
7.26 porque tal sumo sacerdote nos *convenía*

CONVERSACIÓN
1 Co. 15.33 las malas *c* corrompen las buenas

CONVERSIÓN
Hch. 15.3 ellos. .contando la *c* de los gentiles

CONVERTIR
Éx. 7.17 golpearé. .y se *convertirá* en sangre
7.19 para que se *conviertan* en sangre, y haya
7.20 todas las aguas. .*convirtieron* en sangre
Dt. 23.5 tu Dios te *convirtió* la maldición en
30.2,10 te *convirtieres* a Jehová tu Dios
1 R. 8.47 si se *convirtieren*, y oraren a ti en
8.48 se *convirtieren* a ti de todo su corazón
2 R. 10.27 *convirtieron* en letrinas hasta hoy
23.6 imagen de Asera. .la *convirtió* en polvo
23.25 no hubo otro rey. .que se *convirtiese*
2 Cr. 6.24 *convirtiere*, y confesare tu nombre
6.26 se *convirtieren* de sus pecados, cuando
6.37 si se *convirtieren*, y oraren a ti en la
6.38 se *convirtieren* a ti de todo su corazón
7.14 y se *convirtieren* de sus malos caminos
15.4 cuando en. .se *convirtieron* a Jehová Dios
Neh. 9.26 protestaban. .para *convertirlos* a ti
9.35 ni se *convirtieron* de sus malas obras
Job 7.20 hasta *convertirme* en una carga para mí
28.5 debajo de ella está como *convertido* en
36.10 dice que se *conviertan* de la iniquidad
38.38 cuando el polvo se ha *convertido* en
Sal. 19.7 la ley de Jehová. .*convierte* el alma
51.13 y los pecadores se *convertirán* a ti
90.3 dices: *Convertíos*, hijos de los hombres
107.33 él *convierte* los ríos en desierto, y
Is. 1.21 ¿cómo te has *convertido* en ramera, oh
1.22 tu plata se ha *convertido* en escorias
1.27 y los *convertidos* de ella con justicia
6.10 ni se *convierta*, y haya para él sanidad
9.13 pero el pueblo no se *convirtió* al que
13.9 para *convertir* la tierra en soledad, y
14.23 y la *convertiré* en posesión de erizos
17.2 las ciudades. .en majadas se *convertirán*
19.22 se *convertirán* a Jehová. .será clemente
23.13 sus palacios; él la *convirtió* en ruinas
25.2 porque *convertiste* la ciudad en montón
29.17 ¿no se *convertirá* de aquí a muy poco
32.15 desierto se *convierta* en campo fértil
34.9 se *convertirán* en brea, y su polvo en
35.7 el lugar seco se *convertirá* en estanque
40.23 el *convierte* en nada a los poderosos
42.15 *convertiré* en soledad montes y collados
49.11 *convertiré* en camino todos mis montes
50.2 he aquí *convierto* los ríos en desierto
Jer. 3.14,22 *convertíos*, hijos rebeldes, dice
5.3 endurecieron. .no quisieron *convertirse*
5.17 espada *convertirá* en nada tus ciudades
6.8 para que no te *convierta* en desierto, en
9.11 y *convertiré* las ciudades de Judá en
10.22 *convertir* en soledad todas las ciudades
12.10 *convirtieron* en desierto y soledad mi
15.19 si te *convirtieres*, yo te restauraré
15.19 *conviértanse* ellos. .y no te *conviertas*
18.8 si esos pueblos se *convirtieren* de su
18.11 *conviértase* ahora cada uno de su mal
22.6 sin embargo, te *convertiré* en soledad
23.14 que ninguno se *convirtiese* de su maldad
25.12 la *convertiré* en desierto para siempre
31.18 *conviérteme*, y seré *convertido*, porque
34.15 os habíais hoy *convertido*, y hecho lo
37.15 la casa. .la habían *convertido* en cárcel
44.5 su oído para *convertirse* de su maldad
49.2 y será *convertida* en montón de ruinas
49.17 se *convertirá* Edom en desolación; todo
50.23 se *convirtió* Babilonia en desolación
50.26 *convertidla* en montón de ruinas, y
Ez. 3.19 y él no se *convirtiere* de su impiedad
5.14 y te *convertiré* en soledad y en oprobio
7.20 *convirtieron* la gloria de su ornamento
7.20 eso se lo *convertí* en cosa repugnante
14.6 dice. .*Convertíos*, y volveos de. .ídolos
15.8 y *convertiré* la tierra en asolamiento
18.30 *convertíos*, y apartaos. .transgresiones
18.32 dice Jehová el. .*convertíos*. .y viviréis
22.18 la casa de Israel se me ha *convertido*
22.18 en escorias de plata se *convirtieron*
22.19 os habéis *convertido* en escorias, por
26.19 te *convertiré* en ciudad asolada, como
26.21 te *convertiré* en espanto, y dejarás de
33.14 si él se *convirtiere* de su pecado, e
33.28 *convertiré* la tierra en desierto y en
33.29 cuando *convierta* la tierra en soledad
35.3 te *convertiré* en desierto y en soledad
35.7 *convertiré* al monte de Seir en desierto
Dn. 2.5 casas serán *convertidas* en muladares
3.29 dijere. .su casa *convertida* en muladar
9.13 para *convertirnos* de nuestras maldades
Os. 5.4 no piensan en *convertirse* a su Dios
11.5 su rey, porque no se quisieron *convertir*
Jl. 2.12 *convertíos* a mí con. .vuestro corazón
2.13 y *convertíos* a Jehová vuestro Dios
2.31 el sol se *convertirá* en tinieblas, y la
Am. 5.7 los que *convertís* en ajenjo el juicio
6.12 habéis. .*convertido* el juicio en veneno
Jon. 3.8 *conviértase* cada uno de su mal camino
3.10 y vio Dios. .que se *convirtieron* de su
Sof. 2.13 y *convertirá* a Nínive en asolamiento
Hag. 2.17 mas no os *convertisteis* a mí, dice
Zac. 7.14 *convirtieron* en desierto la tierra
8.19 se *convertirán* para la casa de Judá en
Mal. 1.3 y *convertí* sus montes en desolación
Mt. 4.3 que estas piedras se *conviertan* en pan
13.15 oigan. .y se *conviertan*, y yo los sane
Mr. 4.12 se *conviertan*, y les sean perdonados
Lc. 1.16 hará que muchos. .*conviertan* al Señor
4.3 dí a esta piedra que se *convierta* en pan
Jn. 4.46 donde había *convertido* el agua en vino
12.40 vean. .y se *conviertan*, y yo los sane
16.20 vuestra tristeza se *convertirá* en gozo
Hch. 2.20 el sol se *convertirá* en tinieblas, y
3.19 y *convertíos*, para que sean borrados
3.26 que cada uno se *convierta* de su maldad
9.35 los cuales se *convirtieron* al Señor
11.21 número creyó y se *convirtió* al Señor
14.15 os *convirtáis* al Dios vivo, que hizo
15.19 los gentiles que se *convierten* a Dios
26.18 se *conviertan* de las tinieblas a la luz
26.20 se *convirtiesen* a Dios, haciendo obras
28.27 entiendan de corazón, y se *conviertan*
2 Co. 3.16 cuando se *conviertan* al Señor, el
1 Ts. 1.9 cómo os *convertisteis* de los ídolos
Stg. 4.9 vuestra risa se *convierta* en lloro, y
Jud. 4 *convierten* en libertinaje la gracia de
Ap. 8.8 la tercera parte. .*convirtió* en sangre
8.11 la tercera parte. .*convirtió* en ajenjo
11.6 las aguas para *convertirlas* en sangre
16.3 se *convirtió* en sangre como de muerto
16.4 derramó su. .y se *convirtieron* en sangre

CONVICCIÓN
He. 11.1 es, pues, la fe. .la *c* de lo que no se ve

CONVICTO
Stg. 2.9 quedáis *c* por la ley. .transgresores
Jud. 15 y dejar *c* a todos los impíos de todas

CONVIDADO
1 S. 9.13 bendice. .después de esto comen los *c*
9.22 les dio lugar a la cabecera de los *c*
2 S. 19.28 tú pusiste a tu siervo entre los *c* a
1 R. 1.41 y lo oyó Adonías, y todos los *c* que
1.49 se levantaron todos los *c* que estaban
2.7 que sean de los *c* a tu mesa; porque ellos
Pr. 9.18 sus *c* están en lo profundo del Seol
Sof. 1.7 porque Jehová. .ha dispuesto a sus *c*
Mt. 22.3 envió a sus siervos a llamar a los *c*
22.4 decid a los *c:* He aquí, he preparado mi
22.10 todos. .y las bodas fueron llenas de *c*
22.11 y entró el rey para ver a los *c*, y vio
Lc. 14.7 a los *c* una parábola, diciéndoles
14.17 envió a su siervo a decir a los *c:* Venid

CONVIDAR
1 S. 9.24 dije: Yo he *convidado* al pueblo
2 S. 11.13 David lo *convidó* a comer y a beber
13.23 *convidó* Absalón a. .los hijos del rey
15.11 fueron con Absalón. .*convidados* por él
1 R. 1.9 *convidó* a. .hermanos los hijos del rey
1.10 pero no *convidó* al profeta Natán, ni a
1.19,25 ha *convidado* a todos los hijos del
1.19 mas a Salomón tu siervo no ha *convidado*
1.26 ni a Salomón tu siervo, ha *convidado*
Est. 5.12 también para mañana estoy *convidado*
Zac. 3.10 cada uno. .*convidará* a su compañero
Mt. 22.8 que fueron *convidados* no eran dignos
Lc. 7.39 vio esto el. .que le había *convidado*
14.8 cuando fueres *convidado* por alguno a
14.8 no sea que otro. .esté *convidado* por él
14.9 y viniendo el que te *convidó*. .te diga
14.10 fueres *convidado*, vé y siéntate en el
14.10 para que cuando venga el que te *convidó*
14.12 dijo también al que le había *convidado*
14.12 ellos a su vez te vuelvan a *convidar*
14.16 hizo una gran cena, y *convidó* a muchos
14.24 que ninguno de. .que fueron *convidados*

CONVITE
Job 1.5 pasado en turno los días del *c*, Job
Sal. 69.22 sea su *c* delante de ellos por lazo
Ro. 11.9 sea vuelto su *c* en trampa y en red

CONVOCACIÓN
Éx. 12.16 el primer día habrá santa *c*. .séptimo
12.16 el séptimo día tendréis una santa *c*
Lv. 23.2 las cuales proclamaréis como santas *c*
23.3 el séptimo día será de reposo, santa *c*
23.4 las *c* santas, a las cuales convocaréis
23.7 el primer día tendréis santa *c;* ningún
23.8 séptimo día será santa *c;* ningún trabajo
23.21 convocaréis en este mismo día santa *c*
23.24 tendréis día de reposo. .y una santa *c*
23.27 santa *c*, y afligiréis vuestras almas
23.35 el primer día habrá santa *c;* ningún
23.36 octavo día tendréis santa *c*. .a Jehová
Nm. 28.18 el primer día será santa *c;* ninguna
28.25 séptimo día tendréis santa *c;* ninguna
28.26 día de las primicias. .tendréis santa *c*
29.1 el primero del mes, tendréis santa *c*
29.7 en el diez de este mes. .tendréis santa *c*
29.12 a los quince días del. .tendréis santa *c*
Is. 4.5 y creará. .sobre los lugares de sus *c*

CONVOCAR
Éx. 12.21 Moisés *convocó* a. .ancianos de Israel
35.1 Moisés *convocó* a toda la congregación
Lv. 23.4 las cuales *convocaréis* en sus tiempos
23.21 *convocaréis* en este mismo día santa
23.37 a las que *convocaréis* santas reuniones
Nm. 10.2 las cuales te servirán para *convocar*
1 S. 5.8 *convocaron*. .a todos los príncipes de
10.17 Samuel *convocó* al pueblo delante de
15.4 *convocó* al pueblo y les pasó revista en
23.8 *convocó* Saúl a. .el pueblo a la batalla
2 S. 20.4 *convócame* a los hombres de Judá para
20.5 fue. .Amasa para *convocar* a los de Judá
1 R. 15.22 el rey Asa *convocó* a todo Judá, sin
18.20 Acab *convocó* a. .los hijos de Israel
2 R. 10.20 solemne a Baal. Y ellos *convocaron*
2 Cr. 1.2 y *convocó* Salomón a todo Israel, a
Neh. 5.7 *convoqué* contra ellos una. .asamblea
5.12 *convoqué* a los sacerdotes, y les hice

CONVOCAR *(Continúa)*
Sal. 50.1 ha hablado, y *convocado* la tierra
50.4 *convocará* a los cielos de arriba, y a
Is. 1.13 el *convocar* asambleas, no lo puedo
Jer. 1.15 que yo *convoco* a todas las familias
Lm. 2.22 has *convocado* de todas partes mis
Jl. 1.14 *convocad* a asamblea; congregad a los
2.15 tocad trompeta en..*convocad* asamblea
Mt. 2.4 *convocados*..sacerdotes..les preguntó
Mr. 15.16 soldados..*convocaron* a..la compañía
Lc. 23.13 Pilato, *convocando* a los principales
Hch. 5.21 vinieron..y *convocaron* al concilio y
6.2 los doce *convocaron* a la multitud de los
10.24 habiendo *convocado* a sus parientes y
28.17 Pablo *convocó* a los principales de los

CONYUGAL
Éx. 21.10 no disminuirá..vestido, ni el deber *c*
1 Co. 7.3 el marido cumpla con la..el deber *c*

COOPERAR
2 Co. 1.11 *cooperando*..a favor nuestro con la
3 Jn. 8 acoger a..que *cooperemos* con la verdad

COORDINAR
Ef. 2.21 todo el edificio, bien *coordinado*, va

COPA
Gn. 40.11 la *c* de Faraón estaba en mi mano, y
40.11 y las exprimía en la *c*..y daba yo la *c*
40.13 y darás la *c* a Faraón en su mano, como
40.21 jefe..dio éste la *c* en mano de Faraón
44.2 pondrás mi *c*, la *c* de plata, en la boca
44.4 ¿por qué habéis robado mi *c* de plata
44.9 aquel de..en quien fuere hallada la *c*
44.12 *c* fue hallada en el costal de Benjamín
44.16 aquel en cuyo poder fue hallada la *c*
44.17 el varón en cuyo poder fue hallada la *c*
Éx. 25.31 su caña, sus *c*, sus manzanas y sus
25.33(2) tres *c* en forma de flor de almendro
25.34 en la caña central del candelero 4 *c*
37.17 sus *c*, sus manzanas y sus flores eran
37.19 en un brazo, tres *c*..otro brazo tres *c*
37.20 y en la caña del candelero había 4 *c*
Nm. 4.7 y pondrán..*c* y los tazones para libar
2 S. 5.24 oigas ruido como de marcha por las *c*
1 Cr. 14.15 oigas venir un estruendo por las *c*
28.17 oro..para las *c* y para las tazas de
Job 14.9 reverdecerá..hará *c* como planta nueva
Sal. 16.5 Jehová es la porción de..y de mi *c*
23.5 unges mi cabeza con..mi *c* está rebosando
116.13 tomaré la *c* de la salvación, e invocaré
Pr. 23.31 cuando resplandece su color en la *c*
Jer. 25.15 toma de mi mano la *c* del vino de
25.17 tomé la *c* de la mano de Jehová, y di
25.28 y si no quieren tomar la *c* de tu mano
35.5 puse..tazas y *c* llenas de vino, y les
51.7 *c* de oro fue Babilonia en la mano de
52.19 *c*, ollas, candeleros, escudillas..oro
Lm. 4.21 hija de Edom..hasta ti llegará la *c*
Ez. 31.3 altura, y su *c* estaba entre densas
31.14 ni levanten su *c* entre la espesura, ni
Dn. 4.11 su *c* llegaba hasta el cielo, y se le
4.20 y cuya *c* llegaba hasta el cielo, y que
Os. 7.5 rey..lo hicieron enfermar con *c* de vino
Zac. 12.2 yo pongo a Jerusalén por *c* que hará
Mt. 26.27 tomando la *c*..dio, diciendo: Bebed
26.39 mío, si es posible, pase de mí esta *c*
26.42 si no puede pasar de mí esta *c* sin que
Mr. 14.23 tomando la *c*..dado gracias, les dio
14.36 aparta de mí esta *c*; mas no lo que yo
Lc. 22.17 habiendo tomado la *c*, dio gracias, y
22.20 tomó la *c*, diciendo: Esta *c* es..pacto
22.42 Padre, si quieres, pasa de mí esta *c*
Jn. 18.11 la *c* que el Padre me ha dado, ¿no la
1 Co. 10.16 la *c* de bendición que bendecimos
10.21 no podéis beber la *c* del Señor, y la *c*
11.25 también la *c*, después de haber cenado
11.25 esta *c* es el nuevo pacto en mi sangre
11.26 bebiereis esta *c*, la muerte del Señor
11.27 que comiere..o bebiere esta *c* del Señor
11.28 y coma así del pan, y beba de la *c*
Ap. 5.8 todos tenían arpas, y *c* de oro llenas
15.7 dio a los siete ángeles siete *c* de oro
16.1 derramad sobre la tierra las siete *c* de
16.2 fue..y derramó su *c* sobre la tierra, y
16.3 el segundo ángel derramó su *c* sobre el
16.4 el tercer ángel derramó su *c* sobre los
16.8 el cuarto ángel derramó su *c* sobre el
16.10 el quinto angel derramó su *c* sobre el
16.12 ángel derramó su *c* sobre el..Eufrates
16.17 derramó su *c* por el aire; y salió una
17.1; 21.9 uno de los..que tenían las siete *c*

COPARTÍCIPE
1 Co. 9.23 y esto hago..para hacerme *c* de él
Ef. 3.6 *c* de la promesa en Cristo Jesús por
Ap. 1.9 yo Juan..*c* vuestro en la tribulación

COPERO
Gn. 40.1 aconteció..el *c* del rey de Egipto y
40.2 se enojó Faraón..contra el jefe de los *c*
40.5 el *c* y el panadero del rey de Egipto
40.9 el jefe de los *c* contó su sueño a José
40.13 como solías hacerlo cuando eras su *c*
40.20 alzó la cabeza del jefe de los *c*, y la
40.21 e hizo volver a su..al jefe de los *c*
40.23 el jefe de los *c* no se acordó de José
41.9 jefe de los *c* habló a Faraón, diciendo
Neh. 1.11 varón. Porque yo servía de *c* al rey

COPIA
Dt. 17.18 escribirá para sí una *c* de esta ley
Jos. 8.32 sobre las piedras una *c* de la ley
Esd. 4.11 la *c* de la carta que enviaron: Al rey
4.23 cuando la *c* de la carta del rey..leída
5.6 *c* de la carta que..enviaron al rey Darío
7.11 esta es la *c* de la carta que dio el rey
Est. 3.14 la *c* del escrito..publicada a todos
4.8 la *c* del decreto que había sido dado en
8.13 la *c* del edicto..decía que los judíos
Jer. 32.11 tomé..carta de venta..la *c* abierta

COPIAR
Pr. 25.1 son proverbios de Salomón..*copiaron*

CÓPULA
Lv. 20.15 cualquiera que tuviere *c* con bestia

CORAL
Job 28.18 no se hará mención de *c* ni de perlas
Lm. 4.7 más rubios eran sus cuerpos que el *c*
Ez. 27.16 con..*c* y rubíes venía a tus ferias

CORASÁN *Ciudad en Simeón (=Asán),* 1 S. 30.30

CORAZA
1 S. 17.38 Saúl vistió a David..y le armó de *c*
Neh. 4.16 la otra mitad tenía lanzas..arcos y *c*
Is. 59.7 de justicia se vistió como de una *c*
Jer. 46.4 limpiad las lanzas, vestíos las *c*
51.3 diré al..y al que se enorgullece de su *c*
Ef. 6.14 con la verdad, y vestidos con la *c* de
1 Ts. 5.8 habiéndonos vestido con la *c* de fe y
Ap. 9.9 tenían *c* como *c* de hierro; el ruido de
9.17 jinetes, los cuales tenían *c* de fuego

CORAZÍN *Ciudad de Galilea, cerca de Capernaum,* Mt. 11.21; Lc. 10.13

CORAZÓN
Gn. 6.5 todo designio..del *c* de ellos era..mal
6.6 se arrepintió Jehová..le dolió en su *c*
8.21 dijo Jehová en su *c:* No volveré más a
8.21 intento del *c* del hombre es malo desde
17.17 Abraham..dijo en su *c:* ¿A hombre de
18.5 pan, y sustentad vuestro *c*, y después
20.5 con sencillez de mi *c* y con limpieza de
20.6 con integridad de tu *c* has hecho esto
24.45 antes que acabase de hablar en mi *c*
27.41 aborreció Esaú a Jacob..dijo en su *c*
34.3 se apegó a Dina..y habló al *c* de ella
42.28 se les sobresaltó el *c*..¿Qué es esto
45.26 el *c* de Jacob se afligió, porque no los
50.21 miedo..los consoló, y les habló al *c*
Éx. 4.14 Aarón..al verte se alegrará en su *c*
4.21 pero yo endureceré su *c*, de modo que no
7.3 yo endureceré el *c* de Faraón, y..señales
7.13,22 el *c* de Faraón se endureció, y no
7.14 el *c* de Faraón está endurecido, y no
8.15 endureció su *c* y no los escuchó, como
8.19 mas el *c* de Faraón se endureció, y no
8.32 Faraón endureció..su *c*, y no dejó ir al
9.7,35 *c* de Faraón se endureció, y no dejó
9.12 pero Jehová endureció el *c* de Faraón
9.14 yo enviaré..vez todas mis plagas a tu *c*
9.21 que no puso en su *c* la palabra de Jehová
9.34 y endurecieron su *c* él y sus siervos
10.1 porque yo he endurecido su *c*, y el *c* de
10.20,27 Jehová endureció el *c* de Faraón
11.10 Jehová había endurecido el *c* de Faraón
14.4 endureceré el *c* de Faraón para que los
14.5 *c* de Faraón y de sus siervos se volvió
14.8 endureció Jehová el *c* de Faraón rey de
14.17 endureceré el *c* de los egipcios para
25.2 la diere de..de *c*, tomaréis mi ofrenda
28.3 y tú hablarás a todos los sabios de *c*
28.29 en el pectoral del juicio sobre su *c*
28.30 que estén sobre el *c* de Aarón cuando
28.30 juicio..sobre su *c* delante de Jehová
31.6 puesto..en el ánimo de todo sabio de *c*
35.5 todo generoso de *c* la traerá a Jehová
35.10 todo sabio de *c*..vendrá y hará todas
35.21 vino todo varón a quien su *c* estimuló
35.22 vinieron..todos los voluntarios de *c*
35.25 todas las mujeres sabias de *c* hilaban
35.26 las mujeres cuyo *c* las impulsó..hilaron
35.29 que tuvieron *c* voluntario para traer
35.34 ha puesto en su *c* el que pueda enseñar
35.35 los ha llenado de sabiduría de *c*, para
36.1 y todo hombre sabio de *c* a quien Jehová
36.2 todo varón sabio de *c*, en cuyo *c* había
36.2 hombre a quien su *c* le movió a venir a
36.8 sabios de *c* entre los que hacían la obra
Lv. 19.17 no aborrecerás a tu hermano en tu *c*
26.36 infundiré en sus *c* tal cobardía, en la
26.41 entonces se humillará su *c* incircunciso
Nm. 15.39 y no miréis en pos de vuestro *c* y de
Dt. 1.28 hermanos han atemorizado nuestro *c*
2.30 había..obstinado su *c* para entregarlo
4.9 ni se aparten de tu *c* todos los días de
4.29 si lo buscares de todo tu *c* y de toda tu
4.39 reflexiona en tu *c* que Jehová es Dios
5.29 ¡quién diera que tuviesen tal *c*, que me
6.5 amarás a Jehová tu Dios de todo tu *c*, y
6.6 y estas palabras que..estarán sobre tu *c*
7.17 si dijeres en tu *c:* Estas naciones son
8.2 probarte..saber lo que había en tu *c*, si
8.5 reconoce..en tu *c*, que como castiga el
8.14 se enorgullezca tu *c*, y te olvides de
8.17 digas en tu *c:* Mi poder y la fuerza de
9.4 no pienses en tu *c* cuando Jehová tu Dios
9.5 no..ni por la rectitud de tu *c* entras a
10.12 sirvas a Jehová tu Dios con todo tu *c*
10.16 circuncidad..el prepucio de vuestro *c*
11.13 sirviéndole con todo vuestro *c*, y con
11.16 guardaos..que vuestro *c* no se infatúe
11.18 pondréis..mis palabras en vuestro *c*
13.3 si amáis a..Dios con todo vuestro *c*, y
15.7 haya..menesteroso..no endurecerás tu *c*
15.9 de tener en tu *c* pensamiento perverso
15.10 no serás de mezquino *c* cuando le des
17.17 mujeres, para que su *c* no se desvíe
17.20 que no se eleve su *c* sobre sus hermanos
18.21 si dijeres en tu *c:* ¿Cómo conoceremos
20.3 no desmaye vuestro *c*, no temáis, ni os
20.8 vaya..y no apoque el *c*..como el *c* suyo
26.16 de ponerlos por obra con todo tu *c* y
28.47 no serviste a Jehová tu..con gozo de *c*
28.65 pues allí te dará Jehová *c* temeroso, y
28.67 por el miedo de tu *c* con que estarás
29.4 Jehová no os ha dado *c* para entender
29.18 varón o mujer..cuyo *c* se aparte hoy de
29.19 él se bendiga en su *c*, diciendo: Tendré
29.19 paz, aunque ande en la dureza de mi *c*
30.2 y obedecieres a su voz..con todo tu *c*
30.6 circuncidará Jehová..tu *c*, y el *c* de tu
30.6 que ames a Jehová tu Dios con todo tu *c*
30.10 te convirtieres a..con todo tu *c* y con
30.14 tu boca y en tu *c*, para que la cumplas
30.17 si tu *c* se apartare y no oyeres, y te
32.46 dijo: Aplicad vuestro *c*..las palabras
Jos. 2.11 oyendo esto, ha desmayado nuestro *c*
5.1 desfalleció su *c*, y no hubo más aliento
7.5 por lo cual el *c* del pueblo desfalleció
11.20 endurecía el *c* de..para que resistiesen
14.7 traje noticias como lo sentía en mi *c*
14.8 hicieron desfallecer el *c* del pueblo; pero
22.5 le sirváis de todo vuestro *c* y de toda
23.14 reconoced..con todo vuestro *c* y con
24.23 e inclinad vuestro *c* a Jehová Dios de
Jue. 5.9 mi *c* es para vosotros, jefes de Israel
5.15,16 de Rubén hubo grandes..del *c*
9.3 y el *c*..se inclinó a favor de Abimelec
16.15 te amo, cuando tu *c* no está conmigo?
16.17 descubrió, pues, todo su *c*, y le dijo
16.18 que él le había descubierto todo su *c*
16.18 porque él me ha descubierto todo su *c*
16.25 que cuando sintieron alegría en su *c*
18.20 se alegró el *c* del sacerdote, el cual
19.5 conforta tu *c* con un bocado de pan, y
19.6 pasar aquí la noche, y se alegrará tu *c*
19.8 conforta ahora tu *c*, y aguarda hasta que
19.9 duerme aquí, para que se alegre tu *c*
Rt. 2.13 porque has hablado al *c* de tu sierva
3.7 su *c* estuvo contento, se retiró a dormir
1 S. 1.18 no comes? ¿y por qué está afligido tu *c?*
1.13 Ana hablaba en su *c*..y su voz no se oía
2.1 Ana..dijo: Mi *c* se regocija en Jehová
2.35 un sacerdote..que haga conforme a mi *c*
4.13 *c* estaba temblando por causa del arca
6.6 endurecéis vuestro *c* como..egipcios..*c?*
7.3 de todo vuestro *c* os volvéis a Jehová
7.3 preparad vuestro *c* a Jehová, y sólo a él
9.19 te descubriré todo lo que está en tu *c*
10.9 aconteció luego, que al..mudó Dios su *c*
10.26 los hombres..cuyos *c* Dios había tocado
12.20 no..sino servidle con todo vuestro *c*
12.24 servidle de verdad con todo vuestro *c*
13.14 ha buscado un varón conforme a su *c*
14.7 su paje..Haz todo lo que tienes en tu *c*
16.7 el hombre mira..pero Jehová mira el *c*
17.28 conozco..la malicia de tu *c*, que para
17.32 no desmaya el *c* de ninguno a causa de
21.12 David puso en su *c* estas palabras, y
24.5 después de esto se turbó el *c* de David
25.36 y el *c* de Nabal estaba alegre..ebrio
25.37 desmayó su *c* en él, y se quedó como una
27.1 dijo luego David en su *c:* Al fin seré
28.5 vio Saúl..se turbó su *c* en gran manera
2 S. 3.21 pacto, y..reines como lo desea tu *c*
6.16 y vio al rey..y le menospreció en su *c*
7.3 anda, y haz todo lo que está en tu *c*
7.21 y conforme a tu *c*, haciéndolas saber a
7.27 tu siervo ha hallado en su *c* valor para
13.20 calla..no se angustie tu *c* por esto

CORAZÓN *(Continúa)*
2 S. 13.28 que miréis cuando el *c* de Amnón esté
13.33 no ponga. . en su *c* ese rumor que dice
14.1 conociendo Joab. . que el *c* del rey se
15.6 así robaba Absalón el *c* de los de Israel
15.13 el *c* de todo Israel se va tras Absalón
17.10 el hombre. . cuyo *c* sea como *c* de león
18.14 los clavó en el *c* de Absalón, quien
19.14 así inclinó el *c* de todos los varones
19.19 males. . no los guarde el rey en su *c*
24.10 hubo censado al pueblo le pesó en su *c*
1 R. 2.4 con verdad, de todo su *c* y de toda su
2.44 sabes. . el mal, el cual tu *c* bien sabe
3.6 anduvo. . con rectitud de *c* para contigo
3.9 da, pues, a tu siervo *c* entendido para
3.12 te he dado *c* sabio y entendido, tanto
4.29 dio. . anchura de *c* como la arena que está
8.17 mi padre tuvo en su *c* edificar casa al
8.18 haber tenido en tu *c* edificar casa a mi
8.23 que andan delante de ti con todo su *c*
8.38 cualquiera sintiere la plaga en su *c*
8.39 cuyo *c* tú conoces. . tú conoces el *c* de
8.48 y si se convirtieren a ti de todo su *c*
8.58 que incline nuestro *c* hacia él, para que
8.61 sea, pues, perfecto vuestro *c*. . Jehová
8.66 se fueron. . alegres y gozosos de *c*, por
9.3 casa. . y en ella estarán mis ojos y mi *c*
9.4 si tú anduvieres. . en integridad de *c* y
10.2 vino. . expuso todo lo que en su *c* tenía
10.24 sabiduría. . Dios había puesto en su *c*
11.2 harán inclinar vuestros *c*. . sus dioses
11.3 tuvo 700. . sus mujeres desviaron su *c*
11.4 sus mujeres inclinaron su *c* tras dioses
11.4 su *c* no era perfecto. . como el *c*. . David
11.9 su *c* se había apartado de Jehová Dios
12.26 y dijo Jeroboam en su *c*. . se volverá el
12.27 *c* de este pueblo se volverá a su señor
12.33 que él había inventado de su propio *c*
14.8 y anduvo en pos de mí con todo su *c*
15.3 no fue su *c* perfecto con. . como el *c* de
15.14 el *c* de Asa fue perfecto. . con Jehová
18.37 y que tú vuelves a ti el *c* de ellos
2 R. 5.26 ¿no estaba también allí mi *c*, cuando
6.11 el *c* del rey de Siria se turbó por esto
9.24 la saeta salió por su *c*, y él cayó en el
10.15 ¿es recto tu *c*, como el mío es recto
10.30 conforme a todo lo que estaba en mi *c*
10.31 no cuidó de andar en la. . con todo su *c*
14.10 derrotado a. . y tu *c* se ha envanecido
20.3 que he andado. . en verdad y con íntegro *c*
22.19 tu *c* se enterneció, y te humillaste
23.3 guardarían. . sus estatutos, con todo el *c*
23.25 que se convirtiese a Jehová de. . su *c*
1 Cr. 12.17 mi *c* será unido con vosotros; mas
12.33 dispuestos a pelear sin doblez de *c*
12.38 vinieron con *c* perfecto a Hebrón, para
15.29 vio al rey. . y lo menospreció en su *c*
16.10 alégrese el *c* de. . que buscan a Jehová
17.2 a David: Haz todo lo que está en tu *c*
17.19 por amor de tu siervo y según tu *c*, has
22.7 mi *c* tuve el edificar templo al nombre
22.19 poned. . vuestros *c*. . en buscar a Jehová
28.9 con *c* perfecto y con ánimo voluntario
28.9 porque Jehová escudriña los *c* de todos
29.9 porque de todo *c* ofrecieron a Jehová
29.17 sé, Dios mío, que tú escudriñas los *c*
29.17 yo con rectitud de mi *c*. . te he ofrecido
29.18 conserva. . voluntad del *c* de tu pueblo
29.18 de tu pueblo, y encamina su *c* a ti
29.19 da a mi hijo Salomón *c* perfecto, para
2 Cr. 1.11 dijo. . Por cuanto hubo esto en tu *c*
6.7 David mi padre tuvo en su *c* edificar casa
6.8 haber tenido en tu *c* deseo de edificar
6.8 bien has hecho en. . tenido esto en tu *c*
6.14 que caminan delante de ti de todo su *c*
6.29 conociere su llaga y su dolor en su *c*
6.30 y perdonarás. . habiendo conocido su *c*
6.30 sólo tú conoces el *c* de. . de los hombres
6.38 si se convirtieren a ti de todo su *c*
7.10 envió al pueblo a sus. . gozosos de *c* por
7.16 mis ojos y mi *c* estarán ahí para siempre
9.1 habló con él todo lo que en su *c* tenía
11.16 los que habían puesto su *c* en buscar a
12.14 no dispuso su *c* para buscar a Jehová
15.12 que buscarían a Jehová. . de todo su *c*
15.15 porque de todo su *c* lo juraban, y de
15.17 el *c* de Asa fue perfecto en todos sus
16.9 favor de los que tienen *c* perfecto para
17.6 se animó su *c* en los caminos de Jehová
19.3 y has dispuesto tu *c* para buscar a Dios
19.9 procederéis. . con temor. . y con *c* íntegro
20.33 no había enderezado su *c* al Dios de sus
22.9 Josafat. . de todo su *c* buscó a Jehová
25.2 hizo él lo recto ante. . no de perfecto *c*
25.19 dices. . y tu *c* se enaltece para gloriarte
26.16 *c* se enalteció para su ruina; porque
29.31 los generosos de *c* trajeron holocaustos
29.34 los levitas fueron más rectos de *c* para
30.12 para darles un solo *c*, para cumplir el
30.18 sé propicio a. . que ha preparado su *c*
30.22 habló Ezequías al *c* de. . los levitas
31.21 lo hizo de todo *c*, y fue prosperado
32.6 los hizo reunir. . y habló al *c* de ellos
32.25 que se enalteció su *c*, y vino la ira
32.26 después de haberse enaltecido su *c*, se
32.31 hacer conocer todo lo que estaba en su *c*
34.27 *c* se conmovió, y te humillaste delante
34.31 de caminar en pos de. . con todo su *c* y
36.13 obstinó su *c* para no volverse a Jehová
Esd. 6.22 había vuelto el *c* del rey de Asiria
7.10 porque Esdras había preparado su *c* para
7.27 que puso tal cosa en el *c* del rey, para
Neh. 2.2 dijo. . No es esto sino quebranto de *c*
2.12 lo que Dios había puesto en mi *c* que
6.8 dices, sino que de tu *c* tú lo inventas
7.5 puso Dios en mi *c* que reuniese a los
9.8 y hallaste fiel su *c* delante de ti, e
Est. 1.10 estando el *c* del rey alegre del vino
5.9 salió Amán. . día contento y alegre de *c*
6.6 y dijo Amán en su *c*: ¿A quién deseará el
7.5 ¿quién. . que ha ensoberbecido su *c* para
Job 1.5 y habrán blasfemado. . Dios en sus *c*
7.17 ¿qué es. . para que pongas sobre él tu *c*
8.10 te hablarán, y de su *c* sacarán palabras?
9.4 él es sabio de *c*, y poderoso en fuerzas
10.13 estas cosas tienes guardadas en tu *c*
11.13 si tú dispusieres tu *c*, y extendieres
15.12¿por qué tu *c* te aleja, y. . tus ojos
17.4 porque a éstos has escondido de su *c* la
17.11 fueron arrancados. . designios de mi *c*
19.27 aunque mi *c* desfallece dentro de mí
22.22 de su boca, y pon sus palabras en tu *c*
23.16 Dios ha enervado mi *c*, y me ha turbado
27.6 no me reprochará mi *c* en todos mis días
29.13 mí, y al *c* de la viuda yo daba alegría
31.7 si mi *c* se fue tras mis ojos, y si algo
31.9 si fue mi *c* engañado acerca de mujer
31.27 mi *c* se engañó en secreto, y mi boca
32.19 mi *c* está como el vino que no tiene
33.3 razones declarán la rectitud de mi *c*
34.14 si él pusiese sobre el hombre su *c*, y
36.13 hipócritas de *c* atesoran para sí la ira
37.1 se estremece mi *c*, y salta de su lugar
37.24 a ninguno que cree en su. . *c* ser sabio
38.36 ¿quién puso la sabiduría en el *c*?
41.24 su *c* es firme como una piedra, y fuerte
Sal. 4.4 meditad en vuestro *c* estando en. . cama
4.7 tú diste alegría a mi *c* mayor que la de
7.9 el Dios justo prueba la mente y el *c*
7.10 en Dios, que salva a los rectos de *c*
9.1 te alabaré, oh Jehová, con todo mi *c*
10.6 dice en su *c*: No seré movido jamás
10.11 su *c*: Dios ha olvidado. . nunca lo verá
10.13 en su *c* ha dicho: Tú no lo inquirirás
10.17 tú dispones su *c*, y haces atento tu
11.2 asaetear en oculto a los rectos de *c*
12.2 habla mentira. . hablan. . con doblez de *c*
13.2 alma, con tristezas en mi *c* cada día?
13.5 mas. . mi *c* se alegrará en tu salvación
14.1 dice el necio en su *c*: No hay Dios
15.2 el que anda en. . y habla verdad en su *c*
16.9 se alegró por tanto mi *c*, y se gozó mi
17.3 tú has probado mi *c*, me has visitado de
19.8 los mandamientos de. . que alegran el *c*
19.14 y la meditación de mi *c* delante de ti
20.4 dé conforme al deseo de tu *c*, y cumpla
21.2 le has concedido el deseo de su *c*, y no
22.14 mi *c* fue como cera, derritiéndose en
22.26 buscan; vivirá vuestro *c* para siempre
24.4 el limpio de manos y puro de *c*; el que
25.17 las angustias de mi *c* se han aumentado
26.2 examina mis íntimos pensamientos y. . *c*
27.3 no temerá mi *c*; aunque contra mí se
27.8 mi *c* ha dicho de ti: Buscad mi rostro
27.14 aliéntese tu *c*; sí, espera a Jehová
28.3 hablan paz. . pero la maldad está en su *c*
28.7 en él confió mi *c*, y fui ayudado, por lo
28.7 lo que se gozó mi *c*, y con mi cántico le
31.12 he sido olvidado de su *c* como un muerto
31.24 esforzaos. . y tome aliento vuestro *c*
32.11 y cantad con júbilo. . los rectos de *c*
33.11 los pensamientos de su *c* por todas las
33.15 él formó el *c* de todos ellos; atento
33.21 en él se alegrará nuestro *c*, porque en
34.18 cercano está. . a los quebrantados de *c*
35.25 no digan en su *c*: ¡Ea, alma nuestra!
36.1 la iniquidad del impío me dice al *c*
36.10 extiende. . justicia a los rectos de *c*
37.4 él te concederá las peticiones de tu *c*
37.15 su espada entrará en su mismo *c*, y su
37.31 ley de su Dios está en su *c*; por tanto
38.8 gimo a causa de la conmoción de mi *c*
38.10 mi *c* está acongojado, me ha dejado mi
39.3 se enardeció mi *c* dentro de mí; en mi
40.8 Dios. . y tu ley está en medio de mi *c*
40.10 no encubrí tu justicia dentro de mi *c*
40.12 han aumentado más que. . y mi *c* me falla
41.6 su *c* recoge para sí iniquidad, y al salir
44.18 no se ha vuelto atrás nuestro *c*, ni se
44.21 porque él conoce los secretos del *c*
45.1 rebosa mi *c* palabra buena; dirijo al rey
45.5 tus saetas agudas. . penetrarán en el *c* de
46.2 se traspasen los montes al *c* del mar
49.3 y el pensamiento de mi *c* inteligencia
51.10 crea en mí, oh Dios, un *c* limpio, y
51.17 al *c* contrito. . no despreciarás tú, oh
53.1 dice el necio en su *c*: No hay Dios
55.4 mi *c* está dolorido dentro de mí, y
55.21 de su boca. . pero guerra hay en su *c*
57.7 pronto está mi *c*. . mi *c* está dispuesto
58.2 antes en el *c* maquináis iniquidades
61.2 clamaré a ti, cuando mi *c* desmayare
62.4 su boca bendicen, pero maldicen en su *c*
62.8 derramad delante de él vuestro *c*; Dios
62.10 las riquezas, no pongáis el *c* en ellas
64.6 pensamiento. . así como su *c*, es profundo
64.10 y se gloriarán todos los rectos de *c*
66.18 mi *c* hubiese yo mirado a la iniquidad
69.20 escarnio ha quebrantado mi *c*, y estoy
69.32 buscad a Dios, y vivirá vuestro *c*
73.1 es bueno Dios. . para con los de limpio *c*
73.7 logran con creces los antojos del *c*
73.13 en vano he limpiado mi *c*, y lavado mis
73.21 de amargura. . y en mi *c* sentía punzadas
73.26 mi carne y mi *c* desfallecen; mas la
73.26 la roca de mi *c* y mi porción es Dios
74.8 dijeron en su *c*: Destruyámoslos de una
76.5 los fuertes de *c* fueron despojados
77.6 meditaba en mi *c*, y mi espíritu inquiría
78.8 generación que no dispuso su *c*, ni fue
78.18 pues tentaron a Dios en su *c*, pidiendo
78.37 pues sus *c* no eran rectos con él, ni
78.72 apacentó conforme. . integridad de su *c*
81.12 los dejé, por tanto, a la dureza de su *c*
83.5 se confabulan de *c* a una, contra ti han
84.2 mi *c* y mi carne cantan al Dios vivo
84.5 el hombre. . en cuyo *c* están tus caminos
86.11 afirma mi *c* para que tema tu nombre
86.12 te alabaré, oh Jehová. . con todo mi *c*
90.12 a contar. . que traigamos al *c* sabiduría
94.15 en pos de ella. . todos los rectos de *c*
95.8 no endurezcáis vuestro *c*, como en Meriba
95.10 dije: Pueblo es que divaga de *c*, y no
97.11 justo, y alegría para los rectos de *c*
101.2 integridad de mi *c* andaré en medio de
101.4 *c* perverso se apartará. . no conoceré al
101.5 no sufriré al de ojos. . de *c* vanidoso
102.4 mi *c* está herido, y seco como la hierba
104.15 y el vino que alegra el *c* del hombre
105.3 alégrese el *c* de. . que buscan a Jehová
105.25 cambió el *c* de. . para que aborreciesen
107.12 por eso quebrantó. . el trabajo sus *c*
108.1 mi *c* está dispuesto, oh Dios; cantaré
109.16 quebrantado de *c*, para darle muerte
109.22 estoy. . mi *c* está herido dentro de mí
111.1 alabaré a Jehová con todo el *c* en la
112.7 su *c* está firme, confiado en Jehová
112.8 asegurado está su *c*; no temerá hasta
119.2 los que guardan. . con todo el *c* le buscan
119.7 te alabaré con rectitud de *c* cuando
119.10 con todo mi *c* te he buscado; no me
119.11 en mi *c* he guardado tus dichos, para
119.32 por. . correré, cuando ensanches mi *c*
119.34 y guardaré tu ley. . cumpliré de todo *c*
119.36 inclina mi *c* a tus testimonios, y no
119.58 tu presencia supliqué de todo *c*; ten
119.69 guardaré de todo *c* tus mandamientos
119.70 se engrosó el *c* de ellos como sebo, mas
119.80 sea mi *c* íntegro en tus estatutos, para
119.111 tus testimonios. . son el gozo de mi *c*
119.112 mi *c* incliné a cumplir tus estatutos
119.145 clamé con. . mi *c*; respóndeme, Jehová
119.161 pero mi *c* tuvo temor de tus palabras
125.4 haz bien. . a los que son rectos en su *c*
131.1 no se ha envanecido mi *c*, ni mis ojos
138.1 te alabaré con todo mi *c*; delante de
139.23 examíname, oh Dios, y conoce mi *c*
140.2 maquinan males en el *c*, cada día urden
141.4 no dejes. . se incline mi *c* a cosa mala
143.4 mi espíritu se angustió. . desolado mi *c*
147.3 sana a los quebrantados de *c*, y venda
Pr. 2.2 si inclinares tu *c* a la prudencia
2.10 cuando la sabiduría entrare en tu *c*, y
3.1 mi ley, y tu *c* guarde mis mandamientos
3.3 átalas. . escríbelas en la tabla de tu *c*
3.5 fíate de Jehová de todo tu *c*, y no te
4.4 decía: Retenga tu *c* mis razones, guarda
4.21 de tus ojos; guárdalas en medio de tu *c*
4.23 sobre toda cosa guardada, guarda tu *c*
5.12 ¡cómo. . mi *c* menospreció la reprensión
6.14 perversidades hay en su *c*; anda. . el mal
6.18 el *c* que maquina pensamientos inicuos
6.21 átalos siempre en tu *c*, enlázalos a tu
6.25 no codicies su hermosura en tu *c*, ni ella
7.3 tus dedos; escríbelos en la tabla de tu *c*
7.10 mujer. . atavío de ramera y astuta de *c*
7.23 como el ave que. . la saeta traspasa su *c*
7.25 se aparte tu *c* a sus caminos; no yerres
10.8 el sabio de *c* recibirá los mandamientos
10.20 mas el *c* de los impíos es como nada
11.20 abominación son a. . los perversos de *c*
11.29 y el necio será siervo del sabio de *c*
12.8 mas el perverso de *c* será menospreciado
12.10 cuida. . mas el *c* de los impíos es cruel
12.20 hay en el *c* de los que piensan el mal
12.23 el *c* de los necios publica la necedad
12.25 la congoja en el *c* del hombre lo abate
13.12 la esperanza. . demora es tormento del *c*
14.10 el *c* conoce la amargura de su alma
14.13 aun en la risa tendrá dolor el *c*; y el
14.14 de sus caminos. . hastiado el necio de *c*

CORAZÓN *(Continúa)*
Pr. 14.30 el *c* apacible es vida de la carne; mas
14.33 el *c* del prudente reposa la sabiduría
15.7 sabiduría; no así el *c* de los necios
15.11 ¡cuánto más los *c* de los hombres!
15.13 el *c* alegre hermosea el rostro; mas por
15.13 por el dolor del *c* el espíritu se abate
15.14 el *c* entendido busca la sabiduría; mas
15.15 mas el de *c* contento tiene un banquete
15.28 el *c* del justo piensa para responder
15.30 la luz de los ojos alegra el *c*, y la
16.1 del hombre son las disposiciones del *c*
16.5 abominación es a Jehová todo altivo de *c*
16.9 el *c* del hombre piensa su camino; mas
16.21 el sabio de *c* es llamado prudente, y la
16.23 el *c* del sabio hace prudente su boca
17.3 crisol para la..pero Jehová prueba los *c*
17.20 el perverso de *c* nunca hallará el bien
17.22 el *c* alegre constituye buen remedio
18.2 placer en..sino en que su *c* se descubra
18.12 antes..quebrantamiento se eleva el *c*
18.15 el *c* del entendido adquiere sabiduría
19.3 y luego contra Jehová se irrita su *c*
19.21 muchos pensamientos hay en el *c* del
20.5 aguas profundas es el consejo en el *c*
20.9 ¿quién podrá decir: Yo he limpiado mi *c*
20.27 cual escudriña lo más profundo del *c*
20.30 los azotes..y el castigo purifica el *c*
21.1 está el *c* del rey en la mano de Jehová
21.2 todo camino del..pero Jehová pesa los *c*
21.4 altivez de..y orgullo de *c*..son pecado
22.11 el que ama la limpieza de *c*..la gracia
22.15 necedad..ligada en el *c* del muchacho
22.17 inclina..y aplica tu *c* a mi sabiduría
23.7 cual es su pensamiento en su *c*, tal es
23.7 come y bebe..mas su *c* no está contigo
23.12 aplica tu *c* a la enseñanza, y tus oídos
23.15 si tu *c* fuera sabio..me alegraré el *c*
23.17 no tenga tu *c* envidia de los pecadores
23.19 y sé sabio, y endereza tu *c* al camino
23.26 dame, hijo mío, tu *c*, y miren tus ojos
23.33 tus ojos mirarán cosas extrañas, y tu *c*
24.2 su *c* piensa en robar, e iniquidad hablan
24.12 no lo entenderá el que pesa los *c*?
24.17 y cuando tropezare, no se alegre tu *c*
24.32 lo puse en mi *c*; lo vi, y tomé consejo
25.3 y para el *c* de los reyes..investigación
25.20 el que canta canciones al *c* afligido es
26.23 como escoria de plata..son..el *c* malo
26.25 porque siete abominaciones hay en su *c*
27.9 el ungüento y el perfume alegran el *c*
27.11 sé sabio, hijo mío, y alegra mi *c*, y
27.19 agua..así el *c* del hombre al del hombre
28.14 el que endurece su *c* caerá en el mal
28.26 el que confía en su propio *c* es necio
31.11 *c* de su marido está en ella confiado
Ec. 1.13 y di mi *c* a inquirir y a buscar con
1.16 hablé yo en mi *c*, diciendo: He aquí yo
1.16 y mi *c* ha percibido mucha sabiduría y
1.17 dediqué mi *c* a conocer la sabiduría, y
2.1 dije yo en mi *c*: Ven ahora, te probaré
2.3 propuse en mi *c* agasajar mi carne..vino
2.3 y que anduviese mi *c* en sabiduría, con
2.10 ojos..ni aparté mi *c* de placer alguno
2.10 porque mi *c* gozó de todo mi trabajo
2.15 dije yo en mi *c*: Como sucederá al necio
2.15 y dije en mi *c*, que..esto era vanidad
2.20 volvió..a desesperanzarse mi *c* acerca
2.22 ¿qué tiene..de la fatiga de su *c*, con
2.23 aun de noche su *c* no reposa..es vanidad
3.11 y ha puesto eternidad en el *c* de ellos
3.17 y dije yo en mi *c*: Al justo y al impío
3.18 dije en mi *c*: Es así, por causa de los
5.2 ni tu *c* se apresure a proferir palabra
5.20 pues Dios le llenará de alegría el *c*
7.2 el fin..y el que vive lo pondrá en su *c*
7.3 con la tristeza del..se enmendará el *c*
7.4 el *c* de los sabios..en la casa del luto
7.4 el *c* de los insensatos, en la casa en que
7.7 al sabio, y las dádivas corrompen el *c*
7.21 apliques tu *c* a todas las cosas que se
7.22 tu *c* sabe que tú también dijiste mal de
7.25 volví y fijé mi *c* para saber y examinar
7.26 la mujer cuyo *c* es lazos y redes, y sus
8.5 el *c* del sabio discierne el tiempo y el
8.9 he puesto mi *c* en todo lo que debajo del
8.11 el *c* de los..está en ellos dispuesto para
8.16 dediqué mi *c* a conocer sabiduría, y a
9.1 he dado mi *c* a todas estas cosas, para
9.3 el *c*..de los hombres está lleno de mal
9.3 y de insensatez en su *c* durante su vida
9.7 y bebe tu vino con alegre *c*; porque tus
10.2 el *c* del sabio está a su mano derecha
10.2 mas el *c* del necio a su mano izquierda
11.9 y tome placer tu *c* en los días de tu
11.9 y anda en los caminos de tu *c* y en la
11.10 quita..de tu *c* el enojo, y aparta de tu
Cnt. 3.11 el día de..y el día del gozo de su *c*
4.9 prendiste mi *c*, hermana, esposa mía; has
4.9 has apresado mi *c* con uno de tus ojos
5.2 yo dormía, pero mi *c* velaba. Es la voz
5.4 metió..y mi *c* se conmovió dentro de mí
8.6 ponme como un sello sobre tu *c*, como una
Is. 1.5 cabeza está enferma, y todo *c* doliente
6.10 engruesa el *c* de este..ni su *c* entienda
7.2 le estremeció el *c*, y el *c* de su pueblo
7.4 ni se turbe tu *c* a causa de estos dos
9.9 con soberbia y con altivez de *c* dicen
10.7 así, ni su *c* lo imaginará de esta manera
10.12 de la soberbia del *c* del rey de Asiria
13.7 mano..y desfallecerá todo *c* de hombre
14.13 tú que decías en tu *c*: Subiré al cielo
15.5 *c* dará gritos por Moab; sus fugitivos
16.11 entrañas vibrarán..mi *c* por Kir-hareset
19.1 y desfallecerá el *c* de los egipcios
21.4 pasmó mi *c*, el horror me ha intimidado
24.7 gimieron todos los que eran alegres de *c*
29.13 su *c* está lejos de mí, y su temor de mí
30.29 tendréis..alegría de *c*, como el que va
32.4 el *c* de los necios entenderá para saber
32.6 porque el ruin hablará ruindades, y su *c*
33.18 *c* imaginará el espanto, y dirá: ¿Qué
35.4 decid a los de *c* apocado: Esforzaos, no
38.3 he andado delante de ti..con íntegro *c*
40.2 hablad al *c* de Jerusalén; decidle a
41.22 pondremos nuestro *c* en ello; sepamos
44.18 para no ver, y su *c* para no entender
44.20 su *c* engañado le desvía, para que no
46.12 oídme, duros de *c*, que estáis lejos de
47.8 que dices en tu *c*: Yo soy, y fuera de
47.10 y dijiste en tu *c*: Yo, y nadie más
49.21 y dirás en tu *c*: ¿Quién me engendró
51.7 oídme..pueblo en cuyo *c* está mi ley
57.15 para vivificar el *c* de los quebrantados
57.17 siguió rebelde por el camino de su *c*
59.13 y proferir de *c* palabras de mentira
60.5 se maravillará y ensanchará tu *c*, porque
61.1 me ha enviado..a los quebrantados de *c*
63.4 el día de la venganza está en mi *c*, y
63.17 y endureciste nuestro *c* a tu temor?
65.14 mis siervos cantarán por júbilo del *c*
65.14 vosotros clamaréis por el dolor del *c*
66.14 alegrará vuestro *c*, y vuestros huesos
Jer. 3.10 Judá no se volvió a mí de todo *c*, sino
3.15 y os daré pastores según mi *c*, que os
3.17 ni andarán más tras la..de su malvado *c*
4.4 quitad el prepucio de vuestro *c*..de Judá
4.9 desfallecerá el *c* del rey y el *c* de los
4.14 lava tu *c* de maldad, oh Jerusalén, para
4.18 lo cual amargura penetrará hasta tu *c*
4.19 me duelen las fibras de mi *c*; mi *c* se
5.21 oíd ahora esto, pueblo necio y sin *c*, que
5.23 este pueblo tiene *c* falso y rebelde; se
5.24 y no dijeron en su *c*: Temamos ahora a
7.24 caminaron..en la dureza de su *c* malvado
7.31 que yo no les mandé, ni subió en mi *c*
8.18 a causa de..dolor, mi *c* desfallece en mí
9.14 se fueron tras la imaginación de su *c*
9.26 la casa de Israel es incircuncisa de *c*
11.8 se fueron cada uno tras..de su malvado *c*
11.20 que escudriñas la mente y el *c*, vea yo
12.2 tú en sus bocas, pero lejos de sus *c*
12.3 me viste, y probaste mi *c* para contigo
13.10 que anda en las imaginaciones de su *c*
13.22 si dijeres en tu *c*: ¿Por qué me ha
14.14 vanidad y engaño de su *c* os profetizan
15.16 tu palabra me fue..por alegría de mi *c*
16.12 uno tras la imaginación de su malvado *c*
17.1 esculpido está en la tabla de su *c*, y
17.5 el varón que..su *c* se aparta de Jehová
17.9 engañoso es el *c* más que..y perverso
17.10 yo Jehová..que pruebo el *c*, para dar
18.12 uno el pensamiento de nuestro malvado *c*
20.9 había en mi *c* como un fuego ardiente
20.12 que ves los pensamientos y el *c*, vea
22.17 mas tus ojos y tu *c* no son sino para
23.9 mi *c* está quebrantado dentro de mí, todos
23.16 hablan visión de su propio *c*, no de la
23.17 que anda tras la obstinación de su *c*
23.20 haya cumplido los pensamientos de su *c*
23.26 ¿hasta cuándo estará esto en el *c* de
23.26 profetizan mentira..el engaño de su *c*?
24.7 le daré *c*..volverán a mí de todo su *c*
29.13 porque me buscaréis de todo vuestro *c*
30.24 y cumplido los pensamientos de su *c*
31.33 daré mi ley en.. la escribiré en su *c*
32.39 les daré un *c*, y un camino, para que
32.40 pondré mi temor en el *c* de ellos, para
32.41 los plantaré.. de todo mi *c* y de toda
48.29 de Moab, que es..altivo y altanero de *c*
48.36 mi *c* resonará..mi *c* a modo de flautas
48.41 *c* de los valientes..como el *c* de mujer
49.16 te engañó..la soberbia de tu *c*. Tú que
49.22 *c* de los valientes..como el *c* de mujer
51.46 y no desmaye vuestro *c*, ni temáis a
Lm. 1.20 mu *c* se trastorna dentro de mí, porque
1.22 muchos son mis suspiros, y mi *c* está
2.18 el *c* de ellos clamaba al Señor; oh hija
2.19 derrama como agua tu *c* ante..del Señor
3.21 esto recapacitaré en mi *c*, por lo tanto
3.41 levantemos nuestros *c* y manos a Dios en
3.65 entrégalos al endurecimiento de *c*; tu
5.15 cesó el gozo de nuestro *c*; nuestra danza
5.17 por esto fue entristecido nuestro *c*, por
Ez. 2.4 a hijos de duro rostro..empedernido *c*
3.7 Israel es dura de frente y obstinada de *c*
3.10 toma en tu *c* todas mis palabras que yo
6.9 me quebranté a causa de su *c* fornicario
11.19 y les daré un *c*, y un espíritu nuevo
11.19 quitaré el *c*..y les daré un *c* de carne
11.21 a aquellos cuyo *c* anda tras el deseo de
13.2,17 a los que profetizan de su propio *c*
13.22 entristecisteis..el *c* del justo, al cual
14.3 hombres han puesto sus ídolos en su *c*
14.4,7 que hubiere puesto sus ídolos en su *c*
14.5 tomar a la casa de Israel por el *c*, ya
16.30 ¡cuán inconstante es tu *c*, dice Jehová
18.31 haceos un *c* nuevo y un espíritu nuevo
20.16 profanaron..tras sus ídolos iba su *c*
21.7 que desfallezca todo *c*, y toda mano se
21.15 para que el *c* desmaye, y los estragos
22.14 ¿estará firme tu *c*? ¿Serán fuertes tus
27.4 en el corazón de los mares están tus confines
28.2 se enalteció tu *c*, y dijiste: Yo soy un
28.2 no Dios, y has puesto tu *c* como *c* de Dios
28.5 de tus riquezas se ha enaltecido tu *c*
28.6 por cuanto pusiste tu *c* como *c* de Dios
28.17 enalteció tu *c* a causa de tu hermosura
31.10 densas ramas, su *c* se elevó con su altura
32.9 y entristeceré el *c* de muchos pueblos
33.31 el *c* de ellos anda en pos de su avaricia
36.5 que se disputaron mi tierra..de todo *c*
36.26 os daré *c* nuevo..os daré un *c* de carne
36.26 quitaré de..carne el *c* de piedra, y os
38.10 en aquel día subirán palabras en tu *c*
40.4 tu *c* a todas las cosas que te muestro
44.7 traer extranjeros, incircuncisos de *c* e
44.9 ningún hijo..incircunciso de *c*..entrará
Dn. 1.8 propuso en su *c* no contaminarse con la
2.30 que entiendas los pensamientos de tu *c*
4.16 *c* de hombre sea cambiado, y le sea dado
4.16 dado *c* de bestia, y pasen sobre él siete
5.20 mas cuando su *c* se ensoberbeció, y su
5.22 tú..no has humillado tu *c*, sabiendo todo
7.4 fue levantada..y le fue dado *c* de hombre
7.28 se demudó; pero guardé el asunto en mi *c*
8.25 y en su *c* se engrandecerá, y sin aviso
10.12 desde..que dispusiste tu *c* a entender
11.12 se elevará su *c*, y derribará a muchos
11.27 el *c* de estos dos reyes será para hacer
11.28 su *c* será contra el pacto santo; hará
Os. 2.14 llevaré al desierto, y hablaré a su *c*
7.2 no consideran en su *c*..tengo en memoria
7.6 aplicaron su *c*, semejante a un horno, a sus
7.14 no clamaron a..con su *c* cuando gritaban
10.2 está dividido su *c*. Ahora serán hallados
11.8 *c* se conmueve dentro de mí, se inflama
13.6 repletos, se ensoberbeció su *c*; por esta
13.8 y desgarraré las fibras de su *c*, y allí
Jl. 2.12 convertíos a mí con todo vuestro *c*
2.13 rasgad vuestro *c*, y no..vestidos, y
Abd. 3 la soberbia de tu *c* te ha engañado, tu
3 que dices en tu *c*: ¿Quién me derribará a
Nah. 2.10 y desolada está, y el *c* desfallecido
Sof. 1.12 dicen en su *c*: Jehová ni hará bien ni
2.15 que decía en su *c*: Yo, y no más. ¡Cómo
3.14 regocíjate de todo *c*, hija de Jerusalén
Hag. 2.15,18(2) meditad en vuestro *c*
Zac. 7.10 ninguno piense mal en su *c* contra su
7.12 pusieron su *c* como diamante, para no oír
8.17 y ninguno..piense mal en su *c* contra su
10.7 se alegrará su *c* como a causa del vino
10.7 se alegrarán; su *c* se gozará en Jehová
12.5 los capitanes de Judá dirán en su *c*
Mal. 2.2 no decidís de *c* dar gloria a mi nombre
2.2 he maldecido..no os habéis decidido de *c*
4.6 volver el *c* de los padres hacia los hijos
4.6 y el *c* de los hijos hacia los padres, no
Mt. 5.8 bienaventurados los de limpio *c*, porque
5.28 que mira..ya adulteró con ella en su *c*
6.21 tesoro, allí estará también vuestro *c*
9.4 ¿por qué pensáis mal en vuestros *c*?
11.29 de mí, que soy manso y humilde de *c*
12.34 de la abundancia del *c* habla la boca
12.35 del buen tesoro del *c* saca buenas cosas
12.40 estará el Hijo..en el *c* de la tierra
13.15 el *c* de este pueblo se ha engrosado
13.15 y con el *c* entiendan, y se conviertan
13.19 y arrebata lo que fue sembrado en su *c*
15.8 de labios me honra; mas su *c* está lejos
15.18 pero lo que sale de la boca, del *c* sale
15.19 del *c* salen los malos pensamientos, los
18.35 si no perdonáis de todo *c* cada uno a su
19.8 dureza de vuestro *c* Moisés os permitió
22.37 amarás al Señor tu Dios con todo tu *c*
24.48 siervo malo dijere en su *c*: Mi señor
Mr. 2.6 escribas, los cuales cavilaban en sus *c*
2.8 ¿por qué caviláis así en vuestros *c*
3.5 entristecido por la dureza de sus *c*, dijo
4.15 quita la palabra que se sembró en sus *c*
6.52 por cuanto estaban endurecidos sus *c*
7.6 de labios me honra, mas su *c* está lejos
7.19 no entra en su *c*, sino en el vientre, y
7.21 del *c* de los hombres, salen los malos
8.17 ¿aún tenéis endurecido vuestro *c*?
10.5 por la dureza de vuestro *c* os escribió
11.23 y no dudare en su *c*, sino creyere que
12.30 amarás al Señor tu Dios con todo tu *c*
12.33 y el amarle con todo el *c*, con todo el

CORAZÓN *(Continúa)*
Mr. 16.14 les reprochó su. . y dureza de *c*, porque
Lc. 1.17 volver los *c* de los padres a los hijos
1.51 los soberbios en el pensamiento de sus *c*
1.66 las guardaban en su *c*, diciendo: ¿Quién
2.19 María guardaba. . meditándolas en su *c*
2.35 revelados los pensamientos de muchos *c*
2.51 su madre guardaba. . estas cosas en su *c*
3.15 preguntándose. . en sus *c* si acaso Juan
4.18 enviado a sanar a los quebrantados de *c*
5.22 les dijo: ¿Qué caviláis en vuestros *c*?
6.45 del buen tesoro de su *c* saca lo bueno
6.45 del mal tesoro de su *c* saca lo malo
6.45 de la abundancia del *c* habla la boca
8.12 viene el diablo y quita. . *c* la palabra
8.15 éstos son los que con *c* bueno y recto
9.47 percibiendo los pensamientos de sus *c*
10.27 amarás al Señor tu Dios con todo tu *c*
12.34 tesoro, allí estará también vuestro *c*
12.45 siervo dijere en su *c*: Mi señor tarda
16.15 mas Dios conoce vuestros *c*; porque lo
21.14 proponed en vuestro *c* no pensar antes
21.34 vuestros *c* no se carguen de glotonería
24.25 oh insensatos, y tardos de *c* para creer
24.32 ardía nuestro *c* en nosotros, mientras
24.38 y vienen a vuestro *c*. . pensamientos?
Jn. 12.40 los ojos de ellos, y endureció su *c*
12.40 para que no vean. . y entiendan con el *c*
13.2 diablo ya había puesto en el *c* de Judas
14.1 no se turbe vuestro *c*; creéis en Dios
14.27 no se turbe vuestro *c*, ni tenga miedo
16.6 dicho. . la tristeza ha llenado vuestro *c*
16.22 gozará vuestro *c*, y nadie os quitará
Hch. 1.24 tú, Señor, que conoces los *c* de todos
2.26 por lo cual mi *c* se alegró, y se gozó
2.37 se compungieron de *c*, y dijeron a Pedro
2.46 comían juntos con alegría y sencillez de *c*
4.32 de los que habían creído era de un *c*
5.3 llenó Satanás tu *c* para que mintieses al
5.4 ¿por qué pusiste esto en tu *c*? No has
7.23 le vino al *c* el visitar a sus hermanos
7.39 sino. . y en sus *c* se volvieron a Egipto
7.51 ¡duros de cerviz, e incircuncisos de *c*
7.54 oyendo. . cosas, se enfurecían en sus *c*
8.21 porque tu *c* no es recto delante de Dios
8.22 te sea perdonado el pensamiento de tu *c*
8.37 dijo: Si crees de todo *c*, bien puedes
11.23 que con propósito de *c* permaneciesen
13.22 a David hijo de. . varón conforme a mi *c*
14.17 llenando de sustento y de alegría. . *c*
15.8 Dios, que conoce los *c*, les dio testimonio
15.9 diferencia. . purificando por la fe sus *c*
16.14 el Señor abrió el *c* de ella para que
21.13 ¿qué hacéis. . y quebrantándome el *c*?
28.27 el *c* de este pueblo se ha engrosado, y
28.27 entiendan de *c*, y se conviertan, y yo
Ro. 1.21 sino que. . su necio *c* fue entenebrecido
1.24 entregó a. . las concupiscencias de sus *c*
2.5 por tu *c* no arrepentido, atesoras. . ira
2.15 mostrando la obra de la ley. . en sus *c*
2.29 la circuncisión es la del *c*, en espíritu
5.5 el amor. . ha sido derramado en nuestro *c*
6.17 habéis obedecido de *c* a aquella forma
8.27 el que escudriña los *c* sabe cuál es la
9.2 gran tristeza y continuo dolor en mi *c*
10.1 el anhelo de mi *c*, y mi oración a Dios
10.6 no digas en tu *c*: ¿Quién subirá al cielo
10.8 cerca de ti está. . en tu boca y en tu *c*
10.9 y creyeres en tu *c* que Dios le levantó
10.10 porque con el *c* se cree para justicia
16.18 lisonjas engañan los *c* de los ingenuos
1 Co. 2.9 ni han subido en *c* de hombre, son los
4.5 y manifestará las intenciones de los *c*
7.37 pero el que está firme en su *c*, sin tener
7.37 ha resuelto en su *c* guardar a su hija
14.25 lo oculto de su *c* se hace manifiesto
2 Co. 1.22 ha dado las arras del. . en nuestros *c*
2.4 por la mucha. . angustia del *c* os escribí
3.2 nuestras cartas. . escritas en nuestros *c*
3.3 de piedra, sino en tablas de carne del *c*
3.15 el velo está puesto sobre el *c* de ellos
4.6 Dios. . el que resplandeció en nuestros *c*
5.12 glorían en las apariencias y no en el *c*
6.11 oh corintios; nuestro *c* se ha ensanchado
6.12 sí sois estrechos en vuestro propio *c*
7.3 ya he dicho antes que estáis en nuestro *c*
8.16 que puso en el *c* de Tito la. . solicitud
9.7 cada uno dé como propuso en su *c*: no con
Gá. 4.6 Dios envió a vuestros *c* el Espíritu de
Ef. 3.17 habite Cristo por la fe en vuestros *c*
4.18 ajenos de la vida. . por la dureza de su *c*
5.19 cantando y alabando al. . en vuestros *c*
6.5 obedeced a. . con sencillez de vuestro *c*
6.6 como. . de *c* haciendo la voluntad de Dios
6.22 que sepáis. . y que consuele vuestros *c*
Fil. 1.7 os tengo en el *c*; y en mis prisiones
4.7 y la paz de Dios. . guardará vuestros *c* y
Col. 2.2 para que sean consolados sus *c*, unidos
3.15 la paz de Dios gobierne en vuestros *c*
3.16 cantando con gracia en vuestros *c* al
3.22 sino con *c* sincero, temiendo a Dios
3.23 todo lo que hagáis, hacedlo de *c*, como
4.8 para que conozca. . y conforte vuestros *c*
1 Ts. 2.4 sino a Dios, que prueba nuestros *c*
2.17 separados de. . de vista pero no de *c*
3.13 para que sean afirmados vuestros *c*
2 Ts. 2.17 conforte vuestros *c*, y os confirme
3.5 y el Señor encamine vuestros *c* al amor
1 Ti. 1.5 es el amor nacido de *c* limpio, y de
2 Ti. 2.22 con los que de *c* limpio invocan al
Flm. 7 han sido confortados los *c* de los santos
20 sí, hermano. . conforta mi *c* en el Señor
He. 3.8 no endurezcáis vuestros *c*, como en la
3.10 dije: Siempre andan vagando en su *c*, y
3.12 que no haya en. . *c* malo de incredulidad
3.15 no endurezcáis vuestros *c*, como en la
4.7 si oyereis hoy. . no endurezcáis vuestros *c*
4.12 discierne los pensamientos y las. . del *c*
8.10 mis leyes en. . y sobre su *c* las escribiré
10.16 pondré mis leyes en sus *c*, y en sus
10.22 acerquémonos con *c* sincero, en plena
10.22 purificados los *c* de mala conciencia
13.9 buena cosa es afirmar el *c*. . la gracia
Stg. 1.26 engaña su *c*, la religión del tal es
3.14 si tenéis celos amargos. . en vuestro *c*
4.8 los de doble ánimo, purificad vuestros *c*
5.5 habéis engordado vuestros *c* como en día
5.8 afirmad vuestros *c*; porque la venida del
1 P. 1.22 amaos unos a. . entrañablemente, de *c*
3.4 el interno, el del *c*, en el incorruptible
3.15 sino santificad. . el Señor en vuestros *c*
2 P. 1.19 el lucero de la mañana salga en. . *c*
2.14 tienen el *c* habituado a la codicia, y
1 Jn. 3.17 ve a su. . y cierra contra él su *c*
3.19 aseguraremos nuestros *c* delante de él
3.20 pues si nuestro *c* nos reprende, mayor
3.20 mayor que nuestro *c* es Dios, y él sabe
3.21 si nuestro *c* no nos reprende, confianza
Ap. 2.23 soy el que escudriña la mente y el *c*
17.17 Dios ha puesto en sus *c* el ejecutar lo
18.7 dice en su *c*: Yo estoy sentada como reina

CORBÁN
Mr. 7.11 que diga un hombre al padre o. . Es *C*

CORCEL
Is. 30.16 dijisteis. . sobre *c* veloces cabalgaremos
Jer. 8.16 al sonido. . de sus *c* tembló. . la tierra
Ez. 27.14 Togarma, con caballos y *c* de guerra

CORCHETE
Éx. 26.6 harás también cincuenta *c* de oro, con
26.11 harás asimismo cincuenta *c* de bronce
26.33 y pondrás el velo debajo de los *c*, y
35.11 cubierta, sus *c*, sus tablas, sus barras
36.13 hizo. . 50 *c* de oro, con los cuales enlazó
36.18 hizo también cincuenta *c* de bronce para
39.33 y trajeron el tabernáculo. . sus *c*, sus

CORDEL
2 S. 8.2 y los midió con *c*. . dos *c* para. . morir
8.2 y un *c* entero para preservarles la vida
2 R. 21.13 extenderé sobre Jerusalén el *c* de
Job 38.5 ¿quién ordenó. . extendió sobre ella *c*?
Is. 28.17 ajustaré el juicio a *c*, y a nivel la
34.11 extenderá sobre ella *c* de destrucción
34.17 suertes, y su mano les repartió con *c*
Jer. 31.39 saldrá más allá el *c* de la medida
Lm. 2.8 extendió el *c*, no retrajo su mano de la
Ez. 40.3 y tenía un *c* de lino en su mano, y una
47.3 salió. . llevando un *c* en su mano; y midió
Zac. 2.1 aquí un varón que tenía. . un *c* de medir

CORDERA
Gn. 21.28 puso Abraham 7 *c* del rebaño aparte
21.29 ¿qué significan esas siete *c*. . aparte?
21.30 que estas siete *c* tomarás de mi mano
Lv. 5.6 a Jehová. . *c* o una cabra como ofrenda
14.10 tomará. . una *c* de un año sin tacha, y 3
Nm. 6.14 ofrecerá. . una *c* de un año sin defecto
2 S. 12.6 y debe pagar la *c* con cuatro tantos
Ez. 45.15 una *c* del rebaño de doscientas, de

CORDERITA
2 S. 12.3 el pobre no tenía más que una sola *c*

CORDERITO
Sal. 114.4 como carneros, los collados como *c*
114.6 montes. . y vosotros, collados, como *c*?

CORDERO *Véase también Cordera*
Gn. 22.7 ¿dónde está el *c* para el holocausto?
22.8 Dios se proveerá de *c* para el. . hijo mío
30.40 apartaba Jacob los *c*, y ponía con su
Éx. 12.3 tómese cada uno un *c*. . un *c* por familia
12.4 si la familia. . no baste para comer el *c*
12.4 conforme al. . haréis la cuenta sobre el *c*
12.21 tomaos *c* por. . familias, y sacrificad
13.13 primogénito de asno redimirás con un *c*
29.38 que ofrecerás. . dos *c* de un año cada día
29.39 uno de los *c* por la mañana, y el otro *c*
29.40 con cada *c* una décima parte de un efa
29.41 ofrecerás el otro *c* a la caída de la
34.20 redimirás con *c* el primogénito del asno
Lv. 3.7 ofreciere *c* por su ofrenda, lo ofrecerá
4.32 por su ofrenda por el pecado trajere *c*
5.7 si no tuviere. . para un *c*, traerá a Jehová
7.23 ninguna grosura de buey ni de *c* ni de
9.3 tomad. . un becerro y un *c* de un año, sin
12.6 traerá un *c* de un año para holocausto
12.8 y si no tiene lo suficiente para un *c*
14.10 el día octavo tomará dos *c* sin defecto
14.12 tomará. . un *c* y lo ofrecerá por la culpa
14.13 y degollará el *c* en el lugar donde se
14.21 tomará un *c* para ser ofrecido como
14.24 sacerdote tomará el *c* de la expiación
14.25 luego degollará el *c* de la culpa, y el
17.3 varón de. . que degollare buey o *c* o cabra
22.19 de entre los *c*, o de entre las cabras
22.27 el *c*. . cuando naciere, siete días estará
23.12 la gavilla, ofreceréis un *c* de un año
23.18 ofreceréis con el pan siete *c* de un año
23.19 ofreceréis además. . y dos *c* de un año
23.20 con el pan de las primicias y los dos *c*
Nm. 6.12 traerá un *c* de un año en expiación por
6.14 ofrecerá. . un *c* de un año sin tacha en
7.15,21,27,33,39,45,51,57,63,69,75,81 un *c* de un año para holocausto
7.17,23,29,35,41,47,53,59,65,71,77,83 cinco carneros. . y cinco *c* de un año
7.87 doce los *c* de un año, con su ofrenda, y 12
7.88 de la ofrenda de paz. . sesenta los *c* de un
15.5 un hin, además del holocausto. . por cada *c*
15.11 así se hará con cada. . *c* de las ovejas, o
28.3 dos *c* sin tacha de un año, cada día, será
28.4 un *c* ofrecerás por la mañana, y el otro *c*
28.7 la cuarta parte de un hin con cada *c*
28.8 ofrecerás el segundo *c* a la. . de la tarde
28.9 mas el día de reposo, dos *c* de un año sin
28.11,19,27 un carnero, y siete *c* de un año
28.13 en ofrenda que se ofrecerá con cada *c*
28.14 y la cuarta parte de un hin con cada *c*
28.21,29 y con cada uno de los siete *c*
29.2,8,36 un carnero, siete *c* de un año
29.4,10,15 con cada uno de los. . *c*, una décima
29.13,17,20,23,26,29,32 catorce *c* de un año
29.18,21,24,27,30,33,37 libaciones. . con los *c*
Dt. 17.1 no ofrecerás. . *c* en el cual haya falta
18.3 que ofrecieren en sacrificio buey o *c*
22.1 si vieres extraviado el buey de. . o su *c*
32.14 y leche de ovejas, con grosura de *c*
1 S. 7.9 Samuel tomó un *c* de. . y lo sacrificó
17.34 un león. . y tomaba algún *c* de la manada
2 R. 3.4 pagaba al rey de Israel cien mil *c* y
1 Cr. 29.21 carneros, mil *c* con sus libaciones
2 Cr. 29.21 siete *c* y siete machos cabríos para
29.22 mataron. . los *c*, y esparcieron la sangre
29.32 y doscientos *c*, todo para el holocausto
35.7 y dio. . *c* y cabritos de los rebaños, en
Esd. 6.9 *c* para holocaustos al Dios del cielo
6.17 ofrecieron. . 400 *c*; y 12 machos cabríos
7.17 comprarás. . carneros y *c*, con sus ofrendas
8.35 ofrecieron. . 77 *c*, y 12 machos cabríos
Pr. 27.26 los *c* son para tus vestidos, y los
Is. 5.17 *c*. . apacentados según su costumbre
11.6 morará el lobo con el *c*, y el leopardo
16.1 enviad *c* al señor de la tierra, desde
34.6 engrasada. . de sangre de *c* y de machos
40.11 en su brazo llevará los *c*, y en su seno
53.7 como *c* fue llevado al matadero; y como
65.25 el lobo y el *c* serán apacentados juntos
Jer. 11.19 yo era como *c* inocente que llevan
51.40 los haré traer como *c* al matadero, como
Ez. 27.21 de Cedar traficaban contigo en *c* y
39.18 de *c*, de machos cabríos, de bueyes y
46.4 el holocausto. . será seis *c* sin defecto
46.5 y con cada *c*, una ofrenda conforme a sus
46.6 seis *c*, y un carnero; deberán ser sin
46.7,11 con los *c*, conforme a. . posibilidades
46.13 ofrecerás. . un *c* de un año sin defecto
46.15 ofrecerán. . *c* y la ofrenda y el aceite
Os. 4.16 los apacentará ahora Jehová como a *c*
Am. 6.4 sus lechos; y comen los *c* del rebaño
Mr. 14.12 cuando sacrificaban el *c* de la pascua
Lc. 10.3 yo os envío como *c* en medio de lobos
22.7 necesario sacrificar el *c* de la pascua
Jn. 1.29 el *C* de Dios, que quita el pecado del
1.36 y mirando a. . dijo: He aquí el *C* de Dios
21.15 que te amo. El le dijo: Apacienta mis *c*
Hch. 8.32 *c* mudo delante del que lo trasquila
1 P. 1.19 un *c* sin mancha y sin contaminación
Ap. 5.6 estaba en pie un *C* como inmolado, que
5.8 se postraron delante del *C*; todos tenían
5.12 el *C* que fue inmolado es digno de tomar
5.13 y al *C*, sea la alabanza, la honra, la
6.1 vi cuando el *C* abrió uno de los sellos
6.16 escondednos del rostro. . de la ira del *C*
7.9 estaban delante. . en la presencia del *C*
7.10 la salvación pertenece a. . Dios. . y al *C*
7.14 las han emblanquecido en la sangre del *C*
7.17 el *C* que. . los pastoreará, y los guiará a
12.11 vencido por medio de la sangre del *C*
13.8 libro de la vida del *C* que fue inmolado
13.11 dos cuernos semejantes a los de un *c*
14.1 *C* estaba en pie sobre el monte de Sion
14.4 que siguen al *C* por dondequiera que va
14.4 redimidos. . como primicias para. . el *C*
14.10 atormentado con fuego. . delante. . del *C*

CORDERO *(Continúa)*
Ap. 15.3 cantan el. .y el cántico del *C*, diciendo
17.14 pelearán contra el *C*, y el *C* los vencerá
19.7 han llegado las bodas del *C*, y su esposa
19.9 llamados a la cena de las bodas del *C*
21.9 ven acá, yo te mostraré. .la esposa del *C*
21.14 los nombres de los doce apóstoles del *C*
21.22 Señor Dios. .es el templo de ella, y el *C*
21.23 la gloria de Dios la ilumina, y el *C*
21.27 inscritos en el libro de la vida del *C*
22.1 un río. .salía del trono de Dios y del *C*
22.3 el trono de Dios y del *C* estará en ella

CORDIAL
Pr. 27.9 y el *c* consejo del amigo, al hombre

CORDÓN
Gn. 38.18 sello, tu *c*, y tu báculo que tienes
38.25 de quién. .el sello, el *c* y el báculo
Éx. 28.14 dos *c* de oro fino. .y fijarás los *c*
28.22 harás. .en el pectoral *c* de hechura de
28.24 y fijarás los dos *c* de oro en los dos
28.25 pondrás los dos extremos de los dos *c*
28.28 juntarán el pectoral. .con un *c* de azul
28.37 la pondrás con un *c* de. .sobre la mitra
39.15 hicieron. .*c* de forma de trenza, de oro
39.17 fijaron los dos *c* de oro en aquellos dos
39.18 otros dos extremos de los dos *c* de oro
39.21 ataron. .los anillos del efod con un *c*
39.31 y pusieron en ella un *c* de azul para
Nm. 15.38 en cada franja de los bordes un *c* de
Jos. 2.18 atarás este *c* de grana a la ventana
2.21 y ella ató el *c* de grana a la ventana
1 R. 7.17 trenzas. .y unos *c* a manera de cadenas
7.23 el mar. .lo ceñía. .un *c* de treinta codos
2 Cr. 4.2 y un *c* de 30 codos de largo lo ceñía
4.12 columnas, y los *c*, los capiteles sobre
Ec. 4.12 *c* de tres dobleces no se rompe pronto
Jer. 52.21 columna. .*c* de doce codos la rodeaba
Ez. 27.24 ropas preciosas, enlazadas con *c*, y

CORDONCILLO
Pr. 7.16 con colchas recamadas con *c* de Egipto

CORDURA
Pr. 1.4 dar. .a los jóvenes inteligencia y *c*
4.1 y estad atentos, para que conozcáis *c*
8.5 simples. .vosotros, necios, entrad en *c*
8.12 la sabiduría, habito con la *c*, y hallo
9.4,16 dice. .Ven acá. A los faltos de *c* dice
10.13 es para las espaldas del falto de *c*
19.11 la *c* del hombre detiene su furor, y su
Ec. 10.3 le falta *c*, y va diciendo a todos que
Hch. 26.25 que hablo palabras de verdad y de *c*
Ro. 12.3 que piense de sí con *c*, conforme a la

CORÉ
1. Hijo de Esaú, **Gn. 36.5,14,18; 1 Cr. 1.35**
2. Nieto de Esaú, **Gn. 36.16**
3. Levita que encabezó una rebelión contra Moisés
Éx. 6.21 los hijos de Izhar: *C*, Nefeg y Zicri
6.24 los hijos de *C:* Asir, Elcana y Abiasaf
Nm. 16.1 *C*. .y Datán y Abiram. .tomaron gente
16.5 habló a *C* y a todo su séquito, diciendo
16.6 tomaos incensarios, *C* y todo su séquito
16.8 dijo más Moisés a *C:* Oíd ahora, hijos de
16.16 dijo Moisés a *C:* Tú y todo tu séquito
16.19 *C* había hecho juntar contra ellos toda
16.24 apartaos de. .de la tienda de *C*, Datán y
16.27 y se apartaron de las tiendas de *C*, de
16.32 los tragó a. .a todos los hombres de *C*
16.40 que no sea como *C* y como su séquito
16.49 sin los muertos por la rebelión de *C*
26.9 se rebelaron contra. .con el grupo de *C*
26.10 y la tierra abrió. .tragó a ellos y a *C*
26.11 mas los hijos de *C* no murieron
27.3 de los que se juntaron. .en el grupo de *C*
1 Cr. 6.22 hijos de Coat: Aminadab su hijo, *C*
6.37 hijo de Asir, hijo de Ebiasaf, hijo de *C*
9.19 hijo de *C*, y sus hermanos los coreítas
2 Cr. 20.19 se levantaron. .los hijos de *C*, para
Sal. 42, 44, 45 *títs.* masquil de los hijos de *C*
46 *tít.* al músico principal; de los hijos de *C*
47, 48, 49 *títs.* salmo de los hijos de *C*
84, 85, 88 *títs.* salmo para los hijos de *C*
87 *tít.* a los hijos de *C*. Salmo. Cántico
Jud. 11 y perecieron en la contradicción de *C*
4. Hijo de Hebrón No. 4, **1 Cr. 2.43**
5. Portero, descendiente de No. 1, **1 Cr. 9.19; 26.1**
6. Levita, funcionario del rey Ezequías, **2 Cr. 31.14**

COREÍTA *Descendiente de Coré No. 1,* **Éx. 6.24; Nm. 26.58; 1 Cr. 9.19,31; 12.6; 26.1,19**

CORINTIO *Habitante de Corinto*
Hch. 18.8 y muchos de los *c*, oyendo, creían y
2 Co. 6.11 boca se ha abierto a vosotros, oh *c*

CORINTO *Ciudad principal de la provincia de Acaya*
Hch. 18.1 Pablo salió de Atenas y fue a *C*
19.1 que entre tanto que Apolos estaba en *C*
1 Co. 1.2; 2 Co. 1.1 a la iglesia de Dios. .en *C*
2 Co. 1.23 por ser indulgente. .no he pasado. .*C*
2 Ti. 4.20 Erasto se quedó en *C*, y a Trófimo

CORNALINA
Ap. 4.3 era semejante a piedra de jaspe y de *c*
21.20 el sexto, *c;* el séptimo, crisólito

CORNELIO *Centurión en Cesarea*
Hch. 10.1 había. .un hombre llamado *C*, centurión
10.3 ángel de Dios entraba. .y le decía: *C*
10.7 ido el ángel que hablaba con *C*, éste
10.17 los hombres. .enviados por *C*, los cuales
10.21 a donde estaban los. .enviados por *C*
10.22 dijeron: *C* el centurión, varón justo
10.24 y *C* los estaba esperando, habiendo
10.25 salió *C* a recibirle, y postrándose a
10.30 *C* dijo: Hace cuatro días que a esta
10.31 y dijo: *C*, tu oración ha sido oída, y

CORNERINA
Ez. 28.13 de *c*, topacio, jaspe, crisólito

CORNETA
2 R. 9.13 y tocaron *c*, y dijeron: Jehú es rey

CORNISA
Éx. 25.11 sobre ella una *c* de oro alrededor
25.24 oro. .y le harás una *c* de oro alrededor
25.25 y harás a la moldura una *c*. .alrededor
30.3 y le harás en derredor una *c* de oro
30.4 dos anillos de oro debajo de su *c*, a sus
37.2,11,26 y le hizo una *c* de oro alrededor
37.12 e hizo en derredor de la moldura una *c*
37.27 dos anillos de oro debajo de la *c* en
Ez. 43.14 y desde la *c* menor hasta la *c* mayor

CORO
1. Medida de capacidad (=370 litros)
1 R. 4.22 era de treinta *c* de flor de harina
4.22 la provisión de. .era de. .60 *c* de harina
5.11 daba. .20.000 *c* de trigo. .20 *c* de aceite
2 Cr. 2.10 dado 20.000 *c* de trigo. .*c* de cebada
27.5 plata, diez mil *c* de trigo, y diez mil
Esd. 7.22 cien *c* de trigo, cien batos de vino
Ez. 45.14 un bato. .es la décima parte de un *c*
2. Grupo de cantores
Neh. 12.31 *c* grandes que fueron en procesión
12.38 el segundo *c* iba del lado opuesto, y
12.40 llegaron. .los dos *c* a la casa de Dios

CORONA
2 S. 1.10 tomé la *c* que tenía en su cabeza, y
12.30 y quitó la *c* de la cabeza de su rey
2 R. 11.12 le puso la *c* y el testimonio, y le
1 Cr. 20.2 y tomó. .la *c* de encima de la cabeza
2 Cr. 23.11 al hijo del rey, y le pusieron la *c*
Est. 1.11 trajesen a la reina. .con la *c* regia
2.17 puso la *c* real en su cabeza, y la hizo
6.8 la *c* real que está puesta en su cabeza
8.15 con vestido real. .y una gran *c* de oro
Job 19.9 mi gloria, y quitado la *c* de mi cabeza
31.36 lo llevaría. .me lo ceñiría como una *c*
Sal. 21.3 *c* de oro fino has puesto. .su cabeza
89.39 has profanado su *c* hasta la tierra
132.18 vestiré. .mas sobre él florecerá su *c*
Pr. 4.9 adorno de. .*c* de hermosura te entregará
12.4 la mujer virtuosa es *c* de su marido
14.24 las riquezas de los sabios son su *c*
16.31 *c* de honra es la vejez que se halla en
17.6 *c* de los viejos son los nietos, y la
27.24 será la *c* para perpetuas generaciones?
Cnt. 3.11 al rey. .con la *c* con que le coronó su
Is. 23.8 sobre Tiro, la que repartía *c*, cuyos
28.1,3 *c* de soberbia de los ebrios de Efraín
28.5 Jehová. .será por *c* de gloria y diadema
62.3 serás *c* de gloria en la mano de Jehová
Jer. 13.18 la *c* de vuestra gloria ha caído de
Lm. 5.16 cayó la *c* de nuestra cabeza; ¡ay ahora
Ez. 21.26 depón la tiara, quita la *c;* esto no
23.42 pusieron. .y bellas *c* sobre sus cabezas
Zac. 6.11 tomarás pues, plata y oro, y harás *c*
6.14 las *c* servirán a Helem, a Tobías. .Hen
Mt. 27.29 y pusieron. .una *c* tejida de espinas
Mr. 15.17 y poniéndole una *c* tejida de espinas
Jn. 19.2 entretejieron una *c* de espinas, y la
19.5 salió Jesús, llevando la *c* de espinas
1 Co. 9.25 ellos. .para recibir una *c* corruptible
Fil. 4.1 así que, hermanos míos. .gozo y *c* mía
1 Ts. 2.19 ¿cuál. .gozo, o *c* de que me gloríe?
2 Ti. 4.8 me está guardada la *c* de justicia, la
Stg. 1.12 haya resistido: .recibirá la *c* de vida
1 P. 5.4 recibiréis la *c* incorruptible de gloria
Ap. 2.10 sé fiel. .y yo te daré la *c* de la vida
3.11 retén lo que tienes. .ninguno tome tu *c*
4.4 ancianos. .con *c* de oro en sus cabezas
4.10 echan sus *c* delante del trono, diciendo
6.2 le fue dada una *c*, y salió venciendo, y
9.7 en las cabezas tenían como *c* de oro; sus
12.1 sobre su cabeza una *c* de doce estrellas
14.14 que tenía en la cabeza una *c* de oro

CORONAR
Sal. 8.5 y lo *coronaste* de gloria y de honra
65.11 *coronas* el año con tus bienes, y tus
73.6 por tanto, la soberbia los *corona;* se
103.4 te *corona* de favores y misericordias
Pr. 14.18 prudentes se *coronarán* de sabiduría
Cnt. 3.11 la corona con que le *coronó* su madre
2 Ti. 2.5 que lucha como atleta, no es *coronado*
He. 2.7 le *coronaste* de gloria y de honra, y le
2.9 a Jesús, *coronado* de gloria y de honra

CORONILLA
Dt. 28.35 desde la planta de tu pie hasta tu *c*
2 S. 14.25 de su pie hasta su *c* no había en él
Job 2.7 sarna maligna. .hasta la *c* de la cabeza
Sal. 7.16 su agravio caerá sobre su propia *c*
Jer. 2.16 de Menfis y de. .te quebrantaron la *c*
48.45 quemó. .la *c* de los hijos revoltosos

CORPORAL
Lc. 3.22 descendió el Espíritu Santo. .forma *c*
2 Co. 10.10 la presencia *c* débil, y la palabra
1 Ti. 4.8 ejercicio *c* para poco es provechoso

CORRAL
Hab. 3.17 las ovejas. .y no haya vacas en los *c*
Sof. 2.6 y será la costa del mar. .*c* de ovejas

CORREA
Gn. 14.23 desde un hilo hasta una *c* de calzado
Is. 5.27 ni se le romperá la *c* de. .sandalias
Mr. 1.7 desatar encorvado la *c* de su calzado
Lc. 3.16; Jn. 1.27 no soy digno de desatar la *c*
Hch. 22.25 cuando le ataron con *c*, Pablo dijo

CORRECCIÓN
Job 5.17 no menosprecies la *c* del Todopoderoso
36.10 despierta. .el oído de ellos para la *c*
Sal. 50.17 pues tú aborreces la *c*, y echas a
Pr. 3.11 menosprecies. .ni te fatigues de su *c*
5.23 él morirá por falta de *c*, y errará por
13.18 mas el que guarda la *c* recibirá honra
15.5 el que guarda la *c* vendrá a ser prudente
15.10 camino; y el que aborrece la *c* morirá
15.32 el que escucha la *c* tiene entendimiento
19.20 escucha el consejo, y recibe la *c*, para
22.15 mas la vara de la *c* la alejará de él
29.15 la vara y la *c* dan sabiduría; mas el
Jer. 2.30 en vano he azotado. .no han recibido *c*
5.3 los azotaste. .y no quisieron recibir *c*
7.28 esta es la nación que no. .ni admitió *c*
17.23 endurecieron su. .no oir, ni recibir *c*
32.33 sin cesar, no escucharon para recibir *c*
Sof. 3.2 no escuchó la voz, ni recibió la *c*
3.7 dije: Ciertamente me temerá; recibirá *c*

CORRECTAMENTE
Jue. 12.6 dí Shibolet. .no podía pronunciarlo *c*

CORREDOR
Jue. 3.23 salió Aod al *c*, y cerró. .las puertas
Cnt. 7.5 la púrpura del rey suspendida en los *c*
Ez. 40.16 y había ventanas. .asimismo en los *c*
42.4 delante de. .había un *c* de diez codos de
42.11 el *c*. . era semejante al de las cámaras
42.12 había una puerta al comienzo del *c* que

CORREGIR
Lv. 26.23 si con estas. .no fuereis *corregidos*
Sal. 39.11 con castigos por. .*corriges* al hombre
94.12 bienaventurado el. .a quien tu. .*corriges*
Pr. 9.7 que *corrige* al escarnecedor, se acarrea
9.8 reprendas. .*corrige* al sabio, y te amará
13.24 que lo ama, desde temprano lo *corrige*
16.6 con misericordia y verdad se *corrige* el
19.25 y *corrigiendo* al entendido, entenderá
23.13 no rehúses *corregir* al muchacho; porque
29.17 *corrige* a tu hijo, y te dará descanso
29.19 el siervo no se *corrige* con palabras
Jer. 6.8 *corrígete*. .no se aparte mi alma de ti
Mi. 4.3 *corregirá* a naciones poderosas hasta
2 Ti. 2.25 con mansedumbre *corrija* a los que se
3.16 y útil. .para *corregir*, para instruir en
Tit. 1.5 para que *corrigieses* lo deficiente

CORREO
2 Cr. 30.6 fueron. .*c* con cartas de mano del rey
30.10 pasaron. .los *c* de ciudad en ciudad por
Est. 3.13 fueron enviadas cartas por medio de *c*
3.15 y salieron los *c*. .por mandato del rey
8.10 lo selló. .y envió cartas por medio de *c*
8.14 los *c*. .montados en caballos veloces
Job 9.25 días han sido más ligeros que un *c*
Jer. 51.31 *c* se encontrará con *c*, mensajero se

CORRER

Gn. 18.2 salió *corriendo* de la puerta de su
18.7 *corrió* Abraham a las vacas, y tomó un
24.17 el criado *corrió* hacia ella, y dijo
24.20 y *corrió* otra vez al pozo para sacar
24.28 doncella *corrió*, e hizo saber en casa
24.29 Labán. .*corrió* afuera hacia el hombre
29.12 y ella *corrió*, y dio las nuevas a su
29.13 Labán. .*corrió* a recibirlo, y lo abrazó
33.4 Esaú *corrió* a su encuentro y le abrazó
Nm. 11.27 *corrió* un joven y dio aviso a Moisés
16.47 *corrió* en medio de la congregación
Jos. 4.18 *corriendo*. .sobre todos sus bordes
7.22 envió mensajeros. .*corriendo* a la tienda
8.19 *corrieron* luego que él alzó su mano
Jue. 7.21 ejército echó a *correr* dando gritos
13.10 mujer *corrió*. .a avisarle a su marido
1 S. 3.5 y *corriendo* luego a Elí, dijo: Heme
4.12 y *corriendo* de la batalla un hombre de
8.11 para que *corran* delante de su carro
10.23 *corrieron* y lo trajeron. .y puesto en
14.26 y he aquí que la miel *corría*; pero no
17.22 y *corrió* al ejército, y cuando llegó
17.48 David. .*corrió* a la línea de batalla
17.51 entonces *corrió* David y se puso sobre
20.6 rogó. .que lo dejase ir *corriendo* a Belén
20.36 al muchacho: *Corre* y busca las saetas
20.36 y cuando el muchacho iba *corriendo*, él
20.38 gritar. .*corre*, date prisa, no te pares
21.13 dejaba *correr* la saliva por su barba
2 S. 15.1 se hizo de. .50 hombres que *corriesen*
18.19 ¿*correré*. .y daré al rey las nuevas de
18.21 y el etíope hizo reverencia. .y *corrió*
18.22 yo *correré*. .¿para qué has de *correr*
18.23 respondió: Sea como fuere, yo *correré*
18.23 le dijo: *Corre*. *Corrió*, pues, Ahimaas
18.24 y. .miró, y vio a uno que *corría* solo
18.26 vio el atalaya a otro que *corría*; y dio
18.26 he aquí otro hombre que *corre* solo
18.27 parece el *correr* del primero como el *c*
1 R. 1.5 y de 50 hombres que *corriesen* delante
18.35 el agua *corría* alrededor del altar, y
18.46 Elías. .*corrió* delante de Acab hasta
19.20 vino *corriendo* en pos de Elías, y dijo
22.35 la sangre. .*corría* por el fondo del carro
2 R. 4.22 que yo vaya *corriendo* al varón de Dios
4.26 que vayas ahora *corriendo* a recibirla
5.20 *correré* yo. .y tomaré de él alguna cosa
5.21 vio Naamán que venía *corriendo* tras él
11.13 oyendo Atalía el. .del pueblo que *corría*
23.12 *corrió* y arrojó el polvo al arroyo del
2 Cr. 23.12 Atalía oyó. .de la gente que *corría*
32.4 cegaron. .el arroyo que *corría* a través
Job 3.24 mi pan. .mis gemidos *corren* como aguas
15.26 *corrió* contra él con cuello erguido
16.14 me. .*corrió* contra mí como un gigante
Sal. 19.5 se alegra cual gigante para *correr* el
50.18 si veías al ladrón, tú *corrías* con él
58.7 sean disipados como aguas que *corren*
59.4 sin delito mío *corren* y se aperciben
105.41 *corrieron* por los sequedales como un
119.32 el camino de tus mandamientos *correré*
147.15 él envía. .velozmente *corre* su palabra
Pr. 1.16 porque sus pies *corren* hacia el mal
4.12 tus pasos, y si *corrieres*, no tropezarás
6.18 los pies presurosos para *correr* al mal
18.10 a él *correrá* el justo, y será levantado
Ec. 1.7 ríos. .allí vuelven para *correr* de nuevo
Cnt. 1.4 atráeme; en pos de ti *correremos*
4.15 pozo de aguas vivas. .*corren* del Líbano
5.5 gotearon mirra. .que *corría*. .la manecilla
Is. 2.2 y *correrán* a él todas las naciones
8.6 las aguas de Siloé, que *corren* mansamente
33.4 *correrán*. .como. .*corren* las langostas
40.31 *correrán*, y no se cansarán; caminarán
48.21 abrió la peña, y *corrieron* las aguas
55.5 *correrán* a ti, por causa de Jehová tu
59.7 sus pies *corren* al mal, se apresuran
Jer. 12.5 *corriste* con los de a pie, y te cansaron
18.14 las aguas frías que *corren* de lejanas
23.21 no envié. .profetas, pero ellos *corrían*
31.12 y *correrán* al bien de Jehová, al pan
Ez. 1.14 los seres vivientes *corrían* y volvían
24.16 no. .ni llores, ni *corran* tus lágrimas
31.4 su ríos *corrían* alrededor de su pie, y
32.14 haré *correr* sus ríos como aceite, dice
Dn. 8.6 y *corrió* contra él con la furia de su
12.4 muchos *correrán* de aquí para allá, y la
Jl. 2.4 y como gente de a caballo *correrán*
2.7 como valientes *correrán*, como hombres de
2.9 *correrán* por el muro, subirán por las
3.18 por todos los arroyos. .*correrán* aguas
Am. 5.24 pero *corra* el juicio como las aguas
6.12 ¿*correrán* los caballos por las peñas?
Mi. 1.4 las aguas que *corren* por un precipicio
4.1 el monte de. .*correrán* a él los pueblos
Nah. 2.4 los carros. .*correrán* como relámpagos
Hab. 2.2 para que *corra* el que leyere en ella
Hag. 1.9 y cada uno de. .*corre* a su propia casa
Zac. 2.4 y le dijo: *Corre*, habla a este joven
Mt. 27.48 *corriendo* uno de ellos, tomó. .esponja
28.8 fueron *corriendo* a dar las nuevas a sus
Mr. 5.6 vio. .a Jesús. .*corrió*, y se arrodilló
9.15 la gente. .*corriendo* a él, le saludaron
10.17 vino uno *corriendo*, e hincando la rodilla
15.36 *corrió* uno, y empapando una esponja en
Lc. 15.20 *corrió*, y se echó sobre su cuello, y
19.4 y *corriendo* delante, subió a un árbol
24.12 levantándose Pedro, *corrió* al sepulcro
Jn. 7.38 de su interior *correrán* ríos de agua
20.2 *corrió*, y fue a Simón Pedro y al otro
20.4 *corrían* los dos. .*corrió* más aprisa que
Hch. 12.14 *corriendo* adentro, dio la nueva de
21.32 tomando luego soldados. .*corrió* a ellos
27.16 habiendo *corrido* a sotavento de una
Ro. 9.16 que no depende del que. .*corre*, sino
1 Co. 9.24 ¿no sabéis que los que *corren* en el
9.24 todos a la verdad *corren*, pero uno solo
9.24 *corred* de tal manera que lo obtengáis
9.26 yo de esta manera *corro*, no como a la
Gá. 2.2 para no *correr* o haber *corrido* en vano
5.7 *corríais* bien; ¿quién os estorbó para no
Fil. 2.16 pueda gloriarme de que no he *corrido*
2 Ts. 3.1 la palabra. .*corra* y sea glorificada
He. 12.1 *corramos* con paciencia la carrera que
1 P. 4.4 cosa extraña que. .no *corráis* con ellos
Ap. 9.9 estruendo de muchos carros. .*corriendo*

CORRESPONDER

Éx. 25.26 esquinas que *corresponden* a. .4 patas
36.12 las lazadas de la una *correspondían* a
37.13 anillos. .*correspondían* a las 4 patas
Dt. 21.17 el doble de lo que *correspondiere* a
Jos. 19.17 cuarta suerte *correspondió* a Isacar
19.24 la quinta suerte *correspondió* a. .Aser
19.32 la sexta suerte *correspondió* a. .Neftalí
19.40 la séptima suerte *correspondió* a. .Dan
1 Cr. 26.16 *correspondiéndose* guardia con
2 Cr. 26.18 no te *corresponde*. .a ti. .incienso
32.25 Ezequías no *correspondió* al bien que
Pr. 27.19 en el agua el rostro *corresponde* al
Jer. 32.8 tuyo es el derecho. .a ti *corresponde*
Ez. 45.17 mas al príncipe *corresponderá* dar el
Lc. 15.12 dame la parte de. .que me *corresponde*
2 Co. 6.13 para *corresponder* del mismo modo
Gá. 4.25 y *corresponde* a la Jerusalén actual
1 Ti. 2.10 *corresponde* a mujeres que profesan
1 P. 3.21 el bautismo que *corresponde* a esto

CORRETEAR

Sal. 104.20 *corretean* todas las bestias de la

CORRIENTE

Éx. 15.8 se juntaron las *c* como en un montón
Lv. 14.5 matar una avecilla en. .sobre aguas *c*
14.6 la avecilla muerta sobre las aguas *c*
14.50 degollará una avecilla. .sobre aguas *c*
14.51 los mojará. .en las aguas *c*, y rociará
14.52 y purificará la casa. .con las aguas *c*
15.13 y lavará su cuerpo en aguas *c*, y será
Nm. 19.17 y echarán sobre ella agua *c* en un
21.15 *c* de los arroyos que va a parar en Ar
2 S. 5.20 quebrantó Jehová. .como *c* impetuosa
Job 6.15 traicionaron. .pasan como *c* impetuosas
24.18 ligeros como *c* de aguas; su porción es
Sal. 1.3 como árbol plantado junto a *c* de aguas
42.1 como el ciervo brama por las *c* de las
46.4 del río sus *c* alegran la ciudad de Dios
69.2 abismos de aguas, y la *c* me ha anegado
69.15 no me anegue la *c* de las aguas, ni me
78.16 sacó de la peña *c*, e hizo descender
78.44 y volvió sus ríos en sangre, y sus *c*
Pr. 5.16 fuentes. .*c* de aguas por las plazas?
Is. 19.6 agotarán y secarán las *c* de los fosos
30.25 habrá ríos y *c* de aguas el día de la
Jer. 17.8 el árbol. .que junto a la *c* echará sus
51.36 secaré su mar, y haré que su *c* quede
Ez. 31.4 a todos los árboles del. .enviaba sus *c*
Jon. 2.3 me rodeó la *c*; todas tus ondas y tus
Ef. 2.2 siguiendo la *c* de este mundo, conforme

CORRO

Jue. 21.21 salir. .hijas de Silo a bailar en *c*

CORROMPER

Gn. 6.11 se *corrompió* la tierra delante de Dios
6.12 miró. .la tierra, y. .estaba *corrompida*
6.12 toda carne había *corrompido* su camino
Éx. 7.21 y el río se *corrompió*, tanto que los
8.24 moscas. .la tierra fue *corrompida* a causa
32.7 tu pueblo que sacaste. .se ha *corrompido*
Lv. 18.24 en todas estas cosas se han *corrompido*
Dt. 4.16 os *corrompáis* y hagáis para vosotros
4.25 os *corrompiereis* e hiciereis escultura
9.12 tu pueblo que sacaste. .se ha *corrompido*
31.29 os *corromperéis* y os apartaréis del
Jue. 2.19 y se *corrompían* más que sus padres
2 Cr. 27.2 el pueblo continuaba *corrompiéndose*
Neh. 1.7 extremo nos hemos *corrompido* contra
Sal. 14.1 *corrompido*, hacen obras abominables
14.3 se desviaron, a una se han *corrompido*
53.1 se han *corrompido*, e hicieron. .maldad
53.3 se habían *corrompido*; no hay quien haga
Pr. 6.32 *corrompe* su alma el que tal hace
25.26 fuente turbia y manantial *corrompido*
Ec. 7.7 al sabio, y las dádivas *corrompen* el
Jer. 49.7 sabios? ¿Se *corrompió* su sabiduría?
Ez. 16.47 te *corrompiste* más que ellas en todos
28.17 *corrompiste* tu sabiduría a causa de tu
Os. 4.18 su bebida se *corrompió*; fornicaron sin
Mi. 2.10 contaminado, *corrompido* grandemente
Sof. 3.7 apresuraron a *corromper*. .sus hechos
Zac. 14.12 la carne de ellos se *corromperá*
Mal. 2.8 habéis *corrompido* el pacto de Leví
Mt. 6.19 donde la polilla y el orín *corrompen*
6.20 donde ni la polilla ni el orín *corrompen*
Hch. 14.2 *corrompieron* los ánimos de. .gentiles
1 Co. 15.33 *corrompen* las buenas costumbres
2 Co. 7.2 a nadie hemos *corrompido*. .engañado
Ef. 4.29 ninguna palabra *corrompida* salga de
Tit. 1.15 los *corrompidos* e. .nada les es puro
1.15 hasta su mente y su. .están *corrompidas*
Jud. 10 *corrompen* como animales irracionales
Ap. 19.2 ramera que ha *corrompido* a la tierra

CORROSIÓN

Lv. 13.55 es *c* penetrante, esté lo raído en el

CORRUPCIÓN

Lv. 22.25 porque su *c* está en ellos; hay en
Dt. 32.5 la *c* no es suya; de sus hijos es la
Job 17.14 a la *c* he dicho: Mi padre eres tú
Sal. 16.10 ni permitirás que tu santo vea *c*
49.9 que viva. .para siempre, y nunca vea *c*
Is. 38.17 agradó librar mi vida del hoyo de *c*
Os. 9.9 llegaron hasta lo más bajo en su *c*
Hch. 2.27 ni permitirás que tu Santo vea *c*
2.31 dejada en el Hades, ni su carne vio *c*
13.34 le levantó. .para nunca más volver a *c*
13.35 dice. .No permitirás que tu Santo vea *c*
13.36 y fue reunido con sus padres, y vio *c*
13.37 aquel a quien Dios levantó, no vio *c*
Ro. 8.21 la creación misma será libertada de. .*c*
1 Co. 15.42 se siembra en *c*, resucitará en
15.50 de Dios, ni la *c* hereda la incorrupción
Gá. 6.8 el que siembra para su carne. .segará *c*
2 P. 1.4 habiendo huido de la *c* que hay en el
2.19 les. .y son ellos mismos esclavos de *c*

CORRUPTIBLE

Ro. 1.23 en semejanza de imagen de hombre *c*
1 Co. 9.25 la verdad, para recibir una corona *c*
15.53 es necesario que esto *c* se vista de
15.54 esto *c* se haya vestido de incorrupción
1 P. 1.18 no con cosas *c*, como oro o plata, sino
1.23 siendo renacidos, no de simiente *c*, sino

CORRUPTO

1 Ti. 6.5 disputas necias de hombres *c* de
2 Ti. 3.8 hombres *c* de entendimiento, réprobos

CORRUPTOR

Jer. 6.28 bronce y hierro; todos ellos son *c*

CORTADO *Véase Cortar*

CORTADOR

1 R. 5.15 tenía también. .80.000 *c* en el monte
2 Cr. 2.10 siervos, *c* de madera, he dado. .trigo
Is. 14.8 desde que tú pereciste no ha subido *c*
Jer. 46.22 con hachas vendrán a ella como *c* de

CORTANTE

He. 4.12 y más *c* que toda espada de dos filos

CORTAPLUMAS

Jer. 36.23 lo rasgó el rey con un *c* de escriba

CORTAR

Gn. 17.14 persona será *cortada* de su pueblo
22.3 y *cortó* leña para el holocausto, y se
Éx. 4.25 *cortó* el prepucio de su hijo, y lo
12.15 que comiere leudado. .*cortado* de Israel
12.19 *cortado* de la congregación de Israel
29.17 *cortarás* el carnero en. .y lavarás sus
30.33 ungüento. .sobre extraño, será *cortado*
30.38 hiciere otro. .será *cortado* de entre su
31.14 será *cortada* de en medio de su pueblo
34.13 y *cortaréis* sus imágenes de Asera
39.3 *cortaron* hilos para tejerlos entre el
Lv. 7.20,21,25,27 *cortada* de entre su pueblo
8.20 y *cortó* el carnero en trozos; y Moisés
13.56 la *cortará* del vestido, del cuero, de
17.4 será *cortado* el tal varón de entre su
17.9 el tal varón será. .*cortado* de su pueblo
17.10 persona. .la *cortaré* de entre su pueblo
17.14 cualquiera que la comiere será *cortado*
18.29 hicieren serán *cortadas* de. .su pueblo
19.8 la tal persona será *cortada* de su pueblo
20.3,5,6 y lo *cortaré* de entre su pueblo
20.18 ambos serán *cortados* de entre su pueblo
22.3 sobre sí, será *cortado* de mi presencia
22.24 no ofreceréis. .con testículos. .*cortados*
23.29 persona que. .será *cortada* de su pueblo
Nm. 9.13 tal persona será *cortada* de entre su
13.23 de allí *cortaron* un sarmiento con un
13.24 el racimo que *cortaron* de allí los hijos

CORTAR *(Continúa)*
Nm. 15.30 será *cortada* de en medio de su pueblo
15.31 enteramente será *cortada* esa persona
19.13 aquella persona será *cortada* de Israel
19.20 será *cortada* de entre la congregación
Dt. 19.5 el que fuere..al monte a *cortar* leña
19.5 dar su mano el golpe..*cortar* algún leño
21.12 rapará su cabeza, y *cortará* sus uñas
25.12 le *cortarás*..la mano; no la perdonarás
29.11 desde el que *corta* tu leña hasta el que
Jos. 9.23 y quien *corte* la leña y saque el agua
Jue. 1.6 le *cortaron* los pulgares de las manos
1.7 *cortados* los pulgares de sus manos y de
6.25 y *corta* también la imagen de Asera que
6.26 madera de la imagen..que habrás *cortado*
6.28 estaba..*cortada* la imagen de Asera que
6.30 tu hijo..ha *cortado* la imagen de Asera
9.48 hacha..y *cortó* una rama de los árboles
9.49 todo el pueblo *cortó*..cada uno su rama
20.6 la *corté* en pedazos y, la envié por todo
21.6 dijeron: *Cortada* es hoy de..una tribu
1 S. 2.31 vienen días en que *cortaré* tu brazo
2.33 el varón..que yo no *corte* de mi altar
5.4 manos estaban *cortadas* sobre el umbral
6.14 y ellos *cortaron* la madera del carro
11.7 un par de bueyes, los *cortó* en trozos y
15.33 Samuel *cortó* en pedazos a Agag delante
17.46 te *cortaré* la cabeza, y daré hoy los
17.51 espada..y le *cortó* con ella la cabeza
20.15 haya *cortado* uno por uno los enemigos
24.4 David..*cortó* la orilla del manto de Saúl
24.5 porque había *cortado* la orilla del manto
24.11 porque yo *corté* la orilla de tu manto
28.9 Saúl..cómo ha *cortado* de la tierra a los
31.9 le *cortaron* la cabeza, y le despojaron
2 S. 4.7 lo mataron, y le *cortaron* la cabeza
4.12 y les *cortaron* las manos y los pies, y
10.4 les *cortó* los vestidos por la mitad hasta
14.26 se *cortaba* el cabello..por eso se lo *c*
19.24 sus pies, ni había *cortado* su barba
20.22 ellos *cortaron* la cabeza a Seba hijo de
1 R. 5.6 manda..que me *corten* cedros del Líbano
5.18 *cortaron* y prepararon la madera y la
7.9 de piedras..*cortadas* y ajustadas con
9.7 yo *cortaré* a Israel de sobre la faz de
13.34 fue *cortada* y raída de sobre la faz de
18.23 *córtenlo* en pedazos, y pónganlo sobre
18.33 y *cortó* el buey en pedazos, y lo puso
2 R. 4.39 las *cortó* en la olla del potaje, pues
6.4 llegaron al Jordán, *cortaron* la madera
6.6 *cortó* él un palo, y lo echó allí; e hizo
6.32 cómo este..envía a *cortarme* la cabeza?
16.17 *cortó*..Acaz los tableros de las basas
18.4 y *cortó* los símbolos de Asera, e hizo
19.23 del Líbano; *cortaré* sus altos cedros
1 Cr. 17.8 he *cortado* a todos tus enemigos de
19.4 y les *cortó* los vestidos por la mitad
2 Cr. 2.2 hombres que *cortasen* en los montes
2.8 sé que tus siervos saben *cortar* madera
2.16 *cortaremos* en el Líbano la madera que
Job 8.12 sin haber sido *cortado*, con..se seca
8.14 porque su esperanza será *cortada*, y su
14.2 sale como una flor y es *cortado*, y
14.7 el árbol fuere *cortado*, aún queda de él
14.10 mas el hombre morirá, y será *cortado*
15.32 él será *cortado* antes de su tiempo, y
18.16 abajo..arriba serán *cortadas* sus ramas
21.21 siendo *cortado* el número de sus meses?
22.16 cuales fueron *cortados* antes de tiempo
23.17 ¿por qué no fui yo *cortado* delante de
24.24 y *cortados* como cabezas de espigas
28.10 de los peñascos *cortó* ríos, y sus ojos
41.7 ¿*cortarás* tú con cuchillo su piel, o con
Sal. 31.22 *cortado* soy de delante de tus ojos
34.16 para *cortar* de la tierra la memoria de
37.2 como hierba serán pronto *cortados*, y
54.5 a mis enemigos; *córtalos* por tu verdad
72.6 como la lluvia sobre la hierba *cortada*
76.12 *cortará* el espíritu de los príncipes
90.6 florece y crece; a la tarde es *cortada*
102.24 no me *cortes* en la mitad de mis días
109.15 y él *corte* de la tierra su memoria
129.4 justo; *cortó* las coyundas de los impíos
Pr. 2.22 los impíos serán *cortados* de la tierra
10.31 mas la lengua perversa será *cortada*
23.18 hay fin, y tu esperanza no será *cortada*
24.14 y al fin tu esperanza no será *cortada*
26.6 el que se *corta* los pies y bebe su daño
Ec. 10.9 quien *corta* piedras, se hiere con ellas
Is. 6.13 al ser *cortados* aún queda el tronco
9.10 *cortaron* los cabrahigos, pero en su
9.14 Jehová *cortará* de Israel cabeza y cola
10.7 desarraigar y *cortar* naciones no pocas
10.15 el hacha contra el que con ella *corta?*
10.33 árboles de gran altura serán *cortados*
10.34 y *cortará* con hierro la espesura del
14.12 oh Lucero..*cortado* fuiste por tierra
18.5 podará..y *cortará* y quitará las ramas
19.6 la caña y el carrizo serán *cortados*
33.9 el Líbano se avergonzó, y fue *cortado*
33.12 como espinos *cortados* serán quemados
37.24 del Líbano; *cortaré* sus altos cedros
38.12 como tejedor *corté* mi vida; me *cortará*
44.14 *corta* cedros, y toma ciprés y encina
48.19 nunca su nombre sería *cortado*..raído
51.1 a la piedra de donde fuisteis *cortados*
51.9 ¿no eres tú el que *cortó* a Rahab, y el
53.8 *cortado* de la tierra de los vivientes
Jer. 6.6 *cortad* árboles, y levantad vallado
7.28 verdad..de la boca de ellos fue *cortada*
7.29 *corta* tu cabello..levanta llanto sobre
8.13 los *cortaré* del todo, dice Jehová
10.3 porque leño del bosque *cortaron*, obra de
11.19 *cortémoslo* de la tierra de los vivientes
22.7 y *cortarán* tus cedros escogidos y los
46.23 *cortarán* sus bosques..impenetrables
48.2 tú, Madmena, serás *cortada*; espada irá
48.25 *cortado* es el poder de Moab, y su brazo
48.33 será *cortada* la alegría y el regocijo
50.23 fue *cortado* y quebrado el martillo de
Lm. 2.3 *cortó* con el ardor de su ira todo el
Ez. 5.2 la *cortarás* con espada alrededor de la
14.8 y lo *cortaré* de en medio de mi pueblo
14.13 y *cortare* de ella hombres y bestias
14.17,19,21 *cortar* de ella hombres y bestias
16.4 día que naciste no fue *cortado*..ombligo
17.17 se edifiquen torres para *cortar*..vidas
17.22 *cortaré* un tallo, y lo plantaré sobre
21.3 y *cortaré* de ti al justo y al impío
21.4 he de *cortar* de ti al justo y al impío
21.16 *corta* a la derecha, hiere a..izquierda
25.7 te *cortaré* de entre los pueblos, y te
25.13 *cortaré* de ella hombres y bestias, y la
25.16 y *cortaré* a los cereteos, y destruiré
29.8 que yo..*cortaré* de ti hombres y bestias
35.7 *cortaré* de él al que vaya y al que venga
39.10 no traerán leña del campo, ni *cortarán*
Dn. 2.34 que una piedra fue *cortada*, no con mano
2.45 que del monte fue *cortada* una piedra, no
4.14 *cortad* sus ramas, quitadle el follaje
4.23 *cortad* el árbol y destruidlo; mas la cepa
Os. 6.5 los *corté* por medio de los profetas
10.7 Samaria fue *cortado* su rey como espuma
10.15 será del todo *cortado* el rey de Israel
Am. 3.14 serán *cortados* los cuernos del altar
Abd. 9 hombre será *cortado* del monte de Esaú
10 vergüenza, y serás *cortado* para siempre
Nah. 2.13 *cortaré* de la tierra tu robo, y nunca
Sof. 1.3 *cortaré* a los impíos; y raeré a los
Zac. 13.2 *cortar* de la tierra a los profetas
13.8 dos terceras partes serán *cortadas* en
14.2 el resto..no será *cortado* de la ciudad
Mal. 2.12 Jehová *cortará*..hombre que hiciere
Mt. 3.10 no da buen fruto es *cortado* y echado
5.30 te es ocasión de caer, *córtala*, y échala
7.19 árbol que no da buen fruto, es *cortado*
18.8 tu mano..*córtalo* y échalo de ti; mejor
21.8 y otros *cortaban* ramas de los árboles
Mr. 9.43,45 te fuere ocasión de caer, *córtala*
11.8 otros *cortaban* ramas de los árboles, y
14.47 hirió al siervo..*cortándole* la oreja
Lc. 3.9 árbol que no da buen fruto se *corta* y
5.36 nadie *corta* un pedazo de un vestido
13.7 *córtala*, ¿para qué inutiliza..tierra?
13.9 diere fruto, bien; y si no, la *cortarás*
22.50; Jn. 18.10 le *cortó* la oreja derecha
Jn. 18.26 quien Pedro había *cortado* la oreja
Hch. 27.32 los soldados *cortaron* las amarras
27.40 *cortando*..las anclas, las dejaron en
Ro. 11.22 otra manera tú también serás *cortado*
11.24 fuiste *cortado* del que por naturaleza
1 Co. 11.6 no se cubre, que se *corte*..el cabello
11.6 si le es vergonzoso a la mujer *cortarse*

CORTE
Dn. 2.49 obtuvo..Daniel estaba en la *c* del rey

CORTESANO
Est. 1.3 banquete a todos sus príncipes y *c*
2.2 y dijeron..sus *c*: Busquen para el rey

CORTIJO
Éx. 8.13 murieron las ranas..de los *c* y de los

CORTINA
Éx. 26.1 tabernáculo de diez *c* de lino torcido
26.2 la longitud de una *c*..anchura de la..*c*
26.2 todas las *c* tendrán una misma medida
26.3 cinco *c* estarán unidas..y las otras 5 *c*
26.4 *c* de la primera unión..*c* de la segunda
26.5 cincuenta lazadas harás en la primera *c*
26.5 cincuenta lazadas..en la orilla de la *c*
26.6 enlazarás las *c* la una con la otra, y se
26.7 *c* de pelo de cabra para..once *c* harás
26.8 la longitud de cada *c*..anchura de cada *c*
26.8 una misma medida tendrán las once *c*
26.9 unirás cinco *c* aparte y las otras seis *c*
26.9 y doblarás la sexta *c* en el frente del
26.10 (2) 50 lazadas en la orilla de la *c*
26.12 parte que sobra en las *c* de la tienda
26.12 la mitad de la *c* que sobra, colgará a
26.13 sobra a lo largo de las *c* de la tienda
26.36 harás..*c* de azul, púrpura, carmesí y
26.37 harás para la *c* 5 columnas de madera
27.9 tendrá el atrio *c* de lino torcido, de
27.11 a lo largo *c* de cien codos de longitud
27.12 lado occidental, tendrá *c* de 50 codos
27.14 las *c* a un lado de la entrada serán de
27.15 al otro lado, quince codos de *c*; sus
27.16 para la puerta del atrio habrá una *c* de
27.18 sus *c* de lino torcido, y sus basas de
35.15 la *c* de la puerta para la entrada del
35.17 *c* del atrio, sus columnas y sus basas
35.17 sus basas, la *c* de la puerta del atrio
36.8 hicieron el tabernáculo de diez *c* de lino
36.9 la longitud de una *c*..todas las *c* eran
36.10 cinco de las *c* las unió..las otras 5 *c*
36.11 hizo lazadas de..en la orilla de la *c*
36.11 lo mismo en la orilla de la *c* final de
36.12 cincuenta lazadas hizo en la primera *c*
36.12 la orilla de la *c* de la segunda serie
36.13 corchetes de..los cuales enlazó las *c*
36.14 hizo..*c* de pelo de cabra..once *c* hizo
36.15 la longitud de una *c* era de..las once *c*
36.16 y unió cinco de las *c*..seis *c* aparte
36.17 la orilla de la *c* que estaba al extremo
36.17 lazadas en la orilla de la *c* final de
38.9 al mediodía, las *c* del atrio eran de 100
38.11 y del lado norte *c* de cien codos; sus
38.12 del lado del occidente, *c* de 50 codos
38.13 del lado oriental..*c* de cincuenta codos
38.14 a un lado *c* de quince codos, sus tres
38.15 al otro lado *c* de quince codos, con sus
38.16 las *c* del atrio..eran de lino torcido
38.18 *c* de la entrada del atrio era de obra
38.18 su altura..lo mismo que las *c* del atrio
39.38 la *c* para la entrada del tabernáculo
39.40 *c* del atrio, sus columnas y sus basas
39.40 la *c* para la entrada del atrio, sus
40.5 pondrás la *c* delante a la entrada del
40.8 el atrio..y la *c* a la entrada del atrio
40.22 al lado norte de la *c*, fuera del velo
40.24 puso el candelero..al lado sur de la *c*
40.28 puso..la *c* a la entrada del tabernáculo
40.33 atrio..puso la *c* a la entrada del atrio
Nm. 3.25 cargo..*c* de la puerta del tabernáculo
3.26 las *c* del atrio, y la *c* de la puerta
4.25 las *c* del tabernáculo, el tabernáculo
4.25 la *c* de la puerta del tabernáculo de
4.26 las *c* del atrio, la *c* de la puerta del
2 S. 7.2 habito..el arca de Dios está entre *c*
1 Cr. 17.1 el arca del pacto de..debajo de *c*
Sal. 18.11 puso tinieblas..por *c* suya alrededor
104.2 que extiende los cielos como una *c*
Cnt. 1.5 pero codiciable..como las *c* de Salomón
Is. 40.22 él extiende los cielos como una *c*
54.2 *c* de tus habitaciones sean extendidas
Jer. 4.20 son destruidas..en un momento mis *c*
10.20 no hay ya más..ni quien cuelgue mis *c*
49.29 sus *c* y todos sus utensilios y sus
Ez. 27.7 de lino fino bordado..era tu *c*, para

CORTO, TA
2 R. 19.26 sus moradores fueron de *c* poder
Job 14.1 *c* de días, y hastiado de sinsabores
Sal. 39.5 he aquí, diste a mis días término *c*
Is. 28.20 la cama será *c* para poder estirarse
37.27 sus moradores fueron de *c* poder; fueron
Mt. 13.21; Mr. 4.17 no tienen raíz..*c* duración
1 Co. 7.29 pero esto digo..que el tiempo es *c*
2 P. 1.9 que..tiene la vista muy *c*; es ciego

CORZO
Dt. 14.5 la gacela, el *c*, la cabra montés, el
1 R. 4.23 los ciervos, gacelas, *c* y aves gordas
Cnt. 2.7 conjuro..por los *c* y por las ciervas
2.9 amado es semejante al *c*, o al cervatillo
2.17 vuélvete, amado mío; sé semejante al *c*
3.5 os conjuro..por los *c* y por las ciervas
8.14 y sé semejante al *c*, o al cervatillo

COS
1. ***Descendiente de Judá,*** 1 Cr. 4.8
2. ***Jefe de una familia de sacerdotes,*** 1 Cr. 24.10; Esd. 2.61; Neh. 7.63
3. ***Ascendiente de Meremot No. 1,*** Neh. 3.4,21
4. ***Isla en el Mar Egeo,*** Hch. 21.1

COSA
Gn. 15.1 después de estas *c* vino la palabra de
18.14 ¿hay para Dios alguna *c* difícil? Al
22.1 después de..*c*, que probó Dios a Abraham
22.20 aconteció después de estas *c*, que fue
24.28 hizo saber en casa de su madre estas *c*
24.53 *c* preciosas a su hermano y a su madre
28.17 no es otra *c* que casa de Dios, y puerta
29.13 Jacob..él contó a Labán todas estas *c*
31.37 pues que has buscado en todas mis *c*
38.25 varón cuyas son estas *c*, estoy encinta
38.25 mira ahora de quién son estas *c*, el sello
39.6 y con él no se preocupaba de *c* alguna
39.9 y ninguna *c* me ha reservado sino a ti
39.23 necesitaba atender el jefe..*c* alguna
40.1 después de estas *c*, que el copero del
41.32 significa que la *c* es firme de parte
42.36 llevaréis; contra mí son todas estas *c*
44.7 ¿por qué dice nuestro señor tales *c?*
48.1 después de estas *c* que dijeron a José

COSA *(Continúa)*
Éx. 4.30 habló Aarón acerca de todas las *c* que
6.29 dí a Faraón. .todas las *c* que yo te digo
7.2 tú dirás todas las *c* que yo te mande, y
9.5 mañana hará Jehová esta *c* en la tierra
10.2 que cuentes. .las *c* que yo hice en Egipto
10.15 cubrió. .no quedó *c* verde en árboles ni
12.9 ninguna *c* comeréis de él cruda. .en agua
12.10 ninguna *c* dejaréis. .hasta la mañana
12.20 ninguna *c* leudada comeréis; en todas
16.14 una *c* menuda, redonda, menuda como
18.1 oyó Jetro. .todas las *c* que Dios había
18.8 contó. .todas las *c* que Jehová había hecho
20.11 el mar, y todas las *c* que en ellos hay
20.17 no codiciarás. .*c* alguna de tu prójimo
21.11 y si ninguna de estas tres *c* hiciere
22.9 en toda clase de fraude. .toda *c* perdida
24.7 dijo: Haremos todas las *c* que Jehová ha
24.8 sangre del pacto. .sobre todas estas *c*
28.38 faltas cometidas en todas las *c* santas
29.33 comerán aquellas *c* con las cuales se
29.34 y si sobrare. .no se comerá. .es *c* santa
29.37 *c* que tocare el altar, será santificada
30.29 los consagrarás, y serán *c* santísimas
30.36 molerás parte de él. .será *c* santísima
30.37 incienso. .será *c* sagrada para Jehová
34.10 porque será *c* tremenda la que yo haré
34.25 no ofrecerás *c* leudada junto con la
35.1 estas son las *c* que Jehová ha mandado
35.10 hará todas las *c* que Jehová ha mandado
36.1 harán todas las *c* que ha mandado Jehová
38.22 todas las *c* que Jehová mandó a Moisés
39.42 en conformidad a todas las *c* que Jehová
Lv. 2.3 es *c* santísima de las ofrendas que se
2.8 traerás. .ofrenda que se hará de estas *c*
2.10 es *c* santísima de las ofrendas que se
2.11 de ninguna *c* leuda. .ha de quemar ofrenda
4.2,13,22,27 *c* que no se han de hacer
5.2 que hubiere tocado cualquier *c* inmunda
5.4 en cualquiera *c* que el hombre profiere
5.4 será culpable por cualquiera de estas *c*
5.5 pecare en alguna de estas *c*, confesará
5.13 pecado que cometió en alguna de estas *c*
5.15 y pecare por yerro en las *c* santas de
5.16 que hubiere defraudado de las *c* santas
5.17 hiciere alguna de todas aquellas *c* que
6.3 aquellas *c* en que suele pecar el hombre
6.7 perdón. .todas las *c* en que suele ofender
6.17 es *c* santísima, como el sacrificio por
6.18 *c* que tocare en ellas será santificada
6.25 será degollada la ofrenda. .*c* santísima
6.29 todo varón de. .la comerá; es *c* santísima
7.1 es la ley del sacrificio. .es *c* muy santa
7.6 será comida en lugar santo. .*c* muy santa
7.19 la carne que tocare alguna *c* inmunda, no
7.21 la persona que tocare alguna *c* inmunda
8.10 ungió el tabernáculo y todas las *c* que
8.28 tomó aquellas *c* Moisés de las manos de
8.36 hicieron todas las *c* que mandó Jehová
10.12 comedla sin levadura. .es *c* muy santa
10.19 pero a mí me han sucedido estas *c*, y si
11.10 toda *c* viviente que está en las aguas
11.24 y por estas *c* seréis inmundos. .tocare
11.32 sea *c* de madera, vestido, piel, saco
12.4 ninguna *c* santa tocará, ni vendrá al
13.55 lo raído en el derecho. .de aquella *c*
13.57 apareciere. .en cualquiera *c* de cuero
13.58 o cualquiera *c* de cuero que lavares
13.59 o de trama, o de cualquiera *c* de cuero
14.11 al que se ha de limpiar, con aquellas *c*
14.13 es del sacerdote; es *c* muy sagrada
14.23 estas *c* al sacerdote, a la puerta del
15.4 y toda *c* sobre que se sentare, inmunda
15.10 que tocare cualquiera *c* que haya estado
15.27 cualquiera que tocare esas *c*. .inmundo
18.24 en ninguna de estas *c* os amancillaréis
18.24 en todas estas *c* se han corrompido las
19.26 no comeréis *c* alguna con sangre. No
20.17 si. .viere su desnudez. .es *c* execrable
20.23 porque ellos hicieron todas estas *c*, y
21.22 y de las *c* santificadas, podrá comer
22.2 que se abstengan de las *c* santas que los
22.3 que se acercare a las *c* sagradas que los
22.4 no comerá de las *c* sagradas hasta que
22.4 el que tocare cualquiera *c* de cadáveres
22.6 no comerá de las *c* sagradas antes que
22.7 y después podrá comer las *c* sagradas
22.10 ningún extraño comerá *c* sagrada; el
22.10 y el jornalero, no comerán *c* sagrada
22.12 hija. .no comerá de la ofrenda de las *c*
22.14 y el que por yerro comiere *c* sagrada
22.14 la dará al sacerdote con la *c* sagrada
22.15 no profanarán, pues, las *c* santas de
22.16 del pecado, comiendo las *c* santas de
22.20 ninguna *c* en. .haya defecto ofreceréis
23.20 *c* sagrada a Jehová para el sacerdote
23.37 sacrificio y libaciones, cada *c* en su
24.9 es *c* muy santa para él, de las ofrendas
26.18 si aun con estas *c* no me oyereis, yo
26.23 y si con estas *c* no fuereis corregidos
27.23 dará tu precio, .*c* consagrada a Jehová
27.28 ni se rescatará ninguna *c* consagrada
27.28 todo lo consagrado será *c* santísima
27.30 y el diezmo de. .es *c* dedicada a Jehová
27.33 que se dio en cambio serán *c* sagradas
Nm. 1.50 y sobre todas las *c* que le pertenecen
1.54; 2.34 conforme a todas las *c* que mandó
4.15 no tocarán *c* santa, no sea que mueran
4.20 no. .para ver cuando cubran las *c* santas
5.9 toda ofrenda de todas las *c* santas que
6.20 será *c* santa del sacerdote, además del
8.20; 9.5 conforme a todas las *c* que mandó
14.39 Moisés dijo estas *c* a. .hijos de Israel
15.13 hará estas *c* así, para ofrecer ofrenda
15.23 todas las *c* que Jehová os ha mandado
16.26 y no toquéis ninguna *c* suya, para que
16.28 para que hiciese todas estas *c*, y que
16.30 la tierra. .los tragare con todas sus *c*
18.8 las *c* consagradas de los hijos de Israel
18.9 será tuyo de la ofrenda de las *c* santas
18.9 todo presente. .será *c* muy santa para ti
18.10 en el santuario. .*c* santa será para ti
18.13 primicias de todas las *c* de la tierra
18.19 las ofrendas elevadas de las *c* santas
18.32 no contaminaréis las *c* santas de los
22.18 traspasar. .para hacer *c* chica ni grande
22.38 mas ¿podré ahora hablar alguna *c*? La
23.3 cualquiera *c*. .me mostrare, te avisaré
24.13 hacer *c* buena ni mala de mi arbitrio
24.23 ¿quién vivirá cuando hiciere Dios. .*c*?
29.39 estas *c* ofreceréis a Jehová. .fiestas
30.6 pronunciare. .*c* con que obligue su alma
35.20 y si por odio. .echó sobre él alguna *c*
35.29 *c* os serán por ordenanza de derecho
Dt. 1.3 conforme a todas las *c* que Jehová le
1.30 las *c* que hizo por vosotros en Egipto
4.9 no te olvides de las *c* que tus ojos han
4.23 imagen de ninguna *c* que Jehová tu Dios
4.25 si os. .e hiciereis. .imagen de cualquier *c*
4.30 angustia, y te alcanzaren todas estas *c*
4.32 se ha hecho *c* semejante a esta gran *c*
5.8 no harás para ti. .ni imagen de *c* que está
5.21 no codiciarás. .ni *c* alguna de tu prójimo
5.27 oye todas las *c* que dijere Jehová. .Dios
7.26 no traerás *c* abominable a tu casa, para
10.14 de Jehová tu Dios. .las *c* que hay en ella
10.21 que ha hecho contigo estas *c* grandes
12.11 allí llevaréis. .las *c* que yo os mando
12.26 pero las *c* que hubieres consagrado, y
12.31 toda *c* abominable que Jehová aborrece
13.11 no vuelva a hacer. .*c* semejante a esta
13.14 si pareciere verdad, *c* cierta, que tal
14.21 ninguna *c* mortecina comeréis. .la darás
14.26 o por cualquier *c* que tú deseares; y
17.1 cordero en el cual haya alguna *c* mala
17.4 la *c* pareciere de verdad cierta, que tal
17.5 la mujer que hubiere hecho esta mala *c*
17.8 alguna *c* te fuere difícil en el juicio
18.12 porque es abominación. .que hace estas *c*
22.3 lo mismo harás con toda *c* de tu hermano
23.9 a campaña. .te guardarás de toda *c* mala
23.14 para que él no vea en ti *c* inmunda, y
23.19 ni de *c* alguna de que se suele exigir
24.1 por haber hallado en ella. .*c* indecente
24.5 en ninguna *c* se le ocupará; libre estará
24.10 entregares a tu prójimo. .*c* prestada, no
28.47 gozo. .por la abundancia de todas las *c*
28.48 desnudez, y con falta de todas las *c*
29.26 dioses. .que ninguna *c* les habían dado
29.29 *c* secretas pertenecen a Jehová. .Dios
30.1 hubieren venido sobre ti todas estas *c*
32.47 porque no os es *c* vana; es vuestra vida
Jos. 1.7 que seas prosperado en todas las *c* que
1.16 haremos todas las *c* que nos has mandado
1.17 que obedecimos a Moisés en todas las *c*
1.18 no obedeciere. .todas las *c* que le mandes
2.23 le contaron todas las *c* que les habían
4.10 conforme a. .*c* que Moisés había mandado
6.17 será. .anatema a Jehová, con todas las *c*
6.18 ni toméis alguna *c* del anatema, no sea
9.1 cuando oyeron estas *c* todos los reyes que
24.29 después de estas *c* murió Josué hijo de
Jue. 7.14 es otra *c* sino la espada de Gedeón
13.4,7 no bebas vino ni. .ni comas *c* inmunda
13.13 guardará de todas las *c* que yo le dije
13.14 y no comerá *c* inmunda; guardará todo lo
13.23 ni nos hubiera mostrado todas estas *c*
14.18 ¿qué *c* más dulce. .qué *c* más fuerte que
18.7 sin que nadie. .perturbase en *c* alguna
18.10 lugar donde no hay falta de *c* alguna
18.27 llevando las *c* que había hecho Micaía
19.24 no hagáis a este hombre *c* tan infame
19.30 jamás se ha hecho ni visto tal *c*, desde
1 S. 2.23 dijo: ¿Por qué hacéis *c* semejantes?
3.11 he aquí haré yo una *c* en Israel, que a
3.12 yo cumpliré. .todas las *c* que he dicho
9.21 ¿por qué. .me has dicho *c* semejante?
12.5 no habéis hallado *c* alguna en mi mano
12.16 y mirad esta gran *c* que Jehová hará
12.24 cuán grandes *c* ha hecho por vosotros
14.12 dijeron: Subid. .os haremos saber una *c*
17.39 espada. .Y David echó de sí aquellas *c*
18.26 pareció bien la *c* a los ojos de David
19.4 porque ninguna *c* ha cometido contra ti
20.2 que mi padre ninguna *c* hará, grande ni
20.39 pero ninguna *c* entendió el muchacho
21.2 nadie sepa *c* alguna del asunto a que te
22.15 no culpe el rey de *c*. .ninguna *c* sabe
24.6 Jehová me guarde de hacer tal *c* contra
25.36 ella no le declaró *c* alguna hasta el día
25.37 a Nabal se. .le refirió su mujer estas *c*
26.25 sin duda emprenderás tú *c* grandes, y
29.4 ¿con qué *c* volvería mejor a la gracia de
29.6 ninguna *c* mala he hallado en ti desde el
30.19 no les faltó *c* alguna. .de todas las *c*
2 S. 3.13 mas una *c* te pido: No me vengas a ver
3.35 si. .gustare yo pan, o cualquiera otra *c*
11.11 por vida tuya. .que yo no haré tal *c*
12.6 porque hizo tal *c*, y no tuvo misericordia
13.2 Amnón que sería difícil hacerle *c* alguna
14.13 has pensado tú *c* semejante contra el
14.19 mano de Joab contigo en todas estas *c*?
14.20 para mudar el aspecto de las *c* Joab tu
20.21 *c* no es así: mas un hombre. .Seba hijo
23.5 ordenado en todas las *c*, y será guardado
24.12 tres *c* te ofrezco; tú escogerás una de
1 R. 2.26 has sido afligido en todas las *c* en
3.13 también te he dado las *c* que no pediste
8.9 en el arca ninguna *c* había sino las dos
8.59 que él proteja la. .cada *c* en su tiempo
9.4 haciendo. .las *c* que yo te he mandado, y
10.6 verdad es lo que oí en mi tierra de tus *c*
11.37 reinarás en todas las *c* que deseare tu
11.38 si prestares oído a todas las *c* que te
14.13 ha hallado en él alguna *c* buena delante
15.5 de ninguna *c*. .se había apartado en todos
16.5 las *c* que hizo, y su poderío, ¿no está
16.31 le fue ligera *c* andar en los pecados de
17.17 después de estas *c*. .cayó enfermo el hijo
18.36 por mandato tuyo he hecho todas estas *c*
20.40 ocupado en una y en otra *c*, el hombre
21.1 pasadas estas *c*, aconteció que Nabot de
22.13 a una voz anuncian al rey *c* buenas
22.18 ninguna *c* buena profetizará él. .de mí
22.53 todas las *c* que había hecho su padre
2 R. 2.10 *c* difícil has pedido. Si me vieres
3.18 esto es *c* ligera en los ojos de Jehová
4.2 tu sierva ninguna *c* tiene en casa, sino
5.13 si el profeta te mandara alguna gran *c*
5.16 le instaba que aceptara alguna *c*, pero
5.20 no tomando de. .las *c* que había traído
5.20 correré yo. .él y tomaré de él alguna *c*
8.6 devolver todas las *c* que eran suyas, y
8.13 ¿qué es. .para que haga tan grandes *c*?
14.3 hizo. .todas las *c* que había hecho Joás
15.3,34 conforme a todas las *c* que su padre
16.16 hizo el. .las *c* que el rey Acaz le mandó
17.9 hicieron. .*c* no rectas contra Jehová su
17.11 e hicieron *c*. .provocar a ira a Jehová
18.3 hizo. .*c* que había hecho David su padre
18.12 todas las *c* que Moisés. .había mandado
20.3 y que he hecho las *c* que te agradan
20.10 fácil *c* es que la sombra decline diez
20.13 ninguna *c*. .que Ezequías no les mostrase
21.3 adoró a todo. .y rindió culto a aquellas *c*
21.8 hagan. .todas las *c* que yo les he mandado
23.17 del varón de Dios que. .profetizó estas *c*
23.32,37; 24.9 hizo lo malo. .todas las *c* que
1 Cr. 9.31 Matatías. .tenía a su cargo las *c* que
13.4 dijo. .la *c* parecía bien a todo el pueblo
16.37 que ministrasen de. .cada *c* en su día
17.20 según todas las *c* que hemos oído con
18.1 después de estas *c*. .David derrotó a los
19.1 después de estas *c*. .murió Nahas rey de
21.10 tres *c* te propongo; escoge de ellas una
23.13 Aarón fue. .dedicado a las *c* más santas
23.28 la purificación de toda *c* santificada
25.5 Hemán, vidente del rey en las *c* de Dios
26.20,26 los tesoros de. .las *c* santificadas
26.28 las *c* que había consagrado el vidente
26.32 las *c* de Dios y los negocios del rey
28.12 el plano de. .las *c* que tenía en mente
28.12 las tesorerías de las *c* santificadas
28.14 dio oro en peso para las *c* de oro, para
28.14 y plata en peso para todas las *c* de
28.19 todas estas *c*. .me fueron trazadas por
29.2,5 para las *c* de oro, plata para las *c*
29.3 las *c* que he preparado para la casa de
29.11 todas las *c* que están en los cielos y en
29.14 que pudiésemos ofrecer. .*c* semejantes?
29.19 haga todas las *c*, y te edifique la casa
2 Cr. 5.1 *c* que David su padre había dedicado
6.33 y harás conforme a todas las *c* por las
7.17 e hicieres. .las *c* que yo te he mandado
8.13 para que ofreciesen cada *c* en su día
8.14 levitas en sus cargos. .cada *c* en su día
9.5 había oído en mi tierra acerca de tus *c*
12.12 y también en Judá las *c* le fueron bien
12.15 las *c* de Roboam. .¿no están escritas en
18.7 nunca me profetiza *c* buena, sino. .mal
18.12 los profetas a una voz anuncian al rey *c*
19.3 pero se han hallado en ti buenas *c*, por
20.1 pasadas estas *c*, aconteció que. .de Moab
20.35 pasadas estas *c*, Josafat. .amistad con
21.3 su padre les había dado. .y *c* preciosas
24.7 gastado. .las *c* consagradas de la casa de
25.16 y hablándole el profeta estas *c*, él le
26.4 hizo. .las *c* que había hecho Amasías su
27.2; 29.2 las *c* que había hecho. .su padre
29.36 se alegró. .la *c* fue hecha rápidamente
30.26 no había habido *c* semejante en Israel

COSA *(Continúa)*
2 Cr. 31.1 hechas todas estas *c*..quebraron..Asera
31.5 abundancia los diezmos de todas las *c*
31.6 de las *c* que habían prometido a..Dios
31.12 depositaron las..y las *c* consagradas
31.14 la distribución..de las *c* santísimas
31.18 porque..se consagraban a las *c* santas
32.1 después de estas *c* y..vino Senaquerib
32.16 otras *c* más hablaron sus siervos contra
33.8 hagan todas las *c* que yo les he mandado
33.19 estas *c* están escritas en..los videntes
35.20 después de todas estas *c*, luego de haber
Esd. 1.6 ayudaron con plata..y con *c* preciosas
2.63 no comiesen de las *c* más santas, hasta
3.4 día..conforme al rito, cada *c* en su día
7.1 pasadas estas *c*, en el reinado de..rey de
7.27 que puso tal *c* en el corazón del rey
9.1 acabadas estas *c*, los príncipes vinieron
Neh. 2.4 me dijo el rey: ¿Qué *c* pides? Entonces
6.8 no hay tal *c* como dices, sino que de tu
6.14 acuérdate, Dios mío..conforme a estas *c*
7.65 no comiesen de las *c* más santas, hasta
9.6 tú vivificas todas estas *c*, y..te adoran
9.21 de ninguna *c* tuvieron necesidad; sus
10.33 las *c* santificadas y los sacrificios de
12.47 daba..a los porteros, cada *c* en su día
13.17 ¿qué mala *c*..hacéis, profanando así el
Est. 2.1 pasadas estas *c*, sosegada ya la ira del
2.15 ninguna *c* procuró sino lo que dijo Hegai
3.1 después de estas *c*..Asuero engrandeció a
5.11 *c* con que el rey le había engrandecido
9.20 y escribió Mardoqueo estas *c*, y envió
Job 5.9 el cual hace *c* grandes e inescrutables
6.7 las *c* que mi alma no quería tocar, son
6.30 no puede mi..discernir las *c* inicuas?
8.2 ¿hasta cuándo hablarás tales *c*..palabras
9.3 no le podrá responder a una *c* entre mil
9.10 él hace *c* grandes e incomprensibles, y
9.22 una *c* resta que yo diga: Al perfecto y
10.13 estas *c* tienes guardadas en tu corazón
12.9 ¿qué *c* de todas estas no entiende que
13.1 todas estas *c* han visto mis ojos, y oído
13.20 dos *c* no hagas conmigo; entonces no me
15.14 ¿qué *c* es el hombre para que sea limpio
16.2 muchas veces he oído *c* como estas
22.28 determinarás..una *c*, y te será firme
23.13 si él determina una *c*, ¿quién lo hará
23.14 de mí; y muchas *c* como estas hay en él
26.14 *c* son sólo los bordes de sus caminos
33.29 estas *c* hace Dios dos y tres veces con
35.2 ¿piensas que es *c* recta lo que has dicho
37.5 él hace..*c* que nosotros no entendemos
39.8 su pasto, y anda buscando toda *c* verde
41.34 menosprecia toda *c* alta; es rey sobre
42.3 *c* demasiado maravillosas para mí, que yo
42.10 aumentó..las *c* que habían sido de Job
Sal. 2.1 ¿por qué..los pueblos piensan *c* vanas?
15.5 el que hace estas *c*, no resbalará jamás
24.4 el que no ha elevado su alma a *c* vanas
27.4 *c* he demandado a Jehová, ésta buscaré
31.18 que hablan contra el justo *c* duras con
41.8 *c* pestilencial se ha apoderado de él
42.4 me acuerdo de estas *c*, y derramo mi alma
45.4 y tu diestra te enseñará *c* terribles
50.21 *c* hiciste, y yo he callado; pensabas
60.3 has hecho ver a tu pueblo *c* duras; nos
65.5 con tremendas *c* nos responderás tú en
71.19 has hecho grandes *c*; oh Dios, ¿quién
78.2 hablaré *c* escondidas..tiempos antiguos
87.3 *c* gloriosas se han dicho de ti, ciudad
94.4 ¿hasta cuándo..hablarán *c* duras, y se
101.3 no pondré delante de..ojos *c* injusta
106.22 Cam, *c* formidables sobre el Mar Rojo
107.43 ¿quién es sabio y guardará estas *c*
118.23 y es *c* maravillosa a nuestros ojos
119.91 tu ordenación subsisten todas las *c*
119.128 tus mandamientos sobre todas las *c*
126.2 grandes *c* ha hecho Jehová con éstos
126.3 grandes *c* ha hecho Jehová con nosotros
127.3 son..*c* de estima el fruto del vientre
131.1 ni anduve en..en *c* demasiado sublimes
138.2 has engrandecido tu..sobre todas las *c*
139.16 en tu libro estaban..todas aquellas *c*
141.4 no..que se incline mi corazón a *c* mala
Pr. 3.21 hijo mío, no se aparten estas *c* de tus
4.23 sobre toda *c* guardada, guarda tu corazón
6.16 seis *c* aborrece Jehová, y aun 7 abomina
8.6 oíd, porque hablaré *c* excelentes, y abriré
8.6 oíd..y abriré mis labios para *c* rectas
8.8 no hay en ellas *c* perversa ni torcida
15.28 la boca de los impíos derrama malas *c*
16.4 todas las *c* ha hecho Jehová para sí
20.10 pesa falsa y..ambas *c* son abominación
20.12 ojo que ve, ambas *c*..ha hecho Jehová
22.12 trastorna las *c* de los prevaricadores
22.18 es *c* deliciosa, si las guardares dentro
23.16 cuando tus labios hablaren *c* rectas
23.33 ojos mirarán *c* extrañas, y tu corazón
28.5 buscan a Jehová entienden todas las *c*
30.7 dos *c* te he demandado; no me las niegues
30.15 tres *c* hay que nunca se sacian; aun la
30.18 tres *c* me son ocultas; aun tampoco sé
30.21 por tres *c* se alborota la tierra, y la
30.24 cuatro *c* son de las más pequeñas de la
30.29 tres *c* hay de hermoso andar, y la cuarta
Ec. 1.8 todas las *c* son fatigosas más de lo que
2.10 no negué a mis..ninguna *c* que desearan
2.24 no hay *c* mejor..sino que coma y beba, y
3.12 no hay para ellos *c* mejor que alegrarse
3.22 no hay *c* mejor para el..que alegrarse en
7.21 apliques tu corazón a todas las *c* que se
7.23 estas *c* probé con sabiduría, diciendo
7.27 pesando las *c* una por una para hallar la
8.1 como el que sabe la declaración de las *c*?
8.3 ni en *c* mala persistas; porque él hará
9.1 he dado mi corazón a todas estas *c*, para
11.5 obra de Dios, el cual hace todas las *c*
11.9 que sobre todas estas *c* te juzgará Dios
12.14 con toda *c* encubierta, sea buena o mala
Is. 1.6 pie..no hay en él *c* sana, sino herida
8.12 no llaméis conspiración a todas las *c*
12.5 ha hecho *c* magníficas; sea sabido esto
30.10 no..lo recto, decidnos *c* halagüeñas
33.15 que cierra sus ojos para no ver *c* mala
38.16 por todas estas *c* los hombres vivirán
39.2 no hubo *c*..que Ezequías no les mostrase
39.4 ninguna *c* hay..que no les haya mostrado
39.6 llevado a Babilonia..ninguna *c* quedará
40.23 a los que gobiernan..hace como *c* vana
40.26 levantad en..mirad quién creó estas *c*
41.12 serán como..*c* que no es, aquellos que
41.27 yo soy..que he enseñado estas *c* a Sion
41.28 y pregunté de estas *c*, y ningún..hubo
42.9 las *c* primeras, y yo anuncio *c* nuevas
42.16 estas *c* les haré, y no los desampararé
42.20 ve muchas *c* y no advierte, que abre los
43.9 nos dé..que nos haga oir las *c* primeras?
43.18 no os acordéis de las *c* pasadas, ni
43.18 ni traigáis a memoria las *c* antiguas
44.21 acuérdate de..*c*, oh Jacob, e Israel
45.11 dice..Preguntadme de las *c* por venir
46.1 esas *c* que vosotros solíais llevar son
46.9 acordaos de las *c* pasadas desde los
47.9 estas dos *c* te vendrán de repente en un
48.5 mi ídolo lo hizo, mis..mandaron estas *c*
48.6 pues te he hecho oir *c* nuevas y ocultas
48.14 hay entre ellos que anuncie estas *c*?
51.19 dos *c* te han acontecido: asolamiento
52.11 salid..no toquéis *c* inmunda; salid de
64.3 *c* terribles cuales nunca esperábamos
64.11 todas nuestras *c* preciosas..destruidas
64.12 ¿te estarás quieto, oh..sobre estas *c*?
65.4 y en sus ollas hay caldo de *c* inmundas
65.18 os alegraréis..las *c* que yo he creado
66.2 mi mano..hizo..*c*, y así todas estas *c*
66.8 ¿quién oyó *c* semejante?..vio tal *c*?
Jer. 2.10 ved si se ha hecho *c* semejante a esta
2.34 sin embargo, en todas estas *c* dices
3.9 sucedió que por juzgar ella *c* liviana su
5.19 Dios..hizo con nosotros todas estas *c*?
5.25 iniquidades han estorbado estas *c*, y
5.30 *c* espantosa y fea es hecha en la tierra
6.10 palabra de Jehová les es *c* vergonzosa
7.31 *c* que yo no les mandé, ni subió en mi
9.9 ¿no los he de castigar por estas *c*? dice
9.24 y justicia..estas *c* quiero, dice Jehová
13.7 cinto se había podrido; para ninguna *c*
13.10 este cinto que para ninguna *c* es bueno
14.22 esperamos..tú hiciste todas estas *c*
15.18 ¿serás para mí como *c* ilusoria, como
16.10 cuando anuncies a..estas *c*, te dirán
17.9 engañoso es el corazón más que..las *c*
18.13 preguntad..quién ha oído *c* semejante
19.5 *c* que no les mandé, ni hablé; ni me vino
20.5 su trabajo y todas sus *c* preciosas; y
26.10 los príncipes de Judá oyeron estas *c*
31.22 creará una *c* nueva sobre la tierra; la
33.3 te enseñaré *c* grandes y ocultas que tú
35.8 hemos obedecido a la voz..en todas las *c*
35.10 y hecho conforme a todas la *c* que nos
35.18 hicisteis conforme a todas las *c* que
36.8 hizo conforme a todas las *c* que le mandó
38.14 haré una pregunta; no me encubras..*c*
42.20 haznos saber todas las *c* que..dijere
42.21 ni a todas las *c* por las cuales me envió
44.4 no hagáis esta *c* abominable..aborrezco
51.61 llegues a..y veas y leas todas estas *c*
Lm. 1.7 todas las *c* agradables que tuvo desde
1.10 extendió su mano el enemigo a..sus *c*
1.11 dieron por la comida..sus *c* preciosas
Ez. 4.14 nunca..comí *c* mortecina ni despedazada
5.9 jamás haré *c* semejante, a causa de todas
7.14 prepararán todas la *c*, y no habrá quien
7.20 por eso se lo convertí en *c* repugnante
8.12 ¿has visto las *c* que los ancianos de la
8.17 ¿es *c* liviana para la casa de Judá hacer
11.5 las *c* que suben a vuestro espíritu, yo
11.25 hablé a los cautivos todas las *c* que
14.22 consolados..de todas las *c* que traje
15.3 estaca para colgar en ella alguna *c*?
16.16 *c* semejante nunca había sucedido, ni
16.20 ¿eran poca *c* tus fornicaciones
16.30 habiendo hecho todas estas *c*, obras de
17.12 ¿no..entendido qué significan estas *c*?
17.15 escapará el que estas *c* hizo? El que
17.18 y ha hecho todas estas *c*, no escapará
18.10 hijo ladrón..que haga alguna *c* de estas
20.40 dones con todas vuestras *c* consagradas
23.30 *c* se harán contigo porque fornicaste
24.19 qué significan todas estas *c* que haces?
24.24 según todas las *c* que él hizo, haréis
27.21 Arabia..estas *c* fueron tus mercaderes
27.24 estos..negociaban contigo en varias *c*
40.4 pon tu corazón a..las *c* que te muestro
44.8 lo establecido acerca de mis *c* santas
44.13 no se acercarán a..de mis *c* santas, a
44.13 ni se acercarán a..de mis *c* santísimas
44.17 lino; no llevarán sobre ellos *c* de lana
44.18 no se ceñirán *c* que los haga sudar
44.29 *c* consagrada en Israel será de ellos
44.31 ninguna *c* mortecina..de aves..comerán
48.14 no venderán..es *c* consagrada a Jehová
Dn. 2.10 ningún rey..preguntó *c* semejante a
2.40 y como el hierro..y rompe todas las *c*
7.8,20 ojos..una boca que hablaba grandes *c*
7.16 hizo conocer la interpretación de las *c*
11.38 lo honrará con..y con *c* de gran precio
11.43 se apoderará..de todas las *c* preciosas
12.7 se acabe..todas estas *c* serán cumplidas
12.8 y dije..¿cuál será el fin de estas *c*?
Os. 8.12 ley, y fueron tenidas por *c* extraña
Jl. 2.20 subirá su pudrición..hizo grandes *c*
2.21 y gózate, porque Jehová hará grandes *c*
3.5 mis *c* preciosas y hermosas metisteis en
Abd. 6 ¡cómo fueron escudriñadas las *c* de Esaú!
Jon. 3.7 hombres y..ovejas, no gusten *c* alguna
Sof. 1.2 destruiré..todas las *c* de sobre la faz
Hag. 2.13 un inmundo..tocare alguna *c* de estas
2.16 antes que sucediesen estas *c*, venían al
Zac. 8.16 estas son las *c* que habéis de hacer
8.17 estas son *c* que aborrezco, dice Jehová
Mal. 1.9 podéis agradarle, si hacéis estas *c*?
2.5 las cuales *c* yo le di para que me temiera
Mt. 6.8 Padre sabe de qué *c* tenéis necesidad
6.32 los gentiles buscan todas estas *c*; pero
6.32 sabe que tenéis necesidad de..estas *c*
6.33 mas buscad..estas *c* os serán añadidas
7.11 vuestro Padre..dará buenas *c* a los que
7.12 las *c* que queráis que los hombres hagan
8.33 contaron todas las *c*, y lo que había
9.18 mientras él les decía estas *c*, vino un
9.33 nunca se ha visto *c* semejante en Israel
11.4 haced saber a Juan las *c* que oís y veis
11.25 escondiste estas *c* de los sabios y de
11.27 todas las *c* me fueron entregadas por mi
12.35 bueno, del buen tesoro..saca buenas *c*
12.35 el..malo, del mal tesoro saca malas *c*
13.3 habló muchas *c* por parábolas, diciendo
13.35 en parábolas..declararé *c* escondidas
13.51 les dijo: ¿Habéis entendido..estas *c*?
13.52 saca de su tesoro *c* nuevas y *c* viejas
13.56 ¿de dónde..tiene éste todas estas *c*?
15.20 estas *c* son..contaminan al hombre; pero
16.23 no pones la mira en las *c* de Dios, sino
17.11 Elías viene..y restaurará todas las *c*
18.19 acerca de cualquiera *c* que pidieren, les
21.23 ¿con qué autoridad haces estas *c*?
21.24,27 con qué autoridad hago estas *c*
21.42 y es *c* maravillosa a nuestros ojos?
24.3 ¿cuándo serán estas *c*, y qué señal habrá
24.33 cuando veáis todas estas *c*, conoced que
27.13 ¿no oyes cuántas *c* testifican contra
27.54 visto..y las *c* que habían sido hechas
28.11 de todas las *c* que habían acontecido
28.20 enseñándoles que guarden todas las *c*
Mr. 2.12 glorificaron..Nunca hemos visto tal *c*
3.8 de Idumea..oyendo cuán grandes *c* hacía
4.2 y les enseñaba..muchas *c*, y les decía en
4.11 están fuera, por parábolas todas las *c*
4.19 codicias de otras *c*, entran y ahogan la
5.19 cuéntales..grandes *c* el Señor ha hecho
5.20 cuán grandes *c* había hecho Jesús con él
6.2 y decían: ¿De dónde tiene éste estas *c*?
6.34 Jesús..comenzó a enseñarles muchas *c*
7.4 muchas *c* hay que tomaron para guardar
7.8 los lavamientos..otras muchas *c* semejantes
7.13 y muchas *c* hacéis semejantes a estas
8.33 no pones la mira en las *c* de Dios, sino
9.12 vendrá primero, y restaurará todas las *c*
10.21 una *c* te falta: anda, vende todo lo que
10.27 todas las *c* son posibles para Dios
10.32 comenzó a decir las *c* que le habían de
11.11 y habiendo mirado..todas las *c*, como ya
11.28 ¿con qué autoridad haces estas *c*, y
11.28 te dio autoridad para hacer estas *c*?
11.29,33 con qué autoridad hago estas *c*
12.11 y es *c* maravillosa a nuestros ojos?
13.4 ¿cuándo serán estas *c*? ¿Y qué señal
13.4 y qué señal habrá cuando todas estas *c*
13.29 así..cuando veáis que suceden estas *c*
14.36 Padre, todas las *c* son posibles para ti
15.4 ¿nada respondes? Mira de cuántas *c* te
16.18 bebieren *c* mortífera, no les hará daño
Lc. 1.1 poner en orden la historia de las *c* que
1.3 haber investigado..las *c* desde su origen
1.4 conozcas bien la verdad de las *c* en las
1.49 ha hecho grandes *c* el Poderoso; santo es
1.65 y en..Judea se divulgaron todas estas *c*
2.19 María guardaba..estas *c*, meditándolas en
2.20 alabando a Dios..las *c* que habían oído
2.51 y su madre guardaba todas estas *c* en su

COSA ***(Continúa)***
Lc. 4.23 de tantas *c* que hemos oído que se han
4.28 al oír estas *c* todos. . se llenaron de ira
5.27 después de estas *c* salió, y vio a un
6.9 os preguntaré una *c*: ¿Es lícito en día de
7.18 le dieron las nuevas de todas estas *c*
7.40 le dijo: Simón, una *c* tengo que decirte
8.8 hablando estas *c*, decía a gran voz: El
8.39 cuán grandes *c* ha hecho Dios contigo
8.39 cuán grandes *c* había hecho Jesús con él
9.7 Herodes el tetrarca oyó de todas la *c* que
9.9 ¿quién. . es éste, de quien oigo tales *c*?
9.22 padezca muchas *c*, y sea desechado por
9.43 maravillándose todos de todas las *c* que
10.1 después de estas *c*, designó el Señor
10.21 porque escondiste estas *c* de los sabios
10.22 las *c* me fueron entregadas por mi Padre
10.25 ¿haciendo qué *c* heredaré la vida
10.41 afanada y turbada estás con muchas *c*
10.42 pero sólo una *c* es necesaria; y María
11.27 mientras él decía estas *c*, una mujer
11.53 diciéndoles él estas *c*, los escribas
11.53 provocarle a que hablase de muchas *c*
12.30 estas *c* buscan las gentes del mundo
12.30 sabe que tenéis necesidad de estas *c*
12.31 mas buscad. . estas *c* os serán añadidas
12.48 hizo *c* dignas de azotes, será azotado
13.17 decir él estas *c*, se avergonzaban todos
13.17 el pueblo se regocijaba por todas las *c*
14.6 y no le podían replicar a estas *c*
14.21 siervo, hizo saber estas *c* a su señor
15.31 estás conmigo, y todas mis *c* son tuyas
16.14 oían. . todas estas *c* los fariseos, que
18.22 aún te falta una *c*: vende todo lo que
18.31 cumplirán todas las *c* escritas acerca
18.34 ellos nada comprendieron de estas *c*, y
19.11 oyendo ellos estas *c*, prosiguió Jesús
20.2 dinos: ¿con qué autoridad haces estas *c*?
20.8 os diré con qué autoridad hago estas *c*
21.6 a estas *c* que veis, días vendrán en que
21.7 ¿y qué señal habrá cuando estas *c* estén
21.9 es necesario que estas *c* acontezcan
21.12 antes de todas estas *c* os echarán mano
21.22 cumplan todas las *c* que están escritas
21.26 expectación de las *c* que sobrevendrán
21.28 estas *c* comiencen a suceder, erguíos y
21.31 cuando veáis que suceden estas *c*, sabed
21.36 por dignos de escapar de todas estas *c*
22.65 decían otras muchas *c* injuriándole
23.8 porque había oído muchas *c* acerca de él
23.31 si en el árbol verde hacen estas *c*, ¿en
23.49 mujeres. . estaban lejos mirando estas *c*
24.9 dieron nuevas de todas estas *c* a los once
24.10 quienes dijeron estas *c* a los apóstoles
24.14 hablando entre sí de todas aquellas *c*
24.18 que no has sabido las *c* que en ella han
24.19 les dijo: ¿Qué *c*? Y ellos le dijeron
24.26 ¿no era necesario. . padeciera estas *c*
24.35 contaban las *c*. . les habían acontecido
24.36 ellos aún hablaban de estas *c*, Jesús
24.48 y vosotros sois testigos de estas *c*
Jn. 1.3 todas las *c* por él fueron hechas, y sin
1.28 *c* sucedieron en Betábara, al otro lado
1.50 dije: Te vi. . *C* mayores que estas verás
3.12 os he dicho *c* terrenales, y no creéis
3.31 el que. . es terrenal, y *c* terrenales habla
3.35 y todas las *c* ha entregado en su mano
4.25 cuando él venga nos declarará. . las *c*
4.45 visto todas las *c* que había hecho en
5.1 después de estas *c* había una fiesta de
5.14 más, para que no te venga alguna *c* peor
5.16 porque hacía estas *c* en el día de reposo
5.20 y le muestra todas las *c* que él hace
6.59 estas *c* dijo en la sinagoga, enseñando
7.1 después de estas *c*, andaba Jesús en
7.4 si estas *c* haces, manifiéstate al mundo
7.32 a la gente que murmuraba de él estas *c*
8.26 muchas *c* tengo que decir y juzgar de
8.30 hablando él estas *c*, muchos creyeron en
12.16 *c* no las entendieron sus discípulos al
12.16 se acordaron de que estas *c* estaban
12.36 *c* habló Jesús, y se fue y se ocultó de
13.3 el Padre le había dado todas las *c* en las
13.17 sabéis estas *c*, bienaventurados seréis
14.25 he dicho estas *c* estando con vosotros
14.26 os enseñará todas las *c*, y os recordará
15.11 estas *c* os he hablado, para que mi gozo
15.15 porque todas las *c* que oí de mi Padre
16.1 *c* os he hablado, para que no tengáis
16.4 he dicho estas *c*, para que cuando llegue
16.6 porque os he dicho estas *c*, tristeza ha
16.12 tengo muchas *c* que deciros, pero ahora
16.13 os hará saber las *c* que habrán de venir
16.25 estas *c* os he hablado en alegorías; la
16.30 ahora entendemos que sabes todas las *c*
16.33 estas *c* os he hablado para que en mí
17.1 estas *c* habló Jesús, y levantando los
17.7 todas las *c* que me has dado, proceden de
18.1 habiendo dicho Jesús estas *c*, salió con
18.4 sabiendo todas las *c* que le habían de
19.36 *c* sucedieron para que se cumpliese la
20.18 había visto. . él le había dicho estas *c*
21.24 testimonio de estas *c*. . escribió estas *c*
21.25 y hay. . otras muchas *c* que hizo Jesús
Hch. 1.1 todas las *c* que Jesús comenzó a hacer
1.9 habiendo dicho estas *c*. . fue alzado, y le
2.44 juntos, y tenían en común todas las *c*
3.21 hasta. . la restauración de todas las *c*
3.22 a él oiréis en todas las *c* que os hable
4.25 gentes, y los pueblos piensan *c* vanas?
4.32 sino que tenían todas las *c* en común
5.11 y sobre todos los que oyeron estas *c*
5.32 nosotros somos testigos suyos de estas *c*
7.50 ¿no hizo mi mano todas estas *c*?
7.54 oyendo estas *c*, se enfurecían en sus
8.6 escuchaba atentamente las *c* que decía
9.5 dura *c* te es dar coces contra el aguijón
10.14 ninguna *c* común o inmunda he comido
10.39 somos testigos de todas las *c* que Jesús
11.8 ninguna *c* común o inmunda entró jamás
11.18 oídas. . *c*, callaron, y glorificaron a
11.22 llegó la noticia de estas *c* a oídos de
13.29 habiendo cumplido todas las *c* que de él
13.42 les rogaron que. . les hablasen de estas *c*
14.18 y diciendo estas *c*. . lograron impedir
14.27 cuán grandes *c* había hecho Dios con
15.4 y refirieron todas las *c* que Dios había
15.28 no imponeros. . carga más que estas *c*
15.29 cuales *c* si os guardareis, bien haréis
17.8 alborotaron al pueblo. . oyendo estas *c*
17.11 escudriñando. . ver si estas *c* eran así
17.20 pues traes a nuestros oídos *c* extrañas
17.21 en ninguna otra *c* se interesaban sino
17.24 el Dios que hizo. . las *c* que en él hay
17.25 él es quien da. . aliento y todas las *c*
18.1 de estas *c*, Pablo salió de Atenas y fue
18.15 porque yo no quiero ser juez de estas *c*
19.21 pasadas estas *c*, Pablo se propuso en
19.28 cuando oyeron estas *c*, se llenaron de
19.32 gritaban una *c*, y otros otra; porque la
19.39 si demandáis alguna otra *c*, en legítima
20.24 pero de ninguna *c* hago caso, ni estimo
20.30 hombres que hablen *c* perversas para
20.36 cuando hubo dicho estas *c*, se puso de
21.19 les contó. . las *c* que Dios había hecho
21.34 unos gritaban una *c*, y otros otra
23.8 no. . pero los fariseos afirman estas *c*
23.15 como que queréis indagar alguna *c* más
23.20 como que van a inquirir alguna *c* más
24.2 y muchas *c* son bien gobernadas en el
24.8 podrás informarte de todas estas *c* de
24.13 ni. . probar las *c* de que ahora me acusan
24.14 creyendo todas las *c* que en la ley y
24.20 si hallaron en mí alguna *c* mal hecha
24.22 oídas estas *c*, estando bien informado
25.9 y allá ser juzgado de estas *c* delante de
25.11 o *c* alguna digna de muerte he hecho, no
25.11 pero si nada hay de las *c* de que éstos
25.20 ir a. . y allá ser juzgado de estas *c*
25.25 ninguna *c* digna de muerte ha hecho, y
25.26 como no tengo *c* cierta que escribir a
26.2 defenderme hoy. . de todas las *c* de que
26.8 ¿se juzga. . *c* increíble que Dios resucite
26.9 muchas *c* contra el nombre de Jesús de
26.14 dura *c* te es. . coces contra el aguijón
26.16 y testigo de las *c* que has visto, y de
26.22 nada fuera de las *c* que los profetas
26.24 diciendo él estas *c* en su defensa, Festo
26.26 el rey sabe estas *c*, delante de quien
26.30 había dicho estas *c*, se levantó el rey
26.31 ninguna *c* digna de muerte ni. . ha hecho
27.44 parte en tablas, parte en *c* de la nave
28.10 nos cargaron de las *c* necesarias
Ro. 1.20 *c* invisibles de él, su eterno poder y
1.20 entendidas por medio de las *c* hechas
1.28 los entregó. . a hacer *c* que no convienen
1.32 los que practican tales *c* son dignos de
2.2 juicio. . contra los que practican tales *c*
4.17 llama las *c* que no son, como si fuesen
6.21 *c* de las cuales ahora os avergonzáis?
8.5 en las *c* de la carne. . las *c* del Espíritu
8.28 todas las *c* les ayudan a bien, esto es
8.32 ¿cómo no nos dará. . con él todas las *c*?
8.37 todas estas *c* somos más que vencedores
8.39 ninguna otra *c* creada nos podrá separar
9.5 el cual es Dios sobre todas las *c*, bendito
10.5 el hombre que haga estas *c*, vivirá por
11.36 y por él, y para él, son todas las *c*
14.20 todas las *c* a la verdad son limpias
15.4 las *c* que se escribieron antes, para
16.2 y que la ayudéis en cualquier *c* en que
1 Co. 1.5 en todas las *c* fuisteis enriquecidos
1.10 que habléis todos una misma *c*, y que no
2.2 no saber entre vosotros *c* alguna sino a
2.9 *c* que ojo no vio, ni oído oyó, ni han
2.11 ¿quién de los hombres sabe las *c* del
2.11 nadie conoció las *c* de Dios, sino el
2.14 el hombre natural no percibe las *c* que
2.15 el espiritual juzga todas las *c*; pero
3.8 que planta y el que riega son una misma *c*
5.3 como. . he juzgado al que tal *c* ha hecho
6.2 ¿sois indignos de juzgar *c* muy pequeñas?
6.3 juzgar. . ¿Cuánto más las *c* de esta vida?
6.4 si. . tenéis juicios sobre *c* de esta vida
6.12(2) todas las *c* me son lícitas, mas no
7.1 cuanto a las *c* de que me escribisteis
7.32,34 tiene cuidado de las *c* del Señor
7.33,34 tiene cuidado de las *c* del mundo, de
8.6 un Dios. . del cual proceden todas las *c*
8.6 Señor. . por medio del cual son todas las *c*
9.11 ¿es gran *c* si segáremos de vosotros lo
9.13 que trabajan en las *c* sagradas, comen
10.6,11 estas *c* sucedieron como ejemplos
10.6 para que no codiciemos *c* malas, como ellos
10.31 o hacéis otra *c*, hacedlo todo para la
10.33 yo en todas las *c* agrado a todos, no
11.34 las demás *c* las pondré en orden cuando
12.6 Dios que hace todas las *c* en todos, es
12.11 estas *c* las hace. . el mismo Espíritu
14.7 las *c* inanimadas que producen sonidos
15.27 todas las *c* las sujetó debajo de sus
15.27 cuando dice que todas las *c* han sido
15.27 exceptúa. . que sujetó a él todas las *c*
15.28 luego que todas las *c* le estén sujetas
15.28 sujetará al que le sujetó. . todas las *c*
16.14 todas vuestras *c* sean hechas con amor
2 Co. 1.13 porque no os escribimos otras *c* de
2.16 y para estas *c*, ¿quién es suficiente?
4.15 estas *c* padecemos por amor a vosotros
4.18 no mirando nosotros las *c* que se ven
4.18 pues las *c* que se ven son temporales
5.17 las *c* viejas pasaron; he aquí todas son
8.21 procurando hacer las *c* honradamente, no
8.22 comprobado repetidas veces en muchas *c*
9.8 teniendo. . en todas las *c*. . lo suficiente
10.7 miráis las *c* según la apariencia
11.28 y además de otras *c*, lo que sobre mí
13.7 oramos a Dios que ninguna *c* mala hagáis
Gá. 2.18 las *c* que destruí. . vuelvo a edificar
3.4 ¿tantas *c* habéis padecido en vano? si es
3.10 que no permaneciere en. . las *c* escritas
3.12 el que hiciere estas *c* vivirá por ellas
5.21 orgías, y *c* semejantes a estas; acerca
5.21 los que practican tales *c* no heredarán el
5.23 templanza; contra tales *c* no hay ley
6.6 haga partícipe de toda *c* buena al que lo
Ef. 1.10 de reunir todas las *c* en Cristo, en la
1.11 que hace todas las *c* según el designio
1.22 sometió todas las *c* bajo sus pies, y lo
1.22 lo dio por cabeza sobre todas las *c* a la
3.9 misterio. . en Dios, que creó todas las *c*
3.20 todas las *c* mucho más abundantemente de
5.6 por estas *c* viene la ira de Dios sobre los
5.13 mas todas las *c*. . son hechas manifiestas
5.27 que no tuviese mancha. . ni *c* semejante
Fil. 1.12 sepáis. . que las *c* que me han sucedido
1.23 de ambas *c* estoy puesto en estrecho
2.2 el mismo amor. . sintiendo una misma *c*
2.6 no estimó el ser igual a Dios como *c* a
3.1 mí no me es molesto el escribiros las. . *c*
3.7 cuantas *c* eran para mí ganancia, las he
3.8 estimo todas las *c* como pérdida por la
3.13 una *c* hago: olvidando. . lo que queda atrás
3.15 si otra *c* sentís, esto. . revelará Dios
3.16 que hemos llegado. . sintamos una misma *c*
3.21 puede. . sujetar a sí mismo todas las *c*
Col. 1.16 en él fueron creadas todas las *c*
1.17 él es antes de todas las *c*, y todas las *c*
1.20 por medio de él reconciliar. . todas las *c*
2.22 *c* que todas se destruyen con el uso?
2.23 *c* tienen a la verdad cierta reputación de
3.1 buscad las *c* de arriba, donde está Cristo
3.2 poned la mira en las *c* de arriba, no en
3.6 *c* por las cuales la ira de Dios viene
3.8 ahora dejad. . todas estas *c*: ira, enojo
3.14 y sobre todas estas *c* vestíos de amor
1 Ts. 2.14 las mismas *c* que ellas padecieron
1 Ti. 1.6 de las cuales *c* desviándose algunos
4.15 ocúpate en estas *c*. Permanece en ellas
5.7 manda también estas *c*, para que sean
5.21 que guardes estas *c* sin prejuicios, no
6.3 si alguno enseña otra *c*, y no se conforma
6.11 tu, oh hombre de Dios, huye de estas *c*
6.13 de Dios, que da vida a todas las *c*, y
6.17 en el Dios vivo, que nos da todas las *c*
6.20 evitando las. . pláticas sobre *c* vanas
2 Ti. 2.21 si alguno se limpia de estas *c*, será
Tit. 1.15 todas las *c* son puras para los puros
3.8 estas *c* quiero que insistas con firmeza
3.8 estas *c* son buenas y útiles a los hombres
He. 1.3 sustenta todas las *c* con la palabra de
2.1 atendamos a las *c* que hemos oído, no sea
2.8 cuanto le sujetó todas las *c*, nada dejó
2.8 no vemos que todas las *c* le sean sujetas
2.10 a aquel por cuya causa son todas las *c*
2.10 y por quien todas las *c* subsisten, que
3.4 pero el que hizo todas las *c* es Dios
4.13 no hay *c* creada que no sea manifiesta en
4.13 todas las *c* están desnudas y abiertas a
6.9 estamos persuadidos de *c* mejores, y que
6.18 que por dos *c*. . tengamos un. . consuelo los
8.5 a lo que es figura. . de las *c* celestiales
8.5 haz todas las *c* conforme al modelo que se
9.5 de las cuales *c* no se puede ahora hablar
9.6 y así dispuestas estas *c*, en la primera
9.10 impuestas. . el tiempo de reformar las *c*
9.23 las figuras de las *c* celestiales fuesen
9.23 las *c* celestiales mismas, con mejores
10.1 la sombra. . no la imagen misma de las *c*
10.8 las cuales *c* se ofrecen según la ley
10.31 horrenda *c* es caer en manos del Dios

COSA *(Continúa)*
He. 11.7 fue advertido..de *c* que aún no se veían
11.20 bendijo Isaac..respecto a *c* venideras
11.40 proveyendo Dios alguna *c* mejor para
12.27 la remoción de las *c* movibles..*c* hechas
13.9 buena *c* es afirmar el corazón con la
Stg. 1.4 y cabales, sin que os falte *c* alguna
1.7 no piense el..recibirá *c* alguna del Señor
2.16 no les dais las *c* que son necesarias
3.5 la lengua es un..se jacta de grandes *c*
1 P. 1.12 las *c* que ahora os son anunciadas por
1.12 *c* en las cuales anhelan mirar..ángeles
1.18 no con *c* corruptibles, como oro o plata
3.14 mas si alguna *c* padecéis por causa de la
4.4 les parece *c* extraña que..no corráis con
4.7 mas el fin de todas las *c* se acerca; sed
4.12 como si alguna *c* extraña os aconteciese
2 P. 1.3 como todas las *c* que pertenecen a la
1.8 si estas *c* están en vosotros, y abundan
1.9 pero el que no tiene estas *c*..es ciego
1.10 porque haciendo estas *c*, no caeréis jamás
1.12 no dejaré de recordaros siempre estas *c*
1.15 podáis en todo..tener memoria de estas *c*
2.12 hablando mal de *c* que no entienden, como
3.4 las *c* permanecen..como desde el principio
3.11 que todas estas *c* han de ser deshechas
3.14 estando en espera de estas *c*, procurad
3.16 hablando en ellas de estas *c*; entre los
1 Jn. 1.4 estas *c* os escribimos, para que..gozo
2.1 estas *c* os escribo para que no pequéis
2.15 no améis..las *c* que están en el mundo
2.20 vosotros tenéis..y conocéis todas las *c*
2.27 la unción misma os enseña todas las *c*
3.20 mayor..es Dios, y él sabe todas las *c*
3.22 *c* que pidiéremos la recibiremos de él
3.22 y hacemos las *c* que son agradables
5.13 estas *c* os he escrito a vosotros que
5.14 que si pedimos alguna *c* conforme a su
5.15 él nos oye en cualquiera *c* que pidamos
2 Jn. 12 tengo muchas *c* que escribiros, pero
3 Jn. 2 deseo que tú seas prosperado en..las *c*
10 no contento con estas *c*, no recibe a los
13 tenía muchas *c* que escribirte, pero no
Jud. 10 pero éstos blasfeman de cuantas *c* no
15 las *c* duras que los pecadores impíos han
16 cuya boca habla *c* infladas, adulando a las
Ap. 1.1 para manifestar a sus siervos las *c* que
1.2 testimonio..de todas las *c* que ha visto
1.3 y guardan las *c* en ella escritas; porque
1.19 escribe las *c* que has visto, y las que
2.14,20 pero tengo unas pocas *c* contra ti
2.14,20 a comer *c* sacrificadas a los ídolos
3.2 afirma las otras *c* que están para morir
3.17 de ninguna *c* tengo necesidad; y no sabes
4.1 te mostraré las *c* que sucederán después
4.11 porque tú creaste todas las *c*, y por tu
5.13 todas las *c* que en ellos hay, oí decir
9.4 mandó que no dañasen..a *c* verde alguna
10.4 sella las *c* que los siete truenos han
10.6 que creó el cielo y las *c* que están en
10.6 y la tierra y las *c*..el mar y las *c*
13.5 se le dio boca que hablaba grandes *c* y
15.5 después de estas *c* miré, y he aquí fue
16.5 el Santo, porque has juzgado estas *c*
18.14 todas las *c* exquisitas..te han faltado
18.15 los mercaderes de estas *c*..se pararán
20.12 fueron juzgados..por las *c*..escritas en
21.4 ni dolor; porque las primeras *c* pasaron
21.5 he aquí, yo hago nuevas todas las *c*
21.7 el que venciere heredará todas las *c*
21.27 no entrará en ella ninguna *c* inmunda
22.6 para mostrar a..las *c* que deben suceder
22.8 yo Juan soy el que oyó y vio estas *c*
22.8 a los pies del..que me mostraba estas *c*
22.16 ángel para daros testimonio de estas *c*
22.18 alguno añadiere a estas *c*, Dios traerá
22.19 las *c* que están escritas en este libro
22.20 el que da testimonio de estas *c* dice

COSAM *Ascendiente de Jesucristo*, Lc. 3.28

COSECHA
Éx. 22.29 no demorarás la primicia de tu *c* ni
23.10 sembrarás tu tierra, y recogerás su *c*
23.16; 34.22 fiesta de la *c* a la salida del
Lv. 25.16 según el número de las *c* te venderá
Dt. 16.13 cuando hayas hecho la *c* de era y de
Is. 16.9 sobre tus *c*..caerá el grito de guerra
17.11 la *c* será arrebatada en el día de la
32.10 la vendimia faltará, y la *c* no vendrá
Jer. 48.32 sobre tu *c* y..vino el destruidor

COSECHAR
Gn. 26.12 sembró Isaac en..y *cosechó* aquel año
Is. 62.9 que lo *cosechan* lo comerán, y alabarán
Lc. 6.44 no se *cosechan* higos de los espinos
Stg. 5.4 el jornal de los..que han *cosechado*

COSELETE
Éx. 28.32 un borde..como el cuello de un *c*
39.23 como el cuello de un *c*, con un borde
2 Cr. 18.33 hirió al..entre las junturas y el *c*
26.14 y Uzías preparó..*c*, arcos, y hondas

COSER
Gn. 3.7 entonces *cosieron* hojas de higuera, y
Job 14.17 tienes sellada..*cosida* mi iniquidad
16.15 *cosí* cilicio sobre mi piel, y puse mi
Ec. 3.7 tiempo de romper, y tiempo de *coser*
Ez. 13.18 ay de..que *cosen* vendas mágicas para

COSTA *(s.)*
Gn. 10.5 de éstos se poblaron las *c*, cada cual
Nm. 24.24 vendrán naves de la *c* de Quitim, y
34.11 llegará a la *c* del mar de Cineret, al
Dt. 1.7 junto a la *c* del mar, a la tierra del
Jos. 9.1 los reyes..en toda la *c* del Mar Grande
15.2 su límite..fue desde la *c* del Mar Salado
15.47 de Egipto, y el Mar Grande con sus *c*
2 Cr. 8.17 Salomón fue..a Elot, a la *c* del mar
Est. 10.1 impuso tributo..hasta las *c* del mar
Sal. 72.10 reyes de Tarsis y de las *c* traerán
97.1 Jehová reina..alégrense las muchas *c*
Is. 11.11 pueblo que aún quede..en las *c* del mar
20.6 dirá en aquel día el morador de esta *c*
23.2 callad, moradores de la *c*, mercaderes
23.6 pasaos a Tarsis; aullad, moradores..*c*
41.1 escuchadme, *c*, y esfuércense los pueblos
41.5 las *c* vieron, y tuvieron temor; los
42.4 justicia; y las *c* esperarán su ley
42.10 en él, las *c* y los moradores de ellas
42.12 gloria..y anuncien sus loores en las *c*
49.1 oídme, *c*, y escuchad, pueblos lejanos
51.5 me esperan los de la *c*, y en mi brazo
59.18 adversarios; el pago dará a los de la *c*
60.9 ciertamente a mí esperarán los de la *c*
66.19 a las *c* lejanas que no oyeron de mí, ni
Jer. 2.10 pasad a las *c* de Quitim y mirad
25.22 a los reyes de las *c* que están de ese
31.10 hacedlo saber en las *c* que están lejos
47.4 destruirá..al resto de la *c* de Caftor
47.7 Jehová te ha enviado..contra la *c* del
Ez. 25.16 destruiré el resto..en la *c* del mar
26.15 ¿no se estremecerán las *c* al estruendo
27.3 que trafica con los pueblos de muchas *c*
27.6 tus bancos de pino de las *c* de Quitim
27.7 de azul y púrpura de las *c* de Elisa era
27.15 muchas *c* tomaban mercadería de tu mano
27.28 estrépito de las voces..temblarán las *c*
27.35 los moradores de las *c* se maravillarán
39.6 fuego..y sobre los que moran..en las *c*
Dn. 11.18 volverá después su rostro a las *c*
Sof. 2.5 ¡ay de los que moran en la *c* del mar
2.6 será la *c*..praderas para pastores, y
Lc. 6.17 multitud..de la *c* de Tiro y de Sidón

COSTA *(m. adv.)*
Ap. 18.15 que se han enriquecido a *c* de ella

COSTADO
Nm. 33.55 serán..por espinas en vuestro *c*, y
Jos. 23.13 os serán..por azote para vuestros *c*
Jue. 2.3 que serán azotes para vuestros *c*, y
2 S. 2.16 cada uno..metió su espada en el *c* de
Ez. 1.17 andaban, se movían hacia sus cuatro *c*
34.21 empujasteis con el *c* y con el hombro
Dn. 7.5 la cual se alzaba de un *c* más que del
Jn. 19.34 uno de..le abrió el *c* con una lanza
20.20 dicho esto, les mostró las manos y el *c*
20.25 y metiere mi mano en su *c*, no creeré
20.27 acerca tu mano, y métela en mi *c*; y no
Hch. 12.7 tocando a Pedro en el *c*, le despertó

COSTAL
Gn. 42.27 vio el dinero que..en la boca de su *c*
43.12 el dinero vuelto en las bocas de..*c*
43.18 dinero que fue devuelto en nuestros *c*
43.21 abrimos nuestros *c*..en la boca de su *c*
43.22 puesto nuestro dinero en nuestros *c*
43.23 Dios..os dio el tesoro en vuestros *c*
44.1 llena..los *c* de estos varones, cuanto
44.1 dinero de cada uno en la boca de su *c*
44.2 la copa de plata, en la boca del *c* del
44.8 el dinero que..en la boca de nuestros *c*
44.11 cada uno su *c* en..abrió cada cual el *c*
44.12 la copa fue hallada en el *c* de Benjamín

COSTAR
2 S. 24.24 no..holocaustos que no me *cuesten*
1 Cr. 21.24 ni..holocausto que nada me *cueste*

COSTEAR
Hch. 27.8 *costeándola* con dificultad, llegamos
27.13 levaron anclas e iban *costeando* Creta
28.13 de allí, *costeando*..llegamos a Regio

COSTILLA
Gn. 2.21 mientras..dormía, tomó una de sus *c*
2.22 de la *c* que Jehová Dios tomó del hombre
2 S. 2.23 lo hirió Abner con..por la quinta *c*
3.27 Joab..le hirió por la quinta *c*, y murió
20.10 éste le hirió con ella en la quinta *c*
Dn. 7.5 en su boca tres *c* entre los dientes

COSTO
Dt. 15.18 por la mitad del *c* de un jornalero

COSTOSO, SA
1 R. 5.17 rey que trajesen piedras..piedras *c*
7.9 todas aquellas obras fueron de piedras *c*
7.10 el cimiento era de piedras *c*, piedras
7.11 allí hacia arriba eran también piedras *c*
1 Ti. 2.9 no con..oro, ni perlas, ni vestidos *c*

COSTRA
Job 7.5 mi carne está vestida..de *c* de polvo

COSTUMBRE
Gn. 18.11 a Sara le había cesado ya la *c* de las
19.31 que entre a nosotras conforme a la *c* de
31.35 pues estoy con la *c* de las mujeres
Éx. 12.17 guardaréis..mandamiento..*c* perpetua
21.9 hará con ella según la *c* de las hijas
Lv. 15.25 fuera del tiempo de su *c*, o cuando
15.25 o cuando tuviere flujo de..más de su *c*
15.25 será inmunda como en los días de su *c*
15.26 como la cama de su *c*..impureza de su *c*
15.33 y para la que padece su *c*, y para el
18.30 guardad..no haciendo las *c* abominables
Jue. 11.40 se hizo *c*..que de año en año fueran
18.7 conforme a la *c* de los de Sidón, sin que
Rt. 4.7 ya desde hacía tiempo esta *c* en Israel
1 S. 2.13 *c*..cuando alguno ofrecía sacrificio
27.11 esta fue su *c* todo el tiempo que moró
1 R. 18.28 ellos..se sajaban..conforme a su *c*
2 R. 11.14 junto a la columna, conforme a la *c*
17.33 según la *c* de las naciones de donde
17.40 pero ellos..hicieron según su *c* antigua
1 Cr. 6.32 estuvieron en su ministerio..su *c*
2 Cr. 30.16 en los turnos de *c*, conforme a la
Is. 2.6 están llenos de *c* traídas del oriente
5.17 los corderos serán apacentados según su *c*
Jer. 10.3 las *c* de los pueblos son vanidad
32.11 la carta..sellada según el derecho y *c*
Ez. 11.12 las *c* de las naciones que os rodean
Lc. 1.9 conforme a la *c* del sacerdocio, le tocó
2.42 subieron..conforme a la *c* de la fiesta
4.16 entró en la sinagoga, conforme a su *c*
Jn. 18.39 tenéis la *c* de que os suelte uno en
19.40 según es *c* sepultar entre los judíos
Hch. 6.14 y cambiará las *c* que nos dio Moisés
16.21 y enseñan *c* que no es lícito recibir
21.21 que no circunciden..ni observen las *c*
25.16 respondí que no es *c* de los romanos
26.3 tú conoces todas las *c* y cuestiones que
28.17 ni contra las *c* de nuestros padres
1 Co. 11.16 no tenemos tal *c*, ni las iglesias
15.33 conversaciones corrompen las buenas *c*
He. 10.25 reunirnos, como algunos tienen por *c*
13.5 vuestras *c* sin avaricia, contentos con

COSTURA
Jn. 19.23 su túnica, la cual era sin *c*, de un

COTA
1 S. 17.5 llevaba una *c*..era el peso de la *c*

COYUNDA
Lv. 26.13 y rompí las *c* de vuestro yugo, y os
Job 39.10 ¿atarás tú al búfalo con *c* para el
Sal. 129.4 es justo; cortó las *c* de los impíos
Is. 5.18 traen..el pecado como con *c* de carreta
Jer. 5.5 quebraron el yugo, rompieron las *c*
27.2 hazte *c* y yugos, y ponlos..tu cuello
30.8 yo quebraré tu yugo de..y romperé tus *c*
Ez. 34.27 cuando rompa las *c* de su yugo, y los
Nah. 1.13 porque ahora quebraré..romperé tus *c*

COYUNTURA
Ef. 4.16 unido entre sí por todas las *c* que se
Col. 2.19 todo el cuerpo..uniéndose por las *c*
He. 4.12 hasta partir el..las *c* y los tuétanos

COZ
Dt. 32.15 pero engordó Jesurún, y tiró *c*
Hch. 9.15; 26.14 dura..dar *c* contra el aguijón

COZBI *Mujer madianita*
Nm. 25.15 nombre de..madianita muerta era *C*
25.18 engañado..en lo tocante a *C* hija del

COZEBA *Aldea en Judá*, 1 Cr. 4.22

CRÁNEO
Jue. 9.53 una rueda de molino..le rompió el *c*

CREACIÓN
Gn. 2.3 toda la obra que había hecho en la *c*
Ez. 28.13 preparados para ti en el día de tu *c*
Mr. 10.6 al principio de la *c*, varón y hembra
13.19 nunca..desde el principio de la *c* que
Ro. 1.20 hacen..visibles desde la *c* del mundo
8.19 anhelo ardiente de la *c* es el aguardar
8.20 la *c* fue sujetada a vanidad, no por su
8.21 la *c*..será libertada de la esclavitud
8.22 sabemos que toda la *c* gime a una, y a
Gá. 6.15 ni la incircuncisión, sino una nueva *c*
Col. 1.15 la imagen..el primogénito de toda *c*
1.23 el cual se predica en toda la *c* que está

CREACIÓN *(Continúa)*

He. 9.11 no hecho de..es decir, no de esta *c*
Stg. 3.6 la lengua..inflama la rueda de la *c*
2 P. 3.4 así como desde el principio de la *c*
Ap. 3.14 principio de la *c* de Dios, dice esto

CREADO *Véase Crear*

CREADOR

Gn. 14.19,22 *c* de los cielos y de la tierra
Dt. 32.18 te creó..has olvidado de Dios tu *c*
Ec. 12.1 acuérdate de tu *C* en los días de tu
Is. 42.5 así dice Jehová Dios, *C* de los cielos
43.1 así dice Jehová, *C* tuyo, oh Jacob, y
43.15 yo Jehová..*C* de Israel, vuestro Rey
Ro. 1.25 culto a las criaturas antes que al *C*
1 P. 4.19 encomienden sus almas al fiel *C*, y

CREAR

Gn. 1.1 en el principio *creó* Dios los cielos
1.21 *creó* Dios los grandes monstruos marinos
1.27 creó Dios al hombre..a imagen de..lo *c*
1.27 a imagen de..varón y hembra los *creó*
2.4 son los orígenes..cuando fueron *creados*
5.1 el día en que *creó* Dios al hombre, a
5.2 varón y hembra los *creó;* y los bendijo
5.2 el nombre..el día en que fueron *creados*
6.7 raeré de..a los hombres que he *creado*
Dt. 4.32 desde el día que *creó* Dios al hombre
32.6 ¿no es él tu padre que te *creó?* El te
32.18 de la Roca que te *creó* te olvidaste
Job 26.13 su mano *creó* la serpiente tortuosa
Sal. 51.10 *crea* en mí, oh..un corazón limpio
89.12 el norte y el sur, tú los *creaste;* el
89.47 ¿por qué habrás *creado* en vano a todo
104.30 envías tu Espíritu, son *creados*, y
148.5 porque él mandó, y fueron *creados*
Is. 4.5 *creará* Jehová sobre toda la morada del
40.26 mirad quién *creó* estas cosas; él saca
40.28 el cual *creó* los confines de la tierra?
41.20 esto, y que el Santo de Israel lo *creó*
43.7 para gloria mía los he *creado*, los formé
43.21 este pueblo he *creado* para mí; mis
45.7 que formo la luz y *creo* las tinieblas
45.7 que hago la paz y *creo* la adversidad
45.8 prodúzcanse la..Yo Jehová lo he *creado*
45.12 la tierra, y *creé* sobre ella al hombre
45.18 así dijo Jehová, que *creó* los cielos
45.18 hizo y lo compuso; no la *creó* en vano
45.18 Dios..para que fuese habitada la *creó*
48.7 han sido *creadas*, no en días pasados, ni
54.16 he *creado* al destruidor para destruir
57.16 decaería..y las almas que yo he *creado*
65.17 yo *crearé* nuevos cielos y nueva tierra
65.18 os alegraréis..cosas que yo he *creado*
Jer. 31.22 Jehová *creará* una cosa nueva sobre
Ez. 28.15 perfecto..el día que fuiste *creado*
Am. 4.13 *crea* el viento, y anuncia al hombre su
Mal. 2.10 ¿no nos ha *creado* un mismo Dios?
Mr. 13.19 de la creación que Dios *creó*, hasta
Ro. 8.39 ni ninguna otra cosa *creada* nos podrá
1 Co. 11.9 y tampoco el varón fue *creado* por
Ef. 2.10 hechura suya, *creados* en Cristo Jesús
2.15 para *crear* en..un solo y nuevo hombre
3.9 escondido..en Dios, que *creó* todas las
4.24 nuevo hombre, *creado* según Dios en la
Col. 1.16 él fueron *creadas* todas las cosas, las
1.16 todo fue *creado* por medio de él y para
3.10 conforme a la imagen del que lo *creó*
1 Ti. 4.3 de alimentos que Dios *creó* para que
4.4 porque todo lo que Dios *creó* es bueno
He. 4.13 cosa *creada* que no sea manifiesta en
Ap. 4.11 porque tú *creaste* todas las cosas, y
4.11 y por tu voluntad existen y..*creadas*
5.13 a todo lo *creado* que está en el cielo y
10.6 juró por el que vive..que *creó* el cielo

CRECER

Gn. 7.17 las aguas *crecieron*, y alzaron el arca
7.18 y *crecieron* en..manera sobre la tierra
21.8 *creció* el niño, y fue destetado; e hizo
21.20 y *creció* y habitó en el desierto, y
25.27 y *crecieron*..y Esaú fue diestro en la
30.30 antes de..y ha *crecido* en gran número
35.11 también le dijo..*crece* y multiplícate
38.11 quédate viuda en..hasta que *crezca* Sela
38.14 porque veía que había *crecido* Sela, y
41.5,22 siete espigas..*crecían* de una..caña
41.23 otras siete espigas..*crecían* después de
41.56 había *crecido* el hambre en la tierra
41.57 por toda la..había *crecido* el hambre
48.4 yo te haré *crecer*, y te multiplicaré
Éx. 1.12 tanto más se multiplicaban y *crecían*
2.10 cuando el niño *creció*, ella lo trajo a
2.11 *crecido* ya Moisés, salió a sus hermanos
Lv. 19.25 para que os haga *crecer* su fruto
26.9 y os haré *crecer*, y os multiplicaré, y
Nm. 6.5 será santo; dejará *crecer* su cabello
Dt. 26.5 allí *creció* y llegó a ser una nación
29.23 ni *crecerá* en ella hierba alguna, como
Jue. 11.2 cuando *crecieron*, echaron..a Jefté
13.24 y el niño *creció*, y Jehová lo bendijo
16.22 el cabello..*comenzó* a crecer, después
1 S. 2.21 y el joven Samuel *crecía* delante de
2.26 joven Samuel iba *creciendo*, y era acepto
3.19 Samuel *creció*, y Jehová estaba con él
14.19 el alboroto..aumentaba, e iba *creciendo*
2 S. 12.3 que había *crecido* con él y con sus
2 R. 4.18 el niño *creció*. Pero aconteció un día
1 Cr. 11.9 David iba adelantando y *creciendo*, y
19.5 en Jericó hasta que os *crezca* la barba
Esd. 4.22 de *crecer* el daño en perjuicio de los
9.6 nuestros delitos han *crecido* hasta el
Job 8.11 ¿*crece* el junco sin lodo? ¿*C* el prado
21.7 los impíos..y aun *crecen* en riquezas?
31.18 *creció* conmigo como con un padre, y
39.4 sus hijos..*crecen* con el pasto; salen
Sal. 90.5 como la hierba que *crece* en la mañana
90.6 la mañana florece y *crece;* a la tarde
92.12 justo..*crecerá* como cedro en el Líbano
129.6 la hierba..que se seca antes que *crezca*
144.12 como plantas *crecidas* en su juventud
Pr. 24.31 toda ella habían *crecido* los espinos
Ec. 1.16 y he *crecido* en sabiduría sobre todos
2.6 para regar..el bosque donde *crecían* los
Ec. 11.5 cómo *crecen* los huesos en el vientre
Is. 5.6 *crecerán* el cardo y los espinos; y aun
17.11 las harás *crecer*, y harás que..brote
23.3 que *crecen* con las muchas aguas del Nilo
29.19 humildes *crecerán* en alegría en Jehová
34.13 en sus alcázares *crecerán* espinos, y
44.14 que *crecen* entre los árboles del bosque
55.13 en lugar de la zarza *crecerá*..*c* arrayán
Jer. 3.16 *crezcáis* en la tierra, en esos días
12.2 *crecieron* y dieron fruto; cercano estás
23.3 mis ovejas..*crecerán* y se multiplicarán
Ez. 16.7 hice..y *creciste* y te hiciste grande
16.7 y tu pelo había *crecido;* pero estabas
31.4 aguas lo hicieron *crecer*, lo encumbró el
31.14 no se exalten..los árboles que *crecen*
36.11 y serán multiplicados y *crecerán;* y os
44.20 ni dejarán *crecer* su cabello, sino que
47.5 las aguas habían *crecido* de manera que
47.12 *crecerá* toda clase de árboles frutales
Dn. 4.11 *crecía* este árbol, y se hacía fuerte
4.20 el árbol..que *crecía* y se hacía fuerte
4.22 oh rey, que *creciste*..*creció* tu grandeza
4.33 que su pelo *creció* como plumas de águila
8.3 dos cuernos..y el más alto *creció* después
8.9 cuerno pequeño, que *creció* mucho al sur
Os. 9.6 ortiga..espino *crecerá* en sus moradas
10.8 Avén..*crecerá* sobre sus altares espino
Am. 7.1 criaba langostas..comenzaba a *crecer* el
8.8 *crecerá* y mermará como el río de Egipto
9.5 y *crecerá* toda como un río, y mermará
Jon. 4.6 calabacera..la cual *creció* sobre Jonás
4.10 la calabacera..ni tú la hiciste *crecer*
Mt. 6.28 considerad los lirios..cómo *crecen*
13.7 y los espinos *crecieron*, y la ahogaron
13.30 dejad *crecer*..lo uno y lo otro hasta
13.32 pero cuando ha *crecido*, es la mayor de
Mr. 4.7 los espinos *crecieron* y la ahogaron
4.8 *creció*, y produjo a treinta, a sesenta
4.27 la semilla..*crece* sin que él sepa cómo
4.32 después..*crece*, y se hace la mayor de
Lc. 1.80 el niño *crecía*..fortalecía en espíritu
2.40 y el niño *crecía* y se fortalecía, y se
2.52 Jesús *crecía* en sabiduría y..estatura
12.27 considerad los lirios, cómo *crecen*
13.19 y *creció*, y se hizo árbol grande, y las
Jn. 3.30 es necesario que él *crezca*, pero que
Hch. 6.1 *creciera* el número de los discípulos
6.7 *crecía* la palabra del Señor, y el número
7.17 pueblo *creció* y se multiplicó en Egipto
12.24 pero la palabra del Señor *crecía* y se
19.20 así *crecía* y..la palabra del Señor
1 Co. 11.14 es deshonroso..*crecer* el cabello?
11.15 a la mujer dejarse *crecer* el cabello le
15.58 *creciendo* en la obra del Señor siempre
2 Co. 10.15 conforme *crezca* vuestra fe seremos
Ef. 2.21 va *creciendo* para ser un templo santo
4.15 *crezcamos* en..en aquel que es la cabeza
Col. 1.6 y lleva fruto y *crece*..en vosotros
1.10 y *creciendo* en el conocimiento de Dios
2.19 *crece* con el crecimiento que da Dios
1 Ts. 3.12 el Señor os haga *crecer* y abundar en
2 Ts. 1.3 por cuanto vuestra fe va *creciendo*
1 P. 2.2 para que por ella *crezcáis* para salvación
2 P. 3.18 *creced* en la gracia..de nuestro Señor

CRECES

Sal. 73.7 logran con *c* los antojos del corazón

CRECIDO *Véase también Crecer*

Pr. 28.8 aumenta sus riquezas con..*c* interés

CRECIMIENTO

1 Co. 3.6 Apolos regó; pero el *c* lo ha dado
3.7 ni el que riega, sino Dios, que da el *c*
Ef. 4.16 recibe su *c* para ir edificándose en
Col. 2.19 el cuerpo..crece con el *c* que da Dios

CRÉDITO

Sal. 78.32 aún, y no dieron *c* a sus maravillas
Hch. 27.11 el centurión daba más *c* al piloto y

CREER

Gn. 15.6 *creyó* a Jehová, y le fue contado por
45.26 Jacob se afligió, porque no los *creía*
Éx. 4.1 ellos no me *creerán*, ni oirán mi voz
4.5 por esto *creerán* que se te ha aparecido
4.8 no te *creyeren* ni obedecieren a la voz de
4.8 señal, *creerán* a la voz de la postrera
4.9 y si aún no *creyeren* a estas dos señales
4.31 y el pueblo *creyó;* y oyendo..adoraron
14.31 el pueblo temió..y *creyeron* a Jehová
19.9 también para que te *crean* para siempre
Nm. 14.11 ¿hasta cuándo no me *creerán*..señales
20.12 no *creísteis* en mí, para santificarme
Dt. 1.32 y aun con esto no *creísteis* a Jehová
9.23 no le *creísteis*, ni obedecisteis a su
1 S. 27.12 y Aquis *creía* a David, y decía: El
1 R. 10.7 yo no lo *creía*, hasta que he venido
2 R. 17.14 los cuales no *creyeron* en Jehová su
2 Cr. 9.6 yo no *creía*..hasta que he venido, y
20.20 *creed* en Jehová, y..*c* a sus profetas, y
32.15 no os engañe Ezequías..ni le *creáis*
Job 9.16 no *creeré* que haya escuchado mi voz
15.22 él no *cree* que volverá de las tinieblas
29.24 si me reía con ellos, no lo *creían;* y
37.24 que *cree* en su propio corazón ser sabio
Sal. 27.13 si no *creyese* que veré la bondad de
78.22 por cuanto no habían *creído* a Dios, ni
106.12 entonces *creyeron* a sus palabras y
106.24 por cuanto..no *creyeron* a su palabra
116.10 *creí;* por..hablé, estando afligido en
119.66 porque tus mandamientos he *creído*
Pr. 14.15 simple todo lo *cree;* mas el avisado
26.25 hablare amigablemente, no le *creas*
Is. 7.9 si vosotros no *creyereis*, de cierto no
28.16 en Sion..el que *creyere*, no se apresure
43.10 me conozcáis y *creáis*, y entendáis que
53.1 ¿quién ha *creído* a nuestro anuncio?
Jer. 11.15 ¿*crees*..pueden evitarte el castigo?
12.6 de ti. No los *creas* cuando bien te hablen
40.14 Gedalías hijo de Ahicam no les *creyó*
Lm. 4.12 nunca..*creyeron* que el enemigo y el
Jon. 3.5 los hombres de Nínive *creyeron* a Dios
Mi. 7.5 no *creáis* en amigo, ni..en príncipe; de
Hab. 1.5 cuando se os contare, no la *creeréis*
Mt. 8.13 dijo: Vé, y como *creíste*, te sea hecho
9.28 les dijo: ¿*Creéis* que puedo hacer esto?
18.6 haga tropezar..pequeños que *creen* en mí
21.22 que pidiereis en..*creyendo*, lo recibiréis
21.25 dirá: ¿Por qué, pues, no le *creísteis?*
21.32 vino a vosotros Juan..no le *creísteis*
21.32 publicanos y las rameras le *creyeron*
21.32 no os arrepentisteis..para *creerle*
24.23 dijere..mirad, allí está, no lo *creáis*
24.26 está en los aposentos, no lo *creáis*
27.42 descienda..la cruz, y *creeremos* en él
Mr. 1.15 arrepentíos, y *creed* en el evangelio
5.36 Jesús..dijo..No temas, *cree* solamente
9.23 si puedes *creer*, al que *cree* todo le es
9.24 y dijo: *Creo;* ayuda mi incredulidad
9.42 uno de estos pequeñitos que *creen* en mí
11.23 *creyere* que será hecho lo que dice, lo
11.24 *creed* que lo recibiréis, y os vendrá
11.31 dirá: ¿Por qué, pues, no le *creísteis?*
13.21 mirad aquí..allí está, no le *creáis*
15.32 descienda..para que veamos y *creamos*
16.11 oyeron que vivía, y que..no lo *creyeron*
16.13 ellos fueron..ni aun a ellos *creyeron*
16.14 no habían *creído* a los que le habían
16.16 el que *creyere*..será salvo; mas el que
16.16 mas el que no *creyere*, será condenado
16.17 estas señales seguirán a los que *creen*
Lc. 1.20 por cuanto no *creíste* mis palabras, las
1.45 bienaventurada la que *creyó*, porque se
3.23 hijo, según se *creía*, de José, hijo de
8.12 quita la..para que no *crean* y se salven
8.13 *creen* por algún tiempo, y en..se apartan
8.50 no temas; *cree* solamente, y será salva
20.5 dirá ¿Por qué, pues, no le *creísteis?*
22.67 les dijo: Si os lo dijere, no *creeréis*
24.11 les parecían locura..y no las *creían*
24.25 tardos de corazón para *creer* todo lo que
24.41 todavía ellos, de gozo, no lo *creían*
Jn. 1.7 vino..fin de que todos *creyesen* por él
1.12 a los que *creen* en su nombre, les dio
1.50 dije: Te vi debajo de la higuera, *crees?*
2.11 en Caná..y sus discípulos *creyeron* en él
2.22 y *creyeron* la Escritura y la palabra que
2.23 muchos *creyeron* en su nombre, viendo las
3.12 he dicho cosas terrenales, y no *creéis*
3.12 cómo *creeréis* si os dijere las celestiales?
3.15,16 aquel que en él *cree*, no se pierda
3.18 el que en él *cree*, no es condenado; pero
3.18 pero el que no *cree*, ya ha sido condenado
3.18 no ha *creído* en el nombre..Hijo de Dios
3.36 el que *cree* en el Hijo tiene vida eterna
3.36 que rehúsa *creer* en el..no verá la vida
4.21 *créeme*, que la hora viene cuando ni en
4.39 muchos de los samaritanos de..*creyeron*
4.41 *creyeron* muchos más por la palabra de él
4.42 ya no *creemos* solamente por tu dicho
4.48 dijo: Si no viereis señales..no *creeréis*
4.50 el hombre *creyó* la palabra que Jesús le
4.53 entendió..y *creyó* él con toda su casa

CREER *(Continúa)*
Jn. 5.24 *cree* al que me envió, tiene vida eterna
5.38 a quien él envió, vosotros no *creéis*
5.44 ¿cómo podéis. . *creer*, pues recibís gloria
5.46 si *creyeseis* a Moisés. . me *creeríais* a mí
5.47 pero si no *creéis* a sus escritos, ¿cómo
5.47 si no. . ¿cómo *creeréis* a mis palabras?
6.29 obra. . que *creáis* en el que él ha enviado
6.30 señal. . para que veamos, y te *creamos?*
6.35 el que en mí *cree*, no tendrá sed jamás
6.36 que aunque me habéis visto, no *creéis*
6.40 todo aquel que ve al Hijo, y *cree* en él
6.47 el que *cree* en mí, tiene vida eterna
6.64 hay algunos de vosotros que no *creen*
6.64 sabía. . quienes eran los que no *creían*
6.69 nosotros hemos *creído* y conocemos que
7.5 porque ni aun sus hermanos *creían* en él
7.31 muchos de la multitud *creyeron* en él, y
7.38 que *cree* en mí, como dice la Escritura
7.39 que habían de recibir los que *creyesen*
7.48 ¿acaso ha *creído* en él alguno de los
8.24 si no *creéis* que yo soy, en. . moriréis
8.30 hablando. . cosas, muchos *creyeron* en él
8.31 dijo. . a los judíos que habían *creído* en
8.45 mí, porque digo la verdad, no me *creéis*
8.46 verdad, ¿por qué vosotros no me *creéis?*
9.18 los judíos no *creían* que él había sido
9.35 le dijo: *¿Crees* tú en el Hijo de Dios?
9.36 ¿quién es, Señor, para que *crea* en él?
9.38 y él dijo: *Creo*, Señor; y le adoró
10.25 respondió: Os lo he dicho, y no *creéis*
10.26 vosotros no *creéis*, porque no sois de
10.37 si no hago las obras de. . no me *creáis*
10.38 no me *creáis* a mí, *creed* a las obras
10.38 *creáis* que el Padre está en mí, y yo en
10.42 y muchos *creyeron* en él allí
11.15 me alegro por vosotros. . para que *creáis*
11.25 el que *cree* en mí. . esté muerto, vivirá
11.26 aquel que vive y *cree* en mí, no morirá
11.26 no morirá eternamente. *¿Crees* esto?
11.27 sí. . yo he *creído* que tú eres el Cristo
11.40 ¿no te he dicho que si *crees*, verás la
11.42 para que *crean* que tú me has enviado
11.45 vieron lo que hizo Jesús, *creyeron* en
11.48 si le dejamos así, todos *creerán* en él
12.11 a causa de él muchos. . *creían* en Jesús
12.36 *creed* en la luz, para que seáis hijos de
12.37 hecho tantas señales. . no *creían* en él
12.38 ¿quién ha *creído* a nuestro anuncio?
12.39 por esto no podían *creer*, porque también
12.42 aun de los gobernantes. . *creyeron* en él
12.44 el que *cree* en mí, no *c* en mí, sino en
12.46 para que todo aquel que *cree* en mí no
13.19 digo. . para que cuando suceda, *creáis*
14.1 *creéis* en Dios, *creed* también en mí
14.10 ¿no *crees* que yo soy en el Padre, y el
14.11 *creedme* que soy en el Padre, y el Padre
14.11 manera, *creedme* por las mismas obras
14.12 que en mí *cree*, las obras que yo hago
14.29 dicho. . para que cuando suceda, *creáis*
16.9 de pecado, por cuanto no *creen* en mí
16.27 y habéis *creído* que yo salí de Dios
16.30 por esto *creemos* que has salido de Dios
16.31 Jesús les respondió: ¿Ahora *creéis?*
17.8 y ellos. . han *creído* que tú me enviaste
17.20 que han de *creer* en mí por la palabra
17.21 que el mundo *crea* que tú me enviaste
19.35 dice verdad, para que. . también *creáis*
20.8 entró también el otro. . y vio, y *creyó*
20.25 metiere mi. . en su costado, no *creeré*
20.29 porque me has visto, Tomás, *creíste*
20.29 bienaventurados. . no vieron, y *creyeron*
20.31 éstas se han escrito para que *creáis*
20.31 y para que *creyendo*, tengáis vida en su
Hch. 2.44 los que habían *creído* estaban juntos
4.4 los que habían oído la palabra, *creyeron*
4.32 los que habían *creído* era de un corazón
5.14 y los que *creían* en el Señor aumentaban
8.12 cuando *creyeron* a Felipe, que anunciaba
8.13 *creyó* Simón mismo. . y viendo las señales
8.37 si *crees*. . *Creo* que Jesucristo es el Hijo
9.26 miedo, no *creyendo* que fuese discípulo
9.42 notorio. . y muchos *creyeron* en el Señor
10.43 que en él *creyeren*, recibirán perdón de
11.17 don que a nosotros que hemos *creído* en
11.21 número *creyó* y se convirtió al Señor
13.12 el procónsul, viendo lo. . sucedido, *creyó*
13.39 en él es justificado. . aquel que *cree*
13.41 obra que no *creeréis*, si alguien os la
13.48 *creyeron* todos. . que estaban ordenados
14.1 que *creyó* una gran multitud de judíos
14.2 mas los judíos que no *creían* excitaron
14.23 encomendaron al Señor en quien. . *creído*
15.5 de los fariseos, que habían *creído*, se
15.7 gentiles oyesen. . la palabra. . y *creyesen*
15.11 *creemos* que por la gracia del Señor
16.31 dijeron: *Cree* en el Señor Jesucristo, y
16.34 se regocijó con. . de haber *creído* a Dios
17.4 algunos de ellos *creyeron*, y se juntaron
17.5 los judíos que no *creían*, teniendo celos
17.12 que *creyeron* muchos de ellos, y mujeres
17.34 mas algunos *creyeron*, juntándose con él
18.8 Crispo. . *creyó* en el Señor con toda su
18.8 muchos. . oyendo, *creían* y eran bautizados
18.27 a los que por la gracia habían *creído*
19.2 ¿recibisteis el Espíritu. . cuando *creísteis?*
19.4 *creyesen* en aquel que vendría después de
19.9 y no *creyendo*. . se apartó Pablo de ellos
19.18 los que habían *creído* venían, confesando
21.20 millares de judíos hay que han *creído*
21.25 en cuanto a los gentiles que han *creído*
22.19 saben que yo. . azotaba. . a los que *creían*
23.21 no les *creas;* porque más de 40 hombres
24.14 *creyendo* todas las cosas que en la ley
26.9 había *creído* mi deber hacer muchas cosas
26.27 *¿crees*, oh rey Agripa, a. . Yo sé que *c*
28.24 algunos asentían a lo. . otros no *creían*
Ro. 1.16 para salvación a todo aquel que *cree*
3.22 para todos los que *creen* en él. Porque
4.3 *creyó* Abraham a Dios, y le fue contado
4.5 al que no obra, sino *cree* en aquel que
4.17 delante de Dios, a quien *creyó*, el cual
4.18 él *creyó* en esperanza contra esperanza
4.24 los que *creemos* en el que levantó de los
6.8 y si morimos con Cristo, *creemos* que
9.33 el que *creyere* en él, no será avergonzado
10.4 para justicia a todo aquel que *cree*
10.9 y *creyeres* en tu corazón que Dios le
10.10 con el corazón se *cree* para justicia
10.11 todo aquel que en él *creyere*, no será
10.14 ¿cómo, pues, invocarán. . no han *creído?*
10.14 ¿y cómo *creerán* en aquel de quien no
10.16 ¿quién ha *creído* a nuestro anuncio?
13.11 está más cerca de. . que cuando *creímos*
14.2 *cree* que se ha de comer de todo; otro
15.13 llene de todo gozo y paz en el *creer*
1 Co. 3.5 por medio de los cuales habéis *creído*
3.18 si alguno. . se *cree* sabio en este siglo
11.18 que hay. . divisiones; y en parte lo *creo*
13.7 todo lo *cree*, todo lo espera, todo lo
14.37 si alguno se *cree* profeta, o espiritual
15.2 sois salvos, si no *creísteis* en vano
15.11 así predicamos, y así habéis *creído*
2 Co. 4.13 *creí*, por lo cual hablé. . *creemos*
Gá. 2.16 nosotros. . hemos *creído* en Jesucristo
3.6 Abraham *creyó* a Dios, y le fue contado
6.3 el que se *cree* ser algo, no siendo nada
Ef. 1.13 oído la palabra. . y habiendo *creído* en
1.19 poder para con nosotros los que *creemos*
Fil. 1.29 no sólo que *creáis* en él. . padezcáis
1 Ts. 1.7 ejemplo a todos los. . que han *creído*
4.14 si *creemos* que Jesús murió y resucitó
2 Ts. 1.10 admirado en todos los que *creyeron*
1.10 nuestro testimonio ha sido *creído* entre
2.11 les envía un. . para que *crean* la mentira
2.12 que sean condenados. . los que no *creyeron*
1 Ti. 1.16 ejemplo de los que habrían de *creer*
3.16 *creído* en el mundo, recibido arriba en
4.10 Salvador. . mayormente de los que *creen*
2 T. 1.12 sé a quién he *creído*, y estoy seguro
Tit. 3.8 que *creen* en Dios procuren ocuparse en
He. 4.3 pero los que hemos *creído* entramos en
11.6 el que se acerca a Dios *crea* que le hay
11.11 *creyó* que era fiel. . lo había prometido
11.13 sino mirándolo de lejos, y *creyéndolo*
Stg. 1.26 si alguno se *cree* religioso entre
2.19 tú *crees* que Dios es uno; bien haces
2.19 también los demonios *creen*, y tiemblan
2.23 Abraham *creyó* a Dios, y le fue contado
1 P. 1.8 en quien *creyendo*. . alegráis con gozo
1.21 mediante el cual *creéis* en Dios, quien
2.6 el que *creyere* en él no será avergonzado
2.7 vosotros los que *creéis*, él es precioso
3.1 para que. . los que no *creen* a la palabra
1 Jn. 3.23 que *creamos* en el nombre de su Hijo
4.1 amados, no *creáis* a todo espíritu, sino
4.16 nosotros hemos. . *creído* el amor que Dios
5.1 aquel que *cree* que Jesús es el Cristo, es
5.5 ¿quién es el que vence. . sino el que *cree*
5.10 el que *cree* en el Hijo de Dios, tiene el
5.10 que no *cree*, a Dios le ha hecho mentiroso
5.10 porque no ha *creído* en el testimonio que
5.13 he escrito a vosotros que *creéis* en el
5.13 para que *creáis* en el nombre del Hijo de
Jud. 5 después destruyó a los que no *creyeron*

CREMA
Jue. 5.25 ella. . tazón de nobles le presentó *c*

CRESCENTE *Compañero de Pablo*, 2 Ti. 4.10

CRESPO
Cnt. 5.11 sus cabellos *c*, negros como el cuervo

CRETA *Isla en el Mar Mediterráneo*
Hch. 27.7 navegamos a sotavento de *C*, frente a
27.12 arribar a Fenice, puerto de *C* que mira
27.13 levaron anclas e iban costeando *C*
27.21 no zarpar de *C* tan sólo para recibir
Tit. 1.5 por esta causa te dejé en *C*, para que

CRETENSE *Habitante de Creta*
Hch. 2.11 *c* y árabes, les oímos hablar. . de Dios
Tit. 1.12 *c*, siempre mentirosos, malas bestias

CREYENTE
Jn. 20.27 tu mano. . y no seas incrédulo, sino *c*
Hch. 16.1 hijo de una mujer judía *c*, pero de
Ro. 4.11 padre de todos los *c* no circuncidados
1 Co. 1.21 agradó a Dios salvar a los *c* por la
7.12 algún hermano tiene mujer que no sea *c*
7.13 mujer tiene marido que no sea *c*, y él
14.22 las lenguas son por señal, no a los *c*
14.22 pero la profecía, no a los. . sino a los *c*
2 Co. 6.15 ¿o qué parte el *c* con el incrédulo?
Gá. 3.9 la fe son bendecidos con el *c* Abraham
3.22 que la promesa que es. . fuese dada a los *c*
1 Ts. 2.10 nos comportamos con vosotros los *c*
2.13 de Dios, la cual actúa en vosotros los *c*
1 Ti. 4.3 para que. . participasen de ellos los *c*
4.12 sé ejemplo de los *c* en palabra, conducta
5.16 si algún *c* o alguna *c* tiene viudas, que
6.2 los que tienen amos *c*. . por cuanto son *c*
Tit. 1.6 tenga hijos *c* que no estén acusados de

CRÍA
Gn. 32.15 treinta camellas paridas con su *c*
Dt. 7.13 bendecirá. . aceite, la *c* de tus vacas
28.4,18 la *c* de tus vacas y los rebaños de
28.51 no te dejará grano. . la *c* de tus vacas
Job 21.10 paren sus vacas, y no malogran su *c*
Cnt. 4.2; 6.6 de ovejas. . todas con *c* gemelas
Is. 11.7 sus *c* se echarán juntas; y el león
Jer. 14.5 dejaban la *c*, porque no había hierba

CRIADA
Gn. 12.16 y él tuvo. . asnos, siervos, *c*, asnas
29.24 dio Labán. . Zilpa a su hija Lea por *c*
29.29 dio. . a Raquel. . su sierva Bilha por *c*
Éx. 2.5 vio. . envió una *c* suya a que la tomase
20.10 no hagas en él obra alguna tú. . ni tu *c*
20.17 no codiciarás la. . ni su *c*, ni su buey
Dt. 15.17 horadarás. . así también harás a tu *c*
Jue. 9.18 por rey sobre. . Abimelec hijo de su *c*
Rt. 2.8 Booz dijo. . aquí estarás junto a mis *c*
2.13 ella dijo. . no soy ni como una de tus *c*
2.21 además. . me ha dicho: Júntate con mis *c*
2.22 mejor es, hija mía, que salgas con sus *c*
2.23 estuvo, pues, junto con las *c* de Booz
3.2 ¿no es Booz. . con cuyas *c* tú has estado?
2 S. 6.20 descubriéndose hoy delante de las *c*
6.22 seré honrado delante de las *c* de quienes
17.17 fue una *c* y les avisó, porque ellos no
Job 19.15 casa y mis *c* me tuvieron por extraño
Pr. 9.3 envió sus *c;* sobre lo más alto de la
27.27 de leche de las. . para sustento de tus *c*
31.15 comida a su familia y ración a sus *c*
Is. 14.2 poseerá por siervos y *c* en la tierra
24.2 y sucederá así. . como a la *c*, a su ama
Nah. 2.7 *c* la llevarán gimiendo como palomas
Mt. 26.69 Pedro. . se le acercó una *c*, diciendo
Mr. 14.66 vino una de las *c* del sumo sacerdote
14.69 y la *c*, viéndole otra vez, comenzó a
Lc. 12.45 comenzare a golpear a los. . y a las *c*
22.56 pero una *c*, al verle sentado al fuego
Jn. 18.17 la *c* portera dijo a Pedro: ¿No eres

CRIADO *Véase también Criada*
Gn. 14.14 armó a sus *c*, los nacidos en su casa
18.7 al *c*, y éste se dio prisa a prepararlo
24.2 dijo Abraham a un *c* suyo, el más viejo
24.5 *c* le respondió: Quizá la mujer no querrá
24.9 el *c* puso su mano debajo del muslo de
24.10 el *c* tomó diez camellos. . de su señor
24.17 el *c* corrió hacia ella, y dijo: Te ruego
24.34 entonces dijo: Yo soy *c* de Abraham
24.52 cuando el *c* de Abraham oyó. . palabras
24.53 sacó el *c* alhajas de plata y. . de oro
24.59 dejaron ir a Rebeca. . y al *c* de Abraham
24.61 entonces. . el *c* tomó a Rebeca, y se fue
24.65 había preguntado al *c:* ¿Quién es este
24.65 el *c* había respondido: Este es mi señor
24.66 el *c* contó a Isaac todo lo que había
26.15 los pozos que habían abierto los *c* de
26.32 vinieron los *c* de Isaac, y le dieron
Éx. 9.20 hizo huir sus *c* y su ganado a casa
9.21 dejó sus *c* y sus ganados en el campo
Lv. 25.6 dará para comer. . a tu sierva, a tu *c*
25.40 como *c*, como extranjero estará contigo
25.50 conforme al tiempo de un *c* asalariado
Nm. 22.22 iba. . montado. . y con él dos *c* suyos
Jue. 7.10 baja tú con Fura tu *c* al campamento
7.11 él descendió con Fura su *c* hasta los
19.3 llevaba consigo un *c*, y un par de asnos
19.9 para irse, él y su concubina y su *c*
19.11 y dijo el *c* a su señor: Ven ahora, y
19.12 que pasaremos hasta Gabaa. Y dijo a su *c*
19.19 pan. . para el *c* que está con tu siervo
Rt. 2.5 dijo a su *c*. . ¿De quién es esta joven?
2.6 y el *c*. . respondió y dijo: Es la. . moabita
2.9 yo he mandado a los *c* que no te molesten
2.9 vé a las. . y bebe del agua que sacan los *c*
2.15 a sus *c*, diciendo: Que recoja espigas
1 S. 2.13 venía el *c* del sacerdote mientras se
2.15 venía el *c*. . y decía al que sacrificaba
9.3 toma. . alguno de los *c*, y levántate, y vé
9.5 Saúl dijo a su *c*. . Ven, volvámonos, porque
9.7 respondió Saúl a su *c*. . ¿qué llevaremos al

CRIADO *(Continúa)*

1 S. 9.8 volvió el *c* a responder a Saúl, diciendo
9.10 dijo entonces Saúl a su *c:* Dices bien
9.22 entonces Samuel tomó a Saúl y a su *c*, los
9.27 al *c* que se adelante. .se adelantó el *c*
10.14 un tío de Saúl dijo a él y a su *c;* ¿A
14.1 dijo a su *c* que le traía las armas: Ven
16.15 los *c* de Saúl le dijeron: He aquí ahora
16.17 Saúl respondió a sus *c:* Buscadme, pues
16.18 uno de los *c* respondió. .he visto a un
18.23 los *c* de Saúl hablaron estas palabras
18.24 y los *c* de Saúl le dieron la respuesta
20.21 al *c*, diciéndole: Vé, busca las saetas
20.21 si dijere al *c:* He allí las saetas más
21.2 y los he señalé a los *c* un cierto lugar
21.4 pero lo daré si los *c* se han guardado a
25.8 pregunta a tus *c*, y ellos te lo dirán
25.14 pero uno de los *c* dio aviso a Abigail
25.19 dijo a su *c:* Id delante de mí, y yo os
26.22 lanza. .pase acá uno de los *c* y tómela
28.7 Saúl dijo a sus *c:* Buscadme una mujer
28.7 sus *c* le respondieron: He aquí hay una
2 S. 13.17 llamando a su *c*. .le dijo: Echame a
13.18 su *c*, pues, la echó fuera, y cerró la
13.28 y Absalón había dado orden a sus *c*
13.29 y los *c* de Absalón hicieron con Amnón
13.31 sus *c*. .también rasgaron sus vestidos
16.1 aquí Siba el *c* de Mefi-boset, que salía
16.2 panes y las pasas para que coman los *c*
17.20 llegando. .los *c* de Absalón a la casa de
19.17 asimismo Siba, *c* de la casa de Saúl, con
1 R. 9.22 sus *c*, sus príncipes, sus capitanes
10.13 y ella. .se fue a su tierra con sus *c*
18.43 dijo a su *c:* Sube ahora, y mira hacia
19.3 y vino a Beerseba. .y dejó allí a su *c*
2 R. 4.12 a Giezi su *c:* Llama a esta sunamita
4.19 padre dijo a un *c:* Llévalo a su madre
4.22 envíes conmigo a alguno de los *c* y una
4.24 y dijo al *c:* Guía y anda; y no me hagas
4.25 dijo a su *c* Giezi: He aquí la sunamita
4.38 dijo a su *c:* Pon una olla grande, y haz
5.13 sus *c*. .le hablaron diciendo: Padre mío
5.20 Giezi, *c* de Eliseo el varón de Dios, dijo
5.23 lo puso todo a cuestas a dos de sus *c*
6.15 entonces su *c* le dijo: ¡Ah, señor mío!
6.17 Jehová abrió los ojos del *c*, y miró
8.4 hablado con Giezi, *c* del varón de Dios
2 Cr. 9.4 el estado de sus *c* y los vestidos de
Neh. 4.22 cada uno con su *c* permanezca dentro
5.10 yo. .y mis *c* les hemos prestado dinero
5.15 y aun sus *c* se enseñoreaban del pueblo
5.16 y mis *c* juntos estaban allí en la obra
6.5 Sanbalat envió a mí su *c* para decir lo
13.19 puse a las puertas algunos de mis *c*
Est. 2.2 dijeron los *c* del rey, sus cortesanos
Job 1.3 quinientas asnas, y muchísimos *c;* y era
1.15,17 y mataron a los *c* a filo de espada
Jer. 14.3 enviaron sus *c* al agua. .y no hallaron
21.7 entregaré a Sedequías rey. .a sus *c*, al
22.4 entrarán montados. .y sus *c* y su pueblo
Mt. 8.6 Señor, mi *c* está postrado. .paralítico
8.8 solamente di la palabra, y mi *c* sanará
8.13 y su *c* fue sanado en aquella misma hora
14.2 dijo a sus *c:* Este es Juan el Bautista
Lc. 12.45 comenzare a golpear a los *c* y a las
15.26 llamando a uno de los *c*, le preguntó
Hch. 10.7 llamó a dos de sus *c*, y a un devoto
Ro. 14.4 tú quién eres, que juzgas al *c* ajeno?
1 P. 2.18 *c*, estad sujetos con. .a vuestros amos

CRIAR

Gn. 4.20 Jubal. .padre de los que. .*crían* ganados
50.23 fueron *criados* sobre las rodillas de
Éx. 2.7 nodriza. .para que te *críe* este niño?
2.9 lleva a este niño y *críamelo*, y yo te
2.9 lleva. .Y la mujer tomó al niño y lo *crio*
8.3 el río *criará* ranas, las cuales subirán
16.20 de ello para otro día, y *crio* gusanos
Nm. 11.12 como lleva la que *cría* al que mama
1 S. 1.23 se quedó la mujer, y *crio* a su hijo
6.7 tomad luego dos vacas que *críen*, a las
6.10 dos vacas que *criaban*, las uncieron al
2 S. 12.3 corderita. .había comprado y *criado*
1 R. 12.8,10 jóvenes que se habían *criado* con
2 R. 10.6 con los principales. .que los *criaban*
2 Cr. 10.8,10 jóvenes que se habían *criado* con él
Est. 2.7 había *criado* a Hadasa, es decir, Ester
Is. 1.2 *crie* hijos, y los engrandecí, y ellos
7.21 *criará* un hombre una vaca y dos ovejas
23.4 ni *crie* jóvenes, ni levanté vírgenes
44.14 planta pino, que se *críe* con la lluvia
49.21 ¿quién, pues *crio* estos? He aquí yo
51.18 de la mano, de todos los hijos que *crio*
Jer. 49.11 deja tus huérfanos, yo los *criaré*
Lm. 2.22 los que *crie* y mantuve, mi enemigo los
4.5 los que se *criaron* entre púrpura se
Ez. 19.2 entre los leoncillos *crio*. .cachorros
21.30 el lugar donde te *criaste*, en la tierra
Dn. 1.5 los *criase* tres años, para que al fin
Am. 7.1 él *criaba* langostas cuando comenzaba a
Mt. 24.19; Mr. 13.17 que *crien* en aquellos días!
Lc. 4.16 vino a Nazaret, donde se había *criado*
21.23 ¡ay. .de las que *crien* en aquellos días!
23.29 vientres. .y los pechos que no *criaron*
Hch. 7.20 fue *criado* tres meses en casa de su
7.21 la hija de Faraón. .le *crio* como a hijo
13.1 Manaén el que se había *criado* junto con
22.3 soy judío. .pero *criado* en esta ciudad
Ef. 6.4 *criadlos* en disciplina y amonestación
1 Ti. 5.10 si ha *criado* hijos; si ha practicado
5.14 se casen, *crien* hijos, gobiernen su casa

CRIATURA

Mr. 16.15 id. .y predicad el evangelio a toda *c*
Lc. 1.41 aconteció. .la *c* saltó en su vientre
1.44 la *c* saltó de alegría en mi vientre
Ro. 1.25 culto a las *c* antes que al Creador, el
2 Co. 5.17 si alguno está en Cristo, nueva *c* es
Stg. 1.18 para que seamos primicias de sus *c*

CRIBA

Is. 30.24 grano limpio, aventado con pala y *c*
30.28 para zarandear a las naciones con *c* de
Am. 9.9 sea. .como se zarandea el grano en una *c*

CRIMEN

Dt. 21.22 cometido algún *c* digno de muerte, y
Jue. 20.6 cuanto han hecho maldad y *c* en Israel
Os. 10.10 cuando sean atados por su doble *c*
Hch .18.14 o algún *c* enorme. .yo os toleraría
25.5 desciendan. .y si hay algún *c*. .acúsenle

CRISOL

Pr. 17.3 el *c* para la plata, y la hornaza para
27.21 el *c* prueba la plata, y la hornaza el

CRISÓLITO

Ez. 1.16 su obra era semejante al color del *c*
10.9 el aspecto de las ruedas era como de *c*
28.13 *c*, berilo y ónice; de zafiro, carbunclo
Ap. 21.20 el séptimo, *c;* el octavo, berilo

CRISOPRASO

Ap. 21.20 el décimo, *c;* el undécimo, jacinto

CRISPO *Cristiano en Corinto*

Hch. 18.8 *C*, el principal de la sinagoga, creyó
1 Co. 1.14 a ninguno de. .he bautizado, sino a *C*

CRISTAL

Ez. 1.22 expansión a manera de *c* maravilloso
Ap. 4.6 como un mar de vidrio semejante al *c*
21.11 como piedra de jaspe, diáfana como el *c*
22.1 un río limpio. .resplandeciente como *c*

CRISTIANO

Hch. 11.26 a los discípulos se les llamó *c* por
26.28 a Pablo: Por poco me persuades a ser *c*
1 P. 4.16 pero si alguno padece como *c*, no se

CRISTO

Mt. 1.16 María, de la cual nació Jesús. .el *C*
1.17 desde la deportación. .hasta *C*, catorce
2.4 les preguntó dónde había de nacer el *C*
11.2 al oír Juan. .los hechos de *C*, le envió
16.16 tú eres el *C*, el Hijo del Dios viviente
16.20 a nadie dijesen que él era Jesús el *C*
22.42 ¿qué pensáis del *C*? ¿De quién es hijo?
23.8,10 porque uno es vuestro Maestro, el *C*
24.5 vendrán muchos. .diciendo: Yo soy el *C*
24.23 si. .os dijere: Mirad, aquí está el *C*
24.24 levantarán falsos *C*, y falsos profetas
26.63 digas si eres tú el *C*, el Hijo de Dios
26.68 profetízanos, *C*, quién es. .te golpeó
27.17 a Barrabás, o a Jesús, llamado el *C*?
27.22 ¿qué, pues, haré de Jesús, llamado el *C*?
Mr. 8.29 ¿quién. .Pedro, le dijo: Tú eres el *C*
9.41 diere un vaso de agua. .porque sois de *C*
12.35 ¿cómo dicen. .que el *C* es hijo de David?
13.6 vendrán muchos. .diciendo: Yo soy el *C*
13.21 si. .os dijere: Mirad, aquí está el *C*
13.22 levantarán falsos *C* y falsos profetas
14.61 ¿eres tú el *C*, el Hijo del Bendito?
15.32 el *C*, Rey de Israel, descienda ahora de
Lc. 2.11 ha nacido. .Salvador, que es *C* el Señor
3.15 preguntándose. .si acaso Juan sería el *C*
4.41 no los dejaba hablar. .que él era el *C*
9.20 respondiendo Pedro, dijo: El *C* de Dios
20.41 ¿cómo dicen. .que el *C* es hijo de David?
21.8 vendrán muchos. .diciendo: Yo soy el *C*
22.67 ¿eres tú el *C*? Dínoslo. Y les dijo: Si os
23.2 diciendo que él mismo es el *C*, un rey
23.35 si éste es el *C*, el escogido de Dios
23.39 si tú eres el *C*, sálvate a ti mismo y a
24.26 ¿no era necesario que el *C* padeciera
24.46 así fue necesario que el *C* padeciese
Jn. 1.20 no negó, sino confesó: Yo no soy el *C*
1.25 ¿por qué. .bautizas, si tú no eres el *C*
1.41 al Mesías (que traducido es, el *C*)
3.28 sois testigos de que dije: Yo no soy el *C*
4.25 que ha de venir el Mesías, llamado el *C*
4.29 ved a un hombre. .¿No será éste el *C*?
4.42 éste es el Salvador del mundo, el *C*
6.69 conocemos que tú eres el *C*, el Hijo de
7.26 ¿habrán reconocido. .que éste es el *C*?
7.27 cuando venga el *C*, nadie sabrá de dónde
7.31 el *C*, cuando venga, ¿hará más señales
7.41 otros decían: Este es el *C*. Pero algunos
7.41 decían: ¿De Galilea ha de venir el *C*?
7.42 de la aldea de Belén. .ha de venir el *C*?
10.24 si tú eres el *C*, dínoslo abiertamente
11.27 yo he creído que tú eres el *C*, el Hijo
12.34 oído. .que el *C* permanece para siempre
20.31 para que creáis que Jesús es el *C*, el
Hch. 2.30 de su descendencia. .levantaría al *C*
2.31 habló de la resurrección de *C*, que su
2.36 este Jesús. .Dios le ha hecho Señor y *C*
3.18 sus profetas, que su *C* había de padecer
4.26 juntaron en uno, contra. .y contra su *C*
8.5 Felipe, descendiendo a. .les predicaba a *C*
9.20 seguida predicaba a *C* en las sinagogas
9.22 Saulo. .demostrando que Jesús era el *C*
17.3 que era necesario que el *C* padeciese, y
17.3 Jesús, a quien yo os anuncio. .es el *C*
18.5 testificando a los. .que Jesús era el *C*
18.28 por las Escrituras que Jesús era el *C*
19.4 al pueblo que creyesen. .en Jesús el *C*
26.23 el *C* había de padecer, y ser el primero
Ro. 3.24 mediante la redención que es en *C*
5.6 porque *C*, cuando aún éramos débiles, a su
5.8 en que siendo aun pecadores, *C* murió por
6.3 los que hemos sido bautizados en *C* Jesús
6.4 *C* resucitó de los muertos por la gloria
6.8 si morimos con *C*, creemos que. .viviremos
6.9 sabiendo que *C*, habiendo resucitado de los
6.11 pero vivos para Dios en *C* Jesús, Señor
6.23 es vida eterna en *C* Jesús Señor nuestro
7.4 muerto a la ley mediante el cuerpo de *C*
8.1 ninguna condenación hay para. .en *C*
8.2 la ley del Espíritu de vida en *C* Jesús me
8.9 no tiene el Espíritu de *C*, no es de él
8.10 pero si *C* está en vosotros, el cuerpo
8.11 el que levantó de los muertos a *C* Jesús
8.17 herederos de Dios y coherederos con *C*
8.34 *C* es el que murió; más aun, el que
8.35¿quién nos separará del amor de *C*?
8.39 separar del amor de Dios, que es en *C*
9.1 verdad digo en *C*. .y mi conciencia me da
9.3 separado de *C*, por amor a mis hermanos
9.5 de los cuales. .vino *C*, el cual es Dios
10.4 el fin de la ley es *C*, para justicia a
10.6 cielo? (esto es, para traer abajo a *C*)
10.7 esto es, para hacer subir a *C* de entre
12.5 así siendo muchos, somos un cuerpo en *C*
14.9 *C* para esto murió y resucitó, y volvió
14.10 compareceremos ante el tribunal de *C*
14.15 tuya se pierda aquel por quien *C* murió
14.18 el que en esto sirve a *C*, agrada a Dios
15.3 porque ni aun *C* se agradó a sí mismo
15.5 os dé. .un mismo sentir según *C* Jesús
15.7 también *C* nos recibió, para gloria de
15.8 digo, que *C* Jesús vino a ser siervo de
15.17 tengo. .de qué gloriarme en *C* Jesús en
15.18 hablar sino de lo que *C* ha hecho por
15.19 todo lo he llenado del evangelio de *C*
15.20 no donde *C* ya hubiese sido nombrado
15.29 con abundancia de. .del evangelio de *C*
16.3 a Aquila, mis colaboradores en *C* Jesús
16.5 a Epeneto. .primer fruto de Acaya para *C*
16.7 y que también fueron antes de mí en *C*
16.9 saludad a Urbano. .colaborador en *C* Jesús
16.10 a Apeles, aprobado en *C*. Saludad a los
16.16 os saludan todas las iglesias de *C*
1 Co. 1.2 está en Corinto, los santificados en *C*
1.4 la gracia de Dios que os fue dada en *C*
1.6 como el testimonio acerca de *C* ha sido
1.12 dice: Yo soy. .y yo de Cefas; y yo de *C*
1.13 está dividido *C*? ¿Fue crucificado Pablo
1.17 pues no me envió *C* a bautizar, sino a
1.17 para que no se haga vana la cruz de *C*
1.23 pero nosotros predicamos a *C* crucificado
1.24 mas para los llamados. .*C* poder de Dios
1.30 mas por él estáis vosotros en *C* Jesús
2.16 mas nosotros tenemos la mente de *C*
3.1 no pude hablaros. .sino como. .a niños en *C*
3.23 es vuestro, y vosotros de *C*, y *C* de Dios
4.1 téngannos los hombres por servidores de *C*
4.10 amor de *C*, mas vosotros prudentes en *C*
4.15 aunque tengáis diez mil ayos en *C*, no
4.15 en *C* Jesús yo os engendré por medio del
4.17 el cual os recordará mi proceder en *C*
5.7 nuestra pascua. .es *C*, ya fue sacrificada
6.15 que vuestros cuerpos son miembros de *C*?
6.15 ¿quitaré, pues, los miembros de *C* y los
7.22 llamado siendo libre, esclavo es de *C*
8.11 se perderá el. .débil por quien *C* murió
8.12 contra los hermanos. .contra *C* pecáis
9.12 poner ningún obstáculo al evangelio de *C*
9.18 gratuitamente el evangelio de *C*, para
9.21 no estando yo sin. .sino bajo la ley de *C*
10.4 la roca. .que los seguía, y la roca era *C*
10.16 ¿no es la comunión de la sangre de *C*?
10.16 ¿no es la comunión del cuerpo de *C*?
11.1 sed imitadores de mí, así como yo de *C*
11.3 *C* es la cabeza. .y Dios la cabeza de *C*
12.12 todos. .son un solo cuerpo, así también *C*
12.27 vosotros, pues, sois el cuerpo de *C*
15.3 *C* murió por nuestros pecados, conforme

CRISTO ***(Continúa)***

1 Co. 15.12 si se predica de *C* que resucitó de los
15.13 porque si no hay. .tampoco *C* resucitó
15.14 y si *C* no resucitó, vana es entonces
15.15 hemos testificado. .que él resucitó a *C*
15.16 si los. .no resucitan, tampoco *C* resucitó
15.17 y si *C* no resucitó, vuestra fe es vana
15.18 también. .que durmieron en *C* perecieron
15.19 en esta vida solamente esperamos en *C*
15.20 mas ahora *C* ha resucitado de los muertos
15.22 también en *C* todos serán vivificados
15.23 *C*, las primicias; luego los que. .de *C*
16.24 mi amor en *C* Jesús esté con. .vosotros
2 Co. 1.5 en nosotros las aflicciones de *C*, así
1.5 así abunda. .por el mismo *C*. .consolación
1.21 y el que nos confirma con vosotros en *C*
2.10 por vosotros lo he. .en presencia de *C*
2.12 a Troas para predicar el evangelio de *C*
2.14 nos lleva siempre en triunfo en *C* Jesús
2.15 para Dios somos grato olor de *C* en los
2.17 como de parte de Dios, y. .hablamos en *C*
3.3 siendo manifiesto que sois carta de *C*
3.4 y tal confianza tenemos mediante *C* para
3.14 el mismo velo. .el cual por *C* es quitado
4.4 no les resplandezca la luz. .la gloria de *C*
5.10 comparezcamos ante el tribunal de *C*
5.14 amor de *C* nos constriñe, pensando esto
5.16 y aun si a *C* conocimos según la carne
5.17 si alguno está en *C*, nueva criatura es
5.18 quien nos reconcilió consigo mismo por *C*
5.19 Dios estaba en *C* reconciliando consigo
5.20 somos embajadores en nombre de *C*, como
5.20 os rogamos en nombre de *C*: Reconciliaos
6.15 ¿y qué concordia *C* con Belial? ¿O qué
8.23 son mensajeros de las. .y gloria de *C*
9.13 por la obediencia que. .al evangelio de *C*
10.1 yo Pablo os ruego por la. .ternura de *C*
10.5 y llevando cautivo. .a la obediencia a *C*
10.7 está persuadido en sí mismo que es de *C*
10.7 que como él es de *C*, así. .somos de *C*
10.14 en llegar hasta. .con el evangelio de *C*
11.2 presentaros como una virgen pura a *C*
11.3 sean. .extraviados de la. .fidelidad a *C*
11.10 por la verdad de *C* que está en mí, que
11.13 que se disfrazan como apóstoles de *C*
11.23 ¿son ministros de *C*? (Como. .loco hablo
12.2 conozco a un hombre en *C*, que hace 14
12.9 para que repose sobre mí el poder de *C*
12.10 por amor a *C* me gozo en. .debilidades
12.19 delante de Dios en *C* hablamos; y todo
13.3 buscáis una prueba de que habla *C* en mí
Gá. 1.6 del que os llamó por la gracia de *C*
1.7 y quieren pervertir el evangelio de *C*
1.10 agradara a. .hombres, no sería siervo de *C*
1.22 y no era conocido. .a las iglesias. .en *C*
2.4 espiar nuestra libertad que tenemos en *C*
2.16 para ser justificados por la fe de *C* y
2.17 y si buscando ser justificados en *C*
2.17 ¿es por eso *C* ministro de pecado? En
2.20 con *C* estoy juntamente crucificado, y ya
2.20 no vivo yo, mas vive *C* en mí; y lo que
2.21 ley fuese la justicia. .por demás murió *C*
3.13 *C* nos redimió de la maldición de la ley
3.14 para que en *C*. .la bendición de Abraham
3.16 sino como. .a tu simiente, la cual es *C*
3.17 el pacto. .ratificado por Dios para con *C*
3.24 la ley ha sido. .ayo, para llevarnos a *C*
3.26 todos sois hijos de Dios por la fe en *C*
3.27 bautizados en *C*, de *C* estáis revestidos
3.28 todos vosotros sois uno en *C* Jesús
3.29 si. .sois de *C*. .linaje de Abraham sois
4.7 si hijo. .heredero de Dios por medio de *C*
4.14 me recibisteis como a. .como a *C* Jesús
4.19 hasta que *C* sea formado en vosotros
5.1 en la libertad con que *C* nos hizo libres
5.2 os circuncidáis, de nada os aprovechará *C*
5.4 de *C* os desligasteis, los que por la ley
5.6 en *C* Jesús ni la circuncisión vale algo
5.24 los que son de *C* han crucificado la carne
6.2 sobrellevad los. .y cumplid así la ley de *C*
6.12 para no padecer. .a causa de la cruz de *C*
6.15 en *C* Jesús ni la circuncisión vale nada
Ef. 1.1 a los santos y fieles en *C* Jesús que
1.3 que nos bendijo con toda bendición. .en *C*
1.10 de reunir todas las cosas en *C*, en la
1.12 los que primeramente esperábamos en *C*
1.20 la cual operó en *C*, resucitándole de los
2.5 muertos. .nos dio vida juntamente con *C*
2.6 asimismo nos hizo sentar en. .con *C* Jesús
2.7 su bondad para con nosotros en *C* Jesús
2.10 creados en *C* Jesús para buenas obras
2.12 en aquel tiempo estabais sin *C*, alejados
2.13 ahora en *C* Jesús. .sido hechos cercanos
2.13 sido hechos cercanos por la sangre de *C*
3.1 causa yo Pablo, prisionero de *C* Jesús por
3.4 sea mi conocimiento en el misterio de *C*
3.6 y coparticipes de la promesa en *C* Jesús
3.8 esta gracia de anunciar. .riquezas de *C*
3.11 al propósito eterno que hizo en *C* Jesús
3.17 habite *C* por la fe en vuestros corazones
3.19 conocer el amor de *C*, que excede a todo
3.21 a él sea gloria en la iglesia en *C* Jesús
4.7 gracia conforme a la medida del don de *C*
4.12 para la edificación del cuerpo de *C*
4.13 la medida de la estatura. .plenitud de *C*
4.15 en aquel que es la cabeza, esto es, *C*
4.20 mas vosotros no habéis aprendido así a *C*
4.32 como Dios también os perdonó a. .en *C*
5.2 andad en amor, como también *C* nos amó
5.5 ningún. .tiene herencia en el reino de *C*
5.14 despiértate, tú que. .y te alumbrará *C*
5.23 así como *C* es cabeza de la iglesia, la
5.24 así que, como la iglesia está sujeta a *C*
5.25 amad a. .así como *C* amó a la iglesia, y
5.29 y la cuida, como también *C* a la iglesia
5.32 digo esto respecto de *C* y de la iglesia
6.5 siervos, obedeced a vuestros. .como a *C*
6.6 como siervos de *C*, de corazón haciendo la
Fil. 1.1 Pablo. .a todos los santos en *C* Jesús
1.10 que seáis sinceros y. .para el día de *C*
1.13 hecho patentes en *C* en todo el pretorio
1.15 predican a *C* por envidia y contienda
1.16 los unos anuncian a *C* por contención, no
1.18 por pretexto o por verdad, *C* es anunciado
1.20 será magnificado *C* en mi cuerpo, o por
1.21 porque para mí el vivir es *C*, y el morir
1.23 teniendo deseo de partir y estar con *C*
1.26 que abunde vuestra gloria de mí en *C*
1.27 como es digno del evangelio de *C*, para
1.29 os es concedido a causa de *C*, no sólo
2.1 por tanto, si hay alguna consolación en *C*
2.5 haya. .este sentir que hubo. .en *C* Jesús
2.16 que en el día de *C* yo pueda gloriarme
2.21 todos buscan. .no lo que es de *C* Jesús
2.30 por la obra de *C* estuvo próximo a la
3.3 y nos gloriamos en *C* Jesús, no teniendo
3.7 he estimado como pérdida por amor de *C*
3.8 por la excelencia del conocimiento de *C*
3.8 y lo tengo por basura, para ganar a *C*
3.9 sino la que es por la fe de *C*, la justicia
3.12 para lo cual fui también asido por *C*
3.14 supremo llamamiento de Dios en *C* Jesús
3.18 digo. .que son enemigos de la cruz de *C*
4.7 guardará. .y vuestros pensamientos en *C*
4.13 todo lo puedo en *C* que me fortalece
4.19 conforme a sus riquezas en gloria en *C*
4.21 saludad a todos los santos en *C* Jesús
Col. 1.2 a los santos y fieles hermanos en *C*
1.4 habiendo oído de vuestra fe en *C* Jesús
1.7 Epafras. .que es un fiel ministro de *C*
1.24 de las aflicciones de *C* por su cuerpo
1.27 es *C* en vosotros, la esperanza de gloria
1.28 a fin de presentar perfecto en *C* Jesús
2.2 el misterio de Dios el Padre, y de *C*
2.5 orden y la firmeza de vuestra fe en *C*
2.8 los rudimentos del mundo, y no según *C*
2.11 circuncidados. .en la circuncisión de *C*
2.17 es sombra de lo. .pero el cuerpo es de *C*
2.20 pues si habéis muerto con *C* en cuanto a
3.1 si. .habéis resucitado con *C*, buscad las
3.1 donde está *C* sentado a la diestra de Dios
3.3 vuestra vida está escondida con *C* en Dios
3.4 cuando *C*, vuestra vida, se manifieste
3.11 libre, sino que *C* es el todo, y en todos
3.13 la manera que *C* os perdonó, así también
3.16 la palabra de *C* more en abundancia en
3.24 la herencia, porque a *C* el Señor servís
4.3 a fin de dar a conocer el misterio de *C*
4.12 Epafras. .siervo de *C*, siempre rogando
1 Ts. 2.6 podíamos seros carga. .apóstoles de *C*
2.14 a ser imitadores de las iglesias. .en *C*
3.2 colaborador nuestro en el evangelio de *C*
4.16 y los muertos en *C* resucitarán primero
5.18 voluntad de Dios para con vosotros en *C*
2 Ts. 3.5 Señor encamine. .a la paciencia de *C*.
1 Ti. 1.2 y paz, de Dios nuestro Padre y de *C*
1.12 doy gracias al. .a *C* Jesús nuestro Señor
1.14 con la fe y el amor que es en *C* Jesús
1.15 que *C* Jesús vino al mundo para salvar a
2.7 y apóstol (digo verdad en *C*, no miento)
3.13 confianza en la fe que es en *C* Jesús
5.11 se rebelan contra *C*, quieren casarse
2 Ti. 1.1 promesa de la vida que es en *C* Jesús
1.9 y la gracia que nos fue dada en *C* Jesús
1.13 retén. .en la fe y amor que es en *C* Jesús
2.1 tú. .esfuérzate en la gracia que es en *C*
2.10 que. .obtengan la salvación que es en *C*
2.19 todo aquel que invoca el nombre de *C*
3.12 quieren vivir piadosamente en *C* Jesús
3.15 para la salvación por la fe que es en *C*
Flm. 6 el bien que está en vosotros por *C* Jesús
8 tengo mucha libertad en *C* para mandarte lo
23 Epafras, mi compañero de prisiones por *C*
He. 3.1 al apóstol y. .de nuestra profesión, *C*
3.6 pero *C* como hijo sobre su casa, la cual
3.14 porque somos hechos participantes de *C*
5.5 así tampoco *C* se glorificó a sí mismo
5.7 y *C*, en los días de su carne, ofreciendo
6.1 dejando. .rudimentos de la doctrina de *C*
9.11 estando ya presente *C*, sumo sacerdote de
9.14 ¿cuánto más la sangre de *C*, el cual
9.24 no entró *C* en el santuario hecho de mano
9.28 *C* fue ofrecido una sola vez para llevar
10.12 *C*, habiendo ofrecido una vez. .un solo
11.26 por mayores riquezas el vituperio de *C*
1 P. 1.11 indicaba el Espíritu de *C* que estaba
1.11 el cual anunciaba. .los sufrimientos de *C*
1.19 sino con la sangre preciosa de *C*, como
2.21 porque también *C* padeció por nosotros
3.16 calumnian vuestra buena conducta en *C*
3.18 *C* padeció una sola vez por los pecados
4.1 *C* ha padecido por nosotros en la carne
4.13 participantes de los padecimientos de *C*
4.14 si sois vituperados por el nombre de *C*
5.1 y testigo de los padecimientos de *C*, que
1 Jn. 2.22 sino el que niega que Jesús es el *C*?
5.1 todo aquel que cree que Jesús es el *C*, es
2 Jn. 9 y no persevera en la doctrina de *C*, no
9 el que persevera en la doctrina de *C*, ése
Ap. 11.15 reinos. .de nuestro Señor y de su *C*
12.10 ha venido la. .y la autoridad de su *C*
20.4 y vivieron y reinaron con *C* mil años
20.6 sino que serán sacerdotes de Dios y de *C*

CRÓNICA

Lv. 13.11 es lepra *c* en la piel de su cuerpo
1 R. 14.29 está escrito en las *c* de los reyes
15.7,23,31; 16.5,14,20,27; 22.39,45; 2 R. 1.18;
8.23; 10.34; 12.19; 13.8,12; 14.15,18,28;
15.6,11,15,21,26,31,36; 16.19; 20.20;
21.17,25; 23.28; 24.5 en el libro de las *c* de
los reyes
1 Cr. 27.24 no fue puesto en el registro de. .*c*
29.29 en el libro de las *c* de Samuel vidente
29.29 en las *c* del. .Natán, y en las *c* de Gad
Neh. 12.23 fueron inscritos en el libro de las *c*
Est. 2.23 escrito el caso en el libro de las *c*
6.1 dijo que le trajesen el libro de las. .*c*
10.2 ¿no está escrito en el libro de las *c*

CRONISTA

2 S. 8.16; 20.24 Josafat hijo de Ahilud era *c*

CRUCIFICAR

Mt. 20.19 le azoten, y le *crucifiquen;* mas al
23.34 a unos mataréis y *crucificaréis*, y a
26.2 será entregado para ser *crucificado*
27.22 todos le dijeron: ¡Sea *crucificado!*
27.23 gritaban. .diciendo: ¡Sea *crucificado!*
27.26 a Jesús, le entregó. .ser *crucificado*
27.31 manto. .y le llevaron para *crucificarle*
27.35 le hubieron *crucificado*, repartieron
27.38 *crucificaron* con él a dos ladrones, uno
27.44 los ladrones que estaban *crucificados*
28.5 buscáis a Jesús, el que fue *crucificado*
Mr. 15.13 volvieron a dar voces: *¡Crucifícale!*
15.14 ellos gritaban aun más: *¡Crucifícale!*
15.15 entregó a Jesús. .que fuese *crucificado*
15.20 después. .le sacaron para *crucificarle*
15.24 le hubieron *crucificado*, repartieron
15.25 la hora tercera cuando le *crucificaron*
15.27 *crucificaron*. .con él a dos ladrones, uno
15.32 los que estaban *crucificados* con él le
16.6 buscáis a Jesús. .el que fue *crucificado*
Lc. 23.21 dar voces, diciendo: *¡Crucifícale, c!*
23.23 voces, pidiendo que fuese *crucificado*
23.33 le *crucificaron*. .y a los malhechores
24.7 sea *crucificado*, y resucite al tercer día
24.20 cómo le entregaron. .y le *crucificaron*
Jn. 19.6 diciendo: *¡Crucifícale! ¡C!* Pilato les
19.6 dijo: Tomadle vosotros, y *crucificadle*
19.10 que tengo autoridad para *crucificarte*
19.15 ellos gritaron: Fuera. .*crucifícale!*
19.15 dijo: ¿A vuestro Rey he de *crucificar?*
19.16 lo entregó. .para que fuese *crucificado*
19.18 allí le *crucificaron*, y con él a otros
19.20 el lugar donde Jesús fue *crucificado*
19.23 cuando. .hubieron *crucificado* a Jesús
19.32 otro que había sido *crucificado* con él
19.41 en el lugar donde había sido *crucificado*
Hch. 2.23 y matasteis por manos. .*crucificándole*
2.36 Jesús a quien vosotros *crucificasteis*
4.10 de Jesucristo. .a quien. .*crucificasteis*
Ro. 6.6 nuestro viejo hombre fue *crucificado*
1 Co. 1.13 ¿fue *crucificado* Pablo por vosotros?
1.23 nosotros predicamos a Cristo *crucificado*
2.2 sino a Jesucristo, y a éste *crucificado*
2.8 nunca habrían *crucificado* al Señor de
2 Co. 13.4 aunque fue *crucificado* en debilidad
Gá. 2.20 con Cristo estoy juntamente *crucificado*
3.1 ya presentado entre. .como *crucificado?*
5.24 *crucificado* la carne con sus pasiones
6.14 el mundo me es *crucificado* a mí, y yo al
He. 6.6 *crucificando* de nuevo. .al Hijo de Dios
Ap. 11.8 donde. .nuestro Señor fue *crucificado*

CRUDA

Éx. 12.9 ninguna. .comeréis de él *c*, ni cocida
1 S. 2.15 no tomará de ti carne cocida, sino *c*

CRUEL

Dt. 32.33 es su vino, y ponzoña *c* de áspides
Job 30.21 te has vuelto *c* para mí; con el poder
Pr. 5.9 no des a los extraños. .y tus años al *c*
11.17 hace. .mas el *c* se atormenta a sí mismo
12.10 justo. .el corazón de los impíos es *c*
17.11 y mensajero *c* será enviado contra él
27.4 *c* es la ira, e impetuoso el furor; mas
Jer. 6.23 *c* son, y no tendrán misericordia; su
30.14 te herí, con azote de adversario *c*, a

CRUEL *(Continúa)*

Jer. 50.42 serán *c*, y no tendrán compasión; su voz
Lm. 4.3 la hija de mi pueblo es *c*. .avestruces
Hab. 1.6 yo levanto a los caldeos, nación *c* y
2 Ti. 3.3 intemperantes, *c*, aborrecedores de lo

CRUELDAD

Jue. 4.3 había oprimido con *c* a los. .de Israel
Sal. 27.12 testigos falsos, y los que respiran *c*
Is. 14.6 se enseñoreaba. .y las perseguía con *c*

CRUJIR

Job 16.9 *crujió* sus dientes contra mí; contra
Sal. 35.16 *crujieron* contra mí sus dientes
37.12 el impío. .*cruje* contra él sus dientes
112.10 *crujirá* los dientes, y se consumirá
Is. 5.29 *crujirá* los dientes, y arrebatará la
Lm. 2.16 se burlaron, y *crujieron* los dientes
Mt. 8.12; 13.42,50; 22.13; 24.51; 25.30 allí será el lloro y el *crujir* de dientes
Mr. 9.18 y *cruje* los dientes, y se va secando
Lc. 13.28 será el llanto y el *crujir* de dientes
Hch. 7.54 oyendo. .*crujían* los dientes contra él

CRUZ

Mt. 10.38 el que no toma su *c* y sigue en pos de
16.24 mí, niéguese a sí mismo, y tome su *c*
27.32 a éste obligaron a que llevase la *c*
27.40 si eres Hijo de Dios, desciende de la *c*
27.42 descienda. .de la *c*, y creeremos en él
Mr. 8.34 niéguese a sí mismo, y tome su *c*, y
10.21 vende todo. .y ven, sígueme, tomando tu *c*
15.21 obligaron a uno. .a que le llevase la *c*
15.30 sálvate a ti mismo, y desciende de la *c*
15.32 descienda. .de la *c*, para que veamos y
Lc. 9.23 mismo, tome su *c* cada día, y sígame
14.27 que no lleva su *c* y viene en pos de mí
23.26 y le pusieron encima la *c* para que la
Jn. 19.17 y él, cargando su *c*, salió al lugar
19.19 un título, que puso sobre la *c*, el cual
19.25 junto a la *c* de Jesús su madre, y la
19.31 que los cuerpos no quedasen en la *c* en
1 Co. 1.17 que no se haga vana la *c* de Cristo
1.18 la palabra de la *c* es locura a los que
Gá. 5.11 caso se ha quitado el tropiezo de la *c*
6.12 no padecer persecución a causa de la *c*
6.14 lejos. .de mí gloriarme, sino en la *c* de
Ef. 2.16 mediante la *c* reconciliar con Dios a
Fil. 2.8 obediente hasta la muerte, y. .de *c*
3.18 digo. .que son enemigos de la *c* de Cristo
Col. 1.20 la paz mediante la sangre de su *c*
2.14 quitándola de en. .y clavándola en la *c*
2.15 exhibió. .triunfando sobre ellos en la *c*
He. 12.2 por el gozo. .delante de él sufrió la *c*

CRUZAR

Dt. 2.29 hasta que *cruce* el Jordán a la tierra
2 S. 2.29 *cruzaron* por todo Bitrón y llegaron
19.18 *cruzaron* el vado para pasar a. .del rey
1 Cr. 19.17 y *cruzando* el Jordán vino a ellos
Pr. 6.10 y *cruzar* por un poco las manos para
Ec. 4.5 necio *cruza* sus manos y come su misma
Jn. 6.17 iban *cruzando* el mar hacia Capernaum

CUADRADO

Éx. 27.1 será *c* el altar, y su altura de tres
28.16 será *c* y doble, de un palmo de largo
30.2; 37.25 *c*, y su altura de dos codos
38.1 hizo. .el altar del. .*c*, y de tres codos
39.9 era *c;* doble hicieron el pectoral; su
1 R. 6.33 puerta. .postes *c* de madera de olivo
7.5 todas las puertas y los postes eran *c*
7.31 con sus tableros, los cuales eran *c*, no
Ez. 40.47 y midió el atrio, cien codos. .era *c*
41.21 poste del templo era *c*, y el frente del
43.16 el altar tenía. .*c* a sus cuatro lados

CUADRANTE

Mt. 5.26 saldrás. .hasta que pagues el último *c*
Mr. 12.42 una viuda. .dos blancas, o sea un *c*

CUADRILLA

1 Cr. 9.18 entre las *c* de los hijos de Leví
Sal. 22.16 ha cercado *c* de malignos; horadaron
Pr. 30.27 las langostas, que. .salen todas por *c*
Is. 31.4 si se reúne *c* de pastores contra él

CUADRILLERO

Éx. 5.6 mandó Faraón. .a los *c* del pueblo que
5.10 y saliendo los *c* del. .y sus capataces
5.13 los *c* los apremiaban, diciendo: Acabad
5.14 capataces. .que los *c* de Faraón habían

CUADRO

Ez. 45.2 y quinientas de ancho, en *c* alrededor
48.20 la porción. .25.000 en *c*, reservaréis
Ap. 21.16 la ciudad se halla establecida en *c*

CUADRÚPEDO

Hch. 10.12 había de todos los *c* terrestres y
11.6 y vi *c* terrestres, y fieras, y reptiles
Ro. 1.23 de hombre corruptible, de aves, de *c*

CUADRUPLICADO

Lc. 19.8 defraudado a alguno, se lo devuelvo *c*

CUAJAR *(s.)*

Dt. 18.3 darán. .espaldilla, las quijadas y el *c*

CUAJAR *(v.)*

Éx. 15.8 los abismo se *cuajaron* en medio del
Job 10.10 vaciaste. .y como queso me *cuajaste?*

CUÁNDO

Sal. 6.3 muy turbada; y tú, Jehová, ¿hasta *c?*
13.1 ¿hasta *c*, Jehová?. .hasta *c* esconderás tu
35.17 Señor, ¿hasta *c* verás esto? Rescata mi
89.46 ¿hasta *c*, oh Jehová? ¿Te esconderás
90.13 vuélvete, oh Jehová; ¿hasta *c?*. .aplácate
Ec. 8.7 no sabe lo que ha de ser; y el *c* haya de
Is. 6.11 dije: ¿Hasta *c*, Señor? Y respondió él
Mt. 17.17; Mr. 9.19 ¿hasta *c* he de estar con vosotros? ¿hasta *c*
Mr. 13.4 ¿*c* serán estas cosas? ¿Y qué señal habrá
Lc. 9.41 ¿hasta *c* he de estar con vosotros, y

CUARENTA *Véase también Cuarenta y uno, Cuarenta mil, etc.*

Gn. 7.4 yo haré llover. .*c* días y *c* noches; y
7.12 y hubo lluvia sobre. .*c* días y *c* noches
7.17 fue el diluvio *c* días sobre la tierra
8.6 al cabo de *c* días abrió Noé la ventana
18.29 y dijo: Quizá se hallarán allí *c*
18.29 respondió: No lo haré por amor a los *c*
25.20 Isaac de *c* años cuando tomó por mujer
26.34 y cuando Esaú era de *c* años, tomó por
32.15 *c* vacas y diez novillos, veinte asnas
50.3 y le cumplieron *c* días, porque así se
Éx. 16.35 comieron los. .de Israel maná *c* años
24.18 Moisés en el monte *c* días y *c* noches
26.19 harás *c* basas de plata debajo de las
26.21 *c* basas de plata; dos basas debajo de
34.28 él estuvo allí con. .*c* días y *c* noches
36.24 hizo. .*c* basas de plata debajo de las
36.26 sus *c* basas de plata; dos basas debajo
Nm. 13.25 volvieron de reconocer. .fin de *c* días
14.33 pastoreando en el desierto *c* años, y
14.34 *c* días en que reconocisteis la tierra
14.34 llevaréis vuestras iniquidades *c* años
32.13 los hizo andar errantes *c* años por el
33.38 y allí murió a los *c* años de la salida
Dt. 1:3 que a los *c* años, en el mes undécimo
2.7 estos *c* años Jehová. .ha estado contigo
8.2 te ha traído Jehová tu Dios estos *c* años
8.4 ni el pie se te ha hinchado en. .*c* años
9.9 estuve. .en el monte *c* días y *c* noches, sin
9.11 sucedió al fin de los *c* días y *c* noches
9.18 me postré delante de. .*c* días y *c* noches
9.25 me. .*c* días y *c* noches estuve postrado
10.10 yo estuve. .*c* días y *c* noches; y Jehová
25.3 se podrá dar *c* azotes, no más; no sea
29.5 yo os he traído *c* años en el desierto
Jos. 5.6 anduvieron por el desierto *c* años
14.7 yo era de. .*c* años cuando Moisés siervo
Jue. 3.11 y reposó la tierra *c* años; y murió
5.31 como el sol. .Y la tierra reposó *c* años
8.28 reposó la tierra *c* años en los días de
12.14 este tuvo *c* hijos y treinta nietos, que
13.1 entregó en mano de. .filisteos por *c* años
1 S. 4.18 Elí. .había juzgado a Israel *c* años
17.16 aquel filisteo. .lo hizo durante *c* días
2 S. 2.10 de *c* años era Is-boset hijo de Saúl
5.4 David. .comenzó a reinar, y reinó *c* años
1 R. 2.11 días que reinó David. .fueron *c* años
6.17 es, el templo de adelante, tenía *c* codos
7.38 cada fuente contenía *c* batos, y cada una
11.42 días que Salomón reinó. .fueron *c* años
19.8 caminó *c* días y *c* noches hasta Horeb, el
2 R. 8.9 tomó, pues, Hazael. .*c* camellos cargados
12.1 comenzó a reinar Joás, y reinó *c* años
1 Cr. 26.31 en el año *c* del reinado de David se
29.27 tiempo que reinó sobre Israel fue *c* años
2 Cr. 9.30 reinó Salomón sobre. .Israel *c* años
24.1 años era Joás. .*c* años reinó en Jerusalén
Neh. 5.15 por el vino más de *c* siclos de plata
9.21 los sustentaste *c* años en el desierto
Sal. 95.10 *c* años estuve disgustado. .la nación
Ez. 4.6 llevarás la maldad de. .de Judá *c* días
29.11 no pasará. .ni será habitada, por *c* años
29.12 y sus ciudades. .desoladas por *c* años
29.13 al fin de *c* años recogeré a Egipto de
41.2 y midió su longitud, de *c* codos, y la
46.22 había patios. .de *c* codos de longitud
Am. 2.10 y os conduje por el desierto *c* años
5.25 ¿me ofrecisteis sacrificios. .en *c* años
Jon. 3.4 de aquí a *c* días Nínive será destruida
Mt. 4.2 y después de haber ayunado *c* días y *c*
Mr. 1.13 y estuvo allí en el desierto *c* días
Lc. 4.2 por *c* días, y era tentado por el diablo
Hch. 1.3 vivo. .apareciéndoseles durante *c* días
4.22 ya que el hombre. .tenía más de *c* años
7.23 cuando hubo cumplido la edad de *c* años
7.30 pasados *c* años, un ángel se le apareció
7.36 señales en. .y en el desierto por *c* años
7.42 el desierto por *c* años, casa de Israel?
13.18 de *c* años los soportó en el desierto
13.21 Dios les dio a Saúl hijo de. .por *c* años
23.13 eran más de *c* los que habían hecho esta
23.21 más de *c* hombres de ellos le acechan
2 Co. 11.24 cinco veces he recibido *c* azotes
He. 3.9 me probaron, y vieron mis obras *c* años
3.17 ¿y con quiénes. .él disgustado *c* años

CUARENTA MIL

Jos. 4.13 *40.000* hombres armados, listos para
Jue. 5.8 veía escudo. .entre *40.000* en Israel?
2 S. 10.18 mató. .*40.000* hombres de a caballo
1 R. 4.26 Salomón tenía *40.000* caballos en sus
1 Cr. 12.36 y preparados para pelear, *40.000*
19.18 mató David. .*40.000* hombres de a pie

CUARENTA MIL QUINIENTOS

Nm. 1.33 los contados. .de Efraín fueron *40.500*
2.19 de ejército, con sus contados, *40.500*
26.18 Gad; y fueron contados de ellas *40.500*

CUARENTA Y CINCO

Gn. 18.28 no la destruiré, si hallare allí *45*
Jos. 14.10 me ha hecho vivir. .estos *45* años
1 R. 7.3 vigas, que se apoyaban en *45* columnas

CUARENTA Y CINCO MIL CUATROCIENTOS

Nm. 26.50 y fueron contados de ellas *45.400*

CUARENTA Y CINCO MIL SEISCIENTOS

Nm. 26.41 y fueron contados de ellas *45.600*

CUARENTA Y CINCO MIL SEISCIENTOS CINCUENTA

Nm. 1.25 los contados. .de Gad fueron *45.650*
2.15 de ejército, con sus contados, *45.650*

CUARENTA Y CUATRO MIL SETECIENTOS SESENTA

1 Cr. 5.18 eran *44.760* que salían a batalla

CUARENTA Y DOS

Nm. 35.6 además de éstas daréis *42* ciudades
2 R. 2.24 osos. .y despedazaron de ellos a *42*
10.14 los degollaron. .*42* varones, sin dejar
2 Cr. 22.2 Ocozías comenzó a reinar. .*42* años
Esd. 2.24 los hijos de Azmavet, *42*
Neh. 7.28 los varones de Bet-azmavet, *42*
Ap. 11.2 hollarán la ciudad santa *42* meses
13.5 le dio autoridad para actuar *42* meses

CUARENTA Y DOS MIL

Jue. 12.6 y murieron. .de los de Efraín *42.000*

CUARENTA Y DOS MIL TRESCIENTOS SESENTA

Esd. 2.64; Neh. 7.66 la congregación. .de *42.360*

CUARENTA Y NUEVE

Lv. 25.8 semanas de años vendrán a serte *49* años

CUARENTA Y OCHO

Nm. 35.7 las ciudades que daréis a. .serán *48*
Jos. 21.41 ciudades de los levitas. .fueron *48*

CUARENTA Y SEIS

Jn. 2.20 en *46* años fue edificado este templo

CUARENTA Y SEIS MIL QUINIENTOS

Nm. 1.21 los contados. .de Rubén fueron *46.500*
2.11 de ejército, con sus contados, *46.500*

CUARENTA Y TRES MIL SETECIENTOS TREINTA

Nm. 26.7 fueron contados de ellas *43.730*

CUARENTA Y UNO

1 R. 14.21 de *41* años. .cuando comenzó a reinar
15.10 reinó *41* años en Jerusalén; el nombre
2 R. 14.23 a reinar Jeroboam. .y reinó *41* años
2 Cr. 12.13 Roboam de *41* años cuando comenzó a
16.13 Asa. .murió en el año *41* de su reinado

CUARENTA Y UN MIL QUINIENTOS

Nm. 1.41 los contados. .de Aser fueron *41.500*
2.28 de ejército, con sus contados, *41.500*

CUARTO *Cristiano que mandó saludos por conducto de Pablo,* Ro. 16.23

CUARTO, TA

Gn. 1.19 y fue la tarde y la mañana el día *c*
2.14 y el nombre del. .*c* río es el Eufrates
15.16 en la *c* generación volverán acá; porque
Éx. 20.5 hasta la tercera y *c* generación de los
28.20; 39.13 *c* hilera, un berilo, un ónice
29.40 amasada con la *c* parte de un hin de
29.40 para la libación, la *c* parte de un hin
34.7 hijos, hasta la tercera y *c* generación

CUARTO, TA *(Continúa)*
Lv. 19.24 el *c* año todo su fruto será consagrado
23.13 su libación será de vino, la *c* parte de
Nm. 7.30 *c* día, Elisur hijo de Sedeur, príncipe
14.18 que visita la maldad de..hasta los *c*
15.4 harina, amasada con la *c* parte de un hin
15.5 de vino..ofrecerás la *c* parte de un hin
23.10 o el número de la *c* parte de Israel?
28.5 amasada con un *c* de un hin de aceite
28.7 su libación, la *c* parte de un hin con
28.14 la *c* parte de un hin con cada cordero
29.23 el *c* día, diez becerros, dos carneros
Dt. 5.9 la tercera y *c* generación de los que me
Jos. 19.17 la *c* suerte correspondió a Isacar
Jue. 19.5 *c* día..se levantó también el levita
1 S. 9.8 mi mano la *c* parte de un siclo de plata
2 S. 3.4 *c*, Adonías hijo de Haguit; el quinto
1 R. 6.1 el *c* año del principio del reino de
6.37 en el *c* año..se echaron los cimientos de
22.41 comenzó a reinar..en el *c* año de Acab
2 R. 6.25 la *c* parte de un cab de estiércol de
10.30 sentarán sobre..hasta la *c* generación
15.12 hijos hasta la *c* generación se sentarán
18.9 en el *c* año del rey Ezequías..subió
25.3 a los nueve días del *c* mes prevaleció el
1 Cr. 2.14 el *c* Natanael, el quinto Radai
3.2 el tercero, Absalón..el *c*, Adonías hijo
3.15 hijos..el tercero Sedequías, el *c* Salum
8.2 Noha el *c*, y Rafa el quinto
12.10 Mismana el *c*, Jeremías el quinto
23.19 los hijos de Hebrón..y Jecamán el *c*
24.8 la tercera a Harim, la *c* a Seorim
24.23 de los hijos de Hebrón..el *c* Jecamán
25.11 la *c* para Izri, con sus hijos y sus
26.2 los hijos de Meselemías..Jatniel el *c*
26.4 hijos de..el *c* Sacar, el quinto Natanael
26.11 el *c* Zacarías; todos los hijos de Hosa
27.7 *c* jefe para el *c* mes era Asael hermano
2 Cr. 3.2 edificar en..el *c* año de su reinado
20.26 y al *c* día se juntaron en el valle de
Esd. 8.33 al *c* día fue luego pesada la plata
Neh. 9.3 leyeron el libro..la *c* parte del día
9.3 y la *c* parte confesaron sus pecados y
Job 42.16 a sus hijos..hasta la *c* generación
Pr. 30.15 tres cosas..la *c* nunca dice, ¡Basta!
30.18 me son ocultas; aun tampoco sé la *c*
30.21 tres cosas..y la *c* ella no puede sufrir
30.29 tres cosas hay..y la *c* pasea muy bien
Jer. 25.1 año *c* de Joacim hijo de Josías, rey
28.1 año *c*, en el quinto mes, que Hananías
36.1 aconteció en el *c* año de Joacim hijo de
39.2 en el mes *c*, a los nueve días del mes
45.1 habló..el *c* año de Joacim hijo de Josías
46.2 a quien destruyó..en el año *c* de Joacim
51.59 con Sedequías..el *c* año de su reinado
52.6 en el mes *c*, a los nueve días del mes
Ez. 1.1 en el mes *c*, a los cinco días del mes
10.14 la tercera, cara de león; la *c*, cara de
Dn. 2.40 y el *c* reino será fuerte como hierro
3.25 el aspecto del *c* es semejante a hijo de
7.7 la *c* bestia, espantosa y terrible y en
7.19 saber la verdad acerca de la *c* bestia
7.23 la *c* bestia será un *c* reino en la tierra
11.2 el *c* se hará de grandes riquezas más que
Am. 1.3 por tres pecados de Damasco, y por el *c*
1.6 por tres pecados de Gaza, y por el *c*
1.9 por tres pecados de Tiro, y por el *c*
1.11 por tres pecados de Edom, y por el *c*
1.13 por tres pecados de..Amón, y por el *c*
2.1 por tres pecados de Moab, y por el *c*
2.4 por tres pecados de Judá, y por el *c*
2.6 por tres pecados de Israel, y por el *c*
Zac. 6.3 en el *c* carro caballos overos rucios
7.1 en el año *c* del rey Darío vino palabra de
8.19 el ayuno del *c* mes, el ayuno del quinto
Mt. 10.29 ¿no se venden 2 pajarillos por un *c*?
14.25 mas a la *c* vigilia..Jesús vino a ellos
Mr. 6.48 la *c* vigilia de la noche vino a ellos
Lc. 12.6 ¿no se venden 5 pajarillos por dos *c*?
Ap. 4.7 el *c* era semejante a un águila volando
6.7 cuando abrió el *c* sello, oí la voz del *c*
6.8 potestad sobre la *c* parte de la tierra
8.12 *c* ángel tocó la trompeta, y fue herida
16.8 el *c* ángel derramó su copa sobre el sol
21.19 el tercero, ágata; el *c*, esmeralda

CUATRO ***Véase también Cuatrocientos, Cuatro mil, etc.***
Gn. 2.10 río..de allí se repartía en *c* brazos
14.9 Quedorlaomer rey..*c* reyes contra cinco
47.24 las *c* partes serán vuestras para sembrar
Éx. 22.1 pagará..y por aquella oveja *c* ovejas
25.12 *c* anillos..pondrás en sus *c* esquinas
25.26 le harás *c* anillos..en las *c* esquinas
25.26 anillos..que corresponden a sus *c* patas
25.34 en la caña central..*c* copas en forma de
26.2 anchura de la misma cortina de *c* codos
26.8 la anchura de cada cortina de *c* codos
26.32 sobre *c* columnas de..cubiertas de oro
27.2 y le harás cuernos en sus *c* esquinas
27.4 *c* anillos de bronce a sus *c* esquinas
27.16 atrio..sus columnas *c*, con sus *c* basas
28.17 y lo llenarás de pedrería en *c* hileras
36.9 anchura de *c* codos; todas las cortinas
36.15 anchura de *c* codos; las once cortinas
36.36 *c* columnas de madera..*c* basas de plata
37.3 fundió..*c* anillos de oro a sus *c* esquinas
37.13 *c* anillos de oro puso a las *c* esquinas
37.13 que correspondían a las *c* patas de ella
37.20 en la caña del candelero había *c* copas
38.2 e hizo sus cuernos a sus *c* esquinas, los
38.5 fundió *c* anillos a los *c* extremos del
38.19 sus columnas eran *c*, con sus *c* basas
39.10 engastaron en él *c* hileras de piedras
Lv. 11.20 insecto alado que anduviere sobre *c*
11.21 todo insecto..que anda sobre *c* patas
11.23 todo insecto alado que tenga *c* patas
11.27 todos los animales que andan en *c* patas
11.42 todo lo que anda sobre *c* o más patas
Nm. 7.7 y *c* bueyes dio a los hijos de Gersón
7.8 y a los hijos de Merari dio *c* carros y
Dt. 3.11 su anchura de *c* codos, según el codo
22.12 te harás flecos en las *c* puntas de tu
Jos. 19.7 Aín, Rimón..*c* ciudades con sus aldeas
21.18 Anatot con sus ejidos..*c* ciudades
21.22 Bet-horón con sus ejidos; *c* ciudades
21.24 y Gat-Rimón con sus ejidos; *c* ciudades
21.29 y En-ganim con sus ejidos; *c* ciudades
21.31 y Rehob con sus ejidos; *c* ciudades
21.35 y Naalal con sus ejidos; *c* ciudades
21.37 y Mefaat con sus ejidos; *c* ciudades
21.39 y Jazer con sus ejidos; *c* ciudades
Jue. 9.34 pusieron emboscada..con *c* compañías
11.40 endechar a la hija de Jefté..*c* días en
19.2 y su concubina..se fue de él..*c* meses
20.47 estuvieron en la peña de Rimón *c* meses
1 S. 27.7 David habitó en la..un año y *c* meses
2 S. 12.6 debe pagar la cordera con *c* tantos
15.7 al cabo de *c* años..Absalón dijo al rey
21.22 *c* eran descendientes de los gigantes
1 R. 7.2 sobre *c* hileras de columnas de cedro
7.19 capiteles que estaban..eran de *c* codos
7.27 cada basa de *c* codos, y la anchura de *c*
7.30 *c* ruedas de bronce..en sus *c* esquinas
7.32 *c* ruedas estaban debajo de los tableros
7.34 las *c* repisas de las *c* esquinas de cada
7.38 cada una era de *c* codos; y colocó una
18.34 y dijo: Llenad *c* cántaros de agua, y
2 R. 7.3 a la entrada..*c* hombres leprosos, los
1 Cr. 3.5 *c* le nacieron en Jerusalén: Simea
7.1 los hijos de Isacar fueron *c*: Tola, Fúa
9.24 estaban los porteros a los *c* lados; al
9.26 *c* principales de los porteros levitas
21.20 por lo que se escondieron *c* hijos suyos
23.10 estos *c* fueron los hijos de Simei
23.12 hijos de Coat: Amram, Izhar..ellos *c*
26.17 al norte *c* de día; al sur *c* de día
26.18 en la..*c* al camino, y dos en la cámara
Neh. 6.4 enviaron a mí..hasta *c* veces, y yo les
Job 1.19 azotó las *c* esquinas de la casa, la
Pr. 30.24 *c* cosas son de las más pequeñas de
Is. 11.12 reunirá los esparcidos de..*c* confines
17.6 *c* o cinco en sus ramas más fructíferas
Jer. 15.3 y enviaré sobre ellos *c* géneros de
36.23 Jehudí había leído tres o *c* planas, lo
49.36 traeré..los *c* vientos de los *c* puntos
52.21 las columnas..su espesor era de *c* dedos
Ez. 1.5 en medio..figura de *c* seres vivientes
1.6 cada uno tenía *c* caras y *c* alas
1.8 a sus *c* lados..sus alas por los *c* lados
1.10 derecho de los *c*..la izquierda en los *c*
1.10 asimismo había en los *c* cara de águila
1.15 rueda..junto a los seres..los *c* lados
1.16 y las *c* tenían una misma semejanza; su
1.17 se movían hacia sus *c* costados; no se
1.18 arcos..llenos de ojos alrededor en las *c*
7.2 el fin viene sobre los *c* extremos de la
10.9 y miré..*c* ruedas junto a los querubines
10.10 las *c* eran de una misma forma, como si
10.11 andaban, hacia los *c* frentes andaban
10.12 estaban llenos de ojos..sus *c* ruedas
10.14 cada uno tenía *c* caras..La primera era
10.21 cada uno tenía *c* caras y cada..*c* alas
14.21 mis *c* juicios terribles, espada, hambre
37.9 espíritu, ven de los *c* vientos, y sopla
40.41 *c* mesas a un lado, y *c* mesas al otro
40.42 las *c* mesas..eran de piedra labrada, de
41.5 y de *c* codos la anchura de las cámaras
42.20 a los *c* lados lo midió; tenía un muro
43.14 hasta la cornisa mayor, *c* codos, y el
43.15 el altar era de *c* codos, y..*c* cuernos
43.16 el altar tenía..cuadrado a sus *c* lados
43.17 catorce de anchura en sus *c* lados, y de
43.20 y pondrás en los *c* cuernos del altar
43.20 y en las *c* esquinas del descanso, y en
45.19 sobre los *c* ángulos del descanso del
46.21 me llevó por los *c* rincones del atrio
46.22 los *c* rincones del atrio había patios
46.22 patios..una misma medida tenían los *c*
46.23 y había una pared..alrededor de los *c*
Dn. 1.17 a estos *c*..Dios les dio conocimiento
3.25 yo veo *c* varones sueltos, que se pasean
7.2 que los *c* vientos del cielo combatían en
7.3 *c* bestias grandes, diferentes la una de
7.6 un leopardo, con *c* alas de ave..*c* cabezas
7.17 estas *c* grandes bestias son *c* reyes que
8.8 y en su lugar salieron otros *c* cuernos
8.8 salieron..hacia los *c* vientos del cielo
8.22 y sucedieron *c*..*c* reinos se levantarán
11.4 repartido hacia los *c* vientos del cielo
Zac. 1.18 mis ojos y miré, y he aquí *c* cuernos
1.20 me mostró luego Jehová *c* carpinteros
2.6 pues por los *c* vientos de los cielos os
6.1 y he aquí *c* carros que salían de entre
6.5 estos son los *c* vientos de los cielos
7.1 palabra de Jehová..a los *c* días del mes
Mt. 24.31 a sus escogidos, de los *c* vientos
Mr. 2.3 un paralítico, que era cargado por *c*
13.27 juntará a sus escogidos de..*c* vientos
Jn. 4.35 aún faltan *c* meses para que llegue la
11.17 que hacía ya *c* días que Lázaro estaba
11.39 Señor, hiede ya, porque es de *c* días
19.23 e hicieron *c* partes..para cada soldado
Hch. 10.11 atado de las *c* puntas era bajado a
10.30 hace *c* días que a esta hora yo estaba
11.5 que por las *c* puntas era bajado del cielo
12.4 entregándole a *c* grupos de *c* soldados
21.9 éste tenía *c* hijas..que profetizaban
21.23 hay entre nosotros *c* hombres que tienen
27.29 *c* anclas por la popa, y ansiaban que
Ap. 4.6 y junto al trono..*c* seres vivientes
4.8 los *c* seres..tenían cada uno seis alas
5.6 que en medio..de los *c* seres vivientes
5.8 los *c* seres vivientes y los 24 ancianos
5.14 los *c* seres vivientes decían: Amén; y los
6.1 oí a uno de los *c* seres vivientes decir
6.6 y oí una voz de en medio de los *c* seres
7.1 a *c* ángeles en pie sobre los *c* ángulos de
7.1 que detenían los *c* vientos de la tierra
7.2 y clamó a gran voz a los *c* ángeles, a
7.11 alrededor del..y de los *c* seres vivientes
9.13 una voz de entre los *c* cuernos del altar
9.14 desata a los *c* ángeles que están atados
9.15 y fueron desatados los *c* ángeles que
14.3 y cantaban un cántico..delante de los *c*
15.7 uno de los *c* seres vivientes dio a los
19.4 los *c* seres vivientes se postraron en
20.8 a engañar a las naciones..los *c* ángulos

CUATROCIENTOS ***Véase también Cuatrocientos diez, etc.***
Gn. 15.13 tu descendencia..será oprimida *c* años
23.15 la tierra vale *c* siclos de plata: ¿qué
23.16 pesó Abraham a Efrón..*c* siclos de plata
32.6 viene a recibirte, y *c* hombres con él
33.1 aquí venía Esaú, y los *c* hombres con él
Jue. 21.12 hallaron..*c* doncellas que no habían
1 S. 22.2 jefe..y tuvo consigo como *c* hombres
25.13 y subieron tras David como *c* hombres
30.10 y David siguió adelante con *c* hombres
30.17 sino *c* jóvenes que montaron sobre los
1 R. 7.42 *c* granadas para las dos redes, dos
18.19 congrégame a..los *c* profetas de Asera
22.6 reunió a los profetas, como *c* hombres
2 R. 14.13 rompió el muro de Jerusalén..*c* codos
2 Cr. 4.13 *c* granadas en las dos redes, dos
18.5 el rey de Israel reunió a *c* profetas
25.23 derribó el muro..un tramo de *c* codos
Esd. 6.17 ofrecieron..*c* corderos; y 12 machos
Hch. 5.36 se unió un número como de *c* hombres
7.6 dijo Dios..los maltratarían, por *c* años

CUATROCIENTOS CINCUENTA
1 R. 18.19 congrégame a..*450* profetas de Baal
18.22 los profetas de Baal hay *450* hombres
2 Cr. 8.18 Ofir, y tomaron de allá *450* talentos
Hch. 13.20 por *450* años, les dio jueces hasta

CUATROCIENTOS CINCUENTA Y CUATRO
Esd. 2.15 los hijos de Adín, *454*

CUATROCIENTOS DIEZ
Esd. 1.10 otras *410* tazas de plata, y otros mil

CUATROCIENTOS MIL
Jue. 20.2 hallaron presentes..*400.000* hombres
20.17 fueron contados..*400.000* hombres que
2 Cr. 13.3 con un ejército de *400.000* hombres

CUATROCIENTOS OCHENTA
1 R. 6.1 en el año *480* después que..salieron de

CUATROCIENTOS SETENTA MIL
1 Cr. 21.5 de Judá *470.000*..que sacaban espada

CUATROCIENTOS SETENTA Y OCHO
Neh. 11.6 los hijos de Fares que moraron..*478*

CUATROCIENTOS TREINTA
Gn. 11.17 y vivió Heber..*430* años, y engendró
Éx. 12.40 Israel habitaron en Egipto fue *430*
12.41 y pasados los *430* años..salieron de la
Gá. 3.17 la ley que vino *430* años después, no

CUATROCIENTOS TREINTA Y CINCO
Esd. 2.67; Neh. 7.69 camellos, *435*

CUATROCIENTOS TRES
Gn. 11.13 vivió Arfaxad..*403* años, y engendró
11.15 vivió Sala..*403* años, y engendró hijos

CUATROCIENTOS VEINTE

1 R. 9.28 tomaron de allí oro, *420* talentos

CUATRO MIL

1 S. 4.2 hirieron en la..como a *4.000* hombres
1 Cr. 23.5 *4.000* porteros, y *4.000* para alabar
2 Cr. 9.25 tuvo..Salomón *4.000* caballerizas
Mt. 15.38 y eran los que habían comido, *4.000*
16.10 ¿ni de los siete panes entre *4.000*
Mr. 8.9 y eran los que comieron, como *4.000*
8.20 y cuando los siete panes entre *4.000*
Hch. 21.38 sacó al desierto los..*4.000* sicarios?

CUATRO MIL QUINIENTOS

Ez. 48.16 del norte *4.500* cañas, al..sur *4.500*
48.16 del oriente *4.500*..occidente *4.500*
48.30 al lado del norte, *4.500* cañas por
48.32 al lado oriental *4.500* cañas, y tres
48.33 lado del sur, *4.500* cañas por medida
48.34 al lado occidental *4.500* cañas, y sus

CUATRO MIL SEISCIENTOS

1 Cr. 12.26 de los hijos de Leví, *4.600*
Jer. 52.30 las personas en total fueron *4.600*

CUBA

Jl. 3.13 el lagar está lleno, rebosan las *c*

CUBIERTA

Gn. 8.13 y quitó Noé la *c* del arca, y miró, y
Éx. 22.27 sólo eso es su *c*..¿En qué dormirá?
25.29 sus *c* y sus tazones, con que se libará
26.7 cortinas de pelo de cabra para una *c*
26.11 enlazarás las..que se haga una sola *c*
26.14 también..una *c* de pieles de carneros
26.14 y una *c* de pieles de tejones encima
30.3 oro puro, su *c*, sus paredes en derredor
35.11 su *c*, sus corchetes, sus tablas, sus
36.19 hizo para la tienda una *c* de..y otra *c*
37.26 oro puro, su *c* y sus paredes alrededor
38.17 las *c* de las cabezas de ellas, de plata
38.19 y las *c* de los capiteles de..de plata
39.34 la *c* de pieles de carnero teñidas de
39.34 la *c* de pieles de tejones, el velo del
Nm. 3.25 a cargo..la tienda y su *c*, la cortina
4.6 y pondrán sobre ella la *c* de pieles de
4.8 lo cubrirán con la *c* de pieles de tejones
4.10 pondrán..en una *c* de pieles de tejones
4.11 cubrirán con la *c* de pieles de tejones
4.12 y los cubrirán con una *c* de pieles de
4.14 y extenderán..la *c* de pieles de tejones
4.25 el tabernáculo de..su *c*, la *c* de pieles
Sal. 31.20 los pondrás en..a *c* de contención
61.4 yo..estaré seguro bajo la *c* de tus alas
105.39 extendió una nube por *c*, y fuego para
140.7 tú pusiste a *c* mi cabeza en el día de
Is. 22.8 y desnudó la *c* de Judá; y miraste en
25.7 destruirá..la *c* con que están cubiertos
30.1 se apartan..para cobijarse con *c*, y no
30.22 profanarás la *c* de tus esculturas de
50.3 los cielos, y hago como cilicio su *c*

CUBIERTO *Véase también Cubrir*

Éx. 37.16 hizo..cucharas, sus *c* y sus tazones

CUBO

1 R. 7.33 sus *c* y sus cinchos..era de fundición
Is. 40.15 como la gota de agua que cae del *c*

CUBRIR

Gn. 7.19 y todos los montes..fueron *cubiertos*
7.20 después que fueron *cubiertos* los montes
9.23 atrás, *cubrieron* la desnudez de su padre
24.65 ella entonces tomó el velo, y se *cubrió*
27.16 y *cubrió* sus manos y..su cuello donde
31.10 los machos que *cubrían* a las hembras
31.12 los machos que *cubren* a las hembras son
38.14 se quitó ella..y se *cubrió* con un velo
38.15 porque ella había *cubierto* su rostro
Éx. 3.6 Moisés *cubrió* su rostro..tuvo miedo de
8.6 ranas que *cubrieron* la tierra de Egipto
10.5 la cual *cubrirá* la faz de la tierra, de
10.15 *cubrió*..el país, y oscureció la tierra
14.28 volvieron las aguas, y *cubrieron* los
15.5 los abismos los *cubrieron;* descendieron
15.10 soplaste con tu viento; lo *cubrió* el mar
16.13 codornices que *cubrieron* el campamento
21.33 si..no la *cubriere*, y cayere allí buey
22.27 eso es su vestido para *cubrir* su cuerpo
24.15 Moisés subió..una nube *cubrió* el monte
24.16 Sinaí..la nube lo *cubrió* por seis días
25.11 y la *cubrirás* de oro puro por dentro y
25.13 unas varas..las cuales *cubrirás* de oro
25.20 *cubriendo* con sus alas el propiciatorio
25.24 y la *cubrirás* de oro puro, y le harás
25.28 harás las varas..y las *cubrirás* de oro
26.13 los lados del tabernáculo..para *cubrirlo*
26.29 y *cubrirás* de oro las tablas, y harás
26.29 harás sus..*cubrirás* de oro las barras
26.32 cuatro columnas de..*cubiertas* de oro
26.37 columnas de madera de..*cubrirás* de oro
27.2 le harás cuernos..lo *cubrirás* de bronce
27.6 varas de madera de..*cubrirás* de bronce
28.42 calzoncillos..para *cubrir* su desnudez
29.13,22 la grosura que *cubre* los intestinos
30.3 y lo *cubrirás* de oro puro, su cubierta
30.5 varas de madera..y las *cubrirás* de oro
33.22 te *cubriré* con mi mano hasta que haya
36.34 *cubrió* de oro las tablas..*c*..las barras
36.36 cuatro columnas..y las *cubrió* de oro
36.38 y *cubrió* de oro los capiteles y las
37.2 la *cubrió* de oro puro por dentro y por
37.4 hizo también varas..y las *cubrió* de oro
37.9 *cubriendo* con sus alas el propiciatorio
37.11 *cubrió* de oro puro..hizo una cornisa
37.15 varas de madera..y las *cubrió* de oro
37.26 y lo *cubrió* de oro puro, su cubierta y
37.28 hizo las varas de..y las *cubrió* de oro
38.2 hizo sus cuernos..y lo *cubrió* de bronce
38.6 hizo las varas..y las *cubrió* de bronce
38.28 y *cubrió* los capiteles de ellas, y las
40.3 pondrás..el arca..*cubrirás* con el velo
40.34 nube *cubrió* el tabernáculo de reunión
Lv. 3.3,9,14; 4.8; 7.3; 9.19 la grosura que *cubre* los intestinos
13.12 que *cubriere* toda la piel del llagado
13.13 lepra hubiere *cubierto* todo su cuerpo
16.4 ceñirá..con la mitra de lino se *cubrirá*
16.13 la nube..*cubrirá* el propiciatorio que
17.13 derramará su sangre y la *cubrirá* con
Nm. 4.5 *cubrirán* con él el arca del testimonio
4.8,11,12 *cubrirán* con la cubierta de pieles
4.9 tomarán un paño..y *cubrirán* el candelero
4.15 acaben Aarón y..de *cubrir* el santuario y
4.20 no entrarán..ver cuando *cubran* las cosas
7.3 seis carros *cubiertos* y doce bueyes
9.15 la nube *cubrió* el tabernáculo sobre la
9.16 la nube lo *cubría* de día, y de noche la
16.33 y los *cubrió* la tierra, y perecieron
16.38 planchas batidas para *cubrir* el altar
16.39 y los batieron para *cubrir* el altar
16.42 tabernáculo..la nube lo había *cubierto*
22.5,11 pueblo..*cubre* la faz de la tierra
Dt. 2.5 no os daré..ni aun lo que *cubre*..un pie
22.12 flecos en..tu manto con que te *cubras*
23.13 al volverte *cubrirás* tu excremento
32.15 coces (engordaste, te *cubriste* de grasa
33.12 lo *cubrirá* siempre, y entre sus hombros
Jos. 24.7 hizo venir..mar, el cual los *cubrió*
Jue. 3.22 la gordura *cubrió* la hoja; porque no
3.24 él *cubre* sus pies en la sala de verano
4.18 él vino..y ella le *cubrió* con una manta
4.18 y le dio de beber, y le volvió a *cubrir*
1 S. 19.13 una estatua..y la *cubrió* con la ropa
24.3 entró Saúl en ella para *cubrir* sus pies
28.14 un..anciano viene, *cubierto* de un manto
2 S. 15.30 llevando la cabeza *cubierta* y los
15.30 el pueblo..*cubrió* cada uno su cabeza
19.4 el rey, *cubierto* el rostro, clamaba en
1 R. 1.1 le *cubrían* de ropas..no se calentaba
6.9 y la *cubrió* con artesonados de cedro
6.15 *cubrió* las paredes..*c*..pavimento con
6.18 y la casa estaba *cubierta* de cedro por
6.20 y lo *cubrió* de oro purísimo..*c* de oro
6.21 *cubrió* de oro puro la casa por dentro
6.21 cerró la entrada..y lo *cubrió* de oro
6.22 *cubrió*, pues, de oro..la casa de arriba
6.22 *cubrió* de oro todo el altar que estaba
6.28 y *cubrió* de oro los querubines
6.30 y *cubrió* de oro el piso de la casa, por
6.32 las *cubrió* de oro; *c* también de oro los
6.35 talló..y las *cubrió* de oro ajustado a
7.3 estaba *cubierta* de tablas de cedro arriba
7.7 el pórtico del juicio..*cubrió* de cedro
7.18 para *cubrir* los capiteles que estaban
7.41 dos redes que *cubrían* los dos capiteles
7.42 para *cubrir* los dos capiteles redondos
8.7 así *cubrían* los querubines el arca y sus
10.18 un gran trono..el cual *cubrió* de oro
11.29 Ahías..*cubierto* con una capa nueva
19.13 cuando lo oyó Elías, *cubrió* su rostro
2 R. 18.16 quiciales que..había *cubierto* de oro
19.1 se *cubrió* de cilicio, y entró en la casa
19.2 envió a Eliaquim..*cubiertos* de cilicio
1 Cr. 21.16 se postraron..*cubiertos* de cilicio
28.18 con las alas extendidas *cubrían* el arca
29.4 plata..para *cubrir* las paredes de las
2 Cr. 3.4 el pórtico..*cubrió* por dentro de oro
3.5 madera de ciprés, la cual *cubrió* de oro
3.6 *cubrió*..la casa de piedras preciosas para
3.7 *cubrió* la casa..y sus puertas, con oro
3.8 y lo *cubrió* de oro fino que ascendía a
3.9 *cubrió* también de oro los aposentos
3.10 dos querubines..fueron *cubiertos* de oro
4.9 y *cubrió* de bronce las puertas de ellas
4.12 dos redes para *cubrir* las dos esferas
4.13 granadas..que *cubriesen* las dos esferas
5.8 los querubines *cubrían* por encima el arca
9.17 un gran trono de marfil..*cubrió* de oro
32.30 este Ezequías *cubrió* los manantiales
Esd. 9.7 a vergüenza que *cubre* nuestro rostro
Neh. 4.5 no *cubras* su iniquidad, ni su pecado
Est. 6.12 prisa para irse..*cubierta* su cabeza
7.8 palabra, le *cubrieron* el rostro a Amán
Job 9.24 y él *cubre* el rostro de sus jueces
15.27 porque la gordura *cubrió* su rostro, e
16.18 no *cubras* mi sangre, y no haya lugar
21.26 yacerán ellos..y gusanos los *cubrirán*
22.11 no veas, y abundancia de agua te *cubre*
23.17 ni..*cubierto* con oscuridad mi rostro?
29.14 me vestía de justicia, y ella me *cubría*
38.34 para que te *cubra* muchedumbre de aguas?
40.22 los árboles..lo *cubren* con su sombra
Sal. 32.1 sido perdonada, y *cubierto* su pecado
44.15 y la confusión de mi rostro me *cubre*
44.19 y nos *cubrieses* con sombra de muerte
55.5 temor y temblor..terror me ha *cubierto*
65.13 y los valles se *cubren* de grano; dan
68.13 como alas de paloma *cubiertas* de plata
69.7 afrenta; confusión ha *cubierto*..rostro
71.13 *cubiertos* de vergüenza y de confusión
78.53 guio..y el mar *cubrió* a sus enemigos
80.10 montes fueron *cubiertos* de su sombra
85.2 tu pueblo..los pecados de ellos *cubriste*
89.45 has acortado..has *cubierto* de afrenta
91.4 con sus plumas te *cubrirá*, y debajo de
104.2 que se *cubre* de luz como de vestidura
104.6 abismo, como con vestido, la *cubriste*
104.9 no traspasarán, ni volverán a *cubrir* la
106.11 *cubrieron* las aguas a sus enemigos; no
106.17 abrió..y *cubrió* la compañía de Abiram
109.19 séale como vestido con que se *cubra*, y
109.29 sean *cubiertos* de confusión como con
140.9 la maldad de sus..*cubrirá* su cabeza
147.8 él es quien *cubre* de nubes los cielos
Pr. 10.6,11 violencia *cubrirá* la boca de los
10.12 pero el amor *cubrirá* todas las faltas
17.9 el que *cubre* la falta busca amistad; mas
24.31 ortigas habían ya *cubierto* su faz, y su
26.26 aunque su odio se *cubra* con disimulo
Ec. 6.4 y con tinieblas su nombre es *cubierto*
Cnt. 5.14 cuerpo..marfil *cubierto* de zafiros
Is. 6.2 *cubrían* sus rostros, con dos *c*..pies
11.9 llena del..como las aguas *cubren* el mar
14.11 serán tu cama, y gusanos te *cubrirán*
22.17 Jehová..de cierto te *cubrirá* el rostro
25.7 cubierta con que están *cubiertos* todos
37.1 y *cubierto* de cilicio vino a la casa de
37.2 envió..sacerdotes, *cubiertos* de cilicio
49.2 me *cubrió* con la sombra de su mano
51.16 y con la sombra de mi mano te *cubrí*
58.7 que cuando veas al desnudo, lo *cubras*
59.6 vestir, ni de sus obras serán *cubiertos*
59.17 ropas..se *cubrió* de celo como de manto
60.2 he aquí que tinieblas *cubrirán* la tierra
60.6 multitud de camellos te *cubrirá*..de Efa
65.16 serán olvidadas, y serán *cubiertas* de
Jer. 3.25 yacemos..y nuestra afrenta nos *cubre*
14.3 se confundieron, y *cubrieron* sus cabezas
14.4 están confusos..*cubrieron* sus cabezas
17.11 como la perdiz que *cubre* lo que no puso
22.14 casa..la *cubre* de cedro, y la pinta de
43.9 *cúbrelas* de barro en el enladrillado que
46.8 subiré, *cubriré* la tierra, destruiré a
51.42 de la multitud de sus olas fue *cubierta*
51.51 la confusión *cubrió* nuestros rostros
Lm. 3.16 mis dientes quebró..*cubrió* de ceniza
3.44 te *cubriste* de nube para que no pasase
3.54 aguas *cubrieron* mi cabeza..Muerto soy
Ez. 1.11 alas..los otras dos *cubrían* sus cuerpos
1.23 uno tenía dos alas que *cubrían* su cuerpo
12.6 *cubrirás*..rostro, y no mirarás la tierra
12.12 *cubrirá* su rostro para no ver con sus
16.8 *cubrí* tu desnudez; y te di juramento y
16.10 te vestí..te ceñí de lino y te *cubrí* de
16.18 y tomaste tus vestidos..y las *cubriste*
18.7 diere..*cubriere* al desnudo con vestido
18.16 pan, y *cubriere* con vestido al desnudo
24.7 no..para que fuese *cubierta* con polvo
24.8 pondré su sangre sobre..no sea *cubierta*
24.17 no te *cubras* con rebozo, ni comas pan
24.22 no os *cubriréis* con rebozo, ni comeréis
26.10 te *cubrirá* el polvo..con el estruendo
26.19 subir..y las muchas aguas te *cubrirán*
30.18 tiniebla la *cubrirá*, y los moradores de
31.8 los cedros no lo *cubrieron* en el huerto
31.15 hice *cubrir* por él el abismo, y detuve
31.15 al Líbano *cubrí* de tinieblas por él, y
32.7 *cubriré* los cielos..el sol *c* con nublado
36.32 avergonzaos y *cubríos* de confusión por
37.6 os *cubriré* de piel, y pondré en vosotros
37.8 la piel *cubrió* por encima de ellos; pero
38.9,16 como nublado para *cubrir* la tierra
41.16 *cubierto* de madera..ventanas también *c*
Os. 2.9 y mi lino que había dado para *cubrir* su
7.9 canas le han *cubierto*, y él no lo supo
10.8 dirán a..*Cubridnos;* y a los collados
Am. 8.9 y *cubriré* de tinieblas la tierra en el
Abd. 10 por la injuria a..te *cubrirá* vergüenza
Jon. 3.6 se *cubrió* de cilicio y se sentó sobre
3.8 *cúbranse* de cilicio hombres y animales
Mi. 7.10 lo verá, y la *cubrirá* vergüenza; la que
Hab. 2.14 llena..como las aguas *cubren* el mar
2.19 está *cubierto* de oro y plata, y no hay
3.3 su gloria *cubrió* los cielos, y la tierra
Mal. 2.13 haréis *cubrir* el altar de Jehová de
2.16 y al que *cubre* de iniquidad su vestido
Mt. 8.24 tempestad..las olas *cubrían* la barca
11.8 hombre *cubierto* de vestiduras delicadas?
17.5 aún hablaba, una nube de luz los *cubrió*
25.36 desnudo, y me *cubristeis;* enfermo, y me

CUBRIR *(Continúa)*
Mt. 25.38 ¿y cuándo te..desnudo, y te *cubrimos?*
25.43 estuve desnudo, y no me *cubristeis*
Mr. 14.51 le seguía, *cubierto* el cuerpo con una
14.65 y a *cubrirle* el rostro y a darle de
16.5 un joven..*cubierto* de una larga ropa
Lc. 1.35 el poder del Altísimo te *cubrirá* con
7.25 hombre *cubierto* de vestiduras delicadas?
8.16 nadie que enciende una luz la *cubre* con
9.34 una nube que los *cubrió;* y tuvieron temor
23.30 a decir a..y a los collados: *Cubridnos*
Ro. 4.7 aquellos..cuyos pecados son *cubiertos*
1 Co. 11.4 varón que ora con la cabeza *cubierta*
11.6 si la mujer no se *cubre,* que se corte
11.6 y si le es vergonzoso a la..que se *cubra*
11.7 el varón no debe *cubrirse* la cabeza, pues
11.13 que la mujer ore a Dios sin *cubrirse*
He. 9.4 el arca del pacto *cubierta* de oro por
9.5 los querubines de gloria que *cubrían* el
11.37 anduvieron de acá..*cubiertos* de pieles
Stg. 5.20 alma, y *cubrirá* multitud de pecados
1 P. 4.8 el amor *cubrirá* multitud de pecados
Ap. 16.10 y su reino se *cubrió* de tinieblas

CUCHARA

Éx. 25.29; 37.16 platos, sus *c*, sus cubiertos
Nm. 4.7 y pondrán..*c*, las copas y los tazones
7.14,20,26,32,38,44,50,56,62,68,74,80 una *c*
de oro de diez siclos
7.84 platos..jarros de plata, doce *c* de oro
7.86 las doce *c* de oro..de 10 siclos cada *c*
7.86 doce..todo el oro de las *c*, 120 siclos
2 Cr. 4.22 *c* y los incensarios eran de oro puro
24.14 hicieron..morteros, *c*, vasos de oro
Jer. 52.18 los tazones, las *c*, y..utensilios

CUCHARILLA

1 R. 7.50 *c* e incensarios, de oro purísimo

CUCHARÓN

2 R. 25.14 llevaron..*c*, y todos los untensilios

CUCHILLO

Gn. 22.6 y él tomó en su mano el fuego y el *c*
22.10 y extendió Abraham su mano y tomó el *c*
Jos. 5.2 a Josué: Hazte *c* afilados, y vuelve a
5.3 Josué se hizo *c* afilados, y circuncidó a
Jue. 19.29 y llegando a su casa, tomó un *c*, y
1 R. 18.28 y se sajaban con *c* y con lancetas
Esd. 1.9 mil tazones de plata, veintinueve *c*
Job 41.7 ¿cortarás tú con *c* su piel, o..arpón
Pr. 23.2 pon *c* a tu garganta, si tienes gran
25.18 martillo y *c*..es el hombre que habla
30.14 cuyos dientes son espadas, y..muelas *c*
Ez. 5.1 tómate un *c* agudo, toma una navaja de

CUELLO

Gn. 27.16 la parte de su *c* donde no tenía vello
33.4 Esaú..y se echó sobre su *c*, y le besó
41.42 lino..y puso un collar de oro en su *c*
45.14 echó sobre el *c* de Benjamín su hermano
45.14 y también Benjamín lloró sobre su *c*
46.29 se echó sobre su *c*, y lloró..largamente
Éx. 28.32; 39.23 como el *c* de un coselete
Lv. 5.8 arrancará de su *c* la cabeza, mas no la
Dt. 28.48 él pondrá yugo de hierro sobre tu *c*
Jos. 10.24 y poned vuestros pies sobre los *c* de
10.24 pusieron sus pies sobre los *c* de ellos
Jue. 8.21 adornos..que sus camellos traían al *c*
8.26 collares que traían sus camellos al *c*
1 R. 20.31 pongamos, pues..sogas en nuestro *c*
20.32 y sogas a sus *c*, y vinieron al rey de
2 R. 11.14 a voz en *c:* ¡Traición, traición!
Job 15.26 corrió contra él con *c* erguido, con
30.18 la violencia..ciñe como el *c* de mi túnica
39.19 ¿vestiste tú su *c* de crines ondulantes?
Pr. 1.9 adorno de gracia..y collares a tu *c*
3.3 átalas a tu *c*, escríbelas en la tabla de
3.22 serán vida a tu alma, y gracia a tu *c*
6.21 átalos siempre en tu..enlázalos a tu *c*
Cnt. 1.10 hermosas son..tu *c* entre los collares
4.4 tu *c*, como la torre de David, edificada
4.9 has apresado..con una gargantilla de tu *c*
7.4 *c*, como torre de marfil; tus ojos, como
Is. 3.16 *c* erguido y con ojos desvergonzados
30.28 llegará hasta el *c*, para zarandear a las
52.2 suelta las ataduras de tu *c*, cautiva hija
58.1 clama a voz en *c*, no te detengas; alza
Jer. 27.2 hazte coyundas..y ponlos sobre tu *c*
27.8 la nación..y que no pusiere su *c* debajo
27.11 a la nación que sometiere su *c* al yugo
27.12 someted vuestros *c* al yugo del rey de
28.10,12 el yugo del *c* del profeta Jeremías
28.11 romperé el yugo..*c*..de las naciones
28.14 yugo de hierro puse sobre el *c* de todas
30.8 yo quebraré su yugo de tu *c*, y romperé
Ez. 16.11 puse brazaletes en tus..y collar a tu *c*
21.29 que la emplees sobre los *c* de los malos
Dn. 5.7 collar de oro llevará en su *c*, y será
5.16 collar de oro llevarás en tu *c*, y serás
5.29 mandó..poner en su *c* un collar de oro
Mi. 2.3 un mal del cual no sacaréis vuestros *c*
Mt. 18.6 se le colgase al *c* una piedra de molino
Mr. 9.42 se le atase una piedra de molino al *c*
Lc. 15.20 corrió, y se echó sobre su *c*, y le
17.2 se le atase al *c* una piedra de molino
Hch. 20.37 echándose al *c* de Pablo, le besaban

CUENCA

Jue. 15.19 abrió Dios la *c* que hay en Lehí, y
Zac. 14.12 se consumirán en las *c* de sus ojos

CUENCO

1 R. 7.40 hizo Hiram fuentes, y tenazas, y *c*
7.45 *c*, y..los utensilios que Hiram hizo al
2 R. 25.15 *c*, los que de oro, en oro, y los de
Ec. 12.6 se rompa el *c* de oro, y el cántaro se

CUENTA

Gn. 43.9 te respondo por él; a mí me pedirás *c*
Éx. 12.4 hombre, haréis la *c* sobre el cordero
30.12 conforme a la *c* de ellos, cada uno dará
38.21 estas son las *c* del tabernáculo, del
Lv. 25.50 hará la *c* con el que lo compró, desde
27.18 el sacerdote hará la *c*..conforme a los
Nm. 1.2 tomad el censo de..la *c* de los nombres
1.18,20,22,24,26,28,30,32,34,36,38,40,42
conforme a la *c* de los nombres
1.49 tribu de Leví, ni tomarás la *c* de ellos
3.22 conforme a la *c* de todos los varones de
4.2 toma la *c* de los hijos de Coat de entre
26.53 se repartirá..por la *c* de los nombres
31.26 toma la *c* del botín que se ha hecho, así
Dt. 1.25 y nos dieron *c*, y dijeron: Es buena la
18.19 cualquiera que no oyere..yo le pediré *c*
19.15 no se tomará en *c* a un solo testigo
32.29 y se dieran *c* del fin que les espera!
Jue. 20.15 fueron por *c* 700 hombres escogidos
2 R. 12.15 y no se tomaba *c* a los hombres en
22.7 y que no se les tome *c* del dinero cuyo
22.9 dio *c* al rey y dijo: Tus siervos han
1 Cr. 9.28 se metían por *c*, y por *c* se sacaban
21.4 dio la *c* del número del pueblo a David
22.3 preparó David..madera de cedro sin *c*
22.16 del oro..bronce y del hierro, no hay *c*
23.27 se hizo la *c* de los hijos de Leví de
23.29 para lo tostado, y para toda medida y *c*
2 Cr. 34.15 y dando *c* Hilcías, dijo al escriba
Esd. 1.8 Mitrídates..los dio por *c* a Sesbasar
1.9 y esta es la *c* de ellos: 30 tazones de
8.34 por *c* y por peso se entregó todo, y se
Est. 9.11 mismo día se le dio *c* al rey acerca
Job 7.3 así..noches de trabajo me dieron por *c*
33.13 él no da *c* de ninguna de sus razones
38.37 puso por *c* los cielos con sabiduría?
Sal. 52 *tít.* vino Doeg edomita y dio *c* a Saúl
Is. 1.18 venid..dice Jehová, y estemos a *c*
Ez. 18.24 ninguna de las..le serán tenidas en *c*
Dn. 6.2 uno, a quienes estos sátrapas diesen *c*
Mt. 12.36 de ella darán *c* en el día del juicio
18.23 rey que quiso hacer *c* con sus siervos
18.24 comenzando a hacer *c*..fue presentado
25.19 vino el señor de..y arregló *c* con ellos
Lc. 16.2 da *c* de tu mayordomía, porque ya no
16.6 le dijo: Toma tu *c*..y escribe cincuenta
16.7 le dijo: Toma tu *c*, y escribe ochenta
Jn. 7.17 conocerá..si yo hablo por mi propia *c*
7.18 habla por su propia *c*, su propia gloria
12.49 yo no he hablado por mi propia *c;* el
14.10 no las hablo por mi propia *c*, sino que
16.13 no hablará por su propia *c*, sino que
Hch. 7.60 Señor, no les tomes en *c* este pecado
19.18 muchos..venían..dando *c* de sus hechos
19.19 hecha la *c* de su precio, hallaron que
Ro. 1.28 ellos no aprobaron tener en *c* a Dios
14.12 cada uno de nosotros dará a Dios *c* de
2 Co. 5.19 no tomándoles en *c* a..sus pecados
10.11 esto tenga en *c* tal persona, que así
Fil. 4.17 busco fruto que abunde en vuestra *c*
2 Ti. 4.16 desampararon; no les sea tomado en *c*
Flm. 18 algo te dañó, o te debe, ponlo a mi *c*
He. 4.13 ojos de aquel a quien tenemos que dar *c*
13.17 velan por..como quienes han de dar *c*
1 P. 4.5 ellos darán *c* al que está preparado

CUERDA

Éx. 35.18 estacas..estacas del atrio y sus *c*
39.40 sus *c* y sus estacas, y..los utensilios
Nm. 3.26 asimismo sus *c* para todo su servicio
3.37 las columnas..basas, sus estacas y sus *c*
4.26,32 sus *c*..instrumentos de su servicio
Jos. 2.15 ella los hizo descender con una *c* por
Jue. 15.13 entonces le ataron con dos *c* nuevas
15.14 las *c*..se volvieron como lino quemado
16.9 rompió los mimbres, como..*c* de estopa
16.11 si me ataren fuertemente con *c* nuevas
16.12 y Dalila tomó *c* nuevas, y le ató con
Est. 1.6 tendido sobre *c* de lino y púrpura en
Job 18.10 su *c* está escondida en la tierra, y
30.11 porque Dios desató su *c*, y me afligió
36.8 y si..aprisionados en las *c* de aflicción
41.1 sacarás tú..*c* que le eches en su lengua?
Sal. 2.3 rompamos..y echemos de nosotros sus *c*
11.2 el arco, disponen sus saetas sobre la *c*
16.6 las *c* me cayeron en lugares deleitosos
21.12 en tus *c* dispondrás saetas contra sus
78.55 con *c* repartió sus tierras en heredad
118.27 atad víctimas con *c* a los cuernos del
140.5 me han escondido lazo y *c* los soberbios
150.4 con pandero..alabadle con *c* y flautas
Pr. 5.22 retenido será con las *c* de su pecado
Is. 3.24 *c*..lugar de cinturón, y cabeza rapada
5.18 traen la iniquidad con *c* de vanidad, y
33.20 estacas, ni ninguna de sus *c* será rota
33.23 *c* se aflojaron; no afirmaron su mástil
54.2 alarga tus *c*, y refuerza tus estacas
Jer. 10.20 todas mis *c* están rotas, mis hijos
Ez. 3.25 que pondrán sobre ti *c*, y con ellas te
Os. 11.4 con *c* humanas..atraje, con *c* de amor
Jn. 2.15 haciendo un azote de *c*, echó fuera a

CUERDO

2 Cr. 2.12 dio al rey David un hijo sabio..*c* y
Sal. 36.3 ha dejado de ser *c* y de hacer el bien
Pr. 12.23 el hombre *c* encubre su saber; mas el
2 Co. 5.13 si..y si somos *c*, es para vosotros
11.19 toleráis a..necios, siendo vosotros *c*

CUERNO

Gn. 22.13 un carnero trabado en un..por sus *c*
Éx. 27.2 le harás *c*..*c* serán parte del mismo
29.12 pondrás sobre los *c* del altar con tu
30.2 dos codos; y sus *c* serán parte del mismo
30.3 de oro..sus paredes en derredor y sus *c*
30.10 sobre sus *c* hará Aarón expiación una
37.25 el altar del..y sus *c* de la misma pieza
37.26 de oro..sus paredes alrededor, y sus *c*
38.2 hizo sus *c* a sus cuatro esquinas, los
Lv. 4.7 pondrá de esa sangre sobre..*c* del altar
4.18,25,30,34 pondrá sobre los *c* del altar
8.15 puso con su dedo sobre los *c* del altar
9.9 mojó..puso de ella sobre los *c* del altar
16.18 sangre..la pondrá sobre los *c* del altar
Jos. 6.4 llevarán 7 bocinas de *c* de carnero
6.5 y cuando toquen..el *c* de carnero, así que
6.6 siete sacerdotes llevan bocinas de *c* de
6.8,13 llevando 7 bocinas de *c* de carnero
Jue. 3.27 tocó el *c* en el monte de Efraín, y los
6.34 tocó el *c*..los abiezeritas se reunieron
1 S. 16.1 llena tu *c* de aceite, y..te enviaré
16.13 Samuel tomó el *c* del aceite, y lo ungió
2 S. 2.28 Joab tocó el *c*, y todo el pueblo se
1 R. 1.39 y tomando..Sadoc el *c* el aceite del
1.50 y se fue, y se asió de los *c* del altar
1.51 se ha asido de los *c* del altar, diciendo
2.28 huyó Joab..y se asió de los *c* del altar
22.11 Sedequías..había hecho unos *c* de hierro
2 Cr. 18.10 se había hecho *c* de hierro, y decía
Sal. 22.21 y líbrame de los *c* de los búfalos
69.31 buey, o becerro que tiene *c* y pezuñas
118.27 atad víctimas con..a los *c* del altar
Jer. 17.1 esculpido..en los *c* de sus altares
Ez. 34.21 acorneasteis con vuestros *c* a todas
43.15 altar..encima del altar había cuatro *c*
43.20 pondrás en los cuatro *c* del altar, y en
Dn. 7.7 bestia..era muy diferente..tenía diez *c*
7.8 y contemplaba los *c*, he aquí que otro *c*
7.8 delante de él fueron arrancados tres *c*
7.8 que este *c* tenía ojos como de hombre, y
7.11 las grandes palabras que hablaba el *c*
7.20 de los diez *c* que tenía..*c* tenía ojos
7.21 este *c* hacía guerra contra los santos
7.24 los diez *c* significan que de aquel reino
8.3 carnero..tenía dos *c*..los *c* eran altos
8.4 que el carnero hería con los *c* al poniente
8.5 macho cabrío tenía un *c* notable entre sus
8.6 y vino hasta el carnero de dos *c*, que yo
8.7 le quebró sus dos *c*, y el carnero no tenía
8.8 aquel gran *c* fue quebrado, y en su lugar
8.8 y en su lugar salieron otros cuatro *c*
8.9 de uno de ellos salió un *c* pequeño, que
8.20 que tenía dos *c*, éstos son los reyes de
8.21 y el *c* grande que tenía entre sus ojos
8.22 y en cuanto al *c* que fue quebrado, y
Am. 3.14 y serán cortados los *c* del altar y
Mi. 4.13 haré tu *c* como de hierro, y tus uñas
Zac. 1.18 mis ojos y miré, y he aquí cuatro *c*
1.19,21 son los *c* que dispersaron a Judá
1.21 los *c* de las naciones que alzaron el *c*
9.15 llenarán como tazón, o como *c* del altar
Ap. 5.6 un Cordero..tenía siete *c*, y siete ojos
9.13 una voz de entre los cuatro *c* del altar
12.3 que tenía diez *c*, y en sus cabezas siete
13.1 siete cabezas y diez *c;* y en sus *c* diez
13.11 dos *c* semejantes a los de un cordero
17.3 una bestia..tenía siete cabezas y diez *c*
17.7 cual tiene las siete cabezas y los diez *c*
17.12 y los diez *c*..son diez reyes, que aún
17.16 y los diez *c* que viste en la bestia

CUERO

Lv. 13.48,49,51 *c*, o en cualquiera obra de *c*
13.52 o cualquiera obra de *c* en que hubiere
13.53 extendido en..en cualquiera obra de *c*
13.56 la cortará..del *c*, de la urdimbre o de
13.57,59 o trama, o en cualquiera cosa de *c*
13.58 cualquiera cosa de *c* que lavares, y que
Nm. 19.5 hará quemar..*c* y su carne y su sangre

CUERO *(Continúa)*

Jos. 9.4 y tomaron..c viejos de vino, rotos y
9.13 estos c de vino..llenamos nuevos; helos
1 S. 25.18 Abigail tomó..dos c de vino, cinco
2 S. 16.1 cien panes de higos..y un c de vino
2 R. 1.8 ceñía sus lomos con un cinturón de c
Mt. 3.4; Mr. 1.6 un cinto de c alrededor de sus

CUERPO

Gn. 15.11 descendían aves de rapiña sobre los c
47.18 nada ha quedado..sino nuestros c y
Éx. 22.27 eso es su vestido para cubrir su c
Lv. 6.10 vestirá calzoncillos de lino..su c
11.8 no comeréis, ni tocaréis su c muerto
11.11 carne no comeréis, y abominaréis sus c
11.24 que tocare sus c muertos será inmundo
11.40 el que comiere del c..que sacare el c
13.2 el hombre tuviere en la piel de su c
13.2 hubiere en la piel de su c como llaga
13.3 mirará la llaga en la piel de c; si el
13.4 y si en la piel de su c hubiere mancha
13.11 es lepra crónica en la piel de su c
13.13 si la lepra hubiere cubierto todo su c
13.24 hubiere en la piel del c quemadura de
13.38 tuviere en la piel de su c manchas
13.39 si en..su c aparecieren manchas blancas
13.43 parecer de la lepra de la piel del c
14.9 y lavará su c en agua, y será limpio
15.3 sea que su c destiló a causa de su flujo
15.7 el que tocare el c del que tiene flujo
15.13 y lavará su c en aguas corrientes, y
15.16 emisión de..lavará en agua todo su c
15.19 y su flujo fuere en su c, siete días
16.4 sobre su c tendrá calzoncillos de lino
16.4 vestir después de lavar su c con agua
16.24 lavará..su c con agua en el lugar del
16.26 lavará..su c, y después entrará en el
16.28 quemare..lavará también su c con agua
17.16 ni lavare su c, llevará su iniquidad
19.28 y no haréis rasguños en vuestro c por
22.6 no comerá..antes que haya lavado su c
26.30 pondré vuestros c muertos sobre los c
Nm. 2.4,6,8,11,13,15,19,21,23,26,28,30 su c de ejército, con sus contados
8.7 y haz pasar la navaja sobre todo su c
10.14 Naasón..estaba sobre su c de ejército
10.15,16,19,20,23,24,26,27 sobre el c de ejército de la tribu
10.18 Elisur..estaba sobre su c de ejército
10.22 Elisama hijo..sobre su c de ejército
10.25 Ahiezer hijo..sobre su c de ejército
14.29 en este desierto caerán vuestros c
14.32 vuestros c caerán en este desierto
14.33 hasta que vuestros c sean consumidos
19.7 luego..lavará también su c con agua, y
19.8 lavará en agua su c, y será inmundo
Dt. 14.8 éstos no comeréis, ni tocaréis sus c
21.23 no dejaréis que su c pase la noche
Jos. 8.29 Josué que quitasen del madero su c
Jue. 14.8 para ver el c muerto..el c del león
14.9 que había tomado..miel del c del león
1 S. 17.46 daré hoy los c de los filisteos a las
31.10 y colgaron su c en el muro de Bet-sán
31.12 y quitaron el c de Saúl y los c de sus
1 R. 13.22 no entrará tu c en el sepulcro de
13.24 c estaba..y el león también junto al c
13.25 vieron el c..y el león que..junto al c
13.28 halló el c tendido..el león..junto al c
13.28 el león no había comido el c, ni dañado
13.29 tomó el profeta el c del varón de Dios
13.30 el c en su sepulcro; y le endecharon
2 R. 4.34 subió..el c del niño entró en calor
6.30 y el pueblo vio el cilicio..sobre su c
9.37 el c de Jezabel será como estiércol sobre
19.35 por la mañana..todo era c de muertos
1 Cr. 10.12 tomaron el c de Saúl y los c de sus
2 Cr. 3.5 y techó el c mayor del edificio con
Neh. 9.37 quienes se enseñorean..nuestros c
Job 4.15 hizo que se erizara el pelo de mi c
13.28 y mi c se va gastando como de carcoma
20.25 saeta le traspasará y saldrá de su c
Sal. 31.9 consumido de tristeza..mi alma..mi c
44.25 nuestro c está postrado hasta la tierra
79.2 dieron los c de tus siervos por comida
139.15 no fue encubierto de ti mi c, bien
Pr. 3.8 será medicina a tu c, y refrigerio para
4.22 porque son vida..y medicina a todo su c
5.11 gimas al final, cuando se consuma..tu c
Cnt. 5.14 su c, como claro marfil cubierto de
Is. 10.18 la gloria de su..consumirá..alma y c
14.19 eres echado de..como c muerto hollado
37.36 por la mañana..todo era c de muertos
50.6 di mi c a los heridores, y mis mejillas
51.23 y tú pusiste tu c como tierra, y como
Jer. 7.33 c muertos de este pueblo para comida
9.22 los c de los hombres muertos caerán como
16.4 sus c servirán de comida a las aves del
19.7 sus c para comida a las aves del cielo
26.23 y echó su c en los sepulcros del vulgo
31.40 todo el valle de los c muertos y de la
33.5 para llenarlas de c de hombres muertos
34.20 sus c muertos serán comida de las aves
36.30 su c será echado al calor del día y al
41.9 cisterna en que echó Ismael todos los c
Lm. 4.7 más rubios eran sus c que el coral, su
Ez. 1.11 sus alas..las otras dos cubrían sus c
1.23 cada uno tenía dos alas que cubrían su c
6.5 y pondré los c muertos de los..de Israel
10.12 y todo su c, sus espaldas, sus manos y
43.7 ni con los c muertos de sus reyes en sus
43.9 arrojarán lejos..c muertos de sus reyes
Dn. 3.27 el fuego no había tenido poder..sus c
3.28 y entregaron sus c antes que servir y
4.33; 5.21 c se mojaba con el rocío del cielo
7.11 su c fue destrozado y entregado para ser
7.15 me turbó el espíritu..en medio de mi c
10.6 su c era como de berilo, y su rostro
Am. 8.3 gemirán en..muchos serán los c muertos
Hag. 2.13 inmundo a causa de c muerto tocare
Mt. 5.29,30 todo tu c sea echado al infierno
6.22 la lámpara del c es el ojo; así que, si
6.22 ojo es bueno..tu c estará lleno de luz
6.23 si tu ojo es maligno, todo tu c estará
6.25 ni por vuestro c, qué habéis de vestir
6.25 ¿no es la..y el c más que el vestido?
10.28 no temáis a los que matan el c, mas el
10.28 destruir el alma y el c en el infierno
14.12 tomaron el c y lo enterraron; y fueron
24.28 dondequiera que estuviere el c muerto
26.12 al derramar este perfume sobre mi c, lo
26.26 y dijo: Tomad, comed; esto es mi c
27.52 muchos c de santos que habían dormido
27.58 éste fue a Pilato y pidió el c de Jesús
27.58 Pilato mandó que se le diese el c
27.59 tomando José el c, lo envolvió en una
Mr. 5.29 y sintió en el c que estaba sana de
6.29 vinieron y tomaron su c, y lo pusieron
14.8 se ha anticipado a ungir mi c para la
14.22 les dio, diciendo: Tomad, esto es mi c
14.51 le seguía, cubierto el c con una sábana
15.43 José de Arimatea..pidió el c de Jesús
15.45 informado por el centurión, dio el c a
Lc. 11.34 la lámpara del c es el ojo; cuando
11.34 también todo tu c está lleno de luz
11.34 maligno, también tu c está en tinieblas
11.36 así que, si todo tu c está lleno de luz
12.4 os digo..No temáis a los que matan el c
12.22 no os afanéis por..el c, qué vestiréis
12.23 la vida es más que..el c que el vestido
17.37 donde estuviere el c, allí se juntarán
22.19 esto es mi c, que por vosotros es dado
23.52 fue a Pilato, y pidió el c de Jesús
23.55 vieron el sepulcro, y cómo..puesto su c
24.3 y entrando, no hallaron el c del Señor
24.23 no hallaron su c, vinieron diciendo que
Jn. 2.21 mas él hablaba del templo de su c
19.31 c no quedasen en la cruz en el día de
19.38 le permitiese llevarse el c de Jesús
19.38 José de..vino, y se llevó el c de Jesús
19.40 tomaron, pues, el c de Jesús..lienzos
20.12 donde el c de Jesús había sido puesto
Hch. 9.40 oró; y volviéndose al c, dijo: Tabita
19.12 se llevaban a los..delantales de su c
Ro. 1.24 deshonraron entre sí sus propios c
4.19 fe al considerar su c..de casi cien años
6.6 para que el c del pecado sea destruido
6.12 no reine..el pecado en vuestro c mortal
7.4 habéis muerto a la ley mediante el c de
7.24 ¿quién me librará de este c de muerte?
8.10 el c en verdad está muerto a causa del
8.11 vivificará también vuestros c mortales
8.23 esperando la..la redención de nuestro c
12.1 que presentéis vuestros c en sacrificio
12.4 en un c tenemos muchos miembros, pero
12.5 así..siendo muchos, somos un c en Cristo
1 Co. 5.3 como ausente en c, pero presente en
6.13 el c..para el Señor, y el Señor para el c
6.15 que vuestros c son miembros de Cristo?
6.16 que se une con una..es un c con ella?
6.18 pecado que el..cometa, está fuera del c
6.18 el que fornica, contra su propio c peca
6.19 ¿o ignoráis que vuestro c es templo del
6.20 glorificad, pues, a Dios en vuestro c y
7.4 la mujer no tiene potestad sobre su..c
7.4 el marido potestad sobre su propio c, sino
7.34 para ser santa así en c como en espíritu
9.27 golpeo mi c, y lo pongo en servidumbre
10.16 ¿no es la comunión del c de Cristo?
10.17 nosotros, con ser muchos, somos un c
11.24 comed; esto es mi c que por..es partido
11.27 será culpado del c y de la sangre del
11.29 sin discernir el c del Señor, juicio
12.12 así como el c es uno, y tiene muchos
12.12 todos los miembros del c..son un solo c
12.13 todos bautizados en un c, sean judíos
12.14 el c no es un solo miembro, sino muchos
12.15,16 porque..no soy del c..no será del c?
12.17 si todo el c fuese ojo, ¿dónde estaría
12.18 Dios ha colocado los miembros..en el c
12.19 un solo miembro, ¿dónde estaría el c?
12.22 los miembros del c..más débiles, son
12.23 aquellos del c que nos parecen menos
12.24 Dios ordenó el c, dando más abundante
12.25 para que no haya desavenencia en el c
12.27 vosotros, pues, sois el c de Cristo, y
13.3 y si entregase mi c para ser quemado
15.35 pero dirá alguno..¿Con qué c vendrán?
15.37 lo que siembras no es el c que ha de
15.38 pero Dios le da el c como él quiso, y
15.38 Dios le da..a cada semilla su propio c
15.40 hay c celestiales, y c terrenales; pero
15.44 se siembra c animal, resucitará c
15.44 hay c animal, y hay c espiritual
2 Co. 4.10 llevando en el c..muerte de Jesús
4.10 la vida de..se manifieste en nuestros c
5.6 entre tanto que estamos en el c, estamos
5.8 y más quisiéramos estar ausentes del c
5.10 que haya hecho mientras estaba en el c
7.5 ningún reposo tuvo nuestro c, sino que
12.2 si en el c, no lo sé; si fuera del c, no
12.3 en el c, o fuera del c, no lo sé; Dios
Gá. 4.13 que a causa de una enfermedad del c os
4.14 por la prueba que tenía en mi c, antes
6.17 yo traigo en mi c las marcas del Señor
Ef. 1.23 la cual es su c, la plenitud del Aquel
2.16 reconciliar con Dios a ambos en un..c
3.6 los gentiles son..miembros del mismo c
4.4 un c, y un Espíritu..una misma esperanza
4.12 a fin de..la edificación del c de Cristo
4.16 de quien todo el c, bien concertado y
5.23 es cabeza de la iglesia, la cual es su c
5.28 amar a sus mujeres como a sus mismos c
5.30 somos miembros de su c, de su carne y de
Fil. 1.20 será magnificado Cristo en mi c, o
3.2 guardaos de los perros..mutiladores del c
3.21 cual trasformará el c de la humillación
3.21 que sea semejante al c de la gloria suya
Col. 1.18 es la cabeza del c que es la iglesia
1.22 en su c de carne, por medio de la muerte
1.24 de las aflicciones de Cristo por su c
2.5 aunque estoy ausente en c, no obstante
2.11 echar de vosotros el c pecaminoso carnal
2.17 lo cual es sombra de..el c es de Cristo
2.19 en virtud de quien todo el c..crece con
2.23 en humildad y en duro trato del c; pero
3.15 la que..fuisteis llamados en un solo c
1 Ts. 5.23 ser, espíritu, alma y c, sea guardado
He. 3.17 ¿no..cuyos c cayeron en el desierto?
10.5 y ofrenda no quisiste..me preparaste c
10.10 la ofrenda del c de Jesucristo hecha una
10.22 purificados..y lavados los c con agua
13.3 también vosotros mismos estáis en el c
13.11 los c de aquellos animales cuya sangre
Stg. 2.16 no les dais las cosas que..para el c
2.26 como el c sin espíritu está muerto, así
3.2 es..capaz también de refrenar todo el c
3.3 ponemos freno..y dirigimos así todo su c
3.6 lengua..contamina todo el c, e inflama
1 P. 2.24 quien llevó..nuestros pecados en su c
2 P. 1.13 justo, en tanto que estoy en este c
1.14 que en breve debo abandonar el c, como
Jud. 9 disputando con él por el c de Moisés, no

CUERVO

Gn.8.7 y envió un c, el cual salió, y estuvo
Lv. 11.15; Dt. 14.14 todo c según su especie
1 R. 17.4 yo he mandado a los c que te den allí
17.6 c le traían pan y carne por la mañana
Job 38.41 ¿quién prepara al c su alimento
Sal. 147.9 y a los hijos de los c que claman
Pr. 30.17 los c de la cañada lo saquen, y lo
Cnt. 5.11 sus cabellos crespos, negros como el c
Is. 34.11 la lechuza y el c morarán en ella
Lc. 12.24 considerad los c, que ni siembran, ni

CUESTA *Véase también Cuestas*

1 S. 9.11 cuando subían por la c de la ciudad
2 S. 15.30 David subió la c de los Olivos; y la
2 Cr. 20.16 ellos subirán por la c de Sis, y los
Is. 15.5 por la c de Luhit subirán llorando

CUESTAS *(m. adv.)*

2 R. 5.23 lo puso todo a c a dos de sus criados
Ez. 12.12 y al príncipe..llevarán a c de noche
Zac. 11.16 ni llevará la cansada a c, sino que

CUESTIÓN

Jue. 11.25 ¿tuvo él c contra Israel, o..guerra
Hch. 15.2 subiesen Pablo y..para tratar esta c
18.15 si son c de palabras, y..vedlo vosotros
23.29 le acusaban por c de la ley de ellos
25.19 tenían contra él ciertas c acerca de
1 Ti. 6.4 delira acerca de c y contiendas de
2 Ti. 2.23 desecha las c necias e insensatas
Tit. 3.9 evita las c necias, y genealogías, y

CUEVA

Gn. 19.30 Lot subió de Zoar..y habitó en una c
23.9 que me dé la c de Macpela, que tiene al
23.11 te doy también la c que está en ella
23.17 la heredad con la c que estaba en ella
23.19 sepultó Abraham a Sara..en la c de la
23.20 la heredad y la c que en ella había, de
25.9 lo sepultaron Isaac..en la c de Macpela
49.29 sepultadme con mis padres en la c que
49.30 en la c que está en el campo de Macpela
49.32 la compra del campo y de la c que está
50.13 y lo sepultaron en la c del campo de
Jos. 10.16 cinco reyes..se escondieron en una c
10.17 reyes habían sido hallados..en una c
10.18,27 grandes piedras a la entrada de la c

CUEVA *(Continúa)*
Jos. 10.22 abrid la entrada de la *c*, y sacad de
10.23 sacaron de la *c* a aquellos cinco reyes
10.27 y los echasen en la *c* donde se habían
Jue. 6.2 Israel. .se hicieron *c* en los montes
15.8 habitó en la *c* de la peña de Etam
15.11 y vinieron. .a la *c* de la peña de Etam
1 S. 13.6 escondieron en *c*, en fosos, en rocas
22.1 yéndose. .de allí, huyó a la *c* de Adulam
24.3 llegó. .donde había una *c*, entró Saúl en
24.3 David. .sentados en los rincones de la *c*
24.7 Saúl, saliendo de la *c*, siguió su camino
24.8 y saliendo de la *c* dio voces detrás de
24.10 te ha puesto hoy en mis manos en la *c*
2 S. 17.9 estará ahora escondido en alguna *c*
23.13 vinieron. .a David en la *c* de Adulam
1 R. 18.4 los escondió. .*en c*, y los sustentó
18.13 escondí. .los profetas. .de 50 en 50 en *c*
19.9 se metió en una *c*, donde pasó la noche
19.13 salió, y se puso a la puerta de la *c*
1 Cr. 11.15 descendieron a la. .la *c* de Adulam
Job 38.40 cuando están echados en las *c*, o se
Sal. 10.9 en oculto, como el león desde su *c*
57 *tít.* cuando huyó delante de Saúl a la *c*
104.22 sol, se recogen, y se echan en sus *c*
141 *tít.* oración que hizo cuando. .en la *c*
Is. 11.8 el niño. .jugará sobre la *c* del áspid
32.14 las torres y fortalezas se volverán *c*
Jer. 7.11 ¿es *c* de ladrones delante de. .ojos
Ez. 33.27 que están. .en las *c*, de pestilencia
Mt. 21.13; Mr. 11.17; Lc. 19.46 vosotros la
habéis hecho *c* de ladrones
Jn. 11.38 era una *c*, y tenía una piedra puesta
He. 11.38 errando. .por los montes, por las *c*
Ap. 6.15 escondieron en las *c* y entre las peñas

CUIDADO
Gn. 39.22 en mano de José el *c* de. .los presos
39.23 cosa. .de las que estaban al *c* de José
Nm. 18.5 el *c* del santuario, y el *c* del altar
18.8 te he dado también el *c* de mis ofrendas
Dt. 12.19 ten *c* de no desamparar al levita en
17.18 del. .que está al *c* de los sacerdotes
24.8 ten *c* de observar. .y hacer según todo lo
1 S. 9.20 de las asnas que. .pierde *c* de ellas
17.20 dejando las ovejas al *c* de un guarda
Est. 2.3,8 *c* de Hegai. .guarda de las mujeres
Job 10.12 concediste, y tu *c* guardó mi espíritu
Pr. 27.23 sé diligente. .con *c* por tus rebaños
Is. 3.7 él jurará. .diciendo: No tomaré ese *c*
Jer. 31.28 como tuve *c* de ellos para arrancar
31.28 tendré *c* de ellos. .edificar y plantar
Lm. 2.20 comer. .los pequeñitos a su tierno *c?*
Mr. 4.38 Maestro, ¿no tienes *c* que perecemos?
Lc. 10.40 ¿no te da *c* que mi hermana me deje
1 Co. 7.21 llamado siendo esclavo? No te dé *c*
7.32,34 tiene *c* de las cosas del Señor
7.33,34 tiene *c* de las cosas del mundo, de
9.9 que trilla. ¿Tiene Dios *c* de los bueyes
Fil. 4.10 ya. .habéis revivido vuestro *c* de mí
1 Ti. 4.16 ten *c* de ti mismo y de la doctrina
1 P. 5.3 señorío sobre los que. .a vuestro *c*
5.7 sobre él, porque él tiene *c* de vosotros

CUIDADOSA
Tit. 2.5 *c* de su casa, buenas, sujetas a sus

CUIDAR
Nm. 23.12 ¿no *cuidaré* de decir lo que Jehová
Dt. 6.3 oye. .*cuida* de ponerlos por obra, para
6.12 *cuídate* de no olvidarte de Jehová, que
6.25 justicia cuando *cuidemos* de poner por
8.1 *cuidaréis* de. .por obra todo mandamiento
8.11 *cuídate* de no olvidarte de Jehová tu Dios
11.12 tierra de la cual Jehová tu Dios *cuida*
11.32 *cuidaréis*. .cumplir todos los estatutos
12.1 decretos que *cuidaréis* de poner por obra
12.13 *cuídate* de no ofrecer tus holocaustos
12.32 *cuidarás* de hacer. .lo que yo te mando
17.10 *cuidarás* de hacer. .que te manifiesten
24.8 les he mandado, así *cuidaréis* de hacer
26.16 *cuida*, pues, de ponerlos por obra con
28.58 si no *cuidares* de poner por obra todas
31.12; 32.46 *cuiden* de cumplir todas las
Jos. 22.3 que os habéis *cuidado* de guardar los
22.5 *cuidéis* de cumplir el mandamiento y la
1 S. 19.2 *cuídate* hasta la mañana, y estate en
2 S. 20.10 y Amasa no se *cuidó* de la daga que
2 R. 6.10 así lo hizo. .con el fin de *cuidarse*
10.31 mas Jehú no *cuidó* de andar en la ley de
17.37 *cuidaréis*. .de ponerlos por obra, y no
1 Cr. 22.13 si *cuidares* de poner por obra los
Job 3.4 no *cuide* de él Dios desde arriba, ni
Sal. 142.4 refugio, ni hay quien *cuide* de mi
Pr. 12.10 el justo *cuida* de la vida de su bestia
27.18 quien *cuida* la higuera comerá su fruto
Ec. 2.25 porque. .quién se *cuidará*, mejor que yo
Jer. 23.2 mis ovejas. .y no las habéis *cuidado*
47.3 los padres no *cuidaron* a los hijos por
Os. 11.3 Efraín. .no conoció que yo le *cuidaba*
Mi. 7.5 de la que duerme a tu lado *cuídate*, no
Mt. 22.16; Mr. 12.14 que no te *cuidas* de nadie
Lc. 10.34 vino. .llevó al mesón, y *cuidó* de él
10.35 dijo: *Cuídamele;* y todo lo que gastes
Jn. 12.6 no porque se *cuidara* de los pobres
Ef. 5.29 y la *cuida*, como también Cristo a la
1 Ts. 2.7 nodriza que *cuida* con ternura a sus
1 Ti. 3.5 ¿cómo *cuidará* de la iglesia de Dios?
1 P. 5.2 apacentad la grey de. .*cuidando* de ella

CULANTRO
Éx. 16.31 maná. .era como semilla de *c*, blanco
Nm. 11.7 era el maná como semilla de *c*, y su

CULEBRA
Éx. 4.3 él la echó en tierra, y se hizo una *c*
7.9 toma tu vara, y échala. .para que se haga *c*
7.10 echó Aarón su vara delante. .y se hizo *c*
7.12 uno su vara, las cuales se volvieron *c*
7.15 toma en tu mano la vara que se volvió *c*
Pr. 30.19 el rastro de la *c* sobre la peña; el
Is. 14.29 de la raíz de la *c* saldrá áspid, y su
Am. 5.19 su mano en la pared, y le muerde una *c*
Mi. 7.17 lamerán el polvo como la *c;* como las

CULPA
Gn. 44.10 mi siervo, y vosotros seréis sin *c*
Lv. 5.15 traerá por su *c* a Jehová un carnero
6.6 para expiación de su *c* traerá a Jehová
6.17 pecado, y como el sacrificio por la *c*
7.1,37 esta es la ley del sacrificio por la *c*
7.2 el lugar. .degollarán la víctima por la *c*
7.5 lo hará arder sobre. .es expiación de la *c*
7.7 como el. .así es el sacrificio por la *c*
14.12 y lo ofrecerá por la *c*, con el log de
14.13 la víctima por la *c* es del sacerdote
14.14,17 de la sangre de la víctima por la *c*
14.21 un cordero para ser ofrecido. .por la *c*
14.24 el cordero de la expiación por la *c*, y
14.25 luego degollará el cordero de la *c*, y
14.25 sacerdote tomará de la sangre de la *c*
14.28 pondrá. .en el lugar de la sangre de la *c*
19.21 traerá. .carnero en expiación por su *c*
Nm. 6.12 cordero de un año en expiación. .la *c*
18.9 y toda expiación por la *c* de ellos, que
32.22 y seréis libres de *c* para con Jehová
Dt. 21.9 tú quitarás la *c* de la sangre inocente
22.8 que no eches *c* de sangre sobre tu casa
22.26 la joven. .no hay en ella *c* de muerte
Jos. 2.19 que saliere fuera de. .nosotros sin *c*
Jue. 15.3 sin *c* seré esta vez respecto de los
1 S. 6.8 habéis de pagar en ofrenda por la *c*
2 S. 14.9 mas el rey y su trono sean sin *c*
2 R. 12.16 el dinero por la *c*, no se llevaba a
2 Cr. 28.13 tratáis de añadir sobre. .nuestras *c*
Pr. 28.20 el que se apresura a. .no será sin *c*
Is. 6.7 esto tocó tus labios, y es quitada tu *c*
Mt. 12.5 en el templo profanan el. .y son sin *c?*

CULPABLE
Gn. 43.9 si no lo pongo delante de ti, seré. .*c*
44.32 yo seré *c* ante mi padre para siempre
Éx. 5.16 son azotados, y el pueblo tuyo es el *c*
Lv. 4.13 si toda la congregación de. .fueren *c*
5.3 ver, si después llegare a saberlo, será *c*
5.4 si. .será *c* por cualquiera de estas cosas
5.17 sin hacerlo a sabiendas, es *c*, y llevará
Nm. 14.18 ningún modo tendrá por inocente al *c*
Dt. 25.1 absolverán al justo, y condenarán al *c*
2 S. 14.13 hablando el rey. .se hace *c* él mismo
1 R. 1.21 yo y mi hijo. .seremos tenidos por *c*
Sal. 109.7 cuando fuere juzgado, salga *c;* y su
Jer. 2.3 todos los que le devoraban eran *c;* mal
Os. 10.2 ahora serán hallados *c;* Jehová demolerá
Nah. 1.3 Jehová. .no tendrá por inocente al *c*
Zac. 11.5 las cuales matan. .y no se tienen por *c*
Mt. 5.21 cualquiera que matare será *c* de juicio
5.22 que cualquiera que se enoje. .*c* de juicio
5.22 diga: Necio, a. .será *c* ante el concilio
Lc. 13.4 ¿pensáis que eran más *c* que todos los
Stg. 2.10 ofendiere en un punto, se hace *c* de

CULPAR
Éx. 22.2 lo hirió no será *culpado* de su muerte
Lv. 17.4 será *culpado* de sangre el tal varón
Nm. 35.27 matare al homicida, no se le *culpará*
Dt. 19.10 no seas *culpado* de derramamiento de
21.8 no *culpes* de sangre inocente a. .Israel
Jue. 21.22 no sois. .que ahora seáis *culpados*
1 S. 22.15 no *culpe* el rey de cosa alguna a su
2 S. 19.19 no me *culpe* mi señor de iniquidad
Sal. 32.2 el hombre a quien Jehová no *culpa* de
1 Co. 11.27 *culpado* del cuerpo y de la sangre

CULTO
2 R. 21.3 adoró a. .y rindió *c* a aquellas cosas
2 Cr. 14.3 quitó los altares del *c* extraño, y
33.3 adoró a. .de los cielos, y les rindió *c*
Jer. 44.19 hicimos. .tortas para tributarle *c*
Hch. 7.42 que rindiesen *c* al ejército del cielo
Ro. 1.25 dando *c* a las criaturas antes que al
9.4 de los cuales son. .el *c* y las promesas
12.1 presentéis. .que es vuestro *c* racional
Col. 2.18 afectando humildad y *c* a los ángeles
2.23 reputación de sabiduría en *c* voluntario
2 Ts. 2.4 se levanta contra todo. .objeto de *c*
He. 9.1 el primer pacto tenía ordenanzas de *c*
9.6 entran. .para cumplir los oficios del *c*
9.9 hacer perfecto, en. .al que practica ese *c*
10.2 los que tributan este *c*, limpios una vez

CUMBRE
Éx. 17.9 estaré sobre la *c* del collado, y la vara
17.10 Moisés y. .subieron a la *c* del collado
19.20 descendió Jehová. .Sinaí, sobre la *c* del
19.20 llamó Jehová a Moisés a la *c* del monte
24.17 un fuego abrasador en la *c* del monte
34.2 preséntate ante mí sobre la *c* del monte
Nm. 14.40 subieron a la *c* del monte, diciendo
20.28 y Aarón murió allí en la *c* del monte
21.20 Moab, y a la *c* de Pisga, que mira hacia
23.9 de la *c* de las peñas lo veré, y desde los
23.14 y lo llevó. .a la *c* de Pisga, y edificó
23.28 y Balac llevó a Balaam a la *c* de Peor
Dt. 3.27 sube a la *c* del Pisga y alza tus ojos
34.1 subió Moisés de los. .a la *c* del Pisga
Jos. 15.8 luego sube por la *c* del monte que está
15.9 rodea este límite desde la *c* del monte
Jue. 6.26 edifica altar. .la *c* de este peñasco
9.7 y se puso en la *c* del monte de Gerizim
9.25 pusieron en las *c* de los. .asechadores
9.36 he allí gente que desciende de las *c* de
16.3 puertas de. .las subió a la *c* del monte
1 S. 24.2 las *c* de los peñascos de las cabras
26.13 se puso en la *c* del monte a lo lejos
2 S. 2.25 e hicieron alto en la *c* del collado
15.32 cuando David llegó a la *c* del monte
16.1 David pasó un poco más allá de la *c* del
1 R. 18.42 y Elías subió a la *c* del Carmelo, y
2 R. 1.9 él estaba sentado en la *c* del monte
2 Cr. 25.12 los. .llevaron a la *c* de un peñasco
Job 39.28 mora. .la *c* del peñasco y de la roca
Sal. 72.16 un puñado de grano. .*c* de los montes
Cnt. 4.8 mira desde la *c* de Amana. .*c* de Senir
Is. 30.17 que quedéis como mástil en la *c* de un
37.24 llegaré hasta sus más elevadas *c*, al
42.11 desde la *c* de los montes den voces de
Jer. 26.18 monte de la casa como *c* de bosque
Ez. 6.13 en todas las *c* de los montes, debajo
31.10 haber levantado su *c* entre densas ramas
43.12 sobre la *c*. .monte, el recinto entero
Jl. 2.5 saltarán sobre las *c* de los montes; como
Am. 1.2 Jehová rugirá. .secará la *c* del Carmelo
9.3 se escondieren en la *c* del Carmelo, allí
Mi. 3.12 el monte de la casa como *c* de bosque
Lc. 4.29 le llevaron hasta la *c* del monte sobre

CUMI
Mr. 5.41 talita *c;* que traducido es: Niña, a ti

CUMPLEAÑOS
Gn. 40.20 del *c* de Faraón, el rey hizo banquete
Mt. 14.6 se celebraba el *c* de Herodes, la hija
Mr. 6.21 Herodes, en la fiesta de su *c*, daba

CUMPLIDO *Véase Cumplir*

CUMPLIMIENTO
Ez. 12.23 aquellos días, y el *c* de toda visión
Lc. 22.37 lo que está escrito de mí, tiene *c*
Hch. 21.26 para anunciar el *c* de los días de
26.7 *c* esperan que han de alcanzar nuestras
Ro. 13.10 así que el *c* de la ley es el amor
Gá. 4.4 cuando vino el *c* del tiempo, Dios envió
Ef. 1.10 la dispensación del *c* de los tiempos

CUMPLIR
Gn. 25.24 cuando se *cumplieron* sus días para
29.21 porque mi tiempo se ha *cumplido*, para
29.27 *cumple* la semana de ésta, y se te dará
29.28 Jacob. .y *cumplió* la semana de aquélla
41.53 así se *cumplieron* los siete años de la
50.3 le *cumplieron* 40 días. .así *cumplían* los
Éx. 5.14 ¿por qué no habéis *cumplido*. .tarea de
7.25 y se *cumplieron* siete días después que
Lv. 8.33 *cumplan* los días de. .consagraciones
12.4 *cumplidos* los días de su purificación
12.6 los días. .fueren *cumplidos*, por hijo o
22.21 alguno ofreciere. .para *cumplir* un voto
22.31 guardad. .mandamientos, y *cumplidlos*
23.15 y contaréis. .siete semanas *cumplidas*
Nm. 6.5 hasta que sean *cumplidos* los días de
6.13 el día que se *cumpliere*. .su nazareato
11.23 verás si se *cumple* mi palabra, o no
Dt. 6.24 que *cumplamos* todos estos estatutos
7.11 decretos que yo te mando. .que *cumplas*
8.11 cuídate. .para *cumplir* sus mandamientos
11.22 estos mandamientos. .que los *cumpláis*
11.32 cuidaréis, pues, de *cumplir* todos los
13.2 si se *cumpliere* la señal o prodigio que
15.5 y *cumplir* todos estos mandamientos que
16.12 guardarás y *cumplirás* estos estatutos
18.22 hablare. .y no se *cumpliere* lo que dijo
23.23 lo *cumplirás*, conforme lo prometiste
26.16 que *cumplas* estos estatutos y decretos
27.10 oirás. .y *cumplirás* sus mandamientos y
28.13 te ordeno. .que los guardes y *cumplas*
28.15 para procurar *cumplir*. .mandamientos
29.29 que *cumplamos*. .las palabras de esta ley

CUMPLIR *(Continúa)*
Dt. 30.12 nos lo hará oír para que lo *cumplamos?*
30.13 lo traiga..a fin de que lo *cumplamos?*
30.14 muy cerca de ti..para que la *cumplas*
31.12; 32.46 de *cumplir* todas las palabras
33.9 ellos guardaron..y *cumplieron* tu pacto
34.8 así se *cumplieron* los días del lloro y
Jos. 14.8 yo *cumplí* siguiendo a Jehová mi Dios
14.9 por cuanto *cumpliste* siguiendo a Jehová
21.45 no faltó palabra de..todo se *cumplió*
22.5 cuidéis de *cumplir* el mandamiento y la
Jue. 13.12 dijo: Cuando tus palabras se *cumplan*
13.17 para que cuando se *cumpla* tu palabra
Rt. 2.12 remuneración sea *cumplida* de parte de
1 S. 1.20 al *cumplirse* el tiempo, después de
1.23 solamente que *cumpla* Jehová su palabra
3.12 yo *cumpliré* contra Elí todas las cosas
15.11 a Saúl..y no ha *cumplido* mis palabras
15.13 yo he *cumplido* la palabra de Jehová
18.26 David..antes que el plazo se *cumpliese*
28.18 ni *cumpliste* el ardor de su ira contra
2 S. 7.12 tus días sean *cumplidos*, y duermas
1 R. 2.27 que se *cumpliese* la palabra de Jehová
5.9 tú *cumplirás* mi deseo al dar de comer a
6.12 *cumpliré* contigo mi palabra que hablé
8.15 que habló..que con su mano ha *cumplido*
8.20 Jehová ha *cumplido* su palabra que había
8.24 que has *cumplido*..lo que le prometiste
8.24 tu boca, y con tu mano lo has *cumplido*
8.25 *cumple* a tu siervo David mi padre lo que
8.26 *cúmplase* la palabra..dijiste a tu siervo
2 R. 23.3 que *cumplirían* las palabras del pacto
23.24 para *cumplir* las palabras de la ley que
1 Cr. 17.11 y cuando tus días sean *cumplidos*
2 Cr. 6.4 su mano ha *cumplido* lo que prometió
6.10 Jehová ha *cumplido* su palabra que había
6.15 con tu mano lo has *cumplido*, como se ve
6.16 *cumple* a..David..lo que le has prometido
6.17 *cúmplase* tu palabra..dijiste a tu siervo
10.15 para que Jehová *cumpliera* la palabra
30.12 para *cumplir* el mensaje del rey y de
34.16 tus siervos han *cumplido* todo lo que les
36.21,22 para que se *cumpliese* la palabra de
36.21 que los setenta años fueron *cumplidos*
Esd. 1.1 que se *cumpliese* la palabra de Jehová
6.12 yo Darío he..sea *cumplido* prontamente
7.10 para inquirir la ley de..para *cumplirla*
7.26 que no *cumpliere* la ley de tu Dios, y la
Neh. 5.13 a todo hombre que no *cumpliere* esto
9.8 *cumpliste* tu palabra, porque eres justo
10.29 y *cumplirían* todos los mandamientos
12.45 habían *cumplido* el servicio de su Dios
Est. 1.5 *cumplidos* estos días, hizo el rey otro
1.15 por cuanto no había *cumplido* la orden
2.12 así se *cumplía* el tiempo de sus atavíos
Sal. 20.4 deseo de..y *cumpla* todo tu consejo
78.29 saciaron; les *cumplió*, pues, su deseo
105.19 la hora que se *cumplió* su palabra, el
105.45 que guardasen..y *cumpliesen* sus leyes
119.34 tu ley, y la *cumpliré* de todo corazón
119.112 mi corazón incliné a *cumplir* tus
138.8 Jehová *cumplirá* su propósito en mí; tu
145.19 *cumplirá* el deseo de los que le temen
Pr. 13.12 árbol de vida es el deseo *cumplido*
13.19 el deseo *cumplido* regocija el alma
Ec. 5.4 no tardes en *cumplirlo*..*Cumple* lo que
5.5 mejor es..no que prometas y no *cumplas*
Is. 19.21 harán votos a Jehová y los *cumplirán*
40.2 decidle..que su tiempo es ya *cumplido*
42.9 se *cumplieron* las cosas primeras, y yo
44.26 y *cumple* el consejo de sus mensajeros
44.28 Ciro..*cumplirá* todo lo que yo quiero
60.22 yo Jehová..haré que esto sea *cumplido*
65.20 niño..ni viejo que sus días no *cumpla*
Jer. 11.4 oíd mi voz, y *cumplid* mis palabras
11.8 mandé que *cumpliesen*, y no lo *cumplieron*
17.15 ¿dónde está la..¡Qué se *cumpla* ahora!
23.20 *cumplido* los pensamientos de su corazón
25.12 cuando sean *cumplidos* los setenta años
25.34 *cumplidos* son vuestros días para que
28.9 cuando se *cumpla* la palabra del profeta
29.10 cuando..se *cumplan* los setenta años, yo
30.24 haya hecho..*cumplido* los pensamientos
44.25 *cumpliremos*..nuestros votos que hicimos
Lm. 2.17 *cumplido* su palabra, la cual él había
4.11 *cumplió* Jehová su enojo, derramó..su ira
4.18 se acercó..se *cumplieron* nuestros días
4.22 se ha *cumplido* tu castigo, oh hija de
Ez. 4.6 *cumplidos* éstos, te acostarás sobre tu
4.8 hasta que hayas *cumplido* los días de tu
5.2 quemarás a fuego..cuando se *cumplan* los
5.13 se *cumplirá* mi furor y saciaré en ellos
5.13 sabrán que..he hablado..cuando *cumpla*
6.12 hambre; así *cumpliré* en ellos mi enojo
7.8 y *cumpliré* en ti mi furor, y te juzgaré
11.20 y guarden mis decretos y los *cumplan*
12.25 y se *cumplirá* la palabra.. la *cumpliré*
12.28 que la palabra que yo hable se *cumplirá*
13.15 *cumpliré* así mi furor en la pared y en
18.19 guardó..mis estatutos y los *cumplió*, de
20.8 para *cumplir* mi enojo en ellos en medio
20.11,13,21 el hombre que los *cumpliere* vivirá
20.21 *cumplir* mi enojo en ellos en el desierto
39.8 aquí viene, y se *cumplirá*, dice Jehová
Dn. 3.28 y que no *cumplieron* el edicto del rey
4.33 *cumplió* la palabra sobre Nabucodonosor
9.2 que habían de *cumplirse* las desolaciones
9.12 ha *cumplido* la palabra que habló contra
10.3 hasta que se *cumplieron*..tres semanas
11.14 se levantarán para *cumplir* la visión
11.36 ira; porque lo determinado se *cumplirá*
12.7 acabe..todas estas cosas serán *cumplidas*
Mi. 7.20 *cumplirás* la verdad a Jacob..Abraham
Nah. 1.15 *cumple* tus votos; porque nunca más
Mt. 1.22 esto aconteció para que se *cumpliese*
2.15 que se *cumpliese* lo que dijo el Señor
2.17 entonces se *cumplió* lo que fue dicho por
2.23 para que se *cumpliese* lo que fue dicho
3.15 así conviene que *cumplamos* toda justicia
4.14 que se *cumpliese* lo dicho por..Isaías
5.17 no he venido para abrogar..para *cumplir*
5.18 la ley, hasta que todo se haya *cumplido*
5.33 sino *cumplirás* al Señor tus juramentos
8.17; 12.17 se *cumpliese* lo dicho por..Isaías
13.14 que se *cumple* en ellos la profecía de
13.35; 21.4 *cumpliese* lo dicho por el profeta
26.54 ¿pero cómo..*cumplirían* las Escrituras
26.56 para que se *cumplan* las Escrituras de
27.9 así se *cumplió* lo dicho por el profeta
27.35 para que se *cumpliese* lo dicho por el
Mr. 1.15 el tiempo se ha *cumplido*, y el reino
13.4 qué señal..cuando..hayan de *cumplirse?*
14.49 así, para que se *cumplan* las Escrituras
15.28 *cumplió* la Escritura que dice: Y fue
Lc. 1.20 las cuales se *cumplirán* a su tiempo
1.23 y *cumplidos* los días de su ministerio
1.45 se *cumplirá* lo que le fue dicho de parte
1.57 a Elizabet se le *cumplió* el tiempo de
2.6 *cumplieron* los días de su alumbramiento
2.21 *cumplidos*..ocho días para circuncidar
2.22 *cumplieron* los días de la purificación
2.39 de haber *cumplido* con todo lo prescrito
4.21 se ha *cumplido* esta Escritura delante de
9.31 que iba Jesús a *cumplir* en Jerusalén
9.51 se *cumplió* el tiempo en que él había de
12.50 cómo me angustio hasta que se *cumpla!*
18.31 se *cumplirán* todas las cosas escritas
21.22 para que se *cumplan* todas las cosas que
21.24 los tiempos de los gentiles se *cumplan*
22.16 hasta que se *cumpla* en el reino de Dios
22.37 os digo que es necesario que se *cumpla*
24.44 era necesario que se *cumpliese* todo lo
Jn. 3.29 así pues, este mi gozo está *cumplido*
5.36 que el Padre me dio para que *cumpliese*
7.8 porque mi tiempo aún no se ha *cumplido*
7.19 y ninguno de vosotros *cumple* la ley?
12.38 para que se *cumpliese* la palabra del
13.18 que se *cumpla* la Escritura: El que come
15.11 para que..y vuestro gozo sea *cumplido*
15.25 para que se *cumpla* la palabra que está
16.24 para que vuestro gozo sea *cumplido*
17.12 para que la Escritura se *cumpliese*
17.13 para que tengan mi gozo *cumplido* en sí
18.9 que se *cumpliese* aquello que había dicho
18.32 que se *cumpliese* la palabra que Jesús
19.24,28,36 que se *cumpliese* la Escritura
Hch. 1.16 era necesario que se *cumpliese* la
3.18 pero Dios ha *cumplido* así lo que había
7.23 cuando hubo *cumplido* la..cuarenta años
12.25 Saulo, *cumplido* su servicio, volvieron
13.27 se leen..las *cumplieron* al condenarle
13.29 habiendo *cumplido* todas las cosas que
13.33 la cual Dios ha *cumplido* a los hijos
14.26 Dios para la obra que habían *cumplido*
21.5 *cumplidos* aquellos días, salimos
21.23 que tienen obligación de *cumplir* voto
21.27 estaban para *cumplirse* los siete días
Ro. 8.4 la justicia de la ley se *cumpliese* en
13.8 que ama al prójimo, ha *cumplido* la ley
1 Co. 7.3 marido *cumpla* con..el deber conyugal
15.54 se *cumplirá* la palabra que está escrita
2 Co. 8.11 lo estéis en *cumplir* conforme a lo
Gá. 5.14 la ley en esta sola palabra se *cumple*
6.2 los otros, y *cumplid* así la ley de Cristo
Col. 1.24 *cumplo* en mi carne lo que falta de
4.17 *cumplas* el ministerio que recibiste en
2 Ts. 1.11 y *cumpla* todo propósito de bondad y
2 Ti. 4.5 tú sé sobrio..*cumple* tu ministerio
4.17 que por mí fuese *cumplida* la predicación
He. 9.6 para *cumplir* los oficios del culto
Stg. 2.8 si..*cumplís* la ley real, conforme a
2.23 *cumplió* la Escritura..Abraham creyó a
1 P. 5.9 van *cumpliendo* en vuestros hermanos
1 Jn. 1.4 para que vuestro gozo sea *cumplido*
2 Jn. 12 para que nuestro gozo sea *cumplido*
Ap. 15.8 se hubiesen *cumplido* las siete plagas
17.17 hasta que se *cumplan* las palabras de
20.3 hasta que fuesen *cumplidos* mil años
20.5 vivir hasta que se *cumplieron* mil años
20.7 mil años se *cumplan*, Satanás será suelto

CUN *Ciudad en Siria*, 1 Cr. 18.8

CUNDIR
Lv. 13.6 parece..que no ha *cundido* en la piel
13.12 brotare la lepra *cundiendo* por la piel
13.34 la tiña no hubiere *cundido* en la piel
13.36 si la tiña hubiere *cundido* en la piel

CUÑADO, DA
Dt. 25.5 su *c* se llegará a ella, y la tomará
25.7 si el hombre no quisiere tomar a su *c*
25.7 irá su *c* a la puerta, a los ancianos
25.7 mi *c* no quiere suscitar nombre en Israel
25.9 se acercará..su *c* a él delante de los
Rt. 1.15 he aquí tu *c* se ha vuelto a su pueblo

CURACIÓN
Jer. 8.15; 14.19 de *c*, y he aquí turbación
15.18 y mi herida desahuciada no admitió *c?*
46.11 por demás..medicinas; no hay *c* para ti
Lc. 13.32 hago *c* hoy y mañana, y al tercer día

CURADOR
Gá. 4.2 está bajo tutores y *c* hasta el tiempo

CURAR
Éx. 21.19 le satisfará por..y hará que le *curen*
Dt. 28.27 comezón de que no puedas ser *curado*
28.35 te herirá..sin que puedas ser *curado*
2 R. 8.29 el rey Joram se volvió..para *curarse*
9.15 *curarse* de las heridas que los sirios
2 Cr. 22.6 y volvió para *curarse* en Jezreel de
Job 5.18 vendará; él hiere, y sus manos *curan*
Ec. 3.3 tiempo de matar, y tiempo de *curar*
Is. 1.6 llaga; no están *curadas*, ni vendadas
30.26 Jehová..*curare* la llaga que él causó
53.5 y por su llaga fuimos nosotros *curados*
Jer. 6.14 y *curan* la herida de mi pueblo con
8.11 *curaron* la herida de la hija de..pueblo
33.6 y los *curaré*, y les revelaré..de paz
51.9 *curamos* a Babilonia, y no ha sanado
Ez. 34.4 las débiles, ni *curasteis* la enferma
Os. 5.13 él no os podrá sanar, ni os *curará* la
6.1 él arrebató, y nos *curará*; hirió, y nos
7.1 mientras *curaba* yo a Israel, se descubrió
Zac. 11.16 *curará* la perniquebrada, ni llevará
Lc. 4.23 me diréis..Médico, *cúrate* a ti mismo
8.43 y por ninguno había podido ser *curada*
9.11 sanaba a..que necesitaban ser *curados*

CURSO
Job 10.1 daré libre *c* a mi queja, hablaré con
Sal. 19.6 su *c* hasta el término de ellos; y nada
Is. 3.12 guían..y tuercen el *c* de tus caminos
29.1 añadid un año a..las fiestas sigan su *c*

CURTIDOR
Hch. 9.43 Jope en casa de un cierto Simón, *c*
10.6 éste posa en casa de cierto Simón *c*
10.32 el cual mora en casa de Simón, un *c*

CUS
1. ***Nombre antiguo de la región al sur de Egipto*, Gn. 2.13**
2. ***Hijo de Cam y padre de Nimrod*, Gn. 10.6,7,8; 1 Cr. 1.8,9,10; Ez. 38.5**
3. ***Benjamita, enemigo de David*, Sal. 7 *tít.***

CUSAÍAS *Padre de Etán No. 4*, 1 Cr. 15.17

CUSÁN *Voz poética (=Madián)*, Hab. 3.7

CUSAN-RISATAIM *Rey de Mesopotamia y opresor de Israel*, Jue. 3.8(2),10(2)

CUSI
1. ***Ascendiente de Jehudí*, Jer. 36.14**
2. ***Padre del profeta Sofonías*, Sof. 1.1**

CUSITA *Descendiente de Cus No. 2 o de Cusán*
Nm. 12.1 causa de la mujer *c* que había tomado
12.1 Moisés..porque él había tomado mujer *c*

CÚSPIDE
Gn. 11.4 y una torre, cuya *c* llegue al cielo

CUSTODIA
Nm. 3.36 a cargo de los..de Merari estará la *c*
Ez. 44.14 por guardas encargados de la *c* de la

CUSTODIAR
1 R. 14.27 quienes *custodiaban* la puerta de la
2 Cr. 12.10 los cuales *custodiaban* la entrada
Jer. 37.21 *custodiaron* a Jeremías en el patio
Lc. 22.63 que *custodiaban* a Jesús se burlaban
Hch 12.4 entregándole..para que le *custodiasen*
12.5 que Pedro estaba *custodiado* en la cárcel
12.6 los guardas..puerta *custodiaban* la cárcel
23.35 que le *custodiasen* en el pretorio de
24.23 y mandó al..que se *custodiase* a Pablo
25.4 que Pablo estaba *custodiado* en Cesarea
25.21 le *custodiasen* hasta que le enviara yo
28.16 aparte, con un soldado..le *custodiase*

CUTA *Ciudad en Babilonia*
2 R. 17.24 trajo el rey de Asiria gente..de *C*
17.30 los de *C* hicieron a Nergal, y los de

CH

CHACAL
Job 30.29 he venido a ser hermano de *ch*, y
Sal. 44.19 nos quebrantases en el lugar de *ch*
63.10 les destruirán. .serán porción de los *ch*
Is. 13.22 en sus palacios aullarán hienas, y *ch*
34.13 y serán morada de *ch*, y patio para los
35.7 la morada de *ch*. .será lugar de cañas y
43.20 *ch* y los pollos del avestruz; porque
Jer. 9.11 reduciré a Jerusalén a. .morada de *ch*
10.22 las ciudades de Judá, en morada de *ch*
14.6 los asnos. .aspiraban el viento como *ch*
49.33 Hazor será morada de *ch*, soledad para
50.39 allí morarán fieras del desierto y *ch*
51.37 será Babilonia. .morada de *ch*, espanto
Lm. 4.3 aun los *ch* dan la teta, y amamantan a
Mi. 1.8 haré aullido como de *ch*, y lamento como
Mal. 1.3 y abandoné su heredad para los *ch* del

CHARLA
Ec. 10.13 y el fin de su *ch*, nocivo desvarío

CHASQUIDO
Nah. 3.2 *ch* de látigo, y fragor de ruedas

CHICO, CA
Nm. 22.18 no puedo traspasar. .cosa *ch* ni grande
Dt. 25.13 no tendrás en. .pesa grande y pesa *ch*
1 S. 5.9 afligió. .desde el *ch* hasta el grande
30.19 no les faltó cosa alguna, *ch* ni grande
1 R. 22.31 no peleéis ni con grande ni con *ch*
2 R. 23.2 desde el más *ch* hasta el más grande
2 Cr. 18.30 no peleéis con *ch* ni con grande
36.18 todos los utensilios de. .grandes y *ch*
Job 3.19 están el *ch* y el grande, y el siervo
Jer. 6.13 desde el más *ch* de ellos hasta el más

CHIMENEA
Os. 13.3 serán. .como el humo que sale de la *ch*

CHIPRE *Isla en el Mar Mediterráneo*
Hch. 4.36 entonces José. .levita, natural de *Ch*
11.19 pasaron hasta Fenicia, *Ch* y Antioquía
11.20 había entre ellos unos varones de *Ch* y
13.4 a Seleucia, y de allí navegaron a *Ch*
15.39 Bernabé, tomando a Marcos, navegó a *Ch*
21.3 avistar *Ch*, dejándola a mano izquierda
21.16 trayendo. .a Mnasón, de *Ch*, discípulo
27.4 navegamos a sotavento de *Ch*, porque los

CHISME
Pr. 11.13; 20.19 anda en *ch* descubre el secreto

CHISMEAR
Lv. 19.16 no andarás *chismeando* entre tu pueblo
Jer. 6.28 rebeldes, porfiados, andan *chismeando*

CHISMOSO, SA
Pr. 16.28 y el *ch* aparta a los mejores amigos
18.8 palabras del *ch* son como bocados suaves
26.20 y donde no hay *ch*, cesa la contienda
26.22 las palabras del *ch* son como bocados
1 Ti. 5.13 también *ch* y entremetidas, hablando

CHISPA
Job 5.7 como las *ch* se levantan para volar por

CHORREAR
1 R. 18.28 se sajaban. .hasta *chorrear* la sangre

CHOZA
Is. 24.20 la tierra. .será removida como una *ch*

CHUPAR
Dt. 32.13 e hizo que *chupase* miel de la peña
33.19 *chuparán* la abundancia de los mares
Job 20.16 veneno de áspides *chupará*; lo matará
39.30 polluelos *chupan* la sangre; y donde

CHUZA *Intendente de Herodes No. 2*, Lc. 8.3

D

DABERAT *Ciudad de los levitas en Isacar*, Jos. 19.12; 21.28; 1 Cr. 6.72

DABESET *Población en la frontera de Zabulón*, Jos. 19.11

DÁDIVA
Nm. 22.7 fueron. .con las *d* de adivinación en su
Dt. 33.16 con las mejores *d* de la tierra y su
Est. 9.22 para enviar porciones. .*d* a los pobres
Pr. 18.16 la *d* del hombre le ensancha el camino
21.14 *d* en secreto calma el furor, y el don
Ec. 7.7 al sabio, y las *d* corrompen el corazón
Mt. 7.11; Lc. 11.13 malos, sabéis dar buenas *d*
Ro. 6.23 la *d* de Dios es vida eterna en Cristo
Fil. 4.17 no es que busque *d*, sino que busco
Stg. 1.17 toda buena *d* y. .desciende de lo alto

DADIVOSO
1 Ti. 6.18 hagan bien, que sean. .*d*, generosos

DADO *Véase Dar*

DADOR
2 Co. 9.7 cada uno dé como. .Dios ama al *d* alegre
Stg. 4.12 uno. .es el *d* de la ley, que puede salvar

DAGA
2 S. 20.8 pegado a sus lomos el cinto con una *d*
20.10 Amasa no se cuidó de la *d* que estaba en

DAGÓN *Dios de los filisteos*
Jue. 16.23 para ofrecer sacrificio a *D* su dios
1 S. 5.2 la metieron en la casa de *D*. .junto a *D*
5.3 *D* postrado en tierra. .tomaron a *D* y lo
5.4 *D* había caído postrado. .la cabeza de *D*
5.4 estaban cortadas. .quedado a *D* el tronco
5.5 los sacerdotes de *D*. .en el templo de *D*
5.5 no pisan el umbral de *D* en Asdod, hasta
5.7 su mano es dura. .y sobre nuestro dios *D*
1 Cr. 10.10 colgaron la cabeza en el templo de *D*

DALAÍAS *Descendiente del rey Salomón*, 1 Cr. 3.24

DALFÓN *Uno de los diez hijos de Amán*, Est. 9.7

DALILA *Mujer que traicionó a Sansón*
Jue. 16.4 enamoró de una. .la cual se llamaba *D*
16.6 *D* dijo a Sansón. .ruego que me declares
16.10 *D* dijo a Sansón. .tú me has engañado
16.12 *D* tomó cuerdas nuevas, y le ató con ellas
16.13 *D* dijo a Sansón: Hasta ahora me engañas
16.18 viendo *D* que él le había descubierto

DALMACIA *Región de la provincia de Ilírico*, 2 Ti. 4.10

DALMANUTA *Lugar en la ribera del mar de Galilea*, Mr. 8.10

DAMA
Jue. 5.29 más avisadas de sus *d* le respondían

DÁMARIS *Mujer en Atenas*, Hch. 17.34

DAMASCENO *Propio de Damasco*
Gn. 15.2 mayordomo de mi casa es ese *d* Eliezer?
2 Co. 11.32 guardaba la ciudad de los *d* para

DAMASCO *Ciudad de Siria*
Gn. 14.15 siguiendo hasta Hoba al norte de *D*
2 S. 8.5 vinieron los sirios de *D* para dar ayuda
8.6 puso luego David guarnición en Siria de *D*
1 R. 11.24 fueron a *D*. .y le hicieron rey en *D*
15.18 rey Asa a Ben-adad. .el cual residía en *D*
19.15 vé, vuélvete por. .por el desierto de *D*
20.34 haz plazas en *D* para ti, como mi padre
2 R. 5.12 y Farfar, ríos de *D*, ¿no son mejores
8.7 Eliseo se fue luego a *D*; y Ben-adad rey
8.9 tomó pues, Hazael. .entre los bienes de *D*
14.28 cómo restituyó. .a *D* y Hamat, que habían
16.9 pues subió el rey de Asiria contra *D*, y
16.10 Acaz a encontrar a. .rey de Asiria en *D*
16.10 vio el rey Acaz el altar que estaba en *D*
16.11 conforme. .rey Acaz había enviado de *D*
16.11 entre tanto que el rey Acaz venía de *D*
16.12 que el rey vino de *D*, y vio el altar
1 Cr. 18.5 viniendo los sirios de *D* en ayuda de
18.6 y puso David guarnición en Siria de *D*
2 Cr. 16.2 Asa. .envió a Ben-adad. .estaba en *D*
24.23 y enviaron todo el botín al rey a *D*
28.5 número de prisioneros que llevaron a *D*
28.23 ofreció sacrificios a los dioses de *D*
Cnt. 7.4 la torre del Líbano, que mira hacia *D*
Is. 7.8 la cabeza de Siria es *D*, y. .de *D*, Rezín
8.4 niño sepa. .será quitada la riqueza de *D*
10.9 ¿no es Calno como. .y Samaria como *D?*
17.1 profecía sobre *D*. .*D* dejará de ser ciudad
17.3 y cesará el socorro de. .y el reino de *D*
Jer. 49.23 acerca de *D*. Se confundieron Hamat
49.24 se desmayó *D*, se volvió para huir, y le
49.27 y haré encender fuego en el muro de *D*
Ez. 27.18 *D* comerciaba contigo por tus muchos
47.16 está entre el límite de *D* y el límite
47.17 Hazar-enán en el límite de *D* al norte
47.18 en medio de Haurán y de *D*, y de Galaad
48.1 Hazar-enán, en los confines de *D*. .norte
Am. 1.3 ha dicho Jehová: Por tres pecados de *D*
1.5 quebraré los cerrojos de *D*, y destruiré
5.27 os haré, pues, transportar más allá de *D*
Zac. 9.1 contra la tierra de Hadrac y sobre *D*
Hch. 9.2 pidió cartas para las sinagogas de *D*
9.3 al llegar cerca de *D*. .un resplandor de luz
9.8 llevándole por la mano, le metieron en *D*
9.10 había en *D* un discípulo llamado Ananías
9.19 días con los discípulos que estaban en *D*
9.22 confundía a los judíos que moraban en *D*
9.27 cómo en *D* había hablado valerosamente
22.5 fui a *D* para traer presos a Jerusalén
22.6 al llegar cerca de *D*. .me rodeó mucha luz
22.10 vé a *D*, y allí se te dirá todo lo que
22.11 llevado de la mano por los. .llegué a *D*
26.12 iba yo a *D* con poderes y en comisión
26.20 sino que anuncié. .a los que están en *D*
2 Co. 11.32 en *D*, el gobernador de la provincia
Gá. 1.17 que fui a Arabia, y volví de nuevo a *D*

DAN

1. Ciudad en el norte de Palestina

Gn. 14.14 armó. .criados. .y los siguió hasta *D*
Dt. 34.1 mostró Jehová toda la tierra. .hasta *D*
Jos. 19.47 llamaron a Lesem, *D*, del nombre de
Jue. 18.29 y llamaron el nombre de. .ciudad *D*
20.1 y se reunió la. .desde *D* hasta Beerseba
1 S. 3.20 todo Israel, desde *D* hasta Beerseba
2 S. 3.10 y sobre Judá, desde *D* hasta Beerseba
17.11 se junte a ti, desde *D* hasta Beerseba
24.2 desde *D* hasta Beerseba, y haz un censo
24.15 murieron del. .desde *D*. .70.000 hombres
1 R. 4.25 vivían seguros. .desde *D* hasta Beerseba
12.29 y puso uno en Bet-el, y el otro en *D*
12.30 el pueblo iba a adorar delante. .hasta *D*
15.20 conquistó Ijón, *D*, Abel-bet-maaca, y
2 R. 10.29 los becerros de oro que estaban. .en *D*
1 Cr. 21.2 id, haced censo de Israel. .hasta *D*
2 Cr. 16.4 y conquistaron Ijón, *D*, Abel-maim
30.5 pasar pregón. .desde Beerseba hasta *D*
Jer. 4.15 porque una voz trae las nuevas desde *D*
8.16 desde *D* se oyó el bufido de sus caballos
Ez. 27.19 *D* y el errante Javán vinieron a tus
Am. 8.14 por tu Dios, oh *D*, y: Por el camino de

2. Hijo de Jacob y la tribu que formó su posteridad

Gn. 30.6 y me dio un hijo. .llamó su nombre *D*
35.25 los hijos de Bilha, sierva de Raquel: *D*
46.23 los hijos de *D:* Husim
49.16 *D* juzgará a su pueblo, como una de las
49.17 será *D* serpiente junto al camino, víbora
Éx. 1.4 *D*, Neftalí, Gad y Aser
31.6 Aholiab hijo de Ahisamac. .tribu de *D*
35.34; 38.23 Aholiab hijo. .de la tribu de *D*
Lv. 24.11 Selomit. .de Dibri, de la tribu de *D*
Nm. 1.12 de *D*, Ahiezer hijo de Amisadai
1.38 de los hijos de *D*, por su descendencia
1.39 contados de la tribu de *D* fueron 62.700
2.25 la bandera del campamento de *D* estará al
2.25 el jefe de los hijos de *D*, Ahiezer hijo
2.31 todos. .en el campamento de *D*, 157.600
7.66 el príncipe de los hijos de *D*, Ahiezer
10.25 marchar la bandera. .de los hijos de *D*
13.12 de la tribu de *D*, Amiel hijo de Gemali
26.42 son los hijos de *D*. .las familias de *D*
34.22 de la tribu de. .*D*, el príncipe Buqui
Dt. 27.13 el monte Ebal. .Zabulón, *D* y Neftalí
33.22 a *D* dijo: *D* es cachorro de león, que
Jos. 19.40 suerte correspondió. .los hijos de *D*
19.47 les faltó territorio a los hijos de *D*
19.47 subieron los hijos de *D* y combatieron
19.47 llamaron a Lesem, Dan, del nombre de *D*
19.48 esta es la heredad. .de los hijos de *D*
21.5 diez ciudades. .de la tribu de *D* y de la
21.23 la tribu de *D*, Elteque con sus ejidos
Jue. 1.34 los amorreos acosaron a los hijos de *D*
5.17 *D*, ¿por qué se estuvo junto a las naves?
13.2 un hombre de Zora, de la tribu de *D*, el
13.25 en los campamentos de *D*, entre Zora y
18.1 la tribu de *D* buscaba posesión para sí
18.2 y los hijos de *D* enviaron de su tribu 5
18.11 salieron. .600 hombres de la familia de *D*
18.12 llamaron a. .lugar el campamento de *D*
18.16 y los 600. .que eran de los hijos de *D*
18.22 se juntaron y siguieron a los hijos de *D*
18.23 dando voces a los de *D*. .volvieron sus
18.25 los hijos de *D* le dijeron: No des voces
18.26 prosiguieron los hijos de *D* su camino
18.29 llamaron el. .Dan. .nombre de *D* su padre
18.30 y los hijos de *D* levantaron para sí la
18.30 hijos fueron sacerdotes en la tribu de *D*
1 Cr. 2.2 *D*, José, Benjamín, Neftalí, Gad y
12.35 los de *D*, dispuestos a pelear, 28.600
27.22 y de *D*, Azareel hijo de Jeroham. Estos
2 Cr. 2.14 hijo de una mujer de las hijas de *D*
Ez. 48.1 *D* una parte, desde el lado oriental
48.2 junto a la frontera de *D*, desde el lado
48.32 al lado oriental. .la puerta de *D*, otra

DANA *Aldea en Judá, Jos. 15.49*

DANIEL

1. Hijo de David, 1 Cr. 3.1
2. Sacerdote en tiempo de Nehemías, Esd. 8.2; Neh. 10.6
3. Profeta

Ez. 14.14,20 estuviesen en medio. .Noé, *D* y Job
28.3 eres más sabio que *D;* no hay secreto que
Dn. 1.6 *D*, Ananías, Misael. .los hijos de Judá
1.7 puso a *D*, Beltsasar; a Ananías, Sadrac
1.8 *D* propuso en su corazón no contaminarse
1.9 puso Dios a *D* en gracia. .con el jefe de
1.10 dijo el jefe. .a *D:* Temo a mi señor el rey
1.11 dijo *D* a Melsar, que estaba puesto por
1.11 estaba puesto. .sobre *D*, Ananías, Misael
1.17 y *D* tuvo entendimiento en toda visión
1.19 no fueron hallados entre. .otros como *D*
1.21 continuó *D* hasta el año primero del rey
2.13 y buscaron a *D* y a sus compañeros para
2.14 *D* habló sabia y prudentemente a Arioc
2.15 entonces Arioc hizo saber a *D* lo que
2.16 y *D* entró y pidió al rey que le diese
2.17 luego se fue *D* a su casa e hizo saber
2.18 de que *D* y sus compañeros no pereciesen
2.19 fue revelado a *D* en. .bendijo *D* al Dios
2.20 *D* habló y dijo: Sea bendito el nombre de
2.24 *D* a Arioc, al cual el rey había puesto
2.25 Arioc llevó. .a *D* ante el rey, y le dijo
2.26 dijo a *D*. .¿Podrás tú hacerme conocer el
2.27 *D* respondió delante del rey, diciendo
2.46 el rey Nabucodonosor. .se humilló ante *D*
2.47 el rey habló a *D*, y dijo: Ciertamente
2.48 entonces el rey engrandeció a *D*, y le
2.49 y *D* solicitó del rey. .que pusiera sobre
2.49 obtuvo. .y *D* estaba en la corte del rey
4.8 que entró delante de mí *D*, cuyo nombre
4.19 *D*. .quedó atónito casi una hora, y sus
5.12 en *D*, al cual el rey puso por nombre
5.12 llámese, pues, ahora a *D*, y él te dará
5.13 entonces *D* fue traído delante del rey
5.13 dijo el rey a *D:* ¿Eres tú aquel *D* de los
5.17 *D* respondió y dijo. .Tus dones sean para
5.29 mandó Belsasar vestir a *D* de púrpura, y
6.2 tres gobernadores, de los cuales *D* era
6.3 *D* mismo era superior a estos sátrapas y
6.4 para acusar a *D* en lo relacionado al reino
6.5 no hallaremos contra. .*D* ocasión alguna
6.10 cuando *D* supo que el edicto había sido
6.11 hallaron a *D* orando. .en presencia de su
6.13 *D*, que es de los hijos de los cautivos
6.14 resolvió librar a *D;* y hasta la puesta
6.16 trajeron a *D*, y le echaron en el foso de
6.16 el rey dijo a *D:* El Dios tuyo, a quien
6.17 el acuerdo acerca de *D* no se alterase
6.20 llamó a voces a *D* con voz triste, y le
6.20 *D*, siervo del Dios viviente, el Dios tuyo
6.21 *D* respondió al rey: Oh rey, vive para
6.23 mandó sacar a *D*. .fue *D* sacado del foso
6.24 traídos aquellos. .que habían acusado a *D*
6.26 teman. .ante la presencia del Dios de *D*
6.27 ha librado a *D* del poder de los leones
6.28 *D* prosperó durante el reinado de Darío
7.1 primer año. .tuvo *D* un sueño, y visiones
7.2 *D* dijo: Miraba yo en mi visión de noche
7.15 me turbó el espíritu a mí, *D*, en medio
7.28 en cuanto a mí, *D*, mis pensamientos se
8.1 apareció una visión a mí, *D*, después de
8.15 que mientras yo *D* consideraba la visión
8.27 yo *D* quedé quebrantado, y estuve enfermo
9.2 yo *D* miré. .en los libros el número de los
9.22 *D*, ahora he salido para darte sabiduría
10.1 el año tercero. .fue revelada palabra a *D*
10.2 yo *D* estuve afligido por espacio de tres
10.7 sólo yo, *D*, vi aquella visión, y no la
10.11 *D*, varón muy amado, está atento a las
10.12 *D*, no temas; porque desde el primer día
12.4 pero tú, *D*, cierra las palabras y sella
12.5 y yo *D* miré, y he aquí otros dos que
12.9 respondió: Anda, *D*, pues estas palabras
Mt. 24.15; Mr. 13.14 de que habló el profeta *D*

DANJAÁN *Población en el norte de Palestina,* 2 S. 24.6

DANZA

Éx. 15.20 mujeres salieron en. .con panderos y *d*
32.19 vio el becerro y las *d*, ardió la ira de
Jue. 11.34 he aquí a su hija. .con panderos y *d*
1 S. 21.11; 29.5 de quien cantaban en las *d*
Sal. 149.3 alaben su nombre con *d;* con pandero
150.4 alabadle con pandero y *d;* alabadle con
Jer. 31.4 tus panderos, y saldrás en alegres *d*
31.13 entonces la virgen se alegrará en la *d*
Lm. 5.15 el gozo. .nuestra *d* se cambió en luto
Lc. 15.25 y cuando vino. .oyó la música y las *d*

DANZAR

Jue. 21.23 robándolas de entre las que *danzaban*
1 S. 18.6 mujeres. .Israel cantando y *danzando*
18.7 y cantaban las mujeres que *danzaban*, y
2 S. 6.5 David y. .*danzaban* delante de Jehová
6.14 y David *danzaba* con. .su fuerza delante
6.16 vio al rey David que saltaba y *danzaba*
6.21 por tanto, *danzaré* delante de Jehová
1 Cr. 15.29 Mical. .vio al rey David que. .*danzaba*
Is. 3.16 cuando andan van *danzando*, y haciendo
Mt. 14.6; Mr. 6.22 la hija de Herodías *danzó*

DAÑAR

Éx. 21.26 hiriere y lo *dañare*, le dará libertad
Lv. 19.27 ni *dañaréis* la punta de vuestra barba
Rt. 4.6 no sea que *dañe* mi heredad. Redime tú
1 R. 13.28 el león no había. .ni *dañado* al asno
1 Cr. 4.10 me libraras de mal. .que no me *dañe!*
Job 35.8 al hombre como tú *dañará* tu impiedad
Pr. 11.9 el hipócrita con la. .*daña* a su prójimo
Is. 11.9 no. .ni *dañarán* en todo mi santo monte
27.3 la guardaré de. .para que nadie la *dañe*
Mal. 1.14 que. .y sacrifica a Jehová lo *dañado*
2.3 yo os *dañaré* la sementera, y os echaré
Lc. 10.19 os doy potestad de. .y nada os *dañará*
Flm. 18 si en algo te *dañó*, o te debe, ponlo a
Ap. 6.6 que decía. .no *dañes* el aceite ni el vino
9.4 se les mandó que no *dañasen* a la hierba
9.10 tenían poder para *dañar* a los hombres
9.19 colas. .tenían cabezas, y con ellas *dañaban*
11.5 si alguno quiere *dañarlos*, sale fuego de

DAÑO

Gn. 31.39 yo pagaba el *d;* lo hurtado así de día
Éx. 21.34 el dueño de la cisterna pagará el *d*
Lv. 6.4 restituirá. .el *d* de la calumnia, o el
Nm. 5.7 compensará. .el *d*, y añadirá sobre ello
5.8 no. .pariente al cual sea resarcido el *d*
2 S. 14.11 que el vengador. .no aumente el *d*
20.6 Seba. .nos hará ahora más *d* que Absalón
Esd. 4.22 crecer el *d* en perjuicio de los reyes?
Neh. 4.8 venir a atacar a Jerusalén y hacerle *d*
Est. 7.4 nuestra muerte sería para el rey un *d*
Sal. 15.4 jurando en *d* suyo, no por eso cambia
Pr. 22.3 mas los simples pasan y reciben el *d*
26.6 el que se corta los pies y bebe su *d*
27.12 mas los simples pasan y llevan el *d*
Dn. 3.25 en medio del fuego sin sufrir ningún *d*
6.22 cerró la boca de. .que no me hiciesen *d*
Mr. 16.18 bebieren cosa mortífera, no. .hará *d*
Lc. 4.35 salió de él, y no le hizo *d* alguno
Hch. 28.5 él, sacudiendo la víbora. .ningún *d*
1 P. 3.13 quién es aquel que os podrá hacer *d*
Ap. 2.11 no sufrirá *d* de la segunda muerte
7.2 se les había dado el poder de hacer *d* a
7.3 no hagáis *d* a la tierra, ni al mar, ni a
11.5 si alguno quiere hacerles *d*, debe morir

DAR

Gn. 1.11 hierba que *dé* semilla; árbol. .*d* fruto
1.12 produjo. .hierba que *da* semilla según su
1.29 os he *dado* toda planta que *da* semilla
1.29 todo árbol. .que *da* semilla. .para comer
3.6 *dio* también a su marido, el cual comió
3.12 mujer que me *diste* por compañera me *dio*
3.16 con dolor *darás* a luz los hijos; y tu
4.1 Eva. .concibió y *dio* a luz a Caín, y dijo
4.2 después *dio* a luz a su hermano Abel
4.12 la tierra, no te volverá a *dar* su fuerza
4.17 la cual concibió y *dio* a luz a Enoc
4.20 y Ada *dio* a luz a Jabal, el cual fue
4.22 Zila también *dio* a luz a Tubal-caín, el
4.25 *dio* a luz un hijo, y llamó su nombre Set
9.3 legumbres y plantas. .os lo he *dado* todo
12.7 dijo: A tu descendencia *daré* esta tierra
12.20 Faraón *dio* orden a su. .acerca de Abram
13.15 la tierra que ves, la *daré* a ti y a tu
13.17 vé por la tierra. .porque a ti la *daré*
14.20 y le *dio* Abram los diezmos de todo
14.21 *dame* las personas, y toma para ti los
15.2 ¿qué me *darás*, siendo así que ando sin
15.3 que no me has *dado* prole, y. .heredero
15.7 de Ur. .para *darte* a heredar esta tierra
15.18 tu descendencia *daré* esta tierra, desde
16.1 Sarai mujer de Abram no le *daba* hijos
16.3 y la *dio* por mujer a Abram su marido
16.5 yo te *di* mi sierva por mujer, y viéndose
16.11 has concebido, y *darás* a luz un hijo
16.15 y Agar *dio* a luz un hijo a Abram, y
16.15 y llamó. .hijo que le *dio* Agar, Ismael
16.16 años, cuando Agar le *dio* a luz a Ismael
17.8 y te *daré* a ti. .la tierra en que moras
17.16 también te *daré* de ella hijo; sí, la
17.19 Sara tu mujer te *dará* a luz un hijo
17.21 Isaac, el que Sara te *dará* a luz por
18.7 lo *dio* al criado, y éste se *d* prisa a
18.13 ¿será cierto que he de *dar* a luz siendo
19.15 los ángeles *daban* prisa a Lot, diciendo
19.19 habéis hecho. .*dándome* la vida; mas yo
19.22 *date* prisa, escápate allá; porque nada
19.32 ven, *demos* a beber vino a nuestro padre
19.33,35 y *dieron* a beber vino a su padre
19.34 *démosle* a beber. .también esta noche, y
19.37 *dio* a luz la mayor un hijo, y llamó su
19.38 la menor también *dio* a luz un hijo, y
20.14 se los *dio* a Abraham, y le devolvió a
20.16 he aquí he *dado* mil monedas de plata a
21.2 Sara concibió y *dio* a Abraham un hijo
21.3 su hijo. .que le *dio* a luz Sara, Isaac
21.7 que Sara habría de *dar* de mamar a hijos?
21.7 pues le he *dado* un hijo en su vejez
21.9 el hijo de Agar. .*dado* a luz a Abraham
21.14 y lo *dio* a Agar, poniéndolo sobre su
21.19 llenó el odre. .*dio* de beber al muchacho
21.27 tomó. .ovejas y vacas, y *dio* a Abimelec
22.11 el ángel de Jehová le *dio* voces desde
22.20 fue *dada* noticia a Abraham, diciendo
22.20 Milca ha *dado* a luz hijos a Nacor tu
22.23 son los ocho hijos que *dio* a luz Milca
22.24 llamaba Reúma, *dio* a luz también a Teba
23.4 *dame* propiedad para sepultura entre
23.9 para que me *dé* la cueva de Macpela, que
23.9 me la *dé*, para posesión de sepultura
23.11 te *doy* la heredad, y te *d* también la
23.11 en presencia de. .de mi pueblo te la *doy*
23.13 yo *daré* el precio de la heredad; tómalo
24.7 a tu descendencia *daré* esta tierra; él
24.12 *dame*. .tener hoy buen encuentro, y haz
24.14 y también *daré* de beber a tus camellos
24.17 te ruego que me *des* a beber un. .de agua
24.18 se *dio* prisa a bajar su. .le *d* a beber

DAR *(Continúa)*

Gn. 24.19 cuando acabó de *darle* de beber, dijo
24.20 se *dio* prisa, y vació su cántaro en la
24.22 le *dio* el hombre un pendiente de oro
24.24 Milca, el cual ella *dio* a luz a Nacor
24.32 y les *dio* paja y forraje, y agua para
24.35 le ha *dado* ovejas y vacas, plata y oro
24.36 Sara. .*dio* a luz en su vejez un hijo a
24.36 quien le ha *dado* a él todo cuanto tiene
24.41 si no te la *dieren*, serás libre de mi
24.43 *dame* de beber te ruego, un poco de agua
24.45 le dije: Te ruego que me *des* de beber
24.46 y también a tus camellos *daré* de beber
24.46 y *dio* también de beber a mis camellos
24.47 hija de Nacor, que le *dio* a luz Milca
24.53 sacó el criado alhajas. .y *dio* a Rebeca
24.53 *dio* cosas preciosas a su hermano y a su
25.2 la cual le *dio* a luz a Zimram, Jocsán
25.5 y Abraham *dio* todo cuanto tenía a Isaac
25.6 a los hijos de sus concubinas *dio*. .dones
25.12 *dio* a luz Agar egipcia, sierva de Sara
25.24 se cumplieron sus días para *dar* a luz
25.26 de 60 años cuando ella los *dio* a luz
25.30 ruego que me *des* a comer de ese guiso
25.34 Jacob *dio* a Esaú pan y del guisado de
26.3 a ti y a tu. .*daré* todas estas tierras
26.4 y *daré* a tu descendencia. .estas tierras
26.32 le *dieron* nuevas acerca del pozo que
27.28 Dios, pues, te *dé* del rocío del cielo
27.33 trajo caza, y me *dio*, y comí de todo
27.37 le he *dado* por siervos a. .sus hermanos
28.4 y te *dé* la bendición de Abraham, y a tu
28.4 heredes la tierra. .Dios *dio* a Abraham
28.13 la tierra en que estás. .te la *daré* a ti
28.20 si. .me *diere* pan para comer y vestido
28.22 y de todo lo que me *dieres*, el diezmo
29.12 y ella corrió, y *dio* las nuevas a su
29.19 que te la *dé* a ti, y no que la *d* a otro
29.21 *dame* mi mujer, porque mi tiempo se ha
29.24 y *dio* Labán su sierva Zilpa a su hija
29.26 que se *dé* la menor antes de la mayor
29.27 y se te *dará* también la otra, por el
29.28 él le *dio* a Raquel su hija por mujer
29.29 y *dio* Labán a Raquel su hija su sierva
29.31 Lea era menospreciada, y le *dio* hijos
29.32 y concibió Lea, y *dio* a luz un hijo, y
29.33,34 concibió otra vez, y *dio* a luz un
29.33 oyó Jehová. .me ha *dado* también éste
29.34 porque le he *dado* a luz tres hijos
29.35 *dio* a luz un hijo. .y dejó de *dar* a luz
30.1 viendo Raquel que no *daba* hijos a Jacob
30.1 a Jacob: *Dame* hijos, o si no, me muero
30.3 Bilha. .*dará* a luz sobre mis rodillas, y
30.4 así le *dio* a Bilha su sierva por mujer
30.5 concibió. .y *dio* a luz un hijo a Jacob
30.6 y también oyó mi voz, y me *dio* un hijo
30.7 concibió. .y *dió* a luz un segundo hijo
30.9 viendo. .que había dejado de *dar* a luz
30.9 Lea. .tomó a Zilpa su sierva, y la *dio* a
30.10 Zilpa, sierva. .*dio* a luz un hijo a Jacob
30.12 Zilpa. .*dio* a luz otro hijo a Jacob
30.14 te ruego que me *des* de las mandrágoras
30.17 Lea. .*dio* a luz el quinto hijo a Jacob
30.18 me ha *dado*. .por cuanto *di* mi sierva a
30.19 Lea. .*dio* a luz el sexto hijo a Jacob
30.20 Dios me ha *dado* una buena dote; ahora
30.20 porque le he *dado* a luz seis hijos
30.21 después *dio* a luz una hija, y llamó su
30.23 concibió, y *dio* a luz un hijo, y dijo
30.25 cuando Raquel hubo *dado* a luz a José
30.26 *dame* mis mujeres y mis hijos, por las
30.28 dijo: Señálame tu salario, y yo lo *daré*
30.31 ¿qué te *daré*? Y respondió Jacob: No me
30.31 no me *des* nada; si hicieres por mí esto
31.9 quitó Dios el ganado. .y me lo *dio* a mí
31.43 a sus hijos que ellas han *dado* a luz
33.5 los niños que Dios ha *dado* a tu siervo
34.1 la cual ésta había *dado* a luz a Jacob
34.8 hija; os ruego que se la *deis* por mujer
34.9 y emparentad con. .*dadnos* vuestras hijas
34.11 halle yo gracia. .*daré* lo que me dijereis
34.12 a cargo mío. .yo *daré* cuanto me dijereis
34.12 mucha dote. .y *dadme* la joven por mujer
34.14 no podemos. .esto de *dar* nuestra hermana
34.16 entonces os *daremos* nuestras hijas, y
34.21 sus hijas. .y les *daremos* las nuestras
35.4 *dieron* a Jacob todos los dioses ajenos
35.12 tierra que he *dado* a Abraham y a Isaac
35.12 la *daré* a ti, y a tu descendencia. .*d*
35.16 *dio* a luz Raquel, y hubo trabajo en su
36.4 Ada *dio* a luz a Esaú a Elifaz; y Basemat
36.4 a Elifaz; y Basemat *dio* a luz a Reuel
36.5 y Aholibama *dio* a luz a Jeús, a Jaalam
36.12 Timna fue. .ella le *dio* a luz a Amalec
36.14 ella *dio* a luz a Jeús, Jaalam y Coré
38.3 concibió, y *dio* a luz un hijo, y llamó
38.4 concibió otra vez, y *dio* a luz un hijo
38.5 y *dio* a luz un hijo, y llamó su nombre
38.5 y estaba en Quezib cuando lo *dio* a luz
38.9 por no *dar* descendencia a su hermano
38.13 fue *dado* aviso a Tamar, diciendo: He
38.14 crecido Sela, y ella no era *dada* a él
38.16 dijo: ¿Qué me *darás* por llegarte a mí?
38.17 *dame* una prenda hasta que lo envíes
38.18 Judá dijo: ¿Qué prenda te *daré*? Ella
38.18 y él se los *dio*, y se llegó a ella, y
38.24 fue *dado* aviso a Judá, diciendo: Tamar
38.26 cuanto no la he *dado* a Sela mi hijo
38.27 que al tiempo de *dar* a luz, he aquí
38.28 sucedió cuando *daba* a luz, que sacó
39.5 cuando le *dio* el encargo de su casa y de
39.14 vino él a mí para. .y yo *di* grandes voces
39.21 le *dio* gracia en los ojos del jefe de
40.11 y *daba* yo la copa en mano de Faraón
40.13 *darás* la copa a Faraón en su mano, como
40.21 y *dio* éste la copa en mano de Faraón
41.16 Dios será el que *dé* respuesta. .a Faraón
41.45 y le *dio* por mujer a Asenat, hija de
41.50 los cuales le *dio* a luz Asenat, hija de
42.25 y les *diesen* comida para el camino
42.27 su saco para *dar* de comer a su asno en
42.34 yo sepa. .así os *daré* a vuestro hermano
43.14 el Dios Omnipotente os *dé* misericordia
43.23 vuestro Dios. .*dio* el tesoro. .costales
43.24 les *dio* agua. .y *d* de comer a sus asnos
44.11 se *dieron* prisa, y derribando cada uno
44.27 que dos hijos me *dio* a luz mi mujer
45.1 al *darse* a conocer José a sus hermanos
45.2 se *dio* a llorar a gritos; y oyeron los
45.7 y para *daros* vida por medio de gran
45.9 *daos* prisa, id a mi padre y decidle: Así
45.13 y *daos* prisa, y traed a mi padre acá
45.18 os *daré* lo bueno de la tierra de Egipto
45.21 y les *dio* José carros conforme a la
45.22 a cada uno de. .*dio* mudas de vestidos
45.22 y a Benjamín *dio* trescientas piezas de
45.26 *dieron* las nuevas, diciendo: José vive
46.15 hijos de Lea. .que *dio* a luz a Jacob en
46.18 Zilpa, la que Labán *dio* a. .y *d* a luz
46.20 los que le *dio* a luz Asenat, hija de
46.25 que *dio* Labán. .*d* a luz éstos a Jacob
47.11 José. .les *dio* posesión en la tierra de
47.15 vino todo Egipto. .diciendo: *Danos* pan
47.16 *dad* vuestros ganados y yo os *daré* por
47.17 y José les *dio* alimentos por caballos
47.19 y *danos* semilla para que vivamos y no
47.22 comían la ración que Faraón les *daba*
47.24 de los frutos *daréis* el quinto a Farón
47.25 la vida nos has *dado*; hallemos gracia
48.4 y *daré* esta tierra a tu descendencia
48.9 son mis hijos, que Dios me ha *dado* aquí
48.22 yo te he *dado* a ti una parte más que a
49.20 el pan de Aser. .él *dará* deleites al rey
49.33 acabó Jacob de *dar* mandamientos a sus
50.15 y nos *dará* el pago de todo el mal que
Éx. 1.19 *dan* a luz antes que la partera venga
2.2 *dio* a luz un hijo; y viéndole que era
2.16 y *dar* de beber a las ovejas de su padre
2.17 las defendió, y *dio* de beber a sus ovejas
2.19 sacó agua, y *dio* de beber a las ovejas
2.21 *dio* su hija Séfora por mujer a Moisés
2.22 ella le *dio* a luz un hijo; y él le puso
3.21 *daré* a este pueblo gracia en los ojos de
4.11 ¿quién *dio* la boca al hombre? ¿o quién
4.28 y todas las señales que le había *dado*
5.7 en adelante no *daréis* paja al pueblo para
5.10 así ha dicho Faraón: Yo no os *doy* paja
5.13 la tarea de. .como cuando se os *daba* paja
5.16 no se *da* paja a tus siervos, y con todo
5.18 trabajad. No se os *dará* paja, y habéis
6.3 en mi nombre JEHOVÁ no me *di* a conocer
6.4 mi pacto. .de *darles* la tierra de Canaán
6.8 jurando que la *daría* a Abraham, a Isaac
6.8 os meteré. .y yo os la *daré* por heredad
6.20 la cual *dio* a luz a Aarón y a Moisés
6.23 a Elisabet. .la cual *dio* a luz a Nadab
6.25 tomó para sí mujer. .*dio* a luz a Finees
7.23 Faraón. .no *dio* atención tampoco a esto
8.15 pero viendo. .que le habían *dado* reposo
8.29 no dejando ir. .*dar* sacrificio a Jehová
10.25 tú. .nos *darás* sacrificios y holocaustos
11.3 Jehová *dio* gracia al pueblo en los ojos
12.25 entréis en la tierra que Jehová os *dará*
12.33 *dándose* prisa a echarlos de la tierra
12.36 y Jehová *dio* gracia al pueblo delante
12.36 los egipcios. .les *dieron* cuanto pedían
13.5 la cual juró a tus padres que te *daría*
13.11 en la tierra. .cuando te la hubiere *dado*
14.2 dí a los. .de Israel que *den* la vuelta y
14.5 fue *dado* aviso al rey de Egipto, que el
15.25 allí les *dio* estatutos y ordenanzas, y
15.26 si. .y *dieres* oído a sus mandamientos
16.8 Jehová os *dará* en la tarde carne para
16.15 es el pan que Jehová os *da* para comer
16.29 Jehová os *dio* el día de reposo, y por
16.29 en el sexto día os *da* pan para dos días
16.32 vean el pan que yo os *di* a comer en el
17.2 y dijeron: *Danos* agua para que bebamos
19.5 si *diereis* oído a mi voz, y guardareis
20.7 porque no *dará* por inocente Jehová al que
20.12 en la tierra que Jehová tu Dios te *da*
21.4 si su amo le hubiere *dado* mujer, y ella
21.4 ella le *diere* hijos o hijas. .serán de su
21.26 le *dará* libertad por razón de su ojo
21.30 si. .*dará* por el rescate de su persona
22.7 *diere* a su prójimo plata o. .a guardar, y
22.10 alguno hubiere *dado* a su prójimo asno
22.17 si su padre no quisiere *dársela*. .pesará
22.29 me *darás* el primogénito de tus hijos
22.30 con su madre. .al octavo día me lo *darás*
23.27 te *daré* la cerviz de todos tus enemigos
24.12 y te *daré* tablas de piedra, y la ley
25.2 todo varón que la *diere* de su voluntad
25.16 en el arca el testimonio que yo te *daré*
25.21 pondrás. .el testimonio que yo te *daré*
30.12 cada uno *dará* a Jehová el rescate de su
30.13 esto *dará* todo aquel que sea contado
30.14 el que sea contado. .*dará* la ofrenda
30.15 *dieren* la ofrenda a Jehová para hacer
30.16 *darás* para el servicio del tabernáculo
31.18 *dio* a Moisés. .dos tablas del testimonio
32.4 *dio* forma con buril, e hizo. .un becerro
32.13 y *daré* a vuestra descendencia. .tierra
32.20 lo *dio* a beber a los hijos de Israel
32.24 y me lo *dieron*, y lo eché en el fuego
32.29 que él os *dé* bendición hoy sobre vosotros
33.1 la cual juré. .a tu descendencia la *daré*
33.14 mi presencia irá. .y te *daré* descanso
35.21 a quien su espíritu le *dio* voluntad
36.1 todo hombre. .a quien Jehová *dio* sabiduría
Lv. 5.16 lo *dará* al sacerdote. .hará expiación
6.6 un carnero. .y lo *dará* al sacerdote para
6.17 la he *dado* a ellos por su porción de mis
7.32 *daréis* al sacerdote para. .la espaldilla
7.34 lo he *dado* a Aarón el sacerdote y a sus
7.36 mandó Jehová que les *diesen*, desde el
10.14 *dados* de los sacrificios de paz de los
10.17 es muy santa, y la *dio* él a vosotros
10.20 Moisés oyó esto, se *dio* por satisfecho
12.2 la mujer cuando conciba y *dé* a luz varón
12.5 y si *diere* a luz hija, será inmunda dos
12.7 esta es la ley para la que *diere* a luz
14.34 Canaán, la cual yo os *doy* en posesión
14.35 y *dará* aviso al sacerdote, diciendo
15.14 dos palominos. .y los *dará* al sacerdote
17.11 yo os la he *dado* para hacer expiación
18.21 no *des* hijo. .para ofrecerlo por fuego
19.20 ni le hubiere sido *dada* libertad, ambos
20.3 *dio* de sus hijos a Moloc, contaminando
20.4 que hubiere *dado* de sus hijos a Moloc
20.24 y yo os la *daré* para que la poseáis por
22.14 *dará* al sacerdote con la cosa sagrada
23.10 entrado en la tierra que yo os *doy*, y
23.38 ofrendas. .que acostumbráis *dar* a Jehová
25.2 entrado en la tierra que yo os *doy*, la
25.6 el descanso de la. .*dará* para comer a ti
25.19 y la tierra *dará* su fruto, y comeréis
25.37 no le *darás* tu dinero a usura, ni tus
25.38 saqué. .para *daros* la tierra de Canaán
26.4 yo *daré* vuestra lluvia. .*dará* su fruto
26.6 y yo *daré* paz en la tierra, y dormiréis
26.20 vuestra tierra no *dará* su producto, y
26.20 árboles de la tierra no *darán* su fruto
27.9 lo que de los tales se *diere* a Jehová
27.10 el *dado* en cambio de él serán sagrados
27.23 aquel día *dará* tu precio señalado, cosa
27.33 tanto él como el que se *dio* en cambio
Nm. 3.9 *darás* los levitas a Aarón y a sus hijos
3.9 son. .*dados* de entre los hijos de Israel
3.48 *darás* a Aarón y a sus hijos el dinero
3.51 Moisés *dio* el dinero de los rescates a
5.7 parte, y lo *dará* a aquel contra quien pecó
5.8 se *dará* la indemnización del agravio a
5.10 lo que cualquiera *diere* al sacerdote
5.22 y estas aguas que *dan* maldición entren
5.24 *dará* a beber a la mujer. .aguas amargas
5.26 y. .*dará* a beber las aguas a la mujer
5.27 le *dará*, pues, a beber las aguas; y si
7.5 y los *darás* a los levitas, a cada uno
7.6 Moisés recibió. .y los *dio* a los levitas
7.7 cuatro bueyes *dio* a los hijos de Gersón
7.8 a los hijos de Merari *dio* cuatro carros
7.9 a los hijos de Coat no les *dio*, porque
8.19 yo he *dado* en don los levitas a Aarón
10.29 cual Jehová ha dicho: Yo os lo *daré*
11.4 dijeron: ¡Quién. .*diera* a comer carne!
11.13 ¿de dónde conseguiré yo carne para *dar*
11.13 mí, diciendo: *Danos* carne que comamos
11.15 si así lo. .te ruego que me *des* muerte
11.18 ¡quién nos *diera*. .pues, os *dará* carne
11.21 *daré* carne, y comerán un mes entero!
11.27 corrió un joven y *dio* aviso a Moisés
13.2 la cual yo *doy* a los hijos de Israel
13.26 y vinieron. .y *dieron* la información a
14.1 toda la congregación gritó y *dio* voces
15.2 hayáis entrado en la tierra. .yo os *doy*
15.21 las primicias. .*daréis* a Jehová ofrenda
16.14 ni nos has *dado* heredades de tierras
17.6 los príncipes de ellos le *dieron* varas
18.6 *dados* a vosotros en don de Jehová, para
18.7 os he *dado* en don el servicio de vuestro
18.8 te he *dado*. .el cuidado de mis ofrendas
18.8 te he *dado* por razón de la unción, y a
18.11 he *dado* a ti y. .por estatuto perpetuo
18.12 las primicias de. .para ti las he *dado*
18.19 todas las ofrendas. .las he *dado* para ti
18.21 *dado* a los hijos de Leví. .los diezmos
18.24 a los levitas he *dado* por heredad los
18.26 toméis. .los diezmos que os he *dado* de
18.28 *daréis* de ellos la ofrenda de Jehová
19.3 y la *daréis* a Eleazar el sacerdote, y él

DAR ***(Continúa)***

Nm. 20.8 hablad a la peña. . y ella *dará* su agua
20.8 y *darás* de beber a la congregación y a
20.12 no meteréis. .la tierra que les he *dado*
20.19 si bebiéremos. .*daré* el precio de ellas
20.24 pues no entrará en la tierra que yo *di*
21.16 dijo. . Reúne al pueblo, y les *daré* agua
22.8 y yo os *daré* respuesta según Jehová me
22.18 Balac me *diese* su casa llena de plata
23.20 él *dio* bendición, y no podré revocarla
24.13 Balac me *diese* su casa llena de plata
26.54 a los más *darás* mayor heredad, y a los
26.54 y a cada uno se le *dará* su heredad
26.59 *dio* a luz de Amram a Aarón y a Moisés
26.62 no les había de ser *dada* heredad entre
27.4 *danos* heredad entre los hermanos. .padre
27.7 *darás* la posesión de una heredad entre
27.9 si no. .*daréis* su herencia a sus hermanos
27.10 *daréis* su herencia a los hermanos de su
27.11 *daréis* su herencia a su pariente más
27.12 tierra que he *dado* a los hijos de Israel
27.19 le *darás* el cargo en presencia de ellos
27.23 y le *dio* el cargo, como Jehová había
31.5 fueron *dados* de los millares de Israel
31.19 que haya *dado* muerte a persona. .tocado
31.29 *darás* al sacerdote Eleazar la ofrenda
31.30 tomarás uno. .y los *darás* a los levitas
31.41 y *dio* Moisés el tributo, para ofrenda
31.47 y los *dio* a los levitas, que tenían la
32.5 *dese* esta tierra a tus siervos en heredad
32.7 que no pasen a la tierra que les ha *dado*
32.9 a la tierra que Jehová les había *dado*
32.29 *daréis* la tierra de Galaad en posesión
32.33 así Moisés *dio*. .el reino de Sehón rey
32.40 y Moisés *dio* Galaad a Maquir hijo de
33.53 yo os lo he *dado* para que sea vuestra
33.54 a los muchos *daréis* mucho por herencia
33.54 y a los pocos *daréis* menos por herencia
34.13 mandó Jehová que *diese* a las 9 tribus
34.18 un príncipe, para *dar* la posesión de la
35.2 que *den* a los levitas, de la posesión de
35.2 también *daréis* a los levitas los ejidos
35.4,6 las ciudades que *daréis* a los levitas
35.6 *daréis* para que el homicida se refugie
35.6 seis. .además de éstas *daréis* 42 ciudades
35.7 ciudades que *daréis*. .serán 48 ciudades
35.8 las ciudades que *diereis* de la heredad
35.8 cada uno *dará* de sus. .según la posesión
35.13 de las ciudades. .que *daréis*, tendréis
35.14 tres ciudades *daréis* a este lado del
35.14 y tres. .*daréis* en la tierra de Canaán
35.17 si con piedra en. .que pueda *dar* muerte
35.18 con instrumento. .que pueda *dar* muerte
35.19 el vengador. .*dará* muerte al homicida
35.30 cualquiera que *diere* muerte a alguno
36.2 por sorteo *diese* la tierra a los hijos
36.2 *dé* la posesión de Zelofehad. .a sus hijas
Dt. 1.8 Jehová juró. .que les *daría* a ellos y a
1.13 *dadme* de. .de vuestras tribus, varones
1.20 monte del amorreo. .nuestro Dios nos *da*
1.25 nos *dieron* cuenta, y dijeron: Es buena la
1.25 la tierra que Jehová nuestro Dios nos *da*
1.35 buena tierra que juré que había de *dar* a
1.36 y a él *daré* la tierra que pisó, y a sus
1.39 y a ellos la *daré*, y ellos la heredarán
1.43 hablé, y no *disteis* oído; antes fuisteis
2.5 porque no os *daré* de su tierra ni aun lo
2.5 *dado* por heredad a Esaú el monte de Seir
2.9 porque no te *daré* posesión de su tierra
2.9 he *dado* a Ar por heredad a los hijos de
2.12 como hizo Israel en la tierra que les *dio*
2.19 no te *dará* posesión de la tierra de los
2.19 los hijos de Lot la he *dado* por heredad
2.28 el agua. .me *darás* por dinero, y beberé
2.29 cruce el Jordán a la tierra que nos *da*
3.12 esta tierra. .la *di* a los rubenitas y a
3.13 resto de Galaad. .lo *di* a la media tribu
3.15 y Galaad se lo *di* a Maquir
3.16 les *di* de Galaad hasta el arroyo de Arnón
3.18 Dios os ha *dado* esta tierra por heredad
3.19 quedarán en las ciudades que os he *dado*
3.20 la tierra que. .Dios les *da* al otro lado
3.20 volveréis. .a la heredad que. .os he *dado*
4.1 y poseáis la tierra que Jehová el. .os *da*
4.21 la buena tierra que Jehová tu Dios te *da*
4.38 y *darte* su tierra por heredad, como hoy
4.40 sobre la tierra que Jehová tu Dios te *da*
5.11 Jehová no *dará* por inocente al que tome
5.16 sobre la tierra que Jehová tu Dios te *da*
5.22 en dos tablas. .las cuales me *dio* a mí
5.29 ¡quien *diera* que tuviesen tal corazón
5.31 por obra en la tierra que yo les *doy*
6.10 la tierra que juró a. .Jacob que te *daría*
6.23 y *darnos* la tierra que juró a nuestros
7.3 no *darás* tu hija a su hijo, ni tomarás a
7.10 y que *da* el pago en. .al que le aborrece
7.10 que le odia, en persona le *dará* el pago
7.13 la tierra que juró a tus. .que te *daría*
7.16 consumirás a. .pueblos que te *da* Jehová
8.10 por la buena tierra que te habrá *dado*
8.18 te *da* el poder para hacer las riquezas
9.6 Jehová te *da*. .buena tierra para tomarla
9.10 me *dio* Jehová las dos tablas de piedra
9.11 Jehová me *dio* las dos tablas de piedra
9.23 subid y poseed la tierra. .yo os he *dado*
10.4 y escribió en las tablas. .y me las *dio*
10.11 la tierra que juré. .que les había de *dar*
10.18 ama. .extranjero *dándole* pan y vestido
11.9 juró Jehová. .que había de *darla* a ellos
11.14 yo *daré* la lluvia de vuestra tierra a
11.15 *daré* también hierba en tu campo para
11.17 ni la tierra *dé* su fruto, y perezcáis
11.17 de la buena tierra que os *da* Jehová
11.21 que Jehová juró. .que les había de *dar*
11.31 ir a poseer la tierra que os *da* Jehová
12.1 la tierra que Jehová el Dios. .te ha *dado*
12.9 la heredad que os *da* Jehová vuestro Dios
12.10 él os *dará* reposo de. .vuestros enemigos
12.15 según la bendición. .Dios te haya *dado*
12.21 tus ovejas que Jehová te hubiere *dado*
13.3 no *darás* oído a las palabras de. .profeta
13.12 de tus ciudades que. .te *da* para vivir
14.21 al extranjero que. .la *darás*, y él podrá
14.26 *darás* el dinero por todo lo que deseas
15.4 la tierra que. .tu Dios te *da* por heredad
15.7 en la tierra que Jehová tu Dios te *da*
15.9 mires con malos ojos a. .para no *darle*
15.10 le *darás*, y no serás de mezquino corazón
15.10 y no serás de mezquino. .cuando le *des*
15.14 le *darás* de aquello en que Jehová te
16.5 las ciudades que Jehová tu Dios te *da*
16.10 de la abundancia. .será lo que *dieres*
16.17 la bendición que. .Dios te hubiere *dado*
16.18 ciudades que Jehová tu Dios te *dará* en
16.20 y heredes la tierra que. .tu Dios te *da*
17.2 de tus ciudades que Jehová tu Dios te *da*
17.4 fuere *dado* aviso, y después que oyeres
17.14 entrado en la tierra que. .Dios te *da*
18.3 *darán* al sacerdote la espaldilla, las
18.4 las primicias de. .de tus ovejas le *darás*
18.9 cuando entres a la tierra. .tu Dios te *da*
19.1 naciones cuya tierra. .tu Dios te *da* a ti
19.2 la tierra que Jehová tu Dios te *da* para
19.3 la tierra que. .Dios te *dará* en heredad
19.5 y al *dar* su mano el golpe con el hacha
19.5 *diere* contra su prójimo y éste muriere
19.8 te *diere* toda la tierra que prometió *dar*
19.10 la tierra que. .Dios te *da* por heredad
19.14 en la heredad que. .tu Dios te *da*, no
20.16 ciudades. .que. .Dios te *da* por heredad
21.1 en la tierra que Jehová tu Dios te *da*
21.15 si. .le hubieren *dado* hijos, y el hijo
21.16 no podrá *dar*. .primogenitura al hijo
21.17 reconocerá. .para *darle* el doble de lo
21.23 tu tierra que. .Dios te *da* por heredad
22.14 atribuyere faltas que *den* que hablar
22.16 yo *di* mi hija a este hombre por mujer
22.17 le atribuye faltas que *dan* que hablar
22.19 las cuales *darán* al padre de la joven
22.24 la joven. .no *dio* voces en la ciudad
22.27 *dio* voces la joven desposada, y no
22.29 el hombre. .*dará* al padre de la joven
24.4 tierra que Jehová. .te *da* por heredad
24.15 en su día le *darás* su jornal, y no se
24.15 no se pondrá el sol sin *dárselo;* pues
25.3 se podrá *dar* cuarenta azotes, no más
25.6 que ella *diere* a luz sucederá en el lugar
25.10 se le *dará* este nombre en Israel: La
25.15 sobre la tierra que Jehová tu. .te *da*
25.19 te *dé* descanso de todos tus enemigos
25.19 tierra que Jehová. .te *da* por heredad
26.1,2 la tierra que Jehová tu Dios te *da*
26.3 tierra que juró Jehová. .que nos *daría*
26.9 y nos *dio* esta tierra. .que fluye leche
26.10 del fruto de la tierra que me *diste*
26.11 en todo el bien que. .Dios te haya *dado*
26.12 *darás* también al levita, al extranjero
26.13 lo he *dado* al levita, al extranjero, al
26.15 bendice. .a la tierra que nos has *dado*
27.2 que pases. .a la tierra que. .tu Dios te *da*
27.3 entrar en la tierra que. .tu Dios te *da*
28.8 en la tierra que Jehová tu Dios te *da*
28.11 país que Jehová juró. .te había de *dar*
28.24 *dará* Jehová por lluvia. .polvo y ceniza
28.31 tus ovejas serán *dadas* a tus enemigos
28.52 la tierra que. .tu Dios te hubiere *dado*
28.53 la carne de tus hijos. .que. .Dios te *dio*
28.55 para no *dar*. .de la carne de sus hijos
28.57 hijos que *diere* a luz; pues los comerá
28.65 allí te *dará* Jehová corazón temeroso
28.67 ¡quién *diera* que fuese la tarde! y a la
28.67 ¡quién *diera* que fuese la mañana! por
29.4 no os ha *dado* corazón para entender, ni
29.8 y la *dimos* por heredad a Rubén y a Gad
29.26 dioses. .ninguna cosa les habían *dado*
30.20 la tierra que juró. .que les había de *dar*
31.7 la tierra que juró Jehová. .que les *daría*
31.9 y escribió Moisés esta ley, y la *dio* a
31.14 y esperad. .para que yo le *dé* el cargo
31.21 antes que. .en la tierra que juré *darles*
31.23 *dio* orden a Josué hijo de Nun, y dijo
31.25 *dio* órdenes Moisés a los levitas que
32.29 se *dieran* cuenta del fin que les espera!
32.41 y *daré* la retribución a. .me aborrecen
32.49 de Canaán, que yo *doy* por heredad a los
32.52 la tierra que *doy* a los hijos de Israel
34.4 juré. .diciendo: A tu descendencia la *daré*
Jos. 1.2 pasa. .a la tierra que yo les *doy* a los
1.6 la tierra de la cual juré. .que la *daría* a
1.11 la tierra que Jehová. .os *da* en posesión
1.13 ha *dado* reposo, y os ha *dado* esta tierra
1.14 tierra que Moisés os ha *dado* a este lado
1.15 que Jehová haya *dado* reposo a vuestros
1.15 posean la tierra que Jehová. .Dios les *da*
1.15 a la tierra. .la cual Moisés. .os ha *dado*
2.2 fue *dado* aviso al rey de Jericó, diciendo
2.9 sé que Jehová os ha *dado* esta tierra
2.12 de lo cual me *daréis* una señal segura
2.14 y cuando Jehová nos haya *dado* la tierra
4.10 se pararon. .pueblo se *dio* prisa y pasó
5.6 Jehová había jurado a. .que nos la *daría*
6.4 *daréis* siete vueltas a la ciudad, y los
6.11 él hizo que el arca. .*diera* una vuelta
6.14 así *dieron* otra vuelta a la ciudad el
6.15 séptimo día. .*dieron* vuelta a la ciudad
6.15 *dieron* vuelta alrededor de. .siete veces
7.19 da gloria a Jehová. .y *dale* alabanza, y
9.24 como fue *dado* a entender a tus siervos
9.24 que os había de *dar* toda la tierra, y
10.17 y fue *dado* aviso. .que los cinco reyes
12.6 Moisés. .*dio* aquella tierra en posesión
12.7 Josué *dio* la tierra. .las tribus de Israel
13.8 heredad, la cual les *dio* Moisés al otro
13.8 según se la *dio* Moisés siervo de Jehová
13.14 pero a la tribu de Leví no *dio* heredad
13.15 *dio*, pues, Moisés a la tribu. .de Rubén
13.24 *dio*. .Moisés a la tribu de Gad, a los
13.29 *dio* Moisés heredad a la media tribu de
13.33 la tribu de Leví no *dio* Moisés heredad
14.2 por suerte se les *dio* su heredad, como
14.2 como Jehová había mandado. .que se *diera*
14.3 había *dado* Moisés heredad al otro lado
14.3 a los levitas no les *dio* heredad entre
14.4 y no *dieron* parte a los levitas en la
14.12 *dame*, pues, ahora este monte, del cual
14.13 y *dio* a Caleb hijo. .Hebrón por heredad
15.3 y subiendo por Adar *daba* vuelta a Carca
15.13 a Caleb. .*dio* su parte entre los hijos
15.16 al que atacare a. .le *daré* mi hija Acsa
15.17 Caleb. .le *dio* su hija Acsa por mujer
15.19 un don. .me has *dado* tierra del Neguev
15.19 *dame* también fuentes. .*dio* las fuentes
16.6 el límite. .*da* vuelta. .hasta Taanat-silo
17.4 mandó. .que nos *diese* heredad. .él les *dio*
17.14 ¿por qué nos has *dado* por heredad una
18.3 poseer la tierra que os ha *dado* Jehová
18.7 su heredad. .la cual les *dio* Moisés siervo
19.27 *da* vuelta hacia el oriente a Bet-dagón
19.49 *dieron*. .heredad a Josué hijo de Nun en
19.50 le *dieron* la ciudad. .y habitó en ella
20.4 le *darán* lugar para que habite con ellos
21.2 mandó. .nos fuesen *dadas* ciudades donde
21.3 *dieron* de su. .herencia a los levitas
21.8 *dieron*. .estas ciudades con sus ejidos
21.9 *dieron* estas ciudades que. .nombradas
21.11 *dieron* Quiriat-arba del padre de Anac
21.12 el campo de la ciudad. .*dieron* a Caleb
21.13 a los hijos del. .Aarón *dieron* Hebrón
21.21 les *dieron* Siquem con sus ejidos, en
21.27 *dieron* de la media tribu de Manasés a
21.34 *dio* de la tribu de Zabulón, Jocneam
21.43 *dio* Jehová. .tierra. .había jurado *dar*
22.4 ahora. .Dios ha *dado* reposo a. .hermanos
22.4 Moisés. .os *dio* al otro lado del Jordán
22.7 había *dado* Moisés posesión en Basán
22.7 a la otra mitad *dio* Josué heredad entre
22.32 regresaron de la. .*dieron* la respuesta
23.1 Jehová *diera* reposo a Israel de todos
23.13,15 la buena tierra que Jehová. .ha *dado*
23.16 de esta buena tierra que él os ha *dado*
24.3 aumenté su descendencia, y le *di* Isaac
24.4 a Isaac *di* Jacob y Esaú. Y a Esaú *d* el
24.13 y os *di* la tierra por la cual nada
24.25 y les *dio* estatutos y leyes en Siquem
24.33 que le fue *dado* en el monte de Efraín
Jue. 1.12 y la tomare, yo le *daré* Acsa mi hija
1.13 tomó. .él le *dio* Acsa su hija por mujer
1.15 has *dado* tierra. .*dame* también fuentes
1.15 Caleb le *dio* las fuentes de arriba y las
1.20 y *dieron* Hebrón a Caleb, como Moisés
3.4 mandamientos. .que él había *dado* a sus
3.6 y *dieron* sus hijas a los hijos de ellos
4.19 ruego me *des* de beber. . Y ella. .le *dio*
5.25 él pidió agua, y ella le *dio* leche; en
6.9 los cuales eché de. .y os *di* su tierra
6.17 *des* señal de que tú has hablado conmigo
7.16 *dio* a todos ellos trompetas en sus manos
7.21 el ejército echó a correr *dando* gritos y
8.5 ruego que *deis* a la gente. .bocados de pan
8.6 Zeba. .para que *demos* pan a tu ejército?
8.14 él le *dio* por escrito los nombres de los
8.15 que *demos*. .pan a tus hombres cansados?
8.24 que cada uno me *dé* los zarcillos de su
8.25 de buena gana te. .*daremos*. .los zarcillos
8.31 su concubina. .le *dio* un hijo, y le puso
9.4 le *dieron* 70 siclos de plata del templo de
9.25 de lo cual fue *dado* aviso a Abimelec
9.42 el pueblo salió. .*dado* aviso a Abimelec
9.47 *dado* aviso a Abimelec, de que estaban
11.2 pero la mujer de Galaad le *dio* hijos
11.20 Sehón no se fio de Israel. .*darle* paso

DAR ***(Continúa)***

Jue. 11.35 porque le he *dado* palabra a Jehová, y
11.36 si le has *dado* palabra a Jehová, haz
13.3,5,7 concebirás y *darás* a luz un hijo
13.24 la mujer *dio* a luz un hijo, y le puso
14.9 a su padre y a..les *dio* también a ellos
14.12 yo os *daré* 30 vestidos de lino, y 30
14.13 me *daréis* a mí los 30 vestidos de lino
14.19 *dio* las mudas de vestidos a los que
14.20 la mujer de..fue *dada* a su compañero
15.2 me persuadí de..y la *di* a tu compañero
15.6 quitó su mujer y la *dio* a su compañero
15.18 tú has *dado* esta grande salvación por
16.5 cada uno de..te *dará* mil cien siclos de
16.24 el cual había *dado* muerte a muchos de
17.4 tomó..200 siclos..y los *dio* al fundidor
17.10 yo te *daré* diez siclos de plata por año
18.23 y *dando* voces a los de Dan..volvieron
18.25 no *des* voces tras nosotros, no sea que
19.21 *dio* de comer a sus asnos..se lavaron
20.7 hijos de Israel: *dad* aquí vuestro parecer
21.1 ninguno..*dará* su hija a los de Benjamín
21.7 hemos jurado..no les *daremos*..mujeres
21.14 les *dieron* por mujeres las que habían
21.18 no les podemos *dar* mujeres de..hijas
21.18 jurado..Maldito el que *diere* mujer a
21.22 no sois vosotros..que se las *disteis*
Rt. 1.6 Jehová había visitado..para *darles* pan
1.12 aunque dijese..y aun *diese* a luz hijos
1.21 que Jehová ha *dado* testimonio contra mí
2.14 se sentó..él le *dio* del potaje, y comió
2.18 luego lo que le había sobrado..se lo *dio*
3.3 no te *darás* a conocer al varón hasta que
3.17 seis medidas de cebada me *dio*, diciendo
4.7 uno se quitaba el zapato y lo *daba* a su
4.12 de Fares, el que Tamar *dio* a luz a Judá
4.12 por la descendencia que..te *dé* Jehová
4.13 Jehová le *dio* que..*diese* a luz un hijo
4.15 tu nuera.. lo ha *dado* a luz; y ella es
4.17 le *dieron* nombre las vecinas, diciendo
1 S. 1.4 *daba* a Penina su mujer, a..sus hijos
1.5 pero a Ana *daba* una parte escogida; porque
1.11 sino..*dieres* a tu sierva un hijo varón
1.20 *dio* a luz un hijo, y le puso por nombre
1.27 por este niño oraba, y Jehová me *dio* lo
2.5 hasta la estéril ha *dado* a luz siete, y
2.6 Jehová mata, y él *da* vida..y hace subir
2.10 *dará* poder a su Rey, y exaltará..Ungido
2.15 *da* carne que asar para el sacerdote
2.16 respondía: No, sino *dámela* ahora mismo
2.20 te *dé* hijos de esta mujer en lugar del
2.21 Ana..*dio* a luz tres hijos y dos hijas
2.28 *di* a..tu padre todas las ofrendas de los
4.13 *dadas* las nuevas, toda la ciudad gritó
4.14 aquel hombre vino..*dio* las nuevas a Elí
4.19 su nuera..se inclinó y *dio* a luz; porque
4.20 no tengas temor..has *dado* a luz un hijo
4.20 no respondió, ni se *dio* por entendida
5.10 los ecronitas *dieron* voces, diciendo
6.5 *daréis* gloria al Dios de Israel; quizá
7.16 iba y *daba* vuelta a Bet-el, a Gilgal y
8.6 *danos* un rey que nos juzgue. Y Samuel
8.14 tomará lo mejor..los *dará* a sus siervos
8.15 diezmará..para *dar* a sus oficiales y a
9.6 nos *dará* algún indicio acerca del objeto
9.8 esto *daré* al varón de Dios, para que nos
9.12 *date* prisa, pues, porque hoy ha venido
9.22 introdujo..les *dio* lugar a la cabecera
9.23 trae acá la porción que te *di*, la cual
10.4 te *darán* dos panes, los que tomarás de
11.3 le dijeron: *Danos* siete días, para que
11.12 *dadnos* esos hombres, y los mataremos
11.13 hoy Jehová ha *dado* salvación en Israel
12.17 clamaré a Jehová, y él *dará* truenos y
12.18 Samuel clamó.. y Jehová *dio* truenos y
14.33 *dieron* aviso a Saúl..El pueblo peca
14.37 mas Jehová no le *dio* respuesta aquel día
14.41 dijo Saúl a Jehová: *Da* suerte perfecta
15.12 *dado* aviso a Samuel, diciendo: Saúl ha
15.12 Saúl..*dio* la vuelta, y pasó adelante
15.28 lo ha *dado* a un prójimo tuyo mejor que
17.8 y *dio* voces a los escuadrones de Israel
17.10 *dadme* un hombre que pelee conmigo
17.20 el ejército..*daba* el grito de combate
17.25 le *dará* su hija, y eximirá de tributos
17.30 y le *dio* el pueblo la misma respuesta
17.44 ven a mí, y *daré* tu carne a las aves
17.46 *daré* hoy los cuerpos de los filisteos
17.48 David se *dio* prisa, y corrió a la línea
18.4 se quitó el manto..y se lo *dio* a David
18.8 a David *dieron* diez miles, y a mí miles
18.17 aquí, yo te *daré* Merab mi hija mayor
18.19 en que Merab..se había de *dar* a David
18.19 fue *dada* por mujer a Adriel meholatita
18.21 se la *daré*, para que le sea por lazo
18.26 los criados de..le *dieron* la respuesta
18.27 y Saúl le *dio* su hija Mical por mujer
19.2 y *dio* aviso a David, diciendo: Saúl mi
19.5 y Jehová *dio* gran salvación a..Israel
19.19 fue *dado* aviso a Saúl, diciendo: He aquí
20.10 ¿quién me *dará* aviso si tu padre te
20.37 Jonatán *dio* voces tras el muchacho
20.38 corre, *date* prisa, no te pares. Y el
20.40 *dio* Jonatán sus armas a su muchacho
21.3 qué..*Dame* cinco panes, o lo que tengas
21.4 lo *daré* si los criados se han guardado
21.6 así el sacerdote le *dio* el pan sagrado
21.9 dijo David: Ninguna como ella; *dámela*
22.7 ¿os *dará*..el hijo de Isaí tierras y viñas
22.10 le *dio* provisiones..le *d* la espada de
22.13 habéis conspirado..*diste* pan y espada
22.21 *dio* aviso..cómo Saúl había *dado* muerte
23.1 *dieron* aviso a David, diciendo: He aquí
23.7 y fue *dado* aviso a Saúl que David había
23.25 fue *dado* aviso a David, y descendió a la
23.26 y se *daba* prisa David para escapar de
24.1 le *dieron* aviso, diciendo: He aquí David
24.8 David se levantó..*dio* voces detrás de
24.18 hecho conmigo..no me has *dado* muerte
25.8 te ruego que *des* lo que tuvieres a mano
25.11 mi pan..y *darla* a hombres que no sé de
25.14 uno de los criados *dio* aviso a Abigail
25.27 sea *dado* a los..que siguen a mi señor
25.34 si no te hubieras *dado* prisa en venir
25.44 Saúl había *dado* a su hija Mical mujer
26.8 lo enclavaré..y no le *daré* segundo golpe
26.14 *dio* voces David al..y a Abner..diciendo
27.5 séame *dado* lugar en alguna de las aldeas
27.6 y Aquis le *dio* aquel día a Siclag, por
27.11 sea que *den* aviso de nosotros y digan
28.17 y lo ha *dado* a tu compañero, David
30.2 a nadie habían *dado* muerte, sino se les
30.11 y le *dieron* pan..y le *d* a beber agua
30.12 le *dieron*..un pedazo de masa de higos
30.22 dijeron..no les *daremos* del botín que
30.23 de lo que nos ha *dado* Jehová, quien nos
2 S. 1.5 dijo David a..que le *daba* las nuevas
1.6 joven que le *daba* las nuevas respondió
1.20 en Gat, ni *deis* las nuevas en las plazas
2.4 *dieron* aviso a David, diciendo: Los de
2.5 hecho..misericordia..*dándole* sepultura
2.26 Abner *dio* voces a Joab..¿Consumirá la
3.23 fue *dado* aviso a Joab, diciendo: Abner
3.30 a Abner..él había *dado* muerte a Asael
3.39 *dé* el pago al que mal hace, conforme a
4.10 que cuando uno me *dio* nuevas, diciendo
6.12 fue *dado* aviso al rey David, diciendo
7.1 Jehová le había *dado* reposo de todos sus
7.9 he *dado* nombre grande, como el nombre
7.11 te *daré* descanso de todos tus enemigos
8.5 los sirios..para *dar* ayuda a Hadad-ezer
8.6,14 Jehová *dio* la victoria a David por
9.9 lo que fue de Saúl..lo he *dado* al hijo de
10.11 pudieren más que tú, yo te *daré* ayuda
10.17 cuando fue *dado* aviso a David, reunió
11.27 y le *dio* a luz un hijo. Mas esto que
12.8 te *di* la casa de tu señor, y las mujeres
12.8 te *di* la casa de Israel y de Judá; y si
12.11 tus mujeres..y las *daré* a tu prójimo
12.15 la mujer de Urías había *dado* a David
12.24 ella le *dio* a luz un hijo, y llamó su
13.5 venga..Tamar, para que me *dé* de comer
13.28 Absalón había *dado* orden a sus criados
13.30 Absalón ha *dado* muerte a..hijos del rey
13.32 no diga..que han *dado* muerte a todos
14.8 vete..yo *daré* órdenes con respecto a ti
15.14 David dijo..*daos* prisa a partir, no sea
15.28 que venga respuesta..que me *dé* aviso
15.31 y *dieron* aviso a David..Ahitofel está
16.8 Jehová te ha *dado* el pago de..la sangre
16.12 *dará* Jehová bien por sus maldiciones
16.20 dijo Absalón..*Dad* vuestro consejo sobre
16.23 el consejo que *daba* Ahitofel en..días
17.7 el consejo que ha *dado*..no es bueno
17.16 enviad..y *dad* aviso a David, diciendo
17.18 los dos se *dieron* prisa a caminar, y
17.21 *dieron* aviso al rey David, diciéndole
17.21 y *daos* prisa a pasar las aguas, porque
17.21 porque Ahitofel ha *dado* tal consejo
18.3 que tú nos *des* ayuda desde la ciudad
18.5 oyó cuando *dio* el rey orden acerca de
18.11 Joab respondió al..que le *daba* la nueva
18.11 me hubiera placido *darte* diez siclos de
18.19 ¿correré..y *daré* al rey las nuevas de
18.20 no *darás* hoy la nueva, porque el hijo
18.25 el atalaya *dio*..voces, y lo hizo saber
18.26 vio..y *dio* voces el atalaya al portero
18.33 me *diera* que muriera yo en lugar de ti
19.1 *dieron* aviso a Joab..aquí el rey llora
19.8 fue *dado* aviso a..el pueblo, diciendo
19.16 Simei..se *dio* prisa y descendió con los
19.32 Barzilai..había *dado* provisiones al rey
19.36 ¿por qué me ha de *dar* el..recompensa?
20.3 puso en reclusión, y les *dio* alimentos
20.10 cayó muerto sin *darle* un segundo golpe
20.16 una mujer sabia *dio* voces en la ciudad
21.3 qué satisfacción os *daré*, para que
21.6 *dénsenos* siete varones de..Yo los *daré*
22.14 tronó..Jehová..el Altísimo *dio* su voz
22.36 me *diste*..el escudo de tu salvación
23.10 aquel día Jehová *dio* una gran victoria
23.12 mató..y Jehová *dio* una gran victoria
23.15 ¡quién me *diera* a beber del agua del
24.9 y Joab *dio* el censo del pueblo al rey
24.23 todo esto, oh rey, Arauna lo *da* al rey
1 R. 1.23 y *dieron* aviso al rey, diciendo: He
1.48 ha *dado* hoy quien se siente en mi trono
2.17 para que me *dé* Abisag sunamita por mujer
2.21 dijo: *Dése* Abisag..a tu hermano Adonías
2.32 ha *dado* muerte a dos varones más justos
2.39 y *dieron* aviso a Simei..están en Gat
3.5 dijo..Pide lo que quieras que yo te *dé*
3.6 le *diste* hijo que se sentase en su trono
3.9 *da*, pues, a tu siervo corazón entendido
3.12 te he *dado* corazón sabio y entendido
3.13 aun..te he *dado* las cosas que no pediste
3.17 yo *di* a luz estando con ella en la casa
3.18 día después de *dar* yo a luz..*dio* a luz
3.21 me levanté..para *dar* el pecho a mi hijo
3.21 que no era..el que yo había *dado* a luz
3.25 *dad* la mitad a la una, y la otra mitad
3.26 *dad* a ésta el niño vivo, y no lo matéis
3.27 respondió..*Dad* a aquélla el hijo vivo
3.28 oyó aquel juicio que había *dado* el rey
4.29 Dios *dio* a Salomón sabiduría..grandes
5.4 Jehová..me ha *dado* paz por todas partes
5.6 y yo te *daré*..el salario que tú dijeres
5.7 bendito sea..que *dio* hijo sabio a David
5.9 tú cumplirás mi deseo al *dar* de comer a
5.10 *dio*..Hiram a Salomón madera de cedro
5.11 Salomón *daba* a..20.000 coros de trigo
5.11 esto *daba* Salomón a Hiram cada año
5.12 Jehová, pues, *dio* a Salomón sabiduría
8.32 justificando al justo..*darle* conforme a
8.34 y los volverás a la tierra que *diste* a
8.36 y *darás* lluvias sobre tu tierra, la cual
8.36 la cual *diste* a tu pueblo por heredad
8.39 *darás* a cada uno conforme a sus caminos
8.40 la tierra que tú *diste* a nuestros padres
8.48 hacia..tierra que tú *diste* a sus padres
8.56 bendito sea Jehová, que ha *dado* paz a
9.11 Salomón *dio* a Hiram veinte ciudades en
9.12 las ciudades que Salomón le había *dado*
9.13 ¿qué ciudades son estas que me has *dado*
9.16 a Gezer..*dio* muerte a los cananeos que
9.16 y la *dio* en dote a su hija la mujer de
10.10 *dio* ella al rey 120 talentos de oro
10.10 la reina de Sabá *dio* al rey Salomón
10.13 *dio* a la reina..lo que Salomón le *d*
11.13 *daré* una tribu a tu hijo, por amor a
11.18 Faraón..les *dio* casa y..les *d* tierra
11.19 Faraón..le *dio* por mujer la hermana
11.20 le *dio* a luz su hijo Genubat, al cual
11.31 yo rompo el reino..te *daré* diez tribus
11.35 pero quitaré el reino..y lo *daré* a ti
11.36 y a su hijo *daré* una tribu, para que
12.8 él dejó el consejo que..le habían *dado*
12.13 dejando el consejo que..le habían *dado*
13.3 y aquel..día *dio* una señal, diciendo
13.5 señal que el varón de Dios había *dado*
13.7 ven conmigo..y yo te *daré* un presente
13.8 aunque me *dieras* la mitad de tu casa, no
14.15 esta buena tierra que había *dado* a sus
14.27 los *dio* a los capitanes de..la guardia
15.4 Jehová su..le *dio* lámpara en Jerusalén
16.16 ha conspirado, y ha *dado* muerte al rey
17.4 yo he mandado..que te *den* allí de comer
17.19 él le dijo: *Dame* acá tu hijo. Entonces
17.23 lo trajo..lo *dio* a su madre, y le dijo
18.12 al venir yo y *dar* las nuevas a Acab
18.16 Abdías fue..y le *dio* el aviso; y Acab
18.23 *dénsenos*..dos bueyes, y escojan ellos
18.26 tomaron el buey que les fue *dado* y lo
18.31 cual había sido *dada* palabra de Jehová
19.1 Acab *dio* a Jezabel la nueva de todo lo
19.21 y la *dio* al pueblo para que comiesen
20.5 oro, y tus mujeres y tus hijos me *darás*
20.9 los embajadores..le *dieron* la respuesta
20.17 enviado quien le *dio* aviso, diciendo
20.25 en campo raso..Y él les *dio* oído, y lo
20.29 y al séptimo día se *dio* la batalla
20.37 el hombre le *dio* un golpe, y le hizo
20.39 cuando el rey pasaba, él *dio* voces al
21.2 diciendo: *Dame* tu viña para un huerto
21.2 y yo te *daré* por ella otra viña mejor
21.3 guárdeme..que yo te *dé* a ti la heredad
21.4 no te *daré* la heredad de mis padres
21.6 que me *diera* su viña..le *daría* otra viña
21.6 y él respondió: Yo no te *daré* mi viña
21.7 yo te *daré* la viña de Nabot de Jezreel
21.15 viña..que no te la quiso *dar* por dinero
22.34 *da* la vuelta, y sácame del campo, pues
2 R. 3.23 uno ha *dado* muerte a su compañero
4.17 la mujer concibió, y *dio* a luz un hijo
4.41 *da* de comer a la gente. Y no hubo más
4.42 y él dijo: *Da* a la gente para que coma
4.43 *da* a la gente para que coma, porque así
5.1 él había *dado* Jehová salvación a Siria
5.7 ¿soy yo Dios, que mate y *dé* vida, para
5.17 no se *dará* a tu siervo la carga de un
5.22 ruego que les *des* un talento de plata
6.28 dijo: *Da* acá tu hijo, y comámoslo hoy
6.29 le dije: *Da* acá a tu hijo, y comámoslo
7.4 si ellos nos *dieren* la vida, viviremos
7.4 y si nos *dieren* la muerte, moriremos
7.9 vamos..y *demos* la nueva en casa del rey
8.7 *dieron* aviso..El varón de Dios ha venido
8.19 había prometido *darle* lámpara a él y a
9.15 para ir a *dar* las nuevas en Jezreel
9.18 el atalaya *dio* luego aviso, diciendo

DAR *(Continúa)*
2 R. 9.26 te *daré* la paga en esta heredad, dijo
10.8 vino un mensajero que le *dio* las nuevas
10.9 yo he conspirado. . y le he *dado* muerte
10.9 ¿quién ha *dado* muerte a todos éstos?
10.15 es, *dame* la mano. Y él le *dio* la mano
11.10 sacerdote *dio* a los jefes de centenas
12.7 sino *dadlo* para reparar las grietas de
12.11 *daban* el dinero. . a los que hacían la
12.14 lo *daban* a los que hacían la obra, y
12.15 que ellos lo *diesen* a los que hacían
13.5 y *dio* Jehová salvador a Israel, y
13.17 dijo: Abre la ventana que *da* al oriente
13.19 al *dar* cinco o seis golpes, hubieras
14.5 mató a. . que habían *dado* muerte al rey
14.6 no mató a. . de los que le *dieron* muerte
14.9 decir. . *Da* tu hija por mujer a mi hijo
14.26 no había. . quien *diese* ayuda a Israel
15.19 y Manahem *dio* a Pul mil talentos de
15.20 siclos de. . para *dar* al rey de Asiria
17.17 y se *dieron* a adivinaciones y agüeros
17.37 los estatutos. . que os *dio* por escrito
18.15 *dio*. . Ezequías toda la plata. . hallada
18.16 quitó el oro. . lo *dio* al rey de Asiria
18.23 yo te ruego que *des* rehenes a mi señor
18.23 *daré* 2.000 caballos, si tú puedes *dar*
19.3 y la que *da* a luz no tiene fuerzas
19.29 y esto te *daré* por señal, oh Ezequías
21.6 y se *dio* a observar los tiempos, y fue
21.8 movido de la tierra que *di* a sus padres
22.8 Hilcías *dio* el libro a Safán, y lo leyó
22.9 escriba Safán al rey, *dio* cuenta al rey
22.10 sacerdote Hilcías me ha *dado* un libro
22.12 el rey *dio* orden al sacerdote Hilcías
22.20 y ellos *dieron* al rey la respuesta
23.35 *dar* el dinero. . *darlo* a Faraón Necao
25.30 le fue *dada* su comida de parte del rey
1 Cr. 1.32 Cetura. . *dio* a luz a Zimram, Jocsán
2.4 Tamar su nuera *dio* a luz a Fares y a Zera
2.17 Abigail *dio* a luz a Amasa, cuyo padre
2.19 por mujer a Efrata, la cual *dio* a luz a
2.21 la hija de Maquir. . *dio* a luz a Segub
2.24 Abías mujer de Hezrón *dio* a luz a Asur
2.29 Abihail. . *dio* a luz a Ahbán y a Molid
2.35 Sesán *dio* su hija por mujer. . *d* a luz a
2.46 *dio* a luz Harán, a Mosa y a Gazez
2.48 Maaca. . *dio* a luz a Seber y a Tirhana
2.49 *dio* a luz a Saaf padre de Madmana, y a
4.6 Naara *dio* a luz a Ahuzam, Hefer, Temeni
4.9 madre llamó Jabes. . lo *di* a luz en dolor
4.10 Jabes. . ¡Oh, si me *dieras* bendición, y
4.18 mujer Jehudaía *dio* a luz a Jered padre
5.1 Rubén. . sus derechos. . fueron *dados* a los
6.55 les *dieron*. . Hebrón en tierra de Judá
6.56 ciudad y sus aldeas se *dieron* a Caleb
6.57 de Judá *dieron* a los hijos de Aarón la
6.61 a los. . de Coat. . *dieron* por suerte diez
6.62 a los. . de Gersón. . *dieron* de la tribu de
6.63 a los. . de Merari. . *dieron* por suerte 12
6.64 los hijos de Israel *dieron* a los levitas
6.65 *dieron* por suerte de la tribu. . de Judá
6.66 a. . Coat *dieron* ciudades con sus ejidos
6.67 *dieron* la ciudad de refugio, Siquem con
6.71 *dieron* de la media tribu de Manasés
6.77 a los hijos de Merari. . *dieron*. . Rimón
6.78 *dieron* de la tribu de Rubén, Beser en
7.14 Asriel, al cual *dio* a luz su. . la siria
7.14 la cual también *dio* a luz a Maquir padre
7.16 Maaca. . *dio* a luz un hijo. . llamó Peres
7.18 Hamolequet *dio* a luz a Isod, Abiezer
7.23 ella concibió y *dio* a luz un hijo, al
10.9 para *dar* las nuevas a sus ídolos y al
11.17 ¡quién me *diera* de beber de. . de Belén
16.8 *dad* a conocer en los pueblos sus obras
16.18 *daré* la tierra de Canaán, porción de tu
16.28 pueblos, *dad* a Jehová gloria y poder
16.29 *dad* a Jehová la honra debida a. . nombre
18.6 porque Jehová *daba* la victoria a David
18.13 porque Jehová *daba* el triunfo a David
19.17 luego que fue *dado* aviso a David, reunió
21.4 y *dio* la cuenta del número del pueblo
21.22 dijo David. . *Dame* este lugar de la era
21.22 de la era. . *dámelo* por su cabal precio
21.23 los bueyes *daré* para el holocausto, y
21.23 trigo para la ofrenda; yo lo *doy* todo
21.25 *dio* David. . peso de 600 siclos de oro
22.9 yo le *daré* paz de. . yo *d* paz y reposo
22.12 te *dé* entendimiento y prudencia, para
22.18 Dios. . ha *dado* paz por todas partes?
23.25 Jehová. . *dado* paz a su pueblo Israel
23.30 para asistir cada mañana. . a *dar* gracias
25.5 y Dios *dio* a Hemán 14 hijos y 3 hijas
28.5 porque Jehová me ha *dado* muchos hijos
28.11 David *dio* a Salomón su hijo el plano
28.14 *dio* oro en peso para las cosas de oro
28.16 *dio* oro en peso para las mesas de la
29.3 cosas. . he *dado* para la casa de mi Dios
29.7 *dieron* para el servicio de la casa de
29.8 el que tenía piedras. . las *dio* para el
29.12 y en tu mano el. . el *dar* poder a todos
29.14 y de lo recibido de tu mano te *damos*
29.17 que tu pueblo, reunido. . ha *dado* para ti
29.19 *da* a mi hijo Salomón corazón perfecto
29.22 *dieron*. . investidura del reino a Salomón
29.25 y le *dio* tal gloria en su reino, cual
2 Cr. 1.7 pídeme lo que quieras que yo te *dé*
1.9 confírmese. . tu palabra *dada* a David mi
1.10 *dame* ahora sabiduría y ciencia, para
1.12 ciencia te son *dadas*. . te *daré* riquezas
2.10 he *dado* 20.000 coros de trigo en grano
2.12 y que *dio* al rey David un hijo sabio
3.3 medidas que *dio* Salomón. . la casa de Dios
5.13 cantaban. . para alabar y *dar* gracias a
6.23 a tus siervos, *dando* la paga al impío
6.23 justificando al. . al *darle* conforme a su
6.25 les harás volver a la tierra que *diste*
6.27 *darás* lluvia. . tu tierra, que *diste* por
6.30 *darás* a cada uno conforme a sus caminos
6.31 vivieren sobre. . la tierra que tú *diste*
6.38 oraren hacia la tierra que tu *diste* a
7.20 arrancaré de mi tierra que os he *dado*
8.2 las ciudades que Hiram le había *dado*, y
9.9 *dio* al rey 120 talentos de oro, y gran
9.9 nunca hubo. . como las que *dio* la reina de
9.12 Salomón *dio* a la reina de Sabá todo lo
9.23 la sabiduría que Dios le había *dado*
10.8 dejando el consejo que le *dieron* los
11.19 la cual le *dio* a luz estos hijos: Jeús
11.20 Maaca. . le *dio* a luz Abías, Atai, Ziza
11.23 y les *dio* provisiones en abundancia
13.5 Jehová Dios de. . *dio* el reino a David
14.6 edificó. . porque Jehová le había *dado* paz
14.7 y él nos ha *dado* paz por todas partes
14.11 ti no hay diferencia. . en *dar* ayuda al
15.15 Jehová les *dio* paz por todas partes
17.5 y todo Judá *dio* a Josafat presentes
19.2 ¿al impío *das* ayuda, y amas a los que
19.4 *daba* vuelta y salía al pueblo, desde
20.2 *dieron* aviso a Josafat, diciendo: Contra
20.7 la *diste* a la descendencia de Abraham
20.11 nos *dan* el pago viniendo a arrojarnos
20.11 la heredad que tú nos *diste* en posesión
20.27 Jehová les había *dado* gozo librándolos
20.30 su Dios le *dio* paz por todas partes
20.35 con Ocozías. . era *dado* a la impiedad
21.3 su padre les había *dado* muchos regalos
21.3 había *dado* el reino a Joram, porque él
21.7 le había dicho que le *daría* lámpara a
21.13 has *dado* muerte a tus hermanos, a la
22.9 y le *dieron* sepultura, porque dijeron
23.8 el sacerdote Joiada no *dio* licencia a
23.9 *dio* también el sacerdote. . los paveses
24.12 lo *daban* a los que hacían el trabajo
25.9 cien talentos que he *dado* al ejército
25.9 Jehová puede *darte* mucho más que esto
25.18 cedro. . *Da* tu hija a mi hijo por mujer
26.7 Dios le *dio* ayuda contra los filisteos
26.8 y *dieron* los amonitas presentes a Uzías
26.20 él también se *dio* prisa a salir, porque
27.5 *dieron*. . aquel año cien talentos de plata
27.5 esto le *dieron* los hijos de Amón, y lo
28.15 y les *dieron* de comer y de beber, los
28.21 despojó Acaz. . para *dar* al rey de los
30.12 *darles* un solo corazón para cumplir el
30.22 *dando* gracias a Jehová el Dios de sus
30.24 Ezequías rey. . había *dado* a la asamblea
30.24 los príncipes *dieron* al. . mil novillos
31.2 que *diesen* gracias y alabasen dentro de
31.4 que *diese* la porción correspondiente a
31.5 Israel *dieron*. . primicias de grano, vino
31.6 *dieron*. . los diezmos de las vacas y de las
31.12 *dieron* cargo de ello al levita Conanías
31.15 para *dar*. . a sus hermanos sus porciones
31.19 cargo de *dar* sus porciones a todos los
32.22 Jehová. . les *dio* reposo por todos lados
32.24 Jehová. . respondió, y le *dio* una señal
32.29 Dios le había *dado* muchas riquezas
33.6 en agüeros, era *dado* a adivinaciones
34.9 *dieron* el dinero que había sido traído
34.10 los cuales lo *daban* a los que hacían la
34.11 *daban*. . que comprasen piedra de cantería
34.14 ley de Jehová *dada* por medio de Moisés
34.15 y *dando* cuenta. . *dio*. . el libro a Safán
34.18 el sacerdote Hilcías me *dio* un libro
35.6 la palabra. . *dada* por medio de Moisés
35.7 y *dio* el rey. . a los del pueblo ovejas
35.8 sus príncipes *dieron* con liberalidad al
35.8 oficiales de. . *dieron* a los sacerdotes
35.9 *dieron* a los levitas, para. . la pascua
35.12 tomaron luego del. . para *dar* conforme a
35.22 que se disfrazó para *darle* batalla, y
35.22 a *darle* batalla en el campo de Meguido
36.23 Jehová. . me ha *dado* todos los reinos de
Esd. 1.2 Dios. . me ha *dado* todos los reinos de
1.8 los *dio* por cuenta a Sesbasar príncipe
2.69 según sus fuerzas *dieron* al tesorero de
3.7 *dieron* dinero a los albañiles y. . comida
3.11 y cantaban. . *dando* gracias a Jehová, y
3.12 otros *daban* grandes gritos de alegría
4.19 y por mí fue *dada* orden y buscaron
4.21 *dad* orden que cesen aquellos hombres
4.21 hasta que por mí sea *dada* nueva orden
5.3 ¿quién os ha *dado* orden para edificar
5.9 ¿quién os *dio* orden para edificar esta
5.13 mismo rey Ciro *dio* orden para que esta
5.17 por el rey Ciro había sido *dada* la orden
6.1 el rey Darío *dio* la orden de buscar en la
6.3 rey Ciro *dio* orden acerca de la casa de
6.8 y por mí es *dada* orden de lo que habéis
6.8 sean *dados*. . a esos varones los gastos
6.9 sea *dado* día por día sin obstáculo alguno
6.11 por mí es *dada* orden, que cualquiera que
6.12 Darío he *dado* el decreto; sea cumplido
7.6 que Jehová Dios de Israel había *dado*, y
7.11 copia de la carta que *dio*. . Artajerjes
7.13 por mí es *dada* orden que todo aquel en
7.20 que te sea necesario *dar*, lo *darás* de la
7.21 y por mí, Artajerjes rey, es *dada* orden
9.8 *darnos* un lugar seguro en su santuario
9.8 y *darnos* un poco de vida en nuestra
9.9 se nos *diese* vida para levantar la casa
9.9 *darnos* protección en Judá y en Jerusalén
9.12 no *daréis* vuestras hijas a los hijos de
9.13 Dios. . nos *diste* un remanente como este
10.11 *dad* gloria a Jehová Dios de. . padres
10.19 y *dieron* su mano en promesa de que
10.44 había mujeres. . que habían *dado* a luz
Neh. 1.7 preceptos. . *diste* a Moisés tu siervo
1.8 la palabra que *diste* a Moisés tu siervo
1.11 y *dale* gracia delante de aquel varón
2.7 se me *den* cartas para los gobernadores
2.8 para que me *dé* madera para enmaderar las
2.9 vine luego. . y les *di* las cartas del rey
2.15 *di* la vuelta y entré por la puerta del
5.5 *dimos* nuestros hijos. . a servidumbre, y
7.70 y algunos. . *dieron* ofrendas para la obra
7.70 el gobernador *dio*. . mil dracmas de oro
7.71 *dieron* para el tesoro de la obra. . oro
7.72 del pueblo *dio* 20.000 dracmas de oro
8.1 ley. . la cual Jehová había *dado* a Israel
9.8 hiciste pacto con él para *darle* la tierra
9.8 hiciste pacto. . *darla* a su descendencia
9.13 *diste* juicios rectos, leyes verdaderas
9.15 les *diste* pan del cielo en su hambre
9.15 alzaste tu. . y juraste que se la *darías*
9.20 tu maná. . y agua les *diste* para su sed
9.22 y les *diste* reinos y pueblos, y los
9.35 en tu mucho bien que les *diste*, y en la
9.36 somos. . siervos en la tierra que *diste*
10.29 ley de Dios, que fue *dada* por Moisés
10.30 que no *daríamos* nuestras hijas a los
12.24 *dar* gracias, conforme al estatuto de
12.47 Israel. . *daba* alimentos a los cantores
13.2 sino que *dieron* dinero a Baalam para que
13.5 que estaba mandado *dar* a los levitas
13.10 porciones. . no les habían sido *dadas*
13.25 no *daréis* vuestras hijas a sus hijos
Est. 1.7 *daban* a beber en vasos de oro, y vasos
1.20 las mujeres *darán* honra a sus maridos
2.3 de las mujeres, y que les *den* sus atavíos
2.9 *darle*. . alimentos, y le *dio*. . 7 doncellas
2.13 todo lo que ella pedía se le *daba*, para
2.18 *dio* mercedes conforme a la generosidad
3.10 anillo. . lo *dio* a Amán hijo de Hamedata
3.14 escrito que se *dio* por mandamiento en
3.15 el edicto fue *dado* en Susa capital del
4.7 le *dio* noticia de la plata que Amán había
4.8 le *dio* también la copia del decreto. . *dado*
5.3 hasta la mitad del reino se te *dará*
5.5 *daos* prisa, llamad a Amán, para hacer lo
6.9 y *den* el vestido y el caballo en mano de
6.10 a Amán: *Date* prisa, toma el vestido y el
6.12 Amán se *dio* prisa para irse a su casa
7.3 séame *dada* mi vida por mi petición, y mi
8.1 Asuero *dio* a la reina. . la casa de Amán
8.2 quitó. . el anillo. . y lo *dio* a Mardoqueo
8.5 se *dé* orden. . para revocar las cartas que
8.7 he *dado* a Ester la casa de Amán, y a él
8.11 que el rey *daba* facultad a los judíos
8.13 del edicto que había de *darse* por decreto
8.14 el edicto fue *dado* en Susa capital del
9.11 el mismo día se le *dio* cuenta al rey
9.14 se *dio* la orden. . y colgaron a los diez
Job 1.10 al trabajo de sus. . has *dado* bendición
1.15,16,17,19 escapé yo para *darte* la noticia
1.21 dijo. . Jehová *dio*, y Jehová quitó; sea
2.4 lo que el hombre tiene *dará* por su vida
3.20 ¿por qué se *da* luz al trabajado, y vida
3.23 ¿por qué se *da* vida al hombre que no
5.1 *da* voces; ¿habrá quién te responda? ¿Y a
5.10 *da* la lluvia sobre la faz de la tierra
6.8 ¡quién me *diera* que viniese mi petición
6.10 asaltase con dolor sin *dar* más tregua
7.3 y noches de trabajo me *dieron* por cuenta
10.1 *daré* libre curso a mi queja, hablaré con
10.9 que como a barro me *diste* forma; ¿y en
11.5 mas ¡oh, quién *diera* que Dios hablara
11.20 su esperanza será *dar* su último suspiro
14.13 ¡oh, quién me *diera* que me escondieses
14.16 pero ahora. . no *das* tregua a mi pecado
15.19 a quienes. . fue *dada* la tierra, y no pasó
15.35 concibieron dolor, *dieron* a. . iniquidad
17.3 *dame* fianza, oh Dios; sea mi protección
19.7 clamaré. . *daré* voces, y no habrá juicio
19.23 ¡quién *diese* ahora que mis palabras
19.23 ¡quién *diese* que se escribiesen en un
21.2 oíd. . y sea esto el consuelo que me *deis*
21.19 Dios. . le *dará* su pago, para que conozca
21.31 que él hizo, ¿quién le *dará* el pago?
22.7 no *diste* de beber agua al cansado, y
23.3 quién me *diera* el saber dónde hallar

DAR *(Continúa)*
Job 24.23 él les *da* seguridad y confianza; sus
28.15 no se *dará* por oro, ni su precio será
28.25 *dar* peso al viento, y poner las aguas
28.26 cuando él *dio* ley a la lluvia, y camino
29.13 al corazón de la viuda yo *daba* alegría
30.5 todos les *daban* grita como tras el ladrón
31.2 ¿qué galardón me *daría* de arriba Dios
31.35 ¡quién me *diera* quien me oyese! He aquí
33.4 y el soplo del Omnipotente me *dio* vida
33.13 no *da* cuenta de ninguna de sus razones
34.29 si él *diere* reposo, ¿quién inquietará?
35.7 si fueres justo, ¿qué le *darás* a él?
35.10 mi Hacedor, que *da* cánticos en la noche
36.6 pero a los afligidos *dará* su derecho
36.9 él les *dará* a conocer la obra de ellos
36.31 pueblos, a la multitud él *da* sustento
37.10 por el soplo de Dios se *da* el hielo
38.36 ¿o quién *dio* al espíritu inteligencia?
39.13 *¿diste* tú hermosas alas al pavo real
39.17 le privó Dios..no le *dio* inteligencia
39.19 *¿diste* tú al caballo la fuerza..crines
41.11 ¿quién me ha *dado* a mí primero, para
42.11 cada uno de..le *dio* una pieza de dinero
42.15 y les *dio* su padre herencia entre sus
Sal. 1.3 *da* su fruto en su tiempo, y su hoja no
2.8 pídeme..te *daré* por herencia las naciones
4.7 tú *diste* alegría a mi corazón mayor que
5.11 *den* voces de júbilo para siempre, porque
7.4 si he *dado* mal pago al que estaba en paz
7.14 el impío concibió..y *dio* a luz engaño
10.14 miras..para *dar* la recompensa con tu
15.5 su dinero no *dio* a usura, ni contra el
18.13 y el Altísimo *dio* su voz; granizo y
18.35 me *diste*..el escudo de tu salvación
18.50 grandes triunfos *da* a su rey, y hace
20.4 te *dé* conforme al deseo de tu corazón
21.4 vida te demandó, y se la *diste;* largura
28.4 *dales* conforme a su obra, y conforme a
28.4 *dales* su merecido conforme a la obra de
29.1 *dad* a Jehová la gloria y el poder
29.2 *dad* a Jehová..gloria debida a su nombre
30.3 me *diste* vida, para que no descendiese
33.19 para *darles* vida en tiempo de hambre
37.21 mas el justo tiene misericordia, y *da*
39.5 he aquí *diste* a mis días término corto
41.2 Jehová lo guardará, y le *dará* vida
41.10 y hazme levantar, y les *daré* el pago
46.6 *dio* él su voz, se derritió la tierra
48.6 tomó..dolor como de mujer que *da* a luz
49.7 al hermano, ni *dar* a Dios su rescate
49.11 serán..*dan* sus nombres a sus tierras
51.16 no quieres sacrificio, que yo lo *daría*
52 *tít.* vino Doeg edomita y *dio* cuenta a Saúl
55.6 ¡quién me *diese* alas como de paloma!
60.4 has *dado* a los que te temen bandera que
60.11 *danos* socorro contra el enemigo..vana
61.5 me has *dado* la heredad de los que temen
65.13 *dan* voces de júbilo, y aun cantan
67.6 la tierra *dará* su fruto; nos bendecirá
68.11 el Señor *daba* palabra..grande multitud
68.33 que cabalga..*dará* su voz, poderosa voz
68.35 Dios de Israel, él *da* fuerza y vigor a
69.21 y en mi sed me *dieron* a beber vinagre
71.3 tú has *dado* mandamiento para salvarme
71.20 volverás a *darme* vida, y de nuevo me
72.1 oh Dios, *da* tus juicios al rey, y tu
72.15 vivirá, y se le *dará* del oro de Sabá
74.14 lo *diste* por comida a los moradores del
75.1 gracias te *damos,* oh Dios, gracias te *d*
78.15 les *dio* a beber como de grandes abismos
78.20 ¿podrá *dar*..pan? ¿Dispondrá carne
78.24 maná..y les *dio* trigo de los cielos
78.32 y no *dieron* crédito a sus maravillas
78.46 *dio* también a la oruga sus frutos, y
78.66 hirió a sus..les *dio* perpetua afrenta
79.2 *dieron* los cuerpos de tus siervos por
80.5 les *diste* a comer pan de lágrimas, y a
80.18 así..vida nos *darás,* e invocaremos tu
84.11 gracia y gloria *dará* Jehová; no quitará
85.6 ¿no volverás a *darnos* vida, para que
85.7 tu misericordia, y *danos* tu salvación
85.12 Jehová *dará*..bien, y..tierra *d* su fruto
86.16 *da* tu poder a tu siervo, y guarda al
94.2 oh Juez de..*da* el pago a los soberbios
96.7 oh..*dad* a Jehová la gloria y el poder
96.8 *dad* a Jehová la honra debida a..nombre
99.7 guardaban..estatuto que les había *dado*
104.11 *dan* de beber a..las bestias del campo
104.27 para que les *des* su comida a su tiempo
104.28 les *das,* recogen; abres tu mano, se
105.1 *dad* a conocer sus obras en los pueblos
105.11 a ti te *daré* la tierra de Canaán como
105.32 les *dio* granizo por lluvia, y llamas
105.42 de su santa palabra *dada* a Abraham su
105.44 les *dio* las tierras de las naciones
106.15 él les *dio* lo que pidieron; mas envió
108.12 *danos* socorro contra el adversario
109.16 al quebrantado de..para *darle* muerte
111.5 ha *dado* alimento a los que le temen
111.6 *dándole* la heredad de las naciones
112.9 reparte, *da* a los pobres; su justicia
115.16 ha *dado* la tierra a los hijos de los
118.27 Jehová es Dios, y nos ha *dado* luz
119.34 *dame* entendimiento, y guardaré tu ley
119.42 *daré* por respuesta a mi avergonzador
119.49 acuérdate de la palabra *dada* a tu
119.125 tu siervo soy yo, *dame* entendimiento
119.144 eterna..*dame* entendimiento, y viviré
119.169 *dame* entendimiento conforme a tu
120.3 ¿qué te *dará*..oh lengua engañosa?
121.3 no *dará* tu pie al resbaladero, ni se
122.4 conforme al testimonio *dado* a Israel
124.6 no nos *dio* por presa a los dientes de
127.2 pues que a su amado *dará* Dios el sueño
132.4 no *daré* sueño a mis ojos, ni a mis
132.16 y sus santos *darán* voces de júbilo
135.12; 136.21 y *dio* la tierra de ellos en
136.25 que *da* alimento a todo ser viviente
137.8 bienaventurado el que te *diere* el pago
145.15 ti, y tú les *das* su comida a su tiempo
146.7 que hace..que *da* pan a los hambrientos
147.9 él *da* a la bestia su mantenimiento, y a
147.14 *da* en tu territorio la paz; te hará
147.16 *da* la nieve como lana, y derrama la
Pr. 1.4 para *dar* sagacidad a los simples, y a
1.19 las sendas de todo el que es *dado* a la
2.3 clamares..y a la prudencia *dieres* tu voz
2.6 porque Jehová *da* la sabiduría, y de su
3.28 no digas a tu..vuelve, y mañana te *daré*
3.28 cuando tienes contigo qué *darle*
3.34 escarnecerá..a los humildes *dará* gracia
4.2 os *doy* buena enseñanza; no desamparéis
4.9 adorno de gracia *dará* a tu cabeza; corona
5.9 para que no *des* a los extraños tu honor
6.4 no *des* sueño a tus ojos, ni a tus párpados
8.1 ¿no clama..y *da* su voz la inteligencia?
8.3 a la entrada de las puertas *da* voces
9.9 *da* al sabio, y será más sabio; enseña al
10.24 los justos les será *dado* lo que desean
12.12 mas la raíz de los justos *dará* fruto
12.16 el necio al punto *da* a conocer su ira
13.15 el buen entendimiento *da* gracia; mas
17.25 necio..amargura a la que lo *dio* a luz
19.6 y cada uno es amigo del hombre que *da*
19.17 a Jehová presta el que *da* al pobre, y
21.26 pero el justo *da,* y no detiene su mano
21.31 mas Jehová es el que *da* la victoria
22.9 será bendito, porque *dio* de su pan al
22.16 pobre..o que *da* al rico..se empobrecerá
23.25 tu madre, y gócese la que te *dio* a luz
23.26 *dame,* hijo mío, tu corazón, y miren
23.32 fin..morderá, y como áspid *dará* dolor
24.12 el que..*dará* al hombre según sus obras
24.29 *daré* el pago al hombre según su obra
25.13 pues al alma de su señor *da* refrigerio
25.21 si..tuviere hambre, *dale* de comer pan
25.21 y si tuviere sed, *dale* de beber agua
26.8 liga..así hace el que *da* honra al necio
27.1 porque no sabes qué *dará* de sí el día
28.27 el que *da* al pobre no tendrá pobreza
29.11 el necio *da* rienda suelta a toda su ira
29.15 la vara y la corrección *dan* sabiduría
29.17 corrige a tu hijo, y te *dará* descanso
29.17 corrige a tu..y *dará* alegría a tu alma
30.8 no me *des* pobreza ni riquezas; manténme
30.15 tiene dos hijas que dicen: *¡Dame! ¡d!*
31.3 no *des* a las mujeres tu fuerza, ni tus
31.6 *dad* la sidra al desfallecido, y el vino
31.12 *da* ella bien..todos los días de su vida
31.15 *da* comida a su familia y ración a sus
31.24 hace telas..y *da* cintas al mercader
31.31 *dadle* del fruto de sus..y alábenla en
Ec. 1.13 y *di* mi corazón a inquirir y a buscar
1.13 penoso trabajo *dio* Dios a los hijos de
2.21 que haya de *dar* su hacienda a hombre que
2.26 al hombre que le agrada, Dios le *da*
2.26 al pecador *da* el trabajo de recoger y
2.26 amontonar..*darlo* al que agrada a Dios
3.10 el trabajo que Dios ha *dado* a los hijos
5.2 no te *des* prisa..tu boca, ni tu corazón
5.18 los días de su vida que Dios le ha *dado*
5.19 Dios *da* riquezas..le *d* también facultad
6.2 quien Dios *da* riquezas y bienes y honra
6.2 pero Dios no le *da* facultad de disfrutar
7.12 sabiduría excede, en que *da* vida a sus
9.1 he *dado* mi corazón a todas estas cosas
9.9 los días..que te son *dados* debajo del sol
10.1 hacen heder y *dar* mal olor al perfume
12.7 y el espíritu vuelva a Dios que lo *dio*
12.11 las palabras de los..*dadas* por un Pastor
Cnt. 1.12 mientras el rey..nardo *dio* su olor
2.13 vides en cierne *dieron* olor; levántate
3.4 y en la cámara de la que me *dio* a luz
6.9 es..la escogida de la que la *dio* a luz
7.12 han florecido..allí te *daré* mis amores
7.13 las mandrágoras han *dado* olor, y..frutas
8.5 allí tuvo dolores la que te *dio* a luz
8.7 si *diese* el hombre todos los bienes de
Is. 5.2 que *diese* uvas, y *dio* uvas silvestres
5.4 esperando yo que *diese* uvas, ha *dado*
6.3 uno al otro *daba* voces, diciendo: Santo
7.14 el Señor mismo os *dará* señal: He aquí
7.14 virgen concebirá, y *dará* a luz un hijo
7.22 la abundancia de leche que *darán,* comerá
8.3 profetisa, la cual concibió, y *dio* a luz
8.18 yo y los hijos que me *dio* Jehová somos
9.6 hijo nos es *dado,* y el principado sobre
13.10 estrellas..su luceros no *darán* su luz
14.3 Jehová te *dé* reposo de tu trabajo y de
14.10 todos ellos *darán* voces, y te dirán
15.5 mi corazón *dará* gritos por Moab..huirán
21.11 me *dan* voces de Seir: Guarda, ¿qué de
23.4 nunca estuve de parto, ni *di* a luz, ni
24.2 como al que *da* a logro, así al que lo
24.14 cantarán..desde el mar *darán* voces
25.3 por esto te *dará* gloria el pueblo fuerte
26.12 nos *darás* paz, porque también hiciste
26.17 gime y *da* gritos en sus dolores, así
26.18 tuvimos dolores de..*dimos* a luz viento
26.19 vivirán..y la tierra *dará* sus muertos
28.12 este es el reposo; *dad* reposo al cansado
29.11 el cual si *dieren* al que sabe leer, y
29.12 y si se *diere* el libro al que no sabe
30.7 Egipto en vano e inútilmente *dará* ayuda
30.7 yo le *di* voces, que su fortaleza sería
30.20 os *dará* el Señor pan de congoja y agua
30.23 *dará* el Señor lluvia..*d* pan del fruto
33.7 que sus embajadores *darán* voces afuera
33.11 hojarascas, rastrojo *daréis* a luz
33.16 se le *dará* su pan, y sus aguas serán
35.2 la gloria del Líbano le será *dada,* la
36.8 *des* rehenes..yo te *daré* dos mil caballos
36.8 si tú puedes *dar* jinetes que cabalguen
37.3 y la que *da* a luz no tiene fuerzas
37.31 echar raíz abajo, y *dará* fruto arriba
38.19 que vive, éste te *dará* alabanza, como
40.6 voz que decía: *Da* voces. Y yo respondí
41.19 *daré* en el desierto cedros, acacias
41.23 *dadnos* nuevas..que ha de ser después
41.27 Sion, y a Jerusalén *daré* un mensajero
42.5 que *da* aliento al pueblo que mora sobre
42.8 a otro no *daré* mi gloria, ni mi alabanza
42.11 desde la cumbre de..*den* voces de júbilo
42.12 *den* gloria a Jehová, y anuncien sus
42.14 *daré* voces como la que está de parto
42.24 ¿quién *dio* a Jacob en botín, y entregó
43.3 Egipto he *dado* por tu rescate, a Etiopía
43.4 *daré,* pues, hombres por ti, y naciones
43.6 diré al..*Da* acá; y al sur: No detengas
43.9 ¿quién de ellos hay que nos *dé* nuevas de
43.20 *daré* aguas en el desierto, ríos en la
44.12 *da* forma con los martillos, y trabaja
44.13 le *da* figura con el compás, lo hace en
45.3 y te *daré* los tesoros escondidos, y los
45.10 y a la mujer: ¿Por qué *diste* a luz?
48.11 nombre, y mi honra no la *daré* a otro
48.20 *dad* nuevas de esto con voz de alegría
49.6 te *di* por luz de las naciones, para que
49.8 te *daré* por pacto al pueblo, para que
49.15 ¿se olvidará la..de lo que *dio* a luz
50.4 Jehová el Señor me *dio* lengua de sabios
51.2 mirad..a Sara que os *dio* a luz; porque
51.18 de todos los hijos que *dio* a luz, no
52.8 la voz, juntamente *darán* voces de júbilo
53.12 yo le *daré* parte con los grandes, y con
54.1 regocíjate, oh estéril..que no *daba* a luz
54.1 levanta canción y *da* voces de júbilo, la
55.4 que yo lo *di* por testigo a los pueblos
55.10 la hace..producir, y *da* semilla al que
55.12 los árboles..*darán* palmadas de aplauso
56.5 les *daré* lugar..nombre perpetuo les *d*
57.18 le pastorearé, y le *daré* consuelo a él,
58.10 y si *dieres* tu pan al hambriento, y
58.11 saciará tu..y *dará* vigor a tus huesos
59.4 conciben maldades, y *dan* a luz iniquidad
59.18 *dar* el pago..el pago *dará* a los de la
61.3 a los afligidos de Sion se les *dé* gloria
62.7 ni le *deis* tregua, hasta que restablezca
62.8 jamás *daré* tu trigo..a tus enemigos, ni
63.7 conforme a..lo que Jehová nos ha *dado*
65.6 recompensaré, y *daré* el pago en su seno
65.23 en vano, ni *darán* a luz para maldición
66.6 de Jehová que *da* el pago a sus enemigos
66.7 antes que estuviese de parto, *dio* a luz
66.7 antes que le..dolores, *dio* a luz hijo
66.8 cuanto Sion estuvo de parto, *dio* a luz
66.9 yo que hago *dar* a luz, ¿no haré nacer?
Jer. 1.5 antes..*di* por profeta a las naciones
3.8 había despedido y *dado* carta de repudio
3.15 os *daré* pastores según mi corazón, que
3.19 y os *daré* la tierra deseable, la rica
5.24 que *da* lluvia temprana y tardía en su
7.7 la tierra que *di* a vuestros padres para
7.14 haré..a este lugar que *di* a vosotros y a
8.10 *daré* a otros sus mujeres, y sus campos
8.13 y lo que les he *dado* pasará de ellos
8.14 nos ha *dado* a beber aguas de hiel, porque
9.2 ¡oh, quién me *diese* en el desierto un
9.13 dejaron mi ley, la cual *di* delante de
9.15 les *daré* a comer ajenjo, y les *d* a beber
9.18 y *dense* prisa, y levanten llanto por
11.5 que les *daría* la tierra que fluye leche
12.2 crecieron y *dieron* fruto; cercano estás
12.6 *dieron* grito en pos de ti. No los creas
12.8 mi heredad fue..contra mí *dio* su rugido
13.16 *dad* gloria a Jehová Dios vuestro, antes
13.20 ¿dónde está el rebaño que te fue *dado*
13.21 ¿no te *darán* dolores como de mujer que
14.10 vagar, y no *dieron* reposo a sus pies
14.13 que en este lugar os *daré* paz verdadera

DAR *(Continúa)*

Jer. 14.22 *darán* los cielos lluvias? ¿No eres tú
15.9 languideció la que *dio* a luz siete
15.10 nunca he *dado* ni tomado en préstamo
16.3 de sus madres que los *den* a luz y de los
16.7 les *darán* a beber vaso de consolaciones
16.15 los volveré a su tierra, la cual *di* a
17.4 perderás la heredad que yo te *di*, y te
17.8 no se fatigará, ni dejará de *dar* fruto
17.10 para *dar* a cada uno según su camino
18.20 ¿se *da* mal por bien, para que hayan
19.7 y *daré* sus cuerpos para comida a las
20.5 y *daré* todos los tesoros de los reyes
20.8 cuantas veces hablo, *doy* voces, grito
20.14 el día en que mi madre me *dio* a luz
20.15 maldito el hombre que *dio* nuevas a mi
22.13 y no *dándole* el salario de su trabajo
22.20 clama, y en Basán *da* tu voz, y grita
22.26 cautivo a ti y a tu madre que te *dio* a
23.39 de mi presencia..a la ciudad que *di* a
24.7 les *daré* corazón para que me conozcan
24.9 los *daré* por escarnio y por mal a todos
24.10 exterminados de la tierra que les *di*
25.5 moraréis en la tierra que os *dio* Jehová
25.15 toma de mi mano la copa..y *da* a beber
25.17 y *di* de beber a todas las naciones, a
25.30 y desde su morada santa *dará* su voz
27.5 hice la tierra..la *di* a quien yo quise
27.6 las bestias del campo le he *dado* para
28.14 y aun también le he *dado* las bestias
29.6 *dad* mujeres a vuestros..y *d* maridos a
29.11 de paz..para *daros* el fin que esperáis
29.18 *daré* por escarnio a todos los reinos de
30.3 traeré a la tierra que *di* a sus padres
30.6 inquirid..y mirad si el varón *da* a luz
30.16 que hicieron presa de ti *daré* en presa
31.7 *dad* voces de júbilo a la cabeza de las
31.8 mujer que está encinta y la que *dio* a
31.33 *daré* mi ley en su mente..en su corazón
31.35 Jehová, que *da* el sol para luz del día
32.12,16 *di* la carta de venta a Baruc hijo de
32.13 y *di* orden a Baruc delante de ellos
32.19 para *dar* a cada uno según sus caminos
32.22 *diste* esta tierra..juraste..la *darías*
32.39 les *daré* un corazón, y un camino, para
35.2 de los recabitas..y *dales* a beber vino
35.15 viviréis en la tierra que *di* a..padres
35.16 el mandamiento que les *dio* su padre
36.32 tomó Jeremías otro rollo y lo *dio* a
37.21 entonces *dio* orden el rey Sedequías
37.21 haciéndole *dar* una torta de pan al día
38.15 si te *diere* consejo, no me escucharás
39.10 a los pobres..les *dio* viñas y heredades
40.5 y le *dio* el capitán de la..un presente
41.18 por haber *dado* muerte Ismael hijo de
45.5 te *daré* tu vida por botín en todos los
48.9 *dad* alas a Moab..que se vaya volando
48.34 hasta Jahaza *dieron* su voz; desde Zoar
50.12 mucho, se afrentó la que os *dio* a luz
50.28 escapan..para *dar* en Sion las nuevas
51.6 tiempo es de venganza..le *dará* su pago
51.56 Dios de retribuciones, *dará* la paga
52.34 y continuamente se le *daba* una ración

Lm. 1.11 *dieron* por la comida todas sus cosas
1.16 el consolador que *dé* reposo a mi alma
1.17 Jehová *dio* mandamiento contra Jacob, que
1.19 *di* voces a mis amantes, mas ellos me
2.19 levántate, *da* voces en la noche, al
3.8 cuando clamé y *di* voces, cerró los oídos
3.30 *dé* la mejilla al que le hiere, y sea
3.52 mis enemigos me *dieron* caza como a ave
3.64 *dales* el pago, oh Jehová, según la obra
4.3 aun los chacales *dan* la teta, y amamantan

Ez. 2.8 abre tu boca, y come lo que yo te *doy*
3.3 llena tus entrañas..rollo que yo te *doy*
4.5 yo te he *dado* los años de su maldad por
4.6 día por año, día por año te lo he *dado*
11.2 son los hombres que..*dan*..mal consejo
11.15 alejaos..a nosotros es *dada* la tierra
11.17 os recogeré..*daré* la tierra de Israel
11.19 les *daré* un corazón, y un espíritu nuevo
11.19 quitaré..les *daré* un corazón de carne
12.6 por señal te he *dado* a la casa de Israel
13.19 *dando* vida a las personas que no deben
15.6 la..*di* al fuego para que la consumiese
16.8 te *di* juramento y entré en pacto contigo
16.17 alhajas de oro..que yo te había *dado*
16.19 mi pan también, que yo te había *dado*
16.20 hijos..que habías *dado* a luz para mí
16.33 a todas las rameras les *dan* dones; mas
16.33 *diste* tus dones a todos tus enamorados
16.33 les *diste* presentes, para que de todas
16.34 tú *das* la paga, en lugar de recibirla
16.36 sangre de tus hijos, los cuales les *diste*
16.61 las cuales yo te *daré* por hijas, mas no
17.8 para que hiciese ramas y *diese* fruto
17.15 para que le *diese* caballos y mucha gente
17.18 he aquí que había *dado* su mano, y ha
17.23 *dará* fruto, y se hará magnífico cedro
18.7 y que *diere* de su pan al hambriento y
18.16 al hambriento *diere*..pan, y cubriere
19.10 aguas, *dando* fruto y echando vástagos
20.5 me *di* a conocer a ellos en la tierra de
20.11 les *di* mis estatutos, y les hice conocer
20.12 les *di* también mis días de reposo, para
20.15 no los traería a la..que les había *dado*
20.25 les *di* estatutos que no eran buenos, y
20.28 la cual..jurando que había de *dársela*
20.42 jurando que la *daría* a vuestros padres
21.11 y la *dio* a pulir para tenerla a mano
21.22 *dar* la orden de ataque..*d* comienzo a
22.4 te he *dado* en oprobio a las naciones
23.4 ser mías, y *dieron* a luz hijos e hijas
23.37 sus hijos que habían *dado* a luz para mí
26.20 *daré* gloria en la tierra de..vivientes
27.10 persas y..ellos te *dieron* tu esplendor
27.15 marfil y ébano te *dieron* por sus pagos
28.24 nunca más..ni aguijón que le *dé* dolor
28.25 su tierra, la cual *di* a mi siervo Jacob
29.5 y a las aves del..te he *dado* por comida
29.19 yo *doy* a Nabucodonosor, rey..la tierra
29.20 le he *dado* la tierra de Egipto; porque
33.24 a nosotros nos es *dada* la tierra en
34.15 y yo les *daré* aprisco, dice Jehová el
34.26 *daré* bendición a ellas y..alrededores
34.27 el árbol..*dará* su fruto, y la tierra *d*
35.12 han sido *dados* para que los devoremos
36.2 las alturas eternas nos han sido *dadas*
36.8 vosotros, oh montes de Israel, *daréis*
36.26 piedra, y os *daré* un corazón de carne
36.26 *daré* corazón nuevo, y pondré espíritu
36.28 habitaréis..la tierra que *di* a vuestros
36.29 llamaré al trigo..y no os *daré* hambre
37.25 habitarán en la tierra que *di* a..Jacob
39.4 y a las fieras..te he *dado* por comida
39.11 *daré* a Gog lugar para sepultura allí
42.4 corredor..y sus puertas *daban* al norte
43.4 la vía de la puerta que *daba* al oriente
43.19 *darás* un becerro de la..expiación
44.28 pero no les *daréis* posesión en Israel
44.30 *daréis* al sacerdote las primicias de
45.8 y *darán* la tierra a la casa de Israel
45.16 estará obligado a *dar* esta ofrenda para
45.17 mas al príncipe corresponderá el *dar* el
46.16 el príncipe *diere* parte de su heredad
46.17 *diere* parte a alguno de sus siervos
46.18 de lo que él posee *dará* herencia a sus
47.2 me hizo *dar* la vuelta por el camino de
47.14 que la había de *dar* a vuestros padres
47.23 le *daréis* su heredad, ha dicho Jehová

Dn. 1.12 y nos *den* legumbres a comer, y agua a
1.16 así, pues, Melsar..les *daba* legumbres
1.17 estos cuatro..Dios les *dio* conocimiento
2.9 sepa que me podéis *dar* su interpretación
2.16 pidió al rey que le *diese* tiempo, y que
2.21 él..*da* la sabiduría a los sabios, y la
2.23 oh Dios de mis padres, te *doy* gracias y
2.23 me has *dado* sabiduría y fuerza, y ahora
2.25 el cual *dará* al rey la interpretación
2.30 sino para que se *dé* a conocer al rey la
2.37 Dios del cielo te ha *dado* reino, poder
2.38 ha *dado* el dominio sobre todo; tú eres
2.48 le *dio* muchos honores y grandes dones
3.10 has *dado* una ley que todo hombre, al oír
4.16 le sea *dado* corazón de bestia, y pasen
4.17 a quien él quiere lo *da*, y constituye
4.25,32 el Altísimo..lo *da* a quien él quiere
5.6 sus rodillas *daban* la una contra la otra
5.12 llámese..ahora a Daniel, y él te *dará* la
5.15 y me *diesen* su interpretación; pero no
5.16 he oído..que puedes *dar* interpretaciones
5.16 *darme* su interpretación, serás vestido
5.17 y *da* tus recompensas a otros. Leeré la
5.17 leeré la..y le *daré* la interpretación
5.18 Dios..*dio* a Nabucodonosor..el reino y la
5.19 y por la grandeza que le *dio*, todos los
5.19 mataba, y a quien quería *daba* vida
5.23 *diste* alabanza a dioses de plata y oro
5.28 reino ha sido roto, y *dado* a los medos
6.2 a quienes estos sátrapas *diesen* cuenta
6.10 abiertas las ventanas..que *daban* hacia
6.10 y *daba* gracias delante de su Dios, como
6.24 y *dio* orden el rey, y fueron traídos
7.4 enhiesta..le fue *dado* corazón de hombre
7.6 cuatro cabezas; y le fue *dado* dominio
7.14 y le fue *dado* dominio, gloria y reino
7.22 vino el..y se *dio* el juicio a los santos
7.27 la majestad..sea *dado* al pueblo de los
9.22 ahora he salido para *darte* sabiduría y
9.23 fue *dada* la orden, y yo he venido para
11.17 hará..le *dará* una hija de mujeres para
11.21 al cual no *darán* la honra del reino

Os. 1.3 la cual concibió y le *dio* a luz un hijo
1.6 concibió..otra vez, y *dio* a luz una hija
1.8 después de..concibió y *dio* a luz un hijo
2.5 la que los *dio* a luz se deshonró, porque
2.5 iré tras mis amantes, que me *dan* mi pan
2.8 no reconoció que yo le *daba* el trigo, el
2.9 y mi lino que había *dado* para cubrir su
2.12 mi salario..que me han *dado* mis amantes
2.15 *daré* sus viñas desde allí, y el valle de
4.17 Efraín es *dado* a ídolos; déjalo
6.2 nos *dará* vida después de dos días; en el
9.14 *dales*..que les has de *dar*; *dales* matriz
9.16 su raíz está seca, no *dará* más fruto
10.1 Israel es..que *da* abundante fruto para sí
13.10 cuales dijiste: *Dame* rey y príncipes?
13.11 te *di* rey en mi furor, y te lo quité
13.13 dolores de..que *da* a luz le vendrán

Jl. 2.1 Sion, y *dad* alarma en mi santo monte
2.11 Jehová *dará* su orden delante..ejército
2.22 la higuera y la vid *darán* sus frutos
2.23 os ha *dado* la primera lluvia a su tiempo
2.30 *daré* prodigios en el cielo y..la tierra
3.3 *dieron* los niños por una ramera, y..niñas
3.16; Am. 1.2 *dará* su voz desde Jerusalén

Am. 2.12 *disteis* de beber vino a los nazareos
3.4 ¿*dará* el leoncillo su rugido desde su
5.9 que *da* esfuerzo al despojador sobre el
9.15 arrancados de su tierra que yo les *di*

Jon. 3.7 no se les *dé* alimento, ni beban agua

Mi. 1.14 vosotros *daréis* dones a Moreset-gat
2.4 nos quitó..los *dio* y los repartió a otros
3.5 y al que no les *da* de comer, proclaman
5.3 hasta..que *dé* a luz la que ha de *dar* a luz
6.7 ¿*daré* mi primogénito por mi rebelión, el
6.11 ¿*daré* por inocente al que tiene..pesas

Hab. 1.2 *daré* voces a ti a causa..la violencia
2.5 el que es *dado* al vino es traicionero
2.15 ¡ay del que *da* de beber a su prójimo!
3.10 el abismo *dio* su voz, a lo alto alzó sus
3.17 los labrados no *den* mantenimiento, y las

Sof. 3.14 Sion: *da* voces de júbilo, oh Israel

Hag. 2.9 y *daré* paz en este lugar, dice Jehová

Zac. 3.7 entre éstos que..están te *daré* lugar
8.12 la vid *dará* su fruto, y *d* su producto la
8.12 los cielos *darán* su rocío; y haré que el
9.9 *da* voces de júbilo, hija de Jerusalén
10.1 *dará* lluvia abundante, y hierba verde
10.2 los terafines han *dado* vanos oráculos
11.12 si os parece bien, *dadme* mi salario

Mal. 2.2 si no decidís..*dar* gloria a mi nombre
2.5 las cuales..yo le *di* para que me temiera

Mt. 1.21 y *dará* a luz un hijo, y llamarás su
1.23 virgen concebirá y *dará* a luz un hijo
1.25 pero no la conoció hasta que *dio* a luz
3.10 árbol que no *da* buen fruto es cortado
4.9 esto te *daré*, si postrado me adorares
5.31 que repudie a su..*dele* carta de divorcio
5.42 al que te pida, *dale;* y al que quiera
6.2 cuando, pues, *des* limosna, no hagas tocar
6.3 mas cuando tú *des* limosna, no sepa tu
6.11 el pan nuestro de cada día, *dánoslo* hoy
7.6 no *deis* lo santo a los perros, ni echéis
7.7 pedid, y se os *dará;* buscad, y hallaréis
7.9 si su hijo le pide pan, le *dará*..piedra?
7.10 pide un pescado, le *dará* una serpiente?
7.11 siendo malos, sabéis *dar* buenas dádivas
7.11 vuestro Padre..*dará* buenas cosas a los
7.17 todo buen árbol *da* buenos frutos, pero
7.17 pero el árbol malo *da* frutos malos
7.18 no puede el buen árbol *dar* malos, ni el
7.18 ni el árbol malo *dar* frutos buenos
7.19 árbol que no *da* buen fruto, es cortado
7.27 *dieron* con ímpetu contra aquella casa
9.8 había *dado* tal potestad a los hombres
9.27 le siguieron dos ciegos, *dando* voces y
10.1 les *dio* autoridad sobre los espíritus
10.5 y les *dio* instrucciones, diciendo: Por
10.8 de gracia recibisteis, *dad* de gracia
10.19 os será *dado* lo que habéis de hablar
10.42 que *dé* a uno de estos..un vaso de agua
11.1 cuando..terminó de *dar* instrucciones a
11.16 se sientan..*dan* voces a sus compañeros
12.36 de toda palabra ociosa..*darán* cuenta en
12.39 señal no le será *dada*, sino la señal del
13.8 parte cayó en buena tierra, y *dio* fruto
13.11 os es *dado* saber..a ellos no les es *d*
13.12 a cualquiera que tiene, se le *dará*, y
13.23 oye y entiende la palabra, y *da* fruto
13.26 y cuando salió la hierba y *dio* fruto
14.7 le prometió..*darle* todo lo que pidiese
14.8 *dame* aquí..la cabeza de Juan el Bautista
14.9 se entristeció..mandó que se la *diesen*
14.11 traída su cabeza..y *dada* a la muchacha
14.12 y fueron y *dieron* las nuevas a Jesús
14.16 les dijo: No..*dadles* vosotros de comer
14.19 partió y *dio* los panes a los discípulos
14.26 los discípulos..*dieron* voces de miedo
14.30 *dio* voces, diciendo: ¡Señor, sálvame!
15.23 despídela, pues *da* voces tras nosotros
15.36 tomando los siete panes..*dio* gracias
15.36 los partió y *dio* a sus discípulos, y los
16.4 señal no le será *dada*, sino la señal del
16.19 a ti te *daré* las llaves del reino de los
16.26 ¿o qué..*dará* el hombre por su alma?
17.27 un estatero; tómalo, y *dáselo* por mí y
19.7 mandó Moisés *dar* carta de divorcio, y
19.11 esto, sino aquellos a quienes es *dado*
19.21 *dalo* a los pobres, y tendrás tesoro en
20.4 id también..y os *daré* lo que sea justo
20.14 quiero *dar* a este postrero, como a ti
20.23 pero el sentaros a mi..no es mío *darlo*
20.28 para *dar* su vida en rescate por muchos
21.23 cosas? ¿y quién te *dio* esta autoridad?
21.43 *dado* a gente que produzca los frutos de
22.17 ¿es lícito *dar* tributo a César, o no?
22.21 *dad*, pues, a César lo que es de César
22.30 ni se casarán ni se *darán* en casamiento

DAR *(Continúa)*

Mt. 23.31 *dais* testimonio contra vosotros mismos
24.29 la luna no *dará* su resplandor, y las
24.38 casándose y *dando* en casamiento, hasta
24.45 para que les *dé* el alimento a tiempo?
25.8 dijeron a las. . *Dadnos* de vuestro aceite
25.15 a uno *dio* cinco talentos, y a otro dos
25.27 haber *dado* mi dinero a los banqueros
25.28 y *dadlo* al que tiene diez talentos
25.29 al que tiene, le será *dado*, y tendrá
25.35 me *disteis* de comer. . y me *d* de beber
25.37 vimos. . sediento, y te *dimos* de beber?
25.42 y no me *disteis* de comer. . y no me *d* de
26.9 esto podía. . haberse *dado* a los pobres
26.15 ¿qué me queréis *dar*. . os lo entregaré?
26.26 y *dio* a sus discípulos, y dijo: Tomad
26.27 habiendo *dado* gracias les *dio*, diciendo
26.48 había *dado* señal, diciendo: Al que yo
26.53 él no me *daría* más de doce legiones de
26.67 y le *dieron* de puñetazos, y otros le
27.10 las *dieron* para el campo del alfarero
27.34 le *dieron* a beber vinagre. . con hiel
27.48 la empapó de vinagre, y. . le *dio* a beber
27.58 Pilato mandó que se le *diese* el cuerpo
28.8 fueron corriendo a *dar* las nuevas a sus
28.8 y mientras iban a *dar* las nuevas a los
28.10 *dad* las nuevas a mis hermanos, para que
28.11 guardia. . *dieron* aviso a los principales
28.12 *dieron* mucho dinero a los soldados
28.18 toda potestad me es *dada* en el cielo
Mr. 1.23 un hombre con espíritu. . que *dio* voces
2.26 y aun *dio* a los que con él estaban?
3.11 *daban* voces, diciendo: Tú eres el Hijo
4.7 los espinos. . la ahogaron, y no *dio* fruto
4.8 parte cayó en buena tierra, y *dio* fruto
4.11 a vosotros os es *dado* saber el misterio
4.20 y *dan* fruto a treinta, a sesenta, y a
4.25 al que tiene, se le *dará*, y al que no
5.5 andaba *dando* voces en los montes y en los
5.13 y luego Jesús les *dio* permiso. . entraron
5.14 huyeron, y *dieron* aviso en la ciudad y
5.43 mandó. . y dijo que se le *diese* de comer
6.2 qué sabiduría es esta que le es *dada*, y
6.7 y les *dio* autoridad sobre los espíritus
6.21 Herodes. . *daba* una cena a sus príncipes
6.22 pídeme lo que quieras, y yo te lo *daré*
6.23 y le juró: Todo lo que me pidas te *daré*
6.25 me *des* en un plato la cabeza de Juan el
6.28 *dio* a la muchacha, y. . la *dio* a su madre
6.37 él les dijo: *Dadles* vosotros de comer
6.37 compremos pan por. . y les *demos* de comer
6.41 bendijo, y partió los panes, y *dio* a sus
8.6 habiendo *dado* gracias, los partió, y *dio*
8.12 que no se *dará* señal a esta generación
8.37 ¿o qué recompensa *dará* el. . por su alma?
9.41 cualquiera que os *diere* un vaso de agua
10.4 Moisés permitió *dar* carta de divorcio
10.21 vende todo lo que tienes, y *dalo* a los
10.40 pero el sentaros. . no es mío *darlo*, sino
10.45 para *dar* su vida en rescate por muchos
10.47 comenzó a *dar* voces y a decir: ¡Jesús
11.9 iban. . *daban* voces, diciendo: ¡Hosanna!
11.28 quién te *dio* autoridad para hacer estas
12.9 destruirá a los. . y *dará* su viña a otros
12.14 es lícito *dar* tributo. . *Daremos*, o no *d?*
12.17 *dad* a César lo que es de César, y a Dios
12.25 ni se *darán* en casamiento, sino serán
13.11 lo que os fuere *dado* en aquella hora
13.24 el sol. . y la luna no *dará* su resplandor
13.34 *dio* autoridad a sus siervos, y a cada
14.5 vendido por. . y haberse *dado* a los pobres
14.11 ellos, al oírlo. . prometieron *darle* dinero
14.22 y les *dio*, diciendo: Tomad, esto es mi
14.23 copa, y habiendo *dado* gracias, les *dio*
14.44 había *dado* señal, diciendo: Al que yo
14.57 unos, *dieron* falso testimonio contra él
14.65 y a *darle* de puñetazos, y a decirle
14.65 y los alguaciles le *daban* de bofetadas
15.13 volvieron a *dar* voces: ¡Crucifícale!
15.23 y le *dieron* a beber vino mezclado con
15.36 uno. . le *dio* a beber, diciendo: Dejad
15.37 mas Jesús, *dando* una gran voz, expiró
15.45 informado por el. . *dio* el cuerpo a José
Lc. 1.13 mujer Elizabet te *dará* a luz un hijo
1.19 a hablarte, y *darte* estas buenas nuevas
1.31 concebirás en tu. . y *darás* a luz un hijo
1.32 Dios le *dará* el trono de David su padre
1.57 le cumplió el tiempo. . *dio* a luz un hijo
1.77 para *dar* conocimiento de salvación a su
1.79 *dar* luz a los que habitan en tinieblas
2.7 y *dio* a luz a su hijo primogénito, y lo
2.10 *doy* nuevas de gran gozo, que será para
2.17 *dieron* a conocer lo que se. . había dicho
2.38 *daba* gracias a Dios, y hablaba del niño
3.9 todo árbol que no *da* buen fruto se corta
3.11 que tiene dos túnicas, *dé* al que no tiene
4.6 te *daré*. . potestad. . a quien quiero la *doy*
4.17 se le *dio* el libro del profeta Isaías
4.18 me ha ungido para *dar* buenas nuevas a
4.20 enrollando el libro, lo *dio* al ministro
4.22 y todos *daban* buen testimonio de él, y
4.41 salían demonios de muchos, *dando* voces
6.4 comió, y *dio*. . a los que estaban con él?
6.30 a cualquiera que te pida, *dale;* y al que
6.38 *dad*, y se os *dará;* medida buena. . *darán*
6.43 no es buen árbol el que *da* malos frutos
6.43 no es. . árbol malo el que *da* buen fruto
6.48 río *dio* con ímpetu contra aquella casa
6.49 contra la cual el río *dio* con ímpetu
7.15 se incorporó el que. . Y lo *dio* a su madre
7.18 discípulos de Juan le *dieron* las nuevas
7.21 y a muchos ciegos les *dio* la vista
7.32 *dan* voces. . y dicen: Os tocamos flauta
7.44 y no me *diste* agua para mis pies; mas
7.45 no me *diste* beso; mas ésta, desde que
8.10 él dijo: A vosotros os es *dado* conocer
8.15 retienen. . y *dan* fruto con perseverancia
8.18 porque a todo el que tiene, se le *dará*
8.32 los dejase entrar en. . y les *dio* permiso
8.34 *dieron* aviso en la ciudad y. . los campos
8.55 y él mandó que se le *diese* de comer
9.1 les *dio* poder. . sobre todos los demonios
9.13 él les dijo: *Dadles* vosotros de comer
9.16 *dio* a sus discípulos. . pusiesen delante
9.39 y de repente *da* voces, y le sacude con
10.7 casa, comiendo y bebiendo lo que os *den*
10.19 os *doy* potestad de hollar serpientes
10.35 dos denarios, y los *dio* al mesonero
10.40 ¿no te *da* cuidado que mi hermana me
11.3 el pan nuestro de cada día, *dánoslo* hoy
11.7 dice. . no puedo levantarme, y *dártelos?*
11.8 aunque no se levante a *dárselos* por ser
11.8 os digo. . le *dará* todo lo que necesite
11.9 os digo: Pedid, y se os *dará;* buscad, y
11.11 su hijo le pide pan, le *dará* una piedra?
11.11 lugar de pescado le *dará* una serpiente?
11.12 le pide un huevo, le *dará* un escorpión?
11.13 si vosotros, siendo malos, sabéis *dar*
11.13 *dará* el Espíritu Santo a los que se lo
11.29 demanda señal. . señal no le será *dada*
11.41 pero *dad* limosna de lo que tenéis, y
12.32 a. . Padre le ha placido *daros* el reino
12.33 vended. . y *dad* limosna; haceos bolsas
12.42 para que a tiempo les *dé* su ración?
12.48 todo aquel a quien se haya *dado* mucho
12.51 que he venido para *dar* paz en la tierra?
13.9 *diere* fruto, bien; y si no, la cortarás
14.9 *da* lugar a éste; y entonces comiences
15.12 padre, *dame* la parte de los bienes que
15.16 deseaba llenar su. . pero nadie le *daba*
15.29 y nunca me has *dado* ni un cabrito para
16.12 si. . ¿quién os *dará* lo que es vuestro?
16.24 él, *dando* voces, dijo: Padre Abraham
17.9 ¿acaso *da* gracias al siervo porque hizo
17.16 y se postró rostro en. . *dándole* gracias
17.18 ¿no hubo quien. . *diese* gloria a Dios sino
17.27 se casaban y se *daban* en casamiento
18.11 te *doy* gracias porque no soy como los
18.12 ayuno. . *doy* diezmos de todo lo que gano
18.22 vende. . y *dalo* a los pobres, y tendrás
18.38 *dio* voces, diciendo: ¡Jesús, Hijo de
18.43 todo el pueblo. . *dio* alabanza a Dios
19.5 *date* prisa, desciende, porque hoy es
19.8 la mitad de mis bienes *doy* a los pobres
19.13 *dio* diez minas, y les dijo: Negociad
19.15 a los cuales había *dado* el dinero, para
19.24 y *dadla* al que tiene las diez minas
19.26 que a todo el que tiene, se le *dará*
20.2 ¿o quién. . te ha *dado* esta autoridad?
20.10 le *diesen* del fruto de la viña; pero
20.16 vendrá y destruirá. . y *dará* su viña a
20.22 ¿nos es lícito *dar* tributo a César, o
20.25 pues *dad* a César lo que es de César, y a
20.34 hijos. . se casan, y se *dan* en casamiento
20.35 ni se casan, ni se *dan* en casamiento
21.13 esto os será ocasión para *dar* testimonio
21.15 porque yo os *daré* palabra y sabiduría
22.5 alegraron, y convinieron en *darle* dinero
22.17 copa, *dio* gracias, y dijo: Tomad esto
22.19 pan y *dio* gracias, y lo partió y les *d*
22.19 es mi cuerpo, que por vosotros es *dado*
23.2 prohibe *dar* tributo a César, diciendo
23.18 la multitud *dio* voces a una, diciendo
23.21 ellos volvieron a *dar* voces, diciendo
23.47 centurión. . *dio* gloria a Dios, diciendo
24.9 *dieron* nuevas de todas estas cosas a los
24.30 tomó el pan y lo. . lo partió, y les *dio*
24.42 le *dieron* parte de un pez asado, y un
Jn. 1.7,8 para que *diese* testimonio de la luz
1.12 les *dio* potestad de ser. . hijos de Dios
1.15 *dio* testimonio de él, y clamó diciendo
1.17 pues la ley por medio de Moisés fue *dada*
1.22 para que *demos* respuesta a los que nos
1.32 *dio* Juan testimonio, diciendo: Vi al
1.34 y he *dado* testimonio de que éste es el
2.25 que nadie le *diese* testimonio del hombre
3.16 que ha *dado* a su Hijo unigénito, para que
3.26 de quien tú *diste* testimonio, bautiza, y
3.27 recibir. . si no le fuere *dado* del cielo
3.34 pues Dios no *da* el Espíritu por medida
4.5 junto a la heredad que Jacob *dio* a. . José
4.7 una mujer. . y Jesús le dijo: *Dame* de beber
4.10 quién es el que te dice: *Dame* de beber
4.10 tú le pedirías, y él te *daría* agua viva
4.12 Jacob, que nos *dio* este pozo, del cual
4.14 el que bebiere del agua que yo le *daré*
4.14 el agua que yo le *daré* será en él una
4.15 *dame* esa agua, para que no tenga yo sed
4.39 *daba* testimonio diciendo: Me dijo todo
4.44 Jesús. . *dio* testimonio de que el profeta
4.51 le *dieron* nuevas, diciendo: Tu hijo vive
5.15 el hombre. . *dio* aviso a los judíos, que
5.21 levanta a los muertos, y les *da* vida, así
5.21 también el Hijo a los que quiere *da* vida
5.22 sino que todo el juicio *dio* al Hijo
5.26 *dado* al Hijo el tener vida en sí mismo
5.27 también le *dio* autoridad de hacer juicio
5.31 si yo *doy* testimonio acerca de mí mismo
5.32 otro es el que *da* testimonio acerca de mí
5.32 y sé que el testimonio que *da* de mí es
5.33 Juan, y él *dio* testimonio de la verdad
5.36 las obras que el Padre me *dio* para que
5.36 *dan* testimonio de mí, que el Padre me
5.37 también el Padre. . ha *dado* testimonio de
5.39 ellas son las que *dan* testimonio de mí
6.11 y habiendo *dado* gracias, los repartió
6.23 después de haber *dado* gracias el Señor
6.27 la comida. . el Hijo del Hombre os *dará*
6.31 escrito: Pan del cielo les *dio* a comer
6.32 no os *dio* Moisés el pan del cielo, mas
6.32 Padre os *da* el verdadero pan del cielo
6.33 descendió del cielo y *da* vida al mundo
6.34 dijeron: Señor, *danos* siempre este pan
6.37 todo lo que el Padre me *da*, vendrá a mí
6.39 que de todo lo que me *diere*, no pierda yo
6.51 el pan que yo *daré* es mi carne, la cual
6.51 la cual yo *daré* por la vida del mundo
6.52 ¿cómo puede. . *darnos* a comer su carne?
6.63 el espíritu es el que *da* vida; la carne
6.65 puede venir a mí, si no le fuere *dado*
7.4 que procura *darse* a conocer hace algo en
7.19 ¿no os *dio* Moisés la ley, y ninguno de
7.22 por cierto, Moisés os *dio* la circuncisión
8.14 aunque yo *doy* testimonio acerca de mí
8.18 yo soy el que *doy* testimonio de mí mismo
8.18 el Padre que me envió *da* testimonio de
9.24 *da* gloria a Dios; nosotros sabemos que
10.11 buen pastor su vida *da* por las ovejas
10.25 las obras. . ellas *dan* testimonio de mí
10.28 yo les *doy* vida eterna; y no perecerán
10.29 mi Padre que me las *dio*, es mayor que
11.22 lo que pidas a Dios, Dios te lo *dará*
11.41 Padre, gracias te *doy* por haberme oído
11.57 *dado* orden de que si alguno supiese
12.5 perfume vendido por. . y *dado* a los pobres?
12.10 acordaron *dar* muerte también a Lázaro
12.17 *daba* testimonio la gente que estaba con
12.33 *dando* a entender de qué muerte iba a
12.49 él me *dio* mandamiento de lo que he de
13.3 sabiendo Jesús que. . le había *dado* todas
13.15 ejemplo os he *dado*, para que como yo os
13.26 a quien yo *diere* el pan mojado, aquél
13.29 compra. . o que *diese* algo a los pobres
13.34 mandamiento nuevo os *doy:* Que os améis
14.16 yo rogaré al. . y os *dará* otro Consolador
14.27 la paz os dejo; mi paz os *doy;* yo no os
14.27 yo no os la *doy* como el mundo la *da*
15.15 las cosas que. . os las he *dado* a conocer
15.16 todo lo que pidiereis al Padre. . lo *dé*
15.26 venga. . él *dará* testimonio acerca de mí
15.27 y vosotros *daréis* testimonio también
16.21 la mujer cuando *da* a luz, tiene dolor
16.21 después que ha *dado* a luz un niño, ya
16.23 cuanto pidiereis al Padre. . os lo *dará*
17.2 le has *dado* potestad sobre toda carne
17.2 *dé* vida eterna a todos los que le *diste*
17.4 acabado la obra que me *diste* que hiciese
17.6 me *diste;* tuyos eran, y me los *d*, y han
17.7 las cosas que me has *dado*, proceden de ti
17.8 las palabras que me *diste*, les he *dado*
17.9 no ruego por. . sino por los que me *diste*
17.11 a los que me has *dado*, guárdalos en tu
17.12 a los que me *diste*, yo los guardé, y
17.14 yo les he *dado* tu palabra; y el mundo
17.22 la gloria que me *diste*, yo les he *dado*
17.24 me has *dado*, quiero que donde yo estoy
17.26 les he *dado* a conocer tu nombre, y lo
17.26 lo *daré* a conocer aún, para que el amor
18.9 de los que me *diste*, no perdí ninguno
18.11 la copa que el Padre me ha *dado*, ¿no la
18.14 era Caifás el que había *dado* el consejo
18.22 le *dio* una bofetada, diciendo: ¿Así
18.31 nos está permitido *dar* muerte a nadie
18.32 *dando* a entender de qué muerte iba a
18.37 venido. . para *dar* testimonio a la verdad
18.40 *dieron* voces. . diciendo: No a éste, sino
19.3 ¡salve, Rey de. . y le *daban* de bofetadas
19.6 *dieron* voces, diciendo: ¡Crucifícale!
19.9 de dónde. . Mas Jesús no le *dio* respuesta
19.11 ninguna. . si no te fuese *dada* de arriba
19.12 pero los judíos *daban* voces, diciendo
20.18 para *dar* a los discípulos las nuevas de
21.13 tomó el pan y les *dio*, y. . del pescado
21.19 *dando* a entender con qué muerte había
21.24 este es el discípulo que *da* testimonio
Hch. 1.2 después de haber *dado* mandamientos
2.4 según el Espíritu les *daba* que hablasen
2.19 y *daré* prodigios arriba en el cielo, y
3.3 vio a. . les rogaba que le *diesen* limosna
3.6 pero lo que tengo te *doy;* en el nombre de

DAR *(Continúa)*
Hch. 3.14 y pedisteis que se os *diese* un homicida
3.16 la fe que. . ha *dado* a éste esta completa
4.12 *dado* a los hombres, en que podamos ser
4.33 poder los apóstoles *daban* testimonio de
5.22 los alguaciles. . volvieron y *dieron* aviso
5.25 viniendo uno, les *dio* esta noticia: He
5.31 *dar* a Israel arrepentimiento y perdón
5.32 cual ha *dado* Dios a los que le obedecen
6.14 y cambiará las costumbres que nos *dio*
7.5 no le *dio* herencia en ella, ni aun para
7.5 le prometió que se la *daría* en posesión
7.8 y le *dio* el pacto de la circuncisión
7.10 le *dio* gracia y. . delante de Faraón rey
7.13 José se *dio* a conocer a sus hermanos
7.25 Dios les *daría* libertad por mano suya
7.38 que recibió palabras de vida que *darnos*
7.57 ellos, *dando* grandes voces, se taparon
8.7 espíritus. . salían. . *dando* grandes voces
8.18 se *daba* el Espíritu Santo, les ofreció
8.19 *dadme* también a mí este poder, para que
9.5 dura cosa te es *dar* coces contra el aguijón
9.41 él, *dándole* la mano, la levantó; entonces
10.43 de éste *dan* testimonio. . los profetas
11.18 ha *dado* Dios arrepentimiento para vida!
11.28 *daba* a entender por el Espíritu, que
12.10 puerta de hierro que *daba* a la ciudad
12.14 *dio* la nueva de que Pedro estaba a la
12.23 lo hirió. . cuanto no *dio* la gloria a Dios
13.19 les *dio* en herencia su territorio
13.20 les *dio* jueces hasta el profeta Samuel
13.21 pidieron rey, y Dios les *dio* a Saúl hijo
13.22 David, de quien *dio* también testimonio
13.34 *daré* las misericordias fieles de David
14.3 el cual *daba* testimonio a la palabra de
14.14 se lanzaron entre la. . *dando* voces
14.17 *dándonos* lluvias del cielo y tiempos
15.8 les *dio* testimonio, *dándoles* el Espíritu
15.24 algunos. . a los cuales no *dimos* orden, os
16.2 *daban* buen testimonio de él los hermanos
16.10 *dando* por cierto que Dios nos llamaba
16.16 la cual *daba* gran ganancia a sus amos
16.17 *daba* voces, diciendo: Estos hombres son
17.25 él es quien *da* a todos vida y aliento
17.31 *dando* fe a todos con haberle levantado
18.17 pero a Galión nada se le *daba* de ello
19.18 confesando y *dando* cuenta de sus hechos
19.24 *daba* no poca ganancia a los artífices
19.40 por la cual podamos *dar* razón de este
20.23 *da* testimonio, diciendo que me esperan
20.24 para *dar* testimonio del evangelio de la
20.32 que tiene poder para. . *daros* herencia
20.35 más bienaventurado es *dar* que recibir
21.28 *dando* voces: Varones israelitas, ayudad!
22.18 decía: *Date* prisa, y sal prontamente
22.26 fue y *dio* aviso al tribuno, diciendo
22.29 los que le iban a *dar* tormento; y aun
23.12 hasta que hubiesen *dado* muerte a Pablo
23.14 hasta que hayamos *dado* muerte a Pablo
23.16 fue y entró en la. . y *dio* aviso a Pablo
23.17 porque tiene cierto aviso que *darle*
23.21 beber hasta que le hayan *dado* muerte
23.22 a nadie dijese que le había *dado* aviso
23.33 llegaron. . *dieron* la carta al gobernador
24.26 que Pablo le *diera* dinero para que le
25.24 *dando* voces que no debe vivir más
26.10 y cuando los mataron, yo *di* mi voto
26.14 dura cosa te es *dar* coces contra el
26.22 de hoy, *dando* testimonio a pequeños y a
27.11 pero el centurión *daba* más crédito al
27.14 después *dio* contra la nave un viento
27.17 y teniendo temor de *dar* en la Sirte
27.26 es necesario que *demos* en alguna isla
27.29 y temiendo *dar* en escollos, echaron 4
27.35 y *dio* gracias a Dios en presencia de
27.41 pero *dando* en un lugar de dos aguas
28.15 *dio* gracias a Dios y cobró aliento
Ro. 1.8 primeramente *doy* gracias a mi Dios
1.21 no le glorificaron. . ni le *dieron* gracia
1.25 honrando y *dando* culto a las criaturas
2.15 la ley. . *dando* testimonio su conciencia
4.13 no por la ley fue *dada*. . la promesa de
4.17 de Dios. . el cual *da* vida a los muertos
4.20 se fortaleció en fe, *dando* gloria a Dios
5.5 por el Espíritu Santo que nos fue *dado*
7.25 gracias *doy* a Dios, por Jesucristo Señor
8.16 el Espíritu. . *da* testimonio a nuestro
8.32 ¿cómo no nos *dará*. . él todas las cosas?
9.1 y mi conciencia me *da* testimonio en el
10.2 les *doy* testimonio de que tienen celo de
11.3 Señor, a tus profetas han *dado* muerte
11.8 Dios les *dio* espíritu de estupor, ojos
11.35 ¿o quién le *dio* a él primero, para que
12.3 digo, pues, por la gracia que me es *dada*
12.6 dones, según la gracia que nos es *dada*
12.20 si tu. . tuviere hambre, *dale* de comer
12.20 si tuviere sed, *dale* de beber; pues
14.6 para el Señor come, porque *da* gracias a
14.6 para el Señor no come, y *da* gracias a
14.12 cada uno de. . *dará* a Dios cuenta de sí
15.5 os *dé* entre vosotros un mismo sentir
15.15 por la gracia que de Dios me es *dada*
16.4 los cuales no sólo yo *doy* gracias, sino
1 Co. 1.4 gracias *doy* a mi Dios. . por vosotros
1.4 por la gracia de Dios que os fue *dada*
1.14 *doy* gracias a Dios de que a ninguno de
3.2 os *di* a beber leche, y no vianda; porque
3.6 regó; pero el crecimiento lo ha *dado* Dios
3.7 riega, sino Dios, que *da* el crecimiento
3.10 la gracia de Dios que me ha sido *dada*
7.21 esclavo? No te *dé* cuidado; pero también
7.25 Señor, mas *doy* mi parecer, como quien
7.38 el que la *da* en casamiento hace bien
7.38 bien, y el que no la *da* en. . hace mejor
10.13 que *dará*. . con la tentación la salida
10.30 censurado. . aquello de que *doy* gracias?
11.15 en lugar de velo le es *dado* el cabello
11.24 y habiendo *dado* gracias, lo partió, y
12.7 a cada uno le es *dada* la manifestación
12.8 a éste es *dada* por el Espíritu palabra
12.13 nos *dio* a beber de un mismo Espíritu
12.24 *dando* más abundante honor al que le
13.3 bienes para *dar* de comer a los pobres
14.7 si no *dieren* distinción de voces, ¿cómo
14.8 y si la trompeta *diere* sonido incierto
14.9 si. . no *diereis* palabra bien comprensible
14.17 a la verdad, bien *das* gracias, pero el
14.18 *doy* gracias a Dios que hablo en lenguas
15.38 Dios le *da* el cuerpo como él quiso, y
15.57 mas gracias sean *dadas* a Dios, que nos
15.57 que nos *da* la victoria por medio de
2 Co. 1.11 sean *dadas* gracias a favor nuestro
1.22 nos ha *dado* las arras del Espíritu en
5.5 quien nos ha *dado* las arras del Espíritu
5.12 sino os *damos* ocasión de gloriaros por
5.18 nos *dio* el misterio de la reconciliación
6.3 no *damos* a. . ninguna ocasión de tropiezo
8.1 la gracia de Dios que se ha *dado* a las
8.3 pues *doy* testimonio de que con agrado han
8.3 han *dado* conforme a sus fuerzas, y aun
8.5 que a sí mismos se *dieron*. . al Señor, y
8.10 en esto *doy* mi consejo; porque esto os
9.7 cada uno *dé* como propuso en su corazón
9.9 está escrito: Repartió, *dio* a los pobres
9.10 el que *da* semilla al que siembra, y pan
10.8 cual es Señor nos *dio* para edificación
10.13 regla que Dios nos ha *dado* por medida
11.20 toleráis si alguno os. . *da* de bofetadas
12.4 que no le es *dado* al hombre expresar
12.7 me fue *dado* un aguijón en mi carne, un
13.10 la autoridad que el Señor me ha *dado*
Gá. 1.4 se *dio* a sí mismo por nuestros pecados
2.9 reconociendo la gracia que me. . sido *dada*
2.9 nos *dieron* a mí y a Bernabé la diestra
3.8 *dio* de antemano la buena nueva a Abraham
3.21 porque si la ley *dada* pudiera vivificar
3.22 la promesa. . fuese *dada* a los creyentes
4.15 os *doy* testimonio de que si hubieseis
4.15 hubierais sacado. . ojos para *dármelos*
4.24 Sinaí, el cual *da* hijos para esclavitud
4.27 regocíjate, oh estéril, tú que no *das*
Ef. 1.16 no ceso de *dar* gracias por vosotros
1.17 para que. . os *dé* espíritu de sabiduría
1.22 y lo *dio* por cabeza sobre. . a la iglesia
2.1 os *dio* vida a vosotros, cuando estabais
2.5 nos *dio* vida juntamente con Cristo por
3.2 la gracia de Dios que me fue *dada* para
3.5 en otras generaciones no se *dio* a conocer
3.7 me ha sido *dado* según la operación de su
3.8 fue *dada* esta gracia de anunciar entre
3.16 que os *dé*, conforme a la riquezas de su
4.7 a cada uno. . fue *dada* la gracia conforme
4.8 la cautividad, y *dio* dones a los hombres
4.27 ni *deis* lugar al diablo
4.29 boca. . a fin de *dar* gracia a los oyentes
5.20 *dando* siempre gracias por todo al Dios
6.19 me sea *dada* palabra para *dar* a conocer
Fil. 1.3 *doy* gracias a mi Dios siempre que me
2.9 *dio* un nombre que es sobre todo nombre
4.15 en razón de *dar* y recibir, sino vosotros
Col. 1.3 orando por vosotros, *damos* gracias a
1.12 *dando* gracias al Padre que. . hizo aptos
1.25 la administración. . que me fue *dada* para
1.27 a quienes Dios quiso *dar* a conocer las
2.13 estando muertos en. . os *dio* vida. . con él
2.19 crece con el crecimiento que *da* Dios
3.17 *dando* gracias a Dios Padre por medio de
4.3 de *dar* a conocer el misterio de Cristo
4.13 de él *doy* testimonio de que tiene gran
1 Ts. 1.2 *damos*. . gracias a Dios por. . vosotros
2.13 sin cesar *damos* gracias a Dios, de que
3.6 nos *dio* buenas noticias de vuestra fe
3.9 ¿qué acción de gracias podremos *dar* a
4.2 ya sabéis qué instrucciones os *dimos* por
4.8 a Dios, que también nos *dio* su Espíritu
5.18 *dad* gracias en todo. . esta es la voluntad
2 Ts. 1.3 debemos siempre *dar* gracias a Dios
1.7 y a vosotros. . *daros* reposo con nosotros
1.8 de fuego, para *dar* retribución a los que
2.13 *dar* siempre gracias a Dios respecto a
2.16 nos amó y nos *dio* consolación eterna
3.9 sino por *daros*. . un ejemplo para que nos
3.16 el. . Señor de paz os *dé* siempre paz en
1 Ti. 1.9 que la ley no fue *dada* para el justo
1.12 *doy* gracias al que me fortaleció, a
2.6 el cual se *dio* a sí mismo en rescate por
2.6 de lo cual se *dio* testimonio a su. . tiempo
3.3 no *dado* al vino, no pendenciero. . no avaro
3.8 los diáconos. . no *dados* a mucho vino, no
4.14 el don. . en ti, que te fue *dado* mediante
5.14 no *den* al adversario ninguna ocasión de
6.13 te mando delante de Dios, que *da* vida a
6.13 que *dio* testimonio de la buena profesión
6.17 nos *da* todas las cosas en abundancia
2 Ti. 1.3 *doy* gracias a Dios, al cual sirvo
1.7 porque no nos ha *dado* Dios espíritu de
1.8 no te avergüences de *dar* testimonio de
1.9 según. . gracia que nos fue *dada* en Cristo
2.7 y el Señor te *dé* entendimiento en todo
4.8 la cual me *dará* el Señor, juez justo, en
4.17 estuvo a mi lado, y me *dio* fuerzas, para
Tit. 1.7 no *dado* al vino, no pendenciero, no
2.14 quien se *dio* a sí mismo por nosotros
Flm. 4 *doy* gracias a mi Dios. . memoria de ti
He. 2.13 aquí, yo y los hijos que Dios me *dio*
4.8 si Josué les hubiera *dado* el reposo, no
4.13 de aquel a quien tenemos que *dar* cuenta
7.2 a quien. . *dio* Abraham los diezmos de todo
7.4 quien aun Abraham. . *dio* diezmos del botín
7.8 de quien se *da* testimonio de que vive
7.17 *da* testimonio de él: Tú eres sacerdote
8.13 ha *dado* por viejo al primero; y lo que
8.13 lo que se *da* por viejo. . está próximo a
9.8 *dando* el Espíritu Santo a entender con
10.30 dijo. . yo *daré* el pago, dice el Señor
11.4 *dando* Dios testimonio de sus ofrendas
11.11 y *dio* a luz aun fuera del tiempo de la
11.22 *dio* mandamiento acerca de sus huesos
12.11 después *da* fruto apacible de justicia
13.17 velan. . como quienes han de *dar* cuenta
Stg. 1.5 pídala a Dios, el cual *da*. . será *dada*
1.15 la concupiscencia. . *da* a luz el pecado
2.16 pero no les *dais* las cosas. . necesarias
3.12 ninguna fuente puede *dar* agua salada y
4.6 pero él *da* mayor gracia. Por esto dice
4.6 Dios resiste. . y *da* gracia a los humildes
5.6 habéis condenado y *dado* muerte al justo
5.18 otra vez oró, y el cielo *dio* lluvia, y
1 P. 1.21 le resucitó de. . y le ha *dado* gloria
3.7 *dando* honor a la mujer como a vaso más
4.5 *darán* cuenta al que está preparado para
4.11 ministre conforme al poder que Dios *da*
5.5 Dios resiste. . y *da* gracia a los humildes
2 P. 1.3 nos han sido *dadas* por su divino poder
1.4 nos ha *dado* preciosas. . promesas, para que
1.16 no os hemos *dado* a conocer el poder y
2.21 volverse. . del santo mandamiento. . *dado*
3.2 mandamiento. . *dado* por vuestros apóstoles
3.15 según la sabiduría que le ha sido *dada*
1 Jn. 3.1 mirad cuál amor nos ha *dado* el Padre
3.24 sabemos. . por el Espíritu que nos ha *dado*
4.13 en que nos ha *dado* de su Espíritu
5.6 y el Espíritu es el que *da* testimonio
5.7 tres son los que *dan* testimonio en el cielo
5.8 son los que *dan* testimonio en la tierra
5.10 creído en el testimonio que Dios ha *dado*
5.11 que Dios nos ha *dado* vida eterna; y esta
5.16 pedirá, y Dios le *dará* vida; esto es para
5.20 nos ha *dado* entendimiento para conocer
3 Jn. 3 *dieron* testimonio de tu verdad, de cómo
6 los cuales han *dado*. . testimonio de tu amor
12 todos *dan* testimonio de Demetrio, y aun
12 y también nosotros *damos* testimonio, y
Jud. 3 fe que ha sido una vez *dada* a los santos
Ap. 1.1 revelación de Jesucristo. . Dios le *dio*
1.2 que ha *dado* testimonio de la palabra de
2.7 que venciere, le *daré* a comer del árbol
2.10 fiel. . y yo te *daré* la corona de la vida
2.17 al que venciere, *daré* a comer del maná
2.17 y le *daré* una piedrecita blanca, y en la
2.21 le he *dado* tiempo para que se arrepienta
2.23 os *daré* a cada uno según vuestras obras
2.26 yo le *daré* autoridad sobre las naciones
2.28 y le *daré* la estrella de la mañana
3.21 al que venciere, le *daré* que se siente
4.9 siempre que. . *dan* gloria y honra y acción
6.2 le fue *dada* una corona, y salió venciendo
6.4 *dado* poder de quitar de la tierra la paz
6.4 se matasen. . y se le *dio* una gran espada
6.8 fue *dada* potestad sobre la cuarta parte
6.11 se les *dieron* vestiduras blancas, y se
7.2 a quienes se les había *dado* el poder de
8.2 ángeles. . y se les *dieron* siete trompetas
8.3 y se le *dio* mucho incienso para añadirlo
9.1 y se le *dio* la llave del pozo del abismo
9.3 se les *dio* poder, como. . los escorpiones
9.5 les fue *dado*, no que los matasen, sino
10.9 fui. . diciéndole que me *diese* el librito
11.1 fue *dada* una caña semejante a una vara
11.3 *daré* a mis dos testigos que profeticen
11.13 demás. . *dieron* gloria al Dios del cielo
11.17 te *damos* gracias. . Dios Todopoderoso
11.18 y de *dar* el galardón a tus siervos los
12.4 a la mujer que estaba para *dar* a luz, a
12.5 *dio* a luz un hijo varón, que regirá con
12.13 persiguió a la. . que había *dado* a luz
12.14 se le *dieron* a la mujer las dos alas de
13.2 y el dragón le *dio* su poder y su trono
13.4 adoraron al. . que había *dado* autoridad
13.5 se le *dio* boca que. . y se le *d* autoridad
13.7 *dio* autoridad sobre toda tribu, pueblo
14.7 temed a Dios, y *dadle* gloria, porque la

DAR *(Continúa)*

Ap. 15.7 *dio* a los siete ángeles siete copas de
16.6 tú les has *dado* a beber sangre; pues lo
16.8 al cual fue *dado* quemar a los hombres
16.9 no se arrepintieron para *darle* gloria
16.19 *darle* el cáliz del vino del ardor de
17.17 y *dar* su reino a la bestia, hasta que
18.6 *dadle* a ella como ella os ha *dado*, y
18.7 *dadle* de tormento y llanto; porque dice
18.18 *dieron* voces, diciendo: ¿Qué ciudad era
18.19 y *dieron* voces..diciendo: ¡Ay, ay de la
19.7 alegrémonos y *démosle* gloria; porque han
21.6 *daré*..de la fuente del agua de la vida
22.2 *dando* cada mes su fruto; y las hojas del
22.16 enviado mi ángel para *daros* testimonio

DARA *Hijo de Zera y nieto de Judá*, 1 Cr. 2.6

DARCÓN *Ascendiente de algunos que regresaron del exilio con Zorobabel*, Esd. 2.56; Neh. 7.58

DARDA *Varón notado por su sabiduría (=Dara)*, 1 R. 4.31

DARDO

2 S. 18.14 y tomando 3 *d* en su mano, los clavó
Job 41.26 ni espada..ni *d*, ni coselete durará
Ez. 39.9 y quemarán armas..*d* de mano y lanzas
Hab. 3.14 horadaste con sus..*d* las cabezas de
Zac. 9.14 su *d* saldrá como relámpago; y Jehová
Ef. 6.16 con que podáis apagar todos los *d* de
He. 12.20 tocare el monte, será..pasada con *d*

DARÍO

1. Rey de Persia, 522 a 486 a. de J. C.

Esd. 4.5 y hasta el reinado de *D* rey de Persia
4.24 hasta el año segundo del reinado de *D*
5.5 hasta que el asunto fuese llevado a *D*
5.6 la carta que Tatnai..enviaron al rey *D*
5.7 y así estaba escrito..Al rey *D* toda paz
6.1 el rey *D* dio la orden de buscar en la
6.12 yo *D* he dado el decreto; sea cumplido
6.13 hicieron..según el rey *D* había ordenado
6.14 por mandato.. de *D*, y de Artajerjes rey
6.15 era el sexto año del reinado del rey *D*
Hag. 1.1 el año segundo del rey *D*, en el mes
1.15 mes sexto, en el segundo año del rey *D*
2.10 en el segundo año de *D*, vino palabra de
Zac. 1.1 en el octavo mes.. de *D*, vino palabra
1.7 en el año segundo de *D*, vino palabra de
7.1 en el año cuarto del rey *D* vino palabra

2. Rey de Persia, 424 a 404 a. de J. C., Neh. 12.22

3. Darío de Media

Dn. 5.31 y *D* de Media tomó el reino, siendo de
6.1 pareció bien a *D* constituir sobre el reino
6.6 dijeron así: ¡Rey *D*, para siempre vive!
6.9 firmó..rey *D* el edicto y la prohibición
6.25 el rey *D* escribió a todos los pueblos
6.28 Daniel prosperó durante el reinado de *D*
9.1 en el año primero de *D* hijo de Asuero
11.1 en el año primero de *D* el medo, estuve

DATÁN *Uno que se rebeló contra Moisés*

Nm. 16.1 *D* y Abiram hijos de Eliab, y On hijo
16.12 y envió Moisés a llamar a *D* y Abiram
16.24 apartaos de..la tienda de Coré, *D*
16.25 entonces Moisés se levantó y fue a *D*
16.27 se apartaron de las tiendas de..*D* y
16.27 *D* y Abiram salieron y se pusieron a
26.9 los hijos de Eliab: Nemuel, *D* y Abiram
26.9 estos *D* y Abiram fueron los del consejo
Dt. 11.6 lo que hizo con *D* y..hijos de Eliab
Sal. 106.17 se abrió la tierra y tragó a *D*, y

DAVID

Rt. 4.17 Obed..es padre de Isaí, padre de *D*
4.22 Obed engendró a Isaí, e..engendró a *D*
1 S. 16.13 el Espíritu de Jehová vino sobre *D*
16.19 envíame a *D* tu hijo, el que está con
16.20 Isaí..lo envió a Saúl por medio de *D*
16.21 viniendo *D* a Saúl, estuvo delante de
16.22 te ruego que esté *D* conmigo, pues ha
16.23 *D* tomaba el arpa y tocaba con su mano
17.12 *D* era hijo de aquel hombre efrateo de
17.14 y *D* era el menor. Siguieron.. los tres
17.15 *D* había ido y vuelto, dejando a Saúl
17.17 dijo Isaí a *D* su hijo: Toma ahora para
17.20 levantó, pues, *D* de mañana, y dejando
17.22 *D* dejó su carga..y corrió al ejército
17.23 habló las mismas palabras, y las oyó *D*
17.26 habló *D* a los que estaban junto a él
17.28 oyéndole..se encendió en ira contra *D* y
17.29 *D* respondió: ¿Qué he hecho yo ahora?
17.31 oídas las palabras que *D* había dicho
17.32 dijo *D* a Saúl: No desmaye el corazón de
17.33 dijo Saúl a *D*: No podrás tú ir contra
17.34 *D* respondio a..Tu siervo era pastor de
17.37 añadió *D*: Jehová, que me ha librado de
17.37 Saúl a *D*: Vé, y Jehová esté contigo
17.38 Saúl vistió a *D* con sus ropas, y puso
17.39 y ciñó *D* su espada sobre sus vestidos
17.39 dijo *D* a Saúl: Yo no puedo andar con
17.39 probó..Y *D* echó de sí aquellas cosas
17.41 y el filisteo venía..acercándose a *D*
17.42 y cuando el..vio a *D*, le tuvo en poco
17.43 dijo el filisteo a *D*: ¿Soy yo perro, para
17.43 ¿soy yo.. Y maldijo a *D* por sus dioses
17.44 dijo luego el filisteo a *D*: Ven a mí, y
17.45 entonces dijo *D* al filisteo: Tú vienes
17.48 ir al encuentro de *D*, *D* se dio prisa
17.49 metiendo *D* su mano en la bolsa, tomó
17.50 así venció *D* al..sin tener *D* espada en
17.51 corrió *D* y se puso sobre el filisteo
17.54 y *D* tomó la cabeza del filisteo y la
17.55 Saúl vio a *D* que salía a..el filisteo
17.57 cuando *D* volvía de matar al filisteo
17.57 teniendo *D* la cabeza del..en su mano
17.58 *D* respondió.. yo soy hijo de tu siervo
18.1 el alma de Jonatán quedó ligada con..*D*
18.3 e hicieron pacto Jonatán y *D*, porque él
18.4 se quitó el manto que..y se lo dio a *D*
18.5 y salía *D* adondequiera que Saúl le
18.6 cuando *D* volvió de matar al filisteo
18.7 Saúl hirió a sus..y *D* a sus diez miles
18.8 a *D* dieron diez miles, y a mí miles; no
18.9 día Saúl no miró con buenos ojos a *D*
18.10 *D* tocaba con su..como los otros días
18.11 enclavaré a *D* a la..Pero *D* lo evadió
18.12 Saúl estaba temeroso de *D*, por cuanto
18.14 *D* se conducía prudentemente en todos
18.16 todo Israel y Judá amaba a *D*, porque
18.17 dijo Saúl a *D*..te daré Merab mi hija
18.18 *D* respondió a Saúl: ¿Quién soy yo, o
18.19 que Merab hija de..se había de dar a *D*
18.20 Mical la otra hija de Saúl amaba a *D*
18.21 dijo, pues, Saúl a *D*..serás mi yerno
18.22 hablad en secreto a *D*, diciéndole: He
18.23 hablaron..a los oídos de *D*. Y *D* dijo
18.24 diciendo: Tales palabras ha dicho *D*
18.25 así a *D*: El rey no desea la dote, sino
18.25 hacer caer a *D* en manos de..filisteos
18.26 siervos declararon a *D* estas palabras
18.26 pareció bien la cosa a los ojos de *D*
18.27 se levantó *D*..y trajo *D* los prepucios
18.28 Saúl, viendo..que Jehová estaba con *D*
18.29 temor de *D*; y fue Saúl enemigo de *D*
18.30 cada vez..*D* tenía más éxito que todos
19.1 habló Saúl..para que matasen a *D*; pero
19.1 pero Jonatán..amaba a *D* en gran manera
19.2 dio aviso a *D*, diciendo: Saúl mi padre
19.4 Jonatán habló bien de *D* a Saúl su padre
19.4 dijo: No peque el rey contra su siervo *D*
19.5 pecarás contra..matando a *D* sin causa?
19.7 y llamó Jonatán a *D*, y le declaró todas
19.7 le declaró..y él mismo trajo a *D* a Saúl
19.8 y salió *D* y peleó contra los filisteos
19.9 sobre Saúl..mientras *D* estaba tocando
19.10 procuró enclavar a *D*..*D* huyó, y escapó
19.11 Saúl envió luego mensajeros a casa de *D*
19.11 Mical su mujer avisó a *D*, diciendo
19.12 y descolgó Mical a *D* por una ventana
19.14 Saúl envió mensajeros para prender a *D*
19.15 volvió Saúl a enviar..que viesen a *D*
19.18 huyó..*D*, y escapó, y vino a Samuel en
19.19 he aquí que *D* está en Naiot en Ramá
19.20 Saúl envió..para que trajeran a *D*, los
19.22 preguntó..¿Dónde están Samuel y *D*?
20.1 *D* huyó de..y vino delante de Jonatán
20.3 *D* volvió a jurar diciendo: Tu padre sabe
20.4 y Jonatán dijo a *D*: Lo que deseare tu
20.5 *D* respondió..que mañana será nueva luna
20.10 *D* a Jonatán: ¿Quién me dará aviso si
20.11 y Jonatán dijo a *D*: Ven, salgamos al
20.12 dijo Jonatán a *D*: ¡Jehová..sea testigo!
20.12 si resultare bien para con *D*, entonces
20.15 haya cortado..los enemigos de *D* de la
20.15 no dejes..sea quitado de la casa de *D*
20.16 así hizo Jonatán pacto con la casa de *D*
20.16 requiéralo Jehová de..los enemigos de *D*
20.17 Jonatán hizo jurar a *D* otra vez, porque
20.24 *D*..se escondió en el campo, y cuando
20.25 se sentó..y el lugar de *D* quedó vacío
20.27 aconteció..el asiento de *D* quedó vacío
20.28 *D* me pidió..que le dejase ir a Belén
20.33 su padre estaba resuelto a matar a *D*
20.34 y no comió..tenía dolor a causa de *D*
20.35 salió Jonatán..al tiempo señalado con *D*
20.39 Jonatán y *D* entendían..que se trataba
20.41 se levantó *D* del lado del sur, y se
20.41 y besándose..lloraron..y *D* lloró más
20.42 Jonatán dijo a *D*: Vete en paz, porque
21.1 vino *D* a Nob, al sacerdote Ahimelec
21.2 y respondió *D* al sacerdote Ahimelec: El
21.4 respondió a *D* y dijo: No tengo pan común
21.5 y *D* respondió al sacerdote, y le dijo
21.8 *D* dijo a Ahimelec: ¿No tienes..espada?
21.9 y dijo *D*: Ninguna como ella; dámela
21.10 levantándose *D* aquel día, huyó de la
21.11 ¿no es este *D*, el rey de la tierra?
21.11 hirió Saúl a sus..y *D* sus diez miles?
21.12 y *D* puso en su corazón estas palabras
22.1 yéndose..*D* de allí, huyó a la cueva de
22.3 fue *D*..a Mizpa de Moab, y dijo al rey
22.4 habitaron..el tiempo que *D* estuvo en el
22.5 el profeta Gad dijo a *D*: No te estés en
22.5 y *D* se fue, y vino al bosque de Haret
22.6 oyó Saúl que se sabía de *D* y de los que
22.14 ¿y quién..es tan fiel como *D*, yerno
22.17 también la mano de ellos está con *D*
22.20 uno..Abiatar, escapó, y huyó tras *D*
22.21 dio aviso a *D* de cómo Saúl había dado
22.22 dijo *D* a Abiatar: Yo sabía que..Doeg
23.1 dieron aviso a *D*, diciendo..los filisteos
23.2 *D* consultó a Jehová, diciendo: ¿Iré a
23.2 Jehová respondió a *D*: Vé, ataca a los
23.3 pero los que estaban con *D* le dijeron
23.4 entonces *D* volvió a consultar a Jehová
23.5 fue, pues, *D*..y libró *D* a los de Keila
23.6 que cuando Abiatar..huyó siguiendo a *D*
23.7 dado aviso a Saúl que *D* había venido a
23.8 para..poner sitio a *D* y a sus hombres
23.9 entendiendo *D* que Saúl ideaba el mal
23.10 y dijo *D*: Jehová Dios de Israel, tu
23.12 dijo..*D*: ¿Me entregarán los vecinos de
23.13 *D* entonces se levantó con sus hombres
23.13 vino a Saúl la nueva de que *D* se había
23.14 y *D* se quedó en el desierto en lugares
23.15 viendo, pues, *D* que Saúl había salido
23.16 se levantó Jonatán..y vino a *D* a Hores
23.18 y *D* se quedó en Hores, y Jonatán se
23.19 ¿no está *D* escondido..en las peñas de
23.24 *D* y su gente estaban en el desierto
23.25 *D*..quedó en el desierto..siguió a *D*
23.26 y *D* con sus hombres por el otro lado
23.26 se daba prisa *D* para escapar de Saúl
23.26 mas..habían encerrado a *D* y a su gente
23.28 volvió..tanto, Saúl de perseguir a *D*
23.29 *D* subió de allí y habitó en..de En-gadi
24.1 aquí *D* está en el desierto de En-gadi
24.2 fue en busca de *D* y de sus hombres, por
24.3 *D* y..estaban sentados en los rincones de
24.4 los hombres de *D* le dijeron: He aquí el
24.4 *D*..cortó la orilla del manto de Saúl
24.5 después de esto se turbó el corazón de *D*
24.7 reprimió *D* a sus hombres con palabras
24.8 *D* se levantó..y saliendo de la cueva dio
24.8 *D* inclinó su rostro a tierra, e hizo
24.9 *D* a Saúl: ¿Por qué oyes las palabras de
24.9 que dicen: Mira que *D* procura tu mal?
24.16 *D* acabó de decir estas palabras a Saúl
24.16 ¿no es esta la voz tuya, hijo mío *D*?
24.17 y dijo a *D*: Más justo eres tú que yo
24.22 *D* juró a Saúl. Y se fue Saúl a su casa
24.22 y *D* y sus hombres subieron al lugar
25.1 y se levantó *D* y se fue al desierto de
25.4 oyó *D*..que Nabal esquilaba sus ovejas
25.5 entonces envió *D* diez jóvenes y les dijo
25.8 des lo que tuvieres a mano..a tu hijo *D*
25.9 dijeron..estas palabras en nombre de *D*
25.10 Nabal respondió a los..enviados por *D*
25.10 ¿quién es *D*, y quién es el hijo de Isaí
25.12 los..que había enviado *D*..dijeron a *D*
25.13 *D* dijo..Cíñase..y *D* se ciñó su espada
25.13 y subieron tras *D* como 400 hombres, y
25.14 he aquí *D* envió mensajeros del desierto
25.20 *D* y sus hombres venían frente a ella
25.21 *D* había dicho: Ciertamente en vano he
25.22 así haga Dios a los enemigos de *D* y aun
25.23 Abigail vio a *D*, se bajó..del asno, y
25.23 postrándose..delante de *D*, se inclinó
25.32 dijo *D* a Abigail: Bendito sea Jehová
25.35 y recibió *D* de su mano lo que le había
25.39 que *D* oyó que Nabal había muerto, dijo
25.39 después envió *D* a hablar con Abigail
25.40 y los siervos de *D* vinieron a Abigail
25.40 *D* nos ha enviado a ti, para tomarte
25.42 Abigail..siguió a los mensajeros de *D*
25.43 tomó *D* a Ahinoam de Jezreel, y ambas
25.44 Saúl había dado a..mujer de *D* a Palti
26.1 ¿no está *D* escondido en el collado de
26.2 para buscar a *D* en el desierto de Zif
26.3 estaba *D* en el desierto, y entendió que
26.4 *D*..envió espías, y supo con certeza que
26.5 levantó *D*, y vino al sitio donde Saúl
26.5 y miró *D* el lugar donde dormían Saúl y
26.6 *D* dijo a Ahimelec heteo y a Abisai hijo
26.7 *D*..y Abisai fueron de noche al ejército
26.8 dijo Abisai a *D*: Hoy ha entregado Dios
26.9 y *D* respondió a Abisai: No le mates
26.10 dijo además *D*: Vive Jehová, que si
26.12 se llevó, pues, *D* la lanza y la vasija
26.13 pasó *D* al lado opuesto, y se puso en
26.14 dio voces *D* al pueblo, y a Abner hijo
26.15 dijo *D* a Abner ¿No eres tú un hombre?
26.17 conociendo Saúl la voz de *D*, dijo: ¿No
26.17 ¿no es ésta tu voz..*D*? Y *D* respondió
26.21 vuélvete, hijo mío *D*, que ningún mal
26.22 *D* respondió y dijo: He aquí la lanza
26.25 dijo a *D*: Bendito eres tú, hijo mío *D*
26.25 *D* se fue..su camino, y Saúl se volvió
27.1 dijo luego *D* en su corazón..seré muerto
27.2 se levantó, pues, *D* y..se pasó a Aquis
27.3 y moró *D* con Aquis en Gat, él y sus
27.3 *D* con sus dos mujeres, Ahinoam..Abigail
27.4 vino..nueva de que *D* había huido a Gat
27.5 y *D* dijo a Aquis: Si he hallado gracia
27.7 días *D* habitó en la tierra de los filisteos
27.8 subía *D* con sus hombres, y hacían

DAVID ***(Continúa)***
1 S. 27.9 asolaba *D* el país, y no dejaba con vida
27.10 *D* decía: En el Neguev de Judá, y el
27.11 ni hombre ni mujer dejaba *D* con vida
27.11 que den aviso. .y digan: Esto hizo *D*
27.12 y Aquis creía a *D*, y decía: El se ha
28.1 dijo Aquis a *D:* Ten entendido que has
28.2 *D* respondió a Aquis. .tú sabrás lo que
28.2 y Aquis dijo a *D*. .te constituiré guarda
28.17 reino. .y lo ha dado a tu compañero, *D*
29.2 *D* y sus hombres iban en la. .con Aquis
29.3 respondió. .¿No es éste *D*, el siervo de
29.5 ¿no es éste *D*, de quien cantaban en las
29.5 Saúl hirió a sus. .y *D* a sus diez miles?
29.6 Aquis llamó a *D* y le dijo: Vive Jehová
29.8 y *D* respondió a Aquis: ¿Qué he hecho?
29.9 Aquis respondió a *D*. .Yo sé que tú eres
29.11 levantó *D* de mañana, él y sus hombres
30.1 cuando *D*. .vinieron a Siclag al tercer
30.3 vino, pues, *D* con los suyos a la ciudad
30.4 *D* y la gente. .alzaron su voz y lloraron
30.5 las dos mujeres de *D*. .eran cautivas
30.6 *D* se angustió mucho, porque el pueblo
30.6 mas *D* se fortaleció en Jehová su Dios
30.7 y dijo *D* al sacerdote Abiatar hijo de
30.7 el efod. Y Abiatar acercó el efod a *D*
30.8 y *D* consultó a Jehová. .¿Perseguiré a
30.9 partió, pues, *D*, él y los 600 hombres
30.10 y *D* siguió adelante con 400 hombres
30.11 hombre egipcio, el cual trajeron a *D*
30.13 y le dijo *D:* ¿De quién eres tú, y de
30.15 dijo *D:* ¿Me llevarás tú a esa tropa?
30.17 los hirió *D* desde aquella mañana hasta
30.18 y libró *D*. .libertó *D* a sus dos mujeres
30.19 no les faltó cosa. .todo lo recuperó *D*
30.20 tomó. .*D* todas las ovejas y el ganado
30.20 delante, decían: Este es el botín de *D*
30.21 y vino *D* a los 200 hombres que habían
30.21 los 200. .no habían podido seguir a *D*
30.21 salieron a recibir a *D* y al pueblo que
30.21 cuando *D* llegó a la gente, les saludó
30.22 malos. .entre los que habían ido con *D*
30.23 *D* dijo: No hagáis eso, hermanos míos
30.26 y cuando *D* llegó a Siclag, envió del
30.31 donde *D* había estado con sus hombres
2 S. 1.1 vuelto *D* de la derrota de. .amalecitas
1.2 llegando a *D*, se postró en tierra e hizo
1.3 y le preguntó *D:* ¿De dónde vienes? Y él
1.4 *D* le dijo: ¿Qué ha acontecido? Te ruego
1.5 dijo *D* a aquel joven. .¿Cómo sabes que
1.11 *D*, asiendo de sus vestidos, los rasgó
1.13 *D* dijo a aquel joven. .¿De dónde eres tú?
1.14 y le dijo *D:* ¿Cómo no tuviste temor de
1.15 llamó *D* a uno. .y le dijo: Vé y mátalo
1.16 *D* le dijo: Tu sangre sea sobre tu cabeza
1.17 y endechó *D* a Saúl y a Jonatán su hijo
2.1 después. .*D* consultó a Jehová, diciendo
2.1 *D* volvió a decir: ¿A dónde subiré?
2.2 *D* subió allá, y con él sus dos mujeres
2.3 llevó también *D* consigo a los hombres
2.4 ungieron allí a *D* por rey sobre la casa
2.4 a *D*, diciendo: Los de Jabes de Galaad son
2.5 envió *D* mensajeros a los de Jabes de
2.10 los de la casa de Judá siguieron a *D*
2.11 *D* reinó en Hebrón. .siete años y 6 meses
2.13 los siervos de *D*. .los encontraron junto
2.15 y pasaron en. .doce de los siervos de *D*
2.17 fueron vencidos por los siervos de *D*
2.30 faltaron de los siervos de *D* diecinueve
2.31 los siervos de *D* hirieron de. .Benjamín
3.1 entre la casa de Saúl y la casa de *D*
3.1 *D* se iba fortaleciendo, la casa de Saúl
3.2 y nacieron hijos a *D*. .su primogénito fue
3.5 el sexto, Itream, de Egla mujer de *D*
3.5 estos le nacieron a *D* en Hebrón
3.6 guerra entre la casa de Saúl y la de *D*
3.8 no te he entregado en mano de *D;* ¿y tú
3.9 si como ha jurado Jehová a *D*, no haga yo
3.10 confirmando el trono de *D* sobre Israel
3.12 envió Abner mensajeros a *D* de su parte
3.13 *D* dijo: Bien; haré pacto contigo, mas
3.14 envió *D* mensajeros a Is-Boset hijo de
3.17 procurabais que *D*. .rey sobre vosotros
3.18 porque Jehová ha hablado a *D*, diciendo
3.18 por la mano de. .*D* libraré a mi pueblo
3.19 a decir a *D* todo lo que parecía bien a
3.20 vino, pues, Abner a *D*. .*D* hizo banquete
3.21 y dijo Abner a *D:* Yo me levantaré e iré
3.21 *D* despidió luego a Abner, y él se fue en
3.22 los siervos de *D* y Joab venían del campo
3.22 Abner no estaba con *D* en Hebrón, pues ya
3.26 saliendo Joab de la presencia de *D*, envió
3.26 le hicieron volver. .sin que *D* lo supiera
3.28 cuando *D* supo esto, dijo: Inocente soy yo
3.31 dijo *D*. .el rey *D* iba detrás del féretro
3.35 todo el pueblo vino para persuadir a *D*
3.35 mas *D* juró diciendo: Así me haga Dios y
4.8 y trajeron la cabeza de Is-boset a *D* en
4.9 *D* respondió a Recab. .Vive Jehová que ha
4.12 *D* ordenó a sus siervos, y. .los mataron
5.1 vinieron todas las tribus de Israel a *D*
5.3 el rey *D* hizo pacto. .ungieron a *D* por rey
5.4 era *D* de 30 años cuando comenzó a reinar
5.6 hablaron a *D*, diciendo: Tú no entrarás acá
5.6 queriendo decir: *D* no puede entrar acá
5.7 *D* tomó. .Sion, la cual es la ciudad de *D*
5.8 dijo *D* aquel día: Todo el que hiera a los
5.8 a los cojos y. .aborrecidos del alma de *D*
5.9 *D* moró. .puso por nombre la Ciudad de *D*
5.10 y *D* iba adelantando y engrandeciéndose
5.11 Hiram. .envió embajadores a *D*, y madera
5.11 y carpinteros. .edificaron la casa de *D*
5.12 entendió *D* que Jehová le había. .por rey
5.13 y tomó *D* más concubinas y mujeres de
5.17 oyendo. .que *D* había sido ungido por rey
5.17 los filisteos para buscar a *D*. .*D* lo oyó
5.19 consultó *D* a Jehová, diciendo: ¿Iré
5.19 Jehová respondió a *D:* Vé. .entregaré a
5.20 vino *D* a. .y allí los venció *D*, y dijo
5.21 ídolos, y *D* y sus hombres los quemaron
5.23 consultando *D* a Jehová, él le respondió
5.25 *D* lo hizo así, como Jehová se lo había
6.1 *D* volvió a reunir a todos los escogidos
6.2 se levantó *D* y partió de Baala de Judá
6.5 *D* y. .Israel danzaban delante de Jehová
6:8 entristeció *D* por haber herido Jehová a
6.9 y temiendo *D* a Jehová aquel día, dijo
6.10 *D* no quiso traer. .el arca. .ciudad de *D*
6.10 la hizo llevar *D* a casa de Obed-edom
6.12 dado aviso al rey *D*, diciendo: Jehová
6.12 *D* fue, y llevó. .arca. .a la ciudad de *D*
6.14 *D* danzaba. .estaba *D* vestido con un efod
6.15 *D* y. .Israel conducían el arca de Jehová
6.16 cuando el arca. .llegó a la ciudad de *D*
6.16 Mical hija de. .vio al rey *D* que saltaba
6.17 de una tienda que *D* le había levantado
6.17 sacrificó *D* holocaustos y ofrendas de
6.18 cuando *D* había acabado de ofrecer los
6.20 volvió luego *D* para bendecir su casa
6.20 y saliendo Mical a recibir a *D*, dijo
6.21 *D* respondió a Mical: Fue delante de
7.5 y dí a mi siervo *D:* Así ha dicho Jehová
7.8 dirás así a. .*D:* Así ha dicho Jehová de
7.17 conforme. .visión, así habló Natán a *D*
7.18 entró. .*D* y se puso delante de Jehová
7.20 más puede añadir *D* hablando contigo?
7.26 y que la casa de tu siervo *D* sea firme
8.1 que *D* derrotó a los filisteos. .tomó *D* a
8.2 fueron. .moabitas siervos de *D*. .tributo
8.3 derrotó *D* a Hadad-ezer hijo de Rehob, rey
8.4 tomó *D* de. .y desjarretó *D* los caballos
8.5 *D* hirió de los sirios a 22.000 hombres
8.6 puso. .*D* guarnición en Siria de Damasco
8.6 y los sirios fueron hechos siervos de *D*
8.6 dio la victoria a *D* por dondequiera que
8.7 y tomó *D* los escudos de oro que traían
8.8 tomó el rey *D* gran cantidad de bronce
8.9 *D* había derrotado a todo el ejército de
8.10 envió Toi a Joram su hijo al rey *D*, para
8.11 los cuales el rey *D* dedicó a Jehová
8.13 así ganó *D* fama. Cuando regresaba de
8.14 y todos los edomitas fueron siervos de *D*
8.14 dio la victoria a *D* por dondequiera que
8.15 y reinó *D* sobre todo Israel
8.15 y *D* administraba justicia y equidad a
8.18 y los hijos de *D* eran los príncipes
9.1 dijo *D:* ¿Ha quedado alguno de la. .Saúl
9.2 al cual llamaron para que viniese a *D*
9.5 envió el rey *D*, y le trajo de la casa de
9.6 vino Mefi-boset. .a *D*, y se postró sobre su
9.6 dijo *D:* Mefi-boset. Y él respondió: He
9.7 dijo *D:* No tengas temor, porque yo a la
10.2 dijo *D:* Yo haré misericordia con Hanún
10.2 envió *D*. .para consolarlo por su padre
10.2 llegados los siervos de *D* a la. .de Amón
10.3 por honrar *D* a tu padre te ha enviado
10.3 ¿no ha enviado *D*. .a ti para reconocer
10.4 tomó los siervos de *D*, les rapó. .barba
10.5 cuando se le hizo saber esto a *D*, envió
10.6 viendo. .que se habían hecho odiosos a *D*
10.7 cuando *D* oyó esto, envió a Joab con todo
10.17 fue dado aviso a *D*, reunió a todo Israel
10.17 sirios se pusieron en. .batalla contra *D*
10.18 *D* mató de los sirios a la gente de 700
11.1 *D* envió a Joab. .*D* se quedó en Jerusalén
11.2 se levantó *D* de su lecho y se paseaba
11.3 envió *D* a preguntar por aquella mujer
11.4 envió *D* mensajeros, y la tomó; y vino
11.5 la mujer, y envió a hacerlo saber a *D*
11.6 *D* envió a decir. .Joab envió a Urías a *D*
11.7 *D* le preguntó por la salud de Joab, y
11.8 dijo *D* a Urías: Desciende a tu casa, y
11.10 hicieron saber. .a *D*. .y dijo *D* a Urías
11.11 Urías respondió a *D:* El arca e Israel
11.12 *D* dijo a Urías: Quédate aquí aún hoy
11.13 *D* lo convidó a comer y a beber con él
11.14 escribió *D* a Joab una carta, la cual
11.17 cayeron algunos. .de los siervos de *D*
11.18 e hizo saber a *D*. .asuntos de la guerra
11.22 contó a *D* todo aquello a que Joab le
11.23 dijo el mensajero a *D:* Prevalecieron
11.25 *D* dijo al mensajero: Así dirás a Joab
11.27 pasado el luto, envió *D* y la trajo a su
11.27 esto que *D* había hecho, fue desagradable
12.1 Jehová envió a Natán a *D;* y viniendo a
12.5 encendió el furor de *D* en gran manera
12.7 dijo Natán a *D:* Tú eres aquel hombre
12.13 dijo *D* a Natán: Pequé contra Jehová
12.13 dijo a *D:* También Jehová ha remitido
12.15 hirió al niño que la. .había dado a *D*
12.16 *D* rogó a Dios por el niño; y ayunó *D*
12.18 temían los siervos de *D* hacerle saber
12.19 *D*, viendo a sus siervos hablar entre
12.19 por lo que dijo *D*. .¿Ha muerto el niño?
12.20 *D* se levantó de la tierra, y se lavó
12.24 consoló *D* a Betsabé. .y llegándose a ella
12.27 envió Joab mensajeros a *D*, diciendo
12.29 juntando *D* a todo el pueblo, fue contra
12.30 la corona. .puesta sobre la cabeza de *D*
12.31 y volvió *D* con. .el pueblo a Jerusalén
13.1 teniendo Absalón hijo de *D* una hermana
13.1 se enamoró de ella Amnón hijo de *D*
13.3,32 Jonadab, hijo de Simea hermano de *D*
13.7 *D* envió a Tamar a su casa, diciendo: Vé
13.21 y luego que. .*D* oyó todo esto, se enojó
13.30 llegó a *D* el rumor que decía: Absalón
13.31 levantándose *D*, rasgó sus vestidos, y
13.37 *D* lloraba por su hijo todos los días
13.39 el rey *D* deseaba ver a Absalón; pues
14.18 *D* respondió. .que no me encubras nada
15.12 llamó a Ahitofel. .consejero de *D*, de
15.13 y un mensajero vino a *D*, diciendo: El
15.14 *D* dijo a todos sus siervos. .Levantaos
15.22 *D* dijo a Itai: Ven, pues, y pasa
15.30 *D* subió la cuesta de los Olivos; y la
15.31 dieron aviso a *D*, diciendo: Ahitofel
15.31 dijo *D:* Entorpece ahora, oh Jehová, el
15.32 cuando *D* llegó a la cumbre del monte
15.33 dijo *D:* Si pasares conmigo, me serás
15.37 así vino Husai amigo de *D* a la ciudad
16.1 cuando *D* pasó. .más allá de la cumbre del
16.5 vino el rey *D* hasta Bahurim; y he aquí
16.6 arrojando piedras contra *D*, y contra
16.6 y contra todos los siervos del rey *D*
16.10 Jehová le ha dicho que maldiga a *D*
16.11 dijo *D* a Abisai. .He aquí, mi hijo que
16.13 mientras *D* y los suyos iban. .el camino
16.16 que cuando Husai. .amigo de *D*, vino al
16.23 así era. .tanto con *D* como con Absalón
17.1 y me levantaré y seguiré a *D* esta noche
17.16 dad aviso a *D*, diciendo: No te quedes
17.17 fueron y se lo hicieron saber al rey *D*
17.21 y dieron aviso al rey *D*, diciéndole
17.22 *D* se levantó, y todo el pueblo que con
17.24 *D* llegó a Mahanaim; y Absalón pasó el
17.27 que *D* llegó a Mahanaim, Sobi hijo de
17.28 trajeron a *D*. .camas, tazas, vasijas de
18.1 *D*, pues, pasó revista al pueblo que tenía
18.2 y envió *D* al pueblo, una tercera parte
18.7 allí cayó. .delante de los siervos de *D*
18.9 encontró Absalón con los siervos de *D*
18.24 *D* estaba sentado entre las dos puertas
19.11 el rey *D* envió a los sacerdotes Sadoc y
19.16 Simei. .descendió. .a recibir al rey *D*
19.22 *D*. .dijo: ¿Qué tengo yo con vosotros
19.41 pasar. .todos los siervos de *D* con él?
19.43 en el mismo *D* más que vosotros. ¿Por
20.1 dijo: No tenemos nosotros parte en *D*
20.2 los hombres de Israel abandonaron a *D*
20.3 que llegó *D* a su casa en Jerusalén, tomó
20.6 dijo *D* a Abisai: Seba hijo de Bicri nos
20.11 ame a Joab y a *D*, vaya en pos de Joab
20.21 ha levantado su mano contra el rey *D*
20.26 Ira jaireo fue también sacerdote de *D*
21.1 hubo hambre en los días de *D* por 3 años
21.1 *D* consultó a Jehová, y Jehová le dijo
21.3 dijo. .*D* a los gabaonitas: ¿Qué haré por
21.7 por el juramento. .entre *D* y Jonatán hijo
21.11 fue dicho a *D* lo que hacía Rizpa hija
21.12 *D* fue y tomó los huesos de Saúl y los
21.15 descendió *D* y sus siervos. .*D* se cansó
21.16 Isbi-benob, uno de. .trató de matar a *D*
21.17 los hombres de *D* le juraron, diciendo
21.21 Jonatán, hijo de Simea hermano de *D*
21.22 los cuales cayeron por mano de *D* y de
22.1 habló *D*. .las palabras de este cántico
22.51 a *D* y a su descendencia para siempre
23.1 son las palabras postreras de *D*. Dijo *D*
23.8 los nombres de los valientes que tuvo *D*
23.9 los tres valientes que estaban con *D*
23.13 vinieron. .a *D* en la cueva de Adulam
23.14 *D*. .estaba en el lugar fuerte, y había
23.15 y *D* dijo. .¡Quién me diera a beber del
23.16 y la trajeron a *D;* más él no la quiso
23.23 y lo puso *D* como jefe de su guardia
24.1 e incitó a *D*. .dijese: Vé, haz un censo
24.10 después que *D* hubo censado al pueblo
24.10 *D* a Jehová: Yo he pecado gravemente
24.11 *D* se hubo levantado, vino palabra de
24.11 de Jehová al profeta Gad, vidente de *D*
24.12 vé y dí a *D:* Así ha dicho Jehová: Tres
24.13 vino. .Gad a *D*, y se lo hizo saber, y le
24.14 *D* dijo a Gad: En grande angustia estoy
24.17 y *D* dijo a Jehová, cuando vio al ángel
24.18 Gad vino a *D* aquel día, y le dijo: Sube
24.19 subió *D*, conforme al dicho de Gad
24.21 *D* respondió: Para comprar de ti la era
24.22 Arauna dijo a *D:* Tome y ofrezca. .el rey
24.24 entonces *D* compró la era y los bueyes
24.25 y edificó allí *D* un altar a Jehová, y

DAVID *(Continúa)*
1 R. 1.1 el rey D era viejo y avanzado en días
1.8 los grandes de D, no seguían a Adonías
1.11 que reina Adonías hijo..sin saberlo D
1.13 entra el rey D, y dile: Rey señor mío
1.28 el rey D respondió y dijo: Llamadme a
1.31 viva mi señor el rey D para siempre
1.32 rey D dijo: Llamadme al sacerdote Sadoc
1.37 haga mayor..que el trono de..el rey D
1.38 montaron a Salomón en la mula del..D
1.43 señor el rey D ha hecho rey a Salomón
1.47 han venido a bendecir a nuestro señor..D
2.1 que D había de morir, y ordenó a Salomón
2.10 durmió D con sus padres, y..sepultado
2.11 que reinó D sobre Israel fueron 40 años
2.12 sentó Salomón en el trono de D su padre
2.24 quien..me ha puesto sobre el trono de D
2.26 llevado el arca..delante de D mi padre
2.32 mató..sin que mi padre D supiese nada
2.33 mas sobre D y..habrá perpetuamente paz
2.44 el mal..que cometiste contra mi padre D
2.45 el trono de D será firme perpetuamente
3.1 hija de Faraón..la trajo a la ciudad de D
3.3 andando en los estatutos de su padre D
3.6 hiciste gran misericordia a tu siervo D
3.7 tú me has puesto por rey en lugar de D
3.14 si anduvieres..como anduvo D tu padre
5.1 porque Hiram siempre había amado a D
5.3 que mi padre D no pudo edificar casa al
5.5 según lo que Jehová habló a D mi padre
5.7 que dio hijo sabio a D sobre este pueblo
6.12 yo cumpliré..mi palabra que hablé a D
7.51 metió..lo que D su padre había dedicado
8.1 para traer el arca del..de la ciudad de D
8.15 bendito sea Jehová..habló a D mi padre
8.16 aunque escogí a D para que presidiese
8.17 y D..tuvo en su corazón edificar casa
8.18 Jehová dijo a D: Cuanto a haber tenido
8.20 me he levantado en lugar de D mi padre
8.24 que has cumplido a tu siervo D mi padre
8.25 cumple a tu siervo D mi padre lo que le
8.26 la palabra que dijiste a tu..D mi padre
8.66 beneficios que Jehová había hecho a D
9.4 si tú anduvieres..como anduvo D tu padre
9.5 hablé a D tu padre, diciendo: No faltará
9.24 subió la hija de Faraón..la ciudad de D
11.4 no era perfecto..como el..de su padre D
11.6 y no siguió..a Jehová como D su padre
11.12 no lo haré en tus días, por amor a D tu
11.13 daré una tribu a tu hijo, por amor a D
11.15 cuando D estaba en Edom, y subió Joab
11.21 oyendo Hadad en..que D había dormido
11.24 hecho capitán..cuando D deshizo..Soba
11.27 cerró el portillo de la ciudad de D su
11.32 y él tendrá una tribu por amor a D mi
11.33 no han andado en..como hizo D su padre
11.34 que lo retendré..por amor a D mi siervo
11.36 D tenga lámpara todos los días delante
11.38 como hizo D mi siervo..estaré contigo
11.38 te edificaré casa..como la edifiqué a D
11.39 yo afligiré a la descendencia de D a
11.43 sepultado en la ciudad de su padre D
12.16 ¿qué parte tenemos nosotros con D? No
12.16 ¡Israel..¡Provee ahora en tu casa, D!
12.19 así se apartó Israel de la casa de D
12.20 que siguiese la casa de D, sino sólo la
12.26 se volverá el reino a la casa de D
13.2 a la casa de D nacerá un hijo..Josías
14.8 rompí el reino de la casa de D y te lo
14.8 no has sido como D mi siervo, que guardó
14.31 fue sepultado con..en la ciudad de D
15.3 no fue..como el corazón de D su padre
15.4 por amor a D, Jehová..le dio lámpara en
15.5 D había hecho lo recto ante..de Jehová
15.8 sepultaron en la ciudad de D; y reinó
15.11 Asa hizo lo recto ante..como D su padre
15.24; 22.50 fue sepultado..en la ciudad de D
2 R. 8.19 no quiso destruir a..por amor a D
8.24 sepultado con ellos en la ciudad de D
9.28 allá le sepultaron..en la ciudad de D
11.10 los escudos que habían sido del rey D
12.21 lo sepultaron con..en la ciudad de D
14.3 él hizo lo recto ante..aunque no como D
14.20; 15.7 lo sepultaron..en la ciudad de D
15.38 y fue sepultado con..en la ciudad de D
16.2 no hizo lo recto ante..como D su padre
16.20 fue sepultado con..en la ciudad de D
17.21 porque separó a Israel de la casa de D
18.3 las cosas que había hecho D su padre
19.34 esta ciudad para salvarla..por amor a D
20.5 así dice Jehová, el Dios de D tu padre
20.6 ampararé esta..por amor a D mi siervo
21.7 casa de la cual Jehová había dicho a D
22.2 anduvo en todo el camino de D su padre
1 Cr. 2.15 el sexto Ozem, el séptimo D
3.1 los hijos de D que le nacieron en Hebrón
3.9 todos éstos fueron los hijos de D, sin
4.31 fueron sus ciudades hasta el reinado de D
6.31 que D puso sobre el servicio de canto en
7.2 de Tola fueron contados..el tiempo de D
9.22 constituyó en su oficio D y Samuel el
10.14 y traspasó el reino de D hijo de Isaí
11.1 Israel se juntó a D en Hebrón, diciendo
11.3 y D hizo con ellos pacto delante de
11.3 y ungieron a D por rey sobre Israel
11.4 se fue D con todo Israel a Jerusalén
11.5 y los moradores de Jebús dijeron a D
11.5 D tomó la fortaleza..es la ciudad de D
11.6 D había dicho: El que primero derrote a
11.7 D habitó en la fortaleza, y por esto la
11.7 y por esto la llamaron la Ciudad de D
11.9 D iba adelantando y creciendo, y Jehová
11.10 los principales de los valientes que D
11.11 el número de los valientes que D tuvo
11.13 estuvo con D en Pas-damin..en batalla
11.15 tres de los..descendieron a la peña a D
11.16 D estaba entonces en la fortaleza, y
11.17 D deseó..dijo: ¡Quién me diera de beber
11.18 del pozo de Belén..y la trajeron a D
11.25 a éste puso D en su guardia personal
12.1 los que vinieron a D en Siclag, estando
12.8 los de Gad huyeron y fueron a D, al lugar
12.16 y de Judá vinieron a D al lugar fuerte
12.17 D salió..les habló diciendo: Si habéis
12.18 por ti, oh D, y contigo, oh hijo de Isaí
12.18 y D los recibió, y los puso entre los
12.19 pasaron a D algunos de Manasés, cuando
12.19 D no les ayudó, porque los jefes de los
12.21 éstos ayudaron a D contra la banda de
12.22 todos los días venía ayuda a D, hasta
12.23 el número de..vinieron a D en Hebrón
12.31 de Manasés..venir a poner a D por rey
12.38 para poner a D por rey sobre todo Israel
12.38 un mismo ánimo para poner a D por rey
12.39 y estuvieron allí con D tres días
13.1 D tomó consejo con los capitanes de
13.2 y dijo D a toda la asamblea de Israel
13.5 D reunió a todo Israel, desde Sihor de
13.6 y subió D con todo Israel a Baala de
13.8 D..se regocijaban delante de Dios con
13.11 y D tuvo pesar, porque Jehová había
13.12 y D temió a Dios aquel día, y dijo
13.13 no trajo D el arca a..la ciudad de D
14.1 Hiram rey de Tiro envió a D embajadores
14.2 y entendió D que Jehová lo había..rey
14.3 D tomó..mujeres..y engendró D más hijos
14.8 oyendo los filisteos que D..sido ungido
14.8 los filisteos en busca de D..D lo oyó
14.10 D consultó a Dios, diciendo: ¿Subiré
14.11 subieron, pues..y allí los derrotó D
14.11 dijo..D: Dios rompió mis enemigos por
14.12 sus dioses, y D dijo que los quemasen
14.14 D volvió a consultar a Dios, y Dios le
14.16 hizo, pues, D como Dios le mandó, y
14.17 la fama de D fue divulgada por todas
14.17 puso el temor de D sobre..las naciones
15.1 hizo D..casas para sí en la ciudad de D
15.2 D: El arca de Dios no debe ser llevada
15.3 congregó D a todo Israel en Jerusalén
15.4 reunió..D a los hijos de Aarón y a los
15.11 y llamó D a los sacerdotes Sadoc y
15.16 dijo D a los principales de los levitas
15.25 D..fueron a traer el arca del pacto de
15.27 y D iba vestido de lino fino..levitas
15.27 llevaba también D sobre sí un efod de
15.29 cuando el arca..llegó a la ciudad de D
15.29 Mical hija..vio al rey D que saltaba
16.1 el arca..la tienda que D había levantado
16.2 D acabó de ofrecer el holocausto y los
16.7 D comenzó a aclamar a Jehová por mano
16.43 y D se volvió para bendecir su casa
17.1 morando D en su casa, dijo D al profeta
17.2 y Natán dijo a D: Haz todo lo que está
17.4 y dí a D mi siervo: Así ha dicho Jehová
17.7 ahora dirás a mi siervo D: Así ha dicho
17.15 conforme..visión, así habló Natán a D
17.16 y entró..D y estuvo delante de Jehová
17.18 ¿qué más puede añadir D pidiendo de ti
17.24 sea la casa de..D firme delante de ti
18.1 D derrotó a los filisteos, y los humilló
18.2 Moab, y los moabitas fueron siervos de D
18.3 derrotó D a Hadad-ezer rey de Soba, en
18.4 y le tomó D mil carros, siete mil de a
18.4 desjarretó D los caballos de todos los
18.5 sirios..D hirió de ellos 22.000 hombres
18.6 y puso D guarnición en Siria de Damasco
18.6 los sirios fueron hechos siervos de D
18.6,13 porque Jehová daba la victoria a D
18.7 tomó también D los escudos de oro que
18.8 y de Cun..tomó D muchísimo bronce, con
18.9 oyendo Toi..que D había deshecho todo el
18.10 envió a Adoram su hijo al rey D, para
18.11 los cuales el rey D dedicó a Jehová
18.13 edomitas fueron siervos de D; porque
18.14 reinó D sobre todo Israel, y juzgaba
18.17 y los hijos de D eran los príncipes
19.2 y dijo D: Manifestaré misericordia con
19.2 D envió embajadores que lo consolasen
19.2 pero cuando llegaron los siervos de D
19.3 ¿a tu parecer honra D a tu padre, que
19.4 entonces Hanún tomó los siervos de D y
19.5 cuando llegó a D la noticia..él envió
19.6 de Amón que se habían hecho odiosos a D
19.8 oyéndolo D, envió a Joab con todo el
19.17 luego que fue dado aviso a D, reunió
19.17 D hubo ordenado su tropa contra ellos
19.18 mató D de los sirios a 7.000 hombres
19.19 los sirios de..concertaron paz con D, y
20.1 D estaba en Jerusalén; y Joab batió a
20.2 tomó D la corona de encima de la cabeza
20.2 la corona..puesta sobre la cabeza de D
20.3 lo mismo hizo D a todas las ciudades de
20.3 volvió D con todo el pueblo a Jerusalén
20.7 lo mató Jonatán, hijo de..hermano de D
20.8 cayeron por mano de D y de sus siervos
21.1 incitó a D a que hiciese censo de Israel
21.2 dijo D a Joab y a..Id, hacer censo de
21.4 dio la cuenta del número del pueblo a D
21.8 dijo D a Dios: He pecado gravemente al
21.9 y habló..a Gad, vidente de D, diciendo
21.10 habla a D, y dile: Así ha dicho Jehová
21.11 viniendo Gad a D, le dijo: Así ha dicho
21.13 D dijo a Gad: Estoy en grande angustia
21.16 alzando D sus ojos, vio al ángel de
21.16 D y los ancianos se postraron sobre sus
21.17 dijo D a Dios: ¿No soy yo el que hizo
21.18 el ángel..ordenó a Gad que dijese a D
21.19 D subió, conforme a la palabra que Gad
21.21 y viniendo D a Ornán, miró..y vio a D
21.21 de la era, se postró en tierra ante D
21.22 dijo D a Ornán: Dame este lugar de la
21.23 y Ornán respondió a D: Tómala para ti
21.24 el rey D dijo a Ornán: No, sino que
21.25 y dio D..el peso de 600 siclos de oro
21.26 edificó allí D un altar a Jehová, en el
21.28 viendo D que Jehová le había oído en la
21.30 D no pudo ir allí a consultar a Dios
22.1 dijo D: Aquí estará la casa de Jehová
22.2 mandó D..se reuniese a los extranjeros
22.3 preparó D..hierro para la clavazón de
22.4 habían traído a D..de madera de cedro
22.5 y dijo D: Salomón mi hijo es muchacho
22.5 D antes de su muerte..preparativos en
22.6 llamó entonces D a Salomón su hijo, y
22.7 D a Salomón: Hijo mío, en mi corazón
22.17 mandó D a..los principales de Israel
23.1 siendo pues, D ya viejo y lleno de días
23.5 dijo D, con los instrumentos que he
23.6 los repartió D en grupos conforme a los
23.25 D dijo: Jehová Dios de Israel ha dado
23.27 conforme a las..palabras de D, se hizo
24.3 y D..los repartió por sus turnos en el
24.31 echaron suertes..delante del rey D, y
25.1 D y..apartaron para el ministerio a los
26.26 cosas..que había consagrado el rey D
26.31 en el año cuarenta del reinado de D se
26.32 los cuales el rey D constituyó sobre
27.18 de Judá, Eliú, uno de los hermanos de D
27.23 no tomó D el número de los que eran de
27.24 puesto en..de las crónicas del rey D
27.31 eran administradores de la..del rey D
27.32 Jonatán tío de D era consejero, varón
28.1 reunió D en..los principales de Israel
28.2 y levantándose el rey D..dijo: Oídme
28.11 D dio a Salomón su hijo el plano del
28.19 estas cosas, dijo D, me fueron trazadas
28.20 dijo además D a Salomón su..Anímate y
29.1 el rey D a toda la asamblea: Solamente
29.10 se alegró mucho el rey D, y bendijo a
29.10 y dijo D: Bendito seas tú, oh Jehová
29.20 dijo D a toda..Bendecid ahora a Jehová
29.22 la investidura del reino a..hijo de D
29.23 se sentó Salomón por rey..en lugar de D
29.24 los hijos del rey D..al rey Salomón
29.26 así reinó D hijo de..sobre todo Israel
29.29 hechos del rey D, primeros y postreros
2 Cr. 1.1 Salomón hijo de D fue afirmado en su
1.4 pero D había traído el arca de Dios de
1.8 tú has tenido con D..gran misericordia
1.9 confírmese..tu palabra dada a D mi padre
2.3 haz conmigo como hiciste con D mi padre
2.12 que dio al rey D un hijo sabio, entendido
2.14 sabe trabajar..y con los de mi señor D
2.17 después de haberlos ya contado D su padre
3.1 en el monte..que había sido mostrado a D
3.1 en el lugar que D había preparado en la
5.1 las cosas que D su padre había dedicado
5.2 que trajesen el arca..de la ciudad de D
6.4 que prometió con su boca a D mi padre
6.6 a D he elegido para que esté sobre mi
6.7 D..tuvo en su corazón edificar casa al
6.8 Jehová dijo a D..Respecto a haber tenido
6.10 me levanté yo en lugar de D mi padre
6.15 has guardado a tu siervo D mi padre lo
6.16 cumple a tu..D..lo que le has prometido
6.17 cúmplase tu palabra que dijiste a tu..D
6.42 acuérdate de tus..para con D tu siervo
7.6 instrumentos de..que había hecho el rey D
7.6 cuando D alababa por medio de ellos
7.10 beneficios que Jehová había hecho a D
7.17 tú anduvieres..como anduvo D tu padre
7.18 de tu reino, como pacté con D tu padre
8.11 pasó..de la ciudad de D a la casa que
8.11 mi mujer no morará en la casa de D rey
8.14 conforme a lo ordenado por D su padre
8.14 así lo había mandado D, varón de Dios
9.31 sepultaron en la ciudad de D su padre
10.16 ¿qué parte tenemos nosotros con D?
10.16 ¡Israel..¡D, mira ahora por tu casa!

DAVID *(Continúa)*

2 Cr. 10.19 así se apartó Israel de la casa de *D*
11.17 tres años anduvieron en el camino de *D*
11.18 de Jerimot, hijo de *D* y de Abihail hija
12.16 Roboam. . fue sepultado en la ciudad de *D*
13.5 Jehová dio el reino a *D* sobre Israel
13.6 Jeroboam. . siervo de Salomón hijo de *D*
13.8 al reino de. . en mano de los hijos de *D*
14.1 Abías. . fue sepultado en la ciudad de *D*
16.14 y lo sepultaron en. . en la ciudad de *D*
17.3 anduvo en los primeros caminos de *D* su
21.1 lo sepultaron con sus. . en la ciudad de *D*
21.7 Jehová. . no quiso destruir la casa de *D*
21.7 a causa del pacto que había hecho con *D*
21.12 Jehová el Dios de *D* tu padre ha dicho
21.20 lo sepultaron en la ciudad de *D*, pero
23.3 como. . ha dicho respecto a los hijos de *D*
23.9 los escudos que habían sido del rey *D*
23.18 *D* los había distribuido en la casa de
23.18 cánticos conforme a la disposición de *D*
24.16,25 y lo sepultaron en la ciudad de *D*
27.9 Jotam. . lo sepultaron en la ciudad de *D*
28.1 Acaz. . no hizo lo recto. . como *D* su padre
29.2 las cosas que había hecho *D* su padre
29.25 conforme al mandamiento de *D*, de Gad
29.26 los levitas. . con los instrumentos de *D*
29.27 y los instrumentos de *D* rey de Israel
29.30 alabasen. . con las palabras de *D* y de
30.26 desde los días de Salomón hijo de *D*
32.5 fortificó. . a Milo en la ciudad de *D*
32.30 el agua hacia el occidente de la. . de *D*
32.33 en. . los sepulcros de los hijos de *D*
33.7 cual había dicho Dios a *D* y a Salomón
33.14 edificó el muro. . de la ciudad de *D*, al
34.2 y anduvo en los caminos de *D* su padre
34.3 comenzó a buscar al Dios de *D* su padre
35.3 en la casa que edificó Salomón hijo de *D*
35.4 ordenaron *D* rey de Israel y Salomón su
35.15 conforme al mandamiento de *D*, de Asaf
Esd. 3.10 según la ordenanza de *D* rey de Israel
8.2 hijos de Itamar. . los hijos de *D*, Hatús
8.20 a quienes *D* con los príncipes puso para
Neh. 3.15 gradas. . descienden de la ciudad de *D*
3.16 delante de los sepulcros de *D*, y hasta
12.24 conforme al estatuto de *D* varón de Dios
12.36 los instrumentos. . de *D* varón de Dios
12.37 subieron. . las gradas de la ciudad de *D*
12.37 desde la casa de *D* hasta la puerta de
12.45 al estatuto de *D* y de Salomón su hijo
12.46 porque desde el tiempo de *D* y de Asaf
Sal. 3, 4, 5, 6, 8, 9, 11, 12, 13, 14, 15, 18, 19,
20, 21, 22, 23, 24, 25, 26, 27, 28, 29,
30, 31, 32, 34, 35, 36, 37, 38, 39, 40, 41,
51, 61, 62, 63, 64, 68, 69, 70, 101, 103,
108, 109, 110, 138, 139, 140, 141, 143,
144 *tits.* Salmo de *D*
7 *tit.* Sigaión de *D*, que cantó a Jehová
16, 56, 57, 58, 59, 60 *tits.* Mictam de *D*
17, 86 *tits.* Oración de *D*
18.50 a *D* y a su descendencia, para siempre
52, 53, 54, 55, 142 *tits.* Masquil de *D*
52 *tit.* diciéndole: *D* ha venido a casa de
54 *tit.* dijeron a Saúl ¿No está *D* escondido
65 *tit.* Al músico principal. . Cántico de *D*
72.20 aquí terminan las oraciones de *D*, hijo
78.70 eligió a *D* su siervo, y lo tomó de las
89.3 hice pacto con mi escogido; juré a *D* mi
89.20 hallé a *D* mi siervo; lo ungí con mi
89.35 una vez he jurado por. . y no mentiré a *D*
89.49 misericordias, que juraste a *D* por tu
122, 124, 131, 133 *tits.* Cántico gradual; de *D*
122.5 allá están. . los tronos de la casa de *D*
132.1 acuérdate. . de *D*, y de toda su aflicción
132.10 por amor de *D* tu siervo no vuelvas de
132.11 en verdad juró Jehová a *D*, y no se
132.17 allí haré retoñar el poder de *D*; he
144.10 el que rescata de maligna espada a *D*
145 *tit.* Salmo de alabanza; de *D*
Pr. 1.1 los proverbios de Salomón, hijo de *D*
Ec. 1.1 palabras del Predicador, hijo de *D*, rey
Cnt. 4.4 cuello, como la torre de *D*, edificada
Is. 7.2 vino la nueva a la casa de *D*, diciendo
7.13 dijo. . Isaías: Oíd ahora, casa de *D*. ¿Os
9.7 sobre el trono de *D* y sobre su reino
16.5 él se sentará. . en el tabernáculo de *D*
22.9 visteis las brechas de la ciudad de *D*
22.22 pondré la llave de la casa de *D* sobre
29.1 ¡ay de Ariel. . ciudad donde habitó *D*!
37.35 mí mismo, y por amor de *D* mi siervo
38.5 Jehová Dios de *D* tu padre dice así: He
55.3 pacto. . las misericordias firmes a *D*
Jer. 13.13 a los reyes de la estirpe de *D* que
17.25 los. . que se sientan sobre el trono de *D*
21.12 casa de *D*, así dijo Jehová: Haced de
22.2 que estás sentado sobre el trono de *D*
22.4 los reyes que en lugar de *D* se sientan
22.30 logrará sentarse sobre el trono de *D*
23.5 levantaré a *D* renuevo justo, y reinará
29.16 que está sentado sobre el trono de *D*
30.9 servirán a Jehová su Dios y a *D* su rey
33.15 haré brotar a *D* un Renuevo de justicia
33.17 no faltará a *D* varón que se siente sobre
33.21 invalidarse mi pacto con mi siervo *D*
33.22 así multiplicaré la descendencia de *D*
33.26 desecharé la descendencia de Jacob. . *D*
36.30 no. . quien se siente sobre el trono de *D*
Ez. 34.23 mi siervo *D*, él las apacentará, y él
34.24 mi siervo *D* príncipe en medio de ellos
37.24 mi siervo *D* será rey sobre ellos, y
37.25 y mi siervo *D* será príncipe de ellos
Os. 3.5 buscarán a Jehová su Dios, y a *D* su rey
Am. 6.5 inventan instrumentos musicales, como *D*
9.11 yo levantaré el tabernáculo caído de *D*
Zac. 12.7 que la gloria de la casa de *D* y del
12.8 débil en aquel tiempo será como *D*, y la
12.8 y la casa de *D* como Dios, como el ángel
12.10 derramaré sobre la casa de *D*, y sobre
12.12 los descendientes de la casa de *D* por sí
13.1 un manantial abierto para la casa de *D* y
Mt. 1.1 la genealogía de Jesucristo, hijo de *D*
1.6 Isaí engendró al rey *D*, y. . *D* engendró a
1.17 las generaciones desde Abraham hasta *D*
1.17 desde *D* hasta la deportación a. . catorce
1.20 hijo de *D*, no temas recibir a María tu
9.27 ten misericordia de nosotros, Hijo de *D*!
12.3 dijo: ¿No habéis leído lo que hizo *D*
12.23 y decía: ¿Será este aquel Hijo de *D*?
15.22; 20.30,31 Hijo de *D*, ten misericordia
21.9,15 diciendo: ¡Hosanna al Hijo de *D*!
22.42 ¿de quién es hijo? Le dijeron: De *D*
22.43 cómo *D* en el Espíritu le llama Señor?
22.45 si *D* le llama Señor, ¿cómo es su hijo?
Mr. 2.25 ¿nunca leísteis lo que hizo *D* cuando
10.47,48 ¡Hijo de *D*, ten misericordia de mí!
11.10 ¡bendito el reino de nuestro padre *D*
12.35 ¿cómo dicen. . el Cristo es hijo de *D*?
12.36 el mismo *D* dijo por el Espíritu Santo
12.37 *D* mismo le llama Señor; ¿cómo, pues, es
Lc. 1.27 varón. . llamaba José, de la casa de *D*
1.32 Dios le dará el trono de *D* su padre
1.69 un poderoso Salvador en la casa de *D*
2.4 José subió de Galilea. . a la ciudad de *D*
2.4 por cuanto era de la casa y familia de *D*
2.11 que os ha nacido hoy, en la ciudad de *D*
3.32 hijo de *D*, hijo de Isaí, hijo de Obed
6.3 lo que hizo *D* cuando tuvo hambre él, y
18.38,39 Hijo de *D*, ten misericordia de mí!
20.41 cómo dicen que el Cristo es hijo de *D*?
20.42 pues el mismo *D* dice en el libro de los
20.44 *D*. . le llama Señor; ¿cómo. . es su hijo?
Jn. 7.42 linaje de *D*. . ha de venir el Cristo?
7.42 de Belén, de donde era *D*, ha de venir
Hch. 1.16 Espíritu. . habló antes por boca de *D*
2.25 *D* dice de él: Veía al Señor siempre
2.29 decir. . del patriarca *D*, que murió y fue
2.34 porque *D* no subió a los cielos; pero él
4.25 por boca de *D* tu siervo dijiste: ¿Por qué
7.45 Dios arrojó de la. . hasta los días de *D*
13.22 les levantó por rey a *D*, de quien dio
13.22 diciendo: He hallado a *D* hijo de Isaí
13.34 os daré las misericordias fieles de *D*
13.36 a la verdad *D*, habiendo servido a su
15.16 el tabernáculo de *D*, que está caído
Ro. 1.3 que era del linaje de *D* según la carne
4.6 *D* habla de la bienaventuranza del hombre
11.9 y *D* dice: Sea vuelto su convite en. . red
2 Ti. 2.8 del linaje de *D*, resucitado de los
He. 4.7 diciendo. . por medio de *D*. . Si oyereis hoy
11.32 el tiempo me faltaría cantando de. . *D*
Ap. 3.7 esto dice. . el que tiene la llave de *D*
5.5 el León de la. . la raíz de *D*, ha vencido
22.16 la raíz y el linaje de *D*, la estrella

DEBATE

Is. 58.4 he aquí que para contiendas y *d* ayunáis

DEBER *(s.)*

Éx. 21.10 no disminuirá su. . ni el *d* conyugal
Nm. 4.31 este será el *d* de su cargo para todo
Job 33.23 mediador. . que anuncie al hombre su *d*
Hch. 26.9 había creído mi *d* hacer muchas cosas
1 Co. 7.3 el marido cumpla con. . el *d* conyugal

DEBER *(v.)*

1 Cr. 16.29 dad a Jehová la gloria *debida* a su
Sal. 29.2; 96.8 dad a Jehová la honra *debida*
Pr. 3.27 no. . a hacer el bien a quien es *debido*
Mt. 18.24 uno que le *debía* diez mil talentos
18.28 uno de sus. . que le *debía* cien denarios
18.28 le ahogaba. . Págame lo que me *debes*
18.34 hasta que pagase todo lo que le *debía*
Lc. 7.41 uno le *debía* quinientos denarios, y el
11.4 perdonamos a todos los que nos *deben*
16.5 dijo al primero: Cuánto *debes* a mi amo?
16.7 dijo a otro: Y tú, ¿cuánto *debes*? Y él
Ro. 13.7 pagad a todos los que *debéis*: al que
13.8 no *debáis* a nadie nada, sino el amaros
Flm. 18 te dañó, o te *debe*, ponlo a mi cuenta
19 no decirte que aun tú mismo te me *debes*

DÉBIL

Gn. 30.42 pero cuando venían las ovejas más *d*
30.42 así eran las más *d* para Labán, y las
Éx. 32.18 voz de alaridos de *d*; voz de cantar
Nm. 13.18 observad. . si es fuerte o *d*, si poco
Dt. 25.18 retaguardia de todos los *d* que iban
1 S. 2.4 fuertes. . y los *d* se ciñeron de poder
2 S. 3.39 y yo soy *d* hoy, aunque ungido rey
17.2 caeré sobre él mientras está cansado y *d*
2 Cr. 28.15 condujeron en asnos a todos los *d*
Neh. 4.2 ¿qué hacen estos *d* judíos? ¿Se les
Job 4.3 enseñabas a. . y fortalecías las manos *d*
Sal. 82.3 defended al *d* y al huérfano; haced
Is. 16.14 los sobrevivientes serán pocos. . y *d*
Ez. 7.17; 21.7 toda rodilla será *d* como el agua
34.4 no fortalecisteis las *d*, ni curasteis la
34.16 buscaré la perdida. . y fortaleceré la *d*
34.21 acorneasteis. . a todas las *d*, hasta que
Jl. 3.10 forjad espadas. . diga el *d*: Fuerte soy
Zac. 12.8 que entre ellos fuere *d*. . como David
Mt. 26.41; Mr. 14.38 el espíritu. . la carne es *d*
Ro. 5.6 aún éramos *d*. . murió por los impíos
8.3 imposible. . por cuanto era *d* por la carne
14.1 recibid al *d* en la fe, pero no para
14.2 de todo; otro, que es *d*, come legumbres
15.1 debemos soportar las flaquezas de los *d*
1 Co. 1.25 lo *d* de Dios es más fuerte que los
1.27 y lo *d* del. . para avergonzar a lo fuerte
4.10 nosotros *d*, mas vosotros fuertes
8.7 y su conciencia, siendo *d*, se contamina
8.9 no venga a ser tropezadero para los *d*
8.10 la conciencia de aquel que es *d*, ¿no será
8.11 perderá el hermano *d* por quien Cristo
8.12 pecando. . e hiriendo su *d* conciencia
9.22 he hecho *d* a los *d*, para ganar a los *d*
12.22 miembros. . que parecen más *d*, son los
2 Co. 10.10 mas la presencia corporal *d*, y la
11.21 lo digo, para eso fuimos demasiado *d*
12.10 porque cuando soy *d*, entonces soy fuerte
13.3 el cual no es *d* para con vosotros, sino
13.4 nosotros somos *d* en él, pero viviremos
13.9 nos gozamos de que seamos nosotros *d*
Gá. 4.9 os volvéis de nuevo a los *d* rudimentos
1 Ts. 5.14 que sostengáis a los *d*, que seáis
He. 7.28 constituye. . sacerdotes a *d* hombres

DEBILIDAD

Pr. 14.28 la falta de pueblo la *d* del príncipe
Is. 10.16 Señor. . enviará *d* sobre sus robustos
Jer. 47.3 no cuidaron a los hijos por la *d* de
Ro. 6.19 como humano, por vuestra humana *d*
8.26 el Espíritu nos ayuda en nuestra *d*; pues
1 Co. 2.3 estuve entre vosotros con *d* y. . temor
15.43 se siembra en *d*, resucitará en poder
2 Co. 11.30 me gloriaré en lo que es de mi *d*
12.5 de mí. . nada me gloriaré, sino en mis *d*
12.9 porque mi poder se perfecciona en la *d*
12.9 me gloriaré más bien en mis *d*, para que
12.10 por amor a Cristo me gozo en las *d*, en
13.4 aunque fue crucificado en *d*, vive por
He. 4.15 no pueda compadecerse de nuestras *d*
5.2 puesto que él también está rodeado de *d*
7.18 abrogado. . a causa de su *d* e ineficacia
11.34 sacaron fuerzas de *d*, se hicieron

DEBILITAR

Jue. 16.7,11,17 me *debilitaré* y seré como
2 S. 3.1 y la casa de Saúl se iba *debilitando*
4.1 que oyó el. . las manos se le *debilitaron*
22.46 los extraños se *debilitarán*, y saldrán
Neh. 4.10 las fuerzas de los. . se han *debilitado*
6.9 se *debilitarán* las manos de. . en la obra
Sal. 18.45 extraños se *debilitaron* y salieron
38.8 estoy *debilitado* y molido en gran manera
102.23 él *debilitó* mi fuerza en el camino
109.24 están *debilitadas* a causa del ayuno
Is. 13.7 toda mano se *debilitará*, y desfallecerá
14.10 dirán: ¿Tú también te *debilitaste* como
14.12 oh Lucero. . *debilitabas* a las naciones
Jer. 50.43 noticia. . sus manos se *debilitaron*
Lm. 1.14 mi cerviz; ha *debilitado* mis fuerzas
Ez. 7.17; 21.7 toda mano se *debilitará*, y toda
Dn. 5.6 palideció. . y se *debilitaron* sus lomos
Hab. 1.4 por lo cual la ley es *debilitada*, y el
Sof. 3.16 se dirá a. . no se *debiliten* tus manos
Ro. 4.19 no se *debilitó* en la fe al considerar
14.21 nada en que tu hermano. . o se *debilite*
1 Co. 11.30 hay muchos enfermos y *debilitados*

DEBIR

*1. **Ciudad cananea en el Neguev; posteriormente ciudad de los levitas en Judá (=Quiriat-sefer y Quiriat-sana)***

Jos. 10.38 volvió Josué, y todo Israel. . sobre *D*
10.39 destruyeron. . así hizo a *D* y a su rey
11.21 destruyó a los anaceos de. . *D*, de Anab
12.13 rey de *D*, otro; el rey de Geder, otro
15.7 luego sube a *D* desde el valle de Acor
15.15 de aquí subió contra. . *D*; y el nombre de
15.15 el nombre de *D* era antes Quiriat-sefer
15.49 Dana, Quiriat-sana (que es *D*)
21.15 Holón con sus ejidos, *D* con sus ejidos
Jue. 1.11 de allí fue a los que habitaban en *D*
1 Cr. 6.58 con sus ejidos, *D* con sus ejidos

*2. **Rey amorreo**,* **Jos. 10.3**

*3. **Ciudad en Galaad (=Lodebar)**,* **Jos. 13.26**

DÉBORA

1. Ama de Rebeca, Gn. 35.8

2. Profetisa

Jue. 4.4 gobernaba en. . a Israel. . *D,* profetisa
4.5 bajo la palmera de *D,* entre Ramá y Bet-el
4.9 y levantándose *D,* fue con Barac a Cedes
4.10 Barac. . subió con 10.000. . *D* subió con él
4.14 *D* dijo a Barac: Levántate, porque este
5.1 día cantó *D* con Barac hijo de Abinoam
5.7 hasta que yo *D* me levanté, me levanté como
5.12 despierta, despierta, *D*. . entona cántico
5.15 caudillos también de Isacar fueron con *D*

DECACORDIO

Sal. 33.2 con arpa; cantadle con salterio y *d*
92.3 en el *d* y en el salterio, en tono suave
144.9 oh Dios. . con salterio, con *d* cantaré

DECAER

Gn. 4.5 se ensañó Caín. . y *decayó* su semblante
4.6 dijo. . y por qué ha *decaído* tu semblante?
Lv. 26.39 *decaerán* en las tierras de. . enemigos
26.39 por la iniquidad. . *decaerán* con ellos
Jue. 5.7 las aldeas. . habían *decaído,* hasta que
1 R. 21.5 ¿por qué está tan *decaído* tu espíritu
Job 4.4 y esforzabas las rodillas que *decaían*
Is. 57.16 *decaería* ante mí el espíritu, y las
Lm. 3.22 nunca *decayeron* sus misericordias

DECAPITAR

Mt. 14.10 ordenó *decapitar* a Juan en la cárcel
Mr. 6.16 este es Juan, el que yo *decapité,* que
6.28 el guarda fue, le *decapitó* en la cárcel
Lc. 9.9 Juan yo le hice *decapitar;* ¿quién, pues
19.27 traedlos. . y *decapitadlos* delante de mí
Ap. 20.4 almas de los *decapitados* por causa del

DECÁPOLIS *Federación de diez ciudades griegas al oriente de Galilea*

Mt. 4.25 siguió mucha gente de Galilea, de *D*
Mr. 5.20 comenzó a publicar en *D* cuán grandes
7.31 por Sidón. . pasando por la región de *D*

DECAR *Padre de un funcionario del rey Salomón,* 1 R. 4.9

DECENA

Sal. 144.13 se multipliquen a. . *d* de millares
Jud. 14 vino el Señor con. . santas *d* de millares

DECENTE

1 Co. 7.35 sino para lo honesto y *d,* y para que

DECENTEMENTE

1 Co. 14.40 pero hágase todo *d* y con orden

DECIDIR

Gn. 6.13 he *decidido* el fin de todo ser, porque
Nm. 14.24 Caleb. . *decidió* ir en pos de mí, yo le
Dt. 21.5 y por la palabra de ellos se *decidirá*
Rt. 4.4 *decidí* hacértelo saber, y decirte que
2 S. 15.15 listos a todo lo que. . el rey *decida*
2 Cr. 24.4 que Joás *decidió* restaurar la casa
Pr. 18.18 la suerte. . *decide* entre los poderosos
Mal. 2.2 si no *decidís* de corazón dar gloria a
2.2 porque no os habéis *decidido* de corazón
Hch. 19.39 en legítima asamblea se puede *decidir*
27.1 se *decidió* que habíamos de navegar para
Ro. 14.13 *decidid* no poner tropiezo u ocasión
2 Co. 13.1 boca de. . testigos se *decidirá* todo

DÉCIMO, MA *Véase Decimoprimero, etc.*

Gn. 8.5 decreciendo hasta el mes *d;* en el *d,* al
Éx. 16.36 y un gomer es la *d* parte de un efa
29.40 la *d* parte de un efa de flor de harina
Lv. 5.11; 6.20 la *d* parte de un efa de flor de harina
14.10 tres *d* de efa de flor de harina para
14.21 una *d* de efa de flor de harina amasada
23.13,17 dos *d* de efa de flor de harina
24.5 doce. . cada torta será de dos *d* de efa
Nm. 5.15 *d* parte de un efa de harina de cebada
7.66 el *d* día, el príncipe de los hijos de
15.4 como ofrenda la *d* parte de un efa de
15.6 cada carnero. . dos *d* de flor de harina
15.9 con el novillo. . tres *d* de flor de harina
28.5 la *d* parte de un efa de flor de harina
28.9 y dos *d* de flor de harina amasada con
28.12 tres *d* de flor de harina amasada con
28.12 y dos *d* de flor de harina amasada con
28.13 y una *d* de flor de harina amasada con
28.20,28 tres *d* con cada becerro, y dos *d* con
28.21,29 con cada uno de los. . corderos. . una *d*
29.3,9,14 tres *d*. . con cada becerro, dos *d* con
29.4,10,15 cada uno de los. . corderos, una *d*
Dt. 23.2 ni hasta la *d* generación no entrarán
23.3 ni hasta la *d* generación de ellos; no
2 R. 25.1 en el mes *d,* a los diez días del mes
1 Cr. 12.13 Jeremías el *d* y. . el undécimo
24.11 la novena a Jesúa, la *d* a Secanías
25.17 la *d* para Simei, con sus hijos y sus
27.13 *d* para el *d* mes era Maharai netofatita
Esd. 10.16 primer día del mes *d* para inquirir
Neh. 10.37 y que los levitas recibirían las *d*
Est. 2.16 Ester llevada al rey. . en el mes *d,* que
Is. 6.13 y si quedare aún en ella la *d* parte
Jer. 32.1 el año *d* de Sedequías rey de Judá
39.1 en el mes *d* vino Nabucodonosor rey de
52.4 el mes *d,* a los diez días del mes, que
Ez. 24.1 vino. . palabra de Jehová. . en el mes *d*
29.1 el año *d,* en el mes *d,* a los doce días
33.21 en el mes *d,* a los cinco días del mes
45.11 que el bato tenga la *d* parte del homer
45.11 tenga. . y la *d* parte del homer el efa
45.14 un bato. . que es la *d* parte de un coro
Zac. 8.19 el ayuno del *d,* se convertirán para
Jn. 1.39 quedaron con él. . era como la hora *d*
Ap. 11.13 la *d* parte de la ciudad se derrumbó
21.20 el *d,* crisopraso; el undécimo, jacinto

DECIMOCTAVO, VA

1 Cr. 24.15 la decimaséptima a Hezir, la *d* a
25.25 la *d* para Hanani, con sus hijos y sus
Jer. 32.1 el año décimo de. . que fue el año *d*

DECIMOCUARTO, TA

Gn. 14.5 en el año *d* vino Quedorlaomer, y los
Nm. 9.3 el *d* día de este mes. . la celebraréis
1 Cr. 24.13 la decimatercera a Hupa, la *d* a
25.21 *d* para Matatías, con sus hijos y sus
Est. 9.21 que celebrasen el día *d* del mes de
Hch. 27.27 venida la *d* noche, y siendo llevados
27.33 diciendo: Este es el *d* día que veláis

DECIMANOVENA

1 Cr. 24.16 la *d* a Petaías, la vigésima a
25.26 la *d* para Maloti, con sus hijos y sus

DECIMOQUINTO, TA

1 Cr. 24.14 la *d* a Bilga, la decimasexta a Imer
25.22 la *d* para Jeremot, con sus hijos y sus
2 Cr. 15.10 en el mes. . del año *d* del reinado de
Est. 9.21 celebrasen. . el *d* del mismo, cada año
Lc. 3.1 el año *d* del imperio de Tiberio César

DECIMASÉPTIMA

1 Cr. 24.15 *d* a Hezir, la decimaoctava a Afses
25.24 la *d* para Josbecasa, con sus hijos y

DECIMASEXTA

1 Cr. 24.14 decimaquinta a Bilga, la *d* a Imer
25.23 la *d* para Hananías, con sus hijos y sus

DECIMOTERCERO, RA

Gn. 14.4 a Quedorlaomer, y en el *d* se rebelaron
1 Cr. 24.13 la *d* a Hupa, la decimacuarta a
25.20 la *d* para Subael, con sus hijos y sus
Jer. 1.2 días de Josías. . el año *d* de su reinado

DECIR

Gn. 1.3 y *dijo* Dios: Sea la luz; y fue la luz
1.6 *dijo* Dios: Haya expansión en. . las aguas
1.9 *dijo* también Dios: Júntense las aguas que
1.11 *dijo* Dios: Produzca la tierra hierba
1.14 *dijo* luego Dios: Haya lumbreras en la
1.20 *dijo* Dios: Produzcan las aguas seres
1.22 Dios los bendijo, *diciendo:* Fructificad
1.24 *dijo* Dios: Produzca la tierra seres
1.26 *dijo* Dios: Hagamos al hombre a nuestra
1.28 bendijo Dios, y les *dijo:* Fructificad
1.29 *dijo* Dios: He aquí que os he dado toda
2.16 mandó Jehová Dios al hombre, *diciendo*
2.18 *dijo*. . Dios: No es bueno que el hombre
2.23 *dijo*. . Esto es ahora hueso de mis huesos
3.1 la serpiente era astuta. . *dijo* a la mujer
3.1 os ha *dicho:* No comáis de todo árbol del
3.3 del árbol. . *dijo* Dios: No comeréis de él
3.4 la serpiente *dijo* a la mujer: No moriréis
3.9 Dios llamó al hombre, y le *dijo:* ¿Dónde
3.11 y Dios le *dijo:* ¿Quién te enseñó que
3.13 Jehová Dios *dijo* a la mujer: ¿Qué es lo
3.13 *dijo* la mujer: La serpiente me engañó
3.14 Dios *dijo* a la serpiente: Por cuanto esto
3.16 a la mujer *dijo:* Multiplicaré en gran
3.17 al hombre *dijo:* Por cuanto obedeciste a
3.17 que te mandé *diciendo:* No comerás de él
3.22 *dijo* Jehová Dios: He aquí el hombre es
4.1 y *dijo:* Por voluntad de Jehová he. . varón
4.6 *dijo* a Caín: ¿Por qué te has ensañado
4.8 y *dijo* Caín a su hermano Abel: Salgamos
4.9 Jehová *dijo* a Caín: ¿Dónde está Abel tu
4.10 él le *dijo:* ¿Qué has hecho? La voz de
4.13 y *dijo* Caín. . Grande es mi castigo para
4.23 y *dijo* Lamec a sus mujeres. . oíd mi voz
4.25 Dios (*dijo* ella) me ha sustituido otro
5.29 llamó su nombre Noé, *diciendo:* Este nos
6.3 *dijo* Jehová: No contenderá mi espíritu
6.7 *dijo* Jehová: Raeré de sobre la faz de la
6.13 *dijo,* pues, Dios a Noé: He decidido el
7.1 *dijo* luego Jehová a Noé: Entra tú y toda
8.15 entonces habló Dios a Noé, *diciendo*
8.21 y *dijo* Jehová en su corazón: No volveré
9.1 bendijo Dios a Noé y. . hijos, y les *dijo*
9.8 habló Dios a Noé y a sus hijos. . *diciendo*
9.12 *dijo* Dios: Esta es la señal del pacto que
9.17 *dijo*. . Dios a Noé: Esta es la señal del
9.22 lo *dijo* a sus dos hermanos que estaban
9.25 y *dijo:* Maldito sea Canaán; siervo de
9.26 *dijo* más: Bendito por Jehová mi Dios sea
10.9 por lo cual se *dice:* Así como Nimrod
11.3 se *dijeron* unos a otros: Vamos, hagamos
11.4 *dijeron:* Vamos, edifiquémonos una ciudad
11.6 *dijo* Jehová: He aquí el pueblo es uno
12.1 Jehová había *dicho* a Abram: Vete de tu
12.4 fue Abram, como Jehová le *dijo;* y Lot
12.7 *dijo:* A tu descendencia daré esta tierra
12.11 *dijo* a Sarai su mujer: He aquí, ahora
12.12 te vean los egipcios, *dirán:* Su mujer
12.13 *di* que eres mi hermana, para que me
12.18 y le *dijo:* ¿Qué es esto que has hecho
12.19 ¿por qué *dijiste:* Es mi hermana
13.8 *dijo* a Lot: No haya ahora altercado entre
13.14 Jehová *dijo* a Abram, después que Lot se
14.19 le bendijo, *diciendo:* Bendito sea Abram
14.21 el rey de Sodoma *dijo* a Abram: Dame las
14.23 para que no *digas:* Yo enriquecí a Abram
15.1 la palabra de Jehová a Abram. . *diciendo*
15.3 *dijo* también Abram: Mira que no me has
15.4 vino a él palabra de Jehová, *diciendo*
15.5 le *dijo:* Mira ahora los cielos, y cuenta
15.5 y le *dijo:* Así será tu descendencia
15.7 le *dijo:* Yo soy Jehová, que te saqué de
15.9 y le *dijo:* Traedme una becerra de tres
15.13 Jehová *dijo* a Abram: Ten por cierto que
15.18 Jehová un pacto con Abram, *diciendo*
16.2 *dijo* entonces Sarai a Abram: Ya ves que
16.5 Sarai *dijo* a Abram: Mi afrenta sea sobre
16.8 y le *dijo:* Agar, sierva de Sarai, ¿de dónde
16.9 le *dijo* el ángel de Jehová: Vuélvete a
16.10 le *dijo* también el ángel de Jehová
16.11 *dijo* el ángel de Jehová: He aquí que
16.13 *dijo:* ¿No he visto. . aquí al que me ve?
17.1 le apareció Jehová y le *dijo:* Yo soy el
17.3 se postró. . Dios habló con él, *diciendo*
17.9 *dijo*. . Dios a Abraham: En cuanto a ti
17.15 *dijo* también Dios a Abraham: A Sarai
17.17 *dijo* en su corazón: ¿A hombre de cien
17.18 *dijo* Abraham a Dios: Ojalá Ismael viva
17.23 circuncidó. . como Dios le había *dicho*
18.3 *dijo:* Señor, si ahora he hallado gracia
18.5 y ellos *dijeron:* Haz así como has *dicho*
18.6 Abraham. . a la tienda a Sara, y le *dijo*
18.9 le *dijeron:* ¿Dónde está Sara tu mujer?
18.10 entonces *dijo:* De cierto volveré a ti
18.12 se rio, pues, Sara entre sí, *diciendo*
18.13 Jehová *dijo* a Abraham: ¿Por qué se ha
18.13 se ha reído Sara *diciendo:* ¿Será cierto
18.15 Sara negó, *diciendo:* No me reí; porque
18.15 *dijo:* No es así, sino que te has reído
18.17 Jehová *dijo:* ¿Encubriré yo a Abraham
18.20 Jehová le *dijo:* Por cuanto el clamor
18.23 se acercó Abraham y *dijo:* ¿Destruirás
18.27 y Abraham replicó y *dijo:* He aquí que
18.28 *dijo:* No la destruiré, si hallare allí
18.29 y volvió a hablarle, y *dijo:* Quizá se
18.30 y *dijo:* No se enoje ahora mi Señor, si
18.31 *dijo:* He aquí ahora que he emprendido
18.32 volvió a *decir:* No se enoje ahora mi
19.2 *dijo:* Ahora, mis señores, os ruego que
19.5 y llamaron a Lot, y le *dijeron:* ¿Dónde
19.7 *dijo:* Os ruego, hermanos míos, que no
19.12 *dijeron* los varones a Lot: ¿Tienes aquí
19.14 les *dijo:* Levantaos, salid de este lugar
19.15 los ángeles daban prisa a Lot, *diciendo*
19.17 los hubieron llevado fuera, *dijeron*
19.18 Lot les *dijo:* No, yo os ruego, señores
19.31 la mayor *dijo* a la menor: Nuestro padre
19.34 el día siguiente, *dijo* la mayor a la
20.2 y *dijo* Abraham de Sara su mujer: Es mi
20.3 Dios vino a Abimelec de noche y le *dijo*
20.4 Abimelec. . *dijo:* Señor, ¿matarás también
20.5 ¿no me *dijo* él. . y ella también *d:* Es mi
20.6 le *dijo* Dios en sueños: Yo también sé
20.8 *dijo* todas estas palabras en los oídos
20.9 llamó Abimelec a Abraham, y le *dijo*
20.10 *dijo* también. . ¿Qué pensabas, para que
20.11 porque *dije* para mí: Ciertamente no hay
20.13 le *dije*. . *digas* de mí: Mi hermano es
20.15 *dijo* Abimelec: He aquí mi tierra está
20.16 y a Sara *dijo:* He aquí he dado mil
21.1 visitó Jehová a Sara, como había *dicho*
21.2 en el tiempo que Dios le había *dicho*
21.6 *dijo* Sara: Dios me ha hecho reir, y
21.7 añadió: ¿Quién *dijera* a Abraham que
21.10 *dijo* a Abraham: Echa a esta sierva y a
21.12 *dijo* Dios a Abraham: No te parezca
21.12 en todo lo que te *dijere* Sara, oye su
21.16 porque *decía:* No veré cuando. . muera
21.17 llamó a Agar. . y le *dijo:* ¿Qué tienes
21.22 habló Abimelec. . a Abraham, *diciendo*
21.29 y *dijo* Abimelec. . ¿Qué significan estas
22.1 probó. . a Abraham, y le *dijo:* Abraham
22.2 y *dijo:* Toma ahora tu hijo, tu único
22.2 sobre uno de los montes que yo te *diré*
22.3 Abraham. . fue al lugar que Dios le *dijo*
22.5 *dijo* Abraham a sus siervos: Esperad
22.7 habló Isaac a Abraham su padre, y *dijo*
22.7 él *dijo:* He aquí el fuego y la leña; mas

DECIR *(Continúa)*

Gn. 22.9 llegaron al lugar..Dios le había *dicho*
22.11 le dio voces desde el..y *dijo:* Abraham
22.12 *dijo:* No extiendas tu mano sobre el
22.14 por tanto se *dice* hoy: En el monte de
22.16 *dijo:* Por mí mismo he jurado, *dice*
22.20 fue dada noticia a Abraham, *diciendo*
23.3 y habló a los hijos de Het, *diciendo*
23.5 y respondieron..a Abraham, y le *dijeron*
23.8 y habló con ellos, *diciendo:* Si tenéis
23.10 respondió Efrón..a Abraham..*diciendo*
23.13 respondió a Efrón..*diciendo:* Antes, si
23.14 respondió Efrón a Abraham, *diciendo*
23.16 pesó Abraham a Efrón el dinero que *dijo*
24.2 *dijo* Abraham a un criado suyo, el más
24.6 Abraham le *dijo:* Guárdate que no..allá
24.7 y me juró, *diciendo:* A tu descendencia
24.12 y *dijo:* Oh Jehová, Dios de mi señor
24.14 la doncella a quien yo *dijere:* Baja tu
24.17 el criado corrió hacia ella, y *dijo*
24.19 cuando acabó..*dijo:* También para tus
24.23 *dijo:* ¿De quién eres hija? Te ruego que
24.23 *digas:* ¿hay en casa de tu padre lugar
24.27 y *dijo:* Bendito sea Jehová, Dios de mi
24.30 de su hermana, que *decía:* Así me habló
24.31 *dijo:* Ven, bendito de Jehová; ¿por qué
24.33 *dijo:* No comeré hasta que haya *dicho*
24.34 entonces *dijo*..soy criado de Abraham
24.37 y mi amo me hizo jurar, *diciendo:* No
24.39 y yo *dije:* Quizás la mujer no querrá
24.42 llegué..hoy a la fuente, y *dije:* Jehová
24.43 la doncella..a la cual *dijere:* Dame de
24.45 le *dije:* Te ruego que me des de beber
24.46 bajó prontamente su cántaro de..y *dijo*
24.47 pregunté, y *dije:* ¿De quién eres hija?
24.50 Labán y Betuel respondieron y *dijeron*
24.51 sea mujer del hijo de..como lo ha *dicho*
24.54 de mañana, *dijo:* Enviadme a mi señor
24.56 y él les *dijo:* No me detengáis, ya que
24.58 y le *dijeron:* ¿Irás tú con este varón?
24.60 le *dijeron:* Hermana nuestra, sé madre
25.22 y los hijos luchaban dentro de..y *dijo*
25.30 *dijo* a Jacob: Te ruego que me des a
25.32 *dijo* Esaú: He aquí yo me voy a morir
25.33 *dijo* Jacob: Júramelo en este día. Y él
26.2 *dijo*..habita en la tierra que yo te *diré*
26.7 miedo de *decir:* Es mi mujer; pensando
26.9 llamó Abimelec a Isaac, y *dijo:* He aquí
26.9 ¿cómo, pues *dijiste:* Es mi hermana?
26.9 *dije:* Quizá moriré por causa de ella
26.10 Abimelec *dijo:* ¿Por qué nos has hecho
26.11 Abimelec mandó a..el pueblo, *diciendo*
26.16 *dijo* Abimelec a Isaac: Apártate de
26.20 riñeron con los..de Isaac, *diciendo*
26.22 *dijo*..ahora Jehová nos ha prosperado
26.24 le apareció Jehová..noche, y le *dijo*
26.27 les *dijo* Isaac: ¿Por qué venís a mí
26.28 y *dijimos:* Haya ahora juramento entre
26.32 pozo..le *dijeron:* Hemos hallado agua
27.1 llamó a Esaú..y le *dijo:* Hijo mío. Y él
27.2 él *dijo:* He aquí ya soy viejo, no sé
26.6 Rebeca habló a Jacob su hijo, *diciendo*
27.6 tu padre que hablaba con Esaú..*diciendo*
27.11 Jacob *dijo* a Rebeca su madre: He aquí
27.18 y *dijo:* Padre mío. E Isaac respondió
27.19 Jacob *dijo*..he hecho como me *dijiste*
27.21 Isaac *dijo* a Jacob: Acércate ahora, y
27.22 le palpó, y *dijo:* La voz es la voz de
27.24 *dijo:* ¿Eres tú mi hijo Esaú? Y Jacob
27.25 *dijo:* Acércamela, y comeré de la caza
27.26 le *dijo* Isaac su padre: Acércate ahora
27.27 le bendijo, *diciendo:* Mira, el olor de
27.31 hizo él..y trajo a su padre, y le *dijo*
27.32 Isaac su padre le *dijo:* ¿Quién eres tú?
27.32 ¿quién eres..él le *dijo:* Yo soy tu hijo
27.33 y se estremeció Isaac..y *dijo:* ¿Quién
27.34 *dijo:* Bendíceme también a mí, padre
27.35 y él *dijo:* Vino tu hermano con engaño
27.36 *dijo:* ¿No has guardado bendición para
27.37 *dijo* a Esaú: He aquí yo le he puesto
27.39 Isaac su padre habló y le *dijo:* He aquí
27.41 aborreció Esaú a..y *dijo* en su corazón
27.42 fueron *dichas* a Rebeca las palabras de
27.42 llamó a Jacob su hijo menor, y le *dijo*
27.46 *dijo* Rebeca a Isaac: Fastidio tengo de
28.1 Isaac..lo bendijo, y le mandó *diciendo*
28.6 le había mandado *diciendo:* No tomarás
28.13 Jehová estaba en lo alto de ella..*dijo*
28.15 hasta que haya hecho lo que te he *dicho*
28.16 y despertó Jacob de su sueño, y *dijo*
28.17 tuvo miedo, y *dijo:* Cuán terrible es
28.20 e hizo Jacob voto, *diciendo:* Si fuere
29.4 les *dijo* Jacob: Hermanos míos, ¿de dónde
29.5 les *dijo:* ¿Conocéis a Labán..*dijeron:* Sí
29.6 les *dijo:* ¿Está bien? Y ellos *dijeron*
29.7 y él *dijo:* He aquí es aún muy de día
29.12 Jacob *dijo* a Raquel que él era hermano
29.14 Labán le *dijo:* Ciertamente hueso mío
29.15 *dijo* Labán..*Dime* cuál será tu salario
29.18 Jacob amó a Raquel, y *dijo*..te serviré
29.21 *dijo* Jacob a Labán: Dame mi mujer
29.25 Jacob *dijo* a Labán: ¿Qué es esto que
29.32 *dijo:* Ha mirado Jehová mi aflicción
29.33,34,35 y dio a luz un hijo, y *dijo*
30.1 Raquel..*decía* a Jacob: Dame hijos, o si
30.2 Jacob se enojó..y *dijo:* ¿Soy yo acaso
30.3 y ella *dijo:* He aquí mi sierva Bilha; llégate
30.6 *dijo* entonces Raquel: Me juzgó Dios, y
30.8 y *dijo* Raquel: Con luchas de Dios he
30.11 *dijo* Lea: Vino la ventura; y llamó su
30.13 *dijo* Lea..las mujeres me *dirán* dichosa
30.14 *dijo* Raquel a Lea: Te ruego que me des
30.15 *dijo* Raquel: Pues dormirá contigo esta
30.16 salió Lea a él, y le *dijo:* Llégate a mí
30.18 *dijo* Lea: Dios..dado mi recompensa, por
30.20 y *dijo* Lea: Dios me ha dado una buena
30.23 y *dijo:* Dios ha quitado mi afrenta
30.24 llamó su nombre José, *diciendo*..hijo
30.25 Jacob *dijo* a Labán: Envíame, e iré a
30.28 y *dijo:* Señálame tu salario, y yo lo
30.31 y él *dijo:* ¿Qué te daré? Y respondió
30.34 *dijo*..Labán: Mira, sea como tú *dices*
31.1 los hijos de Labán, que *decían:* Jacob
31.3 también Jehová *dijo* a Jacob: Vuélvete a
31.5 *dijo:* Veo que el semblante de vuestro
31.8 si él *decía* así: Los pintados serán tu
31.8 *decía* así: Los listados serán tu salario
31.11 me *dijo* el ángel..y yo *dije:* Heme aquí
31.12 él *dijo:* Alza ahora tus ojos, y verás
31.14 y le *dijeron:* ¿Tenemos acaso parte o
31.16 pues, haz todo lo que Dios te ha *dicho*
31.22 y al tercer día fue *dicho* a Labán que
31.24 vino Dios a Labán en..noche, y le *dijo*
31.26 y *dijo* Labán a Jacob: ¿Qué has hecho
31.29 el Dios de tu padre me habló..*diciendo*
31.31 *dijo* a Labán: Porque tuve miedo; pues
31.35 *dijo* a su padre: No se enoje mi señor
31.36 *dijo* a Labán: ¿Qué transgresión es la
31.43 Labán y *dijo* a Jacob: Las hijas son
31.46 y *dijo* Jacob a sus hermanos: Recoged
31.48 Labán *dijo:* Este majano es testigo hoy
31.49 cuanto *dijo:* Atalaye Jehová entre tú y
31.51 *dijo* más Labán a Jacob: He aquí este
32.2 *dijo* Jacob cuando los vio: Campamento de
32.4 *diciendo:* Así *diréis* a mi señor Esaú
32.4 mi señor Esaú: Así *dice* tu siervo Jacob
32.5 envío a *decirlo* a mi señor, para hallar
32.6 volvieron a Jacob, *diciendo:* Vinimos a
32.8 *dijo:* Si viene Esaú..y lo ataca, el otro
32.9 y *dijo* Jacob: Dios de mi padre Abraham
32.9 Jehová, que me *dijiste:* Vuélvete a tu
32.12 y tú has *dicho:* Yo te haré bien, y tu
32.16 *dijo* a sus siervos: Pasad delante de mí
32.17 mandó al primero, *diciendo:* Si Esaú mi
32.17 preguntare, *diciendo:* ¿De quién eres
32.18 entonces *dirás:* Es un presente de tu
32.19 mandó..a todos los que iban..*diciendo*
32.20 *diréis*..He aquí tu siervo Jacob viene
32.20 porque *dijo:* Apaciguaré su ira con el
32.26 y *dijo:* Déjame, porque raya el alba, y
32.27 el varón le *dijo:* ¿Cuál es tu nombre?
32.28 y el varón le *dijo:* No se *dirá* más tu
32.29 Jacob le preguntó, y *dijo:* Declárame
32.30 porque *dijo:* Vi a Dios cara a cara, y
33.5 vio a las..y *dijo:* ¿Quiénes son éstos?
33.8 Esaú *dijo:* ¿Qué te propones con todos
33.9 *dijo* Esaú: Suficiente tengo yo, hermano
33.10 *dijo* Jacob: No, yo te ruego..acepta mi
33.12 Esaú *dijo:* Anda, vamos; y yo..delante
33.13 y Jacob le *dijo:* Mi señor sabe que los
33.15 Esaú *dijo:* Dejaré ahora contigo de la
33.15 Jacob *dijo:* ¿Para qué esto? Halle yo
34.4 habló Siquem a Hamor su padre *diciendo*
34.8 y Hamor habló con ellos, *diciendo:* El
34.11 Siquem también *dijo* al padre de Dina
34.11 halle yo gracia..daré lo que..*dijereis*
34.12 mucha dote..yo daré cuanto me *dijereis*
34.14 y les *dijeron:* No podemos hacer esto
34.20 hablaron a los varones de su..*diciendo*
34.30 entonces *dijo* Jacob a Simeón y a Leví
35.1 *dijo* Dios a Jacob: Levántate y sube a
35.2 Jacob *dijo* a su familia y a todos los
35.10 le *dijo* Dios: Tu nombre es Jacob; no
35.11 también le *dijo* Dios: Yo soy el Dios
35.17 que le *dijo* la partera: No temas, que
37.6 él les *dijo:* Oíd ahora este sueño que
37.9 sueño..contó a sus hermanos, *diciendo*
37.10 su padre..le *dijo:* ¿Qué sueño es este
37.13 y *dijo* Israel a José: Tus hermanos
37.14 e Israel le *dijo:* Vé ahora, mira cómo
37.15 y le preguntó aquel hombre, *diciendo*
37.17 se han ido de aquí; y yo les oí *decir*
37.19 *dijeron* el uno al otro: He aquí viene
37.20 *diremos:* Alguna mala bestia lo devoró
37.21 Rubén..lo libró de sus manos, y *dijo*
37.22 les *dijo* Rubén: No derraméis sangre
37.26 Judá *dijo* a sus hermanos: ¿Qué provecho
37.30 y volvió a sus hermanos, y *dijo:* El
37.32 y la trajeron a su padre, y *dijeron*
37.33 él la reconoció, y *dijo:* La túnica de
37.35 él no quiso recibir consuelo, y *dijo*
38.8 Judá *dijo* a Onán: Llégate a la mujer de
38.11 y Judá *dijo* a Tamar su nuera: Quédate
38.11 *dijo:* No sea que muera él también como
38.13 fue dado aviso a Tamar, *diciendo:* He
38.16 se apartó del camino hacia..y le *dijo*
38.16 *dijo:* ¿Qué me darás por llegarte a mí?
38.17 ella *dijo:* Dame una prenda hasta que
38.18 Judá *dijo:* ¿Qué prenda te daré? Ella
38.21 y preguntó a los hombres de..*diciendo*
38.21 le *dijeron:* No ha estado aquí ramera
38.22 él se volvió a Judá, y *dijo:* No la he
38.22 también los hombres del lugar *dijeron*
38.23 Judá *dijo:* Tómaselo para sí, para que
38.24 dado aviso a Judá, *diciendo:* Tamar tu
38.24 y Judá *dijo:* Sacadla, y sea quemada
38.25 envió a *decir* a su suegro: Del varón
38.25 *dijo:* Mira ahora de quién son estas
38.26 Judá..*dijo:* Más justa es ella que yo
38.28 de grana, *diciendo:* Este salió primero
38.29 salió su hermano, y ella *dijo:* ¡Qué
39.7 la mujer..puso sus ojos en José, y *dijo*
39.8 no quiso, y *dijo* a la mujer de su amo
39.12 ella lo asió..*diciendo:* Duerme conmigo
39.14 llamó a los de..y les habló *diciendo*
39.17 habló ella..*diciendo:* El siervo hebreo
39.19 *diciendo:* Así me ha tratado tu siervo
40.7 preguntó..*diciendo:* ¿Por qué parecen
40.8 ellos le *dijeron:* Hemos tenido un sueño
40.8 entonces les *dijo* José: ¿No son de Dios
40.9 contó su sueño a José, y le *dijo:* Yo
40.12,18 *dijo:* Esta es su interpretación: los
40.16 *dijo* a José: También yo soñé que veía
41.9 *diciendo:* Me acuerdo hoy de mis faltas
41.15 y *dijo* Faraón a José: Yo he tenido un
41.15 he oído *decir* de ti, que oyes sueños
41.16 respondió..*diciendo:* No está en mí
41.17 *dijo* a José: En mi sueño me parecía que
41.24 he *dicho* a los magos, mas no hay quien
41.38 y *dijo* Faraón a sus siervos: ¿Acaso
41.39 *dijo* Faraón a José: Pues que Dios te
41.41 *dijo* además Faraón a José: He aquí yo
41.44 *dijo* Faraón a José: Yo soy Faraón; y
41.51 porque *dijo:* Dios me hizo olvidar todo
41.52 *dijo:* Dios me hizo fructificar en la
41.54 los siete años..como José había *dicho*
41.55 *dijo* Faraón a todos los egipcios: Id a
41.55 id a José, y haced lo que él os *dijere*
42.1 *dijo* a sus hijos: ¿Por qué os estáis
42.2 *dijo*..he oído que hay víveres en Egipto
42.4 porque *dijo:* No sea que le acontezca
42.7 y les *dijo:* ¿De dónde habéis venido?
42.9 José..les *dijo:* Espías sois: por ver lo
42.12 *dijo:* No; para ver lo descubierto del
42.14 les *dijo:* Eso es lo que os he *dicho*
42.18 tercer día les *dijo* José: Haced esto
42.21 y *decían* el uno al otro..hemos pecado
42.22 Rubén les respondió, *diciendo:* ¿No os
42.22 os hablé yo y *dije:* No pequéis contra
42.28 *dijo* a sus hermanos: Mi dinero se me
42.28 espantados *dijeron* el uno al otro: ¿Qué
42.29 lo que les había acontecido, *diciendo*
42.31 *dijimos:* Somos hombres honrados, nunca
42.33 el señor de la tierra, nos *dijo:* En esto
42.36 padre Jacob les *dijo:* Me habéis privado
42.37 y Rubén habló..*diciendo:* Harás morir a
42.38 y él *dijo:* No descenderá mi hijo con
43.2 les *dijo* su padre: Volved, y comprad para
43.3 respondió Judá, *diciendo:* Aquel varón nos
43.3 protesto..*diciendo:* No veréis mi rostro
43.5 varón nos *dijo:* No veréis mi rostro si no
43.6 *dijo*..Israel: ¿Por qué me hicisteis tanto
43.7 nos preguntó..*diciendo:* ¿Vive aún vuestro
43.7 ¿acaso podíamos saber que él nos *diría*
43.8 *dijo* a Israel su padre: Envía al joven
43.16 *dijo* al mayordomo de su casa: Lleva a
43.17 hizo el hombre como José *dijo*, y llevó
43.18 tuvieron temor..y *decían:* Por el dinero
43.20 y *dijeron:* Ay, señor nuestro, nosotros
43.27 *dijo:* ¿Vuestro padre, el..que *dijisteis*
43.29 *dijo:* ¿Es éste vuestro hermano menor
43.29 y *dijo:* Dios tenga misericordia de ti
43.31 salió, y se contuvo, y *dijo:* Poned pan
44.1 *diciendo:* Llena de alimento los costales
44.2 pondrás mi copa..él hizo como *dijo* José
44.4 *dijo* José a su mayordomo: Levántate y
44.4 y cuando los alcances, *diles:* ¿Por qué
44.6 él los alcanzó, les *dijo* esta palabras
44.7 ¿por qué *dice* nuestro señor tales cosas?
44.10 él *dijo:* También ahora sea conforme a
44.15 les *dijo* José: ¿Qué acción es esta que
44.16 *dijo* Judá: ¿Qué *diremos* a mi señor?
44.18 Judá se acercó..y *dijo:* Ay, señor mío
44.19 señor preguntó..*diciendo:* ¿Tenéis padre
44.21 y tú *dijiste* a tus siervos: Traédmelo
44.22 *dijimos* a mi señor: El joven no puede
44.23 *dijiste* a tus siervos: Si vuestro hermano
44.25 *dijo*..Volved a comprarnos un poco de
44.27 tu siervo mi padre nos *dijo:* Vosotros
44.32 salió por fiador del..*diciendo:* Si no
45.3 *dijo* José a sus hermanos: Yo soy José
45.4 *dijo* José a sus hermanos: Acercaos ahora
45.4 y él *dijo:* Yo soy José vuestro hermano
45.9 *decidle:* Así *dice* tu hijo José: Dios me
45.16 se oyó la noticia en la casa..*diciendo*
45.17 *dijo* Faraón a José: *Dí* a tus hermanos
45.24 él les *dijo:* No riñáis por el camino
45.26 nuevas, *diciendo:* José vive aún; y él es
45.28 *dijo* Israel: Basta; José mi hijo vive
46.2 habló Dios a Israel en..y *dijo:* Jacob
46.3 *dijo:* Yo soy Dios, el Dios de tu padre

DECIR *(Continúa)*

Gn. 46.30 Israel *dijo* a José: Muera yo ahora, ya
46.31 José *dijo* a sus hermanos, y a la casa
46.33 y cuando Faraón os llamare y *dijere*
46.34 *diréis:* Hombres de ganadería han sido
47.1 y *dijo:* Mi padre y mis hermanos, y sus
47.3 y Faraón *dijo* a sus hermanos: ¿Cuál es
47.4 *dijeron* además a Faraón: Para morar en
47.5 Faraón habló a José, *diciendo:* Tu padre
47.8 *dijo* Faraón a Jacob: ¿Cuántos son los
47.15 vino todo Egipto. . *diciendo:* Danos pan
47.16 José *dijo:* Dad vuestros ganados y yo os
47.18 vinieron a él el segundo año. . *dijeron*
47.23 y José *dijo* al pueblo: He aquí os he
47.29 llamó a José su hijo, y le *dijo:* Si he
47.30 y José respondió: Haré como tú *dices*
47.31 Israel *dijo:* Júramelo. Y José le juró
48.1 *dijeron* a José. . tu padre está enfermo
48.2 se le hizo saber a Jacob, *diciendo:* He
48.3 y *dijo* a José: El Dios Omnipotente me
48.4 me *dijo:* He aquí yo te haré crecer, y te
48.8 y vio Israel los hijos de José, y *dijo*
48.9 y él *dijo:* Acércalos ahora a mí, y los
48.11 *dijo* Israel a José: No pensaba yo ver
48.15 bendijo a José, *diciendo:* El Dios en
48.18 *dijo* José a su padre: No así, padre mío
48.19 su padre no quiso, y *dijo:* Lo sé, hijo
48.20 *diciendo:* En ti bendecirá Israel, *d*
48.21 *dijo* Israel a José: He aquí yo muero
49.1 llamó Jacob a sus hijos, y *dijo:* Juntaos
49.28 y esto fue lo que su padre les *dijo*, al
49.29 y les *dijo:* Yo voy a ser reunido con
50.4 habló José a. . casa de Faraón, *diciendo*
50.4 que habléis en oídos de Faraón, *diciendo*
50.5 mi padre me hizo jurar, *diciendo:* He aquí
50.6 y Faraón *dijo:* Vé, y sepulta a tu padre
50.11 viendo los. . el llanto. . *dijeron:* Llanto
50.15 *dijeron:* Quizá nos aborrecerá José, y
50.16 y enviaron a *decir* a José: Tu padre
50.16 mandó antes de su muerte, *diciendo*
50.17 así *diréis* a José: Te ruego que perdones
50.18 se postraron. . y *dijeron:* Henos aquí por
50.24 y José *dijo* a sus hermanos: Yo voy a
50.25 *diciendo*. . llevar de aquí mis huesos

Éx. 1.8 un nuevo rey que no conocía a. . y *dijo*
1.15 habló el rey. . a las parteras. . les *dijo*
1.18 hizo llamar a las parteras. . les *dijo*
1.22 Faraón mandó a todo su pueblo, *diciendo*
2.6 *dijo:* De los niños de los hebreos es éste
2.7 su hermana *dijo* a la hija de Faraón: ¿Iré
2.9 *dijo* la hija de Faraón: Lleva a este niño
2.10 y le puso por nombre Moisés, *diciendo*
2.13 *dijo* al que maltrataba al otro: ¿Por qué
2.14 *dijo:* Ciertamente. . ha sido descubierto
2.18 les *dijo:* ¿Por qué habéis venido hoy tan
2.20 *dijo* a sus hijas: ¿Dónde está? ¿Por qué
2.22 *dijo:* Forastero soy en tierra ajena
3.3 Moisés *dijo:* Iré yo ahora y veré esta
3.4 lo llamó Dios. . y *dijo:* ¡Moisés, Moisés!
3.5 *dijo:* No te acerques; quita tu calzado de
3.6 *dijo:* Yo soy el Dios de tu padre, Dios de
3.7 *dijo* luego. . Bien he visto la aflicción de
3.13 *dijo* Moisés a Dios: He aquí que llego yo
3.13 y les *digo:* El Dios de vuestros padres
3.14 así *dirás* a los hijos de Israel: Yo soy
3.15 además *dijo* Dios a Moisés: Así *dirás* a
3.16 vé, y reúne a los ancianos de. . y *diles*
3.16 me apareció *diciendo:* En verdad os he
3.17 he *dicho:* Yo os sacaré de la aflicción
3.18 le *diréis:* Jehová el Dios de los hebreos
4.1 respondió *diciendo*. . ellos no me creerán
4.1 porque *dirán:* No te ha aparecido Jehová
4.2 Jehová *dijo:* ¿Qué es eso que tienes en tu
4.3 *dijo:* Echala en tierra. Y él la echó en
4.4 *dijo* Jehová a Moisés: Extiende tu mano
4.6 *dijo* además Jehová: Mete ahora tu mano
4.7 *dijo:* Vuelve a meter tu mano en tu seno
4.10 *dijo* Moisés a Jehová: ¡Ay, Señor! nunca
4.13 y él *dijo:* ¡Ay, Señor! envía, te ruego
4.14 Jehová se enojó contra Moisés, y *dijo*
4.18 le *dijo:* Iré. . Jetro *dijo*. . Vé en paz
4.19 *dijo*. . Jehová a Moisés en Madián: Vé y
4.21 y *dijo* Jehová a Moisés: Cuando hayas
4.22 y *dirás* a Faraón: Jehová ha *dicho* así
4.23 ya te he *dicho* que dejes ir a mi hijo
4.25 Séfora. . y lo echó a sus pies, *diciendo*
4.26 y ella *dijo:* Esposo de sangre, a causa
4.27 y Jehová *dijo* a Aarón: Vé a recibir a
4.30 todas las cosas que Jehová había *dicho*
5.1 y Aarón entraron a. . Faraón y le *dijeron*
5.1 Jehová el Dios de los hebreos *dice* así
5.3 y ellos *dijeron:* El Dios de los hebreos
5.4 el rey. . *dijo:* Moisés y Aarón, ¿por qué
5.5 *dijo* también Faraón: He aquí el pueblo
5.6 mandó Faraón. . a sus capataces, *diciendo*
5.8 por eso levantan la voz *diciendo:* Vamos
5.10 hablaron. . *diciendo:* Así ha *dicho* Faraón
5.13 los apremiaban, *diciendo:* Acabad vuestra
5.14 *diciendo:* ¿Por qué no habéis cumplido
5.15 y se quejaron a él, *diciendo:* ¿Por qué lo
5.16 no se da paja a. . y con todo nos *dicen*
5.17 y por eso *decís:* Vamos y ofrezcamos
5.19 se vieron en aflicción, al *decírseles*
5.21 *dijeron:* Mire Jehova sobre vosotros, y
5.22 Moisés se volvió a Jehová, y *dijo:* Señor
6.2 habló todavía Dios a Moisés, y le *dijo*
6.6 por tanto, *dirás* a los hijos de Israel
6.10,29; 7.8; 12.1; 13.1; 14.1; 16.11; 25.1; 30.11; 17.22; 31.1,12; 40.1; Lv. 4.1; 5.14; 6.1,8,19,24; 7.22,28; 8.1; 10.8; 11.1; 12.1; 13.1; 14.1,33; 15.1; 17.1; 18.1; 19.1; 20.1; 21.16; 22.1,17,26; 23.1,9,23,26,33; 24.1,13; 25.1; 27.1; Nm. 1.1,48; 2.1; 3.5,11,14,44; 4.1,17,21; 5.1,5,11; 6.1,22; 7.4; 8.1,5,23; 9.1,9; 10.1; 13.1; 14.26; 15.1,17,37; 16.20,23,36,44; 17.1; 18.25; 19.1; 20.7,23; 25.10,16; 26.1,52; 27.6; 28.1; 31.1,25; 33.50; 34.1,16; 35.1,9 Jehová habló a Moisés. . *diciendo*

Éx. 6.26 y aquel Moisés a los cuales Jehová *dijo*
6.29 *dí* a Faraón. . las cosas que yo te *digo*
7.1 Jehová *dijo* a Moisés: Mira, yo te he
7.2 tú *dirás* todas las cosas que yo te mande
7.9 *dirás* a Aarón: Toma tu vara, y échala
7.13 se endureció. . como Jehová lo había *dicho*
7.14 Jehová *dijo* a Moisés. . corazón de Faraón
7.16 y *dile:* Jehová el Dios de los hebreos
7.16 me ha enviado a ti, *diciendo:* Deja ir a
7.17 así ha *dicho* Jehová: En esto conocerás
7.19 *dijo* a Moisés: *Dí* a Aarón: Toma tu vara
7.22 no los escuchó. . Jehová lo había *dicho*
8.1 entonces Jehová *dijo* a Moisés: Entra a la
8.1 entra a. . Faraón y *dile:* Jehová ha *dicho*
8.5 *dijo* a Moisés: *Dí* a Aarón: Extiende tu
8.8 les *dijo:* Orad a Jehová para que quite
8.9 *dijo* Moisés a Faraón. . cuándo debo orar
8.10 y él *dijo:* Mañana. Y Moisés respondió
8.15 endureció. . como Jehová lo había *dicho*
8.16 Jehová *dijo* a Moisés: *Dí* a Aarón. . vara
8.19 los hechiceros *dijeron* a Faraón: Dedo de
8.20 *dijo* a Moisés: Levántate de mañana y
8.25 llamó a Moisés y a Aarón, y les *dijo*
8.27 sacrificios a. . Dios, como él nos *dirá*
8.28 *dijo* Faraón: Yo os dejaré ir para que
9.1 Jehová *dijo* a Moisés: Entra a. . de Faraón
9.1,13 *dile:* Jehová. . *dice* así: Deja ir a
9.5 Jehová fijó plazo, *diciendo:* Mañana hará
9.8 Jehová *dijo* a Moisés y a Aarón: Tomad
9.12 como Jehová lo había *dicho* a Moisés
9.13 *dijo* a Moisés: Levántate de mañana, y
9.22 Jehová *dijo* a Moisés: Extiende tu mano
9.27 y les *dijo:* He pecado esta vez; Jehová
9.35 como Jehová lo había *dicho* por. . Moisés
10.1 *dijo* a Moisés: Entra a la presencia de
10.3 y le *dijeron:* Jehová el Dios. . ha *dicho*
10.7 los siervos de Faraón le *dijeron:* ¿Hasta
10.8 llamados ante Faraón, el cual les *dijo*
10.10 les *dijo:* ¡Así sea Jehová con vosotros!
10.12,21 *dijo* a Moisés: Extiende tu mano
10.16 *dijo:* He pecado contra Jehová vuestro
10.24 a Moisés y *dijo:* Id, servid a Jehová
10.28 *dijo* Faraón: Retírate de mí; guárdate
10.29 bien has *dicho;* no veré más tu rostro
11.1 Jehová *dijo* a Moisés: Una plaga traeré
11.4 *dijo*. . Moisés: Jehová ha *dicho* así: A la
11.8 e inclinados delante de mí *dirán:* Vete
11.9 *dijo* a Moisés: Faraón no os oirá, para
12.3 *diciendo*. . tómese cada uno un cordero
12.21 Moisés. . *dijo:* Sacad y tomaos corderos
12.26 cuando os *dijeren*. . ¿Qué es este rito
12.31 hizo llamar a Moisés y a. . y les *dijo*
12.31 id, servid a Jehová, como habéis *dicho*
12.32 y vuestras vacas, como habéis *dicho*, e
12.33 egipcios. . *decían:* Todos somos muertos
12.43 Jehová *dijo* a Moisés y a Aarón: Esta
13.3 Moisés *dijo* al pueblo: Tened memoria de
13.8 contarás. . a tu hijo, *diciendo:* Se hace.
13.14 te pregunte tu hijo, *diciendo:* ¿Qué es
13.14 le *dirás:* Jehová nos sacó. . de Egipto
13.17 *dijo* Dios: Para que no se arrepienta el
13.19 *diciendo*. . haréis subir mis huesos de
14.2 *dí* a los. . de Israel que den la vuelta
14.3 *dirá* de los hijos de Israel: Encerrados
14.5 *dijeron:* ¿Cómo hemos hecho. . dejado ir a
14.11 *dijeron* a Moisés: ¿No había sepulcros
14.12 te hablamos. . *diciendo:* Déjanos servir
14.13 *dijo* al pueblo: No temáis; estad firmes
14.15 *dijo* a Moisés. . *Dí*. . Israel que marchen
14.25 egipcios *dijeron:* Huyamos de. . de Israel
14.26 *dijo* a Moisés: Extiende tu mano sobre
15.1 cantó. . este cántico a Jehová, y *dijeron*
15.9 el enemigo *dijo:* Perseguiré, apresaré
15.24 el pueblo murmuró. . y *dijo:* ¿Qué hemos
15.26 *dijo:* Si oyeres atentamente la voz de
16.3 les *decían* los hijos de Israel: Ojalá
16.4 Jehová *dijo* a Moisés. . os haré llover pan
16.6 *dijeron* Moisés y Aarón a. . en la tarde
16.8 *dijo* también Moisés: Jehová os dará en
16.9 *dijo* Moisés a Aarón: *Dí*. . Acercaos a la
16.12 *diciendo:* Al caer la tarde comeréis
16.15 *dijeron* unos a otros: ¿Qué es esto?
16.15 Moisés les *dijo:* Es el pan que Jehová
16.19 *dijo* Moisés: Ninguno deje nada de ello
16.23 y él les *dijo:* Esto es lo que ha *dicho*
16.25 *dijo* Moisés: Comedlo. . es día de reposo
16.28 Jehová *dijo* a Moisés: ¿Hasta cuándo no
16.32 *dijo* Moisés: Esto es lo que Jehová ha
16.33 *dijo* Moisés a Aarón: Toma una vasija y
17.2 *dijeron:* Danos agua. . Y Moisés les *dijo*
17.3 murmuró contra Moisés, y *dijo:* ¿Por qué
17.4 clamó Moisés a Jehová, *diciendo:* ¿Qué
17.5 *dijo* a Moisés: Pasa delante del pueblo
17.7 a Jehová, *diciendo:* ¿Está, pues, Jehová
17.9 *dijo* Moisés a Josué: Escógenos varones
17.10 hizo. . como le *dijo* Moisés, peleando
17.14 Jehová *dijo* a Moisés: Escribe esto para
17.14 *dí* a Josué que raeré del. . la memoria de
17.16 *dijo:* Por cuanto la mano de Amalec se
18.3 Gersón, porque *dijo:* Forastero he sido
18.4 llamaba Eliezer, porque *dijo:* El Dios
18.6 *dijo* a Moisés: Yo tu suegro. . vengo a ti
18.10 Jetro *dijo:* Bendito sea Jehová, que os
18.14 viendo. . lo que él hacía. . *dijo:* ¿Qué es
18.17 suegro de Moisés le *dijo:* No está bien
18.24 y oyó Moisés. . e hizo todo lo que *dijo*
19.3 Jehová lo llamó. . *diciendo:* Así *dirás* a
19.6 son las palabras que *dirás* a los hijos
19.8 y *dijeron:* Todo lo que Jehová ha *dicho*
19.9 *dijo* a Moisés. . yo vengo a ti en una nube
19.10 Jehová *dijo* a Moisés: Vé al pueblo, y
19.12 *diciendo:* Guardaos, no subáis al monte
19.15 *dijo* al pueblo: Estad preparados para
19.21 *dijo* a Moisés. . no traspase los límites
19.23 Moisés *dijo* a Jehová: El pueblo no
19.23 has mandado *diciendo:* Señala límites al
19.24 le *dijo:* Vé, desciende, y subirás tú, y
19.25 Moisés descendió y se lo *dijo* al pueblo
20.1 y habló Dios. . estas palabras, *diciendo*
20.19 y *dijeron* a Moisés: Habla. . con nosotros
20.22 *dijo*. . Así *dirás* a los hijos de Israel
21.5 si el siervo *dijere:* Yo amo a mi señor
22.9 cuando alguno *dijere:* Esto es mío, la
23.13 y todo lo que os he *dicho*, guardadlo
23.22 hicieres. . yo te *dijere*, seré enemigo de
24.1 *dijo* Jehová a Moisés: Sube ante Jehová
24.3 haremos todas las. . que Jehová ha *dicho*
24.7 lo leyó a oídos del pueblo, el cual *dijo*
24.8 roció sobre el pueblo, y *dijo:* He aquí
24.12 Jehová *dijo* a Moisés: Sube. . al monte
24.14 *dijo* a los ancianos: Esperadnos aquí
25.2 *dí* a los hijos de Israel que. . ofrenda
30.31 *diciendo:* Este será mi aceite de la
30.34 *dijo*. . Jehová a Moisés: Toma especias
31.13 *diciendo*. . guardaréis mis días de reposo
32.1 y le *dijeron:* Levántate, haznos dioses
32.2 Aarón les *dijo:* Apartad los zarcillos
32.4 *dijeron:* Israel, estos son tus dioses
32.5 y *dijo:* Mañana será fiesta para Jehová
32.7 Jehová *dijo* a Moisés: Anda, desciende
32.8 han *dicho:* Israel, estos son tus dioses
32.9 *dijo* más Jehová a Moisés: Yo he visto
32.11 Moisés. . *dijo:* Oh Jehová, ¿por qué
32.12 han de hablar los egipcios, *diciendo*
32.13 a los cuales has jurado. . les has *dicho*
32.14 Jehová se arrepintió del mal que *dijo*
32.17 *dijo* a Moisés: Alarido de pelea hay en
32.21 *dijo* Moisés a Aarón: ¿Qué te ha hecho
32.23 me *dijeron;* haznos dioses que vayan
32.26 *dijo:* ¿Quién está por Jehová? Júntese
32.27 y él les *dijo:* Así ha *dicho* Jehová, el
32.29 Moisés *dijo:* Hoy os habéis consagrado
32.30 *dijo* Moisés. . cometido un gran pecado
32.31 volvió Moisés a Jehová, y *dijo*. . ruego
32.34 lleva a este pueblo a donde te he *dicho*
33.1 Jehová *dijo* a Moisés: Anda, sube de aquí
33.1 juré a Abraham. . *diciendo:* A tu. . la daré
33.5 Jehová había *dicho* a Moisés: *Dí* a los
33.12 *dijo* Moisés. . me *dices* a mí: Saca este
33.12 *dices:* Yo te he conocido por tu nombre
33.14 él *dijo:* Mi presencia irá contigo, y te
33.17 *dijo* a Moisés: También haré esto que
33.18 *dijo*. . ruego que me muestres tu gloria
33.20 *dijo*. . No podrás ver mi rostro, porque
33.21 y *dijo* aún Jehová: He aquí un lugar
34.1 *dijo* a Moisés: Alísate dos tablas de
34.9 *dijo:* Si ahora. . he hallado gracia en
34.27 Jehová *dijo* a Moisés: Escribe tú estas
34.32 mandó todo lo que Jehová le había *dicho*
34.34 *decía* a los hijos de Israel lo que le
35.1 Moisés convocó a. . de Israel y les *dijo*
35.4 *diciendo*. . es lo que Jehová ha mandado
35.30 *dijo* Moisés. . Mirad, Jehová ha nombrado
36.5 *diciendo:* El pueblo trae mucho más de lo
36.6 *diciendo:* Ningún hombre. . haga más para

Lv. 1.1 llamó. . Moisés, y habló con él. . *diciendo*
1.2; 4.2; 7.23,29; 11.2; 12.2; 15.2; 18.2; 19.2; 22.18; 23.2,10,24,34; 25.2; 27.2; Nm. 5.12; 6.2; 9.10; 15.2,38; 33.51; 35.10 habla a los hijos de Israel y *diles*

Lv. 6.25 y *diles:* Esta es la ley del sacrificio
8.5 *dijo* Moisés a la congregación: Esto es lo
8.31 y *dijo* Moisés a Aarón y a sus hijos
9.2 y *dijo* a Aarón: Toma de la. . un becerro
9.3 a los hijos de Israel hablarás *diciendo*
9.6 Moisés *dijo:* Esto es lo que mandó Jehová
9.7 y *dijo* Moisés a Aarón: Acércate al altar
10.3 *dijo*. . es lo que habló Jehová, *diciendo*
10.4 llamó Moisés a Misael. . *dijo:* Acercaos
10.5 se acercaron y los sacaron. . *dijo* Moisés
10.6,12 Moisés *dijo* a Aarón, y a. . sus hijos
10.11 estatutos que Jehová les ha *dicho* por

DECIR *(Continúa)*

Lv. 10.16 y se enojó contra Eleazar e. . *diciendo*
14.35 y dará aviso al sacerdote, *diciendo*
16.2 y Jehová *dijo* a Moisés: *Dí* a Aarón tu
17.2 habla a Aarón y. . *diles:* Esto es lo que
17.8 les *dirás* también: Cualquier varón de
17.12,14 he *dicho* a los hijos de Israel
20.2 *dirás* asimismo a los hijos de Israel
20.24 he *dicho:* Vosotros poseeréis la tierra
21.1 *dijo* a Moisés: Habla a los sacerdotes
21.1 y *diles* que no se contaminen por un
21.17 habla a Aarón y *dile:* Ninguno de tus
22.2 *dí* a Aarón. .se abstengan de las cosas
22.3 *diles:* Todo varón de. .descendencia en
25.20 si *dijereis:* ¿Qué comeremos el séptimo
Nm. 3.40 Jehová *dijo* a Moisés: Cuenta todos los
5.4 los echaron. .como Jehová *dijo* a Moisés
5.6 *dí* a los hijos de Israel: El hombre o la
5.19 el sacerdote la. .le *dirá:* Si ninguno ha
5.21 el sacerdote. .*dirá* a la mujer: Jehová
5.22 y hagan hinchar. . Y la mujer *dirá:* Amén
6.23 *diles:* Así bendeciréis a. .*diciéndoles*
7.11 *dijo* a Moisés: Ofrecerán su ofrenda, un
8.2 habla a Aarón y *dile:* Cuando enciendas
9.7 y le *dijeron* aquellos hombres: Nosotros
9.23 como Jehová lo había *dicho* por. .Moisés
10.29 *dijo* Moisés a Hobab, hijo de Ragüel
10.29 lugar del cual Jehová ha *dicho:* Yo os
10.31 él le *dijo:* Te ruego que no nos dejes
10.35 Moisés *decía:* Levántate, oh Jehová, y
10.36 cuando ella se detenía, *decía:* Vuelve
11.4 también volvieron a llorar y *dijeron*
11.11 y *dijo* Moisés a Jehová: ¿Por qué has
11.12 para que me *digas:* Llévalo en tu seno
11.13 lloran a mí, *diciendo:* Danos carne que
11.16 Jehová *dijo* a Moisés: Reúneme setenta
11.18 pero al pueblo *dirás:* Santificaos para
11.18 llorado. .*diciendo:* ¡Quién nos diera a
11.20 y llorasteis delante de él, *diciendo*
11.21 *dijo* Moisés: Seiscientos mil de a pie
11.21 ¡y tú *dices:* Les daré carne, y comerán
11.24 salió. .y *dijo* al pueblo las palabras de
11.27 corrió un joven. .y *dijo:* Eldad y Medad
11.28 respondió Josué hijo. .*dijo:* Señor mío
12.2 y *dijeron:* ¿Solamente por Moisés ha
12.4 luego *dijo* Jehová a Moisés, a Aarón y a
12.6 y él les *dijo:* Oíd ahora mis palabras
12.11 *dijo* Aarón a Moisés: ¡Ah! señor mío, no
12.13 Moisés clamó. .*diciendo:* Te ruego, oh
13.17 los envió. .*diciéndoles:* Subid de aquí
13.27 *diciendo:* Nosotros llegamos a la tierra
13.30 hizo callar al pueblo. .y *dijo:* Subamos
13.31 varones. .*dijeron:* No podremos subir
13.32 hablaron mal. .de la tierra. .*diciendo*
14.2 les *dijo* toda la multitud. .muriéramos¡
14.4 y *decían* el uno al otro: Designemos un
14.7 hablaron. .*diciendo:* La tierra por donde
14.11 Jehová *dijo* a Moisés: ¿Hasta cuándo me
14.14 *dirán* a los habitantes de esta tierra
14.15 que hubieren oído. .hablarán, *diciendo*
14.17 te ruego. .como lo hablaste, *diciendo*
14.20 Jehová *dijo*. .lo he perdonado conforme a
14.28 *diles:* Vivo yo, *dice* Jehová, que según
14.31 niños. .*dijisteis* que serían por presa
14.39 y Moisés *dijo* estas cosas a todos los
14.40 subieron a. .*diciendo:* Henos aquí para
14.41 *dijo* Moisés: ¿Por qué quebrantáis el
15.22 mandamientos. .Jehová ha *dicho* a Moisés
15.35 *dijo* a Moisés. .muera aquel hombre
16.3 se juntaron. .y les *dijeron:* ¡Basta ya de
16.5 habló a Coré y a. .su séquito, *diciendo*
16.8 *dijo*. .Moisés a Coré: Oíd ahora, hijos
16.15 Moisés se enojó. .y *dijo* a Jehová: No
16.16 después *dijo* Moisés a Coré: Tú y todo
16.22 se postraron. .*dijeron:* Dios, Dios de
16.24 *diles:* Apartaos de en derredor de la
16.26 él habló. .*diciendo:* Apartaos ahora de
16.28 y *dijo* Moisés: En esto conoceréis que
16.34 huyeron. .porque *decían:* No nos trague
16.37 *dí* a Eleazar hijo del sacerdote Aarón
16.40 se lo *dijo* Jehová por medio de Moisés
16.41 *diciendo:* Vosotros habéis dado muerte
16.46 *dijo*. .a Aarón: Toma el incensario, y
16.47 tomó Aarón. .como Moisés *dijo,* y corrió
17.10 Jehová *dijo* a Moisés: Vuelve la vara
17.12 *diciendo*. .aquí nosotros somos muertos
18.1 Jehová *dijo* a Aarón: Tú y tus hijos, y
18.8 *dijo* más Jehová a Aarón. .yo te he dado
18.20 y Jehová *dijo* a Aarón: De la tierra de
18.24 por lo cual les he *dicho:* Entre los
18.26 y le *dirás:* Cuando toméis. .los diezmos
18.30 *dirás:* Cuando ofreciereis lo mejor de
19.2 Jehová ha prescrito, diciendo: *Dí* a los
20.3 habló el pueblo contra Moisés, *diciendo*
20.10 y les *dijo:* ¡Oíd ahora, rebeldes! ¿Os
20.12 *dijo* a Moisés y a Aarón: Por cuanto no
20.14 *diciendo:* Así dice Israel tu hermano
20.19 Israel *dijeron:* Por el camino. .iremos
21.2 Israel hizo voto. .y *dijo:* Si en efecto
21.7 el pueblo vino a. .y *dijo:* Hemos pecado
21.8 Jehová *dijo* a Moisés: Hazte. .serpiente
21.14 se *dice* en el libro de las batallas de
21.16 el pozo del cual Jehová *dijo* a Moisés
21.21 envió Israel embajadores a. .*diciendo*
21.27 *dicen* los proverbistas: Venid a Hesbón
21.34 Jehová *dijo* a Moisés: No le tengas
22.4 *dijo* Moab a los ancianos de Madián
22.5 envió mensajeros a Balaam hijo. .*diciendo*
22.7 llegaron. .*dijeron* las palabras de Balac
22.8 él les *dijo:* Reposad aquí esta noche
22.9 y vino Dios a Balaam, y le *dijo:* ¿Qué
22.10 Balac. .de Moab, ha enviado a *decirme*
22.12 *dijo* Dios a Balaam: No vayas con ellos
22.13 se levantó. .y *dijo* a los príncipes de
22.14 vinieron a Balac y *dijeron:* Balaam no
22.16 y le *dijeron:* Así *dice* Balac, hijo de
22.17 haré todo lo que me *digas:* ven, pues
22.18 y Balaam. .*dijo* a los siervos de Balac
22.19 yo sepa qué me vuelve a *decir* Jehová
22.20 vino Dios. .y le *dijo:* Si vinieron para
22.20 y vete. .pero harás lo que yo te *diga*
22.28 abrió la boca. .la cual *dijo* a Balaam
22.30 el asna *dijo* a Balaam: ¿No soy yo tu
22.32 el ángel de Jehová le *dijo:* ¿Por qué
22.34 *dijo* al ángel. .pecado, porque no sabía
22.35 y el ángel. .*dijo* a Balaam: Vé con esos
22.35 la palabra que yo te *diga,* esa hablarás
22.37 y Balac *dijo* a Balaam: ¿No envié yo a
23.1 y Balaam *dijo* a Balac: Edifícame aquí
23.2 hizo como le *dijo* Balaam y ofrecieron
23.3 Balaam *dijo* a Balac: Ponte junto a tu
23.4 vino Dios al encuentro. .y éste le *dijo*
23.5 y le *dijo:* Vuelve a Balac, y *dile* así
23.7 y él tomó su parábola, y *dijo:* De Aram
23.11 *dijo* a Balaam: ¿Qué me has hecho? Te
23.12 y *dijo:* ¿No cuidaré de *decir* lo que
23.13 y *dijo* Balac: Te ruego que vengas
23.15 *dijo* a Balac: Ponte aquí junto a tu
23.16 Jehová. .*dijo:* Vuelve a Balac, y *dile*
23.17 le *dijo* Balac: ¿Qué ha *dicho* Jehová?
23.18 tomó su parábola, y *dijo:* Balac. .oye
23.19 él *dijo,* ¿y no hará? Habló, ¿y no lo
23.23 como ahora, será *dicho* de Jacob y de
23.25 Balac *dijo* a Balaam. .no lo maldices
23.26 Balaam. .*dijo* a Balac: ¿No te he *dicho*
23.27 y *dijo* Balac a Balaam: Te ruego que
23.29 Balaam *dijo* a Balac: Edifícame aquí
23.30 y Balac hizo como Balaam le *dijo;* y
24.3 tomó su parábola y *dijo: D* Balaam hijo
24.4 *dijo* el que oyó los dichos de Dios, el
24.10 entonces. .batiendo sus manos le *dijo*
24.11 yo *dije* que te honraría, mas he aquí
24.12 ¿no lo declaré yo también. .*diciendo*
24.13 mas lo que hable Jehová, eso *diré* yo?
24.15 y tomó su parábola, y *dijo: D* Balaam
24.15 Beor, *dijo* el varón de ojos abiertos
24.16 *dijo* el que oyó los dichos de Jehová
24.20 y viendo a. .tomó su parábola y *dijo*
24.21 *dijo:* Fuerte es tu habitación; pon en
24.23 tomó su parábola. .y *dijo:* ¡Ay! ¿quién
25.4 Jehová *dijo* a Moisés: Toma a todos los
25.5 Moisés *dijo* a. .jueces de Israel: Matad
25.12 por tanto *diles*. .establezco mi pacto
26.3 Moisés y el. .Eleazar hablaron. .*diciendo*
26.65 Jehová había *dicho* de ellos: Morirán
27.2 se presentaron delante de. .y *dijeron*
27.7 bien *dicen* las hijas de Zelofehad; les
27.8 los hijos de Israel hablarás, *diciendo*
27.12 Jehová *dijo* a Moisés: Sube a este monte
27.15 respondió Moisés a Jehová, *diciendo*
27.18 y Jehová *dijo* a Moisés: Toma a Josué
28.2 y *diles:* Mi ofrenda, mi pan con mis
28.3 les *dirás:* Esta es la ofrenda encendida
29.40 Moisés *dijo* a los. .de Israel conforme
30.1 habló Moisés. .*diciendo:* Esto es lo que
31.3 Moisés habló al pueblo, *diciendo:* Armaos
31.15 les *dijo* Moisés: ¿Por qué habéis dejado
31.21 Eleazar *dijo* a los hombres de guerra
31.49 y *dijeron* a Moisés: Tus siervos han
32.2 hablaron a Moisés y. .Eleazar. .*diciendo*
32.5 por tanto, *dijeron,* si hallamos gracia
32.10 la ira de Jehová se encendió. .*diciendo*
32.16 entonces. .vinieron a Moisés y *dijeron*
32.25 hablaron. .de Rubén a Moisés, *diciendo*
32.27 pasarán. .de la manera que mi señor *dice*
32.29 les *dijo* Moisés: Si los hijos de Gad
32.31 los hijos de Gad. .respondieron *diciendo*
32.31 haremos lo que Jehová ha *dicho* a tus
34.2 manda. .*diles:* Cuando hayáis entrado en
34.13 *diciendo:* Esta es la tierra que se os
36.2 y *dijeron:* Jehová mandó a mi señor que
36.5 Moisés mandó. .*diciendo:* La tribu de los
36.6 *diciendo:* Cásense como a ellas. .plazca
Dt. 1.5 resolvió. .declarar esta ley, *diciendo*
1.6 Jehová. .nos habló en Horeb, *diciendo*
1.9 yo os hablé *diciendo:* Yo solo no puedo
1.14 *dijisteis:* Bueno es. .lo que has *dicho*
1.16 mandé a vuestros jueces, *diciendo:* Oíd
1.20 os *dije:* Habéis llegado al monte del
1.21 como. .el Dios de tus padres te ha *dicho*
1.22 *dijisteis:* Enviemos varones delante de
1.25 *dijeron:* Es buena la tierra que Jehová
1.27 murmurasteis. .*diciendo:* Porque Jehová
1.28 han atemorizado. .*diciendo:* Este pueblo
1.29 os *dije:* No temáis, ni tengáis miedo de
1.34 oyó Jehová. .palabras. .y juró *diciendo*
1.37 contra mí se airó Jehová. .y me *dijo*
1.39 niños. .*dijisteis* que servirían de botín
1.41 *dijisteis:* Hemos pecado contra Jehová
1.42 y Jehová me *dijo: Diles:* No subáis, ni
2.1 salimos al. .como Jehová me había *dicho*
2.2,17 y Jehová me habló, *diciendo*
2.4 y manda al pueblo, *diciendo:* Pasando
2.9 Jehová me *dijo:* No molestes a Moab, ni
2.26 y envié. .con palabras de paz, *diciendo*
2.31 me *dijo* Jehová: He aquí yo he comenzado
3.2 y me *dijo* Jehová: No tengas temor de él
3.18 os mandé. .*diciendo:* Jehová vuestro Dios
3.21 ordené también a Josué. .*diciendo:* Tus
3.23 oré a Jehová en aquel tiempo, *diciendo*
3.26 *dijo* Jehová: Basta, no me hables más de
4.6 oirán. .*dirán:* Ciertamente pueblo sabio
4.10 Jehová me *dijo:* Reúneme el pueblo, para
5.5 vosotros. .no subisteis al monte. *Dijo*
5.20 no *dirás* falso testimonio. .tu prójimo
5.24 *dijisteis:* He aquí Jehová nuestro Dios
5.27 oye todas las cosas que *dijere* Jehová
5.27 nos *dirás* todo lo que Jehová te *dijere*
5.28 *dijo* Jehová: He oído. .lo que han *dicho*
5.30 vé y *diles:* Volveos a vuestras tiendas
5.31 quédate. .te *diré* todos los mandamientos
6.3 como te ha *dicho* Jehová el Dios de tus
6.19 arroje. .enemigos. .como Jehová ha *dicho*
6.20 cuando te preguntare tu hijo, *diciendo*
6.21 *dirás* a tu hijo: Nosotros éramos siervos
7.17 *dijeres* en tu corazón: Estas naciones
8.17 y *digas* en tu corazón: Mi poder y la
9.2 oído *decir:* ¿Quién se sostendrá delante
9.3 los destruirás. .como Jehová te ha *dicho*
9.4 no pienses. .*diciendo:* Por mi justicia me
9.12 y me *dijo* Jehová: Levántate, desciende
9.13 *diciendo:* He observado a ese pueblo, y
9.23 cuando Jehová os envió. .*diciendo:* Subid
9.25 Jehová *dijo* que os había de destruir
9.26 oré a Jehová, *diciendo:* Oh. .Jehová, no
9.28 sea que *digan* los de la tierra de donde
10.1 en aquel tiempo Jehová me *dijo:* Lábrate
10.9 Jehová es su heredad, como. .Dios le *dijo*
10.11 me *dijo* Jehová: Levántate, anda, para
11.25 miedo y temor de. .como él os ha *dicho*
12.20 Dios ensanchare tu. .como él te ha *dicho*
12.20 *dijeres:* Comeré carne, porque deseaste
12.30 no preguntes. .*diciendo:* De la manera
13.2 o prodigio que él te anunció, *diciendo*
13.6 si te incitare tu. .*diciendo* en secreto
13.12 si oyeres que se *dice* de alguna de tus
13.13 que han instigado a. .*diciendo:* Vamos y
15.6 te habrá bendecido, como te ha *dicho*
15.9 tener. .pensamiento perverso, *diciendo*
15.11 yo te mando, *diciendo:* Abrirás tu mano
15.16 si él te *dijere:* No te dejaré; porque
17.11 y según el juicio que te *digan,* harás
17.14 tomes posesión de ella. .*digas:* Pondré
17.16 Jehová os ha *dicho:* No volváis nunca
18.1 es *decir*. .la tribu de Leví, no tendrán
18.2 Jehová es su heredad. .él les ha *dicho*
18.16 pediste. .*diciendo:* No vuelva yo a oír
18.17 Jehová me *dijo:* Han hablado bien en
18.21 *dijeres*. .¿Cómo conoceremos la palabra
18.22 hablare. .y no se cumpliere lo que *dijo*
19.7 y te mando, *diciendo:* Separarás tres
20.3 *dirá:* Oye, Israel, vosotros os juntáis
20.5 oficiales hablarán al pueblo, *diciendo*
20.8 volverán. .a hablar al pueblo, y *dirán*
21.7 *dirán:* Nuestras manos no han derramado
21.20 y *dirán* a los ancianos de la ciudad
22.14 le atribuyere faltas. .y *dijere:* A esta
22.16 y *dirá* el padre. .a los ancianos: Yo di
22.17 él le atribuye faltas. .*diciendo:* No he
25.7 y *dirá:* Mi cuñado no quiere suscitar
25.8 levantare y *dijere:* No quiero tomarla
25.9 y *dirá:* Así será hecho al varón que no
26.3 te presentarás. .y le *dirás:* Declaro hoy
26.5 y *dirás* delante de Jehová. .Un arameo a
26.13 *dirás* delante de Jehová. .He sacado lo
26.19 seas un pueblo santo. .como él ha *dicho*
27.1 ordenó. .al pueblo, *diciendo:* Guardaréis
27.3 como. .el Dios de tus padres te ha *dicho*
27.9 habló a todo Israel, *diciendo:* Guarda
27.11 y mandó Moisés al pueblo en. .*diciendo*
27.14 hablarán los levitas, y *dirán* a todo
27.15 el pueblo responderá y *dirá:* Amén
27.16,17,18,19,20,21,22,23,24,25,26
maldito. .Y *dirá* todo el pueblo: Amén
28.67 por la mañana *dirás:* ¡Quién diera que
28.67 y a la tarde *dirás:* ¡Quién diera que
28.68 el camino del cual te ha *dicho:* Nunca
29.2 Moisés, pues, llamó a todo Israel. .*dijo*
29.13 Dios, de la manera que él te ha *dicho*
29.19 se bendiga en su. .*diciendo:* Tendré paz
29.22 y *dirán* las generaciones venideras
29.24 todas las naciones *dirán:* ¿Por qué hizo
30.12 no está en el cielo, para que *digas*
30.13 al otro lado del mar, para que *digas*
31.2 y les *dijo:* Este día soy de edad de 120
31.2 me ha *dicho:* No pasarás este Jordán
31.3 Josué será. .pasará. .como Jehová ha *dicho*
31.7 llamó. .a Josué, y le *dijo* en presencia
31.10 les mandó Moisés, *diciendo:* Al fin de
31.14 y Jehová *dijo* a Moisés: He aquí se ha
31.16 Jehová *dijo* a Moisés: He aquí, tú vas
31.17 *dirán* en aquel día: ¿No me han venido

DECIR *(Continúa)*

Dt. 31.23 dio orden a Josué. . y *dijo:* Esfuérzate
31.25 dio órdenes. . a los levitas, *diciendo*
32.7 pregunta. . a tus ancianos, y. . te *dirán*
32.20 y *dijo:* Esconderé de ellos mi rostro
32.26 había *dicho* que los esparciría lejos
32.27 sea que *digan:* Nuestra mano poderosa
32.37 *dirá:* ¿Dónde están sus dioses, la roca
32.40 alzaré. . y *diré:* Vivo yo para siempre
32.46 y les *dijo:* Aplicad vuestro corazón a
32.48 habló Jehová a Moisés aquel. . *diciendo*
33.2 *dijo:* Jehová vino de Sinaí, y de Seir
33.7 *dijo* así: Oye, oh Jehová, la voz de Judá
33.8 a Leví *dijo:* Tu Tumim y tu Urim sean
33.9 quien *dijo* de su padre y de su madre
33.12 a Benjamín *dijo:* El amado de Jehová
33.13 a José *dijo:* Bendita de Jehová sea tu
33.18 a Zabulón *dijo:* Alégrate, Zabulón
33.20 *dijo:* Bendito el que hizo ensanchar a
33.22 a Dan *dijo:* Dan es cachorro de león que
33.23 a Neftalí *dijo:* Neftalí, saciado de
33.24 a Aser *dijo:* Bendito sobre los hijos
33.27 él echó. . al enemigo, y *dijo:* Destruye
34.4 y le *dijo* Jehová: Esta es la tierra de
Jos. 1.1 Jehová habló a Josué hijo de. . *diciendo*
1.3 entregado, como lo había *dicho* a Moisés
1.10 Josué mandó a los oficiales. . *diciendo*
1.11 mandad al pueblo, *diciendo:* Preparaos
1.12 habló Josué a los rubenitas. . *diciendo*
1.13 la palabra que Moisés. . mandó *diciendo*
1.16 a Josué, *diciendo:* Nosotros haremos todas
2.1 envió. . dos espías. . *diciéndoles:* Andad
2.2 fue dado aviso al rey de Jericó, *diciendo*
2.3 rey. . envió a *decir* a Rahab: Saca a los
2.4 pero la mujer. . *dijo:* Es verdad que unos
2.8 antes. . ella subió al terrado, y les *dijo*
2.16 les *dijo:* Marchaos al monte, para que
2.17 *dijeron:* Nosotros quedaremos libres de
2.21 respondió: Sea así como habéis *dicho*
2.24 y *dijeron* a Josué: Jehová ha entregado
3.3 y mandaron al pueblo, *diciendo:* Cuando
3.5 Josué *dijo* al pueblo: Santificaos, porque
3.6 habló Josué a. . *diciendo:* Tomad el arca
3.7 *dijo* a Josué: Desde este día comenzaré a
3.8 mandarás a los sacerdotes que. . *diciendo*
3.9 y Josué *dijo* a los. . de Israel: Acercaos
4.1 Jordán, Jehová habló a Josué, *diciendo*
4.3 mandadles, *diciendo:* Tomad. . del Jordán
4.5 les *dijo* Josué: Pasad delante del arca
4.6 *diciendo:* ¿Qué significan estas piedras?
4.8 hicieron. . Jehová lo había *dicho* a Josué
4.10 mandado a Josué que *dijese* al pueblo
4.12 pasaron. . según Moisés les había *dicho*
4.15 luego Jehová habló a Josué, *diciendo*
4.17 mandó a los. . *diciendo:* Subid del Jordán
4.21 habló a los hijos de Israel, *diciendo*
4.21 preguntaren vuestros hijos. . y *dijeren*
4.22 declararéis. . *diciendo:* Israel pasó en
5.2 *dijo* a Josué: Hazte cuchillos afilados
5.9 Jehová *dijo* a Josué: Hoy he quitado de
5.13 Josué. . le *dijo:* ¿Eres de los nuestros
5.14 Josué. . le *dijo:* ¿Qué *dice* mi Señor a su
6.2 *dijo* a Josué: Mira, yo he entregado en tu
6.6 llamando. . sacerdotes, les *dijo:* Llevad
6.7 y *dijo* al pueblo: Pasad, y rodead la
6.10 mandó al pueblo, *diciendo*. . no gritaréis
6.10 hasta el día que yo os *diga:* Gritad
6.16 Josué *dijo* al pueblo: Gritad, porque
6.22 Josué *dijo* a los dos hombres que habían
6.26 en. . hizo Josué un juramento, *diciendo*
7.2 Josué envió hombres. . *diciendo:* Subid y
7.3 volviendo a Josué, le *dijeron:* No suba
7.7 Josué *dijo:* ¡Ah, Señor Jehová! ¿Por qué
7.8 ¿qué *diré*, ya que Israel ha vuelto la
7.10 Jehová *dijo* a Josué: Levántate; ¿por qué
7.13 levántate, santifica. . y *di:* Santificaos
7.13 Jehová el Dios de. . *dice* así: Anatema hay
7.19 Josué *dijo* a Acán: Hijo mío, da gloria
7.20 respondió a Josué *diciendo*. . yo he pecado
7.25 le *dijo* Josué: ¿Por qué nos has turbado?
8.1 *dijo* a Josué: No temas ni desmayes; toma
8.4 *diciendo:* Atended, pondréis emboscada a
8.6 ellos saldrán. . *dirán:* Huyen de nosotros
8.18 Jehová *dijo* a Josué: Extiende la lanza
9.6 vinieron. . y le *dijeron* a él y a. . Israel
9.8 Josué les *dijo:* ¿Quiénes sois vosotros
9.11 nuestros ancianos. . nos *dijeron:* Tomad
9.11 id. . y *decidles*. . somos vuestros siervos
9.21 *dijeron* los príncipes: Dejadlos vivir
9.22 ¿por qué nos habéis engañado, *diciendo*
9.24 *dijeron:* Como fue dado a entender a tus
10.3 Adonisedec rey. . envió a Hoham. . *diciendo*
10.6 de Gabaón enviaron a *decir* a Josué al
10.8 Jehová *dijo* a Josué: No tengas temor de
10.12 y *dijo* en presencia de los israelitas
10.18 Josué *dijo:* Rodad grandes piedras a la
10.22 entonces *dijo* Josué: Abrid la. . cueva
10.24 y *dijo* a los principales de la gente
10.25 y Josué les *dijo:* No temáis, ni os
11.6 Jehová *dijo* a Josué: No tengas temor de
11.23 todo lo que Jehová había *dicho* a Moisés
13.1 Jehová le *dijo:* Tú eres ya viejo, de
13.14,33 su heredad, como él les había *dicho*
14.6 Caleb. . *dijo:* Tú sabes lo que Jehová *d* a
14.9 juró *diciendo:* Ciertamente la tierra que
14.10 me ha hecho vivir, como él *dijo*, estos
14.12 y los echaré, como Jehová ha *dicho*
15.16 *dijo* Caleb: Al que atacare. . le daré mi
15.18 se bajó. . Y Caleb le *dijo:* ¿Qué tienes?
17.4 éstas vinieron. . y *dijeron:* Jehová mandó
17.14 los hijos de José. . hablaron. . *diciendo*
17.16 hijos de José *dijeron:* No nos bastará
17.17 Josué respondió. . a Manasés, *diciendo*
18.3 *dijo* a. . de Israel: ¿Hasta cuándo seréis
18.8 mandó Josué. . *diciéndoles:* Id, recorred
20.1 habló Jehová a Josué, *diciendo*
20.2 habla a. . y *diles:* Señalaos las ciudades
21.2 les hablaron en. . *diciendo:* Jehová mandó
22.2 les *dijo:* Vosotros habéis guardado todo
22.8 les habló *diciendo:* Volved a vuestras
22.11 oyeron *decir* que los hijos de Rubén y
22.15 fueron a los hijos de Rubén. . *diciendo*
22.16 toda la congregación de. . *dice* así: ¿Qué
22.21 hijos de Gad. . *dijeron* a los cabezas de
22.24 hijos *digan* a nuestros hijos: ¿Qué tenéis
22.26 *dijimos:* Edifiquemos ahora un altar, no
22.27 y no *digan* mañana vuestros hijos a los
22.28 *dijimos:* Si aconteciere que tal *digan*
22.31 y *dijo* Finees. . a los hijos de Rubén, a
23.2 les *dijo:* Yo ya soy viejo y avanzado en
23.5 poseeréis sus. . como Jehová. . os ha *dicho*
23.10 Dios es quien pelea. . como él os *dijo*
23.14 las buenas palabras que. . había *dicho*
23.15 palabra buena que Jehová. . había *dicho*
24.2 y *dijo* Josué. . Así *dice* Jehová, Dios de
24.16 el pueblo. . *dijo:* Nunca tal acontezca
24.19 Josué *dijo* al pueblo: No podréis servir
24.21 el pueblo. . *dijo* a Josué: No, sino que
24.27 *dijo* Josué a todo el pueblo: He aquí
Jue. 1.1 *diciendo:* ¿Quién de nosotros subirá
1.3 y Judá *dijo* a Simeón su hermano: Sube
1.7 *dijo* Adoni-bezec: 70 reyes, cortados los
1.12 *dijo* Caleb: El que atacare. . le daré Acsa
1.14 se bajó. . y Caleb le *dijo:* ¿Qué tienes?
1.20 dieron Hebrón. . como Moisés había *dicho*
1.24 vieron a un hombre que salía. . le *dijeron*
2.1 el ángel de Jehová. . *dijo:* Yo os saqué de
2.1 jurado. . *diciendo:* No invalidaré jamás mi
2.3 también *digo:* No los echaré de delante
2.15 para mal, como Jehová había *dicho*, y
2.20 y *dijo:* Por cuanto este pueblo traspasa
3.19 él se volvió. . y *dijo:* Rey, una palabra
3.19 una palabra. . que *decirte*. El. . *dijo:* Calla
3.20 Aod *dijo:* Tengo palabra de Dios para ti
3.24 *dijeron:* Sin duda él cubre sus pies en
3.28 él les *dijo:* Seguidme, porque Jehová
4.6 a llamar a Barac. . y le *dijo:* ¿No te ha
4.6 ¿no te ha mandado Jehová Dios. . *diciendo*
4.9 *dijo:* Iré contigo; mas no será tuya la
4.14 Débora *dijo* a Barac: Levántate, porque
4.18 saliendo Jael a. . *dijo:* Ven, señor mío
4.19 él le *dijo:* Te ruego me des de beber un
4.20 le *dijo:* Estate a la puerta de la tienda
4.20 preguntaré, *diciendo:* ¿Hay aquí alguno?
4.22 Jael salió a recibirlo, y le *dijo:* Ven
5.1 cantó Débora con Barac hijo de. . *diciendo*
5.23 maldecid a Meroz, *dijo* el ángel de
5.28 por entre las celosías. . *dice:* ¿Por qué
6.8 profeta. . les *dijo:* Así ha *dicho* Jehová
6.10 y os *dije:* Yo soy Jehová vuestro Dios
6.12 el ángel de Jehová. . apareció, y le *dijo*
6.13 contado, *diciendo:* ¿No nos sacó Jehová
6.14 Jehová, le *dijo:* Vé con esta tu fuerza
6.16 le *dijo:* Ciertamente yo estaré contigo
6.20 el ángel de Dios le *dijo:* Toma la carne
6.22 viendo. . que era el ángel de Jehová, *dijo*
6.23 le *dijo:* Paz a ti; no tengas temor, no
6.25 la misma noche le *dijo* Jehová: Toma un
6.27 tomó diez. . e hizo como Jehová le *dijo*
6.29 *dijeron* unos a otros: ¿Quién ha hecho
6.29 e inquiriendo, les *dijeron:* Gedeón hijo
6.36 Gedeón *dijo* a Dios: Si has de salvar a
6.37 que salvarás a Israel. . como lo has *dicho*
6.39 Gedeón *dijo* a Dios: No se encienda tu
7.2 Jehová *dijo* a Gedeón: El pueblo. . es mucho
7.2 alabe. . *diciendo:* Mi mano me ha salvado
7.3 haz pregonar. . *diciendo:* Quien tema y se
7.4 *dijo* a Gedeón: Aún es mucho el pueblo
7.4 yo te *diga:* Vaya éste. . te *d:* Este no vaya
7.5 *dijo* a Gedeón: Cualquiera que lamiere las
7.7 *dijo* a Gedeón: Con estos 300 hombres que
7.9 aquella noche Jehová le *dijo:* Levántate
7.13 contando. . un sueño, *diciendo:* He aquí
7.14 y su compañero. . *dijo:* Esto no es otra
7.15 vuelto al campamento. . *dijo:* Levantaos
7.17 *dijo:* Miradme a mí, y haced como hago
7.18 tocaréis. . *diréis:* ¡Por Jehová y. . Gedeón
7.24 Gedeón. . envió mensajeros por. . *diciendo*
8.1 los. . de Efraín le *dijeron:* ¿Qué es esto
8.5 y *dijo* a los de Sucot: Yo os ruego que
8.7 Gedeón *dijo*. . trillaré vuestra carne con
8.8 subió a. . y les *dijo* las mismas palabras
8.9 habló también a los de Peniel, *diciendo*
8.15 y entrando. . *dijo:* He aquí a Zeba y a
8.15 me zaheristeis, *diciendo:* ¿Están ya en
8.18 *dijo* a Zeba y a Zalmuna: ¿Qué aspecto
8.19 y él *dijo:* Mis hermanos eran, hijos de
8.20 *dijo* a Jeter su primogénito: Levántate
8.21 *dijeron* Zeba y Zalmuna: Levántate tú y
8.22 y los israelitas *dijeron* a Gedeón: Sé
8.24 y les *dijo* Gedeón: Quiero haceros una
9.1 Abimelec. . habló con ellos, y. . *diciendo*
9.2 *digáis* en oídos de todos los de Siquem
9.3 de Abimelec. . *decían:* Nuestro hermano es
9.7 cuando se lo *dijeron* a Jotam, fue y se
9.7 y les *dijo:* Oídme, varones de Siquem, y
9.8 *dijeron* al olivo: Reina sobre nosotros
9.10 *dijeron* los árboles a la higuera: Anda
9.12 *dijeron* luego los árboles a la vid: Pues
9.14 *dijeron*. . todos los árboles a la zarza
9.28 Gaal. . *dijo:* ¿Quién es Abimelec, y qué
9.29 *diría* a Abimelec: Aumenta tus ejércitos
9.31 mensajeros. . *diciendo:* He aquí que Gaal
9.36 viendo Gaal al pueblo, *dijo* a Zebul: He
9.37 volvió Gaal a hablar, y *dijo:* He allí
9.38 boca con que *decías:* ¿Quién es Abimelec
9.48 *diciendo* al pueblo que estaba con él
9.54 a su escudero. . *dijo*. . no se *diga* de mí
10.10 clamaron a Jehová, *diciendo:* Nosotros
10.18 *dijeron*. . ¿Quién comenzará la batalla
11.2 fuera a Jefté, *diciéndole:* No heredarás
11.6 y *dijeron* a Jefté: Ven, y serás. . jefe
11.9 Jefté. . *dijo* a los ancianos de Galaad: Si
11.10 testigo. . si no hiciéremos como tú *dices*
11.12 envió Jefté mensajeros al rey. . *diciendo*
11.15 para *decirle:* Jefté ha *dicho* así: Israel
11.17 mensajeros al rey de Edom, *diciendo*
11.19 a Sehón rey. . *diciéndole:* Te ruego que
11.30 Jefté hizo voto a Jehová, *diciendo:* Si
11.35 la vio, rompió sus vestidos, *diciendo*
11.37 volvió a *decir* a su padre: Concédeme
11.38 el entonces *dijo:* Vé. Y la dejó por dos
12.1 y pasaron. . y *dijeron* a Jefté: ¿Por qué
12.4 habían *dicho:* Vosotros sois fugitivos de
12.5 cuando *decían* los fugitivos de Efraín
12.6 *decían:* Ahora, pues, *di* Shibolet. Y él
12.6 y él *decía* Sibolet; porque no podía
13.3 le *dijo:* He aquí que tú eres estéril, y
13.6 *diciendo:* Un varón de Dios vino a mí
13.6 un ángel. . tampoco él me *dijo* su nombre
13.7 y me *dijo:* He aquí que tú concebirás, y
13.8 oró Manoa. . y *dijo:* Ah, Señor mío, yo te
13.10 la mujer corrió. . *diciéndole:* Mira que
13.11 le *dijo:* ¿Eres tú aquel. . Y él *d:* Yo soy
13.12 *dijo:* Cuando tus palabras se cumplan
13.13 se guardará de. . las cosas que yo le *dije*
13.15 Manoa *dijo* al ángel de. . Te ruego nos
13.17 *dijo* Manoa al ángel. . ¿Cuál es tu nombre
13.22 y *dijo* Manoa a. . Ciertamente moriremos
14.2 *diciendo*. . he visto en Timnat una mujer
14.3 *dijeron:* ¿No hay mujer entre las hijas
14.12 Sansón les *dijo:* Yo os propondré ahora
14.14 les *dijo:* Del devorador salió comida
14.15 *dijeron* a la mujer de Sansón: Induce a
14.16 lloró. . y *dijo:* Solamente me aborreces
14.18 le *dijeron:* ¿Qué cosa más dulce que la
15.1 visitó a su mujer. . *diciendo:* Entraré a
15.2 y *dijo* el padre de ella: Me persuadí de
15.3 le *dijo* Sansón: Sin culpa seré esta vez
15.6 *dijeron* los filisteos: ¿Quién hizo esto?
15.7 Sansón. . *dijo:* Ya que así habéis hecho
15.10 *dijeron:* ¿Por qué habéis subido contra
15.11 vinieron tres mil. . y *dijeron* a Sansón
15.12 le *dijeron*. . hemos venido para prenderte
15.13 *diciendo:* No; solamente te prenderemos
15.18 teniendo gran sed, clamó luego. . y *dijo*
16.2 fue *dicho* a los de Gaza; Sansón ha venido
16.2 *diciendo:* Hasta la luz de la mañana
16.5 los príncipes de. . le *dijeron:* Engáñale e
16.6 y Dalila *dijo* a Sansón: Yo te ruego que
16.9,12,14,20 le *dijo:* ¡Sansón, los filisteos
16.10 Dalila *dijo* a Sansón. . me has engañado
16.10 me has *dicho* mentiras; descúbreme, pues
16.11 él le *dijo:* Si me ataren. . con cuerdas
16.13 y Dalila *dijo* a Sansón: Hasta ahora me
16.13 le *dijo:* Si tejieres siete guedejas de
16.15 ella le *dijo:* ¿Cómo *dices:* Yo te amo
16.17 le *dijo:* Nunca a mi cabeza llegó navaja
16.18 envió a llamar a los. . *diciendo:* Venid
16.20 *dijo:* Esta vez saldré como las otras
16.23 *dijeron:* Nuestro dios entregó. . Sansón
16.24 alabaron a su dios, *diciendo:* Nuestro
16.25 *dijeron:* Llamad a Sansón, para que nos
16.26 Sansón *dijo* al joven que le guiaba de
16.28 clamó Sansón a Jehová, y *dijo:* Señor
16.30 *dijo* Sansón: Muera yo con los filisteos
17.2 *dijo* a su madre: Los mil cien siclos de
17.2 la madre *dijo:* Bendito seas de Jehová
17.3 su madre *dijo:* En verdad he dedicado el
17.9 Micaía le *dijo:* ¿De dónde vienes? Y el
17.10 Micaía le *dijo:* Quédate en mi casa, y
17.13 Micaía *dijo*. . que Jehová me prosperará
18.2 y les *dijeron:* Id y reconoced la tierra
18.3 *dijeron:* ¿Quién te ha traído acá? ¿y qué
18.5 ellos le *dijeron:* Pregunta. . a Dios, para
18.8 sus hermanos les *dijeron:* ¿Qué hay?
18.14 aquellos cinco hombres. . *dijeron* a sus
18.18 y el sacerdote les *dijo:* ¿Qué hacéis
18.23 y *dijeron* a Micaía: ¿Qué tienes, que
18.24 ¿por qué, pues, me *decís:* ¿Qué tienes?
18.25 los. . de Dan le *dijeron:* No des voces

DECIR *(Continúa)*
Jue. 19.5,6,8,9 el padre de la joven *dijo*
19.11 *dijo* el criado a su señor: Ven ahora, y
19.12 no iremos a ninguna. . *dijo* a su criado
19.17 vio a aquel caminante en la. . y le *dijo*
19.20 el hombre anciano *dijo:* Paz sea contigo
19.22 al anciano. . *diciendo:* Saca al hombre
19.23 salió. . el dueño de la casa y les *dijo*
19.28 *dijo:* Levántate, y vámonos; pero ella
19.30 el que veía. . *decía:* Jamás se ha hecho
20.3 y *dijeron*. . *Decid* cómo fue esta maldad
20.4 el varón levita. . *dijo:* Yo llegué a Gabaa
20.8 todo el pueblo. . se levantó, y *dijeron*
20.12 de Israel enviaron varones. . *diciendo*
20.18 consultaron a Dios, *diciendo:* ¿Quién
20.23 consultaron. . *diciendo:* ¿Volveremos a
20.28 *dijeron:* ¿Volveremos aún a salir contra
20.28 Jehová *dijo:* Subid, porque mañana yo
20.32 los. . de Benjamín *decían:* Vencidos son
20.32 los hijos de Israel *decían:* Huiremos
20.39 *decían:* Ciertamente ellos han caído
21.1 *diciendo:* Ninguno. . dará su hija a los
21.2 alzando su voz. . gran. . llanto, y *dijeron*
21.5 y *dijeron* los hijos de Israel: ¿Quién
21.5 juramento. . *diciendo:* Sufrirá la muerte
21.6 y *dijeron:* Cortada es hoy de Israel una
21.8 *dijeron:* ¿Hay alguno de las tribus de
21.10 y les mandaron, *diciendo:* Id y herid a
21.16 los ancianos de. . *dijeron:* ¿Qué haremos
21.17 y *dijeron:* Tenga Benjamín herencia en
21.18 jurado *diciendo:* Maldito el que diere
21.19 *dijeron*. . cada año hay fiesta solemne de
21.20 *diciendo:* Id, y poned emboscadas en las
21.22 nosotros. . *diremos:* Hacednos la merced
Rt. 1.8 y Noemí *dijo* a sus dos nueras. . volveos
1.10 le *dijeron:* Ciertamente nosotras iremos
1.12 *dijese:* Esperanza tengo, y esta noche
1.15 Noemí *dijo*. . tu cuñada se ha vuelto a su
1.18 estaba tan resuelta a ir. . no *dijo* más
1.19 conmovió. . y *decían:* ¿No es ésta Noemí?
2.2 y Rut la moabita *dijo* a Noemí: Te ruego
2.4 Booz vino de Belén, y *dijo* a. . segadores
2.5 Booz *dijo* a su criado el mayordomo de los
2.6 *dijo:* Es la joven moabita que volvió con
2.7 ha *dicho:* Te ruego que me dejes recoger
2.8 entonces Booz *dijo* a Rut: Oye, hija mía
2.10 le *dijo:* ¿Por qué he hallado gracia en
2.11 Booz le *dijo:* He sabido. . que has hecho
2.13 ella *dijo:* Señor mío, halle yo gracia
2.14 y Booz le *dijo* a la hora de comer: Ven
2.15 Booz mandó a sus. . *diciendo:* Que recoja
2.19 le *dijo* su suegra: ¿Dónde has espigado
2.19 *dijo:* El nombre del varón con. . es Booz
2.20 *dijo* Noemí a su nuera: Sea él bendito de
2.20 *dijo* Noemí: Nuestro pariente es aquel
2.21 Rut. . *dijo:* Además de esto me ha *dicho*
3.1 le *dijo* su suegra Noemí: Hija mía, ¿no he
3.4 irás. . y él te *dirá* lo que hayas de hacer
3.9 él *dijo:* ¿Quién eres? Y ella respondió
3.10 *dijo:* Bendita seas tú de Jehová, hija
3.11 no temas. . haré contigo lo que tú *digas*
3.14 él *dijo:* No se sepa que vino mujer a la
3.15 *dijo:* Quítate el manto que traes sobre
3.16 su suegra. . le *dijo:* ¿Qué hay, hija mía?
3.17 y *dijo:* Estas seis medidas de cebada me
3.17 *diciéndome:* A fin de que no vayas a tu
3.18 Noemí *dijo:* Espérate, hija mía, hasta
4.1 he aquí pasaba aquel pariente. . y le *dijo*
4.2 él tomó a diez varones. . y *dijo:* Sentaos
4.3 *dijo* al pariente: Noemí, que ha vuelto
4.4 y *decirte* que la compres en presencia de
4.8 el pariente *dijo* a Booz: Tómalo tú. Y se
4.9 Booz *dijo* a los ancianos y a. . el pueblo
4.11 *dijeron*. . los del pueblo que estaban a
4.14 *decían* a Noemí: Loado sea Jehová, que
4.17 le dieron nombre. . *diciendo:* Le ha nacido
1 S. 1.8 marido le *dijo:* Ana, ¿por qué lloras
1.11 e hizo voto, *diciendo*. . si te dignares
1.14 *dijo* Elí: ¿Hasta cuándo estarás ebria?
1.15 y Ana le respondió *diciendo:* No, señor
1.17 *dijo:* Vé en paz, y el Dios de Israel te
1.18 *dijo:* Halle tu sierva gracia delante de
1.20 y le puso por nombre Samuel, *diciendo*
1.22 *dijo* a su marido: Yo no subiré hasta que
1.26 ella *dijo:* ¡Oh, señor mío! Vive tu alma
2.1 Ana oró y *dijo:* Mi corazón se regocija
2.15 *decía* al que sacrificaba: Da carne que
2.20 bendijo a Elcana. . *diciendo:* Jehová te
2.23 *dijo:* ¿Por qué hacéis cosas semejantes?
2.27 a Elí, y le *dijo:* Así ha *dicho* Jehová
2.30 Jehová. . *dice:* Yo había *dicho* que tu casa
2.30 ahora ha *dicho* Jehová: Nunca yo tal haga
2.36 postrarse. . *diciéndole:* Te ruego que me
3.5 a Elí, *dijo:* Heme aquí. . Elí le *d:* Yo no
3.6 Samuel. . *dijo:* Heme aquí. . él *d:* Hijo mío
3.8 levantó y vino a Elí, y *dijo:* Heme aquí
3.9 *dijo* Elí a Samuel: Vé y acuéstate; y si
3.9 te llamare, *dirás:* Habla, Jehová, porque
3.10 entonces Samuel *dijo:* Habla, porque tu
3.11 Jehová *dijo* a Samuel: He aquí haré yo
3.12 cumpliré. . todas las cosas que he *dicho*
3.16 llamando, pues, Elí a Samuel, le *dijo*
3.17 *dijo:* ¿Qué es la palabra que te habló?
3.18 entonces él *dijo:* Jehová es; haga lo que
4.3 los ancianos. . *dijeron:* ¿Por qué nos ha
4.6 *dijeron:* ¿Qué voz de gran júbilo es esta
4.7 *decían:* Ha venido Dios. . *dijeron:* ¡Ay de
4.14 cuando Elí oyó el estruendo de la. . *dijo*
4.16 *dijo*, pues, aquel hombre. . Elí *d:* ¿Qué ha
4.17 respondió *diciendo:* Israel huyó delante
4.20 le *decían* las que estaban junto a ella
4.21 llamó. . Icabod, *diciendo:* ¡Traspasada es
4.22 *dijo*. . Traspasada es la gloria de Israel
5.7 *dijeron:* No quede con nosotros el arca
5.8 convocaron. . y les *dijeron:* ¿Qué haremos
5.10 los ecronitas dieron voces, *diciendo:* Han
5.11 y reunieron a. . los príncipes. . *diciendo*
6.3 *dijeron:* Si enviáis el arca del Dios de
6.4 ellos *dijeron:* ¿Y qué será la expiación
6.20 *dijeron* los de Bet-semes: ¿Quién podrá
6.21 *diciendo:* Los filisteos han devuelto el
7.3 habló Samuel. . *diciendo:* Si de. . corazón
7.5 y Samuel *dijo:* Reunid a todo Israel en
7.6 *dijeron* allí: Contra Jehová hemos pecado
7.8 *dijeron*. . a Samuel: No ceses de clamar por
7.12 *diciendo:* Hasta aquí nos ayudó Jehová
8.5 y le *dijeron:* He aquí tú has envejecido
8.6 pero no agradó a Samuel esta. . que *dijeron*
8.7 *dijo* Jehová a Samuel: Oye. . que te *digan*
8.11 *dijo*. . Así hará el rey que reinará sobre
8.19 no quiso oír. . y *dijo*. . habrá rey sobre
8.22 *dijo*. . Oye su voz, y pon rey sobre ellos
8.22 *dijo* Samuel. . Idos cada uno a vuestra
9.3 *dijo* Cis a Saúl su hijo. . vé a buscar a
9.5 Saúl *dijo* a su criado. . Ven, volvámonos
9.6 todo lo que él *dice* acontece sin falta
9.8 volvió el criado a responder. . *diciendo*
9.9 iba a consultar a Dios, *decía* así: Venid
9.10 *dijo*. . Saúl su criado: *Dices* bien; anda
9.11 a las cuales *dijeron:* ¿Está. . vidente?
9.12 ellas. . *dijeron:* Sí, helo allí delante
9.15 Jehová había revelado al oído. . *diciendo*
9.17 Jehová le *dijo:* He aquí éste es el varón
9.18 acercándose Saúl. . le *dijo:* Te ruego que
9.19 Samuel respondió. . *diciendo:* Yo soy el
9.21 *dijo:* ¿No soy yo hijo de Benjamín, de
9.21 ¿por qué. . me has *dicho* cosa semejante?
9.23 y *dijo* Samuel al cocinero: Trae acá la
9.24 Samuel *dijo*. . se te guardó, cuando *dije*
9.26 Samuel llamó a Saúl. . y *dijo:* Levántate
9.27 *dijo* Samuel a Saúl: *Dí* al criado que se
10.1 y le *dijo:* ¿No te ha ungido Jehová por
10.2 hallarás dos hombres. . *dirán:* Las asnas
10.2 *diciendo:* ¿Qué haré acerca de mi hijo?
10.11 el pueblo *decía*. . ¿Qué le ha sucedido al
10.12 de allí respondió *diciendo:* ¿Y quién es
10.14 un tío de Saúl *dijo* a él y a su criado
10.15 *dijo* el tío de Saúl: Yo te ruego me
10.15 ruego me declares qué os *dijo* Samuel
10.18 y *dijo* a. . Israel: Así ha *dicho* Jehová
10.19 y habéis *dicho:* No, sino pon rey sobre
10.24 Samuel *dijo*. . ¿Habéis visto al que ha
10.24 el pueblo clamó. . *diciendo:* ¡Viva el rey!
10.27 algunos perversos *dijeron:* ¿Cómo nos ha
11.1 los de Jabes *dijeron*. . Haz alianza con
11.3 los de Jabes le *dijeron:* Danos siete días
11.4 *dijeron* estas palabras en oídos. . pueblo
11.5 y *dijo* Saúl: ¿Qué tiene el pueblo, que
11.7 *diciendo:* Así se hará con los bueyes del
11.9 *diréis* a los de Jabes de Galaad: Mañana
11.10 los de Jabes *dijeron* a los enemigos
11.12 el pueblo. . *dijo* a Samuel: ¿Quiénes son
11.12 son los que *decían:* ¿Ha de reinar Saúl
11.13 y Saúl *dijo:* No morirá hoy ninguno
11.14 Samuel *dijo* al pueblo: Venid, vamos a
12.1 *dijo* Samuel a todo Israel: He aquí, yo
12.4 *dijeron:* Nunca nos has calumniado ni
12.5 él les *dijo:* Jehová es testigo contra
12.6 *dijo* al pueblo: Jehová, que. . es testigo
12.10 ellos clamaron. . y *dijeron:* Hemos pecado
12.12 *dijisteis:* No, sino que ha de reinar
12.19 *dijo* todo el pueblo a Samuel: Ruega por
13.3 trompeta. . *diciendo:* Oigan los hebreos
13.4 oyó que se *decía:* Saúl ha atacado a la
13.8 conforme al plazo. . Samuel había *dicho*
13.11 Samuel *dijo:* ¿Qué has hecho? Y Saúl
13.12 *dije:* Ahora descenderán los filisteos
13.13 Samuel *dijo* a Saúl: Locamente has hecho
13.19 los filisteos habían *dicho:* Para que los
14.1 Jonatán. . *dijo* a su criado que le traía
14.6 *dijo*. . Jonatán a su paje. . Ven, pasemos a
14.8 *dijo* entonces Jonatán: Vamos a pasar a
14.9 si nos *dijeren* así: Esperad hasta que
14.10 si nos *dijeren* así: Subid a nosotros
14.11 filisteos *dijeron:* He aquí los hebreos
14.12 *dijeron:* Subid a nosotros. . *dijo*. . Sube
14.17 Saúl *dijo*. . Pasad ahora revista, y ved
14.18 y Saúl *dijo* a Ahías: Trae el arca de
14.19 *dijo* Saúl al sacerdote: Detén tu mano
14.24 juramentado. . *diciendo:* Cualquiera que
14.28 *diciendo:* Tu padre ha hecho jurar. . *d*
14.33 *diciendo:* El pueblo peca. . y él *dijo*
14.34 *dijo* Saúl. . y *decidles* que me traigan
14.36 *dijo* Saúl: Descendamos de noche contra
14.36 *dijeron:* Haz lo que bien te pareciere
14.36 *dijo*. . el sacerdote: Acerquémonos aquí
14.38 *dijo* Saúl: Venid acá. . los principales
14.40 *dijo* luego a todo Israel: Vosotros
14.41 *dijo* Saúl a Jehová. . Da suerte perfecta
14.42 Saúl *dijo:* Echad suertes entre mí y
14.43 Saúl *dijo* a Jonatán: Declárame lo que
14.43 y Jonatán. . *dijo*. . gusté un poco de miel
14.45 el pueblo *dijo* a Saúl: ¿Ha de morir
15.1 Samuel *dijo* a Saúl: Jehová me envió a
15.2 ha *dicho* Jehová. . Yo castigaré. . Amalec
15.6 *dijo* Saúl a los ceneos: Idos, apartaos
15.10 palabra de Jehová a Samuel, *diciendo*
15.12 dado aviso a Samuel, *diciendo:* Saúl
15.13 vino. . Samuel a Saúl, y Saúl le *dijo*
15.14 Samuel. . *dijo:* ¿Pues qué balido de ovejas
15.16 *dijo* Samuel. . lo que Jehová me ha *dicho*
15.16 déjame declararte. . él le respondió: *Dí*
15.17 y *dijo* Samuel: Aunque eras pequeño en
15.18 Jehová te envió. . y *dijo:* Vé, destruye
15.22 *dijo:* ¿Se complace Jehová tanto en los
15.24 *dijo* a Samuel: Yo he pecado; pues he
15.28 Samuel le *dijo:* Jehová ha rasgado hoy
15.30 *dijo:* Yo he pecado; pero te ruego que
15.32 *dijo* Samuel: Traedme a Agag. . Y *d* Agag
15.33 Samuel *dijo:* Como tu espada dejó a las
16.1 *dijo* Jehová a Samuel: ¿Hasta cuándo
16.2 y *dijo* Samuel: ¿Cómo iré? Si Saúl lo
16.2 toma. . una becerra de la. . y *dí:* A ofrecer
16.3 llama a. . y me ungirás al que yo te *dijere*
16.4 hizo, pues, Samuel como le *dijo* Jehová
16.4 salieron a recibirle con. . y *dijeron:* ¿Es
16.6 *dijo:* De cierto delante de Jehová está
16.8,9 *dijo:* Tampoco a éste ha escogido
16.10 pero Samuel *dijo* a Isaí: Jehová no ha
16.11 *dijo* Samuel a Isaí: ¿Son éstos todos
16.11 y *dijo* Samuel a Isaí: Envía por él
16.12 *dijo:* Levántate y úngelo, porque éste
16.15 los criados de Saúl le *dijeron:* He aquí
16.16 *diga*. . nuestro señor a tus siervos que
16.18 *diciendo*. . yo he visto a un hijo de Isaí
16.19 Saúl envió mensajeros a Isaí, *diciendo*
16.22 a *decir* a Isaí. . que esté David conmigo
17.8 y dio voces. . *diciéndoles:* ¿Para qué os
17.17 *dijo* Isaí a David su hijo: Toma ahora
17.25 *decía:* ¿No habéis visto aquel hombre
17.26 habló David. . *diciendo:* ¿Qué harán al
17.27 el pueblo le respondió. . *diciendo:* Así
17.28 y *dijo:* ¿Para qué has descendido acá?
17.31 las palabras que David había *dicho*, y
17.32 y *dijo* David a Saúl: No desmaye el
17.33 y *dijo* Saúl a David: No podrás tú ir
17.37 *dijo* Saúl a David: Vé, y Jehová esté
17.39 *dijo* David a Saúl: Yo no puedo andar
17.43 y *dijo* el filisteo a David: ¿Soy yo
17.44 *dijo* luego el filisteo a David: Ven a
17.45 *dijo* David al filisteo: Tú vienes a mí
17.55 cuando Saúl vio. . *dijo* a Abner general
17.56 el rey *dijo:* Pregunta de quién es hijo
17.58 le *dijo* Saúl: Muchacho, ¿de quién eres
18.7 cantaban. . y *decían:* Saúl hirió a. . miles
18.8 se enojó Saúl. . y *dijo:* A David dieron
18.11 arrojó. . la lanza, *diciendo:* Enclavaré
18.17 *dijo* Saúl a David. . yo te daré Merab mi
18.17 Saúl *decía:* No será mi mano contra él
18.20 fue *dicho* a Saúl, y le pareció bien a
18.21 Saúl *dijo:* Yo se la daré, para que le
18.21 *dijo*. . Saúl a David por segunda vez: Tú
18.22 hablad en secreto a David, *diciéndole*
18.23 David *dijo:* ¿Os parece a vosotros que
18.24 *diciendo:* Tales palabras ha *dicho* David
18.25 Saúl *dijo:* *Decid* así a David: El rey no
19.2 y dio aviso a David, *diciendo:* Saúl mi
19.4 Jonatán. . *dijo:* No peque el rey contra la
19.11 Mical su mujer avisó a David, *diciendo*
19.15 que viesen a David, *diciendo:* Traédmelo
19.17 *dijo* a Mical: ¿Por qué me has engañado
19.17 *dijo:* Déjame ir; si no, yo te mataré
19.18 le *dijo* todo lo que Saúl había hecho
19.19 dado aviso a Saúl, *diciendo*. . en Naiot
19.22 preguntó *diciendo:* ¿Dónde están. . David
19.24 de aquí se *dijo:* ¿También Saúl entre
20.1 y *dijo:* ¿Qué he hecho yo? ¿Cuál es mi
20.2 le *dijo:* En ninguna manera; no morirás
20.3 volvió a jurar *diciendo:* Tu padre sabe
20.3 tu padre. . *dirá:* No sepa esto Jonatán
20.4 y Jonatán *dijo* a David: Lo que deseare
20.6 *dirás:* Me rogó mucho que lo dejase ir
20.7 si él *dijere:* Bien está. . tendrá paz tu
20.9 Jonatán le *dijo:* Nunca tal te suceda
20.10 *dijo*. . David a Jonatán: ¿Quién me dará
20.11 Jonatán *dijo* a David: Ven, salgamos al
20.12 *dijo* Jonatán a David: ¡Jehová Dios de
20.16 hizo Jonatán pacto con. . David, *diciendo*
20.18 le *dijo* Jonatán: Mañana es nueva luna
20.21 luego enviaré al criado, *diciéndole*
20.21 si *dijere* al criado: He allí las saetas
20.22 mas si yo *dijere*. . He allí las saetas
20.26 día Saúl no *dijo* nada, porque se *decía*
20.27 Saúl *dijo* a Jonatán su hijo: ¿Por qué
20.29 *diciendo:* Te ruego que me dejes ir
20.30 se encendió la ira de Saúl. . y le *dijo*
20.32 y Jonatán. . le *dijo:* ¿Por qué morirá?
20.36 *dijo* al muchacho: Corre y busca las
20.37 dio voces tras el muchacho, *diciendo*
20.40 le *dijo:* Vete y llévalas a la ciudad
20.42 y Jonatán *dijo* a David: Vete en paz

DECIR *(Continúa)*
1 S. 20.42 hemos jurado. . *diciendo:* Jehová esté
21.1 se sorprendió Ahimelec de. . y le *dijo*
21.2 el rey. . me *dijo:* Nadie sepa cosa alguna
21.5 David. . le *dijo:* En verdad las mujeres
21.8 David *dijo* a Ahimelec: ¿No tienes aquí
21.9 *dijo* David: Ninguna como ella; dámela
21.11 los siervos de Aquis le *dijeron:* ¿no es
21.11 de quien cantaban en. . *diciendo:* Hirió
21.14 *dijo* Aquis a sus siervos. . es demente
22.3 y se fue David. . y *dijo* al rey de Moab
22.5 el profeta Gad *dijo* a David: No te estés
22.7 y *dijo* Saúl a sus siervos. . Oíd ahora
22.9 Doeg. . *dijo:* Yo vi al hijo de Isaí que
22.12 Saúl le *dijo:* Oye. . y él *d:* Heme aquí
22.13 *dijo* Saúl: ¿Por qué habéis conspirado
22.14 Ahimelec. . *dijo:* ¿Y quién. . es tan fiel
22.16 el rey *dijo:* Sin duda morirás, Ahimelec
22.17 *dijo* el rey a la gente de su guardia
22.18 *dijo* el rey a Doeg: Vuelve. . y arremete
22.22 *dijo* David a Abiatar: Yo sabía que
23.1 *diciendo*. . los filisteos combaten a Keila
23.2 David consultó a Jehová, *diciendo:* ¿Iré
23.3 los que estaban con David le *dijeron*
23.4 Jehová le. . *dijo:* Levántate, desciende
23.7 *dijo* Saúl: Dios lo ha entregado en mi
23.9 David. . *dijo* a Abiatar sacerdote: Trae
23.10 *dijo* David: Jehová Dios de Israel, tu
23.11 ruego. . y Jehová *dijo:* Sí, descenderá
23.12 *dijo* luego David: ¿Me entregarán los
23.17 le *dijo:* No temas, pues no te hallará
23.19 subieron. . de Zif para *decirle* a Saúl
23.21 Saúl *dijo:* Benditos seáis vosotros de
23.22 se me ha *dicho* que él es astuto en
23.27 mensajero a Saúl, *diciendo:* Ven luego
24.1 dieron aviso, *diciendo:* He aquí David
24.4 le *dijeron*. . día de que te *dijo* Jehová
24.6 *dijo* a sus hombres: Jehová me guarde de
24.8 dio voces detrás de Saúl, *diciendo:* ¡Mi
24.9 *dijo* David a Saúl: ¿Por qué oyes las
24.10 *dijeron* que te matase, pero te perdoné
24.10 *dije:* No extenderé mi mano contra mi
24.13 como *dice* el proverbio de los antiguos
24.16 David acabó de *decir*. . Saúl *dijo:* ¿No
24.17 *dijo* a David: Más justo eres tú que yo
25.5 envió David diez jóvenes y les *dijo*
25.6 *decidle* así: Sea paz a ti, y paz a tu
25.8 pregunta a tus criados, y. . te lo *dirán*
25.9 cuando llegaron. . *dijeron* a Nabal todas
25.10 Nabal respondió a. . y *dijo:* ¿Quién es
25.12 *dijeron* a David todas estas palabras
25.13 David *dijo* a sus hombres: Cíñase cada
25.14 dio aviso a Abigail. . *diciendo:* He aquí
25.19 *dijo* a sus criados: Id delante de mí
25.21 David había *dicho:* Ciertamente en vano
25.24 y *dijo:* Señor mío, sobre mí sea el
25.32 y *dijo* David a Abigail: Bendito sea
25.35 David. . le *dijo:* Sube en paz a tu casa
25.39 que David oyó. . *dijo:* Bendito sea Jehová
25.40 *diciendo:* David nos ha enviado a ti
25.41 inclinó su rostro a tierra, *diciendo*
26.1 vinieron los zifeos a Saúl. . *diciendo*
26.6 David *dijo* a Ahimelec heteo y a Abisai
26.6 *dijo* Abisai: Yo descenderé contigo
26.8 *dijo* Abisai a David: Hoy ha entregado
26.10 *dijo* además David: Vive Jehová, que si
26.14 y dio voces. . *diciendo:* ¿No respondes
26.14 Abner. . *dijo:* ¿Quién eres tú que gritas
26.15 *dijo* David a Abner: ¿No eres. . hombre?
26.17 conociendo Saúl la voz de David, *dijo*
26.18 *dijo:* ¿Por qué persigue así mi señor
26.19 me han arrojado. . *diciendo:* Vé y sirve
26.21 *dijo* Saúl: He pecado; vuélvete, hijo
26.22 David. . *dijo:* He aquí la lanza del rey
26.25 y Saúl *dijo* a David: Bendito eres tú
27.1 *dijo* luego David en. . Al fin seré muerto
27.5 David *dijo* a Aquis: Si he hallado gracia
27.10 *decía* Aquis: ¿Dónde habéis merodeado
27.10 David *decía:* En el Neguev de Judá, y
27.11 *diciendo:* No. . *digan:* Esto hizo David
27.12 y Aquis creía a David, y *decía:* El se ha
28.1 *dijo* Aquis a David: Ten entendido que
28.2 Aquis *dijo* a David. . yo te constituiré
28.7 Saúl *dijo* a sus criados: Buscadme una
28.8 y él *dijo:* Yo te ruego que me adivines
28.8 y me hagas subir a quien yo te *dijere*
28.9 la mujer le *dijo:* He aquí tú sabes lo
28.10 Saúl le juró. . *diciendo:* Vive Jehová
28.11 mujer. . *dijo:* ¿A quién te haré venir?
28.12 habló aquella mujer a Saúl, *diciendo*
28.13 rey le *dijo:* No temas. ¿Qué has visto?
28.14 él le *dijo:* ¿Cuál es su forma? Y ella
28.15 Samuel *dijo* a Saúl: ¿Por qué me has
28.16 Samuel *dijo:* ¿Y para qué me preguntas
28.17 te ha hecho como *dijo* por medio de mí
28.21 la mujer. . *dijo:* He aquí que tu sierva
28.21 oído las palabras que tú me has *dicho*
28.23 y él rehusó *diciendo:* No comeré. Pero
29.3 *dijeron* los príncipes de los filisteos
29.4 los príncipes. . *dijeron:* Despide a este
29.5 de quien cantaban. . *diciendo:* Saúl hirió
29.6 y Aquis llamó a David y le *dijo:* Vive
29.9 Aquis respondió. . y *dijo:* Yo sé que tú
29.9 los príncipes. . me han *dicho:* No venga
30.7 y *dijo* David al sacerdote Abiatar hijo
30.8 a Jehová, *diciendo:* ¿Perseguiré a estos
30.8 y él le *dijo:* Síguelos. . los alcanzarás
30.13 le *dijo* David: ¿De quién eres tú, y de
30.15 le *dijo* David: ¿Me llevarás tú. . Y él *d*
30.20 *decían:* Este es el botín de David
30.22 los malos. . *dijeron:* Porque no fueron
30.23 y David *dijo:* No hagáis eso, hermanos
30.26 envió del botín. . sus amigos, *diciendo*
31.4 entonces *dijo* Saúl a su escudero: Saca
2 S. 1.4 David le *dijo:* ¿Qué ha acontecido?
1.4 te ruego que me lo *digas*. Y él respondió
1.5 *dijo* David a aquel joven que le daba las
1.7 me vio y me llamó; y yo *dije:* Heme aquí
1.9 a *decir:* Te ruego que te pongas sobre mí
1.13 y David *dijo* a aquel joven. . ¿De dónde
1.14 *dijo* David: ¿Cómo no tuviste temor de
1.15 llamó David a. . y le *dijo:* Vé y mátalo
1.16 David le *dijo:* Tu sangre sea sobre tu
1.16 pues tu misma boca atestiguó. . *diciendo*
1.18 *dijo* que debía enseñarse a los hijos de
2.1 que David consultó. . *diciendo:* ¿Subiré a
2.1 David volvió a *decir:* ¿A dónde subiré?
2.4 dieron aviso. . *diciendo:* Los de Jabes de
2.5 envió David. . *diciéndoles:* Benditos seáis
2.14 *dijo* Abner a Joab: Levántense ahora los
2.20 miró atrás. . y *dijo:* ¿No eres tú Asael?
2.21 Abner le *dijo:* Apártate a la derecha o
2.22 Abner volvió a *decir* a Asael: Apártate
2.26 y Abner dio voces a Joab, *diciendo*
2.26 ¿hasta cuándo no *dirás* al pueblo que se
3.7 *dijo* Is-boset a Abner: ¿Por qué te has
3.8 Abner. . *dijo:* ¿Soy yo cabeza de perro que
3.12 envió Abner mensajeros a David. . *diciendo*
3.12 que le *dijesen:* Haz pacto conmigo, y he
3.13 y David *dijo:* Bien; haré pacto contigo
3.14 *diciendo:* Restitúyeme mi mujer Mical
3.16 le *dijo* Abner: Anda, vuélvete. . volvió
3.17 habló Abner. . *diciendo:* Hace ya tiempo
3.18 Jehová ha hablado a David, *diciendo*
3.19 *decir* a David todo lo que parecía bien
3.21 y *dijo* Abner a David: Yo me levantaré
3.23 aviso a Joab, *diciendo:* Abner hijo de
3.24 Joab vino. . y le *dijo:* ¿Qué has hecho?
3.28 cuando David supo. . *dijo:* Inocente soy
3.31 *dijo* David a Joab, y a todo el pueblo
3.33 endechando a. . *decía:* ¿Había de morir
3.35 David juró *diciendo:* Así me haga Dios
3.38 *dijo* el rey a sus siervos: ¿No sabéis
4.8 y *dijeron* al rey: He aquí la cabeza de
4.9 y David. . les *dijo:* Vive Jehová que ha
4.10 me dio nuevas, *diciendo*. . Saúl ha muerto
5.1 *diciendo:* Henos aquí, hueso tuyo. . somos
5.2 Jehová te ha *dicho:* Tú apacentarás a mi
5.6 los jebuseos. . hablaron a David, *diciendo*
5.6 queriendo *decir:* David no puede entrar
5.8 *dijo* David aquel día: Todo el que hiera
5.19 consultó David. . *diciendo:* ¿Iré contra
5.20 *dijo:* Quebrantó Jehová a mis enemigos
6.9 temiendo David. . *dijo:* ¿Cómo ha de venir
6.12 dado aviso al rey. . *diciendo:* Jehová ha
6.20 saliendo Mical. . *dijo:* ¡Cuán honrado ha
7.2 *dijo* el rey al profeta Natán: Mira ahora
7.3 Natán *dijo* al rey: Anda, y haz todo lo
7.4 vino palabra de Jehová a Natán, *diciendo*
7.5 vé y *di* a mi siervo. . Así ha *dicho* Jehová
7.7 *diciendo:* ¿Por qué no me habéis edificado
7.8 *dirás*. . a mi siervo David: Así ha *dicho*
7.18 y entró al rey. . y *dijo*. . ¿quién soy yo
7.25 ahora. . haz conforme a lo que has *dicho*
7.26 y se *diga:* Jehová de los ejércitos es
7.27 revelaste al. . *diciendo:* Yo te edificaré
7.29 porque tú, Jehová Dios, lo has *dicho*
9.1 *dijo* David: ¿Ha quedado alguno de. . Saúl
9.2 le *dijo:* ¿Eres tú Siba? Y él respondió
9.3 el rey le *dijo:* ¿No ha quedado nadie de la
9.6 y *dijo* David: Mefi-boset. Y él respondió
9.7 *dijo* David: No tengas temor, porque yo
9.8 inclinándose, *dijo:* ¿Quién es tu siervo
9.9 el rey llamó a Siba. . y le *dijo:* Todo lo
9.11 Mefi-boset, *dijo* el rey, comerá a mi
10.2 *dijo* David: Yo haré misericordia con
10.3 príncipes de. . *dijeron* a Hanún su señor
10.5 rey mandó. . *dijeran:* Quedaos en Jericó
10.11 *dijo:* Si los sirios pudieren más que
11.3 le *dijeron:* Aquella es Betsabé hija de
11.5 envió. . a David, *diciendo:* Estoy encinta
11.6 David envió a *decir* a Joab: Envíame a
11.8 *dijo*. . a Urías: Desciende a tu casa, y
11.10 hicieron saber. . *diciendo:* Urías no ha
11.10 *dijo* David a Urías: ¿No has venido de
11.12 David *dijo* a Urías: Quédate aquí aún
11.15 y escribió. . *diciendo:* Poned a Urías al
11.19 *diciendo:* Cuando acabes de contar al
11.20 y te *dijere:* ¿Por qué os acercásteis
11.21 tú le *dirás:* También tu siervo Urías
11.23 *dijo*. . prevalecieron contra nosotros
11.25 David *dijo* al mensajero: Así *dirás* a
12.1 y viniendo. . le *dijo:* Había dos hombres
12.5 *dijo* a Natán: Vive Jehová, que el que
12.7 *dijo* Natán a David. . eres aquel hombre
12.7 así ha *dicho* Jehová. . Yo te ungí por rey
12.11 así ha *dicho* Jehová: He aquí yo haré
12.13 *dijo* David. . Pequé. . Y Natán *d* a David
12.18 *diciendo* entre sí: Cuando el niño aún
12.18 si le *decimos* que el niño ha muerto?
12.19 *dijo* David a sus siervos: ¿Ha muerto
12.21 le *dijeron* sus siervos: ¿Qué es esto
12.22 yo ayunaba. . *diciendo:* ¿Quién sabe si
12.27 Joab. . *diciendo:* Yo he puesto sitio a
13.4 y éste le *dijo:* Hijo del rey, ¿por qué
13.5 Jonadab le *dijo:* Acuéstate en tu cama
13.5 cuando tu padre viniere. . *dile:* Te ruego
13.6 y *dijo* Amnón al rey: Yo te ruego que
13.7 David envió a Tamar. . *diciendo:* Vé ahora
13.9 *dijo* Amnón: Echad fuera de aquí a todos
13.10 Amnón *dijo* a Tamar: Trae la comida a
13.11 le *dijo:* Ven, hermana mía, acuéstate
13.15 luego. . *dijo* Amnón: Levántate, y vete
13.17 llamando a su criado. . *dijo:* Echame a
13.20 le *dijo* su hermano Absalón: ¿Ha estado
13.24 vino Absalón el rey y *dijo:* He aquí, tu
13.26 *dijo* Absalón: Pues si no, te ruego que
13.28 y Absalón había dado orden. . *diciendo*
13.28 al *decir* yo: Herid a Amnón. . matadle
13.30 llegó. . el rumor que *decía:* Absalón ha
13.32 Jonadab. . *dijo:* No *diga* mi señor que
13.33 ese rumor que *dice:* Todos los hijos del
13.35 *dijo* Jonadab al rey: He allí los hijos
14.2 tomó de allá una mujer astuta, y le *dijo*
14.4 y postrándose. . *dijo* ¡Socorro, oh rey!
14.5 le *dijo:* ¿Qué tienes? Y ella respondió
14.7 se ha levantado. . *diciendo:* Entrega al
14.8 el rey *dijo* a la mujer: Vete a tu casa
14.9 y la mujer. . *dijo* al rey: Rey señor mío
14.10 el rey *dijo:* Al que hablare contra ti
14.11 *dijo* ella. . Te ruego, oh rey, que te
14.12 la mujer *dijo:* Te ruego que permitas
14.12 hable una palabra a. . Y él *dijo:* Habla
14.13 la mujer *dijo:* ¿Por qué. . has pensado
14.15 el haber yo venido. . *decir* esto al rey
14.15 tu sierva *dijo:* Hablaré ahora al rey
14.17 tu sierva. . *dice:* Sea ahora de consuelo
14.18 David. . *dijo* a la mujer: Yo te ruego que
14.18 la mujer *dijo:* Hable mi señor el rey
14.19 el rey *dijo:* ¿No anda la mano de Joab
14.19 la mujer. . *dijo:* Vive tu alma, rey señor
14.21 rey *dijo* a Joab: He aquí yo hago esto
14.22 *dijo:* Hoy ha entendido tu siervo que
14.22 hecho el rey lo que su siervo ha *dicho*
14.24 el rey *dijo:* Váyase a su casa, y no vea
14.30 *dijo* a sus siervos: Mirad, el campo de
14.31 Joab. . le *dijo:* ¿Por qué han prendido
14.32 he enviado. . *diciendo* que vinieses acá
14.32 para *decirle:* ¿Para qué vine de Gesur
15.2 Absalón. . le *decía:* ¿De qué ciudad eres?
15.3 *decía:* Mira, tus palabras son buenas y
15.4 *decía* Absalón: ¡Quién me pusiera por
15.7 que Absalón *dijo* al rey: Yo te ruego me
15.8 porque tu siervo hizo voto. . *diciendo*
15.9 el rey le *dijo:* Vé en paz. . se levantó
15.10 *diciendo:* Cuando oigáis el sonido de
15.13 un mensajero vino a David, *diciendo*
15.14 David *dijo* a. . sus siervos. . Levantaos
15.15 los siervos del rey *dijeron*. . He aquí
15.19 y *dijo* el rey a Itai geteo: ¿Para qué
15.21 respondió Itai al. . *diciendo:* Vive Dios
15.22 David *dijo* a Itai: Ven, pues, y pasa
15.25 *dijo* el rey a Sadoc: Vuelve el arca de
15.26 si *dijere:* No me complazco en ti; aquí
15.27 *dijo* además. . ¿No eres tú el vidente?
15.31 dieron aviso. . *diciendo:* Ahitofel está
15.31 *dijo* David: Entorpece ahora, oh Jehová
15.33 le *dijo* David: Si pasares conmigo, me
15.34 y *dijeres* a Absalón: Rey, yo seré tu
16.2 y *dijo* el rey a Siba: ¿Qué es esto? Y
16.3 *dijo* el rey: ¿Dónde está el hijo de tu
16.3 ha *dicho:* Hoy me devolverá la casa de
16.4 el rey *dijo* a Siba: He aquí, sea tuyo
16.7 y *decía* Simei, maldiciéndole: ¡Fuera
16.9 Abisai. . *dijo* al rey: ¿Por qué maldice
16.10 porque Jehová le ha *dicho* que maldiga
16.10 ¿quién. . *dirá:* ¿Por qué lo haces así?
16.11 *dijo* David. . mi hijo que. . acecha mi vida
16.11 que maldiga, pues Jehová se lo ha *dicho*
16.16 *dijo* Husai: ¡Viva el rey, viva el rey!
16.17 y Absalón *dijo* a Husai: ¿Es este tu
16.20 *dijo* Absalón a Ahitofel: Dad. . consejo
16.21 Ahitofel *dijo*. . Llégate a las concubinas
17.1 Ahitofel *dijo* a Absalón: Yo escogeré
17.5 *dijo* Absalón: Llamad también ahora a
17.5 Husai arquita. . oigamos lo que él *dirá*
17.6 habló Absalón, *diciendo:* Así ha *dicho*
17.6 así. . ¿seguiremos su consejo, o no? *Dí* tú
17.7 Husai *dijo* a Absalón: El consejo que
17.9 *dirá:* El pueblo que sigue a Absalón ha
17.14 *dijeron:* El consejo de Husai es mejor
17.15 *dijo*. . Husai a los sacerdotes Sadoc y
17.16 aviso a David, *diciendo:* No te quedes
17.20 llegando luego. . *dijeron*. . ¿Dónde están
17.21 dieron aviso al rey David, *diciéndole*
17.29 *decían:* El pueblo está hambriento y
18.2 *dijo* el rey al pueblo: Yo. . saldré con
18.3 el pueblo *dijo:* No saldrás; porque si
18.4 el rey les *dijo:* Yo haré lo que bien os
18.5 mandó. . *diciendo:* Tratad benignamente

DECIR *(Continúa)*

2 S. 18.10 avisó a Joab, *diciendo*..que he visto a
18.12 hombre *dijo* a Joab: Aunque me pesaras
18.12 el rey te mandó..*diciendo:* Mirad que
18.18 *dicho:* Yo no tengo hijo que conserve
18.19 Ahimaas..*dijo:* ¿Correré ahora, y daré
18.21 Joab *dijo* a un etíope: Vé tú, y *dí* al
18.22 Ahimaas hijo de..volvió a *decir* a Joab
18.22 Joab *dijo:* Hijo mío, ¿para qué has de
18.23 le *dijo:* Corre. Corrió, pues, Ahimaas
18.25 rey *dijo:* Si viene solo, buenas nuevas
18.26 *diciendo:* He aquí otro hombre que corre
18.26 el rey *dijo:* Este también es mensajero
18.27 el atalaya volvió a *decir:* Me parece
18.28 Ahimaas *dijo* en alta voz al rey: Paz
18.28 inclinó..y *dijo:* Bendito sea Jehová
18.29,32 *dijo:* ¿El joven Absalón está bien?
18.30 el rey *dijo:* Pasa, y ponte allí. Y él
18.31 vino el etíope, y *dijo:* Reciba nuevas
18.33 *decía* así: ¡Hijo mío Absalón, hijo mío
19.2 oyó *decir* el pueblo..que el rey tenía
19.5 Joab vino al rey en la casa, y *dijo:* Hoy
19.8 fue dado aviso..*diciendo:* He aquí el rey
19.9 el pueblo disputaba..*diciendo:* El rey
19.11 David envió a..*diciendo:* Hablad a los
19.11 *decidles:* ¿Por qué seréis vosotros los
19.14 que enviasen a *decir* al rey: Vuelve tú
19.19 *dijo* al rey: No me culpe mi señor de
19.21 respondió Abisai..y *dijo:* ¿No ha de
19.22 David..*dijo:* ¿Qué tengo yo con vosotros
19.23 *dijo* el rey a Simei: No morirás. Y el
19.25 rey le *dijo:* Mefi-boset, ¿por qué no
19.26 tu siervo había *dicho:* Enalbárdame un
19.29 rey le *dijo:* ¿Para qué más palabras?
19.30 Mefi-boset *dijo*..Deja que él las tome
19.33 el rey *dijo* a Barzilai: Pasa conmigo
19.34 Barzilai *dijo* al rey: ¿Cuántos años
19.38 el rey *dijo:* Pues pase conmigo Quimam
19.41 *dijeron:* ¿Por qué los hombres de Judá
19.43 de Israel, y *dijeron* a los de Judá
20.1 *dijo:* No tenemos..parte en David, ni
20.4 *dijo* el rey a Amasa: Convócame a los
20.6 *dijo* David a Abisai: Seba hijo de Bicri
20.9 *dijo* a Amasa: ¿Te va bien, hermano mío?
20.11 *diciendo:* Cualquiera que ame a Joab y
20.16 mujer..dio voces..*diciendo:* Oíd, oíd
20.17 cuando él se acercó a..*dijo* la mujer
20.18 *diciendo:* Antiguamente solían *decir*
20.20 Joab respondió *diciendo:* Nunca tal me
20.21 mujer *dijo* a Joab: He aquí su cabeza
21.1 y Jehová le *dijo:* Es por causa de Saúl
21.3 *dijo*..David a los gabaonitas: ¿Qué haré
21.4 él les *dijo:* Lo que vosotros *dijereis*
21.6 dénsenos..y el rey *dijo:* Yo los daré
21.11 fue *dicho* a David lo que hacía Rizpa
21.17 juraron, *diciendo:* Nunca más..saldrás
22.2 *dijo:* Jehová es mi roca y mi fortaleza
23.1 *dijo* David hijo..*dijo* aquel varón que
23.3 el Dios de Israel ha *dicho*, me habló la
23.15 David *dijo*..¡Quién me diera a beber del
23.16 que la derramó para Jehová, *diciendo*
24.1 incitó a David..a que *dijese:* Vé, haz
24.2 *dijo* el rey a Joab..un censo del pueblo
24.10 y *dijo* David a Jehová: Yo he pecado
24.11 vino palabra de Jehová..Gad, *diciendo*
24.12 vé y *dí* a David: Así ha *dicho* Jehová
24.13 Gad..le *dijo:* ¿Quieres que te vengan
24.14 David *dijo*..En grande angustia estoy
24.16 Jehová..*dijo* al ángel que destruía al
24.17 David *dijo*..cuando vio al ángel que
24.18 Gad vino a David..y le *dijo:* Sube, y
24.21 Arauna *dijo:* ¿Por qué viene mi señor
24.22 Arauna *dijo* a David: Tome y ofrezca
24.23 *dijo* Arauna al rey: Jehová tu Dios te
24.24 *dijo* a Arauna: No, sino por precio te
1 R. 1.2 le *dijeron*..sus siervos: Busquen para
1.5 Adonías..se rebeló, *diciendo:* Yo reinaré
1.6 nunca..con *decirle:* ¿Por qué haces así?
1.11 habló Natán a Betsabé..*diciendo:* ¿No has
1.13 entra al rey David, y *dile:* Rey señor
1.13 *diciendo:* Salomón..reinará después de
1.16 se inclinó..Y el rey *dijo:* ¿Qué tienes?
1.17 tú juraste..*diciendo:* Salomón tu hijo
1.23 dieron aviso al rey, *diciendo:* He aquí
1.24 *dijo* Natán: Rey señor mío, ¿has *dicho*
1.25 hoy..han *dicho:* ¡Viva el rey Adonías!
1.28 el rey David..*dijo:* Llamadme a Betsabé
1.29 el rey juró *diciendo:* Vive Jehová, que
1.30 te he jurado..*diciendo:* Tu hijo Salomón
1.31 haciendo reverencia..*dijo:* Viva..el rey
1.32 el rey David *dijo:* Llamadme al sacerdote
1.33 *dijo:* Tomad con vosotros los siervos
1.34 tocaréis trompeta, *diciendo:* ¡Viva el
1.36 *dijo:* Amén. Así lo diga Jehová, Dios de
1.39 y *dijo* todo el pueblo: ¡Viva..Salomón!
1.41 oyendo Joab..*dijo:* ¿Por qué se alborota
1.42 al cual *dijo* Adonías: Entra, porque tú
1.43 Jonatán..*dijo* a Adonías: Ciertamente
1.47 *diciendo:* Dios haga bueno el nombre de
1.48 el rey ha *dicho* así: Bendito sea Jehová
1.51 lo hicieron saber a Salomón, *diciendo*
1.51 *diciendo:* Júreme hoy el rey Salomón que
1.52 Salomón *dijo:* Si él fuere hombre de bien
1.53 vino..Salomón le *dijo:* Vete a tu casa
2.1 y ordenó a Salomón su hijo, *diciendo*
2.4 habló, *diciendo:* Si tus hijos guardaren
2.4 jamás, *dice*, faltará..varón en el trono
2.8 yo le juré..*diciendo:* Yo no te mataré
2.13 Adonías..vino a Betsabé..y ella le *dijo*
2.14 *dijo*..tengo que *decirte*..ella le *dijo:* Dí
2.15 él *dijo:* Tú sabes que el reino era mío
2.16 hago una petición..Y ella le *dijo:* Habla
2.17 *dijo*..ruego que hables al rey Salomón
2.18 Betsabé *dijo:* Bien; yo hablaré por ti
2.20 *dijo:* Una pequeña petición pretendo de
2.20 el rey le *dijo:* Pide, madre mía, que yo
2.21 ella *dijo:* Dese Abisag..por mujer a tu
2.22 rey Salomón..*dijo* a su madre: ¿Por qué
2.23 rey Salomón juró..*diciendo:* Así me haga
2.24 me ha hecho casa, como me había *dicho*
2.26 el rey *dijo* al sacerdote Abiatar: Vete
2.27 que había *dicho* sobre la casa de Elí
2.29 envió Salomón a Benaía..*diciendo:* Vé, y
2.30 y le *dijo:* El rey ha *dicho* que salgas
2.30 y él *dijo:* No, sino que aquí moriré
2.30 al rey, *diciendo:* Así *dijo* Joab, y así
2.31 el rey le *dijo:* Haz como él ha *dicho*
2.36 a Simei, y le *dijo:* Edifícate una casa
2.38 Simei *dijo* al rey: La palabra es buena
2.38 como el rey..ha *dicho*, así lo hará tu
2.39 *diciendo*..que tus siervos están en Gat
2.41 *dicho* a Salomón que Simei había ido de
2.42 el rey..hizo venir a Simei, y le *dijo*
2.42 *diciendo:* El día que salieres y fueres
2.42 tú me *dijiste:* La palabra es buena, yo
2.44 *dijo*..el rey a Simei: Tú sabes todo el
3.5 *dijo* Dios: Pide lo que quieras que yo te
3.6 Salomón *dijo:* Tú hiciste..misericordia
3.11 le *dijo* Dios: Porque has demandado esto
3.17 y *dijo* una de ellas: ¡Ah, señor mío!
3.22 la otra mujer *dijo*..volvió a *decir:* No
3.23 el rey..*dijo:* Esta *dice:* Mi hijo es el
3.23 la otra *dice:* No..el tuyo es el muerto
3.24 y *dijo* el rey: Traedme una espada
3.25 el rey *dijo:* Partid por medio al niño
3.26 la mujer..*dijo:* ¡Ah, señor mío! dad a
3.26 la otra *dijo:* Ni a mí ni a ti; partidlo
3.27 el rey..*dijo:* Dad a aquélla el hijo vivo
5.2 entonces Salomón envió a *decir* a Hiram
5.5 lo que Jehová habló..*diciendo:* Tu hijo
5.6 y yo te daré..el salario que tú *dijeres*
5.7 alegró..y *dijo:* Bendito sea hoy Jehová
5.8 envió Hiram a *decir* a Salomón: He oído
5.8 he oído lo que me mandaste a *decir;* yo
5.12 dio a..sabiduría como le había *dicho*
6.11 palabra de Jehová a Salomón, *diciendo*
8.12 *dijo* Salomón: Jehová ha *dicho* que él
8.15 *dijo:* Bendito..Jehová, Dios de Israel
8.15 lo que..su mano ha cumplido, *diciendo*
8.18 Jehová *dijo* a David..Cuanto a haber
8.20 ha cumplido su palabra que había *dicho*
8.20 me he sentado..como Jehová había *dicho*
8.23 *dijo:* Jehová Dios de Israel, no hay Dios
8.24 lo *dijiste* con tu boca, y con tu mano
8.25 lo que le prometiste, *diciendo:* No te
8.26 cúmplase la palabra que *dijiste* a tu
8.29 este lugar del cual has *dicho:* Mi nombre
8.47 oraren a ti..y *dijeren:* Pecamos, hemos
8.53 como lo *dijiste* por medio de Moisés tu
8.55 bendijo a..Israel, *diciendo* en voz alta
8.56 conforme a todo lo que él había *dicho*
9.3 *dijo* Jehová: Yo he oído tu oración y tu
9.5 como hablé..*diciendo:* No faltará varón de
9.8 cualquiera que pase..se burlará, y *dirá*
9.9 y *dirán:* Por cuanto dejaron a Jehová su
9.13 *dijo:* ¿Qué ciudades son estas que me has
10.6 *dijo* al rey: Verdad es lo que oí en mi
10.7 han visto que ni aun se me *dijo* la mitad
11.2 de las cuales Jehová había *dicho* a los
11.11 *dijo* Jehová a Salomón: Por cuanto ha
11.21 Hadad *dijo* a Faraón: Déjame ir a mi
11.31 *dijo* a Jeroboam: Toma..los diez pedazos
12.3 de Israel, y hablaron a Roboam, *diciendo*
12.5 les *dijo:* Idos, y de aquí a tres días volved
12.6 *dijo:* ¿Cómo aconsejáis..que responda a
12.7 *diciendo:* Si tú fueres hoy siervo de este
12.9 les *dijo:* ¿Cómo aconsejáis vosotros que
12.10 *diciendo:* Así hablarás a este pueblo
12.10 pueblo que te ha *dicho* estas palabras
12.12 *diciendo:* Volved a mí al tercer día
12.14 les habló..*diciendo:* Mi padre agravó
12.16 *diciendo:* ¿Qué parte tenemos nosotros
12.22 pero vino palabra de Jehová..*diciendo*
12.23 habla a Roboam..rey de Judá..*diciendo*
12.24 ha *dicho* Jehová: No vayáis, ni peleéis
12.26 *dijo* Jeroboam en su corazón: Ahora se
12.28 y *dijo* al pueblo..he aquí tus dioses
13.2 y *dijo:* Altar, altar, así ha *dicho*
13.3 una señal, *diciendo:* Esta es la señal
13.4 *dijo:* ¡Prendedle! Mas la mano..le secó
13.6 el rey, *dijo* al varón de Dios: Te pido
13.7 *dijo* al varón de Dios: Ven conmigo a
13.8 el varón de Dios *dijo* al rey: Aunque me
13.9 me está ordenando..*diciendo:* No comas
13.12 su padre les *dijo:* ¿Por qué camino se
13.13 *dijo* a sus hijos: Ensilladme el asno
13.14 le *dijo:* ¿Eres tú el varón..*d:* Yo soy
13.15 *dijo:* Ven conmigo a casa, y come pan
13.17 sido *dicho:* No comas pan ni bebas agua
13.18 el otro le *dijo*..Yo también soy profeta
13.18 y un ángel me ha hablado por..*diciendo*
13.21 y clamó al..*diciendo:* Así *dijo* Jehová
13.22 Jehová te había *dicho* que no comieses
13.25 lo *dijeron* en la ciudad donde el viejo
13.26 oyéndolo el..*dijo:* El varón de Dios es
13.26 conforme a la palabra..que él le *dijo*
13.27 habló..y les *dijo:* Ensilladme un asno
13.30 le endecharon, *diciendo:* ¡Ay, hermano
13.31 a sus hijos, *diciendo:* Cuando yo muera
13.32 porque sin duda vendrá lo que él *dijo*
14.2 y *dijo* Jeroboam a su mujer: Levántate
14.2 el que me *dijo* que yo había de ser rey
14.5 Jehová había *dicho* a Ahías..disfrazada
14.6 Ahías..*dijo:* Entra, mujer de Jeroboam
14.7 y *dí* a Jeroboam: Así *dijo* Jehová Dios
14.11 lo comerán..porque Jehová lo ha *dicho*
15.18 envió el rey Asa a Ben-adad..*diciendo*
16.1 vino palabra de Jehová a Jehú..*diciendo*
16.16 oyó *decir:* Zimri ha conspirado, y ha
17.1 Elías..*dijo* a Acab: Vive Jehová Dios de
17.2,8 vino..a él palabra de Jehová, *diciendo*
17.10 él la llamó, y le *dijo:* Te ruego que
17.11 él..le *dijo:* Te ruego que me traigas
17.13 Elías le *dijo*..vé, haz como has *dicho*
17.14 Jehová..ha *dicho* así: La harina de la
17.15 ella fue e hizo como le *dijo* Elías
17.16 a la palabra que Jehová había *dicho*
17.18 ella *dijo* a Elías: ¿Qué tengo yo contigo
17.19 le *dijo:* Dame acá tu hijo. Entonces él
17.20 clamando a Jehová, *dijo:* Jehová Dios
17.21 *dijo*..que hagas volver el alma de este
17.23 y le *dijo* Elías: Mira, tu hijo vive
17.24 la mujer *dijo* a Elías: Ahora conozco
18.1 vino palabra..*diciendo:* Vé, muéstrate a
18.5 *dijo*..Acab a Abdías: Vé por el país a
18.7 se postró..*dijo:* ¿No eres tú..Elías?
18.8,11,14 vé, *dí* a tu amo: Aquí está Elías
18.9 él *dijo:* ¿En qué he pecado, para que
18.13 ¿no ha sido *dicho* a mi señor lo que
18.15 y le *dijo* Elías: Vive Jehová de los
18.17 Acab..le *dijo:* ¿Eres tú el que turbas
18.21 acercándose Elías a..el pueblo, *dijo*
18.22 Elías volvió a *decir* al pueblo: Sólo yo
18.24 todo el pueblo..*diciendo:* Bien *dicho*
18.25 *dijo* a los profetas de Baal: Escogeos
18.26 *diciendo:* ¡Baal, respóndenos! Pero no
18.27 se burlaba de ellos, *diciendo:* Gritad
18.30 *dijo* Elías a todo el pueblo: Acercaos
18.31 dada..*diciendo*, Israel será tu nombre
18.34 *dijo:* Llenad cuatro cántaros de agua
18.34 y *dijo:* Hacedlo otra..*d* aún: Hacedlo
18.36 se acercó..Elías y *dijo:* Jehová Dios
18.39 el pueblo..*dijeron:* Jehová es el Dios
18.40 Elías..*dijo:* Prended a los profetas de
18.41 Elías *dijo* a Acab: Sube, come y bebe
18.43 y *dijo* a su criado: Sube ahora, y mira
18.43 él subió, y miró, y *dijo:* No hay nada
18.43 le volvió a *decir:* Vuelve siete veces
18.44 *dijo:* Yo veo una pequeña nube como la
18.44 *dijo:* Vé, y *dí* a Acab: Unce tu carro
19.2 envió..a Elías un mensajero, *diciendo*
19.4 *dijo:* Basta ya, oh Jehová, quítame la
19.5,7 le tocó, y le *dijo:* Levántate, come
19.9 vino a él palabra de Jehová..le *dijo*.
19.11 él le *dijo:* Sal fuera, y ponte en el
19.13 vino a él una voz, *diciendo:* ¿Qué haces
19.15 y le *dijo* Jehová: Vé, vuélvete por tu
19.20 *dijo:* Te ruego que me dejes besar a mi
19.20 le *dijo:* Vé, vuelve; ¿qué te he hecho
20.2 y envió mensajeros..a Acab rey..*diciendo*
20.3 así ha *dicho* Ben-adad: Tu plata y tu oro
20.4 y el rey de Israel..dijo: Como tú *dices*
20.5 otra vez, *dijeron:* Así *dijo* Ben-adad
20.5 yo te envié a *decir:* Tu plata y tu oro
20.7 llamó a todos los ancianos..y les *dijo*
20.9 *decid* al rey mi señor: Haré todo lo que
20.10 y Ben-adad..le envió a *decir:* Así me
20.11 el rey..*dijo:* *Decidle* que no se alabe
20.12 cuando él oyó esta..*dijo* a sus siervos
20.13 vino a Acab..y le *dijo:* Así ha *dicho*
20.14 *dijo:* Así ha *dicho* Jehová: Por mano de
20.14 y *dijo*..¿Quién comenzará la batalla?
20.17 aviso, *diciendo:* Han salido hombres de
20.18 *dijo:* Si han salido por paz, tomadlos
20.22 vino luego el profeta..y le *dijo:* Vé
20.23 los siervos..le *dijeron:* Sus dioses son
20.28 y le habló *diciendo:* Así *dijo* Jehová
20.28 los sirios han *dicho:* Jehová es Dios de
20.31 le *dijeron*..que son reyes clementes
20.32 y le *dijeron:* Tu siervo Ben-adad *dice*
20.33 y *dijeron:* Tu hermano Ben-adad vive
20.33 y él *dijo:* Id y traedle..se presentó
20.34 le *dijo* Ben-adad: Las ciudades que mi
20.34 y yo, *dijo* Acab, te dejaré partir con
20.35 un varón..*dijo* a su compañero..hiéreme
20.36 le *dije:* Por cuanto no has obedecido a
20.37 le *dijo:* Hiéreme ahora. Y el hombre le
20.39 *dijo:* Tu siervo salió en medio de la
20.39 *diciéndome:* Guarda a este hombre, y si
20.40 el rey..le *dijo:* Esa será tu sentencia

DECIR ***(Continúa)***
1 R. 20.42 él le *dijo:* Así ha dicho Jehová: Por
21.2 Acab habló a Nabot, *diciendo:* Dame tu
21.4 *diciendo:* No te daré la heredad de mis
21.5 vino a él su mujer Jezabel, y le *dijo*
21.6 hablé con Nabot..le *dije* que me diera
21.7 Jezabel le *dijo:* ¿Eres tú ahora rey sobre
21.9 cartas que..*decían* así: Proclamad ayuno
21.10 *digan:* Tú has blasfemado a Dios y al
21.13 *diciendo:* Nabot ha blasfemado a Dios y
21.14 enviaron a *decir* a Jezabel: Nabot ha
21.15 Jezabel oyó..*dijo* a Acab: Levántate y
21.17,28 palabra de Jehová a Elías..*diciendo*
21.19 le hablarás *diciendo*..ha *dicho* Jehová
21.20 y Acab dijo a Elías: ¿Me has hallado
21.23 *diciendo:* Los perros comerán a Jezabel
22.3 y el rey de Israel *dijo* a sus siervos
22.4 *dijo* a Josafat: ¿Quieres venir conmigo
22.5 *dijo* luego Josafat al rey de Israel: Yo soy
22.6 *dijo:* ¿Iré a la guerra contra Ramot de
22.6 ellos *dijeron:* Sube, porque Jehová la
22.7 *dijo* Josafat: ¿Hay aún..algún profeta de
22.8 y Josafat *dijo:* No hable el rey así
22.9 rey..llamó a un oficial, y le *dijo:* Trae
22.11 *dijo:* Así ha dicho Jehová: Con éstos
22.12 profetizaban..*diciendo:* Sube a Ramot
22.13 habló *diciendo*..sea ahora tu palabra
22.14 que lo que Jehová me hablare, eso *diré*
22.15 *dijo:* Micaías, ¿iremos a pelear contra
22.16 el rey le *dijo:* ¿Hasta cuántas veces
22.16 que no me *digas* sino la verdad en el
22.17 él *dijo:* Yo vi a todo Israel esparcido
22.17 y Jehová *dijo:* Estos no tienen señor
22.18 rey..*dijo*..¿No te lo había yo *dicho?*
22.19 él *dijo:* Oye, pues, palabra de Jehová
22.20 y Jehová *dijo:* ¿Quién inducirá a Acab
22.20 uno *decía* de una manera, y otro *d* de
22.21 *dijo:* Yo le induciré. Y Jehová le *d*
22.22 él *dijo:* Yo saldré, y seré espíritu de
22.22 *dijo:* Le inducirás, y..lo conseguirás
22.24 *diciendo:* ¿Por dónde se fue de mí el
22.26 rey..*dijo:* Toma a Micaías, y llévalo a
22.27 y *dirás:* Así ha *dicho* el rey: Echad a
22.28 *dijo* Micaías: Si llegas a volver en paz
22.28 en seguida *dijo:* Oíd, pueblos todos
22.30 rey de Israel *dijo*..Yo me disfrazaré
22.31 *diciendo:* No peleéis ni con grande ni
22.32 *dijeron:* Ciertamente éste es el rey de
22.34 *dijo* él a su cochero: Da la vuelta, y
22.36 salió un pregón..*diciendo:* ¡Cada uno a
22.49 *dijo* a Josafat: Vayan mis siervos con
2 R. 1.3 habló a Elías..*diciendo:* Levántate, y
1.3 *diles:* ¿No hay Dios en Israel, que vais
1.4 ha *dicho* Jehová: Del lecho en que estás
1.5 él les *dijo:* ¿Por qué os habéis vuelto?
1.6 un varón que nos *dijo:* Id, y volveos al
1.6 y *decidle:* Así ha *dicho* Jehová: ¿No hay
1.7 él les *dijo:* ¿Cómo era aquel varón que
1.8 un varón que..él *dijo:* Es Elías tisbita
1.9,11 *dijo:* Varón de Dios, el rey ha *dicho*
1.10 Elías..*dijo* al capitán de cincuenta: Si
1.12 y le respondió Elías y *dijo:* Si yo soy
1.13 y le rogó, *diciendo:* Varón de Dios, te
1.15 ángel de Jehová *dijo*..Desciende con él
1.16 le *dijo:* Así ha *dicho* Jehová: Por cuanto
2.2 *dijo* Elías a Eliseo: Quédate ahora aquí
2.2,4,6 *dijo:* Vive Jehová, y vive tu alma
2.3,5 *dijeron:* ¿Sabes que Jehová te quitará
2.3 ¿sabes que..El *dijo:* Sí, yo lo sé; callad
2.4 Elías le volvió a *decir:* Eliseo, quédate
2.6 Elías le *dijo:* Te ruego que te quedes
2.9 *dijo* a Eliseo: Pide lo que quieras que
2.9 y *dijo* Eliseo: Te ruego que una doble
2.10 le *dijo:* Cosa difícil has pedido. Si me
2.14 y *dijo:* ¿Dónde está Jehová, el Dios de
2.15 *dijeron:* El espíritu de Elías reposó
2.16 *dijeron:* He aquí hay con tus siervos 50
2.16 vayan ahora..Y él les *dijo:* No enviéis
2.17 hasta que avergonzándose *dijo:* Enviad
2.18 les *dijo:* ¿No os *dije* yo que no fueseis?
2.19 hombres de la ciudad *dijeron* a Eliseo
2.20 él *dijo:* Traedme una vasija nueva, y
2.21 y *dijo:* Así ha *dicho* Jehová: Yo sané
2.23 burlaban de él *diciendo:* ¡Calvo, sube!
3.7 envió a *decir* a Josafat..El rey de Moab
3.8 *dijo:* ¿Por qué camino iremos?..respondió
3.10 el rey de Israel *dijo*..ha llamado Jehová
3.11 Josafat *dijo:* ¿No hay aquí profeta de
3.11 de los siervos..*dijo:* Aquí está Eliseo
3.12 Josafat *dijo:* Este tendrá palabra de
3.13 Eliseo *dijo* al..¿Qué tengo yo contigo?
3.14 *dijo:* Vive Jehová de los ejércitos, en
3.16 *dijo:* Así ha *dicho* Jehová: Haced en este
3.17 Jehová ha *dicho* así: No veréis viento
3.23 y *dijeron:* ¡Esto es sangre de espada!
4.1 una mujer..clamó a Eliseo, *diciendo:* Tu
4.2 *dijo:* ¿Qué te haré yo? Declárame lo que
4.2 ella *dijo:* Tu sierva ninguna cosa tiene
4.3 *dijo:* Vé y pide para ti vasijas vacías
4.6 *dijo*..Tráeme aún otras..Y él *d:* No hay
4.7 *dijo:* Vé y vende el aceite, y paga a tus
4.9 y ella *dijo* a su marido: He aquí ahora
4.12 *dijo* a Giezi su criado: Llama a esta
4.13 *dijo* él..a Giezi: *Dile:* He aquí tú has
4.14 él *dijo:* ¿Qué, pues, haremos por ella?
4.15 *dijo*..Llámala. Y él la llamó, y ella se
4.16 él le *dijo:* El año que viene, por este
4.16 ella *dijo:* No, señor mío, varón de Dios
4.17 en el tiempo que Eliseo le había *dicho*
4.19 y *dijo* a su padre: ¡Ay, mi cabeza, mi
4.19 y el padre *dijo* a un criado: Llévalo a
4.22 le *dijo:* Te ruego que envíes conmigo a
4.23 él *dijo:* ¿Para qué vas a verle hoy? No
4.24 y *dijo* al criado: Guía y anda; y no me
4.24 detener en..sino cuando yo te lo *dijere*
4.25 *dijo* a su criado..He aquí la sunamita
4.26 *digas:* ¿Te va bien..Y ella *dijo:* Bien
4.27 varón de Dios le *dijo:* Déjala, porque
4.28 y ella *dijo:* ¿Pedí yo hijo a mi señor?
4.28 ¿no *dije* yo que no te burlases de mí?
4.29 *dijo* él a Giezi: Ciñe tus lomos, y toma
4.30 y *dijo* la madre del niño: Vive Jehová, y
4.31 y se lo declaró, *diciendo:* El niño no
4.36 llamó él a Giezi, y le *dijo:* Llama a
4.36 entrando ella, él le *dijo:* Toma tu hijo
4.38 *dijo* a su criado: Pon una olla grande
4.40 gritaron *diciendo:* ¡Varón de Dios, hay
4.41 él..*dijo:* Traed harina. Y la esparció en
4.41 *dijo:* Da de comer a la gente. Y no hubo
4.42 y él *dijo:* Da a la gente para que coma
4.43 él volvió a *decir*..así ha *dicho* Jehová
5.3 *dijo* a su señora: Si rogase mi señor al
5.4 *diciendo:* Así..ha *dicho* una muchacha que
5.5 le *dijo* el rey de Siria: Anda, vé, y yo
5.6 tomó también cartas para..que *decían* así
5.7 rasgó sus vestidos, y *dijo:* ¿Soy yo Dios
5.8 Eliseo..envió a *decir* al rey: ¿Por qué
5.10 Eliseo le envió..*diciendo:* Vé y lávate
5.11 Naamán se fue..*diciendo*..yo *decía* para
5.13 le hablaron *diciendo:* Padre mío, si el
5.13 más *diciéndote:* Lávate, y serás limpio?
5.15 y volvió..y *dijo:* He aquí ahora conozco
5.16 él *dijo:* Vive Jehová, en cuya presencia
5.17 Naamán *dijo*..no se dará a tu siervo la
5.19 él le *dijo:* Vé en paz. Se fue, pues, y
5.20 Giezi..*dijo* entre sí: He aquí mi señor
5.21 bajó del carro..y *dijo:* ¿Va todo bien?
5.22 y él *dijo:* Bien. Mi señor me envía a
5.22 envía a *decirte:* He aquí vinieron a mí
5.23 *dijo* Naamán: Te ruego que tomes dos
5.25 Eliseo le *dijo:* ¿De dónde vienes, Giezi?
5.25 él *dijo:* Tu siervo no ha ido a ninguna
5.26 le *dijo:* ¿No estaba también allí mi
6.1 hijos de los profetas *dijeron* a Eliseo
6.2 y hagamos allí lugar..y él *dijo:* Andad
6.3 *dijo* uno: Te rogamos que vengas con tus
6.5 *diciendo:* ¡Ah, señor mío, era prestada!
6.7 y *dijo:* Tómalo. Y él extendió la mano, y
6.8 *dijo:* En..tal lugar estará mi campamento
6.9 y el varón de Dios envió a *decir* al rey
6.10 aquel lugar que el varón..había *dicho*
6.11 les *dijo:* ¿No me declararéis vosotros
6.12 uno de los siervos *dijo:* No, rey señor
6.13 él *dijo:* Id, mirad dónde está, para que
6.13 le fue *dicho:* He aquí..él está en Dotán
6.15 criado le *dijo:* ¡Ah, señor mío! ¿qué
6.16 *dijo:* No tengas miedo, porque más son
6.17 oró Eliseo, y *dijo:* Te ruego..Jehová
6.18 *dijo:* Te ruego que hieras con ceguera
6.19 les *dijo* Eliseo: No es este el camino
6.20 *dijo* Eliseo: Jehová, abre los ojos de
6.21 *dijo* a Eliseo: ¿Los mataré, padre mío?
6.26 una mujer..*dijo:* Salva, rey señor mío
6.27 y él *dijo:* Si no te salva Jehová, ¿de
6.28 y le *dijo* el rey: ¿Qué tienes? Ella
6.28 esta mujer me *dijo:* Da acá tu hijo, y
6.29 yo le *dije:* Da acá tu hijo, y comámoslo
6.31 y él *dijo:* Así me haga Dios, y aun me
6.32 *dijo* él a los ancianos: ¿No habéis visto
6.33 *dijo*..este mal de Jehová viene. ¿Para
7.1 *dijo* entonces Eliseo: Oíd palabra de
7.1 *dijo* Jehová: Mañana a estas horas valdrá
7.2,19 *dijo:* Si Jehová hiciese ventanas en
7.2,19 *dijo*..tú lo verás con tus ojos, mas
7.3 cuatro hombres leprosos..*dijeron* el uno
7.6 de los sirios..se *dijeron* unos a otros
7.9 se *dijeron*..No estamos haciendo bien. Hoy
7.10 y gritaron..*diciendo:* Nosotros fuimos al
7.12 y se levantó el rey..y *dijo* a sus siervos
7.12 y se han escondido en..*diciendo:* Cuando
7.13 *dijo:* Tomen..cinco de los caballos que
7.14 y envió el rey al..*diciendo:* Id y ved
7.17 conforme a lo que había *dicho* el varón
7.18 *diciendo:* Dos seahs de cebada por un
8.1 habló Eliseo a aquella mujer..*diciendo*
8.2 hizo como el varón de Dios le *dijo;* y se
8.4 *diciéndole:* Te ruego que me cuentes todas
8.5 *dijo* Giezi: Rey..mío, ésta es la mujer
8.6 al cual *dijo:* Hazle devolver todas las
8.7 *diciendo:* El varón de Dios ha venido aquí
8.8 el rey *dijo* a Hazael: Toma en tu mano un
8.8,9 *diciendo:* ¿Sanaré de esta enfermedad?
8.9 *dijo:* Tu hijo Ben-adad rey de Siria me
8.10 le *dijo:* Vé, *dile:* Seguramente sanarás
8.12 *dijo* Hazael: ¿Por qué llora mi señor?
8.13 Hazael *dijo:* Pues, ¿qué es tu siervo
8.14 cual le *dijo:* ¿Qué te ha *dicho* Eliseo?
8.14 y él respondio: Me *dijo* que..sanarás
9.1 y le *dijo:* Ciñe tus lomos, y toma esta
9.3 *di:* Así *dijo* Jehová: Yo te he ungido por
9.5 él *dijo*..una palabra tengo que *decirte*
9.5 Jehú *dijo:* ¿A cual de todos..él *d:* A ti
9.6 *dijo:* Así *d* Jehová Dios de Israel: Yo te
9.11 salió Jehú a..y le *dijeron:* ¿Hay paz?
9.11 les *dijo:* Vosotros conocéis al hombre
9.12 ellos *dijeron:* Mentira; declázanoslo
9.12 él *dijo:* Así y así me habló, *diciendo*
9.13 tocaron corneta, y *dijeron:* Jehú es rey
9.15 y Jehú *dijo:* Si es vuestra voluntad
9.17 *dijo:* Veo una tropa. Y Joram *d:* Ordena
9.17 jinete que vaya..y les *diga:* ¿Hay paz?
9.18,19 y *dijo:* El rey *dice* así: ¿Hay paz?
9.18 y Jehú le *dijo:* ¿Qué tienes tú que ver
9.18 *diciendo:* El mensajero llegó hasta ellos
9.20 el atalaya volvió a *decir:* También éste
9.21 Joram *dijo:* Unce el carro. Y cuando
9.22 *dijo:* ¿Hay paz, Jehú? Y él respondió
9.23 y *dijo* a Ocozías: ¡Traición, Ocozías!
9.25 *dijo* luego Jehú a Bidcar su capitán
9.25 pronunció esta sentencia..él, *diciendo*
9.26 he visto ayer la sangre..*dijo* Jehová
9.26 te daré la paga en esta heredad, *dijo*
9.27 lo siguió Jehú, *diciendo:* Herid..a éste
9.31 entraba Jehú por la puerta, ella *dijo*
9.32 *dijo:* ¿Quién está conmigo? ¿quién?
9.33 él les *dijo:* Echadla abajo. Y ellos la
9.34 *dijo:* Id ahora a ver a aquella maldita
9.36 y se lo *dijeron*. Y él *dijo:* Esta es la
9.36 Elías..*diciendo:* En la heredad de Jezreel
9.37 que nadie pueda *decir:* Esta es Jezabel
10.1 escribió cartas..a Samaria..*diciendo*
10.4 *dijeron:* He aquí, dos reyes no pudieron
10.5 enviaron a *decir* a Jehú: Siervos tuyos
10.6 les escribió la..*diciendo:* Si sois míos
10.8 *diciendo:* Han traído las cabezas de los
10.8 él le *dijo:* Ponedlas en dos montones a
10.9 *dijo*..Vosotros sois justos; he aquí yo
10.10 y que Jehová ha hecho lo que *dijo* por
10.13 *dijo:* ¿Quiénes sois vosotros? Y ellos
10.13 *dijeron:* Somos hermanos de Ocozías, y
10.14 él *dijo:* Prendedlos vivos. Y después
10.15 le *dijo:* ¿Es recto tu corazón, como el
10.15 Jonadab *dijo:* Lo es. Pues que lo es
10.16 le *dijo:* Ven conmigo, y verás mi celo
10.18 *dijo:* Acab sirvió poco a Baal, mas Jehú
10.20 *dijo* Jehú: Santificad un día solemne
10.22 *dijo* al que tenía el cargo..vestiduras
10.23 *dijo* a los siervos de Baal: Mirad y
10.24 les *dijo:* Cualquiera que dejare vivo
10.25 Jehú *dijo* a los de su guardia y a los
10.30 y Jehová *dijo* a Jehú: Por cuanto has
11.5 mandó *diciendo:* Esto es lo que habéis de
11.12 le hicieron rey..*dijeron:* ¡Viva el rey!
11.15 y les *dijo:* Sacadla fuera del recinto
11.15 el sacerdote dijo que no la matasen en
12.4 y Joás *dijo* a los sacerdotes: Todo el
12.7 *dijo:* ¿Por qué no reparáis las grietas
13.14 llorando..*dijo:* ¿Padre mío, padre mío
13.15 le *dijo* Eliseo: Toma un arco y unas
13.16 luego *dijo* Eliseo al rey..Pon tu mano
13.17 y *dijo:* Abre la ventana..da al oriente
13.17 *dijo* Eliseo: Tira. Y tirando él, *d*
13.18 y le volvió a *decir:* Toma las saetas
13.18 le *dijo:* Golpea la tierra..la golpeó
13.19 él, le *dijo:* Al dar cinco o seis golpes
14.6 *diciendo:* No matarán a los padres por
14.8 *diciendo:* Ven, para que nos veamos las
14.9 el cardo que..envió a *decir* al cedro que
15.12 que había hablado a Jehú, *diciendo:* Tus
16.7 envió embajadores..*diciendo:* Yo soy tu
16.15 y mandó el..*diciendo:* En el gran altar
17.12 Jehová les había *dicho:* Vosotros no
17.13 *diciendo:* Volveos de..malos caminos
17.23 como él lo había *dicho* por medio de
17.26 *dijeron*..al rey de Asiria: Las gentes
17.27 mandó, *diciendo:* Llevad allí a alguno
17.35 *diciendo:* No temeréis a otros dioses
18.14 Ezequías rey..envió a *decir* al rey de
18.19 dijo el Rabsaces: *Decid*..a Ezequías
18.19 así *dice* el gran rey de Asiria: ¿Qué
18.20 *dices*..Consejo tengo y fuerzas para la
18.22 y si me *decís:* Nosotros confiamos en
18.22 ha *dicho* a Judá..Delante de este altar
18.25 Jehová me ha *dicho:* Sube a esta tierra
18.26 *dijo* Eliaquim..Te rogamos que hables
18.27 el Rabsaces les *dijo:* ¿Me ha enviado mi
18.27 para *decir* estas palabras a ti y a tu
18.28 *diciendo:* Oíd la palabra del gran rey
18.29 ha *dicho* el rey: No os engañe Ezequías
18.30 *diciendo*..nos librará Jehová, y esta
18.31 así *dice* el rey de Asiria: Haced..paz
18.32 porque os engaña cuando *dice:* Jehová
18.36 el cual había *dicho:* No le respondáis
19.3 que le *dijesen:* Así ha *dicho* Ezequías
19.6 *diréis*..Así ha *dicho* Jehová: No temas
19.9 oyó *decir* que Tirhaca rey..había salido
19.9 envió embajadores a Ezequías, *diciendo*
19.10 así *diréis* a Ezequías..No te engañe tu
19.10 *decir:* Jerusalén no será entregada en
19.15 oró..*diciendo:* Jehová Dios de Israel
19.20 envió a *decir* a..Así ha *dicho* Jehová

DECIR *(Continúa)*
2 R. 19.23 y has *dicho:* Con la multitud de mis
19.32 *dice* Jehová acerca del rey de Asiria
19.33 no entrará en esta ciudad, *dice* Jehová
20.1 *dijo:* Jehová *dice* así: Ordena tu casa
20.2 volvió su rostro. .y oró a Jehová y *dijo*
20.4 palabra de Jehová a Isaías, *diciendo*
20.5 *dí* a Ezequías. .Así *dice* Jehová, el Dios
20.7 *dijo* Isaías: Tomad masa de higos. .sanó
20.8 Ezequías había *dicho*. .¿Qué señal tendré
20.9 de que hará Jehová esto que ha *dicho*
20.14 le *dijo:* ¿Qué *dijeron* aquellos varones
20.15 volvió a *decir:* ¿Qué vieron en tu casa
20.16 Isaías *dijo* a Ezequías: Oye palabra de
20.17 será llevado a Babilonia. .*dijo* Jehová
20.19 Ezequías *dijo* a Isaías: La palabra de
20.19 *dijo:* Habrá al menos paz y seguridad en
21.4 de la cual Jehová había *dicho:* Yo pondré
21.7 la casa de la cual Jehová había *dicho*
21.10 habló. .Jehová por. .profetas, *diciendo*
21.12 así ha *dicho* Jehová. .yo traigo tal mal
22.3 envió el rey. .casa de Jehová, *diciendo*
22.4 vé. .*dile* que recoja el dinero que han
22.8 *dijo* el sumo sacerdote. .escriba Safán
22.9 dio cuenta al rey y *dijo:* Tus siervos
22.10 escriba Safán declaró al rey, *diciendo*
22.12 luego el rey dio orden al. .*diciendo*
22.15 ella les *dijo:* Así ha *dicho* Jehová el
22.15 así. .*Decid* al varón que os envió a mí
22.16 *dijo* Jehová: He aquí yo traigo sobre
22.18 mas al rey. .*diréis* así: Así ha *dicho*
22.19 también yo te he oído, *dice* Jehová
23.17 *dijo:* ¿Qué monumento es este que veo?
23.18 y él *dijo:* Dejadlo; ninguno mueva sus
23.21 mandó el rey. .*diciendo:* Haced la pascua
23.27 *dijo* Jehová: También quitaré. .a Judá
23.27 había yo *dicho:* Mi nombre estará allí
24.13 sacó de allí. .como Jehová había *dicho*
25.24 Gedalías. .les *dijo:* No temáis de ser
1 Cr. 4.9 su madre llamó Jabes, *diciendo:* Por
4.10 invocó Jabes al Dios de. .*diciendo:* Oh
10.4 *dijo* Saúl a su escudero: Saca tu espada
11.1 se juntó a David en Hebrón, *diciendo*
11.2 Jehová. .te ha *dicho:* Tú apacentarás a
11.5 los moradores de Jebús *dijeron* a David
11.6 había *dicho:* El que primero derrote a
11.17 David. .*dijo:* ¡Quién me diera de beber
11.18 David. .la derramó para Jehová, y *dijo*
12.17 David. .les habló *diciendo:* Si habéis
12.18 *dijo:* Por ti, oh David, y contigo, oh
12.19 lo despidieron, *diciendo:* Con peligro
13.2 *dijo* David a toda la asamblea de Israel
13.4 *dijo* toda la asamblea que se hiciese así
13.12 *dijo:* ¿Cómo he de traer a mi casa el
14.10 consultó a Dios, *diciendo:* ¿Subiré
14.10 y Jehová le *dijo:* Sube, porque yo los
14.11 *dijo* luego David: Dios rompió mis
14.12 dioses, y David *dijo* que los quemasen
14.14 Dios le *dijo:* No subas tras ellos, sino
15.2 *dijo* David: El arca de Dios no debe ser
15.12 les *dijo:* Vosotros que sois. .levitas
15.16 *dijo* David a los principales de los
16.18 *diciendo*. .te daré la tierra de Canaán
16.22 no toquéis, *dijo*, a mis ungidos, ni
16.31 y *digan* en las naciones: Jehová reina
16.35 y *decid:* Sálvanos, oh Dios, salvación
16.36 *dijo* todo el pueblo, Amén, y alabó a
17.1 *dijo* David al profeta Natán. .yo habito
17.2 y Natán *dijo* a David: Haz todo lo que
17.3 vino palabra de Dios a Natán, *diciendo*
17.4 vé y *dí* a David. .Así ha *dicho* Jehová
17.6 *decirles:* ¿Por qué no me edificáis una
17.7 *dirás* a mi siervo David: Así ha *dicho*
17.16 entró el rey David. .*dijo:* Jehová Dios
17.23 sea firme para. .y haz como has *dicho*
17.24 a fin de que se *diga:* Jehová. .es Dios
19.2 *dijo* David: Manifestaré misericordia con
19.3 los príncipes. .de Amon *dijeron* a Hanún
19.5 el rey mandó que les *dijeran:* Estaos en
19.12 *dijo:* Si los sirios fueren más fuertes
21.2 *dijo* David a Joab. .Id, haced censo de
21.3 y *dijo* Joab: Añada Jehová a su pueblo
21.8 y *dijo* David. .He pecado gravemente al
21.9 habló Jehová a Gad, vidente. .*diciendo*
21.10 y habla a David, y *dile:* Así ha *dicho*
21.11 viniendo Gad a. .le *dijo:* Así ha *dicho*
21.13 *dijo* a Gad: Estoy en grande angustia
21.15 *dijo* al ángel que destruía: Basta ya
21.17 *dijo* David a Dios: ¿No soy yo el que
21.18 Jehová ordenó a Gad que *dijese* a David
21.19 la palabra que Gad le había *dicho* en
21.22 *dijo* David a Ornán: Dame este lugar
21.24 el rey David *dijo* a Ornán: No, sino que
22.1 y *dijo* David: Aquí estará la casa. .Dios
22.5 *dijo*. .Salomón mi hijo es muchacho y de
22.7 *dijo* David a Salomón: Hijo mío, en mi
22.8 *diciendo:* Tú. .no edificarás casa a mi
22.11 y edifiques casa a. .como él ha *dicho*
22.17 ayudasen a Salomón su hijo, *diciendo*
23.5 y cuatro mil para alabar a Jehová, *dijo*
23.25 David *dijo:* Jehová Dios de Israel ha
27.23 *dicho* que él multiplicaría a Israel
28.2 levantándose el rey David, .*dijo:* Oídme
28.3 Dios me *dijo:* Tú no edificarás casa a
28.6 ha *dicho:* Salomón. .él edificará mi casa
28.19 *dijo* David, me fueron trazadas por la
28.20 *dijo*. .David a Salomón su hijo: Anímate
29.1 *dijo* el rey David a toda la asamblea
29.10 *dijo* David: Bendito seas tú, oh Jehová
29.20 después *dijo* David. .Bendecid ahora a
2 Cr. 1.7 Dios. .le *dijo:* Pídeme lo que quieras
1.8 Salomón *dijo* a Dios: Tú has tenido con
1.11 y *dijo* Dios a Salomón: Por cuanto hubo
2.3 y envió a *decir* Salomón a Hiram rey de
2.12 *decía* Hiram: Bendito sea Jehová el Dios
2.15 envíe mi señor. .el trigo. .que ha *dicho*
5.13 *diciendo:* Porque él es bueno, porque su
6.1 entonces dijo Salomón: Jehova ha *dicho*
6.4 *dijo:* Bendito sea Jehová Dios de Israel
6.4 que prometió. .a David mi padre, *diciendo*
6.8 *dijo* a David. .Respecto a haber tenido en
6.10 ha cumplido su palabra que había *dicho*
6.10 sentado en el. .como Jehová había *dicho*
6.13 y extendió sus manos al cielo, y *dijo*
6.15 los *dijiste* con tu boca, y con tu mano
6.16 *diciendo:* No faltará de ti. .en el trono
6.17 palabra que *dijiste* a tu siervo David
6.20 el lugar del cual *dijiste:* Mi nombre
6.37 oraren a ti. .y *dijeren:* Pecamos, hemos
7.3 alabaron. .*diciendo:* Porque él es bueno
7.12 le *dijo:* Yo he oído tu oración, y he
7.18 pacté con. .*diciendo:* No te faltará varón
7.21 y *dirá:* ¿Por qué ha hecho así Jehová a
8.11 *dijo:* Mi mujer no morará en la casa de
9.5 *dijo* al rey: Verdad es lo que había oído
9.6 ni aun la mitad de. .me había sido *dicha*
10.3 Israel, y hablaron a Roboam, *diciendo*
10.5,12 *dijo:* Volved a mí de aquí a tres días
10.6,9 les *dijo:* ¿Cómo aconsejáis vosotros
10.7 y ellos le contestaron *diciendo:* Si te
10.9 *diciendo:* Alivia algo del yugo que tu
10.10 así *dirás* al pueblo que te ha hablado
10.10 *diciendo:* Tu padre agravó nuestro yugo
10.10 así les *dirás:* Mi dedo más pequeño es
10.14 *diciendo:* Mi padre hizo pesado. .yugo
10.16 al rey, *diciendo:* ¿Qué parte tenemos
11.2 mas vino palabra de Jehová a. .*diciendo*
11.3 habla a Roboam. .y a todos. .*diciéndoles*
11.4 ha *dicho* Jehová: No subáis, ni peleéis
12.5 Semaías. .les *dijo:* Así ha *dicho* Jehová
12.6 humillaron, y *dijeron:* Justo es Jehová
12.7 a Semaías, *diciendo:* Se han humillado
13.4 y *dijo:* Oídme, Jeroboam y todo Israel
14.7 *dijo*, por tanto, a Judá: Edifiquemos
14.11 clamó Asa. .y *dijo:* ¡Oh Jehová, para ti
15.2 *dijo:* Oídme, Asa y todo Judá y Benjamín
16.2 Asa. .envió a Ben-adad rey de. .*diciendo*
16.7 *dijo:* Por cuanto te has apoyado en el
18.3 *dijo* Acab rey de Israel a Josafat rey
18.4 además *dijo* Josafat al rey de Israel
18.5 y ellos *dijeron:* Sube, porque Dios los
18.6 *dijo:* ¿Hay aún aquí algún profeta de
18.8 *dijo:* Haz venir luego a Micaías hijo de
18.10 Sedequías. .*decía:* Así ha *dicho* Jehová
18.11 *diciendo:* Sube contra Ramot de Galaad
18.12 *diciendo:* He aquí las palabras de los
18.13 *dijo* Micaías: Vive Jehová, que lo que
18.13 lo que mi Dios me *dijere*, eso hablaré
18.14 rey le *dijo:* Micaías, ¿iremos a pelear
18.15 el rey le *dijo:* ¿Hasta cuántas veces te
18.16 Micaías *dijo:* He visto a todo Israel
18.16 y *dijo* Jehová: Estos no tienen señor
18.17 *dijo* a Josafat: ¿No te había yo *dicho*
18.18 él *dijo:* Oíd, pues, palabra de Jehová
18.19 uno *decía* así, y otro *d* de otra manera
18.20 *dijo:* Yo le induciré. Y Jehová le *d*
18.21 y él *dijo:* Saldré y seré espíritu de
18.21 *dijo:* Tú le inducirás, y lo lograrás
18.23 y *dijo:* ¿Por qué camino se fue de mí
18.25 el rey de Israel *dijo:* Tomad a Micaías
18.26 *decidles:* El rey ha *dicho* así: Poned a
18.27 Micaías *dijo:* Si tú volvieres en paz
18.29 *dijo* el rey de Israel a Josafat: Yo me
18.30 *diciendo:* No peleéis con chico ni con
18.31 *dijeron:* Este es el rey de Israel
18.33 *dijo* al cochero: Vuelve las riendas, y
19.2 y *dijo* al rey Josafat: ¿Al impío das
19.6 *dijo* a los jueces: Mirad lo que hacéis
19.9 y les mandó *diciendo:* Procederéis. .con
20.2 dieron aviso. .*diciendo:* Contra ti viene
20.6 *dijo:* Jehová Dios de nuestros padres
20.8 han edificado en ella santuario. .*diciendo*
20.15 y *dijo:* Oíd, Judá todo, y vosotros
20.15 Jehová os *dice* así: No temáis ni os
20.20 Josafat. .en pie, *dijo:* Oídme, Judá y
20.21 *dijesen:* Glorificad a Jehová, porque
20.37 contra Josafat, *diciendo:* Por cuanto
21.7 le había *dicho* que le daría lámpara a
21.12 una carta. .que *decía:* Jehová el Dios
22.9 *dijeron:* Es hijo de Josafat, quien de
23.3 Joiada les *dijo:* He aquí el hijo del rey
23.3 el cual reinará, como Jehová ha *dicho*
23.11 lo ungieron, *diciendo*. .¡Viva el rey!
23.13 Atalía rasgó sus. .y *dijo:* ¡Traición!
23.14 les *dijo:* Sacadla fuera del recinto
24.5 y les *dijo:* Salid por las ciudades de
24.6 le *dijo:* ¿Por qué no has procurado que
24.20 les *dijo:* Así ha *dicho* Dios: ¿Por qué
24.22 quien *dijo* al morir: Jehová lo vea y
25.4 mandó *diciendo:* No morirán los padres
25.7 *dijo:* Rey, no vaya contigo el ejército
25.9 y Amasías *dijo* al varón de Dios: ¿Qué
25.15 *dijo:* ¿Por qué has buscado los dioses
25.16 el profeta *dijo* luego: Yo sé que Dios
25.17 Amasías. .envió a *decir* a Joás. .Ven, y
25.18 Joás rey. .envió a *decir* a Amasías rey
25.18 *diciendo:* Da tu hija a. .hijo por mujer
25.19 tú *dices:* He aquí he derrotado a Edom
26.18 y le *dijeron:* No te corresponde a ti
26.23 durmió Uzías con. .*dijeron:* Leproso es
28.9 y les *dijo:* He aquí, Jehová el Dios de
28.13 les *dijeron:* No traigáis aquí a los
28.23 *dijo*. .los dioses de. .Siria les ayudan
29.5 les *dijo:* ¡Oídme, levitas! Santificaos
29.18 le *dijeron:* Ya hemos limpiado toda la
29.21 *dijo* a los sacerdotes hijos de Aarón
29.30 *dijeron* a los levitas que alabasen a
29.31 *dijo:* Vosotros os habéis consagrado
30.6 y *decían*. .volveos a Jehová el Dios de
30.18 oró por. .*diciendo:* Jehová, que es bueno
32.4 *diciendo:* ¿Por qué han de hallar los
32.6 y habló al corazón de ellos, *diciendo*
32.9 para *decir* a Ezequías rey de Judá, y a
32.10 ha *dicho* Senaquerib rey de los asirios
32.11 *decir:* Jehová nuestro Dios nos librará
32.12 ha quitado. .altares, y ha *dicho* a Judá
32.17 contra él, *diciendo:* Como los dioses de
33.4,7 en la casa. .de la cual había *dicho*
34.15 *dijo* al escriba. .he hallado el libro
34.16 *diciendo:* Tus siervos han cumplido todo
34.18 *diciendo:* El sacerdote Hilcías me dio
34.20 mandó a Hilcías y a Ahicam. .*diciendo*
34.22 fueron a Hulda. .le *dijeron* las palabras
34.23 Jehová. .ha *dicho* así: *Decid* al varón
34.26 así le *diréis:* Jehová. .ha *dicho* así
34.27 yo también te he oído, *dice* Jehová
35.3 y *dijo* a los levitas que enseñaban a
35.21 *diciendo:* ¿Qué tengo yo contigo, rey
35.21 y Dios me ha *dicho* que me apresure
35.23 *dijo* el rey a sus siervos: Quitadme
36.22 Ciro. .el cual hizo pregonar. .*diciendo*
36.23 *dice* Ciro, rey de los persas: Jehová
Esd. 1.1 hizo pregonar de palabra y. .*diciendo*
1.2 así ha *dicho* Ciro rey de Persia: Jehová
2.63 les *dijo* que no comiesen de las cosas
3.11 y *diciendo:* Porque él es bueno, porque
4.2 les *dijeron:* Edificaremos con vosotros
4.3 *dijeron:* No nos conviene edificar con
5.3 *dijeron* así: ¿Quién os ha dado orden para
5.9 preguntamos a los ancianos, *diciéndoles*
5.11 nos respondieron *diciendo* así: Nosotros
5.15 le *dijo:* Toma estos utensilios, vé, y
5.17 nos envíe a *decir* la voluntad del rey
6.9 lo que *dijeren* los sacerdotes que están
8.22 *diciendo:* La mano de nuestro Dios es
8.28 les *dije:* Vosotros estáis consagrados
9.1 los príncipes vinieron a mí, *diciendo*
9.6 y *dije:* Dios mío, confuso y avergonzado
9.10 ¿qué *diremos*, oh Dios. .después de esto?
9.11 *diciendo:* La tierra a la cual entráis
10.2 Secanías. .*dijo* a Esdras. .hemos pecado
10.10 Esdras. .*dijo:* Vosotros habéis pecado
10.12 y *dijeron* en alta voz: Así se haga
Neh. 1.3 y me *dijeron:* El remanente, los que
1.5 y *dije:* Te ruego, oh Jehová, Dios de los
1.8 *diciendo:* Si vosotros pecareis, yo os
2.2 me *dijo* el rey: ¿Por qué está triste tu
2.3 *dije* al rey: Para siempre viva el rey
2.4 *dijo* el rey: ¿Qué cosa pides? Entonces
2.5,7 *dije* al rey: Si le place al rey
2.6 el rey me *dijo*. .¿Cuánto durará tu viaje
2.17 les *dije*. .Vosotros veis el mal en que
2.18 las palabras que el rey me había *dicho*
2.18 y *dijeron:* Levantémonos y edifiquemos
2.19 *diciendo:* ¿Qué es esto que hacéis
2.20 les *dije:* El Dios de los cielos, él nos
4.2 *dijo:* ¿Qué hacen estos débiles judíos?
4.3 Tobías. .*dijo:* Lo que ellos edifican del
4.10 *dijo* Judá: Las fuerzas. .han debilitado
4.11 y nuestros enemigos *dijeron:* No sepan
4.12 nos *decían*. .De todos los lugares de donde
4.14,19 *dije* a los nobles y a los oficiales
4.22 *dije* entonces al pueblo: Cada uno con
5.2 quien *decía:* Nosotros, nuestros hijos y
5.3 quienes *decían:* Hemos empeñado nuestras
5.4 *decían:* Hemos tomado prestado dinero para
5.7 y les *dije:* ¿Exigís interés cada uno a
5.8 les *dije*. .según nuestras posibilidades
5.9 y *dije:* No es bueno lo que hacéis. ¿No
5.12 y *dijeron*. .haremos así como tú *dices*
5.13 *dije:* Así sacuda Dios de su casa y de
6.2 enviaron a *decirme:* Ven y reunámonos en
6.3 *diciendo:* Yo hago una gran obra, y no
6.5 Sanbalat envió. .para *decir* lo mismo por
6.6 y Gasmu lo *dice*, que tú y los judíos
6.7 proclamen. .*diciendo:* ¡Hay rey en Judá!
6.8 a *decirle:* No hay tal cosa como *dices*
6.9 *diciendo:* Se debilitarán las manos de
6.10 me *dijo:* Reunámonos en la casa de Dios
6.11 *dije:* ¿Un hombre como yo ha de huir?

DECIR *(Continúa)*
Neh. 7.3 y les *dije:* No se abran las puertas de
7.65 les *dijo* el gobernador que no comiesen
8.1 *dijeron* a Esdras. . que trajese el libro
8.9 *dijeron* a todo el pueblo: Día santo es
8.10 luego les *dijo:* Id, comed grosuras, y
8.11 *diciendo:* Callad, porque es día santo
8.15 pasar pregón. . *diciendo:* Salid al monte
9.5 *dijeron* los levitas. . Bendecid a Jehová
9.15 y les *dijiste* que entrasen a poseer la
9.18 y *dijeron:* Este es tu Dios que te hizo
9.23 de la cual habías *dicho* a sus padres que
13.9 *dije* que limpiasen las cámaras, e hice
13.11 y *dije:* ¿Por qué está la casa de Dios
13.17 les *dije:* ¿Qué mala cosa es esta que
13.19 *dije* que se cerrasen las puertas, y
13.21 les *dije:* ¿Por qué os quedáis vosotros
13.22 *dije* a los levitas que se purificasen
13.25 *diciendo:* No daréis vuestras hijas a
Est. 1.16 *dijo* Memucán delante del rey y de los
1.17 *diciendo:* El rey Asuero mandó traer
1.18 *dirán* esto las señoras de Persia y de
1.22 *diciendo* que todo hombre afirmase su
2.2 *dijeron* los criados del rey. . cortesanos
2.7 había criado a Hadasa, es *decir,* Ester
2.15 sino lo que *dijo* Hegai eunuco del rey
2.20 Ester hacía lo que *decía* Mardoqueo, como
2.22 y Ester lo *dijo* al rey en nombre de
3.8 *dijo* Amán al rey Asuero: Hay un pueblo
3.11 le *dijo:* La plata que ofreces sea para
4.4 vinieron las doncellas. . y se lo *dijeron*
4.7 la plata que Amán había *dicho* que pesaría
4.10 Ester *dijo*. . que le *dijese* a Mardoqueo
4.12 y *dijeron* a Mardoqueo las palabras de
4.13 *dijo* Mardoqueo. . No pienses que escaparás
4.15 Ester *dijo* que respondiesen a Mardoqueo
5.3 *dijo* el rey: ¿Qué tienes, reina Ester, y
5.4 Ester *dijo:* Si place al rey, vengan hoy
5.5 Amán, para hacer lo que Ester ha *dicho*
5.6 *dijo* el rey a Ester en el. . ¿Cuál es tu
5.7 respondió Ester y *dijo:* Mi petición y
5.14 *dijo* Zeres su mujer. . Hagan una horca
5.14 *dí* al rey que cuelguen a Mardoqueo en
6.1 y *dijo* que le trajesen el libro de las
6.3 *dijo* el rey: ¿Qué honra. . hizo a Mardoqueo
6.4 *dijo* el rey: ¿Quién está en el patio?
6.5 Amán está en el. . Y el rey *dijo:* Que entre
6.6 el rey le *dijo:* ¿Qué se hará al hombre
6.6 *dijo* Aman en su corazón: ¿A quién desearía
6.10 el rey *dijo* a Amán: Date prisa, toma el
6.10 toma el vestido. . como tú has *dicho,* y
6.10 no omitas nada de todo lo que has *dicho*
6.13 le *dijeron* sus sabios, y Zeres su mujer
7.2 *dijo* el rey a Ester: ¿Cuál. . tu petición
7.3 *dijo:* Oh rey, si he hallado gracia en tus
7.5 el rey. . *dijo* a la reina Ester: ¿Quién es
7.6 Ester *dijo:* El enemigo y adversario es
7.8 *dijo* el rey: ¿Querrás también violar a
7.9 y *dijo* Harbona, uno de los eunucos que
7.9 entonces el rey *dijo:* Colgadlo en ella
8.5 *dijo:* Si place al rey, y si he hallado
8.13 copia. . *decía* que los judíos estuviesen
9.12 *dijo* el rey a la reina Ester: En Susa
9.24 echado Pur, que quiere *decir* suerte
Job 1.5 porque *decía* Job: Quizá habrán pecado
1.7 *dijo* Jehová a Satanás: ¿De dónde vienes?
1.7 respondiendo Satanás. . *dijo:* De rodear la
1.8 *dijo* a Satanás: ¿No has considerado a mi
1.9 respondiendo Satanás. . *dijo:* ¿Acaso teme
1.12 *dijo* Jehová a Satanás: He aquí, todo lo
1.14 un mensajero. . y le *dijo:* Estaban arando
1.16 vino otro que *dijo:* Fuego de Dios cayó
1.17 estaba. . hablando, y vino otro que *dijo*
1.18 vino otro que *dijo:* Tus hijos y tus hijas
1.21 y *dijo:* Desnudo salí del vientre de mi
2.2 *dijo* Jehová a Satanás: ¿De dónde vienes?
2.2 respondió Satanás. . y *dijo:* De rodear la
2.3 *dijo* a Satanás: ¿No has considerado a mi
2.4 Satanás, *dijo* a Jehová: Piel por piel
2.6 Jehová *dijo* a Satanás: He aquí, él está
2.9 entonces le *dijo* su mujer: ¿Aún retienes
2.10 le *dijo:* Como suele hablar cualquiera de
3.2 y exclamó Job, y *dijo*
3.3 y la noche en que se *dijo*. . es concebido
4.1 respondió Elifaz temanita, y *dijo*
4.16 yo no conocí, y quedo, oí que *decía*
6.1 respondió entonces Job, y *dijo*
6.22 ¿os he *dicho* yo: Traedme, y pagad por
6.28 ved si *digo* mentira delante de vosotros
7.4 cuando estoy acostado, *digo:* ¿Cuándo me
7.13 cuando *digo:* Me consolará mi lecho, mi
8.1 respondió Bildad suhita, y *dijo*
8.18 negará entonces, *diciendo:* Nunca te vi
9.1 respondió Job, y *dijo*
9.12 ¿quién le. . ¿quién le *dirá:* ¿Qué haces?
9.20 si me *dijere* perfecto. . me haría inicuo
9.22 una cosa resta que yo *diga:* Al perfecto
9.27 si yo *dijere:* Olvidaré mi queja, dejaré
10.2 *diré* a Dios: No me condenes: hazme
11.1 respondió Zofar naamatita, y *dijo*
11.4 tú *dices:* Mi doctrina es pura, y yo soy
12.1 respondió entonces Job, *diciendo*
12.3 ¿y quién habrá que no pueda *decir* otro
12.20 priva del habla a los que *dicen* verdad
15.1 respondió Elifaz temanita, y *dijo*
15.11 palabras que con dulzura se te *dicen?*
15.23 tras el pan, *diciendo:* ¿En dónde está?
16.1 respondió Job, y *dijo*
17.14 a la corrupción he *dicho:* Mi padre eres
18.1 respondió Bildad suhita, y *dijo*
19.1 respondió entonces Job, y *dijo*
19.28 *decir:* ¿Por qué le perseguimos? ya que
20.1 respondió Zofar naamatita, y *dijo*
20.7 los que le hubieren visto *dirán:* ¿Qué
21.1 entonces respondió Job, y *dijo*
21.14 *dicen*. . a Dios: Apártate de nosotros
21.28 porque *decís:* ¿Qué hay de la casa del
22.1 respondió Elifaz temanita, y *dijo*
22.13 ¿y *dirás* tú: ¿Qué sabe Dios? ¿Cómo
22.17 *decían* a Dios: Apártate de nosotros
22.19 el inocente los escarnecerá, *diciendo*
22.29 *dirás*. . Enaltecimiento habrá; y Dios
23.1 respondió Job, y *dijo*
23.5 yo sabría. . entendería lo que me *dijera*
24.15 *diciendo:* No me verá nadie; y esconde
25.1 respondió Bildad suhita, y *dijo*
26.1 respondió Job, y *dijo*
27.1 reasumió Job su discurso, y *dijo*
28.14 el abismo *dice:* No está en mí. . mar *dijo*
28.22 la muerte *dijeron:* Su fama hemos oído
28.28 y *dijo* al hombre: He aquí que el temor
29.1 Job a reanudar su discurso, y *dijo*
29.18 *decía* yo: En mi nido moriré, y como
31.24 y *dije* al oro: Mi confianza eres tú
31.31 si mis siervos no *decían:* ¿Quién no se
32.6 respondió Eliú. . y *dijo:* Yo soy joven, y
32.7 yo *decía:* Los días hablarán. . sabiduría
32.10 tanto, yo *dije:* Escuchadme; declararé
32.13 que no *digáis:* Nosotros hemos hallado
33.8 *dijiste*. . yo oí. . tus palabras que *decían*
33.24 *diga* que Dios tuvo de él misericordia
33.27 y al que *dijere:* Pequé, y pervertí lo
34.1 además Eliú *dijo*
34.5 Job ha *dicho:* Yo soy justo, y Dios me
34.9 ha *dicho:* De nada servirá al hombre el
34.18 ¿se *dirá* al rey: Perverso; y a los
34.31 se *diga* a Dios: He llevado ya castigo
34.33 retribuirá. . *dí,* si no, lo que tú sabes
34.34 los hombres inteligentes *dirán* conmigo
35.1 prosiguió Eliú. . su razonamiento, y *dijo*
35.2 cosa recta lo que has *dicho:* Más justo
35.3 *dijiste:* ¿Qué ventaja sacaré de ello?
35.10 y ninguno *dice:* ¿Dónde está Dios mi
35.14 cuando *dices* que no haces caso de él?
36.1 añadió Eliú, y *dijo*
36.10 y les *dice* que se conviertan de la
36.23 ¿quién. . quién le *dirá:* Has hecho mal?
37.6 a la nieve *dice:* Desciende a la tierra
37.19 muéstranos qué le hemos de *decir*
38.1 entonces respondió Jehová a Job. . *dijo*
38.11 *dije:* Hasta aquí llegarás, y no pasarás
38.35 los relámpagos. . te *dirán*. . Henos aquí?
39.25 como que *dice* entre los clarines; ¡Ea!
40.1 además respondió Jehová a Job, y *dijo*
40.3 entonces respondió Job a Jehová, y *dijo*
40.6 respondió Jehová a Job desde el. . y *dijo*
42.1 respondió Job a Jehová, y *dijo*
42.7 Jehová *dijo* a Elifaz temanita: Mi ira
42.9 hicieron como Jehová les *dijo;* y Jehová
Sal. 2.2 y príncipes consultarán. . *diciendo*
2.7 Jehová me ha *dicho:* Mi hijo eres tú; yo
3.2 que *dicen* de mí: No hay para él salvación
4.6 que *dicen:* ¿Quién nos mostrará el bien?
8.4 *digo:* ¿Qué es el hombre. . que lo visites?
10.6 *dice* en su corazón: No seré movido jamás
10.11 *dice* en su corazón: Dios ha olvidado
10.13 corazón ha *dicho:* Tú no lo inquirirás
11.1 ¿cómo *decís* a mi alma, que escape al
12.4 los que han *dicho:* Por nuestra lengua
12.5 levantaré, *dice* Jehová; pondré en salvo
13.4 para que no *diga* mi enemigo: Lo vencí
14.1 *dice* el necio en su corazón: No hay Dios
16.2 *dijiste* a Jehová: Tú eres mi Señor; no
18 *tít.* libró. . de la mano de Saúl. Entonces *dijo*
22.7 escarnecen. . menean la cabeza, *diciendo*
27.8 mi corazón ha *dicho*. . Buscad mi rostro
30.6 en mi prosperidad *dije*. . No seré jamás
31.14 yo en ti confío. . *digo:* Tu eres mi Dios
31.22 *decía* yo. . Cortado soy de delante de tus
32.5 *dije:* Confesaré mis transgresiones a
33.9 porque él *dijo,* y fue hecho; él mandó
35.3 saca. . *dí* a mi alma: Yo soy tu salvación
35.10 mis huesos *dirán:* Jehová, ¿quién como
35.21 *dijeron:* ¡Ea, ea, nuestros ojos lo han
35.25 *digan* en su corazón: ¡Ea, alma nuestra
35.27 y *digan* siempre: Sea exaltado Jehová
36.1 la iniquidad del. . me *dice* al corazón
38.16 *dije:* No se alegren de mí; cuando mi
39.1 yo *dije:* Atenderé a mis caminos, para
40.7 entonces *dije:* He aquí, vengo; en el
40.15 sean asolados. . los que me *dicen:* ¡Ea
40.16 y *digan*. . los que aman tu salvación
41.4 yo *dije:* Jehová, ten misericordia de mí
41.5 enemigos *dicen* mal de mí, preguntando
41.7 contra mí piensan mal, *diciendo* de mí
42.3 me *dicen* todos los días: ¿Dónde está tu
42.9 *diré* a Dios: Roca mía, ¿por qué te has
42.10 *diciéndome* cada día: ¿Dónde está tu
50.12 si yo tuviese hambre, no te lo *diría*
50.16 pero al malo *dijo* Dios: ¿Qué tienes tú
52 *tít.* Doeg. . dio cuenta a Saúl *diciéndole*
52.6 los justos. . se reirán de él, *diciendo*
53.1 *dice* el necio en su corazón: No hay Dios
54 *tít.* los zifeos y *dijeron* a Saúl: ¿No está
55.6 y *dije:* ¡Quién me diese alas como de
58.11 *dirá*. . Ciertamente hay galardón para el
59.7 espadas hay. . porque *dicen:* ¿Quién oye?
60.6 Dios ha *dicho* en su santuario: Yo me
64.5 lazos, y *dicen:* ¿Quién los ha de ver?
66.3 *decid* a Dios: ¡Cuán asombrosas son tus
68.22 el Señor *dijo:* De Basán te haré volver
70.3 sean vueltos. . los que *dicen:* ¡Ah! ¡Ah!
70.4 *digan* siempre los que aman tu salvación
71.11 *diciendo:* Dios lo ha desamparado
73.11 y *dicen:* ¿Cómo sabe Dios? ¿Y hay
73.15 si *dijera* yo: Hablaré como ellos, he
74.8 *dijeron* en su corazón: Destruyámoslos
75.4 *dije* a los insensatos: No os infatuéis
77.10 *dije:* Enfermedad mía es esta; traeré
78.19 *diciendo*. . poner mesa en el desierto?
79.10 *dirán* las gentes: ¿Dónde está su Dios?
82.6 yo *dije:* Vosotros sois dioses, y todos
83.4 han *dicho:* Venid, y destruyámoslos para
83.12 han *dicho:* Heredemos para nosotros las
87.3 cosas gloriosas. . *dicho* de ti, ciudad de
87.5 de Sion se *dirá:* Este y aquél han nacido
87.7 *dirán:* Todas mis fuentes están en ti
89.2 porque *dije:* Para siempre será edificada
89.3 pacto. . juré a David mi siervo, *diciendo*
89.19 y *dijiste:* He puesto el socorro sobre
90.3 *dices:* Convertíos, hijos de los hombres
91.2 *diré* yo a Jehová: Esperanza. . y castillo
94.7 y *dijeron:* No verá JAH, ni entenderá
94.18 cuando yo *decía:* Mi pie resbala, tu
95.10 *dije:* Pueblo es que divaga de corazón
96.10 *decid* entre las naciones: Jehová reina
102.24 *dije:* Dios mío, no me cortes en la
105.11 *diciendo:* A ti te daré la tierra de
105.15 no toquéis, *dijo,* a mis ungidos, ni
106.34 no. . a los pueblos que Jehová les *dijo*
106.48 y *diga* todo el pueblo, Amén. Aleluya
107.2 *díganlo* los redimidos de Jehová, los
108.7 Dios ha *dicho* en su santuario: Yo me
110.1 Jehová *dijo* a mi Señor: Siéntate a mi
115.2 ¿por qué han de *decir* las gentes. . Dios?
116.4 *diciendo:* Oh Jehová, libra ahora mi
116.11 y *dije* en mi apresuramiento: Todo
118.2 *diga* ahora Israel, que para siempre es
118.3 *diga*. . la casa de Aarón. . para siempre es
118.4 *digan* ahora los que temen a Jehová, que
119.57 he *dicho* que guardaré tus palabras
119.76 conforme a lo que has *dicho* a tu
119.82 *diciendo:* ¿Cuándo me consolarás?
122.1 yo me alegré con los que me *decían:* A
122.8 por amor. . *diré* yo: La paz sea contigo
124.1 a no haber estado. . *diga* ahora Israel
126.2 *dirán* entre las naciones: Grandes cosas
129.1 mucho me han angustiado. . puede *decir*
129.8 ni *dijeron* los que pasaban: Bendición
137.3 *diciendo:* Cantadnos. . cánticos de Sion
137.7 cuando *decían:* Arrasadla, arrasadla
139.11 si *dijere:* Ciertamente las tinieblas
139.20 porque blasfemias *dicen*. . contra ti
140.6 he *dicho* a Jehová: Dios mío eres tú
142.5 clamé a. . *dije:* Tú eres mi esperanza
145.11 la gloria de tu reino *digan,* y hablen
Pr. 1.11 *dijeren:* Ven con nosotros; pongamos
1.21 en las entradas de las. . *dice* sus razones
3.28 no *digas* a tu prójimo: Anda, y vuelve
4.4 me *decía:* Retenga tu corazón mis razones
5.12 *digas:* ¡Cómo aborrecí el consejo, y mi
7.4 *dí* a la sabiduría: Tú eres mi hermana
7.13 le besó. Con semblante descarado le *dijo*
9.4,16 *dice* a cualquier simple: Ven acá
9.4,16 ven acá. A los faltos de cordura *dice*
20.9 ¿quién podrá *decir:* Yo he limpiado mi
20.14 el que compra *dice:* Malo es, malo es
20.22 no *digas:* Yo me vengaré; espera a
22.13 *dice* el perezoso: El león está fuera
23.7 come y bebe, te *dirá;* mas su corazón
23.35 y *dirás:* Me hirieron, mas no me dolió
24.12 si *dijeres:* Ciertamente no lo supimos
24.24 el que *dijere* al malo: Justo eres, los
24.29 no *digas:* Como me hizo, así le haré
25.7 mejor es que se te *diga:* Sube acá, y no
25.11 oro. . es la palabra *dicha* como conviene
26.13 *dice* el perezoso: El león está en el
26.19 y *dice:* Ciertamente lo hice por broma
28.24 el que roba. . y *dice* que no es maldad
29.24 pues oye la imprecación y no *dice* nada
30.1 la profecía que *dijo* el varón a Itiel
30.9 y te niegue, y *diga:* ¿Quién es Jehová?
30.15 tiene dos hijas que *dicen:* ¡Dame! ¡dame!
30.15 tres. . y la cuarta nunca *dice:* ¡Basta!
30.16 y el fuego que jamás *dice:* ¡Basta!
30.20 así: Come. . y *dice:* No he hecho maldad
Ec. 1.2 vanidades, *dijo* el Predicador; vanidad
1.10 ¿hay algo de que se puede *decir:* He aquí
1.16 *diciendo:* He aquí yo me he engrandecido
2.1 *dije* yo en mi corazón: Ven ahora, te

DECIR *(Continúa)*
Ec. 2.2 a la risa *dije:* Enloqueces; y al placer
2.15 entonces *dije*..Como sucederá al necio
2.15 y *dije* en..que también esto era vanidad
3.17 *dije*..Al justo y al impío juzgará Dios
3.18 *dije*..Es así, por causa de los hijos de
5.6 *digas* delante del ángel..fue ignorancia
6.3 yo *digo* que un abortivo es mejor que él
7.10 nunca *digas:* ¿Cuál es la causa de que
7.21 que no oigas a tu..cuando *dice* mal de ti
7.22 corazón sabe que..*dijiste* mal de otros
7.23 *diciendo:* Seré sabio; pero la sabiduría
7.27 que esto he hallado, *dice* el Predicador
8.4 potestad, ¿y quién le *dirá:* ¿Qué haces?
8.14 obras..*Digo* que esto también es vanidad
8.17 aunque *diga* el sabio que la conoce, no
9.16 *dije* yo: Mejor es la sabiduría que la
10.3 necio..va *diciendo* a todos que es necio
10.20 ni..en tu pensamiento *digas* mal del rey
10.20 ni en lo secreto de..*digas* mal del rico
12.1 *digas:* No tengo en ellos contentamiento
12.8 *dijo* el Predicador, todo es vanidad
Cnt. 2.10 mi amado habló, y me *dijo:* Levántate
3.2 *dije:* Me levantaré ahora, y rodearé por
3.3 *dije:* ¿Habéis visto al que ama mi alma?
7.8 yo *dije:* Subiré a la palmera, asiré sus
Is. 1.11 ¿para qué me sirve, *dice* Jehová, la
1.18 venid luego, *dice* Jehová, y estemos a
1.20 porque la boca de Jehová lo ha *dicho*
1.24 *dice* el Señor, Jehová de los ejércitos
2.3 y vendrán muchos pueblos, y *dirán:* Venid
3.6 y le *dijere:* Tú tienes vestido, tú serás
3.7 jurará..*diciendo:* No tomaré ese cuidado
3.10 *decid* al justo que le irá bien, porque
3.15 ¿qué pensáis vosotros que..*dice* el Señor
3.16 *dice* Jehová: Por cuanto las hijas de
4.1 *diciendo*..comeremos de nuestro pan, y
5.19 *dicen:* Venga ya, apresúrese su obra, y
5.20 ¡ay de los que a lo malo *dicen* bueno, y a
6.3 *diciendo:* Santo, santo, santo, Jehová de
6.5 *dije:* ¡Ay de mí! que soy muerto; porque
6.7 *dijo:* He aquí que esto tocó tus labios
6.8 *decía:* ¿A quién enviaré, y quién irá por
6.9 *dijo:* Anda, y *di* a este pueblo: Oíd bien
6.11 yo *dije:* ¿Hasta cuándo..Y respondió él
7.2 *diciendo:* Siria se ha confederado con
7.3 entonces *dijo* Jehová a Isaías: Sal ahora
7.4 *dile:* Guarda, y repósate; no temas, ni
7.5 sirio..con el hijo de Remalías, *diciendo*
7.7 Jehová el Señor *dice* así: No subsistirá
7.10 habló también Jehová a Acaz, *diciendo*
7.13 *dijo* entonces Isaías: Oíd ahora, casa
8.1 me *dijo* Jehová: Toma una tabla grande, y
8.3 dio a luz..Y me *dijo* Jehová: Ponle por
8.4 antes que el niño sepa *decir:* Padre mío
8.5 vez volvió Jehová a hablarme, *diciendo*
8.11 Jehová me *dijo* de esta manera con mano
8.11 no caminase por el camino de..*diciendo*
8.19 *dijeron:* Preguntad a los encantadores
8.20 ¡a la ley..Si no *dijeren* conforme a esto
9.9 soberbia y con altivez de corazón *dicen*
10.8 él *dice:* Mis príncipes, ¿no son..reyes?
10.13 *dijo:* Con el poder de mi mano lo he
10.24 *dice* así: Pueblo mío, morador de Sion
12.1 aquel día *dirás:* Cantaré a ti, oh Jehová
12.4 y *diréis* en aquel día: Cantad a Jehová
14.4 *dirás:* ¡Cómo paró el opresor, cómo acabó
14.8 aun los cipreses se regocijaron..*diciendo*
14.10 todos ellos darán voces, y te *dirán*
14.13 tú que *decías* en tu corazón: Subiré al
14.16 contemplarán, *diciendo:* ¿Es éste aquel
14.22 me levantaré contra ellos, *dice* Jehová
14.22 y raeré de Babilonia el..*dice* Jehová
14.23 la barreré con escobas de..*dice* Jehová
14.24 juró *diciendo:* Ciertamente se hará de
16.14 hablado, *diciendo:* Dentro de tres años
17.3 cesará el socorro de Efraín, y el..*dice*
17.6 y quedarán en él rebuscos..*dice* Jehová
18.4 Jehová me *dijo* así: Me estaré quieto, y
19.4 y entregaré a Egipto en..*dice* el Señor
19.11 ¿cómo *diréis* a Faraón: Yo soy hijo de
19.12 que te *digan* ahora, o te hagan saber
19.25 bendecirá *diciendo:* Bendito el pueblo
20.2 *diciendo:* Vé y quita el cilicio de tus
20.3 y *dijo* Jehová: De la manera que anduvo
20.6 y *dirá* en aquel día el morador de esta
21.6 el Señor me *dijo* así: Vé, pon centinela
21.9 después habló y *dijo:* Cayó..Babilonia
21.10 os he *dicho* lo que oí de Jehová de los
21.16 así me ha *dicho* Jehová: De aquí a un año
21.17 porque Jehová Dios de..lo ha *dicho*
22.4 *dije:* Dejadme, lloraré amargamente; no
22.13 y bebiendo vino, *diciendo:* Comamos y
22.14 no os será perdonado..*dice* el Señor
22.15 Jehová de los ejércitos *dice* así: Vé
22.15 entra a este tesorero, a Sebna..y *dile*
22.25 *dice* Jehová..el clavo hincado..quitado
23.4 la fortaleza del mar habló, *diciendo*
23.12 *dijo:* No te alegrarás más, oh..Sidón
24.16 y yo *dije:* ¡Mi desdicha, mi desdicha
25.8 quitará la afrenta..Jehová lo ha *dicho*
25.9 se *dirá* en aquel día: He equí, éste es
28.12 *dijo:* Este es el reposo; dad reposo al
28.15 por cuanto habéis *dicho:* Pacto tenemos
28.16 *dice*..he puesto en Sion por..una piedra
29.11 si dieren al que sabe leer, y le *dijeren*
29.11 él *dirá:* No puedo, porque está sellado
29.12 *diciéndole:* Lee ahora esto; él *dirá:* No
29.13 *dice*..Porque este pueblo se acerca a mí
29.15 y *dicen:* ¿Quién nos vé, y quién nos
29.16 ¿acaso la obra *dirá* de su hacedor: No
29.16 ¿*dirá* la vasija de aquel que la ha..No
29.22 Jehová..*dice* así a la casa de Jacob: No
30.1 ¡ay de los hijos que se apartan, *dice*
30.10 *dicen* a los videntes: No veáis; y a los
30.10 *decidnos* cosas halagüeñas, profetizad
30.12 por tanto, el Santo de Israel *dice* así
30.15 *dijo* Jehová..En descanso y en reposo
30.16 sino que *dijisteis:* No, antes huiremos
30.21 oirán a tus espaldas palabra que *diga*
30.22 las apartarás..¡Sal fuera! les *dirás*
31.4 Jehová me *dijo* a mí de esta manera: Como
31.9 dejarán sus banderas, *dice* Jehová, cuyo
33.18 tu corazón imaginará el espanto, y *dirá*
33.24 no *dirá* el morador: Estoy enfermo; al
35.4 *decid* a..de corazón apocado: Esforzaos
36.4 a los cuales *dijo* el Rabsaces: *Decid*
36.4 el gran rey, el rey de Asiria, *dice* así
36.5 yo *digo* que el consejo y poderío para
36.7 y si me *decís:* En Jehová nuestro Dios
36.7 y *dijo* a Judá y a Jerusalén: Delante de
36.10 Jehová me *dijo:* Sube a esta tierra y
36.11 entonces *dijeron* Eliaquim, Sebna y Joa
36.12 y *dijo*..¿Acaso me envió..a que *dijese*
36.13 en pie y gritó a gran voz en..*diciendo*
36.14 el rey *dice* así: No os engañe Ezequías
36.15 ni os haga..confiar en Jehová, *diciendo*
36.16 así *dice* el rey de Asiria: Haced..paz
36.18 no os engañe Ezequías *diciendo:* Jehová
36.21 el rey así lo había mandado, *diciendo*
37.3 *dijeron:* Así ha *dicho* Ezequías: Día de
37.6 *dijo* Isaías: *Diréis* así a vuestro señor
37.6 así ha *dicho* Jehová: No temas por las
37.9 oyendo *decir* de Tirhaca rey de Etiopía
37.9 envió embajadores a Ezequías, *diciendo*
37.10 así *diréis* a Ezequías rey de Judá: No
37.10 *diréis*..No te engañe tu Dios..*diciendo*
37.15 Ezequías oró a Jehová, *diciendo*
37.21 Isaías..envió a decir a..Así ha *dicho*
37.24 has vituperado al Señor, y *dijiste:* Con
37.26 ¿no has oído *decir* que desde tiempos
37.33 *dice* Jehová acerca del rey de Asiria
37.34 no entrará en esta ciudad, *dice* Jehová
38.1 le *dijo:* Jehová *dice* así: Ordena tu casa
38.3 *dijo*..te ruego que te acuerdes ahora que
38.4 palabra de Jehová a Isaías, *diciendo*
38.5 vé y *di* a Ezequías: Jehová Dios..*dice*
38.7 señal..que Jehová hará esto que ha *dicho*
38.10 yo *dije:* A la mitad de mis días iré a
38.11 *dije:* No veré a JAH, a JAH en la tierra
38.15 ¿qué *diré?* El que me lo *dijo*..ha hecho
38.21 *dicho* Isaías: Tomen masa de higos, y
38.22 había asimismo *dicho* Ezequías: ¿Qué
39.3 y le *dijo:* ¿Qué *dicen* estos hombres, y
39.4 *dijo* entonces: ¿Qué han..en tu casa?
39.4 y *dijo* Ezequías: Todo lo que hay en mi
39.5 *dijo* Isaías a Ezequías: Oye palabra de
39.6 será llevado a Babilonia..*dice* Jehová
39.8 y *dijo* Ezequías a Isaías: La palabra de
40.1 consolaos, consolaos, pueblo mío, *dice*
40.2 *decidle* a..que su tiempo es ya cumplido
40.6 voz que *decía:* Da voces. Y yo respondí
40.6 respondí: ¿Qué tengo que *decir* a voces?
40.9 *di* a las ciudades de Judá: ¡Ved aquí al
40.21 os lo han *dicho* desde el principio?
40.25 ¿a qué..me compararéis? *dice* el Santo
40.27 ¿por qué *dices,* oh Jacob, y hablas tú
41.6 ayudó a su vecino, y a su hermano *dijo*
41.7 que batía en el yunque, *diciendo:* Buena
41.9 de tierras lejanas te llamé, y te *dije*
41.13 sostiene de tu mano derecha, y te *dice*
41.14 soy tu socorro, *dice* Jehová; el Santo
41.21 alegad por vuestra causa, *dice* Jehová
41.21 vuestras pruebas, *dice* el Rey de Jacob
41.22 *dígannos* lo que ha pasado desde el
41.26 de tiempo atrás, y *diremos?* ¿Es justo?
42.5 *dice* Jehová Dios, Creador de los cielos
42.17 y *dicen* a las imágenes de fundición
42.22 despojo..no hay quien *diga:* Restituid
43.1 así *dice* Jehová, Creador tuyo, oh Jacob
43.6 *diré* al norte: Da acá; y al sur..trae
43.9 justifíquense; oigan, y *digan:* Verdad es
43.10,12 sois mis testigos, *dice* Jehová
43.14 así *dice* Jehová, Redentor vuestro, el
43.16 *dice* Jehová, el que abre camino en el
44.2 *dice* Jehová, Hacedor tuyo, y el que te
44.5 éste *dirá:* Yo soy de Jehová; el otro se
44.6 así *dice* Jehová Rey de Israel..Redentor
44.8 te lo hice oir desde la..y te lo *dije?*
44.16 *dice:* ¡Oh! me he calentado, he visto el
44.17 lo adora, y le ruega *diciendo:* Líbrame
44.19 no tiene..ni entendimiento para *decir*
44.20 que no libre su alma, ni *diga:* ¿No es
44.24 *dice* Jehová, tu Redentor, que te formó
44.26 que *dice* a Jerusalén: Serás habitada
44.27 que *dice* a las profundidades: Secaos
44.28 *dice* de Ciro: Es mi pastor, y cumplirá
44.28 al *decir* a Jerusalén: Serás edificada
45.1 así *dice* Jehová a su ungido, a Ciro, al
45.9 ¿*dirá* el barro al que lo labra: ¿Qué
45.10 ¡ay del que *dice* al padre: ¿Por qué
45.11 *dice* Jehová, el Santo de Israel, y su
45.13 por precio ni por dones, *dice* Jehová
45.14 así *dice* Jehová: El trabajo de Egipto
45.14 harán reverencia..suplicarán *diciendo*
45.18 así *dijo* Jehová, que creó los cielos
45.19 no *dije* a la descendencia de Jacob: En
45.21 y lo tiene *dicho* desde entonces, sino
45.24 se *dirá* de mí: Ciertamente en Jehová
46.10 *digo:* Mi consejo permanecerá, y haré
47.7 *dijiste:* Para siempre seré señora; y no
47.8 tú que *dices* en tu corazón: Yo soy, y
47.10 confiaste en tu maldad, *diciendo:* Nadie
48.3 lo que pasó, ya antes lo *dije,* y de mi
48.5 te lo advertí, para que no *dijeras:* Mi
48.7 que no *digas:* He aquí que yo lo sabía
48.17 *dicho* Jehová, Redentor tuyo, el Santo
48.20 *decid:* Redimió Jehová a Jacob su siervo
48.22 no hay paz para los malos, *dijo* Jehová
49.3 *dijo:* Mi siervo eres, oh Israel, porque
49.4 *dije:* Por demás he trabajado, en vano
49.5 *dice* Jehová, el que me formó desde el
49.6 *dice:* Poco es para mí que tú seas mi
49.7 ha *dicho* Jehová, Redentor de Israel, el
49.8 *dijo* Jehová: En tiempo aceptable te oí
49.9 para que *digas* a los presos: Salid; y a
49.14 Sion *dijo:* Me dejó Jehová, y el Señor
49.18 vivo yo, *dice* Jehová, que de todos
49.20 los hijos de tu orfandad *dirán* a tus
49.21 *dirás* en tu..¿Quién me engendró éstos?
49.22 *dijo* Jehová..yo tenderé mi mano a las
49.25 así *dice* Jehová: Ciertamente el cautivo
50.1 así *dijo* Jehová: ¿Qué es de la carta de
51.16 y *diciendo* a Sion: Pueblo mío eres tú
51.22 así *dijo* Jehová tu Señor, y tu Dios, el
51.23 angustiadores, que *dijeron* a tu alma
52.3 *dice* Jehová: De balde fuisteis vendidos
52.4 así *dijo*..Mi pueblo descendió a Egipto
52.5 ¿qué hago aquí, *dice* Jehová, ya que mi
52.5 enseñorean, lo hacen aullar, *dice* Jehová
52.7 del que *dice* a Sion: ¡Tu Dios reina!
54.1 más son los hijos de la..ha *dicho* Jehová
54.6 esposa..es repudiada, *dijo* el Dios tuyo
54.8 tendré compasión de ti, *dijo* Jehová tu
54.10 no se apartará de ti mi..*dijo* Jehová
54.17 su salvación de mí vendrá, *dijo* Jehová
55.8 ni vuestros caminos mis caminos, *dijo*
56.1 *dijo* Jehová: Guardad derecho, y haced
56.3 y el extranjero que..no hable *diciendo*
56.3 ni *diga* el eunuco: He aquí yo soy árbol
56.4 *dijo* Jehová: A los eunucos que guarden
56.8 *dice* Jehová el Señor, el que reúne a los
56.12 *dicen,* tomemos vino, embriaguémonos
57.10 no *dijiste:* No hay remedio; hallaste
57.14 y *dirá:* Allanad, allanad; barred el
57.15 porque así *dijo* el Alto y Sublime, el
57.19 produciré fruto de labios: Paz..*dijo*
57.21 no hay paz, *dijo* mi..para los impíos
58.3 qué, *dicen,* ayunamos, y no hiciste caso
58.9 te oirá..clamarás, y *dirá* él: Heme aquí
59.20 a los que se volvieren de..*dice* Jehová
59.21 será mi pacto con ellos, *dijo* Jehová
59.21 *dijo* Jehová, desde ahora y..siempre
62.4 ni tu tierra se *dirá* más Desolada; sino
62.11 *decid* a la hija de Sion: He aquí viene
63.8 porque *dijo:* Ciertamente mi pueblo son
63.11 pero se acordó..de Moisés y..*diciendo*
65.1 *dije* a gente que no invocaba mi nombre
65.5 que *dicen:* Estate en tu lugar, no te
65.7 por vuestras iniquidades, *dice* Jehová
65.8 ha *dicho* Jehová: Como si alguno hallase
65.8 hallase mosto en un racimo, y *dijese*
65.13 así *dijo* Jehová el Señor: He aquí que
65.25 en todo mi santo monte, *dijo* Jehová
66.1 Jehová *dijo* así: El cielo es mi trono
66.2 y así todas estas cosas fueron, *dice*
66.5 *dijeron:* Jehová sea glorificado. Pero
66.9 ¿no haré nacer? *dijo* Jehová..*dice* tu
66.12 *dice* Jehová: He aquí que yo extiendo
66.17 juntamente serán talados, *dice* Jehová
66.20 santo monte de Jerusalén, *dice* Jehová
66.21 ellos para sacerdotes y levitas, *dice*
66.22 permanecerán delante de mí, *dice*
66.23 vendrán todos a adorar..*dijo* Jehová
Jer. 1.4 vino..palabra de Jehová a..*diciendo*
1.6 yo *dije:* ¡Ah! ¡ah, Señor Jehová! He aquí
1.7 y me *dijo* Jehová: No *digas:* Soy un niño
1.7 irás tú, y *dirás* todo lo que te mande
1.8 contigo estoy para librarte, *dice* Jehová
1.9 tocó mi boca, y me *dijo* Jehová: He aquí
1.11,13 vino a mí, *diciendo*..¿Qué ves tú?
1.11 ¿que..Y *dije:* Veo una vara de almendro
1.12 me *dijo* Jehová: Bien has visto; porque
1.13 *dije:* Veo una olla que hierve; y su faz
1.14 *dijo* Jehová: Del norte se soltará el mal
1.15 convoco a..los reinos del norte, *dice*
1.19 estoy contigo, *dice* Jehová.. librarte
2.1 vino a mí palabra de Jehová, *diciendo*
2.2 clama a los oídos de Jerusalén, *diciendo*
2.2 así *dice* Jehová: Me he acordado de ti, de
2.3 que..mal venía sobre ellos, *dice* Jehová

DECIR *(Continúa)*

Jer. 2.5 así *dijo* Jehová: ¿Qué maldad hallaron
2.6 no *dijeron:* ¿Dónde está Jehová, que nos
2.8 los sacerdotes no *dijeron:* ¿Dónde está
2.9 contenderé aún con vosotros, *dijo* Jehová
2.12 desolaos en gran manera, *dijo* Jehová
2.19 y faltar mi temor en ti, *dice* el Señor
2.20 rompiste tu yugo..ataduras, y *dijiste*
2.22 tu pecado permanecerá aún..*dijo* Jehová
2.23 ¿cómo puedes *decir:* No soy inmunda
2.25 mas *dijiste:* No hay remedio en ninguna
2.27 que *dicen* a un leño: Mi padre eres tú
2.27 y en el tiempo de su calamidad *dicen*
2.29 prevaricasteis contra mí, *dice* Jehová
2.31 por qué ha *dicho* mi pueblo: Somos libres
2.34 sin embargo, en todas estas cosas *dices*
2.35 yo entraré en juicio..porque *dijiste*
3.1 *dicen:* Si alguno dejare a su mujer, y
3.1 tú, pues..¡vuélvete a mí! *dice* Jehová
3.6 me *dijo* Jehová en días del rey Josías
3.7 y *dije:* Después de hacer todo esto, se
3.10 de todo corazón, sino fingidamente, *dice*
3.11 me *dijo* Jehová: Ha resultado justa la
3.12 *dí:* Vuélvete, oh..Israel, *dice* Jehová
3.12 misericordioso soy yo, *dice* Jehová, no
3.13 maldad..y no oísteis mi voz, *dice* Jehová
3.14 convertíos, hijos rebeldes, *dice* Jehová
3.16 dice Jehová, no se *dirá* más: Arca del
3.19 *dije:* Me llamaréis: Padre mío, y no os
3.20 infiel..oh casa de Israel, *dice* Jehová
4.1 si te volvieres, oh Israel, *dice* Jehová
4.3 así *dice* Jehová a todo varón de Judá y de
4.5 *decid:* Tocad trompeta en..y *d:* Reuníos
4.9 en aquel día, *dice* Jehová, desfallecerá
4.10 *dije:* ¡Ay, ay, Jehová..has engañado a
4.11 en aquel tiempo se *dirá* a este pueblo
4.16 *decid* a las naciones: He aquí, haced oir
4.17 porque se rebeló contra mí, *dice* Jehová
4.27 *dijo* Jehová: Toda la tierra será asolada
4.31 extiende sus manos, *diciendo:* ¡Ay ahora
5.2 *digan:* Vive Jehová, juran falsamente
5.4 *dije:* Ciertamente éstos son pobres, han
5.9 ¿no había de castigar esto? *dijo* Jehová
5.11 se rebelaron..casa de Judá, *dice* Jehová
5.12 negaron a Jehová, y *dijeron:* El no es
5.14 así ha *dicho*..Porque dijeron esta palabra
5.15 gente de lejos, oh casa de Israel, *dice*
5.18 *dice* Jehová, no os destruiré del todo
5.19 y cuando *dijeren:* ¿Por qué..les dirás
5.20 haced que esto se oiga en Judá, *diciendo*
5.22 ¿a mí no me temeréis? *dice* Jehová. ¿No
5.24 no *dijeron* en su corazón: Temamos ahora
5.29 ¿no castigaré esto? *dice* Jehová; ¿y de
6.6 *dijo* Jehová..Cortad árboles, y levantad
6.9 así *dijo* Jehová..Del todo rebuscarán como
6.12 extenderé mi mano sobre los..*dice* Jehová
6.14 curan la..*diciendo:* Paz, paz, y no hay
6.15 cuando los castigue caerán, *dice* Jehová
6.16 así *dijo* Jehová: Paraos en los caminos
6.16 y andad por..Mas *dijeron:* No andaremos
6.17 *dijesen:* Escuchad..Y *dijeron* ellos: No
6.21 *dice*..yo pongo a este pueblo tropiezos
6.22 *dicho* Jehová: He aquí que viene pueblo
7.1 palabra de..que vino a Jeremías, *diciendo*
7.2 y proclama allí esta palabra, y *dí:* Oíd
7.3 así ha *dicho*..Mejorad vuestros caminos
7.4 no fiéis en palabras de..*diciendo:* Templo
7.10 y *diréis:* Librados somos; para seguir
7.11 aquí que también yo lo veo, *dice* Jehová
7.13 habéis hecho..estas obras, *dice* Jehová
7.19 ¿me provocarán ellos a ira? *dice* Jehová
7.20 ha *dicho* Jehová..He aquí que mi furor
7.21 así ha *dicho* Jehová..Añadid..holocaustos
7.23 les mandé, *diciendo:* Escuchad mi voz
7.27 *dirás* todas estas palabras, pero no te
7.28 les *dirás*, por tanto: Esta es la nación
7.30 de Judá han hecho lo malo..*dice* Jehová
7.32 vendrán días, ha *dicho* Jehová, en que no
7.32 que no se *diga* más, Tofet, ni..de Hinom
8.1 *dice* Jehová, sacarán los huesos de los
8.3 arroje yo a los que queden, *dice* Jehová
8.4 les *dirás* asimismo: Así ha *dicho* Jehová
8.6 arrepienta de su mal, *diciendo:* ¿Qué he
8.8 ¿cómo *decís:* Nosotros somos sabios, y la
8.11 curaron la..con liviandad, *diciendo:* Paz
8.12 cuando los castigue caerán, *dice* Jehová
8.13 los cortaré del todo, *dice* Jehová
8.17 que yo envío..áspides..os morderán, *dice*
9.3 de mal en mal procedieron..*dice* Jehová
9.6 por..no quisieron conocerme, *dice* Jehová
9.7 ha *dicho*.. he aquí que yo los refinaré y
9.8 con su boca *dice* paz a su amigo, y dentro
9.9 ¿no los he de castigar por..*dice* Jehová
9.13 *dijo* Jehová: Porque dejaron mi ley, la
9.15 ha *dicho* Jehová..les daré a comer ajenjo
9.17 *dice* Jehová..llamad plañideras que vengan
9.22 así ha *dicho*..Los cuerpos de los hombres
9.23 *dijo* Jehová: No se alabe el sabio en su
9.24 porque estas cosas quiero, *dice* Jehová
9.25 vienen días, *dice* Jehová, en que castigaré a
10.2 así *dijo* Jehová: No aprendáis el camino
10.11 *diréis* así: Los dioses que no hicieron
10.18 ha *dicho*..en que arrojaré con honda los
10.19 *dije:* Ciertamente enfermedad mía es esta
11.1 palabra que vino de..a Jeremías, *diciendo*
11.3 *dirás* tú: Así *dijo*..Maldito el varón que
11.4 *diciéndoles:* Oíd mi voz, y cumplid mis
11.5 y respondí y *dije:* Amén, oh Jehová
11.6 me *dijo:* Pregona todas estas palabras en
11.6 *diciendo:* Oíd las palabras de este pacto
11.7 hasta el día de hoy, *diciendo:* Oíd mi voz
11.9 *dijo* Jehová: Conspiración se ha hallado
11.11 así ha *dicho* Jehová..traigo sobre ellos
11.19 *diciendo:* Destruyamos el árbol con su
11.21 ha *dicho* Jehová acerca de los varones
11.22 ha *dicho*..los jóvenes morirán a espada
12.4 porque *dijeron:* No verá Dios nuestro fin
12.14 *dijo* Jehová contra..mis malos vecinos
12.16 para jurar en mi nombre, *diciendo:* Vive
12.17 de raíz y destruyéndola, *dice* Jehová
13.1 me *dijo* Jehová: Vé y cómprate un cinto
13.3,8 vino a mí palabra de Jehová, *diciendo*
13.6 después de muchos días me *dijo* Jehová
13.9 así ha *dicho* Jehová: Así haré podrir la
13.11 hice juntar a mí toda..Judá, *dice* Jehová
13.12 les *dirás*..esta palabra: Así ha *dicho*
13.12 te *dirán:* ¿No sabemos que toda tinaja se
13.13 les *dirás:* Así ha *dicho* Jehová: He aquí
13.14 los padres con los hijos..*dice* Jehová
13.18 *dí* al rey y a la reina: Humillaos
13.21 ¿que *dirás* cuando él ponga..sobre ti a
13.22 si *dijeres* en tu corazón: ¿Por qué me
13.25 la porción..medido..para ti, *dice* Jehová
14.10 ha *dicho* Jehová acerca de este pueblo
14.11 *dijo* Jehová: No ruegues por este pueblo
14.13 *dije:* ¡Ah! ¡ah, Señor Jehová! He aquí
14.13 los profetas les *dicen:* No veréis espada
14.14 me *dijo*..Jehová: Falsamente profetizan
14.15 así ha *dicho* Jehová sobre los profetas
14.15 los cuales yo no envié, y que *dicen*
14.17 *dirás*, pues, esta palabra: Derramen mis
15.1 me *dijo* Jehová: Si Moisés y Samuel se
15.2 *dirás:* Así ha *dicho*..El que a muerte, a
15.3 cuatro géneros de castigo, *dice* Jehová
15.6 tú me dejaste, *dice* Jehová; te volviste
15.9 lo entregaré a la espada..*dice* Jehová
15.19 *dijo* Jehová: Si te convirtieres, yo te
15.20 para guardarte y para defenderte, *dice*
16.1 vino a mí palabra de Jehová, *diciendo*
16.3 así ha *dicho* Jehová acerca de los hijos y
16.5 *dicho* Jehová: No entres en casa de luto
16.5 he quitado mi paz de este pueblo, *dice*
16.9 ha *dicho*..yo haré cesar en este lugar
16.10 te *dirán* ellos: ¿Por qué anuncia Jehová
16.11 *dirás*..padres me dejaron, *dice* Jehová
16.14 días, *dice* Jehová, en que no se *dirá*
16.16 yo envío muchos pescadores, *dice* Jehová
16.19 y *dirán:* Ciertamente mentira poseyeron
17.5 ha *dicho* Jehová: Maldito el varón que
17.15 *dicen:* ¿Dónde está la palabra de Jehová?
17.19 ha *dicho* Jehová: Vé y ponte a la puerta
17.20 *diles:* Oíd la palabra de Jehová, reyes
17.21 así ha *dicho* Jehová: Guardaos por..vida
17.24 si..me obedeciereis, *dice* Jehová, no
18.1 palabra..que vino a Jeremías, *diciendo*
18.5 vino a mí palabra de Jehová, *diciendo*
18.6 ¿no podré yo hacer de vosotros..*dice*
18.11 *diciendo:* Así ha *dicho*..He aquí que yo
18.12 *dijeron:* Es en vano; porque en pos de
18.13 así *dijo* Jehová: Preguntad ahora a las
18.18 y *dijeron:* Venid y maquinemos contra
19.1 *dijo* Jehová; Vé y compra una vasija de
19.3 *dirás*..Así *dice* Jehová de los ejércitos
19.6 *dice* Jehová, que este lugar no..Tofet
19.11 les *dirás:* Así ha *dicho*..quebrantaré
19.12 así haré a este lugar, *dice* Jehová, y
19.14 en el atrio..y *dijo* a todo el pueblo
19.15 ha *dicho*..yo traigo sobre esta ciudad
20.3 le *dijo*..Jehová no ha llamado tu nombre
20.4 ha *dicho* Jehová..haré que seas un terror
20.9 y *dije:* No me acordaré más de él, ni
20.10 se engañará, *decían*, y prevaleceremos
20.15 dio nuevas..*diciendo:* Hijo varón te ha
21.1 Sedequías envió a..para que le *dijesen*
21.3 Jeremías..*dijo:* *Diréis* así a Sedequías
21.4 así ha *dicho*..yo vuelvo atrás las armas
21.7 *dice* Jehová, entregaré a Sedequías rey
21.8 a este pueblo *dirás:* Así ha *dicho* Jehová
21.10 mi rostro he puesto contra..*dice* Jehová
21.11 a la casa del rey..*dirás:* Oíd palabra
21.12 así *dijo* Jehová: Haced de mañana juicio
21.13 estoy contra ti, moradora..*dice* Jehová
21.13 *decís:* ¿Quien subirá contra nosotros
21.14 castigaré..vuestras obras, *dice* Jehová
22.1 así *dijo* Jehová: Desciende a la casa del
22.2 *dí:* Oye palabra de Jehová, oh rey de Judá
22.3 ha *dicho* Jehová: Haced juicio y justicia
22.5 he jurado, *dice* Jehová, que esta casa
22.6 así ha *dicho* Jehová acerca de la casa del
22.8 gentes..*dirán* cada uno a su compañero
22.11 ha *dicho* Jehová acerca de Salum hijo de
22.14 que *dice:* Edificaré..casa espaciosa, y
22.16 ¿no es..conocerme a mí? *dice* Jehová
22.18 así ha *dicho* Jehová acerca de Joacim
22.18 no lo llorarán, *diciendo:* ¡Ay, hermano
22.18 ni lo lamentarán, *diciendo:* ¡Ay, señor,
22.21 *dijiste:* No oiré. Este fue tu camino
22.24 vivo yo, *dice* Jehová, que si Conías hijo
22.30 así ha *dicho* Jehová: Escribid lo que
23.1 ¡ay de los pastores que..*dice* Jehová
23.2 así ha *dicho* Jehová..a los pastores que
23.2 castigo la maldad de..obras, *dice* Jehová
23.4 y pondré sobre ellas pastores que..*dice*
23.5 días, *dice* Jehová, en que levantaré a
23.7 días, *dice* Jehová, en que no *dirán* más
23.11 aun en mi casa hallé su maldad, *dice*
23.12 traeré mal sobre ellos..*dice* Jehová
23.15 *dicho* Jehová..contra aquellos profetas
23.16 ha *dicho*..No escuchéis las palabras de
23.17 *dicen*..Jehová *dijo:* Paz tendréis; y a
23.17 a cualquiera que anda tras..*dicen:* No
23.23 ¿soy yo Dios de cerca..*dice* Jehová, y
23.24 ¿se ocultará alguno, *dice* Jehová, en
23.24 ¿no lleno yo, *dice* Jehová, el cielo y
23.25 profetas *dijeron*..*diciendo:* Soñé, soñé
23.28 ¿qué tiene que ver la paja con el..*dice*
23.29 ¿no es mi palabra como fuego, *dice*
23.30 estoy contra los profetas, *dice* Jehová
23.31 *dice*..aquí yo estoy contra los profetas
23.31 los profetas que..*dicen:* El ha *dicho*
23.32 *dice* Jehová, yo estoy contra los que
23.32 ningún provecho hicieron..*dice* Jehová
23.33 te preguntare este pueblo..*diciendo*
23.33 les dirás..Os dejaré, ha *dicho* Jehová
23.34 al pueblo que *dijere:* Profecía de Jehová
23.35 así *diréis* cada cual a su compañero
23.36 nunca más os vendrá a la memoria *decir*
23.37 así *dirás* al profeta: ¿Qué te respondió
23.38 si *dijereis:* Profecía de Jehová; por eso
23.38 Jehová *dice* así: Porque *dijisteis* esta
23.38 *deciros:* No *digáis:* Profecía de Jehová
24.3 *dijo* Jehová: ¿Qué ves tú..Y *dije:* Higos
24.4 y vino a mí palabra de Jehová, *diciendo*
24.5 *dicho* Jehová..Como a estos higos buenos
24.8 ha *dicho* Jehová, pondré a Sedequías rey
25.2 a todo el pueblo de Judá y a..*diciendo*
25.5 cuando *decían:* Volveos ahora de vuestro
25.7 no me habéis oído, *dice* Jehová, para
25.8 ha *dicho* Jehová..Por cuanto no habéis
25.9 y tomaré a..las tribus del norte, *dice*
25.12 castigaré al rey de Babilonia..ha *dicho*
25.15 me *dijo* Jehová..Toma de mi mano la
25.27 les *dirás*..Así ha *dicho* Jehová..Bebed
25.28 les *dirás*..ha *dicho*..Tenéis que beber
25.29 porque espada traigo sobre todos..*dice*
25.30 les *dirás:* Jehová rugirá desde lo alto
25.31 entregará los impíos a espada, *dice*
25.32 ha *dicho* Jehová..el mal irá de nación
26.1 vino esta palabra de Jehová, *diciendo*
26.2 ha *dicho* Jehová: Ponte en el atrio de la
26.4 les *dirás*..Así ha *dicho*..Si no me oyereis
26.8 le echaron mano, *diciendo:* De..morirás
26.9 has profetizado..*diciendo:* Esta casa será
26.11 hablaron..*diciendo:* En pena de muerte
26.12 y habló..a todo el pueblo, *diciendo*
26.15 para que *dijese* todas estas palabras en
26.16 *dijeron* los príncipes y todo el pueblo
26.17 y hablaron a toda la reunión..*diciendo*
26.18 *diciendo*..Así ha *dicho* Jehová..Sion será
27.1 vino esta palabra..a Jeremías, *diciendo*
27.2 me ha *dicho* así: Hazte coyundas y yugos
27.4 *digan* a sus señores..ha *dicho* Jehová de
27.4 así habéis de *decir* a vuestros señores
27.8 castigaré a tal nación con..*dice* Jehová
27.9,14 hablan *diciendo:* No serviréis al rey
27.11 la dejaré en su tierra, *dice* Jehová
27.12 *diciendo:* Someted vuestros cuellos al
27.13 según ha *dicho* Jehová de la nación que
27.15 yo no los envié, *dice* Jehová, y ellos
27.16 hablé *diciendo:* Así ha *dicho* Jehová: No
27.16 *diciendo:* He aquí que los utensilios de
27.19 ha *dicho* Jehová..de aquellas columnas
27.21 así..ha *dicho* Jehová..de los utensilios
27.22 el día en que yo los visité, *dice* Jehová
28.1 me habló..delante de..el pueblo, *diciendo*
28.2 habló Jehová..*diciendo:* Quebranté el yugo
28.4 y yo haré volver..*dice* Jehová; porque yo
28.6 *dijo* el profeta Jeremías: Amén, así lo
28.11 y habló..*diciendo:* Así ha *dicho* Jehová
28.12 vino palabra de..a Jeremías, *diciendo*
28.13 habla a Hananías, *diciendo:* Así ha *dicho*
28.15 *dijo* el profeta Jeremías al..Hananías
28.16 así ha *dicho* Jehová..te quito de sobre
29.3 a quienes envió Sedequías rey de..*Decía*
29.4 ha *dicho* Jehová..a los de la cautividad
29.8 ha *dicho*..No os engañen vuestros profetas
29.9 falsamente os..no los envié, ha *dicho*
29.10 así *dijo* Jehová: Cuando en Babilonia
29.11 yo sé los pensamientos que..*dice* Jehová
29.14 seré hallado por vosotros, *dice* Jehová
29.14 os reuniré..de todos los lugares..*dice*
29.15 habéis *dicho*..nos ha levantado profetas
29.16 ha *dicho* Jehová acerca del rey que está
29.17 ha *dicho*..envío yo contra ellos espada
29.19 no oyeron mis palabras, *dice* Jehová
29.19 y no habéis escuchado, *dice* Jehová
29.21 ha *dicho* Jehová..acerca de Acab hijo
29.22 harán de ellos una maldición, *diciendo*
29.23 lo cual yo sé y testifico, *dice* Jehová
29.24 y a Semaías de..hablarás, *diciendo*
29.25 *diciendo:* Tú enviaste cartas en tu..*d*

DECIR *(Continúa)*

Jer. 29.28 envió a *decir* en Babilonia: Largo será
29.30 vino palabra de..a Jeremías, *diciendo*
29.31 envía a *decir* a todos los cautivos: Así
29.31 ha *dicho* Jehová de Semaías de Nehelam
29.32 ha *dicho* Jehová..yo castigaré a Semaías
29.32 ni verá el bien que haré..*dice* Jehová
30.1 palabra..que vino a Jeremías, *diciendo*
30.2 *diciendo:* Escríbete en un libro todas las
30.3 vienen días, *dice* Jehová, en que haré
30.3 que haré volver a los cautivos..ha *dicho*
30.5 así ha *dicho* Jehová: Hemos oído voz de
30.8 en aquel día, *dice* Jehová..yo quebraré
30.10 siervo mío Jacob, no temas, *dice* Jehová
30.11 yo estoy contigo para salvarte, *dice*
30.12 así ha *dicho* Jehová: Incurable es tu
30.17 mas yo haré venir sanidad para ti..*dice*
30.18 así ha *dicho* Jehová..yo hago volver los
30.21 ¿quién..que se atreve a acercarse..*dice*
31.1 en aquel tiempo, *dice* Jehová, yo seré
31.2 ha *dicho* Jehová: El pueblo que escapó de
31.3 se manifestó a mí..*diciendo:* Con amor
31.7 *dicho* Jehová..haced oir, alabad, y *decid*
31.10 hacedlo saber en las costas..y *decid*
31.14 y mi pueblo será saciado..*dice* Jehová
31.15 ha *dicho* Jehová: Voz fue oída en Ramá
31.16 ha *dicho* Jehová..salario hay para..*dice*
31.17 esperanza hay..para tu porvenir, *dice*
31.20 tendré de él misericordia, *dice* Jehová
31.23 ha *dicho* Jehová..Aún *dirán* esta palabra
31.27 días, *dice* Jehová, en que sembraré la
31.28 tendré cuidado de ellos..*dice* Jehová
31.29 no *dirán* más: Los padres comieron las
31.31 vienen días, *dice* Jehová..nuevo pacto
31.32 ellos invalidaron mi pacto..*dice* Jehová
31.33 este es el pacto que haré..*dice* Jehová
31.34 *diciendo:* Conoce a Jehová..*dice* Jehová
31.35 ha *dicho* Jehová, que da el sol para luz
31.36 si faltaren estas leyes..*dice* Jehová
31.37 ha *dicho* Jehová: Si los cielos arriba
31.37 desecharé..la descendencia..*dice* Jehová
31.38 días, *dice* Jehová, en que la ciudad será
32.3 *diciendo:* ¿Por qué profetizas tú *d:* Así
32.3 ha *dicho* Jehová..yo entrego esta ciudad
32.5 peleareis..no os irá bien, *dice* Jehová
32.6 *dijo* Jeremías: Palabra..a mí, *diciendo*
32.7 Hanameel hijo de..viene a ti, *diciendo*
32.8 vino..al patio de la cárcel, y me *dijo*
32.13 di orden a Baruc delante de..*diciendo*
32.14 así ha *dicho* Jehová..Toma estas cartas
32.15 *dicho* Jehová..Aún se comprarán casas
32.16 di la carta de..oré a Jehová, *diciendo*
32.24 ha venido..a suceder lo que tú *dijiste*
32.25 ¿y tú me has *dicho:* Cómprate la heredad
32.26 vino la palabra de..a Jeremías, *diciendo*
32.28 así ha *dicho*..voy a entregar esta ciudad
32.30 no han hecho sino lo malo..*dice* Jehová
32.36 *dice*..a esta..ciudad, de la cual *decís*
32.42 ha *dicho*..Como traje sobre este pueblo
32.43 en esta tierra de la cual *decís:* Está
32.44 haré regresar sus cautivos, *dice Jehová*
33.1 vino palabra de..a Jeremías..*diciendo*
33.2 así ha *dicho* Jehová, que hizo la tierra
33.4 ha *dicho* Jehová..acerca de las casas de
33.10 *dicho*..En este lugar, de la cual *decís*
33.11 voz de los que *digan:* Alabad a Jehová
33.11 volveré a traer los cautivos..ha *dicho*
33.12 así *dice* Jehová..En este lugar desierto
33.13 aún pasarán ganados..ha *dicho* Jehová
33.14 *dice*..confirmaré la buena palabra que
33.17 así ha *dicho* Jehová: No faltará a David
33.19 vino palabra..a Jeremías, *diciendo*
33.20 ha *dicho* Jehová: Si pudiereis invalidar
33.23 vino palabra de Jehová..*diciendo*
33.24 ver lo que habla este pueblo, *diciendo*
33.25 *dicho* Jehová: Si no permanece mi pacto
34.1 palabra..vino a Jeremías..la cual *dijo*
34.2 ha *dicho* Jehová..Vé y habla a Sedequías
34.2 a Sedequías..*dile:* Así ha *dicho* Jehová
34.4 así ha *dicho* Jehová..No morirás a espada
34.5 endecharán, *diciendo:* ¡Ay, señor..*dice*
34.12 vino pues, palabra de Jehová..*diciendo*
34.13 *dice* Jehová: Yo hice pacto..*diciendo*
34.17 *dicho*..promulgo libertad..dice Jehová
34.22 mandaré..*dice* Jehová, y los haré volver
35.1 palabra..que vino a Jeremías en..*diciendo*
35.5 copas llenas de vino, y les *dije:* Bebed
35.6 *dijeron:* No beberemos..ordenó *diciendo*
35.11 rey..subió a la tierra, *dijimos:* Venid
35.12 vino palabra de..a Jeremías, *diciendo*
35.13 ha *dicho*..Vé y *di* a los varones de Judá
35.13 ¿no aprenderéis a obedecer mis..*dice*
35.15 envié a vosotros..para *deciros:* Volveos
35.17 ha *dicho* Jehová..traeré yo sobre Judá
35.18 *dijo*..los recabitas..Así ha *dicho* Jehová
35.19 ha *dicho* Jehová..No faltará de Jonadab
36.1 vino esta palabra..a Jeremías, *diciendo*
36.5 Jeremías a Baruc, *diciendo:* A mí se me
36.14 *dijese* a Baruc: Toma el rollo en el que
36.15 y le *dijeron:* Siéntate ahora, y léelo a
36.16 y *dijeron* a Baruc: Sin duda contaremos
36.17 preguntaron luego a Baruc, *diciendo*
36.18 y Baruc les *dijo:* El me dictaba de su
36.19 *dijeron* los príncipes a Baruc: Vé y
36.27 vino palabra de..a Jeremías..*diciendo*
36.29 y *dirás* a Joacim..Así ha *dicho* Jehová
36.29 tú quemaste este rollo, *diciendo:* ¿Por
36.29 ¿por qué escribiste en él, *diciendo*
36.30 ha *dicho* Jehová acerca de Joacim rey de
37.2 las cuales *dijo* por el profeta Jeremías
37.3 que *dijesen* al profeta Jeremías: Ruega
37.6 palabra de Jehová al..Jeremías, *diciendo*
37.7 así ha *dicho* Jehová..*Diréis* así al rey de
37.9 así ha *dicho*..No os engañéis..*diciendo*
37.13 apresó al profeta Jeremías, *diciendo*
37.14 Jeremías *dijo:* Falso; no me paso a los
37.17 el rey..*dijo:* ¿Hay palabra de Jehová?
37.17 Jeremías *dijo:* Hay. Y *d* más: En mano
37.18 *dijo* también Jeremías al rey Sedequías
37.19 os profetizaban *diciendo:* No vendrá el
38.1 Jeremías hablaba a..el pueblo, *diciendo*
38.2 así ha *dicho* Jehová: El que se quedare en
38.3 ha *dicho*..será entregada esta ciudad en
38.4 y *dijeron* los príncipes al rey: Muera
38.5 *dijo* el rey..él está en vuestras manos
38.8 salió de la casa..habló al rey, *diciendo*
38.10 mandó el rey al..Ebed-melec, *diciendo*
38.12 *dijo* el etíope..a Jeremías: Pon ahora
38.14 y *dijo* el rey a Jeremías: Te haré una
38.15 y Jeremías *dijo* a Sedequías: Si te lo
38.16 y juró el rey Sedequías en..*diciendo*
38.17 *dijo* Jeremías..ha *dicho* Jehová Dios de
38.20 y *dijo* Jeremías: No te entregarán. Oye
38.22 y ellas mismas *dirán:* Te han engañado
38.24 y *dijo* Sedequías..Nadie sepa..palabras
38.25 *dijeren:* Decláranos qué te *dijo* el rey
38.26 les *dirás:* Supliqué al rey que no me
39.11 ordenado acerca de Jeremías, *diciendo*
39.12 sino que harás con él como él te *dijere*
39.15 venido palabra de Jehová a..*diciendo*
39.16 a Ebed-melec..*diciendo:* Así ha *dicho*
39.17 yo te libraré, *dice* Jehová, y no serás
39.18 tuviste confianza en mí, *dice* Jehová
40.2 tomó..a Jeremías y le *dijo:* Jehová tu
40.3 ha..hecho Jehová según lo había *dicho*
40.9 *diciendo:* No tengáis temor de servir a
40.11 oyeron *decir* que el rey de Babilonia
40.14 le *dijeron:* ¿No sabes que Baalis rey de
40.15 a Gedalías..*diciendo*..mataré a Ismael
40.16 Gedalías..*dijo* a Johanán..No hagas esto
41.6 cuando los encontró, les *dijo:* Venid a
41.8 diez hombres que *dijeron* a Ismael: No
42.2 *dijeron* al profeta Jeremías: Acepta ahora
42.4 Jeremías les *dijo:* He oído..voy a orar
42.5 y ellos *dijeron*..Jehová sea..testigo de
42.9 les *dijo:* Así ha *dicho* Jehová Dios de
42.11 no temáis de su presencia, ha *dicho*
42.13 *dijereis:* No moraremos en esta tierra
42.14 *diciendo:* No, sino que entraremos en
42.15 ha *dicho* Jehová..si..entrar en Egipto
42.18 *dicho* Jehová..Como se derramó mi ira
42.20 me enviasteis a Jehová..*diciendo:* Ora
42.20 haznos saber..las cosas que..Dios *dijere*
43.2 *dijo*..todos los varones soberbios *dijeron*
43.2 mentira *dices;* no te ha enviado Jehová
43.2 *decir:* No vayáis a Egipto para morar allí
43.8 vino palabra de..a Jeremías..*diciendo*
43.10 y *diles:* Así ha *dicho* Jehová de los
44.1 palabra que vino a Jeremías..*diciendo*
44.2 así ha *dicho* Jehová..habéis visto todo el
44.4 envié..profetas..para *deciros:* No hagáis
44.7 ha *dicho*..¿Por qué hacéis tan grande mal
44.11 ha *dicho*..yo vuelvo mi rostro contra
44.15 todos..respondieron a Jeremías, *diciendo*
44.20 que le había respondido esto, *diciendo*
44.24 y *dijo* Jeremías a todo el pueblo, y a
44.25 *diciendo:* Vosotros y vuestras mujeres
44.25 lo ejecutasteis, *diciendo:* Cumpliremos
44.26 he jurado..*dice* Jehová, que mi nombre
44.26 boca de ningún hombre de Judá, *diciendo*
44.29 y esto tendréis por señal, *dice* Jehová
44.30 ha *dicho* Jehová..yo entrego a Faraón
45.1 habló..Jeremías a Baruc hijo..*diciendo*
45.2 así ha *dicho* Jehová Dios de Israel a ti
45.3 tú *dijiste:* ¡Ay de mí ahora! porque ha
45.4 le *dirás:* Ha *dicho* Jehová..yo destruyo a
45.5 yo traigo mal sobre toda carne, ha *dicho*
46.5 miedo de todas partes, *dice* Jehová
46.8 las aguas se mueven como ríos, y *dijo*
46.14 *decid:* Ponte en pie y prepárate, porque
46.16 y *dijeron:* Levántate y volvámonos a
46.18 vivo yo, *dice* el Rey, cuyo nombre es
46.23 cortarán sus bosques, *dice* Jehová
46.25 *dicho:* He aquí yo castigo a Amón dios
46.26 después será habitado..*dice* Jehová
46.28 tú, siervo mío Jacob, no temas, *dice*
47.2 ha *dicho* Jehová..suben aguas del norte
48.1 así ha *dicho* Jehová..¡Ay de Nebo! porque
48.2 maquinaron mal contra ella, *diciendo*
48.8 y será destruida la llanura..ha *dicho*
48.12 vienen días, ha *dicho* Jehová, en que
48.14 ¿cómo, pues, *diréis:* Somos hombres
48.15 destruido fue Moab..ha *dicho* el Rey
48.17 *decid:* ¡Cómo se quebró la vara fuerte
48.19 pregunta a..*dile:* ¿Qué ha acontecido?
48.25 y su brazo quebrantado, *dice* Jehová
48.30 conozco, *dice* Jehová, su cólera, pero
48.35 y exterminaré de Moab, *dice* Jehová, a
48.38 quebranté a Moab como a vasija..*dice*
48.40 *dicho*..He aquí que como águila volará
48.43 contra ti, oh morador de Moab, *dice*
48.44 yo traeré..el año de su castigo, *dice*
48.47 volver a los cautivos de Moab..*dice*
49.1 *dicho* Jehová: ¿No tiene hijos Israel?
49.2 días, ha *dicho* Jehová, en que haré oir
49.2 Israel tomará por heredad a..ha *dicho*
49.4 la que *dice:* ¿Quién vendrá contra mí?
49.5 traigo sobre ti espanto, *dice* el Señor
49.6 haré volver a los cautivos..*dice* Jehová
49.7 acerca de Edom. Así ha *dicho* Jehová de
49.12 ha *dicho* Jehová..¿y serás tú absuelto
49.13 he jurado, *dice* Jehová, que asolamiento
49.14 mensajero a las naciones, *diciendo*
49.16 de allí te haré descender, *dice* Jehová
49.18 *dice* Jehová, así no morará allí nadie
49.26 morirán en aquel día, ha *dicho* Jehová
49.28 así ha *dicho* Jehová: Levantaos, subid
49.30 huid..moradores de Hazor, *dice* Jehová
49.31 subid contra una nación pacífica..*dice*
49.32 todos lados les traeré su ruina, *dice*
49.34 palabra de..acerca de Elam..*diciendo*
49.35 así ha *dicho*..quiebro al arco de Elam
49.37 y traeré sobre ellos mal..*dice* Jehová
49.38 destruiré a su rey y a su..*dice* Jehová
49.39 haré volver a los cautivos de Elam, *dice*
50.2 anunciad en..*decid:* Tomada es Babilonia
50.4 en aquellos días..*dice* Jehová, vendrán
50.5 volverán sus rostros, *diciendo:* Venid, y
50.7 y *decían* sus enemigos: No pecaremos
50.10 los que la saquearen se saciarán, *dice*
50.18 ha *dicho* Jehová..yo castigo al rey de
50.20 en aquel tiempo, *dice* Jehová, la maldad
50.21 destruye y mata en pos de..*dice* Jehová
50.30 serán destruidos en aquel día, *dice*
50.31 contra ti, oh soberbio, *dice* el Señor
50.33 ha *dicho*..Oprimidos fueron los hijos de
50.35 espada contra los caldeos, *dice* Jehová
50.40 *dice* Jehová, así no morará allí hombre
51.1 ha *dicho* Jehová..levanto un viento contra
51.3 *diré* al flechero que entesa su arco, y
51.12 pondrá en efecto lo que ha *dicho* contra
51.14 juró por sí mismo, *diciendo:* Yo te
51.24 que ellos hicieron en Sion..*dice* Jehová
51.25 yo estoy contra ti..*dice* Jehová, que
51.26 perpetuo asolamiento serás, ha *dicho*
51.33 ha *dicho*..de Babilonia es como una era
51.35 *dirá* la moradora de Sion..*d* Jerusalén
51.36 ha *dicho* Jehová..juzgo tu causa y haré
51.39 eterno sueño y no despierten, *dice*
51.48 contra ella destruidores, *dice* Jehová
51.52 días, *dice* Jehová, en que yo destruiré
51.53 de mí vendrán a ella destruidores, *dice*
51.57 eterno y no despertarán, *dice* el Rey
51.58 ha *dicho*..El muro ancho de Babilonia
51.61 *dijo* Jeremías a Seraías: Cuando llegues
51.62 *dirás:* Oh Jehová, tú has *dicho* contra
51.64 *dirás:* Así se hundirá Babilonia, y no

Lm. 2.12 *decían* a sus madres: ¿Donde está el
2.15 *diciendo:* ¿Es esta la ciudad que *decían*
2.16 enemigos crujieron los dientes; *dijeron*
3.18 *dije:* Perecieron mis fuerzas..esperanza
3.24 mi porción es Jehová, *dijo* mi alma; por
3.37 ¿quién será aquel que *diga* que sucedió
3.54 aguas cubrieron mi..yo *dije:* Muerto soy
3.57 el día que te invoqué; *dijiste:* No temas
4.15 se *dijo* entre las naciones: Nunca más
4.20 el ungido de..de quien habíamos *dicho*

Ez. 2.1 me *dijo:* Hijo de hombre, ponte sobre
2.3 me *dijo:* Hijo de hombre, yo te envío a
2.4 les *dirás:* Así ha *dicho* Jehová el Señor
3.1 *dijo:* Hijo de hombre, come lo que hallas
3.3 y me *dijo:* Hijo de hombre, alimenta tu
3.4 me *dijo:* Hijo de hombre, vé y entra a la
3.10 y me *dijo:* Hijo de hombre, toma en tu
3.11 háblales y *diles:* Así ha *dicho* Jehová
3.12 voz..que *decía:* Bendita sea la gloria
3.16; 6.1; 7.1; 11.14; 12.1,8,17,21,26; 13.1;
14.2,12; 15.1; 16.1; 17.1,11; 18.1; 20.2,45;
21.1,8,18; 22.1,23; 23.1; 24.1,15,20; 25.1;
26.1; 27.1; 28.1,20; 29.1,17,20; 30.1,20; 31.1;
32.1,17; 33.1,23; 34.1; 35.1; 36.16; 37.15; 38.1
vino a mí palabra de Jehová, *diciendo*
3.18 yo *dijere* al impío: De cierto morirás
3.22 la mano de Jehová sobre mí, y me *dijo*
3.24 me habló, y me *dijo:* Entra, y enciérrate
3.27 les *dirás:* Así ha *dicho* Jehová el Señor
4.13 y *dijo* Jehová: Así comerán los hijos de
4.14 *dije:* ¡Ah, Señor Jehová! he aquí que mi
4.16 *dijo*..quebrantaré el sustento del pan
5.5 así ha *dicho* Jehová..Esta es Jerusalén
5.7 *dicho* Jehová: ¿Por haberos multiplicado
5.8 *dicho* Jehová..he aquí yo estoy contra ti
5.11 vivo yo, *dice* Jehová..te quebrantaré yo
6.3 y *dirás:* Montes..así ha *dicho* Jehová el
6.10 no en vano *dije* que les había de hacer
6.11 ha *dicho* Jehová..Palmotea con tu mano
6.11 golpea con tu pie, y *dí:* ¡Ay, por todas
7.2 ha *dicho* Jehová el Señor a la tierra de
7.5 *dicho* Jehová..Un mal, he aquí que viene
8.5 me *dijo:* Hijo de hombre, alza ahora tus
8.6 me *dijo*..Hijo de hombre, ¿no ves lo que

DECIR ***(Continúa)***

Ez. 8.8 me *dijo:* Hijo de hombre, cava ahora en la
8.9 me *dijo*..Entra, y ve las..abominaciones
8.12 me *dijo*..¿has visto las cosas que los
8.12 *dicen* ellos: No nos ve Jehová; Jehová ha
8.13 *dijo*..Vuélvete aún, verás abominaciones
8.15,17 me *dijo:* ¿No ves, hijo de hombre?
9.1 clamó en mis oídos con gran voz, *diciendo*
9.4 le *dijo* Jehová: Pasa por en medio de la
9.5 y a los otros *dijo*..Pasad por la ciudad
9.7 les *dijo:* Contaminad la casa, y llenad los
9.8 postré sobre..y clamé y *dije:* ¡Ah, Señor
9.9 me *dijo:* La maldad de la casa de Israel
9.9 han *dicho:* Ha abandonado Jehová la tierra
9.11 *diciendo:* He hecho conforme a todo lo que
10.2 al varón vestido de lino..*dijo:* Entra en
10.6 al mandar al varón..*diciendo:* Toma fuego
11.2 me *dijo:* Hijo de hombre, estos son los
11.3 *dicen:* No será tan pronto; edifiquemos
11.5 y me *dijo:* *Dí:* Así ha *dicho* Jehová: Así
11.7 así ha *dicho* Jehová..Vuestros muertos
11.8 espada traeré sobre..*dice* Jehová el Señor
11.13 clamé con gran voz, y *dije:* ¡Ah, Señor
11.15 aquellos a quienes *dijeron* los moradores
11.16 *dí:* Así ha *dicho* Jehová..Aunque les he
11.17 *dí*..ha *dicho* Jehová..yo os recogeré de
11.21 yo traigo su camino sobre..*dice* Jehová
12.9 hijo..¿no te ha *dicho* la casa de Israel
12.10 *diles:* Así ha *dicho* Jehová el Señor
12.11 *diles:* Yo soy vuestra señal; como yo
12.19 *dí* al pueblo de la tierra: Así ha *dicho*
12.22 ¿qué refrán es este..que *dice:* Se van
12.23 *diles*..ha *dicho*..Haré cesar este refrán
12.23 *diles*..Se han acercado aquellos días, y el
12.27 casa de Israel *dicen:* La visión que éste
12.28 *diles*..*dicho* Jehová..No se tardará más
12.28 la palabra que..se cumplirá, *dice* Jehová
13.2 *dí* a los que profetizan de su..corazón
13.3 así ha *dicho* Jehová..¡Ay de los profetas
13.6 *dicen:* Ha *dicho* Jehová, y..no los envió
13.7 y no habéis *dicho* adivinación mentirosa
13.7 que *decís:* *Dijo* Jehová, no habiendo yo
13.8 así ha *dicho* Jehová el Señor: Por cuanto
13.8 yo estoy contra vosotros, *dice* Jehová el
13.10 engañaron a mi pueblo, *diciendo:* Paz
13.11 *dí* a los recubridores con lodo suelto
13.12 os *dirán:* ¿Dónde está la embarradura
13.13 así ha *dicho*..Haré que la rompa viento
13.15 cumpliré así mi furor..*diré:* No existe
13.16 ven para ella visión de paz..*dice* Jehová
13.18 *dí:* Así ha *dicho* Jehová el Señor: ¡Ay
13.20 ha *dicho* Jehová..contra vuestras vendas
14.4 y *diles:* Así ha *dicho* Jehová el Señor
14.6 *dí* a..Así *dice*..Convertíos, y volveos de
14.11 y yo les sea por Dios, *dice* Jehová el
14.14 librarían..propias vidas, *dice* Jehová
14.16 *dice*..ni a sus hijos ni a sus..librarían
14.17 si..*dijere:* Espada, pasa por la tierra
14.18 *dice* Jehová..no librarían a sus hijos
14.20 *dice* Jehová..no librarían a hijo ni a
14.21 ha *dicho* Jehová el Señor: ¿Cuánto más
14.23 que no sin causa hice todo..*dice* Jehová
15.6 ha *dicho* Jehová el Señor: Como la madera
15.8 cometieron prevaricación, *dice* Jehová el
16.3 *dí:* Así ha *dicho*..Señor sobre Jerusalén
16.6 *dije:* ¡Vive! Sí, te *d*, cuando estabas en
16.8 y entré en pacto contigo, *dice* Jehová el
16.14 mi hermosura que yo puse..*dice* Jehová
16.19 pusiste delante de ellas..*dice* Jehová
16.23 ¡ay, ay de ti! *dice* Jehová el Señor
16.30 ¡cuán inconstante es tu corazón, *dice*
16.36 ha *dicho* Jehová el Señor: Por cuanto han
16.43 traeré tu camino sobre tu..*dice* Jehová
16.44 refrán que *dice:* Cual la madre, tal la
16.48 vivo yo, *dice* Jehová el..que Sodoma tu
16.58 sufre tú el castigo de tu..*dice* Jehová
16.59 más ha *dicho*..¿Haré yo contigo como tú
16.63 yo perdone todo lo que hiciste, *dice*
17.3 *dirás:* Así ha *dicho*..Una gran águila, de
17.9 *diles:* Así ha *dicho*..¿Será prosperada?
17.12 *dí* ahora a la casa rebelde: ¿No habéis
17.12 *diles:* He aquí que el rey de Babilonia
17.16 *dice* Jehová..que morirá en..Babilonia
17.19 *dicho* Jehová..Vivo yo, que el juramento
17.22 ha *dicho* Jehová..Tomaré yo del cogollo
17.24 sabrán..Yo Jehová lo he *dicho*, y lo haré
18.2 que *dice:* Los padres comieron las uvas
18.3 vivo yo, *dice* Jehová el..que nunca más
18.9 éste es justo; éste vivirá, *dice* Jehová
18.19 si *dijereis:* ¿Por qué el hijo no llevará
18.23 ¿quiero yo la muerte del impío? *dice*
18.25 si *dijereis:* No es recto el camino del
18.29 si aún *dijere*..Israel: No es recto el
18.30 yo os juzgaré a cada uno..*dice* Jehová
18.32 no quiero la muerte del que..*dice* Jehová
19.2 *dirás:* ¡Cómo se echó entre los leones tu
20.3 *diles:* Así ha *dicho*..¿A consultarme venís
20.5 *diles:* Así ha *dicho*..El día que escogí
20.7 entonces les *dije:* Cada uno eche de sí
20.8,13,21 *dije* que derramaría mi ira sobre
20.18 antes *dije* en el desierto a sus hijos
20.27 *diles*..ha *dicho*..en esto me afrentaron
20.29 les *dije:* ¿Qué es ese lugar alto adonde
20.30 *dí*..Así ha *dicho*..¿No os contamináis
20.31 vivo yo, *dice* Jehová..no os responderé
20.32 *decís:* Seamos como las naciones, como
20.33 *dice* Jehová..con mano fuerte y brazo
20.36 así litigaré con vosotros, *dice* Jehová
20.39 ha *dicho*..Andad cada uno tras sus ídolos
20.40 *dice* Jehová..me servirá toda la casa de
20.44 no según..caminos malos ni..*dice* Jehová
20.47 y *dirás* al bosque.. Así ha *dicho* Jehová
20.49 *dije:* ¡Ah, Señor Jehová! ellos *dicen* de
21.3 *dirás* a la tierra de..Así ha *dicho* Jehová
21.7 cuando te *dijeren:* ¿Por qué gimes tú?
21.7 *dirás:* Por una noticia que cuando llegue
21.7 aquí que viene, y se hará, *dice* Jehová
21.9 *dí:* Así ha *dicho* Jehová..*Dí:* La espada
21.13 él no será más, *dice* Jehová el Señor
21.24 así ha *dicho*..Por cuanto habéis hecho
21.26 así ha *dicho*..Depón la tiara, quita la
21.28 *dí:* Así ha *dicho* Jehová acerca..de Amón
21.28 *dirás*..la espada está desenvainada para
22.3 *dirás*, pues: Así ha *dicho* Jehová el Señor
22.12 y usura tomaste..*dice* Jehová el Señor
22.19 ha *dicho*..Por cuanto todos vosotros os
22.24 *dí* a ella: Tú no eres tierra limpia, ni
22.28 *diciendo:* Así ha *dicho* Jehová el Señor
22.31 sobre su propia cabeza, *dice* Jehová el
23.22 tanto, Aholibama, así ha *dicho* Jehová
23.28 ha *dicho* Jehová..te entrego en mano de
23.32 así ha *dicho* Jehová..Beberás el..cáliz
23.34 porque yo he hablado, *dice* Jehová el
23.35 ha *dicho*..Por cuanto te has olvidado de
23.36 *dijo* Jehová..¿No juzgarás tú a Ahola y
23.43 y *dije* respecto de la envejecida en
23.46 ha *dicho* Jehová..haré subir contra ellas
24.3 *diles:* Así ha *dicho* Jehová el Señor: Pon
24.6,9 ha *dicho*..¡Ay de la ciudad de sangres
24.14 según tus..te juzgarán, *dice* Jehová el
24.19 y me *dijo* el pueblo: ¿No nos enseñarás
24.21 *dí* a la casa de..Así ha *dicho* Jehová el
25.3 *dirás* a los hijos de Amón: Oíd palabra
25.3 *dice* Jehová el..Por cuanto *dijiste:* ¡Ea
25.6 *dicho*..Por cuanto batiste tus manos, y
25.8 así ha *dicho* Jehová el Señor: Por cuanto
25.8 *dijo* Moab y Seir..la casa de Judá es como
25.12 ha *dicho* Jehová..Por lo que hizo Edom
25.13 *dicho*..extenderé mi mano sobre Edom
25.14 y conocerán mi venganza, *dice* Jehová el
25.15 ha *dicho* Jehová..hicieron los filisteos
25.16 así ha *dicho* Jehová..extiendo mi mano
26.2 por cuanto *dijo* Tiro contra Jerusalén: Ea
26.3 ha *dicho*..yo estoy contra ti, oh Tiro
26.5,14 tendedero de redes será..*dice* Jehová
26.7 ha *dicho* Jehová..que del norte traigo yo
26.15 ha *dicho* Jehová el Señor a Tiro: ¿No se
26.17 te *dirán:* ¿Cómo pereciste tú..ciudad
26.19 así ha *dicho*..Yo te convertiré en ciudad
26.21 y nunca más serás hallada, *dice* Jehová
27.3 *dirás* a Tiro, que está asentada a las
27.3 ha *dicho* Jehová..Tiro, tú has *d:* Yo soy
27.32 ti, *diciendo:* ¿Quién como Tiro, como la
28.2 *dí* al príncipe de Tiro: Así ha *dicho*
28.2 y *dijiste:* Yo soy un dios, en el trono
28.6 ha *dicho*..Por cuanto pusiste tu corazón
28.9 *diciendo:* Yo soy Dios? Tú, hombre eres
28.10 morirás por..porque yo he hablado, *dice*
28.12 endechas..de Tiro, y *dile:* Así ha *dicho*
28.22 *dirás:* Así ha *dicho*..yo estoy contra ti
28.25 así ha *dicho*..Cuando recoja a la casa
29.3 *dí*..ha *dicho* Jehová..yo estoy contra ti
29.3,9 *dijo:* Mío es el Nilo, pues yo lo hice
29.8 ha *dicho* Jehová..traigo contra ti espada
29.13 así ha *dicho* Jehová..Al fin de 40 años
29.19 así ha *dicho*..yo doy a Nabucodonosor
29.20 porque trabajaron para mí, *dice* Jehová
30.2 *dí:* Así ha *dicho* Jehová..Lamentad: ¡Ay
30.6 así ha *dicho* Jehová: También caerán los
30.6 caerán..a filo de espada, *dice* Jehová el
30.10 ha *dicho* Jehová..Destruiré las riquezas
30.13 ha *dicho* Jehová..Destruiré..imágenes
30.22 ha *dicho* Jehová.. contra Faraón rey de
31.2 *dí* a Faraón rey de Egipto, y a su pueblo
31.10 *dijo* Jehová..Ya que por ser encumbrado
31.15 ha *dicho* Jehová..El día que descendió
31.18 este es Faraón..*dice* Jehová el Señor
32.2 y *dile:* A leoncillo de naciones eres
32.3 ha *dicho* Jehová..Yo extenderé sobre ti
32.8 pondré tinieblas..*dice* Jehová el Señor
32.11 ha *dicho* Jehová..La espada del rey de
32.14 haré correr sus ríos como..*dice* Jehová
32.16 endecharán sobre Egipto y..*dice* Jehová
32.31 Faraón muerto a espada..*dice* Jehová el
32.32 yacerán entre los..muertos..*dice* Jehová
33.2 *diles:* Cuando trajere yo espada sobre la
33.8 yo *dijere* al impío..de cierto morirás
33.10 hijo..*dí* a la casa de Israel: Vosotros
33.10 vosotros habéis hablado así, *diciendo*
33.11 *diles:* Vivo yo, *dice* Jehová el Señor
33.12 *dí* a.. hijos de tu pueblo: La justicia
33.13 yo *dijere* al justo: De cierto vivirás
33.14 yo *dijere* al impío: De cierto morirás
33.17 *dirán* los..de tu pueblo: No es recto el
33.20 *dijisteis:* No es recto el camino del
33.21 *diciendo:* La ciudad ha sido conquistada
33.24 *diciendo:* Abraham era uno, y poseyó la
33.25 *diles:* Así ha *dicho* Jehová..¿Comeréis
33.27 *dirás*..Así ha *dicho*..Vivo yo, que los
33.30 *diciendo:* Venid..oíd qué palabra viene
34.2 *dí* a los pastores: Así ha *dicho* Jehová
34.8 ha *dicho* Jehová..por cuanto mi rebaño
34.10 ha *dicho*..He aquí, yo estoy contra los
34.11 *dicho* Jehová.. iré a buscar mis ovejas
34.15 y yo les daré aprisco, *dice* Jehová el
34.17 ha *dicho*..He aquí yo juzgo entre oveja
34.20 les *dice* Jehová..He aquí yo, yo juzgaré
34.30 son mi pueblo, la..*dice* Jehová el Señor
34.31 yo vuestro Dios, *dice* Jehová el Señor
35.3 *dile:* Así ha *dicho* Jehová el Señor: He
35.6 *dice*..el Señor..que a sangre te destinaré
35.10 cuanto *dijiste*..dos tierras serán mías
35.11 *dice* Jehová..yo haré conforme a tu ira
35.12 *diciendo:* Destruidos son, nos han sido
35.14 ha *dicho*..Para que toda la tierra se
36.1 y *dí:* Montes de Israel, oíd palabra de
36.2 así ha *dicho*..Por cuanto el enemigo *dijo*
36.3 *dí:* Así ha *dicho*..Por cuanto os asolaron
36.4 así ha *dicho* Jehová..a los montes y a los
36.5 ha *dicho* Jehová..He hablado por cierto
36.6 *dí* a los montes y a los collados, y a los
36.6 ha *dicho* Jehová..He aquí, en mi celo y en
36.7 ha *dicho* Jehová..Yo he alzado mi mano
36.13 ha *dicho*..Por cuanto *dicen* de vosotros
36.14 nunca más matarás a los..*dice* Jehová
36.15 ni harás más morir a los..*dice* Jehová
36.20 *diciéndose* de ellos: Estos son pueblo
36.22 *dí* a la casa de Israel: Así ha *dicho*
36.23 y sabrán las naciones..*dice* Jehová el
36.32 no lo hago por vosotros, *dice* Jehová el
36.33 ha *dicho* Jehová..El día que os limpie de
36.35 *dirán:* Esta tierra que era asolada ha
36.37 ha *dicho* Jehová..Aún seré solicitado por
37.3 me *dijo*..¿vivirán estos huesos? Y *dije*
37.4 *dijo*..Profetiza..y *diles:* Huesos secos
37.5 ha *dicho* Jehová..a estos huesos: He aquí
37.9 *dijo:* Profetiza al espíritu, profetiza
37.11 me *dijo*..ellos *dicen:* Nuestros huesos se
37.12 *diles:* Así ha *dicho*..yo abro..sepulcros
37.14 que yo..hablé, y lo hice, *dice* Jehová
37.18 *diciendo:* ¿No nos enseñarás qué..eso?
37.19 *diles:* Así ha *dicho*..yo tomo el palo de
37.21 *dirás:* Así ha *dicho* Jehová..tomo a los
38.3 *dí:* Así ha *dicho*..estoy contra ti, oh Gog
38.10 ha *dicho* Jehová..En aquel día subirán
38.11 y *dirás:* Subiré contra una tierra..iré
38.13 *dirán:* ¿Has venido a arrebatar despojos
38.14 *dí* a Gog: Así ha *dicho* Jehová el Señor
38.17 ha *dicho*..¿No eres tú aquel de quién
38.18 cuando venga Gog contra la..*dijo* Jehová
38.21 contra él la espada, *dice* Jehová el
39.1 contra Gog, y *dí:* Así ha *dicho* Jehová el
39.5 caerás, porque yo he hablado, *dice* Jehová
39.8 he aquí viene, y se cumplirá, *dice* Jehová
39.10 y robarán a los que les robaron, *dice*
39.13 para ellos célebre el día..*dice* Jehová
39.17 así ha *dicho* Jehová..*Dí* a las aves de
39.20 y os saciaréis..*dice* Jehová el Señor
39.25 ha *dicho*..Ahora volveré la cautividad de
39.29 derramado de mi Espíritu..*dice* Jehová
40.4 me habló..*diciendo:* Hijo de hombre, mira
40.45 *dijo:* Esta cámara que mira hacia el sur
41.4 y me *dijo:* Este es el lugar santísimo
41.22 *dijo:* Esta es la mesa que está delante
42.13 me *dijo:* Las cámaras del norte y las del
43.7 *dijo:* Hijo de hombre, este es el lugar
43.18 y me *dijo:* Hijo de hombre, así ha *dicho*
43.19 *dice* Jehová el Señor, para ministrar
43.27 me seréis aceptos, *dice* Jehová el Señor
44.2 *dijo* Jehová: Esta puerta estará cerrada
44.5 me *dijo*..Hijo de hombre, pon atención
44.6 dirás a los rebeldes, a la..Así ha *dicho*
44.9 así ha *dicho*..Ningún hijo de extranjero
44.12 *dice* Jehová..ellos llevarán su iniquidad
44.15 delante de mí estarán..*dice* Jehová el
44.27 ofrecerá su expiación, *dice* Jehová el
45.9 ha *dicho* Jehová el Señor: ¡Basta ya, oh
45.9 quitad..imposiciones de..*dice* Jehová el
45.15 para expiación por ellos, *dice* Jehová
45.18 ha *dicho* Jehová..El mes primero, el día
46.1 ha *dicho*..La puerta del atrio interior
46.16 ha *dicho* Jehová..Si el príncipe diere
46.20 y me *dijo:* Este es el lugar donde los
46.24 me *dijo:* Estas son las cocinas, donde
47.6 y me *dijo:* ¿Has visto, hijo de hombre?
47.8 me *dijo:* Estas aguas salen a la región
47.13 ha *dicho* Jehová..Estos son los límites
47.23 le daréis su heredad, ha *dicho* Jehová
48.29 y estas son sus porciones, ha *dicho*

Dn. 1.3 *dijo* el rey a Aspenaz, jefe de..eunucos
1.10 y *dijo* el jefe de los eunucos a Daniel
1.11 *dijo* Daniel a Melsar, que estaba puesto
1.18 al fin de los cuales había *dicho* el rey
2.3 y el rey les *dijo:* He tenido un sueño, y
2.4 *dí* el sueño a tus siervos..te mostraremos
2.5 *dijo* a los caldeos: El asunto lo olvidé
2.6 *decidme*..el sueño y su interpretación
2.7 *dijeron:* *Diga* el rey el sueño a..siervos
2.8 el rey respondió y *dijo:* Yo conozco
2.9 respuesta..que *decir* delante de mí, entre
2.9 *decidme*..el sueño, para que yo sepa que

DECIR *(Continúa)*
Dn. 2.10 los caldeos..y *dijeron:* No hay hombre
2.15 *dijo* a Arioc..¿Cuál es la causa de que
2.20 Daniel..*dijo:* Sea bendito el nombre de
2.24 le *dijo* así: No mates a los sabios de
2.25 le *dijo* así: He hallado un varón de los
2.26 y *dijo* a Daniel, al..¿Podrás tú hacerme
2.27 respondió..*diciendo:* El misterio que el
2.36 también la interpretación de él *diremos*
2.47 rey..*dijo:* Ciertamente el Dios vuestro
3.9 y *dijeron* al rey..Rey, para siempre vive
3.13 *dijo* con ira y..que trajesen a Sadrac
3.14 y les *dijo:* ¿Es verdad, Sadrac, Mesac y
3.16 *diciendo:* No es necesario..respondamos
3.24 *dijo* a los de su consejo: ¿No echaron a
3.25 él *dijo:* He aquí yo veo cuatro varones
3.26 y *dijo:* Sadrac, Mesac..siervos del Dios
3.28 Nabucodonosor *dijo:* Bendito sea el Dios
3.29 que *dijere* blasfemia contra el Dios de
4.7 vinieron..adivinos, y les *dije* el sueño
4.8 conté delante de él el sueño, *diciendo*
4.14 *decía* así: Derribad el árbol, y cortad
4.18 tú, pues..*dirás* la interpretación de él
4.19 el rey..*dijo:* Beltsasar, no te turben ni
4.19 Beltsasar..*dijo:* Señor mío, el sueño sea
4.23 y *decía:* Cortad el árbol y destruidlo
4.30 *dijo:* ¿No es ésta la gran Babilonia que
4.31 a ti se te *dice,* rey..El reino ha sido
4.35 y no hay quien..y le *diga:* ¿Qué haces?
5.7 y *dijo* el rey a los sabios de Babilonia
5.10 y *dijo:* Rey, vive para siempre; no te
5.13 *dijo* el rey a Daniel: ¿Eres tú..Daniel
5.17 Daniel..*dijo* delante del rey: Tus dones
6.5 *dijeron* aquellos hombres: No hallaremos
6.6 *dijeron*..¡Rey Darío, para siempre vive!
6.12 respondió el rey *diciendo:* Verdad es
6.13 *dijeron* delante del rey: Daniel, que es
6.15 le *dijeron:* Sepas, oh rey, que es ley de
6.16 y el rey *dijo* a Daniel: El Dios tuyo, a
6.20 *dijo:* Daniel, siervo del Dios viviente
7.2 Daniel *dijo:* Miraba yo en mi visión de
7.5 fue *dicho* así: Levántate, devora mucha
7.23 *dijo*..La cuarta bestia será un..reino en
8.14 *dijo:* Hasta dos mil trescientas tardes y
8.16 *dijo:* Gabriel, enseña a éste la visión
8.17 él me *dijo:* Entiende, hijo de hombre
8.19 y *dijo:* He aquí yo te enseñaré lo que
9.4 e hice confesión *diciendo:* Ahora, Señor
9.22 *diciendo:* Daniel, ahora he salido para
10.11 me *dijo:* Daniel, varón muy amado, está
10.12 *dijo:* Daniel, no temas; porque desde el
10.15 mientras me *decía* estas palabras, estaba
10.16 *dije*..Señor mío, con la visión me han
10.19 me *dijo:* Muy amado, no temas; la paz
10.19 y *dije:* Hable mi señor, porque me has
10.20 *dijo:* ¿Sabes por qué he venido a ti?
12.6 *dijo* uno al varón vestido de lino, que
12.8 *dije:* Señor, mío, ¿cuál será el fin de
Os. 1.2 *dijo* Jehová a Oseas..tómate una mujer
1.4 le *dijo* Jehová: Ponle por nombre Jezreel
1.6 le *dijo* Dios: Ponle por nombre Lo-ruhama
1.9 y *dijo* Dios: Ponle por nombre Lo-ammi
1.10 en donde les fue *dicho:* Vosotros no sois
1.10 será *dicho:* Sois hijos del Dios viviente
2.1 *decid* a vuestros hermanos: Ammi, y a
2.5 *dijo:* Iré tras mis amantes, que me dan mi
2.7 *dirá:* Iré y me volveré a mi primer marido
2.12 vides..de las cuales *dijo:* Mi salario son
2.13 se iba..y se olvidaba de mí, *dice* Jehová
2.16 aquel tiempo, *dice* Jehová, me llamarás
2.21 *dice* Jehová, yo responderé a los cielos
2.23 *diré* a Lo-ammi..pueblo mío, y él *dirá*
3.1 *dijo* otra vez Jehová: Vé, ama a una mujer
3.3 le *dije:* Tú serás mía durante muchos días
10.3 *dirán* ahora: No tenemos rey, porque no
10.8 *dirán* a los montes: Cubridnos; y a los
11.11 haré habitar en sus casas, *dice* Jehová
12.8 Efraín *dijo*..he enriquecido, he hallado
13.2 *dicen* a los hombres que sacrifican, que
13.10 cuales *dijiste:* Dame rey y príncipes?
14.2 *decidle:* Quita toda iniquidad, y acepta
14.3 nunca más *diremos* a la obra de..manos
14.8 Efraín *dirá:* ¿Qué más tendré ya con los
Jl. 2.12 *dice* Jehová, convertíos a mí con todo
2.17 *digan:* Perdona, oh Jehová, a tu pueblo
2.17 ¿por qué han de *decir* entre los pueblos
2.19 y *dirá* a su pueblo: He aquí yo os envío
2.32 habrá salvación, como ha *dicho* Jehová
3.10 forjad espadas..*diga* el débil: Fuerte soy
Am. 1.2 *dijo:* Jehová rugirá desde Sion, y dará
1.3,6,9,11,13 ha *dicho*..Por tres pecados de
1.5 y quebraré los cerrojos de..*dice* Jehová
1.8 y volveré mi mano contra Ecrón..ha *dicho*
1.15 y su rey irá en cautiverio..*dice* Jehová
2.1,4,6 ha *dicho* Jehová: Por tres pecados de
2.3 quitaré el juez de en medio..*dice* Jehová
2.11 ¿no es esto así, *dice* Jehová, hijos de
2.12 los..mandasteis *diciendo:* No profeticéis
2.16 el esforzado..huirá desnudo..*dice* Jehová
3.1 hablado Jehová contra vosotros..*Dice* así
3.9 *decid:* Reuníos sobre..montes de Samaria
3.10 no saben hacer lo recto, *dice* Jehová
3.11 Jehová..ha *dicho* así: Un enemigo vendrá
3.12 así ha *dicho*..De la manera que el pastor
3.13 oíd y testificad..ha *dicho* Jehová Dios
3.15 casas serán arruinadas, *dice* Jehová
4.1 que *decís* a vuestros señores: Traed, y
4.3 seréis echadas del palacio, *dice* Jehová
4.5 pues que así lo queréis..*dice* Jehová el
4.6,8,9,10,11 no os volvisteis a mí, *dice*
5.3 ha *dicho*..La ciudad que salga con mil
5.4 así *dice* Jehová a..Buscadme, y viviréis
5.14 Dios..estará con vosotros, como *decís*
5.16 ha *dicho* Jehová..En todas las plazas
5.16 y en todas las calles *dirán:* ¡Ay! ¡Ay!
5.17 pasaré en medio de ti, *dice* Jehová
5.27 os haré..transportar..ha *dicho* Jehová
6.8 Jehová..ha *dicho:* Abomino la grandeza
6.10 *dirá* al que estará en los rincones de
6.10 *dirá:* No. Y *d* aquel: Calla, porque no
6.13 que *decís:* ¿No hemos adquirido poder
6.14 *dice*..levantaré yo sobre vosotros a
7.2 yo *dije:* Señor Jehová, perdona ahora
7.3 arrepintió Jehová..No será, *dijo* Jehová
7.5 *dije:* Señor Jehová, cesa ahora: ¿quién
7.6 no será..tampoco, *dijo* Jehová el Señor
7.8 me *dijo:* ¿Qué ves, Amós? Y *dije:* Una
7.8 el Señor *dijo:* He aquí, yo pongo plomada
7.10 Amasías..envió a *decir* a Jeroboam rey
7.11 así ha *dicho* Amós: Jeroboam morirá a
7.12 y Amasías *dijo* a Amós: Vidente, vete
7.14 Amós..*dijo* a Amasías: No soy profeta, ni
7.15 *dijo:* Vé y profetiza a mi pueblo Israel
7.16 tú *dices:* No profetices contra Israel, ni
7.17 ha *dicho* Jehová: Tu mujer será ramera en
8.2 y *dijo:* ¿Qué ves, Amós? Y respondí..fruta
8.2 me *dijo* Jehová: Ha venido el fin sobre mi
8.3 cantores del templo gemirán..*dice* Jehová
8.5 *diciendo:* ¿Cuándo pasará el mes..el trigo
8.9 *dice*..haré que se ponga el sol a mediodía
8.11 vienen días, *dice* Jehová..en los cuales
8.14 y *dicen:* Por tu Dios, oh Dan, y: Por el
9.1 vi al Señor que..*dijo:* Derriba el capitel
9.7 ¿no me sois..como hijos de etíopes, *dice*
9.8 no destruiré del todo la casa..*dice* Jehová
9.10 *dicen:* No se..ni nos alcanzará el mal
9.12 posean el resto de Edom..*dice* Jehová que
9.13 vienen días, *dice* Jehová, en que el que
9.15 y nunca más serán arrancados..ha *dicho*
Abd. 1 Jehová..ha *dicho* así en cuanto a Edom
3 *dices* en tu corazón: ¿Quién me derribará a
4 si te remontares..te derribaré, *dice* Jehová
8 haré que perezcan en aquel día, *dice* Jehová
18 ni aun resto quedará..Jehová lo ha *dicho*
Jon. 1.1 palabra de Jehová a Jonás..*diciendo*
1.6 patrón..le *dijo:* ¿Qué tienes..dormilón?
1.7 *dijeron* cada uno a su compañero: Venid y
1.8 *dijeron* ellos: Decláranos ahora por qué
1.10 y le *dijeron:* ¿Por qué has hecho esto?
1.11 le *dijeron:* ¿Qué haremos..se nos aquiete?
1.14 clamaron..y *dijeron:* Te rogamos ahora
2.2 *dijo:* Invoqué en mi angustia a Jehová, y
2.4 y entonces *dije:* Desechado soy de delante de
3.1 palabra de Jehová..vez a Jonás, *diciendo*
3.2 proclama en ella el mensaje que yo te *diré*
3.4 *diciendo:* De aquí a 40 días Nínive será
3.7 proclamar..*diciendo:* Hombres y animales
3.10 del mal que había *dicho* que les haría
4.2 *dijo:* Ahora..¿no es esto lo que yo *decía*
4.4 *dijo:* ¿Haces tú bien en enojarte tanto?
4.8 *diciendo:* Mejor sería para mí la muerte
4.9 *dijo* Dios a Jonás: ¿Tanto te enojas por
4.10 y *dijo* Jehová: Tuviste tú lástima de la
Mi. 1.10 no lo *digáis* en Gat, ni lloréis mucho
2.3 ha *dicho* Jehová: He aquí, yo pienso contra
2.4 *diciendo:* Del todo fuimos destruidos; él
2.6 no profeticéis, *dicen* a..que profetizan
2.7 tú *dices* casa de Jacob, ¿se ha acortado
2.11 mintiere *diciendo:* Yo te profetizaré de
3.1 *dije:* Oíd ahora, príncipes de Jacob, y
3.5 así ha *dicho* Jehová acerca de los profetas
3.11 se apoyan en Jehová, *diciendo:* ¿No está
4.2 y *dirán:* Venid, y subamos al monte de
4.6 en aquel día, *dice* Jehová, juntaré la que
4.11 y *dicen:* Sea profanada, y vean nuestros
5.10 *dice* Jehová, que haré matar tus caballos
6.1 oid ahora lo que *dice* Jehová: Levántate
7.10 la que me *decía:* ¿Dónde está Jehová tu
Nah. 1.12 ha *dicho* Jehová: Aunque reposo tengan
2.8 *dicen:* ¡Deteneos, deteneos!..ninguno mira
2.13; 3.5 heme aquí contra ti, *dice* Jehová
3.7 y *dirán:* Nínive es asolada; ¿quién se
Hab. 2.1 velaré para ver lo que se me *dirá,* y
2.2 Jehová me..me *dijo:* Escribe la visión, y
2.6 *dirán:* ¡Ay del que multiplicó lo que no era
2.19 ¡ay del que *dice* al palo: Despiértate
Sof. 1.2 destruiré por completo..*dice* Jehová
1.3 raeré a los hombres de sobre..*dice* Jehová
1.10 en aquel día, *dice* Jehová, voz de clamor
1.12 *dicen* en su corazón: Jehová ni hará bien
2.9 *dice* Jehová de..Moab será como Sodoma
2.15 que *decía* en su corazón: Yo, y no más
3.7 *dije:* Ciertamente me temerá; recibirá
3.8 esperadme, *dice* Jehová, hasta el día que
3.13 ni *dirá* mentira, ni en boca de ellos se
3.16 en aquel tiempo se *dirá* a Jesusalén: No
3.20 os pondré para renombre y..*dice* Jehová
Hag. 1.1 vino palabra..a Zorobabel..*diciendo*
1.2 *diciendo:* Este pueblo *dice:* No ha llegado
1.3 vino palabra de Jehová..Hageo, *diciendo*
1.5,7 así ha *dicho* Jehová..Meditad bien sobre
1.8 mi voluntad, y seré glorificado, ha *dicho*
1.9 ¿por qué? *dice* Jehová de los ejércitos
1.13 Hageo..habló..al pueblo, *diciendo:* Yo
1.13 yo estoy con vosotros, *dice* Jehová
2.1 palabra..medio del profeta Hageo, *diciendo*
2.2 habla..y al resto del pueblo, *diciendo*
2.4 ahora, Zorobabel, esfuérzate, *dice* Jehová
2.4 y cobrad ánimo..*dice* Jehová, y trabajad
2.4 yo estoy con vosotros, *dice* Jehová de los
2.6 así *dice* Jehová..De aquí a poco yo haré
2.7 y llenaré de gloria esta casa, ha *dicho*
2.8 mía es la plata, y mío es..*dice* Jehová
2.9 la gloria postrera..será mayor..ha *dicho*
2.9 daré paz en este lugar, *dice* Jehová de los
2.10 palabra de Jehová por..Hageo, *diciendo*
2.11 así ha *dicho* Jehová..Pregunta ahora a los
2.11 pregunta..acerca de la ley, *diciendo*
2.12 respondieron..sacerdotes y *dijeron:* No
2.13 y *dijo* Hageo: Si un inmundo a causa de
2.13 y respondieron..y *dijeron:* Inmunda será
2.14 y respondió Hageo y *dijo:* Así es este
2.17 no os convertisteis a mí, *dice* Jehová
2.20 vez palabra de Jehová a Hageo..*diciendo*
2.21 *diciendo:* Yo haré temblar los cielos y
2.23 en aquel día, *dice* Jehová de..te tomaré
2.23 te escogí, *dice* Jehová de los ejércitos
Zac. 1.1 palabra de Jehová al profeta..*diciendo*
1.3 *diles,* pues: Así ha *dicho* Jehová de los
1.3 volveos a mí, *dice* Jehová de..ejércitos
1.3 me volveré a vosotros, ha *dicho* Jehová
1.4 *diciendo:* Así ha *dicho* Jehová de los
1.4 volveos..ni me escucharon, *dice* Jehová
1.6 y *dijeron:* Como Jehová..pensó tratarnos
1.7 palabra de Jehová al profeta..*diciendo*
1.9 *dije:* ¿Qué son éstos, señor mío? Y me *dijo*
1.10 y aquel varón..*dijo:* Estos son los que
1.11 *dijeron:* Hemos recorrido la tierra, y he
1.12 respondió el ángel..y *dijo:* Oh Jehová
1.14 me *dijo* el ángel..Clama *diciendo:* Así
1.14 así ha *dicho* Jehová..Celé con gran celo
1.16 así ha *dicho* Jehová: Yo me he vuelto a
1.16 en ella será edificada mi casa, *dice*
1.17 clama aún, *diciendo:* Así *dice* Jehová de
1.19 *dije* al ángel que..¿Qué son éstos? Y me
1.21 y yo *dije:* ¿Qué vienen éstos a hacer?
1.21 *diciendo:* Aquéllos son los cuernos que
2.2 le *dije:* ¿A dónde vas? Y él me respondió
2.4 *dijo:* Corre, habla a este joven, *diciendo*
2.5 yo seré para ella, *dice* Jehová, muro de
2.6 eh, huid de..*dice* Jehová, pues por los
2.6 cuatro vientos..os esparcí, *dice* Jehová
2.8 así ha *dicho* Jehová..Tras la gloria me
2.10 moraré en medio de ti, ha *dicho* Jehová
3.2 *dijo*..a Satanás: Jehová te reprenda, oh
3.4 *diciendo:* Quitadle esas vestiduras viles
3.4 a él le *dijo:* Mira que he quitado de ti
3.5 después *dijo:* Pongan mitra limpia sobre
3.6 y el ángel de..amonestó a Josué, *diciendo*
3.7 así *dice* Jehová..Si anduvieres por mis
3.9 yo grabaré su escultura, *dice* Jehová de
3.10 en aquel día, *dice* Jehová..cada uno de
4.2 me *dijo:* ¿Qué ves? Y respondí: He mirado
4.4 hablé, *diciendo* a aquel ángel..¿Qué es
4.5 me *dijo:* ¿No sabes qué es esto? Y *dije*
4.6 *diciendo:* Esta es palabra de Jehová a
4.6 que *dice:* No con ejército, ni con fuerza
4.6 sino con mi Espíritu, ha *dicho* Jehová
4.8; 6.9; 7.4; 8.1,18 vino palabra de Jehová
a mí, *diciendo*
4.11 *dije:* ¿Qué significan estos dos olivos
4.12 le *dije:* ¿Qué significan las dos ramas
4.13 no sabes qué es..Y *dije:* Señor mío, no
4.14 él *dijo:* Estos son los dos ungidos que
5.2 *dijo:* ¿Qué ves? Y respondí: Veo un rollo
5.3 *dijo:* Esta es la maldición que sale sobre
5.4 yo la he hecho salir, *dice* Jehová de los
5.5 y me *dijo:* Alza ahora tus ojos, y mira
5.6 *dije:* ¿Qué es? Y él *dijo:* Este es un efa
5.6 además *dijo:* Esta es la iniquidad de ellos
5.8 *dijo:* Esta es la Maldad; y la echó dentro
5.10 *dije* al ángel..¿A dónde llevan el efa?
6.4 y *dije* al ángel..Señor mío, ¿qué es esto?
6.5 el ángel..me *dijo:* Estos son los cuatro
6.7 salieron..y *dijo:* Id, recorred la tierra
6.8 *diciendo:* Mira, los que salieron hacia la
6.12 *diciendo:* Así ha hablado Jehová de..*d*
7.3 *diciendo:* ¿Lloraremos en el mes quinto?
7.5 habla a todo..*diciendo:* Cuando ayunasteis
7.8 palabra de Jehová a Zacarías, *diciendo*
7.9 habló Jehová..*diciendo:* Juzgad conforme a
7.13 clamaron, y yo no escuché, *dice* Jehová
8.2 *dicho* Jehová..Celé a Sion con gran celo
8.3 *dice* Jehová: Yo he restaurado a Sion, y
8.4 así ha *dicho* Jehová de..Aún han de morar
8.6 así *dice* Jehová de los..Si esto parecerá
8.6 ¿también será maravilloso..*dice* Jehová de
8.7 así ha *dicho* Jehová..He aquí, yo salvo a
8.9 *dicho* Jehová..Esfuércense vuestras manos
8.11 no lo haré con el remanente..*dice* Jehová
8.14 ha *dicho* Jehová..Como pensé haceros mal

DECIR *(Continúa)*

Zac. 8.17 son cosas que aborrezco, *dice* Jehová
8.19 así ha *dicho* Jehová..El ayuno del cuarto
8.20 ha *dicho* Jehová de..Aún vendrán pueblos
8.21 y *dirán:* Vamos a implorar el favor de
8.23 así ha *dicho* Jehová de..En aquellos días
8.23 un judío, *diciendo:* Iremos con vosotros
10.12 y caminarán en su nombre, *dice* Jehová
11.4 ha *dicho* Jehová..Apacienta las ovejas de
11.5 y el que las vende, *dice:* Bendito sea
11.6 no tendré ya más piedad de..*dice* Jehová
11.9 *dije:* No os apacentaré; la que muriere
11.12 les *dije:* Si os parece bien, dadme mi
11.13 *dijo* Jehová: Echalo al tesoro; ¡hermoso
11.15 me *dijo* Jehová: Toma aún los aperos de
12.1 Jehová, que forma el espíritu..ha *dicho*
12.4 aquel día, *dice* Jehová, heriré con pánico
12.5 los capitanes de Judá *dirán* en su corazón
13.2 *dice* Jehová de..quitaré de la tierra los
13.3 le *dirán* su padre y su madre que lo
13.5 *dirá:* No soy profeta; labrador soy de la
13.7 levántate, oh espada..*dice* Jehová de los
13.8 *dice* Jehová, que las dos terceras partes
13.9 *diré:* Pueblo mío, y él *dirá:* Jehová es
Mal. 1.2 os he amado, *dice* Jehová; y dijisteis
1.2 ¿no era Esaú hermano de..*dice* Jehová
1.4 Edom *dijere:* Nos hemos empobrecido, pero
1.4 ha *dicho* Jehová..Ellos edificarán, y yo
1.5 *diréis:* Sea Jehová engrandecido más allá
1.6 ¿dónde está mi temor? *dice* Jehová de los
1.6 y *decís:* ¿En qué hemos menospreciado tu
1.7 *dijisteis:* ¿En qué te hemos deshonrado?
1.8 ¿acaso se..o le serás acepto? *dice* Jehová
1.9 cómo podéis agradarle, si..*dice* Jehová
1.10 no tengo complacencia en..*dice* Jehová
1.11 es grande mi nombre..*dice* Jehová de los
1.12 lo habéis profanado..*decís:* Inmunda es
1.12 *decís* que su alimento es despreciable
1.13 habéis además *dicho:* ¡Oh, qué fastidio
1.13 y me despreciáis, *dice* Jehová de los
1.13 ¿aceptaré yo eso de..mano? *dice* Jehová
1.14 porque yo soy Gran Rey, *dice* Jehová de
2.2 ha *dicho* Jehová..enviaré maldición sobre
2.4 que fuese mi pacto con..ha *dicho* Jehová
2.8 habéis corrompido el pacto..*dice* Jehová
2.14 mas *diréis:* ¿Por qué? Porque Jehová ha
2.16 ha *dicho* que él aborrece el repudio, y
2.16 cubre con iniquidad su..*dijo* Jehová de
2.17 *decís:* ¿En qué le hemos cansado? En que
2.17 en que *decís:* Cualquiera que hace mal
3.1 viene, ha *dicho* Jehová de los ejércitos
3.5 no teniendo temor de mí, *dice* Jehová de
3.7 volveos a mí, y yo me..ha *dicho* Jehová
3.7 *dijisteis:* ¿En qué hemos de volvernos?
3.8 *dijisteis:* ¿En qué te hemos robado? En
3.10 y probadme ahora en esto, *dice* Jehová de
3.11 no os destruirá el fruto de..*dice* Jehová
3.12 las naciones os *dirán* bienaventurados
3.12 seréis tierra deseable, *dice* Jehová de
3.13 palabras..han sido violentas, *dice* Jehová
3.13 *dijisteis:* ¿Qué hemos hablado contra ti?
3.14 habéis *dicho:* Por demás es servir a Dios
3.15 *decimos,* pues, ahora: Bienaventurados son
3.17 mi especial tesoro, ha *dicho* Jehová de
4.1 día que vendrá los abrasará, ha *dicho*
4.3 serán ceniza bajo las..ha *dicho* Jehová
Mt. 1.20 ángel del Señor..le *dijo:* José, hijo
1.22 lo *dicho*..medio del profeta, cuando *dijo*
2.2 *diciendo:* ¿Dónde está el rey de los judíos
2.5 le *dijeron:* En Belén de Judea; porque así
2.8 *dijo:* Id allá y averiguad..acerca del niño
2.13 un ángel..*dijo:* Levántate, y toma al niño
2.13 y permanece allá hasta que yo te *diga*
2.15 que se cumpliese lo que *dijo* el Señor
2.15 cuando *dijo:* De Egipto llamé a mi Hijo
2.17 fue *dicho* por el profeta Jeremías..*dijo*
2.20 *diciendo:* Levántate, toma al niño y a su
2.23 para que se cumpliese lo que fue *dicho*
3.2 *diciendo:* Arrepentíos, porque el reino de
3.3 *dijo:* Voz del que clama en el desierto
3.7 *decía:* ¡Generación de víboras! ¿Quién os
3.9 y no penséis *decir*..A Abraham tenemos
3.9 os *digo* que Dios puede levantar hijos a
3.14 se le oponía, *diciendo:* Yo necesito ser
3.17 voz..que *decía:* Este es mi Hijo amado
4.3 vino a él el tentador, y le *dijo:* Si eres
4.3 *dí* que estas piedras se conviertan en pan
4.4 *dijo:* Escrito está: No sólo de pan vivirá
4.6 y le *dijo:* Si eres Hijo de Dios, échate
4.7 Jesús le *dijo:* Escrito está también: No
4.9 le *dijo:* Todo esto te daré, si postrado
4.10 le *dijo:* Vete, Satanás, porque escrito
4.14 se cumpliese lo *dicho* por el..cuando *dijo*
4.17 comenzó Jesús a..y a *decir:* Arrepentíos
4.19 les *dijo:* Venid en pos de mí, y os haré
5.2 abriendo su boca les enseñaba, *diciendo*
5.11 *digan* toda clase de mal contra vosotros
5.18 os *digo* que hasta que pasen el cielo y
5.20 os *digo* que si vuestra justicia no fuere
5.21 que fue *dicho* a los antiguos: No matarás
5.22 yo os *digo* que cualquiera que se enoje
5.22 *diga:* Necio, a su hermnao..le *d:* Fatuo
5.26 te *digo* que no saldrás de allí, hasta que
5.27 que fue *dicho:* No cometerás adulterio
5.28 yo os *digo* que cualquiera que mira a una
5.31 fue *dicho:* Cualquiera que repudie a su
5.32 yo os *digo* que el que repudia a su mujer
5.33 fue *dicho* a los antiguos: No perjurarás
5.34 yo os *digo:* No juréis en ninguna manera
5.38 oísteis que fue *dicho:* Ojo por ojo, y
5.39 yo os *digo:* No resistáis al que es malo
5.43 que fue *dicho:* Amarás a tu prójimo, y
5.44 pero yo os *digo:* Amad a vuestros enemigos
6.2,5,16 os *digo* que ya tienen su recompensa
6.25 os *digo:* No os afanéis por vuestra vida
6.29 os *digo,* que ni aún Salomón con toda su
6.31 no os afanéis..*diciendo:* ¿Qué comeremos
7.4 ¿o como *dirás* a tu hermano: Déjame sacar
7.21 no todo el que me *dice:* Señor, Señor
7.22 me *dirán* en aquel día: Señor, Señor, ¿no
8.2 se postró..*diciendo:* Señor, si quieres
8.3 y le tocó, *diciendo:* Quiero; sé limpio
8.4 le *dijo:* Mira, no lo *digas* a nadie, sino
8.6 *diciendo:* Señor, mi criado está postrado
8.7 y Jesús le *dijo:* Yo iré y le sanaré
8.8 respondió..y *dijo:* Señor, no soy digno de
8.8 solamente *dí* la palabra, y mi..sanará
8.9 y *digo* a éste: Vé, y va; y al otro: Ven
8.10 *dijo*..De cierto os *digo,* que ni aun en
8.11 os *digo* que vendrán muchos del oriente
8.13 entonces Jesús *dijo* al centurión: Vé, y
8.17 se cumpliese lo *dicho* por el..cuando *dijo*
8.19 vino un escriba y le *dijo:* Maestro, te
8.20 Jesús le *dijo:* Las zorras tienen guaridas
8.21 otro de sus..le *dijo:* Señor, permíteme
8.22 Jesús le *dijo:* Sígueme; deja que los
8.25 *diciendo:* ¡Señor, sálvanos..perecemos!
8.26 les *dijo:* ¿Por qué teméis, hombres de
8.27 *diciendo:* ¿Qué hombre es éste, que aun
8.29 *diciendo:* ¿Qué tienes con nosotros
8.31 y los demonios le rogaron *diciendo:* Si
8.32 les *dijo:* Id. Y ellos salieron, y se
9.2 *dijo* al paralítico: Ten ánimo, hijo; tus
9.3 de los escribas *decían*..Este blasfema
9.4 *dijo:* ¿Por qué pensáis mal en vuestros
9.5 ¿qué es más fácil *decir:* Los pecados te
9.5 perdonados, o *decir:* Levántate y anda?
9.6 (*dice*..al paralítico): Levántate, toma
9.9 *dijo:* Sígueme. Y se levantó y le siguió
9.11 *dijeron* a los discípulos: ¿Por qué come
9.12 al oir esto Jesús, les *dijo:* Los sanos
9.14 *diciendo:* ¿Por qué nosotros..ayunamos
9.15 Jesús les *dijo:* ¿Acaso pueden los que
9.18 *decía* estas cosas, vino un..principal
9.18 se postró..*diciendo:* Mi hija acaba de
9.21 *decía*..Si tocare..su manto, seré salva
9.22 Jesús..*dijo:* Ten ánimo, hijo; tu fe te
9.24 les *dijo:* Apartaos, porque la niña no
9.27 *diciendo:* ¡Ten misericordia de nosotros
9.28 les *dijo:* ¿Creéis que puedo hacer esto?
9.28 ¿creéis que..Ellos *dijeron:* Sí, Señor
9.29 les tocó los ojos, *diciendo:* Conforme a
9:30 les encargó..*diciendo:* Mirad que nadie
9.33 *decía:* Nunca se ha visto cosa semejante
9.34 los fariseos *decían:* Por el príncipe de
9.37 *dijo* a sus discípulos: A la verdad la
10.5 *diciendo:* Por camino de gentiles no
10.7 yendo, predicad, *diciendo:* El reino de
10.15 os *digo* que en el día del juicio, será
10.23 os *digo,* que no acabaréis de recorrer
10.27 os *digo* en tinieblas, decidlo en la luz
10.42 os *digo* que no perderá su recompensa
11.4 les *dijo:* Id, y haced saber a Juan las
11.7 se iban, comenzó Jesús a *decir* de Juan
11.9 ¿a un profeta? Sí, os *digo,* y más que un
11.11 os *digo:* Entre los que nacen de mujer
11.17 *diciendo:* Os tocamos flauta, y no
11.18 vino Juan, que..y *dicen:* Demonio tiene
11.19 y *dicen:* He aquí un hombre comilón, y
11.20 a reconvenir a las ciudades..*diciendo*
11.22,24 os *digo* que en el día del juicio
11.25 *dijo:* Te alabo, Padre, Señor del cielo
12.2 *dijeron:* He aquí tus discípulos hacen lo
12.3 les *dijo:* ¿No habéis leído lo que hizo
12.6 os *digo* que uno mayor que el templo está
12.11 les *dijo:* ¿Qué hombre habrá de vosotros
12.13 *dijo* a aquel hombre: Extiende tu mano
12.17 lo *dicho* por el..Isaías, cuando *dijo*
12.23 toda la gente estaba atónita, y *decía*
12.24 los fariseos..*decían:* Este no echa fuera
12.25 les *dijo:* Todo reino dividido contra sí
12.31 os *digo:* Todo pecado y blasfemia será
12.32 a cualquiera que *dijere* alguna palabra
12.36 yo os *digo* que de toda palabra ociosa
12.38 *diciendo:* Maestro, deseamos ver de ti
12.39 les *dijo:* La generación mala y adúltera
12.44 *dice:* Volveré a mi casa de donde salí
12.47 y le *dijo* uno: He aquí tu madre y tus
12.48 al que le *decía* esto, *dijo:* ¿Quién es
12.49 *dijo:* He aquí mi madre y mis hermanos
13.3 habló..*diciendo:* He aquí, el sembrador
13.10 le *dijeron:* ¿Por qué les hablas por
13.11 les *dijo:* Porque a vosotros os es dado
13.14 ellos la profecía de Isaías, que *dijo*
13.17 os *digo,* que muchos profetas y justos
13.24 otra parábola, *diciendo:* El reino de los
13.27 le *dijeron:* Señor, ¿no sembraste buena
13.28 él les *dijo:* Un enemigo ha hecho esto
13.28 los siervos le *dijeron:* ¿Quieres, pues
13.29 les *dijo:* No, no sea que al arrancar la
13.30 *diré* a los segadores: Recoged primero
13.31 *diciendo:* El reino de los cielos es
13.33 parábola..*dijo:* El reino de los cielos
13.35 que cumpliese lo *dicho* por el profeta
13.35 cuando *dijo:* Abriré en parábolas mi boca
13.36 le *dijeron:* Explícanos la parábola de la
13.37 *dijo:* El que siembra la buena semilla
13.51 les *dijo:* ¿Habéis entendido todas estas
13.52 les *dijo:* Por eso todo escriba docto en
13.54 *decían:* ¿De dónde tiene..esta sabiduría
13.57 *dijo:* No hay profeta sin honra sino en
14.2 y *dijo* a sus criados: Este es Juan el
14.4 Juan le *decía:* No te es lícito tenerla
14.8 *dijo:* Dame aquí..la cabeza de Juan el
14.15 *diciendo:* El lugar es desierto, y la
14.16 les *dijo:* No tienen necesidad de irse
14.17 ellos *dijeron:* No tenemos aquí sino 5
14.18 él les *dijo:* Traédmelos acá
14.26 se turbaron, *diciendo:* ¡Un fantasma!
14.27 habló, *diciendo:* ¡Tened ánimo; yo soy
14.28 le respondió Pedro, y *dijo:* Señor, si
14.29 y él *dijo:* Ven. Y descendiendo Pedro
14.30 dio voces, *diciendo:* ¡Señor, sálvame!
14.31 Jesús..le *dijo:* ¡Hombre de poca fe!
14.33 *diciendo:* Verdaderamente eres Hijo de
15.1 acercaron a Jesús..escribas..*diciendo*
15.3 les *dijo:* ¿Por qué también vosotros
15.4 Dios mandó *diciendo:* Honra a tu padre y
15.5 vosotros *decís:* Cualquiera que diga a su
15.7 bien profetizó de vosotros Isaías..*dijo*
15.10 llamando a sí a la multitud, les *dijo*
15.12 le *dijeron:* ¿Sabes que los fariseos se
15.13 *dijo:* Toda planta que no plantó mi Padre
15.15 Pedro..*dijo:* Explícanos esta parábola
15.16 *dijo:* ¿También vosotros sois aún sin
15.22 una mujer cananea..*diciéndole:* ¡Señor
15.23 *diciendo:* Despídela, pues da voces tras
15.24 *dijo:* No soy enviado sino a las ovejas
15.25 ella vino..*diciendo:* ¡Señor, socórreme
15.26 *dijo:* No está bien tomar el pan de los
15.27 y ella *dijo:* Sí, Señor; pero aun los
15.28 Jesús, *dijo:* Oh mujer, grande es tu fe
15.32 Jesús..*dijo:* Tengo compasión de la gente
15.33 sus discípulos le *dijeron:* ¿De dónde
15.34 Jesús les *dijo:* ¿Cuántos panes tenéis?
15.34 y ellos *dijeron:* Siete, y unos pocos
16.2 les *dijo:* Cuando anochece, *decís:* Buen
16.6 Jesús les *dijo:* Mirad, guardaos de la
16.7 *diciendo:* Esto *dice* porque no trajimos
16.8 Jesús..*dijo:* ¿Por qué pensáis dentro de
16.11 *dije* que os guardaseis de la levadura
16.12 no les había *dicho* que se guardasen de
16.13 *diciendo:* ¿Quién *dicen* los hombre que
16.14 ellos *dijeron:* Unos, Juan el Bautista
16.15 él les *dijo*..¿quién *decís* que soy yo?
16.16 Simón Pedro, *dijo:* Tú eres el Cristo
16.18 yo también te *digo,* que tú eres Pedro
16.20 que a nadie *dijesen* que él era Jesús el
16.22 a reconvenirle, *diciendo:* Señor, ten
16.23 *dijo* a Pedro. ¡Quítate de delante de mí
16.24 Jesús *dijo* a sus discípulos: Si alguno
16.28 de cierto os *digo* que hay algunos de los
17.4 Pedro *dijo* a Jesús: Señor, bueno es para
17.5 una voz..*decía:* Este es mi Hijo amado
17.7 los tocó, y *dijo:* Levantaos, y no temáis
17.9 no *digáis* a nadie la visión, hasta que
17.10 *diciendo:* ¿Por qué..*dicen* los escribas
17.11 *dijo:* A la verdad, Elías viene primero
17.12 mas os *digo* que Elías ya vino, y no le
17.14 un hombre que se arrodilló..*diciendo*
17.17 Jesús, *dijo:* ¡Oh generación incrédula
17.19 *dijeron:* ¿Por qué nosotros no pudimos
17.20 les *dijo:* Por vuestra poca fe; porque
17.20 os *digo,* que si tuviereis fe como un
17.20 *diréis* a este monte: Pásate de aquí allá
17.22 Jesús les *dijo:* El Hijo del Hombre será
17.24 le *dijeron:* ¿Vuestro Maestro no paga
17.25 él *dijo:* Sí. Y al entrar él en casa
17.25 *diciendo:* ¿Que te parece, Simón? Los
17.26 le *dijo:* Luego los hijos están exentos
18.1 vinieron..*diciendo:* ¿Quién es el mayor
18.3 y *dijo:* De cierto os *digo,* que si no os
18.10 os *digo* que sus ángeles en los cielos
18.13 os *digo* que se regocija más por aquélla
18.17 si no los oyere..*dilo* a la iglesia
18.18 *digo* que todo lo que atéis en la tierra
18.19 vez os *digo,* que si dos de vosotros se
18.21 *dijo:* Señor, ¿cuántas veces perdonaré a
18.22 le *dijo:* No te *digo* hasta siete, sino
18.26,29 *diciendo*..ten paciencia conmigo, y
18.28 le ahogaba, *diciendo:* Págame lo que me
18.32 le *dijo:* Siervo malvado, toda aquella
19.3 *diciéndole:* ¿Es lícito al..repudiar a su
19.4 *dijo:* ¿No habéis leído que el que los
19.5 *dijo:* Por esto el hombre dejará padre y
19.7 le *dijeron:* ¿Por qué, pues, mandó Moisés
19.8 *dijo:* Por la dureza de vuestro corazón
19.9 os *digo* que cualquiera que repudia a su
19.10 le *dijeron* sus discípulos: Si así es la
19.11 *dijo:* No todos son capaces de recibir
19.14 Jesús *dijo:* Dejad a los niños venir a

DECIR *(Continúa)*
Mt. 19.16 entonces vino uno y le *dijo:* Maestro
19.17 él le *dijo:* ¿Por qué me llamas bueno?
19.18 *dijo:* ¿Cuáles? Y Jesús *d:* No matarás
19.18 no hurtarás. No *dirás* falso testimonio
19.20 le *dijo:* Todo esto lo he guardado desde
19.21 le *dijo:* Si quieres ser perfecto, anda
19.23 Jesús *dijo* a sus..De cierto os *digo* que
19.24 vez os *digo,* que es más fácil pasar un
19.25 *diciendo:* ¿Quién, pues, podrá ser salvo?
19.26 les *dijo:* Para los hombres esto es
19.27 *dijo:* He aquí, nosotros lo hemos dejado
19.28 les *dijo:* De cierto os *digo* que en la
20.4 *dijo:* Id también vosotros a mi viña, y
20.6 *dijo:* ¿Por qué estáis aquí todo el día
20.7 *dijeron:* Porque nadie nos ha contratado
20.7 *dijo:* Id..a la viña, y recibiréis lo que
20.8 el señor..*dijo* a su mayordomo: Llama a
20.12 *diciendo*..han trabajado una sola hora
20.13 *dijo* a uno de..Amigo, no te hago agravio
20.17 tomó a sus doce discípulos..y les *dijo*
20.21 *dijo:* ¿Qué quieres? Ella le *d:* Ordena
20.22 *dijo:* No sabéis lo que pedís. ¿Podéis
20.22 ¿podéis beber del..le *dijeron:* Podemos
20.23 *dijo:* A la verdad, de mi vaso beberéis
20.25 *dijo:* Sabéis que los gobernantes de las
20.30,31 *diciendo:* ¡Señor, Hijo de David, ten
20.32 y les *dijo:* ¿Qué queréis que os haga?
20.33 le *dijeron:* Señor, que sean abiertos
21.2 *diciéndoles:* Id a la aldea que está
21.3 alguien os *dijere* algo, *decid:* El Señor
21.4 lo *dicho* por el profeta, cuando *dijo*
21.5 *decid* a la hija de Sion: He aquí, tu Rey
21.9 aclamaba, *diciendo:* ¡Hosanna al Hijo de
21.10 se conmovió, *diciendo:* ¿Quién es éste?
21.11 gente *decía:* Este es Jesús el profeta
21.13 les *dijo:* Escrito está: Mi casa, casa
21.15 y *diciendo:* ¡Hosanna al Hijo de David!
21.16 le *dijeron:* ¿Oyes lo que éstos *dicen?*
21.16 y Jesús les *dijo:* Sí; ¿nunca leísteis
21.19 le *dijo:* Nunca jamás nazca de ti fruto
21.20 *decían* maravillados: ¿Cómo es que se
21.21 les *dijo:* De cierto os *digo,* que si
21.21 que si a este monte *dijereis:* Quítate
21.23 *dijeron:* ¿Con qué autoridad haces estas
21.24 Jesús, les *dijo:* Yo también os haré una
21.24 *diré* con qué autoridad hago estas cosas
21.25 *diciendo:* Si *decimos,* del cielo, nos
21.25 *dirá:* ¿Por qué, pues, no le creísteis?
21.26 si *decimos,* de los hombres, tememos al
21.27 *dijeron:* No sabemos. Y él..les *dijo*
21.27 tampoco yo os *digo* con qué autoridad
21.28 acercándose al..le *dijo:* Hijo, vé hoy a
21.29 él, *dijo:* No quiero; pero después..fue
21.30 al otro, le *dijo* de la misma manera
21.30 respondiendo él, *dijo:* Sí, señor, voy
21.31 de su padre? *Dijeron* ellos: El primero
21.31 les *dijo:* De cierto os *digo,* que los
21.37 *diciendo:* Tendrán respeto a mi hijo
21.38 *dijeron* entre sí: Este es el heredero
21.41 le *dijeron:* A los malos destruirá sin
21.42 Jesús les *dijo:* ¿Nunca leísteis en las
21.43 os *digo,* que el reino de Dios..quitado
22.1 Jesús, les volvió a hablar en..*diciendo*
22.4 *diciendo: Decid* a los convidados: He aquí
22.8 entonces *dijo* a sus siervos: Las bodas
22.12 y le *dijo:* Amigo, ¿cómo entraste aquí
22.13 *dijo* a los que servían: Atadle de pies
22.16 *diciendo:* Maestro, sabemos que eres
22.17 *dinos*..qué te parece: ¿Es lícito dar
22.18 Jesús..les *dijo:* ¿Por qué me tentáis
22.20 les *dijo:* ¿De quién es esta imagen, y
22.21 le *dijeron:* De César. Y les *dijo:* Dad
22.23 que *dicen* que no hay resurrección, y le
22.24 *diciendo:* Maestro, Moisés *dijo:* Si
22.29 *dijo:* Erráis, ignorando las Escrituras
22.31 leído lo..*dicho* por Dios, cuando *dijo*
22.35 uno de..preguntó por tentarle, *diciendo*
22.37 *dijo:* Amarás al Señor tu Dios con todo
22.42 *diciendo:* ¿Qué pensáis del Cristo? ¿De
22.42 ¿de quién es hijo..*dijeron:* De David
22.43 *dijo*..David..le llama Señor, *diciendo*
22.44 *dijo* el Señor a mi Señor: Siéntate a mi
23.1 habló Jesús..a sus discípulos, *diciendo*
23.3 lo que os *digan* que guardéis, guardadlo
23.3 mas no hagáis..porque *dicen,* y no hacen
23.16,18 *decís:* Si alguno jura..no es nada
23.30 y *decís:* Si hubiésemos vivido en los
23.36 os *digo* que todo esto vendrá sobre esta
23.39 os *digo* que desde ahora no me veréis
23.39 hasta que *digáis:* Bendito el que viene
24.2 les *dijo:* ¿Veis todo esto? De cierto os
24.2 cierto os *digo,* que no quedará..piedra
24.3 *diciendo: Dinos,* ¿cuándo serán estas
24.4 Jesús..*dijo:* Mirad que nadie os engañe
24.5 en mi nombre, *diciendo:* Yo soy el Cristo
24.23 si alguno os *dijere:* Mirad, aquí está
24.25 ya os lo he *dicho* antes
24.26 si os *dijeren:* Mirad, está en el desierto
24.34 os *digo,* que no pasará esta generación
24.47 os *digo* que sobre todos sus bienes le
24.48 *dijere* en su corazón: Mi señor tarda en
25.8 las insensatas *dijeron*..Dadnos..aceite
25.9 *diciendo*..que no nos falte a nosotras
25.11 vinieron..*diciendo:* ¡Señor..ábrenos!
25.12 *dijo:* De cierto os *digo*..no os conozco
25.20 *diciendo:* Señor, cinco..me entregaste
25.21,23 su señor le *dijo:* Bien, buen siervo y
25.22 llegando..*dijo:* Señor, dos talentos me
25.24 *dijo:* Señor, te conocía..hombre duro
25.26 su señor, le *dijo:* Siervo..negligente
25.34 el Rey *dirá* a los de su derecha: Venid
25.37,44 *diciendo:* Señor, ¿cuándo te vimos
25.40 *dirá:* De cierto os *digo* que en cuanto
25.41 *dirá* también a los de la izquierda
25.45 *diciendo*..os *digo* que en cuanto no lo
26.1 hubo acabado Jesús..*dijo* a sus discípulos
26.5 *decían:* No durante la fiesta, para que
26.8 *diciendo:* ¿Para qué este desperdicio?
26.10 *dijo:* ¿Por qué molestáis a esta mujer?
26.13 os *digo* que dondequiera que se predique
26.15 les *dijo:* ¿Qué me queréis dar, y yo os
26.17 *diciéndole:* ¿Dónde quieres..la pascua?
26.18 él *dijo:* Id a la ciudad a cierto hombre
26.18 y *decidle:* El Maestro *dice:* Mi tiempo
26.21 *dijo:* De cierto os *digo,* que uno de
26.22 comenzó cada uno de..a *decirle:* ¿Soy yo
26.23 *dijo:* El que mete la mano conmigo en el
26.25 respondiendo Judas..*dijo:* ¿Soy yo
26.25 yo, Maestro? Le *dijo:* Tú lo has *dicho*
26.26 y dio a sus discípulos, y *dijo:* Tomad
26.27 les dio, *diciendo:* Bebed de ella todos
26.29 os *digo* que desde ahora no beberé más
26.31 *dijo:* Todos..os escandalizaréis de mí
26.33 Pedro, le *dijo:* Aunque..escandalicen
26.34 Jesús le *dijo*..te *digo* que esta noche
26.35 le *dijo:* Aunque me sea necesario morir
26.35 todos los discípulos *dijeron* lo mismo
26.36 y *dijo* a sus discípulos: Sentaos aquí
26.38 Jesús les *dijo:* Mi alma está..triste
26.39 y *diciendo:* Padre mío, si es posible
26.40 *dijo* a Pedro..que no habéis podido velar
26.42 vez, *diciendo:* Padre mío, si no puede
26.44 de nuevo..*diciendo* las mismas palabras
26.45 vino..les *dijo:* Dormid ya, y descansad
26.48 señal, *diciendo:* Al que yo besare, ése
26.49 se acercó a..y *dijo:* ¡Salve, Maestro!
26.50 Jesús le *dijo:* Amigo, ¿a qué vienes?
26.52 Jesús le *dijo:* Vuelve tu espada a su
26.55 *dijo* Jesús a la gente: ¿Como contra un
26.61 *dijeron:* Este *dijo:* Puedo derribar el
26.62 sacerdote, le *dijo:* ¿No respondes nada?
26.63 le *dijo:* Te conjuro..nos *digas* si eres
26.64 le *dijo:* Tú lo has *dicho;* y además os
26.64 os *digo,* que desde ahora veréis al Hijo
26.65 *diciendo:* ¡Ha blasfemado! ¿Qué más
26.66 os parece?..*dijeron:* ¡Es reo de muerte!
26.68 *diciendo:* Profetízanos, Cristo, quién
26.69 criada, *diciendo:* Tú también estabas
26.70 él negó..*diciendo:* No sé lo que *dices*
26.71 *dijo* a los que estaban..También éste
26.73 *dijeron* a Pedro..tú eres de ellos, porque
26.75 que le había *dicho:* Antes que cante el
27.4 *diciendo:* Yo he pecado entregando sangre
27.4 mas ellos *dijeron:* ¿Qué nos importa a
27.6 *dijeron:* No es lícito echarlas en el tesoro
27.9 lo *dicho* por el profeta..cuando *dijo*
27.11 *diciendo:* ¿Eres..el Rey de los judíos?
27.11 ¿eres tú..Y Jesús le *dijo:* Tú lo *dices*
27.13 Pilato..*dijo:* ¿No oyes cuántas cosas
27.17 les *dijo* Pilato: ¿A quién queréis que
27.19 su mujer le mandó *decir:* No tengas nada
27.21 les *dijo:* ¿A cuál..*dijeron:* A Barrabás
27.22 Pilato les *dijo:* ¿Qué..haré de Jesús
27.22 todos le *dijeron:* ¡Sea crucificado!
27.23 les *dijo:* Pues ¿qué mal ha hecho? Pero
27.23 gritaban..*diciendo:* ¡Sea crucificado!
27.24 *diciendo:* Inocente soy yo de la sangre
27.25 *dijo:* Su sangre sea sobre nosotros, y
27.29 *diciendo:* ¡Salve, Rey de los judíos!
27.35 que se cumpliese lo *dicho* por el profeta
27.40 y *diciendo:* Tú que derribas el templo
27.41 los fariseos y los ancianos, *decían*
27.43 porque ha *dicho:* Soy Hijo de Dios
27.46 *diciendo:* Elí, Elí, ¿lama sabactani?
27.47 *decían,* al oírlo: A Elías llama éste
27.49 *decían:* Deja, veamos si viene Elías a
27.54 *dijeron:* Verdaderamente éste era Hijo
27.63 *diciendo:* Señor, nos acordamos que
27.63 aquel engañador *dijo*..Después de tres
27.64 *digan* al pueblo: Resucitó de entre los
27.65 les *dijo:* Ahí tenéis una guardia; id
28.5 el ángel, respondiendo, *dijo*..No temáis
28.6 no está aquí..ha resucitado, como *dijo*
28.7 id pronto y *decid* a sus discípulos que
28.7 allí le veréis. He aquí, os lo he *dicho*
28.9 les salió al encuentro, *diciendo:* ¡Salve!
28.10 Jesús les *dijo:* No temáis; id, dad las
28.13 *diciendo: Decid*..Sus discípulos vinieron
28.18 *diciendo:* Toda potestad me es dada en
Mr. 1.7 *diciendo:* Viene tras mí el que es más
1.11 y vino una voz..que *decía:* Tú eres mi
1.15 *diciendo:* El tiempo se ha cumplido, y
1.17 les *dijo* Jesús: Venid en pos de mí, y
1.24 *diciendo:* ¡Ah! ¿qué tienes con nosotros
1.25 le reprendió, *diciendo:* ¡Cállate, y sal
1.27 entre sí, *diciendo:* ¿Qué es esto? ¿Qué
1.37 hallándole, le *dijeron:* Todos te buscan
1.38 él les *dijo:* Vamos a los lugares vecinos
1.40 le *dijo:* Si quieres, puedes limpiarme
1.41 y le tocó, y le *dijo:* Quiero, sé limpio
1.44 y le *dijo:* Mira, no digas a nadie nada
2.5 al ver Jesús la fe de..*dijo* al paralítico
2.7 blasfemias *dice.* ¿Quién puede perdonar
2.8 Jesús..les *dijo:* ¿Por qué caviláis así en
2.9 ¿qué es más fácil, *decir*..Tus pecados te
2.9 *decirle:* Levántate, toma tu lecho y anda?
2.10 tiene potestad en la..*dijo* al paralítico
2.11 a ti te *digo:* Levántate, toma tu lecho
2.12 *diciendo:* Nunca hemos visto tal cosa
2.14 y le *dijo:* Sígueme. Y levantándose, le
2.16 *dijeron* a los discípulos: ¿Qué es esto
2.17 *dijo:* Los sanos no tienen necesidad de
2.18 le *dijeron:* ¿Por qué los discípulos de
2.19 Jesús les *dijo:* ¿Acaso pueden los que
2.24 los fariseos le *dijeron:* Mira, ¿por qué
2.25 *dijo:* ¿Nunca leísteis lo que hizo David
2.27 también les *dijo:* El día de reposo fue
3.3 *dijo* al hombre que tenía la mano seca
3.4 *dijo:* ¿Es lícito en los días de reposo
3.5 *dijo* al hombre: Extiende tu mano. Y él la
3.9 *dijo* a sus discípulos que le tuviesen
3.11 daban voces, *diciendo:* Tú eres el Hijo
3.21 lo oyeron los..*decían:* Está fuera de sí
3.22 los escribas..*decían* que tenía a Beelzebú
3.23 *decía*..¿Cómo puede Satanás echar fuera
3.28 *digo* que todos los pecados..perdonados
3.30 habían *dicho:* Tiene espíritu inmundo
3.32 le *dijo:* Tu madre y tus hermanos están
3.33 respondió *diciendo:* ¿Quién es mi madre
3.34 *dijo:* He aquí mi madre y mis hermanos
4.2 les enseñaba..y les *decía* en su doctrina
4.9 *dijo:* El que tiene oídos para oir, oiga
4.11 y les *dijo:* A vosotros os es dado saber
4.13 y les *dijo:* ¿No sabéis esta parábola?
4.21 *dijo:* ¿Acaso se trae la luz para ponerla
4.24 *dijo* también: Mirad lo que oís; porque
4.26 *decía* además: Así es el reino de Dios
4.30 *decía*..¿A qué haremos semejante el reino
4.35 la noche, les *dijo:* Pasemos al otro lado
4.38 le despertaron, y le *dijeron:* Maestro
4.39 y *dijo* al mar: Calla, enmudece. Y cesó
4.40 *dijo:* ¿Por qué estáis así amedrentados?
4.41 *decían* el uno al otro: ¿Quién es éste
5.7 *dijo:* ¿Qué tienes conmigo, Jesús, Hijo
5.8 le *decía:* Sal de este hombre, espíritu
5.9 y respondió *diciendo:* Legión me llamo
5.12 rogaron todos..*diciendo:* Envíanos a los
5.19 le *dijo:* Vete a tu casa, a los tuyos, y
5.23 le rogaba mucho, *diciendo:* Mi hija está
5.28 *decía:* Si tocare..su manto, seré salva
5.31 *dijeron:* Ves que la multitud te aprieta
5.31 ves que..y *dices:* ¿Quién me ha tocado?
5.33 la mujer..vino..y le *dijo* toda la verdad
5.34 le *dijo:* Hija, tu fe te ha hecho salva
5.35 *diciendo:* Tu hija ha muerto; ¿para qué
5.36 oyó lo que se *decía, dijo* al principal
5.39 *dijo:* ¿Por qué alborotáis y lloráis? La
5.41 le *dijo*..Niña, a ti te *digo,* levántate
5.43 mandó..y *dijo* que se le diese de comer
6.2 *decían:* ¿De dónde tiene éste estas cosas?
6.4 mas Jesús les *decía:* No hay profeta sin
6.10 y les *dijo:* Dondequiera que entréis en
6.11 cierto os *digo* que en el día del juicio
6.14 y *dijo:* Juan el Bautista ha resucitado
6.15 otros *decían:* Es Elías. Y otros *d:* Es
6.16 al oir esto Herodes, *dijo:* Este es Juan
6.18 Juan *decía* a Herodes: No te es lícito
6.22 y el rey *dijo* a la muchacha: Pídeme lo
6.24 *dijo* a su madre: ¿Qué pediré? Y..le *d*
6.25 ella entró..*diciendo:* Quiero que ahora
6.31 *dijo:* Venid vosotros aparte a un lugar
6.35 *diciendo:* El lugar es desierto, y la
6.37 él, les *dijo:* Dadles vosotros de comer
6.37 *dijeron:* ¿Que vayamos y compremos pan
6.38 les *dijo:* ¿Cuántos panes tenéis? Id y
6.38 al saberlo, *dijeron:* Cinco, y dos peces
6.50 *dijo:* ¡Tened ánimo; yo soy, no temáis!
7.6 les *dijo:* Hipócritas, bien profetizó de
7.9 les *decía* también: Bien invalidáis el
7.10 Moisés *dijo:* Honra a tu padre y a tu
7.11 pero vosotros *decís:* Basta que *diga* un
7.11 que quiere *decir,* mi ofrenda a Dios
7.14 y llamando a sí..les *dijo:* Oídme todos
7.18 les *dijo:* ¿También vosotros estáis así
7.19 esto *decía,* haciendo limpios todos los
7.20 pero *decía,* que lo que del hombre sale
7.27 le *dijo:* Deja primero que se sacien los
7.28 *dijo:* Sí, Señor; pero aun los perrillos
7.29 entonces le *dijo:* Por esta palabra, vé
7.34 y le *dijo:* Efata, es *decir:* Sé abierto
7.36 y les mandó que no lo *dijesen* a nadie
7.37 *diciendo:* Bien lo ha hecho todo; hace
8.1 Jesús llamó a sus discípulos, y les *dijo*
8.5 ¿cuántos panes tenéis?..*dijeron:* Siete
8.12 y gimiendo..*dijo:* ¿Por qué pide señal
8.12 os *digo* que no se dará señal a esta
8.15 *diciendo*..guardaos de la levadura de los
8.16 sí, *diciendo:* Es porque no trajimos pan
8.17 *dijo:* ¿Qué discutís, porque no tenéis
8.19 ¿cuántas cestas..Y ellos *dijeron:* Doce

DECIR *(Continúa)*

Mr. 8.20 recogisteis? Y ellos *dijeron:* Siete
8.21 y les *dijo:* ¿Cómo aún no entendéis?
8.24 *dijo:* Veo los hombre como árboles, pero
8.26 *diciendo:* No entres..ni lo *digas* a nadie
8.27 *diciéndoles:* ¿Quién *dicen* los hombres que
8.29 *dijo:* Y vosotros, ¿quién *decís* que soy?
8.29 respondiendo Pedro, le *dijo:* Tú eres el
8.30 él les mandó que no *dijesen* esto de él
8.32 les *decía* claramente. Entonces Pedro
8.33 a Pedro, *diciendo:* ¡Quítate de delante
8.34 *dijo:* Si alguno quiere venir en pos de
9.1 *dijo:* De cierto os *digo* que hay algunos
9.5 Pedro *dijo* a Jesús: Maestro, bueno es para
9.7 voz que *decía:* Este es mi Hijo amado; a
9.9 que a nadie *dijesen* lo que habían visto
9.11 *diciendo:* ¿Por qué *dicen* los escribas que
9.12 *dijo:* Elías a la verdad vendrá primero
9.13 os *digo* que Elías ya vino, y le hicieron
9.17 *dijo:* Maestro, traje a ti mi hijo, que
9.18 y *dije* a tus discípulos que lo echasen
9.19 él, les *dijo:* ¡Oh generación incrédula!
9.21 ¿cuánto tiempo..Y él *dijo:* Desde niño
9.23 Jesús le *dijo:* Si puedes creer, al que
9.24 padre del muchacho clamó y *dijo:* Creo
9.25 *diciéndole:* Espíritu mudo y sordo, yo
9.26 de modo que muchos *decían:* Está muerto
9.29 *dijo:* Este género con nada puede salir
9.31 *decía:* El Hijo del Hombre será entregado
9.35 les *dijo:* Si alguno quiere ser el primero
9.36 y tomándole en sus brazos, les *dijo*
9.38 *diciendo:* Maestro, hemos visto a uno que
9.39 Jesús *dijo:* No se lo prohibáis; porque
9.39 que haga..luego pueda *decir* mal de mí
9.41 os *digo* que no perderá su recompensa
10.3 él..les *dijo:* ¿Qué os mandó Moisés?
10.4 ellos *dijeron:* Moisés permitió dar carta
10.5 *dijo:* Por la dureza de vuestro corazón
10.11 les *dijo:* Cualquiera que repudia a su
10.14 les *dijo:* Dejad a los niños venir a mí
10.15 os *digo* que el que no reciba el reino
10.18 le *dijo:* ¿Por qué me llamas bueno?
10.19 no hurtes. No *digas* falso testimonio
10.20 él..le *dijo:* Maestro, todo esto lo he
10.21 le *dijo:* Una cosa te falta; anda, vende
10.23 Jesús..*dijo* a sus discípulos: ¡Cuán
10.24 *decirles:* Hijos, ¡cuán difícil les es
10.26 *diciendo* entre sí: ¿Quién, pues, podrá
10.27 *dijo:* Para los hombres es imposible, mas
10.28 Pedro comenzó a *decirle*..hemos dejado
10.29 y *dijo:* De cierto os *digo* que no hay
10.32 comenzó a *decir* las cosas que le habían
10.35 *diciendo:* Maestro, querríamos que nos
10.36 él les *dijo:* ¿Qué queréis que os haga?
10.37 ellos le *dijeron:* Concédenos que en tu
10.38 Jesús les *dijo:* No sabéis lo que pedís
10.39 ellos *dijeron:* Podemos. Jesús les *dijo*
10.42 *dijo:* Sabéis que los que son tenidos por
10.47 y a *decir:* ¡Jesús, Hijo de David, ten
10.49 *diciéndole:* Ten confianza; levántate
10.51 *dijo:* ¿Qué quieres que te haga? Y el
10.51 ciego le *dijo:* Maestro, que recobre la
10.52 Jesús le *dijo:* Vete, tu fe te ha salvado
11.2 *dijo:* Id a la aldea que está enfrente
11.3 alguien os *dijere:* ¿Por qué hacéis eso?
11.3 *decid* que el Señor lo necesita, y que
11.5 unos..les *dijeron:* ¿Qué hacéis desatando
11.6 les *dijeron* como Jesús había mandado
11.9 y los que iban y..daban voces, *diciendo*
11.14 Jesús *dijo* a la higuera: Nunca..coma
11.17 *diciendo:* ¿No está escrito: Mi casa será
11.21 le *dijo:* Maestro, mira, la higuera que
11.22 respondiendo Jesús, les *dijo:* Tened fe
11.23 os *digo* que cualquiera que *dijere* a este
11.23 creyere que será hecho lo que *dice,* lo
11.24 os *digo* que todo lo que pidieres orando
11.28 y le *dijeron:* ¿Con qué autoridad haces
11.29 *dijo:* Os haré yo también una pregunta
11.29 y os *diré* con qué autoridad hago estas
11.31 *diciendo:* Si *decimos,* del cielo, *dirá*
11.32 ¿y si *decimos,* de los hombres...? Pero
11.33 *dijeron* a Jesús: No sabemos. Entonces
11.33 les *dijo:* Tampoco yo os *digo* con qué
12.1 comenzó Jesús a *decirles* por parábolas
12.6 *diciendo:* Tendrán respeto a mi hijo
12.7 *dijeron* entre sí: Este es el heredero
12.12 que *decía* contra ellos aquella parábola
12.14 le *dijeron:* Maestro, sabemos que eres
12.15 mas él..les *dijo:* ¿Por qué me tentáis?
12.16 les *dijo:* ¿De quién..*dijeron:* De César
12.17 *dijo:* Dad a César lo que es de César
12.18 que *dicen* que no hay resurrección, y le
12.18 vinieron..y le preguntaron, *diciendo*
12.24 les *dijo:* ¿No erráis por esto, porque
12.26 *diciendo:* Yo soy el Dios de Abraham
12.32 escriba le *dijo:* Bien, Maestro, verdad
12.32 verdad has *dicho,* que uno es Dios, y no
12.34 *dijo:* No estás lejos del reino de Dios
12.35 *decía:* ¿Cómo *dicen* los escribas que
12.36 el mismo David *dijo* por el Espíritu
12.36 *dijo* el Señor a mi Señor: Siéntate a
12.38 les *decía* en su doctrina: Guardaos de
12.43 os *digo* que esta viuda pobre echó más
13.1 le *dijo* uno de sus discípulos: Maestro
13.2 le *dijo:* ¿Ves estos grandes edificios?
13.4 *dinos,* ¿cuándo serán estas cosas? ¿Y qué
13.5 comenzó a *decir:* Mirad que nadie os
13.6 vendrán..*diciendo:* Yo soy el Cristo; y
13.11 no os preocupéis..que habéis de *decir*
13.21 si alguno os *dijere:* Mirad, aquí está
13.23 mas vosotros mirad; os lo he *dicho* todo
13.30 os *digo,* que no pasará esta generación
13.37 y lo que a vosotros *digo,* a todos lo *d*
14.2 *decían:* No durante la fiesta, para que
14.4 y *dijeron:* ¿Para qué se ha hecho este
14.6 *dijo:* Dejadla; ¿por qué la molestáis?
14.9 os *digo* que dondequiera que se predique
14.12 *dijeron:* ¿Dónde quieres que vayamos a
14.13 les *dijo:* Id a la ciudad, y os saldrá
14.14 *decid* al señor de la casa: El Maestro
14.14 Maestro *dice:* ¿Dónde está el aposento
14.16 fueron..y hallaron como les había *dicho*
14.18 *dijo* Jesús: De cierto os *digo* que uno
14.19 a *decirle*..¿Seré yo? Y el otro: ¿Seré
14.20 *dijo:* Es uno de los doce, el que moja
14.22 dio, *diciendo:* Tomad, esto es mi cuerpo
14.24 les *dijo:* Esto es mi sangre del nuevo
14.25 os *digo* que no beberé más del fruto de
14.27 les *dijo:* Todos os escandalizaréis de mí
14.29 Pedro le *dijo:* Aunque..se escandalicen
14.30 *dijo* Jesús: De cierto te *digo* que tú
14.31 *decía:* Si me fuere necesario morir
14.31 no te negaré. También todos *decían* lo
14.32 y *dijo* a sus discípulos: Sentaos aquí
14.34 *dijo:* Mi alma está muy triste, hasta la
14.36 y *decía:* Abba, Padre, todas las cosas
14.37 y *dijo* a Pedro: Simón, ¿duermes? ¿No
14.39 fue y oró, *diciendo* las mismas palabras
14.41 les *dijo:* Dormid ya, y descansad. Basta
14.44 señal *diciendo:* Al que yo besare, ése
14.45 le *dijo:* Maestro, Maestro. Y le besó
14.48 les *dijo:* ¿Como contra un ladrón habéis
14.56 *decían* falso testimonio contra él, mas
14.57 falso testimonio contra él, *diciendo*
14.58 oído *decir:* Yo derribaré este templo
14.60 a Jesús *diciendo:* ¿No respondes nada?
14.61 le *dijo:* ¿Eres tú el Cristo, el Hijo
14.62 Jesús le *dijo:* Yo soy; y veréis al Hijo
14.63 *dijo:* ¿Qué más necesidad tenemos de
14.65 a *decirle:* Profetiza. Y los alguaciles
14.67 *dijo:* Tú también estabas con Jesús el
14.68 él negó, *diciendo*..ni sé lo que *dices*
14.69 comenzó a *decir* a los..Este es de ellos
14.70 *dijeron* otra vez a Pedro..eres de ellos
14.72 las palabras que Jesús le había *dicho*
15.2 respondiendo él, le *dijo:* Tú lo *dices*
15.4 Pilato, *diciendo:* ¿Nada respondes? Mira
15.9 *diciendo:* ¿Queréis que os suelte al Rey
15.12 Pilato, les *dijo*..¿Qué, pues, queréis
15.14 Pilato..*decía:* ¿Pues qué mal ha hecho?
15.28 que *dice:* Y fue contado con los inicuos
15.29 y *diciendo:* ¡Bah! tú que derribas el
15.31 *decían* unos a otros..A otros salvó, a sí
15.34 gran voz, *diciendo:* Eloi, Eloi, ¿lama
15.35 y algunos de..*decían,* al oirlo: Mirad
15.36 *diciendo:* Dejad, veamos si viene Elías
15.39 *dijo:* Verdaderamente este hombre era
15.42 es *decir,* la víspera del día de reposo
16.3 *decían*..¿Quién nos removerá la piedra de
16.6 él les *dijo:* No os asustéis; buscáis a
16.7 *decid* a sus discípulos, y a Pedro, que
16.8 *decían* nada a nadie, porque tenían miedo
16.15 *dijo:* Id por todo el mundo y predicad
Lc. 1.13 el ángel le *dijo:* Zacarías, no temas
1.18 *dijo*..al ángel: ¿En qué conoceré esto?
1.19 *dijo:* Yo soy Gabriel, que estoy delante
1.24 se recluyó en casa por 5 meses, *diciendo*
1.28 entrando..*dijo:* ¡Salve, muy favorecida!
1.30 ángel le *dijo:* María, no temas, porque
1.34 María *dijo* al ángel: ¿Cómo será esto?
1.35 le *dijo:* El Espíritu Santo vendrá sobre
1.38 María *dijo:* He aquí la sierva del Señor
1.42 y *dijo:* Bendita tú entre las mujeres
1.45 cumplirá lo que fue *dicho* de parte del
1.46 María *dijo:* Engrandece mi alma al Señor
1.48 me *dirán* bienaventurada..las generaciones
1.60 pero..su madre, *dijo:* No; se llamará Juan
1.61 le *dijeron:* ¿Por qué? No hay nadie en tu
1.63 escribió, *diciendo:* Juan es su nombre
1.66 *diciendo:* ¿Quién, pues, será este niño?
1.67 Zacarías su padre..profetizó, *diciendo*
2.10 el ángel les *dijo:* No temáis; porque he
2.13 multitud de..alababan a Dios, y *decían*
2.15 se *dijeron*..Pasemos, pues, hasta Belén
2.17 que se les había *dicho* acerca del niño
2.18 se maravillaron de lo que..les *decían*
2.20 las cosas que..como se les había *dicho*
2.24 ofrecer conforme a lo que se *dice* en la
2.28 él le tomó..y bendijo a Dios, *diciendo*
2.33 maravillados de todo lo que se *decía* de
2.34 y *dijo* a su madre María: He aquí, éste
2.48 y le *dijo* su madre: Hijo, ¿por qué nos
2.49 él les *dijo:* ¿Por qué me buscabais? ¿No
3.4 *dice:* Voz del que clama en el desierto
3.7 *decía* a las multitudes que salían para
3.8 no comencéis a *decir*..Tenemos a Abraham
3.8 os *digo* que Dios puede levantar hijos a
3.10 le preguntaba, *diciendo:* Entonces ¿qué
3.11 les *dijo:* El que tiene dos túnicas, dé
3.12 y le *dijeron:* Maestro, ¿qué haremos?
3.13 él les *dijo:* No exijáis más de lo que
3.14 *diciendo:* Y nosotros, ¿qué haremos?
3.14 les *dijo:* No hagáis extorsión a nadie
3.16 respondió Juan, *diciendo* a todos: Yo a
3.22 una voz del cielo que *decía:* Tú eres mi
4.3 le *dijo:* Si eres Hijo de Dios, *dí* a esta
4.4 Jesús..*dijo:* Escrito está: No sólo de pan
4.6 *dijo* el diablo: A ti te daré toda esta
4.8 le *dijo:* Vete de mí, Satanás, porque
4.9 y le *dijo:* Si eres Hijo de Dios, échate
4.12 *dijo: Dicho* está: No tentarás al Señor
4.21 comenzó a *decirles:* Hoy se ha cumplido
4.22 y *decían:* ¿No es éste el hijo de José?
4.23 *dijo:* Sin duda me *diréis* este refrán
4.24 os *digo,* que ningún profeta es acepto
4.25 *digo* que muchas viudas había en Israel
4.34 *diciendo:* Déjanos; ¿qué tienes con
4.35 Jesús le reprendió, *diciendo:* Cállate
4.36 *diciendo:* ¿Qué palabra es esta, que con
4.41 y *diciendo:* Tú eres el Hijo de Dios
4.43 él les *dijo:* Es necesario que también
5.4 *dijo* a Simón: Boga mar adentro, y echad
5.5 Simón, le *dijo:* Maestro, toda la noche
5.8 *diciendo:* Apártate de mí, Señor, porque
5.10 *dijo* a Simón: No temas; desde ahora
5.12 *diciendo:* Señor, si quieres, puedes
5.13 le tocó, *diciendo:* Quiero; sé limpio
5.14 y él le mandó que no lo *dijese* a nadie
5.14 vé, le *dijo,* muéstrate al sacerdote, y
5.20 le *dijo*..tus pecados te son perdonados
5.21 a cavilar, *diciendo:* ¿Quién es éste que
5.22 les *dijo:* ¿Qué caviláis en vuestros
5.23 ¿qué es más fácil *decir:* Tus pecados te
5.24 (*dijo* al paralítico): A ti te *digo*
5.26 *decían:* Hoy hemos visto maravillas
5.27 vio a..llamado Leví..y le *dijo:* Sígueme
5.30 *diciendo:* ¿Por qué coméis y bebéis con
5.31 Jesús, les *dijo:* Los que están sanos no
5.33 le *dijeron:* ¿Por qué los discípulos de
5.34 *dijo:* ¿Podéis acaso hacer que los que
5.36 les *dijo*..una parábola: Nadie corta un
5.39 nuevo; porque *dice:* El añejo es mejor
6.2 les *dijeron:* ¿Por qué hacéis lo que no
6.3 les *dijo:* ¿Ni aun esto habéis leído, lo
6.5 les *decía:* El Hijo del Hombre es Señor
6.8 y *dijo* al hombre que tenía la mano seca
6.9 Jesús les *dijo:* Os preguntaré una cosa
6.10 *dijo* al hombre: Extiende tu mano. Y él
6.20 *decía:* Bienaventurados vosotros los
6.27 *digo:* Amad a vuestros enemigos, haced
6.39 les *decía* una parábola: ¿Acaso puede un
6.42 *decir* a tu hermano: Hermano, déjame
6.46 me llamáis..no hacéis lo que yo *digo?*
7.4 *diciéndole:* Es digno de que le concedas
7.6 *diciéndole:* Señor, no te molestes, pues
7.7 *dí* la palabra, y mi siervo será sano
7.8 y *digo* a éste: Vé, y va; y al otro: Ven
7.9 *digo* a la gente..Os *digo* que ni aun en
7.13 se compadeció de ella..*dijo:* No llores
7.14 y *dijo:* Joven, a ti te *digo,* levántate
7.16 *diciendo:* Un..profeta se ha levantado
7.20 *dijeron:* Juan el Bautista..ha enviado a
7.22 les *dijo:* Id, haced saber a Juan lo que
7.24 comenzó a *decir* de Juan a la gente
7.26 ¿a un profeta? Sí, os *digo,* y más que
7.28 *digo* que entre los nacidos de mujeres
7.31 *dijo* el Señor: ¿A qué, pues, compararé
7.32 dan voces..y *dicen:* Os tocamos flauta
7.33 ni bebía vino, y *decís:* Demonio tiene
7.34 y *decís:* Este es un hombre comilón y
7.39 *dijo* para sí: Este, si fuera profeta
7.40 cosa tengo que *decirte.* Y él le *dijo: Dí*
7.42 *dí,* pues, ¿cuál de ellos le amará más?
7.43 *dijo:* Pienso que aquel a quien perdonó
7.43 y él le *dijo:* Rectamente has juzgado
7.44 *dijo* a Simón: ¿Ves esta mujer? Entré en
7.47 te *digo* que sus muchos pecados le son
7.48 y a ella le *dijo:* Tus pecados te son
7.49 a *decir* entre sí: ¿Quién es éste, que
7.50 él *dijo* a la mujer: Tu fe te ha salvado
8.4 una gran multitud..les *dijo* por parábola
8.8 *decía* a gran voz: El que tiene oídos para
8.9 *diciendo:* ¿Qué significa esta parábola?
8.10 él *dijo:* A vosotros os es dado conocer
8.20 se le avisó, *diciendo:* Tu madre y tus
8.21 les *dijo:* Mi madre y mis hermanos son
8.22 les *dijo:* Pasemos al otro lado del lago
8.24 *diciendo:* ¡Maestro..que perecemos!
8.25 y les *dijo:* ¿Dónde está vuestra fe?
8.25 y se *decían*..¿Quién es éste, que aun a
8.30 *diciendo:* ¿Cómo te llamas? Y él *dijo*
8.38 le rogaba..Jesús le despidió, *diciendo*
8.45 Jesús *dijo:* ¿Quién es..me ha tocado?
8.45 *dijo* Pedro y..Maestro, la multitud te
8.45 *dices:* ¿Quién es el que me ha tocado?
8.46 pero Jesús *dijo:* Alguien me ha tocado
8.48 él le *dijo:* Hija, tu fe te ha salvado
8.49 vino uno..a *decirle:* Tu hija ha muerto
8.52 *dijo:* No lloréis; no está muerta, sino
8.54 él..clamó *diciendo:* Muchacha, levántate
8.56 mandó que a nadie *dijesen* lo que había

DECIR *(Continúa)*

Lc. 9.3 les *dijo:* No toméis nada para el camino
9.7 *decían* algunos: Juan ha resucitado de los
9.9 y *dijo* Herodes: A Juan..le hice decapitar
9.12 *dijeron:* Despide a la gente, para que
9.13 él les *dijo:* Dadles vosotros de comer
9.13 *dijeron* ellos: No tenemos más que cinco
9.14 *dijo* a sus discípulos: Hacedlos sentar
9.18 *diciendo:* ¿Quién *dice* la gente que soy
9.20 él les *dijo:* ¿Y vosotros, quién *decís*
9.20 respondiendo Pedro, *dijo:* El Cristo de
9.21 él les mandó que a nadie *dijesen* esto
9.22 y *diciendo:* Es necesario que el Hijo
9.23 *decía* a todos: Si alguno quiere venir
9.27 *digo*..que hay algunos de los que están
9.33 Pedro *dijo*..no sabiendo lo que *decía*
9.34 mientras él *decía* esto, vino una nube
9.35 *decía:* Este es mi Hijo amado; a él oíd
9.36 y ellos..no *dijeron* nada a nadie de lo
9.38 *diciendo:* Maestro, te ruego que veas a
9.41 Jesús, *dijo:* ¡Oh generación incrédula
9.43 maravillándose..*dijo* a sus discípulos
9.48 les *dijo:* Cualquiera que reciba a este
9.49 Juan, *dijo:* Maestro, hemos visto a uno
9.50 *dijo:* No se lo prohibáis; porque el que
9.54 *dijeron:* Señor, ¿quieres que mandemos
9.55 reprendió, *diciendo:* Vosotros no sabéis
9.57 le *dijo* en el camino: Señor, te seguiré
9.58 *dijo* Jesús: Las zorras tienen guaridas
9.59 y *dijo* a otro: Sígueme. El le *d:* Señor
9.60 *dijo:* Deja que los muertos entierren a
9.61 también *dijo* otro: Te seguiré, Señor
9.62 Jesús le dijo: Ninguno que poniendo su
10.2 *decía:* La mies a la verdad es mucha, mas
10.5 donde entréis.. *decid:* Paz sea a esta
10.9 y *decidles:* Se ha acercado..el reino de
10.10 ciudad..saliendo por su calles, *decid*
10.12 os *digo*..aquel día será más tolerable
10.17 *diciendo:* Señor, aun los demonios se
10.18 les *dijo:* Yo veía a Satanás caer del
10.21 y *dijo:* Yo te alabo, oh Padre, Señor
10.23 les *dijo*..Bienaventurados los ojos que
10.24 os *digo* que muchos profetas y reyes
10.25 un intérprete de..*dijo*, para probarle
10.26 le *dijo:* ¿Qué está escrito en la ley?
10.27 *dijo:* Amarás al Señor tu Dios con todo
10.28 *dijo:* Bien has respondido; haz esto, y
10.29 *dijo* a Jesús: ¿Y quién es mi prójimo?
10.30 *dijo:* Un hombre descendía de Jerusalén
10.35 *dijo:* Cuídamele; y todo lo que gastes
10.37 *dijo:* El que usó de misericordia con
10.37 Jesús le *dijo:* Vé, y haz tú lo mismo
10.40 pero Marta..acercándose, *dijo:* Señor
10.40 servir sola? *Dile*, pues, que me ayude
10.41 Jesús, le *dijo:* Marta, Marta, afanada
11.1 le *dijo:* Señor, enséñanos a orar, como
11.2 les *dijo:* Cuando oréis, *decid:* Padre
11.5 les *dijo*..¿Quién de vosotros que tenga
11.5 y le *dice:* Amigo, préstame tres panes
11.7 le *dice:* No me molestes; la puerta ya
11.8 os *digo*, que aunque no se levante a
11.9 os *digo:* Pedid, y se os dará; buscad, y
11.15 algunos de ellos *decían:* Por Beelzebú
11.17 les *dijo:* Todo reino dividido contra
11.18 ya que *decís* que por Beelzebú echo yo
11.24 *dice:* Volveré a mi casa de donde salí
11.27 mientras él *decía* estas cosas, una
11.27 una mujer de..levantó la voz y le *dijo*
11.28 él *dijo:* Antes bienaventurados los que
11.29 comenzó a *decir:* Esta generación es
11.39 *dijo*..vosotros los fariseos limpiáis
11.45 le *dijo:* Maestro, cuando *dices* esto
11.46 él *dijo:* ¡Ay de vosotros..intérpretes
11.49 la sabiduría de Dios..*dijo:* Le enviaré
11.51 os *digo* que será demandada de esta
11.53 *diciéndoles* él..cosas, los escribas
12.1 *decir*..Guardaos de la levadura de los
12.3 todo lo que habéis *dicho* en tinieblas
12.4 mas os *digo*..No temáis a los que matan
12.5 tiene poder..sí, os *digo*, a éste temed
12.8 os *digo* que todo aquel que me confesare
12.10 todo aquel que *dijere* alguna palabra
12.11 de responder, o qué habréis de *decir*
12.12 Espíritu..enseñará..lo que debáis *decir*
12.13 le *dijo* uno..Maestro, *dí* a mi hermano
12.14 mas él le *dijo:* Hombre, ¿quién me ha
12.15 *dijo:* Mirad, y guardaos de..avaricia
12.16 *diciendo:* La heredad de un hombre rico
12.17 *diciendo:* ¿Qué haré, porque no tengo
12.18 *dijo:* Esto haré: derribaré..graneros
12.19 y *diré* a mi alma: Alma, muchos bienes
12.20 pero Dios le *dijo:* Necio, esta noche
12.22 *dijo*..a sus discípulos: Por tanto os
12.22 *digo:* No os afanéis por vuestra vida
12.27 os *digo*, que ni aun Salomón con toda su
12.37 os *digo* que se ceñirá, y hará que se
12.41 le *dijo:* Señor, ¿*dices* esta parábola a
12.42 *dijo* el Señor: ¿Quién es el mayordomo
12.44 os *digo* que le pondrá sobre todos sus
12.45 si aquel siervo *dijere*..Mi señor tarda
12.51 ¿pensáis..Os *digo:* No, sino disensión
12.54 *decía*..a la multitud: Cuando veis la
12.54 luego *decís:* Agua viene; y así sucede
12.55 sopla el viento del..*decís:* Hará calor
12.59 te *digo* que no saldrás de allí, hasta
13.2 les *dijo:* ¿Pensáis que estos galileos
13.3,5 *digo:* No; antes si no os arrepentís
13.6 *dijo*..esta parábola: Tenía un hombre una
13.7 *dijo* al viñador: He aquí, hace tres años
13.8 le *dijo:* Señor, déjala todavía este año
13.12 y le *dijo:* Mujer, eres libre de tu
13.14 *dijo* a la gente: Seis días hay en que
13.15 el Señor..*dijo:* Hipócrita, cada uno de
13.17 *decir* él estas cosas, se avergonzaban
13.18 *dijo:* ¿A qué es semejante el reino de
13.20 y volvió a *decir:* ¿A qué compararé el
13.23 *dijo:* Señor, ¿son pocos..Y él les *d*
13.24 os *digo* que muchos procurarán entrar
13.25 *diciendo:* Señor..ábrenos, él..os *dirá*
13.26 a *decir:* Delante de ti hemos comido y
13.27 *dirá:* Os *digo* que no sé de dónde sois
13.31 *diciéndole*..Herodes te quiere matar
13.32 les *dijo:* Id, y *decid* a aquella zorra
13.35 os *digo* que no me veréis, hasta que
13.35 en que *digáis:* Bendito el que viene en
14.3 *diciendo:* ¿Es lícito sanar en el día de
14.5 *dijo:* ¿Quién de vosotros, si su asno o
14.7 refirió a los..una parábola, *diciéndoles*
14.9 él, te *diga:* Da lugar a éste; y entonces
14.10 que..te *diga:* Amigo, sube más arriba
14.12 *dijo* también al que le había convidado
14.15 *dijo:* Bienaventurado el que coma pan
14.16 le *dijo:* Un hombre hizo una gran cena
14.17 envió..*decir* a los convidados: Venid
14.18 primero *dijo:* He comprado una hacienda
14.19 otro *dijo:* He comprado cinco yuntas de
14.20 *dijo:* Acabo de casarme, y por tanto no
14.21 *dijo* a su siervo: Vé pronto por las
14.22 y *dijo* el siervo: Señor, se ha hecho
14.23 *dijo* el señor al siervo: Vé por los
14.24 os *digo* que ninguno de aquellos hombres
14.25 iban con él, y volviéndose, les *dijo*
14.30 *diciendo:* Este..comenzó a edificar, y
15.2 *diciendo:* Este a los pecadores recibe
15.3 él les refirió esta parábola, *diciendo*
15.6,9 *diciéndoles:* Gozaos conmigo, porque
15.7 *digo* que así habrá más gozo en el cielo
15.10 os *digo* que hay gozo delante de los
15.11 también *dijo:* Un hombre tenía dos hijos
15.12 menor..*dijo* a su padre: Padre, dame la
15.17 *dijo:* ¡Cuantos jornaleros en casa de
15.18 iré a mi padre, y le *diré:* Padre, he
15.21 hijo le *dijo:* Padre, he pecado contra
15.22 el padre *dijo* a sus siervos: Sacad el
15.27 *dijo:* Tu hermano ha venido; y tu padre
15.29 *dijo* al padre: He aquí, tantos años te
15.31 *dijo:* Hijo, tú siempre estás conmigo
16.1 *dijo*..Había un hombre rico que tenía un
16.2 *dijo:* ¿Qué es esto que oigo acerca de ti
16.3 el mayordomo *dijo* para sí: ¿Qué haré?
16.5 *dijo* al primero: ¿Cuánto debes a mi amo?
16.6 *dijo:* Cien barriles de aceite. Y le *d*
16.7 *dijo* a otro: Y tú, ¿cuánto debes? Y él
16.7 *dijo:* Cien medidas de trigo. El le *d*
16.9 os *digo:* Ganad amigos por medio de las
16.15 les *dijo:* Vosotros sois los que os
16.24 *dijo:* Padre Abraham, ten misericordia
16.25 Abraham le *dijo:* Hijo, acuérdate que
16.27 entonces le *dijo:* Te ruego..le envíes
16.29 Abraham le *dijo:* A Moisés y a..tienen
16.30 él entonces *dijo:* No, padre Abraham
16.31 Abraham le *dijo:* Si no oyen a Moisés
17.1 *dijo* Jesús..Imposible es que no vengan
17.4 ti, *diciendo:* Me arrepiento; perdónale
17.5 *dijeron* los apóstoles..Auméntanos la fe
17.6 el Señor *dijo:* Si tuvierais fe como un
17.6 *decir* a este sicómoro: Desarráigate, y
17.7 luego le *dice:* Pasa, siéntate a la mesa?
17.8 ¿no le *dice* más bien: Prepárame la cena
17.10 *decid:* Siervos inútiles somos, pues lo
17.13 voz, *diciendo:* ¡Jesús, Maestro, ten
17.14 *dijo:* Id, mostraos a los sacerdotes
17.17 *dijo:* ¿No son diez los que fueron
17.19 le *dijo:* Levántate, vete; tu fe te ha
17.20 *dijo:* El reino de Dios no vendrá con
17.21 ni *dirán:* Helo aquí, o helo allí
17.22 *dijo* a sus discípulos: Tiempo vendrá
17.23 os *dirán:* Helo aquí, o helo allí. No
17.34 os *digo* que..estarán dos en una cama
17.37 le *dijeron:* ¿Dónde, Señor? El les *dijo*
18.2 *diciendo:* Había en una ciudad un juez
18.3 *diciendo:* Hazme justicia de..adversario
18.4 *dijo*..Aunque ni temo a Dios, ni tengo
18.6 y *dijo* el Señor: Oid lo que *d* el juez
18.8 os *digo* que pronto les hará justicia
18.9 a unos que..*dijo* también esta parábola
18.13 el pecho, *diciendo:* Dios, sé propicio
18.14 os *digo* que éste descendió a su casa
18.16 *dijo:* Dejad a los niños venir a mí, y
18.17 os *digo*, que el que no recibe el reino
18.18 *diciendo:* Maestro bueno, ¿qué haré para
18.19 le *dijo:* ¿Por qué me llamas bueno?
18.20 no *dirás* falso testimonio; honra a tu
18.21 *dijo:* Todo esto lo he guardado desde
18.22 le *dijo:* Aún te falta una cosa: vende
18.24 *dijo:* ¡Cuán difícilmente entrarán en
18.26 *dijeron:* ¿Quién pues, podrá ser salvo?
18.27 él les *dijo:* Lo que es imposible para
18.28 Pedro *dijo:* He aquí, nosotros hemos
18.29 *dijo*..os *digo*, que no hay nadie que haya
18.31 les *dijo:* He aquí subimos a Jerusalén
18.34 y no entendían lo que se les *decía*
18.37 le *dijeron* que pasaba Jesús nazareno
18.38 *diciendo:* ¡Jesús, Hijo de David, ten
18.41 *diciendo:* ¿Qué quieres que te haga?
18.41 él *dijo:* Señor, que reciba la vista
18.42 Jesús le *dijo:* Recíbela, tu fe te ha
19.5 le *dijo:* Zaqueo, date prisa, desciende
19.7 *diciendo* que había entrado a posar con
19.8 Zaqueo..*dijo* al Señor: He aquí, Señor
19.9 *dijo:* Hoy ha venido la salvación a esta
19.11 *dijo* una parábola, por cuanto estaba
19.12 *dijo*, pues: Un hombre noble se fue a un
19.13 les *dijo:* Negociad entre tanto que vengo
19.14 *diciendo:* No queremos que éste reine
19.16 *diciendo:* Señor, tu mina ha ganado 10
19.17 él le *dijo:* Está bien, buen siervo
19.18 *diciendo:* Señor, tu mina ha producido
19.19 a éste *dijo:* Tú también sé sobre cinco
19.20 *diciendo:* Señor, aquí está tu mina, la
19.22 él le *dijo:* Mal siervo, por tu propia
19.24 y *dijo* a los que estaban..Quitadle la
19.25 le *dijeron:* Señor, tiene diez minas
19.26 os *digo* que a todo el que tiene, se le
19.28 *dicho* esto, iba..subiendo a Jerusalén
19.30 *diciendo:* Id a la aldea de enfrente, y
19.32 fueron los..y hallaron como les *dijo*
19.33 *dijeron:* ¿Por qué desatáis el pollino?
19.34 *dijeron:* Porque el Señor lo necesita
19.38 *diciendo:* ¡Bendito el rey que viene en
19.39 le *dijeron:* Maestro, reprende a tus
19.40 *dijo:* Os *digo* que si éstos callaran, las
19.42 *diciendo:* ¡Oh, si..tú conocieses, a lo
19.46 *diciéndoles:* Escrito está: Mi casa es
20.2 *diciendo:* *Dinos:* ¿con qué autoridad
20.3 *dijo:* Os haré yo también una pregunta
20.5 *diciendo:* Si *decimos*, del cielo, *dirá*
20.6 si *decimos*, de los hombres..el pueblo
20.8 Jesús les *dijo:* Yo tampoco os *diré* con
20.9 comenzó..*decir* al pueblo esta parábola
20.13 el señor de la viña *dijo:* ¿Qué haré?
20.14 *diciendo:* Este es el heredero; venid
20.16 oyeron esto, *dijeron:* ¡Dios nos libre!
20.17 *dijo:* ¿Qué..es lo que está escrito?
20.19 contra ellos había *dicho* esta parábola
20.21 *diciendo:* Maestro, sabemos que *dices* y
20.23 mas él..les *dijo:* ¿Por qué me tentáis?
20.24 y respondiendo *dijeron:* De César
20.25 les *dijo:* Pues dad a César lo que es de
20.28 *diciendo*..Moisés nos escribió: Si el
20.34 *dijo:* Los hijos de este siglo se casan
20.39 *dijeron:* Maestro, bien has *dicho*
20.41 les *dijo:* ¿Cómo *dicen* que el Cristo es
20.42 David *dice* en el libro de los Salmos
20.42 *dijo* el Señor a mi Señor: Siéntate a
20.45 oyéndolo todo..*dijo* a sus discípulos
21.3 *dijo:* En verdad os digo que esta viuda
21.5 de que el templo estaba adornado..*dijo*
21.7 *diciendo:* Maestro, ¿cuándo será esto?
21.8 *dijo:* Mirad que no seáis engañados
21.8 vendrán..*diciendo:* Yo soy el Cristo, y
21.10 les *dijo:* Se levantará nación contra
21.29 les *dijo* una parábola: Mirad la higuera
21.32 os *digo*, que no pasará esta generación
22.8 *diciendo:* Id, preparadnos la pascua para
22.9 ellos le *dijeron:* ¿Dónde quieres que la
22.10 *dijo:* He aquí, al entrar en la ciudad
22.11 *decid* al padre de familia de esa casa
22.11 el Maestro te *dice:* ¿Dónde está el
22.13 fueron..hallaron como les había *dicho*
22.15 y les *dijo:* ¡Cuánto he deseado comer
22.16 *digo* que no la comeré más, hasta que
22.17 *dijo:* Tomad esto, y repartidlo entre
22.18 os *digo* que no beberé más del fruto de
22.19 *diciendo:* Esto es mi cuerpo, que por
22.20 *diciendo:* Esta copa es el nuevo pacto
22.25 él les *dijo:* Los reyes de las naciones
22.31 *dijo* también el Señor: Simón, Simón
22.33 le *dijo:* Señor, dispuesto estoy a ir
22.34 le *dijo:* Pedro, te *digo* que el gallo no
22.35 a ellos *dijo:* Cuando os envié sin bolsa
22.35 ¿os faltó algo? Ellos *dijeron:* Nada
22.36 *dijo:* Pues ahora, el que tiene bolsa
22.37 os *digo* que es necesario que se cumpla
22.38 *dijeron*..hay dos espadas..*dijo:* Basta
22.40 *dijo:* Orad que no entréis en tentación
22.42 *diciendo:* Padre, si quieres, pasa de mí
22.46 les *dijo:* ¿Por qué dormís? Levantaos
22.48 *dijo:* Judas, ¿con un beso entregas al
22.49 *dijeron:* Señor, ¿heriremos a espada?
22.51 *dijo:* Basta ya; dejad. Y..le sanó
22.52 *dijo* a los principales sacerdotes, a
22.56 y *dijo:* También éste estaba con él
22.57 negó, *diciendo:* Mujer, no lo conozco
22.58 otro, *dijo:* Tú también eres de ellos
22.58 eres..Y Pedro *dijo:* Hombre, no lo soy
22.59 *diciendo:* Verdaderamente también éste
22.60 Pedro *dijo:* Hombre, no sé lo que *dices*
22.61 había *dicho:* Antes que el gallo cante
22.64 *diciendo:* Profetiza, ¿quién es el que
22.65 *decían* otras muchas cosas injuriándole

DECIR ***(Continúa)***

Lc. 22.66 y le trajeron al concilio, *diciendo*
22.67 ¿eres tú el Cristo? *Dínoslo.* Y él les
22.67 les *dijo:* Si os lo *dijere*, no creeréis
22.70 *dijeron* todos: ¿Luego eres tú el Hijo
22.70 él les *dijo:* Vosotros *decís* que lo soy
22.71 ellos *dijeron:* ¿Qué más testimonio
23.2 *diciendo:* A éste hemos hallado que
23.2 *diciendo* que él mismo es el Cristo, un
23.3 *diciendo:* ¿Eres..el Rey de los judíos?
23.3 respondiéndole él, *dijo:* Tú lo *dices*
23.4 Pilato *dijo* a los..Ningún delito hallo
23.5 porfiaban, *diciendo:* Alborota al pueblo
23.6 Pilato, oyendo *decir*, Galilea, preguntó
23.14 les *dijo:* Me habéis presentado a éste
23.18 *diciendo:* ¡Fuera con éste, y suéltanos
23.21 *diciendo:* ¡Crucifícale, crucifícale!
23.22 les *dijo* por tercera vez: ¿Pues qué mal
23.28 Jesús..les *dijo:* Hijas de Jerusalén, no
23.29 *dirán:* Bienaventuradas las estériles
23.30 comenzarán a *decir* a los montes: Caed
23.34 *decía:* Padre, perdónalos, porque no
23.35 *diciendo:* A otros salvó; sálvese a sí
23.37 y *diciendo:* Si tú eres el Rey de los
23.39 *diciendo:* Si tú eres el Cristo, sálvate
23.40 *diciendo:* ¿Ni aun temes tú a Dios
23.42 *dijo* a Jesús: Acuérdate de mí cuando
23.43 Jesús le *dijo:* De cierto te *digo* que
23.46 *dijo:* Padre, en tus manos encomiendo
23.46 y habiendo *dicho* esto, expiró
23.47 *diciendo:* Verdaderamente este..era justo
24.5 les *dijeron:* ¿Por qué buscáis entre los
24.7 *diciendo:* Es necesario que el Hijo del
24.10 *dijeron* estas cosas a los apóstoles
24.17 les *dijo:* ¿Qué pláticas son estas que
24.18 le *dijo:* ¿Eres tú el único forastero
24.19 *dijo:* ¿Qué cosas? Y ellos le *dijeron*
24.23 *diciendo* que..habían visto visión de
24.23 ángeles, quienes *dijeron* que él vive
24.24 como las mujeres habían *dicho*, pero a
24.25 él les *dijo:* ¡Oh insensatos, y tardos
24.25 creer..lo que los profetas han *dicho!*
24.27 les declaraba en..lo que de él *decían*
24.29 ellos..*diciendo:* Quédate con nosotros
24.32 se *decían*..¿No ardía nuestro corazón
24.34 que *decían:* Ha resucitado el Señor
24.36 Jesús se..y les *dijo:* Paz a vosotros
24.38 les *dijo:* ¿Por qué estáis turbados y
24.40 *diciendo* esto, les mostró las manos y
24.41 les *dijo:* ¿Tenéis aquí algo de comer?
24.44 les *dijo:* Estas son las palabras que
24.46 les *dijo:* Así está escrito, y así fue
Jn. 1.15 *diciendo:* Este es de quien yo *decía*
1.21 *dijo:* No soy. ¿Eres tú el profeta?
1.22 *dijeron:* ¿Pues quién eres?..¿Qué *dices*
1.23 *dijo:* Yo soy la voz de uno que clama en
1.23 que clama..como *dijo* el profeta Isaías
1.25 le *dijeron:* ¿Por qué, pues, bautizas, si
1.26 les respondió *diciendo:* Yo bautizo con
1.29 *dijo:* He aquí el Cordero de Dios, que
1.30 es aquel de quien yo *dije:* Después de mí
1.32 *diciendo:* Vi al Espíritu que descendía
1.33 me *dijo:* Sobre quien veas descender el
1.36 allí, *dijo:* He aquí el Cordero de Dios
1.38 Jesús..les *dijo:* ¿Qué buscáis? Ellos le
1.38 ellos le *dijeron:* Rabí..¿dónde moras?
1.39 les *dijo:* Venid y ved. Fueron, y vieron
1.41 le *dijo:* Hemos hallado al Mesías (que
1.42 y mirándole Jesús, *dijo:* Tú eres Simón
1.42 llamado Cefas (que quiere *decir*, Pedro)
1.43 y halló a Felipe, y le *dijo:* Sígueme
1.45 le *dijo:* Hemos hallado a aquel de quien
1.46 Natanael le *dijo:* ¿De Nazaret puede
1.46 algo de bueno? Le *dijo* Felipe: Ven y ve
1.47 *dijo*..He aquí un verdadero israelita
1.48 le *dijo* Natanael: ¿De dónde me conoces?
1.48 y le *dijo:* Antes que Felipe te llamara
1.49 le *dijo:* Rabí, tú eres el Hijo de Dios
1.50 le *dijo:* ¿Porque te *dije:* Te vi debajo
1.51 *dijo*..os *digo:* De aquí adelante veréis
2.3 la madre de Jesús le *dijo:* No tienen vino
2.4 *dijo:* ¿Qué tienes conmigo, mujer? Aún no
2.5 madre *dijo*..Haced todo lo que os *dijere*
2.7 Jesús les *dijo:* Llenad estas tinajas de
2.8 les *dijo:* Sacad ahora, y llevadlo al
2.10 le *dijo:* Todo hombre sirve primero el
2.16 *dijo* a los que vendían palomas: Quitad
2.18 y le *dijeron:* ¿Qué señal nos muestras
2.19 *dijo:* Destruid este templo, y en tres
2.20 *dijeron* luego los judíos: En 46 años fue
2.22 discípulos se acordaron que había *dicho*
2.22 creyeron..la palabra que..había *dicho*
3.2 y le *dijo:* Rabí, sabemos que has venido
3.3 le *dijo*..te *digo*, que el que no naciere
3.4 *dijo:* ¿Cómo puede un hombre nacer siendo
3.5 te *digo*, que el que no naciere de agua y
3.7 no te maravilles de que te *dije:* Os es
3.9 Nicodemo y le *dijo:* ¿Cómo puede hacerse
3.10 le *dijo:* ¿Eres tú maestro de Israel, y
3.11 te *digo*, que lo que sabemos hablamos
3.12 si os he *dicho* cosas terrenales, y no
3.12 creeréis si os *dijere* las celestiales?
3.26 *dijeron:* Rabí, mira que el que estaba
3.27 *dijo:* No puede el hombre recibir nada
3.28 de que *dije:* Yo no soy el Cristo, sino
4.1 fariseos habían oído *decir:* Jesús hace
4.7 una mujer..Jesús le *dijo:* Dame de beber
4.9 *dijo:* ¿Cómo tú, siendo judío, me pides a
4.10 le *dijo:* Si conocieras el don de Dios
4.10 y quién es el que te *dice:* Dame de beber
4.11 la mujer le *dijo:* Señor, no tienes con
4.13 *dijo:* Cualquiera que bebiere de esta agua
4.15 mujer le *dijo:* Señor, dame de esa agua
4.16 Jesús le *dijo:* Vé, llama a tu marido, y
4.17 mujer y *dijo:* No tengo marido. Jesús le
4.17 le *dijo:* Bien has *dicho:* No tengo marido
4.18 es tu marido; esto has *dicho* con verdad
4.19 le *dijo* la mujer: Señor, me parece que
4.20 vosotros *decís* que en Jerusalén es el
4.21 *dijo:* Mujer, créeme, que la hora viene
4.25 le *dijo* la mujer: Sé que ha de venir el
4.26 le *dijo:* Yo soy, el que habla contigo
4.27 ninguno *dijo:* ¿Qué preguntas?, o, ¿Qué
4.28 y fue a la ciudad, y *dijo* a los hombres
4.29 un hombre que me ha *dicho* todo cuanto
4.31 discípulos le rogaban, *diciendo*..come
4.32 les *dijo:* Yo tengo una comida que comer
4.33 *decían* unos a..¿Le habrá traído alguien
4.34 Jesús les *dijo:* Mi comida es que haga
4.35 ¿no *decís* vosotros: Aún faltan 4 meses
4.35 os *digo:* Alzad vuestro ojos y mirad los
4.39 *diciendo:* Me *dijo* todo lo que he hecho
4.42 *decían* a la mujer: Ya no creemos..por tu
4.48 Jesús le *dijo:* Si no viereis señales y
4.49 le *dijo:* Señor, desciende antes que mi
4.50 Jesús le *dijo:* Vé, tu hijo vive. Y el
4.50 creyó la palabra que Jesús le *dijo*, y
4.51 le dieron nuevas, *diciendo:* Tu hijo vive
4.52 le *dijeron:* Ayer a las siete le dejó la
4.53 le había *dicho:* Tu hijo vive; y creyó
5.6 Jesús lo vio..le *dijo:* ¿Quieres ser sano?
5.8 Jesús le *dijo:* Levántate, toma tu lecho
5.10 *dijeron* a aquel que había sido sanado
5.11 él mismo me *dijo:* Toma tu lecho y anda
5.12 ¿quién es el que te *dijo:* Toma tu lecho
5.14 Jesús..le *dijo:* Mira, has sido sanado
5.18 también *decía* que Dios era su..Padre
5.19 les *dijo:* De cierto, de cierto os *digo*
5.24 os *digo:* El que oye mi palabra, y cree
5.25 cierto os *digo:* Viene la hora, y ahora
5.34 mas *digo* esto, para que..seáis salvos
6.5 *dijo* a Felipe: ¿De dónde compraremos pan
6.6 pero esto *decía* para probarle; porque él
6.8 Andrés, hermano de Simón Pedro, le *dijo*
6.10 Jesús *dijo:* Haced recostar la gente
6.12 *dijo* a sus discípulos: Recoged..pedazos
6.14 viendo..*dijeron:* Este..es el profeta
6.20 mas él les *dijo:* Yo soy; no temáis
6.25 *dijeron:* Rabí, ¿cuándo llegaste acá?
6.26 *dijo:* De cierto os *digo* que me buscáis
6.28 *dijeron:* ¿Qué debemos hacer para poner
6.29 les *dijo:* Esta es la obra de Dios, que
6.30 le *dijeron*..¿Qué señal, pues, haces tú
6.32 *dijo*..os *digo:* No os dio Moisés el pan
6.34 *dijeron:* Señor, danos siempre este pan
6.35 Jesús les *dijo:* Yo soy el pan de vida
6.36 os he *dicho*, que aunque me habéis visto
6.41 *dicho:* Yo soy el pan que descendió del
6.42 y *decían:* ¿No es éste Jesús, el hijo de
6.42 ¿cómo..*dice*..Del cielo he descendido?
6.43 les *dijo:* No murmuréis entre vosotros
6.47 os *digo:* El que cree en mí, tiene vida
6.52 *diciendo:* ¿Cómo puede éste darnos a
6.53 les *dijo*..*digo:* Si no coméis la carne
6.59 cosas *dijo* en la sinagoga, enseñando en
6.60 sus discípulos *dijeron:* Dura es esta
6.61 sabiendo Jesús..*dijo:* ¿Esto os ofende?
6.65 *dijo:* Por eso os he *dicho* que ninguno
6.67 *dijo*..a los doce: ¿Queréis acaso iros
7.3 le *dijeron* sus hermanos: Sal de aquí, y
7.6 les *dijo:* Mi tiempo aún no ha llegado
7.9 y habiéndoles *dicho* esto, se quedó en
7.11 buscaban..y *decían:* ¿Dónde está aquél?
7.12 *decían:* Es bueno; pero otros *decían:* No
7.15 *diciendo:* ¿Cómo sabe éste letras, sin
7.16 Jesús les..*dijo:* Mi doctrina no es mía
7.20 y *dijo:* Demonio tienes; ¿quién procura
7.21 Jesús..les *dijo:* Una obra hice, y todos
7.25 *decían*..unos en Jerusalén: ¿No es éste
7.26 habla públicamente, y no le *dicen* nada
7.28 y *dijo:* A mí me conocéis, y sabéis de
7.31 *decían:* El Cristo, cuando venga, ¿hará
7.33 *dijo:* Todavía un poco de tiempo estaré
7.35 judíos *dijeron* entre sí: ¿Adónde se irá
7.36 significa esto que *dijo:* Me buscaréis
7.37 *diciendo:* Si alguno tiene sed, venga a
7.38 como *dice* la Escritura, de su interior
7.39 esto *dijo* del Espíritu que habían de
7.40 *decían:* Verdaderamente..es el profeta
7.41 otros *decían:* Este es el Cristo. Pero
7.41 algunos *decían:* ¿De Galilea ha de venir
7.42 ¿no *dice* la Escritura que del linaje de
7.45 *dijeron:* ¿Por qué no le habéis traído?
7.50 les *dijo* Nicodemo, el que vino a él de
7.52 le *dijeron:* ¿Eres tú también galileo?
8.4 le *dijeron:* Maestro, esta mujer ha sido
8.5 apedrear a tales mujeres..¿qué *dices?*
8.6 *decían* tentándole, para poder acusarle
8.7 *dijo:* El que de vosotros esté sin pecado
8.10 le *dijo:* Mujer, ¿dónde están los que te
8.11 *dijo:* Ninguno, Señor. Entonces Jesús le
8.11 Jesús le *dijo:* Ni yo te condeno; vete
8.12 *diciendo:* Yo soy la luz del mundo; el
8.13 *dijeron:* Tú das testimonio acerca de ti
8.14 *dijo:* Aunque yo doy testimonio acerca
8.19 ellos le *dijeron:* ¿Dónde está tu Padre?
8.21 *dijo* Jesús: Yo me voy, y me buscaréis
8.22 *decían* entonces los judíos: ¿Acaso se
8.22 que *dice:* A donde yo voy, vosotros no
8.23 *dijo:* Vosotros sois de abajo, yo soy de
8.24 *dije* que moriréis en vuestros pecados
8.25 entonces le *dijeron:* ¿Tú quién eres?
8.25 lo que desde el principio os he *dicho*
8.26 muchas cosas tengo que *decir* y juzgar
8.28 *dijo*..Cuando hayáis levantado al Hijo
8.31 *dijo*..a los judíos que habían creído
8.33 nadie. ¿Cómo *dices* tú: Seréis libres?
8.34 *digo*, que todo aquel que hace pecado
8.39 y le *dijeron:* Nuestro padre es Abraham
8.39 les *dijo:* Si fueseis hijos de Abraham
8.41 *dijeron:* Nosotros no somos nacidos de
8.42 les *dijo:* Si vuestro padre fuese Dios
8.45 mí, porque *digo* la verdad, no me creéis
8.46 si *digo* la verdad, ¿por qué vosotros no
8.48 *dijeron:* ¿No *decimos* bien..que tú eres
8.51 os *digo*, que el que guarda mi palabra
8.52 le *dijeron:* Ahora conocemos que tienes
8.52 tú *dices:* El que guarda mi palabra nunca
8.54 que vosotros *decís* que es vuestro Dios
8.55 y si *dijere* que no le conozco, sería
8.57 le *dijeron* los judíos: Aún no tienes 50
8.58 *dijo*..os *digo:* Antes que Abraham fuese
9.2 *diciendo:* Rabí, ¿quién pecó, éste o sus
9.6 *dicho* esto, escupió en tierra, e hizo
9.7 le *dijo:* Vé a lavarte en el estanque de
9.8 *decían:* ¿No es éste el que se sentaba y
9.9 unos *decían:* El es; y..El *decía:* Yo soy
9.10 le *dijeron:* ¿Cómo te fueron abiertos los
9.11 y *dijo:* Aquel hombre que se llama Jesús
9.11 me *dijo:* Vé al Siloé, y lávate; y fui
9.12 *dijeron:* ¿Dónde está él? El *dijo:* No sé
9.15 les *dijo:* Me puso lodo sobre los ojos
9.16 *decían:* Ese hombre no procede de Dios
9.16 *decían:* ¿Cómo puede un hombre pecador
9.17 a *decirle* al ciego: ¿Qué *dices* tú del
9.17 abrió los ojos? El *dijo:* Que es profeta
9.19 *diciendo:* ¿Es este vuestro hijo, el que
9.19 el que vosotros *decís* que nació ciego?
9.20 *dijeron:* Sabemos que..es nuestro hijo
9.22 esto *dijeron* sus padres..tenían miedo
9.23 por eso *dijeron* sus padres: Edad tiene
9.24 le *dijeron:* Da gloria a Dios; nosotros
9.25 respondió y *dijo:* Si es pecador, no lo
9.26 volvieron a *decir:* ¿Qué te hizo? ¿Cómo
9.27 él respondió: Ya os lo he *dicho*, y no
9.28 y *dijeron:* Tú eres su discípulo, pero
9.30 les *dijo:* Pues esto es lo maravilloso
9.32 oído *decir* que alguno abriese los ojos
9.34 *dijeron:* Tú naciste del todo en pecado
9.35 le *dijo:* ¿Crees tú en el Hijo de Dios?
9.36 *dijo:* ¿Quién es, Señor, para que crea en
9.37 le *dijo* Jesús: Pues le has visto, y el
9.38 y él *dijo:* Creo, Señor; y le adoró
9.39 *dijo* Jesús: Para juicio he venido yo a
9.40 *dijeron:* ¿Acaso nosotros somos también
9.41 *decís:* Vemos, vuestro pecado permanece
10.1 os *digo:* El que no entra por la puerta
10.6 alegoría les *dijo* Jesús; pero ellos no
10.6 no entendieron qué era lo que les *decía*
10.7 a *decirles*..os *digo:* Yo soy la puerta de
10.20 muchos de ellos *decían:* Demonio tiene
10.21 *decían* otros: Estas palabras no son de
10.24 le *dijeron:* ¿Hasta cuándo nos turbarás
10.24 el alma? Si tú eres el Cristo, *dínoslo*
10.25 respondió: Os lo he *dicho*, y no creéis
10.26 no sois de mis ovejas, como os he *dicho*
10.33 *diciendo:* Por..obra no te apedreamos
10.34 en vuestra ley: Yo *dije*, dioses sois?
10.36 *decís:* Tú blasfemas, porque *dije:* Hijo
10.41 y *decían:* Juan, a la verdad, ninguna
10.41 lo que Juan *dijo* de éste, era verdad
11.3 enviaron..*decir* a Jesús: Señor, he aquí
11.4 *dijo:* Esta enfermedad no es para muerte
11.7 *dijo* a los discípulos: Vamos a Judea
11.8 le *dijeron* los discípulos: Rabí, ahora
11.11 dicho esto, les *dijo* después: Nuestro
11.12 *dijeron* entonces sus discípulos: Señor
11.13 Jesús *decía* esto de la muerte de Lázaro
11.14 les *dijo* claramente: Lázaro ha muerto
11.16 *dijo* entonces Tomás..Vamos también
11.21 Marta *dijo* a Jesús: Señor, si hubieses
11.23 Jesús le *dijo:* Tu hermano resucitará
11.24 Marta le *dijo:* Yo sé que resucitará en
11.25 le *dijo* Jesús: Yo soy la resurrección
11.27 le *dijo:* Sí, Señor; yo he creído que
11.28 *dicho* esto, fue y llamó a María su
11.28 *diciéndole*..El Maestro está aquí y te
11.31 *diciendo:* Va al sepulcro a llorar allí
11.32 *diciéndole:* Señor, si hubieses estado
11.34 *dijo:* ¿Dónde le pusisteis? Le *dijeron*
11.36 *dijeron*..judíos: Mirad cómo le amaba

DECIR ***(Continúa)***

Jn. 11.37 algunos. .*dijeron:* ¿No podía éste, que
11.39 *dijo* Jesús: Quitad la piedra. Marta, la
11.39 Marta. .*dijo:* Señor, hiede ya, porque
11.40 le *dijo:* ¿No te he *dicho* que si crees
11.41 Jesús. .*dijo:* Padre, gracias te doy por
11.42 pero lo *dije* por causa de la multitud
11.43 habiendo *dicho* esto, clamó a gran voz
11.44 Jesús les *dijo:* Desatadle, y dejadle ir
11.46 les *dijeron* lo que Jesús había hecho
11.47 y *dijeron:* ¿Qué haremos? Porque este
11.49 Caifás. .*dijo:* Vosotros no sabéis nada
11.51 esto no lo *dijo* por sí mismo, sino que
12.4 y *dijo* uno de sus discípulos, Judas
12.6 *dijo* esto. .porque era ladrón, y. .sustraía
12.7 Jesús *dijo:* Déjala; para el día de mi
12.19 *dijeron*. .Ya veis que no conseguís nada
12.21 *diciendo:* Señor, quisiéramos ver a Jesús
12.22 fue y se lo *dijo* a Andrés; entonces
12.22 Andrés y Felipe se lo *dijeron* a Jesús
12.23 *diciendo:* Ha llegado la hora para que
12.24 os *digo*, que si el grano de trigo no
12.27 ¿y qué *diré?* ¿Padre, sálvame de esta
12.29 oído. .*decía* que había sido un trueno
12.29 otros *decían:* Un ángel le ha hablado
12.30 *dijo:* No ha venido esta voz por causa
12.33 y *decía* esto dando a entender de qué
12.34 *dices* tú que es necesario que el Hijo
12.35 Jesús les *dijo:* Aún por un poco está la
12.38 *dijo:* Señor, ¿quién ha creído a nuestro
12.39 no podían creer. .también *dijo* Isaías
12.41 Isaías *dijo* esto cuando vio su gloria
12.44 Jesús clamó y *dijo:* El que cree en mí
12.49 dio mandamiento de lo que he de *decir*
12.50 lo hablo como el Padre me lo ha *dicho*
13.6 Pedro le *dijo:* Señor, ¿tú me lavas los
13.7 Jesús y le *dijo:* Lo que yo hago, tú no
13.8 Pedro le *dijo:* No me lavarás los pies
13.9 le *dijo* Simón. .Señor, no sólo mis pies
13.10 *dijo:* El que está lavado, no necesita
13.11 por eso *dijo:* No estáis limpios todos
13.12 les *dijo:* ¿Sabéis lo que os he hecho?
13.13 llamáis Maestro, y Señor; y *decís* bien
13.16 os *digo:* El siervo no es mayor que su
13.19 os lo *digo* antes que suceda, para que
13.20 *digo:* El que recibe al que yo enviare
13.21 habiendo *dicho*. .esto, se conmovió en
13.21 *dijo*. .os *digo*, que uno de vosotros me
13.25 él entonces. .*dijo:* Señor, ¿quién es?
13.27 le *dijo:* Lo que vas a hacer, hazlo más
13.28 ninguno. .entendió por qué le *dijo* esto
13.29 *decía:* Compra lo que necesitamos para
13.31 *dijo* Jesús: Ahora es glorificado el
13.33 como *dije* a los judíos, así os *digo*
13.36 le *dijo* Simón Pedro: Señor, ¿a dónde
13.37 le *dijo* Pedro: Señor, ¿por qué no te
13.38 te *digo:* No cantará el gallo, sin que
14.2 si así no fuera, yo os lo hubiera *dicho*
14.5 *dijo* Tomás: Señor, no sabemos a dónde
14.6 Jesús le *dijo:* Yo soy el camino, y la
14.8 Felipe le *dijo:* Señor, muéstranos el
14.9 Jesús le *dijo:* ¿Tanto tiempo hace que
14.9 ¿cómo. .*dices* tú. .Muéstranos el Padre?
14.12 os *digo:* El que en mí cree, las obras
14.22 le *dijo* Judas. .Señor, ¿cómo es que te
14.23 y le *dijo:* El que me ama, mi palabra
14.25 *dicho* estas cosas estando con vosotros
14.26 recordará todo lo que yo os he *dicho*
14.28 oído que yo os he *dicho:* Voy, y vengo
14.28 he *dicho* que voy al Padre; porque el
14.29 ahora os lo he *dicho* antes que suceda
15.20 acordaos de la palabra que. .he *dicho*
16.4 os he *dicho* estas cosas, para que cuando
16.4 os acordéis de que ya os lo había *dicho*
16.4 no os lo *dije* al principio, porque yo
16.6 porque os he *dicho* estas cosas, tristeza
16.7 os *digo* la verdad: Os conviene que yo me
16.12 tengo muchas cosas que *deciros*, pero
16.15 por eso *dije* que tomará de lo mío, y os
16.17 se *dijeron* algunos de sus discípulos
16.17 ¿qué es esto que nos *dice:* Todavía un
16.18 *decían*. .¿Qué quiere *decir* con: Todavía
16.19 les *dijo:* ¿Preguntáis. .esto que *dije*
16.20 cierto os *digo*, que vosotros lloraréis
16.23 os *digo*, que todo cuanto pidiereis al
16.26 no os *digo* que yo rogaré al Padre por
16.29 *dijeron* sus discípulos: He aquí ahora
16.29 claramente, y ninguna alegoría *dices*
17.1 Jesús. .*dijo:* Padre, la hora ha llegado
18.1 habiendo *dicho* Jesús estas cosas, salió
18.4 adelantó y les *dijo:* ¿A quién buscáis?
18.5 *dijo:* Yo soy. Y. .con ellos Judas, el que
18.6 les *dijo:* Yo soy. .y cayeron a tierra
18.7 ¿a quién. .ellos *dijeron:* A Jesús nazareno
18.8 Jesús: Os he *dicho* que yo soy; pues si
18.9 se cumpliese aquello que había *dicho*
18.11 Jesús. .*dijo* a Pedro: Mete tu espada en
18.17,25 *dijo* a Pedro: ¿No eres tú. .*D* él: No
18.21 he aquí, ellos saben lo que yo he *dicho*
18.22 cuando Jesús hubo *dicho* esto, uno de
18.22 *diciendo:* ¿Así respondes al. .sacerdote?
18.26 *dijo:* ¿No te vi yo en el huerto con él?
18.29 les *dijo:* ¿Qué acusación traéis contra
18.30 le *dijeron:* Si éste no fuera malhechor
18.31 les *dijo* Pilato: Tomadle vosotros, y
18.31 los judíos le *dijeron:* A nosotros no
18.32 la palabra que Jesús había *dicho*, dando
18.33 *dijo:* ¿Eres tú el Rey de los judíos?
18.34 ¿*dices*. .o te lo han dicho otros de mí?
18.37 le *dijo*. .Pilato: ¿Luego, eres tú rey?
18.37 tú *dices* que yo soy rey. Yo para esto
18.38 le *dijo* Pilato: ¿Qué es la verdad?
18.38 *dicho* esto, salió otra vez. .y les *dijo*
18.40 *diciendo:* No a éste, sino a Barrabás
19.3 le *decían:* ¡Salve, Rey de los judíos!
19.4 y les *dijo:* Mirad, os lo traigo fuera
19.5 y Pilato les *dijo:* ¡He aquí el hombre!
19.6 *diciendo:* ¡Crucifícale! ¡Crucifícale!
19.6 Pilato les *dijo:* Tomadle vosotros, y
19.8 Pilato oyó *decir* esto, tuvo más miedo
19.9 entró. .*dijo* a Jesús: ¿De dónde eres tú?
19.10 le *dijo* Pilato: ¿A mí no me hablas?
19.12 *diciendo:* Si a éste sueltas, no eres
19.14 *dijo* a. .judíos: ¡He aquí vuestro Rey!
19.15 Pilato les *dijo:* ¿A vuestro Rey he de
19.19 *decía:* Jesús Nazareno, Rey de. .judíos
19.21 *dijeron* a Pilato. .No escribas: Rey de
19.21 sino que él *dijo:* Soy Rey de los judíos
19.24 *dijeron*. .No la partamos, sino echemos
19.24 Escritura que *dice:* Repartieron entre
19.26 *dijo* a su madre: Mujer, he aquí tu hijo
19.27 *dijo* al discípulo: He ahí tu madre
19.28 *dijo*, para que. .se cumpliese: Tengo sed
19.30 Jesús. .*dijo:* Consumado es. Y habiendo
19.35 y él sabe que *dice* verdad, para que
19.37 otra. .*dice:* Mirarán al que traspasaron
20.2 les *dijo:* Se han llevado del. .al Señor
20.13 y le *dijeron:* Mujer, ¿por qué lloras?
20.13 *dijo:* Porque se han llevado a mi Señor
20.14 cuando había *dicho* esto, se volvió, y
20.15 Jesús le *dijo:* Mujer, ¿por qué lloras?
20.15 le *dijo:* Señor, si tú lo has llevado
20.15 *dime* dónde lo has puesto, y. .lo llevaré
20.16 Jesús le *dijo:* ¡María! Volviéndose ella
20.16 le *dijo:* ¡Raboni! (que quiere *decir*
20.17 Jesús le *dijo:* No me toques, porque aún
20.17 y *diles:* Subo a mi Padre y a vuestro
20.18 y que él le había *dicho* estas cosas
20.19 puesto en medio. .*dijo:* Paz a vosotros
20.20 *dicho* esto, les mostró las manos y el
20.21 Jesús. .*dijo* otra vez: Paz a vosotros
20.22 *dicho* esto, sopló, y les *dijo:* Recibid
20.25 *dijeron*, pues. .Al Señor hemos visto
20.25 él les *dijo:* Si no viere en sus manos
20.26 puso en medio y les *dijo:* Paz a vosotros
20.27 luego *dijo* a Tomás: Pon aquí tu dedo
20.28 Tomás. .*dijo*. .¡Señor mío, y Dios mío!
20.29 le *dijo:* Porque me has visto, Tomás
21.3 Pedro les *dijo:* Voy a pescar. Ellos le
21.3 *dijeron:* Vamos nosotros también contigo
21.5 *dijo:* Hijitos, ¿tenéis algo de comer?
21.6 él les *dijo:* Echad la red a la derecha
21.7 discípulo. .*dijo* a Pedro: ¡Es el Señor!
21.10 Jesús les *dijo:* Traed de los peces que
21.12 *dijo* Jesús: Venid, comed. Y ninguno de
21.15 Jesús *dijo* a Simón Pedro: Simón, hijo
21.15 él le *dijo:* Apacienta mis corderos
21.16 a *decirle* la segunda vez: Simón, hijo
21.16 te amo. Le *dijo:* Pastorea mis ovejas
21.17 le *dijo* la tercera vez: Simón, hijo de
21.17 Pedro se entristeció de que le *dijese*
21.17 Jesús le *dijo:* Apacienta mis ovejas
21.18 *digo:* Cuando eras más joven, te ceñías
21.19 *dijo*, dando a entender con qué muerte
21.19 a Dios. Y *dicho* esto, añadió: Sígueme
21.20 había *dicho:* Señor, ¿quién es el que te
21.21 Pedro. .*dijo* a Jesús: Señor, ¿y qué de
21.22 Jesús le *dijo:* Si quiero que él quede
21.23 Jesús no le *dijo* que no moriría, sino

Hch. 1.4 la promesa. .les *dijo*, oísteis de mí
1.6 *diciendo:* Señor, ¿restaurarás el reino a
1.7 y les *dijo:* No os toca a vosotros saber
1.9 habiendo *dicho* estas cosas. .fue alzado
1.11 les *dijeron:* Varones galileos, ¿por qué
1.15 Pedro se levantó en medio de los. .y *dijo*
1.19 Acéldama, que quiere *decir*, Campo de
1.24 orando, *dijeron:* Tú, Señor, que conoces
2.7 *diciendo:* Mirad, ¿no son galileos todos
2.12 *diciéndose* unos. .¿Qué quiere *decir* esto?
2.13 otros. .*decían:* Están llenos de mosto
2.14 *diciendo:* Varones judíos, y todos los que
2.16 mas esto es lo *dicho* por el profeta Joel
2.17 *dice* Dios, derramaré de mi Espíritu
2.25 porque David *dice* de él: Veía al Señor
2.29 hermanos, se os puede *decir* libremente
2.34 él mismo *dice:* *Dijo* el Señor a mi Señor
2.37 *dijeron* a Pedro y a los. .Varones hermanos
2.38 les *dijo:* Arrepentíos, y bautícese cada
2.40 *diciendo:* Sed salvos de esta perversa
3.4 fijando en él los ojos, le *dijo:* Míranos
3.6 Pedro *dijo:* No tengo plata ni oro, pero
3.22 Moisés *dijo* a los padres: El Señor
3.25 *diciendo* a Abraham: En tu simiente serán
4.8 Pedro. .les *dijo:* Gobernantes del pueblo
4.14 viendo. .no podían *decir* nada en contra
4.16 *diciendo:* ¿Qué haremos con. .hombres?
4.19 *diciéndoles:* Juzgad si es justo delante
4.20 no podemos dejar de *decir* lo que. .visto y
4.23 contaron todo lo que. .les habían *dicho*
4.24 y *dijeron:* Soberano Señor, tú eres el
4.25 *dijiste:* ¿Por qué se amotinan las gentes
4.32 ninguno *decía* ser suyo propio nada de lo
5.3 y *dijo* Pedro: Ananías, ¿por qué llenó
5.8 Pedro le *dijo:* *Dime*, ¿vendisteis en tanto
5.8 vendisteis en. .Y ella *dijo:* Sí, en tanto
5.9 Pedro le *dijo:* ¿Por qué convinisteis en
5.19 un ángel del Señor. .sacándolos, *dijo*
5.23 *diciendo:* Por cierto, la cárcel hemos
5.28 *diciendo:* ¿No. .mandamos. .no enseñaseis
5.29 *dijeron:* Es necesario obedecer a Dios
5.35 luego *dijo:* Varones israelitas, mirad
5.36 levantó Teudas, *diciendo* que era alguien
5.38 os *dijo:* Apartaos de estos hombres, y
6.2 y *dijeron:* No es justo que. .dejemos la
6.11 que *dijesen* que le habían oído hablar
6.13 *decían:* Este hombre no cesa de hablar
6.14 oído *decir* que ese Jesús. .destruirá este
7.1 el sumo sacerdote *dijo*. .¿Es esto así?
7.2 él *dijo:* Varones hermanos y padres, oíd
7.3 *dijo:* Sal de tu tierra y de tu parentela
7.6 *dijo* Dios así: Que su descendencia sería
7.7 yo juzgaré, *dijo* Dios, a la nación de la
7.26 paz, *diciendo:* Varones, hermanos sois
7.27,35 *diciendo:* ¿Quién te ha puesto. .juez
7.33 le *dijo* el Señor: Quita el calzado de
7.37 este Moisés es el que *dijo* a los hijos
7.40 cuando *dijeron* a Aarón: Haznos dioses
7.44 *dijo* a Moisés que lo hiciese conforme
7.48 no habita en templos. .*dice* el profeta
7.49 ¿qué casa me edificaréis? *dice* el Señor
7.56 *dijo:* He aquí, veo los cielos abiertos
7.59 *decía:* Señor Jesús, recibe mi espíritu
7.60 clamó. .y habiendo *dicho* esto, durmió
8.6 escuchaba. .las cosas que *decía* Felipe
8.10 *diciendo:* Este es el gran poder de Dios
8.19 *diciendo:* Dadme. .a mí este poder, para
8.20 *dijo:* Tu dinero perezca contigo, porque
8.24 respondiendo entonces Simón, *dijo:* Rogad
8.24 que nada de esto que habéis *dicho* venga
8.26 *diciendo:* Levántate y vé hacia el sur
8.29 el Espíritu *dijo* a Felipe: Acércate y
8.30 y *dijo:* Pero ¿entiendes lo que lees?
8.31 él *dijo:* ¿Y cómo podré, si alguno no me
8.34 *dijo* a Felipe: Te ruego que me *digas*
8.34 ¿de quién *dice* el profeta esto; de sí
8.36 y *dijo* el eunuco: Aquí hay agua; ¿qué
8.37 Felipe *dijo:* Si crees de todo corazón
8.37 *dijo:* Creo que Jesucristo es el Hijo de
9.4 oyó una voz que le *decía:* Saulo, Saulo
9.5 le *dijo:* ¿Quién eres, Señor? Y le *dijo*
9.6 *dijo:* Señor, ¿qué quieres que yo haga?
9.6 el Señor le *dijo:* Levántate y entra en
9.6 entra. .y se te *dirá* lo que debes hacer
9.10 a quien el Señor *dijo*. .Ananías. Y él
9.11 y el Señor le *dijo:* Levántate, y vé a
9.15 *dijo:* Vé, porque instrumento escogido
9.17 *dijo:* Hermano Saulo, el Señor Jesús, que
9.20 *diciendo* que éste era el Hijo de Dios
9.21 *decían:* ¿No es éste el que asolaba en
9.34 *dijo* Pedro: Eneas, Jesucristo te sana
9.36 que traducido quiere *decir*, Dorcas
9.40 *dijo:* Tabita, levántate. Y ella abrió
10.3 un ángel de Dios. .le *decía:* Cornelio
10.4 y atemorizado, *dijo:* ¿Qué es, Señor? Y
10.4 le *dijo:* Tus oraciones y tus limosnas
10.6 te *dirá* lo que es necesario que hagas
10.14 Pedro *dijo:* Señor, no; porque ninguna
10.19 *dijo* el Espíritu: He aquí, 3 hombres
10.21 *dijo:* He aquí, yo soy el que buscáis
10.22 ellos *dijeron:* Cornelio el centurión
10.26 *diciendo:* Levántate, pues. .soy hombre
10.28 *dijo:* Vosotros sabéis cuán abominable
10.30 Cornelio *dijo:* Hace cuatro días que a
10.31 y *dijo:* Cornelio, tu oración ha sido
10.34 Pedro. .*dijo:* En verdad comprendo que
11.3 *diciendo:* ¿Por qué has entrado en casa
11.4 comenzó Pedro a contarles por. .*diciendo*
11.7 una voz que me *decía:* Levántate, Pedro
11.8 y *dije:* Señor, no; porque ninguna cosa
11.12 Espíritu me *dijo* que fuese con ellos
11.13 le *dijo:* Envía hombres a Jope, y haz
11.16 acordé de lo *dicho* por el Señor cuando
11.16 *dijo:* Juan ciertamente bautizó en agua
11.18 *diciendo:* ¡De manera que también a los
12.7 le despertó, *diciendo:* Levántate pronto
12.8 le *dijo* el ángel: Cíñete, y átate las
12.8 y le *dijo:* Envuélvete en tu manto, y
12.11 *dijo:* Ahora entiendo. .que el Señor ha
12.15 y ellos le *dijeron:* Estás loca. Pero
12.15 entonces ellos *decían:* ¡Es su ángel!
12.17 *dijo:* Haced saber esto a Jacobo y a los
13.2 *dijo* el Espíritu Santo: Apartadme a
13.10 *dijo:* ¡Oh, lleno de todo engaño y de
13.15 *decirles:* Varones hermanos, si tenéis
13.16 *dijo:* Varones israelitas, y los que
13.22 *diciendo:* He hallado a David hijo de
13.25 *dijo:* ¿Quién pensáis que soy? No soy
13.34 lo *dijo* así: Os daré las misericordias
13.35 *dice*. .otro salmo: No permitirás que tu
13.40 venga. .que está *dicho* en los profetas
13.45 celos, y rebatían lo que Pablo *decía*

DECIR *(Continúa)*
Hch. 13.46 *dijeron:* A vosotros..era necesario que
13.47 *diciendo:* Te he puesto para luz de los
14.10 *dijo* a gran voz: Levántate derecho
14.11 *diciendo* en lengua licaónica: Dioses
14.15 y *diciendo:* Varones, ¿por qué hacéis
14.18 y *diciendo* estas cosas, difícilmente
14.22 *diciéndoles:* Es necesario que a través
15.5 *diciendo:* Es necesario circuncidarlos
15.7 *dijo:* Varones hermanos, vosotros sabéis
15.13 *diciendo:* Varones hermanos, oídme
15.18 *dice* el Señor, que hace conocer todo
15.36 *dijo* a Bernabé: Volvamos a visitar a
16.9 *diciendo:* Pasa a Macedonia y ayúdanos
16.14 estuviese atenta a lo que Pablo *decía*
16.15 rogó *diciendo:* Si habéis juzgado que
16.17 *diciendo:* Estos hombres son siervos del
16.18 volvió, y *dijo* al espíritu: Te mando en
16.20 *dijeron:* Estos hombres, siendo judíos
16.28 voz, *diciendo:* No te hagas ningún mal
16.30 les *dijo:* Señores, ¿qué debo hacer para
16.31 *dijeron:* Cree en el Señor Jesucristo
16.35 enviaron..a *decir:* Suelta a aquellos
16.36 han mandado a *decir* que se os suelte
16.37 Pablo les *dijo:* Después de azotarnos
17.3 y que Jesús..*decía* él, es el Cristo
17.7 todos éstos..*diciendo* que hay otro rey
17.18 unos *decían:* ¿Qué querrá *decir* este
17.19 *diciendo:* ¿Podremos saber qué es esta
17.20 queremos..saber qué quiere *decir* esto
17.21 cosa..sino en *decir* o en oir algo nuevo
17.22 *dijo:* Varones atenienses..observo que
17.28 han *dicho:* Porque linaje suyo somos
17.32 *decían:* Ya te oiremos acerca de esto
18.6 *dijo*..Vuestra sangre sea sobre vuestra
18.9 Señor *dijo* a Pablo en visión de noche
18.13 *diciendo:* Este persuade a los hombres
18.14 Galión *dijo* a..Si fuera algún agravio
18.21 *diciendo:* Es necesario que en todo caso
19.2 les *dijo:* ¿Recibisteis el Espíritu Santo
19.2 y ellos le *dijeron:* Ni siquiera hemos
19.3 *dijo:* ¿En qué, pues, fuisteis bautizados?
19.3 ellos *dijeron:* En el bautismo de Juan
19.4 *dijo* Pablo: Juan bautizó con bautismo
19.4 *diciendo* al pueblo que creyesen en aquel
19.13 *diciendo:* Os conjuro por Jesús, el que
19.15 *dijo:* A Jesús conozco, y sé quién es
19.21 *diciendo:* Después que haya estado allí
19.25 *dijo:* Varones, sabéis que de..oficio
19.26 *diciendo* que no son dioses los que se
19.28 gritaron *diciendo:* ¡Grande es Diana de
19.35 *dijo:* Varones efesios, ¿y quién es el
19.41 y habiendo *dicho* esto, despidió la
20.10 *dijo:* No os alarméis, pues está vivo
20.18 les *dijo:* Vosotros sabéis cómo me he
20.23 *diciendo* que me esperan prisiones y
20.35 que *dijo:* Más bienaventurado es dar que
20.36 cuando hubo *dicho* estas cosas, se puso
20.38 *dijo*, de que no verían más su rostro
21.4 ellos *decían* a Pablo..que no subiese a
21.11 *dijo:* Esto dice el Espíritu Santo: Así
21.14 *diciendo:* Hágase la voluntad del Señor
21.20 le *dijeron:* Ya ves, hermano, cuántos
21.21 *diciéndoles* que no circunciden a sus
21.23 haz, pues, esto que te *decimos:* Hay
21.37 *dijo* al..¿Se me permite *decirte* algo?
21.37 me permite..Y él *dijo:* ¿Sabes griego?
21.39 *dijo* Pablo: Yo de cierto soy..judío
21.40 Pablo..habló en lengua hebrea, *diciendo*
22.2 guardaron más silencio. Y él les *dijo*
22.7 oí una voz que me *decía:* Saulo, Saulo
22.8 y me *dijo:* Yo soy Jesús de Nazaret, a
22.10 *dije:* ¿Qué haré, Señor? Y el..me *dijo*
22.10 se te *dirá* todo lo que está ordenado
22.13 *dijo:* Hermano Saulo, recibe la vista
22.14 él *dijo:* El Dios de nuestros padres
22.18 *decía:* Date prisa, y sal prontamente
22.19 yo *dije:* Señor, ellos saben que yo
22.21 *dijo:* Vé, porque yo te enviaré lejos a
22.22 la voz, *diciendo:* Quita de la tierra a
22.25 Pablo *dijo* al centurión..¿Os es lícito
22.26 al tribuno, *diciendo:* ¿Qué vas a hacer?
22.27 el tribuno y le *dijo:* *Dime*, ¿eres tú
22.27 eres tú ciudadano romano? El *dijo:* Sí
22.28 Pablo *dijo:* Pero yo lo soy de nacimiento
23.1 *dijo:* Varones hermanos, yo con toda
23.3 Pablo le *dijo:* ¡Dios te golpeará a ti
23.4 *dijeron:* ¿Al sumo sacerdote de Dios
23.5 Pablo *dijo:* No sabía, hermanos, que era
23.7 cuando *dijo* esto, se produjo disensión
23.8 saduceos *dicen* que no hay resurrección
23.9 *diciendo:* Ningún mal hallamos en este
23.11 le *dijo:* Ten ánimo, Pablo, pues como
23.12 *diciendo* que no comerían ni beberían
23.14 y *dijeron*..nos hemos juramentado bajo
23.17 *dijo:* Lleva a este..ante el tribuno
23.18 y *dijo:* El preso Pablo me llamó y me
23.19 ¿qué es lo que tienes que *decirme?*
23.20 él le *dijo:* Los judíos han convenido
23.22 que a nadie *dijese* que le había dado
23.35 le *dijo:* Te oiré cuando vengan tus
24.2 *diciendo:* Como debido a ti gozamos de
24.9 también confirmaban, *diciendo* ser así
24.20 *digan* éstos..si hallaron en mí alguna
24.22 *diciendo:* Cuando descendiere el..Lisias
24.25 Félix se espantó, y *dijo:* Ahora vete
25.5 *dijo*, desciendan conmigo, y si hay algún
25.9 *dijo:* ¿Quieres subir a Jerusalén, y allá
25.10 Pablo *dijo:* Ante el tribunal de César
25.14 *diciendo:* Un hombre ha sido dejado
25.22 Agripa *dijo* a Festo: Yo quisiera oir a
25.22 hombre. Y él le *dijo:* Mañana le oirás
25.24 Festo *dijo:* Rey Agripa, y todos los
26.1 *dijo* a Pablo: Se te permite hablar por
26.14 oí una voz que me..*decía*..Saulo, Saulo
26.15 yo entonces *dije*..¿Quién eres, Señor?
26.15 el Señor *dijo:* Yo soy Jesús, a quien
26.22 no *diciendo* nada fuera de las cosas que
26.22 y Moisés *dijeron* que habían de suceder
26.24 *diciendo* él estas cosas en su defensa
26.24 Festo a gran voz *dijo:* Estás loco
26.25 *dijo:* No estoy loco..Festo, sino que
26.28 *dijo* a Pablo: Por poco me persuades a
26.29 *dijo:* ¡Quisiera Dios que por poco o por
26.30 había *dicho* estas cosas, se levantó el
26.31 *diciendo:* Ninguna cosa digna ni de
26.32 Agripa *dijo* a Festo: Podía este hombre
27.10 *diciéndoles*..veo que la navegación va
27.11 al piloto y..que a lo que Pablo *decía*
27.21 *dijo:* Habría sido..cierto conveniente
27.24 *diciendo:* Pablo, no temas; es necesario
27.25 confío..será así como se me ha *dicho*
27.31 Pablo *dijo* al centurión y a..soldados
27.33 *diciendo:* Este es el decimocuarto día
27.35 *dicho* esto, tomó el pan y dio gracias
28.4 se *decían*..Ciertamente este hombre es
28.6 cambiaron de..y *dijeron* que era un dios
28.17 convocó a los principales de..les *dijo*
28.21 le *dijeron:* Nosotros ni hemos recibido
28.24 y algunos asentían a lo que se *decía*
28.25 *dijo* Pablo..Bien habló el Espíritu
28.26 y *diles*..oiréis, y no entenderéis; y
28.29 hubo *dicho* esto, los judíos se fueron
Ro. 2.22 tú que *dices* que no se ha de adulterar
3.5 ¿qué *diremos?* ¿Será injusto Dios que da
3.8 ¿y por qué no *decir*..Hagamos males para
3.8 algunos..afirman que nosotros *decimos*
3.19 todo lo que la ley *dice*, lo *d* a los que
4.1 ¿qué, pues, *diremos* que halló Abraham
4.3 ¿qué *dice* la Escritura? Creyó Abraham a
4.7 *diciendo:* Bienaventurados aquellos cuyas
4.9 *decimos* que a Abraham le fue contada la
4.18 conforme a lo que se le había *dicho:* Así
6.1 ¿qué, pues, *diremos?* ¿Perseveraremos en
7.7 ¿qué *diremos*, pues? ¿La ley es pecado?
7.7 ley..si la ley no *dijera:* No codiciarás
8.31 ¿qué, pues, *diremos* a esto? Si Dios es
9.1 verdad *digo* en Cristo, no miento, y mi
9.12 se le *dijo:* El mayor servirá al menor
9.14 *diremos?* ¿Que hay injusticia en Dios?
9.15 a Moisés *dice:* Tendré misericordia del
9.17 la Escritura *dice* a Faraón: Para esto
9.19 pero me *dirás:* ¿Por qué, pues, inculpa?
9.20 *¿dirá* el vaso de barro al que lo formó
9.25 en Oseas *dice:* Llamaré pueblo mío al
9.26 les *dijo:* Vosotros no sois pueblo mío
9.29 como antes *dijo* Isaías: Si el Señor de
9.30 ¿qué, pues, *diremos?* Que los gentiles
9.30 es *decir*, la justicia que es por fe
10.6 la justicia que es por la fe *dice* así
10.6 no *digas* en tu corazón; ¿Quién subirá
10.8 ¿qué *dice?* Cerca de ti está la palabra
10.11 la Escritura *dice:* Todo aquel que en él
10.16 Isaías *dice:* Señor, ¿quién ha creído a
10.18 pero *digo:* ¿No han oído? Antes bien
10.19 *digo:* ¿No ha conocido esto Israel?
10.19 Moisés *dice:* Yo os provocaré a celos
10.20 Isaías *dice*..Fui hallado de los que no
10.21 pero acerca de Israel *dice:* Todo el día
11.1 *digo*..¿Ha desechado Dios a su pueblo?
11.2 sabéis qué *dice* de Elías la Escritura
11.2 invoca a Dios contra Israel, *diciendo*
11.4 pero ¿qué le *dice* la divina respuesta?
11.9 David *dice:* Sea vuelto su convite en
11.11 *digo*..¿Han tropezado los de Israel para
11.19 las ramas, *dirás*, fueron desgajadas
12.3 *digo*, pues, por la gracia que me es dada
12.19 mía es la venganza, yo pagaré, *dice* el
13.9 no hurtarás, no *dirás* falso testimonio
14.11 vivo yo, *dice* el Señor, que ante mí se
15.8 *digo*, que Cristo Jesús vino a ser siervo
15.10 otra vez *dice:* Alegraos, gentiles, con
15.12 *dice* Isaías: Estará la raíz de Isaí, y
1 Co. 1.12 quiero *decir*, que cada uno de..*dice*
1.15 ninguno *diga* que fuisteis bautizados en
3.4 *diciendo*..Yo ciertamente soy de Pablo
6.5 para avergonzaros lo *digo*. ¿Pues qué, no
6.16 porque *dice:* Los dos serán una sola carne
7.6 esto *digo* por vía de concesión, no por
7.8 *digo*..a los solteros y las viudas, que
7.12 y a los demás yo *digo*, no el Señor: Si
7.29 esto *digo*, hermanos: que el tiempo es
7.35 esto lo *digo* para vuestro provecho; no
9.8 ¿*digo* esto sólo como hombre? ¿No *dice*
9.10 o lo *dice* enteramente por nosotros?
10.15 os hablo; juzgad vosotros lo que *digo*
10.19 ¿qué *digo*..¿Que el ídolo es algo, o que
10.20 antes *digo* que lo que los gentiles
10.28 os *dijere:* Esto fue sacrificado a los
10.29 la conciencia, *digo*, no la tuya, sino
11.22 ¿qué os *diré?* ¿Os alabaré? En esto no
11.24 partió, y *dijo:* Tomad, comed; esto es
11.25 *diciendo:* Esta copa es el nuevo pacto
12.15 si *dijere* el pie: Porque no soy mano
12.16 si *dijere* la oreja: Porque no soy ojo
12.21 ni el ojo puede *decir* a la mano: No te
14.9 si por..¿cómo se entenderá lo que *decís?*
14.16 *dirá* el Amén a tu acción de gracias?
14.16 ¿cómo..pues no sabe lo que has *dicho*
14.21 y ni aun así me oirán, *dice* el Señor
14.23 y entran..¿no *dirán* que estáis locos?
14.34 estén sujetas, como..la ley lo *dice*
15.12 ¿cómo *dicen*..que no hay resurrección
15.27 cuando *dice*..cosas han sido sujetadas
15.34 Dios; para vergüenza vuestra lo *digo*
15.35 pero *dirá* alguno: ¿Cómo resucitarán los
15.50 esto *digo*, hermanos: que la carne y la
15.51 *digo* un misterio: No todos dormiremos
2 Co. 6.2 *dice:* En tiempo aceptable te he oído
6.16 *dijo:* Habitaré y andaré entre ellos, y
6.17 salid de en..y apartaos, *dice* el Señor
6.18 me seréis hijos e hijas, *dice* el Señor
7.3 no lo *digo* para condenaros; pues ya he
7.3 he *dicho*..que estáis en nuestro corazón
8.13 no *digo* esto para que haya para otros
9.3 que como lo he *dicho*, estéis preparados
9.4 nos avergoncemos..por no *decir* vosotros
9.6 esto *digo:* El que siembra escasamente
10.10 *dicen*, las cartas son duras y fuertes
11.16 vez *digo:* Que nadie me tenga por loco
11.21 para vergüenza mía lo *digo*, para eso
12.6 porque *diría* la verdad; pero lo dejo
12.9 me ha *dicho:* Bástate mi gracia; porque
13.2 he *dicho* antes, y ahora *digo* otra vez
Gá. 1.9 como antes hemos *dicho*, también ahora
1.23 oían *decir:* Aquel que en otro tiempo nos
2.14 *dije*..Si tú, siendo judío, vives como
3.8 *diciendo:* En ti serán benditas todas las
3.12 *dice:* El que hiciere estas cosas vivirá
3.16 no *dice:* Y a las simientes, como si
3.17 *digo:* El pacto..ratificado por Dios para
4.1 *digo:* Entre tanto que el heredero es niño
4.16 vuestro enemigo, por *deciros* la verdad?
4.21 *decidme*, los que queréis estar bajo la
4.30 ¿qué *dice* la Escritura? Echa fuera a la
5.2 os *digo* que si os circuncidáis, de nada
5.16 *digo*, pues: Andad en el Espíritu, y no
5.21 amonesto, como ya os lo he *dicho* antes
Ef. 4.8 por lo cual *dice:* Subiendo a lo alto
4.17 *digo*..que ya no andéis como los otros
5.14 cual *dice:* Despiértate, tú que duermes
5.32 yo *digo* esto respecto de Cristo y de la
Fil. 3.18 *dije*..y aun ahora lo *digo* llorando
4.4 regocijaos..otra vez *digo:* ¡Regocijaos!
4.11 no lo *digo* porque tenga escasez, pues
Col. 2.4 lo *digo* para que nadie os engañe con
4.17 *decid* a Arquipo: Mira que cumplas el
1 Ts. 4.6 es vengador..como ya os hemos *dicho*
4.15 os *decimos* esto en palabra del Señor
5.3 cuando *digan:* Paz y seguridad, entonces
2 Ts. 2.5 ¿no os acordáis que..os *decía* esto?
3.14 si alguno no obedece a lo que *decimos*
1 Ti. 2.7 *digo* verdad en Cristo, no miento
4.1 el Espíritu *dice*..que en los postreros
5.18 la Escritura *dice:* No pondrás bozal al
2 Ti. 2.7 considera lo que *digo*, y el Señor te
2.18 *diciendo* que la resurrección..se efectuó
Tit. 1.12 propio profeta, *dijo:* Los cretenses
2.8 no tenga nada malo que *decir* de vosotros
Flm. 19 no *decirte* que aun tú mismo te me debes
21 que harás aun más de lo que te *digo*
He. 1.5,13 ¿a cuál de los ángeles *dijo* Dios
1.6 *dice:* Adórenle todos los ángeles de Dios
1.7 de los ángeles *dice:* El que hace a sus
1.8 del Hijo *dice:* Tu trono, oh Dios, por el
2.2 la palabra *dicha* por medio de los ángeles
2.6 *diciendo:* ¿Qué es el hombre, para que
2.12 *diciendo:* Anunciaré a mis hermanos tu
3.5 para testimonio de lo que se iba a *decir*
3.7 *dice* el Espíritu Santo: Si oyereis hoy
3.10 *dije:* Siempre andan vagando en..corazón
3.13 entre tanto que se *dice:* Hoy; para que
3.15 que se *dice:* Si oyereis hoy su voz, no
4.3 que *dijo:* Por tanto, juré en mi ira, no
4.4 *dijo* así del séptimo día: Y reposó Dios
4.7 *diciendo*..como se *dijo:* Si oyereis hoy su
5.5 sino el que le *dijo:* Tú eres mi Hijo, yo
5.6 *dice* en otro lugar: Tú eres sacerdote
5.11 tenemos mucho que *decir*, y difícil de
6.14 *diciendo:* De cierto te bendeciré con
7.5 los diezmos..es *decir*, de sus hermanos
7.9 *decirlo* así, en Abraham pagó el diezmo
7.13 de quien se *dice* esto, es de otra tribu
7.21 con el juramento del que le *dijo:* Juró
8.1 lo que venimos *diciendo* es que tenemos
8.5 *diciéndole:* Mira, haz todas las cosas
8.8 reprendiéndolos *dice:* He aquí vienen días
8.8 aquí vienen días, *dice* el Señor, en que
8.9 yo me desentendí de ellos, *dice* el Señor
8.10 *dice* el Señor: Pondré mis leyes en la

DECIR *(Continúa)*
He. 8.11 *diciendo:* Conoce al Señor; porque todos
8.13 al *decir:* Nuevo pacto, ha dado por viejo
9.11 no hecho. . es *decir,* no de esta creación
9.20 *diciendo:* Esta es la sangre del pacto
10.5 *dice:* Sacrificio y ofrenda no quisiste
10.7 *dije:* He aquí que vengo, oh Dios, para
10.8 *diciendo* primero: Sacrificio y ofrenda
10.9 *diciendo* luego: He aquí que vengo, oh
10.15 nos atestigua. . después de haber *dicho*
10.16 *dice* el Señor: Pondré mis leyes en sus
10.30 pues conocemos al que *dijo:* Mía es la
10.30 la venganza, yo daré el pago, *dice* el
11.14 los que esto *dicen*. . dan a entender que
11.18 habiéndosele *dicho:* En Isaac te será
11.32 ¿y qué más *digo?* Porque el tiempo me
12.5 *diciendo:* Hijo mío, no menosprecies la
12.21 veía, que Moisés *dijo:* Estoy espantado
12.26 ha prometido, *diciendo:* Aún una vez, y
13.5 *dijo:* No te desampararé, ni te dejaré
13.6 podemos *decir*. . El Señor es mi ayudador
13.15 sacrificio de alabanza, es *decir,* fruto
Stg. 1.13 no *diga* que es tentado de parte de
2.3 le *decís:* Siéntate tú aquí en buen lugar
2.3 y *decís* al pobre. . Estate tú allí en pie
2.11 el que *dijo:* No cometerás adulterio
2.11 también ha *dicho:* No matarás
2.14 si alguno *dice* que tiene fe, y no tiene
2.16 les *dice:* Id en paz, calentaos y saciaos
2.18 *dirá:* Tú tienes fe, y yo tengo obras
2.23 la Escritura que *dice:* Abraham creyó a
4.5 ¿o pensáis que la Escritura *dice* en vano
4.6 eso *dice:* Dios resiste a los soberbios
4.13 los que *decís:* Hoy y mañana iremos a
4.15 deberíais *decir:* Si el Señor quiere, y
1 P. 3.20 pocas personas, es *decir,* 8, fueron
2 P. 1.17 una voz que *decía:* Este es mi Hijo
2.10 no temen *decir* mal de las potestades
3.2 las palabras que antes han sido *dichas*
3.4 *diciendo:* ¿Dónde está la promesa de su
1 Jn. 1.6 si *decimos* que tenemos comunión con
1.8 si *decimos* que no tenemos pecado, nos
1.10 *decimos* que no hemos pecado, le hacemos
2.4 el que *dice:* Yo le conozco, y no guarda
2.6 que *dice* que permanece en él, debe andar
2.9 *dice* que está en la luz, y aborrece a su
4.20 alguno *dice:* Yo amo a Dios, y aborrece
5.16 pecado de muerte. . no *digo* que se pida
2 Jn. 10 en casa, ni le *digáis:* ¡Bienvenido!
11 el que le *dice:* ¡Bienvenido! participa en
Jud. 9 Miguel. . que *dijo:* El Señor te reprenda
14 *diciendo:* He aquí, vino el Señor con sus
17 palabras. . fueron *dichas* por los apóstoles
18 que os *decían:* En el postrer tiempo habrá
Ap. 1.8 yo soy. . principio y fin, *dice* el Señor
1.11 que *decía:* Yo soy el Alfa y el Omega
1.17 *diciéndome:* No temas; yo soy el primero
2.1 el que anda en medio de los. . *dice* esto
2.2 probado a los que se *dicen* ser apóstoles
2.7,11,17,29; 3.6,13 oiga lo que el Espíritu *dice* a las iglesias
2.8 el que estuvo muerto y vivió, *dice* esto
2.9 blasfemia de los que se *dicen* ser judíos
2.12 el que tiene la espada aguda. . *dice* esto
2.18 el Hijo de Dios, el que tiene. . *dice* esto
2.20 que esa mujer. . que se *dice* profetisa
2.24 yo os *digo:* No os impondré otra carga
3.1 *dice* esto: Yo conozco tus obras, que
3.7 esto *dice* el Santo, el Verdadero, el que
3.9 yo entrego. . a los que se *dicen* ser judíos
3.14 el Amén, el testigo fiel y. . *dice* esto
3.17 *dices:* Yo soy rico, y me he enriquecido
4.1 *dijo:* Sube acá, y yo te mostraré las
4.8 no cesaban día y noche de *decir:* Santo
4.10 y echan sus coronas delante. . *diciendo*
5.5 uno de los ancianos me *dijo:* No llores
5.9 *diciendo:* Digno eres de tomar el libro
5.12 que *decían* a gran voz: El cordero que
5.13 *decir:* Al que está sentado en el trono
5.14 los cuatro seres. . *decían:* Amén; y los
6.1 oí. . *decir* como con voz de trueno: Ven y
6.3 oí al segundo ser. . que *decía:* Ven y mira
6.5 oí al tercer ser. . que *decía:* Ven y mira
6.6 que *decía:* Dos libras de. . por un denario
6.7 la voz del cuarto ser. . que *decía:* Ven y
6.10 *diciendo:* ¿Hasta cuándo, Señor, santo
6.11 y se les *dijo* que descansasen todavía
6.16 *decían* a los montes y a las peñas: Caed
7.3 *diciendo:* No hagáis daño a la tierra, ni
7.10 voz, *diciendo:* La salvación pertenece a
7.12 *diciendo:* Amén. La bendición. . gloria y
7.13 *diciéndome:* Estos que están vestidos de
7.14 *dije:* Señor, tú lo sabes. Y él me *dijo*
8.13 *diciendo* a gran voz: ¡Ay, ay, ay, de los
9.14 *diciendo* al sexto ángel que tenía la
10.4 *decía:* Sella las cosas que. . han *dicho*
10.8 y *dijo:* Vé y toma el librito que está
10.9 fui *diciéndole* que me diese el librito
10.9 *dijo:* Toma, y cómelo; y te amargará
10.11 me *dijo:* Es necesario que profetices
11.1 me *dijo:* Levántate, y mide el templo de
11.12 *decía:* Subid acá. Y subieron al cielo
11.15 voces. . que *decían:* Los reinos del mundo
11.17 *diciendo:* Te damos gracias, Señor Dios
12.10 oí una gran voz en el cielo, que *decía*
13.4 *diciendo:* ¿Quién como la bestia, y quién
14.7 *diciendo*. . Temed a Dios, y dadle gloria
14.8 ángel le siguió, *diciendo:* Ha caído, ha
14.9 ángel los siguió, *diciendo* a gran voz
14.13 me *decía:* Escribe: Bienaventurados de
14.13 sí, *dice* el Espíritu, descansarán de
14.18 llamó a. . *diciendo:* Mete tu hoz aguda
15.3 *diciendo:* Grandes y maravillosas son tus
16.1 una gran voz que *decía* desde el templo
16.5 oí al ángel. . que *decía:* Justo eres tú
16.7 oí a otro, que desde el altar *decía*
16.17 una gran voz del templo del. . *diciendo*
17.1 *diciéndome:* Ven acá, y te mostraré la
17.7 el ángel me *dijo:* ¿Por qué te asombras?
17.7 yo te *diré* el misterio de la mujer, y
17.15 me *dijo*. . Las aguas que has visto donde
18.2 y clamó. . *diciendo:* Ha caído. . Babilonia
18.4 *decía:* Salid de ella, pueblo mío, para
18.7 *dice* en su corazón: Yo estoy sentada
18.10,16,19 *diciendo:* ¡Ay, ay, de la gran
18.18 *diciendo:* ¿Qué ciudad era semejante a
18.21 mar, *diciendo:* Con el mismo ímpetu será
19.1 oí una gran voz. . que *decía:* ¡Aleluya!
19.3 otra vez *dijeron:* ¡Aleluya! Y el humo
19.4 adoraron a. . y *decían:* ¡Amén! ¡Aleluya!
19.5 una voz que *decía:* Alabad a nuestro Dios
19.6 *decía:* ¡Aleluya, porque el Señor nuestro
19.9 ángel me *dijo:* Escribe: Bienaventurados
19.9 y me *dijo:* Estas son palabras. . de Dios
19.10 él me *dijo:* Mira, no lo hagas; yo soy
19.17 *diciendo* a todas las aves que vuelan
21.3 *decía:* He aquí el tabernáculo de Dios
21.5 *dijo:* He aquí, yo hago nuevas todas las
21.5 me *dijo:* Escribe; porque estas palabras
21.6 me *dijo:* Hecho está. Yo soy el Alfa y
21.9 *diciendo:* Ven acá, yo te mostraré la
22.6 y me *dijo:* Estas palabras son fieles y
22.9 él me *dijo:* Mira, no lo hagas; porque
22.10 me *dijo:* No selles las palabras de la
22.17 y el Espíritu y la Esposa *dicen:* Ven
22.17 el que oye, *diga:* Ven. Y el que tiene
22.20 cosas *dice:* Ciertamente vengo en breve

DECISIÓN
Pr. 16.33 la suerte. . de Jehová es la *d* de ella
Jl. 3.14 muchos pueblos en el valle de la *d*
3.14 cercano está el día. . en el valle de la *d*
Hch. 20.3 tomó la *d* de volver por Macedonia

DECLARACIÓN
Job 13.17 oíd. . y mi *d* entre en vuestros oídos
Pr. 1.6 para entender proverbio y *d,* palabras
Ec. 8.1 ¿y quién como el que sabe la *d* de las

DECLARAR
Gn. 12.18 ¿por qué no me *declaraste* que era tu
24.49 con mi señor, *declarádmelo;* y si no, *d*
32.29 Jacob le. . *Declárame* ahora tu nombre
41.12 y *declaró* a cada uno conforme a. . sueño
43.6 *declarando* al varón que teníais otro
43.7 le *declaramos* conforme a estas palabras
49.1 os *declararé* lo que os ha de acontecer
Éx. 18.16 *declaro* las ordenanzas de Dios y sus
25.22 de allí me *declararé* a ti, y hablaré
33.12 no me has *declarado* a quien enviarás
Lv. 13.3,8,11,15,20,22,25,27,30,44 el sacerdote lo *declarará* inmundo
13.6,23,28,34,37 el sacerdote lo *declarará* limpio
13.13 *declarará* limpio al llagado; toda ella
13.59 para que sea *declarada* limpia o inmunda
14.7 rociará siete veces. . le *declarará* limpio
14.48 el sacerdote *declarará* limpia la casa
24.12 fuese *declarado* por palabra de Jehová
Nm. 15.34 no estaba *declarado* qué se le había
22.12 ¿no lo *declaré*. . a tus mensajeros que
32.24 haced lo que ha *declarado* vuestra boca
Dt. 1.5 resolvió Moisés *declarar* esta ley
5.5 para *declararos* la palabra de Jehová
17.11 no te. . de la sentencia que te *declaren*
26.3 *declaro* hoy a Jehová. . que he entrado en
26.17 has *declarado*. . que Jehová es tu Dios
26.18 ha *declarado*. . que tú eres pueblo suyo
32.7 pregunta a tu padre, y él te *declarará*
Jos. 4.22 *declararéis*. . diciendo: Israel pasó en
7.19 y *declárame* ahora lo que has hecho; no
Jue. 14.2 subió, y lo *declaró* a su padre y a su
14.6 Sansón. . no *declaró*. . lo que había hecho
14.12 si. . me lo *declaráis* y descifráis, yo os
14.13 si no me lo podéis *declarar,* entonces
14.14 ellos no pudieron *declararle* el enigma
14.15 induce a. . que nos *declare* este enigma
14.16 no me amas. . no me *declaras* el enigma
14.16 ni a. . he *declarado*. . había de *declarar*
14.17 se lo *declaró*. . y ella lo *d* a los hijos
16.6 me *declares* en qué consiste tu. . fuerza
Rt. 4.4 si no quieres redimir, *decláramelo* para
1 S. 9.8 para que nos *declare* nuestro camino
9.27 para que te *declare* la palabra de Dios
10.15 te ruego me *declares* qué os dijo Samuel
10.16 nos *declaró*. . que las asnas habían sido
14.43 *decláramelo*. . Y Jonatán se lo *declaró*
15.16 *declararte* lo que Jehová me ha dicho
18.26 siervos *declararon* a David. . palabras
19.7 Jonatán. . *declaró* todas estas palabras
23.11 te ruego que lo *declares* a tu siervo
25.19 id. . y nada *declaró* a su marido Nabal
25.36 ella no le *declaró* cosa alguna hasta
28.15 que me *declares* lo que tengo que hacer
2 S. 19.6 has *declarado* que nada te importan
1 R. 1.20 les *declares* quién se ha de sentar
1.27 sin haber *declarado*. . quién se había de
14.3 *declare* lo que ha de ser de este niño
2 R. 4.2 *declárame* qué tienes en casa. Y ella
4.31 y se lo *declaró,* diciendo: El niño no
6.11 ¿no me *declararéis* vosotros quién de
6.12 *declara*. . las palabras que tú hablas en
7.10 *declararon,* diciendo: Nosotros fuimos
7.12 os *declararé* lo que nos han hecho los
9.12 *decláranoslo* ahora. Y él dijo: Así y así
22.10 escriba Safán *declaró* al rey, diciendo
1 Cr. 16.41 los. . *declarados* por sus nombres
2 Cr. 34.18 *declaró* el escriba Safán al rey
Neh. 2.12 y no *declaré* a hombre alguno lo que
2.16 ni. . lo había *declarado* yo a los judíos
2.18 *declaré* cómo la mano de mi Dios había
Est. 2.10 Ester no *declaró* cuál era su pueblo
2.10 le había mandado que no lo *declarase*
2.20 Ester. . no había *declarado* su nación ni
3.4 ya él les había *declarado* que era judío
3.6 le habían *declarado* cuál era el pueblo
4.7 le *declaró*. . lo que le había acontecido
4.8 lo *declarase,* y le encargara que fuese
8.1 Ester le *declaró* lo que él era respecto
Job 11.6 *declarara* los secretos de la sabiduría
12.8 peces del mar te lo *declararán* también
15.5 tu boca *declaró* tu iniquidad, pues has
32.6 miedo, y he temido *declararos* mi opinión
32.7 muchedumbre de años *declarará* sabiduría
32.10 dije. . *declararé* yo también mi sabiduría
32.17 parte; también yo *declararé* mi juicio
33.3 mis razones *declararán* la rectitud de
36.33 el trueno *declara* su indignación, y la
38.18 ¿has considerado. . *Declara* si sabes todo
Sal. 19.2 una noche a otra. . *declara* sabiduría
32.5 mi pecado te *declaré,* y no encubrí mi
49.4 oído; *declararé* con el arpa mi enigma
50.6 y los cielos *declararán* su justicia
Pr. 12.17 el que habla verdad *declara* justicia
Ec. 9.1 para *declarar* todo esto: que los justos
Is. 44.7 ¿y quién proclamará lo. . lo *declarará*
Jer. 9.12 ¿y a quién habló. . pueda *declararlo?*
38.15 Jeremías dijo. . Si te lo *declarare,* ¿no
38.45 *decláranos*. . qué hablaste con el rey
42.21 y os lo he *declarado* hoy, y no habéis
Dn. 2.10 no hay. . que pueda *declarar* el asunto
2.11 y no hay quien lo pueda *declarar* al rey
4.2 que yo *declare* las señales y milagros que
4.9 *declárame* las visiones de mi sueño que
10.21 te *declararé* lo que está escrito en el
Jon. 1.8 *decláranos*. . por qué nos ha venido este
1.10 ellos sabían. . él se lo había *declarado*
Mi. 6.8 él te ha *declarado* lo que es bueno, y
Hab. 2.2 dijo: Escribe la visión, y *declárala*
Mt. 7.23 *declararé:* Nunca os conocí; apartaos
13.35 *declararé* cosas escondidas desde la
16.21 comenzó. . a *declarar* a sus discípulos
Mr. 4.34 a sus discípulos. . les *declaraba* todo
14.64 todos. . *declarándole* ser digno de muerte
Lc. 8.47 *declaró*. . por qué causa le había tocado
24.27 les *declaraba* en. . lo que de él decían
Jn. 4.25 él venga nos *declarará* todas las cosas
13.21 *declaró* y dijo: De cierto, de cierto
Hch. 17.3 *declarando*. . que era necesario que él
28.23 *declaraba* y les testificaba el reino
Ro. 1.4 fue *declarado* Hijo de Dios con poder
1 Co. 3.13 día la *declarará,* pues por el fuego
10.28 por causa de aquel que lo *declaró,* y
14.25 *declarando*. . Dios está entre vosotros
15.1 os *declaro,* hermanos, el evangelio que
Ef. 3.3 fue *declarado* el misterio, como antes
Col. 1.8 quien. . nos ha *declarado* vuestro amor
He. 5.10 fue *declarado* por Dios sumo sacerdote
2 P. 1.14 como nuestro Señor. . me ha *declarado*
Ap. 1.1 la *declaró* enviándola por medio de su

DECLINAR
Jue. 19.8 y aguarda hasta que *decline* el día
19.9 he aquí ya el día *declina* para anochecer
19.11 el día había *declinado* mucho; y dijo
2 R. 20.10 fácil cosa es que la sombra *decline*
Sal. 90.9 nuestros días *declinan* a causa de tu
109.23 me voy como la sombra cuando *declina*
Lc. 9.12 pero el día comenzaba a *declinar;* y
24.29 se hace tarde, y el día ya ha *declinado*

DECORAR
Is. 60.13 para *decorar* el lugar de mi santuario

DECORO
2 S. 6.20 como se descubre sin *d* un cualquiera!
1 Co. 12.23 menos decorosos, se tratan con. . *d*

DECOROSO, SA

1 Co. 12.23 los que en nosotros son menos *d*, se
12.24 son más *d*, no tienen necesidad; pero
1 Ti. 2.9 que las mujeres se atavíen de ropa *d*
3.2 el obispo sea. . *d*, hospedador, apto para

DECRECER

Gn. 8.3 y las aguas *decrecían* gradualmente de
8.5 y las aguas fueron *decreciendo* hasta el

DECRÉPITO

2 Cr. 36.17 mató a. . sin perdonar. . anciano ni *d*

DECRETAR

1 R. 5.13 Salomón *decretó* leva en todo Israel
22.23 Jehová ha *decretado* el mal acerca de
2 Cr. 25.16 sé que Dios ha *decretado* destruirte
Est. 3.9 si place. . *decrete* que sean destruidos
Sal. 149.9 para ejecutar. . el juicio *decretado*
Is. 23.8 ¿quién *decretó* esto sobre Tiro, la que
23.9 Jehová de los ejércitos lo *decretó*, para
Dn. 3.29 *decreto* que todo pueblo, nación o

DECRETO

Lv. 26.3 si anduviereis en mis *d* y guardareis
26.15 si desdeñareis mis *d*, y vuestra alma
Nm. 15.16 una misma ley y un mismo *d* tendréis
Dt. 4.1 oh Israel, oye los estatutos y *d* que yo
4.5 os he enseñado. . *d*, como Jehová mi Dios
4.45 los *d* que habló Moisés a los. . de Israel
5.1 oye, Israel. . *d* que yo pronuncio hoy en
5.31 *d* que les enseñarás, a fin de que los
6.1 *d* que Jehová vuestro Dios mandó que os
6.20 ¿qué significan. . *d* que Jehová. . mandó?
7.11 guarda, por tanto. . *d* que yo te mando hoy
7.12 y por haber oído estos *d*, y haberlos
8.11 para cumplir sus. . *d* y sus estatutos que
11.1 y guardarás. . sus *d* y sus mandamientos
11.32 de cumplir todos los. . *d* que yo presento
12.1 los. . *d* que cuidaréis de poner por obra
26.16 te manda. . cumplas estos estatutos y *d*
26.17 y guardarás sus estatutos. . y sus *d*, y
30.16 guardes. . sus estatutos y sus *d*, para
33.21 ejecutó los. . y los justos *d* de Jehová
2 S. 22.23 todos sus *d* estuvieron delante de mí
1 R. 2.3 guarda. . observando sus estatutos y. . *d*
6.12 e hicieres mis *d*, y guardares todos mis
8.58 guardemos sus. . sus estatutos y sus *d*
9.4 si tú. . guardando mis estatutos y mis *d*
11.33 no. . y mis *d*, como hizo David su padre
1 Cr. 22.13 de poner por obra los estatutos y *d*
28.7 poner por obra mis. . *d*, como en este día
2 Cr. 7.17 si. . guardares mis estatutos y mis *d*
19.10 entre ley y precepto, estatutos y *d*
Esd. 6.11 cualquiera que altere este *d*, se le
6.12 Darío he dado el *d*; sea cumplido pronto
7.10 para enseñar en Israel sus estatutos y *d*
Neh. 10.29 y cumplirían todos. . *d* y estatutos
Est. 1.19 salga un *d* real de vuestra majestad
1.20 el *d* que dicte el rey será oído en todo
2.8 cuando se divulgó el mandamiento y *d* del
4.3 donde. . su *d* llegaba, tenían los judíos
4.8 le dio. . copia del *d* que había sido dado
8.13 del edicto que había de darse por *d* en
9.1 cuando debía ser ejecutado el. . y su *d*
Job 38.10 y establecí sobre él mi *d*, le puse
Sal. 2.7 yo publicaré el *d*; Jehová me ha dicho
105.10 la estableció a Jacob por *d*, a Israel
Ez. 5.6 ella cambió mis *d* y mis ordenanzas en
5.6 desecharon mis *d* y mis mandamientos, y
11.12 ni habéis obedecido mis *d*, sino según
11.20 guarden mis *d* y los cumplan, y me sean
18.9 y guardare mis *d* para hacer rectamente
18.17 guardare mis *d*. . ordenanzas. . no morirá
20.11 les di mis. . y les hice conocer mis *d*
20.13 y desecharon mis *d*, por los cuales el
20.16 desecharon mis *d*, y no anduvieron en
20.21 ni guardaron mis *d* para ponerlos por
20.24 no pusieron por obra mis *d*, sino que
20.25 y *d* por los cuales no podrían vivir
44.24 mis *d* guardarán en todas mis fiestas
Dn. 4.17 sentencia es por *d* de los vigilantes
Sof. 2.2 antes que tenga efecto el *d*, y el día
Hch. 17.7 contravienen los *d* de César, diciendo
Col. 2.4 anulando el acta de los *d* que había
He. 11.23 escondido. . y no temieron el *d* del rey

DEDÁN

1. Descendiente de Cus No. 2, **Gn. 10.7; 1 Cr. 1.9**

2. Hijo de Jocsán, **Gn. 25.3(2); 1 Cr. 1.32**

3. Tribu de Arabia, descendiente de No. 2

Is. 21.13 pasaréis la noche. . oh caminantes de *D*
Jer. 25.23 a *D*, a Tema y a Buz, y a todos los
49.8 huid, volveos atrás. . oh moradores de *D*
Ez. 25.13 desde Temán hasta *D* caerán a espada
27.15 hijos de *D* traficaban contigo; muchas
27.20 *D* comerciaba contigo. . paños preciosos
38.13 Sabá y *D*, y los mercaderes de Tarsis

DEDICACIÓN

Nm. 7.10 trajeron ofrendas para la *d* del altar
7.11 ofrecerán su ofrenda. . para la *d* del altar
7.84,88 fue la ofrenda para la *d* del altar
2 Cr. 7.9 hecho la *d* del altar en siete días
Esd. 6.16 hicieron la *d* de esta casa de Dios
6.17 y ofrecieron en la *d* de. . cien becerros
Neh. 12.27 la *d* del muro. . la *d* y la fiesta con
Sal. 30 *tít.* salmo cantado en la *d* de la casa
Dn. 3.2,3 a la *d* de la estatua que el rey
Jn. 10.22 celebrábase. . la fiesta de la *d*. Era

DEDICAR

Éx. 13.12 *dedicarás* a Jehová. . abriere matriz
Lv. 22.2 los hijos de Israel me han *dedicado*
27.14 alguno *dedicare* su casa consagrándola
27.15 mas si el que *dedicó* su casa deseare
27.16 si alguno *dedicare* de la tierra de su
27.17 si *dedicare* su tierra desde el año del
27.18 mas si después del. . *dedicare* su tierra
27.19 que *dedicó* la tierra quisiere redimirla
27.22 si *dedicare* alguno a Jehová la tierra
27.26 nadie lo *dedicará;* sea buey u oveja, de
27.28 que alguno hubiere *dedicado* a Jehová
27.30 el diezmo. . es cosa *dedicada* a Jehová
Nm. 6.2 haciendo voto de. . *dedicarse* a Jehová
8.16 son *dedicados* a mí los levitas de entre
Jue. 17.3 he *dedicado* el dinero a Jehová por
1 S. 1.11 lo *dedicaré* a Jehová todos los días
1.28 yo, pues, lo *dedico* también a Jehová
6.15 *dedicaron* sacrificios a Jehová en aquel
2 S. 8.11 David *dedicó* a Jehová, con la plata
8.11 había *dedicado* de todas las naciones
1 R. 7.51 metió. . lo que David. . había *dedicado*
8.63 así *dedicaron* el rey. . la casa de Jehová
15.15 metió. . lo que su padre había *dedicado*
15.15 lo que él *dedicó*; oro, plata y alhajas
2 R. 12.18 que habían *dedicado* Josafat y Joram
12.18 las que él había *dedicado*, y todo el
23.11 los caballos que. . habían *dedicado* al sol
1 Cr. 18.11 el rey David *dedicó* a Jehová, con
23.13 Aarón fue apartado para ser *dedicado* a
2 Cr. 5.1 las cosas que David. . había *dedicado*
7.5 así *dedicaron* la casa de Dios el rey y
15.18 trajo. . lo que su padre había *dedicado*
31.4 ellos se *dedicasen* a la ley de Jehová
31.14 distribución de las ofrendas *dedicadas*
35.3 los levitas. . estaban *dedicados* a Jehová
Ec. 1.17; 8.16 *dediqué* mi corazón a. . sabiduría
1 Co. 16.15 ellos se han *dedicado* al servicio

DEDO

Éx. 8.19 dijeron a Faraón: *D* de Dios es éste
29.12 pondrás sobre los cuernos del. . con tu *d*
29.20 la pondrás. . sobre el *d* pulgar de las
29.20 sangre. . sobre el *d* pulgar de los pies
31.18 dos tablas. . escritas con el *d* de Dios
Lv. 4.6,17 mojará el sacerdote su *d*. . sangre
4.25,30,34 con su *d*. . tomará de la sangre
8.15 con su *d* sobre los cuernos del altar
8.23 sobre el *d* pulgar de su mano derecha
8.23 y sobre el *d* pulgar de su pie derecho
9.9 mojó su *d* en la sangre, y puso de ella
14.16 mojará su *d* derecho en el aceite que
14.16 esparcirá del aceite con su *d* 7 veces
14.27 con su *d* derecho. . rociará del aceite
16.14 la sangre. . la rociará con su *d* hacia
16.14 esparcirá con su *d* siete veces de
16.19 esparcirá. . la sangre con su *d* 7 veces
Nm. 19.4 la sangre con su *d*, y rociará hacia
Dt. 9.10 tablas de. . escritas con el *d* de Dios
2 S. 21.20 tenía doce *d* en las manos, y otros
1 R. 12.10 menor *d* de los míos es más grueso
1 Cr. 20.6 cual tenía seis *d* en pies y manos
2 Cr. 10.10 mi *d* más pequeño es más grueso que
Sal. 8.3 cuando veo tus cielos, obra de tus *d*
144.1 quien adiestra. . mis *d* para la guerra
Pr. 6.13 habla con los pies. . señas con los *d*
7.3 lígalos a tus *d;* escríbelos en la tabla
30.32 si. . hacer mal, pon el *d* sobre tu boca
Cnt. 5.5 gotearon. . y mis *d* mirra, que corría
Is. 2.8 manos y ante lo que fabricaron sus *d*
17.8 ni mirará a lo que hicieron sus *d*, ni
40.12 con tres *d* juntó el polvo de la tierra
58.9 el *d* amenazador, y el hablar vanidad
59.3 contaminadas. . vuestros *d* de iniquidad
Jer. 52.21 columnas. . espesor era de cuatro *d*
Dn. 2.41 lo que viste de los pies y los *d*, en
2.42 por ser los *d* de los pies en parte de
5.5 aparecieron los *d* de una mano de hombre
Mt. 23.4 ellos ni con un *d* quieren moverlas
Mr. 7.33 metió los *d* en las orejas de él, y
Lc. 11.20 si por el *d* de Dios echo yo fuera
11.46 vosotros ni aun con un *d* las tocáis
16.24 que moje la punta de su *d* en agua, y
Jn. 8.6 inclinado. . escribía en tierra con el *d*
20.25 y metiere mi *d* en el lugar de. . clavos
20.27 dijo. . Pon aquí tu *d*, y mira mis manos

DEFECCIÓN

Ro. 11.12 y su *d* la riqueza de los gentiles

DEFECTO

Éx. 12.5 animal será sin *d*, macho de un año
29.1 toma un becerro. . y dos carneros sin *d*
Lv. 1.3,10 ofrenda. . macho sin *d* lo ofrecerá
3.1,6 sea macho o hembra, sin *d* la ofrecerá
4.3 ofrecerá. . becerro sin *d* para expiación
4.23 por su ofrenda un macho cabrío sin *d*
4.28 traerá. . una cabra sin *d*, por su pecado
4.32 si. . trajere cordero, hembra sin *d* traerá
5.15,18; 6.6 un carnero sin *d* de los rebaños
9.2 un carnero. . sin *d*, y ofrécelos delante
9.3 un becerro y un cordero de un año, sin *d*
14.10 el día octavo tomará dos corderos sin *d*
21.17 ninguno. . que tenga algún *d*, se acercará
21.18,21 ningún varón en el cual haya *d* se
21.21 hay *d* en él; no se acercará a ofrecer
21.23 ni se acercará al altar. . hay *d* en él
22.19 sea aceptado, ofreceréis macho sin *d*
22.20 ninguna cosa en que haya *d* ofreceréis
22.21 sacrificio. . que sea aceptado será sin *d*
22.25 hay en ellos *d*, no se os aceptarán
23.12 ofreceréis un cordero de un año, sin *d*
23.18 y ofreceréis con. . siete corderos. . sin *d*
Nm. 6.14 cordera de un año sin *d* en expiación
6.14 ofrecerá. . un carnero sin *d* por ofrenda
28.9 de reposo, dos corderos de un año sin *d*
28.11 ofreceréis. . 7 corderos de un año sin *d*
28.19 ofreceréis. . dos becerros. . serán sin *d*
28.31 ofreceréis. . sus ofrendas. . serán sin *d*
29.2 ofreceréis. . 7 corderos de un año sin *d*
29.8 ofreceréis. . siete corderos. . serán sin *d*
29.13,17,20,23,26,29,32 catorce corderos de un año sin *d*
29.36 carnero, siete corderos de un año sin *d*
Dt. 15.21 si hubiere en él *d*. . no lo sacrificarás
2 S. 14.25 hasta su coronilla no había en él *d*
Job 33.9 yo soy limpio y sin *d;* soy inocente, y
Ez. 43.22 un macho cabrío sin *d*, para expiación
43.23 ofrecerás un becerro de la vacada sin *d*
45.18 tomarás de la vacada un becerro sin *d*
45.23 ofrecerá. . siete carneros sin *d*, cada
46.4 el holocausto. . será seis corderos sin *d*
46.6 seis. . y un carnero; deberán ser sin *d*
46.13 ofrecerás. . un cordero de un año sin *d*
He. 8.7 si aquel primero hubiera sido sin *d*

DEFENDER

Éx. 2.17 Moisés se levantó y las *defendió*, y
2.19 un varón egipcio nos *defendió* de mano
Dt. 32.38 levántense. . os ayuden y os *defiendan*
Jos. 10.6 sube. . a nosotros para *defendernos* y
Jue. 6.31 *¿defenderéis* su causa? Cualquiera que
12.2 llamé, y no me *defendisteis* de su mano
12.3 viendo. . que no me *defendíais*, arriesgué
18.28 no hubo quien los *defendiese*, porque
1 S. 11.3 y si no hay nadie que nos *defienda*
24.15 Jehová, pues. . me *defienda* de tu mano
25.34 que me ha *defendido* de hacerte mal, que
2 S. 18.19 de que Jehová ha *defendido* su causa
18.31 hoy Jehová ha *defendido* tu causa de la
23.12 y lo *defendió*, y mató a los filisteos
2 R. 16.7 *defiéndeme* de mano del rey de Siria
1 Cr. 11.14 la *defendieron*, y vencieron a los
2 Cr. 13.7 Roboam era joven. . y no se *defendió*
Esd. 8.22 tropa. . que nos *defendiesen* del enemigo
Job 13.15 *defenderé* delante de él mis caminos
Sal. 5.11 den voces de júbilo. . tú los *defiendes*
20.1 el nombre del Dios de Jacob te *defienda*
34.7 el ángel de Jehová acampa. . los *defiende*
35.23 y despierta. . para *defender* mi causa
43.1 júzgame, oh Dios, y *defiende* mi causa
54.1 Dios, sálvame. . con tu poder *defiéndeme*
82.3 *defended* al débil y al huérfano; haced
119.154 *defiende* mi causa, y redímeme. . con tu
Pr. 31.9 y *defiende* la causa del pobre y del
Is. 47.13 comparezcan ahora y te *defiendan* los
49.25 tu pleito yo lo *defenderé*, y yo salvaré
Jer. 15.20 yo estoy contigo. . para *defenderte*
Lm. 3.59 tú has visto. . mi agravio; *defiende* mi
Zac. 12.8 *defenderá* al morador de Jerusalén; el
Hch. 7.24 lo *defendió*, e hiriendo al egipcio
25.16 que. . pueda *defenderse* de la acusación
26.2 de que haya de *defenderme* hoy delante de
Ro. 2.15 y acusándoles o *defendiéndoles* sus

DEFENSA

Est. 8.11 estuviesen a la *d* de su vida, prontos
9.16 los judíos. . se pusieron en *d* de su vida
Job 22.25 el Todopoderoso será tu *d*, y tendrás
36.2 todavía tengo razones en *d* de Dios
Sal. 59.9 esperaré en ti, porque Dios es mi *d*
Nah. 2.5 se apresurarán. . y la *d* se preparará
Lc. 21.14 pensar cómo. . responder en vuestra *d*
Hch. 19.33 Alejandro. . quería hablar en su *d*
22.1 y padres, oíd ahora mi *d* ante vosotros
24.10 eres juez de. . con buen ánimo haré mi *d*
25.8 alegando Pablo en su *d:* Ni contra la ley
26.1 extendiendo la mano, comenzó así su *d*
26.24 diciendo él estas cosas en su *d*, Festo
1 Co. 9.3 contra los que me acusan, esta es mi *d*
2 Co. 7.11 qué *d*, qué indignación, qué temor
Fil. 1.7 en la *d* y confirmación del evangelio

DEFENSA *(Continúa)*
Fil. 1.17 que estoy puesto para la *d* del evangelio
2 Ti. 4.16 primera *d* ninguno estuvo a mi lado
1 P. 3.15 siempre preparados para presentar *d*

DEFENSOR
Sal. 68.5 padre de huérfanos y *d* de viudas es
Pr. 23.11 el *d* de ellos es el Fuerte, el cual

DEFICIENTE
Tit. 1.5 en Creta, para que corrigieses lo *d*

DEFORMAR
Job 30.18 la violencia *deforma* mi vestidura; me

DEFRAUDAR
Lv. 5.16 y pagará lo que hubiere *defraudado* de
Pr. 8.36 que peca contra mí, *defrauda* su alma
Ec. 4.8 trabajo. .y *defraudo* mi alma del bien?
Ez. 22.12 prójimos *defraudaste* con violencia
46.18 no. .para no *defraudarlos* de su posesión
Mal. 3.5 *defraudan* en su salario al jornalero
Mr. 10.19 no *defraudes*. Honra a tu padre y a tu
Lc. 19.8 si en algo he *defraudado* a alguno, se
1 Co. 6.7 ¿por qué no sufrís. .ser *defraudados?*
6.8 y *defraudáis*, y esto a los hermanos
Tit. 2.10 no *defraudando*, sino mostrándose fieles

DEGOLLADERO
Pr. 7.22 marchó tras ella, como. .el buey al *d*
Is. 65.12 todos vosotros os arrodillaréis al *d*
Jer. 12.3 arrebátalos como a ovejas para el *d*
48.15 sus jóvenes escogidos descendieron al *d*

DEGOLLAR
Gn. 22.10 el cuchillo para *degollar* a su hijo
37.31 *degollaron* un cabrito de las cabras
43.16 y *degüella* una res y prepárala, pues
Éx. 22.1 hurtare buey. .lo *degollare* o vendiere
Lv. 1.5 *degollará* el becerro en la presencia de
1.11 lo *degollará* al lado norte del altar
3.2 la *degollará* a la puerta del tabernáculo
3.8,13 la *degollará* delante del tabernáculo
4.4 becerro. .lo *degollará* delante de Jehová
4.15 presencia de Jehová *degollarán*. .becerro
4.24,33 *degollará*. .el lugar donde se *degüella*
4.29 la *degollará* en el lugar del holocausto
6.25 donde se *degüella*. .*degollada* la ofrenda
7.2 donde *degüellan* el holocausto, *degollarán*
8.15,23 lo *degolló;* y Moisés tomó la sangre
8.19 y lo *degolló;* y roció Moisés la sangre
9.8 se acercó Aarón. .*degolló* el becerro de
9.12 *degolló*. .el holocausto. .le presentaron
9.15 lo *degolló*, y lo ofreció por el pecado
9.18 *degolló* también el buey y el carnero en
14.13 *degollará*. .el lugar donde se *degüella*
14.19 hará. .después *degollará* el holocausto
14.25 luego *degollará* el cordero de la culpa
14.50 *degollará* una avecilla en una vasija de
16.11 *degollará* en expiación el becerro que
16.15 *degollará* el macho cabrío en expiación
17.3 varón. .que *degollare* buey o cordero o
22.28 no *degollaréis* en un mismo día a ella
Nm. 11.22 ¿se *degollarán* para ellos ovejas y
19.3 y él. .la hará *degollar* en su presencia
Jue. 12.6 le *degollaban* junto a los vados del
1 S. 14.32 *degollaron* en el suelo; y el pueblo
14.34 *degolladlas* aquí. .y las *degollaron* allí
1 R. 18.40 los llevó Elías. .y allí los *degolló*
2 R. 10.7 y *degollaron* a los setenta varones
10.14 *degollaron* junto al pozo de la casa de
25.7 *degollaron* a los hijos de Sedequías en
Is. 22.13 alegría, matando vacas y *degollando*
66.3 que sacrifica oveja, como si *degollase*
Jer. 11.19 como cordero. .que llevan a *degollar*
25.34 para que seáis *degollados* y esparcidos
39.6 *degolló* el rey. .los hijos de Sedequías
39.6 haciendo. .*degollar*. .a todos los nobles
41.7 los *degolló*, y los echó dentro de una
52.10 *degolló*. .a los hijos. .*d*. .príncipes de
Lm. 2.21 mataste en. .*degollaste*, no perdonaste
Ez. 16.21 que *degollases* también a mis hijos
21.10 para *degollar* víctimas está afilada
21.15 dispuesta. .y preparada para *degollar*
21.28 está desenvainada para *degollar;* para
34.3 engordada *degolláis*, mas no apacentáis
40.39 mesas. .para *degollar*. .el holocausto
40.41 sobre las cuales *degollarán*. .víctimas
40.42 los utensilios con que *degollarán* el

DEGRADAR
Ez. 22.16 *degradada* a la vista de las naciones

DEHESA
Is. 30.23 serán apacentados en espaciosas *d*

DEIDAD
Ro. 1.20 *d*, se hacen claramente visibles desde
Col. 2.9 en él habita. .toda la plenitud de la *D*

DEJAR
Gn. 2.24 *dejará* el hombre a su padre y. .madre
11.8 esparció. .*dejaron* de edificar la ciudad
19.20 *dejadme* escapar ahora allá (¿no es ella
28.15 no te *dejaré* hasta que haya hecho lo que
29.35 dio a luz un hijo. .y *dejó* de dar a luz
30.9 viendo, pues, Lea, que había *dejado* de
30.26 dame mis mujeres y mis. .y *déjame* ir
31.28 ni aun me *dejaste* besar a mis hijos y
32.26 y dijo: *Déjame*, porque raya el alba
32.26 Jacob. .No te *dejaré*, si no me bendices
33.15 *dejaré*. .de la gente que viene conmigo
38.16 dijo: *Déjame* ahora llegarme a ti; pues
39.6 *dejó* todo lo que tenía en mano de José
39.12 él *dejó* su ropa en las manos de ella
39.13 vio ella que le había *dejado* su ropa
39.15 *dejó* junto a mí su ropa, y huyó y salió
39.18 yo. .grité, él *dejó* su ropa junto a mí
42.33 *dejad* conmigo. .de vuestros hermanos
44.22 no puede *dejar* a su padre. .si lo *dejare*
50.8 *dejaron* en la tierra de Gosén sus niños
Éx. 2.20 ¿por qué habéis *dejado* a ese hombre?
3.19 sé que el rey de Egipto no os *dejará* ir
3.20 heriré a Egipto. .entonces os *dejará* ir
4.21 su corazón, de modo que no *dejará* ir al
4.23 ya te he dicho que *dejes* ir a mi hijo
4.23 no has querido *dejarlo* ir: he aquí yo voy
4.26 así le *dejó* luego ir. Y ella dijo: Esposo
5.1 *deja* ir a mi pueblo a celebrarme fiesta
5.2 que. .*deje* ir a Israel? Yo no. .*dejaré* ir a
6.1 porque con mano fuerte los *dejará* ir, y
6.11; 7.2 *deje* ir de su tierra a los hijos
8.1,20 ha dicho así: *Deja* ir a mi pueblo
8.2 si no lo quisieres *dejar* ir, he aquí yo
8.8 las ranas. .y *dejaré* ir a tu pueblo para
8.21 si no *dejas* ir a mi pueblo, he aquí yo
8.28 dijo Faraón: Yo os *dejaré* ir para que
8.29 que Faraón no falte más, no *dejando* ir al
8.32 Faraón endureció. .y no *dejó* ir al pueblo
9.1,13 *deja* ir a mi pueblo, para que me sirva
9.2 si no lo quieres *dejar* ir, y lo detienes
9.7 se endureció, y no *dejó* ir al pueblo
9.17 contra mi pueblo, para no *dejarlos* ir?
9.21 *dejó* sus criados y sus ganados en el
9.28 y yo os *dejaré* ir, y no os detendréis
9.35 no *dejó* ir a los hijos de Israel, como
10.4 si aún rehúsas *dejarlo* ir, he aquí que
10.7 *deja* ir a estos hombres, para que sirvan
10.10 ¿cómo os voy a *dejar* ir a vosotros y a
10.12 y consuma todo lo que el granizo *dejó*
10.15 el fruto. .que había *dejado* el granizo
10.20 corazón de Faraón, y éste no *dejó* ir a
10.27 Jehová endureció. . no quiso *dejarlos* ir
11.1 después de la cual él os *dejará* ir de
12.10 ninguna cosa *dejaréis* de él hasta la
12.23 Jehová. .no *dejará* entrar al heridor en
13.15 y endureciéndose. .para no *dejarnos* ir
13.17 y luego que Faraón *dejó* ir al pueblo
14.5 haber *dejado* ir a Israel, para que no
14.12 ¿no es. .*Déjanos* servir a los egipcios?
16.19 ninguno *deje* nada de ello para mañana
16.20 algunos *dejaron* de ello para otro día
21.27 sierva, por su diente le *dejará* ir libre
22.18 a la hechicera no *dejarás* que viva
23.5 si vieres el asno. .le *dejarás* sin ayuda?
23.11 el séptimo año la *dejarás* libre, para
32.10 *déjame* que se encienda mi ira en ellos
34.25 ni se *dejará* hasta la mañana nada del
Lv. 6.2 y negare a su prójimo lo. .*dejado* en su
7.15 no *dejarán* de ella nada para otro día
19.10 para el pobre. .lo *dejarás*. Yo Jehová
22.30 comerá; no *dejaréis* de él para otro día
23.22 pobre y para el extranjero la *dejarás*
25.46 y los podréis *dejar* en herencia para
Nm. 6.5 será santo; *dejará* crecer su cabello
9.12 no *dejarán* del animal. .para la mañana
9.13 si *dejare* de celebrar la pascua, la tal
10.31 él le dijo: Te ruego que no nos *dejes*
11.31 codornices. .las *dejó* sobre el campamento
20.21 no quiso. .Edom *dejar* pasar a Israel por
22.13 porque Jehová no me quiere *dejar* ir con
22.16 te ruego que no *dejes* de venir a mí
22.33 te mataría a ti, y a ella *dejaría* viva
31.15 ¿por qué. .*dejado* con vida a. .mujeres?
31.18 no hayan conocido varón, las *dejaréis*
32.15 él volverá. .a *dejaros* en el desierto
33.55 los que *dejareis*. .serán por aguijones
Dt. 2.34 destruimos todas. .no *dejamos* ninguno
4.31 tu Dios; no te *dejará*, ni te destruirá
9.14 *déjame* que los destruya, y borre su
15.16 si él te dijere: No te *dejaré*; porque
20.16 pero. .ninguna persona *dejarás* con vida
21.14 no te agradare, la *dejarás* en libertad
21.23 no *dejaréis*. .su cuerpo pase la noche
22.7 *dejarás* ir a la madre, y tomarás los
24.20 no recorrerás las ramas que. .*dejado*
26.10 lo *dejarás* delante de Jehová tu Dios
28.20 maldad de tus obras. .me habrás *dejado*
28.51 no te *dejará* grano. .mosto, ni aceite
28.60 los males de Egipto. .y no te *dejarán*
29.25 por cuanto *dejaron* el pacto de Jehová
31.6,8 no te *dejará*, ni te desamparará
31.16 me *dejará*, e invalidará mi pacto que
Jos. 1.5 estaré contigo; no te *dejaré*, ni te
5.6 juró que no les *dejaría* ver la tierra de
8.17 por seguir a Israel *dejaron* la ciudad
9.20 *dejaremos* vivir, para que no venga ira
9.21 *dejadlos* vivir; y fueron. .leñadores y
9.23 no *dejará* de haber. .quien corte la leña
10.19 sin *dejarles* entrar en sus ciudades
10.28,30,37,39 filo de espada. .sin *dejar*
10.33 destruyó. .hasta no *dejar* a ninguno de
10.40 hirió, pues, Josué,. .sin *dejar* nada
11.8 hiriéndolos. .que no les *dejaron* ninguno
11.14 hirieron a. .sin *dejar* alguno con vida
22.3 no habéis *dejado* a vuestros hermanos
22.25 harían que. .*dejasen* de temer a Jehová
22.32 *dejaron* a los hijos de Rubén y a los
24.16 *dejemos* a Jehová para servir a otros
24.20 si *dejareis* a Jehová y sirviereis a
Jue. 1.25 *dejaron* ir a aquel hombre con toda
2.12 *dejaron* a Jehová el Dios de sus padres
2.13 *dejaron* a Jehová, y adoraron a Baal y
2.21 las naciones que *dejó* Josué cuando murió
2.23 por esto *dejó* Jehová a aquellas naciones
3.1 las naciones que *dejó* Jehová para probar
6.4 y no *dejaban* qué comer en Israel, ni
9.9 ¿he de *dejar* mi aceite, con el cual en mí
9.11 ¿he de *dejar* mi dulzura y mi buen fruto
9.13 ¿he de *dejar* mi mosto, que alegra a Dios
9.53 mujer *dejó* caer un pedazo de una rueda
10.6 y *dejaron* a Jehová, y no le sirvieron
10.10 porque hemos *dejado* a nuestro Dios, y
10.13 me habéis *dejado*, y habéis servido a
11.17,19 que me *dejes* pasar por tu tierra
11.37 *déjame* por dos meses que vaya y. .llore
11.38 la *dejó* por dos meses. Y ella fue con
19.25 y la *dejaron* cuando apuntaba el alba
Rt. 1.16 no me ruegues que te *deje*, y me aparte
2.2 dijo. .Te ruego que me *dejes* ir al campo
2.7 te ruego que me *dejes* recoger y juntar
2.11 y que *dejando* a tu padre y a tu madre
2.16 *dejaréis*. .caer. .lo *d* para que lo recoja
1 S. 6.8 arca de Jehová. .*dejaréis* que se vaya
8.8 hasta hoy, *dejándome* a mí y sirviendo a
10.2 tu padre ha *dejado* ya de inquietarse por
12.10 hemos pecado. .hemos *dejado* a Jehová y
14.36 y dijo. .no *dejaremos* de ellos ninguno
14.46 y Saúl *dejó* de seguir a los filisteos
15.16 *déjame* declararte lo que Jehová me ha
15.33 tu espada *dejó* a las mujeres sin hijos
17.15 pero David había ido y vuelto, *dejando*
17.20 *dejando* las ovejas al cuidado de un
17.22 David *dejó* su carga en mano del que
17.28 quién has *dejado* aquellas pocas ovejas
18.2 y no le *dejó* volver a casa de su padre
19.17 así, y has *dejado* escapar a mi enemigo?
19.17 dijo: *Déjame* ir; si no, yo te mataré
20.5 tú *dejarás* que me esconda en el campo
20.6 dirás: Me rogó mucho que lo *dejase* ir
20.15 no *dejes* que el nombre de Jonatán sea
20.28 David me pidió. .le *dejase* ir a Belén
20.29 te ruego que me *dejes* ir, porque nuestra
21.13 *dejaba* correr la saliva por su barba
24.19 hallará a. .lo *dejará* ir sano y salvo?
25.13 y *dejaron* doscientos con el bagaje
25.22 suyo no he de *dejar* con vida ni un varón
26.8 *déjame* que le hiera con la lanza, y lo
27.9,11 y no *dejaba* con vida hombre ni mujer
30.13 y me *dejó* mi amo hoy hace tres días
31.7 *dejaron* las ciudades y huyeron; y los
2 S. 3.24 qué, pues, le *dejaste* que se fuese?
5.21 *dejaron* allí sus ídolos, y David y sus
8.4 pero *dejó* suficientes para cien carros
13.27 *dejó* ir con él a Amnón y a todos los
14.7 *dejando* a mi marido nombre ni reliquia
15.16 y *dejó* el rey diez mujeres concubinas
15.25 y me *dejará* verla y a su tabernáculo
16.9 ruego que me *dejes* pasar, y le quitaré
16.11 *dejadle* que maldiga, pues Jehová se lo
16.21 concubinas. .que él *dejó* para guardar la
17.12 ni uno *dejaremos* de él y de todos los
19.30 dijo al rey: *Deja* que él las tome todas
19.37 te ruego que *dejes* volver a tu siervo
20.3 tomó. .concubinas que había *dejado* para
21.5 para exterminarnos sin *dejar* nada de
21.10 y no *dejó* que ninguna ave. .se posase
1 R. 2.6 no *dejarás* descender sus canas al Seol
6.13 habitaré. .no *dejaré* a mi pueblo Israel
8.8 extremos se *dejaban* ver desde el lugar
8.8 pero no se *dejaban* ver desde más afuera
8.57 Jehová. .y no nos desampare ni nos *deje*
9.9 y dirán: Por cuanto *dejaron* a Jehová su
11.33 cuanto me han *dejado*, y han adorado a
12.8 él *dejó* el consejo que los ancianos le
12.13 *dejando* el consejo que los ancianos le
15.17 para no *dejar* a ninguno salir ni entrar
15.21 oyendo esto Baasa, *dejó* de edificar a
15.29 sin *dejar* alma viviente de. .Jeroboam
16.11 mató. .Baasa, sin *dejar* en ella varón
18.18 *dejando* los mandamientos de Jehová, y
19.3 vino a Beerseba. .*dejó* allí a su criado
19.10,14 los hijos de Israel han *dejado* tu
19.20 *dejando* él los bueyes, vino corriendo
19.20 te ruego que me *dejes* besar a mi padre
20.34 yo, dijo Acab, te *dejaré* ir con este

DEJAR *(Continúa)*
1 R. 20.34 hizo, pues, pacto con él, y le *dejó* ir
22.6 ¿iré a la guerra contra..o la *dejaré?*
22.15 ¿iremos a pelear contra..o la *dejaremos?*
2 R. 2.2,6 y vive tu alma, que no te *dejaré*
3.25 Kir-hareset solamente *dejaron* piedras
4.27 *déjala,* porque su alma está en amargura
4.30 vive..y vive tu alma, que no te *dejaré*
8.6 desde el día que *dejó* el país hasta ahora
10.14 degollaron..sin *dejar* ninguno de ellos
10.24 cualquiera que *dejare* vivo a alguno
10.25 los *dejaron* tendidos los de la guardia
10.29 y *dejó* en pie los becerros de oro que
17.16 *dejaron*..los mandamientos de Jehová su
21.22 y *dejó* a Jehová el Dios de sus padres
22.17 me *dejaron* a mí, y quemaron incienso
23.18 dijo: *Dejadlo;* ninguno mueva sus huesos
25.12 pobres de la tierra *dejó* Nabuzaradán
25.22 al pueblo que..*dejó* en tierra de Judá
1 Cr. 8.8 engendró hijos en..después que *dejó*
10.7 los de Israel..*dejaron* sus ciudades y
14.12 *dejaron* allí sus dioses, y David dijo
16.37 y *dejó* allí, delante del arca..a Asaf
18.4 excepto los de cien carros que *dejó*
28.8 buena tierra, y la *dejéis* en herencia
28.9 mas si lo *dejares,* él te desechará para
28.20 no te *dejará*..hasta que acabes toda
2 Cr. 7.19 mas si..y *dejareis* mis estatutos
7.22 por cuanto *dejaron* a Jehová Dios de los
10.8 *dejando* el consejo que le dieron los
10.13 *dejó* el rey Roboam el consejo de los
11.14 levitas *dejaban* sus ejidos..y venían
12.1 Roboam..*dejó* la ley de Jehová, y todo
12.5 me habéis *dejado,* y..os he *d* en manos
13.10 es nuestro Dios, y no le hemos *dejado*
13.11 Dios, mas vosotros le habéis *dejado*
15.2 si le *dejareis,* él también os *dejará*
21.10 había *dejado* a Jehová el Dios de sus
24.20 por haber *dejado* a Jehová, él también
24.24 por cuanto habían *dejado* a Jehová el
24.25 lo *dejaron* agobiado por sus..dolencias
25.16 *déjate* de eso. ¿Por qué quieres que
28.6 habían *dejado* a Jehová el Dios de sus
28.14 ejército *dejó* los cautivos y el botín
29.6 le *dejaron,* y apartaron sus rostros del
32.31 Dios lo *dejó,* para probarle, para hacer
34.25 cuanto me han *dejado,* y han ofrecido
Esd. 6.7 *dejad* que se haga la obra de esa casa
9.10 nosotros hemos *dejado* tus mandamientos
9.12 la *dejéis* por heredad a vuestros hijos
Neh. 6.3 cesaría la obra, *dejándola* yo para ir
Est. 3.8 nada le beneficia el *dejarlos* vivir
9.27 no *dejarían* de celebrar estos dos días
Job 3.17 allí los impíos *dejan* de perturbar, y
7.16 *déjame,* pues, porque mis días son vanidad
9.27 yo dijere..*Dejaré* mi triste semblante
10.20 *déjame,* para que me consuele un poco
14.6 si tú lo abandonares, él *dejará* de ser
16.6 si *dejo* de hablar, no se aparta de mí
20.13 no lo *dejaba,* sino que lo detenía en
Sal. 16.10 no *dejarás* mi alma en el Seol, ni
27.9 no me *dejes* ni me desampares, Dios de
27.10 aunque mi padre y mi madre me *dejaran*
28.1 no sea yo, *dejándome* tú, semejante a los
36.3 ha *dejado* de ser cuerdo y de hacer el
37.8 *deja* la ira, y desecha el enojo; no te
37.33 Jehová no lo *dejará* en sus manos, ni
38.10 me ha *dejado* mi vigor, y aun la luz de
39.13 *déjame,* y tomaré fuerzas, antes que vaya
49.10 mueren..y *dejan* a otros sus riquezas
55.22 no *dejará* para siempre caído al justo
77.4 no me *dejabas* pegar los ojos; estaba yo
78.60 *dejó,* por tanto, el tabernáculo de Silo
81.12 los *dejé*..a la dureza de su corazón
89.30 si *dejaren* sus hijos mi ley, y..juicios
104.29 les quitas el hálito, *dejan* de ser, y
104.35 pecadores, y los impíos *dejen* de ser
119.8 tus estatutos guardaré; no me *dejes*
119.53 causa de los inicuos que *dejan* tu ley
119.87 pero no he *dejado* tus mandamientos
141.4 no *dejes* que se incline mi corazón a
Pr. 2.13 que *dejan* los caminos derechos, para
4.6 no la *dejes,* y ella te guardará; ámala
4.13 retén el consejo, no lo *dejes;* guárdalo
4.15 *déjala,* no pases por ella; apártate de
6.20 y no *dejes* la enseñanza de tu madre
9.6 *dejad* las simplezas, y vivid, y andad por
10.3 no *dejará* padecer hambre al justo; mas
13.22 el bueno *dejará* herederos a los hijos
15.10 la reconvención es molesta al que *deja*
17.14 *deja,* pues, la contienda, antes que se
20.3 honra es del hombre *dejar* la contienda
28.3 es como lluvia torrencial que *deja* sin
28.4 los que *dejan* la ley alaban a los impíos
Ec. 2.18 el cual tendré que *dejar* a otro que
5.6 no *dejes* que tu boca te haga pecar, ni
5.12 al rico no le *deja* dormir la abundancia
10.4 príncipe se exaltare..no *dejes* tu lugar
11.6 y a la tarde no *dejes* reposar tu mano
Cnt. 3.4 no lo *dejé,* hasta que lo metí en casa
7.8 *deja* que tus pechos sean como racimos
Is. 1.4 *dejaron* a Jehová, provocaron a ira al
1.9 Jehová..no nos hubiese *dejado* un resto
1.16 lavaos..quitad..*dejad* de hacer lo malo
1.28 los que *dejan* a Jehová serán consumidos
2.6 has *dejado* tu pueblo, la casa de Jacob
2.22 *dejaos* del hombre, cuyo aliento está en
4.3 el que fuere *dejado* en Jerusalén, será
7.8 quebrantado hasta *dejar* de ser pueblo
10.3 ¿en dónde *dejaréis* vuestra gloria?
17.9 los cuales fueron *dejados* a causa de
18.6 y serán *dejados* todos para las aves de
22.4 dije: *Dejadme,* lloraré amargamente; no
27.10 la ciudad habitada será..*dejada* como
30.11 *dejad* el camino, apartaos de la senda
31.9 y sus príncipes..*dejarán* sus banderas
32.6 *dejando* vacía el alma hambrienta, y
32.20 que..*dejáis* libres al buey y al asno
49.14 pero Sion dijo: Me *dejó* Jehová, y el
49.15 olvidará..para *dejar* de compadecerse
49.21 yo..sido *dejada* sola; ¿dónde estaban
55.7 *deje* el impío su camino, y el hombre
58.2 que no hubiese *dejado* la ley de su Dios
65.11 pero vosotros los que *dejáis* a Jehová
65.15 *dejaréis* vuestro nombre por maldición
Jer. 1.16 juicios contra los que me *dejaron*
2.13 me *dejaron* a mí, fuente de agua viva
2.17 ¿no te acarreó esto el haber *dejado* a
2.19 cuán malo..el haber *dejado* tú a Jehová
3.1 si alguno *dejare* a su mujer, y yéndose
5.7 sus hijos me *dejaron,* y juraron por lo
5.19 de la manera que me *dejasteis* a mí, y
7.29 porque Jehová ha..*dejado* la generación
9.2 para que *dejase* a mi pueblo, y de ellos
9.13 porque *dejaron* mi ley..y no obedecieron
12.7 he *dejado* mi casa, desamparé mi heredad
14.5 las ciervas..parían y *dejaban* la cría
15.6 tú me *dejaste,* dice Jehová; te volviste
15.7 los aventé..*dejé* sin hijos a mi pueblo
16.11 les dirás..vuestros padres me *dejaron*
16.11 ante ellos se postraron, y me *dejaron*
17.8 no se fatigará, ni *dejará* de dar fruto
17.11 en la mitad de sus días las *dejará,* y
17.13 los que te *dejan* serán avergonzados
17.13 *dejaron* a Jehová, manantial de aguas
19.4 me *dejaron,* y enajenaron este lugar, y
22.9 porque *dejaron* el pacto de Jehová su Dios
23.33 esta es la profecía: Os *dejaré,* ha dicho
25.38 *dejó* cual leoncillo su guarida; pues
27.11 la *dejaré* en su tierra, dice Jehová, y
30.11 de ninguna manera te *dejaré* sin castigo
33.21 para que *deje* de tener hijo que reine
34.9 que cada uno *dejase* libre a su siervo
34.10 *dejar* libre..su siervo..y los *dejaron*
34.11 y las siervas que habían *dejado* libres
34.14 al cabo de siete años *dejará* cada uno
34.16 a su sierva, que habíais *dejado* libres
40.4 pero si no te parece bien venir..*déjalo*
40.11 el rey..había *dejado* a algunos en Judá
41.8 *dejó* y no los mató entre sus hermanos
43.6 toda persona que había *dejado*..capitán
44.5 para *dejar* de ofrecer incienso a dioses
44.18 desde que *dejamos* de ofrecer incienso
46.17 rey..es destruido: *dejó* pasar el tiempo
46.28 ninguna manera te *dejaré* sin castigo
48.42 Moab será destruido hasta *dejar* de ser
49.9 contra ti, ¿no habrían *dejado* rebuscos?
49.10 destruida su descendencia..*dejará* de
49.11 *deja* tus huérfanos, yo los criaré; y en
49.25 ¡cómo *dejaron* a la ciudad tan alabada
50.20 perdonaré a los que yo hubiere *dejado*
51.9 *dejadla,* y vámonos cada uno a su tierra
51.34 me *dejó* como vaso vacío; me tragó como
52.16 de los pobres de..*dejó*..para viñadores
Lm. 1.13 me *dejó* desolada, y con dolor todo el
3.6 *dejó* en oscuridad, como los ya muertos de
3.11 torció mis caminos, y..me *dejó* desolado
5.14 no..los jóvenes *dejaron* sus canciones
Ez. 2.7; 3.11 escuchen o *dejen* de escuchar
6.8 mas *dejaré* un resto, de modo que tengáis
16.39 y te *dejarán* desnuda y descubierta
16.41 y así haré que *dejes* de ser ramera, y
20.8 ni *dejaron* los ídolos de Egipto; y dije
23.8 y no *dejó* sus fornicaciones de Egipto
23.29 y te *dejarán* desnuda y descubierta
24.21 y vuestros hijos..que *dejasteis* caerán
26.4 polvo, y la *dejaré* como una peña lisa
26.21 te convertiré en espanto, y *dejarás* de
27.36; 28.19 espanto..y para siempre *dejarás*
29.5 te *dejaré* en el desierto a ti y a todos
31.12 y se irán de su sombra..y lo *dejarán*
32.4 te *dejaré* en tierra, te echaré sobre la
32.10 y *dejaré* atónitos por ti a..pueblos
39.28 los reúna..sin *dejar* allí a ninguno de
42.14 que allí *dejarán* sus vestiduras con que
44.19 *dejarán* en las cámaras del santuario
45.9 ¡basta..*Dejad* la violencia y la rapiña
Dn. 2.44 ni será el reino *dejado* a otro pueblo
4.15,23 la cepa de sus raíces *dejaréis* en la
4.26 la orden de *dejar* en la tierra la cepa
Os. 2.3 la *deje* como tierra seca, y la mate de
4.10 no..porque *dejaron* de servir a Jehová
4.12 errar, y *dejaron* a su Dios para fornicar
4.17 Efraín es dado a ídolos; *déjalo*
Jl. 2.14 *dejará* bendición tras de él, esto es
Am. 5.2 *dejada* sobre su tierra, no hay quien la
Abd. 5 entraran a..¿no *dejarían* algún rebusco?
Mi. 5.3 los *dejará* hasta el tiempo que dé a luz
Sof. 2.5 haré destruir hasta no *dejar* morador
3.3 sus jueces, lobos..no *dejan* hueso para la
3.12 *dejaré* en medio de ti un pueblo..pobre
Zac. 8.10 yo *dejé* a todos los hombres cada cual
11.12 dadme mi salario; y si no, *dejadlo*
Mal. 4.1 el día..no les *dejará* ni raíz ni rama
Mt. 1.19 José..como era justo..quiso *dejarla*
3.15 *deja* ahora, porque..Entonces le *dejó*
4.11 el diablo entonces le *dejó;* y he aquí
4.13 y *dejando* a Nazaret, vino y habitó en
4.20 ellos..*dejando* al instante las redes, le
4.22 ellos, *dejando*..la barca y a su padre
5.24 *deja* allí tu ofrenda delante del altar
5.40 al que quiera..*déjale* también la capa
7.4 cómo dirás..*Déjame* sacar la paja de tu
8.15 tocó su mano, y la fiebre la *dejó;* y ella
8.22 *deja* que los muertos entierren a sus
13.30 *dejad* crecer..lo uno y lo otro hasta
15.14 *dejadlos;* son ciegos guías de ciegos
16.4 no le será dada..Y *dejándolos,* se fue
18.12 ¿no *deja* las 99 y va por los montes a
19.5 *dejará* padre y madre, y se unirá a su
19.14 Jesús dijo: *Dejad* a los niños venir a
19.27 he aquí, nosotros lo hemos *dejado* todo
19.29 y cualquiera que haya *dejado* casas, o
21.17 *dejándolos,* salió fuera de la ciudad
22.22 maravillaron, y *dejándole,* se fueron
22.25 el primero..*dejó* su mujer a su hermano
23.23 y *dejáis* lo más importante de la ley
23.23 necesario..sin *dejar* de hacer aquello
23.38 aquí vuestra casa os es *dejada* desierta
24.40 uno será tomado, y el otro será *dejado*
24.41 una será tomada, y la otra será *dejada*
24.43 velaría, y no *dejaría* minar su casa
26.44 *dejándolos,* se fue de nuevo, y oró por
26.56 todos los discípulos, *dejándole,* huyeron
27.49 *deja,* veamos si viene Elías a librarle
Mr. 1.18 *dejando* luego sus redes, le siguieron
1.20 *dejando* a su padre Zebedeo..le siguieron
1.31 la *dejó* la fiebre, y ella les servía
5.18 le rogaba que le *dejase* estar con él
7.8 porque *dejando* el mandamiento de Dios, os
7.12 y no le *dejáis* hacer más por su padre
7.27 *deja* primero que se sacien los hijos
8.13 *dejándolos,* volvió a entrar en la barca
10.7 *dejará* el hombre a su padre y a..madre
10.14 les dijo: *Dejad* a los niños venir a mí
10.28 he aquí, nosotros lo hemos *dejado* todo
10.29 que haya *dejado* casa, o hermanos, o
11.6 como Jesús había mandado; y los *dejaron*
12.12 pero temían a la..*dejándole,* se fueron
12.19 muriere y *dejare* esposa, pero no *d* hijos
12.20 primero..murió sin *dejar* descendencia
12.21 murió, y tampoco *dejó* descendencia; y el
12.22 y no *dejaron* descendencia; y después de
13.34 es como el hombre que..*dejó* su casa
14.6 dijo: *Dejadla;* ¿por qué la molestáis?
14.50 todos los discípulos, *dejándole,* huyeron
14.52 mas él, *dejando* la sábana, huyó desnudo
15.36 diciendo: *Dejad,* veamos si viene Elías
Lc. 4.34 *déjanos;* ¿qué tienes con nosotros
4.39 la fiebre la *dejó,* y levantándose ella
4.41 no les *dejaba* hablar, porque sabían que
5.11 las barcas, *dejándolo* todo, le siguieron
5.28 *dejándolo* todo, se levantó y le siguió
6.42 *déjame* sacar la paja que está en tu ojo
8.38 le rogaba que le *dejase* estar con él
8.51 no *dejó* entrar a nadie consigo, sino a
9.59 *déjame* que..vaya y entierre a mi padre
9.60 *deja* que los muertos entierren a sus
9.61 *déjame* que me despida primero de los que
10.30 se fueron, *dejándole* medio muerto
10.40 que mi hermana me *deje* servir sola?
11.42 era necesario hacer, sin *dejar* aquello
13.8 *déjala* todavía este año, hasta que yo
13.35 aquí vuestra casa os es *dejada* desierta
15.4 no *deja* las noventa y nueve..y va tras
17.34,36 uno será tomado, y el otro..*dejado*
17.35 la una será tomada, y la otra..*dejada*
18.16 *dejad* a los niños venir a mí, y no se
18.28 hemos *dejado* nuestras posesiones y te
18.29 nadie que haya *dejado* casa, o padres, o
19.44 y no *dejarán* en ti piedra sobre piedra
20.28 de alguno muriere..y no *dejare* hijos
20.31 así..y murieron sin *dejar* descendencia
22.51 basta ya; *dejad.* Y tocando su oreja, le
Jn. 4.28 la mujer *dejó* su cántaro, y fue a la
4.52 hora..Ayer a las siete le *dejó* la fiebre
8.29 no me ha *dejado* solo el Padre, porque
10.12 venir al lobo y *deja* las ovejas y huye
11.44 Jesús les dijo: Desatadle, y *dejadle*
11.48 si le *dejamos* así, todos creerán en él
12.7 *déjala;* para el día de mi sepultura ha
14.18 no os *dejaré* huérfanos; vendré a
14.27 la paz os *dejo,* mi paz os doy; yo no os
16.28 otra vez *dejo* el mundo, y voy al Padre
16.32 seréis esparcidos..y me *dejaréis* solo
18.8 si me buscáis a mí, *dejad* ir a éstos
Hch. 2.27 no *dejarás* mi alma en el Hades, ni
2.31 su alma no fue *dejada* en el Hades, ni
4.20 no podemos *dejar* de decir lo que..visto
5.38 apartaos de estos hombres, y *dejadlos*

DEJAR ***(Continúa)***
Hch. 6.2 no es justo. .*dejemos* la palabra de Dios
14.16 ha *dejado* a todas las gentes andar en
14.17 no se *dejó* a sí mismo sin testimonio
18.19 y llegó a Efeso, y los *dejó* allí
19.30 salir al. .los discípulos no le *dejaron*
21.3 *dejándola* a mano izquierda, navegamos
21.32 vieron al. .*dejaron* de golpear a Pablo
23.32 *dejando* a los jinetes que fuesen con
24.27 y queriendo Félix. .*dejó* preso a Pablo
25.14 hombre ha sido *dejado* preso por Félix
27.40 las *dejaron* en el mar, largando también
28.4 escapado del. .la justicia no *deja* vivir
Ro. 1.27 *dejando* el uso natural de la mujer
9.29 si. .no nos hubiera *dejado* descendencia
12.19 *dejad* lugar a la ira de Dios; porque
1 Co. 6.12 yo no me *dejaré* dominar de ninguna
10.13 no os *dejará* ser tentados más de lo que
13.8 el amor nunca *deja* de ser; pero las
13.11 ya fui hombre, *dejé* lo que era de niño
2 Co. 12.6 lo *dejo*, para que nadie piense de mí
Ef. 5.31 por esto *dejará* el hombre a su padre
6.9 amos. .*dejando* las amenazas, sabiendo que
Col. 3.8 *dejad*. .todas estas cosas: ira, enojo
2 Ti. 4.13 trae. .el capote que *dejé* en Troas
4.20 quedó. .a Trófimo *dejé* en Mileto enfermo
Tit. 1.5 por esta causa te *dejé* en Creta, para
He. 2.8 nada *dejó* que no sea sujeto a él; pero
6.1 *dejando* ya los rudimentos de la doctrina
10.25 no *dejando* de congregarnos, como
11.27 por la fe *dejó* a Egipto, no temiendo la
12.8 pero si se os *deja* sin disciplina, de
12.15 que alguno *deje* de alcanzar la gracia
13.5 él dijo: No te desampararé, ni te *dejaré*
13.9 os *dejéis* llevar de doctrinas diversas
1 P. 2.21 Cristo padeció. .*dejándonos* ejemplo
2 P. 1.8 no os *dejarán* estar ociosos ni sin
1.12 no *dejaré* de recordaros. .estas cosas
2.15 han *dejado* el camino recto, y se han
Jud. 15 *dejar* convictos a todos los impíos de
Ap. 2.4 contra ti. .has *dejado* tu primer amor
6.13 la higuera *deja* caer sus higos cuando
9.20 ni *dejaron* de adorar a los demonios, y
11.2 el patio que está fuera. .*déjalo* aparte
17.16 ramera, y la *dejarán* desolada y desnuda

DELAÍA
1. ***Sacerdote en tiempo de David*, 1 Cr. 24.18**
2. ***Ascendiente de unos que regresaron del exilio con Zorobabel*, Esd. 2.60; Neh. 7.62**
3. ***Padre de Semaías No. 19*, Neh. 6.10**
4. ***Funcionario del rey Joacim*, Jer. 36.12,25**

DELANTAL
Gn. 3.7 cocieron hojas de higuera. .hicieron *d*
Hch. 19.12 se llevaban a los enfermos los. .*d*

DELANTE
Dt. 4.10 día que estuviste *d* de Jehová tu Dios
1 S. 16.6 de cierto *d* de Jehová está su ungido
Sal. 51.3 y mi pecado está siempre *d* de mí
Ec. 9.1 no lo saben los. .todo está *d* de ellos
Is. 26.17 así hemos sido *d* de ti, oh Jehová
Jer. 15.19 yo te restauraré, y *d* de mí estarás
Ez. 2.10 y estaba escrito por *d* y por detrás
Abd. 11 día que estando tú *d*, llevaban extraños

DELANTERA
Éx. 28.25 los fijarás. .del efod en su parte *d*
28.27 en la parte *d* de las dos hombreras del
28.37 estará sobre la mitra; por la parte *d*
39.20 pusieron en la parte *d* de las. .del efod
Nm. 19.4 rociará hacia la. .*d* del tabernáculo
Dt. 33.21 vino en la *d* del pueblo; con Israel
2 R. 16.14 el altar. .en la parte *d* de la casa
Job 41.13 ¿quién descubrirá la *d*. .vestidura?

DELEITAR
Neh. 9.25 y se *deleitaron* en tu gran bondad
Job 22.26 te *deleitarás* en el Omnipotente, y
27.10 *deleitará* en el Omnipotente? ¿Invocará
Sal. 37.4 *deléitate* asimismo en Jehová, y él te
112.1 en sus mandamientos se *deleita* en gran
147.10 no se *deleita* en la fuerza del caballo
Is. 55.2 se *deleitará* vuestra alma con grosura
58.14 entonces te *deleitarás* en Jehová; y yo
66.11 y os *deleitéis* con el resplandor de su
Jer. 14.10 se *deleitaron* en vagar, y no dieron
31.20 no es Efraín. .niño en quien me *deleito*?
Mi. 7.18 no. .porque se *deleita* en misericordia
Ro. 7.22 según el hombre interior, me *deleito*

DELEITE
Gn. 18.12 ¿después que he envejecido tendré *d*
49.20 el pan de Aser será. .y él dará *d* al rey
2 S. 1.24 quien os vestía de escarlata con *d*
Job 21.21 ¿qué *d* tendrá él de su casa después
Sal. 141.4 no dejes que. .y no coma yo de sus *d*
Pr. 19.10 no conviene al necio el *d*; ¡cuánto
21.17 necesitado será el que ama el *d*; y el
Ec. 2.8 de los *d* de los hijos de los hombres
Is. 13.22 aullarán hienas. .en sus casas de *d*
Ez. 24.16 yo te quito de golpe el *d* de tus ojos
24.21 aquí yo profano. .el *d* de vuestra alma
24.25 *d* de sus ojos y el anhelo de sus almas
Lc. 7.25 y viven en *d*, en los palacios de los
2 Ti. 3.4 amadores de los *d* más que de Dios
Tit. 3.3 esclavos de. .*d* diversos, viviendo en
He. 11.25 gozar de los *d* temporales del pecado
Stg. 4.3 pedís mal, para gastar en vuestros *d*
5.5 habéis vivido en *d* sobre la tierra, y sido
2 P. 2.13 que tienen por delicia el gozar de *d*
Ap. 18.3 enriquecido de la potencia de sus *d*
18.7 ha vivido en *d*, tanto dadle de tormento
18.9 y con ella han vivido en *d*, llorarán y

DELEITOSO, SA
Gn. 49.15 vio. .que la tierra era *d*; y bajó su
Sal. 16.6 las cuerdas me cayeron en lugares *d*
Pr. 3.17 sus caminos son caminos *d*, y todas sus
Cnt. 7.6 ¡qué hermosa. .cuán suave, oh amor *d*!
Is. 32.12 lamentarán por los campos *d*, por la

DELGADO
Lv. 13.30 pelo de ella fuere amarillento y *d*

DELIBERAR
Jer. 51.12 porque *deliberó* Jehová, y aun pondrá

DELICADEZA
Dt. 28.56 tierna. .de pura *d* y ternura, mirará
Jer. 51.34 me tragó. .llenó su vientre de mis *d*

DELICADO, DA
Gn. 29.17 los ojos de Lea eran *d*, pero Raquel
Dt. 28.54 el muy *d*, mirará con malos ojos a su
28.56 la tierna y la *d* entre vosotros, que
1 R. 19.12 tras el fuego un silbo apacible y *d*
Sal. 23.2 lugares de *d* pastos me hará descansar
Pr. 4.3 fui hijo. .*d* y único delante de mi madre
23.3 no codicies sus manjares *d*, porque es
Is. 47.1 hija. .nunca más te llamarán tierna y *d*
Jer. 6.2 destruiré a la bella y *d* hija de Sion
25.37 pastos *d* serán destruidos por el ardor
Dn. 10.3 no comí manjar *d*, ni. .carne ni vino
Mt. 11.8 ¿a un hombre cubierto de vestiduras *d*?
11.8 que llevan vestiduras *d*, en las casas de
Lc. 7.25 ¿a un hombre cubierto de vestiduras *d*?

DELICIA
Sal. 1.2 en la ley de Jehová está su *d*, y en
16.11 de gozo; *d* a tu diestra para siempre
36.8 tú los abrevarás del torrente de tus *d*
119.24 pues tus testimonios son mis *d* y mis
119.77 para que viva, porque tu ley es mi *d*
119.92 si tu ley no hubiese sido mi *d*, ya en
119.143 mí, mas tus mandamientos fueron mi *d*
119.174 he deseado. .Jehová, y tu ley es mi *d*
Pr. 8.30 con él estaba. .era su *d* de día en día
8.31 mis *d* son con los hijos de los hombres
Is. 58.13 y lo llamares *d*, santo, glorioso de
Mi. 1.16 y trasquílate por los hijos de tus *d*
2.9 echasteis. .de las casas que eran su *d*
2 P. 2.13 que tienen por *d* el gozar de deleites

DELICIOSO, SA
Gn. 2.9 Dios hizo. .todo árbol *d* a la vista, y
Sal. 81.2 tañed el pandero, el arpa *d* y el
133.1 y cuán *d* es habitar los. .en armonía!
Pr. 22.18 es cosa *d*, si las guardares dentro
Is. 5.7 y los hombres de Judá planta *d* suya
Os 9.13 semejante a Tiro, situado en lugar *d*

DELINCUENTE
Dt. 25.2 el *d* mereciere ser azotado, entonces

DELINEAR
Jos. 18.6 *delinearéis* la tierra en siete partes
18.8 mandó. .a los que iban para *delinear* la
18.8 id, recorred la tierra y *delineadla*, y
18.9 *delineándola* por ciudades en 7 partes

DELINQUIR
Gn. 40.1 *delinquieron* contra su señor el rey
Lv. 4.27 si. .pecare por yerro. .y *delinquiere*
5.2 tocado. .será inmunda, y habrá *delinquido*
5.19 y ciertamente *delinquió* contra Jehová
Nm. 5.6 prevarican contra Jehová y *delinquen*
Ez. 25.12 *delinquieron*. .y se vengaron de ellos

DELIRAR
1 Ti. 6.4 está envanecido, nada sabe, y *delira*

DELITO
Lv. 19.8 el que lo comiere llevará su *d*, por
Dt. 19.15 un solo testigo. .en cualquier *d* ni
25.2 según su *d* será el número de azotes
2 Cr. 28.13 siendo muy grande nuestro *d*, y el
Esd. 9.6 nuestros *d* han crecido hasta el cielo
9.15 henos aquí delante de ti en nuestros *d*
10.19 ofrecieron como ofrenda por. .por su *d*
Sal. 59.4 sin *d* mío corren y se aperciben
Jer. 2.34 sangre. .No los hallaste en ningún *d*
Ez. 7.23 la tierra está llena de *d* de sangre
Lc. 23.4 dijo. .Ningún *d* hallo en este hombre
23.14 no he hallado en este hombre *d* alguno
23.22 ningún *d* digno de muerte he hallado en
Jn. 18.38 les dijo: Yo no hallo en él ningún *d*
19.4 que entendáis que ningún *d* hallo en él
19.6 tomadle vosotros. .yo no hallo *d* en él
Hch. 23.29 ningún *d* tenía digno de muerte o de
Ef. 2.1 cuando estabais muertos en. .*d* y pecados

DEMANDA
Est. 5.6 ¿cuál es tu *d*? Aunque sea la mitad del
5.7 respondió. .Mi petición y mi *d* es esta
5.8 si place al rey. .conceder mi *d*, que venga
7.2 ¿cuál es tu *d*? Aunque sea la mitad del
7.3 séame dada mi vida. .mi pueblo por mi *d*
9.12 el rey. .¿o qué más es tu *d*? y será hecha

DEMANDAR
Gn. 9.5 *demandaré* la sangre de vuestras vidas
9.5 de mano de todo animal la *demandaré*, y de
9.5 de mano del. .*demandaré* la vida del hombre
42.22 aquí también se nos *demanda* su sangre
Dt. 15.2 no lo *demandará* más a su prójimo, o a
15.3 del extranjero *demandarás* el reintegro
23.21 lo *demandará* Jehová tu Dios de ti, y
Jos. 22.23 si. .el mismo Jehová nos lo *demande*
Jue. 21.22 si vinieren los. .a *demandárnoslas*
2 S. 4.11 ¿no he de *demandar* yo su sangre de
1 R. 2.22 rey. .*Demanda* también para él el reino
3.11 dijo Dios: Porque has *demandado* esto, y
3.11 sino que *demandaste* para ti inteligencia
1 Cr. 12.17 Dios de nuestros padres. .lo *demande*
2 Cr. 24.22 dijo. .Jehová lo vea y lo *demande*
Neh. 5.11 que *demandáis* de ellos como interés
5.12 nada les *demandaremos*; haremos así como
Sal. 9.12 el que *demanda* la sangre se acordó
21.4 vida te *demandó*, y se la diste; largura
27.4 una cosa he *demandado* a Jehová, ésta
40.6 holocausto y expiación no has *demandado*
44.21 ¿no *demandaría* Dios esto? Porque él
Pr. 30.7 dos cosas te he *demandado*; no me las
Is. 1.12 ¿quién *demanda* esto de vuestras manos
7.11 pide. .*demandándola* ya sea de abajo en lo
Ez. 3.18,20 pero su sangre *demandaré* de tu mano
20.40 allí *demandaré* vuestras ofrendas, y las
33.6 *demandaré* su sangre de mano del atalaya
33.8 su sangre yo la *demandaré* de tu mano
34.10 *demandaré* mis ovejas de su mano, y les
Dn. 2.11 asunto que el rey *demanda* es difícil
2.27 Daniel. .El misterio que el rey *demanda*
6.7 días *demande* petición de cualquier dios u
Mi. 7.3 el príncipe *demanda*, y el juez juzga
Mt. 12.39; 16.4 la generación mala. .*demanda*
Lc. 11.29 *demanda* señal, pero señal no le será
11.50 se *demande* de esta generación la sangre
11.51 que será *demandada* de esta generación
12.48 haya dado mucho, mucho se le *demandará*
Hch. 19.39 si *demandáis* alguna otra cosa, en
25.24 me ha *demandado* en Jerusalén y aquí
1 P. 3.15 que os *demande* razón de la esperanza

DEMAS ***Compañero de Pablo*, Col. 4.14; Flm. 24; 2 Ti. 4.10**

DEMENTE
1 S. 21.14 he aquí, veis que este hombre es *d*

DEMETRIO
1. ***Platero en Éfeso***
Hch. 19.24 un platero llamado *D*, que hacía de
19.38 si *D* y los artífices que están con él
2. ***Cristiano eminente***
3 Jn. 12 todos dan testimonio de *D*, y aun la

DEMOLER
Ez. 26.4 *demolerán* los muros de Tiro. .torres
Os. 10.2 *demolerá* sus altares, destruirá sus

DEMONIO
Lv. 17.7 nunca más sacrificarán sus. .a los *d*
Dt. 32.17 sacrificaron a los *d*, y no a Dios
2 Cr. 11.15 sacerdotes para los. .y para los *d*
Sal. 106.37 sacrificaron sus hijos y. .a los *d*
Mt. 7.22 dirán. .en tu nombre echamos fuera *d*
8.16 y con la palabra echó fuera a los *d*, y
8.31 los *d* le rogaron diciendo: Si nos echas
9.33 echado fuera el *d*, el mudo habló; y la
9.34 por el príncipe de los *d* echa fuera. .*d*
10.8 echad fuera *d*; de gracia recibisteis, dad
11.18 Juan, que ni comía. .y dicen: *D* tiene
12.24 echa fuera los *d*. .el príncipe de los *d*
12.27 y si yo echo fuera los *d* por Beelzebú
12.28 yo por el Espíritu de Dios echo. .los *d*
15.22 hija es gravemente atormentada por un *d*
17.18 reprendió Jesús al *d*, el cual salió del
Mr. 1.34 echó. .*d*; y no dejaba hablar a los *d*
1.39 predicaba en las. .y echaba fuera los *d*
3.15 tuviesen autoridad. .para echar fuera *d*
3.22 el príncipe de los *d* echaba fuera los *d*
5.12 le rogaron. .los *d*, diciendo: Envíanos

DEMONIO *(Continúa)*

Mr. 5.15 ven al que había sido atormentado del *d*
5.16 acontecido al que había tenido el *d*, y
6.13 y echaban fuera muchos *d*, y ungían con
7.26 y le rogaba que echase..de su hija al *d*
7.29 le dijo..vé; el *d* ha salido de tu hija
7.30 halló que el *d* había salido, y a la hija
9.38 a uno que en tu nombre echaba fuera *d*
16.9 a María..de quien había echado siete *d*
16.17 señales..En mi nombre echarán fuera *d*
Lc. 4.33 un hombre que tenía un espíritu de *d*
4.35 *d*, derribándole en medio de ellos, salió
4.41 también salían *d* de muchos, dando voces
7.33 vino Juan..ni comía..y decís: *D* tiene
8.2 María..de la que habían salido siete *d*
8.29 era impelido por el *d* a los desiertos
8.30 porque muchos *d* habían entrado en él
8.33 los *d*, salidos del hombre, entraron en
8.35,38 hombre de quien habían salido los *d*
9.1 dio poder y autoridad sobre todos los *d*
9.42 *d* le derribó y le sacudió con violencia
9.49 a uno que echaba fuera *d* en tu nombre
10.17 aun los *d* se nos sujetan en tu nombre
11.14 estaba Jesús echando fuera un *d*, que
11.14 salido el *d*, el mudo habló; y la gente
11.15 príncipe de los *d*, echa fuera los *d*
11.18 que por Beelzebú echo yo fuera los *d*
11.19 pues si yo echo fuera los *d* por Beelzebú
11.20 si por el dedo de Dios echo yo..los *d*
13.32 echo fuera *d* y hago curaciones hoy y
Jn. 7.20 dijo: *D* tienes; ¿quién procura matarte?
8.48 que tú eres samaritano, y que tienes *d?*
8.49 yo no tengo *d*, antes honro a mi Padre
8.52 le dijeron: Ahora conocemos que tienes *d*
10.20 decían: *D* tiene, y está fuera de sí
10.21 ¿puede acaso el *d* abrir los ojos de los
1 Co. 10.20 a los *d* los sacrifican, y no a Dios
10.20 no..que os hagáis partícipes con los *d*
10.21 no podéis beber la..y la copa de los *d*
10.21 mesa del Señor, y de la mesa de los *d*
1 Ti. 4.1 escuchando a..y a doctrinas de *d*
Stg. 2.19 tú crees que..los *d* creen, y tiemblan
Ap. 9.20 ni dejaron de adorar a los *d*, y a las
16.14 son espíritus de *d*, que hacen señales
18.2 se ha hecho habitación de *d* y guarida

DEMORAR

Éx. 22.29 no *demorarás* la primicia..tu cosecha
Dt. 7.10 no se *demora* con el que le odia, en
Pr. 13.12 esperanza que se *demora* es tormento
Lc. 1.21 se extrañaba de que él se *demorase* en

DEMOSTRACIÓN

1 Co. 2.4 sino con *d* del Espíritu y de poder
2 Ts. 1.5 esto es *d* del justo juicio de Dios

DEMOSTRAR

Esd. 2.59 que no pudieron *demostrar* la casa de
Hch. 9.22 *demostrando* que Jesús era el Cristo
18.28 *demostrando*..que Jesús era el Cristo
2 Co. 8.19 para *demostrar* vuestra buena voluntad
11.6 en todo y..todo os lo hemos *demostrado*

DEMUDAR

Job 14.20 *demudarás* su rostro, y le despedirás
Ez. 27.35 temblarán de..*demudarán* sus rostros
Dn. 3.19 *demudó* el aspecto de su rostro contra
7.28 y mi rostro se *demudó:* pero guardé el
Nah. 2.10 dolor..entrañas, rostros *demudados*
Mt. 6.16 *demudan* sus rostros para mostrar a los

DENARIO

Mt. 18.28 hallo a uno de..que le debía cien *d*
20.2 convenido con..obreros en un *d* al día
20.9 al venir los..recibieron cada uno un *d*
20.10 también ellos recibieron cada uno un *d*
20.13 dijo..¿no conviniste conmigo en un *d?*
22.19 tributo. Y ellos le presentaron un *d*
Mr. 6.37 ¿que..compremos pan por doscientos *d*
14.5 podía haberse vendido por más de 300 *d*
Lc. 7.41 uno le debía quinientos *d*, y el otro
10.35 sacó dos *d*, y los dio al mesonero, y
Jn. 6.7 doscientos *d* de pan no bastarían para
12.5 vendido por trescientos *d*, y dado a los
Ap. 6.6 decía: Dos libras de trigo por un *d*, y
6.6 decía..y seis libras de cebada por un *d*

DENSA

Éx. 10.22 *d* tinieblas sobre toda la tierra de
2 S. 22.12 puso..oscuridad de aguas y *d* nubes
Job 10.22 tierra..cuya luz es como *d* tinieblas
37.11 regando..llega a disipar la *d* nube, y
Sal. 18.9 había *d* tinieblas debajo de sus pies
Ez. 31.3 cedro..y su copa estaba entre *d* ramas
31.10 levantado..entre *d* ramas, su corazón
2 P. 2.17 la más *d* oscuridad está reservada para

DENTERA

Jer. 31.29 los dientes de los hijos tienen la *d*
31.30 comiere las uvas agrias, tendrán la *d*
Ez. 18.2 los dientes de los hijos tienen la *d?*

DENUEDO

Hch. 4.13 viendo el *d* de Pedro y de Juan, y
4.29 concede..con todo *d* hablen tu palabra
4.31 y hablaban con *d* la palabra de Dios
13.46 y Bernabé, hablando con *d*, dijeron: A
14.3 detuvieron allí mucho..hablando con *d*
18.26 comenzó a hablar con *d* en la sinagoga
19.8 habló con *d* por espacio de tres meses
Ef. 6.19 para dar a conocer con *d* el misterio
6.20 que con *d* hable de él, como debo hablar
1 Ts. 2.2 *d* en nuestro Dios para anunciaros el

DENUESTO

Sal. 69.9 los *d* de los que..cayeron sobre mí
Ez. 36.15 nunca..ni más llevarás *d* de pueblos
Sof. 2.8 y los *d* de los hijos de Amón con que

DENUNCIAR

Lv. 5.1 testigo que vio..y no lo *denunciare*
Jos. 2.14 no *denunciareis* este asunto nuestro
2.20 si tú *denunciares* este nuestro asunto
Est. 2.22 *denunció* a la reina Ester, y Ester
3.4 que..lo *denunciaron* a Amán, para ver si
6.2 Mardoqueo había *denunciado* el complot
Job 17.5 que *denuncia* a sus amigos como presa
21.31 le *denunciará* en su cara su camino?
Jer. 20.10 porque oí..*Denunciad, denunciémosle*
Ez. 23.36 les *denunciarás* sus abominaciones?
Mi. 3.8 para *denunciar* a Jacob su rebelión, y
Hch. 28.21 venido alguno..que haya *denunciado*

DEPENDENCIA

1 R. 6.38 fue acabada la casa con todas sus *d*

DEPENDER

Mt. 22.40 de estos dos..*depende* toda la ley y
Ro. 9.16 no *depende* del que quiere, ni del que
12.18 en cuanto *dependa* de vosotros, estad
Gá. 3.10 que *dependen* de las obras de la ley

DEPONER

2 Cr. 15.16 a Maaca madre del rey..la *depuso*
Ez. 21.26 *depón* la tiara, quita la corona; esto
Dn. 5.20 fue *depuesto* del trono de su reino, y

DEPORTACIÓN

Ez. 1.2 el quinto año de la *d* del rey Joaquín
Mt. 1.11 en el tiempo de la *d* a Babilonia
1.12 después de la *d*..Jeconías engendró a
1.17 desde David hasta la *d* a Babilonia, 14
1.17 y desde la *d* a Babilonia hasta Cristo

DEPORTAR

Is. 20.4 llevará el rey..*deportados* de Etiopía
Jer. 40.1 cautivos..iban *deportados* a Babilonia
Dn. 2.25 he hallado un varón de los *deportados*

DEPOSITAR

1 R. 7.51 *depositó* todo en las tesorerías de la
2 Cr. 31.6 trajeron los diezmos..*depositaron* en
31.12 en ellas *depositaron* las primicias y
Jer. 36.20 habiendo *depositado* el rollo en el

DEPÓSITO

Gn. 41.36 aquella provisión en *d* para el país
Éx. 7.19 tu vara..sobre todos sus *d* de aguas
Lv. 6.4 el *d* que se le encomendó, o lo perdido
2 Cr. 32.28 hizo *d* para las rentas del grano
Sal. 33.7 las aguas..él pone en *d* los abismos
135.7 hace subir..saca de sus *d* los vientos
Jer. 10.13; 51.16 y saca el viento de sus *d*
Zac. 4.2 he aquí un candelabro..con un *d* encima
4.3 uno a la derecha del *d*, y el otro a su
2 Ti. 1.12 es poderoso para guardar mi *d* para
1.14 guarda el buen *d* por el Espíritu Santo

DEPRAVADO, DA

Nm. 14.27 ¿hasta cuándo oiré esta *d* multitud
Pr. 6.12 hombre malo, el hombre *d*, es el que
Is. 1.4 ¡oh..generación de malignos, hijos *d!*
Ez. 23.44 vinieron a..y a Aholiba, mujeres *d*

DEPURAR

Dn. 11.35 los sabios caerán para ser *depurados*

DERBE *Ciudad de Licaonia*

Hch. 14.6 habiéndolo sabido, huyeron a..y *D*
14.20 día siguiente salió con Bernabé para *D*
16.1 después llegó a *D* y a Listra; y he aquí
20.4 y le acompañaron..Gayo de *D*, y Timoteo

DERECHO, CHA

Gn. 13.9 si..yo iré a la *d;* y si tú a la *d*, yo
37.7 que mi manojo se levantaba y estaba *d*
48.13 Efraín a su *d*..y Manasés..*d* de Israel
48.14 Israel extendió su mano *d*, y la puso
48.17 que ponía la mano *d* sobre la cabeza de
48.18 éste es..pon tu mano *d* sobre su cabeza
Éx. 14.22,29 las aguas como muro a su *d* y a
23.6 no pervertirás el *d* de tu mendigo en su
26.15 tablas de madera de acacia, que estén *d*
29.9 y tendrán el sacerdocio por *d* perpetuo
29.20 sangre y la pondrás sobre..la oreja *d*
29.20 sobre el dedo pulgar de las manos *d*
29.20 y sobre el dedo pulgar de los pies *d*
29.22 tomarás del carnero..y la espaldilla *d*
36.20 hizo..las tablas de madera de acacia, *d*
Lv. 7.32 daréis al sacerdote..la espaldilla *d*
7.33 recibirá la espaldilla *d* como porción
8.23 sobre el lóbulo de la oreja *d* de Aarón
8.23 sobre el dedo pulgar de su mano *d*, y
8.23 y sobre el dedo pulgar de su pie *d*
8.24 sangre sobre el lóbulo de sus orejas *d*
8.24 puso..sobre los pulgares de sus manos *d*
8.24 puso..sobre los pulgares de sus pies *d*
8.25 riñones y la grosura..y la espaldilla *d*
8.26 con la grosura y con la espaldilla *d*
9.21 la espaldilla *d*, los meció Aarón como
10.14 porque por *d* son tuyos y de tus hijos
10.15 será por *d* perpetuo tuyo y de tus hijos
13.55 esté lo raído en el *d* o en el revés de
14.14,17,25 sobre el lóbulo de la oreja *d*
14.14,17,25 pulgar de su mano *d* y..de su pie *d*
14.16 mojará su dedo *d* en el aceite que tiene
14.27 con su dedo *d*..rociará del aceite que
14.28 pondrá del aceite..sobre..la oreja *d*
14.28 el pulgar de su mano *d* y..de su pie *d*
24.9 será de Aarón y de sus..por *d* perpetuo
Nm. 18.18 la carne..la espaldilla *d*, será tuya
22.26 para apartarse ni a *d* ni a izquierda
27.11 por estatuto de *d*, como Jehová mandó
35.29 estas cosas..serán por ordenanza de *d*
Dt. 16.19 no tuerzas el *d;* no hagas acepción
17.8 otra, entre una clase de *d* legal y otra
18.3 y este será el *d* de los sacerdotes de
21.16 no podrá dar el *d* de primogenitura al
24.17 no torcerás el *d* del extranjero ni del
27.19 maldito el que pervirtiere el *d*..viuda
33.2 vino..con la ley de fuego a su mano *d*
Jos. 6.5 subirá el pueblo, cada uno *d* hacia
6.20 pueblo subió..cada uno *d* hacia adelante
Jue. 3.16 y se lo ciñó debajo de..a su lado *d*
3.21 alargó Aod..tomó el puñal de su lado *d*
7.20 en la *d* las trompetas con que tocaban
16.29 su mano *d* sobre una y..sobre la otra
Rt. 4.6 respondió..redime tú, usando de mi *d*
1 S. 6.12 sin apartarse ni a *d* ni a izquierda
8.3 dejándose sobornar y pervirtiendo el *d*
11.2 que a cada uno de todos..saque el ojo *d*
2 S. 2.19 siguió Asael..sin apartarse ni a *d*
2.21 dijo: Apártate a la *d* o a la izquierda
14.19 hay que apartarse a *d* ni a izquierda
16.6 los hombres valientes estaban a su *d*
19.28 ¿qué *d*..tengo aún para clamar más al
1 R. 6.8 puerta..estaba al lado *d* de la casa
7.21 alzado la columna del lado *d*, le puso
7.39 basas a la mano *d*..mar al lado *d* de la
7.49 cinco candeleros de oro..a la mano *d*
10.9 te ha puesto por rey, para que hagas *d*
22.19 el ejército de los cielos..a su *d* y a
2 R. 11.11 desde el lado *d* de la casa hasta
12.9 arca..puso junto al altar, a la mano *d*
17.37 y *d* y ley y..que os dio por escrito
22.2 anduvo en todo..sin apartarse a *d* ni a
23.13 lugares altos..a la mano *d* del monte
1 Cr. 5.1 sus *d* de primogenitura fueron dados
5.2 mas el *d* de primogenitura fue de José
6.39 su hermano Asaf..estaba a su mano *d*
2 Cr. 3.17 una a la mano *d*..la de la mano *d*
4.6 fuentes..cinco a la *d* y 5 a la izquierda
4.7 candeleros..5 a la *d* y 5 a la izquierda
4.8 diez mesas..5 a la *d* y 5 a la izquierda
4.10 y colocó el mar al lado *d*, hacia el
18.18 todo el ejército..estaba a su mano *d*
23.10 desde el rincón *d* del templo hasta el
34.2 anduvo en..sin apartarse a la *d* ni a la
Esd. 8.21 para solicitar de él camino *d* para
Neh. 2.20 vosotros no tenéis..ni *d* ni memoria
8.4 estaban Matatías..y Maasías a su mano *d*
12.31 uno a la *d*, sobre el muro, hacia la
Est. 1.13 todos los que sabían la ley y el *d*
Job 8.3 ¿acaso torcerá Dios el *d*, o pervertirá
27.2 vive Dios, que ha quitado mi *d*, y el
30.12 a la mano *d* se levantó el populacho
31.13 si..tenido en poco el *d* de mi siervo
32.9 no son..ni los ancianos entienden el *d*
34.5 Job ha dicho..Dios me ha quitado mi *d*
34.12 y el Omnipotente no pervertirá el *d*
36.6 impío, pero a los afligidos dará su *d*
Sal. 9.4 porque has mantenido mi *d* y mi causa
37.6 como la luz, y tu *d* como el mediodía
73.23 estuve contigo; me tomaste de la mano *d*
78.54 los trajo a..monte que ganó su mano *d*
103.6 y *d* a todos los que padecen violencia
107.7 los dirigió por camino *d*, para que
140.12 a su cargo..el *d* de los necesitados
Pr. 2.13 que dejan los caminos *d*, para andar
3.16 largura de días está en su mano *d;* en
4.11 por..y por veredas *d* te he hecho andar
4.27 no te desvíes a la *d* ni a la izquierda
9.15 llamar a los..que van por sus caminos *d*
12.15 el camino del necio es *d* en su opinión
14.12 hay camino que al hombre le parece *d*
16.8 poco..que la muchedumbre de frutos sin *d*

DERECHO, CHA *(Continúa)*

Pr. 16.25 camino que parece *d* al hombre, pero su
18.5 pervertir el *d* del justo, no es bueno
27.16 como..sujetar el aceite en la mano *d*
31.5 perviertan el *d* de todos los afligidos
Ec. 5.8 perversión de *d* y de justicia vieres en
10.2 el corazón del sabio está a su mano *d*
Cnt. 2.6; 8.3 su izquierda esté..su *d* me abrace
Is. 5.23 justifican al..y al justo quitan su *d!*
9.20 uno hurtará a la mano *d*, y tendrá hambre
10.2 y para quitar el *d* a los afligidos de
24.5 falsearon el *d*, quebrantaron el pacto
30.21 y no echéis a la mano *d*, ni tampoco
41.13 tu Dios, quien te sostiene de tu mano *d*
44.20 pura mentira lo que tengo en mi mano *d?*
45.1 a Ciro, al cual tomé yo por su mano *d*
48.13 mano *d* midió los cielos con el palmo
54.3 te extenderás a la mano *d* y a la mano
56.1 dijo Jehová: Guardad *d*, y haced justicia
59.14 el *d* se retiró, y la justicia se puso
59.15 y desagradó a sus ojos..pereció el *d*
61.8 yo Jehová soy amante del *d*, aborrecedor
62.8 juró Jehová por su mano *d*, y..su brazo
Jer. 10.5 *d* están como palmera, y no hablan
11.15 ¿qué *d* tiene mi amada..habiendo hecho
22.24 si Conías..fuera anillo en mi mano *d*
31.9 y los haré andar..por camino *d* en el cual
32.7 porque tú tienes *d* a ella para comprarla
32.8 porque tuyo es el *d* de la herencia, y
32.11 venta, sellada según el *d* y costumbre
49.5 lanzados cada uno *d* hacia adelante, y
Lm. 2.4 entesó su arco..afirmó su mano *d* como
3.35 torcer el *d* del hombre delante de la
Ez. 1.7 los pies de ellos eran *d*, y la planta
1.9,12 cada uno caminaba *d* hacia adelante
1.10 y cara de león al lado *d* de los cuatro
1.23 alas de ellos estaban *d*, extendiéndose
4.6 te acostarás sobre tu lado *d* segunda vez
10.3 y los querubines estaban a la mano *d* de
10.22 cada uno caminaba *d* hacia adelante
18.5,21 e hiciere según el *d* y la justicia
18.19 el hijo hizo según el *d* y la justicia
18.27 haciendo según el *d* y la justicia, hará
21.16 corta a la *d*, hiere a la izquierda
21.22 la adivinación señaló a su mano *d*, sobre
21.27 hasta que venga aquel cuyo es el *d*, y
22.29 violencia..al extranjero oprimía sin *d*
33.14,19 e hicere según el *d* y la justicia
33.16 hizo según el *d* y la justicia; vivirá
39.3 arco..derribaré tus saetas de tu mano *d*
47.1 descendían..hacia el lado *d* de la casa
47.2 y vi que las aguas salían del lado *d*
Jon. 4.11 no saben discernir entre su mano *d* y
Mi. 3.9 que abomináis el..y pervertís todo el *d*
Hab. 2.16 cáliz de la mano *d* de Jehová vendrá
Zac. 3.1 y Satanás..a su mano *d* para acusarle
4.3 uno a la *d* del depósito, y el otro a su
4.11 estos dos olivos a la *d* del candelabro
11.17 hiera la espada su brazo, y su ojo *d*
11.17 y su ojo *d* será enteramente oscurecido
Mt. 5.29 tu ojo *d* te es ocasión de caer, sácalo
5.30 tu mano *d* te es ocasión de caer, córtala
5.39 cualquiera que te hiera en la mejilla *d*
6.3 no sepa tu izquierda lo que hace tu *d*
20.21 uno a tu *d*, y el otro a tu izquierda
20.23 el sentaros a mi *d* y..no es mío darlo
22.44 siéntate a mi *d*, hasta que ponga a tus
25.33 pondrá las ovejas a su *d*, y los cabritos
25.34 entonces el Rey dirá a los de su *d*
27.29 una caña en su mano *d*; e hincando la
27.38 a dos ladrones, uno a la *d*, y otro a la
Mr. 10.37 sentemos el uno a tu *d*, y el otro a
10.40 el sentaros a mi *d* y a mi izquierda, no
15.27 uno a su *d*, y el otro a su izquierda
16.5 a un joven sentado al lado *d*, cubierto
Lc. 1.11 ángel..a la *d* del altar del incienso
6.6 allí un hombre que tenía seca la mano *d*
22.50 hirió a un siervo..le cortó la oreja *d*
23.33 los malhechores, uno a la *d*, y otro a
Jn. 18.10 hirió al siervo..le cortó la oreja *d*
21.6 dijo: Echad la red a la *d* de la barca
Hch. 3.7 y tomándole por la mano *d* le levantó
9.11 vé a la calle que se llama *D*, y busca
14.10 a gran voz: Levántate *d* sobre tus pies
18.14 oh judíos, conforme a *d* yo os toleraría
1 Co. 9.4 ¿acaso no tenemos *d* de comer y beber?
9.5 ¿no tenemos *d* de traer con..una hermana
9.6 solo yo y..no tenemos *d* de no trabajar?
9.12 si otros participan de este *d* sobre
9.12 pero no hemos usado de este *d*, sino que
9.18 para no abusar de mi *d* en el evangelio
2 Ts. 3.9 no porque no tuviésemos *d*, sino por
He. 12.13 y haced sendas *d* para vuestros pies
13.10 altar, del cual no tienen *d* de comer los
Ap. 5.1 vi en la mano *d* del que estaba sentado
5.7 y vino, y tomó el libro de la mano *d* del
10.2 pie *d* sobre el mar, y el izquierdo sobre
13.16 se les pusiese una marca en la mano *d*
22.14 para tener *d* al árbol de la vida, y

DERIVA

Hch. 27.17 arriaron..velas y quedaron a la *d*

DERRAMADO *Véase Derramar*

DERRAMADOR, RA

Pr. 6.17 los ojos altivos..manos *d* de sangre
Ez. 18.10 *d* de sangre, o que haga alguna cosa
22.2 ¿no juzgarás tu a la ciudad *d* de sangre
22.3 ¡ciudad *d* de sangre en medio de sí, para

DERRAMAMIENTO

Lv. 22.4 varón que hubiere tenido *d* de semen
Dt. 19.10 que..no seas culpado de *d* de sangre
He. 9.22 sin *d* de sangre no se hace remisión

DERRAMAR

Gn. 9.6 el que *derramare* sangre de hombre, por
28.18 tomó..y *derramó* aceite encima de ella
35.14 y *derramó* sobre ella libación, y echó
37.22 no *derraméis* sangre; echadlo en esta
Éx. 4.9 *derramarás* en tierra..y se harán sangre
29.7 el aceite..*derramarás* sobre su cabeza
29.12 *derramarás* la..sangre al pie del altar
30.9 tampoco *derramaréis* sobre él libación
30.32 sobre carne de hombre no será *derramado*
Lv. 4.18,25,30,34 *derramará*..al pie del altar
8.12 *derramó* del aceite..la cabeza de Aarón
9.9 *derramó* el resto de la sangre al pie del
14.41 *derramarán* fuera de la ciudad..el barro
17.4 sangre *derramó;* será cortado el tal varón
17.13 *derramará* su sangre y la cubrirá con
21.10 cuya cabeza fue *derramado* el aceite de
Nm. 16.37 que tome..y *derrame* más allá el fuego
28.7 *derramarás* libación de vino superior
35.33 expiada de la sangre que fue *derramada*
Dt. 12.16 sobre la tierra la *derramaréis* como
12.24 no..en tierra la *derramarás* como agua
12.27 sangre..será *derramada* sobre el altar
15.23 no comas su sangre..la *derramarás* como
19.10 que no sea *derramada* sangre inocente
21.7 nuestras manos no han *derramado* esta
1 S. 1.15 *derramado* mi alma delante de Jehová
7.6 agua, y la *derramaron* delante de Jehová
10.1 la *derramó* sobre su cabeza, y lo besó
25.26 ha impedido el venir a *derramar* sangre
25.33 estorbado hoy de ir a *derramar* sangre
2 S. 14.14 como aguas *derramadas* por tierra
20.10 y *derramó* sus entrañas por tierra, y
23.16 que la *derramó* para Jehová, diciendo
1 R. 2.5 él mató, *derramando* en tiempo de paz
2.31 quita..la sangre que Joab ha *derramado*
13.3 la ceniza que sobre él está se *derramará*
13.5 se rompió..*derramó* la ceniza del altar
18.34 *derramadla* sobre el holocausto y sobre
2 R. 9.3 de aceite, y *derrámala* sobre su cabeza
9.6 el otro *derramó* el aceite sobre su cabeza
16.13 *derramó* sus libaciones, y esparció la
21.16 *derramó* Manasés mucha sangre inocente
24.4 sangre inocente que *derramó*..Jerusalén
1 Cr. 11.18 no la quiso beber..que la *derramó*
22.8 has *derramado* mucha sangre, y..guerras
28.3 no edificarás..*derramado* mucha sangre
2 Cr. 12.7 salvaré..y no se *derramará* mi ira
18.16 he visto a todo Israel *derramado* por
34.25 se *derramará* mi ira sobre este lugar
Job 12.21 *derrama* menosprecio..los príncipes
15.33 vid, *derramará* su flor como el olivo
16.13 partió mis..mi hiel *derramó* por tierra
16.20 mas ante Dios *derramaré* mis lágrimas
22.16 fundamento fue como un río *derramado?*
29.6 la piedra me *derramaba* ríos de aceite!
30.16 y ahora mi alma está *derramada* en mí
38.8 cuando se *derramaba* saliéndose de su
40.11 *derrama* el ardor de tu ira; mira a todo
Sal. 22.14 he sido *derramado* como aguas, y todos
29.7 voz de Jehová que *derrama* llamas..fuego
42.4 me acuerdo de estas..y *derramo* mi alma
45.2 eres..la gracia se *derramó* en tus labios
62.8 *derramad* delante de él vuestro corazón
69.24 *derrama* sobre ellos tu ira, y el furor
75.8 el cáliz está en..y él *derrama* del mismo
79.3 *derramaron* su sangre como agua en los
79.6 *derrama* tu ira sobre las naciones que
79.10 la venganza de la sangre..fue *derramada*
102 *tít.* delante de Jehová *derrama* su lamento
106.38 y *derramaron* la sangre inocente, la
147.16 da..y *derrama* la escarcha como ceniza
Pr. 1.11 ven..asechanzas para *derramar* sangre
1.16 pies..van presurosos a *derramar* sangre
1.23 *derramaré* mi espíritu sobre vosotros
5.16 ¿se *derramarán* tus fuentes por las calles
12.6 son asechanzas para *derramar* sangre
15.28 boca de los impíos *derrama* malas cosas
Ec. 11.3 nubes..sobre la tierra la *derramarán*
Cnt. 1.3 tu nombre es como ungüento *derramado*
Is. 5.6 nubes mandaré que no *derramen* lluvia
26.16 *derramaron* oración cuando..castigaste
26.21 tierra descubrirá la sangre *derramada*
28.25 *derrama* el eneldo, siembra el comino
29.10 Jehová *derramó* sobre..espíritu de sueño
32.15 sea *derramado* el Espíritu de lo alto
42.25 *derramó* sobre él el ardor de su ira
44.3 *derramaré* aguas..mi Espíritu *d* sobre tu
53.12 *derramó* su vida hasta la muerte, y fue
57.6 ellas *derramaste* libación, y ofreciste
59.7 se apresuran para *derramar* la sangre
63.6 embriagué..*derramé* en tierra su sangre
Jer. 6.11 la *derramaré* sobre los niños en la
7.6 ni en este lugar *derramaréis* la sangre
7.20 mi furor y mi ira se *derramarán* sobre
10.25 *derrama* tu enojo sobre los pueblos que
14.16 hijas; y sobre ellos *derramaré* su maldad
14.17 *derramen* mis ojos lágrimas noche y día
22.3 *derraméis* sangre inocente en este lugar
22.17 tus ojos y..sino para..*derramar* sangre
32.29 *derramaron* libaciones a dioses ajenos
42.18 *derramó* mi enojo..se *derramará* mi ira
44.6 se *derramó*, por tanto, mi ira y mi furor
44.17 *derramándole* libaciones, como hemos
44.18 dejamos de..y de *derramarle* libaciones
44.19 ¿acaso..le *derramamos* libaciones, sin
44.25 incienso a la reina del..y *derramarle*
Lm. 2.4 en..Sion *derramó* como fuego su enojo
2.11 mi hígado se *derramó* por tierra a causa
2.12 *derramando* sus almas en el regazo de sus
2.19 *derrama* como agua tu corazón ante la
4.11 cumplió Jehová..*derramó* el ardor de su
4.13 *derramaron* en medio de ella la sangre
Ez. 7.8 ahora pronto *derramaré* mi ira sobre ti
9.8 ¿destruirás a..*derramando* tu furor sobre
14.19 *derramare* mi ira sobre ella en sangre
16.15 *derramaste* tus fornicaciones a cuantos
16.38 las leyes..de las que *derraman* sangre
20.8,13,21 dije que *derramaría* mi ira sobre
20.28 porque..allí *derramaron* sus libaciones
20.33 y enojo *derramado*, he de reinar sobre
20.34 os reuniré de las..con..enojo *derramado*
20.46 sur, *derrama* tu palabra hacia la parte
21.2 y *derrama* palabra sobre los santuarios
21.31 *derramaré* sobre ti mi ira; el fuego de
22.4 en tu sangre que *derramaste* has pecado
22.6 poder, se esfuerzan en *derramar* sangre
22.9 calumniadores..para *derramar* sangre
22.12 precio..para *derramar* sangre; interés
22.13 y a causa de la sangre que *derramaste*
22.22 Jehová habré *derramado* mi enojo sobre
22.27 *derramando* sangre, para destruir las
22.31 por tanto, *derramaré* sobre ellos mi ira
23.8 y *derramaron* sobre ella su fornicación
23.45 por la ley de las que *derraman* sangre
24.7 sobre una piedra..la ha *derramado;* no la
24.7 no la *derramó* sobre la tierra para que
30.15 *derramaré* mi ira sobre Sin, fortaleza
33.25 ¿comeréis con..y *derramaréis* sangre, y
36.18 *derramé*..ira sobre ellos por la sangre
36.18 por la sangre que *derramaron* sobre la
39.29 habré *derramado* de mi Espíritu sobre la
Dn. 9.20 *derramaba* mi ruego delante de Jehová
9.27 lo que está determinado se *derrame* sobre
Os. 5.10 *derramaré* sobre ellos como agua mi ira
12.14 hará recaer..la sangre que ha *derramado*
Jl. 2.28 *derramaré* mi Espíritu sobre toda carne
2.29 sobre las siervas *derramaré* mi Espíritu
3.19 porque *derramaron* en su tierra sangre
Am. 5.8 las *derrama* sobre la faz de la tierra
9.6 y sobre la faz de la tierra las *derrama*
Mi. 1.6 y *derramaré* sus piedras por el valle
Nah. 3.18 tu pueblo se *derramó* por los montes
Sof. 1.17 la sangre..será *derramada* como polvo
3.8 para *derramar* sobre ellos mi enojo, todo
Zac. 12.10 *derramaré*..espíritu de gracia y de
Mal. 3.10 y *derramaré* sobre vosotros bendición
Mt. 9.17 y el vino se *derrama*, y los odres se
23.35 toda la sangre justa que se ha *derramado*
26.7 *derramó* sobre la cabeza de él, estando
26.12 *derramar* este perfume sobre mi cuerpo
26.28 por muchos es *derramada* para remisión
Mr. 2.22 y el vino se *derrama*, y los odres se
14.3 perfume..se lo *derramó* sobre su cabeza
14.24 mi sangre..que por muchos es *derramada*
Lc. 5.37 vino..romperá los odres y se *derramará*
11.50 la sangre..que se ha *derramado* desde la
22.20 mi sangre, que por vosotros se *derrama*
Hch. 1.18 y todas sus entrañas se *derramaron*
2.17 *derramaré* de mi Espíritu sobre toda carne
2.18 mis siervos y..*derramaré* de mi Espíritu
2.33 ha *derramado* esto que vosotros veis y
10.45 sobre los gentiles se *derramase* el don
22.20 se *derramaba* la sangre de Esteban tu
Ro. 3.15 pies se apresuran para *derramar* sangre
5.5 el amor de..ha sido *derramado* en nuestros
Fil. 2.17 y aunque sea *derramado* en libación
Tit. 3.6 *derramó* en nosotros abundantemente por
Ap. 16.1 *derramad* sobre la tierra las 7 copas
16.2 fue..y *derramó* su copa sobre la tierra
16.3 el segundo ángel *derramó* su copa sobre
16.4 el tercer ángel *derramó* su copa sobre los
16.6 *derramaron* la sangre de los santos y de
16.8 el cuarto ángel *derramó* su copa sobre el
16.10 el quinto ángel *derramó* su copa sobre
16.12 el sexto ángel *derramó* su copa sobre el
16.17 el séptimo ángel *derramó* su copa por el

DERRETIR

Éx. 16.21 luego que el sol calentaba..*derretía*
Sal. 22.14 como cera, *derritiéndose* en medio de
46.6 dio él su voz, se *derritió* la tierra
68.2 como se *derrite* la cera delante del fuego
97.5 montes se *derritieron* como cera delante

DERRETIR *(Continúa)*
Sal. 107.26 suben..sus almas se *derriten* con el
147.18 enviará su palabra, y los *derretirá*
Jer. 49.23 se *derritieron* en aguas de desmayo
Am. 9.5 el que toca la tierra, y se *derretirá*
9.13 los montes..los collados se *derretirán*
Mi. 1.4 se *derretirán* los montes debajo de él
Nah. 1.5 y los collados se *derriten;* la tierra

DERRIBAR
Gn. 44.11 y *derribando* cada uno su costal en
Éx. 14.27 *derribó* a los egipcios en medio del
15.7 has *derribado* a los que se levantaron
34.13 *derribaréis* sus altares, y quebraréis
Lv. 11.35 el horno u hornillos se *derribarán*
14.45 *derribará,* por tanto, la tal casa, sus
26.30 *derribaré* vuestras imágenes, y pondré
Dt. 12.3 *derribaréis* sus altares, y quebraréis
Jue. 2.2 cuyos altares habéis de *derribar;* mas
6.25 y *derriba* el altar de Baal que tu padre
6.28 que el altar de Baal estaba *derribado*
6.30 porque ha *derribado* el altar de Baal y
6.31 contienda..con el que *derribó* su altar
6.32 Jerobaal..por cuanto *derribó* su altar
8.9 cuando yo vuelva en..*derribaré* esta torre
8.17 asimismo *derribó* la torre de Peniel, y
20.21 *derribaron* por tierra..22.000 hombres
20.25 *derribaron* por tierra..18.000 hombres
2 S. 2.22 ¿por qué..herirte hasta *derribarte?*
20.15 Joab trabajaba por *derribar* la muralla
1 R. 19.10,14 han *derribado* tus altares, y han
2 R. 3.25 *derribaron* todos los buenos árboles
6.5 mientras uno *derribaba* un árbol, se le
10.27 y *derribaron* el templo de Baal, y lo
11.18 en el templo de Baal, y lo *derribaron*
21.3 lugares altos que Ezequías..*derribado*
23.7 *derribó* los lugares de prostitución
23.8 *derribó* los altares de las puertas que
23.12 *derribó* además el rey los altares que
23.14 quebró..*derribó* las imágenes de Asera
23.15 y todo el ejército..*derribó* los muros
2 Cr. 23.17 el templo de Baal, y lo *derribaron*
25.8 poder, o para ayudar, o para *derribar*
25.23 y Joás..*derribó* el muro de Jerusalén
31.1 y *derribaron* los lugares altos y los
33.3 lugares altos que Ezequías..*derribado*
34.4 *derribaron*..los altares de los baales
34.7 cuando hubo *derribado* los altares y las
Neh. 1.3 el muro de Jerusalén *derribado,* y sus
2.13 observé los muros de..estaban *derribados*
4.3 muro..si subiere una zorra lo *derribará*
Job 12.14 si él *derriba,* no hay quien edifique
19.6 sabed ahora que Dios me ha *derribado*
30.19 él me *derribó* en el lodo, y soy..polvo
Sal. 9.6 ciudades que *derribaste,* su memoria
28.5 él los *derribará,* y no los edificará
36.12 cayeron..fueron *derribados,* y no podrán
37.14 para *derribar* al pobre y al menesteroso
56.7 y *derriba* en tu furor a los pueblos
62.3 pared desplomada y como cerca *derribada?*
78.31 y *derribó* a los escogidos de Israel
81.14 habría yo *derribado* a sus enemigos, y
140.11 mal cazará al..injusto para *derribarle*
Pr. 14.1 mas la necia con sus manos la *derriba*
21.22 *derribó* la fuerza en que ella confiaba
25.28 como ciudad *derribada* y sin muro es el
Is. 10.13 y *derribé* como valientes a los que
14.15 tú *derribado* eres hasta el Seol, a los
22.5 para *derribar* el muro, y clamar al monte
22.10 *derribasteis* casas para fortificar el
24.12 y con ruina fue *derribada* la puerta
26.5 porque *derribó* a los que moraban en lugar
26.5 la humilló..la *derribó* hasta el polvo
28.2 como ímpetu..con fuerza *derriba* a tierra
Jer. 1.10 para arruinar y para *derribar,* para
18.7 hablaré contra pueblos..para..*derribar*
31.28 tuve cuidado de ellos para..y *derribar*
33.4 de las casas..*derribadas* con arietes y
39.8 y *derribaron* los muros de Jerusalén
46.15 ¿por qué ha sido *derribada* tu fortaleza?
50.15 han caído sus..*derribados* son sus muros
51.58 el muro..de Babilonia será *derribado*
Lm. 2.1 *derribó* del cielo a la tierra..Israel
2.5 *derribó* sus fortalezas, y multiplicó en
Ez. 16.39 altos, y *derribarán* tus altares, y te
19.12 arrancada con ira, *derribada* en tierra
26.4 muros de Tiro, y *derribarán* sus torres
31.12 lo *derribarán;* sus ramas caerán sobre
31.18 *derribado* serás con..árboles del Edén
36.36 yo reedifiqué lo que estaba *derribado*
39.3 *derribaré* tus saetas de tu mano derecha
Dn. 4.14 así: *Derribad* el árbol, y cortad sus
7.24 se levantará..y a tres reyes *derribará*
8.7 lo *derribó,* por tanto, en tierra, y lo
11.12 y *derribará* a muchos millares; mas no
Jl. 1.7 vid..la desnudó y *derribó;* sus ramas
Am. 3.11 un enemigo..*derribará* tu fortaleza, y
9.1 *derriba* el capitel, y estremézcanse las
Abd. 3 que dices..¿Quién me *derribará* a tierra?
4 te remontares..te *derribaré,* dice Jehová
Zac. 1.21 venido..para *derribar* los cuernos
10.11 la soberbia de Asiria será *derribada*
11.2 los árboles magníficos son *derribados*
11.2 porque el bosque espeso es *derribado*
Mt. 24.2 sobre piedra, que no sea *derribada*
26.61 puedo *derribar* el templo de Dios, y en
27.40 que *derribas* el templo, y en tres días
Mr. 13.2 quedará piedra..que no sea *derribada*
14.58 yo *derribaré* este templo hecho a mano
15.29 tú que *derribas* el templo de Dios, y en
Lc. 4.35 el demonio, *derribándole*..salió de él
9.42 el demonio le *derribó* y le sacudió con
12.18 esto haré: *derribaré* mis graneros, y
19.44 te *derribarán* a tierra, y a tus hijos
Ro. 11.3 Señor, a..tus altares han *derribado*
2 Co. 4.9 *derribados,* pero no destruidos
Ef. 2.14 *derribando* la pared..de separación
Ap. 18.21 con..ímpetu será *derribada* Babilonia

DERROTA
Gn. 14.17 volvía de la *d* de Quedorlaomer y de
1 S. 23.5 les causó una gran *d;* y libró a Keila
2 S. 1.1 vuelto David de la *d* de..amalecitas
Is. 10.18 y vendrá a ser como abanderado en *d*
He. 7.1 a Abraham que volvía de la *d* de los

DERROTAR
Gn. 14.5 *derrotaron* a los refaítas en Astarot
36.35 Bedad, el que *derrotó* a Madián en el
Nm. 14.45 amalecita y el cananeo..*derrotaron*
Dt. 1.4 que *derrotó* a Sehón rey de los amorreos
1.42 que no seáis *derrotados* por..enemigos
1.44 y os *derrotaron* en Seir, hasta Horma
2.33 y lo *derrotamos* a él y a sus hijos, y a
3.3 al cual *derrotamos* hasta acabar con todos
4.46 al cual *derrotó* Moisés con los hijos de
7.2 las hayas *derrotado,* las destruirás del
28.7 Jehová *derrotará* a tus enemigos que se
28.25 entregará *derrotado* delante..enemigos
29.7 y Og rey..para pelear, y los *derrotamos*
Jos. 7.5 de Hai..los *derrotaron* en la bajada
12.1 los reyes..los hijos de Israel *derrotaron*
12.6 a estos *derrotaron* Moisés..y los hijos
12.7 estos son los reyes..*derrotaron* Josué y
13.12 de Og..Moisés los *derrotó,* y los echó
13.21 de Sehón rey de..al cual *derrotó* Moisés
Jue. 1.5 y *derrotaron* al cananeo y al ferezeo
1.17 fue Judá con su..y *derrotaron* al cananeo
6.16 y *derrotarás* a los madianitas como a un
11.21 Dios..entregó a Sehón..y los *derrotó*
11.33 los *derrotó* con muy grande estrago. Así
12.4 y los de Galaad *derrotaron* a Efraín
20.35 *derrotó* Jehová a Benjamín delante de
20.36 vieron..Benjamín que eran *derrotados*
1 S. 14.48 *derrotó* a Amalec, y libró a Israel
15.7 y Saúl *derrotó* a los amalecitas desde
2 S. 8.1 que David *derrotó* a los filisteos y
8.2 *derrotó* también a los de Moab, y los
8.3 *derrotó* David a Hadad-ezer..rey de Soba
8.9 que..había *derrotado* a todo el ejército
8.13 cuando regresaba de *derrotar* a los sirios
10.15 viendo que habían sido *derrotados* por
10.19 viendo..cómo habían sido *derrotados*
17.9 que sigue a Absalón ha sido *derrotado*
1 R. 8.33 tu pueblo..fuere *derrotado* delante de
2 R. 10.32 los *derrotó* Hazael por..fronteras
13.19 hubieras *derrotado* a Siria hasta no
13.19 ahora sólo tres veces *derrotarás* a Siria
13.25 tres veces lo *derrotó* Joás, y restituyó
14.10 has *derrotado* a Edom, y tu corazón se
1 Cr. 1.46 Hadad hijo..el que *derrotó* a Madián
11.6 el que primero *derrote* a los jebuseos
14.11 Baal-perazim, y allí los *derrotó* David
14.16 *derrotaron* al ejército de los filisteos
18.1 que David *derrotó* a los filisteos, y los
18.2 *derrotó* a Moab, y los moabitas fueron
18.3 *derrotó* David a Hadad-ezer rey de Soba
21.12 por tres meses ser *derrotado* delante de
2 Cr. 6.24 Israel fuere *derrotado* delante de
21.9 y *derrotó* a los edomitas que le habían
25.19 dices: He aquí he *derrotado* a Edom, y
28.5 de los sirios, los cuales lo *derrotaron*
28.23 los dioses de..que le habían *derrotado*

DERRUMBAR
Jos. 6.20 pueblo gritó..y el muro se *derrumbó*
Ap. 11.13 la décima..de la ciudad se *derrumbó*

DESABRIDO
Job 6.6 ¿se comerá lo *d* sin sal? ¿Habrá gusto

DESACREDITAR
Nm. 14.36 murmurar..*desacreditando* aquel país
Hch. 19.27 nuestro negocio..a *desacreditarse*

DESACUERDO
Hch. 15.39 tal *d* entre ellos que se separaron

DESAFIAR
1 S. 17.10 he *desafiado* al campamento de Israel
2 S. 21.21 *desafió* a Israel, y lo mató Jonatán
23.9 cuando *desafiaron* a los filisteos que

DESAGRADABLE
2 S. 11.27 esto..fue *d* ante los ojos de Jehová

DESAGRADAR
Gn. 38.10 *desagradó* en ojos de Jehová lo que
1 S. 18.8 enojó Saúl..le *desagradó* este dicho
29.7 y vete en paz, para no *desagradar* a los
Pr. 24.18 que Jehová lo mire, y le *desagrade*
Is. 59.15 lo vio Jehová, y *desagradó* a sus ojos
65.12 ojos, y escogisteis lo que me *desagrada*
66.4 ojos, y escogieron lo que me *desagrada*
Hch. 16.18 mas *desagradando* a Pablo, éste se

DESAHUCIADA
Jer. 15.18 mi herida *d* no admitió curación?

DESALENTAR
Nm. 32.9 *desalentaron* a los hijos de Israel
Dt. 20.3 ni tampoco os *desalentéis* delante de
Job 4.5 mal ha venido sobre ti, te *desalientas*
Is. 57.10 mano, por tanto, no te *desalentaste*
Col. 3.21 no exasperéis..que no se *desalienten*

DESALIENTO
Job 41.22 y delante de él se esparce el *d*

DESAMPARAR
Dt. 12.19 cuidado de no *desamparar* al levita en
14.27 no *desampararás* al levita que habitare
31.6,8 no te dejará, ni te *desamparará*
Jos. 1.5 estaré..no te dejaré, ni te *desampararé*
Jue. 6.13 Jehová nos ha *desamparado,* y nos ha
Rt. 1.5 quedando así la mujer *desamparada* de
1 S. 12.22 Jehová no *desamparará* a su pueblo
1 R. 8.57 Dios..no nos *desampare* ni nos deje
2 R. 21.14 *desampararé* el resto de mi heredad
1 Cr. 28.20 él no te dejará ni te *desamparará*
2 Cr. 24.18 *desampararon* la casa de Jehová el
Esd. 9.9 no nos ha *desamparado* nuestro Dios
Neh. 9.31 los consumiste, ni los *desamparaste*
Job 20.19 quebrantó y *desamparó* a los pobres
39.14 cual *desampara* en la tierra sus huevos
Sal. 9.10 no *desamparaste* a..que te buscaron
22.1 Dios mío, ¿por qué me has *desamparado?*
27.9 no me dejes ni me *desampares,* Dios de
37.25 y no he visto justo *desamparado,* ni su
37.28 rectitud, y no *desampara* a sus santos
38.21 no me *desampares,* oh Jehová; Dios mío
68.6 habitar en familia a los *desamparados*
71.9 mi fuerza se acabare, no me *desampares*
71.11 Dios lo ha *desamparado;* perseguidle y
71.18 aun en la vejez y las..no me *desampares*
94.14 su pueblo, ni *desamparará* su heredad
138.8 no *desampares* la obra de tus manos
141.8 ti he confiado; no *desampares* mi alma
Pr. 4.2 buena enseñanza; no *desamparéis* mi ley
Is. 3.26 ella, *desamparada,* se sentará en tierra
17.2 las ciudades de Aroer están *desamparadas*
41.17 el Dios de Israel no los *desampararé*
42.16 cosas les haré, y no los *desampararé*
54.1 más son los hijos de la *desamparada* que
62.4 nunca más te llamarán *Desamparada,* ni tu
62.12 te llamarán..Deseada, no *desamparada*
Jer. 12.7 *desamparé* mi heredad, he entregado
14.9 invocado tu nombre; no nos *desampares*
Ez. 36.4 ha dicho..a las ciudades *desamparadas*
Sof. 2.4 porque Gaza..*desamparada,* y Ascalón
Mt. 9.36 *desamparadas* y dispersas como ovejas
27.46; Mr. 15.34 ¿por qué me has *desamparado*
2 Co. 4.9 perseguidos, mas no *desamparados*
2 Ti. 4.10 Demas me ha *desamparado,* amando
4.16 que todos me *desampararon;* no les sea
He. 13.5 dijo: No te *desampararé,* ni te dejaré

DESANIMAR
Nm. 21.4 y se *desanimó* el pueblo por el camino
32.7 ¿y por qué *desanimáis* a los..de Israel

DESAPARECER
Gn. 5.24 y *desapareció,* porque le llevó Dios
Lv. 14.48 la casa..la plaga ha *desaparecido*
Jue. 6.21 y el ángel..*desapareció* de su vista
1 R. 20.40 ocupado en..el hombre *desapareció*
Job 6.17 calentarse, *desaparecen* de su lugar
24.24 exaltados un poco, mas *desaparecen,* y
36.20 que los pueblos *desaparecen* de su lugar
Sal. 12.1 han *desaparecido* los fieles de entre
Is. 40.15 que hace *desaparecer* las islas como
Jer. 10.11 los dioses..*desaparezcan* de la tierra
25.10 y haré que *desaparezca* de entre ellos
Lm. 1.6 *desapareció* de la hija de..su hermosura
Ez. 12.22 los días, y *desaparecerá* toda visión?
Jl. 1.9 *desapareció* de la casa de Jehová la
Mt. 8.3 tocó..al instante su lepra *desapareció*
Lc. 24.31 mas él se *desapareció* de su vista
Hch. 13.41 oh menospreciadores, y *desapareced*
He. 8.13 envejece, está próximo a *desaparecer*

DESARMAR
Nm. 1.51 los levitas lo *desarmarán,* y cuando el
4.5 Aarón y..*desarmarán* el velo de la tienda
10.17 que estaba ya *desarmado* el tabernáculo
Is. 33.20 quietud, tienda que no será *desarmada*

DESARRAIGAR

Dt. 29.28 y Jehová los *desarraigó* de su tierra
Jos. 11.20 destruirlos. . fuesen *desarraigados*
Sal. 52.5 te *desarraigará* de la tierra de los
Pr. 2.22 impíos. . serán de ella *desarraigados*
Is. 10.7 que su pensamiento será *desarraigar* y
Sof. 2.4 saquearán. . y Ecrón será *desarraigada*
Mt. 15.13 que no plantó mi Padre. . *desarraigada*
Lc. 17.6 decir a este sicómoro. . *Desarráigate,* y
Hch. 3.23 alma que no oiga. . será *desarraigada*
Jud. 12 dos veces muertos y *desarraigados*

DESARROLLAR

Sal. 106.29 se *desarrolló* la mortandad entre

DESASTRE

Gn. 42.4 dijo: No sea que le acontezca algún *d*
42.38 si le aconteciere algún *d* en el camino
44.29 tomáis. . a éste. . y le acontece algún *d*
Jue. 20.34 no sabían que ya el *d* se acercaba a
20.41 porque vieron que el *d* había venido

DESATAR

Gn. 24.32 *desató* los camellos; y les dio paja
1 R. 5.9 y allí se *desatará,* y tú la tomarás
Job 12.21 él. . *desata* el cinto de los fuertes
30.11 Dios *desató* su cuerda, y me afligió
38.31 o *desatarás* las ligaduras de Orión?
Sal. 30.11 *desataste* mi cilicio, y me ceñiste
Is. 5.27 a ninguno se le *desatará* el cinto de
45.1 para sujetar. . y *desatar* lomos de reyes
58.6 *desatar*. . ligaduras de impiedad, soltar
Mt. 16.19 lo que *desatares*. . será *desatado* en
18.18 que *desatéis*. . será *desatado* en el cielo
21.2 una asna atada. . *desatadla,* y traédmelos
Mr. 1.7 digno de *desatar* encorvado la correa de
7.35 y se *desató* la ligadura de su lengua
11.2 un pollino atado. . *desatadlo* y traedlo
11.4 y hallaron el pollino. . y lo *desataron*
11.5 unos. . ¿Qué hacéis *desatando* el pollino?
Lc. 3.16 no soy digno de *desatar* la correa de
13.15 ¿no *desata* en el día de reposo su buey
13.16 ¿no se le debía *desatar* de. . ligadura en
19.30 un pollino atado. . *desatadlo,* y traedlo
19.31 ¿por qué lo *desatáis?* le responderéis
19.33 cuando *desataban* el pollino, sus dueños
19.33 dijeron: ¿Por qué *desatáis* el pollino?
Jn. 1.27 no soy digno de *desatar* la correa del
11.44 Jesús les dijo: *Desatadle,* y dejadle ir
Hch. 13.25 de quien no soy digno de *desatar* el
Ap. 5.2 de abrir el libro y *desatar* sus sellos?
5.5 ha vencido para abrir el libro y *desatar*
9.14 *desata* a los cuatro ángeles que. . atados
9.15 fueron *desatados* los cuatro ángeles que
20.3 después de esto debe ser *desatado* por un

DESATENDER

Hch. 6.1 *desatendidas* en la distribución diaria

DESATINO

Jer. 23.13 los profetas de Samaria he visto *d*

DESAVENENCIA

1 Co. 12.25 para que no haya *d* en el cuerpo

DESBARATAR

Dt. 25.18 te *desbarató* la retaguardia de todos
2 S. 22.30 contigo *desbarataré* ejércitos, y con
1 Cr. 4.41 *desbarataron* sus tiendas y cabañas
2 Cr. 13.15 *desbarató* a Jeroboam y a. . Israel
Neh. 4.15 Dios había *desbaratado* el consejo de
Job 30.13 senda *desbarataron,* se aprovecharon
Sal. 18.29 contigo *desbarataré* ejércitos, y con
Jer. 15.7 sin hijos a mi pueblo y lo *desbarataré*
Ez. 13.14 *desbarataré* la pared que. . recubristeis

DESBORDAR

Jos. 3.15 el Jordán suele *desbordarse* por todas
1 Cr. 12.15 había *desbordado* por. . sus riberas
Is. 66.12 gloria. . como torrente que se *desborda*

DESCALZAR

Dt. 25.10 este nombre. . La casa del *descalzado*
Is. 20.2 y *descalza* las sandalias de tus pies
47.2 *descalza* los pies, descubre las piernas

DESCALZO

2 S. 15.30 la cabeza cubierta y los pies *d*
Is. 20.2 Isaías. . hizo así, andando desnudo y *d*
20.3 que anduvo. . Isaías desnudo y *d* tres años
20.4 llevará el rey. . ancianos, desnudos y *d*
Jer. 2.25 guarda tus pies de andar *d,* y. . sed

DESCANSAR

Éx. 23.12 para que *descanse* tu buey y tu asno
34.21 el séptimo día *descansarás;* aun en la
34.21 en la arada y en la siega, *descansarás*
Lv. 26.34 la tierra *descansará*. . gozará sus días
26.35 *descansará* por lo que no reposó en los
Nm. 21.15 Ar, y *descansa* en el límite de Moab
Dt. 5.14 para que *descanse* tu siervo y tu sierva
28.65 y ni aun entre. . naciones *descansarás*
Jos. 11.23; 14.15 tierra *descansó* de la guerra
Jue. 16.26 las columnas sobre las que *descansa*
16.29 dos. . sobre las que *descansaba* la casa
Rt. 2.7 sin *descansar* ni aun por un momento
3.13 pasa. . *Descansa,* pues, hasta la mañana
3.18 porque aquel hombre no *descansará* hasta
2 S. 16.14 llegaron fatigados, y *descansaron*
1 R. 7.25 y *descansaba* sobre doce bueyes; tres
2 Cr. 4.4 bueyes. . el mar *descansaba* sobre ellos
Neh. 10.31 año. . dejaríamos *descansar* la tierra
Est. 9.16 judíos. . *descansaron* de sus enemigos
Job 3.17 allí *descansan* los de agotadas fuerzas
17.16 y juntamente *descansarán* en el polvo
Sal. 23.2 delicados pastos me hará *descansar*
55.6 alas como. . Volaría yo, y *descansaría*
94.13 para hacerle *descansar* en los días de
Is. 32.14 cuevas. . *descansen* asnos monteses, y
57.2 entrarán en la paz; *descansarán* en sus
62.1 y por amor de Jerusalén no *descansaré*
Jer. 30.10 Jacob volverá, *descansará* y vivirá
46.27 y volverá Jacob, y *descansará* y será
Lm. 2.18 *descanses,* ni cesen las niñas de tus
Ez. 16.42 mi celo, y *descansaré* y no me enojaré
Mt. 11.28 venid a mí. . y yo os haré *descansar*
26.45 dijo: Dormid ya, y *descansad.* He aquí
Mr. 6.31 venid. . aparte. . y *descansad* un poco
14.41 dormid ya, y *descansad.* Basta, la hora
Lc. 23.56 vueltas. . *descansaron* el día de reposo
Hch. 2.26 aun mi carne *descansará* en esperanza
Ap. 6.11 se les dijo que *descansasen* todavía un
14.13 *descansarán* de sus trabajos, porque sus

DESCANSO

Gn. 49.15 y vio que el *d* era bueno, y que la
Éx. 33.14 presencia irá contigo, y te daré *d*
Lv. 25.4 pero el séptimo año la tierra tendrá *d*
25.6 el *d* de la tierra te dará para comer a
Nm. 10.33 el arca. . fue. . buscándoles lugar de *d*
Dt. 25.19 tu Dios te dé *d* de todos tus enemigos
Rt. 1.9 conceda Jehová que halléis *d,* cada una
2 S. 7.11 a ti te daré *d* de todos tus enemigos
Job 3.13 pues. . dormiría, y entonces tendría *d*
Sal. 35.15 se juntaron. . me despedazaban sin *d*
77.2 alzaba a él mis manos de noche sin *d*
122.7 muros, y el *d* dentro de tus palacios
Pr. 29.17 corrige a tu hijo, y te dará *d*. . alma
Ec. 4.6 más vale un puño lleno con *d,* que
Is. 30.15 en *d* y en reposo seréis salvos; en
Jer. 6.16 el, y hallaréis *d* para vuestra alma
45.3 fatigado estoy de. . y no he hallado *d*
Lm. 1.3 habitó entre las naciones, y no halló *d*
Ez. 43.17 el *d* era de catorce codos de longitud
43.20 y en las cuatro esquinas del *d,* y en
45.19 sobre los 4 ángulos del *d* del altar
Mt. 11.29 y hallaréis *d* para vuestras almas

DESCARADO

Pr. 7.13 y le besó. Con semblante *d* le dijo

DESCARGAR

Gn. 27.40 que *descargarás* su yugo de tu cerviz
Éx. 9.23 el fuego se *descargó* sobre la tierra
Est. 9.2 para *descargar* su mano sobre los que
Job 27.22 Dios, pues, *descargará* sobre él, y
Sal. 81.6 sus manos fueron *descargadas* de los
Is. 66.15 vendrá. . *descargar* su ira con furor
Jon. 1.5 al mar los enseres. . para *descargarla*
Hch. 21.3 porque el barco había de *descargar*

DESCARRIAR

Nm. 5.12 si la mujer de alguno se *descarriare*
5.20 mas si te has *descarriado* de tu marido
Sal. 58.3 *descarriaron* hablando mentira desde
119.67 antes que fuera. . *descarriado* andaba
Is. 53.6 nosotros nos *descarriamos* como ovejas
Jer. 50.6 sus pastores. . montes las *descarriaron*
50.17 rebaño *descarriado* es Israel; leones lo
Ez. 34.4 ni volvisteis al redil la *descarriada*
34.16 y haré volver al redil la *descarriada*
Mi. 4.6 y recogeré la *descarriada,* y a la que
4.7 y a la *descarriada* como nación robusta
Sof. 3.19 que cojea, y recogeré la *descarriada*
Mt. 18.12 tiene cien ovejas, y se *descarría*
18.12 a buscar la que se había *descarriado?*
18.13 que por las 99 que no se *descarriaron*
1 P. 2.25 erais como ovejas *descarriadas,* pero

DESCENDENCIA

Gn. 10.32 familias de. . hijos de Noé por sus *d*
12.7 a Abram. . dijo: A tu *d* daré esta tierra
13.15 ves, la daré a ti y a tu *d* para siempre
13.16 haré tu *d* como el polvo de la tierra
13.16 la tierra, también tu *d* será contada
15.5 y cuenta las estrellas. . Así será tu *d*
15.13 cierto que tu *d* morará en tierra ajena
15.18 a tu *d* daré esta tierra, desde el río
16.10 multiplicaré tanto tu *d,* que no podrá
17.7 tu *d* después de ti en sus generaciones
17.7 para ser tu Dios, y el de tu *d* después
17.8 daré a ti, y a tu *d*. . la tierra en que
17.9 guardarás mi pacto, tú y tu *d* después
17.10 guardaréis entre mí. . y tu *d* después de
19.32 ven. . y conservaremos de nuestro padre *d*
19.34 para que conservemos de nuestro padre *d*
21.12 voz, porque en Isaac te será llamada *d*
22.17 multiplicaré tu *d* como las estrellas
22.17 *d* poseerá las puertas de sus enemigos
24.7 juró, diciendo: A tu *d* daré esta tierra
26.3 a ti y a tu *d* daré todas estas tierras
26.4 multiplicaré tu *d* como las estrellas del
26.4 cielo, y daré a tu *d* todas estas tierras
26.24 y te bendeciré, y multiplicaré tu *d*
28.4 te dé la bendición de. . y a tu *d* contigo
28.13 la tierra en. . te la daré a ti y a tu *d*
28.14 será tu *d* como el polvo de la tierra
32.12 y tu *d* será como la arena del mar, que
35.12 la daré a ti, y a tu *d* después de ti
38.8 y despósate con ella, y levanta *d* a tu
38.9 sabiendo Onán que la *d* no había de ser
38.9 vertía en tierra. . no dar *d* a su hermano
46.6 y vinieron a Egipto, Jacob y toda su *d*
46.7 y a toda su *d* trajo consigo a Egipto
48.4 daré esta tierra a tu *d* después de ti
48.11 Dios me ha hecho ver también a tu *d*
48.19 y su *d* formará multitud de naciones
Éx. 28.43 estatuto perpetuo para él, y. . su *d*
30.21 y lo tendrán por estatuto. . él y su *d*
32.13 multiplicaré vuestra *d*. . las estrellas
32.13 y daré a vuestra *d* toda esta tierra de
33.1 juré a. . Jacob, diciendo: A tu *d* la daré
Lv. 21.15 que no profane su *d* en sus pueblos
21.21 ningún varón. . *d* del sacerdote Aarón
22.3 diles: Todo varón de toda vuestra *d* en
22.4 varón de la *d* de Aarón que fuere leproso
Nm. 1.20,22,24,26,28,30,32,34,36,38,40,42 por su *d,* por sus familias
14.24 Caleb. . y su *d* la tendrá en posesión
16.40 extraño que no sea de la *d* de Aarón se
18.19 pacto de sal perpetuo. . ti y para tu *d*
24.7 y su *d* será en muchas aguas; enaltecerá
25.13 tendrá él, y su *d*. . pacto del sacerdocio
Dt. 1.8 juró. . que les daría a ellos y a su *d*
4.37 escogió a su *d* después de ellos, y te
10.15 de tus padres se agradó. . escogió su *d*
11.9 juró. . había de darla a ellos y a su *d*
28.46 en ti por señal. . en tu *d* para siempre
28.59 Jehová aumentará. . las plagas de tu *d*
30.6 circuncidará Jehová. . el corazón de tu *d*
30.19 escoge. . vida, para que vivas tú y tu *d*
34.4 de que juré a. . diciendo: A tu *d* la daré
Jos. 24.3 lo traje. . aumenté su *d,* y le di Isaac
Jue. 8.30 setenta hijos que constituyeron su *d*
Rt. 4.12 por la *d* que de esa joven te dé Jehová
1 S. 20.42 Jehová esté entre tú y. . tu *d* y mi *d*
24.21 que no destruirás mi *d* después de mí
2 S. 22.51 rey. . a David y a su *d* para siempre
1 R. 2.33 de Joab, y sobre la cabeza de su *d*
2.33 mas sobre David y sobre su *d*. . habrá paz
9.5 no faltará varón de tu *d* en el trono de
11.39 yo afligiré a la *d* de David a causa de
2 R. 5.27 la lepra. . se te pegará a ti y a tu *d*
11.1 Atalía. . se levantó y destruyó toda la *d*
17.20 desechó Jehová a toda la *d* de Israel
1 Cr. 1.29 estas son sus *d:* el primogénito de
4.33 esta fue su habitación, y esta su *d*
5.7 contados en sus *d,* tenían por príncipes a
6.19 son las familias de Leví, según sus *d*
7.7 Bela. . de cuya *d* fueron contados 22.034
7.9 y contados por sus *d*. . 20.200 hombres de
17.11 levantaré *d* después de ti, a uno. . hijos
2 Cr. 20.7 la diste a la *d* de Abraham tu amigo
22.10 Atalía. . exterminó toda la *d* real de la
Neh. 9.2 ya se había apartado la *d* de Israel
9.8 pacto. . para darla a su *d;* y cumpliste tu
Est. 6.13 la *d* de los judíos es ese Mardoqueo
9.27 tomaron. . sobre su *d* y sobre todos los
9.28 que su *d* jamás dejaría de recordarlos
9.31 según ellos habían tomado sobre. . su *d*
Job 5.25 echarás de ver que tu *d* es mucha, y
21.8 su *d* se robustece a su vista, y sus
Sal. 18.50 a su ungido, a David y a su *d,* para
21.10 destruirás. . su *d* de entre. . los hombres
22.23 glorificadle, *d* toda de Jacob. . temedle
22.23 y temedle vosotros, *d* toda de Israel
25.13 gozará él de. . su *d* heredará la tierra
37.25 no he visto. . ni su *d* que mendigue pan
37.26 y presta; y su *d* es para bendición
37.28 mas la *d* de los impíos será destruida
69.36 la *d* de sus siervos la heredará, y los
89.4 para siempre confirmaré tu *d*. . tu trono
89.29 pondré su *d* para siempre, y su trono
89.36 su *d* será para siempre, y su trono como
102.28 y su *d* será establecida delante de ti
105.6 vosotros, *d* de Abraham su siervo, hijos
112.2 su *d* será poderosa en la tierra; la
132.11 juró. . de tu *d* pondré sobre tu trono
Pr. 11.21 mas la *d* de los justos será librada
Is. 14.20 no será nombrada para siempre la *d*
41.8 quien yo escogí, *d* de Abraham mi amigo
45.19 no dije a la *d* de Jacob: En vano me
45.25 en Jehová. . gloriará toda la *d* de Israel
48.19 como la arena tu *d,* y los renuevos de
54.3 tu *d* heredará naciones, y habitará las
61.9 la *d*. . será conocida entre las naciones
65.9 sacaré *d* de Jacob, y de Judá heredero
66.22 permanecerá vuestra *d* y vuestro nombre

DESCENDENCIA *(Continúa)*
Jer. 22.30 hombre privado de *d*, hombre a quien
22.30 ninguno de su *d*. .sentarse sobre el trono
23.8 y trajo la *d* de la casa de Israel de
29.32 que yo castigaré a Semaías. .y a su *d*
30.10 el que te salvo de lejos a ti y a tu *d*
31.36 también la *d* de Israel faltará para no
31.37 yo desecharé toda la *d* de Israel por
33.22 multiplicaré la *d* de David mi siervo
33.26 también desecharé la *d* de Jacob, y de
33.26 para no tomar de su *d* quien sea señor
36.31 castigaré su maldad en él, y en su *d*
41.1 que vino Ismael. .de la *d* real, y algunos
46.27 te salvaré. .y a tu *d* de la tierra de su
49.10 será destruida su *d*, sus hermanos y sus
Ez. 17.13 tomó. .uno de la *d* real e hizo pacto
20.5 para jurar a la *d* de la casa de Jacob
Mal. 2.15 ¿y por qué uno?. .Porque buscaba una *d*
Mt. 22.24 se casará. .levantará *d* a su hermano
22.25 y no teniendo *d*, dejó su mujer a su
Mr. 12.19 su hermano. .levante *d* a su hermano
12.20 el primero tomó. .y murió sin dejar *d*
12.21 el segundo se casó. . y tampoco dejó *d*
12.22 los siete, y no dejaron *d*; y después
Lc. 1.55 para con Abraham y su *d* para siempre
20.28 se case con. .y levante *d* a su hermano
20.31 así todos los 7, y murieron sin dejar *d*
Hch. 2.30 Dios le había jurado que de su *d*, en
7.5 que se la daría, y a su *d* después de él
7.6 que su *d* sería extranjera en tierra ajena
13.23 de la *d* de éste. .Dios levantó a Jesús
Ro. 4.13 no por la ley fue. .a su *d* la promesa
4.16 que la promesa sea firme para toda su *d*
4.18 lo que se le había dicho: Así será tu *d*
9.7 hijos; sino: En Isaac te será llamada *d*
9.29 si el Señor. .no nos hubiera dejado *d*
11.1 yo soy israelita, de la *d* de Abraham
He. 2.16 sino que socorrió a la *d* de Abraham
7.16 a la ley del mandamiento acerca de la *d*
11.18 fue dicho: En Isaac te será llamada *d*
Ap. 12.17 a hacer guerra contra. .la *d* de ella

DESCENDER
Gn. 11.5 *descendió* Jehová para ver la ciudad
11.7 *descendamos*, y confundamos. .su lengua
12.10 y *descendió* Abram a Egipto para morar
15.11 y *descendían* aves de rapiña sobre los
18.21 *descenderé*. .veré si han consumado su
24.16 cual *descendió* a la fuente, y llenó su
24.45 y *descendió* a la fuente, y sacó agua
24.64 vio a Isaac, y *descendió* del camello
26.2 no *desciendas* a Egipto; habita en la
28.12 ángeles. .que subían y *descendían* por
37.35 *descenderé* enlutado a. .hasta el Seol
42.2 *descended* allá, y comprad de allí para
42.3 *descendieron* los diez hermanos de José
42.38 no *descenderá* mi hijo con vosotros
42.38 haréis *descender* mis canas con dolor
43.4 si enviares a. .hermano. .*descenderemos*
43.5 pero si no le enviares, no *descenderemos*
43.15 se levantaron y *descendieron* a Egipto
43.20 *descendimos* al principio a comprar
44.23 si vuestro hermano. .no *desciende* con
44.29 *descender* mis canas con dolor al Seol
44.31 harán *descender* las canas de tu siervo
46.3 y dijo. .no temas de *descender* a Egipto
46.4 *descenderé* contigo a Egipto, y. .volver
Éx. 2.5 la hija de Faraón *descendió* a lavarse
3.8 he *descendido* para librarlos de mano de
11.8 *descenderán* a mí todos estos tus siervos
15.5 *descendieron* a las profundidades como
16.13 la mañana *descendió* rocío en derredor
16.14 cuando el rocío cesó de *descender*, he
19.11 Jehová *descenderá* a ojos de todo el
19.14 *descendió* Moisés del monte al pueblo
19.18 Jehová había *descendido* sobre él en
19.20 *descendió* Jehová sobre el monte Sinaí
19.21 dijo. .*Desciende*, ordena al pueblo que
19.24 *desciende*, y subirás. .y Aarón contigo
19.25 Moisés *descendió* y se lo dijo al pueblo
32.1 Moisés tardaba en *descender* del monte
32.7 anda, *desciende*, porque tu pueblo que
32.15 y volvió Moisés y *descendió* del monte
33.9 la nube *descendía* y se ponía a la puerta
34.5 Jehová *descendió* en la nube, y estuvo
34.29 y *descendiendo* Moisés del monte Sinaí
34.29 al *descender*. .no sabía Moisés que la
Lv. 9.22 después de. .la expiación. .*descendió*
Nm. 11.9 cuando *descendía* el rocío. .el maná *d*
11.17 yo *descenderé* y hablaré allí contigo
11.25 entonces Jehová *descendió* en la nube
12.5 entonces Jehová *descendió* en la columna
14.45 *descendieron* el amalecita y el cananeo
16.30 abriere. .y *descendieren* vivos al Seol
16.33 con todo lo. .*descendieron* vivos al Seol
20.15 nuestros padres *descendieron* a Egipto
20.28 Moisés y Eleazar *descendieron* del monte
34.11 *descenderá* el límite, y llegará a la
34.12 después *descenderá* este límite al Jordán
Dt. 9.12 *desciende* pronto de aquí. .tu pueblo
9.15 y *descendí* del monte, el cual ardía en
9.21 él en el arroyo que *descendía* del monte
10.5 y *descendí* del monte, y puse las tablas
10.22 con setenta personas *descendieron* tus
26.5 el cual *descendió* a Egipto y habitó allí
28.24 polvo. .los cielos *descenderán* sobre ti
28.43 se elevará. .y tú *descenderás* muy abajo
Jos. 2.15 los hizo *descender* con una cuerda por
2.23 *descendieron* del monte, y pasaron, y
3.16 y las que *descendían* al mar de Arabá
15.10 *desciende* a Bet-semes, y pasa a Timna
16.7 de Janoa *desciende* a Atarot y a Naarat
17.9 *desciende* este límite al arroyo de Caná
18.13 *desciende* de Atarot-adar al monte que
18.16 y *desciende* este límite al extremo del
18.16 *desciende* luego al valle de Hinom, al
18.16 de allí *desciende* a la fuente de Rogel
18.17 *desciende* a la piedra de Bohán hijo de
18.18 pasa al lado que. .y *desciende* al Arabá
24.4 Jacob y sus hijos *descendieron* a Egipto
Jue. 1.9 Judá *descendieron* para pelear contra
1.34 no los dejaron *descender* a los llanos
3.27 los hijos de Israel *descendieron* con él
3.28 *descendieron*. .y tomaron los vados del
4.14 y Barac *descendió* del monte de Tabor, y
4.15 Sísara *descendió* del carro, y huyó a pie
5.14 de Maquir *descendieron* príncipes, y de
7.9 *desciende* al campamento; porque yo lo he
7.10 si tienes temor de *descender*, baja tú
7.11 *descenderás* al campamento. .él *descendió*
7.24 *descended* al encuentro de los madianitas
9.36 gente que *desciende* de las cumbres de
9.37 gente que *desciende* de en medio de la
11.37 vaya y *descienda* por los montes, y llore
14.1 *descendió* Sansón a Timnat, y vio. .mujer
14.5 Sansón *descendió* con su padre y. .madre
14.7 *descendió*. .y habló a la mujer; y ella
14.19 *descendió* a Ascalón y mató a treinta
15.8 y *descendió* y habitó en la cueva. .Etam
16.31 y *descendieron* sus hermanos y toda la
Rt. 3.6 *descendió*, pues, a la era, e hizo todo
1 S. 2.6 hace *descender* al Seol, y hace subir
6.21 *descended*, pues, y llevadla a vosotros
9.25 y cuando hubieron *descendido* del lugar
9.27 *descendiendo*. .al extremo de la ciudad
10.5 profetas que *descienden* del lugar alto
10.8 a Gilgal; entonces *descenderé* yo a ti
13.12 *descenderán* los filisteos contra mí a
13.20 tenían que *descender* a los filisteos
14.36 *descendamos* de noche contra. .filisteos
14.37 Saúl. .¿*Descenderé* tras los filisteos?
15.12 y pasó adelante y *descendió* a Gilgal
17.28 y dijo: ¿Para qué has *descendido* acá?
20.19 *descenderás* y vendrás al lugar donde
23.4 *desciende* a Keila, pues yo entregaré en
23.6 Abiatar. .*descendió*. .el efod en su mano
23.8 convocó Saúl a. .para *descender* a Keila
23.11 ¿*descenderá* Saúl. .ha oído tu siervo?
23.11 ruego. .Y Jehová dijo: Sí, *descenderá*
23.20 *desciende* pronto. .conforme a tu deseo
23.25 *descendió* a la peña, y se quedó en el
25.20 *descendió* por una parte secreta del
26.2 *descendió* al desierto de Zif, llevando
26.6 ¿quién *descenderá* conmigo a Saúl en el
26.6 y dijo Abisai: Yo *descenderé* contigo
26.10 que. .o *descendiendo* en batalla perezca
30.24 conforme a la parte del que *desciende*
2 S. 5.17 cuando David lo oyó, *descendió* a la
11.8 *desciende* a tu casa, y lava tus pies
11.9 Urías durmió. .y no *descendió* a su casa
11.10 diciendo: Urías no ha *descendido* a su
11.10 ¿por qué. .no *descendiste* a tu casa?
11.13 él salió a. .mas no *descendió* a su casa
19.16 y Simei. .*descendió* con los hombres de
19.20 he venido. .para *descender* a recibir a
19.24 Mefi-boset. .*descendió* a recibir al rey
19.31 Barzilai. .*descendió* de Rogelim, y pasó
21.15 *descendió* David y sus siervos con él
22.10 e inclinó los cielos, y *descendió*
23.13 *descendieron* y vinieron en tiempo de
23.20 *descendió* y mató a un león en. .un foso
23.21 pero *descendió* contra él con un palo
1 R. 1.25 ha *descendido*, y ha matado bueyes y
1.38 y *descendieron* el sacerdote Sadoc, el
2.6 no dejarás *descender* sus canas al Seol
2.8 *descendió* a recibirme al Jordán, y yo le
2.9 y harás *descender* sus canas con sangre
18.44 *desciende*. .que la lluvia no te ataje
21.16 se levantó para *descender* a la viña de
21.18 *desciende* a encontrarte con Acab rey
21.18 ha *descendido* para tomar posesión de
22.2 que Josafat. .*descendió* al rey de Israel
2 R. 1.9 dijo. .el rey ha dicho que *desciendas*
1.10,12 *descendió* fuego del cielo. .*descendió*
1.11 el rey ha dicho así: *Desciende* pronto
1.14 he aquí ha *descendido* fuego del cielo
1.15 *desciende* con él; no tengas miedo de él
1.15 él se levantó, y *descendió* con él al rey
2.2 Eliseo dijo. .*Descendieron*, pues, a Bet-el
3.12 y *descendieron* a él el rey de Israel, y
5.14 *descendió*, y se zambulló siete veces en
6.18 luego que los sirios *descendieron* a él
6.33 he aquí el mensajero que *descendía* a él
7.17 había dicho. .cuando el rey *descendió* a
8.29 y *descendió* Ocozías. .a visitar a Joram
9.16 Ocozías rey. .había *descendido* a visitar
12.20 mataron a Joás en. .*descendía* él a Sila
13.14 y *descendió* a él Joás rey de Israel
20.11 por los grados que había *descendido*
1 Cr. 11.15 tres de los 30. .*descendieron* a la
11.22 Benaía. .*descendió* y mató a un león en
11.23 *descendió* con un báculo, y arrebató al
2 Cr. 7.1 cuando Salomón acabó. .*descendió* fuego
7.3 cuando vieron. .*descender* el fuego y la
18.2 *descendió* a Samaria para visitar a Acab
20.16 mañana *descenderéis* contra ellos; he
22.6 *descendió* Ocozías hijo de. .para visitar
Neh. 3.15 hasta las gradas que *descienden* de
9.13 y sobre el monte de Sinaí *descendiste*
Job 7.9 así el que *desciende* al Seol no subirá
17.16 a la profundidad del Seol *descenderán*
21.13 sus días. .y en paz *descienden* al Seol
33.24 que lo libró de *descender* al sepulcro
37.6 a la nieve dices: *Desciende* a la tierra
Sal. 18.9 inclinó los cielos, y *descendió*; y
22.29 se postrarán. .todos los que *descienden*
28.1 no sea. .semejante a los que *descienden*
30.3 me diste vida, para que no *descendiese*
30.9 ¿qué provecho hay en. .cuando *descienda*
38.2 porque. .sobre mí ha *descendido* tu mano
49.17 nada, ni *descenderá* tras él su gloria
55.15 *desciendan* vivos al Seol, porque hay
55.23 Dios, harás *descender* aquéllos al pozo
65.10 haces *descender* sus canales. .lluvias
72.6 *descenderá* como la lluvia sobre la hierba
78.16 peña. .hizo *descender* aguas como ríos
88.4 soy contado entre los que *descienden* al
104.8 *descendieron* los valles, al lugar que
107.23 los que *descienden* al mar en naves
107.26 suben a los cielos, *descienden* a los
115.17 no. .ni cuantos *descienden* al silencio
119.136 ríos de agua *descendieron* de mis ojos
133.2 el cual *desciende* sobre la barba, la
133.3 el rocío de Hermón, que *desciende* sobre
143.7 ser semejante a los que *descienden* a la
144.5 Jehová, inclina tus cielos y *desciende*
Pr. 5.5 sus pies *descienden* a la muerte; sus
30.4 ¿quién subió al cielo, y *descendió*?
Ec. 3.21 que el espíritu del animal *desciende*
Cnt. 6.2 mi amado *descendió* a su huerto, a las
6.11 *descendí* a ver los frutos del valle
Is. 5.14 y allá *descenderá* la gloria de ellos
14.11 *descendió* al Seol tu soberbia, y. .arpas
14.19 *descendieron* al fondo de la sepultura
30.2 que se apartan para *descender* a Egipto
31.1 ¡ay de los que *descienden* a Egipto por
31.4 así Jehová de los. .*descenderá* a pelear
34.5 espada. .*descenderá* sobre Edom en juicio
38.8 los grados que ha *descendido* con el sol
38.8 grados. .los cuales había ya *descendido*
38.18 no. .ni los que *descienden* al sepulcro
42.10 los que *descendéis* al mar, y cuanto hay
43.14 hice *descender* como fugitivos a todos
47.1 *desciende* y siéntate en el polvo, virgen
52.4 mi pueblo *descendió* a Egipto en tiempo
55.10 como *desciende* de los cielos la lluvia
63.14 como a. .bestia que *desciende* al valle
64.1 ¡oh, si. .*descendieras*, y a tu presencia
64.3 *descendiste*, fluyeron los montes delante
Jer. 17.27 haré *descender* fuego en sus puertas
18.3 *descendí* a casa del alfarero, y he aquí
22.1 *desciende* a la casa del rey de Judá, y
36.12 *descendió* a la casa del. .al aposento
48.15 jóvenes. .*descendieron* al degolladero
48.18 *desciende* de la gloria, siéntate en
49.16 aunque alces como. .te haré *descender*
Lm. 1.9 ella ha *descendido* sorprendentemente
Ez. 26.16 los príncipes del mar *descenderán* de
26.20 haré *descender* con los que *descienden*
27.29 *descenderán* de sus naves todos los que
28.8 sepulcro te harán *descender*, y morirás
31.14 entre. .los que *descienden* a la fosa
31.15 día que *descendió* al Seol, hice. .luto
31.16 hice *descender*. .con los que *descienden*
31.17 *descendieron* con él al Seol, con los
32.18 con los que *descienden* a la sepultura
32.19 *desciende*, y yace con los incircuncisos
32.21 *descendieron* y yacen con los muertos
32.24 los cuales *descendieron* incircuncisos
32.24,25,29,30 con los que *descienden* al
32.27 *descendieron* al Seol con sus armas de
32.30 *descendieron*. .con los muertos a espada
34.26 haré *descender* la lluvia en su tiempo
47.1 y las aguas *descendían* de debajo, hacia
47.8 estas aguas salen. .*descenderán* al Arabá
Dn. 4.13,23 un vigilante y santo *descendía*
Jl. 2.23 hará *descender* sobre vosotros lluvia
3.2 las haré *descender* al valle de Josafat
3.13 *descended*, porque el lagar está lleno
Am. 6.2 *descended* luego a Gat de los filisteos
9.2 aunque subieren. .allá los haré *descender*
Jon. 1.3 y *descendió* a Jope, y halló una nave
2.6 *descendí* a los cimientos de los montes
Mi. 1.3 *descenderá* y hollará las alturas de la
1.12 el mal había *descendido* hasta la puerta
Mt. 3.16 Espíritu de Dios que *descendía* como
7.25,37 *descendió* lluvia, y vinieron ríos
8.1 *descendió* Jesús del monte, le seguía mucha
14.29 *descendiendo* Pedro de la barca, andaba
17.9 cuando *descendieron* del monte, Jesús les
24.17 el que esté en la azotea, no *descienda*

DESCENDER *(Continúa)*

Mt. 27.40 si eres Hijo de Dios, *desciende* de la
27.42 *descienda*. .la cruz, y creeremos en él
28.2 ángel del Señor, *descendiendo* del cielo
Mr. 1.10 al Espíritu como paloma que *descendía*
9.9 *descendiendo* ellos del monte, les mandó
13.15 en la azotea, no *descienda* a la casa
15.30 sálvate a ti. .y *desciende* de la cruz
15.32 *descienda* ahora de la cruz, para que
Lc. 2.51 y *descendió* con ellos, y volvió a
3.22 y *descendió* el Espíritu Santo sobre él
4.31 *descendió* Jesús a Capernaum, ciudad de
5.2 los pescadores, habiendo *descendido* de
6.17 *descendió* con ellos, y se detuvo en un
9.37 cuando *descendieron* del monte, una gran
9.54 que *descienda* fuego del cielo, como hizo
10.30 hombre *descendía* de Jerusalén a Jericó
10.31 que *descendió* un sacerdote. .y viéndole
17.31 sus bienes en. .no *descienda* a tomarlos
18.14 éste *descendió* a su casa justificado
19.5 *desciende*. .hoy es necesario que pose en
19.6 *descendió* aprisa, y le recibió gozoso
Jn. 1.32 vi al Espíritu que *descendía* del cielo
1.33 sobre quien veas *descender* el Espíritu
1.51 y *descienden* sobre el Hijo del Hombre
2.12 después de esto *descendieron* a Capernaum
3.13 subió al cielo, sino el que *descendió*
4.47 le rogó que *descendiese* y sanase a su
4.49 Señor, *desciende* antes que mi. .muera
4.51 ya él *descendía*, sus siervos salieron
5.4 un ángel *descendía* de tiempo en tiempo
5.4 el que primero *descendía*. .quedaba sano
5.7 que yo voy, otro *desciende* antes que yo
6.16 al. .*descendieron* sus discípulos al mar
6.33 es aquel que *descendió* del cielo y da
6.38 he *descendido* del cielo, no para hacer
6.41 yo soy el pan que *descendió* del cielo
6.42 dice éste: Del cielo he *descendido*?
6.50 este es el pan que *desciende* del cielo
6.51 soy el pan vivo que *descendió* del cielo
6.58 este es el pan que *descendió* del cielo
21.9 al *descender* a tierra, vieron brasas
Hch. 7.15 así *descendió* Jacob a Egipto, donde
7.34 gemido, y he *descendido* para librarlos
8.5 Felipe, *descendiendo* a la. .de Samaria
8.16 aún no había *descendido* sobre ninguno
8.26 el camino que *desciende* de Jerusalén a
8.38 *descendieron* ambos al agua, Felipe y el
10.11 que *descendía* algo semejante a un gran
10.20 *desciende*, y no dudes de ir con ellos
10.21 Pedro, *descendiendo* a donde estaban los
11.5 un gran lienzo que *descendía*, que por
11.27 profetas *descendieron* de Jerusalén a
12.19 después *descendió* de Judea a Cesarea
13.4 *descendieron* a Seleucia, y de. .a Chipre
14.11 dioses bajo. .han *descendido* a nosotros
14.25 predicado. .Perge, *descendieron* a Atalia
15.30 *descendieron* a Antioquía, y reuniendo
16.8 pasando junto a Misia, *descendieron* a
18.22 subió. .y luego *descendió* a Antioquía
20.10 *descendió* Pablo y se echó sobre él, y
21.10 *descendió* de Judea un profeta. .Agabo
24.1 *descendió* el sumo sacerdote Ananías con
24.22 cuando *descendiere* el tribuno Lisias
25.5 los que de. .puedan. .*desciendan* conmigo
Ro. 9.6 no todos los que *descienden* de Israel
10.7 ¿quién *descenderá* al abismo? (esto es
Ef. 4.9 había *descendido* primero a las partes
4.10 que *descendió*, es el mismo que. .subió
1 Ts. 4.16 con trompeta. .*descenderá* del cielo
Stg. 1.17 y todo don perfecto *desciende* de lo
3.15 esta sabiduría no es la que *desciende*
Ap. 3.12 nueva Jerusalén. .*desciende* del cielo
10.1 *descender* del cielo a otro ángel fuerte
12.12 el diablo ha *descendido*. .con gran ira
13.13 *descender* fuego del cielo a la tierra
18.1 vi a otro ángel *descender* del cielo con
20.1 vi a un ángel que *descendía* del cielo
20.9 de Dios *descendió* fuego. .los consumió
21.2 vi. .la nueva Jerusalén, *descender* del
21.10 de Jerusalén, que *descendía* del cielo

DESCENDIENTE

Gn. 9.9 yo establezco mi pacto. .con vuestros *d*
17.19 pacto perpetuo para sus *d* después de él
21.13 hijo. .haré una nación, porque es tu *d*
24.60 posean tus *d* la puerta de sus enemigos
25.12 son los *d* de Ismael hijo de Abraham
25.19 estos son. .*d* de Isaac hijo de Abraham
Éx. 16.32 guardadlo para vuestros *d*, a fin de
16.33 para que sea guardado para vuestros *d*
Lv. 21.17 ninguno de tus *d*. .tenga algún defecto
23.43 sepan vuestros *d* que en tabernáculos
25.30 para siempre en poder de. .y para sus *d*
Nm. 3.1 estos son los *d* de Aarón y de Moisés
9.10 cualquiera de. .*d*, que estuviere inmundo
18.23 estatuto perpetuo para vuestros *d*; y no
Dt. 31.21 será recordado por la boca de sus *d*
2 S. 21.16 Isbi-benob, uno de los *d*. .gigantes
21.18 Saf. .era uno de los *d* de los gigantes
21.20 tenía doce dedos. .era *d* de los gigantes
21.22 estos cuatro eran *d* de los gigantes en
1 Cr. 20.4 a Sipai, de los *d* de los gigantes
20.6 grande estatura. .era *d* de los gigantes
20.8 estos eran *d* de los gigantes en Gat, los
Sal. 49.13 *d* se complacen en el dicho de ellos
Is. 65.23 de los benditos de Jehová, y sus *d*
Dn. 11.4 no a sus *d*, ni según el dominio con
Am. 4.2 a vuestros *d* con anzuelos de pescador
Zac. 12.12 los *d* de la casa de David por sí, y
12.12 los *d* de la casa de Natán por sí, y sus
12.13 los *d* de la casa de Leví por sí, y sus
12.13 los *d* de Simei por sí, y sus mujeres
Jn. 8.37 *d* de Abraham; pero procuráis matarme
Ro. 9.7 ni por ser *d* de Abraham. .todos hijos
9.8 los que son hijos. .son contados como *d*
2 Co. 11.22 ¿son *d* de Abraham? También yo

DESCENSO

Is. 30.30 hará ver el *d* de su brazo, con furor

DESCEÑIR

1 R. 20.11 no se alabe. .como el que las *desciñe*

DESCIFRAR

Jue. 14.12 si en. .me lo declaráis y *desciфráis*
Dn. 5.12 y *descifrar* enigmas y resolver dudas

DESCOLGAR

Jos. 2.18 ventana por la cual nos *descolgaste*
1 S. 19.12 *descolgó*. .a David por una ventana
Hch. 9.25 muro, *descolgándole* en una canasta
2 Co. 11.33 *descolgado* del muro en un canasto

DESCONCERTADO

Job 18.11 asombrarán temores. .le harán huir *d*

DESCONOCER

Sal. 69.8 y *desconocido* para los hijos de mi
Jer. 9.3 mal procedieron, y me han *desconocido*
Os. 5.3 e Israel no me es *desconocido*; porque
2 Co. 6.9 como *desconocidos*, pero bien conocidos

DESCONOCIDO, DA

1 Co. 14.14 si yo oro en lengua *d*, mi espíritu
14.19 cinco. .que diez mil palabras en lengua *d*
2 Jn. 5 algún servicio. .especialmente a los *d*

DESCONSOLADO, DA

2 S. 13.20 se quedó Tamar *d* en casa de Absalón
Is. 20.2 pondré a Ariel en apretura, y será *d*

DESCORTEZAR

Gn. 30.37 y *descortezó* en. .mondaduras blancas
Jl. 1.7 asoló mi vid, y *descortezó* mi higuera

DESCOYUNTAR

Gn. 32.25 tocó. .*descoyuntó* el muslo de Jacob
Sal. 22.14 todos mis huesos se *descoyuntaron*
Pr. 25.19 como diente roto y pie *descoyuntado*
Jer. 6.24 y nuestras manos se *descoyuntaron*

DESCRÉDITO

1 Ti. 3.7 no caiga en *d* y en lazo del diablo

DESCRIBIR

Jos. 18.4 y recorran la tierra, y la *describan*
Ez. 43.11 *descríbelo* delante de sus ojos, para

DESCRIPCIÓN

Jos. 18.6 traeréis la *d*. .yo os echaré suertes
2 R. 16.10 envió al. .la *d* del altar, conforme
Ez. 43.11 sus *d*, y todas sus configuraciones

DESCUARTIZAR

Dn. 3.29 dijere blasfemia. .sea *descuartizado*

DESCUBIERTO, TA

Gn. 42.9,12 ver lo *d* del país habéis venido
Nm. 23.3 Balaam dijo a. .y se fue a un monte *d*
2 S. 22.16 y quedaron al *d* los cimientos del
Job 15.22 tinieblas, y *d* está para la espada
Sal. 18.15 y quedaron al *d* los cimientos del
Is. 20.4 cautivos. .*d* las nalgas para vergüenza
Ez. 4.7 y *d* tu brazo, profetizarás contra ella
16.7 había crecido; pero estabas desnuda y *d*
16.22 juventud, cuando estabas desnuda y *d*
16.39 se llevarán. .y te dejarán desnuda y *d*
23.29 tomarán todo. .y te dejarán desnuda y *d*
1 Co. 11.5 que ora o profetiza con la cabeza *d*
2 Co. 3.14 leen. .les queda el mismo velo no *d*
3.18 mirando a cara *d* como en un espejo la

DESCUBRIR

Gn. 1.9 dijo también Dios. .*descúbrase* lo seco
8.5 se *descubrieron* las cimas de los montes
9.21 estaba *descubierto* en medio de su tienda
30.37 *descubriéndose*. .lo blanco de las varas
36.24 Aná es el que *descubrió* manantiales en
Éx. 2.14 ciertamente esto ha sido *descubierto*
20.26 que tu desnudez se *descubra* junto a mi
Lv. 10.26 dijo. .No *descubráis* vuestras cabezas
13.10 y se *descubre* asimismo la carne viva
13.45 leproso. .llevará. .su cabeza *descubierta*
18.6 se llegue a. .para *descubrir* su desnudez
18.7 la desnudez de tu madre, no *descubrirás*
18.7 tu madre es, no *descubrirás* su desnudez
18.8 la desnudez de la mujer. .no *descubrirás*
18.9 tu hermana. .su desnudez no *descubrirás*
18.10 la hija de. .su desnudez no *descubrirás*
18.11 hermana es; su desnudez no *descubrirás*
18.12 la hermana de tu padre no *descubrirás*
18.13 la hermana de tu madre no *descubrirás*
18.14 del hermano de tu padre no *descubrirás*
18.15 la desnudez de tu nuera no *descubrirás*
18.15 mujer es de. .no *descubrirás* su desnudez
18.16 la mujer de tu hermano no *descubrirás*
18.17 de la mujer y de su hija no *descubrirás*
18.17 de su hija, para *descubrir* su desnudez
18.18 *descubriendo* su desnudez delante de ella
18.19 *descubrir* su desnudez mientras esté en
20.11 desnudez de su padre *descubrió*; ambos
20.17 *descubrió* la desnudez de su hermana; su
20.18 dumiere con. .*descubriere* su desnudez
20.18 su fuente *descubrió*, y ella *d* la fuente
20.19 no *descubrirás*; porque al *descubrir* la
20.20 la desnudez del hermano de. .*descubrió*
20.21 desnudez de su hermano *descubrió*; sin
21.10 sumo sacerdote. .no *descubrirá* su cabeza
Nm. 5.18 y *descubrirá* la cabeza de la mujer, y
Dt. 22.28 y se acostare. .y fueren *descubiertos*
27.20 cuanto *descubrió* el regazo de su padre
Jue. 14.9 mas no les *descubrió* que había tomado
14.18 nunca hubierais *descubierto* mi enigma
16.10,13 *descúbreme*. .cómo podrás ser atado
16.15 no me has *descubierto*. .en qué consiste
16.17 le *descubrió*, pues, todo su corazón, y
16.18 le había *descubierto* todo su corazón
16.18 él me ha *descubierto* todo su corazón
Rt. 3.4 *descubrirás* sus pies, y te acostarás
3.7 ella. .le *descubrió* los pies y se acostó
1 S. 3.15 Samuel temía *descubrir* la visión a
9.19 *descubriré*. .lo que está en tu corazón
10.16 asunto del reino. .no le *descubrió* nada
20.2 ninguna cosa hará. .que no me la *descubra*
22.8 no haya quien me *descubra* al oído cómo
22.8 me *descubra* cómo mi hijo ha levantado
22.17 sabiendo. .huía, no me lo *descubrieron*
2 S. 6.20 *descubriéndose*. .como se *descubre* sin
13.4 ¿no me lo *descubrirás* a mí? Y Amnón le
2 R. 17.4 rey. .*descubrió* que Oseas conspiraba
Job 11.7 ¿*descubrirás* tú los secretos de Dios?
12.22 él *descubre* las profundidades de las
20.27 los cielos *descubrirán* su iniquidad
26.6 el Seol está *descubierto* delante de él
28.27 él. .la preparó y la *descubrió* también
38.17 ¿te han sido *descubiertas* las puertas
41.13 ¿quién *descubrirá* la. .de su vestidura?
Sal. 98.2 a vista. .ha *descubierto* su justicia
Pr. 11.13 anda en chismes *descubre* el secreto
18.2 el necio. .en que su corazón se *descubra*
18.17 pero viene su adversario, y le *descubre*
20.19 que anda en chismes *descubre* el secreto
25.9 causa. .y no *descubras* el secreto a otro
26.26 su odio se. .su maldad será *descubierta*
Is. 3.17 y Jehová *descubrirá* sus vergüenzas
26.21 tierra *descubrirá* la sangre derramada
47.2 *descubre* tus guedejas. .*d* las piernas
47.3 tu vergüenza *descubierta*, y tu deshonra
57.8 porque a otro, y no a mí, te *descubriste*
Jer. 2.26 avergüenza el ladrón. .es *descubierto*
13.22 por. .de tu maldad fueron *descubiertas*
13.26 *descubriré* también tus faldas delante
49.10 yo. .*descubriré* sus escondrijos, y no
Lm. 2.14 no *descubrieron* tu pecado para impedir
4.22 castigará. .Edom, *descubrirá* tus pecados
Ez. 13.14 será *descubierto* su cimiento, y caerá
16.36 han sido *descubiertas* tus desnudeces
16.37 y les *descubriré* tu desnudez, y ellos
16.57 antes que tu maldad fuese *descubierta*
21.24 *descubriendo* vuestros pecados en todas
22.10 la desnudez del padre *descubrieron* en
23.10 *descubrieron* su desnudez, tomaron sus
23.18 *descubrió* sus desnudeces, por lo cual
23.29 y se *descubrirá* la inmundicia de tus
Os. 2.10 *descubriré* yo su locura delante de los
7.1 se *descubrió* la iniquidad de Efraín, y
Mi. 1.6 de Samaria. .y *descubriré* sus cimientos
Nah. 3.5 y *descubriré* tus faldas en tu rostro
Hab. 2.16 bebe. .y serás *descubierto*; el cáliz
3.9 se *descubrió* enteramente tu arco; los
3.13 *descubriendo* el cimiento hasta la roca
Sof. 2.14 su enmaderamiento. .será *descubierto*
Mt. 12.16 les encargaba. .que no le *descubriesen*
26.73 aun tu manera de hablar te *descubre*
Mr. 2.4 *descubrieron* el techo de donde estaba
3.12 reprendía. .para que no le *descubriesen*
Lc. 12.2 encubierto. .que no haya de *descubrirse*
1 Ti. 5.24 mas a otros se les *descubren* después
Ap. 3.18 que no se *descubra* la vergüenza de tu

DESCUIDAR

1 Ti. 4.14 no *descuides* el don que hay en ti
He. 2.3 *descuidamos* una salvación tan grande?

DESDEÑAR

Lv. 26.15 si *desdeñareis* mis decretos..pacto
Job 30.1 cuyos padres yo *desdeñara* poner con

DESDICHA

Is. 24.16 y yo dije: ¡Mi *d*, mi *d*, ay de mí!

DESDICHADO

Sal. 10.10 caen en sus fuertes garras muchos *d*

DESEABLE

2 Cr. 32.27 adquirió..y toda clase de joyas *d*
36.19 y destruyeron todos sus objetos *d*
Sal. 19.10 *d* son más que el oro, y más que mucho
106.24 aborrecieron la tierra *d;* no creyeron
Jer. 3.19 ¿cómo os pondré..os daré la tierra *d*
Ez. 25.9 yo abro..las tierras *d* de Bet-jesimot
Os. 9.6 la ortiga conquistará lo *d* de su plata
9.16 aunque engendren, yo mataré lo *d* de su
Zac. 7.14 convirtieron en desierto la tierra *d*
Mal. 3.12 porque seréis tierra *d*, dice Jehová

DESEADO, DA

Cnt. 2.3 bajo la sombra del *d* me senté, y su
Is. 62.12 y a ti te llamarán Ciudad *D*, no
Hag. 2.7 y vendrá el *D* de todas las naciones

DESEAR

Dt. 5.21 ni *desearás* la casa de tu prójimo, ni
12.20 dijeres: Comeré carne, porque *deseaste*
12.20 conforme a..que *deseaste* podrás comer
12.21 y comerás..según todo lo que *deseares*
14.26 darás el dinero por todo lo que *deseas*
14.26 o por cualquier cosa que tú *deseares*
1 S. 18.25 el rey no *desea* la dote, sino cien
20.4 dijo..lo que *deseare* tu alma, haré por ti
2 S. 3.21 y tú reines como lo *desea* tu corazón
13.39 y el rey David *deseaba* ver a Absalón
1 R. 11.37 tú reinarás en..que *deseare* tu alma
19.4 y *deseando* morirse, dijo: Basta ya, oh
1 Cr. 11.17 David *deseó*..dijo: ¡Quién me diera
2 Cr. 21.20 y murió sin que lo *desearan* más
Est. 6.6 ¿qué se hará al..honra *desea* el rey?
6.6 ¿a quién *deseará* el rey honrar más que
6.7,9(2),11 el varón cuya honra *desea* el rey
Job 14.6 *deseará*, como el jornalero, su día
23.13 él determina..su alma *deseó*, e hizo
34.36 *deseo*..que Job sea probado ampliamente
Sal. 34.12 ¿quién es el..que *desea* vida, que *d*
40.14 avergüéncense los que mi mal *desean*
45.11 *deseará* el rey tu hermosura..tu señor
68.16 monte que *deseó* Dios para su morada?
70.2 sean vueltos atrás..que mi mal *desean*
73.25 y fuera de ti nada *deseo* en la tierra
84.2 mi alma aun..*desea* los atrios de Jehová
107.30 así los guía al puerto que *deseaban*
119.20 quebrantada..de *desear* tus juicios en
119.131 abrí..*deseaba* tus mandamientos
119.174 he *deseado* tu salvación, oh Jehová
Pr. 1.22 y los burladores *desearán* el burlar
3.15 todo lo que puedes *desear*, no se puede
8.11 y todo cuanto se puede *desear*, no es de
10.24 los justos les será dado lo que *desean*
13.4 alma del perezoso *desea*, y nada alcanza
21.10 alma del impío *desea* el mal; su prójimo
24.1 envidia de los..ni *desees* estar con ellos
Ec. 2.10 no negué a..ninguna cosa que *desearan*
6.2 y nada le falta de..lo que su alma *desea*
Cnt. 6.4 hermosa eres..de *desear*, como Jerusalén
Is. 26.9 con mi alma te he *deseado* en la noche
53.2 mas sin atractivo para que le *deseemos*
Jer. 17.16 no he ido..ni *deseé* día de calamidad
42.22 lugar donde *deseasteis* entrar para morar
Os. 10.10 y los castigaré cuando lo *desee*
Am. 5.18 de los que *desean* el día de Jehová!
Jon. 4.8 y *deseaba* la muerte, diciendo: Mejor
Mi. 7.1 ¡ay..mi alma *deseó* los primeros frutos
Mal. 3.1 el ángel del pacto, a quien *deseáis*
Lc. 10.24 muchos profetas y reyes *desearon* ver
15.16 *deseaba*..de las algarrobas que comían
17.22 *desearéis* ver uno de los días del Hijo
22.15 ¡cuánto he *deseado* comer..esta pascua
23.8 porque hacía tiempo que *deseaba* verle
Hch. 13.7 Sergio Paulo..*deseaba* oír la palabra
27.13 que ya tenían lo que *deseaban*, levaron
Ro. 1.11 porque *deseo* veros, para comunicaros
9.3 *deseara* yo mismo ser anatema, separado
15.23 *deseando* desde hace muchos años ir a
2 Co. 5.2 gemimos, *deseando* ser revestidos de
11.12 para quitar la ocasión a..que la *desean*
Fil. 4.1 que, hermanos míos amados y *deseados*
1 Ti. 3.1 si..anhela obispado, buena obra *desea*
2 Ti. 1.4 *deseando* verte, al acordarme de tus
He. 6.11 *deseamos* que cada uno de..muestre la
12.17 después, *deseando* heredar la bendición
13.18 *deseando* conducirnos bien en todo
Stg. 4.2 y lucháis..no tenéis lo que *deseáis*
1 P. 2.2 *desead*, como niños..leche espiritual
3 Jn. 2 *deseo* que tú seas prosperado en todas

DESECHAR

Éx. 21.8 la podrá vender..cuando la *desechare*
Lv. 26.44 no los *desecharé*, ni los abominaré
1 S. 8.7 porque no te han *desechado*..me han *d*
10.19 habéis *desechado* hoy a vuestro Dios, que
15.23 *desechaste*..él también te ha *desechado*
15.26 porque *desechaste* la palabra de Jehová
15.26 y Jehová te ha *desechado* para que no
16.1 habiéndolo yo *desechado*..que no reine
16.7 no mires a su parecer, ni..yo lo *desecho*
2 S. 1.21 porque allí fue *desechado* el escudo
2 R. 17.15 *desecharon* sus estatutos, y el pacto
17.20 *desechó* Jehová a toda la descendencia
23.27 y *desecharé* a esta ciudad..a Jerusalén
1 Cr. 28.9 mas si lo dejares, él te *desechará*
2 Cr. 29.19 que..había *desechado* el rey Acaz
Job 10.3 que *deseches* la obra de tus manos, y
Sal. 37.8 deja la ira, y *desecha* el enojo; no
43.2 pues que tú..¿por qué me has *desechado?*
44.9 pero nos has *desechado*, y nos has hecho
53.5 avergonzaste, porque Dios los *desechó*
60.1 tú nos has *desechado*, nos quebrantaste
60.10 oh Dios, que nos habías *desechado*, y no
71.9 no me *deseches* en el tiempo de la vejez
74.1 ¿por qué, oh Dios, nos has *desechado*
77.7 ¿*desechará* el Señor para siempre, y no
78.67 *desechó* la tienda de José, y..de Efraín
88.14 ¿por qué, oh Jehová, *desechas* mi alma?
89.38 mas tú *desechaste* y menospreciaste a tu
102.17 no habrá *desechado* el ruego de ellos
108.11 oh Dios, que nos habías *desechado*, y
118.22 la piedra que *desecharon*..edificadores
119.141 pequeño soy yo, y *desechado*, mas no
Pr. 1.25 sino que *desechasteis* todo consejo mío
10.17 pero quien *desecha* la reprensión, yerra
Ec. 3.6 tiempo de guardar, y tiempo de *desechar*
Is. 5.24 porque *desecharon* la ley de Jehová de
7.15,16 sepa *desechar* lo malo y escoger lo
8.6 *desechó* este pueblo las aguas de Siloé
30.12 porque *desechasteis* esta palabra, y
41.9 te llamé, y..te escogí, y no te *deseché*
53.3 *desechado* entre los hombres, varón de
Jer. 2.37 *desechó* a..en quienes tú confiabas
6.30 plata *desechada* los..Jehová los *desechó*
14.19 ¿has *desechado* enteramente a Judá?
14.21 por amor de tu nombre no nos *deseches*
30.17 *desechada* te llamaron, diciendo: Esta
31.37 yo *desecharé* toda la descendencia de
33.24 dos familias que Jehová..ha *desechado?*
33.26 *desecharé* la descendencia de Jacob, y
Lm. 2.6 en el ardor de su ira ha *desechado* al
2.7 *desechó* el Señor su altar, menospreció al
3.31 porque el Señor no *desecha* para siempre
5.22 nos has *desechado*; te has airado contra
Ez. 5.6 porque *desecharon* mis decretos y mis
7.19 arrojarán su plata..oro será *desechado*
16.45 que *desechó* a su marido y a sus hijos
16.45 que *desecharon* a sus maridos y a sus
20.13 estatutos, y *desecharon* mis decretos
20.16 porque *desecharon* mis decretos, y no
20.24 *desecharon* mis estatutos y profanaron
31.11 yo lo entregaré en..yo lo he *desechado*
Os. 4.6 por cuanto *desechaste* el conocimiento
8.3 *desechó* el bien; enemigo lo perseguirá
9.17 mi Dios los *desechará*, porque ellos no
Jon. 2.4 *desechado* soy de delante de tus ojos
Zac. 10.6 serán como si no los hubiera *desechado*
Mt. 21.42 que *desecharon* los edificadores, ha
Mr. 6.26 causa..juramento..no quiso *desecharla*
8.31 ser *desechado* por los ancianos, por los
12.10 piedra que *desecharon* los edificadores
Lc. 6.22 *desechen* vuestro nombre como malo, por
7.30 mas los..*desecharon* los designios de Dios
9.22 sea *desechado* por los ancianos, por los
10.16 y el que a vosotros *desecha*, a mí me *d*
10.16 que me *desecha* a mí, *d* al que me envió
17.25 y sea *desechado* por esta generación
20.17 piedra que *desecharon* los edificadores
Hch. 7.39 que le *desecharon*, y en sus corazones
13.46 mas puesto que la *desecháis*, y no os
Ro. 11.1 digo..¿Ha *desechado* Dios a su pueblo?
11.2 no ha *desechado* Dios a su pueblo, al cual
13.12 *desechemos*..las obras de las tinieblas
1 Co. 1.19 *desecharé* el entendimiento de los
Gá. 2.21 no *desecho* la gracia de Dios; pues si
4.14 ni *desechasteis* por la prueba que tenía
Ef. 4.25 *desechando* la mentira, hablad verdad
1 Ts. 4.8 el que *desecha* esto, no *d* a hombre
1 Ti. 1.19 *desechando* la cual naufragaron en
4.4 y nada es de *desecharse*, si se toma con
4.7 *desecha* las fábulas profanas y de viejas
2 Ti. 2.23 pero *desecha* las cuestiones necias
Tit. 3.10 al..que cause divisiones..*deséchalo*
He. 12.17 mirad deseando heredar la..fue *desechado*
12.25 mirad que no *desechéis* al que habla
12.25 que *desecharon* al que los amonestaba
12.25 si *desecháremos* al que amonesta desde
Stg. 1.21 *desechando*..inmundicia y abundancia
1 P. 2.1 *desechando*, pues, toda malicia, todo
2.4 piedra viva, *desechada*..por los hombres
2.7 la piedra que..*desecharon*, ha venido a

DESECHO

Am. 8.6 precio, y venderemos los *d* del trigo?
1 Co. 4.13 hemos venido a ser..el *d* de todos

DESEMBOCADURA

Jos. 15.5 el límite..es..hasta la *d* del Jordán
15.5 desde la bahía del..en la *d* del Jordán

DESEMPEÑAR

Nm. 3.7 y *desempeñen* el encargo de él, y el
2 Cr. 7.6 *desempeñaban* su ministerio; también
31.16 para *desempeñar* su ministerio según sus

DESENCADENAR

Lc. 8.23 *desencadenó* una tempestad de viento

DESENFRENADAMENTE

2 Cr. 28.19 Acaz rey..había actuado *d* en Judá

DESENFRENAR

Éx. 32.25 que el pueblo estaba *desenfrenado*
Job 30.11 *desenfrenaron* delante de mi rostro
Pr. 29.18 sin profecía el pueblo se *desenfrena*

DESENFRENO

1 P. 4.4 no corráis con ellos en el mismo *d* de

DESENTENDER

Sal. 28.1 Roca mía, no te *desentiendas* de mí
He. 8.9 me *desentendí* de ellos, dice el Señor

DESENVAINAR

Lv. 26.33 *desenvainaré* espada en..de vosotros
Jos. 5.13 el cual tenía una espada *desenvainada*
Jue. 8.20 pero el joven no *desenvainó* su espada
Sal. 37.14 impíos *desenvainan* espada y entesan
Ez. 5.2 yo *desenvainaré* espada en pos de ellos
5.12 esparciré a todos..*desenvainaré* espada
12.14 y *desenvainaré* espada en pos de ellos
21.28 está *desenvainada* para degollar; para
28.7 que *desenvainarán* sus espadas contra la
30.11 *desenvainarán* sus espadas sobre Egipto
Jn. 18.10 la *desenvainó*, e hirió al siervo del

DESEO

Gn. 3.16 y tu *d* será para tu marido, y él se
4.7 con todo esto, a ti será su *d*, y tú te
31.30 porque tenías *d* de la casa de tu padre
Nm. 11.4 la gente extranjera..tuvo un vivo *d*
Dt. 12.15 comer carne..conforme a tu *d*, según
18.6 viniere con..el *d* de su alma al lugar
1 S. 23.20 desciende pronto..conforme a tu *d*
2 S. 23.5 florecer toda mi salvación y mi *d*
1 R. 5.9 cumplirás mi *d* al dar de comer a mi
8.18 edificar..bien has hecho en tener tal *d*
2 Cr. 6.8 en haber tenido..*d* de edificar casa
Sal. 10.3 el malo se jacta del *d* de su alma
10.17 el *d* de los humildes oíste, oh Jehová
20.4 te dé conforme al *d* de tu corazón, y
21.2 le has concedido el *d* de su corazón, y
38.9 Señor, delante de ti están todos mis *d*
59.10 Dios hará que vea en mis enemigos mi *d*
78.29 se saciaron; les cumplió, pues, su *d*
106.14 se entregaron a un *d* desordenado en
112.8 hasta que vea en sus enemigos su *d*
112.10 lo verá..el *d* de los impíos perecerá
118.7 yo veré mi *d* en los que me aborrecen
140.8 no concedas..Jehová, al impío sus *d*
145.19 cumplirá el *d* de los que le temen; oirá
Pr. 11.23 el *d* de los justos es..el bien; mas
13.12 pero árbol de vida es el *d* cumplido
13.19 el *d* cumplido regocija el alma; pero
18.1 su *d* busca el que se desvía..entremete
21.25 el *d* del perezoso le mata, porque sus
31.2 ¿qué, hijo mío?..¿y qué, hijo de mis *d?*
Ec. 6.7 boca, y con todo esto su *d* no se sacia
6.9 más vale vista de ojos que *d* que pasa
Is. 21.4 noche de mi *d* se me volvió en espanto
26.8 y tu memoria son el *d* de nuestra alma
Ez. 11.21 cuyo corazón anda tras el *d* de sus
24.21 el *d* de vuestros ojos y el deleite de
Dn. 7.19 tuve *d* de saber la verdad acerca de la
Mi. 4.11 y vean nuestros ojos sus *d* en Sion
Jn. 8.44 los *d* de vuestro padre queréis hacer
Ro. 13.14 y no proveáis para los *d* de la carne
Gá. 5.16 y no satisfagáis los *d* de la carne
5.17 el *d* de la carne es contra el Espíritu
Ef. 2.3 otro tiempo en los *d* de nuestra carne
4.22 está viciado conforme a los *d* engañosos
Fil. 1.23 teniendo *d* de partir y..con Cristo
2.26 tenía gran *d* de veros a todos vosotros
Col. 3.5 malos *d* y avaricia, que es idolatría
1 Ts. 2.17 procuramos con mucho *d* ver vuestro
1 Ti. 5.11 impulsadas por sus *d*, se rebelan
Tit. 2.12 renunciando a..*d* mundanos, vivamos
1 P. 1.14 no os conforméis a los *d* que antes
2.11 que os abstengáis de los *d* carnales que
1 Jn. 2.16 los *d* de la carne, los *d* de los ojos
2.17 y el mundo pasa, y sus *d*; pero el que
Jud. 16 andan según sus propios *d*, cuya boca
18 burladores..andarán según sus malvados *d*

DESERTAR
1 S. 13.8 no venía. . el pueblo se le *desertaba*
13.11 vi que el pueblo se me *desertaba*, y que

DESERTOR
Jer. 52.15 los *d* que se habían pasado al rey de

DESESPERACIÓN
Sal. 40.2 me hizo sacar del pozo de la *d*, del

DESESPERADO
Job 6.26 y los discursos de un *d*, que son como
Is. 17.11 el día de la angustia, y del dolor *d*
2 Co. 4.8 estamos atribulados. . apuros, mas no *d*

DESESPERANZAR
Ec. 2.20 volvió. . a *desesperanzarse* mi corazón

DESESTIMAR
Job 36.5 no *desestima* a nadie; es poderoso en

DESFALLECER
Gn. 47.13 *desfalleció* de hambre la tierra de
Éx. 18.18 *desfallecerás* del todo, tú. . pueblo
Dt. 28.32 tus ojos lo verán, y *desfallecerán*
Jos. 5.1 los cananeos. . *desfalleció* su corazón
7.5 lo cual el corazón del pueblo *desfalleció*
14.8 *desfallecer* el corazón del pueblo; pero
1 S. 14.28 alimento. Y el pueblo *desfallecía*
2 Cr. 15.7 no *desfallezcan* vuestras manos, pues
Job 17.5 los ojos de sus hijos *desfallecerán*
19.27 aunque mi corazón *desfallece* dentro de
31.16 hice *desfallecer* los ojos de la viuda
33.21 su carne *desfallece*, de manera que no
Sal. 69.3 han *desfallecido* mis ojos esperando
73.26 mi carne y mi corazón *desfallecen;* mas
107.5 sedientos, su alma *desfallecía* en ellos
109.24 carne *desfallece* por falta de gordura
119.81 *desfallece* mi alma por tu salvación
119.82 *desfallecieron*. . ojos por tu palabra
119.123 ojos *desfallecieron* por tu salvación
Pr. 31.6 dad la sidra al *desfallecido*. . y el vino
Is. 13.7 y *desfallecerá* todo corazón de hombre
19.1 *desfallecerá* el corazón de los egipcios
19.8 y *desfallecerán* los que extienden red
31.3 caerá el. . y todos ellos *desfallecerán*
40.28 *desfallece*, ni se fatiga con cansancio
Jer. 4.9 *desfallecerá* el corazón del rey y el
8.18 a causa de. . dolor, mi corazón *desfallece*
Lm. 2.11 mis ojos *desfallecieron* de lágrimas
2.11 *desfallecía* el niño y el que mamaba, en
2.12 *desfallecían* como heridos en las calles
2.19 pequeñitos, que *desfallecen* de hambre
4.17 han *desfallecido* nuestros ojos esperando
5.13 y los muchachos *desfallecieron* bajo el
Ez. 21.7 que. . hará que *desfallezca* todo corazón
Jon. 2.7 cuando mi alma *desfallecía* en mí, me
Nah. 2.10 el corazón *desfallecido;* temblor de
Lc. 21.26 *desfalleciendo* los hombres por el

DESFALLECIMIENTO
Dt. 28.65 pues allí te dará Jehová. . *d* de ojos
Job 41.25 causa de su *d* hacen por purificarse
Dn. 10.8 antes mi fuerza se cambió en *d*, y no

DESFIGURAR
Is. 52.14 fue *desfigurado* de los hombres su

DESFILADERO
1 S. 14.4 *d* por donde Jonatán procuraba pasar

DESGAJAR
Éx. 9.25 granizo. . *desgajó*. . los árboles del país
Sal. 29.9 voz de Jehová que *desgaja* las encinas
Is. 10.33 el Señor, Jehová. . *desgajará* el ramaje
Ro. 11.17 si. . las ramas fueron *desgajadas*, y tú
11.19 las ramas, dirás, fueron *desgajadas*
11.20 por su incredulidad fueron *desgajadas*

DESGARRADA ***Véase Desgarrar***

DESGARRADORA
Ez. 28.24 nunca más será a. . Israel espina *d*, ni

DESGARRAR
Sal. 7.2 sea que *desgarren* mi alma cual león
Ez. 44.31 cosa mortecina ni *desgarrada;* así de
Os. 13.8 *desgarraré* las fibras de su corazón

DESGASTAR
Job 14.19 las piedras se *desgastan* con el agua
2 Co. 4.16 el hombre exterior se va *desgastando*

DESGRACIA
Pr. 13.17 el mal mensajero acarrea *d;* mas el

DESGRANAR
Rt. 2.17 *desgranó* lo que había recogido, y fue

DESHACER
Éx. 17.13 Josué *deshizo* a Amalec y a su pueblo
1 S. 14.16 iba de un lado a otro y era *deshecha*
2 S. 20.20 nunca. . que yo destruya ni *deshaga*
1 R. 11.24 cuando David *deshizo* a los de Soba
15.13 *deshizo* Asa el ídolo de su madre, y lo
20.21 *deshizo* a los sirios causándoles gran
1 Cr. 18.9 oyendo Toi. . que David había *deshecho*
2 Cr. 14.12 *deshizo* a los etíopes delante de
14.13 fueron *deshechos* delante de Jehová y
16.3 y *deshagas* la alianza que tienes con
Job 6.17 al tiempo del calor son *deshechas*, y
10.8 ¿y luego te vuelves y me *deshaces?*
14.18 monte que cae se *deshace*, y las peñas
19.26 después de *deshecha* está mi piel, en
Sal. 21.9 Jehová los *deshará* en su ira, y fuego
39.11 *deshaces* como polilla lo más estimado
119.28 se *deshace* mi alma de ansiedad
Is. 15.3 aullarán todos, *deshaciéndose* en llanto
21.16 toda la gloria de Cedar será *deshecha*
26.14 castigaste, y *deshiciste*. . su recuerdo
33.8 las calzadas están *deshechas*, cesaron
44.22 *deshice* como una nube tus rebeliones
44.25 que *deshago* las señales de los adivinos
51.6 los cielos serán *deshechos* como humo
Jer. 9.18 *desháganse* nuestros ojos en lágrimas
13.17 *desharán* mis ojos en lágrimas, porque
46.5 valientes fueron *deshechos*, y huyeron
49.4 tu valle se *deshizo*, oh hija contumaz
50.2 Bel es confundido, *deshecho* es Merodac
Ez. 6.6 vuestros ídolos. . obras serán *deshechas*
32.12 de Egipto. . su multitud será *deshecha*
Os. 8.6 será *deshecho* en pedazos el becerro de
Am. 5.5 en cautiverio, y Bet-el será *deshecha*
Zac. 11.11 y fue *deshecho* en ese día, y así
14.12 la lengua se les *deshará* en su boca
1 Co. 1.28 que no es, para *deshacer* lo que es
2 Co. 5.1 que si nuestra morada. . se *deshiciere*
2 P. 3.10 elementos ardiendo serán *deshechos*
3.11 todas estas cosas han de ser *deshechas*
3.12 en el cual los cielos. . serán *deshechos*
1 Jn. 3.8 para *deshacer* las obras del diablo

DESHONESTO, TA
Ez. 16.27 cuales se avergüenzan de tu camino *d*
Ef. 5.4 palabras *d*. . necedades, ni truhanerías
Col. 3.8 blasfemia, palabras *d* de vuestra boca
1 Ti. 3.3 no codicioso de ganancias *d*, sino
3.8 diáconos. . no codiciosos de ganancias *d*
Tit. 1.7 el obispo. . no codicioso de ganancias *d*
1.11 enseñando por ganancia *d*. . no conviene
1 P. 5.2 no por ganancia *d*, sino con ánimo

DESHONRA
2 S. 13.13 porque, ¿adónde iría yo con mi *d?*
Job 10.15 hastiado de *d*, y de verme afligido
Pr. 11.2 viene la soberbia, viene también la *d*
Is. 47.3 será descubierta, y tu *d* será vista
61.7 en lugar de. . de vuestra *d*, os alabarán
Hab. 2.16 te has llenado de *d* más que de honra
Ro. 9.21 hacer. . vaso para honra y otro para *d?*
1 Co. 15.43 siembra en *d*, resucitará en gloria
2 Co. 6.8 por honra y por *d*, por mala fama y

DESHONRADO ***Véase Deshonrar***

DESHONRADOR
Pr. 18.3 viene también el. . con el *d* la afrenta

DESHONRAR
Gn. 34.2 y se acostó con ella, y la *deshonró*
39.17 el siervo. . vino a mí para *deshonrarme*
Lv. 21.9 a su padre *deshonra;* quemada será
Dt. 27.16 maldito el que *deshonrare*. . padre
Sal. 44.16 voz del que me vitupera y *deshonra*
79.12 con que te han *deshonrado*, oh Jehová
83.17 siempre; sean *deshonrados*, y perezcan
89.51 enemigos. . han *deshonrado*. . *d* los pasos
Pr. 17.2 se enseñoreará del hijo que *deshonra*
25.10 no sea que te *deshonre* el que lo oyere
Jer. 14.21 no. . ni *deshonres* tu glorioso trono
Os. 2.5 que los dio a luz se *deshonró*, porque
Mi. 7.6 porque el hijo *deshonra* al padre, la
Sof. 2.8 las afrentas. . con que *deshonraron* a
Mal. 1.7 ¿en qué te hemos *deshonrado?* En que
Jn. 8.49 honro a mi Padre; y. . me *deshonráis*
Ro. 1.24 *deshonraron* entre sí sus. . cuerpos
2.23 infracción de la ley *deshonras* a Dios?

DESHONROSO
1 Co. 11.14 le es *d* dejarse crecer el cabello

DESHUESAR
Jer. 50.17 Nabucodonosor. . lo *deshuesó* después

DESIERTO, TA
Gn. 14.6 llanura de Parán, que está junto al *d*
16.7 halló. . junto a una fuente de agua en el *d*
21.14 y anduvo errante por el *d* de Beerseba
21.20 el muchacho; y creció, y habitó en el *d*
21.21 habitó en el *d* de Parán; y su madre le
36.24 Aná. . que descubrió manantiales en el *d*
37.22 en esta cisterna que está en el *d*, y no
Éx. 3.1 llevó las ovejas a través del *d*, y llegó
3.18 iremos. . camino de tres días por el *d*
4.27 a Aarón: Vé a recibir a Moisés en el *d*
5.1 a mi pueblo a celebrarme fiesta en el *d*
5.3 iremos. . camino de tres días por el *d*, y
7.16 deja ir a mi. . para que me sirva en el *d*
8.27 camino de tres días iremos por el *d*, y
8.28 ofrezcáis sacrificios a. . Dios en el *d*
13.18 rodease. . el camino del *d* del Mar Rojo
13.20 acamparon en Etam, a la entrada del *d*
14.3 porque Faraón dirá. . *d* los ha encerrado
14.11 nos has sacado para que muramos en el *d?*
14.12 servir a. . que morir nosotros en el *d*
15.22 y salieron al *d* de Shur; y anduvieron
15.22 anduvieron tres días por el *d* sin. . agua
16.1 vino al *d* de Sin, que está entre Elim y
16.2 murmuró contra Moisés y Aarón en el *d*
16.3 nos habéis sacado a este *d* para matar de
16.10 miraron hacia el *d*. . la gloria de Jehová
16.14 aquí sobre la faz del *d* una cosa menuda
16.32 vean el pan que yo os di a comer en el *d*
17.1 toda la. . de Israel partió del *d* de Sin
18.5 Jetro el suegro. . vino a Moisés en el *d*
19.1 en el mismo día llegaron al *d* de Sinaí
19.2 llegaron al *d* de. . y acamparon en el *d*
23.29 para que no quede la tierra *d*, y se
23.31 límites. . desde el *d* hasta el Eufrates
Lv. 7.38 mandó Jehová a Moisés en el *d*. . Sinaí
16.10 la suerte. . para enviarlo a Azazel al *d*
16.21 lo enviará al *d* por mano de un hombre
16.22 y dejará ir al macho cabrío por el *d*
26.22 destruyan. . y vuestros caminos sean *d*
26.31 haré *d* vuestras ciudades, y asolaré
26.33 vuestra tierra. . y *d* vuestras ciudades
26.43 gozará sus días de reposo, estando *d*
Nm. 1.1 habló Jehová a Moisés en el *d* de Sinaí
1.19 mandado a Moisés, los contó en el *d* de
3.4 ofrecieron fuego extraño delante. . en el *d*
3.14; 9.1 Jehová habló a Moisés en el *d* de
9.5 celebraron la pascua. . en el *d* de Sinaí
10.12 y partieron. . del *d* de Sinaí según el
10.12 y se detuvo la nube en el *d* de Parán
10.31 tú conoces. . hemos de acampar en el *d*
12.16 partió. . y acamparon en el *d* de Parán
13.3 y Moisés los envió desde el *d* de Parán
13.21 reconocieron. . desde el *d* de Zin hasta
13.26 y vinieron a Moisés. . en el *d* de Parán
14.2 Egipto; o en este *d* ojalá muriéramos!
14.16 no pudo Jehová meter. . los mató en el *d*
14.22 vieron. . señales que he hecho en. . el *d*
14.25 volveos. . y salid al *d*, camino del Mar
14.29,32 en este *d* caerán vuestros cuerpos
14.33 andarán pastoreando en el *d* 40 años
14.33 que. . cuerpos sean consumidos en el *d*
14.35 en este *d* serán consumidos, y. . morirán
15.32 Israel en el *d*, hallaron a un hombre
16.13 venir de. . para hacernos morir en el *d*
20.1 llegaron. . al *d* de Zin, en el mes primero
20.4 ¿por qué hiciste venir. . a este *d*, para
21.5 de Egipto para que muramos en este *d?*
21.11 acamparon. . en el *d* que está enfrente
21.13 otro lado de Arnón, que está en el *d*
21.18 sus báculos. Del *d* vinieron a Matana
21.20 cumbre de Pisga, que mira hacia el *d*
21.23 Sehón. . y salió contra Israel en el *d*
23.28 la cumbre de Peor, que mira hacia el *d*
24.1 no. . sino que puso su rostro hacia el *d*
26.64 contaron a los hijos de Israel en el *d*
26.65 había dicho de ellos: Morirán en el *d*
27.3 nuestro padre murió en el *d;* y él no
27.14 fuisteis rebeldes a mi. . en el *d* de Zin
27.14 de la rencilla de Cades en el *d* de Zin
32.13 los hizo andar errantes. . años por el *d*
32.15 él volverá otra vez a dejaros en el *d*
33.6 acamparon en Etam, que. . al confín del *d*
33.8 y pasaron por en medio del mar al *d*, y
33.8 anduvieron tres días. . por el *d* de Etam
33.11 salieron. . y acamparon en el *d* de Sin
33.12 salieron del *d* de Sin y acamparon en
33.15 salieron. . acamparon en el *d* de Sinaí
33.16 salieron del *d* de Sinaí y acamparon en
33.36 acamparon en el *d* de Zin, que es Cades
34.3 desde el *d* de Zin hasta la frontera de
Dt. 1.1 las palabras que habló Moisés. . en el *d*
1.19 anduvimos todo aquel grande y terrible *d*
1.31 en el *d* has visto que Jehová tu Dios te
1.40 volveos e id al *d*, camino del Mar Rojo
2.1 salimos al *d*, camino del Mar Rojo, como
2.7 Jehová. . sabe que andas por este gran *d*
2.8 Elat. . y tomamos el camino del *d* de Moab
2.26 envié mensajeros desde el *d* de Cademot
4.43 Beser en el *d*, en. . para los rubenitas
8.2 el camino. . estos cuarenta años en el *d*
8.15 que te hizo caminar por un *d* grande y
8.16 te sustentó con maná en el *d*, comida que
9.7 has provocado la ira de Jehová. . en el *d*
9.28 digan. . los sacó para matarlos en el *d*
11.5 y lo que ha hecho con vosotros en el *d*
11.24 desde el *d* hasta el Líbano, desde el
29.5 yo os he traído cuarenta años en el *d*
32.10 le halló en tierra de *d*, y en yermo de
32.51 pecasteis contra mí en. . en el *d* de Zin
Jos. 1.4 desde el *d* y el Líbano hasta el. . río

DESIERTO, TA *(Continúa)*

Jos. 5.4 hombres de guerra, habían muerto en el *d*
5.5 el pueblo..nacido en el *d*, por el camino
5.6 Israel anduvieron por el *d* cuarenta años
8.15 Josué y..huyeron..por el camino del *d*
8.20 el pueblo que iba huyendo hacia el *d*
8.24 matar a..de Hai en el campo y en el *d*
12.8 en el *d* y en el Neguev; el heteo, el
14.10 habló..cuando Israel andaba por el *d*
15.1 Edom, teniendo el *d* de Zin al sur como
15.61 en el *d*, Bet-arabá, Midín, Secaca
16.1 hacia el *d* que sube de Jericó por las
18.12 sube..y viene a salir al *d* de Bet-avén
20.8 de Jericó, señalaron a Beser en el *d*
24.7 después estuvisteis muchos días en el *d*
Jue. 1.16 subieron..al *d* de Judá, que está en
8.7 trillaré vuestra carne con espinos..del *d*
8.16 espinos y abrojos del *d*, y castigó con
11.16 Israel..anduvo por el *d* hasta el Mar
11.18 yendo por el *d*, rodeó la tierra de Edom
11.22 apoderaron..desde el *d* hasta el Jordán
20.42 delante de Israel hacia el camino del *d*
20.45 huyeron hacia el *d*, a la peña de Rimón
20.47 y huyeron al *d* a la peña de Rimón 600
1 S. 4.8 hirieron a Egipto con..plaga en el *d*
13.18 mira al valle de Zeboim, hacia el *d*
17.28 ¿y a quién has dejado..ovejas en el *d*?
23.14 y David se quedó en el *d* en lugares
23.14 y habitaba en un monte en el *d* de Zif
23.15 David..estuvo en Hores, en el *d* de Zif
23.19 en el collado de Haquila..al sur del *d*?
23.24 estaban en el *d* de Maón..al sur del *d*
23.25 se quedó en el *d*..siguió a David al *d*
24.1 he aquí David está en el *d* de En—gadi
25.1 se levantó David y se fue al *d* de Parán
25.4 oyó David en el *d* que Nabal esquilaba
25.14 he aquí David envió mensajeros del *d*
25.21 he guardado..lo que éste tiene en el *d*
26.1 ¿no está David escondido en el..del *d*?
26.2 Saúl..descendió al *d* de Zif, llevando
26.2 Zif..para buscar a David en el *d* de Zif
26.3 el collado de Haquila..al oriente del *d*
26.3 David en el *d*..Saúl le seguía en el *d*
2 S. 2.24 Gía, junto al camino del *d* de Gabaón
15.23 el pueblo pasó al camino que va al *d*
15.28 mirad..me detendré en los vados del *d*
16.2 para que beban los que se cansen en el *d*
17.16 no te quedes esta noche..vados del *d*
17.29 el pueblo está hambriento y..en el *d*
1 R. 2.34 y fue sepultado en su casa en el *d*
9.18 a Baalat, y a Tadmor en tierra del *d*
19.4 él se fue por el *d* un día de camino, y
19.15 vé, vuélvete por..por el *d* de Damasco
2 R. 3.8 él respondió: Por el camino del *d* de
3.9 anduvieron rodeando por el *d* siete días
1 Cr. 5.9 el oriente hasta la entrada del *d*
6.78 dieron de..Beser en el *d* con sus ejidos
12.8 huyeron y fueron a David, al..en el *d*
21.29 el tabernáculo de..había hecho en el *d*
2 Cr. 1.3 tabernáculo..Moisés..hecho en el *d*
8.4 y edificó a Tadmor en el *d*, y todas las
20.16 los hallaréis..al arroyo, antes del *d*
20.20 por la mañana, salieron al *d* de Tecoa
20.24 luego que vino Judá a la torre del *d*
24.9 la ofrenda..impuesto a Israel en el *d*
26.10 edificó torres en el *d*, y..cisternas
Neh. 2.3 la ciudad..*d*, y sus puertas consumidas
2.17 veis..que Jerusalén está *d*, y sus puertas
9.19 con todo..no los abandonaste en el *d*
9.21 sustentaste 40 años en el *d*; de ninguna
Job 1.19 y un gran viento vino del lado del *d*
24.5 como asnos monteses en el *d*, salen a su
24.5 salen..el *d* es mantenimiento de sus hijos
30.3 huían a..lugar tenebroso, asolado y *d*
38.26 haciendo llover..sobre el *d*, donde no
38.27 para saciar la tierra *d* e inculta, y
Sal. 29.8 voz de Jehová que hace temblar el *d*
55.7 ciertamente huiría..moraría en el *d*
63 *tit.* David, cuando estaba en el *d* de Judá
65.12 destilan sobre los pastizales del *d*
68.7 Dios, cuando..cuando anduviste por el *d*
72.9 se postrarán los moradores del *d*, y sus
74.14 diste por comida a los moradores del *d*
75.6 ni de..ni del *d* viene el enaltecimiento
78.15 hendió las peñas en el *d*, y les dio a
78.17 pecar contra él, rebelándose..en el *d*
78.19 diciendo: ¿Podrá poner mesa en el *d*?
78.40 veces se rebelaron contra él en el *d*
78.52 y los llevó por el *d* como un rebaño
95.8 como..como en el día de Masah en el *d*
102.6 soy semejante al pelícano del *d*; soy
106.9 les hizo ir por el abismo como por un *d*
106.14 se entregaron a un deseo..en el *d*, y
106.26 alzó su mano..para abatirlos en el *d*
107.4 anduvieron perdidos por el *d*, por la
107.33 convierte los ríos en *d*..sequedales
107.35 vuelve el *d* en estanques de aguas, y
136.16 al que pastoreó a su pueblo por el *d*
Pr. 21.19 mejor es morar en tierra *d* que con
Cnt. 3.6; 8.5 ¿quién es ésta que sube del *d*
Is. 5.6 que quede *d*; no será podada ni cavada
6.11 hasta que..y la tierra esté hecha un *d*
7.19 acamparán todos en los valles *d*, y en
13.21 sino que dormirán allí las fieras del *d*
14.17 que puso el mundo como un *d*, que asoló
16.1 enviad cordero al..desde Sela del *d* al
16.8 Jazer, y se habían extendido por el *d*
21.1 profecía sobre el *d* del mar..torbellino
21.1 así viene del *d*, de la tierra horrenda
23.13 Asiria la fundó para..moradores del *d*
27.10 la ciudad habitada..dejada como un *d*
32.14 los palacios quedarán *d*, la multitud de
32.15 el *d* se convierta en campo fértil, y el
32.16 y habitará el juicio en el *d*, y en el
33.9 Sarón se ha vuelto como *d*, y Basán y el
34.14 las fieras del *d* se encontrarán con las
35.1 se alegrarán el *d* y la soledad; el yermo
35.6 porque aguas serán cavadas en el *d*, y
40.3 voz que clama en el *d*: Preparad camino
41.18 abriré en el *d* estanques de aguas, y
41.19 en el *d* cedros, acacias, arrayanes y
42.11 alcen la voz el *d* y sus ciudades, las
43.19 otra vez abriré camino en el *d*, y ríos
43.20 daré aguas en el *d*, ríos en la soledad
48.21 no tuvieron sed cuando..por los *d*; les
49.19 tierra devastada, arruinada y *d*, ahora
50.2 secar el mar; convierto los ríos en *d*
51.3 cambiará su *d* en paraíso, y su soledad
63.13 un caballo por el *d*, sin que tropezaran
64.10 santas ciudades están *d*, Sion es un *d*
Jer. 2.2 cuando andabas en pos de mí en el *d*
2.6 nos condujo por el *d*, por una tierra *d*
2.24 asna montés acostumbrada al *d*, que en
2.31 ¿he sido yo un *d* para Israel, o tierra
3.2 te sentabas para ellos como árabe en el *d*
4.11 viento seco de las alturas del *d* vino a
4.26 miré, y he aquí el campo fértil era un *d*
5.6 los matará, los destruirá el lobo del *d*
6.8 corrígete..para que no te convierta en *d*
9.2 ¡oh, quién me diese en el *d* un albergue
9.10 lloro..llanto por los pastizales del *d*
9.12 ¿por qué causa..ha sido asolada como *d*
9.26 Moab, y a todos..los que moran en el *d*
12.4 ¿hasta cuándo estará *d* la tierra, y
12.10 convirtieron en *d* y soledad mi heredad
12.12 sobre todas las alturas del *d* vinieron
13.24 yo los esparciré al viento del *d*, como
17.6 será como la retama en el *d*, y no verá
17.6 que morará en los sequedales en el *d*, en
22.5 mismo he jurado..que esta casa será *d*
23.10 la tierra está *d*; los pastizales del *d*
25.12 Babilonia..convertiré en *d* para siempre
25.24 pueblos mezclados que habitan en el *d*
31.2 el pueblo..halló gracia en el *d*, cuando
32.43 de la cual decís: Está *d*, sin hombres
33.10,12 está *d* sin hombres y sin animales
46.19 porque Menfis será *d*, y será asolada
48.6 huid, salvad..sed como retama en el *d*
48.9 serán *d* sus ciudades hasta no quedar en
50.12 última de las naciones; *d*, sequedal y
50.39 allí morarán fieras del *d* y chacales
51.43 la tierra seca y *d*, tierra en que no
Lm. 4.3 es cruel como los avestruces en el *d*
4.19 sobre..en el *d* nos pusieron emboscadas
5.9 traíamos nuestro pan ante la espada..*d*
Ez. 6.6 serán *d* las ciudades, y..lugares altos
6.6 asolados y se hagan *d* vuestros altares
6.14 más asolada y..que el *d* hacia Diblat
12.20 las ciudades habitadas quedarán *d*, y la
13.4 zorras en los *d* fueron tus profetas, oh
19.13 ahora está plantada en el *d*, en tierra
20.10 los saqué de..Egipto, y los traje al *d*
20.13 rebeló contra mí la..de Israel en el *d*
20.13 derramaría sobre ellos mi ira en el *d*
20.15,23 alcé mi mano en el *d*, jurando que
20.17 no los maté, ni los exterminé en el *d*
20.18 dije en el *d* a sus hijos: No andéis en
20.21 para cumplir mi enojo en ellos en el *d*
20.35 y os traeré al *d* de los pueblos, y allí
20.36 como litigué..en el *d* de la tierra de
23.42 común fueron traídos los sabeos del *d*
26.2 a mí se volvió; yo seré llena, y ella *d*
26.20 *d* antiguos, con los que descienden al
29.5 dejaré en el *d* a ti y..peces de tus ríos
29.9 y la tierra de Egipto será asolada y *d*
29.10 tierra de Egipto..en la soledad del *d*
30.7 sus ciudades serán entre las ciudades *d*
33.28 convertiré la tierra en *d* y en soledad
33.29 convierta la tierra en soledad y *d*, por
34.25 paz y..habitarán en el *d* con seguridad
35.3 de Seir..te convertiré en *d* y en soledad
35.7 y convertiré al monte de Seir en *d* y en
36.35 estas ciudades que eran *d* y asoladas
36.38 las ciudades *d* serán llenas de rebaños
38.12 manos sobre las tierras *d* ya pobladas
Os. 2.3 la haga como un *d*, la deje como tierra
2.14 la llevaré al *d*, y hablaré a su corazón
9.10 como uvas en el *d* hallé a Israel; como
13.5 yo te conocí en el *d*, en tierra seca
13.15 se levantará desde el *d*, y se secará su
Jl. 1.19 porque fuego consumió los pastos del *d*
1.20 y fuego consumió las praderas del *d*
2.3 el huerto..y detrás de él como *d* asolado
2.20 norte, y lo echaré en tierra seca y *d*
2.22 los pastos del *d* reverdecerán, la higuera
3.19 Edom será vuelto en *d* asolado, por la
Am. 2.10 y os conduje por el *d* cuarenta años
5.25 ¿me ofrecisteis sacrificios y..en el *d*
Sof. 2.13 Asiria, y convertirá a Nínive en..*d*
3.6 hice *d* sus calles, hasta no quedar quien
Hag. 1.4 vuestras casas, y esta casa está *d*?
1.9 mi casa está *d*, y cada uno de vosotros
Zac. 7.14 convirtieron en *d* la tierra deseable
Mal. 1.3 su heredad para los chacales del *d*
Mt. 3.1 Juan el Bautista predicando en el *d* de
3.3 voz del que clama en el *d*: Preparad el
4.1 Jesús fue llevado por el Espíritu al *d*
11.7 ¿qué salisteis a ver al *d*? ¿Una caña
14.13 se apartó de allí..barca a un lugar *d*
14.15 el lugar es *d*, y la hora ya pasada
15.33 tantos panes en el *d*, para saciar a una
23.38 he aquí vuestra casa os es dejada *d*
24.26 si..Mirad, está en el *d*, no salgáis
Mr. 1.3 voz del que clama en el *d*: Preparad el
1.4 bautizaba Juan en el *d*, y predicaba el
1.12 y luego el Espíritu le impulsó al *d*
1.13 y estuvo allí en el *d* cuarenta días, y
1.35 salió y se fue a un lugar *d*, y allí oraba
1.45 que se quedaba fuera en los lugares *d*
6.31 venid vosotros aparte a un lugar *d*, y
6.32 fueron solos en una barca a un lugar *d*
6.35 el lugar es *d*, y la hora ya muy avanzada
8.4 podrá saciar el pan a éstos aquí en el *d*?
Lc. 1.80 estuvo en lugares *d* hasta el día de su
3.2 vino palabra de Dios a Juan..en el *d*
3.4 voz del que clama en el *d*: Preparad el
4.1 Jesús..fue llevado por el Espíritu al *d*
4.42 era de día, salió y se fue a un lugar *d*
5.16 mas él se apartaba a lugares *d*, y oraba
7.24 ¿qué salisteis a ver al *d*? ¿Una caña
8.29 era impelido por el demonio a los *d*
9.10 se retiró aparte, a un lugar *d* de la
9.12 vayan..porque aquí estamos en lugar *d*
13.35 he aquí, vuestra casa os es dejada *d*
15.4 no deja las noventa y nueve en el *d*, y
Jn. 1.23 de uno que clama en el *d*: Enderezad
3.14 como Moisés levantó la serpiente en el *d*
6.31 padres comieron el maná en el *d*, como
6.49 comieron el maná en el *d*, y murieron
11.54 se alejó..a la región contigua al *d*
Hch. 1.20 sea hecha *d* su habitación, y no haya
7.30 ángel se le apareció en el *d* del monte
7.36 señales en..en el *d* por cuarenta años
7.38 es aquel Moisés que estuvo..en el *d* con
7.42 ¿acaso me ofrecisteis víctimas..en el *d*
7.44 el tabernáculo del testimonio en el *d*
8.26 por el camino que..a Gaza, el cual es *d*
13.18 como de 40 años los soportó en el *d*
21.38 y sacó al *d* los cuatro mil sicarios?
1 Co. 10.5 lo cual quedaron postrados en el *d*
2 Co. 11.26 peligros en el *d*, peligros en el
He. 3.8 como..en el día de la tentación en el *d*
11.38 errando por los *d*, por los montes, por
Ap. 12.6 la mujer huyó al *d*, donde tiene lugar
12.14 para que volase de..la serpiente al *d*
17.3 y me llevó en el Espíritu al *d*; y vi a

DESIGNAR

Nm. 1.17 estos varones que fueron *designados*
14.4 *designemos* un capitán, y volvámonos a
Jos. 4.4 los doce hombres..él había *designado*
1 S. 12.6 Jehová que *designó* a Moisés y a Aarón
13.14 *designado* para que sea príncipe sobre
1 Cr. 15.16 levitas, que *designasen*..a cantores
15.17 los levitas *designaron* a Hemán hijo de
24.6 *designando*..casa paterna para Eleazar
2 Cr. 2.2 y *designó* Salomón 70.000 hombres que
11.15 él *designó* sus propios sacerdotes para
13.9 habéis *designado* sacerdotes a la manera
Esd. 8.20 sirvientes del templo..*designados* por
Lc. 10.1 *designó* el Señor..a otros setenta, a
Hch. 17.31 por aquel varón a quien *designó*
1 Co. 16.3 a quienes hubiereis *designado* por
2 Co. 8.19 fue *designado*..compañero de nuestra

DESIGNIO

Gn. 6.5 todo *d* de los pensamientos del corazón
1 R. 12.15 no oyó el rey al..era *d* de Jehová
Est. 8.3 *d* que había tramado contra los judíos
9.25 el perverso *d* que aquél trazó contra los
Job 5.13 prende..frustra los *d* de los perversos
10.3 y que favorezcas los *d* de los impíos?
17.11 mis pensamientos, los *d* de mi corazón
37.12 por sus *d* se revuelven las nubes en
Sal. 64.5 obstinados en su inicuo *d*, tratan de
Jer. 11.19 que maquinaban *d* contra mí, diciendo
18.11 dispongo mal..y trazo contra vosotros *d*
49.30 rey..contra vosotros ha formado un *d*
Lm. 3.62 dichos..y su *d* contra mí todo el día
Dn. 11.24 contra las fortalezas formará sus *d*
Lc. 7.30 desecharon los *d* de Dios respecto de
Ef. 1.11 hace..cosas según el *d* de su voluntad

DESIGUAL

2 Co. 6.14 no os unáis en yugo *d*..incrédulos

DESISTIR

Gn. 11.6 han comenzado..nada les hará *desistir*
Jue.15.7 que me vengaré..y después *desistiré*
20.28 a salir..para pelear, o *desistiremos*?

DESISTIR *(Continúa)*

1 S. 23.13 a Saúl la nueva..*desistió* de salir
2 R. 23.26 Jehová no *desistió* del ardor con que
2 Cr. 18.32 no era el..*desistieron* de acosarle
Pr. 23.4 no te afanes..sé prudente, y *desiste*
Jer. 4.28 y no me arrepentí, ni *desistiré* de
Hch. 21.14 *desistimos*, diciendo: Hágase la

DESJARRETAR

Gn. 49.6 y en su temeridad *desjarretaron* toros
Jos. 11.6 dijo..*desjarretarás* sus caballos, y
11.9 *desjarretó* sus caballos, y sus carros
2 S. 8.4 *desjarretó* David los caballos de todos
1 Cr. 18.4 y *desjarretó* David los caballos de

DESLEAL

Is. 24.16 han prevaricado con prevaricación de *d*
48.8 sabía que siendo *d* habías de desobedecer
Jer. 3.11 Israel en comparación con la *d* Judá
Lm. 3.42 nos hemos rebelado, y fuimos *d;* tú no
Os. 9.15 no los amaré más..sus príncipes son *d*
Mal. 2.14 contra la cual has sido *d*, siendo ella
2.15 guardaos..no seáis *d* para con la mujer
2.16 guardaos..en..espíritu, y no seáis *d*
Ro. 1.31 *d*, sin afecto natural, implacables

DESLEALMENTE

Jer. 12.1 y tienen bien..los que se portan *d?*
Mal. 2.10 ¿por qué, pues, nos portamos *d* el uno

DESLEALTAD

Is. 33.1 haces *d*..que nadie contra ti la hizo!
33.1 cuando acabes de hacer *d*, se hará contra
Jer. 5.6 multiplicado, se han aumentado sus *d*

DESLEÍR

Sal. 58.8 ellos como el caracol que se *deslíe*

DESLENGUADO

Sal. 140.11 el hombre *d* no será firme en la

DESLIGAR

Gá. 5.4 de Cristo os *desligasteis*, los que por

DESLIZADERO

Sal. 73.18 ciertamente los has puesto en *d;* en

DESLIZAR

Sal. 73.2 casi se *deslizaron* mis pies; por poco
He. 2.1 atendamos a..no sea que nos *deslicemos*

DESMAYAR

Dt. 1.21 toma posesión..no temas ni *desmayes*
7.21 no *desmayes* delante de ellos, porque
20.3 no *desmaye* vuestro corazón, no temáis
Jos. 1.9 no temas ni *desmayes*, porque Jehová
2.9 ya han *desmayado* por causa de vosotros
2.11 oyendo esto, ha *desmayado*..corazón; ni
2.24 todos los moradores del país *desmayan*
8.1 no temas ni *desmayes;* toma contigo toda
1 S. 17.32 no *desmaye* el corazón de ninguno a
25.37 a Nabal..*desmayó* su corazón en él, y
2 S. 17.10 el..valiente..*desmayará* por completo
1 Cr. 22.13 esfuérzate..no temas, ni *desmayes*
28.20 no temas, ni *desmayes*, porque Jehová
2 Cr. 20.17 temáis ni *desmayéis;* salid mañana
Job 41.9 porque..a su sola vista se *desmayarán*
Sal. 27.13 hubiera yo *desmayado*, si no creyese
61.2 clamaré..cuando mi corazón *desmayare*
77.3 me quejaba, y *desmayaba* mi espíritu
143.7 respóndeme pronto..*desmaya* mi espíritu
Is. 41.10 no *desmayes*, porque yo soy tu Dios
42.4 no se cansará ni *desmayará*, hasta que
44.12 las fuerzas; no bebe agua, y se *desmaya*
51.7 hombre, ni *desmayéis* por sus ultrajes
51.20 hijos *desmayaron*, estuvieron tendidos
Jer. 4.31 alma *desmaya* a causa de los asesinos
38.4 hace *desmayar* las manos de los hombres
46.27 no temas..Jacob, ni *desmayes*, Israel
48.1 Nebo..fue confundida Misgab, y *desmayó*
49.24 *desmayó* Damasco, se volvió para huir
51.46 no *desmaye* vuestro corazón, ni temáis
Ez. 21.15 para que el corazón *desmaye*, y los
31.15 los árboles del campo se *desmayaron*
Am. 8.13 las doncellas..los jóvenes *desmayarán*
Jon. 4.8 el sol hirió a Jonás.. y se *desmayaba*
Mt. 15.32 no sea que *desmayen* en el camino
Mr. 8.3 enviare..se *desmayarán* en el camino
Lc. 18.1 la necesidad de orar..y no *desmayar*
2 Co. 4.1 teniendo..ministerio..no *desmayamos*
4.16 por tanto, no *desmayamos;* antes aunque
Gá. 6.9 su tiempo segaremos, si no *desmayamos*
Ef. 3.13 no *desmayéis* a causa de..tribulaciones
He. 12.3 vuestro ánimo no se canse..*desmayar*
12.5 ni *desmayes* cuando eres reprendido por
Ap. 2.3 sufrido..trabajado..y no has *desmayado*

DESMAYO

Pr. 10.15 y el *d* de los pobres es su pobreza
Jer. 49.23 derritieron en aguas de *d*, no pueden

DESMENTIR

Job 24.25 ¿quién me *desmentirá*..o reducirá a
Os. 5.5 la soberbia..le *desmentirá* en su cara

DESMENUZAR

Lv. 2.14 el grano *desmenuzado* ofrecerás como
2.16 parte del grano *desmenuzado* y del aceite
Nm. 24.8 devorará..*desmenuzará* sus huesos, y
Dt. 9.21 *desmenucé* moliéndolo muy bien, hasta
2 Cr. 15.16 la *desmenuzó*, y la quemó junto al
34.4 las *desmenuzó*, y esparció el polvo sobre
34.7 altares y..*desmenuzado* las esculturas
Job 16.12 próspero estaba, y me *desmenuzó;* me
Sal. 2.9 vasija de alfarero los *desmenuzarás*
107.16 y *desmenuzó* los cerrojos de hierro
Is. 24.19 *desmenuzada* será la tierra, en gran
27.9 altar como piedras de cal *desmenuzadas*
Jer. 51.34 me *desmenuzó* Nabucodonosor rey de
Lm. 3.34 *desmenuzar* bajo los pies a todos los
Dn. 2.34 e hirió..en sus pies..y los *desmenuzó*
2.35 fueron *desmenuzados* también el hierro
2.40 el hierro *desmenuza* y rompe..las cosas
2.44 *desmenuzará*..a todos estos reinos, pero
2.45 la cual *desmenuzó* el hierro, el bronce
7.7,19 *desmenuzaba*, y las sobras hollaba con
Mi. 4.13 trilla..*desmenuzarás* a muchos pueblos
Hab. 3.6 montes antiguos fueron *desmenuzados*
Mt. 21.44 sobre quien..cayere, le *desmenuzará*
Mr. 5.4 las cadenas..y *desmenuzados* los grillos
Lc. 20.18 sobre quien..cayere, le *desmenuzará*

DESMONTAR

Jos. 17.18 lo *desmontarás* y lo poseerás hasta

DESMONTE

Jos. 17.15 haceos *d*..en la tierra de..ferezeos

DESMORONAR

Ez. 38.20 y se *desmoronarán* los montes, y los

DESNUCAR

1 S. 4.18 cayó hacia atrás..se *desnucó* y murió

DESNUDAR

Nm. 20.26 *desnuda* a Aarón de sus vestiduras
20.28 Moisés *desnudó* a Aarón de..vestiduras
Neh. 4.23 cada uno se *desnudaba*..para bañarse
Sal. 29.9 voz de Jehová..*desnuda* los bosques
Cnt. 5.3 me he *desnudado* de mi ropa; ¿cómo me
Is. 22.8 *desnudó* la cubierta de Judá; y miraste
24.1 que Jehová vacía la tierra y la *desnuda*
32.11 *desnudaos*, ceñid los lomos con cilicio
52.10 *desnudó* su santo brazo ante los ojos de
Jer. 13.22 fueron *desnudados* tu calcañares
49.10 mas yo *desnudaré* a Esaú, descubriré sus
Ez. 26.16 y *desnudarán* sus ropas bordadas; de
Os. 2.3 no sea que yo la despoje y *desnude*, la
Jl. 1.7 todo la *desnudó* y derribó; sus ramas
Mt. 27.28 y *desnudándole*, le echaron encima un
Mr. 15.20 *desnudaron* la púrpura, y le pusieron
2 Co. 5.4 porque no quisiéramos ser *desnudados*

DESNUDEZ

Gn. 9.22 Cam..vio la *d* de su padre, y lo dijo
9.23 y andando..cubrieron la *d* de su padre
9.23 atrás..y así no vieron la *d* de su padre
Éx. 20.26 altar, para que tu *d* no se descubra
28.42 calzoncillos de lino para cubrir su *d*
Lv. 18.6 parienta próxima..para descubrir su *d*
18.7 la *d* de tu padre, o la *d* de tu madre, no
18.7 no..tu madre es, no descubrirás su *d*
18.8 la *d* de la mujer de..es la *d* de tu padre
18.9 la *d* de tu hermana..su *d* no descubrirás
18.10 *d* de la hija de tu hijo, o de la hija
18.10 *d* no descubrirás, porque es la *d* tuya
18.11 la *d* de la hija de..su *d* no descubrirás
18.12 la *d* de la hermana..padre no descubrirás
18.13 la *d* de la hermana..madre no descubrirás
18.14 la *d* del hermano de tu..no descubrirás
18.15 la *d* de tu nuera..no descubrirás su *d*
18.16 la *d* de la mujer..es la *d* de tu hermano
18.17 *d* de la mujer y de su..no descubrirás
18.17 la hija de su hija, para descubrir su *d*
18.18 descubriendo su *d* delante de ella en su
18.19 para descubrir su *d* mientras esté en su
20.11 la *d* de su padre descubrió; ambos han
20.17 viere su *d*, y ella viere la suya, es
20.17 y viere..descubrió la *d* de su hermana
20.18 mujer menstruosa, y descubriere su *d*
20.19 la *d* de la hermana de tu madre, o de la
20.19 al descubrir la *d* de su parienta, su
20.20 la *d* del hermano de su padre descubrió
20.21 la *d* de su hermano descubrió; sin hijos
Dt. 28.48 con *d*, y con falta de todas las cosas
Ez. 16.8 extendí mi..sobre ti, y cubrí tu *d*
16.36 cuanto han sido descubiertas tus *d* en
16.37 descubriré tu *d*, y ellos verán..tu *d*
22.10 la *d* del padre descubrieron en ti, y
23.10 ellos descubrieron su *d*, tomaron sus
23.18 descubrió sus *d*, por lo cual mi alma
Os. 2.9 mi lino que había dado para cubrir su *d*
Nah. 3.5 mostraré a las naciones tu *d*, y a los
Hab. 2.15 ¡ay de..le embriagas para mirar su *d!*
Ro. 8.35 o hambre, o *d*, o peligro, o espada?
2 Co. 11.27 en muchos ayunos, en frío y en *d*
Ap. 3.18 no se descubra la vergüenza de tu *d*

DESNUDO, DA

Gn. 2.25 estaban ambos *d*, Adán y su mujer, y
3.7 los ojos de..y conocieron que estaban *d*
3.10 oí tu voz..tuve miedo, porque estaba *d*
3.11 le dijo: ¿Quién te enseñó que estabas *d?*
Nm. 22.23 el asna vio al ángel..con su espada *d*
22.31 el ángel..tenía su espada *d* en su mano
1 S. 19.24 y estuvo *d* todo aquel día y..noche
1 Cr. 21.16 vio al ángel de..con una espada *d*
2 Cr. 28.15 del despojo vistieron a los que..*d*
Job 1.21 *d* salí del vientre..y *d* volveré allá
22.6 porque..despojaste de sus ropas a los *d*
24.7 al *d* hacen dormir sin ropa, sin tener
24.10 al *d* hacen andar sin vestido, y a los
Sal. 55.21 sus palabras..ellas son espadas *d*
Ec. 5.15 como salió del vientre..*d*, así vuelve
Is. 20.2 y lo hizo así, andando *d* y descalzo
20.3 como anduvo..Isaías *d* y descalzo 3 años
20.4 así llevará..a ancianos, *d* y descalzos
21.15 ante la espada huye, ante la espada *d*
58.7 que cuando veas al *d*, lo cubras, y no te
Ez. 16.7 crecido; pero estabas *d* y descubierta
16.22 cuando estabas *d* y descubierta, cuando
16.39 alhajas, y te dejarán *d* y descubierta
18.7 hambriento y cubriere al *d* con vestido
18.16 de su pan, y cubriere con vestido al *d*
23.29 tomarán..y te dejarán *d* y descubierta
Am. 2.16 el esforzado..huirá *d* aquel día, dice
Mi. 1.8 y andaré despojado y *d;* haré aullido
1.11 pásate, oh morador de Safir, *d* y con
Mt. 25.36 estuve *d*, y me cubristeis; enfermo
25.38 ¿y cuándo te vimos..*d*, y te cubrimos?
25.43 estuve *d*, y no me cubristeis; enfermo
25.44 ¿cuándo te..*d*, enfermo, o en la cárcel
Mr. 14.52 mas él, dejando la sábana, huyó *d*
Hch. 19.16 huyeron de aquella casa *d* y heridos
1 Co. 4.11 estamos *d*, somos abofeteados, y no
15.37 no es el cuerpo que..sino el grano *d*
2 Co. 5.3 así seremos hallados vestidos, y no *d*
He. 4.13 todas las cosas están *d* y abiertas a
Stg. 2.15 hermana están *d*, y tienen necesidad
Ap. 3.17 no sabes que tú eres..pobre, ciego y *d*
16.15 guarda sus ropas, para que no ande *d*
17.16 la dejarán..*d;* y devorarán sus carnes

DESOBEDECER

Is. 48.8 siendo desleal habías de *desobedecer*
Lc. 15.29 no habiéndote *desobedecido* jamás, y
He. 3.18 sino a aquellos que *desobedecieron?*
1 P. 3.20 los que en otro tiempo *desobedecieron*

DESOBEDIENCIA

Ro. 5.19 como por la *d* de un hombre los muchos
11.30 alcanzado misericordia por la *d* de ellos
11.32 Dios sujetó a todos en *d*, para tener
2 Co. 10.6 estando prontos para castigar toda *d*
Ef. 2.2 espíritu que..opera en los hijos de *d*
5.6; Col. 3.6 la ira..sobre los hijos de *d*
He. 2.2 y toda..y *d* recibió justa retribución
4.6 y aquellos..no entraron por causa de *d*
4.11 para que ninguno caiga en..ejemplo de *d*

DESOBEDIENTE

Ro. 1.30 soberbios, altivos..*d* a los padres
11.30 como vosotros también..erais *d* a Dios
11.31 también éstos ahora han sido *d*, para
1 Ti. 1.9 para los transgresores y *d*, para los
2 Ti. 3.2 blasfemos, *d* a los padres, ingratos
He. 11.31 Rahab la ramera no pereció..con los *d*
1 P. 2.8 tropiezan en la palabra, siendo *d*

DESOCUPAR

Lv. 14.36 mandará *desocupar* la casa antes que
Mt. 12.44 cuando llega, la halla *desocupada*
20.3 vio a otros..en la plaza *desocupados*
20.6 halló a otros que estaban *desocupados*
20.6 qué estáis aquí todo el día *desocupados?*

DESOLACIÓN

2 R. 19.25 ahora..tú serás para hacer *d*, para
2 Cr. 30.7 los entregó a *d*, como vosotros veis
Is. 17.9 sus ciudades..serán como..y habrá *d*
Jer. 4.7 ha salido..para poner tu tierra en *d*
9.11 las ciudades de Judá en *d* en que no quede
18.16 poner su tierra en *d*, objeto de burla
25.9 los pondré por escarnio..en *d* perpetua
49.13 todas sus ciudades serán *d* perpetuas
49.17 se convertirá Edom en *d;* todo aquel que
50.23 ¡cómo se convirtió Babilonia en *d* entre
Ez. 23.33 llena de..dolor por el cáliz..y de *d*
29.10 pondré la tierra de Egipto en *d*, en la
35.14 la tierra se regocije, yo te haré una *d*
38.8 a los montes..que siempre fueron una *d*
Dn. 9.2 habían de cumplirse las *d* de Jerusalén
9.18 inclina..tu oído, y oye..mira nuestras *d*
Sof. 2.14 el pelícano..habrá *d* en las puertas
Mal. 1.3 convertí sus montes en *d*, y abandoné

DESOLADO *Véase Desolar*

DESOLADOR, RA

Dn. 9.27 con. .de las abominaciones vendrá el *d*
9.27 lo. .determinado se derrame sobre el *d*
11.31 profanarán. .pondrán la abominación *d*
12.11 hasta la abominación *d* habrá 1.290 días
Mt. 24.15 en el lugar santo la abominación *d*
Mr. 13.14 cuando veáis la abominación *d* de que

DESOLAR

Dt. 32.25 fuera *desolará* la espada, y dentro
Sal. 9.6 han quedado *desolados* para siempre
109.10 su pan lejos de sus *desolados* hogares
137.3 nos habían *desolado* nos pedían alegría
137.8 Babilonia la *desolada*, bienaventurado el
143.4 se angustió. .está *desolado* mi corazón
Is. 5.17 devorarán los campos *desolados* de los
24.12 la ciudad quedó *desolada*, y con ruina
27.10 la ciudad fortificada será *desolada*
62.4 ni tu tierra se dirá más *Desolada;* sino
Jer. 2.12 espantaos. .*desolaos* en gran manera
7.34 cesar. .porque la tierra será *desolada*
9.10 *desolados* hasta no quedar quien pase, ni
12.11 y lloró sobre mí *desolada;* fue asolada
27.17 ¿por qué ha de ser *desolada*. .ciudad?
Lm. 1.13 me dejó *desolada*, y con dolor todo el
2.8 el antemuro y el muro; fueron *desolados*
3.11 torció. .me despedazó; me dejó *desolado*
Ez. 14.15 *desolada* de modo que no haya quien
14.16 librados, y la tierra quedaría *desolada*
19.7 la tierra fue *desolada*, y cuanto había
20.26 para *desolarlos* y hacerles saber que
29.12 ciudades. .estarán *desoladas* por 40 años
36.36 que yo. .planté lo que estaba *desolado*
Nah. 2.10 vacía, agotada y *desolada* está, y el
Zac. 7.14 y la tierra fue *desolada* tras ellos
Gá. 4.27 más son los hijos de la *desolada*, que
Ap. 17.16 a la ramera, y la dejarán *desolada* y
18.19 ¡ay. .pues en una hora ha sido *desolada!*

DESOLLAR

Lv. 1.6 *desollará* el holocausto, y lo dividirá
2 Cr. 29.34 pocos, y no bastaban para *desollar*
35.11 y los levitas *desollaban* las víctimas
Ez. 29.18 y toda espalda *desollada;* y ni para
Mi. 3.3 y les *desolláis* su piel de sobre ellos

DESORDEN

2 Co. 12.20 temo que. .haya entre vosotros. .*d*

DESORDENADAMENTE

2 Ts. 3.6 apartéis de todo hermano que ande *d*
3.7 nosotros no anduvimos *d* entre vosotros
3.11 oímos que algunos de. .vosotros andan *d*

DESORDENADO, DA

Gn. 1.2 y la tierra estaba *d* y vacía, y las
Sal. 106.14 se entregaron a un deseo *d* en el
Col. 3.5 pasiones *d*, malos deseos y avaricia

DESPABILADERA

Éx. 25.38 sus *d* y sus platillos, de oro puro
37.23 hizo. .*d* y sus platillos, de oro puro
Nm. 4.9 sus *d*, sus platillos, y. .sus utensilios
2 R. 12.13 no se hacían tazas. .*d*, ni jofainas
25.14 llevaron también. .las *d*, los cucharones
2 Cr 4.22 las *d*, los lebrillos. .de oro puro
Jer. 52.18 se llevaron. .las *d*, los tazones, las

DESPACHAR

Gn. 24.56 *despachadme*. .que me vaya a mi señor
1 S. 9.19 come. .y por la mañana te *despacharé*
2 S. 11.12 quédate aquí. .mañana te *despacharé*
1 Cr. 19.4 cortó los vestidos. .y los *despachó*
Esd. 8.16 *despaché* a Eliezer, Ariel, Semaías

DESPACHO

Esd. 8.36 y entregaron los *d* del rey a sus

DESPARRAMAR

1 S. 30.16 estaban *desparramados* sobre toda
Mt 12.30 el que conmigo no recoge, *desparrama*
Lc. 11.23 el que conmigo no recoge, *desparrama*

DESPECTIVAMENTE

Lm. 2.15 movieron *d* sus cabezas sobre la hija

DESPECHO

Ez. 25.15 cuando se vengaron con *d* de ánimo

DESPEDAZAR

Gn. 37.33 lo devoró; José ha sido *despedazado*
44.28 y pienso de cierto que fue *despedazado*
Lv. 7.24 y la grosura del que fue *despedazado*
17.15 que comiere. .o *despedazado* por fiera
22.8 ni *despedazado* por fiera no comerá
Jue. 14.6 *despedazó* al león como. .*despedaza* un
2 R. 2.24 dos osos. .*despedazaron* de ellos a 42
11.18 *despedazaron*. .sus altares y sus imágenes
2 Cr. 34.4 *despedazó*. .las imágenes de Asera
Job 16.9 su furor me *despedazó*, y me ha sido
16.12 me *despedazó*, y me puso por blanco suyo
18.4 oh tú, que te *despedazas* en tu furor
Sal. 35.15 gentes. .*despedazaban* sin descanso
50.22 sea que os *despedace*, y no haya quien
Jer. 15.3 espada para. .perros para *despedazar*
51.8 cayó Babilonia, y se *despedazó;* gemid
Lm. 3.11 torció mis caminos, y me *despedazó*
Ez. 4.14 comí cosa mortecina ni *despedazada*
Dn. 7.23 toda la tierra devorará. .*despedazará*
Os. 13.8 león; fiera del campo los *despedazará*
Mi. 1.7 todas sus estatuas serán *despedazadas*
Zac. 12.3 que se la cargaren serán *despedazados*
Mt. 7.6 no sea que. .se vuelvan y os *despedacen*
Hch. 23.10 temor de que Pablo fuese *despedazado*

DESPEDIR

Gn. 21.14 le entregó el muchacho, y la *despidió*
26.31 los *despidió*, y ellos se *despidieron*
31.27 que yo te *despidiera* con alegría y con
44.3 hombres fueron *despedidos* con sus asnos
45.24 y *despidió* a sus hermanos, y ellos se
Éx. 18.27 *despidió* Moisés a su suegro, y éste
Dt. 15.12 años, al séptimo le *despedirás* libre
15.13 cuando lo *despidieres*. .no le enviarás
22.19,29 no podrá *despedirla* en todos sus días
24.1 le escribirá. .y la *despedirá* de su casa
24.3 escribiere. .y la *despidiere* de su casa
24.4 no podrá su. .marido, que la *despidió*
Jos. 2.21 los *despidió*, y se fueron; y ella ató
22.6 bendiciéndolos, Josué los *despidió*, y se
Jue. 2.6 Josué había *despedido* al pueblo, y los
3.18 *despidió* a la gente que lo había traído
1 S. 9.26 dijo: Levántate, para que te *despida*
29.4 *despide* a este hombre. .que se vuelva al
2 S. 3.21 David *despidió* luego a Abner, y él se
3.22 ya lo había *despedido*, y él se había ido
3.23 y él le ha *despedido*, y se fue en paz
10.4 les cortó los vestidos. .y los *despidió*
1 R. 8.66 al octavo día *despidió* al pueblo; y
1 Cr. 12.19 *despidieron*, diciendo: Con peligro
2 Cr. 25.13 los del. .que Amasías había *despedido*
Esd. 10.3 que *despediremos* a todas las mujeres
10.19 promesa de que *despedirían* sus mujeres
Job 14.20 demudarás su rostro, y le *despedirás*
Sal. 144.6 *despide* relámpagos y disípalos, envía
Jer. 3.8 yo la había *despedido* y dado carta de
40.5 le dio el capitán de la. .y le *despidió*
Mt. 13.36 *despedida* la gente, entró Jesús en la
14.15 *despide* a la multitud, para que vayan
14.22 entre tanto. .él *despedía* a la multitud
14.23 *despedida* la multitud, subió al monte
15.23 *despídela*, pues da voces tras nosotros
15.39 *despedida* la gente, entró en la barca
Mr. 1.43 entonces le encargó. .le *despidió* luego
4.36 *despidiendo* a la multitud, le tomaron
6.36 *despídelos* para que vayan a los campos
6.45 entre tanto que él *despedía* a la multitud
6.46 después que los hubo *despedido*, se fue
8.9 eran los. .como cuatro mil; y los *despidió*
Lc. 2.29 ahora, Señor, *despides* a tu siervo en
8.38 le rogaba. .Jesús le *despidió*, diciendo
9.12 *despide* a la gente, para que vayan a las
9.61 me *despida* primero de los que están en
14.4 él, tomándole, le sanó, y le *despidió*
Hch. 13.3 impusieron. .manos y los *despidieron*
13.43 *despedida* la congregación, muchos de
15.33 fueron *despedidos* en paz por. .hermanos
18.18 se *despidió* de los hermanos y navegó a
18.21 que se *despidió* de ellos, diciendo: Es
19.41 habiendo dicho. .*despidió* la asamblea
20.1 se *despidió* y salió para ir a Macedonia
23.22 tribuno *despidió* al joven, mandándole
2 Co. 2.13 así, *despidiéndome*. .para Macedonia

DESPEDREGAR

Is. 5.2 había cercado y *despedregado* y plantado

DESPEJAR

2 S. 22.33 Dios es el. .quien *despeja* mi camino

DESPENSA

Lc. 12.24 cuervos, que ni tienen *d*, ni granero

DESPEÑADERO

Mt. 8.32 cerdos se precipitó en el mar por un *d*
Mr. 5.13 hato se precipitó en el mar por un *d*
Lc. 8.33 el hato se precipitó por un *d* al lago

DESPEÑAR

2 Cr 25.12 y de allí los *despeñaron*, y todos
Sal. 141.6 serán *despeñados* sus jueces, y oirán
Ez. 32.18 *despéñalo* a él, y a las hijas de las
Lc. 4.29 le llevaron hasta la. .para *despeñarle*

DESPERDICIAR

Is. 65.8 no lo *desperdicies*, porque bendición
Lc. 15.13 se fue lejos. .*desperdició* sus bienes

DESPERDICIO

Mt. 26.8 enojaron, diciendo: ¿Para qué este *d?*
Mr. 14.4 ¿para qué se ha hecho. .*d* de perfume?

DESPERTAR

Gn. 9.24 *despertó* Noé de su embriaguez, y supo
28.16 y *despertó* Jacob de su sueño, y dijo
41.4 las vacas. .devoraban. .y *despertó* Faraón
41.7 y *despertó* Faraón, y he aquí. .era sueño
41.21 apariencia. .era aún mala. .y yo *desperté*
49.9 como león viejo; ¿quién lo *despertará?*
Nm. 24.9 y como leona; ¿quién lo *despertará?*
Dt. 32.16 le *despertaron* a celos con los dioses
Jue. 5.12 *despierta, d,* Débora; *d, d,* entona
16.14 *despertando* él. .arrancó la estaca del
16.20 luego que *despertó* él de su sueño, se
1 R. 3.15 cuando. .*despertó*, vio que era sueño
18.27 tal vez duerme, y hay que *despertarle*
2 R. 4.31 Giezi. .diciendo: El niño no *despierta*
2 Cr. 21.16 Jehová *despertó* contra Joram la ira
36.22 Jehová *despertó* el espíritu de Ciro rey
Esd. 1.1 *despertó* Jehová el espíritu de Ciro
1.5 cuyo espíritu *despertó* Dios para subir
Job 3.8 se aprestan para *despertar* a Leviatán
8.6 se *despertará* por ti, y hará próspera la
14.12 que no haya cielo, no *despertarán*, ni
36.10 *despierta* además el oído de ellos para
36.15 y en la aflicción *despertará* su oído
41.10 nadie hay tan osado que lo *despierte*
Sal. 3.5 me acosté y dormí, y *desperté*, porque
7.6 y *despierta* en favor mío el juicio que
17.15 satisfecho. .*despierte* a tu semejanza
35.23 *despierta* para hacerme justicia, Dios
44.23 *despierta;* ¿por qué duermes, Señor?
44.23 *despierta*, no te alejes para siempre
57.8 *despierta*, alma mía; *d*, salterio y arpa
59.4 *despierta* para venir a mi encuentro, y
59.5 *despierta* para castigar a. .las naciones
73.20 como sueño del que *despierta*, así, Señor
73.20 cuando *despertares*, menospreciarás su
78.38 apartó. .ira, y no *despertó* todo su enojo
78.65 *despertó* el Señor como quien duerme
80.2 *despierta* tu poder delante de Efraín
108.2 *despiértate*. .arpa; *despertaré* al alba
139.18 arena; *despierto*, y aún estoy contigo
Pr. 6.22 hablarán contigo cuando *despiertes*
10.12 el odio *despierta* rencillas; pero el
23.35 cuando *despertare*, aún lo volveré a
Ec. 4.4 toda excelencia de obras *despierta* la
Cnt. 2.7; 3.5; 8.4 que no *despertéis*. .al amor
8.5 debajo de un manzano te *desperté;* allí
Is. 13.17 yo *despierto* contra ellos a los medos
14.9 el Seol abajo. .*despertó* muertos que en
26.19 ¡*despertad* y cantad, moradores. .polvo!
29.8 parece que come, pero cuando *despierta*
29.8 parece que bebe, pero cuando *despierta*
41.2 ¿quién *despertó* del oriente al justo, lo
42.13 como hombre de guerra *despertará* celo
44.26 que *despierta* la palabra de su siervo
45.13 lo *desperté* en justicia, y enderezaré
50.4 *despertará* mañana tras mañana, *d*. .oído
51.9 *despiértate, d,* vístete de poder, oh
51.9 *despiértate* como en el tiempo antiguo
51.17 *despierta, d,* levántate, oh Jerusalén
52.1 *despierta, d,* vístete de poder, oh Sion
64.7 que se *despierte* para apoyarse en ti
Jer. 29.10 visitaré, y *despertaré* sobre vosotros
31.26 en esto me *desperté*, y vi, y mi sueño
51.11 ha *despertado* Jehová el espíritu de los
51.39 duerman eterno sueño y no *despierten*
51.57 dormirán sueño eterno y no *despertarán*
Ez. 7.6 el fin viene; se ha *despertado* contra
Dn. 11.25 y *despertará* sus fuerzas y su ardor
12.2 los que duermen en el. .serán *despertados*
Jl. 1.5 *despertad*, borrachos, y llorad; gemid
3.9 *despertad* a los valientes, acérquense
3.12 *despiértense* las naciones, y suban al
Hab. 2.7 *despertarán* los que te harán temblar
2.19 ¡ay del que dice al palo: *Despiértate*
Hag. 1.14 *despertó*. .el espíritu de Zorobabel
Zac. 4.1 me *despertó*, como un. .*despertado* de
9.13 *despertaré* a tus hijos, oh Sion, contra
Mt. 1.24 *despertando* José del sueño, hizo como
2.14 él, *despertando*, tomó de noche al niño
8.25 *despertaron*, diciendo: ¡Señor, sálvanos
Mr. 4.38 le *despertaron*, y le dijeron: Maestro
Lc. 8.24 le *despertaron*, diciendo: ¡Maestro
8.24 *despertando* él, reprendió al viento y
Jn. 11.11 Lázaro duerme. .voy para *despertarle*
Hch. 12.7 *despertó*, diciendo: Levántate pronto
16.27 *despertando* el carcelero, y viendo
Ef. 5.14 dice: *Despiértate*, tú que duermes, y
2 P. 1.13 justo. .*despertaros* con amonestación
3.1 *despierto*. .vuestro limpio entendimiento

DESPIERTO

Lc. 9.32 permaneciendo *d*, vieron la gloria de

DESPLEGAR

Is. 40.22 los *despliega* como una tienda para
42.5 Creador de los cielos. .que los *despliega*
Lm. 3.43 *desplegaste* la ira y nos perseguiste

DESPLOMADA
Sal. 62.3 como pared *d* y como cerca derribada?

DESPOBLADA
Jer. 2.6 condujo. .por una tierra desierta y *d*
17.6 que morará en. .tierra *d* y deshabitada

DESPOBLAR
Jer. 14.2 enluto Judá. .puertas se *despoblaron*

DESPOJADO *Véase Despojar*

DESPOJADOR
Ez. 39.10 despojarán a sus *d,* y robarán a los
Am. 5.9 que da esfuerzo al *d* sobre el fuerte
5.9 hace que el *d* venga sobre la fortaleza

DESPOJAR
Éx. 3.22 pedirá cada. .y *despojaréis* a Egipto
12.36 dieron. .así *despojaron* a los egipcios
33.6 de Israel se *despojaron* de sus atavíos
Jue. 2.14 manos de robadores que los *despojaron*
2.16 librasen de. .de los que les *despojaban*
14.15 habéis llamado aquí para *despojarnos?*
1 S. 19.24 *despojó* de sus vestidos, y profetizó
31.8 los filisteos a *despojar* a los muertos
31.9 le *despojaron* de las armas; y enviaron
1 R. 21.19 ¿no mataste, y también. .*despojado?*
1 Cr. 10.8 al venir los filisteos a *despojar* a
10.9 que le *despojaron,* tomaron su cabeza
2 Cr. 20.25 viniendo. .a *despojarlos,* hallaron
28.21 no obstante que *despojó* Acaz la casa
Job 12.17 hace andar *despojados* de consejo a
12.19 él lleva *despojados* a los príncipes, y
19.9 me ha *despojado* de mi gloria, y quitado
22.6 *despojaste* de sus ropas a los desnudos
Sal. 35.10 libras. .al pobre. .del que le *despoja?*
76.5 los fuertes de corazón fueron *despojados*
Pr. 22.23 *despojará* el alma. .que los *despojaren*
Is. 10.2 para *despojar* a las viudas, y robar a
32.11 confiadas; *despojaos,* desnudaos, ceñid
42.22 no hay quien libre; *despojados,* y no
49.26 a los que te *despojaron* haré comer sus
Ez. 12.19 porque su tierra será *despojada* de su
16.39 te *despojarán* de tus ropas, se. .alhajas
18.18 hizo agravio, *despojó*. .al hermano, e hizo
22.7 huérfano y a la viuda *despojaron* en ti
23.26 y te *despojarán* de tus vestidos, y te
28.26 juicios en todos los que los *despojan*
32.15 tierra quede *despojada* de todo cuanto
39.10 y *despojarán* a sus despojadores. .dice
Dn. 5.20 fue depuesto. .*despojado* de su gloria
Os. 2.3 no sea que yo la *despoje* y desnude, la
7.1 ladrón, y el salteador *despoja* por fuera
Jon. 3.6 se *despojó* de su vestido, y se cubrió
Mi. 1.8 aullaré, y andaré *despojado* y desnudo
Hab. 2.8 has *despojado* a muchas naciones, todos
2.8 todos los otros pueblos te *despojarán*
Zac. 2.8 él a las naciones que os *despojaron*
Lc. 10.30 le *despojaron;* e hiriéndole, se fueron
Jn. 21.7 ropa (porque se había *despojado* de ella)
2 Co. 11.8 he *despojado* a otras iglesias. .para
Ef. 4.22 *despojaos* del viejo hombre, que está
Fil. 2.7 se *despojó* a sí mismo, tomando forma
Col. 2.15 *despojando* a los principados y a las
3.9 habiéndoos *despojado* del viejo hombre con
He. 12.1 *despojémonos* de todo peso y del pecado

DESPOJO
Gn. 49.27 Benjamín. .a la tarde repartirá los *d*
Éx. 15.9 perseguiré, apresaré, repartiré *d*
Nm. 31.11 tomaron todo el *d,* y todo el botín
31.12 trajeron. .los *d* al campamento, en los
Dt. 2.35 y los *d* de las ciudades que. .tomado
3.7 tomamos para nosotros. .ganado, y los *d*
Jos. 7.21 vi entre los *d* un manto babilónico
8.2 sólo que sus *d*. .tomaréis para vosotros
8.27 los israelitas tomaron para sí. .los *d*
Jue. 14.19 y tomando sus *d,* dio las mudas de
2 S. 2.21 echa mano de. .y toma para ti sus *d*
2 R. 21.14 presa y *d* de todos sus adversarios
2 Cr. 25.13 mataron a 3.000. .y tomaron gran *d*
28.15 y del *d* vistieron a los que. .desnudos
Neh. 4.4 entrégalos por *d* en la tierra de su
Sal. 68.12 se quedaban en casa repartían los *d*
119.162 regocijo. .como el que halla muchos *d*
Pr. 1.13 clase, llenaremos nuestras casas de *d*
16.19 mejor es humillar el. .que repartir *d*
Is. 3.14 el *d* del pobre está en vuestras casas
8.4 *d* de Samaria delante del rey de Asiria
9.3 siega, como se gozan cuando reparten *d*
10.6 para que quite *d,* y arrebate presa, y
33.4 *d* serán recogidos como cuando recogen
33.23 repartirá entonces botín de muchos *d*
42.22 puestos para *d,* y no hay quien libre
53.12 le daré. .y con los fuertes repartirá *d*
Jer. 4.13 ¡ay de. .porque entregados somos a *d!*
21.9 el que. .vivirá, y su vida le será por *d*
49.32 serán. .multitud de sus ganados por *d*
Ez. 29.19 recogerá sus *d,* y arrebatará botín
34.28 no serán más por *d* de las naciones, ni
38.12 para arrebatar *d* y para tomar botín
38.13 te dirán: ¿Has venido a arrebatar *d?*
38.13 ¿has reunido tu. .para tomar grandes *d?*
Dn. 11.24 botín, *d* y riquezas repartirá a sus
11.33 caerán a espada y. .en cautividad y *d*
Am. 3.10 atesorando rapiña y *d* en sus palacios
Hab. 2.7 se despertarán. .y serás *d* para ellos?
Zac. 2.9 serán *d* a sus siervos, y sabréis que
14.1 en medio de ti serán repartidos tus *d*
He. 10.34 el *d* de vuestros bienes sufristeis

DESPOSADO, DA
Jer. 2.32 se olvida. .la *d* de sus galas? Pero
25.10 desaparezca. .la voz de *d* y la voz de *d*
33.11 ha de oírse aún. .voz de *d* y voz de *d*
Ap. 21.9 yo te mostraré la *d,* la esposa del

DESPOSAR
Gn. 38.8 Judá dijo a Onán. .*despósate* con ella
Éx. 21.9 si la hubiere *desposado* con su hijo
22.16 a una joven que no fuere *desposada,* y
Lv. 19.20 fuere sierva *desposada* con alguno
Dt. 20.7 ¿y quién se ha *desposado* con mujer
22.23 muchacha virgen *desposada* con
22.25 en el campo a la joven *desposada,* y la
22.27 dio voces la joven *desposada,* y no hubo
22.28 una joven virgen que no fuere *desposada*
28.30 te *desposarás* con mujer, y otro varón
2 S. 3.14 Mical, la cual *desposé* conmigo por
Is. 62.4 amor. .en ti, y tu tierra será *desposada*
62.5 como el joven se *desposa* con la virgen
62.5 *desposarán* contigo tus hijos; y como el
Os. 2.19 y te *desposaré* conmigo para siempre
2.19 te *desposaré*. .en justicia. .benignidad
Mt. 1.18 estando *desposada* María su. .con José
Lc. 1.27 una virgen *desposada* con un varón que
2.5 con María su mujer, *desposada* con él
2 Co. 11.2 os he *desposado* con un solo esposo

DESPOSEER
Dt. 9.1 vas. .para entrar a *desposeer* a naciones
11.23 y *desposeeréis* naciones grandes y más
Jue. 11.23 Jehová Dios de. .*desposeyó* al amorreo
11.24 lo que *desposeyó* Jehová nuestro Dios
Jer. 49.1 ¿por qué Milcom ha *desposeído* a Gad

DESPOSORIO
Cnt. 3.11 con que le coronó. .en el día de su *d*
Jer. 2.2 me he acordado de ti. .del amor de tu *d*

DESPRECIABLE
1 S. 15.9 todo lo que era vil y *d* destruyeron
Sal. 35.15 se juntaron contra mí gentes *d,* y yo
Ez. 29.14 los llevaré. .y allí serán un reino *d*
Dn. 11.21 le sucederá en su lugar un hombre *d*
Mal. 1.7 que pensáis que la mesa de Jehová es *d*
1.12 y cuando decís que su alimento es *d*

DESPRECIAR
Nm. 14.31 la tierra que vosotros *despreciasteis*
1 S. 2.30 me *desprecian* serán tenidos en poco
Neh. 2.19 y nos *despreciaron,* diciendo: ¿Qué
Job 9.21 no haría caso de. .*despreciaría* mi vida
12.5 como una lámpara *despreciada* de aquel
Sal. 10.3 bendice al codicioso, y *desprecia* a
10.5 lejos. .a todos sus adversarios *desprecia*
10.13 ¿por qué *desprecia* el malo a Dios?
22.6 soy. .oprobio de. .*despreciado* del pueblo
51.17 al corazón contrito. .no *despreciarás* tú
Pr. 1.7 los insensatos *desprecian* la sabiduría
1.8 no *desprecies* la dirección de tu madre
12.9 vale el *despreciado* que tiene servidores
27.7 el. .saciado *desprecia* el panal de miel
Is. 53.3 *despreciado* y desechado entre. .hombres
Jer. 22.28 ¿es. .Conías una vasija *despreciada*
Ez. 16.57 cuales por todos lados te *desprecian*
21.10 al cetro. .ha *despreciado* como a un palo
21.13 si la espada *desprecia* aun al cetro?
22.7 al padre y a la madre *despreciaron* en ti
Mal. 1.13 me *despreciáis,* dice Jehová de los
1 Co. 4.10 honorables. .nosotros *despreciados*
Gá. 4.14 no me *despreciasteis*. .por la prueba
2 P. 2.10 aquellos que. .*desprecian* el señorío

DESPRECIO
Gn. 16.4 concibió. .miraba con *d* a su señora
16.5 me mira con *d;* juzgue Jehová entre tú

DESPRENDER
Cnt. 4.16 soplad en mi huerto, *despréndanse* sus

DESPREVENIDO, DA
Gn. 34.25 vinieron contra la ciudad. .estaba *d*
2 Co. 9.4 si vinieren conmigo. .y os hallaren *d*

DESPROPÓSITO
Job 1.22 esto no pecó Job, ni atribuyó a Dios *d*
Is. 9.17 todos son falsos. .toda boca habla *d*

DESPUNTAR
Jos. 6.15 se levantaron al *despuntar* el alba
1 S. 9.26 al *despuntar* el alba, Samuel llamó a

DESTERRADO, DA
Dt. 30.4 aun cuando tus *d* estuvieren en las
2 S. 14.13 cuanto el rey no hace volver a su *d*
14.14 provee medios para no alejar de sí al *d*
15.19 tú eres extranjero, y *d* también de tu
Sal. 147.2 Jehová. .a los *d* de Israel recogerá
Is. 11.12 y juntará los *d* de Israel, y reunirá
16.3 esconde a los *d,* no entregues a los que
16.4 moren contigo mis *d,* oh Moab; sé para
49.21 porque yo. .estaba sola, peregrina y *d*

DESTERRAR
Is. 24.11 se *desterró* la alegría de la tierra
27.13 que habían sido *desterrados* a Egipto

DESTETAR
Gn. 21.8 creció el niño, y fue *destetado;* e
21.8 banquete el día que. .*destetado* Isaac
1 S. 1.22 no subiré hasta. .niño sea *destetado*
1.23 Elcana. .quédate hasta que lo *destetes*
1.23 y crio a su hijo hasta que lo *destetó*
1.24 después que lo hubo *destetado,* lo llevó
1 R. 11.20 al cual *destetó*. .en casa de Faraón
Sal. 131.2 comportado. .como un niño *destetado*
131.2 como un niño *destetado* está mi alma
Is. 11.8 el recién *destetado* extenderá su mano
28.9 ¿a los *destetados?* ¿a los arrancados
Os. 1.8 después de haber *destetado* a Lo-ruhama

DESTIERRO
Esd. 7.26 sea. .*d,* a pena de multa, o prisión
Ez. 12.11 como. .partiréis al *d,* en cautividad

DESTILAR
Éx. 13.5 metido en. .tierra que *destila* leche
Lv. 15.3 su cuerpo *destiló*. .deje de *destilar*
Nm. 16.13 una tierra que *destila* leche y miel
24.7 de sus manos *destilarán* aguas, y su
Dt. 32.2 *destilará* como el rocío. .razonamiento
33.28 también sus cielos *destilarán* rocío
Jue. 5.4 y los cielos *destilaron,* y las nubes
Job 29.22 y mi razón *destilaba* sobre ellos
36.28 la cual *destilan* las nubes, goteando
Sal. 19.10 miel, y que la que *destila* del panal
65.11 coronas. .y tus nubes *destilan* grosura
65.12 *destilan*. .los pastizales del desierto
68.8 *destilaron* los cielos ante la. .de Dios
72.6 como el rocío que *destila* sobre la tierra
Pr. 3.20 su ciencia. .*destilan* rocío los cielos
5.3 labios de la mujer extraña *destilan* miel
Cnt. 4.11 como panal. .*destilan* tus labios, oh
5.13 labios, como lirios que *destilan* mirra
Is. 45.8 cielos. .las nubes *destilen* la justicia
Jer. 9.18 y nuestros párpados se *destilen* en
Lm. 3.49 mis ojos *destilan* y no cesan, porque
Ez. 27.19 para negociar. .con. .mirra *destilada*
Jl. 3.18 los montes *destilarán* mosto, y los
Am. 9.13 los montes *destilarán* mosto, y todos

DESTINAR
Gn. 24.14 sea ésta la que tú has *destinado* para
24.44 sea ésta la mujer que *destinó* Jehová
Lv. 16.21 mano de un hombre *destinado* para esto
Jos. 9.27 y Josué los *destinó*. .a ser leñadores
Is. 65.12 yo también os *destinaré* a la espada
Jer. 8.14 Jehová nuestro Dios nos ha *destinado*
Ez. 31.14 todos están *destinados* a muerte, a
35.6 que a sangre te *destinaré,* y sangre te
1 P. 1.10 profetizaron de la gracia *destinada*
1.20 ya *destinado* desde antes de la fundación
2.8 a lo cual fueron también *destinados*
Jud. 4 que desde antes habían sido *destinados*

DESTINO
Is. 65.11 suministráis libaciones para el *D*

DESTITUIR
Ro. 3.23 están *destituidos* de la gloria de Dios

DESTREZA
Sal. 137.5 me olvidare. .pierda mi diestra su *d*
Is. 25.11 abatirá su soberbia y la *d* de. .manos

DESTROZADO *Véase Destrozar*

DESTROZADOR
Jer. 2.30 devoró a vuestros profetas. .león *d*

DESTROZAR
Éx. 9.25 *destrozó* el granizo toda la hierba
9.31 el lino. .y la cebada fueron *destrozados*
9.32 mas el trigo y el. .no fueron *destrozados*
22.31 no comeréis carne *destrozada* por las
2 S. 8.13 *destrozó* a 18.000 edomitas en el Valle
1 Cr. 18.12 Abisai. .*destrozó*. .18.000 edomitas
Sal. 7.2 *destrocen* sin que haya quien me libre
60 *tít.* *destrozó* a 12.000 de Edom en el valle
80.13 la *destroza* el puerco montés, y la
105.33 *destrozó* sus viñas y sus higueras, y
Ez. 30.16 y Tebas será *destrozada,* y Menfis
Dn. 7.11 su cuerpo fue *destrozado* y entregado
Os. 10.14 cuando la madre fue *destrozada* con

DESTROZO

Dt. 7.23 las quebrantará con grande *d*, hasta

DESTRUCCIÓN

Gn. 19.29 y envió. . a Lot de en medio de la *d*
Dt. 29.23 como sucedió en la *d* de Sodoma y de
2 R. 23.13 a la mano derecha del monte de la *d*
1 Cr. 21.12 que el ángel de Jehová haga *d* en
2 Cr. 20.23 cual ayudó a la *d* de su compañero
Est. 4.7 plata. . a cambio de la *d* de los judíos
8.6 ¿cómo podré yo ver la *d* de mi nación?
9.5 asolaron. . con mortandad y *d*, e hicieron
Job 5.21 azote. . no temerás la *d* cuando viniere
5.22 de la *d* y del hambre te reirás, y no
21.30 malo es preservado en el día de la *d*
Sal. 35.17 rescata mi alma de sus *d*, mi vida
63.9 los que para *d* buscaron mi alma caerán
Pr. 1.27 viniere como una *d* lo que teméis, y
10.29 el camino. . es *d* a los que hacen maldad
21.15 justo. . mas *d* a los que hacen iniquidad
Is. 10.22 mar. . la *d* acordada rebosará justicia
10.25 se acabará mi furor y mi enojo, para *d*
14.23 barreré con escobas de *d*, dice Jehová
22.4 no os afanéis por consolarme de la *d* de
28.22 *d* ya determinada sobre toda la tierra
30.28 para zarandear a las. . con criba de *d*
34.11 y se extenderá sobre ella cordel de *d*
47.11 y *d*. . que no sepas. . de repente sobre ti
59.7 *d* y quebrantamiento hay en sus caminos
60.18 nunca más se oirá en tu tierra. . *d* ni
Jer. 19.8 se asombrará, y se burlará sobre. . *d*
20.8 hablo, doy voces, grito: Violencia y *d*
44.6 fueron puestas en soledad y en *d*, como
46.20 becerra hermosa es Egipto; mas viene *d*
47.4 día que viene para *d* de. . los filisteos
48.3 ¡voz de clamor. . *d* y. . quebrantamiento!
49.18 sucedió en la *d* de Sodoma y de Gomorra
50.40 como en la *d* que Dios hizo de Sodoma
Lm. 2.8 el cordel, no retrajo su mano de la *d*
Ez. 5.16 saetas del hambre, que serán para *d*
7.25 *d* viene; y buscarán la paz, y no. . habrá
21.31 te. . en mano de hombres. . artífices de *d*
Os. 7.13 *d* vendrá sobre ellos, porque contra
9.6 he aquí se fueron ellos a causa de la *d*
12.1 mentira y *d* aumenta continuamente
13.14 seré tu muerte; y seré tu *d*, oh Seol
Jl. 1.15 día. . vendrá como *d* por el Todopoderoso
Hab. 1.3 *d* y violencia están delante de mí, y
2.17 y la *d* de las fieras te quebrantará, a
Sof. 1.18 *d*. . hará de todos los habitantes de
Lc. 21.20 sabed entonces que su *d* ha llegado
Ro. 9.22 los vasos de ira preparados para *d*
1 Co. 5.5 sea entregado a. . para *d* de la carne
2 Co. 10.4 sino poderosas en Dios para la *d* de
10.8 para edificación y no para vuestra *d*
13.10 ha dado para edificación, y no para *d*
1 Ts. 5.3 vendrá sobre ellos *d* repentina, como
1 Ti. 6.9 hunden a los hombres en *d* y perdición
2 P. 2.1 atrayendo sobre sí mismos *d* repentina
2.6 condenó por *d* a las ciudades de Sodoma
2.12 como animales. . nacidos para presa y *d*

DESTRUCTOR, RA

Sal. 78.49 angustia, un ejército de ángeles *d*
91.3 él te librará del lazo. . de la peste *d*
Is. 21.2 el prevaricador prevarica, y el *d*
Jer. 50.16 de la espada *d* cada uno volverá el
1 Co. 10.10 murmuraron, y perecieron por el *d*
2 P. 2.1 que introducirán. . herejías *d*, y aun

DESTRUIDO *Véase Destruir*

DESTRUIDOR

Jue. 16.24 dios entregó. . al *d* de nuestra tierra
Pr. 28.24 que roba. . compañero es del hombre *d*
Is. 49.17 tus *d* y tus asoladores saldrán de ti
49.19 tu tierra. . tus *d* serán apartados lejos
54.16 yo hice. . he creado al *d* para destruir
Jer. 4.7 y el *d* de naciones está en marcha, y
6.26 porque pronto vendrá sobre nosotros el *d*
12.12 sobre todas las alturas del. . vinieron *d*
15.8 traje contra ellos *d* a mediodía sobre
22.7 prepararé contra ti *d*, cada uno con sus
48.8 vendrá *d* a cada una de las ciudades, y
48.18 el *d* de Moab subió contra ti, destruyó
48.32 sobre tu cosecha y. . vendimia vino el *d*
51.1 yo levanto un viento *d* contra Babilonia
51.25 yo estoy contra ti, oh monte *d*, dice
51.48 del norte vendrán contra ella *d*, dice
51.53 de mí vendrán a ella *d*, dice Jehová
51.56 vino *d* contra ella, contra Babilonia
Nah. 2.1 subió *d* contra ti; guarda. . refuerza

DESTRUIR

Gn. 6.13 aquí que yo los *destruiré* con la tierra
6.17 para *destruir* toda carne en que haya vida
7.23 fue *destruido* todo ser que vivía sobre
8.21 ni volveré. . a *destruir* todo ser viviente
9.11 ni habrá más diluvio para *destruir* la
9.15 y no habrá mas diluvio de. . para *destruir*
13.10 antes que *destruyese* Jehová a Sodoma
18.23 ¿*destruirás* también al justo con el
18.24 ¿*destruirás* también y no perdonarás al
18.28 ¿*destruirás* por aquellos cinco toda la
18.28 dijo: No la *destruiré*, si hallare allí
18.31,32 no la *destruiré*, respondió, por amor
19.13 vamos a *destruir* este lugar, por cuanto
19.13 Jehová nos ha enviado para *destruirlo*
19.14 salid de este. . Jehová va a *destruir*
19.21 no *destruiré* la ciudad de. . has hablado
19.25 *destruyó* las ciudades. . aquella llanura
19.29 así, cuando *destruyó* Dios las ciudades
34.30 me atacarán, y seré *destruido* yo y mi
Éx. 10.7 no sabes. . que Egipto está ya *destruido?*
15.9 sacaré mi espada, los *destruirá* mi mano
23.23 heveo. . a los cuales yo haré *destruir*
23.24 los *destruirás* del todo, y quebrarás
Lv. 23.30 *destruiré* a la tal persona de entre
26.22 fieras que. . *destruyan* vuestro ganado
26.30 *destruiré* vuestros lugares altos, y
Nm. 14.12 yo. . los *destruiré*, y a ti te pondré
21.2 entregares. . yo *destruiré* sus ciudades
21.3 los *destruyó* a ellos y a sus ciudades
21.30 Dibón, y *destruimos* hasta Nofa y Medeba
24.17 y *destruirá* a todos los hijos de Set
24.19 *destruirá* lo que quedare de la ciudad
32.15 dejaros. . y *destruiréis* a. . este pueblo
33.52 *destruiréis* todos sus ídolos de piedra
33.52 y *destruiréis* todos sus lugares altos
Dt. 1.27 entregarnos en manos. . para *destruirnos*
2.15 la mano de Jehová vino. . para *destruirlos*
2.21 Jehová *destruyó* delante de los amonitas
2.22 delante. . cuales *destruyó* a los horeos
2.23 los caftoreos. . de Caftor los *destruyeron*
2.34 *destruimos* todas las ciudades, hombres
3.6 y las *destruimos*, como hicimos a Sehón
4.3 a todo hombre que fue en pos. . *destruyó*
4.26 no estaréis en. . sin que seáis *destruidos*
4.31 tu Dios; no te dejará, ni te *destruirá*
6.15 furor. . y te *destruya* de sobre la tierra
7.2 las hayas derrotado, las *destruirás* del
7.4 el furor de Jehová. . te *destruirá* pronto
7.5 sus altares *destruiréis*. . y *d* sus imágenes
7.10 que da el pago en persona. . *destruyéndolo*
7.23 quebrantará. . hasta que sean *destruidas*
7.24 *destruirás* el nombre de ellos de debajo
7.24 nadie te hará. . hasta que los *destruyas*
8.20 como las naciones que Jehová *destruirá*
9.3 Jehová. . que los *destruirá*. . delante de ti
9.3 los *destruirás*. . como Jehová te ha dicho
9.8 se enojó Jehová contra. . para *destruiros*
9.14 que los *destruya*, y borre su nombre de
9.19 Jehová estaba enojado. . para *destruiros*
9.20 contra Aarón. . se enojó. . para *destruirlo*
9.25 Jehová dijo que os había de *destruir*
9.26 no *destruyas* a tu pueblo y a tu heredad
10.10 escuchó. . y no quiso Jehová *destruirte*
11.4 Egipto. . y Jehová los *destruyó* hasta hoy
12.2 *destruiréis* enteramente todos. . lugares
12.3 *destruiréis* las esculturas de. . dioses
12.29 cuando Jehová haya *destruido*. . naciones
12.30 después que sean *destruidas* delante de
13.15 *destruyéndola* con todo lo que en ella
19.1 cuando Jehová. . *destruya* a las naciones
20.17 sino que los *destruirás* completamente
20.19 no *destruirás*. . árboles metiendo hacha
20.20 el árbol. . podrás *destruirlo* y talarlo
28.20 hasta que seas *destruido*, y perezcas
28.48 y él pondrá yugo de. . hasta *destruirte*
28.51 no te dejará grano. . hasta *destruirte*
28.61 sobre ti, hasta que seas *destruido*
28.63 se gozará Jehová en. . y en *destruiros*
29.23 las cuales Jehová *destruyó* en su furor
31.3 *destruirá* a estas naciones delante de
31.4 como hizo con Sehón. . a quienes *destruyó*
33.27 él echó. . al enemigo, y dijo: *Destruye*
Jos. 2.10 reyes. . los cuales habéis *destruido*
6.21 *destruyeron*. . todo lo que en la ciudad
7.7 entregarnos en. . para que nos *destruyan?*
7.12 no *destruyereis* el anatema de en medio
8.26 *destruido* a todos los moradores de Hai
9.24 que había de *destruir* a. . los moradores
10.20 acabaron de herirlos. . hasta *destruirlos*
10.28 por completo los *destruyó*, con todo lo
10.33 mas a él y a su pueblo *destruyó* Josué
10.37 la *destruyeron* con todo lo que en ella
10.39 *destruyeron* todo lo que allí tenía vida
11.11 y mataron a. . *destruyéndolo* por completo
11.12 *destruyó*, como Moisés. . había mandado
11.14 hirieron. . hasta *destruirlos*, sin dejar
11.20 resistiesen. . a Israel, para *destruirlos*
11.21 *destruyó* a los anaceos de los montes
11.21 Josué los *destruyó* a. . y a sus ciudades
22.33 subir. . para *destruir* la tierra en que
23.4 así las *destruidas* como las que quedan
23.15 toda palabra mala, hasta *destruiros* de
24.8 yo. . los *destruí* de delante de vosotros
Jue. 4.24 Jabín rey. . hasta que lo *destruyeron*
6.4 *destruían* los frutos de la tierra, hasta
20.42 salían de las ciudades los *destruían*
1 S. 5.6 los *destruyó* y los hirió con tumores
6.5 de vuestros ratones que *destruyeron* la
15.3 y *destruye* todo lo que tiene, y no te
15.6 que no os *destruya* juntamente con ellos
15.9 a lo mejor de. . no lo quisieron *destruir*
15.9 mas todo lo que era vil y. . *destruyeron*
15.15 perdonó. . pero lo demás lo *destruimos*
15.18 *destruye* a los pecadores de Amalec, y
15.20 fui a. . y he *destruido* a los amalecitas
23.10 Saúl. . *destruir* la ciudad por causa mía
24.21 no *destruirás* mi descendencia después
2 S. 7.9 he *destruido* a todos tus enemigos, y
10.3 inspeccionar la ciudad para *destruirla?*
11.1 *destruyeron* a los amonitas, y sitiaron
14.11 el vengador de. . no *destruya* a mi hijo
14.16 mano del hombre que me quiere *destruir*
17.16 que no sea *destruido* el rey y todo el
18.8 fueron más los que *destruyó* el bosque
18.8 más los. . que los que *destruyó* la espada
20.19 procuras *destruir*. . ¿Por qué *destruyes*
20.20 nunca tal. . que yo *destruya* ni deshaga
21.5 que nos *destruyó*, y que maquinó contra
22.15 envió. . lanzó relámpagos, y los *destruyó*
22.38 perseguiré. . enemigos, y los *destruiré*
22.41 yo *destruyese* a los que me aborrecen
24.16 mano sobre Jerusalén para *destruirla*
24.16 dijo al ángel que *destruía* al pueblo
24.17 vio al ángel que *destruía* al pueblo
1 R. 14.10 y *destruiré* de Jeroboam todo varón
14.14 el cual *destruirá* la casa de Jeroboam
16.7 contra Baasa. . porque la había *destruido*
18.4 cuando Jezabel *destruía* a los profetas
21.21 *destruiré* hasta el último varón de la
2 R. 3.19 *destruiréis* toda ciudad fortificada
3.19 *destruiréis* con piedras. . tierra fértil
3.25 honderos la rodearon y la *destruyeron*
8.19 Jehová no quiso *destruir* a Judá, por
9.8 y *destruiré* de Acab todo varón, así al
11.1 y *destruyó* toda la descendencia real
13.7 el rey de Siria los había *destruido*, y
13.23 y no quiso *destruirlos* ni echarlos de
18.25 he venido. . sin Jehová. . para *destruirlo?*
18.25 Jehová me ha dicho: Sube. . y *destrúyela*
19.11 oído lo que han hecho. . *destruyéndolas*
19.12 las naciones que mis padres *destruyeron*
19.17 de Asiria han *destruido* las naciones
19.18 o piedra, y por eso los *destruyeron*
21.9 naciones que Jehová *destruyó* delante de
23.15 aquel altar y el lugar alto *destruyó*
24.2 envió contra Judá. . que la *destruyesen*
1 Cr. 4.41 *destruyeron* hasta hoy, y habitaron
4.43 *destruyeron* a los que. . quedado de Amalec
20.1 *destruyó* la tierra de los hijos de Amón
20.1 Rabá. . y Joab batió a Rabá, y la *destruyó*
21.15 envió Jehová el ángel. . para *destruirla*
21.15 cuando él estaba *destruyendo*, miró
21.15 dijo al ángel que *destruía:* Basta ya
2 Cr. 8.8 a los cuales. . Israel no *destruyeron*
12.7 no los *destruiré;* antes los salvaré en
12.12 se apartó de él, para no *destruirlo*
14.3 altos. . y *destruyó* los símbolos de Asera
15.6 una gente *destruía* a otra, y una ciudad
15.16 Asa *destruyó* la imagen, y la desmenuzó
18.10 acornearás a los sirios. . *destruirlos*
20.10 que se apartase. . y no los *destruyese*
20.23 Moab se levantaron. . para. . *destruirlos*
20.37 Ocozías, Jehová *destruirá* tus obras
21.7 Jehová no quiso *destruir* la casa de David
22.7 que Ocozías fuese *destruido* viniendo a
24.7 hijos habían *destruido* la casa de Dios
24.23 y *destruyeron*. . los principales de él
25.16 yo sé que Dios ha decretado *destruirte*
31.1 *destruyeron* las imágenes de Asera, y
32.14 naciones que *destruyeron* mis padres
32.21 un ángel. . *destruyó* a todo valiente y
33.9 que las naciones que Jehová *destruyó*
34.7 y *destruido* todos los ídolos por toda
34.11 de los edificios que habían *destruido*
35.21 de oponerte. . no sea que él te *destruya*
36.19 y *destruyeron*. . sus objetos deseables
Esd. 4.15 por lo que esta ciudad fue *destruida*
5.12 *destruyó* esta casa y llevó cautivo al
6.12 el Dios. . *destruya* a todo rey y pueblo
6.12 su mano. . para. . *destruir* esa casa de Dios
Est. 3.6 procuró. . *destruir* a todos los judíos
3.9 si place al. . decrete que sean *destruidos*
3.13 orden de *destruir*, matar y exterminar
4.8 del decreto. . para que fuesen *destruidos*
7.4 para ser *destruidos*, para ser muertos
8.5 que escribió para *destruir* a los judíos
8.11 prontos a *destruir*, y matar, y acabar
9.6 y *destruyeron* los judíos a 500 hombres
9.24 plan para *destruirlos*, y había echado
Job 4.7 dónde han sido *destruidos* los rectos?
4.20 de la mañana a la tarde son *destruidos*
12.15 si él. . las envía, *destruyen* la tierra
12.23 él multiplica las. . y él las *destruye*
22.20 fueron *destruidos*. . adversarios, y el
Sal. 5.6 *destruirás* a los que hablan mentira
9.5 *destruiste* al malo, borraste el nombre
11.3 si fueren *destruidos* los fundamentos
12.3 Jehová *destruirá*. . labios lisonjeros, y
18.14 envió. . lanzó relámpagos, y los *destruyó*
18.40 que yo *destruya* a los que me aborrecen
21.10 su fruto *destruirás* de la tierra, y su
37.9 los malignos serán *destruidos*, pero los
37.22 y los malditos de él serán *destruidos*
37.28 la descendencia de los. . será *destruida*
37.34 cuando sean *destruidos* los pecadores
37.38 transgresores serán. . a una *destruidos*
40.14 los que buscan mi vida para *destruirla*

DESTRUIR *(Continúa)*
Sal. 52.5 tanto, Dios te *destruirá* para siempre
55.9 *destrúyelos*, oh..confunde la lengua de
57,58,59,75 *títs.* al músico principal; sobre No *destruyas*
63.10 los *destruirán* a filo de espada; serán
69.4 los que me *destruyen* sin tener por qué
73.27 *destruirás* a todo aquel que de ti se
74.8 dijeron en..*Destruyámoslos* de una vez
78.38 pero él..perdonaba..y no los *destruía*
78.45 entre ellos..ranas que los *destruían*
78.47 sus viñas *destruyó* con granizo, y sus
83.4 *destruyámoslos* para que no sean nación
89.40 vallados; has *destruido* sus fortalezas
91.6 mortandad que en medio del día *destruya*
92.7 cuando brotan..es para ser *destruidos*
94.23 y los *destruirá* en su propia maldad
94.23 los *destruirá* Jehová nuestro Dios
101.5 infama a su prójimo, yo lo *destruiré*
101.8 de mañana *destruiré* a todos los impíos
106.23 trató de *destruirlos*, de no haberse
106.23 a fin de..para que no los *destruyese*
106.34 no *destruyeron* a los pueblos que..dijo
109.13 su posteridad sea *destruida;* en la
118.10,11,12 en..de Jehová yo las *destruiré*
119.95 me han aguardado para *destruirme;* mas
135.10 *destruyó* a muchas naciones, y mató a
143.12 *destruirás* a todos los adversarios
145.20 Jehová..*destruirá* a todos los impíos
Pr. 11.3 *destruirá* a..pecadores la perversidad
19.18 mas no se apresure tu..para *destruirlo*
21.7 la rapiña de los impíos los *destruirá*
24.31 su cerca de piedra estaba ya *destruida*
29.4 mas el que exige presentes la *destruye*
31.3 ni tus caminos a lo que *destruye* a los
Ec. 3.3 tiempo de *destruir*, y..de edificar
5.6 voz, y que *destruya* la obra de tus manos?
7.16 exceso; ¿por qué habrás de *destruirte?*
9.18 pero un pecador *destruye* mucho bien
Is. 1.7 vuestra tierra está *destruida*, vuestras
6.13 quedare..ésta volverá a ser *destruida*
11.13 los enemigos de Judá serán *destruidos*
13.5 vienen..para *destruir* toda la tierra
14.20 tú *destruiste* tu tierra, mataste a tu
14.30 raíz, y *destruiré* lo que de ti quedare
15.1 noche fue *destruida* Ar de Moab, puesta
15.1 cierto, de noche fue *destruida* Kir de
19.3 se desvanecerá..y *destruiré* su consejo
21.2 el destructor *destruye*. Sube, oh Elam
23.1 aullad, naves de Tarsis..*destruida* es
23.11 mandó..sus fortalezas sean *destruidas*
23.14 porque *destruida* es vuestra fortaleza
24.4 se *destruyó*, cayó la tierra; enfermó
25.7 *destruirá* en este monte la cubierta con
25.8 *destruirá* a la muerte para siempre; y
26.14 *destruiste* y deshiciste..su recuerdo
29.20 *destruidos* todos los que se desvelan
34.2 *destruirá* y las entregará al matadero
36.10 vine yo..para *destruirla* sin Jehová?
36.10 dijo: Sube a esta tierra y *destrúyela*
37.11 a todas las tierras..las *destruyeron*
37.12 dioses a las naciones que *destruyeron*
37.18 los reyes de Asiria *destruyeron* todas
37.19 porque no eran dioses..los *destruyeron*
48.9 mi ira..la reprimiré para no *destruirte*
51.13 furor..cuando se disponía para *destruir*
54.16 he creado al destruidor para *destruir*
64.11 cosas preciosas han sido *destruidas*
65.8 así haré yo..que no lo *destruiré* todo
Jer. 1.10 mira que te he puesto..para *destruir*
4.20 la tierra es *destruida*..*d* mis tiendas
4.24 y todos los collados fueron *destruidos*
4.27 asolada; pero no la *destruiré* del todo
4.30 y tú, *destruida*, ¿qué harás? Aunque te
5.6 león..los matará, los *destruirá* el lobo
5.10 escalad sus muros y *destruid*, pero no
5.18 dice Jehová, no os *destruiré* del todo
6.2 *destruiré* a la bella y delicada hija de
6.5 levantaos y..*destruyamos* sus palacios
9.19 oída voz..¡Cómo hemos sido *destruidos!*
9.19 porque han *destruido* nuestras moradas
10.20 mi tienda está *destruida*, y todas mis
11.19 *destruyamos* el árbol con su fruto, y
12.10 muchos pastores han *destruido* mi viña
12.17 sacándola de raíz y *destruyéndola*, dice
13.14 ni tendré piedad..para no *destruirlos*
15.3 bestias de la..para devorar y *destruir*
15.6 yo extenderé..ti mi mano y te *destruiré*
18.7 hablaré contra pueblos..para..*destruir*
22.20 todos tus enamorados son *destruidos*
23.1 ¡ay de los pastores que *destruyen* y
24.6 los edificaré, y no los *destruiré;* los
25.9 *destruiré*, y los pondré por escarnio y
25.37 pastos..serán *destruidos* por el ardor
30.11 *destruiré*..naciones..pero a ti no te *d*
31.40 no será arrancada ni *destruida* más para
36.29 vendrá el rey..y *destruirá* esta tierra
42.10 no os *destruiré;* os plantaré, y no os
44.7 para ser *destruidos* el hombre y la mujer
44.11 yo vuelvo mi rostro..para *destruir* a
45.4 *destruyo* a los que edifiqué, y arranco
46.2 a quien *destruyó* Nabucodonosor rey de
46.8 *destruiré* a la ciudad y..en ella moran
46.17 Faraón rey de Egipto es *destruido;* dejó
46.28 *destruiré*..naciones..a ti no te *d* del
47.1 filisteos, antes que Faraón *destruyese*
47.4 para *destruir* a Tiro..Jehová *destruirá*
48.1 ¡ay de Nebo..*destruida* y avergonzada
48.8 se arruinará..será *destruida* la llanura
48.15 *destruido* fue Moab, y sus ciudades
48.18 el destruidor..*destruyó* tus fortalezas
48.20 anunciad en Arnón..Moab es *destruido*
48.34 las aguas de Nimrim serán *destruidas*
48.42 Moab será *destruido* hasta dejar de ser
49.3 lamenta, oh Hesbón..*destruida* es Hai
49.10 será *destruida* su descendencia, sus
49.20 arrastrarán, y *destruirán* sus moradas
49.28 subid..*destruid* a los hijos del oriente
49.38 y *destruiré* a su rey y a su príncipe
50.2 *destruidas* son sus esculturas, quebrados
50.11 os gozasteis *destruyendo* mi heredad
50.16 *destruid* en Babilonia al que siembra
50.21 *destruye* y mata en pos de ellos, dice
50.26 convertidla en..ruinas, y *destruidla*
50.30 hombres de guerra serán *destruidos* en
50.45 y *destruirán* sus moradas con ellos
51.3 no perdonéis..*destruid* todo su ejército
51.11 contra Babilonia es..para *destruirla*
51.20 y por medio de ti *destruiré* reinos
51.25 contra ti..*destruiste* toda la tierra
51.47 yo *destruiré* los ídolos de Babilonia
51.52 vienen días..yo *destruiré* sus ídolos
51.55 porque Jehová *destruirá* a Babilonia
51.62 este lugar que lo habías de *destruir*
52.13 *destruyó*..fuego todo edificio grande
52.14 *destruyó* todos los muros en derredor
Lm. 1.16 mis hijos son *destruidos*, porque el
2.2 *destruyó* el Señor, y no perdonó; *d* en su
2.2 *destruyó* en su furor todas las tiendas
2.4 entesó su..y *destruyó* cuanto era hermoso
2.5 *destruyó* a Israel; *d* todos sus palacios
2.6 *destruyó* el lugar en donde se congregaban
2.8 determinó *destruir* el muro de la hija de
2.9 *destruyó* y quebrantó sus cerrojos; su
2.17 *destruyó*, y no perdonó; y ha hecho que
4.6 Sodoma, que fue *destruida* en un momento
Ez. 5.16 saetas del..enviaré para *destruiros*
5.17 enviaré..bestias feroces..te *destruyan*
6.3 venir sobre vosotros espada, y *destruiré*
6.6 ídolos..imágenes del sol serán *destruidas*
9.1,2 su mano su instrumento para *destruir*
9.8 *¿destruirás* a todo el remanente de Israel
11.13 *¿destruirás* del todo al remanente de
14.9 lo *destruiré* de en medio de mi pueblo
16.39 y *destruirán* tus..altos, y derribarán
17.9 ¿no..*destruirá* su fruto, y se secará?
22.27 derramando sangre..*destruir* las almas
22.30 a favor..para que yo no la *destruyese*
25.7 y te *destruiré* de entre las tierras; te
25.15 *destruyendo* por antiguas enemistades
25.16 *destruiré* el resto..la costa del mar
26.9 muros, y tus torres *destruirá* con hachas
26.10 como por portillos de ciudad *destruida*
26.12 muros, y tus casas preciosas *destruirán*
27.32 como la *destruida* en medio del mar?
29.12 ciudades entre las ciudades *destruidas*
30.4 Egipto..serán *destruidos* sus fundamentos
30.10 *destruiré* las riquezas de Egipto por
30.11 serán traídos para *destruir* la tierra
30.12 *destruiré* la tierra y cuanto en ella
30.13 dicho..*Destruiré* también las imágenes
30.13 *destruiré* los ídolos de Menfis; y no
31.12 lo *destruirán* extranjeros..poderosos
32.12 y *destruirán* la soberbia de Egipto, y
32.13 todas sus bestias *destruiré* de sobre
34.16 a la engordada y a la fuerte *destruiré*
35.12 *destruidos* son, nos han sido dados para
37.11 pereció..y somos del todo *destruidos*
43.3 vi cuando vine para *destruir* la ciudad
Dn. 2.44 un reino que no será jamás *destruido*
4.23 cortad el árbol y *destruidlo;* mas la
6.26 y su reino no será jamás *destruido*, y
7.14 y su reino uno que no será *destruido*
7.26 le quitarán su..para que sea *destruido*
8.24 y *destruirá* a los fuertes y al pueblo
8.25 y sin aviso *destruirá* a muchos; y se
9.26 que ha de venir *destruirá* la ciudad y
11.17 le dará una hija de..para *destruirle*
11.22 serán del todo *destruidos*, junto con
11.26 su ejército será *destruido*, y caerán
11.44 saldrá con gran ira..*destruir* y matar
Os. 4.5 caerás por tanto..tu madre *destruiré*
4.6 mi pueblo fue *destruido*, porque le faltó
8.4 ídolos para sí..ellos mismos *destruidos*
10.2 Jehová demolerá..*destruirá* sus ídolos
10.8 lugares altos de Avén serán *destruidos*
10.14 serán *destruidas*, como *destruyó* Salmán
11.9 no..ni volveré para *destruir* a Efraín
Jl. 1.10 trigo fue *destruido*, se secó el mosto
1.17 los graneros..los alfolíes *destruidos*
3.19 Egipto será *destruido*, y Edom..desierto
Am. 1.5 *destruiré* a los moradores del valle de
1.8 *destruiré* a los moradores de Asdod, y a
2.9 yo *destruí* delante de ellos al amorreo
2.9 *destruí* su fruto arriba y sus raíces
7.9 los lugares..de Isaac serán *destruidos*
9.8 no *destruiré* del todo la casa de Jacob
Abd. 5 robadores..(¡cómo has sido *destruido!*)
Jon. 3.4 cuarenta días Nínive será *destruida*
Mi. 2.4 diciendo: Del todo fuimos *destruidos*
5.9 todos tus adversarios serán *destruidos*
5.10 aquel día..y haré *destruir* tus carros
5.11 haré también *destruir* las ciudades de
5.12 *destruiré* de tu mano las hechicerías
5.13 haré *destruir* tus esculturas..imágenes
5.14 tus imágenes..y *destruiré* tus ciudades
Nah. 1.4 Basán fue *destruido*..el Líbano fue *d*
1.14 la casa de tu dios *destruiré* escultura
2.6 se abrirán, y el palacio será *destruido*
Hab. 1.13 y callas cuando *destruye* el impío al
Sof. 1.2 *destruiré*..todas las cosas de sobre
1.3 *destruiré* los hombres y..*d* las aves del
1.11 aullad..el pueblo mercader es *destruido*
1.11 *destruidos* son..los que traían dinero
2.5 te haré *destruir* hasta no dejar morador
2.11 *destruirá* a..los dioses de la tierra, y
2.13 y *destruirá* a Asiria, y convertirá a
3.6 hice *destruir* naciones..están asoladas
3.7 no será *destruida* su morada según todo
Hag. 2.22 y *destruiré* la fuerza de los reinos
Zac. 5.3 todo aquel que hurta..será *destruido*
5.3 todo aquel que jura falsamente..*destruido*
9.10 de Efraín *destruiré* los carros, y los
11.3 voz..la gloria del Jordán es *destruida*
11.8 y *destruí* a tres pastores en un mes
12.9 *destruir* a..las naciones que vinieren
Mal. 1.4 ellos edificarán, y yo *destruiré*
3.11 no os *destruirá* el fruto de la tierra
Mt. 10.28 a aquel que puede *destruir* el alma
12.14 consejo contra Jesús para *destruirle*
21.41 los malos *destruirá* sin misericordia
22.7 *destruyó* a aquellos homicidas, y quemó
Mr. 1.24 ¡ah..¿Has venido para *destruirnos?*
3.6 tomaron consejo con los..para *destruirle*
12.9 vendrá, y *destruirá* a los labradores
Lc. 4.34 ¿has venido para *destruirnos?* Yo te
9.25 y se *destruye* o se pierde a sí mismo?
12.33 ladrón no llega, ni polilla *destruye*
17.27 vino el diluvio y los *destruyó* a todos
17.29 llovió del cielo fuego..y los *destruyó*
20.16 vendrá y *destruirá* a estos labradores
21.6 piedra sobre piedra, que no..*destruida*
Jn. 2.19 *destruid* este templo, y en tres días
10.10 el ladrón no viene sino para..*destruir*
11.48 y *destruirán* nuestro lugar santo y
Hch. 5.39 es de Dios, no la podréis *destruir*
6.14 que ese Jesús..*destruirá* este lugar, y
13.19 habiendo *destruido* siete naciones en
19.27 comience a ser *destruida* la majestad
Ro. 6.6 el cuerpo del pecado sea *destruido*, a
14.20 no *destruyas* la obra de Dios por causa
1 Co. 1.19 *destruiré* la sabiduría de los sabios
3.17 si alguno *destruyere*..Dios le *destruirá*
6.13 al uno como a las otras *destruirá* Dios
15.26 y el postrer..*destruido* es la muerte
2 Co. 4.9 derribados, pero no *destruidos*
Gá. 2.18 si las cosas que *destruí*..vuelvo a
Col. 2.22 que todas se *destruyen* con el uso?
2 Ts. 2.8 y *destruirá* con el resplandor de su
He. 2.14 para *destruir* por medio de la muerte
11.28 el que *destruía* a los primogénitos no
Jud. 5 después *destruyó* a los que no creyeron
Ap. 8.9 tercera parte de..naves fue *destruida*
11.18 destruir a los que *destruyen* la tierra

DESVALIDO
Sal. 10.8 acecha..sus ojos están acechando al *d*
10.14 a ti se acoge el *d;* tú eres el amparo
102.17 considerado la oración de los *d*, y no
Pr. 31.8 abre tu boca..en el juicio de..los *d*
Am. 2.7 pisotean..cabezas de los *d*, y tuercen

DESVANECER
Job 7.9 como la nube se *desvanece* y se va, así
Is. 5.24 y su flor se *desvanecerá* como polvo
19.3 y el espíritu de Egipto se *desvanecerá*
19.11 el consejo de..Faraón se ha *desvanecido*
19.13 han *desvanecido* los príncipes de Zoán
29.14 se *desvanecerá* la inteligencia de sus
44.25 los sabios, y *desvanezco* su sabiduría
Jer. 19.7 *desvaneceré* el consejo de Judá y de
Os. 6.4 rocío de la madrugada que se *desvanece*
Mt. 5.13 pero si la sal se *desvaneciere*, ¿con
Hch. 5.38 si..es de los hombres, se *desvanecerá*
1 Co. 9.15 que nadie *desvanezca* esta mi gloria
Stg. 4.14 es neblina que..y luego se *desvanece*
Ap. 6.14 el cielo se *desvaneció*..un pergamino

DESVARIAR
1 S. 18.10 y él *desvariaba* en medio de la casa

DESVARÍO
Ec. 1.17 a entender las locuras y los *d;* conocí
2.12 volví yo a mirar para ver..los *d* y la
7.25 para conocer la maldad..el *d* del error
10.13 necedad; y el fin de su charla, nocivo *d*

DESVELAR
Is. 29.20 que se *desvelan* para hacer iniquidad

DESVELO
2 Co. 6.5 en azotes..trabajos, en *d*, en ayunos
11.27 fatiga, en muchos *d*, en hambre y sed

DESVENTURA
Ro. 3.16 quebranto y *d* hay en sus caminos

DESVENTURADO
Ap. 3.17 no sabes que tú eres un *d*, miserable

DESVERGONZADO, DA
Is. 3.16 andan con cuello erguido y con ojos *d*
Ez. 16.30 estas cosas, obras de una ramera *d*

DESVIAR
Nm. 20.21 no quiso..y se *desvió* Israel de él
Dt. 7.4 *desviará* a tu hijo de en pos de mí, y
17.17 para que su corazón no se *desvíe;* ni
1 R. 11.3 y sus mujeres *desviaron* su corazón
22.43 anduvo..sin *desviarse* de él, haciendo
Sal. 14.3 se *desviaron*, a una se han corrompido
40.4 a los que se *desvían* tras la mentira
101.3 aborrezco la obra de los que se *desvían*
119.10 te he buscado; no me dejes *desviarme*
119.21 que se *desvían* de tus mandamientos
119.110 yo no me *desvié* de tus mandamientos
119.118 hollaste a todos los que se *desvían*
Pr. 4.27 no te *desvíes* a la derecha ni a la
18.1 su deseo busca el que se *desvía*, y se
Is. 44.20 su corazón engañado le *desvía*, para
Jer. 8.4 que se *desvía*, ¿no vuelve al camino?
Ez. 14.11 que la casa de Israel no se *desvíe*
Ro. 3.12 todos se *desviaron*, a una..inútiles
1 Ti. 1.6 *desviándose* algunos, se apartaron a
6.21 la cual profesando..*desviaron* de la fe
2 Ti. 2.18 se *desviaron* de la verdad, diciendo

DESVÍO
Pr. 1.32 el *d* de los ignorantes los matará, y

DETALLE
He. 9.5 cosas no se puede ahora hablar en *d*

DETENER
Gn. 8.2 y la lluvia de los cielos fue *detenida*
19.16 y *deteniéndose* él, los varones asieron
20.6 yo también te *detuve* de pecar contra mí
24.56 *dijo:* No me *detengáis*, ya que Jehová
32.4 con Labán..me he *detenido* hasta ahora
43.10 pues si no nos hubiéramos *detenido*
45.9 dice tu hijo..ven a mí, no te *detengas*
Éx. 9.2 si no lo quieres dejar ir, y lo *detienes*
9.28 yo os dejaré ir, y no os *detendréis* más
19.17 el pueblo..*detuvieron* al pie del monte
Lv. 13.37 pareciere que la tiña está *detenida*
Nm. 1.51 el tabernáculo haya de *detenerse*, los
9.19 cuando la nube se *detenía*..muchos días
9.21 la nube se *detenía* desde la tarde hasta
9.22 o un año, mientras la nube se *detenía*
10.12 y se *detuvo* la nube en el desierto de
10.36 cuando ella se detenía, decía: Vuelve
Jos. 3.13 las aguas..se *detendrán* en un montón
3.16 las aguas que venían de..se *detuvieron*
10.12 sol, *detente* en Gabaón; y tú, luna, en
10.13 y el sol se *detuvo* y la luna se paró
10.19 vosotros no os *detengáis*, sino seguid
Jue. 3.26 que ellos se *detuvieron*, Aod escapó
5.28 qué las ruedas de su carro se *detienen?*
9.44 se *detuvieron* a la entrada de la puerta
13.15 te ruego nos permitas *detenerte*, y te
13.16 aunque me *detengas*, no comeré..tu pan
19.4 *detuvo* su suegro, el padre de la joven
1 S. 14.19 Saúl al sacerdote: *Detén* tu mano
21.7 estaba allí aquel día *detenido*..Doeg
2 S. 2.23 donde Asael había caído..se *detenían*
2.28 el pueblo se *detuvo*, y no persiguió más
15.17 y se *detuvieron* en un lugar distante
15.28 me *detendré* en los vados del desierto
18.16 volvió..porque Joab *detuvo* al pueblo
20.5 se *detuvo* más del tiempo que le había
20.12 todo el que pasaba..*detenía;* y viendo
24.16 al ángel..Basta ahora; *detén* tu mano
2 R. 4.24 y no me hagas *detener* en el camino
13.18 él la golpeó tres veces, y se *detuvo*
15.20 el rey..no se *detuvo* allí en el país
17.4 por lo que el rey de Asiria le *detuvo*
1 Cr. 21.15 al ángel..Basta ya; *detén* tu mano
Neh. 12.39 y se *detuvieron* en la puerta de la
Job 4.2 pero ¿quién podrá *detener* las palabras?
12.15 si él *detiene* las aguas, todo se seca
17.2 en cuya amargura se *detienen* mis ojos
19.14 mis parientes se *detuvieron*, y mis
20.13 le parecía..lo *detenía* en su paladar
22.7 agua..y *detuviste* el pan al hambriento
28.11 *detuvo* los ríos en su nacimiento, e
29.9 los príncipes *detenían* sus palabras
30.10 de mi rostro no *detuvieron* su saliva
33.18 *detendrá* su alma del sepulcro, y su
37.4 aunque sea oída su voz, no los *detiene*
37.14 *detente*, y considera las maravillas de
Sal. 70.5 apresúrate..oh Jehová, no te *detengas*
78.13 *detuvo* las aguas como en un montón
106.30 e hizo juicio, y se *detuvo* la plaga
Pr. 13.24 el que *detiene* el castigo, a su hijo
19.11 la cordura del hombre *detiene* su furor
21.26 pero el justo da, y no *detiene* su mano
23.30 los que se *detienen* mucho en el vino
25.17 *detén* tu pie de la casa de tu vecino
28.17 huirá hasta el..y nadie le *detendrá*
Is. 29.9 *deteneos* y maravillaos; ofuscaos y
42.14 he guardado silencio, y me he *detenido*
43.6 diré al norte..y al sur: No *detengas*
46.13 no se..y mi salvación no se *detendrá*
58.1 clama a voz en cuello, no te *detengas*
59.15 y la verdad fue *detenida*, y el que se
Jer. 2.24 de su lujuria, ¿quién la *detendrá?*
3.3 las aguas han sido *detenidas*, y faltó la
4.6 huid, no os *detengáis;* porque yo hago
48.10 maldito el que *detuviere* de la sangre
51.50 escapasteis..andad, no os *detengáis*
Ez. 21.21 el rey de Babilonia se ha *detenido*
31.15 y *detuve* sus ríos, y las muchas aguas
Dn. 4.35 y no hay quien *detenga* su mano, y le
Os. 13.13 no debiera *detenerse* al punto mismo
Am. 4.7 os *detuve* la lluvia tres meses antes de
Nah. 2.8 dicen: *¡Deteneos, d!;* pero ninguno
Hag. 1.10 se *detuvo* de los cielos..la lluvia
1.10 por eso..la tierra *detuvo* sus frutos
Mt. 2.9 se *detuvo* sobre donde estaba el niño
20.32 *deteniéndose* Jesús, los llamó, y les
Mr. 10.49 Jesús, *deteniéndose*, mandó llamarle
Lc. 4.42 le *detenían* para que no se fuera de
6.17 descendió..se *detuvo* en un lugar llano
7.14 y los que lo llevaban se *detuvieron*
8.44 al instante se *detuvo* el flujo..sangre
18.40 Jesús..*deteniéndose*, mandó traerle a
Hch. 14.3 por tanto, se *detuvieron* allí mucho
18.11 y se *detuvo* allí un año y seis meses
18.18 habiéndose *detenido* aún muchos días allí
20.16 Efeso, para no *detenerse* en Asia, pues
22.16 ahora, pues, ¿por qué te *detienes?*
25.6 *deteniéndose* entre ellos no más de ocho
Ro. 1.18 que *detienen* con injusticia la verdad
2 Ts. 2.6 vosotros sabéis lo que lo *detiene*
2.7 hay quien al presente lo *detiene*, hasta
Ap. 7.1 ángeles..*detenían* los cuatro vientos

DETERMINACIÓN
Jer. 50.45 la *d* que Jehová ha acordado contra
Sof. 3.8 porque mi *d* es reunir las naciones

DETERMINADO
Esd. 10.14 vengan en tiempos *d*, y con ellos los
Neh. 10.34 los tiempos *d* cada año, para quemar
Hch. 2.23 entregado por el *d* consejo..de Dios

DETERMINAR
1 S. 20.7 maldad está *determinada* de parte de
20.9 mi padre ha *determinado* maldad contra
2 S. 13.32 había sido *determinado* desde el día
19.29 he *determinado*..os dividáis las tierras
1 R. 5.5 he *determinado* ahora edificar casa al
2 R. 14.27 no había *determinado* raer..de Israel
2 Cr. 2.1 *determinó*..Salomón edificar casa al
28.10 habéis *determinado* sujetar a vosotros
29.10 he *determinado* hacer pacto con..Dios
30.5 y *determinaron* hacer pasar pregón por
30.23 *determinó* que celebrasen la fiesta por
Job 14.5 días están *determinados*, y el número
22.28 *determinarás*..una cosa, y te será firme
23.13 pero si él *determina* una cosa, ¿quién
23.14 acabará lo que ha *determinado* de mí
30.23 a la casa *determinada* a todo viviente
Pr. 8.15 y los príncipes *determinan* justicia
Is. 10.23 hará consumación ya *determinada* en
14.24 será confirmado como lo he *determinado*
14.27 Jehová de..ejércitos lo ha *determinado*
19.12 que Jehová..ha *determinado* sobre Egipto
28.22 destrucción ya *determinada* sobre toda
Jer. 18.10 bien que había *determinado* hacerle
Lm. 2.8 Jehová *determinó* destruir el muro de
2.17 ha hecho lo que tenía *determinado;* ha
Dn. 9.24 están *determinadas* sobre tu pueblo y
9.27 y lo que está *determinado* se derrame
11.35 ser depurados..el tiempo *determinado*
11.36 ira; porque lo *determinado* se cumplirá
Lc. 22.22 va, según lo que está *determinado*
Hch. 4.28 tu consejo habían antes *determinado*
11.29 *determinaron* enviar socorro a..Judea
20.13 Pablo, ya que así lo había *determinado*
21.25 *determinando* que no guarden nada de
25.25 apeló a..he *determinado* enviarle a él
2 Co. 2.1 *determiné* para conmigo, no ir otra
Tit. 3.12 allí he *determinado* pasar el invierno
He. 4.7 vez *determina* un día: Hoy, diciendo

DETESTABLE
Mi. 6.10 ¿hay aún..y medida escasa que es *d?*

DETESTAR
Pr. 24.24 dijere..le *detestarán* las naciones

DETRACCIÓN
1 P. 2.1 desechando..envidias, y todas las *d*

DETRACTOR, RA
Pr. 17.4 y el mentiroso escucha la lengua *d*
25.23 lluvia, y el rostro airado la lengua *d*
Ro. 1.30 *d*, aborrecedores de Dios, injuriosos

DEUDA
Neh. 10.31 el año séptimo..remitiríamos toda *d*
Pr. 22.26 de los que salen por fiadores de *d*
Mt. 6.12 perdónanos nuestras *d*, como también
18.25 venderle..para que se le pagase la *d*
18.27 el señor..le soltó y le perdonó la *d*
18.30 en la cárcel, hasta que pagase la *d*
18.32 toda aquella *d* te perdoné..me rogaste
Ro. 4.4 se le cuenta..como gracia, sino como *d*

DEUDOR
Dt. 15.2 perdonará a su *d* todo aquel que hizo
Ez. 18.7 que al *d* devolviere su prenda, que no
Hab. 2.7 ¿no se levantarán de repente tus *d*
Mt. 6.12 como también nosotros perdonamos..*d*
23.16 si..jura por el oro del templo, es *d*
23.18 jura por la ofrenda..sobre él, es *d*
Lc. 7.41 acreedor tenía dos *d:* el uno le debía
16.5 llamando a cada uno de los *d* de su amo
Ro. 1.14 a griegos..sabios y a no sabios soy *d*
8.12 *d* somos, no a la carne, para que vivamos
15.27 pues les pareció bueno, y son *d* a ellos

DEUEL ***Padre de Eliasaf*, Nm. 1.14; 7.42,47; 10.20**

DEVASTACIÓN
Is. 4.4 espíritu de juicio y con espíritu de *d*
Dn. 9.26 hasta el fin de la guerra durarán las *d*

DEVASTADA
Is. 49.19 tu tierra *d*, arruinada y desierta, ahora
Ez. 6.14 haré la tierra más asolada y *d* que el

DEVASTADOR
Is. 16.4 sé..escondedero de la presencia del *d*
16.4 el *d* tendrá fin, el pisoteador será

DEVASTAR
Gn. 14.7 *devastaron* todo el país de..amalecitas
Nm. 21.30 *devastamos* el reino de ellos; pereció
Jue. 6.5 así venían a la tierra para *devastarla*
Mi. 5.6 *devastarán* la tierra de Asiria a espada

DEVOLVER
Gn. 20.7 ahora..*devuelve* la mujer a su marido
20.7 si no la *devolvieres*, sabe que..morirás
20.14 los dio..y le *devolvió* a Sara su mujer
42.25 y *devolviesen* el dinero de cada uno
42.28 dinero se me ha *devuelto*, y helo aquí
42.37 si no te lo *devuelvo*..yo lo *devolveré*
43.18 el dinero que fue *devuelto* en nuestros
Éx. 22.26 a la puesta del sol se lo *devolverás*
Lv. 25.28 suficiente para que se la *devuelvan*
25.51 *devolverá* para su rescate, del dinero
25.52 y *devolverá* su rescate conforme a sus
26.26 y os *devolverán* vuestro pan por peso
Dt. 22.2 recogerás en tu casa..lo *devolverás*
24.13 le *devolverás* la prenda cuando el sol
28.31 será arrebatado..y no te será *devuelto*
Jue. 7.3 quien tema..*devuélvase*..se *devolvieron*
11.13 tomó mi tierra..pues, *devuélvala* en paz
17.3 él *devolvió* los 1.100 siclos de plata
17.3 dinero..ahora, pues, yo te lo *devuelvo*
17.4 mas él *devolvió* el dinero a su madre
1 S. 6.21 los filisteos han *devuelto* el arca de
2 S. 9.7 te *devolveré* todas las tierras de Saúl
16.3 hoy me *devolverá*..el reino de mi padre
2 R. 8.6 hazle *devolver* todas las cosas que
2 Cr. 28.11 *devolved* a los cautivos que habéis
Esd. 6.5 sean *devueltos* y vayan a su lugar, al
Neh. 5.11 que les *devolváis* hoy sus tierras
5.12 *devolveremos*, y nada les demandaremos
Job 20.10 sus manos *devolverán* lo que él robó
Sal. 35.12 *devuelven* mal por bien, para afligir
54.5 él *devolverá* el mal a mis enemigos
79.12 *devuelve* a nuestros vecinos en su seno
109.5 me *devuelven* mal por bien, y odio por
Jer. 28.6 *devueltos* de Babilonia a este lugar
Ez. 18.7 que al deudor *devolviere* su prenda
18.12 no *devolviere* la prenda, o alzare sus
33.15 *devolviere* lo..hubiere robado..vivirá
Dn. 4.34 mi razón me fue *devuelta;* y bendije
4.36 mi razón me fue *devuelta*, y la majestad
Sof. 3.9 *devolveré* yo a los pueblos pureza de
Mt. 27.3 *devolvió*..las treinta piezas de plata
Mr. 11.3 lo necesita, y que luego lo *devolverá*
Lc. 6.30 es tuyo, no pidas que te lo *devuelva*
9.42 sanó al muchacho, y se lo *devolvió* a su
19.8 defraudado..lo *devuelvo* cuadruplicado
1 P. 3.9 no *devolviendo* mal..ni maldición por

DEVORADOR
Jue. 14.14 *d* salió comida, y del fuerte salió
Is. 30.27 su rostro..y con llamas de fuego *d*
Mal. 3.11 reprenderé también por vosotros al *d*

DEVORAR

Gn. 37.20,33 alguna mala bestia lo *devoró*
41.4 *devoraban* a las siete vacas hermosas
41.7 las siete espigas menudas *devoraban* a
41.20 vacas flacas. .*devoraban* a las siete
41.24 las espigas menudas *devoraban* a las 7
Éx. 7.12 la vara de Aarón *devoró* las varas de
Nm. 23.24 se echará hasta que *devore* la presa
24.8 tiene. .*devorará* a las naciones enemigas
Dt. 32.22 *devorará* la tierra y sus frutos, y
32.24 serán de hambre, y *devorados* de fiebre
32.42 mis saetas, y mi espada *devorará* carne
Jue. 9.15 salga fuego. .*devore* a los cedros del
Job 18.13 miembros *devorará* el primogénito de
20.15 *devoró* riquezas, pero las vomitará
20.26 fuego *devorará* lo que. .en su tienda
31.12 es fuego que *devoraría* hasta el Abadón
Sal. 14.4 que *devoran* a mi pueblo como si. .pan
35.25 no digan en su. . ¡Le hemos *devorado!*
53.4 *devoran* a mi pueblo como si comiesen
56.1 ten misericordia de mí. .me *devoraría*
78.45 envió. .de moscas que los *devoraban*
78.63 el fuego *devoró* a sus jóvenes, y sus
80.13 el puerco. .bestia del campo la *devora*
105.35 y *devoraron* el fruto de su tierra
Pr. 30.14 *devorar* a los pobres de la tierra
30.17 saquen. .lo *devoren* los hijos del águila
Is. 3.14 habéis *devorado* la viña, y el despojo
5.17 *devorarán* los campos desolados de los
5.24 como la. .llama *devora* la paja, así será
9.12 a boca llena *devorarán* a Israel. Ni con
9.18 como fuego, cardos y espinos *devorará*
42.14 daré. .asolaré y *devoraré* juntamente
56.9 las fieras del bosque, venid a *devorar*
Jer. 2.3 los que le *devoraban* eran culpables
2.30 espada *devoró* a vuestros profetas como
8.16 y vinieron y *devoraron* la tierra y su
10.25 se comieron a Jacob, lo *devoraron*, le
12.9 las fieras del campo, venid a *devorarla*
12.12 la espada de Jehová *devorará* desde un
15.3 y bestias de la tierra para *devorar* y
46.10 la espada *devorará* y se saciará, y se
46.14 prepárate. .espada *devorará* tu comarca
50.7 los que los hallaban, los *devoraban*
50.17 el rey de Asiria lo *devoró* primero
51.34 *devoró*, me desmenuzó Nabucodonosor
Lm. 2.3 como llama de fuego que ha *devorado*
2.16 dijeron: *Devorémosla;* ciertamente este
Ez. 19.3 aprendió a arrebatar la. .y a *devorar*
19.6 aprendió a arrebatar la. .*devoró* hombres
22.25 *devoraron* almas, tomaron haciendas y
33.27 entregaré a las fieras. .que lo *devoren*
34.28 ni las fieras de. .las *devorarán;* sino
35.12 han sido dados para que los *devoremos*
36.14 no *devorarás* más hombres, y nunca más
Dn. 7.5 dicho. .Levántate, *devora* mucha carne
7.7,19 *devoraba* y desmenuzaba, y las sobras
7.23 y a toda la tierra *devorará*, trillará
Os. 7.7 *devoraron* a sus jueces; cayeron todos
7.9 *devoraron* extraños su fuerza, y él no lo
8.8 *devorado* será Israel; pronto será entre
13.8 los *devoraré* como león; fiera del campo
Am. 4.9 la langosta *devoró* vuestros. .huertos
Nah. 2.13 y espada *devorará* tus leoncillos; y
3.15 te *devorará* como pulgón; multiplícate
Hab. 1.8 águilas que se apresuran a *devorar*
3.14 regocijo era como para *devorar* al pobre
Zac. 9.15 *devorarán*, y hollarán las piedras de
Mt. 23.14 *devoráis* las casas de las viudas, y
Mr. 12.40; Lc. 20.47 *devoran* las casas de las
2 Co. 11.20 pues toleráis. .si alguno os *devora*
He. 10.27 hervor de fuego que ha de *devorar* a
Stg. 5.3 y *devorará* del todo vuestras carnes
1 P. 5.8 anda alrededor buscando a quien *devorar*
Ap. 11.5 sale fuego de. .y *devora* a sus enemigos
12.4 *devorar* a su hijo tan pronto. .naciese
17.16 y *devorarán* sus carnes, y la quemarán

DEVOTO

Hch. 10.7 un *d* soldado de los que le asistían

DEVUELTO *Véase Devolver*

DÍA

Gn. 1.5 llamó Dios a la luz *D*, y a las tinieblas
1.5 noche. Y fue la tarde y la mañana un *d*
1.8 y fue la tarde y la mañana el *d* segundo
1.13 fue la tarde y la mañana el *d* tercero
1.14 lumbreras. .para separar el *d* de la noche
1.14 sirvan de señales para. .para *d* y años
1.16 la. .mayor para que señorease en el *d*
1.18 y para señorear en el *d* y en la noche
1.19 y fue la tarde y la mañana el *d* cuarto
1.23 y fue la tarde y la mañana el *d* quinto
1.31 y fue la tarde y la mañana el *d* sexto
2.2 acabó Dios en el *d* séptimo la obra que
2.2 reposó el *d* séptimo de toda la obra que
2.3 bendijo Dios al *d* séptimo. .lo santificó
2 4 el *d* que Jehová Dios hizo la tierra y los
2.17 porque el *d* que de él comieres. .morirás
3.5 que sabe Dios que el *d* que comáis de él
3.8 se paseaba en el huerto, al aire del *d*
3.14 polvo comerás todos los *d* de tu vida
3.17 con dolor comerás de ella todos los *d*
5.1 de Adán. El *d* en que creó Dios al hombre
5.2 llamó el nombre de ellos Adán, el *d* en
5.4 fueron los *d* de Adán. .ochocientos años
5.5 los *d* que vivió Adán 930 años; y murió
5.8 y fueron todos los *d* de Set 912 años
5.11 y fueron todos los *d* de Enós 905 años
5.14 fueron todos los *d* de Cainán 910 años
5.17 y fueron. .los *d* de Mahalaleel 895 años
5.20 fueron todos los *d* de Jared 962 años
5.23 y fueron todos los *d* de Enoc 365 años
5.27 fueron. .los *días* de Matusalén 969 años
5.31 y fueron todos los *d* de Lamec 777 años
6.3 carne; mas serán sus *d* ciento veinte años
6.4 había gigantes en la tierra en aquellos *d*
7.4 porque pasados aún 7 *d*, yo haré llover
7.4 haré llover sobre la tierra cuarenta *d*
7.10 sucedió que al séptimo *d* las aguas del
7.11 los 17 *d* del mes, aquel *d* fueron rotas
7.12 hubo lluvia sobre la tierra 40 *d* y 40
7.13 este mismo *d* entraron Noé, y Sem, Cam
7.17 y fue el diluvio 40 *d* sobre la tierra
7.24 prevalecieron las aguas. .la tierra 150 *d*
8.3 se retiraron las aguas al cabo de 150 *d*
8.4 reposó el arca en el. .a los 17 *d* del mes
8.6 al cabo de 40 *d* abrió Noé la ventana del
8.10 esperó aún otros siete *d*, y volvió a
8.12 aún otros siete *d*, y envió la paloma
8.13 *d* primero del mes, las aguas se secaron
8.14 a los 27 *d* del mes, se secó la tierra
8.22 no cesarán. .el invierno. .*d* y la noche
9.29 y fueron todos los *d* de Noé 950 años
10.25 en sus *d* fue repartida la tierra; y el
11.32 fueron. .los *d* de Taré 205 años; y murió
14.1 aconteció en los *d* de Amrafel rey de
15.18 aquel *d* hizo Jehová un pacto con Abram
17.12 de edad de ocho *d* será circuncidado
17.23 circuncidó la carne. .en aquel mismo *d*
17.26 mismo *d* fueron circuncidados Abraham
18.1 sentado a la puerta. .en el calor del *d*
19.34 *d* siguiente, dijo la mayor a la menor
21.4 circuncidó Abraham a. .Isaac de ocho *d*
21.8 e hizo Abraham gran banquete el *d* que
21.34 moró Abraham en. .los filisteos muchos *d*
22.4 al tercer *d* alzó Abraham sus ojos, y vio
24.55 espere la doncella. .a lo menos diez *d*
25.7 estos fueron los *d* que vivió Abraham
25.24 cuando se cumplieron sus *d* para dar a
25.31 véndeme en este *d* tu primogenitura
25.33 dijo Jacob: Júramelo en este *d*. Y él
26.1 la primera hambre que hubo en los *d* de
26.8 que después que él estuvo allí muchos *d*
26.15 criados de Abraham su padre en sus *d*
26.18 los pozos. .abierto en los *d* de Abraham
26.32 aquel *d*. .vinieron los criados de Isaac
26.33 el nombre de. .es Beerseba hasta este *d*
27.2 ya soy viejo, no sé el *d* de mi muerte
27.41 llegarán los *d* del luto de mi padre
27.44 y mora con él algunos *d*, hasta que el
27.45 seré privada de vosotros ambos en un *d?*
29.7 dijo: He aquí es aún muy de *d;* no es
29.20 y le parecieron como pocos *d*, porque
30.35 y Labán apartó. .*d* los machos cabríos
30.36 puso tres *d* de camino entre sí y Jacob
31.22 tercer *d* fue dicho a Labán que Jacob
31.23 fue tras Jacob camino de siete *d*, y le
31.39 lo hurtado así de *d* como de noche, a
31.40 de *d* me consumía el calor, y de noche
32.32 no comen. .hasta hoy *d*, del tendón que
33.13 si las fatigan, en un *d* morirán todas
33.16 volvió Esaú aquel *d*. .su camino a Seir
34.25 pero sucedió que al tercer *d*, cuando
35.3 al Dios que me respondió en el *d* de mi
35.28 y fueron los *d* de Isaac 180 años
35.29 exhaló Isaac. .murió. .viejo y lleno de *d*
37.34 y guardó luto por su hijo muchos *d*
38.12 pasaron muchos *d*, y murió la hija de
39.10 ella a José cada *d*, y no escuchándola
39.11 que entró él un *d* en casa para hacer
40.4 les servía; y estuvieron *d* en la prisión
40.12 dijo. .los tres sarmientos son tres *d*
40.13 al cabo de tres *d* levantará Faraón tu
40.18 dijo. .Los tres canastillos tres *d* son
40.19 al cabo de tres *d* quitará Faraón tu
40.20 tercer *d*, que era el *d* del cumpleaños
42.17 los puso juntos en la cárcel por tres *d*
42.18 al tercer *d* les dijo José: Haced esto
47.8 cuántos son los *d* de los años de tu
47.9 los *d* de. .pocos y malos han sido los *d*
47.9 no han llegado a los *d* de los años de
47.9 mis padres en los *d* de su peregrinación
47.28 fueron los *d* de Jacob, los años de su
47.29 y llegaron los *d* de Israel para morir
48.15 el Dios que me mantiene hasta este *d*
48.20 los bendijo aquel *d*, diciendo: En ti
49.1 que os ha de acontecer en los *d* venideros
50.3 y le cumplieron cuarenta *d*, porque así
50.3 así cumplían los *d* de los embalsamados
50.3 y lo lloraron los egipcios setenta *d*
50.4 pasados los *d* de su luto, habló José a
50.10 José hizo a su padre duelo por siete *d*
Éx. 2.11 en aquellos *d* sucedió que crecido ya
2.13 al *d* siguiente salió y vio a dos hebreos
2.23 que después de muchos *d* murió el rey de
3.18; 5.3 iremos ahora camino de tres *d* por
5.6 Faraón aquel mismo *d* a los cuadrilleros
5.13 acabad. .obra, la tarea de cada *d* en su *d*
5.19 no se disminuirá. .la tarea de cada *d*
7.24 cumplieron siete *d* después que Jehová
8.22 aquel *d* yo apartaré la tierra de Gosén
8.27 camino de tres *d* iremos por el desierto
9.6 al *d* siguiente Jehová hizo aquello, y
9.18 granizo. .desde el *d* que se fundó hasta
10.13 Jehová trajo un viento. .todo aquel *d*
10.22 tinieblas sobre toda. .Egipto, por tres *d*
10.23 nadie se levantó de su lugar en tres *d*
10.28 en. .*d* que vieres mi rostro, morirás
12.6 lo guardaréis hasta el *d* 14 de este mes
12.14 *d* os será en memoria, y lo celebraréis
12.15 siete *d* comeréis panes sin levadura
12.15 el primer *d* haréis que no haya levadura
12.15 que comiere leudado desde el primer *d*
12.16 el primer *d* habrá santa convocación
12.16 séptimo *d* tendréis. .santa convocación
12.17 este mismo *d* saqué vuestras huestes de
12.18 el *d* 14 del mes por la tarde hasta la
12.19 por siete *d* no se hallará levadura en
12.41 el mismo *d* todas las huestes. .salieron
12.51 aquel mismo *d* sacó Jehová a los hijos
13.3 tened memoria de este *d*. .habéis salido
13.6 siete *d* comerás pan sin leudar, y el
13.6 y el séptimo *d* será fiesta para Jehová
13.7 por los siete *d* se comerán los panes sin
13.8 contarás en aquel *d* a tu hijo, diciendo
13.21 Jehová iba delante de ellos de *d* en una
13.21 a fin de que anduviesen de *d* y de noche
13.22 nunca se apartó. .columna de nube de *d*
14.30 así salvó Jehová aquel *d* a Israel de
15.22 anduvieron tres *d* por el desierto sin
16.1 Sinaí, a los quince *d* del segundo mes
16.4 saldrá, y recogerá. .la porción de un *d*
16.5 en el sexto *d* prepararán para guardar
16.5 el doble de lo que suelen recoger cada *d*
16.20 que algunos dejaron de ello para otro *d*
16.22 en el sexto *d* recogieron doble porción
16.23 dicho. .Mañana es el santo *d* de reposo
16.25 comedlo hoy. .es *d* de reposo para Jehová
16.26 seis *d* lo recogeréis; mas el séptimo
16.26 el séptimo *d* es *d* de reposo; en él no
16.27 salieron en el séptimo *d* a recoger, y
16.29 Jehová os dio el *d* de reposo, y por eso
16.29 y. .en el sexto *d* os da pan para dos *d*
16.29 y nadie salga de él en el séptimo *d*
16.30 así el pueblo reposó el séptimo *d*
18.13 al *d* siguiente se sentó Moisés a juzgar
19.1 el mismo *d* llegaron al desierto de Sinaí
19.11 y estén preparados para el *d* tercero
19.11 al tercer *d* Jehová descenderá a ojos de
19.15 estad preparados para el tercer *d;* no
19.16 que al tercer *d*. .truenos y relámpagos
20.8 acuérdate del *d* de reposo. .santificarlo
20.9 seis *d* trabajarás, y harás toda tu obra
20.10 el séptimo *d* es reposo para Jehová tu
20.11 en seis *d* hizo Jehová los cielos y la
20.11 y reposó en el séptimo *d;* por tanto
20.11 bendijo Jehová el *d* de reposo y lo santificó
20.12 *d* se alarguen en la tierra que Jehová
21.21 sobreviviere por un *d* o dos, no será
22.3 fuere de *d*, el autor de la muerte será
22.30 siete *d* estará. .al octavo *d* me lo darás
23.12 seis *d* trabajarás, y al séptimo *d*
23.15 siete *d* comerás los panes sin levadura
23.26 y yo completaré el número de tus *d*
24.16 Sinaí, y la nube lo cubrió por seis *d*
24.16 al séptimo *d* llamó a Moisés de. .la nube
24.18 estuvo Moisés en el monte cuarenta *d*
29.30 por siete *d* las vestirá el que de sus
29.35 a Aarón y a. .siete *d* los consagrarás
29.36 cada *d* ofrecerás el becerro. .el pecado
29.37 siete *d* harás expiación por el altar
29.38 ofrecerás. .2 corderos de un año cada *d*
31.13 vosotros guardaréis mis *d* de reposo
31.14 guardaréis el *d* de reposo. .santo es a
31.15 seis *d* se trabajará. .*d* séptimo es *d* de
31.15 que trabaje en el *d* de reposo. .morirá
31.16 guardarán. .el *d* de reposo los hijos de
31.17 en seis *d* hizo. .y en el séptimo *d* cesó
32.6 al *d* siguiente madrugaron, y ofrecieron
32.28 cayeron. .en aquel *d* como 3.000 hombres
32.30 al *d* siguiente dijo Moisés al pueblo
32.34 en el *d* del castigo, yo castigaré en
34.18 siete *d* comerás pan sin levadura, según
34.21 seis *d* trabajarás, mas en el séptimo *d*
34.28 estuvo allí con Jehová 40 *d* y 40 noches
35.2 seis *d* se trabajará, mas el *d* séptimo
35.2 *d* de reposo para Jehová; cualquiera que
35.3 no encenderéis fuego. .en el *d* de reposo
40.2 el primer *d* del mes. .harás levantar el
40.17 en el *d* primero del primer mes, en el
40.37 no se movían hasta el *d* en que ella se
40.38 la nube de Jehová estaba de *d* sobre el
Lv. 6.5 añadirá a ello. .en el *d* de su expiación
6.20 que ofrecerán. .el *d* que fueren ungidos
7.15 se comerá en el *d* que fuere ofrecida
7.15 no dejarán de ella nada para otro *d*
7.16 será comido en el *d* que ofreciere su
7.16 de él quedare, lo comerán al *d* siguiente
7.17 y lo que quedare de. .hasta el tercer *d*

DÍA *(Continúa)*

Lv. 7.18 si se comiere de la carne..al tercer *d*
7.35 desde el *d* que él los consagró para ser
7.36 el *d* que él los ungió de entre los hijos
7.38 la cual mandó Jehová..el *d* que mandó a
8.33 no saldréis en siete *d*, hasta el *d* que
8.33 cumplan los *d*..7 *d* seréis consagrados
8.35 *d* y noche por siete *d*, y guardaréis la
9.1 en el *d* octavo, Moisés llamó a Aarón y a
12.2 y dé a luz varón, será inmunda siete *d*
12.2 conforme a los *d* de su menstruación será
12.3 y al octavo *d* se circuncidará al niño
12.4 ella permanecerá 33 *d* purificándose de
12.5 y 66 *d* estará purificándose de su sangre
12.6 *d* de su purificación fueren cumplidos
13.4 sacerdote encerrará al llagado..siete *d*
13.5 y al séptimo *d* el sacerdote lo mirará
13.5 le volverá a encerrar por otros siete *d*
13.6,27 séptimo *d* el sacerdote le reconocerá
13.14 el *d* que apareciere en él la carne viva
13.21,26 sacerdote le encerrará por siete *d*
13.31 encerrará por siete *d* al llagado de la
13.32 séptimo *d* el sacerdote mirará la llaga
13.33 encerrará..otros siete *d* al que tiene
13.34 séptimo *d* mirará el sacerdote la tiña
13.50 encerrará la cosa plagada por siete *d*
13.51 al séptimo *d* mirará la plaga; y si se
13.54 y lo encerrará otra vez por siete *d*
14.8 raerá..morará fuera de su tienda siete *d*
14.9 el séptimo *d* raerá..el pelo de su cabeza
14.10 el *d* octavo tomará dos corderos sin
14.23 al octavo *d* de su purificación traerá
14.38 saldrá..y cerrará la casa por siete *d*
14.39 al séptimo *d* volverá el sacerdote, y la
14.46 durante los *d* en que la mandó cerrar
15.13 contará siete *d* desde su purificación
15.14 el octavo *d* tomará dos tórtolas o dos
15.19 la mujer..siete *d* estará apartada; y
15.24 durmiere con ella..inmundo por siete *d*
15.25 cuando siguiere el flujo..por muchos *d*
15.25 inmunda como en los *d* de su costumbre
15.28 contará siete *d*, y después será limpia
15.29 el octavo *d* tomará consigo dos tórtolas
16.29 en el mes séptimo, a los diez *d* del mes
16.30 este *d* se hará expiación por vosotros
16.31 *d* de..es para vosotros, y afligiréis
19.3 temerá a..y mis *d* de reposo guardaréis
19.6 el *d* que le ofreciereis, y el *d* siguiente
19.6 quedare para el tercer *d*, será quemado
19.7 comiere el *d* tercero, será abominación
19.30 *d* de reposo guardaréis..en reverencia
22.27 siete *d* estará mamando de su madre
22.27 octavo *d* en adelante será acepto para
22.28 no degollaréis en un mismo *d* a ella y
22.30 el mismo *d* se comerá; no..para otro *d*
23.3 seis *d* se trabajará, mas el séptimo *d*
23.3 ningún trabajo haréis, *d* de reposo es de
23.6 a los 15 *d* de este mes es la fiesta
23.6 siete *d* comeréis panes sin levadura
23.7 el primer *d* tendréis santa convocación
23.8 ofreceréis..siete *d* ofrenda encendida
23.8 el séptimo *d* será santa convocación
23.11 *d* siguiente del *d* de reposo la mecerá
23.12 el *d* que ofrezcáis la gavilla..cordero
23.14 no comeréis pan..hasta este mismo *d*
23.15 desde el *d* que sigue al *d* de reposo
23.15 el *d* en que ofrecisteis la gavilla de
23.16 el *d* siguiente del séptimo *d* de reposo
23.16 contaréis 50 *d*; entonces ofreceréis el
23.21 y convocaréis en este mismo *d* santa
23.24 el mes séptimo..tendréis *d* de reposo
23.27 diez *d* de este mes séptimo será el *d*
23.28 ningún trabajo haréis en este *d*; porque
23.28 es *d* de expiación, para reconciliaros
23.29 que no se afligiere en este mismo *d*
23.30 que hiciere trabajo alguno en este *d*
23.32 *d* de reposo..a vosotros, y afligiréis
23.32 comenzando a los nueve *d* del mes en la
23.34 a los quince *d* de este mes séptimo será
23.34 fiesta solemne..a Jehová por siete *d*
23.35 el primer *d* habrá santa convocación
23.36 siete *d* ofreceréis ofrenda encendida
23.36 el octavo *d* tendréis santa convocación
23.38 además de los *d* de reposo de Jehová
23.39 a los quince *d* del mes séptimo, cuando
23.39 fiesta..por siete *d*; el primer *d* será
23.39 el octavo *d* será también *d* de reposo
23.40 tomaréis el primer *d* ramas con fruto
23.40 os regocijaréis delante..por siete *d*
23.41 fiesta a Jehová por siete *d* cada año
23.42 en tabernáculos habitaréis siete *d*; todo
24.8 cada *d* de reposo lo pondrá..en orden
25.8 que los *d* de las siete semanas de años
25.9 tocar..a los diez *d* del mes; el *d* de la
26.2 guardad mis *d* de reposo, y tened en
26.34 sus *d* de reposo..los *d* que esté asolada
26.34 descansará..y gozará sus *d* de reposo
26.35 por lo que no reposó en los *d* de reposo
26.43 la tierra será..gozará sus *d* de reposo
27.23 aquel *d* dará tu precio señalado, cosa

Nm. 1.1 habló..en el *d* primero del mes segundo
1.18 reunieron..la congregación..el *d* primero
3.1 el *d* en que Jehová habló a Moisés en el
3.13 mío..desde el *d* en que yo hice morir a
6.5 hasta que sean cumplidos los *d* de su
6.9 el *d* de su purificación raerá su cabeza
6.9 raerá su cabeza; al séptimo *d* la raerá
6.10 el *d* octavo traerá dos tórtolas o dos
6.11 y santificará su cabeza en aquel *d*
6.12 y consagrará para..los *d* de su nazareato
6.12 *d* primeros serán anulados, por cuanto
6.13 la ley del nazareo el *d* que se cumpliere
7.10 trajeron ofrendas..*d* en que fue ungido
7.11 un príncipe un *d*, y otro príncipe otro *d*
7.12 el que ofreció..el primer *d* fue Naasón
7.18 el segundo *d* ofreció Natanael hijo de
7.24 el tercer *d*, Eliab..de Helón, príncipe
7.30 el cuarto *d*, Elisur..de Sedeur, príncipe
7.36 el quinto *d*, Selumiel hijo de Zurisadai
7.42 el sexto *d*, Eliasaf..de Deuel, príncipe
7.48 el séptimo *d*, el príncipe de..de Efraín
7.54 el octavo *d*, el príncipe de..de Manasés
7.60 el noveno *d*, el príncipe de..de Benjamín
7.66 el décimo *d*, el príncipe de los..de Dan
7.72 el undécimo *d*, el príncipe de..de Aser
7.78 el duodécimo *d*, el príncipe de..Neftalí
7.84 para la dedicación del altar, el *d* en
8.17 el *d* que yo herí a todo primogénito en
9.3 el decimocuarto *d* de este mes, entre las
9.5 la pascua en el..a los catorce *d* del mes
9.6 no pudieron celebrar la pascua aquel *d*
9.6 y vinieron delante de Moisés y..aquel *d*
9.11 el mes segundo, a los catorce *d* del mes
9.15 el *d* que el tabernáculo fue erigido, la
9.16 la nube lo cubría de *d*, y de noche la
9.18 todos los *d* que la nube estaba sobre el
9.19 la nube se detenía sobre el..muchos *d*
9.20 y cuando la nube estaba sobre..pocos *d*
9.21 si había estado un *d*..entonces partían
9.22 si dos *d*..mientras la nube se detenía
10.10 y en el *d* de vuestra alegría, y en
10.11 los veinte *d* del mes, la nube se alzó
10.33 partieron del monte..camino de tres *d*
10.33 arca..fue delante..camino de tres días
10.34 la nube de Jehová iba sobre ellos de *d*
11.19 no comeréis un *d*, ni dos *d*, ni cinco *d*
11.19 no comeréis..ni diez *d*, ni veinte *d*
11.31 un *d* de camino a un lado, y un *d* de
11.32 levantado todo aquel *d*..el *d* siguiente
12.14 ¿no se avergonzaría por siete *d*? Sea
12.14 sea echada..del campamento por siete *d*
12.15 María fue echada del campamento 7 *d*
13.25 de reconocer la tierra al fin de 40 *d*
14.14 de *d* ibas delante de ellos en columna
14.34 al número de los *d*, de los cuarenta *d*
14.34 cuarenta años, un año por cada *d*; y
15.23 desde el *d* que Jehová lo mandó, y en
15.32 hombre que recogía leña en *d* de reposo
16.41 el *d* siguiente, toda la congregación
17.8 *d* siguiente vino Moisés al tabernáculo
19.11 tocare cadáver..será inmundo siete *d*
19.12 tercer *d* se purificará con aquella agua
19.12 y al séptimo *d* será limpio; y si al
19.12 y si al tercer *d* no se purificare, no
19.12 purificare, no será limpio al séptimo *d*
19.14 que esté en ella, será inmundo siete *d*
19.16 tocare algún muerto..7 *d* será inmundo
19.19 rociará sobre..al tercero y al séptimo *d*
19.19 cuando lo haya purificado al *d* séptimo
20.29 le hicieron duelo por treinta *d* todas
22.41 el *d* siguiente, Balac tomó a Balaam y
24.14 pueblo..a tu pueblo en los postreros *d*
25.18 muerta el *d* de la mortandad por causa
28.3 dos corderos sin tacha..cada *d*, será el
28.9 el *d* de reposo, dos corderos de un año
28.10 es el holocausto de cada *d* de reposo
28.17 a los quince *d* de este mes, la fiesta
28.17 siete *d* se comerán panes sin levadura
28.18 el primer *d* será santa convocación
28.24 esto ofreceréis cada uno de los siete *d*
28.25 el séptimo *d* tendréis santa convocación
28.26 el *d* de las primicias..tendréis santa
29.1 primero..será *d* de sonar las trompetas
29.12 los quince *d* del mes séptimo tendréis
29.12 celebraréis fiesta solemne..por siete *d*
29.17 segundo *d*, doce becerros de la vacada
29.20 *d* tercero, once becerros, dos carneros
29.23 cuarto *d*, diez becerros, dos carneros
29.26 quinto *d*, nueve becerros, dos carneros
29.29 el sexto *d*, ocho becerros, dos carneros
29.32 séptimo *d*, siete becerros, dos carneros
29.35 octavo *d* tendréis solemnidad; ninguna
30.5 mas si su padre le vedare el *d* que oyere
30.12 su marido los anuló el *d* que los oyó
30.14 si su marido callare a ello de *d* en *d*
30.14 por cuanto calló a ello el *d* que lo oyó
31.19 permaneced fuera del campamento 7 *d*
31.19 purificaréis al tercer *d* y al séptimo
31.24 lavaréis..vestidos el séptimo *d*, y así
33.3 salieron en..a los 15 *d* del mes primero
33.3 el segundo *d* de la pascua salieron los
33.8 anduvieron tres *d*..el desierto de Etam

Dt. 1.33 iba delante de vosotros..con nube de *d*
1.46 estuvisteis en Cades por..*d*, los *d* que
2.14 *d* que anduvimos de Cades-barnea hasta
4.9 ni se aparten de..todos los *d* de tu vida
4.10 el *d* que estuviste delante de Jehová tu
4.10 para temerme todos los *d* que vivieren
4.15 ninguna figura..el *d* que Jehová habló
4.20 el pueblo de su heredad como en este *d*
4.26 no..largos *d* sin que seáis destruidos
4.30 los postreros *d* te volvieres a Jehová
4.32 el *d* que creó Dios al hombre sobre la
4.40 y prolongues tus *d* sobre la tierra que
5.12 guardarás el *d* de reposo..como Jehová
5.13 seis *d* trabajarás, y harás toda tu obra
5.14 el séptimo *d* es reposo a Jehová tu Dios
5.15 ha mandado que guardes el *d* de reposo
5.16 que sean prolongados tus *d*..te vaya bien
5.29 guardasen todos los *d*..mis mandamientos
5.33 bien, y tengáis largos *d* en la tierra
6.2 guardando todos..todos los *d* de tu vida
6.2 temas..para que tus *d* sean prolongados
6.24 para que nos vaya bien todos los *d*, y
8.18 de confirmar su pacto..como en este *d*
9.7 desde el *d* que saliste de la tierra de
9.9 estuve..en el monte cuarenta *d*..noches
9.10 os habló Jehová..el *d* de la asamblea
9.11 al fin de los 40 *d*..que Jehová me dio
9.18 y me postré..40 *d* y 40 noches; no comí
9.24 rebeldes..desde el *d* que yo os conozco
9.25 cuarenta *d* y 40 noches estuve postrado
10.4 os había hablado..el *d* de la asamblea
10.10 y yo estuve en el monte..40 *d* y 40 noches
10.15 de entre..los pueblos, como en este *d*
11.1 y guardarás sus ordenanzas..todos los *d*
11.9 sean prolongados los *d* sobre la tierra
11.21 que sean vuestros *d*, y los *d* de..hijos
11.21 como los *d* de los cielos sobre la tierra
12.1 todos los *d*..viviereis sobre la tierra
12.19 no desamparar al levita en todos tus *d*
14.23 aprendas a temer a..tu Dios todos los *d*
16.3 siete *d* comerás..pan sin levadura, pan
16.3 los *d* de tu vida te acuerdes del *d* en que
16.4 no se verá levadura contigo..por siete *d*
16.4 que matares en la tarde del primer *d*
16.8 seis *d* comerás..el séptimo *d* será fiesta
16.13 la fiesta solemne..harás por siete *d*
16.15 siete *d* celebrarás fiesta solemne a
17.9 y al juez que hubiere en aquellos *d*, y
17.19 y leerá en él todos los *d* de su vida
17.20 prolongue sus *d* en su reino, él y sus
18.16 pediste a Jehová..el *d* de la asamblea
19.9 que..andes en sus caminos todos los *d*
19.17 los jueces que hubiere en aquellos *d*
20.19 ciudad peleando contra ella muchos *d*
21.16 el *d* que hiciere heredar a sus hijos
21.23 sin falta lo enterrarás el mismo *d*
22.7 que te vaya bien, y prolongues tus *d*
22.19,29 no podrá despedirla en todos sus *d*
23.6 no procurarás..su bien en todos los *d*
24.15 en su *d* le darás su jornal, y no se
25.15 para que tus *d* sean prolongados sobre
26.3 al sacerdote que hubiere en aquellos *d*
27.2 el *d* que pases el Jordán a la tierra que
27.11 y mandó Moisés al pueblo en aquel *d*
28.29 y no serás sino..y robado todos los *d*
28.32 y desfallecerán por ellos todo el *d*
28.33 sino oprimido y quebrantado todos los *d*
28.66 estarás temeroso de noche y de *d*, y no
30.18 no prolongaréis vuestros *d* sobre la
30.20 él es vida..y prolongación de tus *d*
31.2 este *d* soy de edad de ciento veinte años
31.13 a temer a..todos los *d* que viviereis
31.14 ha acercado el *d* de tu muerte; llama a
31.17 encenderá..furor contra él en aquel *d*
31.17 y dirán en aquel *d*: ¿No me han venido
31.18 yo esconderé mi rostro en aquel *d*, por
31.22 Moisés escribió este cántico aquel *d*
31.29 os ha de venir mal en los postreros *d*
32.35 el *d* de su aflicción está cercano, y
32.47 ley haréis prolongar vuestros *d* sobre
32.48 habló Jehová a Moisés aquel mismo *d*
33.25 hierro..y como tus *d* serán tus fuerzas
34.8 lloraron..treinta *d*..cumplieron los *d*

Jos. 1.5 te podrá hacer frente en todos los *d*
1.8 de *d* y de noche meditarás en él, para que
1.11 dentro de tres *d* pasaréis el Jordán para
2.16 estad escondidos allí tres *d*, hasta que
2.22 al monte y estuvieron allí tres *d*, hasta
3.2 tres *d*, los..recorrieron el campamento
3.7 desde este *d* comenzaré a engrandecerte
4.14 en aquel *d* Jehová engrandeció a Josué
4.14 y le temieron..todos los *d* de su vida
4.19 y el pueblo subió del Jordán el *d* diez
4.24 que temáis a..vuestro Dios todos los *d*
5.10 y celebraron la pascua a los catorce *d*
5.11 otro *d* de la pascua comieron del fruto
5.11 en el mismo *d* espigas nuevas tostadas
5.12 y el maná cesó el *d* siguiente, desde que
6.3 rodearéis..y esto haréis durante seis *d*
6.4 al séptimo *d* daréis siete vueltas a la
6.10 no..hasta el *d* que yo os diga: Gritad
6.14 dieron otra vuelta a la..el segundo *d*
6.14 de esta manera hicieron durante seis *d*
6.15 al séptimo *d* se levantaron al..el alba
6.15 este *d* dieron vuelta..de ella siete veces
7.25 le dijo Josué..Túrbete Jehová en este *d*
8.25 los que cayeron aquel *d*..fue de doce mil
9.12 pan lo tomamos caliente..*d* que salimos
9.16 tres *d* después que hicieron alianza con

DÍA *(Continúa)*

Jos. 9.17 al tercer *d* llegaron a las ciudades de
9.27 los destinó aquel *d* a ser leñadores y
10.12 Josué habló. .el *d* en que Jehová entregó
10.13 y no se apresuró a ponerse casi un *d*
10.14 y no hubo *d* como aquel, ni antes ni
10.28 en aquel mismo *d* tomó Josué a Maceda
10.32 a Laquis. .la tomó al *d* siguiente, y la
10.35 la tomaron el mismo *d*, y la hirieron a
10.35 aquel *d* mató a todo lo que. .tenía vida
14.11 estoy tan fuerte como el *d* que Moisés
14.12 monte, del cual habló Jehová aquel *d*
14.12 oíste en aquel *d* que los anaceos están
22.3 no habéis dejado a. .hasta el *d* de hoy
22.17 que no estamos aún limpios hasta este *d*
23.1 muchos *d* después que Jehová diera reposo
24.7 estuvisteis muchos *d* en el desierto
24.25 hizo pacto con el pueblo el mismo *d*
Jue. 3.30 fue subyugado Moab aquel *d* bajo la
4.14 este es el *d* en que Jehová ha entregado
4.23 así abatió Dios aquel *d* a Jabín, rey de
5.1 aquel *d* cantó Débora con Barac hijo de
5.6 en los *d* de Samgar hijo. .en los *d* de Jael
6.27 temiendo hacerlo de *d*. .lo hizo de noche
6.32 aquel *d* Gedeón fue llamado Jerobaal, esto
8.28 reposó la tierra. .en los *d* de Gedeón
9.42 el siguiente *d*, que el pueblo salió al
9.45 y Abimelec peleó. .todo aquel *d*, y tomó
10.15 te rogamos que nos libres en este *d*
11.40 endechar a la hija de Jefté. .cuatro *d*
13.7 será nazareo. .hasta el *d* de su muerte
13.10 aquel varón que vino a mí el otro *d*
14.8 y volviendo después de algunos *d* para
14.12 si en los siete *d* del banquete me lo
14.14 no pudieron declararle el. .en tres *d*
14.15 al séptimo *d* dijeron a la mujer de
14.17 ella lloró. .siete *d*. .mas al séptimo *d*
14.18 séptimo *d*, antes que el sol se pusiese
15.1 en los *d* de la siega del trigo Sansón
15.20 y juzgó a Israel en los *d* de. .20 años
16.16 que, presionándole ella cada *d* con sus
17.6; 18.1 aquellos *d* no había rey en Israel
18.1 en aquellos *d* la tribu de Dan buscaba
18.30 sacerdotes. .hasta el *d* del cautiverio
19.1 en aquellos *d*, cuando no había rey en
19.4 le detuvo su. .y quedó en su casa tres *d*
19.5 al cuarto *d*. .se levantaron de mañana, se
19.8 quinto *d*, levantándose de mañana para
19.8 el dijo. .aguarda hasta que decline el *d*
19.9 he aquí ya el *d* declina para anochecer
19.11 el *d* había declinado mucho; y dijo el
19.26 vino la mujer, y. .hasta que fue de *d*
20.21 derribaron. .aquel *d* 22.000 hombres de
20.22 donde la habían ordenado el primer *d*
20.24 acercaron los. .de Israel. .el segundo *d*
20.25 segundo *d*, saliendo Benjamín de Gabaa
20.26 y ayunaron aquel *d* hasta la noche; y
20.27 el arca de. .estaba allí en aquellos *d*
20.28 Finees hijo. .ministraba. .en aquellos *d*
20.30 tercer *d*, ordenaron la batalla delante
20.35 mataron. .aquel *d* a 25.100 hombres de
20.46 de Benjamín murieron aquel *d*, 25.000
21.4 al *d* siguiente el pueblo se levantó de
21.25 en estos *d* no había rey en Israel; cada
Rt. 1.1 en los *d* que gobernaban los jueces, que
3.13 pasa aquí la noche, y cuando sea de *d*
4.5 el mismo *d* que compres las tierras de
1 S. 1.4 llegaba el *d* en que Elcana ofrecía
1.11 yo lo dedicaré a Jehová todos los *d* de
1.28 todos los *d* que viva, será de Jehová
2.31 vienen *d* en que cortaré tu brazo y el
2.34 Ofni y Finees: ambos morirán en un *d*
2.35 andará delante de mi ungido todos los *d*
3.1 y la palabra de Jehová escaseaba en. .*d*
3.2 aconteció un *d*, que estando Elí acostado
3.12 aquel *d* yo cumpliré contra Elí todas las
4.12 un hombre de. .llegó el mismo *d* a Silo
5.3 y cuando al siguiente *d* los de Asdod se
5.4 volviéndose a levantar. .el siguiente *d*
6.15 y dedicaron sacrificios a Jehová en. .*d*
6.16 los cinco príncipes. .volvieron. .mismo *d*
7.2 el *d* que llegó el arca a Quiriat-jearim
7.2 el arca a Quiriat-jearim pasaron muchos *d*
7.6 ayunaron aquel *d*, y dijeron allí: Contra
7.10 tronó aquel *d* con gran estruendo sobre
7.13 estuvo contra los filisteos todos los *d*
8.8 desde el *d* que los saqué de Egipto hasta
8.18 clamaréis aquel *d* a causa de vuestro rey
8.18 mas Jehová no os responderá en aquel *d*
9.15 y un *d* antes que Saúl viniese, Jehová
9.20 asnas que se te perdieron hace ya tres *d*
9.24 come. .Y Saúl comió aquel *d* con Samuel
9.26 al otro *d* madrugaron; y al despuntar el
10.8 espera siete *d*, hasta que yo venga a ti
10.9 estas señales acontecieron en aquel *d*
11.3 danos siete *d*. .que enviemos mensajeros
11.11 al *d* siguiente. .hasta que el *d* calentó
12.2 andando. .desde mi juventud hasta este *d*
12.5 su ungido también es testigo en este *d*
12.18 Jehová dio truenos y lluvia en aquel *d*
13.8 esperó siete *d*, conforme al plazo que
13.22 el *d* de la batalla no se halló espada
14.1 aconteció un *d*, que Jonatán hijo de Saúl
14.23 así salvó Jehová a Israel aquel *d*
14.24 puestos en apuro aquel *d*; porque Saúl
14.31 hirieron aquel *d*. .Micmas hasta Ajalón
14.37 mas Jehová no le dio respuesta aquel *d*
16.13 desde aquel *d*. .el Espíritu de Jehová
17.16 venía. .así lo hizo durante cuarenta *d*
18.2 y Saúl le tomó aquel *d*, y no le dejó
18.9 desde aquel *d* Saúl no miró con buenos
18.10 aconteció al otro *d*, que un espíritu
18.10 tocaba con su mano como los otros *d*
18.29 fue Saúl enemigo de David todos los *d*
19.24 estuvo desnudo todo aquel *d* y. .noche
20.5 me esconda. .hasta la tarde del tercer *d*
20.12 le haya preguntado a. .el *d* tercero, si
20.19 estarás. .tres *d*, y luego descenderás
20.19 al lugar donde estabas escondido el *d*
20.26 aquel *d* Saúl no dijo nada, porque se
20.27 siguiente *d*, el segundo *d* de la nueva
20.34 no comió pan el segundo *d* de la. .luna
20.35 al otro *d*. .salió Jonatán al campo, al
21.6 poner panes calientes el *d* que aquéllos
21.7 estaba allí aquel *d* detenido delante de
21.10 y levantándose David aquel *d*, huyó de
22.13 y me acechase, como lo hace hoy *d*?
22.18 Doeg. .mató en aquel *d* a 85 varones que
22.22 yo sabía que estando allí aquel *d* Doeg
23.14 y lo buscaba Saúl todos los *d*, pero
24.4 he aquí el *d* de que te dijo Jehová: He
24.19 Jehová te pague. .por lo que en este *d*
25.8 hemos venido en buen *d*; te ruego que des
25.16 muro fueron. .*d* y de noche, todos los *d*
25.28 y mal no se ha hallado en ti en tus *d*
25.36 no le declaró cosa alguna hasta el *d*
25.38 diez *d* después, Jehová hirió a Nabal
26.10 que si. .o su *d* llegue para que muera
27.1 al fin seré muerto algún *d* por. .Saúl
27.6 Aquis le dio aquel *d* a Siclag, por lo
27.7 el número de los *d* que David habitó en
28.1 aconteció en aquellos *d*. .los filisteos
28.20 en todo aquel *d*. .no había comido pan
29.3 David. .ha estado conmigo por *d* y años
29.3 desde el *d* que se pasó a mí hasta hoy
29.6 desde el *d* que viniste a mí hasta hoy
29.8 ¿qué has hallado. .desde el *d* que estoy
30.1 David y. .vinieron a Siclag al tercer *d*
30.12 comido pan ni bebido agua en tres *d* y
30.13 yo soy. .me dejó mi amo hoy hace tres *d*
30.17 los hirió David. .hasta la tarde del *d*
30.25 aquel *d* en adelante fue esto por ley
31.6 así murió Saúl en aquel *d*, juntamente
31.8 al siguiente *d*. .viniendo los filisteos
31.13 los sepultaron. .y ayunaron siete *d*
2 S. 1.1 vuelto David. .estuvo dos *d* en Siclag
1.2 al tercer *d*. .vino uno del campamento de
2.11 los *d* que David reinó en Hebrón sobre
2.17 batalla fue muy reñida aquel *d*, y Abner
3.35 que comiera, antes que acabara el *d*
4.5 entraron en el mayor calor del *d* en casa
5.8 dijo David aquel *d*: Todo el que hiera a
6.9 temiendo David a Jehová aquel *d*, dijo
6.23 Mical. .nunca tuvo hijos hasta el *d* de
7.6 no he habitado en casas desde el *d* en que
7.11 desde el *d* en que puse jueces sobre mi
7.12 cuando tus *d* sean cumplidos, y duermas
11.2 sucedió un *d*, al caer la tarde, que se
11.12 se quedó Urías. .aquel *d* y el siguiente
12.18 al séptimo *d* murió el niño; y temían
13.4 ¿por qué de *d* en *d* vas enflaqueciendo
13.32 desde el *d* en que Amnón forzó a Tamar
13.37 David lloraba por su hijo todos los *d*
16.23 consejo que daba Ahitofel en aquellos *d*
18.7 hizo allí en aquel *d* una gran matanza
18.8 más los que destruyó el bosque aquel *d*
18.20 hoy no llevarás las nuevas; las. .otro *d*
19.2 se volvió aquel *d* la victoria en luto
19.2 oyó decir el pueblo aquel *d* que el rey
19.3 y entró el pueblo aquel *d* en la ciudad
19.19 males que tu siervo hizo el día en que
19.24 *d* en que el rey salió hasta el *d* en
19.35 edad de ochenta años soy este *d*. ¿Podré
20.4 convócame a los. .para dentro de tres *d*
21.1 hambre en los *d* de David por tres años
21.9 muertos en los primeros *d* de la siega
21.10 posase sobre ellos de *d*, ni fieras de
22.1 el *d* que Jehová le había librado de la
22.19 me asaltaron en el *d* de mi quebranto
23.10 aquel *d* Jehová dió una gran victoria
24.8 volvieron. .al cabo de nueve meses y 20 *d*
24.13 que tres *d* haya peste en tu tierra?
24.18 Gad vino a David aquel *d*, y le dijo
1 R. 1.1 rey David era viejo y avanzado en *d*
1.6 nunca le había entristecido en. .sus *d*
2.1 llegaron. .*d* en que David había de morir
2.8 me maldijo. .el *d* que yo iba a Mahanaim
2.11 los *d* que reinó David. .fueron 40 años
2.37 el *d* que salieres y pasares el torrente
2.38 y habitó Simei en Jerusalén muchos *d*
2.42 el *d* que salieres y fueres acá o allá
3.6 se sentase en su. .como sucede en este *d*
3.11 porque. .no pediste para ti muchos *d*, ni
3.13 que ninguno haya como tú en todos tus *d*
3.14 y si anduvieres en mis. .alargaré tus *d*
3.18 al tercer *d* después de dar yo a luz, que
4.21 y sirvieron a Salomón. .los *d* que vivió
4.22 la provisión de Salomón para cada *d* era
4.25 vivían seguros. .todos los *d* de Salomón
8.2 se reunieron con. .en el *d* de la fiesta
8.16 *d* que saqué de Egipto a mi pueblo Israel
8.24 lo has cumplido, como sucede en este *d*
8.29 tus ojos abiertos de noche y de *d* sobre
8.40 te teman todos los *d* que vivan sobre la
8.59 cerca de. .nuestro Dios de *d* y de noche
8.61 sus mandamientos, como en el *d* de hoy
8.64 *d* santificó el rey el medio del atrio
8.65 Salomón hizo fiesta por siete *d* y aun
8.65 otros siete *d*, esto es, por catorce *d*
8.66 al octavo *d* despidió al pueblo; y ellos
9.3 y en ella estarán mis ojos. .todos los *d*
11.12 no lo haré en tus *d*, por amor a David
11.25 fue adversario de Israel todos los *d*
11.34 lo retendré por rey todos los *d* de su
11.36 que. .David tenga lámpara todos los *d*
11.42 los *d* que Salomón reinó. .fueron 40 años
12.5 les dijo: Idos, y de aquí a tres *d* volved
12.12 al tercer *d* vino Jeroboam con todo el
12.12 rey. .diciendo: Volved a mí al tercer *d*
12.32 fiesta solemne. .a los quince *d* del mes
12.33 sacrificó. .los quince *d* del mes octavo
13.3 aquel mismo *d* dio una señal, diciendo
13.11 el varón. .había hecho aquel *d* en Bet-el
14.14 destruirá la casa de Jeroboam en. .*d*
14.30 hubo guerra entre Roboam. .todos los *d*
15.5 se había apartado en todos los *d* de su
15.6 hubo guerra entre Roboam. .todos los *d*
15.23 mas en los *d* de su vejez enfermó de los
16.15 a reinar Zimri, y reinó siete *d* en Tirsa
16.16 aquel mismo *d* por rey. .a Omri, general
17.7 pasados algunos *d*, se secó el arroyo
17.14 hasta el *d* en que Jehová haga llover
17.15 comió él, y ella, y su casa, muchos *d*
18.1 pasados muchos *d*, vino palabra de Jehová
19.4 se fue por el desierto un *d* de camino
19.8 cuarenta *d* y cuarenta noches hasta Horeb
20.29 siete *d* estuvieron acampados los unos
20.29 al séptimo *d* se dio la batalla; y los
20.29 mataron. .en un solo *d* cien mil hombres
21.29 no traeré el mal en sus *d*; en los *d* de
22.25 tú lo verás en aquel *d*, cuando te irás
22.35 la batalla había arreciado aquel *d*, y
2 R. 2.17 buscaron tres *d*, mas no lo hallaron
3.9 anduvieron. .el desierto siete *d* de camino
4.8 un *d* pasaba Eliseo por Sunem; y había allí
4.11 que un *d* vino él por allí, y se quedó en
4.18 un *d*, que vino a su padre, que estaba
4.23 no es nueva luna, ni *d* de reposo. Y ella
6.29 *d* siguiente yo le dije: Da acá tu hijo
7.9 es *d* de buena nueva, y nosotros callamos
8.6 desde el *d* que dejó el país hasta ahora
8.15 el *d* siguiente, tomó un paño y lo metió
10.20 dijo. .Santificad un *d* solemne a Baal
10.32 en aquellos *d* comenzó Jehová a cercenar
11.5 tendrá la guardia de la. .el *d* de reposo
11.7 las dos partes. .que salen el *d* de reposo
11.9 los que entraban el *d* de reposo y los que
11.9 los que salían el *d* de reposo, vinieron
15.5 estuvo leproso hasta el *d* de su muerte
15.29 en los *d* de Peka rey de Israel, vino
16.18 el pórtico para los *d* de reposo, que
19.3 este *d* es *d* de angustia, de reprensión
19.25 desde los *d* de la antigüedad lo tengo
20.1 en aquellos *d* Ezequías cayó enfermo de
20.5 al tercer *d* subirás a la casa de Jehová
20.6 añadiré a tus *d* quince años. .te libraré
20.8 subiré a la casa de Jehová al tercer *d*?
20.17 vienen *d* en que todo lo que está en tu
20.19 habrá al menos. .y seguridad en mis *d*
21.15 desde el *d* que sus padres salieron de
23.29 aquellos *d*. .Necao rey de Egipto subió
25.1 a los diez *d* del mes, que Nabucodonosor
25.3 a los nueve *d* del cuarto mes prevaleció
25.8 a los siete *d* del mes, siendo el año 19
25.27 a los 27 *d* del mes, que Evil-merodac
25.29 comió. .delante de él todos los *d* de su
25.30 le fue dada su comida. .todos los *d* de
1 Cr. 1.19 en sus *d* fue dividida la tierra
4.41 vinieron en *d* de Ezequías rey de Judá
5.10 los *d* de Saúl hicieron guerra contra los
5.17 en *d* de Jotam. .y en *d* de Jeroboam rey
7.22 Efraín su padre hizo duelo por muchos *d*
9.25 cada siete *d* según su turno para estar
9.32 los panes. .por orden cada *d* de reposo
9.33 de *d* y de noche estaban en aquella obra
10.8 sucedió al *d* siguiente, que al venir los
10.12 y enterraron sus. .y ayunaron siete *d*
12.22 todos los *d* venía ayuda a David, hasta
12.39 y estuvieron allí con David tres *d*
13.12 y David temió a Dios aquel *d*, y dijo
16.7 en aquel *d*, David comenzó a aclamar a
16.23 cantad. .proclamad de *d* en *d* su salvación
16.37 delante del arca, cada cosa en su *d*
17.5 no he habitado en casa. .desde el *d* que
17.11 tus *d* sean cumplidos para irte con tus
21.12 tres *d* la espada de Jehová. .la peste
22.9 daré paz y reposo sobre Israel en sus *d*
23.1 siendo. .David ya viejo y lleno de *d*
23.30 para asistir. .todos los *d* a dar gracias
23.31 los holocaustos. .los *d* de reposo, lunas
26.17 al norte cuatro de *d*; al sur cuatro de *d*

DÍA *(Continúa)*

1 Cr. 28.7 por obra. .mis decretos, como en este *d*
29.15 y nuestros *d*. .cual sombra que no dura
29.21 y ofrecieron a Jehová. .al *d* siguiente
29.22 comieron. .delante de Jehová aquel *d*
29.28 murió en. .lleno de *d*, de riquezas y de
2 Cr. 1.11 ni pediste muchos *d*, sino que has
2.4 para holocaustos a. .en los *d* de reposo
3.2 comenzó a edificar. .a los dos *d* del mes
6.5 desde el *d* que saqué a mi pueblo de la
6.15 lo has cumplido, como se ve en este *d*
6.20 que tus ojos estén abiertos. .de *d* y de
6.31 anden en tus caminos, todos los *d* que
7.8 hizo Salomón fiesta siete *d*, y con él todo
7.9 al octavo *d* hicieron solemne asamblea
7.9 la dedicación del altar en siete *d*, y
7.9 celebrado la fiesta solemne por siete *d*
7.10 y a los 23 *d* del mes séptimo envió al
8.13 para que ofreciesen cada cosa en su *d*
8.13 en los *d* de reposo, en las nuevas lunas
8.14 los levitas en sus. .cada cosa en su *d*
8.16 estaba preparada desde el *d* en que se
9.20 en los *d* de Salomón la plata no era
10.5 les dijo: Volved a mí de aquí a tres *d*
10.12 vino, pues. .al tercer *d*, según el rey
10.12 mandado. .Volved a mí de aquí a tres *d*
13.20 nunca más tuvo. .poder en los *d* de Abías
14.1 Asa, en cuyos *d* tuvo sosiego el país por
15.3 muchos *d* ha estado Israel sin. .Dios y
15.11 y en aquel mismo *d* sacrificaron para
15.17 corazón de Asa fue perfecto en. .sus *d*
18.24 tú lo verás aquel *d*, cuando entres de
18.34 y arreció la batalla aquel *d*, por lo
20.25 tres *d* estuvieron recogiendo el botín
20.26 y al cuarto *d* se juntaron en el valle
21.8 los *d* de éste se rebeló Edom contra el
21.19 al pasar muchos *d*. .al cabo de dos años
23.4 los que entran el *d* de reposo, estarán
23.8 los que entraban el *d* de reposo, y los
23.8 y los que salían el *d* de reposo; porque
24.2 e hizo Joás lo recto. .los *d* de Joiada el
24.11 lo hacían de *d* en *d*, y recogían mucho
24.14 y sacrificaban. .todos los *d* de Joiada
24.15 Joiada. .murió lleno de *d;* de 130 años
26.5 persistió en buscar a Dios en los *d* de
26.5 en estos *d* en que buscó a Jehová, él le
26.21 fue leproso hasta el *d* de su muerte
28.6 mató en Judá en un *d* 120.000 hombres
29.17 comenzaron a santificarse el *d* primero
29.17 santificaron la casa de Jehová en 8 *d*
29.17 en el *d* 16 del mes primero terminaron
30.15 sacrificaron la pascua, a los 14 *d* del
30.21 celebraron la fiesta. .7 *d* con grande gozo
30.21 glorificaban a Jehová todos los *d* los
30.22 y comieron de lo sacrificado. .siete *d*
30.23 celebrasen la fiesta por otros siete *d*
30.23 celebraron otros siete *d* con alegría
30.26 desde los *d* de Salomón hijo de David
31.3 para los holocaustos de los *d* de reposo
32.26 no vino. .la ira de Jehová en los *d* de
35.1 sacrificaron la pascua a los 14 *d* del
35.16 fue preparado todo el servicio. .aquel *d*
35.17 celebraron la pascua en. .por siete *d*
35.18 una pascua. .desde los *d* de Samuel el
36.9 Joaquín. .reinó tres meses y diez *d* en
Esd. 3.4 fiesta solemne. .y holocaustos cada *d*
3.4 orden conforme al rito, cada cosa en su *d*
3.6 el primer *d* del mes séptimo comenzaron a
4.2 ofrecemos. .desde los *d* de Esar-hadón rey
4.7 también en *d* de Artajerjes escribieron
6.9 les sea dado *d* por *d* sin obstáculo alguno
6.15 terminada el tercer *d* del mes de Adar
6.19 celebraron la pascua a los 14 *d* del mes
6.22 celebraron. .la fiesta solemne. .siete *d*
7.9 porque el *d* primero del primer mes fue
8.15 junto al río. .y acampamos allí tres *d*
8.32 y llegamos a. .y reposamos allí tres *d*
8.33 al cuarto *d* fue luego pesada la plata
9.7 los *d* de nuestros padres hasta este *d*
9.7 entregados en. .a vergüenza. .como hoy *d*
9.15 un remanente que ha escapado. .en este *d*
10.8 que el que no viniera dentro de tres *d*
10.9 todos. .se reunieron. .dentro de los 3 *d*
10.9 se reunieron en. .a los 20 *d* del mes, que
10.13 la obra es de un *d* ni de dos, porque
10.16 se sentaron el primer *d* del mes décimo
10.17 terminaron. .primer *d* del mes primero
Neh. 1.4 hice duelo por algunos *d*, y ayuné y
1.6 oir la oración. .que hago ahora. .*d* y noche
2.11 llegué. .y después de estar allí tres *d*
4.2 ¿acabarán en un *d*? ¿Resucitarán de los
4.9 pusimos guarda contra. .de *d* y de noche
4.16 desde aquel *d* la mitad de mis siervos
4.22 sirvan de centinela y de *d* en la obra
5.14 desde el *d* que me mandó el rey que fuese
5.18 que se preparaba para cada *d* era un buey
5.18 y cada diez *d* vino en toda abundancia
6.15 fue terminado, pues, el muro. .en 52 *d*
6.17 en aquellos *d* iban muchas cartas de los
8.2 Esdras trajo la ley. .el primer *d* del mes
8.9 *d* santo es a Jehová nuestro Dios; no os
8.10 porque *d* santo es a nuestro Señor; no os
8.11 diciendo: Callad, porque es *d* santo, y
8.13 al *d* siguiente se reunieron los cabezas
8.17 desde los *d* de Josué. .hasta aquel *d*, no
8.18 y leyó. .cada *d*, desde el primer *d* hasta
8.18 fiesta. .por siete *d*, y el octavo *d* fue
9.1 el *d* 24 del mismo mes se reunieron los
9.3 leyeron el libro. .la cuarta parte del *d*
9.10 hiciste nombre grande, como en este *d*
9.12 con columna de nube los guiaste de *d*
9.14 ordenaste el *d* de reposo santo para ti
9.19 la columna de nube no se apartó. .de *d*
9.32 los días de los reyes de. .hasta este *d*
10.31 si. .trajesen a vender. .en *d* de reposo
10.31 nada tomaríamos de. .ese *d* ni en otro *d*
10.33 los *d* de reposo, las nuevas lunas, las
11.23 distribución para los cantores. .cada *d*
12.7 eran los príncipes. .en los *d* de Jesúa
12.12 y en los *d* de Joiacim los sacerdotes
12.22 los levitas en *d* de Eliasib, de Joiada
12.23 inscritos en. .hasta los *d* de Johanán
12.26 estos fueron en los *d* de Joiacim hijo
12.26 y en los *d* del gobernador Nehemías y
12.43 sacrificaron aquel *d*. .víctimas, y se
12.44 aquel *d* fueron puestos varones sobre
12.47 en *d* de Zorobabel y en *d* de Nehemías
12.47 daba alimentos a los. .cada cosa en su *d*
13.1 aquel *d* se leyó en el libro de Moisés
13.6 al cabo de algunos *d* pedí permiso al rey
13.15 en aquellos *d* vi en Judá a algunos que
13.15 pisaban en lagares en el *d* de reposo
13.15 que traían a Jerusalén en *d* de reposo
13.15 amonesté acerca del *d* en que vendían
13.16 pescado. .y vendían en *d* de reposo a los
13.17,18 profanando así el *d* de reposo?
13.19 iba oscureciendo. .antes del *d* de reposo
13.19 hasta después del *d* de reposo; y puse
13.19 en *d* de reposo no introdujeran carga
13.21 entonces no vinieron en *d* de reposo
13.22 viniesen a. .santificar el *d* de reposo
13.23 vi asimismo en aquellos *d* a judíos que
Est. 1.1 los *d* de Asuero, el Asuero que reinó
1.2 en aquellos *d*, cuando fue afirmado el rey
1.4 para mostrar él las. .por muchos *d*, 180 *d*
1.5 cumplidos estos *d*, hizo el. .otro banquete
1.10 el séptimo *d*, estando el corazón del rey
2.11 cada *d* Mardoqueo se paseaba delante del
2.21 aquellos *d*, estando Mardoqueo sentado a
3.4 que hablándole cada *d* de esta manera, y
3.7 suerte para cada *d* y cada mes del año
3.12 en el mes primero, al *d* trece del mismo
3.13 en un mismo *d*, en el *d* trece del mes
3.14 de que estuviesen listos para aquel *d*
4.11 yo no he sido llamada. .estos treinta *d*
4.16 comáis ni bebáis en tres *d*, noche y *d*
5.1 tercer *d* se vistió Ester su vestido real
5.9 salió Amán aquel *d* contento y alegre de
7.2 el segundo *d*, mientras bebían vino, dijo
8.1 el mismo *d*, el rey Asuero dio a la. .Ester
8.9 fueron llamados. .a los 23 *d* de ese mes
8.12 en un mismo *d* en. .en el *d* trece del mes
8.13 preparados para aquel *d*, para vengarse
8.17 los judíos tuvieron alegría. .*d* de placer
9.1 a los trece *d* del mismo mes, cuando debía
9.1 el mismo *d* en que los enemigos de los
9.11 mismo *d* se le dio cuenta al rey acerca
9.17 esto fue en el *d* trece del mes de Adar
9.17 y reposaron en el *d* catorce del mismo
9.17 lo hicieron *d* de banquete y de alegría
9.18 se juntaron el *d* 13 y el 14 del mismo
9.18 lo hicieron *d* de banquete y de regocijo
9.19 hacen. .*d* de alegría. .un *d* de regocijo
9.21 celebrasen el *d* decimocuarto del mes de
9.22 como *d* en que los judíos tuvieron paz
9.22 se les cambió en. .y de luto en *d* bueno
9.22 que los hiciesen *d* de banquete y de gozo
9.26 por esto llamaron a estos *d* Purim, por
9.27 que no dejarían de celebrar estos dos *d*
9.28 estos *d* serían recordados y celebrados
9.28 *d* de Purim no dejarían de ser guardados
9.31 para confirmar estos *d* de Purim en sus
Job 1.4 hacían banquetes en. .cada uno en su *d*
1.5 que habiendo pasado en. .los *d* del convite
1.5 Job. .de esta manera hacía todos los *d*
1.6 un *d* vinieron a presentarse delante de
1.13 y un *d* aconteció que sus hijos e hijas
2.1 otro *d* vinieron los hijos de Dios para
2.13 se sentaron con él. .siete *d* y 7 noches
3.1 esto abrió Job su boca, y maldijo su *d*
3.3 perezca el *d* en que yo nací, y la noche
3.4 sea aquel *d* sombrío, y no cuide de él
3.5 que lo haga horrible como *d* caliginoso
3.6 no sea contada entre los *d* del año, ni
3.8 maldíganla los que maldicen el *d*, los que
5.14 de *d* tropiezan con tinieblas, y. .andan
7.1 ¿no es. .sus *d* como los *d* del jornalero?
7.6 mis *d* fueron más veloces que la lanzadera
7.16 déjeme, pues, porque mis *d* son vanidad
8.9 siendo nuestros *d* sobre la tierra como
9.25 mis *d* han sido más ligeros que un correo
10.5 ¿son tus *d* como los *d* del hombre, o tus
10.20 ¿no son pocos mis *d*? Cesa, pues, y
14.1 el hombre nacido de mujer, corto de *d*
14.5 ciertamente sus *d* están determinados
14.6 tanto deseará, como el jornalero, su *d*
14.14 los *d* de mi edad esperaré, hasta que
15.10 mucho más avanzados en *d* que tu padre
15.20 todos sus *d*, el impío es atormentado
15.23 que le está preparado *d* de tinieblas
17.1 mi aliento se agota, se acortan mis *d*
17.11 pasaron mis *d*, fueron arrancados mis
17.12 pusieron la noche por *d*, y la luz se
18.20 sobre su *d* se espantarán. .de occidente
20.28 serán esparcidos en el *d* de su furor
21.13 pasan sus *d* en prosperidad, y en paz
21.30 que el malo es preservado en el *d* de
21.30 malo. .guardado será en el *d* de la ira
24.1 por qué los que le conocen no ven sus *d?*
24.16 las casas que de *d* para sí señalaron
27.6 no me reprochará mi corazón en. .mis *d*
29.2 como en los *d* en que Dios me guardaba
29.4 fui en los *d* de mi juventud, cuando el
29.18 decía yo. .como arena multiplicaré mis *d*
30.16 en mí; *d* de aflicción se apoderan de mí
30.27 *d* de aflicción me han sobrecogido
32.7 yo decía: Los *d* hablarán, y. .declarará
33.25 carne. .volverá a los *d* de su juventud
36.11 acabarán sus *d* en bienestar, y sus años
38.12 ¿has mandado tú a la mañana en tus *d?*
38.21 sabes. .y es grande el número de tus *d*
38.23 que tengo. .para el *d* de la guerra y de
42.17 y murió Job viejo y lleno de *d*
Sal. 1.2 sino. .en su ley medita de *d* y de noche
7.11 está airado contra el impío todos los *d*
13.2 con tristezas en mi corazón cada *d?*
18 *tít.* el *d* que le libró Jehová de mano de
18.18 me asaltaron en el *d* de mi quebranto
19.2 un *d* emite palabra a otro *d*, y una noche
20.1 Jehová te oiga el el *d* de conflicto; el
20.9 Rey nos oiga en el *d* que lo invoquemos
21.4 largura de *d* eternamente y para siempre
22.2 Dios mío, clamo de *d*, y no respondes
23.6 me seguirán todos los *d* de mi vida, y en
23.6 en la casa de Jehová moraré por largos *d*
25.5 tú eres el. .en ti he esperado todo el *d*
27.4 en la casa de. .todos los *d* de mi vida
27.5 él me esconderá en su. .en el *d* del mal
32.3 se envejecieron. .en mi gemir todo el *d*
32.4 de *d* y de noche se agravó sobre mí tu
34.12 que desea muchos *d* para ver el bien?
35.28 lengua hablará. .tu alabanza todo el *d*
37.13 reirá de él; porque ve que viene su *d*
37.18 conoce Jehová los *d* de los perfectos
37.19 y en los *d* de hambre serán saciados
38.6 estoy humillado en. .enlutado todo el *d*
38.12 hablan. .y meditan fraudes todo el *d*
39.4 y cuánta sea la medida de mis *d;* sepa yo
39.5 he aquí, diste a mis *d* término corto
41.1 en el pobre; en el *d* malo lo librará
42.3 fueron. .lágrimas mi pan de *d* y de noche
42.3,10 todos los *d:* ¿Dónde está tu Dios?
42.8 de *d* mandará Jehová su misericordia, y
44.1 la obra que hiciste en sus *d*, en los
44.15 cada *d* mi vergüenza está delante de mí
44.22 pero por causa de ti nos matan cada *d*
49.5 ¿por qué he de temer. .*d* de adversidad
50.15 e invócame en el *d* de la angustia; te
55.10 *d* y noche la rodean sobre sus muros
55.23 no llegarán a la mitad de sus *d;* pero
56.1 hombre; me oprime combatiéndome cada *d*
56.2 todo el *d* mis enemigos me pisotean
56.3 en el *d* que temo, yo en ti confío
56.5 todos los *d* ellos pervierten mi causa
56.9 vueltos atrás. .el *d* en que yo clamare
59.16 sido mi. .refugio en el *d* de mi angustia
61.6 *d* sobre *d* añadirás al rey; sus años serán
61.8 así cantaré tu. .pagando mis votos cada *d*
68.19 cada *d* nos colma de beneficios el Dios
71.8 llena mi boca. .de tu gloria todo el *d*
71.15 y tus hechos de salvación todo el *d*
71.24 lengua hablará. .tu justicia todo el *d*
72.7 florecerá en sus *d* justicia, y. .de paz
72.15 y se orará. .todo el *d* se le bendecirá
73.14 he sido azotado todo el *d*, y castigado
74.16 tuyo es el *d*, tuya también es la noche
74.22 de cómo el insensato te injuria cada *d*
77.2 al Señor busqué en el *d* de mi angustia
77.5 consideraba los *d* desde el principio
78.9 volvieron las espaldas en el *d* de la
78.14 les guio de *d* con nube, y toda la noche
78.33 consumió sus *d* en vanidad, y sus años
78.42 del *d* que los redimió de la angustia
81.3 el *d* señalado, en el *d* de nuestra fiesta
84.10 mejor es un *d* en tus atrios que mil
86.3 ten misericordia. .a ti clamo todo el *d*
86.7 el *d* de mi angustia te llamaré, porque
88.1 Jehová. .*d* y noche clamo delante de ti
88.9 te he llamado, oh Jehová, cada *d;* he
89.16 en tu nombre se alegrará todo el *d*, y
89.29 y su trono como los *d* de los cielos
89.45 has acortado los *d* de su juventud; le
90.4 mil años. .como el *d* de ayer, que pasa
90.9 nuestros *d* declinan a causa de tu ira
90.10 los *d* de nuestra edad son setenta años
90.12 enséñanos. .tal modo a contar nuestros *d*
90.14 y nos alegraremos todos nuestros *d*
90.15 alégranos conforme a los *d* que nos
91.5 no temerás el. .ni saeta que vuele de *d*
91.6 mortandad que en medio del *d* destruya
92 *tít.* salmo. Cántico para el *d* de reposo
94.13 hacerle descansar en los *d* de aflicción

DÍA ***(Continúa)***

Sal. 95.8 como en el *d* de Masah en el desierto
96.2 cantad. . anunciad de *d* en *d* su salvación
102.2 no escondas de mi tu rostro en el *d* de
102.2 apresúrate a responderme el *d* que te
102.3 mis *d* se han consumido como humo, y mi
102.8 cada *d* me afrentan mis enemigos; los
102.11 mis *d* son como sombra que se va, y me
102.23 él debilitó mi fuerza. . acortó mis *d*
102.24 mío, no me cortes en la mitad de mis *d*
103.15 el hombre, como la hierba son sus *d*
109.8 sean sus *d* pocos; tome otro su oficio
110.3 pueblo se te ofrecerá. . el *d* de tu poder
110.5 quebrantará a los reyes en el *d* de su
116.2 por tanto, le invocaré en todos mis *d*
118.24 este es el *d* que hizo Jehová; nos
119.84 ¿cuántos son los *d* de tu siervo?
119.97 ley! Todo el *d* es ella mi meditación
119.164 siete veces al *d* te alabo a causa de
121.6 el sol no te fatigará de *d*, ni la luna
128.5 veas el bien. . todos los *d* de tu vida
136.8 el sol para que señorease en el *d*
137.7 oh Jehová, recuerda. . el *d* de Jerusalén
138.3 el *d* que clamé, me respondiste; me
139.12 ti, y la noche resplandece como el *d*
140.2 en el corazón; cada *d* urden contiendas
140.7 pusiste a cubierto mi cabeza en el *d*
143.5 me acordé de los *d* antiguos; meditaba
144.4 sus *d* son como la sombra que pasa
145.2 *d* te bendeciré, y alabaré tu nombre
146.4 ese mismo *d* perecen sus pensamientos
Pr. 3.2 largura de *d* y años de vida y paz te
3.16 largura de *d* está en su mano derecha; en
4.18 va en aumento hasta que el *d* es perfecto
6.34 y no perdonará en el *d* de la venganza
7.9 a la tarde del *d*, cuando ya oscurecía, en
7.20 llevó. . el *d* señalado volverá a su casa
8.30 yo. . era su delicia de *d* en *d*, teniendo
8.34 velando a. . puertas cada *d*, aguardando
9.11 por mí se aumentarán tus *d*, y años de
10.27 el temor de Jehová aumentará los *d*
11.4 no aprovecharán las riquezas en el *d* de
15.15 todos los *d* del afligido son difíciles
16.4 ha hecho. . aun al impío para el *d* malo
21.26 hay quien todo el *d* codicia; pero el
21.31 el caballo se alista para el *d* de la
24.10 si fueres flojo en el *d* de trabajo, tus
27.1 no te jactes del *d* de mañana; porque no
27.10 ni vayas a la. . en el *d* de tu aflicción
28.16 aborrece la avaricia prolongará sus *d*
31.12 da ella bien. . todos los *d* de su vida
Ec. 2.3 en el cual se ocuparan. . *d* de su vida
2.16 los *d* venideros ya todo será olvidado
2.23 todos sus *d* no son sino dolores, y sus
5.17 todos los *d*. . comerá en tinieblas, con
5.18 gozar. . todos los *d* de su vida que Dios
5.20 no se acordará mucho de los *d* de su vida
6.3 y los *d* de su edad fueren numerosos; si
6.12 todos los *d* de la vida de su vanidad
7.1 y mejor el *d* de la muerte que el *d* del
7.14 el *d* del bien goza del bien; y en el *d*
7.15 esto he visto en los *d* de mi vanidad
7.15 impío que por su maldad alarga sus *d*
8.8 ni potestad sobre el *d* de la muerte; y
8.12 y prolongue sus *d*, con todo yo también
8.13 ni le serán prolongados los *d*, que son
8.15 le quede de su trabajo los *d* de su vida
8.16 hay quien ni de noche ni de *d* ve sueño
9.9 goza de la. . todos los *d*. . de tu vanidad
11.1 porque después de muchos *d* lo hallarás
11.8 acuérdese. . que los *d* de las tinieblas
11.9 tome placer. . en los *d* de tu adolescencia
12.1 acuérdate de tu Creador en los *d* de tu
12.1 vengan los *d* malos, y lleguen los años
Cnt. 2.17 hasta que apunte el *d*, y huyan las
3.11 le coronó su. . en el *d* de su desposorio
3.11 le coronó. . el *d* del gozo de su corazón
4.6 hasta que apunte el *d* y huyan las sombras
Is. 1.1 visión de Isaías hijo de. . en *d* de Uzías
1.13 y *d* de reposo. . no lo puedo sufrir; son
2.11,17 Jehová solo será exaltado en aquel *d*
2.12 *d* de Jehová de. . sobre todo soberbio y
2.20 aquel *d* arrojará el hombre a los topos
3.7 jurará aquel *d*, diciendo: No tomaré ese
3.18 aquel *d* quitará el Señor el atavío del
4.5 nube y oscuridad de *d*, y de noche. . fuego
4.6 habrá. . para sombra contra el calor del *d*
5.30 bramará sobre él en aquel *d* como. . mar
7.1 aconteció en los *d* de Acaz hijo de Jotam
7.17 *d* cuales nunca vinieron desde el *d* que
7.18 que aquel *d* silbará Jehová a la mosca
7.20 en aquel *d* el Señor raerá con navaja
9.4 tú quebraste su. . como en el *d* de Madián
9.14 cortará de. . rama y caña en un mismo *d*
10.3 ¿y qué haréis en el *d* del castigo?
10.17 que abrase y consuma en un *d* sus cardos
10.32 vendrá *d* cuando reposará en Nob; alzará
11.16 el *d* que subió de la tierra de Egipto
12.1 aquel *d* dirás: Cantaré a ti, oh Jehová
12.4 y diréis en aquel *d*: Cantad a Jehová
13.6 aullad, porque cerca está el *d* de Jehová
13.9 el *d* de Jehová viene, terrible, y de
13.13 se moverá. . en el *d* del ardor de su ira
13.22 está su tiempo, y sus *d* no se alargarán
14.3 y en el *d* que Jehová te dé reposo de tu
16.3 tu sombra en medio del *d* como la noche
17.7 en aquel *d* mirará el hombre a su Hacedor
17.9 aquel *d* sus ciudades fortificadas serán
17.11 el *d* que las plantes, las harás crecer
17.11 será arrebatada en el *d* de la angustia
19.16 aquel *d* los egipcios serán como mujeres
19.21 de Egipto conocerán a Jehová en aquel *d*
20.6 dirá en aquel *d* el morador de esta costa
21.8 estoy yo continuamente de *d*, y. . noches
22.5 porque *d* es de alboroto, de angustia y
22.8 y miraste en aquel *d* hacia la casa de
22.12 llamó en este *d* a llanto y a endechas
22.20 aquel *d* llamaré a mi siervo Eliaquim
22.25 aquel *d*, dice Jehová de los ejércitos
23.7 era ésta. . con muchos *d* de antigüedad?
23.15 acontecerá en aquel *d*, que Tiro será
24.21 en aquel *d*, que Jehová castigará al
24.22 serán castigados después de muchos *d*
25.9 y se dirá en aquel *d*: He aquí, éste es
26.1 aquel *d* cantarán este cántico en tierra
27.1 aquel *d* Jehová castigará con su espada
27.2 en aquel *d* cantad acerca de la viña del
27.3 la guardaré de noche y de *d*, para que
27.6 *d* vendrán cuando Jacob echará raíces
27.8 él los remueve. . en el *d* del aire solano
27.12 acontecerá en aquel *d*, que trillará
27.13 acontecerá. . en aquel *d*, que se tocará
28.5 en aquel *d* Jehová. . será por corona de
28.19 de mañana en mañana pasará, de *d* y de
28.24 ¿arará todo el *d*? ¿Romperá y quebrará
30.8 quede hasta el *d* postrero, eternamente
30.25 habrá. . aguas el *d* de la gran matanza
30.26 como la luz de siete *d*, el *d* que vendare
31.7 en aquel *d* arrojará el hombre sus ídolos
34.8 porque es *d* de venganza de Jehová, año
34.10 no se apagará de noche ni de *d*. . humo
37.3 *d* de angustia. . y de blasfemia es este *d*
37.26 desde los *d* de la antigüedad lo tengo
38.1 en aquellos *d* Ezequías enfermó de muerte
38.5 he aquí que yo añado a tus *d* quince años
38.10 dije: A la mitad de mis *d* iré a. . Seol
38.12 me consumirás entre el *d* y la noche
38.20 cánticos. . todos los *d* de nuestra vida
39.6 *d* en que será llevado a Babilonia todo
39.8 lo menos, haya paz y seguridad en mis *d*
43.13 antes que hubiera *d*, yo era, y no hay
47.9 dos. . en un mismo *d*, orfandad y viudez
48.7 ahora han sido creadas, no en *d* pasados
49.8 te oí, y en el *d* de salvación te ayudé
51.13 y todo el *d* temiste continuamente del
52.5 dice. . es blasfemado mi nombre todo el *d*
52.6 mi pueblo sabrá mi nombre. . en aquel *d*
53.10 verá linaje, vivirá por largos *d*, y la
54.9 será como en los *d* de Noé, cuando juré
56.2 guarda el *d* de reposo para no profanarlo
56.4 que guarden mis *d* de reposo, y escojan
56.6 a todos los que guarden el *d* de reposo
56.12 el *d* de mañana como este, o mucho más
58.2 que me buscan cada *d*, y quieren saber
58.3 en el *d* de vuestro ayuno buscáis vuestro
58.5 que de *d* aflija el hombre su alma, que
58.5 llamaréis esto. . *d* agradable a Jehová?
58.13 si retrajeres del *d* de reposo tu pie
58.13 de hacer tu voluntad en mi *d* santo, y
60.11 no se cerrarán de *d* ni de noche, para
60.19 el sol nunca más te. . de luz para el *d*
60.20 luz. . los *d* de tu luto serán acabados
61.2 año. . y el *d* de venganza del Dios nuestro
62.6 todo el *d* y toda la noche no callarán
63.4 el *d* de la venganza está en mi corazón
63.9 los trajo, y los levantó todos los *d* de
63.11 se acordó de los *d* antiguos, de Moisés
65.2 extendí mis manos todo el *d* a pueblo
65.5 en mi furor, fuego que arde todo el *d*
65.20 pocos *d*, ni viejo que sus *d* no cumpla
65.22 según los *d* de los árboles serán los *d*
66.8 ¿concebirá la tierra en un *d*? ¿Nacerá
66.23 de *d* de reposo en *d* de reposo, vendrán
Jer. 1.2 palabra. . que le vino en los *d* de Josías
1.3 le vino. . en *d* de Joacim hijo de Josías
1.10 te he puesto en este *d* sobre naciones y
1.18 yo te he puesto en este *d* como ciudad
2.32 se ha olvidado de mí por innumerables *d*
3.6 me dijo Jehová en *d* del rey Josías: ¿Has
3.16 en esos *d*, dice Jehová, no se dirá más
3.25 hasta este *d*, y no hemos escuchado la
4.9 en aquel *d*, dice Jehová, desfallecerá el
5.18 aquellos *d*, dice Jehová, no os destruiré
6.4 que va cayendo ya el *d*, que las sombras
7.22 *d* que los saqué de la tierra de Egipto
7.25 el *d* que vuestros padres salieron de la
7.32 vendrán *d*, ha dicho Jehová, en que no se
8.15 esperamos paz. . *d* de curación, y he aquí
9.1 para que llore *d* y noche los muertos de
9.25 que vienen *d*. . en que castigaré a todo
11.4 el cual mandé a vuestros padres el *d* que
11.5 que les daría la tierra. . como en este *d*
11.7 el *d* que les hice subir de la tierra de
11.14 no oiré en el *d* que en su. . clamen a mí
12.3 y señálalos para el *d* de la matanza
13.6 que después de muchos *d* me dijo Jehová
14.17 derramen mis ojos lágrimas noche y *d*
15.9 su sol se puso siendo aún de *d*; fue
16.9 cesar. . en vuestros *d*, toda voz de gozo
16.13 allá serviréis a dioses ajenos de *d* y
16.14 vienen *d*. . no se dirá más: Vive Jehová
17.11 en la mitad de sus *d* las dejará, y en
17.16 ni deseé *d* de calamidad, tú lo sabes
17.17 pues mi refugio eres tú en el *d* malo
17.18 sobre ellos *d* malo, y quebrántalos con
17.21 guardaos. . de llevar carga en el *d* de
17.22 ni saquéis carga de. . en el *d* de reposo
17.22 santificad el *d* de reposo, como mandé
17.24 no metiendo carga. . en el *d* de reposo
17.24 sino que santificaréis el *d* de reposo
17.27 si no me oyereis para santificar el *d*
17.27 para no traer carga ni. . en *d* de reposo
18.17 les mostraré las espaldas. . en el *d* de
19.6 vienen *d*, dice Jehová, que este lugar no
20.3 y el *d* siguiente Pasur sacó a Jeremías
20.7 cada *d* he sido escarnecido, cada cual se
20.8 ha sido para afrenta y escarnio cada *d*
20.14 maldito el *d* en que nací; el *d* en que
20.18 y que mis *d* se gastasen en afrenta?
22.30 nada próspero sucederá en todos los *d*
23.5 que vienen *d*. . en que levantaré a David
23.6 sus *d* será salvo Judá, e Israel habitará
23.7 vienen *d*. . no dirán más: Vive Jehová
23.20 en los postreros *d* lo entenderéis
25.3 el año trece de Josías. . hasta este *d*
25.33 yacerán los muertos. . en aquel *d* desde
25.34 porque cumplidos son vuestros *d* para
27.22 allí estarán hasta el *d* en que yo los
30.3 vienen *d*. . en que haré volver. . cautivos
30.7 ¡ah, cuán grande es aquel *d*! tanto, que
30.8 aquel *d*. . quebraré su yugo de tu cuello
30.24 en el fin de los *d* entenderéis esto
31.6 habrá *d* en que clamarán los guardas en
31.27 vienen *d*. . en que sembraré la casa de
31.29 en aquellos *d* no dirán más: Los padres
31.31 *d*. . en los cuales haré nuevo pacto con
31.32 el *d* que tomé su mano para sacarlos de
31.33 pacto que haré. . después de aquellos *d*
31.35 Jehová, que da el sol para luz del *d*
31.38 vienen *d*. . que la ciudad será edificada
32.14 ponlas en. . que se conserven muchos *d*
32.20 señales. . hasta este *d*. . en el *d* de hoy
32.31 desde el *d* que la edificaron hasta hoy
33.14 vienen *d*. . confirmaré la buena palabra
33.15 en aquellos *d*. . haré brotar a David un
33.16 aquellos *d* Judá será salvo, y Jerusalén
33.18 varón que. . haga sacrificio todos los *d*
33.20 pacto con el *d*. . que no haya *d* ni noche
33.25 si no permanece mi pacto con el *d* y la
34.13 hice pacto. . *d* que los saqué de tierra
35.1 palabra. . vino a Jeremías en *d* de Joacim
35.7 que moraréis en tiendas todos vuestros *d*
35.7 que viváis muchos *d* sobre la faz de la
35.8 de no beber vino en todos nuestros *d*
35.19 que esté en mi presencia todos los *d*
36.2 *d* que comencé. . los *d* de Josías hasta hoy
36.6 este rollo. . el *d* del ayuno; y las leerás
36.30 será echado al calor del *d* y al hielo
37.16 habiendo estado. . Jeremías por muchos *d*
37.21 haciéndole dar una torta de pan al *d*
38.28 de la cárcel hasta el *d* que fue tomada
39.2 a los nueve *d* del mes se abrió brecha
39.16 sucederá. . en aquel *d* en presencia tuya
39.17 en aquel *d* yo te libraré, dice Jehová
41.4 sucedió. . *d* después que mató a Gedalías
42.7 al cabo de diez *d* vino palabra de Jehová
44.2 aquí que ellas están el *d* de hoy asoladas
44.10 no se han humillado hasta el *d* de hoy
46.10 mas ese *d* será para. . *d* de retribución
46.21 vino. . el *d* de su quebrantamiento, el
46.26 será habitado como en los *d* pasados
47.4 causa del *d* que viene para destrucción
48.12 vienen *d*. . yo le enviaré trasvasadores
48.41 en aquel *d* el corazón de los valientes
49.2 vienen *d*. . haré oir clamor de guerra en
49.22 corazón de. . Edom será en aquel *d* como
49.26 hombres de guerra morirán en aquel *d*
49.39 en los últimos *d*, que haré volver a los
50.4 aquellos *d*. . vendrán los hijos de Israel
50.20 en aquellos *d*. . la maldad de Israel será
50.27 ha venido su *d*, el tiempo de su castigo
50.30 sus hombres de. . destruidos en aquel *d*
50.31 porque tu *d* ha venido, el tiempo en que
51.2 se pondrán contra ella. . en el *d* del mal
51.47 vienen *d* en que. . destruiré los ídolos
51.50 andad. . acordaos por muchos *d* de Jehová
51.52 vienen *d*. . que yo destruiré sus ídolos
52.4 diez *d* del mes, que vino Nabucodonosor
52.6 nueve *d* del mes, prevaleció el hambre
52.11 lo puso en la cárcel hasta el *d* en que
52.12 a los diez *d* del mes, que era el año 19
52.31 los veinticinco *d* del mes, Evil-merodac
52.33 comía pan. . mesa del rey. . todos los *d*
52.34 cada *d*. . todos los *d*. . hasta el *d* de su
Lm. 1.7 se acordó de los *d* su aflicción, y
1.12 me ha angustiado en el *d* de su. . furor
1.13 me dejó desolada, y con dolor todo el *d*
1.21 harás venir el *d* que has anunciado, y
2.1 y no se acordó del. . en el *d* de su furor
2.6 hecho olvidar. . los *d* de reposo en Sion
2.7 resonar su voz en. . como en *d* de fiesta

DÍA *(Continúa)*
Lm. 2.16 este es el *d* que esperábamos; lo hemos
2.18 echa lágrimas cual arroyo *d* y noche; no
2.21 mataste en el *d* de tu furor; degollaste
2.22 convocado. . como en un *d* de solemnidad
2.22 y en el *d* del furor de Jehová no hubo
3.3 contra mí. . y revolvió su mano todo el *d*
3.14 escarnio a. . burla de ellos todos los *d*
3.57 acercaste el *d* que te invoqué; dijiste
4.10 hijos les sirvieron de comida en el *d*
4.18 acercó. . fin, se cumplieron nuestros *d*
5.21 renueva nuestros *d* como al principio
Ez. 1.1 a los cinco *d* del mes, que estando yo
1.2 en el quinto año. . a los cinco *d* del mes
1.28 el arco iris que está en las nubes el *d*
2.3 se han rebelado contra mí hasta este. . *d*
3.15 permanecí siete *d* atónito entre ellos
4.4 el número de los *d* que duermas sobre él
4.5 los años. . por el número de los *d*, 390 *d*
4.6 cuarenta *d*; *d* por año, *d* por año te lo he
4.8 hasta que hayas cumplido los *d* de. . asedio
4.9 y hazte pan de ellos el número de los *d*
4.9 pan. . trescientos noventa *d* comerás de él
4.10 comida. . de peso de veinte siclos al *d*
5.2 parte quemarás. . cuando se cumplan los *d*
7.7 cercano está el *d*; *d* de tumulto, y no de
7.10 el *d*, he aquí que viene; ha salido la
7.12 el tiempo ha venido, se acercó el *d*; el
7.19 librarlos en el *d* del furor de Jehová
8.1 cinco *d* del mes, aconteció que estaba yo
12.3 prepárate. . y parte de *d* delante de sus
12.4 sacarás tus enseres de *d* delante de sus
12.7 saqué mis enseres de *d*, como enseres de
12.22 se van prolongando los *d*, y. . visión?
12.23 diles: Se han acercado aquellos *d*, y el
12.25 en vuestros *d*, oh casa rebelde, hablaré
12.27 la visión. . es para de aquí a muchos *d*
13.5 resista. . la batalla en el *d* de Jehová
16.4 *d* que naciste no fue cortado tu ombligo
16.5 que fuiste arrojada. . en el *d* que naciste
16.22 no te has acordado de los *d*. . juventud
16.43 no. . acordaste de los *d* de tu juventud
16.60 mi pacto que concerté. . en los *d* de tu
20.1 los diez *d* del mes, que vinieron algunos
20.5 el *d* que escogí a Israel, y que alcé mi
20.6 aquel *d* que les alcé mi mano, jurando
20.12 di. . mis *d* de reposo, para que fuesen
20.13,16,21,24 mis *d* de reposo profanaron
20.20 y santificad mis *d* de reposo, y sean
20.29 y fue llamada. . Bama hasta el *d* de hoy
21.25 impío príncipe. . cuyo *d* ha llegado ya
21.29 cuyo *d* vino en el tiempo de. . la maldad
22.4 has hecho acercar tu *d*, y has llegado
22.8 mis. . y mis *d* de reposo has profanado
22.14 ¿serán fuertes tus manos en los *d* en
22.24 rociada con lluvia en el *d* del furor
22.26 de mis *d* de reposo apartaron sus ojos
23.19 trayendo en memoria. . *d* de su juventud
23.38 contaminaron mi santuario en aquel *d*
23.38 aun esto. . profanaron mis *d* de reposo
23.39 entraban en mi santuario el mismo *d*
24.1 palabra. . a los diez *d* del mes, diciendo
24.2 escribe la fecha de este *d*; el rey de
24.2 puso sitio a Jerusalén este mismo *d*
24.25 el *d* que yo arrebate a. . su fortaleza
24.26 ese *d* vendrá a ti. . que haya escapado
24.27 aquel *d* se abrirá tu boca para hablar
26.1 undécimo año, en el *d* primero del mes
26.18 se estremecerán. . en el *d* de tu caída
27.27 caerán en medio de. . el *d* de tu caída
28.13 preparados para ti. . *d* de tu creación
28.15 perfecto eras. . el *d* que fuiste creado
29.1 los doce *d* del mes, vino a mí palabra
29.17 el *d* primero del mes, que vino a mí
30.2 así ha dicho. . Lamentad: ¡Ay de aquel *d*!
30.3 porque cerca está el *d*. . el *d* de Jehová
30.3 *d* de nublado, *d* de castigo de. . naciones
30.9 tendrán espanto como en el *d* de Egipto
30.18 se oscurecerá el *d*, cuando quebrante yo
30.20 a los siete *d* del mes, que vino a mí
31.1 *d* primero del mes, que vino a mí palabra
31.15 el *d* que descendió al Seol, hice. . luto
32.1 *d* primero del mes, que vino a mí palabra
32.10 se sobresaltarán. . en el *d* de tu caída
32.17 a los quince *d* del mes, que vino a mí
33.12 no lo librará el *d* que se rebelare; y
33.12 el *d* que se volviere. . el *d* que pecare
34.12 reconoce su rebaño el pastor el *d* que
34.12 fueron esparcidas el *d* del nublado y
36.33 *d* que os limpie de todas. . iniquidades
38.8 aquí a muchos *d* serás visitado; al cabo
38.10 aquel *d* subirán palabras en tu corazón
38.16 al cabo de los *d*; y te traeré sobre mi
39.8 dice. . este es el *d* del cual he hablado
39.13 célebre el *d* en que yo sea glorificado
39.22 de aquel *d* en adelante sabrá la casa de
40.1 a los diez *d* del mes, a los catorce años
40.1 aquel mismo *d* vino sobre mí la mano de
43.18 las ordenanzas del altar el *d* en que sea
43.22 al segundo *d* ofrecerás un macho cabrío
43.25 siete *d* sacrificarán un macho cabrío
43.25 un macho cabrío cada *d* en expiación
43.26 siete *d* harán expiación por el altar
43.27 y acabados estos *d*, del octavo *d* en
44.24 estarán. . santificarán mis *d* de reposo
44.26 su purificación, le contarán siete *d*
44.27 el *d* que entre al santuario, al atrio
45.17 la libación. . en los *d* de reposo y en
45.18 el *d* primero del mes, tomarás de la
45.20 así harás el séptimo *d* del mes para los
45.21 a los catorce *d* del mes, tendréis la
45.21 tendréis la pascua, fiesta de siete *d*
45.22 aquel *d* el príncipe sacrificará por sí
45.23 y en los siete *d* de la fiesta solemne
45.23 sin defecto, cada *d* de los siete *d*; y
45.23 por el pecado un macho cabrío cada *d*
45.25 a los quince *d* del mes, en la fiesta
45.25 hará como en estos siete *d* en cuanto
46.1 estará cerrada los seis *d* de trabajo, y
46.1 y el *d* de reposo se abrirá; se abrirá
46.1 se abrirá tambien el *d* de la luna nueva
46.3 adorará el pueblo. . en los *d* de reposo y
46.4 ofrecerá a Jehová en el *d* de reposo será
46.6 mas el *d* de la luna nueva, un becerro
46.12 ofrendas. . como hace en el *d* de reposo
46.13 cada *d* en holocausto un cordero de un
48.35 el nombre. . desde aquel *d*. . Jehová-sama
Dn. 1.5 les señaló el rey ración para cada *d*
1.12 que hagas la prueba. . por diez *d*, y nos
1.14 consintió. . y probó con ellos diez *d*
1.15 al cabo de los diez *d* pareció el rostro
1.18 pasados. . los *d* al fin de los cuales había
2.28 que ha de acontecer en los postreros *d*
2.44 y en los *d* de estos reyes el Dios del
5.11 en los *d* de tu padre se halló en él luz
6.7 que en el espacio de treinta *d* demande
6.10 se arrodillaba tres veces al *d*, y oraba
6.12 que en el espacio de treinta *d* pida a
6.13 sino que tres veces al *d* hace su petición
7.9 se sentó un Anciano de *d*, cuyo vestido
7.13 venía uno. . vino hasta el Anciano de *d*
7.22 hasta que vino el Anciano de *d*, y se dio
8.26 tú guarda la visión. . es para muchos *d*
8.27 y estuve enfermo algunos *d*, y cuando
9.7 en el *d* de hoy lleva todo hombre de Judá
10.2 en aquellos *d* yo Daniel estuve afligido
10.4 el *d* veinticuatro del mes primero estaba
10.12 el primer *d* que dispusiste tu corazón
10.13 se me opuso durante veintiún *d*; pero
10.14 que ha de venir. . en los postreros *d*
10.14 hacerte saber. . visión es para esos *d*
11.20 en pocos *d* será quebrantado, aunque no
11.33 por algunos *d* caerán a espada y a fuego
12.11 hasta la abominación. . habrá 1.290 *d*
12.12 bienaventurado el. . y llegue a 1.335 *d*
12.13 tú irás. . te levantarás. . al fin de los *d*
Os. 1.1 vino. . en *d* de Uzías. . en *d* de Jeroboam
1.5 en aquel *d* quebraré yo el arco de Israel
1.11 y subirán. . el *d* de Jezreel será grande
2.3 que yo. . la ponga como el *d* en que nació
2.11 haré cesar todo su. . y sus *d* de reposo
2.13 la castigaré por los *d* en que incensaba
2.15 y como en el *d* de su subida de. . Egipto
3.3 le dije: Tú serás mía durante muchos *d*
3.4 muchos *d* estarán los hijos de Israel sin
3.5 y temerán a Jehová. . en el fin de los *d*
4.5 caerás. . en el *d*, y caerá. . el profeta de
5.9 Efraín será asolado en el *d* del castigo
6.2 nos dará vida después de dos *d*; en el
6.2 el tercer *d* nos resucitará, y viviremos
7.5 en el *d* de nuestro rey los príncipes lo
9.5 ¿qué haréis en el *d* de la solemnidad, y
9.5 ¿qué haréis. . *d* de la fiesta de Jehová?
9.7 vinieron los *d* del castigo. . los *d* de la
9.9 en los *d* de Gabaa; ahora se acordará de
10.9 desde. . *d* de Gabaa has pecado, oh Israel
10.14 destruyó Salmán. . en el *d* de la batalla
12.9 te haré morar en tiendas, como en los *d*
Jl. 1.2 ¿ha acontecido esto en vuestros *d*, o en
1.15 ¡ay del *d*! porque cercano está el *d* de
2.1 porque viene el *d* de Jehová. . está cercano
2.2 *d* de tinieblas y. . *d* de nube y de sombra
2.11 porque grande es el *d* de Jehová, y muy
2.29 derramaré mi Espíritu en aquellos *d*
2.31 antes que venga el *d* grande. . de Jehová
3.1 que en aquellos *d*. . en que haré volver la
3.14 cercano está el *d* de Jehová en el valle
Am. 1.1 profetizó. . *d* de Uzías. . *d* de Jeroboam
1.14 consumirá sus palacios. . en el *d* de la
1.14 fuego. . con tempestad en *d* tempestuoso
2.16 el esforzado de. . huirá desnudo aquel *d*
3.14 que el *d* que castigue las rebeliones de
4.2 vienen. . *d* en que os llevarán con ganchos
4.4 y traed. . y vuestros diezmos cada tres *d*
5.8 y hace oscurecer el *d* como noche; el que
5.18 ¡ay de los que desean el *d* de Jehová!
5.18 ¿para qué queréis este *d* de Jehová?
5.20 ¿no será el *d* de Jehova tinieblas, y no
6.3 oh vosotros que dilatáis el *d* malo, y
8.3 cantores del templo gemirán en aquel *d*
8.9 acontecerá en aquel *d*. . que se ponga el sol
8.9 y cubriré de tinieblas la tierra en el *d*
8.10 volveré. . su postrimería como *d* amargo
8.11 vienen *d*. . en los cuales enviaré hambre
9.11 en aquel *d* yo levantaré el tabernáculo
9.13 vienen *d*. . en que el que ara alcanzará
Abd. 8 ¿no haré que perezcan en aquel *d*, dice
11 el *d* que. . llevaban extraños cautivo su
12 mirando en el *d* de. . el *d* de su infortunio
12 *d* en que se perdieron. . *d* de la angustia
13 entrado. . en el *d* de su quebrantamiento
13 haber mirado su mal. . el *d* de su quebranto
13 ni haber echado mano a sus. . en el *d* de su
14 a los que quedaban en el *d* de angustia
15 porque cercano está el *d* de Jehová sobre
Jon. 1.17 Jonás en el vientre del pez tres *d*
3.3 era Nínive ciudad. . de tres *d* de camino
3.4 a entrar por la ciudad, camino de un *d*
3.4 de aquí a 40 *d* Nínive será destruida
4.7 al venir el alba del *d* siguiente, Dios
Mi. 1.1 palabra de. . a Miqueas. . en *d* de Jotam
3.6 se pondrá el sol, y el *d* se entenebrecerá
4.6 en aquel *d*, dice. . juntaré la que cojea
5.2 salidas son desde los *d* de la eternidad
5.10 en aquel *d*, dice Jehová, que haré matar
7.4 *d* de tu castigo viene, el que anunciaron
7.11 viene el *d*. . que se edificarán tus muros
7.11 aquel *d* se extenderán los límites
7.12 en ese *d* vendrán hasta ti desde Asiria
7.15 maravillas como el *d* que saliste de
Nah. 1.7 es. . fortaleza en el *d* de la angustia
2.3 el *d* que se prepare, temblarán las hayas
3.17 que se sientan en vallados en *d* de frío
Hab. 1.5 haré una obra en vuestros *d*, que aun
3.16 estaré quieto en el *d* de la angustia
Sof. 1.1 en *d* de Josías hijo de Amón, rey de
1.7 porque el *d* de Jehová está cercano
1.8 *d* del sacrificio de Jehová castigaré a
1.9 castigaré en aquel *d* a todos los que
1.10 habrá en aquel *d*. . voz de clamor desde
1.14 cercano está el *d* grande de Jehová
1.14 amarga la voz del *d* de Jehová; gritará
1.15 *d* de ira aquel *d*, *d* de angustia y de
1.15 *d* de alboroto y. . *d* de tiniebla y. . *d* de
1.16 *d* de trompeta y de algazara sobre las
1.18 ni su oro podrá librarlos en el *d* de la
2.2 y el *d* se pase como el tamo; antes que
2.2 que el *d* de la ira de Jehová venga sobre
2.3 seréis guardados en el *d* del enojo de
2.4 saquearán a Asdod en pleno *d*, y Ecrón
3.8 esperadme. . hasta el *d* que me levante para
3.11 en aquel *d* no serás avergonzada por
Hag. 1.1 en el primer *d* del mes, vino palabra
1.15 en el *d* veinticuatro del mes sexto, en
2.1 a los veintiún *d* del mes, vino palabra
2.10 a los veinticuatro *d* del noveno mes, en
2.15 meditad. . este *d* en adelante, antes que
2.18 meditad. . desde este *d*. . el *d* veinticuatro
2.18 desde el *d* que se echó el cimiento del
2.19 todavía; mas desde este *d* os bendeciré
2.20 vino. . palabra de. . a los veinticuatro *d*
2.23 aquel *d*. . te tomaré, oh Zorobabel hijo
Zac. 1.7 a los 24 *d* del mes undécimo, que es el
2.11 se unirán muchas naciones. . en aquel *d*
3.9 quitaré el pecado de la tierra en un *d*
3.10 en aquel *d*, dice Jehová. . cada uno de
4.10 menospreciaron el *d* de las pequeñeces
6.10 irás tú en aquel *d*, y entrarás en casa
7.1 vino palabra de. . a los cuatro *d* del mes
8.4 con bordón en. . por la multitud de los *d*
8.6 parecerá maravilloso a. . en aquellos *d*
8.9 los que oís en estos *d* estas palabras de
8.9 desde el *d* que se echó el cimiento a la
8.10 antes de estos *d* no ha habido paga de
8.11 no lo haré. . como en aquellos *d* pasados
8.15 pensado hacer bien a. . Judá en estos *d*
8.23 aquellos *d* acontecerá que diez hombres
9.16 los salvará en aquel *d* Jehová su Dios
11.11 fue deshecho en ese *d*, y así conocieron
12.3 en aquel *d* yo pondré a Jerusalén por
12.4 en aquel *d*. . heriré con pánico a todo
12.6 aquel *d* pondré a los capitanes de Judá
12.8 aquel *d* Jehová defenderá al morador de
12.9 en aquel *d* yo procuraré destruir a todas
12.11 en aquel *d* habrá. . llanto en Jerusalén
13.2 aquel *d*. . quitaré de la tierra. . nombres
14.1 el *d* de Jehová viene, y en medio de ti
14.3 y peleará. . peleó en el *d* de la batalla
14.4 se afirmarán sus pies en aquel *d* sobre
14.5 huisteis. . en los *d* de Uzías rey de Judá
14.6 en ese *d* no habrá luz clara, ni oscura
14.7 será un *d*. . que no será ni *d* ni noche
14.8 aquel *d*, que saldrán de Jerusalén aguas
14.9 en aquel *d* Jehová será uno, y uno su
14.13 aquel *d* que habrá entre ellos. . pánico
14.20 en aquel *d* estará grabado sobre las
14.21 no habrá en aquel *d* más mercader en la
Mal. 3.4 será grata a. . como en los *d* pasados
3.7 desde los *d* de vuestros padres os habéis
3.17 mi especial tesoro. . el *d* en que yo actúe
4.1 aquí, viene el *d* ardiente como un horno
4.1 aquel *d* que vendrá los abrasará, ha dicho
4.3 en el *d* en que yo actúe, ha dicho Jehová
4.5 antes que venga el *d* de Jehová, grande
Mt. 2.1 Jesús nació en. . en *d* del rey Herodes
3.1 en aquellos *d* vino Juan el Bautista
4.2 y después de haber ayunado cuarenta *d* y
6.11 el pan nuestro de cada *d*, dánoslo hoy
6.34 así. . no os afanéis por el *d* de mañana
6.34 porque el *d* de mañana traerá su afán
6.34 su afán. Basta a cada *d* su propio mal

DÍA *(Continúa)*

Mt. 7.22 me dirán en aquel *d:* Señor, Señor, ¿no
9.15 *d* cuando el esposo les será quitado, y
10.15 os digo que en el *d* del juicio, será
11.12 desde los *d* de Juan. . el reino de los
11.22,24 *d* del juicio, será más tolerable
11.23 habría permanecido hasta el *d* de hoy
12.1 iba Jesús. . sembrados en un *d* de reposo
12.2 que no es lícito hacer en el *d* de reposo
12.5 el *d* de reposo. . profanan el *d* de reposo
12.8 el Hijo del Hombre es Señor del *d* de
12.10 ¿es lícito sanar en el *d* de reposo?
12.11 ésta cayere en un hoyo en *d* de reposo
12.12 lícito hacer el bien en los *d* de reposo
12.36 de ella darán cuenta en el *d* del juicio
12.40 estuvo Jonás en el. . del gran pez tres *d*
12.40 estará el Hijo. . tres *d* y tres noches
13.1 aquel *d* salió Jesús de la casa y se sentó
15.32 ya hace tres *d* que están conmigo, y no
16.21 y ser muerto, y resucitar al tercer *d*
17.1 seis *d* después, Jesús tomó a Pedro, a
17.23 le matarán; mas al tercer *d* resucitará
20.2 habiendo convenido. . en un denario al *d*
20.3 cerca de la hora tercera del *d*, vio a
20.6 ¿por qué. . aquí todo el *d* desocupados?
20.12 hemos soportado la. . y el calor del *d*
20.19 crucifiquen; mas al tercer *d* resucitará
22.23 aquel *d* vinieron a él los saduceos, que
22.46 ni osó alguno desde. . *d* preguntarle más
23.30 decís: Si hubiésemos vivido en los *d* de
24.19 ¡ay de. . de las que críen en aquellos *d!*
24.20 vuestra huida no sea en. . *d* de reposo
24.22 si aquellos *d* no fuesen acortados, nadie
24.22 por causa. . aquellos *d* serán acortados
24.29 después de la tribulación de aquellos *d*
24.36 del *d* y la hora nadie sabe, ni aun los
24.37 mas como en los *d* de Noé, así será la
24.38 *d* antes del diluvio estaban comiendo
24.38 hasta el *d* en que Noé entró en el arca
24.50 vendrá. . en *d* que éste no espera, y a la
25.13 no sabéis el *d* ni la hora en que el
26.2 que dentro de dos *d* se celebra la pascua
26.17 el primer *d* de la fiesta de los panes
26.29 hasta aquel *d* en que lo beba nuevo con
26.55 cada *d* me sentaba con. . enseñando en el
26.61 derribar el templo. . en 3 *d* reedificarlo
27.8 se llama hasta el *d* de. . Campo de sangre
27.15 en el *d* de la fiesta acostumbraba el
27.40 en tres *d* lo reedificas, sálvate a ti
27.62 al *d* siguiente, que es después de la
27.63 dijo. . Después de tres *d* resucitaré
27.64 que se asegure el. . hasta el tercer *d*
28.1 pasado el *d* de reposo, al amanecer del
28.1 al amanecer del primer *d* de la semana
28.15 ha divulgado entre. . hasta el *d* de hoy
28.20 estoy con vosotros todos los *d*, hasta

Mr. 1.9 aquellos *d*, que Jesús vino de Nazaret
1.13 estuvo allí en el desierto cuarenta *d*
1.21 los *d* de reposo, entrando en la sinagoga
2.1 entró. . en Capernaum después de algunos *d*
2.20 *d* cuando el esposo les será quitado, y
2.20 y entonces en aquellos *d* ayunarán
2.23 al pasar él por los sembrados un *d* de
2.24 ¿por qué hacen en el *d* de reposo lo que
2.27 el *d* de reposo fue hecho por causa del
2.27 no el hombre por causa del *d* de reposo
2.28 el Hijo. . es Señor aun del *d* de reposo
3.2 en el *d* de reposo le sanaría, a fin de
3.4 ¿es lícito en los *d* de reposo hacer bien
4.27 y duerme y se levanta, de noche y de *d*
4.35 aquel *d*, cuando llegó la noche, les dijo
5.5 de *d* y de noche, andaba dando voces en
6.2 el *d* de reposo, comenzó a enseñar en la
6.11 en el *d* del juicio, será más tolerable
8.1 en aquellos *d*. . había una gran multitud
8.2 ya hace tres *d* que están conmigo, y no
8.31 muerto, y resucitar después de tres *d*
9.2 seis *d* después, Jesús tomó a Pedro, a
9.31 matarán; pero. . resucitará al tercer *d*
10.34 le matarán; mas al tercer *d* resucitará
11.12 al *d* siguiente, cuando salieron de
13.17 ¡ay. . de las que críen en aquellos *d!*
13.19 aquellos *d* serán de tribulación cual
13.20 Señor no hubiese acortado aquellos *d*
13.20 por. . los escogidos. . acortó aquellos *d*
13.24 pero en aquellos *d*, después de aquella
13.32 de aquel *d* y de la hora nadie sabe, ni
14.1 dos *d* después era la pascua, y la fiesta
14.12 el primer *d* de la fiesta de los panes
14.25 no beberé. . hasta aquel *d* en que lo beba
14.49 cada *d* estaba con vosotros enseñando en
14.58 en tres *d* edificaré otro hecho sin mano
15.6 el *d* de la fiesta les soltaba un preso
15.29 que derribas. . en tres *d* lo reedificas
15.42 es decir, la víspera del *d* de reposo
16.1 pasó el *d* de reposo, María Magdalena
16.2 el primer *d* de la semana, vinieron al
16.9 resucitado Jesús. . primer *d* de la semana

Lc. 1.5 hubo en los *d* de Herodes. . un sacerdote
1.20 mudo y. . hasta el *d* en que esto se haga
1.23 y cumplidos los *d* de su ministerio, se
1.24 después de aquellos *d* concibió su mujer
1.25 los *d* en que se dignó quitar mi afrenta
1.39 en aquellos *d*, levantándose María, fue
1.59 al octavo *d* vinieron para circuncidar
1.75 justicia delante de él, todos nuestros *d*
1.80 hasta el *d* de su manifestación a Israel
2.1 en aquellos *d*. . se promulgó un edicto de
2.6 se cumplieron los *d* de su alumbramiento
2.21 cumplidos los ocho *d* para circuncidar al
2.22 se cumplieron los *d* de la purificación
2.37 sirviendo de noche y de *d* con ayunos y
2.44 camino de un *d;* y le buscaban entre los
2.46 tres *d* después le hallaron en el templo
4.2 cuarenta *d*, y era tentado por el diablo
4.2 no comió nada en aquellos *d*, pasados los
4.16 en el *d* de reposo entró en la sinagoga
4.25 muchas viudas había. . en los *d* de Elías
4.31 Jesús. . les enseñaba en los *d* de reposo
4.42 cuando ya era de *d*, salió y se fue a un
5.17 aconteció un *d*, que él estaba enseñando
5.35 mas. . *d* cuando el esposo les será quitado
5.35 les será quitado. . en aquellos *d* ayunarán
6.1 un *d* de reposo, que pasando Jesús por los
6.2 no es lícito hacer en los *d* de reposo?
6.5 el Hijo del. . es Señor aun del *d* de reposo
6.6 en otro *d* de reposo, que él entró en la
6.7 para ver si en el *d* de reposo lo sanaría
6.9 ¿es lícito en *d* de reposo hacer bien, o
6.12 en aquellos *d* él fue al monte a orar
6.13 cuando era de *d*, llamó a sus discípulos
6.23 gozaos en aquel *d*, y alegraos, porque
8.22 aconteció un *d*, que entró en una barca
9.12 el *d* comenzaba a declinar; y acercándose
9.22 que sea muerto, y resucite al tercer *d*
9.23 mismo, tome su cruz cada *d*, y sígame
9.28 como ocho *d* después. . que tomó a Pedro
9.36 por aquellos *d* no dijeron nada a nadie
9.37 al *d* siguiente, cuando descendieron del
10.12 aquel *d* será más tolerable el castigo
10.35 otro *d* al partir, sacó dos denarios
11.3 el pan nuestro de cada *d*, dánoslo hoy
12.46 vendrá. . en *d* que éste no espera, y a
13.10 enseñaba Jesús en. . en el *d* de reposo
13.14 de que Jesús hubiese sanado en el *d* de
13.14 seis *d* hay en que se debe trabajar; en
13.14 en éstos. . venid. . y no en el *d* de reposo
13.15 ¿no desata en el *d* de reposo su buey o
13.16 se le debía desatar. . en el *d* de reposo?
13.31 aquel mismo *d* llegaron unos fariseos
13.32 mañana, y al tercer *d* termino mi obra
14.1 *d* de reposo, que habiendo entrado para
14.3 ¿es lícito sanar en el *d* de reposo?
14.5 no lo sacará, aunque sea. . *d* de reposo?
15.13 no muchos *d* después, juntándolo todo el
16.19 hacía cada *d* banquete con esplendidez
17.4 si siete veces al *d* pecare contra ti, y
17.4 siete veces al *d* volviere a ti, diciendo
17.22 desearéis ver uno de los *d* del Hijo del
17.24 así. . será el Hijo del Hombre en su *d*
17.26 como fue en los *d* de Noé, así también
17.26 así. . será en los *d* del Hijo del Hombre
17.27 *d* en que entró Noé en el arca, y vino
17.28 como sucedió en los *d* de Lot; comían
17.29 el *d* en que Lot salió de Sodoma, llovió
17.30 será el *d* en que el Hijo del Hombre se
17.31 en aquel *d*, el que esté en la azotea
18.7 escogidos, que claman a él *d* y noche?
18.33 le matarán; mas al tercer *d* resucitará
19.42 en este tu *d*, lo que es para tu paz!
19.43 porque vendrán *d* sobre ti, cuando tus
19.47 enseñaba cada *d* en el templo; pero los
20.1 un *d*. . enseñando Jesús al pueblo en el
21.6 *d* vendrán en que no quedará piedra sobre
21.22 estos son *d* de retribución, para que
21.23 ¡ay. . de las que crían en aquellos *d!*
21.34 y venga de repente. . vosotros aquel *d*
21.37 enseñaba de *d* en el templo; y de noche
22.7 llegó el *d* de los panes sin levadura, en
22.53 habiendo estado con vosotros cada *d* en
22.66 era de *d*, se juntaron los ancianos del
23.7 que en aquellos *d*. . estaba en Jerusalén
23.12 se hicieron amigos Pilato y. . aquel *d*
23.29 porque he aquí vendrán *d* en que dirán
23.54 era *d* de la víspera de la pascua, y
23.54 y estaba para rayar el *d* de reposo
23.56 descansaron el *d* de reposo, conforme
24.1 el primer *d* de la semana, muy de mañana
24.7 sea crucificado, y resucite al tercer *d*
24.13 el mismo *d* a una aldea llamada Emaús
24.18 cosas que. . han acontecido en estos *d?*
24.21 ya el tercer *d* que esto ha acontecido
24.22 las que antes del *d* fueron al sepulcro
24.29 se hace tarde, y el *d* ya ha declinado
24.46 resucitase de los muertos al tercer *d*

Jn. 1.29 el siguiente *d* vio Juan a Jesús que
1.35 el siguiente *d*. . estaba Juan, y dos de
1.39 se quedaron con él aquel *d;* porque era
1.43 el siguiente *d* quiso Jesús ir a Galilea
2.1 tercer *d* se hicieron unas bodas en Caná
2.12 Capernaum. . estuvieron allí no muchos *d*
2.19 destruid este. . en tres *d* lo levantaré
2.20 templo, ¿y tú en tres *d* lo levantarás?
4.40 le rogaron que. . y se quedó allí dos *d*
4.43 dos *d* después, salió de. . y fue a Galilea
5.9 fue sanado. . Y era *d* de reposo aquel *d*
5.10 es *d* de reposo; no te es lícito llevar
5.16 hacía estas cosas en el *d* de reposo
5.18 no sólo quebrantaba el *d* de reposo, sino
6.22 el *d* siguiente, la gente que estaba al
6.39 sino que lo resucite en el *d* postrero
6.40,44,54 le resucitaré en el *d* postrero
7.22 el *d* de reposo circuncidáis al hombre
7.23 si recibe. . la circuncisión en el *d* de
7.23 enojáis. . porque en el *d* de reposo sané
7.37 el último y gran *d* de la fiesta, Jesús
8.56 Abraham. . gozó de que había de ver mi *d*
9.4 es necesario. . entre tanto que el *d* dura
9.14 era *d* de reposo cuando Jesús había hecho
9.16 ese hombre. . no guarda el *d* de reposo
11.6 se quedó dos *d* más. . lugar donde estaba
11.9 respondió. . ¿No tiene el *d* doce horas?
11.9 el que anda de *d*, no tropieza, porque
11.17 hacía ya cuatro *d* que Lázaro estaba en
11.24 yo sé que resucitará. . en el *d* postrero
11.39 Señor, hiede ya, porque es de cuatro *d*
11.53 así. . desde aquel *d* acordaron matarle
12.1 seis *d* antes de la pascua, vino Jesús
12.7 para el *d* de mi sepultura ha guardado
12.12 el siguiente *d*, grandes multitudes que
12.48 palabra. . le juzgará en el *d* postrero
14.20 en aquel *d* vosotros conoceréis que yo
16.23 en aquel *d* no me preguntaréis nada
16.26 en aquel *d* pediréis en mi nombre; y no
19.31 cuerpos no quedasen en. . el *d* de reposo
19.31 aquel *d* de reposo era de. . solemnidad
20.1 primer *d* de la semana, María Magdalena
20.19 cuando llegó la noche de aquel mismo *d*
20.26 ocho *d* después, estaban otra vez sus

Hch. 1.2 hasta el *d* en que fue recibido arriba
1.3 apareciéndoseles durante cuarenta *d* y
1.5 bautizados con el. . dentro de no muchos *d*
1.12 está cerca de. . camino de un *d* de reposo
1.15 en aquellos *d* Pedro se levantó en medio
1.22 hasta el *d* en que. . fue recibido arriba
2.1 llegó el *d* de Pentecostés, estaban todos
2.15 no. . puesto que es la hora tercera del *d*
2.17 y en los postreros *d*. . derramaré de mi
2.18 en aquellos *d* derramaré de mi Espíritu
2.20 antes que venga el *d* del Señor, grande
2.29 su sepulcro está con. . hasta el *d* de hoy
2.41 y se añadieron aquel *d* como tres mil
2.46 y perseverando. . cada *d* en el templo, y
2.47 el Señor añadía cada *d* a la iglesia los
3.2 cojo. . a quien ponían cada *d* a la puerta
3.24 todos los profetas. . anunciado estos *d*
4.3 y los pusieron en la cárcel hasta el *d*
4.5 al *d* siguiente. . se reunieron en Jerusalén
5.36 porque antes de estos *d* se levantó Teudas
5.37 se levantó Judas el. . en los *d* del censo
5.42 y todos los *d*, en el templo y por las
6.1 en aquellos *d*, como creciera el número
7.8 engendró a. . y le circuncidó al octavo *d*
7.26 al *d* siguiente, se presentó a unos de
7.45 Dios arrojó de la. . hasta los *d* de David
8.1 aquel *d* hubo una gran persecución contra
9.9 donde estuvo tres *d* sin ver, y no comió
9.19 y estuvo Saulo por algunos *d* con los
9.23 pasados muchos *d*, los judíos. . matarle
9.24 guardaban las puertas de *d* y de noche
9.37 aconteció. . aquellos *d* enfermó y murió
9.43 se quedó muchos *d* en Jope en casa de un
10.3 vio. . como a la hora novena del *d*, que un
10.9 al *d* siguiente, mientras ellos iban por
10.23 y al *d* siguiente, levantándose, se fue
10.24 otro *d* entraron en Cesarea. Y Cornelio
10.30 hace cuatro *d* que a esta hora yo estaba
10.40 a éste levantó Dios al tercer *d*, e hizo
10.48 rogaron que se quedase por algunos *d*
11.27 aquellos *d* unos profetas descendieron
12.3 eran. . los *d* de los panes sin levadura
12.18 de *d*, hubo no poco alboroto entre los
12.21 *d* señalado, Herodes, vestido de ropas
13.14 entraron en la sinagoga un *d* de reposo
13.27 los profetas que se leen todos los *d* de
13.31 se apareció durante muchos *d* a los que
13.41 hago una obra en vuestros *d*, obra que
13.42 siguiente *d* de reposo les hablasen de
13.44 el siguiente *d* de reposo se juntó casi
14.20 al *d* siguiente salió con Bernabé para
15.21 porque Moisés. . leído cada *d* de reposo
15.36 después de. . *d*, Pablo dijo a Bernabé
16.5 iglesias. . aumentaban en número cada *d*
16.11 Samotracia, y el *d* siguiente a Neápolis
16.12 estuvimos en aquella ciudad algunos *d*
16.13 y un *d* de reposo salimos fuera de la
16.18 hacía por muchos *d;* mas desagradando a
16.35 fue de *d*, los magistrados enviaron
17.2 por tres *d* de reposo discutió con ellos
17.11 escudriñando cada *d* las Escrituras para
17.17 así que discutía en. . cada *d* con los que
17.31 un *d* en el cual juzgará al mundo con
18.4 discutía en la sinagoga. . los *d* de reposo
18.18 habiéndose detenido aún muchos *d* allí
19.9 discutiendo cada *d* en la escuela de uno
20.6 pasados los *d* de los panes sin levadura
20.6 cinco *d* nos reunimos con ellos en Troas
20.6 en Troas, donde nos quedamos siete *d*
20.7 el primer *d* de la semana, reunidos los
20.7 Pablo. . habiendo de salir al *d* siguiente
20.15 al *d* siguiente llegamos delante de Quío

DÍA *(Continúa)*
Hch. 20.15 y al otro *d* tomamos puerto en Samos
20.15 el *d* siguiente llegamos a Mileto
20.16 pues se apresuraba por estar el *d* de
20.18 me he comportado..desde el primer *d*
20.26 os protesto en el *d* de hoy, que estoy
20.31 años, de noche y de *d*, no he cesado de
21.1 y al *d* siguiente a Rodas, y de allí a
21.4 quedamos allí siete *d;* y ellos decían a
21.5 cumplidos..*d*, salimos, acompañándonos
21.7 saludado..nos quedamos con ellos un *d*
21.8 al otro *d*, saliendo..fuimos a Cesarea
21.10 permaneciendo nosotros allí algunos *d*
21.15 después de esos *d*..subimos a Jerusalén
21.18 al *d* siguiente Pablo entró con nosotros
21.26 al *d* siguiente, habiéndose purificado
21.26 para anunciar el cumplimiento de los *d*
21.27 cuando estaban para cumplirse los 7 *d*
21.38 levantó una sedición antes de estos *d*
22.30 *d* siguiente, queriendo saber de cierto
23.1 vivido delante de Dios hasta el *d* de hoy
23.12 venido el *d*, algunos de los judíos
23.32 al *d* siguiente, dejando a los jinetes
24.11 no hace más de doce *d* que subí a adorar
24.24 algunos *d* después, viniendo Félix con
25.1 de Cesarea a Jerusalén tres *d* después
25.6 deteniéndose..no más de ocho o diez *d*
25.6 al siguiente *d* se sentó en el tribunal
25.13 algunos *d*, el rey Agripa y Berenice
25.14 como estuvieron allí muchos *d*, Festo
25.17 al *d* siguiente..mandé traer al hombre
25.23 al otro *d*, viniendo Agripa y Berenice
26.7 sirviendo constantemente a Dios de *d* y
26.22 persevero hasta el *d* de hoy, dando
27.3 al otro *d* llegamos a Sidón; y Julio
27.7 muchos *d* despacio, y llegando..a Gnido
27.18 pero..al siguiente *d* empezaron a alijar
27.19 al tercer *d* con nuestras propias manos
27.20 no apareciendo ni sol ni..por muchos *d*
27.29 popa, y ansiaban que se hiciese de *d*
27.33 este es el decimocuarto *d* que veláis
27.39 cuando se hizo de *d*, no reconocían la
28.7 recibió y hospedó solícitamente tres *d*
28.12 y llegados a Siracusa..allí tres *d*
28.13 otro *d* después, soplando el viento sur
28.13 sur, llegamos al segundo *d* a Puteoli
28.14 que nos quedásemos con ellos siete *d*
28.17 que tres *d* después, Pablo convocó a los
28.23 habiéndole señalado un *d*, vinieron a
Ro. 2.5 atesoras..ira para el *d* de la ira y de
2.16 el *d* en que Dios juzgará por Jesucristo
10.21 dice: Todo el *d* extendí mis manos a un
11.8 ojos con que no vean..hasta el *d* de hoy
13.12 noche está avanzada, y se acerca el *d*
13.13 andemos como de *d*, honestamente; no
14.5 uno hace diferencia entre *d* y *d;* otro
14.5 otro juzga iguales todos los *d*. Cada uno
14.6 el que hace caso del *d*, lo hace para el
14.6 el que no hace caso del *d*, para el Señor
1 Co. 1.8 que seáis irreprensibles en el *d* de
3.13 el *d* la declarará, pues por el fuego
5.5 el espíritu sea salvo en el *d* del Señor
10.8 como..y cayeron en un *d* veintitrés mil
15.4 y que resucitó al tercer *d*, conforme a
15.31 os aseguro, hermanos..que cada *d* muero
16.2 cada primer *d* de la semana cada uno de
2 Co. 1.14 somos vuestra gloria..el *d* del Señor
3.14 porque hasta el *d* de hoy, cuando leen el
3.15 aun hasta el *d* de hoy, cuando se lee a
4.16 el interior..se renueva de *d* en *d*
6.2 oído, y en *d* de salvación te he socorrido
6.2 he aquí ahora..ahora el *d* de salvación
11.25 noche y un *d* he estado como náufrago
11.28 lo que sobre mí se agolpa cada *d*, la
Gá. 1.18 a Pedro, y permanecí con él quince *d*
4.10 guardáis los *d*, los meses, los tiempos
Ef. 4.30 con el cual fuisteis sellados para el *d*
5.16 aprovechando..porque los *d* son malos
6.13 para que podáis resistir en el *d* malo
Fil. 1.5 comunión en..el primer *d* hasta ahora
1.6 la perfeccionará hasta el *d* de Jesucristo
1.10 que seáis sinceros..para el *d* de Cristo
2.16 en el *d* de Cristo yo pueda gloriarme de
3.5 circuncidado al octavo *d*, del linaje de
Col. 1.6 desde el *d* que oísteis y conocisteis
1.9 desde el *d* que lo oímos, no cesamos de
2.16 en cuanto a *d* de fiesta..o *d* de reposo
1 Ts. 2.9 trabajando de noche y de *d*, para no
3.10 orando de noche y de *d* con..insistencia
5.2 sabéis..que el *d* del Señor vendrá así como
5.4 para que aquel *d* os sorprenda como ladrón
5.5 todos..sois hijos de luz e hijos del *d*
5.8 pero nosotros, que somos del *d*, seamos
2 Ts. 1.10 cuando venga en aquel *d* para ser
2.2 el sentido de que el *d* del Señor..cerca
3.8 que trabajamos..*d* y noche, para no ser
1 Ti. 5.5 es diligente en súplicas..noche y *d*
2 Ti. 1.3 acuerdo de ti..oraciones noche y *d*
1.12 para guardar mi depósito para aquel *d*
1.18 halla misericordia..del Señor en aquel *d*
3.1 que en los postreros *d* vendrán tiempos
4.8 me dará el Señor, juez justo, en aquel *d*
He. 1.2 en estos..*d* nos ha hablado por el Hijo
3.8 en el *d* de la tentación en el desierto
3.13 exhortaos los unos a los otros cada *d*
4.4 dijo así del séptimo *d:* Y reposó Dios de
4.4 reposó Dios de..sus obras en el séptimo *d*
4.7 determina un *d:* Hoy, diciendo después de
4.8 el reposo, no hablaría después de otro *d*
5.7 Cristo, en los *d* de su carne, ofreciendo
7.3 ni tiene principio de *d*, ni fin de vida
7.27 no tiene necesidad cada *d*, como aquellos
8.8 vienen *d*..en que estableceré con la casa
8.9 el *d* que los tomé de..para sacarlos de
8.10 después de aquellos *d*, dice el Señor
10.11 sacerdote está *d* tras *d* ministrando
10.16 después de aquellos *d*, dice el Señor
10.25 más, cuanto veis que aquel *d* se acerca
10.32 traed a la memoria los *d* pasados, en
11.30 cayeron..después de rodearlos siete *d*
12.10 por pocos *d* nos disciplinaban como a
Stg. 2.15 necesidad del mantenimiento de..*d*
5.3 acumulado tesoros para los *d* postreros
5.5 engordado vuestros corazones como en *d*
1 P. 2.12 glorifiquen a Dios en el *d* de la
3.10 el que quiere..ver *d* buenos, refrene su
3.20 esperaba..en los *d* de Noé, mientras se
2 P. 1.19 alumbra..hasta que el *d* esclarezca
2.8 afligía cada *d* su alma justa, viendo y
2.9 para ser castigados en el *d* del juicio
2.13 por delicia el gozar de deleites cada *d*
3.3 que en los postreros *d* vendrán burladores
3.4 desde el *d* en que los padres durmieron
3.7 guardados para el fuego en el *d* del juicio
3.8 *d* es como mil años, y mil años como un *d*
3.10 pero el *d* del Señor vendrá como ladrón
3.12 esperando..la venida del *d* de Dios, en
3.18 sea gloria..hasta el *d* de la eternidad
1 Jn. 4.17 confianza en el *d* del juicio; pues
Jud. 6 ha guardado..para el juicio del gran *d*
Ap. 1.10 yo estaba en el Espíritu en el *d* del
2.10 y tendréis tribulación por diez *d*. Sé
2.13 aun en los *d* en que Antipas..fue muerto
4.8 y no cesaban *d* y noche de decir: Santo
6.17 porque el gran *d* de su ira ha llegado
7.15 y le sirven *d* y noche en su templo
8.12 y no hubiese luz en la tercera..del *d*
9.6 en aquellos *d*..buscarán la muerte, pero
9.15 preparados para la hora, *d*, mes y año
10.7 que en los *d* de la voz del séptimo ángel
11.3 daré a mis..que profeticen por 1.260 *d*
11.6 que no llueva en los *d* de su profecía
11.9 verán sus cadáveres por tres *d* y medio
11.11 pero después de tres *d* y medio entró
12.6 para que allí la sustenten por 1.260 *d*
12.10 los acusaba delante de..Dios *d* y noche
14.11 no tiene reposo de *d* ni de noche los
16.14 para..la batalla de aquel gran *d* del
18.8 en un solo *d* vendrán sus plagas; muerte
20.10 serán atormentados *d* y noche por los
21.25 sus puertas nunca serán cerradas de *d*

DIABLO
Mt. 4.1 fue llevado..para ser tentado por el *d*
4.5 entonces el *d* le llevó a la santa ciudad
4.8 llevó el *d* a un monte..alto; y le mostró
4.11 el *d* entonces le dejó..vinieron ángeles
13.39 el enemigo que la sembró es el *d;* la
25.41 al fuego eterno preparado para el *d* y
Lc. 4.2 cuarenta días, y era tentado por el *d*
4.3 el *d* le dijo: Si eres Hijo de Dios, dí a
4.5 llevó el *d* a un alto monte, y le mostró
4.6 y le dijo el *d:* A ti te daré toda esta
4.13 cuando el *d* hubo acabado toda tentación
8.12 luego viene el *d* y quita de su corazón
Jn. 6.70 ¿no os he escogido yo..y uno de..es *d?*
8.44 vosotros sois de vuestro padre el *d*, y
13.2 el *d* ya había puesto en el corazón de
Hch. 10.38 sanando a..los oprimidos por el *d*
13.10 hijo del *d*, enemigo de toda justicia!
Ef. 4.27 ni deis lugar al *d*
6.11 estar firmes contra las asechanzas del *d*
1 Ti. 3.6 sea que..caiga en la condenación del *d*
3.7 no caiga en descrédito y en lazo del *d*
2 Ti. 2.26 escapen del lazo del *d*, en que están
He. 2.14 tenía el imperio de la muerte..al *d*
Stg. 4.7 resistid al *d*, y huirá de vosotros
1 P. 5.8 el *d*..anda alrededor buscando a quien
1 Jn. 3.8 el que practica el pecado es del *d*
3.8 porque el *d* peca desde el principio
3.8 apareció..para deshacer las obras del *d*
3.10 en esto se manifiestan..los hijos del *d*
Jud. 9 el arcángel Miguel contendía con el *d*
Ap. 2.10 el *d* echará a algunos de..en la cárcel
12.9 la serpiente antigua, que se llama *d* y
12.12 el *d* ha descendido a vosotros con..ira
20.2 la serpiente..el *d* y Satanás; y lo ató
20.10 y el *d*..fue lanzado en el lago de fuego

DIABÓLICO
Stg. 3.15 de lo alto, sino terrenal, animal, *d*

DIACONADO
1 Ti. 3.10 ejerzan el *d*, si son irreprensibles
3.13 los que ejerzan bien el *d*, ganan para sí

DIACONISA
Ro. 16.1 Febe, la cual es *d* de la iglesia en

DIÁCONO
Fil. 1.1 están en Filipos, con los obispos y *d*
1 Ti. 3.8 los *d*..deben ser honestos, sin doblez
3.12 los *d* sean maridos de una sola mujer

DIADEMA
Éx. 29.6 y sobre la mitra pondrás la *d* santa
39.30 hicieron..la lámina de la *d* santa de
Lv. 8.9 sobre la mitra..la *d* santa, como Jehová
Job 29.14 ella..como manto y *d* era mi rectitud
Is. 28.5 por..*d* de hermosura al remanente de
62.3 y *d* de reino en la mano del Dios tuyo
Ez. 16.12 puse joyas..hermosa *d* en tu cabeza
Zac. 9.16 como piedras de *d* serán enaltecidos
Ap. 12.3 gran dragón..y en sus cabezas siete *d*
13.1 siete cabezas..y en sus cuernos diez *d*
19.12 había en su cabeza muchas *d;* y tenía

DIÁFANA
Ap. 21.11 piedra de jaspe, *d* como el cristal

DIAMANTE
Éx. 28.18; 39.11 segunda hilera..zafiro y un *d*
Job 28.17 el oro no se le igualará, ni el *d*
Jer. 17.1 escrito está con..y con punta de *d*
Ez. 3.9 *d*, más fuerte que pedernal he hecho
Zac. 7.12 pusieron su corazón como *d*, para no

DIANA *Nombre latino de la diosa Artemis de los griegos*
Hch. 19.24 que hacía de plata templecillos de *D*
19.27 el templo de..*D* sea estimado en nada
19.34 gritaron..¡Grande es *D* de los efesios!
19.35 es guardiana del templo de la..diosa *D*

DIARIA
Hch. 6.1 eran desatendidas en la distribución *d*

DIBLAIM *Padre de Gomer No. 3, Os. 1.3*

DIBLAT *=Ribla, Ez. 6.14*

DIBÓN *Ciudad de Moab (=Dibón-gad)*
Nm. 21.30 devastamos..pereció Hesbón hasta *D*
32.3 *D*, Jazer, Nimra, Hesbón, Eleale, Sebam
32.34 los hijos de Gad edificaron *D*, Atarot
Jos. 13.9 toda la llanura de Medeba, hasta *D*
13.17 Hesbón..*D*, Bamot-baal, Bet-baal-meón
Neh. 11.25 algunos habitaron..en *D* y sus aldeas
Is. 15.2 subió a Bayit y a *D*, lugares altos, a
Jer. 48.18 siéntate en tierra seca..hija de *D*
48.22 sobre *D*..Nebo, sobre Bet-diblataim

DIBÓN-GAD *=Dibón, Nm. 33.45,46*

DIBRI *Hombre de la tribu de Dan, Lv. 24.11*

DICLA *Hijo de Joctán, Gn. 10.27; 1 Cr. 1.21*

DICTAR
Est. 1.20 el decreto que *dicte* el rey será oído
Is. 10.1 ¡ay de los que *dictan* leyes injustas
Jer. 36.18 él me *dictaba* de su boca todas estas

DICHA
Gn. 30.13 dijo Lea: Para *d* mía..y llamó..Aser
Job 36.11 acabarán sus días..y sus años en *d*

DICHO *Véase también Decir*
Gn. 4.23 mujeres de Lamec, escuchad mi *d:* Que
21.11 este *d* pareció grave en gran manera a
49.21 Neftalí..que pronunciará *d* hermosos
Éx. 32.28 lo hicieron conforme al *d* de Moisés
Lv. 10.7 ellos hicieron conforme al *d* de Moisés
Nm. 14.20 yo lo he perdonado conforme a tu *d*
24.4 dijo el que oyó los *d* de Dios, el que
24.13 yo no podré traspasar el *d* de Jehová
24.16 dijo el que oyó los *d* de Jehová, y el
27.21 por el *d* de él saldrán, y por el *d* de
33.38 subió..Aarón..conforme al *d* de Jehová
35.30 por *d* de testigos morirá el homicida
Dt. 1.23 y el *d* me pareció bien; y tomé doce
17.6 por *d* de dos o de tres testigos morirá
17.6 no morirá por el *d* de un solo testigo
32.1 cielos..oiga la tierra los *d* de mi boca
34.5 y murió allí Moisés..conforme al *d* de
Jos. 17.4 él les dio..conforme al *d* de Jehová
1 S. 18.8 le desagradó este *d*, y dijo: A David
2 S. 24.19 subió David, conforme al *d* de Gad
1 Cr. 12.32 cuyo *d* seguían todos sus hermanos
2 Cr. 13.22 sus caminos y sus *d*, están escritos
Est. 1.21 hizo el rey conforme al *d* de Memucán
3.4 para ver si..mantendría firme en su *d*
Job 33.6 mí en lugar de Dios, conforme a tu *d*
Sal. 19.14 sean gratos los *d* de mi boca y la
49.13 con todo..se complacen en el *d* de ellos
55.21 los *d* de su boca son más blandos que
105.19 su palabra, el *d* de Jehová le probó
119.11 en mi corazón he guardado tus *d*, para

DICHO *(Continúa)*

Sal. 119.41 venga. . tu salvación, conforme a tu *d*
119.50 es mi consuelo. . tu *d* me ha vivificado
119.170 llegue mi. . líbrame conforme a tu *d*
119.172 hablará mi lengua tus *d*. . son justicia
138.4 te alabarán. . han oído los *d* de tu boca
Pr. 1.6 palabras de sabios, y sus *d* profundos
6.2 has quedado preso en los *d* de tus labios
16.24 panal de miel son los *d* suaves. . al alma
21.28 el hombre que oye, permanecerá en su *d*
24.23 también estos son *d* de los sabios
Is. 28.23 estad atentos. . atended, y oíd mi *d*
Lm. 3.62 *d* de los que contra mí se levantaron
Ez. 48.21 delante. . partes *d* será del príncipe
Dn. 4.17 y por *d* de los santos la resolución
Mt. 28.15 *d* se ha divulgado entre los judíos
Jn. 4.37 en esto es verdadero el *d*: Uno es el
4.42 decían. . no creemos solamente por tu *d*
21.23 este *d* se extendió entonces entre los

DICHOSO, SA

Gn. 30.13 las mujeres me dirán *d*; y llamó su
1 R. 10.8 *d* estos tus siervos. . delante de ti
2 Cr. 9.7 y *d* estos siervos tuyos que están
Sal. 34.8 Jehová; *d* el hombre que confía en él
37.37 hay un final *d* para el hombre de paz
49.18 mientras viva, llame *d* a su alma, y sea
84.12 Jehová. . *d* el hombre que en ti confía
106.3 *d* los que guardan juicio, los que hacen
137.9 *d* el que. . estrellare tus niños contra
Pr. 20.7 justo; sus hijos son *d* después de él
Is. 32.20 *d* vosotros los que sembráis junto a
Jer. 23.5 será *d*, y hará juicio y justicia en
Lm. 4.9 más *d* fueron los muertos a espada que
Hch. 26.2 me tengo por *d*, oh rey Agripa, de que
1 Co. 7.40 pero a mi juicio, más *d* será si se

DÍDIMO

Jn. 11.16 dijo entonces Tomás, llamado *D*, a
20.24 Tomás. . llamado *D*, no estaba con ellos
21.2 estaban. . Tomás llamado el *D*, Natanael

DIECINUEVE

Jos. 19.38 Horem. . *d* ciudades con sus aldeas
2 S. 2.30 faltaron de los siervos de David *d*
2 R. 25.8 siendo el año *d* de Nabucodonosor rey
Jer. 52.12 año *d* del reinado de Nabucodonosor

DIECIOCHO *Véase también Dieciocho mil*

Jue. 3.14 sirvieron. . Israel a Eglón rey. . *d* años
10.8 quebrantaron a. . hijos de Israel. . *d* años
1 R. 7.15 la altura de cada una era de *d* codos
15.1 el año *d* del rey Jeroboam hijo de Nabat
2 R. 3.1 Joram. . comenzó a reinar. . el año *d* de
22.3 a los *d* años del rey Josías, envió el
23.23 a los *d* años del rey Josías fue. . pascua
24.8 de *d* años era Joaquín cuando comenzó a
25.17 la altura de una columna era de *d* codos
1 Cr. 26.9 los hijos de Meselemías. . *d* hombres
2 Cr. 11.21 Roboam. . *d* mujeres y 60 concubinas
13.1 los *d* años del rey Jeroboam, reinó Abías
34.8 los *d* años de su reinado. . envió a Safán
35.19 pascua fue celebrada en el año *d* del
Esd. 8.18 trajeron. . Serebías con sus hijos. . *d*
Jer. 52.21 la altura de cada columna era de *d*
52.29 en el año *d* de Nabucodonosor él llevó
Lc. 13.4 o aquellos *d* sobre los cuales cayó la
13.11 desde hacía *d* años tenía. . enfermedad
13.16 que Satanás había atado *d* años, ¿no se

DIECIOCHO MIL

Jue. 20.25 derribaron. . otros *18.000* hombres de
20.44 y cayeron de Benjamín *18.000* hombres
2 S. 8.13 destrozó a *18.000* edomitas en el
1 Cr. 12.31 la media tribu de Manasés, *18.000*
18.12 Abisai. . destrozó. . *18.000* edomitas
29.7 dieron para. . *18.000* talentos de bronce
Ez. 48.35 en derredor tendrá *18.000* cañas

DIECISÉIS *Véase también Dieciséis mil, etc.*

Gn. 46.18 Zilpa. . dio a luz éstos. . *d* personas
Éx. 26.25 serán. . *d* basas: dos basas debajo de
36.30 ocho tablas, y sus basas de plata *d*
Jos. 15.41 y Maceda; *d* ciudades con sus aldeas
19.22 el Jordán; *d* ciudades con sus aldeas
2 R. 13.10 comenzó a reinar Joás. . reinó *d* años
14.21 tomó a Azarías, que era de *d* años, y
15.2 cuando comenzó a reinar era de *d* años
15.33 a reinar. . y reinó *d* años en Jerusalén
16.2 Acaz. . reinó en Jerusalén *d* años; y no
1 Cr. 4.27 hijos de Simei fueron *d*, y 6 hijas
24.4 los hijos de Eleazar, *d* cabezas de casas
2 Cr. 13.21 Abías. . engendró 22 hijos y *d* hijas
26.1 a Uzías, el cual tenía *d* años de edad
26.3 *d* años era Uzías cuando comenzó a reinar
27.1 era Jotam. . y *d* años reinó en Jerusalén
27.8 era de 25 años, y *d* reinó en Jerusalén
28.1 era Acaz. . y *d* años reinó en Jerusalén
29.17 en el día *d* del mes primero terminaron

DIECISÉIS MIL

Nm. 31.40,46 de las personas, *16.000*

DIECISÉIS MIL SETECIENTOS CINCUENTA

Nm. 31.52 el oro de la ofrenda. . *16.750* siclos

DIECISIETE *Véase también Diecisiete mil doscientos*

1 Cr. 7.11 *17.200* que salían a combatir en la
Gn. 7.11 los *d* días del mes, aquel día fueron
8.4 y reposó el arca. . a los *d* días del mes
37.2 siendo de edad de *d* años, apacentaba las
47.28 vivió Jacob en. . tierra de Egipto *d* años
1 R. 14.21 Roboam. . *d* años reinó en Jerusalén
22.51 Ocozías. . comenzó. . el año *d* de Josafat
2 R. 13.1 comenzó a reinar Joacaz. . y reinó *d*
16.1 el año *d* de Peka. . comenzó a reinar Acaz
2 Cr. 12.13 Roboam. . *d* años reinó en Jerusalén
Jer. 32.9 le pesé el dinero; *d* siclos de plata

DIECISIETE MIL DOSCIENTOS

1 Cr. 7.11 *17.200* que salían a combatir en la

DIENTE

Gn. 49.12 de vino, y sus *d* blancos de la leche
Éx. 21.24 ojo por ojo, *d* por *d*, mano por mano
21.27 saltar un *d* de su siervo, o un *d* de su
21.27 saltar un. . por su *d* le dejará ir libre
Lv. 24.20 *d* por *d*; según. . haya hecho a otro
Nm. 11.33 estaba la carne entre los *d* de ellos
Dt. 19.21 ojo por ojo, *d* por *d*, mano por mano
32.24 *d* de fieras enviaré también sobre ellos
1 S. 2.13 trayendo en su mano un garfio de 3 *d*
Job 4.10 *d* de los leoncillos son quebrantados
13.14 ¿por qué quitaré yo mi carne con mis *d*
16.9 sido contrario; crujió sus *d* contra mí
19.20 he escapado con sólo la piel de mis *d*
29.17 y de sus *d* hacía soltar la presa
41.14 rostro? Las hileras de sus *d* espantan
Sal. 3.7 los *d* de los perversos quebrantaste
35.16 truhanes, crujieron contra mí sus *d*
37.12 maquina el impío. . y cruje contra él. . *d*
57.4 sus *d* son lanzas y saetas, y su lengua
58.6 oh Dios, quiebra sus *d* en sus bocas
112.10 verá. . crujirá los *d*, y se consumirá
124.6 no nos dio por presa a los *d* de ellos
Pr. 10.26 como el vinagre a los *d*, y como el
25.19 como *d* roto y pie descoyuntado es la
30.14 hay generación cuyos *d* son espadas, y
Cnt. 4.2 tus *d* como. . ovejas trasquiladas, que
6.6 tus *d*, como manadas de ovejas que suben
Is. 5.29 crujirá los *d*, y arrebatará la presa
28.28 ni lo quebranta con los *d* de su trillo
41.15 trillo nuevo, lleno de *d*; trillarás
Jer. 31.29 los *d* de los hijos tienen la dentera
31.30 *d* de todo hombre que comiere las uvas
Lm. 2.16 boca; se burlaron, y crujieron los *d*
3.16 mis *d* quebró con cascajo, me cubrió de
Ez. 18.2 los *d* de los hijos tienen la dentera?
Dn. 7.5 en su boca tres costillas entre los *d*
7.7 la cual tenía unos *d* grandes de hierro
7.19 que tenía *d* de hierro y uñas de bronce
Jl. 1.6 sus *d* son de león, y. . muelas de león
Am. 4.6 os hice estar a *d* limpio en. . ciudades
Zac. 9.7 quitaré. . abominaciones de entre sus *d*
Mt. 5.38 que fue dicho: Ojo por ojo, y *d* por *d*
8.12; 13.42,50; 22.13; 24.51; 25.30 allí será
el lloro y el crujir de *d*
Mr. 9.18 cruje los *d*, y se va secando; y dije
Lc. 13.28 allí será el llanto y el crujir de *d*
Hch. 7.54 enfurecían. . crujían los *d* contra él
Ap. 9.8 tenían cabello. . *d* eran como de leones

DIESTRA

Gn. 24.49 y me iré a la *d* o a la siniestra
Éx. 15.6 tu *d*, oh Jehová. . tu *d*. . ha quebrantado
15.12 extendiste tu *d*; la tierra los tragó
Nm. 20.17 apartarnos a *d* ni a siniestra, hasta
Dt. 2.27 sin apartarme ni a *d* ni a siniestra
5.32 mirad. . no os apartéis a *d* ni a siniestra
17.11 no te apartarás ni a *d* ni a siniestra
17.20 ni se aparte del. . a *d* ni a siniestra
28.14 no te apartares. . ni a *d* ni a siniestra
Jos. 1.7 no te apartes. . ni a *d* ni a siniestra
23.6 sin apartaros de. . ni *d* ni a siniestra
Jue. 5.26 tendió. . su *d* al mazo de trabajadores
2 S. 20.9 y tomó Joab con la *d* la barba de
1 R. 2.19 vino Betsabé. . la cual se sentó a su *d*
Job 40.14 te confesaré que podrá salvarte tu *d*
Sal. 16.8 porque está a mi *d*, no seré conmovido
16.11 de gozo; delicias a tu *d* para siempre
17.7 salvas a los que se refugian a tu *d*
18.35 tu *d* me sustentó, y tu benignidad me
20.6 lo oirá desde. . con la potencia. . de su *d*
21.8 tu *d* alcanzará a los que te aborrecen
26.10 el mal, y su *d* está llena de sobornos
44.3 sino tu *d*, y tu brazo, y la luz de tu
45.4 y tu *d* te enseñará cosas terribles
45.9 está la reina a tu *d* con oro de Ofir
48.10 oh Dios. . de justicia está llena tu *d*
60.5 que se libren tus amados, salva con tu *d*
63.8 alma apegada a ti; tu *d* me ha sostenido
74.11 ¿por qué escondes tu *d* en tu seno?
77.10 traeré. . a la memoria los años de la *d*
80.15 planta que plantó tu *d*, y el renuevo
80.17 sea tu mano sobre el varón de tu *d*, y
89.13 tuyo. . fuerte es tu mano, exaltada tu *d*
89.25 pondré su mano. . y sobre los ríos su *d*
89.42 has exaltado la *d* de sus enemigos; has
91.7 a tu lado mil, y diez mil a tu *d*; mas
98.1 su *d* lo ha salvado, y su santo brazo
108.6 amados, salva con tu *d* y respóndeme
109.6 pon sobre él. . y Satanás esté a su *d*
109.31 él se pondrá a la *d* del pobre, para
110.1 siéntate a mi *d*, hasta que ponga a tus
110.5 el Señor está a tu *d*; quebrantará a los
118.15 justos; la *d* de Jehová hace proezas
118.16 la *d*. . es sublime; la *d*. . hace valentías
137.5 me olvidare. . pierda mi *d* su destreza
138.7 extenderás tu mano, y me salvará tu *d*
139.10 aun allí me guiará. . y me asirá tu *d*
142.4 mira a mi *d* y observa, pues no hay
144.8,11 vanidad, y cuya *d* es *d* de mentira
Is. 41.10 siempre te sustentaré con la *d* de mi
63.12 el que los guio por la *d* de Moisés con
Lm. 2.3 retiró de él su *d* frente al enemigo
Dn. 12.7 el cual alzó su *d* y su siniestra al
Zac. 12.6 consumirán a *d* y a siniestra a todos
Mt. 26.64 sentado a la *d* del poder de Dios, y
Mr. 12.36 siéntate a mi *d*, hasta que ponga tus
14.62 Hijo. . sentado a la *d* del poder de Dios
16.19 en el cielo, y se sentó a la *d* de Dios
Lc. 20.42 dijo el Señor a mi. . Siéntate a mi *d*
22.69 el Hijo del Hombre se sentará a la *d*
Hch. 2.25 porque está a mi *d*, no seré conmovido
2.33 exaltado por la *d* de Dios, y habiendo
2.34 dice: Dijo el Señor a. . Siéntate a mi *d*
5.31 a éste, Dios ha exaltado con su *d* por
7.55 vio. . a Jesús que estaba a la *d* de Dios
7.56 veo. . al Hijo del Hombre. . a la *d* de Dios
Ro. 8.34 el que además está a la *d* de Dios, el
2 Co. 6.7 armas de justicia a *d* y a siniestra
Gá. 2.9 dieron a mí y a Bernabé la *d* en señal
Ef. 1.20 y sentándole a su *d* en los lugares
Col. 3.1 donde está Cristo sentado a la *d* de
He. 1.3 se sentó a la *d* de la Majestad en las
1.13 siéntate a mi *d*, hasta que ponga a tus
8.1 el cual se sentó a la *d* del trono de la
10.12 Cristo. . se ha sentado a la *d* de Dios
12.2 y se sentó a la *d* del trono de Dios
1 P. 3.22 habiendo subido. . está a la *d* de Dios
Ap. 1.16 tenía en su *d* siete estrellas; de su
1.17 él puso su *d* sobre mí, diciéndome: No
1.20 misterio de las. . que has visto en mi *d*
2.1 el que tiene las siete estrellas en su *d*

DIESTRO *(adj.)*

Gn. 25.27 y Esaú fue *d* en la caza, hombre del
1 R. 9.27 envió Hiram. . marineros y *d* en el mar
1 Cr. 5.18 de Rubén y de Gad. . *d* en la guerra
8.40 fueron los hijos de Ulam. . flecheros *d*
12.8 muy valientes para. . *d* con escudo y pavés
2 Cr. 8.18 había enviado naves. . y marineros *d*
14.8 tuvo. . Asa ejército que. . todos hombres *d*
Cnt. 3.8 todos ellos. . *d* en la guerra; cada uno
Jer. 50.9 sus flechas son como de valiente *d*

DIEZ

Gn. 16.3 al cabo de *d* años que había habitado
18.32 volvió a decir. . quizá se hallarán. . *d*
18.32 no la destruiré. . por amor a los *d*
24.10 el criado tomó *d* camellos. . de su señor
24.22 le dio. . dos brazaletes que pesaban *d*
24.55 espere la doncella. . a lo menos *d* días
31.7 me ha cambiado el salario *d* veces; pero
31.41 serví. . has cambiado mi salario *d* veces
32.15 *d* novillos, veinte asnas y *d* borricos
42.3 y descendieron los *d* hermanos de José
45.23 a su padre envió. . *d* asnos. . y *d* asnas
Éx. 12.3 en el *d* de este mes tómese cada uno
18.21 ponlos sobre el pueblo por jefes. . de *d*
18.25 escogió. . los puso por jefes. . sobre *d*
26.1 el tabernáculo de *d* cortinas de lino
26.16 la longitud de cada tabla. . de *d* codos
27.12 atrio. . sus columnas *d*, con sus *d* basas
34.28 escribió en tablas. . los *d* mandamientos
36.8 hicieron el tabernáculo de *d* cortinas
36.21 longitud de cada tabla era de *d* codos
38.12 del lado. . sus columnas *d*, y sus *d* basas
Lv. 16.29 los *d* días del mes, afligiréis. . almas
23.27 a los *d* de este mes séptimo será el
25.9 harás tocar. . la trompeta. . a los *d* días
26.26 cocerán *d* mujeres. . pan en un horno
27.5,7 estimarás en. . y a la mujer en *d* siclos
Nm. 7.14,20,26,32,38,44,50,56,62,68,74,80 una
cuchara de oro de *d* siclos
7.86 de *d* siclos cada cuchara, al siclo del
11.19 no comeréis. . ni *d* días, ni veinte días
11.32 el que menos, recogió *d* montones; y las
14.22 y me han tentado ya *d* veces, y no han
29.7 el *d* de este mes séptimo tendréis santa
29.23 el cuarto día, *d* becerros, dos carneros
Dt. 1.15 y los puse por jefes. . de 50 y de *d*
4.13 los *d* mandamientos, y los escribió en
10.4 escribió. . los *d* mandamientos que Jehová
33.2 y vino de entre *d* millares de santos
33.17 son los *d* millares de Efraín, y ellos
Jos. 4.19 el pueblo subió del Jordán el día *d*
15.57 Caín. . Timna; *d* ciudades con sus aldeas

DIEZ *(Continúa)*

Jos. 17.5 le tocaron a Manasés *d* partes además de
21.5 obtuvieron por suerte *d* ciudades de las
21.26 las ciudades. . fueron *d* con sus ejidos
22.14 y a *d* príncipes con él: un príncipe por
Jue. 6.27 tomó *d* hombres de sus siervos, e hizo
12.11 después. . Elón. . juzgó a Israel *d* años
17.10 yo te daré *d* siclos de plata por año
20.10 tomaremos *d* hombres de cada ciento por
Rt. 1.4 los cuales. . habitaron allí unos *d* años
4.2 él tomó a *d* varones de los ancianos de
1 S. 1.8 dijo. . ¿No te soy yo mejor que *d* hijos?
17.17 toma. . estos *d* panes, y llévalo pronto
17.18 estos *d* quesos de leche los llevarás
25.5 entonces envió David *d* jóvenes y les dijo
25.38 *d* días después, Jehová hirió a Nabal
2 S. 15.16 y dejó el rey *d* mujeres concubinas
18.11 me hubiera placido darte *d* siclos de
18.15 *d* jóvenes escuderos de Joab. . hirieron
20.3 tomó el rey las *d* mujeres concubinas que
1 R. 4.23 *d* bueyes gordos, 20 bueyes de pasto
6.3 ancho delante de la casa era de *d* codos
6.23 querubines. . cada uno de *d* codos de altura
6.24 había *d* codos desde la punta de una ala
6.25 el otro querubín tenía *d* codos; porque
6.26 altura del uno era de *d* codos, y. . del otro
7.10 piedras de *d* codos y piedras de 8 codos
7.23 hizo fundir. . mar de *d* codos de un lado
7.24 y rodeaban. . unas bolas. . *d* en cada codo
7.27 hizo también *d* basas de bronce, siendo
7.37 de esta forma hizo *d* basas, fundidas de
7.38 *d* fuentes de bronce. . sobre. . las *d* basas
7.43 las *d* basas. . *d* fuentes sobre las basas
11.31 y dijo a. . Toma para ti los *d* pedazos
11.31 rompo el reino. . y a ti daré *d* tribus
11.35 el reino. . lo daré a ti, las *d* tribus
14.3 toma. . *d* panes, y tortas, y una vasija de
2 R. 5.5 llevando consigo *d* talentos de plata
5.5 él, llevando consigo. . *d* mudas de vestidos
13.7 no le había quedado. . sino. . *d* carros, y
15.17 reinó Manahem hijo. . sobre Israel *d* años
20.9 ¿avanzará. . *d* grados, o retrocederá *d*
20.10 fácil cosa es que la sombra decline *d*
20.10 no que la sombra vuelva atrás *d* grados
20.11 hizo volver la sombra. . *d* grados atrás
25.1 los *d* días del mes, que Nabucodonosor
25.25 vino Ismael hijo. . y con él *d* varones
1 Cr. 6.61 dieron por suerte *d* ciudades de la
2 Cr. 4.1 hizo. . un altar. . de *d* codos de altura
4.2 hizo un mar. . tenía *d* codos de un borde
4.3 calabazas que. . *d* en cada codo alrededor
4.6 hizo también *d* fuentes, y puso cinco a
4.7 *d* candeleros de oro según su forma, los
4.8 hizo *d* mesas y las puso en el templo, 5 a
14.1 reinó. . tuvo sosiego el país por *d* años
36.9 Joaquín. . reinó tres meses y *d* días en
Esd. 8.24 aparté. . con ellos *d* de sus hermanos
Neh. 4.12 los judíos. . nos decían hasta *d* veces
5.18 y cada *d* días vino en toda abundancia
11.1 traer uno de cada *d* para que morase en
Est. 9.10 *d* hijos de Amán hijo de Hamedata
9.12 los judíos han matado. . a *d* hijos de Amán
9.13 que cuelguen en. . a los *d* hijos de Amán
9.14 Susa, y colgaron a los *d* hijos de Amán
Job 19.3 ya me habéis vituperado *d* veces; ¿no
Sal. 3.6 no temeré a *d* millares de gente, que
Ec. 7.19 fortalece al sabio más que *d* poderosos
Is. 5.10 *d* yugadas de viña producirán un bato
38.8 haré volver la sombra. . *d* grados atrás
38.8 y volvió el sol *d* grados atrás, por los
Jer. 41.1 príncipes del rey y *d* hombres con él
41.2 se levantó Ismael. . y los *d* hombres que
41.8 fueron hallados *d* hombres que dijeron
42.7 al cabo de *d* días vino palabra de Jehová
52.4 *d* días del mes, que vino Nabucodonosor
52.12 a los *d* días del mes, que era el año
Ez. 20.1 *d* días del mes, que vinieron algunos
24.1 palabra. . a los *d* días del mes, diciendo
40.1 a los *d* días del mes, a los catorce años
40.11 midió el ancho de la entrada. . *d* codos
41.2 el ancho de la puerta era de *d* codos
42.4 había un corredor de *d* codos de ancho
45.14 *d* batos serán un homer. . *d* batos son un
Dn. 1.12 que hagas la prueba. . por *d* días, y nos
1.14 consintió, pues. . probó con ellos *d* días
1.15 al cabo de los *d* días pareció al rostro
1.20 los halló *d* veces mejores que todos los
7.7 he aquí la cuarta bestia. . tenía *d* cuernos
7.20 acerca de los *d* cuernos que tenía en su
7.24 y los *d* cuernos. . se levantarán *d* reyes
Am. 5.3 la que salga con ciento volverá con *d*
6.9 que si *d* hombres quedaren en una casa
Hag. 2.16 al montón de veinte efas, y había *d*
Zac. 5.2 un rollo que vuela. . *d* codos de ancho
8.23 que *d* hombres de las naciones de toda
Mt. 20.24 cuando los *d* oyeron esto, se enojaron
25.1 semejante a *d* vírgenes que tomando sus
25.28 quitadle, pues. . y dadlo al que tiene *d*
Mr. 10.41 cuando lo oyeron los *d*, comenzaron a
Lc. 15.8 mujer que tiene *d* dracmas, si pierde
17.12 le salieron al encuentro *d*. . leprosos
17.17 ¿no son *d* los que fueron limpiados?
19.13 llamando a *d* siervos. . les dio *d* minas
19.16 vino. . Señor, tu mina ha ganado *d* minas
19.17 fiel, tendrás autoridad sobre *d* ciudades
19.24 mina, y dadla al que tiene las *d* minas
19.25 ellos le dijeron: Señor, tiene *d* minas
Hch. 25.6 deteniéndose. . no más de 8 o *d* días
Ap. 2.10 tendréis tribulación por *d* días. Sé fiel
12.3 he aquí un gran dragón. . tenía. . *d* cuernos
13.1 una bestia que tenía. . *d* cuernos; y en
13.1 que tenía. . y en sus cuernos *d* diademas
17.3 bestia. . tenía siete cabezas y *d* cuernos
17.7 la cual tiene las siete. . y los *d* cuernos
17.12 *d* cuernos que has visto, son *d* reyes
17.16 los *d* cuernos que viste en la bestia

DIEZMAR

Dt. 14.22 *diezmarás* todo el producto del grano
26.12 cuando acabes de *diezmar*. . tus frutos
1 S. 8.15 *diezmará* vuestro grano y vuestras
8.17 *diezmará* también vuestros rebaños, y
Mt. 23.23; Lc. 11.42 ¡ay de. . *diezmáis* la menta

DIEZ MIL

Lv. 26.8 de vosotros perseguirán a *10.000*, y
Dt. 32.30 dos hacer huir a *10.000*, si su Roca
Jue. 1.4 hirieron de ellos. . a *10.000* hombres
3.29 mataron de los moabitas como *10.000*
4.6 toma. . *10.000* hombres de la tribu de
4.10 y subió con *10.000* hombres a su mando
4.14 descendió. . *10.000* hombres en pos de él
7.3 y se devolvieron de. . y quedaron *10.000*
20.10 tomaremos diez. . y mil de cada *10.000*
20.34 vineron contra Gabaa *10.000* hombres
1 S. 15.4 pasó revista. . *10.000* hombres de Judá
17.18 Saúl hirió a sus. . y David a sus *10.000*
18.8 a David dieron *10.000*, y a mí miles; no
21.11; 29.5 hirió Saúl. . David a sus *10.000?*
2 S. 18.3 vales tanto como *10.000* de nosotros
1 R. 5.14 al Líbano de *10.000* en *10.000* cada
2 R. 13.7 diez carros, y *10.000* hombres de a pie
14.7 mató. . a *10.000* edomitas en el Valle de
24.14 llevó en cautiverio a. . *10.000* cautivos
1 Cr. 29.7 dieron para. . *10.000* dracmas de oro
29.7 oro, *10.000* talentos de plata, y 18.000
2 Cr. 25.11 mató de los hijos de Seir *10.000*
25.12 de Judá tomaron vivos a otros *10.000*
27.5 *10.000*. . de trigo, y *10.000* de cebada
30.24 dieron al pueblo mil. . y *10.000* ovejas
Est. 3.9 y yo pesaré *10.000* talentos de plata
Sal. 91.7 caerán a tu lado mil, y *10.000* a tu
Cnt. 5.10 mi amado es. . señalado entre *10.000*
Ez. 45.1 y *10.000* de ancho. . será santificado
45.3 medirás en. . en ancho *10.000*, en lo cual
45.5 y *10.000* de ancho, lo cual será para los
48.9 la porción que. . tendrá. . *10.000* de ancho
48.10 la porción santa. . de *10.000* de anchura
48.10 y de *10.000* de ancho al oriente, y de
48.13 la de los levitas. . de *10.000* de anchura
48.13 toda la longitud. . la anchura de *10.000*
48.18 quedare. . *10.000*. . al oriente y *10.000*
Mi. 6.7 agradará. . de *10.000* arroyos de aceite
Mt. 18.24 presentado uno que le debía *10.000*
Lc. 14.31 si puede hacer frente con *10.000* al
1 Co. 4.15 porque aunque tengáis *10.000* ayos
14.19 a otros, que *10.000* palabra en lengua

DIEZMO

Gn. 14.20 bendito. . le dio Abram los *d* de todo
28.22 de todo lo que me dieres, el *d* apartaré
Lv. 27.30 el *d* de. . es cosa dedicada a Jehová
27.31 si alguno quisiere rescatar algo del *d*
27.32 todo *d*. . el *d* será consagrado a Jehová
Nm. 18.21 dado a los hijos de Leví todos los *d*
18.24 los levitas he dado por heredad los *d*
18.26 toméis. . los *d* que os he dado de ellos
18.26 presentaréis. . a Jehová el *d* de los *d*
18.28 así ofreceréis. . de todos vuestros *d* que
Dt. 12.6,11 allí llevaréis vuestros. . vuestros *d*
12.17 ni comerás en tus. . el *d* de tu grano, de
14.23 comerás delante de. . el *d* de tu grano
14.28 sacarás todo el *d* de tus productos de
26.12 el *d* de tus frutos en el. . el año del *d*
2 Cr. 31.5 trajeron. . los *d* de todas las cosas
31.6 *d* de las vacas y. . *d* de lo santificado
31.12 en ellas depositaron. . los *d* y las cosas
Neh. 10.37 y el *d* de nuestra tierra para los
10.38 cuando los levitas recibiesen el *d*
10.38 que los levitas llevarían el *d* del *d*
12.44 y de los *d*, para recoger en ellas, de
13.5 en la cual guardaban antes. . *d* del grano
13.12 Judá trajo el *d* del grano, del vino y
Am. 4.4 id. . traed. . vuestros *d* cada tres días
Mal. 3.8 en qué te hemos robado? En vuestros *d*
3.10 todos los *d* al alfolí y haya alimento
Lc. 18.12 ayuno dos. . doy *d* de todo lo que gano
He. 7.2 a quien asimismo dio Abraham los *d* de
7.4 a quien aun Abraham el patriarca dio *d*
7.5 mandamiento de tomar. . los *d* según la ley
7.6 tomó de Abraham los *d*, y bendijo al que
7.8 aquí. . reciben los *d* hombres mortales; pero
7.9 pagó el *d* también Leví, que recibe los *d*

DIFAMAR

1 Co. 4.13 nos *difaman*, y rogamos. . escoria del
Tit. 3.2 a nadie *difamen*. . amables. . con todos

DIFERENCIA

Éx. 11.7 Jehová hace *d* entre los egipcios y los
Lv. 11.47 hacer *d* entre lo inmundo y lo limpio
20.25 haréis *d* entre animal limpio e inmundo
2 Cr. 14.11 para ti no hay *d* alguna en dar ayuda
Job 37.16 ¿has conocido tú las *d* de las nubes
Ez. 22.26 lo santo y lo profano no hicieron *d*
Mal. 3.18 discerniréis la *d* entre el justo y el
Hch. 15.9 ninguna *d* hizo entre nosotros y ellos
Ro. 3.22 los que creen en él. Porque no hay *d*
10.12 no hay *d* entre judío y griego, pues
14.5 uno hace *d* entre día y día; otro juzga
1 Co. 7.34 hay. . *d* entre la casada y la doncella

DIFERENTE

Est. 1.7 daban a beber. . y en vasos *d* unos de
3.8 y sus leyes son *d* de las de todo pueblo
Ez. 16.34 lo contrario de. . por esto has sido *d*
Dn. 7.3 y cuatro bestias. . *d* la una de la otra
7.7 y era muy *d* de todas las bestias que vi
7.19 era tan *d* de todas las otras, espantosa
7.23 el cual será *d* de todos los otros reinos
7.24 otro, el cual será *d* de los primeros
Lc. 21.11 grandes terremotos, y en *d* lugares
Ro. 12.6 teniendo *d* dones, según la gracia que
1 Co. 15.41 una estrella es *d* de otra en gloria
Gá. 1.6 alejado del. . para seguir un evangelio *d*
1.8 os anunciare otro evangelio *d* del que os
1.9 si alguno os predica *d* evangelio del que

DIFERIR

Is. 48.9 por amor de mi nombre *diferiré* mi ira
Gá. 4.1 en nada *difiere* del esclavo, aunque es

DIFÍCIL

Gn. 18.14 ¿hay para Dios alguna cosa *d?*
Éx. 18.26 asunto *d* lo traían a Moisés, y ellos
Dt. 1.17 la causa que os fuere *d*, la traeréis
17.8 cuando alguna. . te fuere *d* en el juicio
30.11 no es demasiado *d* para ti, ni. . lejos
1 S. 14.6 pues no es *d* para Jehová salvar con
2 S. 13.2 parecía. . sería *d* hacerle cosa alguna
1 R. 10.1 la reina. . a probarle con preguntas *d*
2 R. 2.10 dijo: Cosa *d* has pedido. Si me vieres
2 Cr. 9.1 para probar a Salomón con preguntas *d*
Pr. 15.15 todos los días del afligido son *d*
Is. 33.19 pueblo de lengua *d* de entender, de
Jer. 32.17 Señor. . ni hay nada que sea *d* para ti
32.27 Dios. . ¿habrá algo que sea *d* para mí?
Ez. 3.5 no eres enviado a pueblo. . de lengua *d*
3.6 no a muchos pueblos de. . ni de lengua *d*
Dn. 2.11 el asunto que el rey demanda es *d*, y no
Mt. 23.4 atan cargas pesadas y *d* de llevar, y
Mr. 10.24 ¡cuán *d* les es entrar en el reino a
He. 5.11 y *d* de explicar, por cuanto os habéis
1 P. 2.18 amos. . también a los *d* de soportar
2 P. 3.16 hay algunas *d* de entender, las cuales

DIFÍCILMENTE

Mt. 19.23 *d* entrará un rico en el reino de los
Mr. 10.23; Lc. 18.24 *d* entrarán en el reino
Hch. 14.18 *d* lograron impedir que la multitud

DIFICULTAD

2 S. 20.6 halle para sí ciudades. . nos cause *d*
Dn. 5.16 resolver *d*. Si ahora puedes leer esta
Hch. 27.8 y costeándola con *d*, llegamos a un
27.16 Clauda. . con *d* pudimos recoger el esquife
1 P. 4.18 si el justo con *d* se salva, ¿en dónde

DIFUNDIR

Mt. 4.24 y se *difundió* su fama por toda Siria
9.26 y se *difundió* la fama de esto por toda
Mr. 1.28; Lc. 4.14 se *difundió* su fama por toda
Lc. 4.37 fama se *difundía* por todos los lugares
Hch. 13.49 y la palabra del Señor se *difundía*

DIFUNTO

Rt. 4.5 debes tomar también a Rut. . mujer del *d*
4.10 para restaurar el nombre del *d* sobre su
Lc. 7.12 he aquí que llevaban a enterrar a un *d*

DIGERIR

1 S. 1.14 ¿hasta cuando. . ebria? *Digiere* tu vino

DIGNAMENTE

1 Co. 12.23 menos dignos, a éstos vestimos. . *d*

DIGNARSE

Éx. 8.9 *dígnate* indicarme cuando debo orar por
1 S. 1.11 si te *dignares* mirar a la aflicción
Lc. 1.25 se *dignó* quitar mi afrenta entre los

DIGNIDAD

Gn. 49.3 principal en *d*, principal en poder
Nm. 27.20 y pondrás de tu *d* sobre él, para que
2 Cr. 15.16 a Maaca madre. . la depuso de su *d*

DIGNIDAD *(Continúa)*
Dn. 4.36 mi *d* y mi grandeza volvieron a mí, y
Hab. 1.7 de ella..procede su justicia y su *d*
Jud. 6 y a los ángeles que no guardaron su *d*

DIGNO, NA
Dt. 21.22 cometido algún crimen *d* de muerte
1 S. 26.16 vive Jehová, que sois *d* de muerte
2 S. 12.5 que el que tal hizo es *d* de muerte
19.28 la casa de mi padre era *d* de muerte
22.4 invocaré a Jehová, quien es *d* de ser
1 R. 2.26 vete a..pues eres *d* de muerte; pero
1 Cr. 16.25 y *d* de suprema alabanza, y de ser
Sal. 18.3 invocaré a Jehová, quien es *d* de ser
48.1 grande es Jehová, y *d* de ser en gran
96.4; 145.3 grande..y *d* de suprema alabanza
Jer. 51.18 vanidad son, obra *d* de burla; en el
Ez. 16.56 no..tu hermana Sodoma *d* de mención
Dn. 9.4 Dios..*d* de ser temido, que guardas el
Mt. 3.8 haced..frutos *d* de arrepentimiento
3.11 cuyo calzado yo no soy *d* de llevar, es
8.8 no soy *d* de que entres bajo mi techo
10.10 porque el obrero es *d* de su alimento
10.11 informaos quién en ella sea *d*, y posad
10.13 si la casa fuere *d*, vuestra paz vendrá
10.13 si no fuere *d*, vuestra paz se volverá
10.37(2) ama..más que a mí, no es *d* de mí
10.38 el que no toma su cruz..no es *d* de mí
22.8 mas los que fueron convidados no eran *d*
Mr. 1.7 a quien no soy *d* de desatar encorvado
14.64 todos..declarándole ser *d* de muerte
Lc. 3.8 haced, pues, frutos *d* de arrepentimiento
3.16 no soy *d* de desatar la correa de su
7.4 le rogaron..Es *d* de que le concedas esto
7.6 no soy *d* de que entres bajo mi techo
7.7 que ni aun me tuve por *d* de venir a ti
10.7 porque el obrero es *d* de su salario
12.48 el que sin conocerla hizo cosas *d* de
15.19,21 ya no soy *d* de ser llamado tu hijo
20.35 los que fueren tenidos por *d* de alcanzar
21.36 que seáis tenidos por *d* de escapar de
23.15 nada *d* de muerte ha hecho este hombre
23.22 ningún delito *d* de muerte he hallado en
Jn. 1.27 yo no soy *d* de desatar la correa del
Hch. 5.41 haber sido tenidos por *d* de padecer
13.25 de quien no soy *d* de desatar el calzado
13.28 y sin hallar en él causa *d* de muerte
13.46 no os juzgáis *d* de la vida eterna, he
23.29 ningún delito tenía *d* de muerte o de
25.11 si..cosa alguna *d* de muerte he hecho
25.25 que ninguna cosa *d* de muerte ha hecho
26.20 haciendo obras *d* de arrepentimiento
26.31 cosa *d* ni de muerte ni de prisión ha
Ro. 1.32 que practican tales..son *d* de muerte
16.2 que la recibáis en el Señor, como es *d*
1 Co. 12.23 que nos parecen menos *d*, a éstos
15.9 no soy *d* de ser llamado apóstol, porque
15.19 los más *d* de conmiseración de todos los
Ef. 4.1 andéis como es *d* de la vocación con que
Fil. 1.27 os comportéis como es *d* del evangelio
4.8 si algo *d* de alabanza, en esto pensad
Col. 1.10 para que andéis como es *d* del Señor
1 Ts. 2.12 que anduvieseis como es *d* de Dios
2 Ts. 1.3 dar gracias a Dios por vosotros..es *d*
1.5 que seáis tenidos por *d* del reino de Dios
1.11 Dios os tenga por *d* de su llamamiento
1 Ti. 1.15 palabra fiel y *d* de ser recibida por
4.9 palabra fiel es..y *d* de ser recibida por
5.17 por *d* de doble honor, mayormente los que
5.18 dice..*D* es el obrero de su salario
6.1 tengan a sus amos por *d* de todo honor
He. 3.3 de..mayor gloria que Moisés es..*d* éste
11.38 de los cuales el mundo no era *d*
3 Jn. 6 encaminarlos como es *d* de su servicio
Ap. 3.4 andarán..en vestiduras blancas..son *d*
4.11 *d* eres de recibir la gloria y la honra
5.2 ¿quién es *d* de abrir el libro y desatar
5.4 no se había hallado a ninguno *d* de abrir
5.9 *d* eres de tomar el libro y de abrir sus
5.12 Cordero que fue inmolado es *d* de tomar

DILACIÓN
Dn. 2.8 ponéis *d*, porque veis que el asunto se
Hch. 25.17 habiendo venido ellos..sin ninguna *d*

DILATADO
Is. 9.7 lo *d* de su imperio..no tendrán límite

DILATAR
Am. 6.3 oh vosotros que *dilatáis* el día malo

DILEÁN *Aldea de Judá*, **Jos. 15.38**

DILIGENCIA
Nm. 32.17 e iremos con *d* delante de..de Israel
Dt. 4.9 guárdate, y guarda tu alma con *d*, para
13.14 y buscarás y preguntarás con *d;* y si
Jos. 22.5 solamente..con *d* cuidéis de cumplir
23.11 guardad, pues, con *d* vuestras almas
2 Cr. 24.5 poned *d*..los levitas no pusieron *d*
Job 29.16 que no entendía, me informaba con *d*
Pr. 12.27 haber precioso del hombre es la *d*
Mt. 2.8 id..y averiguad con *d* acerca del niño
Lc. 1.3 después de haber investigado con *d*
15.8 barre..y busca con *d* hasta encontrarla?
Ro. 12.11 en lo que requiere *d*, no perezosos
2 Co. 8.8 poner a prueba, por medio de la *d* de
8.22 *d* hemos comprobado repetidas veces en
Gá. 2.10 lo cual también procuré con *d* hacer
Ef. 5.15 mirad, pues, con *d* cómo andéis, no
2 Ti. 2.15 procura con *d* presentarte a Dios
He. 2.1 que con más *d* atendamos a las cosas que
2 P. 1.5 poniendo toda *d* por esto mismo, añadid
1.15 yo procuraré con *d* que después de mi
3.14 procurad con *d* ser hallados por él sin

DILIGENTE
Esd. 7.6 era escriba *d* en la ley de Moisés, que
Sal. 16.4 de aquellos que sirven *d* a otro dios
Pr. 10.4 mano..mas la mano de los *d* enriquece
12.24 la mano de los *d* señoreará; mas la
13.4 mas el alma de los *d* será prosperada
21.5 los pensamientos del *d*..a la abundancia
27.23 sé *d* en conocer el estado de tus ovejas
Is. 11.3 y le hará entender *d* en el temor de
2 Co. 8.22 mucho más *d* por la mucha confianza
1 Ti. 5.5 y es *d* en súplicas y oraciones noche

DILIGENTEMENTE
Hch. 18.25 enseñaba *d* lo concerniente al Señor

DILUVIO
Gn. 6.17 traigo un *d* de aguas sobre la tierra
7.6 era Noé de 600 años cuando el *d*..vino
7.7 por causa de las aguas del *d* entró Noé
7.10 al séptimo día las aguas del *d* vinieron
7.17 fue el *d* 40 días sobre la tierra; y las
9.11 y no exterminaré ya más..con aguas de *d*
9.11 ni habrá más *d* para destruir la tierra
9.15 y no habrá más *d* de aguas para destruir
9.28 y vivió Noé después del *d* 350 años
10.1 a quienes nacieron hijos después del *d*
10.32 las naciones en la tierra después del *d*
11.10 Sem..a Arfaxad, dos años después del *d*
Sal. 29.10 Jehová preside en el *d*, y se sienta
Mt. 24.38 los días antes del *d* estaban comiendo
24.39 no entendieron hasta que vino el *d* y se
Lc. 17.27 y vino el *d* y los destruyó a todos
2 P. 2.5 trayendo el *d* sobre el..de los impíos

DIMENSIÓN
Job 11.9 su *d* es más extensa que la tierra

DIMNA *Ciudad de los levitas en Zabulón*, **Jos. 21.35**

DIMÓN *Lugar desconocido*, **Is. 15.9**

DIMONA *Población en el Neguev*, **Jos. 15.22**

DINA *Hija de Jacob*
Gn. 30.21 dio a luz una..y llamó su nombre *D*
34.1 salió *D* la hija de Lea..ver a las hijas
34.3 su alma se apegó a *D* la hija de Jacob
34.5 Siquem había amancillado a *D* su hija
34.11 Siquem también dijo al padre de *D* y a
34.13 cuanto había amancillado a *D* su hermana
34.25 Simeón y Leví, hermanos de *D*, tomaron
34.26 tomaron a *D* de casa de Siquem, y se
46.15 además su hija *D:* treinta y tres las

DINABA *Ciudad de Bela, rey edomita*, **Gn. 36.32; 1 Cr. 1.43**

DINERO
Gn. 17.12 comprado por *d* a cualquier extranjero
17.13 el nacido en tu..y el comprado por tu *d*
17.23 a todos los comprados por su *d*, a todo
17.27 casa y el comprado del extranjero por *d*
23.16 y pesó Abraham a Efrón el *d* que dijo
42.25 devolviesen el *d* de cada uno de ellos
42.27 su *d* que estaba en la boca de su costal
42.28 mi *d* se me ha devuelto, y helo aquí en
42.35 el atado de su *d;* y viendo ellos..su *d*
43.12 doble cantidad de *d*, y..el *d* vuelto en
43.15 tomaron en su mano doble cantidad de *d*
43.18 por el *d* que fue devuelto en nuestros
43.21 el *d*..estaba en la boca de su costal
43.21 nuestro *d* en su justo peso; y lo hemos
43.22 en nuestras manos otro *d* para comprar
43.22 puesto nuestro *d* en nuestros costales
43.23 os dio el tesoro..yo recibí vuestro *d*
44.1 y pon el *d* de cada uno en la boca de su
44.2 pondrás mi copa..con el *d* de su trigo
44.8 el *d* que hallamos en..costales, te lo
47.14 recogió José todo el *d* que había en
47.14 y metió José el *d* en casa de Faraón
47.15 acabado el *d*..vino todo Egipto a José
47.15 moriremos..por haberse acabado el *d?*
47.16 vuestros ganados, si se ha acabado el *d*
47.18 el *d*..se ha acabado..nada ha quedado
Éx. 12.44 todo siervo..comprado por *d* comerá de
21.11 y si ninguna..saldrá de gracia, sin *d*
21.35 venderá el buey vivo y partirán el *d*
22.25 cuando prestares *d* a uno de mi pueblo
30.16 y tomarás de..el *d* de las expiaciones
Lv. 22.11 cuando..comprare algún esclavo por *d*
25.37 no le darás tu *d* a usura, ni..víveres
25.51 rescate, del *d* por el cual se vendió
27.18 hará la cuenta del *d* conforme a los años
Nm. 3.48 darás a Aarón..*d* del rescate de los
3.49 tomó, pues, Moisés el *d* del rescate de
3.50 recibió..de Israel, en *d*, 1.365 siclos
3.51 Moisés dio el *d* a Aarón y a sus hijos
Dt. 2.6 compraréis de ellos por *d* los alimentos
2.28 la comida me venderás por *d*, y comeré
2.28 agua también me darás por *d*, y beberé
14.25 guardarás el *d* en tu mano, y vendrás
14.26 y darás el *d* por todo lo que deseas
21.14 no la venderás por *d*, ni la tratarás
23.19 no exigirás..interés de *d*, ni interés
Jos. 7.21 escondido bajo tierra..y el *d* debajo
7.22 escondido en su tienda, y el *d* debajo
7.24 tomaron a Acán hijo de..el *d*, el manto
24.32 Jacob compró de..por cien piezas de *d*
Jue. 5.19 mas no llevaron ganancia alguna de *d*
16.18 vinieron a..trayendo en su mano el *d*
17.2 aquí el *d* está en mi poder; yo lo tomé
17.3 he dedicado el *d* a Jehová por mi hijo
17.4 él devolvió el *d* a su madre, y tomó su
1 R. 21.2 dame tu viña..pagaré su valor en *d*
21.6 dije que me diera su viña por *d*, o que
21.15 la viña..que no te la quiso dar por *d*
2 R. 12.4 el *d* consagrado que se suele traer a
12.4 el *d* del rescate..el *d* que cada uno de
12.7 no toméis..el *d* de vuestros familiares
12.8 en no tomar más *d* del pueblo, ni tener
12.9 ponían allí todo el *d* que se traía a la
12.10 cuando veían que había mucho *d* en el
12.10 venía..y contaban el *d* que hallaban en
12.11 daban el *d*..a los que hacían la obra
12.13 de aquel *d* que se traía a la casa de
12.15 en cuyas manos el *d* era entregado, para
12.16 el *d* por el pecado, y el *d* por la culpa
15.20 e impuso Manahem este *d* sobre Israel
22.4 y dile que recoja el *d* que han traído
22.7 no se les tome cuenta del *d* cuyo manejo
22.9 siervos han recogido el *d* que se halló
23.35 hizo avaluar..para dar el *d*..a Faraón
2 Cr. 24.5 recoged *d* de todo Israel, para que
24.11 cuando veían que había mucho *d*, venía
24.11 lo hacían de día en..y recogían mucho *d*
24.14 trajeron al rey..lo que quedaba del *d*
34.9 dieron el *d* que había sido traído a la
34.14 al sacar el *d* que había sido traído a
34.17 reunido el *d* que se halló en la casa de
Esd. 3.7 dieron *d* a los albañiles y carpinteros
7.17 comprarás, pues..con este *d* becerros
Neh. 5.4 tomado prestado *d* para el tributo del
5.10 también..les hemos prestado *d* y grano
5.11 les devolváis..la centésima parte del *d*
13.2 sino que dieron *d* a Balaam para que los
Job 31.39 si comí su sustancia sin *d*, o afligí
42.11 cada uno de ellos le dio una pieza de *d*
Sal. 15.5 quien su *d* no dio a usura, ni contra
Pr. 7.20 la bolsa de *d* llevó en su mano; el día
Ec. 5.10 el que ama el *d*, no se saciará de *d*
7.12 escudo es la ciencia, y escudo es el *d*
10.19 el vino alegra..y el *d* sirve para todo
Is. 43.24 no compraste..caña aromática por *d*
52.3 dice..por tanto, sin *d* seréis rescatados
55.1 y los que no tienen *d*..comprad sin *d*
55.2 ¿por qué gastáis el *d* en lo que no es
Jer. 32.9 pesé el *d;* diecisiete siclos de plata
32.10 hice certificar..pesé el *d* en balanza
32.25 has dicho: Cómprate la heredad por *d*
32.44 heredades comprarán por *d*, y harán
Lm. 5.4 nuestra agua bebemos por *d;* compramos
Am. 2.6 porque vendieron por *d* al justo, y al
8.6 para comprar los pobres por *d*, y los
Mi. 3.11 sacerdotes..profetas adivinan por *d*
Sof. 1.11 destruidos..todos los que traían *d*
Mt. 25.18 cavó en..y escondió el *d* de su señor
25.27 haber dado mi *d* a los banqueros, y al
28.12 consejo dieron mucho *d* a los soldados
28.15 ellos, tomando el *d*, hicieron como se
Mr. 6.8 no llevasen..ni pan, ni *d* en el cinto
12.41 cómo el pueblo echaba *d* en el arca; y
14.11 ellos, al oírlo..prometieron darle *d*
Lc. 9.3 no toméis..*d;* ni llevéis dos túnicas
19.15 siervos a los cuales había dado el *d*
19.23 no pusiste mi *d* en el banco, para que
22.5 se alegraron, y convinieron en darle *d*
Hch. 7.16 que a precio de *d* compró Abraham de
8.18 cuando vio Simón que por..les ofreció *d*
8.20 Pedro le dijo: Tu *d* perezca contigo
8.20 que el don de Dios se obtiene con *d*
24.26 esperaba..que Pablo le diera *d* para
1 Ti. 6.10 de todos los males es el amor al *d*

DINTEL
Éx. 12.7 pondrán en los dos postes y en el *d*
12.22 el *d* y los dos postes con la sangre que
12.23 cuando vea la sangre en el *d* y en los
Sof. 2.14 el erizo dormirán en sus *d;* su voz

DIONISIO *Hombre prominente de Atenas*, **Hch. 17.34**

DIOS *Véase también Diosa*

Gn. 1.1 en el principio creó *D* los cielos y la
1.2 Espíritu de *D* se movía sobre. .las aguas
1.3 y dijo *D:* Sea la luz; y fue la luz
1.4 vio *D* que la luz era buena; y separó *D*
1.5 llamó *D* a la luz Día, y a las tinieblas
1.6 dijo *D:* Haya expansión en medio de. .aguas
1.7 hizo *D* la expansión, y separó las aguas
1.8 llamó *D* a la expansión Cielos. Y fue la
1.9 dijo también *D:* Júntense las aguas que
1.10 llamó *D* a lo seco Tierra. .y vio *D* que
1.11 dijo *D:* Produzca la tierra hierba verde
1.12 hierba verde. .Y vio *D* que era bueno
1.14 luego *D:* Haya lumbreras en la expansión
1.16 e hizo *D* las dos grandes lumbreras; la
1.17 las puso *D* en la expansión de los cielos
1.18 de las tinieblas. Y vio *D* que era bueno
1.20 dijo *D:* Produzcan las. .seres vivientes
1.21 y creó *D* los grandes monstruos marinos
1.21 y toda ave alada. .Y vio *D* que era bueno
1.22 y *D* los bendijo, diciendo: Fructificad
1.24 luego dijo *D:* Produzca la tierra seres
1.25 e hizo *D* animales de la tierra según su
1.25 todo animal que. .Y vio *D* que era bueno
1.26 *D:* Hagamos al hombre a nuestra imagen
1.27 creó *D* al hombre a su. .a imagen de *D* lo
1.28 los bendijo *D*, y les dijo: Fructificad
1.29 y dijo *D:* He aquí que os he dado toda
1.31 vio *D* todo lo que había hecho, y he aquí
2.2 y acabó *D* en el día séptimo la obra que
2.3 bendijo *D* al día septimo. .lo santificó
2.4 el día que Jehová *D* hizo la tierra y los
2.5 Jehová *D* aún no había hecho llover sobre
2.7 Jehová *D* formó al hombre del polvo de la
2.8 y Jehová *D* plantó un huerto en Edén, al
2.9 *D* hizo nacer de la tierra todo árbol
2.15 tomó. .Jehová *D* al hombre, y lo puso en
2.16 mandó Jehová *D* al hombre, diciendo: De
2.18 dijo. .*D:* No es bueno que el hombre esté
2.19 *D* formó. .de la tierra toda bestia del
2.21 *D* hizo caer sueño profundo sobre Adán
2.22 de la costilla que. .*D* tomó del hombre
3.1 los animales. .que Jehová *D* había hecho
3.1 ¿conque *D* os ha dicho: No comáis de todo
3.3 del fruto. .dijo *D:* No comeréis de él, ni
3.5 que sabe *D* que el día que comáis de él
3.5 seréis como *D*, sabiendo el bien y el mal
3.8 oyeron la voz de. .*D* que se paseaba en el
3.8 escondieron de la presencia de. .*D* entre
3.9 *D* llamó al hombre, y le dijo: ¿Dónde estás
3.11 *D* le dijo: ¿Quién te enseñó que estabas
3.13 *D* dijo a la mujer: ¿Qué es lo que has
3.14 *D* dijo a la serpiente. .maldita serás
3.21 *D* hizo al hombre y a su mujer túnicas
3.22 dijo Jehová *D*. .el hombre es como uno de
4.25 *D* (dijo ella) me ha sustituido otro hijo
5.1 que creó *D* al hombre, a semejanza de *D* lo
5.22 caminó Enoc con *D*. .300 años, y engendró
5.24 caminó, pues, Enoc con *D*, y. .le llevó *D*
6.2 viendo los hijos de *D* que las hijas de
6.4 se llegaron los hijos de *D* a las hijas
6.9 Noé, varón justo, era. .con *D* caminó Noé
6.11 y se corrompió la tierra delante de *D*
6.12 miró *D* la tierra, y. .estaba corrompida
6.13 dijo, pues, *D* a Noé: He decidido el fin
6.22 hizo conforme a todo lo que *D* le mandó
7.9,16 macho y hembra, como mandó *D* a Noé
8.1 acordó *D* de Noé, y de todos los animales
8.1 hizo pasar *D* un viento sobre la tierra
8.15 entonces habló *D* a Noé, diciendo
9.1 bendijo *D* a Noé y a sus hijos, y les dijo
9.6 porque a imagen de *D* es hecho el hombre
9.8 y habló *D* a Noé y a sus hijos con él
9.12 dijo *D:* Esta es la señal del pacto que
9.16 del pacto perpetuo entre *D* y todo ser
9.17 dijo, pues, *D* a Noé: Esta es la señal
9.26 bendito por Jehová mi *D* sea Sem, y sea
9.27 engrandezca *D* a Jafet, y habite en las
14.18 Melquisedec, rey. .y sacerdote del *D*
14.19 bendito sea Abram del *D* Altísimo
14.20 bendito sea el *D* Altísimo, que entregó
14.22 he alzado mi mano a Jehová *D* Altísimo
16.13 tú eres *D* que ve; porque dijo: ¿No he
17.1 le dijo: Yo soy el *D* Todopoderoso; anda
17.3 se postró. .y *D* habló con él, diciendo
17.7 para ser tu *D*, y el de tu descendencia
17.8 tu descendencia. .y seré el *D* de ellos
17.9 dijo de nuevo *D* a Abraham: En cuanto a
17.15 dijo también *D* a Abraham: A Sarai tu
17.18 Abraham a *D:* Ojalá Ismael viva delante
17.19 respondió *D:* Ciertamente. .dará a luz
17.22 con él, y subió *D* de estar con Abraham
17.23 circuncidó la. .como *D* le había dicho
18.14 ¿hay para *D* alguna cosa difícil?
19.29 cuando destruyó *D* las ciudades de la
19.29 *D* se acordó de Abraham, y envió fuera
20.3 *D* vino a Abimelec en sueños de noche
20.6 le dijo *D* en sueños: Yo también sé que
20.11 no hay temor de *D* en este lugar, y me
20.13 cuando *D* me hizo salir errante de la
20.17 Abraham oró a *D;* y *D* sanó a Abimelec
21.2 hijo. .en el tiempo que *D* le había dicho
21.4 y circuncidó. .como *D* le había mandado
21.6 *D* me ha hecho reir, y cualquiera que lo
21.12 dijo *D* a Abraham: No te parezca grave
21.17 oyó *D* la voz del. .y el ángel de *D* llamó
21.17 porque *D* ha oído la voz del muchacho
21.19 *D* le abrió los ojos, y vio una fuente
21.20 y *D* estaba con el muchacho; y creció
21.22 *D* está contigo en todo cuanto haces
21.23 júrame aquí por *D*, que no faltarás a
21.33 invocó. .el nombre de Jehová *D* eterno
22.1 probó *D* a Abraham, y le dijo: Abraham
22.3 y Abraham. .fue al lugar que *D* le dijo
22.8 *D* se proveerá de cordero. .el holocausto
22.9 cuando llegaron al lugar que *D* le había
22.12 ya conozco que temes a *D*, por cuanto
23.6 eres un príncipe de *D* entre nosotros
24.3 *D* de los cielos y *D* de la tierra, que
24.7 Jehová, *D* de los cielos, que me tomó de
24.12 *D* de mi señor Abraham, dame, te ruego
24.27 bendito. .*D* de mi amo Abraham, que no
24.42 Jehová, *D* de mi señor Abraham, si tú
24.48 bendije a Jehová *D* de mi señor Abraham
25.11 que *D* bendijo a Isaac su hijo; y habitó
26.24 soy el *D* de Abraham tu padre; no temas
27.20 Jehová tu *D* hizo que la encontrase
27.28 *D*, pues, te dé del rocío del cielo, y
28.3 el *D* omnipotente te bendiga, y te haga
28.4 heredes la tierra. .que *D* dio a Abraham
28.12 ángeles de *D* que subían y descendían
28.13 yo soy. .*D* de Abraham. .y el *D* de Isaac
28.17 no es otra cosa que casa de *D*, y puerta
28.20 si fuere *D* conmigo, y me guardare en
28.21 si volviere en paz. .Jehová será mi *D*
28.22 y esta piedra. .señal, será casa de *D*
30.2 ¿soy yo acaso *D*, que te impidió el fruto
30.6 me juzgó *D*, y también oyó mi voz, y me
30.8 con luchas de *D* he contendido con mi
30.17 oyó *D* a Lea; y concibió, y dio a luz
30.18 dijo Lea: *D* me ha dado mi recompensa
30.20 dijo Lea: *D* me ha dado una buena dote
30.22 se acordó *D* de Raquel, y la oyó *D*, y
30.23 hijo, y dijo: *D* ha quitado mi afrenta
31.5 mas el *D* de mi padre ha estado conmigo
31.7 *D* no le ha permitido que me hiciese mal
31.9 así quitó *D* el ganado de vuestro padre
31.11 me dijo el ángel de *D* en sueños: Jacob
31.13 soy el *D* de Bet-el, donde tú ungiste la
31.16 la riqueza que *D* ha quitado a. .padre
31.16 pues, haz todo lo que *D* te ha dicho
31.24 vino *D* a Labán arameo en sueños. .noche
31.29 mas el *D* de tu padre me habló anoche
31.30 te ibas. .¿por qué me hurtaste mis *d?*
31.32 en cuyo poder hallares tus *d*, no viva
31.42 si el *D* de mi padre, *D* de Abraham y
31.42 pero *D* vio mi aflicción y el trabajo
31.50 mira, *D* es testigo entre nosotros dos
31.53 el *D* de Abraham y el *D* de Nacor juzgue
31.53 juzgue. .nosotros, el *D* de sus padres
32.1 le salieron al encuentro ángeles de *D*
32.2 y dijo Jacob. .Campamento de *D* es este
32.9 *D* de mi padre Abraham, y *D* de. .Isaac
32.28 has luchado con *D* y con. .y has vencido
32.30 porque dijo: Vi a *D* cara a cara, y fue
33.5 son los niños que *D* ha dado a tu siervo
33.10 como si hubiera visto el rostro de *D*
33.11 acepta. .porque *D* me ha hecho merced
35.1 *D* a Jacob: Levántate y sube a Bet-el
35.1 haz allí un altar al *D* que te apareció
35.2 quitad los *d*. .que hay entre vosotros
35.3 haré allí altar al *D* que me respondió
35.4 así dieron a Jacob todos los *d* ajenos
35.5 terror de *D* estuvo sobre las ciudades
35.7 allí le había aparecido *D* cuando huía
35.9 apareció otra vez *D* a Jacob, cuando
35.10 le dijo *D:* Tu nombre es Jacob; no se
35.11 dijo *D:* Yo soy el *D* omnipotente; crece
35.13 y se fue de él *D*, del lugar en donde
35.15 donde *D* había hablado con él, Bet-el
39.9 ¿cómo. .haría. .mal, y pecaría contra *D?*
40.8 José: ¿No son de *D* las interpretaciones?
41.16 *D*. .que dé respuesta propicia a Faraón
41.25 *D* ha mostrado a Faraón lo que va a
41.28 lo que *D* va hacer, lo ha mostrado a
41.32 cosa es firme de parte de *D*, y que *D*
41.38 otro. .en quien esté el espíritu de *D?*
41.39 que *D* te ha hecho saber todo esto, no
41.51 *D* me hizo olvidar todo mi trabajo, y
41.52 *D* me hizo fructificar en la tierra de
42.18 José: Haced esto, y vivid: Yo temo a *D*
42.28 otro: ¿Qué es esto que nos ha hecho *D?*
43.14 el *D* Omnipotente os dé misericordia
43.23 vuestro *D* y el *D* de vuestro padre os
43.29 *D* tenga misericordia de ti, hijo mío
44.16 *D* ha hallado la maldad de tus siervos
45.5 para preservación de vida me envió *D*
45.7 *D* me envió delante de vosotros, para
45.8 no me enviasteis acá vosotros, sino *D*
45.9 *D* me ha puesto por señor de todo Egipto
46.1 y ofreció sacrificios al *D* de su padre
46.2 habló *D* a Israel en visiones de noche
46.3 y dijo: Yo soy *D*, el *D* de tu padre; no
48.3 el *D* Omnipotente me apareció en Luz en
48.9 son mis hijos, que *D* me ha dado aquí
48.11 *D* me ha hecho ver. .a tu descendencia
48.15 el *D* en cuya presencia anduvieron mis
48.15 el *D* que me mantiene desde que yo soy
48.20 diciendo: Hágate *D* como a Efraín y como
48.21 yo muero, pero *D* estará con vosotros
49.25 el *D* de tu padre, el cual te ayudará
49.25 el *D* Omnipotente, el cual te bendecirá
50.17 la maldad de los siervos del *D* de tu
50.19 José. .¿acaso estoy yo en lugar de *D?*
50.20 mas *D* lo encaminó a bien, para hacer
50.24,25 *D* ciertamente os visitará, y

Éx. 1.17 pero las parteras temieron a *D*, y no
1.20 *D* hizo bien a las parteras; y el pueblo
1.21 por haber las parteras temido a *D*, él
2.23 subió a *D* el clamor de ellos con motivo
2.24 oyó *D* el gemido de ellos, y se acordó
2.25 miró *D* a los hijos de. .y los reconoció *D*
3.1 ovejas. .y llegó hasta Horeb, monte de *D*
3.4 llamó *D* de en medio de la zarza, y dijo
3.6 y dijo: Yo soy el *D* de tu padre
3.6,15 *D* de Abraham, *D* de Isaac y *D* de Jacob
3.6 rostro, porque tuve miedo de mirar a *D*
3.11 Moisés respondió a *D:* ¿Quién soy yo para
3.12 señal. .serviréis a *D* sobre este monte
3.13 dijo Moisés a *D:* He aquí que llego yo a
3.13 el *D* de vuestros padres me ha enviado
3.14 respondió *D*. .Yo SOY EL QUE SOY. Y dijo
3.15 dijo *D* a Moisés. .*D* de vuestros padres
3.16 Jehová, el *D* de nuestros padres, el *D*
3.18 y le diréis: Jehová el *D* de los hebreos
3.18 que ofrezcamos sacrificios a Jehová. .*D*
4.5 creerán que. .ha aparecido Jehová, el *D*
4.5 *D* de Abraham, *D* de Isaac y *D* de Jacob
4.16 boca, y tú serás para él en lugar de *D*
4.20 tomó. .Moisés la vara de *D* en su mano
4.27 lo encontró en el monte de *D*, y le besó
5.1 Jehová el *D* de Israel dice así: Deja ir
5.3 el *D* de los hebreos nos ha encontrado
5.3 y ofreceremos sacrificios a. .nuestro *D*
5.8 y ofrezcamos sacrificios a nuestro *D*
6.2 habló todavía *D* a Moisés, y le dijo: Yo
6.3 aparecí a Abraham. .como *D* Omnipotente
6.7 tomaré por mi pueblo y seré vuestro *D*
6.7 sabréis que yo soy Jehová vuestro *D*, que
7.1 mira, yo te he constituido *d* para Faraón
7.16 dile: Jehová el *D* de los hebreos me ha
8.10 que conozcas que no hay como. .nuestro *D*
8.19 dijeron a Faraón: Dedo de *D* es éste
8.25 ofreced sacrificio a vuestro *D* en la
8.26 ofreceríamos a. .*D* la abominación de
8.27 y ofreceremos sacrificios a. .nuestro *D*
8.28 para que ofrezcáis sacrificios a. .*D* en
9.1,13 Jehová, el *D* de los hebreos, dice así
9.28 orad. .para que cesen los truenos de *D*
9.30 ni tú. .temeréis. .presencia de Jehová *D*
10.3 Jehová el *D* de los hebreos ha dicho así
10.7 deja ir. .para que sirvan a Jehová su *D*
10.8 dijo: Andad, servid a Jehová vuestro *D*
10.16 he pecado contra Jehová vuestro *D*, y
10.17 oréis a Jehová. .*D* que quite de mí al
10.25 que sacrifiquemos para Jehová nuestro *D*
10.26 hemos de tomar para servir. .nuestro *D*
12.12 ejecutaré mis juicios en todos los *d*
13.17 *D* no los llevó por el camino. .filisteos
13.17 dijo *D:* Para que no se arrepienta el
13.18 hizo *D* que el pueblo rodease por el
13.19 *D*. .visitará, y haréis subir mis huesos
14.19 y el ángel de *D* que iba delante del
15.2 es mi *D*, y lo alabaré; *D* de mi padre
15.11 ¿quién como tú, oh Jehová, entre los *d?*
15.26 dijo: Si oyeres. .la voz de Jehová tu *D*
16.12 y sabréis que yo soy Jehová vuestro *D*
17.9 yo estaré. .y la vara de *D* en mi mano
18.1 las cosas que *D* había hecho con Moisés
18.4 el *D* de mi padre me ayudó, y me libró
18.5 vino a Moisés en. .junto al monte de *D*
18.11 Jehová es más grande que todos los *d*
18.12 tomó Jetro, suegro. .sacrificios para *D*
18.12 con el suegro de Moisés delante de *D*
18.15 pueblo viene a mí para consultar a *D*
18.16 juzgo. .y declaro las ordenanzas de *D*
18.19 yo te aconsejaré, y *D* estará contigo
18.19 está tu. .delante de *D*, y somete. .a *D*
18.21 varones de virtud, temerosos de *D*
18.23 si esto hicieres, y *D* te lo mandare
19.3 y Moisés subió a *D;* y Jehová lo llamó
19.17 Moisés sacó. .pueblo para recibir a *D*
19.19 Moisés hablaba, y *D* le respondía con
20.1 habló *D* todas estas palabras, diciendo
20.2 soy Jehová tu *D*, que te saqué de. .Egipto
20.3 no tendrás *d* ajenos delante de mí
20.5 yo soy Jehová tu *D*, fuerte, celoso, que
20.7 no tomarás el nombre de. .tu *D* en vano
20.10 séptimo día es reposo para Jehová tu *D*
20.12 se alarguen en la tierra que. .*D* te da
20.19 no hable *D* con nosotros. .no muramos
20.20 no temáis; porque para probaros vino *D*
20.21 acercó a la oscuridad en la. .estaba *D*
20.23 no hagáis conmigo *d* de plata, ni *d* de
21.13 no. .sino que *D* lo puso en sus manos
22.20 que ofreciere sacrificio a *d* excepto
23.13 y nombre de otros *d* no mentaréis, ni
23.19 primicias. .traerás a la casa de. .tu *D*
23.24 no te inclinarás a. .*d*, ni los servirás
23.25 mas a Jehová vuestro *D* serviréis, y él
23.32 no harás alianza con ellos, ni. .sus *d*

DIOS ***(Continúa)***

Éx. 23.33 que te hagan pecar. .sirviendo a sus *d*
24.10 vieron al *D* de Israel; y había debajo
24.11 y vieron a *D*, y comieron y bebieron
24.13 se levantó Moisés. .subió al monte de *D*
29.45 habitaré entre. .de Israel, y seré su *D*
29.46 que yo soy Jehová su *D*. .Yo Jehová su *D*
31.3 y lo he llenado del Espíritu de *D*, en
31.18 dos tablas. .escritas con el dedo de *D*
32.1 haznos *d* que vayan delante de nosotros
32.4 estos son tus *d*, que te sacaron. .Egipto
32.8 dicho: Israel, estos son tus *d*, que te
32.11 Moisés oró en presencia de Jehová su *D*
32.16 tablas eran obra de *D*. .escritura de *D*
32.23 dijeron: Haznos *d* que vayan delante de
32.27 ha dicho Jehová, el *D* de Israel: Poned
32.31 un gran pecado. .se hicieron *d* de oro
34.14 no te has de inclinar a ningún otro *d*
34.14 Jehová, cuyo nombre es. .*D* celoso es
34.15 en pos de sus *d*. .sacrificios a sus *d*
34.16 fornicando sus hijas en pos de sus *d*
34.16 harán fornicar. .pos de los *d* de ellas
34.17 no te harás *d* de fundición
34.23 varón tuyo delante. .Señor *D* de Israel
34.24 delante de Jehová tu *D* tres veces en
34.26 las primicias. .llevarás a la casa de. .*D*
34.29 su rostro resplandecía. .hablado con *D*
34.35 velo. .hasta que entraba a hablar con *D*
35.31 y lo ha llenado del Espíritu de *D*, en
Lv. 2.13 que falte. .la sal del pacto de tu *D*
4.22 jefe. .hiciere por yerro algo contra. .*D*
11.44 yo soy Jehová vuestro *D*. .seréis santos
11.45 hago subir. .Egipto para ser vuestro *D*
18.2 habla. .diles: Yo soy Jehová vuestro *D*
18.4 mis ordenanzas. .Yo Jehová vuestro *D*
18.21 no contamines así el nombre de tu *D*
18.30 no os contaminéis. .Yo Jehová vuestro *D*
19.2 porque santo soy yo Jehová vuestro *D*
19.3 mis días de. .guardaréis. Yo Jehová. .*D*
19.4 ni haréis para vosotros *d* de fundición
19.10 para el pobre y. .Yo Jehová vuestro *D*
19.12 profanando así el nombre de tu *D*. Yo
19.14 que tendrás temor de tu *D*. Yo Jehová
19.25 crecer su fruto. Yo Jehová vuestro *D*
19.31 ni a los adivinos. .Yo Jehová vuestro *D*
19.32 y de tu *D* tendrás temor. Yo Jehová
19.34 amarás como a ti. .Yo Jehová vuestro *D*
19.36 yo Jehová vuestro *D*, que os saqué de
20.7 santos, porque yo Jehová soy vuestro *D*
20.24 Jehová vuestro *D*, que os he apartado
21.6 santos serán a su *D*, y no profanarán el
21.6 no profanarán el nombre de su *D*, porque
21.6 las ofrendas. .y el pan de su *D* ofrecen
21.7 no. .porque el sacerdote es santo a su *D*
21.8 el pan de tu *D* ofrece; santo será para
21.12 ni profanará el santuario de su *D*
21.12 la consagración. .de su *D* está sobre él
21.17,21 acercará a ofrecer el pan de su *D*
21.22 de su *D*, de lo muy santo. .podrá comer
22.25 ofrecerlos como el pan de vuestro *D*
22.33 saqué. .para ser vuestro *D*. Yo Jehová
23.14 que hayáis ofrecido la ofrenda de. .*D*
23.22 para el pobre y. .Yo Jehová vuestro *D*
23.28 día. .para reconciliaros delante de. .*D*
23.40 os regocijaréis delante de Jehová. .*D*
23.43 cuando los saqué. .Yo Jehová vuestro *D*
24.15 cualquiera que maldijere. .*D*, llevará
24.22 mismo estatuto. .soy Jehová vuestro *D*
25.17 temed a vuestro *D*; porque yo soy. .*D*
25.36 ganancia, sino tendrás temor de tu *D*
25.38 que os saqué de la. .para ser vuestro *D*
25.43 con dureza, sino tendrás temor de tu *D*
25.55 los cuales saqué. .Yo Jehová vuestro *D*
26.1 ídolos. .porque yo soy Jehová vuestro *D*
26.12 seré vuestro *D*, y vosotros. .mi pueblo
26.13 yo Jehová vuestro *D*, que os saqué de la
26.44 no los desecharé. .yo Jehová soy su *D*
26.45 cuando los saqué de la. .para ser su *D*
Nm. 6.7 la consagración de su *D* tiene sobre su
7.89 y cuando entraba Moisés. .hablar con *D*
10.9 seréis recordados por Jehová vuestro *D*
10.10 y os serán por memoria delante de. .*D*
10.10 tocaréis las trompetas. .Yo. .vuestro *D*
12.13 clamó. .Te ruego, oh *D*, que la sanes
15.40 os acordéis. .seáis santos a vuestro *D*
15.41 yo Jehová vuestro *D*, que os saqué de
15.41 para ser vuestro *D*. Yo Jehová vuestro *D*
16.9 ¿os es poco que el *D*. .os haya apartado
16.22 *D*, *D* de los espíritus de toda carne
21.5 y habló el pueblo contra *D* y. .Moisés
22.9 y vino *D* a Balaam, y le dijo: ¿Qué. .son
22.10 y Balaam respondió a *D*: Balac hijo de
22.12 dijo *D* a Balaam: No vayas con ellos, ni
22.18 no puedo traspasar la palabra de. .mi *D*
22.20 y vino *D* a Balaam de noche, y le dijo
22.22 la ira de *D* se encendió porque él iba
22.38 la palabra que *D* pusiere en mi boca
23.4 vino *D* al encuentro de Balaam, y éste
23.8 ¿por qué maldeciré. .que *D* no maldijo?
23.15 ponte. .y yo iré a encontrar a *D* allí
23.19 *D* no es hombre, para que mienta, ni
23.21 Jehová su *D* está con él, y júbilo de
23.22 *D*. .ha sacado de Egipto; tiene fuerzas
23.23 dicho de Jacob. .¡Lo que ha hecho *D*!
23.27 parecerá bien a *D* que. .me lo maldigas
24.4 dijo el que oyó los dichos de *D*, el que
24.8 *D* lo sacó de Egipto; tiene fuerzas como
24.23 vivirá cuando hiciere *D* estas cosas?
25.2 invitaban. .a los sacrificios de sus *d*
25.2 el pueblo comió, y se inclinó a sus *d*
25.13 tuvo celo por su *D* e hizo expiación por
27.16 ponga Jehová, *D* de los espíritus de
33.4 había hecho Jehová juicios contra sus *d*
Dt. 1.6 nuestro *D* nos habló en Horeb, diciendo
1.10 Jehová vuestro *D* os ha multiplicado, y
1.11 *D* de vuestros padres os haga mil veces
1.17 no tendréis temor de. .el juicio es de *D*
1.19 como Jehová nuestro *D* nos lo mandó; y
1.20 monte. .el cual Jehová nuestro *D* nos da
1.21 Jehová tu *D* te ha entregado la tierra
1.21 como. .el *D* de tus padres te ha dicho
1.25 buena la tierra que Jehová. .*D* nos da
1.26 antes fuisteis rebeldes al mandato. .*D*
1.30 *D*. .él peleará por vosotros, conforme a
1.31 has visto que Jehová tu *D* te ha traído
1.32 y aun. .no creísteis a Jehová vuestro *D*
1.41 conforme a. .nuestro *D* nos ha mandado
2.7 *D* te ha bendecido en toda obra de tus
2.7 estos 40 años. .tu *D* ha estado contigo
2.29 la tierra que nos da Jehová nuestro *D*
2.30 tu *D* había endurecido su espíritu, y
2.33 *D* lo entregó delante de nosotros; y lo
2.36 las entregó Jehová. .*D* en nuestro poder
2.37 a lugar alguno que. .*D* había prohibido
3.3 *D* entregó. .en nuestra mano a Og rey de
3.18 *D* os ha dado esta tierra por heredad
3.20 que. .*D* les da al otro lado del Jordán
3.21 vieron todo lo que Jehová. .*D* ha hecho
3.22 Jehová vuestro *D*, él es el que pelea por
3.24 ¿qué *d* hay en el cielo. .que haga obras
4.1 tierra que. .el *D* de vuestros padres os
4.2 los mandamientos de. .*D* que yo os ordeno
4.3 en pos de Baal-peor destruyó Jehová tu *D*
4.4 seguisteis a. .*D*, todos estáis vivos hoy
4.5 he enseñado. .como Jehová mi *D* me mandó
4.7 *d* tan cercanos a ellos como lo está. .*D*
4.10 el día que estuviste delante de. .tu *D*
4.19 *D* los ha concedido a todos los pueblos
4.21 buena tierra que Jehová tu *D* te da por
4.23 no os olvidéis del pacto de. .vuestro *D*
4.23 de ninguna cosa que. .*D* te ha prohibido
4.24 Jehová. .*D* es fuego consumidor, *D* celoso
4.25 hiciereis lo malo ante los. .de vuestro *D*
4.28 serviréis allí a *d* hechos de manos de
4.29 si desde allí buscares a Jehová tu *D*
4.30 te volvieres a Jehová tu *D*, y oyeres
4.31 *D* misericordioso es Jehová tu *D*; no te
4.32 el día que creó *D* al hombre sobre la
4.33 ¿ha oído pueblo. .la voz de *D*, hablando
4.34 ¿o ha intentado *D* venir a tomar para sí
4.34 todo lo que hizo. .vuestro *D* en Egipto
4.35 que supieses que Jehová es *D*, y no hay
4.39 Jehová es *D* arriba en el cielo y abajo
4.40 sobre la tierra que Jehová tu *D* te da
5.2 Jehová nuestro *D* hizo pacto con. .en Horeb
5.6 soy Jehová tu *D*, que te saqué de. .Egipto
5.7 no tendrás *d* ajenos delante de mí
5.9 yo soy Jehová tu *D*, fuerte, celoso, que
5.11 no tomarás el nombre de. .tu *D* en vano
5.12 guardarás el día de. .*D* te ha mandado
5.14 el séptimo día es reposo a Jehová tu *D*
5.15 tu *D* te sacó de allá con mano fuerte y
5.15 *D* te ha mandado que guardes el día de
5.16 honra a tu padre y. .tu *D* te ha mandado
5.16 sobre la tierra que Jehová tu *D* te da
5.24 nuestro *D* nos ha mostrado su gloria y
5.25 oyéremos otra vez la voz de Jehová. .*D*
5.26 para que oiga la voz del *D* viviente que
5.27 y oye. .las cosas que dijere Jehová. .*D*
5.27 tú nos dirás todo lo que. .*D* te dijere
5.32 hagáis como Jehová. .*D* os ha mandado
5.33 en todo el camino que. .*D* os ha mandado
6.1 decretos que. .*D* mandó que os enseñase
6.2 temas a Jehová tu *D*, guardando todos sus
6.3 te ha dicho Jehová el *D* de tus padres
6.4 Israel: Jehová nuestro *D*, Jehová uno es
6.5 amarás a Jehová tu *D* de todo tu corazón
6.10 cuando Jehová tu *D* te haya introducido
6.13 Jehová tu *D* temerás, y a él. .servirás
6.14 no andaréis en pos de *d* ajenos. .los *d*
6.15 *D* celoso, Jehová tu *D*, en medio de ti
6.15 no se inflame el furor de. .*D* contra ti
6.16 no tentaréis a Jehová vuestro *D*, como
6.17 guardad. .los mandamientos. .vuestro *D*
6.20 ¿qué significan los. .decretos que. .*D*
6.24 y que temamos a Jehová nuestro *D*, para
6.25 todos estos mandamientos delante de. .*D*
7.1 cuando Jehová tu *D* te haya introducido
7.2 tu *D* las haya entregado delante de ti
7.4 desviará a tu hijo. .servirán a *d* ajenos
7.6 pueblo santo para Jehová tu *D*. .*D* te ha
7.9 Jehová tu *D* es *D*, *D* fiel, que guarda el
7.12 Jehová tu *D* guardará contigo el pacto
7.16 consumirás. .los pueblos que te da. .tu *D*
7.16 no los perdonará. .ni servirás a sus *d*
7.18 de lo que hizo Jehová tu *D* con Faraón
7.19 el brazo. .con que Jehová tu *D* te sacó
7.19 así hará. .tu *D* con todos los pueblos de
7.20 enviará Jehová tu *D* avispas sobre ellos
7.21 tu *D* está en medio de ti, *D* grande y
7.22 Jehová tu *D* echará a estas naciones de
7.23 *D* las entregará delante de ti, y él las
7.25 las esculturas de sus *d* quemarás en el
7.25 de ellas. .es abominación a Jehová tu *D*
8.2 te acordarás. .por donde te ha traído. .*D*
8.5 reconoce. .así Jehová tu *D* te castiga
8.6 guardarás. .mandamientos de Jehová tu *D*
8.7 *D* te introduce en la buena tierra, tierra
8.10 bendecirás a. .tu *D* por la buena tierra
8.11 cuídate de no olvidarte de Jehová tu *D*
8.14 te olvides de Jehová tu *D*, que te sacó
8.18 acuérdate de. .tu *D*, porque él te da el
8.19 si llegares a olvidarte de Jehová tu *D*
8.19 si anduvieres en pos de *d* ajenos, y les
8.20 cuanto no habréis atendido a la voz. .*D*
9.3 que es Jehová tu *D* el que pasa delante
9.4 no pienses. .cuando. .tu *D* los haya echado
9.5 por la impiedad. .Jehová tu *D* las arroja
9.6 que Jehová tu *D* te da esta buena tierra
9.7 que has provocado la ira de Jehová tu *D*
9.10 dos tablas. .escritas con el dedo de *D*
9.16 habíais pecado contra Jehová vuestro *D*
9.23 fuisteis rebeldes al mandato de. .*D*, y no
10.9 Jehová es su heredad, como. .tu *D* le dijo
10.12 ¿qué pide. .*D* de ti, sino que temas. .*D*
10.12 y sirvas a. .tu *D* con todo tu corazón
10.14 de Jehová tu *D* son los cielos, y los
10.17 Jehová vuestro *D* es *D* de *d*, y Señor de
10.17 *D* grande, poderoso y temible, que no
10.20 a Jehová tu *D* temerás, a él. .servirás
10.21 él es tu *D*, que ha hecho contigo estas
11.1 amarás. .a Jehová tu *D*, y guardarás sus
11.2 ni visto el castigo de Jehová vuestro *D*
11.12 tierra de la cual Jehová tu *D* cuida
11.12 siempre están sobre ella los ojos. .*D*
11.13 amando a Jehová. .*D*, y sirviéndole con
11.16 os apartéis y sirváis a *d* ajenos, y os
11.22 si amareis a Jehová vuestro *D*, andando
11.25 miedo. .pondrá. .*D* sobre toda la tierra
11.27 si oyereis los mandamientos de. .*D*, que
11.28 si no oyereis los mandamientos de. .*D*
11.28 para ir en pos de *d* ajenos que no habéis
11.29 Jehová tu *D* te haya introducido en la
11.31 poseer la tierra que os da Jehová. .*D*
12.1 en la tierra que. .el *D* de tus padres te
12.2 donde las naciones. .sirvieron a sus *d*
12.3 destruiréis las esculturas de sus *d*, y
12.4 no haréis así a Jehová vuestro *D*
12.5 que el lugar que. .*D* escogiere de entre
12.7 y comeréis allí delante de. .vuestro *D*
12.7 obra. .en la cual. .*D* te hubiere bendecido
12.9 no habéis entrado al reposo. .que os da. .*D*
12.10 tierra que. .vuestro *D* os hace heredar
12.11,21 el lugar que Jehová tu *D* escogiere
12.12 y os alegraréis delante de. .vuestro *D*
12.15 según la bendición que. .*D* te haya dado
12.18 delante de Jehová tu *D*. .el lugar que. .*D*
12.18 y te alegrarás delante de Jehová tu *D*
12.20 cuando. .tu *D* ensanchare tu territorio
12.27 y ofrecerás. .sobre el altar de. .tu *D*
12.27 será derramada sobre el altar de. .tu *D*
12.28 haciendo lo bueno. .ante. .Jehová tu *D*
12.29 cuando. .tu *D* haya destruido. .naciones
12.30 no preguntes acerca de sus *d*, diciendo
12.30 servían a sus *d*, yo también les serviré
12.31 no harás así a Jehová tu *D*; porque toda
12.31 abominable que. .hicieron ellos a sus *d*
12.31 sus hijas quemaban en el fuego a sus *d*
13.2 vamos en pos de *d*. .que no conociste, y
13.3 vuestro *D* os está probando, para saber
13.3 para saber si amáis a Jehová vuestro *D*
13.4 en pos de Jehová vuestro *D* andaréis
13.5 aconsejó rebelión contra. .vuestro *D* que
13.5 del camino por el cual. .*D* te mandó que
13.6 vamos y sirvamos a *d* ajenos, que ni tú
13.7 *d* de los pueblos que están en vuestros
13.10 procuró apartarte de Jehová tu *D*, que
13.12 tus ciudades que. .*D* te da para vivir
13.13 sirvamos a *d* ajenos, que vosotros no
13.16 botín. .como holocausto a Jehová tu *D*
13.18 cuando obedecieres a la voz de. .tu *D*
13.18 para hacer lo recto ante. .Jehová tu *D*
14.1 hijos sois de Jehová vuestro *D*; no os
14.2,21 eres pueblo santo a Jehová tu *D*
14.23 comerás delante de. .*D* en el lugar que
14.23 para que aprendas a temer a Jehová tu *D*
14.24 el lugar que. .*D* hubiere escogido para
14.24 lugar. .cuando Jehová tu *D* te bendijere
14.25 vendrás al lugar que. .tu *D* escogiere
14.26 y comerás allí delante de Jehová tu *D*
14.29 que Jehová tu *D* te bendiga en toda obra
15.4 en la tierra que. .*D* te da por heredad
15.5 si escuchares. .la voz de Jehová tu *D*
15.6 ya que Jehová tu *D* te habrá bendecido
15.7 en la tierra que Jehová tu *D* te da, no
15.10 por ello te bendecirá Jehová tu *D* en
15.15 fuiste siervo en la. .tu *D* te rescató
15.18 *D* te bendecirá en todo cuanto hicieres
15.19 consagrarás a. .tu *D* todo primogénito
15.20 delante de. .tu *D* los comerás cada año
15.21 en él defecto. .no lo sacrificarás a. .*D*

DIOS ***(Continúa)***

Dt. 16.1 y harás pascua a Jehová tu *D;* porque en
16.1 te sacó Jehová tu *D* de Egipto, de noche
16.2 y sacrificarás la pascua a Jehová tu *D*
16.5 de las ciudades que Jehová tu *D* te da
16.6,15 en el lugar que..tu *D* escogiere para
16.7,11 el lugar que..tu *D* hubiere escogido
16.8 el séptimo día será fiesta solemne a..*D*
16.10 fiesta solemne de las..a Jehová tu *D*
16.10 dieres, según..*D* te hubiere bendecido
16.11 y te alegrarás delante de Jehová tu *D*
16.15 celebrarás fiesta solemne a..tu *D* en el
16.15 habrá bendecido..*D* en todos tus frutos
16.16 aparecerá..delante de Jehová tu *D* en
16.17 a la bendición que..*D* te hubiere dado
16.18 ciudades que..*D* te dará en tus tribus
16.20 heredes la tierra que Jehová tu *D* te
16.21 árbol..cerca del altar de Jehová tu *D*
16.22 estatua, lo cual aborrece Jehová tu *D*
17.1 no ofrecerás en sacrificio a..*D*, buey o
17.1 haya falta..abominación a Jehová tu *D*
17.2 en..tus ciudades que Jehová tu *D* te da
17.2 hecho mal ante los ojos de Jehová tu *D*
17.3 que hubiere ido y servido a *d* ajenos
17.8 recurrirás al lugar que..tu *D* escogiere
17.12 para ministrar allí delante de..tu *D*
17.14 entrado en la tierra que..tu *D* te da
17.15 por rey..al que Jehová tu *D* escogiere
17.19 para que aprenda a temer a Jehová su *D*
18.5 le ha escogido..tu *D* de entre..las tribus
18.7 ministrará en el nombre de Jehová su *D*
18.9 cuando entres a la tierra que..*D* te da
18.12 por estas abominaciones..*D* echa estas
18.13 perfecto serás delante de Jehová tu *D*
18.14 mas a ti no te ha permitido esto..tu *D*
18.15 profeta de..te levantará Jehová tu *D*
18.16 pediste a Jehová tu *D* en Horeb el día
18.16 no vuelva yo a oir la voz de..mi *D*, ni
18.20 o que hablare en nombre de *d* ajenos
19.1 cuando..*D* destruya a las naciones cuya
19.1 naciones cuya tierra Jehová tu *D* te da
19.2 la tierra que Jehová tu *D* te da para que
19.3 dividirás..la tierra que..tu *D* te dará
19.8 si Jehová tu *D* ensanchare tu territorio
19.9 que ames a..tu *D* y andes en sus caminos
19.10 en medio de la tierra que..tu *D* te da
19.14 en la heredad que..Jehová tu *D* te da
20.1 no tengas temor..tu *D* está contigo, el
20.4 Jehová vuestro *D* va con vosotros, para
20.13 tu *D* la entregue en tu mano, herirás
20.14 enemigos, los cuales..tu *D* te entregó
20.16 de las ciudades..que Jehová tu *D* te da
20.17 destruirás..Jehová tu *D* te ha mandado
20.18 abominaciones..han hecho para sus *d*
20.18 que..pequéis contra Jehová vuestro *D*
21.1 si en la tierra que Jehová tu *D* te da
21.5 a ellos escogió..*D* para que le sirvan
21.10 Jehová tu *D* los entregare en tu mano
21.23 porque maldito por *D* es el colgado
21.23 no contaminarás tu tierra que..*D* te da
22.5 abominación es a..tu *D* cualquiera que
23.5 mas no quiso Jehová tu *D* oir a Balaam
23.5 *D*..maldición en bendición..*D* te amaba
24.14 tu *D* anda en medio de tu campamento
23.18 no traerás la paga de..a la casa de..*D*
23.18 abominación es a..*D* tanto lo uno como
23.20 para que te bendiga..*D* en toda obra de
23.21 haces voto a..*D*, no tardes en pagarlo
23.21 lo demandará..*D* de ti, y sería pecado
23.23 conforme lo prometiste a Jehová tu *D*
24.4 no..pervertir la tierra que..tu *D* te da
24.9 lo que hizo..tu *D* a María en el camino
24.13 y te será justicia delante de..tu *D*
24.18 y que de allí te rescató Jehová tu *D*
24.19 para que te bendiga..*D* en toda obra de
25.15 sobre la tierra que Jehová tu *D* te da
25.16 porque abominación es a..*D* cualquiera
25.18 te salió..y no tuvo ningún temor de *D*
25.19 cuando Jehová tu *D* te dé descanso de
25.19 en la tierra que..*D* te da por heredad
26.1 entrado en la tierra que..*D* te da por
26.2 que sacares de la tierra que..*D* te da
26.2 irás al lugar que..tu *D* escogiere para
26.3 declaro hoy a..tu *D*, que he entrado en
26.4 pondrá delante del altar de Jehová tu *D*
26.5 dirás delante de..*D:* Un arameo a punto
26.7 y clamamos a..el *D* de nuestros padres
26.10 delante de Jehová tu *D*, y adorarás..*D*
26.11 el bien que Jehová tu *D* te haya dado
26.13 y dirás delante de..tu *D:* He sacado lo
26.14 he obedecido a la voz de Jehová mi *D*
26.16 tu *D* te manda hoy que cumplas estos
26.17 has declarado..hoy que Jehová es tu *D*
26.19 que seas un pueblo santo a Jehová tu *D*
27.2 pases el Jordán a la tierra que..*D* te da
27.3 para entrar en la tierra que..*D* te da
27.3 como..el *D* de tus padres te ha dicho
27.5 edificarás allí un altar a Jehová tu *D*
27.6 de piedras..edificarás el altar de..*D*
27.6 ofrecerás sobre él holocausto a..tu *D*
27.7 y te alegrarás delante de Jehová tu *D*
27.9 has venido a ser pueblo de Jehová tu *D*
27.10 oirás, pues, la voz de Jehová tu *D*, y
28.1 si oyeres..la voz de Jehová tu *D*, para
28.1 *D* te exaltará sobre todas las naciones
28.2 bendiciones..si oyeres la voz de..tu *D*
28.8 te bendecirá en la tierra que..*D* te da
28.9 cuando guardares los mandamientos de..*D*
28.13 si obedecieres los mandamientos de..*D*
28.14 si no te apartares..ir tras *d* ajenos
28.15 no oyeres la voz de..*D*, para procurar
28.36 allá servirás a *d* ajenos, al palo y a
28.45 no habrás atendido a la voz de..tu *D*
28.47 cuanto no serviste a..*D* con alegría y
28.52 toda la tierra que..tu *D* te hubiere dado
28.53 y de tus hijas que Jehová tu *D* te dio
28.58 temiendo este nombre..Jehová tu *D*
28.62 cuanto no obedecisteis a la voz de..*D*
28.64 servirás a *d* ajenos que no conociste
29.6 supierais que yo soy Jehová vuestro *D*
29.10 estáis hoy en presencia de Jehová..*D*
29.12 para que entres en el pacto de..tu *D*
29.12 juramento..tu *D* concierta hoy contigo
29.13 y para que él te sea a ti por *D*, de la
29.15 con los que están aquí..delante de..*D*
29.18 cuyo corazón se aparte hoy de..*D* para ir
29.18 ir a servir a los *d* de esas naciones
29.25 dejaron el pacto de Jehová el *D* de sus
29.26 sirvieron a *d* ajenos, y se inclinaron a
29.26 y se inclinaron a..*d* que no conocían
29.29 las cosas secretas pertenecen a..*D;* mas
30.1 adonde te hubiere arrojado Jehová tu *D*
30.2 te convirtieres a..*D*, y obedecieres a su
30.3 pueblos adonde te hubiere esparcido..*D*
30.4 allí te recogerá Jehová tu *D*, y de allá
30.5 te hará volver Jehová tu *D* a la tierra
30.6 circuncidará Jehová tu *D* tu corazón, y
30.6 para que ames a..*D* con todo tu corazón
30.7 pondrá..*D* todas estas maldiciones sobre
30.9 y te hará..*D* abundar en toda obra de tus
30.10 obedecieres a la voz..*D*, para guardar
30.10 cuando te convirtieres a Jehová tu *D*
30.16 yo te mando hoy que ames a Jehová tu *D*
30.16 tu *D* te bendiga en la tierra a la cual
30.17 inclinares a *d* ajenos y les sirvieres
30.20 amando a Jehová tu *D*, atendiendo a su
31.3 Jehová tu *D*, él pasa delante de ti; él
31.6 porque Jehová tu *D* es el que va contigo
31.11 a presentarse delante de Jehová tu *D*
31.12 que oigan..y teman a Jehová vuestro *D*
31.13 aprendan a temer a..*D* todos los días
31.16 pueblo se..fornicará tras los *d* ajenos
31.17 no..porque no está mi *D* en medio de mí?
31.18 el mal..por haberse vuelto a *d* ajenos
31.20 se volverán a *d* ajenos y les servirán
31.26 ponedlo al lado del arca del pacto..*D*
32.3 proclamaré. Engrandeced a nuestro *D*
32.4 *D* de verdad, y sin ninguna iniquidad en
32.12 solo le guio, y con él no hubo *d* extraño
32.15 entonces abandonó al *D* que lo hizo, y
32.16 despertaron a celos con los *d* ajenos
32.17 sacrificaron a los demonios, y no a *D*
32.17 a *d* que no habían conocido, a nuevos
32.17 a nuevos *d* venidos de cerca, que no
32.18 creó..te has olvidado de *D* tu creador
32.21 me movieron a celos con lo que no es *D*
32.37 ¿dónde están sus *d*, la roca en que se
32.39 no hay *d* conmigo; yo hago morir, y yo
33.1 bendijo Moisés varón de *D* a los hijos
33.26 no hay como el *D* de Jesurún, quien
33.27 el eterno *D* es tu refugio, y acá abajo
Jos. 1.9 porque Jehová tu *D* estará contigo en
1.11 a poseer la tierra que Jehová..*D* os da
1.13 Jehová vuestro *D* os ha dado reposo, y
1.15 posean la tierra que Jehová..*D* les da
1.17 Jehová tu *D* esté contigo, como estuvo
2.11 porque Jehová vuestro *D* es *D* arriba en
3.3 cuando veáis el arca del pacto de..*D*
3.9 acercaos, y escuchad las palabras de..*D*
3.10 conoceréis que el *D*..está en medio de
4.5 pasad delante del arca de Jehová..*D* a la
4.23 *D* secó las aguas del Jordán delante de
4.23 la manera que Jehová..*D* lo había hecho
4.24 que temáis a..vuestro *D* todos los días
7.13 el *D* de Israel dice así: Anatema hay en
7.19 hijo..da gloria a Jehová el *D* de Israel
7.20 he pecado contra Jehová el *D* de Israel
8.7 pues..*D* la entregará en vuestras manos
8.30 Josué edificó un altar a Jehová *D* de
9.9 venido..causa del nombre de Jehová..*D*
9.18 habían jurado por Jehová el *D* de Israel
9.19 les hemos jurado por Jehová *D* de Israel
9.23 y saque el agua para la casa de mi *D*
9.24 Jehová tu *D* había mandado a Moisés su
10.19 vuestro *D* los ha entregado en vuestra
10.40 lo mató, como..*D*..se lo había mandado
10.42 Jehová..*D* de Israel peleaba por Israel
13.14 los sacrificios de..*D*..son su heredad
13.33 *D* de Israel es la heredad de ellos, como
14.8 pero yo cumplí siguiendo a Jehová mi *D*
14.9 por cuanto cumpliste siguiendo a..mi *D*
14.14 Caleb hijo..había seguido..a Jehová *D*
18.3 la tierra que os ha dado Jehová el *D* de
18.6 yo os echaré suertes aquí delante de..*D*
22.3 guardar los mandamientos de Jehová..*D*
22.4 *D* ha dado reposo a vuestros hermanos
22.5 améis a Jehová vuestro *D*, y andéis en
22.16 que prevaricáis contra el *D* de Israel
22.19,29 además del altar de Jehová nuestro *D*
22.22 Jehová *D* de los *d*, Jehová *D* de los *d*
22.24 ¿qué tenéis vosotros con..*D* de Israel
22.33 y bendijeron a *D* los hijos de Israel
22.34 porque testimonio es..que Jehová es *D*
23.3 todo lo que Jehová vuestro *D* ha hecho
23.3 *D* es quien ha peleado por vosotros
23.5 *D* las echará de delante de vosotros, y
23.5 poseeréis..como Jehová..*D* os ha dicho
23.7 ni juréis por el nombre de sus *d*, ni los
23.8 mas a Jehová vuestro *D* seguiréis, como
23.10 vuestro *D* es quien pelea por vosotros
23.11 para que améis a Jehová vuestro *D*
23.13 que..*D* no arrojará más a estas naciones
23.13 buena tierra que..vuestro *D* os ha dado
23.14 las buenas palabras que..*D* había dicho
23.15 toda palabra buena..*D* os había dicho
23.15 sobre la buena tierra que..*D* os ha dado
23.16 si traspasareis el pacto de..*D* que él
23.16 honrando a *d* ajenos, e inclinándoos a
24.1 llamó a..y se presentaron delante de *D*
24.2 y dijo Josué..dice Jehová, *D* de Israel
24.2 vuestros padres..servían a *d* extraños
24.14 quitad de entre vosotros los *d* a los
24.15 si a los *d*..o a los *d* de los amorreos
24.16 que dejemos a Jehová para servir a..*d*
24.17 nuestro *D* es el que nos sacó a nosotros
24.18 serviremos a Jehová..él es nuestro *D*
24.19 porque él es *D* santo, y *D* celoso; no
24.20 sirviereis a *d* ajenos, él se volverá
24.23 quitad..los *d* ajenos que están entre
24.23 inclinad vuestro corazón a Jehová *D*
24.24 a Jehová nuestro *D* serviremos, y a su
24.26 escribió..en el libro de la ley de *D*
24.27 para que no mintáis contra vuestro *D*
Jue. 1.7 mesa; como yo hice, así me ha pagado *D*
2.3 serán azotes..sus *d* os serán tropezadero
2.12 dejaron a Jehová el *D* de sus padres, que
2.12 tras otros *d*, los *d* de los pueblos que
2.17 que fueron tras *d* ajenos, a los cuales
2.19 siguiendo a *d* ajenos para servirles, e
3.6 dieron sus hijas a..y sirvieron a sus *d*
3.7 olvidaron a Jehová su *D*, y sirvieron a
3.20 y Aod dijo: Tengo palabra de *D* para ti
4.6 dijo: ¿No te ha mandado Jehová *D* de Israel
4.23 así abatió *D*..día a Jabín, rey de Canaán
5.3 cantaré salmos a Jehová, el *D* de Israel
5.5 Sinaí, delante de Jehová *D* de Israel
5.8 cuando escogían nuevos *d*, la guerra estaba
6.8 así ha dicho Jehová *D* de Israel: Yo os
6.10 yo soy Jehová..*D;* no temáis a los *d* de
6.20 el ángel de *D* le dijo: Toma la carne y
6.26 edifica altar a..tu *D* en la cumbre de
6.31 si es un *d*, contienda por sí mismo con
6.36 y Gedeón dijo a *D:* Si has de salvar a
6.39 Gedeón dijo a *D:* No se encienda tu ira
6.40 y aquella noche lo hizo *D* así; sólo el
7.14 *D* ha entregado en sus..a los madianitas
8.3 *D* ha entregado en vuestras manos a Oreb
8.33 Israel..escogieron por *d* a Baal-berit
8.34 no se acordaron..Israel de Jehová su *D*
9.7 oídme, varones de Siquem, y..os oiga *D*
9.9 con el cual en mí se honra a *D* y a los
9.13 mosto, que alegra a *D* y a los hombres
9.23 envió *D* un mal espíritu entre Abimelec
9.27 entrando en el templo de sus *d*, comieron
9.46 se metieron en..del templo del *d* Berit
9.56 así pagó *D* a Abimelec el mal que hizo
9.57 lo hizo *D* volver sobre sus cabezas, y
10.6 a los *d* de Siria, a los *d* de Sidón, a
10.6 a los *d* de Moab, a los *d* de los..de Amón
10.6 sirvieron a..y a los *d* de los filisteos
10.10 hemos dejado a nuestro *D*, y servido a
10.13 habéis servido a *d* ajenos; por tanto
10.14 clamad a los *d* que os habéis elegido
10.16 quitaron..los *d* ajenos, y sirvieron a
11.21 *D*..entregó a Sehón y a todo su pueblo
11.23 lo que Jehová *D* de Israel desposeyó al
11.24 lo que te hiciere poseer Quemos tu *d*
11.24 todo lo que desposeyó..*D*..lo poseeremos
13.5 porque el niño será nazareo a *D* desde
13.6 un varón de *D*..cuyo aspecto..ángel de *D*
13.7 niño será nazareo a *D* desde su nacimiento
13.8 que aquel varón de *D* que enviaste, vuelva
13.9 *D* oyó..de Manoa; y el ángel de *D* volvió
13.22 moriremos, porque a *D* hemos visto
15.19 abrió *D* la cuenca que hay en Lehi; y
16.17 soy nazareo de *D* desde el vientre de
16.23 para ofrecer sacrificio a Dagón su *d*
16.23 dijeron: Nuestro *d* entregó..a Sansón
16.24 alabaron a su *d*, diciendo: Nuestro *d*
16.28 fortaléceme..esta vez, oh *D*, para que
17.5 Micaía tuvo casa de *d*, e hizo efod y
18.5 pregunta..ahora a *D*, para que sepamos
18.10 *D* la ha entregado en vuestras manos
18.24 tomasteis mis *d* que yo hice..y os vais
18.31 el tiempo que la casa de *D* estuvo en
20.2 los jefes..en la reunión del pueblo de *D*
20.18 casa de *D* y consultaron a *D*, diciendo
20.26 subieron..y vinieron a la casa de *D*
20.27 el arca del pacto de *D* estaba allí en
21.2 y vino..a la casa de *D*..presencia de *D*
21.3 oh Jehová *D* de Israel, ¿por qué..esto

DIOS *(Continúa)*

Rt. 1.15 se ha vuelto a su pueblo y a sus *d*
1.16 tu pueblo será mi pueblo, y tu *D* mi *D*
2.12 cumplida de parte de Jehová *D* de Israel
1 S. 1.17 el *D* de Israel te otorgue la petición
2.2 ti, y no hay refugio como el *D* nuestro
2.3 porque el *D* de todo saber es Jehová, y
2.26 joven Samuel. . era acepto delante de *D*
2.27 y vino un varón de *D* a Elí, y le dijo
2.30 Jehová el *D* de Israel dice: Yo había
2.32 humillada, mientras *D* colma de bienes a
3.3 donde estaba el arca de *D*. . lámpara de *D*
3.13 porque sus hijos han blasfemado a *D*, y
3.17 Elí dijo. . así te haga *D* y aun te añada
4.4 estaban allí con el arca del pacto de *D*
4.7 porque decían: Ha venido *D* al campamento
4.8 estos *d*. . son los *d* que hirieron a Egipto
4.11 el arca de *D* fue tomada, y muertos los
4.13 Elí. . temblando por causa del arca de *D*
4.17 diciendo. . y el arca de *D* ha sido tomada
4.18 que cuando él hizo mención del arca de *D*
4.19 que el arca de *D* había sido tomada, y
4.21 por haber sido tomada el arca de *D*, y
4.22 dijo. . porque ha sido tomada el arca de *D*
5.1 los filisteos capturaron el arca de *D*
5.2 tomaron los filisteos el arca de *D*, y la
5.7 no quede con nosotros el arca del *D* de
5.7 su mano es dura. . sobre nuestro *d* Dagón
5.8 arca del *D*. . pásese el arca del *D*. . a Gat
5.8 y pasaron allá el arca del *D* de Israel
5.10 el arca de *D* a Ecrón. . arca de *D* vino a
5.10 han pasado a nosotros el arca del *D* para
5.11 enviad el arca del *D*. . y la mano de *D* se
6.3 si enviáis el arca del *D* de Israel, no la
6.5 ratones. . y daréis gloria al *D* de Israel
6.5 aliviará su mano de sobre. . vuestros *d*
6.19 *D* hizo morir a los hombres de Bet-semes
6.20 ¿quién podrá estar delante de. . *D* santo?
7.3 volvéis a Jehová. . quitad los *d* ajenos y
7.8 no ceses de clamar. . a Jehová nuestro *D*
8.8 dejándome a mí y sirviendo a *d* ajenos
9.6 hay en esta ciudad un varón de *D*, que es
9.7 no tenemos qué ofrecerle al varón de *D*
9.8 daré al varón de *D*, para que nos declare
9.9 que iba a consultar a *D*, decía así: Venid
9.10 a la ciudad donde estaba el varón de *D*
9.27 para que te declare la palabra de *D*
10.3 tres hombres que suben a *D* en Bet-el
10.5 llegarás al collado de *D* dónde está la
10.7 haz lo que te. . porque *D* está contigo
10.9 que al volver él. . le mudó *D* su corazón
10.10 Espíritu de *D* vino sobre él con poder
10.18 así ha dicho. . *D* de Israel: Yo saqué a
10.19 habéis desechado hoy a vuestro *D*, que
10.26 los hombres. . corazones *D* había tocado
11.6 el Espíritu de *D* vino sobre él con poder
12.9 olvidaron a Jehová su *D*, y él los vendió
12.12 que Jehová vuestro *D* era vuestro rey
12.14 servís a Jehová vuestro *D*, haréis bien
12.19 ruega por tus siervos a Jehová tu *D*
13.13 no guardaste el mandamiento de. . tu *D*
14.18 trae el arca de *D*. . el arca de *D* estaba
14.36 el sacerdote: Acerquémonos aquí a *D*
14.37 Saúl consultó a *D*: ¿Descenderé tras los
14.41 dijo Saúl a. . *D* de Israel: Da suerte
14.44 así me haga *D* y aun me añada, que sin
14.45 de morir Jonatán. . ha actuado hoy con *D*
15.15 para sacrificarlas a Jehová tu *D*, pero lo
15.21 ofrecer sacrificios a Jehová tu *D* en
15.30 conmigo para que adore a Jehová tu *D*
16.15 ahora, un espíritu malo de parte de *D*
16.16 sobre ti el espíritu malo de parte de *D*
16.23 el espíritu malo de parte de *D* venía
17.26 que provoque a los escuadrones del *D*
17.36 ha provocado al ejército del *D* viviente
17.43 ¿soy yo. . Y maldijo a David por sus *d*
17.45 en el nombre de. . *D* de los escuadrones
17.46 toda la tierra sabrá que hay *D* en Israel
18.10 un espíritu malo de parte de *D* tomó a
19.20 y vino el Espíritu de *D* sobre los
19.23 también vino sobre él el Espíritu de *D*
20.12 dijo. . ¡Jehová *D* de Israel, sea testigo!
22.3 hasta que sepa lo que *D* hará de mí
22.13 le diste pan. . y consultaste por él a *D*
22.15 consultar por él a *D*? Lejos sea de mí
23.7 *D* lo ha entregado en mi mano, pues se
23.10 Jehová *D*. . tu siervo tiene entendido que
23.11 *D* de Israel, te ruego que lo declares
23.14 Saúl. . pero *D* no lo entregó en sus manos
23.16 vino a David. . fortaleció su mano en *D*
25.22 así haga *D* a los enemigos de David y
25.29 los que viven delante de Jehová tu *D*
25.32 dijo. . a Abigail: Bendito sea Jehová *D*
25.34 vive Jehová *D*. . que me ha defendido de
26.8 hoy ha entregado *D* a tu enemigo en tu
26.19 me han arrojado. . Vé y sirve a *d* ajenos
28.13 dijo. . He visto *d* que suben de la tierra
28.15 *D* se ha apartado. . y no me responde más
29.9 que tú eres bueno. . como un ángel de *D*
30.6 mas David se fortaleció en Jehová su *D*
30.15 dijo: Júrame por *D* que no me matarás
2 S. 2.27 vive *D*, que si no hubieses hablado
3.9 así haga *D* a Abner y aun le añada, si
3.35 así me haga *D* y aun me añada, si antes
5.10 Jehová *D* de los ejércitos estaba con él
6.2 para hacer pasar de allí el arca de *D*
6.3 pusieron el arca de *D*. . un carro nuevo
6.4 lo llevaban. . con el arca de *D*, Ahío iba
6.6 Uza extendió su mano al arca de *D*, y la
6.7 y lo hirió allí *D* por aquella temeridad
6.7 y cayó allí muerto junto al arca de *D*
6.12 ha bendecido la. . a causa del arca de *D*
6.12 el arca de *D* de casa de Obed-edom a la
6.13 cuando los que llevaban el arca de *D*
7.2 mira. . el arca de *D* está entre cortinas
7.22 tú te has engrandecido, Jehová *D*; por
7.22 ni hay *D* fuera de ti, conforme a todo
7.23 fue *D* para rescatarlo por pueblo suyo
7.23 rescataste. . de las naciones y de sus *d*
7.24 y tú, oh Jehová, fuiste a ellos por *D*
7.25 Jehová *D*, confirma. . la palabra que has
7.26 Jehová de. . es *D* sobre Israel; y que la
7.27 tú. . *D* de Israel, revelaste al oído de
7.28 *D*, tu eres *D*, y tus palabras son verdad
7.29 porque tú, Jehová *D*, lo has dicho, y con
9.3 Saúl, a quien haga yo misericordia de *D*?
10.12 por las ciudades de nuestro *D*; y haga
12.7 así ha dicho. . *D* de Israel: Yo te ungí
12.16 entonces David rogó a *D* por el niño
12.22 si *D* tendrá compasión de mí, y vivirá
14.11 oh rey, que te acuerdes de Jehová tu *D*
14.13 has pensado tú. . contra el pueblo de *D*?
14.14 ni *D* quita la vida, sino que provee
14.16 me quiere destruir. . de la heredad de *D*
14.17 mi señor el rey es como un ángel de *D*
14.17 y lo malo. Así Jehová tu *D* sea contigo
14.20 es sabio. . la sabiduría de un ángel de *D*
15.21 vive *D*. . que o para muerte o para vida
15.24 que llevaban el arca del pacto de *D*
15.24 y asentaron el arca del pacto de *D*
15.25 vuelve el arca de *D* a la ciudad. Si yo
15.29 volvieron el arca de *D* a Jerusalén
15.32 David llegó a. . para adorar allí a *D*
16.23 como si se consultase la palabra de *D*
18.28 dijo: Bendito sea Jehová *D* tuyo, que
19.13 así me haga *D*, y aun me añada, si no
19.27 mi señor el rey es como un ángel de *D*
21.14 *D* fue propicio a la tierra después de
22.3 *D* mío, fortaleza mía, en el confiaré
22.7 en mi. . invoqué a Jehová, y clamé a mi *D*
22.22 y no me aparté impíamente de mi *D*
22.29 lámpara. . mi *D* alumbrará mis tinieblas
22.30 ejércitos, y con mi *D* asaltaré muros
22.31 en cuanto a *D*, perfecto es su camino
22.32 porque ¿quién es *D*, sino sólo Jehová?
22.32 ¿y qué roca hay fuera de nuestro *D*?
22.33 *D* es el que me ciñe de fuerza, y quien
22.47 engrandecido sea el *D* de mi salvación
22.48 el *D* que venga mis agravios, y sujeta
23.1 dijo David. . el ungido del *D* de Jacob
23.3 el *D* de Israel ha dicho, me habló la
23.3 justo. . que gobierne en el temor de *D*
23.5 no es así mi casa. . con *D*; sin embargo
24.3 añada. . tu *D* al pueblo cien veces tanto
24.23 al rey: Jehová tu *D* te sea propicio
24.24 no ofreceré a. . *D* holocaustos que no me
1 R. 1.17 tú juraste. . por Jehová tu *D*, diciendo
1.30 que como yo te he jurado por Jehová *D*
1.36 así lo diga Jehová, *D* de mi señor el rey
1.47 *D* haga bueno el nombre de Salomón más
1.48 bendito sea Jehová *D* de Israel, que ha
2.3 guarda los preceptos de. . tu *D*, andando
2.23 diciendo: Así me haga *D* y aun me añada
3.5 dijo *D*: Pide lo que quieras que yo te dé
3.7 *D* mío, tú me has puesto a mí tu siervo
3.11 dijo *D*: Porque has demandado esto, y no
3.28 había en él sabiduría de *D* para juzgar
4.29 *D* dio a Salomón sabiduría y prudencia
5.3 no pudo edificar casa al nombre de. . su *D*
5.4 mi *D* me ha dado paz por todas partes
5.5 edificar casa al nombre de Jehová mi *D*
8.15 bendito sea Jehová, *D* de Israel, que
8.17 edificar casa al nombre de Jehová *D* de
8.20 y he edificado la casa al. . *D* de Israel
8.23 Jehová *D* de Israel, no hay *D* como tú, ni
8.25 *D* de Israel, cumple a tu siervo David
8.26 Jehová *D* de Israel, cúmplase la palabra
8.27 es verdad que *D* morará sobre la tierra?
8.28 tú atenderás a la oración. . Jehová *D* mío
8.57 esté con nosotros Jehová nuestro *D*, como
8.59 mis palabras. . estén cerca de Jehová. . *D*
8.60 todos los pueblos. . sepan que Jehová es *D*
8.61 perfecto vuestro corazón para con. . *D*
8.65 una gran congregación. . delante de. . *D*
9.6 sino que fuereis y sirviereis a *d* ajenos
9.9 dirán: Por cuanto dejaron a Jehová su *D*
9.9 echaron mano a *d* ajenos, y los adoraron
10.9 tu *D* sea bendito, que se agradó de ti
10.24 la sabiduría que *D* había puesto en su
11.2 harán inclinar. . corazones tras sus *d*
11.4 sus. . inclinaron su corazón tras *d* ajenos
11.4 su corazón no era perfecto con. . su *D*
11.8 las cuales quemaban incienso. . a sus *d*
11.9 corazón se había apartado de Jehová *D*
11.10 que no siguiese a *d* ajenos; mas él no
11.23 *D*. . levantó por adversario. . Rezón hijo
11.31 así dijo Jehová *D* de Israel: He aquí
11.33 Quemos *d* de Moab, y a Moloc *d* de Amón
12.22 vino palabra de. . a Semaías varón de *D*
12.24 oyeron la palabra de *D*, y volvieron y
12.28 he aquí tus *d*, oh Israel, los cuales
13.1 que un varón de *D*. . vino de Judá a Bet-el
13.4 Jeroboam oyó la palabra del varón de *D*
13.5 la señal que el varón de *D* había dado
13.6 al varón de *D*: Te pido que ruegues ante
13.6 el varón de *D* oró a Jehová, y la mano
13.7 el rey dijo al varón de *D*: Ven conmigo
13.8 pero el varón de *D* dijo al rey: Aunque me
13.11 todo lo que el varón de *D* había hecho
13.12 por donde había regresado el varón de *D*
13.14 tras el varón de *D*. . tú el varón de *D*?
13.17 por palabra de *D* me ha sido dicho: No
13.21 clamó al varón de *D* que había venido
13.21 mandamiento que. . *D* te había prescrito
13.26 el varón de *D* es, que fue rebelde al
13.29 tomó. . el cuerpo del varón de *D*, y lo
13.31 en que está sepultado el varón de *D*
14.7 vé y dí a Jeroboam: Así dijo Jehová *D*
14.9 pues. . te hiciste *d* ajenos e imágenes de
14.13 alguna cosa buena delante de Jehová *D*
15.3 no fue su corazón perfecto con. . su *D*
15.4 por amor. . Jehová su *D* le dio lámpara en
15.30 provocó a enojo a Jehová *D* de Israel
16.13 provocando a enojo con sus. . a Jehová *D*
16.26 provocando a ira a Jehová *D* de Israel
16.33 provocar la ira de Jehová *D* de Israel
17.1 dijo a Acab: Vive Jehová *D* de Israel, en
17.12 vive Jehová tu *D*, que no tengo pan
17.14 Jehová *D*. . ha dicho así: La harina de
17.18 ella. . ¿qué tengo yo contigo, varón de *D*?
17.20 dijo: Jehová *D* mío, ¿aun a la viuda en
17.21 clamó. . y dijo: Jehová *D* mío, te ruego
17.24 ahora conozco que tú eres varón de *D*
18.10 vive. . tu *D*, que no ha habido nación ni
18.21 si Jehová es *D*, seguidle; y si Baal, id
18.24 invocad luego. . el nombre de vuestros *d*
18.24 *D* que respondiere por. . fuego, ése sea *D*
18.25 invocad el nombre de vuestros *d*, mas no
18.27 gritad en alta voz, porque *d* es: quizá
18.36 *D* de Abraham, de Isaac y de Israel, sea
18.36 que tú eres *D* en Israel, y que yo soy
18.37 conozca. . que tú, oh Jehová, eres el *D*
18.39 ¡Jehová es el *D*, Jehová es el *D*!
19.2 así me hagan los *d*, y aún me añadan, si
19.8 caminó 40. . hasta Horeb, el monte de *D*
19.10,14 he sentido un vivo celo por Jehová *D*
20.10 así me hagan los *d*, y aun me añadan
20.23 sus *d* son *d* de los montes, por eso nos
20.28 vino entonces el varón de *D* al rey de
20.28 Jehová es *D* de los montes, y no *D* de
20.35 dijo. . por palabra de *D*: Hiéreme ahora
21.10 digan: Tú has blasfemado a *D* y al rey
21.13 Nabot ha blasfemado a *D* y al rey. Y lo
22.53 y provocó a ira a Jehová *D* de Israel
2 R. 1.2 y consultad a Baal-zebub *d* de Ecrón
1.3 diles: ¿No hay *D* en Israel, que vais a
1.3,6 a consultar a Baal-zebub *d* de Ecrón?
1.6 así. . ¿No hay *D* en Israel, que tú envías
1.9,11 dijo: Varón de *D*, el rey ha dicho que
1.10,12 si yo soy varón de *D*, descienda fuego
1.13 varón de *D*, te ruego que sea de valor
1.16 *d* de Ecrón, ¿no hay *D* en Israel para
2.14 dijo: ¿Dónde está Jehová, el *D* de Elías?
4.7 vino. . y lo contó al varón de *D*, el cual
4.9 entiendo que éste. . es varón santo de *D*
4.16 varón de *D*, no hagas burla de tu sierva
4.21 y lo puso sobre la cama del varón de *D*
4.22 que yo vaya corriendo al varón de *D*, y
4.25 y vino al varón de *D*, al monte Carmelo
4.25 y cuando el varón de *D* la vio de lejos
4.27 llegó a donde estaba el varón de *D* en
4.27 el varón de *D* le dijo: Déjala, porque
4.40 ¡varón de *D*, hay muerte en esa olla!
4.42 trajo al varón de *D* panes de primicias
5.7 ¿soy yo *D*, que mate y dé vida, para que
5.8 Eliseo el varón de *D* oyó que el rey de
5.11 decía. . Invocará el nombre de Jehová su *D*
5.14 conforme a la palabra del varón de *D*
5.15 y volvió al varón de *D*, él y toda su
5.15 conozco que no hay *D* en toda la tierra
5.17 ni ofrecerá sacrificio a otros *d*, sino
5.20 Giezi, criado de Eliseo el varón de *D*
6.6 el varón de *D* preguntó: ¿Dónde cayó?
6.9 y el varón de *D* envió a decir al rey de
6.10 aquel lugar que el varón de *D* había dicho
6.15 salió el que servía al varón de *D*, y he
6.31 él dijo: Así me haga *D*, y aun me añada
7.2 y un príncipe. . respondió al varón de *D*
7.17 que había dicho el varón de *D*, cuando
7.18 que el varón de *D* había hablado al rey
7.19 respondido al varón de *D*, diciendo: Si
8.2 mujer. . hizo como el varón de *D* le dijo
8.4 rey hablado con. . criado del varón de *D*
8.7 diciendo: El varón de *D* ha venido aquí
8.8 vé a recibir al varón de *D*, y consulta
8.11 y el varón de *D* le miró fijamente, y
8.11 estuvo así. . luego lloró el varón de *D*
9.6 dijo Jehová *D*. . Yo te he ungido por rey
9.36 es la palabra de *D*, la cual él habló por
10.31 Jehú no cuidó de andar en la ley de. . *D*
13.19 el varón de *D*. . le dijo: Al dar cinco o

DIOS ***(Continúa)***

2 R. 14.25 conforme a la palabra de..*D* de Israel
16.2 no hizo lo recto ante..de Jehová su *D*
17.7 de Israel pecaron contra Jehová su *D*
17.7 los hijos de Israel..temieron a *d* ajenos
17.9 cosas no rectas contra Jehová su *D*
17.14 los cuales no creyeron en Jehová su *D*
17.16 dejaron todos los mandamientos de..*D*
17.19 guardó los mandamientos de Jehová su *D*
17.26 no conocen la ley del *D* de la tierra
17.27 allí, y les enseñe la ley del *D* del país
17.29 pero cada nación se hizo sus *d*, y los
17.31 adorar a Adramelec y..*d* de Sefarvaim
17.33 temían a Jehová, y honraban a sus *d*
17.35 no temeréis a otros *d*, ni..adoraréis
17.37 por obra, y no temeréis a *d* ajenos
17.38 no olvidaréis..ni temeréis a *d* ajenos
17.39 temed a Jehová vuestro *D*..os librará
18.5 en Jehová *D* de Israel puso su esperanza
18.12 no habían atendido a la voz de..su *D*
18.22 decís..confiamos en Jehová vuestro *D*
18.33 ¿acaso alguno de los *d*..ha librado su
18.34 ¿dónde esta el *d* de Hamat y de Arfad?
18.34 ¿dónde está el *d* de Sefarvaim..de Iva?
18.35 ¿qué *d* de todos los *d* de estas tierras
19.4 quizá oirá..tu *D* todas las palabras del
19.4 ha enviado para blasfemar al *D* viviente
19.4 palabras..las cuales Jehová tu *D* ha oído
19.10 no te engañe tu *D* en quien tú confías
19.12 ¿acaso libraron sus *d* a las naciones
19.15 Jehová *D* de Israel, que moras entre los
19.15 sólo tú eres *D* de todos los reinos de
19.16 ha enviado a blasfemar al *D* viviente
19.18 que echaron al fuego a sus *d*..no eran *d*
19.19 Jehová *D* nuestro, sálvanos, te ruego
19.19 que sepan..que sólo tú, Jehová, eres *D*
19.20 ha dicho Jehová, *D* de Israel: Lo que
19.37 adoraba en el templo de Nisroc su *d*
20.5 así dice Jehová, el *D* de David tu padre
21.12 ha dicho Jehová el *D* de Israel: He aquí
21.22 dejó a Jehová el *D* de sus padres, y no
22.15 así ha dicho..el *D* de Israel: Decid al
22.17 cuanto..quemaron incienso a *d* ajenos
22.18 diréis así: Así ha dicho..*D* de Israel
23.16 conforme a..profetizado el varón de *D*
23.17 el sepulcro del varón de *D* que vino de
23.21 haced la pascua a Jehová vuestro *D*
1 Cr. 4.10 invocó Jabes al *D* de Israel, diciendo
4.10 si me dieras..Y le otorgó *D* lo que pidió
5.20 porque clamaron a *D* en la guerra, y les
5.22 y cayeron muchos..la guerra era de *D*
5.25 se rebelaron contra el *D* de sus padres
5.25 siguiendo a los *d* de los pueblos de la
5.26 el *D* de..excitó el espíritu de Pul rey
6.48 sobre..del tabernáculo de la casa de *D*
6.49 a todo lo que Moisés siervo de *D* había
9.11 hijo de Ahitob, príncipe de la casa de *D*
9.13 eficaces en..ministerio en la casa de *D*
9.26 su cargo..los tesoros de la casa de *D*
9.27 estos moraban alrededor de la casa de *D*
10.10 sus armas en el templo de sus *d*, y
11.2 Jehová tu *D* te ha dicho: Tú apacentarás
11.19 guárdeme mi *D*..de beber la sangre y la
12.17 véalo el *D* de nuestros padres, y lo
12.18 oh David..pues también tu *D* te ayuda
12.22 hasta hacerse un..como ejército de *D*
13.2 si es la voluntad de Jehová nuestro *D*
13.3 y traigamos el arca de..*D* a nosotros
13.5 David..para que trajesen el arca de *D*
13.6 para pasar de allí el arca de Jehová *D*
13.7 y llevaron el arca de *D* de la casa de
13.8 se regocijaban delante de *D* con..arpas
13.10 y lo hirió..y murió allí delante de *D*
13.12 y David temió a *D* aquel día, y dijo
13.12 ¿cómo he de traer a mi..el arca de *D?*
13.14 el arca de *D* estuvo con la familia de
14.10 David consultó a *D*..¿Subiré contra los
14.11 *D* rompió mis enemigos por mi mano
14.12 dejaron allí sus *d*, y David dijo que
14.14 volvió a consultar a *D*, y *D* le dijo: No
14.15 sal luego a la..*D* saldrá delante de ti
14.16 hizo, pues, David como *D* le mandó, y
15.1 y arregló un lugar para el arca de *D*
15.2 el arca de *D* no debe ser llevada sino
15.12 pasad el arca de Jehová *D* de Israel al
15.13 nuestro *D* nos quebrantó, por cuanto no
15.14 para traer el arca de Jehová *D* de Israel
15.15 de los levitas trajeron el arca de *D*
15.24 las trompetas delante del arca de *D*
15.26 ayudando *D* a los levitas que llevaban
16.1 trajeron el arca de *D*, y la pusieron
16.1 ofrecieron holocaustos..delante de *D*
16.4 levitas, para que..loasen a Jehová *D*
16.6 las trompetas delante del arca..de *D*
16.14 Jehová, él es nuestro *D;* sus juicios
16.25 digno..de ser temido sobre todos los *d*
16.26 todos los *d* de los pueblos son ídolos
16.35 sálvanos, oh *D*, salvación nuestra
16.36 bendito sea Jehová *D* de Israel, de
16.42 con otros instrumentos de música de *D*
17.2 haz todo lo que..porque *D* está contigo
17.3 misma noche vino palabra de *D* a Natán
17.16 Jehová *D*, ¿quién soy yo, y cuál es mi
17.17 y aun esto, oh *D*, te ha parecido poco
17.17 me has mirado como a un..oh Jehová *D*
17.20 no hay semejante a ti, ni hay *D* sino
17.21 cuyo *D*..se redimiese un pueblo, para
17.22 y tú, Jehová, has venido a ser su *D*
17.24 Jehová *D* de Israel, es *D* para Israel
17.25 *D* mío, revelaste al oído a tu siervo
17.26 el *D* que has hablado de tu siervo este
19.13 por las ciudades de nuestro *D;* y haga
21.7 esto desagradó a *D*, e hirió a Israel
21.8 dijo David a *D:* He pecado..al hacer esto
21.17 dijo David a *D:* ¿No soy yo el que hizo
21.17 *D* mío, sea ahora tu mano contra mí, y
21.30 David no pudo ir allá a consultar a *D*
22.1 aquí estará la casa de Jehová *D*, y aquí
22.2 labrasen piedras..edificar la casa de *D*
22.6 le mandó que edificase casa a Jehová *D*
22.7 el edificar templo al nombre de..mi *D*
22.11 edifiques casa a Jehová tu *D*, como él
22.12 para que..guardes la ley de Jehová tu *D*
22.18 ¿no está con vosotros Jehová vuestro *D*
22.19 poned..ánimos en buscar a Jehová..*D*
22.19 edificad el santuario de Jehová *D*, para
22.19 traer..los utensilios consagrados a *D*
23.14 los hijos de Moisés varón de *D* fueron
23.25 *D*..ha dado paz a su pueblo Israel, y
23.28 obra del ministerio de la casa de *D*
24.5 santuario, y príncipes de la casa de *D*
24.19 que le había mandado..el *D* de Israel
25.5 vidente del rey en las cosas de *D*, para
25.5 y *D* dio a Hemán 14 hijos y tres hijas
25.6 arpas, para el ministerio del templo de *D*
26.5 porque *D* había bendecido a Obed-edom
26.20 cargo de los tesoros de la casa de *D*
26.32 las cosas de *D* y los negocios del rey
28.2 para el estrado de los pies de nuestro *D*
28.3 mas *D* me dijo: Tú no edificarás casa a
28.4 *D* de Israel me eligió de toda la casa
28.8 todo Israel..y en oídos de nuestro *D*
28.8 e inquirid..los preceptos de Jehová..*D*
28.9 tú, Salomón..reconoce al *D* de tu padre
28.12 para las tesorerías de la casa de *D*
28.20 porque Jehová *D*, mi *D*, estará contigo
28.21 para todo el ministerio de la casa de *D*
29.1 a Salomón mi hijo ha elegido *D;* él es
29.1 la casa no es para hombre, sino para..*D*
29.2 he preparado para la casa de mi *D*, oro
29.3 tengo mi afecto en la casa de mi *D*, yo
29.3 las cosas..he dado para la casa de mi *D*
29.7 dieron para el servicio de la casa de *D*
29.10 bendito seas..*D* de Israel nuestro padre
29.13 *D* nuestro, nosotros alabamos y loamos
29.16 *D* nuestro, toda esta abundancia que
29.17 yo sé, *D* mío, que tú escudriñas los
29.18 Jehová, *D*..conserva..esta voluntad del
29.20 dijo..Bendecid ahora a Jehová vuestro *D*
29.20 la congregación bendijo a Jehová *D* de
2 Cr. 1.1 Salomón..Jehová su *D* estaba con él
1.3 porque allí estaba el tabernáculo..de *D*
1.4 pero David había traído el arca de *D*
1.7 aquella noche apareció *D* a Salomón y le
1.8 y Salomón dijo a *D:* Tú has tenido con
1.9 confírmese..Jehová *D*, tu palabra dada a
1.11 dijo *D* a Salomón: Por cuanto hubo esto
2.4 edificar casa al nombre de Jehová mi *D*
2.4 festividades de Jehová nuestro *D:* lo cual
2.5 el *D* nuestro es grande sobre todos los *d*
2.12 bendito sea Jehová el *D* de Israel, que
3.3 medidas que dio Salomón a..la casa de *D*
4.11 acabó Hiram la obra..para la casa de *D*
4.19 hizo..los utensilios para la casa de *D*
5.1 y puso..en los tesoros de la casa de *D*
5.14 la gloria..había llenado la casa de *D*
6.4 bendito sea Jehová *D* de Israel, quien con
6.7 edificar casa al nombre de Jehová *D* de
6.10 he edificado casa al nombre de Jehová *D*
6.14 *D* de Israel, no hay *D* semejante a ti en
6.16 Jehová *D*..cumple a tu siervo David mi
6.17 *D* de Israel, cúmplase tu palabra que
6.18 ¿es verdad que *D* habitará con el hombre
6.19 tú mirarás a la oración de tu siervo..*D*
6.40 *D* mío, te ruego que estén abiertos tus
6.41 *D*, levántate ahora para habitar en tu
6.41 Jehová *D*, sean vestidos de salvación tus
6.42 *D*, no rechaces a tu ungido; acuérdate
7.5 así dedicaron la casa de *D* el rey y todo
7.19 si vosotros os..y sirviereis a *d* ajenos
7.22 cuanto dejaron a Jehová *D* de sus padres
7.22 cuanto..han abrazado a *d* ajenos, y
8.14 así lo había mandado David, varón de *D*
9.8 bendito sea Jehová tu *D*, el cual se ha
9.8 para ponerte..como rey para Jehová tu *D*
9.8 cuanto tu *D* amó a Israel para afirmarlo
9.23 para oir la sabiduría que *D* le había dado
10.15 la causa era de *D*, para que..cumpliera
11.2 vino palabra de..a Semaías varón de *D*
11.16 buscar a Jehová *D*..el *D* de sus padres
13.5 Jehová *D* de Israel dio el reino a David
13.8 tenéis..los becerros de oro que..por *d*
13.9 así sea sacerdote de los que no son *d?*
13.10 Jehová es nuestro *D*, y no le..dejado
13.11 guardamos la ordenanza de Jehová..*D*
13.12 he aquí *D* está con nosotros por jefe
13.12 Israel, no peleéis contra Jehová el *D*
13.15 *D* desbarató a Jeroboam y a todo Israel
13.16 de Judá, y *D* los entregó en sus manos
13.18 porque se apoyaban en Jehová el *D* de
14.2 hizo Asa lo bueno y lo recto ante..de *D*
14.4 mandó a Judá que buscase a Jehová el *D*
14.7 porque hemos buscado a Jehová nuestro *D*
14.11 clamó Asa a Jehová su *D*, y dijo: ¡Oh
14.11 Jehová *D* nuestro..tu eres nuestro *D*
15.1 vino el Espíritu de *D* sobre Azarías hijo
15.3 muchos días ha estado Israel sin..*D* y
15.4 cuando..se convirtieron a Jehová *D* de
15.6 *D* los turbó con..clase de calamidades
15.9 viendo que Jehová su *D* estaba con él
15.12 que buscarían a..*D* de sus padres, de
15.13 que no buscase a Jehová el *D* de Israel
15.18 trajo a la casa de *D* lo que su padre
16.7 y no te apoyaste en..tu *D*, por eso el
17.4 que buscó al *D* de su padre, y anduvo en
18.5 porque *D* los entregará en mano del rey
18.13 que lo que mi *D* me dijere, eso hablaré
18.31 mas Josafat clamó..y los apartó *D* de él
19.3 has dispuesto tu corazón para buscar a *D*
19.4 los conducía a Jehová el *D* de sus padres
19.7 con Jehová nuestro *D* no hay injusticia
20.6 *D* de nuestros padres, ¿no eres tú *D* en
20.7 *D* nuestro, ¿no echaste tú los moradores
20.12 ¡oh *D* nuestro! ¿no los juzgarás tú?
20.15 no es vuestra la guerra, sino de *D*
20.19 para alabar a Jehová el *D* de Israel con
20.20 creed en Jehová vuestro *D*..sus profetas
20.29 pavor de *D* cayó sobre todos los reinos
20.30 Josafat..*D* le dio paz por todas partes
20.33 no había enderezado su corazón al *D* de
21.10 él había dejado a..el *D* de sus padres
21.12 Jehová el *D* de David tu padre ha dicho
22.7 esto venía de *D*, para que Ocozías fuese
22.12 y estuvo..escondido en la casa de *D*
23.3 hizo pacto con el rey en la casa de *D*
23.9 las lanzas..que estaban en la casa de *D*
24.5 año sea reparada la casa de vuestro *D*
24.7 Atalía..habían destruido la casa de *D*
24.9 la ofrenda que Moisés siervo de *D* había
24.13 la obra..y restituyeron la casa de *D*
24.16 había hecho bien con Israel, y..con *D*
24.18 desampararon la casa de Jehová *D* de sus
24.18 entonces la ira de *D* vino sobre Judá
24.20 el Espíritu de *D* vino sobre Zacarías
24.24 habían dejado a..el *D* de sus padres
25.8 así..*D* te hará caer..en *D* está el poder
25.9 y Amasías dijo al varón de *D:* ¿Qué, pues
25.9 el varón de *D* respondió: Jehová puede
25.14 los *d* de..de Seir..puso ante sí por *d*
25.15 buscado los *d* de otra nación, que no
25.16 yo sé que *D* ha decretado destruirte
25.20 era la voluntad de *D*, que los quería
25.20 por cuanto habían buscado los *d* de Edom
25.24 los utensilios que se..en la casa de *D*
26.5 persistió en buscar a *D* en los días de
26.5 de Zacarías, entendido en visiones de *D*
26.7 *D* le dio ayuda contra los filisteos, y
26.16 se rebeló contra Jehová su *D*, entrando
26.18 no te será para gloria delante de..*D*
27.6 preparó sus caminos delante de..su *D*
28.5 su *D* lo entregó en manos del rey de los
28.6 cuanto habían dejado a Jehová el *D* de
28.9 el *D* de vuestros padres, por el enojo
28.10 ¿no habéis pecado..contra Jehová..*D?*
28.23 sacrificios a los *d* de Damasco que le
28.23 los *d* de los reyes de Siria les ayudan
28.24 Acaz los utensilios de la casa de *D*
28.25 para quemar incienso a los *d* ajenos
28.25 provocando así a..el *D* de sus padres
29.5 y santificad la casa de Jehová el *D* de
29.6 han hecho lo malo ante los ojos de..*D*
29.7 no quemaron incienso ni..al *D* de Israel
29.10 hacer pacto con Jehová el *D* de Israel
29.36 de que *D* hubiese preparado el pueblo
30.1,5 para celebrar la pascua a..*D* de Israel
30.6 volveos a..el *D* de Abraham, de Isaac y
30.7 se rebelaron contra..el *D* de sus padres
30.8 servid a Jehová vuestro *D*, y el ardor de
30.9 vuestro *D* es clemente y misericordioso
30.12 en Judá también estuvo la mano de *D*
30.16 conforme a la ley de Moisés varón de *D*
30.18 preparado su corazón para buscar a *D*
30.19 a Jehová el *D* de sus padres, aunque no
30.22 y dando gracias a Jehová el *D* de sus
31.6 de las cosas que habían prometido a..*D*
31.13 de Azarías, príncipe de la casa de *D*
31.14 tenía cargo de las ofrendas..para *D*
31.20 y ejecutó lo bueno..delante de..su *D*
31.21 el servicio de la casa de *D*, de acuerdo
31.21 buscó a su *D*, lo hizo de todo corazón
32.8 mas con nosotros está Jehová nuestro *D*
32.11 nuestro *D* nos librará de la mano del
32.13 ¿pudieron los *d* de las naciones de esas
32.14 ¿qué *d* hubo de entre todos los *d* de
32.14 ¿cómo podrá vuestro *D* libraros de mi
32.15 si ningún *d* de todas aquellas naciones
32.15 menos vuestro *D* os podrá librar de mi
32.16 hablaron..sus siervos contra Jehová *D*
32.17 cartas en que blasfemaba contra..el *D*
32.17 como los *d* de las naciones..no pudieron
32.17 tampoco el *D* de Ezequías librará al suyo

DIOS *(Continúa)*

2 Cr. 32.19 contra el *D*. .como contra los *d* de los
32.21 en el templo de su *d*, allí lo mataron
32.29 porque *D* le había dado muchas riquezas
32.31 *D* lo dejó, para probarle, para. .conocer
33.7 puso una imagen fundida. .en la casa de *D*
33.7 de la cual había dicho *D* a David y a
33.12 fue puesto en angustias, oró a. .su *D*
33.12 en la presencia del *D* de sus padres
33.13 pues *D* oyó su oración y lo restauró a
33.13 reconoció Manasés que Jehová era *D*
33.15 quitó los *d* ajenos, y el ídolo de la
33.16 Judá que sirviesen a Jehová *D* de Israel
33.17 altos, aunque lo hacía para Jehová su *D*
33.18 su oración a su *D*, y las palabras de
33.18 que le hablaron en nombre de. .el *D* de
34.3 a los 8. .comenzó a buscar al *D* de David
34.8 que reparasen la casa de Jehová su *D*
34.23 *D* de Israel ha dicho así: Decid al varón
34.25 y han ofrecido sacrificios a *d* ajenos
34.26 *D* de Israel ha dicho así: Por cuanto
34.27 te humillaste delante de *D* al oir sus
34.32 conforme al pacto de *D*, del *D* de sus
34.33 e hizo que. .sirviesen a Jehová su *D*
34.33 no se apartaron. .de Jehová el *D* de sus
35.3 ahora servid a Jehová vuestro *D*, y a su
35.8 y Jehiel, oficiales de la casa de *D*
35.21 *D* me ha dicho que me apresure. Deja de
35.21 de oponerte a *D*, quien está conmigo
35.22 las palabras de. .que eran de boca de *D*
36.5,12 malo ante los ojos de Jehová su *D*
36.13 se rebeló. .al cual había jurado por *D*
36.13 no volverse a Jehová el *D* de Israel
36.15 *D* de sus padres envió. .palabra a ellos
36.16 hacían escarnio de los mensajeros de *D*
36.18 los utensilios de la casa de *D*. .llevó
36.19 y quemaron la casa de *D*, y rompieron
36.23 el *D* de los cielos, me ha dado todos
36.23 haya. .sea Jehová su *D* con él, y suba
Esd. 1.2 Jehová el *D* de los cielos me ha dado
1.3 sea *D* con él, y suba a Jerusalén, que
1.3 edifique la casa a Jehová *D*. .(él es el *D*)
1.4 ofrendas. .para la casa de *D*, la cual está
1.5 aquellos cuyo espíritu despertó *D* para
1.7 y los había puesto en la casa de sus *d*
2.68 hicieron ofrendas. .para la casa de *D*
3.2 y edificaron el altar del *D* de Israel
3.2 escrito en la ley de Moisés varón de *D*
3.8 de su venida a la casa de *D* en Jerusalén
3.9 los que hacían la obra en la casa de *D*
4.1 edificaban el templo de. .*D* de Israel
4.2 buscamos a vuestro *D*, y a él ofrecemos
4.3 edificar con vosotros casa a nuestro *D*
4.3 edificaremos a Jehová *D* de Israel, como
4.24 entonces cesó la obra de la casa de *D*
5.1 profetizaron Hageo. .en el nombre del *D*
5.2 y comenzaron a reedificar la casa de *D*
5.2 con ellos los profetas de *D*. .les ayudaban
5.5 los ojos de *D* estaban sobre los ancianos
5.8 que fuimos. .a la casa del gran *D*, la cual
5.11 somos siervos del *D* del cielo y de la
5.12 provocaron a ira al *D* de los cielos
5.13 que esta casa de *D* fuese reedificada
5.14 los utensilios de oro. .de la casa de *D*
5.15 y sea reedificada la casa de *D* en su
5.16 y puso los cimientos de la casa de *D*
5.17 la orden para reedificar esta casa de *D*
6.3 rey Ciro dio orden acerca de la casa de *D*
6.5 los utensilios de oro. .de la casa de *D*
6.5 vayan a. .y sean puestos en la casa de *D*
6.7 se haga la obra de esa casa de *D*; que el
6.7 reedifiquen esa casa de *D* en su lugar
6.8 orden de. .para reedificar esa casa de *D*
6.9 para holocaustos al *D* del cielo, trigo
6.10 para que ofrezcan sacrificios. .al *D* del
6.12 y el *D* que hizo habitar allí su nombre
6.12 o destruir esa casa de *D*, la cual está
6.14 terminaron, por orden del *D* de Israel
6.16 dedicación de esta casa de *D* con gozo
6.17 en la dedicación de esta casa de *D* cien
6.18 el servicio de *D* en Jerusalén, conforme
6.21 habían apartado. .para buscar a Jehová *D*
6.22 la obra de la casa de *D*, del *D* de Israel
7.6 la ley. .que Jehová *D* de Israel había dado
7.6 mano de Jehová su *D* estaba sobre Esdras
7.9 llegó. .estando con él la buena mano de *D*
7.12 erudito en la ley del *D* del cielo: Paz
7.14 conforme a la ley de tu *D* que está en
7.15 oro que el rey. .ofrecen al *D* de Israel
7.16 que. .ofrecieren para la casa de su *D*
7.17 sobre el altar de la casa de vuestro *D*
7.18 hacedlo conforme a la voluntad de. .*D*
7.19 los utensilios. .de tu *D*. .delante de *D*
7.20 que se requiere para la casa de tu *D*
7.21 escriba de la ley del *D* del cielo, se
7.23 mandado por el *D*. .para la casa del *D*
7.24 a todos los. .ministros de la casa de *D*
7.25 conforme. .sabiduría que tienes de tu *D*
7.25 todos los que conocen las leyes de tu *D*
7.26 que no cumpliere la ley de tu *D*, y la
7.27 bendito Jehová *D* de nuestros padres, que
7.28 fortalecido por la mano de mi *D*, reuní
8.17 trajesen ministros para la casa de. .*D*
8.18 nos trajeron según la buena mano de. .*D*
8.21 para afligirnos delante de nuestro *D*
8.22 la mano de nuestro *D* es para bien sobre
8.23 ayunamos, pues, y pedimos. .*D* sobre esto
8.25 ofrenda que para la casa de nuestro *D*
8.28 ofrenda. .a Jehová *D* de nuestros padres
8.30 para traerlo. .a la casa de nuestro *D*
8.31 y la mano de. .*D* estaba sobre nosotros
8.33 pesada la plata. .en la casa de nuestro *D*
8.35 ofrecieron holocaustos al *D* de Israel
8.36 ayudaron al pueblo y a la casa de *D*
9.4 todos los que temían las palabras del *D*
9.5 postré. .y extendí mis manos a Jehová mi *D*
9.6 *D* mío, confuso y avergonzado estoy para
9.6 para levantar, oh *D* mío, mi rostro a ti
9.8 ha habido misericordia de parte de. .*D*
9.8 fin de alumbrar nuestro *D* nuestros ojos
9.9 no nos ha desamparado nuestro *D*, sino
9.9 vida para levantar la casa de nuestro *D*
9.10 ¿qué diremos, oh *D* nuestro, después de
9.13 tú, *D* nuestro, no nos has castigado de
9.15 oh Jehová *D* de Israel, tú eres justo
10.1 y postrándose delante de la casa de *D*
10.2 nosotros hemos pecado contra nuestro *D*
10.3 ahora, pues, hagamos pacto con nuestro *D*
10.3 que temen el mandamiento de nuestro *D*
10.6 se levantó. .de delante de la casa de *D*
10.9 se sentó. .en la plaza de la casa de *D*
10.11 dad gloria a. .*D* de vuestros padres, y
10.14 apartemos de. .el ardor de la ira de. .*D*
Neh. 1.4 y ayuné y oré delante del *D* de los
1.5 Jehová, *D* de los cielos, fuerte, grande
2.4 pides? Entonces oré al *D* de los cielos
2.12 y no declaré. .lo que *D* había puesto en
2.18 cómo la mano de mi *D* había sido buena
2.20 el *D* de los cielos, él nos prosperará
4.4 oye, oh *D* nuestro, que somos objeto de
4.9 oramos a nuestro *D*, y. .pusimos guarda
4.15 que *D* había desbaratado el consejo de
4.20 reuníos allí con. .*D* peleará por nosotros
5.9 ¿no andaréis en el temor de nuestro *D*
5.13 sacuda *D* de su casa y de su trabajo a
5.15 yo no hice así, a causa del temor de *D*
5.19 acuérdate de mí para bien, *D* mío, y de
6.9 ahora, pues, oh *D*, fortalece tú mis manos
6.10 reunámonos en la casa de *D*, dentro del
6.12 entendí que *D* no lo había enviado, sino
6.14 acuérdate, *D* mío, de Tobías. .Sanbalat
6.16 que por. .*D* había sido hecha esta obra
7.2 éste era varón de verdad y temeroso de *D*
7.5 puso *D* en mi corazón que reuniese a los
8.6 bendijo. .Esdras a Jehová, *D* grande
8.8 leían. .el libro de la ley de *D* claramente
8.9 día santo es a Jehová nuestro *D*; no os
8.16 en los patios de la casa de *D*, en la
8.18 leyó. .en el libro de la ley de *D* cada
9.3 leyeron el libro de la ley de. .su *D* la
9.3 confesaron sus. .y adoraron a Jehová su *D*
9.4 y clamaron en voz alta a Jehová su *D*
9.5 bendecid a. .*D* desde la eternidad hasta
9.7 tú eres. .el *D* que escogiste a Abram, y
9.17 pero tú eres *D* que perdonas, clemente
9.18 este es tu *D* que te hizo subir de Egipto
9.31 porque eres *D* clemente y misericordioso
9.32 *D* nuestro, *D* grande, fuerte, temible
10.28 se habían apartado de. .a la ley de *D*
10.29 ley de *D*. .dada por Moisés siervo de *D*
10.32 para la obra de la casa de nuestro *D*
10.33 todo el servicio de la casa de nuestro *D*
10.34 la leña. .traerla a la casa de nuestro *D*
10.34 para quemar sobre el altar. .nuestro *D*
10.36 traeríamos. .a la casa de nuestro *D*, a
10.36 que ministran en la casa de nuestro *D*
10.37 a las cámaras de la casa de nuestro *D*
10.38 llevarían el diezmo. .a la casa de. .*D*
10.39 no abandonaremos la casa de nuestro *D*
11.11 de Ahitob, príncipe de la casa de *D*
11.16 capataces de la obra. .de la casa de *D*
11.22 de Asaf. .sobre la obra de la casa de *D*
12.24 conforme al estatuto de David. .de *D*
12.36 los instrumentos. .de David varón de *D*
12.40 llegaron. .los dos coros a la casa de *D*
12.43 se regocijaron. .*D* los había recreado
12.45 y habían cumplido el servicio de su *D*
12.46 los cánticos. .y acción de gracias a *D*
13.1 no debían entrar. .la congregación de *D*
13.2 *D* volvió la maldición en bendición
13.4 de la cámara de la casa de nuestro *D*
13.7 una cámara en los atrios de la casa de *D*
13.9 volver. .los utensilios de la casa de *D*
13.11 ¿por qué está la casa de *D* abandonada?
13.14 acuérdate de mí, oh *D*, en orden a esto
13.14 mis misericordias. .en la casa de mi *D*
13.18 y trajo nuestro *D* todo este mal sobre
13.22 acuérdate de mí, *D* mío, y perdóname
13.26 era amado de su *D*, y *D* lo había puesto
13.27 este mal. .prevaricar contra nuestro *D*
13.29 acuérdate de ellos, *D* mío, contra los
13.31 acuérdate de mí, *D* mío, para bien
Job 1.1,8 temeroso de *D* y apartado del mal
1.5 quizá. .y habrán blasfemado contra *D* en
1.6 vinieron a presentarse. .los hijos de *D*
1.9 Satanás. .¿Acaso teme Job a *D* de balde?
1.16 fuego de *D* cayó del cielo, que quemó las
1.22 Job. .ni atribuyó a *D* despropósito alguno
2.1 que otro día vinieron los hijos de *D* para
2.3 recto, temeroso de *D* y apartado del mal
2.9 le dijo su mujer. .Maldice a *D*, y muérete
2.10 ¿recibiremos de *D* el bien, y el mal no
3.4 aquel día. .no cuide de él *D* desde arriba
3.23 se da vida al. .a quien *D* ha encerrado?
4.6 ¿no es tu temor a *D* tu confianza? ¿No es
4.9 perecen por el aliento de *D*, y por el
4.17 ¿será el hombre más justo que *D*? ¿Será
5.8 yo buscaría a *D*, y encomendaría a él mi
5.17 bienaventurado es el. .a quien *D* castiga
6.4 las saetas. .y terrores de *D* me combaten
6.8 ¡quién. .que me otorgase *D* lo que anhelo
6.9 agradara a *D* quebrantarme; que soltara
8.3 acaso torcerá *D* el derecho, o pervertirá
8.5 buscares a *D*, y rogares al Todopoderoso
8.13 caminos de todos los que olvidan a *D*
8.20 *D* no aborrece al perfecto, ni apoya la
9.2 ¿y cómo se justificará el hombre con *D*?
9.13 *D* no volverá atrás su ira, y debajo de
10.2 a *D*: No me condenes; hazme entender por
11.5 quién diera que *D* hablara, y abriera sus
11.6 conocerías. .*D* te ha castigado menos de
11.7 ¿descubrirás tú los secretos de *D*?
12.4 yo soy. .que invoca a *D*, y él le responde
12.6 y los que provocan a *D* viven seguros, en
12.13 con *D* está la sabiduría y el poder
13.3 hablaría con el. .y querría razonar con *D*
13.7 ¿hablaréis iniquidad por *D*? ¿Hablaréis
13.8 ¿haréis. .¿contenderéis vosotros por *D*?
15.4 y menoscabas la oración delante de *D*
15.8 ¿oíste. .secreto de *D*, y está limitada a
15.11 tan poco tienes las consolaciones de *D*
15.13 para que contra *D* vuelvas tu espíritu
15.25 extendió su mano contra *D*, y se portó
16.11 me ha entregado *D* al mentiroso, y en
16.20 son. .mas ante *D* derramaré mis lágrimas
16.21 disputar el hombre con *D*, como con su
17.3 dame fianza, oh *D*; sea mi protección
18.21 será el lugar del que no conoció a *D*
19.6 sabed ahora que *D* me ha derribado, y me
19.21 mí! Porque la mano de *D* me ha tocado
19.22 ¿por qué me perseguís como *D*, y ni aun
19.26 después de. .en mi carne he de ver a *D*
20.15 vomitará; de su vientre las sacará *D*
20.23 *D* enviará sobre él el ardor de su ira
20.29 porción que *D* prepara al hombre impío
20.29 y la heredad que *D* le señala por su
21.9 temor, ni viene azote de *D* sobre ellos
21.14 dicen, pues, a *D*: Apártate de nosotros
21.17 y *D* en su ira les reparte dolores!
21.19 *D* guardará para los hijos de ellos su
21.22 enseñará. .a *D* sabiduría, juzgando el
22.2 ¿traerá el hombre provecho a *D*?
22.12 ¿no está *D* en la altura de los cielos?
22.13 dirás tú: ¿Qué sabe *D*? ¿Cómo juzgará
22.17 decían a *D*: Apártate de nosotros
22.26 entonces te. .y alzarás a *D* tu rostro
22.29 dirás. .y *D* salvará al humilde de ojos
23.3 me diera el saber dónde hallar a *D*!
23.16 *D* ha enervado mi corazón. .ha turbado
24.12 claman. .pero *D* no atiende su oración
25.4 se justificará el hombre para con *D*?
27.2 vive *D*, que ha quitado mi derecho, y el
27.3 mí, y haya hálito de *D* en mis narices
27.8 ¿cuál es. .cuando *D* le quitare la vida?
27.9 ¿oirá *D* su clamor. .tribulación viniere
27.10 deleitará. .invocará a *D* en todo tiempo?
27.11 os enseñaré en cuanto a la mano de *D*
27.13 es para con *D* la porción del hombre
27.22 *D*, pues, descargará sobre él, y no
28.23 *D* entiende el camino. .conoce su lugar
29.2 como en los días en que *D* me guardaba
29.4 cuando el favor de *D* velaba sobre mi
30.11 *D* desató su cuerda, y me afligió; por
31.2 ¿qué galardón me daría de arriba *D*, y
31.6 péseme *D* en balanzas de justicia, y
31.14 ¿qué haría yo cuando *D* se levantase?
31.23 porque temí el castigo de *D*, contra
31.28 porque habría negado al *D* soberano
32.2 se justificaba a sí mismo más que a *D*
32.13 sabiduría; lo vence *D*, no el hombre
33.4 el espíritu de *D* me hizo, y el soplo
33.6 heme aquí a mí en lugar de *D*, conforme
33.12 yo te responderé que mayor es *D* que el
33.14 en una o en dos maneras habla *D*; pero
33.24 le diga que *D* tuvo de él misericordia
33.26 orará a *D*, y éste le amará, y verá su
33.28 *D* redimirá su alma para que no pase al
33.29 estas cosas hace *D* dos y tres veces con
34.5 dicho: Yo soy justo, y *D* me ha quitado
34.9 servirá al. .conformar su voluntad a *D*
34.10 oídme: lejos esté de *D* la impiedad, y
34.12 sí, por cierto, *D* no hará injusticia
34.23 lo justo, para que vaya con *D* a juicio
34.31 conviene que se diga a *D*: He llevado
34.37 y contra *D* multiplica sus palabras
35.2 que has dicho: Más justo soy yo que *D*?
35.10 y ninguno. .¿Dónde está *D* mi Hacedor
35.13 *D* no oirá la vanidad, ni la mirará el
36.2 todavía tengo razones en defensa de *D*
36.5 *D* es grande, pero no desestima a nadie
36.22 he aquí que *D* es excelso en su poder

DIOS *(Continúa)*

Job 36.26 D es grande, y. . no le conocemos, ni se
37.5 truena D maravillosamente con su voz
37.10 por el soplo de D se da el hielo, y
37.14 Job. . y considera las maravillas de D
37.15 ¿sabes tú cómo D las pone en concierto
37.22 norte. . En D hay una majestad terrible
38.7 se regocijaban todos los hijos de D?
38.41 cuando sus polluelos claman a D, y
39.17 le privó D de sabiduría, y no le dio
40.2 el que disputa con D, responda a esto
40.9 ¿tienes tú un brazo como el de D?
40.19 él es el principio de los caminos de D
Sal. 3.2 dicen. . No hay para él salvación en D
3.7 levántate, Jehová; sálvame, D. . heriste
4.1 respóndeme. . clamo, oh D de mi justicia
5.2 a la voz de mi clamor, Rey mío y D mío
5.4 porque tú no eres un D que se complace en
5.10 castígalos, oh D; caigan por sus mismos
7.1 Jehová D mío, en ti he confiado; sálvame
7.3 D mío, si yo he hecho esto, si hay en mis
7.9 el D justo prueba la mente y el corazón
7.10 mi escudo está en D, que salva a los
7.11 D es juez justo, y D está airado contra
9.17 todas las gentes que se olvidan de D
10.4 el malo, por. . no busca a D; no hay D en
10.11 dice en su corazón: D ha olvidado; ha
10.12 levántate, oh. . D, alza tu mano; no te
10.13 ¿por qué desprecia el malo a D? En su
13.3 respóndeme, oh Jehová D mío; alumbra
14.1 dice el necio en su corazón: No hay D
14.2 si había. . entendido, que buscara a D
14.5 D está con la generación de los justos
16.1 guárdame. . D, porque en ti he confiado
16.4 aquellos que sirven diligentes a otro d
17.6 yo te he invocado. . tú me oirás, oh D
18.2 D mío, fortaleza mía, en él confiaré
18.6 en mi angustia invoqué. . y clamé a mi D
18.21 yo he. . no me aparté impíamente de mi D
18.28 Jehová mi D alumbrará mis tinieblas
18.29 desbarataré. . con mi D asaltaré muros
18.30 en cuanto a D, perfecto es su camino
18.31 ¿quién es D sino sólo Jehová? ¿Y qué
18.31 ¿y qué roca hay fuera de nuestro D?
18.32 D es el que me ciñe de poder, y quien
18.46 y enaltecido sea el D de mi salvación
18.47 el D que venga mis agravios, y somete
19.1 los cielos cuentan la gloria de D, y el
20.1 el nombre del D de Jacob te defienda
20.5 y alzaremos pendón en el nombre de. . D
20.7 nombre de. . nuestro D tendremos memoria
22.1 D mío, D mío, ¿por qué. . desamparado?
22.2 D mío, clamo de día, y no respondes
22.10 desde el vientre de mi. . tú eres mi D
24.5 recibirá. . justicia del D de salvación
24.6 de los que buscan tu rostro, oh D de
25.2 D. . en ti confío; no sea yo avergonzado
25.5 porque tú eres el D de mi salvación
25.22 redime, oh D, a Israel de todas sus
27.9 no me. . desampares, D de mi salvación
29.3 truena el D de gloria, Jehová sobre las
30.2 Jehová D mío, a ti clamé, y me sanaste
30.12 Jehová D mío, te alabaré para siempre
31.5 me has redimido, oh Jehová, D de verdad
31.14 mas yo en ti confío. . digo: Tú eres mi D
33.12 bienaventurada la nación cuyo D es
35.23 D mío y Señor mío. . defender mi causa
35.24 júzgame conforme a tu. . Jehová D mío
36.1 no hay temor de D delante de sus ojos
36.6 tu justicia es como los montes de D, tus
36.7 cuán preciosa, oh D, es tu misericordia!
37.31 la ley de su D está en su corazón; por
38.15 he esperado; tú responderás, Jehová D
38.21 oh Jehová; D mío, no te alejes de mí
40.3 cántico nuevo, alabanza a nuestro D
40.5 has aumentado, oh. . D mío, tus maravillas
40.8 hacer tu voluntad, D mío, me ha agradado
40.17 libertador eres. . D mío, no te tardes
41.13 bendito sea Jehová, el D de Israel, por
42.1 así clama por ti, oh D, el alma mía
42.2 mi alma tiene sed de D, del D vivo
42.2 ¿cuándo. . me presentaré delante de D?
42.3 mientras me dicen. . ¿Dónde está tu D?
42.4 la conduje hasta la casa de D, entre
42.5,11 espera en D. . salvación mía y D mío
42.6 D mío, mi alma está abatida en mí; me
42.8 conmigo, y mi oración al D de mi vida
42.9 diré a D: Roca mía, ¿por qué te has
42.10 diciéndome cada día: ¿Dónde está tu D?
43.1 júzgame, oh D, y defiende mi causa
43.2 pues que tú eres el D de mi fortaleza
43.4 entraré al altar de D, al D de. . alegría
43.4 gozo; y te alabaré con arpa, oh D, D mío
43.5 espera en D. . salvación mía y D mío
44.1 oh D, con nuestros oídos hemos oído
44.4 tú, oh D, eres mi rey; manda salvación
44.8 en D nos gloriaremos todo el tiempo
44.20 nos hubiésemos olvidado. . de nuestro D
44.20 si. . o alzado nuestras manos a d ajeno
44.21 ¿no demandaría D esto? Porque él conoce
45.2 tanto, D te ha bendecido para siempre
45.6 trono, oh D, es eterno y para siempre
45.7 por tanto, te ungió D, el D tuyo, con
46.1 D es nuestro amparo y. . pronto auxilio
46.4 sus corrientes alegran la ciudad de D
46.5 D está en medio de. . no será conmovida
46.5 D la ayudará al clarear la mañana
46.7,11 nuestro refugio es el D de Jacob
46.10 estad quietos, y conoced que yo soy D
47.1 las manos; aclamad a D con voz de júbilo
47.5 subió D con júbilo, Jehová con sonido
47.6 cantad a D, cantad. . a nuestro Rey, cantad
47.7 porque D es el Rey de toda la tierra
47.8 reinó D sobre las naciones; se sentó D
47.9 reunieron como pueblo del D de Abraham
47.10 de D son los escudos de la tierra; él
48.1 en la ciudad de nuestro D, en su monte
48.3 en. . palacios D es conocido por refugio
48.8 hemos visto. . en la ciudad de nuestro D
48.8 ciudad de. . la afirmará D para siempre
48.9 nos acordamos de tu misericordia, oh D
48.10 conforme a tu nombre, oh D, así es tu
48.14 este D es D nuestro eternamente y para
49.7 ninguno de. . podrá. . ni dar a D su rescate
49.15 D redimirá mi vida del poder del Seol
50.1 el D de d. . ha hablado, y convocado la
50.2 de Sion, perfección. . D ha resplandecido
50.3 vendrá nuestro D, y no callará; fuego
50.6 cielos declarán su justicia. . D es el juez
50.7 escucha, Israel, y. . yo soy D, el D tuyo
50.14 sacrifica a D alabanza, y paga. . votos
50.16 pero al malo dijo D: ¿Qué tienes tú que
50.22 entended. . los que os olvidáis de D
50.23 camino, le mostraré la salvación de D
51.1 ten piedad de mí, oh D, conforme a tu
51.10 crea en mí, oh D, un corazón limpio
51.14 líbrame de homicidios, oh D, D de mi
51.17 los sacrificios de D son el espíritu
51.17 al corazón. . no despreciarás tú, oh D
52.1 oh. . La misericordia de D es continua
52.5 por tanto, D te destruirá para siempre
52.7 aquí. . que no puso a D por su fortaleza
52.8 estoy como olivo verde en la casa de D
52.8 en la misericordia de D confío. . siempre
53.1 dice el necio en su corazón: No hay D
53.2 D desde los cielos miró sobre los hijos
53.2 había algún entendido que buscara a D
53.4 que hacen iniquidad. . y a D no invocan?
53.5 D ha esparcido los huesos del que puso
53.5 los avergonzaste, porque D los desechó
53.6 D hiciere volver de la cautividad a su
54.1 oh D, sálvame por tu nombre, y con tu
54.2 D, oye mi oración; escucha las razones
54.3 porque. . no han puesto a D delante de sí
54.4 D es el que me ayuda; el Señor está con
55.1 escucha, oh D, mi oración. . te escondas
55.14 andábamos en amistad en la casa de D
55.16 en cuanto a mí, a D clamaré; y Jehová
55.19 D oirá, y los quebrantará luego, el que
55.19 por cuanto no cambian, ni temen a D
55.23 tú, oh D, harás descender aquéllos al
56.1 ten misericordia de mí, oh D, porque me
56.4 D alabaré su palabra; en D he confiado
56.7 pésalos según su iniquidad, oh D, y
56.9 yo clamare; esto sé, que D está por mí
56.10 en D alabaré su palabra; en Jehová su
56.11 en D he confiado; no temeré; ¿qué puede
56.12 sobre mí, oh D, están tus votos; te
56.13 para que ande delante de D en la luz
57.1 ten misericordia de mí, oh D, ten. . de mí
57.2 clamaré al D. . al D que me favorece
57.3 D enviará su misericordia y su verdad
57.5 exaltado seas sobre los cielos, oh D
57.7 está. . oh D, mi corazón está dispuesto
57.11 exaltado seas sobre los cielos, oh D
58.6 oh D, quiebra sus dientes en sus bocas
58.11 ciertamente. . D que juzga en la tierra
59.1 líbrame de mis enemigos, oh D mío; ponme
59.5 y tú. . D de los ejércitos, D de Israel
59.9 esperaré en ti, porque D es mi defensa
59.10 D. . irá delante de mí; D hará que vea
59.13 sépase que D gobierna en Jacob hasta
59.17 porque eres, oh D, mi refugio, el D de
60.1 oh D, tú nos has desechado. . ¡vuélvete
60.6 D ha dicho en su santuario: Yo me
60.10 ¿no serás tú, oh D, que nos habías
60.10 y no salías, oh D, con. . ejércitos?
60.12 en D haremos proezas, y él hollará a
61.1 oye, oh D, mi clamor. . oración atiende
61.5 porque tú, oh D, has oído mis votos
61.7 estará. . siempre delante de D; prepara
62.1 en D solamente está acallada mi alma
62.5 alma mía, en D solamente reposa, porque
62.7 en D está mi salvación y mi gloria; en
62.7 en D está mi roca fuerte, y mi refugio
62.8 esperad en él en. . D es nuestro refugio
62.11 una vez habló D. . que de D es el poder
63.1 D, D mío eres. . de madrugada te buscaré
63.11 el rey se alegrará en D; será alabado
64.1 escucha, oh D, la voz de mi queja
64.7 mas D los herirá con saeta; de repente
64.9 anunciarán la obra de D, y entenderán
65.1 tuya es la alabanza en Sion, oh D, y a
65.5 oh D de nuestra salvación, esperanza
65.9 el río de D, lleno de aguas, preparas el
66.1 aclamad a D con alegría, toda la tierra
66.3 decid a D: ¡Cuán asombrosas. . tus obras!
66.5 venid, y ved las obras de D, temible en
66.8 bendecid, pueblos, a nuestro D, y haced
66.10 tú nos probaste, oh D; nos ensayaste
66.16 venid, oíd todos los que teméis a D
66.19 ciertamente me escuchó D; atendió a
66.20 bendito sea D, que no echó de sí mi
67.1 D tenga misericordia de nosotros, y nos
67.3,5 te alaben los pueblos, oh D; todos
67.6 su fruto; nos bendecirá D, el D nuestro
67.7 bendíganos D, y témanlo todos. . la tierra
68.1 levántese D. . esparcidos sus enemigos
68.2 así perecerán los impíos delante de D
68.3 mas los justos. . gozarán delante de D
68.5 padre de huérfanos y defensor de. . es D
68.6 D hace habitar en. . a los desamparados
68.7 oh D, cuando tú saliste delante de tu
68.8 también destilaron los cielos ante. . D
68.8 aquel Sinaí tembló delante de D, del D
68.9 abundante lluvia esparciste, oh D; a tu
68.10 por tu bondad, oh D, has previsto al
68.15 monte de D es el monte de Basán. . alto
68.16 al monte que deseó D para su morada?
68.17 carros de D se cuentan por veintenas
68.18 para que habite entre ellos JAH D
68.19 bendito el. . el D de nuestra salvación
68.20 D, nuestro D ha de salvarnos, y de
68.21 D herirá le cabeza de sus enemigos, la
68.24 vieron tus caminos, oh D; los. . de mi D
68.26 bendecid a D en las congregaciones; las
68.28 tu D ha ordenado tu fuerza; confirma
68.28 confirma, oh D, lo que has hecho para
68.31 apresurará a extender. . manos hacia D
68.32 reinos de. . cantad a D, cantad al Señor
68.34 atribuid poder a D; sobre Israel es su
68.35 temible eres, oh D, desde. . santuarios
68.35 el D de Israel, él da fuerza y vigor
68.35 da. . vigor a su pueblo. Bendito sea D
69.1 sálvame, oh D, porque las aguas han
69.3 desfallecido mis ojos esperando a mi D
69.5 D, tú conoces mi insensatez. . pecados
69.6 no sean confundidos por. . oh D de Israel
69.13 a ti oraba. . oh D, por. . tu misericordia
69.29 tu salvación, oh D, me ponga en alto
69.30 alabaré yo el nombre de D con cántico
69.32 buscad a D, y vivirá vuestro corazón
69.35 D salvará a Sion, y reedificará las
70.1 oh D. . apresúrate, oh D, a socorrerme
70.4 digan siempre los. . Engrandecido sea D
70.5 apresúrate a mí, oh D. . no te detengas
71.4 D mío, líbrame de la mano del impío, de
71.11 D lo ha desamparado; perseguidle y
71.12 oh D, no te alejes de mí; D mío, acude
71.17 oh D, me enseñaste desde mi juventud
71.18 en la vejez y. . oh D, no me desampares
71.19 y tu justicia, oh D, hasta lo excelso
71.19 grandes cosas; oh D, ¿quién como tú?
71.22 oh D mío; tu verdad cantaré a ti en el
72.1 D, da tus juicios al rey, y tu justicia
72.18 bendito Jehová D, el D de Israel, el
73.1 ciertamente es bueno D para con Israel
73.10 por eso D hará volver a su pueblo aquí
73.11 ¿cómo sabe D? ¿Y hay conocimiento en
73.17 hasta que entrado. . el santuario de D
73.26 roca de mi corazón y mi porción es D
73.28 acercarme a D es el bien; he puesto en
74.1 ¿por qué, oh D, nos has desechado para
74.8 han quemado todas las sinagogas de D en
74.10 ¿hasta cuándo, oh D, nos afrentará el
74.12 pero D es mi rey desde tiempo antiguo
74.22 oh D, aboga tu causa; acuérdate de cómo
75.1 gracias te damos, oh D. . cercano está tu
75.7 D es el juez: a éste humilla, y a aquél
75.9 pero yo. . cantaré alabanzas al D de Jacob
76.1 D es conocido en Judá; en Israel es
76.6 a tu reprensión, oh D de Jacob. . fueron
76.9 te levantaste, oh D, para juzgar, para
76.11 prometed, y pagad a Jehová vuestro D
77.1 clamé a D, a D clamé, y él me escuchará
77.3 me acordaba de D, y me conmovía; me
77.9 ¿ha olvidado D el tener misericordia?
77.13 D. . ¿qué d es grande como nuestro D?
77.14 eres el D que hace maravillas; hiciste
77.16 te vieron las aguas, oh D; las aguas
78.7 a fin de que pongan en D su confianza
78.7 y no se olviden de las obras de D; que
78.8 no. . ni fue fiel para con D su espíritu
78.10 no guardaron el pacto de D, ni. . su ley
78.18 tentaron a D en su corazón, pidiendo
78.19 y hablaron contra D, diciendo: ¿Podrá
78.22 por cuanto no habían creído a D, ni
78.31 vino. . el furor de D, e hizo morir a los
78.34 los hacía morir, entonces buscaban a D
78.35 que D era. . el D altísimo su Redentor
78.41 volvían, y tentaban a D, y. . al Santo
78.56 pero ellos tentaron y. . al D Altísimo
78.59 lo oyó D y se enojó, y en gran manera
79.1 D, vinieron las naciones a tu heredad
79.9 ayúdanos, oh D de nuestra salvación
79.10 dirán las gentes: ¿Dónde está su D?
80.3 oh D, restáuranos; haz resplandecer tu
80.4 Jehová D de los ejércitos, ¿hasta cuándo
80.7,19 oh D de los ejércitos, restáuranos
80.10 y con sus sarmientos los cedros de D
80.14 oh D de los ejércitos, vuelve ahora

DIOS *(Continúa)*
Sal. 81.1 cantad con gozo a *D*. . al *D* de Jacob
81.4 estatuto es. . ordenanza del *D* de Jacob
81.9 no habrá en ti *d* ajeno, ni. . *d* extraño
81.10 yo soy Jehová tu *D*, que te hice subir
81.16 sustentaría *D* con lo mejor del trigo
82.1 *D* está en. . *d*. . en medio de los *d* juzga
82.6 vosotros sois *d*, y todos vosotros hijos
82.8 levántate, oh *D*, juzga la tierra; porque
83.1 oh *D*, no guardes silencio; no calles
83.1 no calles, oh *D*, ni te estés quieto
83.12 ha dicho: Heredemos. . las moradas de *D*
83.13 *D* mío, ponlos como torbellinos, como
84.2 mi corazón y mi carne cantan al *D* vivo
84.3 cerca de tus altares. . Rey mío, y *D* mío
84.7 irán de poder en poder; verán a *D* en
84.8 *D* de los ejércitos, oye mi oración
84.8 oye mi oración; escucha, oh *D* de Jacob
84.9 mira, oh *D*, escudo nuestro, y pon los
84.10 estar a la puerta de la casa de mi *D*
84.11 sol y escudo es Jehová *D*; gracia y
85.4 restáuranos, oh *D* de nuestra salvación
85.8 escucharé lo que hablará Jehová *D*. . paz
86.2 salva tú, oh *D* mío, a tu siervo que en
86.8 Señor, ninguno hay como tú entre los *d*
86.10 porque tú eres grande. . sólo tú eres *D*
86.12 te alabaré, oh Jehová *D* mío, con todo
86.14 *D*, los soberbios se levantaron contra
86.15 tú, Señor, *D* misericordioso y clemente
87.3 cosas. . se han dicho de ti, Ciudad de *D*
88.1 Jehová, *D* de mi salvación, día y noche
89.7 *D* temible en la gran congregación de
89.8 oh. . *D* de los ejércitos, ¿quién como tú?
89.26 clamará: Mi padre eres tú, mi *D*, y la
90 *tít.* oración de Moisés, varón de *D*
90.2 el siglo y hasta el siglo, tú eres *D*
90.17 sea la luz de. . *D* sobre nosotros, y la
91.2 castillo mío; mi *D*, en quien confiaré
92.13 en los atrios de nuestro *D* florecerán
94.1 Jehová, *D* de las venganzas, *D* de las
94.7 no verá JAH, ni entenderá el *D* de Jacob
94.22 me ha sido. . *D* por roca de mi confianza
94.23 hará. . los destruirá Jehová nuestro *D*
95.3 es *D* grande, y Rey. . sobre todos los *d*
95.7 él es nuestro *D*; nosotros el pueblo de
96.4 grande es. . temible sobre todos los *d*
96.5 todos los *d* de los pueblos son ídolos
97.7 los ídolos. . Póstrense a él todos los *d*
97.9 eres muy exaltado sobre todos los *d*
98.3 han visto la salvación de nuestro *D*
99.5,9 exaltad a. . nuestro *D*, y postraos ante
99.8 Jehová *D*. . les fuiste un *D* perdonador
99.9 y postraos. . Jehová nuestro *D* es santo
100.1 cantad alegres a *D*, habitantes de toda
100.3 reconoced que Jehová es *D*; él nos hizo
102.24 *D* mío, no me cortes en la mitad de mis
104.1 *D* mío, mucho te has engrandecido; te
104.21 la presa, y para buscar de *D* su comida
104.33 a mi *D* cantaré salmos mientras viva
105.7 es Jehová nuestro *D*; en toda la tierra
106.14 deseo. . y tentaron a *D* en la soledad
106.21 olvidaron al *D* de su salvación, que
106.29 provocaron la ira de *D* con sus obras
106.47 sálvanos, Jehová *D*. . y recógenos de
106.48 bendito Jehová *D* de Israel, desde la
108.1 corazón está dispuesto, oh *D*; cantaré
108.5 exaltado seas sobre los cielos, oh *D*
108.7 *D* ha dicho en su santuario. . me alegraré
108.11 ¿no serás tú, oh *D*, que nos habías
108.11 no salías. . *D*, con nuestros ejércitos?
108.13 en *D* haremos proezas, y él hollará
109.1 *D* de mi alabanza, no calles; porque
109.26 ayúdame, Jehová *D*. . sálvame conforme
113.5 ¿quién como. . nuestro *D*, que se sienta
114.7 tiembla. . a la presencia del *D* de Jacob
115.2 han de decir. . ¿Dónde está ahora su *D*?
115.3 nuestro *D* está en los cielos; todo lo
116.5 y justo. . misericordioso es nuestro *D*
118.27 Jehová es *D*, y nos ha dado luz; atad
118.28 mi *D* eres tú, y te alabaré; *D* mío, te
119.115 guardaré los mandamientos de mi *D*
122.9 por amor a la casa. . *D* buscaré tu bien
123.2 nuestros ojos miran a Jehová nuestro *D*
127.2 pues que a su amado dará *D* el sueño
135.2 en los atrios de la casa de nuestro *D*
135.5 Señor nuestro, mayor que todos los *d*
136.2 alabad al *D* de los *d*, porque para
136.26 alabad al *D* de los cielos, porque para
138.1 delante de los *d* te cantaré salmos
139.17 ¡cuán preciosos me son, oh *D*, tus
139.19 de cierto, oh *D*, harás morir al impío
139.23 examíname, oh *D*, y conoce mi corazón
140.6 dicho a Jehová: *D* mío eres tú; escucha
143.10 enséñame a hacer tu voluntad. . mi *D*
144.9 oh *D*, a ti cantaré cántico nuevo; con
144.15 bienaventurado el pueblo cuyo *D* es
145.1 te exaltaré. . *D*, mi Rey, y bendeciré tu
146.2 cantaré salmos a mi *D* mientras viva
146.5 aquel cuyo ayudador es el *D* de Jacob
146.5 cuya esperanza está en Jehová su *D*
146.10 tu *D*, oh. . de generación en generación
147.1 es bueno cantar salmos a nuestro *D*
147.7 alabanza, cantad con arpa a nuestro *D*
147.12 alaba a Jehová. . alaba a tu *D*, oh Sion
149.6 exalten a *D*. . sus gargantas, y espadas
150.1 alabad a *D* en su santuario; alabadle
Pr. 2.5 temor. . y hallarás el conocimiento de *D*
2.17 abandona. . y se olvida del pacto de su *D*
3.4 buena opinión ante los ojos de *D* y de los
12.7 *D* trastornará a los impíos, y no serán
25.2 gloria de *D* es encubrir un asunto; pero
28.14 bienaventurado el hombre que. . teme a *D*
30.5 palabra de *D* es limpia; él es escudo a
30.9 o. . hurte, y blasfeme el nombre de mi *D*
Ec. 1.13 este. . trabajo dio *D* a los hijos de los
2.24 he visto que esto es de la mano de *D*
2.26 hombre que le agrada, *D* le da sabiduría
2.26 recoger. . para darlo al que agrada a *D*
3.10 trabajo que *D* ha dado a los hijos de los
3.11 entender la obra que ha hecho *D* desde
3.13 es don de *D* que todo hombre coma y beba
3.14 que todo lo que *D* hace será perpetuo
3.14 lo hace *D*, para que delante de él teman
3.15 lo que ha de ser. . *D* restaura lo que pasó
3.17 dije yo. . Al justo y al impío juzgará *D*
3.18 para que *D* los pruebe, y para que vean
5.1 cuando fueres a la casa de *D*, guarda tu
5.2 delante de *D*; porque *D* está en el cielo
5.4 cuando a *D* haces promesa, no tardes en
5.6 ¿por qué harás que *D* se enoje a causa de
5.7 las muchas palabras; mas tú, teme a *D*
5.18 todos los días de su vida que *D* le ha
5.19 hombre a quien *D* da riquezas y bienes
5.19 y goce de su trabajo, esto es don de *D*
5.20 pues *D* le llenará de alegría el corazón
6.2 del hombre a quien *D* da riquezas y bienes
6.2 pero *D* no le da facultad de disfrutar de
7.13 mira la obra de *D*; porque ¿quién podrá
7.14 *D* hizo tanto lo uno como lo otro, a fin
7.18 porque aquel que a *D* teme, saldrá bien
7.26 el que agrada a *D* escapará de ella; mas
7.29 que *D* hizo al hombre recto, pero ellos
8.2 guardes. . la palabra del juramento de *D*
8.12 sé que les irá bien a los que a *D* temen
8.13 no teme delante de la presencia de *D*
8.15 días. . que *D* le concede debajo del sol
8.17 y he visto todas las obras de *D*, que el
9.1 los justos y los sabios. . en la mano de *D*
9.7 porque tus obras ya son agradables a *D*
11.5 así ignoras la obra de *D*, el cual hace
11.9 que sobre todas estas cosas te juzgará *D*
12.7 el espíritu vuelva a *D* que lo dio, como
12.13 teme a *D*, y guarda sus mandamientos
12.14 porque *D* traerá toda obra a juicio
Is. 1.10 escuchad la ley de nuestro *D*, pueblo
2.3 y subamos al. . a la casa del *D* de Jacob
5.16 *D* Santo será santificado con justicia
7.11 pide para ti señal de Jehová tu *D*. . sea
7.13 ¿os es poco. . también lo seáis a mi *D*?
8.10 y no será firme. . *D* está con nosotros
8.19 si os. . ¿No consultará el pueblo a su *D*?
8.21 enojarán y maldecirán a su rey y a. . *D*
9.6 se llamará su. . *D* fuerte, Padre eterno
10.21 el remanente de. . volverá al *D* fuerte
12.2 *D* es salvación mía; me aseguraré y no
13.19 Sodoma y Gomorra. . que trastornó *D*
14.13 en lo alto, junto a las estrellas de *D*
17.6 quedarán en él. . dice Jehová *D* de Israel
17.10 te olvidaste del *D* de tu salvación, y
17.13 pero *D* los reprenderá, y huirán lejos
21.9 todos los ídolos de sus *d* quebrantó en
21.10 os he dicho lo que oí de. . *D* de Israel
21.17 porque Jehová *D* de Israel lo ha dicho
24.15 orillas del mar. . sea nombrado Jehová *D*
25.1 tú eres mi *D*; te exaltaré, alabaré tu
25.9 éste es nuestro *D*, le hemos esperado
26.1 salvación puso *D* por muros y antemuro
26.13 Jehová *D* nuestro, otros señores fuera
28.26 su *D* le instruye, y le enseña lo recto
29.23 santificarán. . temerán al *D* de Israel
30.18 es *D* justo; bienaventurados todos los
31.3 y los egipcios hombres son, y no *D*
35.2 ellos verán. . la hermosura del *D* nuestro
35.4 que vuestro *D* viene con. . *D* mismo vendrá
36.7 me decís: En Jehová nuestro *D* confiamos
36.18 ¿acaso libraron los *d* de las naciones
36.19 ¿dónde está el *d* de Hamat y de Arfad?
36.19 Arfad? ¿Dónde está el *d* de Sefarvaim?
36.20 ¿qué *d* hay entre los *d* de estas tierras
37.4 quizá oirá Jehová tu *D* las palabras del
37.4 blasfemar al *D* vivo, y para vituperar
37.4 con las palabras que oyó Jehová tu *D*
37.10 no te engañe tu *D* en quien tú confías
37.12 ¿acaso libraron sus *d* a las naciones
37.16 Jehová. . *D* de Israel. . sólo tú eres *D* de
37.17 ha enviado a blasfemar al *D* viviente
37.19 y entregaron los *d* de ellos al fuego
37.19 porque no eran *d*, sino obra de manos
37.20 Jehová *D* nuestro, líbranos de su mano
37.21 ha dicho Jehová *D* de Israel: Acerca de
37.38 adoraba en el templo de Nisroc su *d*
38.5 Jehová *D* de David tu padre dice así: He
40.1 consolaos, pueblo mío, dice vuestro *D*
40.3 enderezad calzada. . soledad a nuestro *D*
40.8 mas la palabra del *D* nuestro permanece
40.9 a las ciudades. . ¡Ved aquí al *D* vuestro!
40.18 ¿a qué, pues, haréis semejante a *D*, o
40.27 mi camino está escondido de Jehová. . *D*
40.28 no has oído que el *D* eterno es Jehová
41.10 porque yo soy tu *D* que te esfuerzo
41.13 yo Jehová soy tu *D*, quien te sostiene
41.17 yo Jehová los oiré, yo el *D* de Israel
41.23 para que sepamos que vosotros sois *d*
42.5 dice Jehová *D*, Creador de los cielos
42.17 dicen a las. . Vosotros sois nuestros *d*
43.3 yo Jehová, *D* tuyo. . soy tu Salvador; a
43.10 antes de mí no fue formado *d*, ni lo
43.12 oír, y no hubo entre vosotros *d* ajeno
43.12 mis testigos, dice Jehová, que yo soy *D*
44.6 soy el postrero, y fuera de mí no hay *D*
44.8 no hay *D* sino yo. No hay Fuerte; no
44.10 ¿quién formó un *d*, o quién fundió una
44.15 hace además un *d*, y lo adora; fabrica
44.17 hace del sobrante un *d*, un ídolo suyo
44.17 adora, y le ruega diciendo. . mi *d* eres
45.3 sepas que yo soy Jehová, el *D* de Israel
45.5 yo soy Jehová, y. . no hay *D* fuera de mí
45.14 en ti está *D*, y no hay otro fuera de *D*
45.15 tú eres *D* que te encubres, *D* de Israel
45.18 él es *D*, el que formó la tierra, el que
45.20 y los que ruegan a un *d* que no salva
45.21 no. . más *D* que yo; *D* justo y Salvador
45.22 mirad a mí, y. . yo soy *D*, y no hay más
46.6 alquilan un platero para hacer un *d* de
46.9 yo soy *D*, y no hay otro *D*, y nada hay
48.1 hacen memoria del *D* de Israel, mas no
48.2 y en el *D* de Israel confían; su nombre
48.17 yo soy Jehová *D* tuyo, que te enseña
49.4 mi causa está. . mi recompensa con mi *D*
49.5 estimado seré. . el *D* mío será mi fuerza
50.10 confíe en el nombre. . apóyese en su *D*
51.15 soy tu *D*, cuyo nombre es Jehová de los
51.20 llenos de la indignación. . del *D* tuyo
51.22 dijo. . *D*, el cual aboga por su pueblo
52.7 pies. . del que dice a Sion: ¡Tu *D* reina!
52.10 los. . verán la salvación del *D* nuestro
52.12 iréis. . y os congregará el *D* de Israel
53.4 le tuvimos por azotado, por herido de *D*
54.5 el Santo de Israel; *D* de toda la tierra
54.6 a la esposa. . repudiada, dijo el *D* tuyo
55.5 por causa de Jehová tu *D*, y del Santo
55.7 y al *D* nuestro, el cual será amplio en
57.2 sus lechos. . los que andan delante de *D*
57.21 no hay paz, dijo mi *D*, para los impíos
58.2 y que no hubiese dejado la ley de su *D*
58.2 como gente que. . quieren acercarse a *D*
59.2 división entre vosotros y vuestro *D*, y
59.13 y el apartarse de en pos de nuestro *D*
60.9 al nombre de Jehová tu *D*, y al Santo de
60.19 será por luz. . el *D* tuyo por tu gloria
61.2 y el día de venganza del *D* nuestro; a
61.6 ministros de nuestro *D* seréis llamados
61.10 mi alma se alegrará en mi *D*; porque me
62.3 y serás corona. . en la mano del *D* tuyo
62.5 la esposa, así se gozará contigo el *D*
64.4 nunca. . ni ojo ha visto a *D* fuera de ti
65.16 en el *D* de verdad se bendecirá; y el
65.16 la tierra, por el *D* de verdad jurará
66.9 yo. . ¿impediré el nacimiento? dice tu *D*
Jer. 1.16 dejaron, e incensaron a *d* extraños
2.11 cambiado sus *d*, aunque ellos no son *d*?
2.17 ¿no te. . el haber dejado a Jehová tu *D*
2.19 amargo. . haber dejado tú a Jehová tu *D*
2.28 dónde están tus *d* que hiciste para ti?
2.28 según el número. . oh Judá, fueron tus *d*
3.13 contra Jehová tu *D* has prevaricado, y
3.21 porque. . de Jehová su *D* se han olvidado
3.22 a ti, porque tú eres Jehová nuestro *D*
3.23 en Jehová nuestro *D* está la salvación
3.25 porque pecamos contra Jehová nuestro *D*
3.25 no hemos escuchado la voz de Jehová. . *D*
4.10 ¡ay, ay, Jehová *D*!. . has engañado a este
5.4,5 el camino de Jehová, el juicio de su *D*
5.7 me dejaron, y juraron por lo que no es *D*
5.14 así ha dicho Jehová *D* de los ejércitos
5.19 ¿por qué Jehová el *D* nuestro hizo con
5.19 y servisteis a *d* ajenos en. . tierra, así
5.24 no dijeron en. . Temamos ahora a Jehová *D*
7.3 así dicho Jehová. . *D* de Israel: Mejorad
7.6 ni anduviereis en pos de *d* ajenos para
7.9 incensando a. . y andando tras *d* extraños
7.18 tortas a la reina. . ofrendas a *D* ajenos
7.21 así ha dicho Jehová. . *D* de Israel: Añadid
7.23 y seré a vosotros por *D*, y vosotros me
7.28 que no escuchó la voz de Jehová su *D*, ni
8.14 nuestro *D* nos ha destinado a perecer
9.15 ha dicho *D*. . yo les daré a comer ajenjo
10.10 Jehová es el *D*. . es *D* vivo y Rey eterno
10.11 los *d* que no hicieron los cielos y la
11.3 así dijo Jehová *D* de Israel: Maldito el
11.4 me seréis. . y yo seré a vosotros por *D*
11.10 se fueron tras *d* ajenos para servirles
11.12 y clamarán a los *d* a quienes. . incienso
11.13 según el. . de tus ciudades fueron tus *d*
12.4 porque dijeron: No verá *D* nuestro fin
13.10 va en pos de *d* ajenos para servirles
13.12 así ha dicho Jehová, *D*. . Toda tinaja se
13.16 dad gloria a Jehová *D* vuestro, antes
14.22 ¿no eres tú, Jehová, nuestro *D*? En ti
15.16 se invocó sobre mí, oh Jehová *D* de los
16.9 dicho Jehová. . *D* de Israel. . yo haré cesar

DIOS *(Continúa)*
Jer. 16.10 hemos cometido contra. .nuestro *D?*
16.11 padres. .anduvieron en pos de *d* ajenos
16.13 allá serviréis a *d* ajenos de día y de
16.20 ¿hará. .*d* para sí? Mas ellos no son *d*
19.3 dice. .*D*. .yo traigo mal sobre este lugar
19.4 y ofrecieron en él incienso a *d* ajenos
19.13 y vertieron libaciones a *d* ajenos
19.15 ha dicho. .*D*. .traigo sobre esta ciudad
21.4 dicho Jehová *D*. .vuelvo atrás las armas
22.9 porque dejaron el pacto de Jehová su *D*
22.9 y adoraron *d* ajenos y les sirvieron
23.2 ha dicho. .*D* de Israel a los pastores que
23.23 yo *D* de cerca. .y no *D* desde muy lejos?
23.36 las palabras del *D* viviente. .*D* nuestro
24.5 ha dicho Jehová *D*. .Como a estos higos
24.7 me serán por pueblo, y yo les seré. .*D*
25.6 y no vayáis en pos de *d*. .sirviéndoles
25.15 dijo Jehová *D*. .Toma de mi mano la copa
25.27 así ha dicho Jehová. .*D* de Israel: Bebed
26.13 oíd la voz de Jehová vuestro *D*, y se
26.16 en nombre de Jehová. .*D* nos ha hablado
27.4 así ha dicho. .*D*. .Así habéis de decir a
27.21 ha dicho Jehová. .*D*. . de los utensilios
28.2 habló. .*D*. .Quebranté el yugo del rey de
28.14 dicho Jehová. .*D*. .Yugo de hierro puse
29.4 dicho. .*D* de Israel, a todos los de la
29.8 así ha dicho Jehová. .*D*. .No os engañen
29.21 ha dicho Jehová. .*D* acerca de Acab hijo
29.25 así habló. .*D*. .Tu enviaste cartas en tu
30.2 habló Jehová *D*. .Escríbete en un libro
30.9 servirán a Jehová su *D* y a David su rey
30.22 me seréis por pueblo, y yo. .vuestro *D*
31.1 yo seré por *D* a todas las familias de
31.6 y subamos a Sion, a Jehová nuestro *D*
31.18 seré convertido, porque tú eres. .mi *D*
31.23 dicho Jehová. .*D* de Israel: Aún dirán
31.33 seré a ellos por *D*, y ellos me serán
32.14 ha dicho Jehová. .*D*. .Toma estas cartas
32.15 ha dicho Jehová. .*D*. .Aún se comprarán
32.18 *D* grande, poderoso, Jehová. .su nombre
32.27 yo soy Jehová, *D* de toda carne; ¿habrá
32.29 derramaron libaciones a *d* ajenos, para
32.36 dice Jehová *D* de Israel a esta ciudad
32.38 me serán por pueblo, y yo seré. .por *D*
33.4 dicho Jehová *D*. .acerca de las casas de
34.2 dicho Jehová *D* de Israel: Vé y habla a
34.13 dice. .*D* de Israel: Yo hice pacto con
35.4 de Hanán hijo de Igdalías, varón de *D*
35.13 ha dicho Jehová. .*D* de Israel: Vé y dí
35.15 no vayáis tras *d* ajenos para servirles
35.17 ha dicho Jehová *D* de los. .*D* de Israel
35.18 así ha dicho. .*D* de Israel: Por cuanto
35.19 ha dicho. .*D*. .No faltará de Jonadab hijo
37.3 ruega. .por nosotros a Jehová nuestro *D*
37.7 ha dicho Jehová *D*. .Diréis así al rey de
38.17 dicho. .*D* de los ejércitos, *D* de Israel
39.16 a Ebed-melec. .así ha dicho. .*D* de Israel
40.2 Jehová tu *D* habló este mal contra este
42.2 y ruega por nosotros a Jehová tu *D* por
42.3 que Jehová tu *D* nos enseñe el camino por
42.4 que voy a orar a Jehová vuestro *D*, como
42.5 todo aquello para lo cual Jehová tu *D*
42.6(2) a la voz de Jehová nuestro *D*
42.9 ha dicho Jehová *D* de Israel, al cual me
42.13 no obedeciendo a la voz de Jehová. .*D*
42.15 así ha dicho. .*D*. .Si vosotros volviereis
42.18 ha dicho. .*D*. .Como se derramó mi enojo
42.20 enviasteis a Jehová vuestro *D*. .Ora por
42.21 y no habéis obedecido a la voz de. .*D*
43.1 las palabras de Jehová *D*. .*D* de ellos
43.2 no te ha enviado Jehová nuestro *D* para
43.10 así ha dicho. .*D*. .yo enviaré y tomaré a
43.12 pondrá fuego a los templos de los *d*
43.13 los templos de los *d* de Egipto quemará
44.2 dicho. .*D*. .habéis visto todo el mal que
44.3 a ofrecer incienso, honrando a *d* ajenos
44.5 dejar de ofrecer incienso a *d* ajenos
44.7 ha dicho. .*D* de Israel: ¿Por qué hacéis
44.8 ofreciendo incienso a *d* ajenos en la
44.11 ha dicho. .*D*. .yo vuelvo mi rostro contra
44.15 habían ofrecido incienso a *d* ajenos
44.25 ha hablado Jehová de los. .*D* de Israel
45.2 así ha dicho Jehová *D*. .a ti, oh Baruc
46.10 día será para Jehová *D*. .retribución
46.10 sacrificio será para Jehová *D* de los
46.25 *D*. .ha dicho. .que yo castigo a Amón *d*
46.25 a Egipto, a sus *d* y a sus reyes: así
48.1 acerca de Moab. Así ha dicho Jehová. .*D*
48.35 exterminaré. .quien ofrezca. .a sus *d*
50.4 y llorando, y buscarán a Jehová su *D*
50.18 ha dicho Jehová. .*D*. .Yo castigo al rey
50.25 es obra de Jehová, *D* de los ejércitos
50.28 las nuevas de la retribución de. .*D*, de
50.40 como en la destrucción que *D* hizo de
51.5 Israel y Judá no han enviudado de su *D*
51.10 contemos. .la obra de Jehová nuestro *D*
51.33 ha dicho. .*D*. .La hija de Babilonia es
51.56 Jehová, *D* de retribuciones, dará la
Lm. 3.28 siente solo. .es *D* quien se lo impuso
3.41 levantemos nuestros corazones. .a *D* en
Ez. 1.1 cielos se abrieron, y vi visiones de *D*
8.3 y me llevó en visiones de *D* a Jerusalén
8.4 la gloria del *D* de Israel, como la visión
9.3 y la gloria del *D* de Israel se elevó de
10.5 se oía. .como la voz del *D* Omnipotente
10.19 la gloria del *D* de Israel. .sobre ellos
10.20 vi debajo del *D* de Israel junto al río
11.20 y me sean por pueblo, y yo sea. .por *D*
11.22 la gloria del *D* de Israel estaba sobre
11.24 a llevar en visión del Espíritu de *D* a
14.11 me sean por pueblo, y yo les sea por *D*
20.5 juré diciendo: Yo soy Jehová vuestro *D*
20.7 ídolos de Egipto. .soy Jehová vuestro *D*
20.19 yo soy Jehová vuestro *D*; andad en mis
20.20 que sepáis que yo soy Jehová vuestro *D*
28.2 dijiste: Yo soy un *d*, en el trono de *D*
28.2 siendo tú hombre y no *D*), y has puesto
28.6 pusiste tu corazón como corazón de *D*
28.9 yo soy *D?* Tú, hombre eres, y no *D*, en la
28.13 en el huerto de *D* estuviste; de toda
28.14 yo te puse en el santo monte de *D*, allí
28.16 por lo que yo te eché del monte de *D*
28.26 todos. .sabrán que yo soy Jehová su *D*
31.8 los. .no lo cubrieron en el huerto de *D*
31.8 árbol en el huerto de *D* fue semejante a
31.9 árboles. .que estaban en el huerto de *D*
34.24 yo Jehová les seré por *D*, y mi siervo
34.30 y sabrán que yo Jehová su *D* estoy con
34.31 ovejas. .hombres sois, y yo vuestro *D*
36.28 por pueblo, y yo seré a vosotros por *D*
37.23 serán por pueblo, y yo a ellos por *D*
37.27 y seré a ellos por *D*, y ellos me serán
39.22 sabrá. .Israel que yo soy Jehová su *D*
39.28 sabrán que yo soy Jehová su *D*, cuando
40.2 en visiones de *D* me llevó a la tierra de
43.2 la gloria del *D* de Israel, que venía del
44.2 porque Jehová *D* de Israel entró por ella
Dn. 1.2 los utensilios de la casa de *D*; y los
1.2 y los trajo. .a la casa de su *d*, y colocó
1.2 colocó. .en la casa del tesoro de su *d*
1.9 y puso *D* a Daniel en gracia y en buena
1.17 a estos cuatro. .*D* les dio conocimiento
2.11 salvo los *d* cuya morada no es con la
2.18 pidiesen misericordias del *D* del cielo
2.19 por lo cual bendijo Daniel al *D* del cielo
2.20 sea bendito el nombre de *D* de siglos en
2.23 a ti, oh *D* de mis padres, te doy gracias
2.28 hay un *D* en los cielos, el cual revela
2.37 el *D* del cielo te ha dado reino, poder
2.44 el *D* del cielo levantará un reino que
2.45 el gran *D* ha mostrado al rey lo que ha
2.47 *D* vuestro es *D* de *d*, y Señor de señores
3.12 no adoran tus *d*, ni adoran la estatua
3.14 vosotros no honráis a mi *d*, ni adoráis
3.15 *d* será aquel que os libre de mis manos?
3.17 *D* a quien servimos puede librarnos del
3.18 no serviremos a tus *d*, ni. .adoraremos
3.25 aspecto. .es semejante a hijo de los *d*
3.26 siervos del *D* Altísimo, salid y venid
3.28 bendito sea el *D* de ellos, de Sadrac
3.28 antes que servir y. .a otro *d* que su *D*
3.29 dijere blasfemia contra el *D* de Sadrac
3.29 cuanto no hay *d* que pueda librar como
4.2 las señales. .que el *D* Altísimo ha hecho
4.8 Beltsasar, como el nombre de mi *d*, y en
4.8 y en quien mora el espíritu de los *d*
4.9 que hay en ti espíritu de los *d* santos
4.18 mora en ti el espíritu de los *d* santos
5.3 del templo de la casa de *D*. .en Jerusalén
5.4 alabaron a los *d* de oro y de plata, de
5.11 en el cual mora el espíritu de los *d*
5.11 halló en él. .sabiduría, como. .de los *d*
5.14 el espíritu de los *d* santos está en ti
5.18 *D*, oh rey, dio a Nabucodonosor tu padre
5.21 que. .*D* tiene dominio sobre el reino de
5.23 diste alabanza a *d* de plata y oro, de
5.23 al *D* en cuya mano está tu vida, y cuyos
5.26 MENE: Contó *D* tu reino, y le ha puesto
6.5 si no la. .en relación con la ley de su *D*
6.7 petición de cualquier *d* u hombre fuera
6.10 daba gracias delante de su *D*, como lo
6.11 orando y rogando en presencia de su *D*
6.12 pida a cualquier *d* u hombre fuera de ti
6.16 el *D* tuyo, a quien. .sirves, él te libre
6.20 Daniel, siervo del *D* viviente, el *D* tuyo
6.22 *D* envió su ángel, el cual cerró la boca
6.23 Daniel. .porque había confiado en su *D*
6.26 y tiemblen ante la presencia del *D* de
6.26 es el *D* viviente y permanece por. .siglos
9.3 volví mi rostro a *D* el Señor. .en oración
9.4 y oré a Jehová mi *D* e hice confesión
9.4 diciendo. .*D* grande, digno de ser temido
9.9 de Jehová. .*D* es el tener misericordia y
9.10 no obedecimos a la voz de. .nuestro *D*
9.11 está. .en la ley de Moisés, siervo de *D*
9.13 no hemos implorado el favor de. .*D*, para
9.14 justo es Jehová nuestro *D* en todas sus
9.15 *D* nuestro, que sacaste tu pueblo de la
9.17 *D* nuestro, oye la oración de tu siervo
9.18 inclina, oh *D* mío, tu oído, y oye; abre
9.19 no tardes, por amor de ti mismo, *D* mío
9.20 y derramaba mi ruego delante de. .mi *D*
9.20 mi ruego. .por el monte santo de mi *D*
10.12 a humillarte en la presencia de tu *D*
11.8 y aun a los *d* de ellos, sus imágenes
11.32 pueblo que conoce a su *D* se esforzará
11.36 el rey. .se engrandecerá sobre todo *d*
11.36 el rey. .contra el *D* de los *d* hablará
11.37 del *D* de sus padres no hará caso, ni
11.37 no hará caso. .ni respetará a *d* alguno
11.38 honrará. .al *d* de las fortalezas, *d* que
11.39 con un *d* ajeno se hará de. .fortalezas
Os. 1.6 le dijo *D*: Ponle por nombre Lo-ruhama
1.7 y los salvaré por Jehová su *D*; y no los
1.9 y dijo *D*: Ponle. .nombre Lo-ammi, porque
1.9 no sois mi pueblo, ni yo seré vuestro *D*
1.10 será dicho: Sois hijos del *D* viviente
2.23 diré. .eres pueblo mío, y él dirá: *D* mío
3.1 miran a *d* ajenos, y aman tortas de pasas
3.5 volverán. .y buscarán a Jehová su *D*, y a
4.1 no hay. .conocimiento de *D* en la tierra
4.6 olvidaste la ley de tu *D*. .yo me olvidaré
4.12 mi pueblo. .dejaron a su *D* para fornicar
5.4 no piensan en convertirse a su *D*, porque
6.6 y conocimiento de *D* más que holocaustos
7.10 y no se volvieron a Jehová su *D*, ni lo
8.2 clamará Israel: *D* mío, te hemos conocido
8.6 y artífice lo hizo; no es *D*; por lo que
9.1 pues has fornicado apartándote de tu *D*
9.8 atalaya es Efraín. .con mi *D*; el profeta
9.8 el profeta es. .odio en la casa de su *D*
9.17 mi *D* los desechará, porque ellos no le
11.9 *D* soy, y no hombre, el Santo en medio
11.12 Judá aún gobierna con *D*, y es fiel con
12.5 Jehová es *D* de los ejércitos; Jehová es
12.6 tú. .vuélvete a tu *D*. .y en tu *D* confía
12.9 yo soy Jehová tu *D* desde la. .de Egipto
12.14 Efraín ha provocado a *D* con amarguras
13.4 mas yo soy Jehová tu *D* desde la tierra
13.4 no conocerás, pues, otro *d* fuera de mí
13.16 asolada, porque se rebeló contra su *D*
14.1 vuelve. .Israel, a Jehová tu *D*; porque
14.3 nunca más diremos. .*D* nuestros; porque en
Jl. 1.13 dormid en cilicio, ministros de mi *D*
1.13 quitada es de la casa de. .*D* la ofrenda
1.14 congregad. .en la casa de. .vuestro *D*, y
1.16 y el placer de la casa de nuestro *D?*
2.13 rasgad. .convertíos a Jehová vuestro *D*
2.14 ofrenda y libación para. .vuestro *D?*
2.17 han de decir entre los. .Dónde está su *D?*
2.23 hijos de Sion, alegraos y gozaos en. .*D*
2.26 alabaréis el nombre de Jehová vuestro *D*
2.27 que yo soy Jehová vuestro *D*, y no hay
3.17 conoceréis que yo soy Jehová vuestro *D*
Am. 2.8 el vino de. .beben en la casa de sus *d*
3.13 oíd y testificad contra la. .ha dicho. .*D*
4.11 os trastorné como cuando *D* trastornó a
4.12 venir al encuentro de tu *D*, oh Israel
4.13 Jehová *D* de los ejércitos es su nombre
5.14 Jehová *D* de. .estará con vosotros, como
5.15 *D*. .tendrá piedad del remanente de José
5.16 ha dicho Jehová, *D*. .llamarán a lloro, y
5.26 estrella de vuestros *d* que os hicisteis
5.27 más allá de Damasco, ha dicho Jehová. .*D*
6.8 *D*. .dicho: Abomino la grandeza de Jacob
6.14 dice. .*D*. .levantaré yo sobre vosotros a
8.14 por tu *D*, oh Dan, y: Por el camino de
9.15 los plantaré sobre. .ha dicho Jehová *D*
Jon. 1.5 y cada uno clamaba a su *d*; y echaron
1.6 dijo. .Levántate, y clama a tu *D*; quizá
1.9 temo a Jehová, *D* de los cielos, que hizo
2.1 oró Jonás a Jehová su *D* desde el. .del pez
2.6 sacaste mi vida de la sepultura. .*D* mío
3.5 y los hombres de Nínive creyeron a *D*, y
3.8 y clamen a *D* fuertemente; y conviértase
3.9 si se volverá y se arrepentirá *D*, y se
3.10 vio *D*. .se arrepintió del mal que había
4.2 porque sabía yo que tú eres *D* clemente
4.6 preparó Jehová *D* una calabacera, la cual
4.7 *D* preparó un gusano, el cual hirió la
4.8 preparó *D* un recio viento solano, y el
4.9 dijo *D* a Jonás: ¿Tanto te enojas por la
Mi. 3.7 labios, porque no hay respuesta de *D*
4.2 y subamos al. .y a la casa del *D* de Jacob
4.5 anden cada uno en el nombre de su *d*
4.5 andaremos en el nombre de. .nuestro *D*
5.4 con grandeza del nombre de Jehová su *D*
6.6 ¿con qué me. .y adoraré al *D* Altísimo?
6.8 y qué pide Jehová. .humillarte ante tu *D*
7.7 esperaré al *D* de mi salvación; el *D* mío
7.10 que me decía: ¿Dónde está Jehová tu *D?*
7.17 volverán amedrentados ante Jehová. .*D*
7.18 ¿qué *D* como tú, que perdona la maldad
Nah. 1.2 Jehová es *D* celoso. .guarda enojo para
1.14 de la casa de tu *d* destruiré escultura
Hab. 1.11 ofenderá atribuyendo su fuerza a su *d*
1.12 ¿no eres tú desde el principio, oh. .*D*
3.3 *D* vendrá de Temán, y el Santo desde el
3.18 y me gozaré en el *D* de mi salvación
Sof. 2.7 Jehová su *D* los visitará, y levantará
2.9 dice Jehová. .*D* de Israel, que Moab será
2.11 destruirá a todos los *d* de la tierra
3.2 no confió en Jehová, no se acercó a su *D*
Hag. 1.12 oyó Zorobabel. .la voz de Jehová su *D*
1.12 Hageo, como le había enviado Jehová su *D*
1.14 trabajaron en la casa de Jehová. .su *D*
Zac. 6.15 esto sucederá si oyereis. .la voz. .*D*
8.8 y yo seré a ellos por *D* en verdad y en
8.23 porque hemos oído. .*D* está con vosotros
9.7 quedará. .un remanente para nuestro *D*, y

DIOS *(Continúa)*
Zac. 9.16 los salvará en aquel día Jehová su D
10.6 porque yo soy Jehová su D, y los oiré
11.4 así ha dicho Jehová mi D: Apacienta las
12.5 tienen fuerza. .en Jehová de los. .su D
12.8 la casa de David como D, como el ángel
13.9 pueblo mío; y él dirá: Jehová es mi D
14.5 vendrá Jehová mi D, y con él. .los santos
Mal. 1.9 orad por el favor de D, para que tenga
2.10 padre? ¿No nos ha creado un mismo D?
2.11 Judá ha. .se casó con hija de d extraño
2.15 porque buscaba una descendencia para D
2.16 D. .ha dicho que él aborrece el repudio
2.17 o si no, ¿dónde está el D de justicia?
3.8 ¿robará el hombre a D?. .me habéis robado
3.14 habéis dicho: Por demás es servir a D
3.15 no. .sino que tentaron a D y escaparon
3.18 el que sirve a D y el que no le sirve
Mt. 1.23 que traducido es: D con nosotros
3.9 D puede levantar hijos a Abraham aun de
3.16 vio al Espíritu de D que descendía como
4.3 si eres Hijo de D, dí que estas piedras
4.4 de toda palabra que sale de la boca de D
4.6 si eres Hijo de D, échate abajo; porque
4.7 escrito está. .No tentarás al Señor tu D
4.10 al Señor tu D adorarás, y a él. .servirás
5.8 los de limpio corazón. .ellos verán a D
5.9 porque ellos serán llamados hijos de D
5.34 por el cielo, porque es el trono de D
6.24 no podéis servir a D y a las riquezas
6.30 si la hierba. .D la viste así, ¿no hará
6.33 mas buscad primeramente el reino de D y
8.29 ¿qué tienes con nosotros. .Hijo de D?
9.8 la gente. .glorificó a D, que había dado
12.4 cómo entró en la casa de D, y comió los
12.28 si yo por el Espíritu de D echo fuera
12.28 ha llegado a vosotros el reino de D
14.33 diciendo: Verdaderamente eres Hijo de D
15.3 quebrantáis el mandamiento de D por
15.4 D mandó diciendo: Honra a tu padre y a
15.5 es mi ofrenda a D todo aquello con que
15.6 habéis invalidado el mandamiento de D
15.31 viendo. .y glorificaban al D de Israel
16.16 eres el Cristo, el Hijo del D viviente
16.23 no pones la mira en las cosas de D, sino
19.6 lo que D juntó, no lo separe el hombre
19.17 bueno? Ninguno hay bueno sino uno: D
19.24 que entrar un rico en el reino de D
19.26 imposible; mas para D todo es posible
21.12 entró Jesús en el templo de D, y echó
21.31 van delante de vosotros al reino de D
21.43 os digo, que el reino de D será quitado
22.16 que enseñas con verdad el camino de D
22.21 les dijo: Dad, pues. .a D lo que es de D
22.29 dijo: Erráis, ignorando. .el poder de D
22.30 serán como los ángeles de D en el cielo
22.31 ¿no habéis leído. .os fue dicho por D
22.32 D de Abraham, el D de Isaac y el D de
22.32 D no es D de muertos, sino de vivos
22.37 amarás al Señor tu D con. .tu corazón
23.22 por el cielo, jura por el trono de D
26.61 dijo: Puedo derribar el templo de D, y
26.63 te conjuro por el D viviente, que nos
26.63 si eres tú el Cristo, el Hijo del D
26.64 sentado a la diestra del poder de D
27.40 eres Hijo de D, desciende de la cruz
27.43 confió en D. .ha dicho: Soy hijo de D
27.46 D mío, D mío, ¿por qué. .desamparado?
27.54 verdaderamente éste era Hijo de D
Mr. 1.1 del evangelio de Jesucristo, Hijo de D
1.14 predicando el evangelio del reino de D
1.15 diciendo. .el reino de D se ha acercado
1.24 diciendo. .Sé quién eres, el Santo de D
2.7 ¿quién puede perdonar pecados, sino. .D?
2.12 glorificaron a D, diciendo: Nunca. .tal
2.26 entró en la casa de D, siendo Abiatar
3.11 voces, diciendo: Tú eres el Hijo de D
3.35 aquel que hace la voluntad de D, ése es
4.11 dado saber el misterio del reino de D
4.26 es el reino de D, como cuando un hombre
4.30 ¿a qué haremos semejante el reino de D
5.7 ¿qué tienes conmigo, Jesús, Hijo del D
5.7 te conjuro por D que no me atormentes
7.8 dejando el mandamiento de D. .tradición
7.9 bien invalidáis el mandamiento de D para
7.11 Corbán. .quiere decir, mi ofrenda a D
7.13 invalidando la palabra de D con vuestra
8.33 no pones la mira en las cosas de D, sino
9.1 que hayan visto el reino de D. .con poder
9.47 mejor te es entrar en el reino de D con
10.6 al principio. .varón y hembra los hizo D
10.9 lo que D juntó, no lo separe el hombre
10.14 porque de los tales es el reino de D
10.15 no reciba el reino de D como un niño
10.18 ninguno hay bueno, sino sólo uno, D
10.23 difícilmente entrarán en el reino de D
10.24 difícil les es entrar en el reino de D
10.25 que entrar un rico en el reino de D
10.27 hombres es imposible; mas para D, no
10.27 todas las cosas son posibles para D
11.22 respondiendo. .les dijo: Tened fe en D
12.14 que con verdad enseñas el camino de D
12.17 dad a César lo. .y a D lo que es de D
12.24 ignoráis. .Escrituras, y el poder de D?
12.26 cómo le habló D en la zarza, diciendo
12.26 D de Abraham, el D de Isaac y el D de
12.27 D no es D de muertos, sino D de vivos
12.29 el Señor nuestro D, el Señor uno es
12.30 amarás al Señor tu D con todo. .corazón
12.32 verdad has dicho, que uno es D, y no
12.34 le dijo: No estás lejos del reino de D
13.19 de la creación que D creó, hasta este
14.25 en que lo beba nuevo en el reino de D
14.62 sentado a la diestra del poder de D
15.29 tú que derribas el templo de D, y en
15.34 clamó. .D mío, D mío, ¿por qué me has
15.39 verdaderamente. .hombre era Hijo de D
15.43 José. .también esperaba el reino de D
16.19 el cielo, y se sentó a la diestra de D
Lc. 1.6 eran justos delante de D, y andaban
1.8 ejerciendo. .el sacerdocio delante de D
1.15 será grande delante de D. No beberá vino
1.16 muchos de los. .se conviertan al Señor D
1.19 yo soy Gabriel, que estoy delante de D
1.26 el ángel Gabriel fue enviado por D a una
1.30 porque has hallado gracia delante de D
1.32 D le dará el trono de David su padre
1.35 el Santo Ser. .será llamado Hijo de D
1.37 porque nada hay imposible para D
1.47 espíritu se regocija en D mi Salvador
1.58 oyeron. .que D había engrandecido para
1.64 fue abierta. .y habló bendiciendo a D
1.68 bendito el Señor D de Israel, que ha
1.78 la entrañable misericordia de nuestro D
2.13 una multitud. .que alababan a D, y decían
2.14 ¡gloria a D en las alturas, y en la tierra
2.20 y volvieron los pastores. .alabando a D
2.28 le tomó en sus brazos, y bendijo a D
2.38 daba gracias a D, y hablaba del niño
2.40 crecía. .y la gracia de D era sobre él
2.52 y Jesús crecía. .en gracia para con D y
3.2 vino palabra de D a Juan. .en el desierto
3.6 y verá toda carne la salvación de D
3.8 D puede levantar hijos a Abraham aun de
3.38 hijo de Set, hijo de Adán, hijo de D
4.3 si eres Hijo de D, dí a esta piedra que
4.4 no sólo de pan. .sino de toda palabra de D
4.8 al Señor tu D adorarás, y a él. .servirás
4.9 si eres Hijo de D, échate de aquí abajo
4.12 dicho está: No tentarás al Señor tu D
4.34 yo te conozco quien eres, el Santo de D
4.41 voces y diciendo: Tú eres el Hijo de D
4.43 anuncie el evangelio del reino de D
5.1 se agolpaba. .para oir la palabra de D
5.21 puede perdonar pecados sino sólo D?
5.25 se fue a su casa, glorificando a D
5.26 glorificaban a D, y llenos de temor
6.4 cómo entró en la casa de D, y tomó los
6.12 al monte. . y pasó la noche orando a D
6.20 los pobres. .vuestro es el reino de D
7.16 y glorificaban a D, diciendo: Un gran
7.16 profeta. .y: D ha visitado a su pueblo
7.28 pero el más pequeño en el reino de D
7.29 justificaron a D, bautizándose con el
7.30 desecharon los designios de D respecto
8.1 anunciando el evangelio del reino de D
8.10 conocer los misterios del reino de D
8.11 parábola: La semilla es la palabra de D
8.21 son los que oyen la palabra de D, y la
8.28 ¿qué tienes conmigo, Jesús, Hijo del D
8.39 cuán grandes cosas ha hecho D contigo
9.2 los envió a predicar el reino de D, y a
9.11 les hablaba del reino de D, y sanaba a
9.20 decís que soy?. .le dijo: el Cristo de D
9.27 la muerte hasta que vean el reino de D
9.43 todos se admiraban de la grandeza de D
9.60 deja. .y tú vé, y anuncia el reino de D
9.62 hacia atrás, es apto para el reino de D
10.9 se ha acercado a vosotros el reino de D
10.11 el reino de D se ha acercado a vosotros
10.27 amarás al Señor tu D con. .tu corazón
11.20 si por el dedo de D echo. .los demonios
11.20 el reino de D ha llegado a vosotros
11.28 bienaventurados. .oyen la palabra de D
11.42 y pasáis por alto la. .y el amor de D
11.49 la sabiduría de D. .dijo: Les enviaré
12.6 ni uno de. .está olvidado delante de D
12.8 confesará delante de los ángeles de D
12.9 será negado delante de los ángeles de D
12.20 D le dijo: Necio, esta noche vienen a
12.21 hace. .tesoro, y no es rico para con D
12.24 ni tienen despensa. .y D los alimenta
12.28 si así viste D la hierba que hoy está
12.31 mas buscad el reino de D, y todas estas
13.13 y ella se enderezó. .y glorificaba a D
13.18 ¿a qué es semejante el reino de D, y
13.20 decir: ¿A qué compararé el reino de D?
13.28 veáis a Abraham. .en el reino de D, y
13.29 se sentarán a la mesa en el reino de D
14.15 dijo. .el que coma pan en el reino de D
15.10 hay gozo delante de los ángeles de D
16.13 no podéis servir a D y a las riquezas
16.15 D conoce vuestros corazones; porque lo
16.15 sublime, delante de D es abominación
16.16 el reino de D es anunciado, y todos se
17.15 volvió, glorificando a D a gran voz
17.18 ¿no hubo quien. .diese gloria a D sino
17.20 cuándo había de venir el reino de D
17.20 el reino de D no vendrá con advertencia
17.21 aquí el reino de D está entre vosotros
18.2 un juez, que ni temía a D, ni respetaba
18.4 aunque ni temo a D, ni tengo respeto a
18.7 acaso D no hará justicia a sus escogidos
18.11 D, te doy gracias porque no soy como
18.13 diciendo: D, sé propicio a mí, pecador
18.16 porque de los tales es el reino de D
18.17 no recibe el reino de D como un niño
18.19 dijo. .Ninguno hay bueno, sino sólo D
18.24 difícilmente entrarán en el reino de D
18.25 que entrar un rico en el reino de D
18.27 imposible para los. .es posible para D
18.29 que haya dejado casa. .por el reino de D
18.43 vio, y le seguía, glorificando a D
18.43 todo el pueblo. .vio. .dio alabanza a D
19.11 pensaban. .el reino de D se manifestaría
19.37 a alabar a D a grandes voces por todas
20.16 oyeron esto, dijeron: ¡D nos libre!
20.21 que enseñas el camino de D con verdad
20.25 dad a César lo. .y a D lo que es de D
20.36 y son hijos de D, al ser hijos de la
20.37 D de Abraham, D de Isaac y D de Jacob
20.38 D no es D de muertos, sino de vivos
21.4 echaron para las ofrendas de D de lo que
21.31 así sabed que está cerca el reino de D
22.16 hasta que se cumpla en el reino de D
22.18 la vid, hasta que el reino de D venga
22.69 se sentará a la diestra del poder de D
22.70 dijeron. .¿Luego eres tú el Hijo de D?
23.35 si éste es el Cristo, el escogido de D
23.40 ¿ni aun temes tú a D, estando en la
23.47 el centurión. .dio gloria a D, diciendo
23.51 también esperaba el reino de D, y no
24.19 poderoso. .en palabra delante de D y de
24.53 el templo, alabando y bendiciendo a D
Jn. 1.1 el Verbo era con D, y el Verbo era D
1.2 éste era en el principio con D
1.6 hubo un hombre enviado de D, el cual se
1.12 dio potestad de ser hechos hijos de D
1.13 no. .ni de voluntad de varón, sino de D
1.18 a D nadie le vio jamás; el unigénito
1.29 he aquí el Cordero de D, que quita el
1.34 testimonio de que éste es el Hijo de D
1.36 mirando a Jesús. .aquí el Cordero de D
1.49 Rabí, tú eres el Hijo de D; tú eres el
1.51 los ángeles de D que suben y descienden
3.2 Rabí, sabemos que has venido de D como
3.2 nadie puede hacer. .si no está D con él
3.3 no naciere. .no puede ver el reino de D
3.5 digo. .no puede entrar en el reino de D
3.16 tal manera amó D al mundo, que ha dado
3.17 porque no envió D a su Hijo al mundo
3.18 no ha creído en el nombre del. .Hijo de D
3.21 sea manifiesto que sus obras son. .en D
3.33 recibe. .éste atestigua que D es veraz
3.34 el que D envió, las palabras de D habla
3.34 pues D no da el Espíritu por medida
3.36 vida, sino que la ira de D está sobre él
4.10 si conocieras el don de D, y quién es el
4.24 D es Espíritu; y los que le adoran, en
5.18 D era su. .Padre, haciéndose igual a D
5.25 los muertos oirán la voz del Hijo de D
5.42 que no tenéis amor de D en vosotros
5.44 no buscáis la gloria que. .del D único?
6.27 dará; porque a éste señaló D el Padre
6.28 para poner en práctica las obras de D?
6.29 esta es la obra de D, que creáis en el
6.33 el pan de D es aquel que descendió del
6.45 escrito. .Y Serán todos enseñados por D
6.46 que vino de D; éste ha visto al Padre
6.69 eres el Cristo, el Hijo del D viviente
7.17 el que quiera hacer la voluntad de D
7.17 conocerá si la doctrina es de D, o si
8.40 hablado la verdad, la cual he oído de D
8.41 le dijeron. .un padre tenemos, que es D
8.42 si vuestro padre fuese D. .me amaríais
8.42 porque yo de D he salido, y he venido
8.47 el que es de D, las palabras de D oye
8.47 no las oís vosotros, porque no sois de D
8.54 el que vosotros decís que es vuestro D
9.3 que las obras de D se manifiesten en él
9.16 ese hombre no procede de D, porque no
9.24 da gloria a D; nosotros sabemos que ese
9.29 sabemos que D ha hablado a Moisés, pero
9.31 y sabemos que D no oye a los pecadores
9.31 si alguno es temeroso de D, y hace su
9.33 si. .no viniera de D, nada podría hacer
9.35 le dijo: ¿Crees tú en el Hijo de D?
10.33 porque tú, siendo hombre, te haces D
10.34 ¿no está escrito en. .Yo dije, d sois?
10.35 si llamó d a aquellos a quienes vino
10.35 vino la palabra de D (y la Escritura
10.36 blasfemas, porque dijo: Hijo de D soy?
11.4 para muerte, sino para la gloria de D
11.4 que el Hijo de D sea glorificado por
11.22 todo lo que pidas a D, D te lo dará
11.27 he creído que tú eres el. .Hijo de D
11.40 que si crees, verás la gloria de D?
11.52 congregar en uno a los hijos de D que
12.43 porque amaban más. .que la gloria de D
13.3 Jesús. .que había salido de D, y a D iba
13.31 glorificado. .y D es glorificado en él

DIOS *(Continúa)*
Jn. 13.32 si D es glorificado en él, D también
14.1 turbe..creéis en D, creed también en mí
16.2 os mate, pensará que rinde servicio a D
16.27 amado, y habéis creído que yo salí de D
16.30 por esto creemos que has salido de D
17.3 te conozcan a ti, el único D verdadero
19.7 porque se hizo a sí mismo Hijo de D
20.17 y diles: Subo a..a mi D y a vuestro D
20.28 Tomás respondió..¡Señor mío, y D mío!
20.31 que Jesús es el Cristo, el Hijo de D
21.19 con qué muerte había de glorificar a D
Hch. 1.3 y hablándoles acerca del reino de D
2.11 les oímos hablar..las maravillas de D
2.17 dice D, derramaré de mi Espíritu sobre
2.22 Jesús nazareno, varón aprobado por D
2.22 con las maravillas..señales que D hizo
2.23 por el..anticipado conocimiento de D
2.24 al cual D levantó, sueltos los dolores
2.30 con juramento D le había jurado que de
2.32 este Jesús resucitó D, de lo cual todos
2.33 así que, exaltado por la diestra de D
2.36 este Jesús..D le ha hecho Señor y Cristo
2.39 para cuantos el Señor nuestro D llamare
2.47 alabando a D, y teniendo favor con todo
3.8 entró con ellos..saltando, y alabando a D
3.9 todo el pueblo le vio andar y alabar a D
3.13 D de Abraham..el D de nuestros padres
3.15 a quien D ha resucitado de los muertos
3.18 D ha cumplido así lo que había antes
3.21 de que habló D por boca de sus santos
3.22 el Señor vuestro D os levantará profeta
3.25 pacto que D hizo con nuestros padres
3.26 D, habiendo levantado a su Hijo, lo
4.10 a quien D resucitó de los muertos, por
4.19 si es justo delante de D obedecer a
4.19 obedecer a vosotros antes que a D
4.21 glorificaban a D por lo que se había
4.24 alzaron unánimes la voz a D, y dijeron
4.24 tú eres el D que hiciste el cielo y la
5.4 no has mentido a los hombres, sino a D
5.29 obedecer a D antes que a los hombres
5.30 el D de nuestros padres levantó a Jesús
5.31 a éste, D ha exaltado con su diestra por
5.32 el cual ha dado D a los que le obedecen
5.39 mas si es de D, no la podréis destruir
5.39 seáis tal vez hallados luchando contra D
6.2 no es justo que..dejemos la palabra de D
6.11 hablar palabras blasfemas..y contra D
7.2 D de la gloria apareció a nuestro padre
7.4 D le trasladó a esta tierra, en la cual
7.6 le dijo D así: Que su descendencia sería
7.7 juzgaré, dijo D, a la nación de la cual
7.9 vendieron a José..pero D estaba con él
7.17 promesa, que D había jurado a Abraham
7.20 nació Moisés, y fue agradable a D; y
7.25 que D les daría libertad por mano suya
7.32 soy el D de tus padres, el D de Abraham
7.32 yo soy..el D de Isaac, y el D de Jacob
7.35 envió D como gobernante y libertador
7.37 profeta os levantará el Señor vuestro D
7.40 a Aarón: Haznos d que vayan delante de
7.42 y D se apartó, y los entregó a que
7.43 la estrella de vuestro d Renfán, figuras
7.44 había ordenado D cuando dijo a Moisés
7.45 a los cuales D arrojó de la presencia
7.46 gracia delante de D, y pidió proveer
7.46 proveer tabernáculo para el D de Jacob
7.55 la gloria de D, y a Jesús..diestra de D
7.56 al Hijo del Hombre..a la diestra de D
8.10 diciendo: Este es el gran poder de D
8.12 anunciaba el evangelio del reino de D
8.14 Samaria había recibido la palabra de D
8.20 has pensado que el don de D se obtiene
8.21 tu corazón no es recto delante de D
8.22 ruega a D, si quizás te sea perdonado
8.25 hablado la palabra de D, se volvieron
8.37 creo que Jesucristo es el Hijo de D
9.20 diciendo que éste era el Hijo de D
10.2 temeroso de D con toda su casa, y que
10.2 hacía muchas limosnas al..y oraba a D
10.3 un ángel de D entraba donde él estaba
10.4 han subido para memoria delante de D
10.15 que D limpió, no lo llames tú común
10.22 Cornelio..varón justo y temeroso de D
10.28 me ha mostrado D que a ningún hombre
10.31 tus limosnas..recordadas delante de D
10.33 estamos aquí en la presencia de D, para
10.33 para oir todo lo que D te ha mandado
10.34 que D no hace acepción de personas
10.36 D envió mensaje a los hijos de Israel
10.38 cómo D ungió con el Espíritu Santo y
10.38 sanando a todos..porque D estaba con él
10.40 éste levantó D al tercer día, e hizo
10.41 a los testigos que D había ordenado de
10.42 él es el que D ha puesto por Juez de
10.46 oían que hablaban..que magnificaban a
11.1 gentiles habían recibido la palabra de D
11.9 lo que D limpió, no lo llames tú común
11.17 D..les concedió también el mismo don
11.17 ¿quién era yo..pudiese estorbar a D?
11.18 entonces..glorificaron a D, diciendo
11.18 ha dado D arrepentimiento para vida!
11.23 y vio la gracia de D, se regocijó, y
12.5 iglesia hacía sin cesar oración a D por
12.22 gritando: ¡Voz de D, y no de hombre!
12.23 lo hirió, por cuanto no dio gloria a D
13.5 y llegados..anunciaban la palabra de D
13.7 procónsul..deseaba oir la palabra de D
13.16 israelitas, y los que teméis a D, oíd
13.17 el D de este pueblo de Israel escogió
13.21 pidieron rey, y D les dió a Saúl hijo
13.23 D levantó a Jesús..Salvador a Israel
13.26 y los que..teméis a D, a vosotros es
13.30 mas D le levantó de los muertos
13.33 la cual D ha cumplido a los hijos de
13.36 servido a su..según la voluntad de D
13.37 a quien D levantó, no vio corrupción
13.43 a que perseverasen en la gracia de D
13.44 juntó casi..para oir la palabra de D
13.46 se os hablase primero la palabra de D
14.11 d bajo la semejanza de hombres han
14.15 os convirtáis al D vivo, que hizo el
14.22 través de..entremos en el reino de D
14.26 encomendados a la gracia de D para la
14.27 grandes cosas había hecho D con ellos
15.4 y refirieron..cosas que D había hecho
15.7 D escogió que los gentiles oyesen por
15.8 y D..les dio testimonio, dándoles el
15.10 ¿por qué tentáis a D, poniendo sobre
15.12 señales..había hecho D por medio de
15.14 cómo D visitó por primera vez a los
15.19 a los gentiles que se convierten a D
16.10 por cierto que D nos llamaba para que
16.14 mujer llamada Lidia..que adoraba a D
16.17 hombres son siervos del D Altísimo
16.25 cantaban himmos a D; y los presos los
16.34 se regocijó con..de haber creído a D
17.13 anunciada la palabra de D por Pablo
17.18 parece que es predicador de nuevos d
17.23 esta inscripción: AL D NO CONOCIDO
17.24 el D que hizo el mundo y..las cosas
17.27 que busquen a D, si en alguna manera
17.29 siendo, pues, linaje de D, no debemos
17.30 pero D, habiendo pasado por alto los
18.7 casa de uno llamado Justo, temeroso de D
18.11 detuvo..enseñándoles la palabra de D
18.13 persuade..a honrar a D contra la ley
18.21 pero..volveré a vosotros, si D quiere
18.26 y le expusieron más..el camino de D
19.8 discutiendo y..acerca del reino de D
19.11 y hacía D milagros..por mano de Pablo
19.26 que no son d los que se hacen con las
20.21 acerca del arrepentimiento para con D
20.24 dar testimonio del..de la gracia de D
20.25 he pasado predicando el reino de D
20.27 no he rehuido anunciaros..consejo de D
20.32 os encomiendo a D, y a la palabra de
21.19 las cosas que D había hecho entre los
21.20 glorificaron a D, y le dijeron: Ya ves
22.3 celoso de D, como hoy lo sois todos
22.14 D de nuestros padres te ha escogido
23.1 he vivido delante de D hasta el día de
23.3 ¡D te golpeará a ti, pared blanqueada!
23.4 ¿al sumo sacerdote de D injurias?
23.9 si un..le ha hablado..no resistamos a D
24.14 así sirvo al D de mis padres, creyendo
24.15 teniendo esperanza en D, la cual ellos
24.16 conciencia sin ofensa ante D y ante los
26.6 la promesa que hizo D a nuestros padres
26.7 tribus, sirviendo..a D de día y de noche
26.8 increíble que D resucite a los muertos?
26.18 y de la potestad de Satanás a D; para
26.20 y se convirtiesen a D, haciendo obras
26.22 pero habiendo obtenido auxilio de D
26.29 ¡quisiera D que por poco o por mucho
27.23 estado conmigo el ángel del D de quien
27.24 D te ha concedido todos los que navegan
27.25 yo confío en D que será así como se me
27.35 dio gracias a D en presencia de todos
28.6 cambiaron de..y dijeron que era un d
28.15 Pablo dio gracias a D y cobró aliento
28.23 les testificaba el reino de D desde
28.28 enviada esta salvación de D; y ellos
28.31 predicando el reino de D y enseñando
Ro. 1.1 Pablo..apartado para el evangelio de D
1.4 que fue declarado Hijo de D con poder
1.7 todos los que estáis en Roma, amados de D
1.7 gracia y paz..de D nuestro Padre y del
1.8 doy gracias a mi D mediante Jesucristo
1.9 porque testigo me es D, a quien sirvo en
1.10 por la voluntad de D, un próspero viaje
1.16 porque es poder de D para salvación a
1.17 la justicia de D se revela por fe y para
1.18 la ira de D se revela desde el cielo
1.19 lo que de D se conoce les es manifiesto
1.19 es manifiesto, pues D se lo manifestó
1.21 a D, no le glorificaron como a D, ni le
1.23 cambiaron la gloria del D incorruptible
1.24 también D los entregó a la inmundicia
1.25 cambiaron la verdad de D por la mentira
1.26 D los entregó a pasiones vergonzosas
1.28 ellos no aprobaron tener en cuenta a D
1.28 D los entregó a una mente reprobada
1.30 aborrecedores de D..soberbios, altivos
1.32 habiendo entendido el juicio de D, que
2.2 el juicio de D contra los que practican
2.3 piensas..tú escaparás del juicio de D?
2.5 de la revelación del justo juicio de D
2.11 no hay acepción de personas para con D
2.13 no son los oidores..los justos ante D
2.16 el día en que D juzgará por Jesucristo
2.17 te apoyas en la ley, y te glorías en D
2.23 con infracción de la ley deshonras a D?
2.24 el nombre de D es blasfemado entre los
2.29 cual no viene de los hombres, sino de D
3.2 que les ha sido confiada la palabra de D
3.3 su..habrá hecho nula la fidelidad de D?
3.4 bien sea D veraz, y todo hombre mentiroso
3.5 si..hace resaltar la justicia de D, ¿qué
3.5 ¿será injusto D que da castigo? (Hablo
3.6 otro modo, ¿cómo juzgaría D al mundo?
3.7 si por mi mentira la verdad de D abundó
3.11 quien entienda, no hay quien busque a D
3.18 no hay temor de D delante de sus ojos
3.19 todo el mundo quede bajo el juicio de D
3.21 ley, se ha manifestado la justicia de D
3.22 la justicia de D por medio de la fe en
3.23 y están destituidos de la gloria de D
3.25 a quien D puso como propiciación por
3.29 ¿es D solamente D de los judíos? ¿No es
3.29 ¿no es también D de los gentiles?
3.30 D es uno, y él justificará por la fe a
4.2 tiene de qué gloriarse, pero no..con D
4.3 creyó Abraham a D, y le fue contado por
4.6 del hombre a quien D atribuye justicia
4.17 delante de D, a quien creyó, el cual de
4.20 tampoco dudó..de la promesa de D, sino
4.20 se fortaleció en fe, dando gloria a D
5.1 la fe, tenemos paz para con D por medio
5.2 nos gloriamos en la..de la gloria de D
5.5 porque el amor de D ha sido derramado en
5.8 D muestra su amor para con nosotros, en
5.10 reconciliados con D por la muerte de su
5.11 nos gloriamos en D por el Señor nuestro
5.15 el don de D por la gracia de un hombre
6.10 murió..mas en cuanto vive, para D vive
6.11 muertos..pero vivos para D en Cristo
6.13 presentaos vosotros mismos a D como
6.13 vuestros miembros a D como instrumentos
6.17 gracias a D, que aunque erais esclavos
6.22 sido libertados..y hechos siervos de D
6.23 dádiva de D es vida eterna en Cristo
7.4 a fin de que llevemos fruto para D
7.22 porque según..me deleito en la ley de D
7.25 gracias doy a D, por Jesucristo Señor
7.25 con la mente sirvo a la ley de D, mas
8.3 D, enviando a su Hijo en semejanza de
8.7 los..de la carne son enemistad contra D
8.7 no se sujeta a la ley de D, ni tampoco
8.8 según la carne no pueden agradar a D
8.9 es que el Espíritu de D mora en vosotros
8.14 por el Espíritu de D..son hijos de D
8.16 da testimonio..de que somos hijos de D
8.17 herederos de D y coherederos con Cristo
8.19 de la manifestación de los hijos de D
8.21 la libertad gloriosa de los hijos de D
8.27 conforme a la voluntad de D intercede
8.28 los que aman a D, todas las cosas les
8.31 si D es por nosotros, ¿quién contra
8.33 acusará a los escogidos de D? D es el
8.34 el que además está a la diestra de D
8.39 podrá separar del amor de D, que es en
9.5 vino Cristo, el cual es D sobre todas las
9.6 no que la palabra de D haya fallado
9.8 no..según la carne son los hijos de D
9.11 para que el propósito de D..permaneciese
9.14 pues, diremos? ¿Qué hay injusticia en D?
9.16 depende..de D que tiene misericordia
9.20 ¿quién eres tú..que alterques con D?
9.22 ¿y qué, si D, queriendo mostrar su ira
9.26 allí serán llamados hijos del D viviente
10.1 y mi oración a D por Israel, es para
10.2 doy testimonio de que tienen celo de D
10.3 ignorando la justicia de D, y procurando
10.3 no se han sujetado a la justicia de D
10.9 creyeres..D le levantó de los muertos
10.17 el oir, y el oir, por la palabra de D
11.1 pues: ¿Ha desechado D a su pueblo? En
11.2 no ha desechado D a su pueblo, al cual
11.2 de Elías..cómo invoca a D contra Israel
11.8 D les dio espíritu de estupor, ojos con
11.21 si D no perdonó a las ramas naturales
11.22 mira..la bondad y la severidad de D
11.23 pues poderoso es D para volverlos a
11.29 irrevocables son los dones y el..de D
11.30 erais desobedientes a D, pero ahora
11.32 D sujetó a todos en desobediencia, para
11.33 ¡oh profundidad..de la ciencia de D!
12.1 ruego por las misericordias de D, que
12.1 que presentéis vuestros cuerpos..a D
12.2 comprobéis cuál sea la..voluntad de D
12.3 medida de la fe que D repartió a cada
12.19 os venguéis..dejad lugar a la ira de D
13.1 no hay autoridad sino de parte de D, y
13.1 que hay, por D han sido establecidas
13.2 se opone..a lo establecido por D resiste
13.4 es servidor de D, para tu bien
13.4 es servidor de D, vengador para castigar
13.6 son servidores de D que atienden..a esto
14.3 no juzgue al..porque D le ha recibido

DIOS *(Continúa)*
Ro. 14.6 para el Señor..porque da gracias a *D*
14.6 para el Señor no come, y gracias a *D*
14.11 doblará..y toda lengua confesará a *D*
14.12 que cada uno de..dará a *D* cuenta de sí
14.17 el reino de *D* no es comida ni bebida
14.18 el que..sirve a Cristo, agrada a *D*, y
14.20 no destruyas la obra de *D* por causa de
14.22 tú fe? Tenla para contigo delante de *D*
15.5 el *D* de la paciencia y de la consolación
15.6 glorifiquéis al *D* y Padre de nuestro
15.7 Cristo nos recibió, para gloria de *D*
15.8 siervo de..para mostrar la verdad de *D*
15.9 para que los gentiles glorifiquen a *D*
15.13 *D* de esperanza os llene de todo gozo
15.15 por la gracia que de *D* me es dada
15.16 ministrando el evangelio de *D*, para que
15.17 gloriarme en..en lo que a *D* se refiere
15.19 con potencia..poder del Espíritu de *D*
15.30 os ruego..me ayudéis orando por mí a *D*
15.32 llegue a vosotros por la voluntad de *D*
15.33 y el *D* de paz sea con todos vosotros
16.20 *D* de paz aplastará en breve a Satanás
16.26 según el mandamiento del *D* eterno, se
16.27 al único y sabio *D*, sea gloria..Amén
1 Co. 1.1 a ser apóstol..por la voluntad de *D*
1.2 a la iglesia de *D* que está en Corinto
1.3 gracia y paz a vosotros, de *D*..Padre y
1.4 gracias doy a mi *D* siempre por vosotros
1.9 fiel es *D*, por el cual fuisteis llamados
1.14 doy gracias a *D* de que a ninguno de
1.18 pero a los que se salvan..es poder de *D*
1.20 ¿no ha enloquecido *D* la sabiduría del
1.21 ya que en la sabiduría de *D*, el mundo
1.21 no conoció a *D* mediante la sabiduría
1.21 agradó a *D* salvar a los creyentes por
1.24 Cristo poder de *D*, y sabiduría de *D*
1.25 lo insensato de *D* es más sabio que los
1.25 y lo débil de *D* es más fuerte que los
1.27 lo necio..escogió *D*, para avergonzar a
1.27 lo débil..escogió *D*, para avergonzar a
1.28 lo vil del mundo y lo..escogió *D*, y lo
1.30 cual nos ha sido hecho por *D* sabiduría
2.1 para anunciaros el testimonio de *D*, no
2.5 no esté fundada..sino en el poder de *D*
2.7 hablamos sabiduría de *D* en misterio, la
2.7 la cual *D* predestinó antes de los siglos
2.9 que *D* ha preparado para los que le aman
2.10 pero *D* nos las reveló a nosotros por el
2.10 todo lo escudriña..aun lo profundo de *D*
2.11 las cosas de *D*, sino el Espíritu de *D*
2.12 el Espíritu que proviene de *D*, para que
2.12 que sepamos lo que *D* nos ha concedido
2.14 no percibe las cosas..del Espíritu de *D*
3.6 regó; pero el crecimiento lo ha dado *D*
3.7 el que planta..ni el que riega, sino *D*
3.9 porque nosotros somos colaboradores de *D*
3.9 vosotros..labranza de *D*, edificio de *D*
3.10 conforme a la gracia de *D* que me ha sido
3.16 templo de *D*..el Espíritu de *D* mora en
3.17 alguno destruyere el templo de *D*, *D* le
3.17 el templo de *D*, el cual sois..santo es
3.19 la sabiduría..es insensatez para con *D*
3.23 y vosotros de Cristo, y Cristo de *D*
4.1 administradores de los misterios de *D*
4.5 venga..cada uno recibirá su alabanza de *D*
4.9 *D* nos ha exhibido a..los apóstoles como
4.20 el reino de *D* no consiste en palabras
5.13 porque a los que están fuera, *D* juzgará
6.9 los injustos no heredarán el reino de *D*?
6.10 ni los avaros..heredarán el reino de *D*
6.11 justificados en..por el Espíritu de..*D*
6.13 al uno como a los otras destruirá *D*
6.14 y *D*, que levantó al Señor, también a
6.19 tenéis de *D*, y que no sois vuestros?
6.20 glorificad, pues, a *D*..cuales son de *D*
7.7 pero cada uno tiene su propio don de *D*
7.15 sujeto a..sino que a paz nos llamó *D*
7.17 y como *D* llamó a cada uno, así haga
7.19 sino el guardar los mandamientos de *D*
7.24 fue llamado, así permanezca para con *D*
7.40 que también yo tengo el Espíritu de *D*
8.3 pero si alguno ama a *D*, es conocido por él
8.4 en el mundo, y que no hay más que un *D*
8.5 se llamen *d* (como hay muchos *d* y muchos
8.6 para nosotros..sólo hay un *D*, el Padre
8.8 la vianda no nos hace más aceptos ante *D*
9.9 trilla. ¿Tiene *D* cuidado de los bueyes
9.21 no estando yo sin ley de *D*, sino bajo la
10.5 pero de los más de ellos no se agradó *D*
10.13 fiel es *D*, que no os dejará ser tentados
10.20 a los demonios lo sacrifican, y no a *D*
10.31 cosa, hacedlo todo para la gloria de *D*
10.32 no seáis tropiezo..a la iglesia de *D*
11.3 Cristo es la..y *D* la cabeza de Cristo
11.7 varón..pues él es imagen y gloria de *D*
11.12 de la mujer; pero todo procede de *D*
11.13 que la mujer ore a *D* sin cubrirse la
11.16 tal costumbre, ni las iglesias de *D*
11.22 ¿o menospreciáis la iglesia de *D*, y
12.3 nadie que hable por el Espíritu de *D*
12.6 pero *D* que hace todas las cosas en todos
12.18 *D* ha colocado los miembros cada uno
12.24 *D* ordenó el cuerpo, dando más..honor
12.28 unos puso *D* en la iglesia, primeramente
14.2 no habla a los hombres, sino a *D*; pues
14.18 gracias a *D* que hablo en lenguas más
14.25 postrándose..adorará a *D*, declarando
14.25 verdaderamente *D* está entre vosotros
14.28 calle..hable para sí mismo y para *D*
14.33 pues *D* no es *D* de confusión, sino de
14.36 ha salido de vosotros la palabra de *D*
15.9 porque yo..perseguí a la iglesia de *D*
15.10 pero por la gracia de *D* soy lo que soy
15.10 pero no yo, sino la gracia de *D* conmigo
15.15 somos hallados falsos testigos de *D*
15.15 hemos testificado de *D* que él resucitó
15.24 el fin, cuando entregue el reino al *D* y
15.28 las cosas, para que *D* sea todo en todos
15.34 velad..porque algunos no conocen a *D*
15.38 pero *D* le da el cuerpo como él quiso
15.50 no pueden heredar el reino de *D*, ni la
15.57 gracias sean dadas a *D*..da la victoria
2 Co. 1.1 Pablo, apóstol..por la voluntad de *D*
1.1 a la iglesia de *D* que está en Corinto
1.2 gracia y paz a vosotros, de *D*..Padre y
1.3 bendito sea el *D*..*D* de toda consolación
1.4 consolación con que..consolados por *D*
1.9 para que no confiásemos en..sino en *D*
1.12 con sencillez y sinceridad de *D*, no con
1.12 con la gracia de *D*, nos hemos conducido
1.18 mas, como *D* es fiel, nuestra palabra a
1.19 el Hijo de *D*..ha sido predicado entre
1.20 todas las promesas de *D* son en él Sí, y
1.20 son en él..Amén..para la gloria de *D*
1.21 el que nos confirma, y..nos ungió, es *D*
1.23 invoco a *D* por testigo sobre mi alma
2.14 a *D* gracias, el cual nos lleva siempre
2.15 para *D* somos grato olor de Cristo en
2.17 que medran falsificando la palabra de *D*
2.17 de parte de *D*, y delante de *D*, hablamos
3.3 escrita no..sino con el Espíritu del *D*
3.4 confianza..mediante Cristo para con *D*
3.5 que nuestra competencia proviene de *D*
4.2 ni adulterando la palabra de *D*, sino
4.2 a toda conciencia humana delante de *D*
4.4 *d* de este siglo cegó el entendimiento
4.4 de Cristo, el cual es la imagen de *D*
4.6 *D*, que mandó que de las tinieblas..luz
4.6 del conocimiento de la gloria de *D* en
4.7 que la excelencia del poder sea de *D*, y
4.15 la acción de gracias..para gloria de *D*
5.1 tenemos de *D* un edificio, una casa no
5.5 mas el que nos hizo para esto mismo es *D*
5.11 pero a *D* le es manifiesto lo que somos
5.13 si estamos locos, es para *D*; y si somos
5.18 esto proviene de *D*, quien nos reconcilió
5.19 *D* estaba en Cristo reconciliando consigo
5.20 como si *D* rogase por medio de nosotros
5.20 rogamos en nombre..Reconciliaos con *D*
5.21 nosotros fuésemos hechos justicia de *D*
6.1 que no recibáis en vano la gracia de *D*
6.4 nos recomendamos..como ministros de *D*
6.7 en poder de *D*, con armas de justicia a
6.16 qué acuerdo hay entre el templo de *D*
6.16 vosotros sois el templo del *D* viviente
6.16 como *D* dijo: Habitaré..y seré su *D*, y
7.1 perfeccionando la santidad en el..de *D*
7.6 pero *D*..nos consoló con la venida de Tito
7.9 habéis sido contristados según *D*, para
7.10 la tristeza que es según *D* produce
7.11 que hayáis sido contristados según *D*
7.12 solicitud..por vosotros delante de *D*
8.1 os hacemos saber la gracia de *D* que se
8.5 luego a nosotros por la voluntad de *D*
8.16 gracias a *D* que puso en el corazón de
9.7 dé como..porque *D* ama al dador alegre
9.8 poderoso es *D* para hacer que abunde en
9.11 la cual produce..acción de gracias a *D*
9.12 abunda en..acciones de gracias a *D*
9.13 glorifican a *D* por la obediencia que
9.14 a causa de la..gracia de *D* en vosotros
9.15 ¡gracias a *D* por su don inefable!
10.4 poderosas en *D* para la destrucción de
10.5 se levanta contra el conocimiento de *D*
10.13 conforme a la regla que *D* nos ha dado
10.18 aprobado..sino aquel a quien *D* alaba
11.2 porque os celo con celo de *D*; pues os
11.7 he predicado el evangelio de *D* de balde?
11.11 ¿por qué ¿Porque no os amo? *D* lo sabe
11.31 el *D* y Padre de..sabe que no miento
12.2,3 si fuera del cuerpo, no lo sé; *D* lo sabe
12.19 delante de *D* en Cristo hablamos; y todo
12.21 me humille *D* entre vosotros, y quizá
13.4 fue crucificado..vive por el poder de *D*
13.4 viviremos con él por el poder de *D* para
13.7 oramos a *D* que ninguna cosa mala hagáis
13.11 el *D* de paz y de..estará con vosotros
13.14 amor de *D*, y la comunión del Espíritu
Gá. 1.1 sino por Jesucristo y por *D* el Padre
1.3 gracia y paz sean a vosotros, de *D* el Padre
1.4 conforme a la voluntad de nuestro *D* y
1.10 el favor de los hombres, o el de *D*?
1.13 que perseguía..a la iglesia de *D*, y la
1.15 pero cuando agradó a *D*, que me apartó
1.20 en esto que..delante de *D* que no miento
1.24 y glorificaban a *D* en mí
2.6 importa; *D* no hace acepción de personas
2.19 ley soy muerto..a fin de vivir para *D*
2.20 lo vivo en la fe del Hijo de *D*, el cual
2.21 no desecho la gracia de *D*; pues si por
3.6 Abraham creyó a *D*, y le fue contado por
3.8 la Escritura, previendo que *D* había de
3.11 por la ley ninguno se justifica..con *D*
3.17 el pacto previamente ratificado por *D*
3.18 pero *D* la concedió a Abraham mediante la
3.20 el mediador no lo es de..pero *D* es uno
3.21 ley es contraria a las promesas de *D*?
3.26 sois hijos de *D* por la fe en Cristo
4.4 *D* envió a su Hijo, nacido de mujer y
4.6 *D* envió a vuestros corazones el Espíritu
4.7 hijo..heredero de *D* por medio de Cristo
4.8 no conociendo a *D*, servíais a los que por
4.8 servíais a..que por naturaleza no son *d*
4.9 conociendo a *D*..siendo conocidos por *D*
4.14 bien me recibisteis como a un ángel de *D*
5.21 practican..no heredarán el reino de *D*
6.7 *D* no puede ser burlado: pues todo lo que
6.16 paz y..sea a ellos, y al Israel de *D*
Ef. 1.1 Pablo, apóstol..por la voluntad de *D*
1.2 y paz a vosotros, de *D* nuestro Padre y
1.3 bendito sea el *D* y Padre de..Jesucristo
1.17 el *D* de nuestro Señor..os dé espíritu
2.4 *D*, que es rico en misericordia, por su
2.8 y esto no de vosotros, pues es don de *D*
2.10 las cuales *D* preparó de antemano para
2.12 ajenos..sin esperanza y sin *D* en el mundo
2.16 mediante la cruz reconciliar con *D* a
2.19 los santos, miembros de la familia de *D*
2.22 juntamente edificados para morada de *D*
3.2 de la administración de la gracia de *D*
3.7 fui hecho ministro por..la gracia de *D*
3.9 misterio escondido desde los siglos en *D*
3.10 que la multiforme sabiduría de *D* sea
3.19 seáis llenos de toda la plenitud de *D*
4.6 un *D* y Padre de todos, el cual es sobre
4.13 lleguemos..conocimiento del Hijo de *D*
4.18 ajenos de la vida de *D* por la ignorancia
4.24 del nuevo hombre, creado según *D* en la
4.30 no contristéis al Espíritu Santo de *D*
4.32 perdonándoos..*D* también os perdonó en
5.1 sed..imitadores de *D* como hijos amados
5.2 entregó a sí..ofrenda y sacrificio a *D*
5.5 herencia en el reino de Cristo y de *D*
5.6 por estas cosas viene la ira de *D* sobre
5.20 dando siempre gracias por todo al *D* y
5.21 someteos unos a otros en el temor de *D*
6.6 de corazón haciendo la voluntad de *D*
6.11 vestíos de toda la armadura de *D* para
6.13 tomad toda la armadura de *D*, para que
6.17 del Espíritu, que es la palabra de *D*
6.23 paz..de *D* Padre y del Señor Jesucristo
Fil. 1.2 paz a vosotros, de *D* nuestro Padre y
1.3 gracias a mi *D*..me acuerdo de vosotros
1.8 *D* me es testigo de cómo os amo a todos
1.11 de frutos..para gloria y alabanza de *D*
1.28 para vosotros de salvación; y esto de *D*
2.6 el cual, siendo en forma de *D*, no estimó
2.6 no estimó el ser igual a *D* como cosa a
2.9 por lo cual *D*..le exaltó hasta lo sumo
2.11 es el Señor, para gloria de *D* Padre
2.13 *D* es el que en vosotros produce así el
2.15 para que seáis..hijos de *D* sin mancha
2.27 pero *D* tuvo misericordia de él, y no
3.3 servimos a *D* y nos gloriamos en Cristo
3.9 sino..la justicia que es de *D* por la fe
3.14 al premio del supremo llamamiento de *D*
3.15 sentís, esto también os lo revelará *D*
3.19 cuyo *d* es el vientre, y cuya gloria es
4.6 sean conocidas vuestras peticiones..de *D*
4.7 de *D*, que sobrepasa todo entendimiento
4.9 esto..y el *D* de paz estará con vosotros
4.18 olor..sacrificio acepto, agradable a *D*
4.19 *D*, pues, suplirá todo lo que os falta
4.20 al *D* y Padre nuestro sea gloria por los
Col. 1.1 Pablo, apóstol..por la voluntad de *D*
1.2 gracia y paz..de *D* nuestro Padre y del
1.3 damos gracias a *D*, Padre de..Jesucristo
1.6 y conocisteis la gracia de *D* en verdad
1.10 y creciendo en el conocimiento de *D*
1.15 él es la imagen del *D* invisible, el
1.25 ministro, según la administración de *D*
1.25 anuncie cumplidamente la palabra de *D*
1.27 a quienes *D* quiso dar a conocer las
2.2 fin de conocer el misterio de *D* el Padre
2.12 la fe en el poder de *D* que le levantó
2.19 todo..crece con el crecimiento que da *D*
3.1 está Cristo sentado a la diestra de *D*
3.3 vuestra vida está escondida con..en *D*
3.6 cosas por las cuales la ira de *D* viene
3.12 vestíos..como escogidos de *D*, santos y
3.15 y la paz de *D* gobierne en..corazones
3.17 dando gracias a *D* Padre por medio de él
3.22 sino con corazón sincero, temiendo a *D*
4.11 que me ayudan en el reino de *D*, y han
4.12 y completos en todo lo que *D* quiere
1 Ts. 1.1 la iglesia..en *D* Padre y en el Señor
1.1 paz sean a vosotros, de *D* nuestro Padre
1.2 damos..gracias a *D* por todos vosotros
1.3 acordándonos sin cesar delante del *D* y
1.4 porque conocemos..amados de *D*, vuestra

DIOS *(Continúa)*
1 Ts. 1.8 lugar vuestra fe en D se ha extendido
1.9 a D, para servir al D vivo y verdadero
2.2 denuedo en nuestro D para anunciaros el
2.2 anunciaros el evangelio de D en medio de
2.4 fuimos aprobados por D para que se nos
2.4 como para agradar a los hombres, sino a D
2.5 ni encubrimos avaricia; D es testigo
2.8 entregaros no sólo el evangelio de D
2.9 cómo. . os predicamos el evangelio de D
2.10 sois testigos, y D también, de cuán
2.12 anduvieseis como es digno de D, que os
2.13 sin cesar damos gracias a D, de que
2.13 que cuando recibisteis la palabra de D
2.13 según es en verdad, la palabra de D
2.14 a ser imitadores de las iglesias de D
2.15 y no agradan a D, y se oponen a todos
3.2 y enviamos a Timoteo. . servidor de D y
3.9 acción de gracias podremos dar a D por
3.9 causa de vosotros delante de nuestro D
3.11 mismo D y Padre. . dirija nuestro camino
3.13 sean afirmados. . en santidad delante de D
4.1 os conviene conduciros y agradar a D, así
4.3 voluntad de D es vuestra santificación
4.5 no. . como los gentiles que no conocen a D
4.7 no nos ha llamado D a inmundicia, sino
4.8 desecha. . no desecha a hombre, sino a D
4.9 habéis aprendido de D que os améis unos
4.14 traerá D con Jesús a los que durmieron
4.16 con trompeta de D, descenderá del cielo
5.9 no nos ha puesto D para ira, sino para
5.18 dad gracias. . esta es la voluntad de D
5.23 el. . D de paz os santifique por completo
2 Ts. 1.1 la iglesia de los tesalonicenses en D
1.2 paz a vosotros, de D nuestro Padre y del
1.3 debemos. . dar gracias a D por vosotros
1.4 nos gloriamos de. . en las iglesias de D
1.5 es demostración del justo juicio de D
1.5 seáis tenidos por dignos del reino de D
1.6 porque es justo delante de D pagar con
1.8 retribución a los que no conocieron a D
1.11 que nuestro D os tenga por dignos de su
1.12 por la gracia de nuestro D y del Señor
2.4 se levanta contra todo lo que se llama D
2.4 en el templo de D como D. . pasar por D
2.11 por esto D les envía un poder engañoso
2.13 dar. . gracias a D respecto a vosotros
2.13 D os haya escogido desde el principio
2.16 D nuestro Padre, el cual nos amó y nos
3.5 encamine vuestros corazones al amor de D
1 Ti. 1.1 Pablo, apóstol de. . por mandato de D
1.2 y paz, de D nuestro Padre y de Cristo
1.4 disputas más bien que edificación de D
1.11 el glorioso evangelio del D bendito, que
1.17 al único y sabio D, sea honor y gloria
2.3 esto es bueno y agradable delante de D
2.5 un solo D, y un solo mediador entre D y
3.5 casa; ¿cómo cuidará de la iglesia de D?
3.15 cómo debes conducirte en la casa de D
3.15 es la iglesia del D viviente, columna
3.16 la piedad: D fue manifestado en carne
4.3 abstenerse de alimentos que D creó para
4.4 todo lo que D creó es bueno, y nada es
4.5 por la palabra de D y por la oración es
4.10 esperamos en el D viviente, que es el
5.4 porque esto es lo bueno y. . delante de D
5.5 es viuda . espera en D, y es diligente en
5.21 te encarezco delante de D y del Señor
6.1 que no sea blasfemado el nombre de D y la
6.11 tú, oh hombre de D, huye de estas cosas
6.13 mando delante de D, que da vida a todas
6.17 en las riquezas. . sino en el D vivo, que
2 Ti. 1.1 Pablo, apóstol. . por la voluntad de D
1.2 paz, de D Padre y de Jesucristo nuestro
1.3 doy gracias a D, al cual sirvo desde mis
1.6 avives el fuego del don de D que está en
1.7 no nos ha dado D espíritu de cobardía
1.8 sino participa de. . según el poder de D
2.9 sufro. . mas la palabra de D no está presa
2.15 procura con. . presentarte a D aprobado
2.19 el fundamento de D está firme, teniendo
2.25 D les conceda que se arrepientan para
3.4 amadores de los deleites más que de D
3.16 toda la Escritura es inspirada por D
3.17 fin de que el hombre de D sea perfecto
4.1 te encarezco delante de D y del Señor
Tit. 1.1 siervo de D y apóstol de Jesucristo
1.1 conforme a la fe de los escogidos de D
1.2 en la esperanza de la vida. . la cual D
1.3 que me fue encomendada por mandato de D
1.4 y paz, de D Padre y del Señor Jesucristo
1.7 irreprensible, como administrador de D
1.16 profesan conocer a D, pero con los
2.5 que la palabra de D no sea blasfemada
2.10 que en todo adornen la doctrina de D
2.11 la gracia de D se ha manifestado para
2.13 la manifestación gloriosa de. . gran D
3.4 pero cuando se manifestó la bondad de D
3.8 los que creen en D procuren ocuparse en
Flm. 3 gracia y paz. . de D nuestro Padre y del
4 doy gracias a mi D, haciendo. . memoria de
He. 1.1 D, habiendo hablado muchas veces y de
1.5,13 ¿a cuál de los ángeles dijo D jamás
1.6 dice: Adórenle todos los ángeles de D
1.8 tu trono, oh D, por el siglo del siglo
1.9 por lo cual te ungió D, el D tuyo, con
2.4 testificando D. . con ellos, con señales
2.9 que por la gracia de D gustase la muerte
2.13 he aquí, yo y los hijos que D me dio
2.17 y fiel sumo sacerdote en lo que a D se
3.2 como. . fue Moisés en toda la casa de D
3.4 pero el que hizo todas las cosas es D
3.5 Moisés. . fue fiel en toda la casa de D
3.12 incredulidad para apartarse del D vivo
4.4 reposó D de todas sus obras en el. . día
4.9 queda un reposo para el pueblo de D
4.10 reposado de. . obras, como D de las suyas
4.12 la palabra de D es viva y eficaz, y más
4.14 un gran sumo sacerdote. . el Hijo de D
5.1 a favor de los hombres en lo que a D se
5.4 sino el que es llamado por D, como lo fue
5.10 declarado por D sumo sacerdote según el
5.12 primeros rudimentos de las palabras de D
6.1 otra vez el fundamento del. . de la fe en D
6.3 esto haremos, si D en verdad lo permite
6.5 gustaron de la buena palabra de D y los
6.6 crucificando de nuevo para. . al Hijo de D
6.7 bebe la lluvia. . recibe bendición de D
6.10 D no es injusto para olvidar vuestra
6.13 cuando D hizo la promesa a Abraham, no
6.17 queriendo D mostrar. . inmutabilidad de
6.18 en las cuales es imposible que D mienta
7.1 Melquisedec. . sacerdote del D Altísimo
7.3 hecho semejante al Hijo de D, permanece
7.19 esperanza, por la cual. . acercamos a D
7.25 salvar. . los que por él se acercan a D
8.10 seré a ellos por D, y ellos me serán a
9.14 se ofreció a sí mismo sin mancha a D
9.14 limpiará. . para que sirváis al D vivo?
9.20 esta es la sangre del pacto que D os
9.24 presentarse ahora por nosotros ante D
10.7,9 vengo, oh D, para hacer tu voluntad
10.12 Cristo. . ha sentado a la diestra de D
10.21 un gran sacerdote sobre la casa de D
10.29 que pisoteare al Hijo de D, y tuviere
10.31 ¡horrenda. . caer en manos del D vivo!
10.36 que habiendo hecho la voluntad de D
11.3 constituido el universo por la. . de D
11.4 por la fe Abel ofreció a D. . sacrificio
11.4 dando D testimonio de sus ofrendas; y
11.5 y no fue hallado, porque lo traspuso D
11.5 tuvo testimonio de haber agradado a D
11.6 pero sin fe es imposible agradar a D
11.6 que el que se acerca a D crea que le hay
11.7 Noé, cuando fue advertido por D acerca
11.10 cuyo arquitecto y constructor es D
11.16 D no se avergüenza de llamarse D de
11.19 pensando. . D es poderoso para levantar
11.25 ser maltratado con el pueblo de D, que
11.40 proveyendo D alguna cosa mejor para
12.2 y se sentó a la diestra del trono de D
12.7 si soportáis. . D os trata como a hijos
12.15 deje de alcanzar la gracia de D; que
12.22 acercado a Sion, a la ciudad del D
12.23 a D el Juez de todos, a los espíritus
12.28 sirvamos a D agradándole con temor y
12.29 porque nuestro D es fuego consumidor
13.4 pero a los fornicarios. . los juzgará D
13.7 pastores. . os hablaron la palabra de D
13.15 ofrezcamos siempre a D, por medio de
13.16 porque de tales sacrificios se agrada D
13.20 D de paz que resucitó de los muertos
Stg. 1.1 Santiago, siervo de D y. . Jesucristo
1.5 tiene falta de sabiduría, pídala a D, el
1.12 recibirá la corona de vida, que D ha
1.13 tentado. . de D. . D no puede ser tentado
1.20 la ira del. . no obra la justicia de D
1.27 la religión pura. . delante de D el Padre
2.5 ¿no ha elegido D a los pobres de este
2.19 crees que D es uno; bien haces. También
2.23 Abraham creyó a D, y le fue contado por
2.23 por justicia, y fue llamado amigo de D
3.9 con ella bendecimos al D y Padre, y con
3.9 que están hechos a la semejanza de D
4.4 la amistad del. . es enemistad contra D?
4.4 amigo del. . se constituye enemigo de D
4.6 D resiste a los soberbios, y da gracia
4.7 someteos, pues, a D; resistid al diablo
4.8 acercaos a D, y él se acercará a vosotros
1 P. 1.2 elegidos según la presciencia de D
1.3 bendito el D y Padre de nuestro Señor
1.5 que sois guardados por el poder de D
1.21 mediante el cual creéis en D, quien le
1.21 que vuestra fe y esperanza sean en D
1.23 siendo renacidos. . por la palabra de D
2.4 hombres, mas para D escogida y preciosa
2.5 para ofrecer sacrificios. . a D por medio
2.9 vosotros sois. . pueblo adquirido por D
2.10 pero que ahora sois pueblo de D; que en
2.12 para que. . glorifiquen a D en el día de
2.15 es la voluntad de D; que haciendo bien
2.16 no como los que. . sino como siervos de D
2.17 honrad a todos. . Temed a D. Honrad al rey
2.19 a causa de la conciencia delante de D
2.20 ciertamente es aprobado delante de D
3.4 que es de grande estima delante de D
3.5 así. . santas mujeres que esperaban en D
3.15 santificad a D. . en vuestros corazones
3.17 si la voluntad de D así lo quiere, que
3.18 por los injustos, para llevarnos a D
3.20 la paciencia de D en los días de Noé
3.21 de una buena conciencia hacia D por la
3.22 habiendo subido al. . a la diestra de D
4.2 vivir. . sino conforme a la voluntad de D
4.6 en carne. . pero vivan en espíritu según D
4.10 buenos administradores de. . gracia de D
4.11 hable conforme a las palabras de D, si
4.11 ministre conforme al poder que D da
4.11 para que en todo sea D glorificado por
4.14 el. . Espíritu de D reposa sobre vosotros
4.16 alguno padece. . glorifique a D por ello
4.17 que el juicio comience por la casa de D
4.17 el fin. . no obedecen al envangelio de D?
4.19 los que padecen según la voluntad de D
5.2 apacentad la grey de D que está entre
5.5 D resiste a los soberbios, y da gracia a
5.6 humillaos. . bajo la poderosa mano de D
5.10 el D de toda gracia, que nos llamó a su
5.12 esta es la verdadera gracia de D, en la
2 P. 1.1 habéis alcanzado, por la justicia. . D
1.2 el conocimiento de D y de nuestro Señor
1.17 cuando él recibió de D Padre honra y
1.21 los santos hombres de D hablaron siendo
2.4 si D no perdonó a los ángeles que pecaron
3.5 hechos por la palabra de D los cielos, y
3.12 esperando. . la venida del día de D, en el
1 Jn. 1.5 D es luz, y no hay. . tinieblas en él
2.5 en éste. . el amor de D se ha perfeccionado
2.14 y la palabra de D permanece en vosotros
2.17 el que hace la voluntad de D permanece
3.1 cuál amor. . que seamos llamados hijos de D
3.2 amados, ahora somos hijos de D, y aún no
3.8 para esto apareció el Hijo de D, para
3.9 aquel que es nacido de D, no practica el
3.9 porque la simiente de D permanece en él
3.9 y no puede pecar, porque es nacido de D
3.10 en esto se manifiestan los hijos de D
3.10 y que no ama a su hermano, no es de D
3.17 ve a su. . ¿cómo mora el amor de D en él?
3.20 mayor que nuestro corazón es D, y él
3.21 no nos reprende, confianza tenemos en D
3.24 que guarda. . permanece en D, y D en él
4.1 sino probad los espíritus si son de D
4.2 en esto conoced el Espíritu de D: Todo
4.2 Jesucristo ha venido en carne, es de D
4.3 que no confiesa. . no es de D; y este es el
4.4 vosotros sois de D, y los habéis vencido
4.6 somos de D; el que conoce a D, nos oye
4.6 el que no es de D, no nos oye. En esto
4.7 amémonos unos a otros. . el amor es de D
4.7 que ama, es nacido de D, y conoce a D
4.8 no ha conocido a D; porque D es amor
4.9 se mostró el amor de D. . en que D envió a
4.10 no en que nosotros hayamos amado a D
4.11 si D nos ha amado así, debemos también
4.12 nadie ha visto jamás a D. Si nos amamos
4.12 D permanece en nosotros, y su amor se
4.15 que confiese que Jesús es el Hijo de D
4.15 confiese. . D permanece en él, y él en D
4.16 conocido y creído el amor que D tiene
4.16 D es amor; y el que permanece en amor
4.16 en amor, permanece en D, y D en él
4.20 yo amo a D, y aborrece a su hermano, es
4.20 cómo puede amar a D a quien no ha visto?
4.21 que ama a D, ame también a su hermano
5.1 que Jesús es el Cristo, es nacido de D
5.2 que amamos a los hijos de D. . amamos a D
5.3 este es el amor de D, que guardemos sus
5.4 lo que es nacido de D vence al mundo
5.5 el que cree que Jesús es el Hijo de D?
5.9 mayor es el testimonio de D; porque este
5.9 el testimonio con que D ha testificado
5.10 el que cree en el Hijo de D, tiene el
5.10 que no cree, a D le ha hecho mentiroso
5.10 no ha creído en el testimonio que D ha
5.11 D nos ha dado vida eterna; y esta vida
5.12 el que no tiene al Hijo de D no tiene
5.13 que creéis en el nombre del Hijo de D
5.13 y para que creáis en el. . del Hijo de D
5.16 pedirá, y D le dará vida; esto es para
5.18 aquel que ha nacido de D, no practica el
5.18 aquel que fue engendrado por D le guarda
5.19 somos de D, y el mundo. . bajo el maligno
5.20 sabemos que el Hijo de D ha venido, y
5.20 éste es el verdadero D, y la vida eterna
2 Jn. 3 paz, de D Padre y del señor Jesucristo
9 cualquiera que se extravía. . no tiene a D
3 Jn. 6 como es digno de su servicio a D, para
11 el que hace lo bueno es de D; pero el que
11 pero el que hace lo malo, no ha visto a D
Jud. 1 Judas. . a los. . santificados en D Padre
4 convierten en libertinaje la gracia de. . D
4 niegan a D el único soberano, y a. . Señor
21 conservaos en el amor de D, esperando la
25 al único y sabio D. . sea gloria y majestad
Ap. 1.1 revelación de Jesucristo, que D le dio
1.2 que ha dado testimonio de la palabra de D
1.6 nos hizo reyes y sacerdotes para D, su
1.9 Patmos, por causa de la palabra de D y
2.7 el cual está en medio del paraíso de D
2.18 el Hijo de D, el que tiene ojos como

DIOS (*Continúa*)

Ap. 3.1 el que tiene los siete espíritus de *D*
3.2 no he hallado tus obras..delante de *D*
3.12 lo haré columna en el templo de mi *D*
3.12 escribiré sobre él el nombre de mi *D*
3.12 nombre de la ciudad de mi *D*, la nueva
3.12 la cual desciende del cielo, de mi *D*
3.14 el principio de la creación de *D*, dice
4.5 lámparas..son los siete espíritus de *D*
4.8 santo, santo es el Señor *D* Todopoderoso
5.6 son los siete espíritus de *D* enviados por
5.9 con tu sangre nos has redimido para *D*
5.10 y nos has hecho para nuestro *D* reyes y
6.9 muertos por causa de la palabra de *D* y
7.2 y tenía el sello del *D* vivo; y clamó a
7.3 sellado en..a los siervos de nuestro *D*
7.10 la salvación pertenece a nuestro *D* que
7.11 se postraron sobre sus..y adoraron a *D*
7.12 honra..sean a nuestro *D* por los siglos
7.15 por esto están delante del trono de *D*
7.17 *D* enjugará toda lágrima de los ojos de
8.2 y vi a los siete ángeles..en pie ante *D*
8.4 a la presencia de *D* el humo del incienso
9.4 los hombres que no tuviesen el sello de *D*
9.13 del altar de oro que estaba delante de *D*
10.7 el misterio de *D* se consumará, como él
11.1 dijo: Levántate, y mide el templo de *D*
11.4 los dos candeleros que..delante del *D*
11.11 entró en ellos el espíritu de vida..*D*
11.13 demás..y dieron gloria al *D* del cielo
11.16 que estaban sentados delante de *D* en
11.16 se postraron sobre sus..y adoraron a *D*
11.17 te damos gracias, Señor *D* Todopoderoso
11.19 el templo de *D* fue abierto en el cielo
12.5 y su hijo fue arrebatado para *D* y para
12.6 tiene lugar preparado por *D*, para que
12.10 ha venido la..y el reino de nuestro *D*
12.10 que los acusaba delante de nuestro *D*
12.17 los que guardan los mandamientos de *D*
13.6 y abrió su boca en blasfemias contra *D*
14.4 redimidos de..como primicias para *D* y
14.5 son sin mancha delante del trono de *D*
14.7 a gran voz: Temed a *D*, y dadle gloria
14.10 beberá del vino de la ira de *D*, que ha
14.12 los que guardan los mandamientos de *D*
14.19 las uvas en el..lagar de la ira de *D*
15.1 siete plagas..se consumaba la ira de *D*
15.2 en pie sobre el mar..con las arpas de *D*
15.3 el cántico de Moisés siervo de *D*, y el
15.3 y maravillosas son tus obras, Señor *D*
15.7 siete copas de..llenas de la ira de *D*
15.8 se llenó de humo por la gloria de *D*, y
16.1 derramad..las siete copas de la ira de *D*
16.7 Señor *D*..tus juicios son verdaderos y
16.9 y blasfemaron el nombre de *D*, que tiene
16.11 blasfemaron contra el *D* del cielo por
16.14 a la batalla de aquel gran día del *D*
16.19 Babilonia vino en memoria delante de *D*
16.21 los hombres blasfemaron contra *D* por
17.17 porque *D* ha puesto en sus corazones el
17.17 hasta que se cumplan las palabras de *D*
18.5 y *D* se ha acordado de sus maldades
18.8 será quemada con fuego..poderoso es *D*
18.20 porque *D* os ha hecho justicia en ella
19.1 gloria y poder son del Señor *D* nuestro
19.4 se postraron en tierra y adoraron a *D*
19.5 alabad a nuestro *D* todos sus siervos
19.6 el Señor nuestro *D* Todopoderoso reina!
19.9 me dijo..son palabras verdaderas de *D*
19.10 dijo..Adora a *D*; porque el testimonio
19.13 sangre; y su nombre es: EL VERBO DE *D*
19.15 él pisa el lagar del..de la ira del *D*
19.17 venid, y congregaos a la..cena de *D*
20.4 los decapitados por..la palabra de *D*
20.6 que serán sacerdotes de *D* y de Cristo
20.9 de *D* descendió fuego del cielo, y los
20.12 y vi a los muertos, grandes y..ante *D*
21.2 Jerusalén, descender del cielo, de *D*
21.3 decía: He aquí el tabernáculo de *D* con
21.3 y *D* mismo estará con ellos como su *D*
21.4 enjugará *D* toda lágrima de los ojos de
21.7 heredará..seré su *D*, y él será mi hijo
21.10 Jerusalén..descendía del cielo, de *D*
21.11 teniendo la gloria de *D*. Y su fulgor
21.22 el Señor *D*..es el templo de ella, y el
21.23 porque la gloria de *D* la ilumina, y el
22.1 un río..que salía del trono de *D* y del
22.3 el trono de *D* y del Cordero estará en
22.5 *D* el Señor los iluminará; y reinarán por
22.6 el *D* de los espíritus de los profetas
22.9 me dijo: Mira, no lo hagas..Adora a *D*
22.18 *D* traerá sobre él las plagas que están
22.19 *D* quitará su parte del libro de la vida

DIOSA

1 R. 11.5 Salomón siguió a Astoret, *d* de los
11.33 han adorado a Astoret *d* de los sidonios
Hch. 19.27 que el templo de la gran *d* Diana sea
19.35 es guardiana del templo de la..*d* Diana
19.37 sin ser sacrílegos ni..de vuestra *d*

DIÓTREFES *Personaje desconocido*, 3 Jn. 9

DIRECCIÓN

Gn. 10.19 en *d* a Gerar, hasta Gaza; y en *d* de
10.30 fue desde Mesa en *d* de Sefar, hasta
13.10 la tierra de Egipto en la *d* de Zoar
Éx. 38.21 bajo la *d* de Itamar hijo del..Aarón
Nm. 4.28 el cargo..estará bajo la *d* de Itamar
4.33 la *d* de Itamar hijo del sacerdote Aarón
Dt. 33.3 siguieron en tus pasos, recibiendo *d*
Jos. 3.16 y el pueblo pasó en *d* de Jericó
18.13 de allí pasa en *d* de Luz, al lado sur
Jue. 7.22 y el ejército huyó..en *d* de Zerera
1 Cr. 25.2 hijos de Asaf, bajo la *d* de Asaf, el
25.3 bajo la *d* de su padre Jedutún, el cual
25.6 bajo la *d* de su padre en la música, en
Pr. 1.8 oye..y no desprecies la *d* de tu madre
11.14 donde no hay *d* sabia, caerá el pueblo
20.18 y con *d* sabia se hace la guerra

DIRECTO

Hch. 16.11 vinimos con rumbo *d* a Samotracia
21.1 con rumbo *d* a Cos, y al día siguiente

DIRECTOR

Neh. 12.42 y los cantores..e Izrahías era el *d*
12.46 ya de antiguo, había un *d* de cantores

DIRIGIR

Gn. 31.21 huyó..se *dirigió* al monte de Galaad
34.6 se *dirigió* Hamor..a Jacob, para hablar
2 R. 12.2 el tiempo que le *dirigió* el sacerdote
1 Cr. 15.21 arpas afinadas en la..para *dirigir*
15.22 Quenanías..puesto para *dirigir* el canto
23.4 de éstos, 24.000 para *dirigir* la obra
2 Cr. 23.13 los cantores..*dirigían* la alabanza
Job 32.14 Job no *dirigió* contra mí sus palabras
37.3 y debajo de todos los cielos lo *dirige*
Sal. 18 *tít. dirigió* a Jehová las palabras de
45.1 *dirijo* al rey mi canto; mi lengua es
74.3 *dirige* tus pasos a los asolamientos
107.7 los *dirigió* por camino derecho, para
Pr. 4.25 *dirijanse* tus párpados hacia lo que
8.4 *dirijo* mi voz a los hijos de los hombres
Ec. 10.10 sabiduría es provechosa para *dirigir*
Jer. 5.31 los sacerdotes *dirigían* por manos de
Lc. 14.5 *dirigiéndose* a ellos, dijo: ¿Quién de
22.26 sea..el que *dirige*, como el que sirve
1 Ts. 3.11 *dirija* nuestro camino a vosotros
He. 12.5 como a hijos se os *dirige*, diciendo
Stg. 3.3 freno..y *dirigimos* así todo su cuerpo

DISAN *Hijo de Seir*, Gn. 36.21,28,30; 1 Cr. 1.38,42

DISCERNIMIENTO

Neh. 10.28 todo el que tenía comprensión y *d*
Sal. 14.4 ¿no tienen *d* todos los que hacen
1 Co. 12.10 a otro, *d* de espíritus; a otro
He. 5.14 sentidos ejercitados en el *d* del bien

DISCERNIR

Lv. 10.10 para poder *discernir* entre lo santo
2 S. 14.17 rey es como un ángel..para *discernir*
1 R. 3.9 y para *discernir* entre lo bueno y lo
Job 6.30 ¿acaso no puede mi paladar *discernir*
Ec. 8.5 corazón del sabio *discierne* el tiempo
Ez. 44.23 a *discernir* entre lo limpio y lo no
Jon. 4.11 que no saben *discernir* entre su mano
Mal. 3.18 *discerniréis* la diferencia entre el
1 Co. 2.14 se han de *discernir* espiritualmente
11.29 el que come..sin *discernir* el cuerpo
He. 4.12 y *discierne* los pensamientos y las

DISCIPLINA

Pr. 15.32 el que tiene en poco la *d* menosprecia
Ef. 6.4 sino criadlos en *d* y amonestación del
He. 12.5 hijo mío, no menosprecies la *d* del
12.7 si soportáis la *d*, Dios os trata como a
12.8 pero si se os deja sin *d*..sois bastardos
12.11 que ninguna *d* al presente parece ser

DISCIPLINAR

He. 12.6 porque el Señor al que ama, *disciplina*
12.7 ¿qué hijo es..el padre no *disciplina*?
12.9 nuestros padres..que nos *disciplinaban*
12.10 nos *disciplinaban* como..les parecía

DISCÍPULO, LA

1 Cr. 25.8 turnos..mismo el maestro que el *d*
Is. 8.16 testimonio, sella la ley entre mis *d*
Mt. 5.1 subió..sentándose, vinieron a él sus *d*
8.21 de sus *d* le dijo: Señor, permíteme que
8.23 entrado él en la barca..*d* le siguieron
8.25 vinieron..*d* y le despertaron, diciendo
9.10 se sentaron..a la mesa con Jesús y sus *d*
9.11 los fariseos, dijeron a los *d*: ¿Por qué
9.14 vinieron a él los *d* de Juan, diciendo
9.14 ¿por qué..ayunamos..y tus *d* no ayunan?
9.19 se levantó Jesús, y le siguió con sus *d*
9.37 a sus *d*: A la verdad la mies es mucha
10.1 llamando a sus doce *d*, les dio autoridad
10.24 el *d* no es más que su maestro, ni el
10.25 bástale al *d* ser como su maestro, y al
10.42 agua fría solamente, por cuanto es *d*
11.1 terminó de dar instrucciones a sus..*d*
11.2 al oír Juan, en la..le envió dos de sus *d*
12.1 y sus *d* tuvieron hambre, y comenzaron a
12.2 tus *d* hacen lo que no es lícito hacer en
12.49 extendiendo su mano hacia sus *d*, dijo
13.10 acercándose los *d*, le dijeron: ¿Por qué
13.36 y acercándose a él sus *d*, le dijeron
14.12 llegaron sus *d*, y tomaron el cuerpo y
14.15 se acercaron a él sus *d*, diciendo: El
14.19 y dio los panes a los *d*, y los *d* a la
14.22 hizo a sus *d* entrar en la barca e ir
14.26 y los *d*, viéndole andar sobre el mar
15.2 ¿por qué tus *d* quebrantan la tradición
15.12 acercándose sus *d*, le dijeron: ¿Sabes
15.23 acercándose sus *d*, le rogaron, diciendo
15.32 Jesús, llamando a sus *d*, dijo: Tengo
15.33 sus *d* le dijeron: ¿De dónde tenemos
15.36 los partió y dio a sus *d*, y los *d* a la
16.5 llegando sus *d* al otro lado, se habían
16.13 a sus *d*..¿Quién dicen..que es el Hijo
16.20 mandó a sus *d* que a nadie dijesen que
16.21 comenzó Jesús a declarar a sus *d* que
16.24 dijo a sus *d*: Si alguno quiere venir en
17.6 al oír esto los *d*, se postraron sobre
17.10 sus *d* le preguntaron, diciendo: ¿Por
17.13 *d* comprendieron que les había hablado
17.16 y lo he traído a tus *d*, pero no le han
17.19 viniendo..*d* a Jesús, aparte, dijeron
18.1 los *d* vinieron a Jesús, diciendo: ¿Quién
19.10 dijeron sus *d*: Si así es la condición
19.13 unos niños..y los *d* les reprendieron
19.23 Jesús dijo a sus *d*: De cierto os digo
19.25 sus *d*, oyendo esto, se asombraron en
20.17 tomó a sus doce *d* aparte en el camino
21.1 vinieron a Betfagé..Jesús envió dos *d*
21.6 los *d* fueron, e hicieron como Jesús les
21.20 viendo esto los *d*, decían..¿Cómo es que
22.16 y le enviaron los *d* de ellos con los
23.1 habló Jesús a la..y a sus *d*, diciendo
24.1 se acercaron sus *d* para mostrarle los
24.3 los *d* se le acercaron aparte, diciendo
26.1 acabado Jesús..palabras, dijo a sus *d*
26.8 los *d* se enojaron, diciendo: ¿Para qué
26.17 sin levadura, vinieron los *d* a Jesús
26.18 tu casa celebraré la pascua con mis *d*
26.19 y los *d* hicieron como Jesús les mandó
26.26 y dio a sus *d*, y dijo: Tomad, comed
26.35 morir..Y todos los *d* dijeron lo mismo
26.36 entonces..dijo a sus *d*: Sentaos aquí
26.40 vino..a sus *d*, y los halló durmiendo
26.45 vino a sus *d* y les dijo: Dormid ya, y
26.56 entonces..los *d*, dejándole, huyeron
27.57 José, que también había sido *d* de Jesús
27.64 que vengan sus *d* de noche, y lo hurten
28.7 id..y decid a sus *d* que ha resucitado
28.8 ellas..fueron..a dar las nuevas a sus *d*
28.8 mientras iban a dar las nuevas a los *d*
28.13 decid vosotros: Sus *d* vinieron de noche
28.16 pero los once *d* se fueron a Galilea, al
28.19 id, y haced *d* a todas las naciones
Mr. 2.15 también a la mesa..con Jesús y sus *d*
2.16 dijeron a los *d*: ¿Qué es esto, que él
2.18 y los *d* de Juan..ayunaban; y vinieron
2.18 ¿por qué los *d* de..y tus *d* no ayunan?
2.23 sus *d*..comenzaron a arrancar espigas
3.7 Jesús se retiró al mar con sus *d*, y le
3.9 dijo a sus *d* que le tuviesen..la barca
4.34 a sus *d* en particular les declaraba todo
5.31 sus *d* le dijeron: Ves que la multitud te
6.1 y vino a su tierra, y le seguían sus *d*
6.29 cuando oyeron esto sus *d*, vinieron y
6.35 sus *d* se acercaron a él, diciendo: El
6.41 y partió los panes, y dio a sus *d* para
6.45 a sus *d* entrar en la barca e ir delante
7.2 algunos de los *d* de Jesús comer pan con
7.5 ¿por qué tus *d* no andan conforme a la
7.17 le preguntaron sus *d* sobre la parábola
8.1 no tenían qué comer, Jesús llamó a sus *d*
8.4 sus *d* le respondieron: ¿De dónde podrá
8.6 dado gracias, los partió, y dio a sus *d*
8.10 entrando en la barca con sus *d* vino a
8.27 salieron Jesús y sus *d* por las aldeas
8.27 preguntó a sus *d*, diciéndoles: ¿Quién
8.33 él..mirando a los *d*, reprendió a Pedro
8.34 llamando..a sus *d*, les dijo: Si alguno
9.14 cuando llegó a donde estaban los *d*, vio
9.18 dije a tus *d* que lo echasen fuera, y no
9.28 sus *d* le preguntaron aparte: ¿Por qué
9.31 enseñaba a sus *d*, y les decía: El Hijo
10.10 en casa volvieron los *d* a preguntarle
10.13 *d* reprendían a los que los presentaban
10.23 a sus *d*: ¡Cuán difícilmente entrarán
10.24 los *d* se asombraron de sus palabras
10.46 salir de Jericó él y sus *d* y una gran
11.1 se acercaban..Jesús envió dos de sus *d*
11.14 jamás coma nadie fruto..lo oyeron sus *d*
12.43 llamando a sus *d*, les dijo: De cierto
13.1 dijo uno de sus *d*: Maestro, mira qué
14.12 sus *d* le dijeron: ¿Dónde quieres que
14.13 envió dos de sus *d*, y les dijo: Id a
14.14 donde he de comer la pascua con mis *d*
14.16 fueron sus *d* y entraron en la ciudad

DISCÍPULO, LA *(Continúa)*
Mr. 14.32 y dijo a sus *d:* Sentaos aquí, entre
14.50 entonces. .los *d*, dejándole, huyeron
16.7 sus *d*, y a Pedro, que él va delante de
Lc. 5.30 los fariseos murmuraban contra los *d*
5.33 ¿por qué los *d* de Juan ayunan muchas
6.1 que. .sus *d* arrancaban espigas y comían
6.13 llamó a sus *d*, y escogió a doce de ellos
6.17 se detuvo en un. .en compañía de sus *d*
6.20 y alzando los ojos hacia sus *d*, decía
6.40 el *d* no es superior a su maestro; mas
7.11 iban con él muchos de sus *d*, y una gran
7.18 *d* de Juan le dieron las nuevas de todas
7.18 las nuevas. .Y llamó Juan a dos de sus *d*
8.9 y sus *d* le preguntaron. .¿Qué significia
8.22 día, que entró en una barca con sus *d*
9.1 habiendo reunido a sus doce *d*, les dio
9.14 dijo a sus *d:* Hacedlos sentar en grupos
9.16 a sus *d* para que les pusiesen delante
9.18 estaban con él los *d;* y les preguntó
9.40 rogué a tus *d* que le echasen fuera, y no
9.43 maravillándose todos de. .dijo a sus *d*
9.54 viendo esto. .*d* Jacobo y Juan, dijeron
10.23 volviéndose a los *d*, les dijo aparte
11.1 uno de sus *d* le dijo: Señor, enséñanos
11.1 orar, como también Juan enseñó a sus *d*
12.1 decir a sus *d:* Guardaos de la levadura
12.22 dijo luego a sus *d:* Por tanto os digo
14.26 no aborrece. .vida, no puede ser mi *d*
14.27 no lleva su cruz y. .no puede ser mi *d*
14.33 no renuncia a todo. .no puede ser mi *d*
16.1 dijo. .a sus *d:* Había un hombre rico que
17.1 dijo Jesús a sus *d:* Imposible es que no
17.22 y dijo a sus *d:* Tiempo vendrá cuando
18.15 lo cual viendo los *d*, les reprendieron
19.29 llegando cerca de. .envió dos de sus *d*
19.37 la multitud de los *d*. .comenzó a alabar
19.39 le dijeron: Maestro, reprende a tus *d*
20.45 oyéndole todo el pueblo, dijo a sus *d*
22.11 donde he de comer la pascua con mis *d?*
22.39 se fue. .y sus *d* también le siguieron
22.45 y vino a sus *d*, los halló durmiendo
Jn. 1.35 otra vez estaba Juan, y dos de sus *d*
1.37 oyeron. .los dos *d*, y siguieron a Jesús
2.2 fueron también invitados. .Jesús y sus *d*
2.11 manifestó su gloria; y sus *d* creyeron
2.12 descendieron a Capernaum, él. .y sus *d*
2.17 se acordaron sus *d* que está escrito: El
2.22 sus *d* se acordaron que había dicho esto
3.22 Jesús con sus *d* a la tierra de Judea
3.25 hubo discusión entre los *d* de Juan y los
4.1 oído decir: Jesús hace y bautiza más *d*
4.2 aunque Jesús no bautizaba, sino sus *d*
4.8 sus *d* habían ido a la. .a comprar de comer
4.27 vinieron sus *d*, y se maravillaron de que
4.31 los *d* le rogaban, diciendo: Rabí, come
4.33 los *d* decían. .¿Le habrá traído alguien
6.3 subió Jesús. .y se sentó allí con sus *d*
6.8 uno de sus *d*, Andrés, hermano de Simón
6.11 los repartió entre los *d*, y los *d* entre
6.12 dijo a sus *d:* Recoged los pedazos que
6.16 al anochecer, descendieron sus *d* al mar
6.22 Jesús no había entrado en ella con. .*d*
6.24 vio. .que Jesús no estaba allí, ni sus *d*
6.60 muchos de sus *d* dijeron: Dura es esta
6.61 sabiendo Jesús en. .que sus *d* murmuraban
6.66 muchos de sus *d* volvieron atrás, y ya no
7.3 también tus *d* vean las obras que haces
8.31 si permaneciereis en mi palabra. .mis *d*
9.2 le preguntaron sus *d*. .¿quién pecó, éste
9.27 queréis también vosotros haceros sus *d?*
9.28 tú eres su *d;* pero nosotros, *d* de Moisés
11.7 dijo a los *d:* Vamos a Judea otra vez
11.8 le dijeron los *d:* Rabí, ahora procuraban
11.12 dijeron. .*d:* Señor, si duerme, sanará
11.54 se alejó de. .y se quedó allí con sus *d*
12.4 dijo uno de sus *d*, Judas Iscariote hijo
12.16 estas cosas no las entendieron sus *d*
13.5 comenzó a lavar los pies de los *d*, y a
13.22 los *d* se miraban unos a otros, dudando
13.23 y uno de sus *d*, al cual Jesús amaba
13.35 en esto conocerán todos que sois mis *d*
15.8 llevéis mucho fruto, y seáis así mis *d*
16.17 dijeron algunos de sus *d*. .¿Qué es esto
16.29 dijeron sus *d*. .ahora hablas claramente
18.1 con sus *d* al otro lado del torrente de
18.1 un huerto, en el cual entró con sus *d*
18.2 Jesús se había reunido allí con sus *d*
18.15 seguían a Jesús Simón Pedro y otro *d*
18.15 este *d* era conocido del sumo sacerdote
18.16 salió. .el *d* que era conocido del sumo
18.17 ¿no eres tú también de los *d* de este
18.19 preguntó a Jesús acerca de sus *d* y de
18.25 dijeron: ¿No eres tú de sus *d?* El negó
19.26 vio Jesús a. .y al *d* a quien él amaba
19.27 dijo al *d:* He aquí tu madre. Y desde
19.27 desde aquella hora el *d* la recibió en
19.38 José de Arimatea, que era *d* de Jesús
20.2 corrió, y fue a Simón Pedro y al otro *d*
20.3 y salieron Pedro y el otro *d*, y fueron
20.4 el otro *d* corrió más aprisa que Pedro
20.8 entonces entró también el otro *d*, que
20.10 y volvieron los *d* a los suyos
20.18 fue. .para dar a los *d* las nuevas de que
20.19 el lugar donde los *d* estaban reunidos
20.20 y los *d* se regocijaron viendo al Señor
20.25 dijeron, pues, los otros *d:* Al Señor
20.26 estaban otra vez sus *d* dentro, y con
20.30 hizo. .señales en presencia de sus *d*
21.1 se manifestó otra vez a sus *d* junto al
21.2 estaban juntos. .y otros dos de sus *d*
21.4 en la playa. .*d* no sabían que era Jesús
21.7 *d* a quien Jesús amaba dijo a Pedro: ¡Es
21.8 y los otros *d* vinieron con la barca
21.12 de los *d* se atrevía a preguntarle: Tú
21.14 vez que Jesús se manifestaba a sus *d*
21.20 que les seguía el *d* a quien amaba Jesús
21.23 este dicho se. .que aquel *d* no moriría
21.24 el *d* que da testimonio de estas cosas
Hch. 6.1 días, como creciera el número de los *d*
6.2 doce convocaron a la multitud de los *d*
6.7 y el número de los *d* se multiplicaba
9.1 amenazas. .contra los *d* del Señor, vino al
9.10 había. .en Damasco un *d* llamado Ananías
9.19 estuvo Saulo por algunos días con los *d*
9.25 los *d*, tomándole de noche, le bajaron
9.26 Jerusalén, trataba de juntarse con los *d*
9.26 tenían miedo, no creyendo que fuese *d*
9.36 entonces en Jope una *d* llamada Tabita
9.38 los *d*, oyendo que Pedro estaba allí, le
11.26 y a los *d* se les llamó cristianos por
11.29 los *d*. .determinaron enviar socorro a
13.52 y los *d* estaban llenos de gozo y del
14.20 rodeándole los *d*, se levantó y entró
14.21 después. .de hacer muchos *d*, volvieron
14.22 confirmando los ánimos de los *d*
14.28 quedaron allí mucho tiempo con los *d*
15.10 poniendo sobre la cerviz de los *d* un
16.1 había allí cierto *d* llamado Timoteo, hijo
18.23 de Frigia, confirmando a todos los *d*
18.27 escribieron a los *d* que le recibiesen
19.1 vino a Efeso, y hallando a ciertos *d*
19.9 apartó Pablo de ellos y separó a los *d*
19.30 salir al pueblo, los *d* no le dejaron
20.1 cesó el alboroto, llamó Pablo a los *d*
20.7 primer día de la. .reunidos los *d* para
20.30 hombres. .para arrastrar tras sí a los *d*
21.4 hallados los *d*, nos quedamos allí siete
21.16 vinieron. .de Cesarea algunos de los *d*
21.16 llamado Mnasón. .*d* antiguo, con quien

DISCORDIA
Pr. 6.14 anda pensando el mal. .siembra las *d*
6.19 y el que siembra *d* entre hermanos
17.14 que comienza la *d* es como quien suelta
Jer. 15.10 que me engendraste hombre de. .*d* para

DISCRECIÓN
Pr. 2.11 la *d* te guardará; te preservará la
8.5 entended, oh simples, *d;* y vosotros

DISCULPAR
2 Co. 12.19 ¿pensáis aún que nos *disculpamos*

DISCURRIR
Sal. 77.17 tronaron. .y *discurrieron* tus rayos
Is. 44.19 no *discurre* para consigo, no tiene
Jer. 2.36 qué *discurres*. .cambiando tus caminos?
Am. 8.12 *discurrirán* buscando. .de Jehová, y no

DISCURSO
Job 6.26 los *d* de un desesperado, que son como
27.1 reasumió Job su *d*, y dijo
29.1 volvió Job a reanudar su *d*, y dijo
Ec. 12.13 fin de todo el *d* oído es este: Teme
Hch. 10.44 cayó sobre todos los que oían el *d*
20.7 día. .y alargó el *d* hasta la medianoche

DISCUSIÓN
Lc. 9.46 *d* sobre quien de ellos sería el mayor
Jn. 3.25 hubo *d* entre los discípulos de Juan
Hch. 15.2 y Bernabé tuviesen una *d*. .con ellos
15.7 después de mucha *d*, Pedro se levantó y
28.29 los judíos se fueron, teniendo gran *d*
Tit. 3.9 pero evita las. .*d* acerca de la ley
He. 7.7 y sin *d* alguna, el menor es bendecido

DISCUTIR
Mt. 21.25 entonces *discutían* entre sí, diciendo
Mr. 1.27 *discutían* entre sí, diciendo: ¿Qué es
8.11 a *discutir*. .pidiéndole señal del cielo
8.16 y *discutían* entre sí. .no trajimos pan
8.17 ¿qué *discutís*, porque no tenéis pan?
9.10 *discutiendo* qué sería. .de resucitar de
11.31; Lc. 20.5 *discutían* entre sí, diciendo
Lc. 20.14 *discutían* entre sí, diciendo: Este es
22.23 ellos comenzaron a *discutir* entre sí
24.15 hablaban y *discutían* entre sí, Jesús
Hch. 17.2 por tres días de reposo *discutió* con
17.17 *discutía* en la sinagoga con los judíos
18.4 *discutía* en la sinagoga todos los días
18.19 la sinagoga, *discutía* con los judíos
19.8 *discutiendo*. .acerca del reino de Dios
19.9 *discutiendo* cada día en la escuela de

DISENSIÓN
Mt. 10.35 he venido para poner en *d* al hombre
Lc. 12.51 para dar paz en. .Os digo: No, sino *d*
Jn. 7.43 hubo. .*d* entre la gente a causa de él
9.16 ¿cómo puede un. .Y había *d* entre ellos
10.19 volvió a haber *d* entre los judíos por
Hch. 23.7 se produjo *d* entre los fariseos y los
23.10 habiendo grande *d*, el tribuno. .mandó
1 Co. 3.3 habiendo entre vosotros celos. .y *d*
11.19 es preciso que. .haya *d*, para que se
Gá. 5.20 celos, iras, contiendas, *d*, herejías

DISENTERÍA
Hch. 28.8 padre de Publio estaba. .enfermo. .de *d*

DISEÑADOR
Éx. 38.23 Aholiab. .artífice, *d* y recamador en

DISEÑAR
Ez. 4.1 un adobe. .*diseña* sobre él. .Jerusalén

DISEÑO
Éx. 25.9 el *d* del tabernáculo, y el *d* de todos
31.4 para inventar *d*, para trabajar en oro
35.32 para proyectar *d*, para trabajar en oro
35.35 hagan toda labor, e inventen todo *d*
2 R. 16.10 envió. .*d* y la descripción del altar
1 Cr. 28.19 hizo entender todas las obras del *d*
2 Cr. 2.14 sacar toda forma de *d* que se le pida
Ez. 43.10 muestra a la casa. .midan el *d* de ella
43.11 hazles entender el *d* de la casa, su

DISERTAR
1 R. 4.33 *disertó* sobre los árboles, desde el
4.33 *disertó* sobre los animales, sobre las
Hch. 20.9 por cuanto Pablo *disertaba* largamente
24.25 *disertar* Pablo acerca de la justicia

DISFRAZAR
1 S. 28.8 y se *disfrazó* Saúl, y se puso otros
1 R. 14.2 *disfrázate*. .no te conozcan que eres
14.5 cuando ella viniere, vendrá *disfrazada*
20.38 se *disfrazó*, poniéndose una venda sobre
22.30 me *disfrazaré*, y entraré en la batalla
22.30 el rey de Israel se *disfrazó*, y entró
2 Cr. 18.29 yo me *disfrazaré* para entrar en la
18.29 se *disfrazó* el rey de Israel, y entró
35.22 Josías. .se *disfrazó* para darle batalla
2 Co. 11.13 *disfrazan* como apóstoles de Cristo
11.14 Satanás se *disfraza* como ángel de luz
11.15 si también sus ministros se *disfrazan*

DISFRUTAR
Dt. 20.6 plantado. .y no ha *disfrutado* de ella?
20.6 que muera en. .y algún otro la *disfrute*
28.30 plantarás viña, y no la *disfrutarás*
Ec. 6.2 Dios no le da facultad de *disfrutar* de
6.2 ello, sino que lo *disfrutan* los extraños
Is. 65.22 *disfrutarán* la obra de sus manos
Jer. 30.3 los traeré a la tierra. .*disfrutarán*
31.5 plantarás viñas. .*disfrutarán* de ellas
32.23 y entraron, y la *disfrutaron;* pero no
1 Co. 7.31 que *disfrutan*. .si no lo *disfrutasen*
1 Ti. 6.17 que nos da. .para que las *disfrutemos*

DISGUSTAR
Neh. 2.10 les *disgustó*. .que viniese alguno para
Sal. 95.10 cuarenta años estuve *disgustado* con
119.158 veía a. .y me *disgustaba*, porque no
He. 3.10 me *disgusté* contra esa generación, y
3.17 ¿y con quiénes estuvo él *disgustado* 40

DISGUSTO
Gn. 48.17 le causó esto *d;* y asió la mano de

DISIMULAR
1 S. 10.27 no le trajeron presente. .él *disimuló*
Pr. 26.24 el que odia *disimula* con sus labios
Is. 3.9 publican su pecado, no lo *disimulan*

DISIMULO
Pr. 26.26 aunque su odio se cubra con *d*, su

DISIPACIÓN
1 P. 4.3 andando en. .*d* y abominables idolatrías

DISIPADO *Véase Disipar*

DISIPADOR
Pr. 18.9 negligente. .es hermano del hombre *d*
Lc. 16.1 acusado ante él como *d* de sus bienes

DISIPAR
Job 15.4 también *disipas* el temor, y menoscabas
20.8 sueño. .se *disipará* como visión nocturna
37.11 llega a *disipar* la densa nube, y con
Sal. 37.20 perecerán. .se *disiparán* como el humo
58.7 sean *disipados* como aguas que corren
143.12 *disiparás* a. .enemigos, y destruirás
144.6 despide relámpagos y *disípalos*, envía

DISIPAR *(Continúa)*
Pr. 20.8 el rey..con su mirar *disipa* todo mal
21.20 mas el hombre insensato todo lo *disipa*
Is. 11.13 y se *disipará* la envidia de Efraín
Os. 10.5 por su gloria, la cual será *disipada*
Hag. 1.9 encerráis..yo lo *disiparé* en un soplo

DISMINUCIÓN
1 R. 6.6 por fuera había hecho *d* a la casa

DISMINUIR
Gn. 8.1 hizo..viento..y *disminuyeron* las aguas
Éx. 5.8 misma tarea..no les *disminuiréis* nada
5.11 pero nada se *disminuirá* de vuestra tarea
5.19 no se *disminuirá* nada de..ladrillo, de
21.10 no *disminuirá* su alimento..su vestido
30.15 ni el pobre *disminuirá* del medio siclo
Lv. 25.16 cuanto menor..*disminuirás* el precio
Dt. 4.2 no añadiréis..ni *disminuiréis* de ella
1 R. 12.4 *disminuye* tú..de la dura servidumbre
12.9 *disminuye* algo del yugo que tu padre
12.10 tú *disminúyenos* algo..así les hablarás
17.14 ni el aceite de la vasija *disminuirá*
2 Cr. 10.10 agravó nuestro yugo..tú *disminuye*
Est. 2.18 *disminuyó* tributos a las provincias
Sal. 107.38 bendice..y no *disminuye* su ganado
Pr. 13.11 las riquezas de vanidad *disminuirán*
Ec. 3.14 no se añadirá, ni de ello..*disminuirá*
12.3 y cesarán las muelas..han *disminuido*
Is. 24.6 consumidos..*disminuyeron* los hombres
Jer. 29.6 multiplicaos ahí, y no os *disminuyáis*
30.19 multiplicaré, y no serán *disminuidos*
Ez. 16.27 *disminuí* tu provisión ordinaria, y te
29.15 los *disminuiré*, para que no vuelvan a

DISOLUCIÓN
Ef. 5.18 no os embriaguéis con vino, en..hay *d*
Tit. 1.6 no estén acusados de *d* ni de rebeldía
1 P. 4.4 no corráis..el mismo desenfreno de *d*
2 P. 2.2 muchos seguirán sus *d*, por causa de
2.18 seducen con..*d* a los que..habían huido

DISOLUTO
Stg. 5.5 habéis vivido en deleites..y sido *d*

DISOLVER
Job 30.22 alzaste..y *disolviste* mi sustancia
Is. 14.31 *disuelta* estás toda tú, Filistea
34.3 los montes se *disolverán* por la sangre
34.4 el ejército de los cielos se *disolverá*

DISÓN
1. Hijo de Seir, **Gn. 36.21,26,30; 1 Cr. 1.38,41**
2. Hijo de Aná, **Gn. 36.25; 1 Cr. 1.41**

DISPARAR
1 R. 22.34 un hombre *disparó* su..a la ventura
2 Cr. 18.33 *disparando*..el arco a la ventura
Sal. 58.7 cuando *disparen* sus saetas, sean
Is. 66.19 Fut y Lud que *disparan* arco, a Tubal

DISPENSACIÓN
Ef. 1.10 la *d* del cumplimiento de los tiempos
3.9 cuál sea la *d* del misterio escondido

DISPERSAR
Gn. 10.18 se *dispersaron* las familias..cananeos
Nm. 10.35 y sean *dispersados* tus enemigos, y
1 S. 11.11 y los que quedaron fueron *dispersos*
2 S. 22.15 envió sus saetas, y los *dispersó*
2 R. 25.5 al rey..*dispersado* todo su ejército
Neh. 1.8 si..yo os *dispersaré* por los pueblos
Job 4.11 y los hijos de la leona se *dispersan*
Sal. 18.14 envió sus saetas, y los *dispersó*
59.11 *dispérsalos* con tu poder, y abátelos
Is. 56.8 que reúne a los *dispersos* de Israel
Jer. 18.21 *dispérsalos* por medio de la espada
23.1 y *dispersan* las ovejas de mi rebaño!
23.2 vosotros *dispersasteis* mis ovejas, y las
40.15 los judíos..se *dispersarán*, y perecerá
46.28 naciones..las cuales te he *dispersado*
50.17 leones lo *dispersaron*..el rey de Asiria
Lm. 4.15 huyeron y fueron *dispersados;* se dijo
Ez. 12.15 los esparciere..los *dispersare* por
20.23 y que los *dispersaría* por las tierras
22.15 te *dispersaré* por las naciones, y te
29.12 Egipto..lo *dispersaré* por las tierras
30.23,26 a los egipcios..y los *dispersaré*
34.5 y andan errantes..y se han *dispersado*
34.21 que las echasteis y las *dispersasteis*
36.19 y fueron *dispersados* por las tierras
Dn. 4.14 derribad el árbol..*dispersad* su fruto
Hab. 3.14 acometieron para *dispersarme*, cuyo
Zac. 1.19,21 cuernos que *dispersaron* a Judá
1.21 el cuerno sobre..Judá para *dispersarla*
13.7 pastor, y serán *dispersadas* las ovejas
Mt. 9.36 *dispersas* como ovejas que no tienen
26.31 ovejas del rebaño serán *dispersadas*
Mr. 14.27 al pastor, y las ovejas..*dispersadas*
Jn. 7.35 a los *dispersos* entre los griegos, y
10.12 el lobo arrebata las..y las *dispersa*
11.52 congregar..los hijos de Dios..*dispersos*
Hch. 5.36 que le obedecían fueron *dispersados*

DISPERSIÓN
Neh. 1.9 vuestra *d* fuere hasta el extremo de la
Dn. 12.7 cuando se acabe la *d*..del pueblo santo
Stg. 1.1 a las doce tribus que están en la *d*
1 P. 1.1 Pedro..a los expatriados de la *d* en el

DISPERSO *Véase Dispersar*

DISPONER
Lv. 7.24 se *dispondrá* para cualquier otro uso
24.3 *dispondrá* Aarón desde la tarde hasta la
Nm. 32.20 si os *disponéis* para ir delante de
Jos. 8.4 emboscada..estaréis todos *dispuestos*
8.13 *dispusieron* al pueblo..y Josué avanzó
1 S. 11.11 *dispuso* Saúl al..en tres compañías
1 R. 20.12 dijo a..*Disponeos*..se *dispusieron*
1 Cr. 12.33 *dispuestos* a pelear sin doblez de
12.35 de Dan, *dispuestos* a pelear, 28.600
12.36 de Aser, *dispuestos* para la guerra y
12.38 *dispuestos* para guerrear, vinieron con
17.9 he *dispuesto* lugar para mi pueblo Israel
19.10 ataque..había sido *dispuesto* contra él
2 Cr. 2.7 con los maestros..*dispuso* mi padre
12.14 no *dispuso* su corazón para buscar a
17.18 y con él 180.000 *dispuestos* para la
19.3 has *dispuesto* tu corazón para buscar a
Est. 5.5 vino..al banquete que Ester *dispuso*
5.12 al banquete que ella *dispuso*, sino a mí
6.14 al banquete que Ester había *dispuesto*
Job 8.8 y *disponte* para inquirir a los padres
11.13 *dispusieres* tu corazón, y extendieres
15.24 como un rey *dispuesto* para la batalla
31.15 no nos *dispuso* uno mismo en la matriz?
38.33 *¿dispondrás* tú de su potestad en la
Sal. 9.7 ha *dispuesto* su trono para juicio
10.17 *dispones* su corazón, y haces atento tu
11.2 arco, *disponen* sus saetas sobre la cuerda
21.12 *dispondrás* saetas contra sus rostros
57.7 oh Dios, mi corazón está *dispuesto*
65.9 preparas el grano de..así la *dispones*
78.8 generación que no *dispuso* su corazón
78.20 pan? *¿Dispondrá* carne para su pueblo?
78.50 *dispuso* camino a su furor; no eximió
108.1 mi corazón está *dispuesto*, oh Dios
132.17 he *dispuesto* lámpara a mi ungido
Pr. 24.27 prepara..y *disponlas* en tus campos
Ec. 8.11 corazón..*dispuesto* para hacer el mal
Is. 8.9 oíd..*disponeos*, y seréis quebrantados
9.7 *disponiéndolo*..en juicio y en justicia
16.5 se *dispondrá* el trono en misericordia
30.33 Tofet ya de tiempo está *dispuesto* y
51.13 furor..cuando se *disponía* para destruir
53.9 se *dispuso* con los impíos su sepultura
Jer. 6.23 *dispuestos* para la guerra, contra ti
18.11 que yo *dispongo* mal contra vosotros, y
51.12 poned centinelas, *disponed* celadas
Ez. 21.15 ¡ah! *dispuesta* está para que relumbre
40.43 ganchos, de un..*dispuestos* en derredor
45.17 él *dispondrá* la expiación, la ofrenda
Dn. 3.15 *dispuestos* para que al oir el son de
10.12 el primer día que *dispusiste* tu corazón
Os. 6.3 como el alba está *dispuesta* su salida
Jl. 2.5 como pueblo fuerte *dispuesto* para la
Sof. 1.7 Jehová..ha *dispuesto* a sus convidados
Mt. 22.4 todo está *dispuesto;* venid a las bodas
26.41 el espíritu a la verdad está *dispuesto*
Mr. 14.15 un gran aposento alto ya *dispuesto*
14.38 el espíritu a la verdad está *dispuesto*
Lc. 1.17 preparar..un pueblo bien *dispuesto*
22.12 mostrará un gran aposento ya *dispuesto*
22.33 *dispuesto* estoy a ir contigo no sólo
Hch. 15.2 *dispuso* que subiesen Pablo y Bernabé
21.13 estoy *dispuesto* no sólo a ser atado
2 Co. 8.12 primero hay la voluntad *dispuesta*
10.2 que estoy *dispuesto* a proceder contra
2 Ti. 2.21 y *dispuesto* para toda buena obra
Tit. 3.1 que estén *dispuestos* a toda buena obra
He. 9.2 el tabernáculo estaba *dispuesto* así: en
9.6 *dispuestas* estas cosas, en la primera
Ap. 8.6 siete ángeles..*dispusieron* a tocarlas
21.2 Jerusalén..*dispuesta* como una esposa

DISPOSICIÓN
1 Cr. 25.6 Asaf..y Hemán estaban por *d* del rey
2 Cr. 23.18 cánticos, conforme a la *d* de David
Job 41.12 sobre sus fuerzas y la gracia de su *d*
Pr. 16.1 del hombre son las *d* del corazón; mas
Ez. 43.11 su *d*, sus salidas y sus entradas, y
Hch. 7.53 recibisteis la ley por *d* de ángeles

DISPUESTO *Véase Disponer*

DISPUTA
Dt. 21.5 palabra de ellos se decidirá toda *d*
Job 32.4 y Eliú había esperado a Job en la *d*
Pr. 17.19 el que ama la *d*, ama la transgresión
Lc. 22.24 hubo..*d* sobre quien..sería el mayor
1 Ti. 1.4 acarrean *d* más bien que edificación
6.5 *d*..de hombres corruptos de entendimiento

DISPUTADOR
Job 16.20 *d* son mis amigos; mas ante Dios
1 Co. 1.20 ¿dónde está el *d* de este siglo?

DISPUTAR
2 S. 19.9 pueblo *disputaba*..diciendo: El rey
Job 15.3 *¿disputará* con palabras inútiles, y
16.21 pudiese *disputar* el hombre con Dios
40.2 que *disputa* con Dios, responda a esto
Sal. 35.1 *disputa*, oh Jehová, con los que contra
Jer. 12.1 justo eres..que yo *dispute* contigo
Ez. 36.5 que se *disputaron* mi tierra por heredad
Mr. 9.14 y escribas que *disputaban* con ellos
9.16 les preguntó: ¿Qué *disputáis* con ellos?
9.33 ¿qué *disputabais* entre vosotros en el
9.34 habían *disputado*..quién había de ser el
12.28 escribas, que los había oído *disputar*
Hch. 6.9 unos..de Asia, *disputando* con Esteban
9.29 y hablaba..y *disputaba* con los griegos
11.2 *disputaban* con él..de la circuncisión
17.18 algunos filósofos..*disputaban* con él
24.12 no me hallaron *disputando* con ninguno
Jud. 9 *disputando*..él por el cuerpo de Moisés

DISTANCIA
Gn. 21.16 fue y se sentó..*d* de un tiro de arco
Dt. 21.2 medirán la *d* hasta las ciudades que
Jos. 3.4 pero entre vosotros y ella haya *d* como
1 S. 26.13 lejos, habiendo gran *d* entre ellos
Lc. 22.41 apartó de ellos a *d* como de un tiro

DISTANTE
Sal. 56 *tít.* paloma silenciosa en paraje muy *d*

DISTAR
Jn. 21.8 *distaban*..sino como doscientos codos

DISTINCIÓN
Dt. 1.17 no hagáis *d* de persona en el juicio
Est. 6.3 o qué *d* se hizo a Mardoqueo por esto?
Hch. 17.12 que creyeron..mujeres griegas de *d*
1 Co. 14.7 si no dieren *d* de voces, ¿cómo se
Stg. 2.4 ¿no hacéis *d* entre vosotros mismos

DISTINGUIDO, DA
Gn. 34.19 el más *d* de toda la casa de su padre
1 Cr. 11.25 fue el más *d* de los treinta, pero
Job 22.8 tuvo la tierra, y habitó en ella el *d*
Lc. 14.8 que otro más *d* que tú esté convidado
Hch. 13.50 instigaron a mujeres piadosas y *d*

DISTINGUIR
Éx. 23.3 ni al pobre *distinguirás* en su causa
2 S. 19.35 ¿podré *distinguir* entre..agradable
Esd. 3.13 y no podía *distinguir* el pueblo el
Job 12.11 el oído *distingue* las palabras, y el
Ez. 22.26 *distinguieron* entre inmundo y limpio
Mt. 16.3 que sabéis *distinguir* el aspecto del
Lc. 12.56 que sabéis *distinguir* el aspecto de
12.56 ¿y cómo no *distinguís* este tiempo?
1 Co. 4.7 ¿quién te *distingue?* ¿o qué tienes que

DISTINTO
He. 7.15 a semejanza..levanta un sacerdote *d*

DISTRIBUCIÓN
Jos. 11.23 la entregó Josué..conforme a su *d*
12.7 Josué dio la tierra en..conforme a su *d*
1 Cr. 26.12 éstos se hizo la *d* de los porteros
26.19 estas son las *d* de los porteros, hijos
2 Cr. 31.2 arregló Ezequías la *d*..sacerdotes
31.14 el cargo de..y de la *d* de las ofrendas
35.5 estad en el..según la *d* de las familias
Neh. 11.23 *d* para los cantores para cada día
Hch. 6.1 viudas..desatendidas en la *d* diaria

DISTRIBUIR
Gn. 32.7 Jacob..*distribuyó* el pueblo que tenía
1 Cr. 24.1 de Aarón..*distribuidos* en grupos
24.19 *distribuidos* para su ministerio, para
26.1 también fueron *distribuidos* los porteros
2 Cr. 23.18 según David los había *distribuido*
Est. 3.8 hay un pueblo..*distribuido* entre los

DISTRITO
Neh. 9.22 los repartiste por *d;* y poseyeron la

DISTURBIO
Hch. 19.23 un *d* no pequeño acerca del Camino

DISUELTA *Véase Disolver*

DIVAGAR
Sal. 95.10 pueblo es que *divaga* de corazón, y
Pr. 19.27 que te hacen *divagar* de las razones

DIVERSIDAD
1 Co. 12.4 hay *d* de dones, pero el Espíritu es
12.5 hay *d* de ministerios, pero el Señor es el
12.6 y hay *d* de operaciones, pero Dios que

DIVERSIÓN
Pr. 10.23 maldad es como una *d* al insensato

DIVERSO, SA
Gn. 30.39 borregos..salpicados de *d* colores
37.3 a José..le hizo una túnica de *d* colores
Éx. 8.29 *d* clases de moscas se vayan de Faraón
Dt. 22.9 no sembrarás tu viña con semillas *d*
2 S. 13.18 llevaba ella un vestido de *d* colores
1 R. 6.29 esculpió..*d* figuras, de querubines
1 Cr. 29.2 piedras de *d* colores, y toda clase
2 Cr. 16.14 llenaron de perfumes y *d* especias
Ez. 16.16 te hiciste *d* lugares..y fornicaste
16.18 y tomaste tus vestidos de *d* colores y
17.3 una gran águila..de plumas de *d* colores
Mt. 4.24 los afligidos por *d* enfermedades y
Mr. 1.34 que estaban enfermos de *d* enfermedades
Lc. 4.40 enfermos de *d* enfermedades los traían
1 Co. 12.10 a otro, *d* géneros de lenguas; y a
2 Ti. 3.6 arrastradas por *d* concupiscencias
Tit. 3.3 extraviados, esclavos de..deleites *d*
He. 2.4 con señales y prodigios y *d* milagros
9.10 ya que consiste sólo..de *d* abluciones
13.9 no os dejéis llevar de doctrinas *d* y
Stg. 1.2 gozo cuando os halléis en *d* pruebas
1 P. 1.6 necesario..ser afligidos en *d* pruebas

DIVERTIR
Jue. 16.25 llamad a Sansón..que nos *divierta*

DIVIDIR
Gn. 15.17 pasaba por..los animales *divididos*
25.23 y dos pueblos serán *divididos* desde tus
Éx. 14.16 tu mano sobre el mar, y *divídelo*, y
14.21 el mar..y las aguas quedaron *divididas*
Lv. 1.6 holocausto..lo *dividirá* en sus piezas
1.12 lo *dividirá* en sus piezas, con su cabeza
1.17 la henderá..pero no la *dividirá* en dos
Dt. 19.3 y *dividirás* en tres partes la tierra
32.8 hizo *dividir* a los hijos de los hombres
Jos. 3.13 las aguas del Jordán se *dividirán*
3.16 aguas..se acabaron, y fueron *divididas*
4.7 que las aguas del Jordán fueron *divididas*
18.5 y la *dividirán* en siete partes; y Judá
2 S. 19.29 he determinado..*dividáis* las tierras
1 R. 16.21 Israel fue *dividido* en dos partes
18.6 y *dividieron* entre sí el país para
1 Cr. 1.19 en sus días fue *dividida* la tierra
Neh. 9.11 *dividiste* el mar delante de ellos
Sal. 74.13 *dividiste* el mar con tu poder
78.13 *dividió* el mar y los hizo pasar; detuvo
136.13 al que *dividió* el Mar Rojo en partes
Pr. 3.20 ciencia los abismos fueron *divididos*
Is. 63.12 *dividió* las aguas delante de ellos
Jer. 34.18 *dividiendo* en dos partes el becerro
Ez. 5.1 toma..una balanza..y *divide* los cabellos
37.22 ni nunca más serán *divididos* en dos
Dn. 2.41 en parte de hierro..un reino *dividido*
Os. 10.2 está *dividido* su corazón..culpables
Mt. 12.25 reino *dividido* contra sí..una casa *d*
12.26 Satanás, contra sí mismo está *dividido*
Mr. 3.24 reino está *dividido* contra sí mismo
3.25 una casa está *dividida* contra sí misma
3.26 y se *divide*, no puede permanecer sino
Lc. 11.17 reino *dividido* contra sí..una casa *d*
11.18 Satanás está *dividido* contra sí mismo
12.52 cinco en una familia estarán *divididos*
12.53 *dividido* el padre contra el hijo, y el
Hch. 14.4 ciudad estaba *dividida;* unos estaban
23.7 hubo disensión..la asamblea se *dividió*
1 Co. 1.13 ¿acaso está *dividido* Cristo? ¿Fue
Ap. 16.19 ciudad fue *dividida* en tres partes

DIVIESO
Lv. 13.18 en la piel..hubiere *d*, y se sanare
13.19 en el lugar del *d* hubiere..hinchazón
13.20 llaga de lepra que se originó en el *d*
13.23 es la cicatriz del *d*, y el sacerdote lo

DIVINIDAD
Hch. 17.29 la *D* sea semejante a oro, o plata

DIVINO, NA
Ro. 11.4 pero ¿qué le dice la *d* respuesta?
2 P. 1.3 nos han sido dadas por su *d* poder
1.4 a ser participantes de la naturaleza *d*

DIVISA
Sal. 74.4 enemigos..puesto sus *d* por señales

DIVISIÓN
1 Cr. 27.1 las *d* que entraban y salían cada mes
27.1 año, siendo cada *d* de veinticuatro mil
27.2 sobre la primera *d* del primer mes estaba
27.2,5,7,8,9,10,11,12,13,14,15 en su *d* veinticuatro mil
27.4 sobre la *d* del segundo mes estaba Dodai
27.4 y Miclot era jefe en su *d*, en la que
27.5 el jefe de la tercera *d* para..era Benaía
27.6 y en su *d* estaba Amisabad su hijo
28.1 reunió..jefes de las *d* que servían al
2 Cr. 26.11 los cuales salían a la guerra en *d*
Is. 59.2 vuestras iniquidades han hecho *d* entre
Ro. 16.17 que os fijéis en los que causan *d* y
1 Co. 1.10 ruego..que no haya entre vosotros *d*
11.18 oigo que hay entre vosotros *d*..lo creo
2 Co. 12.20 que haya..iras, *d*, maledicencias
Tit. 3.10 al hombre que cause *d*..deséchalo
Jud. 19 los que causan *d*, los sensuales, que no

DIVORCIO
Dt. 24.1 escribirá carta de *d*..y la despedirá
24.3 escribiere carta de *d*, y se la entregare
Mt. 5.31 repudie a su mujer, dele carta de *d*
19.7 mandó..dar carta de *d*, y repudiarla?
Mr. 10.4 permitió dar carta de *d*, y divorciarla

DIVULGAR
Jos. 6.27 con Josué..y su nombre se *divulgó* por
1 Cr. 14.17 la fama de David fue *divulgada* por
2 Cr. 26.8 se *divulgó* su fama hasta la frontera
31.5 cuando este edicto fue *divulgado*, los
Est. 2.8 que cuando se *divulgó* el mandamiento
Sal. 41.6 recoge..y al salir fuera la *divulgan*
Pr. 17.9 mas el que la *divulga*, aparta al amigo
Mt. 9.31 salidos ellos, *divulgaron* la fama de
28.15 dicho se ha *divulgado* entre los judíos
Mr. 1.45 a *divulgar* el hecho, de manera que ya
7.36 más les mandaba..y más lo *divulgaban*
Lc. 1.65 Judea se *divulgaron* todas estas cosas
Hch. 4.17 para que no se *divulgue* más entre el
10.37 vosotros sabéis lo que se *divulgó* por
Ro. 1.8 que vuestra fe se *divulga* por todo el
1 Ts. 1.8 sido *divulgada* la palabra del Señor

DIZAHAB ***Lugar al oriente del Arabá*, Dt. 1.1**

DOBLAR
Gn. 41.43 delante de él: ¡*Doblad* la rodilla!
Éx. 26.9 *doblarás* la sexta cortina en el frente
39.9 un palmo su anchura, cuando era *doblado*
Jue. 7.5 que se *doblare* sobre sus rodillas para
7.6 el resto del..se *dobló* sobre sus rodillas
2 S. 22.35 que se *doble* el arco de bronce con
1 R. 19.18 cuyas rodillas no se *doblaron* ante
2 R. 2.8 manto, lo *dobló*, y golpeó las aguas
Is. 45.23 *doblará* toda rodilla, y jurará toda
Ro. 11.4 no han *doblado* la rodilla delante de
14.11 que ante mí se *doblará* toda rodilla, y
Ef. 3.14 esta causa *doblo* mis rodillas ante el
Fil. 2.10 *doble* toda rodilla de los que están

DOBLE
Gn. 43.12 vuestras manos *d* cantidad de dinero
43.15 en su mano *d* cantidad de dinero, y a
Éx. 16.5 *d* de lo que suelen recoger cada día
16.22 el sexto día recogieron *d* porción de
22.4 hallado con el hurto en..pagará el *d*
22.7 si el ladrón fuere hallado, pagará el *d*
22.9 que los jueces condenaren, pagará el *d*
28.16 cuadrado y *d*, de un palmo de largo y
39.9 era cuadrado; *d* hicieron el pectoral; su
Dt. 21.17 darle el *d* de lo que correspondiere
2 R. 2.9 *d* porción de tu espíritu sea sobre mí
Job 11.6 que son de *d* valor que las riquezas!
41.13 ¿quién se acercará a él con..freno *d?*
42.10 aumentó al *d* todas las cosas..de Job
Pr. 31.21 su familia está vestida de ropas *d*
Is. 40.2 *d* ha recibido de la mano de Jehová por
61.7 en lugar de vuestra *d* confusión..*d* honra
Jer. 16.18 primero pagaré al *d* su iniquidad y
17.18 y quebrántalos con *d* quebrantamiento
Os. 10.10 cuando sean atados por su *d* crimen
Zac. 9.12 hoy os anuncio que os restauraré el *d*
1 Ti. 5.17 sean tenidos por dignos de *d* honor
Stg. 1.8 el hombre de *d* ánimo es inconstante en
4.8 de *d* ánimo, purificad vuestros corazones
Ap. 18.6 dadle a..y pagadle *d* según sus obras
18.6 en el cáliz en..preparadle a ella el *d*

DOBLEZ
1 Cr. 12.33 dispuestos a..sin *d* de corazón
Sal. 12.2 labios lisonjeros, y con *d* de corazón
Ec. 4.12 y cordón de tres *d* no se rompe pronto
1 Ti. 3.8 diáconos..deben ser honestos, sin *d*

DOCE ***Véase también Doce mil***
Gn. 14.4 *d* años habían servido a Quedorlaomer
17.20 *d* príncipes engendrará, y haré de él
25.16 Ismael..*d* príncipes por sus familias
35.22 ahora bien, los hijos de Israel fueron *d*
42.13 tus siervos somos *d* hermanos, hijos de
42.32 somos *d* hermanos, hijos de nuestro padre
49.28 éstos fueron las *d* tribus de Israel
Éx. 15.27 Elim, donde había *d* fuentes de aguas
24.4 y *d* columnas, según las *d* tribus de
28.21; 39.14 piedras..*d*..según las *d* tribus
Lv. 24.5 cocerás de ella *d* tortas; cada torta
Nm. 1.44 *d* varones, uno por cada casa de sus
7.3 seis carros cubiertos y *d* bueyes; por cada
7.84 para la dedicación..*d* platos de plata
7.84 *d* jarras de plata, *d* cucharas de oro
7.86 las *d* cucharas de oro llenas de incienso
7.87 los bueyes..*d* becerros; *d* los carneros
7.87 *d* los corderos de..*d* los machos cabríos
17.2 *d* varas conforme a..casas de sus padres
17.6 los príncipes de ellos le dieron..*d* varas
29.17 *d* becerros de la vacada, dos carneros
33.9 a Elim, donde había *d* fuentes de aguas
Dt. 1.23 tomé *d* varones de entre vosotros, un
Jos. 3.12 tomad..ahora *d* hombres de las tribus
4.2 tomad del..*d* hombres, uno de cada tribu
4.3 tomad..*d* piedras, las cuales pasaréis con
4.4 entonces Josué llamó a los *d* hombres a
4.8 tomaron *d* piedras de en medio del Jordán
4.9 levantó *d* piedras en medio del Jordán, en
4.20 Josué erigió en Gilgal las *d* piedras que
18.24 Ofni y Geba; *d* ciudades con sus aldeas
19.15 abarca Catat..*d* ciudades con sus aldeas
21.7 Gad y de la tribu de Zabulón, *d* ciudades
21.40 de Merari..por sus suertes *d* ciudades
Jue. 19.29 partió por sus huesos en *d* partes
2 S. 2.15 pasaron..*d* de Benjamín..*d* de..David
21.20 *d* dedos en las manos, y otros *d* en los
1 R. 4.7 tenía Salomón *d* gobernadores sobre
7.15 y rodeaba a una y otra un..de *d* codos
7.25 y descansaba sobre *d* bueyes; 3 miraban
7.44 un mar, con *d* bueyes debajo del mar
10.20 estaban también *d* leones puestos allí
11.30 la capa nueva..la rompió en *d* pedazos
16.23 Omri..reinó *d* años; en Tirsa reinó 6
18.31 tomando Elías *d* piedras, conforme al
19.19 halló a Eliseo..que araba con *d* yuntas
2 R. 3.1 Joram hijo de..comenzó..y reinó *d* años
8.25 en el año *d* de Joram hijo de Acab, rey
21.1 de *d* años era Manasés cuando comenzó a
1 Cr. 6.63 Gad..dieron por suerte *d* ciudades
25.9 Gedalías..con sus hermanos..fueron *d*
25.10,11,12,13,14,15,16,17,18,19,20,21,22,23,24,25,26,27,28,29,30,31 con sus hijos y sus hermanos, *d*
2 Cr. 4.4 asentado sobre *d* bueyes, tres de los
4.15 un mar, y los *d* bueyes debajo de él
9.19 *d* leones sobre las seis gradas, a uno y
33.1 de *d* años era Manasés cuando comenzó a
34.3 a los *d* años comenzó a limpiar a Judá
Esd. 6.17 en la dedicación..*d* machos cabríos en
8.24 aparté luego a *d* de los principales de
8.31 partimos del río Ahava el *d* del mes
8.35 ofrecieron..*d* becerros por todo Israel
8.35 y *d* machos cabríos por expiación, todo
Neh. 5.14 hasta el año 32, *d* años, ni yo ni mis
Est. 2.12 después de haber estado *d* meses
Jer. 52.20 los *d* bueyes de bronce que estaban
52.21 columna..cordón de *d* codos la rodeaba
Ez. 29.1 en el mes décimo, a los *d* días del mes
43.16 el altar tenía *d* codos de largo, y *d* de
47.13 repartiréis la tierra..las *d* tribus
Dn. 4.29 al cabo de *d* meses, paseando..palacio
Mt. 9.20 una mujer enferma..desde hacía *d* años
10.1 llamando a sus *d* discípulos, les dio
10.2 los nombres de los *d* apóstoles son estos
10.5 a estos *d* envió..les dio instrucciones
11.1 de dar instrucciones a sus *d* discípulos
14.20 y recogieron lo que sobró de..*d* cestas
19.28 *d* tronos, para juzgar a las *d* tribus de
20.17 tomó a sus *d* discípulos aparte en el
26.14 uno de los *d*..fue a los principales
26.20 la noche, se sentó a la mesa con los *d*
26.47 vino Judas, uno de los *d*, y con él mucha
26.53 me daría más de *d* legiones de ángeles
Mr. 3.14 estableció a *d*, para que estuviesen
4.10 los que estaban cerca de él con los *d*
5.25 una mujer que desde hacía *d* años padecía
5.42 la niña se levantó..pues tenía *d* años
6.7 llamó a los *d*, y comenzó a enviarlos de
6.43 recogieron de..pedazos *d* cestas llenas
8.19 ¿cuántas cestas llenas..ellos dijeron: *D*
9.35 y llamó a los *d*, y les dijo: Si alguno
10.32 volviendo a tomar a los *d* aparte, les
11.11 anochecía, se fue a Betania con los *d*
14.10 Judas Iscariote, uno de los *d*, fue a
14.17 cuando llegó la noche, vino él con los *d*
14.20 es uno de los *d*, el que moja conmigo
14.43 vino Judas, que era uno de los *d*, y con
Lc. 2.42 cuando..*d* años, subieron a Jerusalén
6.13 y escogió a *d* de ellos, a los cuales
8.1 Jesús iba por todas las..y los *d* con él
8.42 tenía una hija única, como de *d* años, que
8.43 padecía de flujo de..desde hacía *d* años
9.1 habiendo reunido a sus *d* discípulos, les
9.12 los *d*, le dijeron: Despide a la gente
9.17 lo que les sobró, *d* cestas de pedazos
18.31 tomando Jesús a los *d*, les dijo: He aquí
22.3 entró en Judas..uno del número de los *d*
22.30 en tronos juzgando a las *d* tribus de
22.47 Judas, uno de los *d*, iba al frente de
Jn. 6.13 llenaron *d* cestas de pedazos, que de
6.67 a los *d:* ¿Queréis acaso iros también
6.70 he escogido yo a vosotros los *d*, y uno
6.71 le iba a entregar, y era uno de los *d*
11.9 respondió..¿No tiene el día *d* horas? El
20.24 pero Tomás, uno de los *d*..no estaba con
Hch. 6.2 los *d* convocaron a la multitud de los
7.8 circuncidó..y Jacob a los *d* patriarcas
19.7 eran por todos unos *d* hombres
24.11 no hace más de *d* días que subí a adorar
26.7 que han de alcanzar nuestras *d* tribus

DOCE *(Continúa)*
1 Co. 15.5 apareció a Cefas, y después a los *d*
Stg. 1.1 Santiago. . a las *d* tribus que están en
Ap. 12.1 su cabeza una corona de *d* estrellas
21.12 *d* puertas; y en las puertas, *d* ángeles
21.12 son los de las *d* tribus de los hijos de
21.14 el muro de la ciudad tenía *d* cimientos
21.14 los *d* nombres de los *d* apóstoles del
21.21 las *d* puertas eran *d* perlas; cada una
22.2 árbol de la vida, que produce *d* frutos

DOCE MIL
Nm. 31.5 así fueron. . *12.000* en pie de guerra
Jos. 8.25 número. . fue de *12.000*, todos. . de Hai
Jue. 21.10 congregación envió allá a *12.000*
2 S. 10.6 a sueldo. . de Is-tob *12.000* hombres
17.1 Ahitofel. . Yo escogeré. . *12.000* hombres
1 R. 4.26 Salomón. . carros, y *12.000* jinetes
10.26 tenía. . *12.000* jinetes, los cuales puso
2 Cr. 1.14 tuvo 1.400 carros y *12.000* jinetes
9.25 y *12.000* jinetes, los cuales puso en
Sal. 60 *tít.* destrozó a *12.000* en el valle de
Ap. 7.5(3),6(3),7(3),8(3) de la tribu de. . *12.000* sellados
21.16 y él midió la ciudad. . *12.000* estadios

DÓCIL
Pr. 25.12 reprende al sabio que tiene oído *d*

DOCTO
Esd. 8.16 a Joiarib y a Elnatán, hombres *d*
Job 34.2 sabios. . vosotros, *d* estadme atentos
Pr. 24.5 sabio. . de pujante vigor el hombre *d*
Mt. 13.52 escriba *d* en el reino de los cielos

DOCTOR
Lc. 2.46 sentado en medio de los *d* de la ley
5.17 sentados los fariseos y *d* de la ley, los
Hch. 5.34 Gamaliel, *d* de la ley, venerado de
1 Ti. 1.7 queriendo ser *d*. . la ley, sin entender

DOCTRINA
Job 11.4 dices: Mi *d* es pura, y yo soy limpio
Pr. 1.2 entender sabiduría y *d*, para conocer
Is. 28.9 o a quién se hará entender *d*? ¿A los
29.24 y los murmuradores aprenderán *d*
Mt. 7.28 terminó. . la gente se admiraba de su *d*
15.9 enseñando. . *d*, mandamientos de hombres
16.12 sino de la *d* de los fariseos y de los
22.33 oyendo. . la gente, se admiraba de su *d*
Mr. 1.22 admiraban de su *d*; porque les enseñaba
1.27 ¿qué nueva *d* es esta, que con autoridad
4.2 les enseñaba. . cosas, y les decía en su *d*
7.7 enseñando. . *d* mandamientos de hombres
11.18 todo el pueblo estaba admirado de su *d*
12.38 y les decía en su *d*: Guardaos de los
Lc. 4.32 admiraban de su *d*, porque su palabra
Jn. 7.16 mi *d* no es mía, sino de aquel que me
7.17 conocerá si la *d* es de Dios, o si yo
18.19 preguntó a Jesús acerca de. . y de su *d*
Hch. 2.42 perseveraban en la *d* de los apóstoles
5.28 habéis llenado a Jerusalén de vuestra *d*
13.12 creyó, maravillado de la *d* del Señor
Ro. 6.17 obedecido. . a aquella forma de *d* a la
16.17 causan divisiones. . en contra de la *d*
1 Co. 14.6 con ciencia, o con profecía, o con *d*?
14.26 uno. . tiene salmo, tiene *d*, tiene lengua
Ef. 4.14 niños. . llevados. . de todo viento de *d*
Col. 2.22 en conformidad a. . y *d* de hombres
2 Ts. 2.15 retened la *d* que habéis aprendido
1 Ti. 1.3 a algunos que no enseñen diferente *d*
1.10 y para cuanto se oponga a la sana *d*
4.1 escuchando a espíritus. . y *d* de demonios
4.6 de la fe y de la buena *d* que has seguido
4.16 cuidado de ti mismo y de la *d*; persiste
6.1 no sea blasfemado el nombre de. . y la *d*
6.3 y a la *d* que es conforme a la piedad
2 Ti. 3.10 pero tú has seguido mi *d*, conducta
4.2 instes. . exhorta con toda paciencia y *d*
4.3 tiempo cuando no sufrirán la sana *d*, sino
Tit. 2.1 pero tú habla. . de acuerdo con la sana *d*
2.10 para que en todo adornen la *d* de Dios
He. 6.1 dejando ya los rudimentos de la *d* de
6.2 de la *d* de bautismos, de la imposición de
13.9 dejéis llevar de *d* diversas y extrañas
2 Jn. 9 y no persevera en la *d* de Cristo, no
9 el que persevera en la *d* de Cristo, ése sí
10 y no trae esta *d*, no lo recibáis en casa
Ap. 2.14 ahí a los que retienen la *d* de Balaam
2.15 los que retienen la *d* de los nicolaítas
2.24 a cuantos no tienen esa *d*, y no han

DODAI *=Dodo No. 2,* **1 Cr. 27.4**

DODANIM *Pueblo antiguo,* **Gn. 10.4; 1 Cr. 1.7**

DODAVA *Padre de Eliezer No. 6,* **2 Cr. 20.37**

DODO
1. Abuelo de Tola, juez de Israel, **Jue. 10.1**
2. Padre de Eleazar No. 3 (=Dodai) **2 S. 23.9; 1 Cr. 11.12**
3. Padre de Elhanán No. 2, **2 S. 23.24; 1 Cr. 11.26**

DOEG *Edomita, siervo del rey Saúl*
1 S. 21.7 y estaba allí aquel día. . *D*, edomita
22.9 *D* edomita. . vi al hijo de Isaí que vino
22.18 dijo el rey a *D*: Vuelve. . Y se volvió *D*
22.22 yo sabía que estando allí aquel día *D*
Sal. 52 *tít.* vino *D* edomita y dio cuenta a Saúl

DOFCA *Lugar donde acampó Israel,* **Nm. 33.12,13**

DOLENCIA
2 Cr. 24.25 sirios, lo dejaron agobiado por. . *d*
Sal. 103.3 es quien. . el que sana todas tus *d*
Mt. 4.23 y sanando toda enfermedad y toda *d* en
4.24 le trajeron todos los que tenían *d*, los
8.17 tomó. . enfermedades, y llevó nuestras *d*
9.35 toda enfermedad y toda *d* en el pueblo
10.1 y para sanar toda enfermedad y toda *d*

DOLER
Gn. 6.6 se arrepintió. . le *dolió* en su corazón
1 S. 22.8 ni alguno de vosotros que se *duela* de
Neh. 13.8 y me *dolió* en. . y arrojé. . los muebles
Job 14.22 mas su carne sobre él se *dolerá*, y se
Pr. 23.35 dirás: Me hirieron, mas no me *dolió*
Is. 51.19 ¿quién se *dolerá* de ti? ¿Quién te
Jer. 4.19 me *duelen* las fibras de mi corazón
5.3 oh Jehová. . los azotaste, y no les *dolió*
Mi. 4.10 *duélete* y gime, hija de Sion, como
Zac. 9.5 Gaza también, y se *dolerá* en. . manera
Hch. 20.38 *doliéndose*. . por la palabra que dijo
1 Co. 12.26 todos los miembros se *duelen* con

DOLIENTE
Is. 1.5 cabeza está enferma, y todo corazón *d*

DOLOR
Gn. 3.16 multiplicaré. . los *d*. . con *d* darás a luz
3.17 con *d* comerás de ella todos los días de
34.25 cuando sentían ellos el mayor *d*, dos
42.38; 44.29 descender mis canas con *d* al
44.31 canas de. . nuestro padre con *d* al Seol
Éx. 15.14 apoderará *d* de la tierra. . filisteos
Jue. 11.35 tú. . has venido a ser causa de mi *d*
1 S. 2.33 para consumir. . y llenar tu alma de *d*
4.19 luz. . le sobrevinieron sus *d* de repente
20.34 y no comió. . tenía *d* a causa de David
2 S. 19.2 oyó decir. . el rey tenía *d* por su hijo
1 Cr. 4.9 Jabes. . por cuanto lo di a luz en *d*
2 Cr. 6.29 que conociere su. . su *d* en su corazón
Est. 4.4 la reina tuvo gran *d*, y envió vestidos
Job 2.13 porque veían que su *d* era muy grande
6.10 si me asaltase con *d* sin dar más tregua
9.28 me turban todos mis *d*; sé que no me
15.20 sus días, el impío es atormentado de *d*
15.35 concibieron *d*, dieron a luz iniquidad
16.5 la consolación. . apaciguaría vuestro *d*
16.6 si hablo, mi *d* no cesa; y si dejo de
17.7 mis ojos se oscurecieron por el *d*, y mis
21.17 viene. . y Dios en su ira les reparte *d*!
30.17 huesos, y los *d* que me roen no reposan
33.19 castigado con *d*. . en todos sus huesos
39.3 hacen salir sus hijos, pasan sus *d*
Sal. 16.4 multiplicarán los *d* de aquellos que
31.10 porque mi vida se va gastando de *d*, y
32.10 muchos *d* habrá para el impío; mas al
38.17 a punto de caer, y mi *d* está delante de
39.2 enmudecí con. . me callé. . y se agravó mi *d*
41.3 Jehová lo sustentará sobre el lecho del *d*
48.6 les tomó. . *d* como de mujer que da a luz
69.26 cuentan del *d* de los que tú llagaste
116.3 del Seol; angustia y *d* había yo hallado
127.2 por demás es que. . y que comáis pan de *d*
Pr. 14.13 aun en la risa tendrá *d* el corazón
15.13 por el *d* del corazón el espíritu se abate
19.13 *d* es para su padre el hijo necio, y
23.29 ¿para quién. . el ay? ¿para quién el *d*?
23.32 al fin. . morderá, y como áspid dará *d*
Ec. 1.18 porque. . quien añade ciencia, añade *d*
2.23 porque todos sus días no son sino *d*, y
5.17 comerá en tinieblas, con mucho afán y *d*
Cnt. 8.5 allí tuvo tu madre *d*. . tuvo *d* la que te
Is. 13.8 *d* se apoderarán de ellos; tendrán *d*
17.11 día de la angustia, y del *d* desesperado
21.3 por tanto, mis lomos se han llenado de *d*
23.5 Egipto, tendrán *d* de las nuevas de Tiro
26.17 y da gritos en sus *d*, así hemos sido
26.18 concebimos, tuvimos *d* de parto, dimos
50.11 os vendrá esto; en *d* seréis sepultados
51.11 volverán a. . y el *d* y el gemido huirán
53.3 varón de *d*, experimentado en quebranto
53.4 sufrió nuestros *d*; y nosotros le tuvimos
65.14 clamaréis por el *d* del corazón, y por
66.7 antes que le viniesen *d*, dio a luz hijo
Jer. 6.24 se apoderó de nosotros angustia, *d*
8.18 de mi fuerte *d*, mi corazón desfallece
13.21 ¿no te darán *d* como de mujer. . de parto?
15.9 se llenó de *d* su alma, su sol se puso
15.18 ¿por qué fue perpetuo mi *d*. . curación?
20.18 ¿para ver trabajo y *d*, y que mis días
22.23 cuando te vinieren *d*, *d* como de mujer
30.15 incurable es tu *d*. . te he hecho esto
31.12 gritos de gozo. . y nunca más tendrán *d*
31.13 los consolaré, y los alegraré de su *d*
45.3 ¡ay. . ha añadido Jehová tristeza a mi *d*
49.24 *d* le tomaron, como de mujer que está de
50.43 angustia le. . *d* como de mujer de parto
51.8 tomad bálsamo para su *d*, quizá sane
Lm. 1.12 mirad, y ved si hay *d* como mi *d* que
1.13 me dejó desolada, y con *d* todo el día
1.18 oíd ahora, pueblos todos, y ved mi *d*
Ez. 23.33 serás llena de. . *d* por el cáliz de tu
28.24 nunca más será. . ni aguijón que le dé *d*
30.16 tendrá gran *d*, y Tebas será destrozada
36.21 *d* al ver mi santo nombre profanado por
Dn. 10.16 con la visión me han sobrevenido *d*
Os. 13.13 *d* de mujer que da a luz le vendrán
Mi. 4.9 te ha tomado *d* como de mujer de parto?
Nah. 2.10 *d* en las entrañas, rostros demudados
Mt. 24.8 y todo esto será principio de *d*
Mr. 13.8 alborotos; principios de *d* son éstos
Jn. 16.21 la mujer cuando da a luz, tiene *d*
Hch. 2.24 levantó, sueltos los *d* de la muerte
Ro. 8.22 a una está con *d* de parto hasta ahora
9.2 gran tristeza y continuo *d* en mi corazón
Gá. 4.19 míos, por quienes vuelvo a sufrir *d*
4.27 y clama, tú que no tienes *d* de parto
1 Ts. 5.3 como los *d* a la mujer encinta, y no
1 Ti. 6.10 y fueron traspasados de muchos *d*
Ap. 12.2 clamaba con *d* de parto, en la angustia
16.10 tinieblas, y mordían de *d* sus lenguas
16.11 blasfemaron. . por sus *d* y. . sus úlceras
21.4 ni habrá más llanto, ni clamor, ni *d*

DOLORIDO
Sal. 55.4 mi corazón está *d* dentro de mí, y

DOLOROSO, SA
Job 34.6 *d* es mi herida sin haber hecho yo
Ec. 5.13 un mal *d* que he visto debajo del sol
6.2 lo disfrutan. . Esto es vanidad, y mal *d*
Jer. 10.19 ¡ay de mí, por. . mi llaga es muy *d*
14.17 quebrantada la virgen. . de plaga muy *d*
16.4 de *d* enfermedades morirán; no serán
30.12 incurable es tu quebrantamiento, y *d*
Mi. 1.9 porque su llaga es *d*, y llegó hasta

DOMAR
Os. 10.11 es novilla *domada*. . le gusta trillar
Stg. 3.7 naturaleza. . se *doma* y ha sido *domada*
3.8 pero ningún hombre puede *domar* la lengua

DOMESTICADO
Gn. 7.14 los animales *d* según sus especies

DOMESTICO, CA
Gn. 17.23 a todo varón entre los *d* de la casa
Is. 11.6 el león y la bestia *d* andarán juntos

DOMICILIO
1 Cr. 6.54 conforme a sus *d* y sus términos, las

DOMINADOR
Nm. 24.19 de Jacob saldrá el *d*, y destruirá lo
Jer. 51.46 violencia en la tierra, *d* contra *d*

DOMINAR
Jos. 12.5 Og. . *dominaba* en el monte Hermón, en
Jue. 9.22 Abimelec hubo *dominado* sobre Israel
14.4 los filisteos *dominaban* sobre Israel
15.11 ¿no sabes tú que los filisteos *dominan*
16.5 que lo atemos y lo *dominemos*; y cada uno
16.6 cómo podrás ser atado para ser *dominado*
1 Cr. 4.22 cuales *dominaron* en Moab y volvieron
29.12 tú *dominas* sobre todo; en tu mano está
Esd. 4.20 reyes fuertes que *dominaron* en todo
Neh. 9.28 de sus enemigos que los *dominaron*
Sal. 72.8 *dominará* de mar a mar, y desde el río
103.19 trono, y su reino *domina* sobre todos
110.2 Sion. . *domina* en medio de tus enemigos
Pr. 8.16 por mí *dominan* los príncipes, y todos
29.2 cuando los justos *dominan*, el pueblo se
29.2 cuando *domina* el impío, el pueblo gime
Jer. 23.9 como hombre a quien *dominó* el vino
Dn. 2.39 el cual *dominará* sobre toda la tierra
11.3 el cual *dominará* con gran poder y hará
11.4 ni según el dominio con que él *dominó*
Zac. 6.13 se sentará y *dominará* en su trono
Mr. 5.4 los grillos; y nadie le podía *dominar*
Hch. 19.16 el hombre. . *dominándolos*, pudo más
1 Co. 6.12 yo no me dejaré *dominar* de ninguna

DOMINIO
Dt. 15.6 tendrás *d*. . pero sobre ti no tendrán *d*
2 R. 8.20 se rebeló Edom contra el *d* de Judá
8.22 Edom se libertó del *d* de Judá, hasta hoy
14.28 restituyó al *d* de Israel a Damasco y

DOMINIO *(Continúa)*
2 R. 20.13 mostrase, así en su casa como en. . *d*
1 Cr. 18.3 yendo éste a asegurar su *d* junto al
2 Cr. 8.6 edificar en. . toda la tierra de su *d*
9.26 y tuvo *d* sobre todos los reyes desde el
20.6 tienes *d* sobre todos los reinos de las
21.8 se rebeló Edom contra el *d* de Judá, y
21.10 Edom se libertó del *d* de Judá, hasta
21.10 Libna se libertó de su *d*, por cuanto
Neh. 3.7 estaban bajo el *d* del gobernador del
Sal. 89.9 tú tienes *d* sobre la braveza del mar
Is. 39.2 no hubo cosa en. . sus *d*, que Ezequías
40.26 tal es la grandeza. . el poder de su *d*
Jer. 51.28 sus príncipes, y. . territorio de su *d*
Ez. 29.15 que no vuelvan a tener *d* sobre las
Dn. 2.38 y te ha dado el *d* sobre todo; tú eres
4.22 y tu *d* hasta los confines de la tierra
4.25 conozcas que el Altísimo tiene *d* en el
4.32 tiene el *d* en el reino de los hombres
4.34 *d* es sempiterno, y su reino por todas
5.21 tiene *d* sobre el reino de los hombres
6.26 que en todo el *d* de mi reino todos teman
6.26 su reino. . y su *d* perdurará hasta el fin
7.6 tenía. . cuatro cabezas; y le fue dado *d*
7.12 quitado a las otras bestias su *d*, pero
7.14 le fue dado *d*, gloria y reino, para que
7.14 su *d* es *d* eterno, que nunca pasará, y
7.26 le quitarán su *d* para que sea destruido
7.27 el *d* y la majestad de los reinos debajo
7.27 y todos los *d* le servirán y obedecerán
11.4 ni según el *d* con que él dominó; porque
11.5 él, y se hará poderoso; su *d* será grande
Hch. 24.25 al disertar Pablo acerca. . *d* propio
1 Co. 15.24 cuando haya suprimido todo *d*, toda
Col. 1.16 sean tronos, sean *d*, sean principados
1 Ti. 2.12 ni ejercer *d* sobre el hombre, sino
2 Ti. 1.7 sino de poder, de amor y de *d* propio
2 P. 1.6 *d* propio; y al *d* propio, paciencia

DON
Gn. 25.6 hijos de sus concubinas dio Abraham *d*
34.12 aumentad a cargo mío mucha dote y *d*
Lv. 23.38 vuestros *d*, de todos vuestros votos
Nm. 8.19 yo he dado en *d* los levitas a Aarón y
18.6 dados a vosotros en *d* de Jehová, para
18.7 he dado en *d* el servicio de. . sacerdocio
18.11 será tuyo: la ofrenda elevada de sus *d*
18.29 de todos vuestros *d* ofreceréis toda
Jos. 15.19; Jue. 1.15 respondió: Concédeme un *d*
Sal. 68.18 subiste. . tomaste *d* para los hombres
68.29 de tu templo. . los reyes te ofrecerán *d*
72.10 los reyes de Sabá y de Seba ofrecerán *d*
141.2 el *d* de mis manos como la ofrenda de
Pr. 6.35 perdonar, aunque multipliques los *d*
21.14 calma el furor, y el *d* en el seno. . ira
Ec. 3.13 es *d* de Dios que todo hombre coma y
5.19 goce de su trabajo, esto es *d* de Dios
Is. 45.13 no por precio ni por *d*, dice Jehová
Ez. 16.33 a todas las rameras les dan *d;* mas tú
16.33 tú diste tus *d* a todos tus enamorados
16.41 así haré. . que ceses de prodigar tus *d*
20.40 demandaré. . las primicias de vuestros *d*
Dn. 2.6 recibiréis de mí *d* y favores y gran
2.48 rey. . le dio muchos honores y grandes *d*
5.17 tus *d* sean para ti, y da tus recompensas
Mi. 1.7 todos sus *d* serán quemados en fuego
1.7 porque de *d* de rameras los juntó, y a *d*
1.14 tanto, vosotros daréis *d* a Moreset-gat
Jn. 4.10 si conocieras el *d* de Dios, y quién es
Hch. 2.38 y recibiréis el *d* del Espíritu Santo
8.20 que el *d* de Dios se obtiene con dinero
10.45 se derramase el *d* del Espíritu Santo
11.17 si Dios, pues, les concedió. . el mismo *d*
Ro. 1.11 para comunicaros algún *d* espiritual
5.15 pero el *d* no fue como la transgresión
5.15 abundaron mucho más. . la gracia y el *d* de
5.16 y con el *d* no sucede como en el caso de
5.16 *d* vino a causa de muchas transgresiones
5.17 los que reciben la. . del *d* de la justicia
11.29 irrevocables son los *d* y el. . de Dios
12.6 teniendo diferentes *d*, según la gracia
1 Co. 1.7 manera que nada os falta en ningún *d*
7.7 pero cada uno tiene su propio *d* de Dios
12.1 ignoréis acerca de los *d* espirituales
12.4 hay diversidad de *d*, pero el Espíritu
12.9 *d* de sanidades por el mismo Espíritu
12.28 que ayudan. . los que tienen *d* de lenguas
12.30 ¿tienen todos *d* de sanidad? ¿hablan
12.31 procurad, pues, los *d* mejores. Mas yo
14.1 el amor, y procurad los *d* espirituales
14.12 que anheláis *d* espirituales, procurad
2 Co. 1.11 por el *d* concedido a nosotros por
9.15 ¡gracias a Dios por su *d* inefable!
Ef. 2.8 esto no de vosotros, pues es *d* de Dios
3.7 hecho ministro por el *d* de la gracia de
4.7 conforme a la medida del *d* de Cristo
4.8 llevó cautiva la cautividad, y dio *d* a los
1 Ti. 4.14 no descuides el *d* que hay en ti, que
2 Ti. 1.6 que avives el fuego del *d* de Dios que
He. 6.4 y gustaron del *d* celestial, y fueron
Stg. 1.17 todo *d* perfecto desciende de lo alto
1 P. 4.10 cada uno según el *d* que ha recibido

DONATIVO
1 Co. 16.3 para que lleven vuestro *d* a Jerusalén
2 Co. 8.19 fue designado. . para llevar este *d*

DONCELLA
Gn. 24.11 la hora en que salen las *d* por agua
24.14 la *d* a quien yo dijere: Baja tu cántaro
24.16 *d* era de aspecto muy hermoso, virgen
24.28 la *d* corrió, e hizo saber en casa de
24.43 la *d* que saliere por agua, a la cual
24.55 espere la *d* con nosotros a lo menos 10
24.57 ellos. . Llamemos a la *d* y preguntémosle
24.61 entonces se levantó Rebeca y sus *d*, y
Éx. 2.5 paseándose sus *d* por la ribera del río
2.8 fue la *d*, y llamó a la madre del niño
22.16 si alguno engañare a alguna *d* que no
Dt. 22.15 las señales de la virginidad de la *d*
32.25 así al joven como a la *d*, al niño de
Jue. 5.30 cada uno una *d*, o dos; las vestiduras
11.40 las *d*. . a endechar a la hija de Jefté
21.12 hallaron. . 400 *d* que no habían conocido
1 S. 9.11 hallaron unas *d* que salían por agua
25.42 levantándose. . Abigail con cinco *d* que
2 Cr. 36.17 que mató. . sin perdonar joven ni *d*
Est. 2.4 y la *d* que agrade a los ojos del rey
2.8 y habían reunido a muchas *d* en Susa
2.9 y la *d* agradó a sus ojos, y halló gracia
2.9 le dio también siete *d* especiales de la
2.9 llevó con sus *d* a la mejor de la casa de
2.12 llegaba el tiempo de cada una de las *d*
2.13 entonces la *d* venía así al rey. Todo lo
4.4 vinieron las *d* de Ester, y sus eunucos
4.16 yo también con mis *d* ayunaré igualmente
Sal. 68.25 detrás; en medio las *d* con panderos
148.12 los jóvenes y. . las *d*, los ancianos y
Pr. 30.19 mar; y el rastro del hombre en la *d*
Cnt. 1.3 tu nombre es. . por eso las *d* te aman
2.2 como el lirio. . es mi amiga entre las *d*
2.7; 3.5 yo os conjuro, oh *d* de Jerusalén
3.10 su interior recamado de amor por las *d*
3.11 salid, oh *d*. . y ved al rey Salomón con
5.8 os conjuro, oh *d* de Jerusalén, si halláis
5.16 tal es mi amigo, oh *d* de Jerusalén
6.8 ochenta las concubinas, y. . *d* sin número
6.9 vieron las *d*. . la llamaron bienaventurada
8.4 os conjuro, oh *d* de Jerusalén, que no
Am. 8.13 *d* hermosas y los jóvenes desmayarán
Zac. 9.17 el trigo alegrará. . y el vino a las *d*
Hch. 21.9 tenía cuatro hijas *d* que profetizaban
1 Co. 7.28 si la *d* se casa, no peca; pero los
7.34 la casada y la *d*. La *d* tiene cuidado de

DÓNDE
Gn. 3.9 llamó al hombre, y le dijo: ¿*D* estás
Jos. 9.8 ¿quienes sois vosotros, y de *d* venís?
1 S. 30.13 ¿de quién eres tú, y de *d* eres?
Job 9.24 cubre. . Si no es él, ¿quién es? ¿*D* está?
35.10 ninguno dice: ¿*D* está Dios mi Hacedor
Sal. 42.3 me dicen todos los. . ¿*D* está tu Dios?
42.10 diciéndome cada día: ¿*D* está tu Dios?
79.10 dirán las gentes: ¿*D* está su Dios?
115.2 han de decir. . ¿*D* está ahora su Dios?
Is. 49.21 había sido dejada sola; ¿*d* estaban
Jer. 2.8 no dijeron: ¿*D* está Jehová? y los que
Mt. 13.56 ¿de *d*. . tiene éste todas estas cosas?
Jn. 7.11 le buscaban. . decían: ¿*D* está aquél?
19.9 dijo a Jesús: ¿De *d* eres tú? Mas Jesús
Ap. 7.13 estos que. . ¿quiénes son, y de *d* han

DOR *Ciudad y puerto mediterráneo cerca del monte Carmelo*
Jos. 11.2 a los reyes. . y en las regiones de *D*
12.23 el rey de *D*, de la provincia de *D*, otro
17.11 tuvo. . a los moradores de *D* y sus aldeas
Jue. 1.27 ni a los de *D* y sus aldeas, ni a los
1 R. 4.11 el hijo de Abinadab en todos. . de *D*
1 Cr. 7.29 Meguido con sus aldeas, y *D* con sus

DORADA
Job 37.22 viniendo. . del norte la *d* claridad

DORCAS *Discípula en la ciudad de Jope*
Hch. 9.36 Tabita. . traducido quiere decir, *D*
9.39 mostrando las túnicas y. . que *D* hacía

DORMIDO *Véase Dormir*

DORMILÓN
Jon. 1.6 ¿qué tienes, *d*? Levántate, y clama a

DORMIR
Gn. 2.21 mientras éste *dormía*, tomó una de sus
19.32 *durmamos* con él, y conservaremos de
19.33 entró la mayor, y *durmió* con su padre
19.34 yo *dormí* la noche pasada con mi padre
19.34 y *duerme* con él, para que conservemos
19.35 se levantó la menor, y *durmió* con él
24.54 él y los varones. . con él. . y *durmieron*
26.10 hubiera *dormido* alguno del pueblo con
28.11 llegó a un cierto lugar, y *durmió* allí
30.15 pues *dormirá* contigo esta noche por las
30.16 Jacob. . *durmió* con ella aquella noche
31.54 y *durmieron* aquella noche en el monte
32.13 y *durmió* allí aquella noche, y tomó de
32.21 *durmió* aquella noche en el campamento
35.22 Rubén y *durmió* con Bilha la concubina
39.7 mujer de su amo. . dijo: *Duerme* conmigo
39.12 lo asió por. . diciendo: *Duerme* conmigo
39.14 vino él a mí para *dormir* conmigo, y yo
41.5 *durmió* de nuevo, y soñó la segunda vez
47.30 *duerma* con mis padres, me llevarás a
Éx. 8.3 ranas. . casa, en la cámara donde *duermes*
22.16 y *durmiere* con ella, deberá dotarla y
22.27 eso es su cubierta. . ¿En qué *dormirá?*
Lv. 14.47 que *durmiere* en aquella casa, lavará
15.24 *durmiere* con ella, y su menstruo fuere
15.24 cama sobre que *durmiere*, será inmunda
15.26 cama en que *durmiere* todo el tiempo de
15.33 para el hombre que *durmiere* con mujer
20.12 si alguno *durmiere* con su nuera, ambos
20.18 que *durmiere* con mujer menstruosa, y
20.20 que *durmiere* con la mujer del hermano
26.6 *dormiréis*, y no habrá quien os espante
Nm. 5.19 le dirá: Si ninguno ha *dormido* contigo
Dt. 24.13 para que pueda *dormir* en su ropa, y
28.30 te desposarás. . y otro varón *dormirá* con
31.16 tú vas a *dormir* con tus padres, y este
Jos. 2.8 antes que ellos se *durmiesen*. . subió al
Jue. 16.3 Sansón *durmió* hasta la media noche
16.19 ella hizo que él se *durmiese* sobre sus
19.9 *duerme*. . para que se alegre tu corazón
Rt. 3.7 Booz. . se retiró a *dormir* a un lado del
3.14 que *durmió* a sus pies hasta la mañana
1 S. 2.22 *dormían* con las mujeres que velaban
3.3 Samuel estaba *durmiendo* en el templo de
26.5 miró David el lugar donde *dormían* Saúl
26.5 estaba Saúl *durmiendo* en el campamento
26.7 que Saúl estaba tendido *durmiendo* en
26.12 no hubo nadie que viese. . todos *dormían*
2 S. 4.5 Is-boset. . estaba *durmiendo* la siesta
4.6 la portera de la casa. . pero se *durmió*
4.7 cuando entraron. . Is-boset *dormía* sobre
7.12 y *duermas* con tus padres, yo levantaré
11.4 envió. . vino a él, y él *durmió* con ella
11.9 Urías *durmió* a la puerta de la casa del
11.11 en mi casa para. . *dormir* con mi mujer?
11.13 él salió. . a *dormir* en su cama con los
12.3 *durmiendo* en su seno; y la tenía como
12.24 llegándose a ella *durmió* con ella; y ella
1 R. 1.2 *duerma* a su lado, y entrará en calor
1.21 mi señor el rey *duerma* con sus padres
2.10 y *durmió* David con sus padres, y fue
3.20 el hijo. . estando yo tu siervo *durmiendo*
11.21 oyendo. . que David había *dormido* con
11.43 *durmió* Salomón con sus padres, y fue
14.20 *dormido* con sus padres, reinó. . Nadab
14.31 *durmió* Roboam con sus padres, y fue
15.8 y *durmió* Abiam. . y lo sepultaron en la
15.24 *durmió* Asa. . y fue sepultado con ellos
16.6 y *durmió* Baasa con sus padres. . sepultado
16.28 Omri *durmió* con sus padres. . sepultado
18.27 tal vez *duerme*, y hay que despertarle
19.5 debajo del enebro, se quedó *dormido*
21.27 *durmió* en cilicio, y anduvo humillado
22.40 y *durmió* Acab con sus padres, y reinó
22.50 *durmió* Josafat con sus padres, y fue
2 R. 4.11 día vino él por allí. . y allí *durmió*
8.24 *durmió* Joram con sus padres. . sepultado
10.35 *durmió* Jehú con sus padres. . sepultaron
11.2 ocultó de Atalía. . en la cámara de *dormir*
13.9 *durmió* Joacaz con sus padres. . sepultaron
13.13; 14.16 y *durmió* Joás con sus padres
14.22 después que el rey *durmió* con sus padres
14.29 y *durmió* Jeroboam con sus padres, los
15.7 y *durmió* Azarías con sus padres, y lo
15.22 *durmió* Manahem con sus padres, y reinó
15.38 *durmió* Jotam con sus padres. . sepultado
16.20 y *durmió* el rey Acaz con sus padres
20.21 *durmió* Ezequías con sus padres, y reinó
21.18 y *durmió* Manasés con sus padres, y fue
24.6 *durmió* Joacim con sus padres, y reinó en
2 Cr. 9.31 *durmió* Salomón con sus padres, y lo
12.16 y *durmió* Roboam con sus padres, y fue
14.1 *durmió* Abías con sus padres. . sepultado
16.13 y *durmió* Asa con sus padres, y murió
21.1 *durmió* Josafat con sus padres. . sepultaron
26.2 después que el rey Amasías *durmió* con
26.23 y *durmió* Uzías con sus padres, y lo
27.9 y *durmió* Jotam con sus padres. . sepultaron
28.27 y *durmió* Acaz con sus padres. . sepultaron
32.33 y *durmió* Ezequías con sus padres, y lo
33.20 y *durmió* Manasés con sus padres, y lo
Job 3.13 *dormiría*, y entonces tendría descanso
7.21 porque ahora *dormiré* en el polvo, y si
11.18 mirarás alrededor, y *dormirás* seguro
24.7 al desnudo hacen *dormir* sin ropa, sin
Sal. 3.5 me acosté y *dormí*, y desperté, porque
4.8 en paz me acostaré, y asimismo *dormiré*
13.3 alumbra mis ojos. . no *duerma* de muerte
44.23 despierta; ¿por qué *duermes*, Señor?
76.5 fueron despojados, *durmieron* su sueño
78.65 despertó el Señor como quien *duerme*
121.3 tu pie. . ni se *dormirá* el que te guarda
121.4 no. . ni *dormirá* el que guarda a Israel
Pr. 4.16 no *duermen* ellos si no han hecho mal
6.9 perezoso, ¿hasta cuándo has de *dormir?*

DORMIR *(Continúa)*

Pr. 6.22 cuando *duermas* te guardarán; hablarán
10.5 el que *duerme* en el tiempo de la siega
24.33 mano sobre mano otro poco para *dormir*
Ec. 4.11 si dos *durmieren* juntos, se calentarán
5.12 al rico no le deja *dormir* la abundancia
Cnt. 5.2 yo *dormía,* pero mi corazón velaba; es
Is. 5.27 ninguno se *dormirá,* ni le tomará sueño
13.21 *dormirán* allí las fieras del desierto
17.2 *dormirán*. . y no habrá quien los espante
56.10 soñolientos, echados, aman el *dormir*
Jer. 51.39 *duerman* eterno sueño y no despierten
51.57 *dormirán* sueño eterno y no despertarán
Ez. 4.4 el número de los días que *duermas* sobre
34.14 *dormirán* en buen redil, y en pastos
34.25 con seguridad. . *dormirán* en los bosques
Dn. 8.18 caí *dormido* en tierra sobre mi rostro
12.2 muchos de los que *duermen* en el polvo
Os. 2.18 quitaré de la. . y te haré *dormir* segura
7.6 la noche *duerme* su hornero; a la mañana
Jl. 1.13 *dormid* en cilicio, ministros de. . Dios
Am. 6.4 *duermen* en camas de marfil, y reposan
Jon. 1.5 pero Jonás. . se había echado a *dormir*
Mi. 7.5 de la que *duerme* a tu lado cuídate, no
Nah. 3.18 *durmieron* tus pastores, oh rey de
Sof. 2.7 en las casas de Ascalón *dormirán* de
2.14 y el erizo *dormirán* en sus dinteles; su
3.13 *dormirán,* y no habrá quien los atemorice
Mt. 8.24 olas cubrían la barca; pero él *dormía*
9.24 la niña no está muerta, sino *duerme*
13.25 mientras *dormían* los hombres, vino su
25.5 y tardándose el esposo. . y se *durmieron*
26.40 y los halló *durmiendo,* y dijo a Pedro
26.43 vino otra vez y los halló *durmiendo*
26.45 dijo: *Dormid* ya, y descansad. He aquí
27.52 cuerpos de santos que habían *dormido*
28.13 lo hurtaron, estando nosotros *dormidos*
Mr. 4.27 *duerme* y se levanta, de noche y de día
4.38 él estaba. . *durmiendo* sobre un cabezal
5.39 la niña no está muerta, sino *duerme*
13.36 que cuando venga. . no os halle *durmiendo*
14.37 los halló *durmiendo*. . Simón, *¿duermes?*
14.40 los halló *durmiendo,* porque los ojos de
14.41 les dijo: *Dormid* ya, y descansad. Basta
Lc. 8.23 pero mientras navegaban, él se *durmió*
8.52 dijo. . no está muerta, sino que *duerme*
22.45 halló *durmiendo* a causa de la tristeza
22.46 ¿por qué *dormís?* Levantaos, y orad para
Jn. 11.11 nuestro amigo Lázaro *duerme;* mas voy
11.12 discípulos: Señor, si *duerme,* sanará
Hch. 7.60 clamó. . Y habiendo dicho esto, *durmió*
12.6 estaba Pedro *durmiendo* entre dos soldados
13.36 *durmió,* y fue reunido con sus padres
1 Co. 11.30 muchos enfermos. . y muchos *duermen*
15.6 muchos viven aún, y otros ya *duermen*
15.18 los que *durmieron* en Cristo perecieron
15.20 primicias de los que *durmieron* es hecho
15.51 digo un misterio: No todos *dormiremos*
Ef. 5.14 dice: Despiértate, tú que *duermes,* y
1 Ts. 4.13 ignoréis acerca de los que *duermen*
4.14 traerá Dios. . a los que *durmieron* en él
4.15 no precederemos a los que *durmieron*
5.6 no *durmamos* como los demás, sino velemos
5.7 los que *duermen,* de noche *d,* y los que
5.10 que ya sea que velemos, o que *durmamos*
2 P. 2.3 se tarda, y su perdición no se *duerme*
3.4 desde el día en que los padres *durmieron*

DORMITAR

Pr. 6.10 un poco de sueño, un poco de *dormitar*

DOS *Véase también Doscientos, Dos mil, etc.*

Gn. 1.16 hizo Dios las *d* grandes lumbreras; la
4.19 Lamec tomó para sí *d* mujeres. . Ada. . Zila
6.19 *d* de cada especie meterás en el arca
6.20 *d* de cada especie entrarán contigo, para
7.9 de *d* en *d* entraron con Noé en el arca
7.15 vinieron. . con Noé al arca, de *d* en *d* de
9.22 Cam. . vio. . y lo dijo a sus *d* hermanos que
10.25 y a Heber nacieron *d* hijos: el nombre
11.10 engendró a Arfaxad, *d* años después del
19.1 llegaron, pues, los *d* ángeles a Sodoma
19.8 tengo *d* hijas que no han conocido varón
19.16 asieron de. . de las manos de sus *d* hijas
19.30 moró en el monte, y sus *d* hijas con él
19.30 habitó en una cueva él y sus *d* hijas
19.36 *d* hijas de Lot concibieron de su padre
24.22 le dio. . *d* brazaletes que pesaban diez
25.23 *d* naciones hay en tu. . y *d* pueblos serán
27.9 tráeme de allí *d* buenos cabritos de las
27.36 Jacob, pues ya me ha suplantado *d* veces
29.16 y Labán tenía *d* hijas: el nombre de la
31.33 entró Labán. . la tienda de las *d* siervas
31.41 catorce años te serví por tus *d* hijas
31.44 y sea por testimonio entre nosotros *d*
31.48 este majano es testigo. . entre nosotros *d*
31.50 mira, Dios es testigo entre nosotros *d*
32.7 distribuyó el pueblo. . en *d* campamentos
32.10 pues. . ahora estoy sobre *d* campamentos
32.22 y tomó sus *d* mujeres, y sus *d* siervas
33.1 repartió. . niños entre Lea y. . *d* siervas
34.25 *d* de los hijos de Jacob, Simeón y Leví
40.2 se enojó Faraón contra sus *d* oficiales
41.1 que pasados *d* años tuvo Faraón un sueño
41.32 y el suceder el sueño a Faraón *d* veces
41.50 y nacieron a José *d* hijos antes que
42.37 harás morir a mis *d* hijos, si no te lo
43.10 si no nos. . hubiéramos ya vuelto *d* veces
44.27 vosotros sabéis que *d* hijos me dio a
45.6 ha habido *d* años de hambre en medio de
46.27 hijos de José. . le nacieron en Egipto, *d*
48.1 tomó consigo a sus *d* hijos, Manasés y
48.5 ahora tus *d* hijos Efraín y Manasés, que
Éx. 2.13 salió y vio a *d* hebreos que reñían
4.9 y si aún no creyeren a estas *d* señales
12.6 lo inmolará toda la. . entre las *d* tardes
12.7 la sangre, y la pondrán en los *d* postes
12.22 untad el dintel y los *d* postes con la
12.23 cuando vea la sangre. . en los *d* postes
16.22 el sexto día. . *d* gomeres para cada uno
16.29 en el sexto día os da pan para *d* días
18.3 a sus *d* hijos; el uno se llamaba Gersón
18.6 vengo a ti, con tu mujer, y sus *d* hijos
21.21 si sobreviviere por un día o *d,* no será
25.10 cuya longitud será de *d* codos y medio
25.12 *d* anillos a un lado. . *d* anillos al otro
25.17 longitud será de *d* codos y medio, y su
25.18 harás. . *d* querubines de oro; labrados a
25.18 en los *d* extremos del propiciatorio
25.19 harás los querubines en sus *d* extremos
25.22 entre los *d* querubines que están sobre
25.23 una mesa. . su longitud será de *d* codos
25.35 habrá una manzana debajo de *d* brazos
25.35(2) una manzana debajo de otros *d* brazos
26.17 *d* espigas tendrá cada tabla. . unirlas
26.19(2) *d* basas debajo. . para sus *d* espigas
26.21,25 *d* basas debajo de una tabla, y *d*
26.23 *d* tablas para las. . en los *d* ángulos
26.24 las otras *d;* serán para las *d* esquinas
28.7 tendrá *d* hombreras que. . a sus *d* extremos
28.9 tomarás *d* piedras de ónice, y grabarás
28.11 grabar las *d* piedras con los nombres de
28.12 y pondrás las *d* piedras sobre. . del efod
28.12 los nombres. . sobre sus *d* hombros por
28.14 y *d* cordones de oro fino, los cuales
28.23,26 *d* anillos de oro. . a los *d* extremos
28.24 fijarás los *d* cordones de oro en los
28.24 en los *d* anillos a los *d* extremos del
28.25 los *d* extremos de los *d* cordones sobre
28.25 sobre los *d* engastes, y los fijarás a
28.27 los *d* anillos. . las *d* hombreras del efod
28.28 y juntarán. . a los *d* anillos del efod
29.1 un becerro de. . y *d* carneros sin defecto
29.3 ofrecerás. . el becerro y los *d* carneros
29.13,22 tomarás. . los *d* riñones, y la grosura
29.38 el altar: *d* corderos de un año cada día
30.2 y su altura de *d* codos; y sus cuernos
30.4 harás. . *d* anillos de oro. . sus *d* esquinas
31.18 dio a Moisés. . *d* tablas del testimonio
32.15 trayendo. . las *d* tablas del testimonio
34.1 *d* tablas de piedra como las primeras, y
34.4 Moisés alisó *d* tablas de piedra como las
34.4 llevó en su mano las *d* tablas de piedra
34.29 descendiendo Moisés. . con las *d* tablas
36.22 cada tabla tenía *d* espigas, para unirlas
36.24(2) hizo. . *d* basas. . para sus *d* espigas
36.26 *d* basas debajo de una tabla, y *d* basas
36.28 las esquinas. . los *d* lados hizo *d* tablas
36.29 así hizo a la una y. . en las *d* esquinas
36.30 tablas, y. . *d* basas debajo de cada tabla
37.1 su longitud era de *d* codos y medio, su
37.3 un lado *d* anillos y en el otro lado *d*
37.6 su longitud de *d* codos y medio, y su
37.7 los *d* querubines. . en los *d* extremos del
37.8 también los querubines a sus *d* extremos
37.10 hizo. . la mesa. . su longitud de *d* codos
37.21 manzana debajo de *d* brazos del mismo
37.21(2) manzana debajo de otros *d* brazos
37.25 y su altura de *d* codos; y sus cuernos
37.27 hizo también *d* anillos de oro debajo de
37.27 anillos. . las *d* esquinas a los *d* lados
39.4 hombreras. . y se unían en sus *d* extremos
39.16 hicieron. . *d* engastes y *d* anillos de oro
39.16 *d* anillos de oro en los *d* extremos del
39.17 *d* cordones de oro en. . *d* anillos a los
39.18 los *d* extremos de los *d* cordones de oro
39.18 en los *d* engastes que pusieron sobre
39.19 otros *d* anillos. . en los *d* extremos del
39.20 *d* anillos de oro. . *d* hombreras del efod
Lv. 1.17 la henderá. . pero no la dividirá en *d*
3.4,10,15; 4.9 los *d* riñones y la grosura que
5.7 traerá. . *d* tórtolas o *d* palominos, el uno
5.11 si no tuviere lo. . para *d* tórtolas, o *d*
7.4 los *d* riñones, la grosura que está sobre
8.2 toma. . los *d* carneros, y el canastillo de
8.16,25 los *d* riñones, y la grosura de ellos
12.5 será inmunda *d* semanas, conforme a su
12.8 tomará. . *d* tórtolas o *d* palominos, uno
14.4 que se tomen. . *d* avecillas vivas, limpias
14.10 tomará *d* corderos sin defecto, y una
14.22 *d* tórtolas o *d* palominos, según pueda
14.49 tomará para limpiar la. . *d* avecillas, y
15.14,29 tomará *d* tórtolas o *d* palominos
16.1 de la muerte de los *d* hijos de Aarón
16.5 tomará *d* machos cabríos para expiación
16.7 después tomará los *d* machos cabríos y
16.8 echará suertes Aarón sobre los *d* machos
23.5 entre las *d* tardes, pascua es de Jehová
23.13,17 *d* décimas de efa de flor de harina
23.17 traeréis *d* panes para ofrenda mecida
23.18 y ofreceréis con el pan. . *d* carneros
23.19 *d* corderos de un año en sacrificio de
23.20 pan de las primicias y los *d* corderos
24.5 cada torta será de *d* décimas de efa
24.6 las pondrás en *d* hileras, seis en cada
Nm. 6.10 el día octavo traerá *d* tórtolas o *d*
7.3 por cada *d* príncipes un carro, y cada uno
7.7 *d* carros y 4. . dio a los hijos de Gersón
7.17,23,29,35,41,47,53,59,65,71,77,83 para ofrenda de paz, *d* bueyes
7.89 oía la voz. . de entre los *d* querubines
9.3 entre las *d* tardes, la celebraréis a su
9.5 celebraron la pascua. . entre las *d* tardes
9.11 en el mes segundo. . entre las *d* tardes
9.22 si *d* días. . mientras la nube se detenía
10.2 hazte *d* trompetas de plata; de obra de
11.19 no comeréis un día, ni *d* días, ni cinco
11.26 *d* varones, llamados el uno Eldad y el
11.31 casi *d* codos sobre la faz de la tierra
13.23 racimo de uvas. . trajeron *d* en un palo
15.6 ofrenda de *d* décimas de flor de harina
20.11 y golpeó la peña con su vara *d* veces
22.22 iba, pues, él. . con él *d* criados suyos
28.3 *d* corderos sin tacha de un año, cada día
28.9 el día de reposo, *d* corderos de un año
28.9 *d* décimas de flor de harina amasada con
28.11,19,27 *d* becerros de la vacada. . carnero
28.12 *d* décimas de flor de harina amasada con
28.20,28; 29.3 *d* décimas con cada carnero
29.13 *d* carneros, y catorce corderos de un
29.14 *d* décimas. . cada uno de los *d* carneros
29.17,20,23,26,29,32 *d* carneros, 14 corderos
34.15 *d* tribus y media tomaron su heredad a
Dt. 3.8 de manos de los *d* reyes amorreos que
3.21 vuestro Dios ha hecho a aquellos *d* reyes
4.13 y los escribió en *d* tablas de piedra
4.47 *d* reyes de los amorreos que estaban de
5.22 las escribió en *d* tablas de piedra, las
9.10,11 me dio Jehová las *d* tablas de piedra
9.15 con las tablas del pacto en mis *d* manos
9.17 las *d* tablas y las arrojé de mis *d* manos
10.1 *d* tablas de piedra como las primeras
10.3 labré *d* tablas. . subí. . con las *d* tablas
14.6 animal. . que tiene hendidura de *d* uñas
17.6 por dicho de *d* o tres testigos morirá
19.15 por el testimonio de *d*. . se mantendrá
19.17 *d* litigantes se presentarán delante de
21.15 si un hombre tuviere *d* mujeres, la una
32.30 y *d* hacer huir a diez mil, si su Roca
Jos. 2.1 Josué hijo. . envió desde Sitim *d* espías
2.4 la mujer había tomado a los *d* hombres y
2.10 lo que habéis hecho a los *d* reyes de los
2.23 volvieron los *d* hombres. . a Josué hijo
6.22 Josué dijo a los *d* hombres que habían
9.10 todo lo que hizo a los *d* reyes de los
14.3 porque a las *d* tribus y a la media tribu
14.4 porque los hijos de José fueron *d* tribus
15.60 Quiriat-baal. . y Rabá; *d* ciudades con
21.16 Juta. . nueve ciudades de estas *d* tribus
21.25 Taanac. . y Gat-rimón con. . *d* ciudades
21.27 Golán. . y además, Beestera. . *d* ciudades
24.12 arrojaron. . los *d* reyes de los amorreos
Jue. 3.16 se había hecho un puñal de *d* filos
5.30 botín, y. . a cada uno una doncella, o *d*
7.25 tomaron a *d* príncipes de los madianitas
8.12 prendió a los *d* reyes de Madián, Zeba
9.44 y las otras *d* compañías acometieron a
11.37 déjame por *d* meses que vaya y. . llore
11.38 y la dejó por *d* meses. Y ella fue con
11.39 pasados los *d* meses volvió a su padre
15.4 tomó. . y puso una tea entre cada *d* colas
15.13 le ataron con *d* cuerdas nuevas, y le
16.3 las puertas de la. . con sus *d* pilares y
16.28 que tome venganza de. . por mis *d* ojos
16.29 las *d* columnas de en medio, sobre las
19.6 se sentaron ellos *d* juntos, y comieron
Rt. 1.1 a morar en. . Moab, él. . y *d* hijos suyos
1.3 y murió. . y quedó ella con sus *d* hijos
1.5 murieron también los *d,* Mahlón y Quelión
1.5 quedando así. . desamparada de sus *d* hijos
1.7 y con ella sus *d* nueras. . para volverse
1.8 a sus *d* nueras: Andad, volveos cada una
1.17 sólo la muerte hará. . entre nosotras *d*
1.19 anduvieron. . ellas *d* hasta que llegaron
1 S. 1.2 tenía él *d* mujeres; el nombre de una
1.3 estaban *d* hijos de Elí, Ofni y Finees
2.21 y ella dio a luz tres hijos y *d* hijas
2.34 acontecerá a tus *d* hijos. . ambos morirán
4.4 los *d* hijos de Elí. . estaban allí con el
4.11 y muertos los *d* hijos de Elí, Ofni y
4.17 tus *d* hijos. . fueron muertos, y el arca
5.4 la cabeza. . y las *d* palmas de sus manos
6.7 un carro. . tomad luego *d* vacas que críen
6.10 tomando *d* vacas. . las uncieron al carro
10.2 *d* hombres junto al sepulcro de Raquel
10.4 te darán *d* panes, los que tomarás de
11.11 de tal manera que no quedaron *d*. . juntos
13.1 cuando hubo reinado *d* años sobre Israel
14.49 nombres de sus *d* hijas eran, el de la
17.23 se ponía en medio de los *d* campamentos
18.11 enclavaré. . Pero David lo evadió *d* veces

DOS *(Continúa)*

1 S. 20.23 Jehová entre nosotros *d* para siempre
27.3 David..sus *d* mujeres, Ahinoam..Abigail
28.8 Saúl..se fue con *d* hombres, y vinieron
30.5 las *d* mujeres de David..eran cautivas
30.12 le dieron..higos..y *d* racimos de pasas
30.18 libró..libertó David a sus *d* mujeres
2 S. 1.1 vuelto David..estuvo *d* días en Siclag
2.2 David subió allá, y con él sus *d* mujeres
2.10 de 40 años era Is-boset..y reinó *d* años
4.2 hijo de Saúl tenía *d* hombres, capitanes
8.2 midió *d* cordeles para hacerlos morir
12.1 había *d* hombres en una ciudad, el uno
13.6 haga delante de mí *d* hojuelas, para que
13.23 aconteció pasados *d* años, que Absalón
14.6 tu sierva tenía *d* hijos, y los *d* riñeron
14.28 estuvo Absalón por..*d* años en Jerusalén
15.27 vuelve en paz a la ciudad, y..*d* hijos
15.36 están con ellos sus *d* hijos, Ahimaas
17.18 *d* se dieron prisa a caminar, y llegaron
18.24 y David..sentado entre las *d* puertas
21.8 tomó el rey a *d* hijos de Rizpa hija de
23.20 mató a *d* leones de Moab; y él mismo
1 R. 2.5 lo que hizo a *d* generales del ejército
2.32 ha dado muerte a *d* varones más justos
2.39 que *d* siervos de Simei huyeron a Aquis
3.16 vinieron al rey *d* mujeres rameras, y se
3.18 ninguno de..sino nosotras *d* en la casa
5.14 mes en el Líbano, y *d* meses en sus casas
6.23 en el lugar santísimo *d* querubines de
6.27 las otras *d* alas se tocaban la una en
6.32 las *d* puertas eran de madera de olivo
6.34 las *d* puertas eran de madera de ciprés
6.34 *d* hojas de una..giraban, y las otras *d*
7.15 vació *d* columnas de bronce; la altura de
7.16 hizo también *d* capiteles de fundición
7.18 también *d* hileras de granadas alrededor
7.20 tenían..capiteles de las *d* columnas, 200
7.20 doscientas granadas en *d* hileras..red
7.24 que ceñían el mar alrededor en *d* filas
7.41 *d* columnas, y los capiteles redondos que
7.41 capiteles..en lo alto de las *d* columnas
7.41 y *d* redes que cubrían los *d* capiteles
7.42 las *d* redes, *d* hileras de granadas en
7.42 para cubrir los *d* capiteles redondos que
8.9 ninguna cosa había sino las *d* tablas de
9.10 cuando..ya había edificado las *d* casas
10.19 junto a los cuales estaban..*d* leones
11.9 Dios..que se le había aparecido *d* veces
11.29 y estaban ellos *d* solos en el campo
12.28 hizo el rey *d* becerros de oro, y dijo
15.25 Nadab hijo..reinó sobre Israel *d* años
16.8 comenzó a reinar Ela hijo..reinó *d* años
16.21 de Israel fue dividido en *d* partes: la
16.24 Omri compró..Samaria por *d* talentos de
17.12 ahora recogía *d* leños, para entrar y
18.21 ¿hasta cuando claudicaréis..entre *d*
18.23 dénsenos..*d* bueyes, y escojan ellos uno
18.32 una zanja..en que cupieran *d* medidas de
20.27 de Israel..como *d* rebañuelos de cabras
21.10 poned a *d* hombres perversos delante de
21.13 vinieron entonces *d* hombres perversos
22.51 Ocozías..y reinó *d* años sobre Israel
2 R. 1.14 y ha consumido a los *d*..capitanes de
2.7 y ellos *d* se pararon junto al Jordán
2.11 un carro de fuego con..apartó a los *d*
2.12 sus vestidos, los rompió en *d* partes
2.24 salieron *d* osos..despedazaron de ellos
4.1 venido el acreedor para tomarse *d* hijos
5.22 *d* jóvenes de los hijos de los profetas
5.22 te ruego que les des..*d* vestidos nuevos
5.23 Naamán: Te ruego que tomes *d* talentos
5.23 insistió, y ató *d* talentos..en *d* bolsas
5.23 y *d* vestidos nuevos, y lo puso todo a
5.23 a cuestas a *d* de sus criados para que
7.1 un siclo, y *d* seahs de cebada un siclo
7.14 tomaron, pues, *d* caballos de un carro
7.16,18 *d* seahs de cebada por un siclo, y
9.32 se inclinaron hacia él *d* o tres eunucos
10.4 *d* reyes no pudieron resistirle; ¿cómo
10.8 ponedlas en *d* montones a la entrada de
11.7 las *d* partes..que salen el día de reposo
15.23 reinó Pekaía hijo..sobre Israel..*d* años
17.16 y se hicieron imágenes..de *d* becerros
21.5 edificó altares..en los *d* atrios de la
21.19 era Amón..y reinó *d* años en Jerusalén
23.12 altares..en los *d* atrios de la casa de
25.4 huyeron..entre los *d* muros, junto a los
25.16 las *d* columnas, un mar, y las basas que
1 Cr. 1.19 a Heber nacieron *d* hijos; el nombre
4.5 Asur padre..tuvo *d* mujeres, Hela y Naara
11.22 Benaía..venció a los *d* leones de Moab
26.17 y a la casa de provisiones de *d* en *d*
26.18 cuatro al camino, y *d* en la cámara
2 Cr. 3.2 edificar..a los *d* días del mes, en
3.10 *d* querubines de madera..cubiertos de oro
3.15 delante de la casa hizo *d* columnas de
4.3 *d* hileras de calabazas fundidas..el mar
4.12 *d* columnas, y..capiteles sobre..las *d*
4.12 *d* redes para cubrir las *d* esferas de los
4.13 granadas en las *d* redes, *d* hileras de
4.13 granadas..cubriesen las *d* esferas de los
5.10 en el arca no había más que las *d* tablas
9.18 el trono..*d* leones..junto a los brazos
21.19 al cabo de *d* años, los intestinos se le
24.3 Joiada tomó para él *d* mujeres; y..hijos
33.5 altares..en los *d* atrios de la casa de
33.21 era Amón..y *d* años reinó en Jerusalén
Esd. 8.27 *d* vasos de bronce bruñido muy bueno
10.13 ni la obra es de un día ni de *d*, porque
Neh. 12.31 puse *d* coros..fueron en procesión
12.40 llegaron luego los *d* coros a la casa de
13.20 y se quedaron fuera de..una y *d* veces
Est. 2.21 se enojaron..*d* eunucos del rey, de la
2.23 *d* eunucos fueron colgados en una horca
6.2 había denunciado el complot de..*d* eunucos
9.27 que no dejarían de celebrar estos *d* días
Job 9.33 que ponga su mano sobre nosotros *d*
13.20 a lo menos *d* cosas no hagas conmigo
33.14 en una o en *d* maneras habla Dios; pero
33.29 estas cosas hace Dios *d* y tres veces
40.5 aun *d* veces, mas no volveré a hablar
42.7 mi ira..contra ti y tus *d* compañeros
Sal. 62.11 *d* veces he oído esto: que de Dios
149.6 y espadas de *d* filos en sus manos
Pr. 5.4 amargo..agudo como espada de *d* filos
30.7 *d* cosas te he demandado; no me..niegues
30.15 la sanguijuela tiene *d* hijas que dicen
Ec. 4.9 mejores son *d* que uno..mejor paga de
4.11 si *d* durmieren juntos, se calentarán
4.12 si alguno prevaleciere..*d* le resistirán
6.6 si aquél viviere mil años *d* veces, sin
Cnt. 4.5; 7.3 tus *d* pechos, como gemelos de
Is. 6.2 tenían seis alas; con *d* cubrían sus
6.2 con *d* cubrían sus pies, y con *d* volaban
7.4 a causa de estos *d* cabos de tizón que
7.16 la tierra de los *d* reyes que tú temes
8.14 a las *d* casas de Israel, por piedra para
17.6 *d* o tres frutos en la punta de la rama
21.7 vio..jinetes de *d* en *d*, montados sobre
21.9 aquí vienen hombres montados..de *d* en *d*
22.11 hicisteis foso entre los *d* muros para
47.9 estas *d* cosas te vendrán de repente en
51.19 *d* cosas te han acontecido: asolamiento
Jer. 2.13 porque *d* males ha hecho mi pueblo: me
3.14 tomaré uno de cada..*d* de cada familia
24.1 me mostró Jehová *d* cestas de higos
28.3 dentro de *d* años haré volver a este lugar
28.11 romperé el yugo de..dentro de *d* años
33.24 habla..*D* familias que Jehová escogiera
34.18 dividiendo en *d* partes el becerro y
39.4 por la puerta entre los *d* muros; y salió
52.7 entre los *d* muros que había cerca del
52.20 *d* columnas, un mar, y los doce bueyes
Ez. 1.11 sus alas..*d*..*d* cubrían sus cuerpos
1.23 uno tenía *d* alas que cubrían su cuerpo
15.4 sus *d* extremos consumió el fuego, y la
21.19 *d* caminos por donde venga la espada del
21.21 detenido..al principio de los *d* caminos
23.2 hijo..hubo *d* mujeres, hijas de una madre
35.10 *d* naciones y las *d* tierras serán mías
37.22 nunca más serán *d* naciones..en *d* reinos
40.39 había *d* mesas a un lado, y otras *d* al
40.40 a la entrada había..*d* mesas..*d* mesas
41.3 midió cada poste de la puerta..*d* codos
41.18 estaba..cada querubín tenía *d* rostros
41.22 del altar de..su longitud de *d* codos
41.23 templo y el santuario tenían *d* puertas
41.24 en cada puerta..*d* hojas, *d* hojas que
41.24 *d* hojas en una puerta..*d* en la otra
43.14 hasta el lugar de abajo, *d* codos, y la
47.9 entraren estos *d* ríos, vivirá; y habrá
47.13 que repartiréis..José tendrá *d* partes
Dn. 8.3 he aquí un carnero..y tenía *d* cuernos
8.6 vino hasta el carnero de *d* cuernos, que
8.7 y le quebró sus *d* cuernos, y el carnero
8.20 que tenía *d* cuernos, éstos son los reyes
11.27 el corazón de estos *d* reyes será para
12.5 he aquí otros *d* que estaban en pie, el
Os. 6.2 nos dará vida después de *d* días; en el
Am. 1.1 profetizó..*d* años antes del terremoto
3.3 ¿andarán *d* juntos si no estuvieren de
3.12 manera que el pastor libra..*d* piernas
4.8 y venían *d* o tres ciudades a..para beber
Nah. 1.9 no tomará venganza *d* veces de sus
Zac. 4.3 junto a él *d* olivos..uno a la derecha
4.11 ¿qué significan estos *d* olivos..derecha
4.12 ¿qué significan las *d* ramas..*d* tubos de
4.14 *d* ungidos que están delante del Señor
5.9 *d* mujeres que salían, y traían viento en
6.1 miré..carros que salían de entre *d* montes
13.8 las *d* terceras partes serán cortadas en
Mt. 2.16 matar a..los niños menores de *d* años
4.18 vio a *d* hermanos, Simón, llamado Pedro
4.21 vio a otros *d* hermanos, Jacobo hijo de
5.41 llevar carga por una milla, vé con él *d*
6.24 ninguno puede servir a *d* señores; porque
8.28 vinieron..*d* endemoniados que salían de
9.27 le siguieron *d* ciegos, dando voces y
10.10 ni de *d* túnicas, ni de calzado, ni de
10.29 se venden *d* pajarillos por un cuarto?
11.2 al oír Juan..envió *d* de sus discípulos
14.17 no tenemos..sino cinco panes y *d* peces
14.19 tomando los cinco panes y los *d* peces
17.24 vinieron a..que cobraban las *d* dracmas
17.24 ¿vuestro Maestro no paga las *d* dracmas?
18.8 teniendo *d* manos o *d* pies ser echado en
18.9 que teniendo *d* ojos ser echado en el
18.16 toma..a uno o *d*, para que en boca de *d*
18.19 si *d* de vosotros se pusieren de acuerdo
18.20 donde están *d* o tres congregados en mi
19.5 su mujer, y los *d* serán una sola carne?
19.6 así que no son ya más *d*, sino una sola
20.21 en tu reino se sienten estos *d* hijos
20.24 esto, se enojaron contra los *d* hermanos
20.30 *d* ciegos que..oyeron que Jesús pasaba
21.1 se acercaron..Jesús envió *d* discípulos
21.28 un hombre tenía *d* hijos..Hijo, vé hoy a
21.31 ¿Cuál de los *d* hizo la voluntad de su
22.40 de estos *d* mandamientos depende toda
23.15 le hacéis *d* veces más hijo del infierno
24.40 estarán *d* en el campo; el uno..tomado
24.41 *d* mujeres estarán moliendo en un molino
25.15 y a otro *d*, y a otro uno, a cada uno
25.17 el que había recibido *d*, ganó..otros *d*
25.22 el que había recibido *d* talentos, dijo
25.22 *d* talentos me entregaste; aquí..otros *d*
26.2 dentro de *d* días se celebra la pascua
26.37 tomando a..y a los *d* hijos de Zebedeo
26.60 pero al fin vinieron *d* testigos falsos
27.21 ¿a cuál de los *d* queréis que os suelte?
27.38 crucificaron con él a *d* ladrones, uno
27.51 el velo del templo se rasgó en *d*, de
Mr. 6.7 llamó..y comenzó a enviarlos de *d* en *d*
6.9 sino..sandalias, y no vistiesen *d* túnicas
6.38 al saberlo, dijeron: Cinco, y *d* peces
6.41 tomó los cinco panes y los *d* peces, y
6.41 dio..repartió los *d* peces entre todos
9.43 que teniendo *d* manos ir al infierno, al
9.45 cojo, que teniendo *d* pies ser echado en
9.47 teniendo *d* ojos ser echado al infierno
10.8 y los *d* serán una sola carne; así que
10.8 así que no son ya más *d*, sino uno
12.42 vino una viuda pobre y echó *d* blancas
14.1 *d* días después..pascua, y la fiesta de
14.13 envió *d* de sus discípulos, y les dijo
14.30 haya cantado *d* veces, me negarás tres
14.72 antes que el gallo cante *d* veces, me
15.27 crucificaron..con él a *d* ladrones, uno
15.38 el velo del templo se rasgó en *d*, de
16.12 apareció en otra forma a *d* de ellos
Lc. 2.24 un par de tórtolas, o *d* palominos
3.11 que tiene *d* túnicas, dé al que no tiene
5.2 *d* barcas que estaban cerca de la orilla
7.18 y llamó Juan a *d* de sus discípulos
7.41 un acreedor tenía *d* deudores: el uno le
9.3 no toméis nada para..ni llevéis *d* túnicas
9.13 no..más que cinco panes y *d* pescados
9.16 tomando los cinco panes y los *d* pescados
9.30 he aquí *d* varones que hablaban con él
9.32 vieron..los *d* varones que estaban con él
10.1 a quienes envió de *d* en *d* delante de él
10.35 sacó *d* denarios, y los dio al mesonero
12.6 venden cinco pajarillos por *d* cuartos?
12.52 cinco..tres contra *d*, y *d* contra tres
15.11 también dijo: Un hombre tenía *d* hijos
16.13 ningún siervo puede servir a *d* señores
17.34 aquella noche estarán *d* en una cama
17.35 *d* mujeres estarán moliendo juntas; la
17.36 *d* estarán en el campo; el uno..tomado
18.10 *d* hombres subieron al templo a orar
18.12 ayuno *d* veces a la semana, doy diezmos
19.29 que llegando..envió *d* de sus discípulos
21.2 a una viuda..que echaba allí *d* blancas
22.38 dijeron: Señor, aquí hay *d* espadas
23.32 llevaban también con él a otros *d*, que
24.4 se pararon junto a ellas *d* varones con
24.13 *d* de ellos iban..a una aldea llamada
Jn. 1.35 vez estaba Juan, y *d* de sus discípulos
1.37 le oyeron hablar los *d* discípulos, y
2.6 en cada una de..cabían *d* o tres cántaros
4.40 que se quedase..y se quedó allí *d* días
4.43 *d* días después, salió de allí y fue a
6.9 cinco panes de cebada y *d* pececillos; mas
11.6 se quedó *d* días más en el..donde estaba
19.18 le crucificaron, y con él a otros *d*
20.12 vio a *d* ángeles con vestiduras blancas
21.2 estaban..y otros *d* de sus discípulos
Hch. 1.10 se pusieron junto a ellos *d* varones
1.23 señalaron a *d*: a José, llamado Barsabás
1.24 muestra cual de estos *d* has escogido
7.29 y vivió..Madián, donde engendró *d* hijos
9.38 allí, le enviaron *d* hombres, a rogarle
10.7 llamó a *d* de sus criados, y a un devoto
12.6 durmiendo entre *d* soldados, sujeto con
12.6 con *d* cadenas, y los guardas delante de
19.10 así continuó por espacio de *d* años, de
19.22 enviando..a *d* de los que le ayudaban
19.34 gritaron casi por *d* horas: ¡Grande es
21.33 prendió y le mandó atar con *d* cadenas
23.23 y llamando a *d* centuriones, mandó que
24.27 pero al cabo de *d* años recibió Félix
27.41 un lugar de *d* aguas, hicieron encallar
28.30 Pablo permaneció *d* años..en una casa
1 Co. 6.16 dice: Los *d* serán una sola carne
14.27 esto por *d*, o a lo más tres, y por turno
14.29 profetas hablen *d* o tres, y los demás
2 Co. 13.1 por boca de *d* o de tres testigos se
Ef. 2.15 crear..de los *d* un solo y nuevo hombre
5.31 se unirá..y los *d* serán una sola carne
1 Ti. 5.19 no admitas acusación sino con *d* o

DOS *(Continúa)*
He. 6.18 por *d* cosas. .tengamos un. .consuelo los
10.28 el testimonio de *d* o de tres testigos
Ap. 1.16 de su boca salía una espada. .*d* filos
2.12 el que tiene la espada. .de *d* filos dice
6.6 *d* libras de trigo por un denario, y seis
9.12 aquí, vienen aún *d* ayes después de esto
11.3 daré a mis *d* testigos que profeticen
11.4 son los *d* olivos, y los *d* candeleros que
11.10 estos *d* profetas habían atormentado a
12.14 le dieron. .las *d* alas de la gran águila
13.11 y tenía *d* cuernos semejantes a los de
19.20 estos *d* fueron lanzados vivos dentro de

DOSCIENTOS *Véase también Doscientos cinco, Doscientos mil, etc.*
Gn. 11.23 y vivió Serug. .*d* años, y engendró
32.14 *d* cabras. .*d* ovejas y veinte carneros
Jos. 7.21 vi. .*d* siclos de plata, y un lingote
Jue. 17.4 y tomó su madre *d* siclos de plata y
1 S. 18.27 y mató a *d* hombres de los filisteos
25.13 subieron tras. .dejaron *d* con el bagaje
25.18 tomó luego *d* panes. .*d* panes de higos
30.10 se quedaron atrás *d*, que cansados no
30.21 vino David a los *d* hombres que habían
2 S. 14.26 pesaba el cabello. .*d* siclos de peso
15.11 con Absalón *d* hombres de Jerusalén
16.1 sobre ellos *d* panes. .cien panes de higos
1 R. 7.20 *d* granadas en dos hileras alrededor
10.16 hizo. .*d* escudos grandes de oro batido
1 Cr. 12.32 los hijos de Isacar, *d* principales
15.8 Semaías el principal, y sus hermanos, *d*
2 Cr. 9.15 *d* paveses de oro batido, cada uno
29.32 *d* corderos, todo para el holocausto de
Esd. 2.65 sus siervos. .y tenían *d* cantores y
6.17 ofrecieron. .*d* carneros y 400 corderos
8.4 hijo de Zeraías, y con él *d* varones
Cnt. 8.12 y *d* para los que guardan su fruto
Ez. 45.15 una cordera del rebaño de *d*, de las
Mr. 6.37 ¿que. .compremos pan por *d* denarios, y
Jn. 6.7 *d* denarios de pan no bastarían para que
21.8 no distaban de tierra sino como *d* codos
Hch. 23.23 *d* soldados, 70 jinetes y *d* lanceros

DOSCIENTOS CINCO
Gn. 11.32 y fueron los días de Taré *205* años

DOSCIENTOS CINCUENTA
Éx. 30.23 de canela. .*250*. .cálamo aromático *250*
Nm. 16.2 se levantaron contra Moisés con *250*
16.17 poned incienso en ellos. .*250* incensarios
16.35 consumió a los *250* hombres que ofrecían
26.10 consumió el fuego a *250* varones, para
2 Cr. 8.10 y tenía Salomón *250* gobernadores
Ez. 48.17 al norte de *250* cañas, al sur de *250*
48.17 oriente de *250*, y de *250* al occidente

DOSCIENTOS CINCUENTA MIL
1 Cr. 5.21 camellos, *250.000* ovejas y dos mil

DOSCIENTOS CUARENTA Y CINCO
Esd. 2.66 sus caballos eran 736; sus mulas, *245*
Neh. 7.67 y entre ellos había *245* cantores y
7.68 sus caballos, 736, sus mulos, *245*

DOSCIENTOS CUARENTA Y DOS
Neh. 11.13 sus hermanos, jefes de familias, *242*

DOSCIENTOS DIECIOCHO
Esd. 8.9 hijo de Jehiel, y con él *218* varones

DOSCIENTOS DOCE
1 Cr. 9.22 eran *212* cuando fueron contados por

DOSCIENTOS MIL
1 S. 15.4 les pasó revista. .*200.000* de a pie
2 Cr. 17.16 con él *200.000* hombres valientes
17.17 con él *200.000* armados de arco y escudo
28.8 tomaron cautivos de. .*200.000*, mujeres

DOSCIENTOS MILLONES
Ap. 9.16 número de los ejércitos. .*200.000.000*

DOSCIENTOS NUEVE
Gn. 11.19 y vivió Peleg. .*209* años, y engendró

DOSCIENTOS OCHENTA MIL
2 Cr. 14.8 Judá 300.000 y de Benjamín *280.000*
17.15 él, el jefe Johanán, y con él *280.000*

DOSCIENTOS OCHENTA Y CUATRO
Neh. 11.18 levitas en la santa ciudad eran *284*

DOSCIENTOS OCHENTA Y OCHO
1 Cr. 25.7 instruidos en el canto. .aptos. .*288*

DOSCIENTOS SETENTA Y SEIS
Hch. 27.37 todas las personas en la nave *276*

DOSCIENTOS SETENTA Y TRES
Nm. 3.46 y para el rescate de los *273* de los

DOSCIENTOS SIETE
Gn. 11.21 vivió Reu. .*207* años, y engendró hijos

DOSCIENTOS TREINTA Y DOS
1 R. 20.15 a los siervos de los príncipes. .*232*

DOSCIENTOS VEINTE
1 Cr. 15.6 Asaías el principal. .hermanos, *220*
Esd. 8.20 y de los sirvientes del templo. .*220*

DOSCIENTOS VEINTITRÉS
Esd. 2.19 los hijos de Hasum, *223*
2.28 los varones de Bet-el y Hai, *223*

DOSEL
Is. 4.5 porque sobre toda gloria habrá un *d*

DOS MIL *Véase Dos Mil Doscientos, etc.*
Nm. 35.5 al oriente *2.000* codos, al. .sur *2.000*
35.5 occidente *2.000* codos, y. .norte *2.000*
Jos. 3.4 haya distancia como de *2.000* codos
7.3 suban como *2.000* o tres mil hombres, y
Jue. 20.45 y mataron de ellos a *2.000* hombres
1 S. 13.2 estaban con Saúl *2.000* en Micmas y
1 R. 7.26 del mar. .y cabían en él *2.000* batos
2 R. 18.23 y yo te daré *2.000* caballos, si tú
1 Cr. 5.21 y tomaron. .*2.000* asnos; y cien mil
Neh. 7.72 del pueblo dio. .*2.000* libras de plata
Is. 36.8 te daré *2.000* caballos, si tú puedes
Mr. 5.13 entraron en los cerdos. .como *2.000*

DOS MIL CIENTO SETENTA Y DOS
Esd. 2.3; Neh. 7.8 los hijos de Paros, *2.172*

DOS MIL CINCUENTA Y SEIS
Esd. 2.14 los hijos de Bigvai, *2.056*

DOS MIL CUATROCIENTOS
Éx. 38.29 bronce. .70 talentos y *2.400* siclos
Nm. 7.85 la plata de la vajilla, *2.400* siclos

DOS MIL DOSCIENTOS
Neh. 7.71 dieron. .oro y *2.200* libras de plata

DOS MIL OCHOCIENTOS DIECIOCHO
Neh. 7.11 los hijos de Jesúa y de Joab, *2.818*

DOS MIL OCHOCIENTOS DOCE
Esd. 2.6 los hijos de Jesúa y de Joab, *2.812*

DOS MIL SEISCIENTOS
2 Cr. 26.12 el número de los jefes. .era *2.600*
35.8 sacerdotes. .*2.600* ovejas y 300 bueyes

DOS MIL SEISCIENTOS TREINTA
Nm. 4.40 los contados de ellos. .fueron *2.630*

DOS MIL SEISCIENTOS VEINTIDÓS
Neh. 7.17 los hijos de Azgad, *2.622*

DOS MIL SESENTA Y SIETE
Neh. 7.19 los hijos de Bigvai, *2.067*

DOS MIL SETECIENTOS
1 Cr. 26.32 sus hermanos. .eran *2.700*, jefes de

DOS MIL SETECIENTOS CINCUENTA
Nm. 4.36 fueron los contados de ellos. .*2.750*

DOS MIL TRESCIENTOS
Dn. 8.14 dijo: Hasta *2.300* tardes y mañanas

DOTÁN *Ciudad en una llanura del mismo nombre*
Gn. 37.17 oí decir: Vamos a *D*. .los halló en *D*
2 R. 6.13 fue dicho: He aquí que él está en *D*

DOTAR
Éx. 22.16 si alguno engañare. .deberá *dotarla*

DOTE
Gn. 30.20 dijo. .Dios me ha dado una buena *d*
34.12 aumentad a cargo mío mucha *d* y dones
Éx. 22.17 pesará plata conforme a la *d* de las
1 S. 18.25 así a David: El rey no desea la *d*
1 R. 9.16 en *d* a su hija la mujer de Salomón

DRACMA
1 Cr. 29.7 dieron. .diez mil *d* de oro, diez mil
Esd. 2.69 dieron al tesorero. .61.000 *d* de oro
8.27 además, viente tazones de oro de mil *d*
Neh. 7.70 el gobernador dio. .mil *d* de oro, 50
7.71 dieron. .20.000 *d* de oro y 2.200 libras
7.72 resto del pueblo dio. .20.000 *d* de oro
Mt. 17.24 vinieron. .los que cobraban las dos *d*
17.24 ¿vuestro Maestro no paga las dos *d?*
Lc. 15.8 qué mujer que tiene diez *d*, si pierde
15.8 si pierde una *d*, no enciende la lámpara
15.9 he encontrado la *d* que había perdido

DRAGÓN
Neh. 2.13 salí de noche. .hacia la fuente del *D*
Sal. 91.13 hollarás al cachorro del. .y al *d*
Is. 27.1 Jehová. .matará al *d* que está en el mar
51.9 ¿no eres tú el que cortó. .hirió al *d?*
Jer. 51.34 me tragó como *d*, llenó su vientre de
Ez. 29.3 gran *d* que yace en medio de sus ríos
32.2 como el *d* en los mares; pues secabas tus
Ap. 12.3 un gran *d*. .que tenía siete cabezas y
12.4 y el *d* se paró frente a la mujer que
12.7 luchaban contra el *d*; y luchaba el *d* y
12.9 lanzado fuera el gran *d*, la serpiente
12.13 vio el *d* que había sido arrojado a la
12.16 tragó el río que el *d* había echado de
12.17 el *d* se llenó de ira contra la mujer
13.2 y el *d* le dio su poder y su trono, y
13.4 adoraron al *d* que había dado autoridad
13.11 los de un cordero, pero hablaba como *d*
16.13 vi salir de la boca del *d*. .espíritus
20.2 y prendió al *d*. .y lo ató por mil años

DROMEDARIO, RIA
Is. 60.6 *d* de Madián y de Efa; vendrán todos
Jer. 2.23 conoce lo que has hecho, *d* ligera que

DRUSILA *Mujer de Félix*, **Hch. 24.24**

DUDA
Jue. 3.24 sin *d* él cubre sus pies en la sala de
1 S. 14.44 respondió. .sin *d* morirás, Jonatán
22.16 el rey dijo: Sin *d* morirás, Abimelec
26.25 sin *d* emprenderás tú cosas grandes, y
1 R. 2.37 el día que salieres. .sin *d* morirás
13.32 sin *d* vendrá lo que él dijo a voces
Jer. 36.16 sin *d* contaremos al rey. .palabras
37.9 sin *d* ya los caldeos se apartarán de
Dn. 5.12 para. .descifrar enigmas y resolver *d*
Hab. 2.3 no mentirá. .sin *d* vendrá, no tardará
1 Ti. 6.7 mundo, y sin *d* nada podremos sacar

DUDAR
Mt. 14.31 ¡hombre de poca fe! ¿Por qué *dudaste?*
21.21 que si tuviereis fe, y no *dudareis*, no
28.17 le adoraron; pero algunos *dudaban*
Mr. 11.23 no *dudare* en su corazón. .será hecho
Jn. 13.22 se miraban. .*dudando* de quién hablaba
Hch. 5.24 *dudaban* en. .vendría a parar aquello
10.20 desciende, y no *dudes* de ir con ellos
11.12 me dijo que fuese con ellos sin *dudar*
25.20 yo, *dudando* en cuestión semejante, le
Ro. 4.20 tampoco *dudó*. .de la promesa de Dios
14.23 pero el que *duda* sobre lo que come, es
Stg. 1.6 no *dudando* nada; porque el que *duda*
Jud. 22 a algunos que *dudan*, convencedlos

DUELO
Gn. 23.2 vino Abraham a hacer *d* por Sara, y a
50.10 José hizo a su padre *d* por siete días
Lv. 10.6 ni rasguéis. .vestidos en señal de *d*
Nm. 20.29 le hicieron *d* por treinta días todas
2 S. 3.31 ceñíos de. .haced *d* delante de Abner
11.26 oyendo la mujer. .hizo *d* por su marido
14.2 yo te ruego que finjas estar de *d*, y te
14.2 desde mucho tiempo está de *d* por algún
19.1 aquí el rey llora, y hace *d* por Absalón
1 Cr. 7.22 y Efraín su padre hizo *d* por. .días
2 Cr. 35.24 y todo Judá. .hicieron *d* por Josías
Neh. 1.4 hice *d* por algunos días, y ayuné y oré
Is. 19.8 harán *d* todos los que echan anzuelo en
Jl. 1.9 los. .ministros de Jehová están de *d*
Am. 6.7 se acercará el *d* de los que se entregan

DUEÑO
Éx. 21.28 buey. .el *d* del buey será absuelto
21.29 a su *d* se le hubiere notificado, y no
21.29 el buey será apedreado, y. .morirá su *d*
21.32 pagará su *d* treinta siclos de plata
21.34 el *d* de la cisterna pagará el daño
21.34 pagará el daño, resarciendo a su *d*, y
21.36 el buey. .su *d* no lo hubiere guardado
22.8 el *d* de la casa será presentado a los
22.11 su *d* lo aceptará, y el otro no pagará
22.12 hubiere sido hurtado, resarcirá a su *d*
22.14 estando ausente su *d*, deberá pagarla
22.15 si el *d* estaba presente, no la pagará
22.15 era alquilada, reciba el *d* el alquiler
Jue. 19.22 y hablaron al anciano, *d* de la casa
19.23 y salió a ellos el *d* de la casa y les
1 R. 16.24 de Semer, que fue *d* de aquel monte
Job 31.39 si comí. .o afligí el alma de sus *d*
Ec. 5.11 ¿qué bien. .tendrá su *d*, sino verlos
5.13 las riquezas guardadas por sus *d* para
Is. 1.3 el buey conoce a su *d*, y el asno el
Lc. 19.33 sus *d* les dijeron: ¿Por qué desatáis
1 Co. 7.37 que es *d* de su propia voluntad, y
Tit. 1.8 sobrio, justo, santo, *d* de sí mismo

DULCE

Jue. 14.18 ¿qué cosa más *d* que la miel? ¿Y qué
2 S. 1.26 hermano mío Jonatán. . fuiste muy *d*
23.1 dijo David hijo. . el *d* cantor de Israel
Neh. 8.10 y bebed vino *d*, y enviad porciones a
Job 21.33 los terrones del valle le serán *d*
Sal. 19.10 *d* más que miel, y que la. . del panal
104.34 *d* será mi meditación en él; yo me
119.103 cuán *d* son a mi paladar tus palabras!
Pr. 9.17 las aguas hurtadas son *d*, y el pan
24.13 es buena, y el panal es *d* a tu paladar
27.7 pero al hambriento todo lo amargo es *d*
Ec. 5.12 *d* es el sueño del trabajador, coma
Cnt. 1.16 que tú eres hermoso, amado mío, y *d*
2.3 me senté, y su fruto fue *d* a mi paladar
2.14 porque es *d* la voz tuya, y hermoso tu
4.16 venga mi amado a. . y coma de su *d* fruta
7.13 toda suerte de *d* frutas, nuevas y añejas
Is. 5.20 lo amargo por *d*, y lo *d* por amargo!
Ez. 3.3 lo comí, y fue en mi boca *d* como miel
Stg. 3.11 alguna fuente echa. . agua *d* y amarga?
3.12 ninguna fuente puede dar agua salada y *d*
Ap. 10.9 pero en tu boca será *d* como la miel
10.10 tomé el librito. . y era *d* en mi boca

DULCEMENTE

Sal. 55.14 juntos comunicábamos *d* los secretos

DULCÍSIMO

Cnt. 5.16 su paladar, *d*, y todo él codiciable

DULZURA

Jue. 9.11 ¿he de dejar mi *d* y mi buen fruto
14.14 del. . salió comida, y del fuerte salió *d*
Job 15.11 las palabras que con *d* se te dicen?
24.20 de ellos sentirán los gusanos *d;* nunca
Pr. 16.21 y la *d* de labios aumenta el saber

DUMA

1. Hijo de Ismael, Gn. 25.14; 1 Cr. 1.30
2. Ciudad en Judá, Jos. 15.25
3. =Edom, Is. 21.11

DUODÉCIMO, MA

Nm. 7.78 el *d* día, el príncipe de los hijos de
2 R. 17.1 en el año *d* de Acaz. . comenzó a reinar
25.27 en el mes *d*, a los 27 días del mes, que
1 Cr. 24.12 undécima a Eliasib, la *d* a Jaquim
25.19 la *d* para Hasabías, con sus hijos y sus
27.15 *d* para el *d* mes era Heldai netofatita
Est. 3.7 año *d* del rey Asuero, fue echada Pur
3.7 y salió el mes *d*, que es el mes de Adar
3.13; 8.12 el día trece del mes *d*, que es el
9.1 en el mes *d*, que es el mes de Adar, a los
Jer. 52.31 el mes *d*, a los veinticinco días del
Ez. 32.1 aconteció en el año *d*, en el mes *d*, el
32.17 aconteció en el año *d*, a los 15 días
33.21 en el año *d* de nuestro cautiverio, en
Ap. 21.20 el undécimo, jacinto; el *d* amatista

DUPLICAR

Ez. 21.14 y *duplíquese*. . el furor de la espada

DURA *Valle en Babilonia*, Dn. 3.1

DURACIÓN

Mt. 13.21 es de corta *d*. . al venir la aflicción
Mr. 4.17 no tienen raíz en sí. . son de corta *d*

DURADERO, RA

Dt. 28.59 aumentará. . enfermedades malignas y *d*
1 S. 13.14 mas ahora tu reino no será *d*. Jehová
Job 20.21 por tanto, su bienestar no será *d*
Pr. 8.18 están conmigo; riquezas *d*, y justicia

DURAMENTE

1 R. 12.13 el rey respondió al pueblo *d*, dejando
Mt. 24.51 castigará *d*, y pondrá su parte con
Lc. 12.46 le castigará *d*, y le pondrá con los
Tit. 1.13 repréndelo *d*, para que sean sanos en

DURAR

1 Cr. 29.15 nuestros días. . sombra que no *dura*
2 Cr. 29.28 *duró* hasta consumirse. . holocausto
Neh. 2.6 ¿cuánto *durará* tu viaje y. . volverás?
Job 15.29 prosperará, ni *durarán* sus riquezas
41.26 ni espada, ni lanza, ni dardo. . *durará*
Sal. 30.5 ira, pero su favor *dura* toda la vida
30.5 la noche *durará* el lloro, y a la mañana
72.5 temerán mientras *duren* el sol y la luna
72.17 se perpetuará. . mientras *dure* el sol
Pr. 27.24 las riquezas no *duran* para siempre
Is. 26.9 que me *dure* el espíritu dentro de mí
Dn. 8.13 ¿hasta cuándo *durará* la visión del
9.26 hasta el fin de la guerra *durarán* las
Jn. 9.4 las obras. . entre tanto que el día *dura*
Ap. 17.10 es necesario que *dure* breve tiempo

DUREZA

Éx. 1.13 hicieron servir a los. . de Israel con *d*
Lv. 25.43 no te enseñorearás de él con *d*, sino
25.46 no os enseñorearéis cada uno. . con *d*
Dt. 9.27 no mires a la *d* de este pueblo, ni a
29.19 aunque ande en la *d* de mi corazón, a
Job 38.38 el polvo se ha convertido en *d*, y los
Sal. 81.12 los dejé, por. . a la *d* de su corazón
Pr. 18.23 con ruegos, mas el rico responde *d*
Jer. 3.17 ni andarán más tras la *d* de. . corazón
7.24 antes caminaron. . en la *d* de su corazón
Ez. 34.4 os habéis enseñoreado de ellas con *d*
Mt. 19.8 por la *d* de vuestro corazón Moisés os
Mr. 3.5 entristecido por la *d* de sus corazones
10.5 por la *d* de vuestro corazón os escribió
16.14 les reprochó su. . *d* de corazón, porque
Ro. 2.5 tu *d* y por tu corazón no arrepentido
Ef. 4.18 ajenos de la. . por la *d* de su corazón

DURO, RA

Gn. 49.7 maldito su furor. . su ira, que fue *d*
Éx. 1.14 amargaron su vida con *d* servidumbre
2.11 salió a sus. . y los vio en sus *d* tareas
6.9 la congoja de espíritu. . la *d* servidumbre
32.9 que por cierto es pueblo de *d* cerviz
33.3 porque eres pueblo de *d* cerviz, no sea
33.5 vosotros sois pueblo de *d* cerviz; en un
34.9 dijo. . porque es un pueblo de *d* cerviz
Dt. 9.6 sabe. . porque pueblo de *d* cerviz eres tú
9.13 he observado a ese pueblo. . *d* de cerviz
15.18 no te parezca *d* cuando le enviares libre
26.6 pusieron sobre nosotros *d* servidumbre
31.27 yo conozco tu rebelión, y tu *d* cerviz
32.13 chupase miel. . y aceite del *d* pedernal
1 S. 5.7 porque su mano es *d* sobre nosotros y
25.3 pero el hombre era *d* y de malas obras
2 S. 3.39 hijos de Sarvia, son muy *d* para mí
1 R. 12.4 disminuye tú algo de la *d* servidumbre
14.6 yo soy enviado a ti con revelación *d*
2 Cr. 10.4 alivia algo de la *d* servidumbre y
Sal. 31.18 que hablan contra el justo cosas *d*
60.3 has hecho ver a tu pueblo cosas *d;* nos
73.16 pensé para saber. . fue *d* trabajo para mí
94.4 ¿hasta cuándo. . hablarán cosas *d*, y se
Pr. 13.15 el camino de los transgresores es *d*
Ec. 4.8 también esto es vanidad, y *d* trabajo
Cnt. 8.6 el amor; *d* como el sepulcro los celos
Is. 14.3 te dé reposo. . de la *d* servidumbre en
19.4 entregaré a Egipto en manos de señor *d*
21.2 visión *d* me ha sido mostrada. . Sube, oh
22.17 Jehová te transportará en *d* cautiverio
27.1 día Jehová castigará con su espada *d*
46.12 oídme, *d* de corazón, que estáis lejos
48.4 por cuanto conozco que eres *d*, y barra
Lm. 1.3 cautiverio a causa. . de la *d* servidumbre
Ez. 2.4 envío a hijos de *d* rostro y. . corazón
3.7 toda la casa de Israel es *d* de frente y
24.8 yo pondré su sangre sobre la *d* piedra
Mt. 25.24 señor, te conocía que eres hombre *d*
Jn. 6.60 *d* es esta palabra; ¿quién la puede oir?
Hch. 7.51 ¡*d* de cerviz, e incircuncisos. . oídos!
9.5; 26.14 *d* cosa te es dar coces contra el
27.7 y llegando a *d* penas frente a Gnido
2 Co. 10.10 las cartas son *d* y fuertes; mas la
Col. 2.23 en humildad y en *d* trato del cuerpo
Jud. 15 las cosas *d* que los. . impíos han hablado

E

EA

Job 39.25 como que dice entre los clarines: ¡*E!*
Sal. 35.21 ¡*e, e*, nuestros ojos lo han visto!
35.25 digan en su corazón: ¡*E*, alma nuestra!
40.15 sean asolados. . los que me dicen: ¡*E, e!*
Ez. 25.3 por cuanto dijiste: *E*, bien!, cuando
26.2 por cuanto dijo Tiro contra Jerusalén: *E*
36.2 cuanto el enemigo dijo de vosotros: ¡*E!*

EBAL

1. Hijo de Sobal, Gn. 36.23; 1 Cr. 1.40
2. Monte cerca de Siquem
Dt. 11.29 pondrás. . maldición sobre el monte *E*
27.4 levantarás estas piedras. . en el monte *E*
27.13 y estos estarán sobre el monte *E* para
Jos. 8.30 Josué edificó un altar. . en el monte *E*
8.33 y la otra mitad hacia el monte *E*, de la
3. Hijo de Joctan (=Obal), 1 Cr. 1.22

ÉBANO

Ez. 27.15 marfil y *é* te dieron por sus pagos

EBED

1. Padre de Gaal, Jue. 9.26,28,30,31,35
2. Uno que regresó con Esdras, Esd. 8.6

EBED-MELEC *Eunuco en la corte del rey Sedequías*
Jer. 38.7 oyendo *E*. . habían puesto a Jeremías
38.8 *E* salió de la casa del rey y habló al
38.10 mandó el rey al. . etíope *E*, diciendo
38.11 tomó *E* en su poder a los hombres, y
38.12 dijo. . *E* a Jeremías: Pon. . esos trapos
39.16 vé y habla a *E* etíope, diciendo: Así

EBEN-EZER

1. Lugar cerca de Afec No.1, 1 S. 4.1; 5.1
2. "Piedra de ayuda", 1 S. 7.12

EBER *Sacerdote en tiempo de Nehemías*, Neh. 12.20

EBIASAF *=Abiasaf*, 1 Cr. 6.23,37; 9.19

EBRIO, BRIA

1 S. 1.13 pero Ana hablaba. . Elí la tuvo por *e*
1.14 le dijo Elí: ¿Hasta cuando estarás *e?*
25.36 Nabal. . estaba completamente *e*, por lo
Sal. 107.27 tiemblan y titubean como *e*, y toda
Is. 19.14 errar. . como tambalea el *e* en su vómito
24.20 temblará la tierra como un *e*, y será
28.1 ¡ay de la corona. . de los *e* de Efraín
28.3 será pisoteada la corona. . de los *e* de
51.21 oye, pues, ahora esto, afligida, *e*, y
Jer. 23.9 estoy como un *e*, y como hombre a quien
Hch. 2.15 no están *e*, como vosotros suponéis
Ap. 17.6 vi a la mujer *e* de la sangre de los

ECRÓN *Una de las ciudades principales de los filisteos*
Jos. 13.3 desde Sihor. . hasta el límite de *E* al
15.11 sale luego al lado de *E* hacia el norte
15.45 *E* con sus villas y sus aldeas
15.46 desde *E* hasta el mar, todas las que
18.43 Elón, Timnat, *E*
Jue. 1.18 tomó también. . *E* con su territorio
1 S. 5.10 enviaron el arca de Dios a *E*. . vino a *E*
6.16 príncipes. . volvieron a *E* el mismo día
6.17 por Ascalón uno, por Gat uno, por *E* uno
7.14 fueron restituidas. . desde *E* hasta Gat
17.52 y siguieron a. . hasta las puertas de *E*
17.52 cayeron los heridos de. . hasta Gat y *E*
2 R. 1.2 y consultad a Baal-zebub dios de *E*
1.3,6,16 consultar a Baal-zebub dios de *E?*
Jer. 25.20 a Filistea, a Ascalón, a Gaza, a *E* y
Am. 1.8 y volveré mi mano contra *E*, y el resto
Sof. 2.4 Ascalón asolada. . *E* será desarraigada
Zac. 9.5 *E*, porque su esperanza será confundida
9.7 un remanente. . y *E* será como el jebuseo

ECRONEO *Habitante de Ecrón*, Jos. 13.3

ECRONITA *Habitante de Ecrón*, 1 S. 5.10

ECHAR

Gn. 3.24 *echó*, pues, fuera al hombre, y puso al
4.14 he aquí me *echas* hoy de la tierra, y de
21.10 dijo. . *Echa* a esta sierva y a su hijo

ECHAR ***(Continúa)***
Gn. 21.15 *echó* al muchacho debajo de un arbusto
26.27 dijo..me *echasteis* de entre vosotros?
33.4 y se *echó* sobre su cuello, y le besó
35.14 una señal en..y *echó* sobre ella aceite
37.20 y *echémosle* en una cisterna, y diremos
37.22 *echadlo* en esta cisterna que está en el
37.24 le tomaron y le *echaron* en la cisterna
41.10 nos *echó* a la prisión de la casa del
45.14 y se *echó* sobre el cuello de Benjamín
46.29 se *echó* sobre su cuello, y lloró sobre
49.9 se encorvó, se *echó* como león, así como
50.1 *echó* José sobre el rostro de su padre
Éx. 1.22 *echad* al río a todo hijo que nazca
2.17 los pastores vinieron y las *echaron* de
4.3 *échala* en tierra..él la *echó* en tierra
4.25 cortó el prepucio..lo *echó* a sus pies
6.1 con mano fuerte los *echará* de su tierra
7.9 vara, y *échala* delante de Faraón, para
7.10 y *echó* Aarón su vara delante de Faraón
7.12 pues *echó* cada uno su vara, las cuales
10.11 los *echaron* de la presencia de Faraón
11.1 seguramente os *echará* de aquí del todo
12.33 dándose prisa a *echarlos* de la tierra
12.39 al *echarlos*..no habían tenido tiempo
15.1,21 ha *echado* en el mar al caballo y al
15.4 *echó* en el mar los carros de Faraón y
15.25 le mostró un árbol; y lo *echó* en las
22.31 carne destrozada..perros la *echaréis*
23.28 la avispa, que *eche* fuera al heveo, al
23.29 no los *echaré*..en un año, para que no
23.30 poco a poco los *echaré* de delante de
23.31 moradores..los *echarás* de delante de
32.24 lo *eché* en el fuego, y salió..becerro
33.2 y *echaré* fuera al cananeo y al amorreo
34.11 yo *echo* de delante de tu presencia al
Lv. 1.16 el buche y las..*echará* junto al altar
2.1 de harina, sobre la cual *echará* aceite
2.6 *echarás* sobre ella aceite; es ofrenda
4.7 *echará* el resto de la sangre..al pie del
4.12 a un lugar..donde se *echan* las cenizas
4.12 donde se *echan* las cenizas será quemado
8.15 y *echó* la demás sangre al pie del altar
14.15 tomará..y lo *echará* sobre la palma de
14.26 *echará* del aceite sobre la palma de su
14.40 las *echarán* fuera de la ciudad en lugar
16.8 y *echará* suertes Aarón sobre los dos
18.22 no te *echarás* con varón como con mujer
18.24 las naciones que yo *echo* de delante de
20.23 las naciones que yo *echaré* de delante
Nm. 5.2 que *echen* del campamento a todo leproso
5.3 *echaréis;* fuera del campamento los *e*, para
5.4 los *echaron* fuera del campamento, como
5.15 no *echará* sobre ella aceite, ni pondrá
5.17 tomará..polvo..y lo *echará* en el agua
12.14 *echada* fuera del campamento por siete
12.15 fue *echada* del campamento siete días
16.18 *echaron*..incienso, y se pusieron a la
17.8 la vara de Aarón..había..*echado* flores
19.6 y escarlata..*echará* en medio del fuego
19.17 *echarán* sobre ella agua corriente en un
21.32 y *echaron* al amorreo que estaba allí
22.6 quizá yo pueda..y *echarlo* de la tierra
22.11 quizá podré pelear contra él y *echarlo*
22.27 viendo el asna..*echó* debajo de Balaam
23.24 no se *echará* hasta que devore la presa
24.9 se encorvará para *echarse* como león, y
24.22 el ceneo será *echado*, cuando Asiria te
32.21 hasta que haya *echado* a sus enemigos
32.39 *echaron* al amorreo que estaba en ella
33.52 *echaréis*..todos los moradores del país
33.53 *echaréis* a los moradores de la tierra
33.55 no *echareis* a los moradores del país
35.20 si por odio..*echó* sobre él alguna cosa
35.22 o *echó* sobre él cualquier instrumento
Dt. 2.12 los cuales *echaron* los hijos de Esaú
4.38 para *echar*..de tu presencia naciones
7.1 haya *echado* de delante de ti a muchas
7.22 Jehová tu Dios *echará* a estas naciones
9.3 tú los *echarás*..como Jehová te ha dicho
9.4 cuando Jehová tu Dios los haya *echado* de
9.21 y *eché* el polvo de él en el arroyo que
11.23 Jehová..*echará*..todos estas naciones
18.12 Jehová tu Dios *echa* estas naciones de
22.6 y la madre *echada* sobre los pollos o
22.8 no *eches* culpa de sangre sobre tu casa
25.2 el juez le hará *echar* en tierra, y le
32.41 si..*echare* mano del juicio, yo tomaré
33.27 él *echó* de delante de ti al enemigo
Jos. 3.10 él *echará* de delante de..al cananeo
6.26 sobre su primogénito *eche* los cimientos
7.6 postró..*echaron* polvo sobre sus cabezas
8.29 y lo *echasen* a la puerta de la ciudad
10.27 los quitasen..los *echasen* en la cueva
13.12 pues Moisés los derrotó, y los *echó*
13.13 gesureos y..maacateos no los *echaron*
14.12 dame..los *echaré*, como Jehová ha dicho
15.14 Caleb *echó*..a los tres hijos de Anac
17.1 se *echaron*..suertes para la..de Manasés
17.2 *echaron*..suertes para los otros hijos
18.6 *echaré* suertes aquí delante de Jehová
18.8 y volved..para que yo os *eche* suertes
18.10 y Josué les *echó* suertes delante de
23.5 Jehová..*echará* de delante de vosotros
Jue. 2.3 no los *echaré* de delante de vosotros
6.9 los cuales *eché* de delante de vosotros
8.25 *echó* allí cada uno los zarcillos de su
9.41 Zebul *echó* fuera a Gaal y a..hermanos
11.2 cuando crecieron, *echaron* fuera a Jefté
11.7 ¿no me aborrecisteis..me *echasteis* de
12.6 le *echaban* mano, y le degollaban junto
16.3 las puertas..se las *echó* al hombro, y
16.21 mas los filisteos le *echaron* mano, y
16.29 y *echó* todo su peso sobre ellas, su
19.28 *echándola* sobre su asno, se levantó y
19.29 *echó* mano de su concubina, y la partió
1 S. 14.42 *echad* suertes entre mí y Jonatán mi
17.35 *echaba* mano de la quijada, y lo hería
17.39 ciñó..David *echó* de sí aquellas cosas
20.18 tú serás *echado* de menos, porque tu
25.24 se *echó* a sus pies, y dijo: Señor mío
31.4 tomó Saúl..espada y se *echó* sobre ella
31.5 se *echó* sobre su espada, y murió con él
2 S. 2.16 cada uno *echó* mano de..su adversario
2.21 y *echa* mano de alguno de los hombres
5.6 aun los ciegos y los cojos te *echarán*
11.21 ¿no *echó* una mujer del muro un pedazo
13.9 y dijo..*Echad* fuera de aquí a todos
13.17 le dijo: *Echame* a ésta fuera de aquí
13.18 su criado..la *echó* fuera, y cerró la
13.31 David, rasgó sus..y se *echó* en tierra
18.11 ¿por qué no le mataste..*echándole* a
18.17 a Absalón, le *echaron* en un gran hoyo
20.12 a Amasa..*echó* sobre él una vestidura
1 R. 2.27 así *echó* Salomón a..del sacerdocio
6.37 se *echaron* los cimientos de la casa de
9.7 esta casa..yo la *echaré* de delante de mí
9.9 y *echaron* mano a dioses ajenos, y los
13.24 su cuerpo estaba *echado* en el camino
13.25 y vieron el cuerpo que estaba *echado*
14.9 y a mí me *echaste* tras tus espaldas
14.24 las naciones que Jehová había *echado*
16.34 a precio de la vida..*echó* el cimiento
19.5 *echándose* debajo del enebro, se quedó
19.19 pasando Elías..*echó* sobre él su manto
22.27 rey ha dicho..*echad* a éste en la cárcel
2 R. 2.16 quizá..lo ha *echado* en algún monte
2.21 saliendo él a los..*echó* dentro la sal
3.25 *echó* cada..su piedra, y la llenaron
4.4 *echa* en todas las vasijas, y cuando una
4.5 las vasijas, y ella *echaba* del aceite
4.37 *echó* a sus pies, y se inclinó a tierra
6.6 cortó él un palo, y lo *echó* allí; e hizo
9.25 y *échalo* a un extremo de la heredad de
9.26 tómalo..*échalo* en la heredad de Nabot
9.33 dijo: *Echadla* abajo. Y ellos la *echaron*
13.23 no quiso..*echarlos* de delante de su
16.3 naciones que Jehová *echó* de delante de
16.6 y *echó* de Elat a los hombres de Judá
17.20 los afligió..*echarlos* de su presencia
17.26 él ha *echado* leones en medio de ellos
19.18 que *echaron* al fuego a sus dioses, por
19.30 la casa..volverá a *echar* raíces abajo
19.32 no entrará en..ni *echará* saeta en ella
21.2 las naciones que Jehová había *echado* de
23.6 y *echó* el polvo sobre los sepulcros de
24.20 hasta que los *echó* de su presencia
1 Cr. 8.13 jefes..*echaron* a los moradores de Gat
10.4 Saúl tomó la espada, y se *echó* sobre
10.5 su escudero..se *echó* sobre su espada
17.21 *echando* a las naciones de delante de
24.31 éstos también *echaron* suertes, como
25.8 *echaron* suertes para servir por turnos
26.13 *echaron* suertes, el pequeño con el
2 Cr. 16.10 se enojó Asa..*echó* en la cárcel
20.7 ¿no *echaste* tú los moradores de esta
23.15 le *echaron* mano, y luego que ella hubo
24.10 las *echaron* en el arca hasta llenarla
30.14 y los *echaron* al torrente de Cedrón
33.2 las naciones que Jehová había *echado*
33.15 altares..los *echó* fuera de la ciudad
Esd. 3.6 los cimientos..no se habían *echado*
3.10 los albañiles..*echaban* los cimientos
3.11 porque se *echaban* los cimientos de la
3.12 viendo *echar* los cimientos..lloraban
Neh. 9.11 a sus perseguidores *echaste* en las
9.26 y *echaron* tu ley tras sus espaldas, y
10.34 *echamos* también suertes..sacerdotes
11.1 el resto..*echó* suertes para traer uno
13.21 si lo hacéis otra vez, os *echaré* mano
Est. 3.7 fue *echada* Pur, esto es, la suerte
8.3 Ester..se *echó* a sus pies, llorando y
9.24 había *echado* Pur..quiere decir suerte
Job 5.3 he visto al necio que *echaba* raíces
8.4 si..él los *echó* en el lugar de su pecado
11.14 y la *echares* de ti, y no consintieres
18.8 porque red será *echada* a sus pies, y
18.18 será lanzado..*echado* fuera del mundo
38.40 cuando estén *echados* en las cuevas, o
39.5 ¿quién *echó* libre al asno montés, y
40.21 se *echará* debajo de las sombras, en
41.1 con cuerda que le *eches* en su lengua?
Sal. 2.3 rompamos..y *echemos* de nosotros sus
5.10 por la..de sus transgresiones *échalos*
17.11 tienen puestos sus ojos para *echarnos*
18.42 los *eché* fuera como lodo de las calles
22.10 sobre ti fui *echado*..antes de nacer
22.18 mis..y sobre mi ropa *echaron* suertes
34 *tít.* de Abimelec, y él le *echó*, y se fue
35.2 *echa* mano al escudo y al pavés..ayuda
44.2 tú con tu mano *echaste* las naciones, y
50.17 pues..*echas* a tu espalda mis palabras
51.11 no me *eches* de delante de ti, y no
55.3 sobre mí *echaron* iniquidad, y con furor
55.22 *echa* sobre Jehová tu carga, y él te
57.4 estoy *echado* entre hijos de hombres que
60.8 lavarme; sobre Edom *echaré* mi calzado
66.20 no *echó* de sí mi oración, ni de mí su
68.13 fuisteis *echados* entre los tiestos
72.16 será *echado* un puñado de grano en la
74.7 han profanado el..*echándolo* a tierra
77.17 las nubes *echaron* inundaciones de aguas
78.55 *echó* las naciones de delante de ellos
80.8 *echaste* las naciones, y la plantaste
89.44 gloria, y *echaste* su trono por tierra
104.22 se recogen, y se *echan* en sus cuevas
108.9 lavarme; sobre Edom *echaré* mi calzado
119.87 casi me han *echado* por tierra, pero
140.10 brasas, serán *echados* en el fuego, en
147.17 *echa* su hielo como pedazos; ante su
Pr. 1.14 *echa* tu suerte entre nosotros..bolsa
3.18 es..vida a los que de ella *echan* mano
16.33 la suerte se *echa* en el regazo; mas de
22.10 *echa* fuera al escarnecedor, y saldrá
25.20 o el que sobre el jabón *echa* vinagre
26.18 como el que enloquece, y *echa* llamas
26.23 como escoria de plata *echada* sobre el
Ec. 11.1 *echa* tu pan sobre las aguas; porque
Cnt. 2.13 la higuera ha *echado* sus higos, y los
2.15 las zorras..que *echan* a perder las viñas
Is. 4.1 *echarán* mano de un hombre 7 mujeres
4.5 noche resplandor de fuego que *eche* llamas
6.12 Jehová haya *echado* lejos a los hombres
11.7 sus crías se *echarán* juntas; y el león
14.19 pero tú *echado* eres de tu sepulcro como
19.8 harán duelo todos los que *echan* anzuelo
22.18 te *echará* a rodar con ímpetu, como a
25.12 humillará y la *echará* a tierra, hasta
27.6 cuando Jacob *echará* raíces..*e* renuevos
30.21 no *echéis* a la mano derecha..torzáis
34.17 y él les *echó* suertes, y su mano les
37.31 la casa de Judá..volverá a *echar* raíz
38.17 *echaste* tras tus espaldas..mis pecados
46.7 lo *echan* sobre los hombros, lo llevan
51.16 y *echando* los cimientos de la tierra
56.10 soñolientos, *echados*, aman el dormir
66.5 os *echan* fuera por causa de mi nombre
Jer. 2.20 árbol frondoso te *echabas*..ramera
3.16 ni la *echarán* de menos, ni se hará otra
7.15 os *echaré* de mi presencia, como *eché*
12.2 los plantaste, y *echaron* raíces..fruto
14.16 el pueblo..será *echado* en las calles
15.1 si..*échalos* de mi presencia, y salgan
17.8 junto a la corriente *echará* sus raíces
22.7 cortarán tus cedros..y los *echarán* en
22.19 arrastrándole y *echándole* fuera de las
22.28 y *echados* a tierra que no..conocido?
23.3 de todas las tierras adonde las *eché*
23.8 las tierras adonde yo los había *echado*
23.39 os *echaré* en olvido, y arrancaré de
24.5 de Judá, a los cuales *eché* de este lugar
26.8 le *echaron* mano, diciendo: De..morirás
26.15 si me matáis, sangre inocente *echaréis*
26.23 lo mató a espada, y *echó* su cuerpo en
32.37 tierras a las cuales los *eché* con mi
36.23 y lo *echó* en el fuego que había en el
36.30 cuerpo será *echado* al calor del día y
38.6 y lo hicieron *echar* en la cisterna de
38.9 al cual hicieron *echar* en la cisterna
38.11 y los *echó* a Jeremías con sogas en la
40.12 los lugares adonde habían sido *echados*
41.7 los *echó* dentro de una cisterna, él y
41.9 cisterna en que *echó* Ismael..los cuerpos
43.5 las naciones donde había sido *echado*
51.34 llenó su vientre de..y me *echó* fuera
51.63 libro..*echarás* en medio del Eufrates
52.3 ira..llegó a *echarlos* de su presencia
Lm. 1.14 ataduras han sido *echadas* sobre mi
2.2 *echó* por tierra las fortalezas de..Judá
2.9 sus puertas fueron *echadas* por tierra
2.10 *echaron* polvo sobre sus cabezas..cilicio
2.18 *echa* lágrimas cual arroyo día y noche
3.48 ríos de aguas *echan* mis ojos por el
Ez. 5.4 los *echarás* en medio del fuego, y en
13.14 la *echaré* a tierra, y será descubierto
17.6 vid, y arrojó sarmientos y *echó* mugrones
18.31 *echad*..todas vuestras transgresiones
19.2 dirás: ¡Cómo se *echó* entre los leones
19.10 *echando* vástagos a causa de las..aguas
20.7 cada uno *eche* de sí las abominaciones de
20.8 no *echó*..las abominaciones de delante de
23.8 con ella se *echaron* en su juventud, y
23.35 me has *echado* tras tus espaldas, por
24.3 pon una olla, ponla, y *echa*..ella agua
24.6 por sus piezas sácala, sin *echar* suerte
27.30 *echarán* polvo sobre sus cabezas, y se
28.16 lo que yo te *eché* del monte de Dios
31.5 se alargó su ramaje que había *echado*
32.4 *echaré* sobre la faz del campo, y haré
34.21 que las *echasteis* y las dispersasteis
43.24 los sacerdotes *echarán* sal sobre ellos

ECHAR *(Continúa)*
Ez. 46.18 ninguno de..sea *echado* de su posesión
47.22 *echaréis* sobre ella suertes..heredad
47.22 *echarán* suertes con..para tener heredad
Dn. 3.6,11 *echado* dentro de un horno de fuego
3.15 seréis *echados* en medio de un horno de
3.20 *echarlos* en el horno de fuego ardiendo
3.21 fueron *echados* dentro del horno de fuego
3.24 ¿no *echaron* a tres varones..dentro del
4.25 te *echarán* de entre los hombres, y con
4.33 hora..fue *echado* de entre los hombres
5.21 y fue *echado* de entre los hijos de los
6.7,12 sea *echado* en el foso de los leones
6.16 y le *echaron* en el foso de los leones
6.24 fueron *echados* en el foso de los leones
8.10 parte del ejército y de..*echó* por tierra
8.11 de su santuario fue *echado* por tierra
8.12 *echó* por tierra la verdad, e hizo cuanto
9.7 todas las tierras adonde los has *echado*
Os. 4.6 yo te *echaré* del sacerdocio; y porque
9.15 por la perversidad..*echaré* de mi casa
Jl. 2.20 lo *echaré* en tierra seca y desierta
3.3 *echaron* suertes sobre mi pueblo, y dieron
3.13 *echad* la hoz..la mies está ya madura
Am. 4.3 brechas..y seréis *echadas* del palacio
5.7 los que..justicia la *echáis* por tierra
8.3 en todo lugar los *echarán*..en silencio
Abd. 11 y *echaban* suertes sobre Jerusalén, tú
13 ni haber *echado* mano a sus bienes en el
Jon. 1.5 *echaron* al mar los enseres que había
1.5 Jonás había..y se había *echado* a dormir
1.7 *echemos* suertes..*echaron* suertes, y la
1.12 *echadme* al mar, y el mar se..aquietará
1.15 y tomaron a Jonás, y lo *echaron* al mar
2.3 me *echaste* a lo profundo, en medio de los
2.6 la tierra *echó* sus cerrojos sobre mí para
Mi. 2.9 a las mujeres..*echasteis* fuera de las
7.19 *echará* en..mar todos nuestros pecados
Nah. 3.6 y *echaré* sobre ti inmundicias, y te
3.10 y sobre sus varones *echaron* suertes, y
Sof. 3.15 Jehová..ha *echado* fuera tus enemigos
Hag. 2.18 el día que se *echó* el cimiento del
Zac. 4.9 las manos de Zorobabel *echarán*..casa
5.8 la *echó* dentro del efa, y *e* la masa de
8.9 desde el día que se *echó* el cimiento a
11.13 y me dijo Jehová: *Échalo* al tesoro
11.13 las *eché* en la casa de Jehová al tesoro
Mal. 2.3 os *echaré* al rostro el estiércol, el
Mt. 3.10 no da..cortado y *echado* en el fuego
4.6 dijo: Si eres Hijo de Dios, *échate* abajo
4.18 vio a dos hermanos..que *echaban* la red
5.13 sino para ser *echada* fuera y hollada por
5.25 te entregue..y seas *echado* en la cárcel
5.29,30 y *échalo* de ti; pues mejor te es que
5.29,30 todo tu cuerpo sea *echado* al infierno
6.30 que hoy es, y mañana se *echa* en el horno
7.6 ni *echéis*..perlas delante de los cerdos
7.19 árbol..es cortado y *echado* en el fuego
7.22 y en tu nombre *echamos* fuera demonios
8.12 *echados* a las tinieblas de afuera; allí
8.16 con la palabra *echó* fuera a los demonios
8.31 nos *echas* fuera, permítenos ir a..hato
9.17 ni *echan* vino nuevo en odres viejos; de
9.17 *echan* el vino nuevo en odres nuevos, y
9.25 la gente había sido *echada* fuera, entró
9.33 *echado* fuera el demonio, el mudo habló
10.1 autoridad..para que los *echasen* fuera
10.8 *echad*..demonios; de gracia recibisteis
12.11 oveja..no le *eche* mano, y la levante?
12.24 éste no *echa* fuera los demonios sino
12.26 Satanás *echa* fuera a Satanás, contra
12.27 si yo *echo*..los demonios por Beelzebú
12.27 ¿por quién los *echan* vuestros hijos?
12.28 si yo por el Espíritu de..*echo* fuera
13.42,50 los *echarán* en el horno de fuego
13.47 red, que *echada* en el mar, recoge de
13.48 recogen lo bueno..lo malo *echan* fuera
15.17 al vientre, y es *echado* en la letrina?
15.26 tomar el pan..*echarlo* a los perrillos
17.19 ¿por qué..no pudimos *echarlo* fuera?
17.27 *echa* el anzuelo, y el primer pez que
18.8,9 y *échalo* de ti; mejor te es entrar
18.8,9 que teniendo dos..ser *echado* en el
18.30 le *echó* en la cárcel, hasta que pagase
21.12 y *echó* fuera a todos los que vendían
21.21 quítate y *échate* en el mar, será hecho
21.39 tomándole, le *echaron* fuera de la viña
21.46 al buscar cómo *echarle* mano, temían al
22.13 y *echadle* en las tinieblas de afuera
25.30 siervo inútil *echadle* en las tinieblas
26.50 *echaron* mano a Jesús, y le prendieron
27.6 no es lícito *echarlas* en el tesoro de las
27.28 le *echaron* encima un manto de escarlata
27.35 repartieron entre sí..*echando* suertes
27.35 vestidos, y..mi ropa *echaron* suertes
Mr. 1.16 a Simón..que *echaban* la red en el mar
1.34 y sanó a..y *echó* fuera muchos demonios
1.39 predicaba..y *echaba* fuera los demonios
2.22 nadie *echa* vino nuevo en odres viejos
2.22 nuevo en odres nuevos se ha de *echar*
3.15 autoridad para..*echar* fuera demonios
3.22 que por el..*echaba* fuera los demonios
3.23 decía..¿Cómo puede Satanás *echar* fuera
4.26 como cuando..*echa* semilla en la tierra
4.32 *echa* grandes ramas, de tal manera que
4.37 y *echaba* las olas en la barca, de tal
5.40 mas él, *echando* fuera a todos, tomó al
6.13 *echaban* fuera..demonios, y ungían con
7.26 le rogaba que *echase* fuera de su hija
7.27 tomar el pan de los hijos y *echarlo* a
9.18 *echa* espumarajos, y cruje los dientes
9.18 dije..lo *echasen* fuera, y no pudieron
9.20 quien..se revolcaba, *echando* espumarajos
9.22 muchas veces le *echa* en el fuego y en
9.28 ¿por qué nosotros no pudimos *echarle*
9.38 que en tu nombre *echaba* fuera demonios
9.45 que teniendo dos pies ser *echado* en el
9.47 teniendo dos ojos ser *echado* al infierno
11.7 el pollino..*echaron* sobre él sus mantos
11.15 comenzó a *echar*..a los que vendían y
11.23 a este monte: Quítate y *échate* en el
12.8 mataron, y le *echaron* fuera de la viña
12.41 miraba cómo el pueblo *echaba* dinero
12.42 y vino una viuda..y *echó* dos blancas
12.43 *echó* más que todos los que han *echado*
12.44 todos han *echado* de lo que les sobra
12.44 de su pobreza *echó* todo lo que tenía
14.46 ellos le *echaron* mano, y le prendieron
15.24 *echando* suertes sobre ellos para ver
16.9 de quien había *echado* siete demonios
16.17 en mi nombre *echarán* fuera demonios
Lc. 3.9 árbol..se corta y se *echa* en el fuego
4.9 dijo: Si eres Hijo de Dios, *échate* de
4.29 le *echaron* fuera de la ciudad, y le
5.4 boga..y *echad* vuestras redes para pescar
5.5 nada hemos..en tu palabra *echaré* la red
5.37 nadie *echa* vino nuevo en odres viejos
5.38 en odres nuevos se ha de *echar;* y lo uno
6.41 no *echas* de ver la viga que está en tu
9.39 le hace *echar* espuma, y estropeándole
9.40 rogué..le *echasen* fuera, y no pudieron
9.49 a uno que *echaba* fuera demonios en tu
10.34 sus heridas, *echándoles* aciete y vino
11.14 estaba Jesús *echando* fuera un demonio
11.15 por Beelzebú..*echa* fuera los demonios
11.18 decís que por Beelzebú *echo*..demonios
11.19 si yo *echo*..hijos por quién los *echan?*
11.20 por..Dios *echo* yo fuera los demonios
12.5 tiene poder de *echar* en el infierno; sí
12.28 hoy está..y mañana es *echada* al horno
12.49 fuego vine a *echar* en la tierra; ¿y qué
13.32 *echo* fuera demonios y hago curaciones
15.20 y se *echó* sobre su cuello, y le besó
16.20 que estaba *echado* a la puerta de aquél
19.35 habiendo *echado* sus mantos sobre el
19.45 a *echar* fuera a todos los que vendían
20.12 también a éste *echaron* fuera, herido
20.15 *echaron* fuera de la viña, y le mataron
20.19 procuraban..*echarle* mano en aquella
21.1 vio a los ricos que *echaban* sus ofrendas
21.2 una viuda..que *echaba* allí dos blancas
21.3 esta viuda pobre *echó* más que todos ellos
21.4 aquéllos *echaron*..de lo que les sobraba
21.4 ésta..*echó* todo el sustento que tenía
21.12 os *echarán* mano, y os perseguirán, y
23.19,25 *echado* en la cárcel por sedición
23.34 entre sí sus vestidos, *echando* suertes
Jn. 2.15 *echó* fuera del templo a todos, y las
6.37 y al que a mí viene, no le *echo* fuera
7.30 pero ninguno le *echó* mano, porque aún
7.44 prenderle; pero ninguno le *echó* mano
12.6 sustraía de lo que se *echaba* en ella
12.31 el príncipe de este mundo será *echado*
15.6 el que en mí no permanece, será *echado*
15.6 los recogen..*echan* en el fuego, y arden
19.24 no la..sino *echemos* suertes sobre ella
19.24 sobre mi ropa *echaron* suertes. Y así
21.6 *echad* la red a la derecha de la barca
21.6 la *echaron,* y ya no la podían sacar, por
21.7 Pedro..se ciñó la ropa..y se *echó* al mar
Hch. 1.26 les *echaron* suertes, y la suerte cayó
4.3 y les *echaron* mano, y los pusieron en la
5.18 y *echaron* mano a los apóstoles y los
5.28 queréis *echar* sobre nosotros la sangre
7.58 y *echándole* fuera de la..le apedrearon
12.1 Herodes *echó* mano a..de la iglesia para
16.23 los *echaron* en la cárcel, mandando al
16.37 nos *echaron* en la cárcel, ¿y ahora nos
16.37 ¿y ahora nos *echan* encubiertamente?
18.16 y los *echó* del tribunal
20.10 descendió Pablo y se *echó* sobre él, y
20.37 y *echándose* al cuello de..le besaban
21.27 alborotaron a toda la..le *echaron* mano
27.28 y *echando* la sonda..volviendo a *echar*
27.29 *echaron* cuatro anclas por la popa, y
27.30 huir de la..*echando* el esquife al mar
27.38 aligeraron la..*echando* el trigo al mar
27.43 se *echasen* los primeros, y saliesen a
28.3 *echó* al fuego; y una víbora, huyendo del
1 Co. 6.9 ni..ni los que se *echan* con varones
Gá. 4.30 *echa* fuera a la esclava y a su hijo
Col. 2.11 *echar*..el cuerpo pecaminoso carnal
1 Ti. 6.12 la fe, *echa* mano de la vida eterna
6.19 venir, que *echen* mano de la vida eterna
He. 6.1 no *echando* otra vez el fundamento del
Stg. 1.6 es arrastrada..*echada* de una parte a
3.11 ¿acaso alguna fuente *echa*..agua dulce
1 P. 5.7 *echando* toda vuestra ansiedad sobre
1 Jn. 4.18 el perfecto amor *echa* fuera el temor
Ap. 2.10 diablo *echará* a algunos..en la cárcel
4.10 y *echan* sus coronas delante del trono
12.16 el río que el dragón había *echado* de
14.19 *echó* las uvas en el gran lagar de la
18.19 y *echaron* polvo sobre sus cabezas, y

EDAD
Gn. 11.10 Sem, de *e* de cien años, engendró a
12.4 era Abram de *e* de 75 años cuando salió
16.16 era Abram de *e* de 86 años, cuando Agar
17.1 era Abram de *e* de 99 años, cuando le
17.12 y de *e* de ocho días será circuncidado
17.24 era Abraham de *e* de 99 años..circuncidó
25.26 era Isaac de *e* de 60 años cuando ella
37.2 José, siendo de *e* de diecisiete años
41.46 era José de *e* de treinta años cuando
43.33 y el menor conforme a su menor *e;* y
50.26 murió José a la *e* de ciento diez años
Éx. 7.7 Moisés de *e* de 80..y Aarón de *e* de 83
38.26 de *e* de veinte años arriba, que fueron
Lv. 3.17 estatuto perpetuo será por vuestras *e*
17.7 tendrán esto por estatuto..por sus *e*
23.14 estatuto perpetuo es por vuestras *e*
Nm. 4.3,23 de *e* de treinta años arriba hasta
4.30 desde el de *e* de treinta años arriba
4.35,39,43,47 de *e* de 30 años..*e* de 50 años
15.23 lo mandó, y en adelante por vuestras *e*
33.39 Aarón de *e* de 123 años, cuando murió
35.29 os serán por ordenanza..por vuestra *e*
Dt. 31.2 dijo: Este día soy de *e* de 120 años
34.7 era Moisés de *e* de 120 años cuando murió
Jos. 13.1 tú eres ya viejo, de *e* avanzada, y
14.7 yo era de *e* de 40 años cuando Moisés
14.10 ahora, he aquí, hoy soy de *e* de 85 años
1 S. 2.33 los nacidos..morirán en la *e* viril
4.15 era ya Elí de *e* de 98 años, y sus ojos
17.12 este hombre era viejo y de gran *e* entre
2 S. 4.4 lisiado de los pies..cinco años de *e*
19.35 de *e* de 80 años soy este día. ¿Podré
1 Cr. 22.5 Salomón mi hijo es..y de tierna *e*
29.1 él es joven y tierno de *e,* y la obra
2 Cr. 26.1 a Uzías, el cual tenía 16 años de *e*
31.17 a los levitas de *e* de 20 años arriba
Job 12.12 está..en la larga *e* la inteligencia
14.14 todos los días de mi *e* esperaré, hasta
32.9 no son los sabios los de mucha *e,* ni los
Sal. 39.5 y mi *e* es como nada delante de ti
90.10 los días de nuestra *e* son setenta años
Ec. 6.3 y los días de su *e* fueren numerosos
Jer. 52.1 era Sedequías de *e* de veintiún años
Ez. 13.18 velos mágicos..la cabeza de toda *e*
Dn. 2.21 él muda los tiempos y las *e;* quita
4.34 cuyo dominio..su reino por todas las *e*
Lc. 1.7 estéril, y ambos eran ya de *e* avanzada
1.18 soy viejo, y mi mujer es de *e* avanzada
2.36 allí Ana, profetisa..de *e* muy avanzada
Jn. 9.21 *e* tiene, preguntadle a él; él hablará
9.23 por eso dijeron..*E* tiene, preguntadle
Hch. 7.23 hubo cumplido la *e* de cuarenta años
14.16 en las *e* pasadas él ha dejado a todas
1 Co. 7.36 que pase ya de *e,* y es necesario que
Ef. 3.21 a él sea la gloria..por todas las *e*
Col. 1.26 estado oculto desde los siglos y *e*
He. 11.11 a luz aun fuera del tiempo de la *e*

EDAR
1. Aldea en territorio de Judá, **Jos. 15.21**
2. Levita, **1 Cr. 23.23; 24.30**

EDÉN
1. El Paraíso
Gn. 2.8 Jehová Dios plantó un huerto en *E,* al
2.10 salía de *E* un río para regar el huerto
2.15 al hombre, y lo puso en el huerto de *E*
3.23 lo sacó Jehová del huerto del *E,* para
3.24 al oriente del huerto de E querubines
4.16 Caín..en tierra de Nod, al oriente de *E*
Ez. 28.13 en *E,* en el huerto de Dios estuviste
31.9 árboles del *E*..tuvieron de él envidia
31.16 todos los árboles escogidos del *E,* y
31.18 ¿a quién te..entre los árboles del *E?*
31.18 derribado serás con los árboles del *E*
36.35 ha venido a ser como huerto del *E;* y
Jl. 2.3 como el huerto del *E* será la tierra
2. Lugar en el noroeste de Mesopotamia
2 R. 19.12 hijos de *E* que estaban en Telasar?
Is. 37.12 libraron sus dioses..los hijos de *E*
Ez. 27.23 Cane, *E,* y los mercaderes de Sabá
3. Levita en tiempo del rey Ezequías, **2 Cr. 29.12; 31.15**

EDICTO
2 Cr. 31.5 y cuando este *e* fue divulgado, los
Est. 3.15 y el *e* fue dado en Susa capital del
8.8 un *e* que se escribe en nombre del rey
8.13 la copia del *e* que había de darse por
8.14 el *e* fue dado en Susa capital del reino
Dn. 2.13 se publicó el *e*..llevados a la muerte
2.15 es la causa de que este *e* se publique

EDICTO ***(Continúa)***

Dn. 3.28 en él, y que no cumplieron el *e* del rey
6.7 han acordado. .que promulgues un *e* real
6.8 oh rey, confirma el *e* y fírmalo, para que
6.9 firmó. .el rey Darío el *e* y la prohibición
6.10 que el *e* había sido firmado, entró en
6.12 ante el rey y le hablaron del *e* real
6.12 ¿no has confirmado *e* que cualquiera
6.13 Daniel. .ni acata el *e* que confirmaste
6.15 *e* u ordenanza que. .puede ser abrogado
Lc. 2.1 se promulgó un *e* de parte de Augusto

EDIFICACIÓN

Ro. 14.19 sigamos lo que contribuye a. .mutua *e*
15.2 agrade a su. .en lo que es bueno, para *e*
1 Co. 14.3 pero el que profetiza habla. .para *e*
14.5 interprete para que la iglesia reciba *e*
14.12 abundar en ellos para *e* de la iglesia
14.26 interpretación. Hágase todo para *e*
2 Co. 10.8 la cual el Señor nos dio para *e* y
12.19 en Cristo hablamos; y. .para vuestra *e*
13.10 autoridad que. .me ha dado para *e*, y no
Ef. 4.12 a fin. .para la *e* del cuerpo de Cristo
4.29 la que sea buena para la necesaria *e*
1 Ti. 1.4 que acarrean disputas más bien que *e*

EDIFICADO ***Véase Edificar***

EDIFICADOR

Sal. 118.22 la piedra que desecharon los *e* ha
Is. 49.17 tus *e* vendrán aprisa; tus destruidores
Mt. 21.42; Mr. 12.10; Lc. 20.17 la piedra que desecharon los *e*
Hch. 4.11 piedra reprobada por vosotros los *e*
1 P. 2.7 la piedra que los *e* desecharon, ha

EDIFICAR

Gn. 4.17 y *edificó* una ciudad, y llamó. .Enoc
8.20 *edificó* Noé un altar a Jehová, y tomó
10.11 salió. .*edificó* Nínive, Rehobot, Cala
11.4 *edifiquémonos* una ciudad y una torre
11.5 ver. .la torre que *edificaban* los hijos
11.8 esparció Jehová. .y dejaron de *edificar*
12.7 y *edificó* allí un altar a Jehová, quien
12.8 *edificó* allí altar a Jehová, e invocó el
13.18 Hebrón, y *edificó* allí altar a Jehová
22.9 *edificó* allí Abraham un altar, y compuso
26.25 y *edificó* allí un altar, e invocó el
33.17 Jacob fue a Sucot, y *edificó* allí casa
35.7 *edificó* allí un altar, y llamó al lugar
Éx. 1.11 y *edificaron* para Faraón las ciudades
17.15 y Moisés *edificó* un altar, y llamó su
24.4 *edificó* un altar al pie del monte, y
32.5 *edificó* un altar delante del becerro
Nm. 13.22 Hebrón fue *edificada* 7 años antes de
21.27 edifíquese y repárese la ciudad. .Sehón
23.1,29 dijo. .*Edifícame* aquí siete altares
23.14 *edificó* siete altares, y ofreció un
32.16 y dijeron: *Edificaremos* aquí majadas
32.24 *edificaos* ciudades para vuestros niños
32.34 hijos de Gad *edificaron* Dibón, Atarot
32.37 los hijos de Rubén *edificaron* Hesbón
32.38 nombres a las ciudades que *edificaron*
Dt. 6.10 ciudades grandes. .que tú no *edificaste*
8.12 y te sacies, y *edifiques* buenas casas
13.16 la ciudad. .nunca más será *edificada*
20.5 ¿quién ha *edificado* casa nueva, y no la
22.8 *edifiques* casa nueva, harás pretil a tu
25.9 al varón que no quiere *edificar* la casa
27.5 y *edificarás* allí un altar a Jehová tu
27.6 de piedras enteras *edificarás* el altar
28.30 *edificarás* casa, y no habitarás en ella
Jos. 8.30 Josué *edificó* un altar a Jehová Dios
22.10 *edificaron*. .un altar junto al Jordán
22.11 habían *edificado* un altar frente a la
22.16 *edificándoos* altar para ser rebeldes
22.19 *edificándoos* altar además del altar de
22.23 si nos hemos *edificado* altar. . .volvernos
22.26 *edifiquemos* ahora un altar, no para
22.29 *edificando* altar para holocaustos, para
24.13 os di. .ciudades que no *edificasteis*
Jue. 1.26 *edificó*. .ciudad a la cual llamó Luz
6.24 *edificó* allí Gedeón altar a Jehová, y
6.26 y *edifica* altar a Jehová tu Dios en la
6.28 en holocausto sobre el altar *edificado*
21.4 y *edificaron* allí altar, y ofrecieron
Rt. 4.11 cuales *edificaron* la casa de Israel
1 S. 2.35 yo le *edificaré* casa firme, y andará
7.17 Ramá. .y *edificó* allí un altar a Jehová
14.35 y edificó Saúl altar. .el primero que *e*
2 S. 5.9 y *edificó* alrededor desde Milo hacia
5.11 los cuales *edificaron* la casa de David
7.5 me has de *edificar* casa en que yo more?
7.7 ¿por qué no me habéis *edificado* casa de
7.13 *edificará* casa a mi nombre. .afirmaré
7.27 siervo, diciendo: Yo te *edificaré* casa
24.21 a fin de *edificar* un altar a Jehová
24.25 *edificó* allí David un altar a Jehová
1 R. 2.36 *edifícate* una casa en Jerusalén, y
3.1 tanto que acababa de *edificar* su casa
3.2 porque no había casa *edificada* al nombre
5.3 mi padre David no pudo *edificar* casa al
5.5 he determinado ahora *edificar* casa al
5.5 tu hijo. .él *edificará* casa a mi nombre
6.1 comenzó él a *edificar* la casa de Jehová
6.2 casa que el rey. .*edificó* a Jehová tenía
6.5 *edificó*. .al muro de la casa aposentos
6.7 cuando se *edificó* la casa, la fabricaron
6.7 cuando la *edificaban*, ni martillos ni
6.10 *edificó*. .el aposento alrededor de toda
6.12 con relación a. .casa que tú *edificas*
6.36 *edificó* el atrio. .de tres hileras de
6.38 casa. .la *edificó*, pues, en siete años
7.1 después *edificó* Salomón su propia casa
7.2 *edificó* la casa del bosque del Líbano
7.8 *edificó*. .Salomón para la hija de Faraón
8.13 yo he *edificado* casa por morada para ti
8.16 ciudad. .para *edificar* casa en la cual
8.17 mi padre tuvo en su corazón *edificar*
8.18 haber tenido en tu corazón *edificar* casa
8.19 tú no *edificarás* la casa. .él *edificará*
8.20 *edificado* la casa al nombre de Jehová
8.27 ¿cuánto menos esta. .yo he *edificado?*
8.43 invocado sobre. .casa que yo *edifiqué*
8.44 rostro. .hacia la casa que yo *edifiqué*
8.48 y hacia. .la casa que yo he *edificado*
9.3 santificado. .casa que tú has *edificado*
9.10 Salomón ya había *edificado* las. .casas
9.15 leva. .para *edificar* la casa de Jehová
9.19 todo lo que. .quiso *edificar* en Jerusalén
9.24 su casa que Salomón le había *edificado*
9.24 que Salomón. .entonces *edificó* él a Milo
9.25 sobre el altar que él *edificó* a Jehová
10.4 vio toda. .la casa que había *edificado*
11.7 *edificó* Salomón un lugar alto a Quemos
11.27 Salomón, *edificando* a Milo, cerró el
11.38 te *edificaré* casa. .como la *edifiqué* a
14.23 se *edificaron* lugares altos, estatuas
15.17 subió Baasa. .*edificó* a Ramá, para que
15.21 oyendo esto Baasa, dejó de *edificar* a
15.22 y la madera con que Baasa *edificaba*
15.22 *edificó* el rey Asa con ello a Geba de
15.23 y las ciudades que *edificó*, ¿no está
16.24 Omri. .*edificó* en el monte; y llamó el
16.24 llamó. .la ciudad que *edificó*, Samaria
16.32 en el templo de Baal que él *edificó*
18.32 *edificó* con las piedras un altar en el
22.39 las ciudades que *edificó*, ¿no está
2 R. 15.35 *edificó* él la puerta más alta de la
16.11 y el sacerdote Urías *edificó* el altar
16.18 el pórtico. .que habían *edificado* en la
17.9 *edificándose* lugares altos en. .ciudades
21.3 volvió a *edificar* los lugares altos que
21.4 *edificó* altares en la casa de Jehová de
21.5 y *edificó* altares para todo el ejército
23.13 Salomón rey. .había *edificado* a Astoret
1 Cr. 6.10 que Salomón *edificó* en Jerusalén
6.32 que Salomón *edificó* la casa de Jehová en
7.24 Seera, la cual *edificó* a Bet-horón la
8.12 Semed (el cual *edificó* Ono, y Lod con
11.8 y *edificó* la ciudad. .desde Milo hasta
14.1 cedro. .para que le *edificasen* una casa
17.4 tú no me *edificarás* casa en que habite
17.6 ¿por qué no me *edificáis* una. .de cedro?
17.10 hago saber. .Jehová te *edificará* casa
17.12 él me *edificará* casa, y yo confirmaré
17.25 revelaste al. .le has de *edificar* casa
21.22 para que *edifique* un altar a Jehová
21.26 *edificó* allí David un altar a Jehová
22.2 labrasen piedras para *edificar* la casa
22.5 la casa que se ha de *edificar* a Jehová
22.6 y le mandó que *edificase* casa a Jehová
22.7 en mi corazón tuve el *edificar* templo
22.8 no *edificarás* casa a mi nombre, porque
22.10 él *edificará* casa a mi nombre, y él me
22.11 *edifiques* casa a Jehová tu Dios, como
22.19 *edificad* el santuario de Jehová Dios
22.19 la casa *edificada* al nombre de Jehová
28.2 yo tenía el propósito de *edificar* una
28.2 había ya preparado todo para *edificar*
28.3 no *edificarás* casa a mi nombre, porque
28.6 Salomón tu hijo, él *edificará* mi casa
28.10 te ha elegido para que *edifiques* casa
29.16 para *edificar* casa a tu santo nombre
29.19 y te *edifique* la casa para la cual yo
2 Cr. 2.1 determinó, pues, Salomón *edificar*
2.3 enviándole cedros para que *edificara* para
2.4 yo tengo que *edificar* casa al nombre de
2.5 la casa que tengo que *edificar*, ha de ser
2.6 mas ¿quién será capaz de *edificarle* casa
2.6 ¿quién soy yo, para que le *edifique* casa
2.9 la casa que tengo que *edificar* ha de ser
2.12 hijo sabio. .que *edifique* casa a Jehová
3.1 comenzó Salomón a *edificar* la casa de
3.2 comenzó a *edificar* en el mes segundo, a
6.2 he *edificado* una casa de morada para ti
6.5 *edificar* casa donde estuviese mi nombre
6.7 David. .tuvo en su corazón *edificar* casa
6.8 haber tenido. .deseo de *edificar* casa a
6.9 tú no *edificarás* la casa, sino tu hijo que
6.9 sino tu hijo. .*edificará* casa a mi nombre
6.10 he *edificado* casa al nombre de Jehová
6.18 cuánto menos esta casa que he *edificado?*
6.33 sobre esta casa que yo he *edificado*
6.34,38 casa que he *edificado* a tu nombre
8.1 había *edificado* la casa de Jehová y su
8.4 *edificó* a Tadmor en el desierto, y todas
8.4 las ciudades de. .que *edificó* en Hamat
8.6 y todo lo que Salomón quiso *edificar* en
8.11 casa que él había *edificado* para ella
8.12 el altar. .había *edificado* delante del
9.3 viendo la. .y la casa que había *edificado*
11.5 *edificó* ciudades para fortificar a Judá
11.6 *edificó* Belén, Etam, Tecoa
14.6 *edificó* ciudades fortificadas en Judá
14.7 dijo pues. .*Edifiquemos* estas ciudades
14.7 *edificaron*, pues, y fueron prosperados
16.5 oyendo esto Baasa, cesó de *edificar* a
16.6 y la madera con que Baasa *edificaba*, y
16.6 y con ellas *edificó* a Geba y a Mizpa
17.12 Josafat. .y *edificó* en Judá fortalezas
20.8 te han *edificado* en ella santuario a tu
26.2 Uzías *edificó* a Elot, y la restituyó a
26.6 y *edificó* ciudades en Asdod, y en la
26.9 *edificó*. .torres en Jerusalén, junto a
26.10 *edificó* torres en el desierto, y abrió
27.3 *edificó* él la puerta mayor de la casa
27.3 y sobre el muro de la. .*edificó* mucho
27.4 *edificó* ciudades en las montañas de Judá
32.5 *edificó* Ezequías. .los muros caídos, e
33.4 *edificó*. .altares en la casa de Jehová
33.5 *edificó*. .altares a todo. .de los cielos
33.14 *edificó* el muro exterior de la ciudad
33.15 quitó. .los altares que había *edificado*
33.19 sitios donde *edificó* lugares altos y
35.3 el arca. .en la casa que *edificó* Salomón
36.23 *edifique* casa en Jerusalén, que está
Esd. 1.2 me ha mandado que le *edifique* casa en
1.3 *edifique* la casa a Jehová Dios de Israel
1.5 para subir a *edificar* la casa de Jehová
3.2 *edificaron* el altar del Dios de Israel
4.1 venidos de la cautividad *edificaban* el
4.2 les dijeron: *Edificaremos* con vosotros
4.3 no nos conviene *edificar* con vosotros
4.3 sino que nosotros solos la *edificaremos*
4.4 pero. .lo atemorizó para que no *edificara*
4.12 y *edifican* la ciudad rebelde y mala, y
5.3 ¿quién os ha dado orden para *edificar*
5.8 la cual se *edifica* con piedras grandes
5.9 ¿quién os dio orden para *edificar* esta
5.11 la casa que ya. .había sido *edificada*
5.11 la cual *edificó* y terminó el gran rey
5.16 hasta ahora se *edifica*, y aún no está
6.14 de los judíos *edificaban* y prosperaban
6.14 *edificaron*. .y terminaron, por orden del
Neh. 2.17 *edifiquemos* el muro de Jerusalén, y
2.18 y dijeron: Levantémonos y *edifiquemos*
2.20 nos levantaremos y *edificaremos*, porque
3.1 y *edificaron* la puerta de las Ovejas
3.1 y *edificaron* hasta la torre de Hananeel
3.2 junto a ella *edificaron* los varones de
3.2 junto. .luego *edificó* Zacur hijo de Imri
3.3 Senaa *edificaron* la puerta del Pescado
4.1 oyó Sanbalat que. .*edificábamos* el muro
4.3 lo que ellos *edifican* del muro de piedra
4.5 se airaron contra los que *edificaban*
4.6 *edificamos*. .el muro, y toda la muralla
4.10 es mucho, y no podemos *edificar* el muro
4.17 los que *edificaban* en el muro, los que
4.18 los que *edificaban*, cada uno tenía su
4.18 *edificaban;* y el que tocaba la trompeta
6.1 oyeron. .que yo había *edificado* el muro
6.6 y que por eso *edificas* tú el muro, con
7.1 que el muro fue *edificado*, y colocadas
12.29 los cantores se habían *edificado* aldeas
Job 12.14 si él derriba, no hay quien *edifique*
20.19 cuanto. .robó casas, y no las *edificó*
22.23 si te volvieres al. .serás *edificado*
27.18 *edificó* su casa como la polilla, y como
Sal. 28.5 él los derribará, y no los *edificará*
51.18 a Sion; *edifica* los muros de Jerusalén
78.69 *edificó* su santuario a manera de
89.2 para siempre será *edificada* misericordia
89.4 y *edificaré* tu trono por. .generaciones
102.16 Jehová habrá *edificado* a Sion, y en
122.3 Jerusalén, que se ha *edificado* como una
127.1 si Jehová no *edificare* la casa, en vano
127.1 en vano trabajan los que la *edifican*
147.2 Jehová *edifica* a Jerusalén; a. .recogerá
Pr. 9.1 la sabiduría *edificó* su casa, labró sus
14.1 la mujer sabia *edifica* su casa; mas la
24.3 con sabiduría se *edificará* la casa, y
24.27 prepara. .y después *edificarás* tu casa
Ec. 2.4 *edifiqué* para mí casas, planté para mí
3.3 tiempo de destruir, y tiempo de *edificar*
Cnt. 4.4 como la torre de David, *edificada* para
8.9 muro, *edificaremos* sobre él un palacio
Is. 5.2 había *edificado* en medio de ella una
9.10 cayeron, pero *edificaremos* de cantería
23.13 sus fortalezas, *edificaron* sus palacios
44.28 al decir a Jerusalén: Serás *edificada*
45.13 él *edificará* mi ciudad, y soltará mis
58.12 tuyos *edificarán* las ruinas antiguas
60.10 y extranjeros *edificarán* tus muros, y
65.21 *edificarán* casas, y morarán en ellas
65.22 no *edificarán* para que otro habite, ni
66.1 está la casa que me habréis de *edificar*
Jer. 1.10 puesto. .para *edificar* y para plantar
7.31 han *edificado* los lugares altos de Tofet
18.9 hablaré de la gente y. .para *edificar*
19.5 *edificaron* lugares altos a Baal, para

EDIFICAR ***(Continúa)***

Jer. 22.13 del que *edifica* su casa sin justicia
22.14 que dice: *Edificaré*..casa espaciosa
24.6 volveré a esta tierra, y los *edificaré*
29.5,28 *edificad* casas, y habitadlas; plantad
30.18 y la ciudad será *edificada* sobre su
31.4 aún te *edificaré*, y serás *edificada*, oh
31.28 tendré cuidado de ellos para *edificar*
31.38 que la ciudad será *edificada* a Jehová
32.31 desde el día que la *edificaron* hasta
32.35 *edificaron* lugares altos a Baal, los
35.7 *edificaréis* casa, ni sembraréis..viña
35.9 no *edificar* casas para nuestra morada
42.10 os *edificaré*, y no os destruiré; os
45.4 destruyo a los que *edifiqué*, y arranco
52.4 y de todas partes *edificaron*..baluartes
Lm. 3.5 *edificó* baluartes contra mí, y me rodeó
Ez. 4.2 y *edificarás* contra ella fortaleza, y
11.3 no será tan pronto; *edifiquemos* casas
13.5 ni habéis *edificado* un muro alrededor
13.10 y uno *edificaba* la pared, y..los otros
16.24 *edificaste* lugares altos, y te hiciste
16.25 en toda..camino *edificaste* lugar alto
16.31 *edificando* tus lugares altos en toda
17.17 *edifiquen* torres para cortar..vidas
21.22 para poner..*edificar* torres de sitio
26.14 nunca más serás *edificada;* porque yo
27.4 los que te *edificaron* completaron tu
28.26 y *edificarán* casas, y plantarán viñas
36.10 serán habitadas, y *edificadas* las ruinas
Dn. 4.30 la gran Babilonia que yo *edifiqué* para
9.25 la orden para..y *edificar* a Jerusalén
9.25 volverá a *edificar* la plaza y el muro
Os. 8.14 y *edificó* templos, y Judá multiplicó
Am. 5.11 *edificasteis* casas de piedra labrada
9.6 él *edificó* en el cielo sus cámaras, y ha
9.11 lo *edificaré* como en el tiempo pasado
9.14 y *edificarán*..las ciudades asoladas, y
Mi. 3.10 que *edificáis* a Sion con sangre, y a
7.11 viene el día en que se *edificarán* tus
Hab. 2.12 que *edifica* la ciudad con sangre, y
Sof. 1.13 *edificarán* casas..no las habitarán
Zac. 1.16 en ella será *edificada* mi casa, dice
5.11 que le sea *edificada* casa en tierra de
6.12 Renuevo..*edificará* el templo de Jehová
6.13 él *edificará* el templo de Jehová, y él
6.15 ayudarán a *edificar* el templo de Jehová
8.9 el cimiento a..para *edificar* el templo
9.3 Tiro se *edificó* fortaleza, y amontonó
Mal. 1.4 volveremos a *edificar* lo arruinado
1.4 ellos *edificarán*, y yo destruiré; y les
Mt. 7.24 hombre prudente, que *edificó* su casa
7.26 hombre..*edificó* su casa sobre la arena
16.18 sobre esta roca *edificaré* mi iglesia
21.33 *edificó* una torre, y la arrendó a unos
23.29 porque *edificáis* los sepulcros de los
Mr. 12.1 plantó una viña..*edificó* una torre, y
14.58 en tres días *edificaré* otro hecho sin
Lc. 4.29 estaba *edificada* la ciudad de ellos
6.48 hombre que al *edificar* una casa, cavó
6.49 que *edificó* su casa sobre tierra, sin
7.5 ama..nación, y nos *edificó* una sinagoga
11.47 *edificáis* los sepulcros de los profetas
11.48 y vosotros *edificáis* sus sepulcros
12.18 los *edificaré* mayores, y allí guardaré
14.28 ¿quién..queriendo *edificar* una torre
14.30 comenzó a *edificar*, y no pudo acabar
17.28 comían, bebían..plantaban, *edificaban*
Jn. 2.20 en 46 años fue *edificado* este templo
Hch. 7.47 mas Salomón le *edificó* casa
7.49 qué casa me *edificaréis?* dice el Señor
9.31 eran *edificadas*, andando en el temor del
Ro. 15.20 no *edificar* sobre fundamento ajeno
1 Co. 3.10 otro *edifica* encima; pero cada uno
3.12 si alguno *edificare* oro, plata, piedras
8.1 el conocimiento envanece..el amor *edifica*
10.23 todo me es lícito, pero no todo *edifica*
14.4 en lengua extraña, a sí mismo se *edifica*
14.4 el que profetiza, *edifica* a la iglesia
14.17 gracias, pero el otro no es *edificado*
Gá. 2.18 cosas que destruí..vuelvo a *edificar*
Ef. 2.20 *edificados* sobre el fundamento de los
2.22 en quien..sois juntamente *edificados*
4.16 recibe su..para ir *edificándose* en amor
1 Ts. 5.11 *edificaos* unos a otros, así como lo
1 P. 2.5 sed *edificados* como casa espiritual y
Jud. 20 *edificándoos* sobre vuestra santísima fe

EDIFICIO

1 R. 6.16 hizo..*e* de veinte codos, de tablas
2 Cr. 3.4 el pórtico..al frente del *e* era de
3.5 techó el cuerpo mayor del *e* con madera
34.11 daban..y para la entabladura de los *e*
Esd. 5.4 los nombres de los..que hacen este *e?*
Jer. 52.13 y destruyó con fuego todo *e* grande
Ez. 40.2 sobre la cual había un *e* parecido a
41.12 el *e*..era de setenta codos; y la pared
41.12 pared del *e*, de cinco codos de grueso
41.13 y el *e* y sus paredes, de cien codos de
41.15 y midió la longitud del *e* que estaba
42.1 del espacio..que quedaba enfrente del *e*
42.5 quitaban..más que de..de en medio del *e*
42.10 hacia..y delante del *e*, había cámaras
Mt. 24.1 acercaron..mostrarle los *e* del templo
Mr. 13.1 Maestro, mira qué piedras, y qué *e*
13.2 dijo: ¿Ves estos grandes *e?* No quedará
1 Co. 3.9 vosotros sois labranza de Dios, *e* de
2 Co. 5.1 tenemos de Dios un *e*, una casa no
Ef. 2.21 en quien todo el *e*..va creciendo para

EDOM ***Los descendientes de Esaú y su territorio. Véase también Edomitas***

Gn. 25.30 por tanto fue llamado su nombre *E*
32.3 a Esaú..a la tierra de Seir, campo de *E*
36.1 las generaciones de Esaú, el cual es *E*
36.8 habitó en el monte de Seir; Esaú es *E*
36.9 los linajes de Esaú, padre de *E*, en el
36.16,17 son los jefes..en la tierra de *E*
36.19 los hijos de Esaú, y sus jefes; él es *E*
36.21 horeos, hijos de Seir, en la tierra de *E*
36.31 reyes que reinaron en la tierra de *E*
36.32 Bela hijo de Beor reinó en *E*..Dinaba
36.43 estos fueron los jefes de *E* según sus
36.43 *E* es el mismo Esaú, padre de..edomitas
Éx. 15.15 los caudillos de *E* se turbarán; a los
Nm. 20.14 envió Moisés embajadores al rey de *E*
20.18 *E* le respondió: No pasarás por mi país
20.20 y salió *E* contra él con mucho pueblo
20.21 no quiso, pues, *E* dejar pasar a Israel
20.23 habló a Moisés..en la frontera..de *E*
21.4 partieron..para rodear la tierra de *E*
24.18 tomada *E*, será también tomada Seir por
33.37 acamparon..la extremidad del país de *E*
34.3 el lado del sur..hasta la frontera de *E*
Jos. 15.1 Judá..llegaba hasta la frontera de *E*
15.21 las ciudades..hacia la frontera de *E*
Jue. 5.4 cuando te marchaste de los campos de *E*
11.17 Israel envió mensajeros al rey de *E*
11.17 te ruego..el rey de *E* no los escuchó
11.18 rodeó la tierra de *E* y la tierra de Moab
1 S. 14.47 Saúl hizo guerra..contra *E*, contra
2 S. 8.14 y puso guarnición en *E;* por todo *E*
1 R. 9.26 junto a Elot en..en la tierra de *E*
11.1 Salomón amó..a las de *E*, a las de Sidón
11.14 Hadad edomita, de..el cual estaba en *E*
11.15 cuando David estaba en *E*, y subió Joab
11.15 Joab..mató a todos los varones de *E*
11.16 acabado con..el sexo masculino en *E*
22.47 no había entonces rey en *E*..gobernador
2 R. 3.8 respondió..camino del desierto de *E*
3.9 salieron..el rey de *E;* y como anduvieron
3.12 y descendieron..Josafat, y el rey de *E*
3.20 aquí vinieron aguas por el camino de *E*
3.26 para atacar al rey de *E;* mas no pudieron
8.20 se rebeló *E* contra el dominio de Judá
8.21 levantándose de noche atacó a los de *E*
8.22 *E* se libertó del dominio de Judá, hasta
14.10 has derrotado a *E*, y tu corazón se ha
16.6 rey de *E* recobró Elat para *E*, y echó de
16.6 y los de *E* vinieron a Elat y habitaron
1 Cr. 1.43 los reyes que reinaron en la..de *E*
1.51 sucedieron en *E* los jefes Timna, Alva
1.54 e Iram. Estos fueron los jefes de *E*
18.11 y el oro..de todas las naciones de *E*
18.13 y puso guarnición en *E*, y todos los
2 Cr. 8.17 la costa del mar en la tierra de *E*
21.8 los días de éste se rebeló *E* contra el
21.10 no obstante, *E* se libertó del dominio
25.19 dices: He aquí he derrotado a *E;* y tu
25.20 cuanto habían buscado los dioses de *E*
Sal. 60 *tít.* destrozó a 12.000 de *E* en el valle
60.8 para lavarme; sobre *E* echaré mi calzado
60.9 la ciudad..¿quién me llevará hasta *E?*
108.9 sobre *E* echaré mi calzado..regocijaré
108.10 la ciudad..¿quién me guiará hasta *E?*
137.7 recuerda contra los hijos de *E* el día
Is. 11.14 *E* y Moab les servirán, y los hijos de
34.5 descenderá sobre *E* en juicio, y sobre
34.6 tiene..grande matanza en tierra de *E*
63.1 ¿quién es éste que viene de *E*, de Bosra
Jer. 9.26 a Egipto y a Judá, a *E* y a los hijos
25.21 a *E*, a Moab y a los hijos de Amón
27.3 y los enviarás al rey de *E*, y al rey de
40.11 los judíos que estaban en..Amón, y en *E*
49.7 acerca de *E*. Así ha dicho Jehová de los
49.17 y se convertirá *E* en desolación; todo
49.20 el consejo que..ha acordado sobre *E*
49.22 el corazón de los valientes de *E* será
Lm. 4.21 hija de *E*, la que habitas en tierra
4.22 castigará tu iniquidad, oh hija de *E*
Ez. 25.12 por lo que hizo *E*, tomando venganza
25.13 yo también extenderé mi mano sobre *E*
25.14 pondré mi venganza contra *E* en manos
25.14 harán en *E* según mi enojo y conforme a
27.16 *E* traficaba contigo por..tus productos
32.29 allí *E*, sus reyes y todos sus príncipes
35.15 asolado será el monte de Seir, y todo *E*
36.5 en el fuego de mi celo..contra todo *E*
Dn. 11.41 éstos escaparán de su mano: *E* y Moab
Jl. 3.19 y *E* será vuelto en desierto asolado
Am. 1.6 llevó cautivo a..para entregarlo a *E*
1.9 entregaron a todo un pueblo cautivo a *E*
1.11 por tres pecados de *E*, y por el cuarto
2.1 porque quemó..huesos del rey de *E* hasta
9.12 para que aquellos..posean el resto de *E*
Abd. 1 Jehová el Señor ha dicho..en cuanto a *E*
8 ¿no haré que perezcan..los sabios de *E*, y
Mal. 1.4 *E* dijere: Nos hemos empobrecido, pero

EDOMITA ***Descendiente de Esaú. Véase también Edom***

Gn. 36.43 Edom es el mismo Esaú, padre de..*e*
Dt. 23.7 no aborrecerás el *e*..es tu hermano
1 S. 21.7 nombre era Doeg, *e*, el principal de
22.9 Doeg *e*..dijo: Yo vi al hijo de Isaí que
22.18 se volvió Doeg el *e* y acometió a los
22.22 yo sabía que estando allí..Doeg el *e*
2 S. 8.13 destrozó a 18.000 *e* en el Valle de
8.14 y todos los *e* fueron siervos de David
1 R. 11.14 un adversario a Salomón: Hadad *e*
11.17 Hadad huyó, y con él algunos varones *e*
2 R. 14.7 mató..a diez mil *e* en el Valle de la
1 Cr. 18.12 Abisai hijo..destrozó..a 18.000 *e*
18.13 y todos los *e* fueron siervos de David
2 Cr. 21.9 Joram..de noche, y derrotó a los *e*
25.14 volviendo luego de la matanza de los *e*
28.17 los *e* habían venido y atacado a..Judá
Sal. 52 *tít.* vino Doeg *e* y dio cuenta a Saúl
83.6 las tiendas de los *e* y de los ismaelitas

EDREI

1. Ciudad de Og, rey de Basán

Nm. 21.33 Og rey..su pueblo, para pelear en *E*
Dt. 1.4 Og rey..que habitaba en Astarot en *E*
3.1 y nos salió al encuentro Og rey de..en *E*
3.10 hasta Salca y *E*, ciudades del reino de
Jos. 12.4 Og rey..habitaba en Astarot y en *E*
13.12 reino de Og..reinó en Astarot y en *E*
13.31 *E*, ciudades del reino de Og en Basán

2. Ciudad en Neftalí, **Jos. 19.37**

EDUCAR

Est. 2.20 Ester..como cuando él la *educaba*

EFA ***(n.)***

1. Un hijo de Madián y su posteridad, **Gn. 25.4; 1 Cr. 1.33; Is. 60.6**

2. Concubina de Caleb, **1 Cr. 2.46**

3. Una familia de los descendientes de Caleb, **1 Cr. 2.47**

EFA ***(medida)***

Éx. 16.36 un gomer es la décima parte de un *e*
29.40 décima parte de un *e* de flor de harina
Lv. 5.11; 6.20 décima parte de un *e*..de harina
14.10 y tres décimas de *e* de flor de harina
14.21 y una décima de *e* de flor de harina
23.13,17 dos décimas de *e* de flor de harina
24.5 cada torta será de dos décimas de *e*
Nm. 5.15 la décima parte de un *e* de harina de
15.4; 28.5 décima parte de un *e* de..harina
29.3,9 tres décimas de *e* con cada becerro
29.14 tres décimas de *e* con cada uno de los
Dt. 25.14 ni tendrás en..*e* grande y *e* pequeño
25.15 *e* cabal y justo tendrás, para que tus
Jue. 6.19 y preparó..panes..de un *e* de harina
Rt. 2.17 había recogido..como un *e* de cebada
1 S. 1.24 un *e* de harina, y una vasija de vino
17.17 toma ahora..un *e* de este grano tostado
Is. 5.10 y un homer de semilla producirá un *e*
Ez. 45.10 balanzas justas, *e*..y bato justo
45.11 el *e* y el bato serán de..misma medida
45.11 tenga..la décima parte del homer el *e*
45.13 la sexta parte de un *e* por cada homer
45.24 ofrenda de un *e*..con cada carnero un *e*
45.24 ofrecerá..por cada *e* un hin de aceite
46.5,11 un *e*..y un hin de aceite con el *e*
46.7 de un *e* con el becerro, y un *e* con cada
46.7 ofrenda de..un hin de aceite por cada *e*
46.11 será la ofrenda un *e* con cada becerro
46.14 ofrenda de la sexta parte de un *e*, y
Hag. 2.16 al montón de veinte *e*, y había diez
Zac. 5.6 dijo: Este es un *e* que sale. Además
5.7 una mujer..sentada en medio de aquel *e*
5.8 la echó dentro del *e*..en la boca del *e*
5.9 alzaron el *e* entre la tierra y los cielos
5.10 dije al ángel..¿A dónde llevan el *e?*

EFAI ***Padre de algunos militares que se juntaron con Gedalías en Mizpa,*** **Jer. 40.8**

EFATA

Mr. 7.34 gimió..dijo: *E*, es decir: Sé abierto

EFECTO

1 S. 25.37 se le habían pasado los *e* del vino
Job 12.7 en *e*, pregunta ahora a las bestias, y
Is. 32.17 el *e* de la justicia será paz; y la
Jer. 34.18 no han llevado a *e* las palabras del
48.30 conozco..su cólera, pero no tendrá *e*
51.12 pondrá en *e* lo que ha dicho contra los
Neh. 2.9 fin de..suntuosidad de toda clase de *e*
Sof. 2.2 tenga *e* el decreto, y el día se pase

EFECTUAR

Nm. 18.16 de un mes harás *efectuar* el rescate
Pr. 16.30 ojos. . mueve sus labios, *efectúa* el mal
2 Ti. 2.18 que la resurrección ya se *efectuó*
He. 1.3 habiendo *efectuado* la purificación de

EFER

1. Descendiente de Madián, **Gn. 25.4; 1 Cr. 1.33**
2. Descendiente de Esdras No. 1, **1 Cr. 4.17**
3. Jefe de una familia de Manasés, **1 Cr. 5.24**

EFES-DAMIN *Lugar donde acampó el ejército de los filisteos (=Pas-damim)*, **1 S. 17.1**

EFESIO *Habitante de Éfeso*

Hch. 19.28,34 ¡grande es Diana de los *e!*
19.35 varones *e*, ¿y quién es el hombre que
19.35 que la ciudad de los *e* es guardiana de

ÉFESO *Puerto y ciudad principal de la provincia de Asia*

Hch. 18.19 a *E*, y los dejó allí; y entrando en
18.21 volveré. . si Dios quiere. Y zarpó de *E*
18.24 llegó. . a *E* un judío llamado Apolos
19.1 Pablo. . vino a *E*, y hallando a ciertos
19.17 fue notorio a. . los que habitaban en *E*
19.26 este Pablo, no solamente en *E*, sino en
20.16 se había propuesto pasar de largo a *E*
20.17 enviando. . desde Mileto a *E*, hizo llamar
21.29 habían visto con él. . a Trófimo, de *E*
1 Co. 15.32 si como hombre batallé en *E* contra
16.8 pero estaré en *E* hasta Pentecostés
Ef. 1.1 a los santos y fieles. . que están en *E*
1 Ti. 1.3 como te rogué que te quedases en *E*
2 Ti. 1.18 cuánto nos ayudó en *E*, tú lo sabes
4:12 a Tíquico lo envié a *E*
Ap. 1.11 envíalo a las siete iglesias. . a *E*
2.1 escribe al ángel de la iglesia en *E:* El

EFICACIA

2 Ti. 3.5 de piedad, pero negarán la *e* de ella

EFICAZ

1 Cr. 9.13 muy *e* en la obra del ministerio en
Job 6.25 ¡cuán *e* son las palabra rectas! Pero
Jer. 30.13 no. . no hay para ti medicamentos *e*
1 Co. 16.9 se me ha abierto puerta grande y *e*
Flm. 6 que la participación de tu fe sea *e* en
He. 4.12 porque la palabra de Dios es viva y *e*
Stg. 5.16 la oración *e* del justo puede mucho

EFIGIE

Dt. 4.16 que no hagáis. . *e* de varón o hembra

EFLAL *Descendiente de Jerameel*, **1 Cr. 2.37**

EFOD *Padre de Haniel, príncipe de Manasés*, **Nm. 34.23**

EFOD *(Vestidura sacerdotal)*

Éx. 25.7 piedras de engaste para el *e* y para
28.4 el pectoral, el *e*, el manto, la túnica
28.6 harán el *e* de oro, azul, púrpura. . lino
28.12 dos piedras sobre las hombreras del *e*
28.15 lo harás conforme a la obra del *e*, de
28.25 los fijarás a las hombreras del *e* en
28.26 pondrás. . al lado del *e* hacia adentro
28.27 delantera de las dos hombreras del *e*
28.27 delante. . juntura sobre el cinto del *e*
28.28 pectoral. . a los dos anillos del *e* con
28.28 para que esté sobre el cinto del *e*
28.28 y no se separe el pectoral del *e*
28.31 harás el manto del *e* todo de azul
29.5 y vestirás a Aarón. . manto del *e*, el *e*
29.5 a Aarón. . le ceñirás con el cinto del *e*
35.9 piedras de engaste para el *e* y para el
35.27 las piedras de los engastes para el *e*
39.2 también el *e* de oro, de azul, púrpura
39.5 cinto del *e*. . sobre él era de lo mismo
39.7 y las puso sobre las hombreras del *e*
39.8 pectoral. . como la obra del *e*, de oro
39.18 sobre las hombreras del *e* por delante
39.19 orilla, frente a la parte baja del *e*
39.20 dos anillos de oro. . dos hombreras del *e*
39.20 de su juntura, sobre el cinto del *e*
39.21 ataron el pectoral. . a los anillos del *e*
39.21 estuviese sobre el cinto del mismo *e*
39.21 no se separase el pectoral del *e*, como
39.22 hizo. . el manto del *e* de obra de tejedor
Lv. 8.7 y puso sobre él el *e*. . el cinto del *e*
Jue. 8.27 y Gedeón hizo de ellos un *e*, el cual
8.27 todo Israel se prostituyó tras de ese *e*
17.5 hizo *e*. . y consagró a uno de sus hijos
18.14 ¿no sabéis que en estas casas hay *e* y
18.17,18 tomaron la imagen de talla, el *e*
18.20 tomó el *e* y los terafines y la imagen
1 S. 2.18 Samuel ministraba. . vestido de un *e*
2.28 mi sacerdote. . llevase *e* delante de mí
14.3 y Ahías hijo de Ahitob. . llevaba el *e*
21.9 aquí envuelta en un velo detrás del *e*
22.18 mató. . 85 varones que vestían *e* de lino
23.6 Abiatar. . descendió con el *e* en su mano
23.9 él dijo a Abiatar sacerdote: Trae el *e*
30.7 me acerques el *e*. Y Abiatar acercó el *e*
2 S. 6.14 y estaba David vestido con un *e* de
1 Cr. 15.27 llevaba. . David sobre sí un *e* de
Os. 3.4 muchos días estarán. . sin rey. . sin *e* y

EFRAÍN

1. Hijo menor de José, la tribu que formó su posteridad, y su territorio; a veces se refiere a todo el reino norteño de Israel

Gn. 41.52 llamó el nombre del segundo *E;* porque
46.20 y nacieron a José en la. . Manasés y *E*
48.1 él tomó. . a sus dos hijos, Manasés y *E*
48.5 tus dos hijos *E* y. . que te nacieron en
48.13 ambos, *E* a su derecha, a la izquierda
48.14 su mano derecha. . sobre la cabeza de *E*
48.17 la mano derecha sobre la cabeza de *E*
48.17 para cambiarla de la cabeza de *E* a la
48.20 diciendo: Hágate Dios como a *E* y como
48.20 hágate. . Y puso a *E* antes de Manasés
50.23 y vio José los hijos de *E* hasta la
Nm. 1.10 de José: de *E*, Elisama hijo de Amiud
1.32 de los hijos de *E*, por su descendencia
1.33 contados de la tribu de *E* fueron 40.500
2.18 la bandera del campamento de *E* por sus
2.18 el jefe de los hijos de *E*, Elisama hijo
2.24 todos. . en el campamento de *E*, 108.100
7.48 el príncipe de los hijos de *E*, Elisama
10.22 marchar la bandera. . de los hijos de *E*
13.8 de la tribu de *E*, Oseas hijo de Nun
26.28 de José por sus familias: Manasés y *E*
26.35 son los hijos de *E* por sus familias; de
26.37 son las familias de los hijos de *E;* y
34.24 de la tribu de. . *E*, el príncipe Kemuel
Dt. 33.17 ellos son los diez millares de *E*, y
34.2 la tierra de *E* y de Manasés, toda la
Jos. 14.4 hijos de José fueron. . Manasés y *E*
16.4 recibieron. . su heredad los. . Manasés y *E*
16.5 cuanto al territorio de los hijos de *E*
16.8 esta es la heredad. . de los hijos de *E*
16.9 también ciudades. . para los hijos de *E*
16.10 antes quedó el cananeo en medio de *E*
17.8 pero Tapúa misma. . es de los hijos de *E*
17.9 ciudades de *E* están entre las ciudades
17.10 *E* al sur, y Manasés al norte, y el mar
17.15 monte de *E* es estrecho para vosotros
17.17 Josué respondió. . casa de José, a *E* y
19.50 dieron. . Timnat-sera, en el monte de *E*
20.7 señalaron a. . Siquem en el monte de *E*
21.5 diez ciudades. . de la tribu de *E*, de la
21.20 recibieron. . ciudades de la tribu de *E*
21.21 les dieron Siquem. . en el monte de *E*
24.30 en su heredad. . en el monte de *E*, al
24.33 le enterraron en el. . monte de *E*
Jue. 1.29 tampoco *E* arrojó al cananeo. . en Gezer
2.9 y lo sepultaron en su. . en el monte de *E*
3.27 tocó el cuerno en el monte de *E*, y los
4.5 entre Ramá y Bet-el, en el monte de *E*
5.14 de *E* vinieron los radicados en Amalec
7.24 envió mensajeros por todo el monte de *E*
7.24 los hombres de *E*, tomaron los vados de
8.1 pero los hombres de *E*. . le reconvinieron
8.2 ¿no es el rebusco de *E* mejor que la
10.1 Tola. . habitaba en Samir en el monte de *E*
10.9 para hacer. . guerra contra. . la casa de *E*
12.1 se reunieron los varones de *E*, y pasaron
12.4 peleó contra *E;* y los. . derrotaron a *E*
12.4 sois fugitivos de *E*. . en medio de *E* y
12.5 tomaron. . vados del Jordán a los de *E*
12.5 que cuando decían los fugitivos de *E*
12.6 murieron. . los de *E* cuarenta y dos mil
12.15 y fue sepultado en. . en la tierra de *E*
17.1 hubo un hombre del monte de *E*. . Micaía
17.8 llegando. . al monte de *E*, vino a casa de
18.2 vinieron al monte de *E*, hasta la casa
18 13 y de allí pasaron al monte de *E*, y
19.1,18 la parte más remota del monte de *E*
19.16 un hombre. . el cual era del monte de *E*
1 S. 1.1 un varón de. . de Zofim, del monte de *E*
9.4 pasó el monte de *E*, y de allí a. . Salisa
14.22 se habían escondido en el monte de *E*
2 S. 2.9 lo hizo rey sobre. . *E*, sobre Benjamín
20.21 un hombre del monte de *E*. . Seba hijo de
1 R. 4.8 son. . el hijo de Hur en el monte de *E*
12.25 reedificó. . a Siquem en el monte de *E*
2 R. 5.22 vinieron. . del monte de *E* dos jóvenes
1 Cr. 6.66 dieron ciudades. . de la tribu de *E*
6.67 les dieron. . Siquem. . en el monte de *E*
7.20 los hijos de *E:* Sutela, Bered su hijo
7.22 *E* su padre hizo duelo por muchos días
9.3 en Jerusalén. . los hijos de *E* y Manasés
12.30 los hijos de *E*, 20.800, muy valientes
27.10 era Heles pelonita, de los hijos de *E*
27.14 Benaía piratonita, de los hijos de *E*
27.20 los hijos de *E*, Oseas hijo de Azazías
2 Cr. 13.4 Zemaraim. . está en los montes de *E*
15.8 los ídolos. . en la parte montañosa de *E*
15.9 Judá. . y con ellos los forasteros de *E*
17.2 asimismo en las ciudades de *E* que su
19.4 desde Beerseba hasta el monte de *E*, y
25.7 porque Jehová no está con. . hijos de *E*
25.10 apartó el ejército de la gente. . de *E*
28.7 Zicri, hombre poderoso de *E*, mató a
28.12 se levantaron algunos varones. . de *E*
30.1 escribió cartas a *E* y a Manasés, para
30.10 los correos de. . por la tierra de *E* y
30.18 gran multitud del pueblo de *E* y Manasés
31.1 derribaron los lugares altos. . *E* y Manasés
34.6 lo mismo hizo en las ciudades de. . *E*
34.9 recogido de mano de Manasés y de *E* y de
Sal. 60.7 *E* es la fortaleza de mi cabeza; Judá
78.9 los hijos de *E*. . volvieron las espaldas
78.67 desechó la. . y no escogió la tribu de *E*
80.2 despierta tu poder delante de *E*, de
108.8 *E* es la fortaleza de mi cabeza; Judá
Is. 7.2 nueva: Siria se ha confederado con *E*
7.5 sirio, con *E* y con el hijo de Remalías
7.8 *E* será quebrantado hasta dejar de ser
7.9 la cabeza de *E* es Samaria, y la cabeza
7.17 desde el día que *E* se apartó de Judá
9.9 sabrá todo el pueblo, *E* y los moradores
9.21 Manasés a *E*, y *E* a Manasés, y ambos
11.13 y se disipará la envidia de *E*, y los
11.13 *E* no tendrá envidia de Judá, ni. . a *E*
17.3 cesará el socorro de *E*, y el reino de
28.1 ¡ay de la corona de. . los ebrios de *E*
28.3 pisoteada la corona de soberbia. . de *E*
Jer. 4.15 oír la calamidad desde el monte de *E*
7.15 como eché a. . toda la generación de *E*
31.6 clamarán los guardas en el monte de *E*
31.9 porque soy a Israel por padre, y *E* es
31.18 oído a *E* que se lamentaba: Me azotaste
31.20 ¿no es *E* hijo precioso para mí? ¿no
50.19 el monte de *E* y en Galaad se saciará
Ez. 37.16 para José, palo de *E*, y para toda la
37.19 palo de José que está en la mano de *E*
48.5 desde. . hasta del lado del mar, *E*, otra
48.6 junto al límite de *E*, desde el lado
Os. 4.17 *E* es dado a ídolos; déjalo
5.3 yo conozco a *E*. . oh *E*, te has prostituido
5.5 Israel y *E* tropezarán en su pecado, y
5.9 *E* será asolado en el día del castigo; en
5.11 *E* es vejado, quebrantado en juicio
5.12 seré como polilla a *E*, y como carcoma
5.13 verá *E* su enfermedad, y Judá su llaga
5.13 irá entonces *E* a Asiria, y enviará al
5.14 porque yo seré como león a *E*, y como
6.4 ¿qué haré a ti, *E?* ¿Qué haré a ti, oh
6.10 allí fornicó *E*, y se contaminó Israel
7.1 a Israel, se descubrió la iniquidad de *E*
7.8 *E* se ha mezclado con los demás pueblos
7.8 se ha mezclado. . *E* fue torta no volteada
7.11 *E* fue como paloma. . sin entendimiento
8.9 subieron. . *E* con salario alquiló amantes
8.11 porque multiplicó *E* altares para pecar
9.3 sino que volverá *E* a Egipto y a Asiria
9.8 atalaya es *E*. . con mi Dios; el profeta es
9.11 la gloria de *E* volará cual ave, de modo
9 13 *E*. . veo, es semejante a Tiro, situado en
9.13 pero *E* sacará su hijos a la matanza
9.16 *E* fue herido, su raíz está seca, no dará
10.6 él llevado a Asiria. . *E* será avergonzado
10.11 *E* es novilla. . haré llevar yugo a *E*
11.3 con todo. . enseñaba a andar al mismo *E*
11.8 ¿cómo. . abandonarte, oh *E?* ¿Te entregaré
11.9 de mi ira, ni volveré para destruir a *E*
11.12 me rodeó *E* de mentira, y la casa de
12.1 *E* se apacienta de viento, y sigue al
12.8 *E* dijo: Ciertamente he enriquecido, he
12.14 *E* ha provocado a Dios con amarguras
13.1 *E* hablaba, hubo temor; fue exaltado en
13.12 atada está la maldad de *E;* su pecado
14.8 *E* dirá: ¿Qué más tendré. . con los ídolos?
Abd. 19 poseerán también los campos de *E*, y los
Zac. 9.10 y de *E* destruiré los carros. . caballos
9.13 e hice a *E* su flecha, y despertaré a
10.7 será *E* como valiente, y se alegrará su

2. Población cerca de Bet-el

2 S. 13.23 tenía esquiladores en. . junto a *E*
2 Cr. 13.19 Abías le tomó. . a *E* con sus aldeas
Jn. 11.54 se alejó de. . a una ciudad llamada *E*

3. Bosque al oriente del Jordán, **2 S. 18.6**
4. Puerta en el muro de Jerusalén

2 R. 14.13 rompió. . desde la puerta de *E* hasta
2 Cr. 25.23 muro. . desde la puerta de *E* hasta
Neh. 8.16 en. . y en la plaza de la puerta de *E*
12.39 la puerta de *E* hasta la puerta Vieja

EFRATA

1. Aldea que colindaba con Belén

Gn. 35.16 para llegar a *E*, cuando dio a luz
35.19 y fue sepultada en el camino de *E*, la
48.7 se me murió Raquel en la. . viniendo a *E*
48.7 la sepulté allí en el camino de *E*, que
Rt. 4.11 seas ilustre en *E*, y seas de renombre
1 Cr. 2.24 muerto Hezrón en Caleb de *E*, Abías
Sal. 132.6 en *E* lo oímos; lo hallamos en los
Mi. 5.2 pero tú, Belén *E*, pequeña para estar

2. Mujer de Caleb, **1 Cr. 2.19,50; 4.4**

EFRATEO

1. Perteneciente a la tribu de Efraín, **Jue. 12.5; 1 S. 1.1; 1 R. 11.26**

2. Perteneciente a Efrata No. 1, **Rt. 1.2; 1 S. 17.12**

EFRÓN

1. Heteo de quien Abraham compró la cueva de Macpela

Gn. 23.8 interceded por mí con E hijo de Zohar
23.10 este E estaba..respondió E..a Abraham
23.13 respondió a E en presencia del pueblo
23.14 respondió E a Abraham, diciéndole
23.16 convino con E, y pesó..a E el dinero
23.17 la heredad de E que estaba en Macpela
25.9 en la heredad de E hijo de Zohar heteo
49.29 en la cueva que está en el campo de E
49.30 la cual compró Abraham..campo de E
50.13 la que había comprado..de E el heteo

2. Monte en la frontera de Judá, **Jos. 15.9**

EGIPCIO, CIA

Gn. 12.12 te vean los e, dirán: Su mujer es
12.14 los e vieron que la mujer era hermosa
16.1 tenía una sierva e, que se llamaba Agar
16.3 tomó a Agar su sierva e, al cabo de diez
21.9 vio Sara que el hijo de Agar la e, el
25.12 a quien le dio a luz Agar e, sierva de
39.1 Potifar oficial de..varón e, lo compró
39.2 José..estaba en la casa de su amo el e
39.5 bendijo la casa del e a causa de José
41.55 dijo Faraón a todos los e: Id a José
41.56 abrió José..granero..y vendía a los e
43.32 aparte para los e que con él comían
43.32 los e no pueden comer..con los hebreos
43.32 comer pan con..es abominación a los e
45.2 oyeron los e, y oyó también la casa de
46.34 para los e es abominación todo pastor
47.20 los e vendieron cada uno sus tierras
50.3 y lo lloraron los e setenta días
50.11 Atad..llanto grande es este de los e
Éx. 1.12 que los e temían a los hijos de Israel
1.13 y los e hicieron servir a los hijos de
1.19 las mujeres hebreas no son como las e
2.11 un e que golpeaba a uno de los hebreos
2.12 mató al e y lo escondió en la arena
2.14 ¿piensas matarme como mataste al e?
2.19 un varón e nos defendió de mano de los
3.8 librarlos de mano de los e, y sacarlos
3.9 la opresión con que los e los oprimen
3.21 yo daré a..gracia en los ojos de los e
6.5 de Israel, a quienes hacen servir los e
7.5 sabrán los e que yo soy Jehová, cuando
7.18 y los e tendrán asco de beber el agua
7.21 y el río..los e no podían beber de él
8.21 las casas de los e se llenarán de toda
8.26 ofreceríamos..la abominación de los e
8.26 sacrificáramos la abominación de los e
9.11 hubo sarpullido en..y en todos los e
10.6 llenará tus..las casas de todos los e
11.3 gracia al pueblo en los ojos de los e
11.7 diferencia entre los e y los israelitas
12.23 porque Jehová pasará hiriendo a los e
12.27 hirió a los e, y libró nuestras casas
12.30 Faraón, él y..siervos, y todos los e
12.33 e apremiaban al pueblo, dándose prisa
12.35 pidiendo de los e alhajas de plata, y
12.36 dio gracia al pueblo delante de los e
12.36 y les dieron..así despojaron a los e
12.39 al echarlos..los e, no habían tenido
14.4 seré..y sabrán los e que yo soy Jehová
14.9 siguiéndolos..e, con toda la caballería
14.10 y he aquí que los e venían tras ellos
14.12 te hablamos..Déjanos servir a los e?
14.12 mejor nos fuera servir a los e, que
14.13 los e que hoy habéis visto, nunca más
14.17 yo endureceré el corazón de los e para
14.18 sabrán los e que yo soy Jehová, cuando
14.20 iba entre el campamento de los e y el
14.23 siguiéndolos los e, entraron tras ellos
14.24 que Jehová miró el campamento de los e
14.24 y trastornó el campamento de los e
14.25 los e dijeron: Huyamos de delante de
14.25 Jehová pelea por ellos contra los e
14.26 para que las aguas vuelvan sobre los e
14.27 los e al huir se encontraban con el mar
14.27 Jehová derribó a..e en medio del mar
14.30 así salvó..a Israel de mano de los e
14.30 Israel vio a los e muertos a la orilla
14.31 hecho que Jehová ejecutó contra los e
15.26 ninguna enfermedad..que envié a los e
18.8 Jehová había hecho..a los e por amor de
18.9 al haberlo librado de mano de los e
18.10 Jehová, que os libró de mano de los e
18.10 que libró al pueblo de la mano de los e
19.4 vosotros visteis lo que hice a los e, y
32.12 ¿por qué han de hablar los e, diciendo
Lv. 24.10 hijo de un e, salió entre los hijos
Nm. 14.13 oirán luego los e, porque de en medio
20.15 y los e nos maltrataron, y a nuestros
33.3 salieron los..a vista de todos los e
33.4 enterraban los e a los que Jehová había
Dt. 23.7 no aborrecerás al e..forastero fuiste
26.6 los e nos maltrataron y nos afligieron
Jos. 24.6 e siguieron a vuestros padres hasta
24.7 puso oscuridad entre vosotros y los e
Jue. 6.9 os libré de mano de los e, y de mano
1 S. 6.6 endurecéis vuestro corazón, como los e
10.18 y os libré de mano de los e, y de mano
30.11 y hallaron en el campo a un hombre e
30.13 respondió el joven e: Yo soy siervo
2 S. 23.21 mató él a un e..y tenía el e una
23.21 y arrebató al e la lanza de la mano
1 R. 4.30 mayor..que..la sabiduría de los e
2 R. 7.6 tomado a sueldo..reyes de los e
1 Cr. 2.34 tenía Sesán un siervo e llamado
11.23 venció a un e..y el e traía una lanza
11.23 y arrebató al e la lanza de la mano
Esd. 9.1 pueblo no se han separado de los..e
Is. 19.1 y desfallecerá el corazón de los e
19.2 e contra e, y cada uno peleará contra
19.16 en aquel día los e serán como mujeres
19.23 asirios entrarán en Egipto, y e en
19.23 e servirán con los asirios a Jehová
31.3 y los e hombres son, y no Dios; y sus
Lm. 5.6 al e y al asirio extendimos la mano
Ez. 23.21 cuando..e comprimieron tus pechos
30.23,26 esparciré a los e entre las naciones
Hch. 7.22 fue enseñado..la sabiduría de los e
7.24 e hiriendo al e, vengó al oprimido
7.28 tú matarme, como mataste ayer al e?
21.38 ¿no eres tú aquel e que levantó una
He. 11.26 vituperio..que los tesoros de los e
11.29 e intentando los e hacer lo mismo

EGIPTO

Gn. 12.10 descendió Abram a E para morar allá
12.11 cuando estaba para entrar en E, dijo
12.14 aconteció que cuando entró Abram en E
13.1 subió..Abram de E hacia el Neguev, él
13.10 como la tierra de E en la dirección de
15.18 desde el río de E hasta el río grande
21.21 madre le tomó mujer de la tierra de E
25.18 Shur, que está enfrente de E viniendo
26.2 no desciendas a E; habita en la tierra
37.25 traían aromas..e iban a llevarlo a E
37.28 a los ismaelitas..llevaron a José a E
37.36 lo vendieron en E a Potifar, oficial de
39.1 llevado pues, José a E, Potifar oficial
40.1 que el copero del rey de E y el panadero
40.1 delinquieron contra su señor el rey de E
40.5 el copero y el panadero del rey de E
41.8 e hizo llamar a todos los magos de E
41.19 no he visto otras..toda la tierra de E
41.29 gran abundancia en toda la tierra de E
41.30 toda la abundancia será olvidada en..E
41.33 un varón..póngalo sobre la tierra de E
41.34 quinte la tierra de E en los siete años
41.36 de hambre que habrá en la tierra de E
41.41 te he puesto sobre toda la tierra de E
41.43 y lo puso sobre toda la tierra de E
41.44 ninguno alzará su mano ni..en toda..E
41.45 y salió José por toda la tierra de E
41.46 presentado delante de Faraón rey de E
41.46 José..y recorrió toda la tierra de E
41.48 años de abundancia que hubo en la..de E
41.53 años de abundancia..en la tierra de E
41.54 mas en toda la tierra de E había pan
41.55 sintió el hambre en toda la tierra de E
41.56 crecido el hambre en la tierra de E
41.57 de toda la tierra venían a E..comprar
42.1 viendo Jacob que en E había alimentos
42.2 he aquí yo he oído que hay víveres en E
42.3 descendieron los..a comprar trigo en E
43.2 acabaron de..el trigo que trajeron de E
43.15 se levantaron y descendieron a E, y se
45.4 yo soy José..el que vendisteis para E
45.8 por gobernador en toda la tierra de E
45.9 Dios me ha puesto por señor de todo E
45.13 saber a mi padre toda mi gloria en E
45.18 yo os daré lo bueno de la tierra de E
45.19 tomaos de la tierra de E carros para
45.20 riqueza de la tierra de E será vuestra
45.23 diez asnos cargados de lo mejor de E
45.25 subieron de E, y llegaron a la tierra
45.26 y él es señor en toda la tierra de E
46.3 no temas de descender a E, porque allí
46.4 descenderé contigo a E, y yo también te
46.6 y tomaron sus ganados..y vinieron a E
46.7 toda su descendencia trajo consigo a E
46.8 los hijos de Israel, que entraron en E
46.20 nacieron a José en la..de E Manasés y
46.26 las personas que vinieron con Jacob a E
46.27 los hijos de José, que le nacieron en E
46.27 personas..de Jacob, que entraron en E
47.6 la tierra de E delante de ti está; en lo
47.11 y les dio posesión en la tierra de E
47.13 desfalleció de hambre la tierra de E
47.14 todo el dinero que..en la tierra de E
47.15 acabado el dinero de la tierra de E y
47.15 vino todo E a José, diciendo: Danos pan
47.20 compró José toda la tierra de E para
47.21 desde un extremo al otro del..de E
47.26 lo puso por ley..sobre la tierra de E
47.27 así habitó Israel en la tierra de E
47.28 vivió Jacob en la..de E diecisiete años
47.29 a José..ruego que no me entierres en E
47.30 cuando duerma con mis..me llevarás de E
48.5 tus dos hijos..que te nacieron en..E
48.5 antes que viniese a ti a la tierra de E
50.7 y todos los ancianos de la tierra de E
50.14 volvió José a E, él y sus hermanos, y
50.22 habitó José en E, él y la casa de su
50.26 murió..y fue puesto en un ataúd en E
Éx. 1.1 los hijos de Israel que entraron en E
1.5 le nacieron a Jacob..Y José estaba en E
1.8 se levantó sobre E un nuevo rey que no
1.15 habló el rey de E a las parteras de las
1.17 no hicieron como les mandó el rey de E
1.18 el rey de E hizo llamar a las parteras
2.23 después de..días murió el rey de E, y
3.7 la aflicción de mi pueblo que está en E
3.10 para que saques de E a mi pueblo, los
3.11 que..saque de E a los hijos de Israel?
3.12 hayas sacado de E al pueblo, serviréis
3.16 os..y he visto lo que se os hace en E
3.17 yo os sacaré de la aflicción de E a la
3.18 irás..al rey de E, y le diréis: Jehová
3.19 yo sé que el rey de E no os dejará ir
3.20 y heriré a E con todas mis maravillas
3.22 pedirá cada mujer..y despojaréis a E
4.18 volveré a mis hermanos que están en E
4.19 vé y vuélvete a E, porque han muerto
4.20 tomó su mujer..y volvió a tierra de E
4.21 dijo Jehová..Cuando hayas vuelto a E
5.4 rey de E les dijo: Moisés y Aarón, ¿por
5.12 se esparció por toda la tierra de E para
6.6 yo os sacaré..de las tareas pesadas de E
6.7 que os sacó de las tareas pesadas de E
6.11 habla a Faraón rey de E, que deje ir de
6.13 dio mandamiento..para Faraón rey de E
6.13 para que sacasen a..de la tierra de E
6.26 sacad a los..Israel de la tierra de E
6.27 son los que hablaron a Faraón rey de E
6.27 para sacar de E a los hijos de Israel
6.28 cuando Jehová habló..en la tierra de E
6.29 di a Faraón rey de E todas las cosas que
7.3 multiplicaré en la..E mis señales y mis
7.4 pondré mi mano sobre E, y sacaré..de E
7.5 Jehová, cuando extienda mi mano sobre E
7.11 hicieron..lo mismo los hechiceros de E
7.19 extiende tu mano sobre las aguas de E
7.19 y haya sangre por toda la región de E
7.21 y hubo sangre por toda la tierra de E
7.22 los hechiceros de E hicieron lo mismo
7.24 y en todo E hicieron pozos alrededor
8.5 haga subir ranas sobre la tierra de E
8.6 extendió su mano sobre las aguas de E
8.6 subieron ranas que cubrieron la..de E
8.7 hicieron venir ranas sobre la tierra de E
8.16 se vuelva piojos por todo el país de E
8.17 se volvió piojos en todo el país de E
8.24 vino toda clase de moscas..el país de E
9.4 entre los ganados de Israel y los de E
9.6 y murió todo el ganado de E; mas del
9.9 a ser polvo sobre toda la tierra de E
9.9 y en las bestias, por todo el país de E
9.18 granizo..pesado, cual nunca hubo en E
9.22 venga granizo en toda la tierra de E
9.22 toda la hierba del campo en el país de E
9.23 hizo llover granizo sobre la tierra de E
9.24 cual nunca hubo en toda la tierra de E
9.25 granizo hirió en toda la tierra de E
10.2 cuentes a..las cosas que yo hice en E
10.7 no sabes todavía que E está ya destruido?
10.12 extiende tu mano sobre la tierra de E
10.12 la langosta..suba sobre el país de E
10.13 y extendió Moisés su vara sobre..de E
10.14 subió la langosta sobre..tierra de E
10.14 langosta..asentó en todo el país de E
10.15 no quedó cosa verde en..la tierra de E
10.19 ni una langosta quedó en todo el..de E
10.21 que haya tinieblas sobre la tierra de E
10.22 tinieblas sobre toda la tierra de E por
11.1 una plaga traeré aún sobre Faraón y..E
11.3 Moisés era tenido por gran varón en..E
11.4 medianoche yo saldré por en medio de E
11.5 morirá todo primogénito en tierra de E
11.6 habrá gran clamor por..la tierra de E
11.9 mis maravillas se multipliquen en..de E
12.1 habló Jehová a Moisés..la tierra de E
12.12 pasaré..por la tierra de E, y heriré
12.12 heriré..primogénito en la tierra de E
12.12 ejecutaré mis juicios en..dioses de E
12.13 no habrá..cuando hiera la tierra de E
12.17 día saqué vuestras huestes de la..de E
12.27 las casas de los hijos de Israel en E
12.29 a todo primogénito en la tierra de E
12.30 y hubo un gran clamor en E, porque no
12.39 tortas..la masa que habían sacado de E
12.40 el tiempo que..Israel habitaron en E
12.41 las huestes..salieron de la tierra de E
12.42 por haberlos sacado..de la tierra de E
12.51 los hijos de Israel de la tierra de E
13.3 este día, en el cual habéis salido de E
13.8 lo que Jehová hizo..cuando me sacó de E
13.9 con mano fuerte te sacó Jehová de E
13.14 Jehová nos sacó con mano fuerte de E
13.15 Jehová hizo morir en la tierra de E a
13.16 Jehová nos sacó de E con mano fuerte

EGIPTO *(Continúa)*
Éx. 13.17 no se arrepienta el pueblo. . vuelva a *E*
13.18 subieron los. . de Israel de *E* armados
14.5 aviso al rey de *E*, que el pueblo huía
14.7 todos los carros de *E*, y los capitanes
14.8 endureció el corazón de Faraón rey de *E*
14.11 ¿no había sepulcros en *E*, que nos has
14.11 has hecho así. . que nos has sacado de *E?*
14.12 ¿no es esto lo que te hablamos en *E*
16.1 después que salieron de la tierra de *E*
16.3 por mano de Jehová en la tierra de *E*
16.6 Jehová os ha sacado de la tierra de *E*
16.32 cuando yo os saqué de la tierra de *E*
17.3 hiciste subir de *E* para matarnos de sed
18.1 cómo Jehová había sacado a Israel de *E*
19.1 la salida de los hijos de Israel de. . *E*
20.2 tu Dios, que te saqué de la tierra de *E*
22.21; 23.9 extranjeros. . en la tierra de *E*
23.15 mes de Abib, porque en él saliste de *E*
29.46 Dios, que los saqué de la tierra de *E*
32.1,23 Moisés. . nos sacó de la tierra de *E*
32.4,8 dioses. . te sacaron de la tierra de *E*
32.7 tu pueblo que sacaste de la tierra de *E*
32.11 tú sacaste de la tierra de *E* con gran
33.1 el pueblo que sacaste de la tierra de *E*
34.18 porque en el mes de Abib saliste de *E*
Lv. 11.45 que os hago subir de la tierra de *E*
18.3 no haréis como hacen en la tierra de *E*
19.34 extranjeros fuisteis en la tierra de *E*
19.36 Dios, que os saqué de la tierra de *E*
22.33 os saqué de la tierra de *E*, para ser
23.43 cuando los saqué de la tierra de *E*
25.38 Dios, que os saqué de la tierra de *E*
25.42,55 cuales saqué yo de la tierra de *E*
26.13 Dios, que os saqué de la tierra de *E*
26.45 cuando los saqué de la tierra de *E* a
Nm. 1.1 segundo año de su salida de la. . de *E*
3.13 yo hice morir a. . los primogénitos en. . *E*
8.17 herí a. . primogénito en la tierra de *E*
9.1 año de su salida de la tierra de *E*, en el
11.5 del pescado que comíamos en *E* de balde
11.18 a comer carne!. . mejor nos iba en *E!*
11.20 diciendo: ¿Para qué salimos acá de *E?*
13.22 Hebrón. . siete años antes de Zoán en *E*
14.2 ¡ojalá muriéramos en la tierra de *E;* o
14.3 ¿no nos sería mejor volvernos a *E?*
14.4 designemos un capitán, y volvámonos a *E*
14.19 como has perdonado. . desde *E* hasta aquí
14.22 vieron. . mis señales que he hecho en *E*
15.41 Dios, que os saqué de la tierra de *E*
20.5 por qué nos has hecho subir de *E*, para
20.15 descendieron a *E*, y estuvimos en *E*
20.16 al cual oyó nuestra voz. . nos sacó de *E*
21.5 ¿por qué nos hiciste subir de *E* para que
22.5 un pueblo ha salido de *E*. . cubre la faz
22.11 pueblo que ha salido de *E* cubre la faz
23.22 Dios lo ha sacado de *E;* tiene fuerzas
24.8 Dios lo sacó de *E;* tiene fuerzas como
26.4 los. . que habían salido de tierra de *E*
26.59 Jocabed, hija de. . le nació a Leví en *E*
32.11 no verán los varones que subieron de *E*
33.1 Israel, que salieron de la tierra de *E*
33.38 la salida. . de Israel de la tierra de *E*
34.5 rodeará este límite. . el torrente de *E*
Dt. 1.27 aborrece, nos ha sacado de tierra de *E*
1.30 las cosas que hizo por vosotros en *E*
4.20 y os ha sacado. . de *E*, para que seáis el
4.34 lo que hizo con vosotros Jehová. . en *E*
4.37 te sacó de *E* con su presencia y. . poder
4.45 que habló Moisés. . cuando salieron de *E*
4.46 al cual derrotó. . cuando salieron de *E*
5.6 que te saqué de tierra de *E*, de casa de
5.15 acuérdate que fuiste siervo en. . de *E*
6.12 te sacó de la tierra de *E*, de casa de
6.21 nosotros éramos siervos de Faraón en *E*
6.21 Jehová nos sacó de *E* con mano poderosa
6.22 hizo señales. . grandes y terribles en *E*
7.8 y os ha rescatado. . de Faraón, rey de *E*
7.15 las. . plagas de *E*. . no las pondré sobre ti
7.18 lo que hizo Jehová tu Dios. . con todo *E*
8.14 te olvides. . que te sacó de tierra de *E*
9.7 el día que saliste de la tierra de *E*
9.12 porque tu pueblo que sacaste de *E* se ha
9.26 tu pueblo. . que sacaste de *E* con mano
10.19 extranjeros fuisteis en la tierra de *E*
10.22 con 70 personas descendieron tus. . a *E*
11.3 que hizo en medio de *E* a Faraón rey de *E*
11.4 y lo que hizo al ejército de *E*, a sus
11.10 la tierra. . no es como la tierra de *E*
13.5 que te sacó de. . *E* y te rescató de casa
13.10 te sacó de. . *E*, de casa de servidumbre
15.15 de que fuiste siervo en la tierra de *E*
16.1 mes de Abib te sacó Jehová tu Dios de *E*
16.3 porque aprisa saliste de tierra de *E*
16.3 del día en que saliste de la tierra de *E*
16.6 la pascua. . a la hora que saliste de *E*
16.12 y acuérdate de que fuiste siervo en *E*
17.16 ni hará volver al pueblo a *E* con el fin
20.1 Jehová. . el cual te sacó de tierra de *E*
23.4 recibir con pan. . cuando salisteis de *E*
24.9 lo que hizo. . después que salisteis de *E*
24.18 que te acordarás que fuiste siervo en *E*
24.22 acuérdate que fuiste siervo en. . de *E*
25.17 lo que hizo Amalec. . cuando salías de *E*
26.5 descendió a *E* y habitó allí con pocos
26.8 Jehová nos sacó de *E* con mano fuerte
28.27 Jehová te herirá con la úlcera de *E*
28.60 traerá sobre ti todos los males de *E*
28.68 te hará volver a *E* en naves, por el
29.2 ha hecho. . en la tierra de *E* a Faraón y
29.16 cómo habitamos en la tierra de *E*, y
29.25 ellos cuando los sacó de la tierra de *E*
34.11 prodigios. . en tierra de *E*, a Faraón y
Jos. 2.10 hizo secar las. . cuando salisteis de *E*
5.4 todo el pueblo que había salido de *E*, los
5.4 muerto en el. . después que salieron de *E*
5.5 había nacido. . que hubieron salido de *E*
5.6 hombres. . salido de *E* fueron consumidos
5.9 he quitado de vosotros el oprobio de *E*
9.9 hemos oído su. . y todo lo que hizo en *E*
13.3 Sihor, que está al oriente de *E*, hasta
15.4 salía al arroyo de *E*, y terminaba en
15.47 Gaza con sus villas. . hasta el río de *E*
24.4 pero Jacob y sus hijos descendieron a *E*
24.5 yo envié a Moisés y a Aarón, y herí a *E*
24.6 saqué a vuestros padres de *E;* y cuando
24.7 vuestros ojos vieron lo que hice en *E*
24.14 sirvieron. . otro lado del río, y en *E*
24.17 sacó. . de la tierra de *E*, de la casa de
24.32 los huesos de José. . habían traído de *E*
Jue. 2.1 yo os saqué de *E*, y os introduje en la
2.12 que los había sacado de la tierra de *E*
6.8 yo os hice salir de *E*, y os saqué de la
6.13 han contado. . No nos sacó Jehová de *E?*
10.11 ¿no habéis sido oprimidos de *E*, de los
11.13 tomó mi tierra, cuando subió de *E*, desde
11.16 cuando Israel subió de *E*, anduvo por
19.30 subieron de la tierra de *E* hasta hoy
1 S. 2.27 cuando estaban en *E* en. . de Faraón?
4.8 estos son los dioses que hirieron a *E* con
8.8 desde el día que los saqué de *E* hasta hoy
10.18 yo saqué a Israel de *E*, y os libré de
12.6 y sacó a vuestros padres. . tierra de *E*
12.8 Jacob hubo entrado en *E*, y. . clamaron a
12.8 sacaron a vuestros padres de *E*, y los
15.2 lo que hizo Amalec. . cuando subía de *E*
15.6 mostrasteis misericordia. . subían de *E*
15.7 hasta. . Shur, que está al oriente de *E*
27.8 quien va a Shur hasta la tierra de *E*
2 S. 7.6 día en que saqué a los. . de Israel de *E*
7.23 tu pueblo que rescataste para ti de *E*
1 R. 3.1 hizo parentesco con Faraón rey de *E*
4.21 Salomón señoreaba. . el límite con *E;* y
6.1 después que los hijos de. . salieron de *E*
8.9 hizo pacto con. . cuando salieron de. . *E*
8.16 desde. . que saqué de *E* a mi pueblo, no
8.21 hizo. . cuando los sacó de la tierra de *E*
8.51 son tu pueblo. . el cual tú sacaste de *E*
8.53 cuando sacaste a nuestros padres de *E*
8.65 donde entran en Hamat hasta el río de *E*
9.9 que había sacado a sus padres de. . de *E*
9.16 rey de *E* había subido y tomado a Gezer
10.28 y traían de *E* caballos y lienzos a
10.29 venía y salía de *E*, el carro por 600
11.17 Hadad huyó. . y se fue a *E;* era entonces
11.18 vinieron a *E*, a Faraón rey de *E*, el cual
11.21 y oyendo Hadad en *E* que David había
11.40 Jeroboam. . huyó a *E*, a Sisac rey de *E*
11.40 estuvo en *E* hasta la muerte de Salomón
12.2 que aún estaba en *E*. . y habitaba en *E*
12.28 te hicieron subir de la tierra de *E*
14.25 subió Sisac rey de *E* contra Jerusalén
2 R. 17.4 enviado embajadores a So, rey de *E*
17.7 su Dios, que los sacó de tierra de *E*
17.7 sacó. . de bajo la mano de Faraón rey de *E*
17.36 a Jehová, que os sacó de tierra de *E*
18.21 en este báculo de caña cascada, en *E*
18.21 tal es Faraón rey de *E* para todos los
18.24 estés confiado en *E* con sus carros y
19.24 he secado con. . pies todos los ríos de *E*
21.15 desde el día que. . salieron de *E* hasta
23.29 Necao rey de *E* subió contra el rey de
23.34 Faraón. . tomó a Joacaz y lo llevó a *E*
24.7 nunca más el rey de *E* salió de su tierra
24.7 le tomó todo. . desde el río de *E* hasta el
25.26 fueron a *E*, por temor de los caldeos
1 Cr. 13.5 David reunió a. . desde Sihor de *E*
17.21 de tu pueblo, que tú rescataste de *E?*
2 Cr. 1.16 rey compraban. . lienzos finos de *E*
1.17 compraban en *E* un carro por 600 piezas
5.10 hecho pacto con. . cuando salieron de *E*
6.5 desde el día que saqué a mi pueblo de. . *E*
7.8 desde la. . de Hamat hasta el arroyo de *E*
7.22 que los sacó de la tierra de *E*, y han
9.26 y tuvo dominio. . hasta la frontera de *E*
9.28 también caballos para Salomón, de *E* y
10.2 lo oyó Jeroboam hijo. . en *E*. . volvió de *E*
12.2 en el quinto año. . subió Sisac rey de *E*
12.3 el pueblo que venía con él de *E*, esto es
12.9 subió. . Sisac rey de *E* a Jerusalén, y
20.10 Israel cuando venía de la tierra de *E*
26.8 a Uzías, y se divulgó su fama hasta. . *E*
35.20 Necao rey de *E* subió para hacer guerra
36.3 y el rey de *E* lo quitó de Jerusalén, y
36.4 y estableció el rey de *E* a Eliaquim
36.4 a Joacaz. . tomó Necao, y lo llevó a *E*
Neh. 9.9 la aflicción de nuestros padres en *E*
9.18 este es tu Dios que te hizo subir de *E*
Sal. 68.31 vendrán príncipes de *E;* Etiopía se
78.12 hizo maravillas en la tierra de *E*, en
78.43 cuando puso en *E* sus señales, y sus
78.51 hizo morir a todo primogénito en *E*, los
80.8 hiciste venir una vid de *E;* echaste las
81.5 en José cuando salió por la tierra de *E*
81.10 que te hice subir de la tierra de *E*
105.23 entró Israel en *E*, y Jacob moró en la
105.38 *E* se alegró de que salieran, porque
106.7 nuestros padres en *E* no entendieron tus
106.21 Dios. . que había hecho grandezas en *E*
114.1 cuando salió Israel de *E*, la casa de
135.8 quien hizo morir a. . primogénitos de *E*
135.9 envió señales y. . en medio de ti, oh *E*
136.10 al que hirió a *E* en sus primogénitos
Pr. 7.16 colchas recamadas. . cordoncillos de *E*
Is. 7.18 que está en el fin de los ríos de *E*
10.24 contra ti. . su palo, a la manera de *E*
10.26 alzará su. . como hizo por la vía de *E*
11.11 su pueblo que aún quede en. . *E*, Patros
11.15 secará Jehová la lengua del mar de *E*
11.16 Israel el día que subió de. . tierra de *E*
19.1 profecía sobre *E*. He aquí que Jehová
19.1 nube, y entrará en *E;* y los ídolos de *E*
19.3 el espíritu de *E* se desvanecerá en medio
19.4 y entregaré a *E* en manos de señor duro
19.12 lo que Jehová. . ha determinado sobre *E*
19.13 engañaron a *E* los que son la piedra
19.14 e hicieron errar a *E* en toda su obra
19.15 y no aprovechará a *E* cosa que haga la
19.17 la tierra de Judá será de espanto a *E*
19.18 habrá cinco ciudades en la tierra de *E*
19.19 habrá altar. . en medio de la tierra de *E*
19.20 será por señal y por. . en la tierra de *E*
19.21 Jehová será conocido de *E*, y los de *E*
19.22 herirá Jehová a *E;* herirá y sanará, y
19.23 habrá una calzada de *E*. . entrarán en *E*
19.24 Israel será tercero con *E* y con Asiria
19.25 bendito el pueblo mío *E*, y el asirio
20.3 por señal y pronóstico sobre *E* y sobre
20.4 así llevará el rey. . los cautivos de *E*
20.4 descubiertas las. . para vergüenza de *E*
20.5 avergonzarán de Etiopía, y. . *E* su gloria
23.5 llegue la noticia a *E*, tendrán dolor los
27.12 que trillará Jehová. . el torrente de *E*
27.13 vendrán. . desterrados a *E*, y adorarán
30.2 se apartan para descender a *E*, y no han
30.2 y poner su esperanza en la sombra de *E*
30.3 amparo en la sombra de *E* en confusión
30.7 *E* en vano e inútilmente dará ayuda; por
31.1 ¡ay de los que descienden a *E* por ayuda
36.6 que confías en este báculo de caña. . en *E*
36.6 tal es Faraón rey de *E* para con todos
36.9 aunque estés confiado en *E* con. . carros
37.25 y con las. . secaré todos los ríos de *E*
43.3 a *E* he dado por tu rescate, a Etiopía y
45.14 el trabajo de *E*, las mercaderías de
52.4 pueblo descendió a *E* en tiempo pasado
Jer. 2.6 que nos hizo subir de la tierra de *E*
2.18 ¿qué tienes tu en el camino de *E*, para
2.36 también serás avergonzada de *E*, como
7.22 el día que los saqué de la tierra de *E*
7.25 el día que. . salieron de la tierra de *E*
9.26 a *E* y a Judá, a Edom y a los hijos de
11.4 el día que los saqué de la tierra de *E*
11.7 el día que les hice subir de la. . de *E*
16.14; 23.7 hizo subir a. . de la tierra de *E*
24.8 y a los que moran en la tierra de *E*
25.19 a Faraón rey de *E*, a sus siervos, a sus
26.21 lo cual Urías, tuvo temor, y huyó a *E*
26.22 envió hombres a *E*, a Elnatán hijo. . a *E*
26.23 sacaron a Urías de *E* y lo trajeron al
31.32 mano para sacarlos de la tierra de *E*
32.20 hiciste señales. . en tierra de *E* hasta
32.21 y sacaste a. . Israel de la tierra de *E*
34.13 los saqué de tierra de *E*, de casa de
37.5 cuando el ejército. . había salido de *E*
37.7 el ejército de. . volvió a su tierra en *E*
41.17 de Belén, a fin de ir y meterse en *E*
42.14 sino que entraremos en la tierra de *E*
42.15 entrar en *E*, y entrareis para morar allí
42.16 en la tierra de *E*. . en *E* os perseguirá
42.17 volvieren su rostros para entrar en *E*
42.18 así se derramará mi ira. . entrareis en *E*
42.19 no vayáis a *E;* sabed ciertamente que os
43.2 para decir: No vayáis a *E* para morar allí
43.7 y entraron en tierra de *E*, porque no
43.11 vendrá y asolará la tierra de *E;* los
43.12 fuego a los templos de los dioses de *E*
43.12 limpiará la tierra de *E*, como el pastor
43.13 en tierra de *E*, y los templos de. . de *E*
44.1 los judíos que moraban en la tierra de *E*
44.8 en la tierra de *E*, adonde habéis entrado
44.12 ir a tierra de *E*. . en tierra de *E* serán
44.13 castigaré a los que. . en tierra de *E*
44.14 de Judá que entraron en la tierra de *E*
44.15 el pueblo que habitaba en tierra de *E*
44.24 los de Judá que estáis en tierra de *E*
44.26 todo Judá que habitáis en tierra de *E*
44.26 no será invocado más en. . la tierra de *E*
44.27 los hombres de Judá que. . en tierra de *E*
44.28 los que escapen de la. . volverán de. . *E*
44.28 el resto de Judá que ha entrado en *E*

EGIPTO *(Continúa)*
Jer. 44.30 yo entrego a Faraón Hofra rey de E en
46.2 con respecto a E: contra el ejército de
46.2 el ejército de Faraón Necao rey de E
46.8 E como río se ensancha, y las aguas se
46.11 sube..toma bálsamo, virgen hija de E
46.13 venida de..para asolar la tierra de E
46.14 anunciad en E, y haced saber en Migdol
46.17 rey de E es destruido; dejó pasar el
46.19 hazte enseres de..moradora hija de E
46.20 becerra..es E; mas viene destrucción
46.24 se avergonzará la hija de E; entregada
46.25 yo castigo..a E, y a sus dioses y a sus
Ez. 16.26 fornicaste con los hijos de E, tus
17.15 enviando embajadores a E para que le
19.4 llevaron con grillos a la tierra de E
20.5 di a conocer a ellos en la tierra de E
20.6 los sacaría de la tierra de E a la tierra
20.7 y no os contaminéis con los ídolos de E
20.8 ni dejaron los ídolos de E; y dije que
20.8 para cumplir mi enojo en ellos en..de E
20.9 actué para sacarlos de la tierra de E
20.10 saqué de la tierra de E, y los traje
20.36 como litigué con..en el desierto..de E
23.3 cuales fornicaron en E; en su juventud
23.8 no dejó sus fornicaciones de E; porque
23.19 había fornicado en la tierra de E
23.27 cesar..fornicación de la tierra de E
23.27 ojos, ni nunca más te acordarás de E
27.7 de lino fino bordado de E era tu cortina
29.2 pon tu rostro contra Faraón rey de E
29.2 y profetiza contra él y contra todo E
29.3 aquí yo estoy contra ti, Faraón rey de E
29.6 sabrán todos los moradores de E que yo
29.9 la tierra de E será asolada y desierta
29.10 y pondré la tierra de E en desolación
29.12 y pondré a la tierra de E en soledad
29.12 esparciré a E entre las naciones, y lo
29.13 al fin de 40 años recogeré a E de entre
29.14 volveré a traer los cautivos de E, y los
29.19 yo doy a Nabucodonosor..la tierra de E
29.20 le he dado la tierra de E..dice Jehová
30.4 y vendrá espada a E, y habrá miedo en
30.4 habrá miedo..cuando caigan heridos en E
30.26 también caerán los que sostienen a E
30.8 sabrán que yo..cuando ponga fuego a E
30.9 y tendrán espanto como en el día de E
30.10 destruiré las riquezas de E por mano de
30.11 y desenvainarán sus espadas sobre E
30.13 no habrá..príncipe de la tierra de E
30.13 y en la tierra de E pondré temor
30.15 mi ira sobre Sin, fortaleza de E, y
30.16 pondré fuego a E; Sin tendrá gran dolor
30.18 cuando quebrante yo allí el poder de E
30.19 haré..juicios en E, y sabrán que yo soy
30.21 he quebrado el brazo de Faraón rey de E
30.22 heme aquí contra Faraón rey de E, y
30.25 él la extienda contra la tierra de E
31.2 dí a Faraón rey de E, y a sus pueblo: ¿A
32.2 levanta endechas sobre Faraón rey de E
32.12 y destruirán la soberbia de E, y toda
32.15 cuando asuele la tierra de E, y la
32.16 endecharán sobre E y sobre..su multitud
32.18 hijo..endecha sobre la multitud de E
Dn. 9.15 sacaste tu pueblo de la tierra de E
11.8 aun a los dioses..llevará cautivos a E
11.42 las tierras, y no escapará el país de E
11.43 de todas las cosas preciosas de E; y los
Os. 2.15 el día de su subida de la tierra de E
7.11 Efraín fue como paloma..llamarán a E
7.16 esto será su escarnio en la tierra de E
8.13 castigará su pecado; ellos volverán a E
9.3 sino que volverá Efraín a E y a Asiria
9.6 E los recogerá, Menfis los enterrará
11.1 Israel..lo amé, y de E llamé a mi hijo
11.5 no volverá a tierra de E, sino que el
11.11 como ave acudirán velozmente de E, y
12.1 hicieron pacto..el aceite se lleva a E
12.9 yo soy Jehová tu Dios desde la tierra de E
12.13 por un..Jehová hizo subir a Israel de E
13.4 soy Jehová tu Dios desde la tierra de E
Jl. 3.19 E será destruido, y Edom será vuelto
Am. 2.10 os hice subir de la tierra de E, y os
3.1 familia que hice subir de la tierra de E
3.9 proclamad en los..en los palacios de..E
4.10 contra vosotros mortandad tal como en E
8.8; 9.5 crecerá y mermará como el río de E
9.7 ¿no hice yo subir a Israel de la..de E
Mi. 6.4 yo te hice subir de la tierra de E, y
7.15 maravillas como el día que saliste de E
Nah. 3.9 Etiopía era su fortaleza, también E
Hag. 2.5 pacto que hice..cuando salisteis de E
Zac. 10.10 los traeré de la tierra de E, y los
10.11 de Asiria..y se perderá el cetro de E
14.18 y si la familia de E no subiere y no
14.19 esta será la pena del pecado de E, y del
Mt. 2.13 huye a E, y permanece allá hasta que
2.14 tomó..niño y a su madre, y se fue a E
2.15 que se cumpliese..De E llamé a mi Hijo
2.19 ángel..apareció en sueños a José en E
Hch. 2.10 en E y en las regiones de Africa más
7.9 envidia, vendieron a José para E; pero
7.10 dio gracia..delante de Faraón rey de E
7.10 Faraón..lo puso por gobernador sobre E
7.11 vino..hambre en toda la tierra de E y de
7.12 que había trigo en E, envió a nuestros
7.15 descendió Jacob a E, donde murió él, y
7.17 el pueblo creció y se multiplicó en E
7.18 hasta que se levantó en E otro rey que
7.34 mi pueblo que está en E..te enviaré a E
7.36 prodigios y señales en tierra de E, y
7.39 y en sus corazones se volvieron a E
7.40 Moisés. que nos sacó de la tierra de E
13.17 siendo ellos extranjeros en tierra de E
He. 3.16 ¿no fueron..los que salieron de E por
8.9 los tomé..para sacarlos de la tierra de E
11.27 por la fe dejó a E, no temiendo la ira
Jud. 5 Señor, habiendo salvado..sacándolo de E
Ap. 11.8 en sentido espiritual se llama..y E

EGLA *Mujer de David,* 2 S. 3.5; 1 Cr. 3.3

EGLAIM *Población en la frontera de Moab,* Is. 15.8

EGLÓN

1. Ciudad de los cananeos

Jos. 10.3 envió a..a Debir rey de E, diciendo
10.5 y el rey de E, se juntaron y subieron
10.23 al rey..al rey de Laquis y al rey de E
10.34 Laquis pasó Josué, y todo Israel..a E
10.36 subió luego Josué..de E a Hebrón, y la
10.37 la hirieron..como había hecho a E, así
12.12 rey de E, otro; el rey de Gezer, otro
15.39 Laquis, Boscat, E

2. Rey de Moab

Jue. 3.12 Jehová fortaleció a E rey de Moab
3.14 sirvieron..a E rey de los moabitas
3.15 enviaron..un presente a E rey de Moab
3.17 a E rey de Moab; y era E..muy grueso

EHI *Hijo de Benjamín,* Gn. 46.21

EJE

1 R. 7.30 ruedas de bronce, con e de bronce
7.32 los e de las ruedas nacían en la misma
7.33 e, sus rayos, sus cubos..de fundición

EJECUTAR

Éx. 12.12 *ejecutaré* mis juicios en..los dioses
14.31 que Jehová *ejecutó* contra los egipcios
Lv. 25.18 *ejecutad*..mis estatutos y guardad mis
26.15 no *ejecutando* todos mis mandamientos
Nm. 5.30 sacerdote *ejecutará* en ella..esta ley
23.19 no hará? Habló, ¿y no lo *ejecutará?*
Dt. 4.1 los estatutos..para que los *ejecutéis*
33.21 con Israel *ejecutó* los mandatos y los
1 R. 16.27 hizo, y las valentías que *ejecutó*
2 R. 10.30 *ejecutando* lo recto delante de mis
14.15 los demás hechos que *ejecutó* Joás, y
1 Cr. 28.21 el pueblo para *ejecutar* todas tus
2 Cr. 24.24 así *ejecutaron* juicios contra Joás
31.20 *ejecutó* lo bueno, recto y verdadero
Est. 9.1 ser *ejecutado* el mandamiento del rey
Sal. 9.16 hecho conocer en el juicio que *ejecutó*
103.20 poderosos..que *ejecutáis* su palabra
148.8 de tempestad que *ejecuta* su palabra
149.7 *ejecutar* venganza entre las naciones
149.9 *ejecutar* en ellos el juicio decretado
Ec. 8.11 no se *ejecuta* luego sentencia sobre
Is. 48.14 aquel a quien Jehová amó *ejecutará*
Jer. 44.25 con vuestras manos lo *ejecutasteis*
Os. 11.9 no *ejecutaré* el ardor de mi ira, ni
Jl. 2.11 fuerte es el que *ejecuta* su orden
Mi. 2.1 y cuando llega la mañana lo *ejecutan*
Ro. 9.28 el Señor *ejecutará* su sentencia sobre
Ap. 17.17 puesto en sus corazones el *ejecutar*

EJEMPLO

Jer. 24.9 por infamia, por e, por refrán y por
Jn. 13.15 e os he dado, para que como yo os he
1 Co. 4.6 lo he presentado como e en mí y en
10.6 cosas sucedieron como e para nosotros
Fil. 3.17 se conducen según el e que tenéis en
1 Ts. 1.7 tal manera que habéis sido e a todos
2 Ts. 3.9 sino por daros nosotros mismos un e
1 Ti. 1.16 para e de los que habrían de creer
4.12 e de los creyentes en palabra, conducta
Tit. 2.7 en todo como e de buenas obras; en la
He. 4.11 ninguno caiga en..e de desobediencia
Stg. 5.10 tomad como e de aflicción..profetas
1 P. 2.21 dejándonos e..que sigáis sus pisadas
5.3 señorío sobre..sino siendo e de la grey
2 P. 2.6 poniéndolas de e a los que habían de
Jud. 7 puestas por e, sufriendo el castigo del

EJERCER

Éx. 31.10 vestiduras..que *ejerzan* el sacerdocio
Nm. 3.3 los..consagró para *ejercer* el sacerdocio
3.4 y Eleazar y..*ejercieron* el sacerdocio
3.10 sus hijos para que *ejerzan* su sacerdocio
8.19 para que *ejerzan* el ministerio de los
8.22 así vinieron..para *ejercer* su ministerio
8.24 entrarán a *ejercer* su ministerio en el
8.25 desde los 50 años cesarán de *ejercer* su
8.25 su ministerio, y nunca más lo *ejercerán*
1 Cr. 24.2 Eleazar..*ejercieron* el sacerdocio
Mt. 20.25; Mr. 10.42 *ejercen*..ellas potestad
Lc. 1.8 que *ejerciendo* Zacarías el sacerdocio
Hch. 8.9 Simón, que antes *ejercía* la magia en
1 Ti. 2.12 ni *ejercer* dominio sobre el hombre
3.10 entonces *ejerzan* el diaconado, si son
3.13 los que *ejerzan* bien el diaconado, ganan
Ap. 13.12 *ejerce* toda la autoridad de..bestia

EJERCICIO

1 Ti. 4.8 el e corporal para poco es provechoso

EJERCITAR

1 S. 20.20 lado, como *ejercitándome* al blanco
1 Ti. 4.7 desecha..*ejercítate* para la piedad
He. 5.14 uso tienen los sentidos *ejercitados*
12.11 los que en ella han sido *ejercitados*

EJÉRCITO

Gn. 2.1 los cielos y la..y todo el e de ellos
21.22 y Ficol príncipe de su e, a Abraham
21.32 Abimelec, y Ficol príncipe de su e, y
26.26 y Abimelec..y Ficol, capitán de su e
49.19 Gad, e lo acometerá; mas él acometerá
Éx. 6.26 sacad a..Israel..de Egipto por sus e
7.4 y sacaré a mis e, mi pueblo, los hijos de
12.51 sacó..de la tierra de Egipto por sus e
14.4 seré glorificado en Faraón y en..su e
14.9 y todo su e, los alcanzaron acampados
14.17 me glorificaré en Faraón y en todo su e
14.28 todo el e de Faraón que había entrado
15.4 en el mar los carros de Faraón y su e
Nm. 1.3 los contaréis tú y Aarón por sus e
1.52 cada uno junto a su bandera, por sus e
2.3 campamento de Judá, por sus e; y el jefe
2.4,6,8,11,13,15,19,21,23,26,28,30 su cuerpo de e, con sus contados
2.9 de Judá..por sus e, marcharán delante
2.10 campamento de Rubén..al sur, por sus e
2.16 Rubén..sus e, marcharán los segundos
2.18 del campamento de Efraín por sus e, al
2.24 de Efraín..por sus e, irán los terceros
2.25 campamento de Dan..al norte, por sus e
2.32 todos los contados..por sus e, 603.550
10.14,18,22,25 bandera del campamento..sus e
10.14,18,22,25 estaba sobre su cuerpo de e
10.15,16,19,20,23,24,26,27 sobre el cuerpo de e de la tribu de
10.28 era el orden..por sus e cuando partían
31.14 se enojó..contra los capitanes del e
31.48 vinieron a Moisés los jefes..de aquel e
31.53 los hombres del e habían tomado botín
33.1 que salieron de la..de Egipto por sus e
Dt. 4.19 viendo..el e del cielo, seas impulsado
11.4 hizo al e de Egipto, a sus caballos y a
17.3 inclinado a..a todo el e del cielo, lo
20.9 los capitanes del e tomarán el mando a
Jos. 5.14 Príncipe del e de Jehová he venido
5.15 y el Príncipe del e..respondió a Josué
10.5 subieron..con todos sus e, y acamparon
11.4 éstos salieron, y con ellos todos sus e
Jue. 4.2 el capitán de su e se llamaba Sísara
4.7 a Sísara, capitán del e de Jabín, con..e
4.15 quebrantó..todo su e, a filo de espada
4.16 Barac siguió..el e hasta Haroset-goim
4.16 todo el e de Sísara cayó a filo de espada
7.21 todo el e echó a correr dando gritos y
7.22 el e huyó hasta Bet-sita, en dirección
8.6 ¿están ya..para que demos pan a tu e?
8.10 y con ellos su e..e de los..del oriente
8.11 atacó..porque el e no estaba en guardia
8.12 prendió..y llenó de espanto a todo el e
9.29 diría a Abimelec: Aumenta tus e, y sal
1 S. 1.3 ofrecer sacrificios a Jehová de los e
1.11 Jehová de los e, si te dignares mirar
4.4 trajeron de..el arca..de Jehová de los e
12.9 en mano de Sísara jefe del e de Hazor
14.48 reunió un e y derrotó a Amalec, y libró
14.50 nombre del general de su e era Abner
15.2 ha dicho Jehová de los e: Yo castigaré
17.1 filisteos juntaron sus e para la guerra
17.20 llegó al..cuando el e salía en orden
17.21 y se pusieron en orden..e frente a e
17.22 David dejó su carga en..y..corrió al e
17.36 ha provocado al e del Dios viviente
17.45 a ti en el nombre de Jehová de los e
17.55 dijo a Abner general del e: Abner, ¿de
23.3 si fuéremos a Keila contra el e de los
26.5 y Abner hijo de Ner, general de su e
26.7 David..y Abisai fueron de noche al e
26.7 Abner y el e..tendidos alrededor de él
28.19 Jehová entregará..e de Israel en mano
2 S. 2.8 Abner hijo de Ner, general del e de
2.25 se juntaron..Abner, formando un solo e
3.23 llegó Joab y todo el e que con él estaba
5.10 y Jehová Dios de los e estaba con él
6.2 era invocado el nombre de Jehová de los e
6.18 bendijo..el nombre de Jehová de los e
7.8 ha dicho Jehová de los e: Yo te tomé del
7.26 Jehová de los e es Dios sobre Israel
7.27 tú, Jehová de los e..revelaste al oído
8.9 que David había derrotado a todo el e de
8.16 Joab hijo..era general de su e, y Josafat

EJÉRCITO *(Continúa)*
2 S. 10.7 a Joab con todo el *e* de los valientes
10.10 entregó luego el resto del *e* en mano
10.16 a Sobac, general del *e* de Hadad-ezer
10.18 David. .hirió. .a Sobac general del *e*
11.17 cayeron algunos del *e* de los siervos de
17.25 y Absalón nombró a Amasa jefe del *e* en
19.13 si no fueres general del *e* delante de
20.23 quedó Joab sobre todo el *e* de Israel
22.30 contigo desbarataré *e*, y con mi Dios
24.2 dijo el rey a Joab, general del *e* que
24.4 prevaleció sobre. .los capitanes del *e*
24.4 salió. .Joab, con los capitanes del *e*
1 R. 1.19 ha convidado. .a Joab general del *e*
1.25 y ha convidado. .a los capitanes del *e*
2.5 Joab. .lo que hizo a dos generales del *e*
2.32 general del *e* de Israel, y. .*e* de Judá
2.35 puso en su lugar a Benaía. .sobre el *e*
4.4 Benaía hijo de Joiada sobre el *e;* Sadoc
11.15 en Edom, y subió Joab el general del *e*
11.21 y que era muerto Joab general del *e*
15.20 envió los príncipes de los *e* que tenía
16.16 puso. .por rey. .a Omri, general del *e*
18.15 vive Jehová de los *e*, en cuya presencia
19.10,14 un vivo celo por Jehová. .de los *e*
20.1 Ben-adad rey de Siria juntó a todo su *e*
20.19 salieron, pues. .en pos de ellos el *e*
20.25 fórmate otro *e* como el *e* que perdiste
20.26 un año, Ben-adad pasó revista al *e* de
22.19 el *e* de los cielos estaba junto a él
2 R. 3.9 les faltó agua para el *e*, y para las
3.14 vive Jehová de los *e*, en cuya presencia
4.13 hable por ti al rey, o al general del *e?*
5.1 Naamán, general del *e* del rey de Siria
6.14 envió el rey allá gente. .y un gran *e*
6.15 he aquí el *e* que tenía sitiada la ciudad
6.24 Ben-adad. .reunió todo su *e*, y subió y
7.6 sirios se oyese. .y estrépito de gran *e*
9.5 los príncipes del *e* que estaban sentados
11.15 mandó a los jefes. .que gobernaban el *e*
17.16 y adoraron a todo el *e* de los cielos
18.17 al Rabsaces, con un gran *e* desde Laquis
19.31 el celo de Jehová de los *e* hará esto
21.3 y adoró a todo el *e* de los cielos, y
21.5 edificó altares para. .*e* de los cielos
23.4 Asera y para todo el *e* de los cielos
23.5 incienso a. .a todo el *e* de los cielos
25.1 Nabucodonosor rey. .vino con todo su *e*
25.5 el *e* de los caldeos siguió al rey, y lo
25.5 al rey. .lo apresó. .dispersado todo su *e*
25.10 el *e* de los caldeos. .derribó los muros
25.19 tomó. .el principal escriba del *e*, que
25.23 oyendo todos los príncipes del *e*. .que
25.26 levantándose. .con los capitanes del *e*
1 Cr. 11.9 David. .Jehová de los *e* estaba con
11.26 los valientes de los *e:* Asael. .Joab
12.14 capitanes del *e* de los hijos de Gad
12.21 ayudaron. .y fueron capitanes en el *e*
12.22 hasta hacerse un gran *e*, como *e* de Dios
14.15 Dios. .y herirá el *e* de los filisteos
14.16 derrotaron al *e* de los filisteos desde
17.7 ha dicho Jehová de los *e:* Yo te tomé del
17.24 Jehová de los *e*. .es Dios para Israel
18.9 que David había deshecho todo el *e* de
18.15 y Joab. .era general del *e*, y Josafat
19.7 y tomaron a. .al rey de Maaca y a su *e*
19.8 David, envió a Joab con todo el *e* de los
19.10 con ellos ordenó su *e* contra los sirios
19.16 era Sofac, general del *e* de Hadad-ezer
19.18 y mató David. .a Sofac general del *e*
20.1 Joab sacó las fuerzas del *e*, y destruyó
25.1 David y los jefes del *e* apartaron para
26.26 que había consagrado. .los jefes del *e*
27.34 y Joab era el general del *e* del rey
2 Cr. 13.3 ordenó batalla con un *e* de 400.000
14.8 tuvo. .Asa *e* que traía escudos y lanzas
14.9 salió contra ellos zera etíope con un *e*
14.11 y en tu nombre venimos contra este *e*
14.13 deshechos delante de Jehová y de su *e*
16.4 envió los capitanes de sus *e* contra las
16.7 el *e*. .de Siria ha escapado de tus manos
16.8 los libios, ¿no eran un *e* numerosísimo
17.2 puso *e* en todas las ciudades. .de Judá
18.18 todo el *e* de los cielos estaba a su mano
23.14 mandó que salieran los jefes. .del *e*, y
24.23 del año subió contra él el *e* de Siria
24.24 aunque el *e* de Siria había venido con
24.24 Jehová entregó en. .un *e* muy numeroso
25.7 dijo: Rey, no vaya contigo el *e* de Israel
25.9 cien talentos que he dado al *e* de Israel?
25.10 apartó el *e* de la gente que. .de Efraín
25.13 los del *e*. .invadieron las ciudades de
26.11 tuvo también Uzías un *e* de guerreros
26.13 y bajo la mano de éstos estaba el *e* de
26.14 y Uzías preparó para todo el *e* escudos
28.9 que se llamaba Obed. .salió delante del *e*
28.14 *e* dejó los cautivos y el botín delante
33.3 adoró a todo el *e* de los cielos, y les
33.5 altares a todo el *e* de los cielos en los
33.11 trajo contra ellos los generales del *e*
33.14 puso capitanes de *e* en todas. .de Judá
Neh. 2.9 el rey envió conmigo capitanes del *e*
4.2 habló delante. .del *e* de Samaria, y dijo
9.6 tú hiciste los cielos. .con todo su *e*, la
9.6 cosas, y los *e* de los cielos te adoran
Job 19.12 vinieron sus *e*. .y se atrincheraron en
25.3 ¿tienen sus *e* número? ¿Sobre quién no
29.25 moraba como rey en el *e*, como el que
Sal. 18.29 contigo desbarataré *e*, y con mi Dios
24.10 Jehová de los *e*, él es el Rey de la
27.3 aunque un *e* acampe contra mí, no temerá
33.6 el *e* de ellos por el aliento de su boca
33.16 rey no se salva por la multitud del *e*
44.9 desechado. .y no sales con nuestros *e*
46.7,11 Jehová de los *e* está con nosotros
48.8 visto en la ciudad de Jehová de los *e*
59.5 Jehová Dios de los *e*, Dios de Israel
60.10 y no salías, oh Dios, con nuestros *e?*
68.12 huyeron, huyeron reyes de *e*, y las que
69.6 no sean avergonzados. .Jehová de los *e*
78.49 sobre ellos. .*e* de ángeles destructores
80.4 Dios de los *e*, ¿hasta cuándo mostrarás
80.7,19 oh Dios de los *e*, restáuranos; haz
80.14 oh Dios de los *e*, vuelve ahora; mira
84.1 ¡cuán amables son. .oh Jehová de los *e!*
84.3 cerca de tus altares, oh Jehová de los *e*
84.8 Jehová Dios de los *e*, oye mi oración
84.12 Jehová de los *e*, dichoso el hombre que
89.8 oh Jehová, Dios de los *e*, ¿quién como
103.21 bendecid a Jehová, vosotros. .sus *e*
108.11 y no salías, oh Dios, con nuestros *e?*
136.15 y arrojó a Faraón y a su *e* en el Mar
148.2 alabadle, vosotros todos sus *e*
Cnt. 6.4,10 como. .imponente como *e* en orden
Is. 1.9 Jehová de los *e* no nos hubiese dejado
1.24 el Señor, Jehová de los *e*, el Fuerte
2.12 día de Jehová de los *e* vendrá sobre todo
3.1 Señor Jehová de los *e* quita de Jerusalén
3.15 pobres, dice el Señor, Jehová de los *e*
5.7 la viña de Jehová de los *e* es la casa de
5.9 a mis oídos de parte de Jehová de los *e*
5.16 Jehová de los *e* será exaltado en juicio
5.24 desecharon la ley de Jehová de los *e*
6.3 santo, santo, santo, Jehová de los *e*
6.5 visto mis ojos al Rey, Jehová de los *e*
8.13 Jehová de los *e*, a él santificad; sea
8.18 de parte de Jehová de los *e*, que mora
9.7 el celo de Jehová de los *e* hará esto
9.13 el pueblo. .ni buscó a Jehová de los *e*
9.19 por la ira de Jehová de. .*e* se oscureció
10.16 Jehová de los *e*, enviará debilidad
10.23 Jehová de los *e*, hará consumación ya
10.24 el Señor, Jehová de los *e*, dice así
10.26 levantará Jehová de los *e* azote contra
10.28 hasta Migrón; en Micmas contará su *e*
10.33 el Señor, Jehová de los *e*, desgajará
13.4 Jehová de los *e* pasa revista a. .tropas
13.13 en la indignación de Jehová de los *e*
14.22 contra ellos, dice Jehová de los *e*, y
14.23 la barreré con. .dice Jehová de los *e*
14.24 Jehová de los *e* juró diciendo. .se hará
14.27 Jehová de los *e* lo ha determinado, ¿y
17.3 que quede de Siria. .dice Jehová de los *e*
18.7 será traída ofrenda a Jehová de los *e*
18.7 al lugar del nombre de Jehová de los *e*
19.4 ellos, dice el Señor, Jehová de los *e*
19.12 lo que Jehová de los *e* ha determinado
19.16 la mano alta de Jehová de los *e*, que
19.17 del consejo que Jehová de los *e* acordó
19.18 ciudades. .que juren por Jehová de los *e*
19.20 por testimonio a Jehová de los *e* en la
19.25 porque Jehová de los *e* los bendecirá
21.10 he dicho lo que oí de Jehová de los *e*
22.5 de parte del Señor, Jehová de los *e*, en
22.12 Jehová de los *e*, llamó en este día a
22.14 esto fue revelado. .de Jehová de los *e*
22.14 muráis, dice el Señor, Jehová de los *e*
22.15 Jehová de los *e* dice así: Vé, entra a
22.25 dice Jehová de los *e*, el clavo hincado
23.9 Jehová de los *e* lo decretó. .envilecer
24.21 Jehová castigará al *e* de los cielos en
24.23 Jehová de los *e* reine en el monte de
25.6 y Jehová de los *e* hará en este monte a
28.5 Jehová de. .*e* será por corona de gloria
28.22 he oído del Señor, Jehová de los *e*
28.29 salió de Jehová de los *e*, para hacer
29.6 por Jehová de los *e* serás visitada con
31.4 así Jehová de los *e* descenderá a pelear
31.5 amparará Jehová de los *e* a Jerusalén
34.2 Jehová. .indignado contra todo el *e* de
34.4 el *e* de los cielos. .y caerá todo su *e*
36.2 Asiria envió al Rabsaces con un gran *e*
37.16 Jehová de los *e*, Dios de Israel, que
37.32 el celo de Jehová de los *e* hará esto
39.5 Isaías. .Oye palabra de Jehová de los *e*
40.26 él saca y cuenta su *e;* a todas llama
43.17 que saca carro y caballo, *e* y fuerza
44.6 Jehová de los *e:* Yo soy el primero, y
45.12 hice. .los cielos, y a todo su *e* mandé
45.13 no por precio. .dice Jehová de los *e*
47.4 Redentor, Jehová de los *e* es su nombre
48.2 confían; su nombre es Jehová de los *e*
51.15 Dios, cuyo nombre es Jehová de los *e*
54.5 Hacedor; Jehová de los *e* es su nombre
Jer. 2.19 malo. .dice el Señor, Jehová de los *e*
5.14 tanto, así ha dicho Jehová Dios de. .*e*
6.6 así dijo Jehová de los *e:* Cortad árboles
6.9 dijo Jehová de los *e*. .rebuscarán como a
7.3 dicho Jehová de los *e*. .Mejorad vuestros
7.21 así ha dicho Jehová de los *e*. .Añadid
8.2 y los esparcirán. .a todo el *e* del cielo
8.3 escogerá la muerte. .dice Jehová de los *e*
9.7 ha dicho Jehová de los *e*. .los refinaré
9.15 ha dicho Jehová de los *e*. .comer ajenjo
9.17 así dice Jehová de los *e:* Considerad, y
10.16 Hacedor. .Jehová de los *e* es su nombre
11.17 porque Jehová de los *e* que te plantó
11.20 oh Jehová de los *e*, que juzgas con
11.22 ha dicho Jehová de los *e*. .los castigaré
15.16 se invocó sobre mí, oh. .Dios de los *e*
16.9 ha dicho Jehová de los *e*. .haré cesar en
18.22 clamor. . cuando traigas sobre ellos *e*
19.3 dice Jehová de los *e*. .traigo mal sobre
19.11 dicho Jehová de los *e:* Así quebrantaré
19.13 ofrecieron incienso a. .el *e* del cielo
19.15 ha dicho Jehová de los *e*. .traigo. .mal
20.12 oh Jehová de los *e*, que pruebas a los
23.15 ha dicho Jehová de los *e*. .profetas
23.16 ha dicho Jehová de los *e:* No escuchéis
23.36 las palabras del. .de Jehová de los *e*
25.8 ha dicho Jehová de los *e:* Por cuanto
25.27 ha dicho Jehová de los *e*. .embriagaos
25.28 ha dicho Jehová de los *e:* Tenéis que
25.29 espada traigo. .dice Jehová de los *e*
25.32 ha dicho Jehová de los *e*. .el mal irá
26.18 ha dicho Jehová de los *e:* Sion será
27.4 dicho Jehová de los *e*. .Así habéis de
27.18 oren. .a Jehová de los *e* para que los
27.19,21 ha dicho Jehová de los *e* acerca de
28.2 así habló Jehová de los *e*. .Quebranté el
28.14 dicho Jehová de los *e*. .Yugo de hierro
29.4 ha dicho Jehová de los *e*. .a todos los
29.8 ha dicho Jehová de los *e*. .No os engañen
29.17 así ha dicho Jehová de los *e*. .envío yo
29.21 ha dicho Jehová de los *e*. .de Acab hijo
29.25 así habló Jehová de los *e*. .Tú enviaste
30.8 dice Jehová de los *e*, yo quebraré su
31.23 así ha dicho Jehová de los *e*. .Aún dirán
31.35 sus ondas; Jehová de los *e* es su nombre
32.2 *e* del rey de Babilonia tenía sitiada a
32.14 ha dicho Jehová de los *e*. .Toma estas
32.15 ha dicho Jehová de los *e*. .se comprarán
32.18 grande. .Jehová de los *e* es su nombre
33.11 alabad a Jehová de los *e*. .es bueno
33.12 así dice Jehová de los *e:* En este lugar
33.22 no puede ser contado el *e* del cielo, ni
34.1 y todo su *e*. .peleaban contra Jerusalén
34.7 el *e* del rey de Babilonia peleaba contra
34.21 y en mano del *e* del rey de Babilonia
35.11 el *e* de los caldeos. .*e* de los de Siria
35.13 ha dicho Jehová de los *e*. .Vé y dí a los
35.17 ha dicho Jehová Dios de los *e*, Dios de
35.18 los recabitas. .dicho Jehová de los *e*
35.19 ha dicho Jehová de los *e*. .No faltará
37.5 el *e* de Faraón había salido de Egipto
37.7 he aquí el *e* de Faraón que había salido
37.10 el *e* de los caldeos que pelean contra
37.11 cuando el *e* de los caldeos se retiró
37.11 de Jerusalén a causa del *e* de Faraón
38.3 será entregada. .en manos del *e* del rey
38.17 ha dicho. .Dios de los *e*. .Si te entregas
39.1 vino. .con todo su *e* contra Jerusalén
39.5 pero el *e* de los caldeos los siguió, y
39.16 a Ebed-melec. .ha dicho Jehová de los *e*
40.7 los jefes del *e* que estaban por el campo
42.15 ha dicho Jehová de los *e*. .Si vosotros
42.18 así ha dicho Jehová de los *e*. .Como se
43.10 ha dicho Jehová de los *e*. .yo enviaré
44.2 ha dicho Jehová de los *e*. .habéis visto
44.7 dicho Jehová de los *e*. .¿Por qué hacéis
44.11 ha dicho Jehová de los *e*. .yo vuelvo mi
44.25 hablado Jehová de los *e*. .hablasteis con
46.2 *e* de Faraón Necao. .que estaba cerca de
46.10 será para Jehová Dios de los *e* día de
46.10 sacrificio será para Jehová. .de los *e*
46.18 el Rey, cuyo nombre es Jehová de los *e*
46.25 Jehová de los *e*. .ha dicho. .yo castigo
48.1 ha dicho Jehová de los *e*. .¡Ay de Nebo!
48.15 el Rey, cuyo nombre es Jehová de los *e*
49.5 traigo. .espanto, dice. .Jehova de los *e*
49.7 de Edom. Así ha dicho Jehová de los *e*
49.26 morirán en. .ha dicho Jehová de los *e*
49.35 ha dicho Jehová de los *e*. .yo quiebro
50.18 ha dicho Jehová de los *e*. .yo castigo
50.25 esta es obra de Jehová, Dios de los *e*
50.31 estoy contra ti. .dice. .Jehová de los *e*
50.33 así ha dicho Jehová de los *e:* Oprimidos
50.34 Fuerte; Jehová de los *e* es su nombre
51.3 no perdonéis a sus. .destruid todo su *e*
51.5 no han enviudado de. .Jehová de los *e*
51.14 Jehová de los *e* juró por sí mismo
51.19 él es el Formador. .Jehová de los *e* es
51.33 ha dicho Jehová de los *e*. .La hija de
51.57 el Rey, cuyo nombre es Jehová de los *e*
51.58 dicho Jehová de los *e:* El muro ancho
52.4 vino. .él y todo su *e*, contra Jerusalén
52.8 y el *e* de los caldeos siguió al rey, y
52.8 a Sedequías en. .y lo abandonó todo su *e*
52.14 el *e* de los caldeos, que venía con el
Ez. 1.24 ruido de muchedumbre. .el ruido de un *e*
17.17 ni con gran *e*. .hará Faraón nada por él

EJERCITO *(Continúa)*

Ez. 27.10 persas..fueron en tu *e* tus hombres de
27.11 los hijos de Arvad con tu *e* estuvieron
29.18 hizo a su *e* prestar un arduo servicio
29.18 para él ni para su *e* hubo paga de Tiro
29.19 y arrebatará..y habrá paga para su *e*
32.31 Faraón muerto a espada, y todo su *e*
37.10 y vivieron..un *e* grande en extremo
38.4 te sacaré a ti y a todo tu *e*, caballos
38.15 a caballo, gran multitud y poderoso *e*
Dn. 3.20 y mandó a hombres..que tenía en su *e*
4.35 él hace..su voluntad en el *e* del cielo
8.10 y se engrandeció hasta el *e* del cielo
8.10 parte del *e* y de las..echó por tierra
8.11 se engrandeció contra el príncipe de..*e*
8.12 entregado el *e* junto con el..sacrificio
8.13 entregando..el *e* para ser pisoteados?
11.7 y vendrá con *e* contra el rey del norte
11.10 hijos..reunirán multitud de grandes *e*
11.13 vendrá apresuradamente con gran *e* y con
11.25 y despertaré sus fuerzas..con gran *e*
11.25 en la guerra con grande y muy fuerte *e*
11.26 su *e* será destruido, y caerán muchos
Os. 12.5 Jehová es Dios de los *e*; Jehová es
Jl. 2.11 Jehová dará su orden delante de su *e*
2.25 mi gran *e* que envié contra vosotros
Am. 3.13 testificad..ha dicho..Dios de los *e*
4.13 el que forma..Dios de los *e* es su nombre
5.14 Dios de los *e* estará con vosotros, como
5.15 quizá..Dios de los *e* tendrá piedad del
5.16 ha dicho..Dios de los *e*: En todas las
5.27 Jehová, cuyo nombre es Dios de los *e*
6.8 Jehová Dios de los *e* ha dicho: Abomino
6.14 dice Jehová Dios de los *e*, levantaré yo
9.5 Jehová de los *e*, es el que toca la tierra
Abd. 11 el día..llevaban extraños cautivo su *e*
20 los cautivos de este *e* de los hijos de los
Mi. 4.4 boca de Jehová de los *e* lo ha hablado
Nah. 2.3 los varones de su *e* vestidos de grana
2.13; 3.5 contra ti, dice Jehová de los *e*
Hab. 2.13 ¿no es esto de Jehová de los *e*? Los
Sof. 1.5 a los que..se postran al *e* del cielo
2.9 Jehová de los *e*..Moab será como Sodoma
2.10 afrentaron..el pueblo de Jehová de los *e*
Hag. 1.2 ha hablado Jehová de los *e*, diciendo
1.5,7 ha dicho Jehová de los *e*: Meditad bien
1.9 dice Jehová de los *e*. Por cuanto mi casa
1.14 trabajaron en la casa de Jehová de..*e*
2.4 estoy con vosotros, dice Jehová de los *e*
2.6 dice Jehová de los *e*: De aquí a poco yo
2.7 haré temblar..ha dicho Jehová de los *e*
2.8 mía es la plata, y..dice Jehová de los *e*
2.9 será mayor que..ha dicho Jehová de los *e*
2.9 daré paz en este..dice Jehová de los *e*
2.11 así ha dicho Jehová de los *e*: Pregunta
2.23 día, dice Jehová de los *e*, te tomaré, oh
2.23 yo te escogí, dice Jehová de los *e*
Zac. 1.3 ha dicho Jehová de los *e*: Volveos a
1.3 volveos a mí, dice Jehová de los *e*, y yo
1.3 me volveré a..ha dicho Jehová de los *e*
1.4 ha dicho Jehová de los *e*: Volveos ahora
1.6 Jehová de los *e* pensó tratarnos conforme
1.12 oh Jehová de los *e*, ¿hasta cuándo no
1.14 así ha dicho Jehová de los *e*: Celé con
1.16 edificada mi casa, dice Jehová de los *e*
1.17 dice Jehová de los *e*: Aún rebosarán mis
2.8 ha dicho Jehová de los *e*: Tras la gloria
2.9 y sabréis que Jehová de los *e* me envió
2.11 que Jehová de los *e* me ha enviado a ti
3.7 así dice Jehová de los *e*: Si anduvieres
3.9 grabaré su escultura, dice Jehová de..*e*
3.10 aquel día, dice Jehová de los *e*, cada
4.6 no con *e*, ni con fuerza..con mi Espíritu
4.6 con mi Espíritu, ha dicho Jehová de los *e*
4.9 conocerás que Jehová de los *e* me envió
5.4 la he hecho salir, dice Jehová de los *e*
6.12 ha hablado Jehová de los *e*, diciendo
6.15 Jehová de los *e* me ha enviado a vosotros
7.3 estaban en la casa de Jehová de los *e*
7.4 vino..a mí palabra de Jehová de los *e*
7.9 habló Jehová de los *e*..Juzgad conforme a
7.12 las palabras que Jehová de los *e* enviaba
7.12 gran enojo de parte de Jehová de los *e*
7.13 y yo no escuché, dice Jehová de los *e*
8.1,18 vino a mí palabra de Jehová de los *e*
8.2 ha dicho Jehová de los *e*: Celé a Sion con
8.3 y el monte de Jehová de los *e*, Monte de
8.4 así ha dicho Jehová de los *e*: Aún han de
8.6 dice Jehová de los *e*: Si esto parecerá
8.6 será maravilloso..dice Jehová de los *e*
8.7 ha dicho Jehová de los *e*..yo salvo a mi
8.9 ha dicho Jehová de los *e*: Esfuércense
8.9 el cimiento a la casa de Jehová de los *e*
8.11 ahora no lo haré..dice Jehová de los *e*
8.14 así ha dicho Jehová de los *e*: Como pensé
8.14 provocaron a ira, dice Jehová de los *e*
8.19 ha dicho Jehová de los *e*: El ayuno del
8.20 ha dicho Jehová de los *e*: Aún vendrán
8.21 vamos a..y a buscar a Jehová de los *e*
8.22 y vendrán..a buscar a Jehová de los *e*
8.23 ha dicho Jehová de los *e*: En aquellos
9.15 Jehová de los *e* los amparará, y ellos
10.3 Jehová de los *e* visitará su rebaño, la
12.5 tienen fuerza los..en Jehová de los *e*
13.2 aquel día, dice Jehová de los *e*, quitaré
13.7 dice Jehová de los *e*. Hiere al pastor
14.16,17 adorar al Rey, a Jehová de los *e*
14.21 toda olla..consagrada a Jehová de los *e*
14.21 mercader en la casa de Jehová de los *e*
Mal. 1.4 ha dicho Jehová de los *e*..edificarán
1.6 ¿dónde..mi temor? dice Jehová de los *e*
1.8 le serás acepto? dice Jehová de los *e*
1.9 ¿cómo..agradarle..dice Jehová de los *e*
1.10 complacencia en..dice Jehová de los *e*
1.11 grande es mi nombre..Jehová de los *e*
1.13 y me despreciáis, dice Jehová de los *e*
1.14 yo soy Gran Rey, dice Jehová de los *e*
2.2 si no oyereis..ha dicho Jehová de los *e*
2.4 pacto con Leví, ha dicho Jehová de los *e*
2.7 porque mensajero es de Jehová de los *e*
2.8 corrompido el pacto..dice Jehová de los *e*
2.12 al que ofrece ofrenda a Jehová de los *e*
2.16 aborrece el repudio..dijo Jehová de..*e*
3.1 he aquí viene, ha dicho Jehová de los *e*
3.5 no teniendo temor..dice Jehová de los *e*
3.7 volveos a mí..ha dicho Jehová de los *e*
3.10 probadme ahora en..dice Jehová de los *e*
3.11 no os destruirá..dice Jehová de los *e*
3.12 tierra deseable, dice Jehová de los *e*
3.14 afligidos en presencia de Jehová de..*e*?
3.17 especial tesoro, ha dicho Jehová de..*e*
4.1 los abrasará, ha dicho Jehová de los *e*
4.3 serán ceniza..ha dicho Jehová de los *e*
Mt. 22.7 enviando sus *e*, destruyó a aquellos
Lc. 21.20 viereis a Jerusalén rodeada de *e*
Hch. 7.42 a que rindiesen culto al *e* del cielo
Ro. 9.29 si el Señor de los *e* no nos hubiera
He. 11.34 en batallas, pusieron en fuga *e*
Stg. 5.4 entrado en..oídos del Señor de los *e*
Ap. 9.16 el número de los *e* de los jinetes era
19.14 y los *e* celestiales, vestidos de lino
19.19 vi..a los reyes de la tierra y a sus *e*
19.19 reunidos para guerrear..y contra su *e*

EJIDO

Lv. 25.34 la tierra del *e* de sus ciudades no se
Nm. 35.2 a los levitas los *e* de esas ciudades
35.3 y los *e*..serán para sus animales, para
35.4 los *e* de las..serán mil codos alrededor
35.5 esto tendrán por los *e* de las ciudades
35.7 a los levitas serán ciudades con sus *e*
Jos. 14.4 ciudades en que..con los *e* de ellas
21.2 dadas ciudades..*e* para nuestros ganados
21.3,8 dieron de..estas ciudades con sus *e*
21.11 les dieron Quiriat-arba, del..con sus *e*
21.13 Hebrón con sus *e*..como Libna con sus *e*
21.14 Jatir con sus *e*, Estemoa con sus *e*
21.15 Holón con sus *e*, Debir con sus *e*
21.16 Aín con sus *e*, Juta con sus *e* y..sus *e*
21.17 y de..Gabaón con sus *e*, Geba con sus *e*
21.18 Anatot con sus *e*, Almón con sus *e*; 4
21.19 las ciudades de..son trece con sus *e*
21.21 dieron Siquem con sus *e*, en el monte
21.21 les dieron..además, Gezer con sus *e*
21.22 Kibsaim con sus *e* y Bet-horón con..*e*
21.23 Elteque con sus *e*, Gibetón con sus *e*
21.24 Ajalón con sus *e* y Gat-rimón con sus *e*
21.25 Taanac con sus *e* y Gat-rimón con sus *e*
21.26 las ciudades..fueron diez con sus *e*
21.27 dieron..Golán en Basán con sus *e* como
21.27 Golán..y además, Beestera con sus *e*
21.28 Cisón con sus *e*, Daberat con sus *e*
21.29 Jarmut con sus *e* y En-ganim con sus *e*
21.30 Aser, Miseal con sus *e*, Abdón con sus *e*
21.31 Helcat con sus *e* y Rehob con sus *e*; 4
21.32 Cedes en Galilea con sus *e*..de refugio
21.32 Hamot-dor con sus *e* y Cartán con sus *e*
21.33 todas..fueron trece ciudades con sus *e*
21.34 dio..Jocneam con sus *e*, carta con sus *e*
21.35 Dimna con sus *e* y Naalal con sus *e*; 4
21.36 Beser con sus *e*, y Jahaza con sus *e*
21.37 Cademot con sus *e* y Mefaat con sus *e*
21.38 Ramot..con sus *e*..Mahanaim con sus *e*
21.39 Hesbón con sus *e* y Jazer con sus *e*; 4
21.41 de los levitas..48 ciudades con sus *e*
21.42 cada cual con sus *e* alrededor de ella
2 R. 23.11 Natán-melec..tenía a su cargo los *e*
1 Cr. 5.16 habitaron..en todos los *e* de Sarón
6.55 dieron, pues, Hebrón en..Judá, y sus *e*
6.57 Libna con sus *e*, Jatir, Estemoa con sus *e*
6.58 Hilén con sus *e*, Debir con sus *e*
6.59 Asán con sus *e* y Bet-semes con sus *e*
6.60 tribu..Geba con sus *e*, Alemet con sus *e*
6.60 Anatot con sus *e*. Todas sus ciudades
6.64 dieron a los levitas ciudades con sus *e*
6.66 hijos de Coat dieron ciudades con sus *e*
6.67 Siquem con sus *e* en el..Gezer con sus *e*
6.68 Jocmeam con sus *e*, Bet-horón con sus *e*
6.69 Ajalón con sus *e* y Gat-rimón con sus *e*
6.70 Aner con sus *e* y Bileam con sus *e*, para
6.71 Golán en..con sus *e* y Astarot con sus *e*
6.72 Cedes con sus *e*, Daberat con sus *e*
6.73 Ramot con sus *e* y Anem con sus *e*
6.74 Aser, Masal con sus *e*, Abdón con sus *e*
6.75 Hucoc con sus *e* y Rehob con sus *e*
6.76 Cedes en..con sus *e*, Hamón con sus *e* y
6.76 tribu de Neftalí..Quiriataim con sus *e*
6.77 tribu..Rimón con sus *e* y Tabor con sus *e*
6.78 Rubén, Beser..con sus *e*, Jaza con sus *e*
6.79 Cademot con sus *e* y Mefaat con sus *e*
6.80 Ramot de..con sus *e*, Mahanaim con sus *e*
6.81 Hesbón con sus *e* y Jazer con sus *e*
13.2 los sacerdotes y..en sus ciudades y *e*
2 Cr. 11.14 los levitas dejaban sus *e*..venían
31.19 sacerdotes, que estaban en los *e* de sus
Neh. 12.44 recoger en..de los *e* de las ciudades
Ez. 45.2 cincuenta codos en derredor para..*e*
48.15 serán..para habitación y para *e*; y la
48.17 y el *e* de la ciudad será al norte de

ELA

1. Jefe de Edom, Gn. 36.41; 1 Cr. 1.52
2. Valle en el territorio de Judá, 1 S. 17.2,19; 21.9
3. Padre de Simei No 3, 1 R. 4.18
4. Rey de Israel

1 R. 16.6 durmió..reinó en su lugar *E* su hijo
16.8 en el año 26..comenzó a reinar *E* hijo
16.13 de Baasa y los pecados de *E* su hijo
16.14 los demás hechos de *E*, y todo lo que

5. Padre de Oseas, rey de Israel

2 R. 15.30 y Oseas hijo de *E* conspiró contra
17.1 el año..comenzó a reinar Oseas hijo de *E*
18.1 el tercer año de Oseas hijo de *E*, rey de
18.9 era el año séptimo de Oseas hijo de *E*

6. Descendiente de Caleb, 1 Cr. 4.15
7. Uno que regresó de Babilonia, 1 Cr. 9.8

ELABORAR

Nm. 31.51 el oro de..alhajas, todas *elaboradas*

ELAD *Descendiente de Efraín*, 1 Cr. 7.21

ELADA *Descendiente de Efraín*, 1 Cr. 7.20

ELAM

1. Hijo de Sem, Gn. 10.22; 1 Cr. 1.17
2. La Persia de la antigüedad (hoy Irán)

Gn. 14.1 Quedorlaomer rey de *E*, y Tidal rey de
14.9 contra Quedorlaomer rey de *E*, Tidal rey
Is. 11.11 su pueblo que aún quede en Asiria..*E*
21.2 sube, oh *E*; sitia, oh Media. Todo su
22.6 *E* tomó aljaba, con carros y con jinetes
Jer. 25.25 a todos los reyes de *E*, a todos los
49.34 palabra de Jehová..acerca de *E*, en el
49.35 yo quiebro el arco de *E*..su fortaleza
49.36 traeré sobre *E* los cuatro vientos de
49.36 no habrá nación a donde no vayan..de *E*
49.37 y haré que *E* se intimide delante de sus
49.38 y pondré mi trono en *E*, y destruiré a
49.39 haré volver a los cautivos de *E*, dice
Ez. 32.24 allí *E*, y toda su multitud por los
Dn. 8.2 Susa..capital del..en la provincia de *E*

3. Descendiente de Benjamín, 1 Cr. 8.24
4. Levita en tiempo de David, 1 Cr. 26.3
5. Nombre común entre los exiliados que regresaron de Babilonia en los tiempos de Esdras

Esd. 2.7; Neh. 7.12 los hijos de *E*, 1.254
Esd. 2.31; Neh. 7.34 los hijos del otro *E*, 1.254
Esd. 8.7 los hijos de *E*, Jesaías hijo de Atalías
10.2 respondió Secanías..de los hijos de *E*
10.26 de los hijos de *E*: Matanías, Zacarías
Neh. 10.14 cabezas del pueblo: Paros..*E*, Zatu
12.42 Eleazar, Uzi, Johanán, Malquías, *E*

ELAMITA *Habitante de Elam No. 2*

Esd. 4.9 Babilonia, de Susa, esto es, los *e*
Hch. 2.9 *e*, y los que habitamos en Mesopotamia

ELASA

1. Descendiente de Jerameel, 1 Cr. 2.39,40
2. Descendiente de Saúl, 1 Cr. 8.37; 9.43
3. Hijo de Pasur sacerdote, Esd. 10.22
4. Mensajero del rey Sedequías, Jer. 29.3

ELASAR *Región de Mesopotamia*, Gn. 14.1,9

ELAT *Ciudad y puerto en el mar Rojo (=Elot)*

Dt. 2.8 por el camino..desde *E* y Ezión-geber
2 R. 14.22 reedificó él a *E*, y la restituyó a
16.6 recobró *E* para Edom, y echó de *E* a los
16.6 los de Edom vinieron a *E* y habitaron

EL-BET-EL *Altar que edificó Jacob*, Gn. 35.7

ELCANA

1. Hijo de Coré, Ex. 6.24; 1 Cr. 6.23
2. Padre de Samuel

1 S. 1.1 hubo un varón..de Zofim..se llamaba *E*
1.4 el día en que *E* ofrecía sacrificio, daba
1.8 y *E* su marido le dijo: Ana, ¿por qué

ELCANA ***(Continúa)***
1 S. 1.19 y *E* se llegó a Ana su mujer, y Jehová
1.21 subió el varón *E* con toda su familia
1.23 *E*. .le respondió: Haz lo que. .te parezca
2.11 y *E* se volvió a su casa en Ramá; y el
2.20 Elí bendijo a *E* y a su mujer, diciendo
1 Cr. 6.27 Eliab su hijo, Jeroham su hijo, *E*
6.34 hijo de *E*, hijo de Jeroham, hijo de
3. ***Nombre que aparece en varias listas de levitas,* 1 Cr. 6.25,26,35,36; 9.16; 15.23**
4. ***Benjamita que se juntó con David en Siclag,* 1 Cr. 12.6**
5. ***Oficial del rey Acaz,* 2 Cr. 28.7**

ELCOS ***Lugar de donde era Nahum el profeta,* Nah. 1.1**

ELDA ***Hijo de Madián,* Gn. 25.4; 1 Cr. 1.33**

ELDAD ***Hombre que profetizó en el campamento de Israel,* Nm. 11.26,27**

ELEALE ***Ciudad al oriente del río Jordán***
Nm. 32.3 Nimra, Hesbón, *E*, Sebam, Nebo y Beón
32.37 los hijos de Rubén edificaron Hesbón, *E*
Is. 15.4 Hesbón y *E* gritarán, hasta Jahaza se
16.9 regaré con mis lágrimas, oh Hesbón y *E*
Jer. 48.34 el clamor de Hesbón llega hasta *E*

ELEAZAR
1. ***Hijo y sucesor de Aarón***
Éx. 6.23 la cual dio a luz a Nadab, Abiú, *E*
6.25 *E* hijo de Aarón tomó para sí mujer de
28.1 harás llegar. .Abiú, *E*. .hijos de Aarón
Lv. 10.6,12 dijo a Aarón, y a *E* e Itamar sus
10.16 se enojó contra *E* e Itamar, los hijos
Nm. 3.2 los hijos de Aarón: Nadab. .Abiú, *E* e
3.4 y *E* e Itamar ejercieron el sacerdocio
3.32 el principal de los jefes. .será *E* hijo
4.16 a cargo de *E*. .el aceite del alumbrado
16.37 dí a *E* hijo. .que tome los incensarios
16.39 y el sacerdote *E* tomó los incensarios
19.3 y la daréis a *E* el sacerdote, y él la
19.4 *E*. .tomará de la sangre con su dedo, y
20.25 toma a Aarón y a *E* su hijo, y hazlos
20.26 y viste con ellas a *E* su hijo; porque
20.28 y se las vistió a *E* su hijo; y Aarón
20.28 y Moisés y *E* descendieron del monte
25.7 lo vio Finees hijo de *E*. .y se levantó
25.11 Finees hijo de *E*. .ha hecho apartar mi
26.1 Jehová habló a Moisés y a *E* hijo del
26.3 *E* hablaron con ellos en los campos de
26.60 a Aarón le nacieron. .Abiú, *E* e Itamar
26.63 estos son los contados por Moisés y. .*E*
27.2 se presentaron delante de Moisés y. .*E*
27.19 y lo pondrás delante del sacerdote *E*
27.21 él se pondrá delante del sacerdote *E*
27.22 lo puso delante del sacerdote *E*, y de
31.6 Finees hijo del sacerdote *E* fue a la
31.12 trajeron a Moisés y. .*E*. .los cautivos
31.13 salieron. .*E*, y todos los príncipes de
31.21 *E* dijo a los hombres de guerra que
31.26 la cuenta del botín. .tú y el sacerdote *E*
31.29 al sacerdote *E* la ofrenda de Jehová
31.31 hicieron Moisés. .*E* como Jehová mandó
31.41 al sacerdote *E*, como Jehová lo mandó
31.51 y el sacerdote *E* recibieron el oro de
31.54 recibieron. .Moisés y el sacerdote *E* el
32.2 hablaron a Moisés y al sacerdote *E*, y
32.28 les encomendó Moisés al sacerdote *E*
34.17 os repartirán. .el sacerdote *E*, y Josué
Dt. 10.6 en lugar suyo tuvo el sacerdocio. .*E*
Jos. 14.1 cual les repartieron el sacerdote *E*
17.4 vinieron delante del sacerdote *E* y de
19.51 heredades que. .*E*, y Josué hijo de Nun
21.1 los levitas vinieron al sacerdote *E*, y
22.13 enviaron. .Finees hijo del sacerdote *E*
22.31 dijo Finees hijo del sacerdote *E* a los
22.32 y Finees hijo del sacerdote *E*, y los
24.33 murió *E* hijo de Aarón, y lo enterraron
Jue. 20.28 Finees hijo de *E*, hijo. .ministraba
1 Cr. 6.3 los hijos de Aarón: Nadab, Abiú, *E*
6.4 *E* engendró a Finees, Finees. .a Abisúa
6.50 hijos de Aarón son. .*E* su hijo, Finees
9.20 Finees hijo de *E* fue antes capitán sobre
24.1 los hijos de Aarón: Nadab, Abiú, *E* e
24.2 *E* e Itamar ejercieron el sacerdocio
24.3 David, con Sadoc de los hijos de *E*, y
24.4 y de los hijos de *E* había más varones
24.4 de los hijos de *E*, 16 cabezas de casas
24.5 de los hijos de *E*. .hubo príncipes del
24.6 designando. .una casa paterna para *E*, y
Esd. 7.5 de Finees, hijo de *E*, hijo de Aarón
2. ***Hombre comisionado de cuidar el arca del pacto,* 1 S. 7.1**
3. ***Uno de los tres valientes de David,* 2 S. 23.9; 1 Cr. 11.12**
4. ***Levita, hijo de Mahli,* 1 Cr. 23.21,22; 24.28**
5. ***Sacerdote en los tiempos de Esdras,* Esd. 8.33**
6. ***Uno de los que se habían casado con mujeres extranjeras en tiempo de Esdras,* Esd. 10.25**
7. ***Sacerdote en tiempo de Nehemías,* Neh. 12.42**
8. ***Ascendiente de José, esposo de María,* Mt. 1.15**

ELECCIÓN
Ro. 9.11 el propósito de Dios conforme a la *e*
11.28 pero en cuanto a la *e*, son amados por
1 Ts. 1.4 hermanos amados de Dios, vuestra *e*
2 P. 1.10 hacer firme vuestra vocación y *e*

ELEF ***Ciudad de Benjamín,* Jos. 18.28**

ELEGIR
Jos. 9.27 leñadores. .lugar que Jehová *eligiese*
24.22 testigos. .que habéis *elegido* a Jehová
Jue. 9.6 fueron y *eligieron* a Abimelec por rey
9.8 fueron una vez los árboles a *elegir* rey
9.15 si en. .me *elegís* por rey sobre vosotros
10.14 clamad a los dioses. .os habéis *elegido*
11.11 pueblo lo *eligió* por su caudillo y jefe
1 S. 8.18 a causa. .rey que os habréis *elegido*
10.24 ¿habéis visto al que ha *elegido* Jehová
12.13 he aquí el rey que habéis *elegido*, el
16.9 dijo: Tampoco a éste ha *elegido* Jehová
16.10 a Isaí: Jehová no ha *elegido* a éstos
20.30 que tú has *elegido* al hijo de Isaí para
2 S. 6.21 me *eligió* en preferencia a tu padre
16.18 de aquel que *eligiere* Jehová. .seré yo
1 R. 8.44,48 hacia la ciudad que tú *elegiste*
11.13 amor a Jerusalén, la cual yo he *elegido*
11.32 ciudad que yo he *elegido* de todas las
11.34 por amor a David. .al cual yo *elegí*, y
11.36 ciudad que yo me *elegí* para poner en
14.21 ciudad que Jehová *eligió* de todas las
2 R. 10.5 no *elegiremos* por rey a ninguno, haz
1 Cr. 15.2 levitas. .a ellos ha *elegido* Jehová
28.4 Jehová. .me *eligió* de toda la casa de mi
28.5 entre todos mis hijos. .*eligió* a Salomón
28.10 te ha elegido para que edifiques casa
29.1 solamente a Salomón mi. .ha *elegido* Dios
2 Cr. 6.5 ninguna ciudad he *elegido* de todas
6.6 a Jerusalén he *elegido*. .y a David he *e*
6.34,38 oraren hacia. .ciudad que tú *elegiste*
7.12 he *elegido* para mí este lugar por casa
7.16 *elegido* y santificado esta casa, para
33.7 Jerusalén, la cual yo *elegí* sobre todas
Sal. 47.4 él nos *elegirá* nuestras heredades
78.70 *eligió* a David su siervo, y lo tomó de
132.13 Jehová ha *elegido* a Sion; la quiso
Jn. 13.18 sé a quienes he *elegido;* mas para que
15.16 no me *elegisteis* vosotros. .yo os *elegí*
15.19 yo os *elegí* del mundo, por eso el mundo
Hch. 6.5 *eligieron* a Esteban, varón lleno de
15.22 pareció bien a. .*elegir* de entre ellos
15.25 *elegir* varones y enviarlos a vosotros
Stg. 2.5 ¿no ha *elegido* Dios a los pobres de
1 P. 1.2 *elegidos* según la presciencia de Dios
5.13 iglesia. .*elegida* juntamente con vosotros
2 Jn. 1 el anciano a la señora *elegida* y a sus
13 los hijos de tu hermana, la *elegida*, te
Ap. 17.14 los que están con él son. .*elegidos*

EL-ELOHE-ISRAEL ***Altar que erigió Jacob cerca de Siquem,* Gn. 33.20**

ELEMENTO
2 P. 3.10 los *e* ardiendo serán deshechos, y la
3.12 y los *e*, siendo quemados, se fundirán!

ELEVACIÓN
Gn. 6.16 arca, y la acabarás a un codo de *e*

ELEVADO, DA
Job 22.12 mira. .las estrellas, cuán *e* están
Is. 2.14 altos, y sobre todos los collados *e*
18.2,7 nación de *e* estatura y tez brillante
30.13 grieta. .extendiéndose en una pared *e*
30.25 y sobre todo collado *e*, habrá ríos y
37.24 llegaré hasta sus más *e* cumbres, al
45.14 hombres de *e* estatura, se pasarán a ti

ELEVAR
Gn. 7.17 el arca, y se *elevó* sobre la tierra
Éx. 29.27 la espaldilla de la ofrenda *elevada*
29.27 lo que fue *elevado* del carnero de las
29.28 ofrenda *elevada;* y será una ofrenda *e*
29.28 porción. .*elevada* en ofrenda a Jehová
Lv. 7.14 una parte por ofrenda *elevada* a Jehová
7.32 y daréis. .para ser *elevada* en ofrenda
7.34 mece y la espaldilla *elevada* en ofrenda
10.14 el pecho mecido y la espaldilla *elevada*
10.15 la espaldilla que se ha de *elevar* y el
Nm. 18.11 la ofrenda *elevada* de sus dones, y
18.19 las ofrendas *elevadas*. .he dado para ti
31.41 el tributo, para ofrenda *elevada* a Jehová
Dt. 12.6 la ofrenda *elevada* de vuestras manos
12.11 las ofrendas *elevadas* de vuestras manos
12.17 ni las ofrendas *elevadas* de tus manos
17.20 para que no se *eleve* su corazón sobre
28.43 extranjero. .*elevará* sobre ti muy alto
2 R. 19.4 *eleva* oración por el remanente que
2 Cr. 21.4 *elevado*. .Joram al reino de su padre
33.14 edificó. .Ofel. .*elevó* el muro muy alto
Job 21.22 juzgando él a los que están *elevados?*
27.21 *eleva* el solano, y se va; y tempestad
Sal. 18.48 me *eleva* sobre los que se levantan
24.4 que no ha *elevado* su alma a cosas vanas
143.8 saber. .porque a ti he *elevado* mi alma
Pr. 18.12 antes del quebrantamiento se *eleva*
Is. 37.4 *eleva*. .oración tú por el remanente que
Ez. 9.3 la gloria del Dios de Israel se *elevó*
10.4,18 gloria de Jehová se *elevó* de encima
11.1 el Espíritu me *elevó*, y me llevó por la
11.23 gloria de Jehová se *elevó* de en medio
19.11 se *elevó* su estatura por encima entre
31.10 su corazón se *elevó* con su altura
Dn. 9.18 no *elevamos* nuestros ruegos ante ti
11.12 se *elevará* su corazón, y derribará a

ELHANÁN
1. ***Guerrero en el ejército de David,* 2 S. 21.19; 1 Cr. 20.5**
2. ***Uno de los treinta valientes de David,* 2 S. 23.24; 1 Cr. 11.26**

ELÍ ***(n.)***
1. ***Sacerdote y juez de Israel***
1 S. 1.3 estaban dos hijo de *E*, Ofni y Finees
1.9 mientras el sacerdote *E* estaba sentado
1.12 *E* estaba observando la boca de ella
1.13 su voz no se oía; y *E* la tuvo por ebria
1.14 le dijo *E:* ¿Hasta cuándo estarás ebria?
1.17 *E* respondió. .Vé en paz, y el Dios de
1.25 y matando el. .trajeron el niño a *E*
2.11 niño ministraba a Jehová delante del. .*E*
2.12 los hijos de *E* eran hombres impíos, y
2.20 y *E* bendijo a Elcana y a su mujer
2.22 *E* era muy viejo; y oía de todo lo que
2.27 y vino un varón de Dios a *E*, y le dijo
3.1 Samuel ministraba a. .en presencia de *E*
3.2 que estando *E* acostado en su aposento
3.5 corriendo luego a *E*. .*E* le dijo: Yo no he
3.6 y levantándose Samuel, vino a *E* y dijo
3.8 se levantó y vino a *E*, y dijo: Heme aquí
3.8 entendió *E* que Jehová llamaba al joven
3.9 dijo *E* a Samuel: Vé y acuéstate; y si te
3.12 cumpliré contra *E* todas las cosas que
3.14 jurado a la casa de *E* que la iniquidad
3.14 que la iniquidad de la casa de *E* no será
3.15 y Samuel temía descubrir la visión a *E*
3.16 llamando, pues, *E* a Samuel, le dijo
3.17 *E* dijo: ¿Qué es la palabra que te habló?
4.4 los dos hijo de *E*. .estaban allí con el
4.11 y muertos los dos hijos de *E*, Ofni y
4.13 cuando llegó. .*E* estaba sentado en una
4.14 *E* oyó el estruendo de la gritería, dijo
4.14 aquel hombre vino. .dio las nuevas a *E*
4.15 ya *E* de edad de 98 años, y sus ojos se
4.16 dijo. .aquel hombre a *E:* Yo vengo de la
4.16 *E* dijo: ¿Qué ha acontecido, hijo mío?
4.18 *E* cayó hacia atrás de la silla al lado
14.3 hijo de *E*, sacerdote de Jehová en Silo
1 R. 2.27 había dicho sobre la casa de *E* en
2. ***Padre de José, esposo de María,* Lc. 3.23**

ELÍ ***Palabra que significa "Dios mío" (=Eloi)***
Mt. 27.46 diciendo: *E, E,* ¿lama sabactani?

ELIAB
1. ***Jefe de la tribu de Zabulón,* Nm. 1.9; 2.7; 7.24,29; 10.16**
2. ***Padre de Datán y Abiram, compañeros de Coré,* Nm. 16.1,12; 26.8,9; Dt. 11.6**
3. ***Primogénito de Isaí de Belén (=Eliú No. 4)***
1 S. 16.6 vio a *E*, y dijo: De cierto delante de
17.13 los nombres de. .eran: *E* el primogénito
17.28 y oyéndole hablar *E* su hermano mayor
1 Cr. 2.13 Isaí engendró a *E* su primogénito
2 Cr. 11.18 Abihail hija de *E*, hijo de Isaí
4. ***Ascendiente del profeta Samuel,* 1 Cr. 6.27**
5. ***Guerrero que se juntó con David en Siclag,* 1 Cr. 12.9**
6. ***Levita, músico en tiempo de David,* 1 Cr. 15.18,20; 16.5**

ELIABA ***Uno de los treinta valientes de David,* 2 S. 23.32; 1 Cr. 11.33**

ELIACIM ***Sacerdote en tiempo de Nehemías,* Neh. 12.41**

ELIADA
1. ***Hijo de David nacido en Jerusalén,* 2 S. 5.16; 1 Cr. 3.8**
2. ***Padre de Rezón,* 1 R. 11.23**
3. ***Jefe militar del rey Josafat,* 2 Cr. 17.17**

ELIAM

1. Padre de Betsabé (=Amiel No. 3), 2 S. 11.3

2. Uno de los treinta valientes de David, 2 S. 23.34

ELIAQUIM

1. Mayordomo del rey Ezequías

2 R. 18.18 y salió a ellos *E* hijo de Hilcías
18.26 dijo *E* hijo. . Te rogamos que hables a
18.37 *E* hijo de Hilcías. . vinieron a Ezequías
19.2 envió a *E* mayordomo, a Sebna escriba y
Is. 22.20 llamaré a mi siervo *E*. . de Hilcías
36.3 salió a él *E* hijo de Hilcías, mayordomo
36.11 entonces dijeron *E*. . y Joa al Rabsaces
36.22 *E* hijo de Hilcías. . vinieron a Ezequías
37.2 envió a *E* mayordomo, a Sebna escriba y

2. Hijo del rey Josías (=Joacim), 2 R. 23.34; 2 Cr. 36.4

3. Ascendiente de José, esposo de María, Mt. 1.13; Lc. 3.30

ELÍAS

1. Profeta

1 R. 17.1 *E* tisbita. . a Acab. . no habrá lluvia
17.13 *E* le dijo: No tengas temor; vé, haz
17.15 fue e hizo como le dijo *E;* y comió él
17.16 palabra que Jehová había dicho por *E*
17.18 ella dijo a *E:* ¿Qué tengo yo contigo
17.22 Jehová oyó la voz de *E*, y el alma del
17.23 tomando luego *E* al niño, lo trajo del
17.23 lo dio. . le dijo *E:* Mira, tu hijo vive
17.24 la mujer dijo a *E:* Ahora conozco que
18.1 palabra de Jehová a *E* en el tercer año
18.2 fue, pues, *E* a mostrarse a Acab. Y el
18.7 encontró con *E*. . dijo: ¿No eres tú. . *E?*
18.8,11,14 vé, dí a tu amo: Aquí está *E*
18.15 dijo *E:* Vive Jehová de los ejércitos
18.16 fue. . y Acab vino a encontrarse con *E*
18.17 cuando Acab vio a *E*, le dijo: ¿Eres tú
18.21 acercándose *E* a todo el pueblo, dijo
18.22 *E* volvió a decir. . Sólo yo he quedado
18.25 *E* dijo a los profetas de Baal. . un buey
18.27 que *E* se burlaba de ellos, diciendo
18.30 dijo *E* a todo el pueblo: Acercaos a mí
18.31 y tomando *E* doce piedras, conforme al
18.36 se acercó. . *E* y dijo: Jehová Dios de
18.40 *E* les dijo: Prended a los profetas de
18.40 los llevó *E* al arroyo de Cisón, y allí
18.41 entonces *E* dijo a Acab: Sube, come y
18.42 y *E* subió a la cumbre del Carmelo, y
18.46 la mano de Jehová estuvo sobre *E*, el
19.1 la nueva de todo lo que *E* había hecho
19.2 envió Jezabel a *E* un mensajero, diciendo
19.9 de Jehová. . le dijo: ¿Qué haces aquí, *E?*
19.13 cuando lo oyó *E*, cubrió su rostro con
19.13 una voz, diciendo: ¿Qué haces aquí, *E?*
19.19 pasando *E* por. . echó sobre él su manto
19.20 vino corriendo en pos de *E*, y dijo: Te
19.21 después se levantó y fue tras *E*, y le
21.17,28 vino palabra de Jehová a *E* tisbita
21.20 dijo a *E:* ¿Me has hallado, enemigo mío
2 R. 1.3 el ángel de Jehová habló a *E* tisbita
1.4 sino que ciertamente morirás. Y *E* se fue
1.8 de cuero. Entonces él dijo: Es *E* tisbita
1.10,12 *E*. . Si yo. . descienda fuego del cielo
1.13 se puso de rodillas delante de *E* y le
1.15 el ángel de. . dijo a *E:* Desciende con él
1.17 a la palabra de. . que había hablado *E*
2.1 quiso. . alzar a *E*. . *E* venía con Eliseo de
2.2 y dijo *E* a Eliseo: Quédate ahora aquí
2.4 y *E* le volvió a decir: Eliseo, quédate
2.6 *E* le dijo: Te ruego que te quedes aquí
2.8 tomando entonces *E* su manto, lo dobló
2.9 *E* dijo a Eliseo: Pide lo que quieras que
2.11 y *E* subió al cielo en un torbellino
2.13,14 el manto de *E* que se le había caído
2.14 dijo: ¿Dónde está Jehová, el Dios de *E?*
2.15 el espíritu de *E* reposó sobre Eliseo
3.11 aquí está Eliseo hijo. . que servía a *E*
9.36 que él habló por medio de su siervo *E*
10.10 ha hecho lo que dijo por su siervo *E*
10.17 la palabra. . que había hablado por *E*
2 Cr. 21.12 le llegó una carta del profeta *E*
Mal. 4.5 envío el profeta *E*, antes que venga
Mt. 11.14 él es aquel *E* que había de venir
16.14 otros, *E;* y. . o alguno de los profetas
17.3 aparecieron Moisés y *E*, hablando con él
17.4 uno para ti, otra para Moisés, y. . para *E*
17.10 que es necesario que *E* venga primero?
17.11 *E* viene primero, y restaurará todas las
17.12 digo que *E* ya vino, y no le conocieron
27.47 allí decían, al oírlo: A *E* llama éste
27.49 decían. . veamos si viene *E* a librarle
Mr. 6.15 otros decían: Es *E*. Y otros decían
8.28 otros, *E;* y otros, alguno de. . profetas
9.4 les apareció *E* con Moisés, que hablaban
9.5 uno para ti, otra para Moisés, y. . para *E*
9.11 que es necesario que *E* venga primero?
9.12 les dijo: *E* a la verdad vendrá primero
9.13 digo que *E* ya vino, y le hicieron todo
15.35 allí decían, al oírlo: Mirad, llama a *E*
15.36 dejad, veamos si viene *E* a bajarle
Lc. 1.17 delante de él con el espíritu. . de *E*
4.25 muchas viudas había. . en los días de *E*
4.26 pero a ninguna de ellas fue enviado *E*
9.8 *E* ha aparecido; y otros: Algún profeta
9.19 otros, *E;* y otros, que algún profeta de
9.30 varones que hablaban. . eran Moisés y *E*
9.33 para ti, una para Moisés, y una para *E*
9.54 descienda fuego del cielo, como hizo *E*
Jn. 1.21 le preguntaron. . ¿Eres tú *E?* Dijo: No
1.25 ¿por qué. . bautizas, si tú no eres. . ni *E*
Ro. 11.2 no sabéis qué dice de *E* la Escritura
Stg. 5.17 *E* era hombre sujeto a pasiones. . oró

2. Descendiente de Benjamín, 1 Cr. 8.27

3. Sacerdote en tiempo de Esdras, Esd. 10.21

4. Uno de los que se casaron con mujeres extranjeras en tiempo de Esdras, Esd. 10.26

ELIASAF

1. Príncipe de la tribu de Gad, Nm. 1.14; 2.14; 7.42,47; 10.20

2. Jefe de los gersonitas, Nm. 3.24

ELIASIB

1. Descendiente de Zorobabel, 1 Cr. 3.24

2. Sacerdote en tiempo de David, 1 Cr. 24.12

3. Nombre que aparece varias veces en las listas de levitas en Esdras y Nehemías, Esd. 10.6,24,27,36; Neh. 12.10,22,23

4. Sumo sacerdote en tiempo de Nehemías

Neh. 3.1 entonces se levantó. . sacerdote *E* con
3.20 puerta de la casa de *E* sumo sacerdote
3.21 desde la entrada de la casa de *E* hasta
3.21 hasta el extremo de la casa de *E*
13.4 *E*, siendo jefe de la cámara de la casa
13.7 entonces supe del mal que había hecho *E*
13.28 hijo del sumo sacerdote *E* era yerno de

ELIATA *Músico del templo en tiempo de David,* 1 Cr. 25.4,27

ELICA *Uno de los treinta valientes de David,* 2 S. 23.25

ELIDAD *Oficial de la tribu de Benjamín,* Nm. 34.21

ELIEL

1. Jefe de la tribu de Manasés, 1 Cr. 5.24

2. Levita, cantor en el templo, 1 Cr. 6.34

3. Nombre de dos jefes de familia de Benjamín, 1 Cr. 8.20,22

4. Nombre de tres héroes en el servicio de David, 1 Cr. 11.46,47; 12.11

5. Levita que ayudó a traer el arca a Jerusalén, 1 Cr. 15.9,11

6. Levita en tiempo del rey Ezequías, 2 Cr. 31.13

ELIENAI *Familia de la tribu de Benjamín,* 1 Cr. 8.20

ELIEZER

1. Mayordomo de Abraham, Gn. 15.2

2. Hijo de Moisés

Éx. 18.4 se llamaba *E*, porque dijo: El Dios de
1 Cr. 23.15 hijos de Moisés fueron Gersón y *E*
23.17 hijo de *E* fue. . y *E* no tuvo otros hijos
26.25 en cuanto a su hermano *E*, hijo de éste

3. Descendiente de Benjamín, 1 Cr. 7.8

4. Sacerdote que ayudó a traer el arca a Jerusalén, 1 Cr. 15.24

5. Jefe de la tribu de Rubén, 1 Cr. 27.16

6. Profeta en tiempos del rey Josafat, 2 Cr. 20.37

7. Nombre que aparece en varias listas de Esdras, Esd. 8.16; 10.18,23,31

8. Ascendiente de Jesucristo, Lc. 3.29

ELIFAL *Uno de los treinta valientes de David,* 1 Cr. 11.35

ELIFAZ

1. Primogénito de Esaú, Gn. 36.4,10,11,12, 15,16; 1 Cr. 1.35,36

2. Uno de los tres amigos de Job

Job 2.11 tres amigos de Job, *E* temanita, Bildad
4.1; 15.1; 22.1 respondió *E* temanita, y dijo
42.7 Jehová. . a *E* temanita: Mi ira se encendió
42.9 fueron, pues, *E* temanita, Bildad suhita

ELIFELEHU *Levita, músico nombrado por David al servicio del templo,* 1 Cr. 15.18,21

ELIFELET

1. Nombre de dos hijos de David, 2 S. 5.16; 1 Cr. 3.6,8; 14.7

2. Uno de los valientes de David (=Elifal), 2 S. 23.34

3. Descendiente de Saúl, 1 Cr. 8.39

4. Uno que regresó del exilio con Esdras, Esd. 8.13

5. Uno de los que se habían casado con mujeres extranjeras en tiempo de Esdras, Esd. 10.33

ELIHOREF *Secretario del rey Salomón,* 1 R. 4.3

ELIM *Lugar donde acampó Israel después de salir de Egipto*

Éx. 15.27 llegaron a *E*, donde había 12 fuentes
16.1 partió luego de *E* toda la congregación
16.1 al desierto de Sin, que está entre *E* y
Nm. 33.9 de Mara y vinieron a *E*, donde había
33.10 salieron de *E* y acamparon junto al Mar

ELIMAS *Judío mago y falso profeta (=Barjesús),* Hch. 13.8

ELIMELEC *Esposo de Noemí y suegro de Rut*

Rt. 1.2 el nombre de aquel varón era *E*, y el
1.3 y murió *E*, marido de Noemí, y quedó ella
2.1 hombre rico de la familia de *E*, el cual
2.3 de Booz, el cual era de la familia de *E*
4.3 las tierras que tuvo nuestro hermano *E*
4.9 que he adquirido. . todo lo que fue de *E*

ELIMINAR

1 Co. 9.27 yo mismo venga a ser *eliminado*

ELIOENAI

1. Descendiente de David, 1 Cr. 3.23,24

2. Jefe de la tribu de Simeón, 1 Cr. 4.36

3. Descendiente de Benjamín, 1 Cr. 7.8

4. Levita portero en el templo, 1 Cr. 26.3

5. Jefe de una familia que regresó con Esdras, Esd. 8.4

6. Sacerdote que se había casado con mujer extranjera en tiempo de Esdras, Esd. 10.22

7. Uno de los que se habían casado con mujeres extranjeras en tiempo de Esdras, Esd. 10.27

8. Sacerdote en tiempo de Nehemías, Neh. 12.41

ELISA *Descendiente de Jafet, y su territorio*

Gn. 10.4; 1 Cr. 1.7 los hijos de Javán: *E*
Ez. 27.7 de azul y púrpura de las costas de *E*

ELISABET

1. Mujer de Aarón, Éx. 6.23

2. Madre de Juan el Bautista

Lc. 1.5 su mujer era. . de Aarón, y se llamaba *E*
1.7 no tenían hijo, porque *E* era estéril, y
1.13 y tu mujer *E* te dará a luz un hijo, y
1.24 concibió su mujer *E*, y se recluyó en
1.36 tu parienta *E*. . ha concebido hijo en su
1.40 entró en casa de Zacarías, y saludó a *E*
1.41 cuando oyó *E* la salutación de María, la
1.41 saltó. . *E* fue llena del Espíritu Santo
1.57 cuando a *E* se le cumplió el tiempo de

ELISAFAT *Militar que ayudó a Joiada contra Atalía,* 2 Cr. 23.1

ELISAMA

1. Jefe de la tribu de Efraín en el desierto, Nm. 1.10; 2.18; 7.48,53; 10.22; 1 Cr. 7.26

2. Hijo de David, 2 S. 5.16; 1 Cr. 3.8; 14.7

3. Abuelo de Ismael No. 2, 2 R. 25.25; Jer. 41.1

4. Descendiente de Jerameel, 1 Cr. 2.41

5. Otro hijo de David, 1 Cr. 3.6

6. Sacerdote en tiempo del rey Josafat, 2 Cr. 17.8

7. Oficial del rey Joacim, Jer. 36.12,20,21

ELISEO *Profeta*

1 R. 19.16 a *E*. . ungirás para que sea profeta
19.17 el que escapare. . de Jehú, *E* lo matará
19.19 partiendo él. . halló a *E* hijo de Safat
2 R. 2.1 al cielo, Elías venía con *E* de Gilgal
2.2,4 *E:* Quédate ahora aquí, porque Jehová
2.2 *E* dijo: Vive Jehová, y vive tu alma, que
2.3 saliendo a *E* los hijos de los profetas
2.5 se acercaron a *E* los hijos de. . profetas
2.9 Elías dijo a *E:* Pide lo que quieras que
2.9 dijo *E:* Te ruego que una doble porción de
2.12 viéndolo *E*, clamaba: ¡Padre mío, padre

ELISEO *(Continúa)*
2 R. 2.14 modo las aguas, se apartaron..y pasó *E*
2.15 el espíritu de Elías reposó sobre *E*
2.18 volvieron a *E*, que se había quedado en
2.19 y los hombres de la ciudad dijeron a *E*
2.22 hoy, conforme a la palabra que habló *E*
3.11 aquí está *E* hijo de Safat, que servía a
3.13 *E* dijo al rey..¿Qué tengo yo contigo?
3.14 y *E* dijo: Vive Jehová de los ejércitos
3.15 tocaba, la mano de Jehová vino sobre *E*
4.1 clamó a *E*, diciendo: Tu siervo mi marido
4.2 *E* le dijo..Declárame qué tienes en casa
4.8 un día pasaba *E* por Sunem; y había allí
4.17 hijo..en el tiempo que *E* le había dicho
4.31 así se había vuelto para encontrar a *E*
4.32 venido *E* a la casa, he aquí que el niño
4.38 *E* volvió a Gilgal cuando había..hambre
5.8 cuando *E*..oyó que el rey había rasgado su
5.9 y se paró a las puertas de la casa de *E*
5.10 *E* le envió un mensajero, diciendo: Vé y
5.20 Giezi, criado de *E* el varón de Dios, dijo
5.25 y *E* le dijo: ¿De dónde vienes, Giezi?
6.1 los hijos de los profetas dijeron a *E*
6.12 que el profeta *E* está en Israel, el cual
6.17 oró *E*, y dijo: Te ruego, oh Jehová, que
6.17 y de carros de fuego alrededor de *E*
6.18 *E* a Jehová, y dijo: Te ruego que hieras
6.18 los hirió..conforme a la petición de *E*
6.19 les dijo *E*: No es este el camino, ni
6.20 dijo *E*: Jehová, abre los ojos de éstos
6.21 rey..dijo a *E*: ¿Los mataré, padre mío?
6.31 si la cabeza de *E*..queda sobre él hoy
6.32 *E* estaba sentado en su casa, y con él
7.1 dijo entonces *E*: Oíd palabra de Jehová
8.1 habló *E* a aquella mujer a cuyo hijo él
8.4 cuentes..las maravillas que ha hecho *E*
8.5 este es su hijo, al cual *E* hizo vivir
8.7 *E* se fue luego a Damasco; y Ben-adad rey
8.10 *E* le dijo: Vé, dile: Seguramente sanarás
8.13 respondió *E*: Jehová me ha mostrado que
8.14 ¿qué te ha dicho *E*? Y él respondió: Me
9.1 *E* llamó a uno de los hijos de..profetas
13.14 estaba *E* enfermo de la enfermedad de
13.15 le dijo *E*: Toma un arco y unas saetas
13.16 *E* al rey..Pon tu mano sobre el arco
13.16 puso *E* sus manos sobre las manos del
13.17 dijo *E*: Tira. Y tirando él, dijo *E*
13.20 murió *E*, y lo sepultaron. Entrado él
13.21 arrojaron el cadáver..el sepulcro de *E*
13.21 llegó a tocar el muerto los huesos de *E*
Lc. 4.27 muchos leprosos..tiempo del profeta *E*

ELISÚA *Uno de los hijos de David*, **2 S. 5.15; 1 Cr. 14.5**

ELISUR *Jefe de la tribu de Rubén en el desierto*, **Nm. 1.5; 2.10; 7.30,35; 10.18**

ELIÚ
1. *Ascendiente de Samuel*, **1 S. 1.1**
2. *Jefe de Manasés que se juntó con David en Siclag*, **1 Cr. 12.20**
3. *Levita, portero del templo*, **1 Cr. 26.7**
4. *Hermano de David (=Eliab No. 3)*, **1 Cr. 27.18**
5. *Joven que habló a Job después de sus tres amigos*

Job 32.2 entonces *E* hijo de Baraquel buzita, de
32.4 y *E* había esperado a Job en la disputa
32.5 viendo *E* que no había respuesta en la
32.6 respondió *E* hijo de Baraquel..y dijo
34.1; 36.1 además *E* dijo
35.1 prosiguió *E* en su razonamiento, y dijo

ELIUD *Ascendiente de Jesucristo*, **Mt. 1.14,15**

ELIZAFÁN
1. *Jefe en la familia de Coat (=Elzafán)*, **Nm. 3.30; 1 Cr. 15.8; 2 Cr. 29.13**
2. *Jefe de la tribu de Zabulón*, **Nm. 34.25**

ELMODAM *Ascendiente de Jesucristo*, **Lc. 3.28**

ELNAAM *Uno de los valientes de David*, **1 Cr. 11.46**

ELNATÁN
1. *Abuelo materno del rey Joaquín*

2 R. 24.8 su madre fue Nehusta hija de *E*, de
Jer. 26.22 rey Joacim envió..*E* hijo de Acbor
36.12 *E* hijo de Acbor, Gemarías hijo de Safán
36.25 *E* y Delaía y Gemarías rogaron al rey

2. *Nombre de tres de los mensajeros de Esdras*, **Esd. 8.16**

ELOCUENTE
Job 33.23 si tuviese..*e* mediador muy escogido
Ec. 9.11 ni de los *e* el favor; sino que tiempo
Hch. 18.24 un judío llamado Apolos..varón *e*

ELOI *Palabra que significa "Dios mío" (=Elí)*
Mr. 15.34 clamó a gran voz, diciendo: *E*, *E*

ELÓN
1. *Padre de Basemat, mujer de Esaú*, **Gn. 26.34; 36.2**
2. *Hijo de Zabulón*, **Gn. 46.14; Nm. 26.26**
3. *Aldea en Dan*, **Jos. 19.43; 1 R. 4.9**
4. *Juez de Israel*, **Jue. 12.11,12**

ELONITA *Descendiente de Elón No. 2*, **Nm. 26.26**

ELOT *Puerto en el Mar Rojo (=Elat)*
1 R. 9.26 en Ezión-geber, que está junto a *E*
2 Cr. 8.17 Salomón fue a Ezión-geber y a *E*, a
26.2 Uzías edificó a *E*, y la restituyó a

ELPAAL *Descendiente de Benjamín*, **1 Cr. 8.11,12,18**

ELPELET *Hijo de David (=Elifelet No. 1)*, **1 Cr. 14.5**

ELTECÓN *Aldea en Judá*, **Jos. 15.59**

ELTEQUE *Ciudad de los levitas en Dan*, **Jos. 19.44; 21.23**

ELTOLAD *Ciudad en Simeón (=Tolad)*, **Jos. 15.30; 19.4**

ELUL *Sexto mes en el calendario hebreo*, **Neh. 6.15**

ELUZAI *Guerrero que se juntó con David en Siclag*, **1 Cr. 12.5**

ELZABAD
1. *Guerrero que se juntó con David en Siclag*, **1 Cr. 12.12**
2. *Levita, portero del templo*, **1 Cr. 26.7**

ELZAFÁN *=Elizafán No. 1*, **Éx. 6.22; Lv. 10.4**

EMANAR
Ec. 10.5 manera de error *emanado* del príncipe

EMANUEL
Is. 7.14 concebirá, y..y llamará su nombre *E*
8.8 llenará la anchura de tu tierra, oh *E*
Mt. 1.23 llamarás su nombre *E*, que..es: Dios

EMAÚS *Aldea cerca de Jerusalén*, **Lc. 24.13**

EMBAJADA
Lc. 14.32 le envía una *e* y le pide condiciones
19.14 enviaron tras él una *e*, diciendo: No

EMBAJADOR
Nm. 20.14 envió Moisés *e* al rey de Edom desde
21.21 entonces envió Israel *e* a Sehón rey de
Jos. 9.4 se fingieron *e*, y tomaron sacos viejos
2 S. 5.11 Hiram rey de Tiro envió *e* a David
1 R. 20.9 él respondió a los *e*..Decid al rey
20.9 los *e* fueron, y le dieron la respuesta
2 R. 16.7 Acaz envió *e* a Tiglat-pileser rey de
17.4 había enviado *e* a So, rey de Egipto, y
19.9 volvió él y envió *e* a Ezequías, diciendo
19.14 y tomó..las cartas de mano de los *e*
1 Cr. 14.1 Hiram rey de Tiro envió a David *e*
19.2 David envió *e* que lo consolasen de la
19.16 los sirios..enviaron *e*, y trajeron a
Is. 30.4 sus príncipes..sus *e* lleguen a Hanes
33.7 he aquí que sus *e* darán voces afuera
37.9 al oírlo, envió *e* a Ezequías, diciendo
37.14 y tomó Ezequías las cartas de..los *e*
57.9 y enviaste tus *e* lejos, y te abatiste
Ez. 17.15 se rebeló contra él, enviando *e* a
2 Co. 5.20 somos *e* en nombre de Cristo, como
Ef. 6.20 por el cual soy *e* en cadenas; que con

EMBALDOSADO
Éx. 24.10 había debajo de sus pies como un *e*

EMBALSAMAR
Gn. 50.2 mandó a..que *embalsamasen* a su padre
50.2 y los médicos *embalsamaron* a Israel
50.3 cumplían los días de los *embalsamados*
50.26 *embalsamaron*, y fue puesto en un ataúd

EMBARAZADO, DA
Éx. 21.22 si algunos riñeren, e hirieren a..*e*
Jer. 20.17 madre..y su vientre *e* para siempre

EMBARAZO
Os. 9.11 que no habrá..ni *e*, ni concepciones

EMBARCAR
Hch. 20.3 para cuando se *embarcase* para Siria
20.13 a *embarcarnos*, navegamos a Asón para
21.2 hallando un barco que..nos *embarcamos*
27.2 *embarcándonos* en una nave adramitena
27.6 nave alejandrina..nos *embarcó* en ella

EMBARRADURA
Ez. 13.12 ¿dónde..la *e* con que la recubristeis?

EMBLANQUECER
Is. 1.18 como la nieve serán *emblanquecidos*
Dn. 11.35 caerán para ser..y *emblanquecidos*
12.10 serán..*emblanquecidos* y purificados; los
Ap. 7.14 las han *emblanquecido* en la sangre del

EMBOSCADA
Jos. 8.2,4 *e* a la ciudad detrás de ella
8.7 levantaréis de la *e* y tomaréis la ciudad
8.9 Josué los envió; y ellos se fueron a la *e*
8.12 y los puso en *e* entre Bet-el y Hai, al
8.13 su *e* al occidente de la ciudad, y Josué
8.14 salieron..no sabiendo..estaba puesta *e*
8.19 levantándose..los que estaban en la *e*
8.21 que los de la *e* habían tomado la ciudad
Jue. 9.32 levántate, pues..y pon *e* en el campo
9.34 pusieron *e* contra Siquem con 4 compañías
9.35 Abimelec y todo..se levantaron de la *e*
9.43 puso *e* en el campo; y cuando miró, he
20.29 y puso Israel *e* alrededor de Gabaa
20.33 las *e* de Israel salieron de su lugar
20.36 confiados en las *e* que habían puesto
20.37 hombres de las *e* acometieron..a Gabaa
20.38 entre los hombres de Israel y las *e*
21.20 diciendo: Id, y poned *e* en las viñas
1 S. 15.5 viniendo Saúl a..puso *e* en el valle
2 Cr. 13.13 una *e*..*e* estaba a espaldas de Judá
20.22 Jehová puso contra..*e* de ellos mismos
Lm. 4.19 sobre..en el desierto nos pusieron *e*

EMBOTAR
Sal. 89.43 *embotaste*..el filo de su espada, y
Ec. 10.10 si se *embotare* el hierro, y su filo
2 Co. 3.14 entendimiento de ellos se *embotó*

EMBOZADO
Lv. 13.45 leproso..y *e* pregonará: ¡Inmundo!

EMBRAVECER
Jon. 1.11,13 el mar se iba *embraveciendo* más

EMBRAZAR
Jer. 51.11 limpiad las saetas, *embrazad* los

EMBRIAGADO
1 R. 16.9 y estando él en Tirsa, bebiendo y *e*
Pr. 26.9 espinas hincadas en mano del *e*, tal

EMBRIAGAR
Gn. 9.21 y bebió del vino, y se *embriagó*, y
Dt. 32.42 *embriagaré* de sangre mis saetas, y
2 S. 11.13 David lo convidó..hasta *embriagarlo*
1 R. 20.16 estaba Ben-adad..*embriagándose* en
Pr. 7.18 ven, *embriaguémonos* de amores hasta
Is. 29.9 *embriagaos*, y no de vino; tambalead
34.5 en los cielos se *embriagará* mi espada
34.7 se *embriagará* de sangre, y su polvo se
49.26 con su sangre serán *embriagados* como
56.12 tomemos vino, *embriaguémonos* de sidra
63.6 los *embriagué* en mi furor, y derramé
Jer. 25.27 bebed, y *embriagaos*, y vomitad, y
46.10 la espada..se *embriagará* de la sangre
48.26 *embriagadla*, porque contra Jehová se
51.7 copa de oro..*embriagó* a toda la tierra
51.39 y haré que se *embriaguen*, para que se
51.57 y *embriagaré* a sus príncipes y a sus
Lm. 3.15 me llenó de..me *embriagó* de ajenjos
4.21 hasta ti llegará la copa; te *embriagarás*
Ez. 39.19 hasta *embriagaros* de sangre de las
Nah. 3.11 tú también serás *embriagada*, y serás
Hab. 2.15 le *embriagas* para mirar su desnudez!
Lc. 12.45 comenzare a..y beber y *embriagarse*
1 Co. 11.21 tiene hambre, y otro se *embriaga*
Ef. 5.18 no os *embriaguéis* con vino, en lo cual
1 Ts. 5.7 los que se *embriagan*, de noche se *e*
Ap. 17.2 se han *embriagado* con el vino de su

EMBRIAGUEZ
Gn. 9.24 despertó Noé de su *e*, y supo lo que
Dt. 29.19 a fin de que con la *e* quite la sed
Is. 5.11 los que se levantan..para seguir la *e*
Jer. 13.13 yo lleno de *e* a todos los moradores
Ez. 23.33 serás llena de *e* y de dolor por el
Nah. 1.10 aunque sean..estén empapados en su *e*
Lc. 21.34 vuestros corazones no se carguen..*e*
1 P. 4.3 andando en..*e*, orgías, disipación y

EMBRIÓN
Sal. 139.16 mi *e* vieron tus ojos, y en tu libro

EMBRUTECER
Jer. 10.14 todo hombre se *embrutece*, y le falta

EMINENCIA
Sal. 78.69 edificó su santuario a manera de *e*
1 Ti. 2.2 reyes y por todos los que están en *e*

EMINENTE
2 Co. 3.10 en comparación con la gloria más *e*

EMISIÓN
Lv. 15.16 el hombre tuviere *e* de semen, lavará
15.17 o toda piel sobre la cual cayere la *e*
15.18 tuviere *e* de semen, ambos se lavarán
15.32 la ley..para el que tiene *e* de semen

EMITA ***Antiguo habitante de Palestina***
Gn. 14.5 derrotaron..los *e* en Save-quiriataim
Dt. 2.10 los *e* habitaron en ella antes, pueblo
2.11 gigantes..y los moabitas los llaman *e*

EMITIR
Sal. 19.2 un día *emite* palabra a otro día, y
Ap. 10.3 voz..siete truenos *emitieron* sus voces
10.4 truenos hubieron *emitido* sus voces, yo

EMPADRONAR
Éx. 38.25 plata de los *empadronados*..fue cien
Neh. 7.5 para que fuesen *empadronados* según sus
Lc. 2.1 que todo el mundo fuese *empadronado*
2.3 e iban todos para ser *empadronados*, cada
2.5 para ser *empadronado* con María su mujer

EMPAPAR
Sal. 65.10 haces que se *empapen* sus surcos
Ez. 21.32 se *empapará* la tierra de tu sangre
Nah. 1.10 y estén *empapados* en su embriaguez
Mt. 27.48 una esponja, y la *empapó* de vinagre
Mr. 15.36 y *empapando* una esponja en vinagre
Jn. 19.29 *empaparon* en vinagre una esponja, y

EMPARENTAR
Gn. 34.9 *emparentad* con nosotros; dadnos..hijas
Dt. 7.3 y no *emparentarás* con ellas; no darás
25.7 mi cuñado..no quiere *emparentar* conmigo
Esd. 9.14 *emparentar* con pueblos que cometen
Neh. 13.4 Eliasib..había *emparentado* con Tobías

EMPEDERNIDO
Ez. 2.4 a hijos de duro rostro y de *e* corazón

EMPEINE
Lv. 13.39 *e* que brotó en la piel; está limpia
21.20 o que tenga..*e*, o testículo magullado

EMPEÑAR
Dt. 2.9 no..ni te *empeñes* con ellos en guerra
Neh. 5.3 había quienes decían: Hemos *empeñado*
Pr. 6.1 has *empeñado* tu palabra a un extraño
Dn. 11.25 rey del sur se *empeñará* en la guerra
Am. 2.8 sobre las ropas *empeñadas* se acuestan

EMPEZAR
Neh. 11.17 *empezaba* las alabanzas y acción de

EMPINADO
Is. 57.7 sobre el monte alto y *e* pusiste tu

EMPLAZAR
Job 9.19 si de juicio, ¿quién me *emplazará?*
Jer. 49.19; 50.44 ¿quién..y quién me *emplazará?*

EMPLEAR
Éx. 38.24 oro *empleado* en la obra del santuario
Dt. 32.23 males..*emplearé* en ellos mis saetas
Ez. 21.29 que la *emplees* sobre los cuellos de
Ef. 4.14 *emplean* con astucia las artimañas del

EMPOBRECER
Lv. 25.25,35,39 cuando tu hermano *empobreciere*
25.47 tu hermano..*empobreciere*, y se vendiere
Jue. 6.6 de este modo *empobrecía* Israel en gran
1 S. 2.7 Jehová *empobrece*, y él enriquece
Pr. 10.4 la mano negligente *empobrece;* mas la
14.23 vanas palabras de los labios *empobrecen*
20.13 el sueño, para que no te *empobrezcas*
22.16 da al rico, ciertamente se *empobrecerá*
23.21 el bebedor y el comilón *empobrecerán*
Zac. 9.4 el Señor la *empobrecerá*, y herirá en
Mal. 1.4 hemos *empobrecido*, pero volveremos a

EMPORIO
Is. 23.3 del río. Fue también *e* de las naciones

EMPOTRAR
1 R. 6.6 no *empotrar* las vigas en las paredes

EMPRENDER
Gn. 18.31 ahora que he *emprendido* el hablar a
Dt. 15.10 bendecirá..en todo lo que *emprendas*
20.12 y *emprendiere* guerra contigo, entonces
Jos. 1.7 prosperado en..las cosas que *emprendas*
Jue. 4.9 la gloria de la jornada que *emprendes*
1 S. 9.6 del objeto por el cual *emprendimos*
26.25 sin duda *emprenderás* tú cosas grandes
1 R. 2.3 prosperes en todo lo que..*emprendas*
2 Cr. 31.21 cuanto *emprendió*..buscó a su Dios

EMPRESA
Stg. 1.11 se marchitará el rico en todas sus *e*

EMPRÉSTITO
Dt. 15.2 todo aquel que hizo *e* de su mano. con

EMPUJAR
Nm. 35.20 si por odio lo *empujó*, o echó sobre
35.22 si..lo *empujó* sin enemistades, o echó
Job 30.12 *empujaron* mis pies, y prepararon
Sal. 118.13 me *empujaste* con violencia para que
Is. 22.19 te arrojaré..de tu puesto te *empujaré*
Jer. 23.12 serán *empujados*, y caerán en él
46.15 no pudo mantenerse..Jehová la *empujó*
Ez. 34.21 *empujasteis* con el costado y con el
Hch. 19.33 sacaron..a Alejandro, *empujándole*
2 P. 2.17 son..nubes *empujadas* por la tormenta

EMPUÑADURA
Jue. 3.22 que la *e* entró también tras la hoja

EMPUÑAR
Jer. 6.23 arco y jabalina *empuñarán;* crueles

ENAIM ***Lugar cerca de Adulam (posiblemente =Enam)***, **Gn. 38.14,21**

ENAJENAR
Jer. 19.4 me dejaron, y *enajenaron* este lugar

ENALBARDAR
Gn. 22.3 y Abraham..*enalbardó* su asno, y tomó
Nm. 22.21 Balaam..*enalbardó* su asna y fue con
2 S. 16.1 con un par de asnos *enalbardados*
17.23 *enalbardó* su asno, y se levantó y se
19.26 *enalbárdame* un asno, y montaré en él
2 R. 4.24 hizo *enalbardar* el asna, y dijo al

ENALTECER
Gn. 4.7 bien hicieres, ¿no serás *enaltecido?*
Éx. 15.2 es..Dios de mi padre, y lo *enalteceré*
Nm. 24.7 *enaltecerá* su rey más que Agag, y su
1 S. 2.7 Jehová empobrece..abate, y *enaltece*
2 Cr. 25.19 tu corazón se *enaltece*..gloriarte
26.16 su corazón se *enalteció* para su ruina
32.25 se *enalteció* su corazón, y vino la ira
32.26 después de..*enaltecido* su corazón, se
Job 38.15 el brazo *enaltecido* es quebrantado
Sal. 13.2 ¿hasta..será *enaltecido* mi enemigo
18.46 *enaltecido* sea el Dios de mi salvación
37.35 vi yo al impío sumamente *enaltecido*
40.16 digan siempre..Jehová sea *enaltecido*
46.10 seré exaltado..*enaltecido* seré en la
66.7 los rebeldes no serán *enaltecidos*
75.7 Dios..a éste humilla, y a aquel *enaltece*
89.16 día, y en tu justicia será *enaltecido*
108.5 y sobre toda la tierra sea *enaltecida*
131.1 corazón, ni mis ojos se *enaltecieron*
137.6 si no *enalteciere* a Jerusalén como
148.13 porque sólo su nombre es *enaltecido*
Pr. 14.29 es impaciente..*enaltece* la necedad
30.32 neciamente has procurado *enaltecerte*
Is. 2.12 sobre todo soberbio..todo *enaltecido*
Lm. 2.17 *enalteció* el poder de tus adversarios
Ez. 28.2 *enalteció* tu corazón, y dijiste: Yo
28.5 causa de tus riquezas se ha *enaltecido*
28.17 se *enalteció* tu corazón a causa de tu
Os. 11.7 Altísimo, ninguno..me quiere *enaltecer*
Zac. 9.16 como piedras de..serán *enaltecidos*
14.10 ésta será *enaltecida*, y habitada en su
Mt. 23.12 el que se *enaltece* será humillado, y
23.12 y el que se humilla será *enaltecido*
Lc. 14.11 porque cualquiera que se *enaltece*
14.11 y el que se humilla, será *enaltecido*
18.14 cualquiera que se *enaltece*..humillado
18.14 y el que se humilla será *enaltecido*
Hch. 13.17 y *enalteció* al pueblo, siendo ellos
2 Co. 11.7 para que vosotros fueseis *enaltecidos*
11.20 si alguno se *enaltece*, si alguno os da
12.7 para que no me *enaltezca* sobremanera

ENALTECIMIENTO
Job 22.29 fueren abatidos, dirás tú: *E* habrá
Sal. 75.6 oriente..ni del desierto viene el *e*

ENAM ***Aldea en Judá (posiblemente =Enaim)***, **Jos. 15.34**

ENAMORADO
Jer. 22.20 porque todos tus *e* son destruidos
22.22 y tus *e* irán en cautiverio; entonces
30.14 *e* te olvidaron; no te buscan; porque
Ez. 16.33 tú diste tus dones a todos tus *e*
16.36 tu confusión ha..manifestada a tus *e*
16.37 reuniré a todos tus *e* con los cuales

ENAMORAR
Gn. 34.3 su alma se apegó a Dios..se *enamoró*
Jue. 16.4 se *enamoró* de una mujer en el valle
2 S. 13.1 *enamoró* de ella Amnón hijo de David
Ez. 23.5 se *enamoró* de sus amantes los asirios
23.7 todos aquellos de quienes se *enamoró*
23.9 asirios, de quienes se había *enamorado*
23.12 se *enamoró* de los hijos de los asirios
23.16 se *enamoró* de ellos a primera vista
23.20 *enamoró* de sus rufianes, cuya lujuria

ENÁN ***Padre de Ahira, príncipe de Neftalí***, **Nm. 1.15; 2.29; 7.78,83; 10.27**

ENANO
Lv. 21.20 o *e*, o que tenga nube en el ojo, o

ENARDECER
Sal. 39.3 se *enardeció* mi corazón dentro de mí
118.12 se *enardecieron* como fuego de espinos
139.21 y me *enardezco* contra tus enemigos?
Is. 45.24 todos los que contra él se *enardecen*
Hch. 17.16 su espíritu se *enardecía* viendo la

ENCADENAR
Mt. 14.3 y le había *encadenado* y metido en la
Mr. 6.17 le había *encadenado* en la cárcel por

ENCAJAR
Éx. 39.13 montadas y *encajadas* en engastes de

ENCAJE
Gn. 32.25 tocó en el sitio del *e* de su muslo
32.32 tendón..el cual está en el *e* del muslo

ENCALADO
Dn. 5.5 escribía..sobre lo *e* de la pared del

ENCALLAR
Hch. 27.41 hicieron *encallar* la nave; y la proa

ENCAMINAR
Gn. 50.20 Dios lo *encaminó* a bien, para hacer
Dt. 1.24 se *encaminaron*..y llegaron hasta el
1 S. 6.12 vacas se *encaminaron* por el camino
1 Cr. 29.18 Jehová..*encamina* su corazón a ti
Sal. 25.5 *encamíname* en tu verdad, y enséñame
25.9 *encaminará* a los humildes por el juicio
31.3 por tu nombre me guiarás..*encaminarás*
Pr. 4.11 por el camino de la..te he *encaminado*
11.3 integridad de los rectos los *encaminará*
Is. 48.17 te *encamina* por el camino que debes
Lc. 1.79 *encaminar* nuestros pies por camino de
13.22 pasaba..y *encaminándose* a Jerusalén
Hch. 15.3 *encaminados* por la iglesia, pasaron
Ro. 15.24 y ser *encaminado* allá por vosotros
1 Co. 16.6 que me *encaminéis* a donde haya de ir
16.11 *encaminadle* en paz, para que venga a mí
2 Co. 1.16 ser *encaminado* por vosotros a Judea
2 Ts. 3.5 *encamine* vuestros corazones al amor
Tit. 3.13 *encamínales* con solicitud, de modo
3 Jn. 6 y harás bien en *encaminarlos* como es

ENCANTADOR
Lv. 19.31 no os volváis a los *e* ni..adivinos
20.6 persona que atendiere a *e* o adivinos
Dt. 18.11 ni *e*..ni quien consulte a los muertos
1 S. 28.3 había arrojado de la tierra a los..*e*
2 R. 21.6 fue agorero, e instituyó *e* y adivinos
23.24 barrió Josías a los *e*, adivinos..Judá
2 Cr. 33.6 dado a..y consultaba a adivinos y *e*
Sal. 58.5 no oye..por más hábil que el *e* sea
Ec. 10.11 muerde la serpiente..nada sierve el *e*
Is. 8.19 preguntad a los *e* y a los adivinos
Jer. 27.9 no prestéis oído a..ni a vuestros *e*
Dn. 2.2 hizo llamar el rey..*e*..le explicasen

ENCANTAMIENTO
Éx. 7.11 los hechiceros de Egipto con sus *e*
7.22; 8.7 hechiceros hicieron lo..con sus *e*
8.18 sacar piojos con sus *e*; pero no pudieron
Is. 47.9 a pesar de..hechizos y de tus muchos *e*
47.12 tus *e* y en la multitud de tus hechizos
Jer. 8.17 áspides contra los cuales no hay *e*

ENCANTAR
Sal. 58.5 que no oye la voz de los que *encantan*
Ec. 10.11 si muerde la..antes de ser *encantada*

ENCARCELAR
Is. 24.22 como se amontona a los *encarcelados* en
Lm. 3.34 desmenuzar..a todos los *encarcelados*
Mr. 1.14 después que Juan fue *encarcelado*

ENCARCELAR *(Continúa)*
Jn. 3.24 Juan no había sido aún *encarcelado*
Hch. 22.19 saben que yo *encarcelaba* y azotaba
1 P. 3.19 predicó a los espíritus *encarcelados*

ENCARECER
1 Ti. 5.21 te *encarezco*. . guardes estas cosas
2 Ti. 4.1 te *encarezco* delante de Dios y del

ENCARGADO
2 Cr. 34.17 han entregado en mano de los *e*

ENCARGAR
Gn. 40.4 el capitán. . *encargó* de ellos a José
Nm. 3.8 *encargado* a ellos por los. . de Israel
1 R. 5.14 Adoniram estaba *encargado* de. . leva
Est. 4.8 y le *encargara* que fuese ante el rey
Sal. 119.4 *encargaste* que sean muy guardados
Jer. 29.26 te *encargues* en la casa de Jehová de
41.10 había *encargado* Nabuzaradán capitán de
49.19 y al que fuere escogido la *encargaré*
50.44 huir. . y al que yo escoja la *encargaré*
Ez. 44.14 por guardas *encargados* de la custodia
Mal. 4.4 al cual *encargué*. . ordenanzas y leyes
Mt. 9.30 Jesús les *encargó*. . que nadie lo sepa
12.16 les *encargaba*. . que no le descubriesen
Mr. 1.43 *encargó* rigurosamente, y le despidió
Lc. 9.21 mandó. . *encargándoselo* rigurosamente
Hch. 6.3 quienes *encarguemos* de este trabajo
17.15 que se habían *encargado* de conducir a
2 Co. 5.19 nos *encargó* a nosotros la palabra de
1 Ts. 2.12 os *encargábamos* que anduvieseis como
1 Ti. 1.4 presten atención a. . te *encargo* ahora
1.18 este mandamiento. . te *encargo*, para que
2 Ti. 2.2 esto *encarga* a hombres fieles que sean

ENCARGO
Gn. 39.5 desde cuando le dio el *e* de su casa
Nm. 3.7 desempeñen el *e* de él, y el *e* de toda

ENCARNIZADO
1 S. 14.52 hubo guerra *e* contra los filisteos

ENCENDER
Gn. 3.24 una espada *encendida* que se revolvía
39.19 cuando oyó el amo. . *encendió* su furor
44.18 se *encienda* tu enojo contra tu siervo
Éx. 22.6 *encendió* el fuego pagará lo quemado
22.24 mi furor se *encenderá*, y os mataré a
25.37 lamparillas, las cuales *encenderás* para
29.25 arder. . Es ofrenda *encendida* a Jehová
29.41 cordero. . ofrenda *encendida* a Jehová
30.8 cuando Aarón *encienda* las lámparas al
30.20 para quemar la ofrenda *encendida* para
32.10 déjame que se *encienda* mi ira en ellos
32.11 ¿por qué se *encenderá* tu furor contra
35.3 no *encenderéis* fuego. . el día de reposo
40.4 el candelero y *encenderás* sus lámparas
40.25 *encendió* las lámparas delante de Jehová
Lv. 1.9,13,17; 2.2,9 es ofrenda *encendida* de olor grato
2.16 arder. . es ofrenda *encendida* para Jehová
3.3,9 ofrenda *encendida* a Jehova la grosura
3.11 vianda es de ofrenda *encendida* para
3.14 ofrecerá de ella su ofrenda *encendida*
4.35 hará arder. . sobre la ofrenda *encendida*
5.12 arder. . sobre las ofrendas *encendidas*
6.9 el holocausto. . sobre el fuego *encendido*
6.12 el fuego *encendido* sobre el altar no
6.17 su porción de mis ofrendas *encendidas*
6.18 a las ofrendas *encendidas* para Jehová
7.5 arder sobre el altar, ofrenda *encendida*
7.25 se ofrece a Jehová ofrenda *encendida*
7.35 de las ofrendas *encendidas* a Jehová
8.21 olor grato, ofrenda *encendida* para Jehová
8.28 hizo arder. . ofrenda *encendida* a Jehová
10.12 que queda de las ofrendas *encendidas*
10.13 la comeréis. . de las ofrendas *encendidas*
21.6 las ofrendas *encendidas* para Jehová y
21.21 para ofrecer las ofrendas *encendidas*
22.22 ni de ellos pondréis ofrenda *encendida*
22.27 será acepto para. . sacrificio *encendido*
23.8 ofreceréis a. . 7 días ofrenda *encendida*
23.13 ofrenda *encendida* a Jehová. . olor grato
23.18 ofrenda *encendida* de olor grato para
23.25,27,36(2),37 ofreceréis ofrenda *encendida* a Jehová
24.7 incienso puro. . ofrenda *encendida* a Jehová
24.9 comerán. . de las ofrendas *encendidas* a
Nm. 8.2 cuando *enciendas* las lámparas, las 7
8.3 hizo así; *encendió* hacia la parte anterior
11.1 y se *encendió* en ellos fuego de Jehová
11.3 el fuego de Jehová se *encendió* en ellos
11.10,33; 12.9 la ira de Jehová se *encendió*
15.3 y hagáis ofrenda *encendida* a Jehová
15.10,13,14 ofrenda *encendida* de olor grato
15.25 traerán sus. . ofrenda *encendida* a Jehová
18.17 ofrenda *encendida* en olor. . a Jehová
22.22 la ira de Dios se *encendió* porque él
24.10 se *encendió* la ira de Balac. . Balaam
25.3 el furor de Jehová se *encendió* contra
28.2 mi pan con mis ofrendas *encendidas* en
28.3 es la ofrenda *encendida* que ofreceréis
28.6 holocausto. . ofrenda *encendida* a Jehová
28.8 ofrenda *encendida*. . olor grato a Jehová
28.13 olor grato, ofrenda *encendida* a Jehová
28.19 y ofreceréis como ofrenda *encendida* en
28.24 vianda y ofrenda *encendida*. . olor grato
29.6 como ofrenda *encendida* a Jehová en olor
29.13 ofreceréis. . ofrenda *encendida* a Jehová
29.36 en ofrenda *encendida* de olor grato a
32.10 la ira de Jehová se *encendió*. . y juró
32.13 la ira de Jehová se *encendió* contra Israel
Dt. 7.4 el furor de Jehová se *encenderá* sobre
11.17 se *encienda* el furor de Jehová sobre
29.27 *encendió* la ira de Jehová contra esta
31.17 y se *encenderá* mi furor contra él en
32.19 y lo vio Jehová, y se *encendió* en ira
32.22 porque fuego se ha *encendido* en mi ira
Jos. 7.1 ira. . se *encendió* contra los hijos de
23.16 la ira. . se *encenderá* contra vosotros
Jue. 2.14 se *encendió* contra Israel el furor
2.20; 3.8 ira de Jehová se *encendió* contra
6.39 no se *encienda* tu ira contra mí, si aún
9.30 cuando Zebul. . oyó. . se *encendió* en ira
10.7 y se *encendió* la ira de Jehová contra
14.19 y *encendido* en enojo se volvió a la
15.5 *encendiendo* las teas, soltó las zorras
1 S. 11.6 él se *encendió* en ira en gran manera
17.28 oyéndole. . Eliab. . *encendió* en ira contra
20.30 entonces se *encendió* la ira de Saúl
2 S. 6.7 el furor de Jehová se *encendió* contra
12.5 se *encendió* el furor de David en gran
22.9,13 carbones fueron por él *encendidos*
24.1 volvió a *encenderse* la ira de Jehová
2 R. 13.3 *encendió* el furor de Jehová contra
16.13 y *encendió* su holocausto y su ofrenda
16.15 *encenderás* el holocausto de la mañana
22.13 grande es la ira. . que se ha *encendido*
22.17 ira se ha *encendido* contra este lugar
23.26 su gran ira se había *encendido* contra
1 Cr. 13.10 y el furor de Jehová se *encendió*
2 Cr. 4.20 las *encendiesen* delante del lugar
21.19 no *encendieron* fuego en su honor, como
25.15 se *encendió* la ira de Jehová contra
33.6 se excedió en. . hasta *encender* su ira
Est. 1.12 el rey se enojó. . se *encendió* en ira
7.7 el rey se levantó del. . *encendido* en ira
Job 32.2 Eliú. . se *encendió* en ira contra Job
32.2 Eliú. . se *encendió* en ira, por cuanto se
32.3 *encendió* en ira contra sus tres amigos
32.5 viendo Eliú que no. . se *encendió* en ira
41.18 con sus estornudos *enciende* lumbre, y
41.21 su aliento *enciende* los carbones, y de
42.7 mi ira se *encendió* contra ti y tus dos
Sal. 18.8 carbones fueron por él *encendidos*
18.28 *encenderás* mi lámpara; Jehová mi Dios
39.3 en mi meditación se *encendió* fuego, y
74.1 *encendido* tu furor contra las ovejas de
76.7 delante de ti cuando se *encienda* tu ira?
78.21 se *encendió* el fuego contra Jacob, y el
106.18 y se *encendió* fuego en su junta; la
106.40 se *encendió*. . furor de Jehová sobre su
124.3 se *encendió* su furor contra nosotros
Pr. 26.21 rencilloso para *encender* contienda
Is. 1.31 y ambos serán *encendidos* juntamente
5.11 noche, hasta que el vino los *enciende!*
5.25 por esta causa se *encendió* el furor de
6.6 y voló. . en su mano un carbón *encendido*
9.18 la maldad se *encendió* como fuego, cardos
9.18 y se *encenderá* en lo espeso del bosque
10.16 y debajo de su gloria *encenderá* una
27.11 mujeres vendrán a *encenderlas;* porque
30.27 su rostro *encendido*, y con llamas de
30.33 como torrente de azufre, lo *enciende*
44.15 *enciende*. . horno, y cuece panes; hace
50.11 todos vosotros *encendéis* fuego, y os
50.11 fuego, y de las teas que *encendisteis*
62.1 salvación se *encienda* como una antorcha
Jer. 4.4 se *encienda* y no haya quien la apague
7.18 la leña, los padres *encienden* el fuego
7.20 mi furor y mi ira. . se *encenderán*, y no
11.16 a la voz de. . hizo *encender* fuego sobre
15.14 fuego se ha *encendido* en mi furor, y
17.4 fuego habéis *encendido* en mi furor, que
21.12 para que mi ira no. . se *encienda* y no
21.14 y haré *encender* fuego en su bosque, y
33.18 ni. . faltará varón que. . *encienda* ofrenda
44.6 y se *encendió* en las ciudades de Judá
49.27 *encender* fuego en el muro de Damasco
50.32 y *encenderé* fuego en sus ciudades, y
Lm. 2.3 *encendió* en Jacob como llama de fuego
4.11 y *encendió* en Sion fuego que consumió
Ez. 1.13 como de carbones de fuego *encendidos*
1.13 como visión de hachones *encendidos* que
10.2 llena tus manos de carbones *encendidos*
20.47 que yo *enciendo* en ti fuego, el cual
20.48 verá toda carne que yo. . lo *encendí;* no
21.31 el fuego de mi. . haré *encender* sobre ti
22.20 *encender* fuego en él para fundirlos
24.5 *enciende* los huesos debajo de ella; haz
24.10 *encendiendo* el fuego para consumir la
39.9 y *encenderán* y quemarán armas, escudos
Os. 7.4 son como horno *encendido* por el hornero
7.6 a la mañana está *encendido* como llama de
8.5 se *encendió* mi enojo contra ellos, hasta
Am. 1.14 *encenderé* fuego en el muro de Rabá, y
Nah. 2.4 su aspecto. . como antorchas *encendidas*
2.13 *encenderé* y reduciré a humo tus carros
Hab. 3.5 sus pies salían carbones *encendidos*
Zac. 10.3 contra los pastores se ha *encendido*
Mt. 5.15 ni se *enciende* una luz y se pone debajo
Lc. 8.16 nadie que *enciende* una luz la cubre
11.33 nadie pone en oculto la luz *encendida*
12.35 estén. . vuestras lámparas *encendidas*
12.49 ¿y qué quiero, si ya se ha *encendido?*
15.8 no *enciende* la lámpara, y barre la casa
22.55 habiendo ellos *encendido* fuego en medio
Jn. 18.18 los alguaciles que habían *encendido*
Hch. 28.2 *encendiendo* un fuego. . nos recibieron
Ro. 1.27 se *encendieron* en su lascivia unos
Stg. 3.5 ¡cuán grande bosque *enciende*. . fuego!
2 P. 3.12 en el cual los cielos, *encendiéndose*

ENCERRAR
Éx. 14.3 *encerrados* están. . desierto los ha *e*
Lv. 13.4 el sacerdote *encerrará* al llagado por
13.5 el sacerdote le volverá a *encerrar* por
13.11 y no le *encerrará*, porque es inmundo
13.21 sacerdote le *encerrará* por siete días
13.26 *encerrará* el sacerdote por siete días
13.31 *encerrará* por siete días al llagado de
13.33 el sacerdote *encerrará* por otros siete
13.50 *encerrará* la cosa plagada por 7 días
13.54 lo *encerrará* otra vez por siete días
Jos. 8.22 y así fueron *encerrados* en medio de
1 S. 6.10 y *encerraron* en casa sus becerros
23.7 se ha *encerrado* entrando en ciudad con
23.26 Saúl. . habían *encerrado* a David y a su
2 S. 20.3 *encerradas* hasta que murieron, en
2 R. 4.4 entra. . y *enciérrate* tú y tus hijos
4.5 la puerta, *encerrándose* ella y sus hijos
1 Cr. 12.1 él aún *encerrado* por causa de Saúl
Neh. 6.10 Semaías. . estaba *encerrado;* el cual me
Job 3.23 da vida. . a quien Dios ha *encerrado?*
12.14 *encerrará* al. . y no habrá quien le abra
24.24 *encerrados*, y cortados como. . espigas
38.8 ¿quién *encerró* con puertas el mar, cuando
40.13 *encierra* sus rostros en la oscuridad
Sal. 77.9 ¿ha *encerrado* con ira sus piedades?
88.8 has. . *encerrado* estoy, y no puedo salir
Pr. 30.4 ¿quién *encerró*. . vientos en sus puños
Is. 24.22 en prisión quedarán *encerrados*, y
Jer. 51.30 se *encerraron* en sus fortalezas; les
Ez. 3.24 entra, y *enciérrate* dentro de tu casa
Nah. 3.11 también serás embriagada. . *encerrada*
Hag. 1.9 *encerráis* en casa, y yo lo disiparé
Lc. 3.20 añadió. . *encerró* a Juan en la cárcel
5.6 *encerraron* gran cantidad de peces, y su
Hch. 26.10 yo *encerré*. . a muchos de los santos
Gá. 3.22 Escritura lo *encerró* todo bajo pecado
3.23 *encerrados* para aquella fe que iba a ser
Ap. 20.3 lo *encerró*. . para que no engañase más

ENCIERRO
2 S. 22.46; Sal. 18.45 saldrán temblando de. . *e*
Mi. 7.17 lamerán el polvo. . temblarán en sus *e*

ENCIMA
Dt. 28.13 estarás *e*. . y no estarás debajo, si

ENCINA
Gn. 35.4 Jacob los escondió debajo de una *e*
35.8 Débora. . fue sepultada. . debajo de una *e*
Jos. 24.26 piedra, la levantó. . debajo de la *e*
Jue. 6.11 el ángel de. . se sentó debajo de la *e*
6.19 se lo presentó debajo de aquella *e*
9.37 una tropa viene por el camino de la *e*
1 S. 10.3 llegues a la *e* de Tabor, te saldrán
2 S. 18.9 . . y se le enredó la cabeza en la *e*
18.10 he visto a Absalón colgado de una *e*
18.14 de Absalón. . aún vivo en medio de la *e*
1 R. 13.14 le halló sentado debajo de una *e*, y
1 Cr. 10.12 enterraron sus huesos debajo de. . *e*
Sal. 29.9 voz de Jehová que desgaja las *e*, y
Is. 1.29 os avergonzarán las *e* que amasteis
1.30 seréis como *e* a. . que se le cae la hoja
2.13 los cedros. . sobre todas las *e* de Basán
6.13 la *e*, que al ser cortados aún queda el
44.14 toma ciprés y *e*, que crecen entre los
Ez. 6.13 sus muertos. . debajo de toda *e* espesa
27.6 de *e* de Basán hicieron tus remos; tus
Os. 4.13 incensaron. . debajo de las *e*, álamos
Am. 2.9 fuerte como una *e;* y destruí su fruto
Zac. 11.2 aullad, *e* de Basán, porque el bosque

ENCINAR
Gn. 13.18 Abram. . vino y moró en el *e* de Mamre
14.13 habitaba en el *e* de Mamre el amorreo
18.1 le apareció Jehová en el *e* de Mamre
Dt. 11.30 frente a Gilgal, junto al *e* de More

ENCINO
Gn. 12.6 y pasó Abram por. . hasta el *e* de More

ENCINTA

Gn. 16.5 y viéndose *e*, me mira con desprecio
38.24 Tamar. . *e* a causa de las fornicaciones
38.25 varón cuyas son estas cosas, estoy *e*
1 S. 4.19 su nuera. .que estaba *e*, cercana al
2 S. 11.5 concibió. .envió. .diciendo: Estoy *e*
2 R. 8.12 abrirás. .a sus mujeres que estén *e*
15.16 abrió. .todas sus mujeres que estaban *e*
Ec. 11.5 crecen. .en el vientre de la mujer *e*
Is. 26.17 como la mujer *e* cuando se acerca el
Jer. 31.8 la mujer que está *e* y la que dio a
Os. 13.16 niños. .sus mujeres *e* serán abiertas
Am. 1.13 abrieron a las mujeres. .que estaban *e*
Mt. 24.19; Mr. 13.17 ¡ay de las que estén *e*, y de
Lc. 2.5 desposada con él, la cual estaba *e*
21.23 ¡ay de las que estén *e*, y de las que
1 Ts. 5.3 como los dolores a la mujer *e*, y no
Ap. 12.2 y estando *e*, clamaba con dolores de

ENCLAVAR

Jue. 4.21 Jael. .lo *enclavó* en la tierra, pues
1 S. 18.11 lanza. .*Enclavaré* a David a la pared
19.10 procuró *enclavar* a David con la lanza
26.8 lo *enclavaré* en la tierra de un golpe

ENCOGER

Gn. 49.33 cuando acabó. .*encogió* sus pies en la
Sal. 10.10 se *encoge*, se agacha, y caen en sus

ENCOLERIZAR

2 Cr. 16.10 *encolerizó* grandemente a causa de
25.10 y volvieron a sus casas *encolerizados*
Neh. 4.7 oyendo Sanbalat y. .se *encolerizaron*

ENCOMENDAR

Lv. 6.2 negare a su prójimo lo *encomendado* o
6.4 o el depósito que se le *encomendó*, o lo
Nm. 4.27 les *encomendaréis*. .todos sus cargos
32.28 *encomendó* Moisés al sacerdote Eleazar
1 S. 21.2 el rey me *encomendó* un asunto, y me
21.2 nadie sepa. .lo que te he *encomendado*
1 R. 11.28 *encomendó* todo el cargo de la casa
2 Cr. 34.16 han cumplido. .les fue *encomendado*
Job 5.8 buscaría. .y *encomendaría* a él mi causa
Sal. 22.8 se *encomendó* a Jehová; líbrele él
31.5 en tu mano *encomiendo* mi espíritu; tú
37.5 *encomienda* a Jehová tu camino, y confía
Pr. 16.3 *encomienda* a Jehová tus obras, y tus
Jer. 20.12 porque a ti he *encomendado* mi causa
40.7 le había *encomendado* los hombres y las
Lc. 23.46 en tus manos *encomiendo* mi espíritu
Hch. 14.23 los *encomendaron* al Señor en quien
14.26 sido *encomendados* a la gracia de Dios
15.40 salió *encomendado* por los hermanos a
20.32 os *encomiendo* a Dios, y a la palabra
1 Co. 9.17 la comisión me ha sido *encomendada*
Gá. 2.7 vieron que me había sido *encomendado* el
1 Ti. 1.11 el evangelio. .me ha sido *encomendado*
6.20 guarda lo que se te ha *encomendado*
Tit. 1.3 la predicación que me fue *encomendada*
1 P. 2.23 sino *encomendaba* la causa al que juzga
4.19 *encomienden* sus almas al fiel Creador

ENCONAMIENTO

Ez. 36.5 disputaron mi tierra. .con *e* de ánimo

ENCONTRAR

Gn. 27.20 Dios hizo que la *encontrase* delante
32.17 si Esaú mi hermano te *encontrare*, y te
33.8 todos estos grupos que he *encontrado?*
Éx. 3.18 Jehová el Dios de. .nos ha *encontrado*
4.27 fue, y lo *encontró* en el monte de Dios
5.3 el Dios de los hebreos nos ha *encontrado*
5.20 y *encontrando* a Moisés y Aarón, que
14.27 los egipcios. .se *encontraban* con el mar
23.4 si *encontrares* el buey de tu enemigo
30.6 del propiciatorio. .me *encontraré* contigo
Nm. 23.15 ponte. .y yo iré a *encontrar* a Dios
35.19 cuando lo *encontrare*, él lo matará
35.21 matará al homicida cuando lo *encontrare*
Dt. 22.6 cuando *encuentres*. .algún nido de ave
Jos. 2.16 que los que fueron. .no os *encuentren*
17.10 se *encuentra* con Aser al norte, y con
Jue. 6.35 los cuales salieron a *encontrarles*
17.8 a vivir donde pudiera *encontrar* lugar
17.9 voy a vivir donde pueda *encontrar* lugar
Rt. 2.22 y que no te *encuentren* en otro campo
1 S. 4.1 *encontrar* en batalla a los filisteos
9.4 pasaron luego por. .y no las *encontraron*
9.13 le *encontraréis* luego, antes que suba al
10.5 *encontrarás* una compañía de profetas que
10.10 la compañía. .venía a *encontrarse* con él
15.12 madrugó. .para ir a *encontrar* a Saúl por
17.55 que salía a *encontrarse* con el filisteo
25.32 te envió para que hoy me *encontrases*
2 S. 2.13 los *encontraron* junto al estanque de
10.5 a David, envió a *encontrarles*, porque
10.10 lo alineó para *encontrar* a los amonitas
17.13 que no se *encuentre* allí ni una piedra
18.9 se *encontró* Absalón con los. .de David
1 R. 11.29 le *encontró* en el. .el profeta Ahías
18.7 yendo Abdías por. .se *encontró* con Elías
18.16 Abdías fue a *encontrarse* con Acab, y
18.16 y Acab vino a *encontrarse* con Elías
20.36 de él, le *encontró* un león, y le mató
20.37 se *encontró* con otro hombre, y le dijo
21.18 desciende a *encontrarte* con Acab rey
21.20 te he *encontrado*, porque te has vendido
2 R. 1.3 a *encontrarte* con los mensajeros del
1.6 *encontramos* a un varón que nos dijo: Id
1.7 ¿cómo era aquel varón que *encontrasteis*
4.29 si alguno te *encontrare*, no lo saludes
4.31 se había vuelto para *encontrar* a Eliseo
9.21 salieron a *encontrar* a Jehú, al cual
10.15 se *encontró* con Jonadab hijo de Recab
16.10 rey Acaz a *encontrar* a Tiglat-pileser
Neh. 7.5 genealogía. .y *encontré* en él escrito
13.10 *encontré*. .que las porciones para los
Sal. 79.8 vengan. .misericordias a *encontrarnos*
85.10 la misericordia y la. .se *encontraron*
116.3 me *encontraron* las angustias del Seol
Pr. 7.15 por tanto, he salido a *encontrarte*
17.12 mejor es *encontrarse* con una osa a la
22.2 rico y el pobre se *encuentran:* a ambos
29.13 el pobre y el usurero se *encuentran*
Ec. 7.28 aún busca mi alma, y no lo *encuentra*
Is. 21.14 salid a *encontrar* al sediento. .agua
34.14 *encontrarán* con las hienas, y la cabra
Jer. 41.6 cuando los *encontró*, les dijo: Venid
51.31 correo se *encontrará* con correo. .al rey
51.31 mensajero se *encontrará* con mensajero
Os. 13.8 osa que ha perdido. .los *encontraré*
Am. 5.19 que huye. .y se *encuentra* con el oso
Mt. 18.13 si. .la *encuentra*, de cierto os digo
Lc. 9.12 para que vayan. .*encuentren* alimentos
15.4 va tras la que se. .hasta *encontrarla?*
15.5 cuando la *encuentra*, la pone sobre sus
15.6 gozaos. .porque he *encontrado* mi oveja
15.8 busca con diligencia hasta *encontrarla?*
15.9 cuando la *encuentra*, reúne a sus. .amigas
15.9 *encontrado* la dracma que había perdido
Jn. 11.20 salió a *encontrarle;* pero María se
11.30 lugar donde Marta le había *encontrado*
Hch. 8.40 pero Felipe se *encontró* en Azoto
Ap. 20.11 ningún lugar se *encontró* para ellos

ENCORVAR

Gn. 49.9 *encorvó*, se echó como león, así como
Nm. 24.9 se *encorvará* para echarse como león
Jue. 5.27 cayó *encorvado* entre sus pies. .cayó *e*
5.27 donde se *encorvó*, allí cayó muerto
Job 31.10 muela. .sobre ella otros se *encorven*
39.3 se *encorvan*, hacen salir sus hijos, pasan
Sal. 38.6 estoy *encorvado*, estoy humillado en
Ec. 12.3 y se *encorvarán* los hombres fuertes
Is. 60.14 las pisadas de tus pies se *encorvarán*
Mr. 1.7 no soy digno de desatar *encorvado* la
Lc. 13.11 allí una mujer. .y andaba *encorvada*

ENCRESPAR

Sal. 107.25 un viento. .que *encrespa* sus ondas

ENCRUCIJADA

Pr. 8.2 junto. .a las *e* de las veredas se para
Is. 51.20 estuvieron tendidos en las *e* de todos
Lm. 4.1 las piedras. .están esparcidas por las *e*
Ez. 21.21 el rey de. .se ha detenido en una *e*
Abd. 14 haberte parado en las *e* para matar a
Nah. 3.10 sus pequeños. .estrellados en las *e*

ENCUBIERTAMENTE

Hab. 3.14 regocijo. .para devorar al pobre *e*
Hch. 16.37 ahora nos echan *e*? No, por cierto
2 P. 2.1 introducirán *e* herejías destructoras
Jud. 4 algunos hombres han entrado *e*, los que

ENCUBRIR

Gn. 18.17 *¿encubriré* yo a Abraham lo que voy
37.26 que matemos a. .y *encubramos* su muerte?
47.18 no *encubrimos* a nuestro señor que el
Dt. 13.8 no consentirás con. .ni lo *encubrirás*
Jos. 7.19 declárame ahora. .no me lo *encubras*
1 S. 3.17 te ruego que no me la *encubras;* así
3.17 te haga Dios. .si me *encubrieres* palabra
3.18 lo manifestó todo, sin *encubrirle* nada
20.2 ¿por qué. .ha de *encubrir* mi padre este
2 S. 14.18 te ruego que no me *encubras* nada
2 R. 4.27 y Jehová me ha *encubierto* el motivo
Job 5.21 azote de la lengua serás *encubierto*
6.16 que están. .y *encubiertas* por la nieve
14.13 *encubrieses* hasta apaciguarse tu ira
15.18 nos contaron de. .y no lo *encubrieron*
26.9 él *encubre* la faz de su trono, y sobre
28.21 porque *encubierta* está a los ojos de
31.33 *encubrí* como hombre mis transgresiones
36.32 las nubes *encubre* la luz, y le manda
40.13 *encúbrelos*. .en el polvo, encierra sus
Sal. 10.11 ha *encubierto* su rostro; nunca lo
32.5 te declaré, y no *encubrí* mi iniquidad
40.10 no *encubrí* tu justicia dentro de mi
78.4 no las *encubriremos* a. .contando a la
119.19 no *encubras* de mí tus mandamientos
139.11 si dijere. .las tinieblas me *encubrirán*
139.12 aun las tinieblas no *encubren* de ti
139.15 no fue *encubierto* de ti mi cuerpo
Pr. 10.18 que *encubre* el odio es de. .mentirosos
12.23 el hombre cuerdo *encubre* su saber; mas
19.28 y la boca de los impíos *encubrirá* la
25.2 gloria de Dios es *encubrir* un asunto
28.13 que *encubre* sus pecados no prosperará
Ec. 12.14 toda cosa *encubierta*, sea buena o sea
Is. 26.21 no *encubrirá* ya mas a sus muertos
29.15 se esconden de Jehová, *encubriendo* el
45.15 tú eres Dios que te *encubres*, Dios de
Jer. 38.14 haré una pregunta; no me *encubras*
38.25 no nos lo *encubras*, y no te mataremos
50.2 anunciad en. .publicad, y no *encubráis*
Mt. 10.26; Lc. 12.2 nada hay *encubierto*, que
Lc. 18.34 esta palabra les era *encubierta*, y no
19.42 mas ahora está *encubierto* de tus ojos
2 Co. 4.3 si nuestro evangelio. .aún *encubierto*
4.3 entre los que se pierden está *encubierto*
1 Ts. 2.5 lisonjeras. .ni *encubrimos* avaricia

ENCUENTRO

Gn. 24.12 dame, te ruego, el tener hoy buen *e*
32.1 Jacob. .le salieron al *e* ángeles de Dios
33.4 pero Esaú corrió a su *e* y le abrazó, y
Éx. 4.24 Jehová le salió al *e*, y quiso matarlo
Nm. 23.3 quizá Jehová me vendrá al *e*. .Y se fue
23.4 y vino Dios al *e* de Balaam, y éste le
23.16 y Jehová salió al *e* de Balaam, y puso
Dt. 1.44 pero salió a vuestro *e* el amorreo, que
2.32 salió Sehón al *e*, él y todo su pueblo
3.1 salió al *e* Og rey de Basán para pelear
25.18 de cómo te salió al *e* en el camino, y
Jos. 8.14 salieron al *e* de Israel para combatir
8.22 los otros salieron de la ciudad a su *e*
9.11 id al *e* de ellos, y decidles: Nosotros
Jue. 7.24 descended al *e* de los madianitas, y
15.14 los filisteos salieron gritando a su *e*
1 S. 10.3 saldrán al *e* tres hombres que suben
17.48 y echó a andar para ir al *e* de David
21.1 y se sorprendió Ahimelec de su *e*, y le
25.20 he aquí David y. .y ella les salió al *e*
25.34 que si no. .dado prisa en venir a mi *e*
2 S. 15.32 he aquí Husai arquita le salió al *e*
16.16 Husai arquita. .vino al *e* de Absalón
20.8 salió Amasa al *e*. Y Joab estaba ceñido
1 R. 20.27 tomando provisiones fueron al *e* de
2 R. 8.9 fue a su *e*, y. .se puso delante de él
2 Cr. 15.2 salió al *e* de Asa, y le dijo: Oídme
19.2 le salió al *e* el vidente Jehú hijo de
Job 39.21 y se alegra. .sale al *e* de las armas
Sal. 17.13 sal a su *e*, póstrales; libra mi alma
21.3 has salido al *e* con bendiciones de bien
59.4 despierta para venir a mi *e*, y mira
Pr. 7.10 una mujer le sale al *e*, con atavío de
Is. 7.3 sal ahora al *e* de Acaz, tú y. .tu hijo
64.5 saliste al *e* del que con alegría hacía
Jer. 41.6 les salió al *e*, llorando, Ismael el
Am. 4.12 prepárate para venir al *e* de tu Dios
Zac. 2.3 salía aquel. .otro ángel le salió al *e*
Mt. 8.34 y toda la ciudad salió al *e* de Jesús
28.9 Jesús les salió al *e*, diciendo: ¡Salve!
Mr. 5.2 vino a su *e*. .un hombre con un espíritu
14.13 y os saldrá al *e* un hombre que lleva
Lc. 9.37 día. .un gran multitud les salió al *e*
17.12 le salieron al *e* diez hombres leprosos
22.10 os saldrá al *e* un hombre que lleva un
Hch. 16.16 salió al *e* una muchacha que tenía
He. 7.10 padre cuando Melquisedec le salió al *e*

ENCUMBRADO

Job 22.12 lo *e* de las estrellas, cuán elevadas
Ez. 31.10 ya que por ser *e* en altura, y haber

ENCUMBRAR

Ez. 31.4 *encumbró* el abismo; sus ríos corrían
31.5 se *encumbró*. .sobre todos los árboles

ENDEBLE

Is. 35.3 fortaleced las manos. .las rodillas *e*

ENDECHA

2 S. 1.17 endechó David a Saúl y. .con esta *e*
Is. 22.12 llamó en este día a llanto y a *e*, a
Jer. 9.19 Sion fue oída voz de *e:* ¡Cómo hemos
9.20 enseñad *e* a vuestras hijas. .a su amiga
Ez. 2.10 había escritas en él *e* y lamentaciones
19.1 y tú, levanta *e* sobre los príncipes de
19.14 para cetro. .*E* es esta, y de *e* servirá
26.17 y levantarán sobre ti *e*, y te dirán
27.2 hijo de hombre, levanta *e* sobre Tiro
27.31 y endecharán. .*e* amargas, con amargura
27.32 levantarán sobre ti *e*. .lamentaciones
28.12 levanta *e* sobre el rey de Tiro, y dile
32.2 levanta *e* sobre Faraón rey de Egipto
32.16 es la *e*, y la cantarán; las hijas de
Am. 5.16 lloro, y a *e* a los que sepan endechar
Mi. 2.4 y se hará *e* de lamentación, diciendo

ENDECHADOR

Ec. 12.5 los *e* andarán alrededor por las calles

ENDECHAR

Gn. 50.10 y *endecharon* allí con. .lamentación
Jue. 11.40 a *endechar* a la hija de Jefté. .días

ENDECHAR *(Continúa)*
2 S. 1.17 *endechó* David a Saúl y a Jonatán su
3.33 *endechando* el rey al mismo Abner, decía
1 R. 13.29 vino. .para *endecharle* y enterrarle
13.30 le *endecharon*, diciendo: ¡Ay, hermano
14.13 Israel lo *endechará*, y le enterrarán
14.18 enterraron, y lo *endechó* todo Israel
2 Cr. 35.25 y Jeremías *endechó* en memoria de
35.25 las tomaron por norma para *endechar* en
Ec. 3.4 tiempo de *endechar*, y tiempo de bailar
Jer. 4.8 vestíos de cilicio, *endechad* y aullad
25.33 no se *endecharán* ni se recogerán ni
34.5 y te *endecharán*, diciendo, ¡Ay, señor!
49.3 vestíos de cilicio, *endechad*, y rodead
Ez. 8.14 mujeres. .sentadas *endechando* a Tamuz
24.16 no *endeches*, ni llores, ni corran tus
24.23 no *endecharéis* ni lloraréis, sino que
27.31 y *endecharán* por ti, endechas amargas
27.32 y *endecharán* sobre ti, diciendo: ¿Quién
32.16 *endecharán* sobre Egipto, y sobre toda
32.18 *endecha* sobre la multitud de Egipto, y
Am. 5.16 y a endecha a los que sepan *endechar*
Mt. 11.17 os *endechamos*, y no lamentasteis
Lc. 7.32 dicen. .os *endechamos*, y no llorasteis

ENDEMONIADO
Mt. 4.24 trajeron. .*e*, lunáticos y paralíticos
8.16 trajeron. .muchos *e;* y con la palabra
8.28 vinieron. .*e* que salían de los sepulcros
8.33 contaron. .lo que había pasado con los *e*
9.32 mientras salían. .le trajeron un mudo, *e*
12.22 fue traído a él un *e*, ciego y mudo; y le
Mr. 1.32 llegó la noche. .le trajeron. .a los *e*
5.18 el que había estado *e* le rogaba que le
Lc. 8.27 vino a su encuentro un hombre de. .*e*
8.36 contaron cómo había sido salvado el *e*
Jn. 10.21 estas palabras no son de *e*. ¿Puede

ENDEREZAR
1 R. 13.4 se le secó, y no la pudo *enderezar*
2 Cr. 20.33 aún no había *enderezado* su corazón
Job 4.4 que tropezaba *enderezaban* tus palabras
Sal. 5.8 en tu. .*endereza* delante de mí tu camino
40.2 pies sobre peña, y *enderezó* mis pasos
Pr. 3.6 reconócelo. .él *enderezará* tus veredas
11.5 la justicia del perfecto *enderezará* su
15.21 el hombre entendido *endereza* sus pasos
16.9 camino; mas Jehová *endereza* sus pasos
23.19 oye. .y *endereza* tu corazón al camino
Ec. 1.15 lo torcido no se puede *enderezar*, y
7.13 ¿quién podrá *enderezar*. .que él torció?
Is. 40.3 *enderezad* calzada en la soledad. .Dios
40.4 lo torcido se *enderece*, y lo áspero se
45.2 de ti, y *enderezaré* los lugares torcidos
45.13 yo lo. .y *enderezaré* todos sus caminos
Mt. 3.3; Mr. 1.3 camino. .*enderezad* sus sendas
Mr. 9.27 tomándole de la mano, le *enderezó*
Lc. 3.4 camino del Señor; *enderezad* sus sendas
3.5 los caminos torcidos serán *enderezados*
13.11 en ninguna manera se podía *enderezar*
13.13 *enderezó* luego, y glorificaba a Dios
Jn. 1.23 la voz. .*Enderezad* el camino del Señor
8.7 *enderezó* y les dijo: El que. .sin pecado
8.10 *enderezándose*. .no viendo a nadie sino

ENDEUDADO
1 S. 22.2 los afligidos, y todo el que estaba *e*

ENDOR *Ciudad en Manasés*
Jos. 17.11 tuvo. .a los moradores de *E* y sus
1 S. 28.7 una mujer en *E* que tiene espíritu de
Sal. 83.10 perecieron en *E*, fueron hechos como

ENDULZAR
Éx. 15.25 lo echó. .y las aguas se *endulzaron*
Job 20.12 si el mal se *endulzó* en su boca, si
Jer. 23.31 contra los profetas que *endulzan* sus

ENDURECER
Éx. 4.21 *endureceré* su corazón, de modo que no
7.3 y yo *endureceré* el corazón de Faraón, y
7.13,22 el corazón de Faraón se *endureció*
7.14 el corazón de Faraón está *endurecido*, y
8.15 *endureció* su corazón y no los escuchó
8.19 mas el corazón de Faraón se *endureció*
8.32 Faraón *endureció* aun esta vez su corazón
9.7,35 el corazón de Faraón se *endureció*
9.12 Jehová *endureció* el corazón de Faraón
9.34 *endurecieron* su corazón él y sus siervos
10.1 he *endurecido* su corazón, y el corazón de
10.20,27 *endureció* el corazón de Faraón, y
11.10 Jehová había *endurecido* el corazón de
13.15 *endureciéndose* Faraón para no dejarnos
14.4 yo *endureceré* el corazón de Faraón para
14.8 *endureció* Jehová el corazón de Faraón
14.17 *endureceré* el corazón de los egipcios
Dt. 2.30 tu Dios había *endurecido* su espíritu
10.16 y no *endurezcáis* más vuestra cerviz
15.7 no *endurecerás* tu corazón, ni cerrarás
Jos. 11.20 que *endurecía* el corazón de ellos
Jue. 4.24 la mano. .de Israel fue *endureciéndose*
1 S. 6.6 ¿por qué *endurecéis* vuestro corazón
6.6 los egipcios. .*endurecieron* su corazón?
2 R. 17.14 antes *endurecieron* su cerviz, como
2 Cr. 30.8 no *endurezcáis*, pues, ahora vuestra
36.13 y *endureció* su cerviz, y obstinó su
Neh. 9.16 mas ellos y. .*endurecieron* su cerviz
9.17 antes *endurecieron* su cerviz, y en su
9.29 *endurecieron* su cerviz. .no escucharon
Job 9.4 ¿quién se *endureció* contra él, y le fue
38.30 aguas se *endurecen* a manera de piedra
39.16 se *endurece* para con sus hijos, como
41.23 flojas de su carne están *endurecidas*
Sal. 95.8 voz, no *endurezcáis* vuestro corazón
Pr. 21.29 el hombre impío *endurece* su rostro
28.14 el que *endurece* su corazón caerá en el
29.1 el hombre que reprendido *endurece* la
Is. 63.17 y *endureciste* nuestro corazón a tu
Jer. 5.3 *endurecieron* sus rostros más que la
7.26 no. .sino que *endurecieron* su cerviz, e
17.23 *endurecieron* su cerviz para no oír, ni
19.15 han *endurecido* su cerviz para no oír
Dn. 5.20 su espíritu se *endureció* en su orgullo
Mr. 6.52 estaban *endurecidos* sus corazones
8.17 aún tenéis *endurecido* vuestro corazón?
Jn. 12.40 cegó los ojos. .*endureció* su corazón
Hch. 19.9 *endureciéndose* algunos y no creyendo
Ro. 9.18 y al que quiere *endurecer*, *endurece*
11.7 alcanzado. .los demás fueron *endurecidos*
He. 3.8,15; 4.7 no *endurezcáis* vuestros corazones
3.13 ninguno de vosotros se *endurezca* por el

ENDURECIMIENTO
Lm. 3.65 entrégalos al *e* de corazón. .maldición
Ro. 11.25 ha acontecido a Israel *e* en parte

ENEAS *Cristiano en Lida*
Hch. 9.33 halló allí a uno que se llamaba *E*
9.34 *E*, Jesucristo te sana; levántate, y haz

ENEBRO
1 R. 19.4 fue. .vino y se sentó debajo de un *e*
19.5 echándose debajo del *e*, se quedó dormido
Job 30.4 malvas. .y raíces de *e* para calentarse
Sal. 120.4 saetas de valiente, con brasas de *e*

EN-EGLAIM *Lugar en la costa del Mar Muerto*, Ez. 47.10

ENELDO
Is. 28.25 ¿no derrama el *e*, siembra el comino
28.27 el *e* no se trilla con trillo, ni sobre
28.27 que con un palo se sacude el *e*, y el
Mt. 23.23 diezmáis. .el *e* y el comino, y dejáis

ENEMIGO, GA
Gn. 14.20 Dios. .que entregó tus *e* en tu mano
22.17 tu descendencia poseerá las puertas. .*e*
24.60 tus descendientes la puerta de sus *e*
49.8 Judá. .tu mano en la cerviz de tus *e*
Éx. 1.10 él también se una a nuestros *e* y pelee
15.6 diestra, oh Jehová, ha quebrantado al *e*
15.9 *e* dijo: Perseguiré, apresaré, repartiré
23.4 si encontrares el buey de tu *e* o su asno
23.22 pero si. .oyeres su voz. .seré *e* de tus *e*
23.27 yo. .te daré la cerviz de todos tus *e*
32.25 pemitido, para vergüenza entre sus *e*
Lv. 26.7 perseguiréis a vuestros *e*, y caerán
26.8 y vuestros *e* caerán a filo de espada
26.16 en vano. .porque vuestros *e* la comerán
26.17 seréis heridos delante de vuestros *e*
26.25 espada. .seréis entregados en mano del *e*
26.32 se pasmarán por ello vuestros *e* que en
26.34 estéis en la tierra de vuestros *e;* la
26.36 tal cobardía, en la tierra de sus *e*
26.37 y no podréis resistir delante de. .*e*
26.38 la tierra de vuestros *e* os consumirá
26.39 decaerán en las tierras de vuestros *e*
26.41 habré hecho entrar en la tierra de sus *e*
26.44 estando ellos en tierra de sus *e*, yo
Nm. 10.9 cuando saliereis. .contra el *e* que os
10.9 tocaréis. .seréis salvos de vuestros *e*
10.35 sean dispersados tus *e*, y huyan de tu
14.42 no seáis heridos delante de vuestros *e*
23.11 te he traído para que maldigas a mis *e*
24.8 devorará a las naciones *e*, desmenuzará
24.10 para maldecir a mis *e* te he llamado, y
24.18 será también tomada Seir por sus *e*
32.21 haya echado a sus *e* de delante de sí
35.23 y él no era su *e*, ni procuraba su mal
Dt. 1.42 que no seáis derrotados por vuestros *e*
6.19 él arroje a tus *e* de delante de ti, como
12.10 os dará reposo de. .vuestros *e* alrededor
20.1 cuando salgas a la guerra contra tus *e*
20.3 juntáis. .en batalla contra vuestros *e*
20.4 pelear por vosotros contra vuestros *e*
20.14 comerás del botín de tus *e*, los cuales
21.10 cuando salieres a. .guerra contra tus *e*
23.9 cuando salieres a campaña contra tus *e*
23.14 y para entregar a tus *e* delante de ti
25.19 Jehová. .te dé descanso de todos tus *e*
28.7 derrotará a. .*e* que se levantaren contra
28.25 Jehová te entregará. .delante de tus *e*
28.31 tus ovejas serán dadas a tus *e*, y no
28.48 servirás. .a tus *e* que enviare Jehová
28.53 en el apuro con que te angustiará tu *e*
28.55,57 el apuro con que tu *e* te oprimirá
28.68 allí seréis vendidos a vuestros *e* por
30.7 pondrá. .estas maldiciones sobre tus *e*
32.27 no haber temido la provocación del *e*
32.31 y aun nuestros *e* son de ello jueces
32.41 yo tomaré venganza de mis *e*, y daré la
32.42 las cabezas de larga cabellera del *e*
32.43 él vengará. .y tomará venganza de sus *e*
33.7 de Judá. .tú seas su ayuda contra sus *e*
33.11 hiere los lomos de sus *e*, y de los que
33.27 él echó de delante de ti al *e*, y dijo
33.29 tus *e* serán humillados, y tú hollarás
Jos. 5.13 dijo: ¿Eres de los nuestros, o. .*e?*
7.8 ha vuelto la espalda delante de sus *e?*
7.12 Israel no podrán hacer frente a sus *e*
7.12 que delante de sus *e* volverán la espalda
7.13 Israel; no podrás hacer frente a tus *e*
10.13 que la gente se hubo vengado de sus *e*
10.19 no os detengáis. .seguid a vuestros *e*
10.25 hará Jehová a todos vuestros *e* contra
21.44 ninguno de. .sus *e* pudo hacerles frente
21.44 Jehová entregó en sus manos a. .sus *e*
22.8 compartid con. .el botín de vuestros *e*
23.1 diera reposo a Israel de todos sus *e*
Jue .2.14 Jehová. .los vendió en mano de sus *e*
2.14 y no pudieron ya hacer frente a sus *e*
2.18 Jehová. .los libraba de mano de los *e*
3.28 ha entregado a vuestros *e* los moabitas
5.31 así perezcan todos tus *e*, oh Jehová; mas
8.34 que los había librado de todos sus *e* en
11.36 que Jehová ha hecho venganza en tus *e*
16.23 nuestro dios entregó. .Sansón nuestro *e*
16.24 nuestro dios entregó en. .a nuestro *e*
1 S. 2.1 mi boca se ensanchó sobre mis *e*, por
4.3 el arca. .salve de la mano de nuestros *e*
11.10 los de Jabes dijeron a los *e:* Mañana
12.10 líbranos, pues. .de mano de nuestros *e*
12.11 y os libró de mano de vuestros *e* en
14.24 antes que haya tomado venganza de mis *e*
14.30 comido. .hoy del botín tomado de sus *e?*
14.47 hizo guerra a todos sus *e* en derredor
18.25 para que sea tomada venganza de los *e*
18.29 temor de David; y fue Saúl *e* de David
19.17 por qué. .y has dejado escapar a mi *e?*
20.15 cuando Jehová haya cortado. .*e* de David
20.16 requiéralo Jehová. .de los *e* de David
24.4 he aquí que entrego a tu *e* en tu mano
24.19 ¿quién hallará a su *e*, y lo dejará ir
25.22 así haga Dios a los *e* de David y aun
25.26 sean, pues, como Nabal tus *e*, y todos
25.29 él arrojará la vida de tus *e* como de
26.8 hoy ha entregado Dios a tu *e* en tu mano
28.16 si Jehová se ha apartado. .y es tu *e?*
29.4 sea que en la batalla se nos vuelva *e*
29.8 pelee contra los *e* de mi señor el rey?
30.26 presente. .del botín de los *e* de Jehová
2 S. 3.18 libraré a mi pueblo. .de todos sus *e*
4.8 la cabeza de Is-boset hijo de Saúl tu *e*
5.20 quebrantó Jehová a mis *e* delante de mí
7.1 le había dado reposo de todos sus *e* en
7.9 he destruido a todos tus *e*, y te he dado
7.11 y a ti te daré descanso de todos tu *e*
8.10 envió Toi a Joram. .era *e* de Hadad-ezer
12.14 hiciste blasfemar a los *e* de Jehová
18.19 ha defendido su. .de la mano de sus *e?*
18.32 como aquel joven sean los *e* de mi señor
19.9 rey nos ha librado de mano de nuestros *e*
22.1 le había librado de. .todos sus *e*, y de
22.4 invocaré a Jehová. .seré salvo de mis *e*
22.18 me libró de poderoso *e*, y de los que
22.38 perseguiré a mis *e*, y los destruiré
22.40 has humillado a mis *e* debajo de mí
22.41 hecho que mis *e* me vuelvan las espaldas
22.49 el que me libra de *e*, y aun me exalta
24.13 ¿o que huyas tres meses. .de tus *e* y que
1 R. 3.11 ni pediste la vida de tus *e*, sino que
5.3 puso sus *e* bajo las plantas de sus pies
8.33 Israel fuere derrotado delante de sus *e*
8.37 si sus *e* los sitiaren en la tierra en
8.44 si tu pueblo saliere en. .contra sus *e*
8.46 airado. .y los entregares delante del *e*
8.46 para que los cautive y lleve a tierra *e*
8.48 se convirtieren. .en la tierra de sus *e*
21.20 dijo a Elías: ¿Me has hallado, *e* mío?
2 R. 17.39 librará de mano de todos vuestros *e*
21.14 heredad. .entregaré en manos de sus *e*
1 Cr. 12.17 mas si es para entregarme a mis *e*
14.11 Dios rompió mis *e* por mi mano, como se
17.8 cortado a todos tus *e* de delante de ti
17.10 mas humillaré a todos tus *e*. Te hago
21.12 ser derrotado delante de tus *e* con la
22.9 porque yo le daré paz de todos sus *e*
2 Cr. 6.24 si. .fuere derrotado delante del *e*
6.28 si los sitiaren sus *e* en la tierra en
6.34 si tu pueblo saliere a la. .contra sus *e*
6.36 y los entregares delante de sus *e*, para
6.36 lleven cautivos a tierra de *e*, lejos o
20.27 había dado gozo librándolos de sus *e*
20.29 había peleado contra los *e* de Israel
25.8 así. .Dios te hará caer delante de los *e*
25.20 los quería entregar en mano de sus *e*
26.13 fuertes, para ayudar al rey contra. .*e*
Esd. 4.1 oyendo los *e* de Judá y de Benjamín que

ENEMIGO, GA *(Continúa)*

Esd. 8.22 que nos defendiesen del *e* en el camino
8.31 libró de mano del *e* y del asechador en
Neh. 4.11 y nuestros *e* dijeron: No sepan, ni
4.15 oyeron nuestros *e*..lo habíamos entendido
5.9 no ser oprobio de las naciones *e* nuestras
6.1 oyeron Sanbalat..los demás de nuestros *e*
6.16 cuando lo oyeron..nuestros *e*, temieron
9.27 entonces los entregaste en mano de sus *e*
9.27 para que los salvasen de mano de sus *e*
9.28 los abandonaste en mano de sus *e* que los
Est. 3.10 dio a Amán..agagueo, *e* de los judíos
7.6 el *e* y adversario es este malvado Amán
8.1 a..Ester la casa de Amán *e* de los judíos
8.13 preparados..día, para vengarse de sus *e*
9.1 el mismo día en que los *e* de los judíos
9.5 asolaron..todos sus *e* a filo de espada
9.5 judíos..hicieron con sus *e* como quisieron
9.10 diez hijos de Amán hijo..*e* de los judíos
9.16 descansaron de sus *e*, y mataron de sus
9.22 que los judíos tuvieron paz de sus *e*
9.24 Amán..*e* de..judíos, había ideado contra
Job 13.24 escondes tu..y me cuentas por tu *e?*
16.9 crujió..contra mí aguzó sus ojos mi *e*
19.11 furor, y me contó para sí entre sus *e*
27.7 como el impío mi *e*, y como el inicuo
33.10 buscó reproches..y me tiene por su *e*
Sal. 3.7 heriste a todos mis *e* en la mejilla
5.8 guíame, Jehová, en tu..a causa de mis *e*
6.10 se avergonzarán y se turbarán..mis *e*
7.4 he libertado al que sin causa era mi *e*
7.5 si..persiga el *e* mi alma, y alcáncela
8.2 causa de tus *e*, para hacer callar al *e*
9.3 *e* volvieron atrás..perecieron delante de
9.6 los *e* han perecido; han quedado desolados
13.2 ¿hasta cuándo será enaltecido mi *e* sobre
13.4 para que no diga mi *e:* Lo vencí. Mis
13.4 mis *e* se alegrarían, si yo resbalara
17.9 me oprimen, de mis *e* que buscan mi vida
18 *tít.* libró Jehová de mano de todos sus *e*
18.3 invocaré a Jehová..seré salvo de mis *e*
18.17 me libró de mi poderoso *e*, y de los que
18.37 perseguí a mis *e*, y los alcancé, y no
18.39 pues..has humillado a mis *e* debajo de mí
18.40 hecho que mis *e* me vuelvan las espaldas
18.48 que me libra de mis *e*, y aun me eleva
21.8 alcanzará tu mano a todos tus *e;* tu
25.2 en ti confío..no se alegren de mí mis *e*
25.19 mira mis *e*, cómo se han multiplicado
27.2 los malignos, mis angustiadores y mis *e*
27.6 levantará mi cabeza sobre mis *e* que me
27.11 guíame por senda de..a causa de mis *e*
27.12 no me entregues a la voluntad de mis *e*
30.1 no permitiste que mis *e* se alegraran de
31.8 no me entregaste en mano del *e;* pusiste
31.11 de todos mis *e* soy objeto de oprobio
31.15 líbrame de la mano de mis *e* y de mis
35.19 no se alegren de mí los que..son mis *e*
37.20 y los *e* de Jehová como la grasa de los
38.19 porque mis *e* están vivos y fuertes, y
41.2 y no le entregarás a la voluntad de..*e*
41.5 *e* dicen mal de mí, preguntando: ¿Cuándo
41.11 conoceré..que mi *e* no se huelgue de mí
42.9 andaré yo enlutado por la opresión..*e?*
42.10 mis *e* me afrentan, diciéndome cada día
43.2 andaré enlutado por la opresión del *e?*
44.5 por medio de ti sacudiremos a nuestros *e*
44.7 pues tú nos has guardado de nuestros *e*
44.10 nos hiciste retroceder delante del *e*
44.16 por la voz del que..por razón del *e*
45.5 penetrarán en el corazón de los *e* del
54.5 él devolverá el mal a mis *e;* córtalos
54.7 mis ojos han visto la ruina de mis *e*
55.3 causa de la voz del *e*, por la opresión
55.12 no me afrentó un *e*, lo cual..soportado
56.2 todo el día mis *e* me pisotean; porque
56.9 serán..vueltos atrás mis *e*, el día en
59.1 líbrame de mis *e*, oh Dios mío; ponme a
59.9 a causa del poder del *e* esperaré en ti
59.10 Dios hará que vea en mis *e* mi deseo
60.11 danos socorro contra el *e*, porque vana
60.12 en Dios haremos..hollará a nuestros *e*
61.3 tú has sido..torre fuerte delante del *e*
64.1 oh Dios..guarda mi vida del temor del *e*
66.3 por..tu poder se someterán a ti tus *e*
68.1 levántese Dios, sean esparcidos sus *e*
68.21 herirá la cabeza de sus *e*, la testa
68.23 pie se enrojecerá de sangre de tus *e*
69.4 se han hecho poderosos mis *e*, los que
69.18 acércate a..líbrame a causa de mis *e*
71.10 mis *e* hablan de mí, y los que acechan
72.9 se postrarán..y sus *e* lamerán el polvo
74.3 mal que el *e* ha hecho en el santuario
74.4 *e* vociferan en medio de tus asambleas
74.10 Dios..¿ha de blasfemar el *e*..tu nombre?
74.18 el *e* ha afrentado a Jehová, y pueblo
74.23 no olvides las..de tus *e;* el alboroto
78.53 los guio con..y el mar cubrió a sus *e*
78.61 entregó a..y su gloria en mano del *e*
78.66 e hirió a sus *e* por detrás; les dio
80.6 nuestros vecinos, y nuestros *e* se burlan
81.14 habría yo derribado a sus *e*, y vuelto
83.2 porque he aquí que rugen tus *e*, y los
89.10 tu brazo poderoso esparciste a tus *e*
89.22 no lo sorprenderá el *e*, ni hijo de
89.23 que quebrantaré delante de él a sus *e*
89.42 has exaltado la diestra de sus *e;* has
89.51 tus *e*, oh Jehová..tus *e* han deshonrado
92.9 porque he aquí tus *e*, oh Jehová, porque
92.9 aquí perecerán tus *e;* serán esparcidos
92.11 mirarán mis ojos sobre mis *e;* oirán mis
97.3 fuego irá..abrasará a sus *e* alrededor
102.8 cada día me afrentan mis *e*..se enfurecen
105.24 pueblo..lo hizo más fuerte que sus *e*
106.10 los salvó de mano del *e*, y los rescató
106.11 cubrieron..aguas a sus *e;* no quedó ni
106.42 *e* los oprimieron..fueron quebrantados
107.2 los que ha redimido del poder del *e*
108.13 haremos proezas..hollará a nuestros *e*
110.1 ponga a tus *e* por estrado de tus pies
110.2 de tu poder; domina en medio de tus *e*
112.8 no temerá, hasta que vea en sus *e* su
119.98 me has hecho más sabio que mis *e* con
119.139 mis *e* se olvidaron de tus palabras
119.157 muchos son mis perseguidores y mis *e*
127.5 cuando hablare con los *e* en la puerta
132.18 sus *e* vestiré de confusión, mas sobre
136.24 nos rescató de nuestros *e*, porque para
138.7 contra la ira de mis *e* extenderás tu
139.20 porque..tus *e* toman en vano tu nombre
139.21 ¿no odio..me enardezco contra tus *e?*
139.22 los aborrezco por..los tengo por *e*
143.3 ha perseguido el *e* mi alma; ha postrado
143.9 líbrame de mis *e*, oh Jehová; en ti me
143.12 disiparás a mis *e*, y destruirás a todos
Pr. 16.7 aun a sus *e* hace estar en paz con él
24.17 cuando cayere tu *e*, no te regocijes
Is. 1.24 ea, tomaré satisfacción de mis *e*, me
9.11 levantará los *e* de..y juntará a sus *e*
11.13 Efraín, y los *e* de Judá serán destruidos
17.14 antes de la mañana el *e* ya no existe
26.11 envidian..a tus *e* fuego los consumirá
29.5 la muchedumbre de tus *e* será como polvo
42.13 celo; voceará, se esforzará sobre sus *e*
59.18 para retribuir con ira a sus *e*, y dar
59.19 vendrá el *e* como río, mas el Espíritu
62.8 jamás daré tu trigo por comida a tus *e*
63.10 por lo cual se les volvió *e*, y él mismo
63.18 nuestros *e* han hollado tu santuario
64.2 hicieras notorio tu nombre a tus *e*, y
66.6 voz de Jehová que da el pago a sus *e*
66.14 conocido, y se enojará contra sus *e*
Jer. 6.25 porque espada de *e* y temor hay por
12.7 he entregado lo que..en mano de sus *e*
15.9 entregaré a la espada delante de sus *e*
15.11 no he suplicado ante ti en favor del *e*
15.14 te haré servir a tus *e* en tierra que no
15.15 véngame de mis *e*. No me reproches en
17.4 te haré servir a tus *e* en tierra que no
18.17 como viento..los esparciré delante del *e*
19.7 les haré caer a espada delante de sus *e*
19.9 los estrecharán sus *e* y los que buscan
20.4 caerán por la espada de sus *e*, y tus ojos
20.5 todos los tesoros de..en manos de sus *e*
21.7 entregaré a..en mano de sus *e* y de los
30.14 como hiere un *e* te herí, con azote de
31.16 salario..y volverán de la tierra del *e*
34.20,21 los entregaré en mano de sus *e* y en
44.30 yo entrego a Faraón..en mano de sus *e*
44.30 de Babilonia, su *e* que buscaba su vida
46.10 ese día será..para vengarse de sus *e*
46.22 vendrán los *e*, y con hachas vendrán *e*
48.5 bajada..los *e* oyeron clamor de quebranto
49.37 que Elam se intimide delante de sus *e*
50.7 decían sus *e:* No pecaremos, porque ellos
Lm. 1.2 amigos le faltaron, se le volvieron *e*
1.5 sus *e* han sido hechos príncipes, sus
1.5 sus hijos..en cautividad delante del *e*
1.7 cayó su pueblo en mano del *e* y no hubo
1.7 miraron los *e*, y se burlaron de su caída
1.9 aflicción, porque el *e* se ha engrandecido
1.10 su mano el *e* a todas sus cosas preciosas
1.16 son destruidos, porque el *e* prevaleció
1.17 mandamiento..sus vecinos fuesen sus *e*
1.21 mis *e* han oído mi mal, se alegran de lo
2.3 retiró de él su diestra frente al *e*, y se
2.4 entesó su arco como *e*, afirmó su mano
2.5 el Señor llegó a ser como *e*, destruyó a
2.7 ha entregado en mano del *e* los muros de
2.16 todos tus *e* abrieron contra ti su boca
2.17 y ha hecho que el *e* se alegre sobre ti
2.22 los que crie y mantuve, mi *e* los acabó
3.46 nuestros *e* abrieron..nosotros su boca
3.52 *e* me dieron caza como a ave, sin haber
4.12 que el *e* y el adversario entrara por las
Ez. 36.2 por cuanto el *e* dijo de vosotros: ¡Ea!
39.23 yo..los entregué en manos de sus *e*, y
39.27 los reúna de la tierra de sus *e*, y sea
Dn. 4.19 señor mío, el sueño sea para tus *e*
11.22 las fuerzas *e* serán barridas delante
Os. 8.3 Israel desechó el bien; *e* lo perseguirá
Am. 3.11 *e* vendrá por todos lados de la tierra
6.8 y entregaré al *e* la ciudad y cuanto hay
9.4 fueren en cautiverio delante de sus *e*
Mi. 2.8 era mi pueblo, se ha levantado como *e*
4.10 te redimirá Jehová de la mano de tus *e*
5.9 tu mano se alzará sobre tus *e*, y todos
7.6 y los *e* del hombre son los de su casa
7.8 tú, *e* mía, no te alegres de mí, porque
7.10 y mi *e* lo verá, y la cubrirá vergüenza
Nah. 1.2 Jehová es..y guarda enojo para sus *e*
1.8 mas con..tinieblas perseguirán a sus *e*
1.9 no tomará venganza dos veces de sus *e*
3.11 también buscarás refugio a causa del *e*
3.13 las puertas de tu tierra se abrirán..*e*
Sof. 3.15 ha echado fuera tus *e;* Jehová es Rey
Zac. 8.10 ni hubo paz para el..a causa del *e*
10.5 huellan al *e* en el lodo de las calles
Mt. 5.43 amarás a tu prójimo, y aborrecerás..*e*
5.44 yo os digo: Amad a vuestros *e*, bendecid
10.36 los *e* del hombre serán los de su casa
13.25 mientras dormían..vino su *e* y sembró
13.28 él les dijo: Un *e* ha hecho esto. Y los
13.39 el *e* que la sembró es el diablo; la
22.44; Mr. 12.36 ponga a tus *e* por estrado
Lc. 1.71 salvación de nuestros *e*, y de la mano
1.74 que librados de nuestros *e*, sin temor le
6.27 amad a vuestros *e*, haced bien a los que
6.35 amad, pues, a vuestros *e*, y haced bien
10.19 doy potestad..sobre toda fuerza del *e*
19.27 a aquellos mis *e* que no querían que yo
19.43 cuando tus *e* te rodearán con vallado, y
20.43; Hch. 2.35 ponga a tus *e* por estrado
Hch. 13.10 hijo del diablo, *e* de toda justicia!
Ro. 5.10 siendo *e*, fuimos reconciliados con
11.28 así que en cuanto al evangelio, son *e*
12.20 si tu *e* tuviere hambre, dale de comer
1 Co. 15.25 haya puesto a todos sus *e* debajo de
15.26 el postrer *e*..destruido es la muerte
Gá. 4.16 me he hecho..*e*, por deciros la verdad
Fil. 3.18 digo..que son *e* de la cruz de Cristo
Col. 1.21 erais..extraños y *e* en vuestra mente
2 Ts. 3.15 mas no lo tengáis por *e*..amonestadle
He. 1.13 ponga a tus *e* por estrado de tus pies?
10.13 que sus *e* sean puestos por estrado de
Stg. 4.4 quiera ser amigo del mundo..*e* de Dios
Ap. 11.5 sale fuego de la boca..devora a sus *e*
11.12 subieron al cielo..y sus *e* los vieron

ENEMISTAD

Gn. 3.15 pondré *e* entre ti y la mujer, y entre
Nm. 35.21 por *e* lo hirió con su mano, y murió
35.22 mas si casualmente lo empujó sin *e*, o
Dt. 4.42 sin haber tenido *e* con él nunca antes
19.4 que hiriere..sin haber tenido *e* con él
19.6 por cuanto no tenía *e* con su prójimo
Jos. 20.5 hirió a..y no tuvo con él ninguna *e*
Ez. 25.15 vengaron..destruyendo por antiguas *e*
35.5 tuviste *e* perpetua, y entregaste a los
35.11 procediste, a causa de tus *e* con ellos
Ro. 8.7 los designios de la carne son *e* contra
Gá. 5.20 *e*, pleitos, celos, iras, contiendas
Ef. 2.15 aboliendo en su carne las *e*, la ley de
2.16 un solo cuerpo, matando en ella las *e*
Stg. 4.4 la amistad del mundo es *e* contra Dios?

ENEMISTADO

Lc. 23.12 día; porque antes estaban *e* entre sí

ENERVAR

Job 23.16 Dios ha *enervado* mi corazón, y me ha

ENFERMAR

Dt. 29.22 que Jehová la habrá hecho *enfermar*
2 S. 12.15 hirió al niño..y *enfermó* gravemente
13.2 angustiado hasta *enfermarse* por Tamar
1 R. 15.23 días de su vejez *enfermó* de los pies
2 Cr. 16.12 Asa *enfermó*..de los pies, y en su
32.24 aquel tiempo Ezequías *enfermó* de muerte
Sal. 35.13 cuando ellos *enfermaron*, me vestí
88.9 *enfermaron* a causa de mi aflicción; te
Is. 24.4 *enfermó*, cayó el mundo; *enfermaron* los
24.7 *enfermó* la vid, gimieron todos los que
33.9 se enlutó, *enfermó* la tierra; el Líbano
38.1 Ezequías *enfermó* de muerte. Y vino a él
38.9 escritura de Ezequías..cuando *enfermó*
Os. 7.5 lo hicieron *enfermar* con copas de vino
Hch. 9.37 que en aquellos días *enfermó* y murió
2 Co. 11.29 ¿quién *enferma*, y yo no *enfermo?*
Fil. 2.26 habíais oído que había *enfermado*

ENFERMEDAD

Éx. 15.26 *e* de las que envié a los egipcios
23.25 y yo quitaré toda *e* de en medio de ti
Dt. 7.15 quitará Jehová de ti toda *e;* y todas
28.59 tus plagas..y *e* malignas y duraderas
28.61 toda *e* y..plaga que no está escrita en
29.22 vieren..sus *e* de que Jehová la habrá
1 R. 8.37 pulgón..cualquier plaga o *e* que sea
17.17 la *e* fue tan grave que no quedó en él
2 R. 1.2 consultad..he de sanar de esta mi *e*
2.21 sané..y no habrá más en ellas muerte ni *e*
8.8 y consulta por él a..¿Sanaré de esta *e?*
8.9 enviado a..diciendo: ¿Sanaré de esta *e?*
13.14 estaba Eliseo enfermo de la *e* de que
2 Cr. 6.28 si hubiere..cualquiera plaga o *e* que
16.12 y en su *e* no buscó a Jehová, sino a los
21.15 y a ti con..*e*, con *e* de tus intestinos
21.15 te salgan a causa de tu persistente *e*
21.18 Jehová lo hirió con una *e* incurable en

ENFERMEDAD ***(Continúa)***

2 Cr. 21.19 se le salieron por la *e*. .*e* muy penosa
Job 18.13 la *e* roerá su piel, y a sus miembros
Sal. 41.3 dolor; mullirás toda su cama en su *e*
77.10 dije: *E* mía es ésta; traeré, pues, a la
Pr. 18.14 el ánimo del hombre soportará su *e*
Is. 38.9 Ezequías. .cuando enfermó y sanó de su *e*
38.12 me cortará con la *e;* me consumirás entre
53.4 llevó él nuestras *e*, y sufrió nuestros
Jer. 6.7 ella; continuamente en mi presencia, *e*
10.19 dije. .*e* mía es esta, y debo sufrirla
16.4 dolorosas *e* morirán; no serán plañidos
Os. 5.13 verá Efraín su *e*, y Judá su llaga; irá
Mt. 4.23 sanando toda *e* y toda dolencia en el
4.24 afligidos por diversas *e* y tormentos
8.17 tomó nuestras *e*, y llevó. .dolencias
9.35 y sanando toda *e* y toda dolencia en el
10.1 dio. .para sanar toda *e* y toda dolencia
Mr. 1.32 le trajeron todos los que tenían *e*
1.34 y sanó a. .enfermos de diversas *e*, y echó
3.15 y que tuviesen autoridad para sanar *e*
Lc. 4.40 enfermos de diversas *e* los traían a
5.15; 6.17 oírle, y. .que les sanase de sus *e*
7.21 en esa misma hora sanó a muchos de *e* y
8.2 mujeres que habían sido sanadas de. .de *e*
9.1 les dio poder y autoridad. .para sanar *e*
13.11 una mujer que. .tenía espíritu de *e*, y
13.12 y le dijo: Mujer, eres libre de tu *e*
Jn. 5.4 del agua, quedaba sano de cualquier *e*
11.4 esta *e* no es para muerte, sino para la
Hch. 19.12 *e* se iban de ellos, y los espíritus
28.9 otros. .tenían *e*, venían, y eran sanados
Gá. 4.13 causa de una *e* del cuerpo os anuncié
1 Ti. 5.23 por causa de. .de tus frecuentes *e*

ENFERMO, MA

Gn. 48.1 tu padre está *e*. Y él tomó consigo a
1 S. 19.14 Saúl envió. .ella respondió: Está *e*
30.13 y me dejó mi amo. .porque estaba yo *e*
2 S. 13.5 acuéstate en tu. .y finge que estás *e*
13.6 se acostó. .Amnón, y fingió que estaba *e*
1 R. 14.1 tiempo Abías hijo de Jeroboam cayó *e*
14.5 a consultarte por su hijo, que está *e*
17.17 que cayó *e* el hijo del ama de la casa
2 R. 1.2 y estando *e*, envió mensajeros, y les
8.7 Ben-adad rey de Siria estaba *e*, al cual
8.29 visitar a Joram hijo. .porque estaba *e*
9.16 a Jezreel, porque Joram estaba allí *e*
13.14 estaba Eliseo *e* de la enfermedad de que
20.1 en aquellos días Ezequías. .*e* de muerte
20.12 había oído que Ezequías había caído *e*
2 Cr. 22.6 visitar a Joram hijo de. .estaba *e*
Neh. 2.2 ¿por qué está triste tu. .no estás *e*
Sal. 6.2 ten misericordia de. .porque estoy *e*
105.37 los sacó. .y no hubo en sus tribus *e*
Cnt. 2.5 con manzanas, porque estoy *e* de amor
5.8 que le hagáis saber que estoy *e* de amor
Is. 1.5 toda cabeza está *e*, y. .corazón doliente
33.24 no dirá el morador: Estoy *e;* al pueblo
39.1 a Ezequías; porque supo que. .estado *e*
Jer. 14.18 si entro en la ciudad. .*e* de hambre
Ez. 34.4 no fortalecisteis. .ni curasteis la *e*
Dn. 8.27 y yo Daniel. .y estuve *e* algunos días
Mal. 1.8 cuando ofrecéis el cojo o el *e*, ¿no
1.13 trajisteis. .*e*, y presentasteis ofrenda
Mt. 8.16 y con la palabra. .sanó a todos los *e*
9.12 tienen necesidad de médico, sino los *e*
9.20 he aquí una mujer *e* de flujo de sangre
10.8 sanad *e*, limpiad leprosos, resucitad
14.14 y sanó a los que de ellos estaban *e*
14.35 enviaron. .y trajeron a él todos los *e*
15.30 gente que traía consigo. .otros muchos *e*
25.36 estuve desnudo. .*e*, y me visitasteis; en
25.39 ¿o cuándo te vimos *e*, o en la cárcel, y
25.43 no me cubristeis; *e*, y en la cárcel, y no
25.44 *e*, o en la cárcel, y no te servimos?
Mr. 1.34 sanó a muchos que estaban *e* de diversas
2.17 tienen necesidad de médico, sino los *e*
6.5 milagro, salvo que sanó a unos pocos *e*
6.13 y ungían con aceite a muchos *e*, y los
6.55 comenzaron a traer de todas partes *e* en
6.56 ponían en las calles a los que estaban *e*
16.18 daño; sobre los *e* pondrán sus manos, y
Lc. 4.40 los que tenían *e* de. .los traían a él
5.31 tienen necesidad de médico, sino los *e*
7.2 el siervo de un centurión. .estaba *e* y a
7.10 hallaron sano al. .que había estado *e*
9.2 los envió a predicar. .y a sanar a los *e*
10.9 sanad a. .*e* que en ella haya, y decidles
Jn. 4.46 oficial del rey, cuyo hijo estaba *e*
5.3 yacía una multitud de *e*, ciegos, cojos
5.5 un hombre que hacía 38 años que estaba *e*
5.7 respondió el *e*, no tengo quien me meta
6.2 le. .veían las señales que hacía en los *e*
11.1 estaba entonces *e* uno llamado Lázaro
11.2 María, cuyo hermano Lázaro estaba *e*, fue
11.3 para decir. .he aquí el que amas está *e*
11.6 cuando oyó. .que estaba *e*, se quedó dos
Hch. 4.9 del beneficio hecho a un hombre *e*
5.15 que sacaban los *e* a las calles, y los
5.16 trayendo *e* y atormentados de espíritus
19.12 que aun se llevaban a los *e* los paños
28.8 que el padre de Publio estaba en cama, *e*
1 Co. 11.30 hay muchos *e* y debilitados entre
Fil. 2.27 en verdad estuvo *e*, a punto de morir
2 Ti. 4.20 quedó. .y a Trófimo dejé en Mileto *e*
Stg. 5.14 alguno *e* entre vosotros? Llame a los
5.15 y la oración de fe salvará al *e*, y el

ENFERVORIZAR

Is. 57.5 que os *enfervorizáis* con los ídolos

ENFILAR

Hch. 27.40 de proa, *enfilaron* hacia la playa

ENFLAQUECER

2 S. 13.4 de día en día vas *enflaqueciendo* así?
Is. 17.4 se *enflaquecerá* la grosura de su carne
Mi. 6.13 por eso yo también te hice *enflaquecer*

ENFRENTAR

Dn. 11.16 no habrá quien se le pueda *enfrentar*

ENFRIAR

Mt. 24.12 por. .el amor de muchos se *enfriará*

ENFURECER

Dt. 19.6 el vengador de la sangre, *enfurecido*
Neh. 4.1 Sanbalat. .se *enfureció* en gran manera
Sal. 102.8 los que contra mí se *enfurecen*, se
Pr. 20.2 que lo *enfurece* peca contra sí mismo
Dn. 11.11 *enfurecerá* el rey del sur, y saldrá
Hch. 5.33 ellos, oyendo esto, se *enfurecían* y
7.54 oyendo estas cosas, se *enfurecían* en sus
26.11 *enfurecido*. .los perseguí hasta en las

EN-GADI ***Oasis en la costa occidental del Mar Muerto (=Hazezon-tamar)***

Jos. 15.62 Nibsán, la Ciudad de la Sal y *E;* 6
1 S. 23.29 habitó en los lugares fuertes de *E*
24.1 he aquí David está en el desierto de *E*
2 Cr. 20.2 están en Hazezon-tamar, que es *E*
Cnt. 1.14 de flores de alheña en las viñas de *E*
Ez. 47.10 *E* hasta En-eglaim será su tendedero

ENGALANAR

Jer. 4.30 te vistas de. .en vano te *engalanas*

EN-GANIM

1. ***Población en Judá,*** **Jos. 15.34**
2. ***Ciudad de los levitas en Isacar,*** **Jos. 19.21,29**

ENGAÑADOR

Sal. 5.6 al. .sanguinario y *e* abominará Jehová
55.23 los hombres. .*e* no llegarán a la mitad
109.2 y boca de *e* se han abierto contra mí
Is. 9.16 los gobernadores de este pueblo son *e*
Jer. 6.13 el profeta. .el sacerdote, todos son *e*
9.6 por muy *e* no quisieron conocerme, dice
Mt. 27.63 aquel *e* dijo, viviendo aún: Después
2 Co. 6.8 por buena fama; como *e*, pero veraces
1 Ti. 4.1 escuchando a espíritus *e*. .demonios
2 Ti. 3.13 los *e* irán de mal en peor, engañando
Tit. 1.10 muchos. .habladores de vanidades y *e*
2 Jn. 7 porque muchos *e* han salido por el mundo
7 quien esto hace es el *e* y el anticristo

ENGAÑAR

Gn. 3.13 dijo la mujer: La serpiente me *engañó*
29.25 ¿no. .¿Por qué, pues, me has *engañado?*
31.7 vuestro padre me ha *engañado*, y me ha
31.20 Jacob *engañó* a Labán, no. .que se iba
31.26 ¿qué has hecho, que me *engañaste*, y has
31.27 me *engañaste*, y no me lo hiciste saber
Éx. 22.16 si alguno *engañare* a una doncella que
22.21 y al extranjero no *engañarás*. .porque
Lv. 19.11 no *engañaréis* ni mentiréis el uno al
25.14 cuando vendiereis. .no *engañe* ninguno a
25.17 no *engañe* ninguno a su prójimo, sino
Nm. 25.18 *engañado* en lo tocante a Baal-peor
Jos. 9.22 Josué. .¿Por qué nos habéis *engañado*
Jue. 16.5 *engáñale* e infórmate en qué consiste
16.10 a Sansón: He aquí tú me has *engañado*
16.13 ahora me *engañas*, y tratas. .con mentiras
16.15 ya me has *engañado* tres veces, y no me
1 S. 19.17 a Mical: ¿Por qué me has *engañado* así
28.13 ¿por qué me has *engañado?*. .tú eres Saúl
2 S. 3.25 no ha venido sino para *engañarte*, y
19.26 rey señor mío, mi siervo me *engañó;* pues
2 R. 18.29 no os *engañe* Ezequías. .no os podrá
18.32 porque os *engaña* cuando dice: Jehová
19.10 a Ezequías rey. .no te *engañe* tu Dios en
2 Cr. 29.11 no os *engañéis*. .porque Jehová os ha
32.11 os *engaña* Ezequías para entregaros a
32.15 no os *engañe* Ezequías, ni os persuada
Job 31.9 si fue mi corazón *engañado* acerca de
31.27 mi corazón se *engañó* en secreto, y mi
Sal. 73.15 la generación de tus hijos *engañaría*
Pr. 10.10 si los pecadores te quisieren *engañar*
26.19 el hombre que *engaña* a su amigo, y dice
Is. 3.12 los que te guían te *engañan*, y tuercen
19.13 se han *engañado* los. .*engañaron* a Egipto
36.14 os *engañe* Ezequías, porque no os podrá
36.18 no os *engañe* Ezequías diciendo: Jehová
37.10 te *engañe* tu Dios en quien tú confías
44.20 su corazón *engañado* le desvía, para que
47.10 sabiduría y tu. .ciencia te *engañaron*
Jer. 4.10 y dije. .has *engañado* a este pueblo
9.4 porque todo hermano *engaña* con falacia
9.5 cada uno *engaña* a su compañero, y ninguno
20.10 se *engañará*, decían, y prevaleceremos
22.3 y no *engañéis* ni robéis al extranjero
29.8 no os *engañen* vuestros profetas que están
37.9 os *engañéis* a vosotros mismos, diciendo
38.22 han *engañado*, y han prevalecido contra
49.16 tu arrogancia te *engañó*, y la soberbia
Lm. 1.19 di voces a. .mas ellos me han *engañado*
Ez. 13.10 *engañaron* a mi pueblo, diciendo: Paz
14.9 profeta fuere *engañado* y hablare palabra
14.9 cuando. .yo Jehová *engañé* al tal profeta
Dn. 11.23 *engañará* y subirá, y saldrá vencedor
Abd. 3 la soberbia de tu corazón te ha *engañado*
7 todos tus aliados te han *engañado;* hasta
Mal. 1.14 maldito el que *engaña*. .y sacrifica
Mt. 24.4 les dijo: Mirad que nadie os *engañe*
24.5 yo soy el Cristo; y a muchos *engañarán*
24.11 profetas se levantarán, y *engañarán* a
24.24 de tal manera que *engañarán*, si fuere
Mr. 13.5 a decir: Mirad que nadie os *engañe*
13.6 yo soy el Cristo; y *engañarán* a muchos
13.22 para *engañar*, si fuese posible, aun a
Lc. 21.8 mirad que no seáis *engañados;* porque
Jn. 7.12 decían: No, sino que *engaña* al pueblo
7.47 ¿también vosotros habéis sido *engañados?*
Hch. 8.9 había *engañado* a la gente de Samaria
8.11 con sus artes mágicas les había *engañado*
Ro. 3.13 es su garganta; con su lengua *engañan*
7.11 el pecado. .me *engañó*, y por él me mató
16.18 *engañan* los corazones de los ingenuos
1 Co. 3.18 nadie. .*engañe* a sí mismo; si alguno
2 Co. 7.2 corrompido, a nadie hemos *engañado*
11.3 como la serpiente con su. .*engañó* a Eva
12.17 ¿acaso os he *engañado* por alguno de los
12.18 rogué a Tito. .¿Os *engañó* acaso Tito?
Gá. 6.3 se cree ser algo, no siendo. .se *engaña*
6.7 no os *engañéis;* Dios no puede ser burlado
Ef. 4.14 que para *engañar* emplean con astucia
5.6 nadie os *engañe* con palabras vanas, porque
Col. 2.4 esto lo digo para que nadie os *engañe*
2.8 mirad que nadie os *engañe* por medio de
1 Ts. 4.6 ninguno agravie ni *engañe* en nada
2 Ts. 2.3 nadie os *engañe* en ninguna manera
1 Ti. 2.14 Adán no fue *engañado*, sino que la
2.14 la mujer, siendo *engañada*, incurrió en
2 Ti. 3.13 peor, *engañando* y siendo *engañados*
Stg. 1.22 tan solamente oidores, *engañándoos* a
1.26 si. .se cree religioso. .*engaña* su corazón
1 Jn. 1.8 que no tenemos pecado, nos *engañamos*
2.26 os he escrito. .sobre los que os *engañan*
3.7 nadie os *engañe;* el que hace justicia es
Ap. 12.9 y Satanás, el cual *engaña* al mundo
13.14 y *engaña* a los moradores de la tierra
18.23 por. .fueron *engañadas* todas las naciones
19.20 había *engañado* a los que recibieron la
20.3 para que no *engañase* más a las naciones
20.8 y saldrá a *engañar* a las naciones que
20.10 el diablo que los *engañaba* fue lanzado

ENGAÑO

Gn. 27.35 y él dijo: Vino tu hermano con *e*, y
Job 13.7 iniquidad. .Dios? ¿Hablaréis por él *e?*
15.35 iniquidad. .y en sus entrañas traman *e*
27.4 iniquidad, ni mi lengua pronunciará *e*
31.5 si anduve. .y si mi pie se apresuró a *e*
Sal. 7.14 el impío concibió maldad. .dio a luz *e*
10.7 llena está su boca de maldición, y de *e*
17.1 oye. .mi oración hecha de labios sin *e*
24.4 su alma a cosas vanas, ni jurado con *e*
32.2 el hombre. .y en cuyo espíritu no hay *e*
34.13 tu lengua del. .y tus labios de hablar *e*
50.19 tu boca. .en mal, y tu lengua componía *e*
52.2 tu lengua; como navaja afilada hace *e*
55.11 fraude y el *e* no se apartan de. .plazas
72.14 de *e* y de violencia redimirá sus almas
Pr. 12.5 mas los consejos de los impíos, *e*
12.17 justicia; mas el testigo mentiroso, *e*
12.20 *e* hay en el. .de los que piensan el mal
14.8 mas la indiscreción de los necios es *e*
26.24 labios; mas en su interior maquina *e*
Is. 53.9 aunque nunca hizo maldad, ni hubo *e* en
Jer. 5.27 así están sus casas llenas de *e;* así
8.5 abrazaron el *e*, y no han querido volverse
8.10 desde el profeta hasta el. .todos hacen *e*
9.6 su morada está en medio del *e;* por muy
9.8 *e* habla; con su boca dice paz a su amigo
14.14 vanidad y *e* de su corazón os profetizan
23.26 y que profetizan el *e* de su corazón?
Ez. 45.20 para los que pecaron por error y por *e*
Dn. 8.25 hará prosperar el *e* en su mano; y en
Os. 7.1 porque hicieron *e;* y entra el ladrón
11.12 me rodeó Efraín. .casa de Israel de *e*
Am. 8.5 precio, y falsearemos con *e* la balanza
Mi. 1.14 casas de Aczib serán para *e* a. .reyes
Sof. 1.9 que llenan las casas. .de robo y de *e*
Mt. 13.22 *e* de las riquezas ahogan la palabra
26.4 tuvieron consejo para prender con *e* a
Mr. 4.19 *e* de las riquezas. .ahogan la palabra

ENGAÑO *(Continúa)*

Mr. 7.22 maldades, el *e*, la lascivia, la envidia
14.1 buscaban los..prenderle por *e* y matarle
Jn. 1.47 un verdadero israelita, en..no hay *e*
Hch. 13.10 lleno de todo *e* y de toda maldad
Ro. 1.29 llenos de envidia..*e* y malignidades
2 Co. 12.16 como soy astuto, os prendí por *e*
1 Ts. 2.3 error ni de impureza, ni fue por *e*
2 Ts. 2.10 y con todo *e* de iniquidad para los
He. 3.13 que..se endurezca por el *e* del pecado
Stg. 5.4 el cual por *e* no les ha sido pagado
1 P. 2.1 desechando, pues, toda malicia, todo *e*
2.22 no hizo pecado, ni se halló *e* en su boca
3.10 refrene su..y sus labios no hablen *e*

ENGAÑOSO, SA

Gn. 34.13 respondieron..a Siquem..palabras *e*
Sal. 35.20 contra..mansos..piensan palabras *e*
43.1 líbrame de gente impía, y del hombre *e*
52.4 amado toda suerte de palabras..*e* lengua
78.57 se rebelaron..se volvieron como arco *e*
120.3 ¿qué te dará, o qué te..oh lengua *e*?
Pr. 14.25 el testigo..mas el *e* hablará mentiras
23.3 codicies sus manjares..porque es pan *e*
31.30 *e* es la gracia, y vana la hermosura
Jer. 17.9 *e* es el corazón más que todas..cosas
Os. 7.16 como arco *e*; cayeron sus príncipes a
Mi. 6.11 por inocente al que..bolsa de pesas *e*?
6.12 hablaron..y su lengua es *e* en su boca
Sof. 3.13 ni en boca de..se hallará lengua *e*
Ef. 4.22 está viciado conforme a los deseos *e*
2 Ts. 2.11 por esto Dios les envía un poder *e*

ENGASTAR

Éx. 31.5 en artificio de piedras para *engastar*
39.10 y *engastaron* en él cuatro hileras de
Cnt. 5.14 manos, como anillos de oro *engastados*

ENGASTE

Éx. 25.7 piedras de *e* para el efod y para el
28.11 piedras..les harás alrededor *e* de oro
28.13 harás, pues, los *e* de oro
28.14 cordones de forma de trenza en los *e*
28.20 todas estarán montadas en *e* de oro
28.25 pondrás los..cordones sobre los dos *e*
35.9 y piedras de *e* para el efod y para el
35.27 las piedras de los *e* para el efod y el
35.33 en la talla de piedras de *e*, y en toda
39.6 las piedras de ónice montadas en *e* de oro
39.13 todas montadas y encajadas en *e* de oro
39.16 asimismo dos *e* y dos anillos de oro
39.18 dos cordones..en los dos *e* que pusieron

ENGENDRAR

Gn. 4.18 Irad *engendró* a Mehujael, y Mehujael
4.18 Mehujael *engendró* a..Metusael *e* a Lamec
5.3 vivió Adán 130 años, y *engendró* un hijo
5.4 Adán..*engendró* a Set..y *e* hijos e hijas
5.6 vivió Set 105 años, y *engendró* a Enós
5.7 Set..*engendró* a Enós..y *e* hijos e hijas
5.9 vivió Enós 90 años, y *engendró* a Cainán
5.10 vivió Enós..*engendró* a Cainán..y *e* hijos
5.12 vivió Cainán..y *engendró* a Mahalaleel
5.13 *engendró* a Mahalaleel..*e* hijos e hijas
5.15 vivó Mahalaleel 65..y *engendró* a Jared
5.16 Mahalaleel..*engendró* a Jared..y *e* hijos
5.18 vivió Jared 160 años, y *engendró* a Enoc
5.19 vivió Jared..*engendró* a Enoc..*e* hijos
5.21 vivio Enoc 65..y *engendró* a Matusalén
5.22 *engendró* a Matusalén..*e* hijos e hijas
5.25 vivió Matusalén 187..y *engendró* a Lamec
5.26 y vivió..después que *engendró* a Lamec
5.28 vivió Lamec..años, y *engendró* un hijo
5.30 Lamec..*engendró* a Noé..*e* hijos e hijas
5.32 siendo Noé de 500 años, *engendró* a Sem
6.4 se llegaron los..les *engendraron* hijos
6.10 *engendró* Noé tres hijos: a Sem, a Cam
10.8 Cus *engendró* a Nimrod, quien llegó a ser
10.13 Mizraim *engendró* a Ludim, a Anamim
10.15 Canaán *engendró* a Sidón su primogénito
10.24 Arfaxad *engendró* a Sala, y Sala *e* a
10.26 Joctán *engendró* a Almodad, Selef..Jera
11.10 Sem..de cien años, *engendró* a Arfaxad
11.11 Sem..que *engendró* a Arfaxad..y *e* hijos
11.12 Arfaxad vivió..años, y *engendró* a Sala
11.13 vivió Arfaxad..*engendró* a Sala..*e* hijos
11.14 Sala vivió 30 años, y *engendró* a Heber
11.15 Sala..que *engendró* a Heber..*e* hijos e
11.16 Heber vivió..años, y *engendró* a Peleg
11.17 vivió Heber..*engendró* a Peleg..*e* hijos
11.18 Peleg vivió 30 años, y *engendró* a Reu
11.19 Peleg..*engendró* a Reu..*e* hijos e hijas
11.20 Reu vivió 32 años, y *engendró* a Serug
11.21 Reu..*engendró* a Serug..*e* hijos e hijas
11.22 Serug vivió..años, y *engendró* a Nacor
11.23 Serug..que *engendró* a Nacor..*e* hijos e
11.24 Nacor vivió 29 años, y *engendró* a Taré
11.25 Nacor..que *engendró* a Taré..y *e* hijos
11.26 Taré vivió 70 años, y *engendró* a Abram
11.27 Taré *engendró* a..y a Harán; y Harán *e*
17.20 doce príncipes *engendrará*, y haré de él
25.3 y Jocsán *engendró* a Seba y a Dedán
25.19 de Abraham: Abraham *engendró* a Isaac
48.6 los que después de ellos has *engendrado*
Lv. 18.11 *engendrada* de tu padre, tu hermana
Nm. 11.12 ¿lo *engendré* yo, para que me digas
26.29 Maquir *engendró* a Galaad; de Galaad, la
26.58 de los levitas..Coat *engendró* a Amram
Dt. 4.25 hayáis *engendrado* hijos y nietos, y
28.41 hijas *engendrarás*, y no serán para ti
Rt. 4.18 generaciones de Fares: Fares *engendró*
4.19 Hezrón *engendró* a Ram..*e* a Aminadab
4.20 Aminadab *engendró* a Naasón, y Naasón *e*
4.21 Salmón *engendró* a Booz, y Booz *e* a Obed
4.22 Obed *engendró* a Isaí, e Isaí *e* a David
2 R. 20.18 de tus hijos..que habrás *engendrado*
1 Cr. 1.10 Cus *engendró* a Nimrod; éste llegó a
1.11 Mizraim *engendró* a Ludim..Naftuhim
1.13 Canaán *engendró* a Sidón su primogénito
1.18 Arfaxad *engendró* a Sela, y Sela *e* a
1.20 Joctán *engendró* a Almodad, Selef..Jera
1.34 Abraham *engendró* a Isaac, y los hijos
2.10 Ram *engendró* a Aminadab, y Aminadab *e*
2.11 Naasón *engendró* a Salmón, y..*e* a Booz
2.12 Booz *engendró* a Obed, y Obed *e* a Isaí
2.13 *e* Isaí *engendró* a Eliab su primogénito
2.18 Caleb..*engendró* a Jeriot de su mujer
2.20 Hur *engendró* a Uri, y Uri *e* a Bezaleel
2.22 Segub *engendró* a Jair, el cual tuvo 23
2.36 Atai *engendró* a Natán, y Natán *e* a
2.37 Zabad *engendró* a Eflal, Eflal *e* a Obed
2.38 Obed *engendró* a Jehú, Jehú *e* a Azarías
2.39 Azarías *engendró* a Heles, Heles *e* a
2.40 Elasa *engendró* a Sismai, Sismai *e* a
2.41 *engendró* a Jecamías, y Jecamías *e* a
2.44 Sema *engendró* a Raham..y Requem *e* a
2.46 Harán..Y Harán *engendró* a Gazez
4.2 Reaía..*engendró* a Jahat, y Jahat *e* a
4.8 Cos *engendró* a Anub, a Zobeba, y la
4.11 Quelub..*engendró* a Mehir, el cual fue
4.12 Estón *engendró* a Bet-rafa, a Paseah
4.14 Meonotai..*engendró* a Ofra..Seraías *e*
4.17 Esdras..*engendró* a María, a Samai y a
6.4 Eleazar *engendró* a Finees, Finees *e* a
6.5 Abisúa *engendró* a Buqui, Buqui *e* a Uzi
6.6 Uzi *engendró* a Zeraías, Zeraías *e* a
6.7 Meraiot *engendró* a Amarías..*e* a Ahitob
6.8 Ahitob *engendró* a Sadoc..*e* a Ahimaas
6.9 Ahimaas *engendró* a Azarías, Azarías *e*
6.10 y Johanán *engendró* a Azarías, el que
6.11 Azarías *engendró* a Amarías, Amarías *e*
6.12 Ahitob *engendró* a Sadoc, Sadoc *e* a
6.13 Salum *engendró* a Hilcías, Hilcías *e* a
6.14 Azarías *engendró* a Seraías, y..*e* a
7.32 Heber *engendró* a Jaflet, Somer
8.1 Benjamín *engendró* a Bela su..Asbel
8.7 Gera..los transportó, y *engendró* a Uza
8.8 Saharaim *engendró* hijos en la..de Moab
8.9 *engendró*, pues, de Hodes su mujer a Obed
8.11 de Husim *engendró* a Ahitob y a Elpaal
8.32 Miclot *engendró* a Simea..en Jerusalén
8.33 Ner *engendró* a Cis, Cis *e* a Saúl, y Saúl
8.33 y Saúl *engendró* a Jonatán, Malquisúa
8.34 hijo de..y Merib-baal *engendró* a Micaía
8.36 Acaz *engendró* a Joada, Joada *e* a Alemet
8.36 Azmavet y Zimri..Zimri *engendró* a Mosa
8.37 Mosa *engendró* a Bina, hijo del cual fue
9.38 Miclot *engendró* a Simeam..en Jerusalén
9.39 Ner *engendró* a Cis, Cis *e* a Saúl, y
9.39 y Saúl *engendró* a Jonatán, Malquisúa
9.40 hijo de Jonatán fue..*engendró* a Micaía
9.42 Acaz *engendró* a Jara, Jara *e* a Alemet
9.42 Azmavet y Zimri, y Zimri *engendró* a
9.43 y Mosa *engendró* a Bina, cuyo hijo fue
14.3 tomó..y *engendró* David más hijos e hijas
2 Cr. 11.21 Roboam amó..*engendró* 28 hijos y 60
13.21 Abías..y *engendró* 22 hijos y 16 hijas
24.3 dos mujeres; y *engendró* hijos e hijas
Neh. 12.10 Jesúa *engendró* a Joiacim, y Joiacim
12.10 *engendró* a Eliasib, y Eliasib *e* a
12.11 *engendró* a Jonatán, y Jonatán *e* a
Job 21.10 toros *engendran*, y no fallan; paren
38.28 ¿o quién *engendró* las gotas del rocío?
38.29 escarcha del cielo, ¿quién la *engendró*?
Sal. 2.7 mi hijo eres tú; yo te *engendré* hoy
Pr. 8.24 antes de los abismos fui *engendrada*
8.25 antes de..ya había sido yo *engendrada*
17.21 que *engendra* al..para su tristeza lo *e*
23.22 a tu padre, a aquel que te *engendró*
23.24 el que *engendra* sabio se gozará con él
Ec. 5.14 a los hijos que *engendraron*, nada les
6.3 aunque..*engendrare* cien hijos, y viviere
Is. 39.7 de tus hijos..que habrás *engendrado*
45.10 dice al padre: ¿Por qué *engendraste*?
49.21 y dirás en..¿Quién me *engendró* éstos?
66.9 hago *engendrar*, ¿impediré el nacimiento?
Jer. 2.27 mi padre eres tú..me has *engendrado*
15.10 que me *engendraste* hombre de contienda
16.3 padres que los *engendren* en esta tierra
29.6 casaos, y *engendrad* hijos e hijas; dad
Ez. 18.10 *engendrare* hijo ladrón, derramador de
18.14 si éste *engendrare* hijo, el cual viere
47.22 que entre vosotros han *engendrado* hijos
Os. 5.7 porque han *engendrado* hijos extraños
9.16 aunque *engendren*, yo mataré lo deseable
Zac. 13.3 le dirán su padre..que lo *engendraron*
13.3 padre..que lo *engendraron* le traspasarán
Mt. 1.2 Abraham *engendró* a Isaac, Isaac a Jacob
1.3 Judá *engendró* de Tamar a Fares y a Zara
1.4 *engendró* a Aminadab, Aminadab a Naasón
1.5 Salmón *engendró* de Rahab a Booz, y Booz
1.5 Booz *engendró* de Rut a Obed, y Obed a
1.6 Isaí *engendró* al rey David, y..David *e* a
1.7 Salomón *engendró* a Roboam, Roboam a
1.8 Asa *engendró* a Josafat, Josafat a Joram
1.9 Uzías *engendró* a Jotam, Jotam a Acaz, y
1.10 Ezequías *engendró* a Manasés, Manasés a
1.11 Josías *engendró* a Jeconías y a sus
1.12 Jeconías *engendró* a Salatiel, y Salatiel
1.13 Zorobabel *engendró* a Abiud, Abiud a
1.14 Azor *engendró* a Sadoc, Sadoc a Aquim
1.15 Eliud *engendró* a Eleazar, Eleazar a
1.16 Jacob *engendró* a José, marido de María
1.20 porque lo que en ella es *engendrado*, del
Jn. 1.13 cuales no son *engendrado* de sangre
Hch. 7.8 y así Abraham *engendró* a Isaac, y le
7.29 de Madián, donde *engendró* dos hijos
13.33 mi hijo eres tú, yo te he *engendrado*
1 Co. 4.15 en Cristo Jesús yo os *engendré* por
1 Ti. 2.15 pero se salvará *engendrando* hijos
2 Ti. 2.23 sabiendo que *engendran* contiendas
Flm. 10 Onésimo, a..*engendré* en mis prisiones
He. 1.5 mi Hijo eres tú, yo te he *engendrado*
5.5 tú eres mi Hijo, yo te he *engendrado* hoy
1 Jn. 5.1 todo aquel que ama al que *engendró*
5.1 también al que ha sido *engendrado* por él
5.18 que fue *engendrado* por Dios le guarda

ENGOLFAR

Ez. 27.26 en..aguas te *engolfaron* tus remeros

ENGORDADERO

Am. 6.4 comen..los novillos de en medio del *e*

ENGORDAR

Dt. 31.20 comerán y se saciarán, y *engordarán*
32.15 pero *engordó* Jesurún, y tiró coces
32.15 *engordaste*, te cubriste de grasa
1 S. 2.29 *engordándoos* de lo..de las ofrendas
15.9 a lo mejor..de los animales *engordados*
28.24 tenía en su casa un ternero *engordado*
2 S. 6.13 sacrificó un buey y un..*engordado*
Sal. 66.15 holocaustos de animales *engordados*
Pr. 15.17 que de buey *engordado* donde hay odio
Jer. 5.28 se *engordaron* y se pusieron lustrosos
46.21 sus soldados..como becerros *engordados*
Ez. 34.3 os vestís de..la *engordada* degolláis
34.16 a la *engordada* y a la fuerte destruiré
34.20 yo juzgaré entre la oveja *engordada* y
39.18 de bueyes y de toros, *engordados* todos
45.15 cordera..de las *engordadas* de Israel
Am. 5.22 ofrendas de paz..animales *engordados*
Hab. 1.16 porque con ellas *engordó* su porción
Mt. 22.4 animales *engordados* han sido muertos
Stg. 5.5 habéis *engordado* vuestros corazones

ENGRANDECER

Gn. 9.27 *engrandezca* Dios a Jafet, y habite en
12.2 haré de ti una..*engrandeceré* tu nombre
19.19 *engrandecido* vuestra misericordia que
24.35 ha bendecido..y él se ha *engrandecido*
26.13 *engrandeció* hasta hacerse muy poderoso
48.19 y será también *engrandecido*; pero su
Éx. 15.21 porque en extremo se ha *engrandecido*
Nm. 24.7 enaltecerá..su reino será *engrandecido*
Dt. 32.3 de Jehová. *Engrandeced* a nuestro Dios
Jos. 3.7 este día comenzaré a *engrandecerte*
4.14 en aquel día Jehová *engrandeció* a Josué
2 S. 5.10 David iba..*engrandeciéndose*, y Jehová
5.12 y que había *engrandecido* su reino por
7.22 tú te has *engrandecido*, Jehová Dios; por
7.26 sea *engrandecido* tu nombre para siempre
22.36 y tu benignidad me ha *engrandecido*
22.47 *engrandecido*..el Dios de mi salvación
1 Cr. 17.24 *engrandecido* tu nombre para siempre
29.25 Jehová *engrandeció* a Salomón a ojos
2 Cr. 1.1 Jehová..lo *engrandeció* sobremanera
17.12 iba, pues, Josafat *engrandeciéndose*
32.23 fue muy *engrandecido* delante..naciones
Est. 3.1 rey Asuero *engrandeció* a Amán hijo de
5.11 con que el rey le había *engrandecido*
9.4 Mardoqueo iba *engrandeciéndose* más y más
10.2 grandeza..con que el rey le *engrandeció*
Job 7.17 es el hombre, para que lo *engrandezcas*
19.5 si vosotros os *engrandecéis* contra mí
36.24 acuérdate de *engrandecer* su obra, la
Sal. 18.35 y tu benignidad me ha *engrandecido*
21.13 *engrandécete*, oh Jehová, en tu poder
34.3 *engrandeced* a Jehová conmigo..nombre
35.26 y de confusión los que se *engrandecen*
38.16 resbale, no se *engrandezcan* sobre mí
70.4 y digan siempre..*Engrandecido* sea Dios
94.2 *engrandécete*, oh Juez de la tierra; da
103.11 *engrandeció* su misericordia sobre los
104.1 Dios mío, mucho te has *engrandecido*
117.2 ha *engrandecido* sobre..su misericordia
138.2 porque has *engrandecido* tu nombre, y tu
Pr. 4.8 *engrandécela*, y ella te *engrandecerá*
11.11 los rectos la ciudad será *engrandecida*
14.34 la justicia *engrandece* a la nación; mas

ENGRANDECER ***(Continúa)***
Ec. 1.16 yo me he *engrandecido*, y he crecido en
2.4 *engrandecí* mis obras, edifiqué para mí
2.9 y fui *engrandecido* y aumentado más que
Is. 1.2 crie hijos, y los *engrandecí*, y ellos
12.4 recordad que su nombre es *engrandecido*
28.29 para hacer. .*engrandecer* la sabiduría
33.10 ahora seré exaltado. .seré *engrandecido*
42.21 en magnificar la ley y *engrandecerla*
52.13 aquí que mi siervo. .será *engrandecido*
Jer. 48.26 porque contra Jehová se *engrandeció*
48.42 y Moab será destruido. .se *engrandeció*
Lm. 1.9 porque el enemigo se ha *engrandecido*
Ez. 35.13 y os *engrandecisteis* contra mí con
38.23 y seré *engrandecido* y santificado, y
Dn. 2.48 el rey *engrandeció* a Daniel, y le dio
3.30 *engrandeció* a Sadrac, Mesac y Abed-nego
4.37 alabo, *engrandezco* y glorifico al Rey
5.19 *engrandecía* a quien quería, y a quien
8.4 hacía. .a su voluntad, y se *engrandecía*
8.8 y el macho cabrío se *engrandeció*. .pero
8.10 y se *engrandeció* hasta el ejército del
8.11 se *engrandeció* contra el príncipe de los
8.25 y en su corazón se *engrandecerá*, y sin
11.36 *engrandecerá* sobre todo dios; y contra
11.37 dios. .porque sobre todo se *engrandecerá*
Mi. 5.4 será *engrandecido* hasta los fines de
Sof. 2.8 se *engrandecieron* sobre su territorio
2.10 se *engrandecieron* contra el pueblo de
Zac. 12.7 que la. .no se *engrandezca* sobre Judá
Mal. 1.5 y diréis: Sea Jehová *engrandecido* más
Lc. 1.46 dijo: *Engrandece* mi alma al Señor
1.58 Dios había *engrandecido* para con ella
2 Co. 10.15 seremos muy *engrandecidos* entre

ENGRASAR
Is. 34.6 *engrasada* está de grosura, de sangre
34.7 su tierra. .polvo se *engrasará* de grosura
Hab. 1.16 porque con ellas. .*engrasó* su comida

ENGREÍRSE
Jer. 15.17 ni me *engreí* a causa de tu profecía

ENGROSAR
Sal. 119.70 se *engrosó* el corazón de ellos como
Is. 6.10 *engruesa* el corazón de este pueblo, y
Mt. 13.15; Hch. 28.27 el corazón. .ha *engrosado*

ENGULLIR
Abd. 16 beberán, y *engullirán*, y serán como

EN-HACORE ***Manantial en Lehi*, Jue. 15.19**

EN-HADA ***Población en Isacar*, Jos. 19.21**

EN-HAZOR ***Población en Neftalí*, Jos. 19.37**

ENHIESTO
Dn. 7.4 y se puso *e* sobre los pies a manera de
Nah. 3.3 jinete *e*, y resplandor de espada, y

ENIGMA
Jue. 14.12 les dijo: Yo os propondré ahora un *e*
14.13 ellos respondieron: Propón tu *e*, y lo
14.14 y ellos no pudieron declararle el *e* en
14.15 induce a tu. .a que nos declare este *e*
14.16 no me declaras el *e* que propusiste a
14.18 si no. .nunca hubierais descubierto mi *e*
14.19 dio. .a los que habían explicado el *e*
Sal. 49.4 mi oído; declararé con el arpa mi *e*
Dn. 5.12 para. .y descifrar *e* y resolver dudas
8.23 se levantará un rey. .y entendido en *e*

ENJAMBRE
Jue. 14.8 en el cuerpo. .había un *e* de abejas
Sal. 78.45 envió entre ellos *e* de moscas que
105.31 y vinieron *e* de moscas, y piojos en

ENJUGAR
Is. 25.8 *enjugará* Jehová el Señor toda lágrima
Lc. 7.38 pies, y los *enjugaba* con sus cabellos
7.44 ésta. .los ha *enjugado* con sus cabellos
Jn. 11.2 y le *enjugó* los pies con sus cabellos
12.3 de Jesús, y los *enjugó* con sus cabellos
13.5 *enjugarlos* con la toalla con que estaba
Ap. 7.17; 21.4 *enjugará* Dios toda lágrima de

ENJUTO, TA
Gn. 41.3 vacas de feo aspecto y *e* de carne, y
41.4 y que las vacas. .*e* de carne devoraban
Jue. 16.7 ataren con siete mimbres. .no estén *e*
16.8 mimbres verdes que aún no estaban *e*, y
Os. 9.14 dales matriz que aborte, y pechos *e*

ENLADRILLADO
Jer. 43.9 cúbrelas de barro en el *e* que está a

ENLAZAR
Éx. 26.6 *enlazarás* las cortinas la una con la
26.11 *enlazarás* las uniones para que se haga
36.13 corchetes. .con los cuales *enlazó* las
36.18 corchetes de bronce. .*enlazar* la tienda
Job 8.17 *enlazándose* hasta un lugar pedregoso
Sal. 9.16 en la obra de sus manos fue *enlazado*
Pr. 6.2 te has *enlazado* con las palabras de tu
6.21 átalos siempre en. .*enlázalos* a tu cuello
Ec. 9.12 son *enlazados* los hijos de los hombres
Is. 28.13 sean quebrantados, *enlazados* y presos
Ez. 27.24 ropas. .*enlazadas* con cordones, y en

ENLOQUECER
Dt. 28.34 *enloquecerás* a causa de lo que verás
Pr. 26.18 como el que *enloquece*, y echa llamas
Ec. 2.2 la risa dije: *Enloqueces;* y al placer
Is. 44.25 deshago. .y *enloquezco* a los agoreros
Jer. 5.4 *enloquecido*. .no conocen el camino de
25.16 y *enloquecerán*, a causa de la espada
Ez. 23.11 y *enloqueció* de lujuria más que ella
1 Co. 1.20 ¿no ha *enloquecido* Dios la sabiduría

ENLOSADO
Ez. 40.17 al atrio. .estaba *e* todo en derredor
40.18 el *e* a los lados de. .era el *e* más bajo
42.3 y enfrente del *e* que había en el atrio
Jn. 19.13 se sentó. .en el lugar llamado el *E*

ENLUTADO
Job 5.11 que pone. .y a los *e* levanta a seguridad
Is. 57.18 sanaré. .daré consuelo a él y a sus *e*
61.2 a proclamar. .a consolar a todos los *e*
Ez. 24.17 no hagas luto de. .ni comas pan de *e*
Os. 9.4 pan de *e* les serán a ellos; todos los

ENLUTAR
Gn. 37.35 descenderé *enlutado* a mi hijo hasta
Nm. 14.39 Moisés dijo. .y el pueblo se *enlutó*
Sal. 35.14 como el que. .*enlutado* me humillaba
38.6 humillado en. .ando *enlutado* todo el día
42.9; 43.2 ¿por qué andaré yo *enlutado* por la
Is. 3.26 puertas se entristecerán y *enlutarán*
33.9 se *enlutó*, enfermó la tierra; el Líbano
66.10 gozo, todos los que os *enlutáis* por ella
Jer. 4.28 por esto se *enlutará* la tierra, y los
14.2 se *enlutó* Judá, y sus. .se despoblaron
Ez. 7.27 el rey se *enlutará*, y el príncipe se
Os. 4.3 por lo cual se *enlutará* la tierra, y se
Jl. 1.10 se *enlutó* la tierra; porque el trigo
Am. 1.2 los campos de los pastores se *enlutarán*

ENMADERADO
Hab. 2.11 clamará. .la tabla del *e* le responderá

ENMADERAMIENTO
Sof. 2.14 porque su *e* de cedro será descubierto

ENMADERAR
Neh. 2.8 dé madera para *enmaderar* las puertas
3.3,6 *enmaderaron*, y levantaron sus puertas
3.15 la *enmaderó* y levantó sus puertas, sus

ENMENDAR
Ec. 7.3 con la tristeza. .*enmendará* el corazón
Jer. 35.15 volveos. .y *enmendad* vuestras obras

EN-MISPAT ***=Cades*, Gn. 14.7**

ENMOHECER
Stg. 5.3 vuestro oro y plata están *enmohecidos*

ENMUDECER
Éx. 15.16 a la grandeza de tu brazo *enmudezcan*
Sal. 31.18 *enmudezcan* los labios mentirosos que
39.2 *enmudecí* con silencio, me callé. .lo bueno
39.9 *enmudecí*, no abrí mi boca, porque tú lo
Is. 53.7 como oveja. .*enmudeció*, y no abrió su
Dn. 10.15 los ojos. .en tierra, y *enmudecido*
Mt. 22.12 amigo, ¿cómo entraste. .él *enmudeció*
Mr. 4.39 dijo al mar: Calla, *enmudece*. Y cesó

ENNEGRECER
Job 30.28 ando *ennegrecido*, y no por el sol
30.30 mi piel se ha *ennegrecido* y se me cae
Lm. 4.1 ¡cómo se ha *ennegrecido* el oro! ¡Cómo
5.10 se *ennegreció* como un horno a causa de

ENOC
1. Hijo de Caín y padre de Irad
Gn. 4.17 conoció Caín a su mujer. .a luz a *E*
4.17 Caín. .llamó el nombre de la ciudad. .*E*
4.18 y a *E* le nació Irad, e Irad engendró
2. Hijo de Jared y padre de Matusalén
Gn. 5.18 vivió Jared 162 años, y engendró a *E*
5.19 vivió Jared, después que engendró a *E*
5.21 vivió *E*. .años, y engendró a Matusalén
5.22 caminó *E* con Dios, después que. .300 años
5.23 y fueron todos los días de *E* 365 años
5.24 caminó, pues, *E* con Dios. .le llevó Dios
1 Cr. 1.3 *E*, Matusalén, Lamec
Lc. 3.37 Matusalén, hijo de *E*, hijo de Jared
He. 11.5 por la fe *E* fue traspuesto para no ver
Jud. 14 de éstos también profetizó *E*, séptimo
***3. Hijo de Rubén (=Hanoc No. 2)*, Nm. 26.5**

ENOJAR
Gn. 18.30,32 no se *enoje* mi Señor, si hablare
30.2 Jacob se *enojó* contra Raquel, y dijo
31.35 dijo. .No se *enoje* mi señor, porque no
31.36 Jacob se *enojó*, y riñó con Labán; y
34.7 se *enojaron* mucho, porque hizo vileza
40.2 *enojó* Faraón contra sus dos oficiales
41.10 Faraón se *enojó* contra sus siervos, nos
Éx. 4.14 Jehová se *enojó* contra Moisés, y dijo
11.8 y salió muy *enojado* de la presencia de
16.20 hedió; y se *enojó* contra ellos Moisés
32.22 se *enoje* mi señor; tú conoces al pueblo
Lv. 10.16 y Moisés. .se *enojó* contra Eleazar e
Nm. 16.15 Moisés se *enojó* en gran manera, y
22.27 y Balaam se *enojó* y azotó al asna con
31.14 y se *enojó* Moisés contra los capitanes
Dt. 1.34 oyó Jehová la voz. .y se *enojó*, y juró
3.26 pero Jehová se había *enojado* contra mí
4.21 Jehová se *enojó* contra mí por causa de
4.25 hiciereis lo malo ante. .para *enojarlo*
9.8 y se *enojó* Jehová contra vosotros para
9.18 pecado. .haciendo el mal. .para *enojarlo*
9.19 de la ira con que Jehová estaba *enojado*
9.20 contra Aarón también se *enojó* Jehová en
31.20 y me *enojarán*, e invalidarán mi pacto
31.29 *enojándole*. .la obra de vuestras manos
1 S. 1.6 y su rival la irritaba, *enojándola* y
18.8 y se *enojó* Saúl en gran manera, y le
20.7 mas si se *enojare*, sabe que la maldad
29.4 los príncipes de. .se *enojaron* contra él
2 S. 3.8 se *enojó* Abner en gran manera por las
11.20 si el rey comenzare a *enojarse*, y te
13.21 rey David oyó todo esto, se *enojó* mucho
19.42 ¿por qué os *enojáis* vosotros de eso?
1 R. 11.9 se *enojó* Jehová contra Salomón, por
14.9 te hiciste dioses ajenos. .para *enojarme*
14.15 imágenes de Asera, *enojando* a Jehová
14.22 y le *enojaron* más que todo lo que sus
20.43 se fue a su casa triste y *enojado*, y sus
21.4 vino Acab a su casa triste y *enojado*, por
2 R. 5.11 Naamán se fue *enojado*, diciendo: He
5.12 ¿no son. .Y se volvió, y se fue *enojado*
13.19 el varón de Dios, *enojado* contra él, le
2 Cr. 6.36 pecaren. .y te *enojares* contra ellos
16.10 *enojó* Asa contra el vidente y lo echó
25.10 Efraín. .ellos se *enojaron*. .contra Judá
Neh. 4.1 oyó Sanbalat. .edificábamos. .se *enojó*
5.6 y me *enojé* en gran. .cuando oí su clamor
Est. 1.12 el rey se *enojó*. .y se encendió en ira
2.21 se *enojaron* Bigtán y Teres, dos eunucos
Sal. 2.12 honrad al Hijo, para que no se *enoje*
78.40 se rebelaron. .lo *enojaron* en el yermo!
78.56 tentaron y *enojaron* al Dios Altísimo
78.58 le *enojaron* con sus lugares altos, y le
78.59 oyó Dios y se *enojó*, y en gran manera
85.5 ¿estarás *enojado* contra nosotros para
Pr. 14.17 que fácilmente se *enoja* hará locuras
29.9 se *enoje* o que se ría, no tendrá reposo
Ec. 5.6 que Dios se *enoje* a causa de tu voz, y
7.9 no te apresures. .a *enojarte;* porque el
Is. 8.21 se *enojarán* y maldecirán a su rey y
12.1 pues aunque te *enojaste* contra mí, tu
28.21 como en el valle de Gabaón se *enojará*
41.11 que todos los que se *enojan* contra ti
47.6 me *enojé* contra mi pueblo, profané mi
54.9 he jurado que no me *enojaré* contra ti
57.16 contenderé. .ni para siempre me *enojaré*
57.17 por la iniquidad de su codicia me *enojé*
63.10 hicieron *enojar* su santo espíritu; por
64.5 he aquí, tú te *enojaste* porque pecamos
64.9 no te *enojes* sobremanera, Jehová, ni
66.14 Jehová. .se *enojará* contra sus enemigos
Jer. 32.32 la maldad. .han hecho para *enojarme*
44.3 la maldad que. .cometieron para *enojarme*
44.8 haciéndome *enojar* con las obras. .manos
Ez. 16.26 aumentaste. .fornicaciones. .*enojarme*
16.42 mi celo, y descansaré y no me *enojaré*
Dn. 11.30 y se *enojará* contra el pacto santo
Jon. 4.1 pero Jonás se apesadumbró. .se *enojó*
4.2 tú eres. .tardo en *enojarte*, y de grande
4.4 dijo: ¿Haces tú bien en *enojarte* tanto?
4.9 Dios. .¿Tanto te *enojas* por la calabacera?
4.9 él respondió: Mucho me *enojo*, hasta la
Zac. 1.2 *enojó* Jehová. .contra vuestros padres
1.15 cuando yo estaba *enojado* un poco, ellos
Mt. 2.16 Herodes. .*enojó* mucho, y mandó matar
5.22 que se *enoje* contra su hermano, será
18.34 su señor, *enojado*, le entregó a los
20.24 cuando los diez oyeron. .se *enojaron*
22.7 al oírlo el rey, se *enojó;* y enviando
26.8 al ver esto, los discípulos se *enojaron*
Mr. 10.41 los diez, comenzaron a *enojarse* contra
14.4 algunos que se *enojaron* dentro de sí
Lc. 13.14 *enojado* de que Jesús hubiese sanado
14.21 *enojado* el padre de familia, dijo a su
15.28 se *enojó*, y no quería entrar. Salió por
Jn. 7.23 ¿os *enojáis*. .en el día de reposo sané
Hch. 12.20 Herodes estaba *enojado* contra los de

ENOJO
Gn. 27.44 que el *e* de tu hermano se mitigue
44.18 no se encienda tu *e* contra tu siervo
Jue. 8.3 *e* de ellos contra él se aplacó, luego
14.19 encendido en *e* se volvió a la casa de

ENOJO *(Continúa)*

1 R. 15.30 con que provocó a *e* a Jehová Dios de
16.13 provocando a *e* con sus vanidades..Dios
2 R. 3.27 y hubo grande *e* contra Israel; y se
2 Cr. 28.9 *e* contra Judá, los ha entregado en
Est. 1.18 dirán..habrá mucho menosprecio y *e*
Sal. 6.1 Jehová, no me reprendas en tu *e*, ni
37.8 deja la ira, y desecha el *e;* no..lo malo
69.24 tu ira, y el furor de tu *e* los alcance
78.38 apartó..ira, y no despertó todo su *e*
78.49 envió..*e*, indignación y angustia, un
85.3 reprimiste todo tu *e;* te apartaste del
102.10 a causa de tu *e* y de tu ira; pues me
103.9 siempre, ni para siempre guardará el *e*
Pr. 11.23 la esperanza de los impíos es el *e*
14.35 mas su *e* contra el que lo avergüenza
22.24 no..ni te acompañes con el hombre de *e*
24.18 que Jehová lo..aparte de sobre él su *e*
Ec. 7.9 el *e* reposa en el seno de los necios
11.10 quita..de tu corazón el *e*, y aparta
Is. 10.25 se acabará mi..*e*, para destrucción
27.4 no hay *e* en mí. ¿Quién pondrá contra mí
Jer. 3.5 ¿guardará su *e* para siempre..guardará?
3.12 porque..no guardaré para siempre el *e*
10.25 derrama tu *e* sobre los pueblos que no
15.15 me reproches en la prolongación de tu *e*
18.23 haz así con ellos en el tiempo de tu *e*
21.5 pelearé contra vosotros..con furor y *e*
32.31 que para *e* mío y..ha sido esta ciudad
32.37 a las cuales los eché con..y con mi *e*
42.18 como se derramó mi *e* y mi ira sobre los
Lm. 2.4 en la tienda..derramó como fuego su *e*
3.1 ha visto aflicción bajo el látigo de su *e*
4.11 cumplió Jehová su *e*, derramó el ardor de
Ez. 5.13 se cumplirá..y saciaré en ellos mi *e*
5.13 y sabrán..cuando cumpla en ellos mi *e*
6.12 morirá de hambre..cumpliré en ellos mi *e*
13.13 piedras de granizo con *e* para consumir
20.8 para cumplir mi *e* en ellos en medio de
20.21 cumplir mi *e* en ellos en el desierto
20.33 con..y *e* derramado, he de reinar sobre
20.34 os sacaré..os reuniré..con..*e* derramado
21.31 el fuego de mi *e* haré encender sobre ti
22.22 habré derramado mi *e* sobre vosotros
25.14 harán en Edom según mi *e* y conforme a
38.18 dijo Jehová el..subirá mi ira y mi *e*
Dn. 2.12 el rey..con gran *e* mandó que matasen
3.13 dijo con ira y..*e* que trajesen a Sadrac
Os. 8.5 se encendió mi *e* contra ellos, hasta
Mi. 7.18 no retuvo para siempre su *e*, porque
Nah. 1.2 Jehová es..guarda *e* para sus enemigos
1.6 ¿y quién quedará en pie en el..de su *e?*
Sof. 2.3 guardados en el día del *e* de Jehová
3.8 para derramar sobre ellos mi *e*, todo el
Zac. 7.12 vino..gran *e* de parte de Jehová de
10.3 contra..pastores se ha encendido mi *e*
Mr. 3.5 mirándolos..con *e*, entristecido por la
Ro. 2.8 pero ira y *e* a los que son contenciosos
Ef. 4.26 no se ponga el sol sobre vuestro *e*
4.31 toda..*e*, ira, gritería y maledicencia
Col. 3.8 dejad..estas cosas: ira, *e*, malicia

ENÓN ***Lugar de manantiales donde Juan bautizaba*, Jn. 3.23**

ENOQUITA ***Descendiente de Enoc No. 3*, Nm. 26.5**

ENORGULLECER

Dt. 8.14 *enorgullezca* tu corazón, y te olvides
Sal. 75.4 a los impíos: No os *enorgullezcáis*
Jer. 51.3 al que se *enorgullece* de su coraza
Hab. 2.4 cuya alma no es recta, se *enorgullece*

ENORME

Hch. 18.14 si fuera..crimen *e*..yo os toleraría
Ap. 16.21 cayó..un *e* granizo como del peso de

ENORMIDAD

Jer. 13.22 *e* de tu maldad fueron descubiertas

ENÓS ***Hijo de Set y padre de Cainán***

Gn. 4.26 nació un hijo, y llamó su nombre *E*
5.6 vivió Set 105 años, y engendró a *E*
5.7 vivió Set, después que engendró a *E*, 807
5.9 vivió *E* noventa años, y engendró a Cainán
5.10 y vivió *E*..815 años, y engendró hijos
5.11 y fueron todos los días de *E* 905 años
1 Cr. 1.1 Adán, Set, *E*
Lc. 3.38 hijo de *E*, hijo de Set, hijo de Adán

ENRAMADA

Job 27.18 edificó su..como *e* que hizo el guarda
Is. 1.8 queda la hija de Sion como *e* en viña
Lm. 2.6 quitó su tienda como *e* de huerto
Jon. 4.5 salió Jonás de..y se hizo allí una *e*
Mt. 17.4; Mr. 9.5; Lc. 9.33 tres *e*, una para ti

ENREDAR

2 S. 18.9 se le *enredó* la cabeza en la encina
Pr. 12.13 impío es *enredado* en..de sus labios
17.14 deja..la contienda, antes que se *enrede*
Ec. 9.12 como las aves que se *enredan* en lazo
Is. 8.15 muchos..se *enredarán* y serán apresados
32.7 trama intrigas inicuas para *enredar* a
Jon. 2.5 abismo; el alga se *enredó* a mi cabeza
2 Ti. 2.4 que milita se *enreda* en los negocios
2 P. 2.20 *enredándose* otra vez en..son vencidos

ENREJADO

Éx. 27.4 y le harás un *e* de bronce de obra de
35.16 su *e* de bronce y sus varas, y todos sus
38.4 e hizo para el altar un *e* de bronce de
38.5 a los cuatro extremos del *e* de bronce
38.30 y el altar de bronce y su *e* de bronce
39.39 el altar de bronce con su *e* de bronce

EN-RIMÓN **=*Rimón No. 1*, Neh. 11.29**

ENRIQUECER

Gn. 14.23 que no digas: Yo *enriquecí* a Abram
26.13 se *enriqueció*, y fue prosperado, y se
30.43 y se *enriqueció* el varón muchísimo, y
Lv. 25.47 si el..extranjero..se *enriqueciere*
1 S. 2.7 Jehová empobrece, y él *enriquece*
17.25 rey le *enriquecerá* con grandes riquezas
Sal. 49.16 no temas cuando se *enriquece* alguno
65.9 la riegas; en gran manera la *enriqueces*
Pr. 10.4 la mano de los diligentes *enriquece*
10.22 la bendición de Jehová..que *enriquece*
21.17 el que ama el vino..no se *enriquecerá*
28.20 el que se apresura a *enriquecerse* no
Ez. 27.33 los reyes de la tierra *enriqueciste*
Os. 12.8 he *enriquecido*, he hallado riquezas
Zac. 11.5 bendito sea Jehová..he *enriquecido*
1 Co. 1.5 fuisteis *enriquecidos* en él, en toda
2 Co. 6.10 pobres, mas *enriqueciendo* a muchos
8.9 para que vosotros..fueseis *enriquecidos*
9.11 estéis *enriquecidos* en todo para toda
1 Ti. 6.9 los que quieren *enriquecerse* caen en
Ap. 3.17 yo soy rico, y me he *enriquecido*, y de
18.3 se han *enriquecido* de la potencia de sus
18.15 los mercaderes..que se han *enriquecido*
18.19 se habían *enriquecido* de sus riquezas

ENROJECER

Sal. 68.23 tu pie se *enrojecerá* de sangre de
Nah. 2.3 el escudo de sus..estará *enrojecido*

ENROLLAR

Is. 34.4 *enrollarán* los cielos como un libro
Lc. 4.20 y *enrollando* el..lo dio al ministro
Jn. 20.7 sudario..*enrollado* en un lugar aparte
Ap. 6.14 como un pergamino que se *enrolla;* y

ENRONQUECER

Sal. 69.3 mi garganta se ha *enronquecido;* han

ENSANCHAR

Éx. 34.24 *ensancharé* tu territorio; y ninguno
Dt. 12.20 cuando Jehová tu Dios *ensanchare* tu
19.8 tu Dios *ensanchare* tu territorio, como
33.20 bendito el que hizo *ensanchar* a Gad
1 S. 2.1 boca se *ensanchó* sobre mis enemigos
2 S. 22.37 *ensanchaste* mis pasos debajo de mí
1 Cr. 4.10 *ensancharas* mi territorio, y si tu
Sal. 4.1 en angustia, tú me hiciste *ensanchar*
18.36 *ensanchaste* mis pasos debajo de mí, y
35.21 *ensancharon* contra mí su boca; dijeron
119.32 correré, cuando *ensanches* mi corazón
Pr. 18.16 la dádiva del hombre le *ensancha* el
Is. 5.14 por eso *ensanchó* su interior el Seol
26.15 *ensanchaste* todos los confines de la
54.2 *ensancha* el sitio de tu tienda, y las
57.4 ¿contra quién *ensanchasteis* la boca, y
57.8 a otro..subiste, y *ensanchaste* tu cama
60.5 *ensanchará* tu corazón, porque se haya
Jer. 46.8 Egipto como río se *ensancha*, y las
Am. 1.13 para *ensanchar* sus tierras abrieron
Hab. 2.5 *ensanchó* como el Seol su alma, y es
Mt. 23.5 *ensanchan* sus filacterias, y extienden
2 Co. 6.11 nuestro corazón se ha *ensanchado*
6.13 para corresponder..*ensanchaos* también

ENSAÑAR

Gn. 4.5 se *ensañó* Caín en gran manera, y decayó
4.6 ¿por qué te has *ensañado*, y por qué ha

ENSAYAR

Sal. 66.10 nos *ensayaste* como se afina la plata
Mi. 4.3 no..ni se *ensayarán* más para la guerra

EN-SEMES ***Manantial en la frontera de Judá y Benjamín*, Jos. 15.7; 18.17**

ENSENADA

Hch. 27.39 pero veían una *e* que tenía playa, en

ENSEÑA

Nm. 2.2 bajo las *e* de las casas de sus padres
Hch. 28.11 la cual tenía por *e* a Cástor y Pólux

ENSEÑADOR

Job 36.22 es excelso en..¿Qué *e* semejante a él?
Sal. 119.99 más que todos mis *e* he entendido
Is. 43.27 pecó, y tus *e* prevaricaron contra mí

ENSEÑANZA

Dt. 32.2 goteará como la lluvia mi *e;* destilará
Pr. 1.7 los insensatos desprecian la..y la *e*
4.1 oíd, hijos, la *e* de un padre, y..atentos
4.2 os doy buena *e;* no desamparéis mi ley
6.20 de tu padre, no dejes la *e* de tu madre
6.23 el mandamiento es lámpara, y la *e* es
8.10 recibid mi *e*, y no plata; y ciencia
15.33 el temor de Jehová es *e* de sabiduría
19.27 cesa..de oir las *e* que te hacen divagar
23.12 aplica tu corazón a la *e*, y tus oídos
23.23 la sabiduría, la *e* y la inteligencia
30.17 ojo que..menosprecia la *e* de la madre
Jer. 10.8 todos se..*E* de vanidades es el leño
Hch. 17.19 qué es esta nueva *e* de que hablas?
Ro. 12.7 en servir; o el que enseña, en la *e*
15.4 para nuestra *e* se escribieron, a fin de
2 Ts. 3.6 y no según la *e* que recibisteis de
1 Ti. 4.13 ocúpate en la..exhortación y la *e*
Tit. 1.9 que también pueda exhortar con sana *e*
2.7 ejemplo de..en la *e* mostrando integridad

ENSEÑAR

Gn. 3.11 ¿quién te *enseñó* que estabas desnudo?
Éx. 4.12 y te *enseñaré* lo que hayas de hablar
4.15 yo..os *enseñaré* lo que hayáis de hacer
18.20 y *enseña* a ellos las ordenanzas y las
24.12 la ley, y mandamientos..para *enseñarles*
35.34 ha puesto en su..el que pueda *enseñar*
Lv. 10.11 *enseñar* a los hijos de..los estatutos
14.57 para *enseñar* cuándo es inmundo..limpio
Dt. 4.1 Israel, oye los estatutos..os *enseño*
4.5 yo os he *enseñado* estatutos y decretos
4.9 *enseñarás* a tus hijos, y a los hijos de
4.10 les haga oir..las *enseñarán* a sus hijos
4.14 me mandó..que os *enseñase* los estatutos
4.36 cielos te hizo oir su voz, para *enseñarte*
5.31 les *enseñarás*, a fin de que los pongan
6.1 que Jehová..Dios mandó que os *enseñase*
11.19 *enseñaréis* a vuestros hijos, hablando
17.9 y ellos te *enseñarán* la sentencia del
17.11 según la ley que te *enseñen*, y según
20.18 para que no os *enseñen* a hacer según
24.8 todo lo que os *enseñaren* los sacerdotes
31.19 escribíos este cántico, y *enséñalo* a
31.22 Moisés..*enseñó* a los hijos de Israel
33.10 *enseñarán* tus juicios a Jacob, y tu ley
Jue. 3.2 para que la *enseñasen* a los que antes
13.8 nos *enseñe* lo que hayamos de hacer con
1 S. 9.18 que me *enseñes* dónde está la casa del
10.8 hasta que yo venga a ti y te *enseñe* lo
16.3 y yo te *enseñaré* lo que has de hacer
2 S. 1.18 debía *enseñarse* a los hijos de Judá
1 R. 8.36 *enseñándoles* el buen camino en que
2 R. 17.27 les *enseñe* la ley del Dios del país
17.28 *enseñó* cómo habían de temer a Jehová
2 Cr. 6.27 les *enseñarás* el buen camino para
15.3 Israel..sin sacerdote que *enseñara*, y
17.7 que *enseñasen* en las ciudades de Judá
17.9 *enseñaron* en Judá..el libro de la ley
17.9 recorrieron..Judá *enseñando* al pueblo
35.3 dijo a los levitas que *enseñaban* a todo
Esd. 7.10 para *enseñar* en Israel sus estatutos
7.25 y al que no las conoce, le *enseñarás*
Neh. 8.12 las palabras que les habían *enseñado*
9.20 y enviaste tu Espíritu para *enseñarles*
Job 4.3 *enseñabas* a muchos, y fortalecías las
6.24 *enseñadme*, y..callaré; hacedme entender
8.10 ¿no te *enseñarán* ellos, te hablarán, y
12.7 pregunta ahora a..y ellas te *enseñarán*
12.8 habla a la tierra, y ella te *enseñará*
21.22 ¿*enseñará* alguien a Dios sabiduría
27.11 os *enseñaré* en cuanto a la mano de Dios
33.33 si no..calla, y te *enseñaré* sabiduría
34.32 *enséñame* tú lo que yo no veo; si hice
35.11 nos *enseña* más que a las bestias de la
36.2 espérame un poco, y te *enseñaré;* porque
42.4 ruego..te preguntaré, y tú me *enseñarás*
Sal. 16.7 en las noches me *enseña* mi conciencia
25.4 Jehová, tus caminos; *enséñame* tus sendas
25.5 encamíname en tu verdad, y *enséñame*
25.8 él *enseñará* a los pecadores el camino
25.9 y *enseñará* a los mansos su carrera
25.12 le *enseñará* el camino que ha de escoger
27.11 *enséñame*, oh Jehová..camino, y guíame
32.8 te *enseñaré* el camino en que debes andar
34.11 oídme; el temor de Jehová os *enseñaré*
45.4 tu diestra te *enseñará* cosas terribles
51.13 entonces *enseñaré* a los transgresores
60 *tít.* Mictam de David, para *enseñar*, cuando
71.17 Dios, me *enseñaste* desde mi juventud
86.11 *enséñame*..Jehová, tu camino; caminaré
90.12 *enséñanos*..modo a contar nuestros días
94.10 ¿no sabrá el que *enseña* al hombre la
105.22 y a sus ancianos *enseñara* sabiduría
119.12 bendito tú, oh..*enséñame* tus estatutos
119.26 has respondido; *enséñame* tus estatutos
119.33 *enséñame*..el camino de tus estatutos
119.64 misericordia..*enséñame* tus estatutos
119.66 *enséñame* buen sentido y sabiduría

ENSEÑAR *(Continúa)*
Sal. 119.68 bueno eres tú..*enséñame* tus estatutos
119.102 no me aparté de tus..tú me *enseñaste*
119.108 te ruego..y me *enseñes* tus juicios
119.124 tu siervo..y *enséñame* tus estatutos
119.135 tu rostro..y *enséñame* tus estatutos
119.171 cuando me *enseñes* tus estatutos
132.12 y mi testimonio que yo les *enseñaré*
143.10 *enséñame* a hacer tu voluntad, porque
Pr. 4.4 él me *enseñaba*, y me decía: Retenga tu
5.13 los que me *enseñaban* no incliné mi oído
9.9 *enseña* al justo, y aumentará su saber
31.1 la profecía con que le *enseñó* su madre
Ec. 6.12 ¿quién *enseñará* al hombre qué será
8.7 y el cuándo..ser, ¿quién se lo *enseñará?*
12.9 cuanto más sabio..más *enseñó* sabiduría
Cnt. 8.2 tú me *enseñarías*, y yo te haría beber
Is. 2.3 subamos al..nos *enseñará* sus caminos
8.11 *enseñó* que no caminase por el camino de
9.15 profeta que *enseña* mentira, es la cola
28.9 ¿a quién se *enseñará* ciencia, o a quién
28.26 Dios le instruye, y le *enseña* lo recto
29.13 mandamiento..que les ha sido *enseñado*
40.13 quién *enseñó*..le aconsejó *enseñándole?*
40.14 ¿quién le *enseñó* el camino..*e* ciencia
40.21 ¿no habéis sido *enseñados* desde que la
41.26 cierto, no hay quien anuncie..*enseñe*
41.27 yo soy el primero que he *enseñado* estas
48.17 yo soy Jehová Dios tuyo, que te *enseña*
54.13 tus hijos serán *enseñados* por Jehová
Jer. 2.33 a las malvadas *enseñaste* tus caminos
9.14 baales, según les *enseñaron* sus padres
9.20 *enseñad* endechas a vuestras hijas, y
12.16 *enseñaron* a mi pueblo a jurar por Baal
13.21 aquellos a quienes tú *enseñaste* a ser
16.21 *enseñaré* esta vez, les haré conocer mi
31.34 no *enseñará* más ninguno a su prójimo
32.33 cuando los *enseñaba* desde temprano y
33.3 te *enseñaré* cosas grandes y ocultas que
42.3 tu Dios nos *enseñe* el camino por donde
42.4 y todo lo que..respondiere, os *enseñaré*
Ez. 24.19 ¿no nos *enseñarás* qué significan para
37.18 nos *enseñarás* qué te propones con eso?
44.23 *enseñarán*..a hacer diferencia entre lo
44.23 y les *enseñarán* a discernir entre lo
Dn. 1.4 *enseñados* en toda sabiduría, sabios en
1.4 que les *enseñase* las letras y la lengua
8.16 dijo: Gabriel, *enseña* a éste la visión
8.19 te *enseñaré* lo que ha de venir al fin de
9.23 yo he venido para *enseñártela*, porque tú
12.3 los que *enseñan* la justicia a la multitud
Os. 7.15 yo los *enseñé* y fortalecí sus brazos
10.12 hasta que venga y os *enseñe* justicia
11.3 yo con..*enseñaba* a andar al mismo Efraín
Am. 7.7 me *enseñó* así: He aquí el Señor estaba
Mi. 3.11 sus sacerdotes *enseñan* por precio, y
4.2 subamos..y nos *enseñará* en sus caminos
Hab. 2.18 ¿la estatua de..que *enseña* mentira
2.19 ¿podrá él *enseñar?* He aquí está cubierto
Zac. 1.9 dijo..Yo te *enseñaré* lo que son estos
Mt. 3.7 os *enseñó* a huir de la ira venidera?
4.23 *enseñando* en las sinagogas de ellos, y
5.2 abriendo su boca les *enseñaba*, diciendo
5.19 quebrante..y así *enseñe* a los hombres
5.19 mas cualquiera que los haga y los *enseñe*
7.29 *enseñaba* como quien tiene autoridad, y
9.35 recorría..*enseñando* en las sinagogas de
11.1 se fue de allí a *enseñar* y a predicar en
13.54 les *enseñaba* en la sinagoga de ellos
15.9 *enseñando* como doctrinas mandamientos
21.23 se acercaron a él mientras *enseñaba*
22.16 *enseñas* con verdad el camino de Dios
26.55 me sentaba..*enseñando* en el templo, y
28.20 *enseñándoles*..guarden todas las cosas
Mr. 1.21 entrando en la sinagoga, *enseñaba*
1.22 *enseñaba* como quien tiene autoridad, y
2.13 toda la gente venía a él, y les *enseñaba*
4.1 comenzó Jesús a *enseñar* junto al mar, y
4.2 les *enseñaba* por parábolas muchas cosas
6.2 reposo, comenzó a *enseñar* en la sinagoga
6.6 recorría..aldeas de alrededor, *enseñando*
6.30 contaron todo..y lo que habían *enseñado*
6.34 vio..y comenzó a *enseñarles* muchas cosas
7.7 *enseñando* como doctrinas mandamientos de
8.31 *enseñarles* que le era necesario al Hijo
9.31 *enseñaba* a sus discípulos, y les decía
10.1 él, y de nuevo les *enseñaba* como solía
11.17 les *enseñaba*, diciendo: ¿No está escrito
12.14 con verdad *enseñas* el camino de Dios
12.35 *enseñando* Jesús en el templo, decía
14.49 con vosotros *enseñando* en el templo, y
Lc. 1.2 como nos lo *enseñaron* los que desde el
3.7 os *enseñó* a huir de la ira venidera?
4.15 *enseñaba* en las sinagogas de ellos, y
4.31 y les *enseñaba* en los días de reposo
5.3 *enseñaba* desde la barca a la multitud
5.17 él estaba *enseñando*, y estaban sentados
6.6 que él entró en la sinagoga y *enseñaba*
11.1 *enséñanos* a orar, como..Juan *enseñó* a
12.5 pero os *enseñaré* a quién debéis temer
12.12 *enseñará* en..hora lo que debáis decir
13.10 *enseñaba* Jesús en una sinagoga en el
13.22 pasaba Jesús por..y aldeas, *enseñando*
13.26 bebido, y en nuestras plazas *enseñaste*
19.47 *enseñaba* cada día en el templo; pero
20.1 *enseñando* Jesús al pueblo en el templo
20.21 sabemos que dices y *enseñas* rectamente
20.21 *enseñas* el camino de Dios con verdad
20.37 aun Moisés lo *enseñó* en el pasaje de
21.37 y *enseñaba* de día en el templo; y de
23.5 *enseñando* por toda Judea, comenzando
Jn. 6.45 serán todos *enseñados* por Dios. Así
6.59 cosas dijo en..*enseñando* en Capernaum
7.14 mas..subió Jesús al templo, y *enseñaba*
7.28 *enseñando* en el templo, alzó la voz y
7.35 ¿se irá a los..*enseñará* a los griegos?
8.2 vino a él; y sentado él, les *enseñaba*
8.20 habló Jesús en..*enseñando* en el templo
8.28 que según me *enseñó* el Padre, así hablo
9.34 nos *enseñas* a nosotros? Y le expulsaron
14.26 él os *enseñará* todas las cosas, y os
18.20 siempre he *enseñado* en la sinagoga y
Hch. 1.1 que Jesús comenzó a hacer y a *enseñar*
4.2 resentidos de que *enseñasen* al pueblo, y
4.18 que..ni *enseñasen* en el nombre de Jesús
5.21 entraron de mañana en el..y *enseñaban*
5.25 los varones..en el templo, y *enseñan*
5.28 ¿no os mandamos..que no *enseñaseis* en
5.42 casas, no cesaban de *enseñar* y predicar
7.22 *enseñado* Moisés en toda la sabiduría de
8.31 cómo podré, si alguno no me *enseñare?*
11.26 congregaron..*enseñaron* a mucha gente
15.1 algunos que..*enseñaban* a los hermanos
15.35 Pablo..*enseñando* la palabra del Señor
16.21 y *enseñan* costumbres que no..es lícito
18.11 año..*enseñándoles* la palabra de Dios
18.25 y *enseñaba*..lo concerniente al Señor
20.7 Pablo les *enseñaba*, habiendo de salir
20.20 nada..fuese útil he rehuido..*enseñaros*
20.35 os he *enseñado* que, trabajando así, se
21.21 que *enseñas* a..a apostatar de Moisés
21.28 este es el hombre que..*enseña* a todos
28.31 *enseñando* acerca del Señor Jesucristo
Ro. 2.21 *enseñas* a otro, ¿no te *e* a ti mismo?
12.7 o si..o el que *enseña*, en la enseñanza
1 Co. 2.13 hablamos, no con palabras *enseñadas*
2.13 sino con las que *enseña* el Espíritu
4.17 de la manera que *enseño* en todas partes
11.14 os *enseña* que al varón le es deshonroso
11.23 recibí..lo que también os he *enseñado*
14.19 cinco palabras..para *enseñar*..a otros
15.3 os he *enseñado* lo que asimismo recibí
Gá. 6.6 el que es *enseñado* en la palabra, haga
Ef. 4.21 oído, y habéis sido por él *enseñados*
Fil. 4.12 en todo y por todo estoy *enseñado* así
Col. 1.28 *enseñando* a todo hombre en..sabiduría
2.7 confirmados..como habéis sido *enseñados*
3.16 *enseñándoos*..unos a otros en..sabiduría
1 Ti. 1.3 mandases a..que no *enseñen* diferente
2.12 porque no permito a la mujer *enseñar*, ni
3.2 decoroso, hospedador, apto para *enseñar*
4.6 si esto *enseñas* a los hermanos, serás
4.11 esto manda y *enseña*
5.17 los que trabajan en predicar y *enseñar*
6.2 su buen servicio. Esto *enseña* y exhorta
6.3 si alguno *enseña* otra cosa, y no se
2 Ti. 2.2 sean idóneos para *enseñar*..a otros
2.24 no debe..sino apto para *enseñar*, sufrido
3.16 útil para *enseñar*, para redargüir, para
Tit. 1.9 la palabra..tal como ha sido *enseñada*
1.11 *enseñando* por ganancia deshonesta lo que
2.4 *enseñen* a las mujeres jóvenes a amar a
2.12 *enseñándonos*..renunciando a la impiedad
He. 5.12 os vuelva a *enseñar*..los rudimentos
8.11 y ninguno *enseñará* a su prójimo, ni
1 Jn. 2.27 no tenéis necesidad de..os *enseñe*
2.27 unción misma os *enseña* todas las cosas
2.27 no es mentira, según ella os ha *enseñado*
Ap. 2.14 que *enseñaba* a Balac a poner tropiezo
2.20 esa mujer Jezabel..*enseñe* y seduzca a

ENSEÑOREAR
Gn. 3.16 tu marido, y él se *enseñoreará* de ti
4.7 a ti será su..y tú te *enseñorearás* de él
Lv. 25.43 no te *enseñorearás* de él con dureza
25.46 no os *enseñorearéis*..sobre su hermano
25.53 como..no se *enseñoreará* en él con rigor
26.17 los que os aborrecen se *enseñorearán* de
Nm. 16.13 sino que..te *enseñorees* de nosotros
Neh. 5.15 criados se *enseñoreaban* del pueblo
9.37 se *enseñorean* sobre nuestros cuerpos
Est. 9.1 que..esperaban *enseñorearse* de ellos
9.1 los judíos se *enseñorearon* de los que los
Sal. 19.13 las soberbias; que no se *enseñoreen*
49.14 y los rectos se *enseñorearán* de ellos
106.41 se *enseñorearon* de ellos los que les
119.133 y ninguna iniquidad se *enseñoree* de
Pr. 16.32 el que se *enseñorea* de su espíritu
17.2 el siervo prudente se *enseñoreará* del
22.7 el rico se *enseñorea* de los pobres, y
Ec. 2.19 sabio o necio el que se *enseñoreará*
8.9 hombre se *enseñorea* del hombre para mal
Is. 3.12 mujeres se *enseñorearon* de él. Pueblo
14.6 el que se *enseñoreaba* de las naciones
19.4 y rey violento se *enseñoreará* de ellos
26.13 otros..se han *enseñoreado* de nosotros
41.2 entregó..y le hizo *enseñorear* de reyes
52.5 que en él se *enseñorean*, lo hacen aullar
63.19 como..de quienes nunca te *enseñoreaste*
Lm. 5.8 siervos se *enseñorearon* de nosotros; no
Ez. 34.4 que os habéis *enseñoreado* de ellas con
Jl. 2.17 que las naciones se *enseñoreen* de ella
Mt. 20.25 gobernantes..se *enseñorean* de ellas
Mr. 10.42 se *enseñorean* de ellas, y sus grandes
Lc. 22.25 los reyes de..se *enseñorean* de ellas
Ro. 6.9 ya..la muerte no se *enseñorea* más de él
6.14 el pecado no se *enseñoreará* de vosotros
7.1 ¿acaso ignoráis..que la ley se *enseñorea*
2 Co. 1.24 no que nos *enseñoreemos* de vuestra

ENSERES
Gn. 31.37 ¿qué has hallado de todos los *e* de tu
45.20 no os preocupéis por vuestros *e*, porque
Nm. 1.50 llevarán el tabernáculo y todos sus *e*
3.36 del tabernáculo..sus basas y todos sus *e*
Jos. 7.11 anatema..lo han guardado entre sus *e*
1 R. 7.48 entonces hizo Salomón todos los *e*
2 R. 7.15 *e* que los sirios habían arrojado por
2 Cr. 4.16 de bronce muy fino hizo todos sus *e*
4.18 hizo todos estos *e* en número tan grande
Jer. 46.19 *e* de cautiverio, moradora hija de
Ez. 12.3 prepárate *e* de marcha, y parte de día
12.4 sacarás tus *e* de día..*e* de cautiverio
12.7 saqué mis *e* de día, como *e* de cautiverio
Jon. 1.5 echaron al mar los *e* que había en la

ENSILLAR
Jue. 19.10 con su par de asnos *ensillados*, y su
1 R. 2.40 Simei..*ensilló* su asno y fue a Aquis
13.13 *ensilladme* el asno. Y..le *ensillaron* el
13.23 cuando había comido..*ensilló* el asno
13.27 *ensilladme* un asno..se lo *ensillaron*

ENSOBERBECER
Éx. 9.17 te *ensoberbeces* contra mi pueblo, para
18.11 en lo que se *ensoberbecieron* prevaleció
21.14 se *ensoberbeciere* contra su prójimo y lo
Dt. 17.13 el pueblo oirá..y no se *ensoberbecerá*
Est. 7.5 que ha *ensoberbecido* su corazón para
Sal. 140.8 deseos..para que no se *ensoberbezca*
Is. 3.16 las hijas de Sion se *ensoberbecen*, y
10.15 ¿se *ensoberbecerá* la sierra contra el
Jer. 50.29 porque contra Jehová se *ensoberbeció*
Dn. 5.20 cuando su corazón se *ensoberbeció*, y
5.23 te has *ensoberbecido*, e hiciste traer
11.36 el rey hará..y se *ensoberbecerá*, y se
Os. 13.6 repletos, se *ensoberbeció* su corazón
Sof. 3.11 y nunca más te *ensoberbecerás* en mi
Ro. 11.20 pie. No te *ensoberbezcas*, sino teme

ENSORDECER
Mi. 7.16 las naciones..*ensordecerán* sus oídos

ENSUCIAR
Cnt. 5.3 he lavado..¿cómo los he de *ensuciar?*

ENTABLADURA
2 Cr. 34.11 madera..para la *e* de los edificios

ENTALLADURA
1 R. 6.18 tenía *e* de calabazas silvestres y
7.31 había también sobre la boca *e* con sus
7.36 hizo..*e* de querubines, de leones y de
7.37 diez basas, fundidas..de una misma *e*
Sal. 74.6 con hachas..quebrado todas sus *e*

ENTENDER
Gn. 8.11 *entendió* Noé que las aguas..retirado
11.7 para que ninguno *entienda* el habla de
42.23 ellos no sabían que los *entendía* José
47.6 *entiendes* que hay entre ellos hombres
Éx. 9.14 *entiendas* que no hay otro como yo en
Lv. 5.4 no lo *entendiere*..después lo *entiende*
Dt. 9.3 *entiende*..Jehová tu Dios el que pasa
28.49 una nación..cuya lengua no *entiendas*
29.4 no os ha dado corazón para *entender*, ni
Jos. 3.7 *entiendan* que como estuve con Moisés
9.24 como fue dado a *entender* a tus siervos
22.31 hemos *entendido* que Jehová está entre
Jue. 6.37 *entenderé* que salvarás a Israel por
1 S. 3.8 *entendió* Elí que Jehová llamaba al
20.33 *entendió*..estaba resuelto a matar a
20.39 ninguna cosa *entendió* el muchacho
20.39 David *entendían* de lo que se trataba
23.9 *entendiendo* David..Saúl ideaba el mal
23.10 tu siervo tiene *entendido* que Saúl
24.20 como yo *entiendo* que tú has de reinar
26.3 David..*entendió* que Saúl le seguía en
26.12 no hubo nadie que viese, ni *entendiese*
28.1 ten *entendido* que has de salir conmigo
28.14 Saúl entonces *entendió* que era Samuel
2 S. 3.37 Israel *entendió*..no había procedido
5.12 *entendió* David que Jehová le había..rey
12.19 *entendió* que el niño había muerto; por
14.22 ha *entendido* tu siervo que he hallado
1 R. 8.43 *entiendan* que tu nombre es invocado
20.7 *entended*, y ved..éste no busca sino mal
2 R. 4.9 *entiendo* que éste..es varón santo de
18.26 que hables..en arameo..lo *entendemos*
1 Cr. 12.32 de Isacar, 200..*entendidos* en los

ENTENDER *(Continúa)*

1 Cr. 14.2 *entendió* David que Jehová lo había
28.9 Jehová. .*entiende* todo intento de los
28.19 me hizo *entender* todas las obras del
Neh. 4.15 cuando oyeron. .lo habíamos *entendido*
6.12 y *entendí* que Dios no lo había enviado
8.2 la congregación. .los que podían *entender*
8.3 en presencia de. .los que podían *entender*
8.7 hacían *entender* al pueblo la ley; y el
8.8 leían. .de modo que *entendiesen* la lectura
8.9 los levitas que hacían *entender* al pueblo
8.12 habían *entendido* las palabras que les
8.13 para *entender* las palabras de la ley
Est. 2.22 Mardoqueo *entendió* esto, lo denunció
Job 6.24 hacedme *entender* en qué he errado
9.11 no lo veré; pasará, y no lo *entenderé*
10.2 hazme *entender*. .qué contiendes conmigo
12.9 *entiende* que la mano de Jehová la hizo?
13.1 cosas han. .oído y *entendido* mis oídos
13.23 hazme *entender* mi transgresión. .pecado
14.21 o serán humillados, y no *entenderá* de
15.9 ¿qué *entiendes* tú que no se halle en
18.2 palabras? *Entended*, y después hablemos
23.5 sabría. .y *entendería* lo que me dijera
28.23 *entiende* el camino de ella, y conoce
29.16 la causa que no *entendía*, me informaba
32.8 y el soplo del. .le hace que *entienda*
32.9 no. .ni los ancianos *entienden* el derecho
33.14 habla Dios; pero el hombre no *entiende*
37.5 hace grandes cosas, que. .no *entendemos*
38.20 que. .*entiendas* las sendas de su casa?
42.3 yo hablaba lo que no *entendía*; cosas
Sal. 19.12 ¿quién podrá *entender* sus. .errores?
32.8 haré *entender*, y te enseñaré el camino
35.15 y yo no lo *entendía*; me despedazaban
49.20 hombre que está en honra y no *entiende*
50.22 *entended*. .los que os olvidáis de Dios
64.9 temerán todos. .y *entenderán* sus hechos
73.22 tan torpe era yo, que no *entendía*; era
78.3 las cuales hemos oído y *entendido*; que
81.5 de Egipto. Oí lenguaje que no *entendía*
82.5 no saben, no *entienden*. .en tinieblas
92.6 sabe, y el insensato no *entiende* esto
94.7 no verá. .ni *entenderá* el Dios de Jacob
94.8 *entended*, necios del pueblo; y vosotros
101.2 *entenderé* el camino de la perfección
106.7 padres en Egipto no *entendieron* tus
107.43 ¿quién. .*entenderá* las misericordias
109.27 y *entiendan* que esta es tu mano; que
119.27 hazme *entender* el camino de tus
119.73 hazme *entender*, y. .tus mandamientos
119.99 más que. .mis enseñadores he *entendido*
119.100 más que los viejos he *entendido*
119.130 alumbra; hace *entender* a los simples
119.152 he *entendido* tus testimonios, que
139.2 *entendido* desde lejos mis pensamientos
Pr. 1.2 para *entender* sabiduría y doctrina, para
1.6 para *entender* proverbio y declaración
2.5 entonces *entenderás* el temor de Jehová
2.9 entonces *entenderás* justicia, juicio y
8.5 *entended*, oh simples, discreción; y
8.9 todas ellas son rectas al que *entiende*
14.8 ciencia del prudente está en *entender*
16.20 el *entendido* en la palabra hallará el
19.25 y corrigiendo al. .*entenderá* ciencia
20.24 ¿cómo. .*entenderá* el hombre su camino?
24.12 ¿acaso no lo *entenderá* el que pesa los
28.5 los hombres malos no *entienden* el juicio
28.5 mas los que buscan a Jehová *entienden*
29.7 conoce. .el impío no *entiende* sabiduría
29.19 el siervo. .*entiende*, mas no hace caso
Ec. 1.17 también a *entender* las locuras y los
2.14 *entendí*. .un mismo suceso acontecerá al
3.11 a *entender* la obra que ha hecho Dios
3.14 he *entendido* que todo lo que Dios hace
Is. 1.3 Israel no *entiende*, mi pueblo no tiene
6.9 y di. .Oíd bien, y no *entendáis*; ved por
6.10 ni su corazón *entienda*, ni se convierta
11.3 le hará *entender* diligente en el temor
28.9 a quién se hará *entender* doctrina? ¿A
28.19 y será. .espanto el *entender* lo oído
29.16 ¿dirá la vasija de aquel. .No *entendió*?
32.4 el corazón de los necios *entenderá* para
33.19 pueblo de lengua difícil de *entender*
36.11 arameo, porque nosotros lo *entendemos*
41.20 que vean. .adviertan y *entiendan* todos
41.22 hacednos *entender* lo que ha de venir
42.25 puso fuego por todas. .pero no *entendió*
43.10 creáis, y *entendáis* que yo mismo soy
44.9 de que los ídolos no ven ni *entienden*
44.18 no saben ni *entienden*; porque cerrados
44.18 no ver, y su corazón para no *entender*
52.15 y *entenderán* lo que jamás habían oído
56.11 los pastores mismos no saben *entender*
57.1 y no hay quien *entienda* que de delante
Jer. 5.15 cuya lengua ignorarás, y no *entenderás*
6.18 por tanto, oíd, naciones, y *entended*
9.12 ¿quién es varón sabio que *entienda* esto?
9.24 alábese en. .en *entenderme* y conocerme
11.19 no *entendía* que maquinaban designios
14.18 anduvieron vagando. .y no *entendieron*
23.20 en los postreros días lo *entenderéis*
26.21 *entendiendo* lo cual Urías, tuvo temor
30.24 el fin de los días *entenderéis* esto
Ez. 3.6 pueblos. .cuyas palabras no *entiendas*
11.5 las cosas que suben. .las he *entendido*
17.12 ¿no habéis *entendido* qué significan
43.11 hazles *entender* el diseño de la casa
Dn. 2.30 para que *entiendas* los pensamientos
4.9 he *entendido* que hay en ti espíritu de
8.17 *entiende*, hijo. .es para el tiempo del fin
8.27 pero estaba espantado. .no la *entendía*
9.13 para convertirnos. .*entender* tu verdad
9.22 hizo *entender*, y habló conmigo, diciendo
9.23 *entiende*, pues, la orden, y *e* la visión
9.25 y *entiende*, que desde la salida de la
10.12 tu corazón a *entender* y a humillarte
11.30 y se *entenderá* con los que abandonen
12.8 yo oí, mas no *entendí*. Y dije: Señor mío
12.10 ninguno de los impíos *entenderá*, pero
Os. 14.9 ¿quién es sabio para que *entienda* esto
Mi. 4.12 mas ellos. .ni *entendieron* su consejo
Mt. 13.13 ven, y oyendo no oyen, ni *entienden*
13.14 dijo: De oído oiréis, y no *entenderéis*
13.15 oigan. .y con el corazón *entiendan*, y se
13.19 oye la palabra. .y no la *entiende*, viene
13.23 oye y *entiende* la palabra, y da fruto
13.51 ¿habéis *entendido* todas estas cosas?
15.10 llamando a. .les dijo: Oíd, y *entended*
15.17 ¿no *entendéis* que todo lo que entra en
16.8 *entendiéndolo* Jesús, les dijo: ¿Por qué
16.9 ¿no *entendéis* aún, ni os acordáis de los
16.11 no *entendéis* que no fue por el pan que
16.12 *entendieron* que no les había dicho que
21.45 los fariseos, *entendieron* que hablaba de
24.15 la abominación. .(el que lee, *entienda*)
24.39 no *entendieron* hasta. .vino el diluvio
26.10 y *entendiéndolo* Jesús, les dijo: ¿Por
Mr. 4.12 y oyendo, oigan y no *entiendan*; para
4.13 ¿cómo. .*entenderéis* todas las parábolas?
6.52 aún no habían *entendido* lo de los panes
7.14 llamando a sí. .Oídme todos, y *entended*
7.18 ¿no *entendéis* que todo lo de fuera que
8.17 y *entendiéndolo* Jesús, les dijo: ¿Qué
8.17 dijo. .¿No *entendéis* ni comprendéis?
8.21 y les dijo: ¿Cómo aún no *entendéis*?
9.32 pero ellos no *entendían* esta palabra, y
12.12 porque *entendían*. .decía contra ellos
13.14 la abominación. .(el que lee, *entienda*)
Lc. 2.50 mas ellos no *entendieron* las palabras
8.10 viendo no vean, y oyendo no *entiendan*
8.45 mas ellos no *entendían* estas palabras
9.45 veladas para que no las *entendiesen*
18.34 ellos. .no *entendían* lo que se les decía
Jn. 4.1 Señor *entendió* que los fariseos habían
4.53 *entendió* que aquella era la hora en que
6.15 *entendiendo* Jesús que iban a venir para
8.27 pero no *entendieron* que les hablaba del
8.43 ¿por qué no *entendéis* mi lenguaje?
10.6 no *entendieron* qué era lo que les decía
12.16 cosas no las *entendieron* sus discípulos
12.33 dando a *entender* de qué muerte iba a
12.40 que no vean. .*entiendan* con el corazón
13.7 lo que yo hago. .lo *entenderás* después
13.28 ninguno. .*entendió* por qué le dijo esto
16.18 un poco? No *entendemos* lo que habla
16.30 *entendemos* que sabes todas las cosas
18.32 dando a *entender* de qué muerte iba a
19.4 *entendáis* que ningún delito hallo en él
20.9 aún no habían *entendido* la Escritura, que
21.19 dando a *entender* con qué muerte había
Hch. 7.25 mas ellos no lo habían *entendido* así
8.30 y dijo: Pero ¿*entiendes* lo que lees?
11.28 daba a *entender* por el Espíritu, que
12.11 *entiendo*. .el Señor ha enviado su ángel
21.34 como no podía *entender* nada de cierto
22.9 no *entendieron* la voz del que hablaba
23.34 habiendo *entendido* que era de Cilicia
28.26 de oído oiréis, y no *entenderéis*; y
28.27 *entiendan* de corazón, y se conviertan
Ro. 1.20 siendo *entendidas* por medio de las
1.32 habiendo *entendido* el juicio de Dios, que
3.11 no hay quien *entienda*, no hay quien
7.15 lo que hago, no lo *entiendo*; pues no
11.34 ¿quién *entendió* la mente del Señor?
15.21 que nunca han oído de él, *entenderán*
1 Co. 2.14 son locura, y no las puede *entender*
13.2 *entendiese* todos los misterios y toda
14.2 pues nadie le *entiende*, aunque por el
14.9 así. .¿cómo se *entenderá* lo que decís?
2 Co. 1.13 otras cosas de las que. .*entendéis*
1.13 espero que hasta el fin las *entenderéis*
1.14 *entendido* que somos vuestra gloria, así
Ef. 3.4 leyendo lo cual podéis *entender* cuál
3.20 de lo que pedimos o *entendemos*, según el
1 Ti. 1.7 sin *entender* ni lo que hablan ni lo
He. 9.8 dando. .a *entender*. .que aún no se había
11.3 la fe *entendemos* haber sido constituido
11.14 dan a *entender* que buscaban una patria
2 P. 1.20 *entendiendo*. .que ninguna profecía de
2.12 hablando mal de cosas que no *entienden*
3.16 hay algunas difíciles de *entender*, las

ENTENDIDO, DA

Gn. 41.39 pues que. .no hay *e* ni sabio como tú
Dt. 1.13 dadme. .varones sabios y *e* y expertos
4.6 pueblo sabio y *e*, nación grande es esta
1 S. 4.20 ella no respondió, ni se dio por *e*
1 R. 3.9 da. .a tu siervo corazón *e* para juzgar
3.12 aquí que te he dado corazón sabio y *e*
1 Cr. 15.22 dirigir el canto, porque era *e* en ello
26.14 las suertes a Zacarías. .consejero *e*
2 Cr. 2.12 dio al rey David un hijo sabio, *e*
2.13 yo. .te he enviado un hombre hábil y *e*
26.5 los días de Zacarías, *e* en visiones
34.12 levitas, todos los *e* en instrumentos
Esd. 8.18 nos trajeron. .varón *e*, de los hijos
Job 11.12 el hombre vano se hará *e*, cuando un
Sal. 14.2; 53.2 para ver si había algún *e* que
Pr. 1.5 oirá el sabio. .el *e* adquirirá consejo
10.5 el que recoge en el verano es hombre *e*
14.6 mas al hombre *e* la sabiduría le es fácil
14.35 benevolencia del rey. .con el servidor *e*
15.14 el corazón *e* busca la sabiduría; mas la
15.21 mas el hombre *e* endereza sus pasos
15.24 el camino de la. .es hacia arriba al *e*
17.10 la reprensión aprovecha al *e*, más que
17.24 en el rostro del *e* aparece la sabiduría
17.27 de espíritu prudente es el hombre *e*
17.28 sabio; el que cierra sus labios es *e*
18.15 el corazón del *e* adquiere sabiduría, y
19.25 y corrigiendo al *e*, entenderá ciencia
20.5 del hombre; mas el hombre *e* lo alcanzará
28.2 mas por el hombre *e*. .permanece estable
28.11 opinión; mas el pobre *e* lo escudriña
Is. 29.14 desvanecerá la inteligencia de sus *e*
58.3 ¿por qué, dicen. .y no te diste por *e*?
Jer. 4.22 hijos ignorantes y no son *e*; sabios
Dn. 2.21 da la sabiduría. .y la ciencia a los *e*
8.23 un rey altivo de rostro y *e* en enigmas
12.3 los *e* resplandecerán como el resplandor
12.10 ninguno de los. .pero los *e* comprenderán
Mt. 11.25; Lc. 10.21 escondiste estas cosas. .*e*
1 Co. 1.19 desecharé el entendimiento de los *e*
Ef. 5.17 *e* de cuál sea la voluntad del Señor
Stg. 3.13 ¿quién es sabio y *e* entre vosotros?
2 P. 3.15 tened *e* que la paciencia del Señor es

ENTENDIMIENTO

Dt. 32.28 nación privada de. .no hay en ellos *e*
1 S. 25.3 Abigail. Era aquella mujer de buen *e*
1 Cr. 22.12 Jehová te dé *e* y prudencia, para
Job 12.3 también tengo yo *e* como vosotros; no
12.24 él quita el *e* a los jefes del pueblo
26.12 y con su *e* hiere la arrogancia suya
34.16 si. .hay en ti *e*, oye esto; escucha la
34.35 que Job no. .sus palabras no son con *e*
42.3 ¿quién. .que oscurece el consejo sin *e*?
Sal. 32.9 no seáis como el caballo, o. .sin *e*
111.10 buen *e* tienen todos los que practican
119.34 dame *e*, y guardaré tu ley. .la cumpliré
119.125 tu siervo soy yo, dame *e* para conocer
119.144 son tus testimonios; dame *e*, y viviré
119.169 Jehová; dame *e* conforme a tu palabra
136.5 al que hizo los cielos con *e*, porque
147.5 grande es el Señor. .su *e* es infinito
Pr. 6.32 el que comete adulterio es falto de *e*
7.7 consideré entre los. .un joven falto de *e*
10.21 mas los necios mueren por falta de *e*
10.23 mas la sabiduría recrea al hombre de *e*
11.12 carece de *e* menosprecia a su prójimo
12.11 sigue a los vagabundos es falto de *e*
13.15 el buen *e* da gracia; mas el camino de
14.29 el que tarda en airarse es grande de *e*
15.21 la necedad es alegría al falto de *e*
15.32 el que escucha la corrección tiene *e*
18.4 manantial de vida es el *e* al que lo
17.16 de qué sirve el precio. .no teniendo *e*?
17.18 el hombre falto de *e* presta fianzas, y
19.8 que posee *e* ama su alma; el que guarda
24.30 junto a la viña del hombre falto de *e*
28.16 el príncipe falto de *e* multiplicará la
30.2 ciertamente más rudo soy yo. .ni tengo *e*
Is. 27.11 porque aquél no es pueblo de *e*; por
40.28 el Dios. .su *e* no hay quien lo alcance
44.19 ni *e* para decir: Parte de esto quemé
Dn. 1.4 muchachos. .de buen *e*, e idóneos para
1.17 Daniel tuvo *e* en toda visión y sueños
5.12 fue hallado en él mayor espíritu. .y *e*
5.14 que en ti se halló. .*e* y mayor sabiduría
9.22 ahora he salido para darte sabiduría y *e*
Os. 4.14 por tanto, el pueblo sin *e* caerá
7.11 Efraín fue como paloma incauta, sin *e*
13.2 plata se han hecho según su *e* imágenes
Abd. 7 pusieron lazo debajo. .no hay en ello *e*
Mt. 15.16; Mr. 7.18 ¿también vosotros. .sin *e*?
Mr. 12.33 el amarle. .con todo el *e*. .es más que
Lc. 24.45 entonces les abrió el *e*, para que
Ro. 12.2 por medio de la renovación de vuestro *e*
1 Co. 1.19 y desecharé el *e* de los entendidos
14.14 mi espíritu ora. .mi *e* queda sin fruto
14.15 oraré con mi. .oraré también con el *e*
14.15 cantaré con. .cantaré también con el *e*
14.19 prefiero hablar cinco palabras con mi *e*
2 Co. 3.14 pero el *e* de ellos se embotó; porque
4.4 cegó el *e* de los incrédulos, para que no
Ef. 1.18 alumbrando los ojos de vuestro *e*, para
4.18 teniendo el *e* entenebrecido, ajenos de
Fil. 4.7 la paz de Dios, que sobrepasa todo *e*
Col. 2.2 todas las riquezas de pleno *e*, a fin
1 Ti. 6.5 disputas. .de hombres corruptos de *e*

ENTENDIMIENTO *(Continúa)*
2 Ti. 2.7 considera..el Señor te dé *e* en todo
3.8 corruptos de *e*, réprobos en cuanto a la
1 P. 1.13 tanto, ceñid los lomos de vuestro *e*
2 P. 3.1 despierto con exhortación vuestro..*e*
1 Jn. 5.20 nos ha dado *e* para conocer al que
Ap. 13.18 el que tiene *e*, cuente el número de

ENTENEBRECER
Job 16.16 rostro..mis párpados *entenebrecidos*
Jer. 8.21 *entenebrecido* estoy, espanto me ha
Lm. 5.17 por esto se *entenebrecieron* nuestros
Ez. 32.7 haré *entenebrecer* sus estrellas; el
32.8 *entenebrecer* todos los astros brillantes
Mi. 3.6 y el día se *entenebrecerá* sobre ellos
Ro. 1.21 y su necio corazón fue *entenebrecido*
Ef. 4.18 el entendimiento *entenebrecido*, ajenos

ENTENEBRECIMIENTO
Sof. 1.15 de oscuridad, día de nublado y de *e*

ENTERAR
2 S. 3.25 para *enterarse* de tu salida y de tu

ENTERNECER
2 R. 22.19 tu corazón se *enterneció*..delante

ENTERO, RA
Lv. 3.9 ofrecerá..la cola *e*, la cual quitará a
25.30 no fuere rescatada dentro de un año *e*
Nm. 11.20 hasta un mes *e*, hasta que os salga
11.21 les daré carne, y comerán un mes *e!*
Dt. 21.13 llorará a su padre..madre un mes *e*
27.6 piedras *e* edificarás el altar de Jehová
Jos. 8.31 altar de piedras *e* sobre las cuales
1 S. 7.9 Samuel tomó un cordero..sacrificó *e*
2 S. 8.2 un cordel *e* para preservarles la vida
Sal. 73.4 no tienen congojas..su vigor está *e*
Pr. 1.12 los tragaremos..*e*, como los que caen
Is. 21.8 estoy..las noches *e* sobre mi guarda
Ez. 15.5 cuando estaba *e* no servía para obra
41.8 cimientos..de una caña *e* de seis codos
43.12 el recinto *e*, todo en..será santísimo
Hch. 17.6 estos que trastornan el mundo *e*..han
18.5 estaba entregado por *e* a la predicación
19.27 aquella a quien venera..y el mundo *e*
28.30 y Pablo permaneció dos años *e* en una
1 Jn. 5.19 y el mundo *e* está bajo el maligno
Ap. 3.10 prueba..ha de venir sobre el mundo *e*
12.9 y Satanás, el cual engaña al mundo *e*

ENTERRAR
Gn. 23.6 te impedirá que *entierres* tu muerta
23.15 tierra vale..*entierra*, pues, tu muerta
47.29 te ruego que no me *entierres* en Egipto
Nm. 33.4 mientras *enterraban* los egipcios a los
Dt. 21.23 sin falta lo *enterrarás* el mismo día
34.6 lo *enterró* en el valle, en la tierra de
Jos. 24.32 *enterraron* en Siquem los huesos de
24.33 Eleazar..lo *enterraron* en el collado
2 S. 4.12 cabeza de Is-boset, y lo *enterraron*
1 R. 2.31 mátale y *entiérrale*, y quita de mí
11.15 y subió Joab..a *enterrar* los muertos
13.29 vino a la ciudad, para..y *enterrarle*
13.31 y después que le hubieron *enterrado*
13.31 *enterradme* en el sepulcro en que está
14.13 Israel lo endechará, y le *enterrarán*
14.18 *enterraron*, y lo endechó todo Israel
1 Cr. 10.12 y *enterraron* sus huesos debajo de
Sal. 79.3 sangre..no hubo quien los *enterrase*
Jer. 7.32 y serán *enterrados* en Tofet, por no
8.2 no serán recogidos ni *enterrados;* serán
14.16 y no habrá quien los *entierre* a ellos
16.4 no serán plañidos ni *enterrados;* serán
16.6 no se *enterrarán*, ni los plañirán, ni
19.11 quebrantaré..y en Tofet se *enterrarán*
19.11 porque no habrá otro lugar..*enterrar*
20.6 y allí morirás, y allí serás *enterrado*
22.19 en sepultura de asno será *enterrado*
25.33 ni se recogerán ni serán *enterrados*
Ez. 39.11 pues allí *enterrarán* a Gog y a toda
39.12 casa de Israel los estará *enterrando*
39.13 los *enterrará*..el pueblo de la tierra
39.14 para *enterrar* a los que queden sobre
39.15 que los *entierren* los sepultureros en
Os. 9.6 Egipto los recogerá..los *enterrará*
Mt. 8.21 que vaya primero y *entierre* a mi padre
8.22 que los muertos *entierren* a sus muertos
14.12 tomaron el cuerpo y lo *enterraron;* y
Lc. 7.12 que llevaban a *enterrar* a un difunto
9.59 que primero vaya y *entierre* a mi padre
9.60 que los muertos *entierren* a sus muertos
Hch. 8.2 varones..llevaron a *enterrar* a Esteban

ENTESAR
2 R. 9.24 Jehú *entesó* su arco, e hirió a Joram
1 Cr. 5.18 hombres valientes..*entesaban* arco
2 Cr. 14.8 *entesaban* arcos..hombres diestros
Sal. 18.34 *entesar* con mis..el arco de bronce
37.14 los impíos..espada y *entesan* su arco
Is. 5.28 saetas..y todos sus arcos *entesados*
21.15 huye..ante el arco *entesado*, ante el
33.23 no afirmaron su..ni *entesaron* la vela
Jer. 46.9 los de Lud que toman y *entesan* arco
50.14 poneos en orden..los que *entesáis* arco
50.29 juntar..a todos los que *entesan* arco
51.3 diré al flechero que *entesa* su arco, y
Lm. 2.4 *entesó* su arco como enemigo, afirmó su
3.12 *entesó* su arco, y me puso como blanco
Zac. 9.13 he *entesado* para mí a Judá como arco

ENTONAR
Jue. 5.12 despierta, Débora..*entona* cántico
2 Cr. 20.22 cuando comenzaron a *entonar* cantos
Sal. 27.6 y yo..cantaré y *entonaré* alabanzas a
81.2 *entonad* canción, y tañed el pandero
108.1 cantaré y *entonaré* salmos; esta es mi

ENTONTECER
Job 12.17 hace andar..y *entontece* a los jueces
Ec. 7.7 la opresión hace *entontecer* al sabio, y
Is. 28.7 el vino, y con sidra se *entontecieron*
Jer. 10.8 todos se infatuarán y *entontecerán*
50.36 contra los adivinos, y se *entontecerán*
50.38 es tierra de ídolos, y se *entontecen*

ENTORPECER
2 S. 15.31 *entorpece*..oh Jehová, el consejo de
Sal. 76.6 el carro y el caballo..*entorpecidos*

ENTRADA
Gn. 38.14 y se puso a la *e* de Enaim junto al
43.19 José, y le hablaron a la *e* de la casa
Éx. 13.20 acamparon..Etam, a la *e* del desierto
27.14 las cortinas a un lado de la *e* serán
35.15 la cortina de la puerta para la *e* del
38.18 la cortina de la *e* del atrio era de
39.38 la cortina para la *e* del tabernáculo
39.40 la cortina para la *e* del atrio, sus
40.5 pondrás la cortina delante a la *e* del
40.6 pondrás el altar..delante de la *e* del
40.8 pondrás..y la cortina a la *e* del atrio
40.28 puso asimismo la cortina a la *e* del
40.29 colocó el altar del holocausto a la *e*
40.33 y puso la cortina a la *e* del atrio
Nm. 34.8 del monte de Hor trazaréis a la *e* de
Jos. 10.18 grandes piedras a la *e* de la cueva
10.22 abrid la *e* de la cueva, y sacad de ella
10.27 y pusieron grandes piedras a la *e* de la
13.5 desde Baal-gad al..hasta la *e* de Hamat
19.51 las heredades..a la *e* del tabernáculo
Jue. 1.24 muéstranos ahora la *e* de la ciudad
1.25 y él les mostró la *e* a la ciudad, y la
9.35 Gaal..se puso a la *e* de la puerta de la
9.40 heridos muchos hasta la *e* de la puerta
9.44 se detuvieron a la *e* de la puerta de la
18.16 los 600 hombres..a la *e* de la puerta
18.17 mientras estaba el sacerdote a la *e*
1 S. 29.6 me ha parecido bien tu salida y tu *e*
2 S. 3.25 enterarse de tu salida y de tu *e*, y
10.8 pusieron en orden..a la *e* de la puerta
11.23 les hicimos retroceder hasta la *e* de
18.4 y se puso el rey a la *e* de la puerta
1 R. 6.21 cerró la *e* del santuario con cadenas
6.31 a la *e*..hizo puertas de madera de olivo
22.10 estaban sentados..a la *e* de la puerta
2 R. 6.32 cerrad la puerta, e impedidle la *e*
7.3 había a la *e* de..cuatro hombres leprosos
7.5 llegando a la *e* del..no había allí nadie
7.8 cuando..llegaron a la *e* del campamento
7.17 lo atropelló el pueblo a la *e*, y murió
7.20 el pueblo le atropelló a la *e*, y murió
10.8 ponedlas..a la *e* de la puerta hasta la
14.25 él restauró los límites..la *e* de Hamat
19.27 he conocido..salida y tu *e*, y tu furor
23.8 derribó los altares..la *e* de la puerta
23.11 caballos..a la *e* del templo de Jehová
1 Cr. 4.39 llegaron hasta la *e* de Gedor hasta
5.9 habitó..oriente hasta la *e* del desierto
19.9 ordenaron la batalla a la *e* de la ciudad
2 Cr. 4.22 de oro..la *e* de la casa, sus puertas
7.8 gran congregación, desde la *e* de Hamat
12.10 custodiaban la *e* de la casa del rey
18.9 junto a la *e* de la puerta de Samaria
23.13 vio al rey que estaba junto a..a la *e*
23.15 que ella hubo pasado la *e* de la puerta
33.14 edificó el muro..a la *e* de la puerta
Neh. 3.21 la *e* de la casa de Eliasib hasta el
12.25 eran porteros..a las *e* de las puertas
Sal. 121.8 Jehová guardará tu salida y tu *e*
Pr. 1.21 en las *e* de las puertas de la ciudad
8.3 en el lugar de las puertas, a la *e* de la
Is. 37.28 he conocido tu condición, tu..y tu *e*
Jer. 1.15 pondrá cada uno su campamento a la *e*
19.2 al valle..de Hinom, que está a la *e* de
26.10 se sentaron en la *e* de la puerta nueva
36.10 a la *e* de la puerta nueva de la casa
38.14 en la tercera *e* de la casa de Jehová
Lm. 2.19 que desfallecen de hambre en las *e* de
Ez. 8.3 la *e* de la puerta de adentro que mira
8.5 junto..puerta..imagen del celo en la *e*
8.7 me llevó a la *e* del atrio, y miré, y he
8.14 me llevó a la *e* de la puerta de la casa
8.16 aquí junto a la *e* del templo de Jehová
8.16 entre la *e* y el altar, como 25 varones
10.19 se pararon a la *e* de la puerta oriental
11.1 a la *e* de la puerta veinticinco hombres
40.11 midió el ancho de la *e* de la puerta, de
40.15 puerta de la *e* hasta el frente de la *e*
40.39 en la *e* de la puerta había dos mesas
40.40 había dos mesas..a la *e* de la puerta
41.25 un portal de madera por fuera a la *e*
42.9 y debajo de las cámaras estaba la *e* al
42.11 conforme a sus puertas y conforme..*e*
43.11 sus salidas y sus *e*, y todas sus formas
44.5 y pon atención a las *e* de la casa, y a
46.2 paz, y adorará junto a la *e* de la puerta
46.3 adorará el pueblo..a la *e* de la puerta
46.19 me trajo después por la *e* que estaba
47.20 será el límite hasta enfrente de la *e*
Jl. 2.17 la *e* y el altar lloren los ministros
Am. 6.14 os oprimirá desde la *e* de Hamat hasta
Mt. 27.60 hacer rodar una gran piedra a la *e*
Mr. 14.68 él..salió a la *e;* y cantó el gallo
15.46 rodar una piedra a la *e* del sepulcro
16.3 ¿quién nos removerá la piedra de la *e*
Ro. 5.2 tenemos *e* por la fe a esta gracia en
Ef. 2.18 por medio de él los unos..tenemos *e*
2 P. 1.11 será otorgada amplia..*e* en el reino

ENTRANTE
Neh. 3.24 hasta el ángulo *e* del muro, y hasta

ENTRAÑA
Gn. 25.23 pueblos serán divididos desde tus *e*
41.21 y éstas entraban en sus *e*, mas no se
43.30 se conmovieron sus *e* a causa..hermano
Éx. 12.9 asada..su cabeza con sus pies y sus *e*
Lv. 1.13 y lavará las *e* y las piernas con agua
3.3,9,14 la grosura que está sobre las *e*
4.8 toda su grosura..la que está sobre las *e*
Nm 5.22 estas aguas que dan..entren en tus *e*
2 S. 7.12 linaje, el cual procederá de tus *e*
16.11 mi hijo que ha salido de mis *e*, acecha
20.10 lo hirió..y derramó sus *e* por tierra
1 R. 3.26 sus *e* se le conmovieron por su hijo
Job 15.35 iniquidad, y en sus *e* traman engaño
19.17 aunque por los hijos de..*e* le rogaba
20.14 su comida se mudará en sus *e;* hiel de
30.27 mis *e* se agitan, y no reposan; días de
Sal. 5.9 *e* son maldad, sepulcro abierto es su
22.14 cera, derritiéndose en medio de mis *e*
71.6 de las *e* de..tu fuiste el que me sacó
109.18 como agua en sus *e*, y como aceite en
139.13 tú formaste mis *e;* tú me hiciste en el
Pr. 18.8 bocados suaves, y penetran hasta..*e*
23.16 mis *e* también se alegrarán cuando tus
26.22 bocados suaves, y penetran hasta las *e*
Is. 16.11 mis *e* vibrarán como arpa por Moab, y
48.19 tus *e* como los granos de arena; nunca
49.1 desde las *e* de mi madre tuvo mi nombre
63.15 la conmoción de tus *e* y tus piedades
Jer. 4.19 ¡mis *e*, mis *e!* Me duelen las fibras
31.20 por eso mis *e* se conmovieron por él
Lm. 1.20 oh..estoy atribulada, mis *e* hierven
2.11 ojos desfallecieron..se conmovieron mis *e*
2.20 de comer las mujeres el fruto de sus *e*
3.13 hizo entrar en mis *e* las saetas de su
Ez. 3.3 y llena tus *e* de..rollo que yo te doy
7.19 no saciarán su alma, ni llenarán sus *e*
Mi. 6.7 ¿daré..el fruto de mis *e* por el pecado
Nah. 2.10 dolor en las *e*, rostros demudados
Hab. 3.16 oí, y se conmovieron mis *e;* a la voz
Hch. 1.18 y cayendo..todas sus *e* se derramaron

ENTRAÑABLE
Lc. 1.78 por la *e* misericordia de nuestro Dios
Fil. 1.18 os amo..con el *e* amor de Jesucristo
2.1 algún afecto *e*, si alguna misericordia
Col. 3.12 de *e* misericordia, de benignidad, de

ENTRAÑABLEMENTE
1 P. 1.22 amaos unos a otros *e*, de corazón puro

ENTRAR
Gn. 6.18 *entrarás* en el arca tú, tus hijos, tu
6.20 dos de cada especie *entrarán* contigo
7.1 Noé: *Entra* tú y toda tu casa en el arca
7.7 por causa..del diluvio *entró* Noé al arca
7.9 de dos en dos *entraron* con Noé en el arca
7.13 *entraron* Noé, y Sem, Cam y Jafet hijos
8.9 tomándola, la hizo *entrar* consigo en el
8.9 paloma..hizo *entrar* consigo en el arca
12.11 que cuando estaba para *entrar* en Egipto
12.14 que cuando *entró* Abram en Egipto, los
19.3 y fueron con él, y *entraron* en su casa
19.31 y no queda varón..que *entre* a nosotras
19.33 *entró* la mayor, y durmió con su padre
19.34 a beber vino..y *entra* y duerme con él
23.10,18 los que *entraban* por la puerta de
31.33 *entró* Labán en la tienda de Jacob, en
31.33 Labán..y *entró* en la tienda de Raquel
39.11 *entró* él un día en casa para hacer su
41.21 y éstas *entraban* en sus entrañas, mas
41.21 mas no se conocía que hubiesen *entrado*
43.30 José..*entró* en su cámara, y lloró allí
46.8 hijos de Israel que *entraron* en Egipto
46.27 las personas..que *entraron* en Egipto

ENTRAR ***(Continúa)***

Gn. 49.6 en su consejo no *entre* mi alma, ni mi
Éx. 1.1 *entraron* en Egipto..cada uno *entró* con
5.1 Moisés y Aarón *entraron* a la presencia de
6.11 *entra* y habla a Faraón rey de Egipto
8.1 *entra* a la presencia de Faraón y dile
8.3 *entrarán* en tu casa, en la cámara donde
9.1; 10.1 *entra* a la presencia de Faraón
12.23 Jehová..no dejará *entrar* al heridor en
12.25 cuando *entréis* en la tierra que..dará
14.16 *entren* los..de Israel por en medio del
14.22 hijos de Israel *entraron* por en medio
14.23 y siguiéndolos los egipcios, *entraron*
14.28 ejército..que había *entrado* tras ellos
15.19 Faraón *entró* cabalgando con sus carros
21.3 *entró* solo, solo saldrá; si tenía mujer
23.27 consternaré a todo pueblo donde *entres*
24.18 *entró* Moisés en medio..nube, y subió al
28.29 llevará..cuando *entre* en el santuario
28.30 Aarón cuando *entre* delante de Jehová
28.35 se oirá su sonido cuando él *entre* en el
28.43 hijos cuando *entren* en el tabernáculo
30.20 *entren* en el tabernáculo..se lavarán
33.8 en pos de Moisés, hasta que él *entraba*
33.9 cuando Moisés *entraba* en el tabernáculo
34.12 de hacer alianza..donde has de *entrar*
34.35 hasta que *entraba* a hablar con Dios
40.32 *entraban* en el tabernáculo..se lavaban
40.35 no podía Moisés *entrar* en el tabernáculo
Lv. 9.23 *entraron* Moisés y..en el tabernáculo
10.9 no beberéis vino..cuando *entréis* en el
14.8 *entrará*..campamento, y morará fuera de
14.34 cuando hayáis *entrado* en la tierra de
14.36 desocupar la casa antes que *entre* a
14.36 casa..el sacerdote *entrará* a examinarla
14.44 sacerdote *entrará* y la examinará; y si
14.46 cualquiera que *entrare*..será inmundo
14.48 si *entrare* el sacerdote y la examinare
16.2 no en todo tiempo *entre* en el santuario
16.3 con esto *entrará* Aarón en el santuario
16.17 cuando él *entre* a hacer la expiación
16.23 había vestido..*entrar* en el santuario
16.26 agua..después *entrará* en el campamento
16.28 y después podrá *entrar* en el campamento
19.23 cuando *entréis* en la tierra, y plantéis
21.11 ni *entrará* donde haya..persona muerta
23.10; 25.2 cuando hayáis *entrado*..la tierra
26.41 los habré hecho *entrar* en la tierra de
Nm. 4.3 todos los que *entran* en compañía para
4.20 no *entrarán* para ver cuando cubran las
4.23,30,35,39,43 todos los que *entran* en
4.47 todos los que *entraban* para ministrar
5.22 y estas aguas..*entren* en tus entrañas
5.24,27 aguas..*entrarán* en ella para amargar
7.89 cuando *entraba* Moisés..oía la voz que le
8.24 *entrarán* a ejercer su ministerio en el
13.21 de Zin hasta Rehob, *entrando* en Hamat
14.24 yo le meteré en la tierra donde *entró*
14.30 no *entraréis* en la tierra, por la cual
15.2,18 cuando hayáis *entrado* en la tierra
19.7 y después *entrará* en el campamento; y
20.24 Aarón..no *entrará* en la tierra que yo
27.17 y que *entre* delante de ellos, que los
27.21 por el dicho de él *entrarán*, él y todos
31.24 y después *entraréis* en el campamento
33.51 pasado el Jordán *entrando* en la tierra
34.2 diles: Cuando hayáis *entrado* en..Canaán
35.12 no morirá..hasta que *entre* en juicio
Dt. 1.8 *entrad* y poseed la tierra que Jehová
1.37 se airó..y me dijo: Tampoco tú *entrarás*
1.38 Josué hijo de Nun..él *entrará*..anímale
1.39 vuestros hijos que..ellos *entrarán* allá
2.24 comienza a..y *entra* en guerra con él
4.1 y *entréis* y poseáis la tierra que Jehová
4.5 la tierra en la cual *entráis* para tomar
4.21 ni *entraría* en la buena tierra que..da
6.18 y *entres* y poseas la buena tierra que
7.1 tierra en la cual *entrarás* para tomarla
8.1 *entréis* y poseáis la tierra que Jehová
9.1 para *entrar* a desposeer a naciones más
9.5 ni por la rectitud de..*entras* a poseer la
9.7 de Egipto hasta que *entrasteis* en..lugar
10.11 que *entren* y posean la tierra que juré
11.8 y *entréis* y poseáis la tierra a la cual
11.10 la tierra a la cual *entras*..no es como
12.9 no habéis *entrado* al reposo y..heredad
17.14 hayas *entrado* en la tierra que Jehová
18.9 cuando *entres* a la tierra que Jehová tu
23.1,2,3 no *entrará* en la congregación de
23.2 no *entrará* bastardo en la congregación
23.3 no *entrará* amonita ni moabita en la
23.8 en la tercera generación *entrarán* en la
23.10 fuera del campamento, y no *entrará* en
23.11 noche..podrá *entrar* en el campamento
23.24 cuando *entres* en la viña de tu prójimo
23.25 cuando *entres* en la mies de tu prójimo
24.10 no *entrarás* en su casa..tomarle prenda
26.1 cuando hayas *entrado* en la tierra que
26.3 declaro..que he *entrado* en la tierra que
27.3 hayas pasado para *entrar* en la tierra
28.6 bendito serás en tu *entrar*..en tu salir
28.19 maldito serás en tu *entrar*, y..tu salir
28.21 consuma de la tierra a la cual *entras*
28.63 de sobre la tierra a la cual *entráis*
29.12 para que *entres* en el pacto de Jehová
30.16 la tierra a la cual *entras* para tomar
30.18 el Jordán, para *entrar* en posesión de
31.2 no puedo más salir ni *entrar;* además de
31.7 tú *entrarás* con este pueblo a la tierra
32.52 no *entrarás* allá, a la tierra que doy
Jos. 1.11 días pasaréis el Jordán para *entrar*
1.15 la tierra..*entraréis* en posesión de ella
2.1 y *entraron* en casa de una ramera que se
2.3 a los hombres que..han *entrado* a tu casa
2.18 cuando..*entremos* en la tierra..atarás
3.8 hayáis *entrado* hasta el borde del agua
3.15 llevaban el arca *entraron* en el Jordán
6.1 estaba cerrada..nadie *entraba* ni salía
6.19 el oro..*entren* en el tesoro de Jehová
6.22 *entrad* en casa de la mujer ramera, y
6.23 los espías *entraron* y sacaron a Rahab
10.19 sin dejarles *entrar* en sus ciudades
14.11 es mi fuerza..para salir y para *entrar*
23.14 estoy para *entrar* hoy por el camino de
Jue. 3.22 la empuñadura *entró* también tras la
3.27 cuando había *entrado*, tocó el cuerno en
4.22 él *entró* donde ella estaba, y he aquí
6.19 y *entrando* Gedeón, preparó un cabrito
8.15 *entrando* a los hombres de Sucot, dijo
9.27 y *entrando* en el templo de sus dioses
11.18 no *entró* en territorio de Moab; porque
15.1 *entraré* a mi mujer en el aposento. Mas
15.1 mas el padre de ella no lo dejó *entrar*
18.17 *entraron*..y tomaron la imagen de talla
18.18 *entrando*, pues..en la casa de Micaía
19.3 le hizo *entrar* en la casa de su padre
19.15 para *entrar* a pasar allí la noche en
19.15 *entrando*, se sentaron en la plaza de
19.22 saca al hombre que ha *entrado* en tu
19.23 que este hombre ha *entrado* en mi casa
19.25 y *entraron* a ella, y abusaron de ella
Rt. 1.19 habiendo *entrado* en Belén..la ciudad
2.7 *entró*, pues, y está desde por la mañana
4.11 Jehová haga a la mujer que *entra* en tu
1 S. 5.5 los que *entran* en el templo de Dagón
7.13 y no volvieron más a *entrar* en..Israel
9.13 cuando *entréis*..le encontraréis luego
10.5 cuando *entres*..en la ciudad encontrarás
11.11 *entraron* en medio del campamento a la
12.8 cuando Jacob hubo *entrado* en Egipto, y
14.26 *entró*, pues, el pueblo en el bosque, y
16.12 envió, pues, por él, y le hizo *entrar*
18.13 y salía y *entraba* delante del pueblo
18.16 él salía y *entraba* delante de ellos
19.16 mensajeros *entraron*, he aquí la estatua
20.8 ya que has hecho *entrar* a tu siervo en
20.42 se fue; y Jonatán *entró* en la ciudad
21.15 ¿había de *entrar* éste en mi casa?
23.7 se ha encerrado *entrando* en ciudad con
24.3 *entró* Saúl en ella para cubrir sus pies
26.15 uno del pueblo ha *entrado* a matar a tu
2 S. 4.5 y *entraron* en el mayor calor del día
4.7 cuando *entraron*..la casa, Is-boset dormía
5.6 tú no *entrarás* acá, pues aun los ciegos
5.6 queriendo decir: David no puede *entrar*
5.8 se dijo: Ciego ni cojo no *entrará* en la
11.11 ¿y había yo de *entrar* en mi casa para
12.16 y *entró*, y pasó la noche acostado en
12.20 David se..y *entró* a la casa de Jehová
14.3 *entrarás* al rey, y le hablarás de esta
14.4 *entró*..aquella mujer de Tecoa al rey, y
15.37 vino Husai..Absalón *entró* en Jerusalén
16.15 *entraron* en Jerusalén, y..él Ahitofel
18.9 y el mulo *entró* por debajo de las ramas
19.3 *entró*..como suele *entrar* a escondidas el
1 R. 1.2 abrigue..y *entrará* en calor mi señor
1.13 *entra* al rey David, y dile: Rey señor
1.14 *entraré* tras ti y reafirmaré tus razones
1.15 Betsabé *entró* a la cámara del rey; y el
1.23 cuando *entró*..se postró delante del rey
1.28 y ella *entró* a la presencia del rey, y
1.32 y ellos *entraron* a la presencia del rey
1.42 al cual dijo Adonías: *Entra*, porque tú
2.30 *entró* Benaía al tabernáculo de Jehová
3.7 soy joven, y no sé cómo *entrar* ni salir
7.31 la boca..*entraba* un codo en el remate
8.65 desde donde *entran* en Hamat hasta el río
13.22 no *entrará* tu cuerpo en el sepulcro de
14.6 Ahías oyó el sonido de..al *entrar* ella
14.6 Ahías..dijo: *Entra*, mujer de Jeroboam
14.17 *entrando*..por el umbral..el niño murió
14.28 cuando el rey *entraba* en la casa de
15.17 para no dejar..salir ni *entrar* a Asa
17.12 *entrar* y prepararlo para mí y para mi
22.30 *entraré* en la batalla..y *entró* en la
2 R. 4.4 *entra*..y enciérrate tú y tus hijos
4.33 *entrando* él..cerró la puerta tras ambos
4.34 él, y el cuerpo del niño *entró* en calor
4.36 *entrando* ella, él le dijo: Toma tu hijo
4.37 así que ella *entró*, se echó a sus pies
5.4 *entrando* Naamán a su señor, le relató
5.18 mi señor..*entrare* en el templo de Rimón
5.25 él *entró*, y se puso delante de su señor
7.4 si tratáremos de *entrar* en la ciudad, por
7.8 *entraron* en una tienda y comieron y
7.8 y vueltos, *entraron* en otra tienda, y de
7.9 *entremos* y demos la nueva en casa del rey
7.12 los tomaremos vivos, y *entraremos* en la
9.2 y *entrando*, haz que se levante de entre
9.5 cuando él *entró*, he aquí los príncipes del
9.6 se levantó, y *entró* en casa; y el otro
9.31 cuando *entraba* Jehú por la puerta, ella
9.34 *entró*..después que comió y bebió, dijo
10.21 y *entraron* en el templo de Baal, y el
10.23 *entró* Jehú con Jonadab..en el templo
10.24 ellos *entraron* para hacer sacrificios
10.25 *entrad*, y matadlos..no escape ninguno
11.8 y cualquiera que *entrare* en las filas
11.8 y estaréis con el rey..y cuando *entre*
11.9 los que *entraban* el día de reposo y los
11.13 *entró* al pueblo en el templo de Jehová
11.16 por donde *entran* los de a caballo a la
11.18 el pueblo..*entró* en el templo de Baal
12.9 así que se *entra* en el templo de Jehová
13.20 *entrado* el año, vinieron..moabitas a la
18.21 *entrará* por la mano y la traspasará
19.1 cilicio, y *entró* en la casa de Jehová
19.32 de Asiria: No *entrará* en esta ciudad
19.33 volverá, y no *entrará* en esta ciudad
1 Cr. 2.21 *entró* Hezrón a la hija de Maquir
9.2 los primeros moradores que *entraron* en
11.5 Jebús dijeron a David: No *entrarás* acá
17.16 *entró* el rey David y estuvo delante de
19.15 Amón..huyeron..*entraron* en la ciudad
24.19 *entrasen* en la casa de Jehová, según
25.8 *entrando* el pequeño con el grande, lo
27.1 de las divisiones que *entraban* y salían
2 Cr. 7.2 no podían *entrar* los sacerdotes en
8.11 donde ha *entrado* el arca..son sagradas
15.5 no hubo paz, ni para el que *entraba* ni
16.1 no dejar salir ni *entrar* a ninguno al
18.24 día, cuando *entres* de cámara en cámara
18.29 me disfrazaré para *entrar* en la batalla
18.29 se disfrazó el..y *entró* en la batalla
23.4 los que *entran* el día de reposo, estarán
23.6 ninguno *entre* en la casa de Jehová, sino
23.6 *entrarán*, porque están consagrados
23.7 cualquiera que *entre*..casa, que muera
23.7 con el rey cuando *entre* y cuando salga
23.8 los que *entraban* el día de reposo, y los
23.17 *entró* todo el pueblo en el templo de
23.19 por ninguna vía *entrase* ningún inmundo
26.16 *entrando* en el templo de Jehová para
26.17 y *entró* tras él el sacerdote Azarías
27.2 salvo que no *entró* en el santuario de
28.9 cuando *entraba* en Samaria, y les dijo
29.15 *entraron*, conforme al mandamiento del
29.16 *entrando* los sacerdotes dentro de la
31.16 los que *entraban* en la casa de Jehová
32.21 *entrando* en el templo de su dios, allí
Esd. 9.11 tierra a la cual *entráis* para poseerla
Neh. 2.15 *entré* por la puerta del Valle, y me
4.11 no sepan, ni vean, hasta que *entremos*
6.11 ¿y quién..*entraría* al templo..No *entraré*
9.15 dijiste que *entrasen* a poseer la tierra
9.23 dicho..que habían de *entrar* a poseerla
13.1 los amonitas y moabitas no debían *entrar*
Est. 4.11 *entra* en el patio interior para ver
4.16 y entonces *entraré* a ver al rey, aunque
5.1 Ester..*entró* en el patio interior de la
5.14 y *entra* alegre con el rey al banquete
6.5 he aquí Amán..Y el rey dijo: Que *entre*
6.6 *entró*..Amán, y el rey le dijo: ¿Qué se
Job 13.16 no *entrará* en su presencia el impío
13.17 mi declaración *entre* en vuestros oídos
37.8 las bestias *entran* en su escondrijo, y
38.16 ¿has *entrado* tú hasta las fuentes del
38.22 ¿has *entrado* tú en los tesoros de la
41.16 se junta..viento no *entra* entre ellos
Sal. 5.7 por..misericordia *entraré* en tu casa
24.7,9 alzaos..y *entrará* el Rey de gloria
26.4 hipócritas, ni *entré* con los que andan
37.15 su espada *entrará* en su mismo corazón
43.4 *entraré* al altar de Dios, al Dios de mi
45.15 gozo; *entrarán* en el palacio del rey
49.19 *entrará* en la generación de sus padres
66.13 *entraré* en tu casa con holocaustos; te
69.1 las aguas han *entrado* hasta el alma
69.27 su maldad, y no *entren* en tu justicia
73.17 *entrando* en..comprendí el fin de ellos
83.3 *entrado* en consejo contra tus protegidos
95.11 juré en..que no *entrarían* en mi reposo
100.4 *entrad* por sus..con acción de gracias
105.23 *entró* Israel en Egipto, y Jacob moró
109.18 *entró* como agua en sus entrañas, y
118.19 *entraré* por ellas, alabaré a JAH
118.20 puerta..por ella *entrarán* los justos
132.3 no *entraré* en la morada de mi casa, ni
132.7 *entraremos* en su tabernáculo..estrado
143.2 y no *entres* en juicio con tu siervo
Pr. 2.10 la sabiduría *entrare* en tu corazón
4.14 no *entres* por la vereda de los impíos
8.5 y vosotros, necios, *entrad* en cordura
11.8 el justo..el impío *entra* en lugar suyo
23.10 ni *entres* en la heredad de..huérfanos
23.31 cuando resplandece..se *entra* suavemente
25.8 no *entres* apresuradamente en pleito, no
Cnt. 7.9 el buen vino, que se *entra* a mi amado
Is. 13.2 que *entren* por puertas de príncipes

ENTRAR ***(Continúa)***

Is. 19.1 que Jehová monta..y *entrará* en Egipto
19.23 asirios *entrarán* en Egipto, y egipcios
22.15 vé, *entra* a este tesorero, a Sebna el
23.1 hasta no quedar casa, ni a donde *entrar*
24.10 se ha cerrado, para que no *entre* nadie
26.2 las puertas, y *entrará* la gente justa
26.20 anda..*entra* en tus aposentos, cierra
36.6 le *entrará* por la mano, y la atravesará
37.33 no *entrará* en esta ciudad, ni arrojará
37.34 volverá, y no *entrará* en esta ciudad
41.3 por donde sus pies nunca habían *entrado*
43.26 *entremos* en juicio juntamente; habla
45.21 proclamad..y *entren* todos en consulta
47.5 *entra* en tinieblas, hija de los caldeos
57.2 *entrará* en la paz; descansarán en sus
Jer. 2.7 *entrasteis* y contaminasteis mi tierra
2.35 he aquí yo *entraré* en juicio contigo
4.5 *entrémonos* en las ciudades fortificadas
4.29 *entraron* en..espesuras de los bosques
7.2 oíd..los que *entráis* por estas puertas
8.14 *entremos* en las ciudades fortificadas
9.21 muerte..ha *entrado* en nuestros palacios
16.5 no *entres* en casa de luto, ni vayas a
16.8 asimismo no *entres* en casa de banquete
17.19 ponte a la puerta..por la cual *entran*
17.20 los moradores de Jerusalén que *entráis*
17.25 *entrarán*..las puertas de esta ciudad
20.6 *entrarás* en Babilonia, y allí morirás
21.13 y quién *entrará* en nuestras moradas?
22.2 tu pueblo que *entra* por estas puertas
22.4 los reyes..*entrarán* montados en carros
28.4 a todos los..que *entraron* en Babilonia
32.23 y *entraron*, y la disfrutaron; pero no
34.3 tus ojos verán..y en Babilonia *entrarás*
36.5 se me ha prohibido *entrar* en la casa de
36.6 *entra* tú, pues, y lee de este rollo que
36.20 y *entraron* a donde estaba el rey, al
37.4 Jeremías *entraba* y salía en medio del
37.16 *entró*, pues, Jeremías en la casa de la
38.11 *entró* a la casa del rey debajo de la
39.3 y *entraron* todos los príncipes del rey
42.14 no, sino que *entraremos* en la tierra
42.15 para *entrar* en Egipto, y *entrareis* para
42.17 volvieren sus rostros para *entrar* en
42.18 se derramará mi ira..cuando *entrareis*
42.22 el lugar donde deseasteis *entrar* para
43.7 y *entraron* en tierra de Egipto, porque
44.8 tierra de Egipto, adonde habéis *entrado*
44.14 del resto de los de Judá que *entraron*
44.28 que ha *entrado* en Egipto a morar allí
Lm. 1.10 ha visto *entrar* en su santuario a las
1.10 de las cuales mandaste que no *entrasen*
3.13 hizo *entrar* en mis entrañas las saetas
4.12 que el enemigo..*entrara* por las puertas
Ez. 2.2 *entró* el Espíritu en mí y me afirmó
3.4 vé y *entra* a la casa de Israel, y habla
3.11 vé y *entra* a los cautivos, a los hijos
3.24 *entró* el Espíritu en mí y me afirmó
3.24 *entra*, y enciérrate dentro de tu casa
4.14 nunca en mi boca *entró* carne inmunda
7.22 *entrarán* en él invasores..profanarán
8.9 *entra*, y ve las malvadas abominaciones
8.10 *entré*..y miré; y he aquí toda forma de
9.2 *entrados*, se pararon junto al altar de
10.2 *entra* en medio de..Y *entró* a vista mía
10.3 mano derecha..cuando este varón *entró*
10.6 que.. él *entró* y se paró entre las ruedas
16.8 y *entré* en pacto contigo, dice Jehová
17.20 allí *entraré* en juicio con él por su
20.37 haré *entrar* en los vínculos del pacto
20.38 mas a la tierra de Israel no *entrarán*
23.39 *entraban* en mi santuario el mismo día
26.10 cuando *entre* por tus puertas como por
37.5 yo hago *entrar* espíritu en vosotros, y
37.10 y *entró* espíritu en ellos, y vivieron
41.6 *entraban* modillones en la pared de la
42.9 *entrar* en él desde el atrio exterior
42.12 sur..para quien *entraba* en las cámaras
42.14 los sacerdotes *entren*, no saldrán del
43.4 y la gloria de Jehová *entró* en la casa
44.2 ni *entrará*..hombre, porque Jehová Dios
44.2 Jehová Dios de Israel *entró* por ella
44.3 por el vestíbulo de la puerta *entrará*
44.9 ningún hijo de extranjero..*entrará* en
44.16 ellos *entrarán* en mi santuario, y se
44.17 cuando *entren*..las puertas del atrio
44.21 ninguno..beberá vino..haya de *entrar*
44.27 día que *entre* al santuario, al atrio
46.2 el príncipe *entrará* por el camino del
46.8 cuando..*entrare*, *entrará* por el camino
46.9 pueblo de la tierra *entrare* delante de
46.9 el que *entrare* por la puerta del norte
46.9 y el que *entrare* por la puerta del sur
46.9 no volverá por..donde *entró*, sino que
46.10 cuando..*entraren*, *entrará* en medio de
47.8 y *entrarán* en el mar; y *entradas* en el
47.9 dondequiera que *entraren* estos dos ríos
47.9 por haber *entrado* allá estas aguas, y
47.9 vivirá todo lo que *entrare* en este río
Dn. 2.16 y Daniel *entró* y pidió al rey que le
4.8 hasta que *entró* delante de mí Daniel
5.10 la reina..*entró* a la sala del banquete

6.10 *entró* en su casa, y abiertas..ventanas
10.3 ni *entró* en mi boca carne ni vino, ni
11.7 *entrará* en la fortaleza, y hará en ellos
11.9 así *entrará* en el reino el rey del sur
11.24 *entrará* y hará lo que no hicieron sus
11.40 y *entrará* por las tierras, e inundará
11.41 *entrará* a la tierra gloriosa, y muchas
Os. 4.15 y no *entréis* en Gilgal, ni subáis a
7.1 *entra* el ladrón, y el salteador despoja
9.4 ese pan no *entrará* en la casa de Jehová
11.9 Dios soy, y..y no *entraré* en la ciudad
Jl. 2.9 *entrarán* por las ventanas a manera de
3.2 *entraré* en juicio con ellas a causa de
Am. 2.10 que *entraseis* en posesión de la tierra
5.5 y no busquéis a Bet-el, ni *entréis* en
5.19 o como si *entrare* en casa y apoyare su
Abd. 5 si *entraran* a ti vendimiadores, ¿no
11 y extraños *entraban* por sus puertas, y
13 no debiste haber *entrado* por la puerta de
Jon. 1.3 *entró*..para irse con ellos a Tarsis
3.4 y comenzó Jonás a *entrar* por la ciudad
Nah. 3.14 *entra* en el lodo..refuerza el horno
Hab. 3.16 pudrición *entró* en mis huesos, y
Zac. 6.10 irás..y *entrarás* en casa de Josías
8.10 ni hubo paz..ni para el que *entraba*, a
Mt. 2.11 *entrar*..vieron al niño con su madre
5.20 no *entraréis* en el reino de los cielos
6.6 tú, cuando ores, *entra* en tu aposento, y
7.13 *entrad* por la puerta estrecha; porque
7.13 y muchos son los que *entran* por ella
7.21 no todo el..*entrará* en el reino de los
8.5 *entrando* Jesús en Capernaum, vino a él
8.8 no soy digno de que *entres* bajo mi techo
8.23 *entrando* él en la barca, sus discípulos
9.1 *entrando* Jesús en la barca, pasó al otro
9.23 al *entrar* Jesús en la casa del principal
9.25 *entró*, y tomó de la mano a la niña, y
10.5 y en ciudad de samaritanos no *entréis*
10.11 donde *entréis*, informaos quién en ella
10.12 y al *entrar* en la casa, saludadla
12.4 cómo *entró* en la casa de Dios, y comió
12.29 ¿cómo puede alguno *entrar* en la casa
12.45 y *entrados*, moran allí; y el postrer
13.2 y *entrando* él en la barca, se sentó, y
13.36 *entró* Jesús en la casa; y acercándose
14.22 Jesús hizo a sus discípulos *entrar* en
15.11 no lo que *entra* en la boca contamina al
15.17 que todo lo que *entra* en la boca va al
15.39 *entró* en la barca, y vino a la región
17.25 y al *entrar* él en casa, Jesús le habló
18.3 no *entraréis* en el reino de los cielos
18.8 mejor te es *entrar* en la vida cojo o
18.9 mejor te es *entrar* con un solo ojo en
19.17 si quieres *entrar* en la vida, guarda
19.23 que difícilmente *entrará* un rico en el
19.24 que *entrar* un rico en el reino de Dios
21.10 cuando *entró* él en Jerusalén, toda la
21.12 y *entró* Jesús en el templo de Dios, y
22.11 *entró* el rey para ver a los convidados
22.12 ¿cómo *entraste*..sin estar vestido de
23.13 cerráis el reino..ni *entráis* vosotros
23.13 ni dejáis *entrar* a los que..*entrando*
24.38 hasta el día en que..*entró* en el arca
25.10 las que estaban preparadas *entraron* con
25.21,23 pondré; *entra* en el gozo de tu señor
26.41 velad y orad, para que no *entréis* en
26.58 *entrando*, se sentó con los alguaciles
27.1 *entraron* en consejo contra Jesús, para
Mr. 1.21 *entraron* en Capernaum; y los días de
1.21 días..*entrando* en la sinagoga, enseñaba
1.45 ya Jesús no podía *entrar*..en la ciudad
2.1 *entró* Jesús otra vez en Capernaum..días
2.26 cómo *entró* en la casa de Dios, siendo
3.1 *entró* Jesús en la sinagoga; y había allí
3.27 ninguno puede *entrar* en la casa de un
4.1 *entrando* en una barca, se sentó en ella
4.19 *entran* y ahogan la palabra, y se hace
5.12 envíanos a los cerdos..que *entremos* en
5.13 *entraron* en los cerdos, los cuales eran
5.18 al *entrar* él en la barca, el que había
5.39 *entrando*..dijo: ¿Por qué alborotáis y
5.40 tomó al..y *entró* donde estaba la niña
6.10 dijo: Dondequiera que *entréis* en una casa
6.22 *entrando* la hija de Herodías, danzó, y
6.25 ella *entró*..al rey, y pidió diciendo
6.45 *entrar* en la barca e ir delante de él
6.56 y dondequiera que *entraba*, en aldeas
7.15 que *entre* en él, que le pueda contaminar
7.17 cuando..*entró* en casa, le preguntaron
7.18 lo de fuera que *entra* en el hombre, no
7.19 porque no *entra* en su corazón, sino en
7.24 y *entrando* en una casa, no quiso que
8.10 *entrando* en la barca..vino a la región
8.13 volvió a *entrar* en la barca, y se fue
8.26 no *entres* en la aldea, ni lo digas a
9.25 yo te mando, sal de él, y no *entres* más
9.28 cuando él *entró* en casa, sus discípulos
9.43 mejor te es *entrar* en la vida manco, que
9.45 mejor te es *entrar* a la vida cojo, que
9.47 mejor te es *entrar* en el reino de Dios
10.15 no reciba el..como un niño, no *entrará*
10.23 dijo..¡Cuán difícilmente *entrarán* en el
10.24 ¡cuán difícil les es *entrar* en el reino
10.25 que *entrar* un rico en el reino de Dios

11.2 luego que *entréis* en ella, hallaréis un
11.11 y *entró* Jesús en Jerusalén, y en el
11.15 *entrando* Jesús en el templo, comenzó a
13.15 ni *entre* para tomar algo de su casa
14.14 y donde *entrare*, decid al señor de la
14.16 *entraron* en la ciudad, y hallaron como
14.38 orad, para que no *entréis* en tentación
15.43 José..vino y *entró* osadamente a Pilato
16.5 cuando *entraron* en el sepulcro, vieron
Lc. 1.9 el incienso, *entrando* en el santuario
1.28 *entrando* el ángel en donde ella estaba
1.40 *entró* en casa de Zacarías, y saludó a
4.16 el día de reposo *entró* en la sinagoga
4.38 Jesús..salió..y *entró* en casa de Simón
5.3 *entrando* en una de aquellas barcas, la
6.4 cómo *entró* en la casa de Dios, y tomó los
6.6 que él *entró* en la sinagoga y enseñaba
7.1 que hubo terminado..*entró* en Capernaum
7.6 pues no soy digno de que *entres* bajo mi
7.36 y habiendo *entrado* en casa del fariseo
7.44 *entré* en tu casa, y no me diste agua
7.45 desde que *entré*, no ha cesado de besar
8.16 la pone..que los que *entran* vean la luz
8.22 *entró* en una barca con sus discípulos
8.30 muchos demonios habían *entrado* en él
8.32 rogaron que los dejase *entrar* en ellos
8.33 y los demonios..*entraron* en los cerdos
8.37 Jesús, *entrando* en la barca, se volvió
8.41 Jairo..le rogaba que *entrase* en su casa
8.51 entrando en la casa, no dejó *entrar* a
9.4 casa donde *entréis*, quedad allí, y de allí
9.34 y tuvieron temor al *entrar* en la nube
9.46 *entraron* en discusión sobre quién de
9.52 fueron y *entraron* en una aldea de los
10.5 casa donde *entréis*..decid: Paz sea a
10.8 donde *entréis*, y os reciban, comed lo
10.10 ciudad donde *entréis*, y no os reciban
10.38 yendo de camino, *entró* en una aldea
11.26 y *entrados*, moran allí; y el postrer
11.33 para que los que *entran* vean la luz
11.37 *entrando* Jesús en la casa, se sentó a
11.52 no *entrasteis*, y a los que *entraban* se
13.24 esforzaos a *entrar*..la puerta angosta
13.24 muchos procurarán *entrar*, y no podrán
14.1 habiendo *entrado* para comer en casa de
14.23 fuérzalos a *entrar*, para que se llene
15.28 entonces se enojó, y no quería *entrar*
15.28 su padre, y le rogaba que *entrase*
16.16 y todos se esfuerzan por *entrar* en él
17.12 y al *entrar* en una aldea, le salieron
17.27 hasta el día en que *entró* Noé en el arca
18.17 no recibe el..como un niño, no *entrará*
18.24 cuán difícilmente *entrarán* en el reino
18.25 que *entrar* un rico en el reino de Dios
19.1 habiendo *entrado* Jesús en Jericó, iba
19.7 que había *entrado* a posar con un hombre
19.30 al *entrar* en ella hallaréis un pollino
19.45 *entrando* en el templo, comenzó a echar
21.21 estén en los campos, no *entren* en ella
22.3 y *entró* Satanás en Judas..el cual era
22.10 al *entrar* en la ciudad os saldrá al
22.10 seguidle hasta la casa donde *entrare*
22.40 dijo: Orad que no *entréis* en tentación
22.46 orad para que no *entréis* en tentación
24.3 y *entrando*, no hallaron el cuerpo del
24.26 padeciera..que *entrara* en su gloria?
24.29 mas..*entró*, pues, a quedarse con ellos
Jn. 3.4 ¿puede acaso *entrar*..en el vientre de
3.5 no naciere..no puede *entrar* en el reino
4.38 vosotros habéis *entrado* en sus labores
6.17 y *entrando* en una barca, iban cruzando
6.22 que Jesús no había *entrado* en ella con
6.24 *entraron* en las barcas y fueron a
10.1 que no *entra* por la puerta en el redil
10.2 el que *entra* por la puerta, el pastor
10.9 el que por mí *entrare*, será salvo; y
10.9 y *entrará*, y saldrá, y hallará pastos
11.30 todavía no había *entrado* en la aldea
13.27 después del bocado, Satanás *entró* en él
18.1 había un huerto, en el cual *entró* con
18.15 y *entró* con Jesús al patio del sumo
18.16 y habló a la portera, e hizo *entrar* a
18.28 ellos no *entraron* en el pretorio para
18.33 Pilato volvió a *entrar* en el pretorio
19.9 *entró* otra vez en el pretorio, y dijo
20.5 vio los lienzos puestos..pero no *entró*
20.6 llegó Simón Pedro..*entró* en el sepulcro
20.8 entonces *entró*..el otro discípulo, que
21.3 *entraron* en una barca; y aquella noche
Hch. 1.13 *entrados*, subieron al aposento alto
1.21 el tiempo que el Señor Jesús *entraba* y
3.2 que pidiese limosna de los que *entraban*
3.3 iban a *entrar* en el templo, les rogaba
3.8 *entró* con ellos en el templo, andando
5.7 que *entró* su mujer, no sabiendo lo que
5.10 expiró; y cuando *entraron* los jóvenes
5.21 esto, *entraron* de mañana en el templo
8.3 *entrando* casa por casa, arrastraba a
9.6 levántate y *entra* en la ciudad, y se te
9.12 a un varón..*entra* y le pone las manos
9.17 *entró* en la casa, y poniendo sobre él
9.28 y estaba con ellos..y *entraba* y salía
10.3 que un ángel..*entraba* donde él estaba
10.23 haciéndoles *entrar*, los hospedó. Y al

ENTRAR *(Continúa)*
Hch. 10.24 *entraron* en Cesarea. Y Cornelio los
10.25 cuando Pedro *entró*, salió Cornelio a
10.27 *entró*, y halló a muchos que se habían
11.3 diciendo: ¿Por qué has *entrado* en casa
11.8 ninguna cosa común. . *entró* jamás en mi
11.12 fueron. . *entramos* en casa de un varón
11.20 cuales, cuando *entraron* en Antioquía
13.14 y *entraron* en la sinagoga un día de
14.1 *entraron* juntos en la sinagoga de los
14.20 se levantó y *entró* en la ciudad; y al
14.22 de muchas tribulaciones *entremos* en el
16.15 nos rogó. . *entrad* en mi casa, y posad
16.40 la cárcel, *entraron* en casa de Lidia
17.10 *entraron* en la sinagoga de los judíos
18.19 *entrando* en la sinagoga, discutía con
19.8 y *entrando* Pablo en la sinagoga, habló
20.18 desde el primer día que *entré* en Asia
20.29 *entrarán* en medio de vosotros lobos
21.8 y *entrando* en casa de Felipe. . posamos
21.18 Pablo *entró* con nosotros a ver a Jacobo
21.26 *entró* en el templo, para anunciar el
23.16 *entró* en la fortaleza, y dio aviso a
25.23 y *entrando* en la audiencia con los
28.8 *entró* Pablo a verle, y después de haber
Ro. 5.12 como el pecado *entró* en el mundo por
11.25 hasta que haya *entrado* la plenitud de
1 Co. 14.23 *entran* indoctos o incrédulos, ¿no
14.24 profetizan, y *entra* algún incrédulo o
15.21 cuanto la muerte *entró* por un hombre
2 Co. 10.16 sin *entrar* en la obra de otro para
Gá. 2.4 falsos hermanos. . *entraban* para espiar
He. 3.11 juré en. . ira: No *entrarán* en mi reposo
3.18 juró que no *entrarían* en su reposo, sino
3.19 vemos que no pudieron *entrar* a causa de
4.1 aún la promesa de *entrar* en su reposo
4.3 que hemos creído *entramos* en el reposo
4.3 juré en mi ira, no *entrarán* en mi reposo
4.5 otra vez aquí: No *entrarán* en mi reposo
4.6 puesto que falta que algunos *entren* en él
4.6 no *entraron* por causa de desobediencia
4.10 porque el que ha *entrado* en su reposo
4.11 procuremos, pues, *entrar* en aquel reposo
6.20 Jesús *entró* por nosotros como precursor
9.6 *entran* los sacerdotes continuamente para
9.12 *entró* una vez para siempre en el lugar
9.24 porque no *entró* Cristo en el santuario
9.25 no. . como *entra* el sumo sacerdote en el
10.5 *entrando* en el mundo dice: Sacrificio y
10.19 teniendo libertad para *entrar* en el
Stg. 2.2 si. . *entra* un hombre con anillo de oro
2.2 *entra* un pobre con vestido andrajoso
5.4 los clamores de. . han *entrado* en los oídos
Jud. 4 hombres han *entrado* encubiertamente, los
Ap. 3.20 oye mi voz y abre la puerta, *entraré*
11.11 *entró* en ellos el espíritu de vida
15.8 nadie podía *entrar* en el templo hasta
21.27 no *entrará* en ella. . ninguna cosa inmunda
22.14 *entrar* por las puertas en la ciudad

ENTREGADOR

Hch. 7.52 ahora habéis sido *e* y matadores

ENTREGAR

Gn. 9.2 todos. . en vuestra mano son *entregados*
14.20 que *entregó* tus enemigos en tu mano
21.14 le *entregó* el muchacho, y la despidió
27.17 *entregó* los guisados y el pan. . Jacob
32.16 lo *entregó* a sus siervos, cada manada
39.4 *entregó* en su poder todo lo que tenía
39.22 *entregó* en mano de José el cuidado de
42.37 *entrégalo* en mi mano. . lo devolveré a ti
Éx. 5.18 y habéis de *entregar* la misma tarea
Lv. 20.27 o se *entregare* a la adivinación, ha
26.25 seréis *entregados* en mano del enemigo
Nm. 5.8 *entregándola* al sacerdote, además del
14.8 él. . nos la *entregará;* tierra que fluye
21.2 si. . *entregares* este pueblo en mi mano
21.3 y Jehová escuchó. . y *entregó* al cananeo
21.34 en tu mano lo he *entregado*, a él y a
Dt. 1.8 yo os he *entregado* la tierra; entrad y
1.21 tu Dios te ha *entregado* la tierra; sube
1.27 para *entregarnos* en manos del amorreo
2.24 he *entregado* en tu mano a Sehón rey de
2.30 su corazón para *entregarlo* en tu mano
2.31 he comenzado a *entregar*. . a Sehón y a su
2.33 Dios lo *entregó* delante de nosotros; y
2.36 *entregó* Jehová. . Dios en nuestro poder
3.2 he *entregado* a él y a todo su pueblo, con
3.3 Dios *entregó*. . en nuestra mano a Og rey
7.2 tu Dios las haya *entregado* delante de ti
7.23 Dios las *entregará* delante de ti, y él
7.24 él *entregará* sus reyes en tu mano, y tú
19.12 lo *entregarán* en mano del vengador de
20.13 Jehová tu Dios la *entregue* en tu mano
20.14 tus enemigos. . Jehová tu Dios te *entregó*
21.10 y Jehová tu Dios los *entregare* en tu
23.14 *entregar* a tus enemigos delante de ti
23.15 no *entregarás* a su señor el siervo que
24.1 le escribirá carta. . y se la *entregará* en
24.3 le escribiere carta. . y se la *entregare*
24.10 *entregares* a tu prójimo alguna cosa
28.25 Jehová te *entregará* derrotado delante
28.32 hijas serán *entregados* a otro pueblo
31.5 los *entregará* Jehová delante de vosotros
32.30 si. . y Jehová no los hubiera *entregado?*
Jos. 1.3 os he *entregado*, como lo había dicho
2.24 Jehová ha *entregado* toda la tierra en
6.2 yo he *entregado* en tu mano a Jericó y a
6.16 porque Jehová os ha *entregado* la ciudad
7.7 *entregarnos* en las manos de los amorreos
8.1 yo he *entregado* en tu mano al rey de Hai
8.7 vuestro Dios la *entregará* en vuestras
8.18 Hai, porque yo la *entregaré* en tu mano
10.8 porque yo los he *entregado* en tu mano
10.12 día en que Jehová *entregó* al amorreo
10.19 Dios los ha *entregado* en vuestra mano
10.30 Jehová la *entregó*. . en manos de Israel
10.32 *entregó* a Laquis en mano de Israel, y
11.6 mañana. . yo *entregaré* a todos. . muertos
11.8 los *entregó* Jehová en manos de Israel
11.23 la *entregó* Josué a los israelitas por
19.51 heredades que. . *entregaron* por suerte
20.5 no *entregarán* en su mano al homicida
21.44 Jehová *entregó* en sus manos a todos
24.8,11 yo los *entregué* en vuestras manos
Jue. 1.2 he *entregado* la tierra en sus manos
1.4 Jehová *entregó* en sus manos al cananeo
2.14 los *entregó* en manos de robadores que
2.23 dejó. . y no las *entregó* en mano de Josué
3.10 Jehová *entregó* en su. . a Cusan-risataim
3.17 *entregó* el presente a Eglón rey de Moab
3.18 y luego que hubo *entregado* el presente
3.28 Jehová ha *entregado*. . en vuestras manos
4.7 a Sísara. . y lo *entregaré* en tus manos?
4.14 día en que Jehová ha *entregado* a Sísara
6.1 y Jehová los *entregó* en mano de Madián
6.13 ahora Jehová. . nos ha *entregado* en mano
7.2 para que yo *entregue* a los madianitas
7.7 *entregaré* a los madianitas en tus manos
7.9 levántate. . lo he *entregado* en tus manos
7.14 Dios ha *entregado* en sus manos a los
7.15 ha *entregado* el campamento de Madián en
8.3 Dios ha *entregado* en. . manos a Oreb y a
8.7 Jehová haya *entregado* en mi mano a Zeba
10.7 y los *entregó* en mano de los filisteos
11.9 y Jehová los *entregare* delante de mí
11.21 *entregó* a Sehón y a todo su pueblo en
11.30 si *entregares*. . amonitas en mis manos
11.32 Amón. . y Jehová los *entregó* en su mano
12.3 contra. . Amón, y Jehová me los *entregó*
13.1 los *entregó* en mano de los filisteos por
15.12 y *entregarte* en mano de los filisteos
15.13 te *entregaremos* en sus manos; mas no
16.23,24 dios *entregó* en nuestras manos a
18.10 Dios la ha *entregado* en vuestras manos
20.13 *entregad*. . a aquellos hombres perversos
20.28 subid, porque mañana. . os los *entregaré*
1 S. 14.10 Jehová los ha *entregado* en nuestras
14.12 los ha *entregado* en manos de Israel
14.37 ¿los *entregarás* en mano de Israel?
17.46 Jehová te *entregará* hoy en mi mano, y
17.47 y él os *entregará* en nuestras manos
18.27 prepucios y los *entregó* todos al rey
23.4 *entregaré* en tus manos a los filisteos
23.7 dijo. . Dios lo ha *entregado* en mi mano
23.11,12 ¿me *entregarán* los vecinos de Keila
23.12 y Jehová respondió: Os *entregarán*
23.14 pero Dios no lo *entregó* en sus manos
23.20 lo *entregaremos* en la mano del rey
24.4 aquí que *entrego* a tu enemigo en tu mano
24.18 habiéndome *entregado* Jehová en tu mano
26.8 hoy ha *entregado* Dios a tu enemigo en
26.23 Jehová te había *entregado* hoy en mi
28.19 *entregará* a Israel. . *e*. . al ejército de
30.15 ni me *entregarás* en mano de mi amo
30.23 y ha *entregado* en nuestra mano a los
2 S. 3.8 no te ha *entregado* en mano de David
5.19 consultó. . ¿Los *entregarás* en mi mano?
5.19 vé. . *entregaré* a los filisteos en tu mano
10.10 *entregó* luego el resto del ejército en
14.7 *entrega* al que mató a su hermano, para
16.8 Jehová ha *entregado* el reino en mano de
18.28 ha *entregado* a los hombres que habían
20.21 *entregad* a ése. . y me iré de la ciudad
21.9 los *entregó* en manos de los gabaonitas
1 R. 8.46 y los *entregares* delante del enemigo
9.7 la faz de la tierra que les he *entregado*
11.11 el reino, y lo *entregaré* a tu siervo
11.38 edificaré. . y yo te *entregaré* a Israel
13.26 tanto, Jehová le ha *entregado* al león
14.8 rompí el reino. . y te lo *entregué* a ti
14.16 *entregará* a Israel por los pecados de
15.18 tesoros. . los *entregó* a sus siervos, y
18.9 *entregues* a tu siervo en mano de Acab
20.13 te la *entregaré* hoy en tu mano, para
20.28 yo *entregaré* toda esta gran multitud
22.6,12,15 Jehová la *entregará* en mano del rey
2 R. 3.3 se *entregó* a los pecados de Jeroboam
3.10,13 *entregarlos* en manos de los moabitas
3.18 *entregaré* también a los moabitas en
12.15 en cuyas manos el dinero era *entregado*
13.3 *entregó* en mano de Hazael rey de Siria
17.17 se *entregaron* a hacer lo malo ante los
17.20 y los *entregó* en manos de saqueadores
18.30 esta ciudad no será *entregada* en mano
19.10 decir: Jerusalén no será *entregada* en
21.14 lo *entregaré* en manos de sus enemigos
22.5 lo *entreguen* a los que hacen la obra de
22.9 el dinero. . han *entregado* en poder de los
1 Cr. 12.17 si es para *entregarme* a mis enemigos
14.10 consulté a Dios. . ¿Los *entregarás* en mi
14.10 porque yo los *entregaré* en tus manos
22.18 él ha *entregado*. . moradores de la tierra
2 Cr. 6.36 *entregares* delante de sus enemigos
12.10 los *entregó* a los jefes de la guardia
13.16 huyeron. . Dios los *entregó* en sus manos
16.8 en Jehová, él los *entregó* en tus manos
18.5 sube. . Dios los *entregará* en mano del rey
18.11 Jehová la *entregará* en mano del rey
18.14 pues serán *entregados* en vuestras manos
24.24 Jehová *entregó* en sus manos un ejército
25.20 Dios. . los quería *entregar* en manos de
28.5 Dios lo *entregó* en manos del rey de los
28.5 *entregado* en manos del rey de Israel
28.9 los ha *entregado* en vuestras manos; y
29.8 la ira. . y los ha *entregado* a turbación
30.7 rebelaron. . él los *entregó* a desolación
32.11 para *entregaros* a muerte, a hambre y a
33.8 Israel de la tierra que yo *entregué* a
34.10 *entregaron* en mano de los que hacían
34.17 han *entregado* en mano de los encargados
36.17 los caldeos. . los *entregó* en sus manos
Esd. 5.12 los *entregó* en mano de Nabucodonosor
5.14 fueron *entregados* a Sesbasar, a quien
7.19 utensilios que te son *entregados* para el
8.34 por cuenta y por peso se *entregó* todo
8.36 *entregaron* los despachos del rey a sus
9.7 hemos sido *entregados* en manos de los
Neh. 4.4 *entrégalos* por despojo en la tierra
9.24 los cuales *entregaste* en su mano, y a
9.27 los *entregaste* en mano de sus enemigos
9.30 los *entregaste* en mano de los pueblos
9.35 tierra. . que *entregaste* delante de ellos
Job 9.24 tierra es *entregada* en manos. . impíos
16.11 me ha *entregado* Dios al mentiroso, y
31.30 ni aun *entregué* al pecado mi lengua
Sal. 27.12 no me *entregues* a. . de mis enemigos
31.8 no me *entregaste* en mano del enemigo
41.2 no lo *entregarás* a la. . de sus enemigos
44.11 nos *entregas* como ovejas al matadero
74.19 no *entregues* a las fieras el alma de
78.48 *entregó* al pedrisco sus bestias, y sus
78.50 sino. . *entregó* su vida a la mortandad
78.61 y *entregó* a cautiverio su poderío, y
78.62 *entregó* también su pueblo a la espada
106.14 se *entregaron* a un deseo desordenado
106.41 los *entregó* en poder de las naciones
118.18 JAH, mas no me *entregó* a la muerte
Pr. 4.9 dará. . corona de hermosura te *entregará*
6.31 pero. . *entregará* todo el haber de su casa
Cnt. 8.11 una viña. . la cual *entregó* a guardas
Is. 16.3 no *entregues* a los que andan errantes
19.4 y *entregaré* a Egipto en manos de señor
22.21 *entregaré* en sus manos tu potestad; y
34.2 destruirá y las *entregará* al matadero
36.15 no será *entregada* esta ciudad en manos
37.10 Jerusalén no será *entregada* en mano del
37.19 *entregaron* los dioses de ellos al fuego
41.2 *entregó* delante de él naciones. . reyes
41.2 los *entregó* a su espada como polvo, como
42.24 y *entregó* a Israel a saqueadores? ¿No
47.6 mi heredad, y los *entregué* en tu mano
Jer. 4.13 porque *entregados* somos a despojo!
12.7 *entregado* lo que amaba mi alma en mano
15.4 los *entregaré* para terror a todos los
15.9 lo que de ella quede, lo *entregaré* a la
15.13 tus tesoros *entregaré* a la rapiña sin
17.3 todos tus tesoros *entregaré* al pillaje
18.21 por tanto, *entrega* sus hijos a hambre
20.4 a todo Judá *entregaré* en manos del rey
20.5 *entregaré*. . la riqueza de esta ciudad
21.7 *entregaré* a Sedequías rey de Judá, a sus
21.10 en mano del rey de. . será *entregada*, y
22.25 te *entregaré* en mano de los que buscan
25.31 *entregará* los impíos a espada, dice
26.24 que no lo *entregasen* en las manos del
29.21 *entrego* yo en mano de Nabucodonosor
32.3 *entrego* esta ciudad en mano del rey de
32.4 *entregado* en mano del rey de Babilonia
32.24 la ciudad va a ser *entregada* en mano
32.25 ciudad sea *entregada* en manos de los
32.28 voy a *entregar* esta ciudad en mano de
32.36 *entregada* será en mano del. . a espada
32.43 es *entregada* en mano de los caldeos
34.2 aquí yo *entregaré* esta ciudad al rey de
34.3 en su mano serás *entregado;* y tus ojos
34.18 *entregaré* a. . hombres que traspasaron
34.20,21 *entregaré* en mano de sus enemigos
37.17 en mano del rey de. . serás *entregado*
38.3 *entregada* esta ciudad en manos del rey
38.16 ni te *entregaré* en mano de. . varones
38.17 si te *entregas*. . a los príncipes del rey
38.18 pero si no te *entregas*. . será *entregada*
38.19 no sea que me *entreguen* en sus manos
38.20 no te *entregarán*. Oye ahora la voz de
38.21 si no quieres *entregarte*, esta es la
39.14 tomaron a Jeremías. . y lo *entregaron* a
39.17 libraré. . y no serás *entregado* en manos
43.3 para *entregarnos* en manos de los caldeos
44.30 *entrego* a Faraón Hofra rey de Egipto

ENTREGAR *(Continúa)*
Jer. 44.30 como *entregué* a Sedequías rey de Judá
46.24 *entregada* será en manos del pueblo del
46.26 *entregaré* en mano de los que buscan su
Lm. 1.14 me ha *entregado* el Señor en manos
2.7 ha *entregado* en mano del enemigo..muros
3.65 *entrégalos* al endurecimiento de corazón
Ez. 7.21 en mano de extraños la *entregué* para
11.9 y os *entregaré* en manos de extraños, y
16.27 te *entregué* a la voluntad de las hijas
16.39 y te *entregaré* en manos de ellos; y
21.11 para *entregarla* en mano del matador
21.24 cuanto..seréis *entregados* en su mano
21.27 que venga aquel..y yo se lo *entregaré*
21.31 y te *entregaré* en mano de..temerarios
23.9 la *entregué* en mano de sus amantes, en
23.28 yo te *entrego* en mano de aquellos que
23.46 las *entregaré* a turbación y a rapiña
25.4 te *entrego* por heredad a los orientales
25.7 te *entregaré* a las..para ser saqueada
25.10 la *entregaré* por heredad, para que no
30.12 *entregaré* la tierra en manos de malos
31.11 yo lo *entregaré* en manos del poderoso
32.20 a la espada es *entregado;* traedlo a él
33.27 *entregaré* a las fieras..que lo devoren
35.5 y *entregaste* a los hijos de Israel al
39.23 los *entregué* en manos de sus enemigos
Dn. 1.2 el Señor *entregó* en sus manos a Joacim
2.38 él los ha *entregado* en tu mano, y te ha
3.28 *entregarnos* sus cuerpos antes que servir
7.11 cuerpo fue..*entregado* para ser quemado
7.25 serán *entregados* en su mano hasta tiempo
8.12 le fue *entregado* el ejército junto con
8.13 *entregando* el santuario y el ejército
11.6 porque será *entregada* ella y los que la
11.11 toda aquella multitud será *entregada* en
Os. 11.8 oh Efraín? ¿Te *entregaré* yo, Israel?
Jl. 2.17 y no *entregues* al oprobio tu heredad
Am. 1.6 llevó cautivo..para *entregarlo* a Edom
1.9 *entregaron* a..un pueblo cautivo a Edom
6.7 duelo de los que se *entregan* a..placeres
6.8 *entregaré* al enemigo la ciudad y cuanto
Abd. 14 haber *entregado* a los que quedaban en
Mi. 6.14 lo que salvares, lo *entregaré* yo a la
Zac. 11.6 *entregaré* los hombres cada cual en
Mt. 5.25 no sea que..te *entregue* al juez, y el
10.4 y Judas Iscariote..también le *entregó*
10.17 porque os *entregarán* a los concilios
10.19 cuando os *entreguen*, no os preocupéis
10.21 el hermano *entregará* a la muerte al
11.27 todas las cosas me fueron *entregadas*
17.22 el Hijo del Hombre será *entregado* en
18.34 le *entregó* a los verdugos, hasta que
20.18 y el Hijo del Hombre será *entregado* a
20.19 le *entregarán* a los gentiles para que
24.9 *entregarán* a tribulación, y os matarán
24.10 y se *entregarán* unos a otros, y unos
25.14 llamó a sus siervos y les *entregó* sus
25.20 señor, cinco talentos me *entregaste*
25.22 señor, dos talentos me *entregaste;* aquí
26.2 el Hijo del Hombre será *entregado* para
26.15 me queréis dar, y yo os lo *entregaré?*
26.16 buscaba oportunidad para *entregarle*
26.21 que uno de vosotros me va a *entregar*
26.23 el que mete la mano..me va a *entregar*
26.24 ¡ay de aquél..por quien..es *entregado!*
26.25 le *entregaba*, dijo: ¿Soy yo, Maestro?
26.45 Hijo del Hombre es *entregado* en manos
26.46 vamos; ved, se acerca el que me *entrega*
26.48 que le *entregaba* les había dado señal
26.59 falso testimonio..para *entregarle* a la
27.1 contra Jesús, para *entregarle* a muerte
27.2 atado, y le *entregaron* a Poncio Pilato
27.3 Judas..que le había *entregado*, viendo
27.4 yo he pecado *entregando* sangre inocente
27.18 que por envidia le habían *entregado*
27.26 a Jesús..*entregó* para ser crucificado
27.50 clamado a gran voz, *entregó* el espíritu
Mr. 3.19 y Judas Iscariote, el que le *entregó*
9.31; 10.33 el Hijo del Hombre será *entregado*
10.33 muerte, y le *entregarán* a los gentiles
13.9 porque os *entregarán* a los concilios, y
13.11 cuando os trajeren para *entregaros*, no
13.12 el hermano *entregará* a la..al hermano
14.10 fue a los..sacerdotes para *entregárselo*
14.11 buscaba oportunidad para *entregarle*
14.18 que uno de vosotros..me va a *entregar*
14.21 ¡ay de aquel..por quien..es *entregado!*
14.41 aquí, el Hijo del Hombre es *entregado*
14.42 he aquí, se acerca el que me *entrega*
14.44 y el que le *entregaba* les había dado
14.55 buscaban testimonio..para *entregarle*
15.1 a Jesús atado, y le *entregaron* a Pilato
15.10 que por envidia le habían *entregado*
15.15 *entregó* a Jesús, después de azotarle
Lc. 4.6 porque a mí me ha sido *entregada*, y a
9.44 que el Hijo del Hombre será *entregado*
10.22 las cosas me fueron *entregadas* por mi
12.58 el juez te *entregue* al alguacil, y el
18.32 pues será *entregado* a los gentiles, y
20.20 para *entregarle* al poder y autoridad
21.12 os *entregarán* a las sinagogas y a las
21.16 *entregados* aun por vuestros padres, y
22.4 fue y habló..de cómo se lo *entregaría*
22.6 buscaba..oportunidad para *entregárselo*
22.21 mano del que me *entrega* está conmigo
22.22 ¡ay de aquel..por quien es *entregado!*
22.48 un beso *entregas* al Hijo del Hombre?
23.25 *entregó* a Jesús a la voluntad de ellos
24.7 es necesario que el Hijo..sea *entregado*
24.20 y cómo le *entregaron* los principales
Jn. 3.35 y todas las cosas ha *entregado* en su
6.64 Jesús sabía..quién le había de *entregar*
6.71 era el que le iba a *entregar*, y era uno
12.4 y dijo uno..el que le había de *entregar*
13.2 puesto en el corazón..que le *entregase*
13.11 sabía quién le iba a *entregar;* por eso
13.21 que uno de vosotros me va a *entregar*
18.2 que le *entregaba*, conocía aquel lugar
18.5 con ellos Judas, el que le *entregaba*
18.30 no fuera..no te lo habríamos *entregado*
18.35 te han *entregado* a mí. ¿Qué has hecho?
18.36 para que yo no fuera *entregado* a los
19.11 que me ha *entregado*, mayor pecado tiene
19.16 entonces lo *entregó* a ellos para que
19.30 consumado es. Y..*entregó* el espíritu
21.20 ¿quién es el que te ha de *entregar?*
Hch. 2.23 *entregado* por el determinado consejo
3.13 quien vosotros *entregasteis* y negasteis
7.42 y los *entregó* a que rindiesen culto al
8.3 a mujeres, y los *entregaba* en la cárcel
12.4 *entregándole* a cuatro grupos de cuatro
15.30 reuniendo a la..*entregaron* la carta
16.4 *entregaban* las ordenanzas que habían
17.16 enardecía viendo la ciudad *entregada*
18.5 Pablo estaba *entregado* por entero a la
21.11 le *entregarán* en manos de los gentiles
22.4 y *entregando* en cárceles a hombres y
25.11 acusan, nadie puede *entregarme* a ellos
25.16 no es costumbre..*entregar* alguno a la
27.1 *entregaron* a Pablo y a..a un centurión
28.16 Roma, el centurión *entregó* los presos
28.17 sido *entregado* preso desde Jerusalén
Ro. 1.24 Dios los *entregó* a la inmundicia, en
1.26 Dios los *entregó* a pasiones vergonzosas
1.28 Dios los *entregó* a una mente reprobada
4.25 *entregado* por nuestras transgresiones
6.17 doctrina a la cual fuisteis *entregados*
8.32 no escatimó..Hijo, sino que lo *entregó*
15.28 cuando..les haya *entregado* este fruto
1 Co. 5.5 el tal sea *entregado* a Satanás para
11.2 instrucciones tal como os las *entregué*
11.23 la noche que fue *entregado*, tomó pan
13.3 *entregase* mi cuerpo para ser quemado
15.24 fin, cuando *entregue* el reino al Dios y
2 Co. 4.11 *entregados* a muerte por causa de
Gá. 2.20 me amó y se *entregó* a sí mismo por mí
Ef. 4.19 *entregaron* a la lascivia para cometer
5.2 amó..y se *entregó* a sí mismo por nosotros
5.25 amó a..y se *entregó* a sí mismo por ella
1 Ts. 2.8 *entregaros* no sólo el evangelio de
1 Ti. 1.20 a quienes *entregué* a Satanás para
5.6 pero la que se *entrega* a los placeres
2 P. 2.4 los *entregó* a prisiones de oscuridad
Ap. 3.9 *entrego*..a los que se dicen ser judíos
11.2 porque ha sido *entregado* a los gentiles
17.13 *entregarán* su poder y su..a la bestia
20.13 el mar *entregó* los muertos que había
20.13 y el Hades *entregaron* los muertos que

ENTREMETER
Pr. 14.10 y extraño no se *entremeterá* en su
18.1 desvía, y se *entremete* en todo negocio
20.19 no te *entremetas*, pues, con el suelto
22.24 no te *entremetas* con el iracundo, ni
24.19 no te *entremetas* con los malignos, ni
24.21 no te *entremetas* con los veleidosos
Col. 2.18 *entremetiéndose* en lo que no ha visto
1 P. 4.15 padezca..*entremeterse* en lo ajeno

ENTREMETIDA
1 Ti. 5.13 y *e*, hablando lo que no debieran

ENTRESACAR
2 S. 10.9 *entresacó* de todos los escogidos de
Jer. 15.19 *entresacares* lo precioso de lo vil

ENTRETEJER
Job 8.17 se van *entretejiendo* sus raíces junto
40.17 los nervios de sus..están *entretejidos*
Sal. 139.15 y *entretejido* en lo más profundo de
Nah. 1.10 aunque sean como espinos *entretejidos*
Jn. 19.2 *entretejieron* una corona de espinas

ENTRETENER
Lm. 1.11 cosas preciosas, para *entretener* la
1.19 buscando comida..con que *entretener* su
2 Ts. 3.11 no..sino *entreteniéndose* en lo ajeno

ENTRISTECER
Gn. 34.7 se *entristecieron* los varones, y se
45.5 pues, no os *entristezcáis*, ni os pese
1 S. 1.6 rival la irritaba..*entristeciéndola*
20.3 no sepa esto..para que no se *entristezca*
2 S. 6.8 se *entristeció* David por haber herido
1 R. 1.6 su padre nunca le había *entristecido*
Esd. 10.6 se *entristeció* a causa del pecado de
Neh. 8.9 día santo es a..no os *entristezcáis*
8.10 no os *entristezcáis*, porque el gozo de
8.11 diciendo: Callad..no os *entristezcáis*
Job 14.22 dolerá, y se *entristecerá* en él su
30.25 se *entristeció* sobre el menesteroso?
Is. 3.26 puertas se *entristecerán* y enlutarán
19.8 los pescadores..se *entristecerán;* harán
19.10 se *entristecerán* todos los que hacen
Jer. 15.5 ¿quién se *entristecerá* por tu causa
31.25 y saciaré a toda alma *entristecida*
Lm. 3.33 aflije ni *entristece* voluntariamente
5.17 esto fue *entristecido* nuestro corazón
Ez. 13.22 *entristecisteis*..corazón del justo
13.22 corazón del..al cual yo no *entristecí*
32.9 y *entristeceré* el corazón de..pueblos
Mt. 14.9 el rey se *entristeció;* pero a causa
17.23 ellos se *entristecieron* en gran manera
18.31 consiervos..se *entristecieron* mucho, y
26.22 *entristecidos*..decirle: ¿Soy yo, Señor?
26.37 comenzó a *entristecerse*..gran manera
Mr. 3.5 *entristecido* por la dureza..corazones
6.26 y el rey se *entristeció* mucho; pero a
14.19 ellos comenzaron a *entristecerse*, y a
14.33 y a Juan, y comenzó a *entristecerse* y
Lc. 18.24 ver Jesús que se había *entristecido*
Jn. 21.17 se *entristeció* de que le dijese la
2 Co. 6.10 *entristecidos*, mas siempre gozosos
1 Ts. 4.13 no os *entristezcáis* como los otros

ENTURBIAR
Ez. 32.2 y *enturbiabas* las aguas con tus pies
32.13 ni más las *enturbiará* pie de hombre
32.13 ni pezuña de bestia las *enturbiará*
34.18 *enturbiáis*..con vuestros pies las que
34.19 y beben lo que con..habéis *enturbiado*

ENUMERAR
Sal. 40.5 y tus pensamientos..no..*enumerados*
139.18 si los *enumero*, se multiplican más que

ENVAINAR
Ez. 21.5 saqué mi espada..no la *envainaré* más

ENVANECER
Dt. 32.27 que se *envanezcan* sus adversarios
2 R. 14.10 corazón se ha *envanecido;* glóriate
Sal. 62.10 no os *envanezcáis;* si se aumentan
131.1 no se ha *envanecido* mi corazón, ni mis
Jer. 13.15 no os *envanezcáis*, pues Jehová ha
Ro. 1.21 se *envanecieron* en sus razonamientos
1 Co. 4.6 no..os *envanezcáis* unos contra otros
4.18 algunos están *envanecidos*, como si yo
4.19 el poder de los que andan *envanecidos*
5.2 y vosotros..*envanecidos*. ¿No debierais
8.1 el conocimiento *envanece*, pero el amor
13.4 el amor no tiene envidia..no se *envanece*
1 Ti. 3.6 no sea que *envaneciéndose* caiga en
6.4 está *envanecido*, nada sabe, y delira

ENVEJECER
Gn. 18.12 ¿después que he *envejecido*..deleite?
27.1 aconteció que cuando Isaac *envejeció*
Dt. 4.25 y hayáis *envejecido* en la tierra, si
8.4 tu vestido nunca se *envejeció* sobre ti
29.5 vuestros vestidos no se han *envejecido*
29.5 ni vuestro calzado se ha *envejecido*
1 S. 8.1 que habiendo Samuel *envejecido*, puso
8.5 tú has *envejecido*, y tus hijos no andan
2 Cr. 24.15 Joiada *envejeció*, y murió lleno de
Neh. 9.21 sus vestidos no se *envejecieron*, ni
Job 14.8 si se *envejeciere* en la tierra su raíz
21.7 ¿por qué viven..impíos, y se *envejecen*
Sal. 6.7 se han *envejecido* a causa de todos mis
32.3 callé, se *envejecieron* mis huesos en mi
37.25 joven fui, y he *envejecido*, y no he
102.26 como una vestidura se *envejecerán*
Pr. 23.22 cuando tu madre *envejeciere*, no la
Is. 50.9 se *envejecerán* como ropa de vestir
51.6 y la tierra se *envejecerá* como ropa de
Lm. 3.4 hizo *envejecer* mi carne y mi piel
Ez. 23.43 dije..de la *envejecida* en adulterios
Lc. 12.33 haceos bolsas que no se *envejezcan*
He. 1.11 ellos se *envejecerán* como una vestidura
8.13 se *envejece*, está próximo a desaparecer

ENVIADO
Hag. 1.13 entonces Hageo, *e* de Jehová, habló
Jn. 13.16 ni el *e* es mayor que el que le envió

ENVIAR
Gn. 8.7 y *envió* un cuervo, el cual salió, y
8.8 *envió* también de sí una paloma, para ver
8.10 y volvió a *enviar* la paloma fuera del
8.12 *envió* la paloma, la cual no volvió ya
19.13 Jehová nos ha *enviado* para destruirlo
19.29 y *envió* fuera a Lot de en medio de la
20.2 y Abimelec rey de Gerar *envió* y tomó a
24.7 él *enviará* su ángel delante de ti, y tú
24.40 *enviará* su ángel contigo, y prosperará
24.54 de mañana, dijo: *Enviadme* a mi señor
25.6 y los *envió* lejos de Isaac..el oriente

ENVIAR ***(Continúa)***

Gn. 26.29 te hemos hecho bien, y te *enviamos* en
27.42 y *envió* y llamó a Jacob su hijo menor
27.45 *enviaré* entonces, y te traeré de allá
28.5 así *envió* Isaac a Jacob, el cual fue a
28.6 y le había *enviado* a Padan-aram, para
30.25 dijo a Labán: *Envíame*, e iré a mi lugar
31.4 *envió*, pues, Jacob, y llamó a Raquel y
31.42 de cierto me *enviarías*. .manos vacías
32.3 *envió* Jacob mensajeros delante de sí a
32.5 *envío* a decirlo a mi señor, para hallar
32.18 es un presente. .que *envía* a mi señor
37.13 tus hermanos. .ven, y te *enviaré* a ellos
37.14 lo *envió* del valle de Hebrón, y llegó a
37.32 y *enviaron* la túnica de colores y la
38.17 yo te *enviaré* del ganado un cabrito de
38.17 dame una prenda hasta que lo *envíes*
38.20 y Judá *envió* el cabrito de las cabras
38.23 yo he *enviado* este cabrito, y tú no la
38.25 *envió* a decir a su suegro: Del varón
41.8 *envió* e hizo llamar a todos los magos
41.14 entonces Faraón *envió* y llamó a José
42.4 Jacob no *envió* a Benjamín, hermano de
42.16 *enviad* a uno de vosotros y traiga a
43.4 *enviares* a nuestro hermano con nosotros
43.5 pero si no le *enviares*, no descenderemos
43.8 dijo a Israel. .*Envía* al joven conmigo
45.5 para preservación de vida me *envió* Dios
45.7 Dios me *envió* delante de vosotros, para
45.8 no me *enviasteis* acá vosotros, sino Dios
45.23 a su padre *envió*. .diez asnos cargados
45.27 carros que José *enviaba* para llevarlo
46.5 en los carros que Faraón había *enviado*
46.28 y *envió* Jacob a Judá delante de sí a
50.16 y *enviaron* a decir a José: Tu padre
Éx. 2.5 *envió* una criada suya a que la tomase
3.10 ven, por tanto. .y te *enviaré* a Faraón
3.12 será por señal de que yo te he *enviado*
3.13 Dios de vuestros padres me ha *enviado*
3.14 así dirás. .Yo soy me *envió* a vosotros
3.15 Dios de Jacob, me ha *enviado* a vosotros
4.13 *envía*. .por medio del que debes *enviar*
4.28 las palabras de Jehová que le *enviaba*
5.22 y dijo: Señor. .¿para qué me *enviaste?*
7.16 el Dios de los hebreos me ha *enviado* a ti
8.21 *enviaré* sobre ti. .toda clase de moscas
9.7 Faraón *envió*, y he aquí que del ganado de
9.14 yo *enviaré* esta vez todas mis plagas a
9.19 *envía*. .recoger tu ganado, y todo lo que
9.27 entonces Faraón *envió* a llamar a Moisés
11.10 no *envió* a los hijos de Israel fuera
15.7 *enviaste* tu ira; los consumió como a
15.26 ninguna enfermedad de las que *envié* a
15.26 a los egipcios te *enviaré* a ti; porque
18.2 tomó. .Séfora. .después que él la *envió*
23.20 yo *envío* mi Angel delante. .te guarde
23.27 yo *enviaré* mi terror delante de ti, y
23.28 *enviaré* delante de ti la avispa, que
24.5 y *envió* jóvenes de los hijos de Israel
33.2 y yo *enviaré* delante de ti el ángel, y
33.12 no me has declarado a quién *enviarás*
Lv. 16.10 para *enviarlo* a Azazel al desierto
16.21 lo *enviará* al desierto por mano de un
25.21 os *enviaré* mi bendición el sexto año
26.16 haré con. .*enviaré* sobre vosotros terror
26.22 *enviaré* también. .bestias fieras que os
26.25 yo *enviaré* pestilencia entre vosotros
Nm. 13.2 *envía* tú hombres que reconozcan la
13.2 cada tribu de sus. .*enviaréis* un varón
13.3 Moisés los *envió* desde el desierto de
13.16 los nombres de los. .que Moisés *envió*
13.17 los *envió*. .Moisés a reconocer la tierra
13.27 a la tierra a la cual nos *enviaste*, la
14.36 que Moisés *envió* a reconocer la tierra
16.12 *envió* Moisés a llamar a Datán y Abiram
16.28 Jehová me ha *enviado* para que hiciese
16.29 si como mueren. .Jehová no me *envió*
20.14 *envió* Moisés embajadores al. .de Edom
20.16 *envió* un ángel, y nos sacó de Egipto
21.6 Jehová *envió* entre. .serpientes ardientes
21.21 *envió* Israel embajadores a Sehón rey
21.32 *envió* Moisés a reconocer a Jazer; y
22.5 *envió* mensajeros a Balaam hijo de Beor
22.10 Balac. .de Moab, ha *enviado* a decirme
22.15 volvió Balac a *enviar*. .más príncipes
22.37 Balac dijo. .¿No *envié* yo a llamarte?
22.40 y Balac hizo matar bueyes. .y *envió* a
24.12 mensajeros que me *enviaste*, diciendo
31.4 mil de cada tribu. .de Israel, *enviaréis*
31.6 Moisés los *envió*. .mil de cada tribu *e*
32.8 los *envié* desde Cades-barnea para que
Dt. 1.22 *enviemos*. .nos reconozcan la tierra, y
2.26 *envié* mensajeros desde el desierto de
7.20 *enviará* Jehová tu. .avispas sobre ellos
9.23 y cuando. .os *envió* desde Cades-barnea
15.13 no le *enviarás* con las manos vacías
15.18 no te parezca duro cuando le *enviares*
19.12 los ancianos de su ciudad *enviarán* y lo
28.8 Jehová te *enviará* su bendición sobre tus
28.12 abrirá Jehová. .el cielo, para *enviar*
28.20 Jehová *enviará* contra ti la maldición
28.48 servirás. .enemigos que *enviare* Jehová
28.61 toda plaga. .la *enviará* sobre ti, hasta
32.24 diente de fieras *enviaré* también sobre
34.11 prodigios que Jehová le *envió* a hacer
Jos. 2.1 Josué. .*envió* desde Sitim dos espías
2.3 el rey de Jericó *envió* a decir a Rahab
6.17 escondió a los mensajeros que *enviamos*
6.25 los mensajeros que Josué había *enviado*
7.2 Josué *envió* hombres desde Jericó a Hai
7.22 Josué. .*envió* mensajeros. .a la tienda
8.3 hombres fuertes. .cuales *envió* de noche
8.9 Josué los *envió;* y ellos se fueron a la
10.3 Adonisedec rey de. .*envió* a Hoham rey de
10.6 de Gabaón *enviaron* a decir a Josué al
11.1 cuando oyó esto Jabín rey. .*envió* mensaje
14.7 me *envió* de Cades-barnea a reconocer la
14.11 fuerte como el día que Moisés me *envió*
18.4 tres varones. .para que yo los *envíe*, y
22.7 de Manasés. .*envió* Josué a sus tiendas
22.13 *enviaron*. .a Finees hijo del sacerdote
24.5 *envié* a Moisés. .Aarón, y herí a Egipto
24.9 y *envió* a llamar a Balaam hijo de Beor
24.12 *envié* delante de vosotros tábanos, los
24.28 *envió* Josué al pueblo, cada uno a su
Jue. 3.15 *enviaron* con él un presente a Eglón
4.6 y ella *envió* a llamar a Barac hijo de
6.8 Jehová *envió*. .un varón profeta, el cual
6.14 salvarás a Israel de. .¿no te *envío* yo?
6.35 y *envió*. .por todo Manasés. .*e*. .a Aser, a
7.8 *envió* a todos los israelitas. .su tienda
7.24 *envió* mensajeros por todo el monte de
9.23 *envió* Dios un mal espíritu. .Abimelec y
9.31 *envió*. .mensajeros a Abimelec, diciendo
11.12 *envió* Jefté mensajeros al rey de los
11.14 volvió a *enviar* otros mensajeros al rey
11.17 Israel *envió* mensajeros al rey de Edom
11.17 *envió*. .al rey de Moab. .tampoco quiso
11.19 y *envió* Israel mensajeros a Sehón rey
11.28 no atendió. .razones que Jefté le *envió*
13.8 aquel varón de Dios que *enviaste*, vuelva
16.18 *envió* a llamar a los. .de los filisteos
18.2 *enviaron*. .cinco hombres de entre ellos
19.29 la *envió* por. .el territorio de Israel
20.6 la corté en. .y la *envié* por todo. .Israel
20.12 las tribus de Israel *enviaron* varones
21.10 la congregación *envió*. .12.000 hombres
21.13 *envió*. .hablar a los hijos de Benjamín
1 S. 4.4 y *envió* el pueblo a Silo, y trajeron
5.10 *enviaron* el arca de Dios a Ecrón
5.11 *enviaron*. .los príncipes. .*Enviad* el arca
6.2 la hemos de volver a *enviar* a su lugar
6.3 si *enviáis* el arca. .no la *enviéis* vacía
6.21 y *enviaron* mensajeros a los habitantes
9.16 mañana. .yo *enviaré* a ti un varón de la
10.26 y *envió* Samuel a. .cada uno a su casa
11.3 para que *enviemos* mensajeros por todo
11.7 y los *envió* por todo el territorio de
12.8 padres clamaron. .Jehová *envió* a Moisés
12.11 Jehová *envió* a Jerobaal, a Barac, a
13.2 *envió* al resto. .cada uno a sus tiendas
15.1 Jehová me *envió* a que te ungiese. .rey
15.18 Jehová te *envió* en misión y dijo: Vé
15.20 y fui a la misión que Jehová me *envió*
16.1 ven, te *enviaré* a Isaí de Belén, porque
16.11 dijo Samuel. .*Envía* por él, porque no
16.12 *envió*, pues, por él, y le hizo entrar
16.19 Saúl *envió* mensajeros a Isaí, diciendo
16.19 *envíame* a David tu hijo, el que está
16.20 y lo *envió* a Saúl por medio de David
16.22 *envió* a decir a Isaí: Yo te ruego que
18.5 salía. .a dondequiera que Saúl le *enviaba*
19.11 *envió* luego mensajeros a casa de David
19.14 *envió* mensajeros para prender a David
19.15 volvió Saúl a *enviar* mensajeros para
19.20 Saúl *envió*. .para que trajeran a David
19.21 lo supo Saúl, *envió* otros mensajeros
19.21 y Saúl volvió a *enviar*. .por tercera vez
20.12 día. .*enviaré* a ti para hacértelo saber
20.13 y te *enviare* para que te vayas en paz
20.21 luego *enviaré* al criado, diciéndole: Vé
20.22 si. .vete, porque Jehová te ha *enviado*
20.31 *envía*. .y tráemelo, porque ha de morir
21.2 nadie sepa. .del asunto a que te *envío*
22.11 el rey *envió* por el sacerdote Ahimelec
25.5 *envió* David diez jóvenes y les dijo
25.9 llegaron los jóvenes *enviados* por David
25.10 Nabal respondió a. .*enviados* por David
25.12 los jóvenes que había *enviado* David se
25.14 David *envió* mensajeros del desierto que
25.25 yo. .no vi a los jóvenes que tú *enviaste*
25.32 te *envió* para que hoy me encontrases
25.39 *envió* David a hablar con Abigail, para
25.40 David nos ha *enviado* a ti, para tomarte
26.4 David, por tanto, *envió* espías, y supo
26.12 sueño *enviado* por Jehová había caído
30.26 David. .*envió* del botín a los ancianos
30.27 lo *envió* a los que estaban en Bet-el
31.9 *enviaron* mensajeros por toda la tierra
2 S. 2.5 *envió* David mensajeros a los de Jabes
3.12 *envió* Abner mensajeros a David de su
3.14 *envió* David mensajeros a Is-boset hijo
3.15 *envió* y se la quitó a su marido Paltiel
3.26 Joab. .*envió* mensajeros tras Abner, los
5.11 Hiram rey de. .*envió* embajadores a David
8.10 *envió* Toi a Joram su hijo al rey David
9.5 entonces *envió* el rey David, y le trajo
10.2 y *envió* David. .consolarlo por su padre
10.3 por honrar. .te ha *enviado* consoladores?
10.3 ¿no ha *enviado* David sus. .para reconocer
10.5 saber esto a David, *envió* a encontrarles
10.6 *enviaron*. .y tomaron a sueldo a. .sirios
10.7 *envió* a Joab con todo el ejército de
10.16 y *envió* Hadad-ezer e hizo salir a los
11.1 *envió* a Joab, y con él a sus siervos y
11.3 *envió* David a preguntar por aquella
11.4 y *envió* David mensajeros, y la tomó
11.5 concibió. .*envió* a hacerlo saber a David
11.6 entonces David *envió* a decir a Joab
11.6 *envíame* a Urías heteo. Y Joab *envió* a
11.8 le fue *enviado* presente de la mesa real
11.14 carta, la cual *envió* por mano de Urías
11.18 *envió* Joab e hizo saber a David todos
11.22 aquello a que Joab le había *enviado*
11.27 *envió* David y la trajo a su casa; y fue
12.1 Jehová *envió* a Natán a David. .le dijo
12.25 y *envió* un mensaje por medio de Natán
12.27 *envió* Joab mensajeros a David. .Rabá
13.7 David *envió* a Tamar a su casa, diciendo
14.2 *envió* Joab a Tecoa, y tomó de allá una
14.29 mandó. .por Joab, para *enviarlo* al rey
14.29 *envió* aun por segunda vez, y no quiso
14.32 he *enviado*. .diciendo que vinieses acá
14.32 el fin de *enviarte* al rey para decirle
15.10 *envió*. .mensajeros por todas las tribus
15.36 por medio de ellos me *enviaréis* aviso
17.16 *enviad*. .y dad aviso a David, diciendo
18.2 *envió* David al pueblo. .tercera parte
18.29 cuando *envió* Joab al siervo del rey y
19.11 David *envió* a los sacerdotes Sadoc y
19.14 que *enviasen* a decir al rey: Vuelve tú
22.15 *envió* sus saetas, y los dispersó; y
22.17 *envió* desde lo alto y me tomó; me sacó
24.13 qué responderé al que me ha *enviado*
24.15 y Jehová *envió* la peste sobre Israel
1 R. 1.44 ha *enviado* con él al sacerdote Sadoc
1.53 *envió* el rey. .y lo trajeron del altar
2.25 Salomón *envió* por mano de Benaía hijo
2.29 *envió* Salomón a Benaía hijo de. .diciendo
2.36,42 *envió* el rey e hizo venir a Simei
5.1 Hiram rey de Tiro *envió*. .sus siervos a
5.2 entonces Salomón *envió* a decir a Hiram
5.8 *envió* Hiram a decir a Salomón: He oído
5.9 y la *enviaré* en balsas por mar hasta el
5.14 *enviaba* al Líbano de diez mil en diez
7.13 *envió*. .Salomón, e hizo venir. .a Hiram
9.14 había *enviado* al rey 120 talentos de oro
9.27 *envió* Hiram en ellas a sus siervos
12.3 *enviaron* a llamarle. Vino. .Jeroboam, y
12.18 rey Roboam *envió* a Adoram, que estaba
12.20 *enviaron* a llamarle a la congregación
14.6 yo soy *enviado* a ti con revelación dura
15.18 los *envió* el rey Asa a Ben-adad hijo
15.19 te *envío* un presente de plata y de oro
15.20 *envió* los príncipes de los ejércitos
18.10 adonde mi. .no haya *enviado* a buscarte
18.19 *envía*. .y congrégame a todo Israel en
19.2 *envió* Jezabel a Elías un mensajero
20.2 *envió* mensajeros a la ciudad a Acab rey
20.5 yo te *envié* a decir: Tu plata y tu oro
20.6 mañana a. .*enviaré* yo a ti mis siervos
20.7 ha *enviado* a mí por mis mujeres y mis
20.10 Ben-adad. .*envió* a decir: Así me hagan
20.17 y Ben-adad había *enviado* quien le dio
21.8 cartas. .y las *envió* a los ancianos y a
21.11 las cartas que ella les había *enviado*
21.14 *enviaron* a decir a Jezabel: Nabot ha
2 R. 1.2 enfermo, *envió* mensajeros, y les dijo
1.6 volveos al rey que os *envió*, y decidle
1.6 que tú *envías* a consultar a Baal-zebub
1.9 *envió* a él un capitán de cincuenta con
1.11 volvió el rey a *enviar* a. .otro capitán
1.13 *enviar* al tercer capitán de cincuenta
1.16 cuanto *enviaste* mensajeros a consultar
2.2,4,6 quédate aquí. .Jehová me ha *enviado* a
2.16 vayan ahora. .Y él les dijo: No *enviéis*
2.17 dijo: *Enviad*. Entonces ellos *enviaron*
3.7 *envió* a decir a Josafat. .El rey de Moab
4.22 te ruego que *envíes* conmigo a alguno de
5.5 vé, y yo *enviaré* cartas al rey de Israel
5.6 sabe. .que yo *envío* a ti mi siervo Naamán
5.7 éste *envíe* a mí a que sane un hombre de
5.8 Eliseo. .*envió* a decir al rey: ¿Por qué
5.10 Eliseo le *envió* un mensajero, diciendo
5.22 mi señor me *envía* a decirte: He aquí
6.9 el varón de Dios *envió* a decir al rey de
6.10 el rey de Israel *envió* a aquel lugar que
6.13 dónde. .para que yo *envíe* a prenderlo
6.14 *envió* el rey allá gente de a caballo
6.23 *envió*, y ellos se volvieron a su señor
6.32 el rey *envió* a él un hombre. Mas antes
6.32 cómo este. .*envía* a cortarme la cabeza?
7.13 tomen ahora. .*enviemos* y veamos qué hay
7.14 *envió* el rey al campamento de los sirios
8.9 Ben-adad. .me ha *enviado* a ti, diciendo
9.19 *envió* otro jinete, el cual llegando a
10.1 Jehú escribió cartas. .*envió* a Samaria
10.5 *enviaron* a decir a Jehú: Siervos tuyos
10.7 canastas, y se las *enviaron* a Jezreel
10.21 *envió* Jehú por todo Israel, y vinieron
11.4 *envió* Joiada y tomó jefes de centenas

ENVIAR ***(Continúa)***

2 R. 12.18 tomó..el oro..y lo *envió* a Hazael rey
14.8 Amasías *envió* mensajeros a Joás hijo de
14.9 Joás..*envió*..esta respuesta: El cardo
14.9 cardo..*envió* a decir al cedro que está
15.37 *enviar* contra Judá a Rezín rey de Siria
16.7 *envió* embajadores a Tiglat-pileser rey
16.8 Acaz..*envió* al rey de Asiria un presente
16.10 *envió* al sacerdote Urías el diseño y
16.11 conforme a todo..y Acaz había *enviado*
17.4 había *enviado* embajadores a So, rey de
17.13 y que os he *enviado* por medio de mis
17.25 *envió* Jehová..leones que los mataban
18.14 Ezequías rey..*envió* a decir al rey de
18.17 el rey..*envió* contra el rey Ezequías
18.27 ¿me ha *enviado* mi señor para decir estas
19.2 y *envió* a Eliaquim mayordomo, a Sebna
19.4 a quien el rey de los asirios..*enviado*
19.9 *envió* embajadores a Ezequías, diciendo
19.16 ha *enviado* a blasfemar al Dios viviente
19.20 Isaías hijo..*envió* a decir a Ezequías
20.12 Babilonia, *envió* mensajeros con cartas
22.3 *envió* el rey a Safán hijo de Azalía, hijo
22.15 dijo..Decid al varón que os *envió* a mí
22.18 al rey de Judá que os ha *enviado* para
23.16 Josías..*envió* y sacó los huesos de los
24.2 *envió* contra Joacim tropas de caldeos
24.2 *envió* contra Judá..que la destruyesen
1 Cr. 10.9 *enviaron* mensajeros por..la tierra
13.2 *enviaremos*..por nuestros hermanos que
14.1 Hiram rey de..*envió* a David embajadores
18.10 *envió* a Adoram su hijo al rey David
18.10 le *envió*..toda clase de utensilios de
19.2 David *envió* embajadores..lo consolasen
19.3 padre, que te ha *enviado* consoladores?
19.5 él *envió* a recibirlos, porque estaban
19.6 Hanún..*enviaron* mil talentos de plata
19.8 *envió* a Joab con todo el ejército de los
19.16 *enviaron* embajadores y trajeron a los
21.12 qué responderé al que me ha *enviado*
21.14 así Jehová *envió* una peste en Israel
21.15 *envió* Jehová el ángel a Jerusalén para
2 Cr. 2.3 *envió* a decir Salomón a Hiram rey de
2.3 *enviándole* cedros para que edificara para
2.7 *envíame*, pues..un hombre hábil que sepa
2.8 *envíame*..madera del Líbano: cedro, ciprés
2.11 Hiram..respondió por escrito que *envió*
2.13 yo, pues, te he *enviado* un hombre hábil
2.15 *envíe* mi señor a sus..el trigo y cebada
6.34 saliere..el camino que tú les *enviares*
7.10 y a los 23 días..*envió* al pueblo a sus
7.13 o si *enviare* pestilencia a mi pueblo
8.18 Hiram le había *enviado* naves por mano
10.3 y *enviaron* y le llamaron. Vino, pues
10.18 *envió* luego el rey Roboam a Adoram, que
16.2 la plata..*envió* a Ben-adad rey de Siria
16.3 yo te he *enviado* plata y oro, para que
16.4 Ben-adad..*envió* los capitanes de sus
17.7 al tercer año de su..*envió* sus príncipes
24.19 *envió* profetas para que los volviesen
24.23 *enviaron* todo el botín al rey a Damasco
25.15 y *envió* a él un profeta, que le dijo
25.17 Amasías..*envió* a decir a Joás..Ven, y
25.18 Joás rey..*envió* a decir a Amasías rey
25.18 el cardo..*envió* al cedro que estaba en
25.27 *enviaron* tras él a Laquis, y allá lo
28.16 *envió* a pedir el rey Acaz a..de Asiria
30.1 *envió*..Ezequías por todo Israel y Judá
32.9 *envió* sus siervos a Jerusalén para decir
32.21 Jehová *envió* un ángel, el cual destruyó
32.31 *enviaron* a él para saber del prodigio
34.8 después..*envió* a Safán hijo de Azalía
34.23 decid al varón que os ha *enviado* a mí
34.26 rey..que os ha *enviado* a consultar a
34.29 *envió* y reunió a todos los ancianos de
35.21 y Necao le *envió* mensajeros, diciendo
36.10 Nabucodonosor *envió* y lo hizo llevar a
36.15 *envió*..palabra a ellos por medio de sus
Esd. 4.11 es la copia de la carta que *enviaron*
4.14 hemos *enviado* a hacerlo saber al rey
4.17 *envió* esta respuesta: A Rehum canciller
4.18 la carta que nos *enviasteis* fue leída
5.6 carta que Tatnai..*enviaron* al rey Darío
5.7 le *enviaron* carta, y así estaba escrito
5.17 y se nos *envíe* a decir la voluntad del
7.14 eres *enviado* a visitar a..a Jerusalén
8.17 *envié* a Iddo, jefe en el lugar llamado
Neh. 2.5 *envíame* a Judá, a la ciudad..padres
2.6 agradó al rey *enviarme*, después que yo
2.9 y el rey *envió*..capitanes del ejército
6.2 *enviaron* a decirme: Ven y reunámonos en
6.3 les *envié* mensajeros, diciendo: Yo hago
6.4 *enviaron* a mí..hasta cuatro veces, y yo
6.5 Sanbalat *envió*..su criado para decir lo
6.8 *envié* yo a decirle: No hay tal cosa como
6.12 que Dios no lo había *enviado*, sino que
6.19 *enviaba* Tobías cartas para atemorizarme
8.10 y *enviad* porciones a los que no tienen
9.20 *enviaste* tu..Espíritu para enseñarles
9.27 les *enviaste* libertadores para que los
Est. 1.12,15 orden del rey *enviada* por medio
1.22 *envió* cartas a..las provincias del rey
3.13 *enviadas* cartas por medio de correos a
4.4 reina..*envió* vestidos para hacer vestir
8.10 y *envió* cartas por medio de correos
9.19 *enviar* porciones cada uno a su vecino
9.20 y *envió* cartas a todos los judíos que
9.22 días..para *enviar* porciones cada uno a
9.30 y fueron *enviadas* cartas a..los judíos
Job 1.4 *enviaban* a llamar a sus tres hermanas
1.5 acontecía..Job *enviaba* y los santificaba
5.10 da..y *envía* las aguas sobre los campos
12.15 si él..las *envía*, destruyen la tierra
20.23 *enviará* sobre él el ardor de su ira, y
22.9 las viudas *enviaste* vacías, y los brazos
38.35 ¿*enviarás* tú los relámpagos, para que
Sal. 18.14 *envió* sus saetas y los dispersó
18.16 *envió* desde lo alto; me tomó, me sacó
20.2 *envíe* ayuda desde el santuario, y desde
43.3 *envía* tu luz y tu verdad..me guiarán
57.3 *enviará* desde los cielos, y me salvará
57.3 Dios *enviará* su misericordia y su verdad
59 *tít.* *envió* Saúl, y vigilaron la casa para
78.25 pan..les *envió* comida hasta saciarles
78.45 *envió* entre ellos enjambres de moscas
78.49 *envió* sobre ellos el ardor de su ira
104.10 que *envía* las fuentes por los arroyos
104.30 *envías* tu Espíritu, son creados, y
105.17 *envió* un varón delante de ellos..José
105.20 *envió* el rey, y le soltó; el señor de
105.26 *envió* a su siervo Moisés, y a Aarón
105.28 *envió* tinieblas que lo oscurecieron
106.15 dio..mas *envió* mortandad sobre ellos
107.20 *envió* su palabra, y los sanó, y los
110.2 Jehová *enviará* desde Sion la vara de
111.9 redención ha *enviado* a su pueblo; para
133.3 *envía* Jehová bendición, y vida eterna
135.9 *envió* señales y prodigios en..oh Egipto
144.6 disípalos, *envía* tus saetas y túrbalos
144.7 *envía* tu mano desde lo alto; redímeme
147.15 él *envía* su palabra..corre su palabra
147.18 *enviará* su palabra, y los derretirá
Pr. 9.3 *envió* sus criadas; sobre lo más alto de
10.26 así es el perezoso a los que lo *envían*
17.11 mensajero cruel será *enviado* contra él
22.21 llevar palabras..a los que te *enviaron*?
25.13 el mensajero fiel a los que lo *envían*
26.6 es el que *envía* recado por mano..necio
Is. 6.8 decía: ¿A quién *enviaré*, y quién irá
6.8 respondí yo: Heme aquí, *envíame* a mí
9.8 el Señor *envió* palabra a Jacob, y cayó
10.6 y sobre el pueblo de mi ira le *enviaré*
10.16 el Señor, Jehová de..*enviará* debilidad
16.1 *enviad* cordero al señor de la tierra
18.2 que *envía* mensajeros por el mar, y en
19.20 él les *enviará* salvador y príncipe que
20.1 cuando lo *envió* Sargón rey de Asiria, y
36.2 *envió* al Rabsaces con un gran ejército
36.12 ¿acaso me *envió* mi señor a que dijese
37.2 y *envió* a Eliaquim mayordomo, a Sebna
37.4 su señor *envió*..blasfemar al Dios vivo
37.9 *envió* embajadores a Ezequías, diciendo
37.17 ha *enviado* a blasfemar al Dios viviente
37.21 hijo de Amoz *envió* a decir a Ezequías
39.1 *envió* cartas y presentes a Ezequías
42.19 es sordo, como mi mensajero que *envié*?
43.14 por vosotros *envié* a Babilonia, e hice
48.16 *envió* Jehová el Señor, y su Espíritu
55.11 prosperada en aquello para que la *envié*
57.9 y *enviaste* tus embajadores lejos, y te
61.1 me ha *enviado* a predicar buenas nuevas
66.19 y *enviaré* de los escapados de ellos a
Jer. 1.7 todo lo que te *envíe* irás tú, y dirás
2.10 mirad; y *enviad* a Cedar, y considerad
7.25 os *envié* todos los profetas mis siervos
7.25 *enviándolos* desde temprano y sin cesar
8.17 que yo *envío* sobre vosotros serpientes
9.16 *enviaré* espada en pos de ellos, hasta
14.3 los nobles *enviaron* sus criados al agua
14.14 profetas..no los *envié*, ni les mandé
14.15 profetizan en mi nombre..yo no *envié*
15.3 *enviaré* sobre ellos cuatro géneros de
16.16 *envío*..pescadores..*enviaré*..cazadores
19.14 volvió Jeremías de..adonde le *envió*
21.1 rey Sedequías *envió* a él a Pasur hijo
23.21 no *envié* yo aquellos profetas, pero
23.32 yo no los *envié* ni les mandé; y ningún
23.34 yo *enviaré* castigo sobre tal hombre y
23.38 Jehová, habiendo yo *enviado* a deciros
24.10 *enviaré* sobre ellos espada, hambre y
25.4 *envió*..los profetas, *enviándoles* desde
25.9 *enviaré* y tomaré a..las tribus del norte
25.15 a todas las naciones a las..te *envío*
25.16,27 a causa de la espada que yo *envío*
25.17 naciones, a las cuales me *envió* Jehová
26.5 siervos los profetas, que yo os *envío*
26.12 Jehová me *envió* a profetizar contra
26.15 Jehová me *envió*..que dijese todas estas
26.22 el rey Joacim *envió* hombres a Egipto
27.3 los *enviarás* al rey de Edom, y al rey
27.15 no los *envié*..profetizan falsamente
28.9 el profeta que Jehová en verdad *envió*
28.15 Jehová no te *envió*, y tú has hecho
29.1 la carta que el profeta Jeremías *envió*
29.3 a quienes *envió* Sedequías rey de Judá
29.9 falsamente os profetizan..no los *envié*
29.17 *envío* yo contra ellos espada, hambre
29.19 no oyeron mis palabras..que les *envié*
29.20 oíd..todos los transportados que *envié*
29.25 tú *enviaste* cartas en tu nombre a todo
29.28 nos *envió* a decir en Babilonia: Largo
29.31 *envía* a decir a todos los cautivos: Así
29.31 os profetizó Semaías, y yo no lo *envié*
34.14 servirá seis años, y lo *enviarás* libre
35.15 y *envié* a vosotros todos mis siervos
36.14 *enviaron* todos los príncipes a Jehudí
36.21 *envió* el rey a Jehudí a que tomase el
37.3 *envió* el rey Sedequías a Jucal hijo de
37.7 diréis así al rey de Judá que os *envió*
37.17 Sedequías *envió* y le sacó..le preguntó
38.14 *envió* el rey..e hizo traer al profeta
39.13 *envió*, por tanto, Nabuzaradán capitán
39.14 *enviaron*..tomaron a Jeremías del patio
40.1 capitán de la guardia le *envió* desde
40.14 ha *enviado* a Ismael hijo..para matarte?
42.5 para lo cual Jehová tu Dios te *enviare*
42.6 a la voz de..Dios al cual te *enviamos*
42.9 me *enviasteis* para presentar..ruegos
42.20 pues vosotros me *enviasteis* a Jehová
42.21 ni..las cosas por las cuales me *envió*
43.1 Jehová Dios..le había *enviado* a ellos
43.2 no te ha *enviado* Jehová nuestro Dios para
43.10 *enviaré* y tomaré a Nabucodonosor rey de
44.4 *envié*..todos mis siervos los profetas
47.7 Jehová te ha *enviado* contra Ascalón, y
48.12 que yo le *enviaré* trasvasadores que le
49.14 de Jehová había sido *enviado* mensajero
49.37 *enviaré* en pos de ellos espada hasta
51.2 y *enviaré* a Babilonia aventadores que
51.59 palabra que *envió* el profeta Jeremías
Lm. 1.13 desde lo alto *envió* fuego que consume
Ez. 2.3 yo te *envío* a los hijos de Israel, a
2.4 yo, pues, te *envío* a hijos de duro rostro
3.5 porque no eres *enviado* a pueblo de habla
3.6 y si a ellos te *enviara*, ellos te oyeran
5.16 saetas..cuales *enviaré* para destruiros
5.17 *enviaré*, pues, sobre vosotros hambre, y
5.17 sangre pasarán..*enviaré* sobre ti espada
7.3 *enviaré* sobre ti mi furor, y te juzgaré
13.6 ha dicho Jehová, y Jehová no los *envió*
13.11 y *enviaré* piedras de granizo que la
14.13 y *enviare* en ella hambre, y cortare de
14.19 si *enviare* pestilencia sobre esa tierra
14.21 cuando yo *enviare* contra Jerusalén mis
17.15 *enviando* embajadores a Egipto para que
23.16 y les *envió* mensajeros a la tierra de
23.40 *enviaron* por hombres que viniesen de
23.40 cuales había sido *enviado* mensajero, y
28.23 *enviaré* a ella pestilencia y sangre en
31.4 y a todos los árboles del campo *enviaba*
39.6 *enviaré* fuego sobre Magog, y sobre los
Dn. 3.2 *envió* el rey..a que se reuniesen los
3.28 que *envió* su ángel y libró a sus siervos
5.24 de su presencia fue *enviada* la mano que
6.22 mi Dios *envió* su ángel, el cual cerró la
10.11 pie; porque a ti he sido *enviado* ahora
Os. 5.13 y *enviará* al rey Jareb; mas él no os
Jl. 2.19 os *envío* pan, mosto y aceite, y seréis
2.25 gran ejército que *envié* contra vosotros
Am. 4.10 *envié* contra vosotros mortandad tal
7.10 Amasías..*envió* a decir a Jeroboam rey de
8.11 días..en los cuales *enviaré* hambre a la
Abd. 1 mensajero ha sido *enviado* a..naciones
Mi. 6.4 *envié* delante de ti a Moisés, a Aarón
Hag. 1.12 como le había *enviado* Jehová su Dios
Zac. 1.10 los que Jehová ha *enviado* a recorrer
2.8 dicho..me *enviará* él a las naciones que
2.9 y sabréis que Jehová de los..me *envió*
2.11 conocerás que Jehová..ha *enviado* a ti
4.9 conocerás que Jehová de los..me *envió* a
6.15 conoceréis que Jehová..me ha *enviado* a
7.2 cuando el pueblo de Bet-el había *enviado*
7.12 palabras que..*enviaba* por su Espíritu
14.13 habrá..gran pánico *enviado* por Jehová
Mal. 2.2 *enviaré* maldición sobre vosotros, y
2.4 sabréis que yo os *envié* este mandamiento
3.1 he aquí, yo *envío* mi mensajero, el cual
4.5 yo os *envío* el profeta Elías, antes que
Mt. 2.8 y *enviándolos* a Belén, dijo: Id allá y
9.38 al Señor..que *envíe* obreros a su mies
10.5 a estos doce *envió* Jesús, y les dio
10.16 yo os *envío* como a ovejas en medio de
10.40 me recibe a mí, recibe al que me *envió*
11.2 al oir Juan..*envió* dos de sus discípulos
11.10 *envío* mi mensajero delante de tu faz
13.41 *enviará* el Hijo del Hombre a..ángeles
14.35 *enviaron* noticia por..aquella tierra
15.24 *enviado* sino a las ovejas perdidas de
15.32 *enviarlos* en ayunas no quiero, no sea
20.2 habiendo convenido..los *envió* a su viña
21.1 los Olivos, Jesús *envió* dos discípulos
21.3 el Señor los necesita; y..los *enviará*
21.34 *envió* sus siervos a los labradores, para
21.36 *envió* de nuevo otros siervos, más que
21.37 les *envió* su hijo, diciendo: Tendrán
22.3 y *envió* a sus siervos a llamar a los
22.4 volvió a *enviar* otros siervos, diciendo
22.7 rey..*enviando* sus ejércitos, destruyó a
22.16 y le *enviaron* los discípulos de ellos
23.34 os *envío* profetas y sabios y escribas
23.37 y apedreas a los que te son *enviados*!
24.31 y *enviará* sus ángeles con gran voz de

ENVIAR ***(Continúa)***

Mr. 1.2 he aquí yo *envío* mi mensajero delante
3.14 estableció a doce. . *enviarlos* a predicar
3.31 quedándose afuera, *enviaron* a llamarle
5.10 rogaba mucho que no los *enviase* fuera
5.12 *envíanos* a los cerdos para que entremos
6.7 comenzó a *enviarlos* de dos en dos; y les
6.17 Herodes había *enviado* y prendido a Juan
6.27 *enviando* a uno de la guardia, mandó que
8.3 y si los *enviare* en ayunas a sus casas
8.26 lo *envió* a su casa, diciendo: No entres
9.37 no me recibe a mí sino al que me *envió*
11.1 monte. . Jesús *envió* dos de sus discípulos
12.2 *envió* un siervo a los labradores, para
12.3 ellos. . le *enviaron* con las manos vacías
12.4 volvió a *enviarles* otro siervo; pero
12.4 le hirieron en la. . le *enviaron* afrentado
12.5 volvió a *enviar* otro, y a éste mataron
12.6 teniendo aún un hijo. . lo *envió* también
12.13 le *enviaron* algunos de los fariseos y
13.27 *enviará* a sus ángeles, y juntará a sus
14.13 y *envió* dos de sus discípulos, y les
Lc. 1.19 y he sido *enviado* a hablarte, y darte
1.26 el ángel Gabriel fue *enviado* por Dios a
1.53 de bienes, y a los ricos *envió* vacíos
4.18 me ha *enviado* a sanar a los quebrantados
4.26 pero a ninguna de ellas fue *enviado* Elías
4.43 él les dijo. . para esto he sido *enviado*
7.3 le *envió* unos ancianos de los judíos
7.6 pero. . el centurión envió a él unos amigos
7.10 los que habían sido *enviados*, hallaron
7.19 y los *envió* a Jesús, para preguntarle
7.20 Juan el Bautista nos ha *enviado* a ti
7.27 he aquí *envío* mi mensajero delante de
9.2 y los *envió* a predicar el reino de Dios
9.48 me recibe a mí, recibe al que me *envió*
9.52 y *envió* mensajeros delante de él, los
10.1 a quienes *envió* de dos en dos delante
10.2 rogad al. . que *envíe* obreros a su mies
10.3 yo os *envío* como corderos en medio de
10.16 desecha a mí, desecha al que me *envió*
11.49 les *enviaré* profetas y apóstoles; y
13.34 y apedreas a los que te son *enviados!*
14.17 *envió* a su siervo a decir. . Venid, que
14.32 le *envía* una embajada y le pide. . paz
15.15 le *envió*. . para que apacentase cerdos
16.24 *envía* a Lázaro. . y refresque mi lengua
16.27 que le *envíes* a la casa de mi padre
19.14 *enviaron* tras él. . embajada, diciendo
19.29 llegando. . *envió* dos de sus discípulos
19.32 fueron los que habían sido *enviados*
20.10 *envió* un siervo a los labradores, para
20.10,11 y le *enviaron* con las manos vacías
20.11 volvió a *enviar* otro siervo; mas ellos
20.12 volvió a *enviar* un tercer siervo; mas
20.13 ¿qué haré? *Enviaré* a mi hijo amado
20.20 *enviaron* espías. . se simulasen justos
22.8 *envió* a Pedro y a Juan, diciendo: Id
22.35 cuando os *envié* sin bolsa, sin alforja
23.11 Herodes. . volvió a *enviarle* a Pilato
24.49 *enviaré* la promesa de mi Padre sobre
Jn. 1.6 un hombre *enviado* de Dios, el cual se
1.19 judíos *enviaron*. . sacerdotes y levitas
1.22 demos respuesta a los que nos *enviaron*
1.24 los que. . *enviados* eran de los fariseos
1.33 pero el que me *envió* a bautizar con agua
3.17 no *envió* Dios a su Hijo al mundo para
3.28 no. . sino que soy *enviado* delante de él
3.34 Dios *envió*, las palabras de Dios habla
4.34 que haga la voluntad del que me *envió*
4.38 os he *enviado* a segar lo. . no labrasteis
5.23 al Hijo, no honra al Padre que le *envió*
5.24 cree al que me *envió*, tiene vida eterna
5.30 sino la voluntad del que me *envió*, la
5.33 *enviasteis* mensajeros a Juan, y él dio
5.36 testimonio. . el Padre que me ha *enviado*
5.37 Padre que me *envió* ha dado testimonio
5.38 a quien él *envió*, vosotros no creéis
6.29 obra. . que creáis en el que él ha *enviado*
6.38 no. . sino la voluntad del que me *envió*
6.39 la voluntad del Padre, el que me *envió*
6.40 esta es la voluntad del que me ha *enviado*
6.44 si el Padre que me *envió* no le trajere
6.57 como me *envió* el Padre viviente, y yo
7.16 mi doctrina. . sino de aquel que me *envió*
7.18 el que busca la gloria del que le *envió*
7.28 el que me *envió* es verdadero, a quien
7.29 porque de él procedo, y él me *envió*
7.32 fariseos *enviaron* alguaciles para que
7.33 un poco de tiempo. . iré al que me *envió*
8.16 yo. . sino yo y el que me *envió*, el Padre
8.18 el Padre que me *envió* da testimonio de
8.26 el que me *envió* es verdadero; y yo, lo
8.29 el que me *envió*, conmigo está; no me ha
8.42 no he venido de. . sino que él me *envió*
9.4 hacer las obras del que me *envió*, entre
9.7 Vé a. . Siloé (que traducido es, *Enviado*)
10.36 al que el Padre santificó y *envió* al
11.3 *enviaron*, pues, las hermanas para decir
11.42 para que crean que tú me has *enviado*
12.44 no cree en mí, sino en el que me *envió*
12.45 y el que me ve, ve al que me *envió*
12.49 mi propia cuenta; el Padre que me *envió*
13.16 ni el enviado es mayor que. . le *envió*
13.20 recibe al que yo *enviare*, me recibe a
13.20 me recibe a mí, recibe al que me *envió*
14.24 no es mía, sino del Padre que me *envió*
14.26 a quien el Padre *enviará* en mi nombre
15.21 porque no conocen al que me ha *enviado*
15.26 Consolador, a quien yo os *enviaré* del
16.5 ahora voy al que me *envió*; y ninguno de
16.7 no vendría. . si me fuere, os lo *enviaré*
17.3 y a Jesucristo, a quien has *enviado*
17.8 y ellos. . han creído que tú me *enviaste*
17.18 como tú me *enviaste*. . los he *enviado* al
17.21 que el mundo crea que tú me *enviaste*
17.23 que el mundo conozca que tú me *enviaste*
17.25 éstos han conocido que tú me *enviaste*
18.24 Anás entonces le *envió* atado a Caifás
20.21 como me *envió* el Padre. . yo os *envío*
Hch. 3.20 y él *envíe* a Jesucristo, que os fue
3.26 lo *envió* para que os bendijese, a fin
5.21 y *enviaron* a la cárcel para que fuesen
7.12 *envió* a nuestros padres la primera vez
7.14 y *enviando* José, hizo venir a su padre
7.34 ahora, pues, ven, te *enviaré* a Egipto
7.35 a éste lo *envió* Dios como gobernante y
8.14 oyeron. . *enviaron* allá a Pedro y a Juan
9.17 me ha *enviado* para que recibas la vista
9.30 hasta Cesarea, y le *enviaron* a Tarso
9.38 le *enviaron* dos hombres, a rogarle: No
10.5,32 *envía*. . a Jope, y haz venir a Simón
10.8 a los cuales *envió* a Jope, después de
10.17 los hombres que. . *enviados* por Cornelio
10.20 no dudes de ir con. . yo los he *enviado*
10.21 a donde estaban los hombres. . *enviados*
10.33 *envié* por ti; y tú has hecho bien en
10.36 *envió* mensaje a los hijos de Israel
11.11 llegaron. . *enviados* a mí desde Cesarea
11.13 *envía* hombres a Jope, y haz venir a
11.22 y *enviaron* a Bernabé que fuese hasta
11.29 *enviar* socorro a los hermanos. . en Judea
11.30 *enviándolo* a los ancianos por mano de
12.11 el Señor ha *enviado* su ángel, y me ha
13.4 ellos. . *enviados* por el Espíritu Santo
13.26 es *enviada* la palabra de esta salvación
15.22 y *enviarlos* a Antioquía con Pablo y
15.25 y *enviarlos* a vosotros con. . y Bernabé
15.27 *enviamos* a Judas y a Silas, los cuales
15.30 los. . *enviados* descendieron a Antioquía
15.33 volver a aquellos que. . habían *enviado*
16.35 los magistrados *enviaron* alguaciles a
17.10 *enviaron* de noche a Pablo y a Silas
17.14 *enviaron* a Pablo que fuese hacia el mar
19.22 *enviando* a Macedonia a dos de los que
19.31 le *enviaron* recado, rogándole que no
20.17 *enviando*. . hizo llamar a los ancianos de
22.21 vé. . yo te *enviaré* lejos a los gentiles
23.30 al punto le he *enviado* a ti, intimando
25.21 mandé. . hasta que le *enviara* yo a César
25.25 apeló a. . he determinado *enviarle* a él
25.27 *enviar* un preso, y no informar de los
26.17 los gentiles, a quienes ahora te *envío*
28.28 los gentiles es *enviada* esta salvación
Ro. 8.3 Dios, *enviando* a su Hijo en semejanza
10.15 cómo predicarán si no fueren *enviados?*
1 Co. 1.17 no me *envió* Cristo a bautizar, sino
4.17 os he *enviado* a Timoteo, que es mi hijo
16.3 a éstos *enviaré* para que lleven vuestro
2 Co. 8.18 *enviamos* juntamente con él al hermano
8.22 *enviamos* también con ellos a nuestro
9.3 pero he *enviado* a los hermanos, para que
12.17 he engañado por. . los que he *enviado* a
12.18 y *envié* con él al hermano. ¿Os engañó
Gá. 4.4 Dios *envió* a su Hijo, nacido de mujer
4.6 Dios *envió*. . el Espíritu de su Hijo, el
Ef. 6.22 cual *envié* a vosotros para esto mismo
Fil. 2.19 *enviaros* pronto a Timoteo, para que
2.23 éste espero *enviaros*, luego que yo vea
2.25 *enviaros* a Epafrodito, mi hermano y
2.28 le *envío* con mayor solicitud, para que
4.16 *enviasteis* una. . vez para mis necesidades
4.18 habiendo recibido de. . lo que *enviasteis*
Col. 4.8 cual he *enviado* a vosotros para esto
1 Ts. 3.2 *enviamos* a Timoteo. . para confirmaros
3.5 *envié* para informarme de vuestra fe, no
2 Ts. 2.11 Dios les *envía* un poder engañoso
2 Ti. 4.12 a Tíquico lo *envié* a Efeso
Tit. 3.12 cuando *envíe*. . a Artemas o a Tíquico
Flm. 12 vuelvo a *enviarte;* tú, pues, recíbele
He. 1.14 *enviados* para servicio a favor de los
Stg. 2.25 recibió. . los *envió* por otro camino?
1 P. 1.12 por el Espíritu. . *enviado* del cielo
2.14 como por él *enviados* para castigo de los
2 P. 1.17 le fue *enviada*. . voz que decía: Este
1.18 y nosotros oímos esta voz *enviada* del
1 Jn. 4.9 en que Dios *envió* a su Hijo. . al mundo
4.10 y *envió* a su Hijo en propiciación por
4.14 el Padre ha *enviado* al Hijo, el Salvador
Ap. 1.1 la declaró *enviándola* por medio de su
1.11 y *envíalo* a las siete iglesias que están
5.6 espíritus de Dios *enviados* por. . la tierra
11.10 se *enviarán* regalos unos a otros; porque
11.11 el espíritu de vida *enviado* por Dios
22.6 y el Señor. . ha *enviado* su ángel, para
22.16 yo Jesús he *enviado* mi ángel para daros

ENVIDIA

Gn. 26.14 tuvo. . y los filisteos le tuvieron *e*
30.1 tuvo *e* de su hermana, y decía a Jacob
37.11 sus hermanos le tenían *e*, mas su padre
Job 5.2 la ira, y al codicioso lo consume la *e*
Sal. 37.1 tengas *e* de los que hacen iniquidad
73.3 porque tuve *e* de los arrogantes, viendo
106.16 tuvieron *e* de Moisés en el campamento
Pr. 14.30 mas la *e* es carcoma de los huesos
23.17 no tenga tu corazón *e* de los pecadores
24.1 no tengas *e* de los hombres malos, ni
24.19 los malignos, ni tengas *e* de los impíos
27.4 quién podrá sostenerse delante de la *e?*
Ec. 4.4 excelencia. . despierta la *e* del hombre
9.6 su amor y su odio y su *e* fenecieron ya
Is. 11.13 y se disipará la *e* de Efraín, y los
11.13 Efraín no tendrá *e* de Judá, ni Judá
Ez. 31.9 todos los árboles. . tuvieron de él *e*
Mt. 20.15 ¿o tienes tú *e*, porque yo soy bueno?
27.18 sabía que por *e* le habían entregado
Mr. 7.22 la *e*, la maledicencia, la soberbia, la
15.10 conocía que por *e* le habían entregado
Hch. 7.9 movidos por *e*, vendieron a José para
Ro. 1.29 llenos de *e*, homicidios, contiendas
13.13 honestamente; no. . no en contiendas y *e*
1 Co. 13.4 el amor no tiene *e*, el amor no es
2 Co. 12.20 que haya entre vosotros. . *e*, iras
Gá. 5.21 *e*, homicidios, borracheras, orgías
Fil. 1.15 predican a Cristo por *e* y contienda
1 Ti. 6.4 de palabras, de las cuales nacen *e*
Tit. 3.3 insensatos. . viviendo en malicia y *e*
Stg. 4.2 y ardéis de *e*, y no podéis alcanzar
1 P. 2.1 desechando, pues. . todo engaño. . *e*, y

ENVIDIAR

Pr. 3.31 no *envidies* al hombre injusto, ni
Is. 26.11 se avergonzarán los que *envidian* a
Gá. 5.26 irritándonos. . *envidiándonos* unos a

ENVILECER

Gn. 49.4 te *envileciste*, subiendo a mi estrado
Dt. 24.4 no podrá. . después que fue *envilecida*
25.3 se sienta tu hermano *envilecido* delante
Is. 23.9 lo decretó, para *envilecer* la soberbia

ENVIUDAR

Jer. 51.5 Israel y Judá no han *enviudado* de su

ENVOLVENTE

Ez. 1.4 gran nube, con un fuego *e*, y alrededor

ENVOLVER

Ex. 12.34 sus masas *envueltas* en sus sábanas
1 S. 21.9 *envuelta* en un velo detrás del efod
Job 19.6 Dios me ha. . me ha *envuelto* en su red
Sal. 17.10 *envueltos* están con su grosura; con
Pr. 20.3 todo insensato se *envolverá* en ella
Is. 25.7 y el velo que *envuelve* a. . las naciones
28.20 la manta estrecha para poder *envolverse*
Ez. 16.4 ni salada con. . ni fuiste *envuelta* con
16.22 cuando estabas *envuelta* en tu sangre
Mt. 27.59 José. . *envolvió* en una sábana limpia
Mr. 15.46 lo *envolvió*. . y lo puso en un sepulcro
Lc. 2.7 lo *envolvió* en pañales, y lo acostó en
2.12 hallaréis al niño *envuelto* en pañales
23.53 quitándolo, lo *envolvió* en una sábana
Jn. 11.44 y el rostro *envuelto* en un sudario
19.40 lo *envolvieron* en lienzos con especias
Hch. 5.6 jóvenes, lo *envolvieron*, y sacándolo
12.8 ángel. . le dijo: *Envuélvete* en tu manto
He. 1.12 y como un vestido los *envolverás*, y
Ap. 10.1 otro ángel fuerte, *envuelto* en una nube

EPAFRAS ***Cristiano de Colosas***

Col. 1.7 como lo habéis aprendido de *E*. . amado
4.12 os saluda *E*, el cual es uno de vosotros
Flm. 23 saludan *E*, mi compañero de prisiones

EPAFRODITO ***Cristiano de Filipos***

Fil. 2.25 mas tuve por necesario enviaros a *E*
4.18 habiendo recibido de *E* lo. . enviasteis

EPENETO ***Cristiano saludado por Pablo,* Ro. 16.5**

EPICÚREO ***Discípulo del filósofo Epicuro,* Hch. 17.18**

EPÍSTOLA

Ro. 16.22 Tercio, que escribí la *e*, os saludo
2 P. 3.16 en todas sus *e*, hablando en ellas de

ÉPOCA

Jer. 15.11 de aflicción y en *é* de angustia!

EQUER ***Descendiente de Jerameel,* 1 Cr. 2.27**

EQUIDAD

2 S. 8.15 y David administraba justicia y *e* a
1 R. 9.4 si tú anduvieres delante de mí. . en *e*
Sal. 67.4 porque juzgarás los pueblos con *e*, y
Pr. 1.3 el consejo de. . justicia, juicio y *e*

EQUIDAD *(Continúa)*
Pr. 2.9 entenderás justicia, juicio y *e,* y todo
Is. 1.21 de justicia, en ella habitó la *e;* pero
11.4 sino que. . argüirá con *e* por los mansos
59.14 la verdad tropezó. . la *e* no pudo venir
Jer. 22.13 ¡ay del que edifica su. . salas sin *e*
Hch. 24.4 nos oigas brevemente conforme a tu *e*
He. 1.8 cetro de *e* es el cetro de tu reino

EQUIPADO
Ez. 38.4 caballos y jinetes, de todo en todo *e*

EQUIVOCACIÓN
Gn. 43.12 llevad. . el dinero vuelto. . quizá fue *e*

ER
1. *Primogénito de Judá*
Gn. 38.3 dio a luz un hijo, y llamó su nombre *E*
38.6 Judá tomó mujer para su primogénito *E*
38.7 *E,* el primogénito de Judá fue malo, y le
46.12 los hijos de Judá: *E,* Onán, Sela, Fares
46.12 mas *E* y Onán murieron en la tierra de
Nm. 26.19 los hijos de Judá: *E* y Onán; y *E* y
1 Cr. 2.3 los hijos de Judá: *E,* Onán y Sela
2.3 *E*. . fue malo delante de Jehová, quien lo
2. *Nieto de Judá,* 1 Cr. 4.21
3. *Ascendiente de Jesucristo,* Lc. 3.28

ERA
Gn. 50.10 y llegaron hasta la *e* de Atad, que
50.11 viendo los. . el llanto en la *e* de Atad
Nm. 15.20 como la ofrenda de la *e*. . ofreceréis
18.27 se os contará. . como grano de la *e,* y
18.30 será contado a. . como producto de la *e*
Dt. 15.14 abastecerás. . de tu *e* y de tu lagar
16.13 hayas hecho la cosecha de tu *e* y de tu
Jue. 6.37 yo pondré un vellón de lana en la *e*
Rt. 3.3 vistiéndote tus vestidos, irás a la *e*
3.6 descendió, pues, a la *e,* e hizo todo lo
3.14 dijo: No se sepa que vino mujer a la *e*
1 S. 23.1 los filisteos combaten. . roban las *e*
2 S. 6.6 cuando llegaron a la *e* de Nacón, Uza
24.16 el ángel. . estaba junto a la *e* de Arauna
24.18 y levanta un altar a Jehová en la *e* de
24.21 comprar de ti la *e,* a fin de edificar
24.24 David compró la *e* y los bueyes por 50
1 Cr. 13.9 cuando llegaron a la *e* de Quidón, Uza
21.15 el ángel. . estaba junto a la *e* de Ornán
21.18 construyese un altar a Jehová en la *e*
21.21 Ornán. . saliendo de la *e,* se postró en
21.22 dijo David a. . Dame este lugar de la *e*
21.28 Jehová le había oído en la *e* de Ornán
2 Cr. 3.1 el lugar. . en la *e* de Ornán jebuseo
Job 39.12 que recoja tu. . y la junte en tu *e?*
Cnt. 5.13 sus mejillas, como una *e* de especias
6.2 mi amado descendió a su huerto, a las *e*
Jer. 51.33 la hija de Babilonia es como una *e*
Dn. 2.35 fueron como tamo de las *e* del verano
Os. 9.1 amaste salario de ramera en todas las *e*
9.2 la *e* y el lagar no los mantendrán, y les
13.3 el tamo que la tempestad arroja de la *e*
Jl. 2.24 *e* se llenarán de trigo, y los lagares
Mi. 4.12 cual los juntó como gavillas en la *e*
Mt. 3.12; Lc. 3.17 limpiará su *e,* y recogerá el

ERÁN *Nieto de Efraín,* Nm. 26.36

ERANITA *Descendiente de Erán,* Nm. 26.36

ERARIO
Esd. 4.13 el *e* de los reyes será menoscabado

ERASTO
1. *Compañero de Pablo,* Hch. 19.22; 2 Ti. 4.20
2. *Tesorero de la ciudad de Corinto,* Ro. 16.23

EREC *Ciudad en Mesopotamia,* Gn. 10.10; Esd. 4.9

ERGUIR
Lv. 26.13 he hecho andar con el rostro *erguido*
Nm. 23.24 el pueblo que. . como león se *erguirá*
Job 15.26 corrió contra él con cuello *erguido*
Sal. 75.5 poder; no habléis con cerviz *erguida*
Is. 2.13 los cedros del Líbano altos y *erguidos*
3.16 hijas de Sion. . andan con cuello *erguido*
Mi. 2.3 un mal del cual. . ni andaréis *erguidos*
Lc. 21.28 *erguíos* y levantad vuestra cabeza

ERI *Hijo de Gad No. 1,* Gn. 46.16; Nm. 26.16

ERIGIR
Gn. 19.9 vino. . ¿y habrá de *erigirse* en juez?
31.51 majano. . que he *erigido* entre tú y yo
33.20 y *erigió* allí un altar, y lo llamó
35.14 y Jacob *erigió* una señal en el lugar
Éx. 40.17 en el día. . el tabernáculo fue *erigido*
40.33 finalmente *erigió* el atrio alrededor
Nm. 9.15 el día que el tabernáculo fue *erigido*
Jos. 4.20 Josué *erigió* en Gilgal las 12 piedras
18.1 *erigieron* allí el tabernáculo de reunión
2 S. 18.18 Absalón había. . *erigido* una columna
1 R. 7.21 estas columnas *erigió* en el pórtico
2 Cr. 33.19 altos y *erigió* imágenes de Asera
Is. 45.20 que *erigen* el madero de su ídolo, y
He. 8.5 cuando iba a *erigir* el tabernáculo

ERITA *Descendiente de Eri,* Nm. 26.16

ERIZAR
Job 4.15 que se *erizara* el pelo de mi cuerpo
Jer. 51.27 caballos como langostas *erizadas*

ERIZO
Lv. 11.30 el *e,* el cocodrilo, el. . y el camaleón
Is. 14.23 la convertiré en posesión de *e,* y en
34.11 se adueñarán de ella el pelícano y el *e*
Sof. 2.14 pelícano. . *e* dormirán en sus dinteles

ERRANTE
Gn. 4.12 *e* y extranjero serás en la tierra
4.14 y seré *e* y extranjero en la tierra; y
20.13 cuando Dios me hizo salir *e* de la casa
21.14 ella salió y anduvo *e* por el desierto
37.15 lo halló un hombre, andando él *e* por el
Nm. 32.13 andar *e* cuarenta años por el desierto
Job 38.41 claman. . andan *e* por falta de comida?
Sal. 59.15 anden ellos *e* para hallar qué comer
119.176 anduve *e* como oveja extraviada; busca
Cnt. 1.7 pues ¿por qué había de estar yo como *e*
Is. 16.3 reúne. . no entregues a los que andan *e*
58.7 y a los pobres *e* albergues en casa; que
Jer. 31.22 ¿hasta cuándo andarás *e,* oh hija
Ez. 27.19 y el *e* Javán vinieron a tus ferias
34.5 *e* por falta de pastor, y son presa de
Os. 9.17 ellos. . andarán *e* entre las naciones
Am. 8.12 irán *e* de mar a mar; desde el norte
Jud. 13 estrellas *e,* para las cuales está reservada

ERRAR
Lv. 4.13 hubiere *errado,* y el yerro estuviere
Nm. 15.22 cuando *errareis,* y no hiciereis todos
Dt. 27.18 maldito el que hiciere *errar* al ciego
Jue. 20.16 tiraban. . a un cabello, y no *erraban*
1 S. 26.21 yo he hecho neciamente, y he *errado*
Job 6.24 hacedme entender en qué he *errado*
12.16 es el que *yerra,* y el que hace *errar*
12.25 sin luz, y los hace *errar* como borrachos
19.4 siendo verdad que yo haya *errado,* sobre
Pr. 5.23 y *errará* por lo inmenso de su locura
7.25 no se aparte. . no *yerres* en sus veredas
10.17 pero quien desecha la reprensión, *yerra*
12.26 el camino de los impíos les hace *errar*
14.22 ¿no *yerran* los que piensan el mal?
20.1 vino. . que por ellos *yerra* no es sabio
28.10 el que hace *errar* a los rectos por el
Is. 19.14 hicieron *errar* a Egipto en. . su obra
28.7 pero también éstos *erraron* con el vino
28.7 el sacerdote y el profeta *erraron* con
28.7 *erraron* en la visión, tropezaron en el
30.28 el freno estará en. . haciéndoles *errar*
63.17 ¿por qué. . Jehová, nos has hecho *errar*
Jer. 23.13 Baal, e hicieron *errar* a mi pueblo
23.32 los cuentan, y hacen *errar* a mi pueblo
42.20 ¿por qué hicisteis *errar*. . almas? Pues
50.6 sus pastores las hicieron *errar,* por los
Ez. 48.11 no *erraron* cuando *e*. . *e* los levitas
Os. 4.12 porque espíritu de. . lo hizo *errar,* y
Am. 2.4 y les hicieron *errar* sus mentiras, en
Mi. 3.5 profetas que hacen *errar* a mi pueblo
Mt. 22.29 *erráis,* ignorando las Escrituras y
Mr. 12.24 ¿no *erráis* por esto, porque ignoráis
12.27 vivos; así que vosotros mucho *erráis*
1 Co. 6.9 no *erréis;* ni los fornicarios, ni los
15.33 no *erréis;* las malas conversaciones
He. 11.38 *errando* por los desiertos, por los
Stg. 1.16 amados hermanos míos, no *erréis*

ERROR
Job 19.4 haya errado, sobre mí recaería mi *e*
Sal. 19.12 ¿quién podrá entender. . propios *e?*
Ec. 7.25 conocer la maldad. . el desvarío del *e*
10.5 mal. . a manera de *e* emanado del príncipe
Ez. 45.20 los que pecaron por *e* y por engaño
Mt. 27.64 será el postrer *e* peor que el primero
Ef. 4.14 engañar emplean. . las artimañas del *e*
1 Ts. 2.3 nuestra exhortación no procedió de *e*
Stg. 5.20 el que haga volver al pecador del *e*
2 P. 2.13 mientras comen. . se recrean en sus *e*
2.18 que. . habían huido de los que viven en *e*
3.17 no sea que arrastrados por el *e* de los
1 Jn. 4.6 en esto conocemos. . el espíritu de *e*
Jud. 11 se lanzaron por lucro en el *e* de Balaam

ERUDICIÓN
Pr. 16.22 mas la *e* de los necios es necedad

ERUDITO
Esd. 7.12 escriba *e* en la ley del Dios del cielo

ERUPCIÓN
Lv. 13.2 el hombre tuviere. . *e,* o mancha blanca
13.6 *e;* y lavará sus vestidos, y será limpio
13.7 pero si se extendiere la *e* en la piel
13.8 ve que la *e* se ha extendido en la piel
14.56 acerca de la hinchazón, y de la *e,* y

ESÁN *Aldea cerca de Hebrón,* Jos. 15.52

ESAR-HADON *Rey de Asiria, hijo y sucesor de Senaquerib,* 2 R. 19.37; Esd. 4.2; Is. 37.38

ESAÚ *Primogénito de Jacob, y a veces su descendencia*
Gn. 25.25 todo velludo. . y llamaron su nombre *E*
25.26 trabada su mano al calcañar de *E;* y fue
25.27 *E* fue diestro en la caza, hombre del
25.28 amó Isaac a *E,* porque comía de su caza
25.29 guisó Jacob. . y volviendo *E* del campo
25.32 dijo *E:* He aquí yo me voy a morir; ¿para
25.34 Jacob dio a *E* pan y del guisado de las
25.34 así menospreció *E* la primogenitura
26.34 cuando *E* era de cuarenta años, tomó por
27.1 llamó a *E* su hijo mayor, y le dijo: Hijo
27.5 estaba oyendo, cuando hablaba Isaac a *E*
27.5 se fue *E* al campo para buscar la caza
27.6 he oído a tu padre que hablaba con *E*
27.11 *E* mi hermano es hombre velloso, y yo
27.15 tomó Rebeca los vestidos de *E* su hijo
27.19 Jacob dijo a. . Yo soy *E* tu primogénito
27.21 te palparé. . por si eres mi hijo *E* o no
27.22 la voz. . pero las manos, las manos de *E*
27.23 sus manos eran vellosas como las. . de *E*
27.24 ¿eres tú mi hijo *E?* Y Jacob respondió
27.30 luego. . que *E* su hermano volvió de cazar
27.32 él le dijo: Yo soy. . tu primogénito, *E*
27.34 cuando *E* oyó las palabras de su padre
27.36 *E* respondió: Bien llamaron su nombre
27.37 Isaac respondió y dijo a *E:* He aquí yo
27.38 y *E* respondió a su padre: ¿No tienes
27.38 bendíceme. . Y alzó *E* su voz, y lloró
27.41 aborreció *E* a Jacob por la bendición
27.42 dichas a Rebeca las palabras de *E* su
27.42 *E* tu hermano se consuela acerca de ti
28.5 Labán. . hermano de Rebeca madre. . de *E*
28.6 vio *E* cómo Isaac había bendecido a Jacob
28.8 vio. . *E* que las. . de Canaán parecían mal
28.9 y se fue *E* a Ismael, y tomó para sí por
32.3 envió Jacob mensajeros. . a *E* su hermano
32.4 diréis a mi señor *E:* Así dice tu siervo
32.6 vinimos a tu hermano *E,* y él también
32.8 si viene *E* contra un campamento y lo
32.11 líbrame. . la mano de *E,* porque le temo
32.13 tomó de. . un presente para su hermano *E*
32.17 mandó. . Si *E* mi hermano te encontrare
32.18 es un presente. . que envía a mi señor *E*
32.19 conforme a esto hablaréis a *E,* cuando
33.1 alzando Jacob sus ojos, miró. . venía *E*
33.4 *E* corrió a su encuentro y le abrazó, y
33.8 *E* dijo: ¿Qué te propones con todos estos
33.9 y dijo *E:* Suficiente tengo yo, hermano
33.11 acepta. . e insistió con él, y *E* lo tomó
33.12 *E* dijo: Anda, vamos; y yo iré delante
33.15 y *E* dijo: Dejaré ahora contigo de la
33.16 así volvió *E* aquel día por su camino
35.1 apareció cuando huías de tu hermano *E*
35.29 y lo sepultaron *E* y Jacob sus hijos
36.1 las generaciones de *E,* el cual es Edom
36.2 *E* tomó sus mujeres de. . hijas de Canaán
36.4 Ada dio a luz a *E* a Elifaz; y Basemat
36.5 a Coré; estos son los hijos de *E,* que
36.6 *E* tomó sus mujeres. . hijos y sus hijas
36.8 *E* habitó en el monte de Seir; *E* es Edom
36.9 estos son los linajes de *E,* padre de
36.10 estos son los nombres de los hijos de *E*
36.10 de Ada mujer de *E*. . Basemat mujer de *E*
36.12 fue concubina de Elifaz hijo de *E,* y
36.12 estos son los hijos de Ada, mujer de *E*
36.13 son los hijos de Basemat mujer de *E*
36.14 de Aholibama mujer de *E,* hija de Aná
36.14 ella dio a luz a. . y Coré, hijos de *E*
36.15 son los jefes de entre los hijos de *E*
36.15 de Elifaz, primogénito de *E;* los jefes
36.17 hijos de Reuel, hijo de *E;* los jefes
36.17 estos hijos vienen de Basemat mujer de *E*
36.18 son los hijos de Aholibama mujer de *E*
36.18 de Aholibama mujer de *E,* hija de Aná
36.19 son los hijos de *E,* y sus jefes; él es
36.40 los nombres de los jefes de *E* por sus
36.43 es el mismo *E,* padre de los edomitas
Dt. 2.4 de vuestros hermanos los hijos de *E*
2.5 he dado por heredad a *E* el monte de Seir
2.8 de nuestros hermanos los hijos de *E,* que
2.12 a los cuales echaron los hijos de *E;* y
2.22 como hizo Jehová con los hijos de *E* que
2.29 lo hicieron conmigo los hijos de *E* que
Jos. 24.4 a Isaac di Jacob y *E.* Y a *E* di el
1 Cr. 1.34 hijos de Isaac fueron *E* e Israel
1.35 hijos de *E:* Elifaz, Reuel, Jeús. . Coré
Jer. 49.8 quebrantamiento de *E* traeré sobre él
49.10 mas yo desnudaré a *E,* descubriré sus
Abd. 6 ¡cómo fueron escudriñadas las. . de *E!*
8 que perezcan. . la prudencia del monte de *E?*
9 todo hombre será cortado del monte de *E*
18 la casa de *E* estopa, y los quemarán y los

ESAÚ *(Continúa)*
Abd. 18 ni..resto quedará de la casa de *E*, porque
19 y los del Neguev poseerán el monte de *E*
21 subirán..para juzgar al monte de *E*; y el
Mal. 1.2 ¿no era *E* hermano de Jacob? dice
1.3 y a *E* aborrecí, y convertí sus montes en
Ro. 9.13 está escrito: A Jacob amé, mas a *E*
He. 11.20 por la fe bendijo Isaac a Jacob y a *E*
12.16 *E*, que por una sola comida vendió su

ES-BAAL =*Is-boset*, 1 Cr. 8.33; 9.39

ESBÁN *Descendiente de Esaú*, Gn. 36.26; 1 Cr. 1.41

ESCABROSO
Dt. 21.4 traerán la becerra a un valle *e*, que
Is. 42.16 cambiaré las tinieblas..*e* en llanura

ESCALA
Hch. 20.15 y habiendo hecho *e* en Trogilio, al

ESCALAR
Jer. 5.10 *escalad* sus muros y destruid, pero

ESCALERA
Gn. 28.12 una *e* que estaba apoyada en tierra
1 R. 6.8 se subía por una *e* de caracol al de
Ez. 41.7 la *e* de caracol de la casa subía muy

ESCALINATA
2 Cr. 9.4 y la *e* por donde subía a la casa de

ESCAMA
Lv. 11.9 los que tienen aletas y *e*..comeréis
11.10 que no tienen aletas ni *e* en el mar y
11.12 que no tuviere aletas y *e* en las aguas
Dt. 14.9 podréis comer..lo que tiene aleta y *e*
14.10 lo que no tiene aleta y *e*, no comeréis
Ez. 29.4 pegaré los peces de tus ríos a tus *e*
29.4 los peces de..saldrán pegados a tus *e*
Hch. 9.18 al momento le cayeron de los ojos..*e*

ESCANDALIZAR
Mt. 13.57 se *escandalizaban* de él. Pero Jesús
26.31 os *escandalizaréis* de mí esta noche
26.33 aunque todos se *escandalicen* de ti, yo
26.33 Pedro..dijo..yo nunca me *escandalizaré*
Mr. 6.3 ¿no es éste..Y se *escandalizaban* de él
14.27 os *escandalizaréis* de mí esta noche
14.29 aunque todos se *escandalicen*, yo no

ESCAPAR
Gn. 14.13 vino uno de los que *escaparon*, y lo
19.17 *escapa* por tu vida..*e* al monte, no sea
19.19 no podré *escapar* al monte, no sea que
19.20 es pequeña..dejadme *escapar* ahora allá
19.22 date prisa, *escápate* allá; porque nada
32.8 y lo ataca, el otro campamento *escapará*
Éx. 10.5 comerá lo que *escapó*, lo que os quedó
Dt. 2.36 no hubo ciudad que *escapase* de..poder
Jos. 8.22 no quedó ninguno de ellos..*escapase*
Jue. 3.26 Aod *escapó*, y pasando los ídolos, se
3.29 mataron..moabitas..no *escapó* ninguno
9.21 y *escapó* Jotam y huyó, y se fue a Beer
16.20 dijo: Esta vez saldré..y me *escaparé*
21.17 tenga Benjamín herencia..han *escapado*
1 S. 4.16 vengo..he *escapado* hoy del combate
19.10 y David huyó, y *escapó* aquella noche
19.12 descolgó..y él se fue y huyó, y *escapó*
19.17 y has dejado *escapar* a mi enemigo?
19.18 huyó..*escapó*, y vino a Samuel en Ramá
22.20 Abiatar, *escapó*, y huyó tras David
23.13 que David se había *escapado* de Keila
23.26 daba prisa David para *escapar* de Saúl
27.1 que fugarme..y así *escaparé* de su mano
30.17 no *escapó* de ellos ninguno, sino 400
2 S. 1.3 he *escapado* del campamento de Israel
15.14 no podremos *escapar*..de Absalón; daos
1 R. 18.40 prended a los..que no *escape* ninguno
19.17 el que *escapare* de la espada de Hazael
19.17 el que *escapare* de la espada de Jehú
20.20 rey de Siria..se *escapó* en un caballo
2 R. 9.15 ninguno *escape* de la ciudad, para ir
10.25 entrad, y matadlos..no *escape* ninguno
19.11 has oído lo que han..¿y *escaparás* tú?
19.30 hubiere *escapado*..de la casa de Judá
2 Cr. 16.7 de Siria ha *escapado* de tus manos
20.24 muertos, pues ninguno había *escapado*
36.20 los que *escaparon* de..fueron llevados
Esd. 9.14 sin que quedara..ni quien *escape*?
9.15 un remanente que ha *escapado*..este día
Neh. 1.2 por los judíos que habían *escapado*
Est. 4.13 no pienses que *escaparás* en la casa
Job 1.15,16,17,19 *escapé* yo..darte la noticia
15.30 no *escapará* de las tinieblas; la llama
19.20 he *escapado* con..la piel de mis dientes
23.7 y yo *escaparía* para siempre de mi juez
Sal. 11.1 decís..que *escape* al monte cual ave?
33.16 *escapa* el valiente por la mucha fuerza
55.8 me apresuraría a *escapar* del viento
124.7 nuestra alma *escapó* cual ave del lazo
124.7 rompió el lazo, y *escapamos* nosotros
Pr. 6.5 *escápate* como gacela de..del cazador
19.5 y el que habla mentiras no *escapará*
Ec. 7.26 el que agrada a Dios *escapará* de ella
Is. 15.9 traeré..leones a los que *escaparen* de
20.6 Asiria; ¿y cómo *escaparemos* nosotros?
37.11 que las destruyeron; ¿y *escaparás* tú?
37.31 que hubiere *escapado*, volverá a echar
46.2 no pudieron *escaparse* de la carga, sino
66.19 enviaré de los *escapados* de ellos a las
Jer. 31.2 pueblo que *escapó* de la espada halló
32.4 y Sedequías..no *escapará* de la mano de
34.3 y no *escaparás* tú de su mano, sino que
38.18,23 y tú no *escaparás* de sus manos
41.15 Ismael..*escapó* delante de Johanán con
42.17 no habrá..ni quien *escape* delante del
44.14 no habrá quien *escape*, ni quien quede
44.28 los que *escapen* de la espada volverán
46.6 huya el ligero, ni el valiente *escape*
48.8 destruidor..y ninguna ciudad *escapará*
48.19 pregunta..a la que *escapó*; dile: ¿Qué
50.28 voz de los que..*escapan* de la tierra
50.29 contra ella..no *escape* de ella ninguno
51.50 los que *escapasteis* de la espada, andad
Lm. 2.22 no hubo quien *escapase* ni quedase vivo
Ez. 6.8 que tengáis..que *escapen* de la espada
6.9 y los que..*escaparen* se acordarán de mí
7.16 que *escapen* de ellos huirán y estarán
12.16 haré que unos pocos de ellos *escapen*
15.7 aunque del fuego se *escaparon*, fuego los
17.15 *escapará* el que estas cosas hizo? El
17.15 el que rompió el pacto, ¿podrá *escapar*?
17.18 ha hecho todas estas cosas, no *escapará*
24.26 vendrá a ti uno que haya *escapado* para
Dn. 8.4 ni había quien *escapase* de su poder
11.41 mas estas *escaparán* de su mano: Edom
11.42 su mano..no *escapará* el país de Egipto
Jl. 2.3 ni tampoco habrá quien de él *escape*
Am. 2.15 ni *escapará* el ligero de pies, ni el
3.12 así *escaparán* los hijos de Israel que
4.11 fuisteis como tizón *escapado* del fuego
9.1 no habrá de ellos quien huya, ni..*escape*
Abd. 14 para matar a los que de ellos *escapasen*
Mi. 5.8 el cual..arrebatare, no hay quien *escape*
Hab. 2.9 nido, para *escaparse* del poder del mal!
Zac. 2.7 oh Sion, la que moras con..*escápate*
Mal. 3.15 sino que tentaron a Dios y *escaparon*
Mt. 23.33 ¿cómo *escaparéis* de la condenación
Lc. 21.36 por dignos de *escapar* de todas estas
Jn. 10.39 prenderle, pero él se *escapó* de sus
Hch. 28.4 quien, *escapado* del mar, la justicia
Ro. 2.3 que tú *escaparás* del juicio de Dios?
2 Co. 11.33 descolgado..y *escapé* de sus manos
1 Ts. 5.3 como los dolores a la..y no *escaparán*
2 Ti. 2.26 *escapen* del lazo del diablo, en que
He. 2.3 ¿cómo *escaparemos*..si descuidamos una
12.25 si no *escaparon* aquellos que desecharon
2 P. 2.20 si habiéndose ellos *escapado* de las

ESCAPE
Jer. 25.35 se acabará..el *e* de los mayorales

ESCARBAR
Job 39.21 *escarba* la tierra, se alegra en su
39.24 él con ímpetu y furor *escarba* la tierra

ESCARCHA
Éx. 16.14 menuda como una *e* sobre la tierra
Job 38.29 la *e* del cielo, ¿quién la engendró?
Sal. 78.47 con granizo, y sus higuerales con *e*
147.16 la nieve..y derrama la *e* como ceniza

ESCARLATA
Nm. 19.6 tomará..*e*, y lo echará en..del fuego
2 S. 1.24 quien os vestía de *e* con deleites
Mt. 27.28 le echaron encima un manto de *e*
He. 9.19 tomó la sangre de..con agua, lana *e*
Ap. 12.3 gran dragón *e*, que tenía siete cabezas
17.3 a una mujer sentada sobre una bestia *e*
17.4 la mujer estaba vestida de púrpura y *e*
18.12 mercadería de oro..*e*, de toda madera
18.16 vestida de lino..*e*, y estaba adornada

ESCARMENTAR
Ez. 23.48 *escarmentarán* todas las mujeres, y no

ESCARMIENTO
Nm. 26.10 consumió el fuego..para servir de *e*
Ez. 5.15 y serás..*e* y espanto a las naciones
14.8 pondré por señal y por *e*, y lo cortaré
23.10 a ser famosa..pues en ella hicieron *e*

ESCARNECEDOR
Job 17.2 hay conmigo sino *e*, en cuya amargura
Sal. 1.1 varón..ni en silla de *e* se ha sentado
35.16 lisonjeros, *e* y truhanes, crujieron
Pr. 3.34 ciertamente él escarnecerá a los *e*
9.7 el que corrige al *e*, se acarrea afrenta
9.8 no reprendas al *e*, para..no te aborrezca
9.12 lo serás; y si fueres *e*, pagarás tú solo
14.6 busca el *e* la sabiduría y no la halla
15.12 el *e* no ama al que le reprende, ni se
19.25 hiere al *e*, y el simple se hará avisado
19.29 preparados están juicios para los *e*
20.1 el vino es *e*, la sidra alborotadora, y
21.11 cuando el *e* es castigado, el simple se
21.24 *e* es el del soberbio y presuntuoso que
22.10 echa fuera al *e*, y saldrá la contienda
24.9 necio..abominación a los hombres el *e*
29.8 los hombres *e* ponen la ciudad en llamas
Is. 29.20 el violento..y el *e* será consumido
Os. 7.5 en el día..extendió su mano con los *e*

ESCARNECER
1 S. 31.4 no vengan estos..y me *escarnezcan*
2 R. 19.21 la virgen hija de Sion..te *escarnece*
Job 12.4 el justo y perfecto es *escarnecido*
21.3 y después que haya hablado, *escarneced*
22.19 el inocente los *escarnecerá*, diciendo
Sal. 22.7 todos los que me ven me *escarnecen*
79.4 somos..*escarnecidos* y burlados de los
Pr. 3.34 él *escarnecerá* a los escarnecedores
17.5 el que *escarnece* al pobre afrenta a su
30.17 que *escarnece* a su padre y menosprecia
Is. 37.22 de Sion..te menosprecia, te *escarnece*
60.14 se encorvarán..los que te *escarnecían*
Jer. 20.7 cada día he sido *escarnecido*, cada
38.19 que me entreguen en..y me *escarnezcan*
Ez. 23.32 de ti se mofarán..y te *escarnecerán*
Hab. 1.10 *escarnecerá* a los reyes, y hará burla
Mt. 20.19 que le *escarnezcan*, le azoten, y le
27.29 le *escarnecían*, diciendo: ¡Salve, Rey
27.31 después de..*escarnecido*, le pusieron
27.41 *escarneciéndole* con los escribas y los
Mr. 10.34 *escarnecerán*..azotarán, y escupirán
15.20 de haberle *escarnecido*, le desnudaron
15.31 *escarneciendo*, se decían unos a otros
Lc. 18.32 *escarnecido*, y afrentado, y escupido
23.11 Herodes..le menospreció y *escarneció*
23.36 los soldados también le *escarnecían*

ESCARNIO
Jue. 16.27 que estaban mirando el *e* de Sansón
1 Cr. 10.4 no sea que vengan estos..y hagan *e*
2 Cr. 7.20 la pondré por burla y *e* de todos los
29.8 y los ha entregado a..y a *e*, como veis
36.16 ellos hacían *e* de los mensajeros de Dios
Neh. 2.19 Sanbalat..hicieron *e* de nosotros, y
4.1 cuando oyó Sanbalat..hizo *e* de los judíos
Job 11.3 ¿harás *e* y no..quien te avergüence?
34.7 qué hombre hay como Job, que bebe el *e*
Sal. 39.8 no me pongas por *e* del insensato
44.13 nos pones..por *e* y por burla de los que
69.20 el *e* ha quebrantado mi corazón, y estoy
80.6 nos pusiste por *e* a nuestros vecinos, y
123.4 hastiada está..del *e* de los que están
Is. 32.6 el ruin..para hablar *e* contra Jehová
66.4 escogeré para ellos *e*, y traeré sobre
Jer. 20.8 la palabra de Jehová me ha sido..*e*
24.9 los daré por *e* y por mal a..los reinos
25.9 los pondré por *e*..en desolación perpetua
25.18 ponerlos en ruinas, en *e* y en burla y
29.18 los daré por *e* a todos los reinos de la
48.26 Moab..y sea también él por motivo de *e*
48.27 ¿y no te fue..Israel por motivo de *e*
48.39 Moab objeto de *e* y de espanto a todos
Lm. 3.14 fui *e* a todo mi pueblo, burla de ellos
Ez. 5.15 y serás..*e* y escarmiento y espanto a
22.4 te he dado..y en *e* a todas las tierras
36.4 que fueron puestas por botín y *e* de las
Os. 7.16 esto será su *e* en la tierra de Egipto

ESCARPADO
Cnt. 2.14 estás..en lo escondido de *e* parajes

ESCASA
Is. 54.2 no seas *e*; alarga tus cuerdas..estacas
Mi. 6.10 ¿hay aún..medida *e* que es detestable?

ESCASAMENTE
2 Co. 9.6 el que siembra *e* también segará *e*

ESCASEAR
1 S. 3.1 palabra de Jehová *escaseaba* en..días
1 R. 17.14 la harina de la tinaja no *escaseará*
17.16 la harina de la tinaja no *escaseó*, ni

ESCASEZ
Dt. 8.9 en la cual no comerás el pan con *e*, ni
2 Co. 8.14 la abundancia vuestra supla la *e* de
Fil. 4.11 no lo digo porque tenga *e*, pues he

ESCATIMAR
Jer. 50.14 no *escatiméis* las saetas, porque pecó
Ro. 8.32 el que no *escatimó* ni a su propio Hijo

ESCEVA *Sacerdote judío en Efeso*, Hch. 19.14

ESCITA *Gente nómada conocida por su ferocidad*, Col. 3.11

ESCLARECER
Dt. 33.2 vino de Sinaí, y de Seir les *esclareció*
2 P. 1.19 oscuro, hasta que el día *esclarezca*

ESCLARECIDA

Cnt. 6.10 hermosa como la luna, *e* como el sol

ESCLAVA *Véase también Esclavo*

Gn. 15.13 morará en tierra ajena, y será *e* allí
Lv. 25.44 así tu esclavo como tu *e* que tuvieres
25.44 de ellos podréis comprar esclavos y *e*
Dt. 21.14 ni la tratarás como *e*, por cuanto la
28.68 seréis vendidos..por esclavos y por *e*
Gá. 4.22 Abraham tuvo dos hijos; uno de la *e*
4.23 el de la *e* nació según la carne; mas el
4.30 echa fuera a la *e* y a su hijo, porque no
4.30 no heredará el hijo de la *e* con el hijo
4.31 de manera..que no somos hijos de la *e*
Tit. 2.3 porte..no *e* del vino, maestras del bien

ESCLAVITUD

Ro. 8.15 no habéis recibido el espíritu de *e*
8.21 será libertada de la *e* de corrupción, a
Gá. 2.4 nuestra libertad..para reducirnos a *e*
4.3 estábamos en *e* bajo los rudimentos del
4.24 del monte Sinaí, el cual da hijos para *e*
4.25 ésta, junto con sus hijos, está en *e*
5.1 no estéis otra vez sujetos al yugo de *e*
1 Ti. 6.1 todos los que están bajo el yugo de *e*

ESCLAVIZAR

Dt. 24.7 y le hubiere *esclavizado*, o..vendido
2 Co. 11.20 pues toleráis si alguno os *esclaviza*
Gá. 4.9 cuales os queréis volver a *esclavizar?*

ESCLAVO *Véase también Esclava*

Gn. 15.3 será mi heredero un *e* nacido en mi casa
Lv. 22.11 cuando..comprare algún *e* por dinero
25.39 tu hermano..no le harás servir como *e*
25.42 mis..no serán vendidos a manera de *e*
25.44 *e* como tu esclava que tuvieres, serán
25.44 de ellos podréis comprar *e* y esclavas
Dt. 28.68 seréis vendidos..por *e* y por esclavas
Jer. 2.14 ¿es Israel siervo? ¿es *e?* ¿Por qué
Jn. 8.33 somos, y jamás hemos sido *e* de nadie
8.34 aquel que hace pecado, *e* es del pecado
8.35 el *e* no queda en la casa para siempre
Ro. 6.16 os sometéis a alguien como *e*..sois *e*
6.17 que aunque erais *e* del pecado, habéis
6.20 cuando erais *e* del pecado, erais libres
1 Co. 7.21 fuiste llamado siendo *e?* No te dé
7.22 el que..fue llamado siendo *e*, liberto es
7.22 fue llamado siendo libre, *e* es de Cristo
7.23 comprados; no os hagáis *e* de los hombres
12.13 sean *e* o libres; y a todos se nos dio
Gá. 3.28 hay judío ni griego; no hay *e* ni libre
4.1 heredero es niño, en nada difiere del *e*
4.7 que ya no eres *e*, sino hijo; y si hijo
Tit. 3.3 también éramos..*e* de concupiscencias
Flm. 16 no ya como *e*, sino como más que *e*, como
2 P. 2.19 y son ellos mismos *e* de corrupción
2.19 el que es vencido..es hecho *e* del que lo
Ap. 13.16 libres y *e*, se les pusiese una marca
18.13 ovejas, caballos y carros, y *e*, almas
19.18 para que comáis carnes de..libres y *e*

ESCOBA

Is. 14.23 la barreré con *e* de destrucción, dice

ESCOGER

Gn. 6.2 tomaron para sí mujeres, *escogiendo*
13.11 Lot *escogió* para sí toda la llanura del
Éx. 17.9 Moisés a Josué: *Escógenos* varones, y
18.21 *escoge*..de entre todo el pueblo varones
18.25 *escogió* Moisés varones de virtud de
Nm. 16.5 al que él *escogiere*, él lo acercará a
16.7 a quien Jehová *escogiere*..será el santo
17.5 y florecerá la vara del..que yo *escoja*
Dt. 4.37 *escogió* a su descendencia después de
7.6 Jehová..Dios te ha *escogido* para serle
7.7 no por ser vosotros más..os ha *escogido*
10.15 y *escogió* su descendencia después de
12.5,11,21 el lugar que Jehová tu..*escogiere*
12.14 sino..en el lugar que Jehová *escogiere*
12.18,26 lugar que Jehová..hubiere *escogido*
14.2 ha *escogido* para que le seas un pueblo
14.23 comerás..en el lugar que él *escogiere*
14.24 lugar que..Dios hubiere *escogido* para
14.25 vendrás al lugar que..Dios *escogiere*
15.20 comerás..el lugar que Jehová *escogiere*
16.2,6,15 el lugar que Jehová *escogiere*
16.7,11 el lugar que..Dios hubiere *escogido*
16.16 tu Dios en el lugar que él *escogiere*
17.8 recurrirás al lugar que..Dios *escogiere*
17.10 los del lugar que Jehová *escogiere*, y
17.15 rey sobre ti al que Jehová..*escogiere*
18.5 ha *escogido* Jehová de entre todas tus
18.6 viniere..al lugar que Jehová *escogiere*
21.5 a ellos *escogió*..para que le sirvan, y
23.16 el lugar que *escogiere* en alguna de tus
26.2 al lugar que..Dios *escogiere* para hacer
30.19 *escoge*, pues, la vida, para que vivas
31.11 delante..en el lugar que él *escogiere*
33.21 *escoge* lo mejor de la tierra para sí
Jos. 8.3 *escogió* Josué 30.000 hombres fuertes
24.15 si mal os parece servir..*escogeos* hoy
Jue. 5.8 cuando *escogían* nuevos dioses, la
8.33 Israel..*escogieron* por dios a Baal-berit
20.15 fueron por cuenta 700 hombres *escogidos*
20.16 había 700 hombres *escogidos*..zurdos
20.34 vinieron..10.000 hombres *escogidos* de
1 S. 2.28 yo le *escogí* por mi sacerdote entre
13.2 *escogió*..a tres mil hombres de Israel
16.8 dijo: Tampoco a éste ha *escogido* Jehová
17.8 *escoged*..un hombre que venga contra mí
17.40 *escogió* cinco piedras lisas del arroyo
24.2 tomando Saúl 3.000 hombres *escogidos* de
26.2 llevando consigo 3.000 hombres *escogidos*
2 S. 6.1 volvió a reunir a todos los *escogidos*
10.9 Joab..entresacó de todos los *escogidos*
17.1 yo *escogeré* ahora doce mil hombres, y me
21.6 en Gabaa de Saúl, el *escogido* de Jehová
24.12 *escogerás* una de ellas, para que yo la
1 R. 1.35 él he *escogido* para que sea príncipe
3.8 medio de tu pueblo al cual tú *escogiste*
8.16 no he *escogido* ciudad de todas las tribus
8.16 *escogí* a David para que presidiese en mi
12.21 180.000 hombres, guerreros *escogidos*
18.23 pues, dos bueyes, y *escojan* ellos uno
18.25 dijo..*Escogeos* un buey, y preparadlo
2 R. 10.3 *escoged* al..más recto de los hijos
21.7 Jerusalén, a la cual *escogí* de..Israel
23.27 desecharé..ciudad que había *escogido*
1 Cr. 9.22 *escogidos* para guardas en..eran 200
16.13 siervo, hijos de Jacob, sus *escogidos*
16.41 a Hamán, a Jedutún, y..otros *escogidos*
19.10 *escogió* de los más aventajados que había
21.10 *escoge* de ellas una que yo haga contigo
21.12 *escoge* para ti: o tres años de hambre
28.4 Judá *escogió* por caudillo, y de la casa
28.6 éste he *escogido* por hijo, y yo le seré
2 Cr. 6.5 ni he *escogido*..que fuese príncipe
11.1 reunió..a 180.000 hombres *escogidos*
12.13 en Jerusalén, ciudad que *escogió* Jehová
13.3 un ejército de 400.000 hombres *escogidos*
13.3 Jeroboam..con 800.000 hombres *escogidos*
13.17 cayeron..de Israel 500.000..*escogidos*
25.5 fueron hallados 300.000 *escogidos* para
29.11 Jehová os ha *escogido* a vosotros para
Neh. 1.9 y os traeré al lugar que *escogí* para
5.18 día era un buey y seis ovejas *escogidas*
9.7 tú eres..el Dios que *escogiste* a Abram
Job 9.14 hablaré con él palabras *escogidas?*
15.5 has *escogido* el hablar de los astutos
34.4 *escojamos* para nosotros el juicio..bueno
36.21 pues ésta *escogiste* más bien que la
Sal. 4.3 Jehová ha *escogido* al piadoso para sí
25.12 le enseñará el camino que ha de *escoger*
33.12 el pueblo que él *escogió* como heredad
65.4 bienaventurado el que tú *escogieres* y
78.31 y derribó a los *escogidos* de Israel
78.67 José, y no *escogió* la tribu de Efraín
78.68 *escogió* la tribu de Judá, el monte de
84.10 *escogería* antes estar a la puerta de
89.3 hice pacto con mi *escogido;* juré a David
89.19 he exaltado a un *escogido* de mi pueblo
105.6 vosotros..hijos de Jacob, sus *escogidos*
105.26 envió a..y a Aarón, al cual *escogió*
105.43 sacó a su..con júbilo a sus *escogidos*
106.5 para que yo vea el bien de tus *escogidos*
106.23 haberse interpuesto Moisés su *escogido*
119.30 *escogí* el camino de la verdad..juicios
119.173 porque tus mandamientos he *escogido*
135.4 porque JAH ha *escogido* a Jacob para sí
Pr. 1.29 sabiduría, y no *escogieron* el temor de
3.31 no envidies al..ni *escojas*..sus caminos
Cnt. 6.9 única..*escogida* de la que dio a luz
Is. 1.29 y os afrentarán los..que *escogisteis*
5.2 cercado..y plantado de vides *escogidas*
7.15 miel, hasta que sepa..*escoger* lo bueno
7.16 antes que el niño sepa..*escoger* lo bueno
14.1 y todavía *escogerá* a Israel, y lo hará
40.20 el pobre *escoge*, para ofrecerle, madera
41.8 mío eres; tú, Jacob, a quien yo *escogí*
41.9 mi siervo..te *escogí*, y no te deseché
41.24 aquí..abominación es el que os *escogió*
42.1 mi siervo..mi *escogido*, en quien mi alma
42.19 ¿quién es ciego como mi *escogido*..ciego
43.10 y mi siervo que yo *escogí*, para que me
43.20 para que beba mi pueblo, mi *escogido*
44.1 Jacob..y tú, Israel, a quien yo *escogí*
44.2 no temas..tú, Jesurún, a quien yo *escogí*
45.4 por amor..Israel mi *escogido*, te llamé
48.10 te he *escogido* en horno de aflicción
49.7 fiel es el Santo de..el cual te *escogió*
56.4 guarden mis días de reposo, y *escojan* lo
58.5 ¿es tal el ayuno que yo *escogí*, que de
58.6 ¿no es más bien el ayuno que yo *escogí*
65.9 mis *escogidos* poseerán por heredad la
65.12 sino..*escogisteis* lo que me desagrada
65.15 nombre por maldición a mis *escogidos*
65.22 mis *escogidos* disfrutarán la obra de
66.3 porque *escogieron* sus propios caminos
66.4 *escogeré*..escarnios, y traeré sobre ellos
66.4 ojos, y *escogieron* lo que me desagrada
Jer. 2.21 de vid *escogida*, simiente verdadera
8.3 y *escogerá* la muerte antes que la vida
33.24 dos familias que Jehová *escogiera* ha
49.19 y al que fuere *escogido* la encargaré
50.44 al que yo *escoja* la encargaré; porque
Ez. 20.5 el día que *escogí* a Israel, y que alcé
24.4 sus piezas..llénala de huesos *escogidos*
24.5 una oveja *escogida*..enciende los huesos
Dn. 11.15 sostenerse, ni sus tropas *escogidas*
Os. 8.4 establecieron reyes, pero no *escogidos*
Hag. 2.23 porque yo te *escogí*, dice Jehová de
Zac. 1.17 Sion, y *escogerá* todavía a Jerusalén
2.12 a Judá su..y *escogerá* aún a Jerusalén
3.2 que ha *escogido* a Jerusalén te reprenda
Mt. 12.18 aquí mi siervo, a quien he *escogido*
20.16; 22.14 son llamados, y pocos *escogidos*
24.22 por causa de los *escogidos*..acortados
24.24 que engañarán, si..aun a los *escogidos*
24.31 sus ángeles..juntarán a sus *escogidos*
Mr. 13.20 *escogidos* que él *escogió*, acortará
13.22 para engañar, si..aun a los *escogidos*
13.27 sus ángeles, y juntará a sus *escogidos*
Lc. 6.13 *escogió* a doce de ellos, a los cuales
10.42 y María ha *escogido* la buena parte, la
14.7 cómo *escogían* los primeros asientos a la
18.7 no hará justicia a sus *escogidos*, que
23.35 si éste es el Cristo, el *escogido* de
Jn. 6.70 ¿no os he *escogido* yo a vosotros los
Hch. 1.2 a los apóstoles que había *escogido*
1.24 muestra cuál de estos dos has *escogido*
9.15 porque instrumento *escogido* me es éste
13.17 el Dios de..*escogió* a nuestros padres
15.7 *escogió* que los gentiles oyesen por mi
15.40 y Pablo, *escogiendo* a Silas, salió
22.14 el Dios de..padres te ha *escogido* para
Ro. 8.33 quién acusará a los *escogidos* de Dios?
11.5 ha quedado un remanente *escogido* por
11.7 pero los *escogidos* sí lo han alcanzado
16.13 saludad a Rufo, *escogido* en el Señor
1 Co. 1.27 que lo necio del mundo *escogió* Dios
1.27 y lo débil del mundo *escogió* Dios, para
1.28 y lo vil del mundo y lo..*escogió* Dios
Ef. 1.4 nos *escogió* en él antes de la fundación
Fil. 1.22 la obra, no sé entonces qué *escoger*
Col. 3.12 vestíos pues, como *escogidos* de Dios
2 Ts. 2.13 de que Dios os haya *escogido* desde
1 Ti. 5.21 delante..de sus ángeles *escogidos*
2 Ti. 2.10 soporto por amor de los *escogidos*
Tit. 1.1 conforme a la fe de los *escogidos* de
He. 11.25 *escogiendo* antes ser maltratado con
1 P. 2.4 piedra..para Dios *escogida* y preciosa
2.6 la principal piedra del ángulo, *escogida*
2.9 sois linaje *escogido*, real sacerdocio

ESCOGIDO, DA

Gn. 24.10 tomando toda clase de regalos *e* de
Éx. 14.7 tomó seiscientos carros *e*, y todos
Nm. 18.12 todo lo más *e*..para ti las he dado
Dt. 12.11 llevaréis..y todo lo *e* de los votos
33.14 con los más *e* frutos del sol, con el
1 S. 1.5 a Ana daba una parte *e;* porque amaba
2 R. 19.23 cortaré sus..sus cipreses más *e;* me
1 Cr. 7.40 *e*, esforzados, jefes de príncipes
Job 33.23 algún elocuente mediador muy *e*, que
Pr. 8.10 recibid..ciencia antes que el oro *e*
8.19 el oro..mi rédito mejor que la plata *e*
10.20 plata *e* es la lengua del justo; mas
Cnt. 5.15 su aspecto como..*e* como los cedros
Is. 37.24 cortaré sus..cedros, sus cipreses *e*
Jer. 22.7 cortarán tus cedros *e* y los echarán
48.15 jóvenes *e* descendieron al degolladero
Ez. 23.7 los más *e* de los hijos de los asirios
31.16 los árboles *e* del Edén, y los mejores
Dn. 11.15 no podrá sostenerse, ni sus tropas *e*

ESCOL

1. Aliado de Abraham, Gn. 14.13,24

2. Valle cerca de Hebrón

Nm. 13.23 llegaron hasta el arroyo de *E*, y de
13.24 y se llamó aquel lugar el Valle de *E*
32.9 subieron hasta el torrente de *E*..vieron
Dt. 1.24 monte, y llegaron hasta el valle de *E*

ESCOLLO

Hch. 27.29 temiendo dar en *e*, echaron cuatro

ESCOMBRO

Jos. 8.28 quemó a Hai..redujo a un montón de *e*
2 R. 19.25 reducir las ciudades..montones de *e*
Neh. 4.10 el *e* es mucho, y no podemos edificar
Sal. 79.1 profanado..redujeron a Jerusalén a *e*
Is. 37.26 serás para reducir las ciudades..a *e*
61.4 restaurarán..los *e* de muchas generaciones

ESCONDEDERO

2 S. 22.12; Sal. 18.11 puso tinieblas por su *e*
Sal. 119.114 mi *e* y mi escudo eres tú; en tu
Is. 4.6 para refugio y *e* contra el turbión y
16.4 sé para..*e* de la presencia del devastador
32.2 será aquel varón como *e* contra el viento

ESCONDER

Gn. 3.8 *escondieron* de la presencia de Jehová
3.10 oí tu voz..y tuve miedo..y me *escondí*
4.14 y de tu presencia me *esconderé*, y seré
31.27 ¿por qué te *escondiste* para huir, y me
35.4 Jacob los *escondió* debajo de una encina
Éx. 2.2 hermoso, le tuvo *escondido* tres meses
2.12 mató al egipcio y lo *escondió* en la arena

ESCONDER *(Continúa)*
Dt. 7.20 se hubieren *escondido* de delante de
31.17 *esconderé* de ellos mi rostro, y serán
31.18 *esconderé* mi rostro en aquel día, por
32.20 y dijo: *Esconderé* de ellos mi rostro
33.19 y los tesoros *escondidos* de la arena
Jos. 2.4 los dos hombres y los había *escondido*
2.6 los había *escondido* entre los..de lino
2.16 estad *escondidos* allí tres días, hasta
6.17,25 por cuanto *escondió* a los mensajeros
7.21 codicié..está *escondido* bajo tierra en
7.22 he aquí estaba *escondido* en su tienda
10.16 reyes..y se *escondieron* en una cueva
10.17 reyes..hallados *escondidos* en una cueva
10.27 echasen en..donde se habían *escondido*
Jue. 6.11 trigo..*esconderlo* de los madianitas
9.5 quedó Jotam el hijo menor..se *escondió*
1 S. 10.22 él está *escondido* entre el bagaje
13.6 se *escondieron* en cuevas, en fosos, en
14.11 salen de las..donde se habían *escondido*
14.22 que se habían *escondido* en el monte de
19.2 y estate en lugar oculto y *escóndete*
20.5 dejarás que me *esconda* en el campo hasta
20.19 lugar donde estaba *escondido* el día que
20.24 David, pues, se *escondió* en el campo
23.19 ¿no está David *escondido* en..las peñas
26.1 está David *escondido* en el collado de
2 S. 17.9 él estará..*escondido* en alguna cueva
18.13 pues que al rey nada se le *esconde*, y
1 R. 17.3 *escóndete* en el arroyo de Querit, que
18.4 Abdías tomó a cien profetas y..*escondió*
18.13 *escondí* a cien varones de los profetas
20.30 Ben-adad..y se *escondía* de aposento en
22.25 de aposento en aposento para *esconderte*
2 R. 6.29 tu hijo..ella ha *escondido* a su hijo
7.8(2) tomaron de..y fueron y lo *escondieron*
7.12 se han *escondido* en el campo, diciendo
11.3 estuvo con ella *escondido* en la casa de
1 Cr. 21.20 se *escondieron* cuatro hijos suyos
2 Cr. 18.24 de cámara en cámara para *esconderte*
22.9 buscando a Ocozías..se había *escondido*
22.11 *escondiéndolo*..guardó a él y a su ama
22.11 así lo *escondió* Josabet, hija del rey
22.12 *escondido* en la casa de Dios seis años
Job 3.10 ni *escondió* de mis ojos la miseria
3.16 ¿por qué no fui *escondido* como abortivo
6.10 no he *escondido* las palabras del Santo
6.16 que están *escondidas* por la helada, y
13.20 entonces no me *esconderé* de tu rostro
13.24 *escondes* tu rostro, y me cuentas por tu
14.13 quién me diera que me *escondieses* en el
15.20 y el número de sus años está *escondido*
17.4 a éstos has *escondido* de su corazón la
18.10 su cuerda está *escondida* en la tierra
23.9 si..al sur se *esconderá*, y no lo veré
24.4 todos los pobres de la tierra se *esconden*
24.15 no me verá nadie; y *esconde* su rostro
27.11 no *esconderé* lo que hay para con el
28.11 ríos..e hizo salir a luz lo *escondido*
29.8 los jóvenes me veían, y se *escondían*
31.33 *escondiendo* en mi seno mi iniquidad
34.22 donde se *escondan* los que hacen maldad
34.29 si él..*escondiere* el rostro, ¿quién lo
42.2 no hay pensamiento que se *esconda* de ti
Sal. 9.15 en la red que *escondieron* fue tomado
10.1 te *escondes* en el tiempo de tribulación?
13.1 hasta cuándo *esconderás* tu rostro de mí?
17.8 *escóndeme* bajo la sombra de tus alas
19.6 y nada hay que se *esconda* de su calor
22.24 ni de él *escondió* su rostro; sino que
27.5 él me *esconderá* en su tabernáculo en el
27.9 oh Jehová; no *escondas* tu rostro de mí
30.7 tú..*escondiste* tu rostro, fui turbado
31.4 sácame de la red que han *escondido* para
31.20 en lo secreto de tu..los *esconderás*
35.7 *escondieron* para mí su red en un hoyo
35.8 la red que él *escondió* lo prenda; con
44.24 ¿por qué *escondes* tu rostro, y..olvidas
54 *tít.* David *escondido* en nuestra tierra?
55.1 escucha..no te *escondas* de mi súplica
56.6 *esconden*, miran atentamente mis pasos
64.2 *escóndeme* del consejo..de los malignos
64.5 tratan de *esconder* los lazos, y dicen
69.17 no *escondas* de tu siervo tu rostro
74.11 ¿por qué *escondes* tu diestra en tu seno?
78.2 hablaré cosas *escondidas* desde tiempos
88.14 ¿por qué *escondes* de mí tu rostro?
89.46 ¿te *esconderás* para siempre? ¿Arderá
102.2 no *escondas* de mí tu rostro en el día
104.29 *escondes* tu rostro, se turban; les
140.5 *escondido* lazo y cuerdas los soberbios
142.3 en el camino en..me *escondieron* lazo
143.7 no *escondas* de mí tu rostro, no venga
Pr. 22.3; 27.12 avisado ve el mal y se *esconde*
28.12 mas..tienen que *esconderse* los hombres
28.28 los impíos son levantados se *esconde* el
Cnt. 2.14 en lo *escondido* de escarpados parajes
Is. 1.15 *esconderé* de vosotros mis ojos..no oiré
2.10 métete en la peña, *escóndete* en el polvo
8.17 a Jehová, el cual *escondió* su rostro de
16.3 *esconde* a los desterrados, no entregues
26.20 *escóndete* un poquito, por un momento
28.15 y en la falsedad nos *esconderemos*
29.15 ¡ay de los que se *esconden* de Jehová
40.27 mi camino está *escondido* de Jehová, y
42.22 atrapados en cavernas y *escondidos* en
45.3 y te daré los tesoros *escondidos*, y los
50.6 no *escondí* mi rostro de injurias y de
53.3 y como que *escondimos* de él el rostro
54.8 con un poco de ira *escondí* mi rostro de
57.17 le herí, *escondí* mi rostro y me indigné
58.7 cubras, y no te *escondas* de tu hermano?
64.7 *escondiste* de nosotros tu rostro, y nos
65.4 y en lugares *escondidos* pasan la noche
Jer. 13.4 y *escóndelo* allá en la hendidura de
13.5 fui, pues, y lo *escondí* junto al Eufrates
13.6 toma..cinto que te mandé *esconder* allá
13.7 tomé el cinto..donde lo había *escondido*
16.17 ni su maldad se *esconde* de la..mis ojos
18.22 ellos..a mis pies han *escondido* lazos
33.5 pues *escondí* mi rostro de esta ciudad
36.19 a Baruc: Vé y *escóndete*, tú y Jeremías
36.26 Baruc..Jeremías..Jehová los *escondió*
43.10 sobre estas piedras que he *escondido*
49.10 descubriré sus..y no podrá *esconderse*
Lm. 3.56 no *escondas* tu oído al clamor de mis
Ez. 39.23 yo *escondí* de ellos mi rostro, y los
39.24 hice con ellos, y de ellos *escondí* mi
39.29 ni *esconderé* más de ellos mi rostro
Dn. 2.22 él revela lo profundo y lo *escondido*
4.9 que ningún misterio se te *esconde*..sueño
10.7 no la vieron..huyeron y se *escondieron*
Os. 13.14 compasión será *escondida* de mi vista
Am. 9.3 se *escondieren* en la cumbre del Carmelo
9.3 aunque se *escondieren* de delante de mis
Abd. 6 sus tesoros *escondidos* fueron buscados
Mi. 3.4 antes *esconderá* de vosotros su rostro
Hab. 3.4 mano, y allí estaba *escondido* su poder
Mt. 5.14 ciudad asentada..no se puede *esconder*
11.25 *escondiste* estas cosas de los sabios
13.33 y *escondió* en tres medidas de harina
13.35 declararé cosas *escondidas* desde la
13.44 es semejante a un tesoro *escondido* en
13.44 un hombre halla, y lo *esconde* de nuevo
25.18 cavó..y *escondió* el dinero de su señor
25.25 fui y *escondí* tu talento en la tierra
Mr. 4.22 ni *escondido*, que no haya de salir a
7.24 que nadie lo supiese..no pudo *esconderse*
Lc. 8.17 ni *escondido*..no haya de ser conocido
10.21 *escondiste* estas cosas de los sabios
13.21 la levadura, que una mujer..*escondió* en
Jn. 8.59 Jesús se *escondió* y salió del templo
Ef. 3.9 misterio *escondido* desde los siglos en
Col. 2.3 en quien están *escondidos* todos los
3.3 y vuestra vida está *escondida* con Cristo
He. 11.23 Moisés..fue *escondido* por sus padres
Ap. 2.17 daré a comer del maná *escondido*, y le
6.15 se *escondieron* en las cuevas y entre las
6.16 y *escondednos* del rostro de aquel que

ESCONDIDAS *(m. adv.)*
2 S. 19.3 entró..como suele entrar a *e* el pueblo
Sal. 64.4 asaetear a *e* al íntegro; de repente
Gá. 2.4 de los falsos hermanos introducidos a *e*

ESCONDIDO *Véase Esconder*

ESCONDITE
1 S. 23.22 aseguraos..y ved el lugar de su *e*
Sal. 17.12 son como..leoncillo que está en su *e*

ESCONDRIJO
1 S. 23.23 informaos de todos los *e* donde se
Job 37.8 las bestias entran en su *e*, y se están
Sal. 10.8 acecho cerca..en *e* mata al inocente
Is. 28.17 la mentira, y aguas arrollarán el *e*
Jer. 23.24 ¿se ocultará alguno..en *e* que yo no
49.10 descubriré sus *e*, y no podrá esconderse
Lm. 3.10 fue para mí como oso..como león en *e*

ESCORIA
Sal. 119.119 como *e* hiciste consumir a todos
Pr. 25.4 quita las *e* de la plata, y saldrá
26.23 *e* de plata echada sobre el tiesto son
Is. 1.22 plata se ha convertido en *e*, tu vino
1.25 y limpiaré hasta lo más puro tus *e*, y
Jer. 6.29 en vano fundió..*e* no se ha arrancado
Ez. 22.18 de Israel se me ha convertido en *e*
22.18 todos..en *e* de plata se convirtieron
22.19 por cuanto..os habéis convertido en *e*
1 Co. 4.13 venido a ser..como la *e* del mundo

ESCORPIÓN
Dt. 8.15 lleno de serpientes ardientes, y de *e*
1 R. 12.11,14 azotes, mas yo os castigaré con *e*
2 Cr. 10.11,14 os castigó con azotes, y yo con *e*
Ez. 2.6 te hallas entre zarzas..y moras con *e*
Lc. 10.19 doy potestad de hollar serpientes y *e*
11.12 ¿o si le pide un huevo, le dará un *e*?
Ap. 9.3 como tienen poder los *e* de la tierra
9.5 su tormento era como..de *e* cuando hiere
9.10 colas como de *e*, y también aguijones

ESCRIBA
2 S. 8.17 Sadoc hijo de Ahitob..Seraías era *e*
20.25 era *e*, y Sadoc y Abiatar, sacerdotes
2 R. 18.18 salió a ellos..Sebna *e*, y Joa hijo
18.37 Sebna *e*, y Joa hijo de Asaf, canciller
19.2 envió..a Sebna *e* y a los ancianos de los
22.3 envió..a Safán hijo de Azalía..*e*, a la
22.8 dijo el sumo sacerdote..al *e* Safán: He
22.9 viniendo luego el *e* Safán al rey, dio
22.10 el *e* Safán declaró al rey, diciendo: El
22.12 luego el rey dio orden..al *e* Safán y a
25.19 tomó un..y el principal *e* del ejército
1 Cr. 2.55 las familias de los *e* que moraban en
24.6 el *e* Semaías hijo..escribió sus nombres
27.32 Jonatán tío..era..varón prudente y *e*
2 Cr. 24.11 que había mucho dinero, venía el *e*
26.11 la lista hecha por mano de Jeiel *e*, y
34.13 de los levitas había *e*, gobernadores
34.15 al *e* Safán: Yo he hallado el libro de
34.18 declaró el *e* Safán al rey, diciendo: El
34.20 y mandó..a Safán *e*, y a Asaías siervo
Esd. 7.6 era *e* diligente en la ley de Moisés
7.11 la carta..al sacerdote Esdras, *e* versado
7.12 Esdras, sacerdote y *e* erudito en la ley
7.21 lo que os pida..Esdras, *e* de la ley del
Neh. 8.1 y dijeron a Esdras el *e* que trajese el
8.4 el *e* Esdras estaba sobre un púlpito de
8.9 el sacerdote Esdras, *e*, y los levitas que
8.13 se reunieron los..levitas, a Esdras el *e*
12.26 los días del..y del sacerdote Esdras, *e*
12.36 sus hermanos..y el *e* Esdras delante de
13.13 puse por mayordomos de..y al *e* Sadoc
Is. 33.18 ¿qué es del *e*? ¿qué del pesador del
36.3 salió a él..Sebna, *e*, y Joa hijo de Asaf
36.22 Sebna *e*, y Joa..canciller, vinieron a
37.2 y envió a..Sebna *e* y a los ancianos de
Jer. 8.8 cambiado en mentira la pluma..de los *e*
36.10 aposento de Gemarías hijo de Safán *e*
36.23 rasgó el rey con un cortaplumas de *e*
36.32 rollo..lo dio a Baruc hijo de Nerías *e*
37.15 le pusieron en prisión en la casa del *e*
37.20 oye..y no me hagas volver a casa del *e*
Mt. 2.4 convocados todos..y los *e* del pueblo
5.20 justicia no fuere mayor que la de los *e*
7.29 enseñaba como quien..y no como los *e*
8.19 vino un *e* y le dijo: Maestro, te seguiré
9.3 algunos de los *e* decían..Este blasfema
12.38 respondieron algunos de los *e* y de los
13.52 todo *e* docto en el reino de los cielos
15.1 acercaron a Jesús ciertos *e* y fariseos
16.21 padecer mucho..de los *e*; y ser muerto
17.10 ¿por qué..dicen los *e* que es necesario
20.18 será entregado a..sacerdotes y a los *e*
21.15 los *e*, viendo las maravillas que hacía
23.2 en la cátedra de Moisés se sientan los *e*
23.13,14,15,23,25,27,29 ¡ay de vosotros, *e* y
fariseos, hipócritas!
23.34 envío..*e*; y de ellos a unos mataréis
26.3 los *e*..ancianos del pueblo se reunieron
26.57 llevaron adonde estaban reunidos los *e*
27.41 *e* y los fariseos y los ancianos, decían
Mr. 1.22 quien tiene autoridad, y no como los *e*
2.6 estaban allí sentados algunos de los *e*
2.16 los *e*..viéndole comer con los publicanos
3.22 *e* que habían venido de Jerusalén decían
7.1 se juntaron a Jesús..y algunos de los *e*
7.5 le preguntaron, pues..los *e*: ¿Por qué tus
8.31 ser desechado..por los *e*, y ser muerto
9.11 ¿por qué dicen los *e* que es necesario que
9.14 discípulos..y *e* que disputaban con ellos
10.33 el Hijo del..será entregado..a los *e*
11.18 y lo oyeron los *e* y los principales
11.27 vinieron a él los..los *e* y los ancianos
12.28 acercándose uno de los *e*..los había oído
12.32 el *e* le dijo: Bien, Maestro, verdad has
12.35 ¿cómo dicen los *e* que el Cristo es hijo
12.38 guardaos de los *e*, que gustan de andar
14.1 buscaban..*e* cómo prenderle por engaño
14.43 Judas..y con él mucha gente..de los *e*
14.53 reunieron todos..los ancianos y los *e*
15.1 habiendo tenido consejo..con los *e* y con
15.31 decían..con los *e*: A otros salvó, a sí
Lc. 5.21 los *e*..comenzaron a cavilar, diciendo
5.30 los *e* y los fariseos murmuraban contra
6.7 le acechaban los *e*..para ver si en el día
9.22 que padezca..y sea desechado..por los *e*
11.44 de vosotros, *e* y fariseos, hipócritas!
11.53 los *e* y los..comenzaron a estrecharle
15.2 los *e* murmuraban, diciendo: Este a los
19.47 *e* y los principales..procuraban matarle
20.1 llegaron los..y los *e*, con los ancianos
20.19 procuraban los..y los *e* echarle mano en
20.39 los *e*, dijeron: Maestro, bien has dicho
20.46 guardaos de los *e*, que gustan de andar
22.2 sacerdotes y..los *e* buscaban cómo matarle
22.66 se juntaron los..los *e*, y le trajeron
23.10 los *e* acusándole con gran vehemencia
Jn. 8.3 los *e*..trajeron una mujer sorprendida
Hch. 4.5 que se reunieron en Jerusalén..los *e*
6.12 y soliviantaron al pueblo, a..y a los *e*
23.9 levantándose los *e* de la parte de los
1 Co. 1.20 ¿dónde está el *e*? ¿Dónde está el

ESCRIBANO
Est. 3.12; 8.9 fueron llamados los *e* del rey
Ez. 9.2 que traía a su cintura un tintero de *e*

ESCRIBANO ***(Continúa)***

Ez. 9.3 que tenía a su cintura el tintero de *e*
Hch. 19.35 el *e*, cuando había apaciguado a la

ESCRIBIENTE

Sal. 45.1 mi lengua es pluma de *e* muy ligero
Jer. 36.26 para que prendiesen a Baruc el *e* y

ESCRIBIR

Éx. 17.14 *escribe* esto para memoria en un libro
24.4 Moisés *escribió* todas las palabras de
24.12 y te daré. .mandamientos que he *escrito*
31.18 tablas. .*escritas* con el dedo de Dios
32.15 las tablas *escritas* por ambos lados; de
32.15 de uno y otro lado estaban *escritas*
32.32 si no, ráeme. .tu libro que has *escrito*
34.1 *escribiré* sobre esas tablas las palabras
34.27 dijo a Moisés: *Escribe* tú estas palabras
34.28 y *escribió* en tablas las palabras del
39.30 *escribieron* en. .como grabado de sello
Nm. 5.23 *escribirá* estas maldiciones en un libro
17.2 *escribirás* el nombre de. .sobre su vara
17.3 *escribirás* el nombre de Aarón sobre la
33.2 Moisés *escribió* sus salidas conforme a
Dt. 4.13; 5.22 *escribió* en dos tablas de piedra
6.9 las *escribirás* en los postes de tu casa
9.10 tablas de. .*escritas* con el dedo de Dios
9.10 y en ellas estaba *escrito*. .las palabras
10.2 y *escribiré* en. .tablas las palabras que
10.4 y *escribió* en las tablas conforme a la
11.20 las *escribirás* en los postes de tu casa
17.18 *escribirá*. .una copia de esta ley, del
24.1 le *escribirá* carta de divorcio, y se la
24.3 le *escribiere* carta de divorcio, y se la
27.3,8 *escribirás*. .las palabras de esta ley
28.58 las palabras. .*escritas* en este libro
28.61 toda plaga que no está *escrita* en el
29.20 sobre él toda maldición *escrita* en este
29.21 maldiciones del pacto *escrito* en este
29.27 las maldiciones *escritas* en este libro
30.10 sus estatutos *escritos* en este libro
31.9 y *escribió* Moisés esta ley, y la dio a
31.19 *escribíos* este cántico, y enséñalo a
31.22 Moisés *escribió* este cántico aquel día
31.24 acabó Moisés de *escribir* las palabras
Jos. 1.8 hagas. .todo lo que en él está *escrito*
8.31 como está *escrito* en el libro de la ley
8.32 *escribió*. .una copia de la ley de Moisés
8.32 *escribió* delante de los hijos de Israel
8.34 leyó. .lo que está *escrito* en el libro de
10.13 está *escrito* esto en el libro de Jaser?
23.6 todo lo que está *escrito* en. .de la ley
24.26 y *escribió* Josué estas palabras en el
1 S. 10.25 las leyes. .las *escribió* en un libro
21.13 *escribía* en las portadas de las puertas
2 S. 1.18 que está *escrito* en el libro de Jaser
11.14 *escribió* David a Joab una carta. .envió
11.15 *escribió*. .diciendo: Poned a Urías al
1 R. 2.3 la manera que está *escrito* en la ley
11.41 está *escrito* en el libro de los hechos
14.19 *escrito* en el libro de las historias de
14.29 *escrito* en las crónicas de los reyes de
15.7,23,31; 16.5,14,20,27; 22.39,45; 2 R. 1.18;
8.23; 10.34; 12.19; 13.8,12; 14.15,18,28;
15.6,11,15,21,26,31,36; 16.19; 20.20; 21.17,25;
23.28; 24.5; 1 Cr. 29.29 *escrito* en el libro de
las crónicas
1 R. 21.8 *escribió* cartas en nombre de Acab
21.9 y las cartas que *escribió* decían así
21.11 conforme a lo *escrito* en las cartas que
2 R. 10.1 y Jehú *escribió* cartas y las envió a
10.6 les *escribió* la segunda vez, diciendo
14.6 conforme. .*escrito* en el libro de la ley
22.13 conforme a todo lo que nos fue *escrito*
23.3 las palabras. .*escritas* en aquel libro
23.21 conforme a lo que está *escrito* en el
23.24 palabras. .*escritas* en el libro que el
1 Cr. 4.41 han sido *escritos* por sus nombres
9.1; 2 Cr. 16.11; 25.26; 27.7; 28.26; 35.27;
36.8 *escritos* en el libro de los reyes de
1 Cr. 16.40 conforme a todo lo que está *escrito*
24.6 escriba Semaías. .*escribió* sus nombres
2 Cr. 9.29 *escritos* en los libros del profeta
12.15 están *escritas* en los libros del profeta
13.22 están *escritos* en la historia de Iddo
20.34 *escritos* en las palabras de Jehú hijo
23.18 como está *escrito* en la ley de Moisés
24.27 *escrito* en la historia del libro de los
25.4 según lo que está *escrito* en la ley, en
26.22 demás hechos de Uzías. .fueron *escritos*
30.1 Ezequías. .*escribió* cartas a Efraín y a
30.5 no. .celebrado al modo que está *escrito*
30.18 la pascua no conforme a lo. .*escrito*
31.3 como está *escrito* en la ley de Jehová
32.17 *escribió* cartas en que blasfemaba contra
32.32 están *escritos* en la profecía. .Isaías
33.18 *escrito* en las actas de los reyes de
33.19 *escritas* en las palabras de. .videntes
34.21 conforme a todo lo que está *escrito* en
34.24 las maldiciones. .*escritas* en el libro
34.31 las palabras. .*escritas* en aquel libro
35.12 según. .*escrito* en el libro de Moisés
35.25 están *escritas* en el libro de Lamentos
35.26 conforme a lo que está *escrito* en la
Esd. 3.2 como está *escrito* en la ley de Moisés
3.4 celebraron. .la fiesta. .como está *escrito*
4.6 *escribieron*. .contra los habitantes de
4.7 en días de Artajerjes *escribieron* Bislam
4.8 *escribieron* una carta contra Jerusalén
4.9 *escribieron* Rehum canciller y Simsai
5.7 así estaba *escrito* en ella: Al rey Darío
5.10 *escribirte* los nombres de los hombres
6.2 en el cual estaba *escrito* así: Memoria
6.18 conforme a lo *escrito* en el. .de Moisés
Neh. 6.6 en la cual estaba *escrito:* Se ha oído
7.5 hallé el libro. .y encontré en él *escrito*
8.14 y hallaron *escrito* en la ley que Jehová
8.15 hacer tabernáculos, como está *escrito*
9.38 hacemos fiel promesa, y la *escribimos*
10.34 la ofrenda. .como está *escrito* en la ley
10.36 ganados, como está *escrito* en la ley
13.1 hallado *escrito* en él que los amonitas
Est. 1.19 se *escriba* entre las leyes de Persia
2.23 fue *escrito* el caso en el libro de las
3.12 fue *escrito* conforme a todo lo que mandó
3.12 en nombre del rey Asuero fue *escrito*
6.2 entonces hallaron *escrito* que Mardoqueo
8.5 dé orden *escrita* para revocar las cartas
8.5 que *escribió* para destruir a los judíos
8.8 *escribid*, pues, vosotros a los judíos
8.8 edicto que se *escribe* en nombre del rey
8.9 se *escribió*. .todo lo que mandó Mardoqueo
8.10 y *escribió* en nombre del rey Asuero, y
9.20 *escribió* Mardoqueo estas cosas, y envió
9.23 hacer. .lo que les *escribió* Mardoqueo
9.27 días según está *escrito* tocante a ellos
10.2 *escrito* en el libro de las crónicas de
Job 13.26 *escribes* contra mí amarguras, y me
19.23 diese. .mis palabras fuesen *escritas!*
19.23 ¡quién diese que se *escribiesen* en un
Sal. 40.7 en el rollo del libro está *escrito*
69.28 y no sean *escritos* entre los justos
102.18 se *escribirá* esto para la generación
139.16 y en tu libro estaban *escritas* todas
Pr. 3.3 *escríbelas* en la tabla de tu corazón
7.3 *escríbelos* en la tabla de tu corazón
22.20 ¿no te he *escrito* 3 veces en consejos
Ec. 12.10 hallar palabras. .*escribir* rectamente
Is. 8.1 *escribe* en ella con caracteres legibles
30.8 vé. .y *escribe* esta visión en una tabla
44.5 otro *escribirá* con su mano: A Jehová, y
65.6 he aquí que *escrito* está delante de mí
Jer. 17.1 el pecado de Judá *escrito* está con
17.13 los que se apartan. .serán *escritos* en
22.30 *escribid* lo que sucederá a este hombre
25.13 todo lo que está *escrito* en este libro
30.2 *escríbete* en un libro todas las palabras
31.33 mi ley. .y la *escribiré* en su corazón
32.10 *escribí* la carta y la sellé, y la hice
36.2 *escribe*. .todas las palabras que te he
36.4 *escribió* Baruc de boca de Jeremías, en
36.6 lee de este rollo que *escribiste* de mi
36.17 cómo *escribiste* de boca de Jeremías
36.18 él me dictaba. .yo *escribía* con tinta
36.27 las palabras que Baruc había *escrito*
36.28 *escribe* en él. .las palabras primeras
36.29 ¿por qué *escribiste* en él, diciendo
36.32 y *escribió* en él de boca de Jeremías
45.1 *escribía* en el libro estas palabras de
51.60 *escribió*, pues, Jeremías en un libro
51.60 todas las palabras que están *escritas*
Ez. 2.10 estaba *escrito*. .*escritas* en él. .ayes
24.2 *escribe* la fecha de este día; el rey de
37.16 *escribe* en él: Para Judá. .*e*. .Para José
37.20 los palos sobre que *escribas* estarán
Dn. 5.5 una mano. .*escribía*. .veía la mano que *e*
6.25 rey Darío *escribió* a todos los pueblos
7.1 *escribió* el sueño, y relató lo principal
9.11 el juramento que está *escrito* en la ley
9.13 está *escrito* en la ley de Moisés, todo
10.21 te declararé lo que está *escrito* en el
12.1 los que se hallen *escritos* en el libro
Os. 8.12 le *escribí* las grandezas de mi ley, y
Hab. 2.2 *escribe* la visión, y declárala. .tablas
Mal. 3.16 fue *escrito* libro de memoria delante
Mt. 2.5 Belén. .así está *escrito* por el profeta
4.4 *escrito* está: No sólo de pan vivirá el
4.6 *escrito*. .A sus ángeles mandará acerca de
4.7 *escrito* está. .No tentarás al Señor tu
4.10 *escrito* está: Al Señor tu Dios adorarás
11.10 es de quien está *escrito:* He aquí, yo
21.13 *escrito* está: Mi casa, casa de oración
26.24 va, según está *escrito* de él, mas ¡ay
26.31 porque *escrito* está: Heriré al pastor
27.37 pusieron. .su cabeza su causa *escrita*
Mr. 1.2 como está *escrito* en Isaías. .He aquí
7.6 *escrito:* Este pueblo de labios me honra
9.12 cómo está *escrito* del Hijo del Hombre
9.13 y le hicieron. .como está *escrito* de él
10.5 por la dureza de. .corazón os *escribió*
11.17 ¿no está *escrito:* Mi casa será llamada
12.19 Moisés nos *escribió* que si el hermano
14.21 va, según está *escrito* de él, mas ¡ay
14.27 *escrito* está: Heriré al pastor, y las
15.26 el título *escrito*. .era: El Rey de los
Lc. 1.3 *escribírtelas* por orden, oh. .Teófilo
1.63 *escribió*, diciendo: Juan es su nombre
2.23 como está *escrito* en la ley del Señor
3.4 como está *escrito* en el libro de. .Isaías
4.4 *escrito* está: No sólo de pan vivirá el
4.8 *escrito* está: Al Señor tu Dios adorarás
4.10 *escrito* está: A sus ángeles mandará
4.17 halló el lugar donde estaba *escrito*
7.27 éste es de quién está *escrito:* He aquí
10.20 nombres están *escritos* en los cielos
10.26 le dijo: ¿Qué está *escrito* en la ley?
16.6 siéntate pronto, y *escribe* cincuenta
16.7 dijo: Toma tu cuenta, y *escribe* ochenta
18.31 cosas *escritas* por los profetas acerca
19.46 *escrito* está: Mi casa es. .de oración
20.17 es lo que está *escrito:* La piedra que
20.28 Moisés nos *escribió:* Si el hermano de
21.22 cumplan. .las cosas que están *escritas*
22.37 que se cumpla. .aquello que está *escrito*
22.37 lo. .*escrito* de mí, tiene cumplimiento
23.38 un título *escrito* con letras griegas
24.44 que se cumpliese. .lo que está *escrito*
24.46 así está *escrito*, y así fue necesario
Jn. 1.45 aquel de quien *escribió* Moisés en la
2.17 *escrito:* El celo de tu casa me consume
5.46 me creeríais. .porque de mí *escribió* él
6.31 comieron el maná en. .como está *escrito*
6.45 *escrito* está. .Y serán todos enseñados
8.6 inclinado. .*escribía* en tierra con el dedo
8.8 inclinándose de nuevo. .siguió *escribiendo*
8.17 está *escrito* que el testimonio de dos
10.34 está *escrito* en vuestra ley: Yo dije
12.14 y montó sobre él, como está *escrito*
12.16 estas cosas estaban *escritas* acerca de
15.25 se cumpla la palabra que está *escrita*
19.19 *escribió*. .Pilato un título, que puso
19.20 y el título estaba *escrito* en hebreo
19.21 no *escribas:* Rey de los judíos; sino
19.22 respondió. .Lo que he *escrito*, he *e*
20.30 cuales no están *escritas* en este libro
20.31 éstas se han *escrito* para que creáis
21.24 el discípulo que. .*escribió* estas cosas
21.25 cosas. .si se *escribieran* una por una
21.25 los libros que se habrían de *escribir*
Hch. 1.20 porque está *escrito* en. .los Salmos
7.42 está *escrito* en el libro de los profetas
13.29 las cosas que de él estaban *escritas*
13.33 *escrito* también en el salmo segundo
15.15 las palabras de los. .como está *escrito*
15.20 que se les *escriba* que se aparten de
15.23 y *escribir* por conducto de ellos: Los
18.27 y *escribieron* a los discípulos que le
21.25 hemos *escrito*. .que no guarden nada de
23.5 pues *escrito* está: No maldecirás a un
23.25 *escribió* una carta en estos términos
24.14 las cosas que en la ley. .están *escritas*
25.26 no tengo cosa. .que *escribir* a mi señor
25.26 que después de. .tenga yo qué *escribir*
Ro. 1.17 está *escrito:* Mas el justo por la fe
2.15 obra de la ley *escrita* en sus corazones
2.24 como está *escrito*, el nombre de Dios es
3.4 está *escrito:* Para que seas justificado
3.10 como está *escrito:* No hay justo, ni aun
4.17 está *escrito:* Te he puesto por padre de
4.23 con respecto a él se *escribió* que le fue
8.36 *escrito:* Por causa de ti somos muertos
9.13 como está *escrito:* A Jacob amé, mas a
9.33 *escrito:* He aquí pongo en Sion piedra de
10.5 Moisés *escribe* así: El hombre que haga
10.15 como está *escrito:* ¡Cuán hermosos son
11.8 está *escrito:* Dios les dio espíritu de
11.26 como está *escrito:* Vendrá de Sion el
12.19 *escrito* está: Mía es la venganza, yo
14.11 *escrito* está: Vivo yo, dice el Señor
15.3 está *escrito:* Los vituperios de los que
15.4 las cosas que se *escribieron* antes, para
15.4 para nuestra enseñanza se *escribieron*
15.9 está *escrito:* Por tanto, yo te confesaré
15.15 he *escrito*. .en parte con atrevimiento
15.21 como está *escrito:* Aquellos a quienes
16.22 yo Tercio, que *escribí* la epístola, os
1 Co. 1.19 está *escrito:* Destruiré la sabiduría
1.31 *escrito:* El que se gloría, gloríese en
2.9 está *escrito:* Cosas que ojo no vio, ni
3.19 *escrito* está: El prende a los sabios en
4.6 a no pensar más de lo que está *escrito*
4.14 no *escribo* esto para avergonzaros, sino
5.9 he *escrito* por carta, que no os juntéis
5.11 os *escribí* que no os juntéis con ninguno
7.1 cuanto a las cosas de que me *escribisteis*
9.9 está *escrito:* No pondrás bozal al buey
9.10 por nosotros se *escribió;* porque con
9.15 ni tampoco he *escrito* esto para que se
10.7 *escrito:* Se sentó el pueblo a comer y a
10.11 y están *escritas* para amonestarnos *a*
14.21 está *escrito:* En otras lenguas y con
14.37 reconozca que lo que os *escribo* son
15.45 está *escrito:* Fue hecho el primer hombre
15.54 cumplirá la palabra que está *escrita*
16.21 yo, Pablo, os *escribo*. .salutación de
2 Co. 1.13 no os *escribimos* otras cosas de las
2.3 mismo os *escribí*, para que cuando llegue
2.4 os *escribí* con muchas lágrimas, no para
2.9 os *escribí*, para tener la prueba de si
3.2 nuestras cartas sois vosotros, *escritas*
3.3 carta. .*escrita* no con tinta, sino con el

ESCRIBIR *(Continúa)*
2 Co. 4.13 está *escrito:* Creí, por lo cual hablé
7.12 aunque os *escribí*, no fue por causa del
8.15 está *escrito:* El que recogió mucho, no
9.1 santos, es por demás que yo os *escriba*
9.9 *escrito:* Repartió, dio a los pobres; su
13.2 lo *escribo* a los que antes pecaron, y a
13.10 por esto os *escribo* estando ausente
Gá. 1.20 esto que os *escribo*, he aquí delante
3.10 *escrito* está: Maldito todo aquel que no
3.10 que no permaneciere en..cosas *escritas*
3.13 *escrito:* Maldito todo el que es colgado
4.22 *escrito* que Abraham tuvo dos hijos; uno
4.27 *escrito:* Regocíjate, oh estéril, tú que
6.11 con cuán grandes letras os *escribo* de mi
Ef. 3.3 como antes lo he *escrito* brevemente
Fil. 3.1 a mí no me es molesto el *escribiros*
1 Ts. 4.9; 5.1 no tenéis necesidad..os *escriba*
2 Ts. 3.17 el signo en..carta mía; así *escribo*
1 Ti. 3.14 *escribo*, aunque tengo la esperanza
Flm. 19 yo Pablo lo *escribo* de mi mano, yo lo
21 te he *escrito* confiando en tu obediencia
He. 8.10 y sobre su corazón las *escribiré;* y
10.7 el rollo del libro está *escrito* de mí
10.16 leyes..y en sus mentes las *escribiré*
13.22 ruego..pues os he *escrito* brevemente
1 P. 1.16 *escrito* está: Sed santos, porque yo
5.12 os he *escrito* brevemente, amonestándoos
2 P. 3.1 es la segunda carta que os *escribo*, y
3.15 Pablo, según la sabiduría..ha *escrito*
1 Jn. 1.4 os *escribimos*, para que vuestro gozo
2.1 cosas os *escribo* para que no pequéis
2.7 no os *escribo* mandamiento nuevo, sino el
2.8 os *escribo* un mandamiento nuevo, que es
2.12 os *escribo* a..porque vuestros pecados
2.13 os *escribo* a..padres, porque conocéis
2.13 os *escribo* a vosotros, jóvenes, porque
2.13 os *escribo* a vosotros, hijitos, porque
2.14 he *escrito* a vosotros, padres, porque
2.14 he *escrito* a vosotros, jóvenes, porque
2.21 no os he *escrito* como si ignoraseis la
2.26 os he *escrito*..sobre los que os engañan
5.13 os he *escrito* a vosotros que creéis en
2 Jn. 5 ruego..no como *escribiéndote* un nuevo
12 tengo muchas cosas que *escribiros*, pero
3 Jn. 9 *escrito* a la iglesia; pero Diótrefes
13 tenía muchas cosas que *escribirte*, pero
13 pero no quiero *escribírtelas* con tinta y
Jud. 3 de *escribiros* acerca de nuestra común
3 *escribiros* exhortándoos que contendéis
Ap. 1.3 y guardan las cosas en ella *escritas*
1.11 que decía..*Escribe* en un libro lo que ves
1.19 *escribe* las cosas que has visto, y las
2.1 *escribe* al ángel de la iglesia en Efeso
2.8 *escribe* al ángel de la iglesia en Esmirna
2.12 *escribe* al ángel..la iglesia en Pérgamo
2.17 la piedrecita *escrito* un nombre nuevo
2.18 *escribe* al ángel..la iglesia en Tiatira
3.1 *escribe* al ángel de la iglesia en Sardia
3.7 *escribe* al ángel..iglesia en Filadelfia
3.12 *escribiré* sobre él el nombre de mi Dios
3.14 y *escribe* al ángel..iglesia en Laodicea
5.1 un libro *escrito* por dentro y por fuera
10.4 yo iba a *escribir;* pero oí una voz del
10.4 sella las cosas que..y no las *escribas*
13.8 nombres no estaban *escritos* en el libro
14.1 el nombre de él y..*escrito* en la frente
14.13 que desde el cielo me decía: *Escribe*
17.5 y en su frente un nombre *escrito*, un
17.8 cuyos nombres no están *escritos* desde la
19.9 *escribe:* Bienaventurados los que son
19.12 un nombre *escrito* que ninguno conocía
19.16 *escrito* este nombre: REY DE REYES Y
20.12 por las cosas que estaban *escritas* en
21.5 dijo: *Escribe*..estas palabras son fieles
22.18 Dios..las plagas que están *escritas*
22.19 cosas que están *escritas* en este libro

ESCRITO
Jue. 8.14 y él le dio por *e* los nombres de los
2 R. 17.37 y derechos y ley..que os dio por *e*
2 Cr. 2.11 Hiram rey de Tiro respondió por *e*
36.22 Ciro..hizo pregonar..y también por *e*
Esd. 1.1 pregonar de..por *e* por todo su reino
Est. 3.14 del *e* que se dio por mandamiento en
Jn. 5.47 si no creéis a sus *e*, ¿cómo creeréis

ESCRITURA
Éx. 32.16 obra de Dios, y la *e* era *e* de Dios
Dt. 10.4 y escribió..conforme a la primera *e*
Esd. 4.7 la *e* y el lenguaje de la carta eran en
Est. 1.22 a cada provincia conforme a su *e*, y
3.12; 8.9 cada provincia según su *e*, y a cada
8.9 a los judíos también conforme a su *e* y a
Is. 38.9 *e* de Ezequías rey..de cuando enfermó
Jer. 32.44 harán *e* y la sellarán y..testigos
Dn. 5.7 cualquiera que lea esta *e* y me muestre
5.8 no pudieron leer la *e* ni mostrar al rey
5.15 para que leyesen esta *e* y me diesen su
5.16 si ahora puedes leer esta *e* y darme su
5.17 leeré la *e*..y le daré la interpretación
5.24 fue enviada la mano que trazó esta *e*
5.25 y la *e* que trazó es: MENE, MENE, TEKEL
Mt. 21.42 ¿nunca leísteis en las *E:* La piedra
22.29 erráis, ignorando las *E* y el poder de
26.54 cómo entonces se cumplirían las *E*, de
26.56 que se cumplan las *E* de los profetas
Mr. 12.10 ¿ni aun esta *e* habéis leído: La piedra
12.24 ignoráis las *E*, y el poder de Dios?
14.49 pero es así, para que se cumplan las *E*
15.28 se cumplió la *E* que dice: Y fue contado
Lc. 4.21 hoy se ha cumplido esta *E* delante de
24.27 declaraba en todas las *E* lo que de él
24.32 ardía nuestro corazón..nos abría las *E?*
24.45 les abrió..para que comprendiesen las *E*
Jn. 2.22 creyeron la *E* y la palabra que Jesús
5.39 escudriñad las *E;* porque a vosotros os
7.38 como dice la *E*, de su interior correrán
7.42 ¿no dice la *E* que del linaje de David
10.35 llamó..y la *E* no puede ser quebrantada
13.18 se cumpla la *E:* El que come pan conmigo
17.12 el hijo de perdición, para que la *E* se
19.24 para que se cumpliese la *E*, que dice
19.28 para que la *E* se cumpliese: Tengo sed
19.36 cumpliese la *E:* No será quebrado hueso
19.37 otra *E* dice: Mirarán al que traspasaron
20.9 porque aún no habían entendido la *E*, que
Hch. 1.16 se cumpliese la *E* en que el Espíritu
8.32 el pasaje de la *E* que leía era este
8.35 comenzando desde esta *e*, le anunció el
17.3 exponiendo por medio de las *E*, que era
17.11 escudriñando cada día las *E* para ver
18.24 Apolos..elocuente, poderoso en las *E*
18.28 demostrando por las *E* que Jesús era el
Ro. 1.2 había prometido antes..en las santas *E*
4.3 ¿qué dice la *E?* Creyó Abraham a Dios, y
9.17 la *E* dice a Faraón: Para esto mismo te
10.11 *E* dice: Todo aquel que en él creyere
11.2 no sabéis qué dice de Elías la *E*, cómo
15.4 de que por..las *E*, tengamos esperanza
16.26 que por las *E*..se ha dado a co..ocer a
1 Co. 15.3 que Cristo murió..conforme a las *E*
15.4 que resucitó al..día, conforme a las *E*
Gá. 3.8 la *E*..dio de antemano la buena nueva a
3.22 la *E* lo encerró todo bajo pecado, para
4.30 ¿qué dice la *E?* Echa fuera a la esclava
1 Ti. 5.18 la *E* dice: No pondrás bozal al buey
2 Ti. 3.15 la niñez has sabido las Sagradas *E*
3.16 toda la *E* es inspirada por Dios, y útil
Stg. 2.8 cumplís la ley real, conforme a la *E*
2.23 cumplió la *E* que dice: Abraham creyó a
4.5 ¿o pensáis que la *E* dice en vano: El
1 P. 2.6 contiene la *E:* He aquí, pongo en Sion
2 P. 1.20 ninguna profecía de la *E* es..privada
3.16 también las otras *E*, para su..perdición

ESCUADRÓN
Gn. 50.9 subieron..y se hizo un *e* muy grande
Jue. 7.16 repartiendo los..hombres en tres *e*
7.20 y los tres *e* tocaron las trompetas, y
1 S. 13.17 salieron..en tres *e;* un *e* marchaba
13.18 otro *e* marchaba..el tercer *e* marchaba
17.8 se paró y dio voces a los *e* de Israel
17.26 provoque a los *e* del Dios viviente?
17.45 en el nombre de..el Dios de los *e* de
Job 1.17 dijo: Los caldeos hicieron tres *e*, y

ESCUCHAR
Gn. 4.23 mujeres de Lamec, *escuchad* mi dicho
18.10 Sara *escuchaba* a la puerta de la tienda
23.15 *escúchame:* la tierra vale 400 siclos
39.10 y no *escuchándola* él para acostarse al
42.21 nos rogaba, y no le *escuchamos;* por eso
42.22 no pequéis contra..y no *escuchasteis?*
49.2 oíd..y *escuchad* a vuestro padre Israel
Éx. 6.9 ellos no *escuchaban* a Moisés a causa
6.12 no me *escuchan*..me *escuchará* Faraón
7.13 endureció, y no los *escuchó*, como Jehová
7.22 Faraón se endureció, y no los *escuchó*
8.15 endureció su corazón y no los *escuchó*
8.19 Faraón se endureció, y no los *escuchó*
Nm. 21.3 y Jehová *escuchó* la voz de Israel, y
23.18 oye; *escucha* mis palabras, hijo de Zipor
Dt. 1.45 pero Jehová no *escuchó* vuestra voz
3.26 Jehová se había enojado..no me *escuchó*
9.19 pero Jehová me *escuchó* aun esta vez
10.10 y Jehová también me *escuchó* esta vez
12.28 *escucha* todas estas palabras que yo te
13.4 *escucharéis* su voz, a él serviréis, y a
15.5 si *escuchares*..la voz de Jehová tu Dios
26.17 has declarado..que *escucharás* su voz
27.9 y *escucha*, oh Israel; hoy has venido a
32.1 *escuchad*, cielos, y hablaré; y oiga la
Jos. 3.9 acercaos, y *escuchad* las palabras de
24.10 yo no quise *escuchar* a Balaam, por lo
Jue. 5.3 *escuchad*, oh príncipes; yo cantaré a
11.17 ruego..el rey de Edom no los *escuchó*
1 S. 19.6 y *escuchó* Saúl la voz de Jonatán, y
25.24 y *escucha* las palabras de tu sierva
30.24 ¿y quién os *escuchará* en este caso?
1 R. 8.30 oren en este lugar..*escucha* y perdona
18.29 pero no hubo..voz, ni quien..*escuchase*
2 R. 14.11 pero Amasías no *escuchó;* por lo cual
17.40 no *escucharon;* antes hicieron según su
18.12 no las habían *escuchado*, ni puesto por
18.31 no *escuchéis* a Ezequías, porque así dice
21.9 mas ellos no *escucharon;* y Manasés los
22.13 no *escucharon* las palabras de..libro
2 Cr. 10.15 no *escuchó* el rey al pueblo; porque
24.19 profetas..mas ellos no los *escucharon*
33.10 habló Jehová..mas ellos no *escucharon*
Neh. 9.16 y no *escucharon* tus mandamientos
9.29 les amonestaste a que..y no *escucharon*
9.30 les testificaste con..pero no *escucharon*
Est. 3.4 y no *escuchándolos* él, lo denunciaron
Job 9.16 no creeré que haya *escuchado* mi voz
13.13 *escuchadme*, y hablaré..y que me venga
15.17 *escúchame;* yo te mostraré, y te contaré
32.10 *escuchadme;* declararé yo..mi sabiduría
32.11 he *escuchado* vuestros argumentos, en
33.1 oye ahora..y *escucha* todas mis palabras
33.31 *escucha*, Job, y óyeme; calla..hablaré
34.16 oye..*escucha* la voz de mis palabras
37.14 *escucha*..Job; detente, y considera la
Sal. 5.1 *escucha*, oh Jehová, mis palabras
17.1 *escucha* mi oración hecha de labios sin
17.6 inclina a..tu oído, *escucha* mi palabra
39.12 oye mi..oh Jehová, y *escucha* mi clamor
49.1 *escuchad*, habitantes todos del mundo
50.7 *escucha*, Israel, y testificaré contra
54.2 oh Dios, oye mi oración; *escucha* las
55.1 *escucha*, oh Dios, mi oración, y no te
64.1 *escucha*, oh Dios, la voz de mi queja
66.18 si en..el Señor no me habría *escuchado*
66.19 ciertamente me *escuchó* Dios; atendió
69.13 la verdad de tu salvación, *escúchame*
77.1 Dios, a Dios clamé, y él me *escuchará*
78.1 *escucha*, pueblo mío, mi ley; inclinad
80.1 oh Pastor de Israel, *escucha;* tú que
84.8 mi oración; *escucha*, oh Dios de Jacob
85.8 *escucharé* lo que hablará Jehová Dios
86.1 oído, y *escúchame*, porque estoy afligido
86.6 *escucha*, oh Jehová, mi oración, y está
102.1 Jehová, *escucha* mi oración, y llegue
140.6 *escucha*, oh Jehová, la voz de..ruegos
141.1 a mí; *escucha* mi voz cuando te invocare
142.6 *escucha* mi clamor..estoy muy afligido
143.1 oh Jehová, oye mi..*escucha* mis ruegos
Pr. 8.34 bienaventurado el hombre..me *escucha*
13.1 el burlador no *escucha* las reprensiones
15.31 el oído que *escucha* las amonestaciones
15.32 mas el que *escucha* la corrección tiene
17.4 mentiroso *escucha* la lengua detractora
19.20 *escucha* el consejo, y..la corrección
Ec. 9.16 sea..y no sean *escuchadas* sus palabras
9.17 palabras del sabio *escuchadas* en quietud
12.9 e hizo *escuchar*, e hizo escudriñar, y
Cnt. 8.13 compañeros *escuchan* tu voz; házmela
Is. 1.2 oíd, cielos, y *escucha* tú, tierra; porque
1.10 *escuchad* la ley de nuestro Dios, pueblo
18.3 y cuando se toque trompeta, *escuchad*
32.9 oíd..hijas confiadas, *escuchad* mi razón
34.1 y vosotros, pueblos, *escuchad*. Oiga la
36.16 no *escuchéis* a Ezequías, porque así dice
41.1 *escuchadme*..y esfuércense los pueblos
42.23 ¿quién atenderá y *escuchará* respecto al
49.1 oídme, costas, y *escuchad*, pueblos
Jer. 3.25 no hemos *escuchado* la voz de Jehová
6.10 son incircuncisos, y no pueden *escuchar*
6.17 que dijesen: *Escuchad*..No *escucharemos*
6.19 porque no *escucharon* mis palabras, y
7.23 *escuchad* mi voz, y seré a vosotros por
7.28 no *escuchó* la voz de Jehová su Dios, ni
8.6 *escuché* y oí; no hablan rectamente, no
11.10 no quisieron *escuchar* mis palabras, y
13.11 fuesen..por honra; pero no *escucharon*
13.15 *escuchad* y oíd; no os envanezcáis, pues
23.16 dicho: No *escuchéis* las palabras de los
25.4 ni inclinasteis vuestro oído..*escuchar*
29.19 no oyeron mis..y no habéis *escuchado*
31.18 *escuchando*, he oído a Efraín que se
32.33 no *escucharon* para recibir corrección
36.31 que les he anunciado y no *escucharon*
37.14 él no lo *escuchó*, sino prendió Irías
38.15 si te diere consejo, no me *escucharás*
Ez. 2.5 acaso ellos *escuchen*..si no *escucharen*
2.7 hablarás..*escuchen* o dejen de *escuchar*
3.11 ha dicho..*escuchen* o dejen de *escuchar*
13.19 mintiendo a mi pueblo que *escucha* la
Os. 5.1 y casa del rey, *escuchad;* porque para
Jl. 1.2 y *escuchad*, todos los moradores de la
Am. 5.23 quita de..no *escucharé* las salmodias
Sof. 3.2 no *escuchó*..ni recibió la corrección
Zac. 1.4 no atendieron, ni me *escucharon*, dice
3.8 *escucha* pues ahora, Josué sumo sacerdote
7.11 no quisieron *escuchar*, antes volvieron
7.13 que así como él clamó, y no *escucharon*
7.13 ellos clamaron, y yo no *escuché*, dice
Mal. 3.16 Jehová *escuchó* y oyó, y fue escrito
Mr. 6.20 perplejo..le *escuchaba* de buena gana
Jn. 8.43 porque no podéis *escuchar* mi palabra
Hch. 8.6 *escuchaba* atentamente las cosas que
12.13 salió a *escuchar* una muchacha llamada
1 Ti. 4.1 *escuchando* a espíritus engañadores y

ESCUDERO
Jue. 9.54 llamó..su *e*..y su *e* le atravesó, y
1 S. 17.7 su lanza..e iba su *e* delante de él
17.41 el filisteo venía..y su *e* delante de él

ESCUDERO *(Continúa)*

1 S. 31.4 Saúl a su *e:* Saca tu espada, y. .con ella
31.4 su *e* no quería, porque tenía gran temor
31.5 viendo su *e* a Saúl muerto, él también
31.6 murió Saúl. .con sus tres hijos, y su *e*
2 S. 18.15 diez. .*e* de Joab rodearon e hirieron
23.37 Naharai beerotita, *e* de Joab hijo de
1 Cr. 10.4 dijo Saúl a su *e:* Saca tu espada y
10.4 pero su *e* no quiso. .tenía mucho miedo
10.5 su *e* vio a Saúl muerto, él también se
11.39 Naharai beerotita, *e* de Joab hijo de

ESCUDILLA

Nm. 4.7 y pondrán sobre ella las *e*. .cucharas
Jer. 52.19 candeleros, *e* y tazas; lo de oro por

ESCUDO

Gn. 15.1 diciendo: No temas, Abram; yo soy tu *e*
Dt. 33.29 salvo por Jehová, *e* de tu socorro, y
Jue. 5.8 ¿se veía *e* o. .entre 40.000 en Israel?
2 S. 1.21 fue desechado el *e* de. .el *e* de Saúl
8.7 los *e* de oro que traían los siervos de
22.3 mi *e*, y el fuerte de mi salvación, mi
22.31 *e* es a todos los que en él esperan
22.36 me diste asimismo el *e* de tu salvación
1 R. 10.16 hizo. .200 *e* grandes de oro batido
10.16 seiscientos siclos de oro. .en cada *e*
10.17 hizo 300 *e* de oro batido, en cada uno
14.26 se llevó todos los *e* de oro que Salomón
14.27 hizo el rey. .*e* de bronce, y los dio a
2 R. 11.10 dio. .los *e* que habían sido del rey
19.32 ni vendrá delante de ella con *e*, ni
1 Cr. 5.18 hombres que traían *e* y espada, que
12.8 muy valientes. .diestros con *e* y pavés
12.24 los hijos de Judá que traían *e* y lanza
12.34 mil. .y con ellos 37.000 con *e* y lanza
18.7 tomó también David los *e* de oro que
2 Cr. 9.16 trescientos *e*. .cada *e* 300 siclos
11.12 en todas las ciudades puso *e* y lanzas
12.9 y tomó los *e* de oro que Salomón había
12.10 hizo el rey Roboam *e* de bronce, y los
14.8 tuvo también Asa ejército que traía *e*
14.8 que traían *e* y entesaban arcos, todos
17.17 y con él 200.000 armados de arco y *e*
23.9 dio. .los *e* que habían sido del rey David
25.5 escogidos para salir. .tenían lanza y *e*
26.14 Uzías preparó para todo el ejército *e*
32.5 Ezequías. .hizo muchas espadas y *e*
32.27 adquirió. .oro. .*e*, y toda clase de joyas
Neh. 4.16 otra mitad tenía lanzas, *e*, arcos y
Job 15.26 corrió. .la espesa barrera de sus *e*
41.15 la gloria de su vestido son *e* fuertes
Sal. 3.3 tú, Jehová, eres *e* alrededor de mí
5.12 como con un *e* lo rodearás de tu favor
7.10 *e* está en Dios, que salva a los rectos
18.2 mi *e*, y la fuerza de mi salvación, mi
18.30 *e* es a todos los que en él esperan
18.35 diste. .el *e* de tu salvación; tu diestra
28.7 Jehová es mi fortaleza y mi *e;* en él
33.20 a Jehová; nuestra ayuda y nuestro *e* es
35.2 echa mano al *e* y al pavés, y levántate
47.10 de Dios son los *e* de la tierra; él es
59.11 dispérsalos con. .oh Jehová, *e* nuestro
76.3 el *e*, la espada y las armas de guerra
84.9 mira, oh Dios, *e* nuestro, y pon los ojos
84.11 porque sol y *e* es Jehová Dios; gracia
89.18 Jehová es nuestro *e*, y nuestro rey es
91.4 te cubrirá, y. .*e* y adarga es su verdad
115.9 confía en Jehová; él es tu ayuda y tu *e*
115.10,11 él es vuestra ayuda y vuestro *e*
119.114 mi escondedero y mi *e* eres tú; en tu
144.2 *e* mío, en quien he confiado; el que
Pr. 2.7 él. .es *e* a los que caminan rectamente
30.5 Dios. .él es *e* a los que en él esperan
Ec. 7.12 *e* es la ciencia, y *e* es el dinero; mas
Cnt. 4.4 mil *e* están colgados. .*e* de valientes
Is. 21.5 ¡levantaos, oh príncipes, ungid el *e!*
22.6 Elam tomó aljaba, con. .y Kir sacó el *e*
37.33 rey. .no vendrá delante de ella con *e*
Jer. 46.3 preparad *e* y pavés, y. .a la guerra
46.9 los de Put que toman *e*, y los de Lud que
51.11 limpiad las saetas, embrazad los *e;* ha
Ez. 23.24 *e*, paveses y yelmos pondrán contra ti
26.8 torres de sitio. .y *e* afirmará contra ti
27.10 *e* y yelmos colgaron en ti. .te dieron tu
27.11 *e* colgaron sobre tus muros alrededor
38.4 gran multitud con paveses y *e*, teniendo
38.5 Cus y Fut con ellos; todos ellos con *e*
39.9 y quemarán. .*e*, paveses, arcos y saetas
Nah. 2.3 *e* de sus valientes estará enrojecido
Ef. 6.16 el *e* de la fe, con que podáis apagar

ESCUDRIÑAR

1 Cr. 28.9 Jehová *escudriña* los corazones de
29.17 yo sé. .que tú *escudriñas* los corazones
Job 13.9 ¿sería bueno que él os *escudriñase?*
38.16 y has andado *escudriñando* el abismo?
Sal. 26.2 *escudríñame*. .pruébame; examina mis
139.3 has *escudriñado* mi andar y mi reposo
Pr. 2.4 buscares. .*escudriñares* como a tesoros
20.27 *escudriña* lo más profundo del corazón
25.2 Dios. .pero honra del rey es *escudriñarlo*
28.11 mas el pobre entendido lo *escudriña*
Ec. 12.9 e hizo *escudriñar*, y compuso muchos
Jer. 11.20 que *escudriñas* la mente y el corazón
17.10 yo Jehová, que *escudriño* la mente, que
Lm. 3.40 *escudriñemos*. .caminos, y busquemos, y
Abd. 6 ¡cómo fueron *escudriñadas* las cosas de
Sof. 1.12 *escudriñaré* a Jerusalén con linterna
Jn. 5.39 *escudriñad* las Escrituras; porque a
7.52 *escudriña* y ve que de Galilea nunca se
Hch. 17.11 *escudriñando* cada día las Escrituras
Ro. 8.27 el que *escudriña* los corazones sabe
1 Co. 2.10 el Espíritu todo lo *escudriña*, aun
1 P. 1.11 *escudriñando* qué persona y qué tiempo
Ap. 2.23 que yo soy el que *escudriña* la mente

ESCUELA

Hch. 19.9 discutiendo cada día en la *e* de uno

ESCULPIR

1 R. 6.29 y *esculpió* todas las paredes de la
2 Cr. 2.7 que sepa *esculpir* con los maestros
2.14 sabe *esculpir* toda clase de figuras, y
3.7 cubrió la. .con oro; y *esculpió* querubines
24.18 sirvieron. .a las imágenes *esculpidas*
Job 19.24 *esculpidas* en piedra para siempre!
Is. 22.16 *esculpe* para sí morada en una peña
49.16 palmas de las manos te tengo *esculpida*
Jer. 17.1 *esculpido*. .en la tabla de su corazón
Hab. 2.18 qué sirve la escultura que *esculpió*

ESCULTURA

Lv. 26.1 no haréis para vosotros ídolos, ni *e*
Dt. 4.16 no. .hagáis para vosotros *e*, imagen de
4.23 no os hagáis *e* o imagen de ninguna cosa
4.25 hiciereis *e* o imagen de cualquier cosa
5.8 no harás para ti *e*, ni imagen alguna de
7.5 de Asera, y quemaréis sus *e* en el fuego
7.25 las *e* de sus dioses quemarás en el fuego
12.3 destruiréis. .*e* de sus dioses, y raeréis
27.15 maldito el. .que hiciere *e* o imagen de
2 Cr. 34.3 limpiar a Judá. .de. .*e*, e imágenes
34.4 despedazó. .las *e* y estatuas fundidas
34.7 desmenuzado las *e*, y destruido todos los
Is. 30.22 profanarás la cubierta de tus *e* de
42.8 no daré mi gloria, ni mi alabanza a *e*
48.5 mi ídolo lo hizo, mis imágenes de *e* y
Jer. 50.2 destruidas son sus *e*, quebrados son
51.17 se avergüenza todo artífice de su *e*
Mi. 5.13 y haré destruir tus *e* y tus imágenes
Nah. 1.14 de la casa de tu dios destruiré *e* y
Hab. 2.18 ¿de qué sirve la *e* que esculpió el
Zac. 3.9 yo grabaré su *e*, dice Jehová de los
Hch. 17.29 sea semejante a oro, o. .*e* de arte

ESCUPIR

Lv. 15.8 tiene flujo *escupiere* sobre el limpio
Nm. 12.14 padre hubiera *escupido* en su rostro
Dt. 25.9 y le *escupirá* en el rostro, y hablará
Mt. 26.67 entonces le *escupieron* en el rostro
27.30 y *escupiéndole*, tomaban la caña y le
Mr. 7.33 los dedos. .*escupiendo*, tocó su lengua
8.23 y *escupiendo* en sus ojos, le puso las
10.34 *escupirán* en él, y le matarán; mas al
14.65 y algunos comenzaron a *escupirle*, y a
15.19 golpeaban en la cabeza. .y le *escupían*
Lc. 18.32 escarnecido, y afrentado, y *escupido*
Jn. 9.6 *escupió* en tierra, e hizo lodo. .y untó

ESCURRIR

Is. 64.1 tu presencia se *escurriesen* los montes

ESDRAS

1. ***Descendiente de Judá,*** **1 Cr. 4.17**

2. ***Sacerdote y escriba***

Esd. 7.1 *E* hijo de Seraías, hijo de Azarías
7.6 este *E* subió de Babilonia. Era escriba
7.6 la mano de Jehová su Dios estaba sobre *E*
7.10 porque *E* había preparado su corazón para
7.11 carta que dio. .al sacerdote *E*, escriba
7.12 a *E*, sacerdote y escriba erudito en la
7.21 que todo lo que os pida el sacerdote *E*
7.25 *E*, conforme a la sabiduría que tienes
10.1 oraba *E* y hacía confesión, llorando y
10.2 dijo a *E:* Nosotros hemos pecado contra
10.5 se levantó *E* y juramentó a los príncipes
10.6 se levantó. .*E* de delante de la casa de
10.10 y se levantó. .*E* y les dijo: Vosotros
10.16 el sacerdote *E*. .para inquirir sobre el
Neh. 8.1 dijeron a *E*. .que trajese el libro de
8.2 el sacerdote *E* trajo la ley delante de la
8.4 *E* estaba sobre un púlpito de madera que
8.5 abrió, pues, *E* el libro a ojos de todo el
8.6 bendijo entonces *E* a Jehová. .y adoraron
8.9 el sacerdote *E*, escriba. .dijeron a todo
8.13 se reunieron. .y levitas, a *E* el escriba
8.18 y leyó *E* en el libro de la ley de Dios
12.26 en los días. .del sacerdote *E*, escriba
12.36 sus hermanos. .y el escriba *E* delante de

3. ***Sacerdote que acompañó a Zorobabel,*** **Neh. 12.1,13**

4. ***Otro sacerdote en tiempo de Nehemías,*** **Neh. 12.33**

ESEC ***Descendiente de Saúl,*** **1 Cr. 8.39**

ESEK ***Pozo que cavaron los siervos de Isaac,*** **Gn. 26.20**

ESEM ***Ciudad en Simeón (=Ezem),*** **Jos. 15.29**

ESFERA

2 Cr. 4.12 dos redes para cubrir las dos *e* de
4.13 granadas. .para que cubriesen las dos *e*

ESFORZADO

Jue. 6.12 dijo: Jehová está contigo, varón *e*
11.1 Jefté galaadita era *e* y valeroso; era
1 S. 14.52 era hombre *e* y apto para combatir
2 S. 17.10 sabe. .que los que están con él son *e*
23.20 hijo de un varón *e*, grande en proezas
1 R. 11.28 Jeroboam era valiente y *e;* y viendo
1 Cr. 5.24 hombres valientes y *e*, varones de
7.40 hijos de Aser. .*e*, jefes de príncipes
12.25 hombres valientes y *e* para la guerra
12.28 Sadoc, joven valiente y *e*, con 22 de
26.6 hijos. .porque eran varones valerosos y *e*
26.7 hombres *e;* asimismo Eliú y Samaquías
2 Cr. 17.14 y con él 300.000 hombres muy *e*
26.12 los jefes de familia, valientes y *e*
32.21 un ángel, el cual destruyó a todo. .*e*
Pr. 30.26 los conejos, pueblo nada *e*, y ponen
Am. 2.16 *e* de entre. .huirá desnudo aquel día

ESFORZAR

Gn. 48.2 se *esforzó* Israel, y se sentó sobre la
Nm. 13.20 *esforzaos*, y tomad del fruto del país
Dt. 31.6 *esforzaos* y cobrad ánimo; no temáis
31.7 Moisés. .le dijo. .*Esfuérzate* y anímate
31.23 *esfuérzate* y anímate. .tú introducirás
Jos. 1.6 *esfuérzate* y sé valiente; porque tú
1.7 solamente *esfuérzate* y sé muy valiente
1.9,18 que te *esfuerces* y seas valiente
23.6 *esforzaos*, pues. .en guardar y hacer todo
Jue. 7.11 entonces tus manos se *esforzarán*, y
1 S. 4.9 *esforzaos*, oh filisteos, y sed hombres
13.12 me *esforcé*, pues, y ofrecí holocausto
2 S. 2.7 *esfuércense*. .ahora vuestras manos, y
3.6 Abner se *esforzaba* por la casa de Saúl
10.12 *esfuérzate*, y *esforcémonos* por. .Dios
13.28 no temáis. .*esforzaos*. .y sed valientes
1 R. 2.2 yo sigo el. .*esfuérzate*, y sé hombre
1 Cr. 19.13 *esfuérzate*, y *esforcémonos* por
22.13 *esfuérzate*. .y cobra ánimo; no temas, ni
28.7 si él se *esforzare* a poner por obra mis
28.10 que edifiques casa. .*esfuérzate*, y hazla
28.20 *esfuérzate*, y manos a la obra; no temas
2 Cr. 15.7 pero *esforzaos*. .y no desfallezcan
19.11 *esforzaos*, pues, para hacerlo, y Jehová
25.8 si lo haces, y te *esfuerzas* para pelear
25.11 *esforzándose* entonces Amasías, sacó a
32.7 *esforzaos* y animaos; no temáis, ni. .miedo
Esd. 10.4 *esfuérzate*, y pon mano a la obra
Neh. 2.18 así *esforzaron* sus manos para bien
Job 4.4 y *esforzabas* las rodillas que decaían
9.27 si yo dijere: Olvidaré. .y me *esforzaré*
15.24 y se *esforzarán* contra él como un rey
Sal. 27.14 *esfuérzate*, y aliéntese tu corazón
31.24 *esforzaos*. .los que esperáis en Jehová
Pr. 31.17 ciñe de fuerza. .*esfuerza* sus brazos
Is. 35.4 decid a los de. .*Esforzaos*, no temáis
41.1 escuchadme. .y *esfuércense* los pueblos
41.6 vecino, y a su hermano dijo: *Esfuérzate*
41.10 porque yo soy tu Dios que te *esfuerzo*
42.13 voceará, se *esforzará* sobre. .enemigos
Ez. 22.6 que. .se *esfuerzan* en derramar sangre
Dn. 10.19 *esfuérzate* y aliéntate. Y mientras él
11.32 mas el pueblo. .se *esforzará* y actuará
Hag. 2.4 *esfuérzate*, dice Jehová; *e* también
Zac. 8.9 *esfuércense* vuestras manos, los que
8.13 no temáis. .*esfuércense* vuestras manos
Lc. 13.24 *esforzaos* a entrar. .la puerta angosta
16.16 y todos se *esfuerzan* por entrar en él
Hch. 9.22 pero Saulo mucho más se *esforzaba*, y
Ro. 15.20 me *esforcé* a predicar el evangelio
1 Co. 16.13 portaos varonilmente, y *esforzaos*
2 Ti. 2.1 hijo mío, *esfuérzate* en la gracia que

ESFUERZO

2 R. 13.12 *e* con que guerreó. .¿no está escrito
1 Cr. 7.9 linajes. .20.200 hombres de grande *e*
22.14 yo con grandes *e* he preparado para la
Is. 40.29 él da *e* al cansado, y multiplica las
Am. 5.9 que da *e* al despojador sobre el fuerte

ESLI ***Ascendiente de Jesucristo,*** **Lc. 3.25**

ESMERALDA

Éx. 28.18; 39.11 la segunda hilera, una *e*, un
Ez. 28.13 *e* y oro; los primores de tus. .flautas
Ap. 4.3 arco iris, semejante en aspecto a la *e*
21.19 el primer cimiento era. .el cuarto, *e*

ESMERO

2 R. 4.13 has estado solícita. .con todo este *e*

ESMIRNA *Ciudad en la provincia de Asia*
Ap. 1.11 envíalo a las. . *E*, Pérgamo, Tiatira
2.8 y escribe al ángel de la iglesia en *E*

ESPACIO
Gn. 32.16 pasad delante. . poned *e* entre manada
1 S. 14.14 el *e* de una media yugada de tierra
2 S. 14.28 y estuvo Absalón por *e* de dos años
1 R. 7.36 con proporción en el *e* de cada una
Ez. 40.12 el *e* delante de las cámaras era de un
41.9 igual al *e* que quedaba de las cámaras de
41.11 de cada cámara salía al *e* que quedaba
41.11 y el ancho del *e* que quedaba era de 5
41.12 y el edificio. . delante del *e* abierto al
41.13 y el *e* abierto. . cien codos de longitud
41.14 el ancho. . del *e* abierto al oriente era
41.15 la longitud del edificio. . delante del *e*
42.1 a la cámara. . delante del *e* abierto que
42.10 enfrente del *e* abierto, y delante del
42.13 las cámaras del. . delante del *e* abierto
Dn. 6.7 el *e* de treinta días demande petición
6.12 que en el *e* de treinta días pida a. . dios
10.2 estuve afligido por *e* de tres semanas
Jon. 4.10 en *e* de una noche nació, y en *e* de
Zac. 1.12 has estado airado por *e* de 70 años?
Hch. 19.8 habló con denuedo. . *e* de tres meses
19.10 continuó por *e* de dos años, de manera

ESPACIOSO, SA
Jue. 18.10 llegaréis a. . y a una tierra muy *e*
2 S. 22.20 me sacó a lugar *e;* me libró, porque
1 Cr. 4.40 hallaron. . tierra ancha y *e*, quieta
Neh. 7.4 porque la ciudad era *e* y grande, pero
9.35 en la tierra *e* y fértil que entregaste
Job 36.16 a lugar *e*, libre de todo apuro, y te
Sal. 18.19 me sacó a lugar *e;* me libró, porque
31.8 del enemigo; pusiste mis pies en lugar *e*
118.5 me respondió JAH, poniéndome en lugar *e*
Pr. 21.9; 25.24 con mujer rencillosa en casa *e*
Is. 30.23 tus ganados. . apacentados en *e* dehesas
Jer. 22.14 edificaré para mí casa *e*, y salas
Os. 4.16 ¿los apacentará. . corderos en lugar *e?*
Mt. 7.13 *e* el camino que lleva a la perdición

ESPADA
Gn. 3.24 puso. . querubines, y una *e* encendida
27.40 tu *e* vivirás, y a tu hermano servirás
34.25 Simeón y Leví. . tomaron cada uno su *e*
34.26 a Hamor y a. . los mataron a filo de *e*
48.22 la cual tomé. . mi *e* y con mi arco
Éx. 5.3 no venga sobre nosotros con peste. . *e*
5.21 poniéndoles la *e* en la mano para que nos
15.9 dijo. . sacaré mi *e*, los destruirá mi mano
17.13 Josué deshizo a Amalec y. . a filo de *e*
18.4 el Dios de. . me libró de la *e* de Faraón
22.24 mi furor se encenderá, y os mataré a *e*
32.27 poned cada uno su *e* sobre su muslo
Lv. 26.6 paz. . la *e* no pasará por vuestro país
26.7 vuestros enemigos, y caerán a *e* delante
26.8 caerán a filo de *e* delante de vosotros
26.25 traeré sobre vosotros *e* vengadora, en
26.33 y desenvainaré *e* en pos de vosotros
26.36 huirán como ante la *e*, y caerán sin que
26.37 como si huyeran ante la *e*, aunque nadie
Nm. 14.3 por qué nos trae. . para caer a *e*, y que
14.43 caeréis a *e*. . cuanto os habéis negado a
19.16 que tocare algún muerto a *e* sobre la
21.24 y lo hirió Israel a filo de *e*, y tomó
22.23 el asna vio al ángel. . con su *e* desnuda
22.29 ¡ojalá tuviera *e* en. . ahora te mataría!
22.31 vio al ángel. . su *e* desnuda en su mano
31.8 también a Balaam. . de Beor mataron a *e*
Dt. 13.15 herirás a filo de *e* a los moradores
13.15 y también matarás sus ganados a. . de *e*
20.13 herirás a todo varón suyo a filo de *e*
32.25 por fuera desolará la *e*, y dentro de
32.41 afilare mi reluciente *e*, y echare mano
32.42 mi *e* devorará carne; en la sangre de los
33.29 Jehová, escudo de tu socorro, y *e* de tu
Jos. 5.13 un varón. . tenía una *e* desenvainada en
6.21 destruyeron a filo de *e* todo lo que en
8.24 todos habían caído a filo de *e* hasta ser
8.24 a Hai. . también la hirieron a filo de *e*
10.11 más. . que los hijos de Israel mataron a *e*
10.28 la hirió a filo de *e*, y mató a su rey
10.30,32 la hirió a filo de *e*, con todo lo
10.35 la tomaron. . y la hirieron a filo de *e*
10.37 la hirieron a filo de *e*, a su rey y a
10.39 ciudades; y las hirieron a filo de *e*
11.10 tomó en. . a Hazor, y mató a *e* a su rey
11.11 mataron a *e* todo cuanto en ella tenía
11.12 los hirió a filo de *e*, y los destruyó
11.14 los hombres hirieron a filo de *e* hasta
13.22 mataron a *e*. . Balaam el adivino, hijo de
19.47 a Lesem, y. . la hirieron a filo de *e*
24.12 tábanos. . no con tu *e*, ni con tu arco
Jue. 1.8 pasaron a sus habitantes a filo de *e*
1.25 la hirieron a filo de *e;* pero dejaron ir
4.15 quebrantó a. . su ejército, a filo de *e*
4.16 el ejército de Sísara cayó a filo de *e*
7.14 no es otra cosa sino la *e* de Gedeón hijo
7.20 y gritaron: ¡Por la *e* de Jehová y de
7.22 Jehová puso la *e* de cada uno contra su
8.10 caído 120.000 hombres que sacaban *e*
8.20 y mátalos. . el joven no desenvainó su *e*
9.54 saca tu *e* y mátame. . que no se diga de mí
18.27 los hirieron a filo de *e*, y quemaron la
20.2 de Dan, 400.000 hombres. . que sacaban *e*
20.15 veintiséis mil hombres que sacaban *e*
20.17 Israel. . 400.000 hombres que sacaban *e*
20.25 otros 18.000. . los cuales sacaban *e*
20.35 y mataron. . todos los cuales sacaban *e*
20.37 hirieron a filo de *e* a toda la ciudad
20.46 veinticinco mil hombres que sacaban *e*
20.48 volvieron. . y los hirieron a filo de *e*
21.10 y herid a filo de *e* a los moradores de
1 S. 13.19 que los hebreos no hagan *e* o lanza
13.22 no se halló *e*. . en mano de ninguno del
14.20 la *e* de cada uno estaba vuelta contra
15.8 pero a todo el pueblo mató a filo de *e*
15.33 como tu *e* dejó a las mujeres sin hijos
17.39 y ciñó David su *e* sobre sus vestidos, y
17.45 tú vienes a mí con *e* y lanza y jabalina
17.47 sabrá toda. . que Jehová no salva con *e*
17.50 lo mató, sin tener David *e* en su mano
17.51 tomando la *e* de él y sacándola de su
18.4 dio. . hasta su *e*, su arco y su talabarte
21.8 ¿no tienes aquí a mano lanza o *e?* Porque
21.8 no tomé en mi mano mi *e* ni mis armas
21.9 la *e* de Goliat el filisteo. . está aquí
22.10 también le dio la *e* de Goliat el filisteo
22.13 le diste pan y *e*, y consultaste por él
22.19 y a Nob, ciudad de. . hirió a filo de *e*
22.19 asnos y ovejas. . lo hirió a filo de *e*
25.13 cíñase cada uno su *e*. Y se ciñó. . su *e*
25.13 David dijo. . también David se ciñó su *e*
31.4 saca tu *e*, y traspásame con ella, para
31.4 tomó Saúl su propia *e* y se echó sobre
31.5 él. . se echó sobre su *e*, y murió con él
2 S. 1.12 lloraron. . habían caído a filo de *e*
1.22 el arco. . ni la *e* de Saúl volvió vacía
2.16 cada uno. . metió su *e* en el costado de
2.26 a Joab. . ¿Consumirá la *e* perpetuamente?
3.29 que nunca falte de la. . quien muera a *e*
11.25 porque la *e* consume, ora a uno, ora a
12.9 Urías heteo heriste a *e*, y tomaste por
12.9 él lo mataste con la *e* de los hijos de
12.10 no se apartará jamás de tu casa la *e*
15.14 no sea que. . hiera la ciudad a filo de *e*
18.8 y fueron más. . que los que destruyó la *e*
21.16 quien estaba ceñido con una *e* nueva
23.10 hirió. . y quedó pegada su mano a la *e*
24.9 de Israel 800.000 hombres. . que sacaban *e*
1 R. 1.51 júreme. . que no matará a *e* a su siervo
2.8 le juré. . diciendo: Yo no te mataré a *e*
2.32 a los cuales mató a *e* sin que mi padre
3.24 traedme una *e*. Y trajeron al rey una *e*
19.1 había matado a *e* a todos los profetas
19.10,14 y han matado a *e* a tus profetas
19.17 escapare de la *e* de Hazael. . *e* de Jehú
2 R. 3.23 dijeron: ¡Esto es sangre de *e!* Los
3.26 tomó. . 700 hombres que manejaban *e*
6.22 los que tomaste cautivos con tu *e* y con
8.12 sus jóvenes matarás a *e*, y estrellarás
10.25 los mataron a *e*, y los dejaron tendidos
11.15 dijo. . al que la siguiere, matadlo a *e*
11.20 habiendo sido Atalía muerta a *e* junto a
19.7 oirá. . y haré que en su tierra caiga a *e*
19.37 sus hijos lo hirieron a *e*, y huyeron a
1 Cr. 5.18 hombres que traían escudo y *e*, que
10.4 saca tu *e*. . tomó la *e*, y se echó sobre
10.5 él también se echó sobre su *e* y se mató
21.5 en todo Israel 1.100.000 que sacaban *e*
21.5 y de Judá 470.000 hombres que sacaban *e*
21.12 por tres meses ser derrotado. . con la *e*
21.12 por tres días la *e* de Jehová. . la peste
21.16 al ángel de Jehová. . con una *e* desnuda
21.27 al ángel, y éste volvió su *e* a la vaina
21.30 atemorizado a causa de la *e* del ángel
2 Cr. 20.9 viniere. . *e* de castigo, o pestilencia
21.4 Joram. . mató a *e* a todos sus hermanos
23.10 puso. . teniendo cada uno su *e* en la mano
23.14 al que la siguiere, matadlo a filo de *e*
23.21 después que mataron a Atalía a filo de *e*
29.9 he aquí nuestros padres han caído a *e*
32.5 a Milo. . también hizo muchas *e* y escudos
32.21 allí lo mataron a *e* sus propios hijos
36.17 mató a *e* a sus jóvenes en la casa de
36.20 que escaparon de la *e* fueron. . cautivos
Esd. 9.7 sido entregados en. . a *e*, a cautiverio
Neh. 4.13 puse al pueblo. . con sus *e*, con sus
4.17 con una mano. . y en la otra tenían la *e*
4.18 cada uno tenía su *e* ceñida a sus lomos
Est. 9.5 y asolaron. . sus enemigos a filo de *e*
Job 1.15,17 mataron a los criados a filo de *e*
5.15 así libra de la *e* al pobre, de la boca
5.20 te salvará de la. . y del poder de la *e*
15.22 no cree. . y descubierto está para la *e*
19.29 temed vosotros delante de la *e;* porque
19.29 sobreviene el furor de la *e* a causa de
27.14 si sus hijos fueren. . serán para la *e*
33.18 detendrá. . su vida de que perezca a *e*
36.12 pero si no oyeren, serán pasados a *e*
39.22 no. . ni vuelve el rostro delante de la *e*
40.19 puede hacer que su *e* a él se acerque
41.26 ni *e*, ni lanza, ni. . ni coselete durará
Sal. 7.12 si no se arrepiente, él afilará su *e*
17.13 libra mi alma de los malos con tu *e*
22.20 libra de la *e* mi alma, del poder del
37.14 los impíos desenvainan *e* y entesan su
37.15 su *e* entrará en su mismo corazón, y su
44.3 no se apoderaron de la tierra por su *e*
44.6 no confiaré en. . ni mi espada me salvará
45.3 ciñe tu *e* sobre el muslo, oh valiente
55.21 suaviza sus palabras. . son *e* desnudas
57.4 dientes son lanzas. . y su lengua *e* aguda
59.7 *e* hay en sus labios. . dicen: ¿Quién oye?
63.10 destruirán a filo de *e;* serán porción
64.3 que afilan como *e* su lengua; lanzan cual
76.3 allí quebró. . la *e* y las armas de guerra
78.62 entregó también su pueblo a la *e*, y se
78.64 sacerdotes cayeron a *e*, y sus viudas
88.5 como los pasados a *e* que yacen en el
89.43 embotaste asimismo el filo de su *e*, y
144.10 el que rescata de maligna *e* a David
149.6 a Dios. . y *e* de dos filos en sus manos
Pr. 5.4 es amargo. . agudo como *e* de dos filos
12.18 cuyas palabras son como golpes de *e*
30.14 hay generación cuyos dientes son *e*, y
Cnt. 3.8 todos ellos tienen *e*, diestros en la
3.8 cada uno con su *e* sobre su muslo, por los
Is. 1.20 seréis consumidos a *e;* porque la boca
2.4 volverán sus *e* en rejas de arado, y sus
2.4 no alzará *e* nación contra nación, ni se
3.25 tus varones caerán a *e*, y tu fuerza en
13.15 que por ellos sea tomado, caerá a *e*
14.19 como vestido de muertos pasados a *e*, que
21.15 ante la *e* huye, ante la *e* desnuda, ante
22.2 muertos no son muertos a *e*, ni muertos
27.1 Jehová castigará con su *e* dura, grande
31.8 entonces caerá Asiria por *e* no de varón
31.8 y la consumirá *e* no de hombre; y huirá
31.8 Asiria. . huirá de la presencia de la *e*
34.5 en los cielos se embriagará mi *e;* he aquí
34.6 llena está de sangre la *e* de Jehová
37.7 oirá. . haré que en su tierra perezca a *e*
37.38 sus hijos. . le mataron a *e*, y huyeron a
41.2 los entregó a su *e* como polvo, como
49.2 y puso mi boca como *e* aguda, me cubrió
51.19 hambre y *e*. ¿Quién se dolerá de ti?
65.12 también os destinaré a la *e*, y todos
66.16 juzgará con. . y con su *e* a todo hombre
Jer. 2.30 vuestra *e* devoró a vuestros profetas
4.10 engañado. . la *e* ha venido hasta el alma
5.12 no vendrá mal. . ni veremos *e* ni hambre
5.17 y a *e* convertirá en nada tus ciudades
6.25 porque *e* de enemigo y temor hay por el
9.16 y enviaré *e* en pos de ellos, hasta que
11.22 jóvenes morirán a *e*, sus hijos y sus
12.12 porque la *e* de Jehová devorará desde un
14.12 los consumiré con *e*, con hambre y con
14.13 les dicen: No veréis *e*, ni habrá hambre
14.15 que dicen: Ni *e* ni hambre habrá en esta
14.15 con *e* y con hambre serán consumidos
14.18 si salgo al campo, he aquí muertos a *e*
15.2 así ha dicho Jehová: El que. . a *e*, a *e*
15.3 *e* para matar, y perros para despedazar
15.9 entregaré a la *e* delante de. . enemigos
16.4 con *e* y con hambre serán consumidos, y
18.21 hambre, dispérsalos por medio de la *e*
18.21 sus jóvenes heridos a *e* en la guerra
19.7 haré caer a *e* delante de sus enemigos
20.4 caerán por la *e* de sus enemigos, y tus
20.4 los llevará cautivos. . y los matará a *e*
21.7 al pueblo y a los que queden. . de la *e*
21.7 Nabucodonosor. . los herirá a filo de *e*
21.9 que quedare en esta ciudad morirá a *e*
24.10 enviaré sobre ellos *e*. . y pestilencia
25.16,27 causa de la *e* que yo envío entre
25.29 no seréis absueltos; porque *e* traigo
25.31 entregará los impíos a *e*, dice Jehová
26.23 lo mató a *e*, y echó su cuerpo en los
27.8 castigaré a tal nación con *e* y. . hambre
27.13 ¿por qué moriréis tú y tu pueblo a *e*
29.17 he aquí envío yo contra ellos *e*, hambre
29.18 los perseguiré con *e*, con hambre y con
31.2 pueblo que escapó de la *e* halló gracia
32.24 de la *e*, del hambre y de la pestilencia
32.36 entregada será en. . a *e*, a hambre y a
34.4 ha dicho Jehová. . de ti: No morirás a *e*
34.17 promulgo libertad, dice Jehová, a la *e*
38.2 morirá a *e*, o de hambre, o. . pestilencia
39.18 no caerás a *e*, sino que tu vida te será
41.2 hirieron a *e* a Gedalías hijo de Ahicam
42.16 la *e* que teméis, os alcanzará allí en
42.17 morirán a *e*, de hambre y. . pestilencia
42.22 sabed de cierto que a *e*, de hambre y de
43.11 los que a muerte, a. . los que a *e*, a *e*
44.12 caerán a *e*. . serán consumidos de hambre
44.12 a *e* y de hambre morirán desde el menor
44.13 como castigué a Jerusalén, con *e*, con
44.18 mas. . a *e* y de hambre somos consumidos
44.27 consumidos a *e* y de hambre, hasta que
44.28 y los que escapen de la *e* volverán de
46.10 *e* devorará y se saciará. . de la sangre
46.14 en pie y prepárate, porque *e* devorará
46.16 levántate. . huyamos ante la *e* vencedora
47.6 *e* de Jehová, ¿hasta cuándo reposarás?
48.2 Madmena, serás cortada; *e* irá en pos de
48.10 maldito. . detuviere de la sangre su *e*
49.37 y enviaré en pos de ellos *e* hasta que

ESPADA *(Continúa)*
Jer. 50.16 delante de la e destructora cada uno
50.35 e contra los caldeos, dice Jehová, y
50.36 e contra los adivinos, y. . e contra sus
50.37 e contra sus caballos. . e. . sus tesoros
51.50 los que escapasteis de la e, andad, no
Lm. 1.20 fuera hizo estragos la e; por dentro
2.21 mis vírgenes y mis jóvenes cayeron a e
4.9 más dichosos fueron los muertos a e que
5.9 peligro. . traíamos nuestro pan ante la e
Ez. 5.2 cortarás con e alrededor de la ciudad
5.2 al viento, y yo desenvainaré e en pos de
5.12 tercera parte caerá a e alrededor de ti
5.12 esparciré. . y tras ellos desenvainaré e
5.17 en medio de ti, y enviaré sobre ti e
6.3 haré venir sobre vosotros e, y destruiré
6.8 que tengáis. . algunos que escapen de la e
6.11 e y con hambre y con pestilencia caerán
6.12 el que esté cerca caerá a e, y el que
7.15 fuera e, de dentro pestilencia y hambre
7.15 el que esté en el campo morirá a e, y al
11.8 e habéis temido, y e traeré. . vosotros
11.10 a e caeréis; en los límites de Israel
12.14 tropas. . desenvainaré e en pos de ellos
12.16 y haré que unos pocos. . escapen de la e
14.17 si yo trajere e. . y dijere: *E*, pasa por
14.21 mis cuatro juicios. . e, hambre, fieras
16.40 apedrearán, y te atravesarán con sus e
17.21 todos sus fugitivos. . caerán a e, y los
21.3 sacaré mi e de su vaina, y cortaré de ti
21.4 mi e saldrá. . contra toda carne, desde el
21.5 yo Jehová saqué mi e de su vaina; no la
21.9 dí: La e, la e está afilada, y también
21.11 la e está afilada, y está pulida para
21.12 caerán. . a e juntamente con mi pueblo
21.13 y qué, si la e desprecia aun al cetro?
21.14 triplíquese el furor de la e homicida
21.14 esta es la e de la gran matanza que los
21.15 todas las puertas. . puesto espanto de e
21.19 dos caminos por donde venga la e del
21.20 donde venga la e a Rabá de los hijos de
21.28 dirás. . La e, la e está desenvainada
23.10 tomaron sus hijos. . a ella mataron a e
23.25 quitarán. . lo que te quedare caerá a e
23.47 las turbas. . las atravesarán con sus e
24.21 vuestros hijos y. . hijas que. . caerán a e
25.13 desde Temán hasta Dedán caerán a e
26.6 sus hijas. . el campo serán muertas a e
26.8 matará a e a tus hijas que están en el
26.11 a tu pueblo matará a filo de e, y tus
28.7 fuertes. . desenvainarán sus e contra la
28.23 con e contra ella por todos lados; y
29.8 yo traigo contra ti e, y cortaré de ti
30.4 y vendrá e a Egipto, y habrá miedo en
30.5 aliadas, caerán con ellos a filo de e
30.6 caerán en él a filo de e, dice Jehová
30.11 y desenvainarán sus e sobre Egipto, y
30.17 jóvenes de Avén y. . caerán a filo de e
30.21 fortalecerlo. . que pueda sostener la e
30.22 haré que la e se le caiga de la mano
30.24 y pondré mi e en su mano; mas quebraré
30.25 cuando yo ponga mi e en la mano del rey
31.17 ellos descendieron. . con los muertos a e
31.18 derribado. . yacerás, con los muertos a e
32.10 cuando haga resplandecer mi e delante
32.11 e del rey de Babilonia vendrá sobre ti
32.12 con e de fuertes haré caer tu pueblo
32.20 e caerá; a la e es entregado; traedlo
32.21 yacen con los incircuncisos muertos a e
32.22,23,24 todos ellos cayeron muertos a e
32.25,26 todos ellos incircuncisos, muertos a e
32.27 y sus e puestas debajo de sus cabezas
32.28 tú, pues. . yacerás con los muertos a e
32.29 allí Edom. . puestos con los muertos a e
32.30 yacen también. . con los muertos a e, y
32.31 Faraón muerto a e, y todo su ejército
32.32 Faraón. . yacerán. . con los muertos a e
33.2 cuando trajere yo e sobre la tierra, y
33.3 él viere venir la e sobre la tierra, y
33.4 viniendo la e lo hiriere, su sangre será
33.6 el atalaya viere venir la e y no tocare
33.6 y viniendo la e, hiriere de él a alguno
33.26 estuvisteis sobre vuestras e, hicisteis
33.27 en aquellos lugares asolados caerán a e
35.5 entregaste a. . Israel al poder de la e
35.8 en tus valles y en. . caerán muertos a e
38.4 gran multitud. . teniendo todos ellos e
38.8 años vendrás a la tierra salvada de la e
38.21 llamaré contra él la e, dice Jehová el
38.21 e de cada cual será contra su hermano
39.23 los entregué en. . y cayeron todos a e
Dn. 11.33 por algunos días caerán a e y a fuego
Os. 1.7 no los salvaré con. . e, ni con batalla
2.18 quitaré de la tierra arco y e y guerra
7.16 cayeron. . príncipes a e por la soberbia
11.6 caerá e sobre sus ciudades, y. . aldeas
13.16 caerán a e. . sus niños serán estrellados
Jl. 2.8 y aun cayendo sobre la e no se herirán
3.10 forjad e de vuestros azadones, lanzas
Am. 1.11 persiguió a e a su hermano, y violó
4.10 Egipto; maté a e a vuestros jóvenes, con
7.9 me levantaré con e. . la casa de Jeroboam
7.11 Jeroboam morirá a e, e Israel. . llevado
7.17 tus hijos y tus hijas caerán a e, y tu
9.1 al postrero de ellos mataré a e; no habrá
9.4 fueren en cautiverio. . allí mandaré la e
9.10 a e morirán todos los pecadores de mi
Mi. 4.3 martillarán sus e para azadones, y sus
4.3 no alzará e nación contra nación, ni se
5.6 devastarán. . Asiria a e, y con sus e la
6.14 lo que salvares, lo entregaré yo a la e
Nah. 2.13 e devorará tus leoncillos; y cortaré
3.3 jinete enhiesto, y resplandor de e. . lanza
3.15 te consumirá el fuego, te talará la e
Sof. 2.12 de Etiopía seréis muertos con mi e
Hag. 2.22 vendrán abajo. . cada cual por la e de
Zac. 9.13 porque. . te pondré como e de valiente
11.17 hiera la e su brazo, y su ojo derecho
13.7 levántate, oh e, contra el pastor, y
Mt. 10.34 no he venido para traer paz, sino e
26.47 vino Judas. . y con él mucha gente con e
26.51 sacó su e, e hiriendo a un siervo del
26.52 Jesús le dijo: Vuelve tu e a su lugar
26.52 todos los que tomen e, a e perecerán
26.55 habéis salido con e y con palos para
Mr. 14.43 vino Judas. . con él mucha gente con e
14.47 sacando la e, hirió al siervo del sumo
14.48 habéis salido con e y con palos para
Lc. 2.35 una e traspasará tu misma alma), para
21.24 y caerán a filo de e, y serán llevados
22.36 y el que no tiene e, venda su capa y
22.38 ellos dijeron: Señor, aquí hay dos e
22.49 le dijeron: Señor, ¿heriremos a e?
22.52 ¿como. . habéis salido con e y palos?
Jn. 18.10 tenía una e, la desenvainó, e hirió
18.11 dijo a Pedro: Mete tu e en la vaina
Hch. 12.2 y mató a e a Jacobo, hermano de Juan
16.27 sacó la e y se iba a matar, pensando
Ro. 8.35 o hambre, o desnudez, o peligro, o e?
13.4 no en vano lleva la e, pues es servidor
Ef. 6.17 la e del Espíritu, que es la palabra
He. 4.12 más cortante que toda e de dos filos
11.34 evitaron filo de e, sacaron fuerzas de
11.37 puestos a prueba, muertos a filo de e
Ap. 1.16 de su boca salía una e. . de dos filos
2.12 el que tiene la e aguda de. . dice esto
2.16 pelearé contra ellos con la e de mi boca
6.4 que se matasen. . y se le dio una gran e
6.8 le fue dada potestad. . para matar con e
13.10 alguno mata a e, a e debe ser muerto
13.14 a la bestia que tiene la herida de e
19.15 de su boca sale una e aguda, para herir
19.21 los demás fueron muertos con la e que

ESPALDA
Gn. 19.26 mujer de Lot miró atrás, a e de él
22.13 sus e un carnero trabado en un zarzal
Éx. 14.19 la columna. . apartó y se puso a sus e
26.12 la mitad. . colgará a e del tabernáculo
33.23 apartaré mi mano, y verás mis e; mas
Nm. 3.23 Gersón acamparán a e del tabernáculo
Jos. 7.8 Israel ha vuelto la e delante de sus
7.12 delante de sus enemigos volverán la e
8.14 que estaba puesta emboscada a e de la
Jue. 20.42 volvieron. . e delante de Israel hacia
1 S. 10.9 al volver él la e para apartarse de
2 S. 2.23 salió la lanza por la e, y cayó allí
13.34 gente que venía por el camino a sus e
22.41 y has hecho que mis. . me vuelvan las e
1 R. 14.9 dioses. . y a mí me echaste tras tus e
2 R. 9.24 su arco, e hirió a Joram entre las e
2 Cr. 13.13 hizo. . para venir a ellos por la e
13.13 ellos, la emboscada estaba a e de Judá
13.14 que tenía batalla por delante y a las e
29.6 porque le dejaron. . y le volvieron las e
Neh. 9.26 echaron tu ley tras sus e, y mataron
Job 31.22 e se caiga de mi hombro, y. . mi brazo
Sal. 18.40 que mis enemigos me vuelvan las e
50.17 tú aborreces. . echas a tu e mis palabras
78.9 volvieron las e en el día de la batalla
129.3 sobre mis e araron los aradores. . surcos
Pr. 10.13 la vara es para las e del falto de
19.29 y azotes para las e de los necios
26.3 látigo. . y la vara para la e del necio
Is. 28.13 allá; hasta que vayan y caigan de e
30.21 oídos oirán a tus e palabra que diga
38.17 echaste tras tus e todos mis pecados
Jer. 18.17 les mostraré las e y no el rostro
48.39 ¡cómo volvió la e Moab. . avergonzado!
Ez. 8.16 sus e vueltas al templo de Jehová y
10.12 su cuerpo, sus e, sus manos, sus alas
23.35 y me has echado tras tus e, por eso
24.4 carne. . todas buenas piezas, pierna y e
29.18 toda e desollada; y ni para él ni para
Dn. 7.6 otra. . con cuatro alas de ave en sus e
Zac. 7.11 volvieron la e, y taparon sus oídos
Lc. 22.6 buscaba. . entregárselo a e del pueblo
Ro. 11.10 vean, y agóbiales la e para siempre

ESPALDILLA
Éx. 29.22 tomarás del carnero. . y la e derecha
29.27 apartarás. . la e de la ofrenda elevada
Lv. 7.32 daréis al sacerdote. . la e derecha de
7.33 recibirá la e derecha como porción suya
7.34 he tomado de. . la e elevada en ofrenda
8.25 dos riñones y la grosura. . la e derecha
8.26 puso con la grosura y con la e derecha
9.21 los pechos, con la e derecha, los meció
10.14 comeréis. . pecho mecido y la e elevada
10.15 traerán la e que se ha de elevar y el
Nm. 6.19 tomará el sacerdote la e cocida del
6.20 además del pecho. . y de la e separada
18.18 la carne. . como la e derecha, será tuya
Dt. 18.3 darán al sacerdote la e, las quijadas
1 S. 9.24 entonces alzó el cocinero una e, con

ESPANTAR
Gn. 42.28 y *espantados* dijeron el uno al otro
Lv. 26.6 dormiréis, y no habrá quien os *espante*
Dt. 28.26 fiera. . y no habrá quien las *espante*
2 Cr. 32.18 *espantarles*. . a fin de poder tomar
Job 3.25 temor que me *espantaba* me ha venido
9.34 quite. . vara, y su terror no me *espante*
11.19 te acostarás, y no. . quien te *espante*
13.11 cierto su alteza os habría de *espantar*
18.20 se *espantarán* los de occidente, y pavor
21.5 miradme, y *espantaos*, y poned la mano
23.15 yo me *espanto* en su presencia; cuando
26.11 del cielo. . se *espantan* a su reprensión
32.15 se *espantaron*, no respondieron más; se
33.7 he aquí, mi terror no te *espantará*, ni
41.14 las hileras de sus dientes *espantan*
Sal. 64.8 se *espantarán* todos los que los vean
Is. 14.9 Seol abajo se *espantó* de ti; despertó
16.2 cual ave *espantada* que huye de su nido
17.2 dormirán. . y no habrá quien los *espante*
21.3 agobié oyendo, y al ver me he *espantado*
31.4 como el león. . no lo *espantarán* sus voces
41.5 los confines de la tierra se *espantaron*
Jer. 2.12 *espantaos*, cielos, sobre esto. . dijo
7.33 las aves. . y no habrá quien las *espante*
8.9 sabios se avergonzaron, se *espantaron* y
23.2 mis ovejas. . las *espantasteis*, y no las
30.10 volverá. . y no habrá quien le *espante*
36.16 uno se volvió *espantado* a su compañero
Ez. 26.18 las islas. . se *espantarán* a causa de
30.9 mensajeros. . para *espantar* a Etiopía la
34.28 habitarán. . no habrá quien las *espante*
39.26 habiten en. . y no haya quien los *espante*
Dn. 3.24 el rey Nabucodonosor se *espantó*, y se
4.5 vi un sueño que me *espantó*, y tendido en
8.27 estaba *espantado* a causa de la visión
Nah. 2.11 león, y no había quien los *espantase?*
Mr. 5.42 se levantó. . se *espantaron* grandemente
9.6 no sabía lo que. . pues estaban *espantados*
16.5 a un joven sentado al. . y se *espantaron*
Lc. 24.37 *espantados* y atemorizados, pensaban
Hch. 22.9 vieron. . la luz, y se *espantaron;* pero
24.25 Félix se *espantó*, y dijo: Ahora vete
He. 12.21 dijo: Estoy *espantado* y temblando

ESPANTO
Éx. 15.16 caiga sobre ellos temblor y e; a la
Dt. 2.25 poner tu temor y tu e sobre. . pueblos
26.8 nos sacó. . con grande e, y con señales
32.25 espada, y dentro de las cámaras el e
Jue. 8.12 siguió. . llenó de e a todo el ejército
2 Cr. 7.21 casa. . será e de todo el que pasare
Job 4.14 me sobrevino un e y un temblor, que
18.14 tienda, y al rey de los e será conducido
22.10 por tanto, hay. . y te turba e repentino
39.22 hace burla del e, y no teme, ni vuelve
Sal. 14.5 ellos temblaron de e; porque Dios está
Is. 19.17 la tierra de Judá será de e a Egipto
21.4 la noche de mi deseo se me volvió en e
28.19 será ciertamente e el entender lo oído
32.10 de aquí a algo más de un año tendréis e
33.14 en Sion; e sobrecogió a los hipócritas
33.18 tu corazón imaginará el e, y dirá: ¿Qué
Jer. 8.21 quebrantado estoy. . e me ha arrebatado
17.17 no me seas tú por e. . mi refugio eres
19.8 pondré a esta ciudad por e y burla; todo
25.11 toda esta tierra será puesta. . en e; y
29.18 los daré. . por maldición y por e, y por
30.5 hemos oído voz de temblor; de e y no de
42.18 seréis objeto de execración y de e, y
44.12 serán objeto. . de e, de maldición y de
44.22 tierra fue puesta en. . e y en maldición
48.39 Moab objeto de escarnio y de e a todos
49.5 aquí yo traigo sobre ti e, dice el Señor
51.37 será Babilonia. . e y burla, sin morador
51.41 cómo vino a ser Babilonia objeto de e
Ez. 4.16 y beberán el agua por medida y con e
4.17 miren unos a otros con e, y se consuman
5.15 y serás oprobio y. . e a las naciones que
12.19 su pan comerán. . y con e beberán su agua
21.15 puertas de ellos he puesto e de espada
26.16 de e se vestirán. . y estarán atónitos
26.21 te convertiré en e, y dejarás de ser
27.35 sus reyes temblarán de e; demudarán sus
27.36 a ser e, y para siempre dejarás de ser
28.19 e serás, y para siempre dejarás de ser
30.9 y tendrán e como en el día de Egipto
32.25 porque fue puesto su e en la tierra de
Mr. 16.8 porque les había tomado temblor y e
Hch. 3.10 y se llenaron de asombro y e por lo

ESPANTOSO, SA
Dt. 8.15 caminar por un desierto grande y e
Job 15.21 estruendos e hay en sus oídos; en la

ESPANTOSO, SA *(Continúa)*

Is. 29.14 excitaré..con un prodigio grande y *e*
Jer. 5.30 cosa *e* y fea es hecha en la tierra
Ez. 1.18 aros eran altos y *e*, y llenos de ojos
Dn. 7.7 he aquí la cuarta bestia, *e* y terrible
7.19 *e* en gran manera, que tenía dientes de
Jl. 2.31 antes que venga el día..*e* de Jehová

ESPAÑA

Ro. 15.24 cuando vaya a *E*, iré a vosotros
15.28 fruto, pasaré entre vosotros rumbo a *E*

ESPARCIR

Gn. 10.32 de éstos se *esparcieron* las naciones
11.4 un nombre, por si fuéremos *esparcidos*
11.8 los *esparció* Jehová desde allí sobre la
11.9 los *esparció* sobre la faz de..la tierra
49.7 los apartaré..y los *esparciré* en Israel
Éx. 5.12 pueblo se *esparció* por toda la tierra
9.8 *esparcirá* Moisés hacia el cielo delante
9.10 y la *esparció* Moisés hacia el cielo
24.6 y *esparció* la otra mitad de la sangre
32.20 que *esparció* sobre las aguas, y lo dio
Lv. 14.16 y *esparcirá* del aceite con su dedo
16.14 *esparcirá* con su dedo siete veces de
16.15 y la *esparcirá* sobre el propiciatorio
16.19 y *esparcirá* sobre él de la sangre con
17.6 el sacerdote *esparcirá* la sangre sobre
26.33 y a..os *esparciré* entre las naciones
Nm. 11.8 el pueblo se *esparcía* y lo recogía, y
Dt. 4.27 Jehová os *esparcirá* entre los pueblos
22.19 *esparció* mala fama sobre una virgen de
28.64 Jehová te *esparcirá* por..los pueblos
30.3 los pueblos adonde te hubiere *esparcido*
32.26 yo había dicho que los *esparciría* lejos
1 S. 14.34 dijo Saúl: *Esparcíos* por el pueblo
2 S. 13.19 tomó ceniza y la *esparció* sobre su
16.13 Simei iba..delante..*esparciendo* polvo
1 R. 14.15 los *esparcirá* más allá del Eufrates
22.17 yo vi a todo Israel *esparcido* por los
2 R. 4.41 la *esparció* en la olla, y dijo: Da
16.13 *esparció* la sangre de sus sacrificios
16.15 *esparcirás* sobre él toda la sangre del
2 Cr. 11.23 y *esparció* a todos sus hijos por
29.22(3) *esparcieron*..sangre sobre el altar
30.16 y los sacerdotes *esparcían* la sangre
34.4 desmenuzó, y *esparció* el polvo sobre los
35.11 y *esparcían*..la sangre recibida de los
Est. 3.8 hay un pueblo *esparcido* y distribuido
Job 2.12 los tres *esparcieron* polvo sobre sus
12.23 *esparce* a las naciones, y las vuelve
18.15 azufre será *esparcida* sobre su morada
20.28 serán *esparcidos* en el día de su furor
37.11 nube, y con su luz *esparce* la niebla
38.24 y se *esparce* el viento solano sobre la
41.22 delante de él se *esparce* el desaliento
Sal. 44.11 nos has *esparcido* entre las naciones
53.5 porque Dios ha *esparcido* los huesos del
68.1 sean *esparcidos* sus enemigos, y huyan
68.9 abundante lluvia *esparciste*, oh Dios
68.14 cuando *esparció*..los reyes allí, fue
68.30 *esparce* a los pueblos que se..la guerra
89.10 con tu brazo..*esparciste* a tus enemigos
92.9 *esparcidos* todos los que hacen maldad
106.27 humillar..*esparcirlos* por las tierras
107.40 *esparce* menosprecio sobre..príncipes
141.7 *esparcidos* nuestros huesos a la boca
Pr. 15.7 boca de los sabios *esparce* sabiduría
Ec. 3.5 tiempo de *esparcir* piedras, y tiempo de
Is. 11.12 y reunirá los *esparcidos* de Judá de
24.1 trastorna su faz, y hace *esparcir* a sus
27.13 sido *esparcidos* en la tierra de Asiria
33.3 naciones fueron *esparcidas* al levantarte
41.16 los llevará el viento, y los *esparcirá*
Jer. 8.2 los *esparcirán* al sol y a la luna y a
9.16 los *esparciré* entre naciones que ni ellos
10.21 por tanto..todo su ganado se *esparció*
13.24 los *esparciré* al viento del desierto
18.17 los *esparciré* delante del enemigo; les
25.34 para que seáis degollados y *esparcidos*
30.11 las naciones entre las cuales te *esparcí*
31.10 el que *esparció* a Israel lo reunirá y
49.32 y los *esparciré* por todos los vientos
Lm. 4.1 piedras del santuario están *esparcidas*
Ez. 5.2 una tercera parte *esparcirás* al viento
5.10 y *esparciré* a todos los vientos todo lo
5.12 una tercera parte *esparciré* a todos los
6.5 vuestros huesos *esparciré* en derredor de
6.8 cuando seáis *esparcidos* por las tierras
10.2 carbones..y *espárcelos* sobre la ciudad
11.16 aunque..les he *esparcido* por las tierras
11.17 y os congregaré de..estáis *esparcidos*
12.14 a todas sus tropas, *esparciré* a todos
12.15 y sabrán que yo..cuando los *esparciere*
17.21 serán *esparcidos* a todos los vientos
20.23 que los *esparciría* entre las naciones
20.34,41 las tierras en que estáis *esparcidos*
22.15 te *esparciré* por las tierras; y haré
28.25 pueblos entre los cuales está *esparcida*
29.12 *esparciré* a Egipto entre las naciones
29.13 pueblos entre los cuales..*esparcidos*
30.23,26 *esparciré* a los egipcios entre las
34.6 fueron *esparcidas* mis ovejas, y no hubo
34.12 está en medio de sus ovejas *esparcidos*
34.12 los lugares en que fueron *esparcidas*
36.19 les *esparcí* por las naciones, y fueron
36.25 *esparciré* sobre vosotros agua limpia
43.18 altar..y para *esparcir* sobre él sangre
Jl. 3.2 Israel..a quien ellas *esparcieron* entre
Sof. 3.10 la hija de mis *esparcidos* traerá mi
Zac. 2.6 por los cuatro vientos de..os *esparcí*
7.14 que los *esparcí*..por todas las naciones
10.9 bien que los *esparciré* entre los pueblos
Mt. 25.24 siegas..recoges donde no *esparciste*
25.26 sabías que..y recojo donde no *esparcí*
Lc. 1.51 *esparció*..soberbios en el pensamiento
Jn. 2.15 *esparció* las monedas de los cambistas
16.32 la hora viene..en que seréis *esparcidos*
Hch. 8.1 fueron *esparcidos* por las tierras de
8.4 pero los que fueron *esparcidos* iban por
11.19 que habían sido *esparcidos* a causa de

ESPECIA

Éx. 25.6 *e* para el aceite de la unción y para
30.23 tomarás *e* finas: de mirra excelente 500
30.34 *e* aromáticas, estacte y uña aromática
35.8 *e* para el aceite de la unción y para el
35.28 las *e* aromáticas, y el aceite para el
1 R. 10.2 vino a..con camellos cargados de *e*
10.10 nunca vino tan gran cantidad de *e*, como
10.15 sin..lo de la contratación de *e*, y lo
10.25 le llevaban..*e* aromáticas, caballos y
2 R. 20.13 Ezequías..les mostró..*e*, y ungüentos
1 Cr. 9.29 ellos tenían el cargo de..de las *e*
2 Cr. 9.1 con camellos cargados de *e* aromáticas
9.9 dio al rey..gran cantidad de *e* aromáticas
9.9 nunca hubo tales *e* aromáticas como las
16.14 cual llenaron de perfume y diversas *e*
Cnt. 4.10 mejores..que todas las *e* aromáticas!
4.14 con todas las principales *e* aromáticas
5.13 mejillas, como una era de *e* aromáticas
6.2 mi amado descendió..a las eras de las *e*
Is. 39.2 les mostró..plata y oro, *e*, ungüentos
Jer. 34.5 así como quemaron *e* por tus padres
Mr. 16.1 compraron *e* aromáticas..ir a ungirle
Lc. 23.56 prepararon *e* aromáticas y ungüentos
24.1 al sepulcro, trayendo las *e* aromáticas
Jn. 19.40 y lo envolvieron en lienzos con *e*
Ap. 18.13 canela. *e* aromáticas, incienso, mirra

ESPECIAL

Éx. 19.5 mi *e* tesoro sobre todos los pueblos
Lv. 27.2 cuando alguno hiciere *e* voto a Jehová
Nm. 15.3 *e* voto, o de vuestra voluntad, o para
15.8 cuando ofrecieres novillo..por *e* voto
Dt. 7.6 te ha escogido para serle un pueblo *e*
Est. 2.9 siete doncellas *e* de la casa del rey
Mal. 3.17 y serán para mí *e* tesoro, ha dicho

ESPECIE

Gn. 1.21 creó Dios..toda ave alada según su *e*
1.24 animales de la tierra según su *e*. Y fue
1.25 todo animal que se arrastra..según su *e*
6.19 dos de cada *e* meterás en el arca, para
6.20 las aves según su *e*..bestias según su *e*
6.20 todo reptil..según su *e*, dos de cada *e*
7.3 para conservar viva la *e* sobre la faz de
7.14 los animales silvestres según sus *e*, y
7.14 los animales domesticados según sus *e*
7.14 todo reptil que se arrastra..según su *e*
7.14 ave según su *e*, y todo pájaro de toda *e*
8.19 y todo..según sus *e*, salieron del arca
Lv. 11.14 el gallinazo, el milano según su *e*
11.15 todo cuervo según su *e*
11.16 la gaviota, el gavilán según su *e*
11.19 la garza según su *e*, la abubilla y el
11.22 estos comeréis..la langosta según su *e*
11.22 esto comeréis..el langostín según su *e*
11.22 argol según su *e*..el hagab según su *e*
11.29 inmundos..el ratón, la rana según su *e*
19.19 no harás ayuntar tu ganado con..otra *e*
Dt. 14.13 el gallinazo, el milano según su *e*
14.14 todo cuervo según su *e*
14.15 la gaviota y el gavilán según su *e*
14.18 la garza según su *e*, la abubilla y el
Neh. 13.20 los que vendían toda *e* de mercancía
Ez. 17.23 habitarán debajo..las aves de toda *e*
39.4 a aves de rapiña de toda *e*..te he dado
39.17 dí a las aves de toda *e*, y a..Juntaos
47.10 por sus *e* serán los peces tan numerosos
1 Ts. 5.22 absteneos de toda *e* de mal

ESPECIERÍA

1 R. 10.10 y dio ella..*e*, y piedras preciosas
Ez. 27.22 principal de toda *e*, y toda piedra

ESPECTÁCULO

Lc. 23.48 los que estaban presentes en este *e*
1 Co. 4.9 pues hemos llegado a ser *e* al mundo
He. 10.33 con vituperios y..fuisteis hechos *e*

ESPEJO

Éx. 38.8 de los *e* de las mujeres que velaban a
Job 37.18 los cielos, firmes como un *e* fundido?
Is. 3.23 los *e*, el lino fino, las gasas y los
1 Co. 13.12 ahora vemos por *e*, oscuramente; mas
2 Co. 3.18 mirando..un *e* la gloria del Señor
Stg. 1.23 considera en un *e* su rostro natural

ESPERA

2 P. 3.14 amados, estando en *e* de estas cosas

ESPERANZA

Rt. 1.12 dijese: *E* tengo, y..diese a luz hijos
2 R. 18.5 en Jehová Dios de Israel puso su *e*
Esd. 10.2 pesar de esto, aún hay *e* para Israel
Job 4.6 ¿no es tu *e* la integridad de..caminos?
5.16 pues es *e* al menesteroso, y la iniquidad
6.20 fueron avergonzados por su *e*; porque
7.6 mis días..más veloces..fenecieron sin *e*
8.13 los caminos..y la *e* del impío perecerá
8.14 porque su *e* será cortada, y su confianza
11.18 tendrás confianza, porque hay *e*
11.20 malos..su *e* será dar su último suspiro
14.7 árbol fuere cortado, aún queda de él *e*
14.19 de igual manera haces tú perecer la *e*
17.15 ¿dónde..mi *e*? Y mi *e*, ¿quién la verá?
19.10 hecho pasar mi *e* como árbol arrancado
27.8 ¿cuál es la *e* del impío, por mucho que
31.24 si puse en el oro mi *e*, y dije al oro
41.9 aquí que la *e* acerca de él será burlada
Sal. 9.18 no..ni la *e* de los pobres perecerá
14.6 del..se han burlado, pero Jehová es su *e*
39.7 Señor, ¿qué esperaré? Mi *e* está en ti
62.5 en Dios..reposa, porque de él es mi *e*
65.5 *e* de todos los términos de la tierra
71.5 porque tú, oh Señor Jehová, eres mi *e*
73.28 he puesto en Jehová el Señor mi *e*, para
91.2 diré yo a Jehová: *E* mía, y castillo mío
91.9 porque has puesto a Jehová, que es mi *e*
119.116 y no quede yo avergonzado de mi *e*
142.5 dije: Tú eres mi *e*, y mi porción en la
146.5 aquel..cuya *e* está en Jehová su Dios
Pr. 10.28 la *e* de los justos es alegría; mas la
10.28 alegría; mas la *e* de los impíos perecerá
11.7 muere el hombre impío, perece su *e*, y la
11.23 bien, mas la *e* de los impíos es el enojo
13.12 *e* que se demora es tormento del corazón
14.26 fuerte confianza; y *e* tendrán sus hijos
14.32 impío, mas el justo en su muerte tiene *e*
19.18 castiga a tu hijo en tanto que hay *e*
23.18 porque..hay fin, y tu *e* no será cortada
24.14 hallares..al fin tu *e* no será cortada
26.12; 29.20 más *e* hay del necio que de él
Ec. 9.4 hay *e* para..que está entre los vivos
Is. 20.5 y avergonzarán de Etiopía su *e*, y de
20.6 mirad qué tal fue nuestra *e*, a donde nos
30.2 para..poner su *e* en la sombra de Egipto
31.1 su *e* ponen en carros, porque son muchos
51.5 a mí me esperan..en mi brazo ponen su *e*
Jer. 14.8 oh *e* de Israel, Guardador suyo en el
17.13 ¡oh Jehová, *e* de Israel! todos los que
23.16 os alimentan con vanas *e*; hablan visión
31.17 *e* hay también para tu porvenir, dice
50.7 pecaron..contra Jehová *e* de sus padres
Lm. 3.18 dije: Perecieron mis fuerzas, y mi *e*
3.29 ponga su boca en el..por si aún hay *e*
4.17 en nuestra *e* aguardamos a una nación que
Ez. 19.5 que se perdía su *e*, tomó otro de sus
37.11 y pereció nuestra *e*, y somos del todo
Os. 2.15 daré..valle de Acor por puerta de *e*
Jl. 3.16 Jehová será la *e* de su pueblo, y la
Zac. 9.5 asimismo Ecrón..su *e* será confundida
9.12 volveos a la fortaleza, oh prisioneros de *e*
Jn. 5.45 hay..Moisés, en quien tenéis vuestra *e*
Hch. 2.26 gozó..aun mi carne descansará en *e*
16.19 que había salido la *e* de su ganancia
23.6 acerca de la *e*..los muertos se me juzga
24.15 teniendo *e* en Dios, la cual..abrigan
26.6 por la *e* de la promesa que hizo Dios a
26.7 por esta *e*..soy acusado por los judíos
27.20 habíamos perdido toda *e* de salvarnos
28.20 porque por la *e* de Israel estoy sujeto
Ro. 4.18 él creyó en *e* contra *e*, para llegar a
5.2 y nos gloriamos en la *e* de la gloria de
5.4 y la paciencia, prueba; y la prueba, *e*
5.5 *e* no avergüenza; porque el amor de Dios
8.20 sino por causa del que la sujetó en *e*
8.24 en *e*..salvos..la *e* que se ve, no es *e*
12.12 en la *e*; sufridos en la tribulación
15.4 que por la paciencia y la..tengamos *e*
15.13 Dios de *e* os llene de todo gozo y paz
15.13 sino que abundéis en *e* por el poder del
1 Co. 9.10 porque con *e* debe arar el que ara
9.10 y el que trilla, con *e* de recibir del
13.13 ahora permanecen la fe, la *e* y el amor
2 Co. 1.7 y nuestra *e*..de vosotros es firme
1.8 aun perdimos la *e* de conservar la vida
3.12 teniendo tal *e*, usamos de..franqueza
Gá. 5.5 aguardamos por fe la *e* de la justicia
Ef. 1.18 que sepáis cuál es la *e* a que él os
2.12 alejados..sin *e* y sin Dios en el mundo
4.4 llamados en una misma *e* de..vocación
Fil. 1.20 conforme a mi anhelo y *e* de que en
Col. 1.5 *e* que os está guardada en los cielos
1.23 si moveros de la *e* del evangelio que
1.27 es Cristo en vosotros, la *e* de gloria
1 Ts. 1.3 y de vuestra constancia en la *e* en
2.19 ¿cuál es nuestra *e*, o gozo, o corona de
4.13 no os entristezcáis como..que no tienen *e*

ESPERANZA *(Continúa)*

1 Ts. 5.8 amor, y con la *e* de salvación como yelmo
2 Ts. 2.16 nos dio consolación eterna y buena *e*
1 Ti. 1.1 y del Señor Jesucristo nuestra *e*
3.14 aunque tengo la *e* de ir pronto a verte
6.17 pongan la *e* en las riquezas, las cuales
Tit. 1.2 la *e* de la vida eterna, la cual Dios
2.13 aguardando la *e* bienaventurada y la
3.7 ser herederos conforme a la *e* de la vida
He. 3.6 retenemos firme..el gloriarnos en la *e*
6.11 solicitud..para plena certeza de la *e*
6.18 para asirnos de la *e* puesta delante de
7.19 la introducción de una mejor *e*, por la
10.23 firme, sin fluctuar, la profesión de..*e*
1 P. 1.3 nos hizo renacer para una *e* viva, por
1.21 para que vuestra fe y *e* sean en Dios
3.15 que os demande razón de la *e* que hay en
1 Jn. 3.3 que tiene esta *e* en él, se purifica

ESPERAR

Gn. 8.10,12 *esperó*..otros siete días, y volvió
22.5 *esperad* aquí con el asno, y yo y..iremos
24.55 *espere* la doncella con nosotros a lo
49.18 tu salvación *esperé*, oh Jehová
Éx. 24.12 *espera*..y te daré tablas de piedra
24.14 *esperadnos* aquí hasta que volvamos a
Nm. 9.8 *esperad*, y oiré lo que ordena Jehová
11.16 tráelos a la puerta del..y *esperen* allí
Dt. 31.14 *esperad* en el tabernáculo de reunión
31.14 fueron..y *esperaron* en el tabernáculo
32.29 dieran cuenta del fin que les *espera!*
Jue. 3.25 habiendo *esperado* hasta estar confusos
6.18 él respondió..*esperaré* hasta que vuelvas
Rt. 1.13 ¿habíais vosotras de *esperarlos* hasta
3.18 *espérate*, hija mía, hasta que sepas cómo
1 S. 9.27 *espera* tú un poco para que te declare
10.8 *espera* siete días, hasta que yo venga a
12.16 *esperad* aún..mirad esta gran cosa que
13.8 *esperó* siete días, conforme al plazo que
14.9 *esperad* hasta que lleguemos a vosotros
20.19 y *esperarás* junto a la piedra de Ezel
2 S. 22.31 escudo es a..los que en él *esperan*
2 R. 6.33 ¿para qué he de *esperar* más a Jehová?
7.9 y si *esperamos*..alcanzará nuestra maldad
9.3 abriendo la..echa a huir, y no *esperes*
1 Cr. 5.20 les fue favorable..*esperaron* en él
Est. 9.1 los enemigos de los judíos *esperaban*
Job 3.9 *espere* la luz, y no venga, ni vea los
3.21 que *esperan* la muerte, y ella no llega
6.11 ¿cuál es mi fuerza para *esperar* aún?
6.19 caminantes de Sabá *esperaron* en ellas
7.2 como el jornalero *espera* el reposo de su
13.15 aunque él me matare, en él *esperaré*
14.14 *esperaré*, hasta..venga mi liberación
17.13 si yo *espero*, el Seol es mi casa; haré
29.21 y *esperaban*, y callaban a mi consejo
29.23 *esperaban* como a la lluvia, y abrían su
30.26 cuando *esperaba* yo el bien, entonces
30.26 cuando *esperaba* luz, vino la oscuridad
32.4 Eliú había *esperado* a Job en la disputa
32.11 aquí yo he *esperado* a vuestras razones
32.16 yo, pues, he *esperado*, pero no hablaban
36.2 *espérame* un poco, y yo te enseñaré
Sal. 5.3 presentaré delante de ti, y *esperaré*
18.30 escudo es a todos los que en él *esperan*
22.4 en ti *esperaron*..*e*, y tú los libraste
25.3 ninguno de cuantos *esperan* en ti será
25.5 tú eres..en ti he *esperado* todo el día
25.21 me guarden, porque en ti he *esperado*
27.14 aguarda a Jehová..sí, *espera* a Jehová
31.6 los que *esperan* en vanidades ilusorias
31.6 vanidades..mas yo en Jehová he *esperado*
31.19 has mostrado a los que *esperan* en ti
31.24 esforzaos..los que *esperáis* en Jehová
32.10 al que *espera* en Jehová, le rodea la
33.18 sobre los que *esperan* en su misericordia
33.20 nuestra alma *espera* a Jehová..ayuda
33.22 tu misericordia..según *esperamos* en ti
37.7 guarda silencio ante Jehová, y *espera* en
37.9 los que *esperan* en Jehová..heredarán la
37.34 *espera* en Jehová, y guarda su camino
37.40 los salvará, por cuanto en él *esperaron*
38.15 porque en ti, oh Jehová he *esperado*
39.7 Señor, ¿qué *esperaré?* Mi esperanza está
40.1 *esperé* a Jehová, y se inclinó a mí, y
42.5,11; 43.5 *espera* en Dios..he de alabarle
52.9 *esperaré* en tu nombre, porque es bueno
59.9 a causa del..del enemigo *esperaré* en ti
62.8 *esperad* en él en todo tiempo, oh pueblos
69.3 han desfallecido..*esperando* a mi Dios
69.20 *esperé* quien se compadeciese de mí, y no
71.14 mas yo *esperaré* siempre, y te alabaré
104.27 todos ellos *esperan* en ti, para que
106.13 olvidaron sus..no *esperaron* su consejo
119.43 verdad, porque en tus juicios *espero*
119.49 palabra..la cual me has hecho *esperar*
119.74 porque en tu palabra he *esperado*
119.81 desfallece..mas *espero* en tu palabra
119.114 mi escudo..en tu palabra he *esperado*
119.147 me anticipé al..*esperé* en tu palabra
119.166 tu salvación he *esperado*, oh Jehová
130.5 *esperé* yo a Jehová, *esperó* mi alma; en
130.5 a Jehová..en su palabra he *esperado*
130.6 mi alma *espera* a Jehová más que los
130.7 *espere* Israel a Jehová, porque en Jehová
131.3 *espera*, oh Israel, en Jehová, desde
145.15 los ojos de todos *esperan* en ti, y tú
147.11 en los que *esperan* en su misericordia
Pr. 20.22 *espera* a Jehová, y él te salvará
30.5 él es escudo a los que en él *esperan*
Is. 5.2 y *esperaba* que diese uvas, y dio uvas
5.4 ¿cómo, *esperando* yo que diese uvas, ha
5.7 *esperaba* juicio, y he aquí vileza..clamor
8.17 *esperaré*, pues, a Jehová..él confiaré
25.9 éste es nuestro Dios, le hemos *esperado*
25.9 éste es Jehová a quien hemos *esperado*
26.8 oh Jehová, te hemos *esperado;* tu nombre
30.18 Jehová *esperará* para tener piedad de
33.2 oh Jehová..a ti hemos *esperado;* tú, brazo
38.18 ni los que descienden al..*esperarán* tu
40.31 pero los que *esperan* a Jehová tendrán
42.4 justicia; y las costas *esperarán* su ley
49.23 no se avergonzarán los que *esperan* en
51.5 a mí me *esperan* los de la costa, y en mi
59.9 *esperamos* luz, y he aquí tinieblas
59.11 *esperamos* justicia, y no la hay..alejó
60.9 a mí *esperarán* los de la costa, y las
64.3 cosas terribles cuales nunca *esperábamos*
64.4 ti, que hiciese por el que en él *espera*
Jer. 8.15 *esperamos* paz, y no hubo bien; día
13.16 *esperéis* luz, y os la vuelva en sombra
14.19 *esperamos* paz, y no hubo bien; tiempo
14.22 en ti, pues, *esperamos*, pues tú hiciste
29.11 de paz..para daros el fin que *esperáis*
Lm. 2.16 es el día que *esperábamos;* lo hemos
3.21 recapacitaré en..por lo tanto *esperaré*
3.24 mi porción es Jehová..en él *esperaré*
3.25 bueno es Jehová a los que en él *esperan*
3.26 bueno es *esperar*..salvación de Jehová
4.17 desfallecido nuestros ojos *esperando* en
Ez. 13.6 *esperan* que él confirme la palabra de
19.5 viendo ella que había *esperado* mucho
Dn. 12.12 bienaventurado el que *espere*..1.335
Os. 6.9 y como ladrones que *esperan* a..hombre
Mi. 5.7 lluvias..las cuales no *esperan* a varón
7.7 mas yo..*esperaré* al Dios de mi salvación
Hab. 2.3 aunque tardare, *espéralo*, porque sin
Sof. 3.8 *esperadme*, dice Jehová, hasta el día
Mt. 11.3 ¿eres tú aquel..o *esperaremos* a otro?
12.21 y en su nombre *esperarán* los gentiles
24.50 vendrá el..en día que éste no *espera*
Mr. 15.43 José de..*esperaba* el reino de Dios
Lc. 1.21 el pueblo estaba *esperando* a Zacarías
2.25 y este hombre..*esperaba* la consolación
2.38 hablaba del niño a..los que *esperaban*
6.35 prestad, no *esperando* de ello nada; y
7.19,20 ¿eres tú el..o *esperaremos* a otro?
8.40 recibió la multitud..todos le *esperaban*
12.46 vendrá el..en día que éste no *espera*
23.8 él, y *esperaba* verle hacer alguna señal
23.51 que también *esperaba* el reino de Dios
24.21 *esperábamos* que él era el que había de
Jn. 5.3 que *esperaban* el movimiento del agua
Hch. 1.4 que *esperasen* la promesa del Padre, la
3.5 él les estuvo atento, *esperando* recibir
10.24 día..y Cornelio los estaba *esperando*
12.11 que el pueblo de los judíos *esperaba*
17.16 mientras Pablo los *esperaba* en Atenas
20.5 habiéndose adelantado, nos *esperaron* en
20.23 me *esperan* prisiones y tribulaciones
23.21 ahora están listos *esperando* tu promesa
24.26 *esperaba*..que Pablo le diera dinero
26.7 *esperan* que han de alcanzar nuestras 12
28.6 estaban *esperando* que él se hinchase
28.6 habiendo *esperado* mucho, y viendo que
Ro. 8.23 *esperando* la adopción, la redención
8.24 lo que alguno ve, ¿a qué *esperarlo?*
8.25 pero si *esperamos* lo que no vemos, con
15.12 a regir..los gentiles *esperarán* en él
1 Co. 1.7 *esperando* la manifestación de..Señor
11.33 cuando os reunís a comer, *esperaos* unos
13.7 lo cree, todo lo *espera*, todo lo soporta
15.19 esta vida solamente *esperamos* en Cristo
16.7 *espero* estar con vosotros algún tiempo
16.11 mí, porque le *espero* con los hermanos
2 Co. 1.10 quien *esperamos* que aún nos librará
1.13 *espero* que hasta el fin las entenderéis
5.11 *espero*..lo sea a vuestras conciencias
8.5 y no como lo *esperábamos*, sino que a sí
10.15 que *esperamos* que conforme crezca..fe
13.6 *espero* que conoceréis que nosotros no
Ef. 1.12 los que primeramente *esperábamos* en
Fil. 2.19 *espero* en..enviaros pronto a Timoteo
2.23 así que a éste *espero* enviaros, luego
3.20 de donde también *esperamos* al Salvador
1 Ts. 1.10 *esperar* de los cielos a su Hijo, al
1 Ti. 4.10 *esperamos* en el Dios viviente, que
5.5 sola, *espera* en Dios, y es diligente en
Flm. 22 *espero* que por vuestras oraciones os
He. 6.15 habiendo *esperado*..alcanzó la promesa
9.28 vez..para salvar a los que le *esperan*
10.13 *esperando* hasta que sus enemigos sean
11.1 es la fe la certeza de lo que se *espera*
11.10 porque *esperaba* la ciudad que tiene
Stg. 5.7 el labrador *espera* el precioso fruto
1 P. 1.13 y *esperad* por completo en la gracia
3.5 las santas mujeres que *esperaban* en Dios
3.20 una vez *esperaba* la paciencia de Dios
2 P. 3.12 *esperando*..la venida del día de Dios
3.13 *esperamos*, según sus promesas, cielos y
2 Jn. 12 *espero* ir a vosotros y hablar cara a
3 Jn. 14 *espero* verte en breve, y hablaremos
Jud. 21 *esperando* la misericordia de..Señor

ESPESO, SA

Éx. 19.9 yo vengo a ti en una nube *e*, para que
19.16 y *e* nube sobre el monte, y sonido de
2 S. 18.9 mulo entró por debajo de las ramas *e*
Job 15.26 corrió..la *e* barrera de sus escudos
Is. 9.18 y se encenderá en lo *e* del bosque, y
Ez. 6.13 sus muertos..debajo de toda encina *e*
8.11 su mano; y subía una nube *e* de incienso
Zac. 11.2 aullad..el bosque *e* es derribado

ESPESOR

Jer. 52.21 columnas..su *e* era de cuatro dedos
Ez. 40.5 midió el *e* del muro, de una caña, y la

ESPESURA

Is. 10.34 y cortará con hierro la *e* del bosque
Jer. 4.7 el león sube de la *e*, y el destruidor
4.29 huyó..entraron en las *e* de los bosques
12.5 y si..¿cómo harás en la *e* del Jordán?
49.19; 50.44 león subirá de la *e* del Jordán
Ez. 31.14 ni levanten su copa entre la *e*, ni

ESPÍA

Gn. 42.9 *e* sois; por ver lo descubierto del
42.11 honrados; tus siervos nunca fueron *e*
42.14 que os he dicho, afirmando que sois *e*
42.16 si..y si no, vive Faraón, que sois *e*
42.30 nos habló..y nos trató como a *e* de la
42.31 somos hombres honrados, nunca fuimos *e*
42.34 para que yo sepa que no sois *e*, sino
Jos. 2.1 Josué hijo..envió desde Sitim dos *e*
6.23 los *e* entraron y sacaron a Rahab, a su
Jue. 1.23 y la casa de José puso *e* en Bet-el
16.12 y los *e* estaban en el aposento. Mas
1 S. 26.4 David..envió *e*, y supo con certeza
Lc. 20.20 enviaron *e* que se simulasen justos
He. 11.31 habiendo recibido a los *e* en paz

ESPIAR

Jos. 2.2 han venido aquí..para *espiar* la tierra
2.3 han venido para *espiar* toda la tierra
Jue. 1.24 los que *espiaban* vieron a un hombre
1 Cr. 19.3 ¿no vienen más bien..para *espiar*
Gá. 2.4 entraban para *espiar* nuestra libertad

ESPIGA

Gn. 41.5 siete *e* llenas y hermosas crecían de
41.6 después de ellas salían otras siete *e*
41.7 y las siete *e* menudas devoraban a las
41.7 devoraban a las siete *e* gruesas y llenas
41.22 vi..que siete *e* crecían en una misma
41.23 y que otras siete *e* menudas, marchitas
41.24 las *e* menudas devoraban a..*e* hermosas
41.26 son, y las *e* hermosas son siete años
41.27 siete *e* menudas y marchitas del viento
Éx. 26.17 dos *e* tendrá cada tabla para unirlas
26.19 de una tabla..dos *e*..otra tabla..dos *e*
36.22 cada tabla tenía dos *e*, para unirlas
36.24 dos basas..para sus dos *e*, y..sus dos *e*
Lv. 2.14 tostarás al fuego las *e* verdes, y el
23.14 no comeréis pan, ni grano..ni *e* fresca
Dt. 23.25 podrás arrancar *e* con tu mano; mas
Jos. 5.11 y en el mismo día *e* nuevas tostadas
Rt. 2.2 y recogeré *e* en pos de aquel a cuyos
2.15 que recoja también *e* entre las gavillas
2 R. 4.42 trajo al varón..trigo nuevo en su *e*
Job 24.24 serán..y cortados como cabezas de *e*
Is. 17.5 el segador..con su brazo siega las *e*
17.5 el que recoge *e* en el valle de Refaim
Os. 8.7 ni su *e* hará harina; y si la hiciere
Mt. 12.1 y comenzaron a arrancar *e* y a comer
Mr. 2.23 discípulos..comenzaron a arrancar *e*
4.28 luego *e*, después grano lleno en la *e*
Lc. 6.1 sus discípulos arrancaban *e* y comían

ESPIGADA

Éx. 9.31 la cebada estaba ya *e*, y el lino en

ESPIGAR

Lv. 19.9; 23.22 no segarás..ni *espigarás* tu
Rt. 2.3 llegando, *espigó* en el campo en pos de
2.8 no vayas a *espigar* a otro campo, ni pases
2.15 luego se levantó para *espigar*. Y Booz
2.17 *espigó*, pues, en el campo hasta la noche
2.19 le dijo su suegra: ¿Dónde has *espigado*
2.23 estuvo..*espigando*, hasta que se acabó

ESPINA

Nm. 33.55 ellos serán..*e* en vuestros costados
Jos. 23.13 por azote..por *e* para vuestros ojos
Pr. 26.9 *e* hincadas en mano del embriagado, tal
Ez. 28.24 nunca más será a la casa de Israel *e*
Mt. 27.29 en su cabeza una corona tejida de *e*

ESPINA *(Continúa)*

Mr. 15.17 y poniéndole una corona tejida de *e*
Jn. 19.2 soldados entretejieron una corona de *e*
19.5 salió Jesús, llevando la corona de *e*

ESPINAZO

Lv. 3.9 la cola entera. .quitará a raíz del *e*

ESPINO

Gn. 3.18 *e* y cardos te producirá, y comerás
Éx. 22.6 quemar *e* quemare mieses amontonadas
Jue. 8.7 trillaré vuestra carne con *e* y abrojos
8.16 y tomó a los ancianos de. .y *e* y abrojos
2 S. 23.6 los impíos serán. .como *e* arrancados
Job 5.5 su mies. .la sacarán de entre los *e*, y
30.7 las matas, y se reunían debajo de los *e*
31.40 nazcan abrojos, y *e* en lugar de cebada
Sal. 58.9 antes que. .sientan la llama de los *e*
118.12 se enardecieron como fuego de *e;* mas
Pr. 15.19 camino del perezoso es como seto de *e*
22.5 *e* y. .hay en el camino del perverso; el
24.31 que por toda ella habían crecido los *e*
Ec. 7.6 la risa. .es como el estrépito de los *e*
Cnt. 2.2 como el lirio entre los *e*, así es mi
Is. 5.6 crecerán el cardo y los *e;* y aun a las
7.23 que el lugar donde. .será para *e* y cardos
7.24 porque toda la tierra será *e* y cardos
7.25 no llegarán allá por el temor de los *e*
9.18 como fuego, cardos y *e* devorará; y se
10.17 consuma en un día sus cardos y sus *e*
27.4 ¿quién pondrá contra mí en batalla *e* y
32.13 subirán *e* y cardos, y aun sobre todas
33.12 como *e* cortados serán quemados. .fuego
34.13 en sus alcázares crecerán *e*, y ortigas
Jer. 4.3 arad campo para. .no sembréis entre *e*
12.13 sembraron trigo, y segaron *e;* tuvieron
Ez. 2.6 aunque te hallas entre zarzas y *e*, y
Os. 2.6 rodearé de *e* su camino, y la cercaré de
9.6 la ortiga. .y *e* crecerá en sus moradas
10.8 crecerá sobre sus altares *e* y cardo
Mi. 7.4 el mejor de ellos es como el *e;* el más
Nah. 1.10 aunque sean como *e* entretejidos, y
Mt. 7.16 ¿acaso se recogen uvas de los *e*, o
13.7 parte cayó entre *e;* y los *e* crecieron
13.22 el que fue sembrado entre *e*, éste es
Mr. 4.7 parte cayó entre *e;* y los *e* crecieron
4.18 son los que fueron sembrados entre *e*
Lc. 6.44 no se cosechan higos de los *e*, ni de
8.7 cayó entre *e*, y los *e* que la ahogaron
8.14 la que cayó entre *e*, éstos son los que
He. 6.8 que produce *e* y abrojos es reprobada

ESPÍRITU

Gn. 1.2 el *E* de Dios se movía sobre la faz de
6.3 no contenderá mi *e* con el hombre para
6.17; 7.15 toda carne en que había *e* de vida
7.22 todo lo que tenía aliento de *e*. .murió
25.8 exhaló el *e*, y murió Abraham en buena
25.17 y exhaló el *e* Ismael, y murió, y fue
26.35 fueron amargura de *e* para Isaac y para
35.29 y exhaló Isaac el *e*, y murió, y fue
41.8 la mañana estaba agitado su *e*, y envió
41.38 como éste, en quien esté el *e* de Dios
45.27 viendo Jacob los carros. .su *e* revivió
49.6 alma, ni mi *e* se junte en su compañía
Éx. 6.9 no escuchaban a Moisés. .congoja de *e*
28.3 he llenado de *e* de sabiduría, para que
31.3 he llenado del *E* de Dios, en sabiduría
35.21 todo aquel a quien su *e* le dio voluntad
35.31 ha llenado del *E* de Dios, en sabiduría
Lv. 20.27 la mujer que evocare *e* de muertos o
Nm. 5.14(2) sobre él *e* de celos, y tuviere celos
5.30 marido sobre el cual pasare *e* de celos
11.17 del *e* que está en ti, y pondré en ellos
11.25 tomó del *e* que. .posó sobre ellos el *e*
11.26 sobre los cuales también reposó el *e*
11.29 y que Jehová pusiera su *e* sobre ellos
14.24 Caleb, por cuanto hubo en él otro *e*
16.22 y dijeron. .Dios de los *e* de toda carne
24.2 vio a Israel. .el *E* de Dios vino sobre él
27.16 ponga Jehová, Dios de los *e* de toda
27.18 varón en el cual hay *e*, y pondrás tu
Dt. 2.30 Jehová tu Dios había endurecido su *e*
28.28 Jehová te herirá con. .turbación de *e*
34.9 Josué hijo. .fue lleno del *e* de sabiduría
Jue. 3.10 el *E* de Jehová vino sobre él, y juzgó
6.34 entonces el *E* de Jehová. .sobre Gedeón
9.23 envió Dios un mal *e* entre Abimelec y los
11.29 y el *E* de Jehová vino sobre Jefté; y
13.25 el *E* de Jehová comenzó a manifestarse
14.6 el *E* de Jehová vino sobre Sansón, quien
14.19; 15.14 el *E* de Jehová vino sobre él
15.19 él bebió, y recobró su *e*, y se reanimó
1 S. 1.15 no. .yo soy una mujer atribulada de *e*
10.6 el *E* de Jehová vendrá sobre ti con poder
10.10 el *E* de Dios vino sobre él. .profetizó
11.6 el *E* de Dios vino sobre él con poder
16.13 lo ungió. .*E* de Jehová vino sobre David
16.14 el *E* de Jehová se apartó de Saúl, y le
16.14 le atormentaba un *e* malo de parte de
16.15 un *e* malo de parte de Dios te atormenta
16.16 que cuando esté sobre ti el *e* malo de
16.23 y cuando el *e* malo. .venía sobre Saúl
16.23 tocaba. .y el *e* malo se apartaba de él
18.10 un *e* malo de parte de Dios tomó a Saúl
19.9 *e*. .de parte de Jehová vino sobre Saúl
19.20 vino el *E* de Dios sobre los mensajeros
19.23 y también vino sobre él el *E* de Dios
22.2 los que se hallaban en amargura de *e*
28.7 una mujer que tenga *e* de adivinación
28.7 hay una mujer en Endor que tiene *e* de
28.8 que me adivines por el *e* de adivinación
30.12 y luego que comió, volvió en él su *e*
2 S. 23.2 el *E* de Jehová ha hablado por mí, y
1 R. 18.12 el *E* de Jehová te llevará adonde yo
21.5 ¿por qué está tan decaído tu *e*, y no
22.21 salió un *e* y se puso delante. .y dijo
22.22 saldré, y seré *e* de mentira en boca de
22.23 ha puesto *e* de mentira en la boca de
22.24 ¿por dónde se fue de mí el *E* de Jehová
2 R. 2.9 una doble porción de tu *e* sea sobre mí
2.15 dijeron. .*e* de Elías reposó sobre Eliseo
2.16 quizá lo ha levantado el *E* de Jehová
19.7 pondré yo en él un *e*, y oirá rumor, y
1 Cr. 5.26 Dios. .excitó el *e* de Pul rey de los
5.26 *e* de Tiglat-pileser rey de los asirios
12.18 el *E* vino sobre Amasai, jefe de los 30
2 Cr. 15.1 vino el *E* de Dios sobre Azarías hijo
18.20 un *e* que se puso delante de Jehová y
18.21 saldré y seré *e* de mentira en la boca
18.22 Jehová ha puesto *e* de mentira en la
18.23 ¿por qué camino se fue de mí el *E* de
20.14 sobre el cual vino el *E* de Jehová en
24.20 el *E* de Dios vino sobre Zacarías hijo
36.22 Jehová despertó el *e* de Ciro rey de
Esd. 1.1 despertó Jehová el *e* de Ciro rey de
1.5 aquellos cuyo *e* despertó Dios para subir
Neh. 9.20 y enviaste tu buen *E* para enseñarles
9.30 les testificaste con tu *E* por medio de
Job 4.15 al pasar un *e* por delante de mí, hizo
6.4 las saetas del. .cuyo veneno bebe mi *e*
7.11 mi boca; hablaré en la angustia de mi *e*
10.12 concediste, y tu cuidado guardó mi *e*
15.13 para que contra Dios vuelvas tu *e*, y
20.3 hace responder el *e* de mi inteligencia
21.4 ¿y por qué no se ha de angustiar mi *e?*
26.4 y de quién es el *e* que de ti procede?
26.13 su *e* adornó los cielos; su mano creó
32.8 ciertamente *e* hay en el hombre, y el
32.18 porque. .me apremia el *e* dentro de mí
33.4 el *e* de Dios me hizo, y el soplo del
34.14 si. .recogiese así su *e* y su aliento
38.36 ¿quién puso. .dio al *e* inteligencia?
Sal. 31.5 en tu mano encomiendo mi *e;* tú me
32.2 el hombre. .y en cuyo *e* no hay engaño
34.18 cercano. .y salva a los contritos de *e*
51.10 crea. .y renueva un *e* recto dentro de mí
51.11 me eches. .y no quites de mí tu santo *E*
51.12 vuélveme el gozo. .y *e* noble me sustente
51.17 los sacrificios de Dios. .*e* quebrantado
76.12 cortará él el *e* de. .príncipes; temible
77.3 conmovía; me quejaba, y desmayaba mi *e*
77.6 meditaba en mi corazón, y mi *e* inquiría
78.8 que no. .ni fue fiel para con Dios su *e*
104.30 envías tu *E*, son creados, y renuevas
106.33 hicieron rebelar a su *e*, y. .sus labios
139.7 ¿a dónde me iré de tu *E?* ¿y a dónde
142.3 cuando mi *e* se angustiaba dentro de mí
143.4 y mi *e* se angustió dentro de mí; está
143.7 respóndeme. .porque desmaya mi *e*
143.10 tu buen *e* me guíe a tierra de rectitud
Pr. 1.23 yo derramaré mi *e* sobre vosotros, y
11.13 descubre. .el de *e* fiel lo guarda todo
14.29 el que es impaciente de *e* enaltece la
15.4 la perversidad. .es quebrantamiento de *e*
15.13 por el dolor del corazón el *e* se abate
16.2 son limpios en. .pero Jehová pesa los *e*
16.18 y antes de la caída la altivez de *e*
16.19 mejor es humillar el *e* con. .humildes
16.32 mejor es. .el que se enseñorea de su *e*
17.22 remedio. .el *e* triste seca los huesos
17.27 de *e* prudente es el hombre entendido
20.27 lámpara de Jehová es el *e* del hombre
25.28 es el hombre cuyo *e* no tiene rienda
29.23 pero al humilde de *e* sustenta la honra
Ec. 1.14 todo ello es vanidad y aflicción de *e*
1.17 conocí que aun esto era aflicción de *e*
2.11 todo era vanidad y aflicción de *e*, y sin
2.17 cuanto todo es vanidad y aflicción de *e*
2.26 también esto es vanidad y aflicción de *e*
3.21 ¿quién sabe que el *e* de los. .sube arriba
3.21 que el *e* del animal desciende abajo a la
4.4 también esto es vanidad y aflicción de *e*
4.6 ambos puños llenos con. .aflicción de *e*
4.16; 6.9 esto es vanidad y aflicción de *e*
7.8 mejor. .el sufrido de *e* que el altivo de *e*
7.9 no te apresures en tu *e* a enojarte; porque
8.8 potestad sobre el *e* para retener el *e*
10.4 el *e* del príncipe se exaltare contra ti
12.7 como era, y el *e* vuelva a Dios que lo dio
Is. 4.4 con *e* de juicio y con *e* de devastación
11.2 reposará sobre él el *E* de Jehová; *e* de
11.2 *e* de consejo y. .*e* de conocimiento y de
11.4 con el *e* de sus labios matará al impío
11.15 levantará su mano con. .*e* sobre el río
19.3 el *e* de Egipto se desvanecerá en medio
19.14 Jehová mezcló *e* de vértigo en medio de
26.9 en tanto que me dure el *e* dentro de mí
28.6 *e* de juicio al que se sienta en juicio
29.10 Jehová derramó. .*e* de sueño, y cerró los
29.24 y los extraviados de *e*. .inteligencia
30.1 cobijarse con cubierta, y no de mi *e*
31.3 y no Dios; y sus caballos carne, y no *e*
32.15 que. .sea derramado el *E* de lo alto, y
34.16 su boca mandó, y los reunió su mismo *E*
37.7 yo pondré en él un *e*, y oirá un rumor
38.16 y en todas ellas está la vida de mi *e*
40.13 ¿quién enseñó al *E* de Jehová, o le
42.1 mi escogido, en. .he puesto sobre él mi *E*
42.5 el que da. .y *e* a los que por ella andan
44.3 mi *E* derramaré sobre tu generación, y
48.16 ahora me envió Jehová el Señor, y su *E*
54.6 como a mujer. .triste de *e* te llamó Jehová
57.15 para hacer vivir el *e* de los humildes
57.16 decaería ante mí el *e*, y las almas que
59.19 mas el *E* de Jehová levantará bandera
59.21 el *E* mío que. .sobre ti, y mis palabras
61.1 el *E* de Jehová el Señor está sobre mí
61.3 de alegría en lugar del *e* angustiado
63.10 hicieron enojar su santo *e;* por lo cual
63.11 ¿dónde el que puso en medio. .su santo *e*
63.14 el *E* de Jehová los pastoreó, como a una
65.14 por el quebrantamiento de *e* aullaréis
66.2 a aquel que es pobre y humilde de *e*, y
Jer. 10.14 mentirosa es su. .y no hay *e* en ella
51.11 ha despertado Jehová el *e* de los reyes
51.17 porque mentira es. .su ídolo, no tiene *e*
Ez. 1.12 hacia donde el *e* les movía. .andaban
1.20 hacia donde el *e* les movía. .movía el *e*
1.20,21 *e* de los seres. .estaba en las ruedas
2.2 entró el *E* en mí y me afirmó sobre mis
3.12 me levantó el *E*, y oí detrás de mí una
3.14 me levantó, pues, el *E*, y me tomó; y fui
3.14 en amargura, en la indignación de mi *e*
3.24 entró el *E* en mí y me afirmó sobre mis
8.3 el *E* me alzó entre el cielo y la tierra
10.17 el *e* de los seres vivientes estaba en
11.1 el *E* me elevó, y me llevó por la puerta
11.5 vino sobre mí el *E* de Jehová, y me dijo
11.5 las cosas que suben a vuestro *e*, yo las
11.19 daré un corazón, y un *e* nuevo pondré
11.24 luego me levantó el *E*. .en visión del *E*
13.3 andan en pos de su propio *e*, y nada han
18.31 y haceos un corazón nuevo y un *e* nuevo
21.7 y se angustiará todo *e*, y toda rodilla
36.26 y pondré *e* nuevo dentro de vosotros
36.27 pondré dentro de vosotros mi *E*, y haré
37.1 me llevó en el *E* de Jehová, y me puso en
37.5 yo hago entrar *e* en vosotros, y viviréis
37.6 y pondré en vosotros *e*, y viviréis; y
37.8 carne subió. .pero no había en ellos *e*
37.9 profetiza al *e*. .dí al *e:* Así ha dicho
37.9 *E*, ven de los cuatro vientos, y sopla
37.10 y profeticé como. .y entró *e* en ellos
37.14 y pondré mi *E* en vosotros, y viviréis
39.29 habré derramado de mi *E* sobre la casa
43.5 alzó el *E* y me llevó al atrio interior
Dn. 2.1 se perturbó su *e*, y se le fue el sueño
2.3 y mi *e* se ha turbado por saber el sueño
4.8 en quien mora el *e* de los dioses santos
4.9 entendido que hay en ti *e* de los dioses
4.18 mora en ti el *e* de los dioses santos
5.11 un hombre en el cual mora el *e* de los
5.12 fue hallado en él mayor *e* y ciencia y
5.14 que el *e* de los dioses santos está en ti
5.20 y su *e* se endureció en su orgullo, fue
6.3 porque había en él un *e* superior; y el
7.15 me turbó el *e* a mí, Daniel, en medio de
Os. 4.12 *e* de fornicaciones lo hizo errar, y
5.4 *e* de fornicación está en medio de ellos
9.7 insensato es el varón de *e*, a causa de
Jl. 2.28 esto derramaré mi *E* sobre toda carne
2.29 y sobre las siervas derramaré mi *E* en
Mi. 2.7 Jacob, ¿se ha acortado el *E* de Jehová
2.11 si alguno. .con *e* de falsedad mintiere
3.8 yo estoy lleno de poder del *E* de Jehová
Hab. 2.19 cubierto de oro. .no hay *e* dentro de
Hag. 1.14 y despertó Jehová el *e* de Zorobabel
1.14 el *e* de Josué. .y el *e* de todo el. .pueblo
2.5 así mi *E* estará en medio de vosotros, no
Zac. 4.6 ni con fuerza, sino con mi *E*, ha dicho
6.8 hicieron reposar mi *E* en la tierra del
7.12 palabras que Jehová. .enviaba por su *E*
12.1 forma el *e* del hombre dentro de él, ha
12.10 y derramaré. .*e* de gracia y de oración
13.2 también haré cortar. .al *e* de inmundicia
Mal. 2.15 uno, habiendo en él abundancia de *e?*
2.15,16 guardaos. .*e*, y no seáis desleales
Mt. 1.18 halló que había concebido del *E* Santo
1.20 que en ella es engendrado, del *E* Santo es
3.11 yo; él os bautizará en *E* Santo y fuego
3.16 y vio al *E* de Dios que descendía como
4.1 Jesús fue llevado por el *E* al desierto
5.3 bienaventurados los pobres en *e*, porque
10.1 les dio autoridad sobre los *e* inmundos
10.20 no sois vosotros. .sino el *E*. .que habla
12.18 pondré mi *E* sobre él. .anunciará juicio
12.28 si yo por el *E* de Dios echo fuera los
12.31 la blasfemia contra el *E* no les será
12.32 al que hable contra el *E*. .no le será
12.43 cuando el *e* inmundo sale del hombre

ESPÍRITU *(Continúa)*

Mt. 12.45 toma consigo otros siete *e* peores que
22.43 ¿pues cómo David en el *E* le llama Señor
26.41 el *e* a la verdad está dispuesto, pero
27.50 Jesús..clamado a gran voz, entregó el *e*
28.19 del Padre, y del Hijo, y del *E* Santo
Mr. 1.8 agua; pero él os bautizará con *E* Santo
1.10 al *E* como paloma que descendía sobre él
1.12 y luego el *E* le impulsó al desierto
1.23 en la sinagoga..un hombre con *e* inmundo
1.26 el *e* inmundo, sacudiéndole con violencia
1.27 manda..a los *e* inmundos, y le obedecen
2.8 conociendo..Jesús en su *e* que cavilaban
3.11 *e* inmundos..se postraban delante de él
3.29 que blasfeme contra el *E* Santo, no tiene
3.30 ellos habían dicho: Tiene *e* inmundo
5.2 vino a su..un hombre con un *e* inmundo
5.8 le decía: Sal de este hombre, *e* inmundo
5.13 saliendo aquellos *e* inmundos, entraron
6.7 les dio autoridad sobre los *e* inmundos
7.25 una mujer, cuya hija tenía un *e* inmundo
8.12 gimiendo en su *e*, dijo: ¿Por qué pide
9.17 traje a ti mi hijo, que tiene un *e* mudo
9.20 el *e* vio a Jesús, sacudió con violencia
9.25 Jesús..reprendió al *e* inmundo, diciéndole
9.25 *e* mudo y sordo, yo te mando, sal de él
9.26 el *e*, clamando y sacudiéndole con..salió
12.36 el mismo David dijo por el *E* Santo
13.11 no sois vosotros los..sino el *E* Santo
14.38 el *e* a la verdad está dispuesto, pero
Lc. 1.15 y será lleno del *E* Santo, aun desde
1.17 irá delante de él con el *e* y el poder
1.35 el *E* Santo vendrá sobre ti, y el poder
1.41 saltó..y Elisabet fue llena del *E* Santo
1.47 y mi *e* se regocija en Dios mi Salvador
1.67 Zacarías su padre fue lleno del *E* Santo
1.80 y el niño crecía, y se fortalecía en *e*
2.25 Simeón..y el *E* Santo estaba sobre él
2.26 y le había sido revelado por el *E* Santo
2.27 movido por el *E*, vino al templo. Y cuando
3.16 uno..él os bautizará en *E* Santo y fuego
3.22 descendió el *E* Santo sobre él en forma
4.1 Jesús, lleno del *E*..fue llevado por el *E*
4.14 Jesús volvió en el poder del *E* a Galilea
4.18 el *E* del Señor está sobre mí, por cuanto
4.33 un hombre que tenía un *e* de demonio
4.36 poder manda a los *e* inmundos, y salen?
6.18 atormentados de *e* inmundos eran sanados
7.21 sanó a muchos de..*e* malos, y a muchos
8.2 mujeres que habían sido sanadas de *e*
8.29 mandaba al *e*..que saliese del hombre
8.55 entonces su *e* volvió, e inmediatamente
9.39 que un *e* le toma, y de repente da voces
9.42 Jesús reprendió al *e* inmundo, y sanó al
9.55 diciendo: Vosotros no sabéis de qué *e*
10.20 no os regocijéis de que los *e* se os
10.21 Jesús se regocijó en el *E*, y dijo: Yo
11.13 dará el *E* Santo a los que se lo pidan?
11.24 cuando el *e* inmundo sale del hombre
11.26 va, y toma otros siete *e* peores que él
12.10 que blasfemare contra el *E* Santo, no le
12.12 el *E* Santo os enseñará..debáis decir
13.11 una mujer que..tenía *e* de enfermedad
23.46 Padre, en tus manos encomiendo mi *e*
24.37 y atemorizados, pensaban que veían *e*
24.39 porque un *e* no tiene carne ni huesos
Jn. 1.32 vi al *E* que descendía del cielo como
1.33 sobre quien veas descender el *E* y que
1.33 ése es el que bautiza con el *E* Santo
3.5 que no naciere de agua y del *E*, no puede
3.6 carne es; y lo que es nacido del *E*, *e* es
3.8 así es todo aquel que es nacido del *E*
3.34 habla; pues Dios no da el *E* por medida
4.23 mas..adorarán al Padre en *e* y en verdad
4.24 Dios es *E*; y los que le adoran, en *e* y
6.63 el *e* es el que da vida; la carne para
6.63 que yo os he hablado son *e* y son vida
7.39 esto dijo del *E* que habían de recibir
7.39 pues aún no había venido el *E* Santo
11.33 Jesús..se estremeció en *e* y se conmovió
13.21 se conmovió en *e*, y declaró y dijo: De
14.17 *E* de verdad, al cual el mundo no puede
14.26 el *E* Santo, a quien el Padre enviará en
15.26 *E* de verdad, el cual procede del Padre
16.13 pero cuando venga el *E* de verdad, él
19.30 inclinado la cabeza, entregó el *e*
20.22 sopló, y les dijo: Recibid el *E* Santo
Hch. 1.2 dado mandamientos por el *E* Santo a los
1.5 seréis bautizados con el *E* Santo dentro
1.8 haya venido sobre vosotros el *E* Santo
1.16 que el *E* Santo habló antes por boca de
2.4 y fueron todos llenos del *E* Santo, y
2.4 en otras lenguas, según el *E* les daba que
2.17 derramaré de mi *E* sobre toda carne, y
2.18 en aquellos días derramaré de mi *E*, y
2.33 recibido del Padre la promesa del *E*
2.38 bautícese..y recibiréis el don del *E*
4.8 lleno del *E* Santo, les dijo: Gobernantes
4.31 fueron llenos del *E* Santo, y hablaban
5.3 mintieses al *E* Santo, y sustrajeres del
5.9 convinisteis en tentar al *E* del Señor?
5.16 trayendo..atormentados de *e* inmundos
5.32 también el *E* Santo, el cual ha dado Dios
6.3 a siete varones..llenos del *E* Santo y de
6.5 a Esteban, varón lleno de..del *E* Santo
6.10 no podían resistir a..*E* con que hablaba
7.51 vosotros resistís siempre al *E* Santo
7.55 Esteban, lleno del *E* Santo, puestos los
7.59 él..decía: Señor Jesús, recibe mi *e*
8.7 de muchos que tenían *e* inmundos salían
8.15 oraron..para que recibiesen el *E* Santo
8.17 les imponían las manos y recibían el *E*
8.18 se daba el *E* Santo, les ofreció dinero
8.19 a quien yo impusiere las..reciba el *E*
8.29 el *E* dijo a Felipe: Acércate y júntate
8.39 el *E* del Señor arrebató a Felipe; y el
9.17 que recibas..y seas lleno del *E* Santo
9.31 se acrecentaban fortalecidas por el *E*
10.19 le dijo el *E*: He aquí, tres hombres te
10.38 Dios ungió con el *E* Santo y..a Jesús
10.44 *E* Santo cayó sobre todos los que oían
10.45 los gentiles se derramase el don del *E*
10.47 han recibido el *E* Santo también como
11.12 el *E* me dijo que fuese con ellos sin
11.15 cayó el *E* Santo sobre ellos también
11.16 mas vosotros seréis bautizados con el *E*
11.24 era varón bueno, y lleno del *E* Santo
11.28 daba a entender por el *E*, que vendría
13.2 dijo el *E* Santo: Apartadme a Bernabé y
13.4 enviados por el *E* Santo, descendieron a
13.9 Pablo, lleno del *E* Santo, fijando en él
13.52 estaban llenos de gozo y del *E* Santo
15.8 Dios..dándoles el *E* Santo lo mismo que a
15.28 porque ha parecido bien al *E* Santo, y a
16.6 fue prohibido por el *E* Santo hablar la
16.7 a Bitinia, pero el *E* no se lo permitió
16.16 una muchacha que tenía *e* de adivinación
16.18 y dijo al *e*: Te mando en el nombre de
17.16 su *e* se enardecía viendo la ciudad
18.25 éste..siendo de *e* fervoroso, hablaba
19.2 ¿recibisteis el *E*..cuando creísteis?
19.2 ni siquiera hemos oído si hay *E* Santo
19.6 vino sobre ellos el *E* Santo; y hablaban
19.12 las enfermedades..y los *e* malos salían
19.13 invocar..sobre los que tenían *e* malos
19.15 el *e* malo, dijo: A Jesús conozco, y sé
19.16 y el hombre en quien estaba el *e* malo
19.21 Pablo se propuso en *e* ir a Jerusalén
20.22 ligado yo en *e*, voy a Jerusalén, sin
20.23 salvo que el *E* Santo..me da testimonio
20.28 todo el rebaño en que el *E* Santo os ha
21.4 decían a Pablo por el *E*..no subiese a
21.11 dice el *E* Santo: Así atarán los judíos
23.8 dicen que no hay..ni ángel, ni *e*; pero
23.9 que si un *e* le ha hablado, o un ángel, no
28.25 habló el *E* Santo por medio del profeta
Ro. 1.4 con poder, según el *E* de santidad, por
1.9 testigo..es Dios, a quien sirvo en mi *e*
2.29 la circuncisión es..en *e*, no en la letra
5.5 derramado en..corazones por el *E* Santo
7.6 bajo el régimen nuevo del *E* y no bajo el
8.1 conforme a la carne, sino conforme al *E*
8.2 la ley del *E*..me ha librado de la ley de
8.4 no andamos..la carne, sino conforme al *E*
8.5 pero los que son del *E*, en las cosas del *E*
8.6 es muerte, pero el ocuparse del *E* es vida
8.9 según el *E*, si es que el *E* de Dios mora
8.9 y si alguno no tiene al *E* de..no es de él
8.10 mas el *e* vive a causa de la justicia
8.11 y si el *E* de aquel que levantó de los
8.11 vivificará..cuerpos mortales por su *E*
8.13 si por el *E* hacéis morir las obras de
8.14 son guiados por el *E* de Dios, estos son
8.15 no habéis recibido el *e* de esclavitud
8.15 habéis recibido el *e* de adopción, por el
8.16 el *E* mismo da testimonio a nuestro *e*, de
8.23 que tenemos las primicias del *E*..gemimos
8.26 *E* nos ayuda en nuestra debilidad; pues
8.26 el *E* mismo intercede por nosotros con
8.27 sabe cuál es la intención del *E*, porque
9.1 y mi conciencia me da testimonio en el *E*
11.8 Dios les dio *e* de estupor, ojos con que
12.11 fervientes en *e*, sirviendo al Señor
14.17 sino justicia, paz y gozo en el *E* Santo
15.13 abundéis en..por el poder del *E* Santo
15.16 sean ofrenda..santificada por el *E* Santo
15.19 en el poder del *E* de Dios; de manera
15.30 os ruego, hermanos..por el amor del *E*
1 Co. 2.4 con demostración del *E* y de poder
2.10 Dios nos las reveló a nosotros por el *E*
2.10 el *E* todo lo escudriña, aun lo profundo
2.11 sino el *e* del hombre que está en él?
2.11 nadie conoció..de Dios, sino el *E* de Dios
2.12 no hemos recibido el *e* del mundo, sino
2.12 sino el *E* que proviene de Dios, para que
2.13 con las que enseña el *E*, acomodando lo
2.14 no percibe las cosas que son del *E* de
3.16 y que el *E* de Dios mora en vosotros?
4.21 ¿iré a..con amor y *e* de mansedumbre?
5.3 pero presente en *e*, ya como presente he
5.4 reunidos vosotros y mi *e*, con el poder
5.5 a fin de que el *e* sea salvo en el día de
6.11 justificados en..Jesús, y por el *E* de
6.17 el que se une al Señor, un *e* es con él
6.19 que vuestro cuerpo es templo del *E* Santo
6.20 glorificad, pues, a Dios en vuestro..*e*
7.34 para ser santa así en cuerpo como en *e*
7.40 y pienso que también yo tengo el *E* de
12.3 nadie que hable por el *E* de Dios llama
12.3 llamar a Jesús Señor, sino por el *E*
12.4 hay diversidad de dones, pero el *E* es el
12.7 le es dada la manifestación del *E* para
12.8 porque a éste es dada por el *E* palabra
12.8 palabra de ciencia según el mismo *E*
12.9 a otro, fe por el mismo *E*; y a otro
12.9 otro, dones de sanidades por el mismo *E*
12.10 a otro, discernimiento de *e*; a otro
12.11 todas estas cosas las hace..el mismo *E*
12.13 por un solo *E* fuimos todos bautizados
12.13 todos se nos dio a beber de un mismo *E*
14.2 nadie..aunque por el *E* habla misterios
14.14 si yo oro en lengua..mi *e* ora, pero
14.15 oraré con el *e*, pero oraré también con
14.15 cantaré con el *e*, pero cantaré también
14.16 porque si bendices sólo con el *e*, el que
14.32 los *e* de los profetas están sujetos a
15.45 hecho..el postrer Adán, *e* vivificante
16.18 porque confortaron mi *e* y el vuestro
2 Co. 1.22 ha dado las arras del *E* en nuestros
2.13 no tuve reposo en mi *e*, por no haber
3.3 con tinta, sino con el *E* del Dios vivo
3.6 del *e*..la letra mata, mas el *e* vivifica
3.8 ¿cómo no será más..el ministerio del *e*?
3.17 el Señor es el *E*; y donde está el *E* del
3.18 transformados..como por el *E* del Señor
4.13 teniendo el mismo *e* de fe, conforme a
5.5 Dios, quien nos ha dado las arras del *E*
6.6 en bondad, en el *E* Santo, en amor sincero
7.1 limpiémonos de toda contaminación..de *e*
7.13 que haya sido confortado su *e* por todos
11.4 o si recibís otro *e* que el que habéis
12.18 ¿no hemos procedido con el mismo *e* y
13.14 la comunión del *E* Santo sean con todos
Gá. 3.2 ¿recibisteis el *E* por las obras de la
3.3 ¿habiendo comenzado por el *E*, ahora vais
3.5 aquel, pues, que os suministra el *E*, y
3.14 por la fe recibiésemos la promesa del *E*
4.6 Dios envió a vuestros corazones el *E* de
4.29 perseguía al que había nacido según el *E*
5.5 por el *E* aguardamos por fe la esperanza
5.16 digo..Andad en el *E*, y no satisfagáis los
5.17 la carne es contra el *E*, y el del *E* es
5.18 si sois guiados por el *E*, no estáis bajo
5.22 mas el fruto del *E* es amor, gozo, paz
5.25 si vivimos por el *E*, andemos..por el *E*
6.1 falta..restauradle con *e* de mansedumbre
6.8 el que siembra para el *E*, del *E* segará
6.18 la gracia de..sea con vuestro *e*. Amén
Ef. 1.13 fuisteis sellados con el *E* Santo de
1.17 que el Dios..os dé *e* de sabiduría y de
2.2 *e*..opera en los hijos de desobediencia
2.18 los otros tenemos entrada por un mismo *E*
2.22 edificados para morada de Dios en el *E*
3.5 ahora es revelado a..profetas por el *E*
3.16 el ser fortalecidos con poder..por su *E*
4.3 solícitos en guardar la unidad del *E* en
4.4 un cuerpo, y un *E*, como fuisteis también
4.23 y renovaos en el *e* de vuestra mente
4.30 no contristéis al *E* Santo de Dios, con
5.9 porque el fruto del *E* es en toda bondad
5.18 con vino..antes bien sed llenos del *E*
6.17 la espada del *E*, que es la palabra de
6.18 con toda oración y súplica en el *E*, y
Fil. 1.19 suministración del *E* de Jesucristo
1.27 en un mismo *e*, combatiendo unánimes por
2.1 si alguna comunión del *E*, si algún afecto
3.3 que en *e* servimos a Dios y nos gloriamos
Col. 1.8 nos ha declarado vuestro amor en el *E*
2.5 en *e* estoy con vosotros, gozándome y
1 Ts. 1.5 sino también en poder, en el *E* Santo
1.6 recibiendo la palabra en..con gozo del *E*
4.8 a Dios, que también nos dio su *E* Santo
5.19 no apaguéis al *E*
5.23 todo vuestro ser, *e*, alma..sea guardado
2 Ts. 2.2 por *e*, ni por palabra, ni por carta
2.8 a quien el Señor matará con el *e* de su
2.13 mediante la santificación por el *E* y la
1 Ti. 3.16 justificado en el *E*, visto de los
4.1 el *E* dice..que en los postreros tiempos
4.1 escuchando a *e* engañadores y..demonios
4.12 sé ejemplo de los creyentes en..*e*, fe
2 Ti. 1.7 no nos ha dado Dios *e* de cobardía
1.14 guarda el buen depósito por el *E* Santo
4.22 el Señor Jesucristo esté con tu *e*
Tit. 3.5 y por la renovación en el *E* Santo
Flm. 25 la gracia de..sea con vuestro *e*. Amén
He. 1.7 el que hace a sus ángeles *e*, y a sus
1.14 ¿no son todos *e* ministradores, enviados
2.4 milagros y repartimientos del *E* Santo
3.7 como dice el *E* Santo: Si oyereis hoy su
4.12 y penetra hasta partir el alma y el *e*
6.4 y fueron hechos partícipes del *E* Santo
9.8 dando el *E* Santo a entender con esto que
9.14 el cual mediante el *E* eterno se ofreció
10.15 y nos atestigua lo mismo el *E* Santo
10.29 que..hiciere afrenta al *E* de gracia?
12.9 ¿por qué no obedeceremos..Padre de los *e*
12.23 a los *e* de los justos hechos perfectos
Stg. 2.26 como el cuerpo sin *e* está muerto, así
4.5 el *E* que él ha..nos anhela celosamente?
1 P. 1.2 en santificación del *E*, para obedecer
1.11 indicaba el *E* de Cristo que estaba en

ESPÍRITU *(Continúa)*

1 P. 1.12 los que os han predicado..el *E* Santo
1.22 obediencia a la verdad, mediante el *E*
3.4 ornato de un *e* afable y apacible, que es
3.18 muerto en la carne, pero vivificado en *e*
3.19 también fue y predicó a..*e* encarcelados
4.6 juzgados en carne..vivan en *e* según Dios
4.14 el..*E* de Dios reposa sobre vosotros
2 P. 1.21 hablaron..inspirados por el *E* Santo
1 Jn. 3.24 él permanece en nosotros, por el *E*
4.1 no creáis a todo *e*, sino probad los *e* si
4.2 en esto conoced el *E* de Dios: Todo *e* que
4.3 *e* que no confiesa que..venido en carne
4.3 y este es el *e* del anticristo, el cual
4.6 en esto conocemos el *e* de verdad y el *e*
4.13 en nosotros, en que nos ha dado de su *E*
5.6 y el *E* es el que da..el *E* es la verdad
5.7 el Padre, el Verbo y el *E* Santo; y estos
5.8 el *E*, el agua y la sangre; y estos tres
Jud. 19 son..los sensuales, que no tienen al *E*
20 vosotros, amados..orando en el *E* Santo
Ap. 1.4 y de los siete *e* que están delante de
1.10 yo estaba en el *E* en el día del Señor
2.7,11,17,29; 3.6,13,22 oiga lo que el *E* dice a las iglesias
3.1 el que tiene los siete *e* de Dios..dice
4.2 al instante yo estaba en el *E*; y he aquí
4.5; 5.6 los cuales son los siete *e* de Dios
11.11 entró en ellos el *e* de vida enviado por
14.13 dice el *E*, descansarán de sus trabajos
16.13 vi salir de la boca del dragón..tres *e*
16.14 son *e* de demonios, que hacen señales
17.3 me llevó en el *E* al desierto; y vi a una
18.2 guarida de todo *e* inmundo, y albergue de
19.10 el testimonio de Jesús es el *e* de la
21.10 me llevó en el *E* a un monte grande y
22.6 Señor, el Dios de los *e* de los profetas
22.17 el *E* y la Esposa dicen: Ven. Y el que

ESPIRITUAL

Ro. 1.11 comunicaros algún don *e*, a fin de que
7.14 porque sabemos que la ley es *e*; mas yo
15.27 hechos participantes de sus bienes *e*
1 Co. 2.13 hablamos..acomodando lo *e* a lo *e*
2.15 el *e* juzga todas las cosas; pero él no
3.1 no pude hablaros como a *e*, sino como a
9.11 si..sembramos entre vosotros lo *e*, ¿es
10.3 y todos comieron el mismo alimento *e*
10.4 todos bebieron la misma bebida *e*; porque
10.4 bebían de la roca *e* que los seguía, y la
12.1 no..que ignoréis acerca de los dones *e*
14.1 procurad los dones *e*, pero sobre todo
14.12 que anheláis dones *e*, procurad abundar
14.37 se cree profeta, o *e*, reconozca que lo
15.44 se siembra cuerpo..resucitará cuerpo *e*
15.44 hay cuerpo animal, y hay cuerpo *e*
15.46 lo *e* no es primero, sino..luego lo *e*
Gá. 6.1 vosotros que sois *e*, restauradle con
Ef. 1.3 bendijo con toda bendición *e* en Cristo
5.19 con salmos, con himnos y cánticos *e*
6.12 huestes *e* de maldad en las..celestiales
Col. 1.9 en toda sabiduría e inteligencia *e*
3.16 cantando con gracia..himnos y cánticos *e*
1 P. 2.2 como niños recién nacidos, la leche *e*
2.5 sed edificados como casa *e* y sacerdocio
2.5 ofrecer sacrificios *e* aceptables a Dios
Ap. 11.8 ciudad..en sentido *e* se llama Sodoma

ESPIRITUALMENTE

1 Co. 2.14 no percibe..se han de discernir *e*

ESPLENDENTE

Job 37.21 ya no se puede mirar la luz *e* de los

ESPLENDIDEZ

Lc. 16.19 rico..hacía cada día banquete con *e*

ESPLÉNDIDO, DA

Is. 32.5 el ruin..ni el tramposo será llamado *e*
Lc. 23.11 vistiéndole de una ropa *e*; y volvió a
Stg. 2.2 hombre con anillo de oro y con ropa *e*
2.3 miráis con agrado al que trae la ropa *e*
Ap. 18.14 y todas las cosas..*e* te han faltado

ESPLENDOR

Ez. 27.10 tus hombres de guerra..dieron tu *e*
28.7 que desenvainarán sus..mancharán tu *e*
28.17 corrompiste tu sabiduría a causa de..*e*

ESPONJA

Mt. 27.48 tomó una *e*, y la empapó de vinagre
Mr. 15.36 corrió..empapando una *e* en vinagre
Jn. 19.29 ellos empaparon en vinagre una *e*, y

ESPONTÁNEO

Esd. 3.5 sacrificio *e*, toda ofrenda voluntaria

ESPOSA *Véase también Esposo*

Éx. 21.8 si no..por lo cual no la tomó por *e*
Lv. 21.13 tomará por *e* a una mujer virgen
1 R. 11.19 le dio por mujer la hermana de su *e*
Pr. 18.22 que halla *e* halla el bien, y alcanza
Cnt. 4.8 ven conmigo desde el Líbano, oh *e* mía
4.9 prendiste mi corazón, hermana, *e* mía; has
4.10 ¡cuán hermosos son tus amores..*e* mía!
4.11 como panal..destilan tus labios, oh *e*
4.12 huerto cerrado eres, hermana mía, *e* mía
5.1 yo vine a mi huerto, oh hermana, *e* mía
Is. 54.6 como a la *e* de la juventud..repudiada
62.25 como el gozo del esposo con la *e*, así
Jer. 3.20 pero como la *e* infiel abandona a su
7.34; 16.9 cesar..voz de esposo y..voz de *e*
Mr. 12.19 muriere y dejare *e*, pero no dejare
12.20 el primero tomó *e*, y murió sin dejar
Lc. 20.29 el primero tomó *e*, y murió sin hijos
Jn. 3.29 el que tiene la *e*, es el esposo; mas
1 Co. 7.29 los que tienen *e* sean como si no la
1 Ts. 4.4 cada uno de..sepa tener su propia *e*
1 Ti. 5.9 que haya sido *e* de un solo marido
1 P. 3.1 sin palabra por la conducta de sus *e*
Ap. 18.23 ni voz de esposo y de *e* se oirá más
19.7 llegado las bodas del Cordero, y su *e* se
21.2 la nueva Jerusalén..dispuesta como una *e*
21.9 ven acá, yo te mostraré..*e* del Cordero
22.17 el Espíritu y la *E* dicen: Ven. Y el

ESPOSO *Véase también Esposa*

Éx. 4.25 a la verdad tú me eres un *e* de sangre
4.26 y ella dijo: *E* de sangre, a causa de la
Sal. 19.5 y éste, como *e* que sale de su tálamo
Is. 62.5 como el gozo del *e* con la esposa, así
Jer. 3.14 convertíos..porque yo soy vuestro *e*
7.34; 16.9 cesar..voz de *e* y..voz de esposa
Mt. 9.15 entre tanto que el *e* está con ellos?
9.15 vendrán días cuando el *e*..será quitado
25.1 vírgenes que..salieron a recibir al *e*
25.5 tardándose el *e*, cabecearon todas y se
25.6 ¡aquí viene el *e*; salid a recibirle!
25.10 mientras..iban a comprar, vino el *e*
Mr. 2.19 ayunar mientras está con ellos el *e*?
2.19 entre tanto que tienen consigo al *e*, no
2.20 vendrán días cuando el *e*..será quitado
Lc. 5.34 entre tanto que el *e* está con ellos?
5.35 cuando el *e* les será quitado; entonces
Jn. 2.9 maestresala probó el agua..llamó al *e*
3.29 el que tiene la esposa, es el *e*; mas el
3.29 el amigo del *e*..se goza..de la voz del *e*
2 Co. 11.2 pues os he desposado con un solo *e*
Ap. 18.23 ni voz de *e* y de esposa se oirá más

ESPUMA

Os. 10.7 de Samaria fue cortado su rey como *e*
Lc. 9.39 y le hace echar *e*, y estropeándole

ESPUMAR

Jud. 13 ondas..que *espuman* su propia vergüenza

ESPUMARAJO

Mr. 9.18 echa *e*, y cruje los dientes, y se va
9.20 quien cayendo..se revolcaba, echando *e*

ESPUTO

Is. 50.6 no escondí mi rostro de injurias y..*e*

ESQUIFE

Hch. 27.16 con dificultad pudimos recoger el *e*
27.30 echando el *e* al mar, aparentaban como
27.32 los soldados cortaron las amarras del *e*

ESQUILADOR

1 S. 25.7 he sabido que tienes *e*. Ahora, tus
25.11 la carne que he preparado para mis *e*
2 S. 13.23 que Absalón tenía *e* en Baal-hazor
13.24 tu siervo tiene ahora *e*; yo ruego que

ESQUILAR

1 S. 25.2 que estaba *esquilando* sus ovejas en
25.4 oyó David..Nabal *esquilaba* sus ovejas

ESQUILEO

2 R. 10.12 llegó a una casa de *e* de pastores
10.14 los degollaron junto..de la casa de *e*

ESQUINA

Éx. 25.12 anillos de..pondrás en sus cuatro *e*
25.26 cuatro anillos de oro..en las cuatro *e*
26.23 dos tablas para las *e* del tabernáculo
26.24 con las otras dos; serán para las dos *e*
27.2 y le harás cuernos en sus cuatro *e*; los
27.4 cuatro anillos de bronce a sus cuatro *e*
30.4 dos anillos..a sus dos *e* a ambos lados
36.28 para las *e*..en los dos lados hizo dos
36.29 hizo a la una y a la otra en las dos *e*
37.3 cuatro anillos de oro a sus cuatro *e*; en
37.13 cuatro anillos..los puso a las cuatro *e*
37.27 debajo de la cornisa en las dos *e* a los
38.2 e hizo sus cuernos a sus cuatro *e*, los
1 R. 6.31 umbral y los postes eran de cinco *e*
7.30 sus cuatro *e* había repisas de fundición
7.34 repisas de las cuatro *e* de cada basa
2 R. 14.13 rompió el..hasta la puerta de la *e*
2 Cr. 26.9 y junto a las *e*; y las fortificó
Neh. 3.19 a la subida de la armería de la *e*
3.20 restauró..desde la *e* hasta la puerta de
3.24 restauró Binui..otro tramo..hasta la *e*
3.25 Uzai, enfrente de la *e* y la torre alta
3.31 restauró Malquías hijo..sala de la *e*
3.32 y entre la sala de la *e* y la puerta de
Job 1.19 las cuatro *e* de la casa, la cual cayó
Sal. 144.12 nuestras hijas como *e* labradas como
Pr. 7.8 cual pasaba por la calle, junto a la *e*
7.12 en las plazas, acechando por todas las *e*
Jer. 31.40 la *e* de la puerta de los caballos
51.26 nadie tomará de ti piedra para *e*, ni
Ez. 41.22 sus *e*, su superficie y sus..de madera
43.20 en las cuatro *e* del descanso, y en el
Mt. 6.5 aman el orar..en las *e* de las calles

ESROM *Hijo de Fares (=Hezrón),*
Mt. 1.3; Lc. 3.33

ESTABLE

1 S. 24.20 que el reino de Israel ha de ser..*e*
25.28 Jehová de cierto hará casa *e* a mi señor
2 S. 7.16 reino..y tu trono será *e* eternamente
Pr. 28.2 mas por el hombre..sabio permanece *e*
Is. 28.16 una piedra..preciosa, de cimiento *e*
Jer. 15.18 ilusoria, como aguas que no son *e*?

ESTABLECER

Gn. 6.18 *estableceré* mi pacto contigo..hijos
9.9 que yo *establezco* mi pacto con vosotros
9.11 *estableceré* mi pacto con vosotros, y no
9.12 es la señal del pacto que yo *establezco*
9.17 es la señal del pacto que he *establecido*
11.2 una llanura en..y se *establecieron* allí
17.7 *estableceré* mi pacto entre mí y ti, y tu
17.21 yo *estableceré* mi pacto con Isaac, el
Éx. 6.4 también *establecí* mi pacto con ellos
Lv. 26.46 leyes que *estableció* Jehová entre sí
Nm. 25.12 yo *establezco* mi pacto de paz con él
Dt. 4.23 pacto..que él *estableció* con vosotros
32.6 ¿no es él..Él te hizo y te *estableció*
32.8 *estableció* los límites de los pueblos
1 S. 25.30 y te *establezca* por príncipe sobre
2 S. 7.24 tú *estableciste* a tu pueblo Israel
1 Cr. 16.30 el mundo será aún *establecido*, para
2 Cr. 8.2 *estableció* en ellas a los hijos de
36.4 *estableció* el rey de Egipto a Eliaquim
Esd. 3.1 ya *establecidos* en las ciudades, se
Est. 9.27 los judíos *establecieron* y tomaron
Job 38.10 y *establecí* sobre él mi decreto, le
Sal. 7.9 mas *establece* tú al justo; porque el
74.16 día..tú *estableciste* la luna y el sol
78.5 *estableció* testimonio en Jacob, y puso
87.5 Sion..el Altísimo mismo la *establecerá*
103.19 *estableció* en los cielos su trono, y su
104.3 que *establece* sus aposentos entre las
105.10 la *estableció* a Jacob por decreto, a
107.36 allí *establece* a los hambrientos, y
119.152 que para siempre los has *establecido*
Pr. 8.29 cuando *establecía* los fundamentos de
Is. 42.4 que *establezca* en la tierra justicia
44.7 desde que *establecí* el pueblo antiguo?
Jer. 5.24 los tiempos *establecidos* de la siega
31.21 *establécete* señales, ponte majanos altos
49.1 pueblo se ha *establecido* en..ciudades?
Ez. 14.3,4,7 *establecido* el tropiezo de su
16.60 *estableceré* contigo..pacto sempiterno
34.25 y *estableceré* con ellos pacto de paz
37.26 los *estableceré* y los multiplicaré, y
44.8 pues no habéis guardado lo *establecido*
Os. 8.4 *establecieron* reyes, pero no escogidos
Am. 5.15 y *estableced* la justicia en juicio
9.6 y ha *establecido* su expansión sobre la
Mi. 4.1 será *establecido* por cabecera de montes
6.9 prestad atención..a quien lo *establece*
Mr. 3.14 *estableció* a doce..estuviesen con él
Hch. 17.31 ha *establecido* un día en el..juzgará
Ro. 10.3 procurando *establecer* la suya propia
13.1 que hay, por Dios han sido *establecidas*
13.2 a lo *establecido* por Dios resiste; y los
Tit. 1.5 *establecieses* ancianos en cada ciudad
He. 8.6 *establecido* sobre mejores promesas
8.8 en que *estableceré* con la casa de Israel
9.27 está *establecido* para los hombres que
10.9 lo primero, para *establecer* esto último
1 P. 5.10 él mismo os perfeccione..y *establezca*
Ap. 4.2 aquí, un trono *establecido* en el cielo
21.16 ciudad se halla *establecida* en cuadro

ESTABLO

2 Cr. 32.28 hizo..*e* para toda clase de bestias

ESTACA

Éx. 27.19 todas sus *e*, y todas las *e* del atrio
35.18 las *e* del tabernáculo, y las *e* del atrio
38.20 *e* del tabernáculo y del atrio..bronce
38.31 las *e* del tabernáculo y las *e* del atrio
39.40 sus cuerdas y sus *e*, y..los utensilios
Nm. 3.37; 4.32 sus basas, sus *e* y sus cuerdas
Dt. 23.13 tendrás también entre tus armas..*e*
Jue. 4.21 Jael..tomó una *e*..y le metió la *e* por
4.22 Sísara yacía muerto con la *e* por la sien
5.26 tendió su mano a la *e*, y su diestra al
16.13 si tejieres..y las asegurares con la *e*

ESTACA ***(Continúa)***

Jue. 16.14 ella las aseguró con la *e*, y le dijo
16.14 mas. .arrancó la *e* del telar con la tela
Is. 33.20 tienda. .ni serán arrancadas sus *e*, ni
54.2 alarga tus cuerdas, y refuerza tus *e*
Ez. 15.3 ¿tomarán de ella una *e* para colgar en

ESTACIÓN

Gn. 1.14 y sirvan de señales para las *e*, para
Zac. 10.1 pedid a Jehová lluvia en la *e* tardía

ESTACTE

Éx. 30.34 toma. .*e* y uña aromática y gálbano

ESTADIO

Lc. 24.13 una aldea. .a sesenta *e* de Jerusalén
Jn. 6.19 cuando habían remado como. .treinta *e*
11.18 Betania estaba cerca. .como a quince *e*
1 Co. 9.24 los que corren en el *e*, todos a la
Ap. 14.20 del lagar salió sangre. .por 1.600 *e*
21.16 él midió la ciudad con la. .doce mil *e*

ESTADO

2 S. 11.7 David le preguntó. .el *e* de la guerra
1 R. 10.5 el *e* y los vestidos de los que le
2 Cr. 9.4 el *e* de sus criados y los vestidos
Job 9.35 no le temeré. .en este *e* no estoy en
42.12 y bendijo Jehová el postrer *e* de Job
Pr. 27.23 sé diligente en conocer el *e* de tus
Ez. 16.55 tus hermanas. .volverán a su primer *e*
16.55 también. .volveréis a vuestro primer *e*
Mt. 12.45; Lc. 11.26 postrer *e* de aquel hombre
1 Co. 7.20,24 uno en el *e* en que fue llamado
Fil. 2.19 de buen ánimo al saber de vuestro *e*
2 P. 2.20 su postrer *e* viene a ser peor que el

ESTAFADOR

1 Co. 6.10 ni los *e*, heredarán el reino de Dios

ESTANQUE

Éx. 7.19 vara. .sobre sus *e*, y sobre todos sus
8.5 arroyos y *e*, para que haga subir ramas
2 S. 2.13 junto al *e* de Gabaón. .un lado del *e*
4.12 pies, y los colgaron sobre el *e* en Hebrón
1 R. 22.38 lavaron el carro en el *e* de Samaria
2 R. 3.16 así ha dicho Jehová: Haced. .muchos *e*
18.17 acamparon junto al acueducto del *e* de
20.20 cómo hizo el *e* y el conducto, y metió
Neh. 2.14 pasé luego a la puerta. .al *e* del Rey
3.15 levantó. .el muro del *e* de Siloé hacia
3.16 hasta el *e* labrado, y hasta la casa de
Sal. 84.6 fuente, cuando la lluvia llena los *e*
107.35 vuelve el desierto en *e* de aguas, y
114.8 el cual cambió la peña en *e* de aguas
Ec. 2.6 hice *e* de aguas, para regar de ellos
Cnt. 7.4 tus ojos, como los *e* de Hesbón junto
Is. 7.3 extremo del acueducto del *e* de arriba
22.9 y recogisteis las aguas del *e* de abajo
22.11 foso entre. .para las aguas del *e* viejo
35.7 el lugar seco se convertirá en *e*, y el
36.2 acampó junto al acueducto. .*e* de arriba
41.18 abriré en el desierto *e* de aguas, y
42.15 ríos tornaré en islas, y secaré los *e*
Jer. 27.19 así ha dicho. .del *e*, de las basas y
41.12 lo hallaron junto al gran *e* que está
Nah. 2.8 fue Nínive. .antiguo como *e* de aguas
Jn. 5.2 hay. .un *e*, llamado en hebreo Betesda
5.4 un ángel descendía. .al *e*, y agitaba el
5.4 el que primero descendía al *e*. .quedaba
5.7 no tengo quien me meta en el *e* cuando
9.7 le dijo: Vé a lavarte en el *e* de Siloé

ESTAÑO

Nm. 31.22 plata, el bronce, hierro, *e* y plomo
Ez. 22.18 todos ellos son bronce y *e* y hierro
22.20 como quien junta. .*e* en medio del horno
27.12 con. .*e* y plomo comerciaba en tus ferias

ESTAOL ***Ciudad en Dan***

Jos. 15.33 en las llanuras, *E*, Zora, Asena
19.41 fue el territorio. .Zora, *E*, Ir-semes
Jue. 13.25 campamentos de Dan, entre Zora y *E*
16.31 y le sepultaron entre Zora y *E*, en el
18.2 cinco hombres. .valientes, de Zora y *E*
18.8 volviendo. .ellos a sus hermanos en. .*E*
18.11 salieron de allí. .y de *E*, 600 hombres

ESTAOLITA ***Habitante de Estaol,*** **1 Cr. 2.53**

ESTAQUIS ***Cristiano saludado por Pablo,*** **Ro. 16.9**

ESTATERO ***Moneda del valor de cuatro dracmas***

Mt. 17.27 y al abrirle la boca, hallarás un *e*

ESTATUA

Gn. 19.26 la mujer de Lot. .se volvió *e* de sal
Éx. 23.24 dioses. .quebrarás totalmente sus *e*
34.13 quebraréis sus *e*, y cortaréis. .Asera
Lv. 26.1 ni os levantaréis *e*, ni pondréis en
Dt. 7.5 y quebraréis sus *e*, y destruiréis sus
12.3 y quebraréis sus *e*, y sus imágenes de
16.22 ni te levantarás *e*, lo cual aborrece
1 S. 19.13 tomó luego Mical una *e*, y la puso
19.16 la *e* estaba en la cama, y una almohada
1 R. 14.23 se edificaron lugares altos, *e*, e
2 R. 3.2 las *e* de Baal que su padre había hecho
10.26 y sacaron las *e* del templo de Baal, y
10.27 quebraron la *e* de Baal, y derribaron
17.10 y levantaron *e* e imágenes de Asera en
23.14 quebró las *e*, y derribó las. .de Asera
2 Cr. 31.1 quebraron las *e* y destruyeron las
34.4 despedazó también. .*e* fundidas, y las
Jer. 43.13 además quebrará las *e* de Bet-semes
Dn. 3.1 el rey Nabucodonosor hizo una *e* de oro
3.2 que viniesen a la dedicación de la *e* que
3.3 la dedicación de la *e* que el rey. .había
3.3 estaban en pie delante de la *e* que había
3.5 al oír el son. .os postréis y adoréis la *e*
3.7 todos. .se postraron y adoraron la *e* de oro
3.10 al oír. .se postre y adore la *e* de oro
3.12 ni adoran la *e* de oro que has levantado
3.14 ni adoráis la *e* de oro que he levantado?
3.15 os postréis y adoréis la *e* que he hecho?
3.18 ni. .adoraremos la *e* que has levantado
Os. 3.4 sin rey. .*e*, sin efod y sin terafines
Mi. 1.7 sus *e* serán despedazadas, y todos sus
Nah. 1.14 destruiré escultura y *e* de fundición
Hab. 2.18 la *e* de fundición que enseña mentira

ESTATURA

Nm. 13.32 todo el pueblo. .hombres de grande *e*
1 S. 16.7 no mires a. .ni a lo grande de su *e*
2 S. 21.20 había un hombre de gran *e*, el cual
23.21 mató él a un egipcio, hombre de gran *e*
1 Cr. 11.23 venció a un egipcio. .5 codos de *e*
20.6 un hombre de grande *e*, el cual tenía 6
Cnt. 7.7 tu *e* es semejante a la palmera, y tus
Is. 18.2,7 nación de elevada *e* y tez brillante
45.14 hombres de elevada *e*, se pasarán a ti
Ez. 19.11 se elevó su *e* por encima de las ramas
Mt. 6.27 que se afane, añadir a su *e* un codo?
Lc. 2.52 Jesús crecía en sabiduría y en *e*, y
12.25 quién. .podrá. .añadir a su *e* un codo?
19.3 pero no podía. .pues era pequeño de *e*
Ef. 4.13 la medida de la *e* de la plenitud de

ESTATUTO

Gn. 26.5 Abraham. .guardó. .mis *e* y mis leyes
Éx. 12.14 fiesta. .por *e* perpetuo lo celebraréis
12.24 guardaréis esto por *e* para vosotros y
15.25 dio *e* y ordenanzas, y allí los probó
15.26 dieres oído. .y guardares todos sus *e*
27.21 *e* perpetuo de los hijos de Israel por
28.43 *e* perpetuo para él, y. .su descendencia
29.28 será. .como *e* perpetuo para los hijos de
30.21 y lo tendrán por *e* perpetuo él y su
Lv. 3.17 *e* perpetuo será por vuestras edades
6.18 *e* perpetuo. .para vuestras generaciones
6.22 igual ofrenda. Es *e* perpetuo de Jehová
7.34 he dado a Aarón. .como *e* perpetuo para
7.36 como *e* perpetuo en sus generaciones
10.9 *e* perpetuo. .para vuestras generaciones
10.11 enseñar a los hijos de Israel. .los *e*
16.29 esto tendréis por *e* perpetuo: En el mes
16.31 afligiréis vuestras almas. .*e* perpetuo
16.34 y esto tendréis como *e* perpetuo, para
17.7 tendrán. .por *e* perpetuo por sus edades
18.3 ni haréis como. .ni andaréis en sus *e*
18.4 y mis *e* guardaréis, andando en ellos
18.5 guardaréis mis *e* y mis ordenanzas, los
18.26 guardad, pues. .mis *e* y mis ordenanzas
19.19 mis *e* guardarás. No harás ayuntar tu
19.37 guardad, pues, todos mis *e*, y todas mis
20.8 guardad mis *e*, y ponedlos por obra. Yo
20.22 guardad. .todos mis *e* y. .mis ordenanzas
23.14 *e* perpetuo es por vuestras edades en
23.21,31,41 *e* perpetuo es por. .generaciones
24.3 es *e* perpetuo por vuestras generaciones
24.22 un mismo *e* tendréis para el extranjero
25.18 ejecutad, pues, mis *e* y guardad mis
26.15 y vuestra alma menospreciare mis *e*, no
26.43 cuanto. .su alma tuvo fastidio de mis *e*
26.46 los *e*. .que estableció Jehová entre sí
Nm. 10.8 tendréis por *e* perpetuo por vuestras
15.15 un mismo *e* tendréis. .será *e* perpetuo
18.8,11 he dado. .a tus hijos, por *e* perpetuo
18.19 las he dado para ti, y. .por *e* perpetuo
18.23 *e* perpetuo para vuestros descendientes
19.10 *e* perpetuo para los hijos de Israel
19.21 será *e* perpetuo; también el que rociare
27.11 de Israel esto será por *e* de derecho
36.13 estos son los. .*e* que mandó Jehová por
Dt. 4.1 Israel, oye los *e* y. .que yo os enseño
4.5 os he enseñado *e*. .como Jehová mi Dios me
4.6 los cuales oirán todos estos *e*, y dirán
4.8 y ¿qué nación grande hay que tenga *e* y
4.14 mandó. .que os enseñase los *e* y juicios
4.40 y guarda sus *e* y sus mandamientos, los
4.45 los *e* y los decretos que habló Moisés
5.1 oye. .los *e* y decretos que yo pronuncio
5.31 *e* y decretos que les enseñarás, a fin
6.1 *e* y decretos que Jehová. .Dios mandó que
6.2 para que temas a. .guardando todos sus *e*
6.17 guardad cuidadosamente. .sus *e* que te ha
6.20 ¿qué significan los testimonios y *e* y
6.24 mandó. .que cumplamos todos estos *e*, y
7.11 guarda. .*e* y decretos que yo te mando hoy
8.11 para cumplir. .sus *e* que yo te ordeno hoy
10.13 guardes. .sus *e*, que yo te prescribo hoy
11.1 y guardarás. .sus *e*, sus decretos y sus
11.32 cuidaréis, pues, de cumplir todos los *e*
12.1 los *e*. .que cuidaréis de poner por obra
16.12 tanto, guardarás y cumplirás estos *e*
17.19 para guardar. .estos *e*, para ponerlos
26.16 Dios te manda hoy que cumplas estos *e*
26.17 guardarás sus *e*, sus mandamientos y sus
27.10 cumplirás sus mandamientos y sus *e* que
28.15 procurar cumplir. .*e* que yo te intimo
28.45 no habrás atendido. .para guardar. .sus *e*
30.10 guardar. .sus *e* escritos en este libro
30.16 y guardes. .sus *e* y sus decretos, para
Jos. 24.25 Josué. .les dio *e* y leyes en Siquem
2 S. 22.23 de mí, y no me he apartado de sus *e*
1 R. 2.3 observando sus *e* y mandamientos, sus
3.3 amó. .andando en los *e* de su padre David
3.14 si anduvieres en. .guardando mis *e* y mis
6.12 si anduvieres en mis *e* e hicieres mis
8.58 y guardemos sus. .sus *e* y sus decretos
8.61 andando en sus *e* y. .sus mandamientos
9.4 y si tú. .guardando mis *e* y mis decretos
9.6 no guardareis. .*e* que yo he puesto delante
11.11 y no has guardado mi pacto mis *e* que yo
11.33 mis *e* y mis decretos, como hizo David
11.34 quien guardó mis mandamientos y mis *e*
11.38 guardando mis *e* y. .mandamientos, como
2 R. 17.8 anduvieron en los *e* de las naciones
17.8 los *e* que hicieron los reyes de Israel
17.15 y desecharon sus *e*, y el pacto que él
17.19 sino que anduvieron en los *e* de Israel
17.34 ni guardan sus *e* ni sus ordenanzas, ni
17.37 *e* y derechos. .que os dio por escrito
23.3 guardarían. .sus *e*, con todo el corazón
1 Cr. 16.17 el cual confirmó a Jacob por *e*, y
22.13 de poner por obra los *e* y decretos que
29.19 para que guarde. .testimonios y tus *e*
2 Cr. 7.17 si. .guardares mis *e* y mis decretos
7.19 y dejareis mis *e* y mandamientos que he
19.10 entre ley y precepto, *e* y decretos, les
33.8 la ley, los *e* y los preceptos, por medio
34.31 de guardar sus mandamientos. .y sus *e*
Esd. 7.10 enseñar en Israel sus *e* y decretos
7.11 escriba versado en. .en sus *e* a Israel
Neh. 1.7 no hemos guardado los. .*e* y preceptos
9.13 diste juicios. .*e* y mandamientos buenos
9.14 prescribiste mandamientos, *e* y la ley
10.29 y cumplirían todos los. .y *e* de Jehová
12.24 conforme al *e* de David varón de Dios
12.45 conforme al *e* de David y de Salomón
Sal. 18.22 juicios. .no me he apartado de sus *e*
81.4 *e* es de Israel, ordenanza del Dios de
89.31 si profanaren mis *e*, y no guardaren mis
99.7 guardaban sus. .y el *e* que les había dado
105.45 que guardasen sus *e*, y cumpliesen sus
119.5 fuesen ordenados. .para guardar tus *e*!
119.8 tus *e* guardaré; no me dejes enteramente
119.12 bendito tú, oh Jehová; enséñame tus *e*
119.16 me regocijaré en tus *e*; no me olvidaré
119.23 mí; mas tu siervo meditaba en tus *e*
119.26 y me has respondido; enséñame tus *e*
119.33 enséñame, oh Jehová, el camino de tus *e*
119.48 alzaré. .mis manos. .meditaré en tus *e*
119.54 cánticos fueron para mí tus *e* en la
119.64 está llena la tierra; enséñame tus *e*
119.68 eres tú, y bienhechor; enséñame tus *e*
119.71 sido humillado, para que aprenda tus *e*
119.80 sea mi corazón íntegro en tus *e*, para
119.83 como el odre al. .no he olvidado tus *e*
119.112 mi corazón incliné a cumplir tus *e*
119.117 y me regocijaré siempre en tus *e*
119.118 a todos los que se desvían de tus *e*
119.124 tu misericordia, y enséñame tus *e*
119.135 rostro resplandezca. .enséñame tus *e*
119.145 respóndeme, Jehová, y guardaré tus *e*
119.155 lejos está de. .porque no buscan tus *e*
119.171 rebosarán. .cuando me enseñes tus *e*
147.19 ha manifestado. .sus *e* y sus juicios a
Pr. 8.29 cuando ponía al mar su *e*, para que las
Jer. 44.10 han caminado en mi ley ni en mis *e*
44.23 ni anduvisteis en su ley ni en sus *e*
Ez. 11.12 no habéis andado en mis *e*, ni habéis
18.19 hijo. .guardó todos mis *e* y los cumplió
18.21 guardare todos mis *e* e hiciere según el
20.11 les di mis *e*, y les hice conocer mis
20.13 no anduvieron en mis *e*, y desecharon
20.16 no anduvieron en mis *e*, y mis días de
20.18 no andéis en los *e* de vuestros padres
20.19 andad en mis *e*, y guardad mis preceptos
20.21 no anduvieron en mis *e*, ni guardaron
20.24 que desecharon mis *e* y profanaron mis
20.25 yo también les di *e* que no eran buenos
33.15 el impío. .caminare en los *e* de la vida
36.27 haré que andéis en mis *e*, y guardéis
37.24 y mis *e* guardarán, y los pondrán por
46.14 ofrenda para Jehová. .por *e* perpetuo

ESTE
Éx. 27.13 el ancho. . al *e*, habrá cincuenta codos
38.13 del lado oriental, al *e*, cortinas de
Nm. 2.3 estos acamparán al oriente, al *e:* la
3.38 delante del tabernáculo de reunión al *e*
Dt. 3.27 alza tus ojos al oeste. . al *e*, y mira

ESTEBAN ***Primer mártir cristiano***
Hch. 6.5 eligieron a *E*, varón lleno de fe y del
6.8 y *E*. . hacía grandes prodigios y señales
6.9 se levantaron unos de. . disputando con *E*
7.55 *E*, lleno del Espíritu Santo, puestos los
7.59 apedreaban a *E*, mientras él invocaba y
8.2 hombres piadosos llevaron a enterrar a *E*
11.19 la persecución que hubo con motivo de *E*
22.20 cuando se derramaba la sangre de *E* tu

ESTÉFANAS ***Cristiano en Corinto***
1 Co. 1.16 también bauticé a la familia de *E*
16.15 familia de *E* es las primicias de Acaya
16.17 me regocijo con la venida de *E*, de

ESTEMOA
1. ***Ciudad de los levitas en Judá,*** **Jos. 15.50; 21.14; 1 S. 30.28; 1 Cr. 6.57**
2. ***Descendiente de Caleb,*** 1 Cr. 4.17, 19

ESTER ***Esposa del rey Asuero***
Est. 2.7 y había criado a Hadasa, es decir, *E*
2.8 *E* también fue llevada a la casa del rey
2.10 *E* no declaró cual era su pueblo ni su
2.11 para saber cómo le iba a *E*, y cómo la
2.15 cuando le llegó a *E*, hija de Abihail tío
2.15 ganaba *E* el favor de. . los que la veían
2.16 fue. . *E* llevada al rey Asuero a su casa
2.17 rey amó a *E* más que a todas las otras
2.18 hizo luego el rey en. . el banquete de *E*
2.20 y *E*, según le había mandado Mardoqueo
2.20 porque *E* hacía lo que decía Mardoqueo
2.22 lo denunció a la. . *E*, y *E* lo dijo al rey
4.4 vinieron las doncellas de *E*. . se lo dijeron
4.5 *E* llamó a Hatac. . y lo mandó a Mardoqueo
4.8 de que la mostrase a *E* y se lo declarase
4.9 vino Hatac y contó a *E* las palabras de
4.10 entonces *E* dijo a Hatac que le dijese
4.12 dijeron a Mardoqueo las palabras de *E*
4.13 dijo. . que respondiesen a *E:* No pienses
4.15 y *E* dijo que respondiesen a Mardoqueo
4.17 Mardoqueo fue, e hizo. . que le mandó *E*
5.1 se vistió *E* su vestido real, y entró en
5.2 cuando vio a. . *E* que estaba en el patio
5.2 el rey extendió a *E* el cetro de oro que
5.2 entonces. . *E* y tocó la punta del cetro de
5.3 dijo el rey: ¿Qué tienes, reina *E*, y cuál
5.4 y *E* dijo: Si place al rey, vengan hoy el
5.5 llamad a. . para hacer lo que *E* ha dicho
5.5 vino. . el rey. . al banquete que *E* dispuso
5.6 dijo el rey a *E* en el banquete. . ¿Cuál es
5.7 respondió *E* y dijo: Mi petición y. . es esta
5.12 reina *E* a ninguno hizo venir con el rey
6.14 llevar a Amán al banquete que *E* había
7.1 fue. . el rey. . al banquete de la reina *E*
7.2 rey a *E:* ¿Cuál es tu petición, reina *E*
7.3 reina *E* respondió. . Oh rey, si he hallado
7.5 el rey. . dijo a la reina *E:* ¿Quién es, y
7.6 *E* dijo: El enemigo y adversario es este
7.7 para suplicarle a la reina *E* por su vida
7.8 caído sobre el lecho en que estaba *E*
8.1 rey Asuero dio a la reina *E* la casa de
8.1 *E* le declaró lo que él era respecto de
8.2 y *E* puso a Mardoqueo sobre la casa de
8.3 volvió luego *E* a hablar delante del rey
8.4 el rey extendió a *E* el cetro de oro, y *E*
8.7 respondió el rey Asuero a la reina *E* y a
8.7 yo he dado a *E* la casa de Amán, y a él han
9.12 el rey a. . *E:* En Susa capital del reino
9.13 respondió *E:* Si place al rey, concédanse
9.25 cuando *E* vino a la presencia del rey, él
9.29 la reina *E* hija de Abihail, y Mardoqueo
9.31 según les había ordenado. . y la reina *E*
9.32 y el mandamiento de *E* confirmó estas

ESTERCOLERO
Lm. 4.5 se criaron entre. . se abrazaron a los *e*

ESTÉRIL
Gn. 11.30 mas Sarai era *e*, y no tenía hijo
16.2 ves que Jehová me ha hecho *e;* te ruego
25.21 y oró Isaac. . por su mujer, que era *e*
29.31 Lea. . le dio hijos; pero Raquel era *e*
Éx. 23.26 no habrá mujer que aborte, ni *e* en tu
Nm. 13.20 cómo es el terreno, si es fértil o *e*
Dt. 7.14 no habrá en ti varón ni hembra *e*, ni
Jue. 13.2 se llamaba Manoa; y su mujer era *e*
13.3 que tú eres *e*, y nunca has tenido hijos
1 S. 2.5 hasta la *e* ha dado a luz siete, y la
2 R. 2.19 las aguas son malas, y la tierra es *e*
Job 24.21 la mujer *e*, que no concebía, afligió
39.6 yo puse casa. . y sus moradas en lugares *e*
Sal. 107.34 la tierra fructífera en *e*, por la
113.9 él hace habitar en familia a la *e*, que
Pr. 30.16 el Seol, la matriz *e*, la tierra que

Cnt. 4.2 todas con crías gemelas, y ninguna. . *e*
6.6 con crías gemelas, y *e* no hay entre ellas
Is. 54.1 regocíjate, oh *e*, la que no daba a luz
Mal. 3.11 ni vuestra vid en el campo será *e*
Lc. 1.7 no tenían hijo, porque Elisabet era *e*
1.36 sexto mes para ella, la que llamaban *e*
23.29 en que dirán: Bienaventuradas las *e*, y
Gá. 4.27 regocíjate, oh *e*, tú que no das a luz
He. 11.11 Sara, siendo *e*, recibió fuerza para

ESTERILIDAD
Ro. 4.19 considerar. . la *e* de la matriz de Sara

ESTIÉRCOL
Éx. 29.14 su *e*, los quemarás a fuego fuera del
Lv. 4.11 la piel del becerro. . intestinos y su *e*
8.17 su carne y su *e*, lo quemó al fuego fuera
16.27 y quemarán en. . su piel, su carne y su *e*
Nm. 19.5 y su sangre, con su *e*, hará quemar
Jue. 3.22 porque no sacó el puñal. . salió el *e*
1 R. 14.10 como se barre el *e*, hasta que sea
2 R. 6.25 de *e* de palomas por cinco piezas de
9.37 el cuerpo de Jezabel será como *e* sobre
18.27 expuestos a comer su propio *e* y beber
Job 20.7 como su *e*, perecerá para siempre; los
Sal. 83.10 fueron hechos como *e* para la tierra
Is. 36.12 expuestos a comer su *e* y beber su
Jer. 8.2 serán como *e* sobre la faz de la tierra
9.22 caerán como *e* sobre la faz del campo
16.4 serán como *e* sobre la faz de la tierra
25.33 como *e* quedarán sobre la faz. . tierra
Ez. 4.15 te permito usar *e* de bueyes en lugar
Nah. 3.6 y te afrentaré, y te pondré como *e*
Sof. 1.17 la sangre de ellos. . su carne como *e*
Mal. 2.3 echaré al rostro el *e*, el *e* de vuestros

ESTIMA
1 S. 18.23 siendo yo un. . pobre y de ninguna *e?*
18.30 David tenía. . hizo de mucha *e* su nombre
1 R. 9.8 esta casa, que estaba en *e*, cualquiera
2 R. 5.1 era varón grande. . lo tenía en alta *e*
Est. 1.17 ellas tendrán en poca *e* a sus maridos
Job 36.19 ¿hará él *e* de tus riquezas, del oro
Sal. 127.3 son. . cosa de *e* el fruto del vientre
Pr. 22.1 de más *e* es el buen nombre que las
31.10 su *e* sobrepasa. . las piedras preciosas
Is. 43.4 porque a mis ojos fuiste de gran *e*
1 Co. 6.4 ¿ponéis. . a los que son de menor *e* en
Fil. 2.29 y tened en *e* a los que son como él
1 Ts. 5.13 y que los tengáis en mucha *e* y amor
1 P. 3.4 que es de grande *e* delante de Dios

ESTIMACIÓN
Lv. 5.15 conforme a tu *e* en siclos de plata del
6.6 un carnero sin defecto. . conforme a tu *e*
27.2 la *e* de las personas que se hayan de
27.8 pero si fuere muy pobre para pagar tu *e*
27.12 conforme a la *e* del sacerdote, así será
27.16 *e* será conforme a su siembra; un homer
27.17 si dedicare. . conforme a tu *e* quedará
27.18 hará la cuenta. . y se rebajará de tu *e*
27.19 añadirá a tu *e* la quinta parte. . precio
27.23 calculará. . la suma de tu *e* hasta el año
27.27 si fuere. . lo rescatarán conforme a tu *e*
27.27 y si no lo. . se venderá conforme a tu *e*
Nm. 18.16 el rescate de ellos, conforme a tu *e*
2 R. 23.35 cada uno según la *e* de su hacienda

ESTIMAR
Lv. 5.18 según tú lo *estimes*, un carnero sin
25.31 serán *estimadas* como los terrenos del
27.2 se hayan de redimir, lo *estimarás* así
27.3 *estimarás* en cincuenta siclos de plata
27.4 fuere mujer, la *estimarás* en 30 siclos
27.5 al varón lo *estimarás* en 20 siclos, y a
27.6 *estimarás* al varón en cinco siclos de
27.7 al varón lo *estimarás* en quince siclos
1 S. 26.21 mi vida ha sido *estimada* preciosa a
26.24 como tu vida ha sido *estimada* preciosa
2 S. 13.13 *estimado* como uno de los perversos
2 R. 1.14 sea *estimada* ahora mi vida delante de
Est. 10.3 *estimado* por la multitud de. . hermanos
Job 37.24 no *estima* a ninguno que cree. . sabio
41.27 *estima* como paja el hierro, y el bronce
Sal. 39.11 como polilla lo más *estimado* de él
116.15 *estimada* es a los ojos de Jehová la
119.128 por eso *estimé* rectos. . mandamientos
144.3 hijo de hombre, para que lo *estimes?*
Pr. 26.5 que no se *estime* sabio en su. . opinión
Ec. 10.1 locura, al que es *estimado* como sabio
Is. 2.22 dejaos del. . ¿de qué es él *estimado?*
29.17 campo fértil será *estimado* por bosque?
32.15 el campo fértil sea *estimado* por bosque
40.15 polvo en las balanzas le son *estimadas*
40.17 serán *estimadas* en menos que nada, y
49.5 *estimado* seré en los ojos de Jehová, y
53.3 fue menospreciado, y no lo *estimamos*
Jer. 22.28 ¿es un trasto que nadie *estima?* ¿Por
Lm. 4.2 hijos de Sion. . *estimados* más que el oro
Os. 8.8 Israel. . como vasija que no se *estima*
Mt. 6.24; Lc. 16.13 *estimará* al uno y. . al otro
Hch. 19.27 templo. . Diana sea *estimado* en nada
20.24 caso, ni *estimo* preciosa mi vida para mí

Ro. 16.7 *estimados* entre los apóstoles, y que
Fil. 2.3 *estimando* cada uno a los demás como
2.6 no *estimó* el ser igual a Dios como cosa
3.7 las he *estimado* como pérdida por amor de
3.8 *estimo* todas las cosas como pérdida por
He. 3.3 de tanto mayor gloria. . *estimado* digno

ESTIMULAR
Éx. 35.21 varón a quien su corazón *estimuló*
Pr. 16.26 trabaja para sí. . su boca le *estimula*
1 Co. 8.10 ¿no será *estimulada* a comer de lo
2 Co. 9.2 vuestro celo ha *estimulado*. . mayoría
He. 10.24 *estimularnos* al amor y a las. . obras

ESTIPULAR
2 R. 12.4 el dinero del. . según está *estipulado*

ESTIRAR
Sal. 22.7 *estiran* la boca, menean la cabeza
Is. 28.20 la cama será corta para. . *estirarse*

ESTIRPE
Gn. 48.4 y te pondré por *e* de naciones; y daré
2 R. 25.25 vino Ismael hijo de. . de la *e* real
Sal. 68.26 al Señor, vosotros de la *e* de Israel
Jer. 13.13 y a los reyes de la *e* de David que

ESTOICO ***Discípulo del filósofo Zenón,*** **Hch. 17.18**

ESTÓMAGO
Is. 29.8 pero cuando despierta, su *e* está vacío
1 Ti. 5.23 un poco de vino por causa de tu *e*

ESTÓN ***Descendiente de Judá,*** **1 Cr. 4.11,12**

ESTOPA
Jue. 16.9 una cuerda de *e* cuando toca el fuego
Is. 1.31 el fuerte será como *e*, y lo que hizo
Abd. 18 y la casa de Esaú *e*, y los quemarán y
Mal. 4.1 y todos los que hacen maldad serán *e*

ESTORBAR
1 S. 3.13 han blasfemado. . no los ha *estorbado*
25.33 bendita tú, que me has *estorbado* hoy
2 R. 5.20 mi señor *estorbó* a este sirio Naamán
Job 31.16 si *estorbé* el contento de los pobres
Is. 43.13 lo que hago yo, ¿quién lo *estorbará?*
Jer. 5.25 vuestras iniquidades han *estorbado*
Hch. 11.17 ¿quién era yo que. . *estorbar* a Dios?
Ro. 1.13 pero hasta ahora he sido *estorbado*
Gá. 5.7 ¿quién os *estorbó* para no obedecer a
1 Ts. 2.18 quisimos. . pero Satanás nos *estorbó*
He. 12.15 alguna raíz de amargura, os *estorbe*

ESTORBO
Ez. 33.12 la impiedad del impío no le será *e*
1 P. 3.7 que vuestras oraciones no tengan *e*

ESTORNUDAR
2 R. 4.35 niño *estornudó* siete veces, y abrió

ESTORNUDO
Job 41.18 con sus *e* enciende lumbre, y sus ojos

ESTRADO
Gn. 49.4 lecho. . te envileciste, subiendo a mi *e*
1 Cr. 28.2 y para el *e* de los pies de. . Dios
2 Cr. 6.13 Salomón había hecho un *e* de bronce
9.18 el trono tenía 6 gradas, y un *e* de oro
Sal. 99.5 postraos ante el *e* de sus pies; él
110.1 ponga a tus enemigos por *e* de tus pies
132.3 casa, ni subiré sobre el lecho de mi *e*
132.7 nos postraremos ante el *e* de sus pies
139.8 en el Seol hiciere mi *e*, he aquí, allí
Is. 66.1 es mi trono, y la tierra *e* de mis pies
Lm. 2.1 no se acordó del *e* de sus pies en el
Ez. 23.41 te sentaste sobre suntuoso *e*, y fue
Mt. 5.35 ni por la tierra, porque es el *e* de sus
22.44; Mr. 12.36; Lc. 20.43; Hch. 2.35 que
ponga a tus enemigos por *e* de tus pies
Hch. 7.49 trono, y la tierra el *e* de mis pies
He. 1.13 hasta que ponga a tus enemigos por *e*
10.13 que sus enemigos sean puestos por *e* de
Stg. 2.3 al pobre. . o siéntate aquí bajo mi *e*

ESTRAGO
Éx. 19.22 para que Jehová no haga en ellos *e*
19.24 traspasen. . no sea que haga en ellos *e*
Jue. 11.33 los derrotó con muy grande *e*. Así
1 S. 14.30 ¿no se habría hecho. . mayor *e* entre
19.8 salió David y. . y los hirió con gran *e*
1 R. 20.21 deshizo. . sirios causándoles gran *e*
Lm. 1.20 por fuera hizo *e* la espada; por dentro
Ez. 21.15 para que. . los *e* se multipliquen; en
Abd. 9 todo hombre será cortado del. . por el *e*

ESTRANGULACIÓN
Job 7.15 mi alma tuvo por mejor la *e*, y quiso

ESTRATAGEMA
Ef. 4.14 *e* de hombres que para engañar emplean

ESTRECHAR
Pr. 4.12 anduvieres, no se *estrecharán*..pasos
Is. 63.15 y tus piedades..¿Se han *estrechado?*
Jer. 19.9 el apuro con que los *estrecharán* sus
Jl. 2.8 ninguno *estrechará* a su compañero, cada
Lc. 11.53 escribas..comenzaron a *estrecharle*
19.43 y por todas partes te *estrecharán*

ESTRECHEZ
2 Cr. 28.20 rey de los asirios..lo redujo a *e*
Job 20.22 el colmo de su abundancia padecerá *e*
2 Co. 8.13 para otros holgura, y..vosotros *e*

ESTRECHO, CHA
Jos. 17.15 monte de Efraín es *e* para vosotros
1 S. 13.6 de Israel vieron que estaban en *e*
1 R. 6.4 hizo a la casa ventanas..*e* por fuera
2 R. 6.1 lugar en que moramos contigo nos es *e*
Is. 28.20 y la manta *e* para poder envolverse
49.19 será *e* por la multitud de..moradores
49.20 *e* es para mí este lugar; apártate, para
Ez. 40.16 había ventanas *e* en las cámaras, y en
41.16 las ventanas *e* y las cámaras alrededor
41.26 había ventanas *e*, y palmeras de uno y
42.5 las cámaras más altas eran más *e*; porque
42.6 eran más *e* que las de abajo y las de en
Mt. 7.13 entrad por la puerta *e*; porque ancha
7.14 *e* es la puerta, y angosto el camino que
2 Co. 6.12 no estáis *e* en..sois *e* en..corazón
Fil. 1.23 porque de ambas..estoy puesto en *e*

ESTRECHURA
Lm. 1.3 sus perseguidores la alcanzaron..las *e*

ESTRELLA
Gn. 1.16 hizo Dios..lumbreras..también las *e*
15.5 mira ahora los cielos, y cuenta las *e*
22.17; 26.4 descendencia como las *e* del cielo
37.9 y la luna y once *e* se inclinaban a mí
Éx. 32.13 multiplicaré..como las *e* del cielo
Nm. 24.17 saldrá *E* de Jacob, y se levantará
Dt. 1.10 vosotros sois como las *e* del cielo en
4.19 viendo..las *e*, y todo el ejército del
10.22 ahora Jehová te ha hecho como las *e* del
28.62 en lugar de haber sido como las *e* del
Jue. 5.20 desde los cielos pelearon las *e*
1 Cr. 27.23 multiplicaría a Israel como las *e*
Neh. 4.21 desde..alba hasta que salían las *e*
9.23 multiplicaste sus hijos como las *e* del
Job 3.9 oscurézcanse las *e* de su alba; espere
9.7 manda al sol, y no sale; y sella las *e*
22.12 lo encumbrado de las *e*, cuán elevadas
25.5 ni las *e* son limpias delante de sus ojos
38.7 cuando alababan todas las *e* del alba, y
Sal. 8.3 veo..la luna y las *e* que tú formaste
136.9 las *e* para que señoreasen en la noche
147.4 él cuenta el número de las *e*; a todas
148.3 alabadle, vosotras todas, lucientes *e*
Ec. 12.2 antes que se oscurezca el sol, y..*e*
Is. 13.10 las *e*..no darán su luz; y el sol se
14.13 alto, junto a las *e*..levantaré mi trono
47.13 los que observan las *e*, los que cuentan
Jer. 31.35 las leyes de la luna y de las *e* para
Ez. 32.7 los cielos, y haré entenebrecer sus *e*
Dn. 8.10 parte del..de las *e* echó por tierra
12.3 y los..como las *e* a perpetua eternidad
Jl. 2.10; 3.15 el sol..*e* retraerán su resplandor
Am. 5.26 *e* de vuestros dioses que os hicisteis
Abd. 4 aunque entre las *e* pusieres tu nido, de
Nah. 3.16 mercaderes más que las *e* del cielo
Mt. 2.2 porque su *e* hemos visto en el oriente
2.7 indagó..el tiempo de la aparición de la *e*
2.9 la *e* que habían visto en el oriente iba
2.10 al ver la *e*, se regocijaron con..gozo
24.29 las *e* caerán del cielo, y las potencias
Mr. 13.25 *e* caerán del cielo, y las potencias
Lc. 21.25 habrá señales en el sol..y en las *e*
Hch. 7.43 la *e* de vuestro dios Renfán, figuras
27.20 no apareciendo sol ni *e* por muchos días
1 Co. 15.41 otra la gloria de las *e*, pues una *e*
He. 11.12 de uno..salieron como las *e* del cielo
Jud. 13 *e* errantes..las cuales está reservada
Ap. 1.16 tenía en su diestra siete *e*; de su boca
1.20 el misterio de las siete *e* que has visto
1.20 las siete *e* son los ángeles de..iglesias
2.1 el que tiene las siete *e* en su diestra
2.28 y le daré la *e* de la mañana
3.1 el que tiene los..y las siete *e*, dice esto
6.13 las *e* del cielo cayeron sobre la tierra
8.10 y cayó del cielo una gran *e*, ardiendo
8.11 y el nombre de la *e* es Ajenjo
8.12 y la tercera parte de las *e*, para que
9.1 vi una *e* que cayó del cielo a la tierra
12.1 sobre su cabeza una corona de doce *e*
12.4 arrastraba la tercera parte de las *e*
22.16 soy..la *e* resplandeciente de la mañana

ESTRELLAR
2 R. 8.12 *estrellarás* a sus niños, y abrirás
Job 40.23 un Jordán se *estrelle* contra su boca
Sal. 137.9 dichoso el que..*estrellare* tus niños
Is. 13.16 sus niños serán *estrellados* delante
Os. 13.16 sus niños serán *estrellados*, y sus
Nah. 3.10 sus pequeños fueron *estrellados* en las

ESTREMECER
Gn. 27.33 y se *estremeció* Isaac grandemente
Éx. 19.16 y se *estremeció* todo el pueblo que
19.18 el monte se *estremecía* en gran manera
Jue. 7.3 quien tema y se *estremezca*, madrugue
Rt. 3.8 se *estremeció* aquel hombre, y se volvió
2 S. 22.8 *estremecieron*, porque se indignó el
1 R. 1.49 se *estremecieron*, y se levantaron
Job 4.14 temblor, que *estremeció*..mis huesos
21.6 aun yo..el temblor *estremece* mi carne
37.1 también se *estremece* mi corazón, y salta
Sal. 6.2 sáname, oh..mis huesos se *estremecen*
18.7 se *estremecieron*, porque se indignó él
77.16 los abismos también se *estremecieron*
77.18 mundo; se *estremeció* y tembló la tierra
97.4 el mundo; la tierra vio y se *estremeció*
119.120 mi carne se ha *estremecido* por temor
Is. 5.25 y se *estremecieron* los montes, y sus
6.4 los quiciales de las..se *estremecieron*
7.2 le *estremeció* el corazón, y el corazón
7.2 como se *estremecen* los árboles del monte
13.13 haré *estremecer* los cielos, y la tierra
Ez. 26.15 ¿no se *estremecerán* las costas al
26.18 *estremecerán* las islas en el día de tu
Jl. 2.10 se *estremecerán* los cielos; el sol y
Am. 8.8 se *estremecerá* la tierra sobre esto?
9.1 derriba el..y *estremézcanse* las puertas
Hab. 3.16 a la voz..dentro de mí me *estremecí*
Jn. 11.33 Jesús..se *estremeció* en espíritu y se

ESTREMECIMIENTO
Ez. 12.18 y bebe tu agua con *e* y con ansiedad

ESTRENAR
Dt. 20.5 edificado casa..y no la ha *estrenado?*
20.5 no sea que muera..algún otro la *estrene*

ESTRÉPITO
2 R. 7.6 se oyese..y *e* de gran ejército; y se
Job 37.2 oíd atentamente el *e* de su voz, y el
Ec. 7.6 la risa del necio es como el *e* de los
Is. 17.13 los pueblos harán *e* como de ruido de
Jer. 11.16 a la voz de recio *e* hizo encender
Ez. 26.13 haré cesar el *e* de tus canciones, y
27.28 al *e* de las voces de tus marineros
Am. 2.2 morirá Moab..*e* y sonido de trompeta
Zac. 9.15 harán *e* como tomados de vino; y se

ESTREPITOSO
Job 36.29 nubes, y el sonido *e* de su morada?

ESTRIBAR
Ez. 41.6 sobre los que *estribasen* las cámaras
41.6 que no *estribasen* en la pared de la casa

ESTROPEAR
Éx. 22.10 animal..muriere o fuere *estropeado*
22.14 prestada bestia..y fuere *estropeada*
Nah. 2.2 saquearon, y *estropearon* sus mugrones
Lc. 9.39 y *estropeándole*, a..penas se aparta

ESTRUENDO
Éx. 20.18 todo el pueblo observaba el *e* y los
1 S. 4.14 Elí oyó el *e*..dijo: ¿Qué *e*..es este?
7.10 mas Jehová tronó aquel día con gran *e*
1 R. 1.41 ¿por qué se alborota la ciudad con *e?*
1.45 con alegrías, y la ciudad está llena de *e*
2 R. 7.6 el campamento de los sirios se oyese *e*
11.13 oyendo Atalía el *e* del pueblo que corría
1 Cr. 14.15 *e* por las copas de las balsameras
2 Cr. 23.12 cuando Atalía oyó el *e* de la gente
Job 15.21 *e* espantosos hay en sus oídos; en la
Sal. 65.7 el *e* de los mares..el *e* de sus ondas
93.4 es más poderoso que el *e* de las..aguas
Is. 10.34 cortará con..y el Líbano caerá con *e*
13.4 *e* de multitud en los montes, como de
17.12 pueblos que harán ruido como *e* del mar
24.8 acabó el *e* de los que se alegran, cesó
33.3 los pueblos huyeron a la voz del *e*; las
Jer. 4.29 al *e* de la gente de a caballo y de los
6.23 su *e* brama como el mar, y montarán a
25.31 llegará el *e* hasta el fin de la tierra
47.3 por el *e* de sus ruedas, los padres no
49.21 del *e* de la caída de ellos la tierra
50.22 *e* de guerra en la tierra, y..grande
Ez. 3.12 una voz de gran *e* que decía: Bendita
3.13 sonido de las ruedas..sonido de gran *e*
10.5 *e* de las alas de los querubines se oía
19.7 tierra fue desolada..al *e* de sus rugidos
26.10 el *e* de su caballería y de las ruedas
26.15 ¿no se estremecerán..al *e* de tu caída
31.16 del *e* de su caída hice temblar a las
Dn. 10.6 el sonido de sus palabras como el *e* de
Jl. 2.5 como *e* de carros saltarán sobre..montes
Am. 1.14 y consumirá sus palacios con *e* en el
Mi. 2.12 harán *e* por la multitud de hombres
Nah. 2.4 plazas, con *e* rodarán por las calles
Zac. 11.3 *e* de rugidos de cachorros de leones
Hch. 2.2 de repente vino del cielo un *e* como
2.6 y hecho este *e*, se juntó la multitud; y
2 P. 3.10 los cielos pasarán con grande *e*, y los
Ap. 1.15 pies..y su voz como *e* de muchas aguas
9.9 el ruido de sus alas era como el *e* de
14.2 y oí una voz..como *e* de muchas aguas
19.6 como el *e* de muchas aguas, y como la voz

ESTRUJAR
Ez. 23.3 fueron *estrujados*..pechos virginales

ESTUDIAR
Jn. 7.15 ¿cómo..letras, sin haber *estudiado?*

ESTUDIO
Ec. 12.12 y el mucho *e* es fatiga de la carne

ESTUPENDO
Sal. 145.6 del poder de tus hechos *e* hablarán

ESTUPOR
Ro. 11.8 escrito: Dios les dio espíritu de *e*

ETAM
1. ***Primer lugar en donde acampó Israel al salir de Egipto*, Éx. 13.20; Nm. 33.6,7,8**
2. ***Peña donde se escondió Sansón*, Jue. 15.8,11**
3. ***Descendiente de Judá*, 1 Cr. 4.3**
4. ***Aldea en Simeón*, 1 Cr. 4.32**
5. ***Ciudad en Judá*, 2 Cr. 11.6**

ETÁN
1. ***Un sabio de la antigüedad*, 1 R. 4.31; Sal. 89 tít.**
2. ***Hijo de Zera y nieto de Judá*, 1 Cr. 2.6,8**
3. ***Ascendiente del cantor Asaf*, 1 Cr. 6.42**
4. ***Cantor del templo nombrado por David*, 1 Cr. 6.44; 15.17,19**

ETANIM ***Séptimo mes en el calendario de los hebreos*, 1 R. 8.2**

ET-BAAL ***Rey de los sidonios y padre de Jezabel*, 1 R. 16.31**

ETER
1. ***Aldea en Judá*, Jos. 15.42**
2. ***Aldea en Simeón*, Jos. 19.7**

ETERNAMENTE
Éx. 15.18 Jehová reinará *e* y para siempre
2 S. 7.16 y tu reino..y tu trono será estable *e*
1 Cr. 17.12 casa, y yo confirmaré su trono *e*
17.14 confirmaré en mi casa y en mi reino *e*
Sal. 9.5 borraste el nombre de ellos *e* y para
10.16 Jehová es Rey *e* y para siempre; de su
21.4 vida..largura de días *e* y para siempre
45.17 alabarán los pueblos *e* y para siempre
48.14 porque este Dios es Dios nuestro *e* y
52.8 en la misericordia de Dios confío *e* y
92.7 y florecen..es para ser destruidos *e*
93.2 es tu trono desde entonces; tú eres *e*
111.8 afirmados *e* y para siempre, hechos en
119.44 guardaré tu ley siempre, para..y *e*
145.1 bendeciré tu nombre *e* y para siempre
145.2 y alabaré tu nombre *e* y para siempre
145.21 y todos bendigan su santo nombre *e*
148.6 los hizo ser *e* y para siempre; les puso
Pr. 8.23 *e* tuve el principado..el principio
Is. 30.8 que quede hasta el día postrero, *e* y
Jer. 3.5 ¿guardará su enojo..¿*e* lo guardará?
31.36 para no ser nación delante de mí *e*
Dn. 7.18 poseerán el reino..*e* y para siempre
Mi. 4.5 andaremos en el nombre de Jehová..*e*
Jn. 6.58 el que come de este pan, vivirá *e*
11.26 aquel que vive y cree en mí, no morirá *e*
Jud. 13 está reservada *e* la oscuridad de las

ETERNIDAD
1 Cr. 16.36 bendito sea Jehová Dios..de *e* a *e*
Neh. 9.5 bendecid a Jehová..la *e* hasta la *e*
Sal. 103.17 desde la *e* y hasta la *e* sobre los
106.48 bendito..desde la *e* y hasta la *e*; y
Ec. 3.11 y ha puesto *e* en el corazón de ellos
Is. 57.15 porque así dijo..el que habita la *e*
Dn. 12.3 los..como las estrellas a perpetua *e*
Mi. 5.2 sus salidas son..desde los días de la *e*
2 P. 3.18 él sea gloria..hasta el día de la *e*

ETERNO, NA
Gn. 21.33 e invocó allí el nombre de..Dios *e*
49.26 hasta el término de los collados *e*
Dt. 33.15 con la abundancia de los collados *e*
33.27 el *e* Dios es tu refugio, y..brazos *e*
1 Cr. 16.34 bueno; porque su misericordia es *e*
16.41 a Jehová, porque es *e* su misericordia
Sal. 24.7,9 alzad..alzaos vosotras, puertas *e*
45.6 tu trono, oh Dios, es *e* y para siempre
49.11 su pensamiento es que sus casas serán *e*

ETERNO, NA *(Continúa)*

Sal. 74.3 dirige tus pasos a los asolamientos *e*
112.6 no resbalará..memoria *e* será el justo
119.142 tu justicia es justicia *e*, y tu ley
119.144 justicia *e* son tus testimonios; dame
119.160 y *e* es todo juicio de tu justicia
133.3 allí envía Jehová bendición, y vida *e*
135.13 oh Jehová, *e* es tu nombre; tu memoria
139.24 si hay en mí..y guíame en el camino *e*
Ec. 12.5 porque el hombre va a su morada *e*, y
Is. 9.6 se llamará su nombre..Padre *e*, Príncipe
33.14 ¿quién de..habitará con las llamas *e*?
40.28 no has oído que el Dios *e* es Jehová
45.17 será salvo en Jehová con salvación *e*
54.8 con misericordia *e* tendré compasión de
55.3 venid a mí..haré con vosotros pacto *e*
55.13 será a Jehová por nombre, por señal *e*
60.15 haré que seas una gloria *e*, el gozo de
Jer. 5.22 ordenación *e* la cual no quebrantará?
10.10 mas Jehová es..él es Dios vivo y Rey *e*
23.40 pondré..*e* confusión que nunca borrará
31.3 con amor *e* te he amado; por tanto, te
32.40 y haré con ellos pacto *e*, que no me
50.5 con pacto *e* que jamás se ponga en olvido
51.39 duerman *e* sueño y no despierten, dice
51.57 y dormirán sueño *e* y no despertarán
Ez. 36.2 las alturas *e* nos han sido dadas por
Dn. 7.14 su dominio es..*e*, que nunca pasará
7.27 del Altísimo, cuyo reino es reino *e*, y
12.2 despertados, unos para vida *e*, y otros
Hab. 3.6 se levantó, y midió..sus caminos son *e*
Mt. 18.8 teniendo dos..ser echado en el fuego *e*
19.16 ¿qué bien haré para tener la vida *e*?
19.29 cien veces más, y heredará la vida *e*
25.41 al fuego *e* preparado para el diablo y
25.46 al castigo *e*, y los justos a la vida *e*
Mr. 3.29 perdón, sino que es reo de juicio *e*
10.17 bueno, ¿que haré para heredar la vida *e*?
10.30 reciba..en el siglo venidero la vida *e*
Lc. 10.25 ¿haciendo qué..heredaré la vida *e*?
16.9 éstas falten, os reciban en las moradas *e*
18.18 bueno, ¿qué haré para heredar la vida *e*?
18.30 más..y en el siglo venidero la vida *e*
Jn. 3.15,16 no se pierda, mas tenga vida *e*
3.36 el que cree en el Hijo tiene vida *e*; pero
4.14 una fuente de agua que salte para vida *e*
4.36 y recoge fruto para vida *e*, para que el
5.24 y cree al que me envió, tiene vida *e*
5.39 os parece que en ellas tenéis la vida *e*
6.27 sino por la comida que a vida *e* permanece
6.40 ve al Hijo, y cree en él, tenga vida *e*
6.47 os digo: El que cree en mí, tiene vida *e*
6.54 come mi carne y bebe mi..tiene vida *e*
6.68 iremos? Tú tienes palabras de vida *e*
10.28 yo les doy vida *e*; y no perecerán jamás
12.25 aborrece su vida..vida *e* la guardará
12.50 y sé que su mandamiento es vida *e*. Así
17.2 que dé vida *e* a todos los que le diste
17.3 esta es la vida *e*: que te conozcan a ti
Hch. 13.46 y no os juzgáis dignos de la vida *e*
13.48 los que estaban ordenados para vida *e*
Ro. 1.20 cosas invisibles de él, su *e* poder y
2.7 vida *e* a los que, perseverando en bien
5.21 gracia reine por la justicia para vida *e*
6.22 la santificación, y como fin, la vida *e*
6.23 la dádiva de Dios es vida *e* en Cristo
16.25 del misterio..oculto desde tiempos *e*
16.26 según el mandamiento del Dios *e*, se ha
2 Co. 4.17 cada vez más excelente y *e* peso de
4.18 son temporales..las que no se ven son *e*
5.1 un edificio, una casa..*e*, en los cielos
Gá. 6.8 el Espíritu, del Espíritu segará vida *e*
Ef. 3.11 propósito *e* que hizo en Cristo Jesús
2 Ts. 1.9 cuales sufrirán pena de *e* perdición
2.16 nos dio consolación *e* y buena esperanza
1 Ti. 1.16 habrían de creer en él para vida *e*
6.12 la fe, echa mano de la vida *e*, a la cual
6.19 por venir, que echen mano de la vida *e*
2 Ti. 2.10 obtengan la salvación..con gloria *e*
Tit. 1.2 en la esperanza de la vida *e*, la cual
3.7 conforme a la esperanza de la vida *e*
He. 5.9 vino a ser autor de *e* salvación para
6.2 de la resurrección de los..y del juicio *e*
9.12 una vez..habiendo obtenido *e* redención
9.14 mediante el Espíritu *e* se ofreció a sí
9.15 reciban la promesa de la herencia *e*
13.20 las ovejas, por la sangre del pacto *e*
1 P. 5.10 el Dios..que nos llamó a su gloria *e*
2 P. 1.11 otorgada amplia..entrada en el reino *e*
1 Jn. 1.2 anunciamos la vida *e*, la cual estaba
2.25 es la promesa que él nos hizo, la vida *e*
3.15 que ningún homicida tiene vida *e*..en él
5.11 que Dios nos ha dado vida *e*; y esta vida
5.13 que sepáis que tenéis vida *e*, y para que
5.20 éste es el verdadero Dios, y la vida *e*
Jud. 6 guardado bajo oscuridad, en prisiones *e*
7 ejemplo, sufriendo el castigo del fuego *e*
21 esperando la misericordia de..para vida *e*
Ap. 14.6 otro ángel, que tenía el evangelio *e*

ETÍOPE *Habitante u originario de Etiopía*

2 S. 18.21 y Joab dijo a un *e*: Vé tú, y dí a!
18.21 *e* hizo reverencia ante Joab, y corrió
18.22 como fuere, yo correré ahora tras el *e*
18.23 corrió..Ahimaas..y pasó delante del *e*
18.31 luego vino el *e*, y dijo: Reciba nuevas
18.32 el rey..dijo al *e*: ¿El joven Absalón
18.32 el *e* respondió: Como aquel joven sean
2 Cr. 12.3 venía con él..libios, suquienos y *e*
14.9 contra ellos Zera *e* con un ejército de
14.12 Jehová deshizo a los *e*..huyeron los *e*
14.13 cayeron los *e* hasta no quedar en ellos
16.8 los *e* y los libios, ¿no eran un ejército
21.16 los árabes que estaban junto a los *e*
Jer. 13.23 ¿mudará el *e* su piel, y el leopardo
38.7 oyendo Ebed-melec, hombre *e*, eunuco de
38.10 mandó el rey al mismo *e* Ebed-melec
38.12 dijo el *e*..a Jeremías: Pon..esos trapos
39.16 ve y habla a Ebed-melec *e*, diciendo
46.9 los *e* y los de Put que toman escudo, y
Am. 9.7 ¿no me sois vosotros como hijos de *e*
Hch. 8.27 que un *e*, eunuco..venido a Jerusalén
8.27 funcionario de Candace reina de los *e*

ETIOPÍA *Parte de África al sur de Egipto*

2 R. 19.9 que Tirhaca rey de *E* había salido para
Est. 1.1 el Asuero que reinó..la India hasta *E*
8.9 las provincias..desde la India hasta *E*
Job 28.19 no se igualará con ella topacio de *E*
Sal. 68.31 *E* se apresurará a extender sus manos
87.4 aquí Filistea y Tiro, con *E*; éste nació
Is. 11.11 su pueblo que aún quede en Asiria..*E*
18.1 ¡ay de la tierra que..tras los ríos de *E*
20.3 por señal y pronóstico sobre..y sobre *E*
20.4 así llevará el rey..los deportados de *E*
20.5 y se turbarán y avergonzarán de *E* su
37.9 mas oyendo decir de Tirhaca rey de *E*: He
43.3 a Egipto he dado por tu rescate, a *E* y
45.14 las mercaderías de *E*, y los sabeos
Ez. 29.10 desde Migdol..hasta el límite de *E*
30.4 habrá miedo en *E*, cuando caigan heridos
30.5 *E*, Fut, Lud, toda Arabia, Libia, y los
30.9 saldrán mensajeros..para espantar a *E*
Dn. 11.43 y los de Libia y de *E* le seguirán
Nah. 3.9 *E* era su fortaleza, también Egipto
Sof. 2.12 vosotros los de *E* seréis muertos con
3.10 de la región más allá de los ríos de *E*

ETNÁN *Descendiente de Judá*, 1 Cr. 4.7

ETNI *Ascendiente de Asaf el cantor*, 1 Cr. 6.41

EUBULO *Compañero de Pablo*, 2 Ti. 4.21

ÉUFRATES *Río principal del Asia occidental*

Gn. 2.14 es Hidekel..y el cuarto río es el *E*
15.18 a tu descendencia daré..hasta..el río *E*
31.21 huyó, pues..y se levantó y pasó el *E*
36.37 y reinó en..Saúl de Rehobot junto al *E*
Éx. 23.31 tus límites..el desierto hasta el *E*
Dt. 1.7 al Líbano, hasta el gran río, el río *E*
11.24 desde el río *E* hasta el mar occidental
Jos. 1.4 el desierto y el Líbano hasta..río *E*
2 S. 8.3 éste a recuperar su territorio al río *E*
10.16 sirios que estaban al otro lado del *E*
1 R. 4.21 Salomón señoreaba..desde el *E* hasta
4.24 él señoreaba en toda la..al oeste del *E*
4.24 sobre todos los reyes al oeste del *E*
14.15 los esparcirá más allá del *E*, por cuanto
2 R. 23.29 Necao rey de Egipto subió..al río *E*
24.7 lo que era suyo..Egipto hasta el río *E*
1 Cr. 1.48 Saúl de Rehobot, que está junto al *E*
5.9 habitó también desde el..desde el río *E*
18.3 éste a asegurar su dominio junto al río *E*
19.16 sirios que estaban al otro lado del *E*
2 Cr. 9.26 tuvo dominio..desde el *E* hasta la
35.20 hacer guerra en Carquemis junto al *E*
Is. 27.12 trillará Jehová desde el río *E* hasta
Jer. 2.18 Asiria, para que bebas agua del *E*?
13.4 cinto..y vete al *E*, y escóndelo allá en
13.5 y lo escondí junto al *E*, como Jehová me
13.6 levántate y vete al *E*, y toma de allí
13.7 fui al *E*, y cavé, y tomé el cinto del
46.2 estaba cerca del río *E* en Carquemis, a
46.6 a la ribera del *E* tropezaron y cayeron
46.10 sacrificio será para..junto al río *E*
51.63 este libro..lo echarás en medio del *E*
Ap. 9.14 ángeles..atados junto al gran río *E*
16.12 derramó su copa sobre el gran río *E*

EUNICE *Madre de Timoteo*, 2 Ti. 1.5

EUNUCO

2 R. 9.32 se inclinaron hacia él dos o tres *e*
20.18 tus hijos..serán *e* en el palacio del
23.11 junto a la cámara de Natán-melec *e*, el
Est. 1.10 siete *e* que servían delante del rey
1.12,15 orden..enviada por medio de los *e*
2.3 al cuidado de Hegai *e* del rey, guarda de
2.14 la casa..al cargo de Saasgaz *e* del rey
2.15 lo que dijo Hegai *e* del rey, guarda de
2.21 se enojaron..*e* del rey, de la guardia
2.23 los dos *e* fueron colgados en una horca
4.4 las doncellas..y sus *e*, y se lo dijeron
4.5 Ester llamó a Hatac, uno de los *e* del rey
6.2 denunciado el complot de..dos *e* del rey
6.14 los *e* del rey llegaron apresurados, para
7.9 Harbona, uno de los *e* que servían al rey
Is. 39.7 de tus hijos..tomarán, y serán *e* en
56.3 ni diga el *e*: He aquí yo soy árbol seco
56.4 así dijo Jehová: A los *e* que guarden mis
Jer. 38.7 oyendo Ebed-melec, *e* de la casa real
41.16 hombres de guerra, mujeres, niños y *e*
Dn. 1.3 dijo el rey a Aspenaz, jefe de sus *e*
1.7 a éstos el jefe de los *e* puso nombres
1.8 al jefe de los *e* que no se le obligase
1.9 en buena voluntad con el jefe de los *e*
1.10 dijo el jefe de los *e* a Daniel: Temo a
1.11 a Melsar..puesto por el jefe de los *e*
1.18 el jefe de los *e* los trajo delante de
Mt. 19.12 hay *e* que nacieron así del vientre de
19.12 hay *e* que son hechos *e* por los hombres
19.12 hay *e* que a sí mismos se hicieron *e* por
Hch. 8.27 un etíope, *e*, funcionario de Candace
8.34 *e*, dijo a Felipe: Te ruego que me digas
8.36 dijo el *e*: Aquí hay agua; ¿qué impide que
8.38 y descendieron ambos al..Felipe y el *e*
8.39 el *e* no le vio más, y siguió gozoso su

EUROCLIDÓN *"Viento huracanado"*, Hch. 27.14

EUTICO *Discípulo joven en Troas*, Hch. 20.9

EVA

Gn. 3.20 y llamó Adán el nombre de su mujer, *E*
4.1 conoció Adán a su mujer *E*..y dio a luz
2 Co. 11.3 como la serpiente con..engañó a *E*
1 Ti. 2.13 Adán fue formado primero, después *E*

EVADIR

1 S. 18.11 la lanza..David lo *evadió* dos veces

EVANGELIO

Mt. 4.23 recorrió..predicando el *e* del reino
9.35 y predicando el *e* del reino, y sanando
11.5 oyen..y a los pobres es anunciado el *e*
24.14 y será predicado este *e* del reino en
26.13 que dondequiera que se predique este *e*
Mr. 1.1 principio del *e* de Jesucristo, Hijo de
1.14 Jesús vino..predicando el *e* del reino
1.15 diciendo..arrepentíos, y creed en el *e*
8.35 pierda su vida por causa de mí y del *e*
10.29 haya dejado..por causa de mí y del *e*
13.10 y es necesario que el *e* sea predicado
14.9 que se predique este *e*..se contará lo
16.15 id por todo el mundo y predicad el *e*
Lc. 4.43 también a otras ciudades anuncie el *e*
7.22 oyen..y a los pobres es anunciado el *e*
8.1 predicando y anunciando el *e* del reino
9.6 las aldeas, anunciando el *e* y sanando por
20.1 enseñando Jesús al..y anunciando el *e*
Hch. 8.4 iban por todas partes anunciando el *e*
8.12 creyeron a Felipe, que anunciaba el *e* del
8.25 en muchas poblaciones..anunciaron el *e*
8.35 entonces Felipe..anunció el *e* de Jesús
8.40 anunciaba el *e* en todas las ciudades
10.36 anunciando el *e* de la paz por medio de
11.20 los griegos, anunciando el *e* del Señor
13.32 os anunciamos el *e* de aquella promesa
14.7 y allí predicaban el *e*
14.21 de anunciar el *e* a aquella ciudad y de
15.7 los gentiles oyesen..la palabra del *e*
15.35 y anunciando el *e* con otros muchos
16.10 llamaba para que les anunciásemos el *e*
17.18 porque les predicaba el *e* de Jesús, y
20.24 para dar testimonio del *e* de la gracia
Ro. 1.1 apóstol, apartado para el *e* de Dios
1.9 a quien sirvo en mi espíritu en el *e* de
1.15 pronto estoy a anunciaros el *e* también
1.16 no me avergüenzo del *e*, porque es poder
1.17 en el *e* la justicia de Dios se revela por
2.16 día en que Dios juzgará..conforme a mi *e*
10.16 no todos obedecieron al *e*; pues Isaías
11.28 cuanto al *e*, son enemigos por causa de
15.16 ministrando el *e* de Dios, para que los
15.19 todo lo he llenado del *e* de Cristo
15.20 me esforcé a predicar el *e*, no donde
15.29 con abundancia de la bendición del *e*
16.25 al que puede confirmaros según mi *e*
1 Co. 1.17 a predicar el *e*; no con sabiduría
4.15 pues en..yo os engendré por medio del *e*
9.12 por no poner ningún obstáculo al *e* de
9.14 los que anuncian el *e*, que vivan del *e*
9.16 si anuncio el *e*, no tengo..qué gloriarme
9.16 porque..¡ay de mí si no anunciare el *e*!
9.18 que predicando el *e*..gratuitamente el *e*
9.18 para no abusar de mi derecho en el *e*
9.23 esto hago por causa del *e*, para hacerme
15.1 os declaro..el *e* que os he predicado, el
2 Co. 2.12 llegué a Troas para predicar el *e*
4.3 si nuestro *e* está aún encubierto, entre
4.4 para que no les resplandezca la luz del *e*
8.18 al hermano cuya alabanza en el *e* se oye
9.13 por la obediencia que profesáis al *e* de
10.14 primeros en llegar..con el *e* de Cristo
10.16 y que anunciaremos el *e* en los lugares
11.4 otro *e* que el que habéis aceptado, bien
11.7 os he predicado el *e* de Dios de balde?
Gá. 1.6 alejado del..para seguir un *e* diferente
1.7 algunos..quieren pervertir el *e* de Cristo
1.8 un ángel del cielo, os anunciare otro *e*

EVANGELIO *(Continúa)*
Gá. 1.9 si alguno os predica diferente *e* del que
1.11 que el *e* anunciado por mí, no es según
2.2 expuse. .*e* que predico entre los gentiles
2.5 para que la verdad del *e* permaneciese con
2.7 encomendado el *e* de la incircuncisión
2.14 no andaban. .conforme a la verdad del *e*
4.13 causa de. .os anuncié el *e* al principio
Ef. 1.13 la palabra. .el *e* de vuestra salvación
3.6 copartícipes de la promesa. .medio del *e*
3.8 anunciar entre los gentiles el *e* de las
6.15 calzados los pies con el apresto del *e*
6.19 para dar a conocer. .el misterio del *e*
Fil. 1.5 por vuestra comunión en el *e*, desde el
1.7 en la defensa y confirmación del *e*, todos
1.12 han redundado. .para el progreso del *e*
1.17 que estoy puesto para la defensa del *e*
1.27 que os comportéis como es digno del *e*
1.27 combatiendo unánimes por la fe del *e*
2.22 como hijo. .ha servido conmigo en el *e*
4.3 éstas que combatieron. .conmigo en el *e*
4.15 que al principio de la predicación del *e*
Col. 1.5 ya habéis oído por la palabra. .del *e*
1.23 sin moveros de la esperanza del *e* que
1 Ts. 1.5 pues nuestro *e* no llegó a vosotros en
2.2 denuedo. .para anunciaros el *e* de Dios en
2.4 que se nos confiase el *e*, así hablamos
2.8 entregaros no sólo el *e* de Dios, sino
2.9 trabajando. .os predicamos el *e* de Dios
3.2 a Timoteo. .colaborador nuestro en el *e*
2 Ts. 1.8 ni obedecen al *e* de nuestro Señor
2.14 a lo cual os llamó mediante nuestro *e*
1 Ti. 1.11 el glorioso *e* del Dios bendito, que
2 Ti. 1.8 participa de las aflicciones por el *e*
1.10 sacó a luz la. .la inmortalidad por el *e*
2.8 resucitado de los muertos conforme a. .*e*
Flm. 13 me sirviese en mis prisiones por el *e*
1 P. 1.12 los que os han predicado el *e* por el
1.25 es la palabra que por el *e* os ha sido
4.6 ha sido predicado el *e* a los muertos, para
4.17 ¿cuál será el fin de. .no obedecen al *e*
Ap. 14.6 a otro ángel, que tenía el *e* eterno

EVANGELISTA
Hch. 21.8 y entrando en casa de Felipe el *e*
Ef. 4.11 otros, *e;* a otros, pastores y maestros
2 Ti. 4.5 haz obra de *e*, cumple tu ministerio

EVI *Uno de los cinco reyes madianitas*, **Nm. 31.8; Jos. 13.21**

EVIDENCIA
Ef. 5.13 cuando son puestas en *e* por la luz

EVIDENTE
Gá. 3.11 por la ley ninguno se justifica. .es *e*

EVIL-MERODAC *Rey de Babilonia*, **2 R. 25.27; Jer. 52.31**

EVITAR
Pr. 16.14 la ira del. .hombre sabio la *evitará*
Jer. 11.15 sacrificios. .*evitarte* el castigo?
1 Co. 7.28 la carne, y yo os la quisiera *evitar*
2 Co. 8.20 *evitando* que nadie nos censure en
1 Ti. 6.20 *evitando* las profanas pláticas sobre
2 Ti. 2.16 *evita* profanas y vanas palabrerías
3.5 apariencia de piedad, pero. .éstos *evita*
Tit. 3.9 pero *evita* las cuestiones necias, y
He. 11.34 *evitaron* filo de espada, sacaron

EVOCADOR
1 S. 28.9 cómo ha cortado de. .a los *e*. .adivinos
Is. 19.3 preguntarán a sus. .*e* y a sus adivinos

EVOCAR
Lv. 20.27 que *evocare* espíritus de muertos o se

EVODIA *Cristiana en Filipos*
Fil. 4.2 ruego a *E* y. .sean de un mismo sentir

EXACTA
Dt. 25.15 pesa *e* y justa tendrás; efa cabal y
Sal. 64.6 inquieren. .una investigación *e;* y el

EXACTOR
Éx. 3.7 y he oído su clamor a causa de sus *e*

EXAGERAR
2 Co. 2.5 (por no *exagerar*) a todos vosotros

EXALTACIÓN
Stg. 1.9 de humilde condición, gloríese en su *e*

EXALTAR
Dt. 26.19 fin de *exaltarte* sobre. .las naciones
28.1 tu Dios te *exaltará* sobre. .las naciones
1 S. 2.1 mi poder se *exalta* en Jehová; mi boca
2.8 del muladar *exalta* al menesteroso, para
2.10 Rey, y *exaltará* el poderío de su Ungido
20.34 se levantó Jonatán. .con *exaltada* ira
2 S. 22.49 y aun me *exalta* sobre los que se
1 Cr. 14.2 que había *exaltado* su reino sobre su
25.5 vidente del rey. .para *exaltar* su poder
Job 17.4 a éstos. .por tanto, no los *exaltarás*
24.24 *exaltados* un poco, mas desaparecen, y
36.7 los pondrá en trono. .y serán *exaltados*
Sal. 12.8 cuando la vileza es *exaltada* entre
30.1 te glorificaré. .porque me has *exaltado*
34.3 conmigo, y *exaltemos* a una su nombre
35.27 digan siempre: Sea *exaltado* Jehová, que
37.34 él te *exaltará* para heredar la tierra
46.10 yo. .seré *exaltado* entre las naciones
47.10 porque de Dios son. .él es muy *exaltado*
57.5,11 *exaltado* seas sobre los cielos, oh
66.17 mi boca, y fue *exaltado* con mi lengua
68.4 *exaltad* al que cabalga sobre los cielos
69.30 alabaré yo el. .lo *exaltaré* con alabanza
75.10 pero el poder del justo será *exaltado*
89.13 fuerte es tu mano, *exaltada* tu diestra
89.19 he *exaltado* a un escogido de mi pueblo
89.24 y en mi nombre será *exaltado* su poder
89.42 has *exaltado* la diestra de sus enemigos
97.9 eres muy *exaltado* sobre todos los dioses
99.2 Jehová. .*exaltado* sobre todos los pueblos
99.5,9 *exaltad* a Jehová. .Dios, y postraos
107.32 *exáltenlo* en la congregación del pueblo
108.5 *exaltado* seas sobre los cielos, oh Dios
112.9 su poder será *exaltado* en gloria
118.28 y te alabaré; Dios mío, te *exaltaré*
145.1 *exaltaré*, mi Dios, mi Rey, y bendeciré
147.6 *exalta* a los humildes, y humilla a los
148.14 ha *exaltado* el poderío de su pueblo
149.6 *exalten* a Dios con sus gargantas, y
Pr. 29.25 el que confía en Jehová será *exaltado*
Ec. 10.4 si el. .príncipe se *exaltare* contra ti
Is. 2.2 el monte. .*exaltado* sobre los collados
2.16,17 Jehová será *exaltado* en aquel día
5.16 Jehová de los. .será *exaltado* en juicio
25.1 Jehová, tú eres mi Dios; te *exaltaré*
26.5 humilló a la ciudad *exaltada*. .hasta la
30.18 será *exaltado* teniendo de. .misericordia
32.8 pero el. .por generosidades será *exaltado*
33.5 será *exaltado* Jehová, el cual mora en
33.10 seré *exaltado*, ahora seré engrandecido
38.18 el Seol no te *exaltará*, ni te alabará
52.13 mi siervo. .será engrandecido y *exaltado*
Ez. 21.26 sea *exaltado* lo bajo, y humillado lo
31.14 no se *exalten* en su altura todos los
Os. 13.1 cuando Efraín hablaba. .fue *exaltado* en
Lc. 1.52 los poderosos, y *exaltó* a los humildes
Hch. 2.33 que, *exaltado* por la diestra de Dios
5.31 a éste, Dios ha *exaltado* con su diestra
2 Co. 12.7 de las revelaciones no me *exaltase*
Fil. 2.9 Dios. .le *exaltó* hasta lo sumo, y le
Stg. 4.10 humillaos delante. .y él os *exaltará*
1 P. 5.6 que él os *exalte* cuando fuere tiempo

EXAMINAR
Lv. 14.3 saldrá fuera. .y lo *examinará;* y si ve
14.36 casa. .el sacerdote entrará a *examinarla*
14.37 y *examinará* la plaga; y si se vieren
14.39 volverá. .y la *examinará;* y si la plaga
14.44 sacerdote entrará y la *examinará;* y si
14.48 y la *examinare*, y viere que la plaga
Job 28.3 y *examinan* todo a la perfección, las
Sal. 11.4 sus párpados *examinan* a los hijos de
26.2 *examina* mis íntimos pensamientos y mi
139.1 oh Jehová. .me has *examinado* y conocido
139.23 *examíname*. .Dios, y conoce mi corazón
Pr. 4.26 *examina* la senda de tus pies, y todos
Ec. 7.25 fijé mi corazón para saber y *examinar*
Jer. 6.27 conocerás. .y *examinarás* el camino de
Hch. 22.24 ordenó. .fuese *examinado* con azotes
25.26 para que después de *examinarle*, tenga
28.18 habiéndome *examinado*. .querían soltar
1 Co. 11.31 nos *examinásemos* a nosotros mismos
2 Co. 13.5 *examinaos* a vosotros mismos. .la fe
1 Ts. 5.21 *examinadlo* todo; retened lo bueno

EXASPERAR
Col. 3.21 no *exasperéis* a vuestros hijos, para

EXCEDER
Nm. 3.46 para el rescate de los. .que *exceden* a
3.48 el dinero del rescate de los que *exceden*
3.49 el dinero. .de los que *excedían* el número
1 R. 10.23 *excedía*. .Salomón a todos los reyes
2 Cr. 9.22 y *excedió* el rey Salomón a todos los
33.6 *excedió* en hacer lo malo ante los ojos
Ec. 7.12 la sabiduría *excede*, en que da vida a
Ef. 3.19 conocer el amor de Cristo, que *excede*

EXCELENCIA
1 Cr. 22.5 la casa. .ha de ser magnífica por *e*
Ec. 4.4 y toda *e* de obras despierta la envidia
1 Co. 2.1 no. .con *e* de palabras o de sabiduría
2 Co. 4.7 para que la *e* del poder sea de Dios
Fil. 3.8 por la *e* del conocimiento de Cristo
2 P. 1.3 aquel que nos llamó por su gloria y *e*

EXCELENTE
Éx. 30.23 de mirra *e* quinientos siclos, y de
1 Cr. 17.17 me has mirado como a un hombre *e*
Sal. 141.5 que me reprenda será un *e* bálsamo
Pr. 8.6 oíd, porque hablaré cosas *e*, y abriré
Cnt. 7.1 como joyas, obra de mano de *e* maestro
Is. 3.3 el consejero, el artífice *e* y el hábil
56.12 día de mañana como este, o mucho más *e*
Ez. 23.12 vestidos de ropas y armas *e*, jinetes
1 Co. 12.31 yo os muestro un camino aún más *e*
2 Co. 4.17 produce. .*e* y eterno peso de gloria
He. 1.4 cuanto heredó más *e* nombre que ellos
11.4 Abel ofreció a Dios más *e* sacrificio que

EXCELENTÍSIMO
Lc. 1.3 escribírtelas por orden, oh *e* Teófilo
Hch. 23.26 Lisias al *e* gobernador Félix: Salud
24.3 oh *e* Félix, lo recibimos en todo tiempo
26.25 no estoy loco, *e* Festo, sino que hablo

EXCELSO, SA
1 Cr. 29.11 el reino, y tú eres *e* sobre todos
2 Cr. 7.21 esta casa que es tan *e*, será espanto
Job 36.22 he aquí que Dios es *e* en su poder
Sal. 71.19 y tu justicia, oh Dios, hasta lo *e*
89.27 por. .el más *e* de los reyes de la tierra
97.9 tú, Jehová, eres *e* sobre toda la tierra
113.4 *e* sobre todas las naciones es Jehová
138.6 Jehová es *e*, y atiende al humilde, mas
Jer. 17.12 trono de gloria, *e*. .el principio, es

EXCEPTUAR
Nm. 14.30 *exceptuando* a Caleb hijo de Jefone
1 R. 15.22 Asa convocó a. .Judá, sin *exceptuar*
1 Co. 15.27 se *exceptúa* aquel que sujetó a él

EXCESIVA
Jos. 19.9 la parte de los hijos de Judá era *e*

EXCESO
Ec. 7.16 no seas demasiado justo. .sabio con *e*

EXCITAR
Dt. 32.11 como el águila que *excita* su nidada
1 Cr. 5.26 Dios. .*excitó* el espíritu de Pul rey
Sal. 37.8 te *excites* en manera alguna a hacer
78.65 un valiente que grita *excitado* del vino
Is. 29.14 *excitaré* yo la admiración de. .pueblo
Hch. 14.2 *excitaron*. .los ánimos de los gentiles

EXCLAMACIÓN
Gn. 27.34 con una muy grande y muy amarga *e*

EXCLAMAR
Job 3.2 y *exclamó* Job, y dijo
Sal. 26.7 para *exclamar* con voz de. .gracias, y
Lc. 1.42 y *exclamó* a gran voz, y dijo: Bendita
4.33 un espíritu. .el cual *exclamó* a gran voz
8.28 *exclamó* a gran voz: ¿Qué tienes conmigo

EXCLUIR
2 Cr. 11.14 los *excluyeron* del ministerio de
26.21 por. .fue *excluido* de la casa de Jehová
Esd. 2.62 y fueron *excluidos* del sacerdocio
10.8 el tal fuese *excluido* de la congregación
Neh. 7.64 y fueron *excluidos* del sacerdocio
Lc. 13.28 el reino. .y vosotros estéis *excluidos*
Ro. 3.27 queda *excluida*. ¿Por cual ley? ¿Por
2 Ts. 1.9 *excluidos* de la presencia del Señor

EXCLUSIÓN
Ro. 11.15 su *e* es la reconciliación del mundo

EXCLUSIVA
Dt. 26.18 *e* posesión, como te lo ha prometido

EXCREMENTO
Dt. 23.13 y luego al volverte cubrirás tu *e*
Ez. 4.12 lo cocerás a vista de. .al fuego de *e*
4.15 usar estiércol de bueyes en lugar de *e*

EXCUSA
Jn. 15.22 pero ahora no tienen *e* por su pecado
Ro. 1.20 entendidas. .de modo que no tienen *e*

EXCUSAR
Lc. 14.18 todos a una comenzaron a *excusarse*
14.18 necesito ir. .te ruego que me *excuses*
14.19 a probarlos; te ruego que me *excuses*

EXECRABLE
Lv. 20.17 viere su desnudez. .suya, es cosa *e*

EXECRACIÓN
Nm. 5.21 Jehová te haga maldición y *e* en medio
2 Cr. 29.8 y los ha entregado a. .*e* y a escarnio
Jer. 42.18 seréis objeto de *e* y de espanto, y
44.12 de Judá. .serán objeto de *e*, de espanto

EXECRAR
Nm. 23.7 maldíceme a Jacob, y. .*execra* a Israel
23.8 *execrar* al que Jehová no ha *execrado?*

EXENTO

1 Cr. 9.33 *e* de otros servicios, porque de día
Job 41.33 le parezca; animal hecho *e* de temor
Mt. 17.26 Jesús le dijo: Luego. . hijos están *e*

EXHALAR

Gn. 25.8 *exhaló* el espíritu, y murió Abraham
25.17 y *exhaló* el espíritu Ismael, y murió
35.29 y *exhaló* Isaac el espíritu, y murió
Sal. 45.8 áloe y casia *exhalan*. . tus vestidos
Jl. 2.20 *exhalará*. . hedor, y subirá su pudrición

EXHAUSTA

Sal. 68.9 Dios; a tu heredad *e* tú la reanimaste

EXHIBIR

Sal. 37.6 *exhibirá* tu justicia como la luz, y
1 Co. 4.9 Dios nos ha *exhibido* a nosotros los
Col. 2.15 los *exhibió* públicamente, triunfando

EXHORTACIÓN

Lc. 3.18 con. . *e* anunciaba las buenas nuevas al
Hch. 13.15 si tenéis alguna palabra de *e* para
Ro. 12.8 que exhorta, en la *e*; el que reparte
1 Co. 14.3 a los hombres para edificación, *e*
2 Co. 8.17 pues a la verdad recibió la *e*; pero
1 Ts. 2.3 nuestra *e* no procedió de error ni de
1 Ti. 4.13 que voy, ocúpate en la lectura, la *e*
He. 12.5 y habéis ya olvidado la *e* que como a
13.22 os ruego. . que soportéis la palabra de *e*
2 P. 3.1 despierto con *e* vuestro. . entendimiento

EXHORTAR

Hch. 2.40 les *exhortaba*, diciendo: Sed salvos
11.23 *exhortó* a todos. . permaneciesen fieles
14.22 *exhortándoles* a que permaneciesen en
20.1 y habiéndolos *exhortado* y. . se despidió
20.2 después de recorrer. . de *exhortarles* con
27.22 ahora os *exhorto* a tener buen ánimo
27.33 Pablo *exhortaba* a todos que comiesen
Ro. 12.8 el que *exhorta*, en la exhortación
1 Co. 14.31 aprendan, y todos sean *exhortados*
2 Co. 6.1 *exhortamos*. . que no recibáis en vano
8.6 de manera que *exhortamos* a Tito para que
9.5 por necesario *exhortar* a los hermanos que
Col. 3.16 *exhortándoos* unos. . en toda sabiduría
1 Ts. 2.11 *exhortábamos*. . a cada uno de vosotros
3.2 y enviamos a Timoteo. . para. . *exhortaros*
4.1 rogamos y *exhortamos* en el Señor Jesús
2 Ts. 3.12 mandamos y *exhortamos* por nuestro
1 Ti. 2.1 *exhorto* ante todo. . hagan rogativas
5.1 sino *exhórtale* como a padre; a los más
6.2 su buen servicio. Esto enseña y *exhorta*
2 Ti. 2.14 *exhortándoles* delante del Señor a
4.2 *exhorta* con toda paciencia y doctrina
Tit. 1.9 pueda *exhortar* con sana enseñanza y
2.6 *exhorta* a. . jóvenes a que sean prudentes
2.9 *exhorta* a los siervos a que se sujeten a
2.15 *exhorta* y reprende con toda autoridad
He. 3.13 *exhortaos* los unos a los otros cada
10.25 no dejando de. . sino *exhortándonos*
Jud. 3 *exhortándoos* que contendáis. . por la fe

EXIGENCIA

2 Co. 9.5 como de generosidad, y no como de *e*

EXIGIR

Dt. 23.19 no *exigirás* de tu hermano interés de
23.20 del extraño podrás *exigir* interés, mas
23.20 de tu hermano no lo *exigirás*, para que
1 R. 22.16 cuántas veces he de *exigirte* que no
2 Cr. 6.22 pecare. . y se le *exigiere* juramento
Neh. 5.7 ¿*exigís* interés. . a vuestros hermanos?
Sal. 44.12 de balde; no *exigiste* ningún precio
Pr. 29.4 mas el que *exige* presentes la destruye
Lc. 3.13 les dijo: No *exijáis* más de lo que os

EXIMIR

1 S. 17.25 *eximirá* de tributos a la casa de su
Sal. 78.50 no *eximió* la vida de. . de la muerte

EXISTIR

Job 7.21 me buscares de mañana, ya no *existiré*
10.19 fuera como si nunca hubiera *existido*
Sal. 33.9 porque él dijo, y. . mandó, y *existió*
37.10 pues de aquí a poco no *existirá* el malo
Is. 17.14 antes de la. . el enemigo ya no *existe*
23.13 este pueblo no *existía*; Asiria la fundó
Ez. 13.15 diré: No *existe* la pared, ni los que
2 P. 3.7 cielos y la tierra que *existen* ahora
Ap. 4.11 y por tu voluntad *existen* y. . creadas
21.1 tierra pasaron, y el mar ya no *existía*

ÉXITO

1 S. 18.30 David tenía más *é* que todos. . de Saúl
1 R. 22.13 tu palabra. . anuncia también buen *é*
Neh. 1.11 concede ahora buen *é* a tu siervo, y
Dn. 11.17 pero no permanecerá, ni tendrá *é*

EXORCISTA

Hch. 19.13 algunos. . *e* ambulantes, intentaron

EXPANSIÓN

Gn. 1.6 dijo Dios: Haya *e* en medio de las aguas
1.7 hizo Dios la *e*, y separó las aguas que
1.7 que estaban debajo de la *e*. . sobre la *e*
1.8 llamó Dios a la *e* Cielos. Y fue la tarde
1.14 haya lumbreras en la *e* de los cielos para
1.15 sean por lumbreras en la *e* de los cielos
1.17 las puso Dios en la *e* de los cielos para
1.20 aves que. . en la abierta *e* de los cielos
Ez. 1.22 una *e* a manera de cristal maravilloso
1.23 y debajo de la *e* las alas de. . derechas
1.25 oía una voz de arriba de la *e* que había
1.26 sobre la *e* que había sobre sus cabezas
10.1 en la *e* que había sobre la cabeza de los
Am. 9.6 y ha establecido su *e* sobre la tierra

EXPATRIADO

1 P. 1.1 Pedro. . a los *e* de la dispersión en el

EXPECTACIÓN

Pr. 11.7 muere. . y la *e* de los malos perecerá
Lc. 21.26 desfalleciendo. . por. . *e* de las cosas
He. 10.27 sino una horrenda *e* de juicio, y de

ESPECTATIVA

Lc. 3.15 el pueblo estaba en *e*, preguntándose

EXPEDIR

2 Co. 3.3 sois carta de Cristo *expedida* por

EXPENSAS *(m. adv.)*

1 Co. 9.7 ¿quién fue. . soldado a sus propias *e*?

EXPERIENCIA

2 Co. 9.13 pues por la *e* de esta ministración

EXPERIMENTADO

Is. 53.3 varón de dolores, *e* en quebranto; y como

EXPERIMENTAR

Gn. 30.27 he *experimentado* que Jehová me ha
Ec. 8.5 el que guarda. . no *experimentará* mal
Gá. 4.15 esa satisfacción que *experimentabais*?
He. 11.36 *experimentaron* vituperios y azotes

EXPERTO

Dt. 1.13 dadme. . varones. . entendidos y *e*, para
1.15 tomé a. . varones sabios y *e*, y los puse
1 Cr. 22.15 tienes. . todo hombre *e* en toda obra
2 Cr. 16.14 diversas especias. . *e* perfumistas

EXPIACIÓN

Éx. 29.33 aquellas cosas. . las cuales se hizo *e*
29.36 ofrecerás el becerro del. . para las *e*
29.36 y purificarás el altar cuando hagas *e*
29.37 por siete días harás *e* por el altar, y
30.10 sobre sus cuernos hará Aarón *e* una vez
30.10 del sacrificio por el pecado para *e*
30.10 una vez en el año hará *e* sobre él por
30.15,16 para hacer *e* por vuestras personas
30.16 tomarás. . el dinero de las *e*, y lo darás
Lv. 1.4 pondrá su mano. . será aceptado para *e*
4.3 ofrecerá. . un becerro sin defecto para *e*
4.8 tomará del becerro para la *e*. . su grosura
4.14 congregación ofrecerá un becerro por *e*
4.20 hará. . como hizo con el becerro de la *e*
4.20 así hará el sacerdote *e* por ellos, y
4.21 quemará como. . *e* es por la congregación
4.24 lo degollará. . delante de Jehová; es *e*
4.25 sacerdote tomará de la sangre de la *e*
4.26 así el sacerdote hará. . *e* de su pecado
4.29,33 pondrá su mano sobre la cabeza. . *e*
4.31 así hará el sacerdote *e* por él, y será
4.33 y la degollará por *e* en el lugar donde
4.34 sacerdote tomará de la sangre de la *e*
4.35 y le hará el sacerdote *e* de su pecado
5.6 para su *e* traerá a Jehová por su pecado
5.6 una cordera o. . cabra como ofrenda de *e*
5.6 y el sacerdote le hará *e* por su pecado
5.7 traerá. . en *e* por su pecado que cometió
5.7 el uno para *e*, y el otro para holocausto
5.8 ofrecerá primero el que es para *e*; y le
5.9 y rociará de la sangre de la *e* sobre la
5.9 la sangre lo exprimirá al pie del. . es *e*
5.10 así. . hará *e* por el pecado de aquel que
5.11 traerá. . un efa de flor de harina para *e*
5.11 no pondrá sobre ella aceite, ni. . es *e*
5.12 la hará arder en el altar sobre. . es *e*
5.13 hará. . *e* por él en cuanto al pecado que
5.16 sacerdote hará *e* por él con el carnero
5.18 para *e*, según tú lo estimes, un carnero
5.18 el sacerdote le hará *e* por el yerro que
6.5 restituirá. . y añadirá. . en el día de su *e*
6.6 y para *e* de su culpa traerá a Jehová un
6.6 carnero. . lo dará al sacerdote para la *e*
6.7 y el sacerdote hará *e* por él delante de
6.30 ofrenda. . para hacer *e* en el santuario
7.5 lo hará arder sobre el. . es *e* de la culpa
7.7 será del sacerdote que hiciere la *e* con
8.2 toma. . las vestiduras. . el becerro de la *e*
8.14 hizo traer el becerro de la *e*, y Aarón
8.14 sus manos sobre la. . del becerro de la *e*
9.2 toma de la vacada un becerro para *e*, y un
9.3 un macho cabrío para *e*, y un becerro y un
9.7 acércate al. . y haz tu *e* y tu holocausto
9.8 degolló el becerro de la *e* que era por él
9.10 hizo arder. . grosura del hígado de la *e*
9.15 tomó el macho cabrío que era para la *e*
9.22 y después de hacer la *e*. . paz, descendió
10.16 preguntó por el macho cabrío de la *e*
10.17 ¿por qué no comisteis la *e* en lugar
10.19 hoy han ofrecido su *e* y su holocausto
10.19 si. . yo comido hoy del sacrificio de *e*
12.6 traerá. . una tórtola para *e* a la puerta
12.7,8 hará *e* por ella, y será limpia
12.8 uno para holocausto y otro para *e*; y el
14.18 y hará el sacerdote *e* por él delante de
14.19 hará *e* por el que se ha de purificar de
14.20 el sacerdote *e* por él, y será limpio
14.22 uno será para *e* por el pecado, y el otro
14.24 tomará el cordero de la *e* por la culpa
14.31 uno en sacrificio de *e* por el pecado, y
14.31 hará. . *e* por el que se ha de purificar
14.53 así hará *e* por la casa, y será limpia
16.3 entrará Aarón en. . con un becerro para *e*
16.5 tomará dos machos cabríos para *e*, y un
16.6 y hará traer Aarón el becerro de la *e*
16.9 el macho cabrío sobre. . lo ofrecerá en *e*
16.11 hará traer. . el becerro que era para *e*
16.11 degollará en *e* el becerro que es suyo
16.15 degollará. . *e* por el pecado del pueblo
16.17 él entre a hacer la *e* en el santuario
16.17 y haya hecho la *e* por sí, por su casa
16.24 y hará la *e* por sí y por el pueblo
16.27 sangre fue llevada al. . para hacer la *e*
16.30 en este día se hará *e* por vosotros, y
16.32 hará la *e* el sacerdote que fuere ungido
16.33 y hará la *e* por el santuario santo, y
16.33 también hará *e* por el altar, por los
16.34 para hacer *e* una vez al año por todos
17.11 la he dado para hacer *e* sobre el altar
17.11 y la misma sangre hará *e* de la persona
19.21 traerá a. . un carnero en *e* por su culpa
19.22 con el carnero de la *e* lo reconciliará
23.19 ofreceréis. . un macho cabrío por *e*, y 2
23.27 a los diez días de este mes. . día de *e*
23.28 porque es día de *e*, para reconciliaros
25.9 el día de la *e* haréis tocar la trompeta
Nm. 5.8 del carnero de las *e*, con el cual hará *e*
6.11 el sacerdote ofrecerá el uno en *e*, y el
6.11 hará *e* de lo que pecó a causa del muerto
6.12 traerá un cordero de. . en *e* por la culpa
6.14 y ofrecerá. . una cordera de un año. . en *e*
6.16 el sacerdote. . hará su *e* y su holocausto
7.16,22,28,34,40,46,52,58,64,70,76,82 un macho cabrío para *e*
7.87 bueyes. . doce los machos cabríos para *e*
8.6 toma a los levitas de . . y haz *e* por ellos
8.7 así harás para *e*. . Rocía. . el agua de la *e*
8.8 con aceite; y tomarás otro novillo para *e*
8.12 y ofrecerás el uno por *e*, y el otro en
8.12 a Jehová, para hacer *e* por los levitas
8.21 e hizo. . *e* por ellos para purificarlos
15.24 con su ofrenda. . un macho cabrío en *e*
15.25 sacerdote hará *e* por. . la congregación
15.25 ellos traerán. . sus *e* delante de Jehová
15.27 si. . ofrecerá una cabra de un año para *e*
15.28 y el sacerdote hará *e* por la persona
16.46 vé pronto. . y haz *e* por ellos, porque
16.47 puso incienso, e hizo *e* por el pueblo
18.9 y toda *e* por el pecado. . *e* por la culpa
19.9 las guardará la congregación. . es una *e*
19.17 la ceniza de la vaca quemada de la *e*
25.13 celo. . e hizo *e* por los hijos de Israel
28.15 y un macho cabrío en *e* se ofrecerá a
28.22 macho cabrío por *e*, para reconciliaros
28.30 macho cabrío para hacer *e* por vosotros
29.5 macho cabrío por *e*, para reconciliaros
29.11 y un macho cabrío por *e*; además de la
29.11 de la ofrenda de las *e* por el pecado
29.16,19,22,25,28,31,34,38 un macho cabrío por *e*
31.50 para hacer *e* por nuestras almas delante
Dt. 32.43 y hará *e* por la tierra de su pueblo
1 S. 6.3 no la enviéis vacía, sino pagadle la *e*
6.4 ellos. . ¿Y qué será la *e* que le pagaremos?
6.17 que pagaron los filisteos en *e* a Jehová
1 Cr. 6.49 hacían las *e* por Israel conforme a
2 Cr. 29.21 y siete machos cabríos para *e* por
29.23 acercar. . los machos cabríos para la *e*
29.24 hicieron ofrenda de *e* con la sangre de
29.24 por todo Israel mandó el rey hacer. . *e*
Esd. 6.17 machos cabríos. . en *e* por todo Israel
8.35 ofrecieron. . por *e*, todo en holocausto
Neh. 10.33 los sacrificios de *e* por el pecado
12.45 habían cumplido. . el servicio de la *e*
Sal. 40.6 has. . holocausto y *e* no has demandado
Is. 53.10 puesto su vida en *e* por el pecado
Ez. 40.39 para degollar. . la *e* y el sacrificio
42.13 pondrán. . la *e* y el sacrificio por el
43.19 darás un becerro de la vacada para *e*
43.21 tomarás luego el becerro de la *e*, y lo
43.22 ofrecerás un macho cabrío sin. . para *e*
43.25 sacrificarán un macho cabrío. . día en *e*
43.26 por siete días harán *e* por el altar

EXPIACIÓN *(Continúa)*

Ez. 44.27 el día que entre. .ofrecerá su *e*, dice
44.29 y la *e* y el sacrificio por el pecado
45.15 para *e* por ellos, dice Jehová el Señor
45.17 el príncipe. .dispondrá la *e*, la ofrenda
45.17 paz, para hacer *e* por la casa de Israel
45.19 sacerdote tomará de la sangre de la *e*
45.20 que pecaron por error y. .*e* por la casa
45.25 como en estos. .días en cuanto a la *e*
46.20 donde los sacerdotes y cocerán. .la *e*
He. 10.6,8 *e* por el pecado no te agradaron, ni

EXPIAR

Lv. 8.34 hoy. .mandó hacer Jehová para *expiaros*
16.18 saldrá el altar que está. .y lo *expiará*
16.20 hubiere acabado de *expiar* el santuario
Nm. 35.33 tierra no será *expiada* de la sangre
1 S. 3.14 iniquidad de. .de Elí no será *expiada*
Ez. 43.23 cuando acabes de *expiar*, ofrecerás un
Dn. 9.24 y *expiar* la iniquidad, para traer la
He. 2.17 para *expiar* los pecados del pueblo

EXPIATORIO

Lv. 6.25 esta es la ley del sacrificio *e:* en el

EXPIRAR

Gn. 49.33 encogió sus pies en la cama, y *expiró*
Job 3.11 ¿por qué no morí yo. .*expiré* al salir
10.18 hubiera yo *expirado*, y ningún ojo me
Mr. 15.37 mas Jesús, dando una gran voz, *expiró*
15.39 viendo que. .había *expirado* así, dijo
Lc. 23.46 Jesús. .habiendo dicho esto, *expiró*
Hch. 5.5 al oír Ananías estas palabras. .*expiró*
5.10 ella cayó a los pies de él, y *expiró*
12.23 le hirió. .y *expiró* comido de gusanos

EXPLICAR

Jue. 14.19 los que habían *explicado* el enigma
Dn. 2.2 hizo llamar. .le *explicasen* sus sueños
Mt. 13.36 *explícanos* la parábola de la cizaña
15.15 Pedro. .dijo: *Explícanos* esta parábola
He. 5.11 y difícil de *explicar*, por cuanto os

EXPLORAR

Jue. 18.2 para que. .*explorasen* bien la tierra
18.9 hemos *explorado* la región, y hemos visto
Jer. 31.37 *explorasen* abajo los fundamentos de

EXPLOTAR

Am. 8.4 los que *explotáis* a los menesterosos

EXPONER

Éx. 19.7 y *expuso* en presencia de ellos todas
Jos. 20.4 *expondrá* sus razones en oídos de los
Jue. 5.18 Zabulón *expuso* su vida a la muerte
9.17 *expuso* su vida al peligro para libraros
1 R. 10.2 le *expuso* todo lo que en su corazón
2 R. 18.27 *expuestos* a comer. .estiércol y beber
Job 13.18 si yo *expusiere* mi causa, sé que seré
23.4 *expondría* mi causa delante de él, y
Is. 36.12 muro *expuestos* a comer su estiércol
Jer. 11.20 porque ante ti he *expuesto* mi causa
Mt. 5.22 quedará *expuesto* al infierno de fuego
Hch. 7.19 que *expusiesen* a la muerte a sus niños
7.21 siendo *expuesto* a la muerte, la hija de
15.26 hombres que han *expuesto* su vida por
17.3 *exponiendo*. .era necesario que el Cristo
18.26 le *expusieron* más exactamente el camino
25.14 Festo *expuso* al rey la causa de Pablo
Ro. 16.4 que *expusieron* su vida por mí; a los
Gá. 2.2 *expuse*. .el evangelio que predico entre
Fil. 2.30 *exponiendo* su vida para suplir lo que
He. 6.6 crucificando. .*exponiéndole* a vituperio

EXPOSICIÓN

Sal. 119.130 la *e* de tus palabras alumbra; hace

EXPRESAR

1 R. 8.56 sus promesas que *expresó* por Moisés
Sal. 106.2 ¿quién *expresará* las poderosas obras
Ec. 1.8 más de lo que el hombre puede *expresar*
Jer. 36.7 grande es. .y la ira que ha *expresado*
2 Co. 12.4 que no le es dado al hombre *expresar*
Ef. 2.15 la ley de los mandamientos *expresados*

EXPRESIÓN

Pr. 15.26 mas las *e* de los limpios son limpias

EXPRIMIR

Gn. 40.11 y las *exprimía* en la copa de Faraón
Lv. 1.15 sangre será *exprimida* sobre la pared
5.9 lo que sobrare. .lo *exprimirá* al pie del
Jue. 6.38 *exprimió* el vellón y sacó. .el rocío
Job 24.11 dentro. .paredes *exprimen* el aceite

EXPUESTO *Véase Exponer*

EXPULSAR

Ez. 36.5 que sus *expulsados* fuesen presa suya
Jn. 9.22 Jesús era el Mesías, fuera *expulsado*
9.34 nos enseñas a nosotros? Y le *expulsaron*
9.35 oyó Jesús que le habían *expulsado*. .dijo
12.42 para no ser *expulsados* de la sinagoga
16.2 os *expulsarán* de las sinagogas; y aun
Hch. 13.50 persecución contra. .y los *expulsaron*
1 Ts. 2.15 profetas, y a nosotros nos *expulsaron*
3 Jn. 10 prohibe, y los *expulsa* de la iglesia

EXQUISITA

Ap. 18.14 y todas las cosas *e*. .te han faltado

ÉXTASIS

Hch. 10.10 pero mientras le. .le sobrevino un *é*
11.5 y vi en *é* una visión; algo semejante a
22.17 orando en el templo me sobrevino un *é*

EXTENDER

Gn. 8.9 él *extendió* su mano, y. .la hizo entrar
22.10 y *extendió* Abraham su mano y tomó el
22.12 y dijo: No *extiendas* tu mano sobre el
28.14 te *extenderás* al occidente, al oriente
39.21 Jehová. .le *extendió* su misericordia, y
48.14 Israel *extendió* su mano derecha, y la
49.22 sus vástagos se *extienden* sobre el muro
Éx. 3.20 *extenderé* mi mano, y heriré a Egipto
4.4 *extiende* tu mano. .y él *extendió* su mano
6.6 os redimiré con brazo *extendido*, y con
7.5 cuando *extienda* mi mano sobre Egipto, y
7.19 y *extiende* tu mano sobre las aguas de
8.5 *extiende* tu mano con tu vara sobre los
8.6 Aarón *extendió* su mano sobre las aguas
8.16 *extiende* tu vara y golpea el polvo de
8.17 y Aarón *extendió* su mano con su vara, y
9.15 *extenderé* mi mano para herirte a ti y a
9.22 *extiende* tu mano hacia el cielo, para
9.23 Moisés *extendió* su vara hacia el cielo
9.29 *extenderé* mis manos. .los truenos cesarán
9.33 *extendió* sus manos a Jehová, y cesaron
10.12 *extiende* tu mano. .la tierra de Egipto
10.13 y *extendió* Moisés su vara sobre. .Egipto
10.21 *extiende* tu mano hacia el cielo, para
10.22 *extendió* Moisés su mano hacia el cielo
14.16,26 y *extiende* tu mano sobre el mar
14.21,27 *extendió* Moisés su mano sobre el mar
15.12 *extendiste* tu diestra; la tierra los
24.11 no *extendió* su mano sobre los príncipes
25.20 los querubines *extenderán* por encima
37.9 querubines *extendían* sus alas por encima
40.21 puso el velo *extendido*, y ocultó el arca
Lv. 13.5 si. .no habiéndose *extendido* en la piel
13.7 si se *extendiere* la erupción en la piel
13.8 si. .ve que la erupción se ha *extendido*
13.22 y si se fuere *extendiendo* por la piel
13.23,28 la mancha. .no se hubiere *extendido*
13.27,35 hubiere ido *extendiendo* por la piel
13.32 la tiña no pareciere haberse *extendido*
13.51 si se hubiere *extendido*. .en el vestido
13.53 plaga se haya *extendido* en el vestido
13.55 aunque no se haya *extendido* la plaga
13.57 y si. .*extendiéndose* en ellos, quemarás
14.39 y si la plaga se hubiere *extendido* en
14.44 si pareciere haberse *extendido* la plaga
14.48 viere que la plaga no se ha *extendido*
Nm. 4.6 *extenderán* encima un paño todo de azul
4.7 sobre la mesa. .*extenderán* un paño azul
4.8 y *extenderán* sobre ella un paño carmesí
4.11 sobre el altar. .*extenderán* un paño azul
4.13 *extenderán* sobre él un paño de púrpura
4.14 y *extenderán* sobre él la cubierta de
24.6 como arroyos están *extendidas*. .plantados
34.4 y se *extenderá* del sur a Cades-barnea
Dt. 4.34 brazo *extendido*, y hechos aterradores
5.15 allá con mano fuerte y brazo *extendido*
7.19 brazo *extendido* con que Jehová tu Dios
9.29 sacaste con tu. .y con tu brazo *extendido*
11.2 su mano poderosa, y su brazo *extendido*
22.17 *extenderán* la vestidura delante de los
26.8 nos sacó de Egipto. .con brazo *extendido*
32.11 *extiende* sus alas, los toma, los lleva
Jos. 8.18 dijo a Josué: *Extiende* la lanza que
8.18 Josué *extendió* hacia la ciudad la lanza
8.26 no retiró su mano que había *extendido*
Jue. 6.21 *extendiendo* el ángel. .el báculo que
15.9 los filisteos. .se *extendieron* por Lehi
15.15 una quijada. .*extendió* la mano y la tomó
Rt. 3.9 soy Rut. .*extiende* el borde de tu capa
1 S. 22.17 no quisieron *extender* sus manos para
24.6 *extienda* mi mano contra él; porque es el
24.10 no *extenderé* mi mano contra mi señor
26.9 no le mates. .¿quién *extenderá* su mano
26.11 guárdeme Jehová de *extender* mi mano
26.23 yo no quise *extender* mi mano contra el
2 S. 1.14 no tuviste temor de *extender* tu mano
5.18,22 filisteos. .*extendieron* por el valle
6.6 Uza *extendió* su mano al arca de Dios, y
15.5 él *extendía* la mano y lo tomaba, y lo
17.19 una manta, la *extendió* sobre la boca
18.8 la batalla se *extendió* por todo el país
18.12 no *extendería* yo mi mano contra el hijo
24.16 cuando el ángel *extendió* su mano sobre
1 R. 6.27 *extendían* sus alas, de modo que el
8.7 los querubines tenían *extendidas* las alas
8.22 puso. .y *extendiendo* sus manos al cielo
8.38 y *extendiere* sus manos a esta casa
8.42 de tu gran nombre. .de tu brazo *extendido*
8.54 Salomón. .sus manos *extendidas* al cielo
13.4 *extendiendo* su mano. .dijo: ¡Prendedle!
13.4 la mano que había *extendido*. .se le secó
2 R. 6.7 tómalo. .*extendió* la mano, y lo tomó
17.36 que os sacó de. .con. .brazo *extendido*
19.14 las *extendió* Ezequías delante de Jehová
21.13 y *extenderé* sobre Jerusalén el cordel
1 Cr. 13.9 Uza *extendió* su mano al arca para
13.10 porque había *extendido* su mano al arca
14.9,13 filisteos. .*extendieron* por el valle
21.16 una espada. .*extendida* contra Jerusalén
28.18 con las alas *extendidas* cubrían el arca
2 Cr. 3.13 las alas *extendidas* por veinte codos
5.8 los querubines *extendían* las alas sobre
6.12 delante del altar. .y *extendió* sus manos
6.13 se puso. .y *extendió* sus manos al cielo
6.29 si *extendiere* sus manos hacia esta casa
6.32 venido. .a causa de. .tu brazo *extendido*
26.15 su fama se *extendió* lejos, porque fue
28.18 los filisteos se habían *extendido* por
Esd. 9.5 postré. .y *extendí* mis manos a Jehová
Est. 4.11 a quien el rey *extendiere* el cetro de
5.2; 8.4 el rey *extendió* a Ester el cetro de
8.7 cuanto *extendió* su mano contra los judíos
Job 1.11 *extiende* ahora tu mano y toca todo lo
2.5 *extiende* ahora tu mano, y toca su hueso
9.8 él solo *extendió* los cielos, y anda sobre
11.13 corazón, y *extendieres* a él tus manos
15.25 él *extendió* su mano contra Dios, y se
15.29 ni *extenderá* por la tierra su hermosura
26.7 él *extiende* el norte sobre vacío, cuelga la
26.9 de su trono, y sobre él *extiende* su nube
30.24 mas él no *extenderá* la mano contra el
36.30 sobre él *extiende* su luz, y cobija con
37.18 ¿*extendiste* tú con él. .cielos, firmes
38.5 ¿o quién *extendió* sobre ella cordel?
39.26 vuela. .*extiende* hacia el sur sus alas?
Sal. 36.10 *extiende* tu misericordia a los que
37.35 al impío. .que se *extendía* como laurel
55.20 *extendió* el inicuo sus manos contra los
68.31 Etiopía se apresurará a *extender* sus
80.11 *extendió* sus vástagos hasta el mar, y
85.5 ¿*extenderás* tu ira de generación en
88.9 cada día; he *extendido* a ti mis manos
104.2 *extiende* los cielos como una cortina
105.39 *extendió*. .nube por cubierta, y fuego
125.3 que *extiendan* los justos sus manos a la
136.6 que *extendió* la tierra sobre las aguas
136.12 con mano fuerte, y brazo *extendido*
138.7 contra la ira de. .*extenderás* tu mano
143.6 *extendí* mis manos a ti, mi alma a ti
Pr. 1.24 *extendí* mi. .y no hubo quien atendiese
31.20 y *extiende* sus manos al menesteroso
Is. 1.15 cuando *extendáis* vuestras manos, yo
5.14 el Seol, y sin medida *extendió* su boca
5.25 *extendió* contra él su mano, y le hirió
5.25; 9.12,17,21; 10.4 sino que todavía su
mano está *extendida*
8.8 *extendiendo* sus alas, llenará la anchura
11.8 el recién destetado *extenderá* su mano
14.26 esta, la mano *extendida* sobre todas las
14.27 su mano *extendida*. .la hará retroceder?
16.8 y se habían *extendido* por el desierto
16.8 se *extendieron* sus plantas, pasaron el
19.8 y desfallecerán los que *extienden* red
21.5 la mesa, *extienden* tapices; comen, beben
23.11 *extendió* su mano sobre el mar. .temblar
25.11 *extenderá* su mano por en medio de él
25.11 como la *extiende* el nadador para nadar
30.13 grieta. .amenaza ruina, *extendiéndose* en
31.3 que al *extender* Jehová su mano, caerá el
34.11 y se *extenderá*. .cordel de destrucción
37.14 cartas. .las *extendió* delante de Jehová
40.19 platero le *extiende* el oro y le funde
40.22 *extiende* los cielos como una cortina
42.5 que *extiende* la tierra y sus productos
44.24 *extiendo*. .los cielos, que *e* la tierra
45.12 yo, mis manos, *extendieron* los cielos
51.13 *extendió* los cielos y fundó la tierra
51.16 *extendiendo* los cielos y echando los
54.2 y las cortinas de tus. .sean *extendidas*
54.3 porque te *extenderás* a la mano derecha
65.2 *extendí* mis manos todo el día a pueblo
66.12 yo *extiendo* sobre ella paz como un río
Jer. 1.9 y *extendió* Jehová su mano y tocó mi
4.31 lamenta y *extiende* sus manos, diciendo
6.4 las sombras de la tarde se han *extendido*
6.12 *extenderé* mi mano sobre los moradores
10.12 y *extendió* los cielos con su sabiduría
15.6 por tanto, yo *extenderé* sobre ti mi mano
27.5 gran poder y con mi brazo *extendido*, y
32.17 tu gran poder, y con tu brazo *extendido*
32.21 con mano fuerte y brazo *extendido*, y con
43.10 estas piedras. .*extenderá* su pabellón
48.40; 49.22 volará, y *extenderá* sus alas
51.15 *extendió* los cielos con su inteligencia
51.25 *extenderé* mi mano contra ti, y te haré
Lm. 1.10 *extendió* su mano el enemigo a todas
1.13 ha *extendido* red a mis pies, me volvió
1.17 Sion *extendió* sus manos; no tiene quien
2.8 *extendió* el cordel, no retrajo su mano
5.6 *extendimos* la mano, para saciarnos de pan
Ez. 1.11 tenían sus alas *extendidas* por encima

EXTENDER *(Continúa)*
Ez. 1.22 de cristal maravilloso, *extendido* encima
1.23 las alas..*extendiéndose* la una hacia la
2.9 una mano *extendida* hacia mí, y en ella
2.10 *extendió*..y estaba escrito por delante
6.14 y *extenderé* mi mano contra ellos, y
8.3 y aquella figura *extendió* la mano, y me
10.7 un querubín *extendió* su mano..al fuego
12.13 yo *extenderé* mi red sobre él, y caerá
14.9 *extenderé* mi mano..y lo destruiré de en
14.13 y *extendiere* yo mi mano sobre ella, y
16.8 *extendí* mi manto sobre ti, y cubrí tu
16.27 *extendí* contra ti mi mano, y disminuí
17.7 y *extendió* hacia ella sus ramas, para
17.20 *extenderé* sobre él..red, y será preso
19.8 y *extendieron* sobre él su red, y en el
20.33 y brazo *extendido*, y enojo derramado
20.34 os reuniré de las..con brazo *extendido*
25.7 he aquí yo *extenderé* mi mano contra ti
25.13 también *extenderé* mi mano sobre Edom
25.16 *extiendo* mi mano contra los filisteos
30.25 la *extienda* contra la tierra de Egipto
32.3 *extenderé* sobre ti mi red con reunión de
35.3 he aquí yo..*extenderé* mi mano contra ti
Dn. 11.42 *extenderá* su mano contra las tierras
Os. 7.5 *extendió* su mano con los escarnecedores
14.5 y *extenderá* sus raíces como el Líbano
14.6 *extenderán* sus ramas, y será su gloria
Jl. 2.2 que sobre los montes se *extiende* como
Mi. 7.11 en aquel día se *extenderán* los límites
Sof. 1.4 *extenderé* mi mano sobre Judá, y sobre
2.13 y *extenderá* su mano sobre el norte, y
Zac. 12.1 que *extiende* los cielos y funda la
Mt. 8.3 *extendió* la mano..diciendo: Quiero; sé
12.13 *extiende* tu mano. Y él la *extendió*, y
12.49 *extendiendo* su mano..dijo: He aquí mi
14.31 *extendiendo* la mano, asió de él, y le
23.5 y *extienden* los flecos de sus mantos
26.51 *extendiendo* la mano, sacó su espada
Mr. 1.41 *extendió* la mano y le tocó, y le dijo
3.5 *extiende* tu mano. Y él la *extendió*, y la
Lc. 5.13 entonces, *extendiendo* él la mano, le
5.15 pero su fama se *extendía* más y más; y
6.10 dijo al hombre: *Extiende* tu mano. Y él
7.17 *extendió* la fama de él por toda Judea
22.53 no *extendisteis* las manos contra mí
Jn. 21.18 *extenderás*..manos, y te ceñirá otro
21.23 dicho se *extendió*..entre los hermanos
Hch. 4.30 mientras *extiendes* tu mano para que
26.1 Pablo..*extendiendo* la mano, comenzó así
Ro. 10.21 todo el día *extendí* mis manos a un
Fil. 3.13 *extendiéndome* a lo que está delante
1 Ts. 1.8 vuestra fe en Dios se ha *extendido*
Ap. 7.15 *extenderá* su tabernáculo sobre ellos

EXTENSIÓN
Gn. 41.56 hambre estaba por toda la *e* del país
Job 36.29 podrá comprender la *e* de las nubes, y
Ez. 31.7 hizo..hermoso..con la *e* de sus ramas
Am. 6.2 ved si..si su *e* es mayor que la vuestra

EXTENSA
Neh. 4.19 la obra es grande y *e*..lejos unos de
Job 11.9 su dimensión es más *e* que la tierra
Is. 22.18 te echará a rodar con..por tierra *e*

EXTENUACIÓN
Lv. 26.16 enviaré sobre vosotros terror, *e* y

EXTENUAR
Gn. 41.19 tan *extenuadas*, que no he visto otras
Os. 4.3 se *extenuará* todo morador de ella, con

EXTERIOR
1 Cr. 26.29 jueces sobre Israel en asuntos *e*
2 Cr. 33.14 edificó el muro *e* de la ciudad de
Est. 6.4 y Amán había venido al patio *e* de la
Ez. 40.17 me llevó luego al atrio *e*, y he aquí
40.20 de la puerta..en el atrio *e*, midió su
41.25 labrados..en la fachada del atrio al *e*
42.1 me trajo..al atrio *e* hacia el norte, y
42.3 del enlosado que había en el atrio *e*
42.7 el muro..hacia el atrio *e* delante de las
42.9 lado..para entrar en él desde el atrio *e*
42.14 no saldrán..al atrio *e*, sino que allí
44.1 me hizo volver hacia la puerta *e* del
44.19 cuando salgan al atrio *e*, al atrio de
46.2 entrará por el..portal de la puerta *e*
46.20 cocerán la..para no sacarla al atrio *e*
46.21 me sacó al atrio *e*, y me llevó por los
47.2 me hizo dar la vuelta por el camino *e*
2 Co. 4.16 nuestro hombre *e* se va desgastando

EXTERMINAR
Gn. 9.11 no *exterminaré* ya más toda carne con
Dt. 7.17 naciones..cómo las podré *exterminar?*
Jos. 13.6 sidonios; yo los *exterminaré* delante
Jue. 21.17 y no sea *exterminada* una tribu de
2 S. 21.5 para *exterminarnos* sin dejar nada de
1 R. 16.12 así *exterminó* Zimri a toda la casa
2 R. 10.17 mató..de Acab..hasta *exterminarlos*
10.19 *exterminar* a los que honraban a Baal
10.28 así *exterminó* Jehú a Baal de Israel
2 Cr. 22.7 que *exterminara* la familia de Acab
22.10 *exterminó* toda la descendencia real de
Est. 3.13 matar y *exterminar* a todos los judíos
7.4 sido vendidos..para ser..*exterminados*
Sal. 101.8 *exterminar*..los que hagan iniquidad
Jer. 9.21 para *exterminar* a los niños de las
24.10 sean *exterminados* de la tierra que les
48.35 *exterminaré*..a quien sacrifique sobre
Ez. 20.13 derramaría..ira..para *exterminarlos*
20.17 maté, ni los *exterminé* en el desierto
25.7 *exterminaré*, y sabrás que yo soy Jehová
30.15 y *exterminaré* a la multitud de Tebas
Sof. 1.4 y *exterminaré* de..los restos de Baal

EXTERNO
1 P. 3.3 vuestro atavío no..el *e* de peinados

EXTINGUIR
Nm. 11.2 Moisés oró..y el fuego se *extinguió*
Sal. 37.38 posteridad de los..será *extinguida*
Ez. 32.7 y cuando te haya *extinguido*, cubriré
Jl. 1.12 por lo cual se *extinguió* el gozo de

EXTORSIÓN
Pr. 28.16 príncipe falto de..multiplicará la *e*
Lc. 3.14 no hagáis *e* a nadie, ni calumnieis

EXTRAER
Sal. 73.10 aguas en abundancia serán *extraídas*

EXTRALIMITAR
2 Co. 10.14 no nos hemos *extralimitado*, como si

EXTRANJERO, RA
Gn. 4.12 fuerza; errante y *e* serás en la tierra
4.14 me echas..seré errante y *e* en la tierra
17.12 el comprado por dinero a cualquier *e*
17.27 el siervo..comprado del *e* por dinero
23.4 *e* y forastero soy entre vosotros; dadme
Éx. 12.19 comiere leudado, así *e* como natural
12.45 el *e* y el jornalero no comerán de ella
12.48 mas si algún *e* morare contigo, y quiere
12.49 ley será para el natural, y para el *e*
20.10 no hagas en él obra alguna..ni tu *e* que
22.21 al *e* no..angustiarás, porque *e* fuisteis
23.9 no angustiarás al *e*..ya que *e* fuisteis
23.9 vosotros sabéis cómo es el alma del *e*
23.12 y tome refrigerio..tu sierva, y el *e*
Lv. 16.29 ni el natural ni el *e* que mora entre
17.8 de los *e* que moran entre vosotros, que
17.10,13 o de los *e* que moran entre ellos
17.12 ni el *e* que mora entre vosotros comerá
17.15 así de los naturales como de los *e*, que
18.26 natural ni el *e* que mora entre vosotros
19.10 para el pobre y para el *e* lo dejarás
19.33 cuando el *e* morare..en vuestra tierra
19.34 un natural de vosotros tendréis al *e*
19.34 porque *e* fuisteis en la tierra de Egipto
20.2 de Israel, o de los *e* que moran en Israel
22.18 cualquier varón..o de los *e* en Israel
22.25 ni de mano de *e* tomarás estos animales
23.22 para el pobre y para el *e* la dejarás
24.16 el *e* como el natural, si blasfemare el
24.22 un mismo estatuto tendréis para el *e*
25.6 te dará para..tu *e* que morare contigo
25.23 vosotros forasteros y *e* sois..conmigo
25.35 empobreciere..como forastero y *e* vivirá
25.40 como criado, como *e* estará contigo
25.47 el *e* que está contigo se enriqueciere
25.47 y se vendiere al..*e* que está contigo
25.47 vendiere..a alguno de la familia del *e*
Nm. 9.14 si morare con vosotros *e*, y celebrare
9.14 un mismo rito..el *e* como el natural de
11.4 la gente *e*..tuvo un vivo deseo, y los
15.14 y cuando habitare con vosotros *e*, o
15.15 estatuto..de la congregación y el *e* que
15.15 como vosotros..el *e* delante de Jehová
15.16 un mismo decreto..vosotros y el *e* que
15.26 será perdonado a..al *e* que mora entre
15.29 nacido entre..y el *e* que habitare entre
15.30 con soberbia, así el natural como el *e*
19.10 estatuto perpetuo..para el *e* que mora
35.15 serán de refugio..para el *e* y el que
Dt. 1.16 juzgad..hombre y su hermano, y el *e*
5.14 ninguna obra harás tú..ni el *e* que está
10.18 ama también al *e* dándole pan y vestido
10.19 amaréis, pues, al *e*; porque *e* fuisteis
14.21 al *e* que..la darás..o véndela a un *e*
14.29 y el *e*..que hubiere en tus poblaciones
15.3 del *e* demandarás el reintegro; pero lo que
16.11 tú..y el *e*, el huérfano y la viuda que
16.14 el *e*, el huérfano y la viuda que viven
17.15 no podrás poner sobre ti a hombre *e*
24.14 ya sea de tus hermanos o de los *e* que
24.17 no torcerás el derecho del *e* ni del
24.19 gavilla..para recogerla; será para el *e*
24.20,21 será para el *e*, para el huérfano
26.11 levita y el *e* que está en medio de ti
26.12 darás..al *e*, al huérfano y a la viuda
26.13 he dado..al *e*, al huérfano y a la viuda
27.19 que pervirtiere el derecho del *e*, del
28.43 el *e*..se elevará sobre ti muy alto, y
29.11 y tus *e* que habitan en..tu campamento
29.22 y el *e* que vendrá de lejanas tierras
31.12 harás congregar..tus *e* que estuvieren
Jos. 8.33 Israel..así los *e* como los naturales
8.35 delante de..los *e* que moraban entre ellos
20.9 para el *e* que morase entre ellos, para
Jue. 19.12 no iremos a ninguna ciudad de *e*, que
Rt. 2.10 por qué he hallado gracia..siendo yo *e?*
2 S. 1.13 y él respondió: Yo soy hijo de un *e*
15.19 tú eres *e*, y desterrado también de tu
1 R. 8.41 el *e*, que no es de tu pueblo Israel
8.43 por lo cual el *e* hubiere clamado a ti
11.1 el rey Salomón amó..a muchas mujeres *e*
11.8 así hizo para todas sus mujeres *e*, las
1 Cr. 22.2 mandó David que se reuniese a los *e*
29.15 *e* y advenedizos somos delante de ti
2 Cr. 2.17 contó Salomón todos los hombres *e*
6.32 al *e* que no fuere de tu pueblo Israel
6.33 por las cuales hubiere clamado a ti el *e*
Esd. 10.2 tomamos mujeres *e* de los pueblos de
10.10 pecado, por cuanto tomasteis mujeres *e*
10.11 apartaos de los pueblos..las mujeres *e*
10.14 que..hayan tomado mujeres *e*, vengan en
10.17 aquellos que habían tomado mujeres *e*
10.18 sacerdotes que habían tomado mujeres *e*
10.44 todos estos habían tomado mujeres *e*
Neh. 9.2 ya se había apartado..de todos los *e*
13.3 separaron..a todos los mezclados con *e*
13.26 a él le hicieron pecar las mujeres *e*
13.27 prevaricar contra..tomando mujeres *e?*
13.30 los limpié, pues, de todo *e*, y puse a
Sal. 94.6 viuda y al *e* matan, y a los huérfanos
114.1 salió..la casa de Jacob del pueblo *e*
119.54 cánticos..en la casa en donde fui *e*
146.9 Jehová guarda a los *e*; al huérfano y a
Is. 1.7 vuestra tierra delante..comida por *e*
2.6 están llenos de..y pactan con hijos de *e*
14.1 y a ellos se unirán *e*, y se juntarán a
56.3 *e* que sigue a Jehová no hable diciendo
56.6 a los hijos de los *e* que sigan a Jehová
60.10 y *e* edificarán tus muros, y sus reyes
61.5 *e* apacentarán vuestras ovejas, y los
Jer. 7.6 no oprimiereis al *e*, al huérfano y a
22.3 juicio..y no engañéis ni robéis al *e*, ni
30.8 *e* no lo volverán más a..en servidumbre
51.51 vinieron *e* contra los santuarios de la
Ez. 14.7 de los *e* que moran en Israel, que se
22.7 al *e* trataron con violencia en medio de
22.29 violencia, y al *e* oprimía sin derecho
28.7 traigo sobre ti *e*, los fuertes de las
28.10 morirás por mano de *e*..dice Jehová el
30.12 y por mano de *e* destruiré la tierra y
31.12 lo destruirán *e*, los poderosos de las
44.7 de traer *e*, incircuncisos de corazón e
44.8 que habéis puesto *e* como guardas de las
44.9 ningún hijo de *e*, incircunciso..entrará
44.9 de..los hijos de *e* que están entre los
47.22 y para los *e* que moran entre vosotros
47.23 en la tribu en que morare el *e*, allí le
Sof. 1.8 castigaré..los que visten vestido *e*
Zac. 7.10 no oprimáis a la..al *e* ni al pobre
9.6 habitará en Asdod un *e*, y pondré fin a
Mal. 3.5 contra..los que hacen injusticia al *e*
Mt. 27.7 el campo del..para sepultura de los *e*
Lc. 17.18 y diese gloria a Dios sino este *e?*
Hch. 7.6 descendencia sería *e* en tierra ajena
7.29 Moisés huyó, y vivió como *e* en tierra
10.28 para un varón judío..acercarse a un *e*
13.17 siendo ellos *e* en tierra de Egipto, y
17.21 los atenienses y los *e* residentes allí
26.11 los perseguí hasta en las ciudades *e*
1 Co. 14.11 seré como *e* para el que habla, y él
14.11 y el que habla será como *e* para mí
Ef. 2.19 que ya no sois *e* ni advenedizos, sino
He. 11.9 por la fe habitó como *e* en la tierra
11.13 y confesando que eran *e* y peregrinos
11.34 fuertes..pusieron en fuga ejércitos *e*
1 P. 2.11 os ruego como a *e* y peregrinos, que

EXTRAÑAMIENTO
Job 31.3 hay..*e* para los que hacen iniquidad?

EXTRAÑAR
Lc. 1.21 se *extrañaba* de que él se demorase en
11.38 se *extrañó* de que no se hubiese lavado
1 Jn. 3.13 no os *extrañéis*..mundo os aborrece

EXTRAÑO, ÑA
Gn. 19.9 vino..*e* para habitar entre nosotros
31.15 ¿no nos tiene ya como por *e*, pues que
Éx. 12.43 la pascua; ningún *e* comerá de ella
21.8 y no la podrá vender a pueblo *e* cuando
29.33 el *e* no las comerá, porque son santas
30.9 no ofreceréis sobre él incienso *e*, ni
30.33 ungüento..y que pusiere de él sobre *e*
Lv. 10.1 ofrecieron delante de Jehová fuego *e*
22.10 ningún *e* comerá..sagrada; el huésped
22.12 la hija del..si se casare con varón *e*
22.13 podrá comer..pero ningún *e* coma de él
Nm. 1.51 levitas.. el *e* que se acercare morirá
3.4 Abiú murieron..cuando ofrecieron fuego *e*
3.10,38 y el *e* que se acercare, morirá

EXTRAÑO, ÑA *(Continúa)*

Nm. 16.40 que ningún *e*..se acerque para ofrecer
18.4 ningún *e* se ha de acercar a vosotros
18.7 servicio..el *e* que se acercare, morirá
26.61 Abiú murieron cuando ofrecieron fuego *e*
Dt. 23.20 del *e* podrás exigir interés, mas de
25.5 la mujer..no se casará..con hombre *e*
32.12 solo le guió, y con él no hubo dios *e*
Jos. 24.2 vuestros padres..servían a dioses *e*
2 S. 22.45 los hijos de *e* se someterán a mí; al
22.46 *e* se debilitarán, y saldrán temblando
2 R. 19.24 yo he cavado y bebido las aguas *e*
2 Cr. 14.3 quitó los altares del culto *e*, y los
Job 15.19 y no pasó *e* por en medio de ellos
19.13 mis conocidos como *e* se apartaron de
19.15 criadas me tuvieron por *e*; forastero
19.17 mi aliento vino a ser *e* a mi mujer
Sal. 18.44 los hijos de *e* se sometieron a mí
18.45 *e* se debilitaron y salieron temblando
54.3 porque *e* se han levantado contra mí, y
69.8 *e* he sido para mis hermanos, y..madre
81.9 dios ajeno, ni te inclinarás a dios *e*
109.11 el acreedor se..y *e* saqueen su trabajo
137.4 cantaremos..de Jehová en tierra de *e*?
144.7 sácame..de la mano de los hombres *e*
144.11 líbrame..de los hombres *e*, cuya boca
Pr. 2.16 serás librado de la mujer *e*..la ajena
5.3 los labios de la mujer *e* destilan miel
5.9 para que no des a los *e* tu honor, y tus
5.10 no sea que *e* se sacien de tu fuerza, y
5.10 no sea..tus trabajos estén en casa del *e*
5.17 para ti solo, y no para los *e* contigo
5.20 ¿por qué..y abrazarás el seno de la *e*?
6.1 hijo..si has empeñado tu palabra a un *e*
6.24 la blandura de la lengua de la mujer *e*
7.5 guarden de..la *e* que ablanda sus palabras
11.15 el que sale por fiador de un *e*; mas el
14.10 y *e* no se entremeterá en su alegría
20.16 quítale al que salió por fiador del *e*
20.16 prenda del que sale fiador por los *e*
21.8 el camino del..perverso es torcido y *e*
22.14 fosa profunda es la boca de la mujer *e*
23.27 abismo profundo es..y pozo angosto la *e*
23.33 tus ojos mirarán cosas *e*, y tu corazón
27.2 alábate el *e*, y no tu propia boca; el
27.13 quítale..al que salió fiador por el *e*
27.13 ropa..al que fía a la *e*, tómale prenda
Ec. 6.2 no le da..sino que lo disfrutan los *e*
Is. 1.7 comida..asolada como asolamiento de *e*
5.17 *e* devorarán los campos desolados de los
17.10 sembrarás..y plantarás sarmiento *e*
25.2 alcázar de los *e* para que no sea ciudad
25.5 así humillarás el orgullo de los *e*; y
28.11 y en *e* lengua hablará a este pueblo
28.21 para hacer..su *e* obra..su *e* operación
61.5 *e* serán vuestros labradores y vuestros
62.8 ni beberán los *e* el vino que es fruto
Jer. 1.16 me dejaron, e incensaron a dioses *e*
2.21 te me has vuelto sarmiento de vid *e*?
2.25 no hay remedio..porque a *e* he amado, y
3.13 y fornicaste con los *e* debajo de todo
5.19 de..así serviréis a *e* en tierra ajena
7.9 andando tras dioses *e* que no conocisteis
Lm. 5.2 heredad ha pasado a *e*, nuestras casas
Ez. 7.21 en mano de *e* la entregué..ser saqueada
11.9 entregaré en manos de *e*, y haré juicios
Os. 5.7 porque han engendrado hijos *e*; ahora
7.9 devoraron *e* su fuerza, y él no lo supo
8.7 ni..harina; y si la hiciere, *e* la comerán
8.12 de mi ley, y fueron tenidas por cosa *e*
Jl. 3.17 Jerusalén será santa, y *e* no pasarán
Abd. 11 llevaban *e* cautivo su ejército, y *e*
Mal. 2.11 Judá ha..se casó con hija de dios *e*
Mt. 17.25 cobran..¿de sus hijos, o de los *e*?
17.26 Pedro le respondió: De los *e*. Jesús le
Jn. 10.5 mas al *e* no seguirán, sino huirán de
10.5 él, porque no conocen la voz de los *e*
Hch. 17.20 pues traes a nuestros oídos cosas *e*
1 Co. 14.4 el que habla en lengua *e*, a sí mismo
14.13 por lo cual, el que habla en lengua *e*
14.27 si habla alguno en lengua *e*, sea esto
2 Co. 11.15 no es *e* si también sus ministros se
Col. 1.21 que erais en otro tiempo *e* y enemigos
He. 13.9 no os dejéis llevar de doctrinas..*e*
1 P. 4.4 parece cosa *e* que vosotros no corráis
4.12 como si alguna cosa *e* os aconteciese

EXTRAORDINARIO

Hch. 19.11 hacía Dios milagros *e* por mano de

EXTRAVIAR

Éx. 23.4 si encontrares..o su asno *extraviado*
Dt. 22.1 si vieres *extraviado* el buey de tu
30.17 se apartare y..y te dejares *extraviar*
2 Cr. 33.9 Manasés..hizo *extraviarse* a Judá y
Sal. 119.176 yo anduve..como oveja *extraviada*
Is. 29.24 *extraviados* de espíritu aprenderán
35.8 el..por torpe que sea, no se *extraviará*
1 Co. 12.2 se os *extraviaba* llevándoos, como
2 Co. 11.3 *extraviados* de la sincera fidelidad
1 Ti. 6.10 codiciando..se *extraviaron* de la fe
Tit. 3.3 nosotros también éramos..*extraviados*
He. 5.2 se muestre paciente con los..*extraviados*
Stg. 5.19 si alguno..ha *extraviado* de la verdad
2 P. 2.15 se han *extraviado* siguiendo..Balaam
2 Jn. 9 que se *extravía*, y no persevera en la

EXTRAVÍO

Lm. 2.14 que te predicaron vanas profecías y *e*
Ro. 1.27 recibiendo..retribución debida a su *e*

EXTREMIDAD

Nm. 33.37 acamparon..en la *e* del país de Edom
Jos. 18.19 termina en..a la *e* sur del Jordán

EXTREMO

Gn. 23.9 me dé la cueva de..al *e* de su heredad
28.12 una escalera..su *e* tocaba en el cielo
47.21 un *e* al otro del territorio de Egipto
Éx. 25.18 dos querubines..labrados..los dos *e*
25.19 un querubín en un *e*, y..en el otro *e*
25.19 de una pieza..querubines en sus dos *e*
26.28 la barra de..pasará..de un *e* al otro
28.7 dos hombreras que se junten a sus dos *e*
28.23,26 pondrás a los dos *e* del pectoral
28.24 dos anillos a los dos *e* del pectoral
28.25 pondrás los dos *e* de los dos cordones
36.11,17 cortina..al *e* de la primera serie
36.33 que la barra..pasase..de un *e* al otro
37.7 querubines de oro..*e* del propiciatorio
37.8 un querubín a un *e*, y otro..al otro *e*
37.8 de una pieza..los querubines a sus dos *e*
38.5 a los cuatro *e* del enrejado de bronce
39.4 las hombreras..y se unían en sus dos *e*
39.16 dos anillos de oro en los dos *e* del
39.17 en..dos anillos a los *e* del pectoral
39.18 fijaron..dos *e* de los dos cordones de
39.19 dos anillos..en los dos *e* del pectoral
Nm. 11.1 consumió uno de los *e* del campamento
22.36 ciudad de Moab..al *e* de su territorio
34.3 el límite del sur al *e* del Mar Salado
Dt. 4.32 si desde un *e* del cielo..se ha hecho
13.7 desde un *e* de..hasta el otro *e* de ella
28.49 una nación de lejos, del *e* de la tierra
28.64 desde un *e* de..hasta el otro *e*; y allí
Jos. 13.27 el Jordán y su límite hasta el *e* del
15.1 teniendo el desierto de Zin al sur..*e*
15.8 al *e* del valle de Refaim, por el lado
15.21 y fueron las ciudades de..en el *e* sur
18.15 el lado del sur es desde el *e*..y sale
18.16 y desciende este límite al *e* del monte
Jue. 7.17 cuando yo llegue al *e* del campamento
7.19 llegaron..Gedeón..al *e* del campamento
1 S. 9.27 descendiendo ellos al *e* de la ciudad
14.2 Saúl se hallaba al *e* de Gabaa, debajo de
1 R. 8.8 manera que sus *e* se dejaban ver desde
2 R. 9.25 échalo a un *e* de la heredad de Nabot
10.21 y el templo de Baal se llenó de *e* a *e*
21.16 sangre..llenar a Jerusalén de *e* a *e*
Esd. 9.11 la han llenado de uno a otro *e* con su
Neh. 1.9 dispersión fuere hasta el *e* de..cielos
3.21 la casa de Eliasib hasta el *e* de la casa
Sal. 19.4 y hasta el *e* del mundo sus palabras
19.6 de un *e* de los cielos es su salida, y su
135.7 subir las nubes de los *e* de la tierra
139.9 si tomare..y habitare en el *e* del mar
Is. 5.26 y silbará al que está en el *e* de la
7.3 *e* del acueducto del estanque de arriba
Jer. 12.12 la espada..devorará desde un *e* hasta
16.19 a ti vendrán naciones desde los *e* de la
25.33 muertos..*e* de la tierra hasta el otro
50.26 contra ella desde el *e* de la tierra
50.41 se levantarán de los *e* de la tierra
Ez. 7.2 el fin viene sobre los cuatro *e* de la
15.4 sus dos *e* consumió el fuego, y la parte
45.7 el *e* occidental hasta el *e* oriental, y
48.1 desde el *e* norte por la vía de Hetlón
Mt. 24.31 desde un *e* del cielo hasta el otro
Mr. 13.27 *e* de la tierra hasta el *e* del cielo
Lc. 17.24 al fulgurar resplandece desde un *e*
He. 11.21 adoró apoyado sobre el *e* de..bordón

EZBAI ***Padre de Naarai, uno de los 30 valientes de David***, 1 Cr. 11.37

EZBÓN

1. ***Hijo de Gad No. 1 (=Ozni)***, Gn. 46.16
2. ***Descendiente de Benjamín***, 1 Cr. 7.7

EZEL ***Piedra donde David tuvo cita con Jonatán***, 1 S. 20.19

EZEM ***Ciudad en Simeón***, Jos. 19.3; 1 Cr. 4.29

EZEQUÍAS ***(=Esem)***

1. ***Rey de Judá, hijo y sucesor de Acaz***

2 R. 16.20 Acaz..reinó en su lugar su hijo *E*
18.1 comenzó a reinar *E* hijo de Acaz rey de
18.9 cuarto año del rey *E*..subió Salmanasar
18.10 el año sexto de *E*, el cual era el año
18.13 a los catorce años del rey *E*, subió
18.14 *E* rey..envió a decir al rey de Asiria
18.14 impuso a *E* rey..300 talentos de plata
18.15 dio..*E* toda la plata que fue hallada en
18.16 entonces *E* quitó el oro de las puertas
18.16 los quiciales que..*E* había cubierto de
18.17 el rey de Asiria envió contra el rey *E*
18.19 decid ahora a *E*: Así dice el gran rey
18.22 éste aquel cuyos..altares ha quitado *E*
18.29 no os engañe *E*..no os podrá librar de
18.30 os haga *E* confiar en Jehová, diciendo
18.31 no escuchéis a *E*, porque así dice el
18.32 no oigáis a *E*..os engaña cuando dice
18.37 vinieron a *E*, rasgados sus vestidos, y
19.1 cuando el rey *E* lo oyó, rasgó..vestidos
19.3 ha dicho *E*: Este día es día de angustia
19.5 vinieron, pues, los siervos del rey *E*
19.9 volvió..envió embajadores a *E*, diciendo
19.10 así diréis a *E*..No te engañe tu Dios
19.14 y tomó *E* las cartas de los embajadores
19.14 las cartas..extendió *E* delante de Jehová
19.15 y oró *E* delante de Jehová, diciendo
19.20 Isaías hijo de Amoz envió a decir a *E*
19.29 esto te daré por señal, oh *E*: Este año
20.1 aquellos días *E* cayó enfermo de muerte
20.3 te ruego, oh..Y lloró *E* con gran lloro
20.5 y di a *E*..Así dice Jehová, el Dios de
20.8 y *E* había dicho a Isaías: ¿Qué señal
20.10 *E* respondió: Fácil cosa es que..decline
20.12 rey de Babilonia, envió mensajeros..a *E*
20.12 había oído que *E* había caído enfermo
20.13 *E* los oyó, y les mostró toda la casa
20.13 ninguna cosa quedó..*E* no les mostrase
20.14 Isaías vino al rey *E*, y le dijo: ¿Qué
20.14 y *E* le respondió: De lejanas tierras
20.15 *E* respondió: Vieron todo lo que había
20.16 entonces Isaías dijo a *E*: Oye palabra
20.19 *E* dijo a Isaías: La palabra de Jehová
20.20 demás hechos de *E*..¿no está escrito en
20.21 durmió *E* con sus padres, y reinó en su
21.3 los lugares altos que *E*..había derribado
1 Cr. 3.13 del que fue hijo *E*, cuyo hijo fue
4.41 estos..vinieron en días de *E* rey de Judá
2 Cr. 28.27 durmió Acaz..y reinó en su lugar *E* su
29.1 comenzó a reinar *E* siendo de 25 años, y
29.18 entonces vinieron al rey *E* y le dijeron
29.20 *E* reunió los principales de la ciudad
29.27 mandó *E* sacrificar el holocausto en el
29.30 *E* y los príncipes dijeron a los levitas
29.31 *E*, dijo: Vosotros os habéis consagrado
29.36 se alegró *E* con todo el pueblo, de que
30.1 envió después *E* por todo Israel y Judá
30.18 mas *E* oró por ellos, diciendo: Jehová
30.20 y oyó Jehová a *E*, y sanó al pueblo
30.22 habló *E* al corazón de todos los levitas
30.24 porque *E* rey de Judá había dado a la
31.2 y arregló *E* la distribución..sacerdotes
31.8 *E* y los príncipes vinieron y vieron los
31.9 y preguntó *E* a los sacerdotes y a los
31.11 mandó *E* que preparasen cámaras en la
31.13 por mandamiento del rey *E* y de Azarías
31.20 de esta manera hizo *E* en todo Judá
32.2 viendo..*E* la venida de Senaquerib, y su
32.5 edificó *E* todos los muros caídos, e hizo
32.8 confianza en las palabras de *E* rey de
32.9 envió..para decir a *E* rey de Judá, y a
32.11 os engaña *E* para entregaros a muerte
32.12 ¿no es *E* el mismo que ha quitado sus
32.15 no os engañe *E*, ni os persuada de ese
32.16 contra Jehová..y contra su siervo *E*
32.17 tampoco el Dios de *E* librará al suyo
32.20 el rey *E* y el profeta Isaías..oraron
32.22 así salvó Jehová a *E* y a los moradores
32.23 muchos trajeron..presentes a *E* rey de
32.24 *E* enfermó de muerte; y oró a Jehová
32.25 mas *E* no correspondió al bien que le
32.26 pero *E*, después de haberse enaltecido su
32.26 no vino sobre..la ira..en los días de *E*
32.27 y tuvo *E* riquezas y gloria, muchas en
32.30 *E* cubrió los manantiales de Gihón la
32.30 fue prosperado *E* en todo lo que hizo
32.32 los demás hechos de *E*..escritos en la
32.33 durmió *E* con sus padres..lo sepultaron
33.3 altos que *E* su padre había derribado
Pr. 25.1 los cuales copiaron los varones de *E*
Is. 1.1 vio..en días de Uzías, Jotam, Acaz y *E*
36.1 aconteció en el año catorce del rey *E*
36.2 envió al..a Jerusalén contra el rey *E*
36.4 decid ahora a *E*: El gran rey, el rey de
36.7 lugares altos y..altares hizo quitar *E*
36.14 os engañe *E*, porque no os podrá librar
36.15 os haga *E* confiar en Jehová, diciendo
36.16 no escuchéis a *E*, porque así dice el rey
36.18 que no os engañe *E* diciendo: Jehová nos
36.22 vinieron a *E*, rasgados sus vestidos, y
37.1 el rey *E* oyó esto, rasgó sus vestidos
37.3 cuales le dijeron: Así ha dicho *E*: Día
37.5 vinieron, pues, los siervos de *E* a Isaías
37.9 oírlo, envió embajadores a *E*, diciendo
37.10 diréis a *E* rey de Judá: No te engañe tu
37.14 tomó *E* las cartas de..los embajadores
37.15 entonces *E* oró a Jehová, diciendo
37.21 Isaías hijo de Amoz envió a decir a *E*
38.1 en aquellos días *E* enfermó de muerte
38.2 entonces volvió *E* su rostro a la pared
38.3 oh Jehová, te..Y lloró *E* con gran lloro
38.5 di a *E*: Jehová Dios de David..dice así
38.9 escritura de *E* rey de Judá, de cuando
38.22 había asimismo dicho *E*: ¿Qué señal
39.1 rey de Babilonia, envió..presentes a *E*

EZEQUÍAS *(Continúa)*
Is. 39.2 se regocijó con ellos *E*, y les mostró
39.2 no hubo cosa en..que *E* no les mostrase
39.3 profeta Isaías vino al rey *E*, y le dijo
39.3 y *E* respondió: De tierra..de Babilonia
39.4 dijo *E*: Todo lo que hay en mi casa han
39.5 entonces dijo Isaías a *E*: Oye palabra
39.8 dijo *E* a Isaías: La palabra de Jehová
Jer. 15.4 a causa de Manasés hijo de *E*, rey de
26.18 profetizó en tiempo de *E* rey de Judá
26.19 lo mataron *E* rey de Judá y todo Judá?
Os. 1.1 en días de..Acaz y *E*, reyes de Judá, y
Mi. 1.1 palabra de Jehová..en días de..Acaz y *E*
Mt. 1.9 engendró a..Jotam a Acaz, y Acaz a *E*
1.10 *E* engendró a Manasés, Manasés a Amón
2. *Descendiente de Salomón*, 1 Cr. 3.23
3. *Jefe de Efraín durante el reinado de Acaz*, 2 Cr. 28.12
4. *Jefe de una familia que regresó con Nehemías de Babilonia (=Ater)*, Esd. 2.16; Neh. 7.21; 10.17
5. *Ascendiente del profeta Sofonías*, Sof. 1.1

EZEQUIEL *Profeta durante el cautiverio*
Ez. 1.3 palabra de Jehová al sacerdote *E* hijo
24.24 *E*, pues, os será por señal; según todas

EZER
1. *Hijo de Seir*, Gn. 36.21,27,30; 1 Cr. 1.38,42
2. *Descendiente de Judá*, 1 Cr. 4.4
3. *Descendiente de Efraín*, 1 Cr. 7.21
4. *Guerrero gadita que se juntó con David en Siclag*, 1 Cr. 12.9
5. *Levita que ayudó a reedificar el muro de Jerusalén*, Neh. 3.19
6. *Sacerdote en tiempo de Nehemías*, Neh. 12.42

EZIÓN-GEBER *Puerto y fundición en el Mar Rojo*
Nm. 33.35 salieron de Abrona y acamparon en *E*
33.36 salieron de *E* y acamparon en el..de Zin
Dt. 2.8 por el camino del Arabá desde Elat y *E*
1 R. 9.26 hizo..el rey Salomón naves en *E*, que
22.48 mas no fueron, porque se rompieron en *E*
2 Cr. 8.17 entonces Salomón fue a *E* y a Elot
20.36 Tarsis; y construyeron las naves en *E*

EZNITA *Patronímico de Adino*, 2 S. 23.8

EZRAÍTA *Descendiente de Zera*, 1 R. 4.31; Sal. 88, 89 títs., Masquil de..*e*

EZRI *Oficial del rey David*, 1 Cr. 27.26

F

FABRICADOR
Is. 45.16 irán con afrenta..los *f* de imágenes

FABRICAR
1 R. 6.7 la *fabricaron* de piedras que traían
12.32 lugares altos que él había *fabricado*
Is. 2.8 han..ante lo que *fabricaron* sus dedos
32.6 y su corazón *fabricará* iniquidad, para
44.15 un dios, y lo adora; *fabrica* un ídolo
Ez. 27.5 Senir te *fabricaron* todo el maderaje

FÁBULA
1 Ti. 1.4 presten atención a *f* y genealogías
4.7 desecha las *f* profanas y de viejas
2 Ti. 4.4 apartarán de..y se volverán a las *f*
Tit. 1.14 no atendiendo a *f* judaicas, ni a
2 P. 1.16 no..siguiendo *f* artificiosas, sino

FÁCIL
Éx. 4.10 nunca he sido hombre de *f* palabra, ni
2 R. 20.10 *f* cosa es que la sombra decline diez
Pr. 14.6 hombre entendido la sabiduría le es *f*
Mt. 9.5 ¿qué es más *f*, decir: Los pecados te
11.30 porque mi yugo es *f*, y ligera mi carga
19.24 es más *f* pasar un camello por el ojo de
Mr. 2.9 ¿qué es más *f*, decir al paralítico: Tus
10.25 más *f* es pasar un camello por el ojo
Lc. 5.23 ¿qué es más *f*, decir: Tus pecados te
16.17 pero más *f* es que pasen el cielo y la
18.25 es más *f* pasar un camello por el ojo de

FACULTAD
Lv. 25.29 *f* de redimirla hasta el término de
Est. 8.11 rey daba *f* a los judíos que estaban
Ec. 5.19 da también *f* para que coma de ellas
6.2 pero Dios no le da *f* de disfrutar de ello
Ap. 20.4 se sentaron..los que recibieron *f* de

FACHADA
Ez. 41.25 como los que había en..la *f* del atrio
42.8 delante de la *f* del templo..cien codos
47.1 la *f* de la casa estaba al oriente, y

FAENA
Ec. 2.10 gozó..esta fue mi parte de toda mi *f*
8.16 a ver la *f* que se hace sobre la tierra

FAJA
Job 38.9 puse yo nubes..y por su *f* oscuridad
Ez. 16.4 ni salada..ni fuiste envuelta con *f*
30.21 ni poniéndole *f* para ligarlo, a fin de

FALACIA
Job 11.3 ¿harán tus *f* callar a los hombres?
21.34 viniendo a parar..respuestas en *f*?
Jer. 9.4 porque todo hermano engaña con *f*, y

FALDA
Jos. 11.17 Baal-gad..a la *f* del monte Hermón
2 R. 4.39 llenó su *f* de calabazas silvestres
Is. 6.1 trono alto..sus *f* llenaban el templo
Jer. 2.34 en tus *f* se halló la sangre de los
13.22 por tu maldad fueron descubiertas tus *f*
13.26 descubriré..tus *f* delante de tu rostro
Lm. 1.9 inmundicia..en sus *f*, y no se acordó
Ez. 5.3 unos pocos..atarás en la *f* de tu manto
Nah. 3.5 contra..y descubriré tus *f* en tu rostro
Hag. 2.12 si..llevare carne..en la *f* de su ropa

FALSAMENTE
Lv. 6.5 todo aquello sobre que hubiere jurado *f*
19.12 y no juraréis *f*..mi nombre, profanando
Dt. 19.18 si..hubiere acusado *f* a su hermano
Jer. 5.2 aunque digan: Vive Jehová, juran *f*
14.14 dijo..*F* profetizan los profetas en mi
27.15 profetizan *f* en mi nombre, para que yo
29.9 *f* os profetizan ellos en mi nombre; no
29.21 os profetizan *f* en mi nombre: He aquí
29.23 *f* hablaron en mi nombre palabra que no
Zac. 5.3 todo aquel que jura *f*..será destruido
5.4 vendrá..a la casa del que jura *f* en mi
1 Ti. 6.20 argumentos de la *f* llamada ciencia

FALSEAR
Sal. 89.33 no quitaré..ni *falsearé* mi verdad
Is. 24.5 traspasaron las leyes, *falsearon* el
Am. 8.5 y *falsearemos* con engaño la balanza
Sof. 3.4 profetas..sacerdotes..*falsearon* la ley

FALSEDAD
Sal. 119.118 hollaste..porque su astucia es *f*
Is. 28.15 nosotros..en la *f* nos esconderemos
Mi. 2.11 si alguno..con espíritu de *f* mintiere

FALSIFICAR
2 Co. 2.17 que medran *falsificando* la palabra

FALSO, SA
Éx. 20.16 no hablarás contra tu..*f* testimonio
23.1 no admitirás *f* rumor. No..ser testigo *f*
Lv. 6.3 hallado lo..lo negare, y jurare en *f*
Dt. 5.20 no dirás *f* testimonio contra..prójimo
19.16 se levantare testigo *f* contra alguno
19.18 aquel testigo resultare *f*, y hubiere
Sal. 27.12 han levantado contra mí testigos *f*
Pr. 6.19 el testigo *f* que habla mentiras, y el
11.1 el peso *f* es abominación a Jehová; mas
11.18 impío hace obra *f*; mas el que siembra
14.5 mas el testigo *f* hablará mentiras
19.5,9 el testigo *f* no quedará sin castigo
20.10 pesa *f* y medida *f*..son abominación a
20.23 abominación son a Jehová las pesas *f*
20.23 las pesas..y la balanza *f* no es buena
25.14 así es..que se jacta de *f* liberalidad
25.18 es el hombre que habla..*f* testimonio
26.28 lengua *f* atormenta al que ha lastimado
Is. 9.17 todos son *f* y malignos, y toda boca
Jer. 5.23 este pueblo tiene corazón *f* y rebelde
7.9 jurando en *f*..Baal, y andando tras dioses
37.14 *f*; no me paso a los caldeos. Pero él
40.16 no hagas esto, porque es *f* lo que tú
Os. 12.7 mercader que tiene en su mano peso *f*
Mi. 6.11 por inocente al que tiene balanza *f*
Zac. 8.17 piense mal..ni améis el juramento *f*
Mt. 7.15 guardaos de los *f* profetas, que vienen
15.19 del corazón salen los..*f* testimonios
19.18 no hurtarás. No dirás *f* testimonio
24.11 *f* profetas se levantarán, y engañarán
24.24 se levantarán *f* Cristos, y *f* profetas
26.59 los..buscaban *f* testimonio contra Jesús
26.60 aunque muchos testigos *f* se presentaban
26.60 pero al fin vinieron dos testigos *f*
Mr. 10.19 no hurtes. No digas *f* testimonio. No
13.22 se levantarán *f* Cristos y *f* profetas
14.56 muchos decían *f* testimonio contra él
14.57 dieron *f* testimonio contra él, diciendo
Lc. 6.26 hacían sus padres con los *f* profetas
18.20 no hurtarás; no dirás *f* testimonio
Hch. 6.13 pusieron testigos *f* que decían: Este
13.6 hallaron a cierto mago, *f* profeta, judío
Ro. 13.9 no hurtarás, no dirás *f* testimonio
1 Co. 15.15 somos hallados *f* testigos de Dios
2 Co. 11.13 *f* apóstoles, obreros fraudulentos
11.26 en el mar, peligros entre *f* hermanos
Gá. 2.4 a pesar de los *f* hermanos introducidos
2 P. 2.1 hubo..*f* profetas..habrá..*f* maestros
1 Jn. 4.1 *f* profetas han salido por el mundo
Ap. 16.13 vi salir..de la boca del *f* profeta
19.20 fue apresada, y con ella el *f* profeta
20.10 donde estaban la bestia y el *f* profeta

FALTA *Véase también Falto*
Gn. 41.9 a Faraón..Me acuerdo hoy de mis *f*
Éx. 28.38 y llevará Aarón las *f* cometidas en
Lv. 5.15 cometiere *f*, y pecare por yerro en las
Nm. 19.2 vaca..perfecta, en la cual no haya *f*
Dt. 15.21 o cojo, o hubiere en él cualquier *f*
17.1 no ofrecerás..cordero en el cual haya *f*
22.14 y le atribuyere *f* que den que hablar
22.17 aquí, él le atribuye *f* que dan que hablar
28.48 desnudez, y con *f* de todas las cosas
Jue. 18.10 lugar donde no hay *f* de cosa alguna
19.19 tenemos paja y..pan..no nos hace *f* nada
1 S. 29.3 no he hallado *f* en él desde el día
2 S. 3.29 nunca falte de..quien tenga *f* de pan
Job 4.11 el león viejo perece por *f* de presa
24.8 y abrazan las peñas por *f* de abrigo
38.41 cuervo..andan errantes por *f* de comida?
Sal. 34.10 que buscan a Jehová no tendrán *f* de
59.3 contra mí..no por *f* mía, ni pecado mío
109.24 mi carne desfallece por *f* de gordura
Pr. 5.23 morirá por *f* de corrección, y errará
10.12 odio..pero el amor cubrirá todas las *f*
10.21 los necios mueren por *f* de entendimiento
13.23 hay..pan; mas se pierde por *f* de juicio
14.28 y en la *f* de pueblo la debilidad del
17.9 el que cubre la *f* busca amistad; mas el
Jer. 31.19 después que reconocí mi *f*, herí mi
Lm. 4.9 murieron poco a poco..*f* de los frutos
Ez. 34.5 andan errantes por *f* de pastor, y son
Dn. 6.4 mas no podían hallar ocasión alguna o *f*
6.4 fiel, y ningún vicio ni *f* fue hallado en él
Am. 4.6 hubo *f* de pan en todos vuestros pueblos
1 Co. 6.7 es ya una *f* en vosotros que tengáis
Gá. 6.1 si alguno fuere sorprendido en alguna *f*
Stg. 1.5 si alguno de..tiene *f* de sabiduría

FALTAR
Gn. 18.28 quizá *faltarán* de cincuenta justos 5
21.15 le *faltó* el agua del odre, y echó al
21.23 no *faltarás* a mí, ni a mi hijo ni a mi
Éx. 8.29 que Faraón no *falte* más, no dejando ir
16.18 ni *faltó* al que había recogido poco
Lv. 2.13 no harás que *falte*..la sal del pacto
Nm. 31.49 tomado razón..y ninguno ha *faltado*
Dt. 2.7 estos cuarenta años..nada te ha *faltado*
8.9 no comerás..con escasez, ni te *faltará*
15.11 no *faltarán* menesterosos en..la tierra
Jos. 19.47 les *faltó* territorio a los..de Dan

FALTAR ***(Continúa)***
Jos. 21.45 no *faltó* palabra de todas las buenas
23.14 no ha *faltado* una palabra de todas las
23.14 todas. .no ha *faltado* ninguna de ellas
Jue. 21.3 que *falte* hoy de Israel una tribu?
Rt. 4.14 hizo que no te *faltase* hoy pariente
1 S. 14.17 *faltaba* Jonatán y su paje de armas
18.8 a David. .no le *falta* más que el reino
21.15 ¿acaso me *faltan* locos. .hayáis traído
25.7 ni les *faltó* nada en todo el tiempo que
25.15 ni nos *faltó* nada en todo el tiempo que
25.21 sin que nada le haya *faltado* de todo
30.4 que les *faltaron* las fuerzas para llorar
30.19 y no les *faltó* cosa alguna, chica ni
2 S. 2.30 *faltaron* de los siervos. .19 hombres
3.29 *falte* de la casa de Joab quien padezca
17.22 ni siquiera *faltó* uno que no pasase el
1 R. 2.4 jamás, dice, *faltará* a ti varón en el
4.27 uno un mes, y hacían que nada *faltase*
8.25 no te *faltará* varón delante de mí, que
8.56 ninguna palabra de todas sus. .ha *faltado*
9.5 no *faltará* varón. .en el trono de Israel
11.22 ¿qué te *falta* conmigo, que procuras irte
2 R. 3.9 *faltó* agua para el ejército, y para
10.19 los profetas de Baal. .que no *falte* uno
10.19 Baal; cualquiera que *faltare* no vivirá
2 Cr. 6.16 no *faltará* de ti varón delante de
7.18 no te *faltará* varón. .gobierne en Israel
Job 5.24 sabrás que hay paz. .y nada te *faltará*
6.13 ¿no es. .que todo auxilio me ha *faltado?*
14.7 retoñará aún, y sus renuevos no *faltarán*
Sal. 23.1 Jehová es mi pastor; nada me *faltará*
34.9 pues nada *falta* a los que le temen
38.10 y aun la luz de mis ojos me *falta* ya
44.17 de ti, y no hemos *faltado* a tu pacto
139.16 fueron luego formadas, sin *faltar* una
Pr. 10.19 las muchas palabras no *falta* pecado
Ec. 6.2 hombre a quien Dios da. .nada le *falta*
9.8 y nunca *falte* ungüento sobre tu cabeza
10.3 le *falta* cordura, y va diciendo a todos
Cnt. 7.2 como una taza. .que no le *falta* bebida
Is. 1.30 como huerto al que le *faltan* las aguas
19.5 y las aguas del mar *faltarán*, y el río
24.11 hay clamores por *falta* de vino en las
32.10 la vendimia *faltará*, y la. .no vendrá
34.16 inquirid en. .si *faltó* alguno de ellos
34.16 ninguno *faltó* con su compañera; porque
40.26 llama por sus nombres; ninguna *faltará*
44.12 tiene hambre, y le *faltan* las fuerzas
50.2 sus peces se pudren por *falta* de agua
51.14 en la mazmorra, ni le *faltará* su pan
57.11 *faltado* a la fe, y no te has acordado
58.11 manantial de. .cuyas aguas nunca *faltan*
59.21 no *faltarán* de tu boca, ni de la boca
Jer. 2.19 *faltar* mi temor en ti, dice. .Jehová
3.3 las aguas. .detenidas, y *faltó* la lluvia
10.14 se embrutece, y le *falta* ciencia; se
12.4 por la maldad de. .*faltaron* los ganados
18.14 *¿faltará* la nieve del Líbano. .del campo?
18.14 *¿faltarán* las aguas frías que corren
18.18 porque la ley no *faltará* al sacerdote
31.36 si *faltaren* estas leyes delante de mí
31.36 la descendencia de Israel *faltará* para
33.17 no *faltará* a David varón que se siente
33.18 ni a los. .y levitas *faltará* varón que
35.19 no *faltará* de Jonadab hijo de. .un varón
44.18 nos *falta* todo, y a espada y de hambre
48.33 de los lagares haré que *falte* el vino
51.30 les *faltaron* las fuerzas, se volvieron
Lm. 1.2 sus amigos le *faltaron*, se le volvieron
Ez. 4.17 al *faltarles* el pan. .se consuman en
47.12 sus hojas nunca caerán, ni *faltará* su
Dn. 10.17 me *faltó* la fuerza, y no me quedó
Os. 4.6 fue destruido. .le *faltó* conocimiento
Mi. 7.2 *faltó* el misericordioso de la tierra
Hab. 3.17 aunque *falte* el producto del olivo
Sof. 3.5 sacará a luz su juicio, nunca *faltará*
Mt. 19.20 lo he guardado. .¿qué más me *falta?*
25.9 que no nos *falte* a nosotras y a vosotras
Mr. 10.21 una cosa te *falta:* anda, vende todo
Lc. 15.14 una gran hambre. .comenzó a *faltarle*
16.9 que cuando estas *falten*, os reciban en
18.22 te *falta* una cosa: vende todo lo que
22.32 he rogado por ti, que tu fe no *falte*
22.35 cuando os envié sin bolsa. .*faltó* algo?
Jn. 2.3 y *faltando* el vino, la madre de Jesús
4.35 *faltan* cuatro meses para que llegue la
1 Co. 1.7 tal. .que nada os *falta* en ningún don
12.24 más abundante honor al que le *faltaba*
2 Co. 9.12 lo que a los santos *falta*, sino que
11.9 pues lo que me *faltaba*, lo suplieron los
Fil. 2.30 su vida para suplir lo que *faltaba*
4.10 solícitos, pero os *faltaba* la oportunidad
4.19 Dios, pues, suplirá todo lo que os *falta*
Col. 1.24 lo que *falta* de las aflicciones de
1 Ts. 3.10 completemos lo que *falte* a vuestra
Tit. 3.13 encamínales con. .que nada les *falte*
He. 4.6 puesto que *falta* que algunos entren en
11.32 porque el tiempo me *faltaría* contando
Stg. 1.4 cabales, sin que os *falte* cosa alguna
Ap. 18.14 las cosas exquisitas. .te han *faltado*

FALTO ***Véase también Falta***
Pr. 6.32 comete adulterio es *f* de entendimiento
7.7 consideré. .a un joven *f* de entendimiento
9.4,16 simple: Ven acá. A los *f* de cordura
10.13 la vara es para las espaldas del *f* de
12.11 el que sigue a los vagabundos es *f* de
15.21 es alegría al *f* de entendimiento; mas
17.18 el. .*f* de entendimiento presta fianzas
24.30 la viña del hombre *f* de entendimiento
28.16 el. .*f* de entendimiento multiplicará la
Dn. 5.27 pesado has sido. .y fuiste hallado *f*

FALÚ ***Hijo de Rubén*, Gn. 46.9; Éx. 6.14; Nm. 26.5,8; 1 Cr. 5.3**

FALUITAS ***Descendientes de Falú*, Nm. 26.5**

FALLAR
Job 21.10 toros engendran, y no *fallan;* paren
Sal. 40.12 rodeado males. .mi corazón me *falla*
Os. 9.2 no los mantendrán, y. .*fallará* el mosto
Ro. 9.6 no que la palabra de Dios haya *fallado*

FALLECER
Job 36.14 *fallecerá* el alma de. .en su juventud
Is. 26.14 han *fallecido*, no resucitarán; porque

FAMA
Gn. 37.2 informaba José a. .la mala *f* de ellos
Nm. 14.15 y las gentes que hubieren oído tu *f*
Dt. 2.25 los cuales oirán tu *f*, y temblarán y
22.19 cuanto esparció mala *f* sobre una virgen
26.19 de exaltarte. .para loor y *f* y gloria
Jos. 9.9 hemos oído su *f*. .que hizo en Egipto
1 S. 2.24 porque no es buena *f* la que yo oigo
2 S. 8.13 así ganó David *f*. Cuando regresaba
1 R. 4.34 había llegado la *f* de su sabiduría
10.1 oyendo la reina de Sabá la *f*. .Salomón
10.7 es mayor tu sabiduría y bien, que la *f*
1 Cr. 14.17 *f* de David fue divulgada por todas
2 Cr. 9.1 oyendo la reina de. .la *f* de Salomón
9.6 porque tú superas la *f* que yo había oído
26.8 divulgó su *f* hasta la frontera de Egipto
26.15 y su *f* se extendió lejos, porque fue
Est. 9.4 y su *f* iba por todas las provincias
Job 28.22 su *f* hemos oído con nuestros oídos
Pr. 22.1 la buena *f* más que la plata y el oro
Ec. 7.1 mejor. .la buena *f* que el buen ungüento
Jer. 6.24 su *f* oímos, y nuestras manos se
13.11 para que me fuesen por pueblo y por *f*
Nah. 3.19 los que oigan tu *f* batirán las manos
Mt. 4.24 se difundió su *f* por toda Siria; y le
9.26 difundió la *f*. .por toda aquella tierra
9.31 divulgaron la *f* de él por toda aquella
14.1 Herodes el tetrarca oyó la *f* de Jesús
Mr. 1.28 se difundió su *f* por toda la provincia
6.14 oyó el rey Herodes la *f* de Jesús, porque
Lc. 4.14 se difundió su *f* por toda la tierra de
4.37 su *f* se difundía por todos los lugares
5.15 pero su *f* se extendía más y más; y se
7.17 se extendió la *f* de él por toda Judea
2 Co. 6.8 deshonra, por mala *f* y por buena *f*

FAMILIA
Gn. 10.5 según su lengua, conforme a sus *f* en
10.18 se dispersaron las *f* de los cananeos
10.20 estos son los hijos de Cam por sus *f*
10.31 fueron los hijos de Sem por sus *f*, por
10.32 estas son las *f* de los hijos de Noé por
12.3 benditas en ti todas las *f* de la tierra
24.40 tomarás para mi hijo mujer de mi *f* y de
24.41 libre de. .cuando hayas llegado a mi *f*
25.16 de Ismael. .doce príncipes por sus *f*
28.14 las *f* de la tierra serán benditas en
35.2 Jacob dijo a su *f* y a todos los que con
37.2 esta es la historia de la *f* de Jacob
43.7 preguntó. .por nosotros, y por nuestra *f*
45.18 tomad a vuestro padre y a vuestras *f*
Éx. 1.1 en Egipto con. .cada uno entró con su *f*
1.21 haber. .temido a Dios, él prosperó sus *f*
2.1 un varón de la *f* de Leví fue y tomó por
6.14 son los jefes de las *f* de sus padres
6.14 Falú, Hezrón y Carmi. .son las *f* de Rubén
6.15 Saúl hijo de. .Estas son las *f* de Simeón
6.17 los hijos de Gersón: Libni y. .por sus *f*
6.19 estas son las *f* de Leví por sus linajes
6.24 Asir. .Estas son las *f* de los coreítas
6.25 son los padres de los levitas por sus *f*
12.3 según las *f* de los. .un cordero por *f*
12.4 si la *f* fuere tan pequeña que no baste
12.21 tomaos corderos por. .*f* y sacrificad
Lv. 20.5 pondré mi rostro contra. .contra su *f*
25.10 de jubileo. .cada cual volverá a su *f*
25.41 volverá a su *f*, y a la posesión de sus
25.45 de las *f* de. .nacidos en vuestra tierra
25.47 se vendiere al. .o a alguno de la *f* del
25.49 un pariente. .de su *f* lo rescatará; o si
Nm. 1.2 tomad el censo de. .de Israel por sus *f*
1.18 fueron agrupados por *f*, según las casas
1.20,22,24,26,28,30,32,34,36,38,40,42 por *f*,
según las casas de sus padres
2.34 marcharon cada uno por sus *f*, según las
3.15 cuenta los hijos de Leví según. .sus *f*
3.18 nombres de los hijos de Gersón por sus *f*
3.19 los hijos de Coat por sus *f* son: Amram
3.20 los hijos de Merari por sus *f:* Mahli y
3.20 estas son las *f* de Leví, según las casas
3.21 Gersón era la *f* de Libni y la de Simei
3.21 la de Simei; estas son las *f* de Gersón
3.23 las *f* de Gersón acamparán a espaldas del
3.27 de Coat eran la *f* de los amramitas, la
3.27 la *f* de los izharitas, la *f*. .hebronitas
3.27 *f* de los uzielitas. .son las *f* coatitas
3.29 las *f* de los hijos de Coat acamparán al
3.30 el jefe. .de las *f* de Coat, Elizafán hijo
3.33 *f* de los mahlitas y la *f* de los musitas
3.33 los musitas; estas son las *f* de Merari
3.39 que Moisés y Aarón. .contaron por sus *f*
4.2 toma la cuenta. .hijos de Leví, por sus *f*
4.18 no haréis que perezca. .de las *f* de Coat
4.22 número de los hijos de Gersón. .por sus *f*
4.24 este será el oficio de las *f* de Gersón
4.28 servicio de las *f* de los hijos de Gersón
4.29 contarás los hijos de Merari por sus *f*
4.33 servicio de las *f* de los hijos de Merari
4.34 contaron a los hijos de Coat por sus *f*
4.36 fueron los contados. .por sus *f*, 2.750
4.37 fueron los contados de las *f* de Coat
4.38 de los hijos de Gersón por sus *f*, según
4.40 contados. .por sus *f*, según las casas de
4.41 contados de las *f* de los hijos de Gersón
4.42 los contados de las *f* de los hijos de
4.42 de Merari, por sus *f*, según las casas de
4.44 los contados de. .por sus *f*, fueron 3.200
4.45 contados de las *f* de los hijos de Merari
4.46 Moisés y Aarón y los. .contaron por sus *f*
11.10 oyó. .al pueblo, que lloraba por sus *f*
17.3 porque cada jefe de *f*. .tendrá una vara
18.31 y lo comeréis en. .vosotros y vuestra *f*
20.29 hicieron duelo. .todas las *f* de Israel
25.14 jefe de una *f* de la tribu de Simeón
25.15 Zur, príncipe de. .padre de *f* en Madián
26.5 Rubén: de Enoc, la *f* de los enoquitas
26.5 de Rubén. .de Falú, la *f* de los faluitas
26.6 de Hezrón, la *f* de los hezronitas; de
26.6 Hezrón. .de Carmi, la *f* de los carmitas
26.7 estas son las *f* de. .rubenitas. .43.730
26.12 de Simeón por sus *f:* de Nemuel, la *f*
26.12 de Jamín, la *f*. .de Jaquín, la *f* de los
26.13 la *f* de. .de Saúl, la *f* de los saulitas
26.14 son las *f* de los simeonitas, 22.200
26.15 de Gad por sus *f:* de Zefón, la *f* de los
26.15 de Hagui, la *f* de. .de Suni, la *f* de los
26.16 de Ozni, la *f* de. .de Eri, la *f* de los
26.17 de Arod, la *f* de. .de Areli, la *f* de los
26.18 son las *f* de Gad; y fueron contados de
26.20 de Judá por sus *f:* de Sela, la *f* de los
26.20 de Fares, la *f* de. .de Zera, la *f* de los
26.21 de Hezrón, la *f* de. .de Hamul, la *f* de
26.22 son las *f* de Judá, y fueron contados de
26.23 los hijos de Isacar por sus *f;* de Tola
26.23 de Tola, la *f* de. .de Fúa, la *f* de los
26.24 de Jasub, la *f* de. .de Simrón, la *f* de
26.25 son las *f* de Isacar, y fueron contados
26.26 de Zabulón por sus *f:* de Sered, la *f* de
26.26 de Elón, la *f* de. .de Jahleel, la *f* de
26.27 son las *f* de los zabulonitas. .60.500
26.28 los hijos de José por sus *f:* Manasés y
26.29 de Maquir, la *f* de. .de Galaad, la *f* de
26.30 de Jezer, la *f* de. .de Helec, la *f* de
26.31 de Asriel, la *f* de. .de Siquem, la *f* de
26.32 de Semida, la *f* de. .de Hefer, la *f* de
26.34 estas son las *f* de Manasés; y fueron
26.35 de Efraín por sus *f:* de Sutela, la *f* de
26.35 de Bequer, la *f* de. .de Tahan, la *f* de
26.36 hijos de Sutela: de Erán, la *f* de los
26.37 estas son las *f* de los hijos de Efraín
26.37 estos son los hijos de José por sus *f*
26.38 de Benjamín por sus *f:* de Bela, la *f* de
26.38 de Asbel, la *f* de. .de Ahiram, la *f* de
26.39 de Sufam la *f* de. .de Hufam, la *f* de los
26.40 de Ard, la *f* de los. .de Naamán, la *f* de
26.41 son los hijos de Benjamín por sus *f*
26.42 de Dan por sus *f:* de Súham, la *f* de los
26.42 estas son las *f* de Dan por sus *f*
26.43 las *f* de los suhamitas fueron. .64.400
26.44 de Aser por sus *f:* de Imna, la *f* de los
26.44 de Isúi, la *f* de los. .de Bería, la *f*
26.45 de Heber, la *f* de. .de Malquiel, la *f*
26.47 estas son las *f* de los hijos de Aser
26.48 los hijos de Neftalí, por sus *f:* de
26.48 de Jahzeel, la *f* de. .de Guni, la *f* de
26.49 de Jezer, la *f* de. .de Silem, la *f* de
26.50 estas son las *f* de Neftalí por sus *f*
26.57 de los levitas por sus *f* son estos: de
26.57 de Gersón, la *f* de los gersonitas; de
26.57 de Coat, la *f* de. .de Merari, la *f* de
26.58 son las *f* de los levitas: la *f* de los
26.58 la *f* de los hebronitas, la *f* de los
26.58 *f* de los musitas, la *f* de los coreítas
27.1 de las *f* de Manasés hijo de José, los
27.4 será quitado el nombre de. .de entre su *f*
33.54 heredaréis. .por sorteo por vuestras *f*
36.1 llegaron. .los padres de la *f* de Galaad
36.1 las *f* de los hijos de José; y hablaron
36.6 pero en la *f* de la tribu de. .se casarán
36.8 con alguno de la *f*. .se casará, para que
36.12 en la *f* de los hijos de Manasés, hijo
36.12 quedó en la tribu de la *f* de su padre
Dt. 11.6 tragó con sus *f*, sus tiendas, y todo

FAMILIA *(Continúa)*

Dt. 12.7 y os alegraréis, vosotros y vuestras *f*
14.26 comerás allí..y te alegrarás tú y tu *f*
15.20 los comerás..tú y tu *f*, en el lugar que
29.18 sea que haya..o *f* o tribu, cuyo corazón
Jos. 2.18 reunirás en..a toda la *f* de tu padre
7.14 por sus *f*; y la *f* que Jehová tomare, se
7.17 de Judá, fue tomada la *f* de los de Zera
7.17 haciendo..acercar a la *f* de los de Zera
13.15 dio, pues, Moisés a..conforme a sus *f*
13.23 la heredad..de Rubén..conforme a sus *f*
13.24 dio..a la tribu de Gad..conforme a sus *f*
13.28 heredad de los hijos de Gad por sus *f*
13.29 heredad..de Manasés, conforme a sus *f*
13.31 de los hijos de Maquir conforme a sus *f*
15.1,12 los hijos de Judá, conforme a sus *f*
15.20 heredad de..los hijos de Judá por sus *f*
16.5 cuanto..de los hijos de Efraín por sus *f*
17.2(2) hijos de Manasés conforme a sus *f*
18.11,20 hijos de Benjamín conforme a sus *f*
18.21 las ciudades..de Benjamín, por sus *f*
18.28 heredad..de Benjamín conforme a sus *f*
19.1,8 los hijos de Simeón conforme a sus *f*
19.10,16 hijos de Zabulón conforme a sus *f*
19.17,23 los hijos de Isacar conforme a sus *f*
19.24,31 los hijos de Aser conforme a sus *f*
19.32,39 hijos de Neftalí..conforme a sus *f*
19.40,48 de los hijos de Dan conforme a sus *f*
21.4 suerte cayó sobre las *f* de los coatitas
21.5 diez ciudades de las *f* de la..de Efraín
21.6 obtuvieron..las *f* de la tribu de Isacar
21.7 los hijos de Merari según sus *f*..doce
21.10 de las *f* de Coat, de los hijos de Leví
21.20 mas las *f* de los hijos de Coat, levitas
21.26 las ciudades para el resto de las *f* de
21.27 a los hijos de..de las *f* de los levitas
21.33 las ciudades..por sus *f* fueron trece
21.34 a las *f* de los hijos de Merari, levitas
21.40 las ciudades de..de Merari por sus *f*
21.40 que restaban de las *f* de los levitas
Jue. 1.25 dejaron ir a aquel hombre con..su *f*
5.15,16 entre las *f* de Rubén hubo grandes
6.15 que mi *f* es pobre en Manasés, y yo el
6.27 temiendo hacerlo..por la *f* de su padre
9.1 Abimelec..habló..con toda la *f* de la casa
18.11 salieron..600 hombres de la *f* de Dan
18.19 que seas..de una tribu y *f* de Israel?
21.24 fueron..cada uno a su tribu y a su *f*
Rt. 2.1 un pariente..rico de la *f* de Elimelec
2.3 de Booz, el cual era de la *f* de Elimelec
1 S. 1.21 subió el varón Elcana con toda su *f*
9.21 mi *f*..es la más pequeña de todas las *f*
10.21 llegar..por sus *f*..fue tomada la *f* de
18.18 ¿quién soy yo..o la *f* de mi padre en
20.6 su *f* celebran allá el sacrificio anual
20.29 porque nuestra *f* celebra sacrificio en
25.6 paz a tu *f*, y paz a todo cuanto tienes
27.3 Gat, él y sus hombres, cada uno con su *f*
2 S. 2.3 a los hombres que..cada uno con su *f*
9.12 la *f* de la casa de Siba eran siervos de
14.7 la *f* se ha levantado contra tu sierva
15.16 el rey entonces salió, con toda su *f*
15.22 y pasó Itai..sus hombres, y toda su *f*
16.2 asnos son para que monte la *f* del rey
16.5 salía uno de la *f* de la casa de Saúl, el
19.18 y cruzaron el vado para pasar a la *f*
19.41 han hecho pasar..al rey y a su *f*, y a
1 R. 5.9 tú cumplirás..al dar de comer a mi *f*
5.11 coros de trigo para el sustento de su *f*
8.1 Salomón reunió..principales de las *f* de
2 R. 8.2 ella con su *f*, y vivió en tierra de
1 Cr. 2.53 y las *f* de Quiriat-jearim..itritas
2.55 y las *f* de los escribas que moraban en
4.2 en Lahad. Estas son las *f* de los zoratitas
4.8 Cos engendró a Anub..y la *f* de Aharhel
4.21 *f* de los que trabajan lino en Bet-asbea
4.27 ni multiplicaron toda su *f* como..de Judá
4.38 son los principales entre sus *f*; y las
5.7 hermanos por sus *f*, cuando eran contados
5.13 sus hermanos, según las *f* de sus padres
6.19 las *f* de Leví, según sus descendencias
6.54 de los hijos de Aarón por las *f* de los
6.66 a las *f* de..de Coat dieron..de Efraín
6.70 para los de las *f* de los hijos de Coat
7.2 de Tola..jefes de las *f* de sus padres
7.4 en sus linajes, por las *f* de sus padres
7.5 sus hermanos por todas las *f* de Isacar
7.9 eran jefes de *f* resultaron 20.200 hombres
7.11 todos..jefes de *f*, hombres muy valerosos
7.40 hijos de Aser, cabezas de *f* paternas
8.10 Jeúz..Estos son sus hijos, jefes de *f*
8.13 fueron jefes de las *f* de los..de Ajalón
8.28 estos fueron jefes principales de *f* por
9.9 estos hombres fueron jefes de *f* en sus
9.33 también había cantores, jefes de *f* de
9.34 estos eran jefes de *f* de los levitas por
13.14 el arca de Dios..con la *f* de Obed-edom
15.12 principales padres de las *f* de..levitas
16.28 tributad a Jehová, oh *f* de los pueblos
23.9 estos fueron los jefes de..*f* de Laadán
23.11 por lo cual fueron contados como una *f*
23.24 hijos de Leví en las *f* de sus padres
23.24 los..jefes de *f* según el censo de ellos
26.31 repartidos en sus linajes por sus *f*
26.32 jefes de *f*, los cuales el rey David
27.1 de Israel, jefes de *f*, jefes de millares
28.4 de la casa de Judá a la *f* de mi padre
29.6 jefes de *f*..ofrecieron voluntariamente
2 Cr. 1.2 convocó Salomón..Israel, jefes de *f*
5.2 Salomón reunió..los jefes de las *f* de los
12.15 están escritas en el registro de las *f*?
19.8 puso..de los padres de *f* de Israel, para
21.13 has dado muerte a..a la *f* de tu padre
22.7 Jehú..para que exterminara la *f* de Acab
23.2 reunieron..a los príncipes de las *f* de
25.5 con arreglo a las *f* les puso jefes de
26.12 el número de los jefes de *f*, valientes
35.4 preparaos según..*f* de vuestros padres
35.5(2) según la distribución de las *f* de
35.12 conforme a los repartimientos de las *f*
Neh. 4.13 puse al pueblo por *f*..con sus arcos
7.70 y algunos de los cabezas de *f* dieron
7.71 los cabezas de *f* dieron para el tesoro
8.13 reunieron los cabezas de las *f* de todo
11.13 sus hermanos, jefes de *f*, 242; y Amasai
12.12 los sacerdotes jefes de *f* fueron: de
12.22 los levitas..inscritos por jefes de *f*
12.23 de Leví, jefes de *f*, fueron inscritos
Est. 9.28 celebrados por..las generaciones, *f*
Job 31.34 el menosprecio de las *f* me atemorizó
32.2 Eliú hijo..de la *f* de Ram, se encendió
Sal. 22.27 *f* de las naciones adorarán delante
68.6 hace habitar en *f* a los desamparados
96.7 tributad a Jehová, oh *f* de los pueblos
107.41 hace multiplicar las *f* como rebaños de
113.9 hace habitar en *f* a la estéril, que se
Pr. 31.15 comida a su *f* y ración a sus criados
31.21 no tiene temor de la nieve por su *f*
31.21 toda su *f* está vestida de ropas dobles
Is. 3.6 a su hermano, de la *f* de su padre, y
14.1 se unirán..se juntarán a la *f* de Jacob
19.13 los que son la piedra angular de sus *f*
Jer. 1.15 convoco a todas las *f* de los reinos
2.4 Jacob, y todas las *f* de la casa de Israel
3.14 tomaré..dos de cada *f*, y os introduciré
31.1 seré por Dios a todas las *f* de Israel
33.24 *f* que Jehová escogiera ha desechado?
35.3 hijos, y a toda la *f* de los recabitas
35.5 puse delante de..la *f* de los recabitas
35.18 dijo Jeremías a la *f* de los recabitas
Ez. 20.32 seamos como..las demás *f* de la tierra
Am. 3.1 contra toda la *f* que hice subir de la
3.2 he conocido de todas las *f* de la tierra
Mi. 2.3 pienso contra esta *f* un mal del cual
5.2 pequeña para estar entre las *f* de Judá
Zac. 14.17 las *f*..que no subieren a Jerusalén
14.18 la *f* de Egipto no subiere y no viniere
Mt. 10.25 si al padre de *f* llamaron Beelzebú
13.27 vinieron..los siervos del padre de *f*
13.52 escriba..es semejante a un padre de *f*
20.1 semejante a un hombre, padre de *f*, que
20.11 y al..murmuraban contra el padre de *f*
21.33 un hombre, padre de *f*, el cual plantó
24.43 si el padre de *f* supiese a qué hora el
Lc. 2.4 por cuanto era de la casa y *f* de David
12.39 si supiese el padre de *f* a qué hora el
12.52 cinco en una *f* estarán divididos, tres
13.25 que el padre de *f* se haya levantado y
14.21 el padre de *f*, dijo a su siervo: Vé
22.11 y decid al padre de *f* de esa casa: El
Hch. 3.25 benditas todas las *f* de la tierra
4.6 todos los que eran de la *f* de los sumos
16.15 cuando fue bautizada, y su *f*, nos rogó
1 Co. 1.16 bauticé a la *f* de Estéfanas; de los
16.15 la *f* de Estéfanas es las primicias de
Gá. 6.10 hagamos bien..a los de la *f* de la fe
Ef. 2.19 de los santos, y miembros de la *f* de
3.15 toma nombre toda *f* en los cielos y en
1 Ti. 5.4 a ser piadosos para con su propia *f*

FAMILIAR

2 R. 10.11 mató..la casa de Acab..todos sus *f*
12.5 recíbanlo..cada uno de mano de sus *f*
12.7 no toméis más el dinero de vuestros *f*
Sal. 55.13 sino tú..íntimo mío, mi guía, y mi *f*

FAMOSO, SA

Ez. 23.10 vino a ser *f* entre las mujeres, pues
Mt. 27.16 tenían..un preso *f* llamado Barrabás

FANTASMA

Job 4.16 paróse delante de mis ojos un *f*, cuyo
Is. 29.4 tu voz de la tierra como la de un *f*
Mt. 14.26 viéndole..turbaron, diciendo: ¡Un *f*!
Mr. 6.49 pensaron que era un *f*, y gritaron

FANUEL *Padre de Ana la profetisa*, Lc. 2.36

FARAÓN

1. Rey de Egipto en tiempo de Abram

Gn. 12.15 también la vieron los príncipes de *F*
12.15 él; y fue llevada la mujer a casa de *F*
12.17 mas Jehová hirió a *F* y a su casa con
12.18 entonces *F* llamó a Abram, y le dijo
12.20 *F* dio orden a..gente acerca de Abram

2. Rey de Egipto en tiempo de José

Gn. 37.36 a Potifar, oficial de *F*, capitán de
39.1 Potifar oficial de *F*..lo compró de los
40.2 y se enojó *F* contra sus dos oficiales
40.7 él preguntó a aquellos oficiales de *F*
40.11 y que la copa de *F* estaba en mi mano
40.11 en la copa de *F*..la copa en mano de *F*
40.13 tres días levantará *F* tu cabeza, y te
40.13 y darás la copa a *F* en su mano, como
40.14 hagas mención de mí a *F*, y me saques
40.17 de toda clase de manjares de..para *F*
40.19 quitará *F* tu cabeza de sobre ti, y te
40.20 día, que era el día del cumpleaños de *F*
40.21 al jefe..dio éste la copa en mano de *F*
41.1 que pasados dos años tuvo *F* un sueño
41.4 las vacas..devoraban a las..Y despertó *F*
41.7 y despertó *F*, y he aquí que era sueño
41.8 contó *F* sus sueños, mas no había quien
41.8 había quien los pudiese interpretar a *F*
41.9 jefe de los coperos habló a *F*, diciendo
41.10 cuando *F* se enojó contra sus siervos
41.14 *F* envió y llamó a José. Y lo sacaron
41.14 José..mudó sus vestidos, y vino a *F*
41.15 y dijo *F*..Yo he tenido un sueño, y no
41.16 respondió..a *F*, diciendo: No está en
41.16 será el que dé respuesta propicia a *F*
41.17 entonces *F* dijo a José: En mi sueño me
41.25 respondió José a *F*: El sueño de *F* es
41.25 Dios ha mostrado a *F* lo que va a hacer
41.28 esto es lo que respondo a *F*. Lo que
41.28 Dios va a hacer, lo ha mostrado a *F*
41.32 y el suceder el sueño a *F* dos veces
41.33 provéase ahora *F* de un varón prudente
41.34 haga esto *F*, y ponga gobernadores sobre
41.35 recojan el trigo bajo la mano de *F* para
41.37 asunto pareció bien a *F* y a sus siervos
41.38 *F* a sus siervos: ¿Acaso hallaremos a
41.39 y dijo *F* a José: Pues que Dios te ha
41.41 dijo además *F* a José: He aquí yo te he
41.42 *F* quitó su anillo de su mano, y lo puso
41.44 y dijo *F* a José: Yo soy *F*; y sin ti
41.45 llamó *F*..José, Zafnat-panea; y le dio
41.46 años cuando fue presentado delante de *F*
41.46 salió José de delante de *F*, y recorrió
41.55 pueblo clamó a *F*. Y dijo *F*..Id a José
42.15 vive *F*, que no saldréis de aquí sino
42.16 si..y si no, vive *F*, que sois espías
44.18 no se encienda tu..pues tú eres como *F*
45.2 los egipcios, y oyó también la casa de *F*
45.8 que me ha puesto por padre de *F* y por
45.16 y se oyó la noticia en la casa de *F*
45.16 esto agradó en los ojos de *F* y de sus
45.17 y dijo *F* a José: Dí a tus hermanos
45.21 dio..carros conforme a la orden de *F*
46.5 en los carros que *F* había enviado para
46.31 y lo haré saber a *F*, y le diré: Mis
46.33 cuando *F* os llamare y dijere: ¿Cuál es
47.1 y lo hizo saber a *F*, y dijo: Mi padre
47.2 tomó cinco..y los presentó delante de *F*,
47.3 *F* dijo a sus hermanos: ¿Cuál es..oficio?
47.3 respondieron a *F*: Pastores de ovejas
47.4 dijeron además a *F*: Para morar en esta
47.5 *F* habló a José, diciendo: Tu padre y tus
47.7 lo presentó delante de *F*..bendijo a *F*
47.8 dijo *F* a Jacob: ¿Cuántos son los días de
48.7 y Jacob respondió a *F*: Los días de los
47.10 Jacob bendijo a *F*..la presencia de *F*
47.11 en la tierra de Ramesés, como mandó *F*
47.14 y metió José el dinero en casa de *F*
47.19 cómpranos a..y seremos..siervos de *F*
47.20 compró José..tierra de Egipto para *F*
47.20 compró José..la tierra vino a ser de *F*
47.22 los sacerdotes tenían ración de *F*, y
47.22 ellos comían la ración que *F* les daba
47.23 os he comprado hoy..para *F*; ved aquí
47.24 de los frutos daréis el quinto a *F*, y
47.25 nuestro señor, y seamos siervos de *F*
47.26 señalando para *F* el quinto, excepto
47.26 sólo la tierra de los..que no fue de *F*
50.4 luto, habló José a los de la casa de *F*
50.4 que habléis en oídos de *F*, diciendo
50.6 *F* dijo: Vé, y sepulta a tu padre, como
50.7 subieron con él todos los siervos de *F*
Hch. 7.10 le dio gracia..delante de *F* rey de
7.13 fue manifestado a *F* el linaje de José

3. Rey de Egipto en tiempo de la infancia de Moisés

Éx. 1.11 y edificaron para *F* las ciudades de
1.19 las parteras respondieron a *F*: Porque
1.22 *F* mandó a..su pueblo, diciendo: Echad al
2.5 la hija de *F* descendió a lavarse al río
2.7 entonces su hermana dijo a la hija de *F*
2.8 y la hija de *F* respondió: Vé. Entonces
2.9 dijo la hija de *F*: Lleva a este niño y
2.10 ella lo trajo a la hija de *F*, la cual lo
Hch. 7.21 hija de *F* le recogió y le crio como
He. 11.24 rehusó llamarse hijo de la hija de *F*

4. Rey de Egipto cuando Moisés era hombre

Éx. 2.15 oyendo *F*..pero Moisés huyó de..de *F*

5. Rey de Egipto cuando Moisés regresó de Madián

Éx. 3.10 por tanto, ahora, y te enviaré a *F*

FARAÓN *(Continúa)*
Éx. 3.11 soy yo para que vaya a *F*, y saque de
4.21 delante de *F* todas las maravillas que
4.22 a *F*: Jehová ha dicho así: Israel es mi
5.1 Moisés y..entraron a la presencia de *F*
5.2 *F* respondió: ¿Quién es Jehová, para que
5.5 dijo también *F*: He aquí el pueblo de la
5.6 mandó *F*..a los cuadrilleros del pueblo
5.10 diciendo..ha dicho *F*: Yo no os doy paja
5.14 que los cuadrilleros de *F* habían puesto
5.15 y los capataces de..Israel vinieron a *F*
5.20 ellos cuando salían de la presencia de *F*
5.21 habéis hecho abominables delante de *F*
5.23 desde que yo vine a *F* para hablarle en
6.1 ahora verás lo que yo haré a *F*; porque
6.11 habla a *F* rey de Egipto, que deje ir de
6.12 ¿cómo..escuchará *F*, siendo yo torpe de
6.13 dio mandamiento..para *F* rey de Egipto
6.27 éstos son los que hablaron a *F* rey de
6.29 dí a *F* rey de Egipto todas las cosas
6.30 soy torpe..¿cómo, pues, me ha de oir *F*?
7.1 mira, yo te he constituido dios para *F*
7.2 Aarón tu hermano hablará a *F*, para que
7.3 endureceré el corazón de *F*, y..señales
7.4 *F* no os oirá; mas yo pondré mi mano sobre
7.7 Aarón de edad de 83, cuando hablaron a *F*
7.9 si *F* os respondiere diciendo: Mostrad
7.9 y échala delante de *F*, para que se haga
7.10 vinieron, pues, Moisés y Aarón a *F*, e
7.10 y echó Aarón su vara delante de *F* y de
7.11 llamó también *F* sabios y hechiceros
7.13,22 el corazón de *F* se endureció, y no
7.14 el corazón de *F* está endurecido, y no
7.15 vé por la mañana a *F*, he aquí que él
7.20 golpeó las aguas..en presencia de *F* y
7.23 *F* se volvió y fue a su casa, y no dio
8.1 dijo a..Entra a la presencia de *F* y dile
8.8 entonces *F* llamó a Moisés y Aarón, y les
8.9 dijo Moisés a *F*: Dígnate indicarme cuándo
8.12 salieron Moisés..de la presencia de *F*
8.12 clamó..las ranas que había mandado a *F*
8.15 pero viendo *F* que le habían dado reposo
8.19 los hechiceros dijeron a *F*: Dedo de Dios
8.19 mas el corazón de *F* se endureció, y no
8.20 levántate de mañana y..delante de *F*; he
8.24 moscas molestísimas sobre la casa de *F*
8.25 entonces *F* llamó a Moisés y a Aarón, y
8.28 *F*: Yo os dejaré ir para que ofrezcáis
8.29 diversas clases de moscas se vayan de *F*
8.29 con tal que *F* no falte más, no dejando
8.30 Moisés salió de la presencia de *F*, y oró
8.31 y quitó todas aquellas moscas de *F*, de
8.32 mas *F* endureció aun esta vez su corazón
9.1 dijo a Moisés: Entra a la presencia de *F*
9.7 *F* envió, y he aquí que del ganado de los
9.7 el corazón de *F* se endureció, y no dejó
9.8 la esparcirá Moisés hacia..delante de *F*
9.10 se pusieron delante de *F*, y la esparció
9.12 pero Jehová endureció el corazón de *F*
9.13 levántate..y ponte delante de *F*, y dile
9.20 de los siervos de *F*, el que tuvo temor
9.27 *F* envió a llamar a Moisés y a Aarón, y
9.33 salido Moisés de la presencia de *F*, fuera
9.34 y viendo *F* que la lluvia había cesado
9.35 el corazón de *F* se endureció, y no dejó
10.1 entra a la presencia de *F*; porque yo he
10.3 vinieron Moisés y Aarón a *F*, y le dijeron
10.6 y se volvió y salió de delante de *F*
10.7 siervos de *F* le dijeron: ¿Hasta cuándo
10.8 y Aarón volvieron a ser llamados ante *F*
10.11 no..y los echaron de la presencia de *F*
10.16 *F* se apresuró a llamar a Moisés y a
10.18 salió Moisés de delante de *F*, y oró a
10.20,27 Jehová endureció el corazón de *F*
10.24 entonces *F* hizo llamar a Moisés, y dijo
10.28 dijo *F*: Retírate de mí; guárdate que no
11.1 una plaga traeré aún sobre *F* y sobre
11.3 a los ojos de los siervos de *F*, y a los
11.5 morirá..desde el primogénito de *F* que
11.8 salió muy enojado de la presencia de *F*
11.9 *F* no os oirá, para que mis maravillas
11.10 hicieron..estos prodigios delante de *F*
11.10 Jehová había endurecido el corazón de *F*
12.29 primogénito de *F* que se sentaba sobre
12.30 se levantó aquella noche *F*, él y todos
13.15 endureciéndose *F* para no dejarnos ir
13.17 y luego que *F* dejó ir al pueblo, Dios
14.3 *F* dirá..Encerrados están en la tierra
14.4 yo endureceré el corazón de *F* para que
14.4 seré glorificado en *F* y en..su ejército
14.5 corazón de *F* y de sus siervos se volvió
14.8 endureció Jehová el corazón de *F* rey de
14.9 con toda la caballería y carros de *F*, su
14.10 cuando *F* se hubo acercado, los hijos de
14.17 me glorificaré en *F* y en..su ejército
14.18 sabrán..cuando me glorifique en *F*, en
14.23 toda la caballería de *F*, sus carros y
14.28 cubrieron..el ejército de *F* que había
15.4 echó en el mar los carros de *F* y su
15.19 *F* entró cabalgando con sus carros y su
18.4 el Dios de..me libró de la espada de *F*
18.8 Moisés contó a..Jehová había hecho a *F*
18.10 Jehová, que os libró..de la mano de *F*
Dt. 6.21 siervos de *F* en Egipto, y Jehová nos
6.22 Jehová hizo señales y..sobre *F* y sobre
7.8 os ha rescatado..de la mano de *F* rey de
7.18 de lo que hizo Jehová tu Dios con *F* y
11.3 sus obras que hizo..a *F* rey de Egipto
29.2 ha hecho..a *F* y a todos sus siervos, y a
34.11 prodigios..a *F* y a todos sus siervos
1 S. 2.27 cuando estaban en Egipto..casa de *F*?
6.6 los egipcios y *F* endurecieron su corazón?
2 R. 17.7 los sacó..de bajo la mano de *F* rey
Neh. 9.10 señales y maravillas contra *F*, contra
Sal. 135.9 señales y..contra *F*, y contra todos
136.15 y arrojó a *F* y a su..en el Mar Rojo
Ro. 9.17 la Escritura dice a *F*: Para esto mismo

6. Rey de Egipto en tiempo de Salomón

1 R. 3.1 parentezco con *F*..tomó la hija de *F*
7.8 edificó..Salomón para la hija de *F*, que
9.16 *F* el rey..había subido y tomado a Gezer
9.24 y subió la hija de *F* de..a su casa que
11.1 Salomón amó, además de la hija de *F*, a
11.18 vinieron..a *F* rey de Egipto, el cual
11.19 y halló Hadad gran favor delante de *F*
11.20 al cual destetó Tahpenes en casa de *F*
11.20 en casa de *F* entre los hijos de *F*
11.21 Hadad dijo a *F*: Déjame ir a mi tierra
11.22 *F* le respondió: ¿Por qué? ¿Qué te falta
2 Cr. 8.11 pasó..a la hija de *F*, de la ciudad
Cnt. 1.9 a yegua de los..de *F* te he comparado

7. Rey de Egipto en tiempo de Ezequías

2 R. 18.21 tal es *F* rey de Egipto para todos
Is. 19.11 el consejo de los..consejeros de *F*
19.11 ¿cómo diréis a *F*: Yo soy hijo de los
30.2 para fortalecerse con la fuerza de *F*
30.3 pero la fuerza de *F* se os cambiará en
36.6 tal es *F* rey de Egipto para con todos

8. Faraón Necao, rey de Egipto en tiempo de Josías

2 R. 23.29 *F* Necao rey de Egipto subió contra
23.33 lo puso preso *F* Necao en Ribla en la
23.34 *F* Necao puso por rey a Eliaquim hijo de
23.35 Joacim pagó a *F* la plata y el oro; mas
23.35 el dinero conforme al mandamiento de *F*
23.35 sacando la plata..del pueblo..darlo a *F*
Jer. 25.19 a *F* rey de Egipto, a sus siervos, a
37.5 el ejército de *F* había salido de Egipto
37.7 que el ejército de *F* que había salido en
37.11 se retiró..a causa del ejército de *F*
43.9 a la puerta de la casa de *F* en Tafnes
46.2 contra el ejército de *F* Necao rey de
46.17 gritaron: *F* rey de Egipto es destruido
46.25 yo castigo..a *F*..así a *F* como a los que
47.1 los filisteos, antes que *F* destruyese a
Ez. 17.17 ni con mucha compañía hará *F* nada por
29.2 pon tu rostro contra *F* rey de Egipto
29.3 yo estoy contra ti, *F* rey de Egipto, el
30.21 he quebrado el brazo de *F* rey de Egipto
30.22 contra *F* rey de Egipto, y quebraré sus
30.24 mas quebraré los brazos de *F*..gemirá
30.25 los brazos de *F* caerán; y sabrán que
31.2 dí a *F* rey de Egipto, y a su pueblo: ¿A
31.18 este es *F* y todo su pueblo, dice Jehová
32.2 levanta endechas sobre *F* rey de Egipto
32.31 a éstos verá *F*..*F* muerto a espada, y
32.32 *F* y toda su multitud yacerán entre los

9. Padre de Bitia, mujer de Mered, 1 Cr. 4.18

10. Faraón Hofra, rey de Egipto derrotado por Nabucodonosor, Jer. 44.30

FARES *Hijo de Judá por Tamar*

Gn. 38.29 ¡qué brecha te..Y llamó su nombre *F*
46.12 los hijos de Judá: Er, Onán, Sela, *F*
46.12 los hijos de *F* fueron Hezrón y Hamul
Nm. 26.20 de *F*, la familia de los faresitas
26.21 los hijos de *F*: de Hezrón, la familia
Rt. 4.12 y sea tu casa como la casa de *F*, el
4.18 generaciones de *F*: *F* engendró a Hezrón
1 Cr. 2.4 y Tamar su nuera dio a luz a *F* y a
2.5 los hijos de *F*: Hezrón y Hamul
4.1 los hijos de Judá: *F*, Hezrón, Carmí, Hur
9.4 de Bani, de los hijos de *F* hijo de Judá
27.3 de los hijos de *F*, él fue jefe de todos
Neh. 11.4 hijo de Mahalaleel, de los hijos de *F*
11.6 los hijos de *F* que moraron en Jerusalén
Mt. 1.3 Judá engendró de Tamar a *F*..*F* a Esrom
Lc. 3.33 hijo de Esrom, hijo de *F*, hijo de Judá

FARESITAS *Descendientes de Fares,* **Nm. 26.20**

FARFAR *Río de Damasco,* **2 R. 5.12**

FARISEO

Mt. 3.7 al ver él que muchos de los *f*..venían
5.20 justicia no fuere mayor que la de los..*f*
9.11 cuando vieron esto los *f*, dijeron a los
9.14 ¿por qué nosotros y los *f* ayunamos
9.34 pero los *f* decían: Por el príncipe de
12.2 viéndolo los *f*, le dijeron: He aquí tus
12.14 salidos los *f*, tuvieron consejo contra
12.24 los *f*, al oírlo, decían: Este no echa
12.38 respondieron algunos de los escribas..*f*
15.1 se acercaron a Jesús..escribas y *f* de
15.12 ¿sabes que los *f* se ofendieron cuando
16.1 vinieron los *f*..saduceos para tentarle
16.6 guardaos de la levadura de los *f* y de
16.11 os guardaseis de la levadura de los *f*
16.12 sino de la doctrina de los *f* y de los
19.3 entonces vinieron..los *f*, tentándole y
21.45 los *f*, entendieron que hablaba de ellos
22.15 entonces se fueron los *f* y consultaron
22.34 los *f*, oyendo que había hecho callar a
22.41 estando juntos los *f*, Jesús..preguntó
23.2 la cátedra de Moisés se sientan los..*f*
23.13,14,15,23,25,27,29 ¡ay de vosotros, escribas y *f*, hipócritas!
23.26 ¡*f* ciego! Limpia primero lo de dentro
27.41 escribas y..*f* y los ancianos, decían
27.62 se reunieron los..y los *f* ante Pilato
Mr. 2.16 los *f*, viéndole comer con..publicanos
2.18 los discípulos de Juan y..los *f* ayunaban
2.24 los *f* le dijeron: Mira, ¿por qué hacen
3.6 salidos los *f*, tomaron consejo con los
7.1 se juntaron a Jesús los *f*, y algunos de
7.3 los *f*..aferrándose a la tradición de los
7.5 le preguntaron, pues, los *f*..¿Por qué tus
8.11 vinieron..los *f* y comenzaron a discutir
8.15 guardaos de la levadura de los *f*, y de
10.2 y se acercaron los *f* y le preguntaron
12.13 le enviaron algunos de los *f* y de los
Lc. 5.17 estaban sentados los *f* y doctores de
5.21 y los *f* comenzaron a cavilar, diciendo
5.30 los *f* murmuraban contra los discípulos
5.33 asimismo los de los *f*, pero los tuyos
6.2 algunos de los *f* les dijeron: ¿Por qué
7.30 los *f*..desecharon los designios de Dios
7.36 de los *f* rogó a Jesús que comiese con él
7.36 entrado en casa del *f*, se sentó a la mesa
7.37 al saber que Jesús estaba..en casa del *f*
7.39 cuando vio esto el *f*..dijo para sí: Este
11.37 luego..le rogó un *f* que comiese con él
11.38 el *f*, cuando lo vio, se extrañó de que
11.39 vosotros los *f* limpiáis lo de fuera del
11.42 mas ¡ay de vosotros, *f*! que diezmáis la
11.43 ¡ay de vosotros, *f*! que amáis..sillas
11.44 ¡ay de vosotros, escribas y *f*..que sois
11.53 los *f* comenzaron a estrecharle en gran
12.1 guardaos de la levadura de los *f*, que es
13.31 día llegaron unos *f*, diciéndole: Sal
14.1 en casa de un gobernante, que era *f*
14.3 entonces Jesús habló..a los *f*, diciendo
15.2 los *f*..murmuraban, diciendo: Este a los
16.14 oían también todas estas cosas los *f*
17.20 preguntado por los *f*, cuándo había de
18.10 orar: uno era *f*, y el otro publicano
18.11 *f*, puesto en pie, oraba consigo mismo
19.39 algunos de los *f*..le dijeron: Maestro
Jn. 1.24 los que..sido enviados eran de los *f*
3.1 hombre de los *f* que se llamaba Nicodemo
4.1 el Señor entendió que los *f* habían oído
7.32 los *f* oyeron a la gente que murmuraba
7.32 los *f* enviaron alguaciles para que le
7.45 los alguaciles vinieron a..y a los *f*
7.47 *f* les respondieron: ¿También vosotros
7.48 ha creído en él alguno de..o de los *f*?
8.3 escribas y los *f* le trajeron una mujer
8.13 *f* le dijeron: Tú das testimonio acerca
9.13 llevaron ante los *f*..había sido ciego
9.15 preguntarle..los *f* cómo había recibido
9.16 algunos de los *f* decían: Ese hombre no
9.40 algunos de los *f*..al oir esto..dijeron
11.46 de ellos fueron a los *f* y les dijeron
11.47 los *f* reunieron el concilio, y dijeron
11.57 *f* habían dado orden de que si alguno
12.19 *f* dijeron..veis que no conseguís nada
12.42 causa de los *f* no lo confesaban, para
18.3 Judas, pues, tomando..y de los *f*, fue
Hch. 5.34 levantándose..un *f* llamado Gamaliel
15.5 pero algunos de la secta de los *f*, que
23.6 una parte era de saduceos y otra de *f*
23.6 varones hermanos, yo soy *f*, hijo de *f*
23.7 disensión entre los *f* y los saduceos
23.8 no hay..pero los *f* afirman estas cosas
23.9 la parte de los *f*, contendían, diciendo
26.5 conforme a..de nuestra religión, viví *f*
Fil. 3.5 de hebreos; en cuanto a la ley, *f*

FAROS *Padre de Pedaías No. 4,* **Neh. 3.25**

FASCINAR

Gá. 3.1 ¿quién os *fascinó* para no obedecer a

FASTIDIADO

Sof. 3.18 reuniré a los *f* por causa del largo

FASTIDIO

Gn. 27.46 dijo Rebeca a Isaac: *F* tengo de mi
Lv. 26.43 y su alma tuvo *f* de mis estatutos
Nm. 21.5 alma tiene *f* de este pan tan liviano
Mal. 1.13 habéis..dicho: ¡Oh, que *f* es esto!

FASTIDIOSA

Ec. 2.17 que se hace debajo del sol me era *f*

FATIGA

Ec. 2.22 ¿qué tiene el. . de la *f* de su corazón
12.12 y el mucho estudio es *f* de la carne
Mr. 6.48 viéndoles remar con gran *f*, porque el
2 Co. 11.27 en trabajo y *f*, en muchos desvelos
1 Ts. 2.9 os acordáis. . de nuestro trabajo y *f*
2 Ts. 3.8 trabajamos con afán y *f* día y noche

FATIGAR

Gn. 19.11 que se *fatigaban* buscando la puerta
33.13 las *fatigan*, en un día morirán todas
Jos. 7.3 no *fatigues* a todo el pueblo yendo allí
2 S. 16.14 llegaron *fatigados*, y descansaron
Job 16.7 tú me has *fatigado;* has asolado toda
Sal. 121.6 el sol no te *fatigará* de día, ni la
Pr. 3.11 no. . ni te *fatigues* de su corrección
Ec. 5.18 trabajo con que se *fatiga* debajo del
10.15 el trabajo de los necios los *fatiga*
Is. 8.21 y pasarán por la tierra *fatigados* y
40.28 desfallece, ni se *fatiga* con cansancio
40.30 los muchachos se *fatigan* y se cansan
40.31 los que. . caminarán, y no se *fatigarán*
43.23 no te. . ni te hice *fatigar* con incienso
43.24 pecados, me *fatigaste* con tus maldades
47.12 tus hechizos, en los cuales te *fatigaste*
47.13 te has *fatigado* en tus muchos consejos
47.15 aquellos con quienes te *fatigaste*, los
54.11 pobrecita, *fatigada* con tempestad, sin
Jer. 2.24 los que la buscaren no se *fatigarán*
17.8 en el año de sequía no se *fatigará*, ni
45.3 ¡ay de mí. . *fatigado* estoy de gemir, y
Lm. 5.5 nos *fatigamos*, y no hay para. . reposo
Hab. 2.13 y las naciones se *fatigarán* en vano
1 Co. 4.12 *fatigamos* trabajando con nuestras

FATIGOSA

Ec. 1.8 todas las cosas son *f* más de lo que el

FATUIDAD

Pr. 18.13 al que responde. . le es *f* y oprobio

FATUO, TUA

Job 2.10 como suele hablar. . las mujeres *f*, has
Sal. 94.8 entended, necios del. . y vosotros, *f*
Pr. 17.12 una osa. . que con un *f* en su necedad
19.1 mejor. . que el de perversos labios y *f*
Mt. 5.22 y cualquiera que le diga: *F*, quedará

FAUSTO

Is. 5.14 descenderá la gloria de ellos. . y su *f*

FAVOR

Gn. 33.10 pues que con tanto *f* me has recibido
Dt. 33.23 Neftalí, saciado de *f*, y lleno de
Jue. 9.3 el corazón. . se inclinó a *f* de Abimelec
1 S. 13.12 y yo no he implorado el *f* de Jehová
2 S. 7.23 para hacer grandezas a su *f*, y obras
1 R. 11.19 y halló Hadad. . *f* delante de Faraón
2 Cr. 16.9 para mostrar su poder a *f* de los que
Est. 2.15 ganaba Ester el *f* de todos los que la
Job 11.19 te espante, y muchos suplicarán tu *f*
13.8 ¿haréis acepción de personas a su *f*?
20.10 hijos solicitarán el *f* de los pobres
29.4 el *f* de Dios velaba sobre mi tienda
Sal. 5.12 con un escudo lo rodearás de tu *f*
7.6 álzate. . y despierta en *f* mío el juicio
30.5 será su ira, pero su *f* dura toda la vida
30.7 con tu *f* me afirmaste como monte fuerte
35.27 los que están a *f* de mi justa causa
45.12 implorarán tu *f* los ricos del pueblo
103.4 el que te corona de *f* y misericordias
141.5 que el justo me castigue, será un *f*
Pr. 8.35 que me halle. . alcanzará el *f* de Jehová
11.27 el que procura el bien buscará *f*; mas
12.2 el bueno alcanzará *f* de Jehová; mas él
19.6 muchos buscan el *f* del generoso, y cada
19.12 y su *f* como el rocío sobre la hierba
21.10 mal; su prójimo no halla *f* en sus ojos
29.26 muchos buscan el *f* del príncipe; mas de
Ec. 9.11 ni de los elocuentes el *f*; sino que
Jer. 15.11 si no he suplicado ante ti en *f* del
26.24 Ahicam hijo de. . estaba a *f* de Jeremías
Ez. 22.30 y que se pusiese. . a *f* de la tierra
Dn. 2.6 el sueño. . recibiréis de mí dones y *f*
9.13 mal. . no hemos implorado el *f* de Jehová
Zac. 7.2 enviado a. . a implorar el *f* de Jehová
8.21 dirán: Vamos a implorar el *f* de Jehová
8.22 y vendrán. . a implorar el *f* de Jehová de
Mal. 1.9 orad por el *f* de Dios, para que tenga
Hch. 2.47 alabando a Dios, y teniendo *f* con el
2 Co. 1.11 cooperando. . vosotros a *f* nuestro con
1.11 sean dadas gracias a *f* nuestro por el
Gá. 1.10 ¿busco ahora el *f* de los hombres, o
Flm. 14 tu *f* no fuese como de necesidad, sino
He. 1.14 o *f* de los que serán herederos de la
5.1 es constituido a *f* de los hombres en lo

FAVORABLE

1 Cr. 5.20 porque clamaron a Dios. . les fue *f*

FAVORECER

Lv. 19.15 juicio, ni *favoreciendo* al pobre ni
1 Cr. 11.14 los *favoreció* con una gran victoria
Job 10.3 *favorezcas* los designios de. . impíos?
Sal. 57.2 clamaré al. . al Dios que me *favorece*
109.21 mío, *favoréceme* por amor de tu nombre

FAVORECIDA

Lc. 1.28 entrando el ángel. . dijo: ¡Salve, muy *f*

FAZ

Gn. 1.2 las tinieblas estaban sobre la *f* del
1.2 de Dios se movía sobre la *f* de las aguas
2.6 un vapor, el cual regaba toda la *f* de la
6.1 a multiplicarse sobre la *f* de la tierra
6.7 dijo. . Raeré de sobre la *f* de la tierra a
7.3 viva la especie sobre la *f* de la tierra
7.4 raeré de sobre la *f* de la tierra a todo
7.23 fue destruido todo ser. . sobre la *f* de
8.8 se habían retirado de sobre la *f* de la
8.9 aguas estaban aún sobre la *f* de. . tierra
8.13 aquí que la *f* de la tierra estaba seca
11.4 esparcidos sobre la *f* de toda la tierra
11.8,9 los esparció sobre la *f* de. . la tierra
Éx. 10.5 cubrirá la *f* de la tierra, de modo que
10.15 cubrió la *f* de. . el país, y oscureció
16.14 aquí sobre la *f* del desierto una cosa
32.12 raerlos de sobre la *f* de la tierra?
33.16 los pueblos que están sobre la *f* de la
Lv. 14.53 soltará la avecilla. . sobre la *f* del
Nm. 11.31 dos codos sobre la *f* de la tierra
19.16 tocare algún muerto a. . sobre la *f* del
22.5,11 un pueblo. . cubre la *f* de la tierra
1 R. 8.40 días que vivan sobre la *f* de la tierra
9.7 cortaré a Israel de. . la *f* de la tierra
13.34 fue cortada. . de sobre la *f* de la tierra
17.14 haga llover sobre la *f* de la tierra
18.1 yo haré llover sobre la *f* de la tierra
2 R. 9.37 será como estiércol sobre la *f* de la
2 Cr. 6.31 los días que vivieren sobre la *f* de
Job 5.10 da la lluvia sobre la *f* de la tierra
26.9 él encubre la *f* de su trono, y sobre él
33.26 verá su *f* con júbilo; y restaurará al
37.12 para hacer sobre la *f* del mundo, en la
38.30 piedra, y se congela la *f* del abismo
Sal. 104.30 son creados, y renuevas la *f* de la
Pr. 8.27 cuando trazaba el círculo sobre la *f*
24.31 ortigas habían ya cubierto su *f*, y su
Is. 14.21 ni llenen de ciudades la *f* del mundo
23.17 fornicará con todos. . sobre la *f* de la
24.1 trastorna su *f*, y hace esparcir a sus
27.6 Israel. . la *f* del mundo llenará de fruto
63.9 el ángel de su *f* los salvó; en su amor
Jer. 1.13 olla que hierve; y su *f* está hacia
8.2; 9.22; 16.4 como estiércol sobre la *f* de
25.26 los reinos del mundo. . sobre la *f* de la
25.33 como estiércol quedarán sobre la *f* de
27.5 hice. . bestias que están sobre la *f* de
28.16 yo te quito de sobre la *f* de la tierra
35.7 que viváis muchos días sobre la *f* de la
Ez. 16.5 fuiste arrojada sobre la *f* del campo
29.5 sobre la *f* del campo caerás; no serás
32.4 te echaré sobre la *f* del campo, y haré
33.27 que está sobre la *f* del campo entregaré
34.6 la *f* de la tierra fueron esparcidas mis
37.2 que eran muchísimos sobre la *f* del campo
38.20 los hombres. . sobre la *f* de la tierra
39.5 sobre la *f* del campo caerás; porque yo
39.14 enterrar a los que quedan sobre la *f* de
Dn. 8.5 poniente sobre la *f* de toda la tierra
Jl. 2.20 su *f* será hacia el mar oriental, y su
Am. 5.8 y las derrama sobre la *f* de la tierra
9.6 y sobre la *f* de la tierra las derrama
9.8 yo lo asolaré de la *f* de la tierra; mas
Sof. 1.2 destruiré. . las cosas de sobre la *f* de
1.3 raeré a los hombres de sobre la *f* de la
Zac. 5.3 la maldición que sale sobre la *f* de
Mt. 11.10; Mr. 1.2; Lc. 7.27 envío mi mensajero
delante de tu *f*
Lc. 21.35 los que habitan sobre la *f* de toda la
Hch. 17.26 para que habiten sobre toda la *f* de
2 Co. 4.6 gloria de Dios en la *f* de Jesucristo

FE

Nm. 35.30 un solo testigo no hará *f* contra una
Is. 57.11 que has faltado a la *f*, y no te has
Hab. 2.4 he aquí. . mas el justo por su *f* vivirá
Mt. 6.30 ¿no hará mucho. . hombres de poca *f*?
8.10 que ni aun en Israel he hallado tanta *f*
8.26 ¿por qué teméis, hombres de poca *f*?
9.2 y al ver Jesús la *f* de ellos, dijo al
9.22 dijo: Ten ánimo, hija; tu *f* te ha salvado
9.29 diciendo: Conforme a vuestra *f* os sea
14.31 le dijo: ¡Hombre de poca *f*! ¿Por qué
15.28 mujer, grande es tu *f*; hágase contigo
16.8 ¿por qué pensáis. . hombres de poca *f*, que
17.20 por vuestra poca *f*. . que si tuviereis *f*
21.21 si tuviereis *f*, y no dudareis, no sólo
23.23 dejáis lo más. . la misericordia y la *f*
Mr. 2.5 al ver Jesús la *f*. . dijo al paralítico
4.40 así amedrentados? ¿Cómo no tenéis *f*?
5.34 hija, tu *f* te ha hecho salva; vé en paz
10.52 dijo: Vete, tu *f* te ha salvado. Y en
11.22 respondiendo. . dijo: Tened *f* en Dios
Lc. 5.20 ver él la *f* de ellos, le dijo: Hombre
7.9 que ni aun en Israel he hallado tanta *f*
7.50 la mujer: Tu *f* te ha salvado, vé en paz
8.25 y les dijo: ¿Dónde está vuestra *f*?
8.48 dijo: Hija, tu *f* te ha salvado; vé en
12.28 más a vosotros, hombres de poca *f*?
17.5 dijeron los. . al Señor: Auméntanos la *f*
17.6 si tuvierais *f* como un grano de mostaza
17.19 levántate, vete; tu *f* te ha salvado
18.8 cuando venga. . ¿hallará *f* en la tierra?
18.42 le dijo: Recíbela, tu *f* te ha salvado
22.32 yo he rogado por ti, que tu *f* no falte
Hch. 3.16 por la *f* en su nombre, a éste, que
3.16 la *f* que es por él ha dado a éste esta
6.5 eligieron a Esteban, varón lleno de *f* y
11.24 era varón bueno, y lleno del. . y de *f*
13.8 procurando apartar de la *f* al procónsul
14.9 y viendo que tenía *f* para ser sanado
14.22 exhortándoles a que permaneciesen. . la *f*
14.27 había abierto la puerta de la *f* a los
15.9 ellos, purificando por la *f* sus corazones
16.5 las iglesias eran confirmadas en la *f*
17.31 dando *f* a todos con haberle levantado
20.21 testificando. . de la *f* en nuestro Señor
24.24 viniendo Félix. . le oyó acerca de la *f*
26.18 para que reciban, por la *f* que es en
Ro. 1.5 para la obediencia a la *f* en todas las
1.8 vuestra *f* se divulga por todo el mundo
1.12 confortados por la *f* que nos es común
1.17 la justicia. . se revela por *f* y para *f*
1.17 escrito: Mas el justo por la *f* vivirá
3.22 justicia de Dios por medio de la *f* en
3.25 como propiciación por medio de la *f* en
3.26 y el que justifica al que es de la *f* de
3.27 las obras? No, sino por la ley de la *f*
3.28 el hombre es justificado por *f* sin las
3.30 por la *f* a. . y por medio de la *f* a los
3.31 ¿luego por la *f* invalidamos la ley?
4.5 cree en. . su *f* le es contada por justicia
4.9 que a Abraham le fue. . la *f* por justicia
4.11 sello de la justicia de la *f* que tuvo
4.11 a fin de que. . la *f* les sea contada por
4.12 pisadas de la *f* que tuvo nuestro padre
4.13 no por la ley. . por la justicia de la *f*
4.14 vana resulta la *f*, y anulada la promesa
4.16 por *f*, para que sea por gracia, a fin de
4.16 la que es de la *f* de Abraham, el cual es
4.19 y no se debilitó en la *f* al considerar
4.20 se fortaleció en *f*, dando gloria a Dios
4.22 por lo cual también su *f* le fue contada
5.1 justificados. . por la *f*, tenemos paz para
5.2 tenemos entrada por la *f* a esta gracia en
9.30 es decir, la justicia que es por *f*
9.32 iban tras ella no por *f*, sino como por
10.6 la justicia que es por la *f* dice así: No
10.8 esta es la palabra de *f* que predicamos
10.17 así que la *f* es por el oír, y el oír
11.20 bien. . pero tú por la *f* estás en pie
12.3 la medida de *f* que Dios repartió a cada
12.6 si. . úsese conforme a la medida de la *f*
14.1 recibid al débil en la *f*, pero no para
14.22 ¿tienes tú *f*? Tenla para contigo delante
14.23 es condenado, porque no lo hace con *f*
14.23 todo lo que no proviene de *f*, es pecado
16.26 a conocer. . para que obedezcan a la *f*
1 Co. 2.5 que vuestra *f* no esté fundada en la
12.9 otro, *f* por el mismo Espíritu; y a otro
13.2 y si tuviese toda la *f*, de tal manera
13.13 ahora permanecen la *f*, la esperanza y
15.14 y si Cristo no resucitó. . vana es. . *f*
15.17 si Cristo no resucitó, vuestra *f* es
16.13 velad, estad firmes en la *f*; portaos
2 Co. 1.24 que nos enseñoreemos de vuestra *f*
1.24 gozo; porque por la *f* estáis firmes
4.13 pero teniendo el mismo espíritu de *f*
5.7 porque por *f* andamos, no por vista
8.7 abundáis, en *f*, en palabra, en ciencia
10.15 conforme crezca vuestra *f* seremos muy
13.5 examinaos a vosotros mismos. . en la *f*
Gá. 1.23 nos perseguía, ahora predica la *f* que
2.16 no es justificado por las. . sino por la *f*
2.16 para ser justificados por la *f* de Cristo
2.20 vivo en la *f* del hijo de Dios, el cual
3.2,5 obras de la ley, o por el oír con *f*?
3.7 sabed. . que los que son de *f*, éstos son
3.8 que Dios había de justificar por la *f* a
3.9 los de la *f* son bendecidos con. . Abraham
3.11 es evidente. . El justo por la *f* vivirá
3.12 y la ley no es de *f*, sino que dice: El
3.14 de que por la *f* recibiésemos la promesa
3.22 la promesa que es por la *f* en Jesucristo
3.23 pero antes que viniese la *f*, estábamos
3.23 bajo la ley, encerrados para aquella *f*
3.24 de que fuésemos justificados por la *f*
3.25 pero venida la *f*, ya no estamos bajo ayo
3.26 pues todos sois hijos de Dios por la *f*
5.5 aguardamos por *f* la esperanza de la
5.6 vale algo. . sino la *f* que obra por el amor
5.22 paz, paciencia, benignidad, bondad, *f*
6.10 mayormente a los de la familia de la *f*
Ef. 1.15 yo, habiendo oído de vuestra *f* en el
2.8 por gracia sois salvos por medio de la *f*
3.12 acceso con confianza por medio de la *f*
3.17 que habite Cristo por la *f* en. . corazones
4.5 un Señor, una *f*, un bautismo

FE *(Continúa)*
Ef. 4.13 que todos lleguemos a la unidad de la *f*
6.16 escudo de la *f*, con que podáis apagar
6.23 amor con *f*, de Dios Padre y del Señor
Fil. 1.25 quedaré..para vuestro..gozo de la *f*
1.27 combatiendo..por la *f* del evangelio
2.17 derramado en libación sobre..vuestra *f*
3.9 sino la que es por la *f* de Cristo, la
3.9 la justicia que es de Dios por la *f*
Col. 1.4 habiendo oído de vuestra *f* en Cristo
1.23 en verdad permanecéis..firmes en la *f*
2.5 mirando..firmeza de vuestra *f* en Cristo
2.7 y confirmados en la *f*, así como habéis
2.12 mediante la *f* en el poder de Dios que
1 Ts. 1.3 acordándonos..la obra de vuestra *f*
1.8 lugar vuestra *f* en Dios se ha extendido
3.2 para..y exhortaros respecto a vuestra *f*
3.5 envié para informarme de vuestra *f*, no
3.6 y nos dio buenas noticias de vuestra *f*
3.7 consolados de..por medio de vuestra *f*
3.10 completemos lo que falte a vuestra *f*?
5.8 vestido con la coraza de *f* y de amor, y
2 Ts. 1.3 por cuanto vuestra *f* va creciendo
1.4 nos gloriamos..por vuestra..*f* en todas
1.11 de bondad y toda obra de *f* con su poder
2.13 la santificación..y la *f* en la verdad
3.2 librados de..porque no es de todos la *f*
1 Ti. 1.2 a Timoteo, verdadero hijo en la *f*
1.4 bien que edificación de Dios que es por *f*
1.5 nacido de..y de buena conciencia, y de *f*
1.14 fue más abundante con la *f* y el amor que
1.19 manteniendo la *f* y buena conciencia
1.19 naufragaron en cuanto a la *f* algunos
2.7 maestro de los gentiles en *f* y verdad
2.15 se salvará..si permaneciere en *f*, amor
3.9 guarden el misterio de la *f* con limpia
3.13 confianza en la *f* que es en Cristo Jesús
4.1 algunos apostatarán de la *f*, escuchando a
4.6 nutrido con las palabras de la *f* y de la
4.12 sino sé ejemplo de los creyentes en..*f*
5.8 si alguno no provee para..ha negado la *f*
5.12 así..por haber quebrantado su primera *f*
6.10 cual codiciando..se extraviaron de la *f*
6.11 y sigue la..la *f*, el amor, la paciencia
6.12 pelea la buena batalla de la *f*, echa
6.21 cual profesando..se desviaron de la *f*
2 Ti. 1.5 trayendo a la memoria la *f* no fingida
1.13 en la *f* y amor que es en Cristo Jesús
2.18 desviaron..y trastornan la *f* de algunos
2.22 sigue la justicia, la *f*, el amor y la
3.8 corruptos de..réprobos en cuanto a la *f*
3.10 tú has seguido mi doctrina, conducta..*f*
3.15 hacer sabio para la salvación por la *f*
4.7 he acabado la carrera, he guardado la *f*
Tit. 1.1 conforme la *f* de los escogidos de
1.4 a Tito, verdadero hijo en la común *f*
1.13 repréndelos..para que sean sanos en la *f*
2.2 sean..prudentes, sanos en la *f*, en el amor
3.15 saluda a los que nos aman en la *f*
Flm. 5 oigo del amor y de la *f* que tienes hacia
6 que la participación de tu *f* sea eficaz en
He. 4.2 por no ir acompañada de *f* en los que
6.1 echando otra vez el fundamento..de la *f*
6.12 de aquellos que por la *f*..heredan las
10.22 en plena certidumbre de *f*, purificados
10.38 justo vivirá por *f*; y si retrocediere
10.39 que tienen *f* para preservación del alma
11.1 es, pues, la *f* la certeza de lo que se
11.3 la *f* entendemos haber sido constituido
11.4 la *f* Abel ofreció a Dios más excelente
11.5 por la *f* Enoc fue traspuesto para no ver
11.6 pero sin *f* es imposible agradar a Dios
11.7 por la *f* Noé, cuando fue advertido por
11.7 por esa *f* condenó al mundo, y fue hecho
11.7 heredero de la justicia que..por la *f*
11.8 la *f* Abraham, siendo llamado, obedeció
11.9 por la *f* habitó como extranjero en la
11.11 por la *f* también la misma Sara, siendo
11.13 conforme a la *f* murieron todos éstos
11.17 por la *f* Abraham, cuando fue probado
11.20 por la *f* bendijo Isaac a Jacob y a Esaú
11.21 por la *f* Jacob, al morir, bendijo a cada
11.22 por la *f* José, al morir, mencionó la
11.23 por la *f* Moisés, cuando nació, fue
11.24 la *f* Moisés, hecho ya grande, rehusó
11.27 por la *f* dejó a Egipto, no temiendo la
11.28 por la *f* celebró la pascua..para que el
11.29 por la *f* pasaron el Mar Rojo como por
11.30 por la *f* cayeron los muros de Jericó
11.31 por la *f* Rahab la ramera no pereció
11.33 por *f* conquistaron reinos, hicieron
11.39 aunque alcanzaron buen testimonio..la *f*
12.2 en Jesús, el autor y consumador de la *f*
13.7 haya sido el resultado..e imitad su *f*
Stg. 1.3 que la prueba de..*f* produce paciencia
1.6 pero pida con *f*, no dudando nada; porque
2.1 que vuestra *f* en nuestro glorioso Señor
2.5 que sean ricos en *f* y herederos del reino
2.14 si alguno dice que tiene *f*, y no tiene
2.14 no tiene obras? ¿Podrá la *f* salvarle?
2.17 la *f*, si no tiene obras, es muerta en
2.18 dirá: Tú tienes *f*, y yo tengo obras
2.18 tu *f* sin tus obras..mi *f* por mis obras
2.20 vano, que la *f* sin obras es muerta?
2.22 ¿no ves que la *f* actuó..con sus obras
2.22 que la *f* se perfeccionó por las obras?
2.24 por las obras, y no solamente por la *f*
2.26 así también la *f* sin obras está muerta
5.15 la oración de *f* salvará al enfermo, y
1 P. 1.5 por el poder de Dios mediante la *f*
1.7 sometida a prueba vuestra *f*, mucho más
1.9 obteniendo el fin de vuestra *f*, que es
1.21 que vuestra *f* y esperanza sean en Dios
5.9 al cual resistid firmes en la *f*, sabiendo
2 P. 1.1 *f* igualmente preciosa que la nuestra
1.5 añadid a vuestra *f* virtud; a la virtud
1 Jn. 5.4 esta es la victoria que..nuestra *f*
Jud. 3. contendáis ardientemente por la *f* que
20 edificándoos sobre vuestra santísima *f*
Ap. 2.13 pero retienes mi..y no has negado mi *f*
2.19 yo conozco tus obras..y *f*, y servicio
13.10 está la paciencia y la *f* de los santos
14.12 los que guardan los..y la *f* de Jesús

FEALDAD
Gn. 41.19 no he visto otras semejantes en *f* en
Jer. 18.13 gran *f* ha hecho la virgen de Israel

FEBE ***Diaconisa de la iglesia en Cencrea,* Ro. 16.1**

FECUNDA
Nm. 5.28 sino que..ella será libre, y será *f*

FECHA
Esd. 4.9 en tal *f* escribieron Rehum canciller
Ez. 24.2 hijo de hombre, escribe la *f* de este

FELICIDAD
Pr. 24.25 los que lo reprendieren tendrán *f*

FELIPE
1. Apóstol
Mt. 10.3 *F*, Bartolomé..Jacobo hijo de Alfeo
Mr. 3.18 a Andrés, *F*, Bartolomé, Mateo, Tomás
Lc. 6.14 Simón..Jacobo y Juan, *F* y Bartolomé
Jn. 1.43 Jesús..halló a *F*, y le dijo: Sígueme
1.44 *F* era de Betsaida, la ciudad de Andrés
1.45 *F* a Natanael, y le dijo: Hemos hallado a
1.46 ¿de Nazaret puede..Le dijo *F*: Ven y ve
1.48 antes que *F* te llamara, cuando estabas
6.5 dijo a *F*: ¿De dónde compraremos pan para
6.7 *F* le respondió: Doscientos denarios de
12.21 se acercaron a *F*, que era de Betsaida
12.22 *F* fue y se lo dijo a Andrés; entonces
12.22 entonces Andrés y *F*..lo dijeron a Jesús
14.8 *F* le dijo: Señor, muéstranos el Padre
14.9 ¿tanto tiempo..y no me has conocido, *F*?
Hch. 1.13 el aposento alto, donde moraban..*F*
2. Hermano de Herodes Antipas
Mt. 14.3; Mr. 6.17; Lc. 3.19 causa de Herodías, mujer de *F* su hermano
3. Otro hermano de Herodes Antipas
Lc. 3.1 y su hermano *F* tetrarca de Iturea y de
4. Diácono y evangelista
Hch. 6.5 eligieron a *F*, a Prócoro, a Nicanor
8.5 *F*, descendiendo a la ciudad de Samaria
8.6 gente..escuchaba..las cosas que decía *F*
8.12 cuando creyeron a *F*, que anunciaba el
8.13 creyó Simón mismo..estaba siempre con *F*
8.26 un ángel del Señor habló a *F*, diciendo
8.29 Espíritu dijo a *F*: Acércate y júntate
8.30 acudiendo *F* le oyó que leía al profeta
8.31 rogó a *F* que subiese y se sentara con él
8.34 dijo a *F*: Te ruego que me digas: ¿de sí
8.35 *F*, abriendo su..anunció el evangelio de
8.37 *F* dijo: Si crees de todo corazón, bien
8.38 descendieron ambos al..*F* y el eunuco, y
8.39 el Espíritu del Señor arrebató a *F*; y el
8.40 pero *F* se encontró en Azoto; y pasando
21.8 entrando en casa de *F* el evangelista

FÉLIX ***Procurador de Judea***
Hch. 23.24 llevasen en salvo a *F* el gobernador
23.26 Claudio Lisias al excelentísimo..*F*
24.3 oh excelentísimo *F*, lo recibimos en todo
24.22 entonces *F*, oídas estas cosas, estando
24.24 viniendo *F* con Drusila su mujer, que
24.25 *F* se espantó, y dijo: Ahora vete; pero
24.27 recibió *F* por sucesor a Porcio Festo
24.27 y queriendo *F* congraciarse con los
25.14 un hombre ha sido dejado preso por *F*

FELIZ
Ec. 4.3 tuve por más *f*..al que no ha sido aún

FENECER
Job 7.6 y mis días..*fenecieron* sin esperanza
Sal. 7.9 *fenezca* ahora la maldad de..inicuos
Ec. 9.6 amor y su odio y su envidia *fenecieron*
Is. 16.4 el atormentador *fenecerá*..tendrá fin
43.17 *fenecen*, como pábilo quedan apagados
Ez. 22.15 y haré *fenecer* de ti tu inmundicia

FENICE ***Puerto de Creta,* Hch. 27.12**

FENICIA ***País en la costa del Mar Mediterráneo entre Palestina y Siria***
Hch. 11.19 pasaron hasta *F*, Chipre y Antioquía
15.3 pasaron por *F*..contando la conversión
21.2 hallando un barco que pasaba a *F*, nos

FEO, FEA
Gn. 41.3 subían del..siete vacas de *f* aspecto
41.4 que las vacas de *f* aspecto y enjutas de
41.19 siete vacas..flacas y de muy *f* aspecto
41.20 las vacas flacas y *f* devoraban a las
41.27 las siete vacas flacas y *f* que subían
Jer. 5.30 espantosa y *f* es hecha en la tierra

FERAZ
2 R. 19.23 alojaré en el bosque de sus *f* campos
Is. 37.24 llegaré..al bosque de sus *f* campos

FÉRETRO
2 S. 3.31 duelo..el rey David iba detrás del *f*
Lc. 7.14 acercándose, tocó el *f*; y los que lo

FEREZEO ***Tribu antigua de Palestina***
Gn. 13.7 el cananeo y el *f* habitaban entonces
15.20 los heteos, los *f*, los refaítas
34.30 hacerme abominable a..cananeo y el *f*
Éx. 3.8,17 del amorreo, del *f*, del heveo y del
23.23 mi Angel..te llevará a la tierra..del *f*
33.2 echaré fuera al..heteo, al *f*, al heveo
34.11 echo de delante de tu presencia..al *f*
Dt. 7.1 haya echado..al cananeo, al *f*, al heveo
20.17 destruirás..al *f*, al heveo y al jebuseo
Jos. 3.10 echará..al *f*, al gergeseo, al amorreo
9.1 oyeron..cananeos, *f*, heveos y jebuseos
11.3 al *f*, al jebuseo en las montañas, y al
12.8 el cananeo, el *f*, el heveo y el jebuseo
17.15 desmontes allí en la tierra de los *f*
24.11 pelearon contra vosotros..*f*, cananeos
Jue. 1.4 Jehová entregó en..al cananeo y al *f*
1.5 pelearon..derrotaron al cananeo y al *f*
3.5 habitaban entre los..*f*, heveos y jebuseos
1 R. 9.20 los pueblos..*f*, heveos y jebuseos
2 Cr. 8.7 amorreos, *f*..que no eran de Israel
Esd. 9.1 no se han separado de los..heteos, *f*
Neh. 9.8 con él para darle la tierra..del *f*

FERIA
Ez. 27.12 plata, hierro..comerciaba en tus *f*
27.13 Javán, Tubal y..comerciaban en tus *f*
27.16 con..linos finos..rubíes venía a tus *f*
27.19 y el errante Javán vinieron a tus *f*
27.22 toda piedra preciosa..vinieron a tus *f*

FERMENTAR
Sal. 75.8 y el vino está *fermentado*, lleno de
Lc. 13.21 levadura..hasta que..hubo *fermentado*

FEROZ
Ez. 5.17 enviaré..sobre vosotros..bestias *f*
14.15 hiciere pasar bestias *f* por la tierra
Hab. 1.8 serán..más *f* que lobos nocturnos, y
Mt. 8.28 dos endemoniados..*f* en gran manera

FÉRTIL
Nm. 13.20 el terreno, si es *f* o estéril, si en
2 R. 3.19 destruiréis con piedras toda tierra *f*
3.25 y en todas las tierras *f* echó cada uno
2 Cr. 26.10 en los montes como en los llanos *f*
Neh. 9.25 y tomaron ciudades..tierra *f*..casas
9.35 en la tierra..*f* que entregaste delante
Is. 5.1 tenía mi amado..viña en una ladera *f*
10.18 la gloria de su bosque y de su campo *f*
16.10 quitado es el gozo y la..del campo *f*
28.1,4 sobre la cabeza del valle *f* de los
29.17 el campo *f* será estimado por bosque?
32.12 los campos deleitosos, por la vid *f*
32.15 en campo *f*, y el campo *f* sea..bosque
32.16 y en el campo *f* morará la justicia
Jer. 4.26 he aquí el campo *f* era un desierto
48.33 alegría y el regocijo de los campos *f*
Mi. 7.14 mora solo en la montaña, en campo *f*

FERVIENTE
Ro. 12.11 *f* en espíritu, sirviendo al Señor
1 P. 4.8 tened entre vosotros *f* amor; porque

FERVOR
Neh. 3.20 Baruc..con todo *f* restauró otro tramo

FERVOROSO
Hch. 18.25 y siendo de espíritu *f*, hablaba y

FESTIVIDAD
2 Cr. 2.4 y *f* de Jehová nuestro Dios; lo cual
Neh. 10.33 las *f*, y para las cosas santificadas
Os. 2.11 haré cesar todo su gozo..todas sus *f*

FESTIVA
Zac. 8.19 se convertirán..y en *f* solemnidades

FESTO ***Procurador de Judea después de Félix***
Hch. 24.27 recibió Félix..sucesor a Porcio *F*
25.1 llegado, pues, *F* a la provincia, subió
25.4 *F* respondió que Pablo estaba custodiado
25.9 *F*, queriendo congraciarse con..judíos
25.12 *F*..respondió: A César has apelado; a
25.13 vinieron a Cesarea para saludar a *F*
25.14 días, *F* expuso al rey la causa de Pablo
25.22 Agripa dijo a *F:* Yo también quisiera
25.23 día..por mandato de *F* fue traído Pablo
25.24 entonces *F* dijo: Rey Agripa, y todos
26.24 *F* a gran voz dijo: Estás loco, Pablo
26.25 no estoy loco, excelentísimo *F*, sino
26.32 y Agripa dijo a *F:* Podía este hombre

FESTÓN
1 R. 7.30 repisas de..que sobresalían de los *f*

FIADOR
Gn. 44.32 salió por *f* del joven con mi padre
Pr. 6.1 hijo mío, si salieres *f* por tu amigo
11.15 será afligido el que sale por *f* de un
17.18 y sale por *f* en presencia de su amigo
20.16 quítale su ropa al que salió por *f* del
20.16 toma..del que sale *f* por los extraños
22.26 ni de los que salen por *f* de deudas
27.13 quítale..al que salió *f* por el extraño
He. 7.22 Jesús es hecho *f* de un mejor pacto

FIANZA
Job 17.3 dame *f*, oh Dios; sea mi protección
Pr. 11.15 que aborreciere las *f* vivirá seguro
17.18 el..falto de entendimiento presta *f*
Hch. 17.9 obtenida *f* de Jasón y..los soltaron

FIAR
Jue. 11.20 mas Sehón no se *fio* de Israel para
Job 39.11 ¿confiarás tú..le *fiarás* tu labor?
39.12 *¿fiarás* de él..que recoja tu semilla
Pr. 3.5 *fiate* de Jehová de todo tu corazón, y
27.13 al que *fia* a la extraña, tómale prenda
Jer. 7.4 no *fiéis* en..mentira, diciendo: Templo
Jn. 2.24 pero Jesús mismo no se *fiaba* de ellos

FIBRA
Jer. 4.19 me duelen las *f* de mi corazón; mi
Os. 13.8 y desgarraré las *f* de su corazón, y

FICOL ***Nombre del capitán del ejército de Abimelec No. 1 y No. 2, Gn. 21.22,32; 26.26***

FIDELIDAD
2 S. 15.20 Jehová..muestre amor permanente y *f*
2 Cr. 31.15 para dar con *f* a sus hermanos sus
31.18 *f* se consagraban a las cosas santas
32.1 después de..y esta *f*, vino Senaquerib
34.12 y estos hombres procedían con *f* en la
Sal. 33.4 recta..toda su obra es hecha con *f*
36.5 Jehová..tu *f* alcanza hasta las nubes
40.10 he publicado tu *f* y tu salvación; no
89.1 en generación haré notoria tu *f* con mi
89.8 poderoso eres, Jehová, y tu *f* te rodea
92.2 por la mañana tu..y tu *f* cada noche
117.2 porque..la *f* de Jehová es para siempre
119.75 y que conforme a tu *f* me afligiste
119.90 de generación en generación es tu *f*
138.2 y alabaré tu nombre por tu..y tu *f*
Is. 11.5 lomos, y la *f* ceñidor de su cintura
Jer. 2.2 me he acordado..la *f* de tu juventud
Lm. 3.23 nuevas..cada mañana; grande es tu *f*
Ez. 48.11 los sacerdotes..que me guardaron *f*
Os. 2.20 desposaré conmigo en *f*, y conocerás
Ro. 3.3 incredulidad..hecho nula la *f* de Dios?
2 Co. 11.3 sean..extraviados de la sincera *f*

FIEBRE
Dt. 28.22 Jehová te herirá de tisis, de *f*, de
32.24 y devorados de *f* ardiente y de peste
Mt. 8.14 a la suegra de éste..en cama, con *f*
8.15 y tocó su mano, y la *f* la dejó; y ella
Mr. 1.30 suegra de Simón estaba acostada con *f*
1.31 tomó..le dejó la *f*, y ella les servía
Lc. 4.38 la suegra de Simón tenía una gran *f*
4.39 ella, reprendió a la *f;* y la *f* la dejó
Jn. 4.52 hora..Ayer a las siete le dejó la *f*
Hch. 28.8 el padre de Publio..enfermo de *f* y

FIEL
Nm. 12.7 no así a mi siervo Moisés, que es *f* en
Dt. 7.9 que Jehová tu Dios es Dios, Dios *f*, que
1 S. 2.35 yo me suscitaré un sacerdote *f*, que
3.20 conoció..Samuel era *f* profeta de Jehová
22.14 ¿y quién..es tan *f* como David, yerno
2 S. 20.19 soy de las pacíficas y *f* de Israel
1 Cr. 12.29 se mantenían *f* a la casa de Saúl
Neh. 9.8 hallaste *f* su corazón delante de ti
13.13 eran tenidos por *f*, y ellos tenían que
Sal. 12.1 han desaparecido los *f* de entre los
19.7 el testimonio de Jehová es *f*, que hace
31.23 a los *f* guarda Jehová..abundantemente
78.8 no..ni fue *f* para con Dios su espíritu
89.37 firme..como un testigo *f* en el cielo
101.6 mis ojos pondré en los *f* de la tierra
111.7 juicio; *f* son todos sus mandamientos
119.138 tus testimonios..son rectos y muy *f*
Pr. 11.13 mas el de espíritu *f* lo guarda todo
13.17 mal..mas el mensajero *f* acarrea salud
25.13 es el mensajero *f* a los que lo envían
27.6 *f* son las heridas del que ama; pero
Is. 1.21 has convertido en ramera, oh ciudad *f*?
1.26 llamarán Ciudad de justicia, Ciudad *f*
8.2 junté conmigo por testigos *f* al..Urías
49.7 porque *f* es el Santo de Israel, el cual
Dn. 2.45 Dios ha..y el sueño es verdadero, y *f*
6.4 él era *f*, y ningún vicio..hallado en él
Os. 11.12 aún gobierna..y es *f* con los santos
Mt. 24.45 ¿quién es..el siervo *f* y prudente, al
25.21,23 le dijo: Bien, buen siervo y *f*
25.21,23 has sido *f*, sobre mucho te pondré
Lc. 12.42 ¿quién es el mayordomo *f* y prudente
16.10 que es *f* en lo muy poco..en lo más es *f*
16.11 en las riquezas injustas no fuisteis *f*
16.12 si en lo ajeno no fuisteis *f*, ¿quién os
19.17 cuanto en lo poco has sido *f*, tendrás
Hch. 10.45 los *f* de la circuncisión que habían
11.23 exhortó a que..permaneciesen *f* al Señor
13.34 os daré las misericordias *f* de David
16.15 habéis juzgado que yo sea *f* al Señor
1 Co. 1.9 *f* es Dios, por el cual fuisteis
4.2 se requiere..que cada uno sea hallado *f*
4.17 a Timoteo, que es mi hijo amado y *f* en
7.25 ha alcanzado misericordia..para ser *f*
10.13 pero *f* es Dios, que no os dejará ser
2 Co. 1.18 como Dios es *f*, nuestra palabra a
Ef. 1.1 a los santos y *f* en Cristo Jesús que
6.21 Tíquico, hermano amado y *f* ministro en
Fil. 4.3 te ruego..compañero *f*, que ayudes a
Col. 1.2 a los santos y *f* hermanos en Cristo
1.7 Epafras..que es un *f* ministro de Cristo
4.7 os lo hará saber Tíquico..*f* ministro y
4.9 con Onésimo, amado y *f* hermano, que es
1 Ts. 5.24 *f* es el que os llama, el cual..hará
2 Ts. 3.3 pero *f* es el Señor, que os afirmará
1 Ti. 1.12 porque me tuvo por *f*, poniéndome en
1.15 palabra *f* y digna de ser recibida por
3.1 palabra *f:* Si alguno anhela obispado
3.11 las mujeres asimismo..sobrias, *f* en todo
4.9 palabra *f* es..y digna de ser recibida por
2 Ti. 2.2 lo que has oído..encarga a hombres *f*
2.11 palabra *f* es esta: Si somos muertos con
2.13 si fuéremos infieles, él permanece *f*
Tit. 1.9 retenedor de la palabra *f* tal como ha
2.10 no defraudando, sino mostrándose *f* en
3.8 palabra *f* es esta, y en estas cosas
He. 2.17 ser misericordioso y *f* sumo sacerdote
3.2 el cual es *f* al que le constituyó, como
3.5 Moisés..fue *f* en toda la casa de Dios
10.23 firme, sin..porque *f* es el que prometió
11.11 porque creyó que era *f* quien lo había
1 P. 4.19 encomienden sus almas al *f* Creador
5.12 Silvano, a quien tengo por hermano *f*
1 Jn. 1.9 es *f* y justo para perdonar nuestros
Ap. 1.5 el testigo *f*, el primogénito de los
2.10 sé *f* hasta la muerte, y yo te daré la
2.13 en que Antipas mi testigo *f* fue muerto
3.14 aquí el Amén, el testigo *f* y verdadero
17.14 los que están con él son llamados y..*f*
19.11 que lo montaba se llamaba *F* y Verdadero
21.5; 22.6 estas palabras son *f* y verdaderas

FIELMENTE
Dt. 1.36 Caleb..porque ha seguido *f* a Jehová
15.5 si escuchares *f* la voz de Jehová tu Dios
2 R. 12.15 no se tomaba cuenta..hacían ellos *f*
2 Cr. 31.12 depositaron las primicias y los..*f*
3 Jn. 5 *f* te conduces cuando..algún servicio

FIERO, RA
Gn. 16.12 será hombre *f;* su mano será contra
31.39 nunca te traje lo arrebatado por las *f*
49.7 maldito su furor, que fue *f;* y su ira
Éx. 22.13 si le hubiere sido arrebatado por *f*
22.31 no comeréis carne destrozada por las *f*
23.29 se aumenten contra ti las *f* del campo
Lv. 7.24 grosura del que fue despedazado por *f*
17.15 que comiere animal..despedazado por *f*
22.8 ni despedazado por *f*..contaminándose en
26.22 bestias *f*..os arrebaten vuestros hijos
Dt. 7.22 que las *f*..no se aumenten contra ti
28.26 cadáveres servirán de comida a toda..*f*
28.50 *f* de rostro, que no tendrá respeto al
32.24 diente de *f* enviaré..sobre ellos, con
2 S. 21.10 no dejó que posase sobre ellos..*f*
2 R. 14.9 pasaron las *f* que están en el Líbano
2 Cr. 25.18 *f* que estaban en el Líbano pasaron
Job 5.22 te reirás, y no temerás de las *f* del
5.23 las *f* del campo estarán en paz contigo
28.8 nunca la pisaron animales *f*, ni león
Sal. 74.19 no entregues a las *f* el alma de tu
Is. 13.21 que dormirán allí las *f* del desierto
34.14 las *f* del desierto se encontrarán con
35.9 ni *f* subirá por él, ni allí se hallará
43.20 *f* del campo me honrarán, los chacales
Jer. 12.9 vosotras..las *f* del campo, venid a
50.39 allí morarán *f* del desierto y chacales
Ez. 14.15 no haya quien pase a causa de las *f*
14.21 mis cuatro juicios..espada, hambre, *f*
29.5 a las *f* de la tierra y..te he dado por
32.4 y saciaré de ti a las *f* de..la tierra
33.27 entregaré a las *f* para que lo devoren
34.5 son presa de todas las *f* del campo, y
34.8 mis ovejas fueron..presa de todas las *f*
34.25 de paz, y quitaré de la tierra las *f*
34.28 ni las *f* de la tierra las devorarán
39.4 las *f* del campo, te he dado por comida
39.17 a toda *f* del campo: Juntaos, y venid
Os. 13.8 devoraré..*f* del campo los despedazará
Hab. 2.17 destrucción de las *f* te quebrantará
Sof. 2.15 ¡cómo..asolada, hecha guarida de *f*!
Mr. 1.13 era tentado por Satanás, y..con las *f*
Hch. 11.6 vi..*f*, y reptiles, y aves del cielo
1 Co. 15.32 si como..batallé en Efeso contra *f*
Jud. 13 *f* ondas del mar, que espuman su propia
Ap. 6.8 para matar con espada..*f* de la tierra

FIESTA
Éx. 5.1 deja ir a mi pueblo a celebrarme *f* en
10.9 porque es nuestra *f* solemne para Jehová
12.14 lo celebraréis..*f* solemne para Jehová
12.17 y guardaréis la *f* de los panes sin
13.6 pan..y el séptimo día será *f* para Jehová
23.14 tres veces en el año me celebraréis *f*
23.15 *f* de los panes sin levadura guardarás
23.16 la *f* de la siega..la *f* de la cosecha
32.5 Aarón..dijo: Mañana será *f* para Jehová
34.18 *f* de los panes sin levadura guardarás
34.22 la *f* de las semanas..*f* de la cosecha
34.25 ni se dejará..del sacrificio de la *f*
Lv. 23.2 las *f* solemnes de Jehová, las cuales
23.4 estas son las *f* solemnes de Jehová, las
23.6 la *f* solemne de los panes sin levadura
23.34 será la *f* solemne de los tabernáculos
23.36 es *f*, ningún trabajo de siervos haréis
23.37 estas son las *f* solemnes de Jehová, a
23.39 recogido el fruto..haréis *f* a Jehová
23.41 y le haréis *f* a Jehová por siete días
23.44 habló..sobre las *f* solemnes de Jehová
Nm. 15.3 para ofrecer en vuestras *f* solemnes
28.17 quince días de este mes, la *f* solemne
29.12 y celebraréis *f* solemne a Jehová por
29.39 estas cosas ofreceréis..en vuestras *f*
Dt. 16.8 séptimo día será *f* solemne a Jehová
16.10 la *f* solemne de las semanas a Jehová
16.13 la *f* solemne de los tabernáculos harás
16.14 y te alegrarás en tus *f* solemnes, tú
16.15 siete días celebrarás *f* solemne a Jehová
16.16 en la *f*..de los panes sin levadura, y
16.16 en la *f* solemne de las semanas, y en la
16.16 y en la *f* solemne de los tabernáculos
31.10 al fin de..en la *f* de los tabernáculos
Jue. 9.27 saliendo..pisaron la uva e hicieron *f*
14.12 yo os daré 30..y treinta vestidos de *f*
14.13 vosotros me daréis..lo vestidos de *f*
21.19 aquí cada año hay *f* solemne de Jehová
1 S. 30.16 comiendo y bebiendo y haciendo *f*
1 R. 8.2 se reunieron..el día de la *f* solemne
8.65 Salomón hizo *f*, y con él todo Israel
12.32 instituyó..*f*..conforme a la *f* solemne
12.33 hizo *f* a los hijos de Israel, y subió
1 Cr. 23.31 días de reposo, lunas..*f* solemnes
2 Cr. 5.3 se congregaron..para la *f* solemne del
7.8 entonces hizo Salomón *f* siete días, y con
7.9 y habían celebrado la *f*..por siete días
8.13 para que ofreciesen..en las *f* solemnes
8.13 en la *f* de los panes sin levadura, en
8.13 en la *f* de las semanas y en la *f* de los
30.13 gente para celebrar la *f* de los panes
30.21 celebraron la *f* solemne de los panes
30.22 y comieron de lo sacrificado en la *f*
30.23 celebrasen la *f* por otros siete días
31.3 y *f* solemnes, como está escrito en la
35.17 celebraron..la *f* solemne de los panes
Esd. 3.4 celebraron..la *f*..de los tabernáculos
3.5 además..todas las *f* solemnes de Jehová
6.22 y celebraron..la *f* solemne de los panes
Neh. 8.14 en tabernáculos en la *f* solemne del
8.18 hicieron la *f* solemne por 7 días, y el
12.27 para hacer la dedicación y la *f* con
Sal. 42.4 voces..de alabanza del pueblo en *f*
81.3 tocad..en el día de nuestra *f* solemne
Pr. 11.10 mas cuando los impíos perecen hay *f*
Is. 1.13 son iniquidad vuestras *f* solemnes
1.14 vuestras *f*..las tiene aborrecidas mi alma
29.1 añadid un año a otro, las *f* sigan su
33.20 a Sion, ciudad de nuestras *f* solemnes
Lm. 1.4 no hay quien venga a las *f* solemnes
2.6 Jehová ha hecho olvidar las *f* solemnes
2.7 resonar su voz en la..como en día de *f*
Ez. 36.38 como las ovejas de Jerusalén en sus *f*
44.24 mis decretos guardarán en todas mis *f*
45.17 el dar..la libación en las *f* solemnes
45.17 y en todas las *f* de la casa de Israel
45.21 tendréis la pascua, *f* de siete días; se
45.23 y en los siete días de la *f*..ofrecerá
45.25 en la *f*, hará como en estos siete días
46.9 entrare delante de Jehová en las *f*, el
46.11 en las *f*..será la ofrenda un efa con
Os. 2.11 haré cesar..sus *f*, sus nuevas lunas
9.5 ¿qué haréis..el día de la *f* de Jehová?
12.9 en tiendas, como en los días de la *f*

FIESTA *(Continúa)*
Am. 8.10 cambiaré vuestras f en lloro, y todos
Nah. 1.15 celebra, oh Judá, tus f, cumple tus
Zac. 14.16 a celebrar la f de los tabernáculos
14.18,19 que no subieren a celebrar la f de
Mt. 22.2 un rey que hizo f de bodas a su hijo
26.5 no durante la f, para que no se haga
26.17 día de la f de los panes sin levadura
27.15 bien, en el día de la f acostumbraba el
Mr. 6.21 que Herodes, en la f de su cumpleaños
14.1 era. . y la f de los panes sin levadura
14.2 no durante la f, para que no se haga
14.12 el primer día de la f de los panes sin
15.6 en el día de la f les soltaba un preso
Lc. 2.41 iban. . Jerusalén en la f de la pascua
2.42 subieron. . conforme a. . costumbre de la f
2.43 acabada la f, se quedó el niño Jesús en
15.23 gordo y matadlo, y comamos y hagamos f
15.32 era necesario hacer f. . porque este tu
22.1 cerca la f de los panes sin levadura
23.17 necesidad de soltarles uno en cada f
Jn. 2.23 estando en Jerusalén, en la f de la
4.45 visto. . cosas que había hecho en. . la f
4.45 porque también ellos habían ido a la f
5.1 había una f de los judíos, y subió Jesús
6.4 estaba cerca la pascua, la f de. . judíos
7.2 estaba cerca la f de los judíos, la de
7.8 subid. . la f; yo no subo todavía a esa f
7.10 también subió a la f. . como en secreto
7.11 buscaban los judíos en la f, y decían
7.14 la mitad de la f subió Jesús al templo
7.37 en el último y gran día de la f, Jesús
10.22 en Jerusalén la f de la dedicación. Era
11.56 ¿qué os parece? ¿No vendrá a la f?
12.12 habían venido a la f, al oir que Jesús
12.20 entre los que habían subido. . en la f
13.1 antes de la f de la pascua, sabiendo
13.29 compra lo que necesitamos para la f; o
Hch. 18.21 guarde en Jerusalén la f que viene
1 Co. 5.8 celebremos la f, no con la. . levadura
Col. 2.16 nadie os juzgue. . cuanto a días de f

FIGELO *Discípulo en Asia que abandonó a Pablo,* 2 Ti. 1.15

FIGURA
Éx. 37.19 tres copas en f de flor de almendro
37.20 cuatro copas en f de flor de almendro
Nm. 12.8 cara a cara hablaré con él. . no por f
Dt. 4.12 a excepción de oir. . ninguna f visteis
4.15 ninguna f visteis el día. . Jehová habló
4.16 imagen de f alguna, efigie de varón o
4.17 f de animal alguno. . f de ave alguna que
4.18 f de. . animal que se arrastre. . f de pez
1 S. 6.5 haréis, pues, f de vuestros tumores
6.11 y la caja con. . y las f de sus temores
1 R. 6.29 esculpió. . diversas f, de querubines
6.32 y talló en ellas f de querubines, de
7.29 y sobre aquellos tableros. . había f de
2 Cr. 2.14 esculpir toda clase de f, y sacar
4.3 debajo del mar había f de calabazas que
Est. 2.7 la joven era de hermosa f y de buen
Pr. 25.11 manzana de oro con f de plata es la
Is. 44.13 da f con el compás, lo hace en forma
Ez. 1.5 en medio de ella la f de cuatro seres
1.26 se veía la f de un trono que parecía de
1.26 sobre la f del trono. . una semejanza que
8.2 una f que parecía de hombre; desde sus
8.3 y aquella f extendió la mano, y me tomó
10.8 y apareció. . la f de una mano de hombre
10.21 y f de manos de hombre debajo de sus
17.2 propón una f, y compón una parábola a la
Hch. 7.43 f que os hicisteis para adorarlas
Ro. 5.14 el cual es f del que había de venir
He. 8.5 sirven a lo que es f y sombra de las
9.23 fue, pues, necesario que las f de las
9.24 hecho de mano, f del verdadero, sino en

FIGURADO
He. 11.19 en sentido f, también le volvió a

FIJAR
Gn. 31.25 había *fijado* su tienda en el monte
Éx. 9.5 y Jehová *fijó* plazo, diciendo: Mañana
23.31 *fijaré* tus límites desde el Mar Rojo
28.14 *fijarás* los cordones de forma de trenza
28.24 *fijarás* los dos cordones de oro en los
28.25 los *fijarás* a las hombreras del efod
28.27 anillos. . *fijarás* en la parte delantera
39.17 y *fijaron* los dos cordones de oro en
39.18 *fijaron*. . los otros dos extremos de los
Lv. 27.8 *fijará* el precio. . le f. . el sacerdote
Dt. 19.14 no reducirás los límites. . que *fijaron*
2 S. 7.10 yo *fijaré* lugar a mi pueblo Israel
2 Cr. 9.18 un estrado de oro *fijado* al trono
Job 7.8 *fijarás* en mí tus ojos, y dejaré de
Sal. 32.8 enseñaré. . sobre ti *fijaré* mis ojos
74.17 tú *fijaste*. . los términos de la tierra
Ec. 7.25 volví y *fijé* mi corazón para saber y
Lc. 22.56 se *fijó* en él, y dijo: También éste
Hch. 3.4 Pedro. . *fijando* en él los ojos, le dijo
6.15 *fijar* los ojos en él, vieron su rostro
11.6 cuando *fijé* en él los ojos, consideré
13.9 entonces Saulo. . *fijando* en él los ojos
14.9 el cual, *fijando* en él sus ojos, y viendo
Ro. 16.17 *fijéis* en los que causan divisiones
2 Co. 3.7 no pudieron *fijar* la vista en el rostro
3.13 hijos de Israel no *fijarán* la vista en

FIJO, JA
Lc. 4.20 y los ojos de todos. . estaban f en él
1 Co. 4.11 abofeteados, y no tenemos morada f

FILA
1 S. 17.23 Goliat. . salió de entre las f de los
1 R. 7.24 que ceñían el mar alrededor en dos f
2 R. 11.8 que entrare en las f, sea muerto
11.11 y los de la guardia se pusieron en f

FILACTERIA
Mt. 23.5 pues ensanchan sus f, y extienden los

FILADELFIA *Ciudad en la provincia de Asia,* Ap. 1.11; 3.7

FILEMÓN *Cristiano en Colosas,* Flm. 1

FILETO *Hereje mencionado por Pablo,* 2 Ti 2.17

FILIPENSES *Habitantes de Filipos,* Fil. 4.15

FILIPOS *Ciudad principal de Macedonia*
Hch. 16.12 allí a F, que es la primera ciudad
20.6 navegamos de F, y en cinco días nos
Fil. 1.1 a todos los santos en. . que están en F
1 Ts. 2.2 habiendo antes. . sido ultrajados en F

FILISTEA *Región en la costa de Palestina habitada por los filisteos*
Sal. 60.8 Moab, vasija. . me regocijaré sobre F
87.4 F y Tiro, con Etiopía; éste nació allá
108.9 Moab, la vasija. . me regocijaré sobre F
Is. 14.29 no te alegres tú, F toda, por haberse
14.31 disuelta estás toda tú, F; porque humo
Jer. 25.20 a todos los reyes de la tierra de F
Jl. 3.4 ¿qué tengo yo con. . el territorio de F?

FILISTEO *Raza antigua de Palestina*
Gn. 10.14 a Casluhim, de donde salieron los f
21.32 y Ficol. . y volvieron a tierra de los f
21.34 moró Abraham en tierra de los f. . días
26.1 y se fue Isaac a Abimelec rey de los f
26.8 Abimelec, rey de los f, mirando por una
26.14 tuvo hato. . y los f le tuvieron envidia
26.15 los pozos. . los f los habían cegado y
26.18 que los f habían cegado después de la
Éx. 13.17 no los llevó por. . la tierra de los f
15.14 apoderará dolor de la tierra de los f
23.31 desde el Mar Rojo hasta el mar de. . f
Jos. 13.2 que queda. . los territorios de los f
13.3 los cinco príncipes de los f, el gazeo
Jue. 3.3 los cinco príncipes de los f, todos los
3.31 mató a seiscientos hombres de los f con
10.6 sirvieron a. . y a los dioses de los f; y
10.7 Jehová. . los entregó en mano de los f
10.11 ¿no habéis sido oprimidos. . de los f
13.1 y Jehová los entregó en mano de los f
13.5 él. . a salvar a Israel de mano de los f
14.1 vio. . a una mujer de las hijas de los f
14.2 he visto. . mujer de las hijas de los f
14.3 para que vayas tú a tomar mujer de los f
14.4 ocasión contra los f. . los f dominaban
15.3 sin culpa seré esta vez respecto de. . f
15.5 soltó las zorras en los sembrados de. . f
15.6 dijeron los f: ¿Quién hizo esto? Y les
15.6 vinieron los f y la quemaron a ella y a
15.9 los f subieron y acamparon en Judá, y se
15.11 ¿no sabes tú que los f dominan sobre
15.12 prenderte y entregarte en mano de los f
15.14 los f salieron gritando a su encuentro
15.20 juzgó a. . en los días de los f 20 años
16.5 vinieron a ella los príncipes de los f
16.8 los príncipes de los f le trajeron siete
16.9,12,14,20 ¡Sansón, los f contra ti!
16.18 envió a llamar a los principales de. . f
16.18 y los principales de los f vinieron a
16.21 los f le echaron mano, y le sacaron los
16.23 f se juntaron para ofrecer sacrificio
16.27 los principales de los f estaban allí
16.28 tome venganza de los f por mis dos ojos
16.30 y dijo Sansón: Muera yo con los f
1 S. 4.1 Israel a encontrar en batalla a los f
4.1 salió Israel. . y los f acamparon en Afec
4.2 y los f presentaron la batalla a Israel
4.2 Israel fue vencido delante de los f, los
4.3 ha herido hoy Jehová delante de los f?
4.6 los f oyeron la voz de júbilo, dijeron
4.7 los f tuvieron miedo, porque decían: Ha
4.9 esforzaos, oh f, y sed hombres, para que
4.10 pelearon. . los f, e Israel fue vencido
4.17 Israel huyó delante de los f, y. . el arca
5.1 cuando los f capturaron el arca de Dios
5.2 y tomaron los f el arca de Dios, y la
5.8 convocaron. . todos los príncipes de los f
5.11 reunieron a todos los príncipes de los f
6.1 el arca de Jehová en la tierra de los f
6.2 f, llamando a los sacerdotes y adivinos
6.4 conforme al. . de los príncipes de los f, 5
6.12 los príncipes de los f fueron tras ellas
6.16 los cinco príncipes de los f, volvieron
6.17 los tumores de oro que pagaron los f en
6.18 el número de todas las ciudades de los f
6.21 los f han devuelto el arca de Jehová
7.3 servid, y os librará de la mano de los f
7.7 oyeron los f que los hijos de Israel
7.7 subieron. . los f. . tuvieron temor de los f
7.8 para que nos guarde de la mano de los f
7.10 los f llegaron para pelear con. . Israel
7.10 tronó. . día con gran estruendo sobre los f
7.11 siguieron a los f, hiriéndolos. . Bet-car
7.13 fueron sometidos los f, y no volvieron
7.13 la mano de Jehová estuvo contra los f
7.14 las ciudades que los f habían tomado a
7.14 e Israel libró su territorio de. . los f
9.16 y salvará a mi pueblo de mano de los f
10.5 al collado. . está la guarnición de los f
12.9 vendió. . en mano de los f, y en mano de
13.3 Jonatán atacó a. . los f. . lo oyeron los f
13.4 Saúl ha atacado a la guarnición de los f
13.4 que Israel se. . hecho abominable a los f
13.5 entonces los f se juntaron para pelear
13.11 que los f estaban reunidos en Micmas
13.12 descenderán los f contra mí a Gilgal
13.16 pero los f habían acampado en Micmas
13.17 merodeadores del campamento de los f
13.19 f habían dicho: Para que los hebreos
13.20 de Israel tenían que descender a los f
13.23 y la guarnición de los f avanzó hasta
14.1 ven y pasemos a la guarnición de los f
14.4 procuraban pasar a la guarnición de. . f
14.11 la guarnición de los f, y los f dijeron
14.19 el alboroto. . de los f aumentaba, e iba
14.21 los hebreos que habían estado con los f
14.22 oyendo que los f huían, también ellos
14.30 hecho ahora mayor estrago entre los f?
14.31 e hirieron. . a los f desde Micmas hasta
14.36 Saúl: Descendamos de noche contra los f
14.37 Saúl consultó. . ¿Descenderé tras los f?
14.46 dejó de seguir a los f. . f se fueron a
14.47 Saúl hizo guerra a. . y contra los f; y
14.52 hubo guerra encarnizada contra los f
17.1 los f juntaron sus ejércitos para la
17.2 se pusieron en orden de. . contra los f
17.3 los f estaban sobre un monte a un lado
17.4 salió. . campamento de los f un paladín
17.8 ¿no soy yo el f, y vosotros. . de Saúl?
17.10 y añadió el f: Hoy yo he desafiado al
17.11 oyendo Saúl y. . estas palabras del f
17.16 venía. . f por la mañana y por la tarde
17.19 Israel estaban. . peleando contra los f
17.21 en orden de batalla Israel y los f
17.23 se llamaba Goliat, el f de Gat, salió
17.23 de entre las filas de los f y habló las
17.26 ¿qué harán al. . que venciere a este f
17.26 porque ¿quién es este f incircunciso
17.32 tu siervo irá y peleará contra este f
17.33 dijo. . No podrás tú ir contra aquel f
17.36 este f incircunciso será como uno de
17.37 también me librará de la mano de este f
17.40 y tomó su honda. . y se fue hacia el f
17.41 y el f venía. . acercándose a David, y
17.42 cuando el f. . a David, le tuvo en poco
17.43 dijo el f a David: ¿Soy yo perro, para
17.44 dijo luego el f a David: Ven a mí, y
17.45 David al f: Tú vienes a mí con espada
17.46 daré. . los cuerpos de los f a las aves
17.48 cuando el f se levantó y echó a andar
17.48 corrió a la línea de batalla contra. . f
17.49 tiró con la. . e hirió al f en la frente
17.50 así venció David al f con. . e hirió al f
17.51 corrió David y se puso sobre el f
17.51 cuando. . f vieron a su paladín muerto
17.52 siguieron a los f hasta llegar al valle
17.52 y cayeron los heridos de los f por el
17.53 y volvieron los. . de seguir tras los f
17.54 David tomó la cabeza del f y la trajo
17.55 David que salía a encontrarse con el f
17.57 David volvía de matar al f, Abner lo
17.57 teniendo David la cabeza del f en su
18.6 David volvió de matar al f, salieron las
18.17 sino. . será contra él la mano de los f
18.21 para que la mano de los f sea contra
18.25 no desea la. . sino cien prepucios de f
18.25 hacer caer a David en manos de los f
18.27 y mató a doscientos hombres de los f
18.30 y salieron a. . los príncipes de los f
19.5 tomó su vida en su mano, y mató al f
19.8 y salió David y peleó contra los f, y
21.9 la espada de Goliat el f, al. . está aquí
22.10 también le dio la espada de Goliat el f
23.1 los f combaten a Keila, y roban las eras
23.2 a atacar a estos f? . . Vé, ataca a los f
23.3 si fuéremos a Keila contra el. . de los f?
23.4 pues yo entregaré en tus manos a los f
23.5 fue, pues, David. . y peleó contra los f
23.27 porque los f han hecho una irrupción
23.28 volvió. . Saúl. . y partió contra los f
24.1 cuando Saúl volvió de perseguir a los f
27.1 mejor que fugarme a la tierra de los f

FILISTEO *(Continúa)*
I S. 27.7 que David habitó en la tierra de los *f*
27.11 tiempo que moró en la tierra de los *f*
28.1 los *f* reunieron sus fuerzas para pelear
28.4 se juntaron, pues, los *f*, y vinieron y
28.5 cuando vio Saúl el campamento de los *f*
28.15 los *f* pelean contra mí, y Dios se ha
28.19 entregará a Israel..en manos de los *f*
28.19 al ejército de Israel en mano de los *f*
29.1 los *f* juntaron todas sus fuerzas en Afec
29.2 los príncipes de los *f* pasaban revista
29.3 y dijeron los príncipes de los *f*: ¿Qué
29.3 respondió a los príncipes de los *f*: ¿No
29.4 príncipes de los *f* se enojaron contra
29.7 no desagradar a los príncipes de los *f*
29.9 pero los príncipes de los *f* me han dicho
29.11 irse y volver a la tierra de los *f*; y
29.11 volver a la..y los *f* fueron a Jezreel
30.16 gran botín que habían tomado..de los *f*
31.1 los *f*, pues, pelearon contra Israel, y
31.1 los de Israel huyeron delante de los *f*
31.2 y siguiendo los *f* a Saúl y a sus hijos
31.7 y los *f* vinieron y habitaron en ellas
31.8 viniendo los *f* a despojar a los muertos
31.9 mensajeros por toda la tierra de los *f*
31.11 oyendo los..que los *f* hicieron a Saúl
2 S. 1.20 que no se alegren las hijas de los *f*
3.14 desposé conmigo por cien prepucios de *f*
3.18 libraré a mi pueblo Israel de..de los *f*
5.17 oyendo los *f* que David..ungido por rey
5.17 subieron..los *f* para buscar a David; y
5.18 vinieron los *f*, y se extendieron por el
5.19 a Jehová, diciendo: ¿Iré contra los *f*?
5.19 vé, porque..entregaré a los *f* en tu mano
5.22 *f* volvieron..se extendieron en el valle
5.24 saldrá..a herir el campamento de los *f*
5.25 hirió a los *f* desde Geba hasta..Gezer
8.1 que David derrotó a los *f* y los sometió
8.1 tomó David a Meteg-ama de mano de los *f*
8.12 los amonitas, de los *f*, de los amalecitas
19.9 el rey..no ha salvado de mano de los *f*
21.12 donde los habían colgado los *f*, cuando
21.12 cuando los *f* mataron a Saúl en Gilboa
21.15 volvieron los *f*..y pelearon con los *f*
21.17 Abisai hijo de..hirió al *f* y lo mató
21.18 otra segunda guerra..en Gob contra los *f*
21.19 otra vez guerra en Gob contra los *f*, en
23.9 desafiaron a los *f*..se habían reunido
23.10 e hirió a los *f* hasta que su mano se
23.11 los *f* se habían reunido en Lehi, donde
23.11 el pueblo había huido delante de los *f*
23.12 lo defendió, y mató a los *f*; y Jehová
23.13 campamento de los *f* estaba en el valle
23.14 había en Belén una guarnición de los *f*
23.16 irrumpieron por el campamento de los *f*
1 R. 4.21 señoreaba..hasta la tierra de los *f*
15.27 lo hirió..en Gibetón, que era de los *f*
16.15 había acampado contra Gibetón..de los *f*
2 R. 8.2 y vivió en tierra de los *f* siete años
8.3 la mujer volvió de la tierra de los *f*
18.8 hirió..los *f* hasta Gaza y sus fronteras
1 Cr. 1.12 de..salieron los *f* y los caftoreos
10.1 los *f* pelearon contra Israel; y huyeron
10.2 y los *f* siguieron a Saúl y a sus hijos
10.2 mataron los *f* a Jonatán, a Abinadab y a
10.7 y vinieron los *f* y habitaron en ellas
10.8 al venir los *f* a despojar a los muertos
10.9 enviaron..por toda la tierra de los *f*
10.11 oyendo..que los *f* habían hecho de Saúl
11.13 estando allí juntos en batalla los *f*
11.13 y huyendo el pueblo delante de los *f*
11.14 y vencieron a los *f*, porque Jehová los
11.15 el campamento de los *f* en el valle de
11.16 y había..guarnición de los *f* en Belén
11.18 rompieron por el campamento de los *f*
12.19 cuando vino con los *f* a la batalla
12.19 porque los jefes de los *f*..despidieron
14.8 los *f* que David había sido ungido rey
14.8 subieron todos los *f* en busca de David
14.9 y vinieron los *f*, y se extendieron por
14.10 David consultó..¿Subiré contra los *f*?
14.13 y volviendo los *f* a extenderse por el
14.15 saldrá..y herirá el ejército de los *f*
14.16 derrotaron al ejército de los *f* desde
18.1 que David derrotó a los *f*, y los humilló
18.1 David..tomó a Gat y..de mano de los *f*
18.11 el oro que había tomado..de los *f* y de
20.4 se levantó guerra en Gezer contra los *f*
20.5 volvió a levantarse guerra contra los *f*
2 Cr. 9.26 dominio..hasta la tierra de los *f*
17.11 y traían de los *f* presentes a Josafat
21.16 despertó contra Joram la ira de los *f*
26.6 peleó contra los *f*, y rompió el muro de
26.6 edificó..Asdod, y en la tierra de los *f*
26.7 le dio ayuda contra los *f*, y contra los
28.18 los *f* se habían extendido por..la Sefela
Sal. 56 *tít.* cuando los *f* le prendieron en Gat
83.7 Gebal..los *f* y los habitantes de Tiro
Is. 2.6 están llenos..de agoreros, como los *f*
9.12 del oriente los..y los *f* del poniente
11.14 volarán sobre los hombros de los *f* al
Jer. 47.1 palabra de Jehová..acerca de los *f*
47.4 viene para destrucción de los *f*, para
47.4 Jehová destruirá a los *f*, al resto de
Ez. 16.27 te entregué a..de las hijas de los *f*
16.57 afrenta..de todas las hijas de los *f*
25.15 por lo que hicieron los *f* con venganza
25.16 aquí yo extiendo mi mano contra los *f*
Am. 1.8 y el resto de los *f* perecerá, ha dicho
6.2 descended luego a Gat de los *f*; ved si
9.7 ¿no hice yo subir..los *f* de Caftor, y de
Abd. 19 poseerán el..los de la Sefela a los *f*
Sof. 2.5 es contra vosotros..tierra de los *f*
Zac. 9.6 y pondré fin a la soberbia de los *f*

FILO
Gn. 34.26 a Hamor..los mataron a *f* de espada
Éx. 17.13 Josué deshizo a Amalec..*f* de espada
Lv. 26.8 a *f* de espada delante de vosotros
Nm. 21.24 y lo hirió Israel a *f* de espada, y
Dt. 13.15 herirás a *f* de espada a..moradores
13.15 y también matarás sus ganados a *f* de
20.13 herirás a todo varón suyo a *f* de espada
Jos. 6.21 y destruyeron a *f* de espada todo lo
8.24 todos habían caído a *f* de espada hasta
8.24 Hai, y también la hirieron a *f* de espada
10.28 la hirió a *f* de espada, y mató a su rey
10.30 y la hirió a *f* de espada, con todo lo
10.32 a Laquis..la hirió a *f* de espada, con
10.35 la hirieron a *f* de espada; y aquel día
10.37 la hirieron a *f* de espada, a su rey y a
10.39 ciudades; y las hirieron a *f* de espada
11.12 los hirió a *f* de espada, y los destruyó
11.14 los hombres hirieron a *f* de espada, sin
19.47 a Lesem, y..la hirieron a *f* de espada
Jue. 1.8 pasaron a sus habitantes a *f* de espada
1.25 la ciudad, y la hirieron a *f* de espada
3.16 y Aod se había hecho un puñal de dos *f*
4.15 quebrantó a..su ejército, a *f* de espada
4.16 el ejército de Sísara cayó a *f* de espada
18.27 a Lais..y los hirieron a *f* de espada, y
20.37 hirieron a *f* de espada a toda la ciudad
20.48 de Israel..los hirieron a *f* de espada
21.10 herid a *f* de espada a los moradores de
1 S. 15.8 a todo el pueblo mató a *f* de espada
22.19 a Nob ciudad de..hirió a *f* de espada
22.19 ovejas, todo lo hirió a *f* de espada
2 S. 1.12 lloraron..habían caído a *f* de espada
15.14 mal..y hiera la ciudad a *f* de espada
2 Cr. 23.14 la siguiere, matadlo a *f* de espada
23.21 que mataron a Atalía a *f* de espada
Est. 9.5 asolaron..sus enemigos a *f* de espada
Job 1.15,17 mataron a los criados a *f* de espada
Sal. 63.10 los destruirán a *f* de espada; serán
89.43 embotaste..el *f* de su espada, y no lo
149.6 con..y espadas de dos *f* en sus manos
Pr. 5.4 es amargo..agudo como espada de dos *f*
Ec. 10.10 su *f* no fuere amolado, hay que añadir
Jer. 21.7 Nabucodonosor..herirá a *f* de espada
Ez. 26.11 a tu pueblo matará a *f* de espada, y
30.5 Libia, y..caerán con ellos a *f* de espada
30.6 hasta Sevene caerán en él a *f* de espada
30.17 Avén y de Pibeset caerán a *f* de espada
Lc. 21.24 caerán a *f* de espada, y..cautivos
He. 4.12 más cortante que toda espada de dos *f*
11.34 evitaron *f* de espada, sacaron fuerzas
11.37 puestos a prueba, muertos a *f* de espada
Ap. 1.16 boca salía una espada aguda de dos *f*
2.12 el que tiene la espada aguda de dos *f*

FILÓLOGO *Cristiano saludado por Pablo*, Ro. 16.15

FILOSOFÍA
Col. 2.8 os engañe por medio de *f*..sutilezas

FILÓSOFO
Hch. 17.18 *f* de los epicúreos y..disputaban con

FIN
Gn. 6.13 a Noé: He decidido el *f* de todo ser
49.19 Gad, ejército lo..mas él acometerá al *f*
Nm. 24.20 a Amalec..al *f* perecerá para siempre
Dt. 11.12 desde el principio del año hasta el *f*
14.28 al *f* de cada tres años sacarás todo el
17.16 a Egipto con el *f* de aumentar caballos
31.10 al *f* de cada siete años, en el año de
32.20 esconderé..rostro, veré cuál será su *f*
32.29 se dieran cuenta del *f* que les espera
33.17 acorneará a..hasta los *f* de la tierra
1 S. 3.12 yo cumpliré contra Elí..hasta el *f*
27.1 al *f* seré muerto algún día por..de Saúl
2 S. 14.26 se cortaba el cabello..*f* de cada año
Est. 9.31 para conmemorar el *f* de los ayunos
Job 6.11 cuál mi *f*..que tenga aún paciencia?
16.3 ¿tendrán *f* las palabras vacías? ¿O qué
18.2 ¿cuándo pondréis *f* a las palabras?
19.25 yo sé..al *f* se levantará sobre el polvo
22.5 tu malicia..y tus maldades no tienen *f*
26.10 hasta el *f* de la luz y las tinieblas
28.24 él mira hasta los *f* de la tierra, y ve
37.3 cielos..y su luz hasta los *f* de la tierra
38.13 para que ocupe los *f* de la tierra, y
Sal. 39.4 hazme saber, Jehová, mi *f*, y cuánta
46.9 hace cesar las guerras hasta los *f* de la
48.10 así es tu loor hasta los *f* de la tierra
59.13 gobierna en..hasta los *f* de la tierra
65.8 habitantes de los *f* de la tierra temen
73.17 entrando en el..comprendí el *f* de ellos
119.33 estatutos, y lo guardaré hasta el *f*
119.96 a toda perfección he visto *f*; amplio
119.112 cumplir tus estatutos..hasta el *f*
Pr. 5.4 su *f* es amargo como el ajenjo, agudo
14.12; 16.25 pero su *f* es camino de muerte
18.18 suerte pone *f* a los pleitos, y decide
23.18 hay *f*, y tu esperanza no será cortada
23.32 al *f* como serpiente morderá, y como
24.14 y ai *f* tu esperanza no será cortada
24.20 porque para el malo no habrá buen *f*
25.8 sea que no sepas qué hacer al *f*, después
29.11 su ira, mas el sabio al *f* la sosiega
Ec. 3.11 a entender la..el principio hasta el *f*
4.16 no tenía *f* la muchedumbre del pueblo que
7.2 aquello es el *f* de todos los hombres, y
7.8 mejor..el *f* del negocio que su principio
10.13 y el *f* de su charla, nocivo desvarío
12.12 no hay *f* de hacer muchos libros; y el
12.13 el *f* de todo el discurso oído es este
Is. 2.7 de plata y oro, sus tesoros no tienen *f*
7.18 la mosca que está en el *f* de los ríos de
9.1 pues al *f* llenará de gloria el camino del
16.4 el devastador tendrá *f*, el pisoteador
23.17 acontecerá que al *f* de los setenta años
26.11 verán al *f*, y se avergonzarán los que
42.10 alabanza desde el *f* de la tierra; los
Jer. 1.3 le vino..hasta el *f* del año undécimo
5.31 ¿qué, pues, haréis cuando llegue el *f*?
12.4 porque dijeron: No verá Dios nuestro *f*
25.31 llegará el estruendo hasta el *f* de la
25.32 tempestad se levantará de los *f* de la
29.11 de paz..para daros el *f* que esperáis
30.24 en el *f* de los días entenderéis esto
31.8 y los reuniré de los *f* de la tierra, y
51.13 venido tu *f*, la medida de tu codicia
Lm. 1.9 su inmundicia..y no se acordó de su *f*
4.18 se acercó nuestro *f*, se..llegó nuestro *f*
Ez. 7.2 *f*, el *f* viene sobre los..de la tierra
7.3 será el *f* sobre ti, y enviaré sobre ti
7.6 viene el *f*, el *f* viene; se ha despertado
26.18 las islas..espantarán a causa de tu *f*
29.13 al *f* de cuarenta años recogeré a Egipto
Dn. 5.26 contó Dios tu reino, y le ha puesto *f*
6.26 Dios..y su dominio perdurará hasta el *f*
7.26 que sea destruido y arruinado hasta el *f*
7.28 fue el *f* de sus palabras. En cuanto a mí
8.17 hijo..la visión es para el tiempo del *f*
8.19 enseñaré lo que ha de venir al *f* de la
8.19 ira; porque eso es para el tiempo del *f*
8.23 al *f* del reinado de éstos, cuando los
9.24 poner *f* al pecado, y expiar la iniquidad
9.26 el santuario; y su *f* será con inundación
9.26 y hasta el *f* de la guerra durarán las
11.45 llegará a su *f*, y no tendrá quien le
12.4 y sella el libro hasta el tiempo del *f*
12.6 ¿cuándo será el *f* de estas maravillas?
12.8 Señor..¿cuál será el *f* de estas cosas?
12.9 están..selladas hasta el tiempo del *f*
12.13 tú irás hasta el *f*, y reposarás, y te
12.13 te levantarás para..al *f* de los días
Os. 3.5 temerán a Jehová..en el *f* de los días
Jl. 2.20 y su *f* al mar occidental; y exhalará
Am. 8.2 ha venido el *f* sobre mi pueblo Israel
Mi. 5.4 engrandecido hasta los *f* de la tierra
Nah. 2.9 no hay *f* de las riquezas..de efectos
3.3 sin *f*, y en sus cadáveres tropezarán
Hab. 2.3 se apresura hacia el *f*, y no mentirá
Zac. 9.6 pondré *f* a la soberbia de..filisteos
9.10 desde el río hasta los *f* de la tierra
Mt. 10.22 el que persevere hasta el *f*..salvo
12.42 ella vino de los *f* de la tierra para
13.39 el diablo; la siega es el *f* del siglo
13.40 como..así será en el *f* de este siglo
13.49 así será al *f* del siglo: saldrán los
24.3 qué señal habrá de..y del *f* del siglo?
24.6 que no os turbéis..pero aún no es el *f*
24.13 el que persevere hasta el *f*, éste será
24.14 será predicado..entonces vendrá el *f*
26.58 entrando, se sentó con..para ver el *f*
26.60 pero al *f* vinieron dos testigos falsos
28.20 yo estoy con vosotros..hasta el *f* del
Mr. 3.26 no puede permanecer..ha llegado su *f*
13.7 es necesario que suceda..aún no es el *f*
13.13 mas el que persevere hasta el *f*, éste
Lc. 1.33 reinará sobre..su reino no tendrá *f*
11.31 vino de los *f* de la tierra para oír la
21.9 cosas..pero el *f* no será inmediatamente
Jn. 13.1 como había amado a..los amó hasta el *f*
Ro. 1.10 que de alguna manera tenga al *f*..viaje
6.21 cosas..Porque el *f* de ellas es muerte
6.22 santificación, y como *f*, la vida eterna
10.4 el *f* de la ley es Cristo, para justicia
10.18 hasta los *f* de la tierra sus palabras
1 Co. 1.8 cual también os confirmará hasta el *f*
10.11 a quienes han alcanzado los *f* de los
15.24 luego el *f*, cuando entregue el reino
2 Co. 1.13 espero que hasta el *f*..entenderéis
2.9 este *f* os escribí, para tener la prueba
3.13 el *f* de aquello que había de ser abolido
11.15 cuyo *f* será conforme a sus obras
Fil. 3.19 el *f* de los cuales será perdición

FIN *(Continúa)*
Fil. 4.10 al *f* habéis revivido vuestro cuidado de
He. 3.6 si retenemos..hasta el *f* la confianza
3.14 con tal que retengamos firme hasta el *f*
6.8 ser maldecida, y su *f* es el ser quemada
6.11 muestre la misma solicitud hasta el *f*
6.16 *f* de toda controversia es el juramento
7.3 ni tiene principio de días, ni *f* de vida
Stg. 5.11 habéis visto el *f* del Señor, que el
1 P. 1.9 obteniendo el *f* de vuestra fe, que es
4.7 el *f* de todas las cosas se acerca; sed
4.17 será el *f* de aquellos que no obedecen
Ap. 1.8 yo soy el..principio y *f*, dice el Señor
2.26 y guardare mis obras hasta el *f*, yo le
21.6; 22.13 soy el Alfa..el principio y el *f*

FINADO
Ec. 4.2 alabé yo a los *f*, los que ya murieron

FINAL
Éx. 36.11,17 en la orilla de la cortina *f* de
2 S. 2.26 ¿no sabes tú que el *f* será amargura?
1 R. 6.16 hizo al *f* de la casa un edificio de
Sal. 37.37 un *f* dichoso para el hombre de paz
Pr. 5.11 y gimas al *f*, cuando se consuma tu
20.21 los bienes..no serán al *f* bendecidos
1 Co. 15.52 a la *f* trompeta; porque se tocará

FINEES
1. Sacerdote, hijo de Eleazar
Éx. 6.25 tomó para sí mujer de..dio a luz a *F*
Nm. 25.7 lo vio *F*..tomó una lanza en su mano
25.11 *F*..ha hecho apartar mi furor de..Israel
31.6 *F* hijo..fue a la guerra con los vasos
Jos. 22.13 y enviaron..a *F* hijo del sacerdote
22.30 oyendo *F* el sacerdote y los príncipes
22.31 y dijo *F*..a los hijos de Rubén, a los
22.32 y *F* hijo..dejaron a los hijos de Rubén
24.33 Eleazar..enterraron en el collado de *F*
Jue. 20.28 *F* hijo..ministraba delante de ella
1 Cr. 6.4 Eleazar engendró a *F*, *F*..a Abisúa
6.50 Eleazar su hijo, *F* su hijo, Abisúa su
9.20 *F* hijo de..fue antes capitán sobre ellos
Esd. 7.5 de *F*, hijo de Eleazar, hijo de Aarón
8.2 de los hijos de *F*, Gersón; de los hijos
8.33 Meremot..con él Eleazar hijo de *F*; y con
Sal. 106.30 se levantó *F* e hizo juicio, y se
2. Sacerdote, hijo de Elí
1 S. 1.3 Silo, donde estaban..Elí, Ofni y *F*
2.34 tus dos hijos, Ofni y *F*: ambos morirán
4.4 Ofni y *F*, estaban allí con el arca del
4.11 muertos los dos hijos de Elí, Ofni y *F*
4.17 Ofni y *F*, fueron muertos, y el arca de
4.19 nuera la mujer de *F*, que estaba encinta
14.3 de *F*, hijo de Elí, sacerdote de Jehová

FINGIDAMENTE
Jer. 3.10 no se volvió a..sino *f*, dice Jehová

FINGIDO *Véase Fingir*

FINGIMIENTO
Ro. 12.9 amor sea sin *f*. Aborreced lo malo

FINGIR
Jos. 8.15 Josué..Israel se *fingieron* vencidos
9.4 y se *fingieron* embajadores, y tomaron
1 S. 21.13 cambió..se *fingió* loco entre ellos
2 S. 13.5 y *finge* que estás enfermo; y cuando
13.6 y *fingió* que estaba enfermo; y vino el
14.2 yo te ruego que *finjas* estar de duelo
1 R. 14.6 entra mujer de..¿Por qué te *finges*
1 Ti. 1.5 es el amor nacido de..fe no *fingida*
2 Ti. 1.5 a la memoria la fe no *fingida* que hay
1 P. 1.22 para el amor fraternal no *fingido*
2 P. 2.3 por avaricia..con palabras *fingidas*

FINÍSIMO
Gn. 41.42 y lo hizo vestir de ropas de lino *f*
2 Cr. 4.21 las flores..se hicieron..de oro *f*
Cnt. 5.11 su cabeza como oro *f*; sus cabellos
Ap. 19.14 vestidos de lino *f*, blanco y limpio

FINO, NA
Éx. 25.4 azul, púrpura, carmesí, lino *f*, pelo
25.17 harás un propiciatorio de oro *f*, cuya
25.29 harás..sus platos..de oro *f* los harás
25.39 de un talento de oro *f* lo harás, con
28.14 y dos cordones de oro *f*, los cuales
28.22 harás..cordones de..de trenza de oro *f*
28.36 además una lámina de oro *f*, y grabarás
30.23 tomarás especias *f*: de mirra excelente
30.36 molerás parte de él en polvo *f*, y lo
35.6 azul, púrpura, carmesí, lino *f*, pelo de
35.23 todo hombre que tenía..lino *f*, pelo de
35.25 hilaban con..púrpura, carmesí o lino *f*
35.35 hagan toda obra de arte y..en lino *f*
37.16 también hizo los utensilios..de oro *f*
38.23 Aholiab..recamador en azul..y lino *f*
39.27 hicieron las túnicas de lino *f* de obra
39.28 mitra de lino *f*..las tiaras de lino *f*
Dt. 33.15 el fruto más *f* de los montes antiguos
1 R. 10.21 la vajilla de la casa..era de oro *f*
1 Cr. 15.27 y David iba vestido de lino *f*, y
2 Cr. 1.16 los mercaderes..compraban..lienzos *f*
3.5 ciprés, la cual cubrió de oro *f*, e hizo
3.8 y lo cubrió de oro *f* que ascendía a 600
4.16 de bronce muy *f* hizo todos sus enseres
5.12 los levitas cantores..vestidos de lino *f*
Job 28.17 ni se cambiará por alhajas de oro *f*
28.19 ella..no se podrá apreciar con oro *f*
Sal. 21.3 corona de oro *f* has puesto sobre su
Pr. 3.14 es mejor..sus frutos más que el oro *f*
25.12 joyel de oro *f* es el que reprende al
31.22 ella..de lino *f* y púrpura es su vestido
Cnt. 5.15 mármol fundadas sobre basas de oro *f*
Is. 3.23 los espejos, el lino *f*, las gasas y
13.12 más precioso que el oro *f* al varón, y
19.9 los que labran lino *f* y los que tejen
Ez. 16.13 y tu vestido era de lino *f*, seda y
27.7 de lino *f*..era tu cortina, para que te
27.16 con..linos *f*, corales y rubíes venía a
Dn. 2.32 la cabeza de esta imagen era de oro *f*
Lc. 16.19 que se vestía de púrpura y de lino *f*
Ap. 18.12 mercadería de..lino *f*, de púrpura, de
18.16 ciudad, que estaba vestida de lino *f*
19.8 le ha concedido que se vista de lino *f*
19.8 el lino *f* es las acciones justas de los

FIRMAMENTO
Sal. 19.1 y el *f* anuncia la obra de sus manos
150.1 alabadle en la magnificencia de su *f*
Dn. 12.3 resplandecerán..el resplandor del *f*

FIRMAR
Neh. 9.38 *firmada* por nuestros príncipes, por
10.1 los que *firmaron* fueron: Nehemías el
Dn. 6.8 confirma el edicto y *fírmalo*, para que
6.9 *firmó*, pues, el rey Darío el edicto y la
6.10 supo que el edicto había sido *firmado*

FIRME
Gn. 41.32 que la cosa es *f* de parte de Dios
Éx. 14.13 *f*, y ved la salvación que Jehová hará
Nm. 30.4 los votos de ella serán *f*, y..*f* será
30.5 mas si su padre le vedare..no serán *f*
30.7 callare a ello..votos de ella serán *f*
30.7 obligación con que ligó su alma, *f* será
30.9 todo voto de viuda o repudiada..será *f*
30.11 y no le vedó..todos sus votos serán *f*
30.11 con que hubiere ligado su alma, *f* será
Dt. 12.23 que te mantengas *f* en no comer sangre
Jos. 3.17 en seco, *f* en medio del Jordán, hasta
4.3 tomad..del lugar donde están *f* los pies
Jue. 7.21 estuvieron *f* cada uno en su puesto
1 S. 2.35 y yo le edificaré casa *f*, y andará
20.31 viviere..ni tú estarás *f*, ni tu reino
24.20 que el reino..ha de ser en tu mano *f*
2 S. 7.26 que la casa de tu siervo David sea *f*
22.34 y me hace estar *f* sobre mis alturas
1 R. 2.12 sentó..su reino fue *f* en gran manera
2.45 el trono de David será *f* perpetuamente
11.38 estaré contigo y te edificaré casa *f*
1 Cr. 17.14 lo confirmaré..y su trono será *f*
17.23 la palabra que has..sea *f* para siempre
17.24 casa de tu siervo David *f* delante de ti
Esd. 6.3 que sus paredes fuesen *f*; su altura
Est. 3.4 ver si..se mantendría *f* en su dicho
Job 22.28 determinarás..una cosa, y te será *f*
37.18 los cielos, *f* como un espejo fundido?
41.23 carne..están en él *f*, y no se mueven
41.24 corazón es *f* como una piedra, y fuerte
Sal. 18.33 me hace estar *f* sobre mis alturas
78.37 con él, ni estuvieron *f* en su pacto
89.28 conservaré..y mi pacto será *f* con él
89.37 como la luna será *f* para siempre, y
93.2 *f* es tu trono desde entonces; tú eres
93.5 tus testimonios son muy *f*; la santidad
112.7 su corazón está *f*, confiado en Jehová
140.11 el hombre deslenguado no será *f* en la
Pr. 11.18 siembra justicia tendrá galardón *f*
12.7 pero la casa de los justos permanecerá *f*
29.14 que juzga con verdad..el trono será *f*
Is. 8.10 y no será *f*..Dios está con nosotros
16.6 altivez; pero sus mentiras no serán *f*
22.23 y lo hincaré como clavo en lugar *f*
22.25 clavo hincado en lugar *f* será quitado
55.3 pacto eterno, misericordias *f* a David
Jer. 35.14 fue *f* la palabra de Jonadab hijo de
35.16 tuvieron por *f* el mandamiento que les
46.15 no pudo mantenerse *f*, porque Jehová la
Ez. 13.5 para que resista *f* en la batalla en
22.14 ¿estará *f* tu corazón? ¿Serán fuertes
Dn. 4.26 significa que tu reino te quedará *f*
Ro. 4.16 fin de que la promesa sea *f* para toda
5.2 la fe a esta gracia en la cual estamos *f*
14.4 estará *f*, porque poderoso es el Señor
14.4 poderoso es el Señor..hacerle estar *f*
1 Co. 7.37 pero el que está *f* en su corazón, sin
10.12 que piensa estar *f*, mire que no caiga
15.58 así que, hermanos míos amados, estad *f*
16.13 estad *f* en la fe; portaos varonilmente
2 Co. 1.7 esperanza respecto de vosotros es *f*
1.24 vuestro gozo, porque por la fe estáis *f*
Gá. 5.1 estad..*f* en la libertad con que Cristo
Ef. 6.11 podáis estar *f* contra las asechanzas
6.13 resistir..habiendo acabado todo estar *f*
6.14 estad, pues, *f*, ceñidos vuestros lomos
Fil. 1.27 oiga de vosotros que estáis *f* en un
4.1 hermanos míos..estad así *f* en el Señor
Col. 1.23 si en verdad permanecéis..*f* en la fe
4.12 rogando..para que estéis *f*, perfectos
1 Ts. 3.8 ahora vivimos, si vosotros estáis *f*
2 Ts. 2.15 estad *f*, y retened la doctrina que
2 Ti. 2.19 pero el fundamento de Dios está *f*
He. 2.2 palabra dicha por..los ángeles fue *f*
3.6 si retenemos *f* hasta el fin la confianza
3.14 que retengamos *f* hasta el fin..confianza
6.19 la cual tenemos como..*f* ancla del alma
10.23 mantengamos *f*..la profesión de nuestra
1 P. 5.9 al cual resistid *f* en la fe, sabiendo
2 P. 1.10 procurad hacer *f* vuestra vocación

FIRMEZA
Éx. 17.12 sus manos *f* hasta que se puso el sol
Is. 25.1 tus consejos antiguos son verdad y *f*
Col. 2.5 mirando..la *f* de vuestra fe en Cristo
Tit. 3.8 estas cosas quiero que insistas con *f*
2 P. 3.17 arrastrados..caigáis de vuestra *f*

FLACA
Gn. 41.19 siete vacas..*f* y de muy feo aspecto
41.20 y las vacas *f* y feas devoraban a las
41.21 la apariencia de las *f* era aún mala
41.27 siete vacas *f* y feas..son siete años
Ez. 34.20 juzgaré entre la..engordada y la..*f*

FLACURA
Job 16.8 llenado de arrugas; testigo es mi *f*

FLAMA
Sal. 104.4 hace..las *f* de fuego sus ministros

FLAQUEAR
Sal. 20.8 ellos *flaquean* y caen, mas nosotros
Is. 40.30 cansan, los jóvenes *flaquean* y caen

FLAQUEZA
Ro. 15.1 debemos soportar las *f* de los débiles

FLAUTA
Gn. 4.21 padre de todos los que tocan arpa y *f*
1 S. 10.5 delante de ellos..pandero, *f* y arpa
2 S. 6.5 danzaban..con arpas..panderos, *f* y
1 R. 1.40 y cantaba la gente con *f*, y hacían
Job 21.12 saltan, y se regocijan al son de la *f*
30.31 en luto, y mi *f* en voz de lamentadores
Sal. 150.4 y danza; alabadle con cuerdas y *f*
Is. 5.12 en sus banquetes hay arpas..*f* y vino
30.29 el que va con *f* para venir al monte de
Jer. 48.36 corazón resonará como *f* por causa
48.36 resonará mi corazón a modo de *f* por los
Ez. 28.13 los primores de tus..y *f* estuvieron
Dn. 3.5,7,10,15 al oír el son de la..*f*, del
Am. 6.5 al son de la *f*, e inventan instrumentos
Mt. 9.23 a los que tocaban *f*, y la gente que
11.17; Lc. 7.32 os tocamos *f*, y no bailasteis
1 Co. 14.7 que producen sonidos, como la *f* o
14.7 que se toca con la *f* o con la cítara?

FLAUTISTA
Ap. 18.22 voz..*f* y de trompeteros no se oirá

FLECO
Dt. 22.12 harás *f* en las 4 puntas de tu manto
Mt. 23.5 hacen..extienden los *f* de sus mantos

FLECHA
Jer. 50.9 sus *f* son como de valiente diestro
Zac. 9.13 Judá como arco, e hice a Efraín su *f*

FLECHERO
1 S. 31.3 y le alcanzaron los *f*, y tuvo gran
2 S. 11.24 los *f* tiraron contra tus siervos
1 Cr. 8.40 y fueron los hijos de..*f* diestros
10.3 le alcanzaron los *f*..herido por los *f*
2 Cr. 35.23 los *f* tiraron contra el rey Josías
Job 16.13 me rodearon sus *f*, partió mis riñones
Is. 21.17 de los valientes *f*, hijos de Cedar
Jer. 4.29 al estruendo..de los *f* huyó..ciudad
50.29 haced juntar contra Babilonia *f*..arco
51.3 diré al *f* que entesa su arco, y al que

FLEGONTE *Cristiano saludado por Pablo*, Ro. 16.14

FLOJEDAD
Ec. 10.18 la *f* de las manos se llueve la casa

FLOJO, JA
Job 41.23 las partes más *f* de su carne están
Pr. 24.10 si fueres *f* en el día de trabajo, tu

FLOR
Gn. 18.6 toma pronto 3 medidas de *f* de harina

FLOR ***(Continúa)***
Gn. 40.10 ella como que brotaba, y arrojaba su *f*
Éx. 25.31 manzanas y sus *f*, serán de lo mismo
25.33(2) tres copas en forma de *f* de almendro
25.33(2) en..brazo, una manzana y una *f*
25.34 en forma de *f* de..sus manzanas y sus *f*
29.2 panes..las harás de *f* de harina de trigo
29.40 décima parte de un efa de *f* de harina
37.17 el candelero..sus *f* eran de lo mismo
37.19(2) en forma de *f*..una manzana y una *f*
37.20 en figura de *f*..sus manzanas y sus *f*
Lv. 2.1 su ofrenda será *f* de harina, sobre la
2.2 puño lleno de la *f* de harina y del aceite
2.4 su ofrenda..será de tortas de *f* de harina
2.5 ofrenda..será de *f* de harina sin levadura
2.7 ofrenda..hará de *f* de harina con aceite
5.11 la décima parte de un efa de *f* de harina
6.15 tomará..un puñado de la *f* de harina de
6.20 la décima parte de un efa de *f* de harina
7.12 y *f* de harina frita en tortas amasadas
14.21 décima de efa de *f* de harina amasada
23.13,17 dos décimas de efa de *f* de harina
24.5 tomarás *f* de harina, y cocerás de ella
Nm. 6.15 tortas..de *f* de harina amasadas con
7.13,19,25,31,37,43,49,55,61,67,73,79 llenos de *f* de harina amasada
8.4 su pie hasta sus *f* era labrado a martillo
8.8 con su ofrenda de *f* de harina amasada con
15.4 la décima parte de un efa de *f* de harina
15.6 ofrenda de dos décimas de *f* de harina
15.9 ofrenda de tres décimas de *f* de harina
17.8 había..echado *f*, y arrojado renuevos
28.5 la décima parte de un efa de *f* de harina
28.9,12 dos décimas de *f* de harina amasada
28.12 tres décimas de *f* de harina amasada con
28.13 una décima de *f* de harina amasada con
28.28 la ofrenda de..*f* de harina amasada con
29.3,9,14 *f* de harina amasada con aceite
1 R. 4.22 era de treinta coros de *f* de harina
6.18 y tenía entalladuras..de botones de *f*
6.29 y esculpió..botones de *f*, por dentro y
6.32,35 talló en ellas..botones de *f*, y las
7.26 el borde era labrado como..de *f* de lis
7.49 con las *f*, las lámparas y tenazas de oro
2 R. 7.1 valdrá el seah de *f* de harina un siclo
7.16 vendido un seah de *f* de harina por un
7.18 seah de *f* de harina será vendido por un
1 Cr. 23.29 la *f* de harina para el sacrificio
2 Cr. 4.5 borde tenía la forma..una *f* de lis
4.21 las *f*..y tenazas se hicieron de oro, de
Job 14.2 sale como una *f* y es cortado, y huye
15.33 la vid, y derramará su *f* como el olivo
Sal. 103.15 el hombre..florece como la *f* del
Cnt. 1.14 racimo de *f* de alheña en las viñas
1.16 tú eres hermoso..nuestro lecho es de *f*
2.12 se han mostrado las *f* en la tierra, el
4.13 son paraíso..de *f* de alheña y nardos
5.13 mejillas, como una era..como fragantes *f*
Is. 5.24 *f* se desvanecerá como polvo; porque
18.5 y pasada la *f* se maduren los frutos
28.1,4 *f* caduca de la hermosura de su gloria
40.6 carne..toda su gloria como *f* del campo
40.7 la hierba se seca, y la *f* se marchita
40.8 sécase la hierba, marchítase la *f*; mas
Ez. 16.13 comiste *f* de harina de trigo, miel
16.19 la *f* de la harina, el aceite y la miel
46.14 aceite para mezclar con la *f* de harina
Mi. 1.15 aun..la *f* de Israel huirá hasta Adulam
Nah. 1.4 mar..y la *f* del Líbano fue destruida
Stg. 1.10 él pasará como la *f* de la hierba
1.11 su *f* se cae, y perece su..apariencia
1 P. 1.24 y toda la gloria del hombre como *f*
1.24 como..la hierba se seca, y la *f* se cae
Ap. 18.13 *f* de harina, trigo, bestias, ovejas

FLORECER
Nm. 17.5 *florecerá* la vara del..que yo escoja
2 S. 23.5 aunque todavía no haga él *florecer*
Sal. 72.7 *florecerá* en sus días justicia..paz
72.16 y los de la ciudad *florecerán* como la
90.6 la mañana *florece* y crece; a la tarde
92.7 *florecen* todos los que hacen iniquidad
92.12 el justo *florecerá* como la palmera
92.13 los atrios de nuestro Dios *florecerán*
103.15 como..*florece* como la flor del campo
132.18 mas sobre él *florecerá* su corona
Pr. 14.11 *florecerá* la tienda de los rectos
Ec. 12.5 *florecerá* el almendro, y la langosta
Cnt. 6.11 para ver..si *florecían* los granados
7.12 veamos..si han *florecido* los granados
Is. 27.6 *florecerá* y echará renuevos Israel
35.1 el yermo se gozará y *florecerá* como la
35.2 *florecerá* profusamente, y también se
Ez. 7.10 ha *florecido* la vara, ha reverdecido
Os. 10.4 el juicio *florecerá* como ajenjo en los
14.5 *florecerá* como lirio, y extenderá sus
14.7 y *florecerán* como la vid; su olor será
Hab. 3.17 aunque la higuera no *florezca*, ni en
Hag. 2.19 ni el..de olivo ha *florecido* todavía

FLORECIENTE
Dn. 4.4 yo..estaba tranquilo..*f* en mi palacio

FLOTA
1 R. 10.11 *f* de Hiram que había traído el oro
10.22 mar una *f* de naves..con la *f* de Hiram
10.22 vez cada tres años venía la *f* de Tarsis
2 Cr. 9.21 la *f* del rey iba a Tarsis con los

FLOTAR
Gn. 7.18 *flotaba* el arca sobre la superficie de
2 R. 6.6 lo echó allí; e hizo *flotar* el hierro

FLUCTUANTE
Ef. 4.14 que ya no seamos niños *f*, llevados por

FLUCTUAR
He. 10.23 sin *fluctuar*, la profesión de nuestra

FLUIR
Éx. 3.8,17; 33.3 tierra que *fluye* leche y miel
Lv. 20.24 por heredad, tierra que *fluye* leche
Nm. 13.27 que ciertamente *fluye* leche y miel
14.8 la entregará; tierra que *fluye* leche y
16.14 tierra que *fluya* leche y miel, ni nos
Dt. 6.3 en la tierra que *fluye* leche y miel
11.9 había de darla..tierra que *fluye* leche
26.9 nos dio..tierra que *fluye* leche y miel
26.15 ni tampoco nos..tierra que *fluye* leche
27.3 *fluye* leche y miel, como Jehová el Dios
31.20 en la tierra que..*fluye* leche y miel
Jos. 5.6 daría, tierra que *fluye* leche y miel
Sal. 105.41 abrió la peña, y *fluyeron* aguas
147.18 soplará su viento, y *fluirán*..aguas
Is. 64.3 descendiste, *fluyeron*..montes delante
Jer. 11.5 les daría la tierra que *fluye* leche
32.22 les diste..tierra que *fluye* leche y miel
Lm. 1.16 mis ojos *fluyen* aguas, porque se alejó
Ez. 20.6,15 la tierra..que *fluye* leche y miel
Jl. 3.18 mosto, y los collados *fluirán* leche

FLUJO
Lv. 12.7 ella, será limpia del *f* de su sangre
15.2 varón, cuando tuviere *f* de semen, será
15.3 su inmundicia en su *f*..a causa de su *f*
15.3 o que deje de destilar a causa de su *f*
15.4 cama en..se acostare el que tuviere *f*
15.6 que se hubiere sentado el que tiene *f*
15.7 el que tocare el cuerpo del que tiene *f*
15.8 y si el que tiene *f* escupiere sobre el
15.9 sobre que cabalgare el que tuviere *f*
15.11 aquel a quien tocare el que tiene *f*, y
15.12 la vasija..que tocare el que tiene *f*
15.13 hubiere limpiado de su *f* el que tiene *f*
15.15 purificará de su *f* delante de Jehová
15.19 tuviere *f* de sangre, y su *f* fuere en
15.25 cuando siguiere el *f* de su sangre por
15.25 cuando tuviere *f*..todo el tiempo de su *f*
15.26 en que durmiere todo el tiempo de su *f*
15.28 fuere libre de su *f*, contará siete días
15.30 la purificará el..del *f* de su impureza
15.32 esta es la ley para el que tiene *f*, y
15.33 y para el que tuviere *f*, sea varón o
22.4 varón..que padeciere *f*, no comerá de las
Nm. 5.2 que echen..los que padecen *f* de semen
2 S. 3.29 nunca falte de..Joab quien padezca *f*
Ez. 23.20 lujuria..y cuyo *f* como *f* de caballos
Mt. 9.20 una mujer enferma de *f*..se le acercó
Mr. 5.25; Lc. 8.43 una mujer que padecía de *f*
Lc. 8.44 instante se detuvo el *f* de su sangre

FOGÓN
Ez. 46.23 y abajo *f* alrededor de las paredes

FOLLAJE
Dn. 4.12 su *f* era hermoso y su fruto abundante
4.14 así..quitadle el *f*, y dispersad su fruto
4.21 cuyo *f* era hermoso, y su fruto abundante

FONDO
1 R. 22.35 sangre..corría por el *f* del carro
Sal. 75.8 hasta el *f* lo apurarán, y lo beberán
Is. 14.19 que descendieron al *f* de la sepultura
Ez. 24.11 para que..se queme su *f*, y se funda
Dn. 6.24 aún no habían llegado al *f*..cuando los

FORASTERO
Gn. 20.1 partió Abraham..habitó como *f* en
23.4 extranjero y *f* soy entre vosotros; dadme
26.3 habita como *f* en esta tierra, y estaré
Éx. 2.22 porque dijo: *F* soy en tierra ajena
6.4 la tierra en que fueron *f*, y en la cual
18.3 porque dijo: *F* he sido en tierra ajena
Lv. 25.23 pues vosotros *f* y extranjeros sois
25.35 como *f* y extranjero vivirá contigo
25.45 podréis comprar de los hijos de los *f*
25.47 si el *f*..se enriqueciere, y tu hermano
25.47 y se vendiere al *f* o..que está contigo
Dt. 23.7 egipcio, porque *f* fuiste en su tierra
Jue. 17.7 un joven de Belén..era levita, y *f*
19.1 hubo un levita que moraba como *f* en la
19.16 hombre viejo..moraba como *f* en Gabaa
2 S. 4.3 beerotitas..moran allí como *f* hasta
1 Cr. 16.19 pocos en número, pocos y *f* en ella
2 Cr. 15.9 reunió..y con ellos los *f* de Efraín
30.25 los *f* que habían venido de la tierra
Job 19.15 me tuvieron por..*f* fui yo a sus ojos
31.32 *f* no pasaba fuera la noche; mis puertas
Sal. 39.12 porque *f* soy para ti, y advenedizo
105.12 ellos eran pocos en número, y *f* en ella
119.19 *f* soy yo en la tierra; no encubras de
Jer. 14.8 ¿por qué te has hecho como *f* en la
Lm. 5.2 pasado a extraños, nuestras casas a *f*
Mt. 25.35 tuve hambre..fui *f*, y me recogisteis
25.38 ¿y cuándo te vimos *f*, y te recogimos
25.43 *f*, y no me recogisteis; estuve desnudo
25.44 *f*, desnudo, enfermo, o en la cárcel, y
Lc. 24.18 ¿eres tú el único *f* en Jerusalén que

FORJAR
Job 21.27 imaginaciones que contra mí *forjáis*
Sal. 119.69 contra mí *forjaron* mentira los
Is. 54.17 ninguna arma *forjada*..prosperará, y
Jl. 3.10 *forjad* espadas de vuestros azadones

FORMA
Éx. 25.33(2) tres copas en *f* de flor de almendro
25.34 cuatro copas en *f* de flor de almendro
28.14 dos cordones de oro..en *f* de trenza
28.14 fijarás los cordones de *f* de trenza en
32.4 le dio *f* con buril, e hizo..un becerro
37.19(2) tres copas en *f* de flor de almendro
39.15 cordones de *f* de trenza, de oro puro
1 S. 28.14 ¿cuál es su *f*? Y ella respondió: Un
1 R. 7.18 de la misma *f* hizo en el otro capitel
7.19 los capiteles que..tenían *f* de lirios
7.22 tallado en *f* de lirios, y así se acabó
7.33 la *f* de las ruedas era como la de las
7.37 de esta *f* hizo diez basas, fundidas de
1 Cr. 28.21 los voluntarios..toda *f* de servicio
2 Cr. 2.14 y sacar toda *f* de diseño que se le
4.5 el borde tenía la *f*..de un cáliz, o de
4.7 diez candeleros de oro según su *f*, los
Job 10.9 acuérdate que como a barro me diste *f*
Sal. 94.20 trono..hace agravio bajo *f* de ley?
Is. 44.12 le da *f* con los martillos, y trabaja
44.13 lo hace en *f* de varón, a semejanza de
Jer. 30.18 el templo será asentado según su *f*
Ez. 8.10 *f* de reptiles y bestias abominables
10.10 las cuatro eran de una misma *f*, como
43.11 todas sus *f*, y todas sus descripciones
43.11 para que guarden toda su *f* y todas sus
Mr. 16.12 después apareció en otra *f* a dos de
Ro. 2.20 tienes en la ley la *f* de la ciencia
6.17 obedecido de corazón a..*f* de doctrina
Fil. 2.6 siendo en *f* de Dios, no estimó el ser
2.7 despojó a sí mismo, tomando *f* de siervo

FORMADOR
Is. 43.1 así dice Jehová, Creador..*F* tuyo, oh
44.9 los *f* de imágenes de talla, todos ellos
45.11 así dice..el Santo de Israel, y su *F*
Jer. 51.19 él es el *F* de todo, e Israel es el

FORMAR
Gn. 2.7 Dios *formó* al hombre del polvo de la
2.8 y puso allí al hombre que había *formado*
2.19 Dios *formó*..de la tierra toda bestia del
48.19 y su descendencia *formará* multitud de
Éx. 26.6 enlazarás..se *formará* un tabernáculo
32.35 habían hecho el becerro que *formó* Aarón
36.13 enlazó..quedó *formado* un tabernáculo
2 S. 2.25 juntaron..*formando* un solo ejército
1 R. 20.25 y tú *fórmate* otro ejército como el
2 Cr. 31.7 comenzaron a *formar*..montones, y
Esd. 4.15 *forman* en medio de ella rebeliones
4.19 se rebela, y se *forma* en ella sedición
Job 10.8 tus manos me hicieron y me *formaron*
15.7 fuiste *formado* antes que los collados?
31.35 aunque mi adversario me *forme* proceso
33.6 aquí..de barro fui yo también *formado*
Sal. 8.3 luna y las estrellas que tú *formaste*
33.15 él *formó* el corazón de todos ellos
51.5 he aquí, en maldad he sido *formado*, y
74.17 verano y el invierno tú los *formaste*
90.2 antes que..*formases* la tierra y el mundo
94.9 no oirá? El que *formó* el ojo, ¿no verá?
95.5 mar..y sus manos *formaron* la tierra seca
119.73 tus manos me hicieron y me *formaron*
139.13 porque tú *formaste* mis entrañas; tú me
139.15 cuerpo, bien que en oculto fui *formado*
139.16 cosas que fueron luego *formadas*, sin
Pr. 8.25 antes que los montes fuesen *formados*
8.27 cuando *formaba* los cielos, allí estaba
Is. 27.11 ni se compadecerá..el que lo *formó*
29.16 ¿dirá la vasija de..que la ha *formado*
43.7 para gloria mía..los *formé* y los hice
43.10 antes de mí no fue *formado* dios, ni lo
44.2 dice..el que te *formó* desde el vientre
44.10 ¿quién *formó* un dios, o quién fundió
44.21 te *formé*, siervo mío eres tú; Israel
44.24 Redentor, que te *formó* desde el vientre
45.7 que *formo* la luz y creo las tinieblas
45.18 él es Dios, el que *formó* la tierra, el
49.5 el que me *formó* desde el vientre para
64.8 nosotros barro, y tú el que nos *formaste*
Jer. 1.5 antes que te *formase* en el vientre te
33.2 que hizo la tierra, Jehová que la *formó*

FORMAR *(Continúa)*

Jer. 49.30 contra vosotros ha *formado* un designio
50.45 pensamientos que ha *formado* contra la
Ez. 16.7 pechos se habían *formado*, y tu pelo
Dn. 11.24 y contra las fortalezas *formará* sus
Am. 4.13 el que *forma* los montes, y crea el
Zac. 12.1 *forma* el espíritu del hombre dentro
Ro. 9.20 ¿dirá el vaso de barro al que lo *formó*
Gá. 4.19 que Cristo sea *formado* en vosotros
1 Ti. 2.13 Adán fue *formado* primero, después

FORMIDABLE

Job 39.20 como a. . El resoplido de su nariz es *f*
Sal. 89.7 *f* sobre. . cuantos están alrededor de
106.22 de Cam, cosas *f* sobre el Mar Rojo
139.14 porque *f*, maravillosas son tus obras
Is. 2.21 por la presencia *f* de Jehová, y por
Hab. 1.7 *f* es y terrible; de. . misma procede

FORNICACIÓN

Gn. 38.24 Tamar. . está encinta a causa de las *f*
2 R. 9.22 ¿qué paz, con las *f* de Jezabel tu
Jer. 3.2 con tus *f*. . has contaminado la tierra
3.9 que por juzgar ella cosa liviana su *f*, la
13.27 la maldad de tu *f* sobre los collados
Ez. 16.15 derramaste tus *f* a cuantos pasaron
16.20 sacrificaste a. . ¿Eran poca cosa tus *f*
16.22 y con todas. . tus *f* no te has acordado
16.25 te ofreciste a. . y multiplicaste tus *f*
16.26 con. . y aumentaste tus *f* para enojarme
16.29 multiplicaste. . *f* en la tierra de Canaán
16.33 para que de. . se llegasen a ti en tus *f*
16.34 ha sucedido. . en tus *f*, lo contrario
16.36 descubiertas tus desnudeces en tus *f*
23.5 Ahola cometió *f* aun estando en mi poder
23.8 y no dejó sus *f* de Egipto; porque con
23.8 se echaron. . derramaron sobre ella su *f*
23.11 *f* fueron más que las *f* de su hermana
23.14 y aumentó sus *f*. . cuando vio a hombres
23.18 así hizo patentes sus *f* y descubrió sus
23.19 multiplicó sus *f*, trayendo en memoria
23.27 y haré cesar de ti tu lujuria, y tu *f*
23.29 se descubrirá la inmundicia de tus *f*
23.35 lleva tú también tu lujuria y tus *f*
23.43 ¿todavía cometerán *f* con ella, y ella
43.7 con sus *f*, ni con los cuerpos muertos
43.9 ahora arrojarán lejos de mí sus *f*, y
Os. 1.2 tómate una mujer. . hijos de *f*; porque
2.2 aparte, pues, sus *f* de su rostro, y sus
4.11 *f*, vino y mosto quitan el juicio
4.12 espíritu de *f* lo hizo errar, y dejaron
5.4 espíritu de *f* está en medio de ellos, y
Nah. 3.4 de la multitud de las *f* de la ramera
3.4 que seduce a las naciones con sus *f*, y
Mt. 5.32 no ser por causa de *f*, hace que ella
15.19 los adulterios, las *f*, los hurtos, los
19.9 que repudia a su. . salvo por causa de *f*
Mr. 7.21 los adulterios, las *f*, los homicidios
Jn. 8.41 no somos nacidos de *f*. . padre tenemos
Hch. 15.20 de los ídolos, de *f*, de ahogado y de
15.29 que os abstengáis. . de ahogado y de *f*
21.25 que se abstengan de. . de ahogado y de *f*
Ro. 1.29 estando atestados de. . injusticia, *f*
1 Co. 5.1 entre vosotros *f*, y tal *f* cual ni aun
6.13 el cuerpo no es para la *f*, sino para el
6.18 huid de la *f*. Cualquier otro pecado que
7.2 pero a causa de las *f*, cada uno tenga su
2 Co. 12.21 y no se han arrepentido de la. . *f*
Gá. 5.19 adulterio, *f*, inmundicia, lascivia
Ef. 5.3 pero *f*. . o avaricia, ni aun se nombre
Col. 3.5 *f*, impureza, pasiones desordenadas
1 Ts. 4.3 santificación; que os apartéis de *f*
Ap. 2.14 enseñaba a los. . de Israel. . a cometer *f*
2.21 dado. . pero no quiere arrepentirse de su *f*
9.21 no se arrepintieron de sus. . ni de su *f*
14.8 hecho beber a. . vino del furor de su *f*
17.2 se han embriagado con el vino de su *f*
17.4 cáliz. . lleno de. . la inmundicia de su *f*
18.3 naciones han bebido del vino. . de su *f*
19.2 que ha corrompido a la tierra con su *f*

FORNICAR

Gn. 38.24 a Judá, diciendo: Tamar. . ha *fornicado*
Éx. 34.15 *fornicarán* en pos de sus dioses, y
34.16 *fornicando* sus hijas en pos de. . dioses
34.16 harán *fornicar* también a tus hijos en
Lv. 17.7 demonios, tras. . cuales han *fornicado*
19.29 a tu hija haciéndola *fornicar*, para que
20.5 todos los que *fornicaron* en pos de él
21.9 la hija del. . si comenzare a *fornicar*, a
Nm. 25.1 empezó a *fornicar* con. . hijas de Moab
Dt. 22.21 hizo vileza. . *fornicando* en casa de
31.16 este pueblo. . *fornicará* tras los dioses
2 Cr. 21.11 hizo que. . *fornicasen* tras ellos, y
21.13 que *fornicase* Judá. . como *fornicó*. . Acab
Is. 23.17 *fornicará* con todos los reinos del
Jer. 3.1 has *fornicado* con muchos amigos; mas
3.6 debajo de todo árbol frondoso. . *fornica*
3.8 que por haber *fornicado* la rebelde Israel
3.8 no. . sino que también fue ella y *fornicó*
3.13 *fornicaste* con los extraños debajo de
Ez. 6.9 ojos que *fornicaron* tras sus ídolos
16.16 diversos lugares altos, y *fornicaste*
16.17 y te hiciste imágenes. . y *fornicaste*
16.26 y *fornicaste* con los hijos de Egipto
16.28 *fornicaste* también con los asirios, por
16.28 *fornicaste* con. . y tampoco te saciaste
16.34 ninguno te ha solicitado para *fornicar*
20.30 y *fornicáis* tras sus abominaciones?
23.3 *fornicaron* en Egipto; en su juventud *f*
23.19 días de. . en los cuales había *fornicado*
23.30 porque *fornicaste* en pos de. . naciones
23.37 han *fornicado* con sus ídolos; y aun a
Os. 1.2 tierra *fornica* apartándose de Jehová
3.3 no *fornicarás*, ni tomarás otro varón; lo
4.10 *fornicarán*, mas no se multiplicarán
4.12 errar, y dejaron a su Dios para *fornicar*
4.13 vuestras hijas *fornicarán*. . adulterarán
4.14 no castigaré a. . hijas cuando *forniquen*
4.15 si *fornicas* tú, Israel. . no peque Judá
4.18 *fornicaron* sin cesar. . lo que avergüenza
6.10 *fornicó* Efraín, y se contaminó Israel
9.1 pues has *fornicado* apartándote de tu Dios
1 Co. 6.18 que *fornica*, contra su propio cuerpo
10.8 ni *forniquemos*, como. . ellos *fornicaron*
Jud. 7 los cuales, habiendo *fornicado* e ido en
Ap. 2.20 enseñe. . a mis siervos a *fornicar* y a
17.2 con la cual han *fornicado* los reyes de
18.3 y los reyes de la tierra han *fornicado*
18.9 los reyes. . que han *fornicado* con ella

FORNICARIO, RIA

Is. 57.3 acá. . generación del adúltero y de la *f*
Ez. 6.9 me quebranté a causa de su corazón *f*
Os. 1.2 dijo. . Vé, tómate una mujer *f*, e hijos
1 Co. 5.9 carta, que no os juntéis con los *f*
5.10 no. . con los *f* de este mundo, o con los
5.11 llamándose hermano, fuere *f*, o avaro
6.9 no erréis; ni los *f*, ni los idólatras, ni
Ef. 5.5 ningún *f*. . tiene herencia en el reino
1 Ti. 1.10 los *f*, para los sodomitas, para los
He. 12.16 no sea que haya algún *f*, o profano
13.4 los *f* y a los adúlteros los juzgará Dios
Ap. 21.8 *f* y hechiceros. . tendrán su parte en el
22.15 estarán fuera. . los *f*, los homicidas, los

FORO

Hch. 16.19 trajeron al *f*, ante los magistrados
28.15 salieron a recibirnos hasta el *F*. . Apio

FORRAJE

Gn. 24.25 hay en nuestra casa paja y mucho *f*
24.32 les dio paja y *f*, y agua para lavar los
Jue. 19.19 tenemos. . y *f* para nuestros asnos

FORTALECER

Gn. 27.40 y sucederá que cuando te *fortalezcas*
49.24 brazos de sus manos se *fortalecieron*
Éx. 1.7 y fueron aumentados y *fortalecidos* en
1.20 el pueblo se multiplicó y se *fortaleció*
Dt. 3.28 y *fortalécelo*; porque él ha de pasar
11.8 para que seáis *fortalecidos*, y entréis
Jue. 3.12 y Jehová *fortaleció* a Eglón rey de
9.24 los hombres. . que *fortalecieron* las manos
16.28 acuérdate ahora de mí, y *fortaléceme*
1 S. 23.16 Jonatán. . *fortaleció* su mano en Dios
30.6 David se *fortaleció* en Jehová su Dios
2 S. 3.1 David se iba *fortaleciendo*, y la casa
16.21 así se *fortalecerán* las manos de todos
1 R. 19.8 *fortalecido* con aquella comida caminó
20.22 vé, *fortalécete*, y considera y mira lo
2 Cr. 11.17 así *fortalecieron* el reino de Judá
12.13 *fortalecido*, pues, Roboam, reinó en
28.20 redujo a estrechez, y no lo *fortaleció*
Esd. 6.22 *fortalecer* sus manos en la obra de
7.28 yo, *fortalecido* por la mano de mi Dios
Neh. 6.9 ahora. . oh Dios, *fortalece* tú mis manos
Job 4.3 he aquí. . *fortalecías* las manos débiles
29.20 y mi arco se *fortalecía* en mi mano
39.4 sus hijos se *fortalecen*, crecen con el
Sal. 9.19 Jehová; no se *fortalezca* el hombre
89.21 con él, mi brazo también lo *fortalecerá*
138.3 me *fortaleciste* con vigor en mi alma
Ec. 7.19 la sabiduría *fortalece* al sabio más
Is. 30.2 *fortalecerse* con la fuerza de Faraón
35.3 *fortaleced* las manos cansadas, afirmad
38.14 Jehová, violencia padezco; *fortaléceme*
47.12 quizá. . mejorarte, quizá te *fortalecerás*
Jer. 9.3 y no se *fortalecieron* para la verdad
23.14 y *fortalecían* las manos de los malos
Ez. 13.22 *fortalecisteis* las manos del impío
16.49 y no *fortaleció* la mano del afligido
30.21 a fin de *fortalecerlo* para que pueda
30.24 y *fortaleceré* los brazos del rey de
30.25 *fortaleceré*, pues, los brazos del rey
34.4 no *fortalecisteis* las débiles. . enferma
34.16 perniquebrada, y *fortaleceré* la débil
Dn. 8.24 su poder se *fortalecerá*, mas no con
10.18 me tocó otra vez, y me *fortaleció*
10.19 hable mi señor. . me has *fortalecido*
11.1 yo. . estuve para animarlo y *fortalecerlo*
Os. 7.15 aunque yo los. . y *fortalecí* sus brazos
Zac. 10.6 porque yo *fortaleceré* la casa de Judá
10.12 los *fortaleceré* en Jehová, y caminarán
Lc. 1.80 y el niño. . se *fortalecía* en espíritu
2.40 y el niño crecía y se *fortalecía*, y se
22.43 un ángel del cielo para *fortalecerle*
Hch. 9.31 *fortalecidas* por el Espíritu Santo
Ro. 4.20 se *fortaleció* en fe, dando gloria a
Ef. 3.16 os dé. . el ser *fortalecidos* con poder
6.10 *fortaleceos* en el Señor, y en el poder
Fil. 4.13 lo puedo en Cristo que me *fortalece*
Col. 1.11 *fortalecidos* con todo poder, conforme
1 Ti. 1.12 doy gracias al que me *fortaleció*, a
1 P. 5.10 él mismo os. . *fortalezca* y establezca

FORTALEZA

Gn. 49.3 Rubén, tú eres. . mi *f*, y el principio
Éx. 15.2 Jehová es mi *f* y mi cántico, y ha sido
Jue. 9.46 se metieron en la *f* del templo. . Berit
9.49 junto a la *f*. . prendieron fuego. . a la *f*
2 S. 5.7 pero David tomó la *f* de Sion, la cual
5.9 David moró en la *f*, y le puso por nombre
5.17 cuando David lo oyó, descendió a la *f*
22.2 Jehová es mi roca y mi *f*, y mi libertador
22.3 *f* mía, en él confiaré; mi escudo, y el
24.7 fueron. . a la *f* de Tiro, y a todas las
2 R. 8.12 sus *f* pegarás fuego, a sus jóvenes
1 Cr. 11.5 mas David tomó la *f* de Sion, que es
11.7 y David habitó en la *f*, y por esto la
11.16 David. . en la *f*, y. . filisteos en Belén
2 Cr. 11.11 reforzó. . las *f*, y puso. . capitanes
17.12 Josafat. . edificó en Judá *f* y ciudades
27.3 y sobre el muro de la *f* edificó mucho
27.4 y construyó *f* y torres en los bosques
Neh. 7.2 Hananías, jefe de la *f* de Jerusalén
Sal. 8.2 la boca de los niños. . fundaste la *f*
18.1 te amo, oh Jehová, *f* mía
18.2 *f* mía, en él confiaré; mi escudo, y la
22.19 mas tú. . *f* mía, apresúrate a socorrerme
27.1 Jehová es la *f* de mi vida; ¿de quién
28.7 Jehová es mi *f* y mi escudo; en él confió
28.8 Jehová es la *f* de su pueblo, y el refugio
31.2 sé tú mi roca fuerte, y *f* para salvarme
37.39 es su *f* en el tiempo de la angustia
43.2 pues que tú eres el Dios de mi *f*, ¿por
46.1 Dios es nuestro amparo y *f*. . auxilio en
52.7 el hombre que no puso a Dios por su *f*
59.17 *f* mía, a ti cantaré; porque eres, oh
60.7 y Efraín es la *f* de mi cabeza; Judá es
71.3 roca de. . porque tú eres mi roca y mi *f*
81.1 cantad con gozo a Dios, *f* nuestra; al
89.40 aportillaste todos. . has destruido sus *f*
90.10 con todo, su *f* es molestia y trabajo
92.15 para anunciar que Jehová mi *f* es recto
103.20 ángeles, poderosos en *f*, que ejecutáis
108.8 Efraín es la *f* de mi cabeza; Judá es
118.14 mi *f* y mi cántico es JAH, y él me ha
144.2 *f* mía y mi libertador, escudo mío, en
Pr. 10.29 el camino de Jehová es *f* al perfecto
Is. 12.2 porque mi *f* y mi canción es. . Jehová
23.4 *f* del mar habló, diciendo: Nunca estuve
23.11 Jehová mandó. . que sus *f* sean destruidas
23.13 levantaron sus *f*, edificaron. . palacios
23.14 aullad. . porque destruida es vuestra *f*
25.4 fuiste *f* al pobre, *f* al menesteroso en
25.12 y abatirá la *f* de tus altos muros; la
26.4 porque en Jehová el Señor está la *f* de
27.5 forzará alguien mi *f*? Haga conmigo paz
29.7 todos los que pelean contra ella y su *f*
30.7 di voces, que su *f* sería estarse quietos
30.15 en quietud y en confianza. . vuestra *f*
31.9 de miedo pasará su *f*, y sus príncipes con
32.14 las torres y *f* se volverán cuevas para
33.16 *f* de rocas será su lugar de refugio; se
34.13 crecerán. . y ortigas y cardos en sus *f*
Jer. 6.27 por *f* te he puesto en mi pueblo, por
16.19 Jehová, *f* mía y fuerza mía, y refugio
46.15 ¿por qué ha sido derribada tu *f*? No
48.18 el destruidor de Moab. . destruyó tus *f*
48.41 tomadas serán las ciudades, y. . las *f*
49.35 arco de Elam, parte principal de su *f*
51.30 se encerraron en sus *f*; les faltaron
Lm. 2.2 echó por tierra las *f* de la hija de
2.5 derribó sus *f*, y multiplicó en la hija
Ez. 4.2 edificarás contra ella *f*. . campamento
19.7 saqueó *f*, y asoló ciudades; y la tierra
19.9 lo pusieron en las *f*, para que su voz
24.25 el día que yo arrebate a ellos su *f*
30.15 derramaré. . ira sobre Sin, *f* de Egipto
33.27 están en las *f* y en las cuevas morirán
Dn. 11.7 entrará en la *f*, y hará en ellos a su
11.10 volverá y llevará la guerra hasta su *f*
11.19 volverá su rostro a las *f* de su tierra
11.24 y contra las *f* formará sus designios
11.31 que profanarán el santuario y la *f*, y
11.38 honrará en su lugar al dios de las *f*
11.39 con un dios ajeno se hará de las *f* más
Os. 10.14 todas tus *f* serán destruidas, como
Jl. 3.16 Jehová será. . *f* de los hijos de Israel
Am. 3.11 derribará tu *f*, y tus palacios serán
5.9 hace que el despojador venga sobre la *f*
Mi. 4.8 *f* de la hija de Sion, hasta ti vendrá
5.11 de tu tierra, y arruinaré todas tus *f*
Nah. 1.7 Jehová es. . *f* en el día de la angustia
2.1 guarda la *f*, vigila el camino, cíñete los
3.9 Etiopía era su *f*, también Egipto, y eso
3.12 tus *f* serán cual higueras con brevas
3.14 refuerza tus *f*; entra en el lodo, pisa
Hab. 1.10 reirá de. . *f*, y levantará terraplén

FORTALEZA *(Continúa)*
Hab. 2.1 y sobre la *f* afirmaré el pie, y velaré
3.19 Jehová el Señor es mi *f*, el cual hace
Zac. 9.3 Tiro se edificó *f*, y amontonó plata
9.12 a la *f*, oh prisioneros de esperanza
Hch. 21.34 del alboroto, le mandó llevar a la *f*
21.37 comenzaron a meter a Pablo en la *f*
22.24 mandó..le metiesen en la *f*, y ordenó
23.10 le arrebatasen..y le llevasen a la *f*
23.16 y entró en la *f*, y dio aviso a Pablo
23.32 y al día siguiente..volvieron a la *f*
2 Co. 10.4 poderosas..para la destrucción de *f*
Ap. 5.12 el Cordero..es digno de tomar..la *f*
7.12 el poder y la *f*, sean a nuestro Dios por

FORTIFICAR
Nm. 13.19 campamentos o plazas *fortificadas*
13.28 ciudades muy grandes y *fortificadas*
32.17 quedarán en ciudades *fortificadas* a
32.36 Bet-nimra y Bet-harán..*fortificadas*
Dt. 3.5 eran ciudades *fortificadas* con muros
28.52 caigan tus muros altos y *fortificados*
Jos. 10.20 se metieron..ciudades *fortificadas*
14.12 hay ciudades grandes y *fortificadas*
19.29 hasta la ciudad *fortificada* de Tiro
19.35 las ciudades *fortificadas* son Sidim
Jue. 6.2 se hicieron..y lugares *fortificados*
9.51 en medio..había una torre *fortificada*
1 S. 6.18 así las ciudades *fortificadas* como
2 S. 20.6 halle para sí ciudades *fortificadas*
2 R. 3.19 destruiréis toda ciudad *fortificada*
10.2 que tienen la ciudad *fortificada*, y las
17.9 desde..hasta las ciudades *fortificadas*
18.8 atalayas hasta la ciudad *fortificada*
18.13 contra todas las ciudades *fortificadas*
19.25 para reducir las ciudades *fortificadas*
2 Cr. 8.5 reedificó..las ciudades *fortificadas*
11.5 edificó ciudades..*fortificar* a Judá
11.10 eran ciudades *fortificadas* de Judá y
11.12 las *fortificó*, pues, en gran manera
11.23 y por todas las ciudades *fortificadas*
12.4 tomó las ciudades *fortificadas* de Judá
14.6 edificó ciudades *fortificadas* en Judá
16.1 subió Baasa..y *fortificó* a Ramá, para
17.2 puso ejércitos en..ciudades *fortificadas*
17.19 puesto en las ciudades *fortificadas* en
19.5 puso jueces en..ciudades *fortificadas*
21.3 les había dado..y ciudades *fortificadas*
26.9 edificó..Uzías torres..y la *fortificó*
32.1 acampó contra las ciudades *fortificadas*
32.5 *fortificó* además a Milo en la ciudad de
33.14 puso capitanes..ciudades *fortificadas*
Neh. 9.25 ciudades *fortificadas* y tierra fértil
Sal. 31.21 misericordia..en ciudad *fortificada*
60.9; 108.10 ¿quién..a la ciudad *fortificada?*
147.13 *fortificó* los cerrojos de tus puertas
Pr. 10.15 riquezas..son su ciudad *fortificada*
18.11 las riquezas..son su ciudad *fortificada*
Is. 17.9 sus ciudades *fortificadas* serán como
22.10 derribasteis casas para *fortificar* el
25.2 montón, la ciudad *fortificada* en ruina
27.10 la ciudad *fortificada* será desolada
36.1 contra todas las ciudades *fortificadas*
37.26 para reducir las ciudades *fortificadas*
Jer. 1.18 he puesto..como ciudad *fortificada*
4.5 entrémonos en las ciudades *fortificadas*
5.17 tus ciudades *fortificadas* en que confías
8.14 entremos en las ciudades *fortificadas*
10.17 la que moras en lugar *fortificado*
15.20 yo te pondré..por muro *fortificado* de
34.7 de las ciudades *fortificadas* de Judá
50.44 espesura del Jordán a la..*fortificada*
51.53 suba..hasta el cielo, y se *fortifique*
Ez. 21.20 a Judá contra Jerusalén..*fortificada*
36.35 ciudades que eran..están *fortificadas*
Os. 8.14 Judá multiplicó ciudades *fortificadas*
Mi. 7.12 desde Asiria y..ciudades *fortificadas*
7.12 las ciudades *fortificadas* hasta el Río
Sof. 1.16 de trompeta..ciudades *fortificadas*

FORTÍSIMO
Éx. 10.19 Jehová trajo un *f* viento occidental
He. 6.18 tengamos un *f* consuelo los que hemos

FORTUNA
Is. 65.11 ponéis mesa para la *F*, y..el Destino

FORTUNATO *Cristiano de Corinto*,
1 Co. 16.17

FORZAR
Éx. 22.2 el ladrón fuere hallado *forzando* una
Dt. 22.25 y la *forzare*..acostándose con ella
2 S. 13.14 que pudiendo más que ella, la *forzó*
13.22 a Amnón, porque había *forzado* a Tamar
13.32 el día en que Amnón *forzó* a Tamar su
Is. 27.5 *¿forzará* alguien mi fortaleza? Haga
Lc. 14.23 vé..y *fuérzalos* a entrar, para que
Hch. 26.11 y muchas veces..*forcé* a blasfemar

FOSA
Pr. 22.14 *f* profunda..boca de la mujer extraña
Ez. 31.14 hijos..con los que descienden a la *f*
32.23 sus sepulcros..a los lados de la *f*, y

FOSO
1 S. 13.6 se escondieron..en *f*, en peñascos
2 S. 23.20; 1 Cr. 11.22 mató a un león en..*f*
Pr. 26.27 el que cava *f* caerá en él; y al que
28.10 el que hace errar..caerá en su mismo *f*
Is. 19.6 ríos..secarán las corrientes de los *f*
22.11 hicisteis *f* entre los dos muros para
24.17 terror, *f* y red sobre ti, oh morador
24.18 caerá en el *f*; y el que saliere..del *f*
Ez. 19.8 extendieron..y en el *f* fue apresado
Dn. 6.7,12 sea echado en el *f* de los leones
6.16 mandó..le echaron en el *f* de los leones
6.17 puesta sobre la puerta del *f*, la cual
6.19 el rey, pues..fue..al *f* de los leones
6.20 acercándose al *f* llamó a voces a Daniel
6.23 se alegró..mandó sacar a Daniel del *f*
6.23 y fue Daniel sacado del *f*, y ninguna
6.24 y fueron echados en el *f* de los leones
6.24 y aún no habían llegado al fondo del *f*

FRACTURADO
Ez. 30.22 quebraré sus brazos, el fuerte y el *f*

FRAGANCIA
Lv. 26.31 y no oleré la *f* de vuestro..perfume

FRAGANTE
Cnt. 5.13 mejillas, como una era de..*f* flores
5.13 sus labios..lirios que destilan mirra *f*
Ef. 5.2 ofrenda y sacrificio a Dios en olor *f*
Fil. 4.18 olor *f*, sacrificio acepto..a Dios

FRÁGIL
Sal. 39.4 hazme saber..fin..sepa yo cuán *f* soy
Is. 36.6 confías en este báculo de caña *f*, en
Dn. 2.42 reino será en parte fuerte..parte *f*
1 P. 3.7 honor a la mujer como a vaso más *f*

FRAGOR
Nah. 3.2 y *f* de ruedas, caballo atropellador

FRAGUADOR
Job 13.4 sois *f* de mentira..médicos nulos

FRAGUAR
Sal. 21.11 contra ti; *fraguaron* maquinaciones

FRANJA
Nm. 15.38 hagan *f* en los bordes de..vestidos
15.38 y pongan en cada *f*..un cordón de azul
15.39 servirá de *f*, para que cuando lo veáis

FRANQUEAR
Neh. 2.7 para que me *franqueen* el paso hasta

FRANQUEZA
2 Co. 3.12 teniendo tal esperanza, usamos..*f*
7.4 mucha *f* tengo con vosotros; mucho me

FRASCO
Lc. 7.37 trajo un *f* de alabastro con perfume

FRASE
He. 12.27 *f*: Aún una vez, indica la remoción

FRATERNAL
Ro. 12.10 amaos..unos a los otros con amor *f*
1 Ts. 4.9 acerca del amor *f* no tenéis necesidad
He. 13.1 permanezca el amor *f*
1 P. 1.22 amor *f* no fingido, amaos unos a otros
2 P. 1.7 a la piedad, afecto *f*; y al afecto *f*

FRAUDE
Éx. 22.9 en toda clase de *f*, sobre buey, sobre
Sal. 10.7 llena está su boca de maldición..*f*
36.3 palabras de su boca son iniquidad y *f*
38.12 iniquidades, y meditan *f* todo el día
55.11 y el *f* y el engaño no se apartan de
101.7 no habitará..de mi casa el que hace *f*

FRAUDULENTO, TA
Sal. 120.2 libra mi alma, oh..de la lengua *f*
2 Co. 11.13 obreros *f*, que se disfrazan como

FRECUENCIA
1 S. 3.1 escaseaba en..no había visión con *f*

FRECUENTAR
Pr. 29.3 *frecuenta* rameras perderá los bienes
Ec. 8.10 los que *frecuentaban* el lugar santo

FRECUENTE
1 Ti. 5.23 poco de vino por..tus *f* enfermedades

FREGAR
Lv. 6.28 en vasija..*fregada* y lavada con agua
2 R. 21.13 se limpia un plato, que se *friega*

FRENO
2 R. 19.28 pondré..*f* en tus labios, y te haré
Job 41.13 ¿quién se acercará a él con..*f* doble?
Sal. 32.9 que han de ser sujetados con..y con *f*
39.1 guardaré mi boca con *f*, en tanto que
Is. 30.28 el *f* estará en las quijadas de los
37.29 mi *f* en tus labios, y te haré volver
Stg. 3.3 ponemos *f* en la boca de los caballos
Ap. 14.20 sangre hasta los *f* de los caballos

FRENTE
Gn. 49.26 y sobre la *f* del que fue apartado de
Éx. 26.9 doblarán la sexta cortina en el *f* del
28.38 estará sobre la *f* de Aarón, y llevará
28.38 sobre su *f* estará continuamente, para
39.34 la cubierta de pieles..el velo del *f*
Lv. 8.9 sobre la mitra, en *f*, puso la lámina
13.41 si hacia su *f* se le cayere el cabello
Dt. 7.24 nadie te hará *f*..que los destruyas
33.16 y sobre la *f* de aquel que es príncipe
Jos. 1.5 nadie te podrá hacer *f* en todos los
7.12 Israel no podrán hacer *f* a sus enemigos
7.13 Israel; no podrás hacer *f* a tus enemigos
21.44 y ninguno de todos..pudo hacerles *f*
Jue. 2.14 no pudieron..hacer *f* a sus enemigos
5.2 por haberse puesto al *f* los caudillos
1 S. 17.49 hirió al..en la *f*..clavada en la *f*
2 S. 10.9 se le presentaba la batalla de *f* y a
11.15 poned a Urías al *f*, en lo más recio de
1 Cr. 19.10 el ataque..sido dispuesto por el *f*
2 Cr. 3.4 el pórtico..al *f* del edificio era de
3.8 el ancho del *f* de la casa, y su anchura
26.19 Uzías..lepra le brotó en la *f*, delante
26.20 he aquí la lepra estaba en su *f*; y le
Is. 48.4 conozco que eres duro..tu *f* de bronce
Jer. 3.3 has tenido *f* de ramera, y no quisiste
Ez. 3.7 toda la casa de Israel es dura de *f* y
3.8 yo he hecho tu..tu *f* fuerte contra sus *f*
3.9 más fuerte que pedernal he hecho tu *f*
9.4 señal en la *f* a los hombres que gimen y
10.11 andaban, hacia los cuatro *f* andaban
40.15,19 desde el *f* de la puerta..hasta el *f*
41.21 el *f* del santuario era como el otro *f*
Ap. 7.3 hasta que hayamos sellado en sus *f* a
9.4 que no tuviesen el sello de Dios en sus *f*
13.16 una marca en la mano derecha, o en la *f*
14.1 el nombre de él y de su Padre en la *f*
14.9 y recibe la marca en su *f* o en su mano
17.5 en su *f* un nombre escrito, un misterio
20.4 que no recibieron la marca en sus *f* ni
22.4 verán su rostro, y su nombre..en sus *f*

FRESCO, CA
Lv. 23.14 no comeréis pan..ni espiga *f*, hasta
Nm. 6.3 uvas, ni tampoco comerá uvas *f* ni secas
Jue. 15.15 hallando una quijada de asno *f* aún
Sal. 92.10 fuerzas..seré ungido con aceite *f*

FRIGIA *Región interior del Asia Menor*
Hch. 2.10 en *F* y Panfilia, en Egipto y en las
16.6 atravesando *F*..la provincia de Galacia
18.23 recorriendo por orden la región de..*F*

FRÍO, A
Gn. 8.22 no cesarán..la siega, el *f* y el calor
Job 24.7 ropa, sin tener cobertura contra el *f*
37.9 viene..y el *f* de los vientos del norte
Sal. 147.17 echa..ante su *f*, ¿quién resistirá?
Pr. 25.13 como *f* de nieve..el mensajero fiel
25.20 el que quita la ropa en tiempo de *f*
25.25 como el agua *f* al alma sedienta, así
Jer. 18.14 ¿faltarán las aguas *f* que corren de
Nah. 3.17 se sientan en vallados en día de *f*
Mt. 10.42 que dé..un vaso de agua *f* solamente
Jn. 18.18 hacía *f*, y se calentaban; y también
Hch. 28.2 recibieron a todos, a causa..del *f*
2 Co. 11.27 muchos ayunos, en *f* y en desnudez
Ap. 3.15 que ni eres *f* ni..¡Ojalá fueses *f* o
3.16 cuanto eres tibio, y no *f* ni caliente

FRITA
Lv. 6.21 *f* la traerás, y los pedazos cocidos
7.12 y flor de harina *f* en tortas amasadas

FRONDOSO, SA
Lv. 23.40 ramas de árboles *f*, y sauces de los
Dt. 12.2 a sus dioses..debajo de todo árbol *f*
1 R. 14.23 imágenes de..debajo de todo árbol *f*
2 R. 16.4 incienso en..debajo de todo árbol *f*
17.10 y levantaron..y debajo de todo árbol *f*
2 Cr. 28.4 sacrificó..debajo de todo árbol *f*
Neh. 8.15 y traed ramas de..y de todo árbol *f*
Is. 57.5 con los ídolos debajo de todo árbol *f*
Jer. 2.20 debajo de todo árbol *f* te echabas
3.6 debajo de todo árbol *f*, y allí fornica
3.13 fornicaste con..debajo de todo árbol *f*
17.2 Asera que están junto a los árboles *f*
Ez. 6.13 debajo de todo árbol *f* y debajo de toda
20.28 y miraron a..y a todo árbol *f*, y allí
31.3 cedro en..de *f* ramaje y de grande altura
Os. 10.1 Israel es una *f* viña, que da..fruto

FRONTAL
Dt. 6.8 señal..estarán como *f* entre tus ojos
11.18 señal..serán por *f* entre vuestros ojos

FRONTERA

Nm. 20.16 en Cades, ciudad cercana a tus *f*
20.23 habló a..en la *f* de la tierra de Edom
21.24 la *f* de los hijos de Amón era fuerte
33.44 salieron..acamparon..en la *f* de Moab
34.3 el lado del sur..Zin hasta la *f* de Edom
Jos. 15.1 de Judá..llegaba hasta la *f* de Edom
15.21 las ciudades de la..hacia la *f* de Edom
Jue. 7.22 huyó..hasta la *f* de Abel-mehola en
2 R. 3.21 se juntaron..y se pusieron en la *f*
10.32 y los derrotó Hazael por todas las *f*
18.8 hirió..los filisteos hasta Gaza y sus *f*
2 Cr. 9.26 tuvo dominio..hasta la *f* de Egipto
26.8 se divulgó su fama hasta la *f* de Egipto
Sal. 78.54 trajo..a las *f* de su tierra santa
Is. 19.19 y monumento a Jehová junto a su *f*
Ez. 48.2 junto a la *f* de Dan, desde el lado

FRUCTÍFERO, RA

Gn. 49.22 rama *f* es José, rama *f* junto a una
Sal. 107.34 tierra *f* en estéril, por la maldad
Is. 17.6 cinco en sus ramas más *f*, dice Jehová
29.17 ¿no se convertirá..Líbano en campo *f*
Hch. 14.17 dándonos lluvias del..y tiempos *f*

FRUCTIFICAR

Gn. 1.22 los bendijo, diciendo: *Fructificad* y
1.28 y les dijo: *Fructificad* y multiplicaos
8.17 vayan..y *fructifiquen*..sobre la tierra
9.1 *fructificad* y multiplicaos, y llenad la
9.7 mas vosotros *fructificad* y multiplicaos
17.20 a Ismael..le haré *fructificar*..mucho
26.22 ahora..*fructificaremos* en la tierra
28.3 Dios Omnipotente..te haga *fructificar*
41.52 Dios me hizo *fructificar* en la tierra
Éx. 1.7 los hijos de Israel *fructificaron* y se
10.5 comerá..todo árbol que os *fructifica* en
Sal. 92.14 en la vejez *fructificarán;* estarán
Os. 13.15 aunque él *fructifique* entre los

FRUSTRAR

2 S. 17.14 el acertado consejo..se *frustrara*
Esd. 4.5 sobornaron..*frustrar* sus propósitos
Job 5.12 que *frustra* los pensamientos de los
5.13 *frustra* los designios de los perversos
Sal. 33.10 y *frustra* las maquinaciones de los
Pr. 15.22 son *frustrados* donde no hay consejo
Lc. 16.17 que se *frustre* una tilde de la ley

FRUTA

Cnt. 7.13 a nuestras puertas hay..de dulces *f*
Is. 28.4 la *f* temprana, la primera del verano
Os. 9.10 como la *f* temprana de la higuera en
Am. 8.2 respondí: Un canastillo de *f* de verano

FRUTAL

Lv. 19.23 y plantéis toda clase de árboles *f*
Neh. 9.25 heredaron casas..y muchos árboles *f*
Ez. 47.12 crecerá toda clase de árboles *f;* sus

FRUTO

Gn. 1.11 árbol de *f* que dé *f* según su género
1.12 produjo..la tierra..y árbol que da *f*
1.29 árbol en que hay *f* y que da semilla
3.2 del *f* de los árboles del..podemos comer
3.3 del *f* del árbol..dijo Dios: No comeréis
3.6 tomó de su *f* y comió; y dio a su marido
4.3 Caín trajo del *f* de..una ofrenda a Jehová
19.25 destruyó las ciudades..*f* de la tierra
30.2 Dios, que te impidió el *f* de tu vientre?
47.24 de los *f* daréis el quinto a Faraón, y
Éx. 10.15 consumió..todo el *f* de los árboles
23.16 siega, los primeros *f* de tus labores
23.16 hayas recogido los *f* de tus labores
23.19; 34.26 las primicias de los primeros *f*
Lv. 19.10 ni recogerás el *f* caído de tu viña
19.23 como incircunciso lo primero de su *f*
19.23 será incircunciso; su *f* no se comerá
19.24 su *f* será consagrado en alabanzas a
19.25 comeréis el *f*..que os haga crecer su *f*
23.10 primicia de los primeros *f* de vuestra
23.39 mes..hayáis recogido el *f* de la tierra
23.40 ramas con *f* de árbol hermoso, ramas de
25.3 años podarás tu viña y recogerás sus *f*
25.7 la bestia..todo el *f* de ella para comer
25.15 conforme al número de..años de los *f*
25.19 la tierra dará su *f*, y comeréis hasta
25.20 aquí..ni hemos de recoger nuestros *f*
25.21 mi bendición..y ella hará que haya *f*
25.22 y comeréis del *f* añejo; hasta el año
25.22 que venga su *f*, comeréis del añejo
26.4 yo daré..y el árbol del campo dará su *f*
26.20 los árboles de la tierra no darán su *f*
27.30 así de la simiente de la..como del *f*
Nm. 13.20 y esforzaos, y tomad del *f* del país
13.26 y les mostraron el *f* de la tierra
13.27 llegamos a la tierra..y este es el *f*
Dt. 1.25 tomaron en sus manos del *f* del país
7.13 el *f* de tu vientre y el *f* de tu tierra
11.17 no..ni la tierra dé su *f*, y perezcáis
16.15 habrá bendecido..Dios en todos tus *f*
20.20 árbol..no lleva *f*, podrás destruirlo
22.9 se pierda..tanto la semilla..como el *f*
26.2 tomarás de las primicias de todos los *f*
26.10 he traído las primicias del *f* de la
26.12 de diezmar todo el diezmo de tus *f* en
28.4 bendito el *f* de tu vientre, el *f* de tu
28.4 bendito..el *f* de tus bestias, la cría
28.11 sobreabundar en..en el *f* de tu vientre
28.11 en el *f* de tu bestia, y en el *f* de tu
28.18 maldito el *f* de tu vientre, el *f* de tu
28.33 el *f*..comerá pueblo que no conociste
28.42 y el *f* de tu tierra serán consumidos
28.51 comerá el *f* de tu bestia y el *f* de tu
28.53 comerás el *f* de tu vientre, la carne
30.9 te hará..abundar..en el *f* de tu vientre
30.9 *f* de tu bestia, y en el *f* de tu tierra
32.13 lo hizo subir..y comió los *f* del campo
32.22 arderá..devorará la tierra y sus *f*, y
33.14 con los más escogidos *f* del sol, con
33.15 el *f* más fino de los montes antiguos
Jos. 5.11 al otro día de..comieron del *f* de la
5.12 comenzaron a comer del *f* de la tierra
5.12 sino que comieron de los *f* de la tierra
Jue. 6.4 destruían los *f* de la tierra, hasta
9.11 ¿he de dejar..mi buen *f*, para ir a ser
2 S. 9.10 almacenarás los *f*, para que el hijo
2 R. 8.6 hazle devolver..los *f* de sus tierras
19.29 plantaréis viñas, y comeréis el *f* de
19.30 de la casa de Judá..llevará *f* arriba
1 Cr. 27.27 del *f* de las viñas para las bodegas
2 Cr. 31.5 dieron..de todos los *f* de la tierra
Neh. 9.36 padres..que comiesen su *f* y su bien
9.37 se multiplica su *f* para los reyes que
10.35 y las primicias del *f* de todo árbol
10.37 del *f* de todo árbol, y del vino y del
Sal. 1.3 su *f* en su tiempo, y su hoja no cae
21.10 su *f* destruirás de la tierra, y su
67.6 la tierra dará su *f;* nos bendecirá Dios
72.16 su *f* hará ruido como el Líbano, y los
78.46 dio también a la oruga sus *f*, y sus
85.12 Jehová dará..nuestra tierra dará su *f*
104.13 del *f* de sus obras se sacia la tierra
105.35 hierba..y devoraron el *f* de su tierra
107.37 plantan viñas, y rinden abundante *f*
127.3 son..cosa de estima el *f* del vientre
128.3 vid que lleva *f* a los lados de tu casa
148.9 montes..árbol de *f* y todos los cedros
Pr. 1.31 comerán del *f* de su camino, y serán
3.9 honra..con las primicias de todos tus *f*
3.14 es mejor que..sus *f* más que el oro fino
8.19 mejor es mi *f* que el oro, y que el oro
10.16 vida; mas el *f* del impío es para pecado
11.30 el *f* del justo es árbol de vida; y el
12.12 red..mas la raíz de los justos dará *f*
12.14 será saciado de bien del *f* de su boca
13.2 *f* de su boca el hombre comerá el bien
14.23 en toda labor hay *f;* mas las vanas
16.8 que la muchedumbre de *f* sin derecho
18.20 *f* de la boca del hombre se llenará su
18.21 lengua, y el que la ama comerá de sus *f*
27.18 quien cuida la higuera comerá su *f*, y
31.16 la compra, y planta viña del *f* de sus
31.31 dadle del *f* de sus manos, y alábenla
Ec. 2.5 hice..planté en ellos árbol de todo *f*
5.10 el que ama el mucho tener, no sacará *f*
Cnt. 2.3 senté, y su *f* fue dulce a mi paladar
4.13 tus renuevos son paraíso..con *f* suaves
4.16 venga mi amado a..y coma de su dulce *f*
6.11 descendí a ver los *f* del valle, y para
8.11 traer mil monedas de plata por su *f*
8.12 doscientas para los que guardan su *f*
Is. 3.10 porque comerá de los *f* de sus manos
4.2 el *f* de la tierra para grandeza y honra
10.12 castigará el *f* de la soberbia..Asiria
13.18 y no tendrán misericordia del *f* del
14.29 de la raíz de la..saldrá áspid, y su *f*
17.6 dos o tres *f* en la punta de la rama; 4
17.9 como los *f* que quedan en los renuevos y
18.5 porque antes de la siega, cuando el *f*
18.5 perfecto, y pasada la..se maduren los *f*
27.6 Israel, y la faz del mundo llenará de *f*
27.9 será todo el *f*, la remoción de su pecado
30.23 y dará pan del *f* de la tierra, y será
37.30 y plantaréis viñas, y comeréis su *f*
37.31 volverá a echar raíz abajo, y dará *f*
53.11 verá el *f* de la aflicción de su alma
57.19 produciré *f* de labios: Paz, paz al que
62.8 ni beberán los extraños el vino que es *f*
65.21 plantarán viñas, y comerán el *f* de ellas
Jer. 2.3 era Israel..primicias de sus nuevos *f*
2.7 os introduje en..para que comieseis su *f*
6.19 yo traigo mal..el *f* de sus pensamientos
7.20 que mi furor..sobre los *f* de la tierra
11.16 olivo verde, hermoso en su *f* y en su
11.19 diciendo: Destruyamos el árbol con su *f*
12.2 crecieron y dieron *f;* cercano estás tú
12.13 se avergonzarán de sus *f*, a causa de
17.8 año..no se fatigará, ni dejará de dar *f*
17.10 para dar a cada uno..el *f* de sus obras
21.14 os castigaré conforme al *f* de..obras
29.5,28 plantad huertos, y comed del *f* de
32.19 dar a cada uno..según el *f* de sus obras
40.10 el vino, los *f* del verano y el aceite
40.12 Judá..recogieron vino y abundantes *f*
Lm. 2.20 ¿han de comer..el *f* de sus entrañas
4.9 murieron..por falta de los *f* de la tierra
Ez. 17.8 diese *f*, y para que fuese vid robusta
17.9 ¿no..y destruirá su *f*, y se secará?
17.23 y dará *f*, y se hará magnífico cedro
19.10 dando *f* y echando vástagos a causa de
19.12 el viento solano secó su *f;* sus ramas
19.14 ha salido fuego..que ha consumido su *f*
23.29 y tomarán todo el *f* de tu labor, y te
34.27 el árbol..dará su *f*, y la tierra..su *f*
36.8 y llevaréis vuestro *f* para mi pueblo
36.30 *f* de los árboles, y el *f* de los campos
44.30 las primicias de todos los primeros *f*
47.12 sus hojas nunca caerán, ni faltará su *f*
47.12 su *f* será para comer, y su hoja para
Dn. 4.12 *f* abundante, y había en él alimento
4.14 quitadle el follaje, y dispersad su *f*
4.21 *f* abundante, y en que había alimento
Os. 9.16 raíz está seca, no dará más *f;* aunque
10.1 Israel es..da abundante *f* para sí mismo
10.1 abundancia de su *f* multiplicó..altares
10.13 arado impiedad..comeréis *f* de mentira
14.8 oiré, y miraré..de mí será hallado tu *f*
Jl. 2.22 porque los árboles llevarán su *f*, la
2.22 porque..la higuera y la vid darán sus *f*
Am. 2.9 destruí su *f* arriba y sus raíces abajo
6.12 convertido..el *f* de justicia en ajenjo?
8.1 mostrado..un canastillo de *f* de verano
9.14 harán huertos, y comerán el *f* de ellos
Mi. 6.7 el *f* de mis entrañas por el pecado de
7.1 como cuando han recogido..*f* del verano
7.1 ¡ay de mí..mi alma deseó los primeros *f*
7.13 y será asolada..por el *f* de sus obras
Hab. 3.17 no florezca, ni en las vides haya *f*
Hag. 1.10 la lluvia, y la tierra detuvo sus *f*
Zac. 8.12 la vid dará su *f*, y dará su producto
Mal. 3.11 y no os destruirá el *f* de la tierra
Mt. 3.8 haced, pues, *f* dignos de arrepentimiento
3.10 todo árbol que no da buen *f* es cortado
7.16 por sus *f* los conoceréis. ¿Acaso se
7.17 buen árbol da buenos *f*..malo da *f* malos
7.18 no puede el buen árbol dar malos *f*, ni
7.18 no puede..ni el árbol malo dar *f* buenos
7.19 todo árbol que no da buen *f*, es cortado
7.20 así que, por sus *f* los conoceréis
12.33 o haced el árbol bueno, y su *f* bueno
12.33 su *f* malo..por el *f* se conoce el árbol
13.8 pero parte cayó en buena tierra, y dio *f*
13.23 que oye y entiende la palabra, y da *f*
13.26 y dio *f*, entonces apareció..la cizaña
21.19 nunca jamás nazca de ti *f*. Y luego se
21.34 y cuando se acercó el tiempo de los *f*
21.34 envió sus..para que recibiesen sus *f*
21.41 otros..que le paguen el *f* a su tiempo
21.43 dado a gente que produzca los *f* de él
26.29 ahora no beberé más de este *f* de la vid
Mr. 4.7 los espinos..la ahogaron, y no dio *f*
4.8 y dio *f*, pues brotó y creció, y produjo
4.20 dan *f* a treinta, a sesenta, y a ciento
4.28 suyo lleva *f* la tierra, primero hierba
4.29 cuando el *f* está maduro..se mete la hoz
11.14 dijo..Nunca jamás coma nadie *f* de ti
12.2 que recibiese de éstos del *f* de la viña
14.25 digo que no beberé más del *f* de la vid
Lc. 1.42 bendita..y bendito el *f* de tu vientre
3.8 haced, pues, *f* dignos de arrepentimiento
3.9 todo árbol que no da buen *f* se corta y
6.43 no es buen árbol el que da malos *f*, ni
6.43 no es..ni árbol malo el que da buen *f*
6.44 cada árbol se conoce por su *f;* pues no
8.8 otra..nació y llevó *f* a ciento por uno
8.14 ahogados por los afanes..y no llevan *f*
8.15 retienen la..y dan *f* con perseverancia
12.17 porque no tengo donde guardar mis *f*?
12.18 allí guardaré todos mis *f* y mis bienes
13.6 vino a buscar *f* en ella, y no lo halló
13.7 vengo a buscar *f* en esta higuera, y no
13.9 si diere *f*, bien; y si no, la cortarás
20.10 envió..para que le diesen del *f* de la
22.18 digo que no beberé más del *f* de la vid
Jn. 4.36 que siega..recoge *f* para vida eterna
12.24 queda solo; pero si muere, lleva..*f*
15.2 todo pámpano que en mí no lleva *f*, lo
15.2 lleva *f*, lo limpiará..que lleve más *f*
15.4 como el pámpano no puede llevar *f* por
15.5 el que permanece en mí..lleva mucho *f*
15.8 en que llevéis mucho *f*, y seáis así mis
15.16 y llevéis *f*, y vuestro *f* permanezca
Ro. 1.13 tener también entre vosotros algún *f*
6.21 ¿pero qué *f* teníais de aquellas cosas
6.22 tenéis por vuestro *f* la santificación
7.4 seáis..a fin de que llevemos *f* para Dios
7.5 las pasiones pecaminosas..*f* para muerte
15.28 cuando..haya entregado este *f*, pasaré
16.5 a Epeneto..que es el primer *f* de Acaya
1 Co. 9.7 ¿quién planta viña y no come de su *f*?
9.10 trilla, con esperanza de recibir del *f*
14.14 ora, pero mi entendimiento queda sin *f*
2 Co. 9.10 aumentará los *f* de vuestra justicia
Gá. 5.22 el *f* del Espíritu es amor, gozo, paz
Ef. 5.9 el *f* del Espíritu es en toda bondad
Fil. 1.11 llenos de *f* de justicia que son por

FRUTO *(Continúa)*
Fil. 4.17 que busco *f* que abunde en vuestra cuenta
Col. 1.6 lleva *f* y crece también en vosotros
1.10 en todo, llevando *f* en toda buena obra
2 Ti. 2.6 el labrador, para participar de los *f*
Tit. 3.14 ocuparse en. . para que no sean sin *f*
He. 12.11 después da *f* apacible de justicia a
13.15 *f* de labios que confiesan su nombre
Stg. 3.17 llena. . de buenos *f*, sin incertidumbre
3.18 el *f* de justicia se siembra en paz para
5.7 el labrador espera el precioso *f* de la
5.18 dio lluvia, y la tierra produjo su *f*
2 P. 1.8 no os dejarán estar ociosos ni sin *f*
2 Jn. 8 que no perdáis el *f* de vuestro trabajo
Jud. 12 árboles. . sin *f*, dos veces muertos y
Ap. 18.14 los *f* codiciados. . se apartaron de ti
22.2 que produce doce *f*, dando cada mes su *f*

FÚA
1. ***Hijo de Isacar*, Gn. 46.13; Nm. 26.23; 1 Cr. 7.1**
2. ***Partera de las hebreas en Egipto*, Éx. 1.15**
3. ***Padre de Tola, juez de Israel*, Jue. 10.1**

FUEGO
Gn. 11.3 hagamos ladrillo y cozámoslo con *f*
15.17 una antorcha de *f* que pasaba por entre
19.24 hizo llover sobre Sodoma. . azufre y *f*
22.6 él tomó en su mano el *f* y el cuchillo
22.7 Isaac. . dijo: He aquí el *f* y la leña; mas
Éx. 3.2 una llama de *f*. . que la zarza ardía en *f*
9.23 tronar. . *f* se descargó sobre la tierra
9.24 granizo, y *f* mezclado con el granizo
12.8 comerán la carne asada al *f*, y panes sin
12.9 ni cocida en agua, sino asada al *f*; su
12.10 lo que quedare. . lo quemaréis en el *f*
13.21 en una columna de *f* para alumbrarles
13.22 nunca se apartó. . noche la columna de *f*
14.24 Jehová miró. . desde la columna de *f* y
19.18 Jehová había descendido sobre él en *f*
22.6 se prendiere *f*, y al quemar espinos
22.6 el que encendió el *f* pagará lo quemado
24.17 era como un *f* abrazador en la cumbre
29.14 la carne. . los quemarás a *f* fuera del
29.34 quemarás al *f* lo que hubiere sobrado
32.20 y tomó el becerro. . y lo quemó en el *f*
32.24 lo eché en el *f*, y salió este becerro
35.3 no encenderéis *f* en. . vuestras moradas
40.38 el *f* estaba de noche sobre él, a vista
Lv. 1.7 pondrán *f* sobre el altar. . sobre el *f*
1.8,12 sobre la leña que está sobre el *f* que
1.17 la hará arder. . sobre la leña. . en el *f*
2.14 tostarás al *f* las espigas verdes, y el
3.5 sobre la leña que habrá encima del *f*; es
4.12 becerro. . lo quemará al *f* sobre la leña
6.9 el holocausto estará sobre el *f* encendido
6.9 la mañana; el *f* del altar arderá en él
6.10 el *f* hubiere consumido el holocausto
6.12 el *f* encendido. . el altar no se apagará
6.13 el *f* arderá continuamente en el altar
6.30 no se comerá ninguna. . al *f* será quemada
7.17 lo que quedare de. . será quemado en el *f*
7.19 carne. . no se comerá; al *f* será quemada
8.17 lo quemó al *f* fuera del campamento, como
8.32 que sobre de la carne. . quemaréis al *f*
9.11 piel las quemó al *f* fuera del campamento
9.24 salió *f* de delante de Jehová y consumió
10.1 pusieron en. . *f*. . y ofrecieron. . *f* extraño
10.2 salió *f* de delante de Jehová y los quemó
13.24 quemadura de *f*, y. . en lo sanado del *f*
13.52 lepra maligna es; al *f* será quemada
13.55 plaga. . la quemarás al *f*; es corrosión
13.57 quemarás al *f* aquello en que estuviere
16.12 un incensario lleno de brasas de *f* del
16.13 pondrá el perfume sobre el *f* delante
16.27 y quemarán en el *f* su piel, su carne
18.21 no des hijo tuyo para ofrecerlo por *f*
19.6 y lo que quedare. . será quemado en el *f*
20.14 quemarán con *f* a él y a ellas, para que
21.9 comenzare a fornicar. . quemada será al *f*
Nm. 3.4 murieron. . cuando ofrecieron *f* extraño
6.18 los pondrá sobre el *f* que está debajo
9.15 una apariencia de *f*, hasta la mañana
9.16 de día, y de noche la apariencia de *f*
11.1 ira, y se encendió en ellos *f* de Jehová
11.2 Moisés oró a Jehová. . el *f* se extinguió
11.3 porque el *f* de Jehová se encendió en
14.14 de día ibas. . de noche en columna de *f*
16.7 y poned *f* en ellos, y poned. . incienso
16.18 pusieron en ellos *f*, y echaron en ellos
16.35 *f* de delante de Jehová, y consumió a
16.37 y derrame más allá el *f*; porque son
16.46 toma el incensario, y pon en él *f* del
18.9 de las cosas santas, reservadas del *f*
19.6 lo echará en medio del *f* en que arde la
21.28 porque *f* salió de Hesbón, y llama de
26.10 cuando consumió el *f* a 250 varones
26.61 murieron cuando ofrecieron *f* extraño
31.23 lo que resiste el *f*, por *f* lo haréis
31.23 por agua todo lo que no resiste el *f*
Dt. 1.33 *f* de noche para mostraros el camino
4.11 el monte ardía en *f* hasta en medio de
4.12 habló Jehová. . en medio del *f*; oísteis
4.15 día que Jehová habló. . en medio del *f*
4.24 tu Dios es *f* consumidor, Dios celoso
4.33 Dios, hablando de en medio del *f*, como
4.36 y sobre la tierra te mostró su gran *f*
4.36 has oído sus palabras de en medio del *f*
5.4 cara a cara habló Jehová. . en medio del *f*
5.5 tuvisteis temor del *f*, y no subisteis al
5.22 habló Jehová. . de en medio del *f*, de la
5.23 voz. . y visteis al monte que ardía en *f*
5.24 y hemos oído su voz de en medio del *f*
5.25 este gran *f* nos consumirá; si oyéremos
5.26 del Dios. . que habla de en medio del *f*
7.5 Asera, y quemaréis sus esculturas en el *f*
7.25 esculturas de. . dioses quemarás en el *f*
9.3 tu Dios el que pasa delante de ti como *f*
9.10 que os habló Jehová. . de en medio del *f*
9.15 descendí del monte, el cual ardía en *f*
9.21 y tomé. . el becerro. . y lo quemé en el *f*
10.4 Jehová os había hablado. . en medio del *f*
12.3 sus imágenes de Asera consumiréis con *f*
12.31 hijos y a sus hijas quemaban en el *f*
13.16 consumirás con *f* la ciudad y todo su
18.10 quien haga pasar a su hijo. . por el *f*
18.16 ni vea yo más este gran *f*, para que no
32.22 porque *f* se ha encendido en mi ira, y
33.2 vino. . con la ley de *f* a su mano derecha
Jos. 6.24 consumieron con *f* la ciudad, y todo
8.8 cuando la hayáis tomado le prenderéis *f*
8.19 la ciudad. . se apresuraron a prenderle *f*
1 R. 19.12 tras el terremoto un *f*; pero Jehová
19.12 Jehová no estaba en el *f*. Y tras el *f*
2 R. 1.10,12 descienda *f* del cielo. . descendió *f*
1.14 ha descendido *f*. . y ha consumido a los
2.11 un carro de *f* con caballos de *f* apartó a
6.17 y de carros de *f* alrededor de Eliseo
8.12 sé el mal. . a sus fortalezas pegarás *f*
16.3 aun hizo pasar por *f* a su hijo, según
17.17 hicieron pasar a sus hijos y a. . por *f*
17.31 quemaban sus hijos en el *f* para adorar
19.18 echaron al *f* a sus dioses, por cuanto
21.6 y pasó a su hijo por *f*, y. . fue agorero
23.10 ninguno pasase su hijo. . por *f* a Moloc
23.11 quitó. . y quemó al *f* los carros del sol
23.15 polvo, y puso *f* a la imagen de Asera
25.9 las casas de los príncipes quemó a *f*
1 Cr. 21.26 invocó a Jehová. . le respondió por *f*
2 Cr. 7.1 de orar, descendió *f* de los cielos
7.3 vieron todos. . descender el *f* y la gloria
16.14 ataúd. . e hicieron un gran *f* en su honor
21.19 y no encendieron *f* en su honor, como
28.3 hizo pasar a sus hijos por *f*, conforme
33.6 y pasó sus hijos por *f* en el valle del
36.19 y consumieron a *f* todos sus palacios
Neh. 1.3 derribado, y sus puertas quemadas a *f*
2.3 ciudad. . sus puertas consumidas por el *f*?
2.13 puertas que estaban consumidas por el *f*
2.17 sus puertas consumidas por el *f*; venid
9.12 los guiaste. . con columna de *f* de noche
9.19 no se apartó. . de noche la columna de *f*
Job 1.16 *f* de Dios cayó del cielo, que quemó
15.34 y *f* consumirá las tiendas de soborno
18.5 no resplandecerá la centella de su *f*
20.26 *f* no atizado los consumirá; devorará
22.20 y el *f* consumió lo que de ellos quedó
28.5 y debajo de ella está. . convertida en *f*
31.12 es *f* que devoraría hasta el Abadón, y
41.19 salen hachones de *f*; centellas de *f*
Sal. 11.6 *f*, azufre. . será la porción del cáliz
18.8 humo subió. . y de su boca *f* consumidor
18.13 dio su voz; granizo y carbones de *f*
21.9 pondrás como horno de *f* en el tiempo de
21.9 Jehová los deshará en. . *f* los consumirá
29.7 voz de Jehová que derrama llamas de *f*
39.3 en mi meditación se encendió *f*, y así
46.9 la lanza, y quema los carros en el *f*
50.3 *f* consumirá delante de él, y tempestad
66.12 pasamos por el *f* y por el agua, y nos
68.2 como se derrite la cera delante del *f*
74.7 puesto a *f* tu santuario, han profanado
78.14 guió. . toda la noche con resplandor de *f*
78.21 encendió el *f* contra Jacob, y el furor
78.63 *f* devoró a sus jóvenes, y sus vírgenes
79.5 ¿hasta cuándo. . ¿Arderá como *f* tu celo?
80.16 quemada a *f* está, asolada; perezcan por
83.14 *f* que quema el monte, como llama que
89.46 esconderás. . ¿arderá tu ira como el *f*?
97.3 *f* irá delante de él, y abrasará a sus
104.4 hace a. . las flamas de *f* sus ministros
105.32 les dio. . y llamas de *f* en su tierra
105.39 una nube. . y *f* para alumbrar la noche
106.18 se encendió *f* en su junta; la llama
118.12 se enardecieron como *f* de espinos; mas
140.10 echados en el *f*, en abismos profundos
148.8 el *f* y el granizo, la nieve y el vapor
Pr. 6.27 ¿tomará el hombre *f* en su seno sin que
16.27 y en sus labios hay como llama de *f*
26.20 sin leña se apaga el *f*, y donde no hay
26.21 carbón para brasas, y la leña para el *f*
30.16 el Seol. . el *f* que jamás dice: ¡Basta!
Cnt. 8.6 sus brasas, brasas de *f*, fuerte llama
Is. 1.7 vuestras ciudades puestas a *f*, vuestra
4.5 de noche resplandor de *f* que eche llamas
5.24 la lengua del *f* consume el rastrojo, y
9.5 todo manto. . serán quemados, pasto del *f*
9.18 la maldad se encendió como *f*, cardos y
9.19 y será el pueblo como pasto del *f*; el
10.16 encenderá una hoguera como ardor de *f*
10.17 y la luz de Israel será por *f*, y su
26.11 fin. . y a tus enemigos *f* los consumirá
29.6 visitada con. . y llama de *f* consumidor
30.14 no se halla tiesto para traer *f* del
30.27 su rostro. . con llamas de *f* devorador
30.27 labios. . su lengua como *f* que consume
30.30 con furor de rostro y. . de *f* consumidor
30.33 Tofet. . cuya pira es de *f*, y mucha leña
31.9 dice Jehová, cuyo *f* está en Sion, y su
33.11 luz; el soplo de vuestro *f* os consumirá
33.12 como espinos cortados. . quemados con *f*
33.14 ¿quién de. . morará con el *f* consumidor?
37.19 y entregaron los dioses de ellos al *f*
40.16 ni el Líbano bastará para el *f*, ni
42.25 *f* por todas partes, pero no entendió
43.2 cuando pases por el *f*, no te quemarás
44.16 del leño quema en el *f*; con parte de
44.16 ¡oh! me he calentado, he visto el *f*
44.19 parte de esto quemé en el *f*, y sobre
47.14 *f* los quemará, no salvarán sus vidas
50.11 vosotros encendéis *f*, y os rodeáis de
50.11 andad a la luz de vuestro *f*, y de las
54.16 al herrero que sopla las ascuas en el *f*
64.2 como *f* abrazador de. . *f* que hace hervir
64.11 la casa. . fue consumida al *f*; y todas
65.5 éstos son humo en mi furor, *f* que arde
66.15 que Jehová vendrá con *f*, y sus carros
66.16 juzgará con *f* y con su espada a todo
66.24 su. . nunca morirá, ni su *f* se apagará
Jer. 4.4 que mi ira salga como *f*, y se encienda
5.14 yo pongo mis palabras en tu boca por *f*
6.29 se quemó el fuelle, por el *f*. . el plomo
7.18 los padres encienden el *f*, y las mujeres
7.31 quemar al *f* a sus hijos y a sus hijas
11.16 hizo encender *f* sobre él, y quebraron
15.14 porque *f* se ha encendido en mi furor
17.4 *f* habéis encendido en mi furor, que para
17.27 yo haré descender *f* en sus puertas, y
19.5 a Baal, para quemar con *f* a sus hijos
20.9 había en mi corazón como un *f* ardiente
21.10 en mano del rey de. . y la quemará a *f*
21.12 para que mi ira no salga como *f*, y se
21.14 encender *f* en su bosque, y consumirá
22.7 y cortarán tus cedros. . echarán en el *f*
23.29 ¿no es mi palabra como *f*, dice Jehová
29.22 a quienes asó al *f* el rey de Babilonia
32.29 caldeos. . la pondrán a *f* y la quemarán
32.35 hacer pasar por el *f* sus hijos. . a Moloc
34.2 entregaré esta ciudad. . la quemará con *f*
34.22 ciudad. . tomarán, y la quemarán con *f*
36.23 echó en el *f*. . se consumió sobre el *f*
36.32 que quemó en el *f* Joacim rey de Judá
37.8 volverán. . la tomarán y la pondrán a *f*
37.10 levantará. . y pondrán esta ciudad a *f*
38.17 ciudad no será puesta a *f*, y vivirás
38.18 la pondrán a *f*, y tú no escaparás de
38.23 serás apresado. . esta ciudad quemará a *f*
39.8 los caldeos pusieron a *f* la casa del rey
43.12 pondrá *f* a los templos de los dioses
43.13 de los dioses de Egipto quemará a *f*
48.45 mas salió *f* de Hesbón, y llama de en
49.2 sus ciudades serán puestas a *f*, e Israel
49.27 haré encender *f* en el muro de Damasco
50.32 encenderé *f* en sus ciudades, y quemaré
51.32 tomados, y los baluartes quemados a *f*
51.58 sus altas puertas serán quemadas a *f*
51.58 y las naciones se cansaron. . para el *f*
52.13 y destruyó con *f* todo edificio grande
Lm. 1.13 lo alto envió *f* que consume mis huesos
2.3 y se encendió en Jacob como llama de *f*
2.4 en la tienda de. . derramó como *f* su enojo
4.11 y encendió en Sion *f* que consumió hasta
Ez. 1.4 un *f* envolvente. . y en medio del *f* algo
1.13 su aspecto. . de carbones de *f* encendidos
1.13 el *f* resplandecía, y del *f*. . relámpagos
1.27 como apariencia de *f* dentro de ella en
1.27 parecía como *f*, y que tenía resplandor
4.12 lo cocerás. . al *f* de excremento humano
5.2 parte quemarás a *f* en medio de la ciudad
5.4 los echarás en. . *f*. . en el *f* los quemarás
5.4 de allí saldrá el *f* a. . la casa de Israel
8.2 una figura. . desde sus lomos para abajo, *f*
10.6 toma *f* de entre las ruedas, de entre los
10.7 un querubín extendió su mano. . al *f* que
15.4 es puesta en el *f* para ser consumida
15.4 dos extremos consumió el *f*, y la parte
15.5 después que el *f* la hubiere consumido
15.6 la cual di al *f* para que la consumiese
15.7 del *f* se escaparon, *f* los consumirá
16.21 mis hijos. . ofrenda que el *f* consumía?
16.41 quemarán tus casas a *f*, y harán en ti
19.12 sus ramas fuertes. . las consumió el *f*
19.14 y ha salido *f* de la vara de sus ramas
20.26 cuando hacían pasar por el *f* a todo
20.31 haciendo pasar vuestros hijos por el *f*
20.47 yo enciendo en ti *f*, el cual consumirá
20.47 no se apagará la llama del *f*; y serán
21.31 *f* de mi enojo haré encender sobre ti
21.32 pasto del *f*, se empapará la tierra de

FUEGO *(Continúa)*

Ez. 22.20 para encender f en él para fundirlos
22.21 y soplaré. .en el f de mi furor, y en
23.25 tu remanente será consumido por el f
23.37 a sus hijos. .hicieron pasar por el f
23.47 matarán. .y sus casas consumirán con f
24.10 encendiendo el f para consumir la carne
24.12 sólo en f será su herrumbre consumido
28.14 medio de las piedras de f te paseabas
28.16 te arrojé de entre las piedras del f
28.18 saqué f de en medio de ti, el cual te
30.8 sabrán que yo. .cuando ponga f a Egipto
30.14 y pondré f a Zoán, y haré juicios en
30.16 pondré f a Egipto; Sin tendrá. .dolor
36.5 he hablado. .en el f de mi celo contra
38.19 he hablado. .en el f de mi ira: Que en
38.22 llover sobre él. .granizo, f y azufre
39.6 enviaré f sobre Magog, y sobre los que
39.9 y los quemarán en el f por siete años
39.10 leña. .sino quemarán las armas en el f
Dn. 3.6,11 sea echado dentro de un horno de f
3.15 seréis echados en. .horno de f ardiendo
3.17 puede librarnos del horno de f ardiendo
3.20 para echarlos en el horno de f ardiendo
3.21 y fueron echados dentro del horno de f
3.22 llama del f mató a aquellos que habían
3.23 cayeron atados dentro del horno de f
3.24 echaron a tres varones dentro del f?
3.25 cuatro varones. .pasean en medio del f
3.26 se acercó a la puerta del horno de f
3.26 y Abed-nego salieron de en medio del f
3.27 cómo el f no había tenido poder alguno
3.27 sus ropas. .ni siquiera olor de f tenían
7.9 su trono llama de f, y las ruedas del. .f
7.10 un río de f. .y salía de delante de él
7.11 y entregado para ser quemado en el f
10.6 y sus ojos como antorchas de f, y sus
11.33 caerán a espada y a f, en cautividad
Os. 7.4 cesa de avivar el f después que está
7.6 a la mañana está encendido como. .de f
8.14 mas yo meteré f en sus ciudades, el cual
Jl. 1.19 f consumió los pastos del desierto
1.20 y f consumió las praderas del desierto
2.3 delante de él consumirá f, tras de él
2.5 como sonido de llama de f que consume
2.30 daré. .sangre, y f, y columnas de humo
Am. 1.4 f en la casa de Hazael, y consumirá los
1.7 prenderé f. .el muro de Gaza, y consumirá
1.10 prenderé f. .muro de Tiro, y consumirá
1.12 prenderé f en Temán, y consumirá. .Bosra
1.14 encenderé f. .muro de Rabá, y consumirá
2.2 prenderé f en Moab, y consumirá. .Queriot
2.5 prenderé. .f en Judá, el cual consumirá
4.11 fuisteis como tizón escapado del f; mas
5.6 sea que acometa como f a la casa de José
7.4 Jehová el Señor llamaba para juzgar con f
Abd. 18 la casa de Jacob será f, y la casa de
Mi. 1.4 se hendirán como la cera delante del f
1.7 y todos sus dones serán quemados en f, y
Nah. 1.6 su ira se derrama como f, y por él se
2.3 el carro como f de antorchas; el día que
3.13 las puertas. .f consumirá tus cerrojos
3.15 te consumirá el f, te talará la espada
Hab. 2.13 pueblos, pues, trabajarán para el f
Sof. 1.18 la tierra será consumida con el f de
3.8 por el f de mi celo será consumida toda
Zac. 2.5 seré para ella. .muro de f en derredor
9.4 la empobrecerá. .ella será consumida de f
11.1 Líbano, abre. .y consuma el f tus cedros
12.6 los capitanes de Judá como brasero de f
13.9 meteré en el f a la tercera parte, y los
Mal. 3.2 es como f purificador, y como jabón de
Mt. 3.10 todo árbol. .cortado y echado en el f
3.11 él os bautizará en Espíritu Santo y f
3.12 y quemará la paja en f que nunca se
5.22 diga: Fatuo. .expuesto al infierno de f
7.19 no da buen fruto, es cortado y. .en el f
13.40 arranca la cizaña, y se quema en el f
13.42,50 los echarán en el horno de f; allí
17.15 muchas veces cae en el f, y muchas en
18.8 teniendo dos manos. .ser echado en el f
18.9 teniendo dos ojos ser echado en el. .f
25.41 al f eterno preparado para el diablo y
Mr. 9.22 muchas veces le echa en el f y en el
9.43,45 al f que no puede ser apagado
9.44 gusano. .no muere, y el f nunca se apaga
9.46,48 gusano. .no muere. .f nunca se apaga
9.49 porque todos serán salados con f, y todo
14.54 estaba sentado con. .calentándose al f
Lc. 3.9 todo árbol que no da. .se echa en el f
3.16 él os bautizará en Espíritu Santo y f
3.17 quemará la. .en f que nunca se apagará
9.54 que mandemos que descienda f del cielo
12.49 f viene a echar en la tierra; ¿y qué
17.29 llovió del cielo f y azufre. .destruyó
22.55 ellos encendido f en medio del patio
22.56 al verle sentado al f, se fijó en él
Jn. 15.6 recogen, y los echan en el f, y arden
18.18 alguaciles que habían encendido un f
Hch. 2.3 se les aparecieron lenguas. .como de f
2.19 en la tierra, sangre y f y vapor de humo
7.30 apareció. .en la llama de f de una zarza
28.2 encendiendo un f, nos recibieron a todos
28.3 las echó al f; y una víbora, huyendo del
28.5 él, sacudiendo la víbora en el f, ningún
Ro. 12.20 ascuas de f amontonarás. .su cabeza
1 Co. 3.13 por el f será revelada; y la obra
3.13 de cada uno cuál sea, el f la probará
3.15 el. .será salvo, aunque así como por f
Ef. 6.16 todos los dardos de f del maligno
2 Ts. 1.8 en llama de f, para dar retribución
2 Ti. 1.6 que avives el f del don de Dios que
He. 1.7 que hace. .a sus ministros llama de f
10.27 f que ha de devorar a los adversarios
11.34 apagaron f impetuosos, evitaron filo de
12.18 que ardía en f, a la oscuridad, a las
12.29 porque nuestro Dios es f consumidor
Stg. 3.5 ¡cuán grande. .enciende un pequeño f!
3.6 y la lengua es un f, un mundo de maldad
5.3 devorará del todo vuestras carnes como f
1 P. 1.7 oro. .aunque perecedero se prueba con f
4.12 no os sorprendáis del f de prueba que
2 P. 3.7 guardados para el f. .día del juicio
Jud. 7 por ejemplo, sufriendo el castigo del f
23 a otros salvad, arrebatándolos del f; y
Ap. 1.14 como nieve; sus ojos como llama de f
2.18 que tiene ojos como llama de f, y pies
3.18 de mí compres oro refinado en f, para
4.5 delante del trono ardían. .lámparas de f
8.5 y lo llenó del f del altar, y lo arrojó
8.7 tocó la trompeta, y hubo granizo y f
8.8 como una gran montaña ardiendo en f fue
9.17 cuales tenían corazas de f, de zafiro
9.17 y de su boca salían f, humo y azufre
9.18 muerta. .por el f, el humo y el azufre
10.1 otro ángel. .sus pies como columnas de f
11.5 si alguno quiere dañarlos, sale f de la
13.13 hace descender f del cielo a la tierra
14.10 atormentado con f y azufre delante de
14.18 otro ángel, que tenía poder sobre el f
15.2 como un mar de vidrio mezclado con f
16.8 el sol, al cual fue dado quemar a. .con f
17.16 y devorarán sus. .y la quemarán con f
18.8 será quemada con f; porque poderoso es
19.12 sus ojos eran como llama de f, y había
19.20 lanzados vivos dentro de un lago de f
20.9 descendió f del cielo, y los consumió
20.10 el diablo. .fue lanzado en el lago de f
20.14 el Hades fueron lanzados al lago de f
20.15 no se halló. .fue lanzado al lago de f
21.8 el lago que arde con f y azufre, que es

FUELLE

Jer. 6.29 se quemó el f, por el fuego. .el plomo

FUENTE

Gn. 7.11 fueron rotas todas las f del. .abismo
8.2 y se cerraron las f del abismo y las
16.7 halló el ángel. .junto a una f de agua
16.7 junto a la f que. .en el camino de Shur
21.19 Dios le abrió los ojos, y vio una f de
24.13,43 he aquí yo estoy junto a la f de
24.16 descendió a la f, y llenó su cántaro
24.29 corrió afuera hacia el hombre, a la f
24.30 estaba con los camellos junto a la f
24.42 llegué, pues. .a la f, y dije: Jehová
24.45 y descendió a la f, y sacó agua; y le
49.22 es José, rama fructífera junto a una f
Éx. 15.27 llegaron a Elim. .había 12 f de aguas
30.18 harás. .una f de bronce, con su base de
30.28; 31.9 altar del holocausto. .la f y su
35.16 todos sus utensilios, y la f con su base
38.8 hizo la f de bronce y su base de bronce
39.39 sus varas. .utensilios, la f y su base
40.7 luego pondrás la f entre el tabernáculo
40.11 asimismo ungirás la f y su base, y la
40.30 y puso la f entre el tabernáculo de
Lv. 8.11 ungió el altar. .la f y su base, para
11.36 la f. .se recogen aguas serán limpias
20.18 su f descubrió, y ella descubrió la f
Nm. 33.9 doce f de aguas y setenta palmeras
Dt. 8.7 tierra de arroyos, de aguas, de f y de
33.28 la f de Jacob habitará sola en tierra
Jos. 15.7 pasa hasta. .y sale a la f de Rogel
15.9 hasta la f de las aguas de Neftoa, y sale
15.19 dame también f de aguas. .le dio las f
18.15 sale al. .a la f de las aguas de Neftoa
18.16 y de allí desciende a la f de Rogel
Jue. 1.15 me has dado. .dame también f de aguas
1.15 le dio las f de arriba y las f de abajo
7.1 Gedeón. .acamparon junto a la f de Harod
1 S. 29.1 Israel acampó junto a la f que está
2 S. 17.17 Jonatán y. .estaban junto a la f de
1 R. 1.9 la cual está cerca de la f de Rogel
7.30 basa. .para venir a quedar debajo de la f
7.31 la boca de la f entraba un codo en el
7.38 diez f de bronce; cada f contenía 40
7.38 una f sobre cada una de las diez basas
7.40 hizo Hiram f, y tenazas, y cuencos. Así
7.43 diez basas, y. .diez f sobre las basas
18.5 vé. .a todas las f de aguas, y a todos
2 R. 3.19 cegaréis. .f de aguas, y destruiréis
3.25 cegaron. .todas las f de las aguas, y
16.17 y cortó. .las basas, y les quitó las f
2 Cr. 4.6 hizo. .diez f, y puso 5 a la derecha
4.14 las basas, sobre las cuales colocó las f
32.3 consejo. .para cegar las f de aguas que
32.4 y cegaron todas las f, y el arroyo que
Neh. 2.13 de noche. .hacia la f del Dragón y a
2.14 pasé luego a la puerta de la F, y al
3.15 Salum hijo. .restauró la puerta de la F
12.37 la puerta de la F, en frente de ellos
Job 8.17 entretejiendo sus raíces junto a una f
38.16 ¿has entrado tú hasta las f del mar, y
Sal. 74.15 abriste la f y el río; secaste ríos
84.6 atravesando el valle de. .lo cambian en f
87.7 en ella dirán: Todas mis f están en ti
104.10 tú eres el que envía las f por los
114.8 el cual cambió. .en f de aguas la roca
Pr. 5.16 ¿se derramarán tus f por las calles
8.24 antes que fuesen las f de. .muchas aguas
8.28 cielos. .cuando afirmaba las f del abismo
18.4 arroyo que rebosa, la f de la sabiduría
25.26 como f turbia y manantial corrompido
Ec. 12.6 y el cántaro se quiebre junto a la f
Cnt. 4.12 mía, esposa mía; f cerrada, f sellada
4.15 f de huertos, pozo de aguas vivas, que
Is. 12.3 sacaréis con gozo aguas de las f de
41.18 f en medio de los valles; abriré en el
Jer. 2.13 me dejaron a mí, f de agua viva, y
6.7 como la f nunca cesa de manar sus aguas
9.1 mis ojos f de lágrimas, para que llore
Os. 13.15 secará su manantial. .se agotará su f
Jl. 3.18 saldrá una f de la casa de Jehová
Mr. 5.29 en seguida la f de su sangre se secó
Jn. 4.14 el agua. .será en él una f de agua que
1 Ti. 6.5 toman la piedad como f de ganancia
Stg. 3.11 ¿acaso alguna f echa. .agua dulce y
3.12 ninguna f puede dar agua salada y dulce
2 P. 2.17 son f sin agua, y nubes empujadas por
Ap. 7.17 y los guiará a f de aguas de vida; y
8.10 cayó sobre. .y. .sobre las f de las aguas
14.7 adorad a aquel que hizo. .f de las aguas
16.4 derramó su copa sobre. .las f de las aguas
21.6 yo le daré. .de la f del agua de la vida

FUERA

Gn. 24.31 bendito de Jehová; ¿porqué estás f?
1 S. 2.2 porque no hay ninguno f de ti, y no
2 S. 16.7 y decía. .¡F, f, hombre sanguinario
Is. 43.11 Jehová, y f de mí no hay quien salve
Lc. 23.18 ¡f con éste, y suéltanos a Barrabás

FUERTE

Gn. 18.18 de ser Abraham una nación grande y f
25.23 un pueblo será más f que el otro, y el
30.41 las ovejas más f, Jacob ponía las varas
30.42 las. .para Labán, y las más f para Jacob
49.14 Isacar, asno f que se recuesta entre
49.24 brazos. .por las manos del F de Jacob
Éx. 1.9 Israel es mayor y más f que nosotros
3.19 el rey. .no os dejará ir sino por mano f
6.1 con mano f los dejará ir, y con mano f
13.3 Jehová os ha sacado de aquí con mano f
13.9 con mano f te sacó Jehová de Egipto
13.14,16 Jehová nos sacó de Egipto con mano f
19.16 espesa nube. .y sonido de bocina muy f
20.5 yo soy Jehová tu Dios, f, celoso, que
32.11 tu pueblo, que tú sacaste. .con mano f?
32.18 no es voz de alaridos de f, ni voz de
34.6 Jehová. .proclamó: ¡Jehová! ¡Jehová! f
Nm. 13.18 observad. .si es f o débil, si poco
13.28 el pueblo que habita. .tierra es f, y
13.31 aquel pueblo. .es más f que nosotros
14.12 te pondré sobre gente. .grande y más f
20.20 y salió Edom contra él con. .y mano f
21.24 la frontera de los hijos de Amón era f
22.6 maldíceme este pueblo, porque es más f
24.21 f es tu habitación; pon en la peña tu
Dt. 4.38 para echar. .naciones grandes y más f
5.9 soy Jehová tu Dios, f, celoso, que visito
5.15 te sacó. .con mano f y brazo extendido
9.14 yo te pondré sobre una nación f y mucho
26.5 y llegó a ser una nación. .f y numerosa
26.8 y Jehová nos sacó de Egipto con mano f
Jos. 1.14 los valientes y f, pasaréis armados
8.3 escogió Josué treinta mil hombres f, los
10.2 gran ciudad. .todos sus hombres eran f
10.25 les dijo: No temáis. .sed f y valientes
14.11 tan f como el día que Moisés me envió
17.13 f, hicieron tributario al cananeo, mas
17.18 tú arrojarás al cananeo. .aunque sea f
23.9 pues ha arrojado. .grandes y f naciones
Jue. 1.28 pero cuando Israel se sintió f hizo
5.23 no. .al socorro de Jehová contra los f
14.14 del. .salió comida, y del f salió dulzura
14.18 miel? ¿y qué cosa más f que el león?
18.26 Micaía, viendo que eran más f que él
1 S. 2.4 los arcos de los f fueron quebrados
2.9 porque nadie será f por su propia fuerza
22.4 tiempo que David estuvo en el lugar f
22.5 Gad dijo. .No te estés en este lugar f
23.14 y David se quedó en el. .en lugares f
23.29 David subió. .habitó en los lugares f
24.22 David y. .hombres subieron al lugar f
2 S. 1.23 más ligeros eran. .más f que leones
22.3 el f de mi salvación, mi alto refugio
22.18 me libró de. .aunque eran más f que yo
23.14 David entonces estaba en el lugar f

FUERTE ***(Continúa)***

2 S. 24.9 fueron los de Israel 800.000 hombres f
1 R. 2.8 me maldijo con una maldición f el día
8.42 oirán de..de tu mano f y de tu brazo
2 R. 2.16 aquí hay con tus siervos 50 varones f
1 Cr. 12.8 de Gad huyeron..a David, al lugar f
12.16 y de Judá vinieron a David al lugar f
19.12 si los sirios fueren más f que yo, tú
19.12 si los amonitas fueren más f que tú, yo
26.8 hombres robustos y f para el servicio
26.31 fueron hallados entre ellos hombres f
2 Cr. 13.3 con 800.000 hombres..f y valerosos
17.1 Josafat su hijo..se hizo f contra Israel
20.19 para alabar a Jehová..con f y alta voz
21.4 y luego que se hizo f, mató a espada a
26.13 307.500 guerreros poderosos y f, para
26.16 mas cuando ya era f, su corazón se
27.6 que Jotam se hizo f, porque preparó sus
Esd. 4.20 hubo..reyes f que dominaron en todo
9.12 para que seáis f y comáis el bien de la
Neh. 1.5 oh Jehová, Dios..f, grande y temible
9.32 Dios..f, temible, que guardas el pacto
11.6 de Fares que moraron en..478 hombres f
Job 9.19 si habláremos de su..por cierto es f
11.15 levantarás..y serás f, y nada temerás
12.21 príncipes, y desata el cinto de los f
14.20 para siempre serás más f que él, y él
24.22 a los f adelantó con su poder; una vez
33.19 es castigado con dolor f en todos sus
34.24 él quebrantará a los f sin indagación
40.18 sus huesos son f como bronce, y sus
41.15 la gloria de su vestido son escudos f
41.24 su corazón es..f como la muela de abajo
41.25 de su grandeza tienen temor los f, y a
Sal. 10.10 caen en sus f garras..desdichados
18.17 me libró de mi..pues eran más f que yo
22.12 toros; f toros de Basán me han cercado
24.8 ¿quién..Jehová el f y valiente, Jehová
30.7 tú, Jehová..me afirmaste como monte f
31.2 tú mi roca f, y fortaleza para salvarme
35.10 que libras al afligido del más f que él
38.19 porque mis enemigos están vivos y f y
61.3 has sido..torre f delante del enemigo
62.7 en Dios está mi roca f, y mi refugio
71.7 como prodigio he sido..y tú mi refugio f
76.5 los f de corazón fueron despojados
76.5 no hizo uso de..ninguno de los varones f
89.13 tuyo..f es tu mano, exaltada tu diestra
105.24 y lo hizo más f que sus enemigos
132.2 de cómo juró..y prometió al F de Jacob
132.5 que halle..morada para el F de Jacob
136.12 con mano f, y brazo extendido, porque
142.6 líbrame de los..porque son más f que yo
144.14 nuestros bueyes..f para el trabajo
Pr. 7.26 los más f han sido muertos por ella
11.16 tendrá honra, y los f tendrán riquezas
14.26 el temor de Jehová está la f confianza
16.32 mejor es el que..en airarse que el f
18.10 torre f es el nombre de Jehová; a él
18.19 es más tenaz que una ciudad f, y las
21.14 furor, y el don en el seno, la f ira
21.22 tomó el sabio la ciudad de los f, y
23.11 el defensor de ellos es el F, el cual
24.5 hombre sabio es f, y de pujante vigor
30.25 hormigas, pueblo no f, y en el verano
30.30 el león, f entre todos los animales
Ec. 9.11 ni la guerra de los f, ni aun de los
12.3 se encorvarán los hombres f, y cesarán
Cnt. 3.7 sesenta valientes..de los f de Israel
8.6 f es como la muerte el amor; duros como
8.6 sus brasas, brasas de fuego, f llama
Is. 1.24 dice..el F de Israel: Ea..me vengaré
1.31 y el f será como estopa, y lo que hizo
2.15 sobre toda torre alta, y sobre..muro f
3.1 quita de Jerusalén y de Judá al..y al f
5.22 que son..hombres f para mezclar bebida
8.11 me dijo de esta manera con mano f, y me
9.6 y se llamará su nombre Admirable..Dios f
10.21 el remanente de Jacob volverá al Dios f
13.11 cese la..y abatiré la altivez de los f
18.2,7 gente f y conquistadora, cuya tierra
25.3 por esto te dará gloria el pueblo f, te
26.1 cantarán..F ciudad tenemos; salvación
27.1 castigará con su espada..grande y f al
28.2 Jehová tiene uno que es f y poderoso
29.5 la multitud de los f como tamo que pasa
30.29 para venir al monte de Jehová, al F de
33.21 allí será Jehová para con nosotros f
44.8 sino yo. No hay F; no conozco ninguno
49.26 Salvador tuyo y Redentor..F de Jacob
53.12 grandes, y con los f repartirá despojos
60.16 yo Jehová soy el Salvador..F de Jacob
60.22 el pequeño vendrá a ser mil..pueblo f
Jer. 8.18 a causa de mi f dolor, mi corazón
15.21 libraré..redimiré de la mano de los f
20.7 más f fuiste que yo, y me venciste; cada
21.5 pelearé contra vosotros..y con brazo f
31.11 lo redimió de mano del más f que él
32.21 mano f y brazo extendido, y con terror
48.17 ¡cómo se quebró la vara f, el báculo
50.34 el redentor de ellos es el F; Jehová
51.57 embriagaré a sus príncipes..y a sus f
Lm. 1.15 el Señor ha hollado a..mis hombres f
Ez. 3.8 yo he hecho tu rostro f..y tu frente f
3.9 más f que pedernal he hecho tu frente
19.11 ella tuvo varas f para cetros de reyes
19.12 ramas f fueron quebradas y se secaron
19.14 no ha quedado en ella vara f para cetro
20.33 con mano f y brazo..he de reinar sobre
20.34 os sacaré de entre..con mano f y brazo
22.14 ¿serán f tus manos en los días en que
26.11 matará a filo..y tus f columnas caerán
26.17 ciudad..que era f en el mar, ella y sus
28.7 traigo sobre ti..los f de las naciones
30.11 más f de las naciones, serán traídos
30.22 quebraré..brazos, el f y el fracturado
32.12 con espadas de f haré caer tu pueblo
32.21 hablarán a él los f de los f, con los
32.27 no yacerán con los f de..incircuncisos
32.27 fueron terror de f en la tierra de los
34.16 mas a la engordada y a la f destruiré
39.18 comeréis carne de f, y beberéis sangre
39.20 os saciaréis..de jinetes f y de todos
Dn. 2.40 y el cuarto reino será f como hierro
2.42 el reino será en parte f, y en..frágil
4.11 se hacía f, y su copa llegaba hasta el
4.20 el árbol que viste..crecía y se hacía f
4.22 tú mismo..que creciste y te hiciste f
7.7 la cuarta bestia..en gran manera f, la
8.24 y destruirá a los f y al pueblo de los
11.2 cuarto..al hacerse f con sus riquezas
11.5 se hará f el rey del sur; mas uno de sus
11.5 uno de sus príncipes será más f que él
11.15 vendrá..el rey..y tomará la ciudad f
11.25 empeñará..con grande y muy f ejército
Jl. 1.6 porque pueblo f e innumerable subió a
2.2 vendrá un pueblo..f; semejante a él no
2.5 como pueblo f dispuesto para la batalla
2.11 f es el que ejecuta su orden; porque
3.10 forjad espadas de..diga el débil: F soy
3.11 venid..haz venir allí, oh Jehová, a tus f
Am 2.9 f como una encina; y destruí su fruto
2.14 y al f no le ayudará su fuerza, ni el
5.9 que da esfuerzo al despojador sobre el f
Mi. 6.2 f cimientos de la tierra, el pleito de
Zac. 8.22 f naciones a buscar a Jehová de los
Mt. 12.29 en la casa del hombre f, y saquear
14.30 pero al ver el f viento, tuvo miedo
Mr. 3.27 en la casa de un hombre f y saquear
Lc. 11.21 el hombre f armado guarda su palacio
11.22 viene otro más f que él y le vence, le
Ro. 15.1 los que somos f debemos soportar las
1 Co. 1.25 y lo débil de Dios es más f que los
1.27 débil del mundo..para avergonzar a lo f
4.10 somos..nosotros débiles, mas vosotros f
10.22 provocaremos a..¿Somos más f que él?
2 Co. 10.10 las cartas son duras y f; mas la
12.10 porque cuando soy débil, entonces soy f
13.9 nos gozamos de que..vosotros estéis f
He. 11.34 se hicieron f en batallas, pusieron
1 Jn. 2.14 he escrito..jóvenes, porque sois f
Ap. 5.2 a un ángel f que pregonaba a gran voz
6.13 higos cuando es sacudida por un f viento
10.1 vi..otro ángel f, envuelto en una nube
18.10 ¡ay, ay, de la..Babilonia, la ciudad f
19.18 para que comáis..carnes de f, carnes

FUERZA

Gn. 4.12 la tierra, no te volverá a dar su f
31.6 sabéis que con todas mis f he servido a
31.31 que quizá me quitarías por f tus hijas
Ex. 14.27 el mar se volvió en toda su f, y los
Lv. 26.20 vuestra f se consumirá en vano
Nm. 23.22 Dios los ha..tiene f como de búfalo
24.8 Dios lo sacó de..tiene f como de búfalo
Dt. 6.5 y de toda tu alma, y con todas tus f
8.17 poder y la f de mi mano me han traído
28.32 ojos lo verán..no habrá f en tu mano
32.36 cuando viere que la f pereció, y que
33.25 cerrojos, y como tus días serán tus f
Jos. 14.11 cual era mi f..tal es ahora mi f
Jue. 1.35 cuando la casa de José cobró f, lo
5.31 sean como el sol cuando sale en su f
6.14 vé con esta tu f, y salvarás a Israel
16.5 e infórmate en qué consiste su gran f
16.6 que me declares en qué consiste tu..f
16.9 rompió..no se supo el secreto de su f
16.15 no me has..en qué consiste tu gran f
16.17 si fuere rapado, mi f se apartará de
16.19 afligirlo, pues su f se apartó de él
16.30 se inclinó con toda su f, y cayó la
1 S. 2.9 nadie será fuerte por su propia f
2.16 no..de otra manera yo la tomaré por la f
28.1 que los filisteos reunieron sus f para
28.20 y estaba sin f..no había comida pan
28.22 comas..que cobres f, y sigas tu camino
29.1 filisteos juntaron todas sus f en Afec
30.4 hasta que les faltaron las f para llorar
2 S. 6.14 David danzaba con toda su f delante
22.33 Dios es el que me ciñe de f, y quien
22.40 pues me ceñiste de f para la pelea; has
2 R. 18.20 consejo tengo y f para la guerra
19.3 de nacer, y la que da a luz no tiene f
23.25 que se convirtiese a..de todas sus f
1 Cr. 13.8 Israel se regocijaban..todas sus f
20.1 sacó las f del ejército, y destruyó la
29.2 yo con todas mis f he preparado para la
29.12 en tu mano está la f y el poder, y en
2 Cr. 13.15 los de Judá gritaron con f; y así
14.11 en dar ayuda al..o al que no tiene f!
20.6 ¿no está en tu mano tal f y poder, que
20.12 ¡oh Dios..en nosotros no hay f contra
22.9 no tenía f para poder retener el reino
32.9 rey de..sitiaba a Laquis con todas sus f
Esd. 2.69 según sus f dieron al tesorero de la
Neh. 4.10 dijo Judá: Las f de los acarreadores
8.10 porque el gozo de Jehová es vuestra f
Est. 8.11 acabar con toda f armada del pueblo
Job 3.17 y allí descansan los de agotadas f
6.11 ¿cuál es mi f para esperar aún? ¿Y cuál
6.12 ¿es mi f la de las piedras, o..bronce?
9.4 él es sabio de corazón, y poderoso en f
17.9 y el limpio de manos aumentará la f
18.12 serán gastadas de hambre sus f, y a su
23.6 ¿contendería conmigo con grandeza de f?
26.2 ¿cómo has amparado al brazo sin f?
30.2 la f de sus manos?..no tienen f alguna
36.5 que Dios..es poderoso en f de sabiduría
36.19 ¿hará él estima..o de todas las f del
39.11 ¿confiarás tú en él..ser grande su f
39.19 ¿diste tú al caballo la f? ¿Vestiste tú
39.21 se alegra en su f, sale al encuentro de
40.16 su f está en sus lomos, y su vigor en
41.12 no guardaré silencio..ni sobre sus f
41.22 en su cerviz está la f, y delante de
Sal. 6.6 me he consumido a f de gemir; todas
18.2 mi escudo, y la f de mi salvación, mi
18.39 pues me ceñiste de f para la pelea; has
31.10 agotan mis f a causa de mi iniquidad
33.16 ni escapa el valiente por la mucha f
33.17 grandeza de su f a nadie podrá librar
39.13 déjame, y tomaré f, antes que vaya y
68.28 tu Dios ha ordenado tu f; confirma, oh
68.35 el Dios de Israel, él da f y vigor a
71.9 cuando mi f se acabare, no me desampares
78.51 las primicias de su f en las tiendas
84.5 hombre que tiene en ti sus f, en cuyo
88.4 soy contado entre..soy como hombre sin f
92.10 aumentarás mis f como las del búfalo
102.23 él debilitó mi f en el camino; acortó
105.36 hirió de..las primicias de toda su f
147.10 no se deleita en la f del caballo, ni
Pr. 5.10 no sea que extraños se sacien de tu f
14.4 por la f del buey hay abundancia de pan
20.29 la gloria de los jóvenes es su f, y la
21.22 y derribó la f en que ella confiaba
24.10 si fueres flojo en..tu f será reducida
31.3 no des a las mujeres tu f, ni..caminos
31.17 ciñe de f sus lomos, y esfuerza sus
31.25 f y honor son su vestidura; y se ríe
Ec. 4.1 f estaba en la mano de sus opresores
9.10 lo que te viniere a..hazlo según tus f
9.16 mejor es la sabiduría que la f, aunque
10.10 hay que añadir entonces más f; pero la
10.17 para reponer sus f y no para beber!
Is. 3.25 caerán a espada, y tu f en la guerra
28.2 como torbellino..con f derriba a tierra
28.6 por f a los que rechacen la batalla en
30.2 para fortalecerse con la f de Faraón
30.3 pero la f de Faraón se os cambiará en
37.3 de nacer, y la que da a luz no tiene f
40.26 la grandeza de su f, y el poder de su
40.29 da..y multiplica las f al que no tiene
40.31 que esperan a Jehová tendrán nuevas f
42.25 el ardor de su ira, y f de guerra; le
43.17 que saca carro y caballo, ejército y f
44.12 y trabaja en ello con la f de su brazo
44.12 y le faltan las f; no bebe agua, y se
45.24 en Jehová está la justicia y la f; a él
47.9 en toda su f vendrán sobre ti, a pesar
49.4 vano y sin provecho he consumido mis f
49.5 estimado seré..y el Dios mío será mi f
Jer. 16.19 oh Jehová, fortaleza mía y f mía, y
48.45 Hesbón se pararon sin f los que huían
51.30 les faltaron las f, se volvieron como
Lm. 1.6 fueron..sin f delante del perseguidor
1.14 ha debilitado mis f; me ha entregado el
3.18 dije: Perecieron mis f, y mi esperanza
Dn. 2.23 me has dado sabiduría y f, y ahora me
2.37 el Dios del cielo te ha dado..poder, f
2.41 mas habrá en él algo de la f del hierro
4.30 que yo edifiqué..con la f de mi poder
8.6 corrió contra él con la furia de su f
8.7 carnero no tenía f para pararse delante
8.8 estando en su mayor f, aquel gran cuerno
8.22 se levantarán..aunque no con la f de él
8.24 se fortalecerá, mas no con f propia
10.8 no quedó f en mí, antes mi f se cambió
10.16 sobrevenido dolores, y no me queda f
10.17 me faltó la f, y no me quedó aliento
10.19 recobré las f, y dije: Hable mi señor
11.6 ella no podrá retener la f de su brazo
11.15 y las f del sur no podrán sostenerse
11.15 sur no podrán..no habrá f para resistir
11.22 las f enemigas serán barridas delante
11.25 despertará sus f..contra el rey del

FUERZA *(Continúa)*
Os. 7.9 devoraron extraños su *f*. .él no lo supo
Am. 2.14 y al fuerte no le ayudará su *f*, ni el
6.13 ¿no hemos adquirido poder con nuestra *f*?
Mi. 3.8 estoy lleno de. .y de *f*, para denunciar
Hab. 1.11 ofenderá atribuyendo su *f* a su dios
Hag. 2.22 destruiré la *f* de los reinos de las
Zac. 4.6 no con ejército, ni con *f*, sino con mi
12.5 tienen *f* los habitantes de Jerusalén en
Mr. 12.30 amarás al Señor tu. .con todas tus *f*
12.33 y el amarle. .con todas las *f*, y amar al
Lc. 10.19 potestad. .y sobre toda *f* del enemigo
10.27 amarás al Señor. .Dios con todas tus *f*
Hch. 9.19 habiendo tomado alimento, recobró *f*
2 Co. 1.8 abrumados. .más allá de nuestras *f*
8.3 conforme a sus *f*, y. .más allá de sus *f*
Ef. 1.19 según la operación del poder de su *f*
6.10 fortaleceos en el. .en el poder de su *f*
2 Ti. 4.17 Señor estuvo a mi lado, y me dio *f*
He. 11.11 misma Sara. .recibió *f* para concebir
11.34 sacaron *f* de debilidad, se hicieron
1 P. 5.2 no por *f*, sino voluntariamente; no
2 P. 2.11 los ángeles, que son mayores en *f* y
Ap. 1.16 y su rostro era como el sol. .en su *f*
3.8 aunque tienes poca *f*, has guardado mi

FUGA
Sal. 21.12 tú los pondrás en *f*; en tus cuerdas
He. 11.34 en batalla, pusieron en *f* ejércitos

FUGAR
1 S. 27.1 nada. .me será mejor que *fugarme* a la
Hch. 27.42 matar. .para que ninguno se *fugase*

FUGAZ
Pr. 21.6 amontonar. .en aliento *f* de aquellos

FUGITIVO
Jue. 12.4 vosotros sois *f* de Efraín, vosotros
12.5 decían los *f* de Efraín: Quiero pasar
Is. 15.5 sus *f* huirán hasta Zoar, como novilla
43.14 e hice descender como *f* a todos ellos
Jer. 44.14 porque no volverán sino algunos *f*
49.5 he aquí. .no habrá quien recoja a los *f*
49.36 no habrá nación a donde no vayan *f* de
Ez. 17.21 todos sus *f*. .caerán a espada, y los
24.27 se abrirá tu boca para hablar con el *f*
33.21 vino a mí un *f* de Jerusalén, diciendo
33.22 sobre mí la tarde antes de llegar el *f*

FULANO
Rt. 4.1 y le dijo: Eh, *f*, ven acá y siéntate

FULGENTE
Hab. 3.11 la luz. .al resplandor de tu *f* lanza

FULGOR
Ap. 21.11 su *f* era semejante al de una piedra

FULGURAR
Lc. 17.24 como el relámpago que al *fulgurar*

FUNCIÓN
Ro. 12.4 no todos. .miembros tienen las misma *f*

FUNCIONARIO
Hch. 8.27 un etíope. .*f* de Candace reina de los

FUNDACIÓN
Mt. 13.35 declararé cosas escondidas desde la *f*
25.34 el reino preparado. .desde la *f* del mundo
Lc. 11.50 se ha derramado desde la *f* del mundo
Jn. 17.24 me has amado desde antes de la *f* del
Ef. 1.4 escogió en él antes de la *f* del mundo
He. 4.3 obras. .acabadas desde la *f* del mundo
1 P. 1.20 yo destinado. .antes de la *f* del mundo
Ap. 17.8 están escritos desde la *f* del mundo

FUNDAMENTO
Dt. 32.22 fuego. .abrasará los *f* de los montes
Esd. 4.12 levantan los muros y reparan los *f*
Job 22.16 cuyo *f* fue como un río derramado?
Sal. 11.3 si fueran destruidos los *f*, ¿qué ha
Pr. 8.29 cuando establecía los *f* de la tierra
Is. 28.16 he puesto en Sion por *f* una piedra
Jer. 31.37 explorarse abajo los *f* de la tierra
Ez. 30.4 vendrá espada. .serán destruidos sus *f*
Lc. 6.48 y ahondó y puso el *f* sobre la roca
6.49 que edificó su casa sobre tierra, sin *f*
Ro. 15.20 esforcé. .no edificar sobre *f* ajeno
1 Co. 3.10 yo como perito arquitecto puse el *f*
3.11 nadie puede poner otro *f* que el que está
3.12 y si sobre este *f* alguno edificare oro
Ef. 2.20 edificados sobre el *f* de los apóstoles
1 Ti. 6.19 atesorando para sí buen *f* para lo
2 Ti. 2.19 el *f* de Dios está firme, teniendo
He. 6.1 no echando. .el *f* del arrepentimiento
11.10 porque esperaba la ciudad que tiene *f*

FUNDAR
Éx. 9.18 desde el día que se *fundó* hasta ahora
Job 38.4 ¿dónde estabas tú cuando yo *fundaba*
38.6 ¿sobre qué están *fundadas* sus basas?
Sal. 8.2 de la boca de. .*fundaste* la fortaleza
24.2 porque él la *fundó* sobre los mares, y
89.11 el mundo y su plenitud, tú lo *fundaste*
102.25 en el principio tú *fundaste* la tierra
104.5 él *fundó* la tierra sobre sus cimientos
104.8 valles, al lugar que tú les *fundaste*
107.36 allí. .y *fundan* ciudad en donde vivir
Pr. 3.19 Jehová con sabiduría *fundó* la tierra
Cnt. 5.15 columnas de mármol *fundadas* sobre
Is. 14.32 que Jehová *fundó* a Sion, y que a ella
23.13 Asiria la *fundó* para los moradores del
40.21 enseñados desde que la tierra se *fundó*
44.28 edificada; y al templo: Serás *fundado*
48.13 mi mano *fundó* también la tierra, y mi
51.13 extendió los cielos y *fundó* la tierra
54.11 cimentaré. .y sobre zafiros te *fundaré*
Hab. 1.12 oh Roca, lo *fundaste* para castigar
2.12 del que *funda* una ciudad con iniquidad!
Zac. 12.1 *funda* la tierra, y forma el espíritu
Mt. 7.25; Lc. 6.48 estaba *fundada* sobre la roca
1 Co. 2.5 fe no esté *fundada* en la sabiduría de
Col. 1.23 si en verdad permanecéis *fundados* y
He. 1.10 tú. .en el principio *fundaste* la tierra

FUNDICIÓN
Éx. 32.4 dio forma. .hizo de ello un becerro de *f*
32.8 se han hecho un becerro de *f*, y lo han
34.17 no te harás dioses de *f*
37.13 le hizo. .de *f* cuatro anillos de oro
Lv. 19.4 ni haréis para vosotros dioses de *f*
Nm. 33.52 destruiréis. .todas sus imágenes de *f*
Dt. 9.12 tu pueblo. .han hecho una imagen de *f*
9.16 miré. .os habíais hecho un becerro de *f*
27.15 maldito el. .que hiciere. .imagen de *f*
Jue. 17.3 hacer una imágen de talla y una de *f*
17.4 hizo de. .una imagen de talla y una de *f*
18.14 efod. .y una imagen de talla y una de *f*?
18.17,18 tomaron. .terafines y la imagen de *f*
1 R. 7.16 hizo. .dos capiteles de *f* de bronce
7.30 había repisas de *f* que sobresalían de
7.33 ejes, sus rayos. .cubos. .todo era de *f*
14.9 te hiciste dioses ajenos e imágenes de *f*
2 Cr. 4.2 un mar de *f*, el cual tenía diez codos
Neh. 9.18 cuando hicieron para sí becerro de *f*
Sal. 106.19 se postraron ante una imagen de *f*
Is. 42.17 dicen a las imágenes de *f*: Vosotros
48.5 imágenes de escultura y de *f* mandaron
64.2 como fuego abrasador de *f*, fuego que
Jer. 10.14 porque mentirosa es su obra de *f*
Os. 13.2 se han hecho. .imágenes de *f*, ídolos
Nah. 1.14 destruiré escultura y estatua de *f*
Hab. 2.18 la estatua de *f* que enseña mentira

FUNDIDO *Véase Fundir*

FUNDIDOR
Jue. 17.4 tomó 200 siclos de. .y los dio al *f*
Pr. 25.4 quita. .escorias. .saldrá alhaja al *f*
Jer. 6.29 en vano fundió el *f*, pues la escoria
10.9 obra del artífice, y de manos del *f*; los
10.14 avergüenza de su ídolo todo *f*, porque

FUNDIR
Éx. 25.12 *fundirás* para ella cuatro anillos de
26.37 y *fundirás* cinco basas de bronce para
36.36 *fundió* para ellas cuatro basas de plata
37.3 *fundió* para ella cuatro anillos de oro
38.5 *fundió* cuatro anillos a los 4 extremos
38.27 para *fundir* las basas del santuario y
1 R. 7.23 hizo *fundir*. .un mar de diez codos de
7.24 sido *fundidas* cuando el mar fue *fundido*
7.37 diez basas, *fundidas* de. .misma manera
7.46 lo hizo *fundir* el rey en la llanura del
2 R. 17.16 hicieron imágenes *fundidas* de dos
2 Cr. 4.3 dos hileras de calabazas *fundidas*
4.17 *fundió* el rey en los llanos del Jordán
28.2 hizo imágenes *fundidas* a los baales
33.7 imagen *fundida* que hizo, en la casa de
34.3 a limpiar a Judá. .de. .imágenes *fundidas*
34.4 despedazó también. .y estatuas *fundidas*
Job 28.2 saca. .de la piedra se *funde* el cobre
37.18 cielos, firmes como un espejo *fundido*?
Is. 30.22 profanarás la. .tus imágenes *fundidas*
40.19 el platero. .le *funde* cadenas de plata
41.29 viento y vanidad. .sus imágenes *fundidas*
44.10 quién *fundió* una imagen que para nada
Jer. 6.29 en vano *fundió*. .pues la escoria no
Ez. 22.20 encender fuego en él para *fundirlos*
22.20 juntaré. .os pondré allí, y os *fundiré*
22.21 yo os. .en medio de él seréis *fundidos*
22.22 se *funde* la plata. .así seréis *fundidos*
24.11 y se *funda* en ella su suciedad, y se
Dn. 11.8 a los dioses. .sus imágenes *fundidas*
Zac. 13.9 y los *fundiré* como se *funde* la plata
2 P. 3.12 los elementos. .quemados se *fundirán*!

FUNITAS ***Descendientes de Fúa No. 1, Nm. 26.23***

FURA ***Criado de Gedeón, Jue. 7.10,11***

FURIA
Sal. 7.6 ira; álzate en contra de la *f* de mis
Dn. 8.6 corrió contra él con la *f* de su fuerza

FURIOSO, SA
Pr. 29.22 iracundo. .y el *f* muchas veces peca
Hch. 27.18 combatidos por una *f* tempestad, al

FUROR
Gn. 39.19 cuando oyó el amo. .se encendió su *f*
49.6 porque en su *f* mataron hombres, y en su
49.7 maldito su *f*, que fue fiero; y su ira
Éx. 22.24 y mi *f* se encenderá, y os mataré a
32.11 ¿por qué se encenderá tu *f* contra tu
Nm. 16.46 *f* ha salido de la presencia de Jehová
25.3 el *f* de Jehová se encendió contra Israel
25.11 Finees. .ha hecho apartar mi *f* de los
Dt. 6.15 no se inflame el *f* de Jehová. .contra
7.4 *f* de Jehová se encenderá sobre vosotros
9.19 temí a causa del *f* y de la ira con que
11.17 y se encienda el *f* de. .sobre vosotros
29.23 las cuales Jehová destruyó en su *f* y
29.28 Jehová los desarraigó. .con ira, con *f*
31.17 encenderá mi *f* contra él en aquel día
Jue. 2.14 se encendió. .el *f* de Jehová, el cual
2 S. 6.7 el *f* de Jehová se encendió contra Uza
12.5 se encendió el *f* de David en gran manera
2 R. 13.3 y se encendió el *f* de Jehová contra
19.27 he conocido tu situación. .*f* contra mí
1 Cr. 13.10 *f* de Jehová se encendió contra Uza
Esd. 8.22 *f* contra todos los que le abandonan
Job 9.5 él arranca los montes con su *f*, y no
10.17 aumentas. .tu *f* como tropas de relevo
16.9 *f* me despedazó, y me ha sido contrario
18.4 oh tú, que te despedazas en tu *f*, ¿será
19.11 hizo arder contra mí su *f*, y me contó
19.29 sobreviene el *f* de la espada a causa
20.28 los. .serán esparcidos en el día de su *f*
39.24 y él con ímpetu y *f* escarba la tierra
Sal. 2.5 luego hablará a ellos en su *f*, y los
38.1 Jehová, no me reprendas en tu *f*, ni me
55.3 sobre mí echaron. .y con *f* me persiguen
56.7 Dios, y derriba en tu *f* a los pueblos
59.13 acábalos con *f*, acábalos, para que no
69.24 tu ira, y el *f* de tu enojo los alcance
74.1 ¿por qué se ha encendido tu *f* contra las
78.21 fuego. .el *f* subió también contra Israel
78.31 vino sobre ellos el *f* de Dios, e hizo
78.50 dispuso camino a su *f*; no eximió la
90.7 con tu *f* somos consumidos, y con tu ira
95.11 juré en mi *f* que no entrarían en mi
106.40 se encendió. .el *f* de Jehová sobre su
124.3 vivos. .cuando se encendió su *f* contra
Pr. 6.34 porque los celos son el *f* del hombre
15.1 mas la palabra áspera hace subir el *f*
19.11 la cordura del hombre detiene su *f*, y
21.14 la dádiva en secreto calma el *f*, y el
27.4 cruel es la ira, e impetuoso el *f*; mas
Is. 5.25 por esta causa se encendió el *f* de
5.25; 9.12,17,21; 10.4 con todo esto no ha
cesado su *f*, sino que
10.5 oh Asiria, vara y báculo de mi *f*, en su
10.25 poco tiempo se acabará mi *f* y mi enojo
14.6 el que hería a los pueblos con *f*, con
30.30 descenso de su brazo, con *f* de rostro
37.28 he conocido. .tu salida. .tu *f* contra mí
51.13 temiste. .del *f* del que aflige, cuando
51.13 en dónde está el *f* del que aflige?
63.3 los hollé con mi *f*; y su sangre salpicó
63.6 y los embriagué en mi *f*, y derramé en
65.5 éstos son humo en mi *f*, fuego que arde
66.15 con fuego. .para descargar su ira con *f*
Jer. 7.20 *f* y mi ira se derramarán sobre este
10.24 no con tu *f*, para que no me aniquiles
15.14 porque fuego se ha encendido en mi *f*
17.4 porque fuego habéis encendido en mi *f*
21.5 pelearé contra vosotros. .con *f* y enojo
23.19 la tempestad de Jehová saldrá con *f*
23.20 no se apartará el *f* de Jehová hasta que
25.15 de mi mano la copa del vino de este *f*
25.38 asolada fue la tierra. .por el *f* de su
30.23 la tempestad de Jehová sale con *f*; la
32.37 tierras a las cuales los eché con mi *f*
33.5 a los cuales herí yo con mi *f* y con mi
36.7 grande es el *f* y la ira. .Jehová contra
44.6 derramó. .mi ira y mi *f*, y se encendió
50.25 abrió. .y sacó los instrumentos de su *f*
Lm. 1.12 angustiado en el día de su ardiente *f*
2.1 ¡como oscureció. .su *f* a la hija de Sion!

FUROR *(Continúa)*

Lm. 2.1 no se acordó del estrado..el día de su *f*
2.2 destruyó en su *f*..las tiendas de Jacob
2.21 mataste en el día de tu *f*; degollaste
2.22 en el día del *f*..no hubo quien escapase
3.66 persíguelos en tu *f*, y quebrántalos de
Ez. 5.13 se cumplirá mi *f* y saciaré en ellos
5.15 haga en ti juicios con *f* e indignación
7.3 y enviaré sobre ti mi *f*, y te juzgaré
7.8 cumpliré en ti mi *f*, y te juzgaré según
7.19 oro..librarlos en el día del *f* de Jehová
8.18 yo procederé con *f*; no perdonará mi ojo
9.8 Israel derramando tu *f* sobre Jerusalén?
13.13 y lluvia torrencial vendrá con mi *f*
13.15 cumpliré así mi *f* en la pared y en los
21.14 triplíquese el *f* de la espada homicida
22.20 así os juntaré en mi *f* y en mi ira, y
22.21 y soplaré..en el fuego de mi *f*, y en
22.24 ni rociada con lluvia en el día del *f*
23.25 contra ti, y procederán contigo con *f*
36.6 y en mi *f* he hablado, por cuanto habéis
43.8 han contaminado mi..los consumí en mi *f*
Dn. 9.16 apártese..y tu *f* de sobre tu ciudad
Os. 13.11 te di rey en mi *f*, y te lo quité en
Am. 1.11 violó..y en su *f* le ha robado siempre
Jon. 1.15 echaron..y el mar se aquietó de su *f*
Mi. 5.15 y con *f* haré venganza en las naciones
Hab. 3.12 con ira..con *f* trillaste las naciones
Sof. 2.2 venga sobre vosotros el *f* de la ira
Lc. 6.11 y ellos se llenaron de *f*, y hablaban
Ap. 14.8 ha hecho beber..del vino del *f* de su
18.3 bebido del vino del *f* de su fornicación
19.15 él pisa el lagar del vino del *f* de

FURTIVAMENTE

2 R. 11.2 tomó a Joás..y lo sacó *f* de entre los

FUT

1. Hijo de Cam, Gn. 10.6; 1 Cr. 1.8
2. Región del África y sus habitantes

Is. 66.19 y enviaré de los escapados de..a *F*
Ez. 27.10 los de Lud y *F* fueron en tu ejército
30.5 *F*, Lud, toda Arabia, Libia, y los hijos
38.5 y *F* con ellos; todos ellos con escudo
Nah. 3.9 *F* y Libia fueron sus ayudadores

FUTIEL *Suegro de Eleazar No. 1,* Éx. 6.25

FUTITAS *Familia de los descendientes de Judá,* 1 Cr. 2.53

G

GAAL *El que se rebeló contra Abimelec No. 3*

Jue. 9.26 *G* hijo de Ebed vino con sus hermanos
9.28 *G*..de Ebed dijo: ¿Quién es Abimelec, y
9.30 Zebul..oyó las palabras de *G* hijo de
9.31 *G*..y sus hermanos han venido a Siquem
9.35 y *G*..salió, y se puso a la entrada de
9.36 viendo *G* al pueblo, dijo a Zebul: He
9.37 volvió *G* a hablar, y dijo: He allí gente
9.39 y *G* salió delante de los de Siquem, y
9.40 lo persiguió Abimelec, y *G* huyó delante
9.41 Zebul echó fuera a *G* y a sus hermanos

GAAS *Monte y río en Efraín*

Jos. 24.30; Jue. 2.9 al norte del monte de *G*
2 S. 23.30 piratonita, Hidai del arroyo de *G*
1 Cr. 11.32 Hurai del río *G*, Abiel arbatita

GABAA

1. Ciudad en Judá, Jos. 15.57; 18.28
2. Ciudad en Benjamín

Jue. 19.12 no iremos..que pasaremos hasta *G*
19.13 ven..para pasar la noche en *G* o en Ramá
19.14 pasando..se les puso el sol junto a *G*
19.15 para entrar a pasar allí la noche en *G*
19.16 un hombre..moraba como forastero en *G*
20.4 dijo: Yo llegué a *G*..con mi concubina
20.5 levantándose..los de *G*, rodearon contra
20.9 esto es ahora lo que haremos a *G*; contra
20.10 que yendo a *G*..hagan conforme a toda
20.13 entregad, pues..perversos que están en *G*
20.14 se juntaron de las ciudades en *G*, para
20.15 contados..sin los que moraban en *G*
20.19 levantaron..hijos de Israel..contra *G*
20.20 ordenaron la batalla..ellos junto a *G*
20.21 saliendo..de *G* los hijos de Benjamín
20.25 saliendo Benjamín de *G* contra ellos
20.29 puso Israel emboscadas alrededor de *G*
20.30 día, ordenaron la batalla delante de *G*
20.31 uno..Bet-el, y el otro a *G* en el campo
20.33 salieron de su lugar..la pradera de *G*
20.34 y vinieron contra *G* diez mil hombres
20.36 en las emboscadas..puesto detrás de *G*
20.37 los..de las emboscadas acometieron..a *G*
20.43 hollaron..Menúha hasta enfrente de *G*
1 S. 10.26 Saúl también se fue a su casa en *G*
11.4 llegando los..a *G* de Saúl, dijeron estas
13.2 mil estaban con Jonatán en *G* de Benjamín
13.15 Samuel, subió de Gilgal a *G* de Benjamín
13.16 Saúl..quedaron en *G* de Benjamín; pero
14.2 Saúl se hallaba al extremo de *G*, debajo
14.5 uno..al norte..el otro al sur, hacia *G*
14.16 los centinelas de Saúl vieron desde *G*
15.34 y Saúl subió a su casa en *G* de Saúl
22.6 Saúl estaba sentado en *G*, debajo de un
23.19 los de Zif para decirle a Saúl en *G*
26.1 vinieron..zifeos a Saúl en *G*, diciendo
2 S. 21.6 los ahorquemos delante..en *G* de Saúl
23.29; 1 Cr. 11.31 Itai hijo de Ribai, de *G*
2 Cr. 13.2 su madre fue..hija de Uriel de *G*
Is. 10.29 en Geba; Ramá tembló; *G* de Saúl huyó
Os. 5.8 tocad bocina en *G*, trompeta en Ramá
9.9 como en los días de *G*; ahora se acordará
10.9 desde los días de *G* has pecado..Israel
10.9 no los tomó la batalla en *G* contra los

GABAI *Benjamita en Jerusalén después del exilio,* Neh. 11.8

GABAÓN *Ciudad en Benjamín*

Jos. 9.3 moradores de *G*..oyeron lo que Josué
9.17 sus ciudades eran *G*, Cafira, Beerot y
10.1 que los moradores de *G* habían hecho paz
10.2 porque *G* era una gran ciudad, como una
10.4 combatamos a *G*; porque ha hecho paz con
10.5 acamparon cerca de *G*, y pelearon contra
10.6 moradores de *G* enviaron a decir a Josué
10.10 y los hirió con gran mortandad en *G*
10.12 sol, detente en *G*; y tú, luna, en el
10.41 los hirió..la tierra de Gosén hasta *G*
11.19 salvo los heveos que moraban en *G*; todo
18.25 *G*, Ramá, Beerot
21.17 la tribu de Benjamín, *G* con sus ejidos
2 S. 2.12 Abner..salió de Mahanaim a *G* con los
2.13 los encontraron junto al estanque de *G*
2.16 fue..Helcat-hazurim, el cual está en *G*
2.24 Gía, junto al camino del desierto de *G*
3.30 Abner..él había dado muerte a Asael..*G*
20.8 cerca de la piedra grande que está en *G*
1 R. 3.4 e iba el rey a *G*..era el lugar alto
3.5 y se le apareció Jehová a Salomón en *G*
9.2 apareció..como le había aparecido en *G*
1 Cr. 8.29 en *G* habitaron Abigabaón, la mujer
9.35 en *G* habitaba Jehiel padre de *G*, el
14.16 y derrotaron..filisteos desde *G* hasta
16.39 Sadoc..el lugar alto que estaba en *G*
21.29 el tabernáculo..en el lugar alto de *G*
2 Cr. 1.3 y fue Salomón..al lugar alto..en *G*
1.13 y desde el lugar alto que estaba en *G*
Neh. 3.7 varones de *G* y de Mizpa, que estaban
7.25 los hijos de *G*, noventa y cinco
Is. 28.21 como en el valle de *G* se enojará
Jer. 28.1 Hananías hijo de Azur..que era de *G*
41.12 junto al gran estanque que está en *G*
41.16 gente..que Johanán había traído de *G*

GABAONITA *Habitante de Gabaón*

2 S. 21.1 por causa..por cuanto mató a los *g*
21.2 entonces el rey llamó a los *g*, y les
21.2 *g* no eran de los hijos de Israel, sino
21.3 dijo, pues, David a los *g*: ¿Qué haré
21.4 y los *g* le respondieron: No tenemos
21.9 los entregó en manos de los *g*, y ellos
1 Cr. 12.4 Ismaías *g*, valiente entre los 30, y
Neh. 3.7 junto a ellos restauró Melatías *g* y

GABATA *Nombre hebreo del Enlosado,* Jn. 19.13

GABAATITA *Habitante de Gabaa,* 1 Cr. 12.3

GABRIEL *Un ángel principal*

Dn. 8.16 y dijo: *G*, enseña a éste la visión
9.21 el varón *G*..vino a mí como a la hora del
Lc. 1.19 yo soy *G*, que estoy delante de Dios
1.26 al sexto mes el ángel *G* fue enviado a

GACELA

Dt. 12.15 la podrá comer, como la de *g* o de
12.22 mismo que se come la *g*..podrás comer
14.5 *g*, el corzo, la cabra montés, el íbice
15.22 comerán..como de una *g* o de un ciervo
2 S. 2.18 Asael era ligero de pies como una *g*
1 R. 4.23 sin los ciervos, *g*, corzos y aves
1 Cr. 12.8 eran ligeros como las *g* sobre las
Pr. 5.19 como cierva amada y graciosa *g*. Sus
6.5 escápate como *g* de la mano del cazador
Cnt. 4.5; 7.3 dos pechos, como gemelos de *g*
Is. 13.14 como *g* perseguida..mirará hacia su

GAD

1. Hijo de Jacob, y la tribu que formó su posteridad

Gn. 30.11 dijo Lea: Vino..y llamó su nombre *G*
35.26 hijos de Zilpa, sierva de Lea: *G* y Aser
46.16 hijos de *G*: Zifión, Hagui, Ezbón
49.19 *G*, ejército lo acometerá; mas él
Éx. 1.4 Dan, Neftalí, *G* y Aser
Nm. 1.14 de *G*, Eliasaf hijo de Deuel
1.24 de los hijos de *G*, por su descendencia
1.25 los contados de la tribu de *G* fueron
2.14 la tribu de *G*; y el jefe de los..de *G*
7.42 Eliasaf hijo..príncipe de los hijos de *G*
10.20 sobre..de los hijos de *G*, Eliasaf hijo
13.15 la tribu de *G*, Geuel hijo de Maqui
26.15 hijos de *G* por sus familias: de Zefón
26.18 estas son las familias de *G*; y fueron
32.1 los hijos de *G* tenían una muy inmensa
32.2 vinieron, pues, los hijos de *G*..Rubén
32.6 respondió Moisés a los hijos de *G* y a
32.25 hablaron los hijos de *G* y los..a Moisés
32.29 si los hijos de *G* y..pasan..el Jordán
32.31 los hijos de *G* y..Rubén respondieron
32.33 así Moisés dio a los hijos de *G*, a los
32.34 los hijos de *G* edificaron Dibón, Atarot
34.14 la tribu de los hijos de *G* según las
Dt. 27.13 estarán..el monte..Rubén, *G*, Aser
29.8 y la dimos por heredad a Rubén y a *G*
33.20 a *G*..bendito el que hizo ensanchar a *G*
Jos. 4.12 los hijos de *G* y la media tribu de
13.24 dio..a la tribu de *G*, a los hijos de *G*
13.28 esta es la heredad de los hijos de *G*
18.7 *G* también..ya han recibido su heredad
20.8 Rubén, Ramot en Galaad de la tribu de *G*
21.7 obtuvieron..de la tribu de *G*..12 ciudades
21.38 de la tribu de *G*, Ramot de Galaad con
22.9 así los hijos de Rubén..*G*..se volvieron
22.10 hijos de *G*..edificaron allí un altar
22.11 hijos de *G*..habían edificado un altar
22.13 y enviaron..a los hijos de *G*..a Finees
22.15 fueron..a los hijos de *G* y a la media
22.21 hijos de *G*..respondieron y dijeron a
22.25 hijos de Rubén e hijos de *G*; no tenéis
22.30 palabras que hablaron..los hijos de *G*
22.31 dijo Finees..a los hijos de *G* y a los
22.32 dejaron a..los hijos de *G*, y regresaron
22.33 tierra..que habitaban..los hijos de *G*
22.34 los hijos de *G* pusieron por nombre al
1 S. 13.7 pasaron el Jordán a la tierra de *G*
2 S. 24.5 ciudad..está en medio del valle de *G*
2 R. 10.33 tierra de Galaad, de *G*, de Rubén y
1 Cr. 2.2 José, Benjamín, Neftalí, *G* y Aser
5.11 hijos de *G* habitaron enfrente de ellos
5.18 hijos de Rubén y de *G*, y la media tribu
6.63 los hijos de Merari..de la tribu de *G*
6.80 y de la tribu de *G*, Ramot de Galaad con
12.8 de los de *G* huyeron y fueron a David, al
12.14 fueron capitanes del..de los hijos de *G*
Jer. 49.1 ¿por qué Milcom ha desposeído a *G*
Ez. 48.27 desde el..hasta el lado del mar, *G*
48.28 junto al límite de *G*, al lado..al sur
48.34 la puerta de *G*, una; la puerta de Aser
Ap. 7.5 de la tribu de *G*, doce mil sellados

2. Profeta en tiempo de David

1 S. 22.5 profeta *G* dijo a David: No te estés
2 S. 24.11 vino palabra de Jehová al profeta *G*

GAD *(Continúa)*

2 S. 24.13 vino. . *G* a David, y se lo hizo saber, y
24.14 David. . a *G:* En grande angustia estoy
24.18 y *G* vino a David aquel día, y le dijo
24.19 subió David, conforme al dicho de *G*
1 Cr. 21.9 habló Jehová a *G*, vidente de David
21.11 y viniendo *G* a David, le dijo: Así ha
21.13 David. . a *G:* Estoy en grande angustia
21.18 el ángel. . ordenó a *G* que dijese a David
21.19 palabra que *G* le había dicho en nombre
29.29 escritas. . en las crónicas de *G* vidente
1 Cr. 29.25 mandamiento de. . *G* vidente del rey

GADARENOS ***Habitantes de Gadara, una ciudad al oriente del Mar de Galilea***

Mt. 8.28 cuando llegó a. . a la tierra de los *g*
Mr. 5.1 otro lado del mar, a la región de los *g*
Lc. 8.26 arribaron a la tierra de los *g*, que
8.37 la multitud de la región. . de los *g* le

GADI

1. ***Uno de los doce espías enviados por Moisés,*** **Nm. 13.11**
2. ***Padre de Manahem, rey de Israel,*** **2 R. 15.14,17**

GADIEL ***Uno de los doce espías enviados por Moisés,*** **Nm. 13.10**

GADITA ***Descendiente de Gad No. 1***

Dt. 3.12 tierra. . di a los rubenitas y a los *g*
3.16 a los. . *g* les di de Galaad hasta. . Arnón
4.43 Ramot en Galaad para los *g*, y Golán en
Jos. 1.12 habló Josué a los rubenitas y *g* y a
12.6 dio aquella tierra. . a los *g* y a la media
13.8 *g* y. . Manasés recibieron ya su heredad
22.1 Josué llamó. . los *g*, y a la media tribu
2 S. 23.36 Igal hijo de Natán, de Soba, Bani *g*
1 Cr. 5.26 transportó a los rubenitas y *g* y a
12.37 rubenitas y *g* y de. . Manasés, 120.000
26.32 sobre los rubenitas, los *g* y la media

GAHAM ***Hijo de Nacor,*** **Gn. 22.24**

GAHAR ***Padre de una familia que regresó del exilio con Zorobabel,*** **Esd. 2.47; Neh. 7.49**

GALA

Is. 3.22 las ropas de *g*, los mantoncillos, los
3.24 lugar de ropa de *g* ceñimiento de cilicio
Jer. 2.32 se olvida. . o la desposada de sus *g?*
Zac. 3.4 mira. . te he hecho vestir de ropas de *g*

GALAAD

1. ***Región montañosa al oriente del río Jordán***

Gn. 31.21 huyó, pues. . y se dirigió al monte de *G*
31.23 Labán. . fue. . le alcanzó en el monte de *G*
31.25 Labán acampó con sus. . en el monte de *G*
37.25 he aquí una compañía. . que venía de *G*
Nm. 32.1 vieron la tierra de Jazer y de *G*, y
32.26 niños. . estarán. . en las ciudades de *G*
32.29 les daréis la tierra de *G* en posesión
32.39 los hijos de Maquir hijo. . fueron a *G*
32.40 dio *G* a Maquir hijo de Manasés, el cual
Dt. 2.36 desde Aroer. . hasta *G*, no hubo ciudad
3.10 todo *G*, y todo Basán hasta Salca y Edrei
3.12 la mitad del monte de *G* con sus ciudades
3.13 y el resto de *G*. . lo di a la media tribu
3.15 y *G* se lo di a Maquir
3.16 a. . les di de *G* hasta el arroyo de Arnón
4.43 Ramot en *G* para los gaditas, y Golán en
34.1 le mostró Jehová. . tierra de *G* hasta Dan
Jos. 12.2 y la mitad de *G*, hasta el arroyo de
12.5 la mitad de *G*, territorio de Sehón rey
13.11 *G*, y los territorios de los gesureos
13.25 todas las ciudades de *G*, y la mitad de
13.31 y la mitad de *G*, y Astarot y Edrei
17.1 fue hombre de guerra, tuvo *G* y Basán
17.5 diez partes además de la tierra de *G* y
17.6 de *G* fue de los otros hijos de Manasés
20.8 Ramot en *G* de la tribu de Gad, y Golán
21.38 tribu de Gad, Ramot de *G* con sus ejidos
22.9 de Rubén y. . de Gad. . ir a la tierra de *G*
22.13 y a la media tribu de. . en tierra de *G*
22.15 fueron a los. . Rubén. . en la tierra de *G*
22.32 y regresaron de la tierra de *G* a la
Jue. 5.17 *G* se quedó al otro lado del Jordán
7.3 tema. . devuélvase desde el monte de *G*
10.4 treinta ciudades. . en la tierra de *G*
10.8 la tierra del amorreo, que está en *G*
10.17 los hijos de Amón, y acamparon en *G*
10.18 el pueblo de *G* dijeron el uno al otro
10.18 será caudillo sobre todos los. . en *G*
11.5 ancianos de *G* fueron a traer a Jefté
11.7 Jefté respondió a los ancianos de *G*
11.8 los ancianos de *G* respondieron a Jefté
11.8 caudillo de todos los que moramos en *G*
11.9 dijo a los. . de *G:* Si me hacéis volver
11.10 los ancianos de *G* respondieron a Jefté
11.11 Jefté vino con los ancianos de *G*, y el
11.29 pasó por *G*. . de allí pasó a Mizpa de *G*
11.29 y de Mizpa de *G* pasó a los. . de Amón
12.4 reunió Jefté a todos los varones de *G*
12.4 peleó. . y los de *G* derrotaron a Efraín
12.5 de *G*. . preguntaban: ¿Eres tú efrateo?
12.7 sepultado en una de las ciudades de *G*
20.1 se reunió. . desde Dan. . y la tierra de *G*
1 S. 13.7 pasaron. . a la tierra de Gad y de *G*
2 S. 2.9 lo hizo rey sobre *G*, sobre Gesuri
17.26 acampó Israel con Absalón en. . de *G*
24.6 fueron a *G* y a la tierra baja de Hodsi
1 R. 4.13 las ciudades de Jair. . estaban en *G*
4.19 Geber hijo de Uri, en la tierra de *G*
17.1 Elías. . que era de los moradores de *G*
2 R. 10.33 tierra de *G*, de Gad, de Rubén y de
10.33 desde Aroer. . de Arnón, hasta *G* y Basán
15.29 tomó a. . *G*, Galilea, y toda la tierra de
1 Cr. 2.22 Jair. . tuvo 23 ciudades en la. . de *G*
5.9 tenía mucho ganado en la tierra de *G*
5.10 habitaron en. . la región oriental de *G*
5.16 habitaron en *G*, en Basán y en sus aldeas
26.31 fuertes y vigorosos en Jazer de *G*
27.21 de la otra media tribu de. . en *G*, Iddo
Sal. 60.7; 108.8 mío es *G*, y mío es Manasés
Cnt. 4.1; 6.5 se recuestan en las laderas de *G*
Jer. 8.22 no hay bálsamo en *G?* ¿No hay. . médico
22.6 como *G* eres tú para mí, y como la cima
46.11 sube a *G*. . virgen hija de Egipto; por
50.19 el monte de Efraín y en *G* se saciará
Ez. 47.18 medio. . de *G* y de la tierra de Israel
Os. 6.8 *G*, ciudad de hacedores de iniquidad
12.11 ¿es *G* iniquidad? Ciertamente vanidad
Am. 1.3 porque trillaron a *G* con trillos de hierro
1.13 abrieron a las mujeres de *G*. . encintas
Abd. 19 poseerán el monte de. . y Benjamín a *G*
Mi. 7.14 busque pasto en Basán y *G*, como en el
Zac. 10.10 los traeré a la tierra de *G* y del

2. ***El majano de piedras que levantaron Jacob y Labán en el monte de Galaad***

Gn. 31.47 lo llamó Labán. . y lo llamó Jacob, *G*
31.48 es testigo. . fue llamado su nombre *G*

3. ***Hijo de Maquir y nieto de Manasés***

Nm. 26.29 Maquir engendró a *G;* de *G*, la familia
26.30 estos son los hijos de *G:* de Jezer, la
27.1 de *G*, hijo de Maquir, hijo de Manasés
36.1 llegaron. . los padres de la familia de *G*
Jos. 17.1 primogénito de Manasés y padre de *G*
17.3 Hefer, hijo de *G*, hijo de Maquir, hijo
1 Cr. 2.21 hija de Maquir padre de *G*, la cual
2.23 fueron. . los hijos de Maquir padre de *G*
7.14 también dio a luz a Maquir padre de *G*
7.17 fueron los hijos de *G*, hijo de Maquir

4. ***Padre de Jefté,*** **Jue. 11.1,2**
5. ***Descendiente de Gad,*** **1 Cr. 5.14**

GALAADITA ***Habitante de Galaad No. 1, o descendiente de Galaad No. 3***

Nm. 26.29 hijos. . de Galaad, la familia de los *g*
Jue. 10.3 tras él se levantó Jair *g*, el cual
11.1 Jefté *g* era esforzado y valeroso; era
11.40 endechar a la hija de Jefté *g*, 4 días
12.4 vosotros los *g*, en medio de Efraín y de
12.5 y los *g* tomaron los vados del Jordán
12.7 murió Jefté *g*, y fue sepultado en una
2 S. 17.27 Maquir hijo. . Barzilai *g* de Rogelim
19.31 Barzilai *g* descendió de Rogelim, y pasó
1 R. 2.7 los hijos de Barzilai *g*. . misericordia
2 R. 15.25 cincuenta hombres. . hijos de los *g*
Esd. 2.61; Neh. 7.63 las hijas de Barzilai *g*

GALACIA ***Provincia romana en Asia Menor***

Hch. 16.6 atravesando Frigia. . provincia de *G*
18.23 recorriendo por orden la región de *G*
1 Co. 16.1 manera que ordené en. . iglesias de *G*
Gá. 1.2 hermanos. . conmigo, a las iglesias de *G*
2 Ti. 4.10 Crescente fue a *G*. . Tito a Dalmacia
1 P. 1.1 a los expatriados. . *G*, Capadocia, Asia

GALAL

1. ***Levita entre aquellos que regresaron de Babilonia,*** **1 Cr. 9.15**
2. ***Ascendiente de uno que regresó de Babilonia,*** **1 Cr. 9.16; Neh. 11.17**

GALARDÓN

Gn. 15.1 no temas. . yo soy tu escudo, y tu *g*
Job 31.2 ¿qué *g* me daría de arriba Dios, y qué
Sal. 19.11 ellos; en guardarlos hay grande *g*
58.11 *g* para el justo; ciertamente hay Dios
Pr. 11.18 mas el que siembra justicia tendrá *g*
Mt. 5.12 vuestro *g* es grande en los cielos
Lc. 6.23 aquí vuestro *g* es grande en los cielos
6.35 y será vuestro *g* grande, y seréis hijos
1 Co. 9.18 ¿cuál, pues, es mi *g?* Que predicando
He. 10.35 vuestra confianza, que tiene grande *g*
11.26 porque tenía puesta la mirada en el *g*
2 P. 2.13 recibiendo el *g* de su injusticia, ya
2 Jn. 8 que no perdáis. . que recibáis *g* completo
Ap. 11.18 dar el *g* a tus siervos los profetas
22.12 yo vengo pronto, y mi *g* conmigo, para

GALARDONADOR

He. 11.6 Dios. . que es *g* de los que le buscan

GÁLATAS ***Habitantes de Galacia***

Gá. 3.1 *g* insensatos! ¿quién os fascinó para

GÁLBANO

Éx. 30.34 toma. . *g* aromático e incienso puro

GALERA

Is. 33.21 por el cual no andará *g* de remos, ni

GALERÍA

Ez. 42.5 las *g* quitaban de ellas más que de las

GALILEA ***Región en el norte de Palestina***

Jos. 20.7 señalaron a Cedes en *g*, en el monte
21.32 Cedes en *G*, con sus ejidos. . ciudad de
1 R. 9.11 dio. . veinte ciudades en tierra de *G*
2 R. 15.29 tomó a. . *G*, y. . la tierra de Neftalí
1 Cr. 6.76 Cedes en *G* con sus ejidos, Hamón con
Is. 9.1 llenará de gloria. . en *G* de los gentiles
Mt. 2.22 pero avisado. . se fue a la región de *G*
3.13 Jesús vino de *G* a Juan al Jordán, para
4.12 oyó que Juan estaba preso, volvió a *G*
4.15 camino del mar, al. . *G* de los gentiles
4.18 andando Jesús junto al mar de *G*, vio a
4.23 recorrió Jesús toda *G*, enseñando en las
4.25 y le siguió mucha gente de *G*, de. . Judea
15.29 pasó Jesús. . y vino junto al mar de *G*
17.22 estando ellos en *G*, Jesús les dijo: El
19.1 se alejó de *G*, y fue a las regiones de
21.11 decía: Este es Jesús. . de Nazaret de *G*
26.32 después que haya resucitado, iré. . a *G*
27.55 cuales habían seguido a Jesús desde *G*
28.7 he aquí va delante de vosotros a *G;* allí
28.10 para que vayan a *G*, y allí me verán
28.16 pero los once discípulos se fueron a *G*
Mr. 1.9 que Jesús vino de Nazaret de *G*, y fue
1.14 Jesús vino a *G* predicando el evangelio
1.16 andando junto al mar de *G*, vio a Simón
1.28 se difundió su fama por. . alrededor de *G*
1.39 y predicaba. . en toda *G*, y echaba fuera
3.7 se retiró. . y le siguió gran multitud de *G*
6.21 daba una cena a. . los principales de *G*
7.31 vino por Sidón al mar de *G*, pasando por
9.30 caminaron por *G;* y no quería que nadie
14.28 después. . iré delante de vosotros a *G*
15.41 cuando él estaba en *G*, le seguían y le
16.7 id, decid. . él va delante de vosotros a *G*
Lc. 1.26 Gabriel fue enviado. . una ciudad de *G*
2.4 José subió de *G*. . a la ciudad de David
2.39 volvieron a *G*, a su ciudad de Nazaret
3.1 siendo. . Herodes tetrarca de *G*, y. . Felipe
4.14 volvió en el poder del Espíritu a *G*, y
4.31 descendió. . a Capernaum, ciudad de *G*
4.44 y predicaba en las sinagogas de *G*
5.17 habían venido de todas las aldeas de *G*
8.26 los gadarenos. . en la ribera opuesta a *G*
17.11 yendo Jesús. . pasaba entre Samaria y *G*
23.5 por toda Judea, comenzando desde *G* hasta
23.6 oyendo decir, *G*, preguntó si el hombre
23.49 mujeres que le habían seguido desde *G*
23.55 las mujeres que habían venido. . desde *G*
24.6 que os habló, cuando aún estaban en *G*
Jn. 1.43 el siguiente día quiso Jesús ir a *G*
2.1 día se hicieron unas bodas en Caná de *G*
2.11 de señales hizo Jesús en Caná de *G*, y
4.3 salió de Judea, y se fue otra vez a *G*
4.43 días después, salió de allí y fue a *G*
4.45 vino a *G*, los galileos le recibieron
4.46 vino, pues, Jesús otra vez a Caná de *G*
4.47 oyó que Jesús había llegado de Judea a *G*
4.54 señal hizo Jesús, cuando fue de Judea a *G*
6.1 Jesús fue al otro lado del mar de *G*, el
7.1 andaba Jesús en *G;* pues no quería andar
7.9 habiéndoles dicho esto, se quedó en *G*
7.41 decían: ¿De *G* ha de venir el Cristo?
7.52 que de *G* nunca se ha levantado profeta
12.21 a Felipe, que era de Betsaida de *G*, y
21.2 estaban. . Natanael el de Caná de *G*, los
Hch. 9.31 las iglesias tenían paz. . *G* y Samaria
10.37 divulgó por. . Judea, comenzando desde *G*
13.31 a los que habían subido. . con él de *G*

GALILEO ***Habitante de Galilea***

Mt. 26.69 tú también estabas con Jesús el *g*
Mr. 14.70 porque eres *g*, y tu manera de hablar
Lc. 13.1 que le contaban acerca de los *g* cuya
13.2 *g*. . eran más pecadores que todos los *g?*
22.59 también éste estaba con él, porque es *g*
23.6 Pilato. . preguntó si el hombre era *g*
Jn. 4.45 *g* le recibieron, habiendo visto todas
7.52 ¿eres tú también *g?* Escudriña y ve que
Hch. 1.11 varones *g*, ¿por qué estáis mirando
2.7 mirad, ¿no son *g* todos estos que hablan?
5.37 se levantó Judas el *g*, en los días del

GALIM ***Ciudad de Benjamín***

1 S. 25.44 Palti hijo de Lais, que era de *G*
Is. 10.30 grita en alta voz, hija de *G;* haz

GALIÓN ***Procónsul romano de Acaya***

Hch. 18.12 pero siendo *G* procónsul de Acaya
18.14 *G* dijo a los judíos: Si fuera algún
18.17 pero a *G* nada se le daba de ello

GALOPAR
Jue. 5.22 el *galopar*, por el *g* de sus valientes

GALLINA
Mt. 23.37; Lc. 13.34 la *g* junta sus polluelos

GALLINAZO
Lv. 11.14; Dt. 14.13 el *g*, el milano según su

GALLO
Mt. 26.34,75 antes que el *g* cante, me negarás
26.74 no conozco al..Y en seguida cantó el *g*
Mr. 13.35 si..o al canto del *g*, o a la mañana
14.30 antes que el *g* haya cantado dos veces
14.68 negó..salió a la entrada; y cantó el *g*
14.72 y el *g* cantó la segunda vez. Entonces
14.72 que el *g* cante dos veces, me negarás 3
Lc. 22.34 que el *g* no cantará hoy antes que tú
22.60 mientras él todavía hablaba, el *g* cantó
22.61 que el *g* cante, me negarás tres veces
Jn. 13.38 te digo: No cantará el *g*, sin que me
18.27 negó Pedro..y en seguida cantó el *g*

GAMADEOS ***Habitantes de Gamad, lugar en Siria***
Ez. 27.11 hijos de Arvad..los *g* en tus torres

GAMALIEL
1. ***Jefe de la tribu de Manasés,*** **Nm. 1.10; 2.20; 7.54,59; 10.23**
2. ***Miembro honorable del concilio de los judíos***
Hch. 5.34 en el concilio un fariseo llamado *G*
22.3 soy judío..instruido a los pies de *G*

GAMUL ***Jefe entre los levitas,*** **1 Cr. 24.17**

GANA ***(m. adv.)***
Jue. 8.25 ellos..De buena *g* te los daremos
Mr. 6.20 Herodes..pero le escuchaba de buena *g*
12.37 multitud del pueblo le oía de buena *g*
2 Co. 11.19 de buena *g* toleráis a los necios
12.9 de buena *g* gloriaré más bien en mis

GANADERÍA
Gn. 46.34 diréis: Hombres de *g* han..tus siervos

GANADERO
Gn. 46.32 son pastores de ovejas..son hombres *g*

GANADO
Gn. 1.25 hizo Dios animales de la tierra..y *g*
2.20 puso Adán nombre a..todo *g* del campo
4.20 Jabal..fue padre de los que..crían *g*
7.21 murió toda carne..de aves como de *g* y
13.2 y Abram era riquísimo en *g*, en plata y
13.7 los pastores del *g* de Abram..*g* de Lot
27.9 vé ahora al *g*, y tráeme de allí 2 buenos
29.2 porque de aquel pozo abrevaban los *g*
29.7 no es tiempo todavía de recoger el *g*
30.29 tú sabes..cómo ha estado tu *g* conmigo
30.38 puso las varas..delante del *g*, en los
31.9 quitó Dios el *g* de vuestro padre, y me lo
31.18 en camino todo su *g*..*g* de su ganancia
31.41 catorce años te serví..6 años por tu *g*
33.14 yo me iré poco a poco al paso del *g* que
33.17 Jacob fue a..e hizo cabañas para su *g*
34.5 estando sus hijos con su *g* en el campo
34.23 *g*, sus bienes, y todas..serán nuestros
36.6 y Esaú tomó..sus *g*, y todas sus bestias
36.7 ni..los podía sostener a causa de sus *g*
38.17 yo te enviaré del *g* un cabrito de las
45.10 la tierra de Gosén..tus *g* y tus vacas
46.6 tomaron sus *g*, y sus bienes que habían
47.6 capaces, ponlos por mayorales del *g* mío
47.16 dad vuestros *g*..os daré por vuestros *g*
47.17 ellos trajeron sus *g* a José, y José les
47.17 por el *g* de las ovejas..*g* de las vacas
47.17 y les sustentó de pan por todos sus *g*
47.18 también el *g* es ya de nuestro señor
Éx. 9.3 la mano de Jehová estará sobre tus *g*
9.4 los *g* de Israel y los de Egipto, de modo
9.6 murió..*g* de Egipto; mas del *g* de..Israel
9.7 *g* de los hijos de Israel no había muerto
9.19 a recoger tu *g*, y todo lo que tienes en
9.20 hizo huir sus criados y su *g* a casa
9.21 dejó sus criados y sus *g* en el campo
10.26 nuestros *g* irán también con nosotros
12.38 también subió..ovejas, y muchísimo *g*
17.3 para matarnos de sed..y a nuestros *g*?
34.19 de tu *g* todo primogénito de vaca o de
Lv. 1.2 de *g* vacuno u..haréis vuestra ofrenda
3.1 paz, si hubiere de ofrecerla de *g* vacuno
19.19 no harás ayuntar tu *g* con animales de
22.19 macho..de entre el *g* vacuno, de entre
26.22 destruyan vuestro *g*, y os reduzcan en
Nm. 20.19 si bebiéremos tus aguas yo y mis *g*
31.9 Israel llevaron cautivas..todos sus *g*
32.1 Gad tenían..inmensa muchedumbre de *g*
32.1 vieron..les pareció el país lugar de *g*
32.4 es tierra de *g*, y tus siervos tienen *g*
32.16 edificaremos..majadas para nuestro *g*
32.26 nuestros *g*..en las ciudades de Galaad
35.3 los ejidos de ellas serán para..sus *g*
Dt. 2.35 tomamos para nosotros los *g*, y los
3.7 tomamos para nosotros todo el *g*, y los
3.19 vuestros *g* (yo sé que tenéis mucho *g*)
7.14 no habrá en ti..estéril, ni en tus *g*
11.6 los tragó con..todo su *g*, en medio de
11.15 también hierba en tu campo para tus *g*
13.15 también matarás sus *g* a filo de espada
14.23 las primicias de tus manadas y de tus *g*
Jos. 1.14 vuestros *g* quedarán en la tierra que
14.4 ciudades en..con los ejidos..para sus *g*
21.2 dadas ciudades..ejidos para nuestros *g*
22.8 volved a..tiendas con mucho *g*, con plata
Jue. 6.5 subían ellos y sus *g*, y venían con sus
18.21 pusieron..el *g* y el bagaje por delante
1 S. 15.9 perdonaron..lo mejor..del *g* mayor, de
23.5 David..se llevó sus *g*, y les causó una
25.15 estuvimos con ellos, apacentando los *g*
30.20 ovejas y el *g* mayor; y trayéndolo todo
2 R. 3.4 Mesa..era propietario de *g*, y pagaba
3.17 agua, y beberéis vosotros..y vuestros *g*
1 Cr. 4.39 valle, buscando pastos para sus *g*
4.41 por cuanto había allí pastos para sus *g*
5.9 tenía mucho *g* en la tierra de Galaad
5.21 y tomaron sus *g*..y cien mil personas
7.21 hijos de Gat..vinieron a tomarles sus *g*
27.29 del *g* que pastaba en Sarón, Sitrai
27.29 del *g* que estaba en los valles, Safat
2 Cr. 14.15 las cabañas de los que tenían *g*
17.11 los árabes también le trajeron *g*, 7.000
26.10 porque tuvo muchos *g*, así en la Sefela
32.28 hizo..establos..y apriscos para los *g*
Esd. 1.4 con..bienes y *g*, además de ofrendas
1.6 ayudaron con..*g*, y con cosas preciosas
Neh. 9.37 enseñorean sobre..y sobre nuestros *g*
10.36 los primogénitos de..y de nuestros *g*
Job 24.2 traspasan los linderos, roban los *g*
30.1 desdeñara poner con los perros de mi *g*
Sal. 78.48 al..sus bestias, y sus *g* a los rayos
107.38 se multiplican..y no disminuye su *g*
144.13 nuestros *g*..multipliquen a millares
Is. 7.25 que serán..para ser hollados de los *g*
30.23 *g* en aquel tiempo serán apacentados en
32.14 donde descansen asnos..*g* hagan majada
60.7 todo el *g* de Cedar será juntado para ti
Jer. 9.10 hasta no quedar..oírse bramido de *g*
10.21 los pastores..y todo su *g* se esparció
12.4 por la maldad de los..faltaron los *g* y
31.12 al pan, al vino, al aceite, y el *g* de
33.12 de pastores que hagan pastar sus *g*
33.13 aún pasarán *g* por las manos del que los
49.29 tiendas y sus *g* tomarán; sus cortinas
49.32 serán..multitud de sus *g* por despojo
Ez. 36.11 multiplicaré..vosotros hombres y *g*
38.12 se hace de *g* y posesiones, que mora en
38.13 para tomar *g* y posesiones, para tomar
Am. 7.15 Jehová me tomó de detrás del *g*, y me
Sof. 2.14 rebaños de *g* harán en ella majada
Zac. 2.4 a causa de la multitud de hombres..*g*
11.17 del pastor inútil que abandona el *g*!
Lc. 17.7 un siervo que ara o apacienta *g*, al
Jn. 4.12 cual bebieron él, sus hijos y sus *g*?

GANANCIA
Gn. 31.18 el ganado de su *g* que había obtenido
Lv. 25.36 no tomarás de él usura ni *g*, sino
25.37 tu dinero a usura, ni tus víveres a *g*
Jue. 5.19 mas no llevaron *g* alguna de dinero
Pr. 3.14 su *g* es mejor que la *g* de la plata
15.6 justo..pero turbación en las *g* del impío
22.16 que oprime al pobre para aumentar sus *g*
31.11 en ella confiado, y no carecerá de *g*
Is. 23.18 sus negocios y *g* serán consagrados a
23.18 sus *g* serán para los que estuvieren
33.15 el que aborrece la *g* de violencias, el
Ez. 22.27 como lobos..para obtener *g* injustas
Hab. 2.9 ¡ay del que codicia injusta *g* para su
Hch. 16.16 daba gran *g* a sus amos, adivinando
16.19 que había salido la esperanza de su *g*
19.24 Diana, daba no poca *g* a los artífices
Fil. 1.21 el vivir es Cristo, y el morir es *g*
3.7 pero cuantas cosas eran para mí *g*, las
1 Ti. 3.3,8 no codicioso de *g* deshonestas, sino
6.5 que toman la piedad como fuente de *g*
6.6 pero gran *g* es la piedad acompañada de
Tit. 1.7 obispo..no codicioso de *g* deshonestas
1.11 enseñando por *g* deshonesta lo que no
1 P. 5.2 cuidando de ella..no por *g* deshonesta

GANAR
Gn. 12.5 y todos sus bienes que habían *ganado*
2 S. 8.13 así *ganó* David fama. Cuando regresaba
23.18 y Abisai..*ganó* renombre con los tres
23.22 *ganó* renombre con los tres valientes
1 Cr. 11.20 Abisai..*ganó* renombre con los tres
Est. 2.15 y *ganaba* Ester el favor de todos los
Sal. 78.54 este monte que *ganó* su mano derecha
Pr. 11.30 vida; y el que *gana* almas es sabio
Mt. 16.26 si *ganare* todo el mundo, y perdiere
18.15 si te oyere, has *ganado* a tu hermano
25.16 negoció con ellos, y *ganó* otros cinco
25.17 había recibido dos, *ganó* también otros
25.20 tienes, he *ganado* otros cinco talentos
25.22 *ganado* otros dos talentos sobre ellos
Mr. 8.36 ¿qué aprovechará al hombre si *ganare*
Lc. 9.25 ¿qué aprovecha al hombre, si *gana* todo
16.9 *ganad* amigos por medio de las riquezas
18.12 ayuno..doy diezmos de todo lo que *gano*
19.16 señor, tu mina ha *ganado* diez minas
21.19 con..paciencia *ganaréis* vuestras almas
Hch. 20.28 la cual él *ganó* por su propia sangre
1 Co. 9.19 hecho siervo de todos para *ganar* a
9.20 a los judíos como judío, para *ganar* a
9.20 para *ganar* a los que están sujetos a la
9.21 ley..para *ganar* a los que están sin ley
9.22 he hecho débil..para *ganar* a los débiles
2 Co. 2.11 que Satanás no *gane* ventaja alguna
Fil. 3.8 tengo por basura, para *ganar* a Cristo
1 Ti. 3.13 *ganan* para sí un grado honroso, y
Stg. 4.13 iremos..y traficaremos, y *ganaremos*
1 P. 3.1 *ganados* sin palabra por la conducta de

GANCHO
Ez. 40.43 y adentro, *g*, de un palmo menor
Am. 4.2 vienen..días en que os llevarán con *g*

GANGRENA
2 Ti. 2.17 y su palabra carcomerá como *g*; de

GARBANZO
2 S. 17.28 trajeron a David y al..*g* tostados

GAREB
1. ***Uno de los 30 valientes de David,*** **2 S. 23.38; 1 Cr. 11.40**
2. ***Barrio de Jerusalén,*** **Jer. 31.39**

GARFIO
Éx. 27.3 harás..tazones, sus *g* y sus braseros
38.3 hizo..*g* y palas; todos sus utensilios
Nm. 4.14 *g*, los braseros y los tazones, todos
1 S. 2.13 venía..trayendo en su mano un *g* de
2.14 todo lo que sacaba el *g*, el sacerdote
2 R. 19.28 mi *g* en tu nariz, y mi freno en tus
1 Cr. 28.17 también oro puro para los *g*, para
2 Cr. 4.16 y *g*; de bronce muy fino hizo todos
Job 41.2 narices, y horadarás con *g* su quijada?
Is. 37.29 pondré, pues, mi *g* en tu nariz, y mi
Ez. 29.4 pondré *g* en tus quijadas, y pegaré los
38.4 y pondré *g* en tus quijadas, y te sacaré

GARGANTA
Job 33.2 abriré mi..y mi lengua hablará en mi *g*
Sal. 5.9 sepulcro abierto es su *g*..su lengua
69.3 cansado estoy..mi *g* se ha enronquecido
115.7 pies, mas no andan; no hablan con su *g*
149.6 exalten a Dios con sus *g*, y espadas de
Pr. 23.2 y pon cuchillo a tu *g*, si tienes gran
Is. 8.8 pasará adelante, y llegará hasta la *g*
Jer. 2.25 tus pies de andar descalzos, y tu *g*
Ro. 3.13 sepulcro abierto es su *g*..su lengua

GARGANTILLA
Cnt. 4.9 has apresado..con una *g* de tu cuello

GARMITA ***Patronímico de Keila No. 2,*** **1 Cr. 4.19**

GARRA
Lv. 11.27 por inmundo a..que ande sobre sus *g*
1 S. 17.37 de las *g* de león y de las *g* del oso
Sal. 10.10 y caen en sus..*g* muchos desdichados

GARZA
Lv. 11.19; Dt. 14.18 la *g* según su especie, la

GASA
Is. 3.23 los espejos, el lino fino, las *g* y los

GASMU ***=Gesem,*** **Neh. 6.6**

GASTAR
Dt. 26.14 ni he *gastado*..estando yo inmundo, ni
1 R. 10.16 seiscientos siclos de oro *gastó* en
10.17 en cada uno..*gastó* tres libras de oro
2 R. 12.11 *gastaban* en pagar a los carpinteros
12.12 en todo lo que se *gastaba* en la casa
2 Cr. 24.7 habían *gastado* en los ídolos todas
Job 13.28 y mi cuerpo se va *gastando* como de
18.12 serán *gastadas* de hambre sus fuerzas
Sal. 6.7 mis ojos están *gastados* de sufrir; se
31.10 mi vida se va *gastando* de dolor, y mis
Is. 55.2 ¿por qué *gastáis* el dinero en lo que
Jer. 20.18 que mis días se *gastasen* en afrenta?
37.21 que todo el pan de la ciudad se *gastase*
Mr. 5.26 médicos, y *gastado* todo lo que tenía
Lc. 8.43 había *gastado* en médicos todo cuanto
10.35 lo que *gastes* de más, yo te lo pagaré
2 Co. 12.15 *gastaré* lo mío, y yo mismo me *g*
Stg. 4.3 pedís mal, para *gastar* en..deleites

GASTO
Esd. 6.4 el *g* sea pagado por el tesoro del rey
6.8 sean dados. . a esos varones los *g*, para
Lc. 14.28 calcula los *g*, a ver si tiene lo que
Hch. 21.24 y paga sus *g* para que se rasuren la

GAT ***Una de las cinco ciudades principales de los filisteos***
Jos. 11.22 solamente quedaron en Gaza, en *G* y
1 S. 5.8 pásese el arca del Dios de Israel a *G*
6.17 por Ascalón uno, por *G* uno, por Ecrón
7.14 fueron restituidas. . desde Ecrón hasta *G*
17.4 el cual se llamaba Goliat, de *G*, y tenía
17.23 el filisteo de *G*, salió de entre las
17.52 cayeron los heridos. . hasta *G* y Ecrón
21.10 David. . huyó. . se fue a Aquis rey de *G*
21.12 David. . tuvo. . temor de Aquis rey de *G*
27.2 se pasó a Aquis hijo de Maoc, rey de *G*
27.3 y moró David con Aquis en *G*, él y sus
27.4 la nueva de que David había huido a *G*
27.11 para que viniesen a *G*; diciendo: No
2 S. 1.20 no lo anunciéis en *G*, ni deis las
15.18 hombres. . habían venido a pie desde *G*
21.20 después hubo otra guerra en *G*, donde
21.22 los descendientes de los gigantes en *G*
1 R. 2.39 dos siervos. . huyeron a Aquis. . de *G*
2.39 diciendo. . que tus siervos están en *G*
2.40 fue a. . en *G*. . y trajo sus siervos de *G*
2.41 Simei había ido de Jerusalén hasta *G*
2 R. 12.17 Hazael. . peleó contra *G*, y la tomó
1 Cr. 7.21 los hijos de *G*. . los mataron, porque
8.13 los cuales echaron a los moradores de *G*
18.1 David. . tomó a *G* y sus villas de mano de
20.6 volvió a haber guerra en *G*, donde había
20.8 descendientes de los gigantes en *G*, los
2 Cr. 11.8 *G*, Maresa, Zif
26.6 y rompió el muro de *G*, y el. . de Jabnia
Sal. 56 *tít.* cuando los filisteos le prendieron en *G*
Am. 6.2 descended luego a *G* de los filisteos
Mi. 1.10 no lo digáis en *G*, ni lloréis mucho

GATAM ***Descendiente de Esaú*, Gn. 36.11,16; 1 Cr. 1.36**

GAT-HEFER ***Población en Zabulón*, Jos. 19.13; 2 R. 14.25**

GAT-RIMÓN
1. ***Ciudad de los levitas en Dan*, Jos. 19.45; 21.24**
2. ***Ciudad de los levitas en Manasés*, Jos. 21.25; 1 Cr. 6.69**

GAVILÁN
Lv. 11.16; Dt. 14.15 el *g* según su especie
Job 39.26 ¿vuela el *g* por tu sabiduría, y. . alas?

GAVILLA
Lv. 23.10 traeréis. . una *g* por primicia de los
23.11 mecerá la *g* delante de Jehová, para que
23.12 el día que ofrezcáis la *g*, ofreceréis
23.15 desde el día en que ofrecisteis la *g*
Dt. 24.19 mies. . olvides alguna *g* en el campo
Rt. 2.7 juntar tras los segadores entre las *g*
2.15 que recoja también espigas entre las *g*
Job 5.26 como la *g* de trigo que se recoge a su
24.10 andar. . y a los hambrientos quitan las *g*
Sal. 126.6 mas volverá a venir. . trayendo sus *g*
129.7 no llenó. . ni sus brazos el que hace *g*
Am. 2.13 como se aprieta el carro lleno de *g*
Mi. 4.12 por lo cual los juntó como *g* en la era
Zac. 12.6 leña, y. . antorcha ardiendo entre *g*

GAVIOTA
Lv. 11.16; Dt. 14.15 la *g* y. . según sus especies

GAYO
1. ***Cristiano de Macedonia, compañero de Pablo*, Hch. 19.29**
2. ***Cristiano de Derbe, compañero de Pablo*, Hch. 20.4**
3. ***Cristiano en Corinto***

Ro. 16.23 os saluda *G*, hospedador mío y de toda
1 Co. 1.14 no he bautizado, sino a Crispo y a *G*

4. ***Cristiano a quien dirigió Juan su tercera epístola*, 3 Jn. 1**

GAZA
1. ***Ciudad de gran antigüedad en el sur de Palestina***

Gn. 10.19 en dirección a Gerar, hasta *G*; y en
Dt. 2.23 los aveos que habitaban en. . hasta *G*
Jos. 10.41 hirió. . desde Cades-barnea hasta *G*
11.22 solamente quedaron en *G*, en Gat y en
15.47 *G* con sus villas y sus aldeas hasta
Jue. 1.18 tomó. . a *G* con su territorio, Ascalón
16.1 fue Sansón a *G*, y vio allí a una mujer
16.2 fue dicho a los de *G*: Sansón ha venido
16.21 los filisteos. . le llevaron a *G*; y le
1 S. 6.17 por *G* uno, por Ascalón uno, por Gat
1 R. 4.24 él señoreaba en. . desde Tifsa hasta *G*
2 R. 18.8 hirió también a los filisteos hasta *G*
Jer. 25.20 a Filistea, a Ascalón, a *G*, a Ecrón
47.1 vino. . antes que Faraón destruyese a *G*
47.5 *G* fue rapada, Ascalón ha perecido, y el
Am. 1.6 por tres pecados de *G*, y por el cuarto
1.7 prenderé fuego. . muro de *G*, y consumirá
Sof. 2.4 porque *G* será desamparada, y Ascalón
Zac. 9.5 *G* también, y se dolerá en gran manera
9.5 perecerá el rey de *G*, y Ascalón no será
Hch. 8.26 por el camino que desciende de. . a *G*

2. ***Población en Efraín***

Jue. 6.4 destruían. . la tierra hasta llegar a *G*
1 Cr. 7.28 asimismo Siquem. . *G* y sus aldeas

GAZAM ***Familia que regresó de Babilonia con Zorobabel*, Esd. 2.48; Neh. 7.51**

GAZEO ***Habitante de Gaza No. 1*, Jos. 13.3**

GAZEZ ***Nombre de dos descendientes de Caleb*, 1 Cr. 2.46(2)**

GEBA ***Ciudad de los levitas en Benjamín***
Jos. 18.24 y *G*; doce ciudades con sus aldeas
21.17 tribu de Benjamín. . *G* con sus ejidos
2 S. 5.25 hirió. . desde *G* hasta llegar a Gezer
1 R. 15.22 edificó el rey Asa. . a *G* de Benjamín
2 R. 23.8 profanó los lugares altos. . desde *G*
1 Cr. 6.60 *G* con sus ejidos, Alemet con sus
8.6 son los hijos de Aod. . que habitaron en *G*
2 Cr. 16.6 y con ellas edificó a *G* y a Mizpa
Esd. 2.26; Neh. 7.30 los. . de Ramá y de *G*, 621
Neh. 11.31 habitaron desde *G*, en Micmas, en Aía
12.29 la casa de Gilgal, y de los campos de *G*
Is. 10.29 se alojaron en *G*; Ramá tembló; Gabaa
Zac. 14.10 como llanura desde *G* hasta Rimón al

GEBAL
1. ***Ciudad de Fenicia***

1 R. 5.18 los hombres de *G*, cortaron. . madera
Ez. 27.9 los ancianos de *G* y sus más hábiles

2. ***Región en los montes al sur del Mar Muerto*, Sal. 83.7**

GEBER
1. ***Padre de un oficial de Salomón*, 1 R. 4.13**
2. ***Un oficial de Salomón*, 1 R. 4.19**

GEBIM ***Ciudad en Benjamín*, Is. 10.31**

GEDALÍAS
1. ***Gobernador de Judá bajo Nabucodonosor***

2 R. 25.22 por gobernador a *G* hijo de Ahicam
25.23 que. . había puesto. . a *G*, vinieron a él
25.24 *G* les hizo juramento a ellos y a los
25.25 vino Ismael. . e hirieron a *G*, y murió
Jer. 39.14 a Jeremías. . lo entregaron a *G* hijo
40.5 vuélvete a *G* hijo de Ahicam, hijo de
40.6 se fue. . Jeremías a *G*. . y habitó con él
40.7 el rey. . había puesto a *G*. . para gobernar
40.8 vinieron luego a *G* en Mizpa; esto es
40.9 juró *G*. . No tengáis temor de servir a los
40.11 que había puesto sobre ellos a *G* hijo
40.12 y vinieron a tierra de Judá, a *G* en
40.13 los príncipes. . vinieron a *G* en Mizpa
40.14 ¿no. . Mas *G* hijo de Ahicam no les creyó
40.15 Johanán hijo de. . habló a *G* en secreto
40.16 pero *G*. . dijo a Johanán. . No hagas esto
41.1 vino Ismael hijo de. . a *G* hijo de Ahicam
41.2 e hirieron a espada a *G* hijo de Ahicam
41.3 los judíos que estaban con *G* en Mizpa
41.4 sucedió. . un día después que mató a *G*
41.6 Isamel. . dijo: Venid a *G* hijo de Ahicam
41.9 de los hombres que mató a causa de *G*
41.10 cual había encargado. . *G* hijo de Ahicam
41.16 después que mató a *G* hijo de Ahicam
41.18 haber dado muerte Ismael. . a *G* hijo de
43.6 había dejado Nabuzaradán. . con *G* hijo de

2. ***Músico en tiempo de David*, 1 Cr. 25.3,9**
3. ***Sacerdote en tiempo de Esdras*, Esd. 10.18**
4. ***Príncipe en Jerusalén, enemigo de Jeremías*, Jer. 38.1**
5. ***Ascendiente del profeta Sofonías*, Sof. 1.1**

GEDEÓN ***Juez de Israel (=Jerobaal)***
Jue. 6.11 su hijo *G* estaba sacudiendo el trigo
6.13 *G* le respondió: Ah, señor mío, si Jehová
6.19 entrando *G*, preparó un cabrito, y panes
6.22 viendo. . *G* que era el ángel de Jehová
6.24 y edificó allí *G* altar a Jehová, y lo
6.27 *G* tomó diez hombres de sus siervos, e
6.29 les dijeron: *G* hijo de Joás lo ha hecho
6.32 aquel día *G* fue llamado Jerobaal, esto
6.34 el Espíritu de Jehová vino sobre *G*, y
6.36 y *G* dijo a Dios: Si has de salvar a
6.39 mas *G* dijo a Dios: No se encienda tu ira
7.1 levantándose. . Jerobaal, el cual es *G*, y
7.2 y Jehová dijo a *G*: El pueblo. . es mucho
7.4 Jehová dijo a *G*: Aún es mucho el pueblo
7.5 Jehová dijo a *G*: Cualquiera que lamiere
7.7 Jehová dijo a *G*: Con estos 300 hombres
7.13 cuando llegó *G*, he aquí que un hombre
7.14 esto no es. . sino la espada de *G* hijo de
7.15 cuando *G* oyó el relato del sueño y su
7.18 tocaréis. . diréis: ¡Por Jehová y por *G*!
7.19 llegaron, pues, *G* y los cien hombres que
7.20 gritaron. . la espada de Jehová y de *G*!
7.24 *G*. . envió mensajeros por todo el monte
7.25 trajeron las cabezas. . *G* al otro lado
8.4 y vino *G* al Jordán, y pasó él y los 300
8.7 *G* dijo: Cuando Jehová haya entregado en
8.11 subiendo, pues, *G* por el camino de los
8.13 entonces *G* hijo de. . volvió de la batalla
8.21 *G* se levantó, y mató a Zeba y a Zalmuna
8.22 y los israelitas dijeron a *G*: Sé. . señor
8.23 mas *G* respondió: No seré señor sobre
8.24 les dijo *G*: Quiero haceros una petición
8.27 y *G* hizo de ellos un efod, el cual hizo
8.27 efod. . fue tropezadero a *G* y a su casa
8.28 reposó la tierra 40. . en los días de *G*
8.30 tuvo *G* setenta hijos que constituyeron
8.32 murió *G*. . en buena vejez, y fue sepultado
8.33 que cuando murió *G*, los hijos de Israel
8.35 con la casa de Jerobaal, el cual es *G*
He. 11.32 contando de *G*, de Barac, de Sansón

GEDEONI ***Padre de Abidán, príncipe de Benjamín*, Nm. 1.11; 2.22; 7.60,65; 10.24**

GEDER ***Ciudad de los cananeos*, Jos. 12.13**

GEDERA ***Población en Judá*, Jos. 15.36**

GEDERATITA ***Habitante de otra Gedera, población en Benjamín*, 1 Cr. 12.4**

GEDERITA ***Habitante de Geder*, 1 Cr. 27.28**

GEDEROT ***Ciudad en Judá*, Jos. 15.41; 2 Cr. 28.18**

GEDEROTAIM ***Población en Judá*, Jos. 15.36**

GEDOLIM ***Padre de Zabdiel*, Neh. 11.14**

GEDOR
1. ***Ciudad en Judá*, Jos. 15.58; 1 Cr. 12.7**
2. ***Nombre de dos descendientes de Judá*, 1 Cr. 4.4,18**
3. ***Ciudad en la frontera de Simeón (posiblemente =Gerar)*, 1 Cr. 4.39**
4. ***Descendiente de Benjamín*, 1 Cr. 8.31; 9.37**

GELILOT ***=Gilgal*, Jos. 18.17**

GEMALI ***Padre de Amiel No. 1*, Nm. 13.12**

GEMARÍAS
1. ***Mensajero del rey Sedequías*, Jer. 29.3**
2. ***Príncipe de Judá en tiempo del rey Sedequías*, Jer. 36.10,11,12,25**

GEMELO, LA
Gn. 25.24 para dar a luz. . había *g* en su vientre
38.27 al tiempo de dar a luz. . *g* en su seno
Cnt. 4.2; 6.6 manadas de ovejas. . con crías *g*
4.5; 7.3 tus dos pechos, como *g* de gacela

GEMIDO
Éx. 2.24 oyó Dios el *g* de ellos, y se acordó
6.5 yo he oído el *g* de los hijos de Israel
Jue. 2.18 era movido a misericordia por sus *g*
Job 3.24 mi suspiro, y mis *g* corren como aguas
23.2 porque es más grave mi llaga que mi *g*
Sal. 12.5 por el *g* de los menesterosos, ahora
79.11 llegue delante de ti el *g* de. . presos
102.5 por la voz de mi *g* mis huesos se han
102.20 oír el *g* de los presos, para soltar
Is. 21.2 sitia, oh Media. Todo su *g* hice cesar
35.10 alegría, y huirán la tristeza y el *g*
51.11 gozo y alegría. . el dolor y el *g* huirán
Ez. 30.24 gemirá con *g* de herido de muerte
Mt. 2.18 oída. . grande lamentación, lloro y *g*
Hch. 7.34 y he oído su *g*, y he descendido para
Ro. 8.26 el Espíritu mismo intercede por. . con *g*

GEMIR
Éx. 2.23 y los hijos de Israel *gemían* a causa
Job 6.5 *gime* el asno montés junto a la hierba?
24.12 desde la ciudad *gimen* los moribundos
Sal. 5.1 escucha, oh Jehová. . considera mi *gemir*
6.6 me he consumido a fuerza de *gemir*; todas
32.3 se. . mis huesos en mi *gemir* todo el día
38.8 *gimo* a causa de la conmoción de mi
Pr. 5.11 *gimas* al final, cuando se consuma tu
29.2 cuando domina el impío, el pueblo *gime*
Is. 16.7 *gemiréis* en gran manera abatidos, por
24.7 *gimieron* todos los que eran alegres de
26.17 se acerca el alumbramiento *gime* y da
38.14 *gemía* como la paloma; alzaba en alto
59.11 *gemimos* lastimeramente como palomas

GEMIR *(Continúa)*

Jer. 22.23 ¡cómo *gemirás*..te vinieren dolores
45.3 a mi dolor; fatigado estoy de *gemir*, y
48.31 sobre los hombres de Kir-hares *gemiré*
51.8 *gemid* sobre ella; tomad bálsamo para su
51.52 en toda su tierra *gemirán* los heridos
Lm. 1.4 están asoladas, sus sacerdotes *gimen*
1.21 oyeron que *gemía*, mas no hay consolador
Ez. 7.16 *gimiendo*..cada uno por su iniquidad
9.4 una señal en la..a los hombres que *gimen*
21.6 *gime* con quebrantamiento de tus lomos
21.6 y tú..*gime* delante de los ojos de ellos
21.7 ¿por qué *gimes* tú..Por una noticia que
24.23 consumiréis..*gemiréis* unos con otros
30.24 *gemirá* con gemidos de herido de muerte
Jl. 1.5 llorad; *gemid*, todos los que bebéis vino
1.11 *gemid*, viñeros por el trigo y la cebada
1.13 sacerdotes; *gemid*, ministros del altar
1.18 ¡cómo *gimieron* las bestias!..turbados
Am. 8.3 y los cantores del templo *gemirán* en
Mi. 4.10 *gime*, hija de Sion, como mujer que
Nah. 2.7 sus criadas la llevarán *gimiendo* como
Mr. 7.34 *gimió*, y le dijo: Efata, es decir: Sé
8.12 *gimiendo* en su espíritu, dijo: ¿Por qué
Ro. 8.22 sabemos que..la creación *gime* a una
8.23 *gemimos* dentro de nosotros mismos
2 Co. 5.2 por esto también *gemimos*, deseando
5.4 que estamos en este tabernáculo *gemimos*

GENEALOGÍA

1 Cr. 7.5 contados todos por sus *g*, eran 87.000
9.1 contado todo Israel por sus *g*, fueron
Esd. 2.62 éstos buscaron su registro de *g*, y no
8.1 y la *g* de aquellos que subieron conmigo
Neh. 7.5 que fuesen empadronados según sus *g*
7.5 hallé el libro de la *g* de los que habían
7.61 no pudieron mostrar la casa de..ni su *g*
7.64 éstos buscaron su registro de *g*, y no
Mt. 1.1 libro de la *g* de Jesucristo, hijo de
1 Ti. 1.4 ni presten atención a fábulas y *g*
Tit. 3.9 pero evita las..*g*, y contenciones, y
He. 7.3 sin padre, sin madre, sin *g*; que ni
7.6 pero aquel cuya *g* no es contada de entre

GENERACIÓN

Gn. 5.1 este es el libro de las *g* de Adán
6.9 son las *g* de Noé..varón perfecto en sus *g*
7.1 porque a ti he visto justo..en esta *g*
10.1 estas son las *g* de los hijos de Noé
11.10 estas son las *g* de Sem: Sem, de edad
11.27 estas son las *g* de Taré: Taré engendró
15.16 y en la cuarta *g* volverán acá; porque
17.7,9 descendencia después de ti en sus *g*
17.12 circuncidado todo varón..por vuestras *g*
36.1 estas son las *g* de Esaú, el cual es Edom
50.23 vio José los hijos..hasta la tercera *g*
Éx. 1.6 murió..sus hermanos, y toda aquella *g*
12.14 fiesta solemne para Jehová durante..*g*
12.17 guardaréis..mandamiento en vuestras *g*
12.42 guardarla..los hijos de Israel en sus *g*
17.16 tendrá guerra con Amalec de *g* en *g*
20.5 visito la maldad de..hasta la..cuarta *g*
27.21 estatuto perpetuo de..Israel por sus *g*
29.42 el holocausto continuo por vuestras *g*
30.8 rito perpetuo delante de..por vuestras *g*
30.10 hará expiación sobre él por vuestras *g*
30.21 lo tendrán por estatuto perpetuo..sus *g*
30.31 este será mi aceite de..por vuestras *g*
31.13 días de reposo..señal..por vuestras *g*
31.16 celebrándolo por sus *g* por..perpetuo
34.7 visita la..hasta la tercera y cuarta *g*
40.15 les..por sacerdocio perpetuo, por sus *g*
Lv. 6.18 estatuto perpetuo será para vuestras *g*
7.36 ungió..como estatuto perpetuo en sus *g*
10.9 estatuto perpetuo será para vuestras *g*
21.17 ninguno de tus descendientes por sus *g*
22.3 varón..en vuestras *g*, que se acercare a
23.21,31,41; 24.3; Nm. 10.8; 15.15 estatuto perpetuo..por vuestras *g*
Nm. 15.14 extranjeros entre vosotros por..*g*
15.21 daréis a Jehová ofrenda por vuestras *g*
15.38 diles que se hagan franjas..por sus *g*
32.13 hasta que fue acabada toda aquella *g*
Dt. 1.35 no verá hombre alguno..de esta mala *g*
2.14 se acabó..la *g* de los hombres de guerra
5.9 visito..hasta la tercera y cuarta *g* de
7.9 guarda..la misericordia a..hasta mil *g*
23.2 ni hasta la décima *g* no entrarán en la
23.3 amonita..ni hasta la décima *g* de ellos
23.8 hijos..en la tercera *g* entrarán en la
29.22 dirán las *g* venideras, vuestros hijos
32.5 de sus hijos es la mancha, *g* torcida y
32.7 considera..años de muchas *g*; pregunta
32.20 son una *g* perversa, hijos infieles
Jos. 22.28 que tal digan..a nuestras *g* en lo
Jue. 2.10 aquella *g*..fue reunida a sus padres
2.10 se levantó..*g* que no conocía a Jehová
Rt. 4.18 son las *g* de Fares: Fares engendró a
2 R. 10.30 tus hijos se sentarán..la cuarta *g*
15.12 hijos hasta la cuarta *g* se sentarán en
1 Cr. 5.17 éstos fueron contados por sus *g* en
16.15 de la palabra que él mandó para mil *g*
Est. 9.28 serían..celebrados por todas las *g*
Job 8.8 pregunta..a las *g* pasadas, y disponte
42.16 y vio a sus hijos..hasta la cuarta *g*
Sal. 12.7 esta *g* los preservarás para siempre
14.5 porque Dios está con la *g* de los justos
22.30 contado de Jehová hasta la postrera *g*
24.6 tal es la *g* de los que le buscan, de los
33.11 los pensamientos de..por todas las *g*
45.17 la memoria de tu nombre en todas las *g*
48.13 para que lo contéis a la *g* venidera
49.11 sus casas..sus habitaciones para *g* y *g*
49.19 entrará en la *g* de sus padres, y nunca
61.6 añadirás al..sus años serán como *g* y *g*
72.5 temerán mientras duren el sol..de *g* en *g*
73.15 he aquí, a la *g* de tus hijos engañaría
78.4 contando a la *g* venidera las alabanzas
78.6 que lo sepa la *g* venidera, y los hijos
78.8 *g* contumaz..*g* que no dispuso su corazón
79.13 de *g* en *g* cantaremos tus alabanzas
85.5 enojado..¿extenderás tu ira de *g* en *g*?
89.1 de *g* en *g* haré notoria tu fidelidad con
89.4 y edificaré tu trono por todas las *g*
90.1 Señor, tú has sido refugio de *g* en *g*
100.5 es bueno..y su verdad por todas las *g*
102.12 permanecerás..y tu memoria de *g* en *g*
102.18 se escribirá esto para la *g* venidera
102.24 no me cortes..por *g* de *g* son tus años
105.8 pacto..la palabra que mandó para mil *g*
106.31 le fue contado por justicia de *g* en *g*
109.13 en la segunda *g* sea borrado su nombre
112.2 tierra; la *g* de los rectos será bendita
119.90 *g* en *g* es tu fidelidad; tu afirmaste
135.13 tu memoria, oh Jehová, de *g* en *g*
145.4 *g* a *g* celebrará tus obras, y..hechos
145.13 tu reino..tu señorío en todas las *g*
146.10 tu Dios, oh Sion, de *g* en *g*. Aleluya
Pr. 27.24 ¿y será la corona para perpetuas *g*?
30.11 hay *g* que maldice a su padre y a su
30.12 hay *g* limpia en su propia opinión, si
30.13 hay *g* cuyos ojos son altivos y cuyos
30.14 hay *g* cuyos dientes son espadas, y sus
Ec. 1.4 *g* va, y *g* viene; mas la tierra siempre
Is. 1.4 ¡oh..*g* de malignos, hijos depravados!
13.20 nunca..ni se morará en ella de *g* en *g*
34.10 de *g* en *g* será asolada, nunca..pasará
34.17 para siempre..de *g* en *g* morarán allí
41.4 ¿quién llama las *g* desde el principio?
43.5 del oriente traeré tu *g*, y del occidente
44.3 mi Espíritu derramaré sobre tu *g*, y mi
53.8 fue quitado; y su *g*, ¿quién la contará?
57.3 acá..*g* del adúltero y de la fornicaria
57.4 ¿no sois vosotros..rebeldes, *g* mentirosa
58.12 los cimientos de *g* y *g* levantarás, y
61.4 restaurarán..los escombros de muchas *g*
Jer. 2.31 ¡oh *g*! atended vosotros a la palabra
7.15 os eché..como eché a..la *g* de Efraín
7.29 Jehová ha..dejado la *g* objeto de su ira
8.3 todo el resto que quede de esta mala *g*
22.28 ¿por qué fueron arrojados él y su *g*, y
50.39 nunca..poblada ni se habitará por *g* y *g*
Lm. 5.19 tú permanecerás..tu trono de *g* en *g*
Dn. 4.3 sempiterno, y su señorío de *g* en *g*
Jl. 1.3 contaréis a..y sus hijos a la otra *g*
2.2 ni después de él lo habrá en..muchas *g*
3.20 Judá será habitada..Jerusalén por *g* y *g*
Mt. 1.17 todas las *g* desde Abraham hasta David
3.7 decía ¡*G* de víboras! ¿Quién os enseñó a
11.16 ¿a qué compararé esta *g*? Es semejante
12.34 ¡*g* de víboras! ¿Cómo podéis hablar lo
12.39; 16.4 *g* mala y adúltera demanda señal
12.41 se levantarán en el juicio con esta *g*
12.42 reina del sur se levantará..con esta *g*
12.45 así también acontecerá a esta mala *g*
17.17 *g* incrédula y perversa! ¿Hasta cuándo
23.33 ¡serpientes, *g* de víboras!..escaparéis
23.36 digo que todo esto vendrá sobre esta *g*
24.34 no pasará esta *g* hasta que todo esto
Mr. 8.12 dijo: ¿Por qué pide señal esta *g*? De
8.12 os digo que no se dará señal a esta *g*
8.38 avergonzare de mí..en esta *g* adúltera y
9.19 él, les dijo: ¡Oh *g* incrédula! ¿Hasta
13.30 digo, que no pasará esta *g* hasta que
Lc. 1.48 me dirán bienaventurada todas las *g*
1.50 su misericordia es de *g* en *g* a los que
3.7 *g* de víboras! ¿Quién os enseñó a huir
7.31 ¿a qué..compararé los hombres de esta *g*
9.41 *g* incrédula y perversa! ¿Hasta cuándo
11.29 esta *g* es mala; demanda señal, pero
11.30 lo será el Hijo del hombre a esta *g*
11.31 en el juicio con los hombres de esta *g*
11.32 se levantarán en el juicio con esta *g*
11.50 que se demande de esta *g* la sangre de
11.51 os digo que será demandada de esta *g*
17.25 que padezca..y sea desechado por esta *g*
21.32 no pasará esta *g* hasta que todo esto
Hch. 2.40 diciendo: Sed salvos..esta perversa *g*
8.33 mas su *g*, ¿quién la contará? Porque fue
13.36 David, habiendo servido a su propia *g*
Ef. 3.5 que en otras *g* no se dio a conocer a
Fil. 2.15 en medio de una *g* maligna y perversa
He. 3.10 cual me disgusté contra esa *g*, y dije

GENERAL

1 S. 14.50 el nombre del *g*..era Abner, hijo de
17.55 dijo a Abner *g* del ejército: Abner, ¿de
26.5 y Abner hijo de Ner, *g* de su ejército
2 S. 2.8 Abner hijo de Ner, *g* del ejército de
8.16 Joab..era *g* de su ejército, y Josafat
10.16 a Sobac, *g* del ejército de Hadad-ezer
10.18 hirió también a Sobac *g* del ejército
19.13 si no fueres *g* del ejército delante de
24.2 dijo el rey a Joab, *g* del ejército que
1 R. 1.19 ha convidado..a Joab *g* del ejército
2.5 Joab..lo que hizo a dos *g* del ejército de
2.32 Abner..*g* del ejército de Israel..Amasa
2.32 y a Amasa hijo..*g* del ejército de Judá
11.15 Joab el *g* del ejército a enterrar los
11.21 y que era muerto Joab *g* del ejército
16.16 puso..por rey..a Omri, *g* del ejército
2 R. 4.13 que hable por ti..al *g* del ejército?
5.1 Naamán, *g* del ejército del rey de Siria
1 Cr. 18.15 y Joab hijo de..era *g* del ejército
19.16 cuyo capitán era Sofac, *g* del ejército
19.18 y David de..a Sofac *g* del ejército
27.34 y Joab era el *g* del ejército del rey
2 Cr. 17.14 de los jefes..el *g* Adnas, y con él
33.11 trajo contra ellos los *g* del ejército

GÉNERO

Gn. 1.11 árbol de fruto que dé..según su *g*
1.12 cuya semilla está en él, según su *g*
1.21 y creó..todo ser viviente..según su *g*
1.24 produzca la tierra seres..según su *g*
1.25 hizo..según su *g*, y ganado según su *g*
Job 12.10 mano..el hálito de todo el *g* humano
Jer. 15.3 enviaré sobre ellos 4 *g* de castigo
Mt. 17.21 pero este *g* no sale sino con oración
Mr. 9.29 este *g* con nada puede salir, sino con
1 Co. 12.10 a otro, diversos *g* de lenguas; y a

GENEROSAMENTE

2 Co. 9.6 el que siembra *g*, *g* también segará

GENEROSIDAD

Est. 1.7 vino real, de acuerdo con la *g* del rey
2.18 hizo y dio mercedes conforme a la *g* real
Is. 32.8 el generoso pensará *g*, y por *g* será
2 Co. 8.2 que..abundaron en riquezas de su *g*
9.5 fuesen..y preparasen primero vuestra *g*
9.5 que esté lista como de *g*, y no como de

GENEROSO, SA

Éx. 35.5 todo *g* de corazón la traerá a Jehová
2 Cr. 29.31 *g* de corazón trajeron holocaustos
Pr. 11.25 el alma *g* será prosperada; y el que
19.6 muchos buscan el favor del *g*, y cada uno
Is. 16.8 señores..pisotearon sus *g* sarmientos
32.5 el ruin nunca más será llamado *g*, ni el
32.8 pero el *g* pensará generosidades, y por
1 Ti. 6.18 hagan bien, que sean..dadivosos, *g*
2 P. 1.11 será otorgada..*g* entrada en el reino

GENESARET

1. El valle fértil y fructífero al noroeste del Mar de Galilea

Mt. 14.34 y terminada..vinieron a tierra de *G*
Mr. 6.53 vinieron a tierra de *G*, y arribaron

2. El mar o lago de Galilea (=Cineret)

Lc. 5.1 estando Jesús junto al lago de *G*, el

GENTE

Gn. 12.20 Faraón dio..a su *g* acerca de Abram
14.16 recobró a..y a las mujeres y demás *g*
17.4 pacto..y serás padre de muchedumbre de *g*
17.5 porque te he puesto por padre de..de *g*
33.15 dejaré ahora contigo de la *g* que viene
50.9 subieron con él carros y *g* de a caballo
Éx. 12.38 subió..multitud de toda clase de *g*
14.9 su *g* de a caballo, y todo su ejército
14.18 me glorifique en..en su *g* de a caballo
14.23 entraron..carros y su *g* de a caballo
15.19 cabalgando con sus..y su *g* de a caballo
19.6 me seréis un reino de sacerdotes, y *g*
33.13 ojos, y mira que esta *g* es pueblo tuyo
Lv. 25.44 tu esclavo..serán de las *g* que están
Nm. 11.4 la *g* extranjera..tuvo un vivo deseo
14.12 y a ti te pondré sobre *g* más grande y
14.15 *g* que hubieren oído tu fama hablarán
16.1 Coré hijo de Izhar..y Datán..tomaron *g*
21.35 hirieron a él..y a toda su *g*, sin que
22.4 lamerá esta *g* todos nuestros contornos
Dt. 28.50 *g* fiera de rostro..no tendrá respeto
Jos. 4.1 la *g* hubo acabado de pasar el Jordán
5.8 y cuando acabaron de circuncidar..la *g*
8.1 toma contigo toda la *g* de guerra..a Hai
8.3 se levantaron Josué y toda la *g* de guerra
8.11 toda la *g* de guerra..subió y se acercó
10.13 hasta que la *g* se hubo vengado de sus
10.24 dijo a..*g* de guerra que habían venido
11.4 salieron..mucha *g*, como la arena que
11.7 y Josué, y toda la *g* de guerra..vino de
Jue. 3.18 despidió a la *g* que lo había traído
4.6 vé, junta a tu *g* en el monte de Tabor
7.7 váyase..la demás *g* cada uno a su lugar
7.11 los puestos avanzados de la *g* armada que
8.5 os ruego que deis a la *g*..bocados de pan
9.36 he allí *g* que desciende de las cumbres

GENTE *(Continúa)*

Jue. 9.37 he allí g que desciende de en medio de
9.43 tomando g, la repartió en 3 compañías
9.48 Abimelec. . y toda la g que con él estaba
11.20 reuniendo Sehón toda su g, acampó en
18.23 de Dan. . ¿Qué tienes, que has juntado g?
20.16 de toda aquella g había 700 hombres
20.39 comenzaron a. . matar a la g de Israel
Rt. 3.11 la g de. . sabe que eres mujer virtuosa
1 S. 8.11 los pondrá. . y en su g de a caballo
13.15 Saúl contó la g que se hallaba con él
14.2 y la g que estaba con él era como 600
14.15 hubo pánico en. . la g de la guarnición
18.5 lo puso Saúl sobre g de guerra, y era
18.27 David y se fue con su g, y mató a 200
22.17 y dijo el rey a la g de su guardia que
23.24 David y su g estaban en el desierto de
23.25 se fue Saúl con su g a buscarlo; pero
23.26 habían encerrado a David y a su g para
30.4 David y la g. . alzaron su voz y lloraron
30.15 júrame por Dios. . yo te llevaré a esa g
30.21 cuando David llegó a la g, les saludó
2 S. 1.6 venían tras él carros y g de a caballo
10.18 y David mató de. . a la g de 700 carros
12.31 sacó además a la g que estaba en ella
13.34 he aquí mucha g que venía por el camino
15.23 pasó. . toda la g el torrente de Cedrón
16.15 Absalón. . la g. . entraron en Jerusalén
17.24 Absalón pasó el Jordán con toda la g
24.2 haz un censo. . yo sepa el número de la g
1 R. 1.5 se hizo de carros y de g de a caballo
1.40 y cantaba la g con flautas, y hacían
9.19 y las ciudades de la g de a caballo, y
9.22 que eran. . capitanes. . o su g de a caballo
10.26 juntó Salomón carros y g de a caballo
11.2 g de las cuales Jehová había dicho a
11.24 había juntado g contra él, y se había
20.20 se escapó. . con alguna g de caballería
20.21 salió. . hirió la g de a caballo, y los
2 R. 2.12 carro de Israel y su g de a caballo!
4.41 dijo: Da de comer a la g. Y no hubo más
4.42 trigo. . él dijo: Da a la g para que coma
4.43 da a la g para que coma, porque así ha
6.14 envió el rey. . g de a caballo, y carros
6.15 sitiada la. . con g de a caballo y carros
6.17 el monte estaba lleno de g de a caballo
6.18 ruego que hieras con ceguera a esta g
9.25 tú y yo íbamos juntos con la g de Acab
10.2 los que tienen carros y g de a caballo
11.4 envió Joiada y tomó. . y g de la guardia
13.7 no le había quedado g a Joacaz, sino 50
13.14 carro de Israel y su g de a caballo!
17.24 trajo el rey. . g de Babilonia, de Cuta
17.26 las g que tú trasladaste y pusiste en
17.41 así temieron a Jehová aquellas g, y al
18.24 confiado en Egipto. . su g de a caballo?
25.11 los que habían quedado de la g común
25.19 llevaba el registro de la g del país
25.23 oyendo todos los príncipes. . ellos y su g
1 Cr. 16.24 cantad entre las g su gloria, y en
19.6 tomar a sueldo carros y g de a caballo
19.11 puso luego el resto de la g en mano de
2 Cr. 1.14 juntó Salomón. . y g de a caballo; y
8.6 ciudades de. . y las de la g de a caballo
8.9 de los hijos de Israel. . su g de a caballo
8.10 los cuales mandaban sobre aquella g
13.17 Abías y su g hicieron. . una gran matanza
15.6 una g destruía a otra, y una ciudad a la
16.8 etíopes. . carros y mucha g de a caballo?
17.2 y colocó g de guarnición en tierra de
18.2 bueyes para él y para la g que con él
20.21 cantasen. . mientras salía la g armada
23.12 Atalía oyó el estruendo de la g que
24.24 el. . de Siria había venido con poca g
25.10 Amasías apartó. . la g que había venido
30.13 reunió. . mucha g para celebrar la fiesta
Esd. 6.21 las inmundicias de las g de la tierra
8.22 tuve vergüenza de pedir al rey tropa y g
Neh. 2.9 el rey envió conmigo. . g de a caballo
4.23 ni la g de guardia que me seguía, nos
7.3 aunque haya g allí, cerrad las puertas
Job 30.5 arrojados de entre las g, y todos les
Sal. 2.1 ¿por qué se amotinan las g. . pueblos
3.6 no temeré a diez millares de g. . contra mí
9.17 Seol, todas las g que se olvidan de Dios
35.15 se juntaron contra mí g despreciables
43.1 líbrame de g impía. . engañoso e inicuo
68.30 reprime la reunión de g armadas, la
79.10 dirán las g: ¿Dónde está su Dios? Sea
79.10 notoria en las g, delante de nuestros
115.2 han de decir las g: ¿Dónde está ahora
Is. 1.4 g pecadora, pueblo cargado de maldad
9.3 multiplicaste la g, y aumentaste. . alegría
11.10 raíz de Isaí. . será buscada por las g
18.2,7 g fuerte y conquistadora, cuya tierra
25.3 te dará. . temerá la ciudad de g robustas
26.2 abrid las puertas, y entrará la g justa
36.9 confiado en Egipto. . su g de a caballo?
55.5 llamarás a g que no conociste, y g que
58.2 como g que hubiese hecho justicia, y que
62.2 verán las g tu justicia, y todos los
65.1 a g que no invocaba mi nombre: Heme
Jer. 4.29 al estruendo de la g de a caballo y
5.15 yo traigo sobre vosotros g de lejos, oh
5.15 g robusta, g antigua, g cuya lengua
5.29 ¿no. . y de tal g no se vengará mi alma?
18.9 y en un instante hablaré de la g y del
22.8 y muchas g pasarán junto a esta ciudad
40.13 todos los príncipes de la g de guerra
41.11 oyeron. . los príncipes de la g de guerra
41.13,16 los capitanes de la g de guerra que
42.1 vinieron todos los oficiales de la g
42.8 llamó a. . los oficiales de la g de guerra
43.4 los oficiales de la g de guerra y todo
43.5 tomó. . los oficiales de la g de guerra
52.15 la otra g del pueblo que había quedado
Ez. 2.3 te envío. . a g rebelde que se rebelaron
16.40 harán subir contra ti muchedumbre de g
17.9 mucha g para arrancarla de sus raíces
17.15 para que le diese caballos y mucha g
19.8 arremetieron. . las g de las provincias
23.42 con los varones de la g común fueron
26.17 ¿cómo pereciste tú, poblada por g de
32.23 y su g está por los alrededores de su
38.11 iré contra g tranquilas que habitan
Dn. 11.23 subirá, y saldrá vencedor con poca g
11.40 se levantará. . carros y g de a caballo
12.1 cual nunca fue desde que hubo g hasta
Jl. 2.4 aspecto. . como g de a caballo correrán
Hab. 2.5 antes reunió para sí todas las g, y
3.6 miró, e hizo temblar las g; los montes
Hag. 2.14 así es. . esta g delante de mí, dice
Mt. 4.25 le siguió mucha g de Galilea. . Judea
7.28 Jesús. . la g se admiraba de su doctrina
8.1 cuando descendió Jesús. . le seguía mucha g
8.18 viéndose Jesús rodeado de mucha g, mandó
9.8 la g, al verlo, se maravilló y glorificó
9.23 Jesús. . viendo. . la g que hacía alboroto
9.25 pero cuando la g había sido echada fuera
9.33 la g se maravillaba, y decía: Nunca se
11.7 comenzó Jesús a decir de Juan a la g
12.15 y le siguió mucha g, y sanaba a todos
12.23 y toda la g estaba atónita, y decía
12.46 mientras él aún hablaba a la g, he aquí
13.2 se le juntó mucha g; y entrando él en la
13.2 sentó; y toda la g estaba en la playa
13.34 esto habló Jesús por parábolas a la g
13.36 despedida la g, entró Jesús en la casa
14.13 y cuando la g lo oyó, le siguió a pie
14.19 entonces mandó a la g recostarse sobre
15.30 se le acercó mucha g que traía. . cojos
15.32 tengo compasión de la g, porque ya hace
15.39 despedida la g, entró en la barca, y
20.31 la g les reprendió para que callasen
21.9 y la g. . aclamaba, diciendo: ¡Hosanna al
21.11 la g decía: Este es Jesús el profeta
21.43 será dado a g que produzca los frutos
22.33 oyendo esto la g, se admiraba de su
23.1 habló Jesús a la g y a sus discípulos
24.9 seréis aborrecidos de todas las g por
26.47 y con él mucha g con espadas y palos
26.55 aquella hora dijo Jesús a la g: ¿Como
Mr. 2.13 toda la g venía a él, y les enseñaba
3.20 y se agolpó de nuevo la g, de modo que
3.32 la g. . le dijo: Tu madre y tus hermanos
4.1 se reunió alrededor de él mucha g, tanto
4.1 toda la g estaba en tierra junto al mar
6.54 saliendo. . de la barca. . la g le conoció
7.33 y tomándole aparte de la g, metió los
8.2 tengo compasión de la g. . hace tres días
8.34 llamando a la g y a sus discípulos, les
9.15 la g, viéndole, se asombró, y corriendo
14.43 y con él mucha g con espadas y palos
Lc. 3.10 y la g le preguntaba. . ¿qué haremos?
4.42 g le buscaba, y llegando a donde estaba
5.15 y se reunía mucha g para oírle, y para
6.17 de una gran multitud de g de toda Judea
6.19 y toda la g procuraba tocarle, porque
7.9 dijo a la g que le seguía: Os digo que ni
7.12 y había con ella mucha g de la ciudad
9.11 y cuando la g lo supo, le siguió; y él
9.12 despide a la g, para que vayan a las
9.16 para que los pusiesen delante de la g
9.18 diciendo: ¿Quién dice la g que soy yo?
11.14 el mudo habló; y la g se maravilló
12.30 todas estas cosas buscan. . g del mundo
13.14 dijo a la g: Seis días hay en que se
21.25 habrá. . en la tierra angustia de las g
23.4 Pilato dijo a. . y a la g: Ningún delito
Jn. 5.13 Jesús se había apartado de la g que
6.10 haced recostar la g. Y había. . hierba
6.22 g que estaba al otro lado del mar vio
6.24 cuando vio. . g que Jesús no estaba allí
7.32 los fariseos oyeron a la g que murmuraba
7.43 hubo. . disensión entre la g a causa de él
7.49 esta g que no sabe la ley, maldita es
12.17 daba testimonio la g que estaba con él
12.18 había venido la g a recibirle, porque
12.34 le respondió la g: Nosotros hemos oído
Hch. 4.25 ¿por qué se amotinan las g, y los
8.6 la g, unánime, escuchaba. . las cosas que
8.9 Simón. . había engañado a la g de Samaria
11.26 se congregaron. . y enseñaron a mucha g
14.4 la g de la ciudad estaba dividida: unos
14.11 la g, visto lo que Pablo había hecho
14.16 ha dejado a todas las g andar en sus
19.26 ha apartado a muchas g. . diciendo que
Ro. 4.17 te he puesto por padre de muchas g
4.18 llegar a ser padre de mucha g, conforme
16.26 se ha dado a conocer a todas las g para

GENTIL

Is. 9.1 el camino del mar. . en Galilea de los g
Mt. 4.15 tierra de Neftalí. . Galilea de los g
5.47 saludáis. . ¿no hacen también así los g?
6.7 no uséis vanas repeticiones, como los g
6.32 porque los g buscan todas estas cosas
10.5 por camino de g no vayáis, y en ciudad
10.18 mí, para testimonio a ellos y a los g
12.18 sobre él, y a los g anunciará juicio
12.21 juicio, y en su nombre esperarán los g
18.17 si no oyere a. . tenle por g y publicano
20.19 y le entregarán a los g para que le
Mr. 10.33 a muerte, y le entregarán a los g
Lc. 2.32 luz para revelación a los g, y gloria
18.32 será entregado a los g, y. . escarnecido
21.24 Jerusalén será hollada por los g, hasta
21.24 que los tiempos de los g se cumplan
Hch. 4.27 se unieron. . con los g y el pueblo de
7.45 al tomar posesión de la tierra de los g
9.15 llevar mi nombre en presencia de los g
10.45 también sobre los g se derramase el don
11.1 los g habían recibido la palabra de Dios
11.18 a los g ha dado Dios arrepentimiento
13.42 los g les rogaron que el. . les hablasen
13.46 dijeron. . he aquí, nos volvemos a los g
13.47 diciendo: Te he puesto para luz de. . g
13.48 los g. . se regocijaban y glorificaban a
14.2 corrompieron los ánimos de los g contra
14.5 los judíos y los g, juntamente con sus
14.27 había abierto la puerta de la fe a los g
15.3 ellos. . contando la conversión de los g
15.7 escogió que los g oyesen por mi boca
15.12 hecho Dios por medio de. . entre los g
15.14 visitó. . a los g, para tomar de ellos
15.17 los g, sobre los cuales es invocado mi
15.19 juzgo que no se inquiete a los g que
15.23 los hermanos de entre los g que están
18.6 yo, limpio; desde ahora me iré a los g
20.21 testificando a judíos y a g acerca del
21.11 así. . y le entregarán en manos de los g
21.19 que Dios había hecho entre los g por su
21.21 todos los judíos que están entre los g
21.25 pero en cuanto a los g que han creído
22.21 vé, porque yo te enviaré lejos a los g
26.17 librándote de tu pueblo, y de los g, a
26.20 sino que anuncié. . y a los g, que se
26.23 para anunciar luz al pueblo y a los g
28.28 a los g es enviada esta salvación de
Ro. 1.13 algún fruto, como entre los demás g
2.14 cuando los g que no tienen ley, hacen
2.24 es blasfemado entre los g por causa de
3.9 pues ya hemos acusado a judíos y a g, que
3.29 es. . Dios de los g?. . también de los g?
9.24 no sólo de los judíos, sino. . de los g
9.30 que los g, que no iban tras la justicia
11.11 pero por su. . vino la salvación a los g
11.12 si. . su defección la riqueza de los g
11.13 a vosotros hablo, g. Por cuanto yo soy
11.13 cuanto yo soy apóstol a los g, honro mi
11.25 que haya entrado la plenitud de los g
15.9 para que los g glorifiquen a Dios por
15.9 por tanto, yo te confesaré entre los g
15.10 y otra vez. . Alegraos, g con su pueblo
15.11 otra vez. . Alabad al Señor todos los g
15.12 a regir los g; los g esperarán en él
15.16 para ser ministro de Jesucristo a los g
15.16 que los g le sean ofrenda agradable
15.18 ha hecho. . para la obediencia de los g
15.27 los g han sido hechos participantes de
16.4 sino también todas las iglesias de los g
1 Co. 1.23 tropezadero, y para los g locura
5.1 ni aun se nombra entre los g; tanto que
10.20 antes digo que lo que los g sacrifican
10.32 no seáis tropiezo ni a judíos, ni a g
12.2 que cuando erais g, se os extraviaba
2 Co. 11.26 peligros de los g, peligros en la
Gá. 1.16 para que yo le predicase entre los g
2.2 el evangelio que predico entre los g
2.8 que actuó. . también en mí para con los g
2.9 que nosotros fuésemos a los g, y ellos
2.12 antes. . comía con los g; pero después que
2.14 si tú. . vives como los g y no como judío
2.14 ¿por qué obligas a los g a judaizar?
2.15 judíos. . y no pecadores de entre los g
3.8 Dios había de justificar por la fe a. . g
3.14 la bendición de Abraham alcance a los g
Ef. 2.11 de que en otro tiempo vosotros, los g
3.1 yo Pablo, prisionero. . por vosotros los g
3.6 que los g son coherederos y miembros del
3.8 esta gracia de anunciar entre los g el
4.17 que ya no andéis como los otros g, que
Col. 1.27 gloria de este misterio entre los g
1 Ts. 2.16 impidiéndonos hablar a los g para
4.5 no en. . concupiscencia, como los g que no
1 Ti. 2.7 y maestro de los g en fe y verdad
3.16 predicado a los g, creído en el mundo
2 Ti. 1.11 fui constituido. . maestro de los g
4.17 que todos los g oyesen. Así fui librado
1 P. 2.12 vuestra manera de vivir entre los g

GENTIL *(Continúa)*
1 P. 4.3 para haber hecho lo que agrada a los *g*
3 Jn. 7 salieron por. .sin aceptar nada de los *g*
Ap. 11.2 no lo midas. .sido entregado a los *g*

GENTILEZA
Fil. 4.5 vuestra *g* sea conocida de todos los

GENTÍO
Mt. 17.14 cuando llegaron al *g*, vino a él un
Mr. 3.9 siempre lista la barca, a causa del *g*
Lc. 5.1 el *g* se agolpaba sobre él para oír la

GENUBAT *Hijo de Hadad No.* 2, 1 R. 11.20(2)

GERA *(n.)*
1. Hijo (o nieto) de Benjamín, Gn. 46.21; 1 Cr. 8.3,5
2. Padre de Aod, juez de Israel, Jue. 3.15
3. Padre de Simei No. 2, 2 S. 16.5; 19.16,18; 1 R. 2.8
4. Hijo de Aod, 1 Cr. 8.7

GERA *(moneda)*
Éx. 30.13 el siclo es de veinte *g*. La mitad de
Lv. 27.25 conforme al. .el siclo tiene veinte *g*
Nm. 3.47 los tomarás. El siclo tiene veinte *g*
18.16 conforme al siclo. .que es de veinte *g*
Ez. 45.12 y el siclo será de veinte *g*. Veinte

GERAR *Ciudad y distrito al sur de Canaán*
Gn. 10.19 en dirección a *G*, hasta Gaza; y en
20.1 Abraham a. .y habitó como forastero en *G*
20.2 Abimelec rey de *G* envió y tomó a Sara
26.1 se fue Isaac a. .de los filisteos, en *G*
26.6 habitó, pues, Isaac en *G*
26.17 se fue de. .y acampó en el valle de *G*
26.20 los pastores de *G* riñeron con. .Isaac
26.26 Abimelec vino a él desde *G*, y Ahuzat
2 Cr. 14.13 Asa, y. .los persiguieron hasta *G*
14.14 atacaron. .las ciudades alrededor de *G*

GERGESEO *Una de las tribus paganas que habitaba la tierra de Canaán*
Gn. 10.16 al jebuseo, al amorreo, al *g*
15.21 los amorreos, los cananeos, los *g* y los
Dt. 7.1 haya echado de. .al *g*, al amorreo, al
Jos. 3.10 echará. .al *g*, al amorreo y al jebuseo
24.11 pelearon contra vosotros. .*g*, heveos y
1 Cr. 1.14 al jebuseo, al amorreo, al *g*
Neh. 9.8 pacto con él para darle la tierra. .*g*

GERIZIM *Monte cerca de Siquem*
Dt. 11.29 la bendición sobre el monte *G*, y la
27.12 estarán sobre el monte *G* para bendecir
Jos. 8.33 la mitad de ellos. .hacia el monte *G*
Jue. 9.7 se puso en la cumbre del monte de *G*

GERMINAR
Is. 55.10 riega. .y la hace *germinar* y producir

GERSÓN
1. Hijo de Leví y la familia que formó su posteridad
Gn. 46.11 los hijos de Leví: *G*, Coat y Merari
Éx. 6.16 los hijos de Leví por sus linajes: *G*
6.17 los hijos de *G:* Libni y Simei, por sus
Nm. 3.17 los hijos de Leví fueron. .*G*, Coat y
3.18 los nombres de los hijos de *G* por sus
3.21 de *G* era la familia de Libni y. .Simei
3.21 la de Simei; estas son las familias de *G*
3.23 familias de *G* acamparán a espaldas del
3.25 a cargo de los hijos de *G*. .estarán el
4.22 toma. .el número de los hijos de *G* según
4.24 este será el oficio de las familias de *G*
4.27 todo el ministerio de los hijos de *G* en
4.28 este es el servicio. .de los hijos de *G*
4.38,41 los contados de los hijos de *G*
7.7 carros y 4 bueyes dio a los hijos de *G*
10.17 se movieron los hijos de *G* y los hijos
26.57 de *G*, la familia de los gersonitas; de
Jos. 21.6 hijos de *G* obtuvieron. .trece ciudades
21.27 a los hijos de *G*. .dieron de la media
1 Cr. 6.1,16 hijos de Leví: *G*, Coat y Merari
6.17 los nombres de los hijos de *G:* Libni y
6.20 *G:* Libni su hijo, Jahat su hijo, Zima
6.43 hijo de Jahat, hijo de *G*, hijo de Leví
6.62 a los hijos de *G*. .dieron de la tribu de
6.71 a los. .de *G* dieron de la media tribu de
15.7 de los hijos de *G*, Joel el principal, y
23.6 conforme a los hijos de Leví: *G*, Coat
23.7 los hijos de *G:* Laadán y Simei
26.21 cuanto a los hijos de Laadán hijo de *G*
2 Cr. 29.12 los hijos de *G*, Joa hijo de Zima
2. Hijo de Moisés
Éx. 2.22 él le puso por nombre *G*, porque dijo
18.3 se llamaba *G*, porque dijo: Forastero he
Jue. 18.30 Jonatán hijo de *G*, hijo de Moisés
1 Cr. 23.15 hijos de Moisés fueron *G* y Eliezer
23.16 hijo de *G* fue Sebuel el jefe
26.24 Sebuel hijo de *G*, hijo de Moisés, era
3. Descendiente de Finees No. 1, Esd. 8.2

GERSONITA *Descendiente de Gersón No.* 1
Nm. 3.24 el jefe del linaje de los *g*, Eliasaf
26.57 de Gersón, la familia de los *g*; de Coat
Jos. 21.33 ciudades de los *g* por sus familias
1 Cr. 26.21 de las casas paternas de Laadán *g*
29.8 para el tesoro de. .en mano de Jehiel *g*

GERUT-QUIMAM *Mesón cerca de Belén,* Jer. 41.17

GESAM *Descendiente de Caleb,* 1 Cr. 2.47

GESEM *Uno de los tres enemigos de Nehemías*
Neh. 2.19 y *G* el árabe, hicieron escarnio de
6.1 oyeron Sanbalat y Tobías y *G* el árabe
6.2 Sanbalat y *G* enviaron a decirme: Ven y

GESUR *Reino pequeño entre Basán y Siria*
Dt. 3.14 tomó. .hasta el límite con *G* y Maaca
Jos. 12.5 dominaba. .hasta los límites de *G* y
13.13 *G* y Maaca habitaron entre. .israelitas
2 S. 3.3 hijo de Maaca, hija de Talmai rey de *G*
13.37 Absalón huyó y se fue a Talmai. .de *G*
13.38 huyó Absalón y se fue a *G*, y estuvo
14.23 se levantó. .Joab y fue a *G*, y trajo a
14.32 ¿para qué vine de *G*? Mejor me fuera
15.8 hizo voto cuando estaba en *G* en Siria
1 Cr. 2.23 *G*. .tomaron de ellos las ciudades de
3.2 hijo de Maaca, hija de Talmai rey de *G*

GESUREOS
1. Pueblo que vivía en el Neguev cerca de los filisteos (=Gesuritas), Jos. 13.2
2. Habitantes de Gesur, Jos. 13.11,13

GESURI *Posiblemente =Gesur,* 2 S. 2.9

GESURITAS *=Gesureos,* 1 S. 27.8

GETEO *Habitante de Gat*
Jos. 13.3 el *g* y el ecroneo; también los aveos
2 S. 6.10 hizo llevar. .a casa de Obed-edom *g*
6.11 estuvo el arca. .en casa de Obed-edom *g*
15.18 pasaban. .y todos los *g*, 600 hombres que
15.19 dijo el rey a Itai *g:* ¿Para qué vienes
15.22 y pasó Itai *g*, y todos sus hombres, y
18.2 y una tercera parte al mando de Itai *g*
21.19 Elhanán. .mató a Goliat *g*, el asta de
1 Cr. 13.13 el arca. .llevó a casa de Obed-edom *g*
20.5 Elhanán. .mató a. .hermano de Goliat *g*

GETER *Hijo (o nieto) de Sem,* Gn. 10.23; 1 Cr. 1.17

GETSEMANÍ *Huerto en la falda del monte de los Olivos*
Mt. 26.36; Mr. 14.32 a un lugar que se llama *G*

GEUEL *Hombre de la tribu de Gad, uno de los doce espías,* Nm. 13.15

GEZER *Ciudad en la llanura de Palestina entre Jerusalén y Jope*
Jos. 10.33 rey de *G* subió en ayuda de Laquis
12.12 rey de Eglón, otro; el rey de *G*, otro
16.3 de Bet-horón. .y hasta *G*; y sale al mar
16.10 no arrojaron al cananeo. .habitaba en *G*
21.21 les dieron. .además, *G* con sus ejidos
Jue. 1.29 habitaba en *G*. .en medio de ellos en *G*
2 S. 5.25 hirió. .desde Geba hasta llegar a *G*
1 R. 9.15 impuso para edificar. .Meguido y *G*
9.16 Faraón rey. .había subido y tomado a *G*
9.17 restauró. .Salomón a *G* y a la. .Bet-horón
1 Cr. 6.67 les dieron. .además, *G* con sus ejidos
7.28 la parte del occidente *G* y sus aldeas
14.16 y derrotaron al. .desde Gabaón hasta *G*
20.4 que se levantó guerra en *G* contra los

GEZRITAS *Pueblo que vivía al sur de los filisteos*
1 S. 27.8 hacían incursiones contra los. .los *g*

GÍA *Lugar no identificado,* 2 S. 2.24

GIBAR *=Gabaón,* Esd. 2.20

GIBEA *Nieto de Caleb,* 1 Cr. 2.49

GIBETÓN *Población en el territorio de Dan*
Jos. 19.44 Elteque, *G*, Baalat
21.23 de la tribu de Dan. .*G* con sus ejidos
1 R. 15.27 y lo hirió Baasa en *G*, que era de
15.27 Nadab y todo Israel tenían sitiado a *G*
16.15 y el pueblo había acampado contra *G*
16.17 subió Omri de *G*, y con él todo Israel

GIBLITAS *Habitantes de Gebal No.* 2, Jos. 13.5

GIDALTI *Músico en tiempo de David,* 1 Cr. 25.4,29

GIDEL
1. Padre de una familia de sirvientes del templo, Esd. 2.47; Neh. 7.49
2. Padre de una familia de los hijos de los siervos de Salomón, Esd. 2.56; Neh. 7.58

GIDGAD *Lugar donde acampó Israel (=Gudgoda),* Nm. 33.32,33

GIDOM *Lugar en Benjamín,* Jue. 20.45

GIEZI *Criado del profeta Eliseo*
2 R. 4.12 a *G* su criado: Llama a esta sunamita
4.13 dijo él entonces a *G:* Dile: He aquí tú
4.14 *G* respondió. .ella no tiene hijo, y su
4.25 la vio. .dijo a. .*G:* He aquí la sunamita
4.27 acercó *G* para quitarla; pero el varón
4.29 dijo él a *G:* Ciñe tus lomos, y toma mi
4.31 *G* había ido delante de ellos, y había
4.36 llamó él a *G*, y le dijo: Llama a esta
5.20 entonces *G*. .dijo. .mi señor estorbó a este
5.21 siguió *G* a Naamán; y cuando vio Naamán
5.25 Eliseo le dijo: ¿De dónde vienes, *G*?
8.4 había el rey hablado con *G*, criado del
8.5 dijo *G:* Rey señor mío, esta es la mujer

GIGANTE
Gn. 6.4 había *g* en la tierra en aquellos días
Nm. 13.33 también vimos allí *g*. .raza de los *g*
Dt. 2.11 por *g* eran ellos tenidos también
2.20 por tierra de *g*. .habitaron en ella *g* en
3.11 Og rey. .había quedado del resto de los *g*
3.13 Argob. .que se llamaba la tierra de los *g*
2 S. 21.16 Isbi-benob. .descendientes de los *g*
21.18 a Saf. .de los descendientes de los *g*
21.20 un hombre. .era descendiente de los *g*
21.22 estos 4 eran descendientes de los *g* en
1 Cr. 20.4 Sipai, de los descendientes de los *g*
20.6 grande estatura. .descendiente de los *g*
20.8 estos eran descendientes de los *g* en Gat
Job 16.14 quebrantó. .corrió contra mí como un *g*
Sal. 19.5 alegra cual *g* para correr el camino
Is. 42.13 Jehová saldrá como *g*, y como hombre
Jer. 20.11 Jehová está conmigo como poderoso *g*

GIHÓN
1. Río en el huerto de Edén, Gn. 2.13
2. Manantial en Jerusalén
1 R. 1.33 a Salomón mi hijo en. .y llevadlo a *G*
1.38 montaron a Salomón. .y lo llevaron a *G*
1.45 Sadoc y el. .lo han ungido por rey en *G*
2 Cr. 32.30 cubrió los manantiales de *G* la de
33.14 edificó el muro. .al occidente de *G*, en

GILALAI *Músico en tiempo de Nehemías,* Neh. 12.36

GILBOA *Monte en Manasés*
1 S. 28.4 juntó a todo Israel. .acamparon en *G*
31.1 Israel. .cayeron muertos en el monte de *G*
31.8 hallaron a. .tendidos en el monte de *G*
2 S. 1.6 vine al monte de *G*, y hallé a Saúl que
1.21 montes de *G*, ni rocío ni lluvia caiga
21.12 cuando. .filisteos mataron a Saúl en *G*
1 Cr. 10.1 y cayeron heridos en el monte de *G*
10.8 a Saúl y a. .tendidos en el monte de *G*

GILGAL
1. Lugar cerca de Jericó
Dt. 11.30 que habita en el Arabá frente a *G*
Jos. 4.19 acamparon en *G*, al lado oriental de
4.20 Josué erigió en *G* las doce piedras que
5.9 el nombre de. .fue llamado *G*, hasta hoy
5.10 y los hijos de Israel acamparon en *G*
9.6 vinieron a Josué al campamento en *G*, y le
10.6 Gabaón. .a Josué al campamento en *G*
10.7 y subió Josué de *G*, y todo el pueblo de
10.9 habiendo subido toda la noche desde *G*
10.15,43 Josué. .volvió al campamento en *G*
14.6 los hijos de Judá vinieron a Josué en *G*
15.7 al norte mira sobre *G*, que está enfrente
Jue. 2.1 el ángel de Jehová subió de *G* a Boquim
3.19 volvió desde los ídolos que están en *G*
1 S. 7.16 daba vuelta a Bet-el, a *G* y a Mizpa
10.8 bajarás delante de mí a *G*. .descenderé
11.14 vamos a *G*. .que renovemos allí el reino
11.15 fue todo el pueblo a *G*, e invistieron
11.15 a Saúl por rey delante de Jehová en *G*
13.4 se juntó el pueblo en pos de Saúl en *G*
13.7 pero Saúl permanecía aún en *G*, y todo el
13.8 pero Samuel no venía a *G*, y el pueblo se
13.12 descenderán los filisteos contra mí a *G*
13.15 y levantándose Samuel, subió de *G* a
15.12 Saúl ha. .pasó adelante y descendió a *G*
15.21 para ofrecer sacrificios a Jehová. .en *G*
15.33 Samuel cortó en pedazos a Agag. .en *G*
2 S. 19.15 Judá vino a *G* para recibir al rey
19.40 el rey. .pasó a *G*, y con él pasó Quimam
Neh. 12.29 de la casa de *G*, y de los campos de

GILGAL *(Continúa)*
Os. 4.15 no entréis en *G*, ni subáis a Bet-avén
9.15 toda la maldad de ellos fue en *G*; allí
12.11 en *G* sacrificaron bueyes, y sus altares
Am. 4.4 aumentad en *G* la rebelión, y traed de
5.5 ni entréis en *G*, ni paséis a Beerseba
5.5 *G* será llevada en cautiverio, y Bet-el
Mi. 6.5 acuérdate ahora..desde Sitim hasta *G*
2. ***Ciudad en los montes de Samaria,* Jos. 12.23**
3. ***Collado alto al norte de Bet-el***
2 R. 2.1 al cielo, Elías venía con Eliseo de *G*
4.38 Eliseo volvió a *G* cuando había..hambre

GILO ***Ciudad en Judá,* Jos. 15.51; 2 S. 15.12**

GILONITA ***Habitante de Gilo,* 2 S. 15.12; 23.34**

GIMZO ***Ciudad en Judá,* 2 Cr. 28.18**

GINAT ***Padre de Tibni,* 1 R. 16.21,22**

GINETO **=*Ginetón No. 2,* Neh, 12.4**

GINETÓN
1. ***Sacerdote en tiempo de Esdras,* Neh. 10.6**
2. ***Ascendiente de una familia de sacerdotes,* Neh. 12.16**

GIRAR
Jos. 15.10 *gira* este límite desde Baala hacia
19.12 *gira* de Sarid hacia el oriente, hacia
19.14 al norte, el límite *gira* hacia Hanatón
19.29 *gira* hacia Hosa, y sale al mar desde
19.34 y *giraba* el límite hacia el occidente
1 R. 6.34 dos hojas..*giraban*..los otras dos..*g*
Pr. 26.14 como la puerta *gira*..así el perezoso
Ec. 1.6 va *girando* de continuo, y a sus giros
Ez. 41.24 en cada puerta..dos hojas que *giraban*

GIRO
Ec. 1.6 va girando..a sus *g* vuelve el viento

GISPA ***Jefe de los sirvientes del templo,* Neh. 11.21**

GITAIM ***Lugar en Benjamín,* 2 S. 4.3; Neh. 11.33**

GITIT ***Instrumento musical fabricado en Gat,* Sal. 8, 81, 84 *tits.***

GIZONITA ***Habitante de Gimzo,* 1 Cr. 11.34**

GLOBO
1 R. 7.20 doscientas granadas..encima de su *g*

GLORIA
Gn. 45.13 haréis..saber..toda mi *g* en Egipto
Éx. 16.7 y a la mañana veréis la *g* de Jehová
16.10 aquí la *g* de Jehová apareció en la nube
24.16 la *g* de Jehová reposó sobre el monte
24.17 apariencia de la *g* de Jehová era como
29.43 y el lugar será santificado con mi *g*
33.18 dijo: Te ruego que me muestres tu *g*
33.22 cuando pase mi *g*, yo te pondré en una
40.34 y la *g* de Jehová llenó el tabernáculo
40.35 tabernáculo..la *g* de Jehová lo llenaba
Lv. 9.6 hacedlo..la *g* de Jehová se os aparecerá
9.23 y la *g* de Jehová se apareció a todo el
Nm. 14.10 pero la *g* de Jehová se mostró en el
14.21 vivo yo, y mi *g* llena toda la tierra
14.22 los que vieron mi *g* y mis señales que
16.19 *g* de Jehová apareció..la congregación
16.42 miraron..nube..apareció la *g* de Jehová
20.6 y la *g* de Jehová apareció sobre ellos
Dt. 5.24 nos ha mostrado su *g* y su grandeza
26.19 exaltarte sobre..para loor y fama y *g*
33.17 como el primogénito de su toro es su *g*
Jos. 7.19 mío, da *g* a Jehová el Dios de Israel
Jue. 4.9 mas no será tuya la *g* de la jornada
1 S. 4.21,22 ¡traspasada es la *g* de Israel!
6.5 figuras de..y daréis *g* al Dios de Israel
15.29 el que es la *g* de Israel no mentirá, ni
2 S. 1.19 ¡ha perecido la *G* de Israel sobre tus
1 R. 3.13 aun también te he dado..riquezas y *g*
8.11 la *g* de Jehová había llenado la casa de
1 Cr. 16.24 cantad entre las gentes su *g*, y en
16.28 tributad a Jehová..a Jehová *g* y poder
29.11 tuya es, oh Jehová..el poder, la *g*, la
29.12 las riquezas y la *g* proceden de ti, y
29.25 a Salomón..y le dio tal *g* en su reino
29.28 murió en..vejez, lleno de días..y de *g*
2 Cr. 1.11 y no pediste riquezas, bienes o *g*
1.12 también te daré riquezas, bienes y *g*
5.14 la *g* de Jehová había llenado la casa de
7.1 fuego de..y la *g* de Jehová llenó la casa
7.2 porque la *g* de Jehová había llenado la
7.3 el fuego y la *g* de Jehová sobre la casa
17.5 Josafat..tuvo riquezas y *g* en abundancia
18.1 tenía, pues, Josafat riquezas y *g* en
26.18 y no te será para *g* delante de Jehová
32.27 tuvo Ezequías riquezas, y *g*, muchas en
Esd. 10.11 *g* a Jehová Dios de vuestros padres
Est. 1.4 para mostrar..de la *g* de su reino, el
5.11 les refirió Amán la *g* de sus riquezas
Job 19.9 me ha despojado de mi *g*, y quitado la
41.15 la *g* de su vestido son escudos fuertes
Sal. 3.3 eres..mi *g*, y el que levanta mi cabeza
8.1 Señor..has puesto tu *g* sobre los cielos
8.5 has hecho..lo coronaste de *g* y de honra
19.1 los cielos cuentan la *g* de Dios, y el
21.5 grande es su *g* en tu salvación; honra
24.7,11 alzad, oh..y entrará el Rey de *g*
24.8,10 ¿quién es este Rey de *g*? Jehová de
24.10 Jehová de los..él es el Rey de la *g*
26.8 casa..y el lugar de la morada de tu *g*
29.1 tributad..dad a Jehová la *g* y el poder
29.2 dad a Jehová la *g* debida a su nombre
29.3 truena el Dios de *g*, Jehová sobre las
29.4 voz de Jehová con..voz de Jehová con *g*
29.9 voz de..en su templo todo proclama su *g*
30.12 ti cantaré, *g* mía, y no estaré callado
45.3 oh valiente, con tu *g* y con tu majestad
45.4 en tu *g* sé prosperado; cabalga sobre
49.16 temas..cuando aumenta la *g* de su casa
49.17 no llevará..ni descenderá tras él su *g*
57.5,11 Dios; sobre toda la tierra sea tu *g*
62.7 Dios está mi salvación y mi *g*; en Dios
63.2 para ver tu poder y tu *g*, así como te he
66.2 cantad la *g* de su nombre; poned *g* en su
71.8 sea llena mi boca..de tu *g* todo el día
72.19 toda la tierra sea llena de su *g*. Amén
73.24 has guiado..y después me recibirás en *g*
78.61 entregó su..y su *g* en mano del enemigo
79.9 ayúdanos, oh..por la *g* de tu nombre; y
84.11 sol y escudo..gracia y *g* dará Jehová
85.9 para que habite la *g* en nuestra tierra
89.17 porque tú eres la *g* de su potencia, y
89.44 hiciste cesar su *g*, y echaste su trono
90.16 aparezca en tus..y tu *g* sobre sus hijos
96.3 proclamad entre las naciones su *g*, en
96.6 alabanza y..poder y *g* en su santuario
96.7 tributad..dad a Jehová la *g* y el poder
97.6 cielos..todos los pueblos vieron su *g*
99.4 *g* del rey ama el juicio; tú confirmas
102.15 y todos los reyes de la tierra tu *g*
102.16 habrá edificado..en su *g* será visto
104.1 te has vestido de *g* y de magnificencia
104.31 la *g* de Jehová para siempre; alégrese
106.20 así cambiaron su *g* por la imagen de
108.1 cantaré y entonaré salmos; esta es mi *g*
108.5 sobre..la tierra sea enaltecida tu *g*
111.3 *g* y hermosura es su obra..su justicia
112.9 siempre; su poder será exaltado en *g*
113.4 excelso..Jehová, sobre los cielos su *g*
115.1 no a nosotros, sino a tu nombre da *g*
138.5 cantarán de..la *g* de Jehová es grande
145.5 hermosura de la *g* de tu magnificencia
145.11 la *g* de tu reino digan, y hablen de
145.12 para hacer saber..la *g*..de su reino
148.13 Jehová..su *g* es sobre tierra y cielos
149.5 regocíjense los santos por su *g*, y
149.9 *g* será esto para..sus santos. Aleluya
Pr. 14.28 en la multitud de..está la *g* del rey
20.29 la *g* de los jóvenes es su fuerza, y la
25.2 *g* de Dios es encubrir un asunto; pero
25.27 miel no..ni el buscar la propia *g* es *g*
28.12 los justos se alegran, grande es la *g*
Is. 4.2 el renuevo de Jehová será para..*g*, y el
4.5 nube..porque sobre toda *g* habrá un dosel
5.13 su *g* pereció de hambre, y su multitud
5.14 y allá descenderá la *g* de ellos, y su
6.3 santo..toda la tierra está llena de su *g*
9.1 al fin llenará de *g* el camino del mar
10.3 ¿a quién..¿En dónde dejaréis vuestra *g*?
10.12 fruto..la *g* de la altivez de sus ojos
10.16 debajo de su *g* encenderá una hoguera
10.18 la *g* de..de su campo fértil consumirá
13.3 llamé..a los que se alegran con mi *g*
16.14 será abatida la *g* de Moab, con toda su
17.3 será como la *g* de los hijos de Israel
17.4 aquel tiempo la *g* de Jacob se atenuará
20.5 se avergonzarán de Etiopía..Egipto su *g*
21.16 año..toda la *g* de Cedar será deshecha
22.18 y allá estarán los carros de tu *g*, oh
23.9 para envilecer la soberbia de toda *g*
24.16 oímos cánticos: *G* al justo. Y yo dije
25.3 por esto te dará *g* el pueblo fuerte, te
28.1,4 flor caduca de la hermosura de su *g*
28.5 Jehová..será por corona de *g* y diadema
35.2 florecerá..la *g* del Líbano le será dada
35.2 ellos verán la *g* de Jehová, la hermosura
40.5 se manifestará la *g* de Jehová, y toda
40.6 toda carne es..su *g* como flor del campo
42.8 y a otro no daré mi *g*, ni mi alabanza
42.12 den *g* a Jehová, y anuncien sus loores
43.7 para *g* mía los he creado, los formé y
46.13 y pondré salvación en Sion, y mi *g* en
58.8 ti, y la *g* de Jehová será tu retaguardia
59.19 y desde el nacimiento del sol su *g*
60.1 luz, y la *g* de Jehová ha nacido sobre ti
60.2 amanecerá..y sobre ti será vista su *g*
60.7 mi altar, y glorificaré la casa de mi *g*
60.13 la *g* del Líbano vendrá a ti, cipreses
60.15 haré que seas una *g* eterna, el gozo de
60.19 será por luz..y el Dios tuyo por tu *g*
61.3 que a los afligidos de Sion se les dé *g*
61.3 y serán..plantío de Jehová, para *g* suya
61.6 las naciones, y con su *g* seréis sublimes
62.2 verán las gentes..todos los reyes tu *g*
62.3 serás corona de *g* en la mano de Jehová
63.12 los guio por la..con el brazo de su *g*
64.11 la casa de nuestro santuario y de..*g*
66.11 os deleitéis con el resplandor de su *g*
66.12 la *g* de las naciones como torrente que
66.18 las naciones y..vendrán, y verán mi *g*
66.19 las costas lejanas que..ni vieron mi *g*
66.19 y publicarán mi *g* entre las naciones
Jer. 2.11 trocado su *g* por lo que no aprovecha
13.16 dad *g* a Jehová Dios vuestro, antes que
13.18 porque la corona de vuestra *g* ha caído
17.12 trono de *g*, excelso desde el principio
33.9 me será a mí por nombre de gozo..y de *g*
48.18 desciende de la *g*, siéntate en tierra
Ez. 1.28 esta fue la visión..de la *g* de Jehová
3.12 bendita..la *g* de Jehová desde su lugar
3.23 estaba la *g*..como la *g* que había visto
7.20 cuanto convirtieron la *g* de..en soberbia
8.4 estaba la *g* del Dios de Israel, como la
9.3 *g* del Dios de Israel se elevó de encima
10.4,18 la *g* de Jehová se elevó de encima
10.4 y el atrio se llenó..de la *g* de Jehová
10.19 la *g* del Dios de Israel..sobre ellos
11.22 la *g* del Dios de Israel estaba sobre
11.23 la *g* de Jehová se elevó de en medio de
24.21 la *g* de vuestro poderío, el deseo de
24.25 el gozo de su *g*, el deleite de sus ojos
26.20 y daré *g* en la tierra de los vivientes
31.18 ¿a quién te has comparado así en *g* y
39.21 pondré mi *g* entre las naciones, y todas
43.2 y he aquí la *g* del Dios de Israel, que
43.2 la tierra resplandecía a causa de su *g*
43.4 la *g* de Jehová entró en la casa por la
43.5 he aquí..la *g* de Jehová llenó la casa
44.4 aquí la *g* de Jehová había llenado la casa
Dn. 2.31 cuya *g* era muy sublime, estaba en pie
4.30 que yo edifiqué..para *g* de mi majestad?
5.18 dio a..la grandeza, la *g* y la majestad
5.20 fue depuesto del..y despojado de su *g*
7.14 le fue dado dominio, *g* y reino, para que
11.20 pasar un cobrador..por la *g* del reino
Os. 9.11 *g* de Efraín volará cual ave, de modo
10.5 en él se regocijaban por su *g*, la cual
14.6 sus ramas, y será su *g* como la del olivo
Am. 8.7 juró por la *g* de Jacob: No me olvidaré
Nah. 2.2 restaurará la *g* de Jacob como la *g* de
Hab. 2.14 tierra será llena..de la *g* de Jehová
2.16 el cáliz..y vómito de afrenta sobre tu *g*
3.3 su *g* cubrió los cielos, y la tierra se
Hag. 2.3 haya visto esta casa en su *g* primera
2.7 llenaré de *g* esta casa, ha dicho Jehová
2.9 la *g* postrera de esta casa será mayor que
Zac. 2.5 muro..para *g* estaré en medio de ella
2.8 tras la *g* me enviará él a las naciones
6.13 él llevará *g*, y se sentará y dominará
11.3 voz..porque la *g* del Jordán es destruida
12.7 para que la *g* de la casa de David y del
Mal. 2.2 decidís de corazón dar *g* a mi nombre
Mt. 4.8 le mostró..los reinos del mundo y la *g*
6.13 tuyo es el reino, y el poder, y la *g*
6.29 ni aún Salomón con toda su *g* se vistió
16.27 el Hijo del Hombre vendrá en la *g* de su
19.28 el Hijo..se siente en el trono de su *g*
24.30 viniendo sobre las..con poder y gran *g*
25.31 cuando el Hijo..venga en su *g*, y todos
25.31 entonces se sentará en su trono de *g*
Mr. 8.38 cuando venga en la *g* de su Padre con
10.37 concédenos que en tu *g* nos sentemos
13.26 vendrá en las nubes con gran poder y *g*
Lc. 2.9 la *g* del Señor los rodeó de resplandor
2.14 ¡*g* a Dios en las alturas, y en la tierra
2.32 los gentiles, y *g* de tu pueblo Israel
4.6 a ti te daré toda esta potestad, y la *g*
9.26 cuando venga en su *g*, y en la del Padre
9.31 aparecieron rodeados de *g*, y hablaban
9.32 vieron la *g* de Jesús, y..dos varones
12.27 que ni aun Salomón con toda su *g* se
14.10 entonces tendrás *g* delante de los que
17.18 quien volviese y diese *g* a Dios sino
19.38 paz en el cielo, y *g* en las alturas!
21.27 vendrá en una nube con poder y gran *g*
23.47 dio *g* a Dios, diciendo: Verdaderamente
24.26 Cristo padeciera..y entrara en su *g*?
Jn. 1.14 vimos su *g*, *g* como del unigénito del
2.11 y manifestó su *g*; y sus discípulos
5.41 *g* de los hombres no recibo
5.44 pues recibís *g* los unos de los otros
5.44 y no buscáis la *g* que viene del Dios
7.18 el que habla por su..su propia *g* busca
7.18 pero el que busca la *g* del que le envió
8.50 yo no busco mi *g*; hay quien la busca, y
8.54 glorifico a mí mismo, mi *g* nada es
9.24 da *g* a Dios; nosotros sabemos que ese
11.4 sino para la *g* de Dios, para que el
11.40 que si crees, verás la *g* de Dios?
12.41 Isaías dijo esto cuando vio su *g*, y
12.43 amaban más la *g* de..que la *g* de Dios
17.5 glorifícame..con aquella *g* que tuve al

GLORIA *(Continúa)*
Jn. 17.22 *g* que me diste, yo les he dado, para
17.24 para que vean mi *g* que me has dado
Hch. 7.2 Dios de la *g* apareció a nuestro padre
7.55 vio la *g* de Dios, y a Jesús que estaba
12.23 hirió, por cuanto no dio la *g* a Dios
22.11 yo no veía a causa de la *g* de la luz
Ro. 1.23 cambiaron la *g* del Dios incorruptible
2.7 hacer, buscan *g* y honra e inmortalidad
2.10 pero *g* y. . a todo el que hace lo bueno
3.7 si. . la verdad de Dios abundó para su *g*
3.23 y están destituidos de la *g* de Dios
4.20 que se fortaleció en fe, dando *g* a Dios
5.2 y nos gloriamos en la. . de la *g* de Dios
6.4 Cristo resucitó de los muertos por la *g*
8.18 no son comparables con la *g* venidera
9.4 de los cuales son. . la *g*, el pacto, la
9.23 hacer notorias las riquezas de su *g*
9.23 con los vasos. . que él preparó. . para *g*
11.36 a él sea la *g* por los siglos. Amén
15.7 también Cristo nos recibió, para *g* de
16.27 sabio Dios, sea *g* mediante Jesucristo
1 Co. 2.7 antes de los siglos para nuestra *g*
2.8 nunca habrían crucificado al Señor de *g*
9.15 antes que nadie desvanezca esta mi *g*
10.31 cosa, hacedlo todo para la *g* de Dios
11.7 porque el varón. . es imagen y *g* de Dios
11.7 de Dios; pero la mujer es *g* del varón
15.31 la *g* que de vosotros tengo en nuestro
15.40 pero una es la *g* de los celestiales
15.41 una es la *g* del sol, otra la *g* de la
15.41 otra la *g* de las estrellas, pues una
15.41 una estrella es diferente de otra en *g*
15.43 siembra en deshonra, resucitará en *g*
2 Co. 1.12 nuestra *g* es esta: el testimonio de
1.14 habéis entendido que somos vuestra *g*
1.20 en él Sí, y. . Amén, para la *g* de Dios
3.7 si el ministerio de muerte. . fue con *g*
3.7 a causa de la *g* de su rostro, la cual
3.8 ¿cómo no será. . con *g* el ministerio del
3.9 el ministerio de condenación fue con *g*
3.9 mucho más abundará en *g* el ministerio
3.10 en comparación con la *g* más eminente
3.11 si lo que perece tuvo *g*, mucho más
3.18 mirando. . en un espejo la *g* del Señor
3.18 somos transformados de *g* en *g* en la
4.4 no les resplandezca. . de la *g* de Cristo
4.6 conocimiento de la *g* de Dios en la faz
4.15 la acción de gracias. . para *g* de Dios
4.17 vez más excelente y eterno peso de *g*
8.19 que es administrado. . para *g* del Señor
8.23 son mensajeros de las. . y *g* de Cristo
11.10 no se me impedirá esta mi *g* en las
Gá. 1.5 a quien sea la *g* por los siglos de los
Ef. 1.6 para alabanza de la *g* de su gracia
1.12 de que seamos para alabanza de su *g*
1.14 de la posesión. . para alabanza de su *g*
1.17 que el. . Padre de *g*, os dé espíritu de
1.18 las riquezas de la *g* de su herencia en
3.13 tribulaciones. . las cuales son vuestra *g*
3.16 os dé, conforme a las riquezas de su *g*
3.21 él sea *g* en la iglesia en Cristo Jesús
Fil. 1.11 llenos de frutos. . para *g* y alabanza
1.26 que abunde vuestra *g* de mí en Cristo
2.11 que Jesucristo es el Señor, para *g* de
3.19 es el vientre, y cuya *g* es su vergüenza
3.21 sea semejante al cuerpo de la *g* suya
4.19 suplirá. . conforme a sus riquezas en *g*
4.20 al Dios y Padre nuestro sea *g* por los
Col. 1.11 conforme a la potencia de su *g*, para
1.27 dar a conocer las riquezas de la *g* de
1.27 Cristo en vosotros, la esperanza de *g*
3.4 también seréis manifestados con él en *g*
1 Ts. 2.6 ni buscamos *g* de los hombres; ni de
2.12 de Dios, que os llamó a su reino y *g*
2.20 vosotros sois nuestra *g* y gozo
2 Ts. 1.9 excluidos de. . y de la *g* de su poder
2.14 para alcanzar la *g* de nuestro Señor
1 Ti. 1.17 sea honor y *g* por los siglos de los
3.16 creído. . mundo; recibido arriba en *g*
2 Ti. 2.10 salvación que es en. . con *g* eterna
4.18 a él sea *g* por los siglos de los siglos
He. 1.3 el cual, siendo el resplandor de su *g*
2.7 coronaste de *g* y de honra, y le pusiste
2.9 vemos. . Jesús, coronado de *g* y de honra
2.10 habiendo de llevar muchos hijos a la *g*
3.3 porque de tanto mayor *g* que Moisés es
9.5 sobre ella. . querubines de *g* que cubrían
13.21 al cual sea la *g* por los siglos de los
1 P. 1.7 vuestra fe. . sea hallada en. . *g* y honra
1.11 el cual anunciaba. . las *g* que vendrían
1.21 quien le resucitó de. . y le ha dado *g*
1.24 toda la *g* del hombre como flor de la
2.20 ¿qué *g* es, si pecando sois abofeteados
4.11 a quien pertenecen la *g* y el imperio
4.13 en la revelación de su *g* os gocéis con
5.1 participante de la *g* que será revelada
5.4 recibiréis la corona de *g* incorruptible
5.10 mas el Dios de. . que nos llamó a su *g*
5.11 él sea la *g* y el imperio por los siglos
2 P. 1.3 que nos llamó por su *g* y excelencia
1.17 cuando él recibió de Dios Padre. . *g*, le
1.17 le fue enviada desde la. . *g* una voz que
3.18 a él sea *g* ahora y hasta el día de la
Jud. 24 presentaros sin mancha delante de su *g*
25 al único y sabio Dios. . sea *g* y majestad
Ap. 1.6 a él sea *g* e imperio por los siglos de
4.9 aquellos seres vivientes dan *g* y honra
4.11 digno eres de recibir la *g* y la honra
5.12 es digno de tomar. . la *g* y la alabanza
5.13 al Cordero, sea. . la *g* y el poder, por
7.12 *g*. . sean a nuestro Dios por los siglos
11.13 los demás. . dieron *g* al Dios del cielo
14.7 temed a Dios, y dadle *g*, porque la hora
15.8 el templo se llenó de humo por la *g* de
16.9 y no se arrepintieron para darle *g*
18.1 angel. . la tierra fue alumbrada con su *g*
19.1 y *g* y poder son del Señor Dios nuestro
19.7 démosle *g*. . han llegado las bodas del
21.11 teniendo la *g* de Dios. Y su fulgor
21.23 la *g* de Dios la ilumina, y el Cordero
21.24 los reyes. . traerán su *g* y honor a ella
21.26 y llevarán la *g* y la honra de. . a ella

GLORIARSE
2 R. 14.10 *glorîate*. . mas quédate en tu casa
1 Cr. 16.10 *gloriaos* en su santo nombre
16.35 que. . nos *gloriemos* en tus alabanzas
2 Cr. 25.19 corazón se enaltece para *gloriarte*
Sal. 34.2 en Jehová se *gloriará* mi alma; lo
44.8 en Dios nos *gloriaremos* todo el tiempo
64.10 *gloriarán* todos los rectos de corazón
97.7 todos. . los que se *glorían* en los ídolos
105.3 *gloriaos* en su santo nombre; alégrese
106.5 me goce. . y me *glorie* con tu heredad
106.47 que nos *gloriemos* en tus alabanzas
Is. 10.15 ¿se *gloriará* el hacha contra el que
41.16 te *gloriarás* en el Santo de Israel
43.14 los caldeos. . naves de que se *gloriaban*
45.25 *gloriará*. . la descendencia de Israel
49.3 oh Israel, porque en ti me *gloriaré*
Jer. 4.2 serán benditas. . y en él se *gloriarán*
11.15 ¿crees que. . ¿Puedes *gloriarte* de eso?
49.4 ¿por qué te *glorías* de los valles? Tu
Ro. 2.17 te apoyas en la ley, y te *glorías* en
4.2 por las obras, tiene de qué *gloriarse*
5.2 y nos *gloriamos* en la esperanza de la
5.3 que. . nos *gloriamos* en las tribulaciones
5.11 *gloriamos* en Dios por el Señor nuestro
15.17 tengo. . de qué *gloriarme* en Cristo
1 Co. 1.31 el que se *gloría, gloríese* en el
3.21 que, ninguno se *glorie* en los hombres
4.7 y si. . ¿por qué te *glorías* como si no
9.16 no tengo por qué *gloriarme;* porque me
2 Co. 5.12 sino os damos ocasión de *gloriaros*
5.12 responder a los que se *glorían* en las
7.4 mucho me *glorío* con respecto de vosotros
7.14 pues si de algo me he *gloriado* con él
7.14 *gloriarnos* con Tito resultó verdad
8.24 y de nuestro *gloriarnos* respecto de
9.2 de la cual yo me *glorío* entre los de
9.3 que nuestro *gloriarnos*. . no sea vano en
10.8 aunque me *glorie*. . no me avergonzaré
10.13 no nos *gloriaremos* desmedidamente
10.15 no nos *gloriamos* desmedidamente en
10.16 para *gloriarnos* en lo que ya estaba
10.17 que se *gloría, gloríese* en el Señor
11.12 de que en aquello en que se *glorían*
11.16 que yo también me *glorie* un poquito
11.17 locura. . esta confianza de *gloriarme*
11.18 que muchos se *glorían*. . yo me *gloriaré*
11.30 es necesario *gloriarse*, me *gloriaré*
12.1 no me conviene *gloriarme;* pero vendré
12.5 de tal hombre me *gloriaré;* pero de mí
12.5 pero de mí mismo en nada me *gloriaré*
12.6 sin embargo, si quisiera *gloriarme*
12.9 *gloriaré* más bien en mis debilidades
12.11 me he hecho un necio al *gloriarme*
Gá. 6.4 motivo de *gloriarse* sólo respecto de
6.13 que. . os circuncidéis, para *gloriarse* en
6.14 lejos esté de mí *gloriarme*, sino en la
Ef. 2.9 no por obras, para que nadie se *glorie*
Fil. 2.16 pueda *gloriarme* de que no he corrido
3.3 a Dios y nos *gloriamos* en Cristo Jesús
1 Ts. 2.19 ¿cuál es. . corona de que me *glorie?*
2 Ts. 1.4 mismos nos *gloriamos* de vosotros
He. 3.6 si retenemos firme. . el *gloriarnos* en
Stg. 1.9 humilde. . *gloríese* en su exaltación

GLORIFICAR
Éx. 14.4 seré *glorificado* en Faraón y en todo
14.17 me *glorificaré* en Faraón y en todo su
14.18 cuando me *glorifique* en Faraón, en su
Lv. 10.3 presencia de todo. . seré *glorificado*
1 Cr. 16.41 para *glorificar* a Jehová, porque
17.18 pidiendo de ti para *glorificar* a tu
2 Cr. 20.21 que dijesen: *Glorificad* a Jehová
30.21 siete días. . y *glorificaban* a Jehová
Sal. 22.23 *glorificadle*, descendencia toda de
30.1 te *glorificaré*, oh Jehová, porque me
86.9 las naciones. . *glorificarán* tu nombre
86.12 y *glorificaré* tu nombre para siempre
91.15 estaré. . lo libraré y le *glorificaré*
Is. 24.15 *glorificad* por esto a Jehová en los
44.23 a Jacob, y en Israel será *glorificado*
60.7 y *glorificaré* la casa de mi gloria
60.9 Santo de Israel, que te ha *glorificado*
60.21 obra de mis manos, para *glorificarme*
66.5 dijeron: Jehová sea *glorificado*. Pero
Ez. 28.22 en medio de ti seré *glorificado;* y
39.13 el día en que yo sea *glorificado*, dice
Dn. 4.34 y *glorifiqué* al que vive para siempre
4.37 engrandezco y *glorifico* al Rey del cielo
Hag. 1.8 reedificad la casa. . seré *glorificado*
Mt. 5.16 *glorifiquen* a vuestro Padre que está
9.8 la gente. . maravilló y *glorificó* a Dios
15.31 viendo. . *glorificaban* al Dios de Israel
Mr. 2.12 *glorificaron* a Dios, diciendo: Nunca
Lc. 2.20 volvieron. . *glorificando* y alabando a
4.15 enseñaba. . y era *glorificado* por todos
5.25 se fue a su casa, *glorificando* a Dios
5.26 *glorificaban* a Dios; y llenos de temor
7.16 *glorificaban* a Dios, diciendo: Un gran
13.13 ella se enderezó. . *glorificaba* a Dios
17.15 volvió, *glorificando* a Dios a gran voz
18.43 vio, y le seguía, *glorificando* a Dios
Jn. 7.39 Jesús no había sido aún *glorificado*
8.54 me *glorifico* a mí mismo, mi gloria
8.54 Padre es el que me *glorifica*, el que
11.4 Hijo de Dios sea *glorificado* por ella
12.16 Jesús fue *glorificado*. . se acordaron
12.23 que el Hijo del Hombre sea *glorificado*
12.28 Padre, *glorifica* tu nombre. Entonces
12.28 lo he *glorificado*, y lo *glorificaré*
13.31 es *glorificado* el. . y Dios es *g* en él
13.32 si Dios es *glorificado* en él, Dios
13.32 le *glorificará* en sí mismo, y. . le *g*
14.13 el Padre sea *glorificado* en el Hijo
15.8 en esto es *glorificado* mi Padre, en que
16.14 él me *glorificará;* porque tomará de
17.1 *glorifica* a tu Hijo. . te *glorifique* a ti
17.4 yo te he *glorificado* en la tierra; he
17.5 *glorificame* tú al lado tuyo, con aquella
17.10 tuyo. . y he sido *glorificado* en ellos
21.19 con qué muerte había de *glorificar* a
Hch. 3.13 Dios. . *glorificado* a su Hijo Jesús
4.21 todos *glorificaban* a Dios por lo que
11.18 y *glorificaron* a Dios, diciendo: ¡De
13.48 los gentiles. . *glorificaban* la palabra
21.20 *glorificaron* a Dios, y le dijeron
Ro. 1.21 no le *glorificaron* como a Dios, ni le
8.17 juntamente con él seamos *glorificados*
8.30 justificó, a éstos también *glorificó*
15.6 para que. . *glorifiquéis* al Dios y Padre
15.9 los gentiles *glorifiquen* a Dios por su
1 Co. 6.20 *glorificad*. . a Dios en vuestro cuerpo
2 Co. 9.13 *glorifican* a Dios por la obediencia
Gá. 1.24 y *glorificaban* a Dios en mí
2 Ts. 1.10 cuando venga. . para ser *glorificado*
1.12 el nombre de. . Jesucristo sea *glorificado*
3.1 la palabra del Señor. . sea *glorificada*
He. 5.5 tampoco Cristo se *glorificó* a sí mismo
1 P. 2.12 *glorifiquen* a Dios en el día de la
4.11 para que en todo sea Dios *glorificado*
4.14 pero por vosotros es *glorificado*
4.16 si alguno padece. . *glorifique* a Dios
Ap. 15.4 ¿quién no te. . y *glorificará* tu nombre?
18.7 ella se ha *glorificado* y ha vivido en

GLORIOSAMENTE
2 S. 22.51 él salva *g* a su rey. . misericordia

GLORIOSO, SA
Dt. 28.58 temiendo este nombre *g* y temible
1 Cr. 29.13 Dios nuestro. . loamos tu *g* nombre
Esd. 4.10 el grande y *g* Asnapar transportó e
Neh. 9.5 el nombre tuyo, *g* y alto sobre toda
Sal. 8.1 *g* es tu nombre en toda la tierra!
45.13 *g* es la hija del rey en su morada
72.19 bendito su nombre *g* para siempre, y
76.4 *g* eres tú, poderoso más que los montes
87.3 cosas *g* se han dicho de ti, ciudad de
Is. 11.10 será buscada. . su habitación será *g*
24.23 reine. . delante de sus ancianos sea *g*
26.15 te hiciste *g;* ensanchaste todos los
58.13 llamares delicia, santo, *g* de Jehová
63.14 a tu pueblo, para hacerte nombre *g*
63.15 y contempla desde tu santa y *g* morada
Jer. 14.21 deseches, ni deshonres tu *g* trono
Dn. 8.9 creció mucho al. . y hacia la tierra *g*
11.16 y estará en la tierra *g*, la cual será
11.41 entrará a la tierra *g*, y. . provincias
11.45 entre los mares y el monte *g* y santo
Lc. 13.17 se regocijaba por todas las cosas *g*
Ro. 8.21 a la libertad *g* de los hijos de Dios
2 Co. 3.10 lo que fue *g*, no es *g* en. . respecto
3.11 si. . mucho más *g* será lo que permanece
Ef. 5.27 una iglesia *g*, que no tuviese mancha
1 Ti. 1.11 el *g* evangelio del Dios bendito
Tit. 2.13 manifestación *g* de nuestro gran Dios
Stg. 2.1 fe en nuestro *g* Señor Jesucristo sea
1 P. 1.8 os alegráis con gozo inefable y *g*
4.14 el *g* Espíritu de Dios reposa sobre

GLOTÓN
Dt. 21.20 este nuestro hijo. . es *g* y borracho
Pr. 28.7 compañero de *g* avergüenza a su padre
Tit. 1.12 cretenses. . malas bestias, *g* ociosos

GLOTONERÍA
Lc. 21.34 vuestros corazones no se carguen de *g*
Ro. 13.13 honestamente; no en *g* y borracheras

GNIDO ***Ciudad en la costa de Asia Menor,*** **Hch. 27.7**

GOA ***Barrio de Jerusalén,*** **Jer. 31.39**

GOB ***Lugar donde David hizo dos batallas contra los filisteos (=Gezer),*** **2 S. 21.18,19**

GOBERNADOR
Gn. 41.34 ponga *g* sobre el país, y quinte la
45.8 y por *g* en toda la tierra de Egipto
Dt. 1.15 los puse por . . *g* de vuestras tribus
Jue. 9.30 Zebul *g* de la ciudad oyó . . palabras
1 R. 4.5 Azarías hijo de Natán, sobre los *g*
4.7 tenía Salomón doce *g* sobre todo Israel
4.19 éste era el único *g* en aquella tierra
4.27 y estos *g* mantenían al rey Salomón, y
22.26 toma a Micaías, y llévalo a Amón *g* de
22.47 no había . . rey en Edom; había *g* en
2 R. 10.5 el *g* de la ciudad, los ancianos y
23.8 de la puerta de Josué, *g* de la ciudad
25.22 al pueblo . . puso por *g* a Gedalías hijo
25.23 el rey . . había puesto por *g* a Gedalías
1 Cr. 23.4 de éstos . . seis mil para *g* y jueces
26.29 Quenanías y sus hijos eran *g* y jueces
2 Cr. 8.10 y tenía Salomón 250 *g* principales
9.14 los *g* de la tierra traían oro y plata
18.25 llevadlo a Amón *g* de la ciudad, y a
26.11 la lista hecha por mano de . . Maasías *g*
34.8 envió . . a Maasías *g* de la ciudad, y a
34.13 y de los levitas había . . *g* y porteros
Esd. 2.63 el *g* les dijo que no comiesen de las
4.9 *g* y oficiales, y los de Persia, de Erec
5.3 vino . . Tatnai *g* del otro lado del río, y
5.6 la carta que Tatnai *g* del otro lado del
5.6 y sus compañeros los *g* que estaban al
5.14 a Sesbasar, a quien había puesto por *g*
6.6 Tatnai *g* . . y vuestros compañeros los *g*
6.7 que el *g* de los judíos y sus ancianos
6.13 entonces Tatnai *g* del otro lado del río
7.25 pon . . *g* que gobiernen a todo el pueblo
9.2 la mano . . de los *g* ha sido la primera en
Neh. 2.7 cartas para los *g* al otro lado del
2.9 vine luego a los *g* del otro lado del
3.7 bajo el dominio del *g* del otro lado del
3.9 Refaías . . *g* de la mitad de la región de
3.12 Salum . . *g* de la mitad de la región de
3.14 Malquías . . *g* de la provincia . . reedificó
3.15 Salum hijo de Colhoze, *g* de la región
3.16 *g* de la mitad de la región de Bet-sur
3.17,18 *g* de la mitad de la región de Keila
3.19 Ezer hijo de Jesúa, *g* de Mizpa, otro
5.14 fuese *g* de ellos en la tierra de Judá
5.14 ni mis hermanos comimos el pan del *g*
5.15 *g* que fueron antes de mí abrumaron al
5.18 nunca requerí el pan del *g*, porque la
7.65 les dijo el *g* que no comiesen de las
7.70 el *g* dio para el tesoro mil dracmas de
8.9 y Nehemías el *g*, y el sacerdote Esdras
10.1 los que firmaron . . Nehemías el *g*, hijo
12.26 y en los días del *g* Nehemías y del
Est. 1.3 teniendo delante de él . . *g* y príncipes
Sal. 105.21 lo puso . . *g* de todas sus posesiones
Pr. 6.7 la cual no teniendo capitán, ni *g*, ni
8.16 por mí . . todos los *g* juzgan la tierra
Is. 9.16 los *g* de este pueblo son engañadores
Ez. 23.6 *g* y capitanes, jóvenes codiciables
23.12 *g* y capitanes, vestidos de ropas y
23.23 *g* y capitanes, nobles y varones de
Dn. 2.48 *g* de toda la provincia de Babilonia
3.2 se reuniesen los . . *g* de las provincias
3.3 reunidos . . los *g* de las provincias, a la
3.27 se juntaron . . los *g*, los capitanes y los
4.36 y mis *g* y mis consejeros me buscaron
6.2 sobre ellos tres *g*, de los cuales Daniel
6.3 Daniel mismo era superior a estos . . *g*
6.4 los *g* . . buscaban ocasión para acusar a
6.6 estos *g* . . se juntaron delante del rey, y
6.7 *g* del reino . . han acordado por consejo
Am. 1.5 destruiré . . Avén, y los *g* de Bet-edén
1.8 destruiré a los . . y a los *g* de Ascalón
Hag. 1.1 vino palabra . . a Zorobabel . . *g* de Judá
1.14 despertó Jehová . . Zorobabel . . *g* de Judá
2.2 hijo de Salatiel, *g* de Judá, y a Josué
2.21 habla a Zorobabel *g* de Judá, diciendo
Mt. 10.18 aun ante *g* y reyes seréis llevados
27.2 y le entregaron a Poncio Pilato, el *g*
27.11 Jesús . . estaba en pie delante del *g*
27.14 manera que el *g* se maravillaba mucho
27.15 acostumbraba el *g* soltar . . un preso
27.21 respondiendo el *g*, les dijo: ¿A cuál
27.23 *g* les dijo: Pues ¿qué mal ha hecho?
27.27 los soldados del *g* llevaron a Jesús
28.14 y si esto lo oyere el *g*, nosotros le
Mr. 13.9 delante de *g* y de reyes os llevarán
Lc. 2.2 primer censo se hizo siendo Cirenio *g*
3.1 año . . siendo *g* de Judea Poncio Pilato
20.20 entregarle al poder y autoridad del *g*
21.12 reyes y ante *g* por causa de mi nombre
Hch. 7.10 Faraón . . lo puso por *g* sobre Egipto
23.24 le llevasen en salvo a Félix el *g*
23.26 Claudio Lisias al excelentísimo *g*
23.33 y dieron la carta al *g*, presentaron
23.34 el *g* . . preguntó de qué provincia era
24.1 y comparecieron ante el *g* contra Pablo
24.10 habiéndole hecho señal el *g* a Pablo
26.30 se levantó el rey, y el *g*, y Berenice
2 Co. 11.32 el *g* de la provincia . . guardaba la
Ef. 6.12 contra los *g* de las tinieblas de este
1 P. 2.14 a los *g*, como por él enviados para

GOBERNANTE
Pr. 29.12 si un *g* atiende la palabra mentirosa
Mt. 20.25 los *g* de las naciones se enseñorean
Mr. 10.42 sabéis que los que son tenidos por *g*
Lc. 14.1 entrado para comer en casa de un *g*
23.13 Pilato, convocando . . los *g*, y al pueblo
23.35 aun los *g* se burlaban de él, diciendo
24.20 le entregaron . . nuestros *g* a sentencia
Jn. 7.26 ¿habrán reconocido . . los *g* que éste es
7.48 ¿acaso ha creído en él alguno de los *g*
12.42 aun de los *g*, muchos creyeron en él
Hch. 3.17 por ignorancia . . también vuestros *g*
4.5 se reunieron en Jerusalén los *g*, los
4.8 dijo: *G* del pueblo, y ancianos de Israel
7.27,35 ¿quién te ha puesto por *g* y juez
7.35 éste lo envió Dios como *g* y libertador
13.27 los habitantes de Jerusalén y sus *g*
14.5 los judíos . . con sus *g*, se lanzaron a
Tit. 3.1 recuérdales que se sujeten a los *g* y

GOBERNAR
Gn. 24.2 el que *gobernaba* en todo lo que tenía
41.40 por tu palabra se *gobernará* todo mi
Jue. 4.4 *gobernaba* . . a Israel una mujer, Débora
9.2 *gobiernen* 70 . . *gobierne* un solo hombre?
Rt. 1.1 en los días que *gobernaban* los jueces
1 S. 8.20 nuestro rey nos *gobernará*, y saldrá
9.17 éste es el . . éste *gobernará* a mi pueblo
2 S. 23.3 justo que *gobierne* entre los hombres
23.3 un . . que *gobierne* en el temor de Dios
1 R. 3.9 ¿quién podrá *gobernar* a . . tu pueblo
2 R. 11.15 mandó a . . que *gobernaban* el ejército
15.5 tenía el cargo . . *gobernando* al pueblo
23.22 tal pascua desde . . jueces *gobernaban*
1 Cr. 22.12 cuando *gobiernes* a Israel, guardes
26.30 *gobernaban* a Israel al otro lado del
2 Cr. 1.10 ¿quién podrá *gobernar* a . . tu pueblo
1.11 has pedido . . ciencia para *gobernar* a mi
7.18 no te faltará . . que *gobierne* en Israel
23.20 los que *gobernaban* el pueblo y a todo
26.21 Jotam su . . *gobernando* al pueblo de la
Esd. 7.25 pon jueces . . que *gobiernen* a . . pueblo
Job 34.17 ¿*gobernará* el que aborrece juicio?
Sal. 59.13 y sépase que Dios *gobierna* en Jacob
112.5 bien . . *gobierna* sus asuntos con juicio
Is. 9.16 engañadores, y . . *gobernados* se pierden
28.14 varones burladores que *gobernáis* a
40.23 y a los que *gobiernan* la tierra hace
Jer. 40.7 había puesto a Gedalías . . *gobernar*
41.2,18 puesto para *gobernar* la tierra
Dn. 4.17 que el Altísimo *gobierna* el reino de
4.26 que reconozcas que el cielo *gobierna*
6.1 sátrapas . . *gobernasen* en todo el reino
9.12 y contra nuestros . . que nos *gobernaron*
Os. 11.12 Judá aún *gobierna* con Dios, y es
Hab. 1.14 que no tienen quien los *gobierne?*
Zac. 3.7 *gobernarás* mi casa, también guardarás
Hch. 24.2 y muchas cosas son bien *gobernadas*
Col. 3.15 la paz de Dios *gobierne* . . corazones
1 Ti. 3.4 que *gobierne* bien su casa, que tenga
3.5 el que no sabe *gobernar* su propia casa
3.12 *gobiernen* bien sus hijos y sus casas
5.14 casen, críen hijos, *gobiernen* su casa
5.17 los ancianos que *gobiernan* bien, sean
Stg. 3.4 son *gobernadas* con un . . pequeño timón
3.4 por donde el que las *gobierna* quiere

GOFER
Gn. 6.14 hazte un arca de madera de *g*; harás

GOG
1. ***Descendiente de Rubén,*** 1 Cr. 5.4
2. ***Príncipe de Mesec y Tubal***

Ez. 38.2 pon tu rostro contra *G* en tierra de
38.3 di . . yo estoy contra ti, oh *G*, príncipe
38.14 di a *G*: Así ha dicho Jehová el Señor
38.16 cuando sea santificado en ti, oh *G*
38.18 cuando venga *G* contra la tierra de
39.1 profetiza contra *G*, y di: Así ha dicho
39.1 aquí yo estoy contra ti, oh *G*, príncipe
39.11 daré a *G* lugar para sepultura allí en
39.11 pues allí enterrarán a *G* y a toda su
Ap. 20.8 a *G* y a Magog, a fin de reunirlos

GOIM
1. ***Una tribu, posiblemente de los heteos,*** **Gn. 14.1,9**
2. ***Una tribu, posiblemente de los filisteos,*** **Jos. 12.23**

GOLÁN ***Ciudad levítica en Basán,*** **Dt. 4.43; Jos. 20.8; 21.27; 1 Cr. 6.71**

GÓLGOTA ***"Calavera"***
Mt. 27.33 cuando llegaron a un lugar llamado *G*
Mr. 15.22 y le llevaron a un lugar llamado *G*
Jn. 19.17 llamado . . la Calavera, y en hebreo, *G*

GOLIAT ***Gigante filisteo***
1 S. 17.4 un paladín, el cual se llamaba *G*, de
17.23 que se llamaba *G*, el filisteo de Gat
21.9 la espada de *G* . . está aquí envuelta en
22.10 le dio la espada de *G* el filisteo
2 S. 21.19 en la cual Elhanán . . mató a *G* geteo
1 Cr. 20.5 Elhanán . . mató a Lahmi, hermano de *G*

GOLONDRINA
Sal. 84.3 la *g* nido para sí, donde ponga sus
Pr. 26.2 como la *g* en su vuelo . . la maldición
Is. 38.14 como la grulla y . . la *g* me quejaba
Jer. 8.7 la *g* guardan el tiempo de su venida

GOLPE
Gn. 4.23 un varón mataré . . y un joven por mi *g*
Éx. 21.25 quemadura por quemadura . . *g* por *g*
Dt. 19.5 al dar . . el *g* con el hacha para cortar
1 S. 26.8 lo enclavaré en la tierra de un *g*, y
26.8 lo enclavaré . . y no le daré segundo *g*
2 S. 20.10 cayó muerto sin darle un segundo *g*
1 R. 20.37 hombre le dio un *g*, y le hizo una
2 R. 13.19 al dar 5 ó 6 *g*, hubieras derrotado a
Job 36.18 no sea que en su ira te quite con *g*
Sal. 39.10 consumido bajo los *g* de tu mano
Pr. 12.18 cuyas palabras son como *g* de espada
Is. 30.32 y cada *g* de la vara justiciera que
Ez. 24.16 te quito de *g* el deleite de tus ojos

GOLPEAR
Éx. 2.11 un egipcio que *golpeaba* a uno de los
2.13 dijo . . ¿Por qué *golpeas* a tu prójimo?
7.17 *golpearé* con la vara que tengo en mi
7.20 *golpeó* las aguas que había en el río
8.16 *golpea* el polvo de la tierra, para que
8.17 *golpeó* el polvo de la tierra, el cual
17.5 toma . . tu vara con que *golpeaste* el río
17.6 *golpearás* la peña, y saldrán de . . aguas
Nm. 20.11 *golpeó* la peña con su vara dos veces
Jue. 5.26 y *golpeó* a Sísara; hirió su cabeza
7.13 y la *golpeó* de tal manera que cayó, y
19.22 rodearon la casa, *golpeando* a la puerta
1 R. 22.24 Sedequías . . *golpeó* a Micaías en la
2 R. 2.8 Elías . . *golpeó* las aguas . . se apartaron
2.14 *golpeó* las aguas, y dijo: ¿Dónde está
2.14 hubo *golpeado* . . las aguas, se apartaron
13.18 *golpea* la tierra. Y él la *golpeó* tres
2 Cr. 18.23 Sedequías . . *golpeó* a Micaías en la
Cnt. 5.7 guardas . . me *golpearon*, me hirieron
Is. 32.12 *golpeándose* el pecho lamentarán por
Ez. 6.11 palmotea . . y *golpea* con tu pie, y di
25.6 *golpeaste* con tu pie, y te gozaste en
Nah. 2.7 como palomas, *golpeándose* sus pechos
Mt. 7.25 y *golpearon* contra aquella casa; y no
21.35 tomando a los siervos, a uno *golpearon*
24.49 comenzare a *golpear* a sus consiervos
26.68 profetízanos, Cristo, quién . . te *golpeó*
27.30 escupiéndole . . *golpeaban* en la cabeza
Mr. 12.3 le *golpearon*, y le enviaron con las
12.5 y a otros muchos, *golpeando* a unos y
15.19 le *golpeaban* en la cabeza con una caña
Lc. 12.45 y comenzare a *golpear* a los criados
18.13 se *golpeaba* el pecho, diciendo: Dios
20.10 pero los labradores le *golpearon*, y le
20.11 *golpeado* y afrentado, le enviaron con
22.63 se burlaban de él y le *golpeaban*
22.64 y vendándole . . le *golpeaban* el rostro
22.64 profetiza, ¿quién es el que te *golpeó?*
23.48 viendo . . volvían *golpeándose* el pecho
Jn. 18.23 mal; y si bien, ¿por qué me *golpeas?*
Hch. 18.17 le *golpeaban* delante del tribunal
21.32 vieron al . . dejaron de *golpear* a Pablo
23.2 ordenó . . que le *golpeasen* en la boca
23.3 Pablo le dijo: ¡Dios te *golpeará* a ti
23.3 quebrantando la ley me mandas *golpear?*
1 Co. 9.26 peleo, no como quien *golpea* el aire
9.27 sino que *golpeo* mi cuerpo, y lo pongo

GOMER ***(n.)***
1. ***Hijo de Jafet,*** **Gn. 10.2,3; 1 Cr. 1.5,6**
2. ***Una tribu descendiente de No. 1,*** **Ez. 38.6**
3. ***Mujer del profeta Oseas,*** **Os. 1.3**

GOMER ***(medida)***
Éx. 16.16 un *g* por cabeza, conforme al número
16.18 y lo medían por *g*, y no sobró al que
16.22 recogieron doble . . dos *g* para cada uno
16.32 llenad un *g* de él, y guardadlo para
16.33 una vasija y pon en ella un *g* de maná
16.36 y un *g* es la décima parte de un efa

GOMORRA ***Ciudad vecina de Sodoma***
Gn. 10.19 en dirección de Sodoma, *G*, Adma y
13.10 que destruyese Jehová a Sodoma y a *G*
14.2 contra Birsa rey de *G*, contra Sinab

GOMORRA ***(Continúa)***

Gn. 14.8 salieron el rey de Sodoma, el rey de *G*
14.10 huyeron el rey de Sodoma y el de *G*
14.11 tomaron..la riqueza de Sodoma y de *G*
18.20 el clamor contra..*G* se aumenta más y
19.24 llover sobre Sodoma y sobre *G* azufre
19.28 miró hacia Sodoma y *G*, y hacia toda
Dt. 29.23 como sucedió en la destrucción..*G*
32.32 la vid de ellos, y de los campos de *G*
Is. 1.9 Sodoma fuéramos, y semejantes a *G*
1.10 escuchad la ley de..Dios, pueblo de *G*
13.19 y Babilonia..será como Sodoma y *G*
Jer. 23.14 me fueron..sus moradores como *G*
49.18 como sucedió en la destrucción de..*G*
50.40 destrucción que Dios hizo de..y de *G*
Am. 4.11 os trastorné como..trastornó a..*G*
Sof. 2.9 Moab será..los hijos de Amón como *G*
Mt. 10.15; Mr. 6.11 más tolerable..para..*G*
Ro. 9.29 como Sodoma..*G* seríamos semejantes
2 P. 2.6 condenó..ciudades de Sodoma y de *G*
Jud. 7 como Sodoma y *G* y las ciudades vecinas

GORDO, DA

Gn. 4.4 trajo..ovejas, de lo más *g* de ellas
41.2 siete vacas hermosas..muy *g*, y pacían
41.4 devoraban a las siete vacas..y muy *g*
41.20 devoraban a..siete primeras vacas *g*
1 R. 1.9 matando Adonías..animales *g* junto a
1.19,25 matado..animales *g* y muchas ovejas
4.23 diez bueyes *g*, veinte bueyes de pasto
4.23 los ciervos, gacelas, corzos y aves *g*
Is. 1.11 hastiado estoy..de sebo de animales *g*
Zac. 11.16 sino que comerá la carne de la *g*
Lc. 15.23 y traed el becerro *g* y matadlo, y
15.27 tu padre ha hecho matar el becerro *g*
15.30 has hecho matar para él el becerro *g*

GORDURA

Jue. 3.22 la *g* cubrió la hoja, porque no sacó
Job 15.27 *g* cubrió su rostro, e hizo pliegues
Sal. 73.7 los ojos se les saltan de *g*; logran
109.24 mi carne desfallece por falta de *g*

GORJEAR

Am. 6.5 *gorjean* al..de la flauta, e inventan

GORRIÓN

Sal. 84.3 aun el *g* halla casa, y la golondrina
Pr. 26.2 como el *g* en su vagar, y..golondrina

GOSÉN

1. ***Región fértil en el noreste del delta del río Nilo***

Gn. 45.10 habitarás en la tierra de *G*..cerca
46.28 le viniese a ver en *G*..la tierra de *G*
46.29 José..vino a recibir a..su padre en *G*
46.34 a fin de que moréis en la tierra de *G*
47.1 mi padre y..están en la tierra de *G*
47.4 habiten tus siervos en la tierra de *G*
47.6 en lo mejor..habiten en la tierra de *G*
47.27 así habitó Israel..en la tierra de *G*
50.8 dejaron en la tierra de *G* sus niños
Éx. 8.22 aquel día yo apartaré la tierra de *G*
9.26 solamente en la tierra de *G*..no hubo

2. ***Región entre Hebrón y el Neguev,* Jos. 10.41; 11.16**
3. ***Ciudad principal de No. 2,* Jos. 15.51**

GOTA

Dt. 32.2 goteará..como las *g* sobre la hierba
Job 36.27 atrae las *g* de las aguas..en lluvia
38.28 ¿o quién engendró las *g* del rocío?
Cnt. 5.2 llena..cabellos de las *g* de la noche
Is. 40.15 naciones le son como la *g* de agua
Lc. 22.44 su sudor como grandes *g* de sangre

GOTEAR

Dt. 32.2 *goteará* como la lluvia mi enseñanza
Jue. 5.4 tierra tembló..nubes *gotearon* aguas
Job 36.28 *goteando* en abundancia..los hombres
Cnt. 5.5 manos *gotearon* mirra, y mis dedos

GOTERA

Pr. 19.13 y *g* continua las contiendas de la
27.15 *g* continua en..y la mujer rencillosa

GOZÁN ***Ciudad y distrito cerca de río Éufrates***

2 R. 17.6; 18.11 los puso..junto al río de *G*
19.12 mis padres destruyeron, esto es, *G*
1 Cr. 5.26 y los llevó..al río *G*, hasta hoy
Is. 37.12 ¿acaso libraron sus dioses a..a *G*

GOZAR

Lv. 26.34 tierra *gozará*..*g* sus días de reposo
26.43 la tierra..*gozará* sus días de reposo
Dt. 28.63 Jehová se *gozaba* en haceros bien
28.63 así se *gozará* Jehová en arruinaros y
30.9 Jehová volverá a *gozarse* sobre ti para
30.9 la manera que se *gozó* sobre tus padres
Jue. 9.19 que *gocéis* de Abimelec, y él *goce* de
1 Cr. 16.31 alégrense los cielos, y *gócese* la
2 Cr. 24.10 jefes y todo el pueblo se *gozaron*
36.21 que la tierra hubo *gozado* de reposo
Neh. 8.12 el pueblo se fue a comer..y a *gozar*
Job 3.22 y se *gozan* cuando hallan el sepulcro?
20.18 restituirá..no los tragará ni *gozará*
22.19 verán los justos y se *gozarán*; y el
Sal. 9.14 cuente yo..me *goce* en tu salvación
14.7 se *gozará* Jacob, y se alegrará Israel
16.9 se alegró..corazón, y se *gozó* mi alma
21.1 el rey..en tu salvación, ¡cómo se *goza!*
25.13 *gozará*..bienestar, y su descendencia
28.7 por lo que se *gozó* mi corazón, y con
31.7 *gozaré* y alegraré en tu misericordia
32.11 alegraos en Jehová y *gozaos*, justos; y
40.16 *gócense*..en ti todos los que te buscan
48.11 se *gozarán* las hijas de Judá por tus
53.6 se *gozará* Jacob, y se alegrará Israel
67.4 alégrense y *gócense*..naciones, porque
68.3 los justos..se *gozarán* delante de Dios
69.32 lo verán los oprimidos, y se *gozarán*
70.4 *gócense*..en ti todos los que te buscan
92.4 en las obras de tus manos me *gozo*
94.3 ¿hasta cuándo..se *gozarán* los impíos?
96.11 alégrense..cielos, y *gócese* la tierra
97.8 las hijas..se *gozaron* por tus juicios
106.5 me *goce* en la alegría de tu nación
113.9 la estéril, que se *goza* en ser madre
118.24 nos *gozaremos* y alegraremos en él
119.14 me he *gozado* en..de tus testimonios
149.2 los hijos de Sion se *gocen* en su Rey
Pr. 23.24 que engendra sabio se *gozará* con él
23.25 tu padre..*gócese* la que te dio a luz
Ec. 2.1 te probaré con alegría, y *gozarás* de
2.10 mi corazón *gozó* de todo mi trabajo; y
3.13 que todo hombre..*goce* el bien de toda
5.18 lo bueno es comer y beber, y *gozar* uno
5.19 *goce* de su trabajo, esto es don de Dios
7.14 en el día del bien *goza* del bien; y en
9.9 *goza* de la vida con la mujer que amas
Cnt. 1.4 nos *gozaremos* y alegraremos en ti
Is. 9.3 como se *gozan* cuando reparten despojos
25.9 nos *gozaremos* y nos..en su salvación
29.19 los más pobres..se *gozarán* en el Santo
35.1 el yermo se *gozará* y florecerá como la
61.10 en gran manera me *gozaré* en Jehová
62.5 así se *gozará* contigo el Dios tuyo
65.18 os *gozaréis* y os alegraréis..siempre
65.19 me *gozaré* con mi pueblo; y nunca más
66.10 alegraos con Jerusalén, y *gozaos* con
Jer. 50.11 *gozasteis* destruyendo mi heredad
Lm. 4.21 *gózate* y alégrate, hija de Edom, la
Ez. 25.6 y te *gozaste* en el alma con todo tu
Jl. 2.21 alégrate y *gózate*, porque Jehová hará
2.23 de Sion, alegraos y *gozaos* en Jehová
Hab. 3.18 *gozaré* en el Dios de mi salvación
Sof. 3.14 *gózate* y regocíjate de todo corazón
3.17 se *gozará* sobre ti con alegría, callará
Zac. 10.7 verán..corazón se *gozará* en Jehová
Mt. 5.12; Lc. 6.23 *gozaos*..galardón es grande
Lc. 15.6 *gozaos* conmigo..he encontrado mi oveja
15.9 *gozaos* conmigo..he encontrado la dracma
15.29 cabrito para *gozarme* con mis amigos
19.37 *gozándose*, comenzó a alabar a Dios a
Jn. 3.29 el amigo..*goza* grandemente de la voz
4.36 el que siembra *goce* juntamente con el
8.56 Abraham..se *gozó* de..y lo vio, y se *g*
16.22 se *gozará* vuestro corazón, y nadie os
Hch. 2.26 y se *gozó* mi lengua, y aun mi carne
24.2 como debido a ti *gozamos* de gran paz
Ro. 12.15 *gozaos* con los que se *gozan*; llorad
15.24 una vez que haya *gozado* con vosotros
16.19 que *gozo* de vosotros; pero quiero que
1 Co. 12.26 todos los miembros con él se *gozan*
13.6 no se *goza* de la..mas se *g* de la verdad
2 Co. 2.3 tristeza..quienes me debiera *gozar*
7.9 ahora me *gozo*, no porque..contristados
7.13 nos *gozamos* por el gozo de Tito, que
7.16 *gozo* de que en todo tengo confianza en
12.10 por lo cual, por amor a Cristo me *gozo*
13.9 nos *gozamos* de que seamos..débiles
Fil. 1.18 y en esto me *gozo*, y me *gozaré* aún
2.17 me *gozo* y regocijo con todos vosotros
2.18 y asimismo *gozaos* y..vosotros conmigo
2.28 para que al verle de nuevo, os *gocéis*
3.1 lo demás, hermanos, *gozaos* en el Señor
4.10 me *gocé* en el Señor de que ya al fin
Col. 1.24 *gozo* en lo que padezco por vosotros
2.5 *gozándome* y mirando vuestro buen orden
1 Ts. 3.9 todo el gozo con que nos *gozamos* a
He. 11.25 *gozar* de los deleites..del pecado
1 P. 4.13 *gozaos* por cuanto sois participantes
4.13 en la revelación de su gloria..*gocéis*
2 P. 2.13 por delicia el *gozar* de deleites
Ap. 19.7 *gocémonos*..han llegado las bodas del

GOZNE

Éx. 26.24 se juntarán por su alto con un *g*
36.29 se unían..arriba se ajustaban con un *g*

GOZO

Dt. 28.47 no serviste a..Dios con *g* de corazón
2 S. 1.20 que no salten de *g* las hijas de los
1 Cr. 29.22 y comieron y bebieron..con gran *g*
2 Cr. 20.27 les había dado *g* librándolos de
23.18 para ofrecer..con *g* y con cánticos
30.21 celebraron la fiesta..con grande *g*
Esd. 6.16 hicieron la dedicación de..con *g*
Neh. 8.10 el *g* de Jehová es vuestra fuerza
12.44 era grande el *g* de Judá con respecto
Est. 8.16 los judíos tuvieron luz..*g* y honra
8.17 judíos tuvieron alegría y *g*, banquete
9.22 los hiciesen días de banquete y de *g*
Job 8.19 será el *g* de su camino; y del polvo
20.5 breve, y el *g* del impío por un momento
Sal. 16.11 en tu presencia hay plenitud de *g*
43.4 al Dios de mi alegría y de mi *g*; y te
45.15 traídas con alegría y *g*; entrarán en
48.2 el *g* de toda la tierra, es el..de Sion
51.8 hazme oir *g* y alegría, y se recrearán
51.12 vuélveme el *g* de tu salvación, y
81.1 cantad con *g* a Dios, fortaleza nuestra
105.43 sacó a su pueblo con *g*; con júbilo a
119.111 testimonios..son el *g* de mi corazón
Pr. 15.8 mas la oración de los rectos es su *g*
Ec. 2.26 hombre que le agrada, Dios le da..*g*
9.7 come tu pan con *g*, y bebe tu vino con
11.8 muchos años, y en todos ellos tenga *g*
Cnt. 3.11 le coronó..día del *g* de su corazón
Is. 12.3 sacaréis con *g* aguas de las fuentes
16.10 quitado es el *g* y la alegría del campo
22.13 he aquí *g* y alegría, matando vacas y
24.11 *g* se oscureció, se desterró la alegría
35.10 y *g* perpetuo será sobre sus cabezas
35.10 *g* y alegría, y huirán la tristeza y
51.3 hallará en ella alegría y *g*, alabanza
51.11 *g* perpetuo..tendrán *g* y alegría, y el
60.15 haré que seas..*g* de todos los siglos
61.3 óleo de *g* en lugar de luto, manto de
61.7 doble honra, y tendrán perpetuo *g*
62.5 y como el *g* del esposo con la esposa
65.18 a Jerusalén alegría, y a su pueblo *g*
66.10 llenaos con ella de *g*, todos los que
Jer. 7.34 haré cesar..la voz de *g* y la voz de
15.16 tu palabra me fue por *g* y por alegría
16.9 haré cesar..toda voz de *g*..de alegría
25.10 desaparezca..la voz de *g* y la voz de
31.12 vendrán con gritos de *g* en lo alto de
31.13 cambiaré su lloro en *g*, y..consolaré
33.9 me será..por nombre de *g*, de alabanza
33.11 ha de oirse aún voz de *g* y de alegría
49.25 dejaron a la ciudad..ciudad de mi *g!*
51.48 tierra..cantarán de *g* sobre Babilonia
Lm. 2.15 ¿es esta la..el *g* de toda la tierra?
5.15 cesó el *g* de nuestro corazón; nuestra
Ez. 24.25 el *g* de su gloria, el deleite de sus
Os. 2.11 haré cesar todo su *g*, sus fiestas
9.1 hasta saltar de *g* como los pueblos, pues
Jl. 1.12 se extinguió el *g* de los hijos de los
Zac. 8.19 para la casa de Judá en *g* y alegría
Mt. 2.10 al ver..regocijaron con muy grande *g*
13.20 que oye la palabra..la recibe con *g*
25.21,23 bien..entra en el *g* de tu señor
28.8 saliendo del sepulcro con temor y..*g*
Mr. 4.16 han oído la palabra..la reciben con *g*
Lc. 1.14 y tendrás *g*..y muchos se recocijarán
2.10 porque he aquí os doy nuevas de gran *g*
8.13 habiendo oído, reciben la palabra con *g*
8.40 le recibió la multitud con *g*; porque
10.17 volvieron los setenta con *g*, diciendo
15.7 habrá más *g* en el cielo por un pecador
15.10 que hay *g* delante de los ángeles de
24.41 ellos, de *g*, no lo creían, y estaban
24.52 volvieron a Jerusalén con gran *g*
Jn. 3.29 así pues, este mi *g* está cumplido
15.11 mi *g* esté en vosotros..*g* sea cumplido
16.20 vuestra tristeza se convertirá en *g*
16.21 por el *g* de que haya nacido un hombre
16.22 gozará..y nadie os quitará vuestro *g*
16.24 pedid..para que vuestro *g* sea cumplido
17.13 que tengan mi *g* cumplido en sí mismos
Hch. 2.28 me llenarás de *g* con tu presencia
8.8 así que había gran *g* en aquella ciudad
12.14 reconoció la voz de Pedro, de *g* no
13.52 discípulos estaban llenos de *g* y del
15.3 causaban gran *g* a todos los hermanos
20.24 con tal que acabe mi carrera con *g*
21.17 los hermanos nos recibieron con *g*
Ro. 14.17 sino..paz y *g* en el Espíritu Santo
15.13 os llene de todo *g* y paz en el creer
15.32 para que con *g* llegue a vosotros por
2 Co. 1.24 sino que colaboramos para vuestro *g*
2.3 todos que mi *g* es el de todos vosotros
7.4 sobreabundo de *g* en todas..tribulaciones
7.13 más nos gozamos por el *g* de Tito, que
8.2 en grande prueba..la abundancia de su *g*
13.11 por lo demás, hermanos, tened *g*..paz
Gá. 5.22 el fruto del Espíritu es amor, *g*, paz
Fil. 1.4 rogando con *g* por todos vosotros
1.25 quedaré..para vuestro provecho y *g* de
2.2 completad mi *g*, sintiendo..mismo amor
2.29 recibidle, pues..con todo *g*, y tened
4.1 así que, hermanos míos..*g* y corona mía
Col. 1.12 con *g* dando gracias al Padre que nos
1 Ts. 1.6 recibiendo la palabra en..con *g* del
2.19 porque ¿cuál es nuestra esperanza, o *g*
2.20 vosotros sois nuestra gloria y *g*
3.9 todo el *g* con que nos gozamos a causa
2 Ti. 1.4 deseando verte..para llenarme de *g*

GOZO *(Continúa)*

Flm. 7. tenemos. . g y consolación en tu amor
He. 10.34 despojo de. . bienes sufristeis con g
12.2 por el g puesto delante de él sufrió
12.11 ninguna disciplina. . ser causa de g
Stg. 1.2 tened por sumo g cuando os halléis en
4.9 se convierta en. . vuestro g en tristeza
1 P. 1.8 alegráis con g inefable y glorioso
1 Jn. 1.4 escribimos, para que vuestro g sea
2 Jn. 12 ir. . para que nuestro g sea cumplido
3 Jn. 4. no tengo yo mayor g que este, el oir

GOZOSO

Jue. 19.4 el padre de la. . salió a recibirle g
19.22 cuando estaban g. . hombres perversos
1 R. 8.66 se fueron a. . alegres y g de corazón
2 Cr. 7.10 pueblo a sus hogares, alegres y g
20.27 volvieron para regresar a Jerusalén g
Is. 24.14 cantarán g por la grandeza de Jehová
Mt. 13.44 y g por ello va y vende todo lo que
Lc. 15.5 la encuentra, la pone. . sus hombros g
19.6 él descendió aprisa, y le recibió g
Hch. 5.41 g de haber sido tenidos por dignos
8.39 el eunuco no le vio más y siguió g su
Ro. 12.12 g en la esperanza. . en la tribulación
2 Co. 6.10 como entristecidos, mas siempre g
1 Ts. 5.16 estad siempre g

GRABADO *Véase también Grabar*

Éx. 39.30 escribieron en ella como g de sello

GRABADOR

Éx. 28.11 de obra de g en piedra, como. . sello

GRABADURA

Éx. 28.11 como g de sello, harás grabar las
28.21 g de sello cada una con su nombre
28.36 y grabarás en ella como g de sello
39.6 con g de sello con los nombres de los
39.14 g de sello, cada una con su nombre

GRABAR

Éx. 28.9 *grabarás* en ellas los nombres de los
28.11 harás *grabar* las dos piedras con los
28.36 y *grabarás* en ella como grabadura de
32.16 escritura de Dios *grabada* sobre las
Zac. 3.9 he aquí yo *grabaré* su escultura, dice
14.20 estará *grabado* sobre las campanillas
2 Co. 3.7 si el ministerio de muerte *grabado*

GRACIA

Gn. 6.8 Noé halló g ante los ojos de Jehová
18.3 Señor. . ahora he hallado g en tus ojos
19.19 ha hallado vuestro siervo g en. . ojos
30.27 halle yo. . g en tus ojos, y quédate
32.5 a mi señor, para hallar g en tus ojos
33.8 y Jacob respondió: El hallar g en los
33.10 si he hallado. . g en tus ojos, acepta
33.15 halle yo g en los ojos de mi señor
34.11 halle yo g en vuestros ojos, y daré
39.4 halló José g en sus ojos, y le servía
39.21 Jehová estaba con José. . le dio g en
47.25 hallemos g en ojos de nuestro señor
47.29 si he hallado ahora g en tus ojos, te
50.4 si he hallado. . g en vuestros ojos, os
Éx. 3.21 daré a este pueblo g en los ojos de
11.3 Jehová dio g al pueblo en los ojos de
12.36 Jehová dio g al pueblo delante de los
21.11 si ninguna. . hiciere, ella saldrá de g
28.38 para que obtengan g delante de Jehová
33.12 y has hallado también g en mis ojos
33.13 si he hallado g en tus ojos, te ruego
33.13 que te conozca, y halle g en tus ojos
33.16 en qué se conocerá. . que he hallado g
33.17 por cuanto has hallado g en mis ojos
34.9 he hallado g en tus ojos, vaya ahora
Lv. 7.12 se ofreciere en acción de g, ofrecerá
7.12 ofrecerá por sacrificio de acción de g
7.13 el sacrificio de acciones de g de paz
7.15 la carne. . en acción de g se comerá en
22.29 ofreciereis sacrificio de acción de g
Nm. 11.11 por qué no he hallado g en tus ojos
11.15 me des muerte, si he hallado g en tus
32.5 si hallamos g en tus ojos, dése esta
Dt. 33.16 g del que habitó en la zarza venga
Jue. 6.17 si he hallado g delante de ti, me
Rt. 2.2 pos de aquel a cuyos ojos hallare g
2.10 ¿por qué he hallado g en tus ojos para
2.13 ella dijo: Señor mío, halle yo g. . ojos
1 S. 1.18 halle tu sierva g delante de tus
16.22 conmigo, pues ha hallado g en mi ojos
20.3 yo he hallado g delante de tus ojos
20.29 por lo tanto, si he hallado g en tus
25.8 hallen. . estos jóvenes g en tus ojos
27.5 Aquis: Si he hallado g ante tus ojos
29.4 ¿con qué cosa volvería mejor a la g de
2 S. 14.22 he hallado g en tus ojos, rey señor
15.25 yo hallare g ante los ojos de Jehová
16.4 rey señor mío, halle yo g delante de
1 Cr. 23.30 asistir. . todos los días a dar g
2 Cr. 5.13 cantaban. . alabar y dar g a Jehová
30.22 de paz, y dando g a Jehová el Dios de
31.2 para que diesen g y alabasen dentro de
Esd. 3.11 y cantaban, alabando y dando g a
Neh. 1.11 éxito a tu siervo, y dale g delante
2.5 y tu siervo ha hallado g delante de ti
11.17 empezaba las alabanzas y acción de g
12.24 dar g, conforme el estatuto de David
12.46 para los cánticos. . acción de g a Dios
Est. 2.9 y halló g delante de él, por lo que
2.17 halló. . g y benevolencia delante de él
5.2 cuando vio a la reina Ester. . obtuvo g
5.8 si he hallado g ante los ojos del rey
7.3 si he hallado g en tus ojos, y si al rey
8.5 si he hallado g delante de él, y si le
Job 41.12 ni sobre. . y la g de su disposición
Sal. 26.7 para exclamar con voz de acción de g
45.2 g se derramó en tus labios; por tanto
75.1 g te damos, oh Dios, g te damos, pues
84.11 sol y escudo. . g y gloria dará Jehová
100.4 entrad. . sus puertas con acción de g
Pr. 1.9 porque adorno de g serán a tu cabeza
3.4 hallarás g y buena opinión ante los ojos
3.22 serán vida a tu alma, y g a tu cuello
3.34 escarnecerá a. . y a los humildes dará g
4.9 adorno de g dará a tu cabeza; corona de
13.15 el buen entendimiento da g; mas el
16.23 hace prudente su boca, y añade g a sus
22.11 la g de sus labios tendrá la amistad
28.23 que reprende. . hallará después mayor g
31.30 engañosa es la g, y vana la hermosura
Ec. 10.12 palabras. . del sabio son llenas de g
Jer. 30.19 saldrá de ellos acción de g, y voz
31.2 el pueblo que. . halló g en el desierto
33.11 traigan ofrendas de acción de g a la
Dn. 1.9 puso Dios a Daniel en g. . con el jefe
2.23 a ti, oh Dios de mis padres, te doy g
6.10 y daba g delante de Dios, como lo
Os. 14.4 los amaré de pura g; porque mi ira
Nah. 3.4 causa de. . de la ramera de hermosa g
Zac. 4.7 piedra con aclamaciones de: G, g a ella
11.7 al uno puse por nombre G, y al otro
11.10 tomé luego mi cayado G, y lo quebré
12.10 derramaré. . espíritu de g y de oración
Mt. 10.8 sanad. . de g recibisteis, dad de g
15.36 los peces, dio g, los partió y dio a
26.27 habiendo dado g, les dio, diciendo
Mr. 8.6 habiendo dado g, los partió, y dio a
14.23 y tomando la copa, y habiendo dado g
Lc. 1.30 porque has hallado g delante de Dios
2.38 g a Dios, y hablaba del niño a todos
2.40 crecía y. . y la g de Dios era sobre él
2.52 Jesús crecía. . en g para con Dios y los
4.22 palabras de g que salían de su boca, y
17.9 ¿acaso da g al siervo porque hizo lo
17.16 postró. . a sus pies, dándole g; y éste
18.11 Dios, te doy g porque no soy como los
22.17 habiendo tomado la copa, dio g, y dijo
22.19 y tomó el pan y dio g, y lo partió y
Jn. 1.14 y vimos su gloria. . lleno de g y de
1.16 su plenitud tomamos todos, y g sobre g
1.17 g y la verdad vinieron por. . Jesucristo
6.11 y habiendo dado g, los repartió entre
6.23 el pan después de haber dado g el Señor
11.41 Padre, g te doy por haberme oído
Hch. 4.33 abundante g era sobre todos ellos
6.8 Esteban, lleno de g y de poder, hacía
7.10 le dio g y sabiduría delante de Faraón
7.46 éste halló g delante de Dios, y pidió
11.23 cuando llegó, y vio la g de Dios, se
13.43 a que perseverasen en la g de Dios
14.3 daba testimonio a la palabra de su g
14.26 encomendados a la g de Dios para la
15.11 por g del Señor Jesús seremos salvos
15.40 salió encomendado. . a la g del Señor
18.27 de gran provecho a los que por la g
20.24 para dar testimonio. . de la g de Dios
20.32 os encomiendo. . a la palabra de su g
25.3 pidiendo. . como g, que le hiciese traer
27.35 dicho esto, tomó el pan y dio g a Dios
28.15 Pablo dio g a Dios y cobró aliento
Ro. 1.5 quien recibimos la g y el apostolado
1.7 g y paz a vosotros, de Dios. . Padre y del
1.8 doy g a mi Dios mediante Jesucristo con
1.21 no le glorificaron. . ni le dieron g
3.24 justificados gratuitamente por su g
4.4 no se le cuenta el salario como g, sino
4.16 por fe, para que sea por g, a fin de
5.2 tenemos entrada por la fe a esta g en
5.15 abundaron. . la g y el don de Dios por
5.15 por la g de un hombre, Jesucristo
5.17 reinarán en vida. . los que reciben. . la g
5.20 el pecado abundó, sobreabundó la g
5.21 así también la g reine por la justicia
6.1 ¿perseveraremos. . para que la g abunde?
6.14,15 no. . bajo la ley, sino bajo la g
6.17 g a Dios, que aunque erais esclavos del
7.25 g doy a Dios, por Jesucristo Señor
11.5 ha quedado un remanente escogido por g
11.6 si por g, ya no es por obras; de otra
11.6 de otra manera la g ya no es g. Y si
11.6 y si por obras, ya no es g; de otra
12.3 por la g que me es dada, a cada cual
12.6 diferentes dones, según la g que nos
14.6 para el Señor come, porque da g a Dios
14.6 para el Señor no come, y da g a Dios
15.15 recordar, por la g que de Dios me es
16.4 a los cuales no sólo yo doy g, sino
16.20 g de nuestro Señor. . sea con vosotros
16.24 la g de nuestro Señor. . sea con todos
1 Co. 1.3 g y paz a vosotros, de Dios. . Padre
1.4 g doy a mi Dios siempre por vosotros
1.4 la g de Dios que os fue dada en Cristo
1.14 g a Dios de que a ninguno de vosotros
3.10 conforme a la g de Dios que me ha sido
10.30 censurado por aquello de que doy g?
11.24 y habiendo dado g, lo partió, y dijo
14.16 ¿cómo dirá el Amén a tu acción de g?
14.17 tú, a la verdad bien das g; pero el
14.18 doy g a Dios que hablo en lenguas más
15.10 pero por la g de Dios soy lo que soy
15.10 su g no ha sido en vano para conmigo
15.10 pero no yo, sino la g de Dios conmigo
15.57 g. . a Dios, que nos da la victoria por
16.23 la g del Señor Jesucristo esté con
2 Co. 1.2 g y paz a vosotros, de Dios nuestro
1.11 sean dadas g a favor nuestro por el
1.12 con la g de Dios, nos hemos conducido
1.15 ir. . para que tuvieseis una segunda g
2.14 a Dios g, el cual nos lleva siempre en
4.15 abundando la g por medio de muchos, la
4.15 acción de g sobreabunde para gloria de
6.1 a que no recibáis en vano la g de Dios
8.1 os hacemos saber la g de Dios que se
8.6 acabe. . entre vosotros esta obra de g
8.7 como en todo. . abundad también en esta g
8.9 porque ya conocéis la g de nuestro Señor
8.16 pero g a Dios que puso en el corazón
9.8 hacer que abunde entre vosotros toda g
9.11 la cual produce. . acción de g a Dios
9.12 abunda en muchas acciones de g a Dios
9.14 a quienes aman a causa de. . g de Dios
9.15 ¡g a Dios por su don inefable!
12.9 y me ha dicho: Bástate mi g; porque
13.14 la g del Señor Jesucristo, el amor de
Gá. 1.3 g y paz sean a vosotros, de Dios el
1.6 que os llamó por la g de Cristo, para
1.15 agradó a Dios, que. . me llamó por su g
2.9 y reconociendo la g que me había sido
2.21 no desecho la g de Dios; pues si por
5.4 os desligasteis. . de la g habéis caído
6.18 la g de nuestro Señor Jesucristo sea
Ef. 1.2 g y paz a vosotros, de Dios. . Padre y
1.6 para alabanza de la gloria de su g, con
1.7 perdón de. . según las riquezas de su g
1.16 no ceso de dar g. . haciendo memoria de
2.5 dio vida. . con Cristo (por g sois salvos)
2.7 las abundantes riquezas de su g en su
2.8 por g sois salvos por medio de la fe
3.2 si. . oído de la administración de la g
3.7 yo fui hecho ministro por. . la g de Dios
3.8 fue dada esta g de anunciar entre los
4.7 a cada uno. . fue dada la g conforme a la
4.29 sea buena. . fin de dar g a los oyentes
5.4 no convienen. . antes bien acciones de g
5.20 dando siempre g por todo al Dios y
6.24 g sea con todos los que aman a nuestro
Fil. 1.2 g y paz a vosotros, de Dios nuestro
1.3 doy g a mi Dios siempre que me acuerdo
1.7 sois participantes conmigo de la g
4.6 toda oración y ruego, con acción de g
4.23 la g de nuestro Señor. . sea con todos
Col. 1.2 g y paz. . a vosotros, de Dios nuestro
1.3 damos g a Dios, Padre de. . Jesucristo
1.6 que oísteis y conocisteis la g de Dios
1.12 dando g al Padre que nos hizo aptos
2.7 enseñados, abundando en acción de g
3.16 cantando con g en vuestros corazones
3.17 dando g a Dios Padre por medio de él
4.2 oración, velando en ella con acción de g
4.6 sea vuestra palabra siempre con g. . sal
4.18 la salutación. . La g sea con vosotros
1 Ts. 1.1 g y paz sean con vosotros, de Dios
1.2 siempre g a Dios por todos vosotros
2.13 por lo cual. . sin cesar damos g a Dios
3.9 ¿qué acción de g podremos dar a Dios
5.18 dad g en todo. . esta es la voluntad de
5.28 la g de nuestro Señor Jesucristo sea
2 Ts. 1.2 g y paz a vosotros, de Dios nuestro
1.3 debemos. . dar g a Dios por vosotros
1.12 glorificado. . por la g de nuestro Dios
2.13 dar siempre g a Dios respecto a vosotros
2.16 amó y nos dio. . buena esperanza por g
3.18 la g de. . sea con todos vosotros. Amén
1 Ti. 1.2 g, misericordia y paz, de Dios
1.12 doy g al que me fortaleció, a Cristo
1.14 g de nuestro Señor fue más abundante
2.1 acciones de g, por todos los hombres
4.3 para que con acción de g participasen
4.4 es bueno. . si se toma con acción de g
6.21 desviaron de la fe. La g sea contigo
2 Ti. 1.2 g, misericordia y paz, de Dios Padre
1.3 doy g a Dios, al cual sirvo desde mis
1.9 según. . la g que nos fue dada en Cristo
2.1 tú. . esfuérzate en la g que es en Cristo
4.22 esté con. . La g sea con vosotros. Amén
Tit. 1.4 g, misericordia y paz, de Dios Padre
2.11 la g. . se ha manifestado para salvación
3.7 justificados por su g, viniésemos a ser

GRACIA *(Continúa)*
Tit. 3.15 la *g* sea con todos vosotros. Amén
Flm. 3 *g* y paz a vosotros, de Dios nuestro
4 doy *g* a mi Dios, haciendo..memoria de
25 la *g* de..sea con vuestro espíritu. Amén
He. 2.9 por la *g* de Dios gustase la muerte por
4.16 acerquémonos, pues..al trono de la *g*
4.16 y hallar *g* para el oportuno socorro
10.29 e hiciere afrenta al Espíritu de *g?*
12.15 alguno deje de alcanzar la *g* de Dios
13.9 es afirmar el corazón con la *g*, no con
13.25 la *g* sea con todos vosotros. Amén
Stg. 4.6 pero él da mayor *g*. Por esto dice
4.6 Dios resiste a..y da *g* a los humildes
1 P. 1.2 *g* y paz os sean multiplicadas
1.10 que profetizaron de la *g* destinada a
1.13 y esperad por completo en la *g* que se
3.7 como a coherederas de la *g* de la vida
4.10 buenos administradores de..*g* de Dios
5.5 Dios resiste a..y da *g* a los humildes
5.10 el Dios de toda *g*, que nos llamó a su
5.12 esta es la verdadera *g* de Dios, en la
2 P. 1.2 *g* y paz os sean multiplicadas, en el
3.18 creced en la *g* y el..de nuestro Señor
2 Jn. 3 sea con vosotros *g*, misericordia y paz
Jud. 4 convierten en libertinaje la *g* de..Dios
Ap. 1.4 *g* y paz a vosotros, del que es y que
4.9 dan gloria y honra y acción de *g* al que
7.12 y la acción de *g*..sean a nuestro Dios
11.17 te damos *g*, Señor Dios Todopoderoso, el
22.21 la *g* de nuestro Señor..sea con todos

GRACIOSA
Pr. 5.19 como sierva amada y *g* gacela

GRADA
Éx. 20.26 no subirás por *g* a mi altar, para que
1 R. 10.19 seis *g* tenía el trono, y la parte
10.20 leones puestos allí sobre las seis *g*
2 Cr. 9.11 la madera de sándalo el rey hizo *g*
9.18 el trono tenía seis *g*, y un estrado de
9.19 doce leones puestos sobre las seis *g*, a uno y
Neh. 3.15 la reedificó..las *g* que descienden
9.4 se levantaron sobre la *g* de los levitas
12.37 por las *g* de la ciudad de David, por la
Ez. 40.6 subió por sus *g*, y midió un poste de
40.22 se subía a ella por siete *g*, y delante
40.26 sus *g* eran de siete peldaños, con sus
40.31,34,37 y sus *g* eran de ocho peldaños
40.40 por fuera de las *g*..había dos mesas
40.49 al cual subían por *g*; y había columnas
43.17 el descanso..sus *g* estaban al oriente
Hch. 21.35 al llegar a las *g*, aconteció que
21.40 Pablo, estando en pie en las *g*, hizo

GRADO
2 R. 20.9 ¿sombra diez *g*, o retrocederá diez *g?*
20.10 fácil..es que la sombra decline 10 *g*
20.10 no que la sombra vuelva atrás diez *g*
20.11 hizo volver la sombra por los *g* que
20.11 la sombra..en el reloj de Acaz, diez *g*
Is. 38.8 por los *g* que ha descendido..diez *g*
38.8 y volvió el sol diez *g* atrás, por los
1 Ti. 3.13 ganan para sí un *g* honroso, y mucha

GRADUAL
Sal. 120, 121, 122, 123, 124, 125, 126, 127, 128, 129, 130, 131, 132, 133, 134 *tits.* cántico *g*

GRAMA
Nm. 22.4 lamerá..como lame el buey la *g* del
Dt. 32.2 como la llovizna sobre la *g*, y como
Pr. 27.25 saldrá la *g*, aparecerá la hierba, y

GRANA
Gn. 38.28 tomó y ató a su mano un hilo de *g*
38.30 el que tenía en su mano el hilo de *g*
Lv. 14.4 tomen..madera de cedro, *g* e hisopo
14.6 tomará..el cedro, la *g* y el hisopo, y
14.49 tomará..madera de cedro, *g* e hisopo
14.51 tomará..la *g* y la avecilla viva, y los
14.52 purificará la casa con..hisopo y la *g*
Jos. 2.18 atarás este cordón de *g* a la ventana
2.21 y ella ató el cordón de *g* a la ventana
2 Cr. 2.7 que sepa trabajar en..*g* y en azul, y
Cnt. 3.10 hizo sus columnas..su asiento de *g*
4.3 tus labios como hilo de *g*, y tu habla
Is. 1.18 si vuestros pecados fueren como la *g*
Jer. 4.30 aunque te vistas de *g*..adornes con
Nah. 2.3 varones de su ejército vestidos de *g*

GRANADA
Éx. 28.33 sus orlas harás *g* de azul, púrpura
28.34 campanilla de oro y una *g*..y otra *g*
39.24 en las orillas del manto *g* de azul
39.25 y pusieron campanillas entre las *g* en
39.25 en las orillas del manto..entre las *g*
39.26 una campanilla y una *g*, otra..y otra *g*
Nm. 13.23 cortaron..de las *g* y de los higos
20.5 no es lugar de..*g*; ni aun de agua para
1 R. 7.18 hizo..dos hileras de *g* alrededor de
7.18 para cubrir los capiteles..con las *g*
7.20 tenían..doscientas *g* en dos hileras
7.42 cuatrocientas *g* para las dos redes, dos
7.42 hileras de *g* en cada red, para cubrir
2 R. 25.17 sobre el capitel había una red y *g*
2 Cr. 3.16 hizo cien *g*, las cuales puso en las
4.13 cuatrocientas *g* en..dos hileras de *g*
Cnt. 4.3 mejillas, como cachos de *g* detrás de
6.7 cachos de *g* son tus mejillas detrás de
8.2 a beber vino adobado del mosto de mis *g*
Jer. 52.22 red y *g*..segunda columna con sus *g*
52.23 había noventa y seis *g* en cada hilera

GRANADO
Dt. 8.8 tierra de trigo..vides, higueras y *g*
1 S. 14.2 Saúl se hallaba..debajo de un *g* que
Cnt. 4.13 tus renuevos son paraíso de *g*, con
6.11 descendí a ver los..si florecían los *g*
7.12 veamos..si han florecido los *g*; allí
Jl. 1.12 pereció la higuera; el *g* también, la
Hag. 2.19 ni el *g*, ni el..olivo ha florecido

GRANDE
Éx. 18.11 Jehová es más *g* que todos los dioses
Lv. 19.15 favoreciendo..ni complaciendo al *g*
Nm. 22.18 no puedo..para hacer cosa chica ni *g*
26.56 repartida su heredad entre el *g* y el
34.6 y el límite occidental será el Mar *G*
34.7 desde el Mar *G* trazaréis al monte de
Dt. 1.17 así al pequeño como al *g* oiréis; no
Jos. 9.1 en toda la costa del Mar *G* delante
15.12 el límite del occidente es el Mar *G*
15.47 el río de Egipto, y el Mar *G* con sus
23.4 os he repartido..Jordán hasta el Mar *G*
1 S. 5.9 y afligió..desde el chico hasta el *g*
30.19 no les faltó cosa alguna, chica ni *g*
2 S. 3.38 que un príncipe y *g* ha caído hoy en
7.9 nombre *g*, como el nombre de los *g* que
1 R. 1.8 los *g* de David, no seguían a Adonías
1.10 no convidó..ni a los *g*, ni a Salomón
22.31 peleéis ni con *g* ni con chico, sino
2 R. 23.2 desde el más chico hasta el más *g*
1 Cr. 16.25 *g* es Jehová, y digno de..alabanza
25.8 turnos, entrando el pequeño con el *g*
26.13 el pequeño con el *g*, según sus casas
2 Cr. 2.5 ha de ser *g*..el Dios nuestro es *g*
15.13 que no buscase a..Dios..muriese, *g* o
18.30 no peleéis con chico ni con *g*, sino
Neh. 1.5 Jehová Dios de los cielos, fuerte, *g*
3.5 pero sus *g* no se prestaron para ayudar
4.14 acordaos del Señor, *g* y temible, y
9.32 Dios *g*, fuerte..que guardas el pacto
Job 3.19 el chico y el *g*, y el siervo libre de
35.9 y se lamentan por el poderío de los *g*
36.5 Dios es *g*, pero no desestima a nadie
36.26 Dios es *g*, y nosotros no le conocemos
Sal. 48.1 *g* es Jehová, y digno de ser..alabado
77.13 ¿qué dios es *g* como nuestro Dios?
86.10 tú eres *g*, y hacedor de maravillas
95.3 Jehová es Dios *g*, y Rey *g* sobre..dioses
96.4 *g* es Jehová, y digno de..alabanza
105.22 para que reprimiera a sus *g* como él
115.13 bendecirá a los que..pequeños y a *g*
135.5 sé que Jehová es *g*, y el Señor nuestro
147.5 *g* es el Señor nuestro, y de mucho poder
Pr. 25.6 no te..ni estés en el lugar de los *g*
Is. 12.6 porque *g* es en medio de ti el Santo
34.12 sus príncipes..todos sus *g* serán nada
53.12 yo le daré parte con los *g*, y con los
Jer. 5.5 iré a los *g*, y les hablaré; porque
6.13 el más chico de ellos hasta el más *g*
8.10 el más pequeño hasta el más *g* sigue la
10.6 *g* eres tú, y *g* tu nombre en poderío
16.6 morirán en esta tierra *g* y pequeños; no
26.21 oyeron sus palabras el rey y..sus *g*
31.34 todos me conocerán..hasta el más *g*
32.18 *g*, poderoso, Jehová de los ejércitos
Lm. 3.23 son cada mañana; *g* es tu fidelidad
Ez. 47.10 numerosos como los peces del Mar *G*
47.15 desde el Mar *G*, camino de Hetlón
47.19; 48.28 y el arroyo hasta el Mar *G*
47.20 del occidente el Mar *G* será el límite
Dn. 5.2 que bebiesen en ellos el rey y sus *g*
5.23 y tú y tus *g*..bebisteis vino en ellos
Jon. 3.7 mandato del rey y de sus *g*, diciendo
Mi. 7.3 el *g* habla el antojo de su alma, y lo
Nah. 3.10 todos sus *g* fueron aprisionados con
3.17 tus *g* como nubes de langostas que se
Mal. 1.11 es *g* mi nombre entre las naciones; y
Mt. 5.11 vuestro galardón es *g* en los cielos
5.19 éste será llamado *g* en el reino de los
20.25 que son *g* ejercen sobre ellas potestad
20.26 el que quiera hacerse *g* entre vosotros
Mr. 10.42 y sus *g* ejercen sobre ellas potestad
10.43 el que quiera hacerse *g* entre vosotros
Lc. 1.15 será *g* delante de Dios. No beberá vino
1.32 éste será *g*, y será llamado Hijo del
9.48 el que es más pequeño..ése es el más *g*
Hch. 8.9 Simón..haciéndose pasar por algún *g*
8.10 a éste oían..hasta el más *g*, diciendo
26.22 dando testimonio a pequeños y a *g*, no
Ap. 6.15 los reyes de la tierra, y los *g*, los
11.18 el galardón..a los pequeños y a los *g*
13.16 pequeños y *g*..se les pusiese una marca
18.23 tus mercaderes eran los *g* de la tierra
19.5 alabad a nuestro Dios..pequeños como *g*
19.18 comáis..carnes de todos..pequeños y *g*

GRANDEZA
Éx. 15.7 con la *g* de tu poder has derribado a
15.16 a la *g* de tu brazo enmudezcan como
Nm. 14.19 perdona ahora..*g* de tu misericordia
Dt. 3.24 comenzado a mostrar a tu siervo tu *g*
5.24 Dios nos ha mostrado su gloria y su *g*
9.26 a tu heredad que has redimido con tu *g*
11.2 ni visto..su *g*, su mano poderosa, y su
33.26 cabalga..y sobre las nubes con su *g*
1 S. 2.3 no multipliquéis palabras de *g* y
2 S. 7.21 estas *g* has hecho por tu palabra y
7.23 hacer *g* a su favor, y obras terribles
1 Cr. 17.19 por amor de tu siervo..toda esta *g*
17.19 has..para hacer notorias todas tus *g*
17.21 hacerte nombre con *g* y maravillas
2 Cr. 9.6 ni aun la mitad de la *g*..sabiduría
Neh. 13.22 perdóname según la *g*..misericordia
Est. 10.2 y el relato sobre la *g* de Mardoqueo
Job 23.6 ¿contendería conmigo con *g* de fuerza?
41.25 de su *g* tienen temor los fuertes, y a
Sal. 33.17 la *g* de su fuerza a nadie..librar
62.4 consultan para arrojarle de su *g*
66.3 por la *g* de tu poder se someterán a ti
71.21 aumentarás mi *g*, y..a consolarme
79.11 conforme a la *g* de tu brazo preserva
106.21 al Dios..que había hecho *g* en Egipto
131.1 Jehová..ni anduve en *g*, ni en cosas
145.3 grande es Jehová..*g* es inescrutable
145.6 del poder de tus..y yo publicaré tu *g*
150.2 conforme a la muchedumbre de su *g*
Is. 4.2 el fruto de la tierra para *g* y honra
13.19 y Babilonia..ornamento de la *g* de los
24.14 cantarán gozosos por la *g* de Jehová
40.26 tal es la *g* de su fuerza, y el poder
63.1 éste..que marcha en la *g* de su poder?
63.7 la *g* de sus beneficios hacia la casa
Jer. 22.18 ni lo lamentarán..¡Ay..¡Ay, su *g!*
30.15 porque por la *g* de tu iniquidad y por
45.5 tú buscas para ti *g?* No las busques
Ez. 28.5 con la *g* de tu sabiduría..riquezas
31.2 dí a..¿A quién te comparaste en tu *g?*
31.18 ¿a quién te has comparado..en *g* entre
Dn. 4.22 creció tu *g* y ha llegado hasta el
4.36 mi dignidad y mi *g* volvieron a mí, y
4.36 en mi reino, y mayor *g* me fue añadida
5.18 dio a..tu padre el reino y la *g*, la
5.19 por la *g* que le dio, todos los pueblos
Os. 4.7 conforme a su *g*, así pecaron contra
8.12 le escribí las *g* de mi ley, y fueron
Am. 6.8 abomino la *g* de Jacob, y aborrezco sus
Mi. 5.4 con *g* del nombre de Jehová su Dios; y
Lc. 9.43 todos se admiraban de la *g* de Dios
2 Co. 12.7 para que la *g* de las revelaciones
Ef. 1.19 cuál la supereminente *g* de su poder

GRANERO
Gn. 41.56 entonces abrió José todo *g*..y vendía
Dt. 28.8 te enviará su bendición sobre tus *g*
2 R. 6.27 ¿de dónde te..yo? ¿Del *g*, o del lagar?
Sal. 144.13 nuestros *g* llenos, provistos de
Pr. 3.10 y serán llenos tus *g* con abundancia
14.4 sin bueyes el *g* está vacío; mas por
Jl. 1.17 los *g* fueron asolados, los alfolíes
Am. 8.5 abriremos los *g* del pan, y achicaremos
Hag. 2.19 ¿no está aún la simiente en el *g?*
Mt. 3.12 limpiará..recogerá su trigo en el *g*
6.26 aves..ni recogen en *g*; y vuestro Padre
13.30 cizaña..pero recoged el trigo en mi *g*
Lc. 3.17 recogerá el trigo en su *g*, y quemará
12.18 haré; derribaré mis *g*, y los edificaré
12.24 los cuervos..ni tienen despensa, ni *g*

GRANILLO
Nm. 6.4 los *g* hasta el hollejo, no comerá

GRANITO
Am. 9.9 zarandea..y no cae un *g* en la tierra

GRANIZAR
Éx. 9.23 Jehová hizo tronar y *granizar*, y el

GRANIZO
Éx. 9.18 haré llover *g* muy pesado, cual nunca
9.19 a casa, el *g* caerá sobre él, y morirá
9.22 para que venga *g* en toda la tierra de
9.23 Jehová hizo llover *g* sobre la tierra
9.24 hubo, pues, *g*, y fuego mezclado con el *g*
9.25 *g* hirió en toda la tierra de Egipto
9.25 destrozó el *g* toda la hierba del campo
9.26 estaban los hijos de Israel, no hubo *g*
9.28 que cesen los truenos de Dios y el *g*
9.29 los truenos cesarán, y no habrá más *g*
9.33 cesaron los truenos y el *g*, y la lluvia
9.34 la lluvia había cesado, y el *g* y los
10.5 y ella comerá..lo que os quedó del *g*
10.12 la langosta..consuma todo lo que el *g*
10.15 todo el fruto..que había dejado el *g*
Jos. 10.11 que murieron por las piedras del *g*
Job 38.22 nieve, o has visto los tesoros del *g*

GRANIZO *(Continúa)*
Sal. 18.12 sus nubes..*g* y carbones ardientes
18.13 dio su voz; *g* y carbones de fuego
78.47 sus viñas destruyó con *g*, y..escarcha
105.32 les dio *g* por lluvia, y llamas de
148.8 el fuego y el *g*, la nieve y el vapor
Is. 28.2 como turbión de *g* y como torbellino
28.17 y *g* barrerá el refugio de la mentira
30.30 torbellino, tempestad y piedra de *g*
32.19 y cuando caiga *g*, caerá en los montes
Ez. 13.11 enviaré piedras de *g*..hagan caer
13.13 piedras de *g* con enojo para consumir
38.22 llover..piedras de *g*, fuego y azufre
Hag. 2.17 os herí con..tizoncillo y con *g* en
Ap. 8.7 hubo *g* y fuego mezclados con sangre
11.19 relámpagos, voces, truenos..y grande *g*
16.21 cayó..*g* como del peso de un talento
16.21 blasfemaron..Dios por la plaga del *g*

GRANO
Lv. 2.14 el *g* desmenuzado ofrecerás..ofrenda
2.16 parte del *g* desmenuzado y del aceite
23.14 no comeréis pan..*g* tostado, ni espiga
23.16 entonces ofreceréis el..*g* a Jehová
Nm. 18.27 y se os contará..como *g* de la era
Dt. 7.13 bendecirá..tu *g*, tu mosto, tu aceite
11.14 y recogerás tu *g*, tu vino y tu aceite
12.17 ni comerás en tus..el diezmo de tu *g*
14.22 diezmarás todo el producto del *g* que
14.23 el diezmo de tu *g*, de tu vino y de tu
18.4 las primicias de tu *g*, de tu vino y de
28.51 no te dejará *g*, ni mosto, ni aceite
33.28 Israel habitará..en tierra de *g* y de
1 S. 8.15 diezmará vuestro *g* y vuestras viñas
17.17 toma ahora..un efa de este *g* tostado
25.18 tomó..cinco medidas de *g* tostado, cien
2 S. 17.19 y tendió sobre ella el *g* trillado
17.28 trajeron..*g* tostado, habas, lentejas
1 R. 18.32 en que cupieran dos medidas de *g*
2 R. 18.32 tierra de *g* y de vino, tierra de
2 Cr. 2.10 he dado 20.000 coros de trigo en *g*
31.5 dieron..primicias de *g*, vino, aceite
32.28 hizo depósitos para las rentas del *g*
Neh. 5.2 hemos pedido prestado *g* para comer
5.3 hemos empeñado nuestras..para comprar *g*
5.10 también..les hemos prestado dinero y *g*
5.11 la centésima parte..del *g*, del vino y
10.39 han de llevar..la ofrenda del *g*, del
13.5 guardaban..el diezmo del *g*, del vino
13.12 Judá trajo el diezmo del *g*, del vino
Sal. 4.7 la de ellos cuando abundaba su *g* y su
65.9 preparas el *g* de ellos, cuando así la
65.13 los valles se cubren de *g*; dan voces
72.16 echado un puñado de *g* en la tierra
144.13 llenos, provistos de toda suerte de *g*
Pr. 11.26 acapara el *g*, el pueblo lo maldecirá
27.22 majes al necio en un..entre *g* de trigo
Is. 28.28 el *g* se trilla; pero no lo trillará
30.24 comerán *g* limpio, aventado con pala y
36.17 tierra de *g* y de vino, tierra de pan
48.19 de tus entrañas como los *g* de arena
Jl. 1.17 el *g* se pudrió debajo de los terrones
Am. 9.9 como se zarandea el *g* en una criba
Mt. 13.31 el reino..semejante al *g* de mostaza
17.20 si tuviereis fe como un *g* de mostaza
Mr. 4.28 hierba..después *g* lleno en la espiga
4.31 es como el *g* de mostaza, que cuando se
Lc. 13.19 es semejante al *g* de mostaza, que
17.6 si tuvierais fe como un *g* de mostaza
Jn. 12.24 si el *g* de trigo no cae en la tierra
1 Co. 15.37 el *g* desnudo..de trigo o de otro *g*

GRASA
Dt. 32.15 (engordaste, te cubriste de *g*)
Sal. 37.20 como la *g* de los..serán consumidos

GRATÍSIMO
Lv. 23.13 ofrenda encendida a Jehová en olor *g*

GRATITUD
Hch. 24.3 recibimos..en todo lugar con toda *g*
He. 12.28 tengamos *g*, y mediante ella sirvamos

GRATO, TA
Gn. 8.21 percibió Jehová olor *g*; y dijo Jehová
Éx. 29.18 es holocausto de olor *g* para Jehová
29.25 arder..por olor *g* delante de Jehová
29.41 y conforme a su libación, en olor *g*
Lv. 1.9,13,17; 2.2,9 ofrenda encendida de olor *g* para Jehová
2.12 no subirán sobre el altar en olor *g*
3.5 del fuego..ofrenda de olor *g* para Jehová
3.16 vianda es..se quema en olor *g* a Jehová
4.31 hará arder sobre el altar en olor *g*
6.15 arder..por memorial en olor *g* a Jehová
6.21 ofrenda ofrecerás en olor *g* a Jehová
8.21 holocausto de olor *g*, ofrenda encendida
8.28 las consagraciones en olor *g*, ofrenda
10.19 si hubiera yo..¿sería esto *g* a Jehová?
17.6 quemará la grosura en olor *g* a Jehová
23.18 con su ofrenda..de olor *g* para Jehová
Nm. 15.3,13,14 ofrenda..en olor *g* a Jehová
15.7,10 de vino..en ofrenda..olor *g* a Jehová
15.24 un novillo por holocausto en olor *g*
18.17 ofrenda encendida en olor *g* a Jehová
28.2 mis ofrendas encendidas en olor *g* a mí
28.6 es holocausto continuo..para olor *g*
28.8 ofrenda encendida en olor *g* a Jehová
28.13 holocausto de olor *g*, ofrenda encendida
28.24 ofrenda encendida en olor *g* a Jehová
28.27; 29.2 ofreceréis..en olor *g* a Jehová
29.6 ofrenda encendida a Jehová en olor *g*
29.8 y ofreceréis..en olor *g*, un becerro de
29.13 ofreceréis..a Jehová en olor *g*, trece
29.36 ofrenda encendida de olor *g* a Jehová
Sal. 19.14 sean *g* los dichos de mi boca y la
Pr. 2.10 cuando..la ciencia fuera *g* a tu alma
3.24 que te acostarás, y tu sueño será *g*
Os. 9.4 ni sus sacrificios le serán *g*; como
Mal. 3.4 y será *g* a Jehová la ofrenda de Judá
2 Co. 2.15 para Dios somos *g* olor de Cristo

GRATUITAMENTE
Ro. 3.24 siendo justificados *g* por su gracia
1 Co. 9.18 presente *g* el evangelio de Cristo
Ap. 21.6 al que tuviere sed, yo le daré *g* de
22.17 que quiera, tome del agua de la vida *g*

GRAVAMEN
Neh. 5.10 prestado..quitémosles ahora este *g*

GRAVAR
1 Ti. 5.16 no sea *gravada* la iglesia, a fin de

GRAVE
Gn. 21.11 pareció *g* en gran manera a Abraham
21.12 no te parezca *g* a causa del muchacho
47.4 el hambre es *g* en la tierra de Canaán
47.13 no había pan..y el hambre era muy *g*
Éx. 18.22 y todo asunto *g* lo traerán a ti, y
Lv. 20.12 cometieron *g* perversión; su sangre
1 R. 17.17 enfermedad fue tan *g* que no quedó
18.2 a Acab. Y el hambre era *g* en Samaria
Neh. 5.18 la servidumbre de este pueblo era *g*
Job 23.2 porque es más *g* mi llaga que mi gemido
Hch. 25.7 presentando..muchas y *g* acusaciones

GRAVOSO
2 S. 13.25 no vamos todos..que no te seamos *g*
Is. 1.14 son *g*; cansado estoy de soportarlos
2 Co. 11.9 me guardé y me guardaré de seros *g*
12.14 y no os seré *g*, porque no busco lo
1 Ts. 2.9 trabajando de noche..para no ser *g*
2 Ts. 3.8 trabajamos..para no ser *g* a ninguno
1 Jn. 5.3 guardemos..mandamientos no son *g*

GRAZNAR
Is. 10.14 no hubo..ni abriese boca y *graznase*

GREBA
1 S. 17.6 sobre sus piernas traía *g* de bronce

GRECIA
Dn. 8.21 el macho cabrío es el rey de *G*, y el
10.20 al terminar..el príncipe de *G* vendrá
11.2 levantará a todos contra el reino de *G*
Zac. 9.13 despertaré..contra tus hijos, oh *G*
Hch. 20.2 exhortarles con..palabras, llegó a *G*

GREY
Sal. 68.10 que son de tu *g* han morado en ella
Jer. 13.20 ¿dónde está el rebaño..hermosa *g*?
1 P. 5.2 la *g* de Dios que está entre vosotros
5.3 no como..sino siendo ejemplos de la *g*

GRIEGO, GA
*1. **Habitante de Grecia***
Jl. 3.6 vendisteis los..a los hijos de los *g*
*2. **Persona que hablaba griego; frecuentemente =Gentil***
Mr. 7.26 mujer era *g*, y sirofenicia de nación
Jn. 7.35 irá..entre los *g*, y enseñará a los *g*?
12.20 ciertos *g* entre los que habían subido
Hch. 6.1 hubo murmuración de los *g* contra los
9.29 hablaba..y disputaba con los *g*; pero
11.20 los cuales..hablaron también a los *g*
14.1 creyó una gran multitud de judíos..*g*
16.1 hijo de una mujer judía..de padre *g*
16.3 porque todos sabían que su padre era *g*
17.4 los *g* piadosos gran número, y mujeres
17.12 creyeron..mujeres *g* de distinción, y
18.4 discutía..y persuadía a judíos y a *g*
18.17 todos los *g*, apoderándose de Sóstenes
19.10 Asia, judíos y *g*, oyeron la palabra
19.17 fue notorio a todos..así judíos como *g*
21.28 además..ha metido a *g* en el templo, y
Ro. 1.14 a *g* y a no *g*, a sabios y a no sabios
1.16; 2.10 judío primeramente, y también al *g*
2.9 el judío primeramente y también el *g*
10.12 no hay diferencia entre judío y *g*
1 Co. 1.22 señales, y los *g* buscan sabiduría
1.24 así judíos como *g*, Cristo poder de Dios
12.13 judíos o *g*, sean esclavos o libres
Gá. 2.3 mas ni aun Tito..con todo y ser *g*, fue
3.28 ya no hay judío ni *g*; no hay esclavo
Col. 3.11 no hay *g* ni judío, circuncisión ni
*3. **El idioma de Grecia, que en el tiempo del Nuevo Testamento se hablaba en todo el imperio romano***
Lc. 23.38 título escrito con letras *g*, latinas
Jn. 19.20 título estaba escrito en hebreo, en *g*
Hch. 21.37 decirte algo? Y él dijo: ¿Sabes *g*?
Ap. 9.11 en hebreo es Abadón, y en *g*, Apolión

GRIETA
2 R. 12.5 reparen..dondequiera que se hallen *g*
12.6 no habían reparado..las *g* del templo
12.7 ¿por qué no reparáis las *g* del templo?
12.7 dadlo para reparar las *g* del templo
12.8 ni tener el cargo de reparar las *g* del
12.12 reparar las *g* de la casa de Jehová
22.5 la obra de..reparar las *g* de la casa
Is. 30.13 será este pecado como *g* que amenaza

GRILLO
2 S. 3.34 atadas, ni tus pies ligados con *g*
2 Cr. 33.11 aprisionaron con *g* a Manasés, y
Job 36.8 si estuvieren..en *g*, y aprisionados
Sal. 105.18 afligieron sus pies con *g*; en
149.8 para aprisionar a sus reyes con *g*, y
Is. 45.14 irán en pos de ti, pasarán con *g*; te
Jer. 39.7 sacó los ojos..y le aprisionó con *g*
52.11 sacó los ojos a Sedequías..ató con *g*
Ez. 19.4 llevaron con *g* a la tierra de Egipto
Nah. 3.10 grandes fueron aprisionados con *g*
Mr. 5.4 había sido atado con *g* y cadenas, mas
5.4 cadenas habían sido..desmenuzados los *g*
Lc. 8.29 le ataban con..*g*, pero rompiendo las

GRITA
Job 30.5 todos les daban *g* como tras el ladrón

GRITAR
Gn. 39.15 viendo que yo..*gritaba*, dejó..ropa
39.18 y cuando yo alcé mi voz y *grité*..huyó
Éx. 32.17 oyó..clamor del pueblo que *gritaba*
Nm. 14.1 la congregación *gritó*, y dio voces
Jos. 6.5 todo el pueblo *gritará* a gran voz, y
6.10 no *gritaréis*, ni se oirá vuestra voz
6.10 yo os diga: *Gritad;* entonces *gritaréis*
6.16 Josué dijo..*Gritad*, porque Jehová os ha
6.20 pueblo *gritó*, y los sacerdotes tocaron
6.20 el pueblo..*gritó* con gran vocerío, y el
Jue. 7.20 *gritaron:* ¡Por la espada de Jehová
15.14 los filisteos salieron *gritando* a su
1 S. 4.5 Israel *gritó* con tan gran júbilo que
4.13 dadas las nuevas, toda la ciudad *gritó*
17.52 *gritaron*, y siguieron a los filisteos
20.38 y volvió a *gritar*..tras el muchacho
26.14 ¿quién eres tú que *gritas* al rey?
2 S. 13.19 sobre su cabeza, se fue *gritando*
1 R. 18.27 *gritad* en alta voz, porque dios es
18.29 siguieron *gritando* frenéticamente
22.32 éste es el rey..el rey Josafat *gritó*
2 R. 4.40 *gritaron*..hay muerte en esa olla!
6.5 y *gritó* diciendo: ¡Ah, señor mío, era
6.26 una mujer le *gritó*..Salva, rey señor
7.10 *gritaron* a los guardas de la puerta de
7.11 los porteros *gritaron*, y lo anunciaron
2 Cr. 13.15 los de Judá *gritaron* con fuerza; y
Sal. 78.65 como un valiente que *grita* excitado
Is. 10.30 *grita* en alta voz, hija de Galim
15.4 Hesbón y Eleale *gritarán*, hasta Jahaza
21.8 y *gritó* como un león: Señor, sobre la
34.14 cabra salvaje *gritará* a su compañero
36.13 y *gritó* a gran voz en lengua de Judá
42.2 no *gritará*, ni alzará su voz, ni la
42.13 *gritará*, voceará..sobre sus enemigos
44.23 *gritad* con júbilo, profundidades de
46.7 *gritan*, y tampoco responde, ni libra
Jer. 20.8 cuantas veces hablo..voces, *grito*
22.20 clama, y en Basán da tu voz, y *grita*
30.15 *gritas* a causa de tu quebrantamiento?
46.17 allí *gritaron:* Faraón rey de Egipto
50.15 *gritad* contra ella en derredor; se
Lm. 4.15 ¡apartaos! ¡Inmundos! les *gritaban*
Ez. 8.18 *gritarán* a mis oídos con gran voz, y
10.13 oyéndolo yo, se les *gritaba:* ¡Rueda!
26.15 cuando *griten* los heridos, cuando se
27.30 *gritarán* amargamente, y echarán polvo
Dn. 5.7 el rey *gritó*..que hiciesen venir magos
8.16 *gritó* y dijo: Gabriel, enseña a éste
Os. 7.14 y no clamaron a mí..cuando *gritaban*
Mi. 4.9 ¿por qué *gritas* tanto? ¿No hay rey en
Sof. 1.14 es amarga..*gritará* allí el valiente
Mt. 27.23 *gritaban* aun más: ¡Sea crucificado!
Mr. 6.49 pensaron que..fantasma, y *gritaron*
15.14 ellos *gritaban* aun más: ¡Crucifícale!
Jn. 19.15 *gritaron:* ¡Fuera, fuera, crucifícale!
Hch. 12.22 aclamaba *gritando:* ¡Voz de Dios, y
17.6 *gritando:* Estos que..han venido acá
19.28,34 *gritaron* ¡Grande es Diana de los
19.32 unos, pues, *gritaban* una cosa, y otros
21.34 unos *gritaban* una cosa, y otros otra
21.36 del pueblo venía..*gritando:* ¡Muera!
22.23 como ellos *gritaban* y arrojaban sus

GRITERÍA
1 S. 4.14 cuando Elí oyó el estruendo de la g
Jer. 25.36 ¡voz de la g de los pastores, y
51.14 te llenaré de..levantarán contra ti g
Ef. 4.31 quítense..ira, g y maledicencia, y

GRITO
Gn. 45.2 se dio a llorar a g; y oyeron los
Nm. 16.34 todo Israel..huyeron al g de ellos
Jue. 7.21 el ejército echó a correr dando g y
1 S. 17.20 el ejército..daba el g de combate
2 Cr. 13.15 ellos alzaron el g, Dios desbarató
Esd. 3.12 otros daban grandes g de alegría
3.13 no podía distinguir..el clamor de los g
Job 2.12 no lo conocieron, y lloraron a g; y
39.25 el g de los capitanes, y el vocerío
Sal. 144.14 ni g de alarma en nuestras plazas
Is. 15.5 mi corazón dará g por Moab..huirán
15.5 levantarán g de quebrantamiento por el
16.9 y sobre tu siega caerá el g de guerra
16.10 gozo..he hecho cesar el g del lagarero
26.17 gime y da g en sus dolores, así hemos
Jer. 12.6 tus hermanos..dieron g en pos de ti
20.16 oiga g de mañana, y voces a mediodía
31.12 vendrán con g de gozo en lo alto de
49.21 el g de su voz se oirá en el Mar Rojo
50.46 al g de la toma de Babilonia..tembló
Ez. 21.22 para levantar la voz en g de guerra
Lc. 8.28 lanzó un gran g, y postrándose a sus

GROSURA
Gn. 27.28 Dios, pues, te dé..g de la tierra
27.39 será tu habitación en g de la tierra
Éx. 23.18 ni la g de mi víctima quedará de la
29.13 tomarás..la g..g de sobre el hígado
29.13 riñones, y la g que está sobre ellos
29.22 la g..y la g que cubre los intestinos
29.22 g del hígado..dos riñones, y la g que
Lv. 1.8,12 cabeza y la g de los intestinos, sobre
3.3,14 la g que cubre los intestinos..la g
3.4 riñones y la g..la g de los intestinos
3.9 ofrecerá..la g..la g que cubre todos los
3.10,15 riñones y la g..g de..el hígado
3.16 hará arder..toda la g es de Jehová
3.17 ninguna g ni ninguna sangre comeréis
4.8 y tomará del becerro..toda su g, la que
4.9 dos riñones, la g..g de sobre el hígado
4.19 le quitará toda la g y la hará arder
4.26 quemará..g..como la g del sacrificio
4.31,35 quitará toda su g..g del sacrificio
6.12 quemará sobre él las g de..sacrificios
7.3 ofrecerá toda su g, la cola, y la g que
7.4 dos riñones, la g..g de sobre el hígado
7.23 g de buey ni de cordero ni..comeréis
7.24 la g de animal muerto, y la g del que
7.25 cualquiera que comiere g de animal, del
7.30 sus manos traerá la g con el pecho; el
7.31 la g la hará arder el sacerdote en el
7.33 ofreciere la sangre..y la g, recibirá
8.16 la g que estaba sobre los intestinos
8.16 tomó..la g del hígado..riñones, y la g
8.20 Moisés hizo arder..los trozos, y la g
8.25 después tomó la g, la cola, toda la g
8.25 la g del hígado, los dos riñones y la g
8.26 una hojaldre, y lo puso con la g y con
9.10 arder..la g con los riñones y la g del
9.19 y las g del buey y..la g que cubre los
9.19 cola, la g que cubre..y la g del hígado
9.20 pusieron las g sobre los pechos, y él
9.24 consumió el holocausto con las g sobre
10.15 con las ofrendas de las g..traerán la
16.25 quemará..la g del sacrificio por el
17.6 y quemará la g en olor grato a Jehová
Nm. 18.17 y quemarás la g de ellos, ofrenda
Dt. 32.14 leche de ovejas, con g de corderos
32.38 que comían la g de sus sacrificios, y
1 S. 2.15 de quemar la g, venía el criado del
2.16 quemen la g primero, y después toma
15.22 el prestar atención que la g de los
2 S. 1.22 sin sangre..sin g de los valientes
1 R. 8.64 ofreció allí..g de los sacrificios
8.64 y no cabían..la g de los sacrificios
2 Cr. 7.7 ofrecido allí..la g de las ofrendas
7.7 en el altar de..no podían caber..las g
29.35 abundancia de holocaustos, con g de
35.14 en el..de los holocaustos y de las g
Neh. 8.10 id, comed g, y bebed vino dulce, y
Job 36.16 libre..y te preparará mesa llena de g
Sal. 17.10 envueltos están con su g; con su
36.8 saciados de la g de tu casa, y tú los
63.5 como de..y de g será saciada mi alma
65.11 tus bienes, y tus nubes destilan g
Is. 17.4 Jacob..enflaquecerá la g de su carne
34.6 engrasada está de g..de g de riñones
34.7 sangre, y su polvo se engrasará de g
43.24 ni me saciaste con la g..sacrificios
55.2 oídme..se deleitará vuestra alma con g
Ez. 34.3 coméis la g, y os vestís de la lana
39.19 comeréis g hasta saciaros, y beberéis
44.7 de ofrecer mi pan, la g y la sangre, y
44.15 ante mí..estarán para ofrecerme la g

GRUESO, SA
Gn. 41.7 devoraban a las siete espigas g y
41.18 del río subían siete vacas de g carnes
Jue. 3.17 Eglón rey..era Eglón hombre muy g
1 R. 7.26 el g del mar era de un palmo menor
12.10 menor dedo de los míos es más g que
1 Cr. 4.40 y hallaron g y buenos pastos, y
2 Cr. 4.5 y tenía de g un palmo menor, y el
10.10 mi dedo más pequeño es más g que los
Is. 25.6 banquete de..g tuétanos y de vinos
Ez. 16.26 fornicaste con los..de Egipto..g de
41.12 pared..de cinco codos de g alrededor

GRULLA
Is. 38.14 como la g..me quejaba; gemía como
Jer. 8.7 g y la golondrina guardan el tiempo

GRUÑIR
Is. 59.11 *gruñimos* como osos todos nosotros
Jer. 51.38 como cachorros de leones *gruñirán*

GRUPO
Gn. 33.8 ¿qué te propones con todos estos g
1 Cr. 23.6 los repartió David en g conforme a
24.1 los hijos de Aarón..distribuidos en g
28.13 para los g de los sacerdotes y de los
28.21 he aquí los g de los sacerdotes y de
2 Cr. 31.15 dar..porciones conforme a sus g
31.16 desempeñar su ministerio según sus..g
31.17 levitas..conforme a sus oficios y g
Neh. 13.30 puse a los..levitas por sus g, a
Mr. 6.39 hiciesen recostar a todos por g sobre
6.40 recostaron por g, de ciento en ciento
Lc. 9.14 hacedlos sentar en g, de cincuenta en
Hch. 12.4 entregándole a 4 g de 4 soldados

GUARDA
Gn. 4.9 no sé. ¿Soy yo acaso g de mi hermano?
Nm. 1.53 levitas tendrán la g del tabernáculo
3.28 varones..que tenían la g del santuario
3.32 Eleazar..jefe de los que tienen la g
3.38 Aarón y..teniendo la g del santuario
4.27 les encomendaréis en g todos sus cargos
31.30 tienen la g del tabernáculo de Jehová
31.47 dio a los levitas, que tenían la g
1 S. 17.20 dejando las ovejas al cuidado..un g
28.2 te constituiré g de mi persona durante
2 R. 7.10 gritaron a los g de la puerta de la
22.14 mujer de Salum..g de las vestiduras
25.18 tomó entonces..tres g de la vajilla
1 Cr. 9.22 escogidos para g en las puertas
23.32 que tuviesen la g del tabernáculo de
23.32 la g del santuario, bajo las órdenes
2 Cr. 31.14 de Imna, g de la puerta oriental
34.22 Hulda..g de las vestiduras, la cual
Neh. 2.8 carta para Asaf g del bosque del rey
3.29 restauró Semaías hijo..g de la puerta
4.9 pusimos g contra ellos de día y de noche
7.3 señalé g de los moradores de Jerusalén
11.19 g en las puertas, ciento setenta y dos
12.25 Talmón y Acub, g, eran porteros para
Est. 2.3,8 Hegai eunuco..g de las mujeres
2.14 Saasgaz eunuco..g de las concubinas
2.15 lo que dijo Hegai..g de las mujeres
Job 7.12 ¿soy yo el mar..para que me pongas g?
7.20 ¿qué puedo hacerte a ti, oh G de los
27.18 su casa..como enramada que hizo el g
Sal. 141.3 pon g a mi boca, oh Jehová; guarda
Ec. 12.3 cuando temblarán los g de la casa, y
Cnt. 3.3; 5.7 me hallaron los g que rondan la
5.7 me quitaron mi manto de encima los g
8.11 tuvo una viña en..la cual entregó a g
Is. 21.8 día, y las noches enteras sobre mi g
21.11 dan voces de Seir: G..G, ¿qué de la
21.12 el g respondió: La mañana viene, y
62.6 tus muros, oh Jerusalén, he puesto g
Jer. 4.16 g vienen de la tierra lejana, y
4.17 como g de campo estuvieron en derredor
31.6 habrá día en que clamarán los g en el
35.4 Maasías hijo de Salum, g de la puerta
52.24 tomó..a Sofonías..y tres g del atrio
Ez. 38.7 prepárate y apercíbete..sé tú su g
44.8 que habéis puesto extranjeros como g
44.14 les pondré, pues, por g encargados de
Hab. 2.1 mi g estaré, y sobre la fortaleza
Zac. 9.8 acamparé alrededor..como un g, para
Mt. 28.4 de miedo de él los g temblaron y se
Mr. 6.28 el g fue, le decapitó en la cárcel
Hch. 5.23 los g afuera de pie ante las puertas
12.6 los g delante de la puerta custodiaban
12.19 después de interrogar a los g, ordenó

GUARDADO *Véase Guardar*

GUARDADOR
Sal. 121.5 Jehová es tu g; Jehová es tu sombra
Is. 26.2 entrará la gente justa, g de verdades
Jer. 14.8 oh esperanza de Israel, G suyo en el

GUARDAR
Gn. 2.15 para que lo labrara y lo *guardase*
3.24 *guardar* el camino del árbol de la vida
17.9 en cuanto a ti, *guardarás* mi pacto, tú
17.10 es mi pacto, que *guardaréis* entre mí
18.19 mandará..*guarden* el camino de Jehová
24.6 *guárdate* que no vuelvas a mi hijo allá
26.5 cuanto oyó Abraham mi voz, y *guardó* mi
27.36 ¿no has *guardado* bendición para mí?
28.15 yo estoy contigo, y te *guardaré* por
28.20 me *guardare* en este viaje en que voy
31.24,29 *guárdate* que no hables a Jacob
37.34 *guardó* luto por su hijo muchos días
41.35 y recojan el trigo bajo..y *guárdenlo*
41.48 y *guardó* alimento en las ciudades
Éx. 10.28 *guárdate* que no veas más mi rostro
12.6 lo *guardaréis* hasta el día 14 de este
12.17 *guardaréis* la fiesta de los panes sin
12.17 por tanto, *guardaréis* este mandamiento
12.24 *guardaréis* esto por estatuto..siempre
12.25 cuando entréis..*guardaréis* este rito
12.42 es noche de *guardar* para Jehová, por
12.42 esta noche deben *guardarla* para Jehová
13.10 *guardarás* este rito en su tiempo de
15.26 oyeres..*guardares* todos sus estatutos
16.5 prepararán para *guardar* el doble de lo
16.23 que os sobrare, *guardadlo* para mañana
16.24 lo *guardaron* hasta la mañana..y no se
16.28 no querréis *guardar* mis mandamientos
16.32 *guardadlo* para vuestros descendientes
16.33 que sea *guardado* para..descendientes
16.34 delante del Testimonio para *guardarlo*
19.5 y *guardareis* mi pacto, vosotros seréis
19.12 diciendo: *Guardaos*, no subáis al monte
20.6 que me aman y *guardan* mis mandamientos
21.29 acorneador..y no lo hubiere *guardado*
21.36 buey..su dueño no lo hubiere *guardado*
22.7 diere a su..a *guardar*, y fuere hurtado
22.10 otro animal a *guardar*, y éste muriere
23.13 y todo lo que os he dicho, *guardadlo*
23.15 la fiesta de los panes sin..*guardarás*
23.20 para que te *guarde* en el camino, y te
23.21 *guárdate* delante de él, y oye su voz
31.13 *guardaréis* mis días de reposo; porque
31.14 *guardaréis* el día de reposo..santo es
31.16 *guardarán*, pues, el día de reposo los
34.7 que *guarda* misericordia a millares
34.11 *guarda* lo que yo te mando hoy; he aquí
34.12 *guárdate* de hacer alianza..moradores
34.18 la fiesta de los panes sin..*guardarás*
Lv. 8.35 y *guardaréis* la ordenanza delante de
18.4 estatutos *guardaréis*, andando en ellos
18.5 *guardaréis* mis estatutos y..ordenanzas
18.26 *guardad*..estatutos y mis ordenanzas
18.30 *guardad*..mi ordenanza, no haciendo las
19.3 temerá..mis días de reposo *guardaréis*
19.18 ni *guardarás* rencor a los hijos de tu
19.19 estatutos *guardarás*. No harás ayuntar
19.30 mis días de reposo *guardaréis*, y mi
19.37 *guardad*, pues, todos mis estatutos y
20.8 *guardad* mis estatutos, y ponedlos por
20.22 *guardad*, pues, todos mis estatutos y
22.9 *guarden*, pues, mi ordenanza, para que
22.31 *guardad*..mandamientos, y cumplidlos
23.32 de tarde a tarde *guardaréis*..reposo
25.2 la tierra *guardará* reposo para Jehová
25.18 *guardad* mis ordenanzas, y ponedlos por
26.2 *guardad* mis días de reposo, y tened en
26.3 y *guardareis* mis mandamientos, y los
26.10 fuera lo añejo para *guardar* lo nuevo
Nm. 3.8 *guarden*..utensilios del tabernáculo
6.24 Jehová te bendiga, y te *guarde*
9.19 los..de Israel *guardaban* la ordenanza
9.23 *guardando* la ordenanza de Jehová como
17.10 se *guarde* por señal a los..rebeldes
18.3 *guardarán* lo que tú ordenes, y el cargo
18.7 *guardaréis* vuestro sacerdocio en todo
19.9 las *guardará* la congregación de..Israel
28.2 *guardaréis*, ofreciéndomelo a su tiempo
Dt. 2.4 tendrán miedo..mas vosotros *guardaos*
4.2 que *guardéis* los mandamientos de Jehová
4.6 *guardadlos*, pues, y ponedlos por obra
4.9 *guárdate*, y *guarda* tu alma con diligencia
4.15 *guardad*, pues, mucho vuestras almas
4.23 *guardaos*, no os olvidéis del pacto de
4.40 *guarda* sus estatutos y..mandamientos
5.1 oye..*guardadlos*, para ponerlos por obra
5.10 que me aman y *guardan* mis mandamientos
5.12 *guardarás* el día de reposo..como Jehová
5.15 ha mandado que *guardes* el día de reposo
5.29 me temiesen y *guardasen* todos los días
6.2 temas..*guardando* todos sus estatutos y
6.17 *guardad*..los mandamientos de Jehová
7.8 y quiso *guardar* el juramento que juró a
7.9 *guarda* el pacto..a los que..*guardan* sus
7.11 *guarda*..los mandamientos..yo te mando
7.12 y haberlos *guardado* y puesto por obra
7.12 Jehová..*guardará* contigo el pacto y la
8.2 habías de *guardar* o no sus mandamientos
8.6 *guardarás*..los mandamientos de Jehová tu
10.13 que *guardes* los mandamientos de Jehová
11.1 *guardarás* sus ordenanzas, sus estatutos
11.8 *guardad*..mandamientos que..prescribo
11.16 *guardaos*, pues, que vuestro corazón no
11.22 *guardareis* cuidadosamente todos estos
12.28 *guarda* y escucha todas estas palabras
12.30 *guárdate* que no tropieces yendo en pos
13.4 temeréis, *guardaréis* sus mandamientos

GUARDAR *(Continúa)*

Dt. 13.18 *guardando* todos sus mandamientos que
14.25 lo venderás y *guardarás* el dinero en
14.28 diezmo..lo *guardarás* en tus ciudades
15.5 si escuchares..para *guardar* y cumplir
15.9 *guárdate* de tener..pensamiento perverso
16.1 *guardarás* el mes de..harás pascua
16.12 *guardarás* y cumplirás estos estatutos
17.19 *guardar* todas las palabras de esta ley
19.9 siempre y cuando *guardares* todos estos
23.9 salieres..*guardarás* de toda cosa mala
23.23 salido de tus labios, lo *guardarás* y
26.17 que andarás..*guardarás* sus estatutos
26.18 que *guardes* todos sus mandamientos
27.1 *guardaréis* todos los mandamientos que
27.9 *guarda* silencio y escucha, oh Israel
28.1 para *guardar* y poner por obra todos sus
28.9 cuando *guardares* los mandamientos de
28.13 mandamientos..para que los *guardes*
28.45 para *guardar* sus mandamientos y sus
29.9 *guardaréis*..las palabras de este pacto
30.10 para *guardar* sus mandamientos y sus
30.16 andes en..y *guardes* sus mandamientos
32.10 lo *guardó* como a la niña de su ojo
32.34 ¿no tengo yo esto *guardado* conmigo
33.9 *guardaron* tus palabras, y cumplieron
Jos. 1.8 que *guardes* y hagas conforme a todo
6.18 pero vosotros *guardaos* del anatema; ni
7.11 anatema, y..*guardado* entre sus enseres
10.18 poned hombres..para que los *guarden*
22.2 vosotros habéis *guardado* todo lo que
22.3 cuidado de *guardar* los mandamientos de
22.5 *guardéis* sus mandamientos, y le sigáis
23.6 *guardar* y hacer..lo que está escrito
23.11 *guardad*..diligencia vuestras almas
24.17 y nos ha *guardado* por todo el camino
Jue. 8.27 un efod..hizo *guardar* en su ciudad
13.13 mujer se *guardará* de todas las cosas
13.14 no tomará..*guardará*..lo que le mandé
21.14 dieron..las que habían *guardado* vivas
1 S. 2.9 *guarda* los pies de sus santos, mas
7.1 hijo para que *guardase* el arca de Jehová
7.8 nos *guarde* de la mano de los filisteos
9.23 la cual te dije que *guardases* aparte
9.24 para esta ocasión se te *guardó*, cuando
10.19 desechado hoy a..Dios, que os *guarda*
10.25 un libro..*guardó* delante de Jehová
13.13 no *guardaste* el mandamiento de Jehová
13.14 no has *guardado* lo que Jehová te mandó
17.22 en mano del que *guardaba* el bagaje, y
21.4 lo daré si..se han *guardado* a lo menos
24.6 me *guarde* de hacer tal cosa contra mi
25.21 en vano he *guardado* todo lo que éste
25.31 *guárdese*..mi señor, y cuando Jehová
26.11 *guárdeme* Jehová de extender mi mano
26.15 ¿por qué, pues, no has *guardado* al rey
26.16 no habéis *guardado* a vuestro señor, al
30.23 dado Jehová, quien nos ha *guardado*, y
2 S. 15.16 diez mujeres..que *guardasen* la casa
16.21 que él dejó para *guardar* la casa; y
19.19 no los *guarde* el rey en su corazón
20.3 que había dejado para *guardar* la casa
22.22 yo he *guardado* los caminos de Jehová
22.24 fui recto..he *guardado* de mi maldad
22.44 me *guardaste* para que fuese cabeza de
23.5 será *guardado*, aunque todavía no haga
1 R. 2.3 *guarda* los preceptos de Jehová tu
2.4 tus hijos *guardaren* mi camino, andando
2.43 ¿por qué..no *guardaste* el juramento
3.14 si anduvieres..*guardando* mis estatutos
6.12 *guardares*..mis mandamientos andando
8.23 que *guardas* el pacto y la misericordia
8.25 tal que tus hijos *guarden* mi camino y
8.58 para que..*guardemos* sus mandamientos
8.61 *guardando* sus mandamientos, como en el
9.4 *guardando* mis estatutos y mis decretos
9.6 y no *guardareis* mis mandamientos y mis
11.10 él no *guardó* lo que le mandó Jehová
11.11 no has *guardado* mi pacto..estatutos
11.34 quien *guardó* mis mandamientos y mis
11.38 de mis ojos, *guardando* mis estatutos
13.21 y no *guardaste* el mandamiento que
14.8 David..que *guardó* mis mandamientos y
20.39 *guarda* a este hombre, y si llegare a
21.3 *guárdeme* Jehová de que yo te dé a ti la
2 R. 5.24 él lo tomó..y lo *guardó* en la casa
9.14 Joram *guardando* a Ramot de Galaad con
11.6 así *guardaréis* la casa..no sea allanada
12.9 los sacerdotes que *guardaban* la puerta
12.10 y contaban el dinero..y lo *guardaban*
17.13 volveos..y *guardad* mis mandamientos
17.19 ni aun Judá *guardó* los mandamientos
17.34 ni temen a..ni *guardan* sus estatutos
18.6 que *guardó* los mandamientos que Jehová
21.8 con tal que *guarden*..las cosas que yo
23.3 pacto..y *guardarían* sus mandamientos
1 Cr. 9.19 coreítas..*guardando* las puertas
9.19 como sus padres *guardaron* la entrada
9.27 porque tenían el cargo de *guardarla*, y
10.13 palabra de Jehová, la cual no *guardó*
11.19 *guárdeme* mi Dios..de beber la sangre
22.12 gobiernes a Israel, *guardes* la ley de
28.8 *guardad*..todos los preceptos de Jehová
29.3 *guardo* en mi tesoro..oro y plata que
29.19 para que *guarde* tus mandamientos, tus
2 Cr. 5.11 sacerdotes..no *guardaban* sus turnos
6.14 que *guardas* el pacto y la misericordia
6.15 que has *guardado* a tu siervo David mi
6.16 tal que tus hijos *guarden* su camino
7.17 y *guardares* mis estatutos y..decretos
13.11 *guardamos* la ordenanza de Jehová
22.11 le *guardó* a él y a su ama en uno de
33.8 condición de que *guarden* y hagan todas
34.9 que los levitas que *guardaban* la puerta
34.21 no *guardaron* la palabra de Jehová
34.31 pacto..de *guardar* sus mandamientos
Esd. 6.1 la casa..donde *guardaban* los tesoros
8.29 vigilad y *guardadlos*..que los peséis
Neh. 1.5 *guarda* el pacto y la misericordia a
1.5 que le aman y *guardan* sus mandamientos
1.7 y no hemos *guardado* los mandamientos
1.9 os volviereis a mí, y *guardareis* mis
9.32 que *guardas* el pacto y la misericordia
10.29 y que *guardarían* y cumplirían todos
12.24 para alabar y dar..*guardando* su turno
13.5 la cual *guardaban* antes las ofrendas
13.22 viniesen a *guardar* las puertas, para
Est. 3.8 y no *guardan* las leyes del rey, y al
9.28 no dejarían de ser *guardados* por los
Job 2.6 él está en tu mano; mas *guarda* su vida
10.12 vida..y tu cuidado *guardó* mi espíritu
10.13 cosas tienes *guardadas* en tu corazón
21.19 Dios *guardará* para los hijos de ellos
21.30 *guardado* será en el día de la ira
23.11 pies..*guardé* su camino, y no me aparté
23.12 *guardé* las palabras de su boca más que
29.2 en los días en que Dios me *guardaba*
36.21 *guárdate*, no te vuelvas a la iniquidad
41.12 no *guardaré* silencio..sus miembros
Sal. 12.7 tú, Jehová los *guardarás;* de esta
16.1 *guárdame*..porque en ti he confiado
17.4 me he *guardado* de las sendas de los
17.8 *guárdame* como a la niña de tus ojos
18.21 yo he *guardado* los caminos de Jehová
18.23 fui recto..he *guardado* de mi maldad
19.11 en *guardarlos* hay grande galardón
25.10 para los que *guardan* su pacto y sus
25.20 *guarda* mi alma, y líbrame; no sea yo
25.21 integridad y rectitud me *guarden*
31.19 tu bondad, que has *guardado* para los
31.23 a los fieles *guarda* Jehová, y paga
32.7 refugio; me *guardarás* de la angustia
34.13 *guarda* tu lengua del mal, y tus labios
34.20 él *guarda* todos sus huesos; ni uno de
37.7 *guarda* silencio ante Jehová, y espera
37.28 para siempre serán *guardados;* mas la
37.34 espera en Jehová, y *guarda* su camino
39.1 *guardaré* mi boca con freno, en tanto
40.11 tu misericordia..me *guarden* siempre
41.2 Jehová lo *guardará*, y le dará vida
44.7 nos has *guardado* de nuestros enemigos
64.1 *guarda* mi vida del temor del enemigo
78.7 no..olviden..*guarden* sus mandamientos
78.10 no *guardaron* el pacto de Dios, ni
78.56 ellos..no *guardaron* sus testimonios
83.1 Dios, no *guardes* silencio; no calles
86.2 *guarda* mi alma, porque soy piadoso
86.16 mírame..y *guarda* al hijo de tu sierva
89.31 si..y no *guardaren* mis mandamientos
91.11 que te *guarden* en todos tus caminos
97.10 él *guarda* las almas de sus santos; de
99.7 *guardaban*..testimonios, y el estatuto
103.9 no..ni para siempre *guardará* el enojo
103.18 sobre los que *guardan* su pacto, y los
105.45 para que *guardasen* sus estatutos, y
106.3 dichosos los que *guardan* juicio, los
107.43 ¿quién es sabio y *guardará*..cosas
116.6 Jehová *guarda* a los sencillos; estaba
119.2 bienaventurados los que *guardan* sus
119.4 sean muy *guardados* tus mandamientos
119.5 ordenados mis caminos para *guardar*
119.8 tus estatutos *guardaré;* no me dejes
119.9 su camino? Con *guardar* tu palabra
119.11 en mi corazón he *guardado* tus dichos
119.17 tu siervo..viva, y *guarde* tu palabra
119.22 porque tus testimonios he *guardado*
119.33 camino..y lo *guardaré* hasta el fin
119.34 dame entendimiento, y *guardaré* tu
119.44 *guardaré* tu ley siempre..eternamente
119.55 me acordé..Jehová, y *guardé* tu ley
119.56 estas bendiciones tuve porque *guardé*
119.57 he dicho que *guardaré* tus palabras
119.60 apresuré y no me retardé en *guardar*
119.63 te temen y *guardan* tus mandamientos
119.67 andaba; mas ahora *guardo* tu palabra
119.69 mas yo *guardaré*..tus mandamientos
119.88 *guardaré* los testimonios de tu boca
119.100 porque he *guardado* tus mandamientos
119.101 mis pies, para *guardar* tu palabra
119.106 juré..*guardaré* tus justos juicios
119.115 yo *guardaré* los mandamientos de mi
119.129 por tanto, los ha *guardado* mi alma
119.134 líbrame..*guardaré* tus mandamientos
119.136 ríos de..porque no *guardaban* tu ley
119.145 respóndeme..*guardaré* tus estatutos
119.146 sálvame, y *guardaré* tus testimonios
119.158 porque no *guardaban* tus palabras
119.167 mi alma ha *guardado* tus testimonios
119.168 he *guardado* tus mandamientos y tus
121.3 dará..ni se dormirá el que te *guarda*
121.4 no..ni dormirá el que *guarda* a Israel
121.7 te *guardará* de todo mal; él *g* tu alma
121.8 Jehová *guardará* tu salida y tu entrada
127.1 si Jehová no *guardare* la ciudad, en
132.12 si tus hijos *guardaren* mi pacto, y
140.1 Jehová..*guárdame* de hombres violentos
140.4 *guárdame*..Jehová, de manos del impío
141.3 boca..*guarda* la puerta de mis labios
141.9 *guárdame* de los lazos..han tendido
145.20 Jehová *guarda* a todos..que le aman
146.6 hay; que *guarda* verdad para siempre
146.9 Jehová *guarda* a los extranjeros; al
Pr. 2.1 mandamientos *guardares* dentro de ti
2.8 es el que *guarda* las veredas del juicio
2.11 discreción te *guardará;* te preservará
3.1 y tu corazón *guarde* mis mandamientos
3.21 hijo mío..*guarda* la ley y el consejo
4.4 *guarda* mis mandamientos, y vivirás
4.6 no la dejes, y ella te *guardará;* ámala
4.13 retén..*guárdalo*, porque eso es tu vida
4.21 ojos; *guárdalas* en medio de tu corazón
4.23 toda cosa *guardada*, *guarda* tu corazón
5.2 para que *guardes* consejo, y tus labios
6.20 *guarda*..el mandamiento de tu padre, y
6.22 cuando duermas te *guardarán;* hablarán
6.24 para que te *guarden* de la mala mujer
7.1 hijo mío, *guarda* mis razones, y atesora
7.2 *guarda* mis mandamientos y vivirás, y mi
7.5 para que te *guarden* de la mujer ajena
8.32 bienaventurados los que *guardan* mis
10.14 los sabios *guardan* la sabiduría; mas
10.17 a la vida es *guardar* la instrucción
11.13 mas el de espíritu fiel lo *guarda* todo
13.3 el que *guarda* su boca *g* su alma; mas
13.6 justicia *guarda* al de perfecto camino
13.18 *guarda* la corrección recibirá honra
13.22 la riqueza del pecador está *guardada*
14.3 los labios de los sabios los *guardarán*
15.5 que *guarda* la corrección vendrá a ser
16.17 su vida *guarda* el que *g* su camino
19.8 *guarda* la inteligencia hallará el bien
19.16 que *guarda* el mandamiento *g* su alma
20.28 misericordia y verdad *guardan* al rey
21.23 el que *guarda* su boca..su alma *g* de
22.5 que *guarda* su alma se alejará de ellos
22.18 deliciosa, si las *guardares* dentro de
28.4 mas los que la *guardan* contenderán con
28.7 el que *guarda* la ley es hijo prudente
29.18 el que *guarda* la ley es bienaventurado
Ec. 3.6 tiempo de perder; tiempo de *guardar*
5.1 *guarda* tu pie; y acércate más para oir
5.13 riquezas *guardadas* por sus dueños para
8.2 te aconsejo que *guardes* el mandamiento
8.5 *guarda* el mandamiento no experimentará
12.13 teme a Dios, y *guarda*..mandamientos
Cnt. 1.6 me pusieron a *guardar* las viñas
1.6 y mi viña, que era mía, no *guardé*
7.13 dulces frutas..que para ti..*guardado*
8.12 y doscientas para los que *guardan* su
Is. 7.4 y dile: *Guarda*, y repósate; no temas
23.18 no se *guardarán* ni se atesorarán
26.3 *guardarás* en completa paz a aquel cuyo
27.3 yo Jehová la *guardo*..*guardaré* de noche
42.6 te *guardaré* y te pondré por pacto al
42.14 he *guardado* silencio, y me he detenido
46.4 hice..llevaré, yo soportaré y *guardaré*
49.2 me puso por saeta bruñida, me *guardó*
49.8 *guardaré*, y te daré por pacto al pueblo
56.1 *guardad* derecho, y..justicia; porque
56.2 el hombre..que *guarda* el día de reposo
56.2 y que *guarda* su mano de hacer todo mal
56.4 eunucos que *guarden* mis días de reposo
56.6 todos los que *guarden* el día de reposo
57.11 ¿no he *guardado* silencio desde tiempos
Jer. 2.25 *guarda* tus pies de andar descalzos
3.5 *¿guardará* su enojo..eternamente lo *g?*
3.12 soy..no *guardaré* para siempre el enojo
5.24 y nos *guarda* los tiempos..de la siega
8.7 grulla..*guardan* el tiempo de su venida
9.4 *guárdese* cada uno de su compañero, y en
15.20 contigo para *guardarte* y..defenderte
16.11 me dejaron a mí y no *guardaron* mi ley
17.21 *guardaos* por vuestra vida de llevar
31.10 lo reunirá y *guardará*, como el pastor
35.18 y *guardasteis* todos sus mandamientos
Ez. 5.7 andado..ni habéis *guardado* mis leyes?
11.20 y *guarden* mis decretos y los cumplan
17.14 que *guardando* el pacto, permaneciese
18.9 y *guardare* mis decretos para hacer
18.17 *guardare* mis decretos y anduviere en
18.19 *guardó*..mis estatutos y los cumplió
18.21 *guardare* todos mis estatutos e hiciere
20.18 no andéis en..ni *guardéis* sus leyes
20.19 *guardad* mis preceptos, y ponedlos por
20.21 estatutos, ni *guardaron* mis decretos
33.8 no hablares para que se *guarde* el impío
36.27 y haré que..*guardéis* mis preceptos, y
36.29 os *guardaré* de todas..inmundicias; y
37.24 mis estatutos *guardarán*, y por obra
43.11 que *guarden* toda su forma y todas sus
44.8 pues no habéis *guardado* lo establecido
44.15 Sadoc, que *guardaron* el ordenamiento

GUARDAR *(Continúa)*
Ez. 44.16 entrarán..y *guardarán* mis ordenanzas
44.24 leyes..*guardarán* en todas mis fiestas
48.11 de Sadoc que me *guardaron* fidelidad
Dn. 7.28 pero *guardé* el asunto en mi corazón
8.26 y tú *guarda* la visión, porque es para
9.4 que *guardas* el pacto y la misericordia
9.4 que te aman y *guardan* tus mandamientos
Os. 12.6 *guarda* misericordia y juicio, y en tu
12.13 Israel..por un profeta fue *guardado*
13.10 ¿dónde está tu rey, para que te *guarde*
13.12 atada está..su pecado está *guardado*
Am. 1.11 perpetuamente ha *guardado* el rencor
2.4 y no *guardaron* sus ordenanzas, y les
Mi. 6.16 mandamientos de Omri se han *guardado*
Nah. 1.2 Dios..*guarda* enojo para sus enemigos
2.1 *guarda* la fortaleza, vigila el camino
Sof. 2.3 quizás seréis *guardados* en el día del
Zac. 3.7 si *guardares* mi ordenanza, también
3.7 también *guardarás* mis atrios, y entre
10.6 *guardaré* la casa de José, y los haré
Mal. 2.7 labios del sacerdote han de *guardar*
2.9 vosotros no habéis *guardado* mis caminos
2.15,16 *guardaos*, pues, en vuestro espíritu
3.7 habéis apartado..y no las *guardasteis*
3.14 ¿qué aprovecha que *guardemos* su ley
Mt. 6.1 *guardaos* de hacer vuestra justicia
7.15 *guardaos* de los falsos profetas, que
10.17 y *guardaos* de los hombres, porque os
16.6 *guardaos* de la levadura de los fariseos
16.11 dije que os *guardaseis* de la levadura
16.12 se *guardasen* de la levadura del pan
19.17 en la vida, *guarda* los mandamientos
19.20 esto lo he *guardado* desde mi juventud
23.3 que os digan que *guardéis, guardadlo* y
27.36 y sentados le *guardaban* allí
27.54 que estaban con él *guardando* a Jesús
28.20 que *guarden* todas las cosas que os he
Mr. 6.20 temía a Juan..y le *guardaba* a salvo
7.4 muchas cosas..que tomaron para *guardar*
7.9 de Dios para *guardar* vuestra tradición
8.15 *guardaos* de la levadura de los fariseos
9.10 *guardaron* la palabra..discutiendo qué
10.20 esto lo he *guardado* desde mi juventud
12.38 y les decía..*Guardaos* de los escribas
Lc. 1.66 las *guardaban* en su corazón, diciendo
2.8 pastores..*guardaban* las vigilias de la
2.19 pero María *guardaba* todas estas cosas
2.51 su madre *guardaba* todas estas cosas en
4.10 a sus ángeles mandará..que te *guarden*
11.21 el hombre..armado *guarda* su palacio
11.28 oyen la palabra de Dios, y la *guardan*
12.1 *guardaos* de la levadura de los fariseos
12.15 mirad, y *guardaos* de toda avaricia
12.17 no tengo dónde *guardar* mis frutos?
12.18 allí *guardaré* todos mis frutos y mis
12.19 alma, muchos bienes tienes *guardados*
18.21 esto lo he *guardado* desde mi juventud
19.20 mina..he tenido *guardada* en un pañuelo
20.46 *guardaos* de los escribas, que gustan
Jn. 8.51 *guarda* mi palabra, nunca verá muerte
8.52 el que *guarda* mi palabra, nunca sufrirá
8.55 pero le conozco, y *guardo* su palabra
9.16 no..porque no *guarda* el día de reposo
12.7 día de mi sepultura ha *guardado* esto
12.25 el que..para vida eterna la *guardará*
12.47 oye..y no las *guarda*, yo no le juzgo
14.15 si me amáis, *guardad* mis mandamientos
14.21 tiene mis mandamientos, y los *guarda*
14.23 el que me ama, mi palabra *guardará*
14.24 que no me ama, no *guarda* mis palabras
15.10 si *guardareis* mis mandamientos..amor
15.10 como yo he *guardado* los mandamientos
15.20 si han *guardado* mi palabra..*guardarán*
17.6 me los diste, y han *guardado* tu palabra
17.11 me has dado, *guárdalos* en tu nombre
17.12 los *guardaba* en tu nombre; a los que
17.12 a los que me diste, yo los *guardé*, y
17.15 del mundo, sino que los *guardes* del mal
Hch. 7.53 recibisteis la..y no la *guardasteis*
9.24 *guardaban* las puertas de día y de noche
15.5 mandarles que *guarden* la ley de Moisés
15.24 mandando circuncidaros y *guardar* la
15.29 de las cuales cosas si os *guardareis*
16.4 las ordenanzas..para que las *guardasen*
16.23 mandando..los *guardase* con seguridad
18.21 yo *guarde* en Jerusalén la fiesta que
21.24 andas ordenadamente, *guardando* la ley
21.25 que no *guarden* nada de esto; solamente
22.2 y al oir..que *guardaron* más silencio
22.20 *guardaba*..ropas de los que le mataban
Ro. 2.25 aprovecha, si *guardas* la ley; pero si
2.26 si pues, el incircunciso *guardare* las
2.27 pero *guarda* perfectamente la ley, te
1 Co. 7.19 sino el *guardar* los mandamientos de
7.37 ha resuelto..*guardar* a su hija virgen
13.5 lo suyo, no se irrita, no *guarda* rencor
16.2 ponga aparte algo..*guardándolo*, para
2 Co. 11.9 me *guardé* y me *guardaré* de seros
11.32 *guardaba* la ciudad de los damascenos
Gá. 4.10 *guardáis* los días, los meses..años
5.3 que está obligado a *guardar* toda la ley
6.13 ni..que se circuncidan *guardan* la ley
Ef. 4.3 *guardar* la unidad del Espíritu en el
Fil. 3.2 *guardaos* de los perros, *g* de los
3.2 *guardaos* de los mutiladores del cuerpo
4.7 la paz de..*guardará* vuestros corazones
Col. 1.5 de la esperanza que os está *guardada*
1 Ts. 5.23 espíritu, alma y cuerpo..*guardado*
2 Ts. 3.3 fiel es el Señor, que os..*guardará*
1 Ti. 3.9 que *guarden* el misterio de la fe con
5.21 te encarezco..que *guardes* estas cosas
6.14 que *guardes* el mandamiento sin mácula
6.20 *guarda* lo que se te ha encomendado
2 Ti. 1.12 poderoso para *guardar* mi depósito
1.14 *guarda*..depósito por el Espíritu Santo
4.7 acabado la carrera, he *guardado* la fe
4.8 me está *guardada* la corona de justicia
4.15 *guárdate* tú también de él, pues en
Stg. 1.27 y *guardarse* sin mancha del mundo
2.10 cualquiera que *guardare* toda la ley
1 P. 1.5 sois *guardados* por el poder de Dios
2 P. 2.5 si no perdonó..sino que *guardó* a Noé
3.7 *guardados* para el fuego en el día del
3.17 *guardaos*, no sea que arrastrados por
1 Jn. 2.3 esto..si *guardamos* sus mandamientos
2.4 el que dice: Yo le conozco, y no *guarda*
2.5 pero el que *guarda* su palabra, en éste
3.22 *guardamos* sus mandamientos, y hacemos
3.24 que *guarda* sus mandamientos, permanece
5.2 amamos a..y *guardamos* sus mandamientos
5.3 que *guardemos* sus mandamientos; y sus
5.18 le *guarda*, y el maligno no le toca
5.21 hijitos, *guardaos* de los ídolos. Amén
Jud. 1 santificados..y *guardados* en Jesucristo
6 los ángeles que no *guardaron* su dignidad
6 ha *guardado* bajo oscuridad, en prisiones
24 aquel que es poderoso para *guardaros* sin
Ap. 1.3 y *guardan* las cosas en ella escritas
2.26 al que venciere y *guardare* mis obras
3.3 acuérdate..y *guárdalo*, y arrepiéntete
3.8 has *guardado* mi palabra, y no has negado
3.10 has *guardado* la palabra de mi paciencia
3.10 te *guardaré* de la hora de la prueba
12.17; 14.12 *guardan* los mandamientos de Dios
16.15 bienaventurado el que vela, y *guarda*
22.7 bienaventurado el que *guarda*..palabras
22.9 que *guardan* las palabras de este libro

GUARDIA
Gn. 37.36 Potifar, oficial..capitán de la *g*
39.1 Potifar..capitán de la *g*, varón egipcio
40.3 prisión en la casa del capitán de la *g*
40.4 el capitán de la *g* encargó de ellos a
41.10 echó a la prisión..de la *g* a mí y al
41.12 hebreo, siervo del capitán de la *g*
Nm. 8.26 para hacer la *g*, pero no servirán en
Jue. 7.19 principio de la *g* de la medianoche
8.11 atacó el..el ejército no estaba en *g*
1 S. 22.17 el rey a la gente de su *g*: Matad
2 S. 23.23 y lo puso David como jefe de su *g*
1 R. 14.27 dio a los capitanes de los de la *g*
14.28 rey entraba..los de la *g* los llevaban
14.28 ponían en la cámara de los de la *g*
2 R. 10.25 Jehú dijo a los de su *g*..Entrad, y
10.25 y los dejaron tendidos los de la *g* y
11.4 envió Joiada y tomó..gente de la *g*, y
11.5 tendrá la *g* de la casa del rey el día
11.6 otra..a la puerta del postigo de la *g*
11.7 la *g* de la casa de Jehová junto al rey
11.11 de la *g* se pusieron en fila, teniendo
11.19 tomó a..la *g* y todo el pueblo de la
11.19 por el camino de la puerta de la *g* a
25.8 vino a..Nabuzaradán, capitán de la *g*
25.10 el capitán de la *g*, derribó los muros
25.11 los llevó cautivos..capitán de la *g*
25.12 dejó Nabuzaradán, capitán de la *g*
25.15 plata..lo llevó el capitán de la *g*
25.18 tomó..capitán de la *g* al..sacerdote
25.20 tomó Nabuzaradán, capitán de la *g*, y
1 Cr. 11.25 éste puso David en su *g* personal
26.12 alternando..en la *g* con sus hermanos
26.16 la subida, correspondiéndose *g* con *g*
2 Cr. 12.10 y los entregó a los jefes de la *g*
12.11 venían los de la *g* y los llevaban, y
12.11 después..volvían a la cámara de la *g*
23.6 todo el pueblo hará *g* delante de Jehová
Neh. 4.23 yo..ni la gente de *g* que me seguía
12.25 porteros para la *g* a las entradas de
Est. 2.21; 6.2 eunucos..de la *g* de la puerta
Sal. 127.1 Jehová no guardare..vano vela la *g*
Jer. 39.9 capitán de la *g* los transportó a
39.10 capitán de la *g* hizo quedar en tierra
39.11 ordenado a..capitán de la *g* acerca de
39.13 envió..Nabuzaradán capitán de la *g*, y
40.1 después que..capitán de la *g* le envió
40.2 tomó..el capitán de la *g* a Jeremías y
40.5 le dio el capitán de la *g* provisiones
41.10 encargado..capitán de la *g* a Gedalías
43.6 dejado..capitán de la *g* con Gedalías
51.12 levantad bandera sobre..reforzad la *g*
52.12 vino a Jerusalén..capitán de la *g*, que
52.14 el ejército..con el capitán de la *g*
52.15 hizo transportar..capitán de la *g* a
52.16 dejó Nabuzaradán capitán de la *g* para
52.19 lo de plata..llevó el capitán de la *g*
52.24 tomó..el capitán de la *g* a Seraías el
52.26 los tomó..Nabuzaradán capitán..*g*
52.30 capitán de la *g* llevó cautivas a 745
Ez. 40.45 es de los sacerdotes que hacen la *g*
40.46 sacerdotes que hacen la *g* del altar
Dn. 2.14 habló..a Arioc, capitán de la *g* del
Mt. 27.65 tenéis una *g*; id, aseguradlo como
27.66 sellando la piedra y poniendo la *g*
28.11 aquí unos de la *g* fueron a la ciudad
Mr. 6.27 el rey, enviando a uno de la *g*, mandó
Lc. 22.4 fue y habló..con los jefes de la *g*
22.52 dijo..a los jefes de la *g* del templo
Hch. 4.1 vinieron..el jefe de la *g* del templo
5.24 cuando oyeron..jefe de la *g* del templo
5.26 fue el jefe de la *g* con los alguaciles
12.10 pasado la..y la segunda *g* llegaron a

GUARDIÁN, NA
2 R. 22.4 el dinero..que han recogido..los *g*
23.4 mandó el rey al..a los *g* de la puerta
Hch. 19.35 que la ciudad..es *g* del templo de

GUARIDA
Job 38.40 o se están en sus *g* para acechar?
Cnt. 4.8 desde las *g* de los leones, desde la
Is. 35.7 en su *g*, será lugar de cañas y juncos
Jer. 25.38 cual leoncillo su *g*; pues asolada
Am. 3.4 el leoncillo su rugido desde su *g*, si
Nah. 2.11 ¿qué es de la *g* de los leones, y de
2.12 llenaba de presa sus..y de robo sus *g*
Sof. 2.15 ¡cómo..asolada, hecha *g* de fieras!
Mt. 8.20; Lc 9.58 zorras tienen *g*, y las aves
Ap. 18.2 ha hecho..*g* de todo espíritu inmundo

GUARNECER
Cnt. 8.9 la *guarneceremos* con tablas de cedro

GUARNICIÓN
1 S. 10.5 donde está la *g* de los filisteos
13.3 y Jonatán atacó a la *g* de los filisteos
13.4 Saúl ha atacado a la *g* de los filisteos
13.23 la *g* de los filisteos avanzó hasta el
14.1 ven y pasemos a la *g* de los filisteos
14.4 Jonatán..pasar a la *g* de los filisteos
14.6 pasemos a la *g* de estos incircuncisos
14.11 se mostraron..a la *g* de los filisteos
14.12 los..de la *g* respondieron a Jonatán
14.15 pánico..entre toda la gente de la *g*
2 S. 8.6 puso..David *g* en Siria de Damasco, y
8.14 puso *g* en Edom; por todo Edom puso *g*
23.14 había en Belén una *g* de los filisteos
2 R. 11.18 el sacerdote puso *g* sobre la casa
1 Cr. 11.16 había entonces *g* de los filisteos
18.6 y puso David *g* en Siria de Damasco, y
18.13 *g* en Edom, y..fueron siervos de David
2 Cr. 17.2 colocó gente de *g* en tierra de Judá

GUDGODA *Lugar donde acampó Israel (=Gidgad)*, Dt. 10.7

GUEDEJA
Jue. 16.13 tejieres siete *g* de mi cabeza con
16.19 rapó las siete *g* de su cabeza; y ella
Cnt. 4.1 tus ojos entre tus *g* como de paloma
Is. 47.2 descubre tus *g*, descalza tus pies
Ez. 8.3 figura..me tomó por las *g* de mi cabeza

GUERRA
Gn. 14.2 éstos hicieron *g* contra Bera rey
31.26 a mis hijas como prisioneras de *g*?
Éx. 1.10 que viniendo *g*, él también se una a
13.17 se arrepienta..cuando vea la *g*, y se
15.3 Jehová es varón de *g*; Jehová es su
17.16 tendrá *g* con Amalec de generación en
Nm. 1.3,20,22,24,26,28,30,32,34,36,38,40,42,45
todos los que podían salir a la *g*
10.9 saliereis a la *g* en vuestra tierra
21.26 tenido *g* antes con el rey de Moab, y
26.2 censo de..los que pueden salir a la *g*
31.3 armaos algunos de..para la *g*, y vayan
31.4 mil de cada tribu de..enviaréis a la *g*
31.5 fueron dados..doce mil en pie de *g*
31.6 Moisés los envió a la *g*; mil de cada
31.6 Finees hijo..fue a la *g* con los vasos
31.14 contra los jefes..que volvían de la *g*
31.21 a los hombres de *g* que venían de la *g*
31.27 botín entre..los que salieron a la *g*
31.28 los hombres de *g* que salieron a la *g*
31.32 botín que tomaron los hombres de *g*
31.36 parte de los que habían salido a la *g*
31.42 apartó..de los..que habían ido a la *g*
31.49 tomado razón de los hombres de *g* que
32.6 ¿irán..hermanos a la *g*, y vosotros os
32.20 os disponéis para ir delante..a la *g*
32.27 armados..para la *g*, pasarán..a la *g*
32.29 Rubén pasan..armados todos para la *g*
Dt. 1.41 os armasteis cada uno..armas de *g*
2.9 ni te empeñes con ellos en *g*, porque no
2.14 acabó..generación de los hombres de *g*
2.16 después que murieron..los hombres de *g*
2.24 comienza a tomar posesión..entra en *g*
4.34 *g*, y mano poderosa y brazo extendido
20.1 cuando salgas a la *g*..no tengas temor
20.12 no hiciere..y emprendiere *g* contigo
20.20 contra la ciudad que te hace la *g*

GUERRA *(Continúa)*
Dt. 21.10 salieres a la *g* contra tus enemigos
24.5 fuere recién casado, no saldrá a la *g*
Jos. 4.13 cuarenta mil..listos para la *g*
5.4 todos los hombres de *g*, habían muerto
5.6 los hombres de *g* que..fueron consumidos
6.2 he entregado..Jericó..sus varones de *g*
6.3 rodearéis..la ciudad..los hombres de *g*
8.1 toma contigo toda la gente de *g*..a Hai
8.3 la gente de *g*, para subir contra Hai; y
8.11 toda la gente de *g*..subió y se acercó
10.7 y subió Josué..el pueblo de *g* con él
10.24 dijo a..gente de *g* que habían venido
11.4 con muchísimos caballos y carros de *g*
11.7 Josué, y toda la gente de *g*..vino de
11.18 mucho tiempo tuvo *g* Josué con..reyes
11.19 salvo los heveos..todo lo tomaron en *g*
11.20 para que resistiesen con *g* a Israel
11.23 tribus; y la tierra descansó de la *g*
14.11 tal es ahora mi fuerza para la *g*, y
14.15 Arba..Y la tierra descansó de la *g*
17.1 Maquir..fue hombre de *g*, tuvo Galaad
22.33 no hablaron más de..contra ellos en *g*
Jue. 3.1 no habían conocido..las *g* de Canaán
3.2 que el linaje de..Israel conociese la *g*
3.29 todos valientes y todos hombres de *g*
5.8 escogían nuevos dioses, la *g* estaba a
8.1 no..cuando ibas a la *g* contra Madián?
10.9 pasaron el Jordán..*g* contra Judá
11.4,5 de Amón hicieron *g* contra Israel
11.12 has venido..hacer *g* contra mi tierra?
11.25 contra Israel, o hizo *g* contra ellos?
12.1 ¿por qué fuiste a hacer *g* contra los
18.11 salieron..Dan, armados de armas de *g*
18.16 estaban armados de sus armas de *g* a
18.17 con los 600..armados de armas de *g*
20.17 los varones de Israel..400.000..de *g*
20.18 ¿quién subirá de..el primero en la *g*
20.44 dieciocho mil, todos..hombres de *g*
20.46 veinticinco mil..todos..hombres de *g*
21.22 en la *g* no tomamos mujeres para todos
1 S. 8.12 pondrá..a que hagan sus armas de *g*
8.20 rey nos gobernará..y hará nuestras *g*
10.26 fueron con él los hombres de *g* cuyos
12.9 en mano de..los cuales les hicieron *g*
14.47 Saúl hizo *g* a todos sus enemigos en
14.52 hubo *g*..contra los filisteos todo el
15.18 vé..y hazles *g* hasta que los acabes
16.18 es valiente y vigoroso y hombre de *g*
17.1 los filisteos juntaron sus..para la *g*
17.13 habían ido para seguir a Saúl a la *g*
17.13 sus tres hijos que habían ido a la *g*
17.33 él un hombre de *g* desde su juventud
18.5 y lo puso Saúl sobre gente de *g*, y era
19.8 hubo de nuevo *g*; y salió David y peleó
2 S. 1.27 ¡cómo..han perecido las armas de *g*!
3.1 hubo larga *g* entre la casa de Saúl y la
3.6 como había *g* entre la casa de Saúl y la
5.2 eras tú quien sacabas a Israel a la *g*
11.1 el tiempo que salen los reyes a la *g*
11.7 David le preguntó..el estado de la *g*
11.18 hizo saber..todos los asuntos de la *g*
11.19 acabes de contar..los asuntos de la *g*
17.8 tu padre es hombre de *g*, y no pasará
21.15 los filisteos a hacer la *g* a Israel
21.18 otra segunda *g* hubo después en Gob
21.19 otra vez *g* en Gob contra..filisteos
21.20 hubo otra *g* en Gat, donde había un
1 R. 2.5 sangre de *g*, y poniendo sangre de *g*
5.3 por las *g* que le rodearon, hasta que
9.22 que eran hombres de *g*, o sus criados
12.21 el fin de hacer *g* a la casa de Israel
14.19 las *g* que hizo, y cómo reinó, todo
14.30; 15.6 hubo *g* entre Roboam y Jeroboam
15.7 y hubo *g* entre Abiam y Jeroboam
15.16,32 *g* entre Asa y Baasa rey de Israel
22.1 tres años..sin *g* entre los sirios e
22.6 ¿iré a la *g* contra Ramot de Galaad, o
22.45 y las *g* que hizo, ¿no están escritos
2 R. 3.7 ¿irás tú conmigo a la *g* contra Moab?
6.8 tenía el rey de Siria *g* contra Israel
8.28 fue a la *g* con Joram..contra Hazael
13.25 ciudades que éste había tomado en *g*
14.28 las *g* que hizo, y cómo restituyó al
16.5 para hacer *g* y sitiar a Acaz; mas no
18.20 consejo tengo y fuerzas para la *g*
19.9 de Etiopía había salido para hacerle *g*
24.16 todos los hombres de *g*..llevó cautivos
24.16 todos los valientes para hacer la *g*
25.4 huyeron de noche..hombres de *g* por el
25.19 que tenía a su cargo los hombres de *g*
1 Cr. 5.10 hicieron *g* contra los agarenos, los
5.18 hombres valientes..y diestros en la *g*
5.19 éstos tuvieron *g* contra los agarenos
5.20 porque clamaron a Dios en la *g*, y les
5.22 y cayeron muchos..la *g* era de Dios
7.4 había con ellos..36.000 hombres de *g*
7.11 todos..que salían a combatir en la *g*
11.2 tú eras quien sacaba a la *g* a Israel
12.1 los valientes que le ayudaron en la *g*
12.8 hombres de *g*..valientes para pelear
12.23 estaban listos para la *g*, y vinieron a
12.24 de Judá..6.800, listos para la *g*
12.25 de Simeon, 7.100..esforzados para la *g*
12.33 la *g*, con toda clase de armas de *g*
12.36 Aser, dispuestos para la *g*..40.000
12.37 de Manasés.. toda clase de armas de *g*
12.38 hombres de *g*..poner a David por rey
18.10 porque Toi tenía *g* contra Hadad-ezer
19.7 se juntaron..Amón..y vinieron a la *g*
20.1 en que suelen los reyes salir a la *g*
20.4 que se levantó *g* en Gezer contra los
20.5 a levantarse *g* contra los filisteos
20.6 volvió a haber *g* en Gat, donde había
22.8 y has hecho grandes *g*; no edificarás
26.27 de lo que habían consagrado de las *g*
28.3 no edificarás casa..eres hombre de *g*
2 Cr. 6.34 si tu pueblo saliere a la *g* contra
8.9 eran hombres de *g*, y sus oficiales y
11.1 a 180.000 hombres escogidos de *g*
12.15 y entre Roboam y Jeroboam hubo *g*
13.2 años..Y hubo *g* entre Abías y Jeroboam
13.3 un ejército de 400.000 hombres de *g*
14.6 no había *g*..Jehová le había dado paz
15.19 no hubo más *g* hasta los 35 años del
16.9 de aquí en adelante habrá más *g* contra
17.10 y no osaron hacer *g* contra Josafat
17.13 tuvo..hombres de *g* muy valientes en
17.18 con él 180.000 dispuestos para la *g*
18.3 y él respondió..iremos contigo a la *g*
18.5 ¿iremos a la *g* contra Ramot de Galaad
20.1 amonitas, vinieron contra Josafat..*g*
20.15 porque no es vuestra la *g*..de Dios
22.5 y fue a la *g* con Joram hijo de Acab
25.5 hallados 300.000..para salir a la *g*
25.13 para que no fuesen con él a la *g*
26.11 los cuales salían a la *g* en divisiones
26.13 bajo..éstos estaba el ejército de *g*
27.5 tuvo él *g* con el rey de los hijos de
27.7 demás hechos de Jotam, y todas sus *g*
28.12 Amasa..contra los que venían de la *g*
32.6 y puso capitanes de *g* sobre el pueblo
35.20 Necao rey de Egipto subió..hacer *g*
35.21 sino contra la casa que me hace *g*; y
Job 5.20 salvará..poder de la espada en la *g*
38.23 reservados..para el día de la *g* y de
Sal. 27.3 aunque contra mí se levante *g*, yo
46.9 hace cesar las *g* hasta los fines de la
55.18 él redimirá en paz mi alma de la *g*
55.21 pero *g* hay en su corazón; suaviza
60 *tít.* cuando tuvo *g* contra Aram-Naharaim
68.30 esparce a..que se complacen en la *g*
76.3 quebró las saetas..y las armas de *g*
120.7 mas ellos, así que hablo, me hacen *g*
144.1 quien adiestra..mis dedos para la *g*
Pr. 20.18 y con dirección sabia se hace la *g*
24.6 porque con ingenio harás la *g*, y en la
Ec. 3.8 tiempo..tiempo de *g*, y tiempo de paz
8.8 no valen armas en tal *g*, ni la impiedad
9.11 ni la *g* de los fuertes, ni aun de los
9.18 mejor es la sabiduría que..armas de *g*
Cnt. 3.8 todos ellos..diestros en la *g*; cada
Is. 2.4 no..ni se adiestrarán más para la *g*
3.2 el valiente y el hombre de *g*, el juez
3.25 tus varones caerán..tu fuerza en la *g*
16.9 y sobre tu siega caerá el grito de *g*
22.2 muertos no son muertos a espada..en *g*
36.5 que el consejo y poderío para la *g*
37.9 he aquí que ha salido para hacerte *g*
41.12 como nada..aquellos que te hacen la *g*
42.13 y como hombre de *g* despertará celo
42.25 el ardor de su ira, y fuerza de *g*; le
Jer. 4.19 has oído, oh alma mía, pregón de *g*
6.4 anunciad *g* contra ella; levantaos y
6.23 hombres dispuestos para la *g*, contra ti
18.21 sus jóvenes heridos a espada en la *g*
21.2 Nabucodonosor..hace *g* contra nosotros
21.4 vuelvo atrás las armas de *g* que están
28.8 profetas que fueron..profetizaron *g*
38.4 desmayar las manos de..hombres de *g*
39.4 viéndolos..los hombres de *g*, huyeron
40.13 todos los príncipes de la gente de *g*
41.11 oyeron..príncipes de la gente de *g*
41.13,16 los capitanes de la gente de *g*
41.16 hombres de *g*, mujeres, niños y eunucos
42.1 vinieron..oficiales de la gente de *g*
42.8 llamó a..los oficiales de la gente de *g*
42.14 de Egipto, en la cual no veremos *g*
43.4 los oficiales de la gente de *g* y todo
43.5 tomó..los oficiales de la gente de *g*
46.3 preparad escudo y pavés, y venid a la *g*
48.14 diréis: Somos..robustos para la *g*?
49.2 haré oir clamor de *g* en Rabá de Amón
49.26 los hombres de *g* morirán en aquel día
50.22 estruendo de *g* en la tierra..grande
50.30 sus hombres de *g* serán destruidos en
51.20 martillo me sois, y armas de *g*; y por
51.32 y se consternaron los hombres de *g*
52.7 los hombres de *g* huyeron, y salieron
52.25 tomó a..capitán de los hombres de *g*
52.25 pasaba revista al pueblo..para la *g*
Ez. 21.22 para levantar la voz en grito de *g*
27.10 Lud y Fut fueron..tus hombres de *g*
27.14 con caballos y corceles de *g* y mulos
27.27 hombres de *g* que hay en ti..caerán en
32.27 descendieron al Seol con..armas de *g*
39.20 saciaréis..de todos los hombres de *g*
Dn. 7.21 este cuerno hacía *g* contra los santos
9.26 fin de la *g* durarán las desvastaciones
11.10 mas..llevará la *g* hasta su fortaleza
11.25 se empeñará en la *g* con grande y muy
Os. 2.18 quitaré de la tierra..y espada y *g*
Jl. 2.7 como hombres de *g* subirán el muro
3.9 proclamad *g*..vengan..los hombres de *g*
Mi. 2.8 quitasteis las..como adversarios de *g*
3.5 al que no les da..proclaman *g* contra él
4.3 nación, ni se ensayarán más para la *g*
Zac. 9.10 y los arcos de *g* serán quebrados; y
10.3 los pondrá como su caballo de..en la *g*
10.4 de él saldrá la piedra..el arco de *g*
Mt. 24.6; Mr. 13.7 oiréis de *g* y rumores de *g*
Lc. 14.31 qué rey, al marchar a la *g* contra
21.9 cuando oigáis de *g* y de sediciones, no
Stg. 4.1 ¿de dónde vienen las *g* y los pleitos
Ap. 9.7 a caballos preparados para la *g*; en
11.7 la bestia..hará *g* contra ellos, y los
12.17 fue a hacer *g* contra..la descendencia
13.7 le permitió hacer *g* contra los santos

GUERREAR
2 R. 13.12 el esfuerzo con que *guerreó* contra
1 Cr. 12.38 dispuestos para *guerrear*, vinieron
Ap. 19.19 para *guerrear* contra el que montaba

GUERRERO
1 R. 12.21 reunió a..180.000..*g* escogidos
2 Cr. 26.11 tuvo..Uzías un ejército de *g*, los
26.13 el ejército..de 307.500 *g* poderosos
Is. 9.5 porque todo calzado que lleva el *g* en
15.4 por lo que aullarán los *g* de Moab, se
Mi. 5.1 rodéate..de muros, hija de *g*; nos han
Hab. 3.14 horadaste con..las cabezas de sus *g*

GUÍA
Job 31.18 desde el vientre..fui *g* de la viuda
Sal. 55.13 íntimo mío, mi *g*, y mi familiar
Pr. 12.26 el justo sirve de *g* a su prójimo
Mt. 15.14 son ciegos *g* de ciegos; y si el ciego
23.16 ¡ay de vosotros, *g* ciegos! que decís
23.24 ¡*g* ciegos, que coláis el mosquito, y
Hch. 1.16 fue *g* de los que prendieron a Jesús
Ro. 2.19 confías en que eres *g* de los ciegos

GUIADOR
Jer. 3.4 ¿no me llamarás a..*g* de mi juventud?
Mt. 2.6 de ti saldrá un *g*, que apacentará a

GUIAR
Gn. 24.27 *guiándome* Jehová en el camino a
24.48 me había *guiado* por camino de verdad
Éx. 13.21 una columna de nube para *guiarlos*
Dt. 32.12 Jehová solo le *guio*, y con él no
Jue. 16.26 dijo al joven que le *guiaba* de la
2 S. 6.3 Uza y Ahío..*guiaban* el carro nuevo
2 R. 4.24 *guía* y anda; y no me hagas detener
6.19 yo os *guiaré* al..Y los *guio* a Samaria
1 Cr. 13.7 arca..Uza y Ahío *guiaban* el carro
Neh. 9.12 columna de nube los *guiaste* de día
9.19 nube no se apartó..para *guiarlos* por el
Job 38.32 o *guiarás* a la Osa Mayor con sus
Sal. 5.8 *guíame*, Jehová, en tu justicia, a
23.3 me *guiará* por sendas de justicia por
27.11 *guíame* por senda de rectitud a causa
31.3 tú eres mi..por tu nombre me *guiarás*
43.3 envía tu luz y tu verdad..me *guiarán*
48.14 nos *guiará* aun más allá de la muerte
73.24 me has *guiado* según tu consejo, y
78.14 les *guio* de día con nube, y toda la
78.53 los *guio* con seguridad, de modo que
107.30 así los *guía* al puerto que deseaban
108.10 ¿quién me *guiará*..me *g* hasta Edom?
119.35 *guíame* por la senda de..mandamientos
139.10 allí me *guiará* tu mano, y me asirá
139.24 ve si..y *guíame* en el camino eterno
143.10 tu buen espíritu me *guíe* a tierra de
Pr. 6.22 *guiarán* cuando andes; cuando duermas
8.20 por vereda de justicia *guiaré*, por en
Is. 3.12 pueblo..los que te *guían* te engañan
42.16 *guiaré* a los ciegos por camino que no
49.10 el que tiene..misericordia los *guiará*
51.18 todos los hijos..no hay quien la *guíe*
63.12 que los *guio* por la diestra de Moisés
Lm. 3.2 me *guio* y me llevó en tinieblas, y no
Mt. 15.14 si el ciego *guiare* al ciego..caerán
Lc. 6.39 ¿acaso puede un ciego *guiar* a otro
Jn. 16.13 el Espíritu de verdad, él os *guiará*
Ro. 2.4 ignorando que su benignidad te *guía* al
8.14 los que son *guiados* por el Espíritu de
Gá. 5.18 pero si sois *guiados* por el Espíritu
Ap. 7.17 Cordero..*guiará* a fuentes de aguas

GUIÑAR
Job 15.12 tu corazón..por qué *guiñan* tus ojos
Sal. 35.19 ni los que me aborrecen..*guiñen* el
Pr. 6.13 que *guiña* los ojos, que habla con los
10.10 el que *guiña* el ojo acarrea tristeza

GUIRNALDA
Hch. 14.13 sacerdote..trajo toros y *g* delante

GUISADO
Gn. 25.34 Jacob dio a Esaú pan y del *g* de las
27.4 y hazme un *g* como a mí me gusta, y
27.7 tráeme caza y hazme un *g*, para que coma
27.14 hizo *g*, como a su padre le gustaba
27.17 entregó los *g* y..en manos de Jacob
27.31 hizo él también *g*, y trajo a su padre
1 S. 25.18 tomó..ovejas *g*, cinco medidas de
2 R. 4.40 comiendo ellos de aquel *g*, gritaron

GUISAR
Gn. 25.29 *guisó* Jacob un potaje; y volviendo
Éx. 23.19 no *guisarás* el cabrito en la leche
2 S. 12.4 tomar de sus ovejas..para *guisar*

GUISO
Gn. 25.30 ruego que me des a comer de ese *g*

GUNI
1. Hijo de Neftalí, Gn. 46.24; Nm. 26.48; 1 Cr. 7.13
2. Descendiente de Gad No. 1, 1 Cr. 5.15

GUNITA *Descendiente de Guni No. 1*, Nm. 26.48

GUR *Lugar cerca de Ibleam*, 2 R. 9.27

GUR-BAAL *Ciudad de los árabes en Edom*, 2 Cr. 26.7

GUSANO
Éx. 16.20 dejaron de ellos..y crio *g*, y hedió
Dt. 28.39 ni recogerás uvas..*g* se las comerá
Job 7.5 carne está vestida de *g*, y de costras
17.14 dicho..a los *g*: Mi madre y mi hermana
21.26 igualmente yacerán..y *g* los cubrirán
24.20 ellos sentirán los *g* dulzura; nunca
25.6 un *g*, y el hijo de hombre, también *g*?
Sal. 22.6 yo soy *g*, y no hombre; oprobio de
Is. 14.11 *g* serán tu cama, y *g* te cubrirán
41.14 *g* de Jacob, oh vosotros los pocos de
51.8 polilla, como a lana los comerá *g*; pero
66.24 porque su *g* nunca morirá, ni su fuego
Jon. 4.7 Dios preparó un *g*, el cual hirió la
Mr. 9.44,46,48 donde el *g* de ellos no muere
Hch. 12.23 ángel..hirió..y expiró comido de *g*

GUSTAR
Gn. 27.4 hazme un guisado como a mí me *gusta*
27.9 viandas..tu padre, como a él le *gusta*
27.14 guisados, como a su padre le *gustaba*
1 S. 14.29 haber *gustado* un poco de esta miel
14.43 *gusté* un poco de miel con la punta de
2 S. 3.35 antes que se ponga el sol *gustare*
1 R. 9.12 ver las ciudades..y no le *gustaron*
Job 12.11 oído..el paladar *gusta* las viandas
34.3 como el paladar *gusta* lo que uno come
Sal. 34.8 *gustad*, y ved que es bueno Jehová
Ec. 6.6 viviere mil años..sin *gustar* del bien
Os. 10.11 es novilla..que le *gusta* trillar
Jon. 3.7 no *gusten* cosa alguna; no se les dé
Mt. 16.28; Mr. 9.1 no *gustarán* la muerte hasta
12.38 que *gustan* de andar con largas ropas
Lc. 9.27 no *gustarán* la muerte hasta que vean
14.24 ninguno de aquellos..*gustará* mi cena
20.46 que *gustan* de andar con ropas largas
Hch. 23.14 a no *gustar* nada hasta que hayamos
Col. 2.21 no manejes, ni *gustes*, ni aun toques
He. 2.9 por la gracia de..*gustase* la muerte
6.4 y *gustaron* del don celestial, y fueron
6.5 *gustaron* de la buena palabra de Dios y
1 P. 2.3 que habéis *gustado* la benignidad del
3 Jn. 9 Diótrefes..le *gusta* tener el primer

GUSTO
2 S. 19.35 ¿tomará *g*..tu siervo en lo que coma
Job 6.6 sal? ¿Habrá *g* en la clara del huevo?
21.25 morirá..sin haber comido jamás con *g*
Sal. 78.18 tentaron..pidiendo comida a su *g*
Is. 58.3 buscáis vuestro propio *g*, y oprimís
Dn. 5.2 Belsasar, con el *g* del vino, mandó
Mal. 2.13 para aceptarla con *g* de vuestra mano
Jn. 6.21 con *g* le recibieron en la barca, la

H

HABA
2 S. 17.28 trajeron a David..grano tostado, *h*
Ez. 4.9 tú toma..trigo, cebada, *h*, lentejas

HABACUC *Profeta*
Hab. 1.1 la profecía que vio el profeta *H*
3.1 oración del profeta *H*, sobre Sigionot

HABAÍA *Ascendiente de una familia de sacerdotes*, Esd. 2.61; Neh. 7.63

HABASINÍAS *Ascendiente de los recabitas*, Jer. 35.3

HABER *(s.)*
Pr. 6.31 si es..entregará todo el *h* de su casa
12.27 *h* precioso del hombre es la diligencia

HÁBIL
2 Cr. 2.7 un hombre *h* que sepa trabajar en oro
2.13 te he enviado un hombre *h* y entendido
Sal. 58.5 no oye..por más *h* que el encantador
Is. 3.3 el artífice excelente y el *h* orador
Jer. 9.17 llamad plañideras..buscad a las *h* en
Ez. 27.9 *h* obreros calafateaban tus junturas

HABITABLE
Sal. 107.7 los dirigió..que viniesen a ciudad *h*
Pr. 8.31 regocijo en la parte *h* de su tierra

HABITACIÓN
Gn. 27.39 será tu *h* en grosuras de la tierra
Éx. 10.23 hijos de Israel tenían luz en sus *h*
12.20 todas..*h* comeréis panes sin levadura
Lv. 23.17 de vuestras *h* traeréis dos panes para
25.29 el varón que vendiere casa de *h* en
Nm. 15.2 entrado en la tierra de vuestra *h* que
24.5 ¡cuán hermosas son..tus *h*, oh Israel!
24.21 fuerte es tu *h*..pon en la peña tu nido
31.10 e incendiaron todas sus..aldeas y *h*
35.29 serán por ordenanza..todas vuestras *h*
Dt. 12.5 para poner allí su nombre para su *h*
16.7 la mañana regresarás y volverás a tu *h*
1 R. 10.5 las *h* de sus oficiales, el estado y
1 Cr. 4.33 fue su *h*, y esta su descendencia
6.54 son sus *h*, conforme a sus domicilios y
7.28 *h* de ellos fue Bet-el con sus aldeas
2 Cr. 6.2 y una *h* en que mores para siempre
8.11 mi mujer no morará en *h*..son sagradas
9.4 las *h* de sus oficiales, el estado de sus
30.27 levitas..y su oración llegó a la *h* de
36.15 él tenía misericordia de..y de su *h*
Job 5.3 necio..en la misma hora maldije su *h*
8.22 confusión..la *h* de los impíos perecerá
38.19 dónde va el camino a la *h* de la luz
Sal. 26.8 *h* de tu casa he amado, y el lugar
49.11 y sus *h* para generación y generación
74.20 mira..están llenos de *h* de violencia
76.2 Salem..su tabernáculo, y su *h* en Sion
91.9 porque has puesto a..Altísimo por tu *h*
132.13 ha elegido a..la quiso por *h* para sí
Is. 11.10 será buscada..y su *h* será gloriosa
32.18 y mi pueblo habitará..paz, en *h* seguras
54.2 y las cortinas de tus *h* sean extendidas
65.10 Sarón para *h* de ovejas, y el valle de
Ez. 8.3 estaba la *h* de la imagen del celo, la
25.5 pondré a Rabá por *h* de camellos, y a los
48.15 serán profanas..para *h* y para ejido
Dn. 4.32 y con las bestias del campo será tu *h*
Sof. 3.6 sus *h* están asoladas; hice desiertas
Hch. 1.20 sea hecha desierta su *h*, y no haya
17.26 les ha prefijado..los límites de su *h*
2 Co. 5.2 revestidos de..nuestra *h* celestial
Ap. 18.2 se ha hecho *h* de demonios y guarida

HABITADO *Véase Habitar*

HABITANTE
Nm. 14.14 lo dirán a los *h* de esta tierra, los
Jue. 1.8 y pasaron a sus *h* a filo de espada y
1.27 ni a los *h* de Ibleam y sus aldeas, ni a
1 S. 6.21 a los *h* de Quiriat-jearim, diciendo
1 Cr. 4.14 Joab, padre de los *h* del valle de
2 Cr. 15.5 sino muchas aflicciones sobre..los *h*
22.1 los *h*..hicieron rey en lugar de Joram
34.9 habían recogido..de los *h* de Jerusalén
Esd. 4.6 escribieron..contra los *h* de Judá y
Sal. 33.8 teman delante de él..los *h* del mundo
49.1 pueblos..escuchad, *h* todos del mundo
65.8 los *h* de los..temen de tus maravillas
83.7 y Amalec; los filisteos y los *h* de Tiro
100.1 cantad alegres a..*h* de toda la tierra
Is. 18.3 y *h* de la tierra..se levante bandera
24.6 fueron consumidos los *h* de la tierra
Ez. 26.17 ella y sus *h*, que infundían terror
Dn. 4.35 los *h* de la tierra son..como nada
4.35 su voluntad en..en los *h* de la tierra
Am. 8.8 ¿no llorará todo *h* de ella? Subirá
Sof. 1.4 extenderé mi mano..*h* de Jerusalén
1.11 aullad, *h* de Mactes..el pueblo mercader
1.18 destrucción..hará de todos los *h* de la
3.6 sus ciudades..asoladas..hasta no quedar *h*
Zac. 8.20 aún vendrán..*h* de muchas ciudades
8.21 y vendrán los *h* de una ciudad a otra
12.5 tienen fuerza los *h* de Jerusalén en
12.7 *h* de Jerusalén no se engrandezca sobre
13.1 un manantial..para los *h* de Jerusalén
Hch. 1.19 notorio a todos los *h* de Jerusalén
13.27 los *h* de Jerusalén..no conociendo a

HABITAR
Gn. 4.16 salió..Caín..y *habitó* en tierra de
4.20 fue padre de los que *habitan* en tiendas
9.27 a Jafet, y *habite* en las tiendas de Sem
10.30 la tierra en que *habitaron* fue desde
13.6 no era suficiente para que *habitasen*
13.7 el cananeo y..*habitaban* entonces en la
13.12 que Lot *habitó* en las ciudades de la
14.7 amorreo que *habitaba* en Hazezon-tamar
14.13 que *habitaba* en el encinar de Mamre el
16.3 diez años que había *habitado* Abram en
16.12 delante de todos sus hermanos *habitará*
19.9 vino este..para *habitar* entre nosotros
19.30 *habitó* en una cueva él y sus dos hijas
20.1 Shur, y *habitó* como forastero en Gerar
20.15 tierra..*habita* donde bien te parezca
21.20 creció, y *habitó* en el desierto, y fue
21.21 *habitó* en el desierto de Parán; y su
22.19 fueron..y *habitó* Abraham en Beerseba
24.3 los cananeos, entre los cuales yo *habito*
24.37 de los cananeos, en cuya tierra *habito*
24.62 venía Isaac..él *habitaba* en el Neguev
25.11 y *habitó* Isaac junto el pozo del
25.18 *habitaron* desde Havila hasta Shur, que
25.27 varón quieto, que *habitaba* en tiendas
26.2 *habita* en la tierra que yo te diré
26.3 *habita* como forastero en esta tierra, y
26.6 *habitó*, pues, Isaac en Gerar
26.17 en el valle de Gerar, y *habitó* allí
34.10 *habitad* con nosotros, porque la tierra
34.16 *habitaremos* con vosotros, y seremos un
34.21 estos varones..*habitarán* en el país
34.22 consentirán..en *habitar* con nosotros
34.23 convengamos..y *habitarán* con nosotros
35.27 Arba..donde *habitaron* Abraham e Isaac
36.7 no podían *habitar* juntos, ni la tierra
36.8 Esaú *habitó* en el monte de Seir; Esaú
37.1 *habitó* Jacob en la tierra donde había
45.10 *habitarás* en la tierra de Gosén, y
47.4 que *habiten* tus siervos en la tierra
47.6 haz *habitar* a tu padre..*habiten*..Gosén
47.11 José hizo *habitar* a su padre y a sus
47.27 *habitó* Israel en tierra de Egipto
49.13 Zabulón en puertos de mar *habitará*
50.22 habitó José en Egipto, él y la casa de
Éx. 2.15 huyó..y *habitó* en tierra de Madián
6.4 darles la tierra..en la cual *habitaron*
8.22 de Gosén, en la cual *habita* mi pueblo
9.24 cual nunca hubo..desde que fue *habitada*
12.40 tiempo que..hijos de Israel *habitaron*
12.49 ley..y para el extranjero que *habitare*
16.35 hasta que llegaron a tierra *habitada*
23.33 en tu tierra no *habitarán*, no sea que
25.8 harán un santuario..y *habitaré* en medio
29.45 *habitaré* entre los hijos de Israel, y
29.46 saqué..para *habitar* en medio de ellos
Lv. 3.17 estatuto..dondequiera que *habitéis*
7.26 ninguna sangre comeréis..donde *habitéis*
13.46 y *habitará* solo; fuera del campamento
18.28 vomitó a la nación que la *habitó* antes
20.22 os introduzco para que *habitéis* en ella
23.3 día de reposo..dondequiera que *habitéis*

HABITAR *(Continúa)*
Lv. 23.14,21 estatuto..dondequiera que *habitéis*
23.42 en tabernáculos *habitaréis* siete días
23.42 todo natural..*habitará* en tabernáculos
23.43 en tabernáculos hice yo *habitar* a los
25.18 ejecutad..y *habitaréis* en la tierra
25.19 dará..y *habitaréis* en ella con seguridad
26.5 y *habitaréis* seguros en vuestra tierra
26.35 los días de..cuando *habitabais* en ella
Nm. 5.3 no contaminen el campamento..*habito*
13.18 observad..el pueblo que la *habita*, si
13.19 cómo es la tierra *habitada*, si es buena
13.19 y cómo son las ciudades *habitadas*, si
13.28 el pueblo que *habita*..tierra es fuerte
13.29 Amalec *habita* el Neguev, y el heteo, el
13.29 heteo..y el amorreo *habitan* en el monte
13.29 el cananeo *habita* junto al mar, y a la
14.25 el amalecita y el cananeo *habitan* en
14.30 cual..juré que os haría *habitar* en ella
14.45 el cananeo que *habitaban* en aquel monte
15.14 cuando *habitare* con vosotros extranjero
15.29 el extranjero que *habitare* entre ellos
21.1 cananeo..que *habitaba* en el Neguev, oyó
21.25 y *habitó* Israel en todas las ciudades
21.31 *habitó* Israel en la tierra del amorreo
21.34 de Sehón rey..que *habitaba* en Hesbón
22.5 pueblo ha salido..*habita* delante de mí
23.9 he aquí un pueblo que *habitará* confiado
32.40 Moisés dio Galaad a Maquir..*habitó* en
33.40 el cananeo..que *habitaba* en el Neguev
33.53 echaréis a los..y *habitaréis* en ella
33.55 la tierra en que vosotros *habitareis*
35.2 a los levitas..ciudades en que *habiten*
35.3 tendrán ellos las ciudades para *habitar*
35.28 en su ciudad de..deberá aquél *habitar*
35.34 la tierra donde *habitáis*..yo *habito*
35.34 yo Jehová *habito* en medio..de Israel
Dt. 1.4 Sehón rey de los..*habitaba* en Hesbón
1.4 a Og..que *habitaba* en Astarot en Edrei
1.44 amorreo, que *habitaba* en aquel monte
2.4 vuestros hermanos..que *habitan* en Seir
2.8 nuestros hermanos..que *habitaban* en Seir
2.10 emitas *habitaron* en ella antes, pueblo
2.12 y en Seir *habitaron* antes los horeos
2.12 *habitaron* en lugar de ellos, como hizo
2.20 *habitaron* en ella gigantes en..tiempo
2.21 sucedieron a..y *habitaron* en su lugar
2.22,29 hijos de Esaú que *habitaban* en Seir
2.22 Esaú..y *habitaron* en su lugar hasta hoy
2.23 y a los aveos que *habitaban* en aldeas
2.23 destruyeron, y *habitaron* en su lugar
2.29 los moabitas que *habitaban* en Ar; hasta
3.2 con Sehón rey..que *habitaba* en Hesbón
4.46 Sehón rey de..que *habitaba* en Hesbón
8.12 edifiques buenas casas en que *habites*
11.30 que *habita* en el Arabá frente a Gilgal
11.31 ir..la tomaréis, y *habitaréis* en ella
12.10 *habitaréis* en la tierra que Jehová os
12.10 él os dará reposo..*habitaréis* seguros
12.12,18 el levita que *habite* en..poblaciones
12.29 las heredes, y *habites* en su tierra
14.27 no desampararás al levita que *habitare*
16.2,6 lugar..para que *habite* allí su nombre
16.11 el levita que *habitare* en tus ciudades
17.14 y tomes posesión de ella y la *habites*
19.1 cuando..*habites* en sus ciudades, y en
24.14 extranjeros que *habitan* en tu tierra
25.5 hermanos *habitaren* juntos, y muriere
26.1 y tomes posesión de ella y la *habites*
26.2 al lugar..hacer *habitar* allí su nombre
26.5 cual descendió a Egipto y *habitó* allí
28.30 edificarás..y no *habitarás* en ella
29.11 extranjeros que *habitan* en medio de tu
29.16 sabéis cómo *habitamos* en la..de Egipto
30.20 que *habites* sobre la tierra que juró
33.12 el amado de Jehová *habitará* confiado
33.16 la gracia del que *habitó* en la zarza
33.28 Israel *habitará* confiado.. *h* sola en
Jos. 6.25 Rahab..*habitó*..entre los israelitas
9.7 quizás *habitáis* en medio de nosotros
9.16 vecinos, y..*habitaban* en medio de ellos
9.22 diciendo: *Habitamos*..lejos de vosotros
10.6 amorreos que *habitan* en las montañas
12.2 Sehón rey de..que *habitaba* en Hesbón
12.4 Og rey..*habitaba* en Astarot y en Edrei
13.6 todos los que *habitan* en las montañas
13.13 Maaca *habitaron* entre los israelitas
13.21 príncipes de Sehón que *habitaban* en
15.63 los jebuseos que *habitaban* en Jerusalén
16.10 no arrojaron al cananeo que *habitaba*
17.7 va al..hasta los que *habitan* en Tapúa
17.12 y el cananeo persistió en *habitar* en
17.16 los cananeos que *habitan* la tierra de
19.47 tomaron posesión..y *habitaron* en ella
19.50 reedificó la ciudad y *habitó* en ella
20.4 darán lugar para que *habite* con ellos
21.2 nos fuesen dadas ciudades donde *habitar*
21.43 dio..la poseyeron y *habitaron* en ella
22.33 la tierra en que *habitaban* los..de Gad
24.2 vuestros padres *habitaron*..al otro lado
24.8 que *habitaban* al otro lado del Jordán
24.15 los dioses de..en cuya tierra *habitáis*
24.18 y al amorreo que *habitaba* en la tierra
Jue. 1.9 contra el cananeo que *habitaba* en las
1.10 Judá contra el cananeo que *habitaba* en
1.11 de allí fue a los que *habitaban* en Debir
1.16 los hijos del ceneo..fueron y *habitaron*
1.17 al cananeo que *habitaba* en Sefat, y la
1.19 no pudo arrojar a los que *habitaban* en
1.21 al jebuseo que *habitaba* en Jerusalén no
1.21 el jebuseo *habitó* con los..de Benjamín
1.27 a los que *habitan* en Meguido y en sus
1.27 persistía en *habitar* en aquella tierra
1.29 cananeo que *habitaba*..*habitó*..en Gezer
1.30 tampoco..arrojó a los que *habitaban* en
1.30 ni a los que *habitaban* en Naalal, sino
1.30 el cananeo *habitó* en medio de él, y le
1.31 tampoco Aser..los que *habitaban* en Aco
1.31 los que *habitaban* en Sidón, en Ahlab
1.32 Aser entre los cananeos que *habitaban*
1.33 tampoco..arrojó a los que *habitaban* en
1.33 ni a los que *habitaban* en Bet-anat
1.33 moró entre los cananeos que *habitaban*
1.35 y el amorreo persistió en *habitar*..Heres
3.3 y los heveos que *habitaban* en el monte
3.5 los hijos de Israel *habitaban* entre los
4.2 Sísara, el cual *habitaba* en Haroset-goim
6.10 los amorreos, en cuya tierra *habitáis*
8.11 camino de los que *habitaban* en tiendas
8.29 Jerobaal hijo..fue y *habitó* en su casa
10.1 Tola..*habitaba* en Samir en el monte de
10.18 será caudillo sobre..los que *habitan*
11.3 huyó..Jefté..y *habitó* en tierra de Tob
11.21 amorreos que *habitaban* en aquel país
11.26 Israel ha estado *habitando*..300 años
15.8 *habitó* en la cueva de la peña de Etam
18.1 de Dan buscaba posesión..donde *habitar*
18.7 el pueblo que *habitaba*..estaba seguro
18.22 *habitaban*..cercanas a..casa de Micaía
18.28 reedificaron la ciudad, y *habitaron* en
21.23 reedificaron las..y *habitaron* en ellas
Rt. 1.4 cuales..*habitaron* allí unos diez años
1 S. 12.8 y los hicieron *habitar* en este lugar
12.11 Jehová..os libró..*habitasteis* seguros
22.4 *habitaron*..el tiempo que David estuvo
23.14 *habitaba* en un monte en el desierto de
23.29 David..*habitó* en los lugares fuertes
27.5 séame dado lugar..para que *habite* allí
27.7 los días que David *habitó* en la tierra
27.8 éstos *habitaban*..largo tiempo la tierra
31.7 y los filisteos vinieron y *habitaron*
2 S. 7.1 cuando ya el rey *habitaba* en su casa
7.2 mira ahora, yo *habito* en casa de cedro
7.6 no he *habitado* en casas desde el día en
7.10 que *habite* en su lugar y nunca más sea
1 R. 2.38 y *habitó* Simei en Jerusalén muchos
6.13 *habitaré* en ella en medio de los hijos
8.12 dicho que él *habitaría* en la oscuridad
8.13 sitio en que tú *habites* para siempre
8.37 sitiaren en la tierra en donde *habiten*
9.16 dio muerte a..cananeos que *habitaban*
11.16 porque seis meses *habitó* allí Joab, y
11.24 fueron a Damasco y *habitaron* allí, y
12.2 había huido de..y *habitaba* en Egipto
12.25 reedificó..a Siquem..y *habitó* en ella
13.25 la ciudad donde el..profeta *habitaba*
2 R. 4.13 ella respondió: Yo *habito* en medio
6.2 y hagamos allí lugar en que *habitemos*
13.5 *habitaron*..en sus tiendas, como antes
15.5 *habitó* en casa separada, y Jotam hijo
16.6 y los de Edom..*habitaron* allí hasta hoy
17.24 a Samaria, y *habitaron* en sus ciudades
17.25 cuando comenzaron a *habitar* allí, que
17.27 *habite* allí, y les enseñe la ley del Dios
17.28 vino..y *habitó* en Bet-el, y les enseñó
17.29 cada nación en su ciudad donde *habitaba*
25.24 *habitad* en la tierra, y servid al rey
1 Cr. 4.28 y *habitaron* en Beerseba..Hazar-sual
4.40 porque los de Cam la *habitaron* antes
4.41 destruyeron, y *habitaron* allí en lugar
4.43 destruyeron a..Amalec, y *habitaron* allí
5.8 Bela hijo de..*habitó* en Aroer hasta Nebo
5.9 *habitó*..el oriente hasta..del desierto
5.10 ellos *habitaron* en sus tiendas en toda
5.11 los hijos de Gad *habitaron* enfrente de
5.16 *habitaron* en Galaad, en Basán y en sus
5.22 y *habitaron* en sus lugares hasta el
5.23 Manasés..*habitaron* en la tierra desde
7.29 en..lugares *habitaron* los hijos de José
8.6 los hijos de Aod..que *habitaron* en Geba
8.28 sus linajes, y *habitaron* en Jerusalén
8.29 en Gabaón *habitaron* Abigabaón..Maaca
8.32 éstos también *habitaron*..en Jerusalén
9.3 *habitaron* en Jerusalén, de los hijos de
9.16 Elcana, el cual *habitó* en las aldeas de
9.34 los levitas..que *habitaban* en Jerusalén
9.35 Gabaón *habitaba* Jehiel padre de Gabaón
9.38 estos *habitaban* también en Jerusalén
10.7 viendo..los que *habitaban* en el valle
10.7 vinieron los filisteos y *habitaron* en
11.4 jebuseos *habitaban* en aquella tierra
11.7 y David *habitó* en la fortaleza, y por
17.1 yo *habito* en casa de cedro, y el arca
17.4 tú no me edificarás casa en que *habite*
17.5 no he *habitado* en casa alguna desde el
17.9 y lo he plantado para que *habite* en él
23.25 él *habitará* en Jerusalén para siempre
2 Cr. 6.1 dicho..él *habitaría* en la oscuridad
6.18 mas ¿es verdad que Dios *habitará* con el
6.41 levántate..para *habitar* en tu reposo
10.17 sobre los..que *habitaban* en..de Judá
11.5 *habitó* Roboam en Jerusalén, y edificó
19.4 *habitó*..Josafat en Jerusalén..y salía
19.10 hermanos que *habitan* en las ciudades
20.8 ellos han *habitado* en ella, y te han
26.7 los árabes que *habitaban* en Gur-baal
26.21 *habitó* leproso en una casa apartada
28.18 los filisteos..y *habitaban* en ellas
30.25 Israel, y los que *habitaban* en Judá
31.4 al pueblo que *habitaba* en Jerusalén
31.6 de Israel y de Judá, que *habitaban* en
Esd. 2.70 *habitaron* los sacerdotes..ciudades
4.10 hizo *habitar* en..ciudades de Samaria
4.17 a los demás..que *habitan* en Samaria
6.12 Dios que hizo *habitar* allí su nombre
Neh. 1.9 para hacer *habitar* allí mi nombre
3.36 los sirvientes..que *habitaban* en Ofel
4.12 venían los judíos que *habitaban* entre
7.73 *habitaron* los sacerdotes, los levitas
8.14 que *habitasen*..en tabernáculos en la
8.17 en tabernáculos *habitó*; porque desde
11.1 *habitaron* los jefes..en Jerusalén; mas
11.3 Judá *habitaron* cada uno en su posesión
11.4 en Jerusalén, pues, *habitaron* algunos
11.21 los sirvientes del..*habitaban* en Ofel
11.25 algunos de..*habitaron* en Quiriat-arba
11.30 y *habitaron* desde Beerseba hasta el
11.31 de Benjamín *habitaron* desde Geba, en
Est. 9.19 los judíos..que *habitan* en las villas
Job 4.19 en los que *habitan* en casas de barro
15.28 *habitó* las ciudades asoladas..casas
22.8 tierra, y *habitó* en ella el distinguido
28.4 abren minas lejos de lo *habitado*, en
30.6 *habitaban* en las barrancas de..arroyos
39.28 ella *habita* y mora en la peña, en la
Sal. 5.4 maldad; el malo no *habitará* junto a
9.11 cantad a Jehová, que *habita* en Sion
15.1 ¿quién *habitará* en tu tabernáculo?
22.3 tú que *habitas* entre las alabanzas de
24.1 el mundo, y los que en él *habitan*
37.3 haz el bien; y *habitarás* en la tierra
61.4 yo *habitaré* en tu tabernáculo..siempre
65.4 a ti, para que *habite* en tus atrios
68.6 Dios hace *habitar* en familia a los
68.6 mas los rebeldes *habitan* en tierra seca
68.16 Jehová *habitará* en él para siempre
68.18 para que *habite* entre ellos JAH Dios
69.35 Judá; y *habitarán* allí, y la poseerán
69.36 los que aman su nombre *habitarán* en
74.2 este monte de Sion, donde has *habitado*
78.55 e hizo *habitar* en sus moradas a las
78.60 dejó..la tienda en que *habitó* entre
84.4 bienaventurados los que *habitan* en tu
84.10 que *habitar* en las moradas de maldad
85.9 que *habite* la gloria en nuestra tierra
91.1 el que *habita* al abrigo del Altísimo
98.7 mar..el mundo y los que en él *habitan*
101.7 no *habitará* dentro de mi casa el que
102.28 los hijos de tus..*habitarán* seguros
104.12 sus orillas *habitan* las aves de los
107.34 por la maldad de los que la *habitan*
113.9 hace *habitar* en familia a la estéril
120.5 y *habito* entre las tiendas de Cedar!
123.1 alcé..a ti que *habitas* en los cielos
132.14 aquí *habitaré*, porque la he querido
133.1 cuán delicioso es *habitar*..en armonía!
139.9 alba y *habitare* en el extremo del mar
143.3 me ha hecho *habitar* en tinieblas como
Pr. 1.33 que me oyere, *habitará* confiadamente
2.21 porque los rectos *habitarán* la tierra
3.29 prójimo que *habita* confiado junto a ti
8.12 yo, la sabiduría, *habito* con la cordura
10.30 pero los impíos no *habitarán* la tierra
Cnt. 8.13 oh, tú que *habitas* en los huertos
Is. 1.21 en ella *habitó* la equidad; pero ahora
5.8 ¿*habitaréis* vosotros solos en medio de la
6.5 *habitando* en medio de pueblo que tiene
7.20 con los que *habitan* al otro lado del río
13.20 nunca más será *habitada*, ni se morará
13.21 de hurones; allí *habitarán* avestruces
27.10 la ciudad *habitada* será abandonada y
29.1 de Ariel, ciudad donde *habitó* David!
32.16 *habitará* el juicio en el desierto, y en
32.18 y mi pueblo *habitará* en morada de paz
33.14 quién..*habitará* con las llamas eternas?
33.16 éste *habitará* en las alturas; fortaleza
42.11 las aldeas donde *habita* Cedar; canten
44.26 que dice a Jerusalén: Serás *habitada*
45.18 Dios..para que fuese *habitada* la creó
54.3 tu descendencia..*habitará* las ciudades
57.15 así dijo el..el que *habita* la eternidad
57.15 yo *habito* en la altura y la santidad
58.12 restaurador de calzadas para *habitar*
65.9 poseerán..y mis siervos *habitarán* allí
65.22 no edificarán para que otro *habite*, ni
Jer. 2.6 pasó varón, ni allí *habitó* hombre?
17.25 esta ciudad será *habitada* para siempre
22.23 *habitaste* en el Líbano, hiciste..nido
23.6 Israel *habitará* confiado; y este será
23.8 que hizo subir..*habitarán* en su tierra
25.24 de pueblos mezclados que *habitan* en el
29.5,28 edificad casas, y *habitadlas*..comed

HABITAR *(Continúa)*
Jer. 31.24 *habitará* allí Judá, y también en todas
32.37 haré volver..haré *habitar* seguramente
33.16 y Jerusalén *habitará* segura, y se le
35.7 sobre la faz..donde vosotros *habitáis*
40.6 *habitó* con él en medio del pueblo que
40.9 *habitad* en la tierra, y servid al rey
40.10 *habito* en Mizpa, para estar delante de
41.17 y fueron y *habitaron* en Gerut-quimam
44.14 entraron en..Egipto para *habitar* allí
44.14 la cual suspiran ellos para *habitar* allí
44.15 todo el pueblo que *habitaba* en tierra
44.26 Judá que *habitáis* en tierra de Egipto
46.26 será *habitado* como en los días pasados
48.28 *habitad* en peñascos, oh moradores de
49.8 huid..*habitad* en lugares profundos, oh
49.16 tú que *habitas* en cavernas de peñas
49.18 nadie, ni la *habitará* hijo de hombre
49.30 huid, idos..lejos, *habitad* en lugares
49.33 ninguno morará allí, ni la *habitará*
50.13 por la ira de Jehová no será *habitada*
50.39 ni se *habitará* por generaciones y
50.40 no morará allí hombre..ni..la *habitará*
Lm. 1.3 *habitó* entre las naciones, y no halló
4.12 ni todos los que *habitan* en el mundo
4.21 alégrate..que *habitas* en tierra de Uz
Ez. 6.6 dondequiera..*habitéis*, serán desiertas
6.14 dondequiera que *habiten* haré la tierra
12.2 tú *habitas* en medio de casa rebelde, los
12.20 ciudades *habitadas* quedarán desiertas
16.46 sus hijas, que *habitan* al norte de ti
16.46 sus hijas, la cual *habita* al sur de ti
17.16 donde *habita* el rey que le hizo reinar
17.23 *habitarán* debajo de él todas las aves
17.23 a la sombra de sus ramas *habitarán*
26.19 como las ciudades que no se *habitan*
28.25 *habitarán* en su tierra, la cual di a
28.26 *habitarán* en ella seguros..plantarán
29.11 ni será *habitada*, por cuarenta años
31.6 a su sombra *habitaban* muchas naciones
31.13 sobre su ruina *habitarán*..las aves del
33.24 que *habitan* aquellos lugares asolados
34.13 las apacentaré en..lugares *habitados*
34.25 *habitarán* en el desierto con seguridad
34.28 *habitarán* con seguridad, y no habrá
36.10 haré..y las ciudades serán *habitadas*
36.28 *habitaréis* en la tierra que di..padres
36.33 haré..que sean *habitadas* las ciudades
36.35 ciudades..están fortificadas y *habitadas*
37.25 *habitarán*..la tierra..la cual *habitaron*
37.25 en ella *habitarán* ellos, sus hijos y los
38.11 contra gentes..*habitan* confiadamente
38.11 ellas *habitan* sin muros, y no tienen
38.14 mi pueblo Israel *habite* con seguridad
39.26 *habiten* en su tierra con seguridad, y
43.7 en el cual *habitaré* entre los hijos de
43.9 y *habitaré* en medio de ellos..siempre
Dn. 2.38 dondequiera..*habitan* hijos de hombres
6.25 escribió a todos..que *habitan* en toda
Os. 11.11 los haré *habitar* en sus casas, dice
Jl. 3.17 que yo soy Jehová..que *habito* en Sion
3.20 pero Judá será *habitada* para siempre
Am. 5.11 edificasteis casas..no las *habitaréis*
9.14 edificarán ellos las..y las *habitarán*
Nah. 1.5 mundo, y todos los que en él *habitan*
Hab. 2.8 de las ciudades y..los que *habitan* en
2.17 ciudades y..los que en ellas *habitaban*
Sof. 1.13 edificarán casas..no las *habitarán*
Hag. 1.4 ¿es..tiempo..de *habitar* en vuestras
Zac. 2.4 será *habitada* Jerusalén, a causa de
7.7 Jerusalén estaba *habitada* y tranquila
7.7 y la Sefela estaban también *habitados?*
8.8 y los traeré, y *habitarán* en..Jerusalén
9.5 perecerá el..y Ascalón no será *habitada*
9.6 *habitará* en Asdod un extranjero, y..fin
12.6 Jerusalén será otra vez *habitada* en su
14.10 ésta será..*habitada* en su lugar desde
14.11 Jerusalén será *habitada* confiadamente
Mt. 2.23 y *habitó* en la..que se llama Nazaret
4.13 y *habitó* en Capernaum, ciudad marítima
23.21 por el templo..y por el que lo *habita*
Lc. 1.79 dar luz a los que *habitan* en tinieblas
13.4 los hombres que *habitan* en Jerusalén?
21.35 sobre todos los que *habitan* sobre la
Jn. 1.14 hecho carne, y *habitó* entre nosotros
Hch. 2.9 y los que *habitamos* en Mesopotamia
2.14 y todos los que *habitáis* en Jerusalén
7.4 *habitó* en Harán; y de allí..le trasladó
7.4 esta tierra, en la cual vosotros *habitáis*
7.48 no *habita* en templos hechos de mano
9.32 vino..a los santos que *habitaban* en Lida
9.35 vieron todos los que *habitaban* en Lida
11.28 gran hambre en toda la tierra *habitada*
11.29 socorro a los..que *habitaban* en Judea
17.24 no *habita* en templos hechos por manos
17.26 para que *habiten*..la faz de la tierra
19.17 notorio a..los que *habitaban* en Efeso
2 Co. 6.16 *habitaré* y andaré entre ellos, y
Ef. 3.17 para que *habite* Cristo por la fe en
Col. 1.19 agradó al Padre que en él *habitase*
2.9 en él *habita* corporalmente..la plenitud
1 Ti. 6.16 *habita* en luz inaccesible; a quien
2 Ti. 1.5 la cual *habitó* primero en tu abuela
He. 11.9 por la fe *habitó* como extranjero en

HABITUAR
Jer. 13.23 bien, estando *habituados* a hacer mal?
1 Co. 8.7 *habituados* hasta aquí a los ídolos
2 P. 2.14 el corazón *habituado* a la codicia

HABLA
Gn. 11.7 ninguno entienda el *h* de su compañero
Éx. 4.10 tardo en el *h* y torpe de lengua
Job 12.20 priva del *h* a los que dicen verdad
Cnt. 4.3 *h* hermosa; tus mejillas, como cachos
Is. 29.4 *h* saldrá del polvo..y tu *h* susurrará
Ez. 3.5 no eres enviado a pueblo de *h* profunda
3.6 no a muchos pueblos de *h* profunda ni de

HABLADOR
Ez. 36.3 y se os ha hecho caer en boca de *h* y
Tit. 1.10 muchos..*h* de vanidades y engañadores

HABLAR
Gn. 8.15 entonces *habló* Dios a Noé, diciendo
9.8 y *habló* Dios a Noé y a sus hijos con él
16.13 nombre de Jehová que con ella *hablaba*
17.3 se postró sobre su rostro, y Dios *habló*
17.22 acabó de *hablar* con él, y subió Dios
18.19 haga venir Jehová..lo que ha *hablado*
18.27 que he comenzado a *hablar* a mi Señor
18.29 a *hablarle*, y dijo: Quizá se hallarán
18.30,32 se enoje ahora mi Señor, si *hablare*
18.31 aquí..he emprendido el *hablar* a mi Señor
18.33 luego que acabó de *hablar* a Abraham
19.14 salió Lot y *habló* a sus yernos, los que
19.21 y no destruiré la..de que has *hablado*
21.1 hizo Jehová..Sara como había *hablado*
21.22 que *habló* Abimelec, y Ficol príncipe
22.7 *habló* Isaac a Abraham su padre, y dijo
23.3 se levantó..y *habló* a los hijos de Het
23.8 y *habló* con ellos, diciendo: Si tenéis
24.7 Jehová..me *habló* y me juró, diciendo
24.15 que antes que él acabase de *hablar*, he
24.30 que decía: Así me *habló* aquel hombre
24.33 dicho mi mensaje. Y él le dijo: *Habla*
24.45 que acabase de *hablar* en mi corazón, he
24.50 esto; no podemos *hablarte* malo ni bueno
27.5 oyendo, cuando *hablaba* Isaac a Esaú su
27.6 entonces Rebeca *habló* a Jacob su hijo
27.6 he oído a tu padre que *hablaba* con Esaú
27.39 Isaac su padre *habló* y le dijo: He aquí
29.9 él aún *hablaba* con ellos, Raquel vino
31.24,29 no *hables* a Jacob descomedidamente
31.29 mas el Dios de tu padre me *habló* anoche
32.19 conforme a..*hablaréis* a Esaú, cuando
34.3 apegó a Dina..*habló* al corazón de ella
34.4 *habló* Siquem a Hamor su padre, diciendo
34.6 se dirigió Hamor..a Jacob, para *hablar*
34.8 y Hamor *habló* con ellos, diciendo: El
34.20 vinieron..y *hablaron* a los varones de
35.13,14 lugar en donde había *hablado* con él
35.15 lugar donde Dios había *hablado* con él
37.4 y no podían *hablarle* pacíficamente
39.10 *hablando* ella a José cada día, y no
39.14 llamó a los de..y les *habló* diciendo
39.17 le *habló*..las mismas palabras, diciendo
39.19 las palabras que su mujer le *hablaba*
41.9 el jefe de los coperos *habló* a Faraón
42.7 José..les *habló* ásperamente, y les dijo
42.22 os *hablé* yo y dije: No pequéis contra
42.24 después volvió a ellos, y les *habló*
42.30 nos *habló* ásperamente, y nos trató como
42.37 Rubén *habló* a su padre, diciendo: Harás
43.19 y le *hablaron* a la entrada de la casa
43.29 hermano menor, de quien me *hablasteis?*
44.16 dijo..¿Qué *hablaremos*, o con qué nos
44.18 que *hable* tu siervo una palabra..y no
45.12 vuestros ojos ven..que mi boca os *habla*
45.15 después sus hermanos *hablaron* con él
45.27 las palabras..que él les había *hablado*
46.2 *habló* Dios a Israel en visiones de noche
47.5 entonces Faraón *habló* a José, diciendo
50.4 *habló* José a los de la casa de Faraón
50.4 os ruego que *habléis* en oídos de Faraón
50.17 ruego..y José lloró mientras *hablaban*
50.21 así los consoló, y les *habló* al corazón
Éx. 1.15 *habló* el rey de Egipto a las parteras
4.10 ni antes ni desde que tu *hablas* a tu
4.12 yo..te enseñaré lo que hayas de *hablar*
4.14 a tu hermano Aarón..que él *habla* bien?
4.15 tú *hablarás* a él, y pondrás en su boca
4.16 *hablará* por ti al pueblo; él te será a
4.30 y *habló* Aarón acerca de todas las cosas
5.10 *hablaron* al pueblo, diciendo: Así ha
5.23 desde que yo vine a Faraón para *hablarle*
6.2 *habló* todavía Dios..dijo: Yo soy Jehová
6.9 de esta manera *habló* Moisés a..de Israel
6.10,29; 13.1; 14.1; 16.11; 25.1; 30.11,
17,22; 31.1,12; 40.1; Lv. 4.1; 5.14; 6.1,8,
19,24; 7.22,28; 8.1; 12.1; 14.1; 17.1; 18.1;
19.1; 20.1; 21.16; 22.1,17,26; 23.1,9,23,26,33;
24.1,13; 25.1; 27.1; Nm. 1.1,48; 3.5,11,14,
44; 4.21; 5.1,5,11; 6.1,22; 7.4; 8.1,5,23;
9.1,9; 10.1; 13.1; 15.1,17,37; 16.23,36,44;
17.1; 18.25; 20.7; 25.10,16; 26.52; 28.1;
31.1,25; 33.50; 34.1,16; 35.1,9 *habló* Jehová
a Moisés, diciendo
Éx. 6.11 entra y *habla* a Faraón rey de Egipto
6.13; 7.8; 12.1; Lv. 11.1; 13.1; 14.33;
15.1; Nm. 2.1; 4.1,17; 14.26; 16.20; 19.1;
20.23 Jehová *habló* a Moisés y a Aarón
Éx. 6.27 son los que *hablaron* a Faraón rey de
6.28 Jehová *habló* a Moisés en la tierra de
7.2 Aarón tu hermano *hablará* a Faraón, para
7.7 de edad de 80..cuando *hablaron* a Faraón
11.2 *habla* ahora al pueblo, y que cada uno
12.3 *hablad* a toda la congregación de Israel
14.12 ¿no es..lo que te *hablamos* en Egipto
16.10 *hablando* Aarón a toda la congregación
16.12 *háblales*, diciendo: Al caer la tarde
19.9 pueblo oiga mientras yo *hablo* contigo
19.19 Moisés *hablaba*, y Dios le respondía
20.1 *habló* Dios..estas palabras, diciendo
20.16 no *hablarás* contra tu..falso testimonio
20.19 *habla* tú con nosotros..no *hable* Dios
20.22 he *hablado* desde el cielo con vosotros
25.22 me declararé a ti, y *hablaré* contigo
28.3 *hablarás* a todos los sabios de corazón
29.42 me reuniré con vosotros, para *hablaros*
30.31; 31.13; Lv. 1.2; 4.2; 7.23,29; 9.3; 11.2;
12.2; 15.2; 18.2; 23.2,10,24,34; 24.15; 25.2;
27.2; Nm. 5.12; 6.2; 9.10; 15.2,18,38; 27.8;
33.51; 35.10 *habla* a los hijos de Israel, y diles
Éx. 31.18 acabó de *hablar* con él en el monte de
32.12 ¿por qué han de *hablar* los egipcios
32.13 daré a..esta tierra de que he *hablado*
33.9 entraba en..y Jehová *hablaba* con Moisés
33.11 y *hablaba* Jehová a Moisés cara a cara
33.11 como *habla* cualquiera a sus compañero
34.29 piel..después que hubo *hablado* con Dios
34.31 volvieron a él, y Moisés les *habló*
34.33 cuando acabó Moisés de *hablar*..un velo
34.34 cuando venía Moisés..para *hablar* con él
34.35 hasta que entraba a *hablar* con Dios
35.4 y *habló* Moisés a toda la congregación
36.5 *hablaron* a Moisés, diciendo: El pueblo
Lv. 1.1 llamó Jehová a Moisés, y *habló* con él
6.25 *habla* a Aarón y a sus hijos, y diles
10.3 esto es lo que *habló* Jehová, diciendo
10.8 y Jehová *habló* a Aarón, diciendo
16.1 *habló* Jehová a Moisés después de la
17.2 *habla* a Aarón y a sus hijos, y a todos
19.2 *habla* a toda la congregación de..Israel
21.1 *habla* a los sacerdotes hijos de Aarón
21.17 *habla* a Aarón y dile: Ninguno de tus
21.24 y Moisés *habló* esto a Aarón, y a sus
22.18 *habla* a Aarón y a sus hijos, y a todos
23.44 así *habló* Moisés a los hijos de Israel
24.23 y *habló* Moisés a los hijos de Israel
Nm. 3.1 el día en que Jehová *habló* a Moisés
6.23 *habla* a Aarón y a sus hijos y diles: Así
7.89 cuando entraba..para *hablar* con Dios
7.89 oía la voz que le *hablaba* de encima del
7.89 entre los dos querubines; y *hablaba* con
8.2 *habla* a Aarón y dile: Cuando enciendas
9.4 *habló* Moisés a los hijos de Israel para
11.17 yo descenderé y *hablaré* allí contigo
11.25 Jehová descendió en la nube y le *habló*
12.1 María y Aarón *hablaron* contra Moisés a
12.2 ¿solamente..Moisés ha *hablado* Jehová?
12.2 ¿no ha *hablado* también por nosotros?
12.6 le apareceré..en sueños *hablaré* con él
12.8 cara a cara *hablaré* con él..y no por
12.8 no..de *hablar* contra mi siervo Moisés?
13.32 *hablaron* mal entre los hijos de Israel
14.7 *hablaron* a toda la congregación de los
14.10 toda la multitud *habló* de apedrearlos
14.15 las..que hubieren oído tu fama *hablarán*
14.17 yo te ruego que sea..como lo *hablaste*
14.28 que según habéis *hablado* a mis oídos
14.35 yo Jehová he *hablado;* así haré a toda
14.37 varones que habían *hablado* mal de la
14.40 al lugar del cual ha *hablado* Jehová
16.5 *habló* a Coré y a..su séquito, diciendo
16.24 *habla* a la congregación..Apartaos de
16.26 y *habló* a la congregación, diciendo
16.31 cesó él de *hablar* todas estas palabras
17.2 *habla* a los hijos de Israel, y toma de
17.6 y Moisés *habló* a los hijos de Israel
17.12 de Israel *hablaron* a Moisés, diciendo
18.26 así *hablarás* a los levitas, y les dirás
20.3 *habló* el pueblo contra Moisés, diciendo
20.8 y *hablad* a la peña a vista de ellos
21.5 *habló* el pueblo contra Dios y..Moisés
21.7 pecado por haber *hablado* contra Jehová
22.8 daré respuesta según Jehová me *hablare*
22.35 palabra que yo te diga, esa *hablarás*
22.38 mas ¿podré ahora *hablar* alguna cosa?
22.38 la palabra que Dios pusiere..*hablaré*
23.19 no hará? *Habló*, ¿y no lo ejecutará?
24.13 mas lo que *hable* Jehová, eso diré yo?
26.1 que Jehová *habló* a Moisés, y a Eleazar
26.3 *hablaron* con ellos en..campos de Moab
30.1 *habló* Moisés a los príncipes de las
31.3 Moisés *habló* al pueblo, diciendo: Armaos
32.2,25 los hijos de Gad..*hablaron* a Moisés
36.1 llegaron..y *hablaron* delante de Moisés
36.5 la tribu de..de José *habla* rectamente
Dt. 1.1 las palabras que *habló* Moisés a todo
1.3 *habló* a los hijos de Israel conforme a
1.6 Jehová nuestro Dios nos *habló* en Horeb

HABLAR *(Continúa)*

Dt. 1.9 en aquel tiempo yo os *hablé* diciendo: Yo
1.43 y os *hablé*, y no disteis oído; antes
2.2,17 Jehová me *habló*, diciendo
3.26 basta, no me *hables* más de este asunto
4.12 y *habló* Jehová. .de en medio del fuego
4.15 ninguna figura. .el día que Jehová *habló*
4.33 la voz. .*hablando* de en medio del fuego
4.45 que *habló* Moisés a los hijos de Israel
5.4 cara a cara *habló* Jehová con vosotros
5.22 estas palabras *habló* Jehová a toda
5.24 hemos visto que Jehová *habla* al hombre
5.26 Dios. .que *habla* de en medio del fuego
5.28 oyó Jehová la voz. .cuando me *hablabais*
5.28 he oído la voz de. .ellos te han *hablado*
6.7 y *hablarás* de ellas estando en tu casa
9.10 las palabras que os *habló* Jehová en el
9.13 *habló* Jehová, diciendo: He observado
10.4 que Jehová os había *hablado* en el monte
11.2 no *hablo* con vuestros hijos que no han
11.19 *hablando* de ellas cuando te sientas en
18.17 han *hablado* bien en lo que han dicho
18.18 pondré mis palabras en. .él les *hablará*
18.19 no oyere mis palabras que él *hablare*
18.20 la presunción de *hablar*. .en mi nombre
18.20 le haya mandado *hablar*, o que *hablare*
18.21 la palabra que Jehová no ha *hablado?*
18.22 *hablare* en nombre de Jehová, y no se
18.22 es palabra que Jehová no ha *hablado*
18.22 con presunción la *habló* el tal profeta
20.2 se pondrá en pie. .y *hablará* al pueblo
20.5 oficiales *hablarán* al pueblo, diciendo
20.8 volverán. .a *hablar* al pueblo, y dirán
20.9 los oficiales acaben de *hablar* al pueblo
22.14 le atribuyere faltas que den que *hablar*
22.17 le atribuye faltas que dan que *hablar*
25.8 los ancianos. .*hablarán* con él; y si él
25.9 *hablará* y dirá: Así será hecho al varón
26.5 *hablarás* y dirás delante de Jehová tu
27.9 Moisés. .*habló* a todo Israel, diciendo
27.14 y *hablarán* los levitas, y dirán a todo
31.1 fue Moisés y *habló* estas palabras a todo
31.28 y *hablaré* en sus oídos estas palabras
31.30 *habló* Moisés a oídos de. .congregación
32.1 escuchad, cielos, y *hablaré;* y oiga la
32.48 *habló* Jehová a Moisés aquel mismo día
Jos. 1.1 que Jehová *habló* a Josué hijo de Nun
1.12 *habló* Josué a los rubenitas y gaditas y
3.6 *habló* Josué a los sacerdotes, diciendo
4.1 acabado de pasar. .Jehová *habló* a Josué
4.15 luego Jehová *habló* a Josué, diciendo
4.21 *habló* a los hijos de Israel, diciendo
6.8 así que Josué hubo *hablado* al pueblo, los
7.2 Josué envió hombres. .les *habló* diciendo
9.22 les *habló*. .¿Por qué nos habéis engañado
10.12 Josué *habló* a Jehová el día en que
14.10 el tiempo que Jehová *habló*. .palabras
14.12 monte, del cual *habló* Jehová aquel día
17.14 y los hijos de José *hablaron* a Josué
20.1 *habló* Jehová a Josué, diciendo
20.2 *habla* a los hijos de Israel y diles
20.2 las ciudades. .de las cuales yo os *hablé*
21.2 *hablaron* en Silo en la tierra de Canaán
22.8 les *habló* diciendo: Volved a vuestras
22.15 fueron a los. .de Rubén. .les *hablaron*
22.30 oyendo. .que *hablaron* los hijos de Rubén
22.33 no *hablaron* más de subir contra ellos
24.27 ella ha oído. .que Jehová nos ha *hablado*
Jue. 2.4 el ángel de. .*habló* estas palabras a
5.10 y vosotros los que viajáis, *hablad*
6.17 des señal de que tú has *hablado* conmigo
6.39 no se encienda tu ira. .si aun *hablare*
7.11 oirás lo que *hablan;* y. .tus manos se
8.3 el enojo. .se aplacó, luego que él *habló*
8.9 *habló* también a los de Peniel, diciendo
9.1 Abimelec. .*habló* con ellos, y con toda la
9.3 *hablaron* por él los hermanos de su madre
9.37 volvió Gaal a *hablar*, y dijo: He allí
11.11 Jefté *habló*. .sus palabras delante de
13.11 ¿eres tú. .varón que *habló* a la mujer?
14.7 descendió. .y *habló* a la mujer; y ella
15.17 acabando de *hablar*, arrojó. .la quijada
17.2 siclos de plata. .los cuales me *hablaste*
19.3 la siguió, para *hablarle* amorosamente
19.22 *hablaron* al anciano, dueño. .diciendo
19.30 considerad. .tomad consejo, y *hablad*
21.13 envió. .*hablar* a los hijos de Benjamín
Rt. 2.13 has *hablado* al corazón de tu sierva
4.1 pariente de quien Booz había *hablado*
1 S. 1.13 *hablaba* en su corazón, y. .no se oía
1.16 por. .aflicción he *hablado* hasta ahora
3.9 dirás: *Habla*, Jehová, porque tu siervo
3.10 Samuel dijo: *Habla*, porque tu siervo
3.17 dijo: ¿Qué es la palabra que te *habló?*
3.17 si me encubrieres. .lo que *habló* contigo
4.1 y Samuel *habló* a todo Israel. Por aquel
7.3 *habló* Samuel a toda la casa de Israel
9.17 he aquí. .es el varón del cual te *hablé*
9.25 descendido. .*habló* con Saúl en el terrado
10.16 reino, de que Samuel le había *hablado*
14.19 aún *hablaba* Saúl con el sacerdote, el
14.28 entonces *habló* uno del pueblo, diciendo
17.23 mientras él *hablaba*. .aquel paladín que
17.23 Goliat. .*habló* las mismas palabras, y
17.26 *habló* David a los que estaban junto a
17.28 oyéndole *hablar* Eliab su hermano mayor
17.29 qué he hecho. .¿No es esto mero *hablar?*
18.1 hubo acabado de *hablar* con Saúl, el alma
18.22 *hablad* en secreto a David, diciéndole
18.23 los criados. .*hablaron* estas palabras a
19.1 *habló* Saúl a Jonatán su hijo, y. .siervos
19.3 yo. .*hablaré* de ti a mi padre, y te haré
19.4 Jonatán *habló* bien de David a Saúl su
20.23 al asunto de que tú y yo hemos *hablado*
25.17 hombre. .que no hay quien pueda *hablarle*
25.24 permitas. .tu sierva *hable* a tus oídos
25.30 a todo el bien que ha *hablado* de ti
25.39 envió David a *hablar* con Abigail, para
25.40 vinieron a Abigail. .*hablaron* con ella
28.12 *habló* aquella mujer a Saúl, diciendo
30.6 el pueblo *hablaba* de apedrearlo, pues
2 S. 2.27 que si no hubieses *hablado*, el pueblo
3.17 *habló* Abner con los ancianos de Israel
3.18 Jehová ha *hablado* a David, diciendo
3.19 *habló* también Abner a los de Benjamín
3.27 Joab lo llevó aparte. .para *hablar* con
5.1 todas las tribus de. .a David. .y *hablaron*
5.6 *hablaron* a David. .Tú no entrarás acá
6.22 seré honrado delante de las. .has *hablado*
7.7 ¿he *hablado* yo. .a alguna de las tribus
7.17 estas palabras. .así *habló* Natán a David
7.19 has *hablado* de la casa de tu siervo en
7.20 ¿y qué más puede añadir David *hablando*
7.25 confirma. .la palabra que has *hablado*
12.18 le *hablábamos*, y no quería oir nuestra
12.19 David, viendo a sus siervos *hablar*
13.13 que *hables* al rey, que él no me negará
13.22 Absalón no *habló* con Amnón ni malo ni
13.32 Jonadab. .*habló*. .No diga mi señor que
13.36 cuando él acabó de *hablar*. .vinieron
14.3 entrarás. .y le *hablarás* de esta manera
14.10 al que *hablare* contra ti, tráelo a mí
14.12 *hable* una palabra a. .Y él dijo: *Habla*
14.13 *hablando* el rey esta palabra, se hace
14.15 *hablaré* ahora al rey; quizá él hará lo
14.18 la mujer dijo: *Hable* mi señor el rey
14.19 todo lo que mi señor el rey ha *hablado*
17.6 *habló* Absalón, diciendo: Así ha dicho
19.7 pues. .vé afuera y *habla*. .a tus siervos
19.11 envió. .*Hablad* a los ancianos de Judá
19.43 ¿no *hablamos* nosotros los primeros
20.16 que venga acá, para que yo *hable* con él
20.18 entonces volvió ella a *hablar*, diciendo
21.2 rey llamó a los gabaonitas, y les *habló*
22.1 *habló* David a Jehová las palabras de
23.2 el Espíritu de Jehová ha *hablado* por mí
23.3 me *habló* la Roca de Israel: Habrá un
1 R. 1.11 entonces *habló* Natán a Betsabé madre
1.14 estando tú aún *hablando* con el rey, yo
1.22 mientras aún *hablaba* ella con el rey
1.42 mientras él aún *hablaba*. .vino Jonatán
2.4 confirme Jehová la palabra que me *habló*
2.16 hago una petición. .ella le dijo: *Habla*
2.17 yo te ruego que *hables* al rey Salomón
2.18 dijo: Bien; yo *hablaré* por ti al rey
2.19 Betsabé al rey. .*hablarle* por Adonías
2.23 que contra su vida ha *hablado* Adonías
3.22 la otra. .así *hablaban* delante del rey
3.26 la mujer de quien era el. .*habló* al rey
5.5 según. .que Jehová *habló* a David mi padre
6.12 cumpliré. .mi palabra que *hablé* a David
8.15 bendito sea Jehová. .que *habló* a David
9.5 como *hablé* a David tu padre, diciendo
12.3 vino, pues. .Israel, y *hablaron* a Roboam
12.7 le *hablaron* diciendo: Si tú fueres hoy
12.7 respondiéndoles. .palabras les *hablares*
12.9 que me ha *hablado* diciendo: Disminuye
12.10 así *hablarás* a este pueblo que te ha
12.10 así les *hablarás:* El menor dedo de los
12.14 les *habló* conforme al consejo de los
12.15 palabra que Jehová había *hablado* por
12.23 *habla* a Roboam hijo de Salomón, rey de
13.11 las palabras que había *hablado* al rey
13.18 soy profeta. .y un ángel me ha *hablado*
13.27 *habló* a sus hijos. .Ensilladme un asno
13.31 *habló* a sus hijos, diciendo: Cuando yo
14.18 la cual él había *hablado* por su. .Ahías
15.29 que Jehová *habló* por su siervo Ahías
16.34 palabra que. .había *hablado* por Josué
20.28 el varón de Dios. .y le *habló* diciendo
21.2 Acab *habló* a Nabot. .Dame tu viña para
21.6 *hablé* con Nabot de Jezreel, y le dije
21.19 y le *hablarás* diciendo. .¿No mataste, y
21.19 volverás a *hablarle*, diciendo: Así ha
21.23 de Jezabel también ha *hablado* Jehová
22.8 y Josafat dijo: No *hable* el rey así
22.13 a Micaías, le *habló* diciendo: He aquí
22.14 que lo que Jehová me *hablare*, eso diré
22.24 se fue de mí el. .para *hablarte* a ti?
22.28 volver en paz, Jehová no ha *hablado* por
22.38 la palabra que Jehová había *hablado*
2 R. 1.3 ángel de Jehová *habló* a Elías tisbita
1.11 le *habló* y dijo: Varón de Dios, el rey
1.17 la palabra de Jehová, que había *hablado*
2.11 que yendo ellos y *hablando*. .un carro de
2.22 conforme a la palabra que *habló* Eliseo
4.13 ¿necesitas que *hable* por ti al rey, o
5.13 mas sus criados. .le *hablaron* diciendo
6.12 declara. .las palabras que tú *hablas* en
6.33 aún estaba él *hablando* con ellos, y he
7.18 el varón de Dios había *hablado* al rey
8.1 *habló* Eliseo a aquella mujer a cuyo hijo
8.4 y había el rey *hablado* con Giezi, criado
9.12 me *habló*, diciendo: Así ha dicho Jehová
9.36 la cual él *habló* por medio de su siervo
10.10 que Jehová *habló* sobre la casa de Acab
10.17 palabra. .que había *hablado* por Elías
14.25 él había *hablado* por su siervo Jonás
15.12 la palabra. .que había *hablado* a Jehú
18.26 te rogamos que *hables* a tus siervos
18.26 no *hables*. .en lengua de Judá a oídos
18.28 el Rabsaces. .*habló* diciendo: Oíd la
20.19 la palabra. .que has *hablado*, es buena
21.10 *habló*. .Jehová por medio de. .profetas
22.14 la profetisa Hulda. .*hablaron* con ella
22.16 todo el mal de que *habla* este libro
24.2 palabra. .había *hablado* por. .profetas
25.28 le *habló* con benevolencia, y puso su
1 Cr. 12.17 David. .*habló* diciendo: Si habéis
16.9 cantad a él. .*hablad* de. .sus maravillas
17.6 ¿*hablé* una palabra. .una casa de cedro?
17.15 conforme a todas. .*habló* Natán a David
17.17 que has *hablado* de la casa de tu siervo
17.23 la palabra que has *hablado*. .sea firme
17.26 el Dios que has *hablado* de tu siervo
21.9 y *habló* Jehová a Gad, vidente de David
21.10 *habla* a David, y dile: Así ha dicho
21.27 Jehová *habló* al ángel, y éste volvió
2 Cr. 9.1 *habló* con. .lo que en su corazón tenía
10.3 Jeroboam, y todo. .y *hablaron* a Roboam
10.7 les *hablares* buenas palabras, ellos te
10.9 me ha *hablado*, diciendo: Alivia algo de
10.10 así dirás al pueblo que te ha *hablado*
10.14 les *habló* conforme al consejo de los
10.15 la palabra que había *hablado* por Ahías
11.3 *habla* a Roboam hijo de Salomón, rey de
18.7 respondió Josafat: No *hable* así el rey
18.12 a llamar a Micaías, le *habló* diciendo
18.12 yo, te ruego. .que *hables* bien
18.13 lo que mi Dios me dijere, eso *hablaré*
18.15 te. .que no me *hables* sino la verdad?
18.22 pues Jehová ha *hablado* el mal contra ti
18.23 se fue de mí el. .para *hablarte* a ti?
18.27 en paz, Jehová no ha *hablado* por mí
25.16 *hablándole* el profeta. .él le respondió
25.16 cuando terminó de *hablar*, el profeta
30.22 *habló* Ezequías al corazón de todos los
32.6 y *habló* al corazón de ellos, diciendo
32.16 otras cosas más *hablaron* sus siervos
32.17 blasfemaba contra Jehová. .y *hablaba*
32.19 *hablaron* contra el Dios de Jerusalén
33.10 *habló* Jehová a Manasés y a su pueblo
33.18 videntes que le *hablaron* en nombre de
36.12 Jeremías, que le *hablaba* de parte de
Esd. 8.17 las palabras que habían de *hablar* a
8.22 habíamos *hablado* al rey, diciendo: La
Neh. 4.2 *habló* delante de sus hermanos y del
6.12 que *hablaba* aquella profecía contra mí
9.13 *hablaste* con ellos desde el cielo, y les
13.24 la mitad. .*hablaban* la lengua de Asdod
13.24 porque no sabían *hablar* judaico, sino
13.24 *hablaban* conforme a la lengua de cada
Est. 3.4 *hablándole* cada día de esta manera
6.4 venido al patio. .para *hablarle* al rey
6.14 estaban ellos *hablando* con él, cuando
7.9 el cual había *hablado* bien por el rey
8.3 volvió. .Ester a *hablar* delante del rey
10.3 porque. .*habló* paz para todo su linaje
Job 1.16,17,18 estaba éste *hablando*. .vino otro
2.10 dijo: Como suele *hablar* cualquiera de
2.10 como. .las mujeres fatuas, has *hablado*
2.13 y ninguno le *hablaba* palabra, porque
4.2 probáremos a *hablarte*, te será molesto
7.11 *hablaré* en la angustia de mi espíritu
8.2 ¿hasta cuándo *hablarás* tales cosas, y las
8.10 te *hablarán*, y de su corazón sacarán
9.14 yo, y *hablaré* con él palabras escogidas?
9.19 si *habláremos* de su potencia. .es fuerte
9.35 *hablaré*, y no le temeré; porque en este
10.1 queja; *hablaré* con amargura de mi alma
11.2 el hombre que *habla*. .será justificado?
11.5 mas ¡oh, quién diera que Dios *hablara*
12.8 *habla* a la tierra, y ella te enseñará
13.3 mas yo *hablaría* con el Todopoderoso, y
13.7 ¿*hablaréis* iniquidad. .h por él engaño?
13.13 *hablaré* yo, y que me venga después lo
13.22 llama. .o yo *hablaré*, y respóndeme tú
15.5 has escogido el *hablar* de los astutos
16.4 también yo podría *hablar* como vosotros
16.6 si *hablo*, mi dolor no cesa; y si dejo
16.6 si dejo de *hablar*, no se aparta de mí
18.2 ¿cuándo. .Entended, y después *hablemos*
19.18 aun. .al levantarme, *hablaban* contra mí
21.3 yo *hablaré;* y después que haya *hablado*
23.2 también *hablará* con amargura; porque
27.4 mis labios no *hablarán* iniquidad, ni mi
32.7 los días *hablarán*, y la muchedumbre de
32.16 yo, pues, he esperado, pero no *hablaban*
32.20 *hablaré*. .respiraré; abriré mis labios
32.22 porque no sé *hablar* lisonjas; de otra
33.2 boca, y mi lengua *hablará* en mi garganta
33.3 mis labios, lo *hablarán* con sinceridad

HABLAR ***(Continúa)***

Job 33.12 en esto no has *hablado* justamente
33.14 una o en dos maneras *habla* Dios; pero
33.31 escucha, Job, y óyeme. . y yo *hablaré*
33.32 *habla*, porque yo te quiero justificar
34.35 que Job no *habla* con sabiduría, y que
37.20 preciso contarle cuando yo *hablaré?*
40.5 una vez *hablé*, mas no responderé; aun
40.5 aun dos veces, mas no volveré a *hablar*
41.3 para contigo? ¿Te *hablará* él lisonjas?
42.3 yo *hablaba* lo que no entendía; cosas
42.4 oye, te ruego, y *hablaré;* te preguntaré
42.7 que *habló* Jehová estas palabras a Job
42.7 no habéis *hablado* de mí lo recto, como
42.8 no habéis *hablado* de mí con rectitud
Sal. 2.5 *hablará* a ellos en su furor, y. . ira
5.6 destruirás a los que *hablan* mentira; al
5.9 maldad. . con su lengua *hablan* lisonjas
12.2 *habla* mentira cada uno con su prójimo
12.2 *hablan* con labios lisonjeros, y. . doblez
12.3 destruirá. . que *habla* jactanciosamente
15.2 justicia, y *habla* verdad en su corazón
17.10 con su boca *hablan* arrogantemente
28.3 los cuales *hablan* paz con sus prójimos
31.18 que *hablan* contra el justo cosas duras
34.13 guarda. . tus labios de *hablar* engaño
35.20 no *hablan* paz; y contra los mansos de
35.28 mi lengua *hablará* de tu justicia y de
37.30 del justo *habla* sabiduría. . *h* justicia
38.12 que procuran mi mal *hablan* iniquidades
40.5 si yo anunciare y *hablare* de ellos, no
41.6 si vienen a verme, *hablan* mentira; su
49.3 mi boca *hablará* sabiduría. . inteligencia
50.1 el Dios de dioses, Jehová, ha *hablado*
50.7 oye, pueblo mío, y *hablaré;* escucha
50.16 ¿qué tienes. . que *hablar* de mis leyes
50.20 *hablabas* contra tu hermano; contra el
58.3 se descarriaron *hablando* mentira desde
62.11 una vez *habló* Dios; dos veces he oído
63.11 la boca de los que *hablan* mentira será
66.14 que pronunciaron mis labios y *habló*
69.12 *hablaban* contra mí los. . a la puerta
71.10 mis enemigos *hablan* de mí, y los que
71.24 mi lengua *hablará*. . de tu justicia todo
73.8 *hablan* con maldad de. . *h* con altanería
73.15 si dijera yo: *Hablaré* como ellos, he
75.5 alarde. . no *habléis* con cerviz erguida
77.4 estaba yo quebrantado, y no *hablaba*
77.12 meditaré en. . y *hablaré* de tus hechos
78.2 abriré mi boca. . *hablaré* cosas escondidas
78.19 *hablaron* contra Dios, diciendo: ¿Podrá
85.8 escucharé lo que *hablará* Jehová Dios
85.8 *hablará* paz a su pueblo y a sus santos
89.19 entonces *hablaste* en visión a tu santo
94.4 ¿hasta cuándo. . *hablarán* cosas duras, y
99.7 en columna de nube *hablaba* con ellos
101.7 el que *habla* mentiras no se afirmará
105.2 cantadle. . *hablad* de. . sus maravillas
105.31 *habló*, y vinieron enjambres de moscas
105.34 *habló*, y vinieron langostas, y pulgón
106.33 *habló* precipitadamente con sus labios
107.25 porque *habló* e hizo levantar. . viento
109.2 han *hablado* de mí con lengua mentirosa
109.20 a los que *hablan* mal contra mi alma
115.5 tienen boca, mas no *hablan;* tienen
115.7 no andan; no *hablan* con su garganta
116.10 creí; por tanto *hablé*. . afligido en
119.23 príncipes también. . *hablaron* contra mí
119.46 *hablaré* de tus testimonios delante de
119.172 *hablará* mi lengua tus dichos, porque
120.7 ellos, así que *hablo*, me hacen guerra
127.5 no será avergonzado cuando *hablare* con
135.16 tienen boca, y no *hablan;* tienen ojos
144.8,11 cuya boca *habla* vanidad. . mentira
145.6 de tus hechos. . *hablarán* los hombres
145.11 gloria. . digan, y *hablen* de tu poder
Pr. 2.12 los hombres que *hablan* perversidades
6.13 que *habla* con los pies, que hace señas
6.19 el testigo falso que *habla* mentiras
6.22 te. . *hablarán* contigo cuando despiertes
8.6 oíd, porque *hablaré* cosas excelentes, y
8.7 porque mi boca *hablará* verdad. . mis labios
10.32 labios del justo saben *hablar* lo que
10.32 boca de los impíos *habla* perversidades
12.17 el que *habla* verdad declara justicia
14.5 mas el testigo falso *hablará* mentiras
14.25 el testigo. . engañoso *hablará* mentiras
15.2 la boca de los necios *hablará* sandeces
16.13 los reyes. . aman al que *habla* lo recto
18.23 el pobre *habla* con ruegos, mas el rico
19.5 y el que *habla* mentiras no escapará
19.9 falso. . el que *habla* mentiras perecerá
23.9 no *hables* a oídos del necio, porque
23.16 cuando. . labios *hablaren* cosas rectas
23.33 y tu corazón *hablará* perversidades
24.2 en robar, e iniquidad *hablan* sus labios
25.18 el hombre que *habla* contra su prójimo
26.25 *hablare* amigablemente, no le creas
Ec. 1.16 *hablé* yo en mi corazón, diciendo: He
3.7 tiempo de callar, y tiempo de *hablar*
7.21 cosas que se *hablan*, para que no oigas
Cnt. 2.10 mi amado *habló*, y me dijo: Levántate
5.6 tras su *hablar* salió mi alma. . lo busqué
7.9 y hace *hablar* los labios de los viejos
8.8 ¿qué haremos. . cuando de ella se *hablare?*
Is. 1.2 oíd, cielos. . *habla* Jehová: Crie hijos
7.10 *habló* también Jehová a Acaz, diciendo
8.5 vez volvió Jehová a *hablarme*, diciendo
8.19 a los adivinos, que susurran *hablando*
9.17 falsos. . toda boca *habla* despropósitos
16.14 Jehová ha *hablado*, diciendo: Dentro de
19.18 que *hablen* la lengua de Canaán, y que
20.2 en aquel tiempo *habló* Jehová por medio
21.9 después *habló* y dijo: Cayó. . Babilonia
22.25 echará a perder; porque Jehová *habló*
23.4 el mar. . *habló*, diciendo: Nunca estuve
28.11 extraña lengua *hablará* a este pueblo
29.4 *hablarás* desde la tierra, y tu habla
32.4 lengua de los tartamudos *hablará* rápida
32.6 porque el ruin *hablará* ruindades, y su
32.6 para cometer impiedad. . *hablar* escarnio
32.7 para *hablar* en juicio contra el pobre
33.15 camina en justicia y *habla* lo recto
36.5 el consejo y. . poderío de que tú *hablas*
36.11 que *hables* a. . en arameo. . y no *h* con
37.22 las palabras que Jehová *habló* contra
39.8 la palabra de Jehová que has *hablado* es
40.2 *hablad* al corazón de Jerusalén; decidle
40.5 porque la boca de Jehová ha *hablado*
40.27 ¿por qué dices, oh Jacob, y *hablas* tú
41.1 acérquense, y entonces *hablen;* estemos
43.26 juntamente; *habla* tú para justificarte
45.19 no *hablé* en secreto. . un lugar oscuro
45.19 yo soy Jehová que *hablo* justicia, que
46.11 *hablé*, y lo haré venir; lo he pensado
48.15 yo, yo *hablé*, y le llamé y le traje
48.16 desde el principio no *hablé* en secreto
50.4 para saber *hablar* palabras al cansado
52.6 mismo que *hablo*. . aquí estaré presente
56.3 y el extranjero que. . no *hable* diciendo
58.9 el dedo amenazador, y el *hablar* vanidad
58.13 tu voluntad, ni *hablando* tus. . palabras
58.14 porque la boca de Jehová lo ha *hablado*
59.3 mentira, *habla* maldad vuestra lengua
59.4 confían en vanidad, y *hablan* vanidades
59.13 mentir. . el *hablar* calumnia y rebelión
63.1 el que *hablo* en justicia, grande para
65.12 por cuanto llamé. . *hablé*, y no oísteis
65.24 mientras aún *hablan*, yo habré oído
66.4 *hablé*, y no oyeron, sino que hicieron
Jer. 1.6 yo dije. . no sé *hablar*, porque soy niño
1.17 ciñe tus lomos, levántate, y *háblales*
3.5 que has *hablado* y hecho cuantas maldades
4.28 *hablé*, lo pensé, y no me arrepentí, ni
5.5 iré a los grandes, y les *hablaré;* porque
5.15 lengua. . y no entenderás lo que *hablare*
6.10 ¿a quién *hablaré* y amonestaré, para que
7.13 os *hablé*. . no oísteis, y os llamé, y no
7.22 porque no *hablé* yo con vuestros padres
8.6 no *hablan* rectamente, no hay hombre que
9.5 cada uno engaña. . y ninguno *habla* verdad
9.5 acostumbraron. . lengua a *hablar* mentira
9.8 engaño *habla;* con su boca dice paz a su
9.12 a quién *habló* la boca de Jehová, para
9.22 *habla:* Así ha dicho Jehová: Los cuerpos
10.1 la palabra que Jehová ha *hablado* sobre
10.5 derechos. . como palmera, y no *hablan;* son
11.2 oíd las palabras de. . pacto, y *hablad* a
12.6 no los creas cuando bien te *hablen*
13.15 escuchad y oíd. . pues Jehová ha *hablado*
14.14 no. . envié, ni les mandé, ni les *hablé*
18.7 en un instante *hablaré* contra pueblos
18.8 de su maldad contra la cual *hablé*, yo
18.9 en un instante *hablaré* de la gente y del
18.11 *habla* luego a todo hombre de Judá y a
18.20 me puse delante de ti para *hablar* bien
19.2 allí las palabras que yo te *hablaré*
19.5 cosa que no les mandé, ni *hablé*, ni me
19.15 traigo. . todo el mal que *hablé* contra
20.8 cuantas veces *hablo*, doy voces, grito
20.9 dije: No. . ni *hablaré* más en su nombre
22.1 desciende a. . y *habla* allí esta palabra
22.21 te he *hablado* en tus prosperidades, mas
23.16 *hablan* visión de su propio corazón, no
23.21 no les *hablé*, mas ellos profetizaban
23.35 ¿qué ha respondido. . qué *habló* Jehová?
23.37 ¿qué te respondió. . y qué *habló* Jehová?
25.2 la cual *habló* el profeta Jeremías a todo
25.3 he *hablado* desde temprano y sin cesar
25.13 y traeré. . mis palabras que he *hablado*
26.2 *habla*. . palabras que. . te mandé *hablarles*
26.7 oyeron a Jeremías *hablar* estas palabras
26.8 cuando terminó de *hablar* Jeremías todo
26.8 Jehová le había mandado que *hablase* a
26.11 *hablaron* los sacerdotes y los profetas
26.12 *habló* Jeremías a todos los príncipes
26.13 se arrepentirá. . del mal que ha *hablado*
26.16 nombre de Jehová. . Dios nos ha *hablado*
26.17 ancianos. . *hablaron* a toda la reunión
26.18 Miqueas de. . *habló* a todo el pueblo de
26.19 arrepintió del mal que había *hablado*
27.9 *hablan* diciendo: No serviréis al rey de
27.12 *hablé* también a Sedequías rey de Judá
27.14 los profetas que os *hablan* diciendo: No
27.16 a todo este pueblo *hablé*. . No oigáis las
28.1 Hananías. . *habló* en la casa de Jehová
28.2 así *habló* Jehová. . Quebranté el yugo del
28.7 oye ahora esta palabra que yo *hablo* en
28.11 y *habló* Hananías en presencia de todo
28.13 vé y *habla* a Hananías, diciendo: Así
28.16 morirás en. . porque *hablaste* rebelión
29.23 y falsamente *hablaron* en mi nombre
29.24 a Semaías de Nehelam *hablarás*, diciendo
29.25 así *habló* Jehová. . Tu enviaste cartas en
29.32 contra Jehová ha *hablado* rebelión
30.2 *habló* Jehová Dios de Israel, diciendo
30.2 escríbete. . palabras que te he *hablado*
30.4 las palabras que *habló* Jehová acerca de
31.20 desde que *hablé* de él, me he acordado
32.4 *hablará* con él boca a boca, y sus ojos
32.42 todo el bien que acerca de ellos *hablo*
33.14 la buena palabra que he *hablado* a la
33.24 ver lo que *habla* este pueblo, diciendo
34.2 vé y *habla* a Sedequías rey de Judá, y
34.3 te *hablará* boca a boca, y en Babilonia
34.5 porque yo he *hablado* la palabra, dice
34.6 *habló* el profeta Jeremías a Sedequías
35.2 *habla* con ellos, e introdúcelos en la
35.14 yo os he *hablado*. . temprano y sin cesar
35.17 mal que. . he hablado; porque les *hablé*
36.2 las palabras que te he *hablado* contra
36.2 el día que comencé a *hablarte*. . hasta hoy
36.4 las palabras que Jehová le había *hablado*
38.1 palabras que Jeremías *hablaba* a todo el
38.4 hace desmayar las. . *hablándoles*. . palabras
38.20 oye. . la voz de Jehová que yo te *hablo*
39.16 y *habla* a Ebed-melec etíope, diciendo
40.2 le dijo: Jehová tu Dios *habló* este mal
40.15 Johanán. . *habló* a Gedalías en secreto
42.19 Jehová *habló* sobre vosotros, oh. . Judá
43.1 Jeremías acabó de *hablar* a. . el pueblo
44.16 palabra que nos has *hablado* en nombre
44.20 y *habló* Jeremías a todo el pueblo, a
44.25 *hablado* Jehová. . Vosotros. . *hablasteis*
45.1 palabra que *habló* el profeta Jeremías
46.13 que *habló* Jehová al profeta Jeremías
48.27 cuando de él *hablaste*. . te has burlado
50.1 palabra. . *habló* Jehová contra Babilonia
52.32 y *habló* con él amigablemente, e hizo
Ez. 1.28 postré. . oí la voz de uno que *hablaba*
2.1 ponte sobre tus pies, y *hablaré* contigo
2.2 luego que me *habló*, entró el Espíritu en
2.2 sobre mis pies, y oí al que me *hablaba*
2.7 *hablarás*, pues, mis palabras, escuchen o
2.8 oye lo que yo te *hablo;* no seas rebelde
3.1 come este rollo, y vé y *habla* a la casa
3.4 entra a la casa de Israel, y *habla* a ellos
3.10 todas mis palabras que yo te *hablaré*
3.11 vé y entra a los cautivos. . y *háblales*
3.18 no le amonestares ni le *hablares*, para
3.22 y sal al campo, y allí *hablaré* contigo
3.24 *habló*, y me dijo: Entra, y enciérrate
3.27 cuando yo te hubiere *hablado*, abriré tu
5.13 sabrán que yo Jehová he *hablado* en mi
5.15 serás oprobio y. . Yo Jehová he *hablado*
5.17 enviaré sobre ti. . Yo Jehová he *hablado*
10.2 y *habló* al varón vestido de lino, y le
10.5 la voz del Dios Omnipotente cuando *habla*
11.5 así habéis *hablado*, oh casa de Israel
11.25 *hablé* a los cautivos todas las cosas
12.25 *hablaré*, y se cumplirá la. . que yo *hable*
12.25 *hablaré* palabra y la cumpliré, dice
12.28 que la palabra que yo *hable* se cumplirá
13.7 que decís: Dijo. . no habiendo yo *hablado?*
13.8 cuanto vosotros habéis *hablado* vanidad
14.4 *háblales*. . y diles: Así ha dicho Jehová
14.9 el profeta fuere engañado y *hablare*
17.21 y sabréis que yo Jehová he *hablado*
20.3 hijo de. . *habla* a los ancianos de Israel
20.27 *habla* a la casa de Israel, y diles: Así
21.17 reposar mi ira. Yo Jehová he *hablado*
21.32 pasto del fuego. . yo Jehová he *hablado*
22.14 ti? ¿Yo Jehová he *hablado*, y lo haré
22.28 ha dicho. . y Jehová no había *hablado*
23.34 yo he *hablado*, dice Jehová el Señor
24.3 *habla* por parábola a la casa rebelde
24.14 yo Jehová he *hablado;* vendrá, y yo lo
24.18 *hablé* al pueblo por la mañana, y a la
24.27 se abrirá tu boca para *hablar* con el
24.27 *hablarás*, y no estarás más mudo; y les
26.5,14 yo he *hablado*, dice Jehová el Señor
28.9 ¿*hablarás* delante del que te mate
28.10 yo he *hablado*, dice Jehová el Señor
29.3 *habla* y dí. . ha dicho Jehová el Señor
30.12 secaré los ríos. . Yo Jehová he *hablado*
32.21 de en medio del Seol *hablarán* a él los
33.2 hijo de. . *habla* a los hijos de tu pueblo
33.8 si tú no *hablares* para que se guarde el
33.10 vosotros habéis *hablado* así, diciendo
33.24 *hablan* diciendo: Abraham era uno, y
33.30 *habla* el uno con el otro, cada uno con
34.24 les seré por Dios. . Yo Jehová he *hablado*
36.5 he *hablado* por. . en el fuego de mi celo
36.6 he *hablado*, por cuanto habéis llevado
36.36 que. . yo Jehová he *hablado*, y lo haré
37.14 sabréis que yo Jehová *hablé*, y lo hice
38.17 ¿no eres tú aquel de quien *hablé* yo en
38.19 he *hablado* en mi celo, y en el fuego
39.5 yo he *hablado*, dice Jehová el Señor
39.8 viene, y. . es el día del cual he *hablado*
40.4 me *habló* aquel varón, diciendo: Hijo de
43.6 y oí uno que me *hablaba* desde la casa

HABLAR *(Continúa)*

Ez. 44.5 oye con tus oídos todo lo que yo *hablo*
Dn. 1.19 el rey *habló* con ellos, y no fueron
2.4 *hablaron* los caldeos al rey en..aramea
2.14 Daniel *habló* sabia y prudentemente a
2.15 *habló* y dijo a Arioc capitán del rey
2.20 y Daniel *habló* y dijo: Sea bendito el
2.47 rey *habló* a Daniel..Ciertamente el Dios
3.9 *hablaron* y dijeron al rey Nabucodonosor
3.14 *habló* Nabucodonosor..dijo: ¿Es verdad
4.19 el rey *habló* y dijo: Beltsasar, no te
4.30 *habló* el rey y dijo: ¿No es ésta la gran
6.12 y le *hablaron* del edicto real: ¿No has
7.8,20 una boca que *hablaba* grandes cosas
7.11 grandes palabras que *hablaba* el cuerno
7.16 me *habló*, y me hizo conocer..las cosas
7.25 y *hablará* palabras contra el Altísimo
8.13 oí a un santo que *hablaba;* y otro de
8.13 preguntó a aquel que *hablaba:* ¿Hasta
8.18 *hablaba* conmigo, caí dormido en tierra
9.2 número de los años de que *habló* Jehová
9.6 en tu nombre *hablaron* a nuestros reyes
9.12 y él ha cumplido la palabra que *habló*
9.20 estaba *hablando* y orando, y confesando
9.21 aún estaba *hablando* en oración, cuando
9.22 *habló* conmigo, diciendo: Daniel, ahora
10.11 atento a las palabras que te *hablaré*
10.11 mientras *hablaba* esto, me puse en pie
10.16 y *hablé*, y dije al que estaba delante
10.17 ¿cómo..podrá el..*hablar* con mi señor?
10.19 y mientras él me *hablaba*, recobré las
10.19 *hable* mi señor..me has fortalecido
11.27 y en una misma mesa *hablarán* mentira
11.36 contra el Dios de los dioses *hablará*
Os. 2.14 la llevaré..y *hablaré* a su corazón
7.13 y ellos *hablaron* mentiras contra mí
10.4 han *hablado* palabras jurando en vano
12.4 en Bet-el le halló, y allí *habló* con
12.10 he *hablado* a los profetas, y aumenté
13.1 cuando Efraín *hablaba*, hubo temor; fue
Jl. 3.8 los venderán..porque Jehová ha *hablado*
Am. 3.1 oíd esta palabra que ha *hablado* Jehová
3.8 si *habla* Jehová el Señor..no profetizará?
5.10 y al que *hablaba* lo recto abominaron
7.16 no..ni *hables* contra la casa de Isaac
Mi. 4.4 la boca de Jehová de los..lo ha *hablado*
6.12 sus moradores *hablaron* mentira, y su
7.3 y el grande *habla* el antojo de su alma
Hag. 1.2 ha *hablado* Jehová..Este pueblo dice
1.13 Hageo..*habló* por mandato de Jehová al
2.2 *habla* ahora a Zorobabel hijo de Salatiel
2.21 *habla* a Zorobabel gobernador de Judá
Zac. 1.9 me dijo el ángel que *hablaba* conmigo
1.11 ellos *hablaron* a aquel ángel de Jehová
1.13 Jehová respondió..al ángel que *hablaba*
1.14 y me dijo el ángel que *hablaba*..Clama
1.19 al ángel que *hablaba*..¿qué son éstos?
2.3 salía aquel ángel que *hablaba* conmigo
2.4 dijo: Corre, *habla* a este joven, diciendo
3.4 y *habló* el ángel..Quitadle esas..viles
4.1 volvió el ángel que *hablaba* conmigo, y me
4.4 *hablé*, diciendo..¿Qué es esto, señor mío?
4.4 diciendo a aquel ángel..*hablaba* conmigo
4.5 ángel que *hablaba*..me dijo: ¿No sabes qué
4.6 *habló* diciendo: Esta es palabra de Jehová
4.11,12 *hablé*..y le dije: ¿Qué significan
5.5 y salió aquel ángel que *hablaba* conmigo
5.10; 6.4 dije al ángel que *hablaba* conmigo
6.8 me llamó, y me *habló* diciendo: Mira, los
6.12 le *hablarás*, diciendo: Así ha *hablado*
7.3 a *hablar* a los sacerdotes que estaban en
7.5 *habla* a todo el pueblo del país, y a los
7.9 así *habló* Jehová..Juzgad conforme a la
8.16 *hablad* verdad cada cual con su prójimo
9.10 *hablará* paz a..naciones, y su señorío
10.2 han *hablado* sueños vanos, y vano es su
13.3 no vivirás..has *hablado* mentira en el
Mal. 3.13 dijisteis: ¿Qué..*hablado* contra ti?
3.16 los..*hablaron* cada uno a su compañero
Mt. 3.3 aquel de quien *habló* el profeta Isaías
5.37 pero sea vuestro *hablar:* Sí, sí; no, no
9.33 echado fuera el demonio, el mudo *habló*
10.19 no os preocupéis por cómo..*hablaréis*
10.19 os será dado lo que habéis de *hablar*
10.20 no sois vosotros los que *habláis*, sino
10.20 sino el Espíritu..que *habla* en vosotros
12.22 tal manera que el..mudo veía y *hablaba*
12.32 al que *hable* contra el Espíritu Santo
12.34 ¿como podéis *hablar* lo bueno, siendo
12.34 la abundancia del corazón *habla* la boca
12.36 palabra ociosa que *hablen* los hombres
12.46 mientras él aún *hablaba* a la gente, he
12.46 madre y sus hermanos..querían *hablar*
12.47 madre y tus hermanos..quieren *hablar*
13.3 y les *habló* muchas cosas por parábolas
13.10 ¿por qué les *hablas* por parábolas?
13.13 por eso les *hablo* por parábolas; porque
13.34 todo esto *habló* Jesús por parábolas a
13.34 Jesús..sin parábolas no les *hablaba*
14.27 Jesús les *habló*..¡Tened ánimo; yo soy
15.31 viendo a los mudos *hablar*..los mancos
17.3 aparecieron Moisés y..*hablando* con él
17.5 aún *hablaba*, una nube de luz los cubrió
17.13 les había *hablado* de Juan el Bautista
17.25 *habló* primero..¿Qué te parece, Simón?
21.45 los..entendieron que *hablaba* de ellos
22.1 volvió a *hablar* por parábolas, diciendo
23.1 *habló* Jesús a la gente y a..discípulos
24.15 la abominación..de que *habló* el profeta
26.47 mientras todavía *hablaba*, vino Judas
26.73 aun tu manera de *hablar* te descubre
28.18 les *habló* diciendo: Toda potestad me
Mr. 1.30 suegra..en seguida le *hablaron* de ella
1.34 no dejaba *hablar* a los demonios, porque
1.42 así que él hubo *hablado*..lepra se fue
2.7 ¿por qué *habla* éste así? Blasfemias dice
4.33 muchas parábolas como estas les *hablaba*
4.34 sin parábolas no les *hablaba;* aunque a
5.27 cuando oyó *hablar* de Jesús, vino por
5.35 mientras él aún *hablaba*, vinieron de
6.50 *habló* con ellos, y les dijo: ¡Tened
7.37 los sordos oír, y a los mudos *hablar*
9.4 apareció Elías con Moisés, que *hablaban*
9.6 no sabía lo que *hablaba*, pues estaban
12.26 le *habló* Dios en la zarza, diciendo
13.11 eso *hablad*..no sois..los que *habláis*
13.14 abominación..de que *habló* el profeta
14.43 *hablando* él aún, vino Judas, que era
14.70 tu manera de *hablar* es semejante a la
14.71 jurar: No conozco a..de quien *habláis*
16.17 en mi nombre..*hablarán* nuevas lenguas
16.19 después que les *habló*, fue recibido
Lc. 1.19 he sido enviado a *hablarte*, y darte
1.20 no podrás *hablar*, hasta el día en que
1.22 pero cuando salió, no les podía *hablar*
1.22 les *hablaba* por señas, y permaneció mudo
1.55 la cual *habló* a nuestros padres, para
1.64 su lengua, y *habló* bendiciendo a Dios
1.70 *habló* por boca de sus santos profetas
2.38 *hablaba* del niño a..los que esperaban
2.50 no entendieron las palabras que..*habló*
4.36 y *hablaban*..diciendo: ¿Qué palabra es
4.41 los reprendía y no les dejaba *hablar*
5.4 cuando terminó de *hablar*, dijo a Simón
5.21 ¿quién es éste que *habla* blasfemias?
6.11 y *hablaban*..podrían hacer contra Jesús
6.26 los hombres *hablen* bien de vosotros!
6.45 la abundancia del corazón *habla* la boca
7.3 cuando el centurión oyó *hablar* de Jesús
7.15 se incorporó el que..y comenzó a *hablar*
8.8 *hablando* estas cosas, decía a gran voz
8.49 estaba *hablando* aún, cuando vino uno de
9.11 *hablaba* del reino de Dios, y sanaba a
9.30 he aquí dos varones que *hablaban* con él
9.31 *hablaban* de su partida, que iba Jesús a
11.14 que salido el demonio, el mudo *habló*
11.37 que hubo *hablado*, le rogó un fariseo
11.53 a provocarle a que *hablase* de muchas
12.3 y lo que habéis *hablado* al oído en los
14.3 Jesús *habló* a los intérpretes de la ley
20.2 le *hablaron* diciendo: Dinos: ¿con qué
21.5 que *hablaban* de que el templo estaba
22.4 y *habló* con los principales sacerdotes
22.47 mientras él aún *hablaba*, se presentó
22.60 mientras él..*hablaba*, el gallo cantó
23.20 les *habló* otra vez Pilato, queriendo
24.6 acordaos de lo que os *habló*, cuando aún
24.14 *hablando* entre sí de todas aquellas
24.15 mientras *hablaban* y discutían entre sí
24.32 ¿no..mientras nos *hablaba* en el camino
24.36 aún *hablaban*..Jesús se puso en medio
24.44 estas son las palabras que os *hablé*
Jn. 1.37 le oyeron *hablar* los dos discípulos
2.21 mas él *hablaba* del templo de su cuerpo
3.11 lo que sabemos *hablamos*, y lo que hemos
3.31 es terrenal, y cosas terrenales *habla*
3.34 Dios envió, las palabras de Dios *habla*
4.26 le dijo: Yo soy, el que *habla* contigo
4.27 se maravillaron de que *hablaba* con una
4.27 qué preguntas? o, ¿Qué *hablas* con ella?
6.63 las palabras que yo os he *hablado* son
6.71 *hablaba* de Judas Iscariote..de Simón
7.13 pero ninguno *hablaba* abiertamente de él
7.17 Dios, o si yo *hablo* por mi propia cuenta
7.18 el que *habla* por su propia cuenta, su
7.26 *habla* públicamente, y no le dicen nada
7.46 ¡jamás hombre alguno ha *hablado* como
8.12 les *habló*, diciendo: Yo soy la luz del
8.20 estas palabras *habló* Jesús en el lugar
8.26 yo, lo que he oído de él..*hablo* al mundo
8.27 no entendieron que les *hablaba* del Padre
8.28 que según me enseñó el Padre, así *hablo*
8.30 *hablando* él estas cosas, muchos creyeron
8.38 *hablo* lo que he visto cerca del Padre
8.40 hombre que os he *hablado* la verdad, la
8.44 cuando *habla* mentira, de suyo *h;* porque
9.21 edad tiene, preguntadle a él; él *hablará*
9.29 sabemos que Dios ha *hablado* a Moisés
9.37 le has visto, y el que *habla* contigo
11.13 pensaron que *hablaba* del reposar del
12.29 otros decían: Un ángel le ha *hablado*
12.36 estas cosas *habló* Jesús, y se fue y se
12.41 Isaías dijo esto..*habló* acerca de él
12.48 la palabra que he *hablado*..le juzgará
12.49 yo no he *hablado* por mi propia cuenta
12.49 mandamiento de..de lo que he de *hablar*
12.50 lo que yo *hablo*, lo *h* como el Padre me
13.18 no *hablo* de todos vosotros; yo sé a
13.22 se miraban..dudando de quién *hablaba*
13.24 para que preguntase..de quién *hablaba*
14.10 las palabras que yo os *hablo*, no las *h*
14.30 no *hablaré* ya mucho con vosotros
15.3 limpios por la palabra..os he *hablado*
15.11 cosas os he *hablado*, para que mi gozo
15.22 yo no..venido, ni les hubiera *hablado*
16.1 estas cosas os he *hablado*, para que no
16.13 no *hablará* por su propia cuenta, sino
16.18 un poco? No entendemos lo que *habla*
16.25 he *hablado* en alegorías; la hora viene
16.25 cuando ya no os *hablaré* por alegorías
16.29 *hablas* claramente, y ninguna alegoría
16.33 he *hablado* para que en mí tengáis paz
17.1 estas cosas *habló* Jesús, y levantando
17.13 voy a ti; y *hablo* esto en el mundo, para
18.16 y *habló* a la portera, e hizo entrar a
18.20 *hablado* al mundo..nada he *h* en oculto
18.21 pregunta a..qué les haya yo *hablado*
18.23 si he *hablado* mal, testifica en qué
19.10 dijo Pilato: ¿A mí no me *hablas?* ¿No
Hch. 1.1 *hablé* acerca de todas las cosas que
1.3 y *hablándoles* acerca del reino de Dios
1.16 el Espíritu Santo *habló* antes por boca
2.4 y comenzaron a *hablar* en otras lenguas
2.4 según el Espíritu les daba que *hablasen*
2.6 uno les oía *hablar* en su propia lengua
2.7 no son galileos todos estos que *hablan?*
2.8 les oímos nosotros *hablar* cada uno en
2.11 les oímos *hablar* en nuestras lenguas las
2.14 Pedro..*habló* diciendo: Varones judíos
2.31 *habló* de la resurrección de Cristo, que
3.21 que *habló* Dios por boca de sus santos
3.22 oiréis en todas las cosas que os *hable*
3.24 han *hablado*..han anunciado estos días
4.1 *hablando* ellos al pueblo, vinieron sobre
4.17 no *hablen* de aquí en adelante a hombre
4.18 en ninguna manera *hablasen* ni enseñasen
4.29 que con todo denuedo *hablen* tu palabra
4.31 *hablaban* con denuedo la palabra de Dios
5.40 que no *hablasen* en el nombre de Jesús
6.10 resistir..al Espíritu con que *hablaba*
6.11 le habían oído *hablar* palabras blasfemas
6.13 este hombre no cesa de *hablar* palabras
7.38 ángel que le *hablaba* en el monte Sinaí
8.25 habiendo..y *hablado* la palabra de Dios
8.26 ángel del Señor *habló* a Felipe, diciendo
9.27 al Señor, el cual le había *hablado*, y
9.27 en Damasco había *hablado* valerosamente
9.29 *hablaba* denodadamente en el nombre del
10.7 ido el ángel que *hablaba* con Cornelio
10.27 y *hablando* con él, entró, y halló a
10.32 a Simón..cuando llegue, él te *hablará*
10.44 aún *hablaba* Pedro estas palabras, el
10.46 los oían que *hablaban* en lenguas, y que
11.14 él te *hablará* palabras por las cuales
11.15 comencé a *hablar*, cayó el Espíritu
11.19 no *hablando* a nadie la palabra, sino
11.20 unos..*hablaron* también a los griegos
13.15 alguna palabra de exhortación..*hablad*
13.42 rogaron..les *hablasen* de estas cosas
13.43 quienes *hablándoles*, les persuadían a
13.46 Pablo y Bernabé, *hablando* con denuedo
13.46 que se os *hablase* primero la palabra de
14.1 y *hablaron* de tal manera que creyó una
14.3 *hablando* con denuedo, confiados en el
14.9 oyó *hablar* a Pablo, el cual, fijando en
16.6 les fue prohibido..*hablar* la palabra en
16.13 *hablamos* a las mujeres que se habían
16.32 le *hablaron* la palabra del Señor a él
17.19 esta nueva enseñanza de que *hablas?*
18.9 dijo..No temas, sino *habla*, y no calles
18.14 comenzar Pablo a *hablar*, Galión dijo
18.25 *hablaba* y enseñaba diligentemente lo
18.26 a *hablar* con denuedo en la sinagoga
19.6 y *hablaban* en lenguas, y profetizaban
19.8 *habló* con denuedo por espacio de tres
19.33 a Alejandro..*hablar* en su defensa ante
20.11 *habló* largamente hasta el alba; y así
20.30 hombres que *hablen* cosas perversas
21.39 ruego que me permitas *hablar* al pueblo
22.2 al oír que les *hablaba* en lengua hebrea
22.9 no entendieron la voz del que *hablaba*
23.9 si un espíritu le ha *hablado*, o un ángel
23.16 el hijo de..oyendo *hablar* de la celada
23.18 este joven, que tiene algo que *hablarte*
24.10 señal..a Pablo para que *hablase*, éste
24.26 muchas veces lo hacía venir y *hablaba*
25.12 Festo, habiendo *hablado* con el consejo
26.1 dijo..Se te permite *hablar* por ti mismo
26.14 oí una voz que me *hablaba*, y decía en
26.25 no estoy loco..sino que *hablo* palabras
26.26 el rey..delante de quien también *hablo*
26.31 *hablaban* entre sí, diciendo: Ninguna
28.20 os he llamado para veros y *hablaros*
28.21 denunciado o *hablado* algún mal de ti
28.22 en todas partes se *habla* contra ella
28.25 bien *habló* el Espíritu Santo por medio del
Ro. 3.5 será injusto Dios..(*Hablo* como hombre.)
4.6 David *habla* de la bienaventuranza del
6.19 *hablo* como humano, por vuestra humana
7.1 pues *hablo* con los que conocen la ley
11.13 porque a vosotros *hablo*, gentiles. Por
15.18 *hablar* sino de lo que Cristo ha hecho

HABLAR *(Continúa)*

1 Co. 1.10 que *habléis* todos una misma cosa, y
2.6 sin embargo, *hablamos* sabiduría entre los
2.7 *hablamos* sabiduría de Dios en misterio
2.13 *hablamos*, no con palabras enseñadas por
3.1 yo. .no pude *hablaros* como a espirituales
10.15 a sensatos os *hablo;* juzgad vosotros lo
12.3 que nadie que *hable* por el Espíritu de
12.30 ¿*hablan* todos lenguas? ¿interpretan
13.1 yo *hablase* lenguas humanas y angélicas
13.11 cuando yo era niño, *hablaba* como niño
14.2 que *habla* en lenguas no *h* a los hombres
14.2 aunque por el Espíritu *habla* misterios
14.3 que profetiza *habla* a los hombres para
14.4 que *habla* en lengua extraña, a sí mismo
14.5 quisiera que todos. .*hablaseis* en lenguas
14.5 mayor es el. .que el que *habla* en lenguas
14.6 si yo voy a vosotros *hablando* en lenguas
14.6 si no os *hablare* con revelación, o con
14.9 lo que decís? Porque *hablaréis* al aire
14.11 seré como extranjero para el que *habla*
14.11 el que *habla* será como extranjero para
14.13 el que *habla* en lengua extraña, pida en
14.18 gracias a Dios que *hablo* en lenguas más
14.19 pero en la iglesia prefiero *hablar* cinco
14.21 con otros labios *hablaré* a este pueblo
14.23 *hablan* en lenguas, y entran indoctos o
14.27 si *habla* alguno en lengua extraña, sea
14.28 calle. .y *hable* para sí mismo y para Dios
14.29 los profetas *hablen* dos o tres, y los
14.34 mujeres. .no les es permitido *hablar*
14.35 es indecoroso que una mujer *hable* en la
14.39 así que. .no impidáis el *hablar* lenguas
2 Co. 2.17 de parte de Dios. .*hablamos* en Cristo
4.13 creí, por lo cual *hablé*. .también *hablamos*
6.13 del mismo modo (como a hijos *hablo*)
7.14 en todo os hemos *hablado* con verdad
8.8 no *hablo* como quien manda, sino para
11.17 lo que *hablo*, no lo *h* según el Señor
11.21 (*hablo* con locura). .yo tengo osadía
11.23 ¿son. .(Como si estuviera loco *hablo*.)
12.19 delante de Dios en Cristo *hablamos*
13.3 una prueba de que *habla* Cristo en mí
Gá. 3.15 *hablo* en términos humanos: Un pacto
3.16 las simientes, como si *hablase* de muchos
Ef. 4.25 desechando la mentira, *hablad* verdad
5.12 porque vergonzoso es aun *hablar* de lo
5.19 *hablando* entre vosotros con salmos, con
6.20 denuedo *hable* de él, como debo *hablar*
Fil. 1.14 más a *hablar* la palabra sin temor
Col. 4.4 que lo manifieste como debo *hablar*
1 Ts. 1.8 no tenemos necesidad de *hablar* nada
2.4 según fuimos aprobados por. .así *hablamos*
2.16 impidiéndonos *hablar* a los gentiles para
1 Ti. 1.7 sin entender ni lo que *hablan* ni lo que
5.13 ociosas. .*hablando* lo que no debieran
Tit. 2.1 tú *habla* lo que está de acuerdo con
2.15 *habla*. .y reprende con toda autoridad
He. 1.1 Dios, habiendo *hablado* muchas veces
1.2 días nos ha *hablado* por el Hijo, a quien
2.5 mundo. .acerca del cual estamos *hablando*
4.8 reposo, no *hablaría* después de otro día
6.9 de cosas mejores. .aunque *hablamos* así
7.14 de Judá, de la cual nada *habló* Moisés
9.5 de las cuales. .no se puede ahora *hablar*
11.4 por la fe. .muerto, aún *habla* por ella
12.19 a la voz que *hablaba*, la cual los que
12.19 oyeron rogaron que no se les *hablase*
12.24 la sangre rociada que *habla* mejor que
12.25 mirad que no desechéis al que *habla*
13.7 pastores, que os *hablaron* la palabra
Stg. 1.19 pronto para oir, tardo para *hablar*
2.12 así *hablad*, y así haced, como los que
5.10 a los profetas que *hablaron* en nombre
1 P. 3.10 mal, y sus labios no *hablen* engaño
4.11 si alguno *habla*, *hable* conforme a las
2 P. 1.21 *hablaron* siendo inspirados por el
2.12 *hablando* mal de cosas que no entienden
2.16 de carga, *hablando* con voz de hombre
2.18 *hablando* palabras infladas y. .seducen
3.16 *hablando* en ellas de estas cosas; entre
1 Jn. 4.5 ellos son del mundo; por eso *hablan*
2 Jn. 12 pues espero ir. .y *hablar* cara a cara
3 Jn. 14 espero verte. .*hablaremos* cara a cara
Jud. 15 cosas duras que los. .impíos han *hablado*
16 cuya boca *habla* cosas infladas, adulando
Ap. 1.12 me volví para ver la voz que *hablaba*
4.1 la primera voz. .*hablando* conmigo, dijo
7.13 uno de los ancianos *habló*, diciéndome
10.8 la voz que oí. .*habló* otra vez conmigo
13.5 se le dio boca que *hablaba* grandes cosas
13.11 un cordero, pero *hablaba* como dragón
13.15 que la imagen *hablase* e hiciese matar
17.1 *habló* conmigo diciéndome: Ven acá, y te
21.9 *habló* conmigo, diciendo: Ven acá, yo te
21.15 que *hablaba*. .tenía una caña de medir

HABOR *Región en Mesopotamia*, 2 R. 17.6; 18.11; 1 Cr. 5.26

HACALÍAS *Padre de Nehemías*, Neh. 1.1; 10.1

HACATÁN *Padre de Johanán No. 10*, Esd. 8.12

HACEDOR

Éx. 15.11 terrible en. .hazañas, *h* de prodigios
Job 32.22 de otra manera. .mi *H* me consumiría
35.10 ninguno dice: ¿Dónde está Dios mi *H*?
36.3 tomaré mi. .y atribuiré justicia a mi *H*
Sal. 6.8 apartaos de mí. .los *h* de iniquidad
36.12 allí cayeron. .*h* de iniquidad; fueron
86.10 eres grande, y *h* de maravillas; sólo tú
95.6 adoremos. .delante de Jehová nuestro *H*
149.2 alégrese Israel en su *H;* los hijos de
Pr. 14.31 el que oprime al pobre afrenta a su *H*
17.4 el que escarnece al pobre afrenta a su *H*
Is. 17.7 mirará el hombre a su *H*, y sus ojos
27.11 su *H* no tendrá de él misericordia, ni
29.16 ¿acaso la obra dirá de su *h:* No me hizo?
44.2 dice Jehová, *H* tuyo, y el que te formó
45.9 ¡ay del que pleitea con su *H!* ¡el tiesto
51.13 ya te has olvidado de Jehová tu *H*, que
54.5 porque tu marido es tu *H;* Jehová de los
Jer. 10.16 él es el *H* de todo, e Israel es la
Os. 6.8 Galaad. .*h* de iniquidad, manchada con
8.14 olvidó, pues, Israel a su *H*, y edificó
Hab. 2.18 haciendo imágenes mudas confíe el *h*
Mt. 7.23 os conocí; apartaos de mí, *h* de maldad
Lc. 13.27 apartaos de mí. .vosotros, *h* de maldad
Ro. 2.13 sino los *h* de la ley serán justificados
Stg. 1.22 pero sed *h* de la palabra, y no tan
1.23 si alguno es oidor. .pero no *h* de ella
1.25 *h* de la obra, éste será bienaventurado
4.11 tú juzgas a la ley, no eres *h* de la ley

HACER

Gn. 1.7 *hizo* Dios la expansión, y separó las
1.16 e *hizo* Dios las dos grandes lumbreras
1.16 lumbreras. .*hizo* también las estrellas
1.25 e *hizo* Dios animales. .según su género
1.26 *hagamos* al hombre a nuestra imagen
1.31 vio Dios todo lo que había *hecho*, y he
2.2 Dios. .reposó. .de toda la obra que *hizo*
2.3 reposó de toda la obra que había *hecho*
2.4 el día que Jehová Dios *hizo* la tierra y
2.18 dijo Jehová. .*haré* ayuda idónea para él
2.22 y de la costilla. .*hizo* una mujer, y la
3.1 los animales. .que Jehová Dios había *hecho*
3.7 cosieron hojas. .se *hicieron* delantales
3.13 Dios dijo a. .¿Qué es lo que has *hecho?*
3.14 por cuanto esto *hiciste*, maldita serás
3.21 Dios *hizo* al hombre. .túnicas de pieles
4.7 si bien *hicieres*, ¿no serás enaltecido?
4.7 si no *hicieres* bien, el pecado está a la
4.10 él le dijo: ¿Qué has *hecho?* La voz de tu
5.1 al hombre, a semejanza de Dios lo *hizo*
6.6 arrepintió Jehová de haber *hecho* hombre
6.7 raeré. .me arrepiento de haberlos *hecho*
6.14 *hazte* un arca de. .*harás* aposentos en el
6.15 de esta manera la *harás:* de 300 codos
6.16 ventana *harás* al arca, y la acabarás a
6.16 le *harás* piso bajo, segundo y tercero
6.22 lo *hizo* así Noé; *h* conforme a todo lo
7.4 y raeré de. .a todo ser viviente que *hice*
7.5 e *hizo* Noé. .todo lo que le mandó Jehová
8.6 y abrió Noé la ventana. .que había *hecho*
8.21 ni volveré. .a destruir. .como he *hecho*
9.6 a imagen de Dios es *hecho* el hombre
9.24 lo que le había *hecho* su hijo más joven
11.3 *hagamos* ladrillo y cozámoslo con fuego
11.4 y *hagámonos* un nombre, por si fuéremos
11.6 *hará* desistir. .lo que han pensado *hacer*
12.2 y *haré* de ti una nación grande, y te
12.16 e *hizo* bien a Abram por causa de ella
12.18 ¿qué es esto que has *hecho* conmigo?
13.4 al lugar del altar que había *hecho* allí
13.16 *haré* tu descendencia como el polvo de
14.2 éstos *hicieron* guerra contra Bera rey de
15.18 en aquel día *hizo* Jehová un pacto con
16.2 ya ves que Jehová me ha *hecho* estéril
16.6 *haz* con ella lo que bien te parezca
17.6 te multiplicaré. .y *haré* naciones de ti
17.20 a Ismael. .y *haré* de él una gran nación
18.5 ellos dijeron: *Haz* así como has dicho
18.6 *haz* panes cocidos debajo del rescoldo
18.17 dijo: ¿Encubriré yo. .lo que voy a *hacer*
18.19 *haciendo* justicia y juicio, para que
18.25 lejos de ti *hacer* tal. .que *hagas* morir
18.25 justo. .como el impío; nunca tal *hagas*
18.25 Juez. .¿no ha de *hacer* lo que es justo?
18.29 y dijo. .No lo *haré* por amor a los 40
18.30 no lo *haré* si hallare allí treinta
19.3 y les *hizo* banquete, y coció panes sin
19.7 dijo: Os ruego. .que no *hagáis* tal maldad
19.8 *haced* de ellas como bien os pareciere
19.8 a estos varones no *hagáis* nada, pues que
19.9 ahora te *haremos* más mal que a ellos
19.9 y *hacían* gran violencia al varón, a Lot
19.19 misericordia que habéis *hecho* conmigo
19.22 porque nada podré *hacer* hasta que hayas
20.5 con limpieza de mis manos he *hecho* esto
20.6 sé que con integridad de. .has *hecho* esto
20.9 dijo: ¿Qué nos has *hecho?* ¿En qué pequé
20.9 lo que no debiste *hacer* has *hecho*
20.10 ¿qué pensabas, para que *hicieses* esto?
20.13 esta es la merced que tú *harás* conmigo
21.1 *hizo* Jehová con Sara como había hablado
21.8 *hizo* Abraham gran banquete el día que
21.13 del hijo de la sierva *haré* una nación
21.18 porque yo *haré* de él una gran nación
21.22 Dios está contigo en todo cuanto *haces*
21.23 la bondad que yo *hice* contigo, *harás*
21.26 Abimelec: No sé quien haya *hecho* esto
21.27 tomó Abraham. .e *hicieron* ambos pacto
21.32 así *hicieron* pacto en Beerseba; y se
22.12 no extiendas tu mano. .ni le *hagas* nada
22.16 por cuanto has hecho esto, y no me has
23.2 y vino Abraham a *hacer* duelo por Sara
24.12 *haz* misericordia con mi señor Abraham
24.14 que habrás *hecho* misericordia con mi
24.49 si. .*hacéis* misericordia y verdad con
24.66 contó a Isaac todo lo que había *hecho*
26.3 y confirmaré el juramento que *hice* a
26.10 dijo: ¿Por qué nos has *hecho* esto? Por
26.13 engrandeció hasta *hacerse*. .poderoso
26.16 mucho más poderoso que. .te has *hecho*
26.28 juramento entre. .*haremos* pacto contigo
26.29 que no nos *hagas* mal, como nosotros
26.29 como solamente te hemos *hecho* bien, y
26.30 les *hizo* banquete, y comieron y bebieron
27.4 *hazme* un guisado como a mí me gusta, y
27.7 tráeme caza y *hazme* un guisado, para que
27.9 y *haré* de ellos viandas para tu padre
27.14 su madre *hizo* guisados, como a su padre
27.19 yo soy Esaú. .he *hecho* como me dijiste
27.20 Jehová tu Dios *hizo* que la encontrase
27.31 *hizo* él también guisados, y trajo a su
27.37 ¿qué, pues, te *haré* a ti ahora, hijo
27.45 hasta que. .olvide lo que le has *hecho*
28.15 hasta que haya *hecho*. .que te he dicho
28.20 e *hizo* Jacob voto, diciendo: Si fuere
29.22 Labán juntó a todos. .e *hizo* banquete
29.25 dijo a. .¿Qué es esto que me has *hecho?*
29.26 no se *hace* así en nuestro lugar, que se
29.27 servicio que *hagas* conmigo otros 7 años
29.28 *hizo* Jacob así, y cumplió la semana de
30.26 tú sabes los servicios que te he *hecho*
30.31 no me des nada; si *hicieres* por mí esto
31.7 no le ha permitido que me *hiciese* mal
31.12 he visto todo lo que Labán te ha *hecho*
31.13 de Bet-el. .y donde me *hiciste* un voto
31.16 pues, *haz* todo lo que Dios te ha dicho
31.20 engañó a Labán el. .no *haciéndole* saber
31.26 ¿qué has *hecho*, que me engañaste, y has
31.27 no me lo *hiciste* saber para que yo te
31.28 ni aun me. .ahora, locamente has *hecho*
31.29 poder hay en mi mano para *haceros* mal
31.43 ¿qué puedo yo *hacer* hoy a estas mis
31.44 ven, pues, ahora, y *hagamos* pacto tú y
31.46 e *hicieron* un majano, y comieron allí
32.9 dijiste: Vuélvete a. .y yo te *haré* bien
32.12 yo te *haré* bien, y tu descendencia será
33.11 Dios me ha *hecho* merced, y todo lo que
33.17 y Jacob. .*hizo* cabañas para su ganado
34.7 enojaron. .porque *hizo* vileza en Israel
34.7 vileza. .lo que no se debía haber *hecho*
34.14 no podemos *hacer* esto de dar nuestra
34.19 y no tardó el joven en *hacer* aquello
34.30 Jacob. .me habéis turbado con *hacerme*
35.1 *haz*. .un altar al Dios que te apareció
35.3 a Bet-el, y *haré* allí altar al Dios que
37.3 le *hizo* una túnica de diversos colores
38.10 desagradó en ojos de. .lo que *hacía*, y
39.3 lo que él *hacía*, Jehová lo *h* prosperar
39.4 le *hizo* mayordomo de su casa y entregó
39.9 ¿cómo, pues, *haría* yo este grande mal
39.11 entró él un día. .para *hacer* su oficio
39.14 un hebreo para que *hiciese* burla de
39.22 todo lo que se *hacía* allí, él lo *h*
39.23 lo que él *hacía*, Jehová lo prosperaba
40.13 solías *hacerlo* cuando eras su copero
40.14 y *hagas* mención de mí a Faraón, y me
40.15 fui hurtado. .y tampoco he *hecho* aquí por
40.20 *hizo* banquete a todos sus sirvientes
41.25 Dios ha mostrado a. .lo que va a *hacer*
41.28 lo que Dios va a *hacer*, lo ha mostrado
41.32 es firme. .Dios se apresura a *hacerla*
41.34 *haga* esto Faraón. .y quinte la tierra
41.55 id a José, y *haced* lo que él os dijere
42.7 José. .mas *hizo* como que no los conocía
42.18 *haced* esto, y vivid: Yo temo a Dios
42.20 pero traeréis. .Y ellos lo *hicieron* así
42.25 mandó José que. .y así se *hizo* con ellos
42.28 ¿qué es esto que nos ha *hecho* Dios?
43.6 dijo. .¿Por qué me *hicisteis* tanto mal
43.11 les respondió: Pues que así es, *hacedlo*
43.17 *hizo* el hombre como José dijo, y llevó
43.28 se inclinaron, e *hicieron* reverencia
44.2 pondrás mi copa. .él *hizo* como dijo José
44.5 habéis *hecho* mal en lo que *hicisteis*
44.7 ¿por qué. .Nunca tal *hagan* tus siervos
44.15 ¿qué acción es esta que habéis *hecho?*
44.17 José respondió: Nunca yo tal *haga*. El
45.17 *haced* esto: cargad vuestras bestias, e
45.19 manda: *Haced* esto: tomaos de la tierra
45.21 y lo *hicieron* así los hijos de Israel
46.3 porque allí. .*haré* de ti una gran nación
47.29 y *harás* conmigo misericordia y verdad
47.30 y José respondió: *Haré* como tú dices
48.20 diciendo: *Hágate* Dios como a Efraín y
50.9 gente. .y se *hizo* un escuadrón muy grande
50.10 *hizo* a su padre duelo por siete días

HACER *(Continúa)*
Gn. 50.12 *hicieron,* pues, sus hijos con él según
50.15 el pago de todo el mal que le *hicimos*
50.20 bien, para *hacer* lo que vemos hoy, para
Éx. 1.14 en *hacer* barro y ladrillo, y en toda
1.17 no *hicieron* como les mandó el rey, sino
1.18 y les dijo: ¿Por qué habéis *hecho* esto
1.20 y Dios *hizo* bien a las parteras; y el
3.16 y he visto lo que se os *hace* en Egipto
3.20 con todas mis maravillas que *haré* en él
4.3 la echó en tierra, se *hizo* una culebra
4.9 las aguas. . se *harán* sangre en la tierra
4.11 ¿quién *hizo* al mudo y al sordo, al que
4.15 y os enseñaré lo que hayáis de *hacer*
4.17 esta vara, con la cual *harás* las señales
4.21 mira que *hagas* delante de Faraón todas
4.30 *hizo* las señales delante de los ojos de
5.7 no daréis paja al. . para *hacer* ladrillo
5.8 la misma tarea de ladrillo que *hacían*
5.15 ¿por qué lo *haces* así con tus siervos?
5.16 con todo nos dicen: *Haced* el ladrillo
5.21 nos habéis *hecho* abominables delante de
6.1 verás lo que yo *haré* a Faraón; porque
7.6 *hizo*. . como Jehová les mandó. . lo *hicieron*
7.9 toma tu vara, y échala. . se *haga* culebra
7.10 *hicieron* como Jehová lo había mandado
7.10 echó Aarón su vara. . y se *hizo* culebra
7.11,22 *hicieron*. . lo mismo los hechiceros
7.20 y Aarón *hicieron* como Jehová lo mandó
7.24 *hicieron* pozos alrededor del río para
8.7 y los hechiceros *hicieron* lo mismo con
8.10 se *hará* conforme a tu palabra, para que
8.13 e *hizo* Jehová conforme a la palabra de
8.17 *hicieron* así; y Aarón extendió su vara
8.18 y los hechiceros *hicieron* así también
8.24 y Jehová lo *hizo* así, y vino. . de moscas
8.26 respondió: No conviene que *hagamos* así
8.31 y Jehová *hizo* conforme a la palabra de
9.4 Jehová *hará* separación entre los ganados
9.5 diciendo: Mañana *hará* Jehová esta cosa
9.6 al día siguiente Jehová *hizo* aquello, y
10.2 cuentes. . las cosas que yo *hice* en Egipto
10.2 señales que *hice* entre ellos, para que
11.7 sepáis que Jehová *hace* diferencia entre
11.10 Moisés y Aarón *hicieron* estos prodigios
12.4 comer. . *haréis* la cuenta sobre el cordero
12.16 ninguna obra se *hará* en ellos, excepto
12.28 *hicieron*. . como Jehová había mandado
12.35 e *hicieron*. . conforme al mandamiento de
12.47 toda la congregación de Israel lo *hará*
12.50 *hicieron* todos los hijos de. . así lo *h*
13.5 miel, *harás* esta celebración en este mes
13.8 se *hace* esto con motivo de lo que. . *hizo*
13.18 *hizo* Dios que el pueblo rodease por el
14.4 sabrán los egipcios. . ellos lo *hicieron*
14.5 ¿cómo hemos *hecho* esto de haber dejado
14.11 ¿por qué has *hecho* así con nosotros
14.13 ved la salvación que Jehová *hará* hoy
14.21 *hizo* Jehová que el mar se retirase por
15.22 e *hizo* Moisés que partiese Israel del
15.26 *hicieres* lo recto delante de sus ojos
16.17 y los hijos de Israel lo *hicieron* así
17.4 clamó Moisés. . ¿Qué *haré* con este pueblo?
17.6 Moisés lo *hizo* así en presencia de los
17.10 e *hizo* Josué. . peleando contra Amalec
18.1 las cosas que Dios había *hecho* con Moisés
18.8 todas las cosas que Jehová había *hecho*
18.9 el bien que Jehová había *hecho* a Israel
18.14 viendo el suegro de Moisés. . que él *hacía*
18.17 suegro. . dijo: No está bien lo que *haces*
18.18 el trabajo. . no podrás *hacerlo* tú solo
18.20 muéstrales el. . y lo que han de *hacer*
18.23 si esto *hicieres*, y Dios te lo mandare
18.24 oyó Moisés. . e *hizo* todo lo que le dijo
19.4 visteis lo que *hice* a los egipcios, y
19.8 todo lo que Jehová ha dicho, *haremos*
19.22 para que Jehová no *haga* en ellos estrago
19.24 vé. . no sea que *haga* en ellos estrago
20.4 no te *harás* imagen, ni ninguna semejanza
20.6 *hago* misericordia a millares, a los que
20.9 seis días trabajarás, y *harás*. . tu obra
20.10 no *hagas* en él obra alguna, tú, ni tu
20.11 en seis días *hizo* Jehová los cielos y
20.23 no *hagáis* conmigo dioses de plata, ni
20.23 ni dioses de oro os *haréis*
20.24 altar de tierra *harás*. . y sacrificarás
20.24 yo *hiciere* que esté la memoria de mi
20.25 si me *hicieres* altar de piedras, no las
21.9 *hará*. . según la costumbre de las hijas
21.11 si ninguna de estas tres cosas *hiciere*
21.12 hiriere. . *haciéndole* así morir. . morirá
21.19 lo satisfará por. . y *hará* que le curen
21.31 acorneado a hijo. . este juicio se *hará*
22.3 el ladrón *hará* completa restitución; si
22.5 si alguno *hiciere* pastar en campo o viña
22.30 lo mismo *harás* con el de tu buey y de
23.2 ni responderás en. . para *hacer* agravios
23.11 así *harás* con tu viña y con tu olivar
23.22 *hicieres*. . yo te dijere, será enemigo
23.24 sus dioses. . ni *harás* como ellos *hacen*
23.32 no *harás* alianza con ellos, ni con sus
24.3 *haremos*. . palabras que Jehová ha dicho
24.7 *haremos* todas las cosas que Jehová ha
24.8 la sangre del pacto que Jehová ha *hecho*
25.8 *harán* un santuario para mí, y habitaré
25.9 yo te muestre, el diseño. . así lo *haréis*
25.10 *harán*. . arca de madera de acacia, cuya
25.11 y *harás* sobre ella una cornisa de oro
25.13 *harás* unas varas de madera de acacia
25.17 y *harás* un propiciatorio de oro fino
25.18 *harás* también dos querubines de oro
25.18 labrados a martillo los *harás* en los
25.19 *harás*, pues un querubín en un extremo
25.19 de una pieza. . *harás* los querubines en
25.23 *harás*. . una mesa de madera de acacia
25.24 le *harás* una cornisa de oro alrededor
25.25 le *harás* también una moldura alrededor
25.25 *harás* a la moldura una cornisa de oro
25.26 y le *harás* cuatro anillos de oro, los
25.28 *harás* las varas de madera de acacia
25.29 *harás*. . sus platos. . de oro fino los *h*
25.31 *harás* además un candelero de oro puro
25.31 a martillo se *hará* el candelero; su
25.37 le *harás* siete lamparillas. . encenderás
25.39 de un talento de oro fino lo *harás*, con
25.40 mira y *hazlos* conforme al modelo que
26.1 *harás* el tabernáculo de diez cortinas
26.1 diez cortinas. . lo *harás* con querubines
26.4 *harás* lazadas de azul en la orilla de
26.4 mismo *harás* en la orilla de la cortina
26.5 cincuenta lazadas *harás*. . 50 lazadas *h*
26.6 *harás*. . 50 corchetes de oro. . enlazarás
26.7 *harás*. . cortinas de pelo de cabra para
26.7 para una cubierta. . once cortinas *harás*
26.10 *harás* 50 lazadas. . orilla de la cortina
26.11 y *harás*. . cincuenta corchetes de bronce
26.11 enlazarás. . se *haga* una sola cubierta
26.14 *harás* también a la tienda una cubierta
26.15 y *harás* para el tabernáculo tablas de
26.17,18 *harás*. . las tablas del tabernáculo
26.19 *harás* 40 basas de plata debajo de las
26.22 lado. . al occidente, *harás* seis tablas
26.23 *harás*. . dos tablas para las esquinas del
26.26 *harás* también cinco barras de madera
26.29 y *harás* sus anillos de oro para meter
26.31 *harás* un velo de azúl, púrpura. . lino
26.31 un velo. . será *hecho* de obra primorosa
26.33 *hará* separación entre el lugar santo
26.36 *harás* para la puerta. . cortina de azul
26.37 *harás* para la cortina cinco columnas
27.1 *harás*. . un altar de madera de acacia de
27.2 le *harás* cuernos en sus cuatro esquinas
27.3 *harás*. . calderos para recoger la ceniza
27.3 *harás* todos sus utensilios de bronce
27.4 le *harás* un enrejado. . *h* cuatro anillos
27.6 *harás*. . varas para el altar. . de madera de
27.8 lo *harás* hueco, de tablas. . así lo *h*
27.9 *harás* el atrio del tabernáculo. Al lado
28.2 *harás* vestiduras sagradas a Aarón tu
28.3 sabios. . para que *hagan* las vestiduras
28.4 las vestiduras que *harán* son. . el efod
28.4 *hagan*. . vestiduras sagradas para Aarón
28.6 y *harán* el efod de oro, azul, púrpura
28.11 les *harás* alrededor engastes de oro
28.13 *harás*, pues, los engastes de oro
28.14 dos cordones de oro. . *harás* en forma de
28.15 *harás*. . el pectoral del juicio de obra
28.15 lo *harás* conforme a la obra del efod
28.22 *harás* también en el pectoral cordones
28.23 *harás* en el pectoral dos anillos de oro
28.26 *harás*. . dos anillos de oro, los cuales
28.27 *harás*. . dos anillos de oro. . fijarás en
28.31 *harás* el manto del efod todo de azul
28.33 y en sus orlas *harás* granadas de azul
28.36 *harás* además una lámina de oro fino, y
28.39 *harás* una mitra de. . *h* también un cinto
28.40 para los hijos de Aarón *harás* túnicas
28.40 les *harás* cintos, y les *h* tiaras para
28.42 *harás* calzoncillos de lino para cubrir
29.1 es lo que les *harás* para consagrarlos
29.2 las *harás* de flor de harina de trigo
29.33 cosas con las cuales se *hizo* expiación
29.35 así, pues, *harás* a Aarón y a sus hijos
29.36 purificarás el altar. . *hagas* expiación
29.37 por siete días *harás* expiación por el
29.41 *haciendo* conforme a la ofrenda de la
30.1 *harás*. . un altar. . madera de acacia lo *h*
30.3 le *harás* en derredor una cornisa de oro
30.4 le *harás*. . dos anillos de oro debajo de
30.5 *harás* las varas de madera de acacia, y
30.10 sobre sus cuernos *hará* Aarón expiación
30.10 una vez en el año *hará* expiación sobre
30.15 ofrenda a Jehová para *hacer* expiación
30.16 *hacer* expiación por vuestras personas
30.18 *harás*. . fuente de bronce, con su base
30.25 y *harás*. . el aceite de la santa unción
30.32 ni *haréis* otro semejante, conforme a
30.35 *harás* de ello el incienso, un perfume
30.37 este incienso que *harás*, no os *haréis*
30.38 cualquiera que *hiciere* otro como este
31.6 para que *hagan* todo lo que te he mandado
31.11 *harán* conforme a. . lo que te he mandado
31.14 cualquiera que *hiciere* obra alguna en
31.17 en seis días *hizo* Jehová los cielos y
32.1,23 *haznos* dioses que vayan delante de
32.4 e *hizo* de ello un becerro de fundición
32.8 se han *hecho* un becerro de fundición
32.10 los consuma; y de ti yo *haré* una nación
32.14 se arrepintió del mal. . había de *hacer*
32.20 tomó el becerro que habían *hecho*, y lo
32.21 ¿qué te ha *hecho* este pueblo, que has
32.28 los hijos de Leví lo *hicieron* conforme
32.31 un gran pecado. . *hicieron* dioses de oro
32.35 habían *hecho*. . becerro que formó Aarón
33.5 para que yo sepa lo que te he de *hacer*
33.17 *haré* esto que has dicho, por cuanto has
34.10 yo *hago* pacto delante de todo tu pueblo
34.10 *haré* maravillas que no han sido *hechas*
34.10 cosa tremenda la que yo *haré* contigo
34.12 guárdate de *hacer* alianza. . los moradores
34.15 no *harás* alianza con los moradores de
34.17 no te *harás* dioses de fundición
34.27 he *hecho* pacto contigo y con Israel
35.1 que Jehová ha mandado que sean *hechas*
35.2 que en él *hiciere* trabajo alguno, morirá
35.10 *harán*. . las cosas que Jehová ha mandado
35.29 obra, que. . había mandado. . que *hiciesen*
35.35 de sabiduría. . para que *hagan* toda obra
35.35 para que *hagan* toda labor, e inventen
36.1 inteligencia para saber *hacer*. . la obra
36.1 *harán* las cosas que ha mandado Jehová
36.3 la obra. . del santuario, a fin de *hacerla*
36.4 los maestros que *hacían* toda la obra del
36.4 vinieron todos los. . de la obra que *hacía*
36.5 obra que Jehová ha mandado que se *haga*
36.6 hombre ni. . *haga* más para la ofrenda del
36.7 material abundante para *hacer* toda la
36.8 todos los sabios de. . que *hacían* la obra
36.8 *hicieron* el tabernáculo de 10 cortinas
36.8 cortinas. . las *hicieron* con querubines
36.11 *hizo* lazadas de azul en la orilla de
36.11 *hizo* lo mismo en. . la cortina final de
36.12 cincuenta lazadas *hizo* en la primera
36.13 *hizo* también 50 corchetes de oro, con
36.14 *hizo*. . cortinas de pelo de cabra para
36.14 de pelo de cabra. . once cortinas *hizo*
36.17 *hizo*. . cincuenta lazadas en la orilla de
36.18 *hizo* también 50 corchetes de bronce
36.19 e *hizo* para la tienda una cubierta de
36.20 *hizo* para el tabernáculo las tablas de
36.22 *hizo* todas las tablas del tabernáculo
36.23 *hizo*. . las tablas para el tabernáculo
36.24 *hizo*. . cuarenta basas de plata debajo
36.25 al lado norte, *hizo* otras veinte tablas
36.27 el lado occidental. . *hizo* seis tablas
36.28 las esquinas. . dos lados *hizo* dos tablas
36.29 así *hizo* a la una y a la otra en las
36.31 *hizo*. . las barras de madera de acacia
36.33 *hizo* que la barra de en medio pasase
36.34 *hizo* de oro los anillos de ellas, por
36.35 *hizo*. . el velo de azul, púrpura. . y lino
36.35 *hizo* con querubines de obra primorosa
36.36 él *hizo* cuatro columnas de madera de
36.37 *hizo* también el velo para la puerta del
36.38 oro. . e *hizo* de bronce sus cinco basas
37.1 *hizo* también Bezaleel el arca de madera
37.2 le *hizo* una cornisa de oro en derredor
37.4,15,28 *hizo*. . varas de madera de acacia
37.6 *hizo*. . el propiciatorio de oro puro; su
37.7 *hizo* también los dos querubines de oro
37.8 *hizo* los querubines a sus dos extremos
37.10 *hizo*. . la mesa de madera de acacia; su
37.11 le *hizo* una cornisa de oro alrededor
37.12 le *hizo*. . una moldura de un palmo menor
37.12 e *hizo* en derredor de la moldura una
37.13 *hizo*. . de fundición cuatro anillos de
37.16 *hizo* los utensilios que. . sobre la mesa
37.17 *hizo*. . candelero de oro puro, labrado
37.23 *hizo*. . siete lamparillas. . de oro puro
37.24 de un talento de oro puro lo *hizo*, con
37.25 *hizo* también el altar del incienso, de
37.26 cubrió. . y le *hizo* una cornisa de oro
37.27 le *hizo*. . dos anillos de oro debajo de
37.29 *hizo*. . el aceite santo de la unción, y
38.1 *hizo* de madera. . el altar del holocausto
38.2 *hizo* sus cuernos a sus cuatro esquinas
38.3 *hizo*. . todos los utensilios del altar
38.3 todos sus utensilios los *hizo* de bronce
38.4 *hizo* para el altar un enrejado de bronce
38.6 *hizo* las varas de madera de acacia, y
38.7 los anillos. . hueco lo *hizo*, de tablas
38.8 *hizo* la fuente de bronce y su base de
38.9 *hizo* asimismo el atrio; del lado sur, al
38.21 las que se *hicieron* por orden de Moisés
38.22 *hizo* todas las cosas que Jehová mandó
38.28 de los 1.775 siclos *hizo* los capiteles
38.30 del cual fueron *hechas* las basas de la
39.1 del azul. . *hicieron* las vestiduras del
39.1 *hicieron* las vestiduras sagradas para
39.2 *hizo* también el efod de oro, de azul
39.4 *hicieron* las hombreras. . que se juntasen
39.8 *hizo*. . pectoral de obra primorosa como
39.9 era cuadrado; doble *hicieron* el pectoral
39.15 *hicieron*. . el pectoral los cordones de
39.16 *hicieron*. . dos engastes y dos anillos
39.19 *hicieron* otros dos anillos de oro que
39.20 *hicieron* además dos anillos de oro que
39.22 *hizo* también el manto del efod de obra
39.24 *hicieron* en. . del manto granadas de azul
39.25 *hicieron* también campanillas de oro
39.27 *hicieron* las túnicas de lino fino de
39.30 *hicieron*. . lámina de la diadema santa

HACER *(Continúa)*

Éx. 39.32 e *hicieron* los hijos de Israel como
39.32 había mandado a Moisés. .lo *hicieron*
39.42 *hicieron* los hijos de Israel toda la
39.43 la habían *hecho* como Jehová. .mandado
40.2 *harás* levantar. .tabernáculo de reunión
40.16 *hizo*. .lo que Jehová le mandó; así lo *h*
Lv. 2.7 se *hará* de flor de harina con aceite
2.8 traerás. .la ofrenda que se *hará* de estas
4.2 que no se han de *hacer*, e *hiciere* alguna
4.13 y hubieren *hecho* algo contra alguno de
4.13 errado. .en cosas que no se han de *hacer*
4.20 *hará* de aquel becerro como *hizo* con el
4.20 mismo *hará*. .así *h* el sacerdote expiación
4.22 pecare un jefe, e *hiciere* por yerro algo
4.22 cosas que no se han de *hacer*, y pecare
4.26 el sacerdote *hará* por él la expiación
4.27 pecare. .*haciendo* algo contra alguno de
4.27 pecare. .en cosas que no se han de *hacer*
4.31 así *hará* el sacerdote expiación por él
4.35 y le *hará* el sacerdote expiación de su
5.4 jurare a la ligera. .*hacer* mal o *h* bien
5.6,10,13,16,18 el sacerdote *hará* expiación
5.10 otro *hará* holocausto conforme al rito
5.17 *hiciere* alguna de. .que no se han de *hacer*
5.17 aun sin *hacerlo* a sabiendas, es culpable
6.2 persona pecare e *hiciere* prevaricación
6.7 sacerdote *hará* expiación por él delante
6.22 sacerdote. .ungido. .*hará* igual ofrenda
6.30 para *hacer* expiación en el santuario; al
7.7 del sacerdote que *hiciere* la expiación
8.4 *hizo*, pues, Moisés como Jehová le mandó
8.5 esto es lo que Jehová ha mandado *hacer*
8.34 manera que hoy se ha *hecho*, mandó *hacer*
8.36 y Aarón y sus hijos *hicieron* todas las
9.6 *hacedlo*, y la gloria de Jehová. .aparecerá
9.7 *haz* tu expiación. .y *h* la reconciliación
9.7 *haz*. .la ofrenda. .y *h* la reconciliación
9.16 ofreció el holocausto, e *hizo* según el
9.22 de *hacer* la expiación, el holocausto y
10.6 por el incendio que Jehová ha *hecho*
10.7 ellos *hicieron* conforme al dicho de Moisés
11.43 no *hagáis* abominables vuestras personas
12.7 *hará* expiación por ella, y será limpia
12.8 el sacerdote *hará* expiación por ella
13.33 entonces le *hará* que se rasure, pero
13.51 cualquiera obra que se *hace* de cuero
14.18,20 *hará* el sacerdote expiación por él
14.19,31 *hará* expiación por el que se ha de
14.53 así *hará* expiación por la casa, y será
15.15,30 el sacerdote *hará* del uno ofrenda
16.6 *hará* la reconciliación por sí y por su
16.10 para *hacer* la reconciliación sobre él
16.11 y *hará* la reconciliación por sí y por
16.15 y *hará* de la sangre como *hizo* con la
16.17 cuando él entre a *hacer* la expiación
16.17 y haya *hecho* la expiación por sí, por
16.24 *hará* su holocausto. .y *h* la expiación
16.27 cuya sangre. .para *hacer* la expiación
16.29 ninguna obra *haréis*, ni el natural ni
16.30 porque en este día se *hará* expiación
16.32 *hará* la expiación el sacerdote. .ungido
16.33 y *hará* la expiación por el santuario
16.33 *hará* expiación por el altar, por los
16.34 para *hacer* expiación una vez al año por
16.34 y Moisés lo *hizo* como Jehová le mandó
17.9 no lo trajere a. .para *hacerlo* a Jehová
17.11 yo os la he dado para *hacer* expiación
17.11 sangre *hará* expiación de la persona
18.3 no *haréis*. .*hacen* en la tierra de Egipto
18.3 ni *haréis* como *hacen*. .Canaán, a la cual
18.5 los cuales *haciendo* el hombre, vivirá
18.18 no tomarás mujer. .para *hacerla* su rival
18.26 y no *hagáis* ninguna de. .abominaciones
18.27 abominaciones *hicieron* los hombres de
18.29 cualquiera que *hiciere* alguna de todas
18.29 las *hicieren* serán cortadas de entre su
18.30 no *haciendo* las costumbres abominables
19.4 ídolos, ni os *haréis* para vosotros dioses
19.15 no *harás* injusticia en el juicio, ni
19.27 no *haréis* tonsura en vuestras cabezas
19.35 no *hagáis* injusticia en juicio. .medida
20.13 con varón como. .abominación *hicieron*
20.23 ellos *hicieron* todas estas cosas, y los
20.25 *haréis* diferencia entre animal limpio
21.4 no se contaminará. .*haciéndose* inmundo
21.5 no *harán* tonsura en su cabeza. .su barba
21.5 su barba, ni en su carne *harán* rasguños
23.3 ningún trabajo *haréis*; día de reposo es
23.7,8,21,25,35,36 trabajo de siervos *haréis*
23.28 ningún trabajo *haréis*. .este día; porque
23.30 que *hiciere* trabajo alguno en este día
23.31 ningún trabajo *haréis*; estatuto. .es por
23.39,41 *haréis* fiesta a Jehová por 7 días
23.41 *haréis* fiesta. .en el mes séptimo la *h*
23.43 en tabernáculos *hice* yo habitar a los
24.19 lesión. .según *hizo*, así le sea *hecho*
24.20 la lesión que haya *hecho*. .se *hará* a él
24.23 *hicieron* según Jehová había mandado
25.50 *hará* la cuenta con el que lo compró
25.52 *hará* un cálculo. .devolverá su rescate
25.53 como con el tomado a salario. .*hará* con
26.1 no *haréis*. .ídolos, ni escultura, ni os
26.14 ni *hiciereis*. .estos mis mandamientos
26.16 *haré* con vosotros esto: enviaré sobre
26.19 y *haré* vuestro cielo como hierro, y
26.31 *haré* desiertas vuestras ciudades, y
26.42 acordaré, y *haré* memoria de la tierra
27.2 alguno *hiciere* especial voto a Jehová
27.8 a la posibilidad del que *hizo* el voto
27.18 el sacerdote *hará* la cuenta del dinero
Nm. 1.54 *hicieron* los hijos de Israel conforme
1.54 mandó Jehová a Moisés; así lo *hicieron*
2.34 *hicieron*. .conforme a todas las cosas
3.6 *haz* que se acerque la tribu de Leví, y
3.6 *hazla* estar delante del sacerdote Aarón
4.12 todos los utensilios. .de que *hacen* uso
4.19 vivan, y no mueran, *haréis* con ellos
4.26 todo lo que será *hecho* para ellos; así
5.4 lo *hicieron* así los hijos de. .así lo *h*
5.8 carnero. .con el cual *hará* expiación por
5.18 *hará*. .estar en pie a la mujer delante
5.21 Jehová te *haga* maldición y execración
5.21 *haciendo* Jehová que tu muslo caiga y
6.2 que se apartare *haciendo* voto de nazareo
6.4 de todo lo que se *hace* de la vid, desde
6.11 *hará* expiación de lo que pecó a causa
6.16 y *hará* su expiación y su holocausto
6.21 es la ley del nazareo que *hiciere* voto
6.21 el voto que *hiciere*, así *hará*, conforme
8.3 y Aarón lo *hizo* así; encendió hacia la
8.4 conforme al modelo. .así *hizo* el candelero
8.6 a los levitas. .*haz* expiación por ellos
8.7 así *harás* para expiación por ellos: Rocía
8.12 para *hacer* expiación por los levitas
8.20 *hicieron* con los levitas conforme a
8.20 *hicieron* con ellos los hijos de Israel
8.21 e *hizo* Aarón expiación por ellos para
8.22 de la manera que mandó. .así *hicieron*
8.26 servirán. .para *hacer* la guardia, pero
8.26 así *harás* con los levitas en cuanto a su
9.5 mandó. .así *hicieron* los hijos de Israel
10.2 *hazte* dos trompetas de plata; de obra
10.2 obra de martillo las *harás*, las cuales
10.29 ven con nosotros, y te *haremos* bien
10.32 el bien que Jehová nos ha de *hacer*
10.32 vienes con nosotros. .te *haremos* bien
11.8 cocía en caldera o *hacía* de él tortas
11.11 ¿por qué has *hecho* mal a tu siervo?
11.15 si así lo *haces*. .te ruego que me des
14.11 con todas las señales que he *hecho* en
14.22 y mis señales que he *hecho* en Egipto
14.28 que según habéis hablado. .así *haré* yo
14.35 así *haré* a toda esta multitud perversa
15.3 y *hagáis* ofrenda encendida a Jehová
15.6 *harás* ofrenda de dos décimas de. .harina
15.11 así se *hará* con cada buey, o carnero
15.12 *haréis* con cada uno, según el número
15.13 todo natural *hará* estas cosas así, para
15.14 si *hiciere* ofrenda encendida de olor
15.14 como vosotros *hiciereis*, así *hará* él
15.22 no *hiciereis* todos estos mandamientos
15.24 si el pecado fue *hecho* por yerro con
15.25 *hará* expiación por. .la congregación
15.28 *hará* expiación por la persona que haya
15.29 ley. .para el que *hiciere* algo por yerro
15.30 persona que *hiciere* algo con soberbia
15.38 se *hagan* franjas en los bordes de sus
15.40 que os acordéis, y *hagáis* todos mis
16.6 *haced* esto: Tomaos incensarios, Coré y
16.15 ni a ninguno de ellos he *hecho* mal
16.28 Jehová me ha enviado para que *hiciese*
16.28 que no las *hice* por mi propia voluntad
16.30 mas si Jehová *hiciere* algo nuevo, y la
16.38 *harán* de ellos planchas batidas para
16.46 ve pronto. .y *haz* expiación por ellos
16.47 puso. .e *hizo* expiación por el pueblo
17.11 *hizo* Moisés como le mandó. .así lo *h*
18.23 mas los levitas *harán* el servicio del
20.27 y Moisés *hizo* como Jehová le mandó
20.29 *hicieron* duelo por treinta días todas
21.2 Israel *hizo* voto a Jehová, y dijo: Si
21.8 *hazte* una serpiente ardiente, y ponla
21.9 y Moisés *hizo* una serpiente de bronce
21.14 lo que *hizo* en el mar Rojo, y en los
21.34 *harás* de él como *hiciste* de Sehón rey
22.2 vio Balac. .lo que Israel había *hecho*
22.17 *haré* todo lo que me digas; ven, pues
22.18 traspasar la palabra. .para *hacer* cosa
22.20 vete con. .pero *harás* lo que yo te diga
22.28 ¿qué te he *hecho*, que me has azotado
22.30 ¿he acostumbrado *hacerlo* así contigo?
22.31 Balaam *hizo* reverencia, y se inclinó
23.2 *hizo* como le dijo Balaam; y ofrecieron
23.11 ¿qué me has *hecho*? Te he traído para
23.19 él dijo, ¿y no *hará*? Habló, ¿y no lo
23.23 será dicho de. .¡Lo que ha *hecho* Dios!
23.26 Jehová me diga, eso tengo que *hacer*?
23.30 *hizo* como Balaam le dijo; y ofreció un
24.13 yo no podré. .*hacer* cosa buena ni mala
24.14 que este pueblo ha de *hacer* a tu pueblo
24.23 ¡ay! ¿quién vivirá cuando *hiciere* Dios
25.13 *hizo* expiación por los hijos de Israel
27.22 y Moisés *hizo*. .Jehová le había mandado
28.18,25,26 ninguna obra de siervos *haréis*
28.30 y un macho cabrío para *hacer* expiación
29.1,12,35 ninguna obra de siervos *haréis*
29.7 el diez de este mes. .ninguna obra *haréis*
30.2 *hiciere* voto a Jehová, o *h* juramento
30.2 *hará* conforme. .lo que salió de su boca
30.3 la mujer, cuando *hiciere* voto a Jehová
30.6 pero si fuere casada e *hiciere* votos, o
30.8 entonces el voto que. .*hizo*. .será nulo
30.10 hubiere *hecho* voto en casa de su marido
31.2 *haz* la venganza de los hijos de Israel
31.3 *hagan* la venganza de Jehová en Madián
31.26 la cuenta del botín que se ha *hecho*
31.31 e *hicieron* Moisés y. .como Jehová mandó
31.50 para *hacer* expiación por nuestras almas
32.8 así *hicieron* vuestros padres, cuando los
32.13 aquella generación que había *hecho* mal
32.20 lo *hacéis* así, si os disponéis para ir
32.23 mas si así no lo *hacéis*. .habréis pecado
32.24 *haced* lo que ha declarado vuestra boca
32.25 siervos *harán* como mi señor ha mandado
32.31 *haremos* lo que Jehová ha dicho a tus
33.4 *hecho* Jehová juicios contra sus dioses
33.56 *haré*. .como yo pensé *hacerles* a ellos
34.29 mandó. .que *hiciesen* la repartición de
35.30 mas un solo testigo no *hará* fe contra
36.10 así *hicieron* las hijas de Zelofehad
Dt. 1.11 Dios. .os *haga* mil veces más de lo que
1.14 dijisteis: Bueno es *hacer*. .que has dicho
1.17 no *hagáis* distinción de persona en el
1.18 os mandé. .todo lo que habíais de *hacer*
1.30 todas las cosas que *hizo* por vosotros
1.44 os persiguieron como *hacen* las avispas
2.12 como *hizo* Israel en la tierra que les
2.22 como *hizo* Jehová con los hijos de Esaú
2.29 lo *hicieron* conmigo los hijos de Esaú
3.2 *harás* con él como *hiciste* con Sehón rey
3.6 destruimos, como *hicimos* a Sehón rey de
3.21 lo que. .Dios ha *hecho*. .así *hará* Jehová
3.24 ¿qué dios hay. .que *haga* obras y proezas
4.3 que *hizo* Jehová con motivo de Baal-peor
4.5 que *hagáis* así en medio de la tierra en
4.16 para que no. .*hagáis*. .escultura, imagen
4.23 no os *hagáis* escultura. .de ninguna cosa
4.25 *hiciereis* escultura. .e *h* lo malo ante los
4.28 serviréis. .a dioses *hechos* de manos de
4.32 si. .se ha *hecho* cosa semejante a esta
4.34 todo lo que *hizo* con vosotros Jehová
4.36 desde los cielos te *hizo* oír su voz, para
5.2 Dios *hizo* pacto con nosotros en Horeb
5.3 no con nuestros padres *hizo*. .este pacto
5.8 no *harás* para ti escultura, ni imagen
5.13 seis días trabajarás, y *harás* toda tu
5.14 ninguna obra *harás* tú, ni tu hijo, ni
5.27 nos dirás. .y nosotros oiremos y *haremos*
5.32 que *hagáis* como Jehová. .os ha mandado
6.18 *haz* lo recto. .ante los ojos de Jehová
6.22 Jehová *hizo* señales y milagros grandes
7.2 no *harás* con ellas alianza, ni tendrás
7.5 habéis de *hacer* con ellos: sus altares
7.18 acuérdate bien de lo que *hizo* Jehová tu
7.19 así *hará* Jehová. .con todos los pueblos
7.24 nadie te *hará* frente hasta. .destruyas
8.16 probándote. .para a la postre *hacerte* bien
8.18 te da el poder para *hacer* las riquezas
9.9 del pacto que Jehová *hizo* con vosotros
9.12 se han *hecho* una imagen de fundición
9.16 habíais *hecho* un becerro de fundición
9.18 *haciendo* el mal ante los ojos de Jehová
9.21 tomé el. .el becerro que habíais *hecho*
10.1 sube a mí al. .y *hazte* un arca de madera
10.3 e *hice* un arca de madera de acacia, y
10.5 las tablas en el arca que había *hecho*
10.17 Dios. .no *hace* acepción de personas, ni
10.21 ha *hecho* contigo estas cosas grandes
10.22 Jehová te ha *hecho* como las estrellas
11.3 sus obras que *hizo* en medio de Egipto
11.4 y lo que *hizo* al ejército de Egipto, a
11.5 lo que ha *hecho*. .en el desierto, hasta
11.6 lo que *hizo* con Datán y Abiram, hijos
11.7 las grandes obras que Jehová ha *hecho*
12.4 no *haréis* así a Jehová vuestro Dios
12.8 no *haréis* como. .*hacemos* nosotros aquí
12.14 y allí *harás* todo lo que yo te mando
12.25 cuando *hicieres* lo recto ante. .Jehová
12.28 *haciendo* lo bueno y lo recto ante los
12.31 no *harás* así a Jehová tu Dios; porque
12.31 aborrece, *hicieron* ellos a sus dioses
12.32 cuidarás de *hacer*. .lo que yo te mando
13.11 y no vuelva a *hacer* en. .cosa semejante
13.14 que tal abominación se *hizo* en medio de
13.18 para *hacer* lo recto ante los ojos de
14.29 bendiga. .obra que tus manos *hicieren*
15.1 cada siete años *harás* remisión
15.2 perdonará. .aquel que *hizo* empréstito de
15.17 horadarás. .también *harás* a tu criada
15.18 te bendecirá en todo cuanto *hicieres*
16.1 *harás* pascua a Jehová tu Dios; porque
16.10 *harás* la fiesta solemne de. .semanas
16.13 fiesta solemne. .*harás* por siete días
16.13 cuando hayas *hecho* la cosecha de tu
16.19 *hagas* acepción de personas, ni tomes
16.21 cerca del altar. .tú te habrás *hecho*
17.2 cuando se hallare. .que haya *hecho* mal
17.4 tal abominación ha sido *hecha* en Israel
17.5 sacarás a. .que hubiere *hecho* esta mala
17.10 y *harás*. .la sentencia que te indiquen
17.10 cuidarás de *hacer* según todo lo que

HACER ***(Continúa)***

Dt. 17.11 y según el juicio que te digan, *harás*
18.9 no aprenderás a *hacer*. .las abominaciones
18.12 es abominación. .que *hace* estas cosas
19.19 *haréis* a él como él pensó *hacer* a su
19.20 y no volverán a *hacer* más una maldad
20.12 si no *hiciere* paz contigo. .la sitiarás
20.15 *harás* a todas las ciudades que estén
20.18 os enseñen a *hacer*. .sus abominaciones
20.18 que ellos han *hecho* para sus dioses
20.20 contra la ciudad que te *hace* la guerra
21.9 cuando *hicieres* lo que es recto ante los
22.3 así *harás* con su asno, así *h* también con
22.3 mismo *harás* con toda cosa de tu hermano
22.5 abominación es. .cualquiera que esto *hace*
22.8 *harás* pretil a tu terrado, para que no
22.12 te *harás* flecos en las cuatro puntas de
22.21 *hizo* vileza en Israel fornicando en
22.26 a la joven no le *harás* nada; no hay en
23.21 cuando *haces* voto a Jehová tu Dios, no
24.8 *hacer* según todo lo que os enseñaren los
24.8 les he mandado, así cuidaréis de *hacer*
24.9 de lo que *hizo* Jehová tu Dios a María
24.18,22 tanto, yo te mando que *hagas* esto
25.5 su cuñado se. .*hará* con ella parentesco
25.9 así será *hecho* al varón que no quiere
25.16 abominación es a. .que *hace* injusticia
25.17 acuérdate. .lo que *hizo* Amalec contigo
26.14 he *hecho*. .todo lo que me has mandado
26.19 de exaltarte sobre. .naciones que *hizo*
27.15 maldito el. .que *hiciere* escultura o
27.18 maldito el que *hiciere* errar al ciego
27.26 no confirmare. .esta ley para *hacerlas*
28.20 quebranto y asombro en todo. .*hicieres*
28.63 como Jehová se gozaba en *haceros* bien
29.2 habéis visto todo lo que Jehová ha *hecho*
29.9 que prosperéis en todo lo que *hiciereis*
29.14 y no. .con vosotros *hago* yo este pacto
29.22 de que Jehová la habrá *hecho* enfermar
29.24 ¿por qué *hizo* esto Jehová a. .tierra?
30.5 te *hará* bien, y te multiplicará más que
30.9 te *hará* Jehová. .abundar en toda obra de
31.4 *hará* Jehová. .como *hizo* con Sehón y con
31.18 por todo el mal que ellos habrán *hecho*
31.29 haber *hecho* mal ante. .ojos de Jehová
32.6 ¿no es él. .El te *hizo* y te estableció
32.13 e *hizo* que chupase miel de la peña, y
32.27 nuestra mano. .ha *hecho* todo esto, y no
32.43 y *hará* expiación por la tierra de su
33.11 bendice, oh Jehová, lo que *hicieren*
34.9 e *hicieron* como Jehová mandó a Moisés
34.12 Moisés *hizo* a la vista de todo Israel
Jos. 1.5 nadie te podrá *hacer* frente en todos
1.7 cuidar de *hacer* conforme a toda la ley
1.8 y *hagas*. .todo lo que en él está escrito
1.16 *haremos*. .las cosas que nos has mandado
2.10 lo que habéis *hecho* a los dos reyes de
2.12 os ruego. .que como he *hecho* misericordia
2.12 así la *haréis*. .con la casa de mi padre
2.14 *haremos* contigo misericordia y verdad
3.5 porque Jehová *hará* mañana maravillas
4.8 los hijos de Israel lo *hicieron* así como
4.10 hasta que se *hizo* todo lo que Jehová
4.23 la manera. .había *hecho* en el Mar Rojo
5.2 *hazte* cuchillos afilados, y vuelve a
5.3 y Josué se *hizo* cuchillos afilados, y
5.15 quita el calzado de. .Josué así lo *hizo*
6.3 una vez; y esto *haréis* durante seis días
6.11 él *hizo* que el arca. .diera una vuelta
6.14 esta manera *hicieron* durante seis días
6.18 guardaos. .no sea que *hagáis* anatema el
6.22 *haced* salir de allí a la mujer y a todo
6.26 en aquel tiempo *hizo* Josué un juramento
7.9 y. .¿qué *harás* tú a tu grande nombre?
7.12 no podrán *hacer* frente a sus enemigos
7.19 declárame ahora lo que has *hecho;* no me
7.20 yo he pecado contra. .así y así he *hecho*
8.2 *harás* a Hai. .como *hiciste* a Jericó y a
8.5 cuando salgan ellos. .como *hicieron* antes
8.8 *haréis* conforme a la palabra de Jehová
9.3 que Josué había *hecho* a Jericó y a Hai
9.6 *haced*, pues, ahora alianza con nosotros
9.7 ¿cómo, pues, podremos *hacer* alianza con
9.9 hemos oído. .todo lo que *hizo* en Egipto
9.10 y todo lo que *hizo* a los dos reyes de
9.11 decidles. .*haced*. .alianza con nosotros
9.15 y Josué *hizo* paz con ellos, y celebró
9.16 después que *hicieron* alianza con ellos
9.20 *haremos* con ellos: les dejaremos vivir
9.20 por causa del juramento. .hemos *hecho*
9.24 temimos en gran manera. .e *hicimos* esto
9.25 te pareciere bueno y recto *hacer*. .*hazlo*
9.26 él *hizo* así con ellos; pues los libró
10.1 como había *hecho* a Jericó. .*hizo* a Hai
10.1 los moradores de Gabaón habían *hecho* paz
10.4 Gabaón. .ha *hecho* paz con Josué y con los
10.23 lo *hicieron* así, y sacaron de la cueva
10.25 *hará* Jehová a todos vuestros enemigos
10.28 *hizo*. .como había *hecho* al rey de Jericó
10.30 *hizo* a su rey. .como había *hecho* al rey
10.32 hirió. .así como había *hecho* en Libna
10.35 mató a. .como había *hecho* en Laquis
10.37 la hirieron. .como había *hecho* a Eglón
10.39 había *hecho* a Hebrón, y. .*hecho* a Libna
10.39 a su rey, así *hizo* a Debir y a su rey
11.9 *hizo* con. .como Jehová le había mandado
11.15 así Josué lo *hizo*, sin quitar palabra
11.19 no hubo ciudad que *hiciese* paz con los
11.20 y que no les fuese *hecha* misericordia
14.5 así lo *hicieron* los hijos de Israel en
17.13 *hicieron* tributario al cananeo, mas no
17.15 *haceos* desmontes allí en la tierra de
21.44 ninguno. .pudo *hacerles* frente, porque
21.45 buenas promesas que Jehová había *hecho*
22.24 lo *hicimos* más bien por temor de que
22.27 que podemos *hacer* el servicio de Jehová
22.28 altar. .el cual *hicieron* nuestros padres
23.3 Jehová. .*hecho* con todas estas naciones
23.6 en guardar y *hacer*. .lo que está escrito
23.7 ni *hagáis* mención ni juréis. .sus dioses
23.8 seguiréis, como habéis *hecho* hasta hoy
24.5 conforme a lo que *hice* en medio de él
24.7 vuestros ojos vieron. .que *hice* en Egipto
24.17 el que ha *hecho* estas grandes señales
24.20 os *hará* mal, y os consumirá, después
24.20 volverá. .después que os ha *hecho* bien
24.25 Josué *hizo* pacto con el pueblo el. .día
24.31 obras. .Jehová había *hecho* por Israel
Jue. 1.7 como yo *hice*, así me ha pagado Dios
1.24 ciudad, y *haremos* contigo misericordia
1.28 *hizo* al cananeo tributario, mas no lo
1.35 José cobró fuerzas, lo *hizo* tributario
2.2 no *hagáis* pacto con los moradores de esta
2.2 a mi voz. ¿Por qué habéis *hecho* esto?
2.7 obras de. .que él había *hecho* por Israel
2.10 la obra que él había *hecho* por Israel
2.11 hijos de Israel *hicieron* lo malo ante
2.14 no pudieron ya *hacer* frente a. .enemigos
2.17 anduvieron sus padres. .no *hicieron* así
3.7 *hicieron*. .los hijos de Israel lo malo
3.12 volvieron. .a *hacer* lo malo ante los ojos
3.12 *hecho* lo malo ante los ojos de Jehová
3.16 Aod. .había *hecho* un puñal de dos filos
4.1 volvieron a *hacer* lo malo ante los ojos
6.1 los hijos de Israel *hicieron* lo malo ante
6.2 Israel. .se *hicieron* cuevas en los montes
6.20 y vierte el caldo. Y él lo *hizo* así
6.27 Gedeón tomó. .e *hizo* como Jehová le dijo
6.27 temiendo *hacerlo* de día. .*hizo* de noche
6.29 ¿quién ha *hecho* esto? Gedeón. .lo ha *h*
6.40 aquella noche lo *hizo* Dios así; sólo el
7.17 dijo: Miradme a mí, y *haced* como *hago*
7.17 yo llegue. .*haréis* vosotros como *hago* yo
8.1 ¿qué es esto que has *hecho* con nosotros
8.2 ¿qué he *hecho* yo. .comparado con vosotros
8.3 ¿y qué he podido yo *hacer* comparado con
8.24 dijo Gedeón: Quiero *haceros* una petición
8.27 Gedeón *hizo* de ellos un efod, el cual
8.35 conforme a. .el bien que él había *hecho*
9.16 habéis procedido en *hacer* rey a Abimelec
9.24 la violencia *hecha* a los setenta hijos
9.27 y pisaron la uva e *hicieron* fiesta; y
9.33 tú *harás* con él según se presente la
9.48 habéis visto *hacer*. .a *hacerlo* como yo
9.56 así pagó Dios. .el mal que *hizo* contra
9.57 el mal. .lo *hizo* Dios volver sobre sus
10.6 volvieron a *hacer* lo malo ante. .Jehová
10.9 para *hacer* también guerra contra Judá
10.15 *haz* tú. .como bien te parezca; sólo te
11.4,5 de Amón *hicieron* guerra contra Israel
11.10 testigo. .si no *hiciéremos* como tú dices
11.12 que has venido a mí para *hacer* guerra
11.25 ¿tuvo él. .o *hizo* guerra contra ellos?
11.27 *haces* mal conmigo peleando contra mí
11.30 y Jefté *hizo* voto a Jehová, diciendo
11.36 *haz* de mí conforme a lo que prometiste
11.36 ya que Jehová ha *hecho* venganza en tus
11.39 *hizo* de ella conforme al voto. .*hecho*
11.40 y se *hizo* costumbre en Israel, que de
12.1 ¿por qué fuiste a *hacer* guerra. .de Amón
13.1 Israel volvieron a *hacer* lo malo ante
13.8 lo que hayamos de *hacer* con el niño que
13.12 del niño, y qué debemos *hacer* con él?
13.16 si quieres *hacer* holocausto, ofrécelo
13.19 el ángel *hizo* milagro ante. .de Manoa
14.6 Sansón. .no declaró. .lo que había *hecho*
14.10 *hizo* allí banquete. .así solían *hacer*
15.3 sin culpa seré esta. .si mal les *hiciere*
15.6 dijeron los filisteos: ¿Quién *hizo* esto?
15.7 Sansón. .dijo; Ya que así habéis *hecho*
15.10 a Sansón. .*hacerle* como él nos ha *hecho*
15.11 ¿por qué nos has *hecho* esto? Y él les
15.11 yo les he *hecho* como ellos me *hicieron*
17.3 para *hacer* una imagen de talla y una de
17.4 *hizo* de ellos una imagen de talla y una
17.5 *hizo* efod y terafines, y consagró a uno
17.6 cada uno *hacía* lo que bien le parecía
18.3 ¿quién te ha traído acá, y qué *haces*
18.4 de esta manera ha *hecho* conmigo Micaía
18.5 ha de prosperar este viaje que *hacemos*
18.9 ¿y vosotros no *haréis* nada? No seáis
18.14 mirad, por tanto. .que habéis de *hacer*
18.18 y el. .les dijo: ¿Qué *hacéis* vosotros?
18.24 tomasteis mis dioses que yo *hice* y al
18.27 ellos, llevando las cosas que había *hecho*
18.31 la imagen de. .que Micaía había *hecho*
19.19 tenemos paja y. .no nos *hace* falta nada
19.23 os ruego que no. .no *hagáis* esta maldad
19.24 *haced* con ellas como os parezca, y no
19.24 no *hagáis* a este hombre cosa tan infame
19.30 jamás se ha *hecho* ni visto tal cosa
20.6 por cuanto han *hecho* maldad y crimen en
20.9 mas esto es ahora lo que *haremos* a Gabaa
20.10 *hagan* conforme a toda la abominación
20.12 ¿qué maldad es esta que ha sido *hecha*
21.2 y alzando su voz *hicieron* gran llanto
21.5 se había *hecho* gran juramento contra el
21.7,16 ¿qué *haremos* en cuanto a mujeres para
21.11 pero *haréis* de esta manera: mataréis a
21.22 *hacednos* la merced de concedérnoslas
21.23 los hijos de Benjamín lo *hicieron* así
21.25 cada uno *hacía* lo que bien le parecía
Rt. 1.8 Jehová *haga* con vosotras misericordia
1.8 como la habéis *hecho* con los muertos y
1.17 así me *haga* Jehová, y aun me añada, si
1.17 que sólo la muerte *hará* separación entre
2.11 he sabido. .que has *hecho* con tu suegra
3.4 irás. .él te dirá lo que hayas de *hacer*
3.5 ella respondió: *Haré* todo lo que tú me
3.6 *hizo*. .lo que su suegra le había mandado
3.10 has *hecho* mejor tu postrera bondad que
3.11 no temas. .*haré* contigo lo que tú digas
4.11 Jehová *haga* a la mujer que entra en tu
4.14 loado sea Jehová. .*hizo* que no te faltase
1 S. 1.7 así *hacía* cada año; cuando subía a la
1.11 e *hizo* voto, diciendo: Jehová de los
1.17 te otorgue la petición que le has *hecho*
1.23 *haz* lo que bien te parezca; quédate
2.14 *hacían* con todo israelita que venía a
2.19 y le *hacía* su madre una túnica pequeña
2.22 y oía de todo lo que sus hijos *hacían*
2.23 dijo: ¿Por qué *hacéis* cosas semejantes?
2.30 nunca yo tal *haga*, porque yo honraré a
2.35 un sacerdote fiel, que *haga* conforme a
3.11 he aquí *haré* yo una cosa en Israel, que
3.17 así te *haga* Dios y aun te añada, si me
3.18 Jehová es; *haga* lo que bien le pareciere
4.10 fue *hecha* muy grande mortandad. .cayeron
4.17 fue *hecha* gran mortandad en el pueblo
4.18 *hizo* mención del arca de Dios, Elí cayó
5.8 ¿qué *haremos*. .arca del Dios de Israel?
6.2 ¿qué *haremos* del arca de Jehová?. .saber
6.5 *haréis*, pues, figuras de vuestros tumores
6.7 *haced*. .un carro nuevo, y tomad luego dos
6.9 él nos ha *hecho* este mal tan grande; y
6.10 lo *hicieron* así; tomando dos vacas que
8.8 conforme. .que han *hecho*. .así *hacen*
8.11 *hará* el rey que reinará sobre vosotros
8.12 a que *hagan* sus armas de guerra y los
8.16 siervos. .y con ellos *hará* sus obras
8.20 saldrá delante. .y *hará* nuestras guerras
9.20 asnas que se te perdieron *hace* ya. .días
10.2 diciendo: ¿Qué *haré* acerca de mi hijo?
10.7 *haz* lo que te viniere a la mano, porque
10.8 venga. .y te enseñe lo que has de *hacer*
10.12 *hizo* proverbio: ¿También Saúl entre los
10.20 *haciendo* Samuel que se acercasen todas
11.1 *haz* alianza con nosotros. .te serviremos
11.2 Nahas. .Con esta condición *haré* alianza
11.7 así se *hará* con los bueyes del que no
11.10 *hagáis*. .todo lo que bien os pareciere
12.7 que Jehová ha *hecho* con vosotros y con
12.9 de Moab, los cuales les *hicieron* guerra
12.14 si. .servís. .vuestro Dios, *haréis* bien
12.16 Jehová *hará* delante de vuestros ojos
12.17 maldad que habéis *hecho* ante los ojos
12.20 vosotros habéis *hecho* todo este mal
12.22 Jehová ha querido *haceros* pueblo suyo
12.24 grandes cosas ha *hecho* por vosotros
12.25 mas si perseverareis en *hacer* mal
13.3 *hizo* Saúl tocar trompeta por todo el
13.4 Israel se había *hecho* abominable a los
13.11 Samuel dijo: ¿Qué has *hecho?* Y Saúl
13.13 Samuel. .a Saúl: Locamente has *hecho*
13.19 los hebreos no *hagan* espada o lanza
14.6 quizá *haga* algo Jehová por nosotros
14.7 *haz* todo lo que tienes en tu corazón; vé
14.14 matanza que *hicieron* Jonatán y su paje
14.30 no se habría *hecho* ahora mayor estrago
14.36,40 *haz* lo que bien te pareciere
14.43 a Jonatán: Declárame lo que has *hecho*
14.44 así me *haga* Dios y aun me añada, que
14.45 ¿ha de morir Jonatán, el que ha *hecho*
14.47 Saúl *hizo* guerra a todos sus enemigos
15.2 castigaré lo que *hizo* Amalec a Israel
15.17 ¿no has sido *hecho* jefe de las tribus
15.18 y *hazles* guerra hasta que los acabes
15.19 *hecho* lo malo ante los ojos de Jehová?
16.3 yo te enseñaré lo que has de *hacer;* y me
16.4 *hizo*, pues, Samuel como le dijo Jehová
16.21 él le amó. .y le *hizo* su paje de armas
17.16 y así lo *hizo* durante cuarenta días
17.26 ¿qué *harán* al hombre que venciere a
17.27 así se *hará* al hombre que le venciere
17.29 David respondió: ¿Qué he *hecho* yo ahora
17.39 y probó a. .nunca había *hecho* la prueba
18.3 *hicieron* pacto Jonatán y David, porque
18.13 lo alejó de sí, y le *hizo* jefe de mil
18.27 al rey, a fin de *hacerse* yerno del rey
18.30 David. .*hizo* de mucha estima su nombre
19.18 le dijo todo lo que Saúl había *hecho*
20.1 ¿qué he *hecho* yo? ¿Cuál es mi maldad, o

HACER ***(Continúa)***

1 S. 20.2 mi padre ninguna cosa *hará*, grande ni
20.4 dijo..Lo que deseare tu alma, *haré* por ti
20.6 si tu padre *hiciere* mención de mí, dirás
20.8 *harás*, pues, misericordia con tu siervo
20.13 pero si mi padre intentare *hacerte* mal
20.13 Jehová *haga* así a Jonatán, y aun le
20.14 y si yo viviere, *harás*..misericordia
20.16 así *hizo* Jonatán pacto con la casa de
20.32 dijo: ¿Por qué morirá? ¿Qué ha *hecho?*
21.15 éste que *hiciese* de loco delante de mí?
22.2 se juntaron..y fue *hecho* jefe de ellos
22.3 hasta que sepa lo que Dios *hará* de mí
22.7 os *hará*..jefes de millares y jefes de
22.8 mi hijo ha *hecho* alianza con el hijo de
22.8 que me aceche, tal como lo *hace* hoy?
22.13 y me acechase, como lo *hace* hoy día?
23.18 ambos *hicieron* pacto delante de Jehová
23.27 los filisteos han *hecho* una irrupción
24.4 mano, y *harás* con él como te pareciere
24.6 Jehová me guarde de *hacer* tal cosa
24.8 inclinó su rostro a..e *hizo* reverencia
24.18 has mostrado hoy que has *hecho* conmigo
24.19 lo que en este día has *hecho* conmigo
25.17 reflexiona y ve lo que has de *hacer*
25.22 así *haga* Dios a los enemigos de David
25.25 no *haga* caso ahora mi señor de ese
25.28 Jehová..*hará* casa estable a mi señor
25.30 Jehová *haga* con mi señor conforme a
25.31 y cuando Jehová *haga* bien a mi señor
25.34 que me ha defendido de *hacerte* mal
26.16 esto que has *hecho* no está bien. Vive
26.18 qué he *hecho?* ¿Qué mal hay en mi mano?
26.21 vuélvete..que ningún mal te *haré* más
26.21 yo he *hecho* neciamente, y he errado
27.8 *hacían* incursiones contra los gesuritas
27.11 den aviso de..y digan: Esto *hizo* David
27.12 él se ha *hecho* abominable a su pueblo
28.2 bien, tú sabrás lo que *hará* tu siervo
28.9 tú sabes lo que Saúl ha *hecho*, cómo ha
28.14 rostro a tierra, *hizo* gran reverencia
28.15 que me declares lo que tengo que *hacer*
28.17 te ha *hecho* como dijo por medio de mí
28.18 por eso Jehová te ha *hecho* esto hoy
29.3 y dijeron..¿qué *hacen*..estos hebreos?
29.8 David respondió a Aquis: ¿Qué he *hecho?*
30.13 y me dejó mi amo hoy *hace* tres días
30.14 *hicimos* una incursión a..del Neguev
30.16 comiendo y bebiendo y *haciendo* fiesta
30.23 David dijo: No *hagáis* eso, hermanos
31.11 oyendo los de Jabes..*hicieron* a Saúl

2 S. 1.2 se postró en tierra e *hizo* reverencia
1.11 rasgó; y lo mismo *hicieron* los hombres
2.5 que habéis *hecho* esta misericordia con
2.6 Jehová *haga* con vosotros misericordia y
2.6 os *haré* bien por esto que habéis *hecho*
2.9 *hizo* el rey sobre Galaad, sobre Gesuri
2.25 *hicieron* alto en la cumbre del collado
3.8 he *hecho* hoy misericordia con la casa de
3.8 ¿y tú me *haces* hoy cargo del pecado de
3.9 así *haga* Dios a Abner y aun le añada, si
3.9 si como ha jurado..no *haga* yo así con él
3.12 *haz* pacto conmigo..mano estará contigo
3.13 bien; *haré* pacto contigo, mas una cosa
3.17 *hace* ya tiempo procurabais que David
3.18 ahora, pues, *hacedlo;* porque Jehová ha
3.20 y David *hizo* banquete a Abner y a los
3.21 que *hagan* contigo pacto, y tú reines
3.24 Joab vino..y le dijo: ¿Qué has *hecho?*
3.25 ha venido..para saber..lo que tú *haces*
3.31 rasgad..y *haced* duelo delante de Abner
3.35 me *haga* Dios y aun me añada, si antes
3.36 pues todo lo que el rey *hacía* agradaba
3.39 dé el pago al que mal *hace*, conforme a
5.25 y David lo *hizo* así, como Jehová se lo
6.22 y aun me *haré* más vil que esta vez, y
7.3 anda, y *haz*..lo que está en tu corazón
7.11 Jehová te *hace* saber..él te *hará* casa
7.21 estas grandezas has *hecho* por tu palabra
7.23 para *hacer* grandezas a su favor, y obras
7.25 casa, y *haz* conforme a lo que has dicho
7.27 ha hallado..valor para *hacer*..súplica
8.6 los sirios fueron *hechos* siervos de David
9.1,3 de Saúl, a quien *haga* yo misericordia
9.6 vino Mefi-boset hijo..e *hizo* reverencia
9.7 *haré*..misericordia por amor de Jonatán
9.11 todo lo que ha mandado..*hará* tu siervo
10.2 yo *haré* misericordia..la *hizo* conmigo
10.6 que se habían *hecho* odiosos a David
10.12 *haga* Jehová lo que bien le pareciere
10.19 *hicieron* paz con Israel y le sirvieron
11.11 por vida tuya, y..yo no *haré* tal cosa
11.26 la mujer de Urías..*hizo* duelo por su
11.27 que David había *hecho*, fue desagradable
12.5 que el que tal *hizo* es digno de muerte
12.6 *hizo* tal cosa, y no tuvo misericordia
12.9 *haciendo* lo malo delante de sus ojos?
12.12 tú lo *hiciste* en secreto; mas yo *haré*
12.21 dijeron..¿Qué es esto que has *hecho?*
12.31 lo mismo *hizo* a todas las ciudades de
13.2 a Amnón que sería difícil *hacerle* cosa
13.6 *haga* delante de mí dos hojuelas, para
13.7 vé..a casa de Amnón..y *hazle* de comer
13.8 amasó, e *hizo* hojuelas delante de él y
13.12 no, hermano mío, no me *hagas* violencia
13.12 no se debe *hacer*..no *hagas* tal vileza
13.16 mayor mal es..que el que me has *hecho*
13.29 *hicieron*..Absalón les había mandado
14.4 postrándose en tierra..*hizo* reverencia
14.13 hablando el rey..se *hace* culpable él
14.15 quizá él *hará* lo que su sierva diga
14.20 Joab tu siervo ha *hecho* esto; pero mi
14.21 yo *hago* esto; vé y *haz* volver al joven
14.22 Joab se postró en..e *hizo* reverencia
14.22 *hecho* el rey lo que su siervo ha dicho
14.26 se cortaba el cabello (lo cual *hacía*
15.1 que Absalón se *hizo* de carros y caballos
15.4 que viniesen a mí..les *haría* justicia!
15.6 manera *hacía* con todos los israelitas
15.8 tu siervo *hizo* voto..en Gesur en Siria
15.12 y la conspiración se hizo poderosa, y
15.20 ¿y he de *hacer* hoy que te muevas para
15.26 *haga* de mí lo que bien le pareciere
15.34 tú *harás* nulo el consejo de Ahitofel
16.10 ¿quién..dirá: ¿Por qué lo *haces* así?
16.20 dad..consejo sobre lo que debemos *hacer*
16.21 te has *hecho* aborrecible a tu padre
18.3 si..huyéremos, no *harán* caso de nosotros
18.3 aunque la mitad..muera, no *harán* caso
18.4 les dijo: Yo *haré* lo que bien os parezca
18.7 se *hizo*..una gran matanza de veinte mil
18.13 habría yo *hecho* traición contra mi vida
18.21 y el etíope *hizo* reverencia ante Joab
19.1 el rey llora, y *hace* duelo por Absalón
19.13 así me *haga* Dios, y aun me añada, si
19.18 y para *hacer* lo que a él le pareciera
19.19 males que tu siervo *hizo* el día en que
19.27 mi señor..*haz*..lo que bien te parezca
19.37 rey, y *haz* a él lo que bien te pareciere
19.38 y yo *haré* con él como bien te parezca
19.38 lo que tú pidieres de mí, yo lo *haré*
20.6 Seba..*hará* ahora más daño que Absalón
21.2 a los cuales los..habían *hecho* juramento
21.3 ¿qué *haré*..vosotros, o qué satisfacción
21.4 les dijo: Lo que vosotros dijereis, *haré*
21.11 fue dicho a David lo que *hacía* Rizpa
21.14 *hicieron* todo lo que el rey..mandado
21.15 los filisteos a *hacer* la guerra a Israel
22.34 quien *hace* mis pies como de ciervas, y
22.41 has *hecho* que mis enemigos vuelvan las
23.5 sin embargo, él ha *hecho* conmigo pacto
23.17 lejos sea de mí, oh..que yo *haga* esto
23.17 los tres valientes *hicieron* esto
23.22 esto *hizo* Benaía hijo de Joiada, y ganó
24.1 vé, *haz* un censo de Israel y de Judá
24.2 *haz* un censo del pueblo, para que yo
24.4 salió, pues, Joab..para *hacer* el censo
24.10 he pecado..por haber *hecho* esto; mas
24.10 que quites el..he *hecho* muy neciamente
24.12 escogerás una de..para que yo la *haga*
24.17 yo pequé..¿qué *hicieron* estas ovejas?

1 R. 1.5 y se *hizo* de carros y de gente de a
1.6 su padre..decirle: ¿Por qué *haces* así?
1.16 y Betsabé se inclinó, e *hizo* reverencia
1.30 como yo te he jurado..así lo *haré* hoy
1.31 *haciendo* reverencia al rey, dijo: Viva
1.37 y *haga* mayor su trono que el trono de
1.40 y *hacían* grandes alegrías, que parecía
1.43 el rey David ha *hecho* rey a Salomón
1.47 Dios *haga* bueno el nombre de Salomón
1.47 Dios..*haga* mayor su trono que el tuyo
2.3 para que prosperes en todo lo que *hagas*
2.5 sabes tú lo que me ha *hecho* Joab hijo de
2.5 lo que *hizo* a dos generales del ejército
2.6 tú, pues, *harás* conforme a tu sabiduría
2.7 los hijos de Barzilai..*harás* misericordia
2.9 sabes cómo debes *hacer* con él; y *harás*
2.16 te *hago* una petición; no me la niegues
2.23 así me *haga* Dios y aun me añada, que
2.24 me ha *hecho* casa, como me había dicho
2.31 le dijo: *Haz* como él ha dicho; mátale
2.38 señor ha dicho, así lo *hará* tu siervo
3.1 Salomón *hizo* parentesco con Faraón rey
3.6 *hiciste* gran misericordia a tu siervo
3.12 aquí lo he *hecho* conforme a tus palabras
3.15 *hizo* también banquete a..sus siervos
4.27 uno un mes, y *hacían* que nada faltase
4.28 *hacían* también traer cebada y paja para
5.8 yo *haré*..te plazca acerca de la madera
5.12 hubo paz..e *hicieron* pacto entre ambos
5.16 tenían a cargo el pueblo que *hacía* la
6.4 *hizo* a la casa ventanas anchas..dentro
6.5 casa..e *hizo* cámaras laterales alrededor
6.6 por fuera había *hecho* disminuciones a la
6.12 e *hicieres* mis decretos, y guardares
6.16 *hizo* al final de la casa un edificio de
6.16 *hizo* en la casa un aposento que es el
6.23 *hizo*..el lugar santísimo dos querubines
6.31 *hizo* puertas de madera de olivo; y el
6.33 *hizo* a la puerta..postes cuadrados de
7.6 *hizo* un pórtico de columnas, que tenía
7.7 *hizo* asimismo el pórtico del trono en que
7.14 éste..vino al rey..e *hizo* toda su obra
7.16 *hizo*..capiteles de fundición de bronce
7.18 *hizo* también dos hileras de granadas
7.18 la misma forma *hizo* en el otro capitel
7.27 *hizo*..diez basas de bronce, siendo la
7.36 e *hizo* en las tablas..entalladuras de
7.37 de esta forma *hizo* diez basas, fundidas
7.38 *hizo* también 10 fuentes de bronce, cada
7.40 *hizo*..fuentes, y tenazas, y cuencos
7.40 terminó toda la obra que *hizo* a Salomón
7.45 los utensilios que Hiram *hizo* al rey
7.48 *hizo* Salomón todos los enseres que
7.51 obra que dispuso *hacer* el rey Salomón
8.9 donde Jehová *hizo* pacto con los hijos
8.18 casa..bien has *hecho* en tener tal deseo
8.21 pacto..que él *hizo* con nuestros padres
8.28 oración que tu siervo *hace* hoy delante
8.29 oigas la oración que tu siervo *haga* en
8.38 súplica que *hiciere* cualquier hombre
8.43 *harás* conforme a..aquello por lo cual
8.45,49 tú oirás en..y les *harás* justicia
8.47 *hecho* lo malo, hemos cometido impiedad
8.49 oirás..su súplica, y les *harás* justicia
8.50 *harás* que tengan de ellos misericordia
8.54 acabó..de *hacer* a Jehová..esta oración
8.65 Salomón *hizo* fiesta, y con él..Israel
8.66 beneficios..Jehová había *hecho* a David
9.1 acabado la obra..que Salomón quiso *hacer*
9.3 tu oración y tu ruego que has *hecho* en
9.4 *haciendo*..cosas que yo te he mandado, y
9.8 por qué ha *hecho* así Jehová a esta tierra
9.21 *hizo* Salomón que sirviesen con tributo
9.23 Salomón había *hecho* jefes y vigilantes
9.26 *hizo*..rey Salomón naves en Ezión-geber
10.9 rey, para que *hagas* derecho y justicia
10.12 de la madera..*hizo* el rey balaustres
10.16 *hizo*..rey Salomón doscientos escudos
10.17 *hizo* 300 escudos de oro batido, en
10.18 *hizo*..el rey un gran trono de marfil
10.20 en ningún reino se había *hecho* trono
10.27 *hizo* el rey que en Jerusalén la plata
11.6 *hizo* Salomón lo malo ante los..de Jehová
11.8 así *hizo* para..sus mujeres extranjeras
11.12 no lo *haré* en tus días, por amor a
11.24 se había *hecho* capitán de una compañía
11.24 fueron..y le *hicieron* rey en Damasco
11.33 para *hacer* lo recto delante de mis ojos
11.33 mis decretos, como *hizo* David su padre
11.38 *hicieres* lo recto delante de mis ojos
11.38 como *hizo* David mi siervo, yo estaré
11.41 todo lo que *hizo*, y su sabiduría, ¿no
12.1 había venido a Siquem para *hacerle* rey
12.20 y le *hicieron* rey sobre todo Israel
12.21 con el fin de *hacer* guerra a la casa
12.24 volveos..porque esto lo he *hecho* yo
12.28 *hizo* el rey dos becerros de oro, y dijo
12.31 *hizo*..lugares altos, e *h* sacerdotes de
12.32 *hizo*..a los becerros que había *hecho*
12.33 sobre el altar que él había *hecho* en
12.33 e *hizo* fiesta a los hijos de Israel
13.11 lo que el varón de Dios había *hecho*
13.33 Jeroboam..volvió a *hacer* sacerdotes de
14.4 la mujer de Jeroboam lo *hizo* así; y se
14.7 te *hice* príncipe sobre mi pueblo Israel
14.8 *haciendo*..lo recto delante de mis ojos
14.9 *hiciste* lo malo sobre todos los que han
14.9 y te *hiciste* dioses ajenos e imágenes
14.14 destruirá la casa..lo *hará* ahora mismo
14.15 por cuanto han *hecho* sus imágenes de
14.19 Jeroboam, las guerras que *hizo*, y cómo
14.22; 15.26,34; 16.25; 25.52; 2 R. 3.2; 8.18,27;
13.2,11; 14.24; 15.18,24,28; 17.2; 21.2;
23.32,37; 24.9,19 *hizo* lo malo ante los ojos
de Jehová

1 R. 14.22 todo lo que sus padres habían *hecho*
14.24 *hicieron*..todas las abominaciones de
14.26 los escudos..que Salomón había *hecho*
14.27 y en lugar de ellos *hizo*..escudos de
14.29 todo lo que *hizo*, ¿no está escrito en
15.5 había *hecho* lo recto ante los ojos de
15.7,31; 16.14; 2 R. 8.23; 10.34; 12.19; 13.8,12;
15.6,21,26,31,36; 23.28; 24.5 todo lo que
hizo..está escrito

1 R. 15.11; 2 R. 12.2; 14.3; 15.3,34; 22.2 *hizo* lo
recto ante..los ojos de Jehová

1 R. 15.12 quitó todos los ídolos..habían *hecho*
15.13 porque había *hecho* un ídolo de Asera
15.23 todo lo que *hizo*, y las ciudades que
16.5 las cosas que *hizo*, y su poderío, ¿no
16.7 de todo lo malo que *hizo* ante..Jehová
16.7 fuese *hecha* como la casa de Jeroboam
16.19 *haciendo* lo malo ante..ojos de Jehová
16.20 de Zimri, y la conspiración que *hizo*
16.21 seguía a Tibni..para *hacerlo* rey, y
16.25 Omri..*hizo* peor que todos..antes de él
16.27 todo lo que *hizo*, y las valentías que
16.32 e *hizo* altar a Baal, en el templo de
16.33 *hizo* también Acab una imagen de Asera
16.33 *haciendo* así Acab más que todos los
17.5 e *hizo* conforme a la palabra de Jehová
17.13 *haz* como has dicho; pero *hazme* a mí
17.13 después *harás* para ti y para tu hijo
17.15 ella fue e *hizo* como le dijo Elías
18.13 lo que *hice*, cuando Jezabel mataba a
18.26 ellos..cerca del altar que habían *hecho*
18.32 *hizo* una zanja alrededor del altar, en
18.34 dijo: *Hacedlo* otra vez; y..lo *hicieron*
18.34 *hacedlo* la tercera vez; y lo *hicieron*
18.36 por mandato tuyo he *hecho* todas estas
19.1 nueva de todo lo que Elías había *hecho*
19.2 me *hagan* los dioses, y aun me añadan, si

HACER ***(Continúa)***

1 R. 19.9 el cual le dijo: ¿Qué *haces* aquí, Elías?
19.13 voz, diciendo: ¿Qué *haces* aquí, Elías?
19.18 y yo *haré* que queden en Israel 7.000
19.20 dijo: Vé, vuelve; ¿qué te he *hecho* yo?
20.8 no le obedezcas, ni *hagas* lo que te pide
20.9 *haré* todo. . mas esto no lo puedo *hacer*
20.10 me *hagan* los dioses, y aun me añadan
20.22 considera y mira lo que *hagas;* porque
20.24 *haz,* pues, así: Saca a los reyes cada
20.25 vencemos. Y él les dio oído, y lo *hizo*
20.34 *haz* plazas en. . como mi padre las *hizo*
20.34 *hizo,* pues, pacto con él y le dejó ir
20.37 le dio un golpe, y le *hizo* una herida
21.11 los. . *hicieron* como Jezabel les mandó
21.20 porque te has vendido a *hacer* lo malo
21.25 que se vendió para *hacer* lo malo ante
21.26 conforme a. . que *hicieron* los amorreos
22.11 Sedequías. . se había *hecho* unos cuernos
22.22 le inducirás. . vé, pues, y *hazlo* así
22.39 lo que *hizo,* y la casa de marfil que
22.43 *haciendo* lo recto ante los. . de Jehová
22.44 Josafat *hizo* paz con el rey de Israel
22.45 y sus hazañas, y las guerras que *hizo*
22.48 Josafat había *hecho* naves de Tarsis
22.53 las cosas que había *hecho* su padre
2 R. 2.9 pide lo que quieras que *haga* por ti
2.10 si me vieres. . te será *hecho* así; mas si
3.2 las estatuas. . que su padre había *hecho*
3.16 *haced* en este valle muchos estanques
4.2 Eliseo le dijo: ¿Qué te *haré* yo?. . Y ella
4.10 ruego que *hagamos* un pequeño aposento
4.13 tú has. . ¿qué quieres que *haga* por ti?
4.14 él dijo: ¿Qué, pues, *haremos* por ella?
4.16 no, señor. . no *hagas* burla de tu sierva
4.38 *haz* potaje para los hijos de. . profetas
5.13 mandara alguna gran cosa, no la *harías?*
5.18 cuando *haga* tal, Jehová perdone en esto
6.2 y *hagamos* allí lugar en que habitemos
6.10 y así lo *hizo*. . con el fin de cuidarse
6.15 le dijo: ¡Ah, señor mío! ¿qué *haremos?*
6.31 así me *haga* Dios, y aun me añada, si la
7.2,19 Jehová *hiciese*. . ventanas en el cielo
7.6 Jehová había *hecho* que. . oyese estruendo
7.9 no estamos *haciendo* bien. Hoy es día de
7.12 os declararé lo que nos han *hecho* los
8.2 *hizo* como el varón de Dios le dijo; y se
8.4 todas las maravillas que ha *hecho* Eliseo
8.12 el mal que *harás* a los hijos de Israel
8.13 perro, para que *haga* tan grandes cosas?
8.18 anduvo en el. . como *hizo* la casa de Acab
8.29 las heridas que los sirios le *hicieron*
9.2 *haz* que se levante de entre sus hermanos
9.15 heridas que los sirios le habían *hecho*
10.5 y *haremos* todo lo que nos mandes; no
10.5 a ninguno; *haz* lo que bien te parezca
10.10 y que Jehová ha *hecho* lo que dijo por
10.19 *hacía* Jehú con astucia. . exterminar a
10.24 ellos entraron para *hacer* sacrificios
10.25 acabaron ellos de *hacer* el holocausto
10.30 por cuanto has *hecho* bien. . e *hiciste*
11.4 *hizo* con ellos alianza, juramentándolos
11.5 mandó. . Esto es lo que habéis de *hacer*
11.9 *hicieron* todo como el. . Joiada les mandó
11.12 le *hicieron* rey ungiéndole; y batiendo
11.17 Joiada *hizo* pacto entre Jehová y el
12.9 Joiada tomó un arca e *hizo* en la tapa
12.11 el dinero. . a los que *hacían* la obra
12.13 dinero. . no se *hacían* tazas de plata ni
12.13 ningún otro utensilio. . se *hacía* para
12.14 lo daban a los que *hacían* la obra, y
12.15 ellos lo diesen a los que *hacían* la obra
12.15 obra; porque lo *hacían* ellos fielmente
14.3 *hizo*. . las cosas que había *hecho* Joás su
14.21 tomó a Azarías. . y lo *hicieron* rey en
14.28 lo que *hizo*. . todas las guerras que *h*
15.3,34 *hizo* lo recto ante. . ojos de Jehová
15.3 cosas que su padre Amasías había *hecho*
15.9 *hizo* lo malo. . habían *hecho* sus padres
15.34 *hizo*. . que había *hecho* su padre Uzías
16.2 no *hizo* lo recto ante. . ojos de Jehová
16.5 subieron. . para *hacer* guerra y sitiar a
16.11 altar. . así lo *hizo* el sacerdote Urías
16.16 *hizo*. . Urías conforme a todas las cosas
17.3 Oseas fue *hecho* su siervo, y le pagaba
17.4 no pagaba tributo. . como lo *hacía* cada
17.8 los estatutos que *hicieron* los reyes de
17.9 *hicieron* secretamente cosas no rectas
17.11 *hicieron* cosas. . para provocar a ira a
17.12 dicho: Vosotros no habéis de *hacer* esto
17.15 desecharon. . pacto que él había *hecho*
17.15 se *hicieron* vanos, y fueron en pos de
17.15 que no *hiciesen* a la manera de ellas
17.16 se *hicieron* imágenes. . de dos becerros
17.17 y se entregaron a *hacer* lo malo ante
17.19 en los estatutos. . habían ellos *hecho*
17.21 *hicieron* rey a Jeroboam hijo de Nabat
17.22 los pecados de Jeroboam que él *hizo*
17.29 cada nación se *hizo* sus dioses, y los
17.29 lugares altos que habían *hecho* los de
17.30 los de Babilonia *hicieron* a Sucot-benot
17.30 de Cuta *hicieron* a Nergal. . *h* a Asima
17.31 los aveos *hicieron* a Nibhaz y a Tartac
17.32 e *hicieron* del bajo pueblo sacerdotes
17.34 hasta hoy *hacen* como antes: ni temen
17.34 ni guardan sus. . ni *hacen* según la ley
17.35 con los cuales Jehová había *hecho* pacto
17.35 serviréis, ni les *haréis* sacrificios
17.36 a Jehová. . y a éste *haréis* sacrificio
17.38 no olvidaréis el pacto que *hice* con
17.40 *hicieron* según su costumbre antigua
17.41 como *hicieron* sus padres, así *hacen*
18.3 *hizo*. . las cosas que había *hecho* David
18.4 *hizo* pedazos la serpiente de bronce que
18.4 la serpiente de. . que había *hecho* Moisés
18.14 *haré* todo lo que me impongas. Y el rey
18.30 no os *haga* Ezequías confiar en Jehová
18.31 *haced* conmigo paz, y salid a mí, y
19.7 y *haré* que en su tierra caiga a espada
19.9 que. . había salido para *hacerle* guerra
19.11 lo que han *hecho* los reyes de Asiria
19.15 Dios. . tú *hiciste* el cielo y la tierra
19.25 que desde tiempos antiguos yo lo *hice*
19.25 tú serás para *hacer* desolaciones, para
19.31 celo de Jehová de los ejércitos *hará*
20.3 te ruego que *hagas* memoria de que he
20.3 que he *hecho* las cosas que te agradan
20.9 señal. . de que *hará* Jehová esto que ha
20.20 y cómo *hizo* el estanque y el conducto
21.3 *hizo* una imagen. . como había *hecho* Acab
21.6 multiplicando así el *hacer* lo malo ante
21.7 una imagen de Asera que él había *hecho*
21.8 no volveré a *hacer* que el pie de Israel
21.8 que guarden y *hagan*. . las cosas que yo
21.9 los indujo a que *hiciesen* más mal que
21.11 Manasés. . ha *hecho* estas abominaciones
21.11 *hecho* más mal. . *hicieron* los amorreos
21.15 por cuanto han *hecho* lo malo ante mis
21.16 *hizo* pecar a Judá. . que *hiciese* lo malo
21.17 de Manasés. . lo que *hizo,* y el pecado
21.20 *hizo* lo malo. . *hecho* Manasés su padre
22.5 lo pongan en manos de los que *hacen* la
22.5 lo entreguen a los que *hacen* la obra
22.9 en poder de los que *hacen* la obra, que
22.13 *hacer* conforme a. . que nos fue escrito
23.3 el rey. . *hizo* pacto delante de Jehová
23.4 los utensilios. . sido *hechos* para Baal
23.12 altares. . que los reyes. . habían *hecho*
23.12 y los altares que había *hecho* Manasés
23.15 el lugar alto que había *hecho* Jeroboam
23.15 altar. . lo *hizo* polvo, y puso fuego a
23.17 profetizó estas cosas que tú has *hecho*
23.19 las cuales habían *hecho* los reyes de
23.19 *hizo* de ellas. . había *hecho* en Bet-el
23.21 *haced* la pascua a Jehová vuestro Dios
23.22 no había sido *hecha* tal pascua desde
23.23 fue *hecha* aquella pascua a Jehová en
23.32,37 cosas que sus padres habían *hecho*
24.3 los pecados de Manasés. . lo que él *hizo*
24.9 todas las cosas que había *hecho* su padre
24.13 utensilios. . que había *hecho* Salomón
24.16 los valientes para *hacer* la guerra
25.16 basas que Salomón había *hecho* para la
25.24 Gedalías les *hizo* juramento a ellos y
1 Cr. 5.10 *hicieron* guerra contra los agarenos
6.49 y *hacían* las expiaciones por Israel
7.22 Efraín su padre *hizo* duelo por muchos
9.30 algunos. . sacerdotes *hacían* los perfumes
9.31 a su cargo las cosas que se *hacían* en
10.4 que vengan estos. . y *hagan* escarnio de mí
10.11 que los filisteos habían *hecho* de Saúl
11.3 David *hizo* con ellos pacto delante de
11.6 Joab hijo de Sarvia. . y fue *hecho* jefe
11.10 le ayudaron. . *hacerle* rey sobre Israel
11.19 guárdeme mi Dios de *hacer* esto. . beber
11.19 esto *hicieron* aquellos tres valientes
11.24 esto *hizo* Benaía hijo de Joiada, y fue
12.22 hasta *hacerse* un gran ejército, como
12.32 que sabían lo que Israel debía *hacer*
13.3 el arca de. . no hemos *hecho* caso de ella
13.4 y dijo toda la asamblea que se *hiciese*
14.16 *hizo,* pues, David como Dios le mandó
15.1 *hizo* David también casas para sí en la
15.13 por no haberlo *hecho* así vosotros la
16.12 *haced* memoria de las. . que ha *hecho,* de
16.15 *hace* memoria de su pacto. . la palabra
16.22 toquéis. . ni *hagáis* mal a mis profetas
16.26 son ídolos; mas Jehová *hizo* los cielos
17.2 dijo a David: *Haz* todo lo que está en tu
17.19 por amor de tu siervo. . has *hecho* toda
17.19 para *hacer* notorias todas tus grandezas
17.21 para *hacerte* nombre con grandezas y
17.23 palabra. . sea firme. . *haz* como has dicho
18.6 los sirios fueron *hechos* siervos de David
18.8 bronce, con el que Salomón *hizo* el mar
19.6 que se habían *hecho* odiosos a David
19.13 y *haga* Jehová lo que bien le parezca
20.3 mismo *hizo* David a todas las ciudades
21.1 incitó. . a que *hiciese* censo de Israel
21.2 *haced* censo de Israel desde Beerseba
21.8 he pecado gravemente al *hacer* esto; te
21.8 siervo, porque he *hecho* muy locamente
21.10 escoge de ellas. . que yo *haga* contigo
21.12 el ángel de Jehová *haga* destrucción en
21.17 he *hecho* mal, pero estas. . ¿qué han *h?*
21.23 *haga* mi señor el rey lo que bien le
21.29 el tabernáculo. . que Moisés había *hecho*
22.5 antes de su muerte *hizo* preparativos
22.8 has *hecho* grandes guerras; no edificarás
23.1 *hizo* a Salomón su hijo rey sobre Israel
23.5 con los instrumentos que he *hecho* para
23.27 *hizo* la cuenta de los hijos de Leví
26.12 entre éstos se *hizo* la distribución de
28.10 que edifiques casa. . esfuérzate, y *hazla*
29.5 ¿y quién quiere *hacer* hoy ofrenda
29.12 y en tu mano el *hacer* grande y el dar
29.19 *haga* todas las cosas, y te edifique la
29.19 para la cual yo he *hecho* preparativos
2 Cr. 1.3 Moisés. . había *hecho* en el desierto
1.5 altar. . que había *hecho* Bezaleel hijo de
2.3 *haz* conmigo como *hiciste* con David mi
2.12 que *hizo* los cielos y la tierra, y que
3.8 *hizo* asimismo el lugar santísimo, cuya
3.10 dentro. . *hizo* dos querubines de madera
3.14 *hizo* también el velo de azul, púrpura
3.15 delante de la casa *hizo* dos columnas
3.16 *hizo*. . cadenas en el. . e *h* cien granadas
4.1 *hizo*. . un altar de bronce de veinte codos
4.2 *hizo* un mar de fundición, el cual tenía
4.6 *hizo* también diez fuentes, y puso cinco
4.7 *hizo*. . diez candeleros de oro según su
4.9 *hizo* el atrio de los sacerdotes, y el
4.11 Hiram también *hizo* calderos, y palas, y
4.11 y acabó Hiram la obra que *hacía* al rey
4.14 *hizo*. . basas, sobre las cuales colocó las
4.16 bronce muy fino *hizo* todos sus enseres
4.18 Salomón *hizo*. . estos enseres en número
4.19 *hizo*. . utensilios para la casa de Dios
4.21 las flores. . y tenazas se *hicieron* de oro
5.1 acabada toda la obra que *hizo* Salomón
5.10 las dos tablas. . Jehová había *hecho* pacto
6.8 bien has *hecho* en haber tenido esto en
6.13 Salomón. . *hecho* un estrado de bronce de
6.21 cuando en este lugar *hicieren* oración
6.29 todo ruego que *hiciere* cualquiere hombre
6.33 tú oirás. . y *harás* conforme a todas las
6.37 *hecho* inicuamente, impíamente hemos *h*
7.6 instrumentos. . había *hecho* el rey David
7.7 en el altar de. . que Salomón había *hecho*
7.8 entonces *hizo* Salomón fiesta siete días
7.9 al octavo día *hicieron* solemne asamblea
7.9 habían *hecho* la dedicación del altar en
7.10 los beneficios que Jehová había *hecho*
7.11 todo lo que Salomón se propuso *hacer* en
7.17 *hicieres*. . las cosas que yo te he mandado
7.21 qué ha *hecho* así Jehová a esta tierra
8.8 los hijos de. . *hizo* Salomón tributarios
9.8 por rey. . para que *hagas* juicio y justicia
9.11 la madera de sándalo el rey *hizo* gradas
9.15 *hizo*. . el rey Salomón 200 paveses de oro
9.17 *hizo*. . el rey un gran trono de marfil
9.19 jamás fue *hecho* trono semejante en reino
10.1 había reunido. . Israel para *hacerlo* rey
10.14 padre *hizo* pesado vuestro yugo, pero yo
11.4 no subáis, ni. . porque yo he *hecho* esto
11.15 para los becerros que él había *hecho*
11.22 a Abías hijo de. . quería *hacerle* rey
12.9 escudos de oro que Salomón había *hecho*
12.10 *hizo* el rey Roboam escudos de bronce
12.14 e *hizo* lo malo, porque no dispuso su
13.8 los becerros de oro que Jeroboam os *hizo*
13.17 *hicieron* en ellos una gran matanza
13.21 pero Abías se *hizo* más poderoso. Tomó
14.2 *hizo* Asa lo bueno. . los ojos de Jehová
15.16 había *hecho* una imagen de Asera; y Asa
16.9 locamente has *hecho* en esto; porque de
16.14 en los sepulcros que él había *hecho*
16.14 e *hicieron* un gran fuego en su honor
17.1 Josafat. . se *hizo* fuerte contra Israel
17.10 no osaron *hacer* guerra contra Josafat
18.10 Sedequías. . se había *hecho* cuernos de
18.21 tú le inducirás, y. . anda, y *hazlo* así
19.6 dijo a los jueces: Mirad lo que *hacéis*
19.7 mirad lo que *hacéis,* porque con Jehová
19.10 no pequen. . *Haciendo* así, no pecaréis
19.11 esforzaos. . *hacerlo,* y Jehová estará con
20.12 contra nosotros; no sabemos qué *hacer*
20.32 *haciendo* lo recto ante los. . de Jehová
20.34 del cual se *hace* mención en el libro de
20.36 e *hizo* con él compañía para construir
20.37 cuanto has *hecho* compañía con Ocozías
21.4 luego que se *hizo* fuerte, mató a espada
21.6 anduvo en el. . como *hizo* la casa de Acab
21.6; 22.4; 33.2,22; 36.5,9,12 *hizo* lo malo ante los ojos de Jehová
21.7 a causa del pacto que había *hecho* con
21.11 *hizo* lugares altos en los montes de
21.11 e *hizo* que los. . fornicasen tras ellos
21.13 y has *hecho* que fornicase Judá y los
21.19 no. . como lo habían *hecho* con sus padres
22.1 *hicieron* rey en lugar de Joram. . su hijo
22.6 las heridas que le habían *hecho* en Ramot
22.8 *haciendo* juicio Jehú contra la casa de
23.3 toda la multitud *hizo* pacto con el rey
23.4 ahora *haced* esto: una tercera parte de
23.6 y todo el pueblo *hará* guardia delante
23.8 *hicieron* todo como lo había mandado el
23.16 Joiada *hizo* pacto entre sí y todo el
23.17 de Baal. . *hicieron* pedazos sus imágenes
24.2; 25.2; 26.4; 27.2; 29.2; 34.2 *hizo* lo recto ante los ojos de Jehová
24.8 mandó. . el rey que *hiciesen* un arca, la

HACER ***(Continúa)***

2 Cr. 24.11 así lo *hacían* de día en día, y recogían
24.12 lo daban a los que *hacían* el trabajo
24.13 *hacían*, pues, los artesanos la obra, y
24.14 *hicieron* de él utensilios para la casa
24.16 por cuanto había *hecho* bien con Israel
24.21 ellos *hicieron* conspiración contra él
24.22 misericordia que Joiada..había *hecho*
24.27 multiplicación que *hizo* de las rentas
25.8 así, si lo *haces*, y te esfuerzas para
25.9 ¿qué..se *hará* de los cien talentos que
25.12 los despeñaron..se *hicieron* pedazos
25.16 destruirte, porque has *hecho* esto, y
26.4 cosas que había *hecho* Amasías su padre
26.8 porque se había *hecho* altamente poderoso
26.11 con la lista *hecha* por mano de Jeiel
26.15 *hizo* en Jerusalén máquinas inventadas
26.15 fue ayudado..hasta *hacerse* poderoso
27.2 conforme a..había *hecho* Uzías su padre
27.6 Jotam se *hizo* fuerte, porque preparó sus
28.1 Acaz..no *hizo* lo recto ante..de Jehová
28.2 *hizo* imágenes fundidas a los baales
28.24 Acaz..se *hizo* altares en Jerusalén en
28.25 *hizo*..lugares altos en..las ciudades
29.2 las cosas que había *hecho* David su padre
29.6 han *hecho* lo malo ante los..de Jehová
29.10 he determinado *hacer* pacto con..Dios
29.24 e *hicieron* ofrenda de expiación con
29.24 mandó el rey *hacer* el holocausto y la
29.36 porque la cosa fue *hecha* rápidamente
31.1 *hechas* todas estas cosas, todos los de
31.20 de esta manera *hizo* Ezequías en todo
31.21 todo cuanto..lo *hizo* de todo corazón
32.5 también *hizo* muchas espadas y escudos
32.13 lo que yo y mis padres hemos *hecho* a
32.25 al bien que le había sido *hecho*, sino
32.28 *hizo* depósitos para las rentas del
32.30 fue prosperado..en todo lo que *hizo*
33.3 *hizo* imágenes de Asera, y adoró a todo
33.6 excedió en *hacer* lo malo ante los ojos
33.7 puso una imagen fundida que *hizo*, en la
33.8 guarden y *hagan* todas las cosas que yo
33.9 Manasés..*hizo* extraviarse a Judá y a
33.9 para *hacer* más mal que las naciones que
33.17 aunque lo *hacía* para Jehová su Dios
33.22 lo malo..había *hecho* Manasés su padre
33.22 los ídolos que su padre..había *hecho*
34.4 *hizo* pedazos las imágenes del sol, que
34.6 mismo *hizo* en las ciudades de..Efraín
34.10 en mano de los que *hacían* la obra, que
34.10 lo daban a los que *hacían* la obra y
34.17 y en mano de los que *hacen* la obra
34.21 *hacer* conforme..lo que está escrito
34.31 el rey..*hizo* delante de Jehová pacto
34.32 *hizo* que se obligaran a ello todos los
34.32 *hicieron* conforme al pacto de Dios
34.33 *hizo* que todos los..sirviesen a Jehová
35.6 *hagan* conforme a la palabra de Jehová
35.20 Necao rey de..subió para *hacer* guerra
35.21 contra la casa que me *hace* guerra; y
35.24 todo Judá..*hicieron* duelo por Josías
36.1 el pueblo..tomó a Joacaz..lo *hizo* rey
36.8 de Joacim, y las abominaciones que *hizo*
36.16 *hacían* escarnio de los mensajeros de
Esd. 2.68 *hicieron* ofrendas voluntarias para
3.9 para activar a los que *hacían* la obra en
5.4 nombres de los..que *hacen* este edificio?
5.8 la obra se *hace* de prisa, y prospera en
6.7 dejad que se *haga* la obra de esa casa de
6.8 es dada orden de lo que habéis de *hacer*
6.13 *hicieron*..el rey Darío había ordenado
6.16 *hicieron* la dedicación de esta casa de
7.18 os parezca *hacer* de la..plata..*hacedlo*
7.23 lo que es mandado por el Dios..sea *hecho*
9.1 y *hacen* conforme a sus abominaciones
9.8 para *hacer* que nos quedase un remanente
10.1 mientras..*hacía* confesión, llorando y
10.3 *hagamos* pacto..*hágase* conforme a la ley
10.5 juramentó..que *harían* conforme a esto
10.11 gloria a Jehová..y *haced* su voluntad
10.12 voz: Así se *haga* conforme a tu palabra
10.16 así *hicieron* los hijos del cautiverio
Neh. 1.4 *hice* duelo por algunos días, y ayuné
1.6 la oración..que *hago* ahora delante de ti
2.12 había puesto en mi corazón que *hiciese*
2.16 no sabían los oficiales..que había *hecho*
2.16 ni..ni a los demás que *hacían* la obra
2.19 Tobías..*hicieron* escarnio de nosotros
2.19 ¿qué es esto que *hacéis* vosotros? ¿Os
4.1 oyó Sanbalat..*hizo* escarnio de los judíos
4.2 ¿qué *hacen* estos débiles judíos? ¿Se les
4.8 conspiraron..para venir..y *hacerle* daño
5.9 no es bueno lo que *hacéis*. ¿No andaréis
5.12 devolveremos..*haremos* así como tú dices
5.12 les *hice* jurar que *harían* conforme a
5.13 así..y el pueblo *hizo* conforme a esto
5.15 no *hice* así, a causa del temor de Dios
5.19 y de todo lo que *hice* por este pueblo
6.2 mas ellos habían pensado *hacerme* mal
6.3 yo *hago* una gran obra, y no puedo ir
6.14 conforme a estas cosas que *hicieron*
8.4 un púlpito de..que había *hecho* para ello
8.15 y traed ramas..para *hacer* tabernáculos
8.16 *hicieron* tabernáculos, cada uno sobre
8.17 toda la congregación..*hizo* tabernáculos
8.17 no habían *hecho* así los hijos de Israel
8.18 e *hicieron* la fiesta..por siete días
9.6 tú *hiciste* los cielos, y los cielos de
9.8 e *hiciste* con él pacto para darle la
9.10 *hiciste* señales..contra Faraón, contra
9.10 te *hiciste* nombre grande, como en este
9.17 maravillas que habías *hecho* con ellos
9.18 *hicieron* para sí becerro de fundición
9.24 que *hiciesen* de ellos como quisieran
9.25 heredaron casas..cisternas *hechas*, viñas
9.26 a ti, e *hicieron* grandes abominaciones
9.29 si el hombre *hiciere*, en ellos vivirá
9.33 rectamente has *hecho*..hemos *h* lo malo
9.38 *hacemos* fiel promesa, y la escribimos
11.12 los que *hacían* la obra de la casa, 822
12.27 para *hacer* la dedicación y la fiesta
13.5 le había *hecho* una gran cámara, en la
13.7 supe del mal que había *hecho* Eliasib
13.7 *haciendo* para él una cámara en los
13.10 los levitas..que *hacían* el servicio
13.14 no borres mis misericordias que *hice*
13.17 ¿qué mala cosa es..*hacéis*, profanando
13.18 ¿no *hicieron* así vuestros padres, y
13.21 si lo *hacéis* otra vez, os echaré mano
Est. 1.3 en el tercer año de su..*hizo* banquete
1.5 *hizo* el rey otro banquete por 7 días en
1.8 se *hiciese* según la voluntad de cada uno
1.9 Vasti *hizo* banquete para las mujeres, en
1.15 se había de *hacer* con la reina Vasti
1.19 el rey *haga* reina a otra que sea mejor
1.21 e *hizo* el rey conforme al..de Memucán
2.1 de Vasti y de lo que ella había *hecho*
2.4 esto agradó a..ojos del rey, y lo *hizo*
2.18 *hizo* luego el rey un gran banquete a
2.18 e *hizo* y dio mercedes conforme a la
2.20 Ester *hacía* lo que decía Mardoqueo, como
2.23 se *hizo* investigación del asunto, y fue
3.11 que *hagas* de él lo que bien te pareciere
4.1 supo Mardoqueo todo lo que se había *hecho*
4.17 Mardoqueo..*hizo*..lo que le mandó Ester
5.5 prisa..para *hacer* lo que Ester ha dicho
5.8 *haré* conforme a lo que el rey ha mandado
5.14 *hagan* una horca de 50 codos de altura
6.3 qué distinción se *hizo* a Mardoqueo por
6.3 respondieron los..Nada se ha *hecho* con él
6.6,9,11 se *hará* al hombre cuya honra desea
6.10 *hazlo* así con el judío Mardoqueo, que
7.5 que ha ensoberbecido..para *hacer* esto?
7.9 la horca..que *hizo* Amán para Mardoqueo
8.3 rogándole que *hiciese* nula la maldad de
8.17 muchos de..los pueblos se *hacían* judíos
9.5 *hicieron* con sus enemigos como quisieron
9.12 ¿qué habrán *hecho* en..provincias del rey?
9.12 ¿o qué más es tu demanda? y será *hecha*
9.13 que *hagan* conforme a la ley de hoy; y
9.14 y mandó el rey que se *hiciese* así. Se
9.17,18 y lo *hicieron* día de banquete y de
9.19 *hacen* a los 14 del mes de Adar el día de
9.22 que los *hiciesen* días de banquete y de
9.23 los judíos aceptaron *hacer*..les escribió
Job 1.4 iban sus hijos y *hacían* banquetes en
1.5 Job..de esta manera *hacía* todos los días
1.17 los caldeos *hicieron* tres escuadrones
3.5 sobre él nublado que lo *haga* horrible
4.15 *hizo* que se erizara el pelo de mi cuerpo
4.17 el varón más limpio que el que lo *hizo*?
5.9 cual *hace* cosas grandes e inescrutables
5.12 que frustra..que sus manos no *hagan* nada
5.18 porque él es quien *hace* la llaga, y él
6.24 *hacedme* entender en qué he errado
7.20 ¿qué puedo *hacerte* a ti, oh Guarda de
9.9 él *hizo* la Osa, el Orión y las Pléyades
9.10 *hace* cosas grandes e incomprensibles
9.12 he aquí..¿Quién le dirá: ¿Qué *haces*?
10.8 tus manos me *hicieron* y me formaron; ¿y
10.16 tú..vuelves a *hacer* en mí maravillas
12.9 no entiende..la mano de Jehová la *hizo*?
13.8 ¿*haréis* acepción de personas a su favor?
13.10 si solapadamente *hacéis* acepción de
13.20 a lo menos dos cosas no *hagas* conmigo
13.23 *hazme* entender mi transgresión y mi
13.26 y me *haces* cargo de los pecados de mi
14.4 ¿quién *hará* limpio a lo inmundo? Nadie
14.9 el agua..y *hará* copa como planta nueva
14.19 *haces*..perecer la esperanza del hombre
15.27 su rostro, e *hizo* pliegues..sus ijares
17.13 el Seol..*haré* mi cama en las tinieblas
21.31 de lo que él *hizo*, ¿quién le dará el
22.3 provecho de que tú *hagas* perfectos tus
22.17 ¿y qué les había *hecho* el Omnipotente?
23.13 él determina..¿quién lo *hará* cambiar?
23.13 si él determina..su alma deseó, e *hizo*
24.21 afligió, y a la viuda nunca *hizo* bien
25.2 están con él; él *hace* paz en sus alturas
27.12 ¿por qué, pues, os habéis *hecho*..vanos?
27.18 casa..como enramada que *hizo* el guarda
27.22 sobre él..*hará* él por huir de su mano
28.18 no se *hará* mención de coral..perlas
31.1 *hice* pacto con mis ojos; ¿cómo, pues
31.3 extrañamiento para..*hacen* iniquidad?
31.14 *haría* yo cuando Dios se levantase?
31.15 el que..me *hizo* a mí, ¿no lo *h* a él?
32.8 y el soplo del..le *hace* que entienda
32.21 no *haré* ahora acepción de personas
33.4 Espíritu de Dios me *hizo*, y el soplo
33.20 le *hace* que su vida aborrezca el pan
33.29 estas cosas *hace*..dos y tres veces con
34.6 herida sin haber *hecho* yo transgresión
34.8 en compañía con los que *hacen* iniquidad
34.12 sí, por cierto, Dios no *hará* iniquidad
34.19 aquel que no *hace* acepción de personas
34.22 donde se escondan los que *hacen* maldad
34.24 sin..y *hará* estar a otros en su lugar
34.25 él *hará* notorias las obras de ellos
34.30 *haciendo* que no reine el hombre impío
34.32 enséñame..si *hice* mal, no lo *haré* más
35.6 si..se multiplicaren, ¿qué le *harás* tú?
35.11 y nos *hace* sabios más que a las aves
35.14 cuando dices que no *haces* caso de él?
36.19 ¿*hará* él estima de tus riquezas, del
36.23 ¿y quién le dirá: Has *hecho* mal?
37.5 Dios..*hace* grandes cosas, que nosotros
37.12 para *hacer* sobre la faz del mundo, en
39.22 *hace* burla del espanto, y no teme, ni
40.15 ahora behemot, el cual *hice* como a ti
40.19 que lo *hizo*, puede *hacer* que su espada
41.4 ¿*hará* pacto contigo para que lo tomes
41.6 ¿*harán* de él banquete los compañeros?
41.25 a causa de su..*hacen* por purificarse
41.33 parezca; animal *hecho* exento de temor
42.9 fueron..e *hicieron* como Jehová les dijo
Sal. 1.3 no cae: y todo lo que *hace* prosperará
5.5 aborreces a todos..que *hacen* iniquidad
7.3 si yo he *hecho* esto, si hay en mis manos
7.15 ha cavado..y en el hoyo que *hizo* caerá
8.5 le has *hecho* poco menor que los ángeles
9.15 se hundieron..en el hoyo que *hicieron*
9.16 Jehová se ha *hecho* conocer en el juicio
10.17 tú dispones su..y *haces* atento tu oído
10.18 que no vuelva más a *hacer* violencia el
11.3 destruidos..qué ha de *hacer* el justo?
13.6 cantaré a Jehová..me ha *hecho* bien
14.1 han corrompido, *hacen* obras abominables
14.1 abominables, no hay quien *haga* el bien
14.3 no hay quien *haga* lo bueno, no hay ni
15.2 que anda en integridad y *hace* justicia
15.3 no calumnia..ni *hace* mal a su prójimo
15.5 el que *hace* estas cosas, no resbalará
17.3 resuelto..mi boca no *haga* transgresión
17.12 son como león que desea *hacer* presa
18.32 Dios es..quien *hace* perfecto mi camino
18.33 quien *hace* mis pies como de ciervas, y
18.33 me *hace* estar firme sobre mis alturas
18.40 has *hecho* que mis..vuelvan las espaldas
18.43 me has *hecho* cabeza de las naciones
18.50 su rey, y *hace* misericordia a su ungido
19.7 el testimonio de Jehová es..*hace* sabio
20.3 *haga* memoria de todas tus ofrendas, y
22.9 el que me *hizo* estar confiado desde que
22.31 a pueblo..anunciarán que él *hizo* esto
28.3 con los que *hacen* iniquidad, los cuales
31.21 ha *hecho* maravillosa su misericordia
33.3 cantadle..*hacedlo*..tañendo con júbilo
33.4 y toda su obra es *hecha* con fidelidad
33.6 la palabra..fueron *hechos* los cielos
33.9 porque él dijo, y fue *hecho*; él mandó
34.14 apártate del mal, y *haz* el bien..paz
34.16 ira de Jehová contra los que *hacen* mal
35.23 despierta para *hacerme* justicia, Dios
36.3 ha dejado de ser cuerdo y de *hacer* el
37.1 ni..envidia de los que *hacen* iniquidad
37.3 confía en Jehová, y *haz* el bien; y
37.5 encomienda..y confía en él; y él *hará*
37.7 no te..por el hombre que *hace* maldades
37.8 la ira..no te excites..a *hacer* lo malo
37.27 apártate del mal, y *haz* el bien, y
39.4 *hazme* saber, Jehová, mi fin, y cuánta
39.9 no abrí mi boca, porque tú lo *hiciste*
40.8 el *hacer* tu voluntad..me ha agradado
41.12 me has *hecho* estar delante de ti para
44.1 nos han contado, la obra que *hiciste* en
50.5 *hicieron* conmigo pacto con sacrificio
50.21 estas cosas *hiciste*, y yo he callado
51.4 y he *hecho* lo malo delante de tus ojos
51.6 tú..me has *hecho* comprender sabiduría
51.8 *hazme* oír gozo..se recrearán los huesos
51.18 *haz* bien con tu benevolencia a Sion
52.2 tu lengua..navaja afilada *hace* engaño
52.9 te alabaré..porque lo has *hecho* así
53.1 se han corrompido, e *hicieron*..maldad
53.1 corrompido..no hay quien *haga* el bien
53.3 no hay quien *haga* lo bueno, no hay ni
53.4 los que *hacen* iniquidad, que devoran a
56.4,11 Dios..¿qué puede *hacerme* el hombre?
58.7 disparen..saetas, sean *hechas* pedazos
59.10 Dios *hará* que vea en mis enemigos mi
60.12 en Dios *haremos* proezas, y él hollará
64.2 conspiración de los que *hacen* iniquidad
64.6 inquieren..*hacen*..investigación exacta
65.10 *haces* que se empapen sus surcos
65.10 *haces* descender sus canales; la ablandas
66.16 oíd..contaré lo que ha *hecho* a mi alma
68.28 confirma, oh Dios, lo que has *hecho*
69.2 hundido en cieno..no puedo *hacer* pie
69.4 se han *hecho* poderosos mis enemigos, los
70.3 en pago de su afrenta *hecha*, los que
71.16 *haré* memoria de tu justicia, de la tuya

HACER ***(Continúa)***

Sal. 71.19 tú has *hecho* grandes cosas; oh Dios
72.16 su fruto *hará* ruido como el Líbano, y
72.18 bendito. .el único que *hace* maravillas
73.8 hablan con maldad de *hacer* violencia
74.2 que redimiste para *hacerla* la tribu de
74.3 el mal que el enemigo ha *hecho* en el
75.5 no *hagáis* alarde de vuestro poder; no
76.5 no *hizo* uso de sus manos ninguno de los
77.11 sí, *haré* yo memoria de tus maravillas
77.14 tú eres el Dios que *hace* maravillas
77.14 *hiciste* notorio en. .pueblos tu poder
78.4 su potencia, y las maravillas que *hizo*
78.64 y sus viudas no *hicieron* lamentación
82.3 defended al. .*haced* justicia al afligido
83.5 porque se. .contra ti han *hecho* alianza
83.9 *hazles* como a Madián, como a Sísara
83.10 fueron *hechos* como estiércol para la
86.9 todas las naciones que *hiciste* vendrán
86.17 *haz* conmigo señal para bien, y véanla
89.3 *hice* pacto con mi escogido. .a David mi
92.7 florecen todos los que *hacen* iniquidad
92.9 esparcidos todos los que *hacen* maldad
94.4 se vanagloriarán. .que *hacen* iniquidad?
94.9 el que *hizo* el oído, ¿no oirá? El que
94.16 por mí contra los que *hacen* iniquidad
94.20 que *hace* agravio bajo forma de ley?
95.5 suyo también el mar, pues él lo *hizo*
96.5 son ídolos; pero Jehová *hizo* los cielos
98.1 cantad a Jehová. .ha *hecho* maravillas
98.2 Jehová ha *hecho* notoria su salvación
98.8 batan. .los montes todos *hagan* regocijo
99.4 tú has *hecho* en Jacob juicio y justicia
100.3 él nos *hizo*, y no nosotros a nosotros
101.7 dentro de mi casa el que *hace* fraude
101.8 exterminar. .los que *hagan* iniquidad
103.6 el que *hace* justicia y derecho a todos
103.10 no ha *hecho* con nosotros conforme a
103.21 ministros suyos. .*hacéis* su voluntad
104.4 que *hace* a los vientos sus mensajeros
104.17 en las hayas *hace* su casa la cigüeña
104.19 *hizo* la luna para los tiempos; el sol
104.24 *hiciste* todas ellas con sabiduría
104.26 leviatán que *hiciste* para que jugase
105.5 de las maravillas que él ha *hecho* de
105.15 toquéis. .ni *hagáis* mal a mis profetas
105.24 lo *hizo* más fuerte que sus enemigos
106.3 dichosos. .los que *hacen* justicia en
106.6 padres; *hicimos* iniquidad, *h* impiedad
106.8 los salvó. .para *hacer* notorio su poder
106.19 *hicieron* becerro en Horeb. .una imagen
106.21 al Dios. .que había *hecho* grandezas en
106.30 se levantó Finees e *hizo* juicio, y se
106.46 *hizo*. .tuviesen de ellos misericordia
107.23 y *hacen* negocio en las muchas aguas
108.13 en Dios *haremos* proezas, y él hollará
109.12 no tenga quien le *haga* misericordia
109.16 no se acordó de *hacer* misericordia
109.27 entiendan. .tú, Jehová, has *hecho* esto
111.4 ha *hecho* memorables sus maravillas
111.8 siempre, *hechos* en verdad y en rectitud
115.3 nuestro Dios. .lo que quiso ha *hecho*
115.8 semejantes a ellos. .los que los *hacen*
115.15 Jehová. .*hizo* los cielos y la tierra
116.7 oh alma mía. .Jehová te ha *hecho* bien
118.6 no temeré lo que. .pueda *hacer* el hombre
118.15 la diestra de Jehová *hace* proezas
118.16 la diestra de Jehová *hace* valentías
118.24 este es el día que *hizo* Jehová; nos
119.3 no *hacen* iniquidad los que andan en
119.65 bien has *hecho*. .tu siervo, oh Jehová
119.73 tus manos me *hicieron* y me formaron
119.98 has *hecho* más sabio que mis enemigos
119.121 juicio y justicia he *hecho;* no me
119.124 *haz* con tu siervo. .tu misericordia
119.135 *haz* que tu rostro resplandezca sobre
119.152 *hace* ya mucho que he entendido tus
120.7 ellos, así que hablo, me *hacen* guerra
121.2 viene de Jehová, que *hizo* los cielos
124.8 Jehová, que *hizo* el cielo y la tierra
125.4 *haz* bien, oh Jehová, a los buenos, y a
125.5 los llevará con los que *hacen* iniquidad
126.2,3 grandes cosas ha *hecho* Jehová con
129.3 los aradores; *hicieron* largos surcos
129.7 mano, ni sus brazos el que *hace* gavillas
134.3 el cual ha *hecho* los cielos y la tierra
135.6 todo lo que Jehová quiere, lo *hace*, en
135.7 *hace* los relámpagos para la lluvia
135.18 semejantes a. .son los que los *hacen*
136.4 al único que *hace* grandes maravillas
136.5 que *hizo* los cielos con entendimiento
136.7 que *hizo* las grandes lumbreras, porque
137.8 diere el pago de lo que tú nos *hiciste*
139.8 y si en el Seol *hiciere* mi estrado, he
139.13 me *hiciste* en el vientre de mi madre
141.4 *hacer* obras impías con los que *hacen*
141.9 las trampas de los que *hacen* iniquidad
142 *tít*. oración que *hizo* cuando estaba en la
143.10 enséñame a *hacer* tu voluntad, porque
144.14 tengamos asalto, ni que *hacer* salida
146.6 el cual *hizo* los cielos y la tierra
146.7 que *hace* justicia a los agraviados, que
147.8 que *hace* a los montes producir hierba
147.20 no ha *hecho* así con ninguna otra de
148.6 los *hizo* ser. .para siempre; les puso

Pr. 2.14 que se alegran *haciendo* el mal, que
3.27 no. .cuando tuvieres poder para *hacerlo*
3.30 pleito con. .si no te han *hecho* agravio
4.16 no duermen ellos si no han *hecho* mal
6.3 *haz* esto ahora, hijo mío, y líbrate, ya
6.13 los pies, que *hace* señas con los dedos
6.32 mas. .corrompe su alma el que tal *hace*
8.21 para *hacer* que los que me aman tengan
8.26 no había aún *hecho* la tierra, ni los
10.23 *hacer* maldad es como una diversión al
10.29 es destrucción a los que *hacen* maldad
11.17 *hace* bien el hombre misericordioso
11.18 el impío *hace* obra falsa; mas el que
11.19 que sigue el mal lo *hace* para su muerte
12.16 el que no *hace* caso de la injuria es
12.22 los que *hacen* verdad. .contentamiento
13.5 mas el impío se *hace* odioso e infame
14.17 que fácilmente se enoja *hará* locuras
16.4 todas las cosas ha *hecho* Jehová para
16.7 sus enemigos *hace* estar en paz con él
16.12 abominación es. .reyes *hacer* impiedad
16.23 el corazón del sabio *hace* prudente su
17.26 herir a los nobles que *hacen* lo recto
19.17 el bien que ha *hecho*, se lo volverá a
19.22 contentamiento es. .*hacer* misericordia
20.12 el oído que. .y el ojo. .ha *hecho* Jehová
20.18 con dirección sabia se *hace* la guerra
20.25 lazo es. .*hacer* apresuradamente voto de
20.25 voto. .después de *hacerlo*, reflexionar
21.3 *hacer* justicia y juicio es a Jehová más
21.11 es castigado, el simple se *hace* sabio
21.15 alegría. .para el justo el *hacer* juicio
21.15 destrucción a los que *hacen* iniquidad
22.2 rico y el pobre. .ambos los *hizo* Jehová
23.4 no te afanes por *hacerte* rico. .desiste
23.5 se *harán* alas como. .de águila, y volarán
24.6 porque con ingenio *harás* la guerra, y
24.8 al que piensa *hacer* el mal, le llamarán
24.23 *hacer* acepción de personas en. .juicio
24.29 no digas: Como me *hizo*, así le *haré*
25.8 no sea que no sepas qué *hacer* al fin
26.8 como. .así *hace* el que da honra al necio
26.19 y dice: Ciertamente lo *hice* por broma
28.21 *hacer* acepción de personas no es bueno
29.19 el siervo. .entiende, mas no *hace* caso
30.20 así: Come. .y dice: No he *hecho* maldad
30.32 si has pensado *hacer* mal, pon el dedo
31.22 ella se *hace* tapices; de lino fino y
31.24 *hace* telas, y vende, y da cintas al
31.29 muchas mujeres *hicieron* el bien; mas

Ec. 1.9 que ha sido *hecho?* Lo mismo que se *hará*
1.13 todo lo que se *hace* debajo del cielo
1.14 las obras que se *hacen* debajo del sol
2.5 me *hice* huertos y jardines, y planté en
2.6 me *hice* estanques de aguas, para regar
2.8 me *hice* de cantores y cantoras, de los
2.11 miré. .obras que habían *hecho* mis manos
2.11 el trabajo que tomé para *hacerlas;* y he
2.12 ¿qué podrá *hacer* el. .ya ha sido *hecho*
2.15 he trabajado. .por *hacerme* más sabio?
2.17 la obra que se *hace*. .me era fastidiosa
2.18 aborrecí. .mi trabajo que había *hecho*
3.11 todo lo *hizo* hermoso en su tiempo; y ha
3.11 a entender la obra que ha *hecho* Dios
3.12 cosa mejor que. .*hacer* bien en su vida
3.14 que todo lo que Dios *hace* será perpetuo
3.14 y lo *hace* Dios, para que delante de él
3.17 hay un tiempo. .para todo lo que se *hace*
3.20 todo es *hecho* de polvo, y todo volverá
4.1 vi. .las violencias que se *hacen* debajo
4.3 malas obras que debajo del sol se *hacen*
5.1 los necios; porque no saben que *hacen* mal
5.4 cuando a Dios *haces* promesa, no tardes
5.6 ¿por qué *harás* que Dios se enoje a causa
7.14 Dios *hizo* tanto lo uno como lo otro, a
7.17 no *hagas* mucho mal, ni seas insensato
7.20 no hay. .que *haga* el bien y nunca peque
7.29 Dios *hizo* al hombre recto, pero ellos
8.3 no te. .porque él *hará* todo lo que quiere
8.4 potestad, ¿y quién le dirá: ¿Qué *haces?*
8.9 en todo lo que debajo del sol se *hace*
8.11 el corazón. .dispuesto para *hacer* el mal
8.12 aunque el pecador *haga* mal cien veces
8.14 hay vanidad que se *hace* sobre la tierra
8.14 como si *hicieran* obras de impíos, y hay
8.14 hay. .como si *hicieran* obras de justos
8.16 ver la faena que se *hace* sobre la tierra
8.17 la obra que debajo del sol se *hace;* por
9.3 este mal hay entre todo lo que se *hace*
9.6 en todo lo que se *hace* debajo del sol
9.10 lo que te viniere a. .para *hacer*, *hazlo*
10.8 el que *hiciere* hoyo caerá en él; y el
10.19 por el placer se *hace* el banquete, y
11.5 de Dios, el cual *hace* todas las cosas
12.12 no hay fin de *hacer* muchos libros; y

Cnt. 1.11 zarcillos. .te *haremos*, tachonados de
3.9 el rey. .se *hizo* una carroza de madera
3.10 *hizo* sus columnas de plata, su. .de oro
8.8 ¿qué *haremos* a nuestra hermana cuando de
8.13 compañeros escuchan tu voz; *házmela* oír

Is. 1.16 la iniquidad. .dejad de *hacer* lo malo
1.17 aprended a *hacer* el bien; buscad el
1.17 *haced* justicia al huérfano, amparad a
1.23 soborno. .no *hacen* justicia al huérfano
1.31 estopa, y lo que *hizo* como centella; y
2.20 ídolos. .que le *hicieron* para que adorase
3.5 el pueblo se *hará* violencia unos a otros
3.7 jurará. .no me *hagáis* príncipe del pueblo
3.16 danzando, y *haciendo* son con los pies
5.2 torre, y *hecho* también en ella un lagar
5.4 *hacer* a mi viña, que yo no haya *hecho*
5.5 mostraré. .ahora lo que *haré* yo a mi viña
5.6 *haré* que quede desierta; no será podada
6.11 hasta que. .tierra esté *hecha* un desierto
9.7 el celo de Jehová de los ejércitos *hará*
10.3 ¿y qué *haréis* en el día del castigo?
10.11 como *hice* a Samaria y a sus ídolos, ¿no
10.11 *haré* también así a Jerusalén y a sus
10.13 con el poder de mi mano lo he *hecho*
10.23 el Señor, Jehová. .*hará* consumación ya
10.26 alzará su vara. .como *hizo* por la vía de
10.30 *haz* que se oiga hacia Lais, pobrecilla
11.9 no *harán* mal ni dañarán en todo mi santo
11.15 y *hará* que pasen por él con sandalias
12.4 *haced* célebres en los pueblos sus obras
12.5 cantad salmos a Jehová. .ha *hecho* cosas
13.11 y *haré* que cese la arrogancia de los
13.12 *haré* más precioso que el oro fino al
14.24 se *hará* de la manera que lo he pensado
16.3 *haz* juicio; pon tu sombra en medio del
17.8 no mirará a los altares que *hicieron* sus
17.8 ni mirará a lo que *hicieron* sus dedos
17.11 las *harás* crecer, y *h* que su simiente
17.12 pueblos que *harán* ruido. .*h* alboroto
17.13 los pueblos *harán* estrépito como de
18.1 ¡ay de la tierra que *hace* sombra con las
19.8 *harán* duelo todos los que echan anzuelo
19.10 se entristecerán todos los que *hacen*
19.15 cosa que *haga* la cabeza o la cola, la
19.21 *harán* sacrificio y oblación; y *h* votos
20.2 lo *hizo* así, andando desnudo y descalzo
22.11 *hicisteis* foso entre los dos muros para
22.11 y no tuvisteis respeto al que lo *hizo*
23.16 *haz* buena melodía, reitera la canción
25.1 te alabaré. .porque has *hecho* maravillas
25.6 Jehová de. .*hará* en este monte. .banquete
26.12 *hiciste* en nosotros. .nuestras obras
26.15 aumentaste el pueblo. .*hiciste* glorioso
26.18 ninguna liberación *hicimos* en. .tierra
27.5 *haga* conmigo paz; sí, *h* paz conmigo
27.9 *haga* todas las piedras del altar como
28.15 pacto tenemos *hecho* con la muerte, e
28.15 *hicimos* convenio con el Seol; cuando
28.21 para *hacer* su obra. .*h* su operación, su
29.16 la obra dirá de su hacedor: No me *hizo?*
29.20 que se desvelan para *hacer* iniquidad
30.14 que sin misericordia lo *hacen* pedazos
31.2 el auxilio de los que *hacen* iniquidad
31.7 ídolos. .*hecho* vuestras manos pecadoras
32.14 descansen asnos. .ganados *hagan* majada
33.1 *haces* deslealtad, bien que nadie. .*hizo*
33.1 de *hacer* deslealtad, se *hará* contra ti
33.13 los que estáis lejos, lo que he *hecho*
36.15 ni os *haga* Ezequías confiar en Jehová
36.16 dice. .*Haced* conmigo paz, y salid a mí
37.9 ha salido para *hacerte* guerra; al oírlo
37.11 tú oíste lo que han *hecho* los reyes de
37.16 eres. .*hiciste* los cielos y la tierra
37.26 ¿no has oído decir que. .yo lo *hice*, que
37.32 el celo de Jehová de los ejércitos *hará*
37.37 Senaquerib. .*hizo* su morada en Nínive
38.2 volvió Ezequías. .*hizo* oración a Jehová
38.3 que he *hecho* lo que ha sido agradable
38.15 que me lo dijo, el mismo lo ha *hecho*
40.20 le *haga* una imagen de talla que no se
40.23 y a los que gobiernan la tierra *hace*
41.4 ¿quién *hizo* y realizó esto? ¿Quién llama
41.12 serán como nada. .que te *hacen* la guerra
41.23 *haced* bien, o mal, para que tengamos
42.9 antes que salgan a. .os las *haré* notorias
42.16 cosas les *haré*, y no los desampararé
42.25 fuego. .le consumió, mas no *hizo* caso
43.7 para gloria mía. .los formé y los *hice*
43.13 lo que *hago* yo, ¿quién lo estorbará?
43.19 he aquí que yo *hago* cosa nueva; pronto
44.7 *hago* yo desde que establecí el pueblo
44.15 cuece panes; *hace* además un dios, y lo
44.17 y *hace* del sobrante un dios, un ídolo
44.23 cantad loores. .porque Jehová lo *hizo*
44.24 que lo *hago* todo, que extiendo solo los
45.7 que *hago* la paz. .soy el que *h* todo esto
45.9 el barro al que lo labra: ¿Qué *haces?*
45.12 yo *hice* la tierra, y creé sobre ella al
45.18 el que formó la tierra, el que la *hizo*
46.4 yo; yo *hice*, yo llevaré, yo soportaré
46.6 alquilan un platero para *hacer* un dios
46.10 que anuncio. .lo que aún no era *hecho*
46.11 yo. .lo he pensado, y también lo *haré*
48.1 *hacen* memoria del Dios de Israel, mas
48.3 lo dije. .lo *hice* pronto, y fue realidad
48.5 para que no dijeras: Mi ídolo lo *hizo*
48.16 desde que eso se *hizo*, allí estaba yo
50.3 cielos, y *hago* como cilicio su cubierta
51.15 que agito el mar y *hago* rugir sus ondas
52.5 qué *hago* aquí, dice Jehová, ya que mi
53.9 nunca *hizo* maldad, ni hubo engaño en su

HACER *(Continúa)*

Is. 54.16 *hice* al herrero que sopla las ascuas
55.3 y *haré* con vosotros pacto eterno, las
55.11 mi palabra que. . *hará* lo que yo quiero
56.1 así. . Guardad derecho, y *haced* justicia
56.2 bienaventurado el hombre que *hace* esto
56.2 y que guarda su mano de *hacer* todo mal
57.7 allí también subiste a *hacer* sacrificio
57.8 *hiciste* con ellos pacto; amaste su cama
58.2 como gente que hubiese *hecho* justicia
58.3 qué, dicen, ayunamos, y no *hiciste* caso
58.5 que. . *haga* cama de cilicio y de ceniza?
58.13 si retrajeres del. . de *hacer* tu voluntad
59.2 iniquidades han *hecho* división entre
60.15 *haré* que seas una gloria eterna, el
61.8 su obra, y *haré* con ellos pacto perpetuo
63.7 las misericordias de Jehová *haré* memoria
63.7 que les ha *hecho* según sus misericordias
63.12 ellos, *haciéndose* así nombre perpetuo
63.14 pastoreaste. . *hacerte* nombre glorioso
64.2 para que *hicieras* notorio tu nombre a
64.3 *haciendo* cosas terribles cuales nunca
64.4 ti, que *hiciese* por el que en él espera
64.5 al encuentro del que con. . *hacía* justicia
65.12 sino que *hicisteis* lo malo delante de
65.25 ni *harán* mal en todo mi santo monte
66.2 mi mano *hizo* todas estas cosas, y así
66.3 el que *hace* ofrenda, como si ofreciese
66.4 que *hicieron* lo malo delante de mis ojos
66.9 yo que *hago* dar a luz, ¿no *haré* nacer?
66.22 nueva tierra que yo *hago* permanecerán
Jer. 2.5 tras la vanidad y se *hicieron* vanos
2.7 pero. . e *hicisteis* abominable mi heredad
2.10 y ved si se ha *hecho* cosa semejante a
2.13 porque dos males ha *hecho* mi pueblo; me
2.23 conoce lo que has *hecho*, dromedaria
2.28 ¿y dónde están tus dioses que *hiciste*
3.5 he aquí que has hablado y *hecho* cuantas
3.6 ¿has visto lo que ha *hecho* la rebelde
3.7 después de *hacer* todo esto, se volverá
3.16 ni la echarán de menos, ni se *hará* otra
4.18 tu camino y tus obras te *hicieron* esto
4.22 sabios para *hacer* el mal, pero *h* el bien
4.30 y tú, destruida, ¿qué *harás?* Aunque te
5.1 a ver. . si hay alguno que *haga* justicia
5.13 no hay en ellos palabra; así se *hará*
5.19 ¿por qué Jehová el Dios nuestro *hizo*
5.20 *haced* que. . se oiga en Judá, diciendo
5.27 de engaño. . se *hicieron* grandes y ricos
5.28 con todo, se *hicieron* prósperos, y la
5.30 espantosa y fea es *hecha* en la tierra
5.31 ¿qué, pues, *haréis* cuando llegue el fin?
6.15 ¿se han avergonzado de haber *hecho*
7.5 si con verdad *hiciereis* justicia entre
7.10 librados somos; para seguir *haciendo*
7.12 ved lo que le *hice* por la maldad de mi
7.13 habéis *hecho* todas estas obras, dice
7.14 *haré*. . a esta casa. . como *hice* a Silo
7.17 ¿no ves lo que éstos *hacen* en. . Judá y
7.18 para *hacer* tortas a la reina del cielo
7.18 y para *hacer* ofrendas a dioses ajenos
7.26 cerviz, e *hicieron* peor que sus padres
7.30 de Judá han *hecho* lo malo antes mis ojos
8.6 se arrepienta. . diciendo: ¿Qué he *hecho?*
8.10 hasta el sacerdote todos *hacen* engaño
8.12 se han avergonzado. . *hecho* abominación?
9.1 ¡oh, si mi cabeza se *hiciese* aguas, y mis
9.3 *hicieron* que su lengua lanzara mentira
9.7 ¿qué más he de *hacer* por la hija de mi
9.24 yo soy Jehová, que *hago* misericordia
10.5 ni pueden *hacer* mal, ni para *h* bien
10.12 el que *hizo* la tierra con su poder, el
10.13 *hace* los relámpagos con la lluvia, y
11.5 para que confirme el juramento que *hice*
11.15 habiendo *hecho* muchas abominaciones?
11.17 casa de Judá han *hecho*, provocándome
12.5 ¿cómo *harás* en la espesura del Jordán?
13.17 el rebaño de Jehová fue *hecho* cautivo
14.8 ¿por qué te has *hecho* como forastero en
14.22 Jehová. . tú *hiciste* todas estas cosas
15.4 Manasés. . rey de Judá, por lo que *hizo*
15.8 *hice* que de repente cayesen terrores
16.12 habéis *hecho* peor que vuestros padres
16.20 ¿*hará* acaso el hombre dioses para sí?
17.22 ni *hagáis* trabajo. . sino santificad el
17.24 día. . no *haciendo* en él ningún trabajo
17.27 *haré* descender fuego en sus puertas
18.4 y la vasija de barro que él *hacía* se
18.4 volvió y la *hizo* otra vasija, según le
18.4 vasija, según le pareció mejor *hacerla*
18.6 ¿no podré yo *hacer* de vosotros como este
18.8 me. . del mal que había pensado *hacerles*
18.10 si *hiciere* lo malo delante de mis ojos
18.10 del bien que había determinado *hacerle*
18.12 y *haremos* cada uno el pensamiento de
18.13 fealdad ha *hecho* la virgen de Israel
18.23 *haz* así con ellos en el tiempo de tu
19.9 les *haré* comer la carne de sus hijos y
19.12 así *haré* a este lugar, dice Jehová, y a
20.4 *haré* que seas un terror a ti mismo y a
20.15 te ha nacido, *haciéndole* alegrarse así
21.2 Nabucodonosor rey. . *hace* guerra contra
21.2 quizá Jehová *hará* con nosotros según
21.12 así dijo Jehová: *Haced* de mañana juicio
22.3 dicho Jehová: *Haced* juicio y justicia
22.8 ¿por qué *hizo* así Jehová con esta gran
22.15 tu padre, e *hizo* juicio y justicia
22.23 Líbano, *hiciste* tu nido en los cedros
22.26 *haré* llevar cautivo a ti y a tu madre
23.15 *hago* comer ajenjos, y las *haré* beber
23.20 hasta que lo haya *hecho*, y hasta que
23.27 ¿no piensan cómo *hacen* que mi pueblo
23.32 ningún provecho *hicieron* a este pueblo
25.6 no vayáis en pos de. . y no os *haré* mal
25.10 y *haré* que desaparezca de entre ellos
25.29 a la ciudad. . yo comienzo a *hacer* mal
26.3 mal que pienso *hacerles* por la maldad
26.14 *haced* de mí como mejor y más recto os
26.19 ¿*haremos*, pues, nosotros tan gran mal
27.2 *hazte* coyundas y yugos, y ponlos sobre
27.5 *hice* la tierra, el hombre y las bestias
28.6 dijo. . Jeremías: Amén, así lo *haga* Jehová
28.13 en vez de ellos *harás* yugos de hierro
29.22 *harán* de ellos una maldición, diciendo
29.23 porque *hicieron* maldad en Israel, y
29.32 ni verá el bien. . *haré* yo a mi pueblo
30.15 por tus muchos pecados te he *hecho* esto
30.16 a todos los que *hicieron* presa de ti
30.24 no se calmará el. . hasta que haya *hecho*
31.3 se manifestó a mí *hace* ya mucho tiempo
31.31 *haré* nuevo pacto con la casa de Israel
31.32 como el pacto que *hice* con sus padres
31.33 este es el pacto que *haré* con la casa
31.37 yo desecharé. . por todo lo que *hicieron*
32.20 *hiciste* señales. . y te has *hecho* nombre
32.23 nada *hicieron* de. . les mandaste *hacer*
32.30 no han *hecho* sino lo malo delante de
32.30 no han *hecho* más que provocarme a ira
32.32 la maldad. . que han *hecho* para enojarme
32.35 ni me vino al pensamiento que *hiciesen*
32.40 y *haré* con ellos pacto eterno, que no
32.40 no me volveré atrás de *hacerles* bien
32.41 me alegraré con ellos *haciéndoles* bien
32.44 *harán* escritura. . yo *haré* regresar sus
33.2 así ha dicho Jehová, que *hizo* la tierra
33.9 habrán oído todo el bien que yo les *hago*
33.9 el bien y toda la paz que yo les *haré*
33.15 días. . *haré* brotar a David un Renuevo
33.15 y *hará* juicio y justicia en la tierra
33.18 y que *haga* sacrificio todos los días
34.8 después que Sedequías *hizo* pacto con
34.13 *hice* pacto con vuestros padres el día
34.15 *hecho* lo recto. . y habíais *h* pacto en
35.10 y hemos obedecido y *hecho* conforme a
35.18 *hicisteis* conforme a todas las cosas
36.3 oiga. . todo el mal que pienso *hacerles*
36.8 Baruc. . *hizo* conforme a todas las cosas
38.9 mal *hicieron*. . en todo lo que han *hecho*
40.16 no *hagas* esto, porque es falso lo que
41.9 era la misma que había *hecho* el rey Asa
41.11 el mal que había *hecho* Ismael hijo de
42.3 tu Dios nos enseñe. . que hemos de *hacer*
42.5 no *hiciéremos* conforme a todo aquello
42.10 arrepentido del mal que os he *hecho*
42.20 ¿por qué *hicisteis* errar vuestras almas?
42.20 que. . nuestro Dios dijere, y lo *haremos*
43.3 para matarnos y *hacernos* transportar a
44.4 no *hagáis* esta cosa abominable que yo
44.7 ¿por qué *hacéis* tan grande mal contra
44.8 *haciéndome* enojar con las obras de
44.9 maldades. . que *hicieron* en la tierra de
44.17 como hemos *hecho* nosotros y nuestros
44.19 ¿acaso le *hicimos* nosotras tortas para
44.22 las abominaciones que habíais *hecho*
44.25 cumpliremos. . nuestros votos que *hicimos*
46.19 *hazte* enseres de cautiverio, moradora
47.2 suben aguas del norte. . se *harán* torrente
48.10 maldito el que *hiciere* indolentemente
48.28 sed como la paloma que *hace* nido en la
48.31 sobre todo Moab *haré* clamor, y sobre
48.33 de los lagares *haré* que falte el vino
48.36 perecieron. . riquezas que habían *hecho*
49.37 y *haré* que Elam se intimide delante de
50.2 anunciad en las naciones, y *haced* saber
50.15 gritad. . *haced* con ella como ella *hizo*
50.21 y *haz* conforme a todo lo que yo te he
50.29 conforme a todo lo que ella *hizo*, *haced*
50.40 como en la destrucción que Dios *hizo*
51.15 es el que *hizo* la tierra con su poder
51.16 *hace* relámpagos con la lluvia, y saca
51.24 todo el mal que ellos *hicieron* en Sion
51.35 la violencia *hecha* a mí y a mi carne
51.36 yo. . *haré* tu venganza; y secaré su mar
51.36 y *haré* que su corriente quede seca
51.39 y *haré* que se embriaguen, para que se
52.2 *hizo* lo malo. . conforme a. . que *h* Joacim
52.20 de las basas, que había *hecho* el rey
Lm. 1.1 la señora de. . ha sido *hecha* tributaria
1.5 sus enemigos han sido *hechos* príncipes
1.20 por fuera *hizo* estragos la espada; por
1.21 enemigos. . alegran de lo que tú *hiciste*
1.22 *haz* con ellos como *hiciste* conmigo por
2.8 *hizo*. . que se lamentara el antemuro y el
2.13 o a quién te *haré* semejante, hija de
2.17 Jehová ha *hecho* lo que tenía determinado
2.17 *hizo* que el enemigo se te alegre sobre
2.20 mira. . y considera a quién has *hecho* así
3.7 cercó. . ha *hecho* más pesadas mis cadenas
Ez. 3.8 he *hecho* tu rostro fuerte contra los
3.9 fuerte que pedernal he *hecho* tu frente
3.20 si el justo. . *hiciere* maldad, y pusiere
3.20 justicias que había *hecho* no vendrán en
4.9 y ponlos en una vasija, y *hazte* pan de
5.8 *haré* juicios en medio de ti ante. . ojos
5.9 *haré*. . lo que nunca *hice*, ni jamás *haré*
5.10 *haré* en ti juicios, y esparciré a todos
5.15 cuando yo *haga* en ti juicios con furor
6.6 que sean asolados y se *hagan* desiertos
6.9 causa de los males que *hicieron* en todas
6.10 no en vano dije que les había de *hacer*
6.14 *haré* la tierra más asolada y devastada
7.20 *hicieron* de ello las imágenes de ídolos
7.23 *haz* una cadena, porque la tierra está
7.27 según su camino *haré* con ellos, y con
8.6 ¿no ves lo que éstos *hacen*, las grandes
8.6 abominaciones. . *hace* aquí para alejarme
8.9 ve las malvadas abominaciones que *hacen*
8.12 que los ancianos de. . *hacen* en tinieblas
8.13 abominaciones mayores que *hacen* éstos
8.17 es cosa liviana. . *hacer*. . que *hacen* aquí?
9.4 todas las abominaciones que se *hacen* en
9.10 así, pues, *haré* yo; mi ojo no perdonará
9.11 he *hecho* conforme a. . que me mandaste
11.9 os entregaré en manos. . y *haré* juicios
11.12 según las costumbres de. . habéis *hecho*
12.7 yo *hice* así como me fue mandado; saqué
12.9 ¿no te ha dicho la casa de. . ¿Qué *haces?*
12.11 como yo *hice*, así se *hará* con vosotros
12.16 *haré* que unos pocos de ellos escapen de
12.23 *haré* cesar este refrán, y no repetirán
13.18 *hacen* velos mágicos para la cabeza de
14.23 no sin causa *hice* todo lo que he *hecho*
15.3 tomarán de ella madera para *hacer*. . obra?
15.6 así *haré* a los moradores de Jerusalén
16.5 se compadeciese de ti para *hacerte* algo
16.7 te *hice*. . y creciste y te *hiciste* grande
16.16 y te *hiciste* diversos lugares altos
16.17 *hiciste* imágenes de hombre y fornicaste
16.24 te *hiciste* altar en todas las plazas
16.25 *hiciste* abominable tu hermosura, y te
16.30 habiendo *hecho*. . estas cosas, obras de
16.31 *haciendo* tus altares en. . las plazas!
16.41 y *harán* en ti juicios en presencia de
16.41 así *haré* que dejes de ser ramera, y que
16.47 ni *hiciste* según sus abominaciones
16.48 no han *hecho* como *hiciste* tú y tus
16.50 e *hicieron* abominación delante de mí
16.51 con. . las abominaciones que tú *hiciste*
16.52 tu vergüenza en los pecados. . tú *hiciste*
16.54 te avergüences de todo lo que has *hecho*
16.59 ¿*haré* yo contigo como tú *hiciste*, que
16.63 cuando yo perdone todo lo que *hiciste*
17.6 y brotó, y se *hizo* una vid de. . ramaje
17.6 así se *hizo* una vid, y arrojó sarmientos
17.8 para que *hiciese* ramas y diese fruto
17.13 descendencia real e *hizo* pacto con él
17.13 le *hizo* prestar juramento; y se llevó
17.15 escapará el que estas cosas *hizo?* El
17.16 el rey. . cuyo pacto *hecho* con él rompió
17.17 ni con. . compañía *hará* Faraón nada por
17.18 ha *hecho* todas estas cosas, no escapará
17.23 y se *hará* magnífico cedro; y habitarán
17.24 seco. Yo Jehová lo he dicho, y lo *haré*
18.5,21 *hiciere*. . el derecho y la justicia
18.8 *hiciere* juicio verdadero entre hombre y
18.9 y guardare mis. . para *hacer* rectamente
18.10 hijo. . o que *haga* alguna cosa de estas
18.11 que no *haga* las otras, sino que comiere
18.12 cometiere robos. . e *hiciere* abominación
18.13 abominaciones *hizo;* de cierto morirá
18.14 viere. . los pecados que su padre *hizo*
18.14 si. . viéndolos no *hiciere* según ellos
18.18 *hizo* agravio, despojó violentamente al
18.18 *hizo* en. . su pueblo lo que no es bueno
18.19 porque el hijo *hizo* según el derecho
18.21 apartare de todos sus pecados que *hizo*
18.22 no le. . en su justicia que *hizo* vivirá
18.24 *hiciere* conforme a. . que el impío *hizo*
18.24 ninguna de las justicias que *hizo* le
18.26 *haciendo* iniquidad, él morirá por ello
18.26 justo. . por la iniquidad que *hizo*, morirá
18.27 su impiedad que *hizo*, y *haciendo* según
18.31 *haceos* un corazón nuevo y un espíritu
19.6 se *hizo* leoncillo, aprendió a arrebatar
20.44 cuando *haga* con vosotros por amor de mí
21.7 he aquí que viene, y se *hará*, dice Jehová
21.23 ya que les ha *hecho* solemnes juramentos
22.3 y que *hizo* ídolos contra sí misma para
22.4 contaminado en tus ídolos que *hiciste*
22.9 *hicieron* en medio de ti perversidades
22.10 *hicieron* violencia a la. . inmunda por su
22.11 cada uno *hizo* abominación con la mujer
22.14 días. . Yo Jehová he hablado, y lo *haré*
22.26 lo santo y lo. . no *hicieron* diferencia
22.29 al afligido. . *hacía* violencia. . oprimía
22.30 busqué. . hombre que *hiciese* vallado y
23.10 famosa. . en ella *hicieron* escarmiento
23.18 así *hizo* patentes sus fornicaciones y
23.38 esto más me *hicieron:* contaminaron mi
23.39 he aquí, así *hicieron* en medio de mi
23.48 no *harán* según vuestras perversidades
24.8 *hecho* subir la ira para *hacer* venganza

HACER *(Continúa)*

Ez. 24.9 ¡ay. .Pues también *haré* yo gran hoguera
24.10 para consumir la carne y *hacer* la salsa
24.14 vendrá, y yo lo *haré*. No me volveré
24.17 no *hagas* luto de mortuorios; ata tu
24.18 a la mañana *hice* como me fue mandado
24.19 qué significan. .estas cosas que *haces?*
24.22 *haréis* de la manera que yo *hice;* no os
24.24 según. .las cosas que él *hizo, haréis*
25.11 en Moab *haré* juicios, y sabrán que yo
25.12 por lo que *hizo* Edom, tomando venganza
25.14 *harán* en Edom según mi enojo. .mi ira
25.15 por lo que *hicieron* los filisteos con
25.17 *haré* en ellos grandes venganzas. .de ira
25.17 ira. .cuando *haga* mi venganza en ellos
26.15 cuando se *haga* la matanza en medio de
27.5 tomaron cedros. .para *hacerte* el mástil
27.6 de encinas de Basán *hicieron* tus remos
28.22 cuando *haga* en ella juicios, y en ella
28.26 cuando yo *haga* juicios en todos los que
29.3,9 dijo: Mío es el Nilo, pues yo lo *hice*
29.18 *hizo* a su ejército prestar. .servicio
30.14 fuego a Zoán, y *haré* juicios en Tebas
30.19 *haré*. .juicios en Egipto, y sabrán que
30.22 *haré* que la espada. .le caiga de la mano
31.6 en sus ramas *hacían* nido todas las aves
31.7 se *hizo*, pues, hermoso en su grandeza
31.9 lo *hice* hermoso con la multitud de sus
31.15 *hice hacer* luto, *hice* cubrir por él el
33.13 él confiado en su. .*hiciere* iniquidad
33.13 que morirá por su iniquidad que *hizo*
33.14,19 *hiciere*. .el derecho y la justicia
33.15 la vida, no *haciendo* iniquidad, vivirá
33.16 *hizo* según el derecho y la justicia
33.18 e *hiciere* iniquidad, morirá por ello
33.26 *hicisteis* abominación. .cada cual a la
33.29 todas las abominaciones que han *hecho*
33.31 antes *hacen* halagos con sus bocas, y el
35.11 *haré* conforme a tu ira, y conforme a tu
35.14 ha dicho Jehová. .te *haré* una desolación
35.15 porque fue asolada, así te *haré* a ti
36.11 y os *haré* mayor bien que en vuestros
36.22 no lo *hago* por vosotros, oh casa de
36.32 no lo *hago* por vosotros, dice Jehová el
36.33 *haré*. .que sean habitadas las ciudades
36.36 que. .yo Jehová he hablado, y lo *haré*
36.37 aún seré solicitado. .para *hacerles* esto
37.14 que yo Jehová hablé, y lo *hice*, dice
37.19 los *haré* un solo palo, y serán uno en
37.22 y los *haré* una nación en la tierra, en
37.26 y *haré* con ellos pacto de paz, pacto
38.12 que se *hace* de ganado y posesiones, que
39.7 *haré* notorio mi santo nombre en medio
39.14 al cabo de 7. .*harán* el reconocimiento
39.21 verán mi juicio que habré *hecho*, y mi
39.24 y conforme a sus rebeliones *hice* con
40.45,46 los sacerdotes que *hacen* la guardia
42.20 un muro. .para *hacer* separación entre
43.8 con sus abominaciones que *hicieron;* por
43.11 se avergonzaren de. .lo que han *hecho*
43.18 altar el día en que sea *hecho*, para
43.26 por siete días *harán* expiación por el
44.13 llevarán. .abominaciones que *hicieron*
44.14 todo lo que en ella haya de *hacerse*
44.23 enseñarán. .*hacer* diferencia entre lo
45.9 oh príncipes. .*Haced* juicio y justicia
45.17 *hacer* expiación por la casa de Israel
45.20 así *harás* el séptimo día. .*h* expiación
45.25 fiesta, *hará* como en estos siete días
46.7 y *hará* ofrenda de un efa con el becerro
46.12 cuando el príncipe. .*hiciere* holocausto
46.12 *hará* su holocausto y sus ofrendas de
46.12 de paz, como *hace* en el día de reposo
46.14 *harás* todas las mañanas ofrenda de la
Dn. 1.12 te ruego que *hagas* la prueba con tus
1.13 *haz* después con tus siervos según veas
2.5 seréis *hechos* pedazos, y vuestras casas
2.35 mas la piedra. .fue *hecha* un gran monte
2.48 le *hizo* gobernador de toda la provincia
3.1 el rey Nabucodonosor *hizo* una estatua de
3.15 al oír. .adoréis la estatua que he *hecho?*
4.2 señales. .que el Dios Altísimo ha *hecho*
4.11 se *hacía* fuerte, y su copa llegaba hasta
4.12 en sus ramas *hacían* morada las aves del
4.20 el árbol que. .crecía y se *hacía* fuerte
4.22 rey, que creciste y te *hiciste* fuerte
4.27 pecados redime. .*haciendo* misericordias
4.35 él *hace* según su voluntad en el ejército
4.35 y no hay quien. .y le diga: ¿Qué *haces?*
5.1 Belsasar *hizo* un gran banquete a mil de
5.21 su mente se *hizo* semejante a. .bestias
6.10 daba gracias. .como lo solía *hacer* antes
6.13 que tres veces al día *hace* su petición
6.22 los leones, para que no me *hiciesen* daño
6.22 de ti, oh rey, yo no he *hecho* nada malo
6.27 y *hace* señales y maravillas en el cielo
7.21 cuerno *hacía* guerra contra los santos
8.4 el carnero. .*hacía* conforme a su voluntad
8.12 echó. .e *hizo* cuanto quiso, y prosperó
8.18 y él me tocó, y me *hizo* estar en pie
8.24 *hará* arbitrariamente, y destruirá a los
9.4 e *hice* confesión diciendo: Ahora, Señor
9.5,15 hemos pecado. .hemos *hecho* impíamente
9.12 nunca fue *hecho*. .ha *h* contra Jerusalén
9.14 justo. .en todas sus obras que ha *hecho*
9.15 te *hiciste* renombre cual lo tienes hoy
9.17 *haz* que tu rostro resplandezca sobre tu
9.19 presta oído, Señor, y *hazlo;* no tardes
10.10 *hizo* que me pusiese sobre mis rodillas
11.2 y el cuarto se *hará* de grandes riquezas
11.2 y al *hacerse* fuerte con sus riquezas
11.3 el cual dominará con. .y *hará* su voluntad
11.5 se *hará* fuerte el rey del sur; mas uno
11.5 más fuerte que él, y se *hará* poderoso
11.6 al cabo de años *harán* alianza, y la hija
11.6 vendrá al rey del. .para *hacer* la paz
11.7 entrará. .y *hará* en ellos a su arbitrio
11.16 que vendrá contra él *hará* su voluntad
11.17 y *hará* con aquél convenios, y le dará
11.24 y *hará* lo que no *hicieron* sus padres
11.25 mas no prevalecerá. .le *harán* traición
11.27 el corazón de estos dos. .para *hacer* mal
11.28 *hará* su voluntad, y volverá a. .tierra
11.30 *hará* según su voluntad; volverá, pues
11.36 *hará* su voluntad, y se ensoberbecerá
11.37 del Dios de sus padres no *hará* caso, ni
11.39 con un dios. .se *hará* de las fortalezas
Os. 2.3 la *haga* como un desierto, la deje como
2.18 *haré* para ti pacto con las bestias del
3.3 no fornicarás. .lo mismo *haré* yo contigo
5.2 *haciendo* víctimas han bajado hasta lo más
6.4 ¿qué *haré* a ti, Efraín? ¿Qué *h* a ti, oh
7.1 *hicieron* engaño; y entra el ladrón, y el
7.4 cesa de. .después que está *hecha* la masa
8.4 de su plata y. .*hicieron* ídolos para sí
8.6 artífice lo *hizo;* no es Dios; por lo que
8.7 no tendrán mies, ni su espiga *hará* harina
8.7 ni. .y si la *hiciere*, extraños la comerán
9.4 no *harán* libaciones a Jehová, ni sus
9.5 ¿qué *haréis* en el día de la solemnidad
9.10 se *hicieron* abominables como aquello que
10.3 dirán. .¿y qué *haría* el rey por nosotros?
10.4 palabras jurando en vano al *hacer* pacto
10.12 *haced* para vosotros barbecho; porque es
10.15 así *hará* a vosotros Bet-el, por causa
11.8 ¿cómo podré yo *hacerte* como Adma, o
12.1 porque *hicieron* pacto con los asirios
13.2 de su plata se han *hecho*. .imágenes de
13.13 *hace* tiempo que no debiera detenerse
Jl. 2.20 pudrición, porque *hizo* grandes cosas
2.26 el cual *hizo* maravillas con vosotros
3.19 por la injuria *hecha* a los hijos de Judá
Am. 3.6 mal en. .el cual Jehová no haya *hecho?*
3.10 no saben *hacer* lo recto, dice Jehová
4.6 os *hice* estar a diente limpio en todas
4.12 de esta manera te *haré* a ti, oh Israel
4.12 porque te he de *hacer* esto, prepárate
4.13 que *hace* de las tinieblas mañana, y pasa
5.8 buscad al que *hace* las Pléyades, y vuelve
5.9 y *hace* que el despojador venga sobre la
5.26 la estrella de. .dioses que os *hicisteis*
5.27 os *haré*, pues, transportar más allá de
7.7 el Señor estaba sobre un muro *hecho* a
8.9 *haré* que se ponga el sol a mediodía, y
9.1 *hazlos* pedazos sobre la cabeza de todos
9.9 *haré* que la casa de Israel. .zarandeada
9.12 posean el. .dice Jehová que *hace* esto
9.14 y *harán* huertos, y comerán el fruto de
Abd. 2 pequeño te he *hecho* entre las naciones
15 porque. .como tú *hiciste* se *hará* contigo
Jon. 1.9 temo a Jehová. .que *hizo* el mar y la
1.10 le dijeron: ¿Por qué has *hecho* esto?
1.11 ¿qué *haremos* contigo para que el mar se
1.14 tú, Jehová, has *hecho* como has querido
1.16 ofrecieron sacrificio. .*hicieron* votos
3.10 vio Dios lo que *hicieron*. .convirtieron
3.10 del mal que. .les *haría*, y no lo *hizo*
4.4 dijo: ¿*Haces* tú bien en enojarte tanto?
4.5 se *hizo* allí una enramada, y se sentó
4.6 creció. .para que *hiciese* sombra sobre su
Mi. 1.6 *haré*. .de Samaria montones de ruinas
1.8 *haré* aullido como de chacales, y lamento
1.16 y trasquílate. .*hazte* calvo como águila
2.4 se *hará* endecha de lamentación, diciendo
2.7 ¿no *hacen*. .bien al que camina rectamente?
2.12 *harán* estruendo. .la multitud de hombres
3.4 antes. .por cuanto *hicisteis* malvadas obras
3.6 la profecía se os *hará* noche, y oscuridad
4.13 porque *haré* tu cuerno como de hierro, y
5.11 *haré* también destruir las ciudades de
5.15 con ira y con furor *haré* venganza en las
6.3 ¿qué te he *hecho*, o en qué. .he molestado?
6.8 que pide Jehová. .solamente *hacer* justicia
7.9 que juzgue mi causa y *haga* mi justicia
Nah. 1.9 *hará* consumación; no tomará venganza
3.16 cielo; la langosta *hizo* presa, y voló
Hab. 1.5 *haré* una obra en vuestros días, que
1.10 de los príncipes *hará* burla; se reirá
1.14 y *haces* que sean los hombres como los
1.16 por esto *hará* sacrificios a su red, y
2.18 escultura que esculpió el que la *hizo?*
2.18 que *haciendo* imágenes mudas confíe el
3.19 el cual *hace* mis pies como de ciervas
Sof. 1.12 dicen. .Jehová ni *hará* bien ni *h* mal
1.18 destrucción. .*hará* de. .los habitantes de
2.14 rebaños de ganado *harán* en ella majada
2.15 fue asolada, *hecha* guarida de fieras!
3.5 Jehová en. .es justo, no *hará* iniquidad
3.6 *hice* desiertas. .calles, hasta no quedar
3.13 remanente de Israel no *hará* injusticia
Hag. 2.5 según el pacto que *hice* con vosotros
2.6 yo *haré* temblar los cielos y la tierra
2.7 y *haré* temblar a todas las naciones, y
Zac. 1.6 como. .pensó tratarnos. .así lo *hizo*
1.21 y yo dije: ¿Qué vienen éstos a *hacer?*
6.11 oro, y *harás* coronas, y las pondrás en
7.3 ¿*haremos* abstinencia como hemos *hecho* ya
7.9 *haced* misericordia y piedad cada cual con
8.11 mas ahora no lo *haré* con el remanente de
8.14 *haceros* mal cuando vuestros padres me
8.15 he pensado *hacer* bien a Jerusalén y a
8.16 las cosas que habéis de *hacer:* Hablad
9.13 *hice* a Efraín su flecha, y despertaré a
9.15 *harán* estrépito como tomados de vino
10.1 Jehová *hará* relámpagos. .os dará lluvia
14.4 se partirá. .*haciendo* un valle muy grande
Mal. 1.9 ¿cómo podéis agradarle, si *hacéis*
2.9 también os he *hecho* viles y bajos ante
2.12 cortará de. .al hombre que *hiciere* esto
2.15 ¿no *hizo* el uno, habiendo. .de espíritu?
2.17 decís: Cualquiera que *hace* mal agrada
3.5 los que *hacen* injusticia al extranjero
3.15 y los que *hacen* impiedad no solo son
4.1 todos los que *hacen* maldad serán estopa
Mt. 1.24 *hizo* como el ángel. .le había mandado
2.8 cuando le halláis, *hacédmelo* saber, para
3.8 *haced*. .frutos dignos de arrepentimiento
5.19 mas cualquiera que los *haga* y los enseñe
5.32 el que repudia. .*hace* que ella adultere
5.36 no puedes *hacer* blanco. .un solo cabello
5.44 *haced* bien a los que os aborrecen, y
5.46 ¿no *hacen*. .lo mismo los publicanos?
5.47 ¿qué *hacéis* de más? ¿No *hacen* también
6.1 guardaos de *hacer*. .para ser vistos de
6.2 tocar. .como *hacen* los hipócritas en las
6.3 sepa tu izquierda lo que *hace* tu derecha
6.8 no os *hagáis*, pues, semejantes a ellos
6.10 *hágase* tu voluntad, como en el cielo, así
6.19 no os *hagáis* tesoros en la tierra, donde
6.20 sino *haceos* tesoros en el cielo, donde
6.30 ¿no *hará* mucho más a vosotros, hombres
7.12 *hagan* con vosotros, así. .*haced*. .con ellos
7.21 el que *hace* la voluntad de mi Padre que
7.22 y en tu nombre *hicimos* muchos milagros?
7.24 que me oye estas palabras, y las *hace*
7.26 me oye. .y no las *hace*, le compararé a un
8.9 digo. .a mi siervo: *Haz* esto, y lo *hace*
8.13 dijo. .Vé, y como creíste, te sea *hecho*
8.26 reprendió. .al mar. .*hizo* grande bonanza
9.20 una mujer enferma. .desde *hacía* doce años
9.23 viendo a. .la gente que *hacía* alboroto
9.29 tocó. .conforme a vuestra fe os sea *hecho*
11.20 en las cuales había *hecho*. .sus milagros
11.21,23 si. .se hubieran *hecho* los milagros
11.21,23 los milagros que han sido *hechos* en
12.2 *hacen* lo que no es lícito *hacer* en el día
12.3 dijo: ¿No habéis leído lo que *hizo* David
12.12 es lícito *hacer* el bien en los días de
12.33 *haced* el árbol bueno, y su fruto bueno
12.33 o *haced* el árbol malo, y su fruto malo
12.50 aquel que *hace* la voluntad de mi Padre
13.22 ahogan la palabra. .se *hace* infructuosa
13.28 él les dijo: Un enemigo ha *hecho* esto
13.32 se *hace* árbol, de tal manera que vienen
13.32 vienen las aves. .y *hacen* nidos en sus
13.41 recogerán. .a los que *hacen* iniquidad
13.58 no *hizo* allí muchos milagros, a causa
14.22 Jesús *hizo* a sus discípulos entrar en
15.28 es tu fe; *hágase* contigo como quieres
15.32 ya *hace* tres días que están conmigo, y
17.2 sus vestidos se *hicieron* blancos como
17.4 *hagamos* aquí tres enramadas: una para
17.12 *hicieron* con él todo lo que quisieron
18.3 si no os volvéis y os *hacéis* como niños
18.19 será *hecho* por mi Padre que está en los
18.23 un rey que quiso *hacer* cuentas con sus
18.24 y comenzando a *hacer* cuentas, le fue
18.35 así también mi Padre celestial *hará* con
19.4 el que los *hizo*. .varón y hembra los *h*
19.12 eunucos que son *hechos* eunucos por los
19.12 hay eunucos que a sí mismos se *hicieron*
19.16 bien *haré* para tener la vida eterna?
20.5 salió otra vez cerca. .e *hizo* lo mismo
20.12 los has *hecho* iguales a nosotros, que
20.13 dijo a uno. .Amigo, no te *hago* agravio
20.15 ¿no me es lícito *hacer* lo que quiero
20.26 quiera *hacerse* grande entre vosotros
20.32 y les dijo: ¿Qué queréis que os *haga?*
21.6 fueron, e *hicieron* como Jesús les mandó
21.13 mas vosotros la habéis *hecho* cueva de
21.15 viendo las maravillas que *hacía*, y a
21.21 no sólo *haréis* esto de la higuera, sino
21.21 quítate y échate en el mar, será *hecho*
21.23 ¿con qué autoridad *haces* estas cosas?
21.24 yo también os *haré* una pregunta, y si
21.24,27 con qué autoridad *hago* estas cosas
21.31 ¿cuál de los dos *hizo* la voluntad de su
21.36 *hicieron* con ellos de la misma manera
21.40 viña, ¿qué *hará* a aquellos labradores?
21.42 el Señor ha *hecho* esto, y es cosa
22.2 es semejante a un rey que *hizo* fiesta
22.5 ellos, sin *hacer* caso, se fueron, uno a

HACER *(Continúa)*

Mt. 23.3 lo que os digan que guardéis. . *hacedlo*
23.3 mas no *hagáis*. . porque dicen, y no *hacen*
23.5 *hacen* todas sus obras para ser vistos de
23.14 como pretexto *hacéis* largas oraciones
23.15 mar y tierra para *hacer* un prosélito
23.15 *hecho*, le *hacéis* dos veces más hijo del
23.23 necesario *hacer*, sin dejar de *h* aquello
24.24 *harán* grandes señales y prodigios, de
24.46 su señor venga, le halle *haciendo* así
25.40 os digo que en cuanto lo *hicisteis* a
25.40 a uno de estos mis. . a mí lo *hicisteis*
25.45 cuanto no lo *hicisteis* a uno de estos
25.45 más pequeños, tampoco a mí lo *hicisteis*
26.5 que no se *haga* alboroto en el pueblo
26.10 pues ha *hecho* conmigo una buena obra
26.12 lo ha *hecho* a fin de prepararme para
26.13 se contará lo que ésta ha *hecho*, para
26.19 *hicieron* como. . mandó, y prepararon la
26.42 si no puede pasar. . *hágase* tu voluntad
26.54 de que es necesario que así se *haga?*
27.22 les dijo: ¿Qué, pues, *haré* de Jesús
27.23 les dijo: Pues ¿qué mal ha *hecho?* Pero
27.24 que se *hacía* más alboroto, tomó agua
27.54 visto. . las cosas que habían sido *hechas*
28.15 *hicieron* como se les había instruido
28.19 *haced* discípulos a todas las naciones
Mr. 1.17 *haré* que seáis pescadores de hombres
2.4 *haciendo* una abertura, bajaron el lecho
2.21 nuevo tira de lo viejo, y se *hace* peor
2.24 ¿por qué *hacen* en el día de reposo lo
2.25 lo que *hizo* David cuando tuvo necesidad
3.4 días de reposo *hacer* bien, o *hacer* mal
3.8 Sidón, oyendo cuán grandes cosas *hacía*
3.35 que *hace* la voluntad de Dios, ése es mi
4.19 ahogan la palabra, y se *hace* infructuosa
4.30 qué *haremos* semejante el reino de Dios
4.32 crece, y se *hace* la mayor de todas las
4.39 cesó el viento y se *hizo* grande bonanza
5.4 las cadenas habían sido *hechas* pedazos
5.19 grandes cosas el Señor ha *hecho* contigo
5.20 grandes cosas había *hecho* Jesús con él
5.25 mujer que desde *hacía* doce años padecía
5.32 miraba. . para ver quién había *hecho* esto
5.33 sabiendo lo que en ella había sido *hecho*
5.34 hija, tu fe te ha *hecho* salva; vé en paz
6.2 milagros que por sus manos son *hechos*?
6.5 no pudo *hacer* allí ningún milagro, salvo
6.14 porque su nombre se había *hecho* notorio
6.30 y le contaron todo lo que habían *hecho*
6.45 *hizo* a sus discípulos entrar en la barca
7.8 y *hacéis* otras muchas cosas semejantes
7.13 y muchas cosas *hacéis* semejantes a estas
7.19 *haciendo* limpios todos los alimentos
7.37 lo ha *hecho* todo; *hace* a los sordos oír
8.2 que ya *hace* tres días que están conmigo
8.25 le *hizo* que mirase; y fue restablecido
9.3 ningún lavador. . puede *hacer* tan blancos
9.5 *hagamos* tres enramadas, una para ti, una
9.7 vino una nube que les *hizo* sombra, y
9.13 vino, y le *hicieron* todo lo que quisieron
9.21 ¿cuánto tiempo *hace* que le sucede esto?
9.22 pero si puedes *hacer* algo. . y ayúdanos
9.39 porque ninguno hay que *haga* milagro en
9.42 cualquiera que *haga* tropezar a uno de
9.50 si la sal se *hace* insípida, ¿con qué la
10.6 creación, varón y hembra los *hizo* Dios
10.17 ¿qué *haré* para heredar la vida eterna?
10.35 querríamos. . nos *hagas* lo que pidiéremos
10.36 él les dijo: ¿Qué queréis que os *haga?*
10.43 que el que quiera *hacerse* grande entre
10.51 ¿qué quieres que te *haga?* Y el ciego
11.3 os dijere: ¿Por qué *hacéis* eso? decid
11.17 mi casa. . habéis *hecho* cueva de ladrones
11.23 creyere que será *hecho* lo que dice, lo
11.23 creyere. . lo que diga le será *hecho*
11.28 ¿con qué autoridad *haces* estas cosas?
11.28 y quién te dio autoridad para *hacer*
11.29 os *haré*. . una pregunta; respondedme
11.29,33 con qué autoridad *hago* estas cosas
12.9 ¿qué, pués, *hará* el señor de la viña?
12.11 el Señor ha *hecho* esto, y es cosa
12.40 y por pretexto *hacen* largas oraciones
13.22 y falsos profetas, y *harán*. . prodigios
14.2 para que no se *haga* alboroto del pueblo
14.4 ¿para qué se ha *hecho* este desperdicio
14.6 dijo: Dejadla. . Buena obra me ha *hecho*
14.7 y cuando queráis les podréis *hacer* bien
14.8 ésta ha *hecho* lo que podía; porque se
14.9 se contará lo que ésta ha *hecho*, para
14.58 yo derribaré este templo *hecho* a mano
14.58 en tres días edificaré otro *hecho* sin
15.8 que *hiciese* como siempre les había *hecho*
15.12 *haga* del que llamáis Rey de los judíos
15.14 les decía: ¿Pues qué mal ha *hecho?* Pero
15.19 de rodillas le *hacían* reverencias
16.18 y si bebieren cosa. . no les *hará* daño
Lc. 1.20 mudo. . hasta el día en que esto se *haga*
1.25 ha *hecho* conmigo el Señor en los días
1.38 *hágase* conmigo conforme a tu palabra
1.49 me ha *hecho* grandes cosas el Poderoso
1.51 *hizo* proezas con su brazo; esparció a
1.72 *hacer* misericordia con nuestros padres
1.73 del juramento que *hizo* a Abraham nuestro
2.2 *hizo* siendo Cirenio gobernador de Siria
2.27 para *hacer*. . conforme al rito de la ley
2.37 era viuda *hacía* ochenta y cuatro años
2.48 dijo. . Hijo, ¿por qué nos has *hecho* así?
3.8 *haced*. . frutos dignos de arrepentimiento
3.10 le preguntaba, diciendo. . ¿qué *haremos?*
3.11 y el que tiene qué comer, *haga* lo mismo
3.12 y le dijeron: Maestro, ¿qué *haremos?*
3.14 unos soldados. . Y nosotros, ¿qué *haremos?*
3.14 les dijo: No *hagáis* extorsión a nadie
3.19 las maldades que Herodes había *hecho*
4.23 cosas que hemos oído que se han *hecho*
4.23 cosas. . *haz* también aquí en tu tierra
4.35 salió de él, y no le *hizo* daño alguno
5.6 habiéndolo *hecho*, encerraron. . de peces
5.7 entonces *hicieron* señas a los compañeros
5.9 por la pesca que habían *hecho*, el temor
5.19 no hallando cómo *hacerlo* a causa de la
5.29 Leví le *hizo* gran banquete en su casa
5.33 ayunan muchas veces y *hacen* oraciones
5.34 ¿podéis acaso *hacer* que los que están de
5.36 si lo *hace*, no solamente rompe el nuevo
6.2 *hacéis* lo que no es lícito *hacer* en los
6.3 lo que *hizo* David cuando tuvo hambre él
6.9 ¿es lícito en día. . *hacer* bien, o *h* mal?
6.10 extiende tu mano. Y él lo *hizo* así, y
6.11 entre sí qué podían *hacer* contra Jesús
6.23 así *hacían* sus padres con los profetas
6.26 así *hacían* sus padres con los falsos
6.27 amad. . *haced* bien a los que os aborrecen
6.31 como queréis que *hagan*, también *haced*
6.33 si *hacéis* bien a los que os *hacen* bien
6.33 también los pecadores *hacen* lo mismo
6.35 y *haced* bien, y prestad, no esperando
6.46 me llamáis. . y no *hacéis* lo que yo digo?
6.47 viene a. . y oye mis palabras y las *hace*
6.49 el que oyó y no *hizo*, semejante es al
7.8 digo. . a mi siervo: *Haz* esto, y lo *hace*
8.21 que oyen la palabra de Dios, y la *hacen*
8.24 las olas; y cesaron, y se *hizo* bonanza
8.27 endemoniado desde *hacía* mucho tiempo
8.29 *hacía* mucho tiempo que apoderado de él
8.39 cuenta cuán grandes cosas ha *hecho* Dios
8.39 grandes cosas había *hecho* Jesús con él
8.43 que padecía de flujo. . *hacía* doce años
8.52 y *hacían* lamentación por ella. Pero él
9.7 oyó de todas las cosas que *hacía* Jesús
9.10 le contaron todo lo que habían *hecho*
9.15 así lo *hicieron*, *haciéndolos* sentar a
9.29 la apariencia de su rostro se *hizo* otra
9.33 *hagamos* tres enramadas, una para ti, una
9.43 maravillándose. . de las cosas que *hacía*
9.44 *haced* que os penetren bien en los oídos
9.52 en una aldea. . para *hacerle* preparativos
9.54 que descienda fuego del. . como *hizo* Elías
10.13 *hecho* los milagros que. . *h* en vosotros
10.25 *¿haciendo* qué cosa heredaré la vida
10.28 le dijo: Bien has respondido; *haz* esto
10.37 Jesús le dijo: Vé, y *haz* tú lo mismo
11.2 *hágase* tu voluntad, como en el cielo
11.40 el que *hizo* lo de fuera, no *h* también
11.42 era necesario *hacer*, sin dejar aquello
12.4 matan. . y después nada más pueden *hacer*
12.17 ¿qué *haré*. . no tengo donde guardar mis
12.18 esto *haré:* derribaré mis graneros, y
12.21 así es el que *hace* para sí tesoro, y no
12.33 *haceos* bolsas que no se envejezcan
12.37 *hará* que se sienten a la mesa, y vendrá
12.43 su señor venga, le halle *haciendo* así
12.47 siervo. . ni *hizo* conforme a su voluntad
12.48 que sin conocerla *hizo* cosas dignas de
12.55 sopla el. . decís: *Hará* calor; y lo *hace*
13.7 *hace* tres años que vengo a buscar fruto
13.11 una mujer que desde *hacía* 18 años tenía
13.17 regocijaba por todas las cosas. . *hechas*
13.19 *hizo* árbol grande, y las aves del cielo
13.32 y *hago* curaciones hoy y mañana, y al
14.12 cuando *hagas* comida o cena, no llames a
14.13 mas cuando *hagas* banquete, llama a los
14.16 un hombre *hizo* una gran cena, y convidó
14.22 Señor, se ha *hecho* como mandaste, y aún
14.31 si puede *hacer* frente con diez mil al
14.34 si la sal se *hiciera* insípida, ¿con qué
15.19 *hazme* como a uno de tus jornaleros
15.23 y matadlo, y comamos y *hagamos* fiesta
15.32 necesario *hacer* fiesta y regocijarnos
16.3 ¿qué *haré?* Porque mi amo me quita la
16.4 ya sé lo que *haré* para que cuando se me
16.8 alabó el amo. . por haber *hecho* sagazmente
16.19 *hacía* cada día banquete, con esplendidez
17.2 que *hacer* tropezar a uno de. . pequeñitos
17.9 porque *hizo* lo que se le había mandado
17.10 cuando hayáis *hecho* todo lo que os ha
17.10 pues lo que debíamos *hacer, hicimos*
18.3 diciendo: *Hazme* justicia de. . adversario
18.5 le *haré* justicia, no sea que viniendo
18.18 ¿qué *haré* para heredar la vida eterna?
18.41 diciendo: ¿Qué quieres que te *haga?*
19.46 mi casa. . habéis *hecho* cueva de ladrones
19.48 no hallaban nada que pudieran *hacerle*
20.2 ¿con qué autoridad *haces* estas cosas?
20.3 dijo: Os *haré* yo también una pregunta
20.8 diré con qué autoridad *hago* estas cosas
20.13 ¿qué *haré?* Enviaré a mi hijo amado
20.15 ¿qué pues, les *hará* el señor de la viña?
20.21 que no *haces* acepción de persona, sino
20.47 y por pretexto *hacen* largas oraciones
22.19 mi cuerpo. . *haced* esto en memoria de mí
22.23 de ellos sería el que había de *hacer*
22.42 no se *haga* mi voluntad, sino la tuya
23.8 él, y esperaba verle *hacer* alguna señal
23.9 le *hacía* muchas preguntas, pero él nada
23.12 y se *hicieron* amigos Pilato y Herodes
23.15 he aquí, nada digno de muerte ha *hecho*
23.22 dijo. . ¿Pues qué mal ha *hecho* éste?
23.24 que se *hiciese* lo que ellos pedían
23.27 lloraban y *hacían* lamentación por él
23.31 si en el árbol verde *hacen* estas cosas
23.31 cosas, ¿en el seco, qué no se *hará?*
23.34 Padre, perdónalos. . no saben lo que *hacen*
23.41 justamente. . mas éste ningún mal *hizo*
24.28 iban, y él *hizo* como que iba más lejos
24.29 quédate. . porque se *hace* tarde, y el día
Jn. 1.3 todas las cosas por él fueron *hechas*
1.3 él nada de lo que ha sido *hecho*, fue *h*
1.10 el mundo por él fue *hecho;* pero el mundo
1.12 dio potestad de ser *hechos* hijos de Dios
1.14 aquel Verbo fue *hecho* carne, y habitó
2.1 *hicieron* unas bodas en Caná de Galilea
2.5 madre dijo. . *Haced* todo lo que os dijere
2.9 el maestresala probó el agua *hecha* vino
2.11 este principio de señales *hizo* Jesús en
2.15 y *haciendo* un azote de cuerdas, echó
2.16 no *hagáis* de la casa de mi Padre casa de
2.18 señal nos muestras, ya que *haces* esto?
2.23 creyeron. . viendo las señales que *hacía*
3.2 nadie puede *hacer*. . señales que tú *haces*
3.9 y le dijo: ¿Cómo puede *hacerse* esto?
3.20 aquel que *hace* lo malo, aborrece la luz
3.21 manifiesto que sus obras son *hechas* en
4.1 Jesús *hace* y bautiza más discípulos que
4.29 que me ha dicho todo cuanto he *hecho*
4.34 mi comida es que *haga* la voluntad del
4.39 diciendo: Me dijo todo lo que he *hecho*
4.45 visto todas las cosas que había *hecho*
4.54 esta segunda señal *hizo* Jesús, cuando
5.5 un hombre que *hacía* treinta y ocho años
5.16 *hacía* estas cosas en el día de reposo
5.18 Dios era su. . *haciéndose* igual a Dios
5.19 puede el Hijo *hacer* nada por sí mismo
5.19 lo que ve *hacer* al Padre; porque todo lo
5.19 todo lo que el Padre *hace*. . lo *h* el Hijo
5.20 le muestra todas las cosas que él *hace*
5.27 también le dio autoridad de *hacer* juicio
5.29 y los que *hicieron* lo bueno, saldrán a
5.29 los que *hicieron* lo malo, a resurrección
5.30 no puedo yo *hacer* nada por mí mismo
5.36 las. . obras que yo *hago*, dan testimonio
6.2 veían. . señales que *hacía* en los enfermos
6.6 porque él sabía lo que había de *hacer*
6.14 viendo la señal que Jesús había *hecho*
6.15 apoderarse de él y *hacerle* rey, volvió a
6.28 ¿qué debemos *hacer*. . las obras de Dios?
6.30 ¿qué señal, pues, *haces* tú, para que
6.30 para que. . te creamos? ¿Qué obra *haces?*
6.38 he descendido. . no para *hacer* mi voluntad
7.3 tus discípulos vean las obras que *haces*
7.4 que procura darse a conocer *hace* algo en
7.4 estas cosas *haces*, manifiéstate al mundo
7.17 el que quiera *hacer* la voluntad de Dios
7.21 una obra *hice*, y todos os maravilláis
7.31 ¿*hará* más señales que. . que éste *hace?*
7.51 si. . no le oye, y sabe lo que ha *hecho?*
8.28 nada *hago* por mí mismo, sino que según
8.29 porque yo *hago* siempre lo que le agrada
8.32 conoceréis. . y la verdad os *hará* libres
8.34 todo aquel que *hace* pecado, esclavo es
8.38 vosotros *hacéis* lo que habéis oído cerca
8.39 fueseis hijos. . obras de Abraham *haríais*
8.40 procuráis matarme. . no *hizo* esto Abraham
8.41 vosotros *hacéis* las. . de vuestro padre
8.44 deseos de vuestro padre queréis *hacer*
8.53 mayor que. . ¿Quién te *haces* a ti mismo?
9.4 me es necesario *hacer* las obras del que
9.6 *hizo* lodo con la saliva, y untó con el lodo
9.11 Jesús *hizo* lodo, me untó los ojos, y
9.14 era día de reposo. . había *hecho* el lodo
9.16 puede un. . pecador *hacer* estas señales?
9.26 ¿que te *hizo?* ¿Cómo te abrió los ojos?
9.27 también vosotros *haceros*. . discípulos?
9.31 es temeroso de Dios, y *hace* su voluntad
9.33 no viniera de Dios, nada podría *hacer*
10.25 las obras que yo *hago* en nombre de mi
10.33 porque. . siendo hombre, te *haces* Dios
10.37 si no *hago* las obras de mi Padre, no
10.38 si las *hago*, aunque no me creáis a mí
10.41 Juan, a la verdad, ninguna señal *hizo*
11.17 *hacía* ya cuatro días que Lázaro estaba
11.37 haber *hecho*. . que Lázaro no muriera?
11.45 vieron lo que *hizo* Jesús, creyeron en
11.46 les dijeron lo que Jesús había *hecho*
11.47 ¿qué *haremos?* Porque este hombre *hace*
12.2 *hicieron* allí una cena; Marta servía, y
12.16 estaban escritas. . se las habían *hecho*
12.18 había oído. . él había *hecho* esta señal
12.37 a pesar de que había *hecho*. . señales
13.7 que yo *hago*, tú no lo comprendes ahora
13.12 les dijo: ¿Sabéis lo que os he *hecho?*

HACER ***(Continúa)***
Jn. 13.15 como yo os he *hecho*..también *hagáis*
13.17 bienaventurados seréis si las *hiciereis*
13.24 a éste, pues, *hizo* señas Simón Pedro
13.27 lo que vas a *hacer, hazlo* más pronto
14.9 le dijo: ¿Tanto tiempo *hace* que estoy
14.10 sino que el Padre..él *hace* las obras
14.12 las obras que yo *hago*, él las *hará*
14.12 mayores *hará*, porque yo voy al Padre
14.13 todo lo que pidiereis al Padre..*haré*
14.14 algo pidiereis en mi nombre, yo lo *haré*
14.23 vendremos a él, y *haremos* morada con
14.31 y como el Padre me mandó, así *hago*
15.5 porque separados de mí nada podéis *hacer*
15.7 pedid..lo que queréis, y os será *hecho*
15.14 amigos, si *hacéis* lo que yo os mando
15.15 el siervo no sabe lo que *hace* su señor
15.21 esto os *harán* por causa de mi nombre
15.24 yo no hubiese *hecho*..ningún otro ha *h*
16.3 *harán* esto porque no conocen al Padre ni
17.4 he acabado la..que me diste que *hiciese*
18.18 porque *hacía* frío, y se calentaban
18.35 te han entregado a mí. ¿Qué has *hecho?*
19.7 porque se *hizo* a sí mismo Hijo de Dios
19.12 el que se *hace* rey, a César se opone
19.23 *hicieron* cuatro partes, una para cada
19.24 suertes..así lo *hicieron* los soldados
20.30 *hizo*..Jesús muchas otras señales en
21.25 otras muchas cosas que *hizo* Jesús, las
Hch. 1.1 que Jesús comenzó a *hacer* y a enseñar
1.20 sea *hecha* desierta su habitación, y no
1.22 uno sea *hecho* testigo con nosotros, de
2.6 *hecho*..estruendo, se juntó la multitud
2.22 y señales que Dios *hizo* entre vosotros
2.36 este..Dios le ha *hecho* Señor y Cristo
2.37 al oir..Varones hermanos, ¿qué *haremos?*
2.43 señales eran *hechas* por los apóstoles
3.17 sé que por ignorancia lo habéis *hecho*
3.25 y del pacto que Dios *hizo* con nuestros
4.7 qué nombre, habéis *hecho* vosotros esto?
4.9 acerca del beneficio *hecho* a un hombre
4.16 ¿qué *haremos* con estos hombres? Porque
4.16 cierto, señal manifiesta ha sido *hecha*
4.21 glorificaban a Dios por lo que..*hecho*
4.22 en quien se había *hecho* este milagro de
4.24 eres el Dios que *hiciste* el cielo y la
4.28 para *hacer* cuanto tu mano y tu consejo
4.30 para que se *hagan* sanidades y señales
5.12 por la mano de los apóstoles se *hacían*
5.35 mirad..lo que vais a *hacer* respecto a
6.8 Esteban, lleno..*hacía* grandes prodigios
7.36 éste los sacó, habiendo *hecho* prodigios
7.40 Aarón: *Haznos* dioses que vayan delante
7.41 *hicieron* un becerro, y ofrecieron
7.43 figuras que os *hicisteis* para adorarlas
7.44 que lo *hiciese* conforme al modelo que
7.48 no habita en templos *hechos* de mano
7.50 ¿no *hizo* mi mano todas estas cosas?
8.2 a Esteban, e *hicieron* gran llanto sobre
8.6 oyendo y viendo las señales que *hacía*
8.13 y viendo las señales y..que se *hacían*
8.33 en su humillación no se le *hizo* justicia
9.6 dijo: Señor, ¿qué quieres que yo *haga?*
9.6 entra..y se te dirá lo que debes *hacer*
9.13 cuántos males ha *hecho* a tus santos en
9.33 que *hacía* ocho años que estaba en cama
9.34 dijo..Eneas..levántate, y *haz* tu cama
9.36 abundaba en buenas obras y..que *hacía*
9.39 túnicas..que Dorcas *hacía* cuando estaba
10.2 y que *hacía* muchas limosnas al pueblo
10.6 te dirá lo que es necesario que *hagas*
10.16 esto se *hizo* tres veces; y aquel lienzo
10.30 *hace* cuatro días que a esta hora yo
10.33 envié..y tú has *hecho* bien en venir
10.34 que Dios no *hace* acepción de personas
10.35 se agrada del que le..y *hace* justicia
10.38 éste anduvo *haciendo* bienes y sanando
10.39 las cosas que Jesús *hizo* en la tierra
10.40 a éste levantó..*hizo* que se manifestase
11.10 se *hizo* tres veces, y volvió todo a ser
11.30 *hicieron*, enviándolo a los ancianos por
12.5 iglesia *hacía* sin cesar oración a Dios
12.8 y átate las sandalias. Y lo *hizo* así
12.9 no sabía que era verdad lo que *hacía* el
12.17 él, *haciéndoles*..señal de que callasen
13.16 Pablo..*hecha* señal de silencio con la
13.22 David..quien *hará* todo lo que yo quiero
13.32 aquella promesa *hecha* a nuestros padres
13.41 *hago* una obra en vuestros días, obra
14.3 que se *hiciesen* por las manos de ellos
14.11 gente, visto lo que Pablo había *hecho*
14.15 ¿por qué *hacéis* esto?..somos hombres
14.15 convirtáis al Dios..que *hizo* el cielo
14.17 *haciendo* bien, dándonos lluvias del
14.21 después de..de *hacer* muchos discípulos
14.27 cuán grandes cosas había *hecho* Dios con
15.4 las cosas que Dios había *hecho* con ellos
15.7 ya *hace* algún tiempo que Dios escogió
15.9 ninguna diferencia *hizo* entre nosotros
15.12 cuán grandes señales..había *hecho* Dios
15.29 cosas si os guardareis, bien *haréis*
16.13 al río, donde solía *hacerse* la oración
16.18 y esto lo *hacía* por muchos días; mas
16.21 que no nos es lícito recibir ni *hacer*
16.28 no te *hagas* ningún mal, pues todos
16.30 dijo..¿qué debo *hacer* para ser valvo?
17.24 el Dios que *hizo* el mundo y todas las
17.24 no habita en templos *hechos* por manos
17.26 de una sangre ha *hecho* todo el linaje
18.3 el oficio de ellos era *hacer* tiendas
18.10 ninguno pondrá..mano para *hacerte* mal
18.18 rapado la cabeza en..tenía *hecho* voto
19.11 *hacía* Dios milagros..por mano de Pablo
19.14 hijos de un tal Esceva..que *hacían* esto
19.19 *hecha* la cuenta de su precio..50.000
19.24 *hacía* de plata templecillos de Diana
19.26 no son dioses los que se *hacen* con las
19.36 y que nada *hagáis* precipitadamente
20.15 habiendo *hecho* escala en Trogilio, al
20.24 de ninguna cosa *hago* caso, ni estimo
21.13 ¿qué *hacéis* llorando y quebrantándome
21.14 diciendo: *Hágase* la voluntad del Señor
21.15 *hechos* ya los preparativos, subimos a
21.19 las cosas que Dios había *hecho* entre
21.23 *haz*, pues, esto que te decimos: Hay
21.33 preguntó quién era y qué había *hecho*
21.40 Pablo..*hizo* señal con la mano al pueblo
21.40 *hecho* gran silencio, habló en lengua
22.10 dirá..lo que está ordenado que *hagas*
22.26 ¿qué vas a *hacer?* Porque este hombre
23.13 eran más de 40 los que habían *hecho*
24.10 habiéndole *hecho* señal el gobernador
24.10 que desde *hace* muchos años eres juez
24.10 juez..con buen ánimo *haré* mi defensa
24.11 no *hace* más de doce días que subí a
24.17 vine a *hacer* limosnas a mi nación y
24.20 hallaron en mí alguna cosa mal *hecha*
25.10 a los judíos no les he *hecho*..agravio
25.11 cosa alguna digna de muerte he *hecho*
25.25 ninguna cosa digna de muerte ha *hecho*
26.6 de la promesa que *hizo* Dios a nuestros
26.9 *hacer* muchas cosas contra el nombre de
26.10 lo cual también *hice* en Jerusalén. Yo
26.20 *haciendo*..dignas de arrepentimiento
26.26 no se ha *hecho* esto en algún rincón
26.29 fueseis *hechos*..cual yo soy, excepto
26.31 ninguna cosa..ha *hecho* este hombre
27.4 y *haciéndonos* a la vela..navegamos a
27.29 popa, y ansiaban que se *hiciese* de día
27.39 cuando se *hizo* de día, no reconocían
28.9 *hecho* esto..otros que en la isla tenían
28.11 tres meses, nos *hicimos* a la vela en una
28.17 no habiendo *hecho* nada contra el pueblo
Ro. 1.9 que sin cesar *hago* mención de vosotros
1.20 se *hacen* claramente visibles desde la
1.20 entendidas por medio de las cosas *hechas*
1.22 profesando..sabios, se *hicieron* necios
1.28 Dios los entregó..para *hacer* cosas que
1.32 no sólo las *hacen*, sino..se complacen
2.1 condenas..tú que juzgas *haces* lo mismo
2.3 a los que tal *hacen*, y *haces* lo mismo
2.7 que, perseverando en bien *hacer*, buscan
2.9 angustia sobre todo ser..que *hace* lo malo
2.10 honra y paz..todo el que *hace* lo bueno
2.14 los gentiles..*hacen* por naturaleza lo
2.28 ni es la circuncisión la que se *hace*
3.3 habrá *hecho* nula la fidelidad de Dios?
3.8 *hagamos* males para que vengan bienes?
3.12 desviaron, a una se *hicieron* inútiles
3.12 no hay quien *haga* lo bueno, no hay ni
4.21 para *hacer* todo lo que había prometido
7.15 porque lo que *hago*..no lo *h* que quiero
7.15 quiero, sino lo que aborrezco, eso *hago*
7.16 si lo que no quiero, esto *hago*, apruebo
7.17 ya no soy yo quien *hace* aquello, sino el
7.18 querer..está en mí, pero no el *hacerlo*
7.19 no *hago* el bien que..sino el mal..eso *h*
7.20 y si *hago* lo que no quiero..no lo *h* yo
7.21 queriendo yo *hacer* el bien, hallo esta
8.29 fuesen *hechos* conformes a la imagen de
9.11 ni habían *hecho* aún ni bien ni mal, para
9.20 ¿dirá el vaso de..¿Por qué me has *hecho*
9.21 para *hacer* de la misma masa un vaso para
9.22 y *hacer* notorio su poder, soportó con
9.23 y para *hacer* notorias las riquezas de
10.5 el hombre que *haga* estas cosas, vivirá
11.17 has sido *hecho* participante de la raíz
12.8 el que *hace* misericordia, con alegría
12.20 pues *haciendo* esto, ascuas de fuego
13.3 *haz* lo bueno, y tendrás alabanza de ella
13.4 pero si *haces* lo malo, teme; porque no
13.4 vengador para castigar al que *hace* lo
13.10 el amor no *hace* mal al prójimo; así que
14.4 poderoso es..para *hacerle* estar firme
14.5 uno *hace* diferencia entre día y día
14.6 *hace* caso del día, lo *h* para el Señor
14.6 que no *hace* caso..para el Señor no lo *h*
14.15 no *hagas* que por la comida tuya se
14.23 es condenado, porque no lo *hace* con fe
15.8 para confirmar las promesas *hechas* a los
15.18 lo que Cristo ha *hecho* por medio de mí
15.23 deseando desde *hace* muchos años ir a
15.26 *hacer* una ofrenda para los pobres que
15.27 han sido *hechos* participantes de sus
1 Co. 1.17 para que no se *haga* vana la cruz de
1.30 nos ha sido *hecho* por Dios sabiduría
3.18 *hágase* ignorante, para que llegue a ser
5.3 ya..he juzgado al que tal cosa ha *hecho*
6.15 y los *haré* miembros de una ramera? De
7.17 como Dios llamó a cada uno, así *haga*
7.21 si puedes *hacerte* libre, procúralo más
7.23 no os *hagáis* esclavos de los hombres
7.26 *hará* bien el hombre en quedarse como
7.36 *haga* lo que quiera, no peca; que se case
7.38 que el que la da en casamiento *hace* bien
7.38 que no la da en casamiento *hace* mejor
8.8 vianda no nos *hace* mas aceptos ante Dios
9.15 he escrito..para que se *haga* así conmigo
9.17 si lo *hago* de buena voluntad, recompensa
9.19 me he *hecho* siervo de todos para ganar
9.20 he *hecho* a los judíos como judío, para
9.22 me he *hecho* débil a los débiles, para
9.22 a todos me he *hecho* de todo, para que
9.23 esto *hago*..para *hacerme* coparticipe de
10.31 si, pues, coméis..o *hacéis* otra cosa
10.31 *hacedlo* todo para la gloria de Dios
11.19 que se *hagan* manifiestos..los que son
11.24 partido; *haced* esto en memoria de mí
11.25 *haced* esto todas las veces que la
12.6 Dios que *hace* todas las cosas en todos
12.10 a otro, el *hacer* milagros..profecía
12.11 todas estas cosas las *hace*..Espíritu
12.28 luego los que *hacen* milagros, después
12.29 todos maestros? ¿*hacen* todos milagros?
13.5 no *hace* nada indebido; no busca lo suyo
14.26 cada uno..*Hágase* todo para edificación
14.40 *hágase* todo decentemente y con orden
15.20 primicias de..que durmieron es *hecho*
15.29 ¿qué *harán* los que se bautizan por los
15.45 fue *hecho* el primer hombre Adán alma
16.1 *haced*..de la manera que ordené en las
16.10 él *hace* la obra del Señor así como yo
16.14 vuestras cosas sean *hechas* con amor
2 Co. 1.17 lo que pienso *hacer*, lo pienso según
2.6 basta..esta reprensión *hecha* por muchos
2.10 por vosotros lo he *hecho* en presencia de
3.6 nos *hizo* ministros..de un nuevo pacto
5.1 una casa no *hecha* de manos, eterna, en
5.5 el que nos *hizo* para esto mismo es Dios
5.10 cada uno reciba según lo que haya *hecho*
5.17 cosas viejas..todas son *hechas* nuevas
5.21 por nosotros lo *hizo* pecado, para que
5.21 fuésemos *hechos* justicia de Dios en él
7.12 que se os *hiciese* manifiesta nuestra
8.9 que por amor a vosotros se *hizo* pobre
8.10 no sólo a *hacerlo*..también a quererlo
8.11 llevad también a cabo el *hacerlo*, para
9.8 poderoso es Dios para *hacer* que abunde
11.12 lo que *hago*, lo *haré* aún, para quitar
12.2 *hace* catorce años..fue arrebatado hasta
12.11 me he *hecho* un necio al gloriarme
12.12 las señales de apóstol han sido *hechas*
13.7 oramos a..que ninguna cosa mala *hagáis*
13.7 sino para que vosotros *hagáis* lo bueno
Gá. 2.6 pero..Dios no *hace* acepción de personas
2.10 lo cual..procuré con diligencia *hacer*
2.18 vuelvo a edificar, transgresor me *hago*
3.5 *hace* maravillas..¿lo *h* por las obras de
3.10 escritas en el libro de..para *hacerlas*
3.12 el que *hiciere* estas cosas vivirá por
3.13 redimió..*hecho* por nosotros maldición
3.16 a Abraham fueron *hechas* las promesas, y
3.19 la simiente a quien fue *hecha* la promesa
4.12 ruego, hermanos, que os *hagáis* como yo
4.12 porque yo también me *hice* como vosotros
4.12 ruego..Ningún agravio me habéis *hecho*
4.16 ¿me he *hecho*, pues, vuestro enemigo, por
5.1 libertad con que Cristo nos *hizo* libres
5.17 para que no *hagáis* lo que quisiereis
5.26 nos *hagamos* vanagloriosos, irritándonos
6.6 *haga* partícipe de toda..al que lo instruye
6.9 no nos cansemos, pues, de *hacer* bien
6.10 *hagamos* bien a todos, y mayormente a los
Ef. 1.6 la cual nos *hizo* aceptos en el Amado
1.11 propósito del que *hace* todas las cosas
1.16 *haciendo* memoria de vosotros en mis
2.3 *haciendo* la voluntad de la carne y de los
2.11 la llamada circuncisión *hecha* con mano
2.13 *hechos* cercanos por la sangre de Cristo
2.14 de ambos pueblos *hizo* uno, derribando la
2.15 un solo y nuevo hombre, *haciendo* la paz
3.7 del cual yo fui *hecho* ministro por el
3.11 al propósito eterno que *hizo* en Cristo
3.20 Aquel que es poderoso para *hacer* todas
4.28 *haciendo* con sus manos lo que es bueno
5.12 vergonzoso es aun hablar..ellos *hacen*
5.13 todas las cosas..son *hechas* manifiestas
6.6 de corazón *haciendo* la voluntad de Dios
6.8 que el bien que..*hiciere*, ése recibirá
6.9 amos, *haced* con ellos lo mismo, dejando
6.21 lo que *hago*..os lo hará saber Tíquico
Fil. 1.13 mis prisiones se han *hecho* patentes
2.3 nada *hagáis* por contienda o..vanagloria
2.7 de siervo, *hecho* semejante a los hombres
2.8 *haciéndose* obediente hasta la muerte, y
2.13 produce así el querer como el *hacer*, por
2.14 *haced*..sin murmuraciones y contiendas
3.13 cosa *hago;* olvidando..lo que queda atrás
4.9 que..oísteis y visteis en mí, esto *haced*
4.14 bien *hicisteis* en participar conmigo en
Col. 1.12 que nos *hizo* aptos para participar de
1.20 *haciendo* la paz mediante la sangre de su

HACER *(Continúa)*
Col. 1.21 erais..enemigos..*haciendo* malas obras
1.23 del cual yo Pablo fui *hecho* ministro
1.25 de la cual fui *hecho* ministro, según la
2.11 circuncisión no *hecha* a mano, al echar
3.13 Cristo os perdonó, así también *hacedlo*
3.17 todo lo que *hacéis*, sea de palabra o de
3.17 *hacedlo* todo en el nombre del Señor
3.23 todo lo que *hagáis*, *hacedlo* de corazón
3.25 mas el que *hace* injusticia, recibirá la
3.25 recibirá la injusticia que *hiciere*
4.1 amos, *haced* lo que es justo y recto con
4.16 *haced* que también se lea en la iglesia
1 Ts. 1.2 gracias..*haciendo* memoria de vosotros
3.12 el Señor os *haga* crecer y abundar en
3.12 lo *hacemos* nosotros para con vosotros
4.10 lo *hacéis* así con todos los hermanos que
5.11 animaos unos a otros..así como lo *hacéis*
5.24 fiel es el que..el cual también lo *hará*
2 Ts. 3.4 que *hacéis* y *haréis* lo que os hemos
3.13 hermanos, no os canséis de *hacer* bien
1 Ti. 1.13 porque lo *hice* por ignorancia, en
1.18 a las profecías que se *hicieron* antes
2.1 exhorto..se *hagan* rogativas, oraciones
5.21 cosas..no *haciendo* nada con parcialidad
5.24 se *hacen* patentes antes que ellos vengan
5.25 se *hacen* manifiestas las buenas obras
6.12 *hecho* la buena profesión delante de
6.18 que *hagan* bien, que sean ricos en buenas
2 Ti. 3.15 *hacer* sabio para la salvación por la
4.5 pero tú..*haz* obra de evangelista, cumple
Tit. 3.5 no por obras..que..hubiéramos *hecho*
Flm. 4 *haciendo* siempre memoria de ti en mis
14 nada quise *hacer* sin tu consentimiento
21 sabiendo que *harás* aun más de lo que te
He. 1.2 por quien asimismo *hizo* el universo
1.4 *hecho*..superior a los ángeles, cuanto
1.7 el que *hace* a sus ángeles espíritus, y a
2.7 le *hiciste* un poco menor que los ángeles
2.9 vemos a aquel que fue *hecho*..menor que
3.3 mayor honra que la casa el que la *hizo*
3.4 toda casa es *hecha* por alguno, pero el
3.4 pero el que *hizo* todas las cosas es Dios
5.5 sí mismo *haciéndose* sumo sacerdote, sino
5.11 cuanto os habéis *hecho* tardos para oír
6.3 *haremos*, si Dios en verdad lo permite
6.4 y fueron *hechos* partícipes del Espíritu
6.12 fin de que no os *hagáis* perezosos, sino
6.13 cuando Dios *hizo* la promesa a Abraham
6.20 *hecho* sumo sacerdote para siempre según
7.3 sino *hecho* semejante al Hijo de Dios
7.20 y esto no fue *hecho* sin juramento
7.21 sin juramento fueron *hechos* sacerdotes
7.22 por tanto, Jesús es *hecho* fiador de un
7.26 santo..*hecho* más sublime que los cielos
7.27 porque esto lo *hizo* una vez para siempre
7.28 al Hijo, *hecho* perfecto para siempre
8.5 *haz* todas las cosas conforme al modelo
8.9 no como el pacto que *hice* con sus padres
8.10 este es el pacto que *haré* con la casa de
9.9 que no pueden *hacer* perfecto, en cuanto
9.11 más perfecto tabernáculo, no *hecho* de
9.22 sin derramamiento..no se *hace* remisión
9.24 no entró Cristo en el santuario *hecho*
10.1 *hacer* perfectos a los que se acercan a
10.3 cada año se *hace* memoria de los pecados
10.7,9 vengo..Dios, para *hacer* tu voluntad
10.10 ofrenda..*hecha* una vez para siempre
10.14 *hizo* perfectos para..a los santificados
10.16 este es el pacto que *haré* con ellos
10.29 *hiciere* afrenta al Espíritu de gracia?
10.33 una parte..fuisteis *hechos* espectáculo
10.36 que habiendo *hecho* la voluntad de Dios
11.3 lo que se ve fue *hecho* de lo que no se
11.7 fue *hecho* heredero de la justicia que
11.24 la fe Moisés, *hecho* ya grande, rehusó
11.29 intentando los egipcios *hacer* lo mismo
11.33 *hicieron* justicia, alcanzaron promesas
11.34 *hicieron* fuertes en batalla, pusieron
12.13 y *haced* sendas derechas para vuestros
12.23 a los..de los justos *hechos* perfectos
12.27 la remoción de las..como cosas *hechas*
13.6 no temeré lo que..pueda *hacer* el hombre
13.16 de *hacer* bien y de la ayuda mutua no os
13.17 lo *hagan* con alegría, y no quejándose
13.19 ruego que lo *hagáis* así, para que yo os
13.21 os haga aptos..que *hagáis* su voluntad
13.21 *haciendo* él en vosotros lo..agradable
Stg. 1.7 no piense, pues, quien tal *haga*, que
1.25 éste será bienaventurado en lo que *hace*
2.4 ¿no *hacéis* distinciones entre vosotros
2.8 si en verdad cumplís la ley..bien *hacéis*
2.9 si *hacéis* acepción de personas, cometéis
2.10 en un punto, se *hace* culpable de todos
2.11 matas, ya te has *hecho* transgresor de la
2.12 así *haced*, como los que habéis de ser
2.13 juicio..se *hará* con aquel que no *hiciere*
2.19 tú crees que Dios es uno; bien *haces*
3.1 hermanos..no os *hagáis* maestros muchos
3.9 que están *hechos* a la semejanza de Dios
3.18 en paz para aquellos que *hacen* la paz
4.15 si el Señor quiere, viviremos y *haremos*
4.17 al que sabe *hacer* lo bueno, y no lo *hace*
5.6 al justo, y él no os *hace* resistencia
5.13 ¿está alguno..afligido? *Haga* oración
1 P. 2.14 para..alabanza de los que *hacen* bien
2.15 que *haciendo* bien, *hagáis* callar la
2.16 no..como pretexto para *hacer* lo malo
2.20 mas si *haciendo* lo bueno sufrís, y lo
2.22 no *hizo* pecado, ni se halló engaño en
3.6 si *hacéis* el bien, sin temer..amenaza
3.11 apártese del mal, y *haga* el bien..la paz
3.12 está contra aquellos que *hacen* el mal
3.13 ¿y quién es..que os podrá *hacer* daño, si
3.17 padezcáis *haciendo* el bien..que *h* el mal
4.3 haber *hecho* lo que agrada a los gentiles
4.19 encomienden sus almas al..*hagan* el bien
2 P. 1.10 procurad *hacer* firme vuestra vocación
1.10 *haciendo* estas cosas, no caeréis jamás
1.19 a la cual *hacéis* bien en estar atentos
2.3 por avaricia *harán* mercadería de vosotros
2.19 el que es vencido..es *hecho* esclavo del
3.5 fueron *hechos*..los cielos, y..la tierra
1 Jn. 1.10 le *hacemos*..mentiroso, y su palabra
2.17 que *hace* la voluntad de Dios permanece
2.25 esta es la promesa que él nos *hizo*, la
2.29 todo el que *hace* justicia es nacido de él
3.7 el que *hace* justicia es justo, como él es
3.10 que no *hace* justicia, y..no es de Dios
3.22 *hacemos* las cosas que son agradables
5.10 no cree, a Dios le ha *hecho* mentiroso
5.15 tenemos las peticiones..hayamos *hecho*
2 Jn. 7 quien esto *hace* es el engañador y el
12 no he querido *hacerlo* por..papel y tinta
3 Jn. 6 y *harás* bien en encaminarlos como es
10 obras que *hace* parloteando con palabras
11 el que *hace* lo bueno es de Dios; pero el
11 el que *hace* lo malo, no ha visto a Dios
Jud. 15 para *hacer* juicio contra todos, y dejar
15 sus obras impías que han *hecho* impíamente
Ap. 1.6 nos *hizo* reyes y sacerdotes para Dios
2.5 arrepiéntete, y *haz* las primeras obras
3.9 *haré* que vengan y se postren a tus pies
3.12 al que venciere, yo lo *haré* columna en
5.10 nos has *hecho* para nuestro Dios reyes
7.2 dado el poder de *hacer* daño a la tierra
7.3 no *hagáis* daño a la tierra, ni al mar
8.1 se *hizo* silencio en..como por media hora
8.11 esas aguas, porque se *hicieron* amargas
11.5 y si alguno quiere *hacerles* daño, debe
12.17 fue a *hacer* guerra contra el resto de
13.7 se le permitió *hacer* guerra contra los
13.12 *hace* que la tierra y los..adoren a la
13.13 *hace* grandes señales, de tal manera que
13.14 señales que se le ha permitido *hacer*
13.14 le *hagan* imagen a la bestia que tiene
13.16 *hacía* que a todos..se les pusiese una
14.7 adorad a aquel que *hizo* el cielo y la
16.14 espíritus..que *hacen* señales, y van a
16.17 una gran voz del..diciendo: *Hecho* está
18.2 y se ha *hecho* habitación de demonios y
18.9 *harán* lamentación sobre ella, cuando
18.11 los mercaderes de..*hacen* lamentación
18.20 Dios os ha *hecho* justicia en ella
19.10 no lo *hagas*; yo soy consiervo tuyo, y
19.20 profeta que había *hecho*..las señales
21.5 *hago* nuevas todas las cosas. Y me dijo
21.6 me dijo: *Hecho* está. Yo soy el Alfa y
21.27 que *hace* abominación y mentira, sino
22.9 el me dijo: Mira, no lo *hagas*; porque yo
22.15 y todo aquel que ama y *hace* mentira

HACIENDA
1 S. 25.2 un hombre que tenía su *h* en Carmel
2 R. 23.35 cada uno según la estimación de su *h*
1 Cr. 27.31 eran administradores de la *h* del
28.1 reunió..los administradores de toda la *h*
29.6 con los administradores de la *h* del rey
2 Cr. 31.3 rey contribuyó de su propia *h* para
35.7 dio el rey Josías..esto de la *h* del rey
Esd. 6.8 de la *h* del rey..sean dados..gastos
10.8 el que no viniera..perdiese toda su *h*
Est. 3.9 los que manejan la *h*, para que sean
Job 1.3 su *h* era 7.000 ovejas, 3.000 camellos
5.5 la sacarán..los sedientos beberán su *h*
6.22 ¿os he dicho..pagad por mí de vuestra *h*
31.12 porque es fuego..consumiría toda mi *h*
Ec. 2.21 haya de dar su *h* a hombre que nunca
Ez. 22.25 tomaron *h* y honra, multiplicaron sus
Lc. 14.18 he comprado una *h*, y necesito ir a
15.15 le envió a su *h*..que apacentase cerdos

HACMONI
1. Padre de Jasobeam, valiente de David, 1 Cr. 11.11
2. Padre de Jehiel, valiente de David, 1 Cr. 27.32

HACUFA *Padre de una familia de sirvientes del templo,* Esd. 2.51; Neh. 7.53

HACHA
Dt. 19.5 al dar..el golpe con el *h* para cortar
20.19 no destruirás sus árboles metiendo *h*
Jue. 9.48 tomó Abimelec un *h* en su mano y cortó
1 S. 13.20 afilar cada uno su..azadón, su *h* o
13.21 tercera parte..siclo por afilar las *h*
2 S. 12.31 los puso a trabajar con..*h* de hierro
1 R. 6.7 martillos ni *h* se oyeron en la casa
2 R. 6.5 se le cayó el *h* en el agua; y gritó
1 Cr. 20.3 puso a trabajar con sierras..con *h*
Sal. 74.5 que levantan el *h* en..tupido bosque
74.6 con *h* y martillos han quebrado todas sus
Is. 10.15 ¿se gloriará el *h* contra el que con
Jer. 33.4 Judá, derribadas con arietes y con *h*
46.22 con *h* vendrán a ella como cortadores
Ez. 26.9 muros, y tus torres destruirá con *h*
Mt. 3.10; Lc. 3.9 el *h* está puesta a la raíz de

HACHÓN
Job 41.19 su boca salen *h* de fuego; centellas
Ez. 1.13 visión de *h* encendidos que andaban

HADAD
1. *Rey de Edom,* Gn. 36.35,36; 1 Cr. 1.46,47
2. *Edomita que se rebeló contra Salomón*
1 R. 11.14 suscitó un adversario..*H* edomita
11.17 *H* huyó..fue a Egipto; era..*H* muchacho
11.19 halló *H* gran favor delante de Faraón
11.21 oyendo *H*..que David había dormido con
11.21 *H* dijo a Faraón: Déjame ir a mi..tierra
11.25 adversario..y fue otro mal con el de *H*
3. *Hijo de Ismael (=Hadar No. 1),* 1 Cr. 1.30
4. *Otro rey de Edom,* 1 Cr. 1.50,51

HADAD-EZER *Rey de Soba, derrotado por David*
2 S. 8.3 derrotó David a *H* hijo de Rehob, rey
8.5 los sirios de Damasco para dar ayuda a *H*
8.7 tomó..los escudos de..los siervos de *H*
8.8 de Beta y..ciudades de *H*, tomó..de bronce
8.9 David había derrotado a..ejército de *H*
8.10 había peleado con *H* y lo había vencido
8.10 Toi era enemigo de *H*. Y Joram llevaba
8.12 y del botín de *H* hijo de Rehob, rey de
10.16 envió *H* e hizo salir a los sirios que
10.16 jefe a Sobac, general del ejército de *H*
10.19 viendo, pues..reyes que ayudaban a *H*
1 R. 11.23 el cual había huido de su amo *H*, rey
1 Cr. 18.3 derrotó..a *H* rey de Soba, en Hamat
18.5 los sirios de..en ayuda de *H* rey de Soba
18.7 tomó..David los escudos de oro que..de *H*
18.8 Cun, ciudades de *H*, tomó David..bronce
18.9 David había deshecho..el ejército de *H*
18.10 y bendecirle por haber peleado con *H*
18.10 Toi tenía guerra contra *H*. Le envió
19.16 era Sofac, general del ejército de *H*
19.19 viendo los sirios de *H* que habían caído

HADAD-RIMÓN *Dios de los amorreos,* Zac. 12.11

HADAR
1. *Hijo de Ismael (=Hadad No. 3),* Gn. 25.15
2. *Rey de Edom,* Gn. 36.39

HADASA
1. *Aldea en Judá,* Jos. 15.37
2. *Nombre hebreo de la reina Ester,* Est. 2.7

HADES
Mt. 11.23 Capernaum..hasta el *H* serás abatida
16.18 puertas del *H* no prevalecerán contra
Lc. 10.15 Capernaum..hasta el *H* serás abatida
16.23 y en el *H* alzó sus ojos, estando en
Hch. 2.27 porque no dejarás mi alma en el *H*, ni
2.31 que su alma no fue dejada en el *H*, ni
Ap. 1.18 tengo las llaves de la muerte y del *H*
6.8 tenía por nombre Muerte, y el *H* le seguía
20.13 el *H* entregaron los muertos que había
20.14 muerte y el *H* fueron lanzados al lago

HADID *Población en Benjamín,* Esd. 2.33; Neh. 7.37; 11.34

HADLAI *Padre de Amasa No. 2,* 2 Cr. 28.12

HADRAC *Población en el Líbano,* Zac. 9.1

HAFARAIM *Población en Isacar,* Jos. 19.19

HAGAB
Lv. 11.22 comeréis..el *h* según su especie

HAGAB *Padre de una familia de sirvientes del templo,* Esd. 2.46

HAGABA *Padre de una familia de sirvientes del templo,* Esd. 2.45; Neh. 7.48

HAGEO *Profeta*
Esd. 5.1 profetizaron *H* y Zacarías hijo de Iddo
6.14 conforme a la profecía del profeta *H*
Hag. 1.1,3 palabra de..por medio del profeta *H*
1.12 oyó..las palabras del profeta *H*, como
1.13 entonces *H*, enviado de Jehová, habló por
2.1,10 vino palabra..por medio del profeta *H*
2.13 dijo *H*: Si un inmundo a causa de cuerpo
2.14 respondió *H* y dijo: Así es este pueblo
2.20 vino..palabra de Jehová a *H*, a los 24

HAGRAI *Padre de Mibhar, valiente de David,* 1 Cr. 11.38

HAGUI *Hijo de Gad,* Gn. 46.16; Nm. 26.15

HAGUIA *Levita, descendiente de Merari,* 1 Cr. 6.30

HAGUIT *Mujer de David y madre de Adonías,* 2 S. 3.4; 1 R. 1.5,11; 2.13; 1 Cr. 3.2

HAGUITA *Descendiente de Hagui,* Nm. 26.15

HAI *Ciudad cerca de Bet-el*

Gn. 12.8 teniendo a. . *H* al oriente; y edificó
13.3 estado antes su tienda entre Bet-el y *H*
Jos. 7.2 Josué envió hombres desde Jericó a *H*
7.2 subid. . ellos subieron y reconocieron a *H*
7.3 suban. . dos mil o tres mil. . y tomarán a *H*
7.4 como 3.000. . huyeron delante de los de *H*
7.5 los de *H* mataron de. . a unos 36 hombres
8.1 yo he entregado en tu mano al rey de *H*
8.1 toma. . toda la gente de guerra. . y sube a *H*
8.2 y harás a *H* y a su rey como hiciste a
8.3 levantaron Josué y. . para subir contra *H*
8.9 entre Bet-el y *H*, al occidente de *H;* y
8.10 subió él, con los ancianos de. . contra *H*
8.11 al norte de *H;* y el valle. . entre él y *H*
8.12 cinco mil. . los puso. . entre Bet-el y *H*
8.14 que viéndolo el rey de *H*, él y su pueblo
8.16 el pueblo que estaba en *H* se juntó para
8.17 y no quedó hombre en *H*. . que no saliera
8.18 a Josué: Extiende la lanza que. . hacia *H*
8.20 y los hombres de *H* volvieron el rostro
8.21 humo. . se volvieron y atacaron a los de *H*
8.23 tomaron vivo al rey de *H*, y lo trajeron
8.24 acabaron de matar a. . los moradores de *H*
8.24 todos los israelitas volvieron a *H*, y
8.25 cayeron aquel día. . doce mil. . los de *H*
8.26 destruido. . a todos los moradores de *H*
8.28 quemó a *H* y la redujo a un montón de
8.29 al rey de *H* lo colgó de un madero hasta
9.3 lo que Josué había hecho a Jericó y a *H*
10.1 Adonisedec. . oyó que Josué. . tomado a *H*
10.1 como. . a Jericó. . así hizo a *H* y a su rey
10.2 porque Gabaón era. . ciudad. . mayor que *H*
12.9 rey de *H*. . está al lado de Bet-el, otro
Esd. 2.28 los varones de Bet-el y *H*, 223
Neh. 7.32 los varones de Bet-el y de *H*, 123
Jer. 49.3 lamenta, oh Hesbón. . destruida es *H*

HALAC *Monte en el sur de Palestina,* Jos. 11.17; 12.7

HALAGAR

Pr. 2.16 la ajena que *halaga* con sus palabras

HALAGO

Ez. 33.31 hacen *h* con sus bocas, y el corazón
Dn. 11.21 vendrá sin. . y tomará el reino con *h*

HALAGÜEÑA

Is. 30.10 no nos. . lo recto, decidnos cosas *h*

HALAH *Región en Mesopotamia,* 2 R. 17.6; 18.11; 1 Cr. 5.26

HALHUL *Ciudad en Judá,* Jos. 15.58

HALÍ *Población en la frontera de Aser,* Jos. 19.25

HÁLITO

Job 12.10 alma. . el *h* de todo el género humano
27.3 en mí, y haya *h* de Dios en mis narices
Sal. 104.29 les quitas el *h*, dejan de ser, y

HALOHES

1. *Padre de Salum No. 11,* Neh. 3.12
2. *Firmante del pacto de Nehemías,* Neh. 10.24

HALLAR

Gn. 2.20 mas para Adán no se *halló* ayuda idónea
4.14 y cualquiera que me *hallare*, me matará
4.15 no lo matase cualquiera que le *hallara*
6.8 Noé *halló* gracia ante los ojos de Jehová
8.9 no *halló* la paloma donde sentar. . su pie
11.2 *hallaron*. . llanura en la tierra de Sinar
16.7 la *halló* el ángel de Jehová junto a la
18.3 si ahora he *hallado* gracia en tus ojos
18.26 si *hallare* en Sodoma cincuenta justos
18.28 no la destruiré, si *hallare* allí 45
18.29 quizá se *hallarán* allí 40. Y respondió
18.30 dijo. . quizá se *hallarán* allí treinta
18.30 no lo haré si *hallare* allí treinta
18.31 y dijo. . quizá se *hallarán* allí veinte
18.32 una vez; quizá se *hallarán* allí diez
19.15 toma. . tus dos hijas que se *hallan* aquí
19.19 ha *hallado* vuestro siervo gracia en
26.19 *hallaron* allí un pozo de aguas vivas
26.32 pozo. . le dijeron: Hemos *hallado* agua
27.20 ¿cómo es que la *hallaste* tan pronto
30.14 fue Rubén. . y *halló* mandrágoras en el
30.27 *halle* yo ahora gracia en tus ojos, y
30.41 cuantas veces se *hallaban* en celo las
31.32 en cuyo poder *hallares* tus dioses, no
31.33 entró Labán en la tienda. . no las *halló*
31.34 buscó Labán. . la tienda, y no los *halló*
31.35 y él buscó, pero no *halló* los ídolos
31.37 ¿qué has *hallado* de todos los enseres
32.5 envío a. . para *hallar* gracia en tus ojos
32.19 hablaréis a Esaú, cuando le *hallareis*
33.8 *hallar* gracia en los ojos de mi señor
33.10 no. . si he *hallado*. . gracia en tus ojos
33.15 y Jacob dijo. . *Halle* yo gracia en los
34.11 *halle* yo gracia en vuestros ojos, y
37.15 lo *halló* un hombre, andando él errante
37.17 José fue tras de. . y los *halló* en Dotán
37.29 Rubén volvió. . y no *halló* a José dentro
37.32 esto hemos *hallado;* reconoce ahora si
38.20 recibiese la prenda. . pero no la *halló*
38.22 dijo: No la he *hallado;* y también los
38.23 he enviado este. . y tú no la *hallaste*
39.4 así *halló* José gracia en sus ojos, y le
41.38 ¿acaso *hallaremos* a otro hombre como
44.8 el dinero que *hallamos* en la boca de
44.9 aquel. . en quien fuere *hallada* la copa
44.10 en quien se *hallare* será mi siervo, y
44.12 y la copa fue *hallada* en el costal de
44.16 ha *hallado* la maldad de tus siervos
44.16,17 en cuyo poder fue *hallada* la copa
47.25 *hallemos* gracia en ojos de nuestro
47.29 si he *hallado* ahora gracia en tus ojos
50.4 si he *hallado* ahora gracia en vuestros
Éx. 5.11 id. . recoged la paja donde la *halléis*
9.19 todo. . animal que se *halle* en el campo
12.19 no se *hallará* levadura. . vuestras casas
15.22 anduvieron tres días. . sin *hallar* agua
16.25 hoy es día de reposo. . no *hallaréis* en
16.26 es día de reposo; en él no se *hallará*
16.27 salieron en. . a recoger, y no *hallaron*
21.16 si fuere *hallada* en sus manos, morirá
22.2 ladrón fuere *hallado* forzando una casa
22.4 fuere *hallado* con el hurto en la mano
22.7 si el ladrón fuere *hallado*, pagará el
22.8 si el ladrón no fuere *hallado;* entonces
33.12 has *hallado* también gracia en mis ojos
33.13 si he *hallado* gracia en tus ojos, te
33.13 te conozca, y *halle* gracia en tus ojos
33.16 ¿y en qué se conocerá. . *hallado* gracia
33.17 cuanto has *hallado* gracia en mis ojos
34.9 si. . he *hallado* gracia en tus ojos, vaya
Lv. 6.3 habiendo *hallado* lo perdido. . lo negare
10.16 se *halló* que había sido quemado; y se
Nm. 11.11 ¿y por qué no he *hallado* gracia en
11.15 me des muerte, si he *hallado* gracia en
15.32 *hallaron* a un hombre que recogía leña
15.33 *hallaron* recogiendo leña, lo trajeron
31.50 hemos ofrecido. . de lo que ha *hallado*
32.5 si *hallamos* gracia en tus ojos, dese
35.27 y el vengador de la sangre le *hallare*
Dt. 4.29 si desde allí buscare. . lo *hallarás*
17.2 cuando se *hallare*. . hombre o mujer que
18.10 no sea *hallado* en ti quien haga pasar
20.11 el pueblo. . *hallado* te será tributario
21.1 fuere *hallado* alguien muerto, tendido
21.3,6 lugar donde fuere *hallado* el muerto
22.3 cosa. . se le perdiere y tú la *hallares*
22.14 a esta mujer tomé. . no la *hallé* virgen
22.17 diciendo: No he *hallado* virgen a tu hija
22.20 que no se *halló* virginidad en la joven
22.23 alguno la *hallare*. . se acostare con ella
22.25 si un hombre *hallare* en el campo a la
22.27 él la *halló* en el campo; dio voces la
22.28 hombre *hallare* a una joven virgen que
24.1 si no le agradare por haber *hallado* en
24.7 fuere *hallado* alguno que hubiere hurtado
32.10 le *halló* en tierra de desierto, y en
Jos. 2.22 buscaron por todo. . no los *hallaron*
10.17 los cinco reyes habían sido *hallados*
Jue. 1.5 *hallaron* a Adoni-bezec en. . pelearon
5.30 ¿no han *hallado* botín, y. . repartiendo?
6.17 que si he *hallado* gracia delante de ti
15.15 y *hallando* una quijada de asno fresca
20.2 los jefes. . se *hallaron* presentes en la
20.48 hirieron a. . y todo lo que fue *hallado*
20.48 fuego a todas las ciudades que *hallaban*
21.8 y *hallaron* que ninguno de Jabes-galaad
21.12 *hallaron*. . 400 doncellas que no habían
Rt. 1.9 os conceda Jehová que *halléis* descanso
2.2 pos de aquel a cuyos ojos *hallare* gracia
2.10 ¿por qué he *hallado* gracia en tus ojos
2.13 mío, *halle* yo gracia delante de tus ojos
1 S. 1.18 *halle* tu sierva gracia delante de tus
9.4 él pasó el monte de. . y no las *hallaron*
9.8 se *halla* en mi mano la cuarta parte de
9.11 *hallaron* unas doncellas que salían por
9.13 subid, pues. . porque ahora le *hallaréis*
9.20 pierde cuidado. . porque se han *hallado*
10.2 *hallarás* dos hombres junto al sepulcro
10.2 las asnas. . se han *hallado;* tu padre ha
10.16 declaró. . las asnas habían sido *halladas*
10.21 Saúl. . le buscaron, pero no fue *hallado*
12.5 no habéis *hallado* cosa alguna en mi mano
13.15 contó la gente que se *hallaba* con él
13.16 y el pueblo que con ellos se *hallaba*
13.19 en toda. . Israel no se *hallaba* herrero
13.22 no se *halló* espada. . en mano de ninguno
14.2 y Saúl se *hallaba* al extremo de Gabaa
16.22 David. . ha *hallado* gracia en mis ojos
20.3 tu padre sabe. . que yo he *hallado* gracia
20.29 si he *hallado* gracia en tus ojos. . ir
22.2 todos lo que se *hallaban* en amargura de
23.17 no te *hallará* la mano de Saúl mi padre
24.19 porque ¿quién *hallará* a su enemigo, y
25.8 *hallen*. . estos jóvenes gracia en tus ojos
25.28 mal no se ha *hallado* en ti en tus días
27.5 dijo. . Si he *hallado* gracia ante tus ojos
29.3 no he *hallado* falta en él desde el día
29.6 que ninguna cosa mala he *hallado* en ti
29.8 ¿qué has *hallado* en tu siervo desde el
30.11 *hallaron* en el campo a. . hombre egipcio
31.8 *hallaron* a Saúl y. . tres hijos tendidos
2 S. 1.6 *hallé* a Saúl que se apoyaba sobre su
7.27 ha *hallado*. . valor para hacer. . súplica
14.22 ha entendido. . que he *hallado* gracia en
15.25 si yo *hallare* gracia ante. . Jehová, él
16.4 rey señor mío, *halle* yo gracia delante
17.12 le acometeremos. . en donde se *hallare*
17.20 ellos los buscaron y no los *hallaron*
20.1 se *hallaba* allí un hombre perverso que
20.4 convócame a. . y *hállate* tú aquí presente
20.6 que *halle* para sí ciudades fortificadas
1 R. 1.3 *hallaron* a Abisag. . la trajeron al rey
1.52 si. . mas si se *hallare* mal en él, morirá
11.19 *halló* Hadad. . favor delante de Faraón
13.14 le *halló* sentado debajo de una encina
13.28 él fue, y *halló* el cuerpo tendido en el
14.13 se ha *hallado* en él alguna cosa buena
18.5 a ver si acaso *hallaremos* hierba con que
18.10 ha hecho jurar que no te han *hallado*
18.12 a Acab, al no *hallarte* él, me matará
19.19 partiendo él de allí, *halló* a Eliseo
21.20 dijo a. . ¿Me has *hallado*, enemigo mío?
2 R. 2.17 buscaron tres días. . no lo *hallaron*
4.39 *halló* una como parra montés, y de ella
6.20 y miraron, y se *hallaban* en. . de Samaria
9.21 al cual *hallaron* en la heredad de Nabot
9.35 no *hallaron* de ella mas que la calavera
10.13 y *halló* allí a los hermanos de Ocozías
12.5 reparen los. . dondequiera que se *hallen*
12.10 contaban el dinero que *hallaban* en el
12.18 el oro que se *halló* en los tesoros de
14.14 los utensilios que fueron *hallados* en
16.8 tomando Acaz. . el oro que se *halló* en la
18.15 dio. . toda la plata que fue *hallada* en
19.8 *halló* al rey de Asiria combatiendo contra
22.8 *hallado* el libro de la ley en la casa de
22.9 han recogido el dinero que se *halló* en
22.13 acerca de. . este libro que se ha *hallado*
23.2 libro del pacto que había sido *hallado*
23.24 el libro que el. . Hilcías había *hallado*
1 Cr. 4.40 y *hallaron* gruesos y buenos pastos
4.41 desbarataron. . cabañas que allí *hallaron*
10.8 *hallaron* a Saúl y a sus hijos tendidos
17.25 ha *hallado* tu siervo motivo para orar
20.2 corona. . la *halló* de peso de un talento
26.31 *hallados* entre ellos hombres fuertes y
28.9 si tú le buscares, lo *hallarás;* mas si
2 Cr. 2.17 hombres extranjeros. . fueron *hallados*
5.11 todos los sacerdotes que se *hallaron*
15.2 le buscareis, será *hallado* de vosotros
15.4 y le buscaron, él fue *hallado* de ellos
15.15 lo buscaban, y fue *hallado* de ellos
19.3 pero se han *hallado* en ti buenas cosas
20.16 ellos. . los *hallaréis* junto al arroyo
20.25 *hallaron* entre los cadáveres. . riquezas
21.17 bienes que *hallaron* en la casa del rey
22.8 *halló* a los príncipes de Judá, y a los
22.9 lo *hallaron* y lo trajeron a Jehú, y le
25.5 fueron *hallados* 300.000 escogidos para
25.24 utensilios que se *hallaron* en la casa
29.16 sacaron toda la inmundicia que *hallaron*
30.9 *hallarán* misericordia delante de los que
32.4 ¿por qué han de *hallar* los. . muchas aguas
34.14 Hilcías *halló* el libro de la ley de
34.15 yo he *hallado* el libro de la ley en la
34.17 han reunido el dinero que se *halló* en
34.21 palabras del libro que se ha *hallado*
34.30 del libro. . que había sido *hallado* en
34.33 todos los que se *hallaban* en Israel
35.7 para todos los que se *hallaron* presentes
35.18 celebró pascua tal. . los que se *hallaron*
36.8 hechos de Joacim. . lo que en él se *halló*
Esd. 2.62 éstos buscaron su. . y no fue *hallado*
4.15 *hallarás* en el libro de las memorias
4.19 *hallaron*. . se levanta contra los reyes
6.2 fue *hallado* en Acmeta, en el palacio que
7.16 el oro que *halles* en toda la provincia
8.15 reuní. . no *hallé* allí de los hijos de Leví
10.18 fueron *hallados* estos: De los hijos de
Neh. 2.5 tu siervo ha *hallado* gracia delante de
7.5 *hallé* el libro de la genealogía de los
7.64 buscaron su registro de. . y no se *halló*
8.14 *hallaron* escrito en la ley que Jehová
9.8 y *hallaste* fiel su corazón delante de ti
13.1 fue *hallado* escrito. . que los amonitas
Est. 2.9 y *halló* gracia delante de él, por lo
2.17 y *halló* ella gracia. . delante de él más
2.23 hizo investigación. . fue *hallado* cierto

HALLAR ***(Continúa)***

Est. 4.16 reúne a..judíos que se *hallan* en Susa
5.8 he *hallado* gracia ante los ojos del rey
6.2 entonces *hallaron* escrito que Mardoqueo
7.3 si he *hallado* gracia en tus ojos, y si al
8.5 si he *hallado* gracia delante de él, y si
Job 3.22 se gozan cuando *hallan* el sepulcro?
6.20 vinieron hasta..y se *hallaron* confusos
15.9 ¿qué entiendes tú que no se *halle* en
17.10 venid..no *hallaré* entre vosotros sabios
19.28 que la raíz del asunto se *halla* en mí
20.8 como sueño volará, y no será *hallado*
23.3 ¡quién me diera..dónde *hallar* a Dios!
23.8 iré al oriente, y no lo *hallaré;* y al
28.12 mas ¿dónde se *hallará* la sabiduría?
28.13 no conoce su valor..ni se *halla* en la
31.25 alegré..de que mi mano *hallase* mucho
31.29 si..me regocijé cuando le *halló* el mal
32.3 tres amigos..no *hallaban* qué responder
32.13 nosotros hemos *hallado* sabiduría; lo
33.24 que lo libró de..que *halló* redención
Sal. 10.15 persigue la..que no *halles* ninguna
17.3 puesto a prueba, y nada inicuo *hallaste*
32.6 en el tiempo en que puedas ser *hallado*
36.2 de que su iniquidad no será *hallada* y
37.36 él pasó, y..lo busqué, y no fue *hallado*
59.15 anden..errantes para *hallar* qué comer
69.20 esperé..consoladores, y ninguno *hallé*
84.3 el gorrión *halla* casa, y la golondrina
89.20 *hallé* a David mi siervo; lo ungí con
107.4 perdidos..sin *hallar* ciudad en donde
116.3 Seol; angustia y dolor había yo *hallado*
119.162 como el que *halla* muchos despojos
132.5 *halle* lugar para Jehová, morada para
132.6 lo *hallamos* en los campos del bosque
Pr. 1.13 *hallaremos* riquezas de toda clase
1.28 me buscarán de mañana, y no me *hallarán*
2.5 y *hallarás* el conocimiento de Dios
3.4 y *hallarás* gracia y buena opinión ante
3.13 bienaventurado el hombre que *halla* la
4.22 porque son vida a los que las *hallan*
6.33 heridas y vergüenza *hallará*, y..afrenta
7.15 buscando..tu rostro, y te ha *hallado*
8.9 rectas..a los que han *hallado* sabiduría
8.12 yo, la..*hallo* la ciencia de los consejos
8.17 y me *hallan* los que temprano me buscan
8.35 porque el que me *halle, hallará* la vida
10.13 en los labios del prudente se *halla*
13.2 el alma de los prevaricadores *hallará*
14.6 busca..la sabiduría y no la *halla;* mas
14.7 en él no *hallarás* labios de ciencia
16.20 el entendido en la palabra *hallará* el
16.31 honra es la vejez que se *halla* en el
17.8 el que lo practica..*halla* prosperidad
17.20 el perverso de..nunca *hallará* el bien
18.22 que *halla* esposa *h* el bien, y alcanza
19.7 buscará la palabra, y no la *hallará*
19.8 guarda la inteligencia *hallará* el bien
20.4 pedirá, pues, en la siega, y no *hallará*
20.6 hombre de verdad, ¿quién lo *hallará?*
21.10 su prójimo no *halla* favor en sus ojos
21.21 que sigue la justicia..*hallará* la vida
24.14 si la *hallares* tendrás recompensa, y
25.16 ¿*hallaste* miel? Come lo que te basta
28.23 el que reprende..*hallará*..mayor gracia
30.6 te reprenda, y seas *hallado* mentiroso
31.10 mujer virtuosa, ¿quién la *hallará?*
Ec. 7.14 que el hombre nada *halle* después de él
7.24 y lo muy profundo, ¿quién lo *hallará?*
7.26 he *hallado* más amarga que la muerte a
7.27 que esto he *hallado*, dice el Predicador
7.27 pesando las cosas..para *hallar* la razón
7.28 hombre..he *hallado*..mujer..nunca *hallé*
7.29 *hallado:* que Dios hizo al hombre recto
8.17 por mucho que trabaje el..no la *hallará*
9.15 se *halla* en ella un hombre pobre, sabio
11.1 pan..después de muchos días lo *hallarás*
12.10 procuró..*hallar* palabras agradables, y
Cnt. 3.1,2 al que ama..busqué, y no lo *hallé*
3.3 *hallaron* los guardas que rondan la ciudad
3.4 *hallé* luego al que ama mi alma; lo así
5.6 lo busqué, y no lo *hallé;* lo llamé, y no
5.7 *hallaron* los guardas que rondan la ciudad
5.8 *halláis* a mi amado, que le hagáis saber
8.1 entonces, *hallándote* fuera, te besaría
8.10 fui en sus ojos como la que *halla* paz
Is. 10.10 *halló* mi mano los reinos de..ídolos
10.14 *halló* mi mano como nido las riquezas
13.15 cualquiera que sea *hallado*..alanceado
22.3 todos los que en ti se *hallaron*, fueron
30.14 entre los pedazos no se *halla* tiesto
34.14 la lechuza..y *hallará* para sí reposo
35.9 ni allí se *hallará*, para que caminen los
37.8 *halló* al rey de Asiria que combatía
39.2 todo lo que se *hallaba* en sus tesoros
41.12 que tienen contienda..no los *hallarás*
50.2 no *hallé* a nadie, y cuando llamé, nadie
51.3 se *hallará* en ella alegría y..alabanza
55.6 buscad a Jehová mientras puede..*hallado*
57.10 *hallaste* nuevo vigor en tu mano, por
65.1 fui *hallado* por los que no me buscaban
65.8 si alguno *hallase* mosto en un racimo
Jer. 2.5 ¿qué maldad *hallaron* en mí vuestros
2.24 en el tiempo de su celo la *hallarán*
2.33 qué adornas tu camino para *hallar* amor?
2.34 no los *hallaste* en ningún delito; sin
2.34 aun en tus faldas se *halló* la sangre de
5.1 buscad..a ver si *halláis* hombre, si hay
5.26 fueron *hallados* en mi pueblo impíos
6.16 y *hallaréis* descanso para vuestra alma
11.9 conspiración se ha *hallado* entre..de Judá
14.3 no *hallaron* agua; volvieron con..vacías
15.16 fueron *halladas* tus palabras..las comí
23.11 aun en mi casa *hallé* su maldad, dice
29.13 me buscaréis y me *hallaréis*, porque me
29.14 seré *hallado* por vosotros, dice Jehová
31.2 el pueblo..*halló* gracia en el desierto
41.8 fueron *hallados* diez hombres que dijeron
41.12 lo *hallaron* junto al gran estanque que
45.3 fatigado estoy..no he *hallado* descanso
50.7 los que los *hallaban*, los devoraban
50.20 los pecados de Judá, y no se *hallarán*
50.24 fuiste *hallada*, y aun presa, porque
52.25 hombres del pueblo..se *hallaron* dentro
Lm. 1.3 ella habitó entre..y no *halló* descanso
1.6 fueron como ciervos que no *hallan* pasto
2.9 sus profetas tampoco *hallaron* visión de
2.16 día..lo hemos *hallado*, lo hemos visto
Ez. 2.6 aunque te *halles* entre zarzas y espinos
3.1 hijo de hombre, come lo que *hallas;* come
22.30 busqué entre ellos hombre..no lo *hallé*
26.21 serás buscada, y nunca..serás *hallada*
27.27 compañía que en medio de ti se *halla*
28.15 eras..hasta que se *halló* en ti maldad
Dn. 1.19 no fueron *hallados*..otros como Daniel
1.20 los *halló* diez veces mejores que todos
2.25 he *hallado* un varón de los deportados de
5.11 se *halló* en él luz e inteligencia y
5.12 *hallado* en él mayor espíritu y ciencia
5.14 que en ti se *halló* luz, entendimiento y
5.27 pesado has sido..y fuiste *hallado* falto
6.4 no podían *hallar* ocasión alguna o falta
6.4 ningún vicio ni falta fue *hallado* en él
6.5 no *hallaremos* contra este Daniel ocasión
6.5 si no la *hallamos*..en relación con la ley
6.11 y *hallaron* a Daniel orando y rogando en
6.22 porque ante él fui *hallado* inocente
6.23 ninguna lesión se *halló* en él, porque
11.19 tropezará y caerá, y no será *hallado*
12.1 los que se *hallen* escritos en el libro
Os. 2.6 la cercaré..y no *hallará* sus caminos
2.7 seguirá a sus amantes..y no los *hallará*
5.6 buscando a Jehová, y no le *hallarán;* se
9.10 como uvas en el desierto *hallé* a Israel
10.2 ahora serán *hallados* culpables; Jehová
12.4 en Bet-el le *halló*, y allí habló con
12.8 Efraín dijo..he *hallado* riquezas para mí
12.8 nadie *hallará* iniquidad en mí, ni pecado
14.8 seré a él..de mí será *hallado* tu fruto
Am. 8.12 buscando palabra de..no la *hallarán*
Jon. 1.3 *halló* una nave que partía para Tarsis
Mi. 1.13 se *hallaron* las rebeliones de Israel
5.12 destruiré..no se *hallarán* en ti agoreros
Sof. 3.13 ni en boca..*hallará* lengua engañosa
Hag. 1.9 buscáis..y *halláis* poco; y encerráis
Mal. 2.6 iniquidad no fue *hallada* en sus labios
Mt. 1.18 *halló* que había concebido del Espíritu
2.8 cuando le *halléis*, hacédmelo saber, para
7.7 pedid, y se os dará; buscad, y *hallaréis*
7.8 el que busca, *halla;* y al que llama, se
7.14 la vida, y pocos son los que la *hallan*
8.10 que ni aun en Israel he *hallado* tanta fe
10.39 el que *halla* su vida, la perderá; y el
10.39 el que pierde su vida por..la *hallará*
11.6 bienaventurado el que no *halle* tropiezo
11.29 *hallaréis* descanso para vuestras almas
12.43 anda..buscando reposo, y no lo *halla*
12.44 y cuando llega, la *halla* desocupada
13.44 el cual un hombre *halla*, y lo esconde
13.46 que habiendo *hallado* una perla..fue y
16.25 el que pierda su vida por..la *hallará*
17.27 *hallarás* un estatero; tómalo, y dáselo
18.28 *halló* a uno de sus consiervos, que le
20.6 *halló* a otros que estaban desocupados
21.2 *hallaréis* una asna atada, y un pollino
21.19 y no *halló* nada en ella, sino hojas
22.9 id..llamad a las bodas a cuantos *halléis*
22.10 juntaron a todos los que *hallaron*
24.46 su señor venga, le *halle* haciendo así
26.40 y los *halló* durmiendo, y dijo a Pedro
26.43 vino otra vez y los *halló* durmiendo
26.60 no lo *hallaron*, aunque muchos testigos
27.32 *hallaron* a un hombre de Cirene que se
Mr. 1.37 y *hallándole*, le dijeron: Todos te
7.30 *halló* que el demonio había salido, y a
11.2 *hallaréis* un pollino atado, en el cual
11.4 *hallaron* el pollino atado afuera a la
11.13 a ver si tal vez *hallaba* en ella algo
11.13 cuando llegó a ella, nada *halló* sino
13.36 que cuando venga..no os *halle* durmiendo
14.16 fueron..*hallaron* como les había dicho
14.37 vino luego y los *halló* durmiendo; y dijo
14.40 los *halló* durmiendo, porque los ojos de
14.55 buscaban testimonio..no lo *hallaban*
Lc. 1.30 has *hallado* gracia delante de Dios
2.12 *hallaréis* al niño envuelto en pañales
2.16 vinieron..y *hallaron* a María y a José, y
2.45 no le *hallaron*, volvieron a Jerusalén
2.46 días después le *hallaron* en el templo
4.17 *halló* el lugar donde estaba escrito
5.19 no *hallando* cómo hacerlo a causa de la
6.7 sanaría, a fin de *hallar* de qué acusarle
7.9 que ni aun en Israel he *hallado* tanta fe
7.10 *hallaron* sano al siervo..estado enfermo
7.23 es aquel que no *halle* tropiezo en mí
8.35 *hallaron* al hombre de quien..salido los
9.36 cuando cesó la..Jesús fue *hallado* solo
11.9 buscad, y *hallaréis;* llamad, y se os
11.10 y el que busca, *halla;* y al que llama
11.24 buscando reposo; y no *hallándolo*, dice
11.25 y cuando llega, la *halla* barrida y
12.37 a los cuales su señor..*halle* velando
12.38 si los *hallare* así, bienaventurados
12.43 su señor venga, le *halle* haciendo así
13.6 vino a buscar fruto en..y no lo *halló*
13.7 que vengo a buscar fruto..no lo *hallo*
15.24 hijo..se había perdido, y es *hallado*
15.32 este..se había perdido..y es *hallado*
18.8 cuando venga..¿*hallará* fe en la tierra
19.30 al entrar..*hallaréis* un pollino atado
19.32 fueron los..y *hallaron* como les dijo
19.48 no *hallaban* nada que pudieran hacerle
22.13 fueron..*hallaron* como les había dicho
22.45 a sus discípulos, los *halló* durmiendo
23.2 a éste hemos *hallado* que pervierte a la
23.4 dijo..Ningún delito *hallo* en este hombre
23.14 no he *hallado* en este hombre delito
23.22 ningún delito digno..he *hallado* en él
24.2 *hallaron* removida la piedra del sepulcro
24.3 no *hallaron* el cuerpo del Señor Jesús
24.23 como no *hallaron* su cuerpo, vinieron
24.24 *hallaron* así como las mujeres habían
24.33 *hallaron* a los once reunidos, y a los
Jn. 1.41 éste *halló* primero a su hermano Simón
1.41 le dijo: Hemos *hallado* al Mesías (que
1.43 y *halló* a Felipe, y le dijo: Sígueme
1.45 Felipe *halló* a Natanael, y le dijo
1.45 hemos *hallado* a aquel de quien escribió
2.14 y *halló* en el templo a los que vendían
5.14 después le *halló* Jesús en el templo, y
6.25 *hallándole*..le dijeron: Rabí, ¿cuándo
7.34,36 me buscaréis, y no me *hallaréis;* y a
7.35 ¿adónde se irá éste..no le *hallemos?*
8.37 mi palabra no *halla* cabida en vosotros
9.35 y *hallándole*, le dijo: ¿Crees tú en el
10.9 y entrará, y saldrá, y *hallará* pastos
11.17 y *halló* que hacía ya cuatro días que
12.14 *halló* Jesús un asnillo, y montó sobre
18.38 dijo: Yo no *hallo* en él ningún delito
19.4 entendáis que ningún delito *hallo* en él
19.6 tomadle..porque yo no *hallo* delito en él
21.6 les dijo: Echad la red a la..y *hallaréis*
Hch. 4.21 *hallando* ningún modo de castigarles
5.10 entraron los jóvenes, la *hallaron* muerta
5.22 alguaciles, no los *hallaron* en la cárcel
5.23 la cárcel hemos *hallado* cerrada con toda
5.23 cuando abrimos, a nadie *hallamos* dentro
7.11 nuestros padres no *hallaban* alimentos
7.46 *halló* gracia delante de Dios, y pidió
9.2 si *hallase* algunos hombres o mujeres de
9.33 *halló* allí a uno que se llamaba Eneas
10.27 *halló* a muchos que se habían reunido
11.25 y *hallándole*, le trajo a Antioquía
12.19 mas..habiéndole buscado sin *hallarle*
13.6 *hallaron* a cierto mago, falso profeta
13.22 he *hallado* a David hijo de Isaí, varón
13.28 sin *hallar* en él causa digna de muerte
17.6 pero no *hallándoles*, trajeron a Jasón
17.23 *hallé*..un altar en el cual estaba esta
17.27 busquen a..palpando, puedan *hallarle*
18.2 *halló* a un judío llamado Aquila..Ponto
19.1 vino..y *hallando* a ciertos discípulos
19.19 *hallaron* que era cincuenta mil piezas
21.2 *hallando* un barco que pasaba a Fenicia
21.4 *hallados* los discípulos, nos quedamos
23.9 ningún mal *hallamos* en este hombre; que
23.29 *hallé* que le acusaban por cuestiones de
24.5 hemos *hallado* que este hombre es una
24.12 no me *hallaron* disputando con ninguno
24.18 me *hallaron* purificado en el templo, no
24.20 digan..si *hallaron* en mí alguna cosa
25.25 yo, *hallando* que ninguna cosa digna de
27.6 y *hallando* allí el centurión una nave
27.28 *hallaron* veinte brazas; y..*h* quince
28.14 habiendo *hallado* hermanos, nos rogaron
Ro. 4.1 qué diremos que *halló* Abraham nuestro
7.10 *hallé* que el mismo mandamiento que era
7.21 queriendo yo hacer el bien, *hallo* esta
10.20 fui *hallado* de los que no me buscaban
1 Co. 4.2 requiere..cada uno sea *hallado* fiel
15.15 y somos *hallados* falsos testigos de
2 Co. 2.13 por no haber *hallado* a mi hermano
5.3 pues así seremos *hallados* vestidos, y no
9.4 macedonios, y os *hallaren* desprevenidos
11.12 sean *hallados* semejantes a nosotros
12.20 me temo..no os *halle* tales como quiero
12.20 sea *hallado* de vosotros cual no queréis
Gá. 2.17 si buscando..somos *hallados* pecadores
Fil. 3.9 y ser *hallado* en él, no teniendo mi
2 Ti. 1.17 me buscó solícitamente y me *halló*
1.18 concédale..que *halle* misericordia cerca
He. 4.16 *hallar* gracia para el oportuno socorro

HALLAR *(Continúa)*
He. 11.5 no fue *hallado*, porque lo traspuso Dios
Stg. 1.2 tened por sumo gozo cuando os *halléis*
1 P. 1.7 vuestra fe. .sea *hallada* en alabanza
2.22 pecado, ni se *halló* engaño en su boca
2 P. 3.14 ser *hallados* por él sin mancha e
2 Jn. 4 *hallado* a algunos de tus hijos andando
Ap. 2.2 se dicen. .y los has *hallado* mentirosos
3.2 porque no he *hallado* tus obras perfectas
5.4 no se había *hallado* a ninguno digno de
9.6 buscarán la muerte, pero no la *hallarán*
12.8 ni se *halló* ya lugar para ellos en el
14.5 y en sus bocas no fue *hallada* mentira
16.20 huyó, y los montes no fueron *hallados*
18.14 han faltado, y nunca más las *hallarás*
18.21 será derribada. .nunca más será *hallada*
18.22 ningún artífice. .se *hallará* más en ti
18.24 en ella se *halló* la sangre de. .santos
20.15 el que no se *halló* inscrito en el libro
21.16 la ciudad se *halla* establecida en cuadro

HAM *Ciudad de los zuzitas al oriente del Jordán*, Gn. 14.5

HAMAT
1. *Ciudad importante en Siria*
Nm. 13.21 de Zin hasta Rehob, entrando en *H*
34.8 trazaréis a la entrada de *H*, y seguirá
Jos. 13.5 monte Hermón, hasta la entrada de *H*
Jue. 3.3 desde. .Baal-hermón hasta llegar a *H*
1 R. 8.65 desde donde entran en *H* hasta el río
2 R. 14.25 desde la entrada de *H* hasta el mar
14.28 Damasco y *H*, que habían pertenecido a
17.24 gente de Babilonia. .*H* y de Sefarvaim
17.30 a Nergal, y los de *H* hicieron a Asima
18.34 ¿dónde está el dios de *H* y de Arfad?
19.13 ¿dónde está el rey de *H*, el. .de Arfad
23.33 y lo puso preso. .en la provincia de *H*
25.21 hirió y mató en Ribla, en tierra de *H*
1 Cr. 13.5 desde Sihor de Egipto hasta la. .de *H*
2 Cr. 7.8 la entrada de *H* hasta el arroyo de
Is. 10.9 ¿no es. .*H* como Arfad, y Samaria como
11.11 su pueblo que aún quede en Asiria. .y *H*
36.19 ¿dónde está el dios de *H* y de Arfad?
37.13 ¿dónde está el rey de *H*. .de Arfad
Jer. 39.5 hicieron subir a Ribla en tierra de *H*
49.23 confundieron *H* y Arfad, porque oyeron
52.9 a Ribla en tierra de *H*, donde pronunció
52.27 rey. .los mató en Ribla en tierra de *H*
Ez. 47.16 *H*, Berota, Sibraim, que está entre
47.16 el límite de Damasco y el límite de *H*
47.17 y al límite de *H* al lado del norte
47.20 hasta enfrente de la entrada de *H*; este
48.1 norte por la vía de Hetlón viniendo a *H*
48.1 al norte, hacia *H*, tendrá Dan una parte
Am. 6.2 de allí id a la gran *H*; descended luego
6.14 os oprimirá desde la entrada de *H* hasta
Zac. 9.2 *H* será comprendida en el territorio de
2. *Ciudad fortificada en Neftalí (=Hamón No. 2 y Hamot-dor)*, Jos. 19.35
3. *Otra ciudad en Siria (=Soba)*
2 S. 8.9 oyendo Toi rey de *H*, que David había
1 Cr. 18.3 derrotó David a Hadad-ezer rey. .*H*
18.9 y oyendo Toi rey de *H* que David había
2 Cr. 8.3 después vino Salomón a *H* de Soba, y
8.4 las ciudades de aprovisionamiento. .en *H*
4. *Padre de Recab No. 2*, 1 Cr. 2.55

HAMATEO *Habitante de Hamat No. 1*, Gn. 10.18; 1 Cr. 1.16

HAMBRE
Gn. 12.10 hubo. .*h* en la tierra. .era grande el *h*
26.1 *h* en la tierra, además de la primera *h*
41.27 las siete vacas. .siete años serán de *h*
41.30 y tras ellos seguirán siete años de *h*
41.30 de Egipto, y el *h* consumirá la tierra
41.31 no se echará de ver, a causa del *h*
41.36 los siete años de *h*. .no perecerá de *h*
41.50 antes que viniese el primer año de *h*
41.54 comenzaron. .siete años del *h*. .y hubo *h*
41.55 se sintió el *h* en. .la tierra de Egipto
41.56 el *h* estaba por toda la extensión del
41.56 porque había crecido el *h* en la tierra
41.57 por toda la tierra había crecido el *h*
42.5 porque había *h* en la tierra de Canaán
42.19 llevad alimento para el *h* de vuestra
42.33 tomad para el *h* de vuestras casas, y
43.1 el *h* era grande en la tierra
45.6 ya ha habido dos años de *h* en medio de
45.11 pues aún quedan cinco años de *h*, para
47.4 pues el *h* es grave en la tierra de Canaán
47.13 no había pan en. .y el *h* era muy grave
47.13 desfalleció de *h* la tierra de Egipto
47.20 porque se agravó el *h* sobre ellos; y
Éx. 16.3 para matar de *h* a toda esta multitud
Dt. 8.3 hizo tener *h*, y te sustentó con maná
28.48 con *h* y con sed y con desnudez, y con
32.24 consumidos serán de *h*, y devorados de
Rt. 1.1 aconteció en. .que hubo *h* en la tierra
1 S. 2.5 los hambrientos dejaron de tener *h*
2 S. 21.1 *h* en los días de David por tres años
24.13 vengan siete años de *h* en tu tierra?
1 R. 8.37 en la tierra hubiere *h*, pestilencia
18.2 fue, pues. .Y el *h* era grave en Samaria
2 R. 4.38 volvió a Gilgal cuando había una. .*h*
6.25 hubo gran *h* en Samaria, a consecuencia
7.4 tratáremos de entrar. .por el *h* que hay
7.12 ellos saben que tenemos *h*, y han salido
8.1 Jehová ha llamado el *h*. .por siete años
25.3 prevaleció el *h* en la ciudad, hasta que
1 Cr. 21.12 escoge para ti: o tres años de *h*
2 Cr. 6.28 si hubiere *h* en la tierra o plaga
20.9 si. .o *h*, nos presentaremos delante de
32.11 para entregaros a muerte, a *h* y a sed
Neh. 5.3 hemos empeñado. .casas. .a causa del *h*
9.15 les diste pan del cielo en su *h*, y en
Job 5.20 en el *h* te salvará de la muerte, y del
5.22 de la destrucción y del *h* te reirás, y
18.12 serán gastadas de *h* sus fuerzas, y a su
30.3 por causa. .del *h* andaban solos; huían a
38.39 león? ¿Saciarás el *h* de los leoncillos
Sal. 33.19 para darles vida en tiempo de *h*
34.10 los leoncillos necesitan, y tienen *h*
37.19 mal. .y en los días de *h* serán saciados
50.12 si yo tuviese *h*, no te lo diría a ti
105.16 trajo *h* sobre la tierra, y quebrantó
Pr. 6.30 hurta para saciar su apetito. .tiene *h*
10.3 Jehová no dejará padecer *h* al justo; mas
19.15 hace. .y el alma negligente padecerá *h*
25.21 si el que te aborrece tuviere *h*, dale
Is. 5.13 pereció de *h*, y su multitud de sed
8.21 acontecerá que teniendo *h*, se enojarán
9.20 hurtará a la mano derecha, y tendrá *h*
14.30 haré morir de *h* tu raíz, y destruiré
29.8 les sucederá como el que tiene *h* y sueña
44.12 luego tiene *h*, y le faltan las fuerzas
29.10 no tendrán *h* ni sed, ni el calor ni el
51.19 *h* y espada. ¿Quién se dolerá de tí?
65.13 siervos comerán, y vosotros tendréis *h*
Jer. 5.12 no vendrá mal. .ni veremos espada ni *h*
11.22 sus hijos y sus hijas morirán de *h*
14.12 los consumiré. .con *h* y con pestilencia
14.13 les dicen: No veréis espada, ni habrá *h*
14.15 que dicen: Ni espada ni *h* habrá en esta
14.15 con *h* serán consumidos esos profetas
14.16 echado en las calles de Jerusalén por *h*
14.18 en la ciudad, he aquí enfermos de *h*
15.2 el que a *h*, a *h*; y el que a cautiverio
16.4 con espada y con *h* serán consumidos, y
18.21 entrega sus hijos a *h*, dispérsalos por
21.7 entregaré. .a los que queden. .del *h* en
21.9 que quedare en esta ciudad morirá. .de *h*
24.10 enviaré sobre ellos. .*h* y pestilencia
27.8 castigaré a. .nación con espada y con *h*
27.13 ¿por qué moriréis tú y tu pueblo. .de *h*
29.17 contra ellos espada, *h* y pestilencia
29.18 los perseguiré. .con *h* y con pestilencia
32.24 a causa de. .del *h* y de la pestilencia
32.36 entregada será en mano. .a espada, a *h*
34.17 yo promulgo libertad. .a la espada. .al *h*
38.2 morirá a espada, o. .*h*, o de pestilencia
38.9 morirá de *h*, pues no hay más pan en la
42.14 no. .ni padeceremos *h*, y allá moraremos
42.16 el *h* de que tenéis temor. .perseguirá
42.17 morirán a espada, de *h* y. .pestilencia
42.22 de *h* y de pestilencia moriréis en el
44.12 consumidos de *h*. .de *h* morirán desde el
44.13 castigaré a. .con *h* y con pestilencia
44.18 y a espada y de *h* somos consumidos
44.27 consumidos a espada y de *h*, hasta que
52.6 en el mes cuarto. .prevaleció el *h* en la
Lm. 2.19 desfallecen de *h* en. .todas las calles
4.9 más dichosos. .que los muertos por el *h*
5.10 se ennegreció. .a causa del ardor del *h*
Ez. 5.12 y será consumida de *h* en medio de ti
5.16 arroje yo sobre ellos las. .saetas del *h*
5.16 entonces aumentaré el *h* sobre vosotros
5.17 sobre vosotros *h*, y bestias feroces que
6.11 espada y con *h* y con pestilencia caerán
6.12 el que quede y sea asediado morirá de *h*
7.15 fuera espada, de dentro pestilencia y *h*
7.15 que esté en la ciudad lo consumirá el *h*
12.16 de ellos escapen de la espada, del *h*
14.13 enviare en ella *h*, y cortare de ella
14.21 mis cuatro juicios. .espada, *h*, fieras
34.29 no serán ya más consumidos de *h* en la
36.29 llamaré al trigo, y lo. .y no os daré *h*
36.30 que nunca más recibáis oprobio de *h*
Am. 8.11 vienen días. .en los cuales enviaré *h*
8.11 no *h* de pan. .sino de oír la palabra de
Mt. 4.2 después de haber ayunado. .días tuvo *h*
5.6 bienaventurados los que tienen *h* y sed
12.1 sus discípulos tuvieron *h*, y comenzaron
12.3 hizo David, cuando él y los. .tuvieron *h*
21.18 mañana, volviendo a la ciudad, tuvo *h*
24.7 y habrá pestes, y *h*, y terremotos en
25.35 tuve *h*, y me disteis de comer; tuve
25.42 tuve *h*, y no me disteis de comer; tuve
Mr. 2.25 lo que hizo David, cuando. .sintió *h*
11.12 día. .cuando salieron de Betania, tuvo *h*
13.8 *h* y alborotos; principios de dolores son
Lc. 4.2 no comió. .pasados los cuales, tuvo *h*
4.25 y hubo una gran *h* en toda la tierra
6.3 lo que hizo David cuando tuvo *h* él, y los
6.21 bienaventurados los que ahora tenéis *h*
6.25 ¡¡ay de vosotros los. .porque tendréis *h*
15.14 vino una gran *h* en aquella provincia
15.17 abundancia de pan, y yo. .perezco de *h*!
21.11 en diferentes lugares *h* y pestilencia
Jn. 6.35 el que a mí viene, nunca tendrá *h*; y
Hch. 7.11 vino entonces *h* en toda la tierra
10.10 gran *h*, y quiso comer; pero mientras
11.28 vendría una gran *h* en toda la tierra
Ro. 8.35 o *h*, o desnudez, o peligro, o espada?
12.20 si tu enemigo tuviere *h*, dale de comer
1 Co. 4.11 esta hora padecemos *h*, tenemos sed
11.21 cena; y uno tiene *h*, y otro se embriaga
11.34 si alguno tuviere *h*, coma en su casa
2 Co. 11.27 en *h* y sed, en muchos ayunos, en
Fil. 4.12 para estar saciado como para tener *h*
Ap. 6.8 fue dada potestad. .para matar. .con *h*
7.16 no tendrán *h* ni sed, y el sol no caerá
18.8 en un solo día vendrán sus. .llanto y *h*

HAMBRIENTO, TA
1 S. 2.5 pan, y los *h* dejaron de tener hambre
2 S. 17.29 pueblo está *h* y cansado y sediento
Job 5.5 su mies comerán los *h*, y la sacarán de
22.7 no diste. .agua al. .detuviste el pan al *h*
24.10 vestido, y a los *h* quitan las gavillas
Sal. 107.5 *h* y sedientos, su alma desfallecía
107.9 porque sacia. .y llena de bien al alma *h*
107.36 allí establece a los *h*, y fundan ciudad
146.7 que hace justicia. .que da pan a los *h*
Pr. 27.7 pero al *h* todo lo amargo es dulce
28.15 y oso *h* es el príncipe impío sobre el
Is. 8.21 pasarán por la tierra fatigados y *h*
32.6 dejando vacía el alma *h*, y quitando la
58.7 ¿no es que partas tu pan con el *h*, y a
58.10 si dieres tu pan al *h*, y saciares al
Ez. 18.7 que diere de su pan al *h* y cubriere al
18.16 al *h* diere de su pan, y cubriere con
Mt. 25.37,44 ¿cuándo te vimos *h*. .sediento
Lc. 1.53 a los *h* colmó de bienes, y a los ricos

HAMEA *Torre en el muro de Jerusalén*, Neh. 3.1; 12.39

HAMEDATA *Padre de Amán*, Est. 3.1,10; 8.5; 9.10,24

HAMELEC *Miembro de la familia del rey Joacim*, Jer. 36.26; 38.6

HAMOLEQUET *Hermana de Galaad y ascendiente de varias familias de Manasés*, 1 Cr. 7.18

HAMÓN
1. *Población en la frontera de Aser*, Jos. 19.28
2. *Ciudad de los levitas en Neftalí (=Hamat No. 2 y Hamot-dor)*, 1 Cr. 6.76

HAMONA *"Multitud"*, Ez. 39.16

HAMÓN-GOG *"La multitud de Gog"*, Ez. 39.11,15

HAMOR *Padre de Siquem No. 2*
Gn. 33.19 de mano de los hijos de *H* padre de
34.2 la vio Siquem hijo de *H*. .y la tomó, y se
34.4 y habló Siquem a *H* su padre, diciendo
34.6 y se dirigió *H* padre de Siquem a Jacob
34.8 *H* habló con ellos, diciendo: El alma de
34.13 los hijos de Jacob a Siquem y a *H* con
34.18 parecieron bien sus palabras a *H*, y a
34.18 parecieron bien. .a Siquem, hijo de *H*
34.20 entonces *H* y Siquem su hijo vinieron a
34.24 y obedecieron a *H* y a Siquem su hijo
34.26 a *H* y a Siquem su hijo los mataron a
Jos. 24.32 que Jacob compró de los hijos de *H*
Jue. 9.28 servid a los varones de *H* padre de
Hch. 7.16 compró Abraham de los hijos de *H* en

HAMOT-DOR *Ciudad de los levitas en Neftalí (=Hamat No. 2 y Hamón No. 2)*, Jos. 21.32

HAMUEL *Descendiente de Simeón*, 1 Cr. 4.26

HAMUL *Hijo de Fares y nieto de Judá*, Gn. 46.12; Nm. 26.21; 1 Cr. 2.5

HAMULITA *Descendiente de Hamul*, Nm. 26.21

HAMUTAL *Mujer del rey Josías y madre de los reyes Joacaz y Sedequías*, 2 R. 23.31; 24.18; Jer. 52.1

HANAMEEL *Pariente del profeta Jeremías*
Jer. 32.7 *H* hijo de Salum tu tío viene a ti
32.8 vino a mí *H*. .conforme a la palabra de
32.9 compré la heredad de *H*, hijo de mi tío
32.12 di la carta. .delante de *H* el hijo de

HANÁN
1. *Descendiente de Benjamín,* 1 Cr. 8.23
2. *Ascendiente del rey Saúl,* 1 Cr. 8.38; 9.44
3. *Uno de los valientes de David,* 1 Cr. 11.43
4. *Padre de una familia de sirvientes del templo,* Esd. 2.46; Neh. 7.49
5. *Levita que ayudó a Esdras en la lectura de la ley,* Neh. 8.7
6. *Nombre de tres firmantes del pacto de Nehemías,* Neh. 10.10,22,26
7. *Ayudante de los tesoreros del templo,* Neh. 13.13
8. *Padre de unos que tenían aposento en el templo,* Jer. 35.4

HANANAI
1. *Padre del profeta Jehú,* 1 R. 16.1,7; 2 Cr. 19.2; 20.34
2. *Levita, cantor en el templo,* 1 Cr. 25.4,25
3. *Vidente en tiempo del rey Asa,* 2 Cr. 16.7
4. *Uno de los que se casaron con mujeres extranjeras en tiempo de Esdras,* Esd. 10.20
5. *Hermano de Nehemías,* Neh. 1.2; 7.2
6. *Músico en la dedicación del muro de Jerusalén,* Neh. 12.36

HANANEEL *Torre en el muro de Jerusalén*
Neh. 3.1 ellos. .edificaron hasta la torre de *H*
12.39 torre de *H*, y la torre de Hamea, hasta
Jer. 31.38 será edificada. .desde la torre de *H*
Zac. 14.10 desde la torre de *H* hasta. .lagares

HANANÍAS
1. *Hijo de Zorobabel,* 1 Cr. 3.19,21
2. *Descendiente de Benjamín,* 1 Cr. 8.24
3. *Cantor, descendiente de Hemán,* 1 Cr. 25.4,23
4. *Oficial del ejército del rey Uzías,* 2 Cr. 26.11
5. *Uno de los que se casaron con mujeres extranjeras en tiempo de Esdras,* Esd. 10.28
6. *Nombre de dos varones que ayudaron en la restauración del muro de Jerusalén,* Neh. 3.8,30
7. *Gobernante en Jerusalén bajo Nehemías,* Neh. 7.2
8. *Firmante del pacto de Nehemías,* Neh. 10.23
9. *Sacerdote en tiempo de Nehemías,* Neh. 12.12,41
10. *Profeta que se opuso al profeta Jeremías*

Jer. 28.1 *H* hijo de Azur, profeta que era de
28.5 respondió el. .Jeremías al profeta *H*
28.10 *H* quitó el yugo del cuello. .y lo quebró
28.11 habló *H* en presencia de todo el pueblo
28.12 después. .*H* rompió el yugo del cuello
28.13 vé y habla a *H*, diciendo: Así ha dicho
28.15 Jeremías al profeta *H:* Ahora oye, *H*
28.17 mismo año murió *H*, en el mes séptimo

11. *Ascendiente de Irías,* Jer. 37.13

HANATÓN *Población en la frontera de Zabulón,* Jos. 19.14

HANES *Ciudad en Egipto,* Is. 30.4

HANIEL
1. *Príncipe de la tribu de Manasés,* Nm. 34.23
2. *Guerrero de la tribu de Aser,* 1 Cr. 7.39

HANOC
1. *Hijo de Madián,* Gn. 25.4; 1 Cr. 1.33
2. *Hijo de Rubén,* Gn. 46.9; Éx. 6.14; 1 Cr. 5.3

HANÚN
1. *Rey de los amonitas*

2 S. 10.1 murió. .reinó en lugar suyo *H* su hijo
10.2 haré misericordia con *H* hijo de Nahas
10.3 los príncipes de. .dijeron a *H* su señor
10.4 *H* tomó los siervos. .les rapó la. .barba
1 Cr. 19.2 dijo. .Manifestaré misericordia con *H*
19.2 cuando llegaron. .a *H*, para consolarle
19.3 príncipes. .hijos de Amón dijeron a *H*
19.4 *H* tomó los siervos de David y los rapó
19.6 *H* y los. .enviaron mil talentos de plata

2. *Nombre de dos varones que ayudaron en la restauración del muro de Jerusalén,* Neh. 3.13,30

HAQUILA *Collado cerca de Hebrón*
1 S. 23.19 David escondido. .en el collado de *H*
26.1 ¿no está David. .en el collado de *H*, al
26.3 y acampó Saúl en el collado de *H*, que

HARA *Región en Mesopotamia,* 1 Cr. 5.26

HARADA *Lugar donde acampó Israel,* Nm. 33.24,25

HARÁN
1. *Hermano de Abraham*

Gn. 11.26 y engendró a Abram, a Nacor y a *H*
11.27 Taré engendró a. .y a *H;* y *H* engendró
11.28 y murió *H* antes que su padre Taré en
11.29 hija de *H*, padre de Milca y de Isca
11.31 tomó. .a Lot hijo de *H*, hijo de su hijo

2. *Ciudad en Mesopotamia*

Gn. 11.31 vinieron hasta *H*, y se quedaron allí
11.32 y fueron. .205 años; y murió Taré en *H*
12.4 era Abram de. .75 años cuando salió de *H*
12.5 las personas que habían adquirido en *H*
27.43 huye a casa de Labán mi hermano en *H*
28.10 salió. .Jacob de Beerseba, y fue a *H*
29.4 dónde. .ellos respondieron: De *H* somos
2 R. 19.12 Gozán, *H*, Resef, y los hijos de Edén
Is. 37.12 ¿acaso libraron sus dioses a las. .*H*
Ez. 27.23 *H*, Cane, Edén, y. .mercaderes de Sabá
Hch. 7.2 padre Abraham. .antes que morase en *H*
7.4 salió de la tierra de los. .y habitó en *H*

3. *Hijo de Caleb,* 1 Cr. 2.46
4. *Levita, hijo de Simei No. 9,* 1 Cr. 23.9

HARBONA *Eunuco que servía al rey Asuero,* Est. 1.10; 7.9

HAREF *Descendiente de Judá,* 1 Cr. 2.51

HARET *Bosque donde se escondió David,* 1 S. 22.5

HARHAÍA *Padre de Uziel No. 6,* Neh. 3.8

HARHAS *Ascendiente de Salum No. 2,* 2 R. 22.14; 2 Cr. 34.22

HARHUR *Ascendiente de una familia de sirvientes del templo,* Esd. 2.51; Neh. 7.53

HARIF
1. *Ascendiente de algunos que regresaron del exilio con Zorobabel,* Neh. 7.24
2. *Firmante del pacto de Nehemías,* Neh. 10.19

HARIM
1. *Padre de una familia de sacerdotes,* 1 Cr. 24.8; Esd. 2.39; 10.21; Neh. 3.11; 7.42; 12.15
2. *Ascendiente de algunos que regresaron del exilio con Zorobabel,* Esd. 2.32; 10.31; Neh. 7.35
3. *Nombre de dos firmantes del pacto de Nehemías,* Neh. 10.5,27

HARINA
Gn. 18.6 toma pronto tres medidas de flor de *h*
Éx. 29.2 aceite; las harás de flor de *h* de trigo
29.40 una décima parte de un efa de flor de *h*
Lv. 2.1 ofrenda será flor de *h*, sobre la cual
2.2 su puño lleno de flor de *h* y del aceite
2.4 ofrenda cocida. .de tortas de flor de *h*
2.5 ofrenda. .será de flor de *h* sin levadura
2.7 ofrenda. .se hará de flor de *h* con aceite
5.11 la décima parte de un efa de flor de *h*
6.15 tomará. .un puñado de la flor de *h* de la
6.20 la décima parte de un efa de flor de *h*
7.12 flor de *h* frita en tortas amasadas con
14.10 tres décimas de efa de flor de *h* para
14.21 de flor de *h* amasada con aceite para
23.13 ofrenda. .flor de *h* amasada con aceite
23.17 efa de flor de *h*, cocidos con levadura
24.5 tomarás flor de *h*, y cocerás. .tortas
Nm. 5.15 la décima parte de un efa de *h* de
6.15 tortas. .flor de *h* amasadas con aceite
7.13,19,25,31,37,43,49,55,61,67,73,79 llenos de flor de *h* amasada con aceite
8.8 ofrenda de flor de *h* amasada con aceite
15.4 la décima parte de un efa de flor de *h*
15.6 dos décimas de flor de *h*, amasada con la
15.9 tres décimas de flor de *h*, amasada con
28.5 la décima parte de un efa de flor de *h*
28.9,12 dos décimas de flor de *h* amasada
28.12 tres décimas de flor de *h* amasada con
28.13 una décima de flor de *h* amasada con
28.20 y su ofrenda de *h* amasada con aceite
28.28 ofrenda. .flor de *h* amasada con aceite
29.3,9,14 de flor de *h* amasada con aceite
Jue. 6.19 y panes sin levadura de un efa de *h*
1 S. 1.24 un efa de *h*, y una vasija de vino
28.24 y tomó *h* y la amasó, y coció de ella
2 S. 13.8 y tomó *h*, y amasó, e hizo hojuelas
17.28 trajeron a David y. .*h*, grano tostado
1 R. 4.22 era de treinta coros de flor de *h*
4.22 la provisión. .era. .sesenta coros de *h*
17.12 un puñado de *h* tengo en la tinaja, y
17.14 la *h* de la tinaja no escaseará, ni el
17.16 y la *h* de la tinaja no escaseó, ni el
2 R. 4.41 traed *h*. Y la esparció en la olla
7.1 así. .valdrá el seah de flor de *h* un siclo
7.16,18 un seah de flor de *h* por un siclo
1 Cr. 9.29 tenían el cargo. .de la *h*, del vino
12.40 trajeron los. .provisión de *h*, tortas de
23.29 para la flor de *h* para el sacrificio
Is. 47.2 toma el molino y muele *h;* descubre tus
Ez. 16.13 comiste flor de *h* de trigo, miel y
16.19 la flor de la *h*, el aceite y la miel
46.14 aceite para mezclar con la flor de *h*
Os. 8.7 ni su espiga hará *h;* y si la hiciere
Mt. 13.33; Lc. 13.21 escondió en 3 medidas de *h*
Ap. 18.13 flor de *h*, trigo, bestias, ovejas

HARNEFER *Descendiente de Aser,* 1 Cr. 7.36

HAROD *Fuente en la falda del monte Gilboa,* Jue. 7.1

HARODITA *Habitante de Harod, posiblemente una población cerca de la fuente de Harod,* 2 S. 23.25; 1 Cr. 11.27

HAROE *Descendiente de Judá,* 1 Cr. 2.52

HAROSET-GOIM *Ciudad cananea*
Jue. 4.2 llamaba Sísara, el cual habitaba en *H*
4.13 pueblo. .desde *H* hasta el arroyo de Cisón
4.16 mas Barac siguió. .el ejército hasta *H*

HARSA *Padre de una familia de sirvientes del templo que regresó del exilio con Zorobabel,* Esd. 2.52; Neh. 7.54

HARUFITA *Habitante de un lugar desconocido,* 1 Cr. 12.5

HARUM *Padre de una familia de Judá,* 1 Cr. 4.8

HARUMAF *Padre de Jedaías No. 3,* Neh. 3.10

HARUZ *Abuelo del rey Amón,* 2 R. 21.19

HASABÍAS
1. *Levita, descendiente de Merari,* 1 Cr. 6.45
2. *Levita, ascendiente de Semaías No. 5,* 1 Cr. 9.14; Neh. 11.15
3. *Levita, cantor en el templo,* 1 Cr. 25.3,19
4. *Hebronita, funcionario del rey David,* 1 Cr. 26.30
5. *Jefe de los levitas bajo el rey David,* 1 Cr. 27.17
6. *Jefe de los levitas bajo el rey Josías,* 2 Cr. 35.9
7. *Levita que regresó del exilio con Esdras,* Esd. 8.19
8. *Sacerdote que regresó del exilio con Esdras,* Esd. 8.24
9. *Funcionario que ayudó en la restauración del muro de Jerusalén,* Neh. 3.17
10. *Firmante del pacto de Nehemías,* Neh. 10.11
11. *Levita en días de Nehemías,* Neh. 11.15
12. *Levita, descendiente de Asaf,* Neh. 11.22
13. *Sacerdote en tiempo de Joiacim,* Neh. 12.21
14. *Principal levita en tiempo de Nehemías,* Neh. 12.24

HASABNA *Firmante del pacto de Nehemías,* Neh. 10.25

HASABNÍAS
1. *Padre de Hatús No. 2,* Neh. 3.10
2. *Levita en tiempo de Esdras,* Neh. 9.5

HASADÍAS *Hijo de Zorobabel,* 1 Cr. 3.20

HASAR-ADAR *Ciudad fortificada en la frontera sur de Judá,* Nm. 34.4

HASBADANA *Levita que ayudó a Esdras en la lectura de la ley,* Neh. 8.4

HASEM *Uno de los 30 valientes de David,* 1 Cr. 11.34

HASMONA *Lugar donde acampó Israel,* Nm. 33.29,30

HASTIAR
Job 10.1 está mi alma *hastiada* de mi vida; daré
10.15 estando *hastiado* de deshonra. .afligido
14.1 corto de días, y *hastiado* de sinsabores
Sal. 88.3 porque mi alma está *hastiada* de males
123.3 estamos muy *hastiados* de menosprecio
123.4 *hastiada* está nuestra alma del escarnio
Pr. 1.31 y serán *hastiados* de sus. .consejos

HASTIAR ***(Continúa)***
Pr. 14.14 de sus caminos será *hastiado* el necio
25.16 no sea que *hastiado* de ella la vomites
25.17 no sea que *hastiado* de ti te aborrezca
Is. 1.11 *hastiado*..de holocaustos de carneros
Ez. 23.17 contaminó..su alma se *hastió* de ellos
23.18 por lo cual mi alma se *hastió* de ella
23.18 como se había ya *hastiado* mi alma de
23.22 de los cuales se *hastió* tu alma, y les
23.28 de aquellos de los cuales se *hastió* tu

HASUB
1. Padre de Semaías No. 5, **1 Cr. 9.14; Neh. 11.15**
2. Nombre de dos varones que ayudaron en la restauración del muro de Jerusalén, **Neh. 3.11,23**
3. Firmante del pacto de Nehemías, **Neh. 10.23**

HASUBA *Hijo de Zorobabel,* **1 Cr. 3.20**

HASUFA *Padre de una familia de sirvientes del templo que regresó del exilio con Zorobabel,* **Esd. 2.43; Neh. 7.46**

HASUM
1. Padre de una familia que regresó del exilio, **Esd. 2.19; 10.33; Neh. 7.22**
2. Levita que ayudó a Esdras en la lectura de la ley, **Neh. 8.4**
3. Firmante del pacto de Nehemías, **Neh. 10.18**

HATAC *Eunuco del rey Asuero*
Est. 4.5 Ester llamó a *H*, uno de los eunucos
4.6 salió..*H* a ver a Mardoqueo, a la plaza
4.9 vino *H* y contó a Ester las palabras de
4.10 Ester dijo a *H* que..dijese a Mardoqueo

HATAT *Hijo de Otoniel,* **1 Cr. 4.13**

HATIFA *Padre de una familia de sirvientes del templo que regresó del exilio con Zorobabel,* **Esd. 2.54; Neh. 7.56**

HATIL *Padre de una familia de siervos de Salomón que regresó del exilio con Zorobabel,* **Esd. 2.57; Neh. 7.59**

HATITA *Padre de una familia de porteros que regresó del exilio con Zorobabel,* **Esd. 2.42; Neh. 7.45**

HATO
Gn. 26.14 y tuvo *h* de ovejas, y *h* de vacas, y
30.40 todo lo que era oscuro del *h* de Labán
30.40 ponía su *h* aparte, y no lo ponía con
Jue. 6.25 toma un toro del *h* de tu padre, el
2 Cr. 32.29 adquirió..*h* de ovejas y de vacas
Jl. 1.18 ¡cuán turbados anduvieron los *h* de
Mt. 8.30 estaba paciendo..un *h* de muchos cerdos
8.31 si..permítenos ir a aquel *h* de cerdos
8.32 fueron a aquel *h* de cerdos; y he aquí
8.32 el *h* de cerdos se precipitó en el mar
Mr. 5.11 estaba..un gran *h* de cerdos paciendo
5.13 y el *h* se precipitó en el mar por un
Lc. 8.32 un *h* de muchos cerdos que pacían en
8.33 y el *h* se precipitó por un despeñadero

HATOS
1. Descendiente de David, **1 Cr. 3.22; Esd. 8.2**
2. Varón que ayudó en la restauración del muro de Jerusalén, **Neh. 3.10**
3. Firmante del pacto de Nehemías, **Neh. 10.4**
4. Sacerdote que regresó del exilio con Zorobabel, **Neh. 12.2**

HAURÁN *Región al oriente de Basán,* **Ez. 47.16,18**

HAVILA
1. Región en Arabia
Gn. 2.11 Pisón..que rodea toda la tierra de *H*
25.18 habitaron desde *H* hasta Shur, que está
1 S. 15.7 derrotó..desde *H* hasta llegar a Shur
2. Hijo de Cus No. 2, Gn. 10.7; 1 Cr. 1.9
3. Hijo de Joctán, Gn. 10.29; 1 Cr. 1.23

HAVOT-JAIR *Grupo de aldeas en Galaad,* **Nm. 32.41**

HAYA
2 S. 6.5 clase de instrumentos de madera de *h*
Sal. 104.17 en las *h* hace su casa la cigüeña
Ez. 27.5 *h* del monte Senir te fabricaron todo
31.8 las *h* no fueron semejantes a sus ramas
Os. 14.8 yo seré a él como la *h* verde; de mí
Nah. 2.3 el día que se prepare, temblarán las *h*

HAZ
1 S. 25.29 será ligada en el *h* de los que viven
Neh. 13.15 en Judá..acarreaban *h*, y cargaban

HAZAEL *Rey de Damasco*
1 R. 19.15 vé..y ungirás a *H* por rey de Siria
19.17 y el que escapare de la espada de *H*
2 R. 8.8 el rey dijo a *H:* Toma en tu mano un
8.9 tomó, pues, *H* en su mano un presente de
8.12 dijo *H:* ¿Por qué llora mi señor? Y él
8.13 *H* dijo: Pues, ¿qué es tu siervo, este
8.14 *H* se fue, y vino a su señor, el cual le
8.15 Ben-adad..murió; y reinó *H* en su lugar
8.28 fue a la guerra..contra *H* rey de Siria
8.29 las heridas que..cuando peleó contra *H*
9.14 a Ramot de Galaad..por causa de *H* rey
9.15 heridas..peleando contra *H* rey de Siria
10.32 los derrotó *H* por todas las fronteras
12.17 subió *H*..peleó contra Gat, y la tomó
12.17 y se propuso *H* subir contra Jerusalén
12.18 tomó Joás..y lo envió a *H* rey de Siria
13.3 los entregó en mano de *H* rey de Siria
13.3 entregó..en mano de Ben-adad hijo de *H*
13.22 *H*..afligió a Israel todo el tiempo de
13.24 y murió *H* rey de Siria, y reinó en su
13.25 tomó de mano de Ben-adad hijo de *H* las
2 Cr. 22.5 a la guerra..contra *H* rey de Siria
22.6 Ramot, peleando contra *H* rey de Siria
Am. 1.4 fuego en la casa de *H*, y consumirá los

HAZAÍAS *Ascendiente de Maasías No. 11,* **Neh. 11.5**

HAZAÑA
Éx. 15.11 terrible en maravillosas *h*, hacedor
1 R. 22.45 sus *h*, y las guerras que hizo, ¿no
2 R. 14.15 sus *h*, y cómo peleó contra Amasías

HAZAR-ENÁN *Ciudad al pie del monte Hermón,* **Nm. 34.9,10; Ez. 47.17; 48.1**

HAZAR-GADA *Ciudad en el sur de Judá,* **Jos. 15.27**

HAZAR-HATICÓN *Probablemente =Hazar-enán,* **Ez. 47.16**

HAZAR-MAVET *Hijo de Joctán,* **Gn. 10.26; 1 Cr. 1.20**

HAZAR-SUAL *Población en Simeón,* **Jos. 15.28; 19.3; 1 Cr. 4.28; Neh. 11.27**

HAZAR-SUSA, HAZAR-SUSIM *Ciudad en Simeón,* **Jos. 19.5; 1 Cr. 4.31**

HAZE-LELPONI *Hermana de Jezreel, Isma e Ibdas,* **1 Cr. 4.3**

HAZEROT *Lugar donde acampó Israel,* **Nm. 11.35(2); 12.16; 33.17,18; Dt. 1.1**

HAZEZON-TAMAR *Ciudad de los amorreos (=En-gadi),* **Gn. 14.7; 2 Cr. 20.2**

HAZIEL *Levita, descendiente de Gersón,* **1 Cr. 23.9**

HAZO *Hijo de Nacor,* **Gn. 22.22**

HAZOR
1. Ciudad importante de los cananeos
Jos. 11.1 cuando oyó esto Jabín rey de *H*, envió
11.10 tomó..a *H*..*H* había sido antes cabeza de
11.11 mataron a espada..y a *H* pusieron fuego
11.13 ciudades..únicamente a *H* quemó Josué
12.19 rey de Madón, otro; el rey de *H*, otro
19.36 Adama, Ramá, *H*
Jue. 4.2 Jabín..de Canaán, el cual reinó en *H*
4.17 había paz entre Jabín rey de *H* y la casa
1 S. 12.9 mano de Sísara jefe del ejército de *H*
1 R. 9.15 para edificar..*H*, Meguido y Gezer
2 R. 15.29 Tiglat-pileser..tomó a..Cedes, *H*
2. Ciudad en el Neguev de Judá, Jos. 15.23
3. Ciudad en el Neguev de Judá (=Hezrón No. 3), Jos. 15.25
4. Ciudad al norte de Jerusalén, Neh. 11.33
5. Lugar en Arabia al oriente de Palestina
Jer. 49.28 los reinos de *H*, los cuales asoló
49.30 en lugares profundos..moradores de *H*
49.33 *H* será morada de chacales, soledad para

HAZOR-HADATA *Aldea en el Neguev de Judá,* **Jos. 15.25**

HEBER
1. Hijo de Sala (Sela) y bisnieto de Sem, **Gn. 10.21,24,25; 11.14,15,16,17; 1 Cr. 1.18,19,25; Lc. 3.35**
2. Hijo de Bería y nieto de Aser, **Gn. 46.17; Nm. 26.45; 1 Cr. 7.31,32**
3. Voz poética que significa la posteridad de Sem, **Nm. 24.24**
4. Ceneo, marido de Jael
Jue. 4.11 y *H* ceneo..se había apartado de los
4.17 huyó..a la tienda de Jael mujer de *H*
4.17 había paz entre Jabín..y la casa de *H*
4.21 Jael mujer de *H* tomó una estaca de la
5.24 bendita sea..Jael, mujer de *H* ceneo
5. Descendiente de Judá, **1 Cr. 4.18**
6. Descendiente de Gad, **1 Cr. 5.13**
7. Nombre de tres descendientes de Benjamín, **1 Cr. 8.12,17,22**

HEBERITA *Descendiente de Heber No. 2,* **Nm. 26.45**

HEBREO, BREA *Posteridad de Heber No. 1, y su idioma*
Gn. 14.13 vino uno..y lo anunció a Abram el *h*
39.14 mirad, nos ha traído un *h* para..burla
39.17 el siervo *h* que nos trajiste, vino a mí
40.15 porque fui hurtado de la tierra de los *h*
41.12 estaba allí con nosotros un joven *h*
43.32 los egipcios no pueden comer..con los *h*
Éx. 1.15 habló el rey..a las parteras de las *h*
1.16 cuando asistáis a las *h* en sus partos
1.19 las mujeres *h* no son como las egipcias
2.6 él, dijo: De los niños de los *h* es éste
2.7 ¿iré a llamarte una nodriza de las *h*
2.11 un egipcio que golpeaba a uno de los *h*
2.13 vio a dos *h* que reñían; entonces dijo
3.18 le diréis: Jehová el Dios de los *h* nos
5.3 Dios de los *h* nos ha encontrado; iremos
7.16 Jehová el Dios de los *h* me ha enviado a
9.1,13 el Dios de los *h*, dice así: Deja ir a
10.3 Jehová el Dios de los *h* ha dicho así
21.2 si comprares siervo *h*, seis años servirá
Dt. 15.12 si se vendiere a ti tu hermano *h* o *h*
1 S. 4.6 ¿qué voz..en el campamento de los *h?*
4.9 esforzaos..para que no sirváis a los *h*
13.3 tocar trompeta..diciendo: Oigan los *h*
13.7 y algunos de los *h* pasaron el Jordán a
13.19 para que los *h* no hagan espada o lanza
14.11 aquí los *h*, que salen de las cavernas
14.21 *h* que habían estado con los filisteos
29.3 ¿qué hacen aquí estos *h?* Y Aquis
Jer. 34.9 dejase libre a su siervo y a..*h* y *h*
34.14 dejará cada uno a su hermano *h* que le
Jon. 1.9 soy *h*, y temo a Jehová, Dios de los
Lc. 23.38 escrito..letras griegas, latinas y *h*
Jn. 5.2 un estanque, llamado en *h* Betesda, el
19.13 llamado el Enlosado, y en *h* Gabata
19.17 llamado de la Calavera, y en *h*, Gólgota
19.20 título estaba escrito en *h*, en griego
Hch. 6.1 murmuración..los griegos contra los *h*
21.40 silencio, habló en lengua *h*, diciendo
22.2 y al oir que les hablaba en lengua *h*
26.14 oí una voz que me..decía en lengua *h*
2 Co. 11.22 son *h?* Yo también..¿Son israelitas?
Fil. 3.5 de la tribu de Benjamín, *h* de *h*
Ap. 9.11 el ángel..cuyo nombre en *h* es Abadón
16.16 el lugar que en *h* se llama Armagedón

HEBRÓN
1. Ciudad importante en Judá
Gn. 13.18 el encinar de Mamre, que está en *H*
23.2 murió Sara en Quiriat-arba, que es *H*
23.19 al oriente de Mamre, que es *H*, en la
35.27 a la ciudad de Arba, que es *H*, donde
37.14 y lo envió del valle de *H*, y llegó a
Nm. 13.22 subieron al Neguev y vinieron hasta *H*
13.22 *H* fue edificada siete años antes de
Jos. 10.3 envió a Hoham rey de *H*, a Piream rey
10.5,23 el rey de *H*, el rey de Jarmut, el rey
10.36 subió luego Josué..de Eglón a *H*, y la
10.39 como había hecho a *H*, así hizo a Debir
11.21 Josué..y destruyó a los anaceos de..*H*
12.10 el rey de Jerusalén..el rey de *H*, otro
14.13 y dio a Caleb hijo de Jefone a *H* por
14.14 *H* vino a ser heredad de Caleb hijo de
14.15 el nombre de *H* fue antes Quiriat-arba
15.13 ciudad de Quiriat-arba padre..que es *H*
15.54 Quiriat-arba (la cual es *H*), y Sior, 9
20.7 señalaron a..y Quiriat-arba (que es *H*)
21.11 les dieron Quiriat-arba..la cual es *H*
21.13 dieron *H* con sus ejidos como ciudad de
Jue. 1.10 cananeo que habitaba en *H*, la cual
1.20 y dieron *H* a Caleb, como Moisés había
16.3 las subió a..monte que está delante de *H*
1 S. 30.31 en *H*, y en todos los lugares donde
2 S. 2.1 ¿a dónde subiré? Y él le dijo: A *H*
2.3 los cuales moraron en las ciudades de *H*
2.11 que David reinó en *H*..7 años y 6 meses
2.32 caminaron toda..noche..amaneció en *H*
3.2 y nacieron hijos a David en *H*..fue Amnón
3.5 el sexto..Estos le nacieron a David en *H*
3.19 fue..Abner a *H* a decir a David todo lo
3.20 a David en *H*, y con él veinte hombres
3.22 Abner no estaba con David en *H*, pues ya
3.27 cuando Abner volvió a *H*, Joab lo llevó
3.32 sepultaron a Abner en *H;* y alzando el
4.1 oyó..que Abner había sido muerto en *H*

HEBRÓN *(Continúa)*

2 S. 4.8 trajeron la cabeza de Is-boset a. . en *H*
4.12 y los colgaron sobre el estanque en *H*
4.12 le enterraron en el sepulcro de. . en *H*
5.1 vinieron todas las tribus. . a David en *H*
5.3 vinieron. . los ancianos de. . al rey en *H*
5.3 el rey David hizo pacto con ellos en *H*
5.5 en *H* reinó sobre Judá 7 años y 6 meses
5.13 tomó. . mujeres. . después que vino de *H*
15.7 yo te ruego me permitas que vaya a *H*, a
15.9 vé en paz. Y él se levantó, y fue a *H*
15.10 la trompeta diréis: Absalón reina en *H*
1 R. 2.11 siete años reinó en *H*, y 33 años
1 Cr. 3.1 hijos de David que le nacieron en *H*
3.4 estos seis le nacieron en *H*, donde reinó
6.55 les dieron, pues, *H* en tierra de Judá
6.57 de Judá dieron a. . *H;* además Libna con
11.1 Israel se juntó a David en *H*, diciendo
11.3 vinieron. . los ancianos de. . al rey en *H*
12.23 número de los. . vinieron a David en *H*
12.38 a *H*, para poner a David por rey sobre
29.27 siete años reinó en *H*, y 33 reinó en
2 Cr. 11.10 Zora, Ajalón y *H*. . ciudades. . Judá

2. ***Población en Aser,*** **Jos. 19.28**

3. ***Hijo de Coat,*** **Éx. 6.18; Nm. 3.19; 1 Cr. 6.2,18; 15.9; 23.12,19; 24.23**

4. ***Descendiente de Caleb,*** **1 Cr. 2.42,43**

HEBRONITA ***Descendiente de Hebrón No. 3,*** **Nm. 3.27; 26.58; 1 Cr. 26.23,30,31**

HECHICERÍA

2 R. 9.22 ¿qué paz, con. . Jezabel. . sus muchas *h?*
Mi. 5.12 asimismo destruiré de tu mano las *h*
Gá. 5.20 *h*, enemistades, pleitos, celos, iras
Ap. 9.21 ni de sus *h*, ni de su fornicación, ni
18.23 por tus *h* fueron engañadas todas las

HECHICERO, RA

Éx. 7.11 llamó también Faraón sabios y *h*, e
7.11 e hicieron. . lo mismo los *h* de Egipto
7.22 y los *h* de Egipto hicieron lo mismo con
8.7 *h* hicieron lo mismo con. . encantamientos
8.18 los *h* hicieron así también, para sacar
8.19 los *h* dijeron a Faraón: Dedo de Dios es
9.11 los *h* no podían estar delante de Moisés
9.11 hubo sarpullido en los *h* y en todos los
22.18 a la *h* no dejarás que viva
Dt. 18.10 no sea hallado en ti. . sortílego, ni *h*
Is. 19.3 preguntarán a sus imágenes, a sus *h*
57.3 mas vosotros llegaos acá, hijos de la *h*
Mal. 3.5 y seré pronto testigo contra los *h* y
Ap. 21.8 y *h*. . tendrán su parte en el lago que
22.15 mas los perros estarán fuera, y los *h*

HECHIZO

Is. 47.9 a pesar de la multitud de tus *h*, y de
47.12 en la multitud de tus *h*, en los cuales
Nah. 3.4 ramera de hermosa gracia, maestra. . *h*
3.4 que seduce a. . y a los pueblos con sus *h*

HECHO ***Véase también Hacer***

Éx. 2.15 oyendo Faraón. . de este *h*, procuró
14.31 vio Israel aquel grande *h* que Jehová
Dt. 4.34 *h* aterradores como todo lo que hizo
15.10 te bendecirá Jehová tu. . en todos tus *h*
34.12 en los *h* grandiosos. . que Moisés hizo
1 S. 12.7 acerca de todos los *h* de salvación
1 R. 11.41 *h* de Salomón. . en el libro de los *h*
14.19 los demás *h* de Jeroboam, las guerras
14.29 demás *h* de Roboam, y todo lo que hizo
15.7 demás *h* de Abiam. . ¿no está escrito en
15.23 los demás *h* de Asa, y todo su poderío
15.31 demás *h* de Nadab, y todo lo que hizo
16.5 los demás *h* de Baasa, y las cosas que
16.14 los demás *h* de Ela, y todo lo que hizo
16.20 el resto de los *h* de Zimri. . que hizo
16.27 los demás *h* de Omri, y todo lo que hizo
22.39 el resto de los *h* de Acab, y todo lo
22.45 los demás *h* de Josafat, y sus hazañas
2 R. 1.18 los demás *h* de Ocozías, ¿no están
8.23 los demás *h* de Joram. . ¿no están escritos
10.34 los demás *h* de Jehú. . ¿no está escrito
12.19 demás *h* de Joás. . ¿no está escrito en el
13.8 los *h* de Joacaz. . ¿no está escrito en el
13.12 demás *h* de Joás. . ¿no está escrito en el
14.15 los demás *h* que ejecutó Joás, y sus
14.18 demás *h* de Amasías, ¿no están escritos
14.28 los demás *h* de Jeroboam, y todo lo que
15.6 los demás *h* de Azarías. . ¿no está escrito
15.11 los demás *h* de Zacarías. . están escritos
15.15 los demás *h* de Salum, y la conspiración
15.21 demás *h* de Manahem. . ¿no está escrito
15.26 los demás *h* de Pekaía. . está escrito en
15.31 los demás *h* de Peka. . está escrito en
15.36 los demás *h* de Jotam. . ¿no está escrito
16.19 los demás *h* que. . Acaz. . ¿no están todos
20.20 demás *h* de Ezequías. . ¿no está escrito
21.17 demás *h* de Manasés. . está todo escrito
21.25 los demás *h* de Amón, ¿no están todos
23.28 los demás *h* de Josías. . ¿no está todo
24.5 los demás *h* de Joacim. . ¿no está escrito
1 Cr. 11.22 Benaía hijo de Joiada. . de grandes *h*
29.29 y los *h* del rey David. . están escritos
2 Cr. 9.29 los demás *h* de Salomón. . ¿no están
13.22 los demás *h* de Abías, sus caminos y sus
16.11 *h* de Asa. . están escritos en el libro
20.34 los demás *h* de Josafat. . escritos en el
25.26 los demás *h* de Amasías. . escritos en el
26.22 los demás *h* de Uzías. . fueron escritos
27.7 los demás *h* de Jotam. . están escritos en
28.26 los demás de sus *h*, y todos sus caminos
32.32 los demás *h* de Ezequías. . están escritos
33.18 los demás *h* de Manasés. . está escrito
35.26 los demás *h* de Josías, y sus obras
35.27 y sus *h*, primeros y postreros, he aquí
36.8 los demás *h* de Joacim, y las. . que hizo
Est. 1.17 este *h* de la reina llegará a oídos de
1.18 señoras de. . que oigan el *h* de la reina
10.2 los *h* de su poder. . ¿no está escrito en
Sal. 28.4 dales conforme a su obra. . de sus *h*
28.5 no atendieron a los *h* de Jehová, ni a
64.9 anunciarán la obra. . y entenderán sus *h*
66.5 temible en *h* sobre los hijos de los
71.15 mi boca. . tus *h* de salvación todo el día
71.16 vendré a los *h* poderosos de Jehová el
77.12 meditaré en. . obras, y hablaré de tus *h*
106.39 obras, y se prostituyeron con sus *h*
145.4 celebrará. . anunciará tus poderosos *h*
145.5 en. . y en tus *h* maravillosos meditaré
145.6 poder de tus *h*. . hablarán los hombres
145.12 para hacer saber a. . sus poderosos *h*
Pr. 20.11 aun el muchacho es conocido por sus *h*
21.8 perverso. . los *h* del limpio son rectos
31.31 dadle. . alábenla en las puertas sus *h*
Jer. 5.28 y sobrepasaron los *h* del malo; no
25.14 les pagaré conforme a sus *h*, y. . obra
32.19 grande en consejo, y magnífico en *h*
Ez. 14.22 veréis su camino y sus *h*, y seréis
14.23 viereis su camino. . *h*, y conoceréis que
20.43 y allí os acordaréis. . todos vuestros *h*
Sof. 3.7 apresuraron a corromper todos sus *h*
Mt. 11.2 al oír Juan. . los *h* de Cristo, le envió
Mr. 1.45 comenzó a publicarlo. . a divulgar el *h*
Lc. 11.48 y consentidores de los *h* de. . padres
23.41 recibimos lo que merecieron nuestros *h*
23.51 no había consentido. . en los *h* de ellos
Hch. 19.18 confesando y dando cuenta de sus *h*
Ro. 1.27 cometiendo *h* vergonzosos hombres con
2 Co. 10.11 lo seremos. . en *h*, estando presentes
Col. 3.9 despojado del viejo hombre con sus *h*
3.17 todo lo que hacéis, sea de palabra o de *h*
2 Ti. 4.14 el Señor le pague conforme a sus *h*
Tit. 1.16 con los *h* niegan, siendo abominables
2 P. 2.8 justo. . oyendo los *h* inicuos de ellos
1 Jn. 3.18 no amemos de palabra ni. . sino de *h*

HECHURA

Éx. 28.22 cordones de *h* de trenzas de oro fino
Nm. 8.4 y esta era la *h* del candelero, de oro
1 R. 6.25 ambos querubines eran. . una misma *h*
7.8 edificó. . una casa de *h* semejante a la del
7.31 era redonda, de la misma *h* del remate
2 R. 16.10 el. . del altar, conforme a toda su *h*
Job 14.15 tendrás afecto a la *h* de tus manos
Ef. 2.10 *h* suya, creados en Cristo Jesús para

HEDER

Éx. 7.18 *hederá* el río. . egipcios tendrán asco
16.20 dejaron de ello. . crio gusanos, y *hedió*
16.24 guardaron. . y no se agusanó, ni *hedió*
Sal. 38.5 *hieden* y supuran mis llagas, a causa
Ec. 10.1 las moscas muertas hacen *heder* y dar
Jn. 11.39 *hiede* ya, porque es de cuatro días

HEDIONDEZ

Is. 3.24 y en lugar de los perfumes. . vendrá *h*

HEDOR

Is. 34.3 de sus cadáveres se levantará *h;* y los
Jl. 2.20 exhalará su *h*, y subirá su pudrición
Am. 4.10 subir el *h* de vuestros campamentos

HEFER

1. ***Descendiente de Galaad y padre de Zelofehad,*** **Nm. 26.32,33; 27.1; Jos. 17.2,3**

2. ***Ciudad cananea; posteriormente parte de un distrito administrativo de Salomón,*** **Jos. 12.17; 1 R. 4.10**

3. ***Descendiente de Judá,*** **1 Cr. 4.6**

4. ***Uno de los valientes de David,*** **1 Cr. 11.36**

HEFERITA ***Descendiente de Hefer No. 1,*** **Nm. 26.32**

HEFZI-BÁ ***"Mi deleite está en ella", voz poética,*** **Is. 62.4**

HEGAI ***Eunuco del rey Asuero***

Est. 2.3 cuidado de *H* eunuco del rey, guarda
2.8 a cargo de *H*, Ester también fue llevada
2.8 al cuidado de *H* guarda de las mujeres
2.15 lo que dijo *H* eunuco del rey, guarda de

HELA ***Mujer de Asur No. 2,*** **1 Cr. 4.5,7**

HELADA

Gn. 31.40 consumía el calor, y de noche la *h*
Job 6.16 escondidas por la *h*, y encubiertas por

HELAM ***Ciudad en Galaad***

2 S. 10.16 vinieron a *H*, llevando por jefe a
10.17 reunió. . y pasando el Jordán vino a *H*

HELBA ***Población en Aser,*** **Jue. 1.31**

HELBÓN ***Población en Siria,*** **Ez. 27.18**

HELCAI ***Sacerdote en tiempo de Joiacim,*** **Neh. 12.15**

HELCAT ***Población en la frontera de Aser,*** **Jos. 19.25; 21.31**

HELCAT-HAZURIM ***"Campo de filos de espada",*** **2 S. 2.16**

HELDAI

1. ***Funcionario del rey David (=Heled),*** **1 Cr. 27.15**

2. ***Uno que volvió del cautiverio (=Helem),*** **Zac. 6.10**

HELEB ***Uno de los 30 valientes de David (=Heldai No. 1 y Heled),*** **2 S. 23.29**

HELEC ***Descendiente de Manasés,*** **Nm. 26.30; Jos. 17.2**

HELED ***Uno de los 30 valientes de David (=Heldai No. 1 y Heleb),*** **1 Cr. 11.30**

HELEF ***Población en la frontera de Neftalí,*** **Jos. 19.33**

HELEM

1. ***Descendiente de Aser,*** **1 Cr. 7.35**

2. ***=Heled y Heldai No. 2,*** **Zac. 6.14**

HELEQUITA ***Descendiente de Helec,*** **Nm. 26.30**

HELES

1. ***Uno de los valientes de David,*** **2 S. 23.26; 1 Cr. 11.27; 27.10**

2. ***Descendiente de Judá,*** **1 Cr. 2.39**

HELÓN ***Padre de Eliab, jefe de Zabulón,*** **Nm. 1.9; 2.7; 7.24, 29; 10.16**

HEMAM ***Horeo, hijo de Lotán (=Homam),*** **Gn. 36.22**

HEMÁN

1. ***Hijo de Zera, notable por su sabiduría,*** **1 R. 4.31; 1 Cr. 2.6**

2. ***Jefe de cantores en el templo***

1 Cr. 6.33 de los hijos de Coat, el cantor *H*
15.17 los levitas designaron a *H* hijo de Joel
15.19 así *H*, Asaf y Etán, que eran cantores
16.41 con ellos a *H*, a Jedutún y a los otros
16.42 con ellos a *H* y a Jedutún con trompetas
25.1 apartaron. . a los hijos de Asaf, de *H*
25.4 de los hijos de *H:* Buquías, Matanías
25.5 *H*. . Dios dio a *H* 14 hijos y tres hijas
25.6 Asaf. . *H* estaban por disposición del rey
2 Cr. 5.12 cantores. . los de *H* y los de Jedutún
29.14 de los hijos de *H*, Jehiel y Simei; y de
35.15 conforme al mandamiento de. . Asaf y *H*
Sal. 88 *tít.* Masquil de *H* ezraíta

HEMBRA

Gn. 1.27 creó Dios al hombre a. . varón y *h* los
5.2 varón y *h* los creó; y los bendijo, y
6.19 que tengan vida contigo; macho y *h* serán
7.2 tomarás siete parejas, macho y su *h;* mas
7.2 no. . limpios, una pareja, el macho y su *h*
7.3 de las aves de. . siete parejas, macho y *h*
7.9 dos. . macho y *h*, como mandó Dios a Noé
7.16 macho y *h* de toda carne vinieron, como
31.10 los machos que cubrían a las *h* eran
31.12 machos que cubren las *h* son listados
Lv. 3.1 de ganado. . sea macho o *h*, sin defecto
3.6 sea macho o *h*, lo ofrecerá sin defecto
4.32 trajere cordero, *h* sin defecto traerá
5.6 traerá. . *h* de los rebaños, una cordera o
Dt. 4.16 que no os. . hagáis. . efigie de varón o *h*
7.14 no habrá en ti varón ni *h* estéril, ni
Mt. 19.4 el que los hizo. . varón y *h* los hizo
Mr. 10.6 al principio. . varón y *h* los hizo Dios

HEMDÁN ***Horeo, hijo de Disón (=Amram No. 2),*** **Gn. 36.26**

HEN ***Hijo de Sofonías No. 4 (=Josías No. 2),*** **Zac. 6.14**

HENA *Pueblo conquistado por Senaquerib,* **2 R. 18.34; 19.13; Is. 37.13**

HENADAD *Padre de una familia de sacerdotes,* **Esd. 3.9; Neh. 3.18,24; 10.9**

HENO

2 R. 19.26 vinieron a ser. . *h* de los terrados
Sal. 104.14 hace producir el *h* para las bestias
Is. 37.27 como hierba del. . *h* de los terrados
51.12 y del hijo del hombre, que es como *h?*
Am. 7.1 cuando comenzaba a crecer el *h* tardío
7.1 era el *h* tardío después de las siegas del
1 Co. 3.12 edificare. . piedras preciosas. . *h*

HENDER

Lv. 1.17 la *henderá* por sus alas, pero no la
11.3 todo el que tiene pezuña *hendida* y que
11.4 camello. . pero no tiene pezuña *hendida*
11.7 el cerdo, porque es de pezuñas *hendidas*
11.26 animal de. . que no tiene pezuña *hendida*
Dt. 14.7 entre los que tienen pezuña *hendida*
14.7 rumian, mas no tienen pezuña *hendida*
14.8 ni cerdo, porque tiene pezuña *hendida*
Job 7.5 mi carne. . mi piel *hendida* y abominable
Sal. 60.2 temblar la tierra, la has *hendido*
78.15 *hendió* las peñas en el desierto, y les
141.7 como quien *hiende* y rompe la tierra
Mi. 1.4 y los valles se *hendirán* como la cera
Nah. 1.6 fuego, y por él se *hienden* las peñas
Hab. 3.9 tu arco. . *hendiste* la tierra con ríos

HENDIDURA

Éx. 33.22 yo te pondré en una *h* de la peña
Dt. 14.6 todo animal. . que tiene *h* de dos uñas
Is. 2.21 se meterá en las *h* de las rocas y en
Jer. 13.4 y escóndelo allá en la *h* de una peña
Am. 6.11 Jehová. . herirá con *h* la casa mayor
Abd. 1.3 tú que moras en las *h* de las peñas, en

HEPSIBA *Madre del rey Manasés,* **2 R. 21.1**

HERALDO

1 Co. 9.27 que habiendo sido *h* para otros, yo

HEREDAD

Gn. 17.8 toda la tierra de Canaán en *h* perpetua
23.9 me dé la cueva de. . al extremo de su *h*
23.11 te doy la *h*, y te doy también la cueva
23.13 yo daré el precio de la *h*; tómalo de
23.17 la *h* de Efrón que estaba en Macpela al
23.17 la *h* con la cueva que estaba en ella
23.17 todos los árboles que había en la *h*
23.19 sepultó Abraham. . en la cueva de la *h*
23.20 y quedó la *h* y la cueva que en ella, de
25.9 Macpela, en la *h* de Efrón hijo de Zohar
25.10 *h* que compró Abraham de los hijos de
31.14 ¿tenemos acaso parte o *h* en la casa de
48.4 daré esta tierra a tu. . por *h* perpetua
48.6 por el nombre. . serán llamados en sus *h*
49.30 compró Abraham. . para *h* de sepultura
50.13 comprado Abraham. . para *h* de sepultura
Éx. 6.8 la tierra. . os la daré por *h*. Yo Jehová
15.17 los plantarás en el monte de tu *h*, en
32.13 tierra. . la tomarán por *h* para siempre
34.9 y perdona nuestra. . y tómanos por tu *h*
Lv. 20.24 os la daré para que la poseáis por *h*
Nm. 16.14 ni nos has dado *h* de tierras y viñas
18.20 no tendrás *h*. . yo soy tu parte y tu *h*
18.21 yo he dado. . todos los diezmos. . por *h*
18.23 no poseerán *h* entre. . hijos de Israel
18.24 los levitas he dado por *h* los diezmos
18.24 entre los hijos de Israel no poseerán *h*
18.26 los diezmos que os he dado de ellos. . *h*
26.53 a estos se repartirá la tierra en *h*
26.54 a los más darás mayor *h*, y a los menos
26.54 le dará su *h* conforme a sus contados
26.56 conforme. . suerte será repartida su *h*
26.62 no les había de ser dada *h* entre los
27.4 *h* entre los hermanos de nuestro padre
27.7 les darás. . *h* entre los hermanos de su
27.7 y traspasarás la *h* de su padre a ellas
32.5 dése esta tierra a tus siervos en *h*, y
32.18 hijos de. . Israel posean cada uno su *h*
32.19 no tomaremos *h*. . al otro lado del Jordán
32.19 tendremos ya nuestra *h* a este otro lado
32.22 esta tierra será vuestra en *h* delante
32.32 posesión de nuestra *h* será a este lado
34.13 la tierra que se os repartirá en *h* por
34.14 la tribu de. . de Rubén. . han tomado su *h*
34.15 dos tribus y media tomaron su *h* a este
34.29 que hiciesen la repartición de las *h*
35.2 a los levitas, de la posesión de su *h*
35.8 las ciudades que diereis de la *h* de los
36.3 será quitada de la porción de nuestra *h*
36.4 la *h* de ellas será añadida a la *h* de la
36.4 así la *h* de ellas será quitada de la *h*
36.7 *h*. . no sea traspasada de tribu en tribu
36.7 cada uno de. . estará ligado a la *h* de la
36.8 hija que tenga *h* en las tribus de los
36.8 sino. . posean cada uno la *h* de sus padres
36.9 ande la *h* rodando de una tribu a otra
36.9 tribus. . de Israel estará ligada a su *h*
36.12 la *h* de ellas quedó en la tribu de la
Dt. 2.5 he dado por *h* a Esaú el monte de Seir
2.9 yo he dado a Ar por *h* a los hijos de Lot
2.19 pues a los hijos de Lot la he dado por *h*
3.18 Jehová. . que os ha dado esta tierra por *h*
3.20 volveréis cada uno a la *h* que yo os he
4.20 seáis el pueblo de su *h* como en este día
4.21 la buena tierra que Jehová. . te da por *h*
4.38 introducirte y darte su tierra por *h*
9.26 oh Señor Jehová, no destruyas. . a tu *h*
9.29 son tu pueblo y tu *h*, que sacaste con
10.9 Leví no tuvo parte ni *h*. . Jehová es su *h*
12.9 hasta ahora no habéis entrado. . a la *h*
12.12 por cuanto no tiene. . ni *h* con vosotros
14.27 al levita. . no tiene parte ni *h* contigo
14.29 el levita, que no tiene. . ni *h* contigo
15.4 la tierra que Jehová tu Dios te da por *h*
18.1 de Leví, no tendrán parte ni *h* en Israel
18.1 las ofrendas. . y de la *h* de él comerán
18.2 no tendrán. . *h* entre sus. . Jehová es su *h*
19.3 tierra que Jehová tu Dios te dará en *h*
19.10; 21.23; 24.4; 25.19 la tierra que Jehová tu Dios te da por *h*
19.14 en la *h*. . no reducirás los límites de
20.16 ciudades. . Jehová tu Dios te da por *h*
29.8 la dimos por *h* a Rubén y a Gad y a la
32.9 es su pueblo; Jacob la *h* que le tocó
32.49 de Canaán, que yo doy por *h* a. . Israel
33.4 ley, como *h* a la congregación de Jacob
Jos. 1.6 tú repartirás a este pueblo por *h* la
13.6 repartirás tú. . a los israelitas por *h*
13.7 reparte, pues. . en *h* a las nueve tribus
13.8 rubenitas y gaditas. . recibieron ya su *h*
13.14 pero a la tribu de Leví no dio *h*; los
13.14 los sacrificos de Jehová Dios. . son su *h*
13.23 esta fue la *h* de los hijos de Rubén
13.28 esta es la *h* de los hijos de Gad por
13.29 dio Moisés *h* a la media. . de Manasés
13.32 esto es lo que Moisés repartió en *h* en
13.33 mas a la tribu de Leví no dio Moisés *h*
13.33 Jehová Dios de Israel es la *h* de ellos
14.1 tomaron por *h* en la tierra de Canaán, lo
14.2 por suerte se les dio su *h*, como Jehová
14.3 les había dado Moisés *h* al otro lado del
14.3 a los levitas no les dio *h* entre ellos
14.13 Josué. . dio a Caleb hijo. . Hebrón por *h*
14.14 Hebrón vino a ser *h* de Caleb hijo de
15.20 la *h* de la tribu de los hijos de Judá
16.4 recibieron, pues, su *h* los hijos de José
16.5 el límite de su *h*. . fue desde Atarot-adar
16.8 esta es la *h* de la tribu de. . de Efraín
16.9 ciudades. . en medio de la *h* de. . Manasés
17.4 Jehová mandó a Moisés que nos diese *h*
17.4 les dio *h* entre los hermanos del padre
17.6 las hijas de Manasés tuvieron *h* entre
17.14 ¿por qué nos has dado por *h* una sola
18.4 describan conforme a sus *h*, y vuelvan a
18.7 el sacerdocio de Jehová es la *h* de ellos
18.7 ya han recibido su *h* al otro lado del
18.20,28 es la *h* de los hijos de Benjamín
19.1 su *h* fue en medio de la *h* de los hijos
19.2 y tuvieron en su *h* a Beerseba, Seba
19.8 esta es la *h*. . de los hijos de Simeón
19.9 fue sacada la *h* de los hijos de Simeón
19.9 tuvieron su *h* en medio de la de Judá
19.16 esta es la *h* de los hijos de Zabulón
19.23 esta es la *h*. . de los hijos de Isacar
19.31 esta es la *h* de. . de los hijos de Aser
19.39 esta es la *h*. . de los hijos de Neftalí
19.41 fue el territorio de su *h*, Zora, Estaol
19.48 esta es la *h* de. . de los hijos de Dan
19.49 que acabaron de repartir la tierra en *h*
19.49 dieron. . Israel *h* a Josué hijo de Nun
19.51 las *h* que el sacerdote Eleazar, y Josué
22.7 dio. . *h* entre sus hermanos a este lado
24.30 le sepultaron en su *h* en Timnat-sera
Jue. 2.6 Israel se habían ido cada uno a su *h*
2.9 y lo sepultaron en su *h* en Timnat-sera
21.23 y volvieron a su *h*, y reedificaron las
21.24 Israel. . saliendo de allí cada uno a su *h*
Rt. 4.6 no puedo redimir. . no sea que dañe mi *h*
4.10 para restaurar el nombre del. . sobre su *h*
1 S. 26.19 que no tenga parte en la *h* de Jehová
2 S. 14.16 me quiere destruir. . de la *h* de Dios
20.1 no tenemos. . ni *h* con el hijo de Isaí
20.19 ¿por qué destruyes la *h* de Jehová?
21.3 daré, para que bendigáis la *h* de Jehová?
1 R. 2.26 vete. . a tus *h*. . eres digno de muerte
8.36 darás lluvias. . diste a tu pueblo por *h*
8.51 porque ellos son tu pueblo y tu *h*, el
8.53 tú los apartaste para ti como *h* tuya
12.16 David? No tenemos *h* en el hijo de Isaí
21.3 que yo te dé a ti la *h* de mis padres
21.4 Nabot. . No te daré la *h* de mis padres
2 R. 9.21 al cual hallaron en la *h* de Nabot
9.25 y échalo a un extremo de la *h* de Nabot
9.26 te daré la paga en esta *h*, dijo Jehová
9.26 tómalo, pues. . échalo en la *h* de Nabot
9.36 en la *h* de Jezreel comerán los perros
9.37 Jezabel será como. . en la *h* de Jezreel
18.17 acamparon. . el camino de la *h* de Lavador
21.14 y desampararé el resto de mi *h*, y lo
1 Cr. 7.28 la *h*. . de ellos fue Bet-el con sus
16.18 a ti daré. . de Canaán, porción de tu *h*
2 Cr. 6.27 tu tierra. . diste por *h* a tu pueblo
20.11 viniendo a arrojarnos de la *h* que tú
Esd. 9.12 y la dejéis por *h* a vuestros hijos
Neh. 5.16 restauré mi parte, y no compramos *h*
11.20 el resto de Israel. . cada uno en su *h*
13.10 levitas. . habían huido cada uno a su *h*
Job 20.29 *h* que Dios le señala por su palabra
31.2 qué *h* el Omnipotente desde las alturas?
Sal. 16.6 y es hermosa la *h* que me ha tocado
28.9 salva a tu pueblo, y bendice a tu *h*
33.12 pueblo que él escogió como *h* para sí
37.18 y la *h* de ellos será para siempre
47.4 él nos eligirá nuestras *h*; la hermosura
61.5 me has dado la *h* de los que temen tu
68.9 Dios; a tu *h* exhausta tú la reanimaste
78.55 con cuerdas repartió sus tierras en *h*
78.62 a la espada, y se irritó contra su *h*
78.71 para que apacentase a. . a Israel su *h*
79.1 oh Dios, vinieron las naciones a tu *h*
94.5 tu pueblo. . quebrantan, y a tu *h* afligen
94.14 no. . a su pueblo, ni desamparará su *h*
105.11 de Canaán como porción de vuestra *h*
106.5 que me goce en. . y me glorie con tu *h*
106.40 furor de Jehová sobre. . abominó su *h*
111.6 pueblo, dándole la *h* de las naciones
119.111 por *h* he tomado tus testimonios para
125.3 no reposará la vara de. . sobre la *h* de
135.12 y dio la tierra. . en *h*, en *h* a Israel
136.21 dio la tierra de ellos en *h*, porque
136.22 en *h* a Israel su siervo, porque para
Pr. 8.21 hacer que los que me aman tengan su *h*
15.25 Jehová. . pero afirmará la *h* de la viuda
23.10 no. . ni entres en la *h* de los huérfanos
31.16 considera la *h*, y la compra, y planta
Is. 5.8 y añaden *h* a *h* hasta ocuparlo todo!
7.3 Acaz. . en el camino de la *h* del Lavador
19.25 bendito el pueblo mío. . e Israel mi *h*
34.17 cordel; para siempre la tendrán por *h*
36.2 acampó. . en el camino de la *h* del Lavador
47.6 profané mi *h*, y los entregué en tu mano
49.8 y te daré. . para que heredes asoladas *h*
57.13 que en mí confía tendrá la tierra por *h*
58.14 te daré a comer la *h* de Jacob tu padre
61.7 lugar de. . deshonra, os alabarán en sus *h*
63.17 vuélvete por. . por las tribus de tu *h*
65.9 mis escogidos poseerán por *h* la tierra
Jer. 2.7 tierra, e hicisteis abominable mi *h*
3.19 y os daré. . la rica *h* de las naciones?
6.12 a otros, sus *h* y también sus mujeres
10.16 el Hacedor. . e Israel es la vara de su *h*
12.7 he dejado mi casa, desampararé mi *h*, he
12.8 mi *h* fue para mí como león en la selva
12.9 ¿es mi *h* para mí como ave de rapiña de
12.10 han destruido mi viña, hollaron mi *h*
12.10 convirtieron en desierto. . *h* preciosa
12.13 tuvieron la *h*, mas no aprovecharon nada
12.14 la *h* que hice poseer a mi pueblo Israel
12.15 haré volver cada uno a su *h* y. . tierra
16.18 y de sus abominaciones llenaron mi *h*
17.4 perderás la *h* que yo te di, y te haré
32.7 cómprame mi *h* que está en Anatot; porque
32.8 compra ahora mi *h*, que está en Anatot
32.9 compré la *h* de Hanameel, hijo de mi tío
32.15 aún se comprarán casas, *h* y viñas en
32.25 me has dicho: Cómprate la *h* por dinero
32.43 poseerán *h* en esta tierra de la cual
32.44 *h* comprarán por. . y harán escritura y
35.9 y de no tener viña, ni *h*, ni sementera
39.10 a los pobres del. . les dio viñas y *h*
49.2 tomará por *h* a los que. . tomaron a ellos
50.11 porque os gozasteis destruyendo mi *h*
Lm. 5.2 nuestra *h* ha pasado a extraños. . casas
Ez. 25.4 yo te entrego por *h* a los orientales
25.10 la entregaré por *h*, para que no haya
35.15 te alegraste sobre la *h* de la casa de
36.2 las alturas. . nos han sido dadas por *h*
36.3 para que fueseis *h* de las otras naciones
36.5 que se disputaron mi tierra por *h* con
36.12 serás por *h*, y nunca más les matarás
44.28 habrá para ellos *h*; yo seré su *h*, pero
45.1 repartáis por suertes la tierra en *h*
46.16 si el. . diere parte de su *h* a sus hijos
46.17 mas si de su *h* diere parte a alguno de
47.13 repartiréis la tierra por *h* entre las
47.14 tanto, esta será la tierra de vuestra *h*
47.22 echaréis. . suertes por *h* para vosotros
47.22 echarán suertes. . para tener *h* entre las
47.23 allí le daréis su *h*, ha dicho Jehová
48.29 la tierra que repartiréis. . en *h* a las
Dn. 12.13 te levantarás para recibir tu *h* al
Os. 5.7 un solo mes. . consumidos ellos y sus *h*
Jl. 2.17 no entregues al oprobio tu *h*, para que
3.2 a causa de mi pueblo, y de Israel mi *h*
Mi. 2.2 codician las *h*, y las roban; y casas
2.2 oprimen al hombre y. . al hombre y a su *h*
2.5 no habrá quien a suerte reparta *h* en la
7.14 apacienta. . el rebaño de tu *h*, que mora
7.18 olvida el pecado del remanente de su *h?*
Zac. 2.12 y Jehová poseerá a Judá su *h* en la
Mal. 1.3 abandoné su *h* para los chacales del
Mt. 5.5 porque ellos recibirán la tierra por *h*
21.38 matémosle, y apoderémonos de su *h*
Mr. 12.7 venid, matémosle, y la *h* será nuestra
Lc. 12.16 *h* de un hombre rico había producido

HEREDAD *(Continúa)*

Lc. 20.14 matémosle, para que la *h* sea nuestra
Jn. 4.5 Sicar, junto a la *h* que Jacob dio a su
Hch. 4.34 todos los que poseían *h*..las vendían
4.37 como tenía una *h*, la vendió y trajo el
5.1 Ananías..Safira su mujer, vendió una *h*
5.3 Santo, y sustrajeses del precio de la *h*?
5.8 ¿vendisteis en tanto la *h*? Y ella dijo

HEREDAR

Gn. 15.4 no te *heredará* éste..hijo tuyo te *h*
15.7 de Ur..para darte a *heredar* esta tierra
15.8 en qué conoceré que la he de *heredar*?
21.10 el hijo de..sierva no ha de *heredar*
28.4 para que *heredes* la tierra en que moras
Nm. 26.55 los nombres de las tribus..*heredarán*
33.54 y *heredaréis* la tierra por sorteo por
33.54 por las tribus de..padres *heredaréis*
35.8 dará..según la posesión que *heredará*
Dt. 1.38 Josué hijo..la hará *heredar* a Israel
1.39 a ellos la daré, y ellos la *heredarán*
2.31 tomar posesión de..para que la *heredes*
3.12 esta tierra que *heredamos*..la di a los
3.20 *hereden*..también la tierra que Jehová
3.28 él les hará *heredar* la tierra que verás
12.2 las naciones que..*heredaréis* sirvieron
12.10 en la tierra que..Dios os hace *heredar*
12.29 y las *heredes*, y habites en su tierra
16.20 y *heredes* la tierra que Jehová..te da
18.14 naciones que vas a *heredar*, a agoreros
19.1 tu Dios te da a ti, y tú las *heredes*
21.16 el día que hiciere *heredar* a sus hijos
30.5 a la tierra que *heredaron* tus padres
31.3 destruirá a estas naciones..*heredarás*
31.7 entrarás con..y tú se la harás *heredar*
32.8 el Altísimo hizo *heredar* a las naciones
Jue. 11.2 no *heredarás* en la casa de nuestro
1 S. 2.8 hacerle..*heredar* un sitio de honor
Neh. 9.25 *heredaron* casas llenas de todo bien
Sal. 25.13 su descendencia *heredará* la tierra
37.9 los que esperan en..*heredarán* la tierra
37.11 pero los mansos *heredarán* la tierra
37.22 los benditos de él *heredarán* la tierra
37.29 justos *heredarán* la tierra, y vivirán
37.34 él te exaltará para *heredar* la tierra
69.36 la descendencia de sus..la *heredará*
82.8 porque tú *heredarás* todas las naciones
83.12 han dicho: *Heredemos* para nosotros las
105.44 las labores de los pueblos *heredaron*
Pr. 3.35 los sabios *heredarán* honra, mas los
11.29 el que turba su casa *heredará* viento
14.18 los simples *heredarán* necedad; mas los
28.10 mas los perfectos *heredarán* el bien
30.23 la sierva cuando *hereda* a su señora
Is. 49.8 para que *heredes* asoladas heredades
54.3 tu descendencia *heredará* naciones, y
60.21 ellos..para siempre *heredarán* la tierra
Jer. 3.18 tierra que hice *heredar* a vuestros
Ez. 47.14 la *heredaréis* así los unos como los
Sof. 2.9 remanente de mi pueblo los *heredará*
Mt. 19.29 recibirá..y *heredará* la vida eterna
25.34 venid..*heredad* el reino preparado para
Mr. 10.17 qué haré para *heredar* la vida eterna?
Lc. 10.25 ¿haciendo qué cosa *heredaré* la vida
18.18 ¿qué haré para *heredar* la vida eterna?
1 Co. 6.9 los injustos no *heredarán* el reino de
6.10 ni los ladrones..*heredarán* el reino de
15.50 no pueden *heredar* el reino de Dios, ni
15.50 ni la corrupción *hereda* la incorrupción
Gá. 4.30 no *heredará* el hijo de la esclava con
5.21 que practican tales cosas no *heredarán*
He. 1.4 *heredó* más excelente nombre que ellos
6.12 que por la fe y la..*heredan* las promesas
12.17 después, deseando *heredar* la bendición
1 P. 3.9 llamados para que *heredaseis* bendición
Ap. 21.7 que venciere *heredará* todas las cosas

HEREDERO

Gn. 15.3 dijo también..que será mi *h* un esclavo
2 S. 14.7 entrega al..y matemos también al *h*
Pr. 13.22 el bueno dejará *h* a los hijos de sus
29.21 siervo mimado..a la postre será su *h*
Is. 65.9 descendencia de..Judá *h* de mis montes
Jer. 49.1 ¿no tiene hijos Israel? ¿No tiene *h*?
Mt. 21.38; Mr. 12.7; Lc. 20.14 éste es el *h*; venid, matémosle
Ro. 4.13 la promesa de que sería *h* del mundo
4.14 si los que son de la ley son los *h*, vana
8.17 y si hijos, también *h*; *h* de Dios y
Gá. 3.29 linaje de Abraham sois, y *h* según la
4.1 *h* es niño, en nada difiere del esclavo
4.7 si hijo..*h* de Dios por medio de Cristo
Tit. 3.7 justificados por..viniésemos a ser *h*
He. 1.2 el Hijo, a quien constituyó *h* de todo
1.14 servicio a favor de los que serán *h* de
6.17 mostrar más abundantemente a los *h* de
11.7 *h* de la justicia que viene por la fe
Stg. 2.5 *h* del reino que ha prometido a los

HEREDITARIA

Lv 25.46 los podréis dejar..como posesión *h*

HEREJÍA

Hch. 24.14 según el Camino que ellos llaman *h*
Gá. 5.20 celos, iras, contiendas, disensiones, *h*
2 P. 2.1 que introducirán encubiertamente *h*

HERENCIA

Lv. 25.46 los podréis dejar en *h* para..hijos
27.22 tierra..que no era de la tierra de su *h*
27.24 a aquél de..cuya es la *h* de la tierra
Nm. 27.8 sin hijos, traspasaréis su *h* a su hija
27.9 no tuviere..daréis su *h* a sus hermanos
27.10 daréis su *h* a los hermanos de su padre
27.11 daréis su *h* a su pariente más cercano
33.54 a los muchos daréis mucho por *h*, y a
33.54 a los pocos daréis menos por *h*; donde
34.2 esto es, la tierra que os ha de caer en *h*
36.3 la *h* de ellas será así quitada de la *h*
36.3 será añadida a la *h* de la tribu a que
Dt. 26.1 tierra que Jehová tu Dios te da por *h*
Jos. 1.15 volveréis..a la tierra de vuestra *h*
11.23 entregó Josué a los israelitas por *h*
14.9 para ti, y para tus hijos en *h* perpetua
21.3 dieron de su propia *h* a los levitas
23.4 por suerte, en *h* para vuestras tribus
Jue. 21.17 tenga..*h* en los que han escapado
1 Cr. 28.8 dejéis en *h* a vuestros hijos después
2 Cr. 10.16 no tenemos *h* en el hijo de Isaí
Job 27.13 *h* que los violentos han de recibir
42.15 les dio su padre *h* entre sus hermanos
Sal. 2.8 pídeme, y te daré por *h* las naciones
16.5 Jehová es la porción de mi *h* y de mi
74.2 redimiste para hacerla la tribu de tu *h*
127.3 he aquí, *h* de Jehová son los hijos
Pr. 19.14 la casa y las..son *h* de los padres
Ec. 7.11 buena es..ciencia con *h*; y provechosa
Is. 54.17 esta es la *h* de los siervos de Jehová
Jer. 32.8 porque tuyo es el derecho de la *h*
51.19 Formador..Israel es el cetro de su *h*
Ez. 46.16 diere..posesión de ellos será por *h*
46.17 volverá al..mas su *h* será de sus hijos
46.18 y el príncipe no tomará nada de la *h*
46.18 de lo que él posee dará *h* a sus hijos
Lc. 12.13 a mi hermano que parta conmigo la *h*
Hch. 7.5 no le dio *h* en ella..asentar un pie
13.19 de Canaán, les dio en *h* su territorio
20.32 y daros *h* con todos los santificados
26.18 que reciban..*h* entre los santificados
Gá. 3.18 si la *h* es por la ley, ya no es por
Ef. 1.11 en él asimismo tuvimos *h*, habiendo
1.14 que es las arras de nuestra *h* hasta la
1.18 las riquezas de la gloria de su *h* en los
5.5 que ningún..avaro..tiene *h* en el reino
Col. 1.12 participar de la *h* de los santos en
3.24 Señor recibiréis la recompensa de la *h*
He. 9.15 reciban la promesa de la *h* eterna
10.34 una mejor y perdurable *h* en los cielos
11.8 al lugar que había de recibir como *h*
1 P. 1.4 para una *h* incorruptible..en los cielos

HERES

***1. Monte cerca de Ajalón No. 1*, Jue. 1.35**
***2. Levita que regresó del exilio*, 1 Cr. 9.15**

HEREZ *"Ciudad del sol"*, Is. 19.18

HERIDA

Gn. 4.23 un varón mataré por mi *h*, y un joven
Éx. 21.25 quemadura por quemadura, *h* por *h*
Dt. 17.8 juicio..entre una clase de *h* y otra
1 R. 20.37 hiéreme..y el hombre..le hizo una *h*
22.35 la sangre de la *h* corría por el fondo
2 R. 8.29; 9.15 para curarse de las *h* que los
2 Cr. 22.6 volvió para curarse..de las *h* que
Job 9.17 me ha..ha aumentado mis *h* sin causa
34.6 dolorosa es mi *h* sin haber hecho yo
Sal. 147.3 sana a los quebrantados..venda sus *h*
Pr. 6.33 *h* y vergüenza hallará, y su afrenta
23.29 las quejas? ¿para quién las *h* en balde?
27.6 fieles son las *h* del que ama; pero
Is. 1.6 cabeza no hay en él cosa sana, sino *h*
30.26 que vendare Jehová la *h* de su pueblo
Jer. 6.7 robo..en mi presencia, enfermedad y *h*
6.14 curan la *h* de mi pueblo con liviandad
8.11 curaron la *h* de la hija de mi pueblo con
15.18 mi *h* desahuciada no admitió curación?
30.17 para ti, y sanaré tus *h*, dice Jehová
Nah. 3.19 no hay medicina..tu *h* es incurable
Zac. 13.6 ¿qué *h* son estas en tus manos? Y él
Lc. 10.34 vendó sus *h*, echándoles aceite y vino
Hch. 16.33 él, tomándolos en..les lavó las *h*
1 P. 2.24 llevó..y por cuya *h* fuisteis sanados
Ap. 13.3 muerte, pero su *h* mortal fue sanada
13.12 la..bestia, cuya *h* mortal fue sanada
13.14 la imagen a la bestia que tiene la *h* de

HERIDO *Véase también Herir*

1 S. 17.52 cayeron los *h* de los filisteos por
Jer. 51.52 y en toda su tierra gemirán los *h*
Lm. 2.12 desfallecían como *h* en las calles de
Ez. 26.15 cuando griten los *h*, cuando se haga

HERIDOR

Éx. 12.23 no dejará entrar al *h* en vuestras
Nm. 35.21 por enemistad lo hirió..el *h* morirá
Is. 50.6 di mi cuerpo a los *h*, y mis mejillas

HERIR

Gn. 3.15 te *herirá* en la cabeza, y tú le *herirás*
12.17 Jehová *hirió* a Faraón y a su casa con
19.11 y a los hombres..*hirieron* con ceguera
32.11 Esaú..me *hiera* la madre con los hijos
Éx. 3.20 *heriré* a Egipto con..mis maravillas
7.25 siete días después que Jehová *hirió* el
9.15 yo extenderé mi mano para *herirte* a ti
9.25 aquel granizo *hirió* en toda la tierra
12.12 *heriré* a todo primogénito en la tierra
12.13 veré..cuando *hiera* la tierra de Egipto
12.23 Jehová pasará *hiriendo* a los egipcios
12.23 no dejará entrar al heridor..para *herir*
12.27 *hirió* a los egipcios, y libró..casas
12.29 Jehová *hirió* a todo primogénito en la
21.12 que *hiriere* a alguno, haciéndole así
21.13 el que no pretendía *herirlo*, sino que
21.15 el que *hiriere* a su padre o a su madre
21.18 uno *hiriere* a su prójimo con piedra o
21.19 entonces será absuelto el que lo *hirió*
21.20 si alguno *hiriere* a su siervo..con palo
21.22 si..*hirieren* a mujer embarazada, y ésta
21.26 si alguno *hiriere* el ojo de su siervo
21.35 el buey de alguno *hiriere* al buey de su
22.2 si el ladrón..fuere *herido* y muriere
22.2 el que lo *hirió* no será culpado de su
32.35 Jehová *hirió* al pueblo, porque habían
Lv. 22.24 no ofreceréis..animal con..*heridos*
24.17 hombre que *hiere* de muerte a..persona
24.18,21 que *hiere*..animal ha de restituirlo
24.21 *hiere* de muerte a un hombre, que muera
26.17 *heridos* delante de vuestros enemigos
26.24 os *heriré* aún siete veces por..pecados
Nm. 8.17 el día que yo *herí* a todo primogénito
11.33 *hirió* Jehová al pueblo con una plaga
14.12 los *heriré* de mortandad y los destruiré
14.42 no seáis *heridos* delante de..enemigos
14.45 descendieron el amalecita y..*hirieron*
21.24 *hirió* Israel a filo de espada, y tomó
21.35 *hirieron* a él y a sus hijos, y a toda
22.6 quizá yo pueda *herirlo* y echarlo de la
24.17 *herirá* las sienes de Moab, y destruirá
25.17 hostigad a los madianitas, y *heridlos*
32.4 la tierra que Jehová *hirió* delante de la
33.4 enterraban..los que Jehová había *herido*
35.11 huya el homicida que *hiriere* a alguno
35.15 *hiriere* de muerte a otro sin intención
35.16,17,18 si con..lo *hiriere* y muriere
35.21 o por enemistad lo *hirió* con su mano
Dt. 13.15 *herirás* a filo de espada..moradores
19.4 que *hiriere* a su prójimo sin intención
19.6 que el vengador de la sangre..le *hiera*
19.11 y lo acechare..y lo *hiriere* de muerte
20.13 *herirás* a todo varón..filo de espada
25.3 si lo *hirieren* con muchos azotes más que
25.11 a su marido de mano del que le *hiere*
27.24 el que *hiere* a su prójimo ocultamente
28.22 Jehová te *herirá* de tisis, de fiebre
28.27 te *herirá* con la úlcera de Egipto, con
28.28 Jehová te *herirá* con locura, ceguera
28.35 te *herirá* Jehová con maligna pústula
32.39 yo *hiero*, y yo sano; y no hay quien
33.11 *hiere* los lomos de sus enemigos, y de
Jos. 8.22 *hirieron* hasta que no quedó ninguno
8.24 a Hai, y..la *hirieron* a filo de espada
10.10 los *hirió* con gran mortandad en Gabaón
10.10 siguió..los *hirió* hasta Azeca y Maceda
10.19 seguid a vuestros enemigos y *heridles*
10.20 acabaron de *herirlos* con gran mortandad
10.26 *hirió* y los mató, y los hizo colgar en
10.28 tomó..a Maceda..*hirió* a filo de espada
10.30 y la *hirió* a filo de espada, con todo
10.32 a Laquis..y la *hirió* a filo de espada
10.35 tomaron..la *hirieron* a filo de espada
10.37 la *hirieron* a filo de espada, a su rey
10.39 sus ciudades..*hirieron* a filo de espada
10.40 *hirió*, pues, Josué toda la región de
10.41 y los *hirió* Josué desde Cades-barnea
11.8 los *hirieron* y los siguieron hasta Sidón
11.8 *hiriéndolos* hasta que no les dejaron
11.12 *hirió* a filo de espada, y los destruyó
11.14 a todos los hombres *hirieron* a filo de
11.17 a todos sus reyes, y los *hirió* y mató
19.47 a Lesem..la *hirieron* a filo de espada
20.5 por cuanto *hirió*..por accidente, y no
20.9 se acogiese..cualquiera que *hiriese* a
24.5 envié a Moisés..Aarón, y *herí* a Egipto
Jue. 1.4 *hirieron* de ellos en Bezec a diez mil
1.10 *hirieron* a Sesai, a Ahimán y a Talmai
1.25 ciudad, y la *hirieron* a filo de espada
3.13 *hirió* a Israel, y tomó la ciudad de las
5.26 golpeó a Sísara, *hirió* su cabeza, y le
9.40 cayeron *heridos*..hasta la entrada de la
15.8 *hirió* cadera y muslo con gran mortandad
18.27 a Lais..los *hirieron* a filo de espada
20.31 comenzaron a *herir* a algunos..pueblo
20.37 *hirieron* a filo de espada..la ciudad
20.39 comenzaron a *herir*..la gente de Israel
20.48 volvieron..*hirieron* a filo de espada

HERIR *(Continúa)*
Jue. 21.10 *herid* a filo de espada..Jabes-galaad
1 S. 4.2 *hirieron* en la batalla..4.000 hombres
4.3 nos ha *herido* hoy Jehová delante de los
4.8 son los dioses que *hirieron* a Egipto con
5.6 los destruyó..*hirió* con tumores en Asdod
5.12 que no morían, eran *heridos* de tumores
6.9 que no es su mano la que nos ha *herido*
6.19 porque Jehová lo había *herido* con tan
7.11 filisteos, *hiriéndolos* hasta abajo de
11.11 *hirieron* a los amonitas hasta que el
14.31 *hirieron*..a los filisteos desde Micmas
15.3 vé, pues, y *hiere* a Amalec, y destruye
17.35 y lo *hería*, y lo libraba de su boca
17.35 le echaba mano..lo *hería* y lo mataba
17.49 tiró..e *hirió* al filisteo en la frente
17.50 *hirió* al filisteo y lo mató, sin tener
18.7 Saúl *hirió* a sus miles, y David a sus
19.8 David..los *hirió* con grande estrago, y
19.10 el cual *hirió* con la lanza en la pared
20.33 Saúl le arrojó una lanza para *herirlo*
21.11 *hirió* Saúl sus miles y David a sus
22.19 Nob..*hirió*..todo lo *h* a filo de espada
25.38 días después, Jehová *hirió* a Nabal, y
26.8 déjame que le *hiera* con la lanza, y lo
26.10 que si Jehová no lo *hiriere*, o su día
29.5 Saúl *hirió* a sus miles, y David a sus
30.17 los *hirió* David desde aquella mañana
2 S. 1.15 vé y mátalo. Y él lo *hirió*, y murió
2.22 ¿por qué he de *herirte* hasta derribarte?
2.23 *hirió* Abner con el regatón de la lanza
2.31 *hirieron* de los de Benjamín y de los de
3.27 en venganza de la muerte de..le *hirió*
4.7 Is-boset..lo *hirieron* y lo mataron, y le
5.8 todo el que *hiera* a los jebuseos, suba
5.8 *hiera* a los cojos y ciegos aborrecidos
5.24 Jehová saldrá..a *herir* el campamento de
5.25 *hirió* a los filisteos desde Geba hasta
6.7 lo *hirió* allí Dios por aquella temeridad
6.8 y se entristeció David por haber *herido*
8.5 David *hirió* de..sirios a 22.000 hombres
10.18 *hirió*..a Sobac general del ejército
11.15 a Urías..para que sea *herido* y muera
11.21 ¿quién *hirió* a Abimelec..de Jerobaal?
12.9 Urías..*heriste* a espada, y tomaste por
12.15 Jehová *hirió* al niño que la mujer de
13.28 y al decir yo: *Herid* a Amnón..matadle
14.6 tenía dos hijos..*hirió* el uno al otro
15.14 y *hiera* a la ciudad a filo de espada
18.15 y diez jóvenes..*hirieron* a Absalón, y
20.10 éste le *hirió*..en la quinta costilla
21.17 Abisai..*hirió* al filisteo y lo mató
22.39 los *heriré*, de modo que no se levanten
23.10 e *hirió* a los filisteos hasta que su
1 R. 2.46 Benaía..salió y lo *hirió*, y murió
15.27 conspiró contra él, y lo *hirió* Baasa
16.10 vino Zimri y lo *hirió* y lo mató, en el
20.21 salió..e *hirió* la gente de a caballo
20.35 *hiéreme* ahora..otro no quiso *herirle*
20.36 cuando te apartes..te *herirá* un león
20.37 le dijo: *Hiéreme* ahora. Y el hombre le
22.34 *hirió* al rey..por entre las junturas
22.34 sácame del campo, pues estoy *herido*
2 R. 6.18 que *hieras* con ceguera..y los *hirió*
8.28 guerra..y los sirios *hirieron* a Joram
9.7 *herirás* la casa de Acab tu señor, para
9.24 Jehú..*hirió* a Joram entre las espaldas
9.27 lo siguió Jehú, diciendo: *Herid*..a éste
9.27 le *hirieron* a la subida de Gur, junto a
12.21 sus siervos, le *hirieron*, y murió
13.17 porque *herirás* a los sirios en Afec
15.5 Jehová *hirió* al rey con lepra, y estuvo
15.10 y lo *hirió* en presencia de su pueblo
15.14 Manahem..*hirió* a Salum hijo de Jabes
15.25 y lo *hirió* en Samaria, en el palacio
15.30 *hirió* y lo mató, y reinó en su lugar
18.8 *hirió* también a..filisteos hasta Gaza
19.37 en el templo..sus hijos lo *hirieron* a
25.21 el rey de Babilonia los *hirió* y mató
25.25 vino..e *hirieron* a Gedalías, y murió
1 Cr. 10.1 y cayeron *heridos* en el monte de
10.3 Saúl..y fue *herido* por los flecheros
13.10 *hirió*, porque había extendido su mano
14.15 y *herirá* el ejército de los filisteos
18.5 David *hirió* de ellos 22.000 hombres
21.7 esto desagradó a Dios, e *hirió* a Israel
2 Cr. 13.17 cayeron *heridos* de Israel 500.000
13.20 Jeroboam..y Jehová lo *hirió*, y murió
18.33 a la ventura, *hirió* el rey de Israel
18.33 sácame del campo..estoy mal *herido*
21.14 Jehová *herirá* a tu pueblo de..plaga
21.18 lo *hirió* con una enfermedad incurable
22.5 a Ramot de..los sirios *hirieron* a Joram
24.25 y lo *hirieron* en su cama, y murió
26.20 salir, porque Jehová lo había *herido*
35.23 quitadme de..estoy gravemente *herido*
Neh. 13.25 maldije, y *herí* a algunos de ellos
Job 2.7 e *hirió* a Job con una sarna maligna
5.18 la vendará; él *hiere*, y sus manos curan
16.10 boca; *hirieron* mis mejillas con afrenta
24.12 las almas de los *heridos* de muerte
26.12 agita el mar..*hiere* la arrogancia suya
34.26 los *herirá* en lugar donde sean vistos
Sal. 3.7 tú *heriste* a todos mis enemigos en la
18.38 los *herí* de modo que no se levantasen
42.10 como quien *hiere* mis huesos..afrentan
64.7 Dios los *herirá* con saeta; de repente
68.21 Dios *herirá* la cabeza de sus enemigos
69.26 porque persiguieron al que tú *heriste*
78.20 ha *herido* la peña, y brotaron aguas
78.66 e *hirió* a sus enemigos por detrás; les
89.10 quebrantaste a Rahab como a *herido* de
89.23 sino que..*herirá* a los que le aborrecen
102.4 mi corazón está *herido*, y seco como la
105.36 *hirió* de muerte a..los primogénitos
109.22 mi corazón está *herido* dentro de mí
136.10 que *hirió* a Egipto en sus primogénitos
136.17 al que *hirió* a grandes reyes, porque
141.5 un..bálsamo que no me *herirá* la cabeza
Pr. 7.26 muchos ha hecho caer *heridos*, y aun
17.26 *herir* a los nobles que hacen lo recto
19.25 *hiere* al escarnecedor, y el simple se
20.30 azotes que *hieren* son medicina para el
23.35 dirás: Me *hirieron*, mas no me dolió
26.10 como arquero que a todos *hiere*, es el
Ec. 10.9 quien corta piedras, se *hiere* con
Cnt. 5.7 me *hirieron;* me quitaron mi manto de
Is. 5.25 y extendió contra él su..y le *hirió*
10.20 nunca..se apoyarán en el que los *hirió*
10.24 *herirá*, y contra ti se alzará su palo
11.4 *herirá* la tierra con la vara de su boca
11.15 lo *herirá* en sus siete brazos, y hará
14.6 que *hería* a los pueblos con furor, con
14.29 por haberse quebrado la vara..te *hería*
19.22 y *herirá* Jehová a Egipto; *h* y sanará
27.7 ha sido *herido* como quien lo *hirió*, o
30.31 Asiria que *hirió* con vara, con la voz
51.9 ¿no eres tú el..el que *hirió* al dragón?
53.4 tuvimos por..*herido* de Dios y abatido
53.5 él *herido* fue por nuestras rebeliones
53.8 por la rebelión de mi pueblo fue *herido*
57.17 *herí*, escondí mi rostro y me indigné
58.4 y para *herir* con el puño inicuamente
Jer. 14.19 ¿por qué nos hiciste *herir* sin que
18.18 *hirámoslo* de lengua, y no atendamos a
18.21 y sus jóvenes *heridos* a espada en la
21.6 y *heriré* a los moradores de esta ciudad
21.7 Nabucodonosor..*herirá* a filo de espada
30.14 porque como *hiere* un enemigo te *herí*
31.19 que reconocí mi falta, *herí* mi muslo
33.5 de hombres muertos, a los cuales *herí* yo
37.10 aun cuando *hirieseis* a todo el ejército
37.10 y quedasen..solamente hombres *heridos*
41.2 *hirieron* a espada a Gedalías hijo de
52.27 el rey..los *hirió*, y los mató en Ribla
Lm. 3.30 dé la mejilla al que le *hiere*, y sea
Ez. 21.12 caerán ellos..*hiere*, pues, tu muslo
21.16 *hiere* a la izquierda, adonde quiera que
30.4 miedo..cuando caigan *heridos* en Egipto
30.24 aquél gemirá con gemidos de *herido* de
33.4 oyere..y viniendo la espada lo *hiriere*
33.6 y viniendo la espada, *hiriere* de él a
Dn. 2.34 una piedra..*hirió* a la imagen en sus
2.35 mas la piedra que *hirió* a la imagen fue
8.4 vi que el carnero *hería* con los cuernos
8.7 y se levantó contra él y lo *hirió*, y le
Os. 6.1 él arrebató, y..*hirió*, y nos vendará
9.16 Efraín fue *herido*, su raíz está seca, no
Jl. 2.8 cayendo sobre la espada no se *herirán*
Am. 3.15 y *heriré* la casa de invierno con la
4.9 os *herí* con viento solano y con oruga
6.11 *herirá* con hendiduras la casa mayor, y
Jon. 4.7 cual *hirió* la calabacera, y se secó
4.8 el sol *hirió* a Jonás en la cabeza, y se
Mi. 5.1 con vara *herirán* en la mejilla al juez
6.13 también te hice enflaquecer *hiriéndote*
Hag. 2.17 os *herí* con viento..con tizoncillo
Zac. 9.4 *herirá* en el mar su poderío, y ella
10.11 por el mar, y *herirá* en el mar las ondas
11.17 *hiera* la espada su brazo, y su ojo
12.4 *heriré* con pánico a todo caballo, y con
12.4 todo caballo de los..*heriré* con ceguera
13.6 ellas fui *herido* en casa de mis amigos
13.7 *hiere* al pastor, y serán dispersadas las
14.12,18 la plaga con que *herirá* Jehová
Mal. 4.6 no sea que yo venga y *hiera* la tierra
Mt. 5.39 que te *hiera* en la mejilla derecha
26.31 escrito está: *Heriré* al pastor, y las
26.51 e *hiriendo* a un siervo del..sacerdote
Mr. 5.5 los sepulcros, e *hiriéndose* con piedras
12.4 y apedreándole, le *hirieron* en la cabeza
14.27 escrito está: *Heriré* al pastor, y las
14.47 *hirió* al siervo del sumo sacerdote
Lc. 6.29 te *hiera* en una mejilla, preséntale
10.30 le despojaron; e *hiriéndole*, se fueron
20.12 también a éste echaron fuera, *herido*
22.49 dijeron: Señor, *¿heriremos* a espada?
22.50 y uno de ellos *hirió* a un siervo del
Jn. 18.10 *hirió* al siervo del sumo sacerdote
Hch. 7.24 lo defendió, e *hiriendo* al egipcio
12.23 ángel del Señor le *hirió*, por cuanto
19.16 huyeron de..casa desnudos y *heridos*
1 Co. 8.12 *hiriendo* su débil conciencia, contra
Ap. 2.23 sus hijos *heriré* de muerte, y todas
8.12 y fue *herida* la tercera parte del sol
9.5 como tormento de escorpión cuando *hiere*
11.6 poder..para *herir* la tierra con..plaga
13.3 una de sus cabezas como *herida* de muerte
19.15 espada..*herir* con ella a las naciones

HERMANA *Véase también Hermano*
Gn. 4.22 Zila..y la *h* de Tubal-caín fue Naama
12.13 ahora, pues, dí que eres mi *h*, para
12.19 ¿por qué dijiste: Es mi *h*, poniéndome
20.2 dijo Abraham de Sara su mujer: Es mi *h*
20.5 dijo él: Mi *h* es; y ella también dijo
20.12 mi *h*, hija de mi padre, mas no hija de
24.30 y los brazaletes en las manos de su *h*
24.59 entonces dejaron ir a Rebeca su *h*, y a
24.60 *h* nuestra, sé madre de millares de
25.20 por mujer a Rebeca..*h* de Labán arameo
26.7 respondió: Es mi *h;* porque tuvo miedo
26.9 tu mujer. ¿Cómo, pues, dijiste: Es mi *h?*
28.9 tomó por mujer a Mahalat..*h* de Nebaiot
29.13 oyó..las nuevas de Jacob, hijo de su *h*
30.1 tuvo envidia de su *h*, y decía a Jacob
30.8 he contendido con mi *h*, y he vencido
34.13 cuanto había amancillado a Dina su *h*
34.14 no podemos hacer esto de dar nuestra *h*
34.27 por cuanto habían amancillado a su *h*
34.31 ¿había él de tratar a nuestra *h* como a
36.3 a Basemat hija de Ismael, *h* de Nebaiot
36.22 hijos de Lotán..Timna fue *h* de Lotán
46.17 los hijos de Aser..y Sera *h* de ellos
Éx. 2.4 *h* suyo se puso a lo lejos, para ver lo
2.7 entonces su *h* dijo a la hija de Faraón
6.23 tomó Aarón por..a Elisabet..*h* de Naasón
15.20 María..*h* de Aarón, tomó un pandero en
Lv. 18.9 la desnudez de tu *h*..no descubrirás
18.11 hija..engendrada de tu padre, tu *h* es
18.12 la desnudez de la *h* de tu padre no
18.13 la desnudez de la *h* de tu madre no
18.18 no tomarás mujer juntamente con su *h*
20.17 alguno tomare a su *h*, hija de su padre
20.17 viere su..descubrió la desnudez de su *h*
20.19 la *h* de tu madre, o de la *h* de tu padre
21.3 por su *h* virgen, a él cercana, la cual
Nm. 6.7 ni por su *h*, podrá contaminarse cuando
25.18 su *h*, la cual fue muerta el día de la
26.59 dio a luz de..a Moisés, y a María su *h*
Dt. 27.22 maldito el que se acostare con su *h*
Jos. 2.13 salvaréis la vida..a mis..*h*, y a todo
Jue. 15.2 *h* menor, ¿no es más hermosa que ella?
2 S. 13.1 teniendo Absalón..un *h* hermosa que
13.2 angustiado..por Tamar su *h*, pues por ser
13.4 amo a Tamar la *h* de Absalón mi hermano
13.5,6 te ruego que venga mi *h* Tamar
13.11 le dijo: Ven, *h* mía, acuéstate conmigo
13.20 pues calle ahora, *h* mía; tu hermano es
13.22 Amnón, porque había forzado a Tamar su
13.32 el día en que Amnón forzó a Tamar su *h*
17.25 a Abigail..*h* de Sarvia madre de Joab
1 R. 11.19 le dio..la *h* de su esposa, la *h* de
11.20 la *h* de Tahpenes le dio a luz su hijo
2 R. 11.2 Josaba..*h* de Ocozías, tomó a Joás
1 Cr. 1.39 hijos de Lotán..Timna fue *h* de Lotán
2.16 de los cuales Sarvia y Abigail fueron *h*
3.9 hijos de David..Y Tamar fue *h* de ellos
3.19 los hijos de Zorobabel..y Selomit su *h*
4.3 y el nombre de su *h* fue Haze-lelponi
4.19 los hijos de la mujer de Hodías, *h* de
7.15 y Supim, cuya *h* tuvo por nombre Maaca
7.18 y su *h* Hamolequet dio a luz a..Abiezer
7.30 los hijos de Aser..Bería, y su *h* Sera
7.32 y Heber engendró a..y Súa *h* de ellos
2 Cr. 22.11 Josabet, hija del..era *h* de Ocozías
Job 1.4 y enviaban a llamar a sus tres *h* para
17.14 dicho..a los gusanos: Mi madre y mi *h*
42.11 vinieron a él..hermanos y todas sus *h*
Pr. 7.4 dí a la sabiduría: Tú eres mi *h*, y a la
Cnt. 4.9 prendiste mi corazón, *h*, esposa mía
4.10 hermosos son tus amores, *h*, esposa mía
4.12 huerto cerrado eres, *h* mía, esposa mía
5.1 yo vine a mi huerto, oh *h*, esposa mía
5.2 ábreme, *h* mía, amiga mía, paloma mía
8.8 tenemos una pequeña *h*..no tiene pechos
8.8 ¿qué haremos a nuestra *h* cuando de ella
Jer. 3.7 no se volvió..lo vio su *h* la rebelde
3.8 pero no tuvo temor la rebelde Judá su *h*
3.10 su *h* la rebelde Judá no se volvió a mí
22.18 diciendo: ¡Ay, hermano mío! y ¡Ay, *h!*
Ez. 16.45 *h* eres tú de tus *h*, que desecharon
16.46 *h* mayor es Samaria, ella y sus hijas
16.46 y tu *h* menor es Sodoma con sus hijas
16.48 Sodoma tu *h* y sus hijas no han hecho
16.49 que esta fue la maldad de Sodoma tu *h*
16.51 has justificado a tus *h* con todas las
16.52 juzgaste a tus *h*, lleva tu vergüenza
16.52 por cuanto has justificado a tus *h*
16.55 y tus *h*..volverán a su primer estado
16.56 no era tu *h* Sodoma digna de mención en
16.61 cuando recibas a tus *h*, las mayores que
22.11 violó en ti a su *h*, hija de su padre
23.4 y su *h*, Aholiba, las cuales llegaron a
23.11 y lo vio su *h* Aholiba, y enloqueció de
23.11 sus fornicaciones..más que las..de su *h*
23.18 se había ya hastiado mi alma de su *h*
23.31 el camino de tu *h* anduviste; yo, pues

HERMANA ***(Continúa)***
Ez. 23.32 el hondo y ancho cáliz de tu *h*, que es
23.33 llena de..por el cáliz de tu *h* Samaria
44.25 por padre..o *h*..podrán contaminarse
Os. 2.1 decid a..Ammi; y a vuestras *h:* Ruhama
Mt. 12.50 hace la voluntad de mi..ese es..mi *h*
13.56 ¿no están todas sus *h* con nosotros?
19.29 que haya dejado..hermanos, o *h*, o padre
Mr. 3.35 ése es mi hermano, y mi *h*, y mi madre
6.3 están también aquí con nosotros sus *h*
10.29 que haya dejado..hermanos, o *h*, o padre
10.30 hermanos, *h*, madres, hijos, y tierras
Lc. 10.39 tenía una *h* que se llamaba María, la
10.40 mi *h* me deje servir sola? Dile, pues
14.26 no aborrece a su padre..hermanos, y *h*
Jn. 11.1 de..la aldea de María y de Marta su *h*
11.3 enviaron, pues, las *h* para decir a Jesús
11.5 amaba Jesús a Marta, a su *h* y a Lázaro
11.28 a María su *h*, diciéndole en secreto: El
11.39 Marta, la *h* del que había muerto, le
19.25 junto a la cruz..*h* de su madre, María
Hch. 23.16 mas el hijo de la *h* de Pablo, oyendo
Ro. 16.1 os recomiendo además nuestra *h* Febe
16.15 saludad a Nereo y a su *h*, a Olimpas y
1 Co. 7.15 no está el hermano o la *h* sujeto a
9.5 derecho de traer con nosotros una *h* por
1 Ti. 5.2 las jovencitas, como a *h*, con toda
Flm. 2 a la amada *h* Apia, y a Arquipo nuestro
Stg. 2.15 si un hermano o una *h* están desnudos
2 Jn. 13 los hijos de tu *h*..te saludan. Amén

HERMANDAD
Zac. 11.14 para romper la *h* entre Judá e Israel

HERMANO ***Véase también Hermana***
Gn. 4.2 después dio a luz a su *h* Abel. Y Abel
4.8 dijo Caín a su *h* Abel: Salgamos al campo
4.8 se levantó contra su *h* Abel, y lo mató
4.9 Jehová dijo a Caín: ¿Dónde..Abel tu *h?*
4.9 él..No sé. ¿Soy yo acaso guarda de mi *h?*
4.10 la voz de la sangre de tu *h* clama a mí
4.11 recibir de tu mano la sangre de tu *h*
4.21 el nombre de su *h* fue Jubal, el cual fue
9.5 de mano del varón su *h* demandaré la vida
9.22 lo dijo a sus dos *h* que estaban afuera
9.25 Canaán; siervo de siervos será a sus *h*
10.21 Sem, padre..Heber, y *h* mayor de Jafet
10.25 fue Peleg..y el nombre de su *h*, Joctán
12.5 tomó..a Sarai su..y a Lot hijo de su *h*
13.8 no haya ahora altercado entre..somos *h*
14.12 a Lot, hijo del *h* de Abram, que moraba
14.13 *h* de Escol y *h* de Aner, los cuales eran
16.12 él, y delante de todos sus *h* habitará
19.7 ruego, *h* míos, que no hagáis tal maldad
20.5 ¿no dijo él..y ella..dijo: Es mi *h?*
20.13 adonde lleguemos, digas de mí: Mi *h* es
20.16 he dado mil monedas de plata a tu *h*
22.20 Milca ha dado a luz hijos a Nacor tu *h*
22.21 Uz su..Buz su *h*, Kemuel padre de Aram
22.23 dio a luz Milca, de Nacor *h* de Abraham
24.15 de Milca mujer de Nacor *h* de Abraham
24.27 guiándome..a casa de los *h* de mi amo
24.29 y Rebeca tenía un *h* se llamaba Labán
24.48 para tomar la hija del *h* de mi señor
24.53 también dio cosas preciosas a su *h* y a
24.55 respondieron su *h* y su madre: Espere
25.18 y murió en presencia de todos sus *h*
25.26 después salió su *h*, trabada su mano al
27.6 yo he oído a..que hablaba con Esaú tu *h*
27.11 he aquí, Esaú mi *h* es hombre velloso
27.29 sé señor de tus *h*, y se inclinen a ti
27.30 padre, que Esaú su *h* volvió de cazar
27.35 dijo: Vino tu *h* con engaño, y tomó tu
27.37 le he dado por siervos a todos sus *h*
27.40 por..espada vivirás, y a tu *h* servirás
27.41 Esaú..dijo en..yo mataré a mi *h* Jacob
27.42 tu *h* se consuela acerca de ti..matarte
27.43 levántate y huye a casa de Labán mi *h*
27.44 hasta que el enojo de tu *h* se mitigue
27.45 hasta que se aplaque la ira de tu *h*
28.2 de las hijas de Labán, *h* de tu madre
28.5 a Labán..*h* de Rebeca madre de Jacob
29.4 les dijo Jacob: *H* mío, ¿de dónde sois?
29.10 a Raquel, hija de Labán *h* de su madre
29.10 las ovejas de Labán el *h* de su madre
29.10 Jacob..abrevó el rebaño de Labán *h* de
29.12 Jacob dijo..que él era *h* de su padre
29.15 por ser tú mi *h*, me servirás de balde?
31.32 delante de nuestros *h* reconoce lo que
31.37 ponlo aquí delante de mis *h* y de los
31.46 y dijo Jacob a sus *h:* Recoged piedras
31.54 inmoló..y llamó a sus *h* a comer pan
32.3 y envió Jacob mensajeros..a su *h* Esaú
32.6 vinimos a tu *h* Esaú, y él también viene
32.11 líbrame ahora de la mano de mi *h*, de
32.13 tomó de lo que..un presente para su *h*
32.17 diciendo: Si Esaú mi *h* te encontrare
33.3 y se inclinó a..hasta que llegó a su *h*
33.9 suficiente tengo yo, *h* mío; sea para ti
34.11 Siquem también dijo..y a los *h* de ella
34.25 *h* de Dina, tomaron cada uno su espada
35.1 te apareció cuando huías de tu *h* Esaú
35.7 allí..aparecido Dios, cuando huía de su *h*
36.6 otra tierra, separándose de Jacob su *h*
37.2 José..apacentaba las ovejas con sus *h*
37.4 viendo sus *h* que su padre lo amaba más
37.4 su padre lo amaba más que a todos sus *h*
37.5 soñó José un sueño, y lo contó a sus *h*
37.8 respondieron sus *h:* ¿Reinarás tú sobre
37.9 soñó aun otro sueño, y lo contó a sus *h*
37.10 contó a su padre y a sus *h;* y su padre
37.10 vendremos yo y tu..tus *h* a postrarnos
37.11 sus *h* le tenían envidia, mas su padre
37.12 fueron sus *h* a apacentar las ovejas de
37.13 tus *h* apacientan las ovejas en Siquem
37.14 dijo: Vé ahora, mira como están tus *h*
37.16 respondió: Busco a mis *h;* te ruego que
37.17 José fue tras de sus *h*, y los halló en
37.23 que cuando llegó José a sus *h*, ellos
37.26 Judá dijo a sus *h:* ¿Qué provecho hay en
37.26 ¿qué provecho..que matemos a nuestro *h*
37.27 es nuestro *h*..sus *h* convinieron con él
37.30 y volvió a sus *h*, y dijo: El joven no
38.1 Judá se apartó de sus *h*, y se fue a un
38.8 Judá dijo..Llégate a la mujer de tu *h*
38.8 dijo a Onán..levanta descendencia a tu *h*
38.9 que cuando se llegaba a la mujer de su *h*
38.9 vertía..por no dar descendencia a su *h*
38.11 no sea que muera él también como sus *h*
38.29 salió su *h;* y ella dijo: ¡Qué brecha te
38.30 después salió su *h*, el que tenía en su
42.3 descendieron los 10 *h* de José a comprar
42.4 Jacob no envió a Benjamín, *h* de José
42.6 llegaron los *h* de José, y se inclinaron
42.7 José, cuando vio a sus *h*, los conoció
42.8 José, pues, conoció a sus *h;* pero ellos
42.13 tus siervos somos doce *h*, hijos de un
42.15 no..sino cuando vuestro *h* menor viniere
42.16 traiga a vuestro *h*, y vosotros quedad
42.19 quede preso en la..uno de vuestros *h*
42.20 traeréis a vuestro *h* menor, y serán
42.21 hemos pecado contra nuestro *h*, pues
42.28 a sus *h:* Mi dinero se me ha devuelto
42.32 somos doce *h*, hijos de nuestro padre
42.33 esto..dejad conmigo uno de vuestros *h*
42.34 y traedme a vuestro *h* el menor, para
42.34 os daré a vuestro *h*, y negociaréis en
42.38 pues su *h* está muerto, y él solo ha
43.3 si no traéis a vuestro *h* con vosotros
43.4 si enviares a nuestro *h* con nosotros
43.5 no veréis mi..si no traéis a vuestro *h*
43.6 declarando al varón que teníais otro *h*
43.7 varón nos preguntó..¿Tenéis otro *h?* Y
43.7 él nos diría: Haced venir a vuestro *h?*
43.13 tomad también a vuestro *h*, y levantaos
43.14 os suelte al otro vuestro *h*, y a este
43.29 José..vio a Benjamín su *h*, hijo de su
43.29 ¿es éste vuestro *h* menor, de quien me
43.30 se conmovieron sus..a causa de su *h*
44.14 vino Judá con sus *h* a casa de José, que
44.19 mi señor preguntó..¿Tenéis padre o *h?*
44.20 tenemos un padre anciano, y un *h* joven
44.20 y un *h* suyo murió, y él solo quedó de
44.23 si vuestro *h* menor no desciende con
44.26 no podemos ir; si nuestro *h* va..iremos
44.26 si no está con nosotros nuestro *h* menor
44.33 que quede..que el joven vaya con sus *h*
45.1 con él, al darse a conocer José a sus *h*
45.3 y dijo José a sus *h:* Yo soy José; ¿vive
45.3 dijo..Y sus *h* no pudieron responderle
45.4 dijo José a sus *h:* Acercaos ahora a mí
45.4 él dijo: Yo soy José vuestro *h*, el que
45.12 ojos ven, y los ojos de mi *h* Benjamín
45.14 echó sobre el cuello de Benjamín su *h*
45.15 besó a..sus *h*..sus *h* hablaron con él
45.16 oyó..diciendo: Los *h* de José han venido
45.17 dijo..Dí a tus *h:* Haced esto: Cargad
45.24 y despidió a sus *h*, y ellos se fueron
46.31 José dijo a sus *h*, y a la casa de su
46.31 mis *h* y la casa de mi padre..han venido
47.1 padre y mis *h*, y sus ovejas y sus vacas
47.2 y de los postreros de sus *h* tomó cinco
47.3 Faraón dijo a sus *h:* ¿Cuál es vuestro
47.5 diciendo: Tu padre y tus *h* han venido
47.6 en lo..haz habitar a tu padre y a tus *h*
47.11 así hizo habitar a su padre y a sus *h*
47.12 alimentaba José a su padre y a sus *h*
48.6 por el nombre de sus *h* serán llamados
48.19 pero su *h* menor será más grande que él
48.22 dado a ti una parte más que a tus *h*
49.5 Simeón y..son *h;* armas de iniquidad sus
49.8 Judá, te alabarán tus *h;* tu mano en la
49.26 del que fue apartado de entre sus *h*
50.8 José, y sus *h*, y la casa de su padre
50.14 y volvió José a Egipto, él y sus *h*, y
50.15 viendo los *h* de José que su padre era
50.17 que perdones ahora la maldad de tus *h*
50.18 vinieron..*h*, y se postraron delante de
50.24 y José dijo a sus *h:* Yo voy a morir
Éx. 1.6 y murió José, y todos sus *h*, y toda
2.11 crecido ya Moisés, salió a sus *h*, y los
2.11 un egipcio que golpeaba a uno de..sus *h*
4.14 ¿no conozco yo a tu *h* Aarón, levita, y
4.18 iré..volveré a mis *h* que están en Egipto
7.1 yo te he..y tu *h* Aarón será tu profeta
7.2 y Aarón tu *h* hablará a Faraón, para que
28.1 harás llegar delante de ti a Aarón tu *h*
28.2 harás vestiduras sagradas a Aarón tu *h*
28.4 las vestiduras sagradas para Aarón tu *h*
28.41 con ellos vestirás a Aarón tu *h*, y a sus
32.27 y matad cada uno a su *h*, y a su amigo
32.29 cada uno se ha consagrado en..en su *h*
Lv. 10.4 y sacad a vuestros *h* de delante del
10.6 vuestros *h*..lamentarán por el incendio
16.2 dí a Aarón tu *h*, que no en todo tiempo
18.14 la desnudez del *h* de tu padre no
18.14 su mujer; es mujer del *h* de tu padre
18.16 la desnudez de la mujer de tu *h* no
18.16 no descubrirás; es la desnudez de tu *h*
19.17 no aborrecerás a tu *h* en tu corazón
20.20 que durmiere con la mujer del *h* de su
20.20 desnudez del *h* de su padre descubrió
20.21 el que tomare la mujer de su *h*, comete
20.21 desnudez de su *h* descubrió; sin hijos
21.2 por su padre, o por su hijo o por su *h*
21.10 el sumo sacerdote entre sus *h*, sobre
25.14 compraréis..no engañe ninguno a su *h*
25.25,35,39 cuando tu *h* empobreciere
25.25 rescatará lo que su *h* hubiere vendido
25.36 tendrás temor de..y tu *h* vivirá contigo
25.46 pero en vuestros *h*..no os enseñorearéis
25.46 no os..cada uno sobre su *h* con dureza
25.47 tu *h*..empobreciere, y se vendiere al
25.48 rescatado; uno de sus *h* lo rescatará
Nm. 6.7 ni por su *h* ni por su hermana, podrá
8.26 servirán con sus *h* en el tabernáculo
16.10 hizo acercar..a todos tus *h* los hijos
18.2 a tus *h*..haz que se acerquen a ti y se
18.6 he tomado a vuestros *h* los levitas de
20.3 cuando perecieron nuestros *h* delante de
20.8 toma la vara..y Aarón tu *h*, y hablad a
20.14 dice Israel tu *h:* Tú has sabido todo
25.6 trajo una madianita a sus *h*, a ojos de
27.4 heredad entre los *h* de nuestro padre
27.7 de una heredad entre los *h* de su padre
27.9 no tuviere hija..su herencia a sus *h*
27.10 y si no tuviere *h*, daréis su herencia
27.10 daréis su herencia a los *h* de su padre
27.11 si..no tuviere *h*, daréis su herencia a
27.13 tu pueblo, como fue reunido tu *h* Aarón
32.6 de Rubén: ¿Irán vuestros *h* a la guerra
36.2 dé la posesión de Zelofehad nuestro *h*
Dt. 1.16 entre vuestros *h*, y juzgad justamente
1.16 oíd..y juzgad..entre el hombre y su *h*
1.28 nuestros *h* han atemorizado..diciendo
2.4 el territorio de vuestros *h* los hijos de
2.8 nos alejamos del territorio de nuestros *h*
3.18 iréis armados..delante de vuestros *h* los
3.20 hasta que Jehová dé reposo a vuestros *h*
10.9 Leví no tuvo parte ni heredad con sus *h*
13.6 te incitare tu *h*..diciendo en secreto
15.2 no lo demandará más a su..*h*, porque es
15.3 lo que tu *h* tuviere tuyo, lo perdonará
15.7 cuando haya..menesteroso..de tus *h* en
15.7 ni cerrarás tu mano contra tu *h* pobre
15.9 con malos ojos a tu *h* menesteroso para
15.11 abrirás tu mano a tu *h*, al pobre y al
15.12 se vendiere a ti tu *h* hebreo o hebrea
17.15 de entre tus *h* pondrás rey sobre ti
17.15 rey..no podrás poner..que no sea tu *h*
17.20 que no se eleve su corazón sobre sus *h*
18.2 no tendrán, pues, heredad entre sus *h*
18.7 ministrará..como todos sus *h* los levitas
18.15 profeta de en medio de ti, de tus *h*
18.18 profeta les levantaré de en..de sus *h*
19.18 si..hubiere acusado falsamente a su *h*
19.19 haréis a él como él pensó hacer a su *h*
20.8 vaya..y no apoque el corazón de sus *h*
22.1 el buey de tu *h*, o..lo volverás a tu *h*
22.2 y si tu *h* no fuere tu vecino, o no lo
22.2 contigo hasta que tu *h* lo busque, y se
22.3 lo mismo harás con toda cosa de tu *h*
22.4 si vieres el asno de tu *h*, o su buey
23.7 no aborrecerás al edomita..es tu *h;* no
23.19 no exigirás de tu *h* interés de dinero
23.20 mas de tu *h* no lo exigirás, para que
24.7 que hubiere hurtado a uno de su *h* los
24.14 no oprimirás..sea de tus *h* o de los
25.3 se sienta tu *h* envilecido delante de tus
25.5 *h* habitaren juntos, y muriere alguno de
25.6 sucederá en el nombre de su *h* muerto
25.7 cuñado no quiere suscitar nombre..a su *h*
25.9 que no quiere edificar la casa de su *h*
28.54 mirará con malos ojos a su *h*, y a la
32.50 como murió Aarón tu *h* en el monte Hor
33.9 y no reconoció a sus *h*, ni a sus hijos
33.16 de aquel que es príncipe entre sus *h*
33.24 sea el amado de su *h*, y moje en aceite
Jos. 1.14 pasaréis armados delante..vuestros *h*
1.15 que Jehová haya dado reposo a vuestros *h*
2.13 y que salvaréis la vida..a mis *h* y mis
2.18 reunirás en..a tus *h* y a toda la familia
6.23 sacaron a Rahab..a su *h* y todo lo que
14.8 mis *h*..hicieron desfallecer el corazón
15.17 y la tomó Otoniel, hijo de..*h* de Caleb
17.4 que nos diese heredad entre nuestros *h*
17.4 les dio heredad entre los *h* del padre
22.3 no habéis dejado a vuestros *h* en este
22.4 Dios ha dado reposo a vuestro *h*, como
22.7 dio..heredad entre sus *h* a este lado
22.8 compartid con vuestros *h* el botín de

HERMANO ***(Continúa)***

Jue. 1.3 dijo a Simeón su *h:* Sube conmigo al
1.13 la tomó Otoniel hijo. .*h* menor de Caleb
1.17 fue Judá con su *h* Simeón, y derrotaron
3.9 Otoniel hijo de Cenaz, *h* menor de Caleb
8.19 él dijo: Mis *h* eran, hijos de mi madre
9.1 Abimelec. .a los *h* de su madre, y habló
9.3 los *h* de su madre. .decían: Nuestro *h* es
9.5 mató a sus *h* los hijos de Jerobaal, 70
9.18 Abimelec hijo. .por cuanto es vuestro *h*
9.21 se estuvo por miedo de Abimelec su *h*
9.24 la sangre. .recayera sobre Abimelec su *h*
9.24 fortalecieron las. .para matar a sus *h*
9.26 vino con sus *h* y se pasaron a Siquem
9.31 que Gaal. .y sus *h* han venido a Siquem
9.41 Zebul echó fuera a Gaal y a sus *h*, para
9.56 mal que hizo. .matando a sus setenta *h*
11.3 huyó, pues, Jefté de sus *h*, y habitó en
14.3 ¿no hay mujer entre las hijas de tus *h*
16.31 descendieron sus *h* y toda la casa de
18.8 volviendo. .a sus *h*. .sus *h* les dijeron
18.14 aquellos cinco hombres. .dijeron a sus *h*
19.23 no, *h* míos, os ruego que no cometáis
20.13 no quisieron oir la voz de sus *h* los
20.23 ¿volveremos a pelear con. .nuestros *h?*
20.28 volveremos a salir contra. .nuestros *h*
21.6 Israel se arrepintieron a causa. .su *h*
21.22 y si vinieren. .sus *h* a demandárnoslas
Rt. 4.3 vende. .las tierras que tuvo nuestro *h*
4.10 el nombre. .no se borre de entre sus *h*
1 S. 14.3 *h* de Icabod, hijo de Finees, hijo de
16.13 y Samuel. .lo ungió en medio de sus *h*
17.17 toma ahora para tus *h* un efa de este
17.17 llévalo pronto al campamento a tus *h*
17.18 y mira si tus *h* están buenos, y toma
17.22 preguntó por sus *h*, si estaban bien
17.28 oyéndole hablar Eliab su *h* mayor con
20.29 que me dejes ir. .mi *h* me lo ha mandado
20.29 permíteme ir. .para visitar a mis *h*
22.1 cuando sus *h*. .supieron, vinieron allí
26.6 y a Abisai hijo de Sarvia, *h* de Joab
30.23 y David dijo: No hagáis eso, *h* míos
2 S. 1.26 angustia tengo por ti, *h* mío Jonatán
2.22 ¿cómo levantaría. .delante de Joab tu *h?*
2.26 que se vuelva de perseguir a sus *h?*
2.27 hubiera dejado de seguir a sus *h* desde
3.8 yo he hecho hoy misericordia. .con sus *h*
3.27 en venganza de la muerte de Asael su *h*
3.30 Joab. .y Abisai su *h*, mataron a Abner
3.30 había dado muerte a Asael *h* de ellos
4.6 Baana su *h* se introdujeron en la casa
4.9 David respondió a Recab y a su *h* Baana
10.10 del ejército en mano de Abisai su *h*
13.3 Jonadab, hijo de Simea, *h* de David; y
13.4 yo amo a Tamar la hermana de. .mi *h*
13.7 vé. .a casa de Amnón tu *h*, y hazle de
13.8 y fue Tamar a casa de su *h* Amnón, el
13.10 las llevó a su *h* Amnón a la alcoba
13.12 le respondió: No, *h* mío, no me hagas
13.20 su *h* Absalón: ¿Ha estado contigo tu *h*
13.20 pues calla ahora, hermana mía; tu *h* es
13.20 quedó Tamar. .en casa de Absalón su *h*
13.26 si no, te ruego que venga. .Amnón mi *h*
13.32 pero Jonadab, hijo de Simea *h* de David
14.7 entrega al que mató a su *h*, para que le
14.7 le hagamos morir por la vida de su *h*
15.20 tú vuélvete, y haz volver a tus *h*
18.2 el mando de Abisai hijo de Sarvia, *h* de
19.12 vosotros sois mis *h;* mis huesos y mi
19.41 ¿por qué. .nuestros *h*, te han llevado
20.9 Joab dijo a Amasa: ¿Te va bien, *h* mío?
20.10 Joab y su *h*. .fueron en persecución de
21.21 y lo mató Jonatán, hijo de Simea *h* de
23.18 Abisai *h* de Joab. .fue el principal de
23.24 Asael *h* de Joab fue de los treinta
1 R. 1.9 convidó a. .sus *h* los hijos del rey
1.10 pero no convidó al. .ni a Salomón su *h*
2.7 mí, cuando iba huyendo de Absalón tu *h*
2.15 el reino. .vino a ser de mi *h*, porque
2.21 dese Abisag. .por mujer a tu *h* Adonías
2.22 es mi *h* mayor, y ya tiene también al
9.13 ¿qué ciudades son. .que me has dado, *h?*
12.24 vayáis, ni peleéis contra vuestros *h*
13.30 le endecharon, diciendo: ¡Ay, *h* mío!
20.32 respondió: Si él vive aún, mi *h* es
20.33 y dijeron: Tu *h* Ben-adad vive. Y él
2 R. 9.2 haz que se levante de entre sus *h*
10.13 halló allí a los *h* de Ocozías rey de
10.13 y ellos dijeron: Somos *h* de Ocozías
23.9 comían panes sin levadura entre sus *h*
1 Cr. 1.19 Peleg. .el nombre de su *h* fue Joctán
2.32 los hijos de Jada *h* de Samai: Jeter y
2.42 los hijos de Caleb *h* de Jerameel fueron
4.9 Jabes fue más ilustre que sus *h*, al cual
4.11 Quelub *h* de Súa engendró a Mehir, el
4.27 pero sus *h* no tuvieron muchos hijos, ni
5.2 Judá llegó a ser el mayor sobre sus *h*
5.7 sus *h*. .tenían por príncipes a Jeiel y a
5.13 sus *h*, según las familias de sus padres
6.39 y su *h* Asaf, el cual estaba a su mano
6.44 a la mano izquierda estaban sus *h* los
6.48 sus *h* los levitas fueron puestos sobre
7.5 sus *h*. .de Isacar. .eran 87.000 hombres
7.16 su *h* fue Seres, cuyos hijos fueron Ulam
7.22 Efraín. .y vinieron sus *h* a consolarlo
7.35 los hijos de Helem su *h:* Zofa, Imna
8.32 éstos también habitaron con sus *h* en
8.39 y los hijos de Esec su *h:* Ulam. .Jehús
9.6 los hijos de Zera, Jeuel y sus *h*, 690
9.9 sus *h* por sus linajes fueron 956. Todos
9.13 y sus *h*. .en número de 1.760, hombres
9.17 los porteros. .Talmón, Ahimán y sus *h*
9.19 hijo de Coré, y sus *h* los coreítas por
9.25 sus *h*. .venían cada siete días según su
9.32 los hijos de Coat, y de sus *h*, tenían
9.38 estos habitaban. .en Jerusalén con sus *h*
11.20 Abisai, *h* de Joab, era jefe de los 30
11.26 y los valientes de los. .Asael *h* de Joab
11.38 Joel *h* de Natán, Mibhar hijo de Hagrai
11.45 Jediael hijo de. .y Joha su *h*, tizita
12.2 con arco. .De los *h* de Saúl de Benjamín
12.29 los hijos de Benjamín *h* de Saúl, 3.000
12.32 sabían. .cuyo dicho seguían todos sus *h*
12.39 porque sus *h* habían preparado para ellos
13.2 enviaremos a todas partes por nuestros *h*
15.5 Coat, Uriel el principal, y sus *h*, 120
15.6 de Merari, Asaías el principal, y sus *h*
15.7 los hijos de Gersón, Joel. .y sus *h*, 130
15.8 de Elizafán, Semaías el principal, y sus *h*
15.9 de Hebrón, Eliel el principal, y sus *h*
15.10 Aminadab el principal, y sus *h*, 112
15.12 santificaos, vosotros y vuestros *h*
15.16 que designasen de sus *h* a cantores con
15.17 Hemán hijo de Joel; y de sus *h*, a Asaf
15.17 de los hijos de Merari y de sus *h;* y de
15.18 y con ellos a sus *h* del segundo orden
16.7 a aclamar a Jehová por mano de. .sus *h*
16.37 delante del arca de. .a Asaf y a sus *h*
16.38 a Obed-edom y a sus 68 *h*. .porteros; y a
16.39 y a los sacerdotes sus *h*, delante del
19.11 el resto de la. .en mano de Abisai su *h*
19.15 huyeron. .ellos delante de Abisai su *h*
20.5 Elhanán hijo. .mató a Lahmi, *h* de Goliat
20.7 mató Jonatán, hijo de Simea *h* de David
23.32 las órdenes de los hijos de Aarón sus *h*
24.25 *h* de Micaía, Isías; e hijo de Isías
24.31 también echaron suertes, como sus *h*
24.31 el. .igualmente que el menor de sus *h*
25.7 el número de ellos con sus *h*. .fue 288
25.9 para Gedalías, quien con sus *h* e hijos
25.10 Zacur, con sus hijos y sus *h*, doce
25.11 para Izri, con sus hijos y sus *h*, doce
25.12 Netanías, con sus hijos y sus *h*, doce
25.13 Buquías, con sus hijos y sus *h*, doce
25.14 Jesarela, con sus hijos y sus *h*, doce
25.15 Jesahías, con sus hijos y sus *h*, doce
25.16 Matanías, con sus hijos y sus *h*, doce
25.17 para Simei, con sus hijos y sus *h*, doce
25.18 Azareel, con sus hijos y sus *h*, doce
25.19 Hasabías, con sus hijos y sus *h*, doce
25.20 Subael, con sus hijos y sus *h*, doce
25.21 Matatías, con sus hijos y sus *h*, doce
25.22 Jeremot, con sus hijos y sus *h*, doce
25.23 Hananías, con sus hijos y sus *h*, doce
25.24 Josbecasa, con sus hijos y sus *h*, doce
25.25 Hanani, con sus hijos y sus *h*, doce
25.26 Maloti, con sus hijos y sus *h*, doce
25.27 Eliata, con sus hijos y sus *h*, doce
25.28 Hotir, con sus hijos y sus *h*, doce
25.29 Gidalti, con sus hijos y sus *h*, doce
25.30 Mahaziot, con sus hijos y sus *h*, doce
25.31 Romanti-ezer, con sus hijos y sus *h*
26.7 los hijos de Semaías. .Elzabad, y sus *h*
26.8 ellos con sus hijos y sus *h*, hombres
26.9 y los hijos de Meselemías y sus *h*, 18
26.11 los hijos de Hosa y sus *h* fueron 13
26.12 alternando. .en la guardia con sus *h*
26.22 hijos de Jehieli, Zetam y Joel su *h*
26.25 en cuanto a su *h* Eliezer, hijo de éste
26.26 este Selomit y sus *h* tenían a su cargo
26.28 estaba a cargo de Selomit y de sus *h*
26.30 de los hebronitas, Hasabías y sus *h*
26.32 sus *h*, hombres valientes, eran 2.700
27.7 para el cuarto mes era Asael *h* de Joab
27.18 de Judá, Eliú, uno de los *h* de David
28.2 en pie dijo: Oídme, *h* míos, y pueblo
2 Cr. 5.12 levitas cantores. .sus hijos y sus *h*
11.4 no subáis, ni peleéis contra vuestros *h*
11.22 Abías hijo. .jefe y príncipe de sus *h*
19.10 causa que viniere a. .de vuestros *h* que
19.10 que no venga ira sobre vosotros y. .*h*
21.2 quien tuvo por *h*, hijos de Josafat, a
21.4 Joram. .mató a espada a todos sus *h*, y
21.13 además has dado muerte a tus *h*, a la
22.8 halló. .a los hijos de los *h* de Ocozías
28.8 tomaron cautivos de sus *h* a 200.000
28.11 los cautivos. .tomados de vuestros *h*
28.15 y los llevaron hasta. .cerca de sus *h*
29.15 reunieron a sus *h*, y se santificaron
29.34 sus *h* los levitas les ayudaron hasta
30.7 no seáis como vuestros padres y como. .*h*
30.9 vuestros *h* y vuestros hijos hallarán
31.12 al levita Conanías. .y Simei su *h* fue
31.13 mayordomos al servicio de. .Simei su *h*
31.15 dar con fidelidad a sus *h* sus porciones
35.5 de las familias de vuestros *h* los hijos
35.6 preparad a vuestros *h* para que hagan
35.9 Semaías y Natanael sus *h*. .dieron a los
35.15 sus *h* los levitas preparaban para ellos
36.4 Eliaquim *h* de Joacaz por rey sobre Judá
36.4 a Joacaz su *h* tomó. .y lo llevó a Egipto
36.10 y constituyó a Sedequías su *h* por rey
Esd. 3.2 se levantaron Jesúa hijo de. .y sus *h*
3.2 y Zorobabel hijo de Salatiel y sus *h*
3.8 comenzaron Zorobabel. .y los otros sus *h*
3.9 Jesúa también, sus hijos y sus *h*, Cadmiel
3.9 los hijos de Henadad, sus hijos y sus *h*
6.20 sacrificaron la pascua. .por sus *h* los
7.18 lo que a ti y a tus *h* os parezca hacer
8.17 que habían de hablar a Iddo, y a sus *h*
8.18 a Serebías con sus hijos y sus *h*, 18
8.19 a Jesaías. .sus *h* y a sus hijos, veinte
8.24 aparté luego. .y con ellos diez de sus *h*
10.18 los hijos de Jesúa. .y de sus *h:* Maasías
Neh. 1.2 que vino Hanani, uno de mis *h*, con
3.1 entonces se levantó. .Eliasib con sus *h*
3.18 después de él restauraron sus *h*, Bavai
4.2 habló delante de sus *h* y del ejército
4.14 y pelead por vuestros *h*, por vuestros
4.23 ni yo ni mis *h*, ni mis jóvenes, ni la
5.1 hubo gran clamor del. .contra sus *h* judíos
5.5 carne es como la carne de nuestros *h*
5.7 ¿exigís interés cada uno a vuestros *h?*
5.8 rescatamos a nuestros *h* judíos que han
5.8 ¿y vosotros vendéis aun a vuestros *h*, y
5.10 mis *h* y mis criados les hemos prestado
5.14 ni mis *h* comimos el pan del gobernador
7.2 mandé a mi *h* Hanani, y a Hananías, jefe
10.10 *h* Sebanías, Hodías, Kelita, Pelaías
10.29 reunieron con sus *h* y sus principales
11.12 y sus *h*, los que hacían la obra de la
11.13 sus *h*, jefes de familias, 242; y Amasai
11.14 y sus *h*, hombres de gran vigor, 128
11.17 Bacbuquías el segundo de entre sus *h*
11.19 porteros Acub, Talmón y sus *h*, guardas
12.7 estos eran los príncipes de. .y sus *h* en
12.8 que con sus *h* oficiaba en los cantos de
12.9 Bacbuquías y Uni, sus *h*, cada cual en
12.24 Jesúa hijo. .y sus *h* delante de ellos
12.36 y sus *h* Semaías, Azarael, Milalai
13.13 y ellos tenían que repartir a sus *h*
Est. 10.3 y estimado por la multitud de sus *h*
Job 1.13 comían y bebían vino en casa de su *h*
1.18 estaban. .bebiendo. .en casa de su *h* el
6.15 mis *h* me traicionaron como un torrente
19.13 alejar de mí a mis *h*, y mis conocidos
22.6 porque sacaste prenda a tus *h* sin causa
30.29 venido a ser *h* de chacales, y compañero
42.11 vinieron a él todos sus *h* y. .hermanas
42.15 les dio su padre herencia entre sus *h*
Sal. 22.22 anunciaré tu nombre a mis *h;* en
35.14 como por mi *h* andaba; como el que trae
49.7 ninguno de ellos podrá. .redimir al *h*
50.20 hablabas contra tu *h;* contra el hijo
69.8 extraño he sido para mis *h*, y. .hijos
122.8 por amor de mis *h* y mis compañeros diré
133.1 mirad cuán bueno y. .es habitar los *h*
Pr. 6.19 el que siembra discordia entre los *h*
17.2 y con los *h* compartirá la herencia
17.17 y es como un *h* en tiempo de angustia
18.9 negligente. .es *h* del hombre disipador
18.19 *h* ofendido es más tenaz que una ciudad
18.19 contiendas de los *h* son como cerrojos
18.24 amigo; y amigo hay más unido que un *h*
19.7 los *h* del pobre le aborrecen; ¡cuánto
27.10 ni vayas a la casa de tu *h* en el día
27.10 mejor. .el vecino cerca que el *h* lejos
Ec. 4.8 un hombre solo y. .no tiene hijo ni *h*
Cnt. 8.1 ¡oh, si tú fueras como un *h* mío que
Is. 3.6 alguno tomare de la mano a su *h*, de la
9.19 ira. .el hombre no tendrá piedad de su *h*
19.2 y cada uno peleará contra su *h*, cada
41.6 a su vecino, y a su *h* dijo: Esfuérzate
58.7 lo cubras, y no te escondas de tu *h?*
66.5 vuestros *h* que os aborrecen, y os echan
66.20 y traerán a todos vuestros *h* de entre
Jer. 7.15 como eché a todos vuestros *h*, a toda
9.4 ningún *h* tenga confianza. .todo *h* engaña
12.6 tus *h* y la casa de tu padre. .contra ti
22.18 no lo llorarán, diciendo: ¡Ay, *h* mío!
23.35 así diréis. .cada cual a su *h:* ¿Qué ha
29.16 dicho. .de vuestros *h* que no salieron
31.34 no enseñará. .ninguno a su *h*, diciendo
34.9 usase a los judíos, sus *h*, como siervos
34.14 dejará cada uno a su *h* hebreo que le
34.17 promulgar cada uno libertad a su *h*, y
35.3 a sus *h*, a todos sus hijos, y a toda la
41.8 y los dejó, y no los mató entre sus *h*
49.10 será destruida. .sus *h* y sus vecinos
Ez. 11.15 *h*, tus *h*, los hombres. .tu parentesco
18.18 despojó violentamente al *h*, e hizo en
33.30 y habla. .cada uno con su *h*, diciendo
38.21 espada de cada cual será contra su *h*
44.25 por padre o. .*h*. .podrán contaminarse
Os. 2.1 decid a vuestros *h:* Ammi; y a vuestras
12.3 tomó por el calcañar a su *h*, y con su
13.15 aunque él fructifique entre los *h*
Am. 1.9 Edom, y no se acordaron del pacto de *h*
1.11 persiguió a espada a su *h*, y violó todo
Abd. 10 por la injuria a tu *h* Jacob te cubrirá
12 mirando en el día de tu *h*, en el día de
Mi. 5.3 y el resto de sus *h* se volverá con los

HERMANO ***(Continúa)***
Mi. 7.2 por sangre; cada cual arma red a su *h*
Hag. 2.22 vendrán abajo..por la espada de su *h*
Zac. 7.9 misericordia y..cada cual con su *h*
7.10 piense mal en su corazón contra su *h*
Mal. 1.2 ¿no era Esaú *h* de Jacob? dice Jehová
Mt. 1.2 Isaac a Jacob, y Jacob a Judá y a..*h*
1.11 Josías engendró a Jeconías y a sus *h*
4.18 a dos *h*, Simón Pedro, y Andrés su *h*
4.21 vio a otros dos *h*, Jacobo..y Juan su *h*
5.22 que cualquiera que se enoje contra su *h*
5.22 y cualquiera que diga: Necio, a su *h*
5.23 acuerdas de que tu *h* tiene algo contra
5.24 y anda, reconcíliate primero con tu *h*
5.47 si saludáis a vuestros *h* solamente, ¿qué
7.3 por que miras la paja..en el ojo de tu *h*
7.4 cómo dirás a tu *h*: Déjame sacar la paja
7.5 ojo..para sacar la paja del ojo de tu *h*
10.2 Simón, llamado Pedro, y Andrés su *h*
10.2 Jacobo hijo de Zebedeo, y Juan su *h*
10.21 el *h* entregará a la muerte al *h*, y el
12.46 su madre y sus *h* estaban afuera, y le
12.47 he aquí tu madre y tus *h* están afuera
12.48 ¿quién es mi madre, y quiénes..mis *h*?
12.49 mano..dijo: He aquí mi madre y mis *h*
12.50 hace la voluntad de mi Padre..es mi *h*
13.55 y sus *h*, Jacobo, José, Simón y Judas
14.3 por causa de Herodías, mujer de..su *h*
17.1 Jesús tomó a..a Jacobo y a Juan su *h*
18.15 tu *h* peca contra ti, vé y repréndele
18.15 vé y..si te oyere, has ganado a tu *h*
18.21 ¿cuántas veces perdonaré a mi *h* que
18.35 si no perdonáis..cada uno a su *h* sus
19.29 que haya dejado casas, o *h*, o hermanas
20.24 oyeron esto, se enojaron contra los..*h*
22.24 su *h*..y levantará descendencia a su *h*
22.25 hubo, pues, entre nosotros siete *h*; el
22.25 primero murió..dejó su mujer a su *h*
23.8 uno es vuestro..todos vosotros sois *h*
25.40 lo hicisteis a uno de estos mis *h* más
28.10 id, dad las nuevas a mis *h*, para que
Mr. 1.16 andando..vio a Simón y a Andrés su *h*
1.19 Jacobo hijo de Zebedeo, y a Juan su *h*
3.17 a Juan *h* de Jacobo; a quienes apellidó
3.31 vienen..sus *h* y su madre, y quedándose
3.32 le dijo: Tu madre y tus *h* están afuera
3.33 respondió..¿Quién es mi madre y mis *h*?
3.34 de él, dijo: He aquí mi madre y mis *h*
3.35 ése es mi *h*, y mi hermana, y mi madre
5.37 que le siguiese nadie sino..Juan *h* de
6.3 ¿no es éste el..*h* de Jacobo, de José, de
6.17 por causa de Herodías, mujer de..su *h*
6.18 no te es lícito tener la mujer de tu *h*
10.29 haya dejado..o *h*, o hermanas, o padre
10.30 casas, *h*, hermanas, madres, hijos, y
12.19 el *h* de alguno muriere y dejare esposa
12.19 que su *h*..levante descendencia a su *h*
12.20 hubo siete *h*; el primero tomó esposa
13.12 el *h* entregará a la muerte al *h*, y el
Lc. 3.1 y su *h* Felipe tetrarca de Iturea y de
3.19 a causa de Herodías, mujer de..su *h*
6.14 a Andrés su *h*, Jacobo y Juan, Felipe
6.16 Judas *h* de Jacobo, y Judas Iscariote
6.41 miras la paja..está en el ojo de tu *h*
6.42 ¿o cómo puedes decir a tu *h*: *H*, déjame
6.42 sacar la paja que..en el ojo de tu *h*
8.19 su madre y sus *h* vinieron a él; pero no
8.20 tu madre y tus *h* están fuera y quieren
8.21 *h* son los que oyen la palabra de Dios
12.13 a mi *h* que parta conmigo la herencia
14.12 no llames..a tus *h*, ni a tus parientes
14.26 no aborrece a su..*h*, y hermanas, y aun
15.27 le dijo: Tu *h* ha venido; y tu padre ha
15.32 este tu *h* era muerto, y ha revivido
16.28 tengo cinco *h*, para que les testifique
17.3 si tu *h* pecare contra ti, repréndele
18.29 que haya dejado..*h*, o mujer, o hijos
20.28 el *h* de alguno muriere teniendo mujer
20.28 que su *h*..levante descendencia a su *h*
20.29 hubo, pues, siete *h*; y el primero tomó
21.16 entregados..por vuestros padres, y *h*
22.32 tú, una vez vuelto, confirma a tus *h*
Jn. 1.40 Andrés, *h* de Simón Pedro, era uno de
1.41 halló primero a su *h* Simón, y le dijo
2.12 descendieron..sus *h* y sus discípulos
6.8 uno..Andrés, *h* de Simón Pedro, le dijo
7.3 le dijeron sus *h*: Sal de aquí, y vete a
7.5 porque ni aun sus *h* creían en él
7.10 pero después que sus *h* habían subido
11.2 María, cuyo *h* Lázaro estaba enfermo, fue
11.19 habían venido a..consolarlas por su *h*
11.21,32 estado aquí, mi *h* no habría muerto
11.23 Jesús le dijo: Tu *h* resucitará
20.17 vé a mis *h*, y diles: Subo a mi Padre
21.23 este dicho se extendió..entre los *h*
Hch. 1.13 donde moraban..y Judas *h* de Jacobo
1.14 María la madre de Jesús, y con sus *h*
1.15 días Pedro se levantó en medio de los *h*
1.16 *h*, era necesario que se cumpliese la
2.29 varones *h*, se os puede decir libremente
2.37 y dijeron a..Varones *h*, ¿qué haremos?
3.17 mas ahora, *h*, sé que por ignorancia lo
3.22 levantará profeta de entre vuestros *h*
6.3 buscad, pues, *h*..siete varones de buen
7.2 *h* y padres, oíd: El Dios de la gloria
7.13 José se dio a conocer a sus *h*, y fue
7.23 le vino al corazón el visitar a sus *h*
7.25 él pensaba que sus *h* comprendían que
7.26 *h* sois, ¿por qué os maltratáis el uno
7.37 profeta os levantará el..de vuestros *h*
9.17 le dijo: *H* Saulo, el Señor Jesús, que
9.30 supieron esto los *h*, le llevaron hasta
10.23 le acompañaron algunos de los *h* de Jope
11.1 oyeron los..los *h* que estaban en Judea
11.12 fueron también conmigo estos seis *h*
11.29 determinaron enviar socorro a los *h*
12.2 y mató a espada a Jacobo, *h* de Juan
12.17 haced saber esto a Jacobo y a los *h*
13.15 *h*, si tenéis..palabra de exhortación
13.26 *h*, hijos del linaje de Abraham, y los
13.38 sabed, pues, esto, varones *h*: que por
14.2 corrompieron los ánimos..contra los *h*
15.1 venían de Judea enseñaban a los *h*: Si no
15.3 y causaban gran gozo a todos los *h*
15.7 *h*, vosotros sabéis cómo ya hace algún
15.13 respondió diciendo: Varones *h*, oídme
15.22 Silas, varones principales entre los *h*
15.23 y los *h*, a los *h* de entre los gentiles
15.32 confirmaron a los *h* con..de palabras
15.33 fueron despedidos en paz por los *h*
15.36 volvamos a visitar a los *h* en todas las
15.40 encomendado por los *h* a la gracia del
16.2 daban buen testimonio de él los *h* que
16.40 habiendo visto a los *h*, los consolaron
17.6 trajeron a Jasón y a algunos *h* ante las
17.10 *h* enviaron de noche a Pablo y a Silas
17.14 los *h* enviaron a Pablo que fuese hacia
18.18 se despidió de los *h* y navegó a Siria
18.27 los *h* le animaron, y escribieron a los
20.32 ahora, *h*, os encomiendo a Dios, y a la
21.7 habiendo saludado a los *h*, nos quedamos
21.17 llegamos..los *h* nos recibieron con gozo
21.20 ya ves, *h*, cuántos millares de judíos
22.1 varones *h* y padres, oíd..mi defensa ante
22.5 de quienes..recibí cartas para los *h*
22.13 me dijo: *H* Saulo, recibe la vista
23.1 varones *h*, yo con toda buena conciencia
23.5 no sabía, *h*, que era el sumo sacerdote
23.6 *h*, yo soy fariseo, hijo de fariseo
28.14 habiendo hallado *h*, nos rogaron que nos
28.15 oyendo de nosotros los *h*, salieron a
28.17 yo, varones *h*, no habiendo hecho nada
28.21 ni ha venido alguno de los *h* que haya
Ro. 1.13 no quiero, *h*, que ignoréis que muchas
7.1 ignoráis, *h*..que la ley se enseñorea del
7.4 *h* míos, habéis muerto a la ley mediante
8.12 *h*, deudores somos, no a la carne, para
8.29 que él sea el primogénito entre muchos *h*
9.3 ser..separado de Cristo, por amor a mis *h*
10.1 *h*, ciertamente el anhelo de mi corazón
11.25 no quiero, *h*..ignoréis este misterio
12.1 *h*, os ruego por las misericordias de
14.10 pero tú, ¿por qué juzgas a tu *h*? O tú
14.10 también, ¿por qué menosprecias a tu *h*?
14.13 poner tropiezo u ocasión de caer al *h*
14.15 si por..la comida tu *h* es contristado
14.21 vino, ni nada en que tu *h* tropiece, o
15.14 estoy seguro..*h* míos, de que vosotros
15.15 escrito, *h*, en parte con atrevimiento
15.30 ruego, *h*..que me ayudéis orando por mí
16.14 saludad a..a los *h* que están con ellos
16.17 os ruego, *h*, que os fijéis en los que
16.23 os saluda Gayo..Erasto..y el *h* Cuarto
1 Co. 1.1 Pablo..apóstol de..y el *h* Sóstenes
1.10 os ruego..*h*, por el nombre de nuestro
1.11 he sido informado..*h* míos, por los de
1.26 mirad, *h*, vuestra vocación, que no sois
2.1 así que, *h*, cuando fui a vosotros para
3.1 *h*, no pude hablaros como a espirituales
4.6 esto, *h*, lo he presentado como ejemplo
5.11 que, llamándose *h*, fuere fornicario, o
6.5 ni aun uno, que pueda juzgar entre sus *h*
6.6 que el *h* con el *h* pleitea en juicio, y
6.8 pero vosotros..defraudáis, y esto a los *h*
7.12 algún *h* tiene mujer que no sea creyente
7.15 pues no está el *h* o la hermana sujeto
7.24 cada uno, *h*, en el estado en que fue
7.29 esto digo, *h*: que el tiempo es corto
8.11 se perderá el *h* débil por quien Cristo
8.12 pues, pecando contra los *h* e hiriendo
8.13 la comida le es a mi *h* ocasión de caer
8.13 jamás, para no poner tropiezo a mi *h*
9.5 apóstoles, y los *h* del Señor, y Cefas?
10.1 porque no quiero, *h*, que ignoréis que
11.2 os alabo, *h*, porque en todo os acordáis
11.33 que, *h* míos, cuando os reunís a comer
12.1 no quiero, *h*, que ignoréis acerca de los
14.6 pues, *h*, si yo voy a vosotros hablando
14.20 *h*, no seáis niños en el modo de pensar
14.26 ¿qué hay, pues, *h*? Cuando os reunís, cada
14.39 así que, *h*, procurad profetizar, y no
15.1 además os declaro, *h*, el evangelio que
15.6 después apareció a más de quinientos *h*
15.31 os aseguro, *h*, por..que cada día muero
15.50 esto digo, *h*: que la carne y la sangre
15.58 así que, *h* míos amados, estad firmes y
16.11 venga a mí, porque le espero con los *h*
16.12 acerca del *h* Apolos, mucho le rogué que
16.12 le rogué que fuese a vosotros con los *h*
16.15 *h*, ya sabéis..la familia de Estéfanas
16.20 os saludan todos los *h*. Saludaos los
2 Co. 1.1 Pablo..y el *h* Timoteo, a la iglesia
1.8 *h*, no queremos que ignoréis acerca de
2.13 por no haber hallado a mi *h* Tito; así
8.1 *h*, os hacemos saber la gracia de Dios que
8.18 enviamos..con él al *h* cuya alabanza en
8.22 enviamos..con ellos a nuestro *h*, cuya
8.23 cuanto a nuestros *h*, son mensajeros de
9.3 pero he enviado a los *h*, para que nuestro
9.5 tuve por necesario exhortar a los *h* que
11.9 lo suplieron los *h* que..de Macedonia
11.26 en el mar, peligros entre falsos *h*
12.18 rogué a Tito, y envié con él al *h*. ¿Os
13.11 lo demás, *h*, tened gozo, perfeccionaos
Gá. 1.2 todos los *h* que están conmigo, a las
1.11 hago saber, que el evangelio anunciado
1.19 no vi a..sino a Jacobo el *h* del Señor
2.4 los falsos *h* introducidos a escondidas
3.15 *h*, hablo en términos humanos: Un pacto
4.12 ruego, *h*, que os hagáis como yo, porque
4.28 *h*, nosotros, como Isaac, somos hijos de
4.31 de manera, *h*, que no somos hijos de la
5.11 yo, *h*, si aún predico la circuncisión
5.13 porque vosotros, *h*, a libertad fuisteis
6.1 *h*, si alguno fuere sorprendido en..falta
6.18 *h*, la gracia de nuestro Señor..sea con
Ef. 6.10 *h* míos, fortaleceos en el Señor, y en
6.21 Tíquico, *h* amado y fiel ministro en el
6.23 paz sea a los *h*, y amor con fe, de Dios
Fil. 1.12 quiero que sepáis, *h*, que las cosas
1.14 la mayoría de los *h*..atreven mucho más
2.25 necesario enviaros a Epafrodito, mi *h* y
3.1 por lo demás, *h*, gozaos en el Señor
3.13 *h*, yo mismo no pretendo..ya alcanzado
3.17 *h*, sed imitadores de mí, y mirad a los
4.1 *h* míos amados..gozo y corona mía, estad
4.8 *h*, todo lo que es verdadero..lo honesto
4.21 los *h* que están conmigo os saludan
Col. 1.1 Pablo, apóstol de..Dios, y el *h* Timoteo
1.2 a los santos y fieles *h* en Cristo que
4.7 os lo hará saber Tíquico, amado *h* y fiel
4.9 Onésimo..fiel *h*, que es uno de vosotros
4.15 saludad a los *h* que están en Laodicea
1 Ts. 1.4 conocemos, *h* amados de Dios, vuestra
2.1 mismos sabéis, *h*, que nuestra visita a
2.9 porque os acordáis, *h*, de nuestro trabajo
2.14 *h*, vinisteis a ser imitadores de las
2.17 *h*, separados de vosotros por un poco de
3.2 enviamos a Timoteo nuestro *h*, servidor
3.7 *h*, en medio de toda nuestra necesidad y
4.1 *h*, os rogamos y exhortamos en el Señor
4.6 que ninguno agravie ni..en nada a su *h*
4.10 lo hacéis así con todos los *h* que están
4.10 os rogamos, *h*, que abundéis en ello más
4.13 tampoco queremos, *h*, que ignoréis acerca
5.1 no tenéis necesidad, *h*..que yo os escriba
5.4 mas vosotros, *h*, no estáis en tinieblas
5.12 os rogamos, *h*, que reconozcáis a los
5.14 también os rogamos, *h*, que amonestéis
5.25 *h*, orad por nosotros
5.26 saludad a todos los *h* con ósculo santo
5.27 esta carta se lea a todos los santos *h*
2 Ts. 1.3 dar gracias a Dios por vosotros, *h*
2.1 respecto a la venida de..os rogamos, *h*
2.13 gracias a Dios..*h* amados por el Señor
2.15 *h*, estad firmes, y retened la doctrina
3.1 por lo demás, *h*, orad por nosotros, para
3.6 os ordenamos, *h*..que os apartéis de todo
3.6 todo *h* que anda desordenadamente, y no
3.13 vosotros, *h*, no os canséis de hacer bien
3.15 por enemigo, sino amonestadle como a *h*
1 Ti. 4.6 si esto enseñas a los *h*, serás buen
5.1 a padre; a los más jóvenes, como a *h*
6.2 no los tengan en menos por ser *h*, sino
2 Ti. 4.21 te saluda..Claudia y todos los *h*
Flm. 1 Pablo..y el *h* Timoteo, al amado Filemón
7 porque por ti, oh *h*, han sido confortados
16 no ya como esclavo, sino..como *h* amado
20 sí, *h*, tenga yo algún provecho de ti en
He. 2.11 cual no se avergüenza de llamarlos *h*
2.12 diciendo: Anunciaré a mis *h* tu nombre
2.17 debía ser en todo semejante a sus *h*
3.1 *h*..considerad al apóstol y..sacerdote de
3.12 mirad, *h*, que no haya en ninguno de
7.5 tomar..los diezmos..es decir, de sus *h*
8.11 y ninguno enseñará a..a su *h*, diciendo
10.19 *h*, teniendo libertad para entrar en el
13.22 os ruego, *h*, que soportéis la palabra
13.23 que está en libertad nuestro *h* Timoteo
Stg. 1.2 *h* míos, tened por sumo gozo cuando os
1.9 *h* que es de humilde condición, gloríese
1.16 amados *h* míos, no erréis
1.19 amados *h*, todo hombre sea pronto para
2.1 *h*..vuestra fe en nuestro glorioso Señor
2.5 *h* míos amados, oíd: ¿No ha elegido Dios
2.14 *h* míos, ¿de qué aprovechará si alguno
2.15 y si un *h* o una hermana están desnudos
3.1 *h* míos, no os hagáis maestros muchos de
3.10 misma boca..*H* míos, esto no debe ser así
3.12 *h* míos, ¿puede acaso la higuera producir
4.11 *h*, no murmuréis los unos de los otros
4.11 el que murmura del *h* y juzga a su *h*

HERMANO *(Continúa)*
Stg. 5.7 *h*, tened paciencia hasta la venida del
5.9 *h*, no os quejéis unos contra otros, para
5.10 *h* míos, tomad como ejemplo de aflicción
5.12 *h* míos, no juréis, ni por el cielo, ni
5.19 *h*, si alguno de entre vosotros se ha
1 P. 2.17 amad a los *h*. Temed a Dios. Honrad
5.9 se van cumpliendo en vuestros *h* en todo
5.12 de Silvano, a quien tengo por *h* fiel, os
2 P. 1.10 *h*, tanto más procurad hacer firme
3.15 nuestro amado *h* Pablo. .os ha escrito
1 Jn. 2.7 *h*, no os escribo mandamiento nuevo
2.9 y aborrece a su *h*. está. .en tinieblas
2.10 el que ama a su *h*, permanece en la luz
2.11 que aborrece a su *h* está en tinieblas
3.10 no. .y que no ama a su *h*, no es de Dios
3.12 como Caín, que era del. .y mató a su *h*
3.12 obras eran malas, y las de su *h* justas
3.13 *h* míos, no os extrañéis si el mundo os
3.14 amamos a los *h*. El que no ama a su *h*
3.15 aquel que aborrece a su *h* es homicida
3.16 debemos poner nuestras vidas por los *h*
3.17 bienes de. .y ve a su *h* tener necesidad
4.20 dice: Yo amo a Dios, y aborrece a su *h*
4.20 el que no ama a su *h* a quien ha visto
4.21 el que ama a Dios, ame también a su *h*
5.16 si alguno viere a su *h* cometer pecado
3 Jn. 3 vinieron los *h* y dieron testimonio de
5 cuando prestas algún servicio a los *h*
10 no recibe a los *h*, y a los que quieren
Jud. 1 Judas, siervo de Jesucristo, y *h* de
Ap. 1.9 Juan, vuestro *h*, y copartícipe vuestro
6.11 que se completara el número de sus. .*h*
12.10 sido lanzado. .el acusador de nuestros *h*
19.10 yo soy consiervo tuyo, y de tus *h* que
22.9 dijo. .yo soy consiervo tuyo, de tus *h*

HERMAS *Cristiano saludado por Pablo,* Ro. 16.14

HERMES *Cristiano saludado por Pablo,* Ro. 16.14

HERMÓGENES *Uno que abandonó a Pablo,* 2 Ti. 1.15

HERMÓN *Monte muy elevado al norte de Palestina*
Dt. 3.8 el arroyo de Arnón hasta el monte de *H*
3.9 los sidonios llaman a *H*, Sirión; y los
4.48 Arnón, hasta el monte de Sion, que es *H*
Jos. 11.3 y al heveo al pie de *H* en tierra de
11.17 el monte Halac. .a la falda del monte *H*
12.1 desde el arroyo. .Arnón hasta el monte *H*
12.5 y dominaba en el monte *H*, en Salca, en
13.5 Baal-gad al pie del monte *H*, hasta la
13.11 todo el monte *H*, y toda la tierra de
1 Cr. 5.23 habitaron. .Basán. .y el monte de *H*
Sal. 89.12 Tabor y el *H* cantarán en tu nombre
133.3 como el rocío de *H*, que desciende sobre
Cnt. 4.8 mira desde la cumbre. .Senir y de *H*

HERMONITA *Habitante de la región del monte Hermón,* Sal. 42.6

HERMOSEAR
Sal. 149.4 Jehová. .*hermoseará* a los humildes
Pr. 15.13 el corazón alegre *hermosea* el rostro
Ez. 16.13 *hermoseada* en extremo, prosperaste

HERMOSO, SA
Gn. 6.2 que las hijas de los hombres eran *h*
12.11 conozco que eres mujer de *h* aspecto
12.14 los egipcios vieron que la mujer era *h*
24.16 y la doncella era de aspecto muy *h*
26.7 de Rebeca, pues ella era de *h* aspecto
29.17 Raquel era de lindo y de *h* parecer
39.6 José de *h* semblante y bella presencia
41.2 que del río subían siete vacas, *h* a la
41.3 se pararon cerca de las vacas *h* a la
41.4 devoraban a las siete vacas *h* y muy
41.5 que siete espigas llenas y *h* crecían de
41.18 subían siete vacas de. .*h* apariencia
41.22 crecían en una misma caña, llenas y *h*
41.24 devoraban a las siete espigas *h*; y lo
41.26 las siete vacas *h* siete años son; y
41.26 espigas *h* son siete años; el sueño es
49.21 cierva suelta. .pronunciará dichos *h*
Éx. 2.2 viéndole que era *h*, le tuvo escondido
Lv. 23.40 ramas con fruto de árbol *h*, ramas
Nm. 24.5 ¡cuán *h* son tus tiendas, oh Jacob!
Dt. 21.11 entre los cautivos a alguna mujer *h*
Jue. 15.2 su hermana. .¿no es más *h* que ella?
1 S. 9.2 hijo que se llamaba Saúl, joven y *h*
9.2 entre. .Israel no había otro más *h* que
16.12 rubio, *h* de ojos, y de buen parecer
16.18 es valiente. .*h*, y Jehová está con él
17.42 era muchacho, y rubio, y de *h* parecer
25.3 era aquella mujer de. .y de *h* apariencia
2 S. 11.2 se estaba bañando, la cual era muy *h*
13.1 teniendo Absalón. .una hermana *h* que se
14.27 una hija. .Tamar. .mujer de *h* semblante
1 R. 1.3 buscaron una joven *h* por toda. .Israel
1.4 y la joven era *h*; y ella abrigaba al rey
1.6 éste era de muy *h* parecer; y había nacido
20.3 oro. .tus mujeres y tus hijos *h* son míos
2 R. 3.19 destruiréis toda ciudad. .toda villa *h*
Est. 1.11 para mostrar. .belleza; porque era *h*
2.7 joven era de *h* figura y de buen parecer
Job 31.26 si he mirado. .a la luna cuando iba *h*
39.13 ¿diste tú *h* alas al pavo real, o alas
42.15 no había mujeres tan *h* como las hijas
Sal. 16.6 y es *h* la heredad que me ha tocado
33.1 justos. .en los íntegros es *h* la alabanza
45.2 eres el más *h* de los hijos de los hombres
48.2 *h* provincia, el gozo de toda la tierra
147.1 Dios; porque suave y *h* es la alabanza
Pr. 11.22 es la mujer *h* y apartada de razón
30.29 tres cosas hay de *h* andar, y la cuarta
Ec. 3.11 lo hizo *h* en su tiempo; y ha puesto
Cnt. 1.8 si tú no lo sabes, oh *h* entre las
1.10 *h* son tus mejillas entre los pendientes
1.15 he aquí que tú eres *h*, amiga mía; he aquí
1.16 aquí que tú eres *h*, amado mío, y dulce
2.10,13 levántate, oh amiga mía, *h* mía, y ven
2.14 dulce es la voz tuya, y *h* tu aspecto
4.1 he aquí que tú eres *h*, amiga. .eres *h*
4.3 tu habla *h*; tus mejillas, como cachos
4.7 toda tú eres *h*, amiga mía, y en ti no
4.10 ¡cuán *h* son tus amores, hermana. .mía!
5.9; 6.1 oh la más *h* de todas las mujeres?
6.4 *h* eres tú, oh amiga mía, como Tirsa
6.10 *h* como la luna, esclarecida como el sol
7.1 cuán *h* son tus pies en las sandalias, oh
7.6 *h* eres, y cuán suave, oh amor deleitoso
Is. 5.9 asoladas, sin morador las grandes y *h*
17.10 por tanto, sembrarás plantas *h*, y
22.7 tus *h* valles fueron llenos de carros
44.13 lo hace en forma de varón. .de hombre *h*
52.1 tu ropa *h*, oh Jerusalén, ciudad santa
52.7 ¡cuán *h* son sobre los montes los pies
63.1 ¿éste *h* en su vestido, que marcha en la
Jer. 11.16 olivo verde, *h* en su fruto y en su
13.20 el rebaño que te fue dado, tu *h* grey?
46.20 becerra *h* es Egipto. .viene destrucción
48.17 ¡cómo se quebró la vara. .el báculo *h*!
Lm. 2.4 entesó su arco. .destruyó cuanto era *h*
4.7 más rubios. .su talle más *h* que el zafiro
Ez. 16.7 y llegaste a ser muy *h*; tus pechos se
16.12 puse joyas en. .*h* diadema en tu cabeza
16.17 tomaste asimismo tus *h* alhajas de oro
16.39 llevarán tus *h* alhajas, y te dejarán
20.6,15 cual es la más *h* de todas las tierras
31.3 cedro en. .de *h* ramas, de frondoso ramaje
31.7 se hizo, pues, *h* en su grandeza con la
31.9 lo hice *h* con la multitud de sus ramas
32.19 porque eres tan *h*, desciende, y yace
33.32 cantor de. .*h* de voz y que canta bien
Dn. 4.12,21 follaje era *h* y su fruto abundante
Jl. 3.5 mis cosas preciosas y *h* metisteis en
Am. 5.11 plantasteis *h* viñas, mas no beberéis
8.13 las doncellas *h* y los jóvenes desmayarán
Nah. 3.4 a causa de. .de la ramera de *h* gracia
Zac. 11.13 ¡*h* precio con que me han apreciado!
Mt. 23.27 por fuera, a la verdad, se muestran *h*
Lc. 21.5 el templo estaba adornado de *h* piedras
Hch. 3.2 la puerta del templo que se llama la *H*
3.10 a pedir. .a la puerta del templo, la *H*
Ro. 10.15 está escrito: ¡Cuán *h* son los pies
He. 11.23 escondido. .porque le vieron niño *h*
Stg. 1.11 flor se cae, y perece su *h* apariencia

HERMOSURA
Éx. 28.2 vestiduras sagradas a. .para honra y *h*
28.40 les harás cintos. .tiaras para honra y *h*
2 S. 14.25 tan alabado por su *h* como Absalón
1 Cr. 16.29 postraos delante de Jehová en la *h*
Job 4.21 su *h*, ¿no se pierde con ellos mismos?
15.29 no. .ni extendrá por la tierra su *h*
21.23 éste morirá en el vigor de su *h*, todo
40.10 de alteza, y vístete de honra y de *h*
Sal. 27.4 para contemplar la *h* de Jehová, y
29.2 adorad a Jehová en la *h* de la santidad
45.11 deseará el rey tu *h*; e inclínate a él
47.4 nos elegirá. .la *h* de Jacob, al cual amó
50.2 de Sion, perfección de *h*, Dios ha
96.9 adorad a Jehová en la *h* de la santidad
110.3 tu pueblo se. .en la *h* de la santidad
111.3 gloria y *h* es su obra, y su justicia
145.5 la *h* de la gloria de tu magnificencia
Pr. 4.9 a tu cabeza; corona de *h* te entregará
6.25 no codicies su *h* en tu corazón, ni ella
20.29 y la *h* de los ancianos es su vejez
31.30 engañosa es la gracia, y vana la *h*; la
Is. 3.24 en lugar de. .y quemadura en vez de *h*
4.2 renuevo de Jehová será para *h* y gloria
13.19 Babilonia, *h* de reinos y ornamento de
28.1,4 la flor caduca de la *h* de su gloria
28.5 por corona de gloria y diadema de *h* al
33.17 tus ojos verán al rey en su *h*; verán
35.2 será dada, la *h* del Carmelo y de Sarón
35.2 verán la gloria. .la *h* del Dios nuestro
52.14 fue desfigurado. .y su *h* más que la de
53.2 no hay parecer en él, ni *h*; le veremos
Lm. 1.16 desapareció de la hija de Sion. .su *h*
2.1 derribó del cielo. .tierra la *h* de Israel
2.15 ¿es esta la ciudad que. .de perfecta *h*
Ez. 16.14 salió tu renombre. .a causa de tu *h*
16.14 mi *h* que yo puse sobre ti, dice Jehová
16.15 confiaste en tu *h*, y te prostituiste
16.25 lugar alto, e hiciste abominable tu *h*
23.26 arrebatarán todos los adornos de tu *h*
27.3 Tiro, tú has dicho. .soy de perfecta *h*
27.11 sus escudos colgaron. .completaron tu *h*
28.7 desenvainarán sus espadas contra la *h*
28.12 tú. .lleno de sabiduría, y acabado de *h*
28.17 enalteció tu corazón a causa de tu *h*
31.8 ningún árbol en. .semejante a él en su *h*
Zac. 9.17 ¡cuánta es su bondad, y cuánta su *h*

HERODES
1. Herodes el Grande
Mt. 2.1 cuando Jesús nació. .en días del rey *H*
2.3 rey *H* se turbó, y toda Jerusalén con él
2.7 *H*, llamando en secreto a. .magos, indagó
2.12 siendo avisados. .que no volviesen a *H*
2.13 porque. .*H* buscará el niño para matarlo
2.15 estuvo allá hasta la muerte de *H*; para
2.16 *H*. .cuando se vio burlado por los magos
2.19 después de muerto *H*, he aquí un ángel
2.22 que Arquelao reinaba. .en lugar de *H* su
Lc. 1.5 hubo en los días de *H* rey. .sacerdote
2. Herodes Antipas, hijo de No. 1
Mt. 14.1 en aquel tiempo *H*. .la fama de Jesús
14.3 porque *H* había prendido a Juan, y le
14.5 *H* quería matarle, pero temía al pueblo
14.6 cuando se celebraba el cumpleaños de *H*
14.6 la hija de Herodías danzó. .agradó a *H*
Mr. 6.14 oyó el rey *H* la fama de Jesús. .dijo
6.16 al oír esto *H*, dijo: Este es Juan, el
6.17 *H* había enviado y prendido a Juan, y le
6.18 Juan decía a *H*: No te es lícito tener
6.20 *H* temía a Juan, sabiendo que era varón
6.21 un día oportuno, en que *H*, en la fiesta
6.22 hija de Herodías, danzó, y agradó a *H*
8.15 mirad, guardaos. .y de la levadura de *H*
Lc. 3.1 siendo. .*H* tetrarca de Galilea. .Felipe
3.19 *H*. .siendo reprendido por Juan a causa
3.19 de todas las maldades que *H* había hecho
8.3 Juana, mujer de Chuza intendente de *H*
9.7 *H* el tetrarca oyó. .cosas que hacía Jesús
9.9 y dijo *H*: A Juan yo le hice decapitar
13.31 sal, y vete de aquí. .*H* te quiere matar
23.7 saber que era de la jurisdicción de *H*
23.7 le remitió a *H*, que en aquellos días
23.8 *H*, viendo a Jesús, se alegró mucho
23.11 *H* con sus soldados le menospreció y
23.12 hicieron amigos Pilato y *H* aquel día
23.15 y ni aun *H*, porque os remití a él; y
Hch. 4.27 se unieron. .*H* y Poncio Pilato, con
13.1 Manaén. .se había criado junto con *H*
3. Herodes Agripa I, nieto de No. 1
Hch. 12.1 el rey *H* echó mano a algunos de la
12.6 *H* le iba a sacar, aquella misma noche
12.11 me ha librado de las manos de *H*, y de
12.19 mas *H*, habiéndole buscado sin hallarle
12.20 *H* estaba enojado contra los de Tiro
12.21 *H*, vestido de ropas reales, se sentó
23.35 que le custodiasen en el pretorio de *H*

HERODIANO *Partidario político de la dinastía de los Herodes*
Mt. 22.16 los discípulos de ellos con los *h*
Mr. 3.6 tomaron consejo con los *h* contra él
12.13 enviaron algunos de los. .y de los *h*

HERODÍAS *Mujer de Herodes No. 2*
Mt. 14.3 en la cárcel, por causa de *H*, mujer
14.6 la hija de *H* danzó en medio, y agradó
Mr. 6.17 en la cárcel por causa de *H*, mujer de
6.19 pero *H* le acechaba, y deseaba matarle
6.22 la hija de *H*, danzó, y agradó a Herodes
Lc. 3.19 reprendido por Juan a causa de *H*

HERODIÓN *Cristiano saludado por Pablo,* Ro. 16.11

HERRADO
Jos. 17.16 todos los cananeos. .tienen carros *h*
17.18 aunque tenga carros *h*, y. .sea fuerte
Jue. 1.19 mas no pudo arrojar. .tenían carros *h*
4.3 tenía 900 carros *h*, y había oprimido con
4.13 reunió Sísara. .900 carros *h*, con todo el

HERRAMIENTA
Éx. 20.25 si alzares *h* sobre él, lo profanarás
Is. 54.16 herrero que. .saca la *h* para su obra

HERRERO
1 S. 13.19 la tierra de Israel no se hallaba *h*
2 R. 24.14 llevó en cautiverio. .a todos los. .*h*
24.16 los artesanos y a los *h*. .llevó cautivos
Is. 44.12 el *h* toma la tenaza, trabaja en las
54.16 que yo hice al *h* que sopla las ascuas
Jer. 24.1 de haber transportado. .artesanos y *h*

HERRUMBRE
Ez. 24.6 ¡ay de la..olla herrumbrosa cuya *h* no
24.11 se funda en ella su..y se consuma su *h*
24.12 se cansó, y no salió de ella su mucha *h*
24.12 ella..sólo en fuego será su *h* consumida

HERRUMBROSA
Ez. 24.6 ¡ay de la..olla *h* cuya herrumbre no

HERVIR
Job 41.20 sale humo, como..caldero que *hierve*
41.31 hace *hervir*..una olla el mar profundo
Is. 64.2 fuego que hace *hervir* las aguas, para
Jer. 1.13 una olla que *hierve;* y su faz está
Lm. 1.20 estoy atribulado..mis entrañas *hierven*
Ez. 24.5 haz que *hierva* bien; cuece también sus

HERVOR
He. 10.27 *h* de fuego que ha de devorar a los

HESBÓN *Ciudad importante de los amorreos*
Nm. 21.25 habitó..en *H* y en todas sus aldeas
21.26 porque *H* era la ciudad de Sehón rey de
21.27 tanto dicen los proverbistas: Venid a *H*
21.28 porque fuego salió de *H*, y llama de la
21.30 pereció *H* hasta Dibón, y destruimos
21.34 como hiciste de Sehón..habitaba en *H*
32.3 Nimra, *H*, Eleale, Sebam, Nebo y Beón
32.37 los hijos de Rubén edificaron *H*, Eleale
Dt. 1.4 derrotó a Sehón..el cual habitaba en *H*
2.24 entregado en tu mano a Sehón rey de *H*
2.26 envié mensajeros..a Sehón rey de *H* con
2.30 Sehón rey de *H* no quiso que pasásemos
3.2 hiciste con Sehón rey..que habitaba en *H*
3.6 como hicimos a Sehón rey de *H*, matando
4.46 de Sehón rey de los..que habitaba en *H*
29.7 y salieron Sehón rey de *H* y Og rey de
Jos. 9.10 lo que hizo..a Sehón rey de *H*, y a
12.2 Sehón rey de los..que habitaba en *H*, y
12.5 de Galaad, territorio de Sehón rey de *H*
13.10 ciudades de Sehón..el cual reinó en *H*
13.17 *H*, con todas sus ciudades que están en
13.21 el reino de Sehón rey..que reinó en *H*
13.26 desde *H* hasta Ramat-mizpa, y Betonim
13.27 resto del reino de Sehón rey de *H;* el
21.39 *H* con sus ejidos y Jazer con..ejidos
Jue. 11.19 envió..mensajeros a Sehón rey..de *H*
11.26 habitando..300 años a *H* y sus aldeas
1 Cr. 7.81 *H* con sus ejidos y Jazer con..ejidos
Neh. 9.22 poseyeron..la tierra del rey de *H*
Cnt. 7.4 ojos, como los estanques de *H* junto
Is. 15.4 *H* y Eleale gritarán, hasta Jahaza se
16.8 los campos de *H* fueron talados, y las
16.9 regaré con mis lágrimas, oh *H* y Eleale
Jer. 48.2 Moab; en *H* maquinaron mal contra
48.34 clamor de *H* llega hasta Eleale; hasta
48.45 a la sombra de *H*..mas salió fuego de *H*
49.3 lamenta, oh *H*, porque destruida es Hai

HESED *Padre de un funcionario de Salomón,* **1 R. 4.10**

HESMÓN *Población en Judá,* **Jos. 15.27**

HET *Hijo de Canaán y nieto de Cam (hijos de Het=heteos)*
Gn. 10.15 y Canaán engendró a Sidón su..a *H*
23.3 y se levantó..y habló a los hijos de *H*
23.5 respondieron los hijos de *H* a Abraham
23.7 se inclinó al pueblo..a los hijos de *H*
23.10 este Efrón estaba entre los hijos de *H*
23.10,16,18 en presencia de los hijos de *H*
23.20 posesión..recibida de los hijos de *H*
25.10 que compró Abraham de los hijos de *H*
27.46 de mi vida, a causa de las hijas de *H*
27.46 si Jacob toma mujer de las hijas de *H*
49.32 la compra del..fue de los hijos de *H*
1 Cr. 1.13 Canaán engendró a Sidón su..y a *H*

HETEO *Descendiente de Het*
Gn. 15.20 los *h*, los ferezeos, los refaítas
23.10 de Het; y respondió Efrón *h* a Abraham
25.9 en la heredad de Efrón hijo de Zoar *h*
26.34 Esaú..tomó..a Judit hija de Beeri *h*
26.34 por mujer..a Basemat hija de Elón *h*
36.2 Esaú tomó..a Ada, hija de Elón *h*, y a
49.29 que está en el campo de Efrón el *h*
49.30 con el mismo campo de Efrón el *h*, para
50.13 la que había comprado..de Efrón el *h*
Éx. 3.8,17 del *h*, del amorreo, del ferezeo
13.5 te hubiere metido en la tierra..del *h*
23.23 mi Angel..te llevará a la tierra..del *h*
23.28 yo enviaré..la avispa, que eche..al *h*
33.2 ángel, y echaré fuera al..*h*, al ferezeo
34.11 echo de delante de tu presencia..al *h*
Nm. 13.29 *h*, el jebuseo y el amorreo habitan
Dt. 7.1 y haya echado de delante de ti..al *h*
20.17 destruirás..*h*, al amorreo, al cananeo
Jos. 1.4 la tierra de los *h* hasta el gran mar
3.10 él echará..al *h*, al heveo, al ferezeo
9.1 cuando oyeron..los reyes..los *h*, amorreos
11.3 al cananeo..al *h*, al ferezeo, al jebuseo
12.8 *h*, el amorreo, el cananeo, el ferezeo
24.11 pelearon contra vosotros..cananeos, *h*
Jue. 1.26 fue el hombre a la tierra de los *h*
3.5 los hijos de Israel habitaban entre..*h*
1 S. 26.6 David dijo a Ahimelec *h* y a Abisai
2 S. 11.3 es Betsabé hija de..mujer de Urías *h*
11.6 envíame a Urías *h*..Joab envió a Urías
11.17 cayeron algunos..murió también Urías *h*
11.21 también tu siervo Urías *h* es muerto
11.24 rey; y murió también tu siervo Urías *h*
12.9 a Urías *h* heriste a espada, y tomaste
12.10 tomaste la mujer de Urías *h* para que
23.39 Urías *h;* treinta y siete por todos
1 R. 9.20 quedaron de los amorreos, *h*, ferezeos
10.29 así los adquirían..los reyes de los *h*
11.1 Salomón amó..a las de Sidón, y a las *h*
15.5 su vida, salvó en lo tocante a Urías *h*
2 R. 7.6 tomado a sueldo..los reyes de los *h*
1 Cr. 11.41 Urías *h*, Zabad hijo de Ahlai
2 Cr. 1.17 así compraban..los reyes de los *h*
8.7 todo el pueblo que había quedado de los *h*
Esd. 9.1 no se han separado de..los *h*, ferezeos
Neh. 9.8 pacto con él para darle la tierra..*h*
Ez. 16.3 tu padre fue amorreo, y tu madre *h*
16.45 vuestra madre fue *h*, y vuestro padre

HETLÓN *Lugar en el límite norte de Israel,* **Ez. 47.15; 48.1**

HEVEO *Pueblo antiguo en Palestina*
Gn. 10.17 al *h*, al araceo, al sineo
34.2 la vio Siquem hijo de Hamor *h*..la tomó
36.2 tomó..hija de Aná, hijo de Zibeón el *h*
Éx. 3.8,17 del ferezeo, del *h* y del jebuseo
13.5 te hubiere metido en la tierra del..*h*
23.23 mi ángel..te llevará a la tierra del..*h*
23.28 de ti la avispa, que eche fuera al *h*
33.2 y echaré fuera al..al *h* y al jebuseo
34.11 echo de delante de tu presencia..al *h*
Dt. 7.1 echado..al ferezeo, al *h* y al jebuseo
20.17 los destruirás..al ferezeo, al *h* y al
Jos. 3.10 echará de delante..al *h*, al ferezeo
9.1 cuando oyeron..los reyes..*h* y jebuseos
9.7 y los de Israel respondieron a los *h*
11.3 al *h* al pie de Hermón en tierra de Mizpa
11.19 ciudad que hiciese paz con..salvo los *h*
12.8 cananeo, el ferezeo, el *h* y el jebuseo
24.11 pelearon contra vosotros..*h* y jebuseos
Jue. 3.3 los *h* que habitaban en el monte Líbano
3.5 habitaban entre..ferezeos, *h* y jebuseos
2 S. 24.7 todas las ciudades de los *h* y de los
1 R. 9.20 los..*h* y jebuseos, que no eran de los
1 Cr. 1.15 al *h*, al araceo, al sineo
2 Cr. 8.7 *h* y jebuseos, que no eran de Israel

HEZEQUIEL *Sacerdote en tiempo de David,* **1 Cr. 24.16**

HEZIÓN *Ascendiente de Ben-adad No. 1,* **1 R. 15.18**

HEZIR
1. *Sacerdote en tiempo de David,* **1 Cr. 24.15**
2. *Firmante del pacto de Nehemías,* **Neh. 10.20**

HEZRAI, HEZRO *Uno de los 30 valientes de David,* **2 S. 23.35; 1 Cr. 11.37**

HEZRÓN
1. *Hijo de Rubén,* **Gn. 46.9; Éx. 6.14; 1 Cr. 5.3**
2. *Hijo de Fares y nieto de Judá,* **Gn. 46.12; Nm. 26.6,21; Rt. 4.18,19; 1 Cr. 2.5,9,18, 21,24,25; 4.1**
3. *Ciudad en la frontera sur de Canaán,* **Jos. 15.3,25**

HEZRONITA *Descendiente de Hezrón No. 2,* **Nm. 26.6,21**

HIDAI *Uno de los 30 valientes de David,* **2 S. 23.30**

HIDEKEL *Nombre hebreo del río Tigris*
Gn. 2.14 y el nombre del tercer río es *H;* éste
Dn. 10.4 estaba yo a la orilla del gran río *H*

HIDRÓPICO
Lc. 14.2 aquí estaba delante de él un hombre *h*

HIEL *Varón de Bet-el que reedificó a Jericó,* **1 R. 16.34**

HIEL *(s.)*
Dt. 29.18 haya..raíz que produzca *h* y ajenjo
Job 16.13 no perdonó; mi *h* derramó por tierra
20.14 mudará..*h* de áspides será dentro de él
Sal. 69.21 me pusieron además *h* por comida, y
Jer. 8.14 y nos ha dado a beber aguas de *h*
9.15 a este pueblo..daré a beber aguas de *h*
23.15 y les haré beber agua de *h;* porque de
Lm. 3.19 acuérdate de mi aflicción..y de la *h*
Hab. 2.15 ¡ay de ti. que le acercas tu *h*, y le
Mt. 27.34 dieron a beber vinagre mezclado con *h*
Hch. 8.23 en *h* de amargura y en..veo que estás

HIELO
Job 37.10 por el soplo de Dios se da el *h*, y
38.29 ¿de qué vientre salió el *h?*..escarcha
Sal. 147.17 echa su *h* como pedazos; ante su
Jer. 36.30 será echado al calor del día y al *h*

HIENA
Is. 13.22 sus palacios aullarán *h*, y chacales
34.14 se encontrarán con las *h*, y las cabras

HIERÁPOLIS *Ciudad en la provincia de Asia,* **Col. 4.13**

HIERBA
Gn. 1.11 produzca la tierra *h* verde, *h* que dé
1.12 produjo, pues..*h* verde, *h* que da semilla
2.5 y toda *h* del campo antes que naciese
Éx. 9.22 granizo..sobre toda la *h* del campo
9.25 destrozó el granizo toda la *h* del campo
10.15 consumió toda la *h* de la tierra, y todo
10.15 no quedó cosa verde en árboles ni en *h*
12.8 la carne asada..con *h* amargas lo comerán
Nm. 9.11 panes sin levadura y con *h* amargas la
Dt. 11.15 daré también *h* en tu campo para tus
29.23 no será sembrada..ni crecerá en ella *h*
32.2 la llovizna..y como las gotas sobre la *h*
2 S. 23.4 como la lluvia que hace brotar la *h*
1 R. 18.5 a ver si acaso hallaremos *h* con que
2 R. 4.39 salió..al campo a recoger *h*, y halló
19.26 vinieron a ser como la *h* del campo, y
Job 5.25 y tu prole como la *h* de la tierra
6.5 ¿acaso gime el asno montés junto a..*h?*
8.12 con todo, se seca primero que toda *h*
38.27 saciar la..hacer brotar la tierna *h?*
40.15 aquí ahora behemot..*h* come como buey
40.20 los montes producen *h* para él; y toda
Sal. 37.2 porque como *h* serán pronto cortados
37.2 cortados, y como la *h* verde se secarán
72.6 descenderá como la lluvia sobre la *h*
72.16 los de la ciudad florecerán como la *h*
90.5 son como..la *h* que crece en la mañana
92.7 cuando brotan los impíos como la *h*, y
102.4 corazón está herido, y seco como la *h*
102.11 como sombra que..he secado como la *h*
103.15 el hombre, como la *h* son sus días
104.14 y la *h* para el servicio del hombre
105.35 y comieron toda la *h* de su país, y
106.20 por la imagen de un buey que come *h*
129.6 serán como la *h* de los tejados, que
147.8 el que hace a los montes producir *h*
Pr. 19.12 su favor como el rocío sobre la *h*
27.25 saldrá la grama, aparecerá la *h*, y se
27.25 grama..se segarán las *h* de los montes
Is. 15.6 se secará la *h*, se marchitarán los
37.27 fueron como *h* de campo y hortaliza
40.6 que toda carne es *h*, y..flor del campo
40.7 la *h* se seca, y la..como *h* es el pueblo
40.8 sécase la *h*, marchítase la flor; mas la
42.15 haré secar toda su *h;* los ríos tornaré
44.4 brotarán entre *h*, como sauces junto a
66.14 vuestros huesos reverdecerán como la *h*
Jer. 12.4 y marchita la *h* de todo el campo?
14.5 y dejaban la cría, porque no había *h*
14.6 sus ojos se ofuscaron porque no había *h*
50.11 os llenasteis como novilla sobre la *h*
Ez. 16.7 hice multiplicar como la *h* del campo
Dn. 4.15,23 con atadura..de bronce entre la *h*
4.15 sea su parte entre la *h* de la tierra
4.25 con *h* del campo te apacentarán como a
4.33 comía *h* como los bueyes, y su cuerpo se
5.21 *h* le hicieron comer como a buey, y su
Am. 7.2 que cuando acabó de comer la *h* de la
Mi. 5.7 será en..como las lluvias sobre la *h*
Zac. 10.1 os dará lluvia..*h* verde en el campo
Mt. 6.30 si la *h* del campo..Dios la viste así
13.26 cuando salió la *h* y dio fruto..cizaña
14.19 entonces mandó..recostarse sobre la *h*
Mr. 4.28 primero *h*, luego espiga, después grano
6.39 recostar a todas por grupos sobre la *h*
Lc. 12.28 si así viste Dios la *h* que hoy está
Jn. 6.10 y había mucha *h* en aquel lugar; y se
He. 6.7 produce *h* provechosa a aquellos por los
Stg. 1.10 porque..pasará como la flor de la *h*
1.11 cuando sale el sol con calor..*h* se seca
1 P. 1.24 porque: Toda carne es como *h*, y toda
1.24 como flor de la *h*. La *h* se seca, y la
Ap. 8.7 ángel tocó..y se quemó toda la *h* verde
9.4 y se les mandó que no dañasen a la *h* de

HIERRO
Gn. 4.22 Tubal-caín, artífice de toda obra..*h*
Lv. 26.19 haré vuestro cielo como *h*, y..bronce
Nm. 31.22 plata, el bronce, *h*, estaño, y plomo
35.16 si con instrumento de *h* lo hiriere y
Dt. 3.11 su cama..de *h*, ¿no está en Rabá de los
4.20 os ha sacado del horno de *h*, de Egipto
8.9 cuyas piedras son *h*, y de..sacarás cobre
19.5 saltare el *h* del cabo, y diere contra su

HIERRO *(Continúa)*
Dt. 27.5 no alzarás sobre ellas instrumento de *h*
28.23 la tierra que está debajo de ti, de *h*
28.48 pondrá yugo de *h* sobre tu cuello, hasta
33.25 *h* y bronce serán tus cerrojos, y como
Jos. 6.19 los utensilios de bronce y de *h*, sean
6.24 en el tesoro. . los utensilios de. . y de *h*
8.31 piedras. . sobre las cuales nadie alzó *h*
1 S. 17.7 el *h* de su lanza 600 siclos de *h*
2 S. 12.31 trabajar. . trillos de *h* y hachas de *h*
23.7 se arma de *h* y de asta de lanza, y son
1 R. 6.7 hachas. . ningún otro instrumento de *h*
8.51 tú sacaste. . de en medio del horno de *h*
22.11 había hecho unos cuernos de *h*, y dijo
2 R. 6.6 cortó él un palo. . e hizo flotar el *h*
1 Cr. 20.3 puso a trabajar. . con trillos de *h*
22.3 preparó David. . *h* para la clavazón de
22.14 y bronce y *h* sin medida, porque es
22.16 del oro. . bronce y del *h*, no hay cuenta
29.2 *h* para las de *h*, y madera para las de
29.7 de bronce, y cinco mil talentos de *h*
2 Cr. 2.7,14 sabe trabajar en oro. . bronce y *h*
18.10 Sedequías. . había hecho cuernos de *h*
24.12 canteros. . y artífices en *h* y bronce
Job 19.24 que con cincel de *h* con plomo fuesen
20.24 huirá de las armas de *h*, y el arco de
28.2 el *h* se saca del polvo, y de la piedra
39.23 contra él suenan. . el *h* de la lanza y
40.18 huesos . . sus miembros como barras de *h*
41.27 estima como paja el *h*, y el bronce
Sal. 2.9 los quebrantarás con vara de *h*; como
107.10 aprisionados en aflicción y en *h*
107.16 porque. . desmenuzó los cerrojos de *h*
149.8 reyes. . a sus nobles con cadenas de *h*
Pr. 27.17 *h* con *h* se aguza; y así el hombre
Ec. 10.10 si se embotare el *h*, y su filo no
Is. 10.34 cortará. . *h* la espesura del bosque
45.2 quebrantaré puertas. . de *h* haré pedazos
48.4 que eres duro, y barra de *h* tu cerviz
60.17 por *h* plata. . y en lugar de piedras *h*
Jer. 1.18 yo te he puesto. . como columna de *h*
6.28 son bronce y *h*. . ellos son corruptores
11.4 el día que los saqué. . del horno de *h*
15.12 ¿puede alguno quebrar el *h*, el *h* del
17.1 pecado. . escrito está con cincel de *h*
28.13 mas en vez de ellos harás yugos de *h*
28.14 yugo de *h* puse sobre el cuello de todas
Ez. 4.3 una plancha de *h*. . en lugar de muro de *h*
22.18 todos ellos son bronce y. . y *h* y plomo
22.20 como quien junta. . *h* y plomo y estaño
27.12 plata, *h*, estaño y plomo comerciaba en
27.19 negociar en tu mercado con *h* labrado
Dn. 2.33 piernas, de *h*. . pies, en parte de *h*
2.34 hirió a la imagen en sus pies de *h* y de
2.35 entonces fueron desmenuzados. . el *h*, el
2.40 el cuarto reino será fuerte como *h*; y
2.40 como el *h* desmenuza y rompe todas las
2.41 en parte de *h*, será un reino dividido
2.41 habrá en él algo de la fuerza del *h*
2.41 como viste *h* mezclado con barro cocido
2.42 los dedos de los pies en parte de *h* y
2.43 así como viste el *h* mezclado con barro
2.43 no. . como el *h* no se mezcla con el barro
2.45 la cual desmenuzó el *h*, el bronce, el
4.15,23 atadura de *h*. . en la hierba del campo
5.4 alabaron a los dioses de. . *h*, de madera
5.23 diste alabanza a dioses de plata. . de *h*
7.7 la cual tenía unos dientes grandes de *h*
7.19 que tenía dientes de *h* y uñas de bronce
Am. 1.3 trillaron a Galaad con trillos de *h*
Mi. 4.13 haré tu cuerno como de *h*, y tus uñas
Hch. 12.10 llegaron a la puerta de *h* que daba
Ap. 2.27 y las regirá con vara de *h*, y serán
9.9 corazas como corazas de *h*; el ruido de
12.5 hijo varón, que regirá con vara de *h* a
18.12 todo objeto. . cobre, de *h* y de mármol
19.15 las regirá con vara de *h*; y él pisa el

HÍGADO
Éx. 29.13,22 la grosura de sobre el *h*. . riñones
Lv. 3.4,10,15 quitará la grosura. . sobre el *h*
4.9; 7.4 quitará la grosura de sobre el *h*
8.16,25 la grosura del *h*, y los dos riñones
9.10 arder sobre el altar la grosura del *h*
9.19 la cola. . los riñones, y la grosura del *h*
Lm. 2.11 mi *h* se derramó por tierra a causa del
Ez. 21.21 ha. . consultó a sus ídolos, miró el *h*

HIGAIÓN *Voz hebrea que significa "meditación"*, Sal. 9.16

HIGO
Nm. 13.23 cortaron. . de las granadas y de los *h*
1 S. 25.18 Abigail tomó. . 200 panes de *h* secos
30.12 le dieron. . un pedazo de masa de *h* secos
2 S. 16.1 cien panes de *h* secos, y un cuero de
2 R. 20.7 dijo Isaías: Tomad masa de *h*. . y sanó
1 Cr. 12.40 harina, tortas de *h*, pasas, vino
Neh. 13.15 cargaban asnos. . *h* y toda suerte de
Cnt. 2.13 higuera ha echado sus *h*. . y las vides
Is. 38.21 tomen masa de *h*, y pónganla en la
Jer. 8.13 no quedarán uvas. . ni *h* en la higuera
24.1 mostró Jehová dos cestas de *h* puestas
24.2 tenía *h* muy buenos. . tenía *h* muy malos
24.3 dije: *H*; *h* buenos, muy buenos; y malos
24.5 como a estos *h* buenos, así miraré a los
24.8 y como los *h* malos, que de malos no se
29.17 pondré como los *h* malos, que de malos
Am. 7.14 que soy boyero, y recojo *h* silvestres
Mt. 7.16 ¿acaso se recogen. . *h* de los abrojos?
Mr. 11.13 nada halló. . pues no era tiempo de *h*
Lc. 6.44 pues no se cosechan *h* de los espinos
Stg. 3.12 ¿puede. . higuera producir. . la vid *h*?
Ap. 6.13 la higuera deja caer sus *h* cuando es

HIGUERA
Gn. 3.7 cosieron hojas de *h*, y se hicieron
Nm. 20.5 no es lugar de sementera, de *h*, de
Dt. 8.8 tierra de trigo y cebada, de vides, *h*
Jue. 9.10 dijeron los árboles a la *h*: Anda tú
9.11 respondió la *h*: ¿He de dejar mi dulzura
1 R. 4.25 debajo de su parra y debajo de su *h*
2 R. 18.31 coma cada uno de su vid y de su *h*
Sal. 105.33 destrozó. . *h*, y quebró los árboles
Pr. 27.18 quien cuida la *h* comerá su fruto, y
Cnt. 2.13 la *h* ha echado sus higos, y las vides
Is. 34.4 caerá todo su. . como se cae la de la *h*
36.16 cada uno de su *h*, y beba cada cual de
Jer. 5.17 tus vacas, comerá tus viñas y tus *h*
8.13 no quedarán. . higos en la *h*, y se caerá
Os. 2.12 haré talar sus vides y sus *h*, de las
9.10 como la fruta temprana de la *h* en su
Jl. 1.7 asoló mi vid, y descortezó mi *h*; del
1.12 y pereció la *h*; el granado también, la
2.22 su fruto, la *h* la vid darán sus frutos
Mi. 4.4 y se sentará cada uno debajo de su. . *h*
Nah. 3.12 fortalezas serán cual *h* con brevas
Hab. 3.17 aunque la *h* no florezca, ni en las
Hag. 2.19 ni la *h*, ni el granado. . la florecido
Zac. 3.10 debajo de su vid y debajo de su *h*
Mt. 21.19 viendo una *h* cerca del camino, vino
21.19 jamás nazca de ti. . luego se secó la *h*
21.20 ¿cómo es que se secó en seguida la *h*?
21.21 no sólo haréis esto de la *h*, sino que
24.32 de la *h* aprended la parábola: Cuando
Mr. 11.13 viendo. . una *h* que tenía hojas, fue
11.14 dijo a la *h*: Nunca jamás coma nadie
11.20 vieron que la *h* se había secado desde
11.21 mira, la *h* que maldijiste se ha secado
13.28 de la *h* aprended la parábola: Cuando
Lc. 13.6 tenía un hombre una *h* plantada en su
13.7 que vengo a buscar fruto en esta *h*, y
21.29 dijo: Mirad la *h* y todos los árboles
Jn. 1.48 cuando estabas debajo de la *h*, te vi
1.50 te dije: Te vi debajo de la *h*, crees?
Stg. 3.12 acaso la *h* producir aceitunas, o la
Ap. 6.13 como la *h* deja caer sus higos cuando

HIGUERAL
1 Cr. 27.28 de los olivares e *h* de la Sefela
Sal. 78.47 viñas destruyó. . sus *h* con escarcha
Am. 4.9 langosta devoró. . viñas, y vuestros *h*

HIJA *Véase también Hijo*
Gn. 5.4 Adán. . 800 años, y engendró hijos e *h*
5.7,10,13,16,19,22,26,30 engendró hijos e *h*
6.1 aconteció que cuando. . y les nacieron *h*
6.2 que las *h* de los hombres eran hermosas
6.4 se llegaron los hijos de Dios a las *h* de
11.11,13,15,17,19,21,23,25 engendró hijos e *h*
11.29 Milca, *h* de Harán, padre de Milca y de
19.8 tengo dos *h* que no han conocido varón
19.12 *h*, y todo lo que tienes en la ciudad
19.14 yernos, los que habían de tomar sus *h*
19.15 mujer, y tus dos *h* que se hallan aquí
19.16 asieron de. . de las manos de sus dos *h*
19.30 Lot. . moró en el monte, y sus dos *h* con
19.30 y habitó en una cueva él y sus dos *h*
19.36 dos *h* de Lot concibieron de su padre
20.12 *h* de mi padre, mas no *h* de mi madre
24.3,37 no tomarás. . mujer de las *h* de los
24.13 las *h*. . de esta ciudad salen por agua
24.23 dijo: ¿De quién eres *h*? Te ruego que
24.24 soy *h* de Betuel hijo de Milca, el cual
24.47 le pregunté, y dije: ¿De quién eres *h*?
24.47 respondió: *H* de Betuel hijo de Nacor
24.48 para tomar la *h* del hermano de mi señor
25.20 tomó por mujer a Rebeca, *h* de Betuel
26.34 tomó por mujer a Judit *h* de Beeri, y a
26.34 Esaú. . tomó. . a Basemat *h* de Elón heteo
27.46 fastidio tengo. . a causa de las *h* de Het
27.46 si Jacob toma mujer de las *h* de Het
27.46 si. . como éstas, de las *h* de esta tierra
28.1,6 no tomes mujer de las *h* de Canaán
28.2 y toma allí mujer de las *h* de Labán
28.8 Esaú que las *h* de Canaán parecían mal
28.9 a Mahalat, *h* de Ismael hijo de Abraham
29.6 aquí Raquel su *h* viene con las ovejas
29.10 Jacob vio a Raquel, *h* de Labán hermano
29.16 y Labán tenía dos *h*: el nombre de la
29.18 yo te serviré. . por Raquel tu *h* menor
29.23 tomó a Lea su *h*, y se la trajo; y él
29.24 dio Labán su sierva Zilpa a su *h* Lea
29.28 y él le dio a Raquel su *h* por mujer
29.29 dio Labán a Raquel su *h* su sierva por
30.21 después dio a luz una *h*, y llamó su
31.26 has traído a mis *h* como prisioneras de
31.28 ni. . me dejaste besar a mis hijos y mis *h*
31.31 pensé. . me quitarías por fuerza tus *h*
31.41 catorce años te serví por tus dos *h*, y
31.43 *h* son *h* mías, y los hijos, hijos míos
31.43 ¿qué puedo yo hacer hoy a estas mis *h*
31.50 afligieres a mis *h*, o. . además de mis *h*
31.55 levantó Labán. . y besó sus hijos y sus *h*
34.1 salió Dina la *h*. . a ver a las *h* del país
34.3 su alma se apegó a Dina la *h* de Lea, y
34.5 que Siquem había amancillado a Dina su *h*
34.7 acostándose con la *h* de Jacob, lo que
34.9 dadnos vuestras *h*, y tomad vosotros las
34.16 os daremos nuestras *h*, y tomaremos
34.17 si no. . tomaremos nuestra *h* y nos iremos
34.19 la *h* de Jacob le había agradado; y él
34.21 nosotros tomaremos sus *h* por mujeres, y
36.2 Esaú tomó. . mujeres de las *h* de Canaán
36.2 Ada, *h* de Elón heteo. . Aholibama, *h* de
36.3 Basemat *h* de Ismael, hermana de Nebaiot
36.6 Esaú tomó sus mujeres, sus hijos y sus *h*
36.14,18 de Aholibama mujer de Esaú, *h* de Aná
36.25 los hijos de Aná. . Aholibama *h* de Aná
36.39 Mehetabel *h* de Matred, *h* de Mezaab
37.35 levantaron. . todas sus *h* para consolarlo
38.2 vio allí Judá la *h* de un hombre cananeo
38.12 y murió la *h* de Súa, mujer de Judá
41.50 le dio a luz Asenat, *h* de Potifera
46.7 sus *h*, y las *h* de sus hijos, y a toda
46.15 y además su *h* Dina; treinta y tres las
46.15 las personas todas de sus hijos e *h*
46.18 de Zilpa, la que Labán dio a su *h* Lea
46.20 que le dio a luz Asenat, *h* de Potifera
46.25 Bilha, la que dio Labán a Raquel su *h*
Éx. 1.16 si es hijo, matadlo; y si es *h*. . viva
1.22 al río a todo hijo. . a toda *h* preservad
2.1 un. . fue y tomó por mujer a una *h* de Leví
2.5 la *h* de Faraón descendió a lavarse al río
2.7 su hermana dijo a la *h* de Faraón: ¿Iré
2.8 la *h* de Faraón respondió: Vé. Entonces
2.9 dijo la *h* de Faraón: Lleva a este niño
2.10 lo trajo a la *h* de Faraón, la cual lo
2.16 al pozo, siete *h* que tenía el sacerdote
2.20 y dijo a sus *h*: ¿Dónde está? ¿Por qué
2.21 él dio su *h* Séfora por mujer a Moisés
3.22 los cuales pondréis. . sobre vuestras *h*
6.23 tomó Aarón. . a Elisabet *h* de Aminadab
6.25 Eleazar. . tomó para sí mujer de las *h* de
10.9 con nuestras *h*; con nuestras ovejas y
20.10 no hagas en él obra. . tu hijo, ni tu *h*
21.7 cuando alguno vendiere su *h* por sierva
21.9 hará con ella según la costumbre de las *h*
32.2 zarcillos. . de vuestras *h*, y traédmelos
34.16 o tomando de sus *h* para sus hijos, y
34.16 fornicando sus *h* en pos de sus dioses
Lv. 10.14 comeréis. . tus hijos y tus *h* contigo
12.5 diere a luz *h*, será inmunda dos semanas
12.6 los días. . cumplidos, por hijo o por *h*
12.7 la ley para la que diere a luz hijo o *h*
18.9 *h* de tu padre o *h* de tu madre, nacida en
18.10 la desnudez de la *h*. . o de la *h* de tu *h*
18.11 la desnudez de la *h* de la mujer de tu
18.17 la desnudez de la mujer y de su *h* no
18.17 la *h* de su hijo, ni la *h* de su *h*, para
19.29 no contaminarás. . *h* haciéndola fornicar
20.17 hermana, *h* de su padre o *h* de su madre
21.9 *h* del sacerdote, si comenzare a fornicar
22.12 la *h* del sacerdote, si se casare con
22.13 pero si la *h* del sacerdote fuere viuda
24.11 Selomit, *h* de Dibri, de la tribu de Dan
26.29 y comeréis la carne de vuestras *h*
Nm. 18.11,19 dado a ti y a. . tus *h*. . por estatuto
21.29 sus *h* en cautividad, por Sehón rey de
25.1 empezó a fornicar con las *h* de Moab
25.15 era Cozbi *h* de Zur, príncipe de pueblos
25.18 lo tocante a Cozbi *h* del príncipe de
26.33 Zelofehad hijo. . no tuvo hijos sino *h*
26.33 nombres de las *h* de Zelofehad fueron
26.46 y el nombre de la *h* de Aser fue Sera
26.59 Jocabed, *h* de Leví, que le nació a Leví
27.1 vinieron las *h* de Zelofehad hijo de
27.7 bien dicen las *h* de Zelofehad; les darás
27.9 no tuviere *h*, daréis su herencia a sus
30.16 las ordenanzas. . entre el padre y su *h*
36.2 que dé la posesión de Zelofehad. . a sus *h*
36.6 ha mandado. . acerca de las *h* de Zelofehad
36.8 *h* que tenga heredad en las tribus de los
36.10 como. . así hicieron las *h* de Zelofehad
36.11 *h* de Zelofehad, se casaron con hijos
Dt. 5.14 ninguna obra harás tú. . ni tu *h*, ni tu
7.3 no darás tu *h*. . ni tomarás a su *h* para tu
12.12 y os alegraréis. . vosotros. . vuestras *h*
12.18 las comerás. . tu *h*, tu siervo, tu sierva
12.31 a sus hijos y. . *h* quemaban en el fuego
13.6 hijo, tu *h*, tu mujer o tu amigo íntimo
16.11,14 alegrarás. . tu hijo, tu *h*, tu siervo
18.10 pasar a su hijo o a su *h* por el fuego
22.16 di mi *h* a este hombre por mujer, y él
22.17 diciendo: No he hallado virgen a tu *h*
22.17 las señales de la virginidad de mi *h*
23.17 no haya ramera entre las *h* de Israel
27.22 con su hermana, *h* de su padre, o *h* de
28.32 y tus *h* serán entregados a otro pueblo
28.41 hijos e *h* engendrarás, y no serán para

HIJA ***(Continúa)***

Dt. 28.53 la carne de tus hijos y de tus *h* que
28.56 mirará con malos ojos..su hijo, a su *h*
32.19 el menosprecio de sus hijos y de sus *h*
Jos. 7.24 tomaron a Acán..sus hijos, sus *h*, sus
15.16 al que atacare..yo le daré mi *h* Acsa
15.17 Caleb; y él le dio su *h* Acsa por mujer
17.3 Zelofehad hijo de..no tuvo hijos sino *h*
17.6 las *h* de Manasés tuvieron heredad entre
Jue. 1.12 dijo Caleb..daré Acsa mi *h* por mujer
1.13 Caleb; y él le dio Acsa su *h* por mujer
3.6 sus *h* por mujeres, y dieron sus *h* a los
11.34 he aquí a su *h* que salía a recibirle
11.34 *h* única; no tenía fuera de ella..ni *h*
11.35 ¡ay, *h* mía! en verdad me has abatido
11.40 fueran las..a endechar a la *h* de Jefté
12.9 el cual tuvo treinta hijos y treinta *h*
12.9 tomó de fuera treinta *h* para sus hijos
14.1 a una mujer de las *h* de los filisteos
14.2 he visto..a una mujer de las *h* de los
14.3 ¿no hay mujer..las *h* de tus hermanos, ni
19.24 mi *h* virgen, y la concubina..las sacaré
21.1 ninguno de..dará su *h* a los de Benjamín
21.7 que no les daremos nuestras *h* por mujeres
21.18 nosotros no les podemos dar..nuestras *h*
21.21 a las *h* de Silo..arrebatad..*h* de Silo
Rt. 1.11 volveos, *h* mías; ¿para qué habéis de
1.12 volveos, *h* mías, e idos; porque yo ya
1.13 no, *h* mías; que mayor amargura tengo que
2.2 dejes ir..Y ella le respondió: Vé, *h* mía
2.8 *h* mía, no vayas a espigar a otro campo
2.22 respondió a Rut su nuera: Mejor es, *h*
3.1 *h* mía, ¿no he de buscar hogar para ti
3.10 dijo: Bendita seas tú de Jehová, *h* mía
3.11 *h* mía; yo haré contigo lo que tú digas
3.16 suegra, ésta le dijo: ¿Qué hay, *h* mía?
3.18 espérate, *h* mía, hasta que sepas cómo
1 S. 2.21 a Ana..y dio a luz tres hijos y dos *h*
8.13 tomará..a vuestras *h* para..perfumadoras
14.49 los nombres de sus dos *h* eran, el de la
14.50 mujer de Saúl..Ahinoam, *h* de Ahimaas
17.25 le dará su *h*, y eximirá de tributos a
18.17 yo te daré Merab mi *h* mayor por mujer
18.19 que Merab *h* de Saúl se había de dar a
18.20 Mical la otra *h* de Saúl amaba a David
18.27 y Saúl le dio su *h* Mical por mujer
18.28 Saúl, viendo..que su *h* Mical lo amaba
25.44 había dado a su *h* Mical..a Palti hijo
30.3 hijos e *h* habían sido llevados cautivos
30.6 en amargura de alma, cada uno por..sus *h*
30.19 no les faltó..así de hijos como de *h*
2 S. 1.20 no se alegren las *h* de los filisteos
1.20 para que no salten de gozo las *h* de los
1.24 *h* de Israel, llorad por Saúl, quien os
3.3 Absalón hijo de Maaca, *h* de Talmai rey
3.7 concubina..se llamaba Rizpa, *h* de Aja
3.13 que primero traigas a Mical la *h* de Saúl
5.13 tomó David..y le nacieron más hijos e *h*
6.16 Mical *h* de Saúl miró desde una ventana
6.23 Mical *h* de Saúl nunca tuvo hijos hasta
11.3 es Betsabé *h* de Eliam, mujer de Urías
12.3 sola corderita..y la tenía como a una *h*
13.18 traje que vestían las *h* vírgenes de los
14.27 nacieron a Absalón..y una *h* que..Tamar
17.25 se había llegado a Abigail *h* de Nahas
19.5 que hoy han librado..la vida..de tus *h*
21.8 dos hijos de Rizpa *h* de Aja, los cuales
21.8 tomó el rey a..a cinco hijos de Mical *h*
21.10 Rizpa *h* de Aja tomó una tela de cilicio
21.11 fue dicho a David lo que hacía Rizpa *h*
1 R. 3.1 tomó la *h* de Faraón, y la trajo a la
4.11 tenía por mujer a Tafat *h* de Salomón
4.15 tomó..por mujer a Basemat *h* de Salomón
7.8 edificó..Salomón para la *h* de Faraón, que
9.16 dio en dote a su *h* la mujer de Salomón
9.24 subió la *h* de Faraón de..a su casa que
11.1 Salomón amó, además de la *h* de Faraón, a
15.2,10 su madre fue Maaca, *h* de Abisalom
16.31 por mujer a Jezabel, *h* de Et-baal rey de
22.42 el..de su madre fue Azuba *h* de Silhi
2 R. 8.18 una *h* de Acab fue su mujer; e hizo lo
8.26 su madre fue Atalía, *h* de Omri rey de
9.34 id ahora..sepultadla, pues es *h* de rey
11.2 pero Josaba *h* del Joram..tomó a Joás
14.9 al cedro..Da tu *h* por mujer a mi hijo
15.33 el nombre de su madre fue Jerusa *h* de
17.17 hicieron pasar a..y a sus *h* por fuego
18.2 el nombre de su madre..Abi *h* de Zacarías
19.21 la virgen *h* de Sion te menosprecia, te
19.21 de ti mueve su cabeza la *h* de Jerusalén
21.19 Amón..madre fue Mesulemet *h* de Haruz
22.1 Josías..su madre fue Jedida *h* de Adaía
23.10 que ninguno pasase su..o su *h* por fuego
23.31 su madre fue Hamutal *h* de Jeremías, de
23.36 de su madre fue Zebuda *h* de Pedaías, de
24.8 el nombre de su madre fue Nehusta *h* de
24.18 el nombre de su madre fue Hamutal *h* de
1 Cr. 1.50 Mehetabel *h* de Matred, *h* de Mezaab
2.3 tres le nacieron de la *h* de Súa, cananea
2.21 entró Hezrón a la *h* de Maquir padre de
2.34 Sesán no tuvo hijos, sino *h*; pero tenía
2.35 a éste Sesán dio su *h* por mujer, y ella
2.49 dio a luz a Saaf..Acsa fue *h* de Caleb
3.2 Absalón hijo de Maaca, *h* de Talmai rey
3.5 y Salomón hijo de Bet-súa *h* de Amiel
4.18 hijos de Bitia *h* de Faraón, con la cual
4.27 los hijos de Simei fueron 16, y seis *h*
7.15 segundo..Zelofehad. Y Zelofehad tuvo *h*
7.24 y su *h* fue Seera, la cual edificó a
14.3 tomó..y engendró David más hijos e *h*
15.29 Mical, *h* de Saúl..vio al rey David que
23.22 murió Eleazar sin hijos; pero tuvo *h*
25.5 Dios dio a Hemán catorce hijos y tres *h*
2 Cr. 2.14 hijo de una mujer de las *h* de Dan
8.11 pasó Salomón a la *h* de Faraón, de la
11.18 Mahalat *h* de Jerimot..Abihail *h* de Isaí
11.20 tomó a Maaca *h* de Absalón, la cual le
11.21 pero Roboam amó a Maaca *h* de Absalón
11.21 Roboam amó..engendró 28 hijos y 60 *h*
13.2 madre fue Micaías *h* de Uriel de Gabaa
13.21 Abías..Tomó..engendró 22 hijos y 16 *h*
20.31 Josafat..su madre fue Azuba, *h* de Silhi
21.6 porque tenía por mujer a la *h* de Acab
22.2 el nombre de su madre fue Atalía, *h* de
22.11 Josabet, *h* del rey, tomó a Joás hijo
22.11 lo escondió Josabet, *h* del rey Joram
24.3 tomó..dos mujeres; y engendró hijos e *h*
25.18 al cedro..Da tu *h* a mi hijo por mujer
27.1 Jotam..su madre fue Jerusa, *h* de Sadoc
29.1 el nombre de su madre fue Abías, *h* de
29.9 nuestras *h*..fueron llevados cautivos por
31.18 eran inscritos con todos..sus hijos e *h*
Esd. 2.61 tomó mujer de las *h* de Barzilai, y
9.2 porque han tomado de las *h* de ellos para
9.12 no daréis vuestras *h*..ni sus *h* tomaréis
Neh. 3.12 restauró Salum..gobernador..sus *h*
5.2 nosotros..y nuestras *h*, somos muchos
5.5 dimos nuestros hijos y..*h* a servidumbre
5.5 algunas de nuestras *h* lo están ya, y no
6.18 tomado por mujer a la *h* de Mesulam hijo
7.63 el cual tomó mujer de las *h* de Barzilai
10.28 con sus mujeres, sus hijos e *h*, todo
10.30 no daríamos nuestras *h* a los pueblos
10.30 ni tomaríamos..*h* para nuestros hijos
13.25 no daréis vuestras *h* a sus hijos, y no
13.25 no tomaréis de..*h* para vuestros hijos
Est. 2.7 y había criado a..Ester, *h* de su tío
2.7 Ester..Mardoqueo la adoptó como *h* suya
2.15 a Ester, *h* de Abihail tío de Mardoqueo
2.15 Mardoqueo, quien la había tomado por *h*
9.29 la reina Ester *h* de Abihail, y Mardoqueo
Job 1.2 y le nacieron siete hijos y tres *h*
1.13 sus hijos e *h* comían y bebían vino en
1.18 tus hijos y tus *h* estaban comiendo y
42.13 y tuvo siete hijos y tres *h*
42.15 y no había mujeres..como las *h* de Job
Sal. 9.14 cuente..en las puertas de la *h* de Sion
45.9 *h* de reyes están entre tus ilustres
45.10 oye, *h*, y mira, e inclina tu oído
45.12 y las *h* de Tiro vendrán con presentes
45.13 gloriosa es la *h* del rey en su morada
48.11 gozarán las *h* de Judá por tus juicios
97.8 las *h* de Judá..gozaron por tus juicios
106.37 sacrificaron sus hijos y sus *h* a los
106.38 derramaron la sangre inocente..sus *h*
137.8 *h* de Babilonia..bienaventurado el que
144.12 nuestras *h* como esquinas labradas como
Pr. 30.15 la sanguijuela tiene dos *h* que dicen
Ec. 12.4 todas las *h* del canto serán abatidas
Cnt. 1.5 morena soy, oh *h* de Jerusalén, pero
7.1 hermosos son tus pies..oh *h* de príncipe
Is. 1.8 y queda la *h* de Sion como enramada en
3.16 por cuanto las *h* de Sion se ensoberbecen
3.17 Señor raerá la cabeza de las *h* de Sion
4.4 el Señor lave las inmundicias de las *h* de
10.30 grita en alta voz, *h* de Galim; haz que
10.32 alzará su mano al monte de la *h* de Sion
16.1 enviad cordero..al monte de la *h* de Sion
16.2 así serán las *h* de Moab en los vados de
22.4 de la destrucción de la *h* de mi pueblo
23.10 cual río de tu tierra, oh *h* de Tarsis
23.12 no te alegrarás más, oh..virgen *h* de
32.9 oíd mi..*h* confiadas, escuchad mi razón
37.22 la virgen *h* de Sion te menosprecia, te
37.22 de ti mueve su cabeza la *h* de Jerusalén
43.6 trae de lejos mis hijos, y mis *h* de los
47.1 y siéntate en el polvo..*h* de Babilonia
47.5 y entra en tinieblas, *h* de los caldeos
49.22 traerán en brazos a tus hijos, y tus *h*
52.2 suelta las ataduras..cautiva *h* de Sion
56.5 daré lugar..y nombre mejor que el de..*h*
60.4 lejos, y tus *h* serán llevadas en brazos
62.11 decid a la *h* de Sion: He aquí viene tu
Jer. 4.11 viento seco..vino a la *h* de mi pueblo
4.31 oí una voz..de la *h* de Sion que lamenta
5.17 comerá a tus hijos y a tus *h*; comerá tus
6.2 destruiré a la bella y delicada *h* de Sion
6.23 dispuestos para la guerra..oh *h* de Sion
6.26 *h* de mi pueblo..revuélcate en ceniza
7.31 quemar al fuego a sus hijos y a sus *h*
8.11 curaron la herida de la *h* de mi pueblo
8.19 la voz del clamor de la *h* de mi pueblo
8.21 quebrantado estoy por..la *h* de mi pueblo
8.22 no hubo medicina para la *h* de mi pueblo?
9.1 llore..los muertos de la *h* de mi pueblo
9.7 más he de hacer por la *h* de mi pueblo?
9.20 enseñad endechas a vuestras *h*..su amiga
11.22 sus hijos y sus *h* morirán de hambre
14.16 quien los entierre..sus hijos y a sus *h*
14.17 quebrantada la virgen *h* de mi pueblo
16.2 no..ni tendrás hijos ni *h* en este lugar
16.3 así ha dicho Jehová acerca de..de las *h*
19.9 haré comer la carne de sus hijos y..*h*
29.6 y engendrad hijos e *h*; dad mujeres a
29.6 a vuestras *h*, para que tengan hijos e *h*
31.22 ¿hasta cuándo andarás errante, oh *h*
32.35 hacer pasar por el fuego..sus *h* a Moloc
35.8 no beber..nuestros hijos ni nuestras *h*
41.10 llevó Ismael cautivo..a las *h* del rey
43.6 y a las *h* del rey y a toda persona que
46.11 toma bálsamo, virgen *h* de Egipto; por
46.19 hazte enseres de..moradora *h* de Egipto
46.24 avergonzará la *h* de Egipto; entregada
48.18 siéntate en tierra seca, moradora *h* de
48.46 hijos fueron..y tus *h* para cautiverio
49.3 clamad, *h* de Rabá, vestíos de cilicio
49.4 tu valle se deshizo, oh *h* contumaz, la
50.42 prepararán contra ti..*h* de Babilonia
51.33 *h* de Babilonia es como una era cuando
52.1 madre..Hamutal, *h* de Jeremías de Libna
Lm. 1.6 desapareció de la *h* de..su hermosura
1.15 hollado el Señor a la virgen *h* de Judá
2.1 oscureció el Señor en su furor a la *h* de
2.2 echó por tierra las fortalezas de la *h* de
2.4 en la tienda de la *h* de Sion derramó como
2.5 multiplicó en la *h* de Judá la tristeza
2.8 Jehová determinó destruir el muro de la *h*
2.10 callaron los ancianos de la *h* de Sion
2.11 a causa del quebrantamiento de la *h* de
2.13 a quién te..semejante, *h* de Jerusalén?
2.13 para consolarte, oh virgen *h* de Sion?
2.15 sus cabezas sobre la *h* de Jerusalén
2.18 oh *h* de Sion, echa lágrimas cual arroyo
3.48 el quebrantamiento de la *h* de mi pueblo
3.51 contristaron mi alma por todas las *h* de
4.3 *h* de mi pueblo es cruel como..avestruces
4.6 porque se aumentó la iniquidad de la *h* de
4.10 en el día del quebrantamiento de la *h* de
4.21 *h* de Edom..que habitas en tierra de Uz
4.22 se ha cumplido tu castigo, oh *h* de Sion
4.22 castigará tu iniquidad, oh *h* de Edom
Ez. 14.16,18,20 sus hijos ni a sus *h* librarían
14.22 quedará en ella un remanente, hijos e *h*
16.20 tus hijos y tus *h* que habías dado a luz
16.27 te entregué a..las *h* de los filisteos
16.44 a ti el refrán..Cual la madre, tal la *h*
16.45 *h* eres tú de tu madre, que desechó a
16.46 ella y sus *h*, que habitan al norte de
16.46 con sus *h*, la cual habita al sur de ti
16.48 Sodoma tu hermana y sus *h* no ha hecho
16.48 no han hecho como hiciste tú y tus *h*
16.49 abundancia de ociosidad..ella y sus *h*
16.53 los cautivos de Sodoma y de sus *h*, y los
16.53 y los cautivos de Samaria y de sus *h*
16.55 Sodoma con sus *h*, y Samaria con sus *h*
16.55 tú también y tus *h* volveréis a vuestro
16.57 llevas tú la afrenta de las *h* de Siria
16.57 y de todas las *h* de los filisteos, las
16.61 las cuales yo te daré por *h*, mas no por
22.11 cada uno violó..hermana, *h* de su padre
23.2 hijo de hombre, hubo dos mujeres, *h* de
23.4 dieron a luz hijos e *h*. Y se llamaron
23.10 tomaron sus hijos y sus *h*, y a ella
23.25 ellos tomarán a tus hijos y a tus *h*
23.47 matarán a sus hijos y a sus *h*, y sus
24.21 hijos..*h* que dejasteis caerán a espada
24.25 el día que yo arrebate..hijos y sus *h*
26.6 sus *h*..serán muertas a espada; y sabrán
26.8 matará a espada tus *h* que están en el
32.16 endecha..*h* de las naciones la cantarán
32.18 a las *h* de las naciones poderosas, a lo
44.25 por..hijo o *h*..sí podrán contaminarse
Dn. 11.6 la *h* del rey del sur vendrá al rey del
11.17 dará una *h* de mujeres para destruirle
Os. 1.3 fue..tomó a Gomer *h* de Diblaim, la cual
1.6 concibió..y dio a luz una *h*. Y le dijo
4.13 vuestras *h* fornicarán, y adulterarán
4.14 no castigaré a..*h* cuando forniquen, ni
Jl. 2.28 y profetizarán..vuestras *h*; vuestros
3.8 venderé vuestros hijos y vuestras *h* a los
Am. 7.17 y tus hijos y tus *h* caerán a espada
Mi. 1.13 fuisteis principio de pecado a la *h* de
4.8 tú, oh torre..fortaleza de la *h* de Sion
4.8 vendrá el..el reino de la *h* de Jerusalén
4.10 gime, *h* de Sion, como mujer que está de
4.13 levántate y trilla, *h* de Sion, porque
5.1 rodéate ahora de muros, *h* de guerreros
7.6 hijo deshonra al padre, la *h* se levanta
Sof. 3.10 *h* de mis esparcidos traerá mi ofrenda
3.14 canta, oh *h* de Sion; da voces de júbilo
3.14 regocíjate de..corazón, *h* de Jerusalén
Zac. 2.7 la que moras con la *h* de Babilonia
2.10 canta y alégrate, *h* de Sion; porque he
9.9 alégrate mucho, *h* de Sion, da voces de
9.9 de júbilo, *h* de Jerusalén; he aquí tu rey
Mal. 2.11 Judá..se casó con *h* de dios extraño
Mt. 9.18 *h* acaba de morir..ven y pon tu mano
9.22 ten ánimo, *h*; tu fe te ha salvado. Y la
10.35 *h* contra su madre, y a la nuera contra
10.37 el que ama a hijo o a *h* más que a mí
14.6 *h* de Herodías danzó en medio, y agradó
15.22 mi *h* es gravemente atormentada por un

HIJA ***(Continúa)***

Mt. 15.28 y su *h* fue sanada desde aquella hora
21.5 decid a la *h* de Sion: He aquí, tu Rey
Mr. 5.23 diciendo: Mi *h* está agonizando; ven y
5.34 *h*, tu fe te ha hecho salva; vé en paz
5.35 tu *h* ha muerto; ¿para qué molestas más
6.22 entrando la *h*. . Herodías, danzó, y agradó
7.25 mujer, cuya *h* tenía un espíritu inmundo
7.26 le rogaba que echase fuera de su *h* al
7.29 dijo. . vé; el demonio ha salido de tu *h*
7.30 halló que el. . a la *h* acostada en la cama
Lc. 1.5 su mujer era de las *h* de Aarón, y se
2.36 también allí Ana, profetiza, *h* de Fanuel
8.42 tenía una *h* única, como de doce años, que
8.48 dijo: *H*, tu fe te ha salvado, vé en paz
8.49 a decirle: Tu *h* ha muerto; no molestes
12.53 la madre contra la *h*, y la *h* contra la
13.16 a esta *h* de Abraham. . ¿no se le debía
23.28 *h* de Jerusalén, no lloréis por mí, sino
Jn. 12.15 no temas, *h* de Sion; he aquí tu Rey
Hch. 2.17 dice Dios. . vuestras *h* profetizarán
7.21 *h* de Faraón le recogió y le crio como
21.9 cuatro *h* doncellas que profetizaban
1 Co. 7.36 impropio para su *h* virgen que pase
7.37 y ha resuelto. . guardar a su *h* virgen
2 Co. 6.18 vosotros me seréis hijos e *h*, dice
He. 11.24 rehusó llamarse. . de la *h* de Faraón
1 P. 3.6 de la cual. . habéis venido a ser *h*, si

HIJITO

Jn. 13.33 *h*, aún estaré con vosotros un poco
21.5 y les dijo: *H*, ¿tenéis algo de comer?
Gá. 4.19 *h* míos, por quienes vuelvo a sufrir
1 Jn. 2.1 *h* míos, estas cosas os escribo para
2.12 os escribo. . *h*, porque vuestros pecados
2.13 os escribo a. . *h*, porque habéis conocido
2.18 *h*, ya es el último tiempo; y. . anticristo
2.28 *h*, permaneced en él, para que cuando
3.7 *h*, nadie os engañe; el que hace justicia
3.18 *h* míos, no amemos de palabra ni de lengua
4.4 *h*, vosotros sois de Dios, y los habéis
5.21 *h*, guardaos de los ídolos. Amén

HIJO ***Véase también Hija***

Gn. 3.16 con dolor darás a luz. . *h*; y tu deseo
4.17 llamó. . ciudad del nombre de su *h*, Enoc
4.25 dio a luz un *h*, y llamó su nombre Set
4.25 me ha sustituido otro *h* en lugar de Abel
4.26 y a Set. . le nació un *h*. . su nombre Enós
5.3 vivió Adán 130 años, y engendró un *h* a su
5.4,7,10,13,16,19,22,26,30 engendró *h* e hijas
5.28 vivió Lamec. . 182 años, y engendró un *h*
6.2 viendo los *h* de Dios que las hijas de los
6.4 se llegaron los *h* de Dios a las hijas de
6.4 hijas de los hombres, y les engendraron *h*
6.10 y engendró Noé tres *h*: a Sem, a Cam y a
6.18 entrarás. . tus *h*. . las mujeres de tus *h*
7.7 entró Noé. . sus *h*. . las mujeres de sus *h*
7.13 entraron Noé. . Sem, Cam y Jafet *h* de Noé
7.13 las mujeres de sus *h*, con él en el arca
8.16 sal del. . y tus *h*, y las mujeres de tus *h*
8.18 salió Noé, y sus *h*. . las mujeres de sus *h*
9.1 bendijo Dios a Noé y a sus *h*, y les dijo
9.8 y habló Dios a Noé y a sus *h* con él
9.18 *h* de Noé que salieron del arca fueron
9.19 estos tres son los *h* de Noé, y de ellos
9.24 Noé. . supo lo que le había hecho su *h* más
10.1 las generaciones de los *h* de Noé: Sem
10.1 a quienes nacieron *h* después del diluvio
10.2 *h* de Jafet: Gomer, Magog, Madai, Javán
10.3 los *h* de Gomer: Askenaz, Rifat y Togarma
10.4 los *h* de Javán: Elisa, Tarsis, Quitim
10.6 los *h* de Cam: Cus, Mizraim, Fut y Canaán
10.7 y los *h* de Cus: Seba, Havila, Sabta y
10.7 Sabteca. Y los *h* de Raama: Seba y Dedán
10.20 estos son los *h* de Cam por sus familias
10.21 le nacieron *h* a Sem, padre. . *h* de Heber
10.22 los *h* de Sem fueron Elam, Asur, Arfaxad
10.23 y los *h* de Aram: Uz, Hul, Geter y Mas
10.25 a Heber nacieron dos *h*: el nombre del
10.29 Havila y Jobab. . fueron *h* de Joctán
10.31 fueron los *h* de Sem por sus familias
10.32 estas son las familias de los *h* de Noé
11.5 ver. . que edificaban los *h* de los hombres
11.11,13,15,17,19,21,23,25 engendró *h* e hijas
11.30 mas Sarai era estéril, y no tenía *h*
11.31 y tomó Taré a Abram su *h*, y a Lot
11.31 tomó Taré. . a Lot *h* de Harán, *h* de su *h*
11.31 a Sarai su nuera, mujer de Abram su *h*
12.5 tomó, pues, Abram. . Lot *h* de su hermano
14.12 tomaron. . a Lot, *h* del hermano de Abram
15.2 ¿qué me darás, siendo así que ando sin *h*
15.4 sino un *h* tuyo será el que te heredará
16.1 Sarai mujer de Abram no le daba *h*; y ella
16.2 llegues a mi sierva; quizá tendré *h* de
16.11 darás a luz un *h*, y llamarás. . Ismael
16.15 y Agar dio a luz un *h* a Abram, y llamó
16.15 llamó Abram el nombre del *h* que le dio
17.16 te daré de ella *h*. . madre de naciones
17.17 ¿a hombre de cien años ha de nacer *h*?
17.19 Sara tu mujer te dará a luz un *h*, y
17.23 tomó Abraham a Ismael su *h*, y a todos
17.25 Ismael su *h* era de trece años, cuando
17.26 circuncidados Abraham e Ismael su *h*
18.10 he aquí que Sara tu mujer tendrá un *h*
18.14 según el tiempo de. . Sara tendrá un *h*
18.19 yo sé que mandará a sus *h* y a su casa
19.12 *h* y tus hijas, y todo lo que tienes en
19.37 dio a luz la mayor un *h*, y llamó. . Moab
19.38 menor también dio a luz un *h*, y llamó
20.17 Dios sanó. . sus siervas, y tuvieron *h*
21.2 Sara concibió y dio a Abraham un *h* en
21.3 llamó Abraham el nombre de su *h* que le
21.4 circuncidó Abraham a su *h* Isaac de 8 días
21.5 de cien años cuando nació Isaac su *h*
21.7 que Sara habría de dar de mamar a *h*?
21.7 a Abraham. . le he dado un *h* en su vejez
21.9 que el *h* de Agar la. . se burlaba de su *h*
21.10 echa a esta sierva y a su *h*, porque el
21.10 el *h* de. . no ha de heredar con. . mi *h*
21.11 dicho pareció grave a. . a causa de su *h*
21.13 del *h* de la sierva haré una nación
21.23 no faltarás a. . ni a mi *h* ni a mi nieto
22.2 dijo: Toma ahora tu *h*, tu único, Isaac
22.3 tomó consigo dos siervos y a Isaac su *h*
22.6 la leña del. . la puso sobre Isaac su *h*
22.7 padre. . Y él respondió: Heme aquí, mi *h*
22.8 Dios se proveerá de cordero para. . *h* mío
22.9 ató a Isaac su *h*, y lo puso en el altar
22.10 tomó el cuchillo para degollar a su *h*
22.12 por cuanto no me rehusaste tu *h*. . único
22.13 carnero, y lo ofreció. . en lugar de su *h*
22.16 y no me has rehusado tu *h*, tu único *h*
22.20 Milca ha dado a. . *h* a Nacor tu hermano
22.23 son los ocho *h* que dio a luz Milca, de
23.3 levantó Abraham. . y habló a los *h* de Het
23.5 y respondieron los *h* de Het a Abraham
23.7 se inclinó al pueblo de. . a los *h* de Het
23.8 interceded por mí con Efrón *h* de Zohar
23.10 este Efrón estaba entre los *h* de Het
23.10,16,18 en presencia de los *h* de Het
23.11 en presencia de los *h* de mi pueblo te
23.20 para sepultura, recibida de los *h* de Het
24.3 no tomarás para mi *h* mujer de las hijas
24.4 irás a. . y tomarás mujer para mi *h* Isaac
24.5 ¿volveré pues, tu *h* a la tierra de donde
24.6 guárdate que no vuelvas a mi *h* allá
24.7 y tú traerás de allá mujer para mi *h*
24.8 solamente que no vuelvas allá a mi *h*
24.15 *h* de Milca mujer de Nacor hermano de
24.24 *h* de Milca, el cual ella dio a luz a
24.36 y Sara. . dio a luz en su vejez un *h* a
24.37 no tomarás para mi *h* mujer de las hijas
24.38 que irás a. . y tomarás mujer para mi *h*
24.40 para mi *h* mujer de mi familia y de la
24.44 la mujer que destinó Jehová para el *h*
24.47 respondió: Hija de Betuel *h* de Nacor
24.48 tomar la hija del hermano. . para su *h*
24.51 sea mujer del *h* de tu señor, como lo ha
25.3 e *h* de Dedán fueron Asurim, Letusim y
25.4 e *h* de Madián: Efa, Efer, Hanoc, Abida
25.4 y Elda. Todos estos fueron *h* de Cetura
25.6 pero a los *h* de sus concubinas dio. . dones
25.6 los envió lejos de Isaac su *h*. . oriente
25.9 lo sepultaron Isaac e Ismael sus *h* en
25.9 en la heredad de Efrón *h* de Zoar heteo
25.10 heredad que compró Abraham de los *h* de
25.11 que Dios bendijo a Isaac su *h*; y habitó
25.12 son los descendientes de Ismael *h* de
25.13 son los nombres de los *h* de Ismael
25.16 estos son los *h* de Ismael, y estos sus
25.19 los descendientes de Isaac *h* de Abraham
25.22 los *h* luchaban dentro de ella; y dijo
27.1 llamó a Esaú su *h* mayor, y le dijo: *H*
27.5 cuando hablaba Isaac a Esaú su *h*; y se
27.6 Rebeca habló a Jacob su *h*, diciendo: He
27.8 *h* mío, obedece a mi voz en lo que te
27.13 madre. . *H* mío, sea sobre mí tu maldición
27.15 tomó. . los vestidos de Esaú su *h* mayor
27.15 tomó Rebeca. . vistió a Jacob su *h* menor
27.17 y entregó los. . en manos de Jacob su *h*
27.18 Isaac respondió. . ¿quién eres, *h* mío?
27.20 Isaac dijo a su *h*: ¿Cómo es que. . *h* mío?
27.21 y te palparé, *h* mío, por si eres mi *h*
27.24 y dijo: ¿Eres tú mi *h* Esaú? Y Jacob
27.25 comeré de la caza de mi *h*, para que yo
27.26 dijo. . Acércate ahora, y bésame, *h* mío
27.27 mira, el olor de mi *h*, como el olor
27.29 se inclinen ante ti los *h* de tu madre
27.31 coma de la caza de su *h*, para que me
27.32 dijo: Yo soy tu *h*, tu primogénito, Esaú
27.37 ¿qué pues, te haré a ti ahora, *h* mío?
27.42 dichas. . las palabras de Esaú su *h* mayor
27.42 y llamó a Jacob su *h* menor, y le dijo
27.43 *h* mío, obedece a mi voz; levántate y
28.5 fue a Padan-aram, a Labán *h* de Betuel
28.9 a Mahalat, hija de Ismael *h* de Abraham
29.5 dijo: ¿Conocéis a Labán *h* de Nacor?
29.12 dijo a Raquel que él. . era *h* de Rebeca
29.13 oyó Labán las nuevas de Jacob, *h* de su
29.31 que Lea era menospreciada, y le dio *h*
29.32,33,34,35 concibió. . y dio a luz un *h*
29.34 porque le he dado a luz tres *h*; por
30.1 viendo Raquel que no daba *h* a Jacob, tuvo
30.1 decía a Jacob: Dame *h*, o si no, me muero
30.3 Bilha. . y yo también tendré *h* de ella
30.5 y concibió Bilha, y dio a luz un *h* a
30.6 Dios. . también oyó mi voz, y me dio un *h*
30.7 Bilha. . dio a luz un segundo *h* a Jacob
30.10 Zilpa sierva de Lea dio a luz un *h* a
30.12 sierva de Lea dio a luz otro *h* a Jacob
30.14 que me des de las mandrágoras de tu *h*
30.15 has de llevar las mandrágoras de mi *h*?
30.15 dormirá. . por las mandrágoras de tu *h*
30.16 alquilado por las mandrágoras de mi *h*
30.17 Lea. . y dio a luz el quinto *h* a Jacob
30.19 Lea. . y dio a luz el sexto *h* de Jacob
30.20 dado a luz seis *h*; y llamó su nombre
30.22 acordó Dios de Raquel. . y le concedió *h*
30.23 y concibió, y dio a luz un *h*, y dijo
30.24 José, diciendo: Añádame Jehová otro *h*
30.26 dame. . mujeres y mis *h*, por las cuales
30.35 Labán apartó. . y puso en mano de sus *h*
31.1 oía Jacob. . palabras de los *h* de Labán
31.16 la riqueza. . nuestra es y de nuestros *h*
31.17 sus *h* y sus mujeres sobre los camellos
31.28 pues ni aun me dejaste besar a mis *h*
31.43 los *h*, *h* míos son, y las ovejas son mis
31.43 o a sus *h* que ellas han dado a luz?
31.55 Labán. . besó sus *h* y sus hijas, y los
32.11 Esaú. . y me hiera la madre con los *h*
32.22 tomó. . once *h*, y pasó el vado de Jaboc
32.32 no comen los *h* de Israel, hasta hoy día
33.19 mano de los *h* de Hamor padre de Siquem
34.2 y la vio Siquem *h* de Hamor. . y la tomó
34.5 estando sus *h* con su ganado en el campo
34.7 los *h* de Jacob vinieron del campo cuando
34.8 mi *h* Siquem se ha apegado a vuestra hija
34.13 respondieron los *h* de Jacob a Siquem
34.18 sus palabras a Hamor, y a Siquem *h* de
34.20 entonces Hamor y Siquem su *h* vinieron
34.24 y obedecieron a Hamor y a Siquem su *h*
34.25 dos de los *h* de Jacob, Simeón y Leví
34.26 a Hamor y a Siquem su *h* los mataron a
34.27 los *h* de Jacob vinieron a los muertos
35.5 y no persiguieron a los *h* de Jacob
35.17 no temas, que también tendrás este *h*
35.22 ahora bien los *h* de Israel fueron doce
35.23 los *h* de Lea: Rubén el primogénito de
35.24 los *h* de Raquel: José y Benjamín
35.25 los *h* de Bilha, sierva de Raquel: Dan
35.26 *h* de Zilpa, sierva de Lea: Gad y Aser
35.26 estos fueron los *h* de Jacob, que le
35.29 y lo sepultaron Esaú y Jacob sus *h*
36.2 a Aholibama, hija de Aná, *h* de Zibeón
36.5 a Coré; estos son los *h* de Esaú, que le
36.6 tomó sus mujeres, sus *h* y sus hijas, y
36.10 los *h* de Esaú: Elifaz, *h* de Ada mujer
36.10 Reuel, *h* de Basemat mujer de Esaú
36.11 *h* de Elifaz fueron Temán, Omar, Zefo
36.12 Timna fue concubina de Elifaz *h* de Esaú
36.12 estos son los *h* de Ada, mujer de Esaú
36.13 *h* de Reuel fueron Nahat, Zera, Sama y
36.13,17 son los *h* de Basemat mujer de Esaú
36.14,18 son los *h* de Aholibama mujer de Esaú
36.14 hija de Aná, que fue *h* de Zibeón; ella
36.14 dio a luz a. . Jalaam y Coré, *h* de Esaú
36.15 los jefes de entre los *h* de Esaú: de
36.16 Coré, Gatam y. . estos fueron los *h* de Ada
36.17 y estos son los *h* de Reuel, *h* de Esaú
36.19 son los *h* de Esaú, y sus jefes; él es
36.20 *h* de Seir horeo, moradores de aquella
36.21 son. . *h* de Seir, en la tierra de Edom
36.22 *h* de Lotán. . Hori y Heman; y Timna
36.23 los *h* de Sobal fueron Alván, Manahat
36.24 los *h* de Zibeón fueron Aja y Aná. Este
36.25 los *h* de Aná fueron Disón, y Aholibama
36.26 fueron los *h* de Disón: Hemdán, Esbán
36.27 y estos fueron los *h* de Ezer: Bilhán
36.28 estos fueron los *h* de Disán: Uz y Arán
36.31 antes que. . rey sobre los *h* de Israel
36.32 Bela *h* de Beor reinó en Edom; y el
36.33 reinó en su lugar Jobab *h* de Zera, de
36.38 murió. . y reinó Baal-hanán *h* de Acbor
36.39 y murió Baal-hanán *h* de Acor, y reinó
37.2 estaba con los *h* de Bilha y con los *h* de
37.3 y amaba. . a José más que a todos sus *h*
37.32 reconoce ahora si es la túnica de tu *h*
37.33 y dijo: La túnica de mi *h* es; alguna
37.34 y guardó luto por su *h* muchos días
37.35 se levantaron todos sus *h* y todas sus
37.35 descenderé enlutado a mi *h* hasta el
38.3 y ella concibió, y dio a luz un *h*. . Er
38.4 dio a luz un *h*, y llamó su nombre Onán
38.5 dio a luz un *h*, y llamó su nombre Sela
38.11 quédate. . hasta que crezca Sela mi *h*
38.26 por cuanto no la he dado a Sela mi *h*
41.50 y nacieron a José dos *h* antes. . hambre
42.1 a sus *h*: ¿Por qué os estáis mirando?
42.5 vinieron los *h* de Israel a comprar entre
42.11 todos nosotros somos *h* de un varón
42.13 hermanos, *h* de un varón en la tierra
42.32 somos doce hermanos, *h* de nuestro padre
42.36 me habéis privado de mis *h*: José no
42.37 harás morir a mis dos *h*, si no te lo
42.38 no descenderá mi *h* con vosotros, pues
43.14 y si he de ser privado de mis *h*, séalo
43.29 vio a Benjamín. . *h* de su madre, y dijo
43.29 Dios tenga misericordia de ti, *h* mío
44.20 y él solo quedó de los *h* de su madre
44.27 vosotros sabéis que dos *h* me dio a luz

HIJO *(Continúa)*

Gn. 45.9 así dice tu *h* José: Dios me ha puesto
45.10 cerca de mí. .tus *h*, y los *h* de tus *h*
45.21 lo hicieron así los *h* de Israel; y les
45.28 José mi *h* vive todavía; iré, y le veré
46.5 tomaron los *h* de Israel a su padre, y a
46.7 sus *h*, y los *h* de sus *h* consigo; sus
46.7 hijas, y las hijas de sus *h*, y a toda
46.8 los *h* de Israel. .Jacob y sus *h*: Rubén
46.9 y los *h* de Rubén: Hanoc, Falú, Hezrón
46.10 los *h* de Simeón. .Saúl *h* de la cananea
46.11 los *h* de Leví: Gersón, Coat y Merari
46.12 los *h* de Judá: Er, Onán, Sela, Fares
46.12 los *h* de Fares fueron Hezrón y Hamul
46.13 *h* de Isacar: Tola, Fúa, Job y Simrón
46.14 *h* de Zabulón: Sered, Elón y Jahleel
46.15 *h* de Lea. .treinta y tres. .*h* e hijas
46.16 *h* de Gad: Zifión, Hagui, Ezbón, Suni
46.17 *h* de Aser: Imna, Isúa, Isúi, Bería y
46.17 los *h* de Bería: Heber y Malquiel
46.18 éstos fueron los *h* de Zilpa, la que
46.19 los *h* de Raquel, mujer de Jacob: José
46.21 los *h* de Benjamín fueron Bela, Bequer
46.22 fueron los *h* de Raquel, que nacieron
46.23 los *h* de Dan: Husim
46.24 *h* de Neftalí: Jahzeel, Guni, Jezer y
46.25 éstos fueron los *h* de Bilha, la que
46.26 sin las mujeres de los *h* de Jacob. .66
46.27 *h* de José, que le nacieron en Egipto
47.12 alimentaba. .según el número de los *h*
47.29 llamó a José su *h*, y le dijo: Si he
48.1 consigo a sus dos *h*, Manasés y Efraín
48.2 se le hizo saber. .tu *h* José viene a ti
48.5 *h* Efraín y Manasés, que te nacieron en
48.8 vio Israel los *h* de José, y. .¿Quiénes son
48.9 respondió José. .Son mis *h*, que Dios me
48.19 padre no quiso, y dijo: Lo sé, *h* mío
49.1 llamó Jacob a sus *h*, y dijo: Juntaos
49.2 juntaos y oíd, *h* de Jacob, y escuchad
49.8 los *h* de tu padre se inclinarán a ti
49.9 león, Judá; de la presa subiste, *h* mío
49.11 atando a la. .a la cepa el *h* de su asna
49.32 la compra del campo. .de los *h* de Het
49.33 acabó. .de dar mandamientos a sus *h*
50.12 hicieron, pues, sus *h* con él según les
50.13 pues lo llevaron sus *h* a la tierra de
50.21 sustentaré a vosotros y a vuestros *h*
50.23 y vio José los *h* de Efraín hasta la
50.23 también los *h* de Maquir *h* de Manasés
50.25 e hizo jurar José a los *h* de Israel
Éx. 1.1 son los nombres de los *h* de Israel que
1.7 y los *h* de Israel fructificaron y se
1.9 el pueblo de los *h* de Israel es mayor y
1.12 los egipcios temían a los *h* de Israel
1.13 los egipcios hicieron servir a los *h* de
1.16 si es *h*, matadlo; y si es hija, que viva
1.22 al río a todo *h*. .a toda hija preservad
2.2 a luz un *h*; y viéndolo que era hermoso
2.22 y ella le dio a luz un *h*; y él le puso
2.23 los *h* de Israel gemían a causa de la
2.25 y miró Dios a los *h* de Israel, y los
3.9 el clamor, pues, de los *h* de Israel ha
3.10 saques de. .a mi pueblo, los *h* de Israel
3.11 y saque de Egipto a los *h* de Israel?
3.13 llego yo a los *h* de Israel, y les digo
3.14 así dirás a los *h* de Israel: YO SOY
3.15 así dirás a los *h* de Israel: Jehová, el
3.22 alhajas de. .pondréis sobre vuestros *h* y
4.20 entonces Moisés tomó su mujer y sus *h*
4.22 Jehová ha dicho así: Israel es mi *h*, mi
4.23 dejes ir a mi *h*. .yo voy a matar a tu *h*
4.25 cortó el prepucio de su *h*, y lo echó a
4.29 reunieron a. .los ancianos de los *h* de
4.31 Jehová había visitado a los *h* de Israel
5.14 y azotaban a los capataces de los *h* de
5.15 capataces de los *h* de Israel vinieron
5.19 capataces de los *h* de Israel se vieron
6.5 yo he oído el gemido de los *h* de Israel
6.6 por tanto, dirás a los *h* de Israel: Yo
6.9 de esta manera habló Moisés a los *h* de
6.11 deje ir de su tierra a los *h* de Israel
6.12 los *h* de Israel no me escuchan; ¿cómo
6.13 dio mandamiento para los *h* de Israel
6.13 para que sacasen a los *h* de Israel de
6.14 *h* de Rubén, el primogénito de Israel
6.15 los *h* de Simeón: Jemuel, Jamín, Ohad
6.15 Jaquín, Zohar, y Saúl *h* de una cananea
6.16 estos son los nombres de los *h* de Leví
6.17 los *h* de Gersón: Libni y Simei, por sus
6.18 y los *h* de Coat: Amram, Izhar, Hebrón
6.19 y los *h* de Merari: Mahli y Musi. Estas
6.21 los *h* de Izhar: Coré, Nefeg y Zicri
6.22 los *h* de Uziel: Misael, Elzafán y Sitri
6.24 los *h* de Coré: Asir, Elcana y Abiasaf
6.25 Eleazar *h* de Aarón tomó para sí mujer de
6.26 sacad a los *h* de Israel de la tierra de
6.27 para sacar de Egipto a los *h* de Israel
7.2 deje ir de su tierra a los *h* de Israel
7.4 sacaré a. .los *h* de Israel, de la tierra
7.5 y saque a los *h* de Israel de en medio de
9.4 nada muera de todo lo de los *h* de Israel
9.6 del ganado de los *h* de Israel no murió
9.7 del ganado de los *h* de Israel no había
9.26 de Gosén, donde estaban los *h* de Israel
9.35 y no dejó ir a los *h* de Israel, como
10.2 que cuentes a tus *h* y a tus nietos las
10.9 hemos de ir con. .nuestros *h* y. .hijas
10.20 Faraón. .no dejó ir a los *h* de Israel
10.23 mas todos los *h* de Israel tenían luz
11.7 contra todos los *h* de Israel, desde el
11.10 y no envió a los *h* de Israel fuera de
12.24 estatuto para vosotros y. .vuestros *h*
12.26 dijeren vuestros *h*: ¿Qué es este rito
12.27 pasó. .las casas de los *h* de Israel en
12.28 los *h* de Israel fueron e hicieron. .así
12.31 salid de. .vosotros y los *h* de Israel
12.35 hicieron los *h* de Israel conforme al
12.37 partieron los *h* de Israel de Ramesés a
12.40 el tiempo que los *h* de Israel habitaron
12.42 noche deben guardarla. .los *h* de Israel
12.50 así lo hicieron todos los *h* de Israel
12.51 sacó Jehová a los *h* de Israel. .de Egipto
13.2 todo primogénito. .entre los *h* de Israel
13.8 contarás en aquel día a tu *h*, diciendo
13.13 también redimirás al primogénito de. .*h*
13.14 pregunte tu *h*, diciendo: ¿Qué es esto?
13.15 yo. .redimo al primogénito de mis *h*
13.18 subieron los *h* de Israel de. .armados
13.19 juramentado a los *h* de Israel, diciendo
14.2 di a los *h* de Israel que den la vuelta y
14.3 de los *h* de Israel: Encerrados están en
14.8 Faraón rey de. .siguió a los *h* de Israel
14.8 pero los *h* de Israel habían salido con
14.10 los *h* de Israel alzaron sus ojos, y he
14.10 egipcios venían. .*h* de Israel temieron
14.15 a mí? Di a los *h* de Israel que marchen
14.16 entren los *h* de Israel por en medio del
14.22 los *h* de Israel entraron por en medio
14.29 los *h* de Israel fueron por en medio del
15.1 entonces cantó Moisés y los *h* de Israel
15.19 los *h* de Israel pasaron en seco por en
16.1 partió luego de Elim. .los *h* de Israel
16.2 congregación de los *h* de Israel murmuró
16.3 decían los *h* de Israel: Ojalá. .muerto
16.6 dijeron. .Aarón a todos los *h* de Israel
16.9 di a toda la congregación de los *h* de
16.10 hablando Aarón a. .de los *h* de Israel
16.12 he oído las murmuraciones de los *h* de
16.15 y viéndolo los *h* de Israel, se dijeron
16.17 y los *h* de Israel lo hicieron así; y
16.35 comieron los *h* de Israel maná 40 años
17.1 congregación de los *h* de Israel partió
17.3 para matarnos de sed. .a nuestros *h* y a
17.7 por la rencilla de los *h* de Israel, y
18.3 a sus dos *h*; el uno se llamaba Gersón
18.5 suegro de. .con los *h* y la mujer de éste
18.6 yo. .vengo a ti con tu mujer, y sus dos *h*
19.1 el mes tercero de la salida de los *h* de
19.3 así dirás. .anunciarás a los *h* de Israel
19.6 las palabras que dirás a los *h* de Israel
20.5 maldad de los padres sobre los *h* hasta
20.10 no hagas en él obra. .tu *h*, ni tu hija
20.22 así dirás a los *h* de Israel: Vosotros
21.4 le hubiere dado mujer, y ella le diere *h*
21.4 la mujer y sus *h* serán de su amo, y él
21.5 yo amo a mi señor, a mi mujer y a mis *h*
21.9 si la hubiere desposado con su *h*, hará
21.31 acorneado a *h*, o haya acorneado a hija
22.24 serán viudas, y huérfanos vuestros *h*
22.29 lagar. Me darás el primogénito de tus *h*
23.12 tome refrigerio el *h* de tu sierva, y
24.5 envió jóvenes de los *h* de Israel, los
24.11 sobre los príncipes de los *h* de Israel
24.17 como un fuego. .a los ojos de los *h* de
25.2 di a los *h* de Israel que tomen. .ofrenda
25.22 que yo te mandare para los *h* de Israel
27.20 los *h* de Israel que te traigan aceite
27.21 las pondrá en orden Aarón y sus *h* para
27.21 estatuto perpetuo de los *h* de Israel
28.1 Aarón. .sus *h*. .de entre los *h* de Israel
28.1 y a Nadab, Abiú, Eleazar e Itamar *h* de
28.4 para sus *h*, para que sean mis sacerdotes
28.9 grabarás en ellas los nombres de los *h*
28.11 grabar. .los nombres de los *h* de Israel
28.12 piedras memoriales a los *h* de Israel
28.21 según los nombres de los *h* de Israel
28.29 llevará Aarón los nombres de los *h* de
28.30 llevará. .el juicio de los *h* de Israel
28.38 que los *h* de Israel hubieren consagrado
28.40 y para los *h* de Aarón harás túnicas
28.41 vestirás a Aarón tu hermano, y a sus *h*
28.43 y estarán sobre Aarón y. .sus *h* cuando
29.4 llevarás a Aarón y a sus *h* a la puerta
29.8 que se acerquen sus *h*, y les vestirás las
29.9 les ceñirás el cinto a Aarón y a sus *h*
29.9 así consagrarás a Aarón y a sus *h*
29.10,15,19 Aarón y sus *h* pondrán sus manos
29.20 sobre el lóbulo de la oreja de sus *h*
29.21 rociarás sobre Aarón. .sobre sus *h*, y
29.21 sus *h*, y las vestiduras de sus *h* con él
29.24 en las manos de Aarón. .manos de sus *h*
29.27 las consagraciones de Aarón y de sus *h*
29.28 para Aarón y para sus *h* como estatuto
29.28 perpetuo para los *h* de Israel, porque
29.28 una ofrenda elevada de los *h* de Israel
29.29 vestiduras. .de Aarón, serán de sus *h*
29.30 vestirá el que de sus *h* tome su lugar
29.32 y Aarón y sus *h* comerán la carne del
29.35 harás a Aarón y a sus *h*. .te he mandado
29.43 allí me reuniré con los *h* de Israel
29.44 santificaré. .a Aarón y a sus *h*, para
29.45 habitaré entre los *h* de Israel, y seré
30.12 cuando tomes el número de. .*h* de Israel
30.16 tomarás de los *h* de Israel el dinero
30.16 y será por memorial a los *h* de Israel
30.19 lavarán Aarón y sus *h* las manos y los
30.30 ungirás también a Aarón y a sus *h*, y
30.31; 31.13; Lv. 1.2; 4.2; 7.23,29; 9.3; 11.2;
12.2; 15.2; 18.2; 23.2,10,24,34; 24.15; 25.2;
27.2; Nm. 5.12; 6.2; 9.10; 15.2,18,38; 27.8;
33.51; 35.10 habla a los *h* de Israel, y diles
Éx. 31.2 llamado. .a Bezaleel *h* de Uri, *h* de Hur
31.6 puesto con él a Aholiab *h* de Ahisamac
31.10 vestiduras de sus *h* para que ejerzan
31.16 guardarán. .el día de reposo los *h* de
31.17 señal es. .entre mí y los *h* de Israel
32.2 zarcillos. .en las orejas de. .vuestros *h*
32.20 polvo. .lo dio a beber a los *h* de Israel
32.26 se juntaron con él todos los *h* de Leví
32.28 los *h* de Leví lo hicieron conforme al
32.29 cada uno se ha consagrado en su *h* y en
33.5 di a los *h* de Israel. .de dura cerviz
33.6 los *h* de Israel se despojaron. .atavíos
33.11 el joven Josué *h* de Nun, su servidor
34.7 sobre los *h* y sobre los de los *h*, hasta
34.16 o tomando de sus hijas para tus *h*, y
34.16 fornicar. .tus *h* en pos de los dioses
34.20 redimirás todo primogénito de tus *h*
34.30 Aarón y todos los *h* de Israel miraron
34.32 se acercaron todos los *h* de Israel, a
34.34 decía a los *h* de Israel. .le era mandado
34.35 al mirar los *h* de Israel el rostro de
35.1 convocó a. .la congregación de los *h* de
35.4 habló Moisés a toda. .de los *h* de Israel
35.19 las vestiduras de sus *h* para servir en
35.20 salió toda la congregación de los *h* de
35.29 de los *h* de Israel, así hombres como
35.30 dijo Moisés a los *h* de Israel: Mirad
35.30 a Bezaleel *h* de Uri, *h* de Hur, de la
35.34 Aholiab *h* de Ahisamac, de la tribu de
36.3 la ofrenda que los *h* de Israel habían
38.21 bajo la dirección de Itamar *h*. .Aarón
38.22 y Bezaleel *h* de Uri, *h* de Hur, de la
38.23 y con él estaba Aholiab *h* de Ahisamac
39.6 grabaduras. .con los nombres de los *h* de
39.7 piedras memoriales para los *h* de Israel
39.14 conforme a. .nombres de los *h* de Israel
39.27 las túnicas. .para Aarón y para sus *h*
39.32 hicieron los *h* de Israel como Jehová
39.41 vestiduras de sus *h*, para ministrar en
39.42 hicieron los *h* de Israel toda la obra
40.12 llevarás a Aarón y a sus *h* a la puerta
40.14 harás que se acerquen sus *h*. .vestirás
40.31 Moisés y Aarón y sus *h* lavaban en ella
40.36 los *h* de Israel se movían en todas sus
Lv. 1.5 los sacerdotes *h* de Aarón ofrecerán
1.7 los *h* del sacerdote Aarón pondrán fuego
1.8 los. .*h* de Aarón acomodarán las piezas
1.11 *h* de Aarón rociarán su sangre sobre el
2.2 la traerá a los sacerdotes, *h* de Aarón
2.3,10 que resta. .será de Aarón y de sus *h*
3.2 sacerdotes *h* de Aarón rociarán su sangre
3.5 *h* de Aarón harán arder esto en el altar
3.8,13 *h* de Aarón rociarán su sangre sobre
6.9 manda a Aarón y a sus *h*, y diles: Esta
6.14 la ofrecerán los *h* de Aarón delante de
6.16 el sobrante. .lo comerán Aarón y sus *h*
6.18 los varones. .*h* de Aarón comerán de ella
6.20 esta es la ofrenda de Aarón y de sus *h*
6.22 sacerdote. .fuere ungido de entre sus *h*
6.25 habla a Aarón y a sus *h*, y diles: Esta
7.10 ofrenda. .será de todos los *h* de Aarón
7.31 mas el pecho será de Aarón y de sus *h*
7.33 el que de los *h* de Aarón ofreciere la
7.34 de los sacrificios de paz de los *h* de
7.34 dado a Aarón. .y a sus *h*, como estatuto
7.34 estatuto perpetuo para los *h* de Israel
7.35 esta es la porción de Aarón. .de sus *h*
7.36 él los ungió de entre los *h* de Israel
7.38 el día que mandó a los *h* de Israel que
8.2 toma a Aarón y a sus *h* con él, y las
8.6 hizo acercarse a Aarón y a sus *h*, y los
8.13 acercarse los *h* de Aarón, y les vistió
8.14,18,22 Aarón y sus *h* pusieron sus manos
8.24 hizo acercarse luego los *h* de Aarón, y
8.27 y lo puso todo. .en las manos de sus *h*
8.30 sobre sus *h*. .las vestiduras de sus *h*
8.30 santificó. .*h* y las vestiduras de sus *h*
8.31 y dijo Moisés a Aarón y a sus *h*: Comed
8.31 he mandado. .Aarón y sus *h* la comerán
8.36 Aarón y sus *h* hicieron todas las cosas
9.1 Moisés llamó a Aarón y a sus *h*, y a los
9.9 y los *h* de Aarón le trajeron la sangre
9.12,18 *h* de Aarón le presentaron la sangre
10.1 *h* de Aarón, tomaron cada uno. .incensario
10.4 llamó Moisés. .*h* de Uziel tío de Aarón
10.6,12 Moisés dijo a Aarón, y a. .sus *h*
10.9 tú, y tus *h* contigo, no beberéis vino
10.11 enseñar a los *h* de Israel. .estatutos
10.13 porque esto es para ti y para tus *h*, de
10.14 comeréis. .tus *h* y tus hijas contigo
10.14 derecho son tuyos y de tus *h*, dados de

HIJO ***(Continúa)***

Lv. 10.14 sacrificios de paz de los *h* de Israel
10.15 por derecho perpetuo tuyo y de tus *h*
10.16 Moisés..enojó contra..los *h*..de Aarón
12.6 los días de su..fueren cumplidos, por *h*
12.7 esta es la ley para la que diere a luz *h*
13.2 será traído a Aarón..o a uno de sus *h*
15.31 apartaréis de sus impurezas a los *h*
16.1 después de la muerte de los dos *h* de
16.5 de la congregación de los *h* de Israel
16.16 de las impurezas de los *h* de Israel
16.19 de las inmundicias de los *h* de Israel
16.21 confesará..las iniquidades de los *h* de
17.2 a Aarón y a sus *h*, y a todos los *h* de
17.5 fin de que traigan los *h* de Israel sus
17.12 por tanto, he dicho a los *h* de Israel
17.13 cualquier varón de los *h* de Israel, o
17.14 dicho a los *h* de Israel: No comeréis
18.10 la desnudez de la hija de tu *h*, o de
18.15 mujer es de tu *h*, no descubrirás su
18.17 no tomarás la hija de sus *h*, ni la hija
18.21 no des *h* tuyo para ofrecerlo por fuego
19.2 habla a toda la congregación de los *h*
19.18 ni guardarás rencor a..*h* de tu pueblo
20.2 a los *h* de Israel: Cualquier varón de
20.2 *h* de Israel..que ofreciere..*h* a Moloc
20.3 dio de sus *h* a Moloc, contaminando mi
20.4 varón que hubiere dado de sus *h* a Moloc
20.17 muertos a ojos de los *h* de su pueblo
20.20 su pecado llevarán; morirán sin *h*
20.21 desnudez de su..descubrió; sin *h* serán
21.1 habla a los sacerdotes *h* de Aarón, y
21.2 su padre, o por su *h* o por su hermano
21.24 a Aarón, y a sus *h*, y a todos los *h* de
22.2 dí a Aarón y a sus *h* que se abstengan
22.2 cosas santas que los *h* de Israel me han
22.3 cosas..que los *h* de Israel consagran a
22.15 las cosas santas de los *h* de Israel
22.18 a Aarón y a su *h*, y a todos los *h* de
22.28 no degollaréis en un..a ella y a su *h*
22.32 sea santificado en medio de los *h* de
23.43 tabernáculos hice yo habitar a los *h*
23.44 habló Moisés a los *h* de Israel sobre
24.2 manda a los *h* de Israel que te traigan
24.8 en orden..en nombre de los *h* de Israel
24.9 será de Aarón y de sus *h*, los cuales lo
24.10 el *h* de una mujer israelita, el cual era
24.10 *h* de un egipcio..entre los *h* de Israel
24.10 el *h* de la israelita y un hombre..riñeron
24.11 y el *h* de la mujer..blasfemó el Nombre
24.23 habló Moisés a los *h* de Israel, y ellos
24.23 los *h* de Israel hicieron según Jehová
25.33 son la posesión de ellos entre los *h* de
25.41 saldrá libre de tu..él y sus *h* consigo
25.45 comprar de los *h* de los forasteros que
25.46 los podréis dejar en..para vuestros *h*
25.46 en..los *h* de Israel no os enseñorearéis
25.49 su tío o el *h* de su tío lo rescatará
25.54 el año del jubileo saldrá, él y sus *h*
25.55 porque mis siervos son los *h* de Israel
26.22 fieras que os arrebaten vuestros *h*, y
26.29 comeréis la carne de vuestros *h*..hijas
26.46 estatutos..entre sí y los *h* de Israel
27.34 los mandamientos..para los *h* de Israel
Nm. 1.2 tomad el censo de..de los *h* de Israel
1.5 de la tribu de Rubén, Elisur *h* de Sedeur
1.6 de Simeón, Selumiel *h* de Zurisadai
1.7 de Judá, Naasón *h* de Aminadab
1.8 de Isacar, Natanael *h* de Zuar
1.9 de Zabulón, Eliab *h* de Helón
1.10 los *h* de José: de Efraín, Elisama *h*
1.10 de Manasés, Gamaliel *h* de Pedasur
1.11 de Benjamín, Abidán *h* de Gedeoni
1.12 de Dan, Ahiezer *h* de Amisadai
1.13 de Aser, Pagiel *h* de Ocrán
1.14 de Gad, Eliasaf *h* de Deuel
1.15 de Neftalí, Ahira *h* de Enán
1.20 los *h* de Rubén, primogénito de Israel
1.22 de los *h* de Simeón, por su descendencia
1.24 de los *h* de Gad, por su descendencia
1.26 de los *h* de Judá, por su descendencia
1.28 de los *h* de Isacar, por su descendencia
1.30 los *h* de Zabulón, por su descendencia
1.32 de los *h* de José: de los *h* de Efraín
1.34 los *h* de Manasés, por su descendencia
1.36 los *h* de Benjamín, por su descendencia
1.38 de los *h* de Dan, por su descendencia
1.40 de los *h* de Aser, por su descendencia
1.42 los *h* de Neftalí, por su descendencia
1.45 todos los contados de los *h* de Israel
1.49 ni tomarás la cuenta de..entre los *h* de
1.52 los *h* de Israel acamparán cada uno en su
1.53 que no haya ira sobre..los *h* de Israel
1.54 e hicieron los *h* de Israel conforme a
2.2 *h* de Israel acamparán cada uno junto a
2.3 y el jefe de los *h* de Judá, Naasón *h* de
2.5 jefe de los *h* de Isacar, Natanael *h* de
2.7 el jefe de los *h* de Zabulón, Eliab *h* de
2.10 y el jefe de los *h* de Rubén, Elisur *h*
2.12 el jefe de los *h* de Simeón. Selumiel *h*
2.14 el jefe de los *h* de Gad, Eliasaf *h* de
2.18 el jefe de los *h* de Efraín, Elisama *h*
2.20 el jefe de los *h* de Manasés, Gamaliel *h*
2.22 jefe de los *h* de Benjamín, Abidán *h* de
2.25 el jefe de los *h* de Dan, Ahiezer *h* de
2.27 el jefe de los *h* de Aser, Pagiel *h* de
2.29 el jefe de los *h* de Neftalí, Ahira *h* de
2.33 levitas no fueron contados entre los *h*
2.34 e hicieron los *h* de Israel conforme a
3.2,3 estos son los nombres de los *h* de Aarón
3.4 Nadab y Abiú murieron..y no tuvieron *h*
3.8 lo encargado a ellos por los *h* de Israel
3.9 y darás los levitas a Aarón y a sus *h*
3.9 le son..dados de entre los *h* de Israel
3.10 a Aarón y a sus *h* para que ejerzan su
3.12 he tomado a los levitas de..*h* de Israel
3.12 primeros nacidos entre los *h* de Israel
3.15 cuenta los *h* de Leví según las casas
3.17 *h* de Leví fueron estos por sus nombres
3.18 los nombres de los *h* de Gersón por sus
3.19 *h* de Coat por sus familias son: Amram
3.20 los *h* de Merari por sus familias: Mahli
3.24 jefe..de los gersonitas, Eliasaf *h* de
3.25 a cargo de los *h* de Gersón..estarán el
3.29 familias de los *h* de Coat acamparán al
3.30 el jefe..de Coat, Elisafán *h* de Uziel
3.32 principal de los jefes..será Eleazar *h*
3.35 el jefe..de Merari, Zuriel *h* de Abihail
3.36 a cargo de los *h* de Merari estará la
3.38 serán Moisés y Aarón y sus *h*, teniendo
3.38 la guarda..en lugar de los *h* de Israel
3.40 cuenta..primogénitos varones de los *h* de
3.41,42,45,46 primogénitos de los *h* de Israel
3.41 de los animales de los *h* de Israel. Yo
3.48 darás a Aarón y a sus *h* el dinero del
3.50 recibió..de los *h* de Israel, en dinero
3.51 Moisés dio el dinero..a Aarón y a sus *h*
4.2 de los *h* de Coat de entre los *h* de Leví
4.4 el oficio de los *h* de Coat en..será este
4.5 vendrán Aarón y sus *h* y desarmarán el
4.15 cuando acaben Aarón y sus *h* de cubrir el
4.15 vendrán después de ello los *h* de Coat
4.15 estas serán las cargas de los *h* de Coat
4.16 pero a cargo de Eleazar *h* del sacerdote
4.19 Aarón y sus *h*..pondrán a cada uno en su
4.22 toma también el número de los *h* de Gersón
4.27 según la orden de Aarón y de sus *h* será
4.27 todo el ministerio de los *h* de Gersón en
4.28 este es el servicio..de los *h* de Gersón
4.28 bajo la..de Itamar *h* del sacerdote Aarón
4.29 contarás los *h* de Merari por..familias
4.33 será el servicio de..de los *h* de Merari
4.34 contaron a los *h* de Coat por..familias
4.38,41 los contados de los *h* de Gersón
4.42,45 los contados..de los *h* de Merari
5.2 manda a los *h* de Israel que echen del
5.4 lo hicieron así los *h* de Israel, y los
5.4 los echaron..lo hicieron los *h* de Israel
5.6 a los *h* de Israel: El hombre o la mujer
5.9 ofrenda..que los *h* de Israel presentaren
6.23 habla a Aarón y a sus *h* y diles: Así
6.23 bendeciréis a los *h* de Israel, diciéndoles
6.27 pondrán mi nombre sobre los *h* de Israel
7.7 y cuatro bueyes dio a los *h* de Gersón
7.8 a los *h* de Merari dio cuatro carros y 8
7.8 la mano de Itamar *h* del sacerdote Aarón
7.9 pero a los *h* de Coat no les dio, porque
7.12 fue Naasón *h* de Aminadab, de la tribu
7.17,23,29,35,41,47,53,59,65,71,77,83 esta fue la ofrenda de..*h* de
7.18 ofreció Natanael *h* de Zuar, príncipe de
7.24 Eliab *h* de Helón, príncipe de los *h* de
7.30 Elisur *h* de Sedeur, príncipe de los *h*
7.36 Selumiel *h* de Zurisadai..los *h* de Simeón
7.42 Eliasaf *h* de..príncipe de los *h* de Gad
7.48 príncipe de los *h* de Efraín, Elisama *h*
7.54 los *h* de Manasés, Gamaliel *h* de Pedasur
7.60 príncipe de los *h* de Benjamín, Abidán *h*
7.66 príncipe de los *h* de Dan, Ahiezer *h* de
7.72 príncipe de los *h* de Aser, Pagiel *h* de
7.78 príncipe de los *h* de Neftalí, Ahira *h*
8.6 a los levitas de entre los *h* de Israel
8.9 toda la congregación de los *h* de Israel
8.10 pondrán los *h* de Israel sus manos sobre
8.11 ofrecerá..en ofrenda de los *h* de Israel
8.13 delante de Aarón, y delante de sus *h*
8.14 así apartarás..de entre los *h* de Israel
8.16 dedicados..los levitas de entre los *h*
8.16 primogénitos de todos los *h* de Israel
8.17 mío es todo primogénito de..*h* de Israel
8.18 en lugar de..los primogénitos de los *h*
8.19 y yo he dado en don..a Aarón y a sus *h*
8.19 los levitas..de entre los *h* de Israel
8.19 ejerzan el ministerio de..*h* de Israel
8.19 y reconcilien a los *h* de Israel; para
8.19 que no haya plaga en los *h* de Israel, al
8.19 acercarse los *h* de Israel al santuario
8.20 toda la congregación de los *h* de Israel
8.20 así hicieron con ellos los *h* de Israel
8.22 delante de Aarón y delante de sus *h*
9.2 *h* de Israel celebrarán la pascua a su
9.4 habló Moisés a los *h* de Israel para que
9.5 mandó Jehová a..hicieron los *h* de Israel
9.7 ofrecer ofrenda..entre los *h* de Israel?
9.17 se alzaba la nube..*h* de Israel partían
9.17 paraba, allí acampaban los *h* de Israel
9.18 al mandato de Jehová los *h* de..partían
9.19 los *h* de Israel guardaban la ordenanza
9.22 detenía..*h* de Israel seguían acampados
10.8 los *h* de Aarón..tocarán las trompetas
10.12 partieron los *h* de Israel del desierto
10.14 la bandera..de los *h* de Judá comenzó a
10.14 Naasón *h* de Aminadab estaba sobre su
10.15 sobre..los *h* de Isacar, Natanael *h* de
10.16 sobre..*h* de Zabulón, Eliab *h* de Helón
10.17 se movieron los *h* de Gersón y los *h* de
10.18 Elisur *h* de Sedeur..sobre su..ejército
10.19 sobre..los *h* de Simeón, Selumiel *h* de
10.20 sobre..los *h* de Gad, Eliasaf *h* de Deuel
10.22 marchar la bandera..de los *h* de Efraín
10.22 Elisama *h* de Amiud..sobre su..ejército
10.23 sobre..de los *h* de Manasés, Gamaliel *h*
10.24 sobre..los *h* de Benjamín, Abidán *h* de
10.25 a marchar la bandera..de los *h* de Dan
10.25 Ahiezer *h* de Amisadai estaba sobre su
10.26 sobre..los *h* de Aser, Pagiel *h* de Ocrán
10.27 sobre..*h* de Neftalí, Ahira *h* de Enán
10.28 el orden de marcha de los *h* de Israel
10.29 Moisés a Hobab, *h* de Ragüel..su suegro
11.4 y los *h* de Israel..volvieron a llorar y
11.28 respondió Josué *h* de Nun, ayudante de
13.2 Canaán, la cual yo doy a los *h* de Israel
13.3 todos..eran príncipes de los *h* de Israel
13.4 de la tribu de Rubén, Samúa *h* de Zacur
13.5 de la tribu de Simeón, Safat *h* de Horí
13.6 de la tribu de Judá, Caleb *h* de Jefone
13.7 de la tribu de Isacar, Igal *h* de José
13.8 de la tribu de Efraín, Oseas *h* de Nun
13.9 la tribu de Benjamín, Palti *h* de Rafú
13.10 la tribu de Zabulón, Gadiel *h* de Sodi
13.11 de la tribu de Manasés, Gadi *h* de Susi
13.12 de la tribu de Dan, Amiel *h* de Gemali
13.13 de la tribu de Aser, Setur *h* de Micael
13.14 la tribu de Neftalí, Nahbi *h* de Vapsi
13.15 de la tribu de Gad, Geuel *h* de Maqui
13.16 y a Oseas *h* de Nun le puso Moisés el
13.22 allí estaban Ahimán, Sesai..*h* de Anac
13.24 racimo que cortaron..los *h* de Israel
13.26 vinieron a Moisés y a..los *h* de Israel
13.28 y también vimos allí a los *h* de Anac
13.32 y hablaron mal entre los *h* de Israel
13.33 también vimos allí gigantes, *h* de Anac
14.2 y se quejaron..todos los *h* de Israel
14.5 postraron..delante de..los *h* de Israel
14.6 Josué *h* de Nun y Caleb *h* de Jefone, que
14.7 hablaron a..los *h* de Israel, diciendo
14.10 la gloria..se mostró..a todos los *h* de
14.18 visita la maldad de los..sobre los *h*
14.27 las querellas de los *h* de Israel, que
14.30 exceptuando a Caleb *h* de..y a Josué *h*
14.33 vuestros *h* andarán pastoreando en el
14.38 pero Josué *h* de Nun y Caleb *h*..con vida
14.39 Moisés dijo estas cosas a..*h* de Israel
15.25 hará expiación por..de los *h* de Israel
15.26 será perdonado a..de los *h* de Israel
15.29 el nacido entre los *h* de Israel, y el
15.32 estando los *h* de Israel en el desierto
16.1 Coré *h* de Izhar, *h* de Coat, *h* de Leví
16.1 Datán y Abiram *h* de Eliab, y On *h* de
16.1 Pelet, de los *h* de Rubén, tomaron gente
16.2 levantaron..con 250..de los *h* de Israel
16.7 poned fuego..esto os baste, *h* de Leví
16.8 dijo más Moisés..Oíd ahora, *h* de Leví
16.10 hizo acercar..los *h* de Leví contigo?
16.12 envió Moisés a llamar a..*h* de Eliab
16.27 se pusieron..con sus mujeres, sus *h* y
16.37 dí a Eleazar *h* del sacerdote Aarón, que
16.38 y serán como señal a los *h* de Israel
16.40 recuerdo para los *h* de Israel, de que
16.41 los *h* de Israel murmuró contra Moisés
17.2 habla a..*h* de Israel, y toma de ellos
17.5 haré cesar..quejas de los *h* de Israel
17.6 Moisés habló a los *h* de Israel, y todos
17.9 sacó..las varas..a todos los *h* de Israel
17.10 se guarde por señal a los *h* rebeldes
17.12 los *h* de Israel hablaron a Moisés
18.1(2) tú y tus *h*..llevaréis el pecado de
18.2 tú y tus *h* contigo serviréis delante
18.5 no venga..la ira sobre los *h* de Israel
18.6 tomado..levitas de entre..*h* de Israel
18.7 y tus *h*..guardaréis vuestro sacerdocio
18.8 las cosas consagradas de los *h* de Israel
18.8 he dado..a tus *h* por estatuto perpetuo
18.9 será cosa muy santa para ti y para tus *h*
18.11 las ofrendas mecidas de los *h* de Israel
18.11 he dado a ti y a tus *h* y a tus hijas
18.19 ofrendas..los *h* de Israel ofrecieren
18.19 he dado para ti, y para tus *h* y para
18.20 yo soy tu parte..en medio de los *h* de
18.21 dado a los *h* de Leví todos los diezmos
18.22 y no se acercarán más los *h* de Israel
18.23 y no poseerán heredad entre los *h* de
18.24 dado..los diezmos de los *h* de Israel
18.24 entre..*h* de Israel no poseerán heredad
18.26 toméis de los *h* de Israel los diezmos
18.28 diezmos que recibáis de los *h* de Israel
18.32 las cosas santas de los *h* de Israel
19.2 dí a los *h* de Israel que te traigan una
19.9 las guardará la congregación de los *h*
19.10 estatuto perpetuo para los *h* de Israel
20.1 llegaron los *h* de Israel..al desierto de
20.12 para santificarme delante de los *h* de

HIJO *(Continúa)*
Nm. 20.13 aguas de..contendieron los *h* de Israel
20.19 los *h* de Israel dijeron: Por el camino
20.22 y partiendo de Cades los *h* de Israel
20.24 la tierra que yo di a los *h* de Israel
20.25 toma..a Eleazar su *h*, y hazlos subir al
20.26 viste con ellas a Eleazar su *h*, porque
20.28 se las vistió a Eleazar su *h*; y Aarón
21.10 después partieron los *h* de Israel, y
21.24 y tomó su tierra..hasta los *h* de Amón
21.24 frontera de los *h* de Amón era fuerte
21.29 *h* en huida, y sus hijas en cautividad
21.35 hirieron a él y a sus *h*, y a toda su
22.1 partieron los *h* de Israel, y acamparon
22.2 y vio Balac *h* de Zipor..lo que Israel
22.3 se angustió Moab a causa de los *h* de
22.4 y Balac *h* de Zipor era..rey de Moab
22.5 envió mensajeros a Balaam *h* de Beor, en
22.5 junto al río en la tierra de los *h* de
22.10 y Balaam respondió a Dios: Balac *h* de
22.16 así dice Balac, *h* de Zipor: Te ruego
23.18 oye; escucha mis palabras, *h* de Zipor
23.19 ni *h* de hombre para que se arrepienta
24.3,15 dijo Balaam *h* de Boer, dijo el varón
24.17 Moab, y destruirá a todos los *h* de Set
25.6 varón de los *h* de Israel vino y trajo
25.6 ojos de..toda la congregación de los *h*
25.7,11 Finees *h* de..*h* del sacerdote Aarón
25.8 y cesó la mortandad de los *h* de Israel
25.11 apartar mi furor de los *h* de Israel
25.11 yo no he consumido..a los *h* de Israel
25.13 e hizo expiación por los *h* de Israel
25.14 Zimri *h* de Salu, jefe de una familia
26.1 habló..a Eleazar *h* del sacerdote Aarón
26.2 toma el censo..de los *h* de Israel, de
26.4 como mandó Jehová a..a los *h* de Israel
26.5 los *h* de Rubén: de Enoc, la familia de
26.8 los *h* de Falú: Eliab
26.9 los *h* de Eliab: Nemuel, Datán y Abiram
26.11 mas los *h* de Coré no murieron
26.12 los *h* de Simeón por sus familias: de
26.15 *h* de Gad por sus familias: de Zefón
26.19 los *h* de Judá: Er y Onán; y Er y Onán
26.20 fueron los *h* de Judá por sus familias
26.21 los *h* de Fares: de Hezrón, la familia
26.23 los *h* de Isacar por sus familias; de
26.26 los *h* de Zabulón por sus familias: de
26.28 los *h* de José por sus familias: Manasés
26.29 *h* de Manasés: de Maquir, la familia de
26.30 estos son los *h* de Galaad: de Jezer, la
26.33 Zelofehad *h* de Hefer no tuvo *h* sino
26.35 son los *h* de Efraín por sus familias
26.36 y estos son los *h* de Sutela: de Erán
26.37 son las familias de los *h* de Efraín por
26.37 estos son..*h* de José por sus familias
26.38 los *h* de Benjamín por sus familias: de
26.40 y los *h* de Bela fueron Ard y Naamán
26.41 son los *h* de Benjamín por sus familias
26.42 son los *h* de Dan por sus familias: de
26.44 los *h* de Aser por sus familias: de Imna
26.45 los *h* de Bería: de Heber, la familia
26.47 estas son..familias de los *h* de Aser
26.48 los *h* de Neftalí, por sus familias: la
26.51 son los contados de los *h* de Israel
26.62 no fueron contados entre..*h* de Israel
26.62 no..dada heredad entre los *h* de Israel
26.63 los cuales contaron los *h* de Israel en
26.64 quienes contaron a los *h* de Israel en
26.65 no quedó..sino Caleb *h*..y Josué *h* de
27.1 vinieron..hijas de Zelofehad *h* de Hefer
27.1 *h* de Galaad, *h* de Maquir, *h* de Manasés
27.1 de las familias de Manasés *h* de José
27.3 en su propio pecado murió, y no tuvo *h*
27.4 será quitado el..por no haber tenido *h*?
27.8 alguno muriere sin *h*, traspasaréis su
27.11 *h* de Israel esto será por estatuto de
27.12 tierra que he dado a los *h* de Israel
27.18 a Josué *h* de Nun, varón en el cual hay
27.20 congregación..*h* de Israel le obedezca
27.21 entrarán, él y todos los *h* de Israel
28.2 a los *h* de Israel, y diles: Mi ofrenda
29.40 dijo a los *h* de Israel conforme a todo
30.1 a los príncipes de..de los *h* de Israel
31.2 la venganza de los *h* de Israel contra
31.4 mil de cada tribu..de los *h* de Israel
31.6 y Finees *h* del sacerdote Eleazar fue a
31.8 a Balaam *h* de Beor mataron a espada
31.9 los *h* de Israel llevaron cautivas a las
31.12 trajeron a..los *h* de Israel..cautivos
31.16 *h* de Israel prevaricasen contra Jehová
31.30 mitad perteneciente a los *h* de Israel
31.42 de la mitad para los *h* de Israel, que
31.47 la mitad, pues, para los *h* de Israel
31.54 memoria de los *h* de Israel delante de
32.1 los *h* de Rubén y los *h* de Gad tenían una
32.2 vinieron..los *h* de Gad y los *h* de Rubén
32.6 Moisés a los *h* de Gad y a..*h* de Rubén
32.7 ¿por qué desanimáis a los *h* de Israel
32.9 desalentaron a los *h* de Israel para que
32.12 excepto Caleb *h* de..y Josué *h* de Nun
32.17 e iremos..delante de los *h* de Israel
32.18 no volveremos..los *h* de Israel posean
32.25 hablaron los *h* de Gad y los *h* de Rubén
32.28 les encomendó..a Josué *h* de Nun, y a
32.28 y a los príncipes..de los *h* de Israel
32.29 si los *h* de Gad y los *h* de Rubén pasan
32.31 *h* de Gad y los *h* de Rubén respondieron
32.33 Moisés dio a los *h* de Gad, a los *h* de
32.33 a la media tribu de Manasés *h* de José
32.34 los *h* de Gad edificaron Dibón, Atarot
32.37 *h* de Rubén edificaron Hesbón, Eleale
32.39 los *h* de Maquir *h* de Manasés fueron a
32.40 dio Galaad a Maquir *h* de Manasés, el
32.41 Jair *h* de Manasés..tomó sus aldeas, y
33.1 son las jornadas de las *h* de Israel, que
33.3 segundo día..salieron los *h* de Israel
33.5 salieron..los *h* de Israel de Ramesés, y
33.38 a los 40 años de la salida de los *h* de
33.40 oyó que habían venido los *h* de Israel
34.2 manda a los *h* de Israel y diles: Cuando
34.13 Moisés a los *h* de Israel, diciendo
34.14 los *h* de Rubén..los *h* de Gad según las
34.17 repartirán la tierra..Josué *h* de Nun
34.19 de la tribu de Judá, Caleb *h* de Jefone
34.20 tribu de los *h* de Simeón, Semuel *h* de
34.21 tribu de Benjamín, Elidad *h* de Quislón
34.22 de los *h* de Dan, el príncipe Buqui *h*
34.23 de los *h* de José: De la tribu de los
34.23 *h* de Manasés, el príncipe Haniel *h* de
34.24 tribu de los *h* de Efraín..Kemuel *h* de
34.25 los *h* de Zabulón..Elizafán *h* de Parnac
34.26 de los *h* de Isacar..Paltiel *h* de Azán
34.27 de los *h* de Aser..Ahiud *h* de Selomi
34.28 de los *h* de Neftalí, Pedael *h* de Amiud
34.29 la repartición de..a los *h* de Israel
35.2 los *h* de Israel que den a los levitas
35.8 diereis de la heredad de..*h* de Israel
35.15 serán de refugio para los *h* de Israel
35.34 yo Jehová habito en medio de los *h* de
36.1 los padres de la familia de Galaad *h* de
36.1 Maquir, *h* de Manasés..de los *h* de José
36.1 las casas paternas de los *h* de Israel
36.2 sorteo diese la tierra a los *h* de Israel
36.3 ellas se casaren con algunos de los *h*
36.3 de las otras tribus de los *h* de Israel
36.4 viniere el jubileo de los *h* de Israel
36.5 mandó a los *h* de Israel por mandato de
36.5 tribu de los *h* de José había rectamente
36.7 que la heredad de los *h* de Israel no sea
36.7 cada uno de los *h*..ligado a la heredad
36.8 tenga heredad en las tribus de los *h* de
36.8 que los *h* de Israel posean cada uno la
36.9 de los *h* de Israel estará ligada a su
36.11 Maala..casaron con los *h* de sus tíos
36.12 en la familia de las *h* de Manasés, *h*
36.13 por medio de Moisés a los *h* de Israel
Dt. 1.3 habló a los *h* de Israel conforme a
1.28 y también vimos allí a los *h* de Anac
1.31 ha traído, como trae el hombre a su *h*
1.36 excepto Caleb *h* de Jefone; él la verá
1.36 le daré la tierra que pisó, y a sus *h*
1.38 Josué *h* de Nun..entrará allá; anímale
1.39 vuestros *h* que no saben hoy lo bueno ni
2.4,8 de vuestros hermanos los *h* de Esaú
2.9 he dado a Ar por heredad a los *h* de Lot
2.10,21 pueblo grande..como los *h* de Anac
2.11 gigantes eran ellos..como los *h* de Anac
2.12 a los cuales echaron los *h* de Esaú; y
2.19 cuando te acerques a los *h* de Amón, no
2.19 no te daré..la tierra de los *h* de Amón
2.19 a los *h* de Lot la he dado por heredad
2.21 pueblo grande..alto, como los *h* de Anac
2.22 como hizo Jehová con los *h* de Esaú que
2.29 como lo hicieron conmigo los *h* de Esaú
2.33 lo derrotamos a él y a sus *h*, y a todo
2.37 la tierra de los *h* de Amón no llegamos
3.11 su cama..¿no está en Rabá de los *h* de
3.14 Jair *h* de Manasés tomó toda la tierra
3.16 de Jaboc..es límite de los *h* de Amón
3.18 iréis armados..delante de..*h* de Israel
3.19 vuestros *h* y..quedarán en las ciudades
4.9 las enseñarás a tus *h*, y a los *h* de tus *h*
4.10 les haga oir..y las enseñarán a sus *h*
4.25 cuando hayáis engendrado *h* y nietos, y
4.40 para que te vaya bien a ti y a tus *h*
4.44 la ley..puso delante de los *h* de Israel
4.45 los decretos que habló Moisés a los *h*
4.46 cual derrotó Moisés con los *h* de Israel
5.9 visito la maldad de..padres sobre los *h*
5.14 ninguna obra harás tú, ni tu *h*, ni tu
5.29 y a sus *h* les fuese bien para siempre
6.2 guardando..tu *h*, y el *h* de tu *h*, todos
6.7 repetirás a tus *h*, y hablarás de ellas
6.20 cuando te preguntare a tu *h*, diciendo
6.21 dirás a tu *h*: Nosotros éramos siervos
7.3 a su *h*, ni tomarás a su hija para tu *h*
7.4 porque desviará a tu *h* de en pos de mí
8.5 como castiga el hombre a su *h*..Jehová
9.2 pueblo grande y alto, *h* de los anaceos
9.2 ¿quién se sostendrá delante..*h* de Anac?
10.6 salieron los *h* de Israel de..a Mosera
10.6 murió..tuvo el sacerdocio su *h* Eleazar
11.2 no hablo..*h* que no han sabido ni visto
11.6 Datán y Abiram, *h* de Eliab *h* de Rubén
11.19 las enseñaréis a vuestros *h*, hablando
11.21 para que sean..los días de vuestros *h*
12.12 alegraréis..vuestros *h*, vuestras hijas
12.18 comerás..tú, tu *h*, tu hija, tu siervo
12.25,28 para que te vaya bien a ti y a tus *h*
12.31 *h* y a sus hijas quemaban en el fuego
13.6 te incitare tu hermano, *h* de tu madre
13.6 o tu *h*, tu hija, tu mujer o tu amigo
14.1 *h* sois de Jehová vuestro Dios; no os
16.11,14 y te alegrarás..tú, tu *h*, tu hija
17.20 de que prolongue sus días..él y sus *h*
18.5 que esté para administrar..él y sus *h*
18.10 pasar a su *h* o a su hija por el fuego
21.5 vendrán..sacerdotes *h* de Leví, porque
21.15 le hubieren dado *h*, y el *h* primogénito
21.16 en el día que hiciere heredar a sus *h*
21.16 no podrá dar el derecho de..al *h* de la
21.16 con preferencia al *h* de la aborrecida
21.17 al *h* de la aborrecida reconocerá como
21.18 tuviere un *h* contumaz y rebelde, que
21.20 y dirán a..Este nuestro *h* es contumaz
22.6 nido de..no tomarás la madre con los *h*
23.4 porque alquilaron contra ti a Baalam *h*
23.8 *h* que nacieren de ellos, en la tercera
23.17 ni haya sodomita de..los *h* de Israel
24.7 hurtado a uno de sus..los *h* de Israel
24.16 padres no morirán por los *h*, ni los *h*
25.5 no tuviere *h*, la mujer del muerto no se
28.32 tus *h* y tus hijas serán entregados a
28.41 *h* e..engendrarás, y no serán para ti
28.53 comerás el..la carne de tus *h* y de tus
28.54 y al resto de sus *h* que le quedaren
28.55 no dar a alguno..de la carne de sus *h*
28.56 mirará con malos ojos al..a su *h*..hija
28.57 a sus *h* que diere a luz..los comerá
29.1 que celebrase con los *h* de Israel en la
29.22 vuestros *h* que se levanten después de
29.29 mas las reveladas son..para nuestros *h*
30.2 obedecieres a su voz..tú y tus *h*, con
31.9 la dio a los sacerdotes *h* de Leví, que
31.13 y los *h* de ellos..oigan, y aprendan a
31.19 cántico, y enséñalo a los *h* de Israel
31.19 sea por testigo contra los *h* de Israel
31.22 Moisés..lo enseñó a los *h* de Israel
31.23 y dio orden a Josué *h* de Nun, y dijo
31.23 tú introducirás a los *h* de Israel en
32.5 la corrupción no es suya: de sus *h* es
32.8 hizo dividir a los *h* de los hombres
32.8 los límites..según el número de los *h*
32.19 el menosprecio de su *h* y de sus hijas
32.20 una generación perversa, *h* infieles
32.44 vino Moisés y recitó..Josué *h* de Nun
32.46 para que las mandéis a vuestros *h*, a
32.49 yo doy por heredad a los *h* de Israel
32.51 pecasteis..en medio de los *h* de Israel
32.51 no me santificasteis en medio de los *h*
32.52 a la tierra que doy a los *h* de Israel
33.1 bendijo Moisés varón..a los *h* de Israel
33.9 no reconoció a sus..ni a sus *h* conoció
33.24 bendito sobre los *h* sea Aser: sea el
34.8 lloraron los *h* de Israel a Moisés en
34.9 Josué *h* de Nun fue lleno del espíritu
34.9 *h* de Israel le obedecieron, e hicieron
Jos. 1.1 que Jehová habló a Josué *h* de Nun
1.2 tierra que yo les doy a los *h* de Israel
2.1 Josué *h* de Nun envió desde Sitim..espías
2.2 hombres de los *h* de Israel han venido
2.23 los dos hombres..vinieron a Josué *h* de
3.1 él y todos los *h* de Israel partieron de
3.9 Josué dijo a los *h* de Israel: Acercaos
4.4 doce hombres..de entre los *h* de Israel
4.5,8 conforme..tribus de los *h* de Israel
4.6 para que..cuando vuestros *h* preguntaren
4.7 piedras servirán de..a los *h* de Israel
4.8 *h* de Israel lo hicieron así como Josué
4.12 también los *h* de Rubén y los *h* de Gad
4.12 pasaron armados delante de los *h* de
4.21 y habló a los *h* de Israel, diciendo
4.21 preguntaren vuestros *h* a sus padres
4.22 declararéis a vuestros *h*..Israel pasó
5.1 secado..aguas del Jordán delante de los *h*
5.1 no..aliento en ellos delante de los *h* de
5.2 vuelve a circuncidar..a los *h* de Israel
5.3 Josué..circuncidó a los *h* de Israel en
5.6 *h* de Israel anduvieron por el desierto
5.7 a los *h* de ellos..Josué los circuncidó
5.10 y los *h* de Israel acamparon en Gilgal
5.12 los *h* de Israel nunca más tuvieron maná
6.1 bien cerrada, a causa de los *h* de Israel
6.6 llamando, pues, Josué *h*..los sacerdotes
6.26 y sobre su *h* menor asiente sus puertas
7.1 *h* de Israel cometieron una prevaricación
7.1,18 Acán *h* de Carmi, *h* de Zabdi, *h* de
7.1 ira de Jehová se encendió contra los *h*
7.12 *h* de Israel no podrán hacer frente a
7.19 *h* mío, da gloria a Jehová el Dios de
7.23 lo trajeron a Josué y a..los *h* de Israel
7.24 tomaron a Acán *h* de Zera..sus *h*, sus
8.31 Moisés..había mandado a..*h* de Israel
8.32 cual escribió delante de los *h* de Israel
9.17 salieron los *h* de Israel, y al tercer
9.18 y no los mataron los *h* de Israel, por
9.26 los libró de la mano de los *h* de Israel
10.4 Gabaón..ha hecho paz con..*h* de Israel
10.11 que los *h* de Israel mataron a espada
10.12 entregó al amorreo delante de los *h* de
10.20 los *h* de Israel acabaron de herirlos
10.21 moviese su lengua contra..*h* de Israel

HIJO *(Continúa)*

Jos. 11.14 los *h* de Israel tomaron. .todo el botín
11.19 hiciese paz con los *h* de Israel, salvo
11.22 quedó en la tierra de los *h* de Israel
12.1 reyes. .que los *h* de Israel derrotaron
12.2 del arroyo de Jaboc, término de los *h* de
12.6 derrotaron Moisés. .y los *h* de Israel
12.7 que derrotaron Josué y los *h* de Israel
13.6 yo los exterminaré delante de los *h* de
13.10 hasta los límites de los *h* de Amón
13.13 a los maacateos no los echaron los *h*
13.15 Moisés a la tribu de los *h* de Rubén
13.22 mataron. .los *h* de Israel a Balaam el
13.22 a Balaam el adivino, *h* de Beor, entre
13.23 el límite del territorio de los *h* de
13.23 esta fue la heredad de los *h* de Rubén
13.24 dio. .Moisés a los *h* de Gad, conforme a
13.25 la mitad de la tierra de los *h* de Amón
13.28 esta es la heredad de los *h* de Gad por
13.29 heredad a. .tribu de los *h* de Manasés
13.31 ciudades. .para los *h* de Maquir *h* de
13.31 la mitad de los *h* de Maquir conforme a
14.1 los *h* de Israel tomaron por heredad en
14.1 repartieron. .Eleazar, Josué *h* de Nun, y
14.1 cabezas de las tribus de los *h* de Israel
14.4 los *h* de José fueron dos tribus, Manasés
14.5 así lo hicieron los *h* de Israel en el
14.6 los *h* de Judá vinieron a Josué en Gilgal
14.6 y Caleb, *h* de Jefone cenezeo, le dijo
14.9 será para ti, y para tus *h* en herencia
14.13 dio a Caleb *h* de Jefone a Hebrón por
14.14 Hebrón vino a ser heredad de Caleb *h*
15.1 que tocó. .a la tribu de los *h* de Judá
15.6 sube a la piedra de Bohán *h* de Rubén
15.8 y sube. .por el valle del *h* de Hinom al
15.12 este fue el límite de los *h* de Judá
15.13 mas a Caleb *h* de Jefone dio su parte
15.13 parte entre los *h* de Judá, conforme al
15.14 y Caleb echó de allí a los tres *h* de
15.14 a Sesai, Ahimán y Talmai, *h* de Anac
15.17 y la tomó Otoniel, *h* de Cenez hermano
15.20 heredad de la tribu de los *h* de Judá
15.21 fueron las ciudades. .de los *h* de Judá
15.63 los *h* de Judá no pudieron arrojarlos
15.63 ha quedado. .con los *h* de Judá hasta hoy
16.1 tocó en suerte a los *h* de José desde el
16.4 recibieron. .su heredad los *h* de José
16.5 cuanto al territorio de los *h* de Efraín
16.8 esta es la heredad de. .los *h* de Efraín
16.9 hubo. .ciudades. .para los *h* de Efraín en
16.9 medio de la heredad de los *h* de Manasés
17.2 para los otros *h* de Manasés conforme a
17.2 los *h* de Abiezer, los *h* de Helec, los
17.2 los *h* de Asriel, los *h* de Siquem, los
17.2 los *h* de Hefer y los *h* de Semida; éstos
17.2 éstos fueron los *h* varones de Manasés *h*
17.3 pero Zelofehad *h* de Hefer, *h* de Galaad
17.3 *h* de Maquir, *h* de Manasés, no tuvo *h*
17.4 vinieron delante de. .de Josué *h* de Nun
17.6 hijas de. .tuvieron heredad entre sus *h*
17.6 de Galaad fue de los otros *h* de Manasés
17.8 pero Tapúa misma. .es de los *h* de Efraín
17.12 los *h* de Manasés no pudieron arrojar
17.13 los *h* de Israel. .hicieron tributario
17.14 *h* de José hablaron a Josué, diciendo
17.16 los *h* de José dijeron: No nos bastará
18.1 la congregación de los *h* de Israel se
18.2 pero habían quedado de los *h* de Israel
18.3 Josué dijo a los *h* de Israel: ¿Hasta
18.11 se sacó la suerte. .de los *h* de Benjamín
18.11 entre los *h* de Judá y los *h* de José
18.14 ciudad de los *h* de Judá. Este es el
18.16 está delante del valle del *h* de Hinom
18.17 y desciende a la piedra de Bohán *h* de
18.20,28 es la heredad de los *h* de Benjamín
18.21 las ciudades de. .de los *h* de Benjamín
19.1 la tribu de los *h* de Simeón conforme a
19.1 heredad fue en medio. .de los *h* de Judá
19.8 esta es la heredad. .de los *h* de Simeón
19.9 de la suerte de. .*h* de Judá fue sacada
19.9 fue sacada la heredad de los *h* de Simeón
19.9 la parte de los *h* de Judá era excesiva
19.9 los *h* de Simeón tuvieron su heredad en
19.10 tercera suerte tocó a los *h* de Zabulón
19.16 esta es la heredad de los *h* Zabulón
19.17 la cuarta suerte. .a los *h* de Isacar
19.23 esta es la heredad. .de los *h* de Isacar
19.24 quinta suerte. .tribu de los *h* de Aser
19.31 esta es la heredad. .de los *h* de Aser
19.32 la sexta suerte. .a los *h* de Neftalí
19.39 esta es la heredad. .los *h* de Neftalí
19.40 suerte correspondió a. .los *h* de Dan
19.47 les faltó territorio a los *h* de Dan
19.47 subieron los *h* de Dan y combatieron a
19.48 esta es la heredad de. .de los *h* de Dan
19.49 dieron los *h* de Israel heredad a Josué
19.49 heredad a Josué *h* de Nun en medio de
19.51 las heredades que. .Josué *h*. .entregaron
19.51 por suerte. .en posesión. .*h* de Israel
20.2 a los *h* de Israel, y diles. Señalaos
20.9 señaladas para todos los *h* de Israel
21.1 los levitas vinieron. .a Josué *h* de Nun
21.1 cabezas de. .tribus de los *h* de Israel
21.3 los *h* de Israel dieron. .a los levitas
21.4 los *h* de Aarón. .obtuvieron por suerte
21.5 y los otros *h* de Coat. .diez ciudades de
21.6 los *h* de Gersón obtuvieron. .13 ciudades
21.7 *h* de Merari. .obtuvieron de la tribu de
21.8 dieron. .los *h* de Israel a los levitas
21.9 de los *h* de Judá, y de. .los *h* de Simeón
21.10 obtuvieron los *h* de Aarón. .*h* de Leví
21.12 el campo. .dieron a Caleb *h* de Jefone
21.13 y a los *h* del sacerdote Aarón dieron
21.19 ciudades de los. .*h* de Aarón son trece
21.20 los *h* de Coat. .recibieron por suerte
21.20 mas. .los que quedaban de los *h* de Coat
21.26 ciudades para. .*h* de Coat fueron diez
21.27 a los *h* de Gersón. .de la media tribu
21.34 y a las familias de los *h* de Merari
21.40 todas las ciudades de los *h* de Merari
21.41 en medio de la posesión de los *h* de
22.9 así los *h* de Rubén y los *h* de Gad y la
22.9 separándose de los *h* de Israel, desde
22.10,11,13,15,30,31,32,34 los *h* de Rubén y los *h* de Gad
22.11 los *h* de Israel oyeron decir que los
22.11 un altar. .del lado de los *h* de Israel
22.12 cuando oyeron esto los *h* de Israel, se
22.12 se juntó. .de los *h* de Israel en Silo
22.13 enviaron los *h* de Israel a. .de Rubén
22.13 a Finees *h* del sacerdote Eleazar
22.20 cometió Acán *h* de Zera prevaricación
22.21 *h* de Rubén y. .*h* de Gad. .respondieron
22.24 vuestros *h* digan a nuestros *h*: ¿Qué
22.25 oh *h* de Rubén e *h* de Gad; no tenéis
22.25 así vuestros *h* harían que nuestros *h*
22.27 y no digan. .vuestros *h* a los nuestros
22.30 palabras que hablaron los *h* de Rubén y
22.31 dijo Finees *h* del sacerdote Eleazar a
22.31 y dijo. .a los *h* de Manasés: Hoy hemos
22.31 habéis librado a los *h* de Israel de la
22.32 Finees *h* del sacerdote Eleazar, y los
22.32 regresaron. .a los *h* de Israel, a los
22.33 asunto pareció bien a los *h* de Israel
22.33 bendijeron a Dios los *h* de Israel, y no
22.33 habitaban los *h* de Rubén y. .*h* de Gad
24.4 pero Jacob y sus *h* descendieron a Egipto
24.9 después se levantó Balac *h* de Zipor, rey
24.9 envió a llamar a Balaam *h* de Beor, para
24.29 después de estas cosas murió Josué *h*
24.32 los huesos. .*h* de Israel habían traído
24.32 Jacob compró de los *h* de Hamor padre
24.32 campo. .fue posesión de los *h* de José
24.33 también murió Eleazar *h* de Aarón, y lo
24.33 en el collado de Finees su *h*, que le
Jue. 1.1 los *h* de Israel consultaron a Jehová
1.8 combatieron los *h* de Judá a Jerusalén
1.9 los *h* de Judá descendieron para pelear
1.13 tomó Otoniel *h* de Cenaz, hermano menor
1.16 los *h* del ceneo. .con los *h* de Judá al
1.20 él arrojó de allí a los tres *h* de Anac
1.21 no los arrojaron los *h* de Benjamín, y
1.21 el jebuseo habitó con los *h* de Benjamín
1.34 amorreos acosaron a los *h* de Dan hasta
2.4 estas palabras a todos los *h* de Israel
2.6 *h* de Israel se habían ido. .a su heredad
2.8 pero murió Josué *h* de Nun. .de 110 años
2.11 los *h* de Israel hicieron lo malo ante
3.2 el linaje de los *h* de Israel conociese la
3.5 así los *h* de Israel habitaban entre los
3.6 por mujeres, y dieron sus hijas a los *h*
3.7 hicieron, pues, los *h* de Israel lo malo
3.8 sirvieron los *h* de Israel a. .ocho años
3.9,15 clamaron los *h* de Israel a Jehová
3.9 levantó un libertador a los *h* de Israel
3.9 a Otoniel *h* de Cenaz, hermano menor de
3.11 reposó la. .y murió Otoniel *h* de Cenaz
3.12 volvieron los *h* de Israel a hacer lo malo
3.13 consigo a los *h* de Amón y de Amalec
3.14 sirvieron los *h* de Israel a Eglón rey
3.15 Jehová les levantó un. .a Aod *h* de Gera
3.15 *h* de Israel enviaron. .presente a Eglón
3.27 y los *h* de Israel descendieron con él
3.31 después de él fue Samgar *h* de Anat, el
4.1 *h* de Israel volvieron a hacer lo malo
4.3 los *h* de Israel clamaron a Jehová, porque
4.3 había oprimido. .*h* de Israel por 20 años
4.5 los *h* de Israel subían a ella a juicio
4.6 envió a llamar a Barac *h* de Abinoam, de
4.11 Heber ceneo, de los *h* de Hobab suegro
4.12 que Barac *h* de Abinoam había subido al
4.23 así abatió. .delante de los *h* de Israel
4.24 la mano de los *h* de. .fue endureciéndose
5.1 día cantó Débora con Barac *h* de Abinoam
5.6 en los días de Samgar *h* de Anat, en los
5.12 y lleva tus cautivos, *h* de Abinoam
6.1 los *h* de Israel hicieron lo malo ante los
6.2 los *h* de Israel. .se hicieron cuevas en
6.3 subían. .los *h* del oriente contra ellos
6.6,7 los *h* de Israel clamaron a Jehová
6.8 envió a los *h* de Israel un varón profeta
6.11 su *h* Gedeón estaba sacudiendo el trigo
6.29 dijeron: Gedeón *h* de Joás lo ha hecho
6.30 saca a tu *h* para que muera, porque ha
7.12 los *h* del oriente estaban tendidos en
7.14 la espada de Gedeón *h* de Joás, varón de
8.10 todo el ejército de los *h* del oriente
8.13 Gedeón *h* de Joás volvió de la batalla
8.18 eran ellos; cada uno parecía *h* de rey
8.19 dijo: Mis hermanos eran, *h* de mi madre
8.22 sé nuestro señor, tú, y tu *h*, y tu nieto
8.23 ni mi *h* os señoreará: Jehová señoreará
8.28 subyugado Madián delante. .*h* de Israel
8.29 Jerobaal *h* de Joás fue y habitó en su
8.30 tuvo Gedeón 70 *h* que constituyeron su
8.31 su concubina. .en Siquem le dio un *h*, y
8.32 murió Gedeón *h* de Joás en buena vejez
8.33 que cuando murió Gedeón, los *h* de Israel
8.34 no se acordaron los *h* de Israel. .Dios
9.1 Abimelec *h* de Jerobaal fue a Siquem, a
9.2 os gobiernen 70. .todos los *h* de Jerobaal
9.5 mató a sus hermanos los *h* de Jerobaal
9.5 quedó Jotam el *h* menor de Jerobaal, que
9.18 habéis matado a sus *h*, setenta varones
9.18 puesto por rey. .Abimelec *h* de su criada
9.24 violencia hecha a los 70 *h* de Jerobaal
9.26 Gaal *h* de Ebed vino con sus hermanos y
9.28 y Gaal *h* de. .dijo: ¿Quién es Abimelec
9.28 ¿no es *h* de Jerobaal, y no es Zebul
9.30 Zebul. .oyó las palabras de Gaal *h* de
9.31 Gaal *h* de Ebed y. .hermanos han venido
9.35 Gaal *h* de Ebed salió, y se puso a la
9.57 vino. .maldición de Jotam *h* de Jerobaal
10.1 se levantó. .Tola *h* de Fúa, *h* de Dodo
10.4 tuvo treinta *h*, que cabalgaban sobre 30
10.6 *h* de Israel volvieron a hacer lo malo
10.6 a los dioses de los *h* de Amón y a los
10.7 los entregó. .en mano de los *h* de Amón
10.8 y quebrantaron a los *h* de Israel en
10.8 los *h* de Israel que estaban al otro lado
10.9 *h* de Amón pasaron el Jordán para hacer
10.10 los *h* de Israel clamaron a Jehová
10.11 y Jehová respondió a los *h* de Israel
10.15 los *h* de Israel respondieron a Jehová
10.17 se juntaron los *h* de Amón. .*h* de Israel
10.18 comenzará la batalla contra los *h* de
11.1 Jefté. .era *h* de una mujer ramera, y el
11.2 pero la mujer de Galaad le dio *h*, los
11.2 no heredarás en la. .eres *h* de otra mujer
11.4,5 los *h* de Amón hicieron guerra contra
11.6 para que peleemos contra los *h* de Amón
11.8 vengas. .y pelees contra los *h* de Amón
11.9 si. .para que pelee contra los *h* de Amón
11.15 no tomó. .ni tierra de los *h* de Amón
11.25 ¿eres tú. .mejor. .que Balac *h* de Zipor
11.27 entre los *h* de Israel y los *h* de Amón
11.28 el rey de los *h* de Amón no atendió a
11.29 y de Mizpa de Galaad pasó a los *h* de
11.32 y fue Jefté hacia los *h* de Amón para
11.33 fueron sometidos. .por los *h* de Israel
11.34 hija única; no tenía fuera de ella *h*
11.36 ha hecho venganza en. .los *h* de Amón
12.1 fuiste a hacer guerra contra los *h* de
12.2 teníamos. .contienda con los *h* de Amón
12.3 arriesgué. .y pasé contra los *h* de Amón
12.9 el cual tuvo treinta *h* y treinta hijas
12.9 tomó de fuera treinta hijas para sus *h*
12.13 después de él juzgó a Israel Abdón *h*
12.14 éste tuvo cuarenta *h* y treinta nietos
12.15 murió Abdón *h* de Hilel. .fue sepultado
13.1 *h* de Israel volvieron a hacer lo malo
13.2 su mujer era. .y nunca había tenido *h*
13.3 nunca has tenido *h*. .y darás a luz un *h*
13.5 y darás a luz un *h*; y navaja no pasará
13.7 que tú concebirás, y darás a luz un *h*
13.24 dio a luz un *h*, y le puso por nombre
14.16 que propusiste a los *h* de mi pueblo
14.17 ella lo declaró a los *h* de su pueblo
17.2 madre dijo: Bendito seas de Jehová, *h*
17.3 he dedicado el dinero a Jehová por mi *h*
17.5 Micaía. .consagró a uno de sus *h* para que
17.11 el levita. .para él como uno de sus *h*
18.2 *h* de Dan enviaron. .cinco hombres de
18.16 y los 600. .que eran de los *h* de Dan
18.22 se juntaron y siguieron a los *h* de Dan
18.25 los *h* de Dan le dijeron: No des voces
18.26 y prosiguieron los *h* de Dan su camino
18.29 al nombre de Dan su padre, *h* de Israel
18.30 los *h* de Dan levantaron. .la imagen de
18.30 Jonatán *h* de Gersón, *h* de Moisés, él y
18.30 y sus *h* fueron sacerdotes en la tribu
19.12 ciudad. .que no sea de los *h* de Israel
19.16 los moradores de. .eran *h* de Benjamín
19.30 tiempo en que los *h* de Israel subieron
20.1 salieron todos los *h* de Israel, y se
20.3 los *h* de Benjamín oyeron que los *h* de
20.3 dijeron los *h* de Israel: Decid cómo fue
20.7 *h* de Israel; dad aquí vuestro parecer
20.13 no quisieron oír la voz de. .*h* de Israel
20.14 salir a pelear contra los *h* de Israel
20.18 luego se levantaron los *h* de Israel, y
20.18 en la guerra contra los *h* de Benjamín?
20.19 se levantaron, pues, los *h* de Israel
20.20 y salieron los *h* de Israel a combatir
20.21 *h* de Benjamín, derribaron por tierra
20.21 aquel día 22.000. .de los *h* de Israel
20.23 *h* de Israel subieron y lloraron delante
20.23 ¿volveremos a pelear con los *h* de
20.24 *h* de Israel contra los *h* de Benjamín
20.25 derribaron. .otros 18.000. .*h* de Israel
20.26 *h* de Israel. .vinieron a la casa de Dios
20.27 los *h* de Israel preguntaron a Jehová

HIJO *(Continúa)*
Jue. 20.28 Finees *h* de Eleazar, *h* de. . ministraba
20.28 aún a salir contra los *h* de Benjamín
20.30 subiendo entonces. . *h* de Israel contra
20.30 contra los *h* de Benjamín el tercer día
20.31 salieron. . *h* de Benjamín al encuentro
20.32 los *h* de Benjamín decían: Vencidos son
20.32 los *h* de Israel decían: Huiremos, y los
20.35 mataron los *h* de Israel. . día a 25.100
20.36 y vieron los *h* de Benjamín que eran
20.36 y los *h* de Israel cedieron campo a los
20.48 volvieron sobre los *h* de Benjamín, y
21.5 y dijeron los *h* de Israel: ¿Quién de
21.6 *h* de Israel se arrepintieron a causa de
21.13 envió. . hablar a los *h* de Benjamín que
21.18 los *h* de Israel han jurado diciendo
21.20 a los *h* de Benjamín, diciendo: Id, y
21.23 los *h* de Benjamín lo hicieron así
21.24 los *h* de Israel se fueron también de
Rt. 1.1 fue a morar en. . Moab. . y dos *h* suyos
1.2 nombres de sus *h* eran Mahlón y Quelión
1.3 y murió. . y se quedó ella con sus dos *h*
1.5 quedando así. . desamparada de sus dos *h*
1.11 volveos. . ¿Tengo yo más *h* en el vientre
1.12 estuviere con marido, y. . diese a luz *h*
4.13 Jehová le dio que. . y diese a luz un *h*
4.15 es de más valor para ti que siete *h*
4.16 tomando. . el *h*, lo puso en su regazo, y
4.17 ha nacido un *h* a Noemí. . llamaron Obed
1 S. 1.1 que se llamaba Elcana *h* de Jeroham
1.1 *h* de Eliú, *h* de Tohu, *h* de Zif, efrateo
1.2 y Penina tenía *h*, mas Ana no los tenía
1.3 Silo, donde. . dos *h* de Elí, Ofni y Finees
1.4 daba a. . a todos sus *h* y a todas sus hijas
1.5,6 Jehová no le había concedido tener *h*
1.8 dijo. . ¿No te soy yo mejor que diez *h*?
1.11 que dieres a tu sierva un *h* varón, yo
1.20 Ana dio a luz un *h*, y le puso. . Samuel
2.5 y la que tenía muchos *h* languidece
2.12 los *h* de Elí eran hombres impíos, y no
2.20 Jehová te dé *h* de esta mujer en lugar
2.21 Ana. . concibió, y dio a luz tres *h* y dos
2.22 lo que sus *h* hacían con todo Israel
2.24 no, *h*. . no es buena fama la que yo oigo
2.28 todas las ofrendas de los *h* de Israel
2.29 y has honrado a tus *h* más que a mí
2.34 a tus dos *h*. . ambos morirán en un día
3.6 dijo: *H* mío, yo no he llamado; vuelve y
3.13 porque sus *h* han blasfemado a Dios, y
3.16 *h* mío, Samuel. Y él respondió: Heme aquí
4.4 dos *h* de Elí. . estaban allí con el arca
4.11 el arca de. . y muertos los dos *h* de Elí
4.16 Elí dijo: ¿Qué ha acontecido, *h* mío?
4.17 tus dos *h*. . fueron muertos, y el arca de
4.20 no. . temor, porque has dado a luz un *h*
7.1 el arca. . y santificaron a Eleazar su *h*
7.4 los *h* de Israel quitaron a los baales
7.6 juzgó Samuel a los *h* de Israel en Mizpa
7.7 oyeron los filisteos que los *h* de Israel
7.7 al oir esto los *h* de Israel, tuvieron
7.8 dijeron los *h* de Israel a. . No ceses de
7.10 filisteos llegaron para pelear con los *h*
7.11 y saliendo los *h* de Israel de Mizpa
7.14 fueron restituidas a los *h* de Israel
8.1 Samuel. . puso a sus *h* por jueces sobre
8.2 el nombre de su *h* primogénito fue Joel
8.3 no anduvieron los *h* por los caminos de
8.5 dijeron. . tus *h* no andan en tus caminos
8.11 tomará. . *h*, y los pondrá en sus carros
9.1 se llamaba Cis, *h* de Abiel, *h* de Zeror
9.1 *h* de Becorat, *h* de Afía, *h*. . benjamita
9.2 tenía él un *h* que se llamaba Saúl, joven
9.2 entre los *h* de Israel no había otro más
9.3 dijo Cis a Saúl su *h*: Toma ahora alguno
9.21 Saúl. . dijo: ¿No soy yo *h* de Benjamín
10.2 diciendo: ¿Qué haré acerca de mi *h*?
10.11 ¿qué le ha sucedido al *h* de Cis? ¿Saúl
10.18 dijo a los *h* de Israel: Así ha dicho
10.21 de ella fue tomado Saúl *h* de Cis. Y le
11.8 fueron los *h* de Israel trescientos mil
12.2 pero mis *h* están con vosotros, y yo he
12.12 que Nahas rey de los *h* de Amón venía
13.16 Saúl. . y Jonatán su *h*, y el pueblo que
13.22 Saúl y Jonatán su *h*, que las tenían
14.1 que Jonatán *h* de Saúl dijo a su criado
14.3 Ahías *h* de Ahitob. . *h* de Finees, *h* de Elí
14.18 el arca. . estaba. . con los *h* de Israel
14.39 aunque fuere en Jonatán mi *h*. . morirá
14.40 y yo y Jonatán mi *h* estaremos al otro
14.42 dijo: Echad suertes entre mí y. . mi *h*
14.47 Saúl hizo guerra. . contra los *h* de Amón
14.49 los *h* de Saúl fueron Jonatán, Isúi y
14.50 general. . Abner, *h* de Ner tío de Saúl
14.51 porque Cis. . y Ner. . fueron *h* de Abiel
15.6 misericordia a todos los *h* de Israel
15.6 se apartaron. . de entre los *h* de Amalec
15.33 las mujeres sin *h*. . tu madre será sin *h*
16.1 porque de sus *h* me he provisto de rey
16.5 santificando él a Isaí y a sus *h*, los llamó
16.10 hizo pasar Isaí siete *h* suyos delante
16.11 dijo Samuel. . ¿Son éstos todos tus *h*?
16.18 he visto a un *h* de Isaí de Belén, que
16.19 envíame a David tu *h*, el que está con
16.20 envió a Saúl por medio de David su *h*
17.12 era *h* de. . Isaí, el cual tenía ocho *h*
17.13 los tres *h* mayores de Isaí habían ido
17.13 sus tres *h* que habían ido a la guerra
17.17 y dijo Isaí a David su *h*: Toma ahora
17.53 volvieron los *h* de Israel de seguir tras
17.55 dijo. . Abner, ¿de quién es *h* ese joven?
17.56 dijo: Pregunta de quién es *h* ese joven
17.58 dijo Saúl: Muchacho, ¿de quién eres *h*?
17.58 respondió: Yo soy *h* de tu siervo Isaí
19.1 habló Saúl a Jonatán su *h*, y a todos
19.1 pero Jonatán *h* de Saúl amaba a David en
20.27 Saúl dijo a Jonatán su *h*: ¿Por qué no
20.27 no ha venido a comer el *h* de Isaí hoy
20.30 *h* de la perversa y rebelde, ¿acaso no
20.30 sé yo que tú has elegido al *h* de Isaí
20.31 todo el tiempo que el *h* de Isaí viviere
22.7 *h* de Benjamín: ¿Os dará. . el *h* de Isaí
22.8 mi *h* ha hecho alianza con el *h* de Isaí
22.8 mi *h* ha levantado a mi siervo contra mí
22.9 dijo: Yo vi al *h* de Isaí que vino a Nob
22.9 que vino a Nob, a Ahimelec *h* de Ahitob
22.11 el rey envió por. . Ahimelec *h* de Ahitob
22.12 Saúl le dijo: Oye ahora, *h* de Ahitob
22.13 habéis conspirado. . tú y el *h* de Isaí
22.20 uno de los *h* de Ahimelec *h* de Ahitob
23.6 que cuando Abiatar *h* de Ahimelec huyó
23.16 se levantó Jonatán *h* de Saúl y vino a
24.16 ¿no es esta la voz tuya, *h* mío David
25.8 que des lo que tuvieres. . a tu *h* David
25.10 Nabal. . dijo: ¿Quién es. . el *h* de Isaí?
25.44 había dado a su hija Mical. . a Palti *h*
26.5 donde dormían Saúl y Abner *h* de Ner
26.6 David dijo a. . y a Abisai *h* de Sarvia
26.14 dio voces David al. . y a Abner *h* de Ner
26.17 dijo: ¿No es esta tu voz, *h* mío, David?
26.19 si fueren *h* de hombres, malditos sean
26.21 he pecado; vuélvete, *h* mío David, que
26.25 dijo a David: Bendito eres tú, *h* mío
27.2 se pasó a Aquis *h* de Maoc, rey de Gat
28.19 mañana estaréis conmigo, tú y tus *h*
30.3 y sus *h* e hijas habían sido llevados
30.6 en amargura de alma, cada uno por sus *h*
30.7 dijo David al sacerdote Abiatar *h* de
30.19 así de *h* como de hijas, del robo, y
30.22 daremos. . a cada uno su mujer y sus *h*
31.2 siguiendo. . filisteos a Saúl y a sus *h*
31.2 mataron a Jonatán. . y a Malquisúa, *h* de
31.6 murió. . con sus tres *h*, y su escudero
31.7 que Saúl y sus *h* habían sido muertos
31.8 hallaron a Saúl y a sus tres *h* tendidos
31.12 quitaron el cuerpo de Saúl y. . de sus *h*
2 S. 1.4 también Saúl y Jonatán su *h* murieron
1.5 ¿cómo sabes que han muerto Saúl y su *h*?
1.12 ayunaron. . por Saúl y por Jonatán su *h*
1.13 yo soy *h* de un extranjero, amalecita
1.17 endechó David a Saúl y a Jonatán su *h*
1.18 dijo que debía enseñarse a los *h* de Judá
2.8 pero Abner *h* de Ner. . tomó a Is-boset *h* de
2.10 de cuarenta años era Is-boset *h* de Saúl
2.12 Abner *h* de Ner salió de Mahanaim a
2.12 con los siervos de Is-boset *h* de Saúl
2.13 Joab *h* de Sarvia y los siervos de David
2.15 doce. . de Is-boset *h* de Saúl, y doce de
2.18 estaban allí los tres *h* de Sarvia: Joab
2.25 se juntaron los *h* de Benjamín en pos de
3.2 nacieron *h* de David. . su primogénito fue
3.3 Absalón *h* de Maaca, hija de Talmai rey
3.4 cuarto, Adonías *h* de Haguit; el quinto
3.4 Adonías. . el quinto, Sefatías *h* de Abital
3.14 envió David mensajeros a Is-boset *h* de
3.15 la quitó a su marido Paltiel *h* de Lais
3.23 Abner *h* de Ner ha venido al rey, y él
3.25 conoces a Abner *h* de Ner. No ha venido
3.28 inocente soy. . de la sangre de Abner *h*
3.37 no. . del rey el matar a Abner *h* de Ner
3.39 los *h* de Sarvia son muy duros para mí
4.1 oyó el *h* de Saúl que Abner había sido
4.2 y el *h* de Saúl tenía dos. . capitanes de
4.2 Baana, y. . Recab, *h* de Rimón beerotita
4.2 de los *h* de Benjamín (porque Beerot era
4.4 Jonatán *h* de Saúl tenía un *h* lisiado de
4.5 los *h*, pues, de Rimón. . fueron y entraron
4.8 he aquí la cabeza de Is-boset *h* de Saúl
4.9 David respondió a Recab y a. . *h* de Rimón
5.13 tomó David. . y le nacieron más *h* e hijas
6.3 Uza y. . *h* de Abinadab, guiaban el carro
6.23 Mical hija de Saúl nunca tuvo *h* hasta
7.6 en que saqué a los *h* de Israel de Egipto
7.7 cuanto he andado con. . los *h* de Israel
7.14 le seré a él padre, y él me será a mí *h*
7.14 castigaré. . con azotes de *h* de hombres
8.3 derrotó David a Hadad-ezer *h* de Rehob
8.10 envió Toi a Joram su *h* al rey David
8.12 y del botín de Hadad-ezer *h* de Rehob
8.16 *h* de Sarvia era general de su ejército
8.16 y Josafat *h* de Ahilud era cronista
8.17 *h* de Ahitob y Ahimelec *h* de Abiatar eran
8.18 Benaía *h* de Joiada. . sobre los cereteos
8.18 y los *h* de David eran los príncipes
9.3 aún ha quedado un *h* de Jonatán, lisiado
9.4 aquí, está en casa de Maquir *h* de Amiel
9.5 le trajo de la casa de Maquir *h* de Amiel
9.6 vino Mefi-boset, *h* de Jonatán *h* de Saúl
9.9 que fue de Saúl. . he dado al *h* de tu señor
9.10 le labrarás las tierras, tú con tus *h*
9.10 el *h* de tu señor tenga pan para comer
9.10 Mefi-boset el *h* de tu señor. . a mi mesa
9.10 y tenía Siba quince *h* y veinte siervos
9.11 a mi mesa, como uno de los *h* del rey
9.12 tenía Mefi-boset un *h* pequeño. . Micaía
10.1 murió el rey de los *h* de Amón, y reinó
10.1 murió. . y reinó en lugar suyo Hanún su *h*
10.2 haré misericordia con Hanún *h* de Nahas
10.2 llegados. . a la tierra de los *h* de Amón
10.3 los príncipes de los *h* de Amón dijeron
10.6 viendo los *h* de Amón que se habían hecho
10.6 *h* de Amón y tomaron a sueldo a. . sirios
10.8 saliendo los *h* de Amón, se pusieron en
10.11 si los *h* de Amón pudieren más que tú
10.14 los *h* de Amón, viendo que los sirios
10.14 Joab de luchar contra los *h* de Amón
10.19 temieron ayudar más a los *h* de Amón
11.21 ¿quién hirió a. . *h* de Jerobaal? ¿No echó
11.27 fue ella su mujer, y le dio a luz un *h*
12.3 que había crecido con él y con sus *h*
12.9 mataste con la espada de los *h* de Amón
12.14 *h* que te ha nacido ciertamente morirá
12.24 le dio a luz un *h*, y llamó su nombre
12.26 peleaba contra Rabá de los *h* de Amón
12.31 a todas las ciudades de los *h* de Amón
13.1 teniendo Absalón *h* de David. . hermana
13.1 se enamoró de ella Amnón *h* de David
13.3 un amigo. . Jonadab *h* de Simea, hermano
13.4 *h* del rey, ¿por qué de día en día vas
13.23 convidó Absalón a todos los *h* del rey
13.25 no, *h* mío, no vamos todos, para que
13.27 dejó ir con él. . a todos los *h* del rey
13.29 se levantaron todos los *h* del rey, y
13.30 ha dado muerte a todos los *h* del rey
13.32 Jonadab, *h* de Simea. . habló y dijo: No
13.32 no diga. . han dado muerte a. . *h* del rey
13.33 todos los *h* del rey han sido muertos
13.35 he allí los *h* del rey que vienen; es
13.36 he aquí los *h* del rey que vinieron, y
13.37 Absalón. . y se fue a Talmai *h* de Amiud
13.37 David lloraba por su *h* todos los días
14.1 conociendo Joab *h* de Sarvia que el
14.6 tu sierva tenía dos *h*, y los dos riñeron
14.11 el vengador de la. . no destruya a mi *h*
14.11 no caerá ni un cabello de la. . de tu *h*
14.16 que me quiere destruir a mí y a mi *h*
14.27 nacieron a Absalón tres *h*, y una hija
15.27 vuelve. . y con vosotros vuestros dos *h*
15.27 Ahimaas tu *h*, y Jonatán *h* de Abiatar
15.36 están con ellos sus dos *h*, Ahimaas el
16.3 y dijo. . ¿Dónde está el *h* de tu señor?
16.5 salía uno. . se llamaba Simei, *h* de Gera
16.8 ha entregado el reino en mano de tu *h*
16.9 Abisai *h* de Sarvia dijo al rey: ¿Por qué
16.10 tengo yo con vosotros, *h* de Sarvia?
16.11 mi *h* que ha salido de. . acecha mi vida
16.11 ¿cuánto más ahora un *h* de Benjamín?
16.19 ¿no es a su *h*? Como he servido delante
17.25 Amasa era *h* de un varón de Israel. . Itra
17.27 Sobi *h* de Nahas, de Rabá de los *h* de
17.27 Sobi. . Maquir *h* de Amiel, de Lodebar
18.2 bajo el mando de Abisai *h* de Sarvia
18.12 extendería mi mano contra el *h* del rey
18.18 no tengo *h* que conserve. . mi nombre
18.19 Ahimaas *h* de Sadoc dijo: ¿Correré ahora
18.20 nueva, porque el *h* del rey ha muerto
18.22 Ahimaas *h* de Sadoc volvió a decir a
18.22 *h* mío, ¿para qué has de correr tú, si
18.27 como el correr de Ahimaas *h* de Sadoc
18.33 decía. . ¡*h* mío Absalón, *h* mío, *h* mío
18.33 que muriera yo. . Absalón, *h* mío, *h* mío!
19.2 oyó. . que el rey tenía dolor por su *h*
19.4 *h* mío Absalón, Absalón, *h* mío, *h* mío!
19.5 han librado tu vida, y la vida de tus *h*
19.16 y Simei *h* de Gera, *h* de Benjamín, que
19.17 venían. . Siba. . con sus quince *h* y sus
19.18 Simei *h* de Gera se postró delante del
19.21 respondió Abisai *h* de Sarvia y dijo
19.22 qué tengo yo con vosotros, *h* de Sarvia
19.24 también Mefi-boset *h* de Saúl descendió
20.1 se llamaba Seba *h* de Bicri, hombre de
20.1 no tenemos. . heredad con el *h* de Isaí
20.2 a David, siguiendo a Seba *h* de Bicri
20.6 Seba *h* de Bicri nos hará ahora. . daño
20.7 salieron. . para ir tras Seba *h* de Bicri
20.10 fueron en persecución de Seba *h* de
20.13 pasaron. . para ir tras Seba *h* de Bicri
20.21 Seba *h* de Bicri, ha levantado su mano
20.22 cortaron la cabeza a Seba *h* de Bicri
20.23 Benaía *h* de Joiada sobre los cereteos
20.24 y Josafat *h* de Ahilud era el cronista
21.2 gabaonitas no eran de los *h* de Israel
21.2 los cuales los *h* de Israel habían hecho
21.2 matarlos en su celo por los *h* de Israel
21.6 dénsenos siete varones de sus *h*, para
21.7 perdonó el rey. . *h* de Jonatán, *h* de Saúl
21.7 el juramento. . entre David y Jonatán *h* de
21.8 pero tomó el rey a dos *h* de Rizpa hija
21.8 y a 5 *h* de Mical hija de Saúl, los cuales
21.8 ella había tenido de Adriel *h* de Barzilai
21.12 fue y tomó. . los huesos de Jonatán su *h*
21.13 hizo llevar. . los huesos de Jonatán su *h*

HIJO ***(Continúa)***

2 S. 21.14 sepultaron los. .de Saúl y los de su *h*
21.17 Abisai *h* de Sarvia llegó en su ayuda
21.19 Elhanán, *h* de Jaare-oregim de Belén
21.21 lo mató Jonatán, *h* de Simea hermano de
22.45 los *h* de extraños se someterán a mí
23.1 dijo David *h* de Isaí, dijo aquel varón
23.9 Eleazar *h* de Dodo, ahohita, uno de los
23.11 después de. .fue Sama *h* de Age, ararita
23.18 Abisai hermano de Joab, *h* de Sarvia
23.20 después, Benaía *h* de Joiada, *h* de un
23.22 esto hizo Benaía *h* de Joiada, y ganó
23.24 Asael. .Elhanán *h* de Dodo de Belén
23.26 Heles paltita, Ira *h* de Iques, tecoíta
23.29 Heleb *h* de Baana, netofatita, Itai *h*
23.29 Ribai, de Gabaa de los *h* de Benjamín
23.32 Eliaba saalbonita, Jonatán de los *h*
23.33 ararita, Ahíam *h* de Sarar, ararita
23.34 Elifelet *h* de Ahasbai, *h* de Maaca
23.34 Eliam *h* de Ahitofel, gilonita
23.36 Igal *h* de Natán, de Soba, Bani gadita
23.37 Naharai. .escudero de Joab *h* de Sarvia
1 R. 1.5 Adonías *h* de Haguit se rebeló, diciendo
1.7 puesto de acuerdo con Joab *h* de Sarvia
1.8 Benaía *h* de Joiada, y el profeta Natán
1.9 convidó a todos sus. .los *h* del rey, y a
1.11 has oído que reina Adonías *h* de Haguit
1.12 conserves tu vida, y la de tu *h* Salomón
1.13,17 Salomón tu *h* reinará después de mí
1.19,25 ha convidado a todos los *h* del rey
1.21 yo y mi *h* Salomón seremos tenidos por
1.26 ni a Benaía *h* de Joiada, ni a Salomón
1.30 tu *h* Salomón reinará después de mí, y
1.32 profeta Natán, y a Benaía *h* de Joiada
1.33 y montad a Salomón mi *h* en mi mula
1.36 Benaía *h* de Joiada respondió al rey y
1.38 y descendieron. .Benaía *h* de Joiada, y
1.42 vino Jonatán *h* del sacerdote Abiatar
1.44 el rey ha enviado. .a Benaía *h* de Joiada
2.1 David. .ordenó a Salomón su *h*, diciendo
2.4 si tus *h* guardaren mi camino, andando
2.5 que me ha hecho Joab *h* de Sarvia, lo
2.5 a Abner *h* de Ner y a Amasa *h* de Jeter
2.7 a los *h* de Barzilai. .harás misericordia
2.8 tienes contigo a Simei *h* de Gera, *h* de
2.13 Adonías *h* de Haguit vino a Betsabé
2.22 y ya tiene también. .a Joab *h* de Sarvia
2.25 envió por mano de Benaía *h* de Joiada
2.29 entonces envió Salomón a Benaía *h* de
2.32 mató a. .a Abner *h* de Ner. .a Amasa *h* de
2.34 Benaía *h* de Joiada subió y arremetió
2.35 rey puso. .a Benaía *h* de Joiada sobre el
2.39 dos siervos. .huyeron a Aquis *h* de Maaca
2.46 Benaía *h* de Joiada. .salió y lo hirió
3.6 que le diste *h* que se sentase en su trono
3.19 y una noche el *h* de esta mujer murió
3.20 tomó a mi *h* de junto a mí, estando yo
3.20 su lado, y puso al lado mío su *h* muerto
3.21 yo me levanté. .para dar el pecho a mi *h*
3.21 pero lo observé. .y vi que no era mi *h*
3.22,23 mi *h* es el que vive, y tu *h* es el
3.22,23 tu *h* es el muerto, y mi *h* es el que
3.26 la mujer de quien era el *h* vivo, habló
3.26 sus entrañas se le conmovieron por su *h*
3.27 respondió. .Dad a aquélla el *h* vivo, y
4.2 los jefes. .Azarías *h* del sacerdote Sadoc
4.3 Elihoref y Ahías, *h* de Sisa, secretarios
4.3 y Ahías. .Josafat *h* de Ahilud, canciller
4.4 Benaía *h* de Joiada sobre el ejército
4.5 Azarías *h* de. .sobre los gobernadores
4.5 Zabud *h* de Natán, ministro principal y
4.6 y Adoniram *h* de Abda, sobre el tributo
4.8 son. .el *h* de Hur en el monte de Efraín
4.9 el *h* de Decar en Macaz, en Saalbim, en
4.10 el *h* de Hesed en Arubot; éste tenía por
4.11 el *h* de Abinadab en. .territorios de Dor
4.12 Baana *h* de Ahilud en Taanac y Meguido
4.13 el *h* de Geber en Ramot de Galaad; éste
4.13 tenía. .ciudades de Jair *h* de Manasés
4.14 Ahinadab *h* de Iddo en Mahanaim
4.16 Baana *h* de Husai, en Aser y en Alot
4.17 Josafat *h* de Parúa, en Isacar
4.18 Simei *h* de Ela, en Benjamín
4.19 Geber *h* de Uri, en la tierra de Galaad
4.31 fue más sabio que. .Darda, *h* de Mahol
5.5 tu *h*. .él edificará casa a mi nombre
5.7 bendito sea hoy. .que dio *h* sabio a David
6.1 después que los *h* de Israel salieron de
6.13 habitaré. .en medio de los *h* de Israel
7.14 *h* de una viuda de la tribu de Neftalí
8.1 a los principales de. .de los *h* de Israel
8.9 Jehová hizo pacto con los *h* de Israel
8.19 tú no edificarás la casa, sino tu *h* que
8.25 con tal que tus *h* guarden mi camino y
8.39 conoces el corazón de todos los *h* de
8.63 dedicaron. .todos los de Israel la casa
9.6 apartareis de mí vosotros y vuestros *h*
9.20 todos. .que no eran de los *h* de Israel
9.21 *h* que quedaron en la tierra después de
9.21 que los *h* de Israel no pudieron acabar
9.22 mas a ninguno de los *h* de Israel impuso
11.2 Jehová había dicho a los *h* de Israel
11.7 a Moloc, ídolo abominable de los *h* de
11.12 padre; lo romperé de la mano de tu *h*
11.13 una tribu a tu *h*, por amor a David mi
11.20 le dio a luz su *h* Genubat, al cual
11.20 estaba Genubat. .entre los *h* de Faraón
11.23 contra Salomón a Rezón *h* de Eliada
11.26 también Jeroboam *h* de Nabat, efrateo
11.33 Moloc dios de los *h* de Amón; y no han
11.35 quitaré el reino de la mano de su *h*
11.36 y a su *h* daré una tribu, para que mi
11.43 durmió. .y reinó en su lugar Roboam su *h*
12.2 que cuando lo oyó Jeroboam *h* de Nabat
12.15 había hablado. .a Jeroboam *h* de Nabat
12.16 no tenemos heredad en el *h* de Isaí
12.17 reinó Roboam sobre los *h* de Israel que
12.21 volver el reino a Roboam *h* de Salomón
12.23 habla a Roboam *h* de Salomón, rey de
12.24 no vayáis, ni peleéis. .los *h* de Israel
12.31 sacerdotes. .no eran de los *h* de Leví
12.33 hizo fiesta a los *h* de Israel, y subió
13.2 a la casa de David nacerá un *h*. .Josías
13.11 al cual vino su *h* y le contó todo lo
13.12 sus *h* le mostraron el camino por donde
13.13 él dijo a sus *h*: Ensilladme el asno
13.27 y habló a sus *h*, y. .Ensilladme un asno
13.31 habló a. .*h*, diciendo: Cuando yo muera
14.1 en. .Abías *h* de Jeroboam cayó enfermo
14.5 consultarte por su *h*, que está enfermo
14.20 padres, reinó en su lugar Nadab su *h*
14.21 Roboam *h* de Salomón reinó en Judá. De
14.24 Jehová había echado delante de los *h*
14.31 Roboam. .reinó en su lugar Abiam su *h*
15.1 el año 18 del rey Jeroboam *h* de Nabat
15.4 David. .levantando a su *h* después de él
15.8 y durmió. .y reinó Asa su *h* en su lugar
15.18 a Ben-adad *h* de Tabrimón, *h* de Hezión
15.24 Asa. .y reinó en su lugar Josafat su *h*
15.25 Nadab *h* de Jeroboam comenzó a reinar
15.27 Baasa *h* de Ahías. .conspiró contra él
15.33 comenzó a reinar Baasa *h* de Ahías sobre
16.1 palabra de Jehová a Jehú *h* de Hanani
16.3 su casa como la. .de Jeroboam *h* de Nabat
16.6 durmió. .y reinó en su lugar Ela su *h*
16.7 pero la palabra. .por el profeta Jehú *h*
16.8 comenzó a reinar Ela *h* de Baasa sobre
16.13 los pecados de Baasa y. .de Ela su *h*
16.21 la mitad del pueblo seguía a Tibni *h*
16.22 que el que seguía a Tibni *h* de Ginat
16.26 en. .los caminos de Jeroboam *h* de Nabat
16.28 Omri. .y reinó en lugar suyo Acab su *h*
16.29 comenzó a reinar Acab *h* de Omri sobre
16.30 reinó Acab *h* de Omri sobre Israel en
16.30 Acab *h* de Omri hizo lo malo ante los
16.31 en los pecados de Jeroboam *h* de Nabat
16.34 a precio de. .Segub su *h* menor puso sus
16.34 que Jehová había hablado por Josué *h*
17.12 prepararlo para mí y para mi *h*, para
17.13 y después harás para ti y para tu *h*
17.17 cayó enfermo el *h* del ama de la casa
17.18 ¿has venido. .para hacer morir a mi *h*?
17.19 le dijo: Dame acá tu *h*. Entonces él lo
17.20 has afligido, haciéndole morir su *h*?
17.23 dio. .y le dijo Elías: Mira, tu *h* vive
18.20 Acab convocó a todos los *h* de Israel
18.31 número de las tribus de los *h* de Jacob
19.10,14 los *h* de Israel han dejado tu pacto
19.16 Jehú *h* de Nimsi ungirás por rey sobre
19.16 y a Eliseo *h* de Safat, de Abel-mehola
19.19 halló a Eliseo *h* de Safat, que araba
20.3 y tus mujeres y tus *h* hermosos son míos
20.5 tu oro, y tus mujeres y tus *h* me darás
20.7 ha enviado a. .por mis mujeres y mis *h*
20.15 pasó revista a. .todos los *h* de Israel
20.27 los *h* de Israel fueron. .inspeccionados
20.27 acamparon los *h* de Israel delante de
20.29 los *h* de Israel mataron de los sirios
20.35 varón de los *h* de los profetas dijo a
21.22 tu casa como la. .de Jeroboam *h* de Nabat
21.22 como la casa de Baasa *h* de Ahías, por
21.26 lanzó. .de delante de los *h* de Israel
21.29 los días de su *h* traeré el mal sobre
22.8 un varón por el cual. .Micaías *h* de Imla
22.9 dijo: Trae pronto a Micaías *h* de Imla
22.11 Sedequías *h* de Quenaana se había hecho
22.24 acercó Sedequías *h* de Quenaana y golpeó
22.26 a Micaías y llévalo. .a Joás *h* del rey
22.40 Acab. .y reinó en su lugar Ocozías su *h*
22.41 Josafat *h* de Asa comenzó a reinar sobre
22.49 Ocozías *h* de Acab dijo a Josafat: Vayan
22.50 durmió. .y en su lugar reinó Joram su *h*
22.51 Ocozías *h* de Acab comenzó a reinar
22.52 y en el camino de Jeroboam *h* de Nabat
2 R. 1.17 el segundo año de Joram *h* de Josafat
1.17 reinó en su lugar. .Ocozías no tenía *h*
2.3 saliendo a Eliseo los *h* de los profetas
2.5 acercaron a Eliseo los *h* de los profetas
2.7 vinieron 50. .de los *h* de los profetas
2.15 viéndole. .*h* de los profetas que estaban
3.1 Joram *h* de. .comenzó a reinar en Samaria
3.3 se entregó a los pecados de Jeroboam *h*
3.11 Eliseo *h* de Safat, que servía a Elías
4.1 de las mujeres de los *h* de los profetas
4.1 ha venido el acreedor para tomarse dos *h*
4.4 entra luego, y enciérrate tú y tus *h*
4.5 y cerró la. .encerrándose ella y sus *h*
4.6 a un *h* suyo: Tráeme aún otras vasijas
4.7 paga. .tú y tus *h* vivid de lo que quede
4.14 ella no tiene *h*, y su marido es viejo
4.16 dijo. .por este tiempo, abrazarás un *h*
4.17 la mujer concibió, y dio a luz un *h*
4.26 ¿te. .¿Le va bien a tu marido, y a tu *h*?
4.28 ella dijo: ¿Pedí yo *h* a mi señor? ¿No
4.36 y entrando ella, él le dijo: Toma tu *h*
4.37 entró. .y después tomó a su *h*, y salió
4.38 y los *h* de los profetas estaban con él
4.38 haz potaje para los *h* de los profetas
5.22 vinieron. .dos jóvenes de los *h* de los
6.1 los *h* de los profetas dijeron a Eliseo
6.28 me dijo: Da acá tu *h*, y comámoslo hoy
6.29 cocimos, pues, a mi *h*, y lo comimos
6.29 da acá tu *h*. .ella ha escondido a su *h*
6.31 si la cabeza de Eliseo *h* de Safar queda
6.32 visto cómo este *h* de homicida envía a
8.1,5 mujer a cuyo *h* él había hecho vivir
8.5 dijo. .esta es la mujer, y este es su *h*
8.9 tu *h* Ben-adad rey. .me ha enviado a ti
8.12 sé el mal que harás a los *h* de Israel
8.16 el quinto año de Joram *h* de Acab, rey
8.16 comenzó a reinar Joram *h* de Josafat, rey
8.19 darle lámpara. .y a sus *h* perpetuamente
8.24 y reinó en lugar suyo Ocozías, su *h*
8.25 en el año doce de Joram *h* de Acab, rey
8.25 comenzó a reinar Ocozías *h* de Joram
8.28 fue a la guerra con Joram *h* de Acab a
8.29 y descendió Ocozías *h* de Joram rey de
8.29 descendió. .a visitar a Joram *h* de Acab
9.1 profeta Eliseo llamó a uno de los *h* de
9.2 allá, verás allí a Jehú *h* de Josafat *h* de
9.9 Acab como la casa de Jeroboam *h* de Nabat
9.9 pondré. .como la casa de Baasa *h* de Ahías
9.14 así conspiró Jehú *h* de Josafat, *h* de
9.20 es como el marchar de Jehú *h* de Nimsi
9.26 sangre de Nabot, y la sangre de sus *h*
9.29 en el undécimo año de Joram *h* de Acab
10.1 tenía Acab en Samaria setenta *h*; y Jehú
10.2 los que tenéis a los *h* de vuestro señor
10.3 al más recto de los *h* de vuestro señor
10.6 tomad las cabezas de los *h* varones de
10.6 *h* del rey. .estaban con los principales
10.7 tomaron a los *h* del rey, y degollaron
10.8 han traído las cabezas del los *h* del rey
10.13 a saludar a los *h* del rey, y a los *h*
10.15 allí, se encontró con Jonadab *h* de Recab
10.23 entró Jehú con Jonadab *h* de Recab en
10.29 de los pecados de Jeroboam *h* de Nabat
10.30 tus *h* se sentarán sobre el trono de
10.35 Jehú. .reinó en su lugar Joacaz su *h*
11.1 Atalía madre. .vio que su *h* era muerto
11.2 a Joás *h*. .sacó. .de entre los *h* del rey
11.4 los metió. .y les mostró el *h* del rey
11.12 sacando luego Joiada al *h* del rey, le
12.21 Josacar *h*. .y Jozabad *h* de. .le hirieron
12.21 murió. .reinó en su lugar Amasías su *h*
13.1 en el año 23 de Joás *h* de Ocozías rey
13.1 comenzó a reinar Joacaz *h* de Jehú sobre
13.2,11 los pecados de Jeroboam *h* de Nabat
13.3 entregó. .mano de Ben-adad *h* de Hazael
13.5 habitaron. .*h* de Israel en sus tiendas
13.9 durmió. .y reinó en su lugar Joás su *h*
13.10 comenzó a reinar Joás *h* de Joacaz sobre
13.24 rey. .y reinó en su lugar Ben-adad su *h*
13.25 y volvió Joás *h* de Joacaz y tomó de
13.25 de Ben-adad *h* de Hazael las ciudades
14.1 en el año segundo de Joás *h* de Joacaz
14.1 comenzó a reinar Amasías *h* de Joás rey
14.6 no mató a los *h* de los que le dieron
14.6 no matarán a los padres por los *h*, ni
14.6 los *h* por los padres, sino que cada uno
14.8 a Joás *h* de Joacaz, *h* de Jehú, rey de
14.9 a decir. .Da tu hija por mujer a mi *h*
14.13 a Amasías rey. .*h* de Joás, *h* de Ocozías
14.14 y a los *h* tomó en rehenes, y volvió a
14.16 Joás. .reinó en su lugar Jeroboam su *h*
14.17 Amasías *h* de Joás. .vivió después de la
14.23 el año quince de Amasías *h* de Joás rey
14.23 comenzó a reinar Jeroboam *h* de Joás
14.24 los pecados de Jeroboam *h* de Nabat, el
14.25 había hablado por. .Jonás *h* de Amitai
14.27 salvó por mano de Jeroboam *h* de Joás
14.29 durmió. .reinó en su lugar Zacarías su *h*
15.1 comenzó a reinar Azarías *h* de Amasías
15.5 y Jotam *h* del rey tenía el cargo del
15.7 durmió. .y reinó en su lugar Jotam su *h*
15.8 año 38. .reinó Zacarías *h* de Jeroboam
15.9,18,24,28 los pecados de Jeroboam *h* de
15.10 contra él conspiró Salum *h* de Jabes, y
15.12 tus *h*. .sentarán en el trono de Israel
15.13 Salum *h* de Jabes comenzó a reinar en
15.14 Manahem *h* de Gadi subió de Tirsa y vino
15.14 e hirió a Salum *h* de Jabes en Samaria
15.17 en el año 39. .reinó Manahem *h* de Gadi
15.22 durmió. .reinó en su lugar Pekaía su *h*
15.23 el año 50. .reinó Pekaía *h* de Manahem
15.25 conspiró contra él Peka *h* de Remalías
15.25 y de 50 hombres de los *h*. .galaaditas
15.27 en el año 52. .reinó Peka *h* de Remalías
15.30 Oseas *h* de Ela conspiró contra Peka *h*
15.30 a los veinte años de Jotam *h* de Uzías
15.32 el segundo año de Peka *h* de Remalías

HIJO *(Continúa)*

2 R. 15.32 a reinar Jotam *h* de Uzías rey de Judá
15.37 a enviar contra Judá a. . y a Peka *h* de
15.38 durmió. . y reinó en su lugar Acaz su *h*
16.1 año 17 de Peka *h* de Remalías, comenzó a
16.1 a reinar Acaz *h* de Jotam rey de Judá
16.3 aun hizo pasar por fuego a su *h*, según
16.3 que Jehová echó de delante de los *h* de
16.5 Rezín rey de Siria y Peka *h*. . subieron
16.7 diciendo: Yo soy tu siervo y tu *h*; sube
16.20 Acaz. . reinó en su lugar su *h* Ezequías
17.1 el año. . comenzó a reinar Oseas *h* de Ela
17.7 los *h* de Israel pecaron contra Jehová
17.8 lanzado de delante de los *h* de Israel
17.9 *h* de Israel hicieron. . cosas no rectas
17.17 pasar a sus *h* y a sus hijas por fuego
17.21 ellos hicieron rey a Jeroboam *h* de Nabat
17.22 los *h* de Israel anduvieron en. . pecados
17.24 puso en. . en lugar de los *h* de Israel
17.31 los de Sefarvaim quemaban sus *h* en el
17.34 que prescribió Jehová a los *h* de Jacob
17.41 y también sus *h*. . así hacen hasta hoy
18.1 el tercer año de Oseas *h* de Ela, rey de
18.1 comenzó a reinar Ezequías *h* de Acaz rey
18.4 le quemaban incienso los *h* de Israel
18.9 que era el año séptimo de Oseas *h* de Ela
18.18 y salió a ellos Eliaquim *h* de Hilcías
18.18 mayordomo, y Sebna escriba, y Joa *h* de
18.26,37 Eliquim *h* de Hilcías, y Sebna
18.37 y Joa *h* de Asaf, canciller, vinieron a
19.2 y envió a. . al profeta Isaías *h* de Amoz
19.3 los *h* están a punto de nacer, y la que
19.12 los *h* de Edén que estaban en Telasar?
19.20 Isaías *h* de Amoz envió a. . a Ezequías
19.37 sus *h* lo hirieron a espada, y huyeron
19.37 y reinó en su lugar Esar-hadón su *h*
20.1 vino a él el profeta Isaías *h* de Amoz
20.18 de tus *h* que saldrán de ti, que habrás
20.21 durmió Ezequías. . y reinó. . Manasés su *h*
21.2 Jehová había echado de delante de los *h*
21.6 y pasó a su *h* por fuego, y se dio a
21.7 había dicho a David y a Salomón su *h*
21.9 que Jehová destruyó delante de los *h* de
21.18 durmió Manasés. . y reinó en. . Amón su *h*
21.24 y puso. . rey en su lugar a Josías su *h*
21.26 fue sepultado en. . y reinó. . Josías su *h*
22.3 envió el rey a Safán *h* de Azalía, *h* de
22.12 el rey dio orden. . a Ahicam *h* de Safán
22.12 a Acbor *h* de Micaías, al escriba Safán
22.14 Hulda, mujer de Salum *h* de Ticva, *h* de
23.6 polvo sobre los sepulcros de los *h* del
23.10 profanó a Tofet. . en el valle del *h* de
23.10 para que ninguno pasase su *h*. . por fuego
23.13 a Milcom ídolo abominable de los *h* de
23.15 lugar alto que había hecho Jeroboam *h*
23.30 tomó a Joacaz *h* de Josías. . por rey en
23.34 puso por rey a Eliaquim *h* de Josías, en
24.6 Joacim. . reinó en su lugar Joaquín su *h*
25.7 degollaron a los *h* de Sedequías en
25.22 gobernador a Gedalías *h* de Ahicam, *h*
25.23 vinieron a él en. . Ismael *h* de Netanías
25.23 vinieron a. . Mizpa. . Johanán *h* de Carea
25.23 Seraías *h* de Tanhumet. . y Jaazanías *h* de
25.25 Ismael *h* de Netanías, *h* de Elisama, de
1 Cr. 1.5 los *h* de Jafet: Gomer, Magog, Madai
1.6 los *h* de Gomer: Askenaz, Rifat y Togarma
1.7 los *h* de Javán: Elisa, Tarsis, Quitim
1.8 *h* de Cam: Cus, Mizraim, Fut y Canaán
1.9 los *h* de Cus: Seba, Havila, Sabta, Raama
1.9 y los *h* de Raama: Seba y Dedán
1.17 los *h* de Sem: Elam, Asur, Arfaxad, Lud
1.19 a Heber nacieron dos *h*; el nombre del
1.23 Ofir, Havila y Jobab; todos *h* de Joctán
1.28 los *h* de Abraham: Isaac e Ismael
1.31 Jetur, Nafis y Cedema. . los *h* de Ismael
1.32 y Súa. Los *h* de Jocsán: Seba y Dedán
1.33 *h* de Madián: Efa, Efer, Hanoc, Abida
1.33 Elda; todos éstos fueron *h* de Cetura
1.34 y los *h* de Isaac fueron Esaú e Israel
1.35 *h* de Esaú: Elifaz, Reuel, Jeús, Jaalam
1.36 *h* de Elifaz: Temán, Omar, Zefo, Gatam
1.37 *h* de Reuel: Nahat, Zera, Sama y Miza
1.38 los *h* de Seir: Lotán, Sobal, Zibeón, Aná
1.39 *h* de Lotán: Hori y Homam; y Timna fue
1.40 *h* de Sobal: Alván, Manahat, Ebal, Sefo
1.40 Sefo y Onam. Los *h* de Zibeón: Aja y Aná
1.41 Disón fue *h* de Aná; y los *h* de Disón
1.42 *h* de Ezer. . los *h* de Disán: Uz y Arán
1.43 que reinase rey sobre los *h* de Israel
1.43 en la tierra de Edom. . Bela *h* de Beor
1.44 muerto Bela, reinó en. . Jobab *h* de Zera
1.46 reinó en su lugar Hadad *h* de Bedad, el
1.49 reinó en su lugar Baal-hanán *h* de Acbor
2.1 son los *h* de Israel: Rubén, Simeón, Leví
2.3 los *h* de Judá: Er, Onán y Sela. Estos 3
2.4 Zera. Todos los *h* de Judá fueron cinco
2.5 los *h* de Fares: Hezrón y Hamul
2.6 *h* de Zera: Zimri, Etán, Hemán, Calcol
2.7 *h* de Carmi fue Acán, el que perturbó a
2.8 Azarías fue *h* de Etán
2.9 *h* que nacieron a Hezrón: Jerameel, Ram
2.10 engendró a Naasón, príncipe de los *h* de
2.16 *h* de Sarvia fueron tres: Abisai, Joab
2.18 Caleb *h* de Hezrón engendró a Jeriot de
2.18 *h* de ella fueron Jeser, Sobab y Ardón
2.23 todos éstos fueron de los *h* de Maquir
2.25 los *h* de Jerameel. . fueron Ram. . Orén
2.27 *h* de Ram. . fueron Maaz, Jamín y Equer
2.28 los *h* de Onam. . los *h* de Samai: Nadab
2.30 *h* de Nadab: Seled. Y Seled murió sin *h*
2.31 fue *h* de Apaim, y Sesán *h* de Isi, e *h* de
2.32 *h* de Jada. . Jeter. . Y murió Jeter sin *h*
2.33 *h* de Jonatán. . fueron los *h* de Jerameel
2.34 Sesán no tuvo *h*, sino hijas; pero tenía
2.42 *h* de Caleb hermano de Jerameel fueron
2.42 Zif; y los *h* de Maresa padre de Hebrón
2.43 los *h* de Hebrón: Coré, Tapúa, Requem y
2.45 Maón fue *h* de Samai, y Maón padre de
2.47 los *h* de Jahdai: Regem, Jotam, Gesam
2.50 estos fueron. . *h* de Caleb. Los *h* de Hur
2.52 los *h* de Sobal padre de. . fueron Haroe
2.54 los *h* de Salma: Belén, y los netofatitas
3.1 los *h* de David que le nacieron en Hebrón
3.2 Absalón *h* de Maaca, hija de Talmai rey
3.2 de Gesur; el cuarto, Adonías *h* de Haguit
3.5 y Salomón *h* de Bet-súa hija de Amiel
3.9 *h* de David, sin los *h* de las concubinas
3.10 *h* de Salomón fue Roboam, cuyo *h*. . Abías
3.10 Abías, del cual fue *h* Asa, cuyo *h* fue
3.11 de quien fue *h* Joram, cuyo *h* fue
3.11 fue Ocozías, *h* del cual fue Joás
3.12 del cual fue *h* Amasías, cuyo *h* fue
3.12 fue Azarías, e *h* de éste, Jotam
3.13 *h* de éste fue Acaz, del que fue *h*
3.13 fue. . Ezequías, cuyo *h* fue Manasés
3.14 del cual fue *h* Amón, cuyo *h* fue Josías
3.15 los *h* de Josías: Johanán. . Joacim. . Salum
3.16 *h* de Joacim: Jeconías su *h*, *h* del cual
3.17 y los *h* de Jeconías: Asir, Salatiel
3.19 los *h* de Pedaías. . Y los *h* de Zorobabel
3.21 *h* de Hananías. . Jesaías; su *h*, Refaías
3.21 *h*, Arnán; su *h*, Abdías; su *h*, Secanías
3.22 *h* de Secanías fue Semaías; y los *h* de
3.23 *h* de Nearías fueron estos 3: Elioenai
3.24 *h* de Elioenai fueron estos 7: Hodavías
4.1 los *h* de Judá: Fares, Hezrón, Carmi, Hur
4.2 Reaía *h* de Sobal engendró a Jahat, y
4.4 éstos fueron los *h* de Hur. . de Efrata
4.6 Ahastari. Estos fueron los *h* de Naara
4.7 los *h* de Hela: Zeret, Jezoar y Etnán
4.8 Anub. . y la familia de Aharhel *h* de Harum
4.13 *h* de Cenaz: Otoniel. . los *h* de Otoniel
4.15 los *h* de Caleb *h* de Jefone. . e *h* de Ela
4.16 los *h* de Jehalelel: Zif, Zifa, Tirías
4.17 los *h* de Esdras: Jeter, Mered, Efer y
4.18 fueron los *h* de Bitia hija de Faraón
4.19 los *h* de la mujer de Hodías, hermana de
4.20 *h* de Simón: Amnón. . los *h* de Isi: Zohet
4.21 *h* de Sela *h* de Judá: Er padre de Leca
4.24 los *h* de Simeón: Nemuel, Jamín, Jarib
4.25 Salum su *h*, Mibsam su *h* y Misma su *h*
4.26 los *h* de Misma: Hamuel su *h*, Zacur
4.26 de Misma. . Zacur su *h*, y Simei su *h*
4.27 los *h* de Simei fueron 16, y seis hijas
4.27 pero sus hermanos no tuvieron muchos *h*
4.27 ni multiplicaron. . como los *h* de Judá
4.34 Mesobab, Jamlec, Josías *h* de Amasías
4.35 Jehú *h* de Josibías, *h* de Seraías, *h* de
4.37 y Ziza *h* de Sifi, *h* de Alón, *h* de
4.37 Jedaías, *h* de Simri, *h* de Semaías
4.42 hombres de ellos, de los *h* de Simeón
4.42 capitanes a. . Refaías y Uziel, *h* de Isi
5.1 los *h* de Rubén primogénito de Israel
5.1 dados a los *h* de José, *h* de Israel, y no
5.3 los *h* de Rubén. . Hanoc, Falú, Hezrón y
5.4 los *h* de Joel: Semaías su *h*, Gog su
5.4 de Joel. . Gog su *h*, Simei su *h*
5.5 Micaía su *h*, Reaía su *h*, Baal su *h*
5.6 Beera su *h*, el cual fue transportado por
5.8 y Bela *h* de Azaz, *h* de Sema, *h* de Joel
5.11 y los *h* de Gad habitaron enfrente de
5.14 estos fueron los *h* de Abihail *h* de Huri
5.14 *h* de Jaroa, *h* de Galaad, *h* de Micael
5.14 *h* de Jesisai, *h* de Jahdo, *h* de Buz
5.15 también Ahí *h* de Abdiel, *h* de Guni, fue
5.18 *h* de Rubén y de Gad, y la media tribu
5.23 los *h* de la media tribu de Manasés
6.1,16 los *h* de Leví: Gersón, Coat y Merari
6.2,18 *h* de Coat: Amram, Izhar, Hebrón
6.3 los *h* de Amram: Aarón, Moisés y María
6.3 los *h* de Aarón: Nadab, Abiú, Eleazar e
6.17 los nombres de los *h* de Gersón: Libni
6.19 los *h* de Merari: Mahli y Musi. Estas
6.20 Libni su *h*, Jahat su *h*, Zima su *h*
6.21 *h*, Iddo su *h*, Zera su *h*, Jeatrai su *h*
6.22 los *h* de Coat: Aminadab su *h*
6.22 de Coat. . Coré su *h*, Asir su *h*
6.23 Elcana su *h*, Ebiasaf su *h*, Asir su *h*
6.24 Tahat su *h*, Uriel su *h*
6.24 Uzías su *h*, y Saúl su *h*
6.25 los *h* de Elcana: Amasai y Ahimot
6.26 Elcana su *h*, Zofai su *h*, Nahat su *h*
6.27 Eliab su *h*, Jeroham su *h*, Elcana su *h*
6.28 los *h* de Samuel: El primogénito Vasni
6.29 los *h* de Merari: Mahli, Libni
6.29 Libni su *h*, Simei su *h*, Uza su *h*
6.30 Simea su *h*, Haguía su *h*, Asaías su *h*
6.33 éstos, pues, con sus *h*, ayudaban: de
6.33 los *h* de Coat. . Hemán *h* de Joel, *h* de
6.34 *h* de Elcana, *h* de. . *h* de Eliel, *h* de Toa
6.35 *h* de Zuf, *h* de Elcana, *h* de Mahat, *h* de
6.36 *h* de Elcana, *h* de Joel, *h* de Azarías
6.36 de Elcana. . *h* de Azarías, *h* de Sofonías
6.37 *h* de Tahat, *h* de Asir, *h* de. . *h* de Coré
6.38 *h* de Izhar, *h* de Coat, *h* de Leví
6.38 de Izhar. . Leví, *h* de Israel
6.39 Asaf, *h* de Berequías, *h* de Simea
6.40 *h* de Micael, *h* de Baasías, *h* de Malquías
6.41 *h* de Etni, *h* de Zera, *h* de Adaía
6.42 *h* de Etán, *h* de Zima, *h* de Simei
6.43 *h* de Jahat, *h* de Gersón, *h* de Leví
6.44 a la mano izquierda. . los *h* de Merari
6.44 Etán *h* de Quisi, *h* de Abdi, *h* de Maluc
6.45 *h* de Hasabías, *h* de Amasías, *h* de
6.46 *h* de Amsi, *h* de Bani, *h* de Semer
6.47 *h* de Mahli, *h* de Musi, *h* de. . *h* de Leví
6.49 Aarón y sus *h* ofrecían. . sobre el altar
6.50 los *h* de Aarón son estos: Eleazar su
6.50 Eleazar su *h*, Finees su *h*, Abisúa su *h*
6.51 Buqui su *h*, Uzi su *h*, Zeraías su *h*
6.52 su *h*, Amarías su *h*, Ahitob su *h*
6.53 Sadoc su *h*, Ahimaas su *h*
6.54 de los *h* de Aarón por las familias de
6.56 aldeas se dieron a Caleb, *h* de Jefone
6.57 dieron a los *h* de Aarón la ciudad de
6.61 a los *h* de Coat. . dieron por suerte 10
6.62 a los *h* de Gersón. . dieron de la tribu
6.63 a los *h* de Merari. . dieron por suerte
6.64 los *h* de Israel dieron a los levitas
6.65 dieron. . de la tribu de los *h* de Judá
6.65 de los *h* de Simeón. . los *h* de Benjamín
6.66 a. . los *h* de Coat dieron ciudades con
6.70 los de los *h* de Coat que habían quedado
6.71 a los *h* de Gersón dieron de. . de Manasés
6.77 a los *h* de Merari. . dieron de la tribu
7.1 los *h* de Isacar fueron cuatro: Tola, Fúa
7.2 los *h* de Tola: Uzi, Refaías, Jeriel
7.3 *h* de Uzi fue Israhías. . *h* de Izrahías
7.4 había. . porque tuvieron muchas mujeres e *h*
7.6 *h* de Benjamín fueron tres: Bela, Bequer
7.7 *h* de Bela: Ezbón, Uzi, Uziel, Jerimot
7.8 los *h* de Bequer: Zemira, Joás, Eliezer
7.8 Alamet; todos éstos fueron *h* de Bequer
7.10 *h* de Jediael fue Bilhán; y los *h* de
7.11 todos éstos fueron *h* de Jedaiel, jefes
7.12 Supim y Hupin. . *h* de Hir; y Husim, *h* de
7.13 los *h* de Neftalí. . Salúm, *h* de Bilha
7.14 los *h* de Manasés: Asriel, al cual dio a
7.16 Maaca. . dio a luz un *h*, y lo llamó Peres
7.16 fue Seres, cuyos *h* fueron Ulam y Requem
7.17 *h* de Ulam fue Bedán. Estos fueron los
7.17 *h* de Galaad, *h* de Maquir, *h* de Manasés
7.19 y los *h* de Semida fueron Ahián, Siquem
7.20 los *h* de Efraín: Sutela, Bered su *h*
7.20 Tahat su *h*, Elada su *h*, Tahat su *h*
7.21 Zabad su *h*, Sutela su *h*, Ezer y Elad
7.21 los *h* de Gat, naturales de. . los mataron
7.23 ella concibió y dio a luz un *h*. . Bería
7.25 *h* de este Bería fue Refa, y Resef, y
7.25 fue Resef, y Telah su *h*, y Tahán su *h*
7.26 Ladaán su *h*, Amiud su *h*, Elisama su *h*
7.27 Nun su *h*, Josué su *h*
7.29 junto al territorio de los *h* de Manasés
7.29 habitaron los *h* de José *h* de Israel
7.30 los *h* de Aser: Imna, Isúa, Isúi, Bería
7.31 los *h* de Bería: Heber, y Malquiel, el
7.33 los *h* de Jaflet: Pasac. . los *h* de Jaflet
7.34 *h* de Semer: Ahí, Rohga, Jehúba y Aram
7.35 los *h* de Helem su hermano: Zofa, Imna
7.36 *h* de Zofa: Súa, Harnefer, Súal, Beri
7.38 los *h* de Jeter: Jefone, Pispa y Ara
7.39 y los *h* de Ula: Ara, Haniel y Rezia
7.40 todos éstos fueron *h* de Aser, cabezas
8.3 los *h* de Bela fueron Adar, Gera, Abiud
8.6 y estos son los *h* de Aod. . los jefes de
8.8 Saharaim engendró *h* en la provincia de
8.10 estos son sus *h*, jefes de familias
8.12 los *h* de Elpaal: Heber, Misam y Semed
8.16 Micael, Ispa y Joha, *h* de Bería
8.18 Ismerai, Jezlías y Jobab, *h* de Elpaal
8.21 Adaías, Beraías y Simrat, *h* de Simei
8.25 Ifdaías y Peniel, *h* de Sasac
8.27 Jaresías, Elías y Zicri, *h* de Jeroham
8.30 y su *h* primogénito Abdón, y Zur, Cis
8.34 *h* de Jonatán fue Merib-baal. . a Micaía
8.35 los *h* de Micaía: Pitón, Melec, Tarea
8.37 engendró a Bina, *h* del cual fue Rafa
8.37 *h* del cuál fue Elasa, cuyo *h* fue Azel
8.38 *h* de Azel fueron seis, cuyos nombres
8.38 y Hanán; todos éstos fueron *h* de Azel
8.39 los *h* de Esec su hermano: Ulam. . Jehús
8.40 los *h* de Ulam. . valientes y vigorosos
8.40 todos éstos fueron de los *h* de Benjamín
9.3 habitaron en Jerusalén, de los *h* de Judá
9.3 los *h* de Benjamín. . *h* de Efraín y Manasés
9.4 Utai *h* de Amiud, *h* de Omri, *h* de Imri
9.4 *h* de Bani, de los *h* de Fares *h* de Judá
9.5 y de los silonitas, Asaías el. . y sus *h*
9.6 de los *h* de Zera, Jeuel y sus hermanos
9.7 de los *h* de Benjamín: Salú *h* de Mesulam
9.7 de Mesulam, *h* de Hodavías, *h* de Asenúa

HIJO *(Continúa)*

1 Cr. 9.8 *h* de Jeroham, Ela *h* de Uzi, *h* de Micri
9.8 *h* de Sefatías, *h* de Reuel, *h* de Ibnías
9.11 Azarías *h* de Hilcías, *h* de Mesulam
9.11 *h* de Sadoc, *h* de Meraiot, *h* de Ahitob
9.12 Adaía *h* de Jeroham, *h* de Pasur, *h* de
9.12 Masai *h* de Adiel, *h* de Jazera, *h* de
9.12 Mesulam, *h* de Mesilemit, *h* de Imer
9.14 los levitas: Semaías *h* de Hasub, *h* de
9.14 Azricam, *h* de Hasabías, de los *h* de
9.15 *h* de Micaía, *h* de Zicri, *h* de Asaf
9.16 Obadías *h* de Semaías, *h* de Galal, *h* de
9.16 y Berequías *h* de Asa, *h* de Elcana, el
9.18 *h* de Leví han sido estos los porteros
9.19 Salum *h* de Coré, *h* de Ebiasaf, *h* de
9.20 Finees *h* de Eleazar fue antes capitán
9.21 y Zacarías *h* de Meselemías era portero
9.23 así ellos y sus *h* eran porteros por sus
9.30 *h* de los sacerdotes hacían los perfumes
9.32 algunos de los *h* de Coat. . tenían a su
9.36 su primogénito Abdón, luego Zur, Cis
9.40 *h* de Jonatán fue Merib-baal. . engendró
9.41 los *h* de Micaía: Pitón, Melec, Tarea y
9.43 engendró a Bina, cuyo *h* fue Refaías
9.43 del que fue *h* Elasa, cuyo *h* fue Azel
9.44 Azel tuvo seis *h*. . fueron los *h* de Azel
10.2 los filisteos siguieron a Saúl y a sus *h*
10.2 y mataron los filisteos a. . *h* de Saúl
10.6 así murieron Saúl y sus tres *h*. . con él
10.7 viendo. . que Saúl y sus *h* eran muertos
10.8 hallaron a Saúl y a sus *h* tendidos en
10.12 tomaron el cuerpo. . los cuerpos de sus *h*
10.14 y traspasó el reino a David *h* de Isaí
11.6 Joab *h* de Sarvia subió el primero, y fue
11.11 Jasobeam *h* de Hacmoni, caudillo de los
11.12 Eleazar *h* de Dodo, ahohita, el cual era
11.22 Benaía *h* de Joiada, *h* de un. . valiente
11.24 esto hizo Benaía *h* de Joiada, y fue
11.26 valientes. . Elhanan *h* de Dodo de Belén
11.28 Ira *h* de Iques tecoíta, Abiezer
11.30 Maharai netofatita, Heled *h* de Baana
11.31 Itai *h* de Ribai, de Gabaa de los *h* de
11.34 los *h* de Hasem gizonita, Jonatán *h* de
11.35 Ahiam *h* de Sacar ararita, Elifal *h* de
11.37 Hezro carmelita, Naarai *h* de Ezbai
11.38 Joel hermano de Natán, Mibhar *h* de
11.39 Naharai. . escudero de Joab *h* de Sarvia
11.41 Urías heteo, Zabad *h* de Ahlai
11.42 Adina *h* de Siza rubenita, príncipe de
11.43 Hanán *h* de Maaca, Josafat mitnita
11.44 Sama y Jehiel *h* de Hotam aroerita
11.45 Jediael *h* de Simri, y Joha su hermano
11.46 Jerebai y Josavía *h* de Elnaan, Itma
12.1 encerrado por causa de Saúl *h* de Cis
12.3 Ahiezer. . Joás, *h* de Semaa gabaatita
12.3 Jeziel y Pelet *h* de Azmavet, Beraca
12.7 Joela y Zebadías *h* de Jeroham de Gedor
12.14 éstos fueron capitanes. . los *h* de Gad
12.16 de los *h* de Benjamín. . vinieron a David
12.18 ti, oh David, y contigo, oh *h* de Isaí
12.24 de los *h* de Judá. . 6.800, listos para
12.25 *h* de Simeón, 7.100 hombres, valientes
12.26 los *h* de Leví, cuatro mil seiscientos
12.29 de los *h* de Benjamín. . tres mil; porque
12.30 los *h* de Efraín, 20.800, muy valientes
12.32 de los *h* de Isacar, 200 principales
14.3 tomó. . y engendró David más *h* e hijas
15.4 reunió. . David a los *h* de Aarón y a los
15.5 de los *h* de Coat, Uriel el principal
15.6 los *h* de Merari, Asaías el principal
15.7 de los *h* de Gersón, Joel el principal
15.8 de los *h* de Elizafán, Semaías el. . 200
15.9 de los *h* de Hebrón, Eliel el principal
15.10 los *h* de Uziel, Aminadab el principal
15.15 *h* de los levitas trajeron el arca de
15.17 Hemán *h* de Joel. . Asaf *h* de Berequías
15.17 los *h* de Merari. . a Etán *h* de Cusaías
16.13 oh vosotros, *h* de Israel. . *h* de Jacob
16.38 y a Obed-edom *h* de Jedutún y a Hosa
16.42 y a los *h* de Jedutún para porteros
17.5 el día que saqué a los *h* de Israel hasta
17.9 ni los *h* de iniquidad lo consumirán más
17.11 descendencia. . a uno de entre tus *h*
17.13 él me será por *h*; y no quitaré de él
18.10 envió a Adoram su *h* al rey David, para
18.11 oro. . de Moab, de los *h* de Amón, de los
18.12 Abisai *h* de Sarvia destrozó en el valle
18.15 y Joab *h* de Sarvia era general del
18.15 y Josafat *h* de Ahilud, canciller
18.16 Sadoc *h* de Ahitob y Abimelec *h* de
18.17 y Benaía *h* de Joiada estaba sobre los
18.17 y los *h* de David eran los príncipes
19.1 que murió Nahas rey de los *h* de Amón
19.1 murió Nahas. . y reinó en su lugar su *h*
19.2 manifestaré misericordia con Hanún *h*
19.2 llegaron. . a la tierra de los *h* de Amón
19.3 los príncipes de los *h* de Amón dijeron
19.6 y viendo los *h* de Amón que se habían
19.6 los *h* de Amón enviaron mil talentos de
19.7 y se juntaron también los *h* de Amón de
19.9 los *h* de Amón salieron, y ordenaron la
19.15 los *h* de Amón, viendo que los sirios
19.19 nunca más quiso ayudar a los *h* de Amón
20.1 y destruyó la tierra de los *h* de Amón
20.3 a todas las ciudades de los *h* de Amón
20.5 Elhanán *h* de Jair mató a Lahmi, hermano
20.7 lo mató Jonatán, *h* de Simea hermano de
21.6 no fueron contados. . los *h* de Benjamín
21.20 por lo que se escondieron cuatro *h*
22.5 Salomón mi *h* es muchacho y de tierna
22.6 llamó entonces David a Salomón su *h*
22.7 *h* mío, en mi corazón tuve el edificar
22.9 te nacerá un *h*, el cual será varón de
22.10 él me será a mí por *h*, y yo. . por padre
22.11 ahora pues, *h* mío, Jehová esté contigo
22.17 mandó. . que ayudasen a Salomón su *h*
23.1 hizo a Salomón su *h* rey sobre Israel
23.6 en grupos conforme a los *h* de Leví
23.7 los *h* de Gersón: Laadán y Simei
23.8 *h* de Laadán, tres; Jehiel el primero
23.9 los *h* de Simei, tres: Selomit, Haziel
23.10 *h* de Simei: Jahat, Zina, Jeús y Bería
23.10 estos cuatro fueron los *h* de Simei
23.11 pero Jeús y Bería no tuvieron muchos *h*
23.12 los *h* de Coat: Amram, Izhar, Hebrón
23.13 *h* de Amram: Aarón y Moisés. Y Aarón
23.13 Aarón fue apartado. . él y sus *h* para
23.14 los *h* de Moisés varón de Dios fueron
23.15 *h* de Moisés fueron Gersón y Eliezer
23.16 *h* de Gersón fue Sebuel el jefe
23.17 e *h* de Eliezer fue Rehabías el jefe
23.17 Eliezer no tuvo otros *h*; mas los *h* de
23.18 *h* de Izhar fue Selomit el jefe
23.19 *h* de Hebrón: Jerías el jefe, Amarías
23.20 *h* de Uziel: Micaía el jefe, e Isías el
23.21 *h* de Merari: Mahli y Musi. Los *h* de
23.22 murió Eleazar sin *h*; pero tuvo hijas
23.22 los *h* de Cis. . las tomaron por mujeres
23.23 los *h* de Musi: Mahli, Edar y Jeremot
23.24 son los *h* de Leví en las familias de
23.27 se hizo la cuenta de los *h* de Leví de
23.28,32 bajo las órdenes de los *h* de Aarón
24.1 los *h* de Aarón fueron distribuidos en
24.1 los *h* de Aarón: Nadab, Abiú, Eleazar
24.2 Nadab y Abiú murieron. . no tuvieron *h*
24.3 y David, con Sadoc de los *h* de Eleazar
24.3 con Sadoc. . y Ahimelec de los *h* de Itamar
24.4 de los *h* de Eleazar había más varones
24.4 principales que de los *h* de Itamar; y
24.4 los *h* de Eleazar, 16 cabezas de casas
24.4 *h* de Itamar, por su casas paternas, 8
24.5 los *h* de Eleazar y de los *h* de Itamar
24.6 escriba Semaías *h* de Natanael. . escribió
24.6 delante de. . Ahimelec *h* de Abiatar y de
24.20 de los *h* de Leví que quedaron: Subael
24.20 los *h* de Amram; y de los *h* de Subael
24.21 de los *h* de Rehabías, Isías el jefe
24.22 los izharitas. . e *h* de Selomot, Jahat
24.23 de los *h* de Hebrón: Jerías el jefe, el
24.24 *h* de Uziel, Micaía; e *h* de Micaía
24.25 de Micaía, Isías; e *h* de Isías, Zacarías
24.26 los *h* de Merari: Mahli y. . *h* de Joazías
24.27 *h* de Merari por Jaazías: Beno, Soham
24.28 y de Mahli, Eleazar, quien no tuvo *h*
24.29 *h* de Cis, Jerameel
24.30 los *h* de Musi: Mahli, Edar y Jerimot
24.30 fueron los *h* de los levitas conforme a
24.31 suertes, como sus hermanos los *h* de
25.1 apartaron. . a los *h* de Asaf, de Hemán y
25.2 los *h* de Asaf: Zacur, José. . *h* de Asaf
25.3 *h* de Jedutún: Gedalías, Zeri, Jesaías
25.4 de los *h* de Hemán: Buquías, Matanías
25.5 éstos fueron *h* de Hemán, vidente del rey
25.5 y Dios dio a Hemán 14 *h* y tres hijas
25.9 Gedalías, quien con sus hermanos e *h*
25.10,11,12,13,14,15,16,17,18,19,20,21,22,23,24,
25,26,27,28,29,30,31 con sus *h* y sus
hermanos, doce
26.1 Meslemías *h* de Coré, de los *h* de Asaf
26.2 los *h* de Meselemías: Zacarías. . Jedaiel
26.4 los *h* de Obed-edom: Semaías. . Jozabad el
26.6 también de Semaías su *h* nacieron *h* que
26.7 los *h* de Semaías: Otni, Rafael, Obed
26.8 todos éstos de los *h* de Obed-edom; ellos
26.8 sus *h* y sus hermanos, hombres robustos
26.9 los *h* de Meselemías y sus hermanos, 18
26.10 de Hosa, de los *h* de Merari: Simri el
26.11 todos los *h* de Hosa y sus hermanos. . 13
26.14 metieron en las suertes a Zacarías su *h*
26.15 y a sus *h* la casa de provisiones del
26.19 *h* de los coreítas y de los *h* de Merari
26.21 cuanto a los *h* de Laadán *h* de Gersón
26.22 *h* de Jehieli, Zetam y Joel su hermano
26.24 Sebuel *h* de Gersón, *h* de Moisés, era
26.25 Eliezer, *h* de éste era Rehabías, *h* de
26.25 de éste Jesaías, *h* de éste Joram, *h* de
26.25 de éste Zicri, del que fue *h* Selomit
26.28 que había consagrado. . Saúl *h* de Cis
26.28 Abner *h* de Ner y Joab *h* de Sarvia, y
26.29 Quenanías y sus *h* eran gobernadores
27.1 son los principales de los *h* de Israel
27.2 Jasobeam *h* de Zabdiel; y había en su
27.3 de los *h* de Fares, él fue jefe de todos
27.5 era Benaía, *h* del sumo sacerdote Joiada
27.6 y en su división estaba Amisabad su *h*
27.7 y después de él Zebadías su *h*, y en su
27.9 para el sexto mes era Ira *h* de Iques, de
27.10 era Heles pelonita, de los *h* de Efraín
27.14 Benaía piratonita, de los *h* de Efraín
27.16 el jefe de los rubenitas era Eliezer *h*
27.16 los simeonitas, Sefatías, *h* de Maaca
27.17 de los levitas, Hasabías *h* de Kemuel
27.18 de los de Isacar, Omri *h* de Micael
27.19 de los de Zabulón, Ismaías *h* de Abdías
27.19 de los de Neftalí, Jerimot *h* de Azriel
27.20 de los *h* de Efraín, Oseas *h* de Azozías
27.20 la tribu de Manasés, Joel *h* de Pedaías
27.21 la otra media tribu de Manasés. . Iddo *h*
27.21 de los de Benjamín, Jaasiel *h* de Abner
27.22 y de Dan, Azareel *h* de Jeroham. Estos
27.24 Joab *h* de Sarvia había comenzado a
27.25 Azmavet *h* de Adiel tenía a su cargo los
27.25 Jonatán *h* de Uzías los tesoros de los
27.26 que trabajaban en la labranza, Ezri *h*
27.29 ganado. . en los valles, Safat *h* de Adlai
27.32 y Jehiel *h* de. . estaba con los *h* del rey
27.34 después de. . estaba Joiada *h* de Benaía
28.1 hacienda y posesión del rey y de sus *h*
28.4 entre los *h* de mi padre se agradó de mí
28.5 de entre. . mis *h*. . eligió a mi *h* Salomón
28.5 porque Jehová me ha dado muchos *h*
28.6 Salomón tu *h*. . a éste he escogido por *h*
28.8 y la dejéis en herencia a vuestros *h*
28.9 Salomón, *h* mío, reconoce al Dios de tu
28.11 David dio a Salomón su *h* el plano del
28.20 dijo. . David a Salomón su *h*: Anímate y
29.1 a Salomón mi *h* ha elegido Dios; él es
29.19 da a mi *h* Salomón corazón perfecto
29.22 la investidura. . a Salomón *h* de David
29.24 los *h* del rey. . homenaje al rey Salomón
29.26 así reinó David *h* de Isaí sobre todo
29.28 murió. . reinó en su lugar Salomón su *h*

2 Cr. 1.1 Salomón *h* de David fue afirmado en
1.5 había hecho Bezaleel *h* de Uri, *h* de Hur
2.12 dio al rey David un *h* sabio, entendido
2.14 *h* de una mujer de las hijas de Dan, mas
5.2 los jefes de las familias de los *h* de
5.10 Jehová había hecho pacto con los *h* de
5.12 levitas cantores. . sus *h* y sus hermanos
6.9 tú no. . sino tu *h* que saldrá de tus lomos
6.11 el pacto de Jehová. . con los *h* de Israel
6.16 con tal que tus *h* guarden su camino
6.30 tú conoces el corazón de los *h* de los
7.3 vieron todos los *h* de Israel descender
8.2 y estableció en ellas a los *h* de Israel
8.8 de los que habían quedado en la tierra
8.8 los cuales los *h* de Israel no destruyeron
8.9 *h* de Israel no puso Salomón siervos en
9.29 la profecía. . contra Jeroboam *h* de Nabat
8.31 durmió. . reinó en su lugar Roboam su *h*
10.2 y cuando lo oyó Jeroboam *h* de Nabat, el
10.15 había hablado. . a Jeroboam *h* de Nabat
10.16 no tenemos herencia en el *h* de Isaí
10.17 reinó Roboam sobre los *h* de Israel que
10.18 lo apedrearon los *h* de Israel, y murió
11.3 habla a Roboam *h* de Salomón, rey de
11.14 Jeroboam y sus *h* los excluyeron del
11.17 y confirmaron a Roboam *h* de Salomón
11.18 Jerimot, *h* de David y de Abihail hija
11.18 de Abihail hija de Eliab, *h* de Isaí
11.19 la cual le dio a luz estos *h*: Jeús
11.21 Roboam amó. . y engendró 28 *h* y 60 hijas
11.22 y puso Roboam a Abías *h* de Maaca por
11.23 y esparció a todos sus *h* por todas las
12.16 durmió. . y reinó en su lugar Abías su *h*
13.5 Jehová dio el reino a David. . y a sus *h*
13.6 Jeroboam *h* de. . siervo de Salomón *h* de
13.7 y pudieron más que Roboam *h* de Salomón
13.8 al reino de. . en mano de los *h* de David
13.9 ¿no habéis arrojado. . a los *h* de Aarón
13.10 y los sacerdotes. . son los *h* de Aarón
13.12 *h* de Israel, no peleéis contra. . Dios
13.16 y huyeron los *h* de Israel delante de
13.18 así fueron humillados los *h* de Israel
13.18 los *h* de Judá prevalecieron, porque se
13.21 Abías. . tomó. . engendró 22 *h* y 16 hijas
14.1 durmió. . y reinó en su lugar su *h* Asa
15.1 el Espíritu de Dios sobre Azarías *h* de
15.8 oyó Asa las. . la profecía del. . Azarías *h*
17.1 reinó en su lugar Josafat su *h*, el cual
17.16 tras éste, Amasías *h* de Zicri, el cual
18.7 aún hay aquí un. . es Micaías *h* de Imla
18.8 haz venir luego a Micaías *h* de Imla
18.10 Sedequías *h* de Quenaana se había hecho
18.23 Sedequías *h* de Quenaana se le acercó
18.25 y llevadlo a Amón. . y a Joás *h* del rey
19.2 le salió al. . el vidente Jehú *h* de Hanani
19.11 que os presida. . Zebadías *h* de Ismael
20.1 los *h* de Moab, y de Amón, y con ellos
20.10 he aquí los *h* de Amón y de Moab, y los
20.13 con sus niños y sus mujeres y sus *h*
20.14 Jahaziel *h* de Zacarías, *h* de Benaía
20.14 *h* de Jeiel, *h* de Matanías, levita de
20.14 de los *h* de Asaf, sobre el cual vino
20.19 de los *h* de Coat y de los *h* de Coré
20.22 Jehová puso contra los *h* de Amón, de
20.23 los *h* de Amón y. . se levantaron contra
20.34 en las palabras de Jehú *h* de Hanani
20.37 Eliezer *h* de Dodava. . profetizó contra
21.1 Josafat. . reinó en su lugar Joram su *h*
21.2 quien tuvo por hermanos, *h* de Josafat
21.2 todos estos fueron *h* de Josafat rey de

HIJO *(Continúa)*

2 Cr. 21.7 que le daría lámpara a él y a sus *h*
21.14 herirá a tu pueblo..y a tus *h* y a tus
21.17 tomaron..a sus *h* y a sus mujeres; y no
21.17 no le quedó más *h* sino..menor de sus *h*
22.1 en lugar de Joram a Ocozías su *h* menor
22.1 reinó Ocozías, *h* de Joram rey de Judá
22.5 fue a la guerra con Joram *h* de Acab, rey
22.6 y descendió Ocozías *h* de..a Joram *h* de
22.7 salió..contra Jehú *h* de Nimsi, al cual
22.8 halló a..*h* de los hermanos de Ocozías
22.9 *h* de Josafat, quien de todo su corazón
22.10 Atalía..viendo que su *h* era muerto, se
22.11 Josabet, hija del rey, tomó a Joás *h*
22.11 escondiéndolo de entre los demás *h* del
23.1 tomó..en alianza a..Azarías *h* de Jeroham
23.1 Ismael *h* de Johanán, Azarías *h* de Obed
23.1 Maasías *h* de Adaía, y Elisafat *h* de
23.3 he aquí el *h* del rey, el cual reinará
23.3 como..ha dicho respecto a los *h* de David
23.11 *h* del rey..Joiada y sus *h* lo ungieron
24.3 tomó..dos mujeres; y engendró *h* e hijas
24.7 la impía Atalía y sus *h* habían destruido
24.20 Espíritu de Dios vino sobre Zacarías *h*
24.22 antes mató a su *h*, quien dijo al morir
24.25 causa de la sangre de los *h* de Joiada
24.26 que conspiraron contra él..Zabad *h* de
24.26 Simeat amonita, y Josabad *h* de Simrit
24.27 cuanto a los *h* de Joás..está escrito
24.27 Joás..reinó en su lugar Amasías su *h*
25.4 pero no mató a los *h* de ellos, según lo
25.4 no morirán..por los *h* ni los *h* por los
25.7 Jehová no está..ni con los *h* de Efraín
25.11 Sal, y mató de los *h* de Seir diez mil
25.12 los *h* de Judá tomaron vivos a..10.000
25.14 consigo los dioses de los *h* de Seir
25.17 a decir a Joás *h* de Joacaz, *h* de Jehú
25.18 da tu hija a mi *h* por mujer. Y he aquí
25.23 apresó..a Amasías rey..*h* de Joás, *h* de
25.24 tomó todo el oro..los *h* de los nobles
25.25 vivió Amasías *h* de Joás, rey de Judá
25.25 años después de la muerte de Joás *h*
26.18 no..sino a los sacerdotes *h* de Aarón
26.21 Jotam su *h* tuvo cargo de la casa real
26.22 escritos por el profeta Isaías, *h* de
26.23 Uzías..reinó Jotam su *h* en lugar suyo
27.5 él guerra con el rey de los *h* de Amón
27.5 le dieron los *h* de Amón en aquel año
27.5 dieron los *h* de Amón, y lo mismo en el
27.9 Jotam..y reinó en su lugar Acaz su *h*
28.3 incienso en el valle de los *h* de Hinom
28.3 hizo pasar a sus *h* por fuego, conforme
28.3 había arrojado de..de los *h* de Israel
28.6 *h* de Remalías mató en un día 120.000
28.7 mató a Maasías *h* del rey, a Azricam su
28.8 los *h* de Israel tomaron cautivos de sus
28.12 levantaron algunos..de los *h* de Efraín
28.12 Azarías *h* de Johanán, Berequías *h* de
28.12 Ezequías *h* de Salum, y Amasa *h* de
28.27 Acaz..reinó en su lugar Ezequías su *h*
29.9 y nuestros *h*..fueron llevados cautivos
29.11 *h* míos, no os engañéis ahora, porque
29.12 Mahat *h* de Amasai y Joel *h* de Azarías
29.12 de los *h* de Coat; y de los *h* de Merari
29.12 Cis *h* de Abdi y Azarías *h* de Jehalelel
29.12 *h* de Gersón, Joa *h* de Zima y Edén *h* de
29.13 de los *h* de Elizafán..de los *h* de Asaf
29.14 los *h* de Hemán..y de los *h* de Jedutún
29.21 dijo a los sacerdotes *h* de Aarón que
30.6 *h* de Israel, volveos a Jehová el Dios
30.9 vuestros *h* hallarán misericordia delante
30.21 los *h* de Israel..celebraron la fiesta
30.26 desde los días de Salomón *h* de David
31.1 se volvieron todos los *h* de Israel a sus
31.5 los *h* de Israel dieron muchas primicias
31.6 *h* de Israel y de Judá, que habitaban en
31.14 Coré *h* de Imna, guarda de la puerta
31.18 eran inscritos con..sus *h* e hijas, toda
31.19 del mismo modo para los *h* de Aarón
32.20 y el profeta Isaías *h* de Amoz oraron
32.21 allí lo mataron a espada sus propios *h*
32.32 en la profecía del..Isaías *h* de Amoz
32.33 de los sepulcros de los *h* de David
32.33 durmió Ezequías..su lugar Manasés su *h*
33.2 Jehová había echado de delante de los *h*
33.6 y pasó sus *h* por fuego en el valle del
33.7 dicho Dios a David y a Salomón su *h*
33.9 que Jehová destruyó delante de los *h* de
33.20 durmió..y reinó en su lugar Amón su *h*
33.25 el pueblo..puso por rey..a Josías su *h*
34.8 envió a Safán *h* de Azalía, a Maasías
34.8 y a Joa *h* de Joacaz, canciller, para que
34.12 de los *h* de Merari y..de los *h* de Coat
34.20 y mandó a Hilcías a Ahicam *h* de Safán
34.20 Abdón *h* de Micaía, y a Safán escriba
34.22 Salum *h* de Ticva, *h* de Harhas, guarda
34.33 las abominaciones..de los *h* de Israel
35.3 la casa que edificó Salomón *h* de David
35.4 lo ordenaron David rey..y Salomón su *h*
35.5 de vuestros hermanos los *h* del pueblo
35.14 los..*h* de Aarón, estuvieron ocupados
35.14 prepararon para..para los ..*h* de Aarón
35.15 los cantores *h* de Asaf estaban en su
35.17 los *h* de Israel..celebraron la pascua
36.1 a Joacaz *h* de Josías, y lo hizo rey en
36.8 Joacim..reinó en su lugar Joaquín su *h*
36.20 fueron siervos de él y de sus *h*, hasta
Esd. 2.1 los *h* de la provincia que subieron del
2.3 los *h* de Paros, 2.172
2.4 los *h* de Sefatías, 372
2.5 los *h* de Ara, 775
2.6 los *h* de Pahat-moab, de los *h* de Jesúa
2.7 los *h* de Elam, 1.254
2.8 los *h* de Zatu, 945
2.9 los *h* de Zacai, 770
2.10 los *h* de Bani, 642
2.11 los *h* de Bebai, 623
2.12 los *h* de Azgad, 1.222
2.13 los *h* de Adonicam, 666
2.14 los *h* de Bigvai, 2.056
2.15 los *h* de Adín, 454
2.16 los *h* de Ater, de Ezequías, 98
2.17 los *h* de Bezai, 323
2.18 los *h* de Jora, 102
2.19 los *h* de Hasum, 223
2.20 los *h* de Gibar, 95
2.21 los *h* de Belén, 123
2.24 los *h* de Azmavet, 42
2.25 los *h* de Quiriat-jearim, Cafira y..743
2.26 los *h* de Ramá y Geba, 621
2.29 los *h* de Nebo, 52
2.30 los *h* de Magbis, 156
2.31 los *h* del otro Elam, 1.254
2.32 los *h* de Harim, 320
2.33 los *h* de Lod, Hadid y Ono, 725
2.34 los *h* de Jericó, 345
2.35 los *h* de Senaa, 3.630
2.36 los *h* de Jedaías, de la casa de Jesúa
2.37 los *h* de Imer, 1.052
2.38 los *h* de Pasur, 1.247
2.39 los *h* de Harim, 1.017
2.40 los *h* de Jesúa y de Cadmiel
2.40 de los *h* de Hodavías, 74
2.41 los cantores: los *h* de Asaf, 128
2.42 los *h* de los porteros: los *h* de Salum
2.42 los *h* de Ater, los *h* de Talmón, los
2.42 los *h* de Acub, los *h* de Hatita
2.42 los *h* de Sobai; por todos, 139
2.43 *h* de Ziha, los *h* de Hasufa, los *h* de
2.44 *h* de Queros, los *h* de Siaha, los *h* de
2.45 *h* de Lebana, los *h* de Hagaba, los *h* de
2.46 *h* de Hagab, los *h* de Salmai, los *h* de
2.47 los *h* de Gidel, los *h* de Gahar, los *h*
2.48 los *h* de Rezín, los *h* de Necoda, los *h*
2.49 los *h* de Uza, los *h* de Paseah, los *h* de
2.50 *h* de Asena, los *h* de Menumin, los *h* de
2.51 *h* de Bacbuc, los *h* de Hacufa, los *h* de
2.52 *h* de Bazlut, los *h* de Mehída, los *h* de
2.53 *h* de Barcos, los *h* de Sísara, los *h* de
2.54 los *h* de Nezía, los *h* de Hatifa
2.55 los *h* de los siervos de Salomón: los *h*
2.55 los *h* de Soferet, los *h* de Peruda
2.56 *h* de Jaala, los *h* de Darcón, los *h* de
2.57 los *h* de Sefatías, los *h* de Hatil
2.57 los *h* de Poqueret-hazebaim, los *h* de A:ni
2.58 todos..*h* de los siervos de Salomón, 392
2.60 *h* de Delaía, los *h* de Tobías, los *h* de
2.61 *h* de los sacerdotes: los *h* de Habaía
2.61 los *h* de Cos, los *h* de Barzilai, el cual
3.1 estando los *h* de Israel ya establecidos
3.2 se levantaron Jesúa *h* de Josadac y sus
3.2 Zorobabel *h* de Salatiel y sus hermanos
3.8 Zorobabel *h* de Salatiel, Jesúa *h* de
3.9 Jesúa también, sus *h* y sus hermanos
3.9 Cadmiel y sus *h*, *h* de Judá, como un solo
3.9 los *h* de Henadad, sus *h* y sus hermanos
3.10 a los levitas *h* de Asaf con címbalos
5.1 profetizaron Hageo y Zacarías *h* de Iddo
5.2 Zorobabel *h* de Salatiel y Jesúa *h* de
6.10 oren por la vida del rey y por sus *h*
6.14 profeta Hageo y de Zacarías *h* de Iddo
6.16 los *h* de Israel, los sacerdotes, los
6.19 los *h* de la cautividad celebraron la
6.20 sacrificaron la pascua por..los *h* de
6.21 los *h* de Israel que habían vuelto del
7.1 Esdras *h* de Seraías, *h* de Azarías, *h* de
7.2 *h* de Salum, *h* de Sadoc, *h* de Ahitob
7.3 *h* de Amarías, *h* de Azarías, *h* de Meraiot
7.4 *h* de Zeraías, *h* de Uzi, *h* de Buqui
7.5 *h* de Abisúa, *h* de Finees, *h* de Eleazar
7.5 Eleazar, *h* de Aarón, primer sacerdote
7.7 y con él subieron..de los *h* de Israel
7.23 contra el reino del rey y de sus *h*?
8.2 de los *h* de Finees, Gersón; de los *h* de
8.2 de Itamar, Daniel; de los *h* de David
8.3 los *h* de Secanías y de los *h* de Paros
8.4 de los *h* de Pahat-moab, Elioenai *h* de
8.5 de los *h* de Secanías, el *h* de Jahaziel
8.6 de los *h* de Adín, Ebed *h* de Jonatán, y
8.7 de los *h* de Elam, Jesaías *h* de Atalías
8.8 los *h* de Sefatías, Zebadías *h* de Micael
8.9 de los *h* de Joab, Obadías *h* de Jehiel
8.10 de los *h* de Selomit, el *h* de Josifías
8.11 de los *h* de Bebai, Zacarías *h* de Bebai
8.12 de los *h* de Azgad, Johanán *h* de Hacatán
8.13 los *h* de Adonicam, los postreros, cuyos
8.14 *h* de Bigvai, Utai y Zabud, y con ellos
8.15 buscando..no hallé allí de los *h* de Leví
8.18 un varón..de los *h* de Mahli *h* de Leví
8.18 *h* de Israel; a Serebías con sus *h*..18
8.19 Jesaías de los *h* de Merari..sus *h*, 20
8.33 Meremot *h* de Urías, y con él Eleazar *h*
8.33 con ellos Jozabad *h* de Jesúa y Noadías *h*
8.35 los *h* de la cautividad..holocaustos al
9.2 las hijas de ellos para sí y para sus *h*
9.12 no daréis vuestras hijas a los *h* de
9.12 ni sus hijas tomaréis para vuestros *h*
9.12 y la dejéis por heredad a vuestros *h*
10.2 Secanías *h* de Jehiel, de los *h* de Elam
10.6 fue a la cámara de Johanán *h* de Eliasib
10.7 todos los *h* del cautiverio se reuniesen
10.15 Jonatán *h* de Asael y Jahazías *h* de
10.16 así hicieron los *h* del cautiverio
10.18 *h* de los sacerdotes que habían tomado
10.18 de los *h* de Jesúa *h* de Josadac, y de
10.20 de los *h* de Imer: Hanani y Zebadías
10.21 de los *h* de Harim: Maasías, Elías
10.22 de los *h* de Pasur; Elioenai, Maasías
10.23 los *h* de los levitas: Jozabad, Simei
10.25 de los *h* de Paros: Ramía, Jezías
10.26 de los *h* de Elam: Matanías, Zacarías
10.27 de los *h* de Zatu: Elioenai, Eliasib
10.28 de los *h* de Bebai: Johanán, Hananías
10.29 los *h* de Bani: Mesulam, Maluc, Adaía
10.30 de los *h* de Pahat-moab: Adna, Quelal
10.31 de los *h* de Harim: Eliezer, Isías
10.33 de los *h* de Hasum: Matenai, Matata
10.34 de los *h* de Bani: Madai, Amram, Uel
10.43 y de los *h* de Nebo: Jeiel, Matatías
10.44 mujeres de ellos..habían dado a luz *h*
Neh. 1.1 palabras de Nehemías *h* de Hacalías
1.6 la oración..los *h* de Israel tus siervos
1.6 confieso los pecados de los *h* de Israel
2.10 para procurar el bien de los *h* de Israel
3.2 junto a..luego edificó Zacur *h* de Imri
3.3 los *h* de Senaa edificaron la puerta del
3.4 restauró Meremot *h* de Urías, *h* de Cos
3.4 Mesulam *h* de Berequías, *h* de Mesezabeel
3.4 junto a ellos restauró Sadoc *h* de Baana
3.6 por Joiada *h* de..y Mesulam *h* de Besodías
3.8 junto a ellos restauró Uziel *h* de Harhaía
3.8 restauró..Hananías, *h* de un perfumero
3.9 restauró..Refaías *h* de Hur, gobernador de
3.10 frente a su casa, Jedaías *h* de Harumaf
3.10 junto a..restauró Hatús *h* de Hasabnías
3.11 Malaquías *h* de..y Hasub *h* de Pahat-moab
3.12 junto a ellos restauró Salum *h* de Halohes
3.14 reedificó la puerta del..Malquías *h* de
3.15 Salum *h* de Colhoze, gobernador de la
3.16 después..restauró Nehemías *h* de Azbuc
3.17 restauraron..Rehum *h* de Bani, y junto
3.18 de él restauraron..Bavai *h* de Henadad
3.19 junto a él restauró Ezer *h* de Jesúa
3.20 después de él Baruc *h* de Zabai con todo
3.21 restauró Meremot *h* de Urías *h* de Cos
3.23 restauró Azarías *h* de Maasías, *h* de
3.24 restauró Binúi *h* de Henadad otro tramo
3.25 *h* de Uzai, enfrente de la esquina y la
3.25 después de él, Pedaías *h* de Faros
3.29 después de ellos restauró Sadoc *h* de
3.29 y después de él restauró Semaías *h* de
3.30 Hananías *h* de Selemías y Hanún *h* sexto
3.30 Mesulam *h* de Berequías, enfrente de su
3.31 después de él..Malquías *h* del platero
4.14 y pelead por..vuestros *h* y por vuestras
5.2 nosotros, nuestros *h* y nuestras hijas
5.5 nuestros *h* como sus *h*; y he aquí que
5.5 dimos nuestros *h* y..hijas a servidumbre
5.10 vine..a casa de Semaías *h* de Delaía, *h*
6.18 porque era yerno de Secanías *h* de Ara
6.18 Johanán su *h* había tomado por mujer a
6.18 tomado por mujer a la hija de Mesulam *h*
7.6 son los *h* de la provincia que subieron
7.8 los *h* de Paros, 2.172
7.9 los *h* de Sefatías, 372
7.10 los *h* de Ara, 652
7.11 los *h* de Pahat-moab, de los *h* de Jesúa
7.12 los *h* de Elam, 1.254
7.13 los *h* de Zatu, 845
7.14 los *h* de Zacai, 760
7.15 los *h* de Binúi, 648
7.16 los *h* de Bebai, 628
7.17 los *h* de Azgad, 2.622
7.18 los *h* de Adonicam, 667
7.19 los *h* de Bigvai, 2.067
7.20 los *h* de Adín, 655
7.21 los *h* de Ater, de Ezequías, 98
7.22 los *h* de Hasum, 328
7.23 los *h* de Bezai, 324
7.24 los *h* de Harif, 112
7.25 los *h* de Gabaón, 95
7.34 los *h* del otro Elam, 1.254
7.35 los *h* de Harim, 320
7.36 los *h* de Jericó, 345
7.37 los *h* de Lod, Hadid y Ono, 721
7.38 los *h* de Senaa, 3.930
7.39 sacerdotes: los *h* de Jedaía, de la
7.40 los *h* de Imer, 1.052
7.41 los *h* de Pasur, 1.247
7.42 los *h* de Harim, 1.017
7.43 levitas: los *h* de Jesúa, de Cadmiel
7.43 levitas..de los *h* de Hodavías, 74

HIJO *(Continúa)*
Neh. 7.44 cantores: los *h* de Asaf, 148
7.45 los *h* de Salum, los *h* de Ater, los *h*
7.45 los *h* de Acub, los *h* de Hatita y los *h*
7.46 los *h* de Ziha, los *h* de Hasufa, los *h*
7.47 los *h* de Queros, los *h* de Siaha, los *h*
7.48 los *h* de Lebana, los *h* de Hagaba, los *h*
7.49 los *h* de Hanán, los *h* de Gidel, los *h*
7.50 los *h* de Reaía, los *h* de Rezín, los *h*
7.51 los *h* de Gazam, los *h* de Uza, los *h* de
7.52 *h* de Besai, los *h* de Mehunim, los *h* de
7.53 *h* de Bacbuc, los *h* de Hacufa, los *h* de
7.54 *h* de Bazlut, los *h* de Mehída, los *h* de
7.55 los *h* de Barcos, los *h* de Sísara, los *h*
7.56 los *h* de Nezía, y los *h* de Hatifa
7.57 los *h* de los siervos de Salomón: los
7.57 los *h* de Sotai, los *h* de Soferet, los *h*
7.58 los *h* de Jaala, los *h* de Darcón, los *h*
7.59 los *h* de Sefatías, los *h* de Hatil, los
7.59 *h* de Poqueret-hazebaim, los *h* de Amón
7.60 e *h* de los siervos de Salomón, 392
7.62 *h* de Delaía, los *h* de Tobías y los *h*
7.63 los *h* de Habaía, los *h* de Cos y los *h*
7.73 los *h* de Israel estaban en sus ciudades
8.14 los *h* de Israel en tabernáculos en la
8.17 días de Josué *h* de Nun hasta aquel día
8.17 no habían hecho así los *h* de Israel
9.1 se reunieron los *h* de Israel en ayuno
9.23 multiplicaste sus *h* como las estrellas
9.24 y los *h* vinieron y poseyeron la tierra
10.1 firmaron. .Nehemías el. .*h* de Hacalías
10.9 y los levitas: Jesúa *h* de Azanías
10.9 Benúi de los *h* de Henadab, Cadmiel
10.28 con sus. .*h* e hijas todo el que tenía
10.30 ni tomaríamos sus hijas. .nuestro *h*
10.36 los primogénitos de nuestros *h* y de
10.38 estaría el sacerdote *h* de Aarón con
10.39 los *h* de Israel y los *h* de Leví la
11.3 y los *h* de los siervos de Salomón
11.4 habitaron. .*h* de Judá y. .*h* de Benjamín
11.4 de los *h* de Judá: Ataías *h* de Uzías
11.4 *h* de Zacarías, *h* de Amarías, *h* de
11.4 *h* de Mahalaleel, de los *h* de Fares
11.5 y Maasías *h* de Baruc, *h* de Colhoze
11.5 *h* de Hazaías, *h* de Adaías, *h* de Joiarib
11.5 Joiarib, *h* de Zacarías, *h* de Siloni
11.6 los *h* de Fares que moraron en Jerusalén
11.7 *h* de Benjamín: Salú *h* de Mesulam, *h* de
11.7 Joed, *h* de Pedaías, *h* de Colaías, *h* de
11.7 de Maasías, *h* de Itiel, *h* de Jesaías
11.9 y Joel *h* de Zicri era el prefecto de
11.9 Judá *h* de Senúa el segundo en la ciudad
11.10 los sacerdotes: Jedaías *h* de Joiarib
11.11 Seraías *h* de Hilcías, *h* de Mesulam
11.11 *h* de Sadoc, *h* de Meraiot, *h* de Ahitob
11.12 y Adaías *h* de Jeroham, *h* de Pelalías
11.12 *h* de Amsi, *h* de Zacarías
11.12 *h* de Pasur, *h* de Malquías
11.13 y Amasai *h* de Azareel, *h* de Azai
11.13 Azai, *h* de Mesilemot, *h* de Imer
11.14 el jefe de. .era Zabdiel *h* de Gedolim
11.15 de los levitas: Semaías *h* de Hasub
11.15 *h* de Azricam, *h* de Hasabías, *h* de Buni
11.17 y Matanías *h* de Micaía, *h* de Zabdi
11.17 *h* de Asaf. .que empezaba las alabanzas
11.17 y Abda *h* de Samúa, *h* de Galal, *h* de
11.22 el jefe. .Uzi *h* de Bani, *h* de Hasabías
11.22 *h* de Matanías, *h* de Micaía. .*h* de Asaf
11.24 Fetaías *h* de Mesezabeel, de los *h* de
11.24 de Zera *h* de Judá, estaba al servicio
11.25 los *h* de Judá habitaron en Quiriat-arba
11.31 los *h* de Benjamín habitaron desde Geba
12.1 que subieron con Zorobabel *h* de Salatiel
12.23 los *h* de Leví. .fueron inscritos en el
12.23 hasta los días de Johanán *h* de Eliasib
12.24 levitas. .Serebías, Jesúa *h* de Cadmiel
12.26 de Joiacim *h* de Jesúa, *h* de Josadac
12.28 fueron reunidos los *h* de los cantores
12.35 y de los *h* de los sacerdotes iban con
12.35 con trompetas Zacarías *h* de Jonatán
12.35 *h* de Semaías, *h* de Matanías
12.35 *h* de Micaías, *h* de Zacur, *h* de Asaf
12.45 al estatuto de David y de Salomón su *h*
12.47 consagraban parte a los *h* de Aarón
13.2 no salieron a recibir a los *h* de Israel
13.13 puse. .a Hanán *h* de Zacur, *h* de Matanías
13.16 y vendían en día de. .a los *h* de Judá
13.24 mitad de sus *h* hablaban la lengua de
13.25 no daréis vuestras hijas a sus *h*, y no
13.25 no tomaréis. .sus hijas para vuestros *h*
13.28 y uno de los *h* de Joiada *h* del sumo
Est. 2.5 Mardoqueo *h* de Jair, *h* de Simei, *h* de
3.1 el rey Asuero engrandeció a Amán *h* de
3.10 y lo dio a Amán *h* de Hamedata agagueo
5.11 les refirió Amán. .la multitud de sus *h*
8.5 cartas que autorizan la trama de Amán *h*
9.10 diez *h* de Amán *h* de Hamedata, enemigo
9.12 los judíos han matado. .a diez *h* de Amán
9.13 cuelguen en la horca a los diez *h* de
9.14 mandó. .y colgaron a los diez *h* de Amán
9.24 Amán *h*. .había ideado contra los judíos
9.25 que colgaran a él y a sus *h* en la horca
Job 1.2 y le nacieron siete *h* y tres hijas
1.4 sus *h* y hacían banquetes en sus casas
1.5 decía Job: Quizá habrán pecado mis *h*, y
1.6 presentarse delante de Jehová los *h* de
1.13 aconteció que sus *h* e hijas comían y
1.18 tus *h* y tus hijas estaban comiendo y
2.1 que otro día vinieron los *h* de Dios para
4.11 león. .los *h* de la leona se dispersan
5.4 sus *h* estarán lejos de la seguridad
8.4 si tus *h* pecaron contra él, él los echó
14.21 sus *h* tendrán honores, pero él no lo
17.5 presa, los ojos de sus *h* desfallecerán
18.19 no tendrá *h* ni nieto en su pueblo, ni
19.17 por los *h* de mis entrañas le rogaba
20.10 *h* solicitarán el favor de los pobres
21.11 como manada, y sus *h* andan saltando
21.19 Dios guardará para los *h* de ellos su
24.5 el desierto es mantenimiento de sus *h*
25.6 menos. .el *h* de hombre, también gusano?
27.14 si sus *h* fueren multiplicados, serán
29.5 estaba conmigo. .y mis *h* alrededor de mí
30.8 *h* de viles, y hombres sin nombre, más
32.2 entonces Eliú *h* de Baraquel buzita, de
32.6 respondió Eliú *h* de Baraquel buzita, y
35.8 al *h* de hombre aprovechará tu justicia
38.7 y se regocijaban todos los *h* de Dios?
38.32 o guiarás a la Osa Mayor con sus *h*?
39.3 hacen salir sus *h*, pasan sus dolores
39.4 *h* se fortalecen, crecen con el pasto
39.16 se endurece para con sus *h*, como si no
42.13 y tuvo siete *h* y tres hijas
42.16 a sus *h*, y a los *h* de su *h*, hasta la
Sal. 2.7 Jehová me ha dicho: Mi *h* eres tú; yo
2.12 honrad al *H*, para que no se enoje, y
3 *tít.* huía de delante de Absalón su *h*
4.2 *h* de los hombres. .mi honra en infamia?
7 *tít.* acerca de las palabras de Cus *h* de
8.4 el *h* del hombre, para que lo visites?
11.4 ojos. .examinan a los *h* de los hombres
12.1 desaparecido los fieles de entre los *h*
12.8 vileza es exaltada entre los *h* de los
14.2 Jehová miró. .sobre los *h* de los hombres
17.14 sacian a su *h*, y aun sobra para sus
18.44 los *h* de extraños se sometieron a mí
21.10 su descendencia de entre los *h* de los
29.1 tributad a Jehová, oh *h* de. .poderosos
29.6 saltar. .al Líbano. .como *h* de búfalos
31.19 has mostrado. .delante de los *h* de los
33.13 miró. .vio a todos los *h* de los hombres
34.11 venid, *h*, oídme; el temor de Jehová os
36.7 los *h* de los hombres se amparan bajo la
42,44,45 *tits.* Masquil de los *h* de Coré
45.2 el más hermoso de los *h* de los hombres
45.16 en lugar de tus padres serán tus *h*, a
46 *tít.* al músico principal; de los *h* de Coré
47,48,49 *tits.* Salmo de los *h* de Coré
50.20 contra el *h* de tu madre ponías infamia
53.2 Dios. .miró sobre los *h* de los hombres
57.4 entre *h* de hombres que vomitan llamas
58.1 ¿juzgáis rectamente, *h* de los hombres?
62.9 cierto, vanidad son los *h* de. .hombres
62.9 mentira los *h* de varón; pesándolos a
66.5 temible en hechos sobre los *h* de los
69.8 y desconocido para los *h* de mi madre
72.1 oh Dios, da. .tu justicia al *h* del rey
72.4 salvará a los *h* del menesteroso, y
72.20 terminan las oraciones de David, *h* de
73.15 si. .a la generación de tus *h* engañaría
77.15 redimiste. .a los *h* de Jacob y de José
78.4 no las encubriremos a sus *h*, contando
78.5 la cual mandó. .la notificasen a sus *h*
78.6 para que lo sepa. .y los *h* que nacerán
78.6 que se levantarán lo cuenten a sus *h*
78.9 los *h* de Efraín. .volvieron las espaldas
80.17 el *h* del hombre que para ti afirmaste
82.6 sois. .y todos vosotros *h* del Altísimo
83.8 ellos; sirven de brazo a los *h* de Lot
84,85,88 *tits.* Salmo para los *h* de Coré
86.16 da tu poder. .guarda al *h* de tu sierva
87 *tít.* A los *h* de Coré. Salmo. Cántico
89.6 semejante a Jehová entre los *h* de los
89.22 no. .ni *h* de iniquidad lo quebrantará
89.30 si dejaren sus *h* mi ley, y. .mis juicios
89.47 creado en vano a todo *h* de hombre?
90.3 y dices: Convertíos, *h* de los hombres
90.16 aparezca en. .y tu gloria sobre sus *h*
102.28 los *h* de tus siervos habitarán seguros
103.7 Moisés, y a los *h* de Israel sus obras
103.13 como el padre se compadece de los *h*
103.17 y su justicia sobre los *h* de los *h*
105.6 oh vosotros. .*h* de Jacob, sus escogidos
106.37 sacrificaron sus *h* y sus hijas a los
106.38 derramaron. .la sangre de sus *h* y de
107.8,15,21,31 maravillas para con los *h* de
109.9 sean sus *h* huérfanos, y su mujer viuda
109.10 anden sus *h* vagabundos, y mendiguen
113.9 estéril, que se goza en ser madre de *h*
115.14 aumentará Jehová bendición sobre. .*h*
115.16 y ha dado la tierra a los *h* de los
116.16 siervo tuyo soy, *h* de tu sierva; tú
127.3 he aquí, herencia de Jehová son los *h*
127.4 así son los *h* habidos en la juventud
128.3 tus *h* como plantas de olivo alrededor
128.6 veas a los *h* de tus *h*. Paz sea sobre
132.12 si tus *h* guardaren mi pacto, y mi
132.12 *h* también se sentarán sobre tu trono
137.7 recuerda contra los *h* de Edom el día
144.3 el *h* de hombre, para que lo estimes?
144.12 nuestros *h* como plantas crecidas en
145.12 hacer saber a los *h* de los hombres
146.3 no confiéis. .ni en *h* de hombre, porque
147.9 da. .a los *h* de los cuervos que claman
147.13 porque. .bendijo a tus *h* dentro de ti
148.14 alábenle. .sus santos, los *h* de Israel
149.2 los *h* de Sion se gocen en su rey
Pr. 1.1 los proverbios de Salomón, *h* de David
1.8 oye, *h* mío, la instrucción de tu padre
1.10 *h* mío, si los pecadores te quisieren
1.15 *h* mío, no andes en camino con ellos
2.1 *h* mío, si recibieres mis palabras, y mis
3.1 *h* mío, no te olvides de mi ley. .guarde
3.11 no menosprecies, *h* mío, el castigo de
3.12 ama. .como el padre al *h* a quien quiere
3.21 *h* mío, no se aparten estas cosas de tus
4.1 oíd, *h*, la enseñanza de un padre, y estad
4.3 yo también fui *h* de mi padre, delicado
4.10 oye, *h* mío, y recibe mis razones, y se
4.20 *h* mío, está atento a mis palabras
5.1 *h* mío, está atento a mi sabiduría, y a
5.7 *h*, oídme, y no os apartéis de. .razones
5.20 ¿y por qué, *h* mío, andarás ciego con
6.1 *h* mío, si salieres fiador por tu amigo
6.3 haz esto ahora, *h* mío, y líbrate, ya que
6.20 guarda, *h* mío, el mandamiento de tu
7.1 *h* mío, guarda mis razones, y atesora
7.24 ahora pues, *h*, oídme, y estad atentos
8.4 dirijo mi voz a los *h* de los hombres
8.31 delicias son con los *h* de los hombres
8.32 ahora. .*h*, oídme, y bienaventurados los
10.1 el *h* sabio alegra. .*h* necio es tristeza
10.5 el que duerme en. .es *h* que avergüenza
13.1 el *h* sabio recibe el consejo del padre
13.22 dejará herederos a los *h* de sus *h*; pero
13.24 que detiene el castigo, a su *h* aborrece
14.26 confianza; y esperanza tendrán sus *h*
15.20 el *h* sabio alegra al padre; mas el
17.2 se enseñoreará del *h* que deshonra, y
17.6 corona. .la honra de los *h*, sus padres
17.25 el *h* necio es pesadumbre de su padre
19.13 dolor es para su padre el *h* necio, y
19.18 castiga a tu *h* en tanto hay esperanza
19.26 el que roba. .es *h* que causa vergüenza
19.27 cesa, *h* mío, de oir las enseñanzas que
20.7 justo; sus *h* son dichosos después de él
23.15 *h* mío, si tu corazón fuere sabio
23.19 oye, *h* mío, y sé sabio, y endereza tu
23.26 dame, *h* mío, tu corazón, y miren tus
24.13 come, *h* mío, de la miel. .es buena, y el
24.21 teme a Jehová, *h* mío, y al rey; no te
27.11 sé sabio, *h* mío, y alegra mi corazón
28.7 el que guarda la ley es *h* prudente; mas
29.17 corrige a tu *h*, y te dará descanso, y
30.1 palabras de Agur, *h* de Jaqué. .y a Ucal
30.4 ¿cuál es. .el nombre de su *h*, si sabes?
30.17 saquen, y lo devoren los *h* del águila
31.2 ¿qué, *h* mío? ¿y qué, *h* de mi vientre?
31.2 *h* de mi vientre? ¿y qué, *h* de mis deseos?
31.28 sus *h*. .la llaman bienaventurada; y su
Ec. 1.1 palabras del Predicador, *h* de David
1.13 dio Dios a los *h* de los hombres, para
2.3 fuese el bien de los *h* de los hombres
2.8 de los deleites de los *h* de los hombres
3.10 el trabajo que Dios ha dado a los *h* de
3.18 así, por causa de los *h* de los hombres
3.19 lo que sucede a los *h* de los hombres
3.21 espíritu de los *h* de los hombres sube
4.8 un hombre solo y. .no tiene *h* ni hermano
5.14 a los *h* que. .nada les queda en la mano
6.3 el hombre engendrare cien *h*, y viviere
8.11 el corazón de los *h*. .para hacer el mal
9.3 el corazón de los *h*. .está lleno de mal
9.12 así son enlazados los *h* de los hombres
10.17 cuando tu rey es *h* de nobles, y tus
12.12 *h* mío, a más de esto, sé amonestado
Cnt. 1.6 *h* de mi madre se airaron contra mí
Is. 1.1 visión de Isaías *h* de Amoz, la cual
1.2 crie *h*, y los engrandecí, y. .se rebelaron
1.4 pueblo cargado de maldad. .*h* depravados!
2.1 que vio Isaías *h* de Amoz acerca de Judá
2.6 tu pueblo. .pactan con *h* de extranjeros
7.1 los días de Acaz *h* de Jotam, *h* de Uzías
7.1 Rezín rey de Siria y Peka *h* de Remalías
7.3 sal. .tú, y Sear-jasub tu *h*, al extremo
7.4 la ira de Rezín y de. .y del *h* de Remalías
7.5 sirio, con Efraín y con el *h* de Remalías
7.6 en medio de ella por rey al *h* de Tabeel
7.9 y la cabeza de Samaria el *h* de Remalías
7.14 la virgen concebirá, y dará a luz un *h*
8.2 Urías y a Zacarías *h* de Jeberequías
8.3 la profetisa. .concibió, y dio a luz un *h*
8.6 y se regocijó con Rezín y con el *h* de
8.18 yo y los *h* que me dio Jehová somos por
9.6 *h* nos es dado, y el principado sobre su
11.14 Edom y Moab les servirán, y los *h* de
13.1 profecía. .revelada a Isaías *h* de Amoz
13.18 vientre, ni su ojo perdonará a los *h*
14.12 ¡cómo caíste. .Lucero, *h* de la mañana!
14.22 raeré de Babilonia el. .*h* y nieto, dice
17.3 será como la gloria de los *h* de Israel
17.9 dejados a causa de los *h* de Israel; y

HIJO *(Continúa)*

Is. 19.11 soy *h* de los sabios, e *h* de los reyes
20.2 Isaías *h* de Amoz, diciendo: Vé y quita
21.17 de los valientes flecheros, *h* de Cedar
22.24 la honra de la casa..los *h* y los nietos
27.12 vosotros, *h* de Israel, seréis reunidos
29.23 porque verá a sus *h*, obra de mis manos
30.1 ¡ay de los *h* que se apartan, dice Jehová
30.9 *h* mentirosos, *h* que no quisieron oír la
31.6 rebelaron profundamente los *h* de Israel
36.3 y salió a él..*h* de Hilcías, mayordomo
36.3 Sebna, escriba, y Joa *h* de..canciller
36.22 Eliaquim *h* de Hilcías..Joa *h* de Asaf
37.2 y envió a..al profeta Isaías *h* de Amoz
37.3 *h* han llegado hasta el punto de nacer, y
37.12 libraron sus dioses..a los *h* de Edén
37.21 Isaías *h* de..envió a decir a Ezequías
37.38 sus *h*..le mataron a espada, y huyeron
37.38 y reinó en su lugar Ezar-hadón su *h*
38.1 vino a él el profeta Isaías *h* de Amoz
38.19 el padre hará notoria tu verdad a los *h*
39.1 Merodac-baladán *h* de Baladán, rey de
39.7 tus *h* que saldrán de ti, y que habrás
43.6 trae de lejos mis *h*, y mis hijas de los
45.11 mandadme acerca de mis *h*, y acerca de
49.15 olvidará la mujer..*h* de su vientre?
49.20 aun los *h* de tu orfandad dirán a tus
49.21 yo había sido privada de *h* y estaba
49.22 en brazos a tus *h*, y tus hijas serán
49.25 yo lo defenderé, y yo salvaré a tus *h*
51.12 y de *h* de hombre, que es como heno?
51.18 todos los *h* que dio a luz..*h* que crio
51.20 tus *h* desmayaron, estuvieron tendidos
52.14 desfigurado..más que la de los *h* de
54.1 más son los *h* de la desamparada que los
54.13 y se multiplicará la paz de tus *h*
56.2 esto, y el *h* de hombre que lo abraza
56.5 daré..nombre mejor que el de *h* e hijas
56.6 los *h* de los extranjeros que sigan a
57.3 vosotros llegaos acá, *h* de la hechicera
57.4 sois vosotros *h* rebeldes, generación
57.5 sacrificáis los *h* en los valles, debajo
59.21 de la boca de tus *h*..de los *h* de tus *h*
60.4 tus *h* vendrán de lejos, y tus hijas
60.9 para traer tus *h* de lejos, su plata y
60.14 vendrán a ti humillados los *h* de los
62.5 se desposarán contigo tus *h*; y como el
63.8 mi pueblo son, *h* que no mienten; y fue
66.7 que le viniesen dolores, dio a luz *h*
66.8 Sion estuvo de parto, dio a luz sus *h*
66.20 al modo que los *h* de Israel traen la
Jer. 1.1 las palabras de Jeremías *h* de Hilcías
1.2 le vino en los días de Josías *h* de Amón
1.3 le vino..en días de Joacim *h* de Josías
1.3 de Sedequías *h* de Josías, rey de Judá
2.9 y con los *h* de vuestros *h* pleitearé
2.16 aun los *h* de Menfis y de Tafnes te
2.30 en vano he azotado a vuestros *h*; no han
3.14 convertíos, *h* rebeldes, dice Jehová
3.19 ¿cómo os pondré por *h*, y os daré la
3.21 llanto de los ruegos de los *h* de Israel
3.22 convertíos, *h* rebeldes, y sanaré vuestras
3.24 consumió..sus vacas, sus *h* y sus hijas
4.22 son *h* ignorantes y no son entendidos
5.7 sus *h* me dejaron, y juraron por lo que
5.17 comerá a tus *h* y a tus hijas; comerá tus
6.1 huid, *h* de Benjamín, de en..de Jerusalén
6.21 y caerán en ellos los padres y los *h*
6.26 ponte luto como por *h* único, llanto de
7.18 *h* recogen la leña, los padres encienden
7.30 los *h* de Judá han hecho lo malo ante mis
7.31 altos de Tofet..el valle del *h* de Hinom
7.31 quemar al fuego a sus *h* y a sus hijas
7.32 no se diga más..ni valle del *h* de Hinom
9.26 a Judá, a Edom y a los *h* de Amón y de
10.20 mis *h* me han abandonado y perecieron
11.22 sus *h* y sus hijas morirán de hambre
13.14 los quebrantaré..los padres con los *h*
14.16 los entierre..a sus *h* y a sus hijas
15.4 a causa de Manasés *h* de Ezequías, rey
15.7 dejé sin *h* a mi pueblo y lo desbaraté
15.8 contra ellos destruidor..sobre los *h*
16.2 no..ni tendrás *h* ni hijas en este lugar
16.3 así ha dicho Jehová acerca de los *h* y
16.14,15 que hizo subir a los *h* de Israel de
17.2 sus *h* se acuerdan de sus altares y de
17.19 y vé y ponte a la puerta de los *h* del
18.21 entrega sus *h* a hambre, dispérsalos por
18.21 queden sus mujeres sin *h*, y viudas
19.2 y saldrás al valle del *h* de Hinom, que
19.5 para quemar con fuego a sus *h* al..Baal
19.6 no se llamará..más valle del *h* de Hinom
19.9 les haré comer la carne de sus *h*..hijas
20.1 el sacerdote Pasur *h* de Imer, que..oyó
20.15 nuevas a mi padre, diciendo: *H* varón te
21.1 a Pasur *h* de Malquías y..Sofonías *h* de
22.11 ha dicho Jehová acerca de Salum *h* de
22.18 acerca de Joacim *h* de Josías, rey de
22.24 que si Conías *h* de Joacim rey de Judá
23.7 que hizo subir a los *h* de Israel de la
24.1 transportado..a Jeconías *h* de Joacim
25.1 en el año cuarto de Joacim *h* de Josías
25.3 año cuarto de Josías *h* de Amón, rey de
25.21 a Edom, a Moab y a los *h* de Amón
26.1 del reinado de Joacim *h* de Josías, rey
26.20 Urías *h* de Semaías, de Quiriat-jearim
26.22 rey Joacim envió..a Elnatán *h* de Acbor
26.24 la mano de Ahicam *h* de Safán estaba a
27.1 del reinado de Joacim *h* de Josías, rey
27.3 rey de los *h* de Amón, y al rey de Tiro
27.7 servirán a él, a su *h*, y al *h* de su *h*
27.20 transportó de..a Jeconías *h* de Joacim
28.1 Hananías *h* de Azur, profeta..me habló
28.4 yo haré volver..a Jeconías *h* de Joacim
29.3 de Elasa *h* de Safán y de Gemarías *h* de
29.6 engendrad *h*..dad mujeres a vuestros *h*
29.6 dad maridos..para que tengan *h* e hijas
29.21 de Acab *h* de Colaías, y..Sedequías *h*
29.25 al sacerdote Sofonías *h* de Maasías, y a
30.20 sus *h* como antes, y su congregación
31.15 llanto..Raquel que lamenta por sus *h*
31.15 no quiso ser consolada acerca de sus *h*
31.17 y los *h* volverán a su propia tierra
31.20 ¿no es Efraín *h* precioso para mí? ¿no
31.29 los dientes de los *h* tienen la dentera
32.7 Hanameel *h* de Salum tu tío viene a ti
32.8 vino..Hanameel *h* de mi tío, conforme a
32.9 y compré la heredad de Hanameel, *h* de
32.12 di la carta..a Baruc *h* de Nerías, *h* de
32.12 di..delante de Hanameel el *h* de mi tío
32.16 después que di la..a Baruc *h* de Nerías
32.18 y castigas la maldad de los..en sus *h*
32.19 sobre todos los caminos de los *h* de
32.30 los *h* de Israel y los *h* de Judá no han
32.30 los *h* de Israel no han hecho más que
32.32 maldad de los *h* de Israel..*h* de Judá
32.35 cuales están en el valle del *h* de Hinom
32.35 pasar por el fuego sus *h* y sus hijas
32.39 para que tengan bien ellos, y sus *h*
33.21 de tener *h* que reine sobre su trono
35.1 vino a Jeremías en días de Joacim *h* de
35.3 a Jaazanías *h* de Jeremías, *h* de..sus *h*
35.4 llevé..al aposento de los *h* de Hanán *h*
35.4 estaba sobre el aposento de Maasías *h*
35.5 puse delante de los *h* de los recabitas
35.6 Jonadab *h* de Recab..nos ordenó diciendo
35.6 no beberéis jamás vino..ni vuestros *h*
35.8 hemos obedecido a..Jonadab *h* de Recab
35.8 no beber vino..nuestros *h* ni nuestras
35.14 la palabra de Jonadab *h* de Recab, el
35.14 mandó a sus *h* que no bebiesen vino, y
35.16 los *h* de Jonadab *h* de Recab tuvieron
35.19 no faltará de Jonadab *h* de Recab un
36.1 en el cuarto año de Joacim *h* de Josías
36.4 llamó..a Baruc *h* de Nerías, y escribió
36.8 Baruc *h* de Nerías hizo conforme a todas
36.9 en el año quinto de Joacim *h* de Josías
36.10 en el aposento de Gemarías *h* de Safán
36.11 y Micaías *h* de Gemarías, *h* de Safán
36.12 Delaía *h* de Semaías, Elnatán *h* de
36.12 Gemarías *h* de Safán, Sedequías *h* de
36.14 a Jehudí *h* de Netanías, *h* de Selemías
36.14 *h* de Cusi..Y Baruc *h* de Nerías tomó el
36.26 mandó el rey a Jerameel *h* de Hamelec
36.26 a Seraías *h* de Azriel y a Selemías *h*
36.32 tomó..otro rollo y lo dio a Baruc *h* de
37.1 en lugar de Conías *h* de..Sedequías *h* de
37.3 a Jucal *h* de Selemías, y..Sofonías *h* de
37.13 Irías *h* de Selemías, *h* de Hananías, el
38.1 oyeron Sefatías *h*..Gedalías *h* de Pasur
38.1 oyeron..Jucal *h* de Selemías, y Pasur *h*
38.6 en la cisterna de Malquías *h* de Hamelec
38.23 sacarán, pues..tus mujeres y tus *h* a
39.6 y degolló el rey..a los *h* de Sedequías
39.14 a Gedalías *h* de..*h* de Safán, para que
40.5 vuélvete a Gedalías *h* de Ahicam, *h* de
40.6 se fue..Jeremías a Gedalías *h* de Ahicam
40.7 Gedalías *h* de Ahicam para gobernar la
40.8 esto es, Ismael *h*..y Jonatán *h* de Carea
40.8 Seraías *h* de Tanhumet, los *h* de Efai
40.8 Jezanías *h* de un maacateo, ellos y sus
40.9 juró Gedalías *h* de Ahicam, *h* de Safán
40.11 sobre ellos a Gedalías *h* de Ahicam, *h*
40.11 todos los judíos..entre los *h* de Amón
40.13 Johanán *h* de Carea y..los príncipes de
40.14 ¿no sabes que Baalis rey de los *h* de
40.14 ha enviado a Ismael *h*..para matarte?
40.14 mas Gedalías *h* de Ahicam no les creyó
40.15 Johanán *h* de Carea habló a Gedalías en
40.15 yo iré..mataré a Ismael *h* de Netanías
40.16 Gedalías *h* de Ahicam dijo a Johanán *h*
41.1 vino Ismael *h* de Netanías, *h* de Elisama
41.1 vino..a Gedalías *h* de Ahicam en Mizpa
41.2 levantó Ismael *h* de Netanías y los diez
41.2 e hirieron..a Gedalías *h* de Ahicam, *h* de
41.6 les salió al encuentro..Ismael el *h* de
41.6 les dijo: Venid a Gedalías *h* de Ahicam
41.7 Ismael *h* de Netanías los degolló, y los
41.9 cisterna..Ismael *h*..la llenó de muertos
41.10 encargado Nabuzaradán..a Gedalías *h* de
41.10 y se fue para pasarse a los *h* de Amón
41.11 oyeron Johanán *h* de Carea y todos los
41.11 todo el mal que había hecho Ismael *h* de
41.12 a pelear contra Ismael *h* de Netanías
41.13 el pueblo..vio a Johanán *h* de Carea y a
41.14 el pueblo..fue con Johanán *h* de Carea
41.15 pero Ismael *h* de..fue a los *h* de Amón
41.16 Johanán *h*..y todos los capitanes de la
41.16 pueblo que había recobrado de Ismael *h*
41.16 de Mizpa después que mató a Gedalías *h*
41.18 dado muerte Ismael *h*..a Gedalías *h* de
42.1 vinieron..Johanán *h* de..Jezanías *h* de
42.8 llamó a Johanán *h* de Carea y a todos los
43.2 dijo Azarías *h* de Osaías y Johanán *h* de
43.3 que Baruc *h* de Nerías te incita contra
43.4 no obedeció, pues, Johanán *h* de Carea
43.5 tomó Johanán *h* de Carea y..los oficiales
43.6 con Gedalías *h* de Ahicam, *h* de Safán
43.6 y al profeta Jeremías y a Baruc *h* de
45.1 que habló..Jeremías a Baruc *h* de Nerías
45.1; 46.2 año cuarto de Joacim *h* de Josías
47.3 los padres no cuidaron a los *h* por la
48.45 quemó..coronilla de los *h* revoltosos
48.46 *h* fueron puestos presos para cautividad
49.1 de los *h* de Amón..¿No tiene *h* Israel?
49.2 oír clamor de guerra en Rabá de los *h* de
49.6 volver a los cautivos de los *h* de Amón
49.18,33 no morará..la habitará *h* de hombre
49.28 subid..y destruid a los *h* del oriente
50.4 vendrán los *h* de Israel..los *h* de Judá
50.33 oprimidos..*h* de Israel y los *h* de Judá
51.43 nadie, ni pasará por ella *h* de hombre
51.59 a Seraías *h* de Nerías, *h* de Maasías
52.10 degolló..a los *h* de Sedequías delante
Lm. 1.5 sus *h* fueron en cautividad delante del
1.16 mis *h* son destruidos, porque el enemigo
3.33 ni entristece..a los *h* de los hombres
4.2 *h* de Sion, preciados y estimados más que
4.10 cocieron a sus *h*; sus propios *h*..comida
Ez. 1.3 al sacerdote Ezequiel *h* de Buzi, en la
2.1 dijo: *H* de hombre, ponte sobre tus pies
2.3 dijo: *H* de hombre, yo te envío a los *h*
2.4 te envío a *h* de duro rostro y..corazón
2.6 tú, *h* de hombre, no les temas, ni tengas
2.8 tú, *h* de hombre, oye lo que yo te hablo
3.1 me dijo: *H* de hombre, come lo que hallas
3.3 dijo: *H* de hombre, alimenta tu vientre
3.4 dijo: *H* de hombre, vé y entra a la casa
3.10 dijo: *H* de hombre, toma en tu corazón
3.11 entra..a los *h* de tu pueblo, y háblales
3.17 *h* de hombre, yo te he puesto..atalaya
3.25 *h* de hombre..pondrán sobre ti cuerdas
4.1 tú, *h* de hombre, tómate un adobe, y ponlo
4.13 comerán los *h* de Israel su pan inmundo
4.16 *h* de hombre..quebrantaré el sustento del
5.1 *h* de hombre, tómate un cuchillo agudo
5.10 los padres comerán a los *h*..*h* comerán a
6.2 *h* de hombre, pon tu rostro hacia los
6.5 los cuerpos muertos de los *h* de Israel
7.2 tú, *h* de hombre, así ha dicho Jehová el
8.5 *h* de hombre, alza ahora tus ojos hacia el
8.6 *h* de hombre, ¿no ves lo que éstos hacen
8.8 dijo: *H* de hombre, cava ahora en la pared
8.11 y Jaazanías *h* de Safán en medio de ellos
8.12 *h* de hombre, ¿has visto las cosas que
8.15 ¿no ves, *h* de hombre? Vuélvete..verás
8.17 ¿no has visto, *h* de hombre? ¿Es cosa
11.1 vi a Jaazanías *h* de Azur y a Pelatías *h*
11.2 *h* de hombre, estos son los hombres que
11.4 profetiza contra ellos; profetiza, *h* de
11.13 Pelatías *h* de Benaía murió. Entonces
11.15 *h* de hombre..dijeron los moradores de
12.2 *h* de hombre, tú habitas en medio de casa
12.3 tú, *h* de hombre, prepárate enseres de
12.9 *h* de hombre, ¿no te ha dicho la casa de
12.18 *h* de hombre, come tu pan con temblor
12.22 *h* de hombre, ¿qué refrán es este que
12.27 *h* de hombre..la casa de Israel dicen
13.2 *h* de hombre, profetiza contra..profetas
13.17 *h* de hombre..tu rostro contra las hijas
14.3 *h* de hombre..han puesto sus ídolos en su
14.13 *h* de hombre, cuando la tierra pecare
14.16,18,20 ni a sus *h* ni a sus..librarían
14.22 quedará en ella un remanente, *h* e hijas
15.2 *h* de hombre, ¿qué es la madera de la vid
16.2 *h* de hombre, notifica a Jerusalén sus
16.20 tus *h* y tus hijas..sacrificaste a ellas
16.21 para que degollases también a mis *h* y
16.26 y fornicaste con los *h* de Egipto, tus
16.36 en la sangre de tus *h*, los cuales les
16.45 tu madre..desechó a su marido y a sus *h*
16.45 que desecharon a sus maridos y a sus *h*
17.2 *h* de hombre, propón una figura, y compón
18.2 los dientes de los *h* tienen la dentera?
18.4 como el alma del padre..el alma del *h*
18.10 si engendrare *h* ladrón, derramador de
18.14 éste engendrare *h*, el cual viere todos
18.19 ¿por qué el *h* no llevará el pecado de
18.19 *h* hizo según el derecho y la justicia
18.20 el *h* no llevará el pecado del padre, ni
18.20 ni el padre llevará el pecado del *h*
20.3 *h* de hombre, habla a los ancianos de
20.4 ¿los quieres juzgar tú, *h* de hombre?
20.18 a sus *h*: No andéis en los estatutos de
20.21 mas los *h* se rebelaron contra mí; no
20.27 *h* de hombre, habla a la casa de Israel
20.31 haciendo pasar vuestros *h* por el fuego
20.46 *h* de hombre, pon tu rostro hacia el sur
21.2 *h* de hombre, pon tu rostro..Jerusalén
21.6 *h* de hombre, gime con quebrantamiento
21.9 *h* de hombre, profetiza, y di: Así ha
21.10 al cetro de mi *h* ha despreciado como

HIJO ***(Continúa)***
Ez. 21.12 clama. .*h* de hombre; porque ésta será
21.14 pues, *h* de hombre, profetiza, y bate
21.19 tú, *h* de hombre, traza dos caminos por
21.20 venga la espada a Rabá de los *h* de Amón
21.28 tú, *h* de hombre, profetiza, y dí: Así
21.28 así ha dicho. .acerca de los *h* de Amón
22.2 *h* de hombre, ¿no juzgarás. .a la ciudad
22.18 *h* de hombre, la casa de Israel se me
22.24 *h* de hombre, dí. .no eres tierra limpia
23.2 *h* de hombre, hubo dos mujeres, hijas de
23.4 y dieron a luz *h* e hijas. Y se llamaron
23.7 más escogidos de los *h* de los asirios
23.9 entregué en mano de. .*h* de los asirios
23.10 tomaron sus *h* y sus hijas, y a ella
23.12 se enamoró de los *h* de los asirios sus
23.25 ellos tomarán a tus *h* y a tus hijas
23.36 *h* de hombre, ¿no juzgarás tú a Ahola y
23.37 a sus *h* que habían dado a luz para mí
23.39 habiendo sacrificado sus *h* a sus ídolos
23.47 matarán a sus *h* y a sus hijas, y sus
24.2 *h* de hombre, escribe la fecha de este
24.16 *h* de hombre, he aquí que yo te quito
24.21 vuestros *h* y. . hijas. .caerán a espada
24.25 *h* de hombre, el día que yo arrebate a
24.25 yo arrebate. .también sus *h* y sus hijas
25.2 *h* de. .pon tu rostro hacia los *h* de Amón
25.3 dirás a los *h* de Amón: Oíd palabra de
25.5 a los *h* de Amón por majada de ovejas
25.10 a los *h* del oriente contra los *h* de
25.10 no haya más memoria de los *h* de Amón
26.2 *h* de hombre, por cuanto dijo Tiro contra
27.2 *h* de hombre, levanta endecha sobre Tiro
27.11 los *h* de Arvad. .estuvieron sobre tus
27.15 *h* de Dedán traficaban contigo; muchas
28.2 *h* de hombre, dí al príncipe de Tiro: Así
28.12 *h* de hombre, levanta endechas sobre el
28.21 *h* de hombre, pon tu rostro hacia Sidón
29.2 *h* de hombre. .tu rostro contra Faraón
29.18 *h* de hombre, Nabucodonosor rey. .hizo
30.2 *h* de hombre, profetiza, y dí: Así ha
30.5 y los *h* de las tierras aliadas, caerán
30.21 *h* de hombre, he quebrado el brazo de
31.2 *h* de hombre, dí a Faraón rey de Egipto
31.14 entre los *h* de los hombres, con los
32.2 *h* de hombre, levanta endechas. .Faraón
32.18 *h* de hombre, endecha sobre. .de Egipto
33.2 *h* de hombre, habla a los *h* de tu pueblo
33.7 *h* de hombre, te he puesto por atalaya
33.10 *h* de hombre, dí a la casa de Israel
33.12 *h* de hombre, dí a los *h* de tu pueblo
33.17 dirán los *h* de tu pueblo: No es recto
33.24 *h* de hombre, los que habitan aquellos
33.30 y tú, *h* de hombre, los *h* de tu pueblo
34.2 *h* de hombre, profetiza contra. .pastores
35.2 *h* de hombre, pon tu rostro hacia. .Seir
35.5 entregaste a los *h* de Israel al poder de
36.1 *h* de hombre, profetiza a los montes de
36.12 y haré. .y nunca más les matarás los *h*
36.13 y matadora de los *h* de tu nación has
36.14 nunca más matarás a los *h* de tu nación
36.15 ni harás. .morir a los *h* de tu nación
36.17 *h* de hombre, mientras la casa de Israel
37.3 *h* de hombre, ¿vivirán estos huesos?
37.9 profetiza, *h* de hombre, y dí al espíritu
37.11 *h* de hombre, todos estos huesos son la
37.16 *h* de hombre, toma. .un palo, y escribe
37.16 escribe en él: Para Judá. .*h* de Israel
37.18 cuando te pregunten los *h* de tu pueblo
37.21 yo tomo a los *h* de Israel de entre las
37.25 sus *h* y los *h* de sus *h* para siempre
38.2 *h* de hombre, pon tu rostro contra Gog
38.14 profetiza, *h* de hombre, y dí a Gog: Así
39.1 tú. .*h* de hombre, profetiza contra Gog
39.17 tú, *h* de hombre, así ha dicho Jehová
40.4 *h* de hombre, mira con tus ojos, y oye
40.46 estos son los *h* de Sadoc, los cuales
40.46 cuales son llamados de los *h* de Leví
43.7 dijo: *H* de hombre, este es el lugar de
43.7 el cual habitaré entre los *h* de Israel
43.10 tú, *h* de hombre, muestra a la casa de
43.18 *h* de hombre, así ha dicho Jehová el
44.5 *h* de hombre, pon atención, y mira con
44.9 ningún *h* de extranjero, incircunciso de
44.9 *h* de extranjeros que están entre los *h* de
44.15 mas los sacerdotes levitas *h* de Sadoc
44.15 cuando los *h* de Israel se apartaron de
44.25 pero por. .*h* o hija. .podrán contaminarse
46.16 el. .diere parte de su heredad a sus *h*
46.17 de él. .mas su herencia será de sus *h*
46.18 lo que él posee dará herencia a sus *h*
47.6 y me dijo: ¿Has visto, *h* de hombre?
47.22 que entre vosotros han engendrado *h*
47.22 como naturales entre los *h* de Israel
48.11 los sacerdotes. .de los *h* de Sadoc que
48.11 cuando erraron los *h* de Israel, como
Dn. 1.3 trajese de los *h* de Israel, del linaje
1.6 entre éstos estaban. .de los *h* de Judá
2.38 dondequiera que habitan *h* de hombres
3.25 cuarto es semejante a *h* de los dioses
5.13 ¿eres tú aquel Daniel de los *h* de la
5.21 fue echado de entre los *h* de los hombres
5.22 y tú, su *h* Belsasar, no has humillado
6.13 Daniel, que es de los *h* de los cautivos
6.24 echados en el foso. .ellos, sus *h* y sus
7.13 venía uno como un *h* de hombre, que vino
8.17 dijo: Entiende, *h* de hombre, porque la
9.1 en el año primero de Darío *h* de Asuero
10.16 uno con semejanza de *h* de hombre tocó
11.6 su *h*, y los que estaban de parte de ella
11.10 los *h* de aquél se airarán, y reunirán
11.41 escaparán. .la mayoría de los *h* de Amón
12.1 que está de parte de los *h* de tu pueblo
Os. 1.1 palabra de Jehová. .a Oseas *h* de Beeri
1.1 y en días de Jeroboam *h* de Joás, rey de
1.2 vé, tómate una mujer. .e *h* de fornicación
1.3 Gomer hija. .concibió y le dio a luz un *h*
1.8 después de. .concibió y dio a luz un *h*
1.10 será el número de los *h* de Israel como
1.10 les será dicho: Sois *h* del Dios viviente
1.11 se congregarán los *h* de Judá y de Israel
2.4 de sus *h*, porque son *h* de prostitución
3.1 amor de Jehová para con los *h* de Israel
3.4 porque. .estarán los *h* de Israel sin rey
3.5 volverán los *h* de Israel, y buscarán a
4.1 oíd palabra de Jehová, *h* de Israel, porque
4.6 olvidaste la ley. .yo me olvidaré de tus *h*
5.7 han engendrado *h* extraños; ahora en un
9.12 si llegaren a grandes sus *h*, les quitaré
9.13 pero Efraín sacará sus *h* a la matanza
10.14 cuando la madre fue destrozada con. .*h*
11.1 yo lo amé, y de Egipto llamé a mi *h*
11.10 rugirá, y los *h* vendrán temblando desde
13.8 como osa que ha perdido. .*h* los encontraré
13.13 dolores. .le vendrán; es un *h* no sabio
Jl. 1.1 palabra de Jehová. .a Joel *h* de Petuel
1.3 contaréis a. .*h*, y vuestros *h* a sus *h*
1.3 contaréis. .y sus *h* a la otra generación
1.12 por lo cual se extinguió el gozo de los *h*
2.23 vosotros también, *h* de Sion, alegraos
2.28 y profetizarán vuestros *h* y vuestras
3.6 y vendisteis los *h* de Judá y los *h* de
3.6 vendisteis los. .a los *h* de los griegos
3.8 venderé. .*h* y vuestras hijas a los *h* de
3.16 será. .la fortaleza de los *h* de Israel
3.19 por la injuria hecha a los *h* de Judá
Am. 1.1 en días de Jeroboam *h* de Joás, rey de
1.13 por tres pecados de los *h* de Amón, y por
2.7 *h* y su padre se llegan a la misma joven
2.11 y levanté de vuestros *h* para profetas
2.11 es esto así, dice Jehová, *h* de Israel?
3.1 ha hablado Jehová contra. .*h* de Israel
3.12 escaparán los *h* de Israel que moran en
4.5 así lo queréis, *h* de Israel, dice Jehová
7.14 ni soy *h* de profeta, sino. .soy boyero
7.17 tus *h* y tus hijas caerán a espada, y tu
9.7 *h* de Israel, ¿no me sois. .*h* de etíopes
Abd. 12 no. .haberte alegrado de los *h* de Judá
20 los cautivos. .de los *h* de Israel poseerán
Jon. 1.1 palabra de Jehová a Jonás *h* de Amitai
Mi. 1.16 trasquílate por los *h* de tus delicias
5.3 el resto. .se volverá con los *h* de Israel
5.7 las lluvias. .ni aguardan a *h* de hombres
6.5 qué le respondió Balaam *h* de Beor, desde
7.6 *h* deshonra al padre, la hija se levanta
Sof. 1.1 palabra. .que vino a Sofonías *h* de Cusi
1.1 Cusi, *h* de Gedalías, *h* de Amarías, *h* de
1.1 en días de Josías *h* de Amón, rey de Judá
1.8 castigaré. .a los *h* del rey, y a todos los
2.8 los denuestos de los *h* de Amón con que
2.9 Sodoma, y los *h* de Amón como Gomorra
Hag. 1.1 palabra de. .a Zorobabel *h* de Salatiel
1.1,14 Josué *h* de Josadac, sumo sacerdote
1.12 oyó Zorobabel *h* de Salatiel, y Josué *h*
1.14 despertó. .el espíritu de Zorobabel *h* de
2.2 habla ahora a Zorobabel *h* de Salatiel
2.2 y a Josué *h* de Josadac, sumo sacerdote
2.4 esfuérzate también, Josué *h* de Josadac
2.23 te tomaré, oh Zorobabel *h* de Salatiel
Zac. 1.1,7 Zacarías *h* de Berequías, *h* de Iddo
6.10 irás. .y entrarás en casa de Josías *h* de
6.11 en la cabeza del sumo sacerdote Josué *h*
6.14 coronas servirán. .a Hen *h* de Sofonías
9.9 cabalgando. .sobre un pollino *h* de asna
9.13 tus *h*, oh Sion, contra tus *h*, oh Grecia
10.7 sus *h* también verán, y se alegrarán; su
10.9 de mí; y vivirán con sus *h*, y volverán
12.10 llorarán como se llora por *h* unigénito
Mal. 1.6 el *h* honra al padre, y el siervo a su
3.3 limpiará a los *h* de Leví, los afinará
3.6 *h* de Jacob, no habéis sido consumidos
3.17 como el hombre que perdona a su *h* que
4.6 hará volver el corazón de. .hacia los *h*
4.6 y el corazón de los *h* hacia los padres
Mt. 1.1 Jesucristo, *h* de David, *h* de Abraham
1.20 *h* de David, no temas recibir a María tu
1.21 dará a luz un *h*, y llamarás su nombre
1.23 una virgen concebirá y dará a luz un *h*
1.25 hasta que dio a luz a su *h* primogénito
2.15 cuando dijo: De Egipto llamé a mi *H*
2.18 Raquel que llora a sus *h*, y no quiso ser
3.9 Dios puede levantar *h* a Abraham aun de
3.17 que decía: Este es mi *H* amado, en quien
4.3 si eres *H* de Dios, dí que estas piedras
4.6 si eres *H* de Dios, échate abajo; porque
4.21 vio a. .Jacobo *h* de Zebedeo, y Juan su
5.9 porque ellos serán llamados *h* de Dios
5.45 para que seáis *h* de vuestro Padre que
7.9 si su *h* le pide pan, le dará una piedra?
7.11 sabéis dar buenas dádivas a vuestros *h*
8.12 mas los *h* del reino serán echados a los
8.20 el *H* de Hombre no tiene donde recostar
8.29 tienes con nosotros, Jesús *H* de Dios?
9.2 dijo al. .Ten ánimo, *h*; tus pecados te son
9.6 para que sepáis que el *H* del Hombre tiene
9.27 misericordia de nosotros, *H* de David!
10.2 Jacobo *h* de Zebedeo, y Juan su hermano
10.3 Mateo el publicano, Jacobo *h* de Alfeo
10.21 entregará a la muerte. .el padre al *h*
10.21 los *h* se levantarán contra los padres
10.23 no acabaréis de. .antes que venga el *H*
10.37 el que ama a *h* o hija más que a mí, no
11.19 vino el *H* del Hombre, que come y bebe
11.19 la sabiduría es justificada por sus *h*
11.27 nadie conoce al *H*, sino el Padre, ni
11.27 el *H*, y aquel a quien el *H* lo quiera
12.8 *H* del Hombre es Señor del día de reposo
12.23 y decía: ¿Será éste aquel *H* de David?
12.27 los demonios. .por quien los echan. .*h*?
12.32 dijere alguna palabra contra el *H* del
12.40 estará el *H*. .en el corazón de la tierra
13.37 el que siembra la buena semilla es el *H*
13.38 la buena semilla son los *h* del reino
13.38 reino, y la cizaña son los *h* del malo
13.41 enviará el *H* del Hombre a sus ángeles
13.55 ¿no es éste el *h* del carpintero? ¿No se
14.33 diciendo: Verdaderamente eres *H* de Dios
15.22 ¡Señor, *H* de David, ten misericordia
15.26 no está bien tomar el pan de los *h*, y
16.13 ¿quién dicen. .que es el *H* del Hombre?
16.16 eres el Cristo, el *H* del Dios viviente
16.17 bienaventurado eres, Simón, *h* de Jonás
16.27 el *H* del Hombre vendrá en la gloria de
16.28 hasta que hayan visto al *H* del Hombre
17.5 que decía: Este es mi *H* amado, en quien
17.9 hasta que el *H* del Hombre resucite de
17.12 así también el *H* del Hombre padecerá de
17.15 misericordia de mi *h*, que es lunático
17.22 dijo: El *H* del Hombre será entregado
17.25 cobran. .de sus *h*, o de los extraños?
17.26 le dijo: Luego los *h* están exentos
18.11 el *H* del Hombre ha venido para salvar
18.25 ordenó su. .venderle, y a su mujer e *h*
19.28 cuando el *H* del Hombre se siente en el
19.29 dejado. .*h*, o tierras, por mi nombre
20.18 y el *H* del Hombre será entregado a los
20.20 la madre de los *h* de Zebedeo con sus *h*
20.21 se sienten estos dos *h* míos, el uno a
20.28 el *H* del Hombre no vino para ser servido
20.30,31 *H* de David, ten misericordia de
21.5 sobre un pollino, *h* de animal de carga
21.9,15 diciendo: ¡Hosanna al *H* de David!
21.28 tenía dos *h*, y acercándose al primero
21.28 dijo: *H*, vé hoy a trabajar en mi viña
21.37 les envió su *h*. .Tendrán respeto a mi *h*
21.38 cuando vieron al *h*, dijeron entre sí
22.2 un rey que hizo fiesta de bodas a su *h*
22.24 si alguno muriere sin *h*, su hermano se
22.42 ¿de quién es *h*? Le dijeron: De David
22.45 si David le llama Señor, ¿cómo es su *h*?
23.15 le hacéis dos veces más *h* del infierno
23.31 dais testimonio. .que sois *h* de aquellos
23.35 la sangre de Zacarías *h* de Berequías
23.37 ¡cuántas veces quise juntar a tus *h*
24.27,37,39 será la venida del *H* del Hombre
24.30 aparecerá la señal del *H* del Hombre en
24.30 verán al *H* del Hombre viniendo sobre
24.44 el *H* del Hombre vendrá a la hora que
25.13 ni la hora en que el *H* del hombre ha de
25.31 cuando el *H* del Hombre venga en su
26.2 el *H* del Hombre será entregado para ser
26.24 el *H* del Hombre va, según está escrito
26.24 ¡ay de aquel hombre por quien el *H* del
26.37 tomando a Pedro, y. .dos *h* de Zebedeo
26.45 el *H* del Hombre es entregado en manos
26.63 si eres tú el Cristo, el *H* de Dios
26.64 que desde ahora veréis al *H* del Hombre
27.9 según precio puesto por los *h* de Israel
27.25 sangre sea sobre. .y sobre nuestros *h*
27.40 eres *H* de Dios, desciende de la cruz
27.43 líbrele ahora. .ha dicho: Soy *H* de Dios
27.54 verdaderamente éste era *H* de Dios
27.56 estaban. .la madre de los *h* de Zebedeo
28.19 en el nombre del Padre, y del *H*, y del
Mr. 1.1 del evangelio de Jesucristo, *H* de Dios
1.11 decía: Tú eres mi *H* amado; en ti tengo
1.19 vio a Jacobo *h* de Zebedeo, y a Juan su
2.5 dijo. .*H*, tus pecados te son perdonados
2.10 que sepáis que el *H* del Hombre tiene
2.14 a Leví *h* de Alfeo, sentado al banco de
2.28 el *H* del Hombre es Señor aun del día de
3.11 voces, diciendo: Tú eres el *H* de Dios
3.17 a Jacobo *h* de Zebedeo, y a Juan hermano
3.17 apellidó Boanerges, esto es, *H*. .trueno
3.18 Tomás, Jacobo *h* de Alfeo, Tadeo, Simón
3.28 serán perdonados a los *h* de los hombres
5.7 ¿qué tienes conmigo, Jesús, *H* del Dios
6.3 ¿no es éste el carpintero, *h* de María
7.27 dijo: Deja primero que se sacien los *h*
7.27 no está bien tomar el pan de los *h* y
7.28 perrillos. .comen de las migajas de los *h*
8.31 le era necesario al *H* del Hombre padecer

HIJO ***(Continúa)***

Mr. 8.38 el *H* del Hombre se avergonzará. .de él
9.7 que decía: Este es mi *H* amado; a él oíd
9.9 que a nadie. .sino cuando el *H* del Hombre
9.12 ¿y cómo está escrito del *H* del Hombre
9.17 traje a ti mi *h*, que tiene un espíritu
9.31 el *H* del Hombre será entregado en manos
10.24 *h*, ¡cuán difícil les es entrar en el
10.29 dejado. .*h*, o tierras, por causa de mí
10.30 *h*, y tierras, con persecuciones; y en
10.33 y el *H* del Hombre será entregado a los
10.35 entonces Jacobo y Juan, *h* de Zebedeo
10.45 *H* del Hombre no vino para ser servido
10.46 Bartimeo el ciego, *h* de Timeo, estaba
10.47,48 *H* de David, ten misericordia de mí!
12.6 *h* suyo, amado. .Tendrán respeto a mi *h*
12.19 y dejare esposa, pero no dejare *h*, que
12.35 ¿cómo dicen. .el Cristo es *h* de David?
12.37 le llama Señor; ¿cómo, pues, es su *h?*
13.12 y el padre al *h;* y se levantarán los *h*
13.26 verán al *H* del Hombre que vendrá en las
13.32 nadie sabe, ni. .ni el *H*, sino el Padre
14.21 el *H* del Hombre va, según está escrito
14.21 por quien el *H* del Hombre es entregado
14.41 el *H* del Hombre es entregado en manos
14.61 ¿eres tú el Cristo, el *H* del Bendito?
14.62 y veréis al *H* del Hombre sentado a la
15.39 centurión. .este hombre era *H* de Dios
Lc. 1.7 pero no tenían *h*, porque Elisabet era
1.13 y tu mujer Elisabet te dará a luz un *h*
1.16 hará que muchos de los *h* de Israel se
1.17 los corazones de los padres a los *h*, y
1.31 darás a luz un *h*, y llamarás su nombre
1.32 grande, y será llamando *H* del Altísimo
1.35 el Santo Ser que. .será llamado *H* de Dios
1.36 Elisabet. .ha concebido *h* en su vejez
1.57 se le cumplió el tiempo. .dio a luz un *h*
2.7 dio a luz a su *h* primogénito. .envolvió
2.48 madre: *H*, ¿por qué nos has hecho así?
3.2 palabra de Dios a Juan, *h* de Zacarías, en
3.8 Dios puede levantar *h*. .de estas piedras
3.22 mi *H* amado; en ti tengo complacencia
3.23 *h*, según se creía, de José, *h* de Elí
3.24 *h* de Matat, *h* de Leví, *h* de Melqui
3.24 Leví. .de Melqui, *h* de Jana, *h* de José
3.25 *h* de Matatías, *h* de Amós, *h* de Nahum
3.25 de Matatías. .*h* de Esli, *h* de Nagai
3.26 *h* de Maat, *h* de Matatías, *h* de Semei
3.26 Maat. .de Semei, *h* de José, *h* de Judá
3.27 *h* de Joana, *h* de Resa, *h* de Zorobabel
3.27 de Zorobabel, *h* de Salatiel, *h* de Neri
3.28 *h* de Melqui, *h* de Adi, *h* de Cosam. .Er
3.28 Adi. .de Cosam, *h* de Elmodam, *h* de Er
3.29 *h* de Josué, *h* de Eliezer, *h* de Jorim
3.29 Josué. .Eliezer. .de Jorim, *h* de Matat
3.30 *h* de Leví, *h* de Simeón, *h* de Judá. .José
3.30 *h* de José, *h* de Jonán, *h* de Eliaquim
3.31 *h* de Melea, *h* de Mainán, *h*. .*h* de Natán
3.32 *h* de David, *h* de Isaí, *h* de Obed. .Booz
3.32 *h* de Booz, *h* de Salmón, *h* de Naasón
3.33 *h* de Aminadab, *h* de Aram, *h* de Esrom
3.33 Aram. .de Esrom, *h* de Fares, *h* de Judá
3.34 *h* de Jacob, *h* de Isaac, *h* de Abraham
3.34 de Abraham, *h* de Taré, *h* de Nacor
3.35 *h* de Serug, *h* de Ragau, *h* de Peleg
3.35 de Peleg, *h* de Heber, *h* de Sala
3.36 *h* de Cainán, *h* de Arfaxad, *h* de Sem
3.36 Arfaxad. .de Sem, *h* de Noé, *h* de Lamec
3.37 *h* de Matusalén, *h* de Enoc, *h* de Jared
3.37 de Jared, *h* de Mahalaleel, *h* de Cainán
3.38 *h* de Enós, *h* de Set, *h* de Adán, *h* de
4.3 si eres *H* de Dios, dí a estas piedras que
4.9 si eres *H* de Dios, échate de aquí abajo
4.22 y decían: ¿No es éste el *h* de José?
4.41 voces y diciendo: Tú eres el *H* de Dios
5.10 Jacobo y Juan, *h* de Zebedeo, que eran
5.24 que sepáis que el *H* del Hombre tiene
6.5 el *H* del Hombre es Señor aun del día de
6.15 Mateo, Tomás, Jacobo *h* de Alfeo, Simón
6.22 y desechen. .por causa del *H* del Hombre
6.35 y seréis *h* del Altísimo; porque él es
7.12 *h* único de su madre, la cual era viuda
7.34 vino el *H* del Hombre, que come y bebe
7.35 la sabiduría es justificada por. .sus *h*
8.28 ¿qué tienes conmigo, Jesús, *H* del Dios
9.22 es necesario que el *H* del Hombre padezca
9.26 de éste se avergonzará el *H* del Hombre
9.35 que decía: Este es mi *H* amado; a él oíd
9.38 ruego que veas a mi *h*, pues es el único
9.41 ¿hasta cuándo he de. .Trae acá a tu *h*
9.44 el *H* del Hombre será entregado en manos
9.56 el *H* del Hombre no ha venido para perder
9.58 *H* del Hombre no tiene dónde recostar la
10.6 si hubiere allí algún *h* de paz, vuestra
10.22 y nadie conoce quién es el *H* sino el
10.22 Padre; ni quién es el Padre, sino el *H*
10.22 y aquel a quien el *H* lo quiera revelar
11.11 su *h* le pide pan, le dará una piedra
11.13 sabéis dar buenas dádivas a vuestros *h*
11.19 si yo. .¿vuestros *h* por quién los echan?
11.30 será el *H* del Hombre a esta generación
12.8 el *H* del Hombre le confesará delante de
12.10 dijere alguna palabra contra el *H* del
12.40 que no penséis, el *H* del Hombre vendrá
12.53 el padre contra el *h*, y el *h* contra el
13.34 quise juntar a tus *h*, como la gallina
14.26 no aborrece a su. .*h*, y hermanos, y aun
15.11 también dijo: Un hombre tenía dos *h*
15.13 juntándolo todo el *h* menor, se fue
15.19 ya no soy digno de ser llamado tu *h*
15.21 el *h* le dijo: Padre, he pecado contra
15.21 ya no soy digno de ser llamado tu *h*
15.24 este mi *h* muerto era, y ha revivido
15.25 *h* mayor estaba en el campo; y cuando
15.30 vino este tu *h*, que ha consumido tus
15.31 *h*, tú siempre estás conmigo, y todas
16.8 *h* de. .son más sagaces que los *h* de luz
16.25 *h*, acuérdate que recibiste tus bienes
17.22 ver uno de los días del *H* del Hombre
17.24 así también será el *H* del Hombre en su
17.26 así. .será en los días del *H* del Hombre
17.30 en que el *H* del Hombre se manifieste
18.8 cuando venga el *H* del Hombre, ¿hallará
18.29 haya dejado. .*h*, por el reino de Dios
18.31 las cosas escritas. .del *H* del Hombre
18.38,39 *H* de David ten misericordia de mí
19.9 por cuanto él también es *h* de Abraham
19.10 el *H* del Hombre vino a buscar y salvar
19.44 y a tus *h* dentro de ti, y no dejarán
20.13 dijo: ¿Qué haré? Enviaré a mi *h* amado
20.28 muriere teniendo mujer, y no dejare *h*
20.29 el primero tomó esposa, y murió sin *h*
20.30 el segundo, el cual también murió sin *h*
20.34 los *h* de este siglo se casan, y se dan
20.36 y son *h* de Dios. .*h* de la resurrección
20.41 cómo dicen que el Cristo es *h* de David?
20.44 le llama Señor; ¿cómo entonces es su *h?*
21.27 al *H* del Hombre que vendrá en una nube
21.36 estar en pie delante del *H* del Hombre
22.22 a la verdad el *H* del Hombre va, según
22.48 ¿con un beso entregas al *H* del Hombre?
22.69 ahora el *H* del Hombre se sentará a la
22.70 ¿luego eres tú el *H* de Dios? Y él les
23.28 llorad por vosotras. .y por vuestros *h*
24.7 es necesario que el *H* del Hombre sea
Jn. 1.12 dio potestad de ser hechos *h* de Dios
1.18 el unigénito *H*, que está en el seno del
1.34 testimonio de que éste es el *H* de Dios
1.42 tú eres Simón, *h* de Jonás; tu serás
1.45 hemos hallado a. .a Jesús, el *h* de José
1.49 Rabí, tú eres el *H* de Dios; tú eres el
1.51 que suben y descienden sobre el *H* del
3.13 sino el que descendió del cielo; el *H*
3.14 que el *H* del Hombre sea levantado
3.16 que ha dado a su *H* unigénito, para que
3.17 porque no envió Dios a su *H* al mundo
3.18 no ha creído en el nombre del. .*H* de Dios
3.35 el Padre ama al *H*, y todas las cosas ha
3.36 el que cree en el *H* tiene vida eterna
3.36 rehúsa creer en el *H* no verá la vida
4.5 a la heredad que Jacob dio a su *h* José
4.12 cual bebieron él, sus *h* y sus ganados?
4.46 oficial del rey, cuyo *h* estaba enfermo
4.47 le rogó que descendiese y sanase a su *h*
4.49 Señor, desciende antes que mi *h* muera
4.50 dijo: Vé, tu *h* vive. Y el hombre creyó
4.51 le dieron nuevas, diciendo: Tu *h* vive
4.53 en que Jesús le había dicho: Tu *h* vive
5.19 no puede el *H* hacer nada por sí mismo
5.19 todo lo que el Padre hace. .lo hace el *H*
5.20 el Padre ama al *H*, y le muestra todas
5.21 también el *H* a los que quiere da vida
5.22 juzga, sino que todo el juicio dio al *H*
5.23 todos honren al *H* como honran al Padre
5.23 el que no honra al *H*, no honra al Padre
5.25 los muertos oirán la voz del *H* de Dios
5.26 así también ha dado al *H* el tener vida
5.27 juicio, por cuanto es el *H* del Hombre
6.27 por la comida. .el *H* del Hombre os dará
6.40 aquel que ve al *H* y cree en él, tenga
6.42 ¿no es éste Jesús, el *h* de José, cuyo
6.53 si no coméis la carne del *H* del Hombre
6.62 viereis al *H* del Hombre subir adonde
6.69 que tú eres el Cristo, el *H* del Dios
6.71 hablaba de Judas Iscariote, *h* de Simón
8.28 cuando hayáis levantado al *H* del Hombre
8.35 el esclavo no queda en. .el *h* sí queda
8.36 si el *H* os libertare, seréis. .libres
8.39 si fueseis *h* de Abraham, las obras de
9.19 ¿es éste vuestro *h*. .que nació ciego?
9.20 sabemos que éste es nuestro *h*, y que
9.35 le dijo: ¿Crees tú en el *H* de Dios?
10.36 blasfemas, porque dije: *H* de Dios soy?
11.4 para que el *H* de Dios sea glorificado
11.27 yo he creído que tú eres. .el *H* de Dios
11.52 para congregar en uno a los *h* de Dios
12.4 dijo uno de. .Judas Iscariote *h* de Simón
12.23 que el *H* del Hombre sea glorificado
12.34 es necesario que el *H* del Hombre sea
12.34 levantado? ¿Quién es este *H* del Hombre?
12.36 creed en la luz, para que seáis *h* de
13.2 de Judas. .*h* de Simón, que le entregase
13.26 lo dio a Judas Iscariote *h* de Simón
13.31 ahora es glorificado el *H* del Hombre
14.13 que el Padre sea glorificado en el *H*
17.1 glorifica a tu *H*. .*H* te glorifique a ti
17.12 de ellos se perdió. .el *h* de perdición
19.7 porque se hizo a sí mismo *H* de Dios
19.26 dijo a su madre: Mujer, he ahí tu *h*
20.31 que Jesús es el Cristo, el *H* de Dios
21.2 estaban. .los *h* de Zebedeo, y otros dos
21.15,16,17 Simón, *h* de Jonás, ¿me amas?
Hch. 1.13 donde moraban. .Jacobo *h* de Alfeo
2.17 vuestros *h* y vuestras hijas profetizarán
2.39 la promesa, y para vuestros *h*, y para
3.13 el Dios de. .ha glorificado a su *H* Jesús
3.25 vosotros sois los *h* de los profetas, y
3.26 habiendo levantado a su *H*, lo envió para
4.27 se unieron en. .contra tu santo *H* Jesús
4.30 mediante el nombre de tu santo *H* Jesús
4.36 que traducido es, *H* de consolación
5.21 todos los ancianos de los *h* de Israel
7.5 le prometió que. .cuando él aún no tenía *h*
7.16 que. .compró Abraham de los *h* de Hamor
7.21 la hija de Faraón. .le crio como *h* suyo
7.23 visitar a sus hermanos los *h* de Israel
7.29 tierra de Madián donde engendró dos *h*
7.37 el que dijo a los *h* de Israel: Profeta
7.56 al *H* del Hombre que está a la diestra
8.37 creo que Jesucristo es el *H* de Dios
9.15 en presencia de. .y de los *h* de Israel
9.20 diciendo que éste era el *H* de Dios
10.36 Dios envió mensaje a los *h* de Israel
13.10 *h* del diablo, enemigo de toda justicia!
13.21 y Dios les dio a Saúl *h* de Cis, varón
13.22 diciendo: He hallado a David *h* de Isaí
13.26 *h* del linaje de Abraham, y los que
13.33 cual Dios ha cumplido a los *h* de ellos
13.33 mi *h* eres tú, yo te he engendrado hoy
16.1 Timoteo, *h* de una mujer judía creyente
19.14 había siete *h* de un tal Esceva, judío
21.5 acompañándonos todos, con. .mujeres e *h*
21.21 no circunciden a sus *h*, ni observen las
23.6 yo soy fariseo, *h* de fariseo; acerca de
23.16 el *h* de la hermana de Pablo, oyendo
Ro. 1.3 de su *H*, nuestro Señor Jesucristo, que
1.4 que fue declarado *H* de Dios con poder
1.9 a quien sirvo. .en el evangelio de su *H*
5.10 reconciliados. .por la muerte de su *H*
8.3 enviando a su *H* en semejanza de carne
8.14 guiados por el Espíritu. .son *h* de Dios
8.16 da testimonio. .de que somos *h* de Dios
8.17 si *h*, también herederos; herederos de
8.19 aguardar la manifestación de los *h* de
8.21 a la libertad gloriosa de los *h* de Dios
8.29 hechos conformes a la imagen de su *H*
8.32 que no escatimó ni a su propio *H*, sino
9.7 ni por ser descendientes de. .son todos *h*
9.8 no los que. .*h* según la carne son los *h*
9.8 sino que los que son *h* según la promesa
9.9 este tiempo vendré, y Sara tendrá un *h*
9.26 allí serán llamados *h* del Dios viviente
9.27 si fuere el número de los *h* de Israel
1 Co. 1.9 llamados a la comunión con su *H*
4.14 sino para amonestaros como a *h* míos
4.17 a Timoteo, que es mi *h* amado y fiel
7.14 otra manera vuestros *h* serían inmundos
15.28 también el *H* mismo se sujetará al que
2 Co. 1.19 *H* de Dios. .que. .ha sido predicado
3.7 *h* de Israel no pudieron fijar la vista
3.13 los *h* de Israel no fijaran la vista en
6.13 para corresponder del. .(como a *h* hablo)
6.18 vosotros me seréis *h* e hijas, dice el
12.14 pues no deben atesorar los *h* para los
12.14 los padres, sino los padres para los *h*
Gá. 1.16 revelar a su *H* en mí, para que yo le
2.20 lo vivo en la fe del *H* de Dios, el cual
3.7 los que son de fe, éstos son *h* de Abraham
3.26 pues todos sois *h* de Dios por la fe en
4.4 envió a su *H*, nacido de mujer y nacido
4.5 fin de que recibiésemos la adopción de *h*
4.6 por cuanto sois *h*, Dios envió a vuestros
4.6 corazones el Espíritu de su *H*, el cual
4.7 que ya no eres esclavo, sino *h;* y si *h*
4.22 escrito que Abraham tuvo dos *h;* uno de
4.24 el cual da *h* para esclavitud. .es Agar
4.25 junto con sus *h*, está en esclavitud
4.27 más son los *h* de la desolada, que de la
4.28 así. .como Isaac, somos *h* de la promesa
4.30 dice. .Echa fuera a la esclava y a su *h*
4.30 no heredará el *h* de la esclava con el *h*
4.31 de manera. .que no somos *h* de la esclava
Ef. 1.5 para ser adoptados *h* suyos por medio
2.2 el espíritu que ahora opera en los *h* de
2.3 y éramos por naturaleza *h* de la ira, lo
3.5 se dio a conocer a los *h* de los hombres
4.13 y del conocimiento del *H* de Dios, a un
5.1 sed. .imitadores de Dios como *h* amados
5.6 ira de Dios sobre los *h* de desobediencia
5.8 sois luz en el Señor; andad como *h* de luz
6.1 *h*, obedeced en. .a vuestros padres, porque
6.4 padres, no provoquéis a ira a vuestros *h*
Fil. 2.15 *h* de Dios sin mancha en medio de una
2.22 como *h* a padre ha servido conmigo en el
Col. 1.13 y trasladado al reino de su amado *H*
3.6 cuales la ira de Dios viene sobre los *h*
3.20 *h*, obedeced a vuestros padres en todo
3.21 no exasperéis a vuestros *h*, para que no
1 Ts. 1.10 y esperar de los cielos a su *H*, al
2.7 como la nodriza que cuida. .sus propios *h*
2.11 como el padre a sus *h*, exhortábamos y
5.5 vosotros sois *h* de luz e *h* del día; no

HIJO *(Continúa)*

2 Ts. 2.3 y se manifieste..el *h* de perdición
1 Ti. 1.2 a Timoteo, verdadero *h* en la fe
1.18 este mandamiento, *h*..te encargo, para
2.15 salvará engendrando *h*, si permaneciere
3.4 que tenga a sus *h* en sujeción con toda
3.12 que gobiernen bien sus *h* y sus casas
5.4 pero si alguna viuda tiene *h*, o nietos
5.10 si ha criado *h;* si ha practicado la
5.14 se casen, críen *h*, gobiernen su casa
2 Ti. 1.2 amado *h:* Gracia, misericordia y paz
2.1 *h* mío, esfuérzate en la gracia que es en
Tit. 1.4 a Tito, verdadero *h* en la común fe
1.6 *h* creyentes, que no estén acusados de
2.4 enseñen..a amar a sus maridos y a sus *h*
Flm. 10 por mi *h* Onésimo, a quien engendré en
He. 1.2 hablado por el *H*, a quien constituyó
1.5 mi *H* eres tú, yo te he engendrado hoy
1.5 seré a él Padre, y él me será a mí *h?*
1.8 mas del *H* dice: Tu trono, oh Dios, por
2.6 el *h* del hombre, para que le visites?
2.13 he aquí, yo y los *h* que Dios me dio
2.14 por cuanto los *h* participaron de carne
3.6 pero Cristo como *h* sobre su casa, la cual
4.14 un gran sumo sacerdote..el *H* de Dios
5.5 tú eres mi *H*, yo te he engendrado hoy
5.8 y aunque era *H*..aprendió la obediencia
6.6 crucificando de nuevo para..al *H* de Dios
7.3 hecho semejante al *H* de Dios, permanece
7.5 los que de entre los *h* de Leví reciben
7.28 pero la palabra del juramento..al *H*
10.29 merecerá el que pisoteare al *H* de Dios
11.21 bendijo a cada uno de los *h* de José
11.22 mencionó la salida de los *h* de Israel
11.24 por la fe Moisés..rehusó llamarse *h* de
12.5 la exhortación que como a *h* se os dirige
12.5 *h* mío, no menosprecies la disciplina del
12.6 ama..y azota a todo el que recibe por *h*
12.7 Dios os trata como a *h;* porque ¿qué *h*
12.8 si se os deja..sois bastardos, y no *h*
Stg. 2.21 ofreció a su *h* Isaac sobre el altar
1 P. 1.14 como *h* obedientes, no os conforméis
5.13 la iglesia..y Marcos mi *h*, os saludan
2 P. 1.17 este es mi *H* amado, en el cual tengo
2.14 no se sacian de..y son *h* de maldición
2.15 siguiendo el camino de Balaam *h* de Beor
1 Jn. 1.3 comunión..con el Padre, y con su *H*
1.7 la sangre de Jesucristo su *H* nos limpia
2.22 anticristo el que niega al Padre y al *H*
2.23 que niega al *H*, tampoco tiene al Padre
2.23 el que confiesa al *H*, tiene..al Padre
2.24 permaneceréis en el *H* y en el Padre
3.1 cuál amor..que seamos llamados *h* de Dios
3.2 amados, ahora somos *h* de Dios, y aún no
3.8 para esto apareció el *H* de Dios, para
3.10 manifiestan los *h* de Dios y los *h* del
3.23 creamos en el nombre de su *H* Jesucristo
4.9 que Dios envió a su *H* unigénito al mundo
4.10 nos amó..y envió a su *H* en propiciación
4.14 el Padre ha enviado al *H*, el Salvador
4.15 que confiese que Jesús es el *H* de Dios
5.2 en esto conocemos que amamos a los *h* de
5.5 el que cree que Jesús es el *H* de Dios?
5.9 con que Dios ha testificado..de su *H*
5.10 el que cree en el *H* de Dios, tiene el
5.10 en el testimonio..dado acerca de su *H*
5.11 ha dado vida..esta vida está en su *H*
5.12 el que tiene al *H*, tiene la vida; el
5.12 el que no tiene al *H*..no tiene la vida
5.13 a vosotros que creéis en el..*H* de Dios
5.13 que creáis en el nombre del *H* de Dios
5.20 sabemos que el *H* de Dios ha venido, y
5.20 y estamos en el verdadero, en su *H*
2 Jn. 1 anciano a la señora elegida y a sus *h*
3 paz..y del Señor Jesucristo, *H* del Padre
4 he hallado algunos de tus *h* andando en la
9 persevera..ése sí tiene al Padre y al *H*
13 *h* de tu hermana, la elegida, te saludan
3 Jn. 4 el oir que mis *h* andan en la verdad
Ap. 1.13 en medio..semejante al *H* del Hombre
2.14 a poner tropiezo ante los *h* de Israel
2.18 el *H* de Dios, el que tiene ojos como
2.23 a sus *h* heriré de muerte, y todas las
7.4 de todas las tribus de los *h* de Israel
12.4 devorar a su *h* tan pronto como naciese
12.5 dio a luz un *h*..y su *h* fue arrebatado
12.13 mujer que había dado a luz al *h* varón
14.14 uno sentado semejante al *H* del Hombre
21.7 cosas, y yo seré su Dios, y él será mi *h*
21.12 de las doce tribus de los *h* de Israel

HILAR

Éx. 35.25 mujeres..*hilaban*..traían lo..*hilado*
35.26 las mujeres cuyo..*hilaron* pelo de cabra
Mt. 6.28 lirios..crecen: no trabajan ni *hilan*
Lc. 12.27 no trabajan, ni *hilan;* mas os digo

HILCIAS

1. *Padre de Eliaquim No. 1*, 2 R. 18.18,26,37; Is. 22.20; 36.3,22
2. *Sumo sacerdote en tiempo del rey Josías*

2 R. 22.4 vé al sumo sacerdote *H*, y dile que
22.8 el sumo sacerdote *H* al escriba Safán
22.8 e *H* dio el libro a Safán, y lo leyó
22.10 el sacerdote *H* me ha dado un libro
22.12 luego el rey dio orden al sacerdote *H*
22.14 fueron..*H*, y Ahicam, Acbor, Safán y
23.4 mandó el rey al sumo sacerdote *H*, a los
23.24 en el libro que..*H* había hallado en
1 Cr. 6.13 Salum engendró a *H*, *H*..a Azarías
9.11 Azarías hijo de *H*, hijo de Mesulam, hijo
2 Cr. 34.9 vinieron éstos al sumo sacerdote *H*
34.14 *H* halló el libro de la ley de Jehová
34.15 dando cuenta *H*..dio *H* el libro a Safán
34.18 *H* me dio un libro. Y leyó Safán en él
34.20 y mandó a *H* y a Ahicam hijo de Safán
34.22 *H* y los del..fueron a Hulda profetisa
35.8 *H*, Zacarías y..oficiales de la casa de
Esd. 7.1 Esdras hijo de Seraías..hijo de *H*

3. *Levita, descendiente de Merari*, 1 Cr. 6.45
4. *Levita en tiempo del rey David*, 1 Cr. 26.11
5. *Uno que ayudó a Esdras en la lectura de la ley*, Neh. 8.4
6. *Padre de Seraías No. 8*, Neh. 11.11
7. *Sacerdote que regresó del exilio con Zorobabel*, Neh. 12.7
8. *Sacerdote en tiempo de Joiacim*, Neh. 12.21
9. *Padre del profeta Jeremías*, Jer. 1.1
10. *Padre de Gemarías No. 1*, Jer. 29.3

HILEL *Padre de Abdón, juez de Israel*, Jue. 12.13,15

HILÉN *Aldea levítica en Judá*, 1 Cr. 6.58

HILERA

Éx. 28.17 lo llenarás de pedrería en cuatro *h*
28.17 una *h* de una piedra sárdica, un topacio
28.18 la segunda *h*, una esmeralda, un zafiro
28.19 la tercera *h*, un jacinto, una ágata y
28.20 la cuarta *h*, un berilo, un ónice y un
39.10 engastaron en él cuatro *h* de piedras
39.10 la primera *h* era..esta era la primera *h*
39.11 la segunda *h*, una esmeralda, un zafiro
39.12 la tercera *h*, un jacinto, una ágata y
39.13 la cuarta *h*, un berilo, un ónice y un
Lv. 24.6 las pondrás en dos *h*, seis en cada *h*
24.7 pondrás también sobre cada *h* incienso
1 R. 6.36 tres *h* de piedras..y una *h* de vigas
7.2 sobre cuatro *h* de columnas de cedro, con
7.3 las vigas..cada *h* tenía quince columnas
7.4 había tres *h* de ventanas, una..en tres *h*
7.5 estaban frente a las otras en tres *h*
7.12 el gran atrio..había tres *h* de piedras
7.18 dos *h* de granadas alrededor de la red
7.20 tenían..doscientas granadas en dos *h*
7.42 *h* de granadas en cada red, para cubrir
2 Cr. 4.3 dos *h* de calabazas fundidas..el mar
4.13 dos *h* de granadas en cada red, para que
Esd. 6.4 tres *h* de piedras grandes, y una de
Job 41.14 abrirá..las *h* de sus dientes espantan
Is. 28.25 pone el trigo en *h*, y la cebada en
Jer. 52.23 noventa y seis granadas en cada *h*

HILO

Gn. 14.23 que desde un *h* hasta una correa de
38.28 ató a su mano un *h* de grana, diciendo
38.30 el que tenía en su mano el *h* de grana
Éx. 39.3 y cortaron *h* para tejerlos entre el
Lv. 19.19 no te pondrás vestidos..mezcla de *h*
Jue. 16.12 las rompió de sus brazos como un *h*
1 R. 7.15 y rodeaba a una y otra un *h* de doce
Cnt. 4.3 tus labios como *h* de grana, y tu habla

HILVANAR

Job 16.4 *hilvanar* contra vosotros palabras

HIMENEO *Cristiano apóstata*

1 Ti. 1.20 de los cuales son *H* y Alejandro
2 Ti. 2.17 de los cuales son *H* y Fileto

HIMNO

Mt. 26.30; Mr. 14.26 hubieron cantado el *h*
Hch. 16.25 cantaban *h* a Dios; y los presos los
Ef. 5.19 entre vosotros con salmos, con *h* y
Col. 3.16 cantando..al Señor con salmos e *h* y

HIN

Éx. 29.40 la cuarta parte de un *h* de aceite
29.40 la libación, la cuarta parte de un *h*
30.24 de casia..y de aceite de olivas un *h*
Lv. 23.13 será de vino, la cuarta parte de un *h*
Nm. 15.4 con la cuarta parte de un *h* de aceite
15.5 vino..ofrecerás la cuarta parte de un *h*
15.6 amasada con la tercera parte de un *h*
15.7 de vino..la tercera parte de un *h*, en
15.9 amasada con la mitad de un *h* de aceite
15.10 de vino..la mitad de un *h*, en ofrenda
28.5 amasada con un cuarto de un *h* de aceite
28.7 la cuarta parte de un *h* con cada cordero
28.14 libaciones..medio *h* con cada becerro
28.14 tercera parte de un *h* con cada carnero
28.14 cuarta parte de un *h* con cada cordero
Ez. 4.11 beberás el agua..sexta parte de un *h*
45.24 ofrecerá..por cada efa un *h* de aceite
46.5,7,11 y un *h* de aceite con cada efa
46.14 y la tercera parte de un *h* de aceite

HINCAR

Pr. 26.9 espinas *hincadas*..mano del embriagado
Ec. 12.11 como clavos *hincados* son las de los
Is. 22.23 lo *hincaré* como clavo en lugar firme
22.25 el clavo *hincado* en lugar firme será
Mt. 27.29 *hincando* la rodilla..le escarnecían
Mr. 1.40 leproso..*hincada* la rodilla, le dijo
10.17 *hincando* la rodilla delante de él, le
Hch. 27.41 la proa, *hincada*, quedó inmóvil, y

HINCHAR

Nm. 5.21 tu muslo caiga..tu vientre se *hinche*
5.22 y hagan *hinchar* tu vientre y caer tu
5.27 su vientre se *hinchará* y caerá su muslo
Dt. 8.4 ni el pie se te ha *hinchado* en estos
Neh. 9.21 envejecieron, ni se *hincharon* sus
Hch. 28.6 estaban esperando que él se *hinchase*
Col. 2.18 *hinchado* por su propia mente carnal

HINCHAZÓN

Lv. 13.2 cuando el hombre tuviere en..cuerpo *h*
13.19 en el lugar del divieso hubiere una *h*
13.43 si pareciere la *h* de la llaga blanca
14.56 acerca de la *h*, y de la erupción, y de
Is. 1.6 herida, *h* y podrida llaga; no están

HINOM *Valle al sur de Jerusalén*

Jos. 15.8 sube..por el valle del hijo de *H* al
15.8 sube..enfrente del valle de *H* hacia el
18.16 está delante del valle del hijo de *H*
18.16 desciende luego al valle de *H*, al lado
2 R. 23.10 a Tofet..en el valle del hijo de *H*
2 Cr. 28.3 quemó..incienso en el valle de..de *H*
33.6 sus hijos por fuego en el valle..de *H*
Neh. 11.30 desde Beer-seba hasta el valle de *H*
Jer. 7.31 de Tofet..en el valle del hijo de *H*
7.32 no se diga más, Tofet, ni valle..de *H*
19.2 saldrás al valle del hijo de *H*, que está
19.6 no se llamará más..valle del hijo de *H*
32.35 cuales están en el valle del hijo de *H*

HIPOCRESÍA

Jer. 23.15 de los profetas..salió la *h* sobre
Mt. 23.28 pero por dentro estáis llenos de *h*
Mr. 12.15 percibiendo la *h* de ellos, les dijo
Lc. 12.1 levadura de los fariseos, que es la *h*
Gá. 2.13 Bernabé..arrastrado por la *h* de ellos
1 Ti. 4.2 por la *h* de mentirosos que, teniendo
Stg. 3.17 buenos frutos, sin incertidumbre ni *h*
1 P. 2.1 *h*, envidias, y todas las detracciones

HIPÓCRITA

Job 36.13 *h* de corazón atesoran para sí la ira
Sal. 26.4 no me he sentado con hombres *h*, ni
119.113 aborrezco a los hombres *h;* mas amo
Pr. 11.9 el *h* con la boca daña a su prójimo
Is. 33.14 espanto sobrecogió a los *h*. ¿Quién
Mt. 6.2 como hacen los *h* en las sinagogas y
6.5 cuando ores, no seas como los *h;* porque
6.16 ayunéis, no seáis austeros, como los *h*
7.5 ¡*h*! saca primero la viga de tu..ojo, y
15.7 *h*, bien profetizó de vosotros Isaías
16.3 ¡*h*! que sabéis distinguir el aspecto del
22.18 Jesús..dijo: ¿Por qué me tentáis, *h?*
23.13,14,15,23,25,27,29 ¡ay de vosotros escribas y fariseos, *h!*
24.51 castigará..pondrá su parte con los *h*
Mr. 7.6 *h*, bien profetizó de vosotros Isaías
Lc. 6.42 *h*, saca primero la viga de tu..ojo
11.44 de vosotros, escribas y fariseos, *h!*
12.56 ¡*h*! Sabéis distinguir el aspecto del
13.15 *h*..¿no desata en el día de reposo su

HIR *Descendiente de Benjamín*, 1 Cr. 7.12

HIRA *Amigo de Judá No. 1*

Gn. 38.1 un varón adulamita que se llamaba *H*
38.12 Judá..subía..Timnat, él y su amigo *H*

HIRAM

1. *Rey de Tiro en tiempo de David y Salomón*

2 S. 5.11 *H* rey de..envió embajadores a David
1 R. 5.1 *H* rey de Tiro envió también..siervos
5.1 porque *H* siempre había amado a David
5.2 entonces Salomón envió a decir a *H*
5.7 cuando *H* oyó las palabras de Salomón, se
5.8 envió *H* a decir a Salomón: He oído lo que
5.10 dio, pues, *H* a Salomón madera de cedro
5.11 Salomón daba a *H* 20.000 coros de trigo
5.11 trigo..esto daba Salomón a *H* cada año
5.12 hubo paz entre *H* y Salomón, e hicieron
5.18 los albañiles de..*H* prepararon la madera
9.11 para las cuales *H* rey de..había traído
9.11 el rey Salomón dio a *H* veinte ciudades
9.12 salió *H* de Tiro para ver las ciudades
9.14 e *H* había enviado..120 talentos de oro
9.27 y envió *H* en..a sus siervos, marineros

HIRAM *(Continúa)*
1 R. 10.11 la flota de *H* que había traído el oro
10.22 tenía. .una flota. .con la flota de *H*
1 Cr. 14.1 *H* rey de. .envió a David embajadores
2 Cr. 2.3 y envió a decir Salomón a *H* rey de
2.11 *H* rey de Tiro respondió por escrito que
2.12 además decía *H*: Bendito sea Jehová el
8.2 reedificó Salomón las ciudades que *H* le
8.18 *H* le había enviado naves por mano de sus
9.10 los siervos de *H*. .habían traído el oro
9.21 la flota del rey. .con los siervos de *H*

2. ***Arquitecto del templo de Salomón (=Hiram-abi)***
1 R. 7.13 Salomón, e hizo venir de Tiro a *H*
7.14 *H* era lleno de sabiduría, inteligencia
7.40 hizo *H* fuentes, y tenazas, y cuencos
7.45 y todos los utensilios que *H* hizo al
2 Cr. 4.11 *H*. .hizo calderos. .acabó *H* la obra

3. ***Descendiente de Benjamín*, 1 Cr. 8.5**

HIRAM-ABI =***Hiram No. 2***
2 Cr. 2.13 te he enviado un hombre hábil. .*H*
4.16 de bronce muy fino hizo. .enseres. .*H*

HISOPO
Éx. 12.22 tomad un manojo de *h*, y mojadlo en
Lv. 14.4,6,49,51,52 madera de cedro. .e *h*
Nm. 19.6 tomará. .*h*, y escarlata, y lo echará
19.18 un hombre limpio tomará *h*, y lo mojará
1 R. 4.33 el cedro. .el *h* que nace en la pared
Sal. 51.7 purifícame con *h*, y seré limpio
Jn. 19.29 poniéndola en un *h*, se la acercaron
He. 9.19 sangre. .e *h*, y roció el mismo libro

HISTORIA
Gn. 37.2 esta es la *h* de la familia de Jacob
1 R. 14.19 está escrito en el libro de las *h*
2 Cr. 13.22 escritos en la *h* de Iddo profeta
24.27 escrito en la *h* del libro de los reyes
Lc. 1.1 han tratado de poner en orden la *h* de

HIZQUI ***Descendiente de Benjamín*, 1 Cr. 8.17**

HOBA ***Región alrededor de Damasco*, Gn. 14.15**

HOBAB ***Suegro (o cuñado) de Moisés*, Nm. 10.29; Jue. 4.11**

HOCICO
Pr. 11.22 como zarcillo de oro en el *h* de un

HOD ***Descendiente de Aser*, 1 Cr. 7.37**

HODAVÍAS
1. ***Descendiente del rey David*, 1 Cr. 3.24**
2. ***Jefe de la tribu de Manasés*, 1 Cr. 5.24**
3. ***Descendiente de Benjamín*, 1 Cr. 9.7**
4. ***Padre de una familia de levitas que regresaron del exilio con Zorobabel*, Esd. 2.40; Neh. 7.43**

HODES ***Mujer de Saharaim*, 1 Cr. 8.9**

HODÍAS
1. ***Descendiente de Benjamín*, 1 Cr. 4.19**
2. ***Levita que ayudó a Esdras en la lectura de la ley*, Neh. 8.7; 9.5**
3. ***Nombre de tres firmantes del pacto de Nehemías (uno de ellos =No. 2)*, Neh. 10.10,13,18**

HODSI ***Lugar en la frontera norte de Palestina*, 2 S. 24.6**

HOGAR
Rt. 3.1 ¿no he de buscar *h* para ti, para que
2 Cr. 7.10 envió al pueblo a sus *h*, alegres y
Sal. 109.10 y procuren su pan lejos de sus. .*h*
Is. 30.14 halla tiesto para traer fuego del *h*

HOGLA ***Segunda hija de Zelofehad*, Nm. 26.33; 27.1; 36.11; Jos. 17.3**

HOGUERA
Is. 10.16 encenderá una *h* como ardor de fuego
Ez. 24.9 ¡ay de la ciudad de. .haré yo gran *h*

HOHAM ***Rey amorreo de Hebrón*, Jos. 10.3**

HOJA
Gn. 3.7 cosieron *h* de higuera, y se hicieron
8.11 paloma. .traía una *h* de olivo en el pico
Lv. 26.36 de una *h* que se mueva los perseguirá
Jue. 3.22 tras la *h*, y la gordura cubrió la *h*
1 R. 6.34 dos *h* de. .giraban, y las otras dos *h*
Neh. 6.1 no había puesto las *h* en las puertas
Job 13.25 ¿a la *h* arrebatada has de quebrantar
Sal. 1.3 que da su fruto en su. .y su *h* no cae
Is. 1.30 como encina a la que se le cae la *h*
34.4 ejército, como se cae la *h* de la parra
64.6 y caímos todos nosotros como la *h*, y
Jer. 8.13 no quedarán uvas en. .y se caerá la *h*
17.8 *h* estará verde; y en el año de sequía
Ez. 17.9 todas sus *h* lozanas se secarán; y eso
41.24 cada puerta. .dos *h*, dos *h* que giraban
41.24 dos *h* en una puerta, y otras dos en la
47.12 sus *h* nunca caerán, ni faltará su fruto
47.12 fruto será para. .y su *h* para medicina
Mt. 21.19 vino. .no halló nada en ella, sino *h*
24.32 y brotan las *h*, sabéis que el verano
Mr. 11.13 de lejos una higuera que tenía *h*, fue
11.13 cuando llegó a ella, nada halló sino *h*
13.28 y brotan las *h*, sabéis que el verano
Ap. 22.2 las *h* del árbol eran para la sanidad

HOJALDRE
Éx. 29.2 y *h* sin levadura untadas con aceite
29.23 una *h* del canastillo de los panes sin
Lv. 2.4 y *h* sin levadura untadas con aceite
7.12 ofrecerá. .*h* sin levadura untadas con
8.26 tomó. .una *h*, y lo puso con la grosura
Nm. 6.15 y *h* sin levadura untadas con aceite
6.19 tomará. .una *h* sin levadura, y las pondrá

HOJARASCA
Éx. 15.7 enviaste tu ira. .consumió como a *h*
Job 41.29 tiene toda arma por *h*, y del blandir
Sal. 83.13 ponlos. .como *h* delante del viento
Is. 33.11 concebisteis *h*, rastrojo daréis a luz
40.24 secan, y el torbellino los lleva como *h*
41.2 como polvo. .como *h* que su arco arrebata?
Jl. 2.5 como sonido de llama. .que consume *h*
Nah. 1.10 empapados. .serán consumidos como *h*
1 Co. 3.12 alguno edificare. .madera, heno, *h*

HOJUELA
Éx. 16.31 blanco, y su sabor como de *h* con miel
2 S. 13.6 venga. .y haga delante de mí dos *h*
13.8 Tamar. .hizo *h* delante de él y las coció
13.10 tomando Tamar las *h*. .las llevó a su
1 Cr. 23.29 para las *h* sin levadura, para lo

HOLGAR
Sal. 41.11 que mi enemigo no se *huelgue* de mí
Pr. 2.14 que se *huelguen* en las perversidades

HOLGURA
Sal. 123.4 del escarnio de los que están en *h*
2 Co. 8.13 haya para otros *h*, y para vosotros

HOLOCAUSTO
Gn. 8.20 edificó Noé. .y ofreció *h* en el altar
22.2 y ofrécelo allí en *h* sobre uno de los
22.3 y cortó leña para el *h*, y se levantó
22.6 tomó Abraham la leña del *h*, y la puso
22.7 mas ¿donde está el cordero para el *h?*
22.8 Dios se proveerá de cordero para el *h*
22.13 lo ofreció en *h* en lugar de su hijo
Éx. 10.25 tú también nos darás sacrificios y *h*
18.12 tomó Jetro, suegro de. .*h* y sacrificios
20.24 y sacrificarás sobre él tus *h* y tus
24.5 envió jóvenes. .ofrecieron *h* y becerros
29.18 altar; es *h* de olor grato para Jehová
29.25 en el altar, sobre el *h*, por olor grato
29.42 *h* continuo por vuestras generaciones
30.9 no ofreceréis sobre él. .*h*, ni ofrenda
30.28 altar del *h* con todos sus utensilios
31.9 el altar del *h* y todos sus utensilios
32.6 ofrecieron *h*, y presentaron ofrendas
35.16 el altar del *h*, su enrejado de bronce
38.1 hizo de madera de acacia el altar del *h*
40.6 pondrás el altar del *h* delante de la
40.10 ungirás. .altar del *h* y. .sus utensilios
40.29 colocó el altar del *h* a la entrada del
40.29 sacrificó sobre él *h* y ofrenda, como
Lv. 1.3 si su ofrenda fuere *h* vacuno, macho sin
1.4 y pondrá su mano sobre la cabeza del *h*
1.6 y desollará el *h*, y lo dividirá en sus
1.9,13,17 *h* es, ofrenda encendida de olor
1.10 si su ofrenda para *h* fuere del rebaño
1.14 la ofrenda para Jehová fuere *h* de aves
3.5 el *h* que estará sobre la leña encima del
4.7,18,25 sangre. .al pie del altar del *h*
4.10 la hará arder sobre el altar del *h*
4.24,29,33 el lugar donde se degüella el *h*
4.25,30,34 sobre los cuernos del altar del *h*
5.7 el uno para expiación, y el otro para *h*
5.10 y del otro hará *h* conforme al rito; así
6.9 la ley del *h*: El *h* estará sobre el fuego
6.10 cuando el fuego hubiere consumido el *h*
6.12 y acomodará el *h* sobre él, y quemará
6.25 en el lugar donde se degüella el *h* será
7.2 el lugar donde degüellan el *h*, degollarán
7.8 sacerdote que ofreciere el *h*. .piel del *h*
7.37 esta es la ley del *h*, de la ofrenda, del
8.18 hizo que trajeran el cordero del *h*, y
8.21 *h* de olor grato, ofrenda encendida para
8.28 las hizo arder en el altar sobre el *h*
9.2 toma. .y un carnero para *h*, sin defecto
9.3 cordero de un año, sin defecto, para *h*
9.7 acércate al. .y haz tu expiación y tu *h*
9.12 degolló asimismo el *h*. .sobre el altar
9.13 le presentaron el *h* pieza por pieza, y
9.14 lavó. .los quemó sobre el *h* en el altar
9.16 y ofreció el *h*, e hizo según el rito
9.17 hizo quemar. .además del *h* de la mañana
9.22 después de hacer. .el *h* y el sacrificio
9.24 salió fuego de. .y consumió el *h* con las
10.19 hoy han ofrecido. .*h* delante de Jehová
12.6 traerá un cordero de un año para *h*, y
12.8 o dos palominos, uno para *h* y otro para
14.13 se degüella el sacrificio por. .y el *h*
14.19 el sacrificio. .después degollará el *h*
14.20 subir. .el *h* y la ofrenda sobre el altar
14.22 será para expiación. .y el otro para *h*
14.31 y el otro en *h*, además de la ofrenda
15.15,30 el sacerdote hará del. .y del otro *h*
16.3 entrará Aarón. .con. .y un carnero para *h*
16.5 tomará dos machos. .y un carnero para *h*
16.24 saldrá, y hará su *h*, y el *h* del pueblo
17.8 varón de. .que ofreciere *h* o sacrificio
22.18 ofrendas voluntarias ofrecidas en *h* a
23.12 ofreceréis un cordero. .en *h* a Jehová
23.18 serán *h* a Jehová, con su ofrenda y sus
23.37 *h* y ofrenda, sacrificio y libaciones
Nm. 6.11 el sacerdote ofrecerá. .el otro en *h*
6.14 ofrecerá su. .un cordero de un año. .en *h*
6.16 el sacerdote. .hará su expiación y su *h*
7.15,21,27,33,39,45,51,57,63,69,75,81 un cordero de un año para *h*
7.87 todos los bueyes para *h*, doce becerros
8.12 ofrecerás. .el otro en *h* a Jehová, para
10.10 tocaréis. .trompetas sobre vuestros *h*
15.3 *h*, o sacrificio, por especial voto, o
15.5 de vino. .además del *h*. .por cada cordero
15.8 ofrecieres novillo en *h* o sacrificio
15.24 ofrecerá un novillo por *h* en olor grato
23.3,15 ponte junto a tu *h*, y yo iré. .Jehová
23.6,17 a él, y he aquí estaba él junto a su *h*
28.3 dos corderos. .día, será el *h* continuo
28.6 es *h* continuo, que fue ordenado en el
28.10 *h* de cada día. .además del *h* continuo
28.11 ofreceréis en *h* a Jehová dos becerros
28.13 *h* de olor grato, ofrenda encendida a
28.14 el *h* de cada mes por todos los meses
28.15,24,31 además del *h* continuo con su
28.19 ofreceréis. .*h* a Jehová, dos becerros
28.23 además del *h* de la mañana. .*h* continuo
28.27 ofreceréis en *h*. .dos becerros de la
29.2 ofreceréis *h* en olor grato a Jehová, un
29.6 además del *h* del mes. .y el *h* continuo
29.8 ofreceréis en *h*. .becerro de la vacada
29.11 y del *h* continuo y de sus ofrendas y
29.13 ofreceréis en *h*. .trece becerros de la
29.16,19,22,25,28,31,34,38 además del *h* continuo, su ofrenda y su libación
29.39 ofrendas voluntarias, para vuestros *h*
Dt. 12.6,11 allí llevaréis vuestros *h*, vuestros
12.13 de no ofrecer tus *h* en cualquier lugar
12.14 allí ofrecerás tus *h*, y allí harás todo
12.27 ofrecerás tus *h*, la carne y la sangre
13.16 su botín, todo ello, como *h* a Jehová
27.6 ofrecerás sobre él *h* a Jehová tu Dios
33.10 pondrán el incienso. .*h* sobre tu altar
Jos. 8.31 y ofrecieron sobre él *h* a Jehová
22.23 altar para. .para sacrificar *h* u ofrenda
22.26 un altar, no para *h* ni para sacrificio
22.27 el servicio de Jehová. .con nuestros *h*
22.28 no para *h* o sacrificios, sino para que
22.29 edificando altar para *h*, para ofrenda
Jue. 6.26 el segundo toro, sacrifícalo en *h*
6.28 ofrecido en *h* sobre el altar edificado
11.31 será de Jehová, y lo ofreceré en *h*
13.16 si quieres hacer *h*, ofrécelo a Jehová
13.23 no aceptaría de nuestras manos el *h*
20.26 ofrecieron *h* y ofrendas de paz delante
21.4 altar, y ofrecieron *h* y ofrendas de paz
1 S. 6.14 ofrecieron las vacas en *h* a Jehová
6.15 sacrificaron *h* y dedicaron sacrificios
7.9 un cordero. .lo sacrificó entero en *h*
7.10 mientras Samuel sacrificaba el *h*, los
10.8 descenderé yo a ti para ofrecer *h* y
13.9 dijo Saúl: Traedme *h*. .y ofreció el *h*
13.10 y cuando él acababa de ofrecer el *h*
13.12 no he. .Me esforcé, pues, y ofrecí *h*
15.22 ¿se complace Jehová tanto en los *h* y
2 S. 6.17 sacrificó David *h* y ofrendas de paz
6.18 David había acabado de ofrecer los *h*
24.22 he aquí bueyes para el *h*, y. .la leña
24.24 no ofreceré. .*h* que no me cuesten nada
24.25 David. .sacrificó *h* y ofrendas de paz
1 R. 3.4 mil *h* sacrificaba Salomón sobre aquel
3.15 sacrificó *h* y ofreció sacrificios de paz
8.64 ofreció allí los *h*, las ofrendas y la
8.64 no cabían en él los *h*, las ofrendas y
9.25 ofrecía Salomón tres veces cada año *h*
10.5 sus *h* que ofrecía en la casa de Jehová
18.34 derramadla sobre el *h* y sobre la leña
18.36 cuando llegó la hora de ofrecerse el *h*
18.38 y consumió el *h*, la leña, las piedras
2 R. 3.27 y lo sacrificó en *h* sobre el muro
5.17 tu siervo no sacrificará *h* ni ofrecerá
10.24 y cuando ellos entraron para hacer. .*h*
10.25 acabaron ellos de hacer el *h*, Jehú puso
16.13 encendió su *h* y su ofrenda, y derramó
16.15 en el gran altar encenderás el *h* de la

HOLOCAUSTO *(Continúa)*
2 R. 16.15 el *h* del rey y. .el *h* de todo el pueblo
16.15 y esparcirás sobre él. .la sangre del *h*
1 Cr. 6.49 Aarón y sus hijos. .el altar del *h*
16.1 trajeron el arca de Dios. .y ofrecieron *h*
16.2 cuando David acabó de ofrecer el *h* y los
16.40 y tarde, *h* a Jehová en el altar del *h*
21.23 aun los bueyes daré para el *h*, y los
21.24 no. .ni sacrificaré *h* que nada me cueste
21.26 en el que ofreció *h* y ofrendas de paz
21.26 por fuego. .el cielo en el altar del *h*
21.29 y el altar del *h*, estaban. .en Gabaón
22.1 aquí estará. .el altar del *h* para Israel
23.31 para ofrecer. .*h* a Jehová los días de
29.21 ofrecieron a Jehová *h*. .de todo Israel
2 Cr. 1.6 Salomón. .y ofreció sobre él mil *h*
2.4 y para *h* a mañana y tarde, en los días
4.6 lavar. .en ellas lo que se ofrecía en *h*
7.1 fuego. .y consumió el *h* y las víctimas
7.7 por cuanto había ofrecido allí los *h*, y la
7.7 en el altar de. .no podían caber los *h*
8.12 ofreció Salomón *h* a Jehová sobre el
13.11 queman. .los *h* cada mañana y cada tarde
23.18 para ofrecer a Jehová los *h*, como está
24.14 y sacrificaban *h* continuamente en la
29.7 ni sacrificaron *h* en el santuario al
29.18 ya hemos limpiado. .el altar del *h*, y
29.24 por. .Israel mandó el rey hacer el *h*
29.27 mandó Ezequías sacrificar el *h* en el
29.27 cuando comenzó el *h*, comenzó. .cántico
29.28 todo esto duró hasta consumirse el *h*
29.31 los generosos de corazón trajeron *h*
29.32 *h* que trajo la congregación, setenta
29.32 corderos, todo para el *h* de Jehová
29.34 no bastaban para desollar los *h*; y así
29.35 hubo abundancia de *h*, con grosura de
29.35 las ofrendas. .y libaciones para cada *h*
30.15 y trajeron los *h* a la casa de Jehová
31.2 y los levitas para ofrecer el *h* y las
31.3 el rey contribuyó. .para los *h* a mañana
31.3 *h* de los días de reposo, nuevas lunas
35.12 tomaron luego del *h*, para dar conforme
35.14 ocupados. .en el sacrificio de los *h* y
35.16 para sacrificar los *h* sobre el altar
Esd. 3.2 ofrecer sobre él *h*, como está escrito
3.3 ofrecieron sobre él *h* a Jehová, *h* por la
3.4 y *h* cada día por orden conforme al rito
3.5 además. .el *h* continuo, las nuevas lunas
3.6 comenzaron a ofrecer *h* a Jehová; pero los
6.9 *h* al Dios del cielo, trigo, sal, vino y
8.35 ofrecieron *h* al Dios de. .en *h* a Jehová
Neh. 10.33 el *h* continuo, los días de reposo
Job 1.5 ofrecía *h* conforme al número de todos
42.8 y ofreced *h* por vosotros, y mi siervo
Sal. 20.3 memoria de. .ofrendas, y acepte tu *h*
40.6 oídos; *h* y expiación no has demandado
50.8 no te reprenderé por tus. .ni por tus *h*
51.16 sacrificio. .yo lo daría; no quieres *h*
51.19 entonces te agradarán. .el *h* u ofrenda
66.13 entraré en tu casa con *h*; te pagaré mis
66.15 *h* de animales engordados te ofreceré
Is. 1.11 hastiado estoy de *h* de carneros y de
43.23 no me trajiste. .los animales de tus *h*
56.7 sus *h* y. .serán aceptos sobre mi altar
61.8 aborrecedor del latrocinio para *h*; por
Jer. 6.20 vuestros *h* no son aceptables, ni
7.21 añadid vuestros *h* sobre. .sacrificios
7.22 no hablé. .ni nada les mandé acerca de *h*
14.12 ofrezcan *h* y ofrenda no lo aceptaré
17.26 trayendo *h* y sacrificio, y ofrenda e
19.5 quemar a sus hijos. .en *h* al mismo Baal
33.18 que delante de mí ofrezca *h* y encienda
Ez. 40.38 había allí una cámara. .lavarán el *h*
40.39 mesas. .para degollar sobre ellas el *h*
40.42 cuatro mesas para el *h* eran de piedra
40.42 los utensilios con que degollarán el *h*
43.18 para ofrecer *h* sobre él y para esparcir
43.24 sacerdotes. .los ofrecerán en *h* a Jehová
43.27 sacrificarán sobre el altar vuestros *h*
44.11 ellos matarán el *h* y la víctima para
45.15 para *h* y para ofrendas de paz, para
45.17 al príncipe corresponderá el dar el *h*
45.17 él dispondrá. .el *h* y las ofrendas de
45.23 los siete días de. .ofrecerá *h* a Jehová
45.25 en estos siete días en cuanto a. .al *h*
46.2 mientras los sacerdotes ofrezcan su *h*
46.4 el *h* que el príncipe ofrecerá a Jehová
46.12 libremente hiciere *h* u ofrendas de paz
46.12 hará su *h* y sus ofrendas de paz, como
46.13 ofrecerás. .en *h* un cordero de un año
46.15 ofrecerán. .las mañanas en *h* continuo
Os. 6.6 no. .y conocimiento de Dios más que *h*
Am. 5.22 me ofreciereis vuestros *h* y vuestras
Mi. 6.6 me presentaré ante él con *h*. .de un año?
Mr. 12.33 y el amarle. .es más que todos los *h*
He. 10.6,8 *h* y expiaciones por el pecado no

HOLÓN
1. *Ciudad levítica en Judá*, Jos. 15.51; 21.15
2. *Población en Moab*, Jer. 48.21

HOLLAR
Dt. 33.29 así. .tú *hollarás* sobre tus alturas
Jos. 14.9 tierra que *holló* tu pie será para ti
Jue. 20.43 *hollaron* desde Menúha hasta. .Gaba
1 S. 2.29 habéis *hollado* mis sacrificios y mis
2 R. 13.7 había puesto como el polvo para *hollar*
14.9; 2 Cr. 25.18 fieras. .*hollaron* el cardo
Sal. 7.5 *huelle* en tierra mi vida, y mi honra
44.5 en tu nombre *hollaremos*. .adversarios
60.12 Dios. .él *hollará* a nuestros enemigos
91.13 *hollarás* al cachorro del león y al
108.13 Dios. .él *hollará* a nuestros enemigos
119.118 *hollaste* a todos los que se desvían
Is. 1.12 delante de mí para *hollar* mis atrios?
5.5 aportillaré su cerca, y será *hollada*
7.25 serán. .para ser *hollados* de los ganados
10.6 lo ponga para ser *hollado* como lodo de
14.19 tú echado. .como cuerpo muerto *hollado*
14.25 y en mis montes lo *hollaré*; y su yugo
25.10 Moab será *hollado*. .como es *h* la paja
26.6 la *hollará* pie, los pies del afligido
27.4 y cardos? Yo los *hollaré*, los quemaré
63.3 y los *hollé* con mi furor; y su sangre
63.6 ira *hollé* los pueblos, y los embriagué
63.18 enemigos han *hollado* tu santuario
Jer. 12.10 han destruido mi viña, *hollaron* mi
30.16 *hollados* serán los que te *hollaron*, y
Lm. 1.15 Señor ha *hollado* a todos mis hombres
1.15 como lagar ha *hollado* el Señor a. .Judá
Ez. 26.11 *hollará* todas tus calles; a tu pueblo
32.2 y enturbiabas. .y *hollabas* sus riberas
34.18 sino. .*holláis* con vuestros pies lo que
34.19 mis ovejas comen lo *hollado* de. .pies
Dn. 7.7,19 y las sobras *hollaba* con sus pies
Mi. 1.3 sale. .*hollará* las alturas de la tierra
5.5 asirio. .cuando *hollare* nuestros palacios
5.6 viniere. .y *hollare* nuestros confines
5.8 del león. .el cual si pasare, y *hollare*
7.10 será *hollada* como lodo de las calles
Hab. 3.12 con ira *hollaste* la tierra, con furor
Zac. 9.15 *hollarán* las piedras de la honda, y
10.5 *huellan* al enemigo en el lodo de las
Mal. 4.3 *hollaréis* a los malos, los cuales serán
Mt. 5.13 para ser. .y *hollada* por los hombres
Lc. 8.5 fue *hollada*, y las aves. .la comieron
10.19 os doy potestad de *hollar* serpientes
21.24 Jerusalén será *hollada* por los gentiles
Ap. 11.2 ellos *hollarán* la ciudad santa 42 meses

HOLLEJO
Nm. 6.4 los granillos hasta el *h*, no comerá

HOMAM *Hijo de Lotán horeo*, 1 Cr. 1.39

HOMBRE
Gn. 1.26 entonces dijo Dios: Hagamos al *h* a
1.27 creó Dios al *h* a su imagen, a imagen de
2.5 ni había *h* para que labrase la tierra
2.7 Dios formó al *h* del polvo de la tierra
2.7 sopló en su. .y fue el *h* un ser viviente
2.8 Dios. .puso allí al *h* que había formado
2.15 tomó. .Jehová Dios al *h*, y lo puso en el
2.16 y mandó Jehová Dios al *h*, diciendo: De
2.18 Dios: No es bueno que el *h* esté solo
2.22 del *h*, hizo una mujer, y la trajo al *h*
2.24 dejará el *h* a su padre y a su madre, y
3.8 el *h* y su mujer se escondieron de. .Dios
3.9 mas Jehová Dios llamó al *h*, y le dijo
3.12 el *h* respondió: La mujer. .me dio del
3.17 al *h* dijo: Por cuanto obedeciste a la
3.21 Dios hizo al *h* y a su mujer túnicas de
3.22 he aquí el *h* es como uno de nosotros
3.24 echó, pues, fuera al *h*. .del huerto de
4.26 entonces los *h* comenzaron a invocar el
5.1 día en que creó Dios al *h*, a semejanza
6.1 comenzaron los *h* a multiplicarse sobre
6.2 viendo. .las hijas de los *h* eran hermosas
6.3 no contenderá mi espíritu con el *h* para
6.4 los hijos de Dios a las hijas de los *h*
6.5 que la maldad de los *h* era mucha en la
6.6 se arrepintió Jehová de haber hecho *h*
6.7 raeré de. .a los *h*. .el *h* hasta la bestia
7.21 murió toda carne. .la tierra, y todo *h*
7.23 destruido. .desde el *h* hasta la bestia
8.21 a maldecir la tierra por causa del *h*
8.21 el intento del corazón del *h* es malo
9.5 la sangre. .la demandaré. .de mano del *h*
9.5 de su hermano demandaré la vida del *h*
9.6 el que derramare sangre de *h*, por el *h*
9.6 porque a imagen de Dios es hecho el *h*
11.5 torre que edificaban los hijos de. .*h*
13.13 los *h* de Sodoma eran malos y pecadores
16.12 él será *h* fiero; su mano contra todos
17.17 ¿a *h* de cien años ha de nacer hijo?
19.4 rodearon la casa los *h* de la ciudad
19.11 a los *h* que estaban a la puerta de la
20.8 dijo. .y temieron los *h* en gran manera
24.21 y el *h* estaba maravillado de. .callando
24.22 le dio el *h* un pendiente de oro que
24.26 el *h*. .se inclinó, y adoró a Jehová
24.29 corrió afuera hacia el *h*, a la fuente
24.30 que decía: Así me habló aquel *h*, vino
24.32 el *h* vino a casa, y Labán desató los
24.32 y los pies de los *h* que con él venían
24.59 ir. .y al criado de Abraham y a sus *h*
24.61 Rebeca y. .montaron. .y siguieron al *h*
25.27 Esaú fue diestro en la caza, *h* de campo
26.7 y los *h* de aquel lugar le preguntaron
26.7 los *h* del lugar lo matarían por. .Rebeca
26.11 el que tocare a este *h* o a su mujer
27.11 mi hermano es *h* velloso, y yo lampiño
29.19 la dé a ti, y no que la dé a otro *h*
32.6 Esaú. .viene. .y cuatrocientos *h* con él
32.28 has luchado con Dios y con los *h*, y has
33.1 he aquí venía Esaú, y los 400 *h* con él
34.14 dar nuestra hermana a *h* incircunciso
34.22 consentirán estos *h* en habitar con
34.30 teniendo yo pocos *h*, se juntarán contra
37.15 lo halló un *h*, andando él errante por
37.15 y le preguntó aquel *h*, diciendo: ¿Qué
37.17 aquel *h* respondió: Ya se han ido de
38.2 vio allí Judá la hija de un *h* cananeo
38.21 y preguntó a los *h* de aquel lugar
38.22 también los *h* del lugar dijeron: Aquí
41.38 ¿acaso hallaremos a otro *h* como éste
42.11 somos *h* honrados; tus siervos nunca
42.19 si sois *h* honrados, quede preso en la
42.31 somos *h* honrados, nunca fuimos espías
42.33 en esto conoceré que sois *h* honrados
42.34 que no sois espías, sino *h* honrados
43.16 lleva a casa a esos *h*, y degüella una
43.16 estos *h* comerán conmigo al mediodía
43.17 e hizo el *h* como José dijo, y llevó a
43.17 hizo. .y llevó a los *h* a casa de José
43.18 entonces aquellos *h* tuvieron temor
43.24 y llevó. .varón a los *h* a casa de José
43.33 estaban aquellos *h* atónitos mirándose
44.3 los *h* fueron despedidos con sus asnos
44.4 dijo José a. .Levántate y sigue a esos *h*
44.15 sabéis que un *h* como yo sabe adivinar?
46.32 los *h* son pastores. .son *h* ganaderos
46.34 diréis: *H* de ganadería han sido tus
47.6 entiendes que hay entre ellos *h* capaces
49.6 porque en su furor mataron *h*, y en su
Éx. 2.20 dijo. .¿Por qué habéis dejado a ese *h*?
4.10 nunca he sido *h* de fácil palabra, ni
4.11 le respondió: ¿Quién dio la boca al *h*?
8.17,18 piojos. .los *h* como en las bestias
9.9 sarpullido con úlceras en los *h* como en
9.10 produjo úlceras tanto en los *h* como en
9.19 todo *h* o animal que se halle en el campo
9.22 para que venga granizo en. .sobre los *h*
9.25 y aquel granizo hirió. .*h* como bestias
10.7 ¿hasta cuándo será este *h* un lazo para
10.7 deja ir a estos *h*. .que sirvan a Jehová
11.7 de Israel, desde el *h* hasta la bestia
12.4 conforme al comer de cada *h*, haréis la
12.12 heriré. .de los *h* como de las bestias
12.37 partieron. .seiscientos mil *h* de a pie
13.2 de los *h* como de los animales, mío es
19.13 tocará. .sea animal o sea *h*, no vivirá
21.28 si un buey acorneare a *h* o a mujer, y
21.29 fuere acorneador. .matare a *h* o mujer
22.7 y fuere hurtado de la casa de aquel *h*
30.32 sobre carne de *h* no será derramado, ni
32.28 cayeron. .en aquel día como tres mil *h*
33.20 no podrás ver. .no me verá *h*, y vivirá
34.3 no suba *h* contigo, ni parezca alguno en
35.22 vinieron así *h* como mujeres, todos los
35.23 todo *h* que tenía azul, púrpura, carmesí
35.29 *h* como mujeres. .que tuvieron corazón
36.1 *h* sabio de corazón, a quien Jehová dio
36.2 *h* a quien su corazón le movió a venir
36.6 ningún hombre ni mujer haga más para
Lv. 5.3 tocare inmundicia de *h*. .será culpable
5.4 cosa que el *h* profiere con juramento
6.3 aquellas cosas en que suele pecar el *h*
7.21 la persona que tocare. .inmundicia de *h*
13.2 cuando el *h* tuviere en la piel de su
13.9 cuando hubiere llaga de lepra en el *h*
13.29 *h*. .que le saliere llaga en la cabeza
13.38 el *h*. .tuviere en la piel de su cuerpo
13.40 el *h*, cuando se le cayere el cabello
15.16 cuando el *h* tuviere emisión de semen
15.18 y cuando un *h* yaciere con una mujer
15.33 el *h* que durmiere con mujer inmunda
16.17 ningún *h* estará en el tabernáculo de
16.21 por mano de un *h* destinado para esto
18.5 cuales haciendo el *h*, vivirá en ellos
18.27 estas abominaciones hicieron los *h* de
19.20 un *h* yaciere con una mujer que fuere
20.9 todo *h* que maldijere a su padre o a su
20.10 *h* cometiere adulterio con la mujer de
20.27 el *h*. .que evocare espíritus de muertos
21.4 no se contaminará como cualquier *h* de
22.5 u *h* por el cual venga a ser inmundo
24.10 el hijo de. .y un *h* de Israel riñeron en
24.17 el *h* que hiere de muerte a cualquiera
24.21 que hiere de muerte a un *h*, que muera
25.26 cuando el *h* no tuviere rescatador, y
27.28 de *h* y de animales, y de las tierras
Nm. 3.13 así de *h* como de animales, míos serán
5.3 así a *h* como a mujeres echaréis; fuera
5.6 el *h* o la mujer que cometiere alguno de
5.6 de los pecados con que los *h* prevarican
5.8 si aquel *h* no tuviere pariente al cual
5.31 el *h* será libre de iniquidad, y la mujer

HOMBRE ***(Continúa)***

Nm. 6.2 el *h*. . que se apartare haciendo voto de
8.17 primogénito. . así de *h* como de animales
9.7 le dijeron aquellos *h:* Nosotros estamos
9.13 no ofreció. . el tal *h* llevará su pecado
12.3 era muy manso, más que todos los *h* que
13.2 envía tú *h* que reconozcan la tierra de
13.32 el pueblo que. . son *h* de grande estatura
14.15 que has hecho morir a. . como un solo *h*
14.38 de entre aquellos *h* que habían ido a
15.32 hallaron a un *h* que recogía leña en día
15.35 y Jehová dijo a Moisés. . muera aquel *h*
16.14 ¿sacarás los ojos de. . *h?* No subiremos
16.22 ¿no es un solo *h* el que pecó? ¿Por qué
16.26 apartaos. . de las tiendas de estos *h*
16.29 si como mueren todos los *h* murieren
16.29 o si. . siguen la suerte de todos los *h*
16.30 si. . conoceréis que estos *h* irritaron a
16.32 y los tragó a. . a todos los *h* de Coré
16.35 consumió a los 250 *h* que ofrecían al
18.15 así de *h* como de animales, será tuyo
18.15 harás. . se redima el primogénito del *h*
19.9 un *h* limpio recogerá las cenizas de la
19.18 un *h* limpio tomará hisopo, y lo mojará
22.20 dijo: Si vinieron. . llamarte estos *h*
22.35 vé con esos *h;* pero la palabra que yo
23.19 no es *h*, para que mienta, ni hijo de *h*
31.11 tomaron. . todo el botín, así de *h* como
31.21 dijo a los *h* de guerra que venían de la
31.28 apartarás. . tributo de los *h* de guerra
31.32 del botín que tomaron los *h* de guerra
31.42 apartó. . de los *h* que habían ido a la
31.49 han tomado razón de los *h* de guerra
31.53 los *h* del. . habían tomado botín cada uno
32.14 prole de *h* pecadores, para añadir aún
Dt. 1.16 y juzgad. . entre el *h* y su hermano, y
1.31 te ha traído, como trae el *h* a su hijo
1.35 no verá *h*. . de esta mala generación, la
2.14 toda la generación de los *h* de guerra
2.16 que murieron todos los *h* de guerra de
2.34 y destruimos todas. . *h*, mujeres y niños
3.6 matando en. . ciudad a *h*, mujeres y niños
3.11 de cuatro codos, según el codo de un *h*
4.3 que a todo *h* que fue en pos de Baal-peor
4.28 serviréis allí a dioses. . de manos de *h*
4.32 día que creó Dios al *h* sobre la tierra
5.24 hoy hemos visto que Jehová habla al *h*
5.26 ¿qué es el *h*. . que oiga la voz del Dios
8.3 no sólo de pan vivirá el *h*, mas de todo
8.3 que sale de la boca de Jehová vivirá el *h*
8.5 como castiga el *h* a su hijo, así Jehová
13.13 salido. . *h* impíos que han instigado a
17.2 *h* o mujer que haya hecho mal ante los
17.5 al *h*. . que hubiere hecho esta mala cosa
17.5 sacarás a. . *h* o mujer, y los apedrearás
17.12 el *h* que procediere con soberbia, no
17.15 no podrás poner. . . . a *h* extranjero, que
20.8 ¿quién es *h* medroso y pusilánime? Vaya
20.19 el árbol. . no es *h* para venir contra ti
21.15 si un *h* tuviere dos mujeres, la una
21.21 todos los *h* de su ciudad lo apedrearán
22.5 no vestirá la mujer traje de *h*, ni el
22.5 ni el *h* vestirá ropa de mujer; porque
22.16 yo di mi hija a este *h* por mujer, y él
22.18 ancianos. . tomarán al *h* y le castigarán
22.21 la apedrearán los *h* de su ciudad, y
22.22 el *h* que se acostó con la mujer, y la
22.24 y el *h* porque humilló a la mujer de su
22.25 si un *h* hallare en el campo a la joven
22.25 y la forzare aquel *h*, acostándose con
22.25 morirá. . el *h* que se acostó con ella
22.28 algún *h* hallare a una joven virgen que
22.29 el *h* que. . dará al padre de la joven 50
24.2 salida. . podrá ir y casarse con otro *h*
24.3 si hubiere muerto el postrer *h* que la
24.6 sería tomar en prenda la vida del *h*
24.11 el *h* a quien prestaste te sacará la
24.12 si el *h* fuere pobre, no te acostarás
25.5 no se casará fuera con *h* extraño; su
25.7 si el *h* no quisiere tomar a su cuñada
26.5 descendió a. . y habitó allí con pocos *h*
27.15 maldito el *h* que hiciere escultura o
28.54 el *h* tierno. . mirará con malos ojos a
29.20 humeará. . su celo sobre el tal *h*, y se
32.8 cuando hizo dividir a los hijos de los *h*
32.25 así. . al niño de pecho como al *h* cano
32.26 haría cesar de entre los *h* la memoria
Jos. 2.2 *h* de los hijos de Israel han venido
2.3 saca a los *h* que han venido a ti, y han
2.4 pero la mujer había tomado a los dos *h*
2.4 verdad que unos *h* vinieron a mí, pero
2.5 *h* se salieron, y no sé a donde han ido
2.7 los *h* fueron tras ellos por el camino
2.11 ni ha quedado más aliento en *h* alguno
2.23 volvieron los dos *h;* descendieron del
3.12 tomad. . doce *h* de las tribus de Israel
4.2 tomad del pueblo 12 *h*, uno de cada tribu
4.4 Josué llamó a los doce *h* a los cuales él
4.13 cuarenta mil *h* armados, listos para la
5.4 todos los *h* de guerra, habían muerto en
5.6 los *h*. . salido de Egipto fueron consumidos
6.3 rodearéis, pues, la ciudad todos los *h*
6.9 *h* armados iban delante de los sacerdotes
6.13 los *h* armados iban delante de ellos, y la
6.21 destruyeron a. . *h* y mujeres, jóvenes y
6.22 a los dos *h* que habían reconocido la
6.26 maldito. . *h* que. . reedificare esta ciudad
7.2 después Josué envió *h* desde Jericó a Hai
7.3 dos mil o tres mil *h*, y tomarán a Hai
7.4 subieron allá del pueblo como tres mil *h*
7.5 los de Hai mataron de ellos a unos 36 *h*
8.3 y escogió Josué treinta mil *h* fuertes
8.12 cinco mil *h*, y los puso en emboscada
8.14 los *h*. . salieron al encuentro de Israel
8.17 no quedó *h* en Hai. . que no saliera tras
8.20 los *h* de Hai volvieron el rostro, y al
8.25 los que cayeron. . *h* y mujeres. . de Hai
9.14 *h* de Israel tomaron de las provisiones
10.2 era una gran ciudad. . sus *h* eran fuertes
10.7 subió Josué de. . y todos los *h* valientes
10.14 habiendo atendido Jehová a la. . de un *h*
10.18 poned *h* junto a. . para que los guarden
11.14 todos los *h* hirieron a filo de espada
14.15 Arba fue un *h* grande entre los anaceos
17.1 Maquir. . fue *h* de guerra, tuvo Galaad y
22.20 aquel *h* no pereció solo en su iniquidad
Jue. 1.4 hirieron de ellos en Bezec a diez mil *h*
1.24 vieron a un *h* que salía de la ciudad
1.25 dejaron ir a aquel *h* con toda su familia
1.26 se fue el *h* a la tierra de los heteos
3.17 rey de Moab; y era Eglón *h* muy grueso
3.29 como a diez mil *h*. . y todos *h* de guerra
3.31 mató a seiscientos *h* de los filisteos
4.6 toma. . diez mil *h* de la tribu de Neftalí
4.10 Barac. . subió con diez mil *h* a su mando
4.14 descendió Barac. . 10.000 *h* en pos de él
6.16 derrotarás a los madianitas como a. . *h*
6.27 Gedeón tomó 10 *h* de sus siervos, e hizo
6.27 temiendo hacerlo. . por los *h* de la ciudad
6.29 entonces los *h* de la ciudad dijeron a
7.6 fue el número de los que lamieron. . 300 *h*
7.7 con estos 300 *h* que lamieron el agua os
7.8 envió a todos. . retuvo a aquellos 300 *h*
7.13 un *h* estaba contando a su compañero un
7.16 repartiendo los 300 *h* en 3 escuadrones
7.19 Gedeón y los cien *h* que llevaba consigo
7.24 los *h* de Efraín, tomaron los vados de
8.1 los *h* de Efraín le dijeron: ¿Qué es esto
8.4 pasó él y los 300 *h* que traía consigo
8.10 y con ellos su ejército. . de 15.000 *h*
8.10 habían caído 120.000 *h*. . sacaban espada
8.14 tomó a un joven de los *h* de Sucot, y le
8.15 entrando a los *h* de Sucot, dijo: He aquí
8.15 que demos nosotros pan a tus *h* cansados?
8.18 a Zeba. . ¿Qué aspecto tenían aquellos *h*
9.2 os gobiernen 70 *h*. . os gobierne un solo *h?*
9.4 Abimelec alquiló *h* ociosos y vagabundos
9.9 con el cual. . se honra a Dios y a los *h*
9.13 mi mosto, que alegra a Dios y a los *h*
9.23 mal espíritu entre Abimelec y los *h* de
9.24 sobre Abimelec. . y sobre los *h* de Siquem
9.36 ves la sombra de los. . como si fueran *h*
9.47 reunidos. . los *h* de la torre de Siquem
9.49 murieron, como unos mil *h* y mujeres
9.51 a la cual se retiraron todos los *h* y las
9.57 el mal de los *h* de. . lo hizo Dios volver
11.3 Jefté. . y se juntaron con él *h* ociosos
13.2 había un *h* de Zora, de la tribu de Dan
14.19 descendió a Ascalón y mató a 30 *h* de
15.11 vinieron tres mil *h* de Judá a. . de Etam
15.15 una quijada de. . y mató con ella a mil *h*
15.16 con la quijada de un asno maté a mil *h*
16.7,11,17 seré como cualquiera de los *h*
16.9 ella tenía *h* en acecho en el aposento
16.19 llamó a un *h*, quien le rapó las siete
16.27 y la casa estaba llena de *h* y mujeres
16.27 en el piso alto había como 3.000 *h* y
17.1 hubo un *h* del monte de Efraín. . Micaía
17.5 *h* Micaía tuvo casa de dioses, e hizo efod
17.8 este *h* partió de. . Belén de Judá para ir
17.11 agradó. . al levita morar con aquel *h*, y
18.2 enviaron. . cinco *h*. . *h* valientes, de Zora
18.7 aquellos cinco *h* salieron, y vinieron a
18.11 salieron. . 600 *h* de la familia de Dan
18.14 aquellos 5 *h*. . dijeron a sus hermanos
18.16 y los 600 *h*. . estaban armados de sus
18.17 y subiendo los cinco *h*. . entraron allá
18.17 estaba el sacerdote a la. . con los 600 *h*
18.19 seas tú sacerdote en casa de un solo *h*
18.22 los *h* que. . cercanas a la casa de Micaía
19.10 mas el *h* no quiso pasar allí la noche
19.16 un *h* viejo que venía de su trabajo del
19.20 y el *h* anciano dijo: Paz sea contigo
19.22 los *h*. . *h* perversos, rodearon la casa
19.22 saca al *h* que ha entrado en tu casa
19.23 ya que este *h* ha entrado en mi casa, no
19.24 y no hagáis a este *h* cosa tan infame
19.25 aquellos *h* no le quisieron oír; por lo
19.25 tomando aquel *h* a su concubina, la sacó
19.26 cayó delante de. . de la casa de aquel *h*
20.1 se reunió la. . como un solo *h*, desde Dan
20.2 se hallaron presentes. . 400.000 *h* de a
20.8 el pueblo, como un solo *h*, se levantó
20.10 tomaremos diez *h* de cada ciento por
20.11 juntaron todos los *h*. . como un solo *h*
20.13 entregad. . a aquellos *h* perversos que
20.15 contados. . 26.000 *h* que sacaban espada
20.15 en Gabaa. . por cuenta 700 *h* escogidos
20.16 había 700 *h* escogidos, que eran zurdos
20.17 de Israel. . 400.000 *h* que. . *h* de guerra
20.21 derribaron. . 22.000 *h* de los hijos de
20.25 derribaron. . 18.000 *h* de los hijos de
20.31 Benjamín. . mataron unos 30 *h* de Israel
20.34 contra Gabaa diez mil *h* escogidos de
20.35 mataron. . 25.100 *h* de Benjamín, todos
20.37 los *h* de las emboscadas acometieron
20.38 la señal. . entre los *h* de Israel y las
20.39 a herir y matar. . de Israel como 30 *h*
20.41 entonces se volvieron los *h* de Israel
20.44 y cayeron. . diciocho mil *h*. . *h* de guerra
20.45 abatidos cinco mil *h* en los caminos
20.45 hasta. . y mataron de ellos a dos mil *h*
20.46 murieron. . 25.000 *h*. . todos *h* de guerra
20.47 huyeron al. . a la peña de Rimón 600 *h*
20.48 y los *h* de Israel volvieron sobre los
20.48 hirieron. . a los *h* de cada ciudad como
21.10 la congregación envió allá a 12.000 *h*
Rt. 2.1 tenía Noemí un pariente. . *h* rico de la
3.8 que. . se estremeció aquel *h*, y se volvió
3.14 se levantó antes que los *h* pudieran
3.18 *h* no descansará hasta que concluya el
1 S. 2.12 los hijos de Elí eran *h* impíos, y no
2.16 si el *h* le respondía: Quemen la grosura
2.17 *h* menospreciaban las ofrendas de Jehová
2.25 si pecare el *h* contra el *h*, los jueces
2.26 Samuel. . acepto delante de Dios. . de los *h*
4.2 hirieron en la batalla. . como a 4.000 *h*
4.9 esforzaos, oh. . y sed *h*. . sed *h*, y pelead
4.10 pues cayeron de Israel 30.000 *h* de a pie
4.12 corriendo. . un *h* de Benjamín, llegó el
4.13 llegado, pues, aquel *h* a la ciudad, y
4.14 *h* vino aprisa y dio las nuevas a Elí
4.16 dijo, pues, aquel *h* a Elí: Yo vengo de
4.18 Elí cayó. . porque era *h* viejo y pesado
5.9 afligió a los *h* de aquella ciudad desde
6.10 y aquellos *h* lo hicieron así; tomando
6.15 *h* de Bet-semes sacrificaron. . a Jehová
6.19 Dios hizo morir a los *h* de. . a 50.070 *h*
9.1 había un varón de Benjamín, *h* valeroso
9.6 hay. . un varón de Dios, que es *h* insigne
9.22 los convidados, que eran unos treinta *h*
10.2 hallarás dos *h* junto al sepulcro de
10.3 saldrán al encuentro tres *h* que suben
10.6 profetizarás. . y serás mudado en otro *h*
10.26 y fueron con él los *h* de guerra cuyos
11.5 contaron las palabras de los *h* de Jabes
11.7 cayó temor. . y salieron como un solo *h*
11.8 de Israel. . y treinta mil *h* de Judá
11.12 dijo. . dadnos esos *h*, y los mataremos
12.4 ni has tomado algo de mano de ningún *h*
13.2 escogió luego a 3.000 *h* de Israel, de
13.5 los filisteos. . seis mil *h* de a caballo
13.6 los *h* de Israel vieron que estaban en
13.15 Saúl contó la gente que. . como 600 *h*
14.2 gente que estaba con él era como 600 *h*
14.8 dijo. . Jonatán: Vamos a pasar a esos *h*
14.12 los *h*. . respondieron a Jonatán y a su
14.14 matanza que hicieron. . como veinte *h*
14.24 *h* de Israel fueron puestos en apuro
14.28 maldito. . el *h* que tome hoy alimento
14.52 el que Saúl veía que era *h* esforzado
15.3 mata a *h*, mujeres, niños, y aun los de
15.4 Saúl. . pasó revista. . 10.000 *h* de Judá
15.29 porque no es *h* para que se arrepienta
16.7 Jehová no mira lo que mira el *h;* pues
16.7 el *h* mira lo que está delante de sus
16.18 es valiente y vigoroso y *h* de guerra
17.2 Saúl y los *h* de Israel se juntaron, y
17.8 entre vosotros un *h* que venga contra mí
17.10 añadió. . dadme un *h* que pelee conmigo
17.12 David era hijo de aquel *h* efrateo de
17.12 en el tiempo de Saúl este *h* era viejo
17.12 era viejo y de gran edad entre los *h*
17.24 varones de Israel que veían aquel *h*
17.25 habéis visto aquel *h* que ha salido?
17.26 ¿qué harán al *h* que venciere a este
17.27 así se hará al *h* que le venciere
17.28 oyéndole hablar Eliab. . con aquellos *h*
17.33 él un *h* de guerra desde su juventud
18.17 daré. . con tal que me seas *h* valiente
18.23 siendo. . *h* pobre y de ninguna estima
18.27 fue. . y mató a 200 *h* de los filisteos
21.14 he aquí, veis que este *h* es demente
22.2 hecho jefe. . y tuvo consigo como 400 *h*
22.19 hirió. . así a *h* como a mujeres, niños
23.5 fue, pues, David con sus *h* a Keila, y
23.8 Keila, y poner sitio a David y a sus *h*
23.12 ¿me entregarán los. . a mí y a mis *h* en
23.13 David entonces se levantó con sus *h*
23.26 David con sus *h* por el otro lado del
23.26 Saúl y sus *h* habían encerrado a David
24.2 tomando Saúl 3.000 *h* escogidos de todo
24.2 Saúl. . fue en busca de David y de sus *h*
24.3 David y sus *h* estaban sentados en los
24.4 *h* de David le dijeron: He aquí el día
24.6 a sus *h:* Jehová me guarde de hacer tal
24.7 así reprimió David a sus *h* con palabras
24.22 David y sus *h* subieron al lugar fuerte
25.2 un *h* que tenía su hacienda en Carmel, el
25.3 el *h* era duro y de malas obras; y era
25.11 y darla a *h* que no sé de dónde son?

HOMBRE ***(Continúa)***
1 S. 25.13 David dijo a sus *h:* Cíñase. .su espada
25.13 ciñó. .subieron tras David como 400 *h*
25.15 *h* han sido muy buenos con nosotros
25.17 es un *h* tan perverso, que no hay quien
25.20 David y sus *h* venían frente a ella, y
25.25 no haga caso ahora mi señor de ese *h*
25.27 sea dado a los *h* que siguen a mi señor
26.2 llevando consigo tres mil *h* escogidos
26.15 dijo David a Abner: ¿No eres tú un *h?*
26.19 mas si fueren hijos de *h*, malditos sean
27.2 con los 600 *h* que tenía. .se pasó a Aquis
27.3 moró David con Aquis en Gat, él y sus *h*
27.8 y subía David con sus *h*. .incursiones
27.9 David. .y no dejaba con vida *h* ni mujer
27.11 *h* ni mujer dejaba David con vida para
28.1 que has de salir. .a campaña, tú y tus *h*
28.8 con dos *h*, y vinieron a aquella mujer
28.14 *h* anciano viene, cubierto de un manto
29.2 sus compañías de a ciento y de a mil *h*
29.2 David y sus *h* iban en la retaguardia con
29.4 despide a este *h*, para que se vuelva al
29.4 volvería. .con las cabezas de estos *h?*
29.11 se levantó David. .y sus *h*, para irse
30.1 cuando David y sus *h* vinieron a Siclag
30.9 partió, pues, David, él y los 600 *h* que
30.10 David siguió adelante con 400 *h;* porque
30.11 y hallaron en el campo a un *h* egipcio
30.21 y vino David a los 200 *h* que habían
30.31 donde David había estado con sus *h*
31.12 todos los *h* valientes se levantaron
2 S. 1.11 lo mismo hicieron los *h* que estaban
1.15 llamó David a uno de sus *h*, y le dijo
2.3 llevó. .a los *h* que con él habían estado
2.17 Abner y los *h*. .fueron vencidos por los
2.21 echa mano de alguno de los *h*, y toma
2.30 faltaron de los. .de David diecinueve *h*
2.31 hirieron. .a 360 *h*, los cuales murieron
2.32 caminaron. .aquella noche Joab y sus *h*
3.20 vino, pues, Abner a. .y con él veinte *h*
3.34 como los que caen delante de malos *h*
3.39 *h*, los hijos de Sarvia, son muy duros
4.2 el hijo de Saúl tenía dos *h*, capitanes
4.11 los malos *h* que mataron a un *h* justo
5.6 marchó el rey con sus *h* a Jerusalén
5.21 sus ídolos, y David y sus *h* los quemaron
6.19 repartió. .así a *h* como a mujeres. .pan
7.14 vara de *h*, y con azotes de hijos de *h*
7.19 es así como procede el *h*, Señor Jehová?
8.4 1.700 *h* de a caballo, y 20.000 *h* de a pie
8.5 y David hirió de los sirios a 22.000 *h*
10.6 y tomaron a sueldo. .20.000 *h* de a pie
10.6 de Maaca mil *h*, y de Is-tob doce mil *h*
10.18 David mató de. .a 40.000 *h* de a caballo
11.16 sabía que estaban los *h* más valientes
11.23 prevalecieron. .*h* que salieron contra
12.1 había dos *h*. .uno rico, y el otro pobre
12.4 y vino uno de camino al *h* rico; y éste
12.4 sino que tomó la oveja de aquel *h* pobre
12.5 se encendió el furor de. .contra aquel *h*
12.7 dijo Natán a David: Tú eres aquel *h*
13.3 un amigo. .y Jonadab era *h* muy astuto
14.16 librar a su sierva de mano del *h* que
15.1 Absalón se hizo de. .50 *h* que corriesen
15.11 fueron con Absalón 200 *h* de Jerusalén
15.18 y todos los geteos, 600 *h* que habían
15.22 y pasó Itai. .y todos sus *h*, y toda su
16.6 los *h* valientes estaban a su derecha y a
16.7 decía. .¡Fuera, fuera, *h* sanguinario y
16.8 en tu maldad, porque eres *h* sanguinario
16.15 Absalón y. .los *h* de Israel, entraron en
17.1 escogeré ahora 12.000 *h*, y me levantaré
17.3 pues tú buscas solamente la vida de un *h*
17.8 sabes que tu padre y. .son *h* valientes
17.8 tu padre es *h* de guerra, y no pasará la
17.10 el *h* valiente, cuyo corazón sea como
17.10 Israel sabe que tu padre es *h* valiente
17.18 llegaron a casa de un *h* en Bahurim, que
18.7 se hizo. .una gran matanza de 20.000 *h*
18.11 y Joab respondió al *h* que le daba la
18.12 el *h* dijo a Joab: Aunque me pesaras mil
18.26 dio voces. .aquí otro *h* que corre solo
18.27 es *h* de bien, y viene con buenas nuevas
18.28 que ha entregado a los *h* que habían
19.7 no quedará ni un *h* contigo esta noche
19.14 corazón de todos. .como el de un solo *h*
19.16 con los *h* de Judá a recibir al rey David
19.17 con él venían mil *h* de Benjamín. .Siba
19.32 era Barzilai muy anciano. .era *h* muy rico
19.41 todos los *h* de Israel vinieron al rey
19.41 por qué los *h* de Judá. .te han llevado
19.42 los *h* de Judá respondieron a todos los
19.43 los *h* de Israel, y dijeron a los de Judá
19.43 y las palabras de los *h* de Judá fueron
19.43 más violentas que. .de los *h* de Israel
20.1 allí un *h* perverso. .Seba. .*h* de Benjamín
20.2 todos los *h* de Israel abandonaron a David
20.4 convócame a los *h* de Judá para dentro
20.7 salieron en pos de él los *h* de Joab, y los
20.11 uno de los *h* de Joab se paró junto a él
20.12 viendo aquel *h* que. .el pueblo se paraba
20.21 un *h* del monte de Efraín. .Seba hijo de
21.4 no. .ni queremos que muera *h* de Israel
21.5 aquel *h* que nos destruyó, y que maquinó
21.12 los huesos. .de los *h* de Jabes de Galaad
21.17 los *h* de David le juraron, diciendo
21.20 había un *h* de gran estatura, el cual
22.26 mostrarás. .recto para con el *h* íntegro
23.3 un justo que gobierne entre los *h*, que
23.8 Adino el. .mató a 800 *h* en una ocasión
23.9 y se habían alejado los *h* de Israel
23.21 mató él. .egipcio, *h* de gran estatura
24.9 fueron los de Israel 800.000 *h* fuertes
24.9 el censo. .fueron. .los de Judá 500.000 *h*
24.14 dijo a Gad. .no caiga yo en manos de *h*
24.15 murieron del pueblo, desde. .70.000 *h*
1 R. 1.5 de 50 *h* que corriesen delante de él
1.42 eres *h* valiente, y traerás buenas nuevas
1.52 fuere *h* de bien, ni uno de sus cabellos
2.2 yo sigo el camino de. .esfuérzate, y sé *h*
2.9 *h* sabio eres, y sabes cómo debes hacer
4.31 fue más sabio que todos los *h*, más que
5.13 decretó. .la leva fue de treinta mil *h*
5.18 los *h* de Gebal, cortaron y prepararon
8.38 y toda súplica que hiciere cualquier *h*
8.39 conoces el corazón de. .hijos de los *h*
8.46 pecaren. .porque no hay *h* que no peque
9.22 sino que eran *h* de guerra, o sus criados
10.8 bienaventurados tus *h*, dichosos estos
11.18 tomando consigo *h* de Parán, vinieron
11.28 viendo Salomón. .que era *h* activo, le
12.21 Judá. .180.000 *h*, guerreros escogidos
13.2 altar. .sobre ti quemarán huesos de *h*
18.22 mas de los profetas de Baal hay 450 *h*
18.44 nube como la palma de la mano de un *h*
20.17 le dio aviso. .Han salido *h* de Samaria
20.29 mataron de los sirios. .cien mil *h* de a
20.30 muro cayó sobre 27.000 *h* que habían
20.33 tomaron aquellos *h* por buen augurio
20.37 luego se encontró con otro *h*, y le dijo
20.37 el *h* le dio un golpe, y le hizo una
20.39 me trajo un *h*. .Guarda a este *h*, y su
20.40 estaba ocupado en. .el *h* desapareció
20.42 por cuanto soltaste. .el *h* de mi anatema
21.10 poned a dos *h* perversos delante de él
21.13 vinieron entonces dos *h* perversos, y
21.13 aquellos *h*. .atestiguaron contra Nabot
22.6 rey. .reunió a los profetas, como 400 *h*
22.34 *h* disparó su arco a la ventura e hirió
2 R. 2.17 cincuenta *h*, los cuales lo buscaron
2.19 y los *h* de la ciudad dijeron a Eliseo
3.26 tomó. .700 *h* que manejaban espada, para
4.40 después sirvió para que comieran los *h*
4.42 vino entonces un *h* de Baal-salisa, el
4.43 ¿cómo pondré esto delante de cien *h?*
5.1 este *h* valeroso en extremo, pero leproso
5.7 envíe a mí a que sane un *h* de su lepra?
5.24 él lo tomó. .mandó a los *h* que se fuesen
5.26 el *h* volvió de su carro a recibirte?
6.19 seguidme. .yo os guiaré al *h* que buscáis
6.32 el rey envió a él un *h*. Mas antes que el
7.3 había a la entrada de. .cuatro *h* leprosos
7.10 que no había allí nadie, ni voz de *h*
9.11 vosotros conocéis al *h* y sus palabras
10.24 Jehú puso fuera a 80 *h*, y les dijo
10.24 dejare vivo a alguno de aquellos *h* que
12.15 no se tomaba cuenta a los *h* en cuyas
13.7 no le había quedado. .sino cincuenta *h*
13.7 a caballo. .carros, y diez mil *h* de a pie
13.21 aconteció que al sepultar unos a un *h*
15.25 de 50 *h* de los hijos de los galaaditas
16.6 y echó de Elat a los *h* de Judá; y los
18.27 y no a los *h* que están sobre el muro
19.18 no. .dioses, sino obra de manos de *h*
23.14 llenó el lugar de ellos de huesos de *h*
23.20 mató. .quemó sobre ellos huesos de *h*
24.14 en cautiverio. .a todos los *h* valientes
24.16 todos los *h* de guerra. .llevó cautivos
25.4 huyeron de noche todos los *h* de guerra
25.19 que tenía a su cargo los *h* de guerra
1 Cr. 4.42 quinientos *h* de. .al monte de Seir
5.18 Gad. .*h* valientes, *h* que traían escudo
5.24 estos fueron los jefes. .*h* valientes y
7.2 fueron contados. .22.600 *h* muy valerosos
7.4 había con ellos en. .36.000 *h* de guerra
7.5 familias de Isacar. .87.000 *h* valientes
7.7 los hijos de Bela: Ezbón. .*h* de gran valor
7.9 por sus linajes. .resultaron 20.200 *h* de
7.11 *h* muy valerosos, 17.200 que salían a
7.40 Aser. .el número de ellos fue 26.000 *h*
8.40 fueron los hijos de Ulam *h* valientes y
9.9 todos estos *h* fueron jefes de familia
9.13 *h*. .eficaces en la obra del ministerio
10.12 se levantaron todos los *h* valientes
11.23 venció a un egipcio, *h* de cinco codos
12.8 *h* de guerra muy valientes para pelear
12.14 el menor tenía cargo de cien *h*, y el
12.21 eran *h* valientes, y fueron capitanes
12.25 los hijos de Simeón, 7.100 *h*, valientes
12.38 *h* de guerra. .para poner a David por rey
16.3 así a *h* como a mujeres. .una torta de pan
17.17 me has mirado como a un *h* excelente
18.4 le tomó David mil. .y 20.000 *h* de a pie
18.5 los sirios. .David hirió de ellos 22.000 *h*
19.8 con todo el ejército de los *h* valientes
19.18 mató David de los sirios a 7.000 *h* de
19.18 de los carros, y 40.000 *h* de a pie
20.6 en Gat. .había un *h* de grande estatura
20.7 este *h* injurió a Israel, pero lo mató
21.5 y de Judá 470.000 *h* que sacaban espada
21.13 dijo a Gad. .que no caiga en manos de *h*
21.14 peste. .y murieron en Israel 70.000 *h*
22.15 tú tienes. .todo *h* experto en toda obra
25.1 el número de ellos, *h* idóneos para la
26.7 los hijos de Semaías: Otni. .*h* esforzados
26.8 *h* robustos y fuertes para el servicio
26.9 y los hijos de Meselemías y sus. .18 *h*
26.30 de los hebronitas. .*h* de vigor, 1.700
26.31 fueron hallados entre ellos *h* fuertes
26.32 sus hermanos, *h* valientes, eran 2.700
28.1 los más poderosos y valientes de sus *h*
28.3 tú no edificarás casa. .eres *h* de guerra
29.1 la casa no es para *h*, sino para Jehová
2 Cr. 2.2 designó Salomón 70.000 *h* que llevasen
2.2 y 80.000 *h* que cortasen en los montes
2.7 un *h* hábil que sepa trabajar en oro, en
2.13 te he enviado un *h* hábil y entendido
2.14 que sabe trabajar. .con tus *h* peritos
2.17 contó Salomón todos los *h* extranjeros
6.18 Dios habitará con el *h* en la tierra?
6.29 y todo ruego que hiciere cualquier *h*
6.30 sólo tú conoces el corazón. .de los *h*
6.36 pecaren. .(pues no hay *h* que no peque)
8.9 eran *h* de guerra, y sus oficiales y sus
9.7 bienaventurados tus *h*, y dichosos estos
11.1 Roboam. .reunió. .a 180.000 *h* escogidos
12.3 60.000 *h* de a caballo; mas el pueblo
13.3 con un ejército de 40.000 *h* de guerra
13.3 ordenó batalla. .con 800.000 *h* escogidos
13.7 se juntaron con él *h* vanos y perversos
13.17 cayeron heridos. .500.000 *h* escogidos
14.8 tuvo también Asa ejército. .*h* diestros
14.9 ejército de un millón de *h* y 300 carros
14.11 eres Dios; no prevalezca contra ti el *h*
15.13 que no buscase a Jehová. .muriese. .*h* o
17.13 *h* de guerra muy valientes en Jerusalén
17.14 el general Adnas, y con él 300.000 *h*
17.15 Amasías. .con él 200.000 *h* valientes
17.17 Eliada, *h* muy valeroso, y con él 200.000
18.7 aquí un *h* por el cual podemos preguntar
19.6 porque no juzgáis en lugar de *h*, sino
25.6 tomó a sueldo. .a cien mil *h* valientes
28.6 Peka. .mató. .un día 120.000 *h* valientes
28.7 Zicri, *h* poderoso. .mató a Maasías hijo
30.11 algunos *h* de Aser, de. .se humillaron
32.3 tuvo consejo con. .con sus *h* valientes
32.19 los dioses. .que son obra de manos de *h*
34.12 *h* procedían con fidelidad en la obra
Esd. 1.4 ayúdenle los *h* de su lugar con plata
2.64 la congregación, unida como un solo *h*
3.1 se juntó el pueblo como un solo *h* en
3.9 como un solo *h* asistían para activar a
4.21 ahora. .dad orden que cesen aquellos *h*
5.4 ¿cuáles son. .*h* que hacen este edificio?
5.10 para escribirte los nombres de los *h*
8.16 despaché a. .*h* principales, asimismo
8.16 despaché. .Joiarib y a Elnatán, *h* doctos
10.1 se juntó a él una. .*h*, mujeres y niños
10.9 así todos los *h* de Judá. .se reunieron
Neh. 2.12 no declaré a *h* alguno lo que Dios
5.13 sacuda Dios de su casa. .a todo *h* que
6.11 ¿un *h* como yo ha de huir? ¿Y quién, que
8.1 se juntó todo el pueblo como un solo *h*
8.2 ley delante de la congregación, así de *h*
8.3 leyó. .en presencia de *h* y mujeres y de
9.29 los cuales si el *h* hiciere, en ellos
11.6 de Fares que. .en Jerusalén fueron 478 *h*
11.14 y sus hermanos, *h* de gran vigor, 128
Est. 1.22 que todo *h* afirmase su autoridad en
4.11 que cualquier *h* o mujer que entra en el
6.6 ¿qué se hará al *h* cuya honra desea el rey?
9.6 y destruyeron los judíos a quinientos *h*
9.12 los judíos han matado a quinientos *h*, y a
9.15 mataron en Susa a trescientos *h;* pero
Job 1.1 era este *h* perfecto y recto, temeroso
2.4 todo lo que el *h* tiene dará por su vida
3.23 se da vida al *h* que no sabe por donde
4.13 visiones. .cuando el sueño cae sobre. .*h*
4.17 ¿será el *h* más justo que Dios? ¿Será
5.7 chispas. .así el *h* nace para la aflicción
5.17 bienaventurado. .*h* a quien Dios castiga
7.1 ¿no es acaso brega la vida del *h* sobre
7.17 ¿qué es el *h*, para que lo engrandezcas
7.20 ¿qué puedo hacerte. .oh Guarda de los *h?*
9.2 ¿y cómo se justificará el *h* con Dios?
9.32 porque no es *h* como yo, para que yo le
10.4 ¿tienes tú. .ojos. .¿ves tú como ve el *h?*
10.5 ¿son tus días como los días del *h*, o
11.2 el *h* que habla mucho será justificado?
11.3 ¿harán tus falacias callar a los *h?*
11.11 él conoce a los *h* vanos; ve asimismo
11.12 el *h* vano se hará entendido, cuando
11.12 cuando un pollino de asno. .nazca *h*
12.14 encerrará al *h*, y no habrá quien le
13.9 ¿os burlaréis de él como. .de algún *h?*
14.1 el *h* nacido de mujer, corto de días, y
14.10 mas el *h* morirá, y será cortado; perecerá
14.10 mas. .perecerá el *h*, ¿y dónde estará él?
14.12 así el *h* yace y no vuelve a levantarse
14.14 si el *h* muriere, ¿volverá a vivir?
14.19 haces tú perecer la esperanza del *h*

HOMBRE *(Continúa)*

Job 15.10 y *h* muy ancianos hay entre nosotros
15.14 ¿qué cosa es el *h* para que sea limpio
15.16 ¿cuánto menos el *h* abominable y vil
16.21 ¡ojalá pudiese disputar el *h* con Dios
20.4 que fue puesto el *h* sobre la tierra
20.29 porción que Dios prepara al *h* impío
21.4 ¿acaso me quejo yo de algún *h*? ¿Y por
21.33 tras de él será llevado todo *h*, y antes
22.2 el *h* provecho a Dios? Al contrario, para
22.2 para sí mismo es provechoso el *h* sabio
22.8 el *h* pudiente tuvo la tierra, y habitó
22.15 la senda. .que pisaron los *h* perversos
25.4 ¿cómo, pues, se justificará el *h* para
25.6 ¿cuánto menos el *h*, que es un gusano
25.6 menos. .el hijo de *h*, también gusano?
27.13 para con Dios la porción del *h* impío
28.4 son. .balanceados, lejos de los demás *h*
28.13 no conoce su valor el *h*, ni se halla
28.28 al *h*: He aquí que el temor del Señor
30.8 hijos de viles, y *h* sin nombre. .bajos
31.33 si encubrí como *h* mis transgresiones
32.8 espíritu hay en el *h*, y el soplo del
32.13 que no digáis. .lo vence Dios, no el *h*
33.12 responderé que mayor es Dios que el *h*
33.14 habla Dios; pero el *h* no entiende
33.15 en visión. .el sueño cae sobre los *h*
33.16 revela al oído de los *h*, y les señala
33.17 quitar al *h* de su obra, y apartar del
33.23 escogido, que anuncie al *h* su deber
33.26 júbilo, y restaurará al *h* su justicia
33.27 él mira sobre los *h*; y al que dijere
33.29 todas estas cosas hace Dios. .con el *h*
34.7 *h* hay como Job, que bebe el escarnio
34.8 va en compañía. .anda con los *h* malos?
34.9 de nada servirá al *h* el conformar su
34.11 porque él pagará al *h* según su obra
34.14 si él pusiese sobre el *h* su corazón
34.15 perecería. .y el *h* volvería al polvo
34.21 ojos están sobre los caminos del *h*
34.23 no carga, pues, él al *h* más de lo justo
34.29 sobre una nación, y lo mismo sobre un *h*
34.30 haciendo que no reine el *h* impío para
34.34 los *h* inteligentes dirán conmigo, y
34.34 dirán conmigo, y el *h* sabio que me oiga
34.36 respuestas semejantes a. .los *h* inicuos
35.8 al *h* como tú dañará tu impiedad, y al
35.8 al hijo de *h* aprovechará tu justicia
36.24 su obra, la cual contemplan los *h*
36.25 *h* todos la ven; la mira el *h* de lejos
36.28 goteando en abundancia sobre los *h*
37.7 así hace retirarse a todo *h*, para que
37.7 para que los *h* todos reconozcan su obra
37.20 por más que el *h* razone, quedará como
37.24 temerán por tanto los *h*; él no estima
38.26 llover sobre. .desierto, donde no hay *h*
Sal. 4.2 hijos de los *h*. .mi honra en infamia?
5.6 al *h* sanguinario y engañador abominará
8.4 ¿qué es el *h*. .y el hijo del *h*, para que
9.19 oh Jehová, no se fortalezca el *h*; sean
9.20 conozcan las naciones que no son sino *h*
10.18 a hacer violencia el *h* de la tierra
11.4 párpados examinan a los hijos de los *h*
11.7 es justo. .el *h* recto mirará su rostro
12.1 los fieles de entre los hijos de los *h*
12.8 cuando la vileza es exaltada entre. .*h*
14.2 Jehová miró. .sobre los hijos de los *h*
17.14 de los *h* con tu mano. .los *h* mundanos
18.25 mostrarás. .recto para con el *h* íntegro
21.10 y su descendencia de entre. .de los *h*
22.6 soy gusano, y no *h*; oprobio de los *h*
25.12 ¿quién es el *h* que teme a Jehová? El
26.4 no me he sentado con *h* hipócritas, ni
26.9 mi alma, ni mi vida con *h* sanguinarios
31.19 bondad. .delante de los hijos de los *h*
31.20 los esconderás de la conspiración del *h*
32.2 bienaventurado el *h* a quien Jehová no
33.13 miró. .vio a todos los hijos de los *h*
34.8 Jehová; dichoso el *h* que confía en él
34.12 ¿quién es el *h* que desea vida. .días
36.6 oh Jehová, al *h* y al animal conservas
36.7 los hijos de los *h* se amparan bajo la
37.7 te alteres. .por el *h* que hace maldades
37.23 por Jehová. .ordenados los pasos del *h*
37.24 *h* cayere, no quedará postrado, porque
37.37 hay un final dichoso para el *h* de paz
38.14 soy. .como un *h* que no oye, y en cuya
39.5 es completa vanidad todo *h* que vive
39.6 una sombra es el *h*. .en vano se afana
39.11 castigos por el pecado corriges al *h*
39.11 de él; ciertamente vanidad es todo *h*
40.4 bienaventurado el *h* que puso en Jehová
41.9 el *h* de mi paz, en quien yo confiaba
43.1 líbrame de. .y del *h* engañoso e inicuo
45.2 el más hermoso de los hijos de los *h*
49.12 mas el *h* no permanecerá en honra; es
49.20 el *h* que está en honra y no entiende
52.7 he aquí el *h* que no puso a Dios por su
53.2 Dios. .miró sobre los hijos de los *h*
54.3 y *h* violentos buscan mi vida; no han
55.13 *h*. .íntimo mío, mi guía, y mi familiar
55.23 los *h* sanguinarios. .no llegarán a la
56.1 misericordia. .porque me devoraría el *h*
56.4,11 no temeré; ¿qué puede hacerme el *h*?
57.4 entre hijos de *h* que vomitan llamas
58.1 ¿juzgáis rectamente, hijos de los *h*?
58.11 dirá el *h*: Ciertamente hay galardón
59.2 líbrame. .y sálvame de *h* sanguinarios
60.11 danos socorro. .vana es la ayuda de los *h*
62.3 ¿hasta cuándo maquinaréis contra un *h*
62.9 cierto, vanidad son los hijos de los *h*
64.9 temerán todos los *h*, y anunciarán la
66.5 temible en hechos sobre los hijos. .*h*
66.12 hiciste cabalgar *h* sobre nuestra cabeza
68.18 tomaste dones para los *h*, y también
73.5 no. .ni son azotados como los demás *h*
75.1 nombre; los *h* cuentan tus maravillas
76.10 ciertamente la ira del *h* te alabará
78.25 pan de nobles comió el *h*; les envió
78.60 la tienda en que habitó entre los *h*
80.17 el hijo del *h* que para ti afirmaste
82.7 como *h* moriréis, y como cualquiera de
84.12 Jehová. .dichoso el *h* que en ti confía
88.4 soy contado entre. .como *h* sin fuerza
89.47 habrás creado en vano a. .hijo de *h*?
89.48 ¿qué *h* vivirá y no verá muerte. .Seol?
90.3 vuelves al *h* hasta ser quebrantado, y
90.3 y dices: Convertíos, hijos de los *h*
92.6 el *h* necio no sabe, y el insensato no
94.10 sabrá el que enseña al *h* la ciencia?
94.11 conoce los pensamientos de los *h*, que
94.12 bienaventurado el *h* a quien tú, JAH
103.15 el *h*, como la hierba son sus días
104.14 y la hierba para el servicio del *h*
104.15 el vino que alegra el corazón del *h*
104.15 y el pan que sustenta la vida del *h*
104.23 sale el *h* a su labor, y. .labranza
107.8,15,21,31 sus maravillas para con los hijos de los *h*
108.12 danos socorro. .vana es la ayuda del *h*
109.16 por cuanto. .persiguió al *h* afligido
112.1 bienaventurado el *h* que teme a Jehová
112.5 *h* de bien tiene misericordia, y presta
115.4 los ídolos de ellos son. .de manos de *h*
115.16 dado la tierra a los hijos de los *h*
116.11 y dije en mi. .Todo *h* es mentiroso
118.6 no temeré lo que me pueda hacer el *h*
118.8 mejor es confiar en Jehová que. .el *h*
119.113 aborrezco a los *h* hipócritas; mas amo
119.134 líbrame de la violencia de los *h*, y
124.2 se levantaron contra nosotros los *h*
127.5 bienaventurado el *h*. .llenó su aljaba
128.4 será bendecido el *h* que teme a Jehová
135.8 quien hizo morir. .el *h* hasta la bestia
135.15 los ídolos de. .son obra de manos de *h*
139.19 apartaos pues, de mí, *h* sanguinarios
140.1 líbrame. .del *h* malo. .de *h* violentos
140.4 *h* injuriosos, que han pensado trastornar
140.11 el *h* deslenguado no será firme en la
140.11 cazará al *h* injusto para derribarlo
144.3 ¿qué es el *h*. .el hijo de *h*, para que
144.4 *h* es semejante a la vanidad; sus días
144.7 sácame. .de la mano de los *h* extraños
144.11 líbrame de la mano de los *h* extraños
145.6 del poder de tus hechos. .hablarán los *h*
145.12 hacer saber a los hijos de los *h* sus
146.3 no confiéis. .en hijo de *h*, porque no
147.10 ni se complace en la agilidad del *h*
Pr. 2.12 librarte. .*h* que hablan perversidades
3.4 hallarás gracia y buena opinión. .los *h*
3.13 bienaventurado el *h* que. .la sabiduría
3.31 no envidies al *h* injusto, ni escojas
5.21 los caminos del *h* están ante. .Jehová
6.11 tu necesidad. .tu pobreza como *h* armado
6.12 el *h* malo, el *h* depravado, es el que
6.26 el *h* es reducido a un bocado de pan, y la
6.27 ¿tomará el *h* fuego en su seno sin que
6.28 ¿andará el *h* sobre brasas sin que sus
6.34 porque los celos son el furor del *h*
8.4 oh *h*, a vosotros clamo. .hijos de los *h*
8.31 delicias son con los hijos de los *h*
8.34 bienaventurado el *h* que me escucha
10.5 que recoge en el verano es *h* entendido
10.23 sabiduría recrea al *h* de entendimiento
11.7 muere el *h* impío, perece su esperanza
11.12 menosprecia a. .mas el *h* prudente calla
11.17 su alma hace bien el *h* misericordioso
12.2 él condenará al *h* de malos pensamientos
12.3 el *h* no se afirmará por. .de la impiedad
12.8 según su sabiduría es alabado el *h*; mas
12.14 el *h* será saciado de bien del fruto de
12.18 hay *h* cuyas palabras son como golpes de
12.23 el *h* cuerdo encubre su saber; mas el
12.25 la congoja en el corazón del *h* lo abate
12.27 haber precioso del *h* es la diligencia
13.2 del fruto de su boca el *h* comerá el bien
13.8 el rescate de la vida del *h* está en sus
13.16 todo *h* prudente procede con sabiduría
14.6 al *h* entendido la sabiduría le es fácil
14.7 vete de delante del *h* necio, porque en
14.12 hay camino que al *h* le parece derecho
14.14 el *h* de bien estará contento del suyo
14.17 enoja. .el *h* perverso será aborrecido
15.11 ¡cuánto más los corazones de los *h*!
15.18 el *h* iracundo promueve contiendas; mas
15.20 mas el *h* necio menosprecia a su madre
15.21 mas el *h* entendido endereza sus pasos
15.23 el *h* se alegra con la respuesta de su
16.1 del *h* son las disposiciones del corazón
16.2 caminos del *h* son limpios en su propia
16.6 con el temor. .los *h* se apartan del mal
16.7 caminos del *h* son agradables a Jehová
16.9 el corazón del *h* piensa su camino; mas
16.14 la ira del rey. .el *h* sabio la evitará
16.25 hay camino que parece derecho al *h*, pero
16.27 el *h* perverso cava en busca del mal
16.28 el *h* perverso levanta contienda, y el
16.29 el *h* malo lisonjea a su prójimo, y le
17.18 el *h* falto de entendimiento presta
17.27 de espíritu prudente es el *h* entendido
18.4 aguas profundas son las palabras. .del *h*
18.9 negligente. .es hermano del *h* disipador
18.12 antes del. .se eleva el corazón del *h*
18.14 el ánimo del *h* soportará su enfermedad
18.16 la dádiva del *h* le ensancha el camino
18.20 del fruto de la boca del *h* se llenará
18.24 el *h* que tiene amigos ha de mostrarse
19.3 la insensatez del *h* tuerce su camino
19.6 buscan. .cada uno es amigo del *h* que da
19.11 la cordura del *h* detiene su furor, y
19.21 pensamientos hay en el corazón del *h*
19.22 contentamiento. .*h* hacer misericordia
19.23 y con él vivirá lleno de reposo el *h*
20.3 honra es del *h* dejar la contienda; mas
20.5 aguas. .el consejo en el corazón del *h*
20.5 el consejo. .el *h* entendido lo alcanzará
20.6 *h* proclaman cada uno su propia bondad
20.6 pero *h* de verdad, ¿quién lo hallará?
20.17 sabroso es al *h* el pan de mentira; pero
20.24 de Jehová son los pasos del *h*; ¿cómo
20.24 ¿cómo, pues, entenderá el *h* su camino?
20.25 lazo es al *h* hacer apresuradamente voto
20.27 lámpara de Jehová es el espíritu del *h*
21.2 todo camino del *h* es recto en su propia
21.8 el camino del *h* perverso es torcido y
21.16 el *h* que se aparta del camino de la
21.17 *h* necesitado será el que ama el deleite
21.20 sabio. .el *h* insensato todo lo disipa
21.28 el *h* que oye, permanecerá en su dicho
21.29 el *h* impío endurece su rostro; mas el
22.24 no. .ni te acompañes con el *h* de enojos
22.29 ¿has visto *h* solícito en su trabajo?
23.28 acecha, y multiplica entre los *h* los
24.1 no tengas envidia de los *h* malos, ni
24.5 *h* sabio es fuerte, y de pujante vigor
24.5 fuerte, y de pujante vigor el *h* docto
24.8 mal, le llamarán *h* de malos pensamientos
24.9 y abominación a los *h* el escarnecedor
24.12 conocerá, y dará al *h* según sus obras
24.29 haré; daré el pago al *h* según su obra
24.30 campo del *h* perezoso. .del *h* falto de
24.34 así vendrá. .tu pobreza como *h* armado
25.14 el *h* que se jacta de falsa liberalidad
25.18 saeta aguda es el *h* que habla contra
25.28 es el *h* cuyo espíritu no tiene rienda
26.12 has visto *h* sabio en su propia opinión?
26.19 tal es el *h* que engaña a su amigo, y
26.21 *h* rencilloso para encender contienda
27.7 el *h* saciado desprecia el panal de miel
27.8 cual ave. .es el *h* que se va de su lugar
27.9 y el cordial consejo del amigo, al *h*
27.17 así el *h* aguza el rostro de su amigo
27.19 rostro, así el corazón del *h* al del *h*
27.20 los ojos del *h* nunca están satisfechos
27.21 prueba. .al *h* la boca del que lo alaba
28.2 mas por el *h* entendido y sabio permanece
28.3 el *h* pobre y robador de los pobres es
28.5 los *h* malos no entienden el juicio; mas
28.11 el *h* rico es sabio en su propia opinión
28.12 los impíos, tienen que esconderse los *h*
28.14 bienaventurado el *h* que. .teme a Dios
28.17 *h* cargado de la sangre de alguno huirá
28.20 *h* de verdad tendrá muchas bendiciones
28.21 por un bocado de pan prevaricará el *h*
28.23 el que reprende al *h*, hallará después
28.24 roba a. .compañero es del *h* destruidor
28.28 impíos son levantados se esconde el *h*
29.1 el *h* que reprendido endurece la cerviz
29.3 el *h* que ama la sabiduría alegra a su
29.5 el *h* que lisonjea. .red tiende delante
29.6 en la transgresión del *h* malo hay lazo
29.8 los *h* escarnecedores ponen la ciudad en
29.9 si el *h* sabio contendiere con el necio
29.10 *h* sanguinarios aborrecen al perfecto
29.20 ¿has visto *h* ligero en sus palabras?
29.22 el *h* iracundo levanta contiendas, y el
29.23 la soberbia del *h* le abate; pero al
29.25 el temor del *h* pondrá lazo; mas el que
29.27 abominación es a los justos el *h* inicuo
30.2 más rudo. .ni tengo entendimiento de *h*
30.14 devorar. .menesterosos de entre los *h*
30.19 mar; y el rastro del *h* en la doncella
Ec. 1.3 ¿qué provecho tiene el *h* de. .su trabajo
1.8 son fatigosas más de lo que el *h* puede
1.13 trabajo dio Dios a los hijos de los *h*
2.3 fuese el bien de los hijos de los *h*, en
2.8 de los deleites de los hijos de los *h*
2.12 qué podrá hacer el *h* que venga después
2.21 ¡que el *h* trabaje con sabiduría, y con
2.21 y que haya de dar su hacienda a *h* que
2.22 ¿qué tiene el *h* de todo su trabajo, y

HOMBRE ***(Continúa)***

Ec. 2.24 no hay cosa mejor para el *h* sino que
2.26 *h* que le agrada, Dios le da sabiduría
3.10 trabajo que Dios ha dado a los..*h* para
3.11 sin que alcance el *h* a entender la obra
3.13 es don de Dios que todo *h* coma y beba
3.14 Dios, para que delante de él teman los *h*
3.18 es así, por causa de los hijos de los *h*
3.19 lo que sucede a los hijos de los *h*, y
3.19 todos; ni tiene más el *h* que la bestia
3.21 que el espíritu de..los *h* sube arriba
3.22 cosa mejor para el *h* que alegrarse en
4.4 todo trabajo..despierta la envidia del *h*
4.8 *h* solo y sin sucesor, que no tiene hijo
5.19 todo *h* a quien Dios da riquezas y bienes
6.1 un mal que he visto..común entre los *h*
6.2 del *h* a quien Dios da riquezas y bienes
6.3 el *h* engendrare cien hijos, y viviere
6.7 todo el trabajo del *h* es para su boca
6.10 sabe que es *h* y que no puede contender
6.11 las muchas palabras..¿Qué más tiene el *h?*
6.12 ¿quién sabe cuál es el bien del *h* en la
6.12 ¿quién enseñará al *h* qué será después
7.2 porque aquello es el fin de todos los *h*
7.14 a fin de que el *h* nada halle después de
7.20 no hay *h* justo en la tierra, que haga
7.28 un *h* entre mil he hallado, pero mujer
7.29 que Dios hizo al *h* recto, pero ellos
8.1 la sabiduría del *h* ilumina su rostro, y la
8.6 porque el mal del *h* es grande sobre él
8.8 *h* que tenga potestad sobre el espíritu
8.9 hay tiempo en que el *h* se enseñorea del *h*
8.11 el corazón..*h* está en ellos dispuesto
8.15 no tiene el *h* bien debajo del sol, sino
8.17 que el *h* no puede alcanzar la obra que
8.17 por mucho que trabaje el *h* buscándola
9.1 amor o que sea odio, no lo saben los *h*
9.3 el corazón de..los *h* está lleno de mal
9.12 el *h* tampoco conoce su tiempo; como los
9.12 así son enlazados los hijos de los *h* en
9.14 una pequeña ciudad, y pocos *h* en ella
9.15 se halla en ella un *h* pobre, sabio, el
9.15 y nadie se acordaba de aquel *h* pobre
11.8 un *h* viva muchos años, y en todos ellos
12.3 se encorvarán los *h* fuertes, y cesarán
12.5 porque el *h* va a su morada eterna, y los
12.13 teme a..porque esto es el todo del *h*
Cnt. 8.7 si diese el *h* todos los bienes de su
Is. 2.9 se ha inclinado el *h*..se ha humillado
2.11 altivez de los ojos del *h* será abatida
2.11,17 la soberbia de los *h* será humillada
2.17 la altivez del *h* será abatida, y la
2.20 arrojará el *h* a los topos..sus ídolos
2.22 dejaos del *h*, cuyo aliento está en su
3.2 el valiente y el *h* de guerra, el juez y
3.3 *h* de respeto, el consejero, el artífice
4.1 echarán mano de un *h* siete mujeres en
5.7 y los *h* de Judá planta deliciosa suya
5.15 el *h* será humillado, y el varón será
5.22 que son..*h* fuertes para mezclar bebida
6.5 siendo *h* inmundo de labios, y habitando
6.11 y no haya *h* en las casas, y la tierra
6.12 que Jehová haya echado lejos a los *h*
7.13 ¿os es poco el ser molestos a los *h*
7.21 que criará un *h* una vaca y dos ovejas
9.19 el *h* no tendrá piedad de su hermano
13.7 mano..y desfallecerá todo corazón de *h*
13.12 más precioso..que el oro de Ofir al *h*
17.7 en aquel día mirará el *h* a su Hacedor
19.17 todo *h* que de ella se acordare temerá
21.7,9 *h* montados, jinetes de dos en dos
24.6 fueron consumidos..disminuyeron los *h*
29.13 no es más que un mandamiento de *h* que
29.19 aun los más pobres de los *h* se gozarán
29.21 los que hacen pecar al *h* en palabra
31.3 y los egipcios *h* son, y no Dios; y sus
31.7 arrojará el *h* sus ídolos de plata..oro
31.8 y la consumirá espada no de *h;* y huirá
33.8 anulado el pacto..tuvo en nada a los *h*
36.12 y no a los *h* que están sobre el muro
37.19 no eran dioses, sino obra de manos de *h*
38.16 por todas estas cosas los *h* vivirán
39.3 dijo: ¿Qué dicen estos *h*, y de dónde han
42.13 Jehová saldrá como..como *h* de guerra
43.4 daré..*h* por ti, y naciones por tu vida
44.11 he aquí que..los artífices mismos son *h*
44.13 lo hace en forma de..a semejanza de *h*
44.15 de él se sirve luego el *h* para quemar
45.12 hice la tierra, y creé sobre ella al *h*
45.14 *h* de elevada estatura, se pasarán a ti
47.3 retribución, y no se librará *h* alguno
49.26 y conocerá todo *h* que yo Jehová soy
51.7 no temáis afrenta de *h*, ni desmayéis por
51.12 tengas temor del *h*..y del hijo del *h*
52.14 fue desfigurado de los *h* su parecer
52.14 hermosura más que..los hijos de los *h*
53.3 despreciado y desechado entre los *h*
55.7 deje el impío su camino, y el *h* inicuo
56.2 bienaventurado el *h* que hace esto, y el
56.2 el hijo del *h* que lo abraza; que guarda
58.5 de día aflija el *h* su alma, que incline
59.16 vio que no había *h*, y se maravilló que
66.3 sacrifica buey es como si matase un *h*
66.16 Jehová juzgará con fuego y..a todo *h*
66.24 y verán los cadáveres de los *h* que se
66.24 gusano..y serán abominables a todo *h*
Jer. 2.6 cual no pasó varón, ni allí habitó *h?*
3.1 yéndose ésta de él se juntare a otro *h*
4.25 miré, y no había *h*, y todas las aves del
5.1 ver si halláis *h*, si hay alguno que haga
5.26 impíos..pusieron trampas para cazar *h*
6.23 *h* dispuestos para la guerra, contra ti
7.5 si..hiciereis justicia entre el *h* y su
7.20 mi furor y mi ira se derramarán..los *h*
8.6 no hay *h* que se arrepienta de su mal
9.22 cuerpos de los *h* muertos caerán como
10.14 todo *h* se embrutece, y le falta ciencia
10.23 conozco..el *h* no es señor de su camino
10.23 ni del *h* que camina es el ordenar sus
12.11 fue asolada..no hubo *h* que reflexionase
13.11 el cinto se junta a los lomos del *h*, así
14.9 ¿por qué eres como *h* atónito, y como
15.10 madre mía..engendraste *h* de contienda
16.20 ¿hará acaso el *h* dioses para sí? Mas
17.5 maldito el varón que confía en el *h*
18.11 habla luego a todo *h* de Judá y a los
20.15 maldito el *h* que dio nuevas a mi padre
20.16 el tal *h* como las ciudades que asoló
21.6 *h* y las bestias morirán de pestilencia
22.28 ¿es..*h* Conías una vasija despreciada
22.30 a este *h*..*h* a quien nada próspero
23.9 ebrio, y como *h* a quien dominó el vino
23.34 enviaré castigo sobre tal *h* y sobre su
26.11 en pena de muerte ha incurrido este *h*
26.16 no ha incurrido..*h* en pena de muerte
26.20 hubo..un *h* que profetizaba en nombre
26.22 envió *h* a Egipto..y a otros *h* con él
27.5 yo hice la tierra, el *h* y las bestias
29.26 para que te encargues..de todo *h* loco
30.6 visto que todo *h* tenía las manos sobre
31.27 que sembraré..simiente de *h*..de animal
31.30 los dientes de todo *h* que comiere las
32.19 todos los caminos de los hijos de los *h*
32.20 señales y portentos en..y entre los *h*
32.43 está desierta, sin *h* y sin animales
33.5 para llenarlas de cuerpos de *h* muertos
33.10 que está desierto sin *h* y sin animales
33.10 que están asoladas, sin *h* y sin morador
33.12 este lugar desierto, sin *h* y sin animal
34.18 entregaré a los *h* que traspasaron mi
36.29 hará que no queden..ni *h* ni animales
37.10 quedasen de ellos solamente *h* heridos
38.4 dijeron los..al rey: Muera ahora este *h*
38.4 desmayar las manos de los *h* de guerra
38.4 este *h* no busca la paz de este pueblo
38.7 oyendo Ebed-melec, *h* etíope, eunuco de
38.10 treinta *h* de..y haz sacar al profeta
38.11 y tomó Ebed-melec en su poder a los *h*
39.4 los *h* de guerra, huyeron y salieron de
40.7 sus *h*, oyeron..había puesto a Gedalías
40.7 había encomendado los *h* y las mujeres
40.8 vinieron luego a Gedalías..ellos y sus *h*
40.9 y les juró Gedalías..a ellos y a sus *h*
40.15 mataré a Ismael..y ningún *h* lo sabrá
41.1 Ismael..y algunos príncipes y diez *h*
41.2 diez *h* que con él estaban..hirieron a
41.5 que venían unos *h*..ochenta *h*, raída la
41.7 los degolló, y los echó..él y los *h* que
41.8 hallados diez *h* que dijeron a Ismael
41.9 los cuerpos de los *h* que mató a causa de
41.12 tomaron..los *h* y fueron a pelear contra
41.15 Ismael..escapó..con ocho *h*, y se fue
41.16 *h* de guerra, mujeres, niños y eunucos
42.17 los *h* que volvieren sus rostros para
43.6 a *h* y mujeres y niños, y a las hijas
43.9 cúbrelas de..a vista de los *h* de Judá
44.7 para ser destruidos el *h* y la mujer, el
44.20 habló Jeremías..a los *h* y a las mujeres
44.26 no será invocado más..boca de ningún *h*
44.27 los *h* de Judá que están en tierra de
44.28 volverán..a la tierra de Judá pocos *h*
47.2 *h* clamarán, y lamentará todo morador de
48.14 ¿cómo, pues, diréis: Somos *h* valientes
48.31 Moab..sobre los *h* de Kir-hares gemiré
48.36 resonará mi corazón..*h* de Kir-hares
49.15 te haré..y menospreciado entre los *h*
49.18,33 no morará..ni la habitará hijo de *h*
49.26 los *h* de guerra morirán en aquel día
50.3 no habrá ni *h* ni animal que en ella more
50.13 todo *h* que pasare por Babilonia se
50.30 *h* de guerra serán destruidos en aquel
50.40 así no morará allí *h*, ni hijo de *h* la
50.42 se prepararán contra ti como *h* a la
51.14 yo te llenaré de *h* como de langostas
51.17 *h* se ha infatuado, y no tiene ciencia
51.22 por tu medio quebrantaré *h* y mujeres
51.32 y se consternaron los *h* de guerra
51.43 tierra..ni pasará por ella hijo de *h*
51.62 hasta no quedar en él..ni *h* ni animal
52.7 los *h* de guerra huyeron, y salieron de
52.25 un oficial que era capitán de los *h*
52.25 siete *h* de los consejeros íntimos del
52.25 y sesenta *h* del pueblo que se hallaron
52.28 llevó cautivo..año..a 3.023 *h* de Judá
52.30 llevó cautivas a 745 personas de los *h*
Lm. 1.15 el Señor ha hollado a..mis *h* fuertes
3.1 yo soy el *h* que ha visto aflicción bajo
3.27 bueno le es al *h* llevar el yugo desde
3.33 no..ni entristece..a los hijos de los *h*
3.35 torcer el derecho del *h* delante de la
3.36 trastornar al *h* en su causa, el Señor
3.39 lamenta el *h*..laméntese el *h*..su pecado
Ez. 1.5 seres..Había en ellos semejanza de *h*
1.8 a sus cuatro lados, tenían manos de *h*
1.10 el aspecto de sus caras era cara de *h*
1.26 una semejanza que parecía de *h* sentado
2.1 me dijo: Hijo de *h*, ponte sobre tus pies
2.3 hijo de *h*, yo te envío a los hijos de
2.6 tú, hijo de *h*, no les temas, ni tengas
2.8 mas tú, hijo de *h*, oye lo que yo te hablo
3.1 me dijo: Hijo de *h*, come lo que hallas
3.3 hijo de *h*, alimenta tu vientre, y llena
3.4 hijo de *h*, vé y entra a..casa de Israel
3.10 hijo de *h*, toma en tu corazón todas mis
3.17 hijo de *h*, yo te he puesto por atalaya
3.25 oh hijo de *h*..pondrán sobre ti cuerdas
4.1 tú, hijo de *h*, tómate un adobe, y ponlo
4.16 hijo de *h*..quebrantaré el sustento del
5.1 tú, hijo de *h*, tómate un cuchillo agudo
6.2 hijo de *h*, pon tu rostro hacia..montes
7.2 hijo de *h*, así ha dicho Jehová el Señor
8.2 una figura que parecía de *h;* desde sus
8.5 hijo de *h*, alza ahora tus ojos hacia el
8.6 hijo de *h*, ¿no ves lo que éstos hacen
8.8 dijo: Hijo de *h*, cava ahora en la pared
8.12 dijo: Hijo de *h*, ¿has visto las cosas
8.15 dijo: ¿No ves, hijo de *h?* Vuélvete aún
8.17 me dijo: ¿No has visto, hijo de *h?* ¿Es
9.4 ponles una señal..a los *h* que gimen y que
10.8 apareció en..la figura de una mano de *h*
10.14 la segunda, de *h;* la tercera, cara de
10.21 figuras de mano de *h* debajo de sus alas
11.1 a la entrada de la puerta veinticinco *h*
11.2 hijo de *h*, estos son los *h* que maquinan
11.4 tanto profetiza contra ellos, hijo de *h*
11.15 hijo de *h*..*h* de tu parentesco y toda la
12.2 hijo de *h*, tú habitas en medio de casa
12.3 hijo de *h*, prepárate enseres de marcha
12.9 hijo de *h*, ¿no te ha dicho la casa de
12.18 hijo de *h*, come tu pan con temblor, y
12.22 hijo de *h*, ¿qué refrán es este que
12.27 hijo de *h*..de la casa de Israel dicen
13.2 hijo de *h*, profetiza contra los profetas
13.17 hijo de *h*, pon tu rostro contra las
14.3 hijo de *h*, estos *h* han puesto sus ídolos
14.4 cualquier *h* de la casa de Israel que
14.7 cualquier *h* de la casa de Israel, y de
14.8 pondré mi rostro contra aquel *h*, y le
14.13 hijo de *h*, cuando la tierra pecare
14.13 hambre, y cortare de ella *h* y bestias
14.17,19,21 para cortar de ella *h* y bestias
15.2 hijo de *h*, ¿qué es la madera de la vid
16.2 hijo de *h*, notifica a Jerusalén sus
16.17 te hiciste imágenes de *h* y fornicaste
17.2 hijo de *h*, propón una figura, y compón
18.5 el *h* que fuere justo, e hiciere según
18.8 e hiciere juicio verdadero entre *h* y *h*
19.3 y aprendió a arrebatar..y a devorar *h*
19.6 aprendió a arrebatar la presa, devoró *h*
20.3 hijo de *h*, habla a..ancianos de Israel
20.4 los quieres juzgar tú, hijo de *h?* Hazles
20.11,13,21 el *h* que los cumpliere vivirá
20.27 hijo de *h*, habla a la casa de Israel
20.46 hijo de *h*, pon tu rostro hacia el sur
21.2 hijo de *h*..tu rostro contra Jerusalén
21.6 hijo de *h*, gime con quebrantamiento de
21.9 hijo de *h*, profetiza, y dí: Así ha dicho
21.12 clama..oh hijo de *h;* porque ésta será
21.14 tú, pues, hijo de *h*, profetiza, y bate
21.19 hijo de *h*, traza dos caminos por donde
21.28 y tú, hijo de *h*, profetiza, y dí: Así
21.31 y te entregaré en mano de *h* temerarios
22.2 hijo de *h*, ¿no juzgarás tú a la ciudad
22.18 hijo de *h*, la casa de Israel se me ha
22.24 hijo de *h*, dí a ella..no eres tierra
22.30 busqué entre ellos *h*..hiciese vallado
23.2 hijo de *h*, hubo dos mujeres, hijas de
23.14 a *h* pintados en la pared, imágenes de
23.15 a la manera de los *h* de Babilonia, de
23.17 se llegaron a ella los *h* de Babilonia
23.36 hijo de *h*, ¿no juzgarás tú a Ahola y
23.40 enviaron por *h* que viniesen de lejos
23.45 *h* justos las juzgarán por la ley de las
24.2 hijo de *h*, escribe la fecha de este día
24.16 hijo de *h*, he aquí que yo te quito de
24.22 rebozo, ni comeréis pan de *h* en luto
24.25 tú, hijo de *h*, el día que yo arrebate a
25.2 hijo de *h*, pon tu rostro hacia..de Amón
25.13 cortaré de ella *h* y bestias..asolaré
26.2 hijo de *h*..dijo Tiro contra Jerusalén
27.2 hijo de *h*, levanta endechas sobre Tiro
27.10 fueron en tu ejército tus *h* de guerra
27.13 con *h* y con utensilios..comerciaban en
27.27 tus *h* de guerra que hay en ti..caerán
28.2 hijo de *h*, dí al príncipe de Tiro: Así
28.2 yo soy un dios..siendo tú *h* y no Dios
28.9 tú, *h* eres, y no Dios, en la mano de
28.12 hijo de *h*, levanta endechas sobre el
28.21 hijo de *h*, pon tu rostro hacia Sidón
29.2 hijo de *h*, pon tu rostro contra Faraón
29.8 he aquí que..cortaré de ti *h* y bestias

HOMBRE *(Continúa)*

Ez. 29.11 no pasará por ella pie de *h*, ni pie
29.18 hijo de *h*, Nabucodonosor rey de..hizo
30.2 hijo de *h*, profetiza, y dí: Así ha dicho
30.21 de *h*, he quebrado el brazo de Faraón
31.2 hijo de *h*, dí a Faraón rey de Egipto
31.14 entre los hijos de los *h*, con los que
32.2 hijo de *h*, levanta endechas sobre Faraón
32.13 las enturbiará pie de *h*, ni pezuña de
32.18 hijo de *h*, endecha sobre la multitud de
33.2 hijo de *h*, habla a..hijos de tu pueblo
33.2 el pueblo..tomare un *h* de su territorio
33.10 tu..hijo de *h*, dí a la casa de Israel
33.12 hijo de *h*, dí a los hijos de tu pueblo
33.24 hijo de *h*, los que habitan aquellos
33.30 tú, hijo de *h*, los hijos de tu pueblo
34.2 hijo de *h*, profetiza contra los pastores
34.31 ovejas de..*h* sois, y yo vuestro Dios
35.2 hijo de *h*, pon tu rostro hacia..de Seir
36.1 tú, hijo de *h*, profetiza a los montes de
36.10 multiplicar sobre vosotros *h*, a toda la
36.11 multiplicaré sobre vosotros *h* y ganado
36.12 haré andar *h* sobre vosotros, a mi pueblo
36.13 comedora de *h*, y matadora de..tu nación
36.14 por tanto, no devorarás más *h*, y nunca
36.17 hijo de *h*, mientras la casa de Israel
36.37 multiplicaré los *h* como se..los rebaños
36.38 desiertas serán llenas de rebaños de *h*
37.3 dijo: Hijo de *h*, ¿vivirán estos huesos?
37.9 profetiza, hijo de *h*, y dí al espíritu
37.11 hijo de *h*, todos estos huesos son la
37.16 hijo de *h*, toma..un palo, y escribe en
38.2 hijo de *h*, pon tu rostro contra Gog en
38.14 profetiza, hijo de *h*, y dí a Gog: Así
38.20 los *h* que..temblarán ante mi presencia
39.1 hijo de *h*, profetiza contra Gog, y dí
39.14 tomarán *h* a jornal que vayan por el país
39.15 que vea los huesos de algún *h* pondrá
39.17 y tú, hijo de *h*, así ha dicho Jehová
39.20 de todos los *h* de guerra, dice Jehová
40.4 hijo de *h*, mira con tus ojos, y oye con
41.19 un rostro de *h* hacia la palmera del un
43.7 hijo de *h*, este es el lugar de mi trono
43.10 hijo de *h*, muestra a la casa de Israel
43.18 hijo de *h*, así ha dicho Jehová el Señor
44.2 no se abrirá, ni entrará por ella *h*
44.5 hijo de *h*, pon atención, y mira con tus
44.25 no se acercarán a *h* muerto..pero por
47.6 dijo: ¿Has visto, hijo de *h?* Después me
Dn. 2.10 no hay *h*..que pueda declarar el asunto
2.38 y dondequiera que habitan hijos de *h*
3.10 que todo *h*, al oir el son de la bocina
3.20 mandó a *h* muy vigorosos..que atasen a
4.16 su corazón de *h* sea cambiado, y le sea
4.17 el Altísimo gobierna el reino de los *h*
4.17 constituye sobre él al más bajo de los *h*
4.25 que te echarán de entre los *h*, y con las
4.25 tiene dominio en el reino de los *h*, y
4.32 de entre los *h* te arrojarán, y con las
4.32 tiene el dominio en el reino de los *h*
4.33 echado de entre los *h;* y comía hierba
5.5 aparecieron los dedos de una mano de *h*
5.11 un *h* en el cual mora el espíritu de los
5.21 fue echado de entre los hijos de los *h*
5.21 tiene dominio sobre el reino de los *h*
6.5 dijeron aquellos *h:* No hallaremos contra
6.7 petición de cualquier dios u *h* fuera de
6.11 se juntaron aquellos *h*, y hallaron a
6.12 pida a cualquier dios u *h* fuera de ti
6.15 aquellos *h* rodearon al rey y le dijeron
6.24 traídos aquellos *h* que habían acusado a
7.4 manera de *h*, y le fue dado corazón de *h*
7.8 este cuerno tenía ojos como de *h*, y una
7.13 venía uno como un hijo de *h*, que vino
8.15 delante de mí uno con apariencia de *h*
8.16 oí una voz de *h* entre las riberas del
8.17 entiende, hijo de *h*, porque la visión
9.7 como en el día de hoy lleva todo *h* de Judá
10.7 no la vieron los *h* que estaban conmigo
10.16 uno con semejanza de hijo de *h* tocó mis
10.18 tenía semejanza de *h* me tocó otra vez
11.14 y *h* turbulentos de tu..se levantarán
11.21 sucederá en su lugar un *h* despreciable
Os. 4.4 *h* no contienda ni reprenda a *h*, porque
6.9 como ladrones que esperan a algún *h*, así
9.12 los quitaré de entre los *h*, porque ¡ay
11.9 Dios soy, y no *h*, el Santo en medio de
13.2 dicen a los *h* que sacrifican, que besen
Jl. 1.12 extinguió el gozo de los..de los *h*
2.7 como *h* de guerra subirán el muro; cada
3.9 acérquense, vengan todos los *h* de guerra
Am. 4.13 el que..anuncia al *h* su pensamiento
6.9 si diez *h* quedaren en una casa, morirán
Abd. 9 todo *h* será cortado del monte de Esaú
Jon. 1.10 aquellos *h* temieron sobremanera, y
1.13 *h* trabajaron para hacer volver la nave
1.14 no perezcamos..por la vida de este *h*
1.16 temieron aquellos *h* a Jehová con gran
3.5 y los *h* de Nínive creyeron a Dios, y
3.7 *h* y animales..no gusten cosa alguna; no
3.8 cúbranse de cilicio *h* y animales, y clamen
Mi. 2.2 oprimen al *h* y a su casa, al *h* y a su
2.12 harán estruendo por la multitud de *h*
5.5 siete pastores, y ocho *h* principales
5.7 no esperan a..ni aguardan a hijos de *h*
6.8 oh *h*, él te ha declarado lo que es bueno
7.2 y ninguno hay recto entre los *h;* todos
7.6 y los enemigos del *h* son los de su casa
Hab. 1.14 que sean los *h* como los peces del mar
2.5 el que es..*h* soberbio, que no permanecerá
2.8,17 a causa de la sangre de los *h*, y de
Sof. 1.3 destruiré los *h* y las bestias..aves
1.3 raeré a los *h* de sobre..la tierra, dice
1.12 y castigaré a los *h* que reposan..como
1.17 atribularé a..*h*, y andarán como ciegos
3.4 profetas son livianos, *h* prevaricadores
3.6 sus ciudades..asoladas hasta no quedar *h*
Hag. 1.11 sobre los *h* y sobre las bestias, y
Zac. 2.4 causa de la multitud de *h* y de ganado
4.1 como un *h* que es despertado de su sueño
7.2 había enviado..con Regem-melec y sus *h*
8.10 no ha habido paga de *h* ni..de bestia
8.10 yo dejé a todos los *h* cada cual contra
8.23 diez *h* de..tomarán del manto a un judío
9.1 a Jehová deben mirar los ojos de los *h*
11.6 entregaré los *h* cada cual en mano de su
12.1 y forma el espíritu del *h* dentro de él
13.7 levántate..contra el *h* compañero mío
Mal. 2.12 Jehová cortará..al *h* que hiciere esto
3.8 ¿robará el *h* a Dios? Pues vosotros me
3.17 los perdonaré, como el *h* que perdona a
Mt. 4.4 no sólo de pan vivirá el *h*, sino de
4.19 en pos de mí, y os haré pescadores de *h*
5.13 ser echada fuera y hollada por los *h*
5.16 así alumbre vuestra luz delante de los *h*
5.19 quebrante uno de..y así enseñe a los *h*
6.1 hacer vuestra justicia delante de los *h*
6.2 las calles, para ser alabados por los *h*
6.5 el orar en pie..para ser vistos de los *h*
6.14 porque si perdonáis a los *h* sus ofensas
6.15 mas si no perdonáis a los *h* sus ofensas
6.16 rostros para mostrar a los *h* que ayunan
6.18 no mostrar a los *h* que ayunas, sino a
6.30 hará mucho más a vosotros, *h* de poca fe?
7.9 ¿qué *h* hay..que si su hijo le pide pan
7.12 las cosas que queráis que los *h* hagan
7.24 compararé a un *h* prudente, que edificó
7.26 compararé a un *h* insensato, que edificó
8.9 soy *h* bajo autoridad, y tengo bajo mis
8.20 el Hijo del *H* no tiene dónde recostar su
8.26 les dijo: ¿Por qué teméis, *h* de poca fe?
8.27 *h* se maravillaron, diciendo: ¿Qué *h* es
9.6 sepáis que el Hijo del *H* tiene potestad
9.8 a Dios..había dado tal potestad a los *h*
9.9 un *h* llamado Mateo, que estaba sentado al
9.18 vino un *h* principal y se postró ante él
10.17 guardaos de los *h*, porque..os azotarán
10.23 Israel, antes que venga el Hijo del *H*
10.32 que me confiese delante de los *h*, yo
10.33 me niegue delante de los *h*..le negaré
10.35 para poner en disensión al *h* contra su
10.36 los enemigos del *h* serán los de su casa
11.8 a un *h* cubierto de vestiduras delicadas?
11.19 vino el Hijo del *H*, que come y bebe, y
11.19 dicen: He aquí un *h* comilón, y bebedor
12.8 el Hijo del *H* es Señor del día de reposo
12.11 ¿qué *h* habrá de vosotros, que tenga una
12.12 ¿cuánto más vale un *h* que una oveja?
12.13 dijo a aquel *h:* Extiende tu mano. Y él
12.29 ¿cómo..entrar en la casa del *h* fuerte
12.31 todo pecado..será perdonado a los *h*
12.32 dijere..palabra contra el Hijo del *H*
12.35 el *h* bueno, del buen tesoro del corazón
12.35 el *h* malo, del mal tesoro saca malas
12.36 de toda palabra ociosa que hablen los *h*
12.40 estará el Hijo del *H* en el corazón de
12.41 *h* de Nínive se levantarán en el juicio
12.43 cuando el espíritu inmundo sale del *h*
12.45 y el postrer estado de aquel *h* viene a
13.24 reino..es semejante a un *h* que sembró
13.25 mientras dormían..*h*, vino su enemigo
13.31 al grano de mostaza que un *h* tomó y
13.37 el que siembra la..es el Hijo del *H*
13.41 enviará el Hijo del *H* a sus ángeles
13.44 el cual un *h* halla, y lo esconde de
14.21 los que comieron fueron..cinco mil *h*
14.31 asió de él, y le dijo: ¡*H* de poca fe!
14.35 cuando le conocieron los *h* de aquel
15.9 enseñando..doctrinas, mandamientos de *h*
15.11 no lo que entra..boca contamina al *h*
15.11,18 que sale de la boca..contamina al *h*
15.20 estas cosas..contaminan al *h;* pero el
15.20 las manos sin lavar no contamina al *h*
15.38 los que habían comido, cuatro mil *h*
16.8 ¿por qué pensáis..*h* de poca fe, que no
16.9 de los cinco panes entre cinco mil *h*
16.13 ¿quién dicen los *h*..es el Hijo del *H?*
16.23 en las cosas de Dios, sino..de los *h*
16.26 ¿qué aprovechará al *h*, si ganare todo
16.26 qué recompensa dará el *h* por su alma
16.27 el Hijo del *H* vendrá en la gloria de
16.28 hayan visto al Hijo del *H* viniendo en
17.9 hasta que el Hijo del *H* resucite de los
17.12 así..el Hijo del *H* padecerá de ellos
17.14 vino..*h* que se arrodilló delante de él
17.22 el Hijo del *H* será entregado en..de *h*
18.7 pero ¡ay de aquel *h* por quien viene el
18.11 el Hijo del *H* ha venido para salvar lo
18.12 un *h* tiene cien ovejas, y se descarría
19.3 ¿es lícito al *h* repudiar a su mujer por
19.5 el *h* dejará padre y madre, y se unirá a
19.6 lo que Dios juntó, no lo separe el *h*
19.10 si así es la condición del *h* con su
19.12 hay eunucos que son hechos..por los *h*
19.26 los *h* esto es imposible; mas para Dios
19.28 el Hijo del *H* se siente en el trono de
20.1 el reino..es semejante a un *h*, padre de
20.18 y el Hijo del *H* será entregado a los
20.28 el Hijo del *H* no vino para ser servido
21.25 el bautismo..¿del cielo, o de los *h?*
21.26 si decimos, de los *h*, tememos al pueblo
21.28 un *h* tenía dos hijos, y acercándose al
21.33 hubo un *h*..el cual plantó una viña, la
22.11 vio..a un *h* que no estaba vestido de
22.16 porque no miras la apariencia de los *h*
23.4 las ponen sobre los hombros de los *h*
23.5 hacen..obras para ser vistos por los *h*
23.7 y que los *h* los llamen: Rabí, Rabí
23.13 cerráis el reino de..delante de los *h*
23.28 la verdad, os mostráis justos a los *h*
24.27 será también la venida del Hijo del *H*
24.30 aparecerá la señal del Hijo del *H* en
24.30 y verán al Hijo del *H* viniendo sobre
24.37,39 así será la venida del Hijo del *H*
24.44 el Hijo del *H* vendrá a la hora que no
25.13 hora en que el Hijo del *H* ha de venir
25.14 reino..es como un *h* que yéndose lejos
25.24 te conocía que eres *h* duro, que siegas
25.31 cuando el Hijo del *H* venga en su gloria
26.2 el Hijo del *H* será entregado para ser
26.18 id..a cierto *h*, y decidle: El Maestro
26.24 a la verdad el Hijo del *H* va, según
26.24 ¡ay de aquel *h* por quien el Hijo del *H*
26.24 bueno le fuera a..*h* no haber nacido
26.45 y el Hijo del *H* es entregado en manos
26.64 ahora veréis al Hijo del *H* sentado a
26.72 él negó otra vez con..No conozco al *h*
26.74 no conozco al *h*. Y en seguida cantó el
27.32 a un *h* de Cirene que se llamaba Simón
27.57 un *h* rico de Arimatea, llamado José
Mr. 1.17 mí, y haré que seáis pescadores de *h*
1.23 había en la..un *h* con espíritu inmundo
2.10 sepáis que el Hijo del *H* tiene potestad
2.27 por causa del *h*, y no el *h* por causa del
2.28 el Hijo del *H* es Señor aun del día de
3.1 había allí un *h* que tenía seca una mano
3.3 al *h* que tenía la mano seca: Levántate
3.5 al *h:* Extiende tu mano. Y él la extendió
3.27 puede entrar en la casa de un *h* fuerte
3.28 serán perdonados a los hijos de los *h*
4.26 cuando un *h* echa semilla en la tierra
5.2 vino a su encuentro..*h* con un espíritu
5.8 decía: Sal de este *h*, espíritu inmundo
6.12 predicaban que los *h* se arrepintiesen
6.44 y los que comieron eran cinco mil *h*
7.7 enseñando..doctrinas, mandamientos de *h*
7.8 os aferráis a la tradición de los *h:* los
7.11 basta que diga un *h* al padre..Es Corbán
7.15 nada hay fuera del *h* que entre en él, que
7.15 lo que sale de él, eso..contamina al *h*
7.18 todo lo de fuera que entra en el *h*, no
7.20 lo que del *h* sale, eso contamina al *h*
7.21 del corazón de los *h*, salen los malos
7.23 todas..de dentro salen, y contaminan al *h*
8.24 veo los *h* como árboles, pero los veo que
8.27 preguntó..¿Quién dicen los *h* que soy yo?
8.31 le era necesario al Hijo del *H* padecer
8.33 no pones la mira..sino en las de los *h*
8.36 ¿qué aprovechará al *h* si ganare todo el
8.37 o qué recompensa dará el *h* por su alma?
8.38 el Hijo del *H* se avergonzará también de
9.9 cuando el Hijo del *H* hubiese resucitado
9.12 cómo está escrito del Hijo del *H*, que
9.31 el Hijo del *H* será entregado en..de *h*
10.7 por esto dejará el *h* a su padre y a su
10.9 lo que Dios juntó, no lo separe el *h*
10.27 los *h* es imposible, mas para Dios, no
10.33 y el Hijo del *H* será entregado a los
10.45 el Hijo del *H* no vino para ser servido
11.2 un pollino..el cual ningún *h* ha montado
11.30 de Juan, ¿era del cielo, o de los *h?*
11.32 ¿y si decimos, de los *h*...? Pero temían
12.1 *h* plantó una viña, la cercó de vallado
12.14 Maestro, sabemos que eres *h* veraz, y
12.14 no miras la apariencia de los *h*, sino
13.26 verán al Hijo del *h* que vendrá en las
13.34 es como el *h* que yéndose lejos, dejó
14.13 os saldrá..un *h* que lleva un cántaro
14.21 a la verdad el Hijo del *H* va, según
14.21 ¡ay de..*h* por quien el Hijo del *H* es
14.21 bueno le fuera a ese *h* no haber nacido
14.41 el Hijo del *H* es entregado en manos de
14.62 al Hijo del *H* sentado a la diestra del
14.71 no conozco a este *h* de quien habláis
15.39 verdaderamente este *h* era Hijo de Dios
Lc. 1.25 dignó quitar mi afrenta entre los *h*
2.14 y en la tierra paz..para con los *h!*
2.25 un *h* llamado Simeón, y este *h*, justo y
2.52 y Jesús crecía..en gracia para..los *h*
4.4 escrito está: No sólo de pan vivirá el *h*
4.33 un *h* que tenía un espíritu de demonio

HOMBRE ***(Continúa)***
Lc. 5.8 apártate de mí. .porque soy *h* pecador
5.10 dijo. .desde ahora serás pescador de *h*
5.12 se presentó un *h* lleno de lepra, el cual
5.18 unos *h* que traían. .a un *h*. .paralítico
5.20 dijo: *H*, tus pecados te son perdonados
5.24 que el Hijo del *H* tiene potestad en la
6.5 el Hijo del *H* es Señor aun del día de
6.6 estaba allí un *h* que tenía seca la mano
6.8 mas. .dijo al *h* que tenía la mano seca
6.10 dijo al *h*: Extiende tu mano. Y él lo
6.22 cuando los *h* os aborrezcan, y cuando
6.22 y desechen. .por causa del Hijo del *H*
6.26 todos los *h* hablen bien de vosotros!
6.31 y como queréis que hagan los *h*. .haced
6.45 el *h* bueno, del buen tesoro. .lo bueno
6.45 *h* malo, del mal tesoro de su corazón
6.48 semejante es al *h* que al edificar una
6.49 semejante es al *h* que edificó su casa
7.8 yo soy *h* puesto bajo autoridad, y tengo
7.20 cuando. .los *h* vinieron a él, dijeron
7.25 un *h* cubierto de vestiduras delicadas?
7.31 ¿a qué, pues, compararé los *h* de esta
7.34 vino el Hijo del *H*, que come y bebe, y
7.34 este es un *h* comilón y bebedor de vino
8.27 vino a su encuentro un *h* de la ciudad
8.29 al espíritu inmundo que saliese del *h*
8.33 los demonios, salidos del *h*, entraron
8.38 *h* de quien habían salido los demonios
9.14 y eran como cinco mil *h*. Entonces dijo
9.22 es necesario que el Hijo del *H* padezca
9.25 ¿qué aprovecha al *h*, si gana todo el
9.26 de éste se avergonzará el Hijo del *H*
9.38 un *h*. .clamó diciendo: Maestro, te ruego
9.44 el Hijo del *H* será entregado en. .de *h*
9.56 el Hijo del *H* no ha venido para perder
9.56 no. .para perder las almas de los *h*, sino
9.58 el Hijo del *H* no tiene dónde recostar su
10.30 un *h* descendía de Jerusalén a Jericó
11.21 el *h* fuerte armado guarda su palacio
11.24 cuando el espíritu inmundo sale del *h*
11.26 el postrer estado de aquel *h* viene a
11.30 también lo será el Hijo del *H* a esta
11.31 se levantará en el juicio con los *h* de
11.32 *h* de Nínive se levantarán en el juicio
11.44 y los *h* que andan encima no lo saben
11.46 porque cargáis a los *h* con cargas que
12.8 me confesare delante de los *h*, también
12.8 el Hijo del *H* le confesará delante de
12.9 mas el que me negare delante de los *h*
12.10 dijere. .palabra contra el Hijo del *H*
12.14 *h*, ¿quién me ha puesto sobre vosotros
12.15 porque la vida del *h* no consiste en la
12.16 la heredad de un *h* rico había producido
12.28 ¿cuánto más a vosotros, *h* de poca fe?
12.36 semejantes a *h* que aguardan a que su
12.40 estad preparados. .el Hijo del *H* vendrá
13.4 eran más culpables que todos los *h* de
13.6 tenía un *h* una higuera plantada en su
13.19 mostaza, que un *h* tomó y sembró en su
14.2 aquí estaba delante de él un *h* hidrópico
14.16 un *h* hizo una gran cena, y convidó a
14.24 que ninguno de aquellos *h* que fueron
14.30 este *h* comenzó a edificar, y no pudo
15.4 *h* de vosotros, teniendo cien ovejas, si
15.11 también dijo: Un *h* tenía dos hijos
16.1 había un *h* rico que tenía un mayordomo
16.15 que os justificáis. .delante de los *h*
16.15 *h* tienen por sublime. .es abominación
16.19 un *h* rico, que se vestía de púrpura
17.12 salieron al encuentro diez *h* leprosos
17.22 ver uno de los días del Hijo del *H*, y
17.24 también será el Hijo del *H* en su día
17.26 así. .será en los días del Hijo del *H*
17.30 así será el día en que el Hijo del *H*
18.2 que ni temía a Dios, ni respetaba a *h*
18.4 ni temo a Dios, ni tengo respeto a *h*
18.8 cuando venga el Hijo del *H*, ¿hallará
18.10 dos *h* subieron al templo a orar: Uno
18.11 gracias porque no soy como los otros *h*
18.18 un *h*. .le preguntó, diciendo: Maestro
18.27 que es imposible para los *h*, es posible
18.31 cosas escritas. .acerca del Hijo del *H*
19.7 había entrado a posar con un *h* pecador
19.10 el Hijo del *H* vino a buscar y a salvar
19.12 *h* noble se fue a un país lejano, para
19.21 por cuanto eres *h* severo, que tomas lo
19.22 sabías que yo era *h* severo, que tomo
19.30 en el cual ningún *h* ha montado jamás
20.4 bautismo. .¿era del cielo, o de los *h*?
20.6 si decimos, de los *h*, todo el pueblo
20.9 un *h* plantó una viña, la arrendó a
21.26 desfalleciendo los *h* por el temor y
21.27 verán al Hijo del *H*, que vendrá en una
21.36 estar en pie delante del Hijo del *H*
22.10 os saldrá. .un *h* que lleva un cántaro
22.22 el Hijo del *H* va, según lo que está
22.22 ¡ay de aquel *h* por quien es entregado
22.48 ¿con un beso entregas al Hijo del *H*?
22.58 eres de. .Y Pedro dijo: *H*, no lo soy
22.60 y Pedro dijo: *H*, no sé lo que dices
22.63 *h* que custodiaban a Jesús se burlaban
22.69 el Hijo del *H* se sentará a la diestra
23.4 Pilato. .Ningún delito hallo en este *h*
23.6 Pilato. .preguntó si el *h* era galileo
23.14 éste como un *h* que perturba al pueblo
23.14 no he hallado en este *h* delito alguno
23.15 nada digno de muerte ha hecho este *h*
23.47 diciendo: Verdaderamente. .*h* era justo
24.7 es necesario que el Hijo del *H* sea
24.7 sea entregado en manos de *h* pecadores
Jn. 1.4 la vida, y la vida era la luz de los *h*
1.6 hubo un *h* enviado de Dios, el cual se
1.9 la luz verdadera, que alumbra a todo *h*
1.51 suben y descienden sobre el Hijo del *H*
2.10 todo *h* sirve primero el buen vino, y
2.25 testimonio del *h*. .lo que había en el *h*
3.1 un *h* de los fariseos. .se llamaba Nicodemo
3.4 ¿cómo puede un *h* nacer siendo viejo?
3.13 sino el que descendió. .el Hijo del *H*
3.14 es necesario. .Hijo del *H* sea levantado
3.19 *h* amaron más las tinieblas que la luz
3.27 no puede el *h* recibir nada, si no le
4.28 mujer. .fue a la ciudad, y dijo a los *h*
4.29 venid, ved a un *h* que me ha dicho todo
4.50 el *h* creyó la palabra que Jesús le dijo
5.5 *h* que hacía 38 años que estaba enfermo
5.9 aquel *h* fue sanado, y tomó su lecho, y
5.15 el *h* se fue, y dio aviso a los judíos
5.27 autoridad. .por cuanto es el Hijo del *H*
5.34 no recibo testimonio de *h* alguno; mas
5.41 gloria de los *h* no recibo
6.14 aquellos *h*. .viendo la señal que Jesús
6.27 comida. .la cual el Hijo del *H* os dará
6.53 si no coméis la carne del Hijo del *H*
6.62 si viereis al Hijo del *H* subir adonde
7.22 en el día de reposo circuncidáis al *h*
7.23 recibe el *h* la circuncisión en el día
7.23 de reposo sané completamente a un *h*?
7.46 jamás *h* alguno ha hablado como este *h*
7.51 ¿juzga. .nuestra ley a un *h* si primero
8.17 que el testimonio de dos *h* es verdadero
8.28 cuando hayáis levantado al Hijo del *H*
8.40 *h* que os he hablado la verdad, la cual
9.1 Jesús, vio a un *h* ciego de nacimiento
9.11 aquel *h* que se llama Jesús hizo lodo
9.16 *h* no procede de Dios, porque no guarda
9.16 puede un *h* pecador hacer estas señales?
9.24 a llamar al *h* que había sido ciego, y
9.24 nosotros sabemos que ese *h* es pecador
9.30 respondió el *h*. .esto es lo maravilloso
10.33 porque tú, siendo *h*, te haces Dios
11.47 ¿qué. .Porque este *h* hace muchas señales
11.50 conviene que un *h* muera por el pueblo
12.23 para que el Hijo del *H* sea glorificado
12.34 ¿cómo. .que el Hijo del *H* sea levantado?
12.34 dices tú. .¿Quién es este Hijo del *H*?
12.43 amaban más la gloria de los *h* que la
13.31 ahora es glorificado el Hijo del *H*
16.21 por el gozo de que haya nacido un *h* en
17.6 he manifestado tu nombre a los *h* que del
18.14 que un solo *h* muriese por el pueblo
18.17 no eres. .de los discípulos de este *h*?
18.29 ¿qué acusación traéis contra este *h*?
19.5 salió. .Y Pilato les dijo: ¡He aquí el *h*!
Hch. 1.21 que de estos *h* que han estado juntos
3.2 y era traído un *h* cojo de nacimiento
4.9 acerca del beneficio. .a un *h* enfermo, de
4.10 este *h* está en vuestra presencia sano
4.12 dado a los *h*, en que podamos ser salvos
4.13 sabiendo que eran *h* sin letras y del
4.14 viendo al *h* que había sido sanado, que
4.16 diciendo: ¿Qué haremos con estos *h*?
4.17 no hablen de. .a *h* alguno en este nombre
4.22 que el *h* en quien se había hecho este
5.1 cierto *h* llamado Ananías, con Safira su
5.4 no has mentido a los *h*, sino a Dios
5.14 gran número así de *h* como de mujeres
5.28 echar sobre nosotros la sangre de. .*h*
5.29 es necesario obedecer a Dios antes que. .*h*
5.35 lo que vais a hacer respecto a estos *h*
5.36 a éste se unió un número como de 400 *h*
5.38 digo: Apartaos de estos *h*, y dejadlos
5.38 esta obra es de los *h*, se desvanecerá
6.13 que decían: Este *h* no cesa de hablar
7.56 al Hijo del *H* que está a la diestra de
8.2 *h* piadosos llevaron a enterrar a Esteban
8.3 arrastraba a *h* y a mujeres. .en la cárcel
8.9 pero había un *h* llamado Simón, que antes
8.12 cuando creyeron. .bautizaban *h* y mujeres
9.2 si hallase. .*h* o mujeres de este Camino
9.7 y los *h* que iban con Saulo se pararon
9.13 Señor, he oído de muchos acerca de. .*h*
9.38 enviaron dos *h*, a rogarle: No tardes en
10.1 había en Cesarea un *h* llamado Cornelio
10.5 envía. .*h* a Jope, y haz venir a Simón
10.17 *h*. .enviados por Cornelio, los cuales
10.19 le dijo el. .He aquí tres *h* te buscan
10.21 descendiendo a donde estaban los *h* que
10.26 levántate, pues yo mismo también soy *h*
10.28 que a ningún *h* llame común o inmundo
11.3 has entrado en casa de *h* incircuncisos
11.11 luego llegaron tres *h* a la casa donde
11.13 envía *h* a Jope, y haz venir a Simón
12.22 gritando: ¡Voz de Dios, y no de *h*!
14.8 cierto *h* de Listra estaba sentado. .cojo
14.11 diciendo. .Dioses bajo la semejanza de *h*
14.15 somos *h* semejantes a vosotros, que os
15.17 que el resto de los *h* busque al Señor
15.26 *h*. .han expuesto su vida por el nombre
16.17 estos *h* son siervos del Dios Altísimo
16.20 estos *h*, siendo judíos, alborotan. .ciudad
16.35 enviaron. .decir: Suelta a aquellos *h*
17.5 tomaron consigo a. .ociosos, *h* malos
17.12 creyeron muchos de ellos. .no pocos *h*
17.25 ni es honrado por manos de *h*, como si
17.26 de una sangre. .todo el linaje de los *h*
17.29 escultura de. .y de imaginación de *h*
17.30 ahora manda a todos los *h* en todo lugar
18.13 éste persuade a los *h* a honrar a Dios
19.7 eran por todos unos doce *h*
19.16 el *h* en quien estaba el espíritu malo
19.35 ¿y quién es el *h* que no sabe que la
19.37 porque habéis traído a estos *h*, sin ser
20.30 levantarán *h* que hablen cosas perversas
21.23 hay entre nosotros cuatro *h* que tienen
21.26 Pablo tomó consigo a aquellos *h*, y al
21.28 es el *h* que por todas partes enseña a
21.39 dijo. .Yo de cierto soy *h* judío de Tarso
22.4 entregando en cárceles a *h* y mujeres
22.15 serás testigo suyo a todos los *h*, de
22.22 quita de la tierra a tal *h*, porque no
22.26 ¿qué vas a. .este *h* es ciudadano romano
23.9 ningún mal hallamos en este *h*; que si
23.21 más de cuarenta *h* de ellos le acechan
23.27 a este *h*, aprehendido por los judíos
23.30 de asechanzas. .tendido contra este *h*
24.5 que este *h* es una plaga, y promotor de
24.16 una conciencia sin ofensa ante. .los *h*
25.5 si hay algún crimen en este *h*, acúsenle
25.14 un *h* ha sido dejado preso por Félix
25.17 así. .al día siguiente. .mandé traer al *h*
25.22 yo. .quisiera oir a ese *h*. Y él le dijo
25.23 entrando. .con los. .principales *h* de la
25.24 aquí tenéis a este *h*, respecto del cual
26.31 ninguna cosa digna de. .ha hecho este *h*
26.32 podía este *h* ser puesto en libertad, si
28.4 este *h* es homicida, a quien, escapado
28.7 había propiedades del *h* principal de la
Ro. 1.18 toda impiedad e injusticia de los *h*
1.23 en semejanza de imagen de *h* corruptible
1.27 de igual modo también los *h*, dejando el
1.27 cometiendo hechos vergonzosos *h* con *h*
2.1 eres inexcusable, oh *h*, quienquiera que
2.3 ¿y piensas esto, oh *h*, tú que juzgas a
2.16 en que Dios juzgará. .secretos de los *h*
2.29 la alabanza del cual no viene de los *h*
3.4 bien sea Dios veraz, y todo *h* mentiroso
3.5 ¿será injusto Dios que. .(Hablo como *h*)
3.28 concluimos. .el *h* es justificado por fe
4.6 David habla de la bienaventuranza del *h*
5.12 el pecado entró en el mundo por un *h*
5.12 la muerte pasó a todos los *h*, por cuanto
5.15 y el don de Dios por la gracia de un *h*
5.18 vino la condenación a todos los *h*, de
5.18 vino a todos los *h* la justificación de
5.19 así como por la desobediencia de un *h*
6.6 nuestro viejo *h* fue crucificado. .con él
7.1 la ley se enseñorea del *h* entre tanto que
7.22 según el *h* interior, me deleito en la
9.20 *h*, ¿quién eres tú, para que alterques
10.5 el *h* que haga estas cosas, vivirá por
11.4 me he reservado siete mil *h*, que no han
12.17 procurad lo bueno delante de todos. .*h*
12.18 si es posible. .en paz con todos los *h*
14.18 agrada a Dios, y es aprobado por los *h*
14.20 es malo que el *h* haga tropezar a otros
1 Co. 1.25 lo insensato. .más sabio que los *h*
1.25 débil de Dios es más fuerte que los *h*
2.5 no esté fundada en la sabiduría de los *h*
2.9 oído oyó, ni han subido en corazón de *h*
2.11 ¿quién de los *h* sabe las cosas del *h*
2.11 sino el espíritu del *h* que está en él?
2.14 el *h* natural no percibe las cosas que
3.3 aún. .¿no sois carnales, y andáis como *h*?
3.21 así que, ninguno se gloríe en los *h*
4.1 ténganos los *h* por servidores de Cristo
4.9 espectáculo al. .a los ángeles y a los *h*
6.18 pecado que el *h* cometa, está fuera del
7.1 bueno le sería al *h* no tocar mujer
7.7 quisiera. .que todos los *h* fuesen como yo
7.23 precio. .no os hagáis esclavos de los *h*
7.26 hará bien el *h* en quedarse como está
9.8 ¿digo esto sólo como *h*? ¿No dice. .la ley?
13.11 cuando ya fui *h*, dejé lo que era de
14.2 que habla en lenguas no habla a los *h*
14.3 pero el que profetiza habla a los *h* para
15.19 somos los más dignos de. .de todos los *h*
15.21 por cuanto la muerte entró por un *h*
15.21 también por un *h* la resurrección de
15.32 como *h* batallé en Efeso contra fieras
15.39 una carne es la de los *h*, otra carne la
15.45 hecho el primer *h* Adán alma viviente
15.47 el primer *h* es de la tierra, terrenal
15.47 el segundo *h*, que es el Señor, es del
2 Co. 3.2 conocidas y leídas por todos los *h*
4.16 nuestro *h* exterior se va desgastando
5.11 conociendo. .persuadimos a los *h*; pero
5.19 no tomándoles en cuenta a los *h* sus
8.21 honradamente. .también delante de los *h*
12.2 conozco a un *h* en Cristo, que hace 14

HOMBRE *(Continúa)*
2 Co. 12.3 conozco al tal *h* (si en el cuerpo, o
12.4 oyó..que no le es dado al *h* expresar
12.5 de tal *h* me gloriaré; pero de mí mismo
Gá. 1.1 Pablo, apóstol (no de *h* ni por *h*, sino
1.10 ¿busco ahora el favor de los *h*, o el de
1.10 ¿o trato de agradar a los *h*? Pues si
1.10 si todavía agradara a los *h*, no sería
1.11 el evangelio anunciado..no es según *h*
1.12 ni lo recibí ni lo aprendí de *h* alguno
2.16 sabiendo que el *h* no es justificado por
3.15 hermanos..un pacto, aunque sea de *h*, una
5.3 vez testifico a todo *h* que se circuncida
6.7 todo lo que el *h* sembrare, eso..segará
Ef. 2.15 crear en sí mismo un solo y nuevo *h*
3.5 no se dio a conocer a los hijos de los *h*
3.16 el ser fortalecidos..en el *h* interior
4.8 llevó cautiva la..y dio dones a los *h*
4.14 por estratagema de *h* que para engañar
4.22 despojados del viejo *h*, que está viciado
4.24 vestíos del nuevo *h*, creado según Dios
5.31 por esto dejará el *h* a su padre y a su
6.6 no..como los que quieren agradar a los *h*
6.7 sirviendo..como al Señor y no a los *h*
Fil. 2.7 se despojó..hecho semejante a los *h*
2.8 estando en la condición de *h*, se humilló
4.5 vuestra gentileza sea conocida de..los *h*
Col. 1.28 anunciamos, amonestando a todo *h*, y
1.28 y enseñando a todo *h* en toda sabiduría
1.28 a fin de presentar perfecto..a todo *h*
2.8 nadie os engañe..tradiciones de los *h*
2.22 en conformidad a mandamientos y..de *h*
3.9 habiéndoos despojado del viejo *h* con sus
3.22 como los que quieren agradar a los *h*
3.23 todo..como para el Señor y no para los *h*
1 Ts. 2.4 no como para agradar a los *h*, sino
2.6 ni buscamos gloria de los *h*; ni de otros
2.13 recibisteis no como palabra de *h*, sino
2.15 no agradan..y se oponen a todos los *h*
4.8 el que desecha esto, no desecha a *h*, sino
2 Ts. 2.3 se manifieste el *h* de pecado, el hijo
3.2 seamos librados de *h* perversos y malos
1 Ti. 2.1 acciones de gracias, por todos los *h*
2.4 cual quiere que todos los *h* sean salvos
2.5 mediador entre Dios y..*h*, Jesucristo *h*
2.8 quiero pues, que los *h* oren en todo lugar
2.12 ejercer dominio sobre el *h*, sino estar
4.10 el Dios..es Salvador de todos los *h*
5.24 pecados de algunos *h* se hacen patentes
6.5 disputas necias de *h* corruptos de
6.9 hunden a los *h* en destrucción y perdición
6.11 tú, oh *h* de Dios, huye de estas cosas
6.16 a quien ninguno de los *h* ha visto ni
2 Ti. 2.2 encarga a *h* fieles que sean idóneos
3.2 habrá *h* amadores de sí mismos, avaros
3.8 *h* corruptos de entendimiento, réprobos
3.13 mas los malos *h*..irán de mal en peor
3.17 a fin de que el *h* de Dios sea perfecto
Tit. 1.14 a mandamientos de *h* que se apartan
2.11 gracia..para salvación a todos los *h*
3.2 toda mansedumbre para con todos los *h*
3.4 se manifestó la..su amor para con los *h*
3.8 estas cosas son buenas y útiles a los *h*
3.10 al *h* que cause divisiones..deséchalo
He. 2.6 ¿qué es el *h*..o el hijo del *h*, para que
5.1 todo sumo sacerdote tomado de entre los *h*
5.1 es constituido a favor de los *h* en lo que
6.16 los *h*..juran por uno mayor que ellos
7.8 y aquí..reciben los diezmos *h* mortales
7.28 ley constituye..sacerdotes a débiles *h*
8.2 tabernáculo..levantó el Señor y no el *h*
9.27 está establecido para los *h* que mueran
13.6 no temeré lo que me pueda hacer el *h*
Stg. 1.8 el *h* de doble ánimo es inconstante en
1.19 todo *h* sea pronto para oir, tardo para
1.20 ira del *h* no obra la justicia de Dios
1.23 es semejante al *h* que considera en un
2.2 entra un *h* con anillo de oro y con ropa
2.20 quieres saber, *h* vano, que la fe sin
2.24 que el *h* es justificado por las obras
3.8 ningún *h* puede domar la lengua, que es
3.9 con ella maldecimos a los *h*, que están
5.17 Elías era *h* sujeto a pasiones..y oró
1 P. 1.24 gloria del *h* como flor de la hierba
2.4 él, piedra viva, desechada..por los *h*
2.15 hagáis callar la ignorancia de los *h*
4.2 no vivir..las concupiscencias de los *h*
4.6 que sean juzgados en carne según los *h*
2 P. 1.21 los santos *h* de Dios hablaron siendo
2.16 bestia de carga, hablando con voz de *h*
3.7 día del juicio y de la..de los *h* impíos
1 Jn. 5.9 si recibimos el testimonio de los *h*
Jud. 4 algunos *h* han entrado encubiertamente
4 *h* impíos, que convierten en libertinaje la
Ap. 1.13 uno semejante al Hijo del *H*, vestido
4.7 el tercero tenía rostro como de *h*; y el
8.11 muchos *h* murieron a causa de esas aguas
9.4 los *h* que no tuviesen el sello de Dios
9.5 tormento de escorpión cuando hiere al *h*
9.6 aquellos días los *h* buscarán la muerte
9.10 para dañar a los *h* durante cinco meses
9.15 fin de matar a la tercera parte de los *h*
9.18 fue muerta la tercera parte de los *h*
9.20 y los otros *h* que no fueron muertos con
11.13 murieron en número de siete mil *h*; y
13.13 descender fuego del..delante de los *h*
13.18 el número de la bestia..es número de *h*
14.4 redimidos de entre los *h* como primicias
14.14 uno sentado semejante al Hijo del *H*
16.2 vino una úlcera maligna..sobre los *h* que
16.8 cual fue dado quemar a los *h* con fuego
16.9 y los *h* se quemaron con el gran calor
16.18 no..desde que los *h* han estado sobre la
16.21 cayó..sobre los *h* un enorme granizo
16.21 los *h* blasfemaron contra Dios por la
18.13 ovejas, caballos..esclavos, almas de *h*
21.3 aquí el tabernáculo de Dios con los *h*
21.17 de medida de *h*, la cual es de ángel

HOMBRERA
Éx. 28.7 dos *h* que se junten a sus dos extremos
28.12 las dos piedras sobre las *h* del efod
28.25 y los fijarás a las *h* del efod en su
28.27 parte delantera de las dos *h* del efod
39.4 hicieron las *h* para que se juntasen, y
39.7 puso sobre las *h* del efod, por piedras
39.18 los dos engastes..sobre las *h* del efod
39.20 parte delantera de las dos *h* del efod

HOMBRO
Gn. 9.23 Sem..la pusieron sobre sus propios *h*
21.14 lo dio a Agar, poniéndolo sobre su *h*
24.15,45 cual salía con su cántaro sobre su *h*
49.15 y bajó su *h* para llevar, y sirvió en
Éx. 12.34 envueltas en sus sábanas sobre sus *h*
28.12 llevará los nombres..sobre sus dos *h*
Nm. 7.9 llevaban sobre sí en los *h* el servicio
Dt. 33.12 lo cubrirá siempre, y entre sus *h*
Jos. 4.5 cada uno..tome una piedra sobre su *h*
Jue. 9.48 cortó una rama..la puso sobre sus *h*
16.3 las puertas..se las echó al *h*, y se fue
1 S. 9.2 de *h* arriba sobrepasaba a cualquiera
10.23 desde los *h* arriba era más alto que
17.6 traía..jabalina de bronce entre sus *h*
1 Cr. 15.15 trajeron el arca de..sobre sus *h*
2 Cr. 35.3 que no la carguéis más sobre los *h*
Job 31.22 mi espalda se caiga de mi *h*, y..brazo
31.36 ciertamente yo lo llevaría sobre mi *h*
Sal. 81.6 aparté su *h* de debajo de la carga
Is. 9.4 quebraste..la vara de su *h*, y el cetro
9.6 nos es dado, y el principado sobre su *h*
10.27 su carga será quitada de tu *h*, y su
11.14 volarán sobre los *h* de los filisteos
14.25 yugo..y su carga será quitada de su *h*
22.22 llave de la casa de David sobre su *h*
46.7 se lo echan sobre los *h*, lo llevan, y lo
49.22 hijos, y tus hijas serán traídas en *h*
Ez. 12.6 los llevarás sobre tus *h*, de noche los
12.7 los lleve sobre los *h* a vista de ellos
29.7 te quebraste, y les rompiste todo el *h*
34.21 empujasteis..con el *h*, y acorneasteis
Lc. 15.5 encuentra, la pone sobre sus *h* gozoso

HOMENAJE
1 Cr. 29.24 todos..prestaron *h* al rey Salomón

HOMER
Lv. 27.16 *h* de siembra de cebada se valorará
Is. 5.10 y un *h* de semilla producirá un efa
Ez. 45.11 el bato tenga la décima parte del *h*
45.11 bato tenga..décima parte del *h* el efa
45.11 la medida de ellos será según el *h*
45.13 cada *h* del trigo..cada *h* de la cebada
45.14 diez batos harán un *h*..batos son un *h*
Os. 3.2 la compré..por..un *h* y medio de cebada

HOMICIDA
Nm. 35.6 daréis para que el *h* se refugie allá
35.11 donde huya el *h* que hiriere a alguno
35.12 y no morirá el *h* hasta que entre en
35.16,17,18 y muriere, *h* es; el *h* morirá
35.19 el vengador de la..él dará muerte al *h*
35.21 lo hirió con..el heridor morirá; es *h*
35.21 el vengador de la sangre matará al *h*
35.25 la congregación librará al *h* de mano
35.26 si el *h* saliere fuera de los límites
35.27 y el vengador..matare al *h*, no se le
35.28 después..el *h* volverá a la tierra de
35.30 por dicho de testigos morirá el *h*; mas
35.31 no tomaréis precio por la vida del *h*
Dt. 4.42 que huyese allí el *h* que matase a su
19.3 arreglarás..para que todo *h* huya allí
19.4 este es el caso del *h* que huirá allí
19.6 el vengador de la sangre..persiga al *h*
Jos. 20.3 que se acoja allí el *h* que matare a
20.5 siguiere, no entregarán en su mano al *h*
20.6 entonces el *h* podrá volver a su ciudad
21.13,21,27,32,38 ciudad de refugio..los *h*
2 R. 6.32 este hijo de *h* envía a cortarme la
Is. 1.21 habitó la equidad; pero ahora, los *h*
Ez. 21.14 triplíquese el furor de la espada *h*
Mt. 22.7 destruyó a aquellos *h*..quemó su ciudad
Jn. 8.44 él ha sido *h* desde el principio, y no
Hch. 3.14 justo, y pedisteis..se os diese un *h*
28.4 ciertamente este hombre es *h*, a quien
1 Ti. 1.9 la ley no fue dada..sino..para los *h*
1 P. 4.15 ninguno de vosotros padezca como *h*
1 Jn. 3.15 aquel que aborrece a..hermano es *h*
3.15 que ningún *h* tiene vida eterna..en él
Ap. 21.8 *h*..tendrán su parte en el lago que
22.15 estarán fuera..los *h*, los idólatras

HOMICIDIO
Éx. 22.3 el autor de la muerte será reo de *h*
Dt. 17.8 entre una clase de *h* y otra, entre una
Sal. 51.14 líbrame de *h*, oh Dios, Dios de mi
Os. 4.2 perjurar, mentir..*h* tras *h* se suceden
Mt. 15.19 del corazón salen..*h*, los adulterios
Mr. 7.21 adulterios, las fornicaciones, los *h*
15.7 que habían cometido *h* en una revuelta
Lc. 23.19,25 echado en la cárcel..por un *h*
Ro. 1.29 llenos de envidia, *h*, contiendas
Gá. 5.21 envidias, *h*, borracheras, orgías, y
Ap. 9.21 y no se arrepintieron de sus *h*, ni de

HONDA
Jue. 20.16 tiraban una piedra con la *h* a un
1 S. 17.40 y tomó su *h* en su mano, y se fue
17.49 la tiró con la *h*, e hirió al filisteo
17.50 así venció David al filisteo con *h* y
25.29 como de en medio de la palma de una *h*
1 Cr. 12.2 ambas manos para tirar piedras con *h*
2 Cr. 26.14 Uzías preparó..*h* para tirar piedras
Job 41.28 las piedras de *h* le son como paja
Pr. 26.8 como quien liga la piedra en la *h*, así
Jer. 10.18 arrojaré con *h* los moradores de la
Zac. 9.15 ellos..hollarán las piedras de la *h*

HONDERO
2 R. 3.25 los *h* la rodearon y la destruyeron

HONDO
Ez. 23.32 beberás el *h*..cáliz de tu hermana
Jn. 4.11 no tienes con qué sacarla..pozo es *h*

HONDURA
Zac. 1.8 entre los mirtos que había en la *h*

HONESTAMENTE
Ro. 13.13 como de día, *h*; no en glotonerías

HONESTIDAD
1 Ti. 2.2 para que vivamos..toda piedad y *h*
3.4 tenga a sus hijos en sujeción con toda *h*

HONESTO, TA
1 Co. 7.35 sino para lo *h* y decente, y para
Fil. 4.8 lo *h*, todo lo justo, todo lo puro
1 Ti. 3.8 los diáconos asimismo deben ser *h*, sin
3.11 las mujeres..sean *h*, no calumniadoras

HONOR
1 S. 2.8 para hacerle..heredar un sitio de *h*
1 Cr. 29.11 tuya..gloria, la victoria y el *h*
2 Cr. 16.14 e hicieron un gran fuego en su *h*
21.19 no encendieron fuego en su *h*, como lo
Job 14.21 sus hijos tendrán *h*, pero él no lo
30.15 combatieron como viento mi *h*, y mi
Pr. 5.9 para que no des a los extraños tu *h*
31.25 fuerza y *h* son su vestidura; y se ríe
Dn. 2.48 le dio muchos *h* y grandes dones, y le
11.39 colmará de *h* a los que le reconozcan
Zac. 10.3 los pondrá como su caballo de *h* en la
1 Co. 12.24 más abundante *h* al que le faltaba
1 Ts. 4.4 tener su propia esposa en santidad y *h*
1 Ti. 1.17 al Rey..*h* y gloria por los siglos
5.17 ancianos..tenidos por dignos de doble *h*
6.1 tengan a sus amos por dignos de todo *h*
1 P. 3.7 *h* a la mujer como a vaso más frágil
Ap. 21.24 reyes..traerán su gloria y *h* a ella

HONORABLE
Nm. 22.15 enviar..más príncipes, y más *h* que
Ec. 10.1 así..al que es estimado como sabio y *h*
Is. 43.4 de gran estima, fuiste *h*, y yo te amé
1 Co. 4.10 vosotros *h*..nosotros despreciados

HONRA
Éx. 28.2 vestiduras sagradas..*h* y hermosura
28.40 y les harás tiaras para *h* y hermosura
Nm. 24.11 aquí que Jehová te ha privado de *h*
1 Cr. 22.5 casa..ha de ser..para renombre y *h*
Est. 1.20 las mujeres darán *h* a sus maridos
6.3 ¿qué *h* o..se hizo a Mardoqueo por esto?
6.6 ¿qué se hará al hombre cuya *h* desea el
6.7,9(2),11 el varón cuya *h* desea el rey
8.16 y los judíos tuvieron luz..y gozo y *h*
Job 29.20 mi *h* se renovaba en mí, y mi arco se
40.10 adórnate..vístete de *h* y de hermosura
Sal. 4.2 hasta cuándo volveréis..*h* en infamia
7.5 huelle..vida, y mi *h* ponga en el polvo
8.5 le has..y lo coronaste de gloria y de *h*
21.5 gloria..*h* y majestad has puesto sobre él
49.12 mas el hombre no permanecerá en *h*; es
49.20 el hombre que está en *h* y no entiende
96.8 dad a Jehová la *h* debida a su nombre
Pr. 3.16 su derecha..izquierda, riquezas y *h*

HONRA *(Continúa)*
Pr. 3.35 los sabios heredarán *h*, mas los necios
8.18 riquezas y la *h* están conmigo; riquezas
11.16 la mujer agraciada tendrá *h*, y los
13.18 que guarda la corrección recibirá *h*
15.33 temor..y a la *h* procede la humildad
16.31 corona de *h* es la vejez que se halla
17.6 corona..la *h* de los hijos, sus padres
18.12 eleva..antes de la *h* es el abatimiento
19.11 y su *h* es pasar por alto la ofensa
20.3 *h* es del hombre dejar la contienda; mas
21.21 hallará la vida, la justicia y la *h*
22.4 riquezas, *h* y vida son la remuneración
25.2 asunto, pero *h* del rey es escudriñarlo
26.1 la siega, así no conviene al necio la *h*
26.8 la honda, así hace el que da *h* al necio
27.18 mira por los intereses de su..tendrá *h*
29.23 al humilde de espíritu sustenta la *h*
Ec. 6.2 hombre a quien Dios da riquezas y..*h*
8.10 he visto a los inicuos sepultados con *h*
Is. 4.2 el fruto de la tierra para grandeza y *h*
14.18 todos ellos yacen con *h* cada uno en su
22.23 será por asiento de *h* a la casa de su
22.24 colgarán de él toda la *h* de la casa de
48.11 mi nombre, y mi *h* no la daré a otro
49.18 como de vestidura de *h*, serás vestida
61.7 poseerán doble *h*, y tendrán perpetuo
Jer. 13.11 fuesen..fama, por alabanza y por *h*
Ez. 22.25 tomaron haciendas y *h*, multiplicaron
Dn. 2.6 recibiréis de mí dones y favores y..*h*
11.21 al cual no darán la *h* del reino; pero
Os. 4.7 también yo cambiaré su *h* en afrenta
Hab. 2.16 has llenado de deshonra más que de *h*
Mal. 1.6 si..soy yo padre, ¿dónde está mi *h?*
Mt. 13.57; Mr. 6.4 no hay profeta sin *h*, sino
Jn. 4.44 el profeta no tiene *h* en su..tierra
Ro. 2.7 que..buscan gloria y *h* e inmortalidad
2.10 gloria y *h* y paz a todo el que hace lo
9.21 hacer de la misma masa un vaso para *h*
12.10 cuanto a *h*, prefiriéndose los unos a
13.7 pagad a todos lo que debéis..al que *h*, *h*
1 Co. 12.26 si un miembro recibe *h*, todos los
2 Co. 6.8 por *h* y por deshonra, por mala fama
1 Ti. 6.16 ver, al cual sea la *h* y el imperio
2 Ti. 2.21 será instrumento para *h*, santificado
He. 2.7 le coronaste de gloria y de *h*, y le
2.9 vemos..Jesús, coronado de gloria y de *h*
3.3 tiene mayor *h* que la casa el que la hizo
5.4 nadie toma para sí esta *h*, sino el que
1 P. 1.7 sea hallada en alabanza, gloria y *h*
2 P. 1.17 cuando él recibió..*h* y gloria, le fue
Ap. 4.9 dan gloria y *h* y acción de gracias al
4.11 digno eres de recibir la gloria y la *h*
5.12 es digno de tomar..la *h*, la gloria y la
5.13 al Cordero, sea la..*h*, la gloria y el
7.12 la *h*..fortaleza, sean a nuestro Dios
19.1 *h* y gloria y poder son del Señor Dios
21.26 llevarán la gloria y la *h* de..a ella

HONRADAMENTE
2 Co. 8.21 procurando hacer las cosas *h*, no
1 Ts. 4.12 conduzcáis *h* para con los de afuera

HONRADEZ
Gn. 30.33 así responderá por mí mi *h* mañana
2 R. 22.7 cuenta..porque ellos proceden con *h*

HONRADO
Gn. 42.11 somos hombres *h;* tus siervos nunca
42.19 si sois hombres *h*, quede preso en la
42.31 somos hombres *h*, nunca fuimos espías
42.33 en esto conoceré que sois hombres *h*
42.34 sepa que no sois espías, sino hombres *h*
2 S. 6.20 dijo: ¡Cuán *h* ha quedado hoy el rey

HONRAR
Éx. 20.5 no te inclinarás a..ni las *honrarás*
20.12 *honra* a tu padre y a tu madre, para
Lv. 19.32 y *honrarás* el rostro del anciano, y
Nm. 22.17 te *honraré* mucho, y haré todo lo que
22.37 y Balac dijo..¿No puedo yo *honrarte?*
24.11 yo dije que te *honraría*, mas he aquí
Dt. 5.16 *honra* a tu padre y a tu madre, como
Jos. 23.16 yendo y *honrando* a dioses ajenos, e
Jue. 9.9 con el cual en mí se *honra* a Dios y
13.17 que cuando se cumpla tu..te *honremos?*
1 S. 2.29 y has *honrado* a tus hijos más que a
2.30 porque yo *honraré* a los que me *honran*
15.30 me *honres* delante de los ancianos de
2 S. 6.22 seré *honrado* delante de las criadas
10.3 parece que por *honrar* David a tu padre
2 R. 10.19 exterminar a los que *honraban* a Baal
17.33 temían a Jehová, y *honraban* a..dioses
1 Cr. 19.3 ¿a tu parecer *honra* David a tu padre
2 Cr. 32.33 *honrándole* en su muerte todo Judá
Esd. 7.27 *honrar* la casa de Jehová que está en
Est. 3.1 lo *honró*, y puso su silla sobre todos
5.11 cosas..con que le había *honrado* sobre
6.6 ¿a quién deseará..*honrar* más que a mí?
Sal. 2.12 *honrad* al Hijo, para que no se enoje
15.4 vil..pero *honra* a los que temen a Jehová
50.15 invócame..te libraré, y tú me *honrarás*
50.23 el que sacrifica alabanza me *honrará*
Pr. 3.9 *honra* a Jehová con tus bienes, y con
4.8 te *honrará*, cuando tú la hayas abrazado
14.31 tiene misericordia del pobre, lo *honra*
Is. 29.13 y con sus labios me *honra*, pero su
43.20 las fieras del campo me *honrarán*, los
43.23 ni..me *honraste* con tus sacrificios
55.5 del Santo de Israel que te ha *honrado*
60.13 y yo *honraré* el lugar de mis pies
Jer. 44.3 ofrecer incienso, *honrando* a dioses
Lm. 1.8 que la *honraban* la han menospreciado
Dn. 3.14 ¿es verdad..que vosotros no *honráis*
5.23 Dios en cuya mano está..nunca *honraste*
11.38 *honrará* en..al dios de las fortalezas
11.38 al dios de..lo *honrará* con oro y plata
Mal. 1.6 el hijo *honra* al padre, y el siervo a
Mt. 15.4 diciendo: *Honra* a tu padre y..madre
15.6 no ha de *honrar* a su padre o a su madre
15.8 este pueblo de labios me *honra;* mas su
15.9 pues en vano me *honran*, enseñando como
19.19 *honra* a tu padre y..madre; y, Amarás
Mr. 7.6 este pueblo de labios me *honra*, mas su
7.7 pues en vano me *honran*, enseñando como
7.10 Moisés dijo: *Honra* a tu padre y a tu
10.19 no mates..*honra* a tu padre y..madre
Lc. 18.20 sabes..*honra* a tu padre y a tu madre
Jn. 5.23 que todos *honren* al Hijo como *honran* al Padre
5.23 el que no *honra* al Hijo, no *h* al Padre
8.49 yo no tengo demonio..*honro* a mi Padre
12.26 si alguno me sirviere..Padre le *honrará*
Hch. 17.25 ni es *honrado* por manos de hombres
18.13 persuade..*honrar* a Dios contra la ley
28.10 nos *honraron* con muchas atenciones
Ro. 1.25 *honrando*..a las criaturas antes que
11.13 soy apóstol a los..*honro* mi ministerio
Ef. 6.2 *honra* a tu padre y a tu madre, que es
1 Ti. 5.3 *honra* a las viudas que en verdad lo
1 P. 2.17 *honrad* a todos. Amad a los..*H* al rey

HONROSO
1 Co. 11.15 dejarse crecer el cabello le es *h*
1 Ti. 3.13 ganan para sí un grado *h*, y mucha
2 Ti. 2.20 unos son para usos *h*, y otros para
He. 13.4 *h* sea en todos el matrimonio, y el

HOR
1. Monte en la frontera de Edom
Nm. 20.22 y partiendo de Cades..al monte de *H*
20.23 Jehová habló..a Aarón en el monte de *H*
20.25 a Aarón y..hazlos subir al monte de *H*
20.27 subieron al monte de *H* a la vista de
21.4 partieron del monte de *H*, camino del
33.37 acamparon en el monte de *H*, en..Edom
33.38 subió..Aarón al monte de *H*, conforme
33.39 Aarón..cuando murió en el monte de *H*
33.41 salieron del monte de *H* y acamparon
Dt. 32.50 como murió Aarón tu..en el monte *H*
2. Monte que marcó el límite norte de la herencia de Israel, Nm. 34.7,8

HORA
Gn. 8.11 la paloma volvió..a la *h* de la tarde
24.11 a la *h* de la tarde, la *h* en que salen
24.63 había salido Isaac..a la *h* de la tarde
Éx. 9.18 a estas *h* yo haré llover granizo muy
Dt. 16.6 pascua..a la *h* que saliste de Egipto
Jos. 11.6 a esta *h* yo entregaré a todos ellos
Rt. 2.14 y Booz le dijo a la *h* de comer: Ven
1 S. 9.16 mañana a esta misma *h* yo enviaré a
20.12 le haya preguntado..mañana a esta *h*
1 R. 18.29 gritando..hasta la *h* de ofrecerse
18.36 llegó la *h* de ofrecerse el holocausto
19.2 si mañana a estas *h* yo no he puesto tu
20.6 mañana a estas *h* enviaré yo a ti mis
2 R. 5.22 vinieron a mí en esta *h* del monte de
7.1 mañana a estas *h* valdrá el seah de flor
7.18 vendido por un siclo mañana a estas *h*
10.6 venid a mí mañana a esta *h*, a Jezreel
Esd. 9.4 estuve muy angustiado hasta la *h* del
9.5 a la *h* del sacrificio de la..me levanté
Est. 4.14 ¿y quién sabe si para esta *h*..reino?
Job 5.3 y en la misma *h* maldije su habitación
Sal. 105.19 la *h* que se cumplió su palabra, el
Ec. 3.1 y todo lo que se quiere..tiene su *h*
10.17 príncipes comen a su *h*, para reponer
Ez. 22.3 para que venga su *h*, y que hizo ídolos
Dn. 3.15 en la misma *h* seréis echados en medio
4.19 Daniel, cuyo..quedó atónito casi una *h*
4.33 la misma *h* se cumplió la palabra sobre
5.5 en aquella misma *h* aparecieron los dedos
9.21 vino a mí como a la *h* del sacrificio de
Mt. 8.13 criado fue sanado en aquella misma *h*
9.22 y la mujer fue salva desde aquella *h*
10.19 aquella *h* os será dado lo que..hablar
14.15 la *h* ya pasada; despide a la multitud
15.28 y su hija fue sanada desde aquella *h*
17.18 muchacho..quedó sano desde aquella *h*
20.3 saliendo cerca de la *h* tercera del día
20.5 salió..cerca de las *h* sexta y novena, e
20.6 saliendo cerca de la *h* undécima, halló
20.9 que habían ido cerca de la *h* undécima
20.12 estos postreros han trabajado una..*h*
24.36 del día y la *h* nadie sabe, ni aun los
24.42 no sabéis a qué *h* ha de venir..Señor
24.43 supiese a..*h* el ladrón había de venir
24.44 el Hijo..vendrá a la *h* que no pensáis
24.50 vendrá el señor de..a la *h* que no sabe
25.13 porque no sabéis el día ni la *h* en que
26.40 no habéis podido velar conmigo una *h?*
26.45 ha llegado la *h*, y el Hijo del Hombre
26.55 en aquella *h* dijo Jesús a la gente
27.45 desde la *h* sexta..hasta la *h* novena
27.46 cerca de la *h* novena, Jesús clamó a
Mr. 6.35 cuando ya era muy avanzada la *h*, sus
6.35 el..es desierto, y la *h* ya muy avanzada
13.11 lo que os fuere dado en aquella *h*, eso
13.32 de aquel día y de la *h* nadie sabe, ni
14.35 fuese posible, pasase de él aquella *h*
14.37 duermes? ¿No has podido velar una *h?*
14.41 dijo: Dormid ya..Basta, la *h* ha venido
15.25 era la *h* tercera cuando le crucificaron
15.33 cuando vino la *h* sexta, hubo tinieblas
15.33 sobre toda la tierra hasta la *h* novena
15.34 a la *h* novena Jesús clamó a gran voz
Lc. 1.10 pueblo estaba fuera orando a la *h* del
2.38 ésta, presentándose en la misma *h*, daba
7.21 misma *h* sanó a muchos de enfermedades
10.21 en aquella..*h* Jesús se regocijó en el
12.12 el Espíritu..os enseñará en la misma *h*
12.39 si supiese..a qué *h* el ladrón había de
12.40 la *h* que no penséis, el Hijo..vendrá
12.46 vendrá el señor de..a la *h* que no sabe
14.17 a la *h* de la cena envió a su siervo a
20.19 los escribas echarle mano en aquella *h*
22.14 cuando era la *h*, se sentó a la mesa
22.53 esta es vuestra *h*, y la potestad de las
22.59 una *h* después, otro afirmaba, diciendo
23.44 como la *h* sexta, hubo tinieblas sobre
23.44 sobre toda la tierra hasta la *h* novena
24.33 levantándose en la misma *h*, volvieron
Jn. 1.39 quedaron con él..era como la *h* décima
2.4 conmigo, mujer? Aún no ha venido mi *h*
4.6 se sentó así junto al pozo..la *h* sexta
4.21 la *h* viene cuando ni en este monte ni
4.23 mas la *h* viene..cuando los verdaderos
4.52 a qué *h* había comenzado a estar mejor
4.53 aquella era la *h* en que Jesús le había
5.25 viene la *h*..cuando los muertos oirán
5.28 vendrá *h* cuando todos los que están en
7.30; 8.20 porque aún no había llegado su *h*
11.9 ¿no tiene el día doce *h?* El que anda de
12.23 ha llegado la *h* para que el Hijo del
12.27 qué diré? ¿Padre, sálvame de esta *h?*
12.27 qué..Mas para esto he llegado a esta *h*
13.1 sabiendo Jesús que su *h* había llegado
16.2 viene la *h* cuando cualquiera que os mate
16.4 cuando llegue la *h*, os acordéis de que
16.21 tiene dolor, porque ha llegado su *h*
16.25 la *h* viene cuando ya no os hablaré por
16.32 he aquí la *h* viene, y ha venido ya, en
17.1 Padre, la *h* ha llegado; glorifica a tu
19.14 era la víspera de..y como la *h* sexta
19.27 aquella *h* el discípulo la recibió en su
Hch. 2.15 puesto que es la *h* tercera del día
3.1 subían..a la *h* novena, la de la oración
5.7 pasado un lapso como de tres *h*, sucedió
10.3 una visión, como a la *h* novena del día
10.9 Pedro subió a la..cerca de la *h* sexta
10.30 a esta *h* yo estaba en ayunas; y a la
10.30 la *h* novena, mientras oraba en mi casa
16.18 salgas de..y salió en aquella misma *h*
16.33 tomándolos en aquella..*h* de la noche
19.34 gritaron casi por dos *h:* ¡Grande es
22.13 yo en aquella misma *h* recobré la vista
23.23 que preparasen para la *h* tercera de la
Ro. 13.11 que es ya *h* de levantarnos del sueño
1 Co. 4.11 hasta esta *h* padecemos hambre..sed
15.30 por qué nosotros peligramos a toda *h?*
Ap. 3.3 y no sabrás a qué *h* vendré sobre ti
3.10 te guardaré de la *h* de la prueba que ha
8.1 hizo silencio en el cielo como por media *h*
9.15 estaban preparados para la *h*, día, mes y
11.13 en aquella *h* hubo gran terremoto, y la
14.7 la *h* de su juicio ha llegado; y adorad a
14.15 la *h* de segar ha llegado, pues la mies
17.12 por una *h* recibirán autoridad como reyes
18.10 ¡ay..porque en una *h* vino tu juicio!
18.17 en una *h* han sido consumidas tantas
18.19 ¡ay de..pues en una *h* ha sido desolada!

HORADAR
Éx. 21.6 su amo le *horadará* la oreja con lesna
Dt. 15.17 *horadarás* su oreja contra la puerta
Jue. 5.26 y le *horadó*, y atravesó sus sienes
Job 40.24 tomará alguno..y *horadará* su nariz?
41.2 y *horadarás* con garfio su quijada?
Sal. 22.16 han..*horadaron* mis manos y mis pies
Hab. 3.14 *horadaste* con..dardos las cabezas

HORAM ***Rey de Gezer***, Jos. 10.33

HORCA
Gn. 40.19 y te hará colgar en la *h*, y las aves
Est. 2.23 dos eunucos fueron colgados en una *h*
5.14 hagan una *h* de 50 codos de altura, y
5.14 agradó esto..Amán, hizo preparar la *h*

HORCA *(Continúa)*

Est. 6.4 hiciese colgar a Mardoqueo en la *h* que
7.9 he aquí..la *h* de 50 codos de altura que
7.10 así colgaron a Amán en la *h* que él había
8.7 y a él han colgado en la *h*, por cuanto
9.13 que cuelguen en la *h* a los diez hijos
9.25 que colgaran a él y a sus hijos en la *h*

HOREB *Monte en la península de Sinaí (=Monte Sinaí)*

Éx. 3.1 Moisés..llevó las ovejas a..hasta *H*
17.6 delante de ti allí sobre la peña en *H*
33.6 despojaron de sus atavíos..monte de *H*
Dt. 1.2 once jornadas hay desde *H*, camino del
1.6 nuestro Dios nos habló en *H*, diciendo
1.19 y salidos de *H*, anduvimos todo aquel
4.10 que estuviste delante de Jehová..en *H*
5.2 nuestro Dios hizo pacto con nosotros en *H*
9.8 en *H* provocasteis a ira a Jehová, y se
18.16 lo que pediste a Jehová tu Dios en *H*
29.1 del pacto que concertó con ellos en *H*
1 R. 8.9 dos tablas..había puesto Moisés en *H*
19.8 caminó 40 días y 40 noches hasta *H*, el
2 Cr. 5.10 tablas que Moisés había puesto en *H*
Sal. 106.19 hicieron becerro en *H*..una imagen
Mal. 4.4 de Moisés mi..encargué en *H* ordenanzas

HOREM *Ciudad fortificada en Neftalí*, **Jos. 19.38**

HOREO *Tribu antigua en la tierra de Seir (Edom)*

Gn. 14.6 a los *h* en el monte de Seir, hasta la
36.20 son los hijos de Seir *h*, moradores de
36.21 son los jefes de los *h*, hijos de Seir
36.29,30 estos fueron los jefes de los *h*
Dt. 2.12 en Seir habitaron antes los *h*, a los
2.22 delante de los cuales destruyó a los *h*

HORES *Lugar en el desierto de Zif*

1 S. 23.15 David..estuvo en *H*, en el desierto
23.16 se levantó Jonatán..y vino a David a *H*
23.18 y David se quedó en *H*, y Jonatán se
23.19 David escondido en..en las peñas de *H*

HORI

1. *Hijo de Lotán horeo*, **Gn. 36.22; 1 Cr. 1.39**
2. *Padre de Safat No. 1*, **Nm. 13.5**

HORMA *Ciudad de Simeón cerca de Siclag*

Nm. 14.45 derrotaron, persiguiéndolos hasta *H*
21.3 y llamó el nombre de aquel lugar *H*
Dt. 1.44 pero..os derrotaron en Seir, hasta *H*
Jos. 12.14 el rey de *H*, otro; el rey de Arad
15.30 Eltolad, Quesil, *H*
19.4 Eltolad, Betul, *H*
Jue. 1.17 pusieron por nombre a la ciudad, *H*
1 S. 30.30 en *H*, en Corasán, en Atac
1 Cr. 4.30 Betuel, *H*, Siclag

HORMIGA

Pr. 6.6 a la *h*, oh perezoso, mira sus caminos
30.25 las *h*, pueblo no fuerte, y en el verano

HORNAZA

Pr. 17.3 el crisol para la plata, y la *h* para
27.21 crisol prueba la plata, y la *h* el oro

HORNERO

Os. 7.4 son como horno encendido por el *h*, que
7.6 toda la noche duerme su *h;* a la mañana

HORNILLO

Lv. 11.35 horno u *h* se derribarán; son inmundos

HORNO

Gn. 15.17 se veía un *h* humeando, y una antorcha
19.28 el humo subía..como el humo de un *h*
Éx. 8.3 criará ranas..tus *h* y en tus artesas
9.8 tomad puñados de ceniza de un *h*, y la
9.10 y tomaron ceniza del *h*, y se pusieron
19.18 y el humo subía como el humo de un *h*
Lv. 2.4 cuando ofrecieres ofrenda cocida en *h*
7.9 ofrenda que se cociere en *h*, y todo lo
11.35 el *h* u hornillos se derribarán; son
26.26 cocerán 10 mujeres vuestro pan en un *h*
Dt. 4.20 tomó, y os ha sacado del *h* de hierro
2 S. 12.31 los hizo trabajar en..*h* de ladrillos
1 R. 8.51 sacaste..de en medio del *h* de hierro
Neh. 3.11 restauraron otro..la torre de los *H*
12.38 desde la torre de los *H* hasta el muro
Sal. 12.6 limpias, como plata refinada en *h*
21.9 los pondrás como *h* de fuego en el tiempo
Is. 31.9 cuyo fuego está..y su *h* en Jerusalén
44.15 enciende también el *h*, y cuece panes
48.10 plata; te he escogido en *h* de aflicción
Jer. 11.4 día que los saqué..del *h* de hierro
Lm. 5.10 nuestra piel se ennegreció como un *h*
Ez. 22.18 son..hierro y plomo en medio del *h*
22.20 quien junta..y estaño en medio del *h*
22.22 como se funde la plata en medio del *h*
Dn. 3.6,11,15 echado dentro de un *h* de fuego
3.17 puede librarnos del *h* de fuego ardiendo
3.19 que el *h* se calentase siete veces más
3.20 para echarlos en el *h* de fuego ardiendo
3.21 y fueron echados dentro del *h* de fuego
3.23 cayeron atados dentro del *h* de fuego
3.26 se acercó a la puerta del *h* de fuego
Os. 7.4 son como *h* encendido por el hornero, que
7.6 aplicaron su corazón, semejante a un *h*
7.7 todos ellos arden como un *h*, y devoraron
Nah. 3.14 el lodo, pisa el barro, refuerza el *h*
Mal. 4.1 aquí, viene el día ardiente como un *h*, y
Mt. 6.30 que hoy es, y mañana se echa en el *h*
13.42,50 los echarán en el *h* de fuego; allí
Lc. 12.28 la hierba que..mañana es echada al *h*
Ap. 1.15 y sus pies..refulgente como en un *h*
9.2 subió humo del pozo como..de un gran *h*

HORONAIM *Población en Moab*

Is. 15.5 levantarán grito..por el camino de *H*
Jer. 48.3 ¡voz de clamor de *H*, destrucción y
48.5 bajada de *H* los enemigos oyeron clamor
48.34 desde Zoar hasta *H*, becerra de 3 años

HORONITA *Sobrenombre de Sanbalat*, **Neh. 2.10,19; 13.28**

HORRENDA

Is. 21.1 así viene del desierto, de la tierra *h*
He. 10.27 sino una *h* expectación de juicio, y
10.31 ¡*h* cosa es caer en manos del Dios vivo!

HORRIBLE

Dt. 32.10 y en yermo de *h* soledad; lo trajo
Job 3.5 repose sobre él nublado que lo haga *h*

HORROR

Dt. 28.37 y serás motivo de *h*, y servirás de
Sal. 31.11 y el *h* de mis conocidos; los que me
119.53 *h* se apoderó de mí a causa..inicuos
Is. 21.4 el *h* me ha intimidado; la noche de mi
Ez. 32.10 y sus reyes tendrán *h*..a causa de ti

HORRORIZAR

Jer. 2.12 espantaos, cielos, y *horrorizaos*

HORTALIZA

Dt. 11.10 regabas con tu pie, como huerto de *h*
2 R. 19.26 vinieron a ser..como *h* verde, como
Is. 26.19 porque tu rocío es cual rocío de *h*
37.27 fueron como hierba del campo y *h* verde
Mt. 13.32 cuando ha crecido, es la mayor de..*h*
Mr. 4.32 crece, y se hace la mayor de todas..*h*
Lc. 11.42 diezmáis..toda *h*, y pasáis por alto

HORTELANO

Jn. 20.15 ella, pensando que era el *h*, le dijo

HOSA

1. *Población en la frontera de Aser*, **Jos. 19.29**
2. *Levita, padre de una familia de porteros del templo*, **1 Cr. 16.38; 26.10,11,16**

HOSAMA *Hijo del rey Jeconías*, **1 Cr. 3.18**

HOSANNA

Mt. 21.9 ¡*h* al Hijo de David..*h* en las alturas!
21.15 ¡*h* al Hijo de David! se indignaron
Mr. 11.9 diciendo: ¡*H*! Bendito el que viene en
11.10 ¡bendito el reino..¡*H* en las alturas!
Jn. 12.13 clamaban: ¡*H*! ¡Bendito el que viene

HOSPEDADO *Véase Hospedar*

HOSPEDADOR

Ro. 16.23 os saluda Gayo, *h* mío y de toda la
1 Ti. 3.2 el obispo sea..*h*, apto para enseñar
Tit. 1.8 sino *h*, amante de lo bueno, sobrio

HOSPEDAR

Gn. 19.2 os ruego que vengáis..y os *hospedéis*
1 R. 17.20 viuda en cuya casa estoy *hospedado*
Hch. 10.23 haciéndolos entrar, los *hospedó*
21.16 Mnasón..con quien nos *hospedaríamos*
28.7 Publio, quien nos recibió y *hospedó*
He. 13.2 algunos, sin saberlo, *hospedaron* ángeles
1 P. 4.9 *hospedaos* los unos a los otros sin

HOSPITALIDAD

Ro. 12.13 compartiendo para..practicando la *h*
1 Ti. 5.10 si ha practicado la *h;* si ha lavado
He. 13.2 no os olvidéis de la *h*, porque por ella

HOSTIGAR

Nm. 25.17 *hostigad* a los madianitas, y heridlos

HOTAM

1. *Descendiente de Aser*, **1 Cr. 7.32**
2. *Padre de Sama y Jehiel, valientes de David*, **1 Cr. 11.44**

HOTIR *Cantor, hijo de Hemán*, **1 Cr. 25.4,28**

HOY

Gn. 4.14 he aquí me echas *h* de la tierra, y de
19.37 Moab..es padre de los moabitas hasta *h*
19.38 cual es padre de los amonitas hasta *h*
21.26 no sé quién..ni yo lo he oído hasta *h*
22.14 tanto se dice *h:* En el monte de Jehová
24.12 te ruego, el tener *h* buen encuentro
24.42 llegué, pues, *h* a la fuente, y dije
30.32 pasaré *h* por todo tu rebaño, poniendo
31.43 puedo yo hacer *h* a estas mis hijas, o
31.48 este majano es testigo *h* entre nosotros
35.20 es la señal de la sepultura..hasta *h*
40.7 ¿por qué parecen *h* mal..semblantes?
41.9 diciendo: Me acuerdo *h* de mis faltas
42.13,32 el menor está *h* con nuestro padre
47.23 he aquí os he comprado *h*, a vosotros y
47.26 puso por ley hasta *h* sobre la tierra
50.20 lo encaminó..para hacer lo que vemos *h*
Éx. 2.18 ¿por qué habéis venido *h* tan pronto?
5.14 no habéis cumplido..tarea..ni ayer ni *h*
10.6 desde..fueron sobre la tierra hasta *h*
13.4 vosotros salís *h* en el mes de Abib
14.13 y ved la salvación que Jehová hará *h*
14.13 porque los egipcios que *h* habéis visto
19.10 al pueblo, y santifícalos *h* y mañana
34.11 guarda lo que yo te mando *h;* he aquí
Lv. 8.34 de la manera que *h* se ha hecho, mandó
9.4 porque Jehová se aparecerá *h* a vosotros
10.19 he aquí *h* han ofrecido su expiación y
10.19 si hubiera yo comido *h* del sacrificio
Dt. 2.18 pasarás *h* el territorio de Moab, a Ar
2.22 éstos, y habitaron en su lugar hasta *h*
2.30 para entregarlo en tu mano, como hasta *h*
3.14 y la llamó..Basán-havot-jair, hasta *h*
4.4 que seguisteis a Jehová..estáis vivos *h*
4.8 ley que yo pongo *h* delante de vosotros?
4.26 pongo *h* por testigos al cielo y a la
4.38 y darte su tierra por heredad, como *h*
4.39 aprende..*h*, y reflexiona en tu corazón
4.40 estatutos y..los cuales yo te mando *h*
5.1 decretos que yo pronuncio *h* en vuestros
5.3 con nosotros..que estamos aquí *h* vivos
5.24 *h* hemos visto..Jehová habla al hombre
6.6 palabras que yo te mando *h*, estarán sobre
6.24 que nos conserve la vida, como hasta *h*
7.11 guarda..decretos que yo te mando *h* que
8.1 mandamiento que yo os ordeno *h*, para que
8.11 cumplir..estatutos que yo te ordeno *h*
8.19 lo afirmo *h*..que de cierto pereceréis
9.1 tú vas *h* a pasar el Jordán, para entrar
9.3 entiende..*h*, que es Jehová..el que pasa
10.8 y para bendecir en su nombre, hasta *h*
10.13 sus estatutos, que yo te prescribo *h*
11.2 comprended *h*, porque no hablo con..hijos
11.4 Egipto..y Jehová los destruyó hasta *h*
11.8,13,27 mandamientos que yo os prescribo *h*
11.28 apartareis del camino..yo os ordeno *h*
11.32 y decretos que yo presento *h* delante
13.18 mandamientos que yo te mando *h*, para
15.5 estos mandamientos que yo te ordeno *h*
15.15 rescató; por tanto yo te mando esto *h*
19.9 estos mandamientos que yo te prescribo *h*
20.3 os juntáis *h* en batalla contra vuestros
26.3 declaro *h*..que he entrado en la tierra
26.16 te manda *h* que cumplas estos estatutos
26.17 has declarado..*h* que Jehová es tu Dios
26.18 ha declarado *h* que tú eres pueblo suyo
27.1 los mandamientos que yo os prescribo *h*
27.4 levantarás estas piedras que..mando *h*
27.9 *h* has venido a ser pueblo de Jehová tu
27.10 y sus estatutos, que yo te ordeno *h*
28.1 sus mandamientos que yo te prescribo *h*
28.13 los mandamientos..que yo te ordeno *h*
28.14 todas las palabras que yo te mando *h*
28.15 sus estatutos que yo te intimo *h*, que
29.4 hasta *h* Jehová no os ha dado corazón para
29.10 todos estáis *h* en presencia de Jehová
29.12 en el pacto..Dios concierta *h* contigo
29.13 para confirmarte *h* como su pueblo, y
29.15 sino con los que están aquí presentes *h*
29.15 los que no están aquí *h* con nosotros
29.18 corazón se aparte *h* de Jehová nuestro
29.28 los arrojó a otra tierra, como *h* se ve
30.2 obedecieres..todo lo que yo te mando *h*
30.8 sus mandamientos que yo te ordeno *h*
30.11 este mandamiento que yo te ordeno *h*
30.15 yo he puesto delante de ti *h* la vida
30.16 te mando *h* que ames a Jehová tu Dios
30.18 os protesto *h* que de cierto pereceréis
30.19 a los cielos y a..llamó por testigos *h*
31.27 aún viviendo yo con vosotros *h*, sois
32.46 las palabras que yo os testifico *h*
34.6 y ninguno conoce..su sepultura hasta *h*
Jos. 4.9 doce piedras..han estado allí hasta *h*
5.9 *h* he quitado de..el oprobio de Egipto
5.9 el nombre..fue llamado Gilgal, hasta *h*
6.25 habitó..entre los israelitas hasta *h*
7.26 montón de piedras que permanece hasta *h*
7.26 lugar se llama el Valle de Acor, hasta *h*
8.28 escombros, asolada para siempre hasta *h*
8.29 montón de piedras que permanece hasta *h*
9.27 leñadores y aguadores..que son hasta *h*

HOY *(Continúa)*
Jos. 10.27 piedras..las cuales permanecen hasta *h*
13.13 habitaron entre los israelitas hasta *h*
14.10 ahora, he aquí, *h* soy de edad de 85 años
14.14 Hebrón..ser heredad de Caleb..hasta *h*
15.63 ha quedado el jebuseo en la..hasta *h*
16.10 quedó el cananeo en medio de..hasta *h*
22.3 no habéis dejado a..hasta el día de *h*
22.16 para apartaros *h* de seguir a Jehová
22.18 os apartéis *h* de seguir a Jehová?
22.18 vosotros os rebeláis *h* contra Jehová
22.22 si fue por rebelión..no nos salves *h*
22.29 que nos apartemos *h* de seguir a Jehová
22.31 *h* hemos entendido que Jehová está entre
23.8 seguiréis, como habéis hecho hasta *h*
23.9 pues..hasta *h* nadie ha podido resistir
23.14 estoy para entrar *h* por el camino de
24.15 escogeos *h* a quien sirváis; si a los
Jue. 1.21 el jebuseo habitó..Jerusalén hasta *h*
1.26 llamó Luz; y este es su nombre hasta *h*
6.24 el cual permanece hasta *h* en Ofra de los
9.18 os habéis levantado *h* contra la casa de
9.19 si con verdad y..habéis procedido *h* con
10.4 se llaman las ciudades de Jair hasta *h*
11.27 Jehová..juzgue *h* entre los..de Israel
12.3 ¿por qué, pues, habéis subido *h* contra
15.19 En-hacore, el cual está en Lehi hasta *h*
18.12 llamaron..campamento de Dan, hasta *h*
19.30 desde que..subieron..de Egipto hasta *h*
21.3 ¿por qué..falte *h* de Israel una tribu?
21.6 y dijeron: Cortada es *h* de Israel una
Rt. 2.19 dijo su suegra: ¿Dónde has espigado *h?*
2.19 varón con quien *h* he trabajado es Booz
3.18 no descansará..que concluya el asunto *h*
4.9 sois testigos *h*, de que he adquirido de
4.10 tomo..a Rut..vosotros sois testigos *h*
4.14 que hizo que no te faltase *h* pariente
1 S. 4.3 dijeron: ¿Por qué nos ha herido *h*
4.16 a Elí: Yo..he escapado *h* del combate
5.5 no pisan el umbral de Dagón en..hasta *h*
6.18 está en el campo de Josué de..hasta *h*
8.8 el día que los saqué de Egipto hasta *h*
9.9 al que *h* se llama profeta, entonces se le
9.12 *h* ha venido a..tiene *h* un sacrificio en
9.19 alto, y come *h* conmigo, y por la mañana
10.2 *h*, después que te hayas apartado de mí
10.19 habéis desechado *h* a vuestro Dios, que
11.13 no morirá *h* ninguno, porque *h* Jehová
14.28 maldito..el hombre que tome *h* alimento
14.30 el pueblo hubiera comido *h* del botín
14.38 ved en qué ha consistido este pecado *h*
14.45 Jonatán..pues que ha actuado *h* con Dios
15.28 ha rasgado *h* de ti el reino de Israel
17.10 *h* yo he desafiado al campamento de
17.46 Jehová te entregará *h* en mi mano, y
17.46 daré *h* los cuerpos de los filisteos a
18.21 dijo, pues, Saúl..Tú serás mi yerno *h*
20.27 no ha venido..el hijo de Isaí *h* ni ayer
21.5 ¿cuánto más no serán santos *h*..vasos?
22.8 para que me aceche, tal como lo hace *h?*
22.13 y me acechase, como lo hace *h* día?
22.15 ¿he comenzado yo desde *h* a consultar
24.10 han visto *h* tus ojos cómo Jehová te
24.10 ha puesto *h* en mis manos en la cueva
24.18 has mostrado *h* que has hecho conmigo
25.10 muchos siervos hay *h* que huyen de sus
25.32 que te envió para que *h* me encontrases
25.33 bendita tú, que me has estorbado *h* de
26.8 *h* ha entregado Dios a tu enemigo en tu
26.19 han arrojado *h* para que no tenga parte
26.21 mi vida ha sido estimada preciosa *h* a
26.23 te había entregado *h* en mi mano, mas
26.24 tu vida ha sido estimada preciosa *h* a
27.6 Siclag vino a ser de..de Judá hasta *h*
27.10 decía Aquis: ¿Dónde habéis merodeado
28.18 tú..por eso Jehová te ha hecho esto *h*
29.3 desde el día que se pasó a mí hasta *h?*
29.6 desde el día que viniste a mí hasta *h*
29.8 desde el día que estoy contigo hasta *h*
30.13 soy..y me dejó mi amo *h* hace tres días
30.25 fue esto por ley y..en Israel hasta *h*
2 S. 3.8 he hecho *h* misericordia con la casa
3.8 ¿y tú me haces *h* cargo del pecado de esta
3.38 que un príncipe..ha caído *h* en Israel?
3.39 y yo soy débil *h*, aunque ungido rey
4.3 los beerotitas..moran..forasteros hasta *h*
4.8 Jehová ha vengado *h* a mi señor el rey, de
6.8 llamado aquel lugar Pérez-uza, hasta *h*
6.20 ¡cuán honrado ha quedado *h* el rey de
6.20 descubriéndose *h* delante de las criadas
7.6 el día en que saqué a..Israel..hasta *h*
11.12 David dijo a Urías: Quédate aquí aún *h*
14.22 dijo: *H* ha entendido tu siervo que he
15.20 ¿y he de hacer *h* que te muevas para ir
16.3 *h* me devolverá la..el reino de mi padre
16.12 me dará..bien por sus maldiciones de *h*
18.18 ha llamado Columna de Absalón, hasta *h*
18.20 *h* no llevarás las..no darás *h* la nueva
18.31 *h* Jehová ha defendido tu causa de la
19.5 *h* has avergonzado el rostro de todos tus
19.5 tus siervos, que *h* han librado tu vida
19.6 *h* has declarado que nada te importan tus
19.6 *h* me has hecho ver..si Absalón viviera
19.20 he venido *h*..recibir a mi señor el rey
19.22 ¿qué..para que *h* me seáis adversarios?
19.22 ¿ha de morir *h* alguno en Israel? ¿Pues
19.22 no sé yo que *h* soy rey sobre Israel?
1 R. 1.25 *h* ha descendido, y ha matado bueyes
1.30 que como yo te he jurado..así lo haré *h*
1.48 ha dado *h* quien se siente en mi trono
1.51 júreme *h* el rey Salomón que no matará
2.24 vive Jehová quien me..Adonías morirá *h*
2.26 no te mataré *h*, por cuanto has llevado
5.7 bendito sea *h* Jehová, que dio hijo sabio
8.8 sacaron las varas..así quedaron hasta *h*
8.28 oyendo..la oración que tu siervo hace *h*
8.61 sus mandamientos, como en el día de *h*
9.13 puso..Cabul, nombre que tienen hasta *h*
9.21 hizo..que sirviesen con tributo hasta *h*
10.12 nunca..sándalo, ni se ha visto hasta *h*
12.7 si tú fueres *h* siervo de este pueblo
12.19 se apartó Israel de..de David hasta *h*
18.15 vive Jehová de..que *h* me mostraré a él
18.36 sea *h* manifiesto que tú eres Dios en
20.13 yo te la entregaré *h* en tu mano, para
22.5 que consultes *h* la palabra de Jehová
2 R. 2.3,5 que Jehová te quitará *h* a tu señor
2.22 sanas las aguas hasta *h*, conforme a la
4.23 él dijo: ¿Para qué vas a verle *h?* No es
6.28 me dijo: Da acá tu hijo, y comámoslo *h*
6.31 la cabeza de Eliseo..queda sobre él *h*
7.9 *h* es día de buena nueva, y..callamos
8.22 Edom se libertó del dominio de..hasta *h*
10.27 lo convirtieron en letrinas hasta *h*
13.23 Jehová..no quiso destruirlos..hasta *h*
14.7 tomó a Sela..la llamó Jocteel, hasta *h*
16.6 y los de Edom..habitaron allí hasta *h*
17.23 Israel fue llevado cautivo..hasta *h*
17.34 hasta *h* hacen como antes: ni temen a
17.41 como hicieron sus padres, así..hasta *h*
20.17 que tus padres han atesorado hasta *h*
21.15 el día que salieron de Egipto hasta *h*
1 Cr. 4.41 los destruyeron hasta *h*, y habitaron
4.43 destruyeron..y habitaron allí hasta *h*
5.26 los llevó a Halah, a Habor, a..hasta *h*
13.11 llamó aquel lugar Pérez-uza, hasta *h*
17.5 el día que saqué a los..Israel hasta *h*
2 Cr. 5.9 barras del arca..allí están hasta *h*
8.8 hijos..hizo Salomón tributarios hasta *h*
10.19 se apartó Israel de..de David hasta *h*
18.4 te ruego que consultes *h* la palabra de
20.26 llamaron..el valle de Beraca, hasta *h*
21.10 Edom se libertó del..de Judá hasta *h*
35.21 no vengo contra ti *h*, sino contra la
35.25 recitan esas lamentaciones..hasta *h*
Esd. 9.7 entregados..a vergüenza..como *h* día
Neh. 5.11 que les devolváis *h* sus tierras, sus
9.36 *h* somos siervos; henos aquí siervos en
Est. 5.4 vengan *h* el rey y Amán al banquete que
9.13 Susa, que hagan conforme a la ley de *h*
Job 23.2 dijo: *H* también hablaré con amargura
Sal. 2.7 mi hijo eres tú; yo te engendré *h*
95.7-8 si oyeres *h* su voz, no endurezcáis
119.91 subsisten todas las cosas hasta *h*
Pr. 7.14 sacrificios de..*h* he pagado mis votos
22.19 te las he hecho saber *h* a ti también
Jer. 7.25 padres salieron de..Egipto hasta *h*
25.18 para ponerlos en ruinas..como hasta *h*
32.20 has hecho nombre, como se ve..día de
32.31 desde el día que la edificaron hasta *h*
34.15 habíais *h* convertido, y hecho lo recto
35.14 no lo han bebido hasta *h*, por obedecer
36.2 el día que comencé a hablarte..hasta *h*
40.4 yo te he soltado *h* de las cadenas que
44.2 ellas están el día de *h* asoladas; no hay
44.6 puestas en soledad y en..como está *h*
44.10 no se han humillado hasta..*h*, ni han
44.22 hasta quedar sin morador, como está *h*
44.23 sobre vosotros este mal, como hasta *h*
Ez. 20.29 fue llamado..Bama hasta el día de *h*
20.31 contaminado con todos..ídolos hasta
Dn. 9.7 el día de *h* lleva todo hombre de Judá
9.15 y te hiciste renombre cual lo tienes *h*
Zac. 9.12 *h*..anuncio que os restauraré el doble
Mt. 6.11 el pan nuestro de cada día, dánoslo *h*
6.30 la hierba..que *h* es, y mañana se echa
11.23 habría permanecido hasta el día de *h*
21.28 le dijo: Hijo, vé *h* a trabajar en mi
27.8 se llama hasta..de *h:* Campo de sangre
27.19 *h* he padecido mucho..por causa de él
28.15 ha divulgado entre..hasta el día de *h*
Mr. 14.30 *h*..antes que el gallo haya cantado
Lc. 2.11 os ha nacido *h*..un Salvador, que es
4.21 *h* se ha cumplido esta Escritura delante
5.26 todos..decían: *H* hemos visto maravillas
11.3 el pan nuestro de cada día, dánoslo *h*
12.28 viste..la hierba que *h* está en el campo
13.32 hago curaciones *h* y mañana, y al tercer
13.33 es necesario que *h* y..siga mi camino
19.5 *h* es necesario que pose yo en tu casa
19.9 *h* ha venido la salvación a esta casa
22.34 que el gallo no cantará *h* antes que
23.43 que *h* estarás conmigo en el paraíso
24.21 además..*h* es ya el tercer día que esto
Hch. 2.29 su sepulcro está..hasta el día de *h*
4.9 puesto que *h* se nos interroga acerca del
13.33 mi hijo eres tú, yo te he engendrado *h*
19.40 que seamos acusados de..por esto de *h*
20.26 os protesto en el día de *h*, que estoy
22.3 celoso de Dios, como *h* lo sois todos
23.1 yo..delante de Dios hasta el día de *h*
24.21 acerca de..soy juzgado *h* por vosotros
26.2 que haya de defenderme *h* delante de ti
26.22 auxilio de..persevero hasta el día de *h*
26.29 sino también todos los que *h* me oyen
Ro. 11.8 con que no oigan, hasta el día de *h*
2 Co. 3.14 el día de *h*, cuando leen el antiguo
3.15 el día de *h*, cuando se lee a Moisés, el
He. 1.5 mi hijo eres tú, yo te he engendrado *h*
3.7,15 si oyereis *h* su voz, no endurezcáis
3.13 cada día, entre tanto que se dice: *H;* para
4.7 otra vez determina un día: *H*, diciendo
4.7 dijo: Si oyereis *h* su voz, no endurezcáis
5.5 tu eres mi Hijo, yo te he engendrado *h*
13.8 Jesucristo es el mismo ayer, y *h*, y por
Stg. 4.13 decís: *H* y mañana iremos a tal ciudad

HOYO
2 S. 18.17 a Absalón, le echaron en un gran *h*
Job 6.27 os..y caváis un *h* para vuestro amigo
9.31 aún me hundirás en el *h*, y mis propios
Sal. 7.15 ha cavado..y en el *h* que hizo caerá
9.15 se hundieron las naciones en el *h* que
35.7 escondieron para mí su red en un *h;* sin
35.7 sin causa cavaron *h* para mi alma
57.6 *h* han cavado delante de mí; en medio de
88.6 puesto en el *h* profundo, en tinieblas
94.13 tanto que para el impío se cava el *h*
103.4 el que rescata del *h* tu vida, el que
119.85 los soberbios me han cavado *h;* mas
Ec. 10.8 el que hiciere *h* caerá en él; y al que
Is. 38.17 a ti agradó librar mi vida del *h* de
Jer. 18.20 para que hayan cavado *h* a mi alma?
18.22 porque cavaron *h* para prenderme, y a
48.43 miedo y *h* y..contra ti, oh morador de
48.44 caerá en el *h*, y el que saliere del *h*
Mt. 12.11 ésta cayere en un *h* en día de reposo
15.14 si el ciego guiare al..caerán en el *h*
Lc. 6.39 un ciego..¿no caerán ambos en el *h?*

HOZ
Dt. 16.9 desde que comenzare a meter la *h* en
23.25 no aplicarás *h* a la mies de tu prójimo
1 S. 13.20 afilar..su azadón, su hacha o su *h*
Is. 2.4 volverán sus espadas..sus lanzas en *h*
Jer. 50.16 destruid..al que mete *h* en tiempo de
Jl. 3.10 forjad espadas..lanzas de vuestras *h*
3.13 echad la *h*..la mies está ya madura
Mi. 4.3 sus espadas para..y sus lanzas para *h*
Mr. 4.29 y cuando el fruto está..se mete la *h*
Ap. 14.14 que tenía..y en la mano una *h* aguda
14.15 mete tu *h*, y siega, porque la hora de
14.16 metió su *h* en la tierra, y la tierra
14.17 salió otro ángel..teniendo..una *h* aguda
14.18 llamó a..voz al que tenía la *h* aguda
14.18 mete tu *h*..y vendimia los racimos de
14.19 y el ángel arrojó su *h* en la tierra

HUCOC
1. *Población en la frontera de Neftalí,* Jos. 19.34
2. *Población de los levitas en Aser,* 1 Cr. 6.75

HUECO
Éx. 27.8 lo harás *h*, de tablas; de la manera
38.7 lados del altar..*h* lo hizo, de tablas
Is. 40.12 ¿quién midió las aguas con el *h* de
51.1 mirad a la piedra..al *h* de la cantera
Jer. 52.21 en cuanto a las columnas..eran *h*
Col. 2.8 os engañe por medio de..*h* sutilezas

HUELLA
Job 36.26 ni se puede seguir la *h* de sus años
Cnt. 1.8 sigue las *h* del rebaño, y apacienta

HUÉRFANO, NA
Éx. 22.22 a ninguna viuda ni *h* afligiréis
22.24 mujeres..viudas, y *h* vuestros hijos
Dt. 10.18 que hace justicia al *h* y a la viuda
14.29 vendrá..el *h* y la viuda que hubiere en
16.11 el *h* y la viuda que estuvieren en medio
16.14 extranjero, el *h* y la viuda que viven
24.17 no torcerás el derecho..ni del *h*, ni
24.19,20,21 será..para el *h* y para la viuda
26.12 darás..al *h* y a la viuda; y comerán en
26.13 también lo he dado..al *h* y a la viuda
27.19 el que pervirtiere el derecho..del *h*
Est. 2.7 había criado a..Ester..porque era *h*
Job 6.27 os arrojáis sobre el *h*, y caváis un
22.9 los brazos de los *h* fueron quebrados
24.3 se llevan el asno de los *h*, y toman en
24.9 quitan el pecho a los *h*, y de sobre el
29.12 libraba..al *h* que carecía de ayudador
31.17 si comí..solo, y no comió de él el *h*
31.21 si alcé contra el *h* mi mano, aunque
Sal. 10.14 se acoge el..tú eres el amparo del *h*
10.18 para juzgar al *h* y al oprimido, a fin
68.5 padre de *h* y defensor de viudas es Dios
82.3 defended al débil y al *h*..al afligido

HUÉRFANO, NA *(Continúa)*
Sal. 94.6 a la viuda..y a los *h* quitan la vida
109.9 sean sus hijos *h*, y su mujer viuda
109.12 ni haya quien tenga compasión de sus *h*
146.9 guarda a..al *h* y a la viuda sostiene
Pr. 23.10 no..ni entres en la heredad de los *h*
Is. 1.17 haced justicia al *h*, amparad..viuda
1.23 no hacen justicia al *h*, ni..de la viuda
9.17 ni de..*h* y viudas tendrán misericordia
10.2 despojar a las viudas, y robar a los *h*
Jer. 5.28 no juzgaron..causa del *h;* con todo
7.6 no oprimiereis al extranjero, al *h* y a
22.3 no engañéis ni robéis..*h* ni a la viuda
49.11 deja tus *h*, yo los criaré; y en mí
Lm. 5.3 *h* somos sin padre; nuestras madres son
Ez. 22.7 al *h* y a la viuda despojaron en ti
Os. 14.3 en ti el *h* alcanzará misericordia
Zac. 7.10 no oprimáis..al *h*, al extranjero ni
Mal. 3.5 los que defraudan..a la viuda y al *h*
Jn. 14.18 no os dejaré *h;* vendré a vosotros
Stg. 1.27 visitar a los *h* y a las viudas en sus

HUERTO
Gn. 2.8 y Jehová Dios plantó un *h* en Edén, al
2.9 el árbol de vida en medio del *h*, y el
2.10 salía de Edén un río para regar el *h*
2.15 tomó..Dios al hombre, y lo puso en el *h*
2.16 mandó..De todo árbol del *h* podrás comer
3.1 ha dicho: No comáis de todo árbol del *h?*
3.2 del fruto de los árboles del *h* podemos
3.3 del árbol que está en medio del *h* dijo
3.8 voz de Jehová Dios que se paseaba en el *h*
3.8 se escondieron..entre los árboles del *h*
3.10 él respondió: Oí tu voz en el *h*, y tuve
3.23 y lo sacó Jehová del *h* del Edén, para
3.24 y puso al oriente del *h* de..querubines
13.10 como el *h* de Jehová, como la tierra de
Nm. 24.6 *h* junto al río, como áloes plantados
Dt. 11.10 regabas con tu pie..*h* de hortaliza
1 R. 21.2 dame tu viña para un *h* de legumbres
2 R. 9.27 huyó por el camino de la casa del *h*
21.18 fue sepultado en el *h*..en el *h* de Uza
21.26 fue sepultado en su..en el *h* de Uza
25.4 entre los dos muros, junto a los *h* del
Neh. 3.15 levantó..el muro..hacia el *h* del rey
Est. 1.5 banquete..siete días en el patio del *h*
7.7 luego el rey se..se fue al *h* del palacio
7.8 después el rey volvió del *h* del palacio
Job 8.16 árbol..sus renuevos salen sobre su *h*
Ec. 2.5 hice *h* y jardines, y planté en ellos
Cnt. 4.12 *h* cerrado eres, hermana mía, esposa
4.15 fuente de *h*, pozo de aguas vivas, que
4.16 soplad en mi *h*, despréndanse sus aromas
4.16 venga mi amado a su *h*, y coma de su
5.1 yo vine a mi *h*, oh hermana, esposa mía
6.2 mi amado descendió a su *h*, a las eras de
6.2 para apacentar en los *h*, y para recoger
6.11 al *h* de los nogales descendí a ver los
8.13 oh, tú que habitas en los *h*..tu voz
Is. 1.29 os afrentarán los *h* que escogisteis
1.30 hoja, y como *h* al que le faltan las aguas
51.3 cambiará su..su soledad en *h* de Jehová
58.11 serás como *h* de riego, y como manantial
61.11 como el *h* hace brotar su semilla, así
65.3 sacrificando en *h*, y quemando incienso
66.17 y los que se purifican en los *h*, unos
Jer. 29.5,28 plantad *h*, y comed del fruto de
31.12 su alma será como *h* de riego, y nunca
39.4 salieron..por el camino del *h* del rey
Lm. 2.6 quitó su tienda como enramada de *h*
Ez. 28.13 en Edén, en el *h* de Dios estuviste
31.8 cedros no lo cubrieron en el *h* de Dios
31.8 ningún árbol en el *h*..fue semejante a
31.9 los árboles..que estaban en el *h* de Dios
36.35 esta..ha venido a ser como *h* del Edén
Jl. 2.3 el *h* del Edén será la tierra delante
Am. 4.9 la langosta devoró vuestros muchos *h*
9.14 harán *h*, y comerán del fruto de ellos
Lc. 13.19 que un hombre tomó y sembró en su *h*
Jn. 18.1 había un *h*, en el cual entró con sus
18.26 le dijo: ¿No te vi yo en el *h* con él?
19.41 un *h*, y en el *h* un sepulcro nuevo, en

HUESO
Gn. 2.23 dijo..Adán: Esto es ahora *h* de mis *h*
29.14 ciertamente *h* mío y carne mía eres
50.25 hizo jurar..haréis llevar de aquí mis *h*
Éx. 12.46 no llevarás..fuera..ni quebraréis *h*
13.19 tomó..consigo Moisés los *h* de José, el
13.19 haréis subir mis *h* de aquí con vosotros
Nm. 9.12 no dejarán del..ni quebrarán *h* de él
19.16 tocare..*h* humano..7 días será inmundo
19.18 y sobre aquel que hubiere tocado el *h*
24.8 desmenuzará sus *h*, y las traspasará con
Jos. 24.32 enterraron en Siquem los *h* de José
Jue. 9.2 que yo soy *h* vuestro, y carne vuestra
19.29 y la partió por sus *h* en doce partes
1 S. 31.13 tomando sus *h*, los sepultaron debajo
2 S. 5.1 henos aquí, *h* tuyo y carne tuya somos
19.12 mis hermanos; mis *h* y mi carne sois
19.13 Amasa: ¿no eres..*h* mío y carne mía?
21.12 tomó los *h* de Saúl y los *h* de Jonatán
21.13 llevar de allí los *h* de Saúl y los *h*
21.13 y recogieron..los *h* de los ahorcados
21.14 sepultaron los *h* de Saúl y los de su
1 R. 13.2 altar, altar..sobre ti quemarán *h* de
13.31 muera..poned mis *h* junto a los suyos
2 R. 13.21 a tocar el muerto los *h* de Eliseo
23.14 y llenó el lugar de..de *h* de hombres
23.16 sacó los *h*..los quemó sobre el altar
23.18 él dijo: Dejadlo; ninguno mueva sus *h*
23.18 fueron preservados sus *h*, y los *h* del
23.20 mató..quemó sobre ellos *h* de hombres
1 Cr. 10.12 y enterraron sus *h* debajo de una
11.1 he aquí nosotros somos tu *h* y tu carne
2 Cr. 34.5 quemó..los *h* de los sacerdotes sobre
Job 2.5 y toca su *h* y su carne, y verás si no
4.14 un temblor, que estremeció todos mis *h*
7.15 mi alma..quiso la muerte más que mis *h*
10.11 y carne, y me tejiste con *h* y nervios
19.20 mi piel y mi carne se pegaron a mis *h*
20.11 sus *h* están llenos de su juventud, mas
21.24 leche, y sus *h* serán regados de tuétano
30.17 la noche taladra mis *h*, y los dolores
30.30 mi piel se ha..y mis *h* arden de calor
31.22 caiga..el *h* de mi brazo sea quebrado
33.19 castigado con dolor fuerte en..sus *h*
33.21 sus *h*, que antes no se veían, aparecen
40.18 sus *h* son fuertes como bronce, y sus
Sal. 6.2 sáname, oh Jehová..mis *h* se estremecen
22.14 aguas, y todos mis *h* se descoyuntaron
22.17 contar puedo todos mis *h*..ellos me miran
31.10 se agotan mis..y mis *h* se han consumido
32.3 mientras callé, se envejecieron mis *h*
34.20 él guarda todos sus *h;* ni uno de ellos
35.10 todos mis *h* dirán: Jehová, ¿quién como
38.3 ni hay paz en mis *h*, a causa de..pecado
42.10 como quien hiere mis *h*, mis enemigos
51.8 y se recrearán los *h* que has abatido
53.5 porque Dios ha esparcido los *h* del que
102.3 humo, y mis *h* cual tizón están quemados
102.5 por la..mis *h* se han pegado a mi carne
109.18 entró como agua..como aceite en sus *h*
141.7 esparcidos nuestros *h* a la boca del
Pr. 3.8 será medicina..y refrigerio para tus *h*
12.4 la mujer..mala, como carcoma en sus *h*
14.30 es vida..la envidia es carcoma de los *h*
15.30 luz..y la buena nueva conforta los *h*
16.24 suavidad al alma y medicina para los *h*
17.22 mas el espíritu triste seca los *h*
25.15 y la lengua blanda quebranta los *h*
Ec. 11.5 cómo crecen los *h* en el vientre de
Is. 38.13 como un león molió todos mis *h;* de
58.11 saciará tu alma, y dará vigor a tus *h*
66.14 vuestros *h* reverdecerán como la hierba
Jer. 8.1 sacarán los *h* de los reyes de Judá
8.1 *h* de sus príncipes..*h* de los sacerdotes
8.1 *h* de los profetas, y los *h* de..moradores
20.9 como un fuego ardiente metido en mis *h*
23.9 a causa de los profetas..mis *h* tiemblan
Lm. 1.13 desde..envió fuego que consume mis *h*
3.4 hizo envejecer..mi piel; quebrantó mis *h*
4.8 su piel está pegada a sus *h*, seca como
Ez. 6.5 vuestros *h* esparciré en derredor de
24.4 piezas de carne..llénala de *h* escogidos
24.5 también enciende los *h* debajo de ella
24.5 bien; cuece también sus *h* dentro de ella
24.10 hacer la salsa; y los *h* serán quemados
32.27 sus pecados estarán sobre sus *h*, por
37.1 me llevó..valle que estaba lleno de *h*
37.3 ¿vivirán estos *h?* Y dije: Señor Jehová
37.4 profetiza sobre estos *h*, y diles: *H*
37.5 así ha dicho Jehová el Señor a estos *h*
37.7 y los *h* se juntaron cada *h* con su *h*
37.11 todos estos *h* son la casa de Israel
37.11 *h* se secaron, y pereció..esperanza, y
39.15 que vea los *h* de algún hombre pondrá
Dn. 6.24 los leones se..quebraron todos sus *h*
Am. 2.1 porque quemó los *h* del rey de Edom
6.10 y lo quemará para sacar los *h* de casa
Mi. 3.2 que les quitáis su piel..de sobre los *h*
3.3 les quebrantáis los *h* y los rompéis como
Hab. 3.16 pudrición entró en mis *h*, y dentro de
Sof. 3.3 sus jueces, lobos..no dejan *h* para la
Mt. 23.27 mas por dentro están llenos de *h* de
Lc. 24.39 espíritu no tiene carne ni *h*, como
Jn. 19.36 la Escritura: No será quebrado *h* suyo
Ef. 5.30 somos miembros..su carne y de sus *h*
He. 11.22 y dio mandamiento acerca de sus *h*

HUÉSPED, DA
Éx. 3.22 pedirá..a su vecina y a su *h* alhajas
Lv. 22.10 el *h* del sacerdote..no comerán cosa

HUESTE
Éx. 12.17 saqué vuestras *h*..tierra de Egipto
12.41 todas las *h* de Jehová salieron de la
Lc. 2.13 con el ángel una multitud de las *h*
Ef. 6.12 lucha..contra *h* espirituales de maldad

HUEVO
Dt. 22.6 encuentres..algún nido..pollos o *h*
22.6 echada sobre los pollos o sobre los *h*
Job 6.6 sal? ¿Habrá gusto en la clara del *h?*
39.14 el cual desampara en la tierra sus *h*
Is. 10.14 y como se recogen los *h* abandonados
34.15 pondrá sus *h*, y sacará sus pollos, y
59.5 incuban *h* de áspides, y tejen telas de
59.5 el que comiere de sus *h*, morirá; y si
Lc. 11.12 le pide un *h*, le dará un escorpión?

HUFAM *Hijo de Benjamín (=Hupim),* **Nm. 26.39**

HUFAMITA *Descendiente de Hufam,* **Nm. 26.39**

HUIDA
Nm. 21.29 fueron puestos sus hijos en *h*, y sus
Sal. 56.8 *h* tú has contado; pon mis lágrimas
Jer. 25.35 se acabará la *h* de los pastores, y
Mt. 24.20; Mr. 13.18 que vuestra *h* no sea en

HUIR
Gn. 14.10 *huyeron* el rey..los demás *h* al monte
16.6 como Sarai la afligía, ella *huyó* de su
16.8 ella..*Huyo* de delante de Sarai mi señora
19.20 esta ciudad está cerca para *huir* allá
27.43 levántate y *huye* a casa de Labán mi
31.21 *huyó*, pues, con todo lo que tenía; y se
31.22 fue dicho a Labán que Jacob había *huido*
31.27 ¿por qué te escondiste para *huir*, y me
31.40 de noche la helada, y el sueño *huía* de
35.1 al Dios que te apareció cuando *huías* de
35.7 le había aparecido..*huía* de su hermano
39.12 su ropa en las manos de ella, y *huyó*
39.13 había dejado su ropa..y había *huido*
39.15 dejó junto a mí su ropa, y *huyó* y salió
39.18 dejó su ropa junto a mí y *huyó* fuera
Éx. 2.15 Moisés *huyó* de delante de Faraón, y
4.3 hizo una culebra; y Moisés *huía* de ella
9.20 hizo *huir* sus criados y su ganado a casa
14.5 dado aviso al rey..que el pueblo *huía*
14.25 dijeron: *Huyamos* de delante de Israel
14.27 los egipcios al *huir* se encontraban con
21.13 te señalaré lugar al cual ha de *huir*
Lv. 26.17 *huiréis* sin que haya quien os persiga
26.36 *huirán* como ante la espada, y caerán
26.37 tropezarán..si *huyeran* ante la espada
Nm. 10.35 y *huyan* de tu presencia los que te
16.34 todo Israel..*huyeron* al grito de ellos
24.11 ahora *huye* a tu lugar; yo dije que te
35.11 ciudades..donde *huya* el homicida que
35.15 que *huya* allá cualquiera que hiriere de
35.32 ni..del que *huyó* a su ciudad de refugio
Dt. 4.42 que *huyese* allí el homicida que matase
4.42 *huyendo* a una de estas ciudades salvase
19.3 y será para que todo homicida *huya* allí
19.4 este es el caso del homicida que *huirá*
19.5 aquél *huirá* a una de estas ciudades, y
19.11 si *huyere* a alguna de estas ciudades
23.15 no entregarás a..siervo que se *huyere*
28.7 por siete caminos *huirán* de delante de
28.25 siete caminos *huirás* delante de ellos
32.30 dos hacer *huir* a diez mil, si su Roca
Jos. 7.4 cuales *huyeron* delante de los de Hai
8.5 cuando salgan..*huiremos* delante de ellos
8.6 dirán: *Huyen* de nosotros..*Huiremos*, pues
8.15 *huyeron* delante de..camino del desierto
8.20 no pudieron *huir* ni a una parte ni a otra
8.20 pueblo que iba *huyendo* hacia el desierto
10.11 mientras iban *huyendo* de los israelitas
10.16 cinco reyes *huyeron*, y se escondieron
20.6 podrá volver a..la ciudad de donde *huyó*
Jue. 1.6 mas Adoni-bezec *huyó;* y le siguieron
4.15 Sísara descendió del carro, y *huyó* a pie
4.17 Sísara *huyó* a pie a la tienda de Jael
7.21 ejército echó a correr dando..y *huyendo*
7.22 y el ejército *huyó* hasta Bet-sita, en
8.12 *huyendo* Zeba y Zalmuna, él los siguió
9.21 y escapó Jotam y *huyó*, y se fue a Beer
9.40 y Gaal *huyó* delante de él; y cayeron
11.3 *huyó*..Jefté de sus hermanos, y habitó en
20.32 *huiremos*, y los alejaremos de la ciudad
20.45 *huyeron* hacia el desierto, a la peña de
20.47 *huyeron* al desierto a la peña de Rimón
1 S. 4.10 *huyeron* cada cual a sus tiendas; y fue
4.17 Israel *huyó* delante de los filisteos
14.22 Efraín, oyendo que los filisteos *huían*
17.24 los varones de..*huían* de su presencia
17.51 vieron a su paladín muerto, *huyeron*
19.8 los filisteos..y *huyeron* delante de él
19.10 y David *huyó*, y escapó aquella noche
19.12 descolgó Mical..se fue y *huyó*, y escapó
19.18 *huyó*, pues, David, y escapó, y vino a
20.1 después David *huyó* de Naiot en Ramá, y
21.10 David..*huyó* de la presencia de Saúl
22.1 luego David..*huyó* a la cueva de Adulam
22.17 sabiendo..*huía*, no me lo descubrieron
22.20 se llamaba Abiatar, escapó, y *huyó* tras
23.6 cuando Abiatar..*huyó* siguiendo a David
25.10 muchos siervos hay hoy que *huyen* de sus
27.4 la nueva de que David había *huido* a Gat
30.17 montaron sobre los camellos y *huyeron*
31.1 Israel *huyeron* delante de los filisteos
31.7 viendo que Israel había *huido* y..Saúl
31.7 dejaron las ciudades y *huyeron;* y los
2 S. 1.4 y él respondió: El pueblo *huyó* de la

HUIR ***(Continúa)***

2 S. 4.3 los beerotitas habían *huido* a Gitaim, y
4.4 su nodriza le tomó y *huyó;* y mientras iba
4.4 mientras iba *huyendo*. .se le cayó el niño
10.13 los sirios. .ellos *huyeron* delante de él
10.14 que los sirios habían *huido, huyeron*
10.18 mas los sirios *huyeron* delante de Israel
13.29 montaron cada uno en su mula, y *huyeron*
13.34 y Absalón *huyó*. Entre tanto, alzando
13.37 Absalón *huyó* y se fue a Talmai hijo
13.38 así *huyó* Absalón y se fue a Gesur, y
15.14 David dijo a sus. .Levantaos y *huyamos*
17.2 el pueblo. .*huirá*, y mataré al rey solo
18.3 si nosotros *huyéremos*, no harán caso de
18.17 todo Israel *huyó*, cada uno a su tienda
19.3 el pueblo. .que ha *huido* de la batalla
19.8 Israel había *huido* cada uno a su tienda
19.9 ha *huido* del país por miedo de Absalón
23.11 el pueblo había *huido*. .de los filisteos
24.13 o que *huyas* tres meses delante de tus
1 R. 2.7 vinieron. .a mí, cuando iba *huyendo* de
2.28 *huyó* Joab al tabernáculo de Jehová, y se
2.29 se le hizo saber. .que Joab había *huido*
2.39 que dos siervos de Simei *huyeron* a Aquis
11.17 Hadad *huyó*, y con él algunos varones
11.23 Rezón. .el cual había *huido* de su amo
11.40 Jeroboam se levantó y *huyó* a Egipto, a
12.2 estaba en Egipto, adonde había *huido* de
12.18 el rey Roboam se apresuró a. .*huir* a
20.20 *huyeron* los sirios, siguiéndoles los de
20.30 los demás *huyeron* a Afec, a la ciudad
20.30 Ben-adad vino *huyendo* a la ciudad, y se
20.39 y si llegare a *huir*, tu vida será por
2 R. 3.24 los cuales *huyeron* de delante de ellos
7.7 *huyeron* al anochecer, abandonando sus
7.7 así. .habían *huido* para salvar sus vidas
8.21 atacó. .y el pueblo *huyó* a sus tiendas
9.3 y abriendo la puerta, echa a *huir*, y no
9.10 en seguida abrió la puerta, y. .a *huir*
9.23 Joram. .*huyó*, y dijo. .Traición, Ocozías
9.27 Ocozías rey de Judá *huyó*. .*h* a Meguido
14.12 y Judá. .*huyeron* cada uno a su tienda
14.19 conspiraron contra él. .*huyó* a Laquis
19.37 hijos lo hirieron a espada, y *huyeron*
25.4 abierta ya. .la ciudad, *huyeron* de noche
1 Cr. 10.1 y *huyeron*. . los israelitas, y cayeron
10.7 y viendo. .que habían *huido*, y que Saúl
10.7 Israel. .dejaron sus ciudades y *huyeron*
11.13 y *huyendo* el pueblo. .de los filisteos
12.8 de los de Gad *huyeron* y fueron a David
12.15 hicieron *huir* a. .los de los valles al
19.14 sirios; mas ellos *huyeron* delante de
19.15 los sirios habían *huido*, *huyeron* también
19.18 el pueblo sirio *huyó* delante de Israel
2 Cr. 10.2 había *huido* a causa del rey Salomón
10.18 se apresuró el rey. .*huyó* a Jerusalén
13.16 y *huyeron* los hijos de Israel. .de Judá
14.12 delante de Asa. .y *huyeron* los etíopes
25.22 cayó Judá. .y *huyó* cada uno a su casa
25.27 que Amasías. .habiendo él *huido* a Laquis
Neh. 6.11 dije: ¿Un hombre como yo ha de *huir?*
13.10 los levitas. .habían *huido* cada uno a
Job 9.25 mis días. .*huyeron*, y no vieron el bien
14.2 y *huye* como la sombra y no permanece
18.11 temores, y le harán *huir* desconcertado
20.24 *huirá* de las armas de hierro, y el arco
24.18 *huyan* ligeros como corrientes de aguas
27.22 no perdonará; hará él por *huir* de su
30.3 *huían* a la soledad, a lugar tenebroso
41.28 saeta no le hace *huir;* las piedras de
Sal. 3 *tít.* horror. .*huía* de delante de Absalón
31.11 los que me ven fuera *huyen* de mí
48.5 y viéndola ellos. .se apresuraron a *huir*
55.7 ciertamente *huiría* lejos; moraría en el
57 *tít.* cuando *huyó* de delante de Saúl a la
68.1 *huyan* de su presencia. .que le aborrecen
68.12 *huyeron*, *h* reyes de ejércitos, y las
104.7 a tu reprensión *huyeron;* al sonido de
114.3 mar lo vio, y *huyó;* el Jordán se volvió
114.5 ¿qué tuviste, oh mar, que *huiste?* ¿Y tú
139.7 ¿y a dónde *huiré* de tu presencia?
Pr. 28.1 *huye* el impío sin que nadie lo persiga
28.17 *huirá* hasta el sepulcro, y nadie le
Cnt. 2.17; 4.6 hasta que. .y *huyan* las sombras
Is. 10.29 Ramá tembló; Gabaa de Saúl *huyó*
10.31 alborotó; los moradores de Gebim *huyen*
13.14 mirará. .y cada uno *huirá* a su tierra
15.5 sus fugitivos *huirán* hasta Zoar, como
16.2 cual ave espantada que *huye* de su nido
17.13 Dios los reprenderá, y *huirán* lejos
21.14 de Tema; socorred con pan al que *huye*
21.15 porque ante la espada *huye*, ante el
22.3 tus príncipes juntos *huyeron* del arco
22.3 atados juntamente, aunque habían *huido*
24.18 que el que *huyere* de la voz del terror
30.16 no, antes *huiremos*. .por tanto. .*huiréis*
30.17 un millar *huirá* a la amenaza de uno; a
30.17 amenaza de cinco *huiréis* vosotros todos
31.8 *huirá* de la presencia de la espada, y sus
33.3 pueblos *huyeron* a la voz del estruendo
35.10 gozo. .y *huirán* la tristeza y el gemido
37.38 sus hijos. .le mataron. .y *huyeron* a la
48.20 *huid* de entre los caldeos; dad nuevas
51.11 alegría, y el dolor y el gemido *huirán*
52.12 no. .ni iréis *huyendo;* porque Jehová irá
Jer. 4.6 *huid*, no os detengáis; porque yo hago
4.29 al estruendo de. .de los flecheros *huyó*
6.1 *huid*, hijos de Benjamín, de. .Jerusalén
9.10 hasta las bestias de la tierra *huyeron*
26.21 cual Urías, tuvo temor, y *huyó* a Egipto
39.4 *huyeron* y salieron de noche de la ciudad
46.5 *huyeron* sin volver a mirar atrás; miedo
46.6 no *huya* el ligero ni el valiente escape
46.16 cayó. .*huyamos* ante la espada vencedora
46.21 sus soldados. .*huyeron* todos sin pararse
48.6 *huid*, salvad vuestra vida, y sed como
48.19 pregunta a la que va *huyendo*, y a la
48.44 que *huyere* del miedo caerá en el hoyo
48.45 se pararon sin fuerzas los que *huían*
49.8 *huid*, volveos atrás, habitad en lugares
49.19 porque muy pronto le haré *huir* de ella
49.24 se volvió para *huir*, y le tomó temblor
49.30 *huid*, idos muy lejos. .oh moradores de
50.3 que en ella more; *huyeron*, y se fueron
50.8 *huid* de en medio de Babilonia, y salid
50.16 volverá el rostro. .*huirá* hacia su tierra
50.28 voz de los que *huyen* y escapan de la
50.44 muy pronto le haré *huir* de ella, y al
51.6 *huid* de en medio de Babilonia, y librad
52.7 todos los hombres de guerra *huyeron*, y
Lm. 4.15 *huyeron* y fueron dispersados; se dijo
Ez. 7.16 que escapen de ellos *huirán* y estarán
Dn. 10.7 gran temor, y *huyeron* y se escondieron
Os. 12.12 Jacob *huyó* a tierra de Aram, Israel
Am. 2.14 el ligero no podrá *huir*, y al fuerte
2.16 el esforzado. .*huirá* desnudo aquel día
5.19 como el que *huye* de delante del león, y
7.12 *huye* a tierra de Judá, y come allá tu
9.1 no habrá de ellos quien *huya*, ni quien
Jon. 1.3 se levantó para *huir* de la presencia
1.10 ellos sabían que *huía* de. .Jehová, pues
4.2 por eso me apresuré a *huir* a Tarsis
Mi. 1.15 la flor de Israel *huirá* hasta Adulam
Nah. 2.8 *huyen*. Dicen: ¡Deteneos, deteneos!
Zac. 2.6 eh, *huid* de la tierra del norte, dice
14.5 *huiréis* al valle de los montes, porque
14.5 *huiréis* de la manera que *huisteis* por
Mt. 2.13 levántate, y toma al niño. .y *huye* a
3.7 quién. .enseñó a *huir* de la ira venidera?
8.33 que los apacentaban *huyeron*, y viniendo
10.23 cuando os persigan en. .*huid* a la otra
24.16 que estén en Judea, *huyan* a los montes
26.56 todos los discípulos, dejándole, *huyeron*
Mr. 5.14 los que apacentaban los cerdos *huyeron*
13.14 que están en Judea *huyan* a los montes
14.50 todos los discípulos, dejándole, *huyeron*
14.52 mas él, dejando la sábana, *huyó* desnudo
16.8 y ellas se fueron *huyendo* del sepulcro
Lc. 3.7 decía. .¿Quién os enseñó a *huir* de la
8.34 los que apacentaban los cerdos. .*huyeron*
21.21 que estén en Judea, *huyan* a los montes
Jn. 10.5 *huirán* de él, porque no conocen la voz
10.12 *huye*, y el lobo arrebata las ovejas y
10.13 el asalariado *huye*. .no le importan las
Hch. 7.29 al oir esta palabra, Moisés *huyó*, y
14.6 habiéndolo sabido, *huyeron* a Listra y
16.27 pensando que los presos habían *huido*
19.16 *huyeron* de. .casa desnudos y heridos
27.30 los marineros procuraron *huir* de la nave
28.3 víbora, *huyendo* del calor, se le prendió
1 Co. 6.18 *huid* de la fornicación. Cualquier
10.14 tanto, amados míos, *huid* de la idolatría
1 Ti. 6.11 hombre de Dios, *huye* de estas cosas
2 Ti. 2.22 *huye* también de. .pasiones juveniles
Stg. 4.7 resistid al diablo, y *huirá* de vosotros
2 P. 1.4 habiendo *huido* de la corrupción que
2.18 seducen. .a los que. .habían *huido* de los
Ap. 9.6 ansiarán morir, pero la muerte *huirá*
12.6 la mujer *huyó* al desierto, donde tiene
20.11 de delante del cual *huyeron* la tierra

HUL ***Hijo (o nieto) de Sem*, Gn. 10.23;**
1 Cr. 1.17

HULDA ***Profetisa en tiempo de Josías***

2 R. 22.14 fueron. .a la profetisa *H*, mujer de
2 Cr. 34.22 fueron a *H* profetisa, mujer de

HUMANAMENTE

2 Cr. 10.7 si te condujeres *h* con este pueblo
Hch. 27.3 tratando *h* a Pablo, le permitió que

HUMANIDAD

Hch. 28.2 los naturales. .trataron con no poca *h*

HUMANO, NA

Éx. 12.44 siervo *h* comprado por dinero comerá
13.15 desde el primogénito *h* hasta. .la bestia
Nm. 19.16 que tocare. .algún cadáver, o hueso *h*
Job 10.5 días. .o tus años como los tiempos *h*
12.10 en su mano. .hálito de todo el género *h*
Sal. 17.4 cuanto a las obras *h*, por la palabra
143.2 no se justificará delante de ti. .ser *h*
Ez. 4.12 lo cocerás. .al fuego de excremento *h*
4.15 estiércol de. .en lugar de excremento *h*
Dn. 2.43 se mezclarán por medio de alianzas *h*
8.25 será quebrantado, aunque no por mano *h*
Os. 11.4 con cuerdas *h* los atraje, con cuerdas
Hch. 17.24 no habita en templos hechos por. .*h*
Ro. 2.9 tribulación. .todo ser *h* que hace lo malo
3.20 de la ley ningún ser *h* será justificado
6.19 hablo como *h*, por vuestra *h* debilidad
1 Co. 2.4 palabras persuasivas de *h* sabiduría
2.13 con palabras enseñadas por sabiduría *h*
4.3 juzgado por vosotros, o por tribunal *h*
10.13 ninguna tentación que no sea *h;* pero
13.1 si yo hablase lenguas *h* y angélicas, y
2 Co. 1.12 con sabiduría *h*, sino con la gracia
4.2 por. .recomendándonos a toda conciencia *h*
Gá. 3.15 hablo en términos *h:* Un pacto, aunque
Stg. 3.7 ha sido domada por la naturaleza *h*
1 P. 2.13 someteos a toda institución *h*, ya sea
2 P. 1.21 nunca la. .fue traída por voluntad *h*
Ap. 9.7 langostas. .sus caras eran como caras *h*

HUMAREDA

Jue. 20.38 que hiciesen subir una gran *h* de la

HUMEAR

Gn. 15.17 un horno *humeando*, y una antorcha
Éx. 19.18 todo el monte Sinaí *humeaba*, porque
20.18 pueblo observaba. .el monte que *humeaba*
Dt. 29.20 *humeará* la ira de Jehová y su celo
Sal. 104.32 mira a. .toca los montes, y *humean*
144.5 desciende; toca los montes, y *humeen*
Is. 7.4 de estos dos cabos de tizón que *humean*
42.3 ni apagará el pábilo que *humeare;* por
Mt. 12.20 el pábilo que *humea* no apagará, hasta

HUMEDAD

Lc. 8.6 y nacida, se secó, porque no tenía *h*

HÚMEDO

Job 40.21 se echará debajo de. .de los lugares *h*

HUMILDAD

Sal. 45.4 cabalga sobre palabra de verdad. .*h*
Pr. 15.33 el temor. .y a la honra precede la *h*
22.4 vida son la remuneración de la *h* y del
Hch. 20.19 sirviendo al Señor con toda *h*, y con
Ef. 4.2 con toda *h*. .soportándoos con paciencia
Fil. 2.3 antes bien con *h*, estimando cada uno
Col. 2.18 afectando *h* y culto a los ángeles
2.23 en *h* y en duro trato del cuerpo; pero
3.12 vestíos, pues. .de *h*, de mansedumbre, de
1 P. 5.5 revestíos de *h;* porque: Dios resiste

HUMILDE

Job 5.11 que pone a los *h* en altura, y a los
22.29 habrá; y Dios salvará al *h* de ojos
Sal. 10.17 el deseo de los *h* oíste, oh Jehová
22.26 comerán los *h*, y. .saciados; alabarán a
25.9 encaminará a los *h* por el juicio, y
138.6 Jehová es excelso, y atiende al *h*, mas
147.6 Jehová exalta a los *h*, y humilla a los
149.4 hermoseará a los *h* con la salvación
Pr. 3.34 él escarnecerá. .a los *h* dará gracia
11.2 soberbia. .con los *h* está la sabiduría
16.19 mejor es humillar el. .con los *h*, que
29.23 pero al *h* de espíritu sustenta la honra
Is. 29.19 los *h* crecerán en alegría en Jehová
57.15 yo habito. .con el quebrantado y *h* de
57.15 para hacer vivir el espíritu de los *h*
66.2 pero miraré a aquel que es pobre y *h* de
Ez. 29.15 en comparación con los. .reinos será *h*
Am. 2.7 tuercen el camino de los *h;* y el hijo
Sof. 2.3 buscad a Jehová. .los *h* de la tierra
3.12 dejaré en medio de ti. .pueblo *h* y pobre
Zac. 9.9 tu rey. .*h*, y cabalgando sobre un asno
Mt. 11.29 y aprended de mí. .soy manso y *h* de
Lc. 1.52 quitó. .los poderosos, y exaltó a los *h*
Ro. 12.16 no altivos, sino asociándoos con. .*h*
2 Co. 7.6 pero Dios, que consuela a los *h*, nos
10.1 estando presente. .soy *h* entre vosotros
Stg. 1.9 que es de *h* condición, gloríese en su
4.6; 1 P. 5.5 resiste a. .y da gracia a los *h*

HUMILDEMENTE

Is. 38.15 andaré *h* todos mis años, a causa de
Fil. 4.12 sé vivir *h*, y sé tener abundancia; en

HUMILLACIÓN

Hch. 8.33 en su *h* no se le hizo justicia; mas
Fil. 3.21 cual transformará el cuerpo de la *h*
Stg. 1.10 el que es rico, en su *h;* porque él

HUMILLAR
Éx. 10.3 no querrás *humillarte* delante de mí?
Lv. 26.41 se *humillará* su corazón incircunciso
Dt. 9.3 destruirá y *humillará* delante de ti
21.14 en libertad. .por cuanto la *humillaste*
22.24 el hombre porque *humilló* a la mujer de
22.29 será su mujer, por cuanto la *humilló*
33.29 así que tus enemigos serán *humillados*
Jue. 19.24 *humilladlas* y haced con ellas como
20.5 la *humillaron* de tal manera que murió
1 S. 2.32 verás tu casa *humillada*, mientras Dios
28.14 Saúl. .y *humillando* su rostro a tierra
2 S. 22.40 has *humillado* a mis enemigos debajo
1 R. 21.27 y durmió en cilicio, y. .*humillado*
21.29 no has visto cómo Acab se ha *humillado*
21.29 por cuanto se ha *humillado*. .no traeré
2 R. 22.19 y te *humillaste* delante de Jehová
1 Cr. 17.10 mas *humillaré* a todos tus enemigos
18.1 derrotó a los filisteos, y los *humilló*
20.4 mató a Sipai, de. .y fueron *humillados*
2 Cr. 7.14 si se *humillare* mi pueblo, sobre el
12.6 los príncipes. .y el rey se *humillaron*
12.7 Jehová vio que se habían *humillado*, vino
12.7 se han *humillado;* no los destruiré; antes
12.12 se *humilló*, la ira de Jehová se apartó
13.18 fueron *humillados* los hijos de Israel
20.3 Josafat *humilló* su rostro. .consultar a
28.19 porque Jehová había *humillado* a Judá
30.11 algunos hombres de Aser. .se *humillaron*
32.26 Ezequías, después. .se *humilló*, él y los
33.12 oró. .*humillado*. .la presencia del Dios
33.19 sus pecados. .antes que se *humillase*
33.23 nunca se *humilló*. .como se *h* Manasés
34.27 te *humillaste* delante de Dios al oir
34.27 al oir. .te *humillaste* delante de mí
36.12 no se *humilló* delante del. .Jeremías
Neh. 6.16 sintieron *humillados*, y conocieron
8.6 amén. .y se *humillaron* y adoraron a Jehová
9.24 *humillaste* delante de ellos. .moradores
Est. 3.2 pero Mardoqueo ni se. .ni se *humillaba*
3.5 Mardoqueo ni. .se *humillaba* delante de él
Job 14.21 serán *humillados*, y no entenderá de
40.12 mira a todo soberbio, y *humíllalo*, y
Sal. 18.27 porque. .*humillarás* los ojos altivos
18.39 has *humillado* a mis enemigos debajo de
35.14 como el que trae. .enlutado me *humillaba*
38.6 *humillado* en gran manera, ando enlutado
51.17 al corazón. .*humillado* no despreciarás
75.7 Dios. .a éste *humilla*, y a aquél enaltece
106.27 *humillar* su pueblo entre las naciones
106.43 ellos. .fueron *humillados* por su maldad
113.6 se *humilla* a mirar en el cielo y en la
119.67 antes que. .yo *humillado*, descarriado
119.71 bueno me es haber sido *humillado*, para
147.6 *humilla* a los impíos hasta la tierra
Pr. 6.3 vé, *humíllate*, y asegúrate de tu amigo
16.19 mejor es *humillar* el espíritu con los
25.7 que seas *humillado* delante del príncipe
Is. 2.9 el hombre, y el varón se ha *humillado*
2.11,17 soberbia de los hombres. .*humillada*
5.15 y el hombre será *humillado*, y el varón
10.33 y los árboles. .altos serán *humillados*
25.5 *humillarás* el orgullo de los extraños
25.12 *humillará* y la echará a tierra, hasta
26.5 *humilló* a la ciudad. .*h* hasta la tierra
29.4 *humillada*, hablarás desde la tierra, y
46.2 fueron *humillados*. .abatidos juntamente
58.3 *humillamos* nuestras almas, y no te diste
60.14 y vendrán a ti *humillados* los hijos de
Jer. 13.18 *humillaos*, sentaos en tierra, porque
44.10 no se han *humillado* hasta el día de
Lm. 2.2 echó. .*humilló* al reino y a sus príncipes
Ez. 21.26 sea exaltado lo bajo, y *humillado* lo
Dn. 2.46 Nabucodonosor. .se *humilló* ante Daniel
4.37 *humillar* a los que andan con soberbia
5.19 engrandecía. .a quien quería *humillaba*
5.22 no has *humillado* tu corazón, sabiendo
10.12 *humillarte* en la presencia de tu Dios
Mi. 6.8 hacer justicia. .*humillarte* ante tu Dios
Hab. 3.6 los collados antiguos se *humillaron*
Mal. 2.5 delante de mi nombre estuvo *humillado*
Mt. 18.4 cualquiera que se *humille* como este
23.12; Lc. 14.11; 18.14 que se enaltece, será
humillado; y el que se *humilla* será
2 Co. 11.7 ¿pequé yo *humillándome* a mí mismo
12.21 cuando vuelva, me *humille* Dios entre
Fil. 2.8 *humilló*. .haciéndose obediente hasta
Stg. 4.10 *humillaos* delante del Señor, y él os
1 P. 5.6 *humillaos*, pues, bajo la poderosa mano

HUMO
Gn. 19.28 que el *h* subía. .como el *h* de un horno
Éx. 19.18 el *h* subía como el *h* de un horno, y
Jos. 8.20 el *h* de la ciudad subía al cielo, y
8.21 viendo. .y que el *h* de la ciudad subía
Jue. 20.40 la columna de *h*. .el *h* de la ciudad
2 S. 22.9 *h* subió de su nariz, y de su boca
Job 41.20 de sus narices sale *h*, como de una
Sal. 18.8 *h* subió de su nariz, y de su boca
37.20 los enemigos. .se disiparán como el *h*
68.2 como es lanzado el *h*, los lanzarás; como
102.3 porque mis días se han consumido como *h*
119.83 estoy como el odre al *h;* pero no he
Pr. 10.26 como el vinagre a. .el *h* a los ojos
Cnt. 3.6 sube del desierto como columna de *h*
Is. 6.4 que clamaba, y la casa se llenó de *h*
9.18 y serán alzados como remolinos de *h*
14.31 porque *h* vendrá del norte, no quedará
34.10 ni de día, perpetuamente subirá su *h*
51.6 los cielos serán deshechos como *h*, y la
65.5 *h* en mi furor, fuego que arde todo el
Jer. 6.1 alzad por señal *h* sobre Bet-haquerem
Os. 13.3 y como el *h* que sale de la chimenea
Jl. 2.30 prodigios. .y fuego, y columnas de *h*
Nah. 2.13 encenderé y reduciré a *h* tus carros
Hch. 2.19 señales. .sangre y fuego y vapor de *h*
Ap. 8.4 subió a. .Dios el *h* del incienso con las
9.2 subió *h* del pozo como *h* de un gran horno
9.2 se oscureció el sol. .por el *h* del pozo
9.3 del *h* salieron langostas sobre la tierra
9.17 y de su boca salía fuego, *h* y azufre
9.18 el *h* y el azufre que salían de su boca
14.11 el *h* de su tormento sube por los siglos
15.8 el templo se llenó de *h* por la gloria de
18.9 llorarán. .sobre ella, cuando vean el *h*
18.18 y viendo el *h* de su incendio, dieron
19.3 el *h* de ella sube por los siglos de los

HUMTA *Aldea en Judá,* **Jos. 15.54**

HUNDIR
Éx. 15.4 capitanes. .fueron *hundidos* en el Mar
15.10 se *hundieron* como plomo en las. .aguas
1 R. 1.40 que parecía que la tierra se *hundía*
Job 9.31 me *hundirás* en el hoyo, y mis propios
Sal. 9.15 se *hundieron* las naciones en el hoyo
69.2 estoy *hundido* en cieno profundo, donde
Jer. 38.6 había. .cieno, y se *hundió* Jeremías en
38.22 amigos; *hundieron* en el cieno tus pies
51.64 dirás: Así se *hundirá* Babilonia, y no
Mt. 14.30 y comenzando a *hundirse*, dio voces
18.6 se le *hundiese* en lo profundo del mar
Lc. 5.7 llenaron. .de tal manera que se *hundían*
1 Ti. 6.9 dañosas, que *hunden* a los hombres en

HUPA *Sacerdote en tiempo de David,* **1 Cr. 24.13**

HUPIM *Hijo de Benjamín (=Hufam),* **Gn. 46.21; 1 Cr. 7.12,15**

HUR
1. Ayudante de Moisés
Éx. 17.10 Moisés y Aarón y *H* subieron. .cumbre
17.12 Aarón y *H* sostenían sus manos, el uno
24.14 Aarón y *H* están con vosotros; el que
2. Abuelo de Bezaleel, **Éx. 31.2; 35.30; 38.22; 1 Cr. 2.19,20; 2 Cr. 1.5**
3. Rey de Madián, **Nm. 31.8; Jos. 13.21**
4. Padre de un funcionario del rey Salomón, **1 R. 4.8**
5. Primogénito de Efrata, **1 Cr. 2.50; 4.4**
6. Hijo de Judá, **1 Cr. 4.1**
7. Padre de Refaías No. 5, **Neh. 3.9**

HURACÁN
Hab. 1.11 luego pasará como el *h*, y ofenderá

HURACANADO
Hch. 27.14 pero. . dio contra la nave un viento *h*

HURAI *Uno de los valientes de David,* **1 Cr. 11.32**

HURI *Descendiente de Gad,* **1 Cr. 5.14**

HURÓN
Is. 13.21 fieras. .sus casas se llanarán de *h*

HURTAR
Gn. 31.19 Raquel *hurtó* los ídolos de su padre
31.30 ibas. .¿por qué me *hurtaste* mis dioses?
31.32 no sabía que Raquel los había *hurtado*
31.39 lo *hurtado* así de día como de noche, a
40.15 porque fui *hurtado* de la tierra de los
44.8 ¿cómo, pues, habíamos de *hurtar*. .plata
Éx. 20.15 no *hurtarás*
22.1 cuando alguno *hurtare* buey u oveja, y lo
22.7 alguno diere. .y fuere *hurtado* de la casa
22.12 si le hubiere sido *hurtado*, resarcirá
Lv. 19.11 no *hurtaréis*, y no engañaréis. .uno al
Dt. 5.19 no *hurtarás*
24.7 hubiere *hurtado* a uno de sus hermanos
Jos. 7.11 Israel. .han *hurtado*, han mentido, y
Jue. 17.2 mil cien siclos. .te fueron *hurtados*
2 S. 21.12 que los habían *hurtado* de la plaza
Pr. 6.30 *hurta* para saciar su apetito cuando
9.17 las aguas *hurtadas* son dulces, y el pan
30.9 que siendo pobre, *hurte*, y blasfeme el
Is. 9.20 cada uno *hurtará* a la mano derecha, y
Jer. 7.9 *hurtando*, matando. .jurando en falso
23.30 que *hurtan* mis palabras cada uno de su
Os. 4.2 matar, *hurtar* y adulterar prevalecen
Abd. 1.5 ¿no *hurtarían* lo que les bastase? Si
Zac. 5.3 todo aquel que *hurta*. .será destruido
Mal. 1.13 y trajisteis lo *hurtado*, o cojo, o
Mt. 6.19 en la tierra. .ladrones minan y *hurtan*
6.20 y donde ladrones no minan ni *hurtan*
19.18 no *hurtarás*. No dirás falso testimonio
27.64 vengan sus discípulos de. .y lo *hurten*
28.13 sus discípulos vinieron. .y lo *hurtaron*
Mr. 10.19 no adulteres. No mates. No *hurtes*
Lc. 18.20 no *hurtarás;* no. .falso testimonio
Jn. 10.10 el ladrón no viene sino para *hurtar*
Ro. 2.21 tú. .que no se ha de *hurtar*, *¿hurtas?*
13.9 no *hurtarás*, no dirás falso testimonio
Ef. 4.28 el que *hurtaba*, no *hurte* más, sino

HURTO
Gn. 30.33 ovejas, se me ha de tener como de *h*
Éx. 22.3 si no tuviere. .será vendido por su *h*
22.4 si fuere hallado con el *h* en la mano
Mt. 15.19 salen. .los *h*, los falsos testimonios
Mr. 7.22 los *h*, las avaricias, las maldades
Ap. 9.21 no se arrepintieron de. .ni de sus *h*

HUSA *Descendiente de Judá,* **1 Cr. 4.4**

HUSAI *Amigo del rey David*
2 S. 15.32 *H* arquita que le salió al encuentro
15.37 vino *H*. .a la ciudad; y Absalón entró
16.16 cuando *H*. .vino. .dijo *H:* ¡Viva el rey
16.17 dijo a *H:* ¿Es este tu agradecimeinto
16.18 y *H* respondió. .No, sino que de aquel
17.5 llamad también ahora a *H* arquita, para
17.6 cuando *H* vino a Absalón. .habló Absalón
17.7 entonces *H* dijo a Absalón: El consejo
17.8 añadió *H:* Tú sabes que tu padre y los
17.14 el consejo de *H* arquita es mejor que
17.15 dijo luego *H* a los sacerdotes Sadoc y
1 R. 4.16 Baana hijo de *H*, en Aser y en Alot
1 Cr. 27.33 Ahitofel. .*H* arquita amigo del rey

HUSAM *Rey de Edom,* **Gn. 36.34,35; 1 Cr. 1.45,46**

HUSATITA *Sobrenombre de Sibecai (o Mebunai), uno de los valientes de David,* **2 S. 21.18; 23.27; 1 Cr. 11.29; 20.4; 27.11**

HUSIM
1. Hijo de Dan, **Gn. 46.23**
2. Descendiente de Benjamín, **1 Cr. 7.12**
3. Mujer de Saharaim, **1 Cr. 8.8,11**

HUSO
Pr. 31.19 aplica su mano al *h*, y sus manos a

I

IBDAS *Descendiente de Judá,* 1 Cr. 4.3

IBHAR *Hijo de David,* 2 S. 5.15; 1 Cr. 3.6; 14.5

ÍBICE
Dt. 14.5 el *í*, el antílope y el carnero montés

IBIS
Lv. 11.17 el buho, el somormujo, el *i*
Dt. 14.16 el buho, el *i*, el calamón

IBLEAM *Ciudad en Isacar,* Jos. 17.11; Jue. 1.27; 2 R. 9.27

IBNEÍAS *Benjamita que regresó del exilio,* 1 Cr. 9.8

IBNÍAS *Ascendiente de Mesulam No. 5,* 1 Cr. 9.8

IBRI *Levita en tiempo de David,* 1 Cr. 24.27

IBZÁN *Juez de Israel,* Jue. 12.8,10

ICABOD *Hijo de Finees No. 2*
1 S. 4.21 *I*, diciendo: ¡Traspasada es la gloria
14.3 hermano de *I*, hijo de Finees, hijo de

ICONIO *Ciudad en Asia Menor*
Hch. 13.51 sacudiendo el polvo..llegaron a *I*
14.1 aconteció en *I* que entraron juntos en
14.19 vinieron..judíos de Antioquía y de *I*
14.21 volvieron a Listra, a *I* y a Antioquía
16.2 daban buen testimonio..en Listra y en *I*
2 Ti. 3.11 como los que me sobrevinieron..*I*

IDALA *Población en Zabulón,* Jos. 19.15

IDDO
1. Padre de Ahinadab, 1 R. 4.14
2. Levita, descendiente de Gersón, 1 Cr. 6.21
3. Funcionario del rey David, 1 Cr. 27.21
4. Vidente, 2 Cr. 9.29; 12.15; 13.22
5. Abuelo del profeta Zacarías, Esd. 5.1; 6.14; Zac. 1.1,7
6. Jefe de un grupo de sirvientes del templo
Esd. 8.17 envié a *I*, jefe en el lugar llamado
8.17 las palabras que habían de hablar a *I*
7. Sacerdote que regresó del exilio, Neh. 12.4
8. Sacerdote en tiempo de Joiacim, Neh. 12.16

IDEA
Gn. 27.42 Esaú..se consuela..la *i* de matarte
Jue. 20.5 rodearon..la casa..con *i* de matarme
Job 37.19 no podemos ordenar las *i* a causa de

IDEAR
1 S. 23.9 entendiendo David que Saúl *ideaba* el
2 R. 19.25 desde los días de..lo tengo *ideado?*
Est. 9.24 Amán..había *ideado* contra los judíos
Sal. 10.2 atrapado..artificios que ha *ideado*
31.13 consultan..e *idean* quitarme la vida
Is. 37.26 desde..la antigüedad lo tengo *ideado?*

IDIOMA
1 Co. 14.10 tantas clases de *i* hay..en el mundo

IDÓLATRA
2 R. 23.5 quitó a los sacerdotes *i* que habían
Sof. 1.4 y el nombre de los ministros *i* con
1 Co. 5.10 o con los ladrones, o con los *i*
5.11 llamándose hermano, fuere..avaro, o *i*
6.9 no erréis..ni los *i*, ni los adúlteros
10.7 ni seáis *i*, como algunos de ellos, según
Ef. 5.5 que es *i*, tiene herencia en el reino
Ap. 21.8 los *i*..tendrán su parte en el lago que
22.15 estarán fuera..los homicidas, los *i*, y

IDOLATRÍA
1 S. 15.23 y como ídolos e *i* la obstinación
Ez. 11.18 quitarán de ella todas sus *i* y todas
11.21 anda tras el deseo de sus *i* y de sus
23.49 y pagaréis los pecados de vuestra *i*
Hch. 17.16 viendo la ciudad entregada a la *i*
1 Co. 10.14 tanto, amados míos, huid de la *i*
Gá. 5.20 *i*, hechicerías, enemistades, pleitos
Col. 3.5 malos deseos y avaricia, que es *i*
1 P. 4.3 andando en lascivias..abominables *i*

IDOLÁTRICA
2 R. 23.7 derribó..lugares de prostitución *i*

ÍDOLO
Gn. 31.19 ido..y Raquel hurtó los *í* de su padre
31.34 tomó Raquel los *í* y los puso en una
31.35 dijo..Y él buscó, pero no halló los *í*
Lv. 19.4 no os volveréis a los *í*, ni haréis
26.1 no haréis para vosotros *í*, ni escultura
26.30 sobre..cuerpos muertos de vuestros *í*
Nm. 33.52 y destruiréis todos sus *í* de piedra
Dt. 29.17 habéis visto..*í* de madera y piedra
32.21 ellos..me provocaron a ira con sus *í*
Jue. 3.19 él se volvió desde los *í* que están
3.26 Aod..y pasando los *í*, se puso a salvo
1 S. 15.23 como *í* e idolatría la obstinación
31.9 llevaran las..nuevas al templo de sus *í*
2 S. 5.21 dejaron allí sus *í*, y..los quemaron
1 R. 11.5 siguió..Milcom, *í*..de los amonitas
11.7 alto a Quemos, *í* abominable de Moab
11.7 y a Moloc, *í* abominable de los..de Amón
15.12 quitó todos los *í* que sus padres habían
15.13 había hecho un *í*..deshizo Asa el *í* de
16.26 provocando a ira a Jehová..con sus *í*
21.26 abominable, caminando en pos de los *í*
2 R. 17.12 y servían a los *í*, de los cuales
17.41 y al mismo tiempo sirvieron a sus *í*
21.11 Manasés..hecho pecar a Judá con sus *í*
21.21 y sirvió a los *í* a los cuales había
23.13 a Astoret *í*..a Quemos *í*..y a Milcom *í*
1 Cr. 10.9 dar las nuevas a sus *í* y al pueblo
16.26 los dioses de los pueblos son *í*, mas
2 Cr. 24.7 habían gastado en los *í* todas las
33.15 quitó los..y el *í* de la casa de Jehová
33.19 lugares..e *í*, antes que se humillase
33.22 y sirvió a todos los *í* que su padre
34.7 destruidos..los *í*..volvió a Jerusalén
Sal. 96.5 todos los dioses de..pueblos son *í*
97.7 de talla, los que se glorían en los *í*
106.36 sirvieron a sus *í*, los cuales fueron
106.38 que ofrecieron..a los *í* de Canaán, y
115.4 los *í* de ellos son plata y oro, obra
135.15 los *í* de las naciones son plata y oro
Is. 2.8 además su tierra está llena de *í*, y se
2.18 y quitará totalmente los *í*
2.20 arrojará..sus *í* de plata y sus *í* de oro
10.10 como halló mi mano los reinos de los *í*
10.11 como hice a Samaria y a sus *í*, ¿no haré
10.11 haré también así a Jerusalén y a sus *í*?
19.1 los *í* de Egipto temblarán delante de él
21.9 todos los *í* de sus dioses quebrantó en
31.7 arrojará..sus *í* de plata y sus *í* de oro
42.17 serán..confundidos los que confían en *í*
44.9 testigos..que los *í* no ven ni entienden
44.15 fabrica un *í*, y se arrodilla delante
44.17 hace del sobrante un dios, un *í* suyo
45.20 aquellos que erigen el madero de su *í*
48.5 no dijeras: Mi *í* lo hizo, mis imágenes
57.5 que os enfervorizáis con los *í* debajo de
57.13 cuando clames, que te libren tus *í*
66.3 quema incienso, como si bendijese a un *í*
Jer. 10.14 se avergüenza de su *í* todo fundidor
14.22 *í* de las naciones quien haga llover?
16.18 con los cadáveres de sus *í*, y de sus
18.12 en pos de nuestros *í* iremos, y haremos
50.2 destruidas son sus..quebrados son sus *í*
50.38 es tierra de *í*, y se entontecen con
51.17 mentira es su *í*, no tiene espíritu
51.47 destruiré los *í* de Babilonia, y toda su
51.52 yo destruiré sus *í*, y en toda su tierra
Ez. 6.4 caigan..muertos delante de vuestros *í*
6.5 pondré los..muertos..delante de sus *í*
6.6 y vuestros *í* serán quebrados y acabarán
6.9 de sus ojos que fornicaron tras sus *í*
6.13 sus muertos estén en medio de sus *í*, en
6.13 donde ofrecieron incienso a todos sus *í*
7.20 hicieron de ello las imágenes de sus..*í*
8.10 y todos los *í* de la casa de Israel, que
14.3 hombres han puesto sus *í* en su corazón
14.4,7 hubiere puesto sus *í* en su corazón
14.4 responderé..conforme a la multitud de..*í*
14.5 ya que se han apartado de mí..por sus *í*
14.6 volveos de..*í*, y apartad vuestro rostro
16.36 y a los *í* de tus abominaciones, y en
18.6,12,15 alzare sus ojos a los *í*
20.7 no os contaminéis con los *í* de Egipto
20.8 ni dejaron los *í* de Egipto; y dije que
20.16 profanaron..tras sus *í* iba su corazón
20.18 no andéis..ni os contaminéis con sus *í*
20.24 y tras los *í*..se les fueron los ojos
20.31 os habéis contaminado con..vuestros *í*
20.39 andad cada uno tras sus *í*, y servidles
20.39 pero no profanéis más..con vuestros *í*
21.21 rey..consultó a sus *í*, miró el hígado
22.3 que hizo *í* contra sí..para contaminarse!
22.4 te has contaminado en tus *í* que hiciste
23.7 se contaminó con todos los *í* de ellos
23.30 con las cuales te contaminaste en sus *í*
23.37 han fornicado con sus *í*; y aun a sus
23.39 habiendo sacrificado sus hijos a sus *í*
30.13 destruiré los *í* de Menfis; y no habrá
33.25 y a vuestros *í* alzaréis vuestros ojos
36.18 ira..porque con sus *í* la contaminaron
36.25 agua..de todos vuestros *í* os limpiaré
37.23 ni se contaminarán ya más con sus *í*
44.10 que se apartaron..yéndose tras sus *í*
44.12 cuanto les sirvieron delante de sus *í*
Os. 4.12 mi pueblo a su *í* de madera pregunta
4.17 Efraín es dado a *í*; déjalo
8.4 de su plata y de su oro hicieron *í* para
10.1 conforme a la bondad..aumentaron sus *í*
10.2 demolerá sus altares, destruirá sus *í*
11.2 los baales..a los *í* ofrecían sahumerios
13.2 se han hecho..*í*, toda obra de artífices
14.8 dirá: ¿Qué más tendré ya con los *í*? Yo
Am. 5.26 el tabernáculo de..Moloc..*í* vuestros
Mi. 1.7 quemados en fuego, y asolaré..sus *í*
Hch. 7.41 le ofrecieron sacrificio al *í*, y en
15.20 que se aparten..de los *í*..y de sangre
15.29 que os abstengáis de lo sacrificado a *í*
21.25 de lo sacrificado a los *í*, de sangre
Ro. 2.22 ¿adulteras? Tú que abominas de los *í*
1 Co. 8.1 lo sacrificado a los *í*, sabemos que
8.4 que se sacrifican a los *í*..un *í* nada es
8.7 algunos, habituados hasta aquí a los *í*
8.7 algunos..comen como sacrificado a *í*, y su
8.10 ve..sentado a la mesa en un lugar de *í*
8.10 ¿no..a comer de lo sacrificado a los *í*?
10.19 ¿qué digo pues? ¿Que el *í* es algo, o
10.19 que sea algo lo que se sacrifica a los *í*?
10.28 os dijere: Esto fue sacrificado a los *í*
12.2 llevándoos, como se os llevaba, a los *í*
2 Co. 6.16 entre el templo de Dios y los *í*?
1 Ts. 1.9 cómo os convertisteis de los *í* a Dios
1 Jn. 5.21 hijitos, guardaos de los *í*. Amén
Ap. 2.14, 20 comer..cosas sacrificadas a los *í*

IDÓNEO,A
Gn. 2.18 no es bueno..le haré ayuda *i* para él
2.20 para Adán no se halló ayuda *i* para él
1 Cr. 25.1 el número de ellos, hombres *i* para
Dn. 1.4 muchachos..*i* para estar en el palacio
2 Ti. 2.2 encarga a hombres fieles que sean *i*

IDUMEA *Tierra de Edom,* Mr. 3.8

IFDAÍAS *Descendiente de Benjamín,* 1 Cr. 8.25

IGAL
1. Uno de los doce espías, Nm. 13.7
2. Uno de los valientes de David, 2 S. 23.36
3. Descendiente del rey David, 1 Cr. 3.22

IGDALÍAS *Padre de Hanán No. 8,* Jer. 35.4

IGLESIA
Mt. 16.18 eres..y sobre esta roca edificaré mi *i*
18.17 la *i*; y si no oyere a la *i*, tenle por
Hch. 2.47 el Señor añadía cada día a la *i* los
5.11 temor sobre toda la *i*, y sobre todos los
8.1 día hubo una gran persecución contra la *i*
8.3 Saulo asolaba la *i*, y entrando casa por
9.31 las *i* tenían paz por toda Judea, Galilea
11.22 llegó..a oídos de la *i* que estaba en

IGLESIA *(Continúa)*
Hch. 11.26 se congregaron allí. . un año con la *i*
12.1 Herodes echó mano a algunos de la *i* para
12.5 pero la *i* hacía sin cesar oración a Dios
13.1 había. . en la *i* que estaba en Antioquía
14.23 y constituyeron ancianos en cada *i*, y
14.27 llegado, y reunido a la *i*, refirieron
15.3 ellos. . habiendo sido encaminados por la *i*
15.4 llegados a. . fueron recibidos por la *i*
15.22 pareció bien a. . la *i*, elegir de entre
15.41 pasó por Siria y. . confirmando a las *i*
16.5 así que las *i* eran confirmadas en la fe
18.22 Cesarea, subió para saludar a la *i*, y
20.17 hizo llamar a los ancianos de la *i*
20.28 para apacentar la *i* del Señor, la cual
Ro. 16.1 Febe, la cual es diaconisa de la *i* en
16.4 sino también todas las *i* de los gentiles
16.5 saludad también a la *i* de su casa
16.16 os saludan todas las *i* de Cristo
16.23 saluda Gayo, hospedador mío y de. . la *i*
1 Co. 1.2 a la *i* de Dios que está en Corinto
4.17 de la manera que enseño. . en todas las *i*
6.4 a los que son de menor estima en la *i*?
7.17 así haga; esto ordeno en todas las *i*
10.32 no seáis tropiezo ni. . ni a la *i* de Dios
11.16 no tenemos tal costumbre, ni las *i* de
11.18 cuando os reunís como *i*, oigo que hay
11.22 pues qué. . ¿O menospreciáis la *i* de Dios
12.28 y a unos puso Dios en la *i*. . apóstoles
14.4 pero el que profetiza, edifica a la *i*
14.5 que las interprete para que la *i* reciba
14.12 abundar en. . para edificación de la *i*
14.19 en la *i* prefiero hablar cinco palabras
14.23 si. . toda la *i* se reúne en un solo lugar
14.28 y si no hay intérprete, calle en la *i*
14.33 como en todas las *i* de los santos
15.9 no soy digno. . perseguí a la *i* de Dios
16.1 la manera que ordené en las *i* de Galacia
16.19 las *i* de Asia os saludan. Aquila y
16.19 Priscila, con la *i* que está en su casa
2 Co. 1.1 a la *i* de Dios que está en Corinto
8.1 la gracia de Dios que se ha dado a las *i*
8.18 cuya alabanza. . se oye por todas las *i*
8.19 designado por las *i* como compañero de
8.23 son mensajeros de las *i*, y gloria de
8.24 mostrad, pues. . ante las *i* la prueba de
11.8 despojado a otras *i*, recibiendo salario
11.28 día, la preocupación por todas las *i*
12.13 ¿en qué habéis sido menos que las. . *i*
Gá. 1.2 hermanos. . conmigo, a las *i* de Galacia
1.13 perseguía sobremanera a la *i* de Dios
1.22 no era conocido. . a las *i* de Judea, que
Ef. 1.22 cabeza sobre todas las cosas a la *i*
3.10 sea. . dada a conocer por medio de la *i*
3.21 él sea gloria en la *i* en Cristo Jesús
5.23 como Cristo es cabeza de la *i*, la cual
5.24 así que, como la *i* está sujeta a Cristo
5.25 amad. . así como Cristo amó a la *i*, y se
5.27 una *i* gloriosa, que no tuviese mancha
5.29 y la cuida, como también Cristo a la *i*
5.32 digo esto respecto de Cristo y de la *i*
Fil. 3.6 cuanto a celo, perseguidor de la *i*
4.15 ninguna *i* participó conmigo en razón de
Col. 1.18 es la cabeza del cuerpo que es la *i*
1.24 de las aflicciones. . por su cuerpo. . la *i*
4.15 saludad. . a Ninfas y a la *i* que está en
4.16 haced que también se lea en la *i* de los
1 Ts. 1.1 Pablo. . a la *i* de los tesalonicenses
2.14 imitadores de las *i* de Dios en Cristo
2 Ts. 1.1 Pablo. . a la *i* de los tesalonicenses
1.4 nos gloriamos de vosotros en las *i* de Dios
1 Ti. 3.5 casa, ¿cómo cuidará de la *i* de Dios?
3.15 la casa. . que es la *i* del Dios viviente
5.16 no sea gravada la *i*, a fin de que haya
Flm. 2 Arquipo. . y a la *i* que está en tu casa
Stg. 5.14 llame a los ancianos de la *i*, y oren
1 P. 5.13 *i* que está en Babilonia. . os saludan
3 Jn. 6 dado ante la *i* testimonio de tu amor
9 yo he escrito a la *i*; pero Diótrefes, al
10 se lo prohibe, y los expulsa de la *i*
Ap. 1.4 Juan, a las siete *i* que están en Asia
1.11 envíalo a las siete *i* que están en Asia
1.20 estrellas son los ángeles de las siete *i*
1.20 y los siete candeleros. . son las siete *i*
2.1 escribe al ángel de la *i* en Efeso: El que
2.7,11,17,29 lo que el Espíritu dice a las *i*
2.8 escribe al ángel de la *i* en Esmirna: El
2.12 escribe al ángel de la *i* en Pérgamo: El
2.18 escribe al ángel de la *i* en Tiatira: El
2.23 y todas las *i* sabrán que yo soy el que
3.1 escribe al ángel de la *i* en Sardis: El que
3.6,13,22 lo que el Espíritu dice a las *i*
3.7 escribe al ángel de la *i* en Filadelfia
3.14 y escribe al ángel de la *i* en Laodicea
22.16 ángel para daros testimonio. . en las *i*

IGNOMINIA
Sal. 109.29 vestidos de *i* los que me calumnian
Pr. 3.35 los sabios. . mas los necios llevarán *i*
Jer. 11.13 pusiste los altares de *i*, altares
13.26 yo. . descubriré. . y se manifestará tu *i*

IGNORANCIA
Lv. 5.18 que cometió por *i*, y será perdonado
Nm. 15.24 fue hecho. . con *i* de la congregación
Ec. 5.6 ni digas delante del ángel, que fue *i*
Hch. 3.17 por *i* lo habéis hecho, como también
17.30 pasado por alto los tiempos de esta *i*
Ef. 4.18 ajenos de. . por la *i* que en ellos hay
1 Ti. 1.13 yo. . lo hice por *i*, en incredulidad
He. 9.7 la cual ofrece por. . los pecados de *i*
1 P. 1.14 deseos que antes teníais. . vuestra *i*
2.15 callar la *i* de los hombres insensatos

IGNORANTE
Dt. 32.6 así pagáis a Jehová, pueblo loco e *i*?
Pr. 1.32 porque el desvío de los *i* los matará
9.13 la mujer insensata es. . es simple e *i*
12.1 mas el que aborrece la reprensión es *i*
Is. 56.10 atalayas son ciegos, todos ellos *i*
Jer. 4.22 necio. . hijos *i* y no son entendidos
1 Co. 3.18 se cree sabio. . hágase *i*, para que
He. 5.2 para que se muestre paciente con los *i*

IGNORAR
Ec. 11.5 así *ignoras* la obra de Dios, el cual
Is. 63.16 si bien Abraham nos *ignora*, e Israel
Jer. 5.15 gente cuya lengua *ignorarás*, y no
Mt. 22.29 erráis, *ignorando* las Escrituras y
Mr. 12.24 *ignoráis* las Escrituras, y el poder
Hch. 26.26 no pienso que *ignora* nada de esto
Ro. 1.13 que *ignoréis* que. . me he propuesto ir
2.4 *ignorando* que su benignidad te guía al
7.1 ¿acaso *ignoráis*, hermanos. . que la ley se
10.3 porque *ignorando* la justicia de Dios, y
11.25 no quiero. . que *ignoréis* este misterio
1 Co. 6.19 ¿o *ignoráis* que vuestro cuerpo es
10.1 que *ignoréis* que nuestros padres todos
12.1 no quiero. . que *ignoréis* acerca de los
14.11 si yo *ignoro* el valor de las palabras
14.38 mas el que *ignora, ignore*
2 Co. 1.8 no queremos que *ignoréis* acerca de
2.11 pues no *ignoramos* sus maquinaciones
1 Ts. 4.13 *ignoréis* acerca de los que duermen
2 P. 3.5 estos *ignoran*. . en el tiempo antiguo
3.8 no *ignoréis* esto: que para con el Señor
1 Jn. 2.21 como si *ignoraseis* la verdad, sino

IGUAL
Éx. 30.34 incienso puro; de todo en *i* peso
Lv. 6.22 el sacerdote que en. . hará *i* ofrenda
Mt. 20.12 los has hecho *i* a nosotros, que hemos
Lc. 20.36 son *i* a los ángeles, y son hijos de
Jn. 5.18 su propio padre, haciéndose *i* a Dios
Ro. 14.5 otro juzga *i* todos los días. Cada uno
Fil. 2.6 no estimó el ser *i* a Dios como cosa a
Ap. 21.16 su longitud es *i* a su anchura; y él
21.16 la altura y la anchura de ella son *i*

IGUALAR
2 S. 23.19,23; 1 Cr. 11.21,25 pero no *igualó* a los tres primeros
Job 28.17 oro no se le *igualará*, ni el diamante
28.19 no se *igualará* con ella topacio de
Sal. 86.8 Señor. . ni obras que *igualen* tus obras
89.6 ¿quién en los. . se *igualará* a Jehová?
Is. 28.25 cuando ha *igualado* su superficie, ¿no
46.5 ¿a quién me. . *igualáis*, y me comparáis

IGUALDAD
2 Co. 8.14 con *i*, la abundancia vuestra supla
8.14 la escasez de ellos. . para que haya *i*

IIM *Ciudad en Judá, Jos. 15.29*

IJAR
Lv. 3.4,10,15; 4.9; 7.4 la grosura que está. . sobre los *i*
Job 15.27 la gordura. . hizo pliegues sobre sus *i*

IJE-ABARIM *Lugar donde acampó Israel,* **Nm. 21.11; 33.44,45**

IJÓN *Ciudad en el norte de Palestina*
1 R. 15.20 conquistó *I*, Dan, Abel-bet-maaca
2 R. 15.29 vino Tiglat-pileser. . y tomó a *I*
2 Cr. 16.4 conquistaron *I*, Dan, Abel-maim y

ILAI *Uno de los 30 valientes de David,* **1 Cr. 11.29**

ILÍRICO *Provincia romana en Asia Menor*
Ro. 15.19 hasta *I*. . lo he llenado del evangelio

ILUMINACIÓN
2 Co. 4.6 *i* del conocimiento de la gloria de

ILUMINAR
Job 33.30 y para *iluminarlo* con la luz de los
Ec. 8.1 sabiduría del hombre *ilumina* su rostro
He. 6.4 una vez fueron *iluminados* y gustaron
10.32 después de haber sido *iluminados*
Ap. 21.23 porque la gloria de Dios la *ilumina*
22.5 sol, porque Dios el Señor los *iluminará*

ILUSO
Job 15.31 no confíe el *i* en la vanidad, porque

ILUSORIA
Sal. 31.6 a los que esperan en vanidades *i*; mas
Jer. 15.18 ¿serás para mí como cosa *i*, como
Jon. 2.8 siguen vanidades *i*, su misericordia

ILUSTRE
Rt. 4.11 seas *i* en Efrata, y seas de renombre
1 S. 22.14 fiel como David. . es *i* en tu casa?
1 Cr. 4.9 y Jabes fue más *i* que sus hermanos
11.21 el más *i* de los treinta, y fue el jefe
12.30 varones *i* en las casas de sus padres
Sal. 45.9 hijas de reyes están entre tus *i*; está
Is. 23.9 para abatir a todos los *i* de la tierra

IMAGEN
Gn. 1.26 dijo. . Hagamos al hombre a nuestra *i*
1.27 y creó. . al hombre a su *i*, a *i* de Dios
5.3 Adán. . engendró un hijo. . conforme a su *i*
9.6 porque a *i* de Dios es hecho el hombre
Éx. 20.4 no te harás *i*, ni ninguna semejanza
34.13 estatuas, y cortaréis sus *i* de Asera
Lv. 26.30 lugares altos, y derribaré vuestras *i*
Nm. 33.52 destruiréis. . todas sus *i* de fundición
Dt. 4.16 *i* de figura alguna, efigie de varón
4.23 no os hagáis. . o *i* de ninguna cosa que
4.25 e hiciereis escultura o *i* de cualquier
5.8 no harás para ti escultura, ni *i* alguna
7.5 destruiréis sus *i* de Asera, y quemaréis
9.12 pueblo. . se han hecho una *i* de fundición
12.3 y sus *i* de Asera consumiréis con fuego
27.15 maldito el hombre que hiciere. . *i* de
Jue. 3.7 sirvieron a los baales y a las *i* de
6.25 corta también la *i* de Asera que está
6.26 en holocausto con la madera de la *i* de
6.28 cortada la *i* de Asera que estaba junto
6.30 y ha cortado la *i* de Asera que estaba
17.3 hacer una *i* de talla y una de fundición
17.4 quien hizo de ellos una *i* de talla y una
18.14 hay. . una *i* de talla y una de fundición
18.17,18 tomaron la *i* de talla. . *i* de fundición
18.20 tomó. . *i*, y se fue en medio del pueblo
18.30 Dan levantaron para sí la *i* de talla
18.31 así tuvieron levantada. . la *i* de talla
1 R. 14.9 te hiciste dioses. . e *i* de fundición
14.15 por cuanto han hecho sus *i* de Asera
14.23 e *i* de Asera, en todo collado alto y
16.33 hizo. . Acab una *i* de Asera, haciendo así
2 R. 11.18 despedazaron. . sus altares y sus *i*
13.6 la *i* de Asera permaneció en Samaria
17.10 levantaron estatuas e *i* de Asera en
17.16 se hicieron *i* fundidas de dos becerros
17.16 se hicieron. . *i* de Asera, y adoraron a
18.4 quebró las *i*, y cortó los símbolos de
21.3 hizo una *i* de Asera, como había hecho
21.7 puso una *i* de Asera. . en la casa de la
23.6 sacar la *i* de Asera fuera de la casa de
23.14 quebró las. . y derribó las *i* de Asera
23.15 lo hizo polvo, y puso fuego a la *i* de
2 Cr. 14.3 quebró las *i*, y destruyó. . de Asera
14.5 quitó. . Judá los lugares altos y las *i*
15.16 porque había hecho una *i* de Asera
15.16 Asa destruyó la *i*, y la desmenuzó, y la
17.6 quitó. . *i* de Asera de en medio de Judá
19.3 quitado de la tierra las *i* de Asera, y
23.17 templo de Baal. . e hicieron pedazos sus *i*
24.18 sirvieron. . Asera y a las *i* esculpidas
28.2 y además hizo *i* fundidas a los baales
31.1 estatuas y destruyeron las *i* de Asera
33.3 e hizo *i* de Asera, y adoró a todo el
33.7 puso una *i* fundida. . en la casa de Dios
33.19 los sitios donde. . erigió *i* de Asera e
34.3 limpiar a Judá. . *i* de Asera. . *i* fundidas
34.4 los baales, e hizo pedazos las *i* del sol
34.4 despedazó también las *i* de Asera, las
34.7 cuando hubo derribado. . las *i* de Asera
Sal. 78.58 le provocaron a celo con sus *i* de
97.7 todos los que sirven a las *i* de talla
106.19 se postraron ante una *i* de fundición
106.20 por la *i* de un buey que come hierba
Is. 10.10 siendo sus *i* más que. . de Jerusalén
17.8 no mirará a. . Asera, ni a la *i* del sol
19.3 preguntarán a sus *i*, a sus hechiceros
27.9 no se levanten. . Asera ni las *i* de sol
30.22 la vestidura de tus *i* fundidas de oro
40.18 semejante a. . o qué *i* le compondréis?
40.19 el artífice prepara la *i* de talla, el
40.20 le haga una *i* de talla que no se mueva
41.29 viento y vanidad son sus *i* fundidas
42.17 y dicen a las *i* de fundición: Vosotros
44.9 los formadores de *i*. . ellos son vanidad
44.10 o quien fundió una *i* que para nada es
45.16 irán con afrenta. . los fabricadores de *i*
46.1 Bel. . sus *i* fueron puestas sobre bestias
48.5 mi ídolo lo hizo, mis *i* de escultura y
Jer. 8.19 me hicieron airar con sus *i* de talla
17.2 hijos se acuerdan de. . de sus *i* de Asera
50.38 es tierra de ídolos. . entontecen con *i*
Ez. 6.4 y vuestras *i* del sol serán quebradas
6.6 vuestras *i* del sol serán destruidas, y
7.20 hicieron de ello las *i* de sus. . ídolos

IMAGEN *(Continúa)*
Ez. 8.3 estaba la habitación de la *i* del celo, la
8.5 junto a la puerta. . aquella *i* del celo en
8.12 cada uno en sus cámaras pintadas de *i*?
16.17 te hiciste *i* de hombres y fornicaste
16.21 ofrecieras a aquellas *i* como ofrenda
23.14 vio a. . *i* de caldeos pintadas de color
30.13 destruiré también las *i*, y. . los ídolos
Dn. 2.31 veías, y he aquí una gran *i*. Esta *i*
2.32 la cabeza de esta *i* era de oro fino
2.34 hirió a la *i* en sus pies de hierro y de
2.35 la piedra que hirió a la *i* fue hecha un
11.8 a los dioses de ellos, y sus *i* fundidas
Os. 13.2 se han hecho. . *i* de fundición, ídolos
Mi. 5.13 haré destruir. . tus *i* en medio de ti
5.14 arrancaré tus *i* de Asera de en medio de
Hab. 2.18 haciendo *i* mudas confíe el hacedor
Zac. 13.2 quitaré de la tierra los nombres. . *i*
Mt. 22.20; Mr. 12.16 ¿de quién es esta *i*, y la
Lc. 20.24 ¿de quién tiene la *i* y la inscripción?
Hch. 19.35 guardiana. . la *i* venida de Júpiter?
Ro. 1.23 semejanza de *i* de hombre corruptible
8.29 que fuesen hechos conformes a la *i* de su
1 Co. 11.7 el varón. . él es *i* y gloria de Dios
15.49 así como hemos traído la *i* del terrenal
15.49 traeremos también la *i* del celestial
2 Co. 3.18 de gloria en gloria en la misma *i*
4.4 la gloria de Cristo, el cual es la *i* de
Col. 1.15 él es la *i* del Dios invisible, el
3.10 el cual conforme a la *i* del que lo creó
He. 1.3 y la *i* misma de su sustancia, y quien
10.1 no la *i* misma de las cosas, nunca puede
Ap. 9.20 ni dejaron de adorar. . a las *i* de oro
13.14 que le hagan *i* a la bestia que tiene
13.15 infundir aliento a la *i* de la bestia
13.15 para que la *i* hablase e hiciese matar
14.9 si alguno adora a la bestia y a su *i*
14.11 los que adoran a la bestia y a su *i*
15.2 victoria sobre la bestia y su *i*, y su
16.2 úlcera. . sobre los. . que adoraban su *i*
19.20 habían adorado su *i*. Estos dos fueron
20.4 no habían adorado a la bestia ni a su *i*

IMAGINACIÓN
Job 4.13 en *i* de visiones nocturnas, cuando el
21.27 conozco. . las *i* que contra mí forjáis
Pr. 18.11 riquezas. . como un muro alto en su *i*
Jer. 9.14; 11.8 fueron tras la *i* de su corazón
13.10 que anda en las *i* de su corazón, y que
16.12 vosotros camináis cada uno tras la *i* de
Dn. 4.5 *i* y visiones de mi cabeza me turbaron
Hch. 17.29 escultura de arte y de *i* de hombres

IMAGINAR
2 S. 4.10 *imaginándose* que traía buenas nuevas
Is. 10.7 ni su corazón lo *imaginará* de esta
33.18 tu corazón *imaginará* el espanto, y dirá
Nah. 1.11 el que *imaginó* mal contra Jehová, un
1 Co. 8.2 y si alguno se *imagina* que sabe algo

IMER
1. ***Sacerdote contemporáneo de David,* 1 Cr. 9.12; 24.14; Esd. 2.37; 10.20; Neh. 7.40; 11.13**
2. ***Lugar en Babilonia,* Esd. 2.59; Neh. 7.61**
3. ***Padre de Sadoc Nc. 5 (posiblemente =No. 1),* Neh. 3.29**
4. ***Padre de Pasur No. 4 (posiblemente =No. 1),* Jer. 20.1**

IMITADOR
1 Co. 11.1 sed *i* de mí, así como yo de Cristo
Ef. 5.1 sed, pues, *i* de Dios como hijos amados
Fil. 3.17 hermanos, sed *i* de mí, y mirad a los
1 Ts. 1.6 vinisteis a ser *i* de nosotros y del
2.14 vinisteis a ser *i* de las iglesias de
He. 6.12 sino *i* de aquellos que por la fe y la

IMITAR
1 Co. 4.16 por tanto, os ruego que me *imitéis*
2 Ts. 3.7 sabéis. . qué manera debéis *imitarnos*
3.9 daros. . un ejemplo para que nos *imitaseis*
He. 13.7 de vuestros pastores. . e *imitad* su fe
3 Jn. 11 amado, no *imites* lo malo, sino. . bueno

IMLA ***Padre del profeta Micaías,* 1 R. 22.8,9; 2 Cr. 18.7,8**

IMNA
1. ***Primogénito de Aser,* Gn. 46.17; Nm. 26.44; 1 Cr. 7.30**
2. ***Descendiente de Aser,* 1 Cr. 7.35**
3. ***Padre de Coré No. 6,* 2 Cr. 31.14**

IMNITA ***Descendiente de Imna No. 1,* Nm. 26.44**

IMPACIENTAR
Sal. 37.1 *impacientes* a causa de los malignos
Zac. 11.8 mi alma se *impacientó* contra ellos

IMPACIENTE
Pr. 14.29 el que es *i* de espíritu enaltece la

IMPEDIMENTO
Hch. 28.31 enseñando acerca del Señor. . sin *i*
1 Co. 7.35 para que sin *i* os acerquéis al Señor

IMPEDIR
Gn. 23.6 ninguno. . te *impedirá* que entierres tu
30.2 que te *impidió* el fruto de tu vientre?
Éx. 36.6 se le *impidió* al pueblo ofrecer más
Nm. 9.7 seremos *impedidos* de ofrecer ofrenda
11.28 y dijo: Señor mío Moisés, *impídelos*
1 S. 25.26 que Jehová te ha *impedido* el venir
2 R. 6.32 la puerta, e *impedidle* la entrada
Is. 14.27 determinado, ¿y quién le *impedirá*?
66.9 ¿*impediré* el nacimiento? dice tu Dios
Lm. 2.14 tu pecado para *impedir* tu cautiverio
Mt. 19.14; Mr. 10.14 dejad. . y no se lo *impidáis*
Lc. 11.52 a los que entraban se lo *impedisteis*
18.16 no se lo *impidáis*; porque de los tales
Hch. 8.36 ¿qué *impide* que yo sea bautizado?
10.47 ¿puede acaso alguno *impedir* el agua
14.18 lograron *impedir* que la multitud les
24.23 no *impidiese* a. . servirle o venir a él
27.7 porque nos *impedía* el viento, navegamos
27.43 el centurión. . les *impidió* este intento
Ro. 15.22 he visto *impedido*. . de ir a vosotros
1 Co. 14.39 y no *impidáis* el hablar lenguas
2 Co. 11.10 no se me *impedirá* esta mi gloria
1 Ts. 2.16 *impidiéndonos* hablar a los gentiles

IMPELIR
2 Cr. 21.11 fornicasen. . a ello *impelió* a Judá
Lc. 8.29 era *impelido* por el demonic a los

IMPENETRABLE
Jer. 46.23 cortarán sus bosques. . aunque sean *i*

IMPERIO
Is. 9.7 su *i* y la paz no tendrán límite, sobre
Lc. 3.1 en el año decimoquinto del *i* de Tiberio
1 Ti. 6.16 al cual sea la. . y el *i* sempiterno
He. 2.14 al que tenía el *i* de la muerte, esto
1 P. 4.11 a quien pertenecen la gloria y el *i*
5.11 a él sea la gloria y el *i* por los siglos
Jud. 25 gloria y majestad, *i* y potencia, ahora
Ap. 1.6 a él sea gloria e *i* por los siglos de

IMPERIOSAMENTE
Nm. 16.13 también te enseñorees de nosotros *i*?

ÍMPETU
Jue. 9.44 acometieron con *í*, y se detuvieron
Job 39.24 y él con *í* y furor escarba la tierra
Is. 22.18 te echará a rodar con *í*, como a bola
25.4 el *í* de los violentos es como turbión
28.2 como *í* de recias aguas que inundan, con
Jer. 8.6 como caballo que arremete con *í* a la
Mt. 7.27 y dieron con *í* contra aquella casa
Lc. 6.48 el río dio con *í* contra aquella casa
6.49 casa. . contra la cual el río dio con *í*
Ap. 18.21 el mismo *í* sera derribada Babilonia

IMPETUOSAMENTE
2 R. 9.20 el marchar de Jehú. . porque viene *i*

IMPETUOSO, SA
Gn. 49.4 *i* como. . aguas, no serás el principal
Éx. 15.10 hundieron como plomo en las *i* aguas
2 S. 5.20 quebrantó Jehová. . como corriente *i*
Job 6.15 traicionaron. . pasan como corrientes *i*
8.2 palabras de tu boca serán como viento *i*?
14.19 las piedras se desgastan con el agua *i*
Sal. 74.15 abriste la fuente. . secaste ríos *i*
124.5 pasado sobre nuestra alma las aguas *i*
Pr. 27.4 cruel es la ira, e *i* el furor. . envidia
Is. 8.7 aguas de ríos, *i* y muchas, esto es, al
43.16 abre camino en el mar. . en las aguas *i*
Ez. 38.22 haré llover. . *i* lluvia, y piedras de
Am. 5.24 pero corra. . la justicia como *i* arroyo
Nah. 1.8 inundación *i* consumirá a sus enemigos
2 Ti. 3.4 *i*, infatuados, amadores de. . deleites
He. 11.34 apagaron fuegos *i*, evitaron filo de
Stg. 3.4 las naves. . llevadas de *i* vientos, son

IMPÍAMENTE
2 S. 22.22 porque. . no me aparté *i* de mi Dios
2 Cr. 6.37 y dijeren: Pecamos. . *i* hemos hecho
22.3 madre le aconsejaba a que actuase *i*
Sal. 18.21 porque. . no me aparté *i* de mi Dios
Dn. 9.5,15 hemos pecado. . hemos hecho *i*
12.10 los impíos procederán *i*, y ninguno de
2 P. 2.6 ejemplo a los que habían de vivir *i*
Jud. 15 sus obras impías que han hecho *i*, y

IMPIEDAD
Dt. 9.4,5 por la *i* de estas naciones Jehová
9.27 no mires a la. . ni a su *i* ni a su pecado
1 S. 24.13 de los impíos saldrá la *i*; así que
1 R. 8.47 hemos hecho lo malo, hemos cometido *i*
2 Cr. 20.35 Ocozías. . el cual era dado a la *i*
Job 34.10 oídme: Lejos esté de Dios la *i*, y del
35.8 al hombre como tú dañará tu *i*, y al hijo
Sal. 106.6 padres; hicimos iniquidad, hicimos *i*
125.3 no reposará la vara de la *i* sobre la
Pr. 8.7 hablará verdad. . *i* abominan mis labios
11.5 justicia. . mas el impío por su *i* caerá
12.3 el hombre no se afirmará por medio. . *i*
13.6 guarda. . mas la *i* trastornará al pecador
16.12 abominación es a los reyes hacer *i*
Ec. 3.16 lugar del juicio, allí *i*; y en lugar
8.8 guerra, ni la *i* librará al que la posee
Is. 32.6 fabricará iniquidad, para cometer *i*
58.6 desatar las ligaduras de *i*, soltar las
Jer. 14.20 reconocemos, oh Jehová, nuestra *i*
Ez. 3.19 y él no se convirtiere de su *i* y de
5.6 ella cambió mis decretos. . en *i* más que
18.20 justo. . y la *i* del impío será sobre él
18.27 apartándose el impío de su *i* que hizo
33.12 *i* del impío no le será estorbo el día
33.12 el día que volviere de su *i*; y el justo
33.19 el impío se apartare de su *i*, e hiciere
Os. 10.13 habéis arado *i*, y segasteis iniquidad
Mi. 6.10 ¿hay. . en casa del impío tesoros de *i*
Mal. 1.4 les llamarán territorio de *i*, y pueblo
3.15 los que hacen *i* no sólo son prosperados
Ro. 1.18 se revela. . contra toda *i* e injusticia
11.26 Libertador, que apartará de Jacob la *i*
2 Ti. 2.16 porque conducirán más y más a la *i*
Tit. 2.12 que renunciando a la *i* y a los deseos

IMPÍO, A
Gn. 18.23 ¿destruirás también al. . con el *i*?
18.25 tal, que hagas morir al justo con el *i*
18.25 y que sea el justo tratado como el *i*
Éx. 9.27 Jehová es justo, y yo y mi pueblo *i*
23.1 no te concertarás con el *i*. . ser testigo
23.7 y no matarás al. . yo no justificaré al *i*
Nm. 16.26 apartaos ahora. . de estos hombres *i*
Dt. 13.13 salido de en medio de ti hombres *i*
1 S. 1.16 no tengas a tu sierva por. . mujer *i*
2.9 santos, mas los *i* perecen en tinieblas
2.12 los hijos de Elí eran hombres *i*, y no
24.13 de los *i* saldrá la impiedad; así que
2 S. 23.6 los *i* serán. . como espinos arrancados
1 R. 8.32 condenando al *i* y haciendo recaer su
2 Cr. 6.23 dando la paga al *i*, haciendo recaer
19.2 al rey. . ¿Al *i* das ayuda, y amas a los
24.7 la *i* Atalía y. . habían destruido la casa
Job 3.17 allí los *i* dejan de perturbar, y allí
5.15 así libra. . al pobre, de la boca de los *i*
8.13 a Dios; y la esperanza del *i* perecerá
8.22 serán. . y la habitación de los *i* perecerá
9.22 diga: Al perfecto y al *i* él los consume
9.24 la tierra es entregada en manos de los *i*
9.29 yo soy *i*; ¿para qué trabajaré en vano?
10.3 que favorezcas los designios de los *i*?
10.7 aunque tú sabes que no soy *i*, y que no
13.16 porque no entrará en su presencia el *i*
15.20 todos sus días, el *i* es atormentado de
15.34 la congregación de los *i* será asolada
16.11 y en las manos de los *i* me hizo caer
17.8 y el inocente se levantará contra el *i*
18.5 ciertamente la luz de los *i* será apagada
18.21 tales son las moradas del *i*, y este
20.5 breve, y el gozo del *i* por un momento?
20.29 porción que Dios prepara al hombre *i*
21.7 ¿por qué viven los *i*, y se envejecen
21.16 el consejo de los *i* lejos esté de mí
21.17 veces la lámpara de los *i* es apagada
21.28 y qué de la tienda. . moradas de los *i*?
24.6 siegan. . los *i* vendimian la viña ajena
24.20 como un árbol los *i* serán quebrantados
27.7 como el *i* mi enemigo, y como el inicuo
27.8 ¿cuál es la esperanza del *i*, por mucho
27.13 para con Dios la porción del hombre *i*
31.3 ¿no hay quebrantamiento para el *i*, y
34.18 al rey: Perverso; y a los príncipes: *I*?
34.30 haciendo que no reine el hombre *i* para
36.6 no otorgará vida al *i*, pero a. . afligidos
36.17 tú has llenado el juicio del *i*, en vez
38.13 para que sean sacudidos de ella los *i*?
38.15 mas la luz de los *i* es quitada de ellos
40.12 mira. . y quebranta a los *i* en su sitio
Sal. 7.11 Dios está airado contra el *i* todos
7.14 he aquí, el *i* concibió maldad, se preñó
26.5 aborrecí la. . con los *i* nunca me senté
31.17 sean avergonzados los *i*, estén mudos
32.10 muchos dolores habrá para el *i*; mas al
36.1 la iniquidad del *i* me dice al corazón
36.11 no venga pie. . y mano de *i* no me mueva
37.12 maquina el *i* contra el justo, y cruje
37.14 *i* desenvainan espada y entesan su arco
37.17 los brazos de los *i* serán quebrados; mas
37.20 mas los *i* perecerán, y los enemigos de
37.21 el *i* toma prestado, y no paga; mas el
37.28 la descendencia de los *i* será destruida
37.32 acecha. . *i* al justo, y procura matarlo
37.35 vi yo al *i* sumamente enaltecido, y que
37.38 la posteridad de los *i* será extinguida
37.40 los libertará de los *i*, y los salvará
39.1 en tanto que el *i* esté delante de mí
43.1 líbrame de gente *i*, y. . hombre engañoso
55.3 voz del enemigo, por la opresión del *i*

IMPÍO, A *(Continúa)*
Sal. 58.3 se apartaron los *i* desde la matriz; se
58.10 sus pies lavará en la sangre del *i*
68.2 así perecerán los *i* delante de Dios
71.4 líbrame de la mano del *i*, de la mano del
73.3 tuve envidia. .la prosperidad de los *i*
73.12 he aquí estos *i*, sin ser turbados del
75.4 dije a. .a los *i*: No os enorgullezcáis
75.8 y lo beberán todos los *i* de la tierra
82.2 y aceptaréis las personas de los *i*?
82.4 necesitado; libradlo de mano de los *i*
91.8 mirarás y verás la recompensa de los *i*
92.7 cuando brotan los *i* como la hierba, y
94.3 ¿hasta cuando los *i*. .se gozarán los *i*?
94.13 tanto que para el *i* se cava el hoyo
97.10 él guarda. .de mano de los *i* los libra
101.8 destruiré a todos los *i* de la tierra
104.35 sean consumidos. .los *i* dejen de ser
106.18 se encendió. .la llama quemó a los *i*
109.2 boca de *i* y. .se han abierto contra mí
109.6 pon sobre él al *i*, y Satanás esté a su
112.10 verá el *i*. .deseo de los *i* perecerá
119.61 compañías de *i* me han rodeado, mas
119.95 *i* me han aguardado para destruirme
119.110 me pusieron lazo los *i*, pero yo no
119.119 hiciste consumir a todos los *i* de
119.155 lejos está de los *i* la salvación
129.4 es justo; cortó las coyundas de los *i*
139.19 de cierto, oh Dios, harás morir al *i*
140.4 guárdame, oh Jehová, de manos del *i*
140.8 no concedas. .Jehová, al *i* sus deseos
141.4 obras *i* con los que hacen iniquidad
141.10 caigan los *i* a una en. .redes, mientras
145.20 guarda a. .mas destruirá a todos los *i*
146.9 Jehová. .el camino de los *i* trastorna
147.6 exalta. .humilla a los *i* hasta la tierra
Pr. 2.22 los *i* serán cortados de la tierra, y
3.25 ni de la ruina de los *i* cuando viniere
3.33 maldición de Jehová. .en la casa del *i*
4.14 no entres por la vereda de los *i*, ni
4.19 el camino de los *i* es como la oscuridad
5.22 prenderán al *i* sus propias iniquidades
9.7 el que reprende al *i*, se atrae mancha
10.3 justo; mas la iniquidad lanzará a los *i*
10.6,11 violencia cubrirá la boca de los *i*
10.7 el justo. .el nombre de los *i* se pudrirá
10.16 vida; mas el fruto del *i* es para pecado
10.20 mas el corazón de los *i* es como nada
10.24 lo que el *i* teme, eso le vendrá; pero
10.27 mas los años de los *i* serán acortados
10.28 justos. .la esperanza de los *i* perecerá
10.30 el justo. .los *i* no habitarán la tierra
10.32 la boca de los *i* habla perversidades
11.5 camino; mas el *i* por su impiedad caerá
11.7 muere el hombre *i*, perece su esperanza
11.8 el justo. .mas el *i* entra en lugar suyo
11.10 mas cuando los *i* perecen hay fiesta
11.11 por la boca de los *i* será trastornada
11.18 *i* hace obra falsa; mas el que siembra
11.23 mas la esperanza de los *i* es el enojo
11.31 justo. .¡cuánto más el *i* y el pecador!
12.5 son rectitud. .consejos de los *i*, engaño
12.6 palabras de los *i* son asechanzas para
12.7 Dios trastornará a los *i*, y no serán más
12.10 justo. .mas el corazón de los *i* es cruel
12.12 codicia el *i* la red de los malvados
12.13 el *i* es enredado en la prevaricación de
12.21 al justo. .los *i* serán colmados de males
12.26 mas el camino de los *i* les hace errar
13.5 justo. .mas el *i* se hace odioso e infame
13.9 luz. .mas se apagará la lámpara de los *i*
13.25 el vientre de los *i* tendrá necesidad
14.11 la casa de los *i* será asolada; pero
14.19 inclinarán. .*i* a las puertas del justo
14.32 por su maldad será lanzado el *i*; mas
15.6 pero turbación en las ganancias del *i*
15.8 el sacrificio de los *i* es abominación
15.9 abominación es a Jehová el camino del *i*
15.28 la boca de los *i* derrama malas cosas
15.29 Jehová está lejos de los *i*; pero él oye
16.4 ha hecho. .y aun al *i* para el día malo
17.15 que justifica al *i*, y el que condena al
17.23 el *i* toma soborno. .para pervertir las
18.3 cuando viene el *i*, viene también el
18.5 tener respeto a. .*i*, para pervertir el
19.28 la boca de los *i* encubrirá la iniquidad
20.26 el rey sabio avienta a los *i*, y sobre
21.4 orgullo. .pensamientos de *i*, son pecado
21.7 la rapiña de los *i* los destruirá, por
21.10 el alma del *i* desea el mal; su prójimo
21.12 considera el justo la casa del *i*, cómo
21.12 cómo los *i* son trastornados por el mal
21.18 rescate del justo es el *i*, y por los
21.27 el sacrificio de los *i* es abominación
21.29 el hombre *i* endurece su rostro; mas el
24.15 oh *i*, no aceches la tienda del justo
24.16 el justo. .mas los *i* caerán en el mal
24.19 malignos, ni tengas envidia de los *i*
24.20 fin, y la lámpara de los *i* será apagada
25.5 aparta al *i* de la presencia del rey, y
25.26 como. .es el justo que cae delante del *i*
28.1 huye el *i* sin que nadie lo persiga; mas
28.4 los que dejan la ley alaban a los *i*; mas
28.12 cuando se levantan los *i*, tienen que
28.15 león. .es el príncipe *i* sobre el pueblo
28.28 *i* son levantados se esconde el hombre
29.2 mas cuando domina el *i*, el pueblo gime
29.7 conoce. .mas el *i* no entiende sabiduría
29.12 atiende. .todos sus servidores serán *i*
29.16 cuando los *i* son muchos, mucha es la
29.27 y abominación es al *i*. .caminos rectos
Ec. 3.17 dije. .Al justo y al *i* juzgará Dios
7.15 hay *i* que por su maldad alarga sus días
8.13 y que no le irá bien al *i*, ni le serán
8.14 como si hicieran obras de *i*, y hay *i* a
9.2 un mismo suceso ocurre al justo y al *i*
Is. 3.11 ¡ay del *i*! Mal le irá, porque según
5.23 los que justifican al *i* mediante cohecho
11.4 el espíritu de sus labios matará al *i*
13.11 castigaré. .y a los *i* por su iniquidad
14.5 quebrantó Jehová el báculo de los *i*, el
53.9 se dispuso con los *i* su sepultura, mas
55.7 deje el *i* su camino, y el hombre inicuo
57.20 los *i* son como el mar en tempestad, que
57.21 no hay paz, dijo mi Dios, para los *i*
Jer. 5.26 porque fueron hallados en mi pueblo *i*
12.1 por qué es prosperado el camino de los *i*
23.11 el profeta como el sacerdote son *i*; aun
25.31 entregará los *i* a espada, dice Jehová
30.23 la tempestad. .sobre la cabeza de los *i*
Ez. 3.18 dijere al *i*: De cierto morirás; y tú
3.18 para que el *i* sea apercibido de su mal
3.18 *i* morirá por su maldad, pero su sangre
3.19 pero si tú amonestares al *i*, y él no se
7.21 será presa de los *i* de la tierra, y la
13.22 fortalecisteis las manos del *i*, para
18.20 él, y la impiedad del *i* será sobre él
18.21 el *i*, si se apartare de. .sus pecados
18.23 ¿quiero yo la muerte del *i*? dice Jehová
18.24 abominaciones que el *i* hizo, ¿vivirá
18.27 y apartándose el *i* de su impiedad que
21.3 espada. .cortaré de ti al justo y al *i*
21.4 he de cortar de ti al justo y al *i*, por
21.25 y tú. .*i* príncipe de Israel, cuyo día
33.8 dijere al *i*: *I*, de cierto morirás
33.8 guarde el *i* de su camino, el *i* morirá
33.9 si tú avisares al *i* de su camino para
33.11 no quiero la muerte del *i*, sino que se
33.11 vuelva el *i* de su camino, y que viva
33.12 la impiedad del *i* no le será estorbo
33.14 yo dijere al *i*: De cierto morirás; si
33.15 si el *i* restituyere la prenda. .vivirá
33.19 cuando el *i* se apartare de su impiedad
Dn. 12.10 *i* procederán impíamente, y ninguno
12.10 ninguno de los *i* entenderá, pero los
Mi. 6.10 ¿hay aún en casa del *i* tesoros de
Hab. 1.4 por cuanto el *i* asedia al justo, por
1.13 y callas cuando destruye el *i* al más
3.13 traspasaste la cabeza de la casa del *i*
Sof. 1.3 destruiré. .cortaré a los *i*; y raeré
Ro. 4.5 sino cree en aquel que justifica al *i*
5.6 porque Cristo. .su tiempo murió por los *i*
1 Ti. 1.9 para los *i* y pecadores. .y profanos
2 Ti. 3.2 porque habrá hombres. .ingratos, *i*
1 P. 4.18 en dónde aparecerá el *i* y el pecador?
2 P. 2.5 trayendo el diluvio sobre. .de los *i*
3.7 en el día del juicio. .de los hombres *i*
Jud. 4 *i*, que convierten en libertinaje la
15 dejar convictos a. .los *i* de. .sus obras *i*
15 las cosas duras que los. .*i* han hablado

IMPLACABLE
Ro. 1.31 desleales, sin afecto natural. .*i*, sin
2 Ti. 3.3 sin afecto natural, *i*, calumniadores

IMPLANTADA
Stg. 1.21 recibid con mansedumbre la palabra *i*

IMPLORAR
1 S. 13.12 no he *implorado* el favor de Jehová
2 R. 8.3,5 para *implorar* al rey por su casa
Sal. 45.12 *implorarán* tu favor los ricos del
Lm. 2.19 alza tus manos. .*implorando* la vida de
Dn. 9.13 no hemos *implorado* el favor de Jehová
Zac. 7.2 enviado. .*implorar* el favor de Jehová
8.21 vamos a *implorar* el favor de Jehová, y
8.22 vendrán. .a *implorar* el favor de Jehová

IMPONENTE
Cnt. 6.4,10 hermosa. .*i* como ejércitos en orden

IMPONER
Éx. 5.8 *impondréis* la misma tarea de ladrillo
21.22 penados conforme. .*impusiere* el marido
21.30 si le fuere *impuesto* precio de rescate
21.30 dará por el rescate. .le fuere *impuesto*
22.25 el como logrero, ni le *impondrás* usura
1 R. 2.43 y el mandamiento que yo te *impuse*?
9.15 la leva que el rey Salomón *impuso* para
9.22 a ninguno de. .*impuso* Salomón servicio
2 R. 15.20 e *impuso*. .este dinero sobre Israel
18.14 a decir. .haré todo lo que me *impongas*
18.14 *impuso* a Ezequías rey. .300 talentos de
23.33 *impuso*. .una multa de cien talentos de
2 Cr. 24.6 ofrenda que Moisés siervo. .*impuso*
24.9 la ofrenda que Moisés. .había *impuesto*
Esd. 7.24 ninguno podrá *imponerles* tributo
Neh. 10.32 nos *impusimos*. .cargo de contribuir
Est. 10.1 rey Asuero *impuso* tributo sobre la
Lm. 3.28 porque es Dios quien se lo *impuso*
Hch. 6.6 quienes, orando, les *impusieron* las
8.17 les *imponían* las manos, y recibían el
8.19 a quien yo *impusiere* las manos reciba
13.3 *impusieron* las manos y los despidieron
15.28 *imponeros* ninguna carga más que estas
19.6 habiéndoles *impuesto* Pablo las manos
28.8 Pablo. .le *impuso* las manos, y le sanó
1 Co. 9.16 me es *impuesta* necesidad; y ¡ay de
1 Ti. 5.22 no *impongas* con ligereza las manos
He. 9.10 *impuestas* hasta el tiempo de reformar
Ap. 2.24 yo os digo: No os *impondré* otra carga

IMPORTANTE
2 R. 4.8 y había. .una mujer *i*, que le invitaba
Mt. 23.23 comino, y dejáis lo más *i* de la ley

IMPORTAR
2 S. 19.6 que nada te *importan* tus príncipes y
Job 39.24 *importarle* el sonido de la trompeta
Mt. 27.4 ¿qué nos *importa* a nosotros? ¡Allá tú!
Jn. 10.13 es asalariado, y no le *importan* las
Gá. 2.6 lo que hayan sido en. .nada me *importa*

IMPORTUNAR
Jue. 16.16 presionándole ella. .*importunándole*
2 S. 13.27 como Absalón le *importunaba*, dejó
2 R. 2.17 mas ellos le *importunaron*, hasta que

IMPORTUNIDAD
Lc. 11.8 por su *i* se levantará y le dará todo

IMPORTUNO
Pr. 27.6 ama; pero *i* los besos del que aborrece

IMPOSIBILITADO
Hch. 14.8 cierto hombre de Listra. .*i* de los pies

IMPOSIBLE
Mt. 17.20 pásate. .se pasará; y nada os será *i*
19.26 para los hombres esto es *i*; mas para
Mr. 10.27 para los hombres es *i*, mas para Dios
Lc. 1.37 porque nada hay *i* para Dios
17.1 *i* es que no vengan tropiezos; mas ¡ay
18.27 que es *i* para los hombres, es posible
Ro. 8.3 lo que era *i* para la ley, por cuanto
He. 6.4 es *i* que los que una vez. .iluminados
6.18 dos. .en las cuales es *i* que Dios mienta
11.6 sin fe es *i* agradar a Dios; porque es

IMPOSICIÓN
Ez. 45.9 quitad vuestras *i* de sobre mi pueblo
Hch. 8.18 *i* de las manos. .se daba el Espíritu
1 Ti. 4.14 te fue dado. .con la *i* de las manos
2 Ti. 1.6 que está en ti por la *i* de mis manos
He. 6.2 de la *i* de manos, de la resurrección de

IMPRECACIÓN
Pr. 29.24 el cómplice. .oye la *i* y no dice nada

IMPRIMIR
Lv. 19.28 *imprimiréis* en vosotros señal alguna
Job 41.30 debajo. .*imprime* su agudez en el suelo

IMPROPIO
1 Co. 7.36 alguno piensa que es *i* para su hija

IMPUESTO *Véase también Imponer*
Esd. 4.13 no pagarán tributo, *i* y rentas, y el
4.20 que se les pagaba tributo, *i* y rentas
Mt. 17.25 ¿de quiénes cobran los tributos. .*i*?
Ro. 13.7 pagad a. .al que *i*, *i*; al que respeto

IMPULSAR
Éx. 35.26 mujeres cuyo corazón las *impulsó* en
Dt. 4.19 seas *impulsado*, y te inclines a ellos
Mr. 1.12 el Espíritu le *impulsó* al desierto
1 Ti. 5.11 cuando, *impulsadas* por sus deseos

IMPUNE
Pr. 6.29 no quedará *i* ninguno que la tocare
16.5 todo altivo de corazón. .no quedará *i*

IMPUREZA
Lv. 15.26 inmundo, como la *i* de su costumbre
15.30 y la purificará el. .del flujo de su *i*
15.31 apartaréis de sus *i* a los. .de Israel
15.31 a fin de que no mueran por sus *i* por
16.16 purificará el. .a causa de las *i* de los
16.16 reside entre ellos en medio de sus *i*
18.19 y no. .mientras esté en su *i* menstrual
Dt. 23.10 por razón de alguna *i* acontecida de
Is. 1.25 limpiaré hasta. .y quitaré toda tu *i*
Ef. 4.19 cometer con avidez toda clase de *i*
Col. 3.5 fornicación, *i*, pasiones desordenadas
1 Ts. 2.3 no procedió de error ni de *i*, ni fue

IMPURO
Lv. 13.46 estará *i*, y habitará solo; fuera del

IMRA *Descendiente de Aser*, 1 Cr. 7.36

IMRI
1. Ascendiente de Utai No. 1, 1 Cr. 9.4
2. Padre de Zacur No. 5, Neh. 3.2

INACCESIBLE
2 R. 19.23 he subido..a lo más *i* del Líbano
1 Ti. 6.16 habita en luz *i*; a quien ninguno

INALTERABLE
Ef. 6.24 que aman a nuestro Señor..con amor *i*

INANIMADA
1 Co. 14.7 cosas *i* que producen sonidos, como

INCALCULABLE
Jer. 52.20 peso del bronce de todo esto era *i*

INCAUTA
Os. 7.11 Efraín..paloma *i*, sin entendimiento

INCENDIAR
Nm. 31.10 *incendiaron* todas sus ciudades, aldeas
Jer. 51.30 *incendiadas* están sus casas, rotos

INCENDIO
Lv. 10.6 sí lamentarán por el *i* que Jehová ha
Nm. 16.37 tome..incensarios de en medio del *i*
Zac. 3.2 ¿no es éste un tizón arrebatado del *i*?
Ap. 18.9 llorarán..cuando vean el humo de su *i*
18.18 viendo el humo de su *i*, dieron voces

INCENSAR
Jer. 1.16 *incensaron* a dioses extraños, y la
7.9 *incensando* a Baal, y andando tras dioses
11.17 provocándome a ira con *incensar* a Baal
18.15 *incensando* a lo que es vanidad, y ha
Os. 2.13 los días en que *incensaba* a los baales
4.13 *incensaron* sobre los collados, debajo de

INCENSARIO
Lv. 10.1 Nadab y Abiú..tomaron cada uno su *i*
16.12 tomará un *i* lleno de brasas de fuego
Nm. 16.6 esto: tomaos *i*, Coré y todo su séquito
16.17 tomad cada uno su *i*, y poned incienso
16.17 y acercaos..cada uno con su *i*, 250 *i*
16.17 tú también, y Aarón, cada uno con su *i*
16.18 tomó cada uno su *i*, y pusieron..fuego
16.37 que tome los *i* de en medio del incendio
16.38 los *i* de estos que pecaron contra sus
16.39 y el sacerdote Eleazar tomó los *i* de
16.46 toma el *i*, y pon en él fuego del altar
16.47 tomó Aarón el *i*, como Moisés dijo, y
1 R. 7.50 cucharillas e *i*, de oro purísimo
2 R. 25.15 *i*, cuencos, los que de oro, en oro
2 Cr. 4.22 cucharas y los *i* eran de oro puro
26.19 en la mano un *i* para ofrecer incienso
Jer. 52.19 los *i*, tazones, copas, ollas..llevó
Ez. 8.11 ellos, cada uno con su *i* en su mano
He. 9.4 el cual tenía un *i* de oro y el arca del
Ap. 8.3 otro ángel vino..con un *i* de oro; y se
8.5 tomó el *i*, y lo llenó del fuego del altar

INCERTIDUMBRE
Stg. 3.17 amable, benigna..sin *i* ni hipocresía

INCIENSO
Éx. 25.6 para el aceite..y para el *i* aromático
30.1 un altar para quemar el *i*; de madera de
30.7 y Aarón quemará *i* aromático sobre él
30.8 cuando Aarón encienda las..quemará el *i*
30.9 no ofreceréis sobre él *i* extraño, ni
30.27 la mesa..el candelero..el altar del *i*
30.34 toma especias aromáticas..e *i* puro; de
30.35 harás de ello el *i*, un perfume según el
30.37 como este *i* que harás, no os haréis otro
31.8 el candelero limpio, y..el altar del *i*
31.11 aceite..*i* aromático para el santuario
35.8,28 el aceite de la unción, y para el *i*
35.15 el altar del *i* y sus varas, el aceite
35.15 el *i* aromático, la cortina de la puerta
37.25 el altar del *i*, de madera de acacia; de
37.29 el *i* puro, aromático, según el arte del
39.38 el altar..el *i* aromático, la cortina
40.5 el altar de oro para el *i* delante del
40.27 y quemó sobre él *i* aromático, como
Lv. 2.1 echará aceite, y pondrá sobre ella *i*
2.2 de harina y del aceite, con todo el *i*
2.15 y pondrás sobre ella *i*; es ofrenda
2.16 arder..parte del grano..con todo el *i*
4.7 sobre los cuernos del altar del *i*, que
5.11 ni sobre ella pondrá *i*..es expiación
6.15 tomará..el *i* que está sobre la ofrenda
10.1 sobre el cual pusieron *i*, y ofrecieron
24.7 pondrás también sobre cada hilera *i*
Nm. 4.16 el *i* aromático, la ofrenda continua
5.15 ni pondrá sobre ella *i*..es ofrenda de
7.14,20,26,32,38,44,50,56,62,68,74,80 una cuchara de oro..llena de *i*
7.86 las doce cucharas de oro llenas de *i*, de
16.7 y poned en ellos *i* delante de Jehová
16.17 poned *i*..y acercaos delante de Jehová
16.18 y echaron en ellos *i*, y se pusieron
16.35 consumió a los..hombres que ofrecían *i*
16.40 se acerque para ofrecer *i* delante de
16.46 toma..y sobre él pon *i*, y vé pronto a
16.47 puso *i*, e hizo expiación por el pueblo
Dt. 33.10 ellos..pondrán el *i* delante de ti, y
1 S. 2.28 que ofreciese..y quemase *i*, y llevase
1 R. 3.3 Salomón..quemaba *i* en..lugares altos
9.25 quemaba *i* sobre el que estaba delante
11.8 las cuales quemaba *i* y..a sus dioses
12.33 hizo..y subió al altar para quemar *i*
13.1 Jeroboam junto al altar para quemar *i*
13.2 los sacerdotes..que queman sobre ti *i*
22.43 porque el pueblo..quemaba *i* en ellos
2 R. 12.3 el pueblo..quemaba *i* en los lugares
14.4 el pueblo aún..quemaba *i* en esos lugares
15.4,35 aún..quemaba *i* en los lugares altos
16.4 quemó *i* en los lugares altos, y sobre
17.11 y quemaron allí *i* en todos los lugares
18.4 hasta entonces le quemaban *i* los hijos
22.17 me dejaron a mí, y quemaron *i* a dioses
23.5 para que quemasen *i* en los lugares altos
23.5 los que quemaban *i* a Baal, al sol y a
23.8 profanó los lugares..donde..quemaban *i*
1 Cr. 6.49 el altar del perfume quemaban *i*, y
9.29 tenían el cargo..del *i* y de las especias
23.13 para que quemasen *i* delante de Jehová
28.18 oro puro en peso para el altar del *i*
2 Cr. 2.4 para quemar *i* aromático delante de
2.6 sino tan sólo para quemar *i* delante de él?
13.11 queman para Jehová..y el *i* aromático
25.14 dioses de los hijos de Seir..quemó *i*
26.16 templo..para quemar *i* en el altar del *i*
26.18 no te corresponde a ti, oh..el quemar *i*
26.19 Uzías..un incensario para ofrecer *i*
26.19 lepra le brotó..junto al altar del *i*
28.3 quemó..*i* en el valle de los hijos de
28.4 quemó *i* en los lugares altos, en los
28.25 hizo..para quemar *i* a los dioses ajenos
29.7 no quemaron *i*, ni sacrificaron..en el
29.11 seáis sus ministros, y le queméis *i*
30.14 quitaron..todos los altares de *i*, y los
32.12 este solo altar..sobre él quemaréis *i*?
Neh. 13.5 gran cámara, en la cual guardaban..*i*
13.9 hice volver allí..las ofrendas y el *i*
Sal. 141.2 mi oración delante de ti como el *i*
Cnt. 3.6 sube..sahumada de mirra y de *i* y de
4.6 me iré al monte de..y al collado del *i*
4.14 todos los árboles de *i*; mirra y áloes
Is. 1.13 el *i* me es abominación; luna nueva y
43.23 no te hice servir con ofrenda, ni..*i*
60.6 traerán oro e *i*, y publicarán alabanzas
65.3 me provoca..quemando *i* sobre ladrillos
65.7 los cuales quemaron *i* sobre los montes
66.3 el que quema *i*, como si bendijese a un
Jer. 6.20 ¿para qué a mí este *i* de Sabá, y la
11.12 a los dioses a quienes queman ellos *i*
11.13 pusisteis los altares..ofrecer *i* a Baal
17.26 trayendo holocausto..y ofrenda e *i*, y
19.4 ofrecieron en él *i* a dioses ajenos, los
19.13 sobre cuyos tejados ofrecieron *i* a todo
32.29 sobre cuyas azoteas ofrecieron *i* a Baal
41.5 ofrenda e *i* para llevar a la casa de
44.3 ofrecer *i*, honrando a dioses ajenos que
44.5 para dejar de ofrecer *i* a dioses ajenos
44.8 enojar..ofreciendo *i* a dioses ajenos en
44.15 sus mujeres habían ofrecido *i* a dioses
44.17 para ofrecer *i* a la reina del cielo
44.18 que dejamos de ofrecer *i* a la reina del
44.19 ofrecimos *i* a la reina del cielo, y
44.21 y no ha venido a su memoria el *i* que
44.23 ofrecisteis *i* y pecasteis contra Jehová
44.25 de ofrecer *i* a la reina del cielo y
48.35 exterminaré..a quien ofrezca *i* a sus
Ez. 6.13 donde ofrecieron *i* a todos sus ídolos
8.11 setenta..y subía una nube espesa de *i*
16.18 aceite y mi *i* pusiste delante de ellas
20.28 allí pusieron también su *i* agradable
20.41 como *i* agradable os aceptaré, cuando
23.41 y sobre ella pusiste mi *i* y mi aceite
Dn. 2.46 mandó que le ofreciesen presentes e *i*
Mal. 1.11 en todo lugar se ofrece a mi nombre *i*
Mt. 2.11 ofrecieron presentes: oro, *i* y mirra
Lc. 1.9 tocó en suerte ofrecer el *i*, entrando
1.10 estaba fuera orando a la hora del *i*
1.11 un ángel..a la derecha del altar del *i*
Ap. 5.8 copas de oro llenas de *i*, que son las
8.3 se le dio mucho *i* para añadirlo a las
8.4 a la presencia de Dios el humo del *i* con
18.13 *i*, mirra, olíbano, vino, aceite, flor

INCIERTO, TA
1 Co. 14.8 la trompeta diere sonido *i*, ¿quién
1 Ti. 6.17 en las riquezas, las cuales son *i*

INCIRCUNCISIÓN
Ro. 2.25 eres..tu circuncisión viene a ser *i*
2.26 ¿no será tenida su *i* como circuncisión?
3.30 fe..y por medio de la fe a los de la *i*
4.9 ¿es, pues..o también para los de la *i*?
4.10 ¿estando en la circuncisión, o en la *i*?
4.10 no en la circuncisión, sino en la *i*
1 Co. 7.19 y la *i* nada es, sino el guardar los
Gá. 2.7 sido encomendado el evangelio de la *i*
5.6 ni la *i*, sino la fe que obra por el amor
6.15 nada, ni la *i*, sino una nueva creación
Ef. 2.11 erais llamados *i* por la..circuncisión
Col. 2.13 muertos..en la *i* de vuestra carne
3.11 hay griego ni judío, circuncisión ni *i*

INCIRCUNCISO
Gn. 17.14 *i*, el que no hubiere circuncidado la
34.14 esto de dar nuestra hermana a hombre *i*
Éx. 12.48 extranjero..ningún *i* comerá de ella
Lv. 19.23 consideraréis como *i* lo primero de
19.23 tres años os será *i*; su fruto no se
26.41 y entonces se humillará su corazón *i*
Jos. 5.7 los circuncidó; pues eran *i*, porque no
Jue. 14.3 tú a tomar mujer de los filisteos *i*?
15.18 moriré yo..y caeré en mano de los *i*?
1 S. 14.6 pasemos a la guarnición de estos *i*
17.26 ¿quién es este filisteo *i*, para que
17.36 este filisteo *i* será como uno de ellos
31.4 no vengan estos *i* y me traspasen, y me
2 S. 1.20 no salten de gozo las hijas de los *i*
1 Cr. 10.4 no sea que vengan estos *i* y hagan
Is. 52.1 nunca más vendrá a ti *i* ni inmundo
Jer. 6.10 sus oídos son *i*, y no pueden escuchar
9.25 castigaré a todo circuncidado, y a..*i*
9.26 porque todas las naciones son *i*, y toda
9.26 toda la casa de Israel es *i* de corazón
Ez. 28.10 de muerte de *i* morirás por mano de
31.18 entre los *i* yacerás, con los muertos a
32.19 hermoso, desciende, y yace con los *i*
32.21 y yacen con los *i* muertos a espada
32.24 descendieron *i* a lo más profundo de la
32.25,26 todos ellos *i*, muertos a espada
32.27 y no yacerán con los fuertes de los *i*
32.28 tú, pues, serás quebrantado entre los *i*
32.29 ellos yacerán con los *i*, y con los que
32.30 también *i* con los muertos a espada, y
32.32 yacerán entre los *i* con los muertos a
44.7 extranjeros, *i* de corazón e *i* de carne
44.9 ningún hijo..*i* de corazón e *i* de carne
Hch. 7.51 cerviz, e *i* de corazón y de oídos!
11.3 ¿por qué has entrado en casa de..*i*, y
Ro. 2.26 el *i* guardare las ordenanzas de la ley
2.27 y el que físicamente es *i*, pero guarda
4.11 sello..de la fe que tuvo estando aún *i*
1 Co. 7.18 ¿fue llamado alguno siendo *i*? No se

INCITAR
Dt. 13.6 si te *incitare* tu hermano, hijo de tu
1 S. 26.19 Jehová te *incita* contra mí, acepte
2 S. 24.1 Jehová..*incitó* a David contra ellos
1 R. 21.25 Acab..Jezabel su mujer lo *incitaba*
1 Cr. 21.1 *incitó* a David a que hiciese censo
Job 2.3 aun cuando tú me *incitaste* contra él
Jer. 17.16 yo no he ido..*incitarte* a su castigo
43.3 Baruc hijo de..te *incita* contra nosotros
Mr. 15.11 los principales sacerdotes *incitaron*

INCLINAR
Gn. 19.1 Lot, se..y se *inclinó* hacia el suelo
23.7 y Abraham se levantó, y se *inclinó* al
23.12 Abraham se *inclinó* delante del pueblo
24.26 hombre entonces se *inclinó*, y adoró a
24.48 *incliné* y adoré a Jehová, y bendije a
24.52 oyó sus palabras, se *inclinó* en tierra
27.29 pueblos, y naciones se *inclinen* a ti
27.29 y se *inclinen* ante ti los hijos de tu
33.3 se *inclinó* a tierra siete veces, hasta
33.6 vinieron las siervas..y se *inclinaron*
33.7 vino Lea con sus niños, y se *inclinaron*
33.7 José y Raquel, y también se *inclinaron*
37.7 vuestros manojos..se *inclinaban* al mío
37.9 que el sol y la luna..se *inclinaban* a mí
42.6 y se *inclinaron* a él rostro a tierra
43.26 se *inclinaron* ante él hasta la tierra
43.28 y se *inclinaron*, e hicieron reverencia
47.31 Israel se *inclinó* sobre la cabecera de
48.12 José los sacó..y se *inclinó* a tierra
49.8 los hijos de tu padre se *inclinarán* a ti
Éx. 4.31 oyendo que..se *inclinaron* y adoraron
11.8 e *inclinados* delante de mí dirán: Vete
12.27 entonces el pueblo se *inclinó* y adoró
18.7 Moisés salió a..y se *inclinó*, y lo besó
20.5 no te *inclinarás* a ellas, ni las honrarás
23.2 *inclinándote* a los más..hacer agravios
23.24 no te *inclinarás* a sus dioses, ni los
24.1 sube ante..os *inclinaréis* desde lejos
32.22 conoces al pueblo, que es *inclinado* a
34.14 no te has de *inclinar* a ningún otro dios
Lv. 26.1 piedra pintada para *inclinaros* a ella
Nm. 22.31 Balaam..se *inclinó* sobre su rostro
25.2 pueblo comió, y se *inclinó* a sus dioses
Dt. 4.19 viendo..*inclines* a ellos y les sirvas
5.9 no te *inclinarás* a ellas ni las servirás
8.19 y les sirvieres y a ellos te *inclinares*
11.16 sirváis a dioses..os *inclinéis* a ellos
17.3 dioses ajenos, y se hubiere *inclinado* a
29.26 a dioses ajenos, y se *inclinaron* a ellos

INCLINAR *(Continúa)*
Dt. 30.17 y te *inclinares* a dioses ajenos y les
Jos. 18.17 se *inclina* hacia el norte y sale a
23.7 ni los sirváis, ni os *inclinéis* a ellos
23.16 honrando a dioses. . *inclinándoos* a ellos
24.23 *inclinad* vuestro corazón a Jehová Dios
Jue. 2.19 *inclinándose* delante de ellos; y no
9.3 corazón. . se *inclinó* a favor de Abimelec
16.30 se *inclinó* con toda su fuerza, y cayó
Rt. 2.10 bajando su rostro se *inclinó* a tierra
1 S. 4.19 y su nuera. . se *inclinó* y dio a luz
20.41 y se *inclinó* tres veces postrándose
24.8 David *inclinó* su rostro a tierra, e hizo
25.23 Abigail vio a David. . *inclinó* a tierra
25.41 ella se levantó e *inclinó* su rostro a
2 S. 9.8 él *inclinándose*, dijo: ¿Quién es tu
14.1 que el corazón del rey se *inclinaba* por
14.33 *inclinó* su rostro a tierra delante del
15.5 alguno se acercaba para *inclinarse* a él
16.4 respondió Siba *inclinándose:* Rey señor
18.28 y se *inclinó* a tierra delante del rey
19.14 *inclinó* el corazón de todos los varones
22.10 e *inclinó* los cielos, y descendió; y
24.20 Arauna, se *inclinó* delante del rey
1 R. 1.16 Betsabé se *inclinó*, e hizo reverencia
1.23 se postró. . *inclinando* su rostro a tierra
1.31 Betsabé se *inclinó* ante el rey, con su
1.53 vino, y se *inclinó* ante el rey Salomón
2.19 el rey. . se *inclinó* ante ella, y volvió
8.58 *incline* nuestro corazón hacia él, para
11.2 harán *inclinar* vuestros corazones tras
11.4 sus mujeres *inclinaron* su corazón tras
2 R. 4.37 se *inclinó* a tierra; y después tomó
5.18 yo. . me *inclinare* en el templo de Rimón
9.32 *inclinaron* hacia él dos o tres eunucos
19.16 *inclina*, oh Jehová, tu oído, y oye; abre
1 Cr. 29.20 e *inclinándose* adoraron delante de
2 Cr. 20.18 Josafat se *inclinó* rostro a tierra
29.29 *inclinó* el rey, y todos los que con él
29.30 alabaron. . y se *inclinaron* y adoraron
Esd. 7.28 e *inclinó* hacia mí su misericordia
9.9 *inclinó* sobre nosotros su misericordia
Neh. 8.6 adoraron a Jehová *inclinados* a tierra
Est. 3.2 los siervos. . se *inclinaban* ante Amán
Job 38.37 los odres. . ¿quién los hace *inclinar*
Sal. 17.6 Dios; *inclina* a mí tu oído, escucha
18.9 *inclinó* los cielos, y descendió; y había
31.2 *inclina* a mí tu oído, líbrame pronto
40.1 y se *inclinó* a mí, y oyó mi clamor
45.10 *inclina* tu oído; olvida tu pueblo, y
45.11 *inclínate* a él, porque él es tu señor
49.4 *inclinaré* al proverbio mi oído. . arpa
71.2 socórreme. . *inclina* tu oído y sálvame
78.1 *inclinad* vuestro oído a las palabras
81.9 ajeno, ni te *inclinarás* a dios extraño
86.1 *inclina*. . Jehová, tu oído, y escúchame
88.2 presencia; *inclina* tu oído a mi clamor
102.2 *inclina* a mí tu oído; apresúrate a
116.2 ha *inclinado* a mí su oído; por tanto
119.36 *inclina* mi corazón a tus testimonios
119.112 mi corazón *incliné* a cumplir tus
141.4 no dejes que se *incline* mi corazón a
144.5 *inclina* tus cielos y desciende; toca
Pr. 2.2 *inclinares* tu corazón a la prudencia
2.18 casa está *inclinada* a la muerte, y sus
4.20 hijo mío. . *inclina* tu oído a mis razones
5.1 hijo. . a mi inteligencia *inclina* tu oído
5.13 los que me enseñaban no *incliné* mi oído!
14.19 los malos se *inclinarán* delante de los
21.1 Jehová; a todo lo que quiere lo *inclina*
22.17 *inclina* tu oído y oye las palabras de
Is. 2.9 se ha *inclinado* el hombre, y el varón
10.4 sin mí se *inclinarán* entre los presos
14.16 se *inclinarán* hacia ti los que te vean
37.17 *inclina*, oh Jehová, tu oído, y oye; abre
49.23 rostro *inclinado* a tierra te adorarán
51.23 *inclínate*, y pasaremos por encima de
55.3 *inclinad* vuestro oído, y venid a mí; oíd
58.5 que *incline* su cabeza como junco, y haga
Jer. 7.24,26 no oyeron ni *inclinaron* su oído
11.8; 17.23 no oyeron, ni *inclinaron* su oído
25.4 no oísteis, ni *inclinasteis* vuestro oído
34.14 no me oyeron, ni *inclinaron* su oído
35.15 mas no *inclinasteis* vuestro oído, ni me
44.5 no oyeron ni *inclinaron* su oído para
Dn. 9.18 *inclina*, oh Dios mío, tu oído, y oye
Mi. 5.13 nunca más te *inclinarás* a la obra de
Sof. 2.11 se *inclinarán* a él todas las tierras
Lc. 4.39 *inclinándose* hacia ella, reprendió a
Jn. 8.6 *inclinado* hacia el suelo, escribía en
8.8 e *inclinándose* de. . siguió escribiendo en
19.30 y habiendo *inclinado* la cabeza, entregó
20.11 *inclinó* para mirar dentro del sepulcro

INCOMPLETO
Ec. 1.15 lo torcido. . y lo *i* no puede contarse

INCOMPRENSIBLE
Job 9.10 él hace cosas grandes e *i*. . sin número

INCONMOVIBLE
He. 12.27 la remoción de. . para que queden las *i*
12.28 así que, recibiendo nosotros un reino *i*

INCONSTANTE
Ez. 16.30 ¡cuán *i* es tu corazón, dice Jehová
Stg. 1.8 hombre de doble ánimo es *i* en todos
2 P. 2.14 seducen a las almas *i*, tienen el
3.16 las cuales los indoctos e *i* tuercen

INCONTAMINADA
1 P. 1.4 para una herencia. . *i* e inmarcesible

INCONTINENCIA
1 Co. 7.5 tiente Satanás a causa de vuestra *i*

INCORPORAR
Lc. 7.15 se *incorporó* el que había muerto, y
Hch. 9.40 ella. . al ver a Pedro, se *incorporó*

INCORRUPCIÓN
1 Co. 15.42 se. . en corrupción, resucitará en *i*
15.50 la carne. . ni la corrupción hereda la *i*
15.53 que esto corruptible se vista de *i*, y
15.54 esto corruptible se haya vestido de *i*

INCORRUPTIBLE
Ro. 1.23 y cambiaron la gloria del Dios *i* en
1 Co. 9.25 corruptible, pero nosotros una *i*
15.52 y los muertos serán resucitados *i*, y
1 P. 1.4 para una herencia *i*, incontaminada e
1.23 no de simiente corruptible, sino de *i*
3.4 en el *i* ornato de un espíritu afable y
5.4 vosotros recibiréis la corona *i* de gloria

INCREDULIDAD
Mt. 13.58 no hizo. . milagros, a causa de la *i*
Mr. 6.6 y estaba asombrado de la *i* de ellos
9.24 padre. . clamó y dijo: Creo; ayuda mi *i*
16.14 les reprochó su *i* y dureza de corazón
Ro. 3.3 ¿su *i* habrá hecho nula la fidelidad de
4.20 tampoco dudó, por *i*, de la promesa de
11.20 bien; por su *i* fueron desgajadas, pero
11.23 y aun ellos, si no permanecieren en *i*
1 Ti. 1.13 porque lo hice por ignorancia, en *i*
He. 3.12 no haya en ninguno. . corazón malo de *i*
3.19 vemos. . no pudieron entrar a causa de *i*

INCRÉDULO, LA
Mt. 17.17 ¡oh generación *i* y perversa! ¿Hasta
Mr. 9.19 ¡oh generación *i*! ¿Hasta cuándo he
Lc. 9.41 ¡oh generación *i* y perversa! ¿Hasta
Jn. 20.27 costado; y no seas *i*, sino creyente
Ro. 3.3 pues qué, si algunos de ellos han sido *i*?
1 Co. 6.6 pleitea en juicio, y esto ante los *i*
7.14 porque el marido *i* es santificado en la
7.14 en la mujer, y la mujer *i* en el marido
7.15 pero si el *i* se separa, sepárese; pues
10.27 si algún *i* os invita, y queréis ir, de
14.22 señal, no a los creyentes, sino a. . *i*
14.22 pero la profecía, no a los *i*, sino a
14.23 toda la iglesia se reúne. . y entran. . *i*
14.24 entra algún *i*. . por todos es convencido
2 Co. 4.4 cegó el entendimiento de los *i*, para
6.14 no os unáis en yugo desigual con los *i*
6.15 qué. . ¿o qué parte el creyente con el *i*?
1 Ti. 5.8 ha negado la fe, y es peor que un *i*
Tit. 1.15 los corrompidos e *i* nada les es puro
Ap. 21.8 e *i*. . tendrán su parte en el lago que

INCREÍBLE
Hch. 26.8 *i* que Dios resucite a los muertos?

INCRUSTAR
Ez. 27.6 bancos de pino. . *incrustados* de marfil

INCUBAR
Is. 59.5 *incuban* huevos de áspides, y tejen

INCULPAR
Ro. 4.8 a quien el Señor no *inculpa* de pecado
5.13 pero donde no hay ley, no se *inculpa* de
9.19 pero me dirás: ¿Por qué, pues, *inculpa?*

INCURABLE
2 Cr. 21.18 Jehová lo hirió con. . enfermedad *i*
Jer. 30.12 *i* es tu quebrantamiento, y dolorosa
30.15 *i* es tu dolor, porque por la grandeza
Nah. 3.19 no hay medicina para. . tu herida es *i*

INCURRIR
Jer. 26.11 en pena de muerte ha *incurrido* este
26.16 no ha *incurrido* este hombre en pena
1 Ti. 2.14 engañada, *incurrió* en transgresión
5.12 *incurriendo* así en condenación, por

INCURSIÓN
1 S. 27.8 y subía David. . hombres, y hacían *i*
30.14 hicimos una *i* a la parte del Neguev

INDAGACIÓN
Job 34.24 él quebrantará a los fuertes sin *i*

INDAGAR
Dt. 17.4 hubieres *indagado*. . la cosa pareciere
Mt. 2.7 llamando. . a los magos, *indagó* de ellos
Hch. 23.15 *indagar* alguna cosa. . acerca de él
1 P. 1.10 los profetas. . inquirieron. . *indagaron*

INDEBIDO
1 Co. 13.5 no hace nada *i*, no busca lo suyo

INDECENTE
Dt. 24.1 haber hallado en ella alguna cosa *i*

INDECIBLE
Ro. 8.26 intercede por nosotros con gemidos *i*

INDECOROSO
1 Co. 14.35 porque es *i* que una mujer hable en

INDEFENSA
Ez. 38.11 y dirás: Subiré contra una tierra *i*

INDEMNIZACIÓN
Nm. 5.8 dará la *i*. . a Jehová, entregándola al

INDESTRUCTIBLE
He. 7.16 no. . sino según el poder de una vida *i*

INDIA
Est. 1.1 el Asuero que reinó desde la *I* hasta
8.9 provincias que había desde la *I* hasta

INDICAR
Éx. 8.9 dígnate *indicarme* cuando debo orar por
Nm. 24.14 te *indicaré* lo que este pueblo ha de
Dt. 17.10 según la sentencia que te *indiquen*
Ez. 21.19 señal. . que *indique* la ciudad adonde
Lc. 6.47 hace, os *indicaré* a quién es semejante
He. 12.27 aún una vez, *indica* la remoción de
1 P. 1.11 y qué tiempo *indicaba* el Espíritu de

INDICIO
1 S. 9.6 dará algún *i* acerca del objeto por el
Fil. 1.28 para ellos. . es *i* de perdición, mas

INDIGENTE
Pr. 22.9 bendito, porque dio de su pan al *i*

INDIGNACIÓN
Dt. 29.28 grande *i*, y los arrojó a otra tierra
Job 36.33 trueno declara su *i*, y la tempestad
Sal. 78.49 envió sobre ellos el. . *i* y angustia
80.4 ¿hasta cuándo mostrarás tu *i* contra la
90.11 ira, y tu *i* según que debes ser temido?
106.23 a fin de apartar su *i* para que no los
Is. 12.1 tu *i* se apartó, y me has consolado
13.9 de *i* y ardor de ira, para convertir la
13.13 tierra se moverá de su lugar, en la *i*
26.20 escóndete un. . en tanto que pasa la *i*
51.20 llenos de la *i* de Jehová, de la ira del
Jer. 10.10 las naciones no pueden sufrir su *i*
15.17 me senté solo, porque me llenaste de *i*
32.37 los eché con. . con mi enojo e *i* grande
Ez. 3.14 y fui. . en la *i* de mi espíritu, pero
5.15 cuando yo haga en ti juicios. . furor e *i*
Nah. 1.2 Dios celoso. . es vengador y lleno de *i*
2 Co. 7.11 qué *i*, qué temor, qué ardiente afecto

INDIGNADO *Véase Indignar*

INDIGNAMENTE
1 Co. 11.27 bebiere esta copa del Señor *i*, será
11.29 el que come y bebe *i*, sin discernir el

INDIGNAR
2 S. 22.8 estremecieron, porque se *indignó* él
Esd. 9.14 ¿no te *indignarías* contra nosotros
Sal. 18.7 estremecieron, porque se *indignó* él
78.21 por tanto, oyó Jehová, y se *indignó*
Is. 34.2 Jehová está airado. . *indignado* contra
57.17 herí, escondí mi rostro y me *indigné*
Mal. 1.4 contra el cual Jehová está *indignado*
Mt. 21.15 los escribas, viendo. . se *indignaron*
Mr. 10.14 viéndolo Jesús, se *indignó*, y les
2 Co. 11.29 hace tropezar, y yo no me *indigno?*

INDIGNO
1 Co. 6.2 ¿sois *i* de juzgar cosas muy pequeñas?

INDISCRECIÓN
Pr. 14.8 mas la *i* de los necios es engaño

INDOCTO
Ro. 2.20 instructor de los *i*, maestro de niños
1 Co. 14.23 la iglesia se reúne en. . y entran *i*
14.24 si todos profetizan, y entra algún. . *i*
2 P. 3.16 cuales los *i* e inconstantes tuercen

INDOLENTE
Pr. 12.27 el *i* ni aun asará lo que ha cazado
Is. 32.9 mujeres *i*, levantaos, oíd mi voz
32.11 temblad, oh *i;* turbaos, oh confiadas

INDOLENTEMENTE
Jer. 48.10 maldito el que hiciere *i* la obra de

INDÓMITO, TA
Jer. 31.18 azotaste..castigado como novillo *i*
Os. 4.16 porque como novilla *i* se apartó Israel

INDUBITABLE
Hch. 1.3 se presentó vivo con muchas pruebas *i*

INDUCIR
Jue. 14.15 *induce* a tu marido a que..declare
1 R. 22.20 ¿quién *inducirá* a Acab..que suba y
22.21 y dijo: Yo le *induciré*. Y Jehová le
22.22 le *inducirás*, y aun lo conseguirás; vé
2 R. 21.9 Manasés los *indujo* a que hiciesen
2 Cr. 18.19 ¿quién *inducirá* a Acab..para que
18.20 y dijo: Yo le *induciré*. Y Jehová le
18.21 tú le *inducirás*, y lo lograrás; anda

INDULGENTE
2 Co. 1.23 por ser *i*..no he pasado todavía a
13.2 he dicho..si voy otra vez, no seré *i*

INEFABLE
2 Co. 9.15 ¡gracias a Dios por su don *i!*
12.4 palabras *i* que no le es dado al hombre
1 P. 1.8 os alegráis con gozo *i* y glorioso

INEFICACIA
He. 7.18 abrogado..causa de su debilidad e *i*

INESCRUTABLE
Job 5.9 hace cosas grandes e *i*, y maravillas
Sal. 145.3 grande es Jehová..su grandeza es *i*
Ro. 11.33 cuán insondables..e *i* sus caminos!
Ef. 3.8 evangelio de las *i* riquezas de Cristo

INESTABLE
Pr. 5.6 sus caminos son *i;* no los conocerás

INEXCUSABLE
Ro. 2.1 lo cual eres *i*, oh hombre, quienquiera

INEXPERTO
He. 5.13 *i* en la palabra de justicia, porque es

INEXPUGNABLE
Dn. 11.39 con..se hará de las fortalezas más *i*

INFAMAR
Neh. 6.13 mal nombre con que fuera yo *infamado*
Sal. 101.5 al que..*infama* a su prójimo, yo lo
Ez. 20.9 que no se *infamase* ante los ojos de
20.14,22 que no se *infamase* a la vista de las
Mt. 1.19 José su marido..no quería *infamarla*

INFAME
Lv. 21.7 con mujer ramera o *i* no se casarán
21.14 no tomará..*i* ni ramera, sino tomará de
Jue. 19.24 no hagáis a este hombre cosa tan *i*
Pr. 13.5 el justo..el impío se hace odioso e *i*

INFAMIA
Sal. 4.2 ¿hasta cuándo volveréis mi honra en *i*
50.20 contra el hijo de tu madre ponías *i*
57.3 y me salvará de la *i* del que me acosa
79.12 de su *i*, con que te han deshonrado, oh
Pr. 25.10 no sea que..tu *i* no pueda repararse
Jer. 24.9 por *i*, por ejemplo, por refrán y por

INFATUACIÓN
Pr. 14.24 pero la insensatez de los necios es *i*

INFATUAR
Dt. 11.16 que vuestro corazón no se *infatúe*
Sal. 75.4 a los insensatos: No os *infatuéis*
Jer. 10.8 todos se *infatuarán* y entontecerán
10.21 porque los pastores se *infatuaron*, y
51.17 se ha *infatuado*, y no tiene ciencia
2 Ti. 3.4 traidores, impetuosos, *infatuados*

INFERIOR
Ez. 41.7 piso *i* se podía subir al de en medio
Dn. 2.39 se levantará otro reino *i* al tuyo
Jn. 2.10 cuando ya han bebido..entonces el *i*
2 Co. 11.5 que en nada he sido *i* a..apóstoles

INFIDELIDAD
Nm. 5.29 la mujer cometiere *i* contra su marido
2 Cr. 29.19 que en su *i* había desechado..Acaz

INFIEL
Nm. 5.12 diles: Si la mujer de alguno..fuere *i*
5.27 hubiere sido *i* a su marido, las aguas
Dt. 32.20 son una generación perversa, hijos *i*
Jue. 19.2 su concubina le fue *i*, y se fue de él
Jer. 3.20 la esposa *i* abandona a su compañero
Lc. 12.46 le castigará..y le pondrá con los *i*
2 Ti. 2.13 si fuéremos *i*, él permanece fiel; él

INFIERNO
Mt. 5.22 fatuo, quedará expuesto al *i* de fuego
5.29,30 que todo tu cuerpo sea echado al *i*
10.28 destruir el alma y el cuerpo en el *i*
18.9 teniendo dos ojos ser echado en el *i* de
23.15 le hacéis dos veces más hijo del *i* que
23.33 escaparéis de la condenación del *i?*
Mr. 9.43 teniendo dos manos ir al *i*, al fuego
9.45 que teniendo dos pies ser echado en el *i*
9.47 que teniendo dos ojos ser echado al *i*
Lc. 12.5 temed..tiene poder de echar en el *i*
Stg. 3.6 y ella misma es inflamada por el *i*
2 P. 2.4 que arrojándolos al *i* los entregó a

INFINITO
Sal. 147.5 grande es..y su entendimiento es *i*

INFLAMACIÓN
Dt. 28.22 Jehová te herirá..de *i* y de ardor

INFLADA
2 P. 2.18 hablando palabras *i* y vanas, seducen
Jud. 16 cuya boca habla cosas *i*, adulando a las

INFLAMAR
Dt. 6.15 no se *inflame* el furor de..contra ti
Job 16.16 rostro está *inflamado* con el lloro
Sal. 2.12 pues se *inflama* de pronto su ira
Os. 11.8 de mí, se *inflama* toda mi compasión
Stg. 3.6 la lengua en..*inflama* la rueda de la
3.6 ella misma es *inflamada* por el infierno

INFLUYENTE
Hch. 25.2 más *i* de los judíos se presentaron

INFORMACIÓN
Nm. 13.26 vinieron..y dieron la *i* a ellos y a
1 S. 23.23 volved a mí con *i* segura, y yo iré

INFORMAR
Gn. 37.2 e *informaba* José a su padre la mala
Jue. 16.5 e *infórmate* en qué consiste su gran
1 S. 23.23 *informaos* de todos los escondrijos
1 Cr. 21.2 *informadme* sobre el número de ellos
Job 29.16 causa que no entendía, me *informaba*
Jer. 5.1 mirad ahora, e *informaos;* buscad en
Mt. 10.11 *informaos* quién en ella sea digno
Mr. 15.45 *informado* por el centurión, dio el
Hch. 21.21 se les ha *informado*..que enseñas a
21.24 no hay nada de lo que se les *informó*
24.8 podrás *informarte* de todas estas cosas
24.22 estando bien *informado* de este Camino
25.27 no *informar* de los cargos que haya en
1 Co. 1.11 he sido *informado* acerca de vosotros
1 Ts. 3.5 envié para *informarme* de vuestra fe

INFORTUNIO
Sal. 10.6 no..movido..nunca me alcanzará el *i*
Abd. 12 estado mirando en..en el día de su *i*

INFRACCIÓN
Lv. 5.19 es *i*, y ciertamente delinquió contra
1 R. 8.50 *i* con que se hayan rebelado contra
Ro. 2.23 ¿con *i* de la ley deshonras a Dios?
1 Jn. 3.4 ley, pues el pecado es *i* de la ley

INFRINGIR
Esd. 9.14 volver a *infringir* tus mandamientos
1 Jn. 3.4 comete pecado, *infringe* también la ley

INFRUCTUOSA
Mt. 13.22; Mr. 4.19 ahogan la palabra..hace *i*
Ef. 5.11 no participéis en las obras *i* de las

INFUNDIR
Lv. 26.36 *infundiré* en sus corazones..cobardía
Neh. 6.14 otros..procuraban *infundirme* miedo
Sal. 23.4 vara y tu cayado me *infundirán* aliento
Ez. 13.22 no se apartase..*infundiéndole* ánimo
26.17 que *infundían* terror a todos los que
Ro. 13.3 no están para *infundir* temor al que
Ap. 13.15 se le permitió *infundir* aliento a la

INGENIERO
2 Cr. 26.15 máquinas inventadas por *i*, para que
Jer. 29.2 los artífices y los *i* de Jerusalén

INGENIO
Pr. 24.6 porque con *i* harás la guerra, y en la

INGENIOSA
Éx. 35.33 talla..para trabajar en toda labor *i*

INGENUO
Ro. 16.18 con..engañan los corazones de los *i*
16.19 sabios para el bien, e *i* para el mal

INGRATO
Lc. 6.35 él es benigno para con los *i* y malos
2 Ti. 3.2 amadores de sí mismos..*i*, impíos

INHABITADA
Lv. 16.22 llevará..las iniquidades..a tierra *i*
Job 15.28 las casas *i*, que estaban en ruinas
Jer. 6.8 te convierta en desierto, en tierra *i*

INICUAMENTE
2 Cr. 6.37 pecamos, hemos hecho *i*, impíamente
Is. 58.4 para herir con el puño *i;* no ayunéis

INICUO, CUA
2 S. 7.10 nunca..removido, ni los *i* le aflijan
Job 6.30 no puede mi..discernir las cosas *i?*
9.20 si me dijere perfecto, esto me haría *i*
27.7 sea como el impío..el *i* mi adversario
29.17 quebrantaba los colmillos del *i*, y de
34.36 respuestas semejantes a las de los..*i*
Sal. 7.9 fenezca ahora la maldad de los *i*, mas
10.15 quebranta tú el brazo del *i*..persigue
17.3 has puesto a prueba, y nada *i* hallaste
43.1 líbrame de..y del hombre engañoso e *i*
55.20 extendió el *i* sus manos contra los que
64.5 obstinados en su *i* designio, tratan de
119.53 horror..a causa de los *i* que dejan tu
Pr. 6.18 el corazón que maquina pensamientos *i*
17.4 el malo está atento al labio *i;* y el
29.27 abominación es a..justos el hombre *i*
Ec. 8.10 he visto a los *i* sepultados con honra
Is. 32.7 intrigas *i* para enredar a los simples
55.7 deje el..y el hombre *i* sus pensamientos
Os. 10.9 no los tomó la batalla..contra los *i*
Mr. 15.28 se cumplió..y fue contado con los *i*
Lc. 22.37 está escrito: Y fue contado con los *i*
Hch. 2.23 matasteis por..de *i*, crucificándole
2 Ts. 2.8 y entonces se manifestará aquel *i*, a
2.9 *i* cuyo advenimiento es..obra de Satanás
2 P. 2.8 viendo y oyendo los hechos *i* de ellos
3.17 que arrastrados por el error de los *i*

INIQUIDAD
Gn. 49.5 Simeón y Leví..armas de *i* sus armas
Éx. 34.7 perdona la *i*, la rebelión y el pecado
34.7 que visita la *i* de los padres sobre los
34.9 perdona nuestra *i* y..pecado, y tómanos
Lv. 10.17 para llevar la *i* de la congregación
16.21 confesará..las *i* de los hijos de Israel
16.22 macho cabrío llevará sobre sí..las *i*
17.16 si..ni lavare su cuerpo, llevará su *i*
20.19 descubrir la desnudez de..su *i* llevarán
22.16 pues les harían llevar la *i* del pecado
24.15 que maldijere a su Dios, llevará su *i*
26.39 decaerán..por su *i*..la *i* de sus padres
26.40 confesarán su *i*, y la *i* de sus padres
26.43 se someterán al castigo de sus *i;* por
Nm. 5.31 el hombre será libre de *i*, y la mujer
14.18 que perdona la *i* y la rebelión, aunque
14.19 perdona..la *i* de este pueblo según la
14.34 llevaréis vuestras *i* 40 años, un año
15.31 será cortada esa..su *i* caerá sobre ella
18.23 los levitas harán..ellos llevarán su *i*
23.21 no ha notado *i* en Jacob, ni ha visto
Dt. 32.4 Dios de verdad, y sin ninguna *i* en él
Jos. 22.20 Acán hijo..no pereció solo en su *i*
1 S. 3.13 yo juzgaré su casa..la *i* que él sabe
3.14 la *i* de la casa de Elí no será expiada
2 S. 19.19 al rey: No me culpe mi señor de *i*
1 R. 17.18 para traer a memoria mis *i*, y para
1 Cr. 12.17 sin haber *i* en mis manos, véalo el
17.9 ni los hijos de *i* lo consumirán más
21.8 te ruego que quites la *i* de tu siervo
2 Cr. 36.14 aumentaron la *i*, siguiendo todas
Esd. 9.6 nuestras *i* se han multiplicado sobre
9.7 por nuestras *i*..hemos sido entregados en
9.13 no nos has castigado de acuerdo con..*i*
Neh. 4.5 no cubras su *i*, ni su pecado..borrado
9.2 en pie, confesaron..las *i* de sus padres
Job 4.8 yo he visto, los que aran *i* y siembran
5.16 es esperanza al..la *i* cerrará su boca
6.29 volved ahora, y no haya *i;* volved aún
6.30 ¿hay *i* en mi lengua? ¿Acaso no puede mi
7.21 ¿y por qué no quitas..y perdonas mi *i?*
10.6 para que inquieras mi *i*, y busques mi
10.14 has..y no me tendrás por limpio de mi *i*
11.11 él..ve asimismo la *i*, ¿y no hará caso?
11.14 si alguna *i* hubiere en tu mano, y la
13.7 ¿hablaréis *i* por Dios? ¿Hablaréis por
13.23 ¿cuántas *i* y pecados tengo yo? Hazme
14.17 tienes sellada..y tienes cosida mi *i*
15.5 porque tu boca declaró tu *i*, pues has
15.16 el hombre..que bebe la *i* como agua?
15.35 concibieron dolor, dieron a luz *i*, y
16.17 a pesar de no haber *i* en mis manos, y

INIQUIDAD *(Continúa)*
Job 20.27 cielos descubrirán su *i*, y la tierra
27.4 mis labios no hablarán *i*, ni mi lengua
31.3 y extrañamiento para los que hacen *i*?
31.11 es. . *i* que han de castigar los jueces
31.33 encubrí. . escondiendo en mi seno mi *i*
34.8 y va en compañía con los que hacen *i*
34.10 lejos esté de Dios. . Omnipotente la *i*
36.10 y les dice que se conviertan de la *i*
36.21 guárdate, no te vuelvas a la *i*; pues
36.33 tempestad proclama su ira contra la *i*
Sal. 5.5 aborreces a todos los que hacen *i*
6.8 apartaos de mí, todos los hacedores de *i*
7.3 si. . he hecho esto, si hay en mis manos *i*
7.14 aquí. . se preñó de *i*, y dio a luz engaño
7.16 *i* volverá sobre su cabeza, y su agravio
14.4 ¿no tienen discernimiento. . que hacen *i*
28.3 que hacen *i*, los cuales hablan paz con
31.10 se agotan mis fuerzas a causa de mi *i*
32.2 el hombre a quien Jehová no culpa de *i*
32.5 mi pecado te declaré, y no encubrí mi *i*
36.1 la *i* del impío me dice al corazón: No
36.2 que su *i* no será hallada y aborrecida
36.3 las palabras de su boca son *i* y fraude
36.12 allí cayeron los hacedores de *i*; fueron
37.1 ni tengas envidia de los que hacen *i*
38.4 mis *i* se han agravado sobre mi cabeza
38.12 los que procuran mi mal hablan *i*, y los
41.6 su corazón recoge para sí *i*, y al salir
49.5 he de temer. . cuando la *i*. . me rodeare?
53.4 ¿no tienen conocimiento. . los que hacen *i*
55.3 porque sobre mí echaron *i*, y con furor
55.10 e *i* y trabajo hay en medio de ella
56.7 pésalos según su *i*, oh Dios, y derriba
58.2 en el corazón maquináis *i*; hacéis pesar
59.2 líbrame de los que cometen *i*, y sálvame
59.5 no. . de todos los que se rebelan con *i*
64.2 de la conspiración de los que hacen *i*
64.6 inquieren *i*, hacen una investigación
65.3 las *i* prevalecen contra mí; mas nuestras
66.18 en mi corazón hubiese yo mirado a la *i*
79.8 no recuerdes contra nosotros las *i* de
85.2 perdonaste la *i* de tu pueblo; todos los
89.22 enemigo, ni hijo de *i* lo quebrantará
89.32 castigaré con vara. . con azotes sus *i*
92.7 brotan. . florecen todos los que hacen *i*
94.4 se vanagloriarán todos los que hacen *i*?
94.16 estará por mí contra los que hacen *i*?
94.20 ¿se juntará contigo el trono de *i* que
94.23 hará volver sobre ellos su *i*, y los
101.8 exterminar de. . todos los que hagan *i*
103.3 él es quien perdona todas tus *i*, el
103.10 no ha hecho. . conforme a nuestras *i*
106.6 pecamos. . hicimos *i*, hicimos impiedad
119.3 pues no hacen *i* los que andan en sus
119.133 pasos. . y ninguna *i* se enseñoree de mí
125.3 no sea que extiendan sus manos a la *i*
125.5 Jehová los llevará con los que hacen *i*
141.4 hacen obras impías con los que hacen *i*
141.9 y de las trampas de los que hacen *i*
Pr. 4.24 aparta. . aleja de ti la *i* de los labios
5.22 prenderán al impío sus. . *i*, y retenido
10.3 al justo; mas la *i* lanzará a los impíos
19.28 la boca de los impíos encubrirá la *i*
21.15 mas destrucción a los que hacen *i*
22.8 el que sembrare *i*, *i* segará, y la vara
24.2 piensa en robar, e *i* hablan sus labios
Ec. 3.16 vi. . en lugar de la justicia, allí *i*
Is. 1.13 luna. . son *i* vuestras fiestas solemnes
1.16 lavaos. . quitad la *i* de vuestras obras
5.18 ¡ay de los que traen la *i* con cuerdas
13.11 y castigaré al mundo. . impíos por su *i*
26.10 en tierra de rectitud hará *i*, y no
27.9 esta manera será perdonada la *i* de Jacob
29.20 todos los que se desvelan para hacer *i*
30.12 confiasteis en violencia y en *i*, y en
31.2 y contra el auxilio de los que hacen *i*
32.6 el ruin hablará ruindades. . fabricará *i*
33.24 pueblo que more. . será perdonada la *i*
53.11 justificará. . y llevará las *i* de ellos
57.17 por la *i* de su codicia me enojé, y le
59.2 pero vuestras *i* han hecho división entre
59.3 vuestras manos están contaminadas. . de *i*
59.4 hablan. . conciben maldades, y dan a luz *i*
59.6 obras son obras de *i*, y obra de rapiña
59.7 sus pensamientos, pensamientos de *i*
59.12 porque con nosotros están nuestras *i*
59.20 los que se volvieren de la *i* en Jacob
64.9 ni tengas perpetua memoria de la *i*; he
65.7 por vuestras *i*. . las *i* de vuestros padres
Jer. 4.14 en medio de ti los pensamientos de *i*?
5.25 vuestras *i* han estorbado estas cosas, y
14.7 nuestras *i* testifican contra nosotros
14.20 reconocemos. . la *i* de nuestros padres
16.18 pero primero pagaré al doble su *i* y su
30.15 por la grandeza de tu *i* y. . pecados te
Lm. 4.6 aumentó la *i* de la hija de mi pueblo
4.22 castigará tu *i*, oh. . de Edom; descubrirá
Ez. 7.13 causa de su *i* ninguno podrá amparar
7.16 estarán. . gimiendo. . cada uno por su *i*
18.26 haciendo *i*, él morirá. . la *i* que hizo
18.30 apartaos. . y no os será la *i* causa de
28.16 fuiste lleno de *i*, y pecaste; por lo
28.18 y con la *i*. . profanaste tu santuario
33.13 confiado. . hiciere *i*. . morirá por su *i*
33.15 caminare en los. . no haciendo *i*, vivirá
33.18 se apartare de su. . e hiciere *i*, morirá
36.31 os avergonzaréis de. . por vuestras *i*
36.32 y cubríos de confusión por vuestras *i*
36.33 día que os limpie de todas vuestras *i*
44.10 que se apartaron de mí. . llevarán su *i*
44.12 dice Jehová. . que ellos llevarán su *i*
Dn. 4.27 y tus *i* haciendo misericordias para
9.5 hemos pecado, hemos cometido *i*, hemos
9.24 y expiar la *i*, para traer la justicia
Os. 6.8 ciudad de hacedores de *i*, manchada de
7.1 a Israel, se descubrió la *i* de Efraín
8.13; 9.9 se acordará de su *i*, y castigará
10.13 habéis arado impiedad, y segasteis *i*
12.8 nadie hallará *i* en mí, ni pecado en todos
12.11 ¿es Galaad *i*? Ciertamente vanidad han
14.2 quita toda *i*, y acepta el bien, y te
Am. 6.3 vosotros que. . acercáis la silla de *i*
Mi. 2.1 ¡ay de los que en sus camas piensan *i*
7.19 él. . sepultará nuestras *i*, y echará en lo
Hab. 1.3 ¿por qué me haces ver *i*. . y molestia?
2.12 ¡ay del que. . que funda una ciudad con *i*!
Sof. 3.5 Jehová en medio. . es justo, no hará *i*
Zac. 5.6 esta es la *i* de ellos en toda la tierra
Mal. 2.6 e *i* no fue hallada en sus labios; en
2.6 anduvo. . y a muchos hizo apartar de la *i*
2.16 aborrece. . al que cubre de *i* su vestido
Mt. 13.41 recogerán. . a todos. . los que hacen *i*
23.28 pero por dentro estáis llenos de. . e *i*
Hch. 1.18 con el salario de su *i* adquirió un
Ro. 4.7 *i* son perdonadas, y cuyos pecados son
6.13 vuestros miembros. . instrumentos de *i*
6.19 así como para *i* presentasteis. . miembros
6.19 para servir a la inmundicia y a la *i*, así
2 Ts. 2.7 está en acción el misterio de la *i*
2.10 y con todo engaño de *i* para los que se
2 Ti. 2.19 apártese de *i* todo aquel que invoca
Tit. 2.14 se dio a. . para redimirnos de toda *i*
He. 8.12 nunca más me acordaré de. . y de sus *i*
2 P. 2.16 y fue reprendido por su *i*; pues una

INJERTAR
Ro. 11.17 has sido *injertado* en lugar de ellas
11.19 desgajadas para que yo fuese *injertado*
11.23 serán *injertados*, pues poderoso es Dios
11.23 poderoso es. . para volverlos a *injertar*
11.24 si. . fuiste *injertado* en el buen olivo
11.24 serán *injertados* en su propio olivo?

INJURIA
Job 4.8 aran iniquidad y siembran *i*, la siegan
Pr. 12.16 mas el que no hace caso de la *i* es
Is. 50.6 no escondí mi rostro de *i* y. . esputos
Ez. 35.12 *i* que profieriste contra los montes
36.15 y nunca más te haré oír *i* de naciones
Jl. 3.19 por la *i* hecha a los hijos de Judá
Abd. 10 por la *i* a tu hermano. . serás cortado

INJURIADOR
1 Ti. 1.13 habiendo yo sido. . perseguidor e *i*

INJURIAR
Éx. 22.28 no *injuriarás* a los jueces. . príncipe
1 Cr. 20.7 este hombre *injurió* a Israel, pero
Job 19.3 ¿no os avergonzáis de *injuriarme*?
Sal. 74.22 el insensato te *injuria* cada día
Mt. 27.39 que pasaban le *injuriaban*, meneando
27.44 lo mismo le *injuriaban*. . los ladrones
Mr. 15.29 que pasaban le *injuriaban*, meneando
15.32 los. . crucificados con él le *injuriaban*
Lc. 22.65 y decían otras. . cosas *injuriándole*
23.39 uno de los malhechores. . le *injuriaba*
Jn. 9.28 le *injuriaron*, y dijeron: Tú eres su
Hch. 23.4 ¿al sumo sacerdote de Dios *injurias*?

INJURIOSO
Sal. 140.4 guárdame de. . líbrame de hombres *i*
Ro. 1.30 aborrecedores de Dios, *i*, soberbios

INJUSTAMENTE
Sal. 82.2 cuándo juzgaréis *i*, y aceptaréis las
Is. 52.5 hago. . ya que mi pueblo es llevado *i*?
1 P. 2.19 alguno. . sufre molestias padeciendo *i*

INJUSTICIA
Lv. 19.15 no harás *i* en el juicio. . al pobre
19.35 no hagáis *i* en juicio, en medida de
Dt. 25.16 abominación. . cualquiera que hace *i*
2 Cr. 19.7 con Jehová nuestro Dios no hay *i*
Job 11.14 y no consintieres. . en tu casa la *i*
19.29 sobreviene el furor. . a causa de las *i*
34.12 Dios no hará *i*, y el Omnipotente no
Sal. 92.15 Jehová. . recto, y que en él no hay *i*
Jer. 6.7 su maldad; *i* y robo se oyen en ella
Mi. 3.10 edificáis a Sion. . a Jerusalén con *i*
Sof. 3.13 el remanente de Israel no hará *i* ni
Mal. 3.5 contra. . los que hacen *i* al extranjero
Mt. 23.25 dentro estáis llenos de robo y de *i*
Jn. 7.18 éste es verdadero, y no hay en él *i*
Ro. 1.18 ira. . contra toda impiedad e *i* de los
1.18 los hombres que detienen con *i* la verdad
1.29 atestados de. . *i*, fornicación, perversidad
2.8 ira y enojo a los. . que obedecen a la *i*
3.5 si nuestra *i* hace resaltar la justicia
9.14 qué, pues, diremos? ¿Que hay *i* en Dios?
1 Co. 13.6 no se goza de la *i*, mas se goza de
2 Co. 6.14 ¿qué. . tiene la justicia con la *i*?
Col. 3.25 mas el que hace *i*, recibirá la *i* que
2 Ts. 2.12 no. . sino que se complacieron en la *i*
He. 8.12 porque seré propicio a sus *i*, y nunca
2 P. 2.13 recibiendo el galardón de su *i*, ya
1 Jn. 5.17 toda *i* es pecado; pero hay pecado no

INJUSTO, TA
Sal. 101.3 no pondré delante de. . ojos cosa *i*
140.11 cazará al hombre *i* para derribarlo
Pr. 3.31 no envidies al hombre *i*, ni escojas
Is. 10.1 los que dictan leyes *i*, y prescriben
Ez. 22.27 derramando sangre, para. . ganancias *i*
Hab. 2.9 ¡ay del que codicia *i* ganancia para
Mt. 5.45 y que hace llover sobre justos e *i*
Lc. 16.9 amigos por medio de las riquezas *i*
16.10 que en lo muy poco es *i*. . en lo más es *i*
16.11 si en las riquezas *i* no fuisteis fieles
18.6 y dijo el. . Oíd lo que dijo el juez *i*
18.11 ladrones, *i*, adúlteros, ni aun como
Hch. 24.15 resurrección. . de justos como de *i*
Ro. 3.5 ¿será *i* Dios que da castigo? (Hablo
1 Co. 6.1 ir a juicio delante de los *i*, y no
6.9 que los *i* no heredarán el reino de Dios?
He. 6.10 Dios no es *i* para olvidar vuestra obra
1 P. 3.18 el justo por los *i*, para llevarnos a
2 P. 2.9 reservar a los *i* para ser castigados
Ap. 22.11 el que es *i*, sea *i* todavía; y el que

INMARCESIBLE
1 P. 1.4 para una herencia. . *i*, reservada en los

INMEDIATO
Éx. 12.4 entonces él y su vecino *i*. . tomarán

INMENSO, SA
Nm. 32.1 tenían. . muy *i* muchedumbre de ganado
Sal. 145.7 memoria de tu *i* bondad, y cantarán
Pr. 5.23 morirá. . errará por lo *i* de su locura

INMOLAR
Gn. 31.54 Jacob *inmoló* víctimas en el monte
Éx. 12.6 lo *inmolará* toda la congregación del
Lv. 9.4 buey. . que *inmoléis* delante de Jehová
16.27 macho cabrío *inmolados* por el pecado
Ap. 5.6 en pie un Cordero como *inmolado*, que
5.9 tú fuiste *inmolado*, y con tu sangre nos
5.12 el Cordero que fue *inmolado* es digno
13.8 del Cordero que fue *inmolado* desde el

INMORTAL
1 Ti. 1.17 al Rey de los siglos, *i*, invisible

INMORTALIDAD
Ro. 2.7 bien hacer, buscan gloria y honra e *i*
1 Co. 15.53 es necesario. . mortal se vista de *i*
15.54 mortal se haya vestido de *i*, entonces
1 Ti. 6.16 el único que tiene *i*, que habita en
2 Ti. 1.10 el cual. . sacó a luz la vida y la *i*

INMÓVIL
Hch. 27.41 la proa, hincada, quedó *i*, y la popa

INMUNDICIA
Lv. 5.3 tocare *i* de hombre, cualquiera *i* suya
7.21 que tocare alguna. . *i* de hombre, o animal
14.19 por el que se ha de purificar de su *i*
15.3 y esta será su *i* en su flujo; sea que
16.19 santificará de las *i* de los hijos de
20.21 el que tomare la mujer de su. . comete *i*
22.3 se acercare a las. . teniendo *i* sobre sí
22.5 inmundo, conforme a cualquiera *i* suya
Nm. 5.19 no te has apartado de tu marido a *i*
19.13 inmundo será, y su *i* será sobre él
2 S. 11.4 se purificó de su *i*, y se volvió a
2 Cr. 29.5 la casa. . y sacad del santuario la *i*
29.16 toda la *i* que hallaron en el templo de
Esd. 6.21 se habían apartado de las *i* de las
9.11 a causa de la *i* de los pueblos de los
9.11 la han llenado de uno a otro. . con su *i*
Pr. 30.12 si bien no se han limpiado de su *i*
Is. 4.4 Señor lave las *i* de las hijas de Sion
64.6 y nuestras justicias como trapo de *i*; y
Lm. 1.9 su *i* está en sus faldas, y no se acordó
Ez. 22.15 te esparciré. . haré fenecer de ti tu *i*
23.29 descubrirá la *i* de tus fornicaciones
24.13 tú no te limpiaste de tu *i*; nunca más
36.17 *i* de menstruosa fue su camino delante
36.25 seréis limpiados de todas vuestras *i*
36.29 y os guardaré de todas vuestras *i*; y
39.24 conforme a su *i*. . hice con ellos, y de
Os. 6.10 en la casa de Israel he visto *i*; allí
Nah. 3.6 echaré sobre ti *i*, y te afrentaré
Zac. 13.1 la purificación del pecado y de la *i*
13.2 también haré cortar. . al espíritu de *i*
Mt. 23.27 por dentro están llenos. . de toda *i*
Ro. 1.24 también Dios los entregó a la *i*, en

INMUNDICIA ***(Continúa)***
Ro. 6.19 vuestros miembros para servir a la *i*
2 Co. 12.21 y no se han arrepentido de la *i* y
Gá. 5.19 adulterio, fornicación, *i*, lascivia
Ef. 5.3 fornicación y toda *i*, o avaricia, ni
1 Ts. 4.7 no nos ha llamado Dios a *i*, sino a
Stg. 1.21 desechando toda *i* y abundancia de
1 P. 3.21 no quitando las *i* de la carne, sino
2 P. 2.10 que, siguiendo la carne, andan en..*i*
2.13 éstos son *i* y manchas, quienes aun
Ap. 17.4 un cáliz de oro lleno de..la *i* de su

INMUNDO, DA
Lv. 5.2 que hubiere tocado..cosa *i*..será *i*
5.2 sea cadáver de bestia *i*, o..de animal *i*
5.2 de reptil *i*, bien que no lo supiere
5.3 con que fuere *i*, y no lo echare de ver
7.19 que tocare alguna cosa *i*, no se comerá
7.20 la persona que comiere la..estando *i*
7.21 tocare alguna cosa *i*..será cortada de
7.21 que tocare..animal *i*, o..abominación *i*
10.10 discernir..y entre lo *i* y lo limpio
11.4 camello, porque rumia..lo tendréis por *i*
11.5 el conejo..no tiene..lo tendréis por *i*
11.6 liebre, porque rumia..la tendréis por *i*
11.7 el cerdo..no rumia, lo tendréis por *i*
11.8 de ellos no comeréis..tendréis por *i*
11.24 por estas cosas seréis *i*..que tocare
11.24 cuerpos muertos será *i* hasta la noche
11.25 lavará sus vestidos, y será *i* hasta la
11.26 que no tiene pezuña..tendréis por *i*
11.26 y cualquiera que los tocare será *i*
11.27 tendréis por *i* a cualquiera que ande
11.27 tocare sus cadáveres será *i* hasta la
11.28 *i* hasta la noche; los tendréis por *i*
11.29 tendréis por *i* a estos animales que
11.31 tendréis por *i* de entre los animales
11.31 que los tocare..será *i* hasta la noche
11.32 algo de ellos después de muertos, será *i*
11.32 sea metido en agua, y quedará *i* hasta
11.33 vasija..será *i*..y quebraréis la vasija
11.34 sobre el cual cayere el agua..será *i*
11.34 y toda bebida en esas vasijas será *i*
11.35 cayere algo del cadáver de ellos será *i*
11.35 el horno..son *i*, y por *i* los tendréis
11.36 hubiere tocado en los cadáveres será *i*
11.38 cayere algo de los..la tendréis por *i*
11.39 el que tocare su cadáver será *i* hasta
11.40(2) lavará sus vestidos y será *i* hasta
11.43 ni os contaminéis..ni seáis *i* por ellos
11.47 diferencia entre lo *i* y lo limpio, y
12.2 conciba y dé a luz varón, será *i* 7 días
12.2 conforme a..de su menstruación será *i*
12.5 si diere a luz hija, será *i* dos semanas
13.3 y el..le reconocerá, y le declarará *i*
13.8 el sacerdote..lo declarará *i*: es lepra
13.11 declarará *i* el sacerdote..porque es *i*
13.14 apareciere en él la carne viva, será *i*
13.15 lo declarará *i*. Es *i* la carne viva; es
13.20,22 sacerdote lo declarará *i*; es llaga
13.25 lo declarará *i*, por ser llaga de lepra
13.27 el..lo declarará *i*; es llaga de lepra
13.30 el sacerdote le declarará *i*; es tiña
13.36 no busque el sacerdote el pelo..es *i*
13.44 es *i*, y el sacerdote lo declarará..*i*
13.45 leproso..embozado pregonará: ¡*I*! ¡*I*!
13.46 que la llaga estuviere en él, será *i*
13.51 el cuero..lepra maligna es la plaga; *i*
13.55 se haya extendido..*i* es; la quemarás
13.59 ley para que sea declarada limpia o *i*
14.40 echarán fuera de la ciudad en lugar *i*
14.41 derramarán fuera..en lugar *i* el barro
14.44 casa, es lepra maligna en la casa; *i* es
14.45 sacarán..fuera de la ciudad a lugar *i*
14.46 que entrare en..será *i* hasta la noche
14.57 enseñar cuándo es *i*, y cuándo limpio
15.2 cuando tuviere flujo de semen, será *i*
15.3 que deje de destilar..flujo, él será *i*
15.4 toda cama en que se acostare..será *i*
15.4 toda cosa sobre que se sentare, *i* será
15.5,6,7,8,11,16,17,18,22,27 se lavará..y será *i* hasta la noche
15.9 montura sobre que cabalgare el..será *i*
15.10,19,23 tocare..será *i* hasta la noche
15.20 aquello sobre que ella se acostare..*i*
15.20 todo aquello sobre que se sentare será *i*
15.21 después de lavarse..*i* hasta la noche
15.24 durmiere con ella..será *i*..siete días
15.24 toda cama sobre que durmiere, será *i*
15.25 será *i* como en los días de su costumbre
15.26 mueble sobre que se sentare, será *i*
15.27 que tocare esas cosas será *i*; y lavará
15.32 ley..viniendo a ser *i* a causa de ello
15.33 para el hombre que durmiere con mujer *i*
17.15 será *i* hasta la noche; entonces será
20.25 haréis diferencia..animal limpio e *i*
20.25 haréis diferencia..entre ave *i* y limpia
20.25 animales..cuales os he apartado por *i*
21.4 no se contaminará como..haciéndose *i*
22.5 tocado cualquier reptil por el cual..*i*
22.5 por el cual venga a ser *i*, conforme a
22.6 la persona que lo tocare será *i* hasta
27.11 si fuere algún animal *i*, de que no se
27.27 fuere de los animales *i*, lo rescatarán
Nm. 5.27 si fuere *i* y hubiere sido infiel a su
5.28 si la mujer se fuere *i*, sino..limpia
9.6 algunos que estaban *i* a causa de muerto
9.7 nosotros estamos *i* por causa de muerto
9.10 que estuviere *i* por causa de muerto o
18.15 harás redimir el primogénito de animal *i*
19.7 y será *i* el sacerdote hasta la noche
19.8,10 lavará sus..y será *i* hasta la noche
19.11 que tocare cadáver..será *i* siete días
19.13 *i* será, y su inmundicia será sobre él
19.14 el que esté en ella, será *i* siete días
19.15 vasija..no esté bien ajustada, será *i*
19.16 tocare algún muerto..siete días será *i*
19.17 para el *i* tomarán de la ceniza de la
19.19 limpio rociará sobre el *i* al tercero
19.20 el que fuere *i*, y no se purificare, la
19.20 no fue rociada sobre él el agua..es *i*
19.21 tocare el agua..será *i* hasta la noche
19.22 y todo lo que el *i* tocare, será *i*; y
19.22 la persona que lo tocare será *i* hasta
Dt. 12.15 el *i* y el limpio la podrá comer, como
12.22 el *i* y el limpio podrán comer también
14.7 mas no tienen pezuña hendida, serán *i*
14.8 tiene pezuña..mas no rumia; os será *i*
14.10 todo lo que no tiene aleta y..*i* será
14.19 todo insecto alado será *i*; no se comerá
15.22 el *i* lo mismo que el limpio comerán de
23.14 para que él no vea en ti cosa *i*, y se
26.14 ni he gastado de ello estando yo *i*, ni
Jos. 22.19 si os parece que la tierra de..es *i*
Jue. 13.4,7 no..vino ni sidra, ni comas cosa *i*
13.14 no comerá cosa *i*; guardará todo lo que
2 Cr. 23.19 que por ninguna vía entrase ningún *i*
Esd. 9.11 tierra *i* es a causa de la inmundicia
Job 14.4 ¿quién hará limpio a lo *i*? Nadie
Is. 6.5 siendo hombre *i* de labios, y habitando
6.5 en medio de pueblo que tiene labios *i*
35.8 no pasará *i* por él, sino que él mismo
52.1 nunca más vendrá a ti incircunciso ni *i*
52.11 salid de ahí, no toquéis cosa *i*; salid
65.4 cerdo, y en sus ollas..caldo de cosas *i*
Jer. 2.23 decir: No soy *i*, nunca anduve tras
19.13 y las casas de..serán como..Tofet, *i*
Lm. 4.15 ¡*i*! les gritaban; ¡Apartaos, apartaos
Ez. 4.13 comerán los hijos de Israel su pan *i*
4.14 que mi alma no es *i*, ni nunca desde mi
4.14 y dije..nunca en mi boca entró carne *i*
22.10 hicieron violencia a la que estaba *i*
22.26 ni distinguieron entre *i* y limpio; y
24.13 en tu *i* lujuria padecerás, porque te
Os. 9.3 volverá Efraín..donde comerán vianda *i*
9.4 pan..todos los que coman de él serán *i*
Am. 7.17 tú morirás en tierra *i*, e Israel será
Hag. 2.13 si un *i*..tocare alguna cosa..¿será *i*?
2.13 y respondieron los sacerdotes..*I* será
2.14 obra..y todo lo que aquí ofrecen es *i*
Mal. 1.7 en que ofrecéis sobre mi altar pan *i*
1.12 cuando decís: *I* es la mesa de Jehová
Mt. 10.1 dio autoridad sobre los espíritus *i*
12.43 cuando el espíritu *i* sale del hombre
Mr. 1.23 hombre con espíritu *i*, que dio voces
1.26 espíritu *i*, sacudiéndole con violencia
1.27 manda..los espíritus *i*, y le obedecen?
3.11 espíritus *i*..se postraban delante de él
3.30 ellos habían dicho: Tiene espíritu *i*
5.2 vino a su..un hombre con un espíritu *i*
5.8 le decía: Sal de este hombre, espíritu *i*
5.13 saliendo aquellos espíritus *i*, entraron
6.7 les dio autoridad sobre los espíritus *i*
7.2 comer..con manos *i*, esto es, no lavadas
7.5 tus discípulos..comen pan con manos *i*?
7.25 una mujer, cuya hija tenía un espíritu *i*
9.25 vio..reprendió al espíritu *i*, diciéndole
Lc. 4.33 que tenía un espíritu de demonio *i*
4.36 poder manda a los espíritus *i*, y salen?
6.18 los..atormentados de espíritus *i* eran
8.29 mandaba al espíritu *i* que saliese del
9.42 Jesús reprendió al espíritu *i*, y sanó
11.24 cuando el espíritu *i* sale del hombre
Hch. 5.16 muchos..atormentados de espíritus *i*
8.7 de muchos que tenían espíritus *i*, salían
10.14 ninguna cosa común o *i* he comido jamás
10.28 que a ningún hombre llame común o *i*
11.8 ninguna cosa común o *i* entró jamás en
Ro. 14.14 sé..que nada es *i* en sí mismo; mas
14.14 que piensa que algo es *i*, para él lo es
1 Co. 7.14 otra manera vuestros hijos serían *i*
2 Co. 6.17 y no toquéis lo *i*; y yo os recibiré
Ef. 5.5 ningún..*i*, o avaro..tiene herencia
He. 9.13 sangre..rociadas a los *i*, santifican
10.29 y tuviere por *i* la sangre del pacto en
Ap. 16.13 de la boca del dragón..3 espíritus *i*
18.2 guarida de todo espíritu *i*..toda ave *i*
21.27 no entrará en ella ninguna cosa *i*, o
22.11 el que es *i*, sea *i* todavía; y el que es

INMUTABLE
He. 6.18 por dos cosas *i*, en las cuales Dios
7.24 permanece para..tiene un sacerdocio *i*

INMUTABILIDAD
He. 6.17 queriendo..mostrar..*i* de su consejo

INMUTAR
Job 40.23 sale de madre el río..no se *inmuta*

INNUMERABLE
Jue. 6.5 subían..ellos y sus camellos eran *i*
7.12 sus camellos eran *i* como la arena que
Job 21.33 tras de él..y antes de él han ido *i*
Sal. 104.24 ¡cuán *i* son tus obras, oh Jehová!
104.25 en donde se mueven seres *i*..pequeños y
Is. 2.7 llena de caballos, y sus carros son *i*
Jer. 2.32 mi pueblo se ha olvidado..por *i* días
Jl. 1.6 pueblo fuerte e *i* subió a mi tierra
He. 11.12 como la arena *i* que está a la orilla

INOCENCIA
Sal. 26.6 lavaré en *i* mis manos, y así andaré
73.13 en vano he..y lavado mis manos en *i*

INOCENTE
Gn. 20.4 y dijo: Señor, ¿matarás también al *i*?
Éx. 20.7 no dará por *i* Jehová al que tomare su
23.7 no matarás al *i* y justo; porque yo no
34.7 de ningún modo tendrá por *i* al malvado
Nm. 14.18 aunque de ningún modo tendrá por *i* al
Dt. 5.11 no dará por *i* al que tome su nombre en
19.10 para que no sea derramada sangre *i* en
19.13 y quitarás de Israel la sangre *i*, y te
21.8 no culpes de sangre *i* a tu pueblo Israel
21.9 quitarás la culpa de la sangre *i* de en
27.25 recibiere soborno..quitar la vida al *i*
1 S. 19.5 ¿por qué..pecarás contra la sangre *i*
26.9 contra el ungido de Jehová, y será *i*?
2 S. 3.28 dijo: *I* soy yo y mi reino, delante de
2 R. 21.16 derramó Manasés mucha sangre *i* en
24.4 asimismo por la sangre *i* que derramó
24.4 derramó..llenó a Jerusalén de sangre *i*
Job 4.7 recapacita ahora, ¿qué *i* se ha perdido?
9.23 mata..se ríe del sufrimiento de los *i*
9.28 me turban..sé que no me tendrás por *i*
17.8 y el *i* se levantará contra el impío
22.19 y se gozarán; y el *i* los escarnecerá
22.30 él libertará al *i*, y por la limpieza
27.17 se vestirá, y el *i* repartirá la plata
33.9 yo soy limpio..*i*, y no hay maldad en mí
Sal. 10.8 en acecho..en escondrijos mata al *i*
15.5 usura, ni contra el *i* admitió cohecho
94.21 juntan contra..y condenan la sangre *i*
106.38 derramaron la sangre *i*, la sangre de
Pr. 1.11 si dijeren..acechemos sin motivo al *i*
6.17 los ojos..manos derramadoras de sangre *i*
Is. 59.7 se apresuran para derramar la sangre *i*
Jer. 2.34 hallé la sangre de los pobres, de..*i*
2.35 soy *i*, de cierto su ira se apartó de mí
7.6 derramareis la sangre *i*, ni anduviereis
11.19 y yo era como cordero *i* que llevan a
19.4 y llenaron este lugar de sangre de *i*
22.3 no..ni derraméis sangre *i* en este lugar
22.17 no son sino..para derramar sangre *i*
26.15 si..sangre *i* echaréis sobre vosotros
Dn. 6.22 envió su ángel..ante él fui hallado *i*
Jl. 3.19 derramaron en su tierra sangre *i*
Jon. 1.14 ni pongas sobre nosotros la sangre *i*
Mi. 6.11 no..por *i* al que tiene balanza falsa
Nah. 1.3 Jehová..no tendrá por *i* al culpable
Mt. 12.7 si supieseis..no condenaríais a los *i*
27.4 yo he pecado entregando sangre *i*. Mas
27.24 *i* soy yo de la sangre de este justo
He. 7.26 santo, *i*, sin mancha, apartado de los

INQUIETAR
1 S. 10.2 tu padre ha dejado ya de *inquietarse*
28.15 dijo a Saúl: ¿Por qué me has *inquietado*
Job 34.29 él diere reposo, ¿quién *inquietará?*
Hch. 15.19 que no se *inquiete* a los gentiles
15.24 algunos..os han *inquietado* con palabras
1 Ts. 3.3 nadie se *inquiete* por..tribulaciones

INQUIETUD
Job 7.4 la noche es larga, y estoy lleno de *i*
Lc. 12.29 preocupéis..ni estéis en ansiosa *i*

INQUIRIR
Dt. 13.14 *inquirirás*, y buscarás y preguntarás
19.18 los jueces *inquirirán* bien; y si aquel
Jue. 6.29 *inquiriendo*, les dijeron: Gedeón hijo
1 R. 7.47 no *inquirió* Salomón el peso..bronce
1 Cr. 19.3 ¿no vienen más bien..para..*inquirir*
28.8 *inquirid* todos los preceptos de Jehová
Esd. 7.10 preparado su corazón para *inquirir* la
10.16 se sentaron..*inquirir* sobre el asunto
Job 5.27 lo que hemos *inquirido*, lo cual es así
8.8 disponte para *inquirir* a los padres de
10.6 que *inquieras* mi iniquidad, y busques mi
35.15 ira no castiga, ni *inquiere* con rigor
Sal. 10.13 en su..ha dicho: Tú no lo *inquirirás*
27.4 en la casa..para *inquirir* en su templo
64.6 *inquieren* iniquidades..una investigación
77.6 en mi corazón, y mi espíritu *inquiría*
Ec. 1.13 y di mi corazón a *inquirir* y a buscar
7.25 fijé mi corazón para saber..e *inquirir*

INQUIRIR *(Continúa)*
Is. 34.16 *inquirid* en el libro de Jehová, y
Jer. 30.6 *inquirid* ahora, y mirad si el varón
Mt. 2.16 al tiempo que había *inquirido* de los
Hch. 23.20 como que van a *inquirir* alguna cosa
1 P. 1.10 los profetas..*inquirieron*..indagaron

INSACIABLE
Is. 56.11 y esos perros comilones son *i;* y los

INSCRIBIR
Nm. 11.26 estaban éstos entre los *inscritos*
2 Cr. 31.18 eran *inscritos* con todos sus niños
Neh. 12.22 levitas..fueron *inscritos* por jefes
12.23 *inscritos* en el libro de las crónicas
Sal. 87.6 Jehová contará al *inscribir*..pueblos
Ez. 13.9 ni serán *inscritos* en el libro de la
He. 12.23 que están *inscritos* en los cielos, a
Ap. 20.15 no se halló *inscrito* en el libro de
21.12 en las puertas..nombres *inscritos,* que
21.27 solamente los que están *inscritos* en el

INSCRIPCIÓN
Mt. 22.20; Mr. 12.16; Lc. 20.24 ¿de quién
es esta imagen y la *i?*
Hch. 17.23 un altar en el cual estaba esta *i*

INSCRITO *Véase Inscribir*

INSECTO
Lv. 11.20 todo *i* alado..tendréis en abominación
11.21 pero esto comeréis de todo *i* alado que
11.23 todo *i* alado que tenga cuatro patas
Dt. 14.19 *i* alado será inmundo; no se comerá

INSENSATEZ
1 S. 25.25 se llama Nabal, y la *i* está con él
Sal. 69.5 tú conoces mi *i,* y mis pecados no te
Pr. 14.24 la *i* de los necios es infatuación
19.3 *i* del hombre tuerce su camino, y luego
Ec. 7.25 para conocer la maldad de la *i* y el
9.3 el corazón..está lleno de mal y de *i* en
Mr. 7.22 la maledicencia, la soberbia, la *i*
1 Co. 3.19 la sabiduría de..es *i* para con Dios
2 Ti. 3.9 porque su *i* será manifiesta a todos

INSENSATO, TA
Dt. 32.21 los provocaré a ira con una nación *i*
Sal. 5.5 los *i* no estarán delante de tus ojos
39.8 líbrame..no me pongas por escarnio del *i*
49.10 perecen del mismo modo que el *i* y el
74.18 que..pueblo *i* ha blasfemado tu nombre
74.22 acuérdate de cómo el *i* te injuria cada
75.4 dije a los *i:* No os infatuéis; y a los
92.6 necio no sabe, y el *i* no entiende esto
107.17 fueron afligidos los *i,* a causa del
Pr. 1.7 *i* desprecian la sabiduría..enseñanza
1.22 burlar, y los *i* aborrecerán la ciencia?
9.13 la mujer *i* es alborotadora; es simple
10.23 el hacer maldad es..una diversión al *i*
14.16 el *i* se muestra insolente y confiado
17.21 el que engendra al *i,* para su tristeza
20.3 dejar..mas todo *i* se envolverá en ella
21.20 sabio; mas el hombre *i* todo lo disipa
24.7 alta está para el *i* la sabiduría; en la
26.10 es el que toma a sueldo *i* y vagabundos
Ec. 5.4 él no se complace en los *i.* Cumple lo
7.4 el corazón de los *i,* en..que hay alegría
7.17 no hagas mucho mal, ni seas *i;* ¿por qué
Jer. 17.11 dejará, y en su postrimería será *i*
Ez. 13.3 ¡ay de los profetas *i,* que andan en
Os. 9.7 *i* es el varón de espíritu, a causa de
Zac. 11.15 toma aún los aperos de un pastor *i*
Mt. 7.26 no..hace, le compararé a un hombre *i*
23.17 ¡*i* y ciegos! porque ¿cuál es mayor, el
25.2 cinco de ellas eran prudentes y cinco *i*
25.3 las *i,* tomando sus lámparas, no tomaron
25.8 las *i* dijeron a las prudentes: Dadnos
Lc. 24.25 oh *i,* y tardos de corazón para creer
Ro. 10.19 yo..con pueblo *i* os provocaré a ira
1 Co. 1.25 lo *i* de Dios es más sabio que los
4.10 nosotros somos *i* por amor de Cristo
2 Co. 12.6 si quisiera gloriarme, no sería *i*
Gá. 3.1 ¡oh gálatas *i!* ¿quién os fascinó para
Ef. 5.17 no seáis *i,* sino entendidos de cuál
2 Ti. 2.23 desecha las cuestiones necias e *i*
Tit. 3.3 nosotros también éramos en..tiempo *i*
1 P. 2.15 hagáis callar la ignorancia de los..*i*

INSEPARABLE
2 S. 1.23 *i* en su vida, tampoco en su muerte

INSIGNE
1 S. 9.6 hay..un varón de Dios, que es hombre *i*
Is. 33.18 que pone en lista las casas más *i?*

INSIGNIFICANTE
Dt. 7.7 erais el más *i* de todos los pueblos
Hch. 21.39 soy..ciudadano de una ciudad no *i*

INSÍPIDA
Mr. 9.50; Lc. 14.34 la sal se hace *i,* ¿con qué

INSISTENCIA
Mr. 14.31 mas él con mayor *i* decía: Si me fuere
1 Ts. 3.10 orando de noche y de día con gran *i*

INSISTIR
Gn. 33.11 e *insistió* con él, y Esaú lo tomó
Jue. 19.7 pero *insistió* su suegro, y volvió a
2 R. 5.23 le *insistió,* y ató dos talentos de
Jn. 8.7 como *insistieran*..enderezó y les dijo
Tit. 3.8 y en estas cosas quiero que *insistas*

INSOLENCIA
Pr. 21.24 que obra en la *i* de su presunción
22.8 segará, y la vara de su *i* se quebrará

INSOLENTE
Pr. 14.16 el insensato se muestra *i* y confiado

INSONDABLE
Ro. 11.33 *i* son sus juicios, e inescrutables

INSPECCIONAR
2 S. 10.3 ¿no ha enviado David..*inspeccionar*
1 R. 20.27 de Israel..también *inspeccionados*

INSPIRAR
2 Ti. 3.16 la Escritura es *inspirada* por Dios
2 P. 1.21 hablaron siendo *inspirados* por el

INSTANTE
Jer. 18.7 un *i* hablaré contra pueblos y contra
18.9 en un *i* hablaré de la gente y del reino
Dn. 3.13 al *i* fueron traídos estos varones
10.17 porque al *i* me faltó la fuerza, y no
Mt. 4.20 dejando al *i* las redes, le siguieron
4.22 dejando al *i* la barca y a su padre, le
8.3 sé limpio. Y al *i* su lepra desapareció
27.48 y al *i,* corriendo uno de ellos, tomó
Mr. 1.42 *i* la lepra se fue de aquél, y quedó
Lc. 4.39 y levantándose ella al *i,* les servía
5.13 sé limpio. Y al *i* la lepra se fue de él
5.25 al *i,* levantándose en presencia de ellos
8.44 y al *i* se detuvo el flujo de su sangre
8.47 declaró..cómo al *i* había sido sanada
Jn. 5.9 al *i* aquel hombre fue sanado, y tomó
19.34 le abrió..y al *i* salió sangre y agua
Hch. 5.10 al *i* ella cayó a los pies de él, y
9.18 recibió al *i* la vista; y levantándose
16.26 al *i* se abrieron todas las puertas, y
Ap. 4.2 y al *i* yo estaba en el Espíritu; y he

INSTAR
2 R. 5.16 le *instaba* que aceptara alguna cosa
Lc. 23.23 mas ellos *instaban* a grandes voces
2 Ti. 4.2 que *instes* a tiempo y fuera de tiempo

INSTIGAR
Dt. 13.13 han *instigado* a los moradores de su
Hch. 13.50 pero los judíos *instigaron* a mujeres

INSTITUCIÓN
1 P. 2.13 someteos a toda *i* humana, ya sea al

INSTITUIR
1 R. 12.32 *instituyó* Jeroboam fiesta solemne
2 R. 21.6 e *instituyó* encantadores y adivinos
He. 9.18 ni..pacto fue *instituido* sin sangre

INSTRUCCIÓN
Pr. 1.8 oye, hijo mío, la *i* de tu padre, y no
10.17 camino a la vida es guardar la *i;* pero
12.1 el que ama la *i* ama la sabiduría; mas
Mt. 10.5 estos doce envió Jesús, y les dio *i*
11.1 Jesús terminó de dar *i* a sus discípulos
Hch. 10.22 ha recibido *i* de un santo ángel, de
1 Co. 11.2 y retenéis las *i* tal como os las
1 Ts. 4.2 sabéis qué *i* os dimos por el Señor

INSTRUCTOR
Ro. 2.20 *i* de los indoctos, maestro de niños

INSTRUIR
Dt. 32.10 lo trajo alrededor, lo *instruyó,* lo
1 S. 12.23 os *instruiré* en el camino bueno y
1 Cr. 25.7 con sus hermanos, *instruidos* en el
Sal. 94.12 corriges, y en tu ley lo *instruyes*
Pr. 5.13 no oí la voz de los que me *instruían*
6.23 y camino de vida las..que te *instruyen*
22.6 *instruye* al niño en su camino, y aun
Is. 28.26 su Dios le *instruye,* y le enseña lo
Dn. 11.33 los sabios del pueblo *instruirán* a
Mt. 14.8 ella, *instruida* primero por su madre
28.15 hicieron como se les había *instruido*
Lc. 1.4 cosas en las cuales has sido *instruido*
Hch. 18.25 había sido *instruido* en el camino
22.3 soy..*instruido* a los pies de Gamaliel
Ro. 2.18 e *instruido* por la ley apruebas lo
1 Co. 2.16 del Señor? ¿Quién le *instruirá?* Mas
Gá. 6.6 haga partícipe de..al que lo *instruye*
2 Ti. 3.16 y útil para..*instruir* en justicia

INSTRUMENTO
Lv. 11.32 *i* con que se trabaja, será metido en
Nm. 4.14 sobre él todos sus *i* de que se sirve
4.26 y todos los *i* de su servicio y todo lo
4.32 con todos sus *i* y todo su servicio; y
35.16,18 con *i* de..lo hiriere y muriere
35.22 si..sobre él cualquier *i* sin asechanzas
Dt. 27.5 no alzarás sobre ellas *i* de hierro
1 S. 18.6 salieron las mujeres..con *i* de música
2 S. 6.5 delante de Jehová con toda clase de *i*
1 R. 6.7 martillos..ni ningún otro *i* de hierro
1 Cr. 15.16 que designasen..cantores con *i* de
16.5 y Jeiel, con sus *i* de salterios y arpas
16.42 y con otros *i* de música de Dios; y a
23.5 *i* que he hecho para tributar alabanza
2 Cr. 5.13 *i* de música, y alababan a Jehová
7.6 levitas, con los *i* de música de Jehová
23.13 cantores con *i* de música dirigían la
29.18 hemos limpiado..altar..y todos sus *i*
29.26 los levitas estaban con los *i* de David
29.27 con las trompetas y los *i* de David rey
30.21 sacerdotes, cantando con *i* resonantes
34.12 y de los levitas..los entendidos en *i*
Neh. 12.36 sus hermanos..con los *i* musicales
Sal. 71.22 te alabaré con *i* de salterio, oh
Ec. 2.8 me hice de..toda clase de *i* de música
Is. 13.5 vienen de..Jehová y los *i* de su ira
Jer. 50.25 abrió..su tesoro, y sacó los *i* de
Ez. 9.1,2 trae en su mano su *i* para destruir
Dn. 3.5,7,10,15 el son de..de todo *i* de música
6.18 ni *i* de música fueron traídos delante
Am. 5.23 no escucharé las salmodias de tus *i*
6.5 son de la flauta, e inventan *i* musicales
Hch. 9.15 *i* escogido me es éste, para llevar
Ro. 6.13 miembros al pecado..*i* de iniquidad
6.13 vuestros miembros..como *i* de justicia
2 Ti. 2.21 si alguno se limpia..*i* para honra

INTACTO,TA
2 R. 7.10 caballos atados..y el campamento *i*
Dn. 3.27 ropas estaban *i,* y ni siquiera olor

INTEGRIDAD
Gn. 20.6 sé que con *i* de tu corazón has hecho
Jos. 24.14 temed a Jehová, y servidle con *i* y
Jue. 9.16,19 verdad y con *i* habéis procedido
1 R. 9.4 y si tú anduvieres..en *i* de corazón
Job 2.3 todavía retiene su *i,* aun cuando tú me
2.9 le dijo su mujer: ¿Aún retienes tu *i?*
4.6 ¿no es tu esperanza la *i* de tus caminos?
27.5 hasta que muera, no quitaré de mí mi *i*
31.6 péseme Dios en balanzas..conocerá mi *i*
Sal. 7.8 júzgame, oh Jehová..conforme a mi *i*
15.2 que anda en *i* y hace justicia, y habla
25.21 *i* y rectitud me guarden, porque en ti
26.1 júzgame, oh..porque yo en mi *i* he andado
26.11 mas yo andaré en mi *i;* redímeme, y ten
41.12 cuanto a mí, en mi *i* me has sustentado
78.72 y los apacentó conforme a la *i* de su
84.11 no quitará el bien a..que andan en *i*
101.2 en la *i* de mi corazón andaré en medio
Pr. 10.9 el que camina en *i* anda confiado; mas
11.3 la *i* de los rectos los encaminará; pero
19.1 mejor es el pobre que camina en *i* que
20.7 camina en su *i* el justo; sus hijos son
28.6 mejor es el pobre que camina en su *i* que
28.18 el que en *i* camina será salvo; mas el
Tit. 2.7 ejemplo..en la enseñanza mostrando *i*

INTEGRO
2 S. 22.26 te mostrarás..recto para con el..*í*
2 R. 20.3 he andado..en verdad y con *í* corazón
2 Cr. 19.9 procederéis..con temor..corazón *í*
Job 9.21 si fuese *í,* no haría caso de mí mismo
36.4 contigo está el que..*í* en sus conceptos
Sal. 16.3 para los *í,* es toda mi complacencia
18.25 mostrarás..recto para con el hombre *í*
19.13 entonces seré *í,* y estaré limpio de
33.1 justos..en los *í* es hermosa la alabanza
37.37 considera al *í,* y mira al justo..paz
64.4 asaetear a escondidas al *í;* de repente
119.80 sea mi corazón *í* en tus estatutos
Is. 38.3 andado delante de ti..con *í* corazón

INTELIGENCIA
Ex. 31.3 llenado del Espíritu..*i,* en ciencia
35.31 sabiduría, en *i,* en ciencia y en todo
36.1 a quien Jehová dio sabiduría e *i* para
Dt. 4.6 esta es..vuestra *i* ante los ojos de los
1 R. 3.11 demandaste para ti *i* para oir juicio
7.14 Hiram era lleno de..*i* y ciencia en toda
1 Cr. 28.21 e *i* para toda forma de servicio
2 Cr. 30.22 buena *i* en el servicio de Jehová
Job 12.12 la ciencia, y en la larga edad la *i*
12.13 y el poder; suyo es el consejo y la *i*
17.4 éstos has escondido de su corazón la *i*
20.3 me hace responder el espíritu de mi *i*
26.3 qué plenitud de *i* has dado a conocer?
28.12,20 ¿dónde está el lugar de la *i?*
28.28 el temor..y el apartarse del mal, la *i*
34.10 varones de *i,* oídme: Lejos esté de Dios
38.4 la tierra? Házmelo saber, si tienes *i*
38.36 quién puso..quién dio al espíritu *i?*

INTELIGENCIA *(Continúa)*
Job 39.17 porque le privó Dios de. .y no le dio *i*
Sal. 47.7 porque Dios es el Rey. .cantad con *i*
49.3 boca. .y el pensamiento de mi corazón *i*
119.104 de tus mandamientos he adquirido *i*
Pr. 1.4 para dar. .y a los jóvenes *i* y cordura
2.3 clamares a la *i*, y a la prudencia dieres
2.6 de su boca viene el conocimiento y la *i*
2.11 la. .te guardará; te preservará la *i*
3.13 bienaventurado el. .y que obtiene la *i*
3.19 con sabiduría. .afirmó los cielos con *i*
4.5 adquiere sabiduría, adquiere *i;* no te
4.7 sobre todas tus posesiones adquiere *i*
5.1 está atento a. .y a mi *i* inclina tu oído
7.4 a la sabiduría. .y a la *i* llama parienta
8.1 ¿no clama la sabiduría, y da su voz la *i?*
8.14 buen juicio; yo soy la *i;* mío es el poder
9.6 y vivid, y andad por el camino de la *i*
9.10 el conocimiento del Santísimo es la *i*
16.16 oro. .y adquirir *i* vale más que la plata
18.2 no toma placer el necio en la *i*, sino
19.8 alma; el que guarda la *i* hallará el bien
21.30 no hay sabiduría, ni *i*. .contra Jehová
23.23 compra la verdad. .la enseñanza y la *i*
Is. 11.2 reposará sobre él el Espíritu. .de *i*
29.14 se desvanecerá la *i* de sus entendidos
29.24 extraviados de espíritu aprenderán *i*
Jer. 3.15 os apacienten con ciencia y con *i*
51.15 el que. .extendió los cielos con su *i*
Dn. 1.17 Dios les dio. .*i* en todas las letras
1.20 asunto de. .*i* que el rey les consultó
5.11 halló en él luz e *i* y sabiduría, como
10.1 él comprendió la. .y tuvo *i* en la visión
Lc. 2.47 todos. .se maravillaban de su *i* y de
Ef. 1.8 hizo sobreabundar. .toda sabiduría e *i*
Col. 1.9 llenos. .toda sabiduría e *i* espiritual

INTELIGENTE
Job 34.34 hombres *i* dirán conmigo, y el hombre

INTEMPERANTE
2 Ti. 3.3 *i*, crueles, aborrecedores de lo bueno

INTENCIÓN
Nm. 35.11 homicida que hiriere. .muerte sin *i*
35.15 huya. .hiriere de muerte a otro sin *i*
Dt. 4.42 matase a su prójimo sin *i*, sin haber
19.4 hiriere a su prójimo sin *i* y sin haber
2 Cr. 32.1 acampó. .con la *i* de conquistarlas
32.2 viendo, pues. .*i* de combatir a Jerusalén
Ro. 8.27 sabe cual es la *i* del Espíritu, porque
1 Co. 4.5 manifestará las *i* de los corazones
He. 4.12 y discierne los. .y las *i* del corazón

INTENDENTE
Lc. 8.3 Juana, mujer de Chuza *i* de Herodes, y

INTENTAR
Dt. 4.34 ha *intentado* Dios venir a tomar para
28.56 nunca la planta de. .*intentaría* sentar
Jos. 22.31 no habéis *intentado* esta traición
1 S. 20.13 si mi padre *intentare* hacerte mal
Sal. 21.11 porque *intentaron* el mal contra ti
35.4 avergonzados los que mi mal *intentan*
Pr. 3.29 no *intentes* mal contra tu prójimo que
Hch. 16.7 Misia, *intentaron* ir a Bitinia, pero
19.13 *intentaron* invocar el nombre del Señor
24.6 *intentó* también profanar el templo; y
26.21 prendiéndome en el. .*intentaron* matarme
He. 11.29 e *intentando* los egipcios hacer lo

INTENTO
Gn. 8.21 el *i* del corazón del hombre es malo
1 Cr. 28.9 entiende todo *i* de los pensamientos
Hch. 27.43 pero el centurión. .impidió este *i*

INTERCEDER
Gn. 23.8 *interceded* por mí con Efrón hijo de
Est. 4.8 que fuese. .*interceder* delante de él
Ro. 8.26 *intercede* por nosotros con gemidos
8.27 conforme a la. .*intercede* por los santos
8.34 el que también *intercede* por nosotros
He. 7.25 viviendo siempre para *interceder* por

INTERÉS
Dt. 23.19 no exigirás de. .*i* de dinero, ni *i* de
23.19 ni de cosa. .de que se suele exigir *i*
23.20 del extraño podrás exigir *i*, mas de
Neh. 5.7 ¿exigís *i*. .uno a vuestros hermanos?
5.11 aceite, que demandáis de ellos como *i*
Pr. 27.18 que mira por los *i* de. .tendrá honra
28.8 que aumenta sus riquezas con. .crecido *i*
Ez. 18.8 que no prestare a *i* ni tomare usura
18.13 prestare a *i* y tomare usura; ¿vivirá
18.17 *i* y usura no recibiere; guardare mis
22.12 *i* y usura tomaste, y a tus. .defraudaste
Mt. 25.27 recibido lo que es mío con los *i*
Lc. 19.23 yo, lo hubiera recibido con los *i?*

INTERESAR
Hch. 17.21 en ninguna otra cosa se *interesaban*
Fil. 2.20 que tan sinceramente se *interese* por

INTERIOR
1 R. 6.36 edificó el atrio *i* de tres hileras de
7.12 también el atrio *i* de la casa de Jehová
2 Cr. 4.22 de oro. .sus puertas *i* para el lugar
Est. 4.11 entra en el patio *i* para ver al rey
5.1 entró en el patio *i* de la casa del rey
Pr. 26.24 labios, mas en su *i* maquina engaño
Cnt. 3.10 *i* recamado de amor por las doncellas
Is. 5.14 por eso ensanchó su *i* el Seol, y sin
Ez. 40.15 hasta el frente. .de la puerta *i*, 50
40.19 hasta el frente del atrio *i* por fuera
40.23 la puerta del atrio *i* estaba enfrente
40.32 me llevó al atrio *i* hacia el oriente
40.44 fuera de la puerta *i*, en el atrio de
41.3 y pasó al *i*, y midió cada poste de la
42.3 frente a los veinte codos. .en el atrio *i*
43.5 alzó el Espíritu y me llevó al atrio *i*
44.17 entren por las puertas del atrio *i*, se
44.17 ministren en las puertas del atrio *i*
44.21 cuando haya de entrar en el atrio *i*
44.27 y el día que entre. .al atrio *i*, para
45.19 pondrá sobre. .las puertas del atrio *i*
46.1 puerta del atrio *i* que mira al oriente
Jon. 1.5 pero Jonás había bajado al *i* de la nave
Jn. 7.38 de su *i* correrán ríos de agua viva
Ro. 2.29 que es judío el que lo es en lo *i*, y
7.22 según el hombre *i*, me deleito en la ley
2 Co. 4.16 *i* no obstante se renueva de día en
Ef. 3.16 fortalecidos con poder en el hombre *i*

INTERMEDIO
Ef. 2.14 derribando la pared *i* de separación

INTERMINABLE
1 Ti. 1.4 ni presten atención a. .genealogías *i*

INTERNO
1 P. 3.4 el *i*, el del corazón. .incorruptible

INTERPONER
Job 36.32 les manda no brillar, *interponiendo*
Sal. 106.23 de no haberse *interpuesto* Moisés
Is. 59.16 que no hubiera quien se *interpusiese*
He. 6.17 por lo cual Dios. .*interpuso* juramento

INTERPRETACIÓN
Gn. 40.8 les dijo José: ¿No son de Dios las *i?*
40.12 esta es su *i:* Los tres sarmientos son
40.18 esta es su *i:* Los tres canastillos tres
Jue. 7.15 Gedeón oyó el relato. .sueño y su *i*
Dn. 2.4 dí el sueño a. .y te mostraremos la *i*
2.5 rey. .si no me mostráis el sueño y su *i*
2.6 mostrareis el sueño y su *i*, recibiréis
2.6 favores. .Decidme, pues, el sueño y su *i*
2.7 diga el rey el sueño. .mostraremos la *i*
2.9 para que yo sepa que me podéis dar su *i*
2.16 Daniel. .y que él mostraría la *i* al rey
2.24 llévame a. .rey, y yo le mostraré la *i*
2.25 un varón de. .el cual dará al rey la *i*
2.26 hacerme conocer el sueño que vi, y su *i?*
2.30 sino para que se dé a conocer al rey la *i*
2.36 la *i* de él diremos en presencia del rey
2.45 y el sueño es verdadero, y fiel su *i*
4.6 mandé. .que me mostrasen la *i* del sueño
4.7 sueño, pero no me pudieron mostrar su *i*
4.9 Beltsasar. .declárame las visiones. .su *i*
4.18 tú, pues, Beltsasar, dirás la *i* de él
4.18 los sabios. .no han podido mostrarme su *i*
4.19 dijo. .no te turben ni el sueño ni su *i*
4.19 sea. .su *i* para los que mal te quieren
4.24 esta es la *i*, oh rey, y la sentencia del
5.7 me muestre su *i*, será vestido de púrpura
5.8 pero no pudieron. .mostrar al rey su *i*
5.12 llámese. .a Daniel, y él te dará la *i*
5.15 y astrólogos para que. .me diesen su *i*
5.15 no han podido mostrarme la *i* del asunto
5.16 que puedes dar *i* y resolver dificultades
5.16 y darme su *i*, serás vestido de púrpura
5.17 leeré la escritura al rey. .le daré la *i*
5.26 es la *i* del asunto: MENE: Contó Dios tu
7.16 y me hizo conocer la *i* de las cosas
1 Co. 12.10 de lenguas; y a otro, *i* de lenguas
14.26 tiene *i*. Hágase todo para edificación
2 P. 1.20 que ninguna profecía. .es de *i* privada

INTERPRETAR
Gn. 40.8 sueño, y no hay quien lo *interprete*
40.16 viendo. .había *interpretado* para bien
40.22 hizo. .como lo había *interpretado* José
41.8 no había quien los pudiese *interpretar*
41.12 y él nos *interpretó* nuestros sueños
41.13 que como él nos lo *interpretó*, así fue
41.15 y no hay quien lo *interprete;* mas he
41.15 ti, que oyes sueños para *interpretarlos*
41.24 magos. .no hay quien me lo *interprete*
Dn. 5.12 para *interpretar* sueños y descifrar
1 Co. 12.30 hablan todos lenguas? ¿*interpretan*
14.5 *interprete* para que la iglesia reciba
14.13 pida en oración poder *interpretarla*
14.27 dos, o a lo más tres, y uno *interprete*

INTÉRPRETE
Gn. 42.23 ellos no sabían. .había *i* entre ellos
Mt. 22.35 uno de ellos, *i* de la ley, preguntó
Lc. 7.30 *i* de la ley desecharon los designios
10.25 aquí un *i* de la ley se levantó y dijo
11.45 respondiendo uno de los *i* de la ley
11.46 ¡ay de vosotros también, *i* de la ley!
11.52 ¡ay de vosotros, *i* de la ley! porque
14.3 Jesús habló a los *i* de la ley y a los
1 Co. 14.28 si no hay *i*, calle en la iglesia
Tit. 3.13 a Zenas *i* de la ley, y. .encamínales

INTERROGAR
Lc. 23.14 habiéndole *interrogado* yo delante de
Hch. 4.9 se nos *interroga* acerca del beneficio
12.19 después de *interrogar* a los guardas

INTERVENIR
Hch. 24.7 pero *interviniendo* el tribuno Lisias
He. 9.15 *interviniendo* muerte para la remisión
9.16 es necesario que *intervenga* muerte del

INTESTINO
Éx. 29.13,22 tomarás. .grosura que cubre los *i*
29.17 y lavarás sus *i* y sus piernas, y las
Lv. 1.8 la grosura de los *i*, sobre la leña que
1.9 lavará con agua los *i* y las piernas, y el
1.12 con su cabeza y la grosura de los *i;* y el
3.3 ofrecerá del. .la grosura que cubre los *i*
3.4 la grosura de los *i* que está sobre el
3.9,14 grosura que cubre. .los *i*, y toda la
4.8 tomará. .su grosura, la que cubre los *i*
4.11 con. .sus piernas, sus *i* y su estiércol
7.3 ofrecerá. .y la grosura que cubre los *i*
8.16 tomó. .la grosura que estaba sobre los *i*
8.21 lavó luego con agua los *i* y las piernas
8.25 toda la grosura que estaba sobre los *i*
9.14 luego lavó los *i* y las piernas, y los
9.19 la grosura que cubre los *i*, los riñones
2 Cr. 21.15 con enfermedad de tus *i*, hasta que
21.18 lo hirió con una enfermedad. .en los *i*
21.19 los *i* se le salieron por la enfermedad

INTIMAR
Dt. 20.10 te acerques a. .le *intimarás* la paz
28.15 cumplir. .estatutos que yo te *intimo*
Hch. 4.18 les *intimaron* que en ninguna manera
5.40 *intimaron* que no hablasen en el nombre
23.30 *intimando*. .los acusadores que traten

INTIMIDAR
Dt. 31.8 Jehová va. .no temas ni te *intimides*
Esd. 4.4 el pueblo. .*intimidó* al pueblo de Judá
Job 39.20 ¿le *intimidarás* tú como a langosta?
Is. 21.4 el horror me ha *intimidado;* la noche
Jer. 49.37 haré que Elam se *intimide* delante
Fil. 1.28 en nada *intimidados* por los que se

ÍNTIMO, MA
Dt. 13.6 si te incitare. .tu amigo *í*, diciendo
Job 19.19 todos mis *í* amigos me aborrecieron
Sal. 25.14 la comunión *í* de Jehová es con los
26.2 examina mis *í* pensamientos y. .corazón
49.11 su *í* pensamiento es que sus casas serán
51.6 he aquí, tú amas la verdad en lo *í*, y en
55.13 tú, hombre, al parecer *í* mío, mi guía
64.6 el *í* pensamiento. .así como su corazón
Pr. 3.32 mas su comunión *í* es con los justos
Jer. 52.25 siete hombres de los consejeros *í*
Hch. 10.24 habiendo convocado a. .amigos más *í*

INTRIGA
Is. 32.7 *i* inicuas para enredar a los simples

INTRODUCCIÓN
He. 7.19 la *i* de una mejor esperanza, por la

INTRODUCIR
Gn. 47.7 José *introdujo* a Jacob su padre, y
Éx. 15.17 los *introducirás*. .los plantarás en
23.20 te *introduzca* en el lugar. .preparado
Lv. 20.22 tierra en la cual yo os *introduzco*
Nm. 14.31 vuestros niños. .yo los *introduciré*
27.17 los saque y los *introduzca*, para que
Dt. 4.38 para *introducirte* y darte su tierra
6.10; 7.1 te haya *introducido* en la tierra
8.7 tu Dios te *introduce* en la buena tierra
9.28 no pudo. .*introducirlos* en la tierra que
11.29 te haya *introducido* en la tierra a la
31.20 les *introduciré* en la tierra que juré
31.21 antes que los *introduzca* en la tierra
31.23 tú *introducirás* a los hijos de Israel
Jos. 24.8; Jue. 2.1 os *introduje* en la tierra
1 S. 9.22 Samuel. .los *introdujo* a la sala, y
2 S. 4.6 Recab y Baana. .se *introdujeron* en la
Neh. 13.19 día de reposo no *introdujeran* carga
Jer. 2.7 os *introduje* en tierra de abundancia
3.14 dos de cada familia, y os *introduciré*
35.2 *introdúceles* en la casa de Jehová, en
Ez. 41.1 *introdujo* luego en el templo, y midió
Dn. 5.8 *introducidos* todos los sabios del rey

INTRODUCIR ***(Continúa)***
Hch. 7.45 lo *introdujeron* con Josué al tomar
Ro. 5.20 la ley se *introdujo* para que el pecado
Gá. 2.4 de los falsos hermanos *introducidos* a
He. 1.6 *introduce* al Primogénito en el mundo
13.11 sangre. .es *introducida* en el santuario
2 P. 2.1 *introducirán*. .herejías destructoras

INUNDACIÓN
Sal. 32.6 en la *i* de muchas aguas no llegarán
77.17 las nubes echaron *i* de aguas; tronaron
Dn. 9.26 y su fin será con *i*, y hasta el fin
11.22 serán barridas. .como con *i* de aguas
Nah. 1.8 mas con *i* impetuosa consumirá a sus
Hab. 3.10 pasó la *i* de las aguas; el abismo dio
Lc. 6.48 una *i*, el río dio con ímpetu contra

INUNDAR
Sal. 6.6 todas las noches *inundo* de llanto mi
78.20 aguas, y torrentes *inundaron* la tierra
124.4 nos habrían *inundado* las aguas; sobre
Is. 8.8 *inundará* y pasará adelante, y llegará
28.2 como ímpetu de recias aguas que *inundan*
30.28 su aliento, cual torrente que *inunda*
Jer. 47.2 *inundarán* la tierra y su plenitud, la
Dn. 11.10 *inundará*, y pasará adelante; luego
11.40 entrará por las tierras, e *inundará*

INÚTIL
Job 15.3 palabras *i*, y con razones sin provecho?
Sal. 107.27 como ebrios, y toda su ciencia es *i*
Pr. 26.7 las piernas del cojo penden *i*; así es
Zac. 11.17 ¡ay del pastor *i* que abandona el
Mt. 25.30 al siervo *i* echadle en las tinieblas
Lc. 17.10 decid: Siervos *i* somos, pues lo que
Ro. 3.12 se desviaron, a una se hicieron *i*; no
Flm. 11 el cual en otro tiempo te fue *i*, pero

INUTILIZAR
Lc. 13.7 ¿para qué *inutiliza* también la tierra?

INVADIR
1 S. 30.1 de Amalec habían *invadido* el Neguev
2 R. 17.5 rey de Asiria *invadió* todo el país
2 Cr. 21.17 e *invadieron* la tierra, y tomaron
25.13 *invadieron* las ciudades de Judá, desde
32.1 vino Senaquerib rey. .e *invadió* a Judá
Hab. 3.16 cuando suba. .el que lo *invadirá* con

INVALIDAR
Lv. 26.15 no ejecutando. .*invalidando* mi pacto
26.44 no los desecharé. .*invalidando* mi pacto
Dt. 31.16 me dejará, e *invalidará* mi pacto que
31.20 y me enojarán, e *invalidarán* mi pacto
Jue. 2.1 diciendo: No *invalidaré*. .mi pacto con
Job 40.8 ¿*invalidarás* tú también mi juicio?
Sal. 119.126 tiempo es. .han *invalidado* tu ley
Jer. 11.10 casa de Judá. .*invalidaron* mi pacto
14.21 por. .no *invalides* tu pacto con nosotros
31.32 ellos *invalidaron* mi pacto, aunque fui
33.20 si pudiereis *invalidar* mi pacto con el
33.21 podrá también *invalidarse* mi pacto con
Ez. 16.59 juramento para *invalidar* el pacto?
44.7 de ofrecer mi pan. .*invalidar* mi pacto
Mt. 15.6 así habéis *invalidado* el mandamiento
Mr. 7.9 *invalidáis* el mandamiento de Dios con
7.13 *invalidando* la palabra de Dios con
Ro. 3.31 ¿luego por la fe *invalidamos* la ley?
Gá. 3.15 pacto. .nadie lo *invalida*, ni le añade
3.17 la ley. .no lo abroga, para *invalidar* la

INVASOR
Ez. 7.22 entrarán en él *i* y lo profanarán

INVENCIÓN
Éx. 35.35 que hagan toda obra de arte y de *i*

INVENTAR
Éx. 31.4 para *inventar* diseños, para trabajar
35.35 que hagan toda labor, e *inventen* todo
1 R. 12.33 el mes que él había *inventado* de su
2 Cr. 26.15 máquinas *inventadas* por ingenieros
Neh. 6.8 sino que de tu corazón tú lo *inventas*
Am. 6.5 *inventan* instrumentos musicales, como

INVENTOR
Ro. 1.30 aborrecedores de Dios. .*i* de males

INVERNAR
Is. 18.6 *invernarán*. .las bestias de la tierra
Hch. 27.12 incómodo el puerto para *invernar*
27.12 pudiesen arribar a Fenice. .e *invernar*
28.11 una nave. .había *invernado* en la isla

INVESTIDURA
1 Cr. 29.22 dieron. .la *i* del reino a Salomón

INVESTIGACIÓN
Est. 2.23 se hizo *i* del asunto, y fue hallado
Sal. 64.6 inquieren iniquidades, hacen una *i*
Pr. 25.3 para el corazón de los reyes, no hay *i*

INVESTIGAR
Lc. 1.3 de haber *investigado* con diligencia

INVESTIR
1 S. 11.15 e *invistieron* allí a Saúl por rey
Lc. 24.49 hasta que seáis *investidos* de poder

INVIERNO
Gn. 8.22 no cesarán. .calor, el verano y el *i*
Sal. 74.17 el verano y el *i* tú los formaste
Pr. 20.4 perezoso no ara a causa del *i*; pedirá
Cnt. 2.11 he aquí ha pasado el *i*, se ha mudado
Jer. 36.22 y el rey estaba en la casa de *i* en
Am. 3.15 heriré la casa de *i* con la casa de
Zac. 14.8 saldrán. .aguas vivas. .verano y en *i*
Mt. 24.20; Mr. 13.18 vuestra huida no sea en *i*
Jn. 10.22 celebrábase. .la fiesta de la. .Era *i*
1 Co. 16.6 podrá ser que me quede. .pase el *i*
2 Ti. 4.21 procura venir antes del *i*. Eubulo
Tit. 3.12 porque allí he determinado pasar el *i*

INVISIBLE
Ro. 1.20 las cosas *i* de él. .se hacen. .visibles
Col. 1.15 la imagen del Dios *i*, el primogénito
1.16 visibles e *i*; sean tronos, sean dominios
1 Ti. 1.17 al Rey de los siglos, inmortal, *i*
He. 11.27 porque se sostuvo como viendo al *I*

INVITAR
Éx. 34.15 sus dioses, y te *invitarán*, y comerás
Nm. 25.2 *invitaban* al pueblo a los sacrificios
2 R. 4.8 una mujer. .le *invitaba*. .a que comiese
Jn. 2.2 fueron. .*invitados* a las bodas Jesús y
1 Co. 10.27 incrédulo os *invita*, y queréis ir

INVOCAR
Gn. 4.26 comenzaron a *invocar* el nombre de
12.8 edificó. .e *invocó* el nombre de Jehová
13.4 e *invocó* allí Abram el nombre de Jehová
21.33 *invocó* allí el nombre de Jehová Dios
26.25 un altar, e *invocó* el nombre de Jehová
Dt. 28.10 que el nombre de Jehová es *invocado*
2 S. 6.2 sobre la cual era *invocado* el nombre
22.4 *invocaré* a Jehová, quien es digno de ser
22.7 mi angustia *invoqué* a Jehová, y clamé a
1 R. 8.43 nombre es *invocado* sobre esta casa
8.52 para oírlos en todo aquello. .*invocaren*
18.24,25 *invocad*. .nombre de vuestros dioses
18.24 yo *invocaré* el nombre de Jehová; y el
18.26 *invocaron* el nombre de Baal desde la
2 R. 5.11 *invocará* el nombre de Jehová su Dios
1 Cr. 4.10 e *invocó* Jabes al Dios de Israel
13.6 sobre la cual su nombre es *invocado*
16.8 *invocad* su nombre, dad a conocer en los
21.26 *invocó* a Jehová, quien le respondió por
2 Cr. 6.33 que tu nombre es *invocado* sobre esta
7.14 sobre el cual mi nombre es *invocado*
Job 9.16 yo le *invocara*, y él me respondiese
12.4 soy. .que *invoca* a Dios, y él le responde
27.10 ¿se. .¿*Invocará* a Dios en todo tiempo?
Sal. 14.4 que devoran. .y a Jehová no *invocan?*
17.6 te he *invocado*, por cuanto tú me oirás
18.3 *invocaré* a Jehová, quien es digno de ser
18.6 mi angustia *invoqué* a Jehová, y clamé a
20.9 nos oiga en el día que lo *invoquemos*
31.17 yo avergonzado. .ya que te he *invocado*
50.15 *invócame* en el día de la angustia; te
53.4 que devoran a mí. .y a Dios no *invocan?*
79.6 los reinos que no *invocan* tu nombre
80.18 vida. .darás, e *invocaremos* tu nombre
86.5 grande. .con todos los que te *invocan*
91.15 me *invocará*, y yo le responderé; con
99.6 y Samuel entre los que *invocaron* su
99.6 *invocaban* a Jehová, y él les respondía
102.2 a responderme el día que te *invocare*
105.1 alabad a Jehová, *invocad* su nombre; dad
116.2 tanto, le *invocaré* en todos mis días
116.4 *invoqué* el nombre de Jehová, diciendo
116.13,17 e *invocaré* el nombre de Jehová
118.5 desde la angustia *invoqué* a JAH, y me
141.1 escucha mi voz cuando te *invocare*
145.18 cercano está Jehová a. .que le *invocan*
145.18 a todos los que le *invocan* de veras
Is. 41.25 del nacimiento del sol *invocará* mi
43.22 y no me *invocaste* a mí, oh Jacob, sino
58.9 entonces *invocarás*, y te oirá Jehová
64.7 nadie hay que *invoque* tu nombre, que
65.1 dije a gente que no *invocaba* mi nombre
Jer. 7.10,11,14,30 sobre la cual es *invocado*
10.25 sobre las naciones que no *invocan* tu
14.9 sobre nosotros es *invocado* tu nombre
15.16 porque tu nombre se *invocó* sobre mí
25.29 a la ciudad en la cual es *invocado* mi
29.12 me *invocaréis*, y vendréis y oraréis a
32.34; 34.15 casa en la cual es *invocado* mi
44.26 no será *invocado* más en. .Egipto por
Lm. 3.55 *invoqué* tu nombre. .desde la cárcel
3.57 te acercaste el día que te *invoqué*
Dn. 9.18 la ciudad sobre la cual es *invocado*
9.19 tu nombre es *invocado* sobre tu ciudad
Jl. 2.32 todo aquel que *invocare* el nombre de
Am. 9.12 aquellos sobre los cuales es *invocado*
Jon. 2.2 *invoqué* en mi angustia a Jehová, y él
Sof. 3.9 todos *invoquen* el nombre de Jehová
Zac. 13.9 él *invocará* mi nombre, y yo le oiré
Hch. 2.21 todo aquel que *invocare* el nombre
7.59 *invocaba* y decía: Señor Jesús, recibe
9.14 prender a. .los que *invocan* tu nombre
9.21 asolaba. .los que *invocaban* este nombre
15.17 gentiles, sobre los cuales es *invocado*
19.13 intentaron *invocar* el nombre del
22.16 lava tus pecados, *invocando* su nombre
Ro. 10.12 para con todos los que le *invocan*
10.13 todo aquel que *invocare* el nombre del
10.14 ¿cómo. .*invocarán* a aquel en el cual
11.2 *invoca* a Dios contra Israel, diciendo
1 Co. 1.2 en cualquier lugar *invocan* el nombre
2 Co. 1.23 yo *invoco* a Dios por testigo sobre
2 Ti. 2.19 apártese de iniquidad. .que *invoca*
2.22 que de corazón limpio *invocan* al Señor
Stg. 2.7 buen nombre que fue *invocado* sobre
1 P. 1.17 si *invocáis* por Padre a aquel que

IQUES ***Padre de Ira No. 2*, 2 S. 23.26; 1 Cr. 11.28; 27.9**

IR
Gn. 2.14 Hidekel. .que *va* al oriente de Asiria
8.7 cuervo. .estuvo *yendo* y volviendo hasta
8.17 y *vayan* por la tierra, y fructifiquen
11.3 *vamos*, hagamos ladrillo y cozámoslo con
11.4 *vamos*, edifiquémonos una ciudad y una
11.31 salió. .para *ir* a la tierra de Canaán
12.1 Jehová había dicho. .*Vete* de tu tierra
12.4 *fue* Abram, como Jehová. .y Lot *f* con él
12.5 y salieron para *ir* a tierra de Canaán
12.9 Abram partió. .y *yendo* hacia el Neguev
12.13 para que me *vaya* bien por causa tuya
12.19 pues, he aquí tu mujer; tómala, y *vete*
13.9 si *fueres* a la mano izquierda, yo *iré* a
13.9 tú a la derecha, yo *iré* a la izquierda
13.11 escogió. .y se *fue* Lot hacia el oriente
13.17 *vé* por la tierra a lo largo de ella y
14.11 y todas sus provisiones, y se *fueron*
14.12 tomaron también a Lot, hijo. .se *fueron*
14.24 y la parte de los varones que *fueron*
16.8 ¿de dónde vienes tú, y a dónde *vas?*
18.6 Abraham *fue* de prisa a la tienda a Sara
18.16 Abraham *iba* con ellos acompañándolos
18.22 se apartaron de. .y *fueron* hacia Sodoma
18.33 y Jehová se *fue*, luego que acabó de
19.3 mas él porfió. .mucho, y *fueron* con él
21.16 *fue* y se sentó enfrente, a distancia
21.19 *fue* y llenó el odre de agua, y dio de
22.2 y *vete* a tierra de Moriah, y ofrécelo
22.3 Abraham. .*fue* al lugar que Dios le dijo
22.5 y yo y el muchacho *iremos* hasta allí y
22.6 tomó Abraham la. .y *fueron* ambos juntos
22.8 respondió Abraham: Dios. .E *iban* juntos
22.13 y *fue* Abraham y tomó el carnero, y lo
22.19 y se levantaron y se *fueron* juntos a
24.4 que *irás* a mi tierra y a mi parentela
24.10 se *fue*, tomando toda clase de regalos
24.38 sino que *irás* a la casa de mi padre y
24.49 me *iré* a la diestra o a la siniestra
24.51 he ahí Rebeca. .tómala y *vete*, y sea
24.55 espere la doncella con. .y después *irá*
24.56 despachadme. .que me *vaya* a mi señor
24.58 ¿*irás* tú con este varón? Y ella. .*iré*
24.59 dejaron *ir* a Rebeca su hermana, y a su
24.61 y el criado tomó a Rebeca, y se *fue*
25.22 luchaban. .y *fue* a consultar a Jehová
25.34 comió y bebió, y se levantó y se *fue*
26.1 se *fue* Isaac a Abimelec rey. .filisteos
26.17 Isaac se *fue*. .y acampó en el valle de
27.5 *fue* Esaú al campo para buscar la caza
27.9 *vé* ahora al ganado, y tráeme de allí dos
27.13 hijo. .obedece a mi voz y *vé* y tráemelos
27.14 *fue* y los tomó, y los trajo a su madre
27.18 éste *fue* a su padre y dijo: Padre mío
28.2 *vé* a Padam-aram, a casa de Betuel, padre
28.5 Jacob. .*fue* a Padam-aram, a Labán hijo
28.7 y que Jacob. .se había *ido* a Padam-aram
28.9 se *fue* Esaú a Ismael, y tomó para sí por
28.10 salió, pues, Jacob de. .y *fue* a Harán
28.15 te guardaré por dondequiera que *fueres*
28.20 me guardare en este viaje en que *voy*
29.1 Jacob. .*fue* a la tierra de los orientales
29.7 abrevad las ovejas, e *id* a apacentarlas
30.14 *fue* Rubén en tiempo de la siega de los
30.25 envíame, e *iré* a mi lugar, y a. .tierra
31.19 pero Labán había *ido* a trasquilar sus
31.20 Jacob. .no haciéndole saber que se *iba*
31.23 *fue* tras Jacob camino de siete días, y
31.30 ya que te *ibas*, porque tenías deseo de
32.17 ¿Y adónde *vas?* ¿y para quién es esto que
32.19 y a todos los que *iban* tras. .manadas
32.20 con el presente que *va* delante de mí
33.12 dijo: Anda, *vamos;* y yo *iré* delante de
33.14 *iré*. .al paso del ganado que *va* delante
33.17 Jacob *fue* a Sucot, y edificó allí casa
34.17 tomaremos nuestra hija y nos *iremos*
34.26 tomaron a Dina de casa de. .y se *fueron*
35.13 se *fue* de él Dios, del lugar en donde
35.22 *fue* Rubén y durmió con. .la concubina
36.6 y se *fue* a otra tierra, separándose de
37.12 después *fueron* sus hermanos a apacentar

IR *(Continúa)*
Gn. 37.14 *vé* ahora, mira cómo están tus hermanos
37.17 se han *ido*. .les oí decir: *Vamos* a Dotán
37.17 entonces José *fue* tras de sus hermanos
37.30 el joven no parece; y yo, ¿a dónde *iré*
38.1 Judá se apartó de. .y se *fue* a un varón
38.11 se *fue* Tamar, y estuvo en casa de su
38.19 se levantó y se *fue*, y se quitó el velo
41.55 *id* a José, y haced lo que él os dijere
42.19 vosotros *id* y llevad el alimento para
42.26 pusieron su trigo. .y se *fueron* de allí
42.38 desastre en el camino por donde *vais*
43.8 e *iremos*, a fin. .vivamos y no muramos
44.17 vosotros *id* en paz a vuestro padre
44.26 no podemos *ir;* si. .hermano *va*. .*iremos*
44.30 si el joven no *va* conmigo, como su vida
44.33 y que el joven *vaya* con sus hermanos
45.9 *id* a mi padre y decidle: Así dice tu hijo
45.17 e *id*, volved a la tierra de Canaán
45.24 despidió a sus hermanos, y. .se *fueron*
45.28 dijo. .*iré*, y le veré antes que yo muera
50.5 que *vaya* yo ahora y sepulte a mi padre
50.6 dijo: *Vé*, y sepulta a tu padre, como él
Éx. 1.10 pelee contra nosotros, y se *vaya* de la
2.7 ¿*iré* a llamarte una nodriza de. .hebreas
2.8 respondió: *Vé*. Entonces *fue* la doncella
3.3 *iré* yo ahora y veré esta grande visión
3.11 ¿quién soy yo para que *vaya* a Faraón, y
3.12 *vé*, porque yo estaré contigo; y esto te
3.16 *vé*, y reúne los ancianos de Israel, y
3.18 *irás* tú, y los ancianos de Israel, al
3.18 *iremos* ahora camino de tres días por el
3.19 el rey de Egipto no os dejará *ir* sino
3.20 heriré a Egipto. .entonces os dejará *ir*
3.21 salgáis, no *vayáis* con las manos vacías
4.12 ahora pues, *vé*, y yo estaré con tu boca
4.18 se *fue* Moisés, y volviendo a su suegro
4.18 *iré* ahora, y. .Y Jetro dijo. .*Vé* en paz
4.19 dijo. .*Vé* y vuélvete a Egipto, porque han
4.21 yo. .de modo que no dejará *ir* al pueblo
4.23 dejes *ir*. .mas no has querido dejarlo *i*
4.26 le dejó luego *ir*. Y ella dijo: Esposo
4.27 *vé* a recibir a Moisés al desierto. .*fue*
4.29 *fueron* Moisés y Aarón, y reunieron a
5.1 deja *ir* a mi pueblo a celebrarme fiesta
5.2 deje *ir* a Israel? No. .tampoco dejaré *i* a
5.3 *iremos*, pues, ahora, camino de tres días
5.7 *vayan*. .y recojan por sí mismos la paja
5.8 *vamos* y ofrezcamos sacrificios a. .Dios
5.11 *id* vosotros y recoged la paja donde la
5.17 decís: *Vamos* y ofrezcamos sacrificios a
5.18 *id* pues, ahora, y trabajad. No se os dará
6.1 con mano fuerte los dejará *ir*, y con mano
6.11 que deje *ir* de su tierra a los hijos de
7.2 para que deje *ir* de su tierra a. .Israel
7.15 *vé* por la mañana a Faraón, he aquí que
7.16 deja *ir* a mi pueblo, para que me sirva
7.23 Faraón se volvió y *fue* a su casa, y no
8.1,20 deja *ir* a. .pueblo, para que me sirva
8.2 si no lo quisieres dejar *ir*, he aquí yo
8.8 quite las ranas. .dejaré *ir* a tu pueblo
8.11 las ranas se *irán* de ti, y de tus casas
8.21 si no dejas *ir* a mi pueblo, he aquí yo
8.27 camino de tres días *iremos*. .el desierto
8.28 dijo. .Yo os dejaré *ir* para que ofrezcáis
8.28 tal que no *vayáis* más lejos; orad por mí
8.29 las. .moscas se *vayan* de Faraón, y de sus
8.29 que Faraón no falte más, no dejando *ir*
8.32 Faraón endureció. .no dejó *ir* al pueblo
9.1,13 deja *ir* a. .pueblo, para que me sirva
9.2 si no lo quieres dejar *ir*, y lo detienes
9.7 mas. .se endureció, y no dejó *ir* al pueblo
9.17 contra mi pueblo, para no dejarlo *ir?*
9.28 y yo os dejaré *ir*, y no os detendréis
9.35 Faraón. .no dejó *ir* a los hijos de Israel
10.3 deja *ir* a mi pueblo, para que me sirva
10.4 si aún rehúsas dejarlo *ir*, he aquí que
10.7 ¿hasta cuándo. .Deja *ir* a estos hombres
10.8 andad. .¿Quiénes son los que han de *ir?*
10.9 hemos de *ir* con nuestros niños y con
10.9 con nuestras vacas hemos de *ir;* porque
10.11 *id* ahora vosotros los varones, y servid
10.20 y éste no dejó *ir* a los hijos de Israel
10.24 *id*, servid a Jehová; solamente queden
10.24 *vayan*. .vuestros niños con vosotros
10.26 nuestros ganados *irán*. .con nosotros; no
10.27 el corazón de Faraón, y no. .dejarlos *ir*
11.1 después de la cual él os dejará *ir* de
11.8 dirán: *Vete*, tú y todo el pueblo que está
12.28 *fueron* e hicieron. .como Jehová había
12.31 *id*, servid a Jehová, como habéis dicho
12.32 tomad también. .vuestras vacas. .e *idos*
13.15 endureciéndose Faraón. .no dejarnos *ir*
13.17 Faraón dejó *ir* al pueblo, Dios no los
13.21 Jehová *iba* delante de ellos de día en
14.5 haber dejado *ir* a Israel, para que no
14.19 ángel. .que *iba* delante del campamento
14.19 el ángel. .se apartó e *iba* en pos de ellos
14.19 la columna de nube que *iba* delante de
14.20 *iba* entre el. .de los egipcios y. .Israel
14.29 los hijos de Israel *fueron* por en medio
17.5 toma también en tu mano tu vara. .y *vé*
18.23 todo este pueblo *irá* en paz a su lugar
18.27 despidió Moisés a su suegro, y. .se *fue*
19.10 *vé* al pueblo, y santifícalos. .y laven
19.24 *vé*, desciende, y subirás tú, y Aarón
21.27 y si. .por su diente le dejará *ir* libre
23.23 Angel *irá* delante de ti, y te llevará
32.1,23 haznos dioses que *vayan* delante de
32.34 *vé*. .lleva a este pueblo a donde te he
32.34 he aquí mi ángel *irá* delante de ti; pero
33.14 él dijo: Mi presencia *irá* contigo, y te
33.15 si tu presencia no ha de *ir* conmigo, no
34.9 *vaya* ahora el Señor en medio de nosotros
Lv. 16.22 dejará *ir* el. .cabrío por el desierto
Nm. 2.17 luego *irá* el tabernáculo de reunión
2.24 contados. .de Efraín. .*irán* los terceros
2.31 el campamento de Dan. .*irán* los últimos
10.30 él le respondió: Yo no *iré*, sino que
10.33 arca del pacto. .*fue* delante de ellos
10.34 nube de Jehová *iba* sobre ellos de día
11.18 ¡ciertamente mejor nos *iba* en Egipto!
12.9 la ira de Jehová se encendió. .y se *fue*
14.14 y que de día *ibas* delante de ellos en
14.24 siervo Caleb. .decidió *ir* en pos de mí
14.38 hombres que habían *ido* a reconocer la
16.12 mas ellos respondieron: No *iremos* allá
16.25 Moisés se levantó y *fue* a Datán y a
16.25 los ancianos de Israel *fueron* en pos de
16.46 y *vé* pronto a la congregación, y haz
20.6 se *fueron* Moisés y Aarón de delante de
20.17 el camino real *iremos*, sin apartarnos
20.19 por el camino principal *iremos;* y si
21.22 no nos *iremos* por los sembrados, ni por
21.22 por el camino real *iremos*, hasta que
22.7 *fueron* los ancianos de Moab y. .de Madián
22.12 Dios a Balaam: No *vayas* con ellos, ni
22.13 porque Jehová no me quiere dejar *ir* con
22.20 *vete* con ellos; pero harás lo que yo te
22.21 Balaam. .*fue* con los príncipes de Moab
22.22 ira de Dios se encendió porque él *iba*
22.22 *iba*, pues, él montado sobre su asna, y
22.23 se apartó el asna. .e *iba* por el campo
22.35 el ángel de. .dijo. .*Vé* con esos hombres
22.35 Balaam *fue* con los príncipes de Balac
22.39 y *fue* Balaam con Balac, y vinieron a
23.3 yo *iré*. .Y se *fue* a un monte descubierto
23.15 ponte. .yo *iré* a encontrar a Dios allí
24.1 no *fue*. .en busca de agüero, sino que
24.14 yo me *voy* ahora a mi pueblo; por tanto
24.25 se levantó Balaam y se *fue*. .Balac se *f*
31.3 armaos. .y *vayan* contra Madián y hagan
31.6 Finees. .*fue* a la guerra con los vasos
31.42 apartó Moisés de los. .que habían *ido*
32.6 ¿*irán* vuestros hermanos a la guerra, y
32.17 *iremos*. .delante de los hijos de Israel
32.20 si os disponéis para *ir*. .a la guerra
32.39 los hijos de Maquir. .*fueron* a Galaad
32.41 Jair hijo de. .*fue* y tomó sus aldeas
32.42 Noba *fue* y tomó Kenat y sus aldeas, y
Dt. 1.7 volveos e *id* al monte del amorreo y a
1.30 Jehová. .el cual *va* delante de vosotros
1.33 *iba* delante de vosotros por el camino
1.40 volveos e *id* al desierto, camino del Mar
2.27 por el camino *iré*, sin apartarme ni a
3.18 pero *iréis* armados todos los valientes
4.3 todo hombre que *fue* en pos de Baal-peor
4.40 te *vaya* bien a ti y a tus hijos después
5.16 para que te *vaya* bien sobre la tierra
5.30 *vé* y diles: Volveos a vuestras tiendas
6.24 para que nos *vaya* bien todos los días
11.28 para *ir* en pos de dioses ajenos que no
11.29 la tierra a la cual *vas* para tomarla
11.31 pasáis el Jordán para *ir* a poseer la
12.5 el lugar que. .Dios escogiere. .allá *iréis*
12.29 destruido. .las naciones adonde tú *vas*
12.30 que no tropieces *yendo* en pos de ellas
13.2 *vamos* en pos de dioses ajenos, que no
13.6,13 *vamos* y sirvamos a dioses ajenos, que
17.3 hubiere *ido* y servido a dioses ajenos
19.5 el que *fuere* con. .al monte a cortar leña
20.4 vuestro Dios *va* con vosotros, para pelear
20.5,6,7,8 *vaya*, y vuélvase a su casa, no sea
22.7 dejarás *ir* a la madre, y tomarás los
23.20 que te bendiga. .la tierra donde *vas*
24.2 casa, podrá *ir* y casarse con otro hombre
25.7 no quisiere. .*irá* entonces su cuñada a
25.18 la retaguardia. .que *iban* detrás de ti
26.2 *irás* al lugar que Jehová tu. .escogiere
28.14 no te apartares. .para *ir* tras dioses
28.41 no serán para ti. .*irán* en cautiverio
29.18 aparte. .para *ir* a servir a los dioses
30.18 no prolongaréis. .días. .adonde *vais*
31.6 Jehová tu Dios es el que *va* contigo; no
31.8 y Jehová *va* delante de ti; él estará
31.13 viviereis sobre la tierra adonde *vais*
31.14 *fueron*. .Moisés y Josué, y esperaron en
31.16 dioses ajenos de la tierra adonde *va*
32.47 sobre la tierra adonde *vais*, pasando
Jos. 1.9 Dios. .contigo en dondequiera que *vayas*
1.16 e *iremos* adondequiera que nos mandes
2.1 ellos *fueron*, y entraron en casa de una
2.5 se salieron, y no sé a dónde han *ido*
2.7 y los hombres *fueron* tras ellos por el
2.16 los que *fueron* tras. .no os encuentren
2.16 y después os *iréis* por vuestro camino
2.21 los despidió, y se *fueron;* y ella ató
3.4 sepáis el camino por donde habéis de *ir*
3.6 ellos tomaron el arca del pacto y *fueron*
5.13 Josué, *yendo* hacia él, le dijo: ¿Eres
6.3 *yendo* alrededor de la ciudad una vez
6.9,13 los hombres armados *iban* delante de
6.9,13 y la retaguardia *iba* tras el arca
6.13 sacerdotes. .*fueron* delante del arca de
7.3 no fatigues a todo el pueblo *yendo* allí
8.9 se *fueron* a la emboscada, y se pusieron
9.4 pues *fueron* y se fingieron embajadores
9.11 e *id* al encuentro de ellos, y decidles
17.7 y *va* al sur, hasta los que habitan en
18.8 levantándose. .aquellos varones, *fueron*
18.8 a los que *iban* para delinear la tierra
18.8 *id*, recorred la tierra y delineadla, y
18.9 *fueron*. .aquellos varones y recorrieron
22.9 *ir* a la tierra de Galaad, a la tierra
23.16 si. .*yendo* y honrando a dioses ajenos
Jue. 1.3 yo *iré* contigo al tuyo. .y Simeón *fue*
1.11 *fue* a los que habitaban en Debir, que
1.14 cuando ella se *iba* con él, la persuadió
1.16 ceneo. .*fueron* y habitaron con el pueblo
1.25 dejaron *ir* a aquel hombre con toda su
1.26 y se *fue* el hombre a la tierra de los
2.6 y los hijos de Israel se habían *ido* cada
2.12 dejaron. .y se *fueron* tras otros dioses
2.17 sino que *fueron* tras dioses ajenos, a
3.27 descendieron. .él *iba* delante de ellos
4.6 *vé*, junta a tu gente en el monte de Tabor
4.8 le respondió: Si tú *fueres* conmigo, yo
4.8 *iré;* pero si no *fueres* conmigo, no *iré*
4.9 *iré* contigo; mas no será tuya la gloria
5.15 caudillos. .de Isacar *fueron* con Débora
6.14 dijo: *Vé* con esta tu fuerza, y salvarás
6.18 ruego que no te *vayas* de aquí hasta que
7.4 te diga: *Vaya* éste contigo, *irá* contigo
7.4 diga: Este no *vaya* contigo, el tal no *irá*
7.7 *váyase* toda la demás gente. .a su lugar
8.1 no llamándonos cuando *ibas* a la guerra
8.29 Jerobaal hijo. .*fue* y habitó en su casa
8.33 a prostituirse *yendo* tras los baales
9.1 Abimelec. .*fue* a Siquem, a los hermanos
9.6 *fueron* y eligieron a Abimelec por rey
9.7 *fue* y se puso en la cumbre del monte de
9.8 *fueron* una vez los árboles a elegir rey
9.9,11,13 *ir* a ser grande sobre los árboles
9.21 y escapó Jotam y huyó, y se *fue* a Beer
9.50 Abimelec se *fue* a Tebes, y puso sitio a
9.55 vieron muerto a Abimelec, se *fueron* cada
11.5 los ancianos de. .*fueron* a traer a Jefté
11.18 *yendo* por el desierto, rodeó la. .Edom
11.32 *fue* Jefté hacia los hijos de Amón para
11.37 déjame. .que *vaya* y descienda por los
11.38 dijo: *Vé*. .ella *fue* con sus compañeras
11.40 *fueran*. .a endechar a la hija de Jefté
12.1 ¿por qué *fuiste* a hacer guerra contra los
12.1 no nos llamaste. .que *fuéramos* contigo?
14.3 para que *vayas* tú a tomar mujer de los
14.9 tomándolo en. .manos, se *fue* comiéndolo
16.1 *fue* Sansón a Gaza, y vio. .a una mujer
16.3 las puertas. .echó al hombro, y se *fue*
17.8 ciudad de Belén. .para *ir* a vivir donde
18.2 les dijeron: *Id* y reconoced la tierra
18.6 respondió: *Id* en paz; delante de Jehová
18.9 para *ir* a tomar posesión de la tierra
18.10 cuando *vayáis*, llegaréis a un pueblo
18.12 *fueron* y acamparon en Quiriat-jearim
18.14,17 que habían *ido* a reconocer la tierra
18.20 tomó el efod. .*fue* en medio del pueblo
18.24 tomasteis mis dioses que yo. .y os *vais*
19.2 su concubina. .se *fue* de él a casa de su
19.5 se levantó también el levita para *irse*
19.5 conforta tu corazón. .después os *iréis*
19.7 y se levantó el varón para *irse*, pero
19.8 levantándose. .para *irse*, le dijo el padre
19.9 luego se levantó el varón para *irse*, él
19.9 os levantaréis temprano. .y te *irás* a tu
19.10 levantó y se *fue*, y llegó hasta. .Jebús
19.11 *vámonos* a esta ciudad de los jebuseos
19.12 no *iremos* a. .ciudad de extranjeros, que
19.17 dijo: ¿A dónde *vas*, y de dónde vienes?
19.18 había *ido* a Belén. .mas ahora *voy* a la
19.28 le dijo: Levántate, y *vámonos;* pero ella
19.28 varón. .se levantó y se *fue* a su lugar
20.8 ninguno de nosotros *irá* a su tienda, ni
20.10 que *yendo* a Gabaa de Benjamín le hagan
21.10 diciendo: *Id* y herid a filo de espada
21.20 *id*, y poned emboscadas en las viñas
21.21 arrebatad. .*idos* a tierra de Benjamín
21.23 y se *fueron*, y volvieron a su heredad
21.24 los hijos de Israel se *fueron* también
Rt. 1.1 un varón de Belén de Judá *fue* a morar
1.10 nosotras *iremos* contigo a tu pueblo
1.11 hijas. .¿para qué habéis de *ir* conmigo?
1.12 volveos, hijas mías, e *idos*. .soy vieja
1.16 a dondequiera que tú *fueres*, *iré* yo, y
1.18 que estaba tan resuelta a *ir* con ella
1.21 me *fui* llena, pero Jehová me ha vuelto
2.2 que me dejes *ir* al campo. .*Vé*, hija mía
2.3 *fue*. .y llegando, espigó en el campo en
2.8 no *vayas* a espigar a otro campo, ni pases
2.9 y cuando tengas sed, *vé* a las vasijas
2.18 lo tomó, y se *fue*. .y su suegra vio lo
3.1 hogar para ti, para que te *vaya* bien?
3.3 vistiéndote tus vestidos, *irás* a la era

IR *(Continúa)*
Rt. 3.4 e *irás* y descubrirás sus pies..acostarás
3.10 no *yendo* en busca de los jóvenes, sean
3.15 puso encima; y ella se *fue* a la ciudad
3.17 a fin de que no *vayas* a tu suegra con
1 S. 1.17 dijo: *Vé* en paz, y el Dios de Israel
1.18 se *fue* la mujer por su camino, y comió
1.19 y volvieron y *fueron* a su casa en Ramá
3.9 *vé* y acuéstate; y si te llamare, dirás
3.9 se *fue* Samuel, y se acostó en su lugar
6.6 así, ¿no los dejaron *ir*, y se *fueron?*
6.8 el arca de Jehová..dejaréis que se *vaya*
6.12 los príncipes..*fueron* tras ellas hasta
7.16 *iba* y daba vuelta a Bet-el, a Gilgal y
8.22 Samuel..*Idos* cada uno a vuestra ciudad
9.3 y levántate, y *vé* a buscar las asnas
9.6 *vamos*..allá; quizá nos dará algún indicio
9.7 respondió Saúl..*Vamos* ahora; pero ¿qué
9.9 consultar a Dios, decía..*vamos* al vidente
9.10 anda, *vamos*. Y *fueron* a la ciudad donde
10.2 las asnas que habías *ido* a buscar se han
10.14 ¿a dónde *fuisteis?*..*fuimos* a Samuel
10.26 y *fueron* con él los hombres de guerra
11.14 *vamos* a..que renovemos allí el reino
11.15 *fue*..el pueblo a Gilgal, e invistieron
12.2 aquí vuestro rey *va* delante de vosotros
13.7 Saúl..el pueblo *iba* tras él temblando
14.3 no sabía..que Jonatán se hubiese *ido*
14.7 *vé*..aquí estoy contigo a tu voluntad
14.8 Jonatán: *Vamos* a pasar a esos hombres
14.13 su paje..que *iba* tras él los mataba
14.15 los que habían *ido* a merodear, también
14.16 *iba* de un lado a otro y era deshecha
14.17 ved quién se haya *ido* de los nuestros
14.46 y los filisteos se *fueron* a su lugar
15.3 *vé*, pues, y hiere a Amalec, y destruye
15.6 dijo Saúl a los ceneos: *Idos*, apartaos
15.12 madrugó..para *ir* a encontrar a Saúl por
15.18 dijo: *Vé*, destruye a los pecadores de
15.20 y *fui* a la misión que Jehová me envió
15.27 volviéndose..para *irse*, él se asió de
15.34 *fue* luego Samuel a Ramá, y Saúl subió
16.2 dijo..¿Cómo *iré?* Si Saúl lo supiera, me
17.7 lanza..e *iba* su escudero delante de él
17.13 tres hijos mayores de Isaí habían *ido*
17.15 pero David había *ido* y vuelto, dejando
17.20 se *fue* con su carga como Isaí le había
17.32 tu siervo *irá* y peleará contra este
17.33 no podrás tú *ir* contra aquel filisteo
17.37 dijo Saúl..*Vé*, y Jehová esté contigo
17.40 tomó su honda..se *fue* hacia el filisteo
17.48 a andar para *ir* al encuentro de David
18.27 se levantó David y se *fue* con su gente
19.12 descolgó Mical a David..se *fue* y huyó
19.17 dijo: Déjame *ir;* si no, yo te mataré
19.18 y él y Samuel se *fueron* y moraron en
19.22 *fue* a Ramá; y llegando al gran pozo
19.23 y *fue* a Naiot en Ramá; y también vino
20.6 me rogó..lo dejase *ir* corriendo a Belén
20.13 y te enviare para que te *vayas* en paz
20.21 *vé*, busca las saetas. Y si dijere al
20.22 si yo dijere..*vete*, porque Jehová te
20.28 David me pidió..le dejase *ir* a Belén
20.29 ruego que me dejes *ir*, porque nuestra
20.29 permíteme *ir* ahora para visitar a mis
20.36 cuando el muchacho *iba* corriendo, él
20.40 y le dijo: *Vete* y llévalas a la ciudad
20.41 luego que el muchacho se hubo *ido*, se
20.42 dijo..*Vete* en paz, porque ambos hemos
20.42 él se levantó y se *fue;* y Jonatán entró
21.10 David..huyó..se *fue* a Aquis rey de Gat
22.1 *yéndose* luego David..huyó a la cueva de
22.3 y se *fue* David de allí a Mizpa de Moab
22.5 Gad dijo..anda y *vete* a tierra de Judá
22.5 David se *fue*, y vino al bosque de Haret
23.2 ¿*iré* a atacar a estos filisteos?..*Vé*
23.3 ¿cuánto más si *fuéremos* a Keila contra
23.5 *fue*, pues, David con sus hombres a Keila
23.22 *id*, pues..aseguraos más, conoced y ved
23.23 *iré* con vosotros, y si él estuviere en
23.24 ellos se levantaron, y se *fueron* a Zif
23.25 y se *fue* Saúl con su gente a buscarlo
23.26 Saúl *iba* por un lado..y David..el otro
24.2 *fue* en busca de David y de sus hombres
24.19 enemigo, y lo dejará *ir* sano y salvo?
24.22 se *fue* Saúl a su casa, y David y sus
25.1 levantó David..*fue* al desierto de Parán
25.5 e *id* a Nabal, y saludadle en mi nombre
25.19 dijo a sus criados: *Id* delante de mí
25.33 estorbado hoy de *ir* a derramar sangre
26.7 David, pues, y Abisai *fueron* de noche
26.11 toma..y la vasija de agua, y *vámonos*
26.12 se llevó..David la lanza..y se *fueron*
26.19 diciendo: *Vé* y sirve a dioses ajenos
26.25 David se *fue* por su camino, y Saúl se
27.8 como quien *va* a Shur hasta..de Egipto
28.7 *vaya* a ella y por medio de ella pregunte
28.8 y se *fue* con dos hombres, y vinieron a
28.25 levantaron, y se *fueron* aquella noche
29.2 David y sus..*iban* en la retaguardia con
29.7 *vete* en paz, para no desagradar a los
29.8 para que yo no *vaya* y pelee contra los
29.11 se levantó David de mañana..para *irse*
29.11 y los filisteos *fueron* a Jezreel
30.22 perversos de entre los que habían *ido*
30.22 no *fueron*..no les daremos del botín
30.22 su mujer y..que los tomen y se *vayan*
2 S. 1.15 *vé* y mátalo. Y él lo hirió, y murió
2.23 y no queriendo él *irse*, lo hirió Abner
3.19 y *fue*..Abner a Hebrón a decir a David
3.21 *iré*, y juntaré a mi señor..todo Israel
3.22 Abner no estaba..él se había *ido* en paz
3.23 y él le ha despedido, y se *fue* en paz
3.24 ¿por qué, pues, le dejaste que se *fuese?*
3.31 y el rey David *iba* detrás del féretro
4.5 *fueron* y entraron en el mayor calor del
5.19 diciendo: ¿*Iré* contra los filisteos?
5.19 *vé*, porque..entregaré a los filisteos en
6.4 lo llevaban..Ahío *iba* delante del arca
6.12 David *fue*, y llevó..el arca de Dios de
6.19 se *fue*..el pueblo, cada uno a su casa
7.5 *vé* y dí a mi siervo David: Así ha dicho
8.3 al *ir* éste a recuperar su territorio al
8.6,14 dio la victoria..dondequiera que *fue*
11.22 *fue* el mensajero, y llegando, contó a
12.17 *fueron* a él para hacerlo levantar de
12.23 yo *voy* a él, mas él no volverá a mí
12.29 *fue* contra Rabá, y combatió contra ella
13.7 *vé* ahora a casa de Amnón tu hermano
13.8 y *fue* Tamar a casa de su hermano Amnón
13.13 ¿adónde *iría* yo con mi deshonra? Y aun
13.15 luego..dijo Amnón: Levántate, y *vete*
13.19 mano sobre su cabeza, se *fue* gritando
13.25 no *vamos* todos..no te seamos gravosos
13.25 y aunque porfió con él, no quiso *ir*
13.26 respondió: ¿Para qué ha de *ir* contigo?
13.27 dejó *ir* con él a Amnón y a..los hijos
13.37 Absalón huyó y se *fue* a Talmai hijo de
13.38 así huyó Absalón y se *fue* a Gesur, y
14.8 el rey dijo a la mujer: *Vete* a tu casa
14.21 esto: *vé*, y haz volver al joven Absalón
14.23 se levantó luego Joab y *fue* a Gesur
14.24 *váyase* a su casa, y no vea mi rostro
14.30 *id* y prendedle fuego. Y los siervos de
15.7 te ruego me permitas que *vaya* a Hebrón
15.9 dijo: *Vé* en paz. Y él se levantó, y *fue*
15.11 *fueron* con Absalón doscientos hombres
15.11 los cuales *iban* en su sencillez, sin
15.13 diciendo..Israel se *va* tras Absalón
15.18 los geteos, 600 hombres..*iban* delante
15.20 que te muevas para *ir* con nosotros?
15.20 yo *iré* a donde pueda *ir;* tú vuélvete
15.23 rey..pasó al camino que *va* al desierto
15.24 *iba* Sadoc, y con él todos los levitas
15.30 pueblo..*iban* llorando mientras subían
16.13 David y los suyos *iban*..Simei *iba* por
16.17 dijo..¿por qué no *fuiste* con tu amigo?
17.11 que tú en persona *vayas* a la batalla
17.17 y *fue* una criada y les avisó, porque
17.17 *fueron* y se lo hicieron saber al rey
17.21 después que se hubieron *ido*, aquéllos
17.21 aquéllos salieron del pozo y se *fueron*
17.23 Ahitofel..se levantó y se *fue* a su casa
18.9 e *iba* Absalón sobre un mulo, y el mulo
18.9 Absalón quedó..el mulo en que *iba* pasó
18.21 *vé* tú, y dí al rey lo que has visto
18.24 el atalaya había *ido* al terrado sobre
18.33 *yendo*, decía así: ¡Hijo mío Absalón
19.7 *vé* afuera y habla..a tus siervos; porque
19.25 le dijo..¿por qué no *fuiste* conmigo?
19.26 un asno, y montaré en él, e *iré* al rey
20.5 *fue*..Amasa para convocar a los de Judá
20.6 y *vé* tras él, no sea que halle para sí
20.7 salieron de..para *ir* tras Seba hijo de
20.9 dijo a Amasa: ¿Te *va* bien, hermano mío?
20.10 *fueron* en persecución de Seba hijo de
20.11 que ame a Joab y..*vaya* en pos de Joab
20.13 pasaron..*ir* tras Seba hijo de Bicri
20.21 entregad a ése..y me *iré* de la ciudad
20.22 la mujer *fue* luego a todo el pueblo con
21.12 David *fue* y tomó los huesos de Saúl
24.1 *vé*, haz un censo de Israel y de Judá
24.6 después *fueron* a Galaad y a la tierra
24.7 *fueron* luego a la fortaleza de Tiro, y
24.12 *vé* y dí a David: Así ha dicho Jehová
1 R. 1.13 *vé* y entra al rey David, y dile: Rey
1.35 *iréis* vosotros detrás de él, y vendrá
1.49 entonces..se *fue* cada uno por su camino
1.50 Adonías..levantó y se *fue*, y se asió de
1.53 vino..y Salomón le dijo: *Vete* a tu casa
2.8 me maldijo..el día que yo *iba* a Mahanaim
2.26 dijo..*Vete* a Anatot, a tus heredades
2.29 envió Salomón..*Vé*, y arremete contra
2.40 *fue* a Aquis..*f*, pues, Simei, y trajo
2.41 dicho..que Simei había *ido* de Jerusalén
2.42 el día que salieres y *fueres* acá o allá
3.4 *iba* el rey a Gabaón, porque aquél era
8.66 ellos..se *fueron* a sus moradas alegres
9.28 *fueron* a Ofir y tomaron de allí oro, 420
10.13 ella..*fue* a su tierra con sus criados
11.17 Hadad huyó, y con él..se *fue* a Egipto
11.21 dijo a Faraón: Déjame *ir* a mi tierra
11.22 te falta..procuras *irte* a tu tierra?
11.22 nada; con todo, te ruego..me dejes *ir*
11.24 después *fueron* a Damasco y habitaron
12.1 Roboam *fue* a Siquem..para hacerle rey
12.5 él les dijo: *Idos*..Y el pueblo se *fue*
12.16 entonces Israel se *fue* a sus tiendas
12.24 no *vayáis*, ni..y volvieron y se *fueron*
12.30 el pueblo *iba* a adorar delante de uno
13.8 me dieras..no *iría* contigo, ni comería
13.9,17 ni regreses por el camino que *fueres*
13.12 padre les dijo: ¿Por qué camino se *fue?*
13.14 *yendo* tras el varón de Dios, le halló
13.16 ni *iré* contigo, ni tampoco comeré pan
13.24 *yéndose*, le topó un león en el camino
13.28 él *fue*, y halló el cuerpo tendido en
14.2 dijo Jeroboam..Levántate..y *vé* a Silo
14.3 y *vé* a él, para que te declare lo que
14.4 la mujer de..se levantó y *fue* a Silo
14.7 *vé* y dí a Jeroboam: Así dijo Jehová
14.12 y tú levántate y *vete* a tu casa; y al
15.19 *vé*, y rompe tu pacto con Baasa rey de
17.5 y él *fue* e hizo conforme a la palabra
17.5 *fue* y vivió junto al arroyo de Querit
17.9 *vete* a Sarepta de Sidón, y mora allí; he
17.10 entonces él se levantó..*fue* a Sarepta
17.11 *yendo* ella para..él la volvió a llamar
17.13 *vé*, haz como has dicho; pero hazme a
17.15 ella *fue* e hizo como le dijo Elías; y
18.1 *vé*, muéstrate a Acab, y yo haré llover
18.2 *fue*, pues, Elías a mostrarse a Acab
18.5 *vé* por el país a todas las fuentes de
18.6 Acab *fue* por un camino, y Abdías *f*..otro
18.7 *yendo* Abdías por el camino, se encontró
18.8,11,14 *vé*, dí a tu amo: Aquí está Elías
18.12 luego que yo me haya *ido*, el Espíritu
18.16 Abdías *fue* a encontrarse con Acab, y le
18.21 si Jehová..y si Baal, *id* en pos de él
18.27 quizá..o *va* de camino; tal vez duerme
18.44 dijo: *Vé*, y dí a Acab: Unce tu carro
19.3 se levantó y se *fue* para salvar su vida
19.4 se *fue* por el desierto un día de camino
19.15 dijo..*Vé*, vuélvete por tu camino, por
19.20 le dijo: *Vé*, vuelve; ¿qué te he hecho
19.21 después se levantó y *fue* tras Elías, y
20.9 los embajadores *fueron*, y le dieron la
20.22 *vé*, fortalécete, y considera y mira lo
20.33 dijo: *Id* y traedle. Ben-adad entonces
20.34 hizo, pues, pacto con él, y le dejó *ir*
20.38 y el profeta se *fue*, y se puso delante
20.43 rey de Israel se *fue* a su casa triste
22.6 dijo: ¿*Iré* a la guerra contra Ramot de
22.13 el..que había *ido* a llamar a Micaías
22.15 Micaías, ¿*iremos* a pelear contra Ramot
22.22 le inducirás, y..*vé*, pues, y hazlo así
22.24 ¿por dónde se *fue* de mí el Espíritu de
22.48 habían de *ir* a Ofir por oro..no *fueron*
22.49 *vayan* mis siervos con los tuyos en las
2 R. 1.2 *id* y consultad a Baal-zebub dios de
1.3 que *vais* a consultar a Baal-zebub dios de
1.4 que ciertamente morirás. Y Elías se *fue*
1.6 dijo: *Id*, y volveos al rey que os envió
2.6 que no te dejaré. *Fueron*, pues, ambos
2.11 que *yendo* ellos y hablando, he aquí un
2.16 *vayan* ahora y busquen a tu señor; quizá
2.18 les dijo: ¿No os dije yo que no *fueseis?*
2.25 de allí *fue* al monte Carmelo, y de allí
3.7 ¿*irás* tú conmigo a..guerra contra Moab?
3.7 *iré*, porque yo soy como tú; mi pueblo
3.8 ¿por qué camino *iremos?* Y él respondió
3.13 *vé* a los profetas de tu padre, y a los
4.5 y se *fue* la mujer, y cerró la puerta
4.7 dijo: *Vé* y vende el aceite, y paga a tus
4.23 dijo: ¿Para qué *vas* a verle hoy? No es
4.26 que *vayas* ahora corriendo a recibirla
4.26 le digas: ¿Te *va* bien a ti? ¿Le *v* bien
4.29 ciñe..toma mi báculo en tu mano, y *vé*
4.31 y Giezi había *ido* delante de ellos, y
5.5 *vé*, y yo enviaré cartas al rey de Israel
5.10 *vé* y lávate siete veces en el Jordán, y
5.11 y Naamán se *fue* enojado, diciendo: He
5.12 limpio? Y se volvió, y se *fue* enojado
5.19 *vé* en paz. Se *fue*, pues, y caminó como
5.21 bajó del carro..y dijo: ¿*Va* todo bien?
5.24 luego mandó a los hombres que se *fuesen*
5.25 él..Tu siervo no ha *ido* a ninguna parte
6.2 *vamos* ahora al Jordán, y tomemos..viga
6.3 que vengas con..y él respondió: Yo *iré*
6.4 *fue*, pues, con ellos; y cuando llegaron
6.9 no pases por..porque los sirios *van* allí
6.13 dijo: *Id*, y mirad dónde está, para que
7.4 *vamos*, pues..y pasemos al campamento de
7.5 se levantaron..para *ir* al campamento de
7.8(2) tomaron..y *fueron* y lo escondieron
7.9 *vamos*, pues..entremos y demos la nueva
7.10 *fuimos* al campamento de los sirios, y
7.14 y envió el rey al..diciendo: *Id* y ved
7.15 ellos *fueron*, y los siguieron hasta el
8.1 levántate, *vete* tú..a vivir donde puedas
8.2 se *fue* ella con su familia, y vivió en
8.7 Eliseo se *fue*..Damasco; y Ben-adad rey
8.8 toma en..y *vé* a recibir al varón de Dios
8.9 *fue* a su encuentro, y llegando se puso
8.10 le dijo: *Vé*, dile: Seguramente sanarás
8.14 y Hazael se *fue*, y vino a su señor, el
8.28 *fue* a la guerra con Joram hijo de Acab
9.1 ciñe tus lomos..y *vé* a Ramot de Galaad
9.4 *fue*, pues, el joven..a Ramot de Galaad
9.15 para *ir* a dar las nuevas en Jezreel
9.16 Jehú..*fue* a Jezreel..Joram estaba allí

IR *(Continúa)*
2 R. 9.17 ordena. .jinete que *vaya* a reconocerlos
9.18 *fue*. .el jinete a reconocerlos, y dijo
9.25 tú y yo *íbamos*. .con la gente de Acab
9.34 dijo: *Id* ahora a ver a aquella maldita
9.35 cuando *fueron*. .no hallaron de ella más
10.12 se levantó de allí para *ir* a Samaria
10.15 *yéndose*. .se encontró con Jonadab hijo
10.25 *fueron* hasta el lugar santo. .de Baal
16.10 después *fue* el rey Acaz a encontrar a
17.15 y *fueron* en pos de las naciones que
17.27 y *vaya* y habite allí, y les enseñe la
19.8 porque oyó que se había *ido* de Laquis
19.36 Senaquerib. .se *fue*, y volvió a Nínive
22.4 *vé* al sumo sacerdote Hilcías, y dile que
22.13 *id* y preguntad a Jehová por mí, y por
22.14 entonces *fueron*. .a la profetisa Hulda
23.3 pacto. .de que *irían* en pos de Jehová
25.4 el rey se *fue* por el camino del Arabá
24.24 no temáis. .servid al rey. .os *irá* bien
25.26 se *fueron* a Egipto, por temor. .caldeos
1 Cr. 11.4 *fue* David con. .Israel a Jerusalén
12.8 de Gad. .*fueron* a David, al lugar fuerte
15.25 *fueron* a traer el arca del pacto de
15.27 y David *iba* vestido de lino fino, y
16.43 todo el pueblo se *fue* cada uno a su casa
17.4 *vé* y dí a David mi siervo: Así ha dicho
17.11 sean cumplidos para *irte* con tus padres
17.21 Dios *fuese* y se redimiese un pueblo
18.3 *yendo* éste a asegurar su dominio junto
18.6 daba la victoria. .dondequiera que *iba*
18.13 daba el triunfo. .dondequiera que *iba*
19.5 *fueron* luego, y cuando llegó a David
21.2 dijo David. .*Id*, haced censo de Israel
21.10 *vé* y habla a David, y dile: Así ha
21.30 David no pudo *ir* allá a consultar a
2 Cr. 1.3 *fue* Salomón. .al lugar alto. .Gabaón
1.5 altar. .al cual *fue* a consultar Salomón
2.8 he aquí, mis siervos *irán* con los tuyos
8.18 *fueron*. .los siervos de Salomón a Ofir
9.12 la reina de Sabá. .se *fue* a su tierra
9.21 la flota del rey *iba* a Tarsis con los
10.1 Roboam *fue* a Siquem. .se había reunido
10.5 dijo: Volved a mí. .Y el pueblo se *fue*
10.16 así se *fue* todo Israel a sus tiendas
11.4 oyeron la. .y no *fueron* contra Jeroboam
12.11 cuando el rey *iba* a la casa de Jehová
12.12 también en Judá las cosas *fueron* bien
18.2 persuadió que *fuese* con él contra Ramot
18.3 soy como tú. .*iremos* contigo a la guerra
18.5 el rey. .¿*Iremos* a la guerra contra Ramot
18.12 el. .que había *ido* a llamar a Micaías
18.14 ¿*iremos* a pelear contra Ramot de Galaad
20.36 construir naves que *fuesen* a Tarsis; y
20.37 las naves se. .y no pudieron *ir* a Tarsis
22.5 *fue* a la guerra con Joram hijo de Acab
24.25 cuando se *fueron* los sirios. .dolencias
25.7 no *vaya* contigo el ejército de Israel
25.8 si *vas* así, si lo haces, y te esfuerzas
25.10 apartó. .para que se *fuesen* a sus casas
25.13 para que no *fuesen* con él a la guerra
30.6 *fueron*. .correos con cartas de mano del
34.22 y los del rey *fueron* a Hulda profetisa
Esd. 5.8 *fuimos* a la provincia de Judea, a la
5.15 *vé*, y llévalos al templo que está en
6.5 y *vayan* a su lugar, al templo que está
7.13 que quiera *ir* contigo a Jerusalén, *vaya*
8.31 partimos del río. .para *ir* a Jerusalén
10.6 se *fue* a la cámara de Johanán hijo de
10.6 e *ido* allá, no comió pan ni bebió agua
Neh. 2.14 pasase la cabalgadura en que *iba*
2.16 no sabían. .dónde yo había *ido*, ni qué
6.3 yo hago una gran obra, y no puedo *ir*
6.3 cesaría la obra, dejándola yo para *ir* a
6.17 *iban* muchas cartas. .de Judá a Tobías
8.10 *id*, comed grosuras, y bebed vino dulce
8.12 el pueblo se *fue* a comer y a beber, y
9.12 para alumbrarles. .donde habían de *ir*
9.19 guiarlos por el camino. .habían de *ir*
12.32 *iba* tras de ellos Osaías con la mitad
12.35 de los. .sacerdotes *iban* con trompetas
12.38 el segundo coro *iba* del lado opuesto
13.6 en el año 32 de Artajerjes. .*fui* al rey
Est. 2.11 para saber cómo le *iba* a Ester, y
4.1 *fue* por la ciudad clamando con. .clamor
4.8 que *fuese* ante el rey a suplicarle y a
4.16 *vé* y reúne a todos los judíos que se
4.17 Mardoqueo *fue*, e hizo. .le mandó Ester
6.1 misma noche se le *fue* el sueño al rey
6.12 Amán se dio prisa para *irse* a su casa
7.1 *fue*, pues, el rey con Amán al banquete
7.7 el rey se levantó. .y se *fue* al huerto
9.4 y su fama *iba* por todas las provincias
Job 1.4 *iban* sus hijos y hacían banquete en
3.23 hombre que no sabe por donde ha de *ir*
7.9 como la nube se desvanece y se *va*, así
10.21 que *vaya* para no volver, a la tierra de
12.25 *van* a tientas, como en tinieblas y sin
14.11 como las aguas se *van* del mar, y el río
14.20 serás más fuerte que él, y él se *va*
16.22 *iré* por el camino de donde no volveré
21.33 y antes de él han *ido* innumerables
23.3 hallar a Dios! Yo *iría* hasta su silla
23.8 yo *iré* al oriente, y no lo hallaré; y al
27.21 eleva el solano, y se *va*; y tempestad
31.7 si mi corazón se *fue* tras mis ojos, y si
31.26 mirado. .a la luna cuando *iba* hermosa
32.15 más; se les *fueron* los razonamientos
34.8 *va* en compañía con. .que hacen iniquidad
34.23 justo, para que *vaya* con Dios a juicio
38.19 por dónde *va* el camino a la habitación
38.35 los relámpagos, para que ellos *vayan*?
42.8 tomaos. .*id* a mi siervo Job, y ofreced
42.9 *fueron*. .Elifaz temanita, Bildad suhita
Sal. 34 *tít*. Abimelec, y él lo echó, y se *fue*
39.13 fuerzas, antes que *vaya* y perezca
45.14 *irán* en pos de ella, compañeras suyas
59.10 el Dios. .*irá* delante de mí; Dios hará
68.25 los cantores *iban* delante, los músicos
84.7 *irán* de poder en poder; verán a Dios
85.13 la justicia *irá* delante de él, y sus
89.14 misericordia y verdad *van* delante de
94.15 en pos de ella *irán* todos los rectos
97.3 fuego *irá* delante de él, y abrasará a
102.11 mis días son como sombra que se *va*
104.10 por los arroyos; *van* entre los montes
105.20 envió el rey, y le. .le dejó *ir* libre
106.9 les hizo *ir* por el abismo como por un
106.32 le *fue* mal a Moisés por causa de ellos
109.23 me *voy* como la sombra cuando declina
122.1 me decían: A la casa de Jehová *iremos*
126.6 *irá* andando y llorando el que lleva la
127.2 demás es que. .*vayáis* tarde a reposar
128.2 bienaventurado serás, y te *irá* bien
139.7 ¿a dónde me *iré* de tu Espíritu? ¿Y a
Pr. 1.16 y *van* presurosos a derramar sangre
4.14 no. .ni *vayas* por el camino de los malos
4.18 que *va* en aumento hasta que el día es
6.3 *vé*, humíllate, y asegúrate de tu amigo
7.8 el cual. .*iba* camino a la casa de ella
7.19 el marido. .se ha *ido* a un largo viaje
7.22 marchó. .como *va* el buey al degolladero
9.15 los. .que *van* por sus caminos derechos
14.7 *vete* de delante del. .necio, porque en
21.5 todo el que se apresura. .*va* a la pobreza
23.30 para los que *van* buscando la mistura
27.8 cual ave que se *va* de su nido, tal es
27.8 tal es el hombre que se *va* de su lugar
27.10 ni *vayas* a la casa de tu hermano en el
31.18 que *van* bien sus negocios; su lámpara
Ec. 1.4 generación *va*, y. .viene; mas la tierra
1.6 el viento. .*va* girando de continuo, y a sus
1.7 los ríos todos *van* al mar, y el mar no se
3.20 todo *va* a un mismo lugar; todo es hecho
5.1 cuando *fueres* a la casa de Dios, guarda
5.15 *yéndose* tal como vino; y nada tiene de
6.4 a las tinieblas *va*, y con tinieblas su
6.6 viviere. .¿no *van* todos al mismo lugar?
7.2 mejor es *ir* a la casa del luto que a la
8.3 no te apresures a *irte* de su presencia
8.12 que les *irá* bien a los que a Dios temen
8.13 no le *irá* bien al impío, ni le serán
9.3 y después de esto se *van* a los muertos
9.10 porque en el sepulcro, adonde *vas*, no
10.3 *va* el necio por el camino. .*v* diciendo
10.15 porque no saben por dónde *ir* a la ciudad
12.5 el hombre *va* a su morada eterna, y los
Cnt. 1.8 *vé*, sigue las huellas del rebaño, y
2.11 porque. .se ha mudado, la lluvia se *fue*
4.6 *iré* al monte de la mirra, y al collado
5.6 abrí yo a. .pero mi amado se había *ido*
6.1 ¿a dónde se ha *ido* tu amado, oh la más
Is. 1.23 todos aman el soborno, *van* tras las
3.10 decid al justo que le *irá* bien, porque
3.11 mal le *irá*, porque según las obras de
6.8 ¿a quién enviaré, y. .*irá* por nosotros?
7.6 *vamos* contra Judá, y aterroricémosla, y
7.24 con saetas y arco *irán* allá, porque toda
20.2 *vé* y quita el cilicio de tus lomos, y
21.6 *vé*, pon centinela que haga saber lo que
22.15 *vé*, entra a este tesorero, a Sebna el
28.13 hasta que *vayan* y caigan de espaldas
30.8 *vé*. .y escribe esta visión en una tabla
30.29 alegría de corazón, como el que *va* con
37.37 Senaquerib. .se *fue*, e hizo su morada
38.5 *vé* y dí a Ezequías: Jehová Dios de. .dice
38.10 a la mitad de mis días *iré* a. .del Seol
45.2 yo *iré* delante de ti, y enderezaré los
45.14 *irán* en pos de ti, pasarán con grillos
45.16 *irán* con. .los fabricadores de imágenes
47.15 cada uno *irá* por su camino, no habrá
52.12 ni *iréis* huyendo. .Jehová *irá* delante de
58.8 e *irá* tu justicia delante de ti, y la
59.8 que por ellas *fuere*, no conocerá paz
Jer. 1.7 porque a todo lo que te envíe *irás* tú
2.5 se *fueron* tras la vanidad y se hicieron
2.25 a extraños he. .y tras ellos he de *ir*
3.1 y *yéndose* ésta de él se juntare a otro
3.6 se *va* sobre todo monte alto y debajo de
3.8 Judá. .sino que también *fue* ella y fornicó
3.12 *vé* y clama. .palabras hacia el norte, y
3.18 *irán* de la casa de Judá a la casa de
4.25 todas las aves del cielo se habían *ido*
5.5 *iré* a los grandes, y les hablaré; porque
5.23 este pueblo. .se apartaron y se *fueron*
7.23 andad. .os mande, para que os *vaya* bien
7.24 *fueron* hacia atrás y no hacia adelante
9.10 hasta las bestias. .huyeron, y se *fueron*
9.14 antes se *fueron* tras la imaginación de
11.8 se *fueron* cada uno tras la imaginación
11.10 y se *fueron* tras dioses ajenos para
11.12 *irán* las ciudades de Judá. .a los dioses
13.1 dijo Jehová: *Vé* y cómprate un cinto de
13.4 el cinto. .y levántate y *vete* al Eufrates
13.5 *fui* pues, y lo escondí junto al Eufrates
13.6 levántate y *vete* al Eufrates, y toma de
13.7 *fui* al Eufrates, y cavé, y tomé el cinto
13.10 y que *va* en pos de dioses ajenos para
16.5 no entres en casa de luto, ni *vayas* a
17.16 no he *ido* en pos de ti para incitarte
17.19 dicho Jehová: *Vé* y ponte a la puerta
18.2 levántate y *vete* a casa del alfarero
18.12 porque en pos de nuestros ídolos *iremos*
19.1 dijo Jehová: *Vé* y compra una vasija de
19.10 ante los ojos de los varones que *van*
20.6 y todos los. .de tu casa *iréis* cautivos
21.2 quizá. .aquél se *irá* de sobre nosotros
22.10 llorad amargamente por el que se *va*
22.22 y tus enamorados *irán* en cautiverio
25.6 y no *vayáis* en pos de dioses ajenos
25.32 que el mal *irá* de nación en nación, y
27.18 los utensilios. .no *vayan* a Babilonia
28.13 *vé* y habla a Hananías, diciendo: Así
30.16 adversarios, todos *irán* en cautiverio
31.2 cuando Israel *iba* en busca de reposo
31.9 *irán* con lloro, mas con misericordia los
31.21 vuélvete. .por donde *fuiste*, virgen de
31.24 habitará allí. .los que *van* con rebaño
32.5 y si peleareis contra. .no os *irá* bien
34.2 *vé* y habla a Sedequías rey de Judá, y
34.21 en mano del ejército. .*ido* de vosotros
35.2 *vé* a casa de los recabitas y habla con
35.13 *vé* y dí a los varones de Judá, y a los
35.15 y no *vayáis* tras dioses ajenos para
36.19 Baruc: *Vé* y escóndete, tu y Jeremías
37.12 salía Jeremías. .para *irse* a tierra de
38.20 oye. .la voz. .y te *irá* bien y vivirás
39.16 *vé* y habla a Ebed-melec etíope. .Así ha
40.1 cautivos. .de Judá que *iban* deportados
40.4 *vé* a donde. .más cómodo te parezca *ir*
40.9 servid al rey de Babilonia, y os *irá*
40.15 yo *iré* ahora y mataré a Ismael hijo
41.10 *fue* para pasarse a los hijos de Amón
41.12 *fueron* a pelear contra Ismael hijo de
41.15 escapó. .y se *fue* a los hijos de Amón
41.17 *fueron* y habitaron en. .a fin de *ir* y
42.3 enseñe el camino por donde *vayamos*, y
42.6 obedeciendo a. .Jehová. .nos *vaya* bien
42.19 no *vayáis* a Egipto; sabed ciertamente
43.2 decir: No *vayáis* a Egipto para morar allí
44.3 *yendo* a ofrecer incienso, honrando a
44.12 volvieron sus rostros para *ir* a tierra
45.5 te daré tu vida. .lugares adonde *fueres*
48.2 serás cortada; espada *irá* en pos de ti
48.9 alas a Moab, para que se *vaya* volando
49.30 huid, *idos* muy lejos. .oh moradores de
49.36 y no habrá nación a donde no *vayan*
50.3 hombre ni animal. .huyeron, y se *fueron*
50.8 los machos cabríos que *van* delante del
50.27 matad a todos sus novillos; que *vayan*
51.9 dejadla, y *vámonos* cada uno a su tierra
51.59 cuando *iba* con Sedequías rey de Judá
52.7 rey, y se *fueron* por el camino del Arabá
Lm. 1.3 Judá ha *ido* en cautiverio a causa de
1.5 sus hijos *fueron* en cautividad delante
Ez. 3.1 este rollo, y *vé* y habla a la casa de
3.4 *vé* y entra a la casa de Israel, y habla
3.11 *vé* y entra a los cautivos, a los hijos
7.14 no habrá quien *vaya* a la batalla; porque
10.11 volvía la primera, en pos de ella *iban*
12.22 se *van* prolongando los días, y. .visión?
20.16 porque tras sus ídolos *iba* su corazón
20.24 tras los ídolos. .les *fueron* los ojos
20.29 ¿qué es ese lugar alto adonde. .*vais*?
21.19 señal. .que indique la ciudad adonde *va*
23.6,12 todos. .jinetes que *iban* a caballo
30.17 Avén. .las mujeres *irán* en cautiverio
30.18 los moradores de. .*irán* en cautiverio
31.12 se *irán* de su sombra todos los pueblos
34.11 yo, yo mismo *iré* a buscar mis ovejas, y
35.7 y cortaré de él al que *vaya* y al que
36.20 adonde *fueron*, profanaron mi. .nombre
36.21 profanado por. .naciones adonde *fueron*
37.21 entre las naciones a las cuales *fueron*
38.11 subiré. .*iré* contra gentes tranquilas
39.14 *vayan* por el país con los que viajan
39.15 pasarán los que *irán* por el país, y el
44.10 se apartaron. .*yéndose* tras sus ídolos
Dn. 2.1 tuvo Nabucodonosor. .se le *fue* el sueño
2.8 porque veis que el asunto se me ha *ido*
2.17 se *fue* Daniel a su casa e hizo saber lo
2.24 después de esto *fue* Daniel a Arioc, al
4.14 *váyanse* las bestias que están debajo de
6.12 *fueron*. .ante el rey y le hablaron del
6.18 luego el rey se *fue* a su palacio, y se
6.18 se acostó ayuno. .y se le *fue* el sueño
6.19 el rey. .*fue* apresuradamente al foso de
12.13 tú *irás* hasta el fin, y reposarás, y
Os. 1.2 *vé*, tómate una mujer fornicaria, e
1.3 *fue*, pues, y tomó a Gomer hija de Diblaim
2.5 *iré* tras mis amantes, que me dan mi pan
2.7 dirá: *Iré* y me volveré a mi primer marido

IR ***(Continúa)***

Os. 2.7 porque mejor me *iba* entonces que ahora
2.13 se *iba* tras sus amantes y se olvidaba
3.1 me dijo. . *Vé*, ama a una mujer amada de su
4.14 ellos mismos se *van* con rameras, y con
5.13 *irá*. . Efraín a Asiria, y enviará al rey
5.14 yo arrebataré, y me *iré*; tomaré, y no
9.6 *fueron* ellos a causa de la destrucción
Jl. 2.8 uno *irá* por su carrera; y aun cayendo
2.9 *irán* por la ciudad, correrán por el muro
Am. 1.15 su rey *irá* en cautiverio, él y todos
4.4 *id* a Bet-el, y prevaricad; aumentad en
6.2 de allí *id* a la gran Hamat; descended
6.7 ahora *irán* a la cabeza de los que *van* a
7.12 vidente, *vete*, huye a tierra de Judá
7.15 y me dijo: *Vé* y profetiza a mi pueblo
8.12 e *irán* errantes de mar a mar; desde el
Jon. 1.2 y *vé* a Nínive, aquella gran ciudad
1.3 entró en. . para *irse* con ellos a Tarsis
3.2 y *vé* a Nínive, aquella gran ciudad, y
3.3 *fue* a Nínive conforme a la palabra de
Mi. 1.16 porque en cautiverio se *fueron* de ti
Nah. 3.17 salido el sol se *van*, y no se conoce
Hab. 1.9 terror *va* delante de ella, y recogerá
3.5 delante de su rostro *iba* mortandad, y a
Zac. 2.2 dije: ¿A dónde *vas*? Y él me respondió
6.7 se afanaron por *ir* a recorrer la tierra
6.7 *id*, recorred la tierra. Y recorrieron la
6.10 e *irás* tú. . y entrarás en casa de Josías
7.14 sin quedar quien *fuese* ni viniese; pues
8.21 dirán: *Vamos* a implorar. . Yo también *iré*
8.23 *iremos* con vosotros, porque hemos oído
9.8 guarda, para que ninguno *vaya* ni venga
9.14 trompeta, e *irá* entre torbellinos del
14.2 la mitad de la ciudad *irá* en cautiverio
Mt. 2.8 *id* allá y averiguad. . acerca del niño
2.8 hacédmelo saber. . que yo también *vaya* y
2.9 ellos, habiendo oído al rey, se *fueron*
2.14 tomó de noche al niño. . se *fue* a Egipto
2.20 y *vete* a tierra de Israel, porque han
2.22 tuvo temor de *ir* allá; pero avisado por
2.22 avisado. . se *fue* a la región de Galilea
4.10 *vete*, Satanás, porque escrito está: Al
5.24 y *anda*, reconcíliate. . con tu hermano
5.41 te obligue a llevar carga. . *vé* con él dos
8.4 *vé*, muéstrate al sacerdote, y presenta
8.7 y Jesús le dijo: Yo *iré* y le sanaré
8.9 digo a éste: *Vé* y *va*; y al otro: Ven, y
8.13 dijo. . *Vé*, y como creíste, te sea hecho
8.19 dijo. . te seguiré adondequiera que *vayas*
8.21 que *vaya* primero y entierre a mi padre
8.31 si. . permítenos *ir* a aquel hato de cerdos
8.32 él les dijo: *Id*. Y ellos salieron, y se
8.32 se *fueron* a aquel hato de cerdos; y he
8.34 le rogaron que se *fuera* de sus contornos
9.6 levántate, toma tu cama, y *vete* a tu casa
9.7 entonces él se levantó y se *fue* a su casa
9.13 *id*, pues, y aprended lo que significa
10.5 por camino de gentiles no *vayáis*, y en
10.6 sino *id* antes a las ovejas perdidas de
10.7 y *yendo*, predicad, diciendo: El reino
11.1 se *fue* de allí a enseñar y a predicar
11.4 *id*, y haced saber a Juan las cosas que
11.7 mientras ellos se *iban*, comenzó Jesús a
12.1 *iba* Jesús por los sembrados en un día
12.45 *va*, y toma consigo otros 7 espíritus
13.25 vino su enemigo y sembró cizaña. . *fue*
13.28 ¿quieres. . *vayamos* y la arranquemos?
13.44 gozoso. . *va* y vende todo lo que tiene
13.46 *fue* y vendió todo lo que tenía, y la
13.53 cuando terminó Jesús. . se *fue* de allí
14.12 y *fueron* y dieron las nuevas a Jesús
14.15 que *vayan* por las aldeas y compren de
14.16 no tienen necesidad de *irse*; dadles
14.22 e *ir* delante de él a la otra ribera
14.28 manda que yo *vaya* a ti sobre las aguas
14.29 andaba sobre las aguas para *ir* a Jesús
15.17 lo que entra en la boca *va* al vientre
15.21 se *fue* a la región de Tiro y de Sidón
16.4 no le será dada. . Y dejándolos, se *fue*
16.21 que le era necesario *ir* a Jerusalén y
17.27 *vé* al mar, y echa el anzuelo, y el. . pez
18.12 *va* por los montes a buscar la que se
18.15 *vé* y repréndele estando tú y él solos
18.30 *fue* y le echó en la cárcel, hasta que
18.31 *fueron* y refirieron a su señor todo lo
19.1 y *fue* a las regiones de Judea al otro
19.15 puesto sobre ellos las manos, se *fue*
19.22 oyendo el joven esta palabra, se *fue*
20.4 *id*. . vosotros a mi viña. . Y ellos *fueron*
20.7 *id*. . vosotros a la viña, y recibiréis lo
20.9 que habían *ido* cerca de la hora undécima
20.14 toma lo que es tuyo, y *vete*. . quiero dar
21.2 *id* a la aldea que. . enfrente de vosotros
21.6 *fueron*, e hicieron como Jesús les mandó
21.9 gente que *iba* delante y la que *i* detrás
21.28 hijo, *vé* hoy a trabajar en mi viña
21.29 no quiero. . después, arrepentido, *fue*
21.30 él, dijo: Sí, señor, *voy*. Y no *fue*
21.31 las rameras *van* delante de. . al reino
21.33 una viña. . la arrendó. . y se *fue* lejos
22.5 ellos, sin hacer caso, se *fueron*, uno
22.9 *id*, pues, a las salidas de los caminos
22.15 se *fueron* los fariseos y consultaron
22.22 maravillaron, y dejándole, se *fueron*
24.1 cuando Jesús salió del templo y se *iba*
25.9 *id* más bien a los que venden, y comprad
25.10 mientras ellas *iban* a. . vino el esposo
25.14 es como un hombre que *yéndose* lejos
25.15 dio. . a cada uno. . y luego se *fue* lejos
25.16 *fue* y negoció con ellos, y ganó otros
25.25 *fui* y escondí tu talento en la tierra
25.46 e *irán* éstos al castigo eterno, y los
26.14 Judas. . *fue* a. . principales sacerdotes
26.18 dijo: *Id* a la ciudad a cierto hombre
26.23 al que mete la mano. . me *va* a entregar
26.24 Hijo del Hombre *va*, según está escrito
26.32 pero. . *iré* delante de vosotros a Galilea
26.36 aquí, entre tanto que *voy* allí y oro
26.39 *yendo*. . adelante, se postró sobre su
26.42 *fue*, y oró por segunda vez, diciendo
26.44 *fue* de nuevo, y oró por tercera vez
26.46 levantaos, *vamos*; ved, se acerca el que
27.5 arrojando las piezas. . *fue* y se ahorcó
27.60 hacer rodar una gran piedra. . se *fue*
27.65 les dijo. . *id*, aseguradlo como sabéis
27.66 ellos *fueron* y aseguraron el sepulcro
28.7 *id* pronto y decid a sus discípulos que
28.7 aquí *va* delante de vosotros a Galilea
28.8 *fueron* corriendo a dar las nuevas a sus
28.8 y mientras *iban* a dar las nuevas a los
28.10 *id*, dad las nuevas a mis hermanos, para
28.10 que *vayan* a Galilea, y allí me verán
28.11 mientras ellas *iban*, he aquí, unos de
28.11 unos de la guardia *fueron* a la ciudad
28.16 los once. . *fueron* a Galilea, al lugar
28.19 *id*, y haced discípulos. . las naciones
Mr. 1.35 *fue* a un lugar desierto, y allí oraba
1.38 *vamos* a los lugares vecinos, para que
1.42 al instante la lepra se *fue* de aquél, y
1.44 *vé*, muéstrate al sacerdote, y ofrece por
1.45 pero *ido* él, comenzó a publicarlo mucho
2.11 digo. . toma tu lecho, y *vete* a tu casa
5.17 comenzaron a rogarle que se *fuera* de sus
5.19 *vete* a. . y cuéntales cuán grandes cosas
5.20 *fue*, y comenzó a publicar en Decápolis
5.24 *fue*, pues, con él; y le seguía una gran
5.26 y nada había aprovechado. . le *iba* peor
5.34 *vé* en paz, y queda sana de tu azote
6.28 el guarda *fue*, le decapitó en la cárcel
6.31 eran muchos los que *iban* y venían, de
6.32 y se *fueron* solos. . a un lugar desierto
6.33 muchos. . los vieron *ir*, y le reconocieron
6.33 *fueron* allá a pie desde las ciudades
6.36 para que *vayan* a los campos y aldeas
6.37 *vayamos* y compremos pan. . y les demos
6.38 dijo: ¿Cuántos panes tenéis? *Id* y vedlo
6.45 hizo a sus discípulos. . *ir* delante de él
6.46 y después que. . se *fue* al monte a orar
7.24 se *fue* a la región de Tiro y de Sidón
7.29 por. . *vé*; el demonio ha salido de tu hija
8.13 y dejándolos. . se *fue* a la otra ribera
9.43 que teniendo dos manos *ir* al infierno
10.22 él, afligido por esta palabra, se *fue*
10.32 *iban* por el camino. . Jesús *iba* delante
10.52 dijo: *Vete*, tu fe te ha salvado. Y en
11.2 dijo: *Id* a la aldea que está enfrente
11.4 *fueron*, y hallaron el pollino atado
11.9 los que *iban* delante y los. . daban voces
11.11 Jesús. . se *fue* a Betania con los doce
11.13 *fue* a ver si tal vez hallaba en ella
12.1 la arrendó a unos labradores, y se *fue*
12.12 temían a la. . y dejándole, se *fueron*
13.34 es como el hombre que *yéndose* lejos
14.10 *fue* a los. . sacerdotes para entregárselo
14.12 *vayamos* a preparar para. . la pascua?
14.13 *id* a la ciudad, y os saldrá. . un hombre
14.16 *fueron* sus discípulos y entraron en la
14.21 la verdad el Hijo del Hombre *va*, según
14.28 pero. . *iré* delante de vosotros a Galilea
14.35 *yéndose* un poco adelante, se postró
14.39 otra vez *fue* y oró. . las mismas palabras
14.42 levantaos, *vamos*; he aquí, se acerca
16.1 compraron especias. . para *ir* a ungirle
16.7 *id*, decid a. . él *va* delante de vosotros
16.8 y ellas se *fueron* huyendo del sepulcro
16.10 *yendo* ella, lo hizo saber a los que
16.12 dos. . que *iban* de camino, *yendo* al campo
16.13 *fueron* y lo hicieron saber a los otros
16.15 dijo: *Id* por todo el mundo y predicad
Lc. 1.17 *irá* delante de él con el espíritu y
1.23 y cumplidos los días. . se *fue* a su casa
1.38 María. . el ángel se *fue* de su presencia
1.39 María, *fue* de prisa a la montaña, a una
1.76 *irás* delante de la presencia del Señor
2.3 *iban* todos para ser empadronados, cada
2.15 cuando los ángeles se *fueron* de ellos
2.41 *iban* sus padres. . los años a Jerusalén
3.3 él *fue* por. . la región contigua al Jordán
4.8 *vete* de mí, Satanás, porque escrito está
4.30 él pasó por en medio de ellos, y se *fue*
4.42 salió y se *fue* a un lugar desierto; y
4.42 detenían para que no se *fuera* de ellos
5.13 sé limpio. Y al instante la lepra se *fue*
5.14 *vé*, le dijo, muéstrate al sacerdote, y
5.24 digo. . toma tu lecho, y *vete* a tu casa
5.25 se *fue* a su casa, glorificando a Dios
6.12 él *fue* al monte a orar, y pasó la noche
7.6 Jesús *fue* con ellos. Pero cuando ya no
7.8 digo a éste: *Vé*, y *va*; y al otro: Ven, y
7.11 que él *iba* a la ciudad que se llama Naín
7.11 e *iban* con él muchos de sus discípulos
7.22 les dijo: *Id*, haced saber a Juan lo que
7.24 cuando se *fueron* los mensajeros de Juan
7.50 él dijo. . Tu fe te ha salvado, *vé* en paz
8.1 que Jesús *iba* por todas las ciudades y
8.14 *yéndose*, son ahogados por los afanes y
8.31 y le rogaban que no los mandase *ir* al
8.34 *yendo* dieron aviso en la ciudad y por
8.39 se *fue*, publicando por toda la ciudad
8.42 y mientras *iba*, la multitud le oprimía
8.48 hija, tu fe te ha salvado; *vé* en paz
9.12 para que *vayan* a las aldeas y campos de
9.13 que *vayamos* nosotros a comprar alimentos
9.51 afirmó su rostro para *ir* a Jerusalén
9.52 *fueron* y entraron en una aldea de los
9.53 su aspecto era como de *ir* a Jerusalén
9.56 para salvarlas. Y se *fueron* a otra aldea
9.57 *yendo* ellos, uno le dijo en el camino
9.57 Señor, te seguiré adondequiera. . *vayas*
9.59 déjame que. . *vaya* y entierre a mi padre
9.60 y tú *vé*, y anuncia el reino de Dios
10.1 a toda ciudad. . adonde él había de *ir*
10.3 *id*; he aquí yo os envío como corderos
10.30 hiriéndole, se *fueron*, dejándole medio
10.33 pero un samaritano, que *iba* de camino
10.37 Jesús le dijo: *Vé*, y haz tú lo mismo
10.38 que *yendo* de camino, entró en una aldea
11.5 *va* a él a medianoche y le dice: Amigo
11.26 *va*, y toma. . siete espíritus peores que
12.58 *vayas* al magistrado con tu adversario
13.31 sal, y *vete* de aquí, porque Herodes te
13.32 *id*, y decid a aquella zorra: He aquí
14.10 *vé* y siéntate en el último lugar, para
14.18 una hacienda, y necesito *ir* a verla
14.19 bueyes, y *voy* a probarlos; te ruego que
14.20 acabo de casarme, y por. . no puedo *ir*
14.21 *vé* . por las plazas y las calles de la
14.23 *vé* por los caminos. . fuérzalos a entrar
14.25 *iban* con él; y volviéndose, les dijo
15.4 deja las 99. . y *va* tras la que se perdió
15.13 se *fue* lejos a una provincia apartada
15.18 me levantaré e *iré* a mi padre, y le
16.30 si alguno *fuere* a ellos de entre los
17.11 *yendo* Jesús a Jerusalén, pasaba entre
17.14 les dijo: *Id*, mostraos a los sacerdotes
17.14 que mientras *iban*, fueron limpiados
17.19 levántate, *vete*; tu fe te ha salvado
17.23 o helo allí. No *vayáis*, ni los sigáis
18.39 y los que *iban* delante le reprendían
19.1 entrado Jesús en Jericó, *iba* pasando por
19.12 hombre noble se *fue* a un país lejano
19.28 esto, *iba* delante subiendo a Jerusalén
19.30 *'d* a la aldea de enfrente, y al entrar
19.32 *fueron* los que habían sido enviados, y
21.8 vendrán. . Mas no *vayáis* en pos de ellos
21.21 y los que en medio de ella, *váyanse*
22.4 y éste *fue* y habló con los principales
22.8 *id*, preparadnos la pascua para que la
22.13 *fueron*. . hallaron como les había dicho
22.22 Hijo del Hombre *va*, según lo que está
22.33 dispuesto estoy a *ir* contigo no sólo
22.39 saliendo, se *fue*. . monte de los Olivos
22.47 Judas, uno de. . *iba* al frente de ellos
23.52 *fue* a Pilato, y pidió el cuerpo de
24.12 y se *fue* a casa maravillándose de lo
24.13 *iban* el mismo día a una aldea llamada
24.14 *iban* hablando. . de todas aquellas cosas
24.24 y *fueron*. . de los nuestros al sepulcro
24.28 llegaron a la aldea adonde *iban*, y él
24.28 y él hizo como que *iba* más lejos
Jn. 1.39 *fueron*, y vieron donde moraba, y se
1.43 siguiente día quiso Jesús *ir* a Galilea
3.8 ni sabes de dónde viene, ni a dónde *va*
4.3 salió de Judea. . *fue* otra vez a Galilea
4.8 sus discípulos habían *ido* a la ciudad a
4.16 dijo: *Vé*, llama a tu marido, y ven acá
4.28 la mujer. . *fue* a la ciudad, y dijo a los
4.43 después, salió de allí y *fue* a Galilea
4.45 también ellos habían *ido* a la fiesta
4.50 le dijo: *Vé*, tu hijo vive. Y el hombre
4.50 y el hombre creyó la palabra. . y se *fue*
4.54 señal hizo Jesús, cuando fue de Judea a
5.7 entre tanto que yo *voy*, otro desciende
5.15 hombre se *fue*, y dio aviso a los judíos
6.1 *fue* al otro lado del mar de Galilea, el
6.21 la cual llegó. . a la tierra adonde *iban*
6.22 no. . sino que éstos se habían *ido* solos
6.24 y *fueron* a Capernaum, buscando a Jesús
6.67 ¿queréis acaso *iros* también vosotros?
6.68 le respondió. . Señor, ¿a quién *iremos*?
6.71 éste era el que le *iba* a entregar, y
7.3 y *vete* a Judea, para que también tus
7.33 poco de tiempo. . e *iré* al que me envió
7.35 ¿adónde se *irá* éste, que no le hallemos?
7.35 ¿*irá* a los dispersos entre los griegos
7.53 cada uno se *fue* a su casa
8.1 y Jesús se *fue* al monte de los Olivos
8.11 ni yo te condeno; *vete*, y no peques más
8.14 sé de dónde he venido y a dónde *voy*; pero
8.14 vosotros no sabéis de. . ni a dónde *voy*

IR *(Continúa)*

Jn. 8.21 yo me *voy*. . a donde yo *v*. . no podéis venir
8.22 donde yo *voy*, vosotros no podéis venir?
8.59 y atravesando por en medio de. . se *fue*
9.7 *vé* a lavarte en el estanque de Siloé
9.7 *fue* entonces, y se lavó, y regresó viendo
9.11 y me dijo: *Vé* al Siloé. . *fui*, y me lavé
10.4 *va* delante de ellas; y las ovejas le
10.40 *fue* de nuevo al otro lado del Jordán
11.7 los discípulos: *Vamos* a Judea otra vez
11.8 los judíos apedrearte, ¿y otra vez *vas*
11.11 Lázaro duerme. . *voy* para despertarle
11.15 allí, para que creáis; mas *vamos* a él
11.16 dijo. . Tomás. . *Vamos* también nosotros
11.28 dicho. . *fue* y llamó a María su hermana
11.31 diciendo: *Va* al sepulcro a llorar allí
11.44 Jesús les dijo: Desatadle, y dejadle *ir*
11.46 algunos de ellos *fueron* a los fariseos
12.19 ya veis. . Mirad, el mundo se *va* tras él
12.22 *fue* y se lo dijo a Andrés; entonces
12.35 anda en tinieblas, no sabe a dónde *va*
12.36 estas cosas habló Jesús, y se *fue* y se
13.3 que había salido de Dios, y a Dios *iba*
13.11 porque sabía quien le *iba* a entregar
13.33 a donde yo *voy*, vosotros no podéis *ir*
13.36 dijo Simón Pedro: Señor, ¿a dónde *vas?*
13.36 donde yo *voy*, no me puedes seguir ahora
14.2 *voy*, pues, a preparar lugar para vosotros
14.3 si me *fuere* y os preparare lugar, vendré
14.4 sabéis a dónde *voy*, y sabéis el camino
14.5 Señor, no sabemos a dónde *vas*; ¿cómo
14.12 mayores hará, porque yo *voy* al Padre
14.28 os he dicho: *Voy*, y vengo a vosotros
14.28 he dicho que *voy* al Padre; porque el
14.31 mas para que. . Levantaos, *vamos* de aquí
15.16 puesto para que *vayáis* y llevéis fruto
16.5 ahora *voy* al que me envió; y ninguno de
16.5 de vosotros me pregunta: ¿A dónde *vas?*
16.7 yo os digo. . os conviene que yo me *vaya*
16.7 no me *fuere*, el Consolador no vendría a
16.7 Consolador. . si me *fuere*, os lo enviaré
16.10 de justicia, por cuanto *voy* al Padre
16.16 y me veréis; porque yo *voy* al Padre
16.17 me veréis; y, porque yo *voy* al Padre?
16.28 otra vez dejo el mundo, y *voy* al Padre
17.11 éstos están en el mundo, y yo *voy* a ti
17.13 pero ahora *voy* a ti; y hablo esto en
18.3 *fue* allí con linternas y antorchas, y
18.8 si me buscáis a mí, dejad *ir* a éstos
20.1 María Magdalena *fue* de mañana, siendo
20.2 *fue* a Simón Pedro y al otro discípulo
20.3 salieron Pedro y. . y *fueron* al sepulcro
20.17 *vé* a mis hermanos, y diles: Subo a mi
20.18 *fue*. . María Magdalena para dar a los
21.3 les dijo: *Voy* a pescar. . *Vamos*. . *fueron*
21.18 te ceñías, e *ibas* donde querías; mas
Hch. 1.4 mandó que no se *fueran* de Jerusalén
1.10 entre tanto que él se *iba*, he aquí se
1.11 vendrá como le habéis visto *ir* al cielo
1.25 cayó Judas. . para *irse* a su propio lugar
3.3 y a Juan que *iban* a entrar en el templo
5.20 *id*, y. . en pie en el templo, anunciad al
5.26 *fue* el jefe. . y los trajo sin violencia
7.40 dioses que *vayan* delante de nosotros
8.4 fueron esparcidos *iban* por todas partes
8.26 y *vé* hacia el sur, por el camino que
8.27 él se levantó y *fue*. Y sucedió que un
8.36 *yendo* por el camino, llegaron a. . agua
9.3 mas *yendo* por el camino, aconteció que al
9.7 hombres que *iban* con Saulo se pararon
9.11 y *vé* a la calle que se llama Derecha, y
9.15 *vé*, porque instrumento escogido me es
9.17 *fue* entonces Ananías y entró en la casa
9.39 levantándose. . Pedro, *fue* con ellos; y
10.7 *ido* el ángel que hablaba con Cornelio
10.9 mientras ellos *iban* por el camino y se
10.20 desciende, y no dudes de *ir* con ellos
10.23 levantándose, se *fue* con ellos; y le
11.12 el Espíritu me dijo que *fuese* con ellos
11.12 *fueron*. . conmigo estos seis hermanos
11.22 a Bernabé que *fuese* hasta Antioquía
11.25 *fue* Bernabé a Tarso para buscar a Saulo
12.17 contó. . Y salió, y se *fue* a otro lugar
15.38 y no había *ido* con ellos a la obra
16.3 quiso Pablo que éste *fuese* con él; y
16.7 a Misia, intentaron *ir* a Bitinia, pero
16.16 que mientras *íbamos* a la oración, nos
16.40 hermanos, los consolaron, y se *fueron*
17.2 Pablo, como acostumbraba, *fue* a ellos
17.13 *fueron* allá, y también alborotaron a
17.14 enviaron a Pablo. . *fuese* hacia el mar
18.1 Pablo salió de Atenas y *fue* a Corinto
18.2 los judíos saliesen de Roma. *Fue* a ellos
18.6 yo. . desde ahora me *iré* a los gentiles
18.7 se *fue* a la casa de uno llamado Justo
20.1 se despidió y salió para *ir* a Macedonia
20.13 a Pablo. . queriendo él *ir* por tierra
20.22 *voy* a Jerusalén, sin saber lo que allá
21.1 y *fuimos* con rumbo directo a Cos, y al
21.8 saliendo Pablo y los. . *fuimos* a Cesarea
22.5 y *fui* a Damasco para traer presos a
22.6 *yendo* yo, al llegar cerca de Damasco
22.10 *vé* a Damasco, y allí se te dirá todo
22.21 *vé*, porque yo te enviaré lejos a los
22.26 *fue* y dio aviso al tribuno, diciendo
23.14 *fueron* a los principales sacerdotes y
23.16 la celada, *fue* y entró en la fortaleza
23.23 preparasen. . que *fuesen* hasta Cesarea
23.32 dejando a los jinetes que *fuesen* con
24.25 Félix se espantó, y dijo: Ahora *vete*
25.12 a César has apelado; a César *irás*
25.15 cuando *fui* a Jerusalén. . me presentaron
25.20 le pregunté si quería *ir* a Jerusalén
26.12 ocupado en esto, *iba* yo a Damasco con
26.13 *yendo* por el camino, vi una luz del
26.13 me rodeó a mí y a los que *iban* conmigo
27.3 permitió que *fuese* a los amigos, para
28.14 nos quedásemos. . y luego *fuimos* a Roma
28.26 *vé* a este pueblo, y diles: De oído
28.29 los judíos se *fueron*, teniendo gran
Ro. 1.10 un próspero viaje para *ir* a vosotros
1.13 muchas veces. . propuesto *ir* a vosotros
9.30 gentiles, que no *iban* tras la justicia
9.31 Israel, que *iba* tras una ley de justicia
9.32 porque *iban* tras ella no por fe, sino
15.22 me he visto impedido. . de *ir* a vosotros
15.23 deseando desde hace muchos años *ir* a
15.24 cuando *vaya* a España, *iré* a vosotros
15.25 ahora *voy* a Jerusalén para ministrar
15.29 cuando *vaya*. . llegaré con abundancia de
1 Co. 2.1 cuando *fui* a vosotros para anunciaros
2.1 no *fui* con excelencia de palabras o de
4.18 si yo nunca hubiese de *ir* a vosotros
4.19 pero *iré* pronto a vosotros, si el Señor
4.21 ¿*iré* a vosotros con vara, o con amor y
6.1 *ir* a juicio delante de los injustos, y
11.34 las pondré en orden cuando yo *fuere*
14.6 yo *voy* a vosotros hablando en lenguas
16.4 fuere propio que yo también *vaya*, *irán*
16.5 *iré* a vosotros, cuando haya pasado por
16.6 que. . me encaminéis a donde haya de *ir*
16.12 Apolos. . le rogué que *fuese* a vosotros
16.12 de ninguna manera tuvo voluntad de *ir*
16.12 ahora; pero *irá* cuando tenga oportunidad
2 Co. 1.15 esta confianza quise *ir* primero a
2.1 no *ir* otra vez a vosotros con tristeza
8.17 por su propia voluntad partió para *ir*
12.14 tercera vez estoy preparado para *ir* a
13.1 es la tercera vez que *voy* a vosotros
13.2 que si *voy* otra vez, no seré indulgente
Gá. 1.17 que *fui* a Arabia, y volví de nuevo a
1.21 después *fui* a las regiones de Siria y
Ef. 6.3 te *vaya* bien, y seas de larga vida en
Fil. 1.27 para que o sea que *vaya* a veros, o
2.23 luego que yo vea cómo *van* mis asuntos
2.24 confío en el Señor que yo. . *iré* pronto
1 Ts. 2.18 por lo cual quisimos *ir* a vosotros
1 Ti. 1.3 te quedases. . cuando *fui* a Macedonia
3.14 tengo la esperanza de *ir* pronto a verte
4.13 tanto que *voy*, ocúpate en la lectura, la
2 Ti. 3.9 mas no *irán* más adelante; porque su
3.13 y los engañadores *irán* de mal en peor
4.10 Demas me ha desamparado. . y se ha *ido* a
4.10 Crescente *fue* a Galacia, y. . a Dalmacia
He. 6.1 *vamos*. . a la perfección; no echando
11.8 salir al. . y salió sin saber a dónde *iba*
13.23 con el cual, si viniere pronto, *iré* a
Stg. 1.24 él se considera a sí mismo, y se *va*
2.16 les dice: *Id* en paz, calentaos y saciaos
4.13 ¡*vamos* ahora!. . que decís: Hoy y mañana
4.13 *iremos* a tal ciudad, y estaremos allá
5.1 ¡*vamos* ahora, ricos! Llorad y aullad por
1 P. 3.19 en el. . *fue* y predicó a los espíritus
1 Jn. 2.11 en tinieblas, y no sabe a donde *va*
2 Jn. 12 pues espero *ir*. . y hablar cara a cara
Jud. 7 *ido* en pos de vicios contra naturaleza
Ap. 10.8 *vé* y toma el librito que está abierto
10.9 *fui* al ángel, diciéndole que me diese
13.10 lleva en cautividad, *va* en cautividad
14.4 siguen al Cordero. . dondequiera que *va*
16.1 *id* y derramad sobre la tierra las siete
16.2 *fue* el primero, y derramó su copa sobre
16.14 *van* a los reyes de la tierra en todo
17.8 está para subir del. . e *ir* a perdición
17.11 de entre los siete, y *va* a la perdición

IRA *(n.)*

1. ***Sacerdote del rey David*, 2 S. 20.26**
2. ***Uno de los valientes de David*, 2 S. 23.26; 1 Cr. 11.28; 27.9**
3. ***Uno de los 30 valientes de David*, 2 S. 23.38; 1 Cr. 11.40**

IRA *(s.)*

Gn. 27.45 aplaque la *i* de tu hermano contra ti
32.20 apaciguaré su *i* con el presente que
49.7 maldito su furor. . y su *i*, que fue dura
Éx. 15.7 enviaste tu *i*; los consumió como a
32.10 déjame que se encienda mi *i* en ellos
32.12 vuélvete del ardor de tu *i*. . de este mal
32.19 ardió la *i* de Moisés, y arrojó las
34.6 tardo. . la *i*, y grande en misericordia
Lv. 10.6 se levante la *i* sobre. . congregación
26.28 yo procederé en contra de. . con *i*, y os
Nm. 1.53 que no haya *i* sobre la congregación
11.1 ardió su *i*, y se encendió en ellos fuego
11.10 y la *i* de Jehová se encendió en gran
11.33 la *i* de Jehová se encendió en el pueblo
12.9 la *i* de Jehová se encendió contra ellos
14.18 Jehová, tardo para la *i*. . que perdona
18.5 no venga más la *i* sobre los. . de Israel
22.22 la *i* de Dios se encendió porque él iba
24.10 encendió la *i* de Balac contra Balaam
25.4 de la *i* de Jehová se apartará de Israel
32.10 y la *i* de Jehová se encendió. . y juró
32.13 *i* de Jehová se encendió contra Israel
32.14 para añadir aún a la *i* de Jehová contra
Dt. 9.7 has provocado la *i* de Jehová tu Dios
9.8 en Horeb provocasteis a *i* a Jehová, y se
9.19 temí. . la *i* con que Jehová estaba enojado
9.22 en Tabera, en. . provocasteis a *i* a Jehová
13.17 Jehová se aparte del ardor de su *i*, y
29.20 humeará la *i* de Jehová. . sobre el tal
29.23 las cuales Jehová destruyó en su. . su *i*
29.24 qué significa el ardor de esta gran *i?*
29.27 encendió la *i* de Jehová contra esta
29.28 los desarraigó de su tierra con *i*, con
32.16 lo provocaron a *i* con abominaciones
32.19 y lo vio Jehová, y se encendió en *i*
32.21 me provocaron a *i* con sus ídolos; yo
32.21 provocaré a *i* con una nación insensata
32.22 porque fuego se ha encendido en mi *i*
Jos. 7.1 la *i* de Jehová se encendió contra los
7.26 y Jehová se volvió del ardor de su *i*
9.20 para que no venga *i* sobre nosotros por
22.20 vino *i* sobre toda la congregación de
23.16 entonces la *i* de Jehová se encenderá
Jue. 2.12 adoraron; y provocaron a *i* a Jehová
2.20 *i* de Jehová se encendió contra Israel
3.8 *i* de Jehová se encendió contra Israel
6.39 no se encienda tu *i* contra mí, si aún
9.30 cuando Zebul. . oyó las. . se encendió en *i*
10.7 encendió la *i* de Jehová contra Israel
1 S. 11.6 él se encendió en *i* en gran manera
17.28 se encendió en *i* contra David y dijo
20.30 encendió la *i* de Saúl contra Jonatán
20.34 se levantó Jonatán de. . con exaltada *i*
28.18 ni cumpliste el ardor de su *i* contra
2 S. 24.1 volvió a encenderse la *i* de Jehová
1 R. 16.2 provocándome a *i* con tus pecados
16.7 provocándole a *i* con las obras de sus
16.26 provocando a *i* a Jehová. . con sus ídolos
16.33 para provocar la *i* de Jehová Dios de
21.22 la rebelión con que me provocaste a *i*
22.53 y provocó a *i* a Jehová Dios de Israel
2 R. 17.11 malas para provocar a *i* a Jehová
17.17 hacer lo malo ante. . provocándole a *i*
21.6 el hacer lo malo. . para provocarlo a *i*
21.15 y me han provocado a *i*, desde el día
22.13 grande es la *i* de. . que se ha encendido
22.17 provocándome a *i* con toda la obra de
22.17 mi *i* se ha encendido contra este lugar
23.19 los lugares altos. . para provocar a *i*
23.26 con que su gran *i* se había encendido
24.20 vino. . la *i* de Jehová contra Jerusalén
2 Cr. 12.7 los salvaré. . no se derramará mi *i*
12.12 la *i* de Jehová se apartó de él, para
19.2 ha salido. . Jehová *i* contra ti por esto
19.10 para que no venga *i* sobre vosotros y
21.16 contra Joram la *i* de los filisteos y
24.18 la *i* de Dios vino sobre Judá por este
25.15 encendió la *i* de Jehová contra Amasías
26.19 Uzías. . se llenó de *i*; y en su *i* contra
28.9 vosotros los habéis matado con *i* que ha
28.13 grande. . el ardor de la *i* contra Israel
28.25 provocando así a *i* a Jehová el Dios de
29.8 la *i* de Jehová ha venido sobre Judá y
29.10 aparte de nosotros el ardor de su *i*
30.8 ardor de su *i* se apartará de vosotros
32.25 vino la *i* contra él, y contra Judá y
32.26 no vino sobre ellos la *i* de Jehová en
33.6 excedió en hacer. . hasta encender su *i*
34.21 porque grande es la *i* de Jehová que ha
34.25 provocándome a *i* con. . derramará mi *i*
36.16 hasta que subió la *i* de Jehová contra
Esd. 5.12 provocaron a *i* al Dios de los cielos
7.23 ¿por qué habría de ser su *i* contra el
10.14 apartemos. . el ardor de la *i* de. . Dios
Neh. 9.17 piadoso, tardo para la *i*, y grande
9.26 pero te provocaron a *i*, y se rebelaron
13.18 añadís *i* sobre Israel profanando el día
Est. 1.12 el rey se enojó. . y se encendió en *i*
2.1 sosegada. . la *i* del rey Asuero, se acordó
3.5 vio Amán que Mardoqueo. . y se llenó de *i*
5.9 salió Amán. . llenó de *i* contra Mardoqueo
7.7 luego el rey se levantó. . encendido en *i*
7.10 colgaron a. . y se apaciguó la *i* del rey
Job 4.9 y por el soplo de su *i* son consumidos
5.2 es cierto que al necio lo mata la *i*, y
9.13 Dios no volverá atrás su *i*, y debajo de
14.13 me encubrieses hasta apaciguarse tu *i*
20.23 Dios enviará sobre él el ardor de su *i*
21.17 y Dios en su *i* les reparte dolores!
21.20 verán. . beberá de la *i* del Todopoderoso
21.30 malo. . guardado será en el día de la *i*
32.2 encendió en *i* contra Job. . *i*, por cuanto
32.3 se encendió en *i* contra sus tres amigos
32.5 pero viendo Eliú que. . se encendió en *i*
35.15 mas ahora, porque en su *i* no castiga
36.13 los hipócritas. . atesoran para sí la *i*

IRA ***(Continúa)***
Job 36.18 no sea que en su *i* te quite con golpe
36.33 la tempestad proclama su *i* contra la
40.11 derrama el ardor de tu *i;* mira a todo
42.7 mi *i* se encendió contra ti y tus dos
Sal. 2.5 en su furor, y los turbará con su *i*
2.12 enoje..pues se inflama de pronto su *i*
6.1 Jehová, no me..ni me castigues con tu *i*
7.6 levántate, oh Jehová, en tu *i;* álzate
21.9 horno de fuego en el tiempo de tu *i*
21.9 Jehová los deshará en su *i*, y fuego los
27.9 no apartes con *i* a tu siervo; mi ayuda
30.5 por un momento será su *i*, pero su favor
34.16 *i* de Jehová contra los que hacen mal
37.8 deja la *i*, y desecha el enojo; no te
38.1 me reprendas ..ni me castigues en tu *i*
38.3 nada hay sano en mí..a causa de tu *i*
69.24 derrama sobre ellos tu *i*, y el furor de
76.7 estar en pie..cuando se encienda tu *i?*
76.10 ciertamente la *i* del hombre te alabará
76.10 tú reprimirás el resto de las *i*
77.9 Dios..ha encerrado con *i* sus piedades?
78.38 apartó muchas veces su *i*, y..su enojo
78.49 envió sobre ellos el ardor de su *i*
79.6 derrama tu *i* sobre las naciones que no
85.3 enojo; te apartaste del ardor de tu *i*
85.4 Dios..haz cesar tu *i* de sobre nosotros
85.5 ¿extenderás tu *i* de generación en
86.15 mas tú, Señor, Dios..lento para la *i*
88.7 sobre mí reposa tu *i*, y me has afligido
88.16 sobre mí han pasado tus *i*..tus terrores
89.46 siempre? ¿arderá tu *i* como el fuego?
90.7 con tu furor..con tu *i* somos turbados
90.9 nuestros días declinan a causa de tu *i*
90.11 ¿quién conoce el poder de tu *i*, y tu
102.10 a causa de tu enojo y de tu *i;* pues
103.8 Jehová, lento para la *i*, y grande en
106.29 provocaron la *i* de Dios con sus obras
110.5 quebrantará..reyes en el día de su *i*
138.7 contra la *i* de mis enemigos..tu mano
145.8 Jehová, lento para la *i*, y grande en
Pr. 11.4 no aprovecharán las..en el día de la *i*
12.16 el necio al punto da a conocer su *i*
15.1 la blanda respuesta quita la *i;* mas la
16.14 la *i* del rey es mensajero de muerte
19.12 como rugido de..león es la *i* del rey
19.19 el de grande *i* llevará la pena; y si
21.14 calma..el don en el seno, la fuerte *i*
26.17 se deja llevar de la *i* en pleito ajeno
27.3 la *i* del necio es más pesada que ambas
27.4 cruel es la *i*, e impetuoso el furor; mas
29.8 en llamas; mas los sabios apartan la *i*
29.11 el necio da rienda suelta a toda su *i*
30.33 el que provoca la *i* causará contienda
Is. 1.4 provocaron a *i* al Santo de Israel, se
7.4 por el ardor de la *i* de Rezín y de Siria
9.19 la *i* de Jehová..se oscureció la tierra
10.5 oh Asiria..en su mano he puesto mi *i*
10.6 sobre el pueblo de mi *i* le enviaré, para
13.3 llamé a mis valientes para mi *i*, a los
13.5 Jehová y los instrumentos de su *i*, para
13.9 y ardor de *i*, para convertir la tierra
13.13 la tierra se moverá..el día..de su *i*
14.6 que se enseñoreaba de las naciones con *i*
30.27 labios llenos de *i*, y su lengua como
42.25 derramó sobre él el ardor de su *i*, y
48.9 por amor de mi nombre diferiré mi *i*
51.17 de la mano de Jehová el cáliz de su *i*
51.20 llenos de la indignación..*i* del Dios
51.22 he quitado de tu mano..cáliz de mi *i*
54.8 con un poco de *i* escondí mi rostro de
59.18 para retribuir con *i* a sus enemigos
60.10 en mi *i* te castigué, mas en mi buena
63.3 pisé con mi *i*, y los hollé con mi furor
63.5 y me salvó mi brazo, y me sostuvo mi *i*
63.6 mi *i* hollé los pueblos, y los embriagué
65.3 en mi rostro me provoca de continuo a *i*
66.15 vendrá..para descargar su *i* con furor
Jer. 2.35 soy inocente..su *i* se apartó de mí
3.12 vuélvete..no haré caer mi *i* sobre ti
4.4 no sea que mi *i* salga como fuego, y se
4.8 porque la *i* de Jehová no se ha apartado
4.26 eran asoladas..delante del ardor de su *i*
6.11 tanto, estoy lleno de la *i* de Jehová
7.18 a dioses ajenos, para provocarme a *i*
7.19 me provocarán ellos a *i?* dice Jehová
7.20 que mi furor y mi *i* se derramarán sobre
7.29 y dejado la generación objeto de su *i*
10.10 a su *i* tiembla la tierra, y..naciones
11.17 provocándome a *i* con incensar a Baal
12.13 a causa de la ardiente *i* de Jehová
18.20 me puse delante..apartar de ellos tu *i*
21.5 pelearé..con furor y enojo e *i* grande
21.12 para que mi *i* no salga como fuego, y
25.6 ni me provoquéis a *i* con la obra de
25.7 provocarme a *i* con la obra de..manos
25.37 serán destruidos por el ardor de la *i*
25.38 asolada fue la..por la *i* del opresor
30.24 no se calmará el..de la *i* de Jehová
32.29 libaciones a dioses..para provocarme a *i*
32.30 no han hecho más que provocarme a *i*
32.31 y para *i* mía me ha sido esta ciudad
33.5 a los cuales herí yo con mi furor y..*i*
36.7 grande es el furor y la *i* que..Jehová
42.18 se derramó mi enojo y mi *i* sobre los
42.18 así se derramará mi *i* sobre vosotros
44.6 se derramó, por tanto, mi *i* y mi furor
49.37 traeré sobre ellos..el ardor de mi *i*
50.13 por la *i* de Jehová no será habitada
51.45 salvad..su vida del ardor de la *i* de
52.3 a causa de la *i* de Jehová contra..Judá
Lm. 2.3 cortó con el ardor de su *i*..el poderío
2.6 en el ardor de su *i* ha desechado al rey
3.43 desplegaste la *i* y nos perseguiste
4.11 cumplió..enojo, derramó el ardor de su *i*
4.16 *i* de Jehová los apartó, no los mirará
Ez. 5.15 cuando yo haga en ti juicios con..*i*
7.8 ahora pronto derramaré mi *i* sobre ti, y
7.12,14 la *i* está sobre toda la multitud
13.13 haré que la rompa viento..con mi *i*, y
14.19 derramare mi *i* sobre ellas en sangre
16.38 traeré sobre ti sangre de *i* y de celos
16.42 saciaré mi *i* sobre ti, y se apartará
16.43 me provocaste a *i* en todo esto, por eso
19.12 pero fue arrancada con *i*, derribada en
20.8,13,21 que derramaría mi *i* sobre ellos
21.17 batiré mi mano..y haré reposar mi *i*
21.31 derramaré sobre ti mi *i;* el fuego de
22.20 así os juntaré en mi furor y en mi *i*
22.31 por tanto, derramé sobre ellos mi *i*
22.31 con el ardor de mi *i* los consumí; hice
24.8 hecho subir la *i* para hacer venganza
24.13 nunca..hasta que yo sacie mi *i* sobre ti
25.14 harán en Edom según..conforme a mi *i*
25.17 haré..venganzas con reprensiones de *i*
30.15 y derramaré mi *i* sobre Sin, fortaleza
35.11 haré conforme a tu *i*, y conforme a tu
36.18 derramé mi *i* sobre ellos por la sangre
38.18 dijo Jehová..subirá mi *i* y mi enojo
38.19 he hablado en..y en el fuego de mi *i*
Dn. 2.12 rey con *i*..mandó que matasen a todos
3.13 Nabucodonosor dijo con *i*..que trajesen
3.19 entonces Nabucodonosor se llenó de *i*
8.19 que ha de venir al fin de la *i;* porque
9.16 apártese ahora tu *i* y tu furor de sobre
11.20 será quebrantado, aunque no en *i*, ni
11.36 prosperará, hasta..sea consumada la *i*
11.44 saldrá con gran *i* para destruir y matar
Os. 5.10 derramaré sobre ellos como agua mi *i*
11.9 no ejecutaré el ardor de..*i*, ni volveré
13.11 te di rey en mi furor..quité en mi *i*
14.4 amaré..porque mi *i* se apartó de ellos
Jl. 2.13 Jehová vuestro Dios..tardo para la *i*
Jon. 3.9 se apartará del ardor de su *i*, y no
Mi. 5.15 con *i* y con furor haré venganza en
7.9 la *i* de Jehová soportaré, porque pequé
Nah. 1.3 es tardo para la *i* y grande en poder
1.6 ¿quién permanecerá delante de su *i?* ¿y
1.6 su *i* se derrama como fuego, y por él se
Hab. 3.2 en la *i* acuérdate de la misericordia
3.8 ¿fue tu *i* contra el mar cuando montaste
3.12 con *i* hollaste la tierra, con furor
Sof. 1.15 día de *i* aquel día, día de angustia
1.18 ni su oro..librarlos en el día de la *i*
2.2 venga sobre vosotros el furor de la *i* de
2.2 antes que el día de la *i* de Jehová venga
3.8 para derramar sobre ellos mi enojo..*i*
Zac. 8.2 celé a Sion con..con gran *i* la celé
8.14 haceros mal cuando..me provocaron a *i*
Mt. 3.7; Lc. 3.7 huir de la *i* venidera?
Lc. 4.28 todos en la sinagoga se llenaron de *i*
21.23 gran calamidad..e *i* sobre este pueblo
Jn. 3.36 sino que la *i* de Dios está sobre él
Hch. 19.28 llenaron de *i*, y gritaron, diciendo
Ro. 1.18 la *i* de Dios se revela desde el cielo
2.5 atesoras para ti..*i* para el día de la *i*
2.8 *i* y enojo a los que son contenciosos y
4.15 ley produce *i;* pero donde no hay ley
5.9 sangre, por él seremos salvos de la *i*
9.22 mostrar su *i*..soportó..los vasos de *i*
10.19 con pueblo insensato os provocaré a *i*
12.19 no..sino dejad lugar a la *i* de Dios
2 Co. 12.20 haya entre vosotros..envidias, *i*
Gá. 5.20 *i*, contiendas, disensiones, herejías
Ef. 2.3 éramos por naturaleza hijos de *i*, lo
4.31 quítense de vosotros toda amargura, *i*
5.6 por estas cosas viene la *i* de Dios sobre
6.4 no provoquéis a *i* a vuestros hijos, sino
Col. 3.6 las cuales la *i* de Dios viene sobre
3.8 dejad..vosotros todas estas cosas: *i*
1 Ts. 1.10 a Jesús, quien nos libra de la *i*
2.16 vino sobre ellos la *i* hasta el extremo
5.9 no nos ha puesto Dios para *i*, sino para
1 Ti. 2.8 levantando manos santas, sin *i* ni
He. 3.11; 4.3 juré en mi *i:* No entrarán en mi
11.27 dejó a Egipto, no temiendo la *i* del
Stg. 1.20 la *i* del hombre no obra la justicia
Ap. 6.16 escondednos del..de la *i* del Cordero
6.17 gran día de su *i* ha llegado; ¿y quién
11.18 tu *i* ha venido, y el tiempo de juzgar
12.12 el diablo ha descendido a..con gran *i*
12.17 dragón se llenó de *i* contra la mujer
14.10 beberá del vino de la *i* de Dios, que
14.10 sido vaciado puro en el cáliz de su *i*
14.19 uvas en el gran lagar de la *i* de Dios
15.1 en ellas se consumaba la *i* de Dios
15.7 siete copas de..llenas de la *i* de Dios
16.1 derramad..siete copas de la *i* de Dios
16.19 el cáliz del vino del ardor de su *i*
19.15 y él pisa el lagar..de la *i* del Dios

IRACUNDO, DA
Pr. 15.18 hombre *i* promueve contiendas; mas
21.19 morar..con la mujer rencillosa e *i*
22.24 entremetas con el *i*, ni te acompañes
29.22 el hombre *i* levanta contiendas, y el
Tit. 1.7 no *i*, no dado al vino, no pendenciero

IRAD ***Hijo de Enoc No. 1 y nieto de Caín,*** **Gn. 4.18**

IRAM ***Jefe de Edom,*** **Gn. 36.43; 1 Cr. 1.54**

IRI ***Descendiente de Benjamín,*** **1 Cr. 7.7**

IRÍAS ***Capitán que prendió al profeta Jeremías,*** **Jer. 37.13,14**

IRIS
Ez. 1.28 como parece el arco *i* que está en el
Ap. 4.3 había alrededor del trono un arco *i*
10.1 ángel..con el arco *i* sobre su cabeza

IRÓN ***Ciudad fortificada en Neftalí,*** **Jos. 19.38**

IRPEEL ***Población en Benjamín,*** **Jos. 18.27**

IRRACIONAL
2 P. 2.12 como animales *i*, nacidos para presa
Jud. 10 éstos..se corrompen como animales *i*

IRREPARABLE
Est. 7.4 pero nuestra muerte sería..un daño *i*

IRREPRENSIBLE
Lc. 1.6 andaban *i* en todos los mandamientos y
1 Co. 1.8 seáis *i* en el día de nuestro Señor
Fil. 1.10 que seáis..*i* para el día de Cristo
2.15 para que seáis *i* y sencillos, hijos de
3.6 cuanto a la justicia que es en la ley, *i*
Col. 1.22 para presentaros..*i* delante de él
1 Ts. 3.13 corazones, *i* en santidad delante de
5.23 guardado *i* para la venida de nuestro
1 Ti. 3.2 pero es necesario que el obispo sea *i*
3.10 entonces ejerzan el diaconado, si son *i*
5.7 manda también estas cosas..que sean *i*
Tit. 1.6 que fuere *i*, marido de una sola mujer
1.7 es necesario que el obispo sea *i*, como
2 P. 3.14 ser hallados por él sin mancha e *i*

IRREPRENSIBLEMENTE
1 Ts. 2.10 cuán *i* nos comportamos con vosotros

IRREPROCHABLE
Tit. 2.8 sana e *i*, de modo que el adversario

IRREVERENTE
1 Ti. 1.9 para los *i* y profanos..los parricidas

IRREVOCABLE
Ro. 11.29 porque *i* son los dones y el..de Dios

IRRITAR
Nm. 14.11 ¿hasta cuándo me ha de *irritar* este
14.23 ninguno..que me han *irritado* la verá
16.30 que estos hombres *irritaron* a Jehová
1 S. 1.6 y su rival la *irritaba*, enojándola y
1.7 cuando subía a la casa..la *irritaba* así
2 R. 23.26 con que Manasés le había *irritado*
Sal. 78.62 entregó..*irritó* contra su heredad
106.32 le *irritaron* en las aguas de Meriba
112.10 verá el impío y se *irritará;* crujirá
Pr. 19.3 contra Jehová se *irrita* su corazón
Is. 3.8 para *irritar* los ojos de su majestad
Jer. 23.17 dicen..a los que me *irritan*..Paz
Ez. 8.17 se volvieron a mí para *irritarme;* y
20.28 presentaron ofrendas que me *irritan*
1 Co. 13.5 no se *irrita*, no guarda rencor
Gá. 5.26 *irritándonos* unos a..envidiándonos

IRRUMPIR
2 S. 23.16 *irrumpieron* por el campamento de

IRRUPCIÓN
1 S. 23.27 los filisteos han hecho una *i* en el

IR-SEMES ***Ciudad en Dan,*** **Jos. 19.41**

IRU ***Hijo de Caleb,*** **1 Cr. 4.15**

ISAAC ***Hijo de Abraham***
Gn. 17.19 llamarás su nombre *I;* y confirmaré
17.21 yo estableceré mi pacto con *I*, el que
21.3 llamó Abraham el nombre de su hijo..*I*
21.4 circuncidó Abraham a..*I* de ocho días
21.5 era Abraham de cien años cuando nació *I*
21.8 gran banquete el día que fue destetado *I*
21.9 el hijo de Agar..se burlaba de su hijo *I*
21.10 el hijo..no ha de heredar con *I* mi hijo

ISAAC ***(Continúa)***
Gn. 21.12 porque en *I*. .será llamada descendencia
22.2 toma ahora tu hijo, tu. .*I*, a quien amas
22.3 tomó consigo dos siervos suyos, y a *I*
22.6 la leña. .la puso sobre *I* su hijo, y él
22.7 entonces habló *I* a Abraham su padre, y
22.9 ató a *I* su hijo, y lo puso en el altar
24.4 irás. .y tomarás mujer para mi hijo *I*
24.14 que tú has destinado para tu siervo *I*
24.62 venía *I* del pozo. .porque él habitaba
24.63 había salido *I* a meditar al campo, a
24.64 Rebeca. .alzó sus ojos, y vio a *I*, y
24.66 el criado contó a *I* todo lo que había
24.67 y la trajo *I* a la tienda de su madre
24.67 consoló *I*. .de la muerte de su madre
25.5 y Abraham dio todo cuanto tenía a *I*
25.6 los envió lejos de *I* su hijo, mientras
25.9 lo sepultaron *I* e Ismael sus hijos en
25.11 muerto Abraham, que Dios bendijo a *I*
25.11 habitó *I* junto al pozo del Viviente
25.19 estos son. .de *I*. .Abraham engendró a *I*
25.20 era *I* de cuarenta años cuando tomó
25.21 oró *I* a Jehová por su mujer, que era
25.26 era *I* de edad de sesenta años cuando
25.28 amó *I* a Esaú, porque comía de su caza
26.1 fue *I* a Abimelec rey de los filisteos
26.6 habitó, pues, *I* en Gerar
26.8 a *I* que acariciaba a Rebeca su mujer
26.9 y llamó Abimelec a *I*, y dijo: He aquí
26.9 e *I* le respondió: Porque dije: Quizá
26.12 sembró *I* en aquella tierra, y cosechó
26.16 entonces dijo Abimelec a *I*: Apártate
26.17 *I* se fue de allí, y acampó en el valle
26.18 y volvió a abrir *I* los pozos de agua
26.19 cuando los siervos de *I* cavaron en
26.20 Gerar riñeron con los pastores de *I*
26.25 y abrieron. .los siervos de *I* un pozo
26.27 les dijo *I*: ¿Por qué venís a mí, pues
26.31 e *I* los despidió, y ellos se. .en paz
26.32 que vinieron los criados de *I*, y le
26.35 fueron amargura de espíritu para *I* y
27.1 aconteció que cuando *I* envejeció, y sus
27.5 oyendo, cuando hablaba *I* a Esaú su hijo
27.18 *I* respondió: Heme aquí; ¿quién eres
27.20 entonces *I* dijo a su hijo ¿Cómo es
27.21 *I* dijo a Jacob: Acércate ahora, y te
27.22 se acercó Jacob a su padre *I*. .palpó
27.25 y Jacob se la acercó, e *I* comió; le
27.26 le dijo *I* su padre: Acércate ahora, y
27.27 olió *I* el olor de sus vestidos, y le
27.30 luego que *I* acabó de bendecir a Jacob
27.30 había salido Jacob de delante de *I*
27.32 entonces *I* su padre le dijo: ¿Quién
27.33 se estremeció *I* grandemente, y dijo
27.37 *I* respondió y dijo a Esaú: He aquí yo
27.39 entonces *I* su padre habló y le dijo
27.46 dijo Rebeca a *I*: Fastidio tengo de mi
28.1 entonces *I* llamó a Jacob, y lo bendijo
28.5 así envió *I* a Jacob, el cual fue a
28.6 y vio Esaú cómo *I* había bendecido a
28.8 las hijas de Canaán parecían mal a *I*
28.13 soy. .el Dios de *I*; la tierra en que
31.18 volverse a *I* su padre en la tierra de
31.42 temor de *I*, no estuviera conmigo, de
31.53 Jacob juró por aquel a quien temía *I*
32.9 y Dios de mi padre *I*, Jehová, que me
35.12 la tierra que he dado a Abraham y a *I*
35.27 vino Jacob a *I* su padre a Mamre, a la
35.27 Hebrón, donde habitaron Abraham e *I*
35.28 y fueron los días de *I* 180 años
35.29 exhaló *I* el espíritu, y murió, y fue
46.1 sacrificios al Dios de su padre *I*
48.15 el Dios en. .anduvieron. .Abraham e *I*
48.16 el nombre de mis padres Abraham e *I*
49.31 sepultaron a *I* y a Rebeca su mujer
50.24 la tierra que juró a Abraham, a *I* y a
Éx. 2.24 se acordó de su pacto con. .*I* y Jacob
3.6 Dios de Abraham, Dios de *I*, y Dios de
3.15 Dios de *I* y Dios de Jacob. .enviado a
3.16 el Dios de. .*I* y de Jacob, me apareció
4.5 creerán que. .ha aparecido. .Dios de *I*
6.3 y aparecí a. .*I*. .como Dios Omnipotente
6.8 jurando que la daría a. .a *I* y a Jacob
32.13 acuérdate de Abraham, de *I*. .Israel
33.1 tierra de la cual juré a Abraham, *I* y
Lv. 26.42 yo me acordaré. .de mi pacto con *I*, y
Nm. 32.11 tierra que prometí con juramento. .*I*
Dt. 1.8 tierra que Jehová juró a. .*I* y Jacob
6.10 juró a tus padres Abraham, *I* y Jacob
9.5 la palabra que Jehová juró a. .*I* y Jacob
9.27 acuérdate de tus siervos Abraham, *I* y
29.13 y como lo juró a. Abraham, *I* y Jacob
30.20 tierra que juró Jehová a. .*I* y Jacob
34.4 esta es la tierra de que juré a. .*I* y a
Jos. 24.3 aumenté su descendencia, y le di *I*
24.4 a *I* di Jacob y Esaú. Y a Esaú di el
1 R. 18.36 Dios de Abraham, de *I* y de Israel
2 R. 13.23 miró, a causa de su pacto con. .*I*
1 Cr. 1.28 los hijos de Abraham: *I* e Ismael
1.34 engendró a *I*, y los hijos de *I* fueron
16.16 con Abraham, y de su juramento a *I*
29.18 Jehová, Dios de Abraham, de *I*. .conserva
2 Cr. 30.6 volveos a. .Dios de Abraham, de *I*
Sal. 105.9 la cual concertó con Abraham. .a *I*
Jer. 33.26 sobre la posteridad. .*I* y de Jacob
Am. 7.9 lugares altos de *I* serán destruidos
7.16 dices. .ni hables contra la casa de *I*
Mt. 1.2 Abraham engendró a *I*, *I* a Jacob, y
8.11 se sentarán con Abraham e *I* y Jacob en
22.32; Mr. 12.26 yo soy el Dios. .de *I* y el
Lc. 3.34 hijo de *I*, hijo de Abraham. .de Taré
13.28 cuando veáis. .a *I*, a Jacob y a todos
20.37 llama al Señor. .Dios de *I* y Dios de
Hch. 3.13 el Dios de. .*I*. .ha glorificado a su
7.8 y así Abraham engendró a *I*. .e *I* a Jacob
7.32 soy el Dios. .de *I*, y el Dios de Jacob
Ro. 9.7 en *I* te será llamada descendencia
9.10 cuando Rebeca concibió de uno, de *I*
Gá. 4.28 nosotros, como *I*, somos hijos de la
He. 11.9 fe. .morando en tiendas con *I* y Jacob
11.17 cuando fue probado, ofreció a *I*; y el
11.18 en *I* te será llamada descendencia
11.20 por la fe bendijo *I* a Jacob y a Esaú
Stg. 2.21 ofreció a su hijo *I* sobre el altar?

ISACAR
*1. **Hijo de Jacob y la tribu que formó su posteridad***
Gn. 30.18 marido; por eso llamó su nombre *I*
35.23 los hijos de Lea. .Judá, *I* y Zabulón
46.13 los hijos de *I*: Tola, Fúa, Job y
49.14 *I*, asno fuerte que se recuesta entre
Éx. 1.3 *I*, Zabulón, Benjamín
Nm. 1.8 de *I*, Natanael hijo de Zuar
1.28 de los hijos de *I*, por su descendencia
1.29 los contados de la tribu de *I* fueron
2.5 junto. .acamparán los de la tribu de *I*
2.5 jefe de los hijos de *I*, Natanael hijo
7.18 Natanael hijo de Zuar, príncipe de *I*
10.15 sobre. .los hijos de *I*, Natanael hijo
13.7 de la tribu de *I*, Igal hijo de José
26.23 hijos de *I* por sus familias: de Tola
26.25 estas son las familias de *I*, y fueron
34.26 la tribu de. .*I*, el príncipe Paltiel
Dt. 27.12 sobre el monte de Gerizim. .*I*, José
33.18 alégrate, Zabulón. .*I*, en tus tiendas
Jos. 17.10 y se encuentra. .con *I* al oriente
17.11 tuvo también Manasés en *I*. .a Bet-seán
19.17 correspondió a *I*, a los hijos de *I*
19.23 esta es la heredad. .de los hijos de *I*
21.6 de las familias. .de *I*. .trece ciudades
21.28 la tribu de *I*, Cisón con sus ejidos
Jue. 5.15 caudillos. .de *I* fueron con Débora
5.15 como Barac. .*I* se precipitó a pie en el
10.1 Tola. .varón de *I*. .habitaba en Samir en
1 R. 4.17 Josafat hijo de Parúa, en *I*
15.27 Baasa. .era de la casa de *I*, conspiró
1 Cr. 2.1 los hijos de Israel. .Leví, Judá, *I*
6.62 dieron de la tribu de *I*, de la tribu
6.72 de la tribu de *I*, Cedes con sus ejidos
7.1 los hijos de *I* fueron cuatro: Tola. .y
7.5 las familias de *I*. .eran 87.000 hombres
12.32 los hijos de *I*, doscientos principales
27.18 de los de *I*, Omri hijo de Micael
2 Cr. 30.18 y de *I* y. .no se habían purificado
Ez. 48.25 desde el. .hasta el lado del mar, *I*
48.26 junto al límite de *I*, desde el lado
48.33 la puerta de *I*, otra; la puerta de
Ap. 7.7 de la tribu de *I*, doce mil sellados
*2. **Levita, portero en tiempo de David,*** **1 Cr. 26.5**

ISAÍ ***Padre del rey David***
Rt. 4.17 Obed. .es padre de *I*, padre de David
4.22 Obed engendró a *I*, e *I* engendró a David
1 S. 16.1 te enviaré a *I* de Belén, porque de
16.3 y llama a *I* al sacrificio. .te enseñaré
16.5 santificando él a *I* y a sus hijos, los
16.8 llamó *I* a Abinadab, y lo hizo pasar
16.9 hizo luego pasar *I* a Sama. Y él dijo
16.10 hizo pasar *I* siete hijos suyos delante
16.10 Samuel dijo a *I*: Jehová no ha elegido
16.11 dijo Samuel a *I*: ¿Son éstos todos
16.11 Samuel a *I*: Envía por él, porque no
16.18 un hijo de *I* de Belén, que sabe tocar
16.19 y Saúl envió mensajeros a *I*, diciendo
16.20 y tomó *I* un asno cargado de pan, una
16.22 Saúl envió a decir a *I*: Yo te ruego
17.12 cuyo nombre era *I*, el cual tenía ocho
17.13 los tres hijos mayores de *I* habían ido
17.17 y dijo *I* a David su hijo: Toma ahora
17.20 fue con su. .como *I* le había mandado
17.58 yo soy hijo de tu siervo *I* de Belén
20.27 no ha venido a comer el hijo de *I* hoy
20.30 que tú has elegido al hijo de *I* para
20.31 tiempo que el hijo de *I* viviere sobre
22.7 ¿os dará. .el hijo de *I* tierras y viñas
22.8 hijo ha hecho alianza con el hijo de *I*
22.9 yo vi al hijo de *I* que vino a Nob, a
22.13 habéis conspirado. .tú y el hijo de *I*
25.10 Nabal. .dijo: ¿Quién es el hijo de *I*?
2 S. 20.1 no tenemos. .heredad con el hijo de *I*
23.1 dijo David hijo de *I*, dijo aquel varón
1 R. 12.16 no tenemos heredad en el hijo de *I*
1 Cr. 2.12 Booz engendró a Obed, y Obed. .a *I*
2.13 *I* engendró a Eliab su primogénito, el
10.14 traspasó el reino a David hijo de *I*
12.18 por ti, oh. .y contigo, oh hijo de *I*
29.26 así reinó David hijo de *I* sobre todo
2 Cr. 10.16 no tenemos herencia en el. .de *I*
11.18 de Abihail hija de Eliab, hijo de *I*
Sal. 72.20 terminan las. .de David, hijo de *I*
Is. 11.1 saldrá una vara del tronco de *I*, y
11.10 la raíz de *I*. .buscada por las gentes
Mt. 1.5 engendró de Rut a Obed, y Obed a *I*
1.6 *I* engendró al rey David, y el rey David
Lc. 3.32 hijo de *I*, hijo de Obed, hijo de Booz
Hch. 13.22 he hallado a David hijo de *I*, varón
Ro. 15.12 dice Isaías: Estará la raíz de *I*

ISAÍAS ***Profeta***
2 R. 19.2 envió a Eliaquim. .al profeta *I* hijo
19.5 vinieron. .siervos del rey Ezequías a *I*
19.6 *I* les respondió: Así diréis a vuestro
19.20 *I*. .envió a decir a Ezequías: Así ha
20.1 Ezequías cayó enfermo. .vino. .profeta *I*
20.4 y antes que *I* saliese hasta. .del patio
20.4 vino palabra de Jehová a *I*, diciendo
20.7 y dijo *I*: Tomad masa de higos. .y sanó
20.8 Ezequías había dicho a *I*: ¿Qué señal
20.9 respondió *I*: Esta señal tendrás de
20.11 *I* clamó a Jehová; e hizo volver la
20.14 el profeta *I* vino al rey Ezequías, y
20.16 *I* dijo a Ezequías. .palabra de Jehová
20.19 Ezequías dijo a *I*: La palabra. .buena
2 Cr. 26.22 fueron escritos por el profeta *I*
32.20 Ezequías y el profeta *I* hijo de Amoz
32.32 están escritos en la profecía del. .*I*
Is. 1.1 visión de *I* hijo de Amoz, la cual vio
2.1 que vio *I* hijo de Amoz acerca de Judá
7.3 dijo Jehová a *I*: Sal ahora al encuentro
7.13 dijo. .*I*: Oíd ahora, casa de David. ¿Os
13.1 profecía sobre Babilonia, revelada a *I*
20.2 habló Jehová por medio de *I* hijo de
20.3 de la manera que anduvo mi siervo *I*
37.2 envió a Eliaquim. .al profeta *I* hijo de
37.5 vinieron. .los siervos de Ezequías a *I*
37.6 les dijo *I*: Diréis así a vuestro señor
37.21 entonces *I* hijo de Amoz envió a decir
38.1 y vino a él el profeta *I* hijo de Amoz
38.4 entonces vino palabra de Jehová a *I*
38.21 había dicho *I*: Tomen masa de higos, y
39.3 el profeta *I* vino al rey Ezequías, y le
39.5 *I* a Ezequías: Oye palabra de Jehová de
39.8 dijo Ezequías a *I*: La palabra. .buena
Mt. 3.3 es aquel de quien habló el profeta *I*
4.14; 8.17; 12.17 lo dicho por el profeta *I*
13.14 se cumple en ellos la profecía de *I*
15.7 bien profetizó de vosotros *I*, cuando
Mr. 1.2 está escrito en *I*. .He aquí yo envío
7.6 bien profetizó de vosotros *I*, como está
Lc. 3.4 está escrito en el libro. .profeta *I*
4.17 y se le dio el libro del profeta *I*; y
Jn. 1.23 yo soy la voz. .como dijo el profeta *I*
12.38 se cumpliese la palabra del profeta *I*
12.39 por esto no podían creer. .dijo *I*
12.41 *I* dijo esto cuando vio su gloria, y
Hch. 8.28 en su carro, y leyendo al profeta *I*
8.30 le oyó que leía al profeta *I*, y dijo
28.25 bien habló. .por medio del profeta *I*
Ro. 9.27 *I* clama tocante a Israel: Si fuere
9.29 dijo *I*: Si el Señor de los ejércitos
10.16 pues *I* dice: Señor, ¿quién ha creído
10.20 *I* dice resueltamente: Fui hallado de
15.12 dice *I*: Estará la raíz de Isaí, y el

ISBA ***Descendiente de Judá,*** **1 Cr. 4.17**

ISBAC ***Hijo de Abraham y Cetura,*** **Gn. 25.2; 1 Cr. 1.32**

ISBI-BENOB ***Gigante filisteo***
2 S. 21.16 *I*, uno de. .trató de matar a David

IS-BOSET ***Hijo y sucesor del rey Saúl***
2 S. 2.8 pero Abner. .tomó a *I* hijo de Saúl, y
2.10 de 40 años era *I* hijo de Saúl cuando
2.12 Abner. .salió de. .con los siervos de *I*
2.15 doce de Benjamín por parte de *I* hijo de
3.7 dijo *I* a Abner: ¿Por qué te has llegado
3.8 se enojó Abner. .por las palabras de *I*
3.14 envió David mensajeros a *I* hijo de Saúl
3.15 *I* envió y se la quitó a. .Paltiel hijo
4.5 entraron. .en casa de *I*, el cual estaba
4.7 *I* dormía sobre su lecho en su cámara
4.8 y trajeron la cabeza de *I* a David en
4.8 dijeron al rey: He aquí la cabeza de *I*
4.12 tomaron la cabeza de *I*, y la enterraron

ISCA ***Hija de Harán y hermana de Milca,*** **Gn. 11.29**

ISCARIOTE ***Sobrenombre de Judas el traidor***
Mt. 10.4 y Judas *I*, el que también le entregó
26.14 uno de. .Judas *I*, fue a los principales
Mr. 3.19 y Judas *I*, el que le entregó
14.10 entonces Judas *I*, uno de los doce, fue
Lc. 6.16 y Judas *I*, que llegó a ser el traidor
22.3 Judas, por sobrenombre *I*, el cual era
Jn. 6.71 hablaba de Judas *I*, hijo de Simón

ISCARIOTE *(Continúa)*

Jn. 12.4 dijo. .Judas *I* hijo de Simón, el que le
13.2 había puesto en el corazón de Judas *I*
13.26 mojando el pan, lo dio a Judas *I* hijo
14.22 dijo Judas (no el *I*): Señor, ¿cómo es

ISHI *"Mi marido"*

Os. 2.16 me llamarás *I*, y nunca más. .Baali

ISI

1. Nombre de dos descendientes de Judá, 1 Cr. 2.31; 4.20
2. Descendiente de Simeón, 1 Cr. 4.42
3. Jefe de Manasés, 1 Cr. 5.24

ISÍAS

1. Descendiente de Isacar, 1 Cr. 7.3
2. Uno de los valientes de David, 1 Cr. 12.6
3. Nombre de tres levitas contemporáneos de David, 1 Cr. 23.20; 24.21,25
4. Uno de los que se casaron con mujeres extranjeras en tiempo de Esdras, Esd. 10.31

ISLA

Is. 40.15 hace desaparecer las *i* como polvo
42.15 los ríos tornaré en *i*, y secaré los
Ez. 26.18 estremecerán las *i*. .sí, las *i* que
Hch. 13.6 habiendo atravesado toda la *i* hasta
27.16 corrido a sotavento de una pequeña *i*
27.26 es necesario que demos en alguna *i*
28.1 ya. .supimos que la *i* se llamaba Malta
28.7 propiedades del hombre principal de la *i*
28.9 otros que en la *i* tenían enfermedades
28.11 una nave. .que había invernado en la *i*
Ap. 1.9 yo Juan. .estaba en la *i* llamada Patmos
6.14 monte y toda *i* se removió de su lugar
16.20 toda *i* huyó, y los montes no fueron

ISMA *Descendiente de Judá,* 1 Cr. 4.3

ISMAEL

1. Hijo de Abraham y Agar

Gn. 16.11 darás a luz. .y llamarás su nombre *I*
16.15 llamó Abram el nombre del hijo que. .*I*
16.16 de 86 años, cuando Agar dio a luz a *I*
17.18 dijo. .a Dios: Ojalá *I* viva delante de ti
17.20 en cuanto a *I*, también te he oído: he
17.23 tomó Abraham a *I* su hijo, y a todos los
17.25 *I* su hijo era de trece años, cuando fue
17.26 el mismo día fueron circuncidados. .e *I*
25.9 lo sepultaron Isaac e *I* sus hijos en la
25.12 los descendientes de *I* hijo de Abraham
25.13 pues, son los nombres de los hijos de *I*
25.13 el primogénito de *I*, Nebaiot; luego
25.16 estos son los hijos de *I*, y estos sus
25.17 fueron los años de la vida de *I*, 137
25.17 exhaló el espíritu *I*, y murió, y fue
28.9 y se fue Esaú a *I*, y tomó para sí por
28.9 por mujer a Mahalat, hija de *I* hijo de
36.3 Basemat hija de *I*, hermana de Nebaiot
1 Cr. 1.28 los hijos de Abraham: Isaac e *I*
1.29 el primogénito de *I*, Nebaiot; después
1.31 Nafis y Cedema. .son los hijos de *I*

2. Judío que se rebeló y mató al gobernador Gedalías

2 R. 25.23 vinieron a él. .*I* hijo de Netanías
25.25 el mes séptimo vino *I* hijo de Netanías
Jer. 40.8 esto es, *I* hijo de Netanías, Johanán
40.14 ha enviado a *I* hijo de. .para matarte?
40.15 mataré a *I*. .y ningún hombre lo sabrá
40.16 porque es falso lo que tú dices de *I*
41.1 vino *I* hijo de Netanías. .a Gedalías en
41.2 *I*. .hirieron a espada a Gedalías hijo de
41.3 mató *I* a todos los judíos que estaban
41.6 les salió al encuentro, llorando, *I* el
41.7 *I*. .los degolló, y los echó dentro de una
41.8 hombres que dijeron a *I*: No nos mates
41.9 la cisterna en que echó *I*. .los cuerpos
41.9 *I* hijo de Netanías la llenó de muertos
41.10 llevó *I*. .llevó, pues, cautivos *I* hijo
41.11 oyeron. .todo el mal que había hecho *I*
41.12 a pelear contra *I* hijo de Netanías
41.13 todo el pueblo que estaba con *I* vio a
41.14 el pueblo que *I* había traído cautivo
41.15 pero *I*. .escapó delante de Johanán con
41.16 pueblo que había recobrado de *I* hijo
41.18 por haber dado muerte *I*. .a Gedalías

3. Descendiente del rey Saúl, 1 Cr. 8.38; 9.44
4. Padre de Zebadías No. 6, 2 Cr. 19.11
5. Oficial del ejército, aliado con el sacerdote Joiada, 2 Cr. 23.1
6. Uno de los que se casaron con mujeres extranjeras en tiempo de Esdras, Esd. 10.22

ISMAELITA *Descendiente de Ismael No. 1*

Gn. 37.25 una compañía de *i* que venía de Galaad
37.27 venid, y vendámosle a los *i*, y no sea
37.28 vendieron a los *i* por veinte piezas de
39.1 Potifar oficial de. .lo compró de los *i*
Jue. 8.24 traían zarcillos de. .porque eran *i*
1 Cr. 2.17 luz a Amasa, cuyo padre fue Jeter *i*
27.30 de los camellos, Obil *i*; de las asnas
Sal. 83.6 tiendas. .los *i*, Moab y los agarenos

ISMAÍAS

1. Uno de los 30 valientes de David, 1 Cr. 12.4
2. Oficial de Zabulón bajo David, 1 Cr. 27.19

ISMAQUÍAS *Mayordomo del templo bajo el rey Ezequías,* 2 Cr. 31.13

ISMERAI *Descendiente de Benjamín,* 1 Cr. 8.18

ISOD *Descendiente de Manasés,* 1 Cr. 7.18

ISPA *Descendiente de Benjamín,* 1 Cr. 8.16

ISPÁN *Descendiente de Benjamín,* 1 Cr. 8.22

ISRAEL *=Jacob No. 1*

Gn. 32.28 no se dirá. .tu nombre Jacob, sino *I*
32.32 no comen los hijos de *I*, hasta hoy
34.7 se enojaron. .porque hizo vileza en *I*
35.10 *I*. .tu nombre; y llamó su nombre *I*
35.21 salió *I*, y plantó su tienda más allá
35.22 que cuando moraba *I* en aquella tierra
35.22 durmió con. .lo cual llegó a saber *I*
35.22 ahora bien, los hijos de *I* fueron 12
36.31 que reinase rey sobre los hijos de *I*
37.3 y amaba *I* a José más que a todos sus
37.13 *I* a José: Tus hermanos apacientan
37.14 *I* le dijo: Vé ahora, mira cómo están
42.5 vinieron los hijos de *I* a comprar entre
43.6 dijo. .*I*: ¿Por qué me hicisteis tanto mal
43.8 Judá dijo a *I* su padre: Envía al joven
43.11 *I* su padre les respondió: Pues que
45.21 lo hicieron así los hijos de *I*; y les
45.28 *I*: Basta; José mi hijo vive todavía
46.1 salió *I* con todo lo que tenía, y vino
46.2 y habló Dios a *I* en visiones de noche
46.5 y tomaron los hijos de *I* a su padre
46.8 son los nombres de los hijos de *I*, que
46.29 José. .vino a recibir a *I* su padre en
46.30 *I* dijo a José: Muera yo ahora, ya que
47.27 así habitó *I* en la tierra de Egipto
47.29 y llegaron los días de *I* para morir
47.31 e *I* dijo: Júramelo. Y José le juró
47.31 *I* se inclinó sobre la cabecera de la
48.2 esforzó *I*, y se sentó sobre la cama
48.8 y vio *I* los hijos de José, y dijo
48.10 los ojos de *I* estaban tan agravados
48.11 dijo *I* a José: No pensaba yo ver tu
48.13 ambos, Efraín. .a la izquierda de *I*
48.13 y Manasés a su. .a la derecha de *I*
48.14 *I* extendió su mano derecha, y la puso
48.20 en ti bendecirá *I*, diciendo: Hágate
48.21 dijo *I* a José: He aquí yo muero; pero
49.2 de Jacob, y escuchad a vuestro padre *I*
49.7 los apartaré en. .y los esparciré en *I*
49.16 pueblo, como una de las tribus de *I*
49.24 el nombre del Pastor, la Roca de *I*
49.28 éstos fueron las doce tribus de *I*, y
50.2 José. .y los médicos embalsamaron a *I*
50.25 e hizo jurar José a los hijos de *I*
Éx. 1.1 son los nombres de los hijos de *I* que
1.7 y los hijos de *I* fructificaron y se
1.9 el pueblo de los hijos de *I* es mayor y
1.12 los egipcios temían a los hijos de *I*
1.13 hicieron servir a los hijos de *I* con
2.23 los hijos de *I* gemían a causa de la
2.25 y miró Dios a los hijos de *I*, y los
3.9 el clamor, pues, de los hijos de *I* ha
3.10 saques de. .mi pueblo, los hijos de *I*
3.11 yo. .saque de Egipto a los hijos de *I*?
3.13 llego yo a los hijos de *I*, y les digo
3.14 así dirás a los hijos de *I*: Yo Soy me
3.15 así dirás a los hijos de *I*: Jehová, el
3.16 y reúne a los ancianos de *I*, y diles
3.18 e irás tú, y los ancianos de *I*, al rey
4.22 ha dicho. .*I* es mi hijo, mi primogénito
4.29 todos los ancianos de los hijos de *I*
4.31 Jehová había visitado a los hijos de *I*
5.1 Jehová el Dios de *I* dice así: Deja ir
5.2 deje ir a *I*? Yo. .tampoco dejaré ir a *I*
5.14 azotaban a los capataces de los. .de *I*
5.15 capataces de los hijos de *I* vinieron
5.19 capataces de los hijos de *I* se vieron
6.5 yo he oído el gemido de los hijos de *I*
6.6 por tanto, dirás a los hijos de *I*: Yo
6.9 manera habló Moisés a los hijos de *I*
6.11 deje ir de su tierra a los hijos de *I*
6.12 los hijos de *I* no me escuchan; ¿cómo
6.13 les dio mandamiento para los hijos de *I*
6.13 para que sacasen a los hijos de *I* de
6.14 los hijos de Rubén, el primogénito de *I*
6.26 sacad a los hijos de *I* de la tierra de
6.27 para sacar de Egipto a los hijos de *I*
7.2 deje ir de su tierra a los hijos de *I*
7.4 sacaré a. .los hijos de *I*, de la tierra
7.5 saque a los hijos de *I* de en medio de
9.4 separación entre los ganados de *I* y los
9.4 nada muera de todo lo de los hijos de *I*
9.6 del ganado de los hijos de *I* no murió
9.7 del ganado de los hijos de *I* no había
9.26 de Gosén, donde estaban los hijos de *I*
9.35; 10.20 no dejó ir a los hijos de *I*
10.23 todos los hijos de *I* tenían luz en sus
11.7 contra todos los hijos de *I*, desde el
11.10 no envió a los hijos de *I* fuera de su
12.3 a toda la congregación de *I*, diciendo
12.6 inmolará. .congregación del pueblo de *I*
12.15 que comiere leudado. .será cortado de *I*
12.19 será cortado de la congregación de *I*
12.21 Moisés convocó a. .los ancianos de *I*
12.27 pasó por. .las casas de los hijos de *I*
12.28 los hijos de *I* fueron e hicieron. .así
12.31 salid de en. .vosotros y los hijos de *I*
12.35 e hicieron los hijos de *I* conforme al
12.37 partieron los hijos de *I* de Ramesés a
12.40 el tiempo que los hijos de *I* habitaron
12.42 noche deben guardarla. .los hijos de *I*
12.47 toda la congregación de *I* lo hará
12.50 así lo hicieron todos los hijos de *I*
12.51 día sacó Jehová a los hijos de *I* de
13.2 todo primogénito. .entre los hijos de *I*
13.18 y subieron los hijos de *I* de. .armados
13.19 había juramentado a los hijos de *I*
14.2 dí a los hijos de *I* que den la vuelta
14.3 Faraón dirá de. .*I*: Encerrados están en
14.5 dejado ir a *I*, para que no nos sirva?
14.8 Faraón rey. .él siguió a los hijos de *I*
14.8 pero los hijos de *I* habían salido con
14.10 los hijos de *I* alzaron sus ojos, y he
14.10 egipcios venían. .hijos de *I* temieron
14.15 mí? Di a los hijos de *I* que marchen
14.16 y entren los hijos de *I* por en medio
14.19 que iba delante del campamento de *I*
14.20 entre el campamento de. .y el. .de *I*
14.20 y alumbraba a *I* de noche, y en toda
14.22 los. .de *I* entraron por en medio del
14.25 huyamos. .de *I*, porque Jehová pelea
14.29 hijos de *I* fueron por en medio del
14.30 así salvó Jehová aquel día a Israel
14.30 *I* vio a los egipcios muertos. .orilla
14.31 vio *I* aquel grande hecho que Jehová
15.1 cantó Moisés y los. .de *I* este cántico
15.19 los hijos de *I* pasaron en seco por en
15.22 e hizo Moisés que partiese *I* del Mar
16.1 partió luego de Elim. .los hijos de *I*
16.2 los hijos de *I* murmuró contra Moisés
16.3 decían los hijos de *I*: Ojalá. .muerto
16.6 dijeron. .a todos los hijos de *I*: En la
16.9 dí a. .la congregación de los hijos de *I*
16.10 hablando Aarón a toda. .los hijos de *I*
16.12 oído las murmuraciones de los. .de *I*
16.15 viéndolo los hijos de *I*, se dijeron
16.17 *I* lo hicieron así; y recogieron unos
16.31 casa de *I* lo llamó Maná; y era como
16.35 comieron los hijos de *I* maná 40 años
17.1 congregación de los hijos de *I* partió
17.5 toma contigo de los ancianos de *I*; y
17.6 así en presencia de los ancianos de *I*
17.7 Meriba. .la rencilla de los hijos de *I*
17.8 entonces vino Amalec y peleó contra *I*
17.11 alzaba Moisés su mano, *I* prevalecía
18.1 oyó. .cosas que Dios había hecho con. .*I*
18.1 cómo Jehová había sacado a *I* de Egipto
18.8 que Jehová había hecho. .por amor de *I*
18.9 el bien que Jehová había hecho a *I*, al
18.12 vino Aarón y todos los ancianos de *I*
18.25 varones de virtud de entre todo *I*, y
19.1 mes tercero de la salida de los. .de *I*
19.2 Sinaí. .acampó allí *I* delante del monte
19.3 dirás. .y anunciarás a los hijos de *I*
19.6 las palabras que dirás a los hijos de *I*
20.22 así dirás a los hijos de *I*: Vosotros
24.1 sube. .y setenta de los ancianos de *I*
24.4 columnas, según las doce tribus de *I*
24.5 envió jóvenes de los hijos de *I*, los
24.9 subieron. .setenta de los ancianos de *I*
24.10 vieron al Dios de *I*; y había debajo
24.11 sobre los príncipes de los hijos de *I*
24.17 fuego. .a los ojos de los hijos de *I*
25.2 a los. .de *I* que tomen para mí ofrenda
25.22 que yo te mandare para los hijos de *I*
27.20 los hijos de *I* que te traigan aceite
27.21 estatuto perpetuo de los hijos de *I*
28.1 Aarón. .hijos. .de entre los hijos de *I*
28.9 y grabarás. .nombres de los hijos de *I*
28.11 grabar. .los nombres de los hijos de *I*
28.12 piedras memoriales a los hijos de *I*
28.21 según los nombres de los hijos de *I*
28.29 llevará. .nombres de los hijos de *I*
28.30 llevará. .Aarón el juicio de los. .*I*
28.38 los hijos de *I* hubieren consagrado en
29.28 estatuto perpetuo para los hijos de *I*
29.28 una ofrenda elevada de los hijos de *I*
29.43 allí me reuniré con los hijos de *I*; y
29.45 habitaré entre los hijos de *I*, y seré
30.12 cuando tomes el número de. .hijos de *I*
30.16 tomarás de los hijos de *I* el dinero
30.16 y será por memorial a los hijos de *I*
30.31; 31.13; Lv. 1.2; 4.2; 7.23,29; 9.3; 11.2; 12.2; 15.2; 18.2; 19.2; 22.18; 23.2,10,24,34; 25.2; 27.2; Nm. 5.12; 6.2; 9.10; 15.2,18,38; 27.8; 33.51; 35.10 habla a los hijos de *I*, y diles

ISRAEL *(Continúa)*

Éx. 31.16 guardarán. .día de reposo. .hijos de I
31.17 señal es. .entre mí y los hijos de I
32.4,8 I, estos son tus dioses, que te
32.13 acuérdate. .Isaac y de I tus siervos
32.20 polvo. .dio a beber a los hijos de I
32.27 ha dicho Jehová, el Dios de I: Poned
33.5 dí a los hijos de I. .sois. .de dura cerviz
33.6 los hijos de I se despojaron. .atavíos
34.24 delante de Jehová el Señor, Dios de I
34.27 dijo. .he hecho pacto contigo y con I
34.30 Aarón y. .hijos de I miraron a Moisés
34.32 acercaron todos los hijos de I, a los
34.34 decía a los hijos de I lo que le era
34.35 al mirar los hijos de I el rostro de
35.1 Moisés convocó a toda. .los hijos de I
35.4 habló Moisés a toda. .de los hijos de I
35.20 salió toda. .de I de delante de Moisés
35.29 hijos de I, así hombres como mujeres
35.30 dijo Moisés a los hijos de I: Mirad
36.3 la ofrenda que los. .de I habían traído
39.6 grabaduras. .nombres de los hijos de I
39.7 piedras memoriales para los hijos de I
39.14 conforme a. .nombres de los hijos de I
39.32 e hicieron los hijos de I como Jehová
39.42 hicieron los hijos de I toda la obra
40.36 los hijos de I se movían en todas sus
40.38 la nube. .a vista de toda la casa de I

Lv. 4.13 la congregación de I hubiere errado
7.34 he tomado de los sacrificios. .de I el
7.34 estatuto perpetuo para los hijos de I
7.36 él los ungió de entre los hijos de I
7.38 mandó a los hijos de I que ofreciesen
9.1 Moisés llamó a. .y a los ancianos de I
10.6 toda la casa de I, sí lamentarán por
10.11 enseñar a los hijos de I. .estatutos
10.14 sacrificios de paz de los hijos de I
15.31 así apartaréis de sus impurezas a. .I
16.5 de los hijos de I tomará dos machos
16.16 de las impurezas de los hijos de I
16.17 expiación por. .la congregación de I
16.19 de las inmundicias de los hijos de I
16.21 todas las iniquidades de. .hijos de I
16.34 expiación. .todos los pecados de I
17.2 habla. .a todos los hijos de I, y diles
17.3 de la casa de I que degollare buey o
17.5 traigan los hijos de I sus sacrificios
17.8,10,13 cualquier varón de la casa de I
17.12,14 tanto, he dicho a los hijos de I
20.2 dirás asimismo a los. .de I: Cualquier
20.2 varón de los hijos de I. .que ofreciere
20.2 o de los extranjeros que moran en I
21.24 Moisés habló esto a. .los hijos de I
22.3 que los hijos de I consagran a Jehová
22.15 las cosas santas de los hijos de I
22.18 casa de I, o de los extranjeros en I
22.32 yo sea santificado en medio de. .de I
23.42 natural de I habitará en tabernáculos
23.43 en. .hice yo habitar a los hijos de I
23.44 habló Moisés a los hijos de I sobre
24.2 manda a los hijos de I que te traigan
24.8 nombre de los hijos de I, como pacto
24.10 salió entre los hijos de I; y el hijo
24.10 el hijo de. .y un hombre de I riñeron
24.15 y a los hijos de I hablarás, diciendo
24.23 habló Moisés a los hijos de I, y ellos
24.23 los hijos de I hicieron según Jehová
25.33 son la posesión. .entre los hijos de I
25.46 hijos de I no os enseñorearéis cada
25.55 porque mis siervos son los hijos de I
26.46 estableció. .entre sí y los hijos de I
27.34 mandamientos. .para los hijos de I

Nm. 1.2 tomad el censo de. .de los hijos de I
1.3 los que pueden salir a la guerra en I
1.16 eran. .capitanes de los millares de I
1.20 los hijos de Rubén, primogénito de I
1.44 contaron. .con los príncipes de I, doce
1.45 los contados de los hijos de I por las
1.45 los que podían salir a la guerra en I
1.49 la cuenta de ellos entre los hijos de I
1.52 los hijos de I acamparán cada uno en
1.53 que no haya ira sobre. .los hijos de I
1.54 hicieron los. .de I conforme a todas las
2.2 los hijos de I acamparán cada uno junto
2.32 los contados de los hijos de I, según
2.33 levitas no fueron contados entre. .de I
2.34 hicieron los hijos de I. .las cosas que
3.8 lo encargado a ellos por los hijos de I
3.9 le son. .dados de entre los hijos de I
3.12 he tomado a los levitas de. .hijos de I
3.12 primeros nacidos de. .los hijos de I
3.13 santifiqué. .los primogénitos en I, así
3.38 la guarda. .en lugar de los hijos de I
3.40 cuenta. .varones de los hijos de I de
3.41,42,45,46. .primogénitos de los hijos de I
3.41 lugar de. .animales de los hijos de I
3.50 recibió. .de los hijos de I, en dinero
4.46 jefes de I contaron por sus familias
5.2 manda a. .I que echen del campamento a
5.4 lo hicieron así los hijos de I, y los
5.4 echaron. .así lo hicieron los hijos de I
5.6 a los hijos de I: El hombre o la mujer
5.9 ofrenda. .que los hijos de I presentaren
6.23 diles: Así bendeciréis a los hijos de I
6.27 pondrán mi nombre sobre los hijos de I
7.2 príncipes de I, los jefes de las casas
7.84 que los príncipes de I ofrecieron para
8.6 toma a. .levitas de entre los hijos de I
8.9 toda la congregación de los hijos de I
8.10 pondrán los hijos de I sus manos sobre
8.11 levitas. .en ofrenda de los hijos de I
8.14 así apartarás a los levitas de. .de I
8.16 son dedicados. .de entre los hijos de I
8.16 primogénitos de todos los hijos de I
8.17 mío es todo primogénito de. .hijos de I
8.18 en lugar de. .primogénitos de los. .de I
8.19 los levitas. .de entre los hijos de I
8.19 que ejerzan el ministerio de los. .de I
8.19 reconcilien a los hijos de I; para que
8.19 que no haya plaga en los hijos de I
8.19 al acercarse. .hijos de I al santuario
8.20 toda la congregación de los hijos de I
8.20 así hicieron con ellos los hijos de I
9.2 los hijos de I celebrarán la pascua a
9.4 habló Moisés a los hijos de I para que
9.5 mandó Jehová. .hicieron los hijos de I
9.7 ofrecer ofrenda. .entre los hijos de I?
9.17 se alzaba la nube. .hijos de I partían
9.17 paraba, allí acampaban los hijos de I
9.18 al mandato. .los hijos de I partían, y
9.19 los hijos de I guardaban la ordenanza
9.22 los hijos de I seguían acampados, y no
10.4 congregarán. .jefes de. .millares de I
10.12 partieron los hijos de I del desierto
10.28 el orden de marcha de los hijos de I
10.29 porque Jehová ha prometido el bien a I
10.36 vuelve, oh Jehová, a. .millares de I
11.4 y los hijos de I. .volvieron a llorar
11.16 reúneme 70 varones de. .ancianos de I
11.30 Moisés volvió. .él y los ancianos de I
13.2 Canaán, la cual yo doy a. .hijos de I
13.3 todos. .príncipes de los hijos de I
13.24 racimo que cortaron. .los hijos de I
13.26 vinieron a Moisés y a. .los hijos de I
13.32 y hablaron mal entre los hijos de I
14.2 quejaron contra Moisés. .los hijos de I
14.5 postraron. .delante de. .los hijos de I
14.7 y hablaron a. .los hijos de I, diciendo
14.10 se mostró en. .a todos los hijos de I
14.27 los hijos de I, que de mí se quejan?
14.39 Moisés dijo estas cosas a. .hijos de I
15.25 hará expiación por. .de los hijos de I
15.26 será perdonado a toda. .los hijos de I
15.29 el nacido entre los hijos de I, y el
15.32 estando los hijos de I en el desierto
16.2 se levantaron. .con 250. .los hijos de I
16.9 ¿os es poco que el Dios de I os haya
16.9 haya apartado de la congregación de I
16.25 los ancianos de I fueron en pos de él
16.34 y todo I. .huyeron al grito de ellos
16.38 y serán como señal a los hijos de I
16.40 recuerdo para los hijos de I, de que
16.41 la congregación de. .I murmuró contra
17.2 habla a los hijos de I, y toma de ellos
17.5 y haré cesar. .quejas de los hijos de I
17.6 Moisés habló a los hijos de I, y todos
17.9 sacó. .las varas. .todos los hijos de I
17.12 los. .de I hablaron a Moisés, diciendo
18.5 no venga. .la ira sobre los hijos de I
18.6 levitas de entre los hijos de I, dados
18.8 las cosas consagradas de los hijos de I
18.11 las ofrendas mecidas de los hijos de I
18.14 lo consagrado por voto en I será tuyo
18.19 que los hijos de I ofrecieron a Jehová
18.20 tu parte. .en medio de los hijos de I
18.21 he dado. .los diezmos en I por heredad
18.22 y no se acercarán más los hijos de I
18.23 y no poseerán heredad entre los. .de I
18.24 he dado. .los diezmos de los hijos de I
18.24 entre los. .de I no poseerán heredad
18.26 toméis de los hijos de I los diezmos
18.28 diezmos que recibáis de los hijos de I
18.32 no. .las cosas santas de los hijos de I
19.2 dí a los hijos de I que te traigan una
19.9 las guardará. .hijos de I para el agua de
19.10 estatuto perpetuo para los hijos de I
19.13 y aquella persona será cortada de I
20.1 llegaron los hijos de I. .al desierto de
20.12 santificarme delante de los hijos de I
20.13 contendieron los hijos de I con Jehová
20.14 así dice I tu hermano: Tú has sabido
20.19 los hijos de I dijeron: Por el camino
20.21 no quiso. .dejar pasar a I. .se desvió I
20.22 y partiendo de Cades los hijos de I
20.24 la tierra que yo di a los hijos de I
20.29 le hicieron duelo. .las familias de I
21.1 oyó que venía I por el camino de Atarim
21.1 peleó contra I, y tomó. .prisioneros
21.2 entonces I hizo voto a Jehová, y dijo
21.3 Jehová escuchó la voz de I, y entregó
21.6 mordían al. .y murió mucho pueblo de I
21.10 partieron los hijos de I y acamparon
21.17 cantó I este cántico: Sube, oh pozo
21.21 entonces envió I embajadores a Sehón
21.23 Sehón no dejó pasar a I. .su territorio
21.23 salió contra I en el. .y peleó contra I
21.24 lo hirió I a filo de espada, y tomó su
21.25 tomó I. .ciudades, y habitó I en todas
21.31 así habitó I en la tierra del amorreo
22.1 partieron los hijos de I, y acamparon
22.2 y vio Balac. .todo lo que I había hecho
22.3 se angustió. .a causa de los hijos de I
23.7 maldíceme a Jacob, y ven, execra a I
23.10 o el número de la cuarta parte de I?
23.21 en Jacob, ni ha visto perversidad en I
23.23 no hay agüero, ni adivinación contra I
23.23 será dicho de Jacob y de I: ¡Lo que ha
24.1 que parecía bien. .que él bendijese a I
24.2 sus ojos, vio a I alojado por sus tribus
24.5 ¡cuán hermosas. .tus habitaciones, oh I!
24.17 se levantará cetro de I, y herirá las
24.18 será tomada. .I se portará varonilmente
25.1 moraba I en Sitim; y el pueblo empezó
25.3 el furor de Jehová se encendió contra I
25.4 de la ira de Jehová se apartará de I
25.5 entonces Moisés dijo a los jueces de I
25.6 un varón de los hijos de I vino y trajo
25.6 a ojos de. .la congregación de los. .de I
25.8 fue tras el varón de I a la tienda, y
25.8 los alanceó. .al varón de I, y a la mujer
25.8 y cesó la mortandad de los hijos de I
25.11 apartar mi furor de los hijos de I
25.11 yo no he consumido. .a los hijos de I
25.13 e hizo expiación por los hijos de I
26.2 tomad el censo. .de los hijos de I, de
26.2 los que pueden salir a la guerra en I
26.4 como mandó Jehová a. .y a los hijos de I
26.5 Rubén, primogénito de I. .hijos de Rubén
26.51 los contados de los hijos de I, 601.730
26.62 levitas. .no fueron contados entre. .I
26.62 no. .dada heredad entre los hijos de I
26.63 contaron los hijos de I en los campos
26.64 contaron a los. .de I en el desierto
27.11 para los. .de I esto será por estatuto
27.12 la tierra que he dado a los hijos de I
27.20 toda la congregación. .de I le obedezca
27.21 entrarán, él y. .los hijos de I con él
28.2 manda a los hijos de I, y diles: Mi
29.40 Moisés dijo a los hijos de I conforme
30.1 habló Moisés a los príncipes de. .de I
31.2 haz la venganza de los hijos de I contra
31.4 mil de cada tribu. .de I, enviaréis a la
31.5 fueron dados de los millares de I, mil
31.9 los hijos de I llevaron cautivas a las
31.12 trajeron a. .hijos de I, los cautivos
31.16 fueron causa de que. .de I prevaricasen
31.30 mitad perteneciente a los hijos de I
31.42,47 de la mitad para los hijos de I
31.54 por memoria de los hijos de I delante
32.4 tierra que Jehová hirió delante de. .I
32.7 ¿y por qué desanimáis a los hijos de I
32.9 desalentaron a los hijos de I para que
32.13 la ira de Jehová se encendió contra I
32.14 añadir aún a la ira de Jehová contra I
32.17 iremos con. .delante de los hijos de I
32.18 hasta que los hijos de I posean cada
32.22 y seréis libres de culpa. .para con I
32.28 y a los príncipes. .de los hijos de I
33.1 son las jornadas de los hijos de I, que
33.3 el segundo día. .salieron los hijos de I
33.5 salieron. .los hijos de I de Ramesés, y
33.38 a los 40 años de la salida de los. .I
33.40 oyó que habían venido los hijos de I
34.2 manda a los hijos de I y diles: Cuando
34.13 a los hijos de I, diciendo: Esta es la
34.29 repartición de las. .a los hijos de I
35.2 manda a los. .de I que den a los levitas
35.8 diereis de la heredad de los hijos de I
35.15 serán de refugio para los hijos de I
35.34 yo. .habito en medio de los hijos de I
36.1 de las casas paternas de los hijos de I
36.2 la tierra a los hijos de I en posesión
36.3 de las otras tribus de los hijos de I
36.4 viniere el jubileo de los hijos de I
36.5 Moisés mandó a los hijos de I. .diciendo
36.7 la heredad de. .I no sea traspasada de
36.7 hijos de I estará ligado a la heredad
36.8 heredad en las tribus de los hijos de I
36.8 los hijos de I posean cada uno heredad
36.9 las tribus de los. .de I estará ligada a
36.13 que mandó Jehová por. .a los hijos de I

Dt. 1.1 las palabras que habló Moisés a todo I
1.3 Moisés habló a los hijos de I conforme a
1.38 anímale, porque él la hará heredar a I
2.12 hizo I en la tierra que les dio Jehová
3.18 iréis armados. .delante de. .hijos de I
4.1 oh I, oye los estatutos. .que yo os enseño
4.44 ley que. .puso delante de los hijos de I
4.45 decretos que habló Moisés a los. .de I
4.46 cual derrotó Moisés con los hijos de I
5.1 llamó Moisés a todo I y les dijo: Oye, I
6.3 oye. .oh I, y cuida de ponerlos por obra
6.4 I: Jehová nuestro Dios, Jehová uno es
9.1 oye, I: tú vas hoy a pasar el Jordán para
10.6 salieron los hijos de I. .a Mosera; allí
10.12 I, ¿qué pide Jehová tu Dios de ti, sino
11.6 tierra. .los tragó. .en medio de todo I
13.11 I oiga, y tema, y no vuelva a hacer
17.4 que tal abominación ha sido hecha en I
17.12 y quitarás el mal de en medio de I

ISRAEL *(Continúa)*

Dt. 17.20 que prolongue sus días..en medio de I
18.1 Leví, no tendrán parte ni heredad en I
18.6 alguna de tus ciudades de entre todo I
19.13 y quitarás de I la sangre inocente, y
20.3 dirá: Oye, I, vosotros os juntáis hoy en
21.8 perdona..tu pueblo I, al cual redimiste
21.8 y no culpes de sangre inocente a tu..I
21.21 así quitarás el mal..I oirá, y temerá
22.19 mala fama sobre una virgen de I; y la
22.21 hizo vileza en I fornicando en casa de
22.22 ambos morirán..así quitarás el mal de I
23.17 no haya ramera de entre..hijas de I
23.17 ni haya sodomita de entre los..de I
24.7 hubiere hurtado a uno de..los hijos de I
25.6 el nombre de éste no sea borrado de I
25.7 cuñado no quiere suscitar nombre en I
25.10 se le dará este nombre en I: La casa
26.15 mira desde..y bendice a tu pueblo I
27.1 ordenó Moisés, con los ancianos de I
27.9 Moisés, con..levitas, habló a todo I
27.9 y escucha, oh I; hoy has venido a ser
27.14 y dirán a todo varón de I en alta voz
29.1 mandó..celebrase con los hijos de I en
29.2 llamó a todo I, y les dijo: Vosotros
29.10 y vuestros oficiales..los varones de I
29.21 lo apartará..de todas las tribus de I
31.1 Moisés y habló estas palabras a todo I
31.7 Josué, y le dijo en presencia de todo I
31.9 la dio a los..todos los ancianos de I
31.11 cuando viniere..I a presentarse delante
31.11 leerás esta ley delante de todo I a
31.19 cántico, y enséñalo a los hijos de I
31.19 sea por testigo contra los hijos de I
31.22 y Moisés..lo enseñó a los hijos de I
31.23 tú introducirás a los hijos de I en la
31.30 habló Moisés a oídos..I las palabras
32.8 límites..según el número de los..de I
32.45 y acabó Moisés de recitar..a todo I
32.49 Canaán, que yo doy..a los hijos de I
32.51 pecasteis..en medio de los hijos de I
32.51 no me santificasteis en medio de..de I
32.52 a la tierra que doy a los hijos de I
33.1 con la cual bendijo..a los hijos de I
33.5 se congregaron los..con las tribus de I
33.10 ellos enseñarán..a Jacob, y tu ley a I
33.21 con I ejecutó los mandatos y los justos
33.28 e I habitará confiado, la fuente de
33.29 bienaventurado tú, oh I, ¿quién como
34.8 y lloraron los hijos de I a Moisés en
34.9 los hijos de I le obedecieron, e hicieron
34.10 nunca..se levantó profeta en I como
34.12 que Moisés hizo a la vista de todo I
Jos. 1.2 tierra que yo..doy a los hijos de I
2.2 hombres de los hijos de I han venido aquí
3.1 él y todos los hijos de I partieron de
3.7 engrandecerte delante de los ojos..de I
3.9 y Josué dijo a los hijos de I: Acercaos
3.12 tomad..doce hombres de las tribus de I
3.17 pasar el Jordán; y todo I pasó en seco
4.4 los doce hombres..de entre los hijos de I
4.5 conforme..las tribus de los hijos de I
4.7 servirán de monumento..a los hijos de I
4.8 los hijos de I lo hicieron así como Josué
4.8 número de las tribus de los hijos de I
4.12 Gad..armados delante de los hijos de I
4.14 engrandeció a Josué a los ojos de..I
4.21 y habló a los hijos de I, diciendo
4.22 hijos..I pasó en seco por este Jordán
5.1 había secado..delante de los hijos de I
5.1 no hubo más aliento..delante de los..I
5.2 vuelve a circuncidar..a los hijos de I
5.3 Josué se..y circuncidó a los hijos de I
5.6 hijos de I anduvieron por el desierto 40
5.10 y los hijos de I acamparon en Gilgal
5.12 los hijos de I nunca más tuvieron maná
6.1 bien cerrada, a causa de los hijos de I
6.18 no..hagáis anatema el campamento de I
6.23 los pusieron fuera del campamento de I
7.1 hijos de I cometieron una prevaricación
7.1 ira..se encendió contra los hijos de I
7.6 Josué..se postró..él y los ancianos de I
7.8 ¿qué diré, ya que I ha vuelto la espalda
7.11 I ha pecado..han quebrantado mi pacto
7.12 los hijos de I no podrán hacer frente a
7.13 porque el Dios de I dice así: Anatema
7.13 anatema hay en medio de ti, I; no podrás
7.15 será quemado..ha cometido maldad en I
7.16 Josué..hizo acercar a I por sus tribus
7.19 a Acán..da gloria a Jehová el Dios de I
7.20 yo he pecado contra Jehová el Dios de I
7.23 lo trajeron a Josué y a..los hijos de I
7.24 Josué, y todo I con él, tomaron a Acán
8.10 Josué..subió él, con los ancianos de I
8.14 de la ciudad salieron al encuentro de I
8.15 Josué y todo I se fingieron vencidos y
8.17 no quedó hombre..que no saliera tras I
8.17 por seguir a I dejaron la ciudad abierta
8.21 todo I, viendo que los de la emboscada
8.22 y así fueron encerrados en medio de I
8.30 Josué edificó un altar a..Dios de I en
8.31 Moisés..había mandado a los hijos de I
8.32 cual escribió delante de los hijos de I
8.33 todo I..estaba de pie a uno y otro lado
8.33 para que bendijesen..al pueblo de I
8.35 que Josué no hiciese leer delante..de I
9.2 se concertaron para pelear contra..e I
9.6 vinieron..y le dijeron a él y a los de I
9.7 y los de I respondieron a los heveos
9.14 y los..de I tomaron de las provisiones
9.17 salieron los hijos de I, y al tercer día
9.18 y no los mataron los hijos de I, por
9.18 habían jurado por Jehová el Dios de I
9.19 les hemos jurado por Jehová Dios de I
9.26 los libró de la mano de los hijos de I
10.4 ha hecho paz con Josué y con los..de I
10.10 los llenó de consternación delante de I
10.11 que los que los hijos de I mataron a
10.12 entregó al amorreo delante de los..de I
10.14 día como aquel..Jehová peleaba por I
10.15 todo I con él, volvió al campamento en
10.20 los hijos de I acabaron de herirlos con
10.21 moviese su lengua contra..hijos de I
10.24 llamó Josué a todos los varones de I
10.29 pasó Josué, y todo I con él, a Libna
10.30 Jehová la entregó..rey en manos de I
10.31 Josué, y todo I con él, pasó de Libna
10.32 entregó a Laquis en mano de I, y la
10.34 pasó Josué, y todo I con él, a Eglón
10.36 luego Josué, y todo I con él, de Eglón
10.38 volvió..y todo I con él, sobre Debir
10.40 Jehová Dios de I se lo había mandado
10.42 porque Jehová..Dios de I peleaba por I
10.43 volvió Josué, y todo I..al campamento
11.5 reyes se unieron..para pelear contra I
11.6 entregaré a todos ellos..delante de I
11.8 los entregó Jehová en manos de I, y los
11.13 las ciudades..colinas, no las quemó I
11.14 los hijos de I tomaron..todo el botín
11.16 tomó..las montañas de I y sus valles
11.19 hiciese paz con los hijos de I, salvo
11.20 para que resistiesen con guerra a I
11.21 los anaceos..de todos los montes de I
11.22 quedó en la tierra de los hijos de I
12.1 los reyes..que los hijos de I derrotaron
12.6 estos derrotaron Moisés..los hijos de I
12.7 que derrotaron Josué y los hijos de I
12.7 Josué dio la tierra..a las tribus de I
13.6 exterminaré delante de los hijos de I
13.13 los maacateos no los echaron los..de I
13.14 los sacrificios de Jehová Dios de I son
13.22 también mataron..hijos de I a Balaam
13.33 Jehová Dios de I..la heredad de ellos
14.1 esto..es lo que los hijos de I tomaron
14.1 padres de las tribus de los hijos de I
14.5 así lo hicieron los hijos de I en el
14.10 cuando I andaba por el desierto; y ahora
14.14 había seguido..a Jehová Dios de I
17.13 pero cuando los..de I fueron..fuertes
18.1 la congregación de..I se reunió en Silo
18.2 pero habían quedado de los hijos de I
18.3 Josué dijo a los..de I: ¿Hasta cuándo
18.10 repartió..la tierra a los hijos de I
19.49 dieron los hijos de I heredad a Josué
19.51 suerte..a las tribus de los hijos de I
20.2 habla a los hijos de I y diles: Señalaos
20.9 ciudades señaladas para..los hijos de I
21.1 los cabezas..tribus de los hijos de I
21.3,8 los hijos de I dieron..a los levitas
21.41 en medio de la posesión de los..de I
21.43 dio Jehová a I toda la tierra que había
21.45 promesas que Jehová había hecho a..I
22.9 separándose de los hijos de I, desde
22.11 y los hijos de I oyeron decir que los
22.11 un altar..del lado de los hijos de I
22.12 cuando oyeron esto..de I, se juntó..I
22.13 enviaron los hijos de I a los hijos de
22.14 un príncipe por cada casa..tribus de I
22.14 era jefe de..entre los millares de I
22.16 que prevaricáis contra el Dios de I
22.18 mañana se airará él contra toda..de I
22.20 vino ira sobre..la congregación de I?
22.21 dijeron a los cabezas..millares de I
22.22 él sabe, y hace saber a I: si fue por
22.24 ¿qué tenéis vosotros con..Dios de I?
22.30 y los jefes de los millares de I que
22.31 ahora habéis librado a los hijos de I
22.32 regresaron de..a los hijos de I, a los
22.33 asunto pareció bien a los hijos de I
22.33 bendijeron a Dios los hijos de I; y no
23.1 que Jehová diera reposo a I de todos sus
23.2 llamó a todo I, a sus ancianos, sus
24.1 reunió..las tribus de I..ancianos de I
24.2 dijo Josué..Así dice Jehová, Dios de I
24.9 se levantó Balac..peleó contra los de I
24.23 inclinad vuestro corazón a..Dios de I
24.31 y sirvió I a Jehová todo el tiempo de
24.31 las obras que Jehová había hecho por I
24.32 huesos de José, que..I habían traído
Jue. 1.1 los hijos de I consultaron a Jehová
1.28 pero cuando I se sintió fuerte hizo al
2.4 cuando el ángel..habló estas palabras a..I
2.6 los hijos de I se habían ido..a su heredad
2.7 grandes obras..que él había hecho por I
2.10 no..ni la obra que él había hecho por I
2.11 los hijos de I hicieron lo malo ante los
2.14 se encendió contra I el furor de Jehová
2.20 la ira de Jehová se encendió contra I
2.22 para probar..a I, si procurarían o no
3.1 naciones que dejó..probar con ellas a I
3.2 el linaje de los hijos de I conociese la
3.4 fueron para probar con ellos a I, para
3.5 los..de I habitaban entre los cananeos
3.7 hicieron, pues, los hijos de I lo malo
3.8 y la ira de Jehová se encendió contra I
3.8 y sirvieron los hijos de I a..ocho años
3.9 entonces clamaron los hijos de I a Jehová
3.9 Jehová levantó un libertador a los..de I
3.10 juzgó a I, y salió a batalla, y Jehová
3.12 volvieron..I a hacer lo malo ante los
3.12 y Jehová fortaleció a Eglón..contra I
3.13 vino e hirió a I, y tomó la ciudad de
3.14 y sirvieron los hijos de I a Eglón rey
3.15 y clamaron los hijos de I a Jehová
3.15 hijos de I enviaron..presente a Eglón
3.27 hijos de I descendieron con él del monte
3.30 fue subyugado Moab..bajo la mano de I
3.31 Samgar hijo de Anat..también salvó a I
4.1 los hijos de I volvieron a hacer lo malo
4.3 los hijos de I clamaron a Jehová, porque
4.3 había oprimido..hijos de I por 20 años
4.4 gobernaba en aquel tiempo a I..Débora
4.5 y los hijos de I subían a ella a juicio
4.6 te ha mandado Jehová Dios de I, diciendo
4.23 abatió Dios..delante de los hijos de I
4.24 la mano de..I fue endureciéndose más y
5.2 puesto al frente los caudillos en I, por
5.3 cantaré salmos a Jehová, el Dios de I
5.5 aquel Sinaí, delante de Jehová Dios de I
5.7 las aldeas quedaron abandonadas en I
5.7 yo Débora..me levanté como madre en I
5.8 ¿se veía escudo o..entre 40.000 en I?
5.9 mi corazón es para vosotros, jefes de I
5.11 triunfos de sus aldeas en I; entonces
6.1 hijos de I hicieron lo malo ante los ojos
6.2 y la mano de Madián prevaleció contra I
6.2 los..de I, por causa de los madianitas
6.3 que cuando I había sembrado, subían los
6.4 y no dejaban qué comer en I, ni ovejas
6.6 modo empobrecía I..I clamaron a Jehová
6.7 cuando los hijos de I clamaron a Jehová
6.8 envió a los hijos de I un varón profeta
6.8 ha dicho Jehová Dios de I: Yo os hice
6.14 y salvarás a I de la..de los madianitas
6.15 ah, señor mío, ¿con qué salvaré yo a I?
6.36 dijo..Si has de salvar a I por mi mano
6.37 entenderé que salvarás a I por mi mano
7.2 no sea que se alabe I contra mí, diciendo
7.14 sino la espada de Gedeón..varón de I
7.15 adoró; y vuelto al campamento de I, dijo
7.23 juntándose..de I, de Neftalí, de Aser
8.27 todo I se prostituyó tras de ese efod
8.28 fue subyugado..delante de los hijos de I
8.33 los hijos de I volvieron a prostituirse
8.34 no se acordaron los..de I de Jehová su
8.35 a todo el bien que él había hecho a I
9.22 Abimelec hubo dominado sobre I 3 años
10.1 se levantó para librar a I Tola hijo de
10.2 y juzgó a I veintitrés años; y murió
10.3 Jair..el cual juzgó a I veintidós años
10.6 los hijos de I volvieron a hacer lo malo
10.7 se encendió la ira de Jehová contra I
10.8 oprimieron y..I..todos los hijos de I
10.9 de Amón..fue afligido I en gran manera
10.10 entonces los..de I clamaron a Jehová
10.11 Jehová respondió a los hijos de I: ¿No
10.15 y los hijos de I respondieron a Jehová
10.16 angustiado a causa de la aflicción de I
10.17 juntaron los hijos de I, y acamparon en
11.4,5 hijos de Amón hicieron guerra contra I
11.13 cuanto I tomó mi tierra, cuando subió
11.15 I no tomó tierra de Moab, ni tierra de
11.16 cuando I subió de Egipto, anduvo por
11.17 I envió mensajeros al rey de Edom
11.17 quiso; se quedó, por tanto, I en Cades
11.19 envió I mensajeros a Sehón rey de los
11.20 Sehón no se fio de I..peleó contra I
11.21 Dios de I entregó a Sehón..mano de I
11.21 se apoderó I de toda la tierra de los
11.23 lo que Jehová Dios de I desposeyó al
11.23 desposeyó al..delante de su pueblo I
11.25 ¿tuvo él cuestión contra I, o hizo
11.26 I ha estado habitando por 300 años a
11.27 Jehová..juzgue..entre los hijos de I
11.33 fueron sometidos..por los hijos de I
11.40 se hizo costumbre en I, que de año en
11.40 año en año fueran las doncellas de I
12.7 y Jefté juzgó a I seis años; y murió
12.8 después de él juzgó a I Ibzán de Belén
12.9 el cual tuvo 30..y juzgó a I siete años
12.11 juzgó a I Elón..juzgó a I diez años
12.13 después de él juzgó a I Abdón hijo de
12.14 tuvo 40 hijos..y juzgó a I ocho años
13.1 los hijos de I volvieron a hacer lo malo
13.5 a salvar a I de mano de los filisteos
14.4 pues..los filisteos dominaban sobre I
15.20 y juzgó a I en los días..veinte años
16.31 le sepultaron..juzgó a I veinte años
17.6; 18.1 aquellos días no había rey en I
18.1 tenido posesión entre las tribus de I
18.19 seas tú..de una tribu y familia de I?
18.29 al nombre de Dan su padre, hijo de I

ISRAEL *(Continúa)*

2 S. 23.3 me habló la Roca de I: Habrá un justo
23.9 y se habían alejado los hombres de I
24.1 a encenderse la ira de Jehová contra I
24.1 que dijese: Vé, haz un censo de I y de Judá
24.2 recorre..las tribus de I..y haz un censo
24.4 para hacer el censo del pueblo de I
24.9 fueron..de I 800.000 hombres fuertes
24.15 Jehová envió la peste sobre I desde
24.25 Jehová oyó las..y cesó la plaga en I
1 R. 1.3 una joven..por toda la tierra de I
1.20 los ojos de todo I están puestos en ti
1.30 yo te he jurado por Jehová Dios de I
1.34 y allí lo ungirán el..como rey sobre I
1.35 que sea príncipe sobre I y sobre Judá
1.48 bendito sea Jehová Dios de I, que ha
2.4 jamás..faltará..varón en el trono de I
2.5 hizo a dos generales del ejército de I
2.11 los días que reinó David sobre I fueron
2.15 que todo I había puesto en mí su rostro
2.32 Abner hijo..general del ejército de I
3.28 todo I oyó aquel juicio que había dado
4.1 reinó, pues, el rey Salomón sobre todo I
4.7 Salomón doce gobernadores sobre todo I
4.20 Judá e I eran muchos, como la arena que
4.25 y Judá e I vivían seguros, cada uno
5.13 el rey Salomón decretó leva en todo I
6.1 después que los..de I salieron de Egipto
6.1 del principio del reino de Salomón sobre I
6.13 habitaré en medio..I, y no dejaré a..I
8.1 Salomón reunió..a los ancianos de I, a
8.1 a los principales de..de los hijos de I
8.2 se reunieron..todos los varones de I en
8.3 vinieron todos los ancianos de I, y los
8.5 rey Salomón, y toda la congregación de I
8.9 donde Jehová hizo pacto con..hijos de I
8.14,55 bendijo a toda la congregación de I
8.14 toda la congregación de I estaba de pie
8.15 y dijo: Bendito sea Jehová, Dios de I
8.16 desde el día que saqué de Egipto a..I
8.16 no he escogido ciudad de todas las..de I
8.16 David para que presidiese a mi pueblo I
8.17 edificar casa al nombre de..Dios de I
8.20 y me he sentado en el trono de I, como
8.20 he edificado la casa al..del Dios de I
8.22 en presencia de..la congregación de I
8.23 Jehová Dios de I, no hay Dios como tú
8.25 Dios de I, cumple a tu siervo David mi
8.25 varón..que se siente en el trono de I
8.26 Jehová Dios de I, cúmplase la palabra
8.30 oye, pues, la oración..de tu pueblo I
8.33 tu pueblo I fuere derrotado delante de
8.34,36 perdonarás el pecado de tu pueblo I
8.38 súplica que hiciere..todo tu pueblo I
8.41 el extranjero, que no es de tu pueblo I
8.43 los pueblos..te teman, como tu pueblo I
8.52 atentos..a la plegaria de tu pueblo I
8.56 Jehová, que ha dado paz a su pueblo I
8.59 que él proteja la causa..su pueblo I
8.62 el rey, y todo I con él, sacrificaron
8.63 dedicaron..los hijos de I la casa de
8.65 Salomón hizo fiesta, y con él todo I
8.66 beneficios que Jehová había hecho a..I
9.5 yo afirmaré el trono de tu reino sobre I
9.5 no faltará varón de tu..en el trono de I
9.7 yo cortaré a I de..la faz de la tierra
9.7 e I será por proverbio y refrán a todos
9.20 de los..que no eran de los hijos de I
9.21 que los hijos de I no pudieron acabar
9.22 a ninguno de los..de I impuso Salomón
10.9 agradó..para ponerte en el trono de I
10.9 porque Jehová ha amado siempre a I, te
11.2 Jehová había dicho a los hijos de I: No
11.9 se había apartado de Jehová Dios de I
11.16 seis meses habitó allí Joab, y todo I
11.25 y fue adversario de I..aborreció a I
11.31 dijo Jehová Dios de I: He aquí que yo
11.32 yo he elegido de todas las tribus de I
11.37 tú reinarás en..y serás rey sobre I
11.38 te edificaré casa..te entregaré a I
11.42 Salomón reinó..sobre todo I..40 años
12.1 porque todo I había venido a Siquem para
12.3 vino, pues..toda la congregación de I
12.16 ¡I, a tus tiendas..Entonces I se fue
12.17 reinó Roboam sobre los hijos de I que
12.18 a Adoram..lo apedreó todo I, y murió
12.19 así se apartó I de la casa de David
12.20 oyendo..I que Jeroboam había vuelto
12.20 hicieron rey sobre todo I, sin quedar
12.21 el fin de hacer guerra a la casa de I
12.24 no vayáis, ni..contra..los hijos de I
12.28 he aquí tus dioses, oh I, los cuales
12.33 hizo fiesta a los hijos de I, y subió
14.7 así dijo Jehová Dios de I. Por cuanto
14.7 y te hice príncipe sobre mi pueblo I
14.10 destruiré..siervo como el libre en I
14.13 todo I lo endechará, y le enterrarán
14.13 alguna cosa buena delante..Dios de I
14.14 y Jehová levantará..sí un rey sobre I
14.15 sacudirá a I al modo que la caña se
14.15 él arrancará a I de esta buena tierra
14.16 y él entregará a I por los pecados de
14.16 Jeroboam..pecó, y ha hecho pecar a I
14.18 y lo enterraron, y lo endechó todo I
14.19 libro de..historias de los reyes de I
14.21 eligió de todas las tribus de I, para
14.24 había echado delante de los hijos de I
15.9 en el año 20 de Jeroboam rey de I, Asa
15.16 hubo guerra entre Asa y Baasa rey de I
15.17 y subió Baasa rey de I contra Judá, y
15.19 vé, y rompe tu pacto con Baasa rey de I
15.20 los ejércitos..contra las ciudades de I
15.25 Nadab hijo..comenzó a reinar sobre I
15.25 segundo año..y reinó sobre I dos años
15.26,30,34 pecados con que hizo pecar a I
15.27 Nadab y..I tenían sitiado a Gibetón
15.30 con que provocó a enojo a..Dios de I
15.31 en el libro de las..de los reyes de I?
15.32 hubo guerra entre Asa y Baasa rey de I
15.33 comenzó a reinar Baasa..sobre todo I
16.2 te puse por príncipe sobre mi pueblo I
16.2 puse..y has hecho pecar a mi pueblo I
16.5,14,20,27 las crónicas de los reyes de I?
16.8 comenzó a reinar Ela hijo de..sobre I
16.13 ellos pecaron e hicieron pecar a I
16.13 provocando a enojo..Jehová Dios de I
16.16 todo I puso..día por rey sobre I a Omri
16.17 subió Omri de Gibetón, y con él todo I
16.19 pecado que cometió, haciendo pecar a I
16.21 el pueblo de I fue dividido en dos; la
16.23 el año..comenzó a reinar Omri sobre I
16.26 el pecado con el cual hizo pecar a I
16.26 provocando a ira a Jehová Dios de I
16.29 comenzó a reinar Acab hijo de..sobre I
16.30 y reinó Acab hijo..sobre I en Samaria
16.33 haciendo así..más que..los reyes de I
16.33 provocar la ira de Jehová Dios de I
17.1 dijo a Acab: Vive Jehová Dios de I, en
17.14 Jehová Dios de I ha dicho..La harina
18.17 le dijo: ¿Eres tú el que turbas a I?
18.18 no he turbado a I, sino tú y la casa
18.19 congrégame a..I en el monte Carmelo
18.20 Acab convocó a todos los hijos de I
18.31 de Jacob..diciendo, I será tu nombre
18.36 Jehová Dios de..I, sea hoy manifiesto
18.36 que tú eres Dios en I, y que yo soy tu
19.10,14 los hijos de I han dejado tu pacto
19.16 a Jehú hijo..ungirás por rey sobre I
19.18 haré que queden en I siete mil, cuyas
20.2 y envió mensajeros a..a Acab rey de I
20.4 y el rey de I respondió..Como tú dices
20.7 el rey de I llamó a todos los ancianos
20.11 el rey de I respondió y dijo: Decidle
20.13 un profeta vino a Acab rey de I, y le
20.15 pasó revista a..todos los hijos de I
20.20 huyeron los sirios, siguiéndoles..I
20.21 salió el rey de I, e hirió la gente
20.22 vino luego el profeta al rey de I y
20.26 y vino a Afec para pelear contra I
20.27 hijos de I fueron..inspeccionados, y
20.27 acamparon los hijos de I delante de
20.28 vino..varón de Dios al rey de I, y le
20.29 los hijos de I mataron de los sirios a
20.31 oído de los reyes de la casa de I, que
20.31 y salgamos al rey de I, a ver si por
20.32 vinieron al rey de I y le dijeron: Tu
20.40 el rey de I le dijo..será tu sentencia
20.41 y el rey de I conoció que era de los
20.43 el rey de I se fue a su casa triste y
21.7 ¿eres tú ahora rey sobre I? Levántate
21.18 a encontrarte con Acab rey de I, que
21.21 barreré..el siervo como el libre en I
21.22 rebelión..con que has hecho pecar a I
21.26 lanzó..de delante de los hijos de I
22.1 años..sin guerra entre los sirios e I
22.2 Josafat rey de..descendió al rey de I
22.3 el rey de I dijo..¿No sabéis que Ramot
22.4 Josafat respondió al rey de I: Yo soy
22.5 dijo luego Josafat al rey de I: Yo te
22.6 rey de I reunió a los profetas, como
22.8 el rey de I respondió..Aún hay un varón
22.9 rey de I llamó a un oficial, y le dijo
22.10 y el rey de I y Josafat rey de Judá
22.17 vi a todo I esparcido por los montes
22.18 el rey de I dijo a Josafat: ¿No te lo
22.26 el rey de I dijo: Toma a Micaías, y
22.29 subió..el rey de I con Josafat rey de
22.30 el rey de I dijo a Josafat..disfrazaré
22.30 el rey de I se disfrazó, y entró en
22.31 ni con..sino sólo contra el rey de I
22.32 es el rey de I; y vinieron contra él
22.33 viendo entonces..que no era el rey de I
22.34 hirió al rey de I por..las junturas de
22.39 en el libro de las..de los reyes de I?
22.41 Judá en el cuarto año de Acab rey de I
22.44 y Josafat hizo paz con el rey de I
22.51 comenzó a reinar sobre I en Samaria
22.51 Ocozías hijo..reinó dos años sobre I
22.52 Jeroboam hijo de..que hizo pecar a I
22.53 y provocó a ira a Jehová Dios de I
2 R. 1.1 muerte de..se rebeló Moab contra I
1.3,6,16 ¿no hay Dios en I..a consultar a
1.18 en..de las crónicas de los reyes de I?
2.12 mío, carro de I y su gente de a caballo!
3.1 comenzó a reinar..sobre I el año 18 de
3.3 hizo pecar a I, y no se apartó de ellos
3.4 pagaba al rey de I cien mil corderos y
3.5 rey de Moab se rebeló contra el..de I
3.6 salió..Joram, y pasó revista a todo I
3.9 salieron..el rey de I, el rey de Judá
3.10 el rey de I dijo: ¡Ah! que ha llamado
3.11 uno de los..del rey de I respondió y
3.12 descendieron a él el rey de I, y Josafat
3.13 Eliseo dijo al rey de I: ¿Qué tengo yo
3.13 el rey de I le respondió: No; porque
3.24 cuando llegaron al campamento de I, se
3.27 grande enojo contra I; y se apartaron
5.2 llevado cautiva de la tierra de I a una
5.4 una muchacha que es de la tierra de I
5.5 anda, vé, y yo enviaré cartas al rey de I
5.6 tomó también cartas para el rey de I, que
5.7 luego que el rey de I leyó las cartas
5.8 el rey de I había rasgado sus vestidos
5.8 ahora a mí, y sabrá que hay profeta en I
5.12 ¿no son mejores que todas..aguas de I?
5.15 conozco que no hay Dios en..sino en I
6.8 tenía el rey de Siria guerra contra I
6.9 varón de Dios envió a decir al rey de I
6.10 el rey de I envió a aquel lugar que el
6.11 quién de los nuestros es del rey de I?
6.12 no..sino que el profeta Eliseo está en I
6.12 declara al rey de I las palabras que tú
6.21 cuando el rey de I los hubo visto, dijo
6.23 y nunca más vinieron..a la tierra de I
6.26 pasando el rey de I por el muro, una
7.6 el rey de I ha tomado a sueldo contra
7.13 toda la multitud de I que ya ha perecido
8.12 sé el mal que harás a los hijos de I
8.16,25 año de Joram hijo de Acab, rey de I
8.18 anduvo en el camino de los reyes de I
8.26 madre fue Atalía, hija de Omri..de I
9.3,6,12 yo te he ungido por rey sobre I
9.8 destruiré de Acab todo varón, así..en I
9.14 guardando a Ramot de Galaad con todo I
9.21 salieron Joram rey de I y Ocozías rey
10.21 y envió Jehú por todo I, y vinieron
10.28 así exterminó Jehú a Baal de I
10.29,31; 13.2,6,11; 14.24; 15.9,18,24,28; 23.15
Jeroboam..el que hizo pecar a I
10.30 hijos se sentarán sobre el trono de I
10.31 andar en la ley de Jehová Dios de I
10.32 a cercenar el territorio de I; y los
10.34; 13.8,12; 14.15,18; 15.11,15,21,26,
31 en..las crónicas de los reyes de I
10.36 que reinó Jehú sobre I..fue de 28 años
13.1 comenzó a reinar Joacaz hijo..sobre I
13.3 se encendió el furor de Jehová contra I
13.4 Jehová..miró la aflicción de I, pues el
13.5 y dio Jehová salvador a I, y salieron
13.5 habitaron los hijos de I en sus tiendas
13.10 comenzó a reinar Joás hijo de..sobre I
13.13 fue sepultado en..con los reyes de I
13.14 Eliseo..descendió a él Joás rey de I
13.14 mío, carro de I y su gente de a caballo!
13.16 dijo Eliseo al rey de I: Pon tu mano
13.18 el rey de I las hubo tomado, le dijo
13.22 Hazael..afligió a I todo el tiempo de
13.25 Joás hijo..restituyó las ciudades a I
14.1 el año..de Joás hijo de Joacaz rey de I
14.8 mensajeros a Joás..rey de I, diciendo
14.9 Joás rey de I envió a..esta respuesta
14.11 subió Joás rey de I, y se vieron las
14.12 y Judá cayó delante de I, y huyeron
14.13 Joás rey de I tomó a Amasías rey de
14.16 fue sepultado en..con los reyes de I
14.17 Joás hijo de Joacaz, rey de I, 15 años
14.23 comenzó a reinar Jeroboam..sobre I en
14.25 él restauró los límites de I desde la
14.25 palabra de Jehová Dios de I, la cual
14.26 porque Jehová miró la..aflicción de I
14.26 no había..ni quien diese ayuda a I
14.27 no..raer el nombre de I de debajo del
14.28 restituyó al dominio de I a Damasco
14.29 durmió Jeroboam con..los reyes de I
15.1 año 27 de Jeroboam rey de I..comenzó
15.8 en el año 38..reinó Zacarías..sobre I
15.12 hijos..se sentarán sobre el trono de I
15.17 reinó Manahem hijo..sobre I diez años
15.20 e impuso Manahem este dinero sobre I
15.23 reinó Pekaía hijo de Manahem sobre I
15.27 el año 52 de..reinó Peka hijo..sobre I
15.29 en los días de Peka rey de I, vino..rey
15.32 año de Peka hijo de Remalías rey de I
16.3 anduvo en el camino de los reyes de I
16.3 que Jehová echó de delante de los..de I
16.5 rey de Siria, y Peka hijo de..rey de I
16.7 defiéndeme..de mano del rey de I, que se
17.1 comenzó a reinar Oseas hijo de..sobre I
17.2 lo malo..aunque no como los reyes de I
17.6 llevó a I cautivo a Asiria, y los puso
17.7 los hijos de I pecaron contra Jehová
17.8 había lanzado de delante de..hijos de I
17.8 estatutos que hicieron los reyes de I
17.9 los hijos de I hicieron..cosas no rectas
17.13 Jehová amonestó entonces a I y a Judá
17.18 Jehová, por tanto, se airó..contra I
17.19 que anduvieron en los estatutos de I
17.20 desechó Jehová..la descendencia de I
17.21 porque separó a I de la casa de David
17.21 Jeroboam apartó a I de..Jehová, y les
17.22 de I anduvieron en todos los pecados
17.23 que Jehová quitó a I de delante de su

ISRAEL *(Continúa)*
2 R. 17.23 *I* fue llevado cautivo de su tierra a
17.24 los puso. .en lugar de los hijos de *I*
17.34 de Jacob, al cual puso el nombre de *I*
18.1 el tercer año de Oseas hijo. .rey de *I*
18.4 le quemaban incienso los hijos de *I*
18.5 en Jehová Dios de *I* puso su esperanza
18.9 séptimo de Oseas hijo de Ela, rey de *I*
18.10 en el año noveno de Oseas rey de *I*, fue
18.11 el rey de Asiria llevó cautivo a *I* a
19.15 Jehová Dios de *I*, que moras entre los
19.20 así ha dicho Jehová, Dios de *I:* Lo que
19.22 ¿y contra quién. .Contra el Santo de *I*
21.2 había echado de delante de. .hijos de *I*
21.3 Asera, como había hecho Acab rey de *I*
21.7 Jerusalén, a la cual escogí de. .de *I*
21.8 el pie de *I* sea movido de la tierra que
21.9 Jehová destruyó delante de los. .de *I*
21.12 así ha dicho. .el Dios de *I*. .sobre Judá
22.15,18 así ha dicho Jehová el Dios de *I*
23.13 cuales Salomón rey de *I* había edificado
23.19 altos que. .habían hecho los reyes de *I*
23.22 tiempos en que. .jueces gobernaban a *I*
23.22 en todos los tiempos de los reyes de *I*
23.27 quitaré de mi. .a Judá, como quité a *I*
24.13 oro que había hecho Salomón rey de *I*
1 Cr. 1.34 los hijos de Isaac fueron Esaú e *I*
1.43 antes que reinase rey sobre los. .de *I*
2.1 los hijos de *I:* Rubén, Simeón, Leví, Judá
2.7 de Carmi fue Acán, el que perturbó a *I*
4.10 e invocó Jabes al Dios de *I*, diciendo
5.1,3 los hijos de Rubén primogénito de *I*
5.1 dados a los hijos de José, hijo de *I*
5.17 fueron contados. .en días de. .rey de *I*
5.26 el Dios de *I* excitó el espíritu de Pul
6.38 hijo de Coat, hijo de Leví, hijo de *I*
6.49 las expiaciones por *I* conforme a todo
6.64 y los hijos de *I* dieron a los levitas
7.29 habitaron los hijos de José hijo de *I*
9.1 contado todo *I* por sus genealogías, fueron
9.1 escritos en el libro de los reyes de *I*
10.1 filisteos pelearon contra *I;* y huyeron
10.7 y viendo todos los de *I*. .habían huido
11.1 *I* se juntó a David en Hebrón, diciendo
11.2 tú eras quien sacaba a la guerra a *I*
11.2 apacentarás a mi pueblo *I*, y tú serás
11.2 y tú serás príncipe sobre *I* mi pueblo
11.3 vinieron. .*I*. .ungieron a David. .sobre *I*
11.4 se fue David con todo *I* a Jerusalén, la
11.10 que le ayudaron en su reino, con todo *I*
11.10 para hacerle rey sobre *I*, conforme a
12.32 que sabían lo que *I* debía hacer, cuyo
12.38 para poner a David por rey sobre todo *I*
12.38 todos los demás de *I*. .un mismo ánimo
12.40 trajeron. .porque en *I* había alegría
13.2 dijo David a toda la asamblea de *I:* Si
13.2 han quedado en todas las tierras de *I*
13.5 David reunió a todo *I*, desde Sihor de
13.6 subió David con todo *I* a Baala. .en Judá
13.8 David y todo *I* se regocijaban delante
14.2 lo había confirmado como rey sobre *I*
14.2 exaltado su reino sobre su pueblo *I*
14.8 David había sido ungido rey sobre. .*I*
15.3 congregó David a todo *I* en Jerusalén
15.12 pasad el arca de Jehová Dios de *I* al
15.14 para traer el arca de Jehová Dios de *I*
15.25 y los ancianos de *I* y los capitanes de
15.28 de esta manera llevaba todo *I* el arca
16.3 y repartió a todo *I*. .una torta de pan
16.4 confesasen y loasen a Jehová Dios de *I*
16.13 vosotros, hijos de *I* su siervo, hijos
16.17 confirmó. .y a *I* por pacto sempiterno
16.36 bendito sea. .Dios de *I*, de eternidad a
16.40 la ley de Jehová, que él prescribió a *I*
17.5 el día que saqué a los hijos de *I* hasta
17.6 por dondequiera que anduve con todo *I*
17.6 ¿hablé una. .a alguno de los jueces de *I*
17.7 que fueses príncipe sobre mi pueblo *I*
17.9 he dispuesto lugar para mi pueblo *I*, y
17.10 que puse los jueces sobre mi pueblo *I*
17.21 ¿y qué pueblo hay en. .como tu pueblo *I*
17.22 has constituido a. .*I* por pueblo tuyo
17.24 Jehová de. .Dios de *I*, es Dios para *I*
18.14 reinó David sobre todo *I*, y juzgaba con
19.10 de los más aventajados que había en *I*
19.16 sirios que habían caído delante de *I*
19.17 reunió a todo *I*, y cruzando el Jordán
19.18 mas el pueblo sirio huyó delante de *I*
19.19 sirios. .que habían caído delante de *I*
20.7 este hombre injurió a *I*, pero lo mató
21.1 Satanás se levantó contra *I*, e incitó
21.1 incitó a David a que hiciese censo de *I*
21.2 haced censo de *I* desde Beerseba hasta
21.3 ¿para qué. .que será para pecado a *I*?
21.4 salió. .tanto, Joab, y recorrió todo *I*
21.5 había en todo *I* un millón cien mil que
21.7 esto desagradó a Dios, e hirió a *I*
21.12 haga destrucción en. .los términos de *I*
21.14 una peste en *I*, y murieron de *I* 70.000
22.1 y aquí el altar del holocausto para *I*
22.2 los extranjeros que. .en la tierra de *I*
22.6 que edificase casa a Jehová Dios de *I*
22.9 daré paz y reposo sobre *I* en sus días
22.10 afirmaré el trono de su reino sobre *I*
22.12 cuando gobiernes a *I*, guardes la ley
22.13 y decretos que Jehová mandó a. .para *I*
22.17 mandó David a. .los principales de *I* que
23.1 días, hizo a Salomón su hijo rey sobre *I*
23.2 juntando a todos los principales de *I*
23.25 Dios de *I* ha dado paz a su pueblo *I*
24.19 le había mandado Jehová el Dios de *I*
26.29 Quenanías y sus hijos. .jueces sobre *I*
26.30 gobernaban a *I* al otro lado del Jordán
27.1 son los principales de los hijos de *I*
27.16 sobre las tribus de *I:* el jefe de los
27.22 fueron los jefes de las tribus de *I*
27.23 multiplicaría a *I* como las estrellas
27.24 pues por esto vino el castigo sobre *I*
28.1 reunió David. .todos los principales de *I*
28.4 Dios de *I* me eligió de toda la casa de
28.4 que. .fuese rey sobre *I;* porque a Judá
28.4 a mí para ponerme por rey sobre todo *I*
28.5 Salomón. .se siente en el trono. .sobre *I*
28.8 pues, ante los ojos de todo *I*, guardad
29.6 príncipes de las tribus de *I*, jefes de
29.10 bendito seas tú, oh Jehová, Dios de *I*
29.18 Dios de. .de *I*. .conserva. .esta voluntad
29.21 muchos sacrificios de parte de todo *I*
29.23 Salomón por rey. .y le obedeció todo *I*
29.25 Jehová engrandeció. .a ojos de todo *I*
29.25 tal gloria. .ningún rey la tuvo. .en *I*
29.26 así reinó David hijo de. .sobre todo *I*
29.27 tiempo que reinó sobre *I* fue 40 años
29.30 y los tiempos que pasaron. .y sobre *I* y
2 Cr. 1.2 convocó Salomón a todo *I*, a jefes de
1.2 a todos los príncipes de todo *I*, jefes
1.13 Salomón a Jerusalén, y reinó sobre *I*
2.4 Dios; lo cual ha de ser perpetuo en *I*
2.12 bendito sea Jehová el Dios de *I*, que hizo
2.17 hombres extranjeros. .en la tierra de *I*
5.2 Salomón reunió. .a los ancianos de *I* y a
5.2 jefes de las familias de los hijos de *I*
5.3 se congregaron con el rey. .varones de *I*
5.4 vinieron. .los ancianos de *I*, y los levitas
5.6 la congregación de *I* que se había reunido
5.10 había hecho pacto con los hijos de *I*
6.3 el rey. .bendijo a. .la congregación de *I*
6.3 toda la congregación de *I* estaba en pie
6.4 bendito sea Jehová Dios de *I*, quien con
6.5 ninguna ciudad. .de todas las tribus de *I*
6.5 que fuese príncipe sobre mi pueblo *I*
6.6 David he elegido para que esté sobre. .*I*
6.7 edificar casa al nombre de. .Dios de *I*
6.10 y me he sentado en el trono de *I*, como
6.10 edificado casa al nombre de. .Dios de *I*
6.11 pacto. .que celebró con los hijos de *I*
6.12 en presencia de. .la congregación de *I*
6.13 Salomón. .se arrodilló delante de. .de *I*
6.14 Dios de *I*, no hay Dios semejante a ti
6.16 Dios de *I*, cumple a tu siervo David mi
6.16 varón. .que se siente en el trono de *I*
6.17 Jehová Dios de *I*, cúmplase tu palabra
6.21 que oigas el ruego de. .de tu pueblo *I*
6.24 tu pueblo *I* fuere derrotado delante del
6.25,27 perdonarás el pecado de tu pueblo *I*
6.29 y todo ruego que hiciere. .tu pueblo *I*
6.32 extranjero que no fuere de tu pueblo *I*
6.33 teman así como tu pueblo *I*, y sepan que
7.3 vieron todos los hijos de *I* descender el
7.6 los sacerdotes tocaban. .*I* estaba en pie
7.8 hizo Salomón fiesta. .y con él todo *I*, una
7.10 que Jehová había hecho. .a su pueblo *I*
7.18 no te faltará varón que gobierne en *I*
8.2 y estableció en ellas a los hijos de *I*
8.7 los heteos. .y jebuseos, que no eran de *I*
8.8 los cuales los hijos de *I* no destruyeron
8.9 de los hijos de *I* no puso Salomón siervos
8.11 no morará en la casa de David rey de *I*
9.8 por cuanto tu Dios amó a *I* para afirmarlo
9.30 reinó Salomón en. .sobre todo *I* 40 años
10.1 en Siquem se había reunido todo *I* para
10.3 vino. .Jeroboam, y todo *I*, y hablaron a
10.16 viendo todo *I* que el rey no les. .oído
10.16 ¡*I*, cada uno a sus. .Así se fue todo *I*
10.17 reinó Roboam sobre los hijos de *I* que
10.18 le apedrearon los hijos de *I*, y murió
10.19 se apartó *I* de la casa de David hasta
11.1 vino Roboam a. .para pelear contra *I* y
11.3 los sacerdotes y levitas. .en todo *I*, se
11.16 acudieron. .de todas las tribus de *I* los
11.16 su corazón en buscar a Jehová Dios de *I*
12.1 dejó la ley de Jehová, y todo *I* con él
12.6 los príncipes de *I* y el rey se humillaron
12.13 que escogió. .de todas las tribus de *I*
13.4 Abías. .dijo: Oídme, Jeroboam y todo *I*
13.5 Jehová Dios de *I* dio el reino a David
13.5 el reino a David sobre *I* para siempre
13.12 hijos de *I*, no peleéis contra Jehová
13.15 Dios desbarató a. .*I* delante de Abías
13.16 huyeron los hijos de *I* delante de Judá
13.17 y cayeron heridos de *I* 500.000 hombres
13.18 así fueron humillados los hijos de *I* en
15.3 días ha estado *I* sin verdadero Dios y
15.4 se convirtieron a Jehová Dios de *I*, y
15.9 porque muchos de *I* se habían pasado a
15.13 que no buscase a Jehová el Dios de *I*
15.17 los lugares altos no eran quitados de *I*
16.1 de Asa, subió Baasa rey de *I* contra Judá
16.3 alianza que tienes con Baasa rey de *I*
16.4 sus ejércitos contra las ciudades de *I*
16.11 el libro de los reyes de Judá y de *I*
17.1 Josafat su hijo. .hizo fuerte contra *I*
17.4 anduvo en sus. .y no según las obras de *I*
18.3 Acab rey de *I* a Josafat rey de Judá
18.4 dijo Josafat al rey de *I:* Te ruego que
18.5 el rey de *I* reunió a 400 profetas, y les
18.7 el rey de *I* respondió. .Aún hay aquí un
18.8 rey de *I* llamó a un oficial, y le dijo
18.9 el rey de *I* y Josafat. .estaban sentados
18.16 he visto todo *I* derramado por los
18.17 el rey de *I* dijo. .¿No te había yo dicho
18.19 ¿quién inducirá a Acab rey de *I*, para
18.25 el rey de *I* dijo: Tomad a Micaías, y
18.28 subieron. .el rey de *I*, y Josafat rey de
18.29 el rey de *I* a Josafat: Yo me disfrazaré
18.29 y se disfrazó el rey de *I*, y entró en
18.30 no peleéis. .sino sólo con el rey de *I*
18.31 dijeron: Este es el rey de *I*. Y lo
18.32 pues viendo los. .que no era el rey de *I*
18.33 hirió al rey de *I* entre las junturas y
18.34 estuvo el rey de *I* en pie en el carro
19.8 puso. .los padres de familias de *I*, para
20.7 ¿no echaste tú. .delante de tu pueblo *I*
20.10 a cuya tierra no quisiste que pasase *I*
20.19 para alabar a Jehová el Dios de *I* con
20.29 que Jehová había peleado. .enemigos de *I*
20.34; 27.7; 28.26; 32.32; 35.27; 36.8 en el libro de los reyes de *I*
20.35 rey. .trabó amistad con Ocozías rey de *I*
21.4 mató a. .algunos de los príncipes de *I*
21.6 anduvo en el camino de los reyes de *I*
21.13 sino. .en el camino de los reyes de *I*
22.5 y fue a la guerra con Joram. .rey de *I*
23.2 reunieron a. .a los príncipes de. .de *I*
24.5 recoged dinero de todo *I*, para que cada
24.6 Moisés. .impuso a la congregación de *I*
24.9 la ofrenda que. .había impuesto a *I* en el
24.16 por cuanto había hecho bien con *I*, y
25.6 de *I* tomó a sueldo por cien talentos de
25.7 rey, no vaya contigo el ejército de *I*
25.7 Jehová no está con *I*, ni con todos los
25.9 los cien talentos que he dado al. .de *I*?
25.17 envió a decir a Joás hijo de. .rey de *I*
25.18 Joás rey de *I* envió a decir a Amasías
25.21 subió, pues, Joás rey de *I*, y se vieron
25.22 cayó Judá delante de *I*, y huyó cada uno
25.23 y Joás rey de *I* apresó en Bet-semes a
25.25 después de la muerte de Joás. .rey de *I*
25.26 en el libro de los reyes de. .y de *I*?
27.2 anduvo en los caminos de los reyes de *I*
28.3 había arrojado de la presencia de. .de *I*
28.5 entregado en manos del rey de *I*, el cual
28.8 los hijos de *I* tomaron cautivos de sus
28.13 muy grande. .el ardor de la ira contra *I*
28.19 humillado a. .por causa de Acaz rey de *I*
28.23 fueron éstos su ruina, y la de todo *I*
28.27 no. .en los sepulcros de los reyes de *I*
29.7 incienso, ni sacrificaron. .al Dios de *I*
29.10 hacer pacto con Jehová el Dios de *I*
29.24 reconciliar a todo *I*. .por todo *I* mandó
29.27 y los instrumentos de David rey de *I*
30.1 envió. .Ezequías por todo *I* y Judá, y
30.1 celebrar la pascua a Jehová Dios de *I*
30.5 hacer pasar pregón por todo *I*, desde
30.5 a celebrar la pascua a. .Dios de *I*, en
30.6 correos con cartas. .por todo *I* y Judá
30.6 y decían: Hijos de *I*, volveos a Jehová
30.6 volveos a. .el Dios de. .de Isaac y de *I*
30.21 los hijos de *I*. .celebraron la fiesta
30.25 toda la multitud que había venido de *I*
30.25 forasteros que habían venido de la. .*I*
30.26 desde los días de Salomón. .rey de *I*, no
31.1 los de *I* que habían estado allí salieron
31.1 se volvieron todos los hijos de *I* a sus
31.5 los hijos de *I* dieron muchas primicias
31.6 hijos de *I* y de Judá, que habitaban en
31.8 bendijeron a Jehová, y a su pueblo *I*
32.17 blasfemaba contra Jehová el Dios de *I*
33.2 había echado de delante de. .hijos de *I*
33.7 cual yo elegí sobre todas las tribus de *I*
33.8 y nunca más quitaré el pie de *I* de la
33.9 que. .destruyó delante de los hijos de *I*
33.16 Judá que sirviesen a Jehová Dios de *I*
33.18 que le hablaron en nombre de. .Dios de *I*
33.18 está. .en las actas de los reyes de *I*
34.7 destruido. .los ídolos por. .la tierra de *I*
34.9 habían recogido de. .el remanente de *I*
34.21 consultad. .por el remanente de *I* y de
34.23,26 Jehová Dios de *I* ha dicho así
34.33 las abominaciones de. .de los hijos de *I*
34.33 los que se hallaban en *I* sirviesen a
35.3 a los levitas que enseñaban a todo *I*
35.3 edificó Salomón hijo de David. .rey de *I*
35.3 servid a Jehová. .Dios, y a su pueblo *I*
35.4 lo ordenaron David rey de *I* y Salomón
35.17 hijos de *I* que estaban allí celebraron
35.18 pascua como esta en *I* desde los días
35.18 ni ningún rey de *I* celebró pascua tal
35.18 como la que celebró. .Judá e *I*, los que
35.25 las tomaron como. .para endechar en *I*
36.13 para no volverse a Jehová el Dios de *I*
Esd. 1.3 edifique la casa a Jehová Dios de *I*

ISRAEL *(Continúa)*
Esd. 2.2 el número de los varones del pueblo de I
2.59 no pudieron demostrar la. . si eran de I
2.70 y habitaron. . y todo I en sus ciudades
3.1 estando los hijos de I ya establecidos en
3.2 edificaron el altar del Dios de I, para
3.10 según la ordenanza de David rey de I
3.11 para siempre es su misericordia sobre I
4.1 edificaban el templo de Jehová Dios de I
4.3 los. . jefes de casas paternas de I dijeron
4.3 nosotros. . la edificaremos a. . Dios de I
5.1 en el nombre del Dios de I quien estaba
5.11 la. . edificó y terminó el gran rey de I
6.14 y terminaron, por orden del Dios de I
6.16 hijos de I, los sacerdotes, los levitas
6.17 y ofrecieron. . en expiación por todo I
6.17 conforme al número de las tribus de I
6.21 comieron. . hijos de I que habían vuelto
6.21 apartado de. . para buscar a. . Dios de I
6.22 en la obra de la casa. . del Dios de I
7.6 la ley. . que Jehová Dios de I había dado
7.7 subieron a Jerusalén. . de los hijos de I
7.10 enseñar en I sus estatutos y decretos
7.11 escriba versado. . en sus estatutos a I
7.13 todo aquel en mi reino, del pueblo de I
7.15 que el rey y sus. . ofrecen al Dios de I
7.28 reuní a los principales de Israel para
8.18 un varón entendido, de. . Mahli. . hijo de I
8.25 habían ofrecido. . y todo I allí presente
8.29 de los jefes de las casas paternas de I
8.35 ofrecieron holocaustos al Dios de I, 12
8.35 doce becerros por todo I, 96 carneros
9.1 el pueblo de I. . no se han separado de los
9.4 los que temían las palabras del Dios de I
9.15 Dios de I, tú eres justo, puesto que
10.1 se juntó a él una. . grande multitud de I
10.2 a pesar de esto. . hay esperanza para I
10.5 juramentó a los príncipes. . y a todo I
10.10 añadiendo así sobre el pecado de I
10.25 asimismo de I: De los hijos de Paros
Neh. 1.6 oir la oración. . hijos de I tus siervos
1.6 confieso los pecados de los hijos de I
2.10 para procurar el bien de los hijos de I
7.7 el número de los varones del pueblo de I
7.61 no pudieron mostrar. . ni. . si eran de I
7.73 habitaron los. . y todo I, en sus ciudades
7.73 los hijos de I estaban en sus ciudades
8.1 la ley de. . la cual Jehová había dado a I
8.14 habitasen los hijos de I en tabernáculos
8.17 día, no habían hecho así los hijos de I
9.1 se reunieron los hijos de I en ayuno, y
9.2 se había apartado la descendencia de I de
10.33 y los sacrificios. . por el pecado de I
11.20 el resto de I, de los sacerdotes y de
12.47 todo I en días de Zorobabel y en días
13.2 no. . a recibir a los hijos de I con pan
13.3 separaron de I a todos los mezclados con
13.18 añadís ira sobre I profanando el día de
13.26 ¿no pecó por esto Salomón, rey de I?
13.26 lo había puesto por rey sobre todo I
Sal. 14.7 que de Sion saliera la salvación de I!
14.7 cuando. . se gozará Jacob, y se alegrará I
22.3 tú que habitas entre las alabanzas de I
22.23 temedle vosotros, descendencia. . de I
25.22 redime, oh. . a I de todas sus angustias
41.13 bendito sea Jehová, el Dios de I, por
50.7 oye. . escucha, I, y testificaré contra ti
53.6 si saliera de Sion la salvación de I!
53.6 cuando. . se gozará Jacob, y se alegrará I
59.5 Dios de I, despierta para castigar a
68.8 aquel Sinaí tembló delante. . Dios de I
68.26 bendecid. . vosotros de la estirpe de I
68.34 poder a. . sobre I es su magnificencia
68.35 el Dios de I, él da fuerza y vigor a
69.6 no sean confundidos por. . oh Dios de I
71.22 verdad cantaré a ti en. . oh Santo de I
72.18 bendito Jehová Dios, el Dios de I, el
73.1 ciertamente es bueno Dios para con I
76.1 es conocido. . en I es grande su nombre
78.5 Jacob, y puso ley en I, la cual mandó
78.21 oyó. . y el furor subió también contra I
78.31 ellos, y derribó a los escogidos de I
78.41 tentaban. . y provocaban al Santo de I
78.55 hizo habitar en sus. . las tribus de I
78.59 lo oyó. . en gran manera aborreció a I
78.71 para que apacentase a. . a I su heredad
80.1 Pastor de I, escucha; tú que pastoreas
81.4 porque estatuto es de I, ordenanza del
81.8 oye. . y te amonestaré. I, si me oyeres
81.11 pero mi pueblo no oyó. . I no me quiso
81.13 oh. . si en mis caminos hubiera andado I!
83.4 y no haya más memoria del nombre de I
89.18 Jehová. . nuestro rey es el Santo de I
98.3 su misericordia. . para con la casa de I
103.7 a Moisés, y a los hijos de I sus obras
105.10 estableció. . a I por pacto sempiterno
105.23 entró I en Egipto, y Jacob moró en la
106.48 bendito Jehová Dios de I, desde la
114.1 cuando salió I de Egipto, la casa de
114.2 Judá. . ser su santuario, e I su señorío
115.9 oh I, confía en Jehová; él es tu ayuda
115.12 bendecirá a la casa de I; bendecirá a
118.2 diga ahora I, que para siempre es su
121.4 he aquí. . ni dormirá el que guarda a I
122.4 conforme al testimonio dado a I, para
124.1 no haber estado Jehová. . diga ahora I
125.5 Jehová los llevará con. . Paz sea sobre I
128.6 y veas a los hijos de. . Paz sea sobre I
129.1 me han angustiado. . puede decir ahora I
130.7 espere I a Jehová, porque en Jehová hay
130.8 él redimirá a I de todos sus pecados
131.3 espera, oh I, en Jehová, desde ahora y
135.4 ha escogido a. . a I por posesión suya
135.12 dio la tierra de ellos. . a I su pueblo
135.19 casa de I, bendecid a Jehová; casa de
136.11 al que sacó a I de en medio de ellos
136.14 e hizo pasar a I por en medio de él
136.22 en heredad a I su siervo, porque para
147.2 Jehová. . los desterrados de I recogerá
147.19 a Jacob, sus estatutos y sus juicios a I
148.14 alábenle. . los hijos de I, el pueblo
149.2 alégrese I en su Hacedor; los hijos de
Pr. 1.1 de Salomón, hijo de David, rey de I
Ec. 1.12 yo el Predicador fui rey sobre I en
Cnt. 3.7 valientes la rodean. . los fuertes de I
Is. 1.3 I no entiende. . no tiene conocimiento
1.4 dejaron. . provocaron a ira al Santo de I
1.24 dice el Señor, Jehová. . el Fuerte de I
4.2 para. . honra, a los sobrevivientes de I
5.7 la viña de Jehová de los. . es la casa de I
5.19 y venga el consejo del Santo de I, para
5.24 abominaron la palabra del Santo de I
7.1 Rezín. . Peka hijo de Remalías, rey de I
8.14 a las dos casas de I, por piedra para
8.18 somos por señales y presagios en I, de
9.8 Señor envió palabra a Jacob, y cayó en I
9.12 a boca llena devorarán a I. Ni con todo
9.14 Jehová cortará de I cabeza y cola, rama
10.17 la luz de I será por fuego, y su Santo
10.20 los que hayan quedado de I y los que
10.20 se apoyarán. . en Jehová, el Santo de I
10.22 porque si tu pueblo, oh I, fuere como
11.12 juntará los desterrados de I. . de Judá
11.16 camino. . la manera que lo hubo para I
12.6 grande es en medio de ti el Santo de I
14.1 todavía escogerá a I, y lo hará reposar
14.2 y la casa de I los poseerá por siervos
17.3 será como la gloria de los hijos de I
17.6 quedarán en él. . dice Jehová Dios de I
17.7 y sus ojos contemplarán al Santo de I
17.9 sus ciudades. . a causa de los hijos de I
19.24 aquel tiempo I será tercero con Egipto
19.25 y el asirio obra de mis manos, e I mi
21.10 lo que oí de Jehová de los. . Dios de I
21.17 porque Jehová Dios de I lo ha dicho
24.15 del mar sea nombrado Jehová Dios de I
27.6 florecerá y echará renuevos I, y la faz
27.12 hijos de I, seréis reunidos uno a uno
29.19 los hombres se gozarán en el Santo de I
29.23 santificarán. . y temerán al Dios de I
30.11 de nuestra presencia al Santo de I
30.12 tanto, el Santo de I dice así: Porque
30.15 así dijo Jehová el Señor, el Santo de I
30.29 para venir al monte de. . al Fuerte de I
31.1 y no miran al Santo de I, ni. . a Jehová!
31.6 rebelaron profundamente los hijos de I
37.16 Jehová. . Dios de I, que moras entre los
37.21 así ha dicho Jehová Dios de I: Acerca
37.23 has alzado tu voz. . Contra el Santo de I
40.27 qué dices, oh Jacob, y hablas tú, I
41.8 pero tú, I, siervo mío eres; tú, Jacob
41.14 no temas. . oh vosotros los pocos de I
41.14 Jehová; el Santo de I es tu Redentor
41.16 pero tú. . te gloriarás en el Santo de I
41.17 yo Jehová los oiré, yo el Dios de I no
41.20 y conozcan. . que el Santo de I lo creó
42.24 ¿quién. . y entregó a I a saqueadores?
43.1 así dice Jehová. . y Formador tuyo, oh I
43.3 Jehová. . el Santo de I, soy tu Salvador
43.14 dice Jehová, Redentor. . el Santo de I
43.15 yo Jehová. . Creador de I, vuestro Rey
43.22 y no me invocaste. . te cansaste, oh I
43.28 puse por anatema a. . y por oprobio a I
44.1 ahora. . oye, Jacob, siervo mío, y tú, I
44.5 otro. . se apellidará con el nombre de I
44.6 así dice Jehová Rey de I, y su Redentor
44.21 I. . siervo mío eres. . I, no me olvides
44.23 Jehová redimió. . en I será glorificado
45.3 que sepas que yo soy Jehová, el Dios de I
45.4 por amor de mi siervo Jacob, y de I mi
45.11 Jehová, el Santo de I, y su Formador
45.15 que te encubres, Dios de I, que salvas
45.17 I será salvo en Jehová con salvación
45.25 se gloriará toda la descendencia de I
46.3 todo el resto de la casa de I, los que
46.13 salvación en Sion, y mi gloria en I
47.4 Jehová de. . es su nombre, el Santo de I
48.1 Jacob, que os llamáis del nombre de I
48.1 hacen memoria del Dios de I, mas no en
48.2 y en el Dios de I confían; su nombre es
48.12 óyeme, Jacob, y tú, I, a quien llamé
48.17 ha dicho. . el Santo de I: Yo soy Jehová
49.3 mi siervo eres, oh I, porque en ti me
49.5 hacer volver a él. . para congregarle a I
49.6 y para que restaures el remanente de I
49.7 así ha dicho Jehová, Redentor de I, el
49.7 fiel es el Santo de I, el. . te escogió
52.12 delante. . y os congregará el Dios de I
54.5 tu Hacedor. . tu Redentor, el Santo de I
55.5 y del Santo de I que te ha honrado
56.8 Jehová. . que reúne a los dispersos de I
60.9 Jehová tu Dios, y al Santo de I, que te
60.14 Ciudad de Jehová, Sion del Santo de I
63.7 y sus beneficios hacia la casa de I, que
63.16 Abraham nos ignora, e I no nos conoce
66.20 al modo que los hijos de I traen la
Jer. 2.3 santo era I a Jehová, primicias de sus
2.4 oíd. . todas las familias de la casa de I
2.14 ¿es I siervo? ¿es esclavo? ¿Por qué ha
2.26 así se avergonzará la casa de I, ellos
2.31 ¿he sido. . desierto para I, o tierra de
3.6 has visto lo que ha hecho la rebelde I?
3.8 por haber fornicado la rebelde I, yo la
3.11 dijo. . Ha resultado justa la rebelde I
3.12 vuélvete, oh rebelde I, dice Jehová; no
3.18 irán de la casa de Judá a la casa de I
3.20 prevaricasteis contra mí, oh casa de I
3.21 llanto de los ruegos de los hijos de I
3.23 en Jehová. . Dios está la salvación de I
4.1 te volvieres, oh I, dice Jehová, vuélvete
5.11 rebelaron contra mí la casa de I y la
5.15 yo traigo sobre vosotros. . oh casa de I
6.9 todo rebuscarán como a vid el resto de I
7.3 así ha dicho Jehová. . Dios de I: Mejorad
7.12 que le hice por la maldad de mi pueblo I
7.21 así ha dicho Jehová. . Dios de I: Añadid
9.15 así ha dicho Jehová de los. . Dios de I
9.26 la casa de I es incircuncisa de corazón
10.1 ha hablado sobre vosotros, oh casa de I
10.16 I es la vara de su heredad; Jehová de
11.3 dijo Jehová Dios de I: Maldito el varón
11.10 I y la. . de Judá invalidaron mi pacto
11.17 la maldad que la casa de I y. . de Judá
12.14 heredad que hice poseer a mi pueblo I
13.11 así hice juntar a mí toda la casa de I
13.12 así ha dicho. . Dios de I: Toda tinaja se
14.8 oh esperanza de I, Guardador suyo en el
16.9 así ha dicho. . Dios de I. . yo haré cesar
16.14,15 que hizo subir a los hijos de I de
17.13 ¡oh Jehová, esperanza de I! todos los
18.6 ¿no. . como este alfarero, oh casa de I?
18.6 sois vosotros en mi mano, oh casa de I
18.13 gran fealdad ha hecho la virgen de I
19.3,15 dice Jehová. . Dios de I. . traigo mal
21.4 así ha dicho Jehová Dios de I: He aquí
23.2 así ha dicho. . Dios de I a los pastores
23.6 será salvo Judá, e I habitará confiado
23.7 que hizo subir a los hijos de I de la
23.8 trajo la descendencia de la casa de I
23.13 e hicieron errar a mi pueblo de I
24.5 así ha dicho Jehová Dios de I: Como a
25.15 me dijo Jehová Dios de I: Toma de mi
25.27 así ha dicho Jehová. . Dios de I: Bebed
27.4 ha dicho Jehová. . Dios de I: Así habéis
27.21 ha dicho Jehová. . Dios de I, acerca de
28.2 habló Jehová. . Dios de I. . Quebranté el
28.14 dicho. . Dios de I: Yugo de hierro puse
29.4 dicho Jehová. . Dios de I, a todos los de
29.8 así ha dicho Jehová. . Dios de I: No os
29.21 ha dicho Jehová. . Dios de I, acerca de
29.23 hicieron maldad en I, y. . adulterio con
29.25 habló Jehová. . Dios de I. . Tú enviaste
30.2 así habló Jehová Dios de I. . Escríbete
30.3 volver a los cautivos de mi pueblo I
30.4 palabras que habló Jehová acerca de I
30.10 Jacob, no temas. . ni te atemorices, I
31.1 yo seré por Dios a. . las familias de I
31.2 halló gracia. . cuando I iba en busca de
31.4 aún. . y serás edificada, oh virgen de I
31.7 salva a tu pueblo, el remanente de I
31.9 porque soy a I por padre, y Efraín es mi
31.21 vuélvete por el camino. . virgen de I
31.23 ha dicho Jehová. . Dios de I: Aún dirán
31.27 que sembraré la casa de I y la casa de
31.31 haré nuevo pacto con la casa de I y con
31.33 es el pacto que haré con la casa de I
31.36 descendencia de I faltará para no ser
31.37 si. . desecharé toda la descendencia de I
32.14 dicho Jehová. . Dios de I: Toma. . cartas
32.15 ha dicho. . Dios de I: Aún se comprarán
32.20 señales. . en tierra de Egipto. . y en I
32.21 sacaste a tu pueblo I de. . Egipto con
32.30 hijos de I. . no han hecho sino lo malo
32.30 los hijos de I no han hecho más que
32.32 la maldad de los hijos de I y de los
32.36 dice Jehová Dios de I a esta ciudad
33.4 dicho. . Dios de I acerca de las casas de
33.7 haré volver los cautivos de Judá y. . I
33.14 palabra que he hablado a la casa de I
33.17 siente sobre el trono de la casa de I
34.2 ha dicho Jehová Dios de I: Vé y habla
34.13 dice Jehová Dios de I: Yo hice pacto
35.13 ha dicho Jehová. . Dios de I: Vé y dí a
35.17 ha dicho Jehová. . Dios de I. . traeré yo
35.18 ha dicho Jehová. . Dios de I: Por cuanto
35.19 así ha dicho. . Dios de I: No faltará de
36.2 palabras que te he hablado contra I y
37.7 ha dicho. . Dios de I: Diréis así al rey
38.17 ha dicho. . Dios de I: Si te entregas en
39.16 ha dicho Jehová. . Dios de I. . yo traigo
41.9 el rey Asa a causa de Baasa rey de I
42.9 ha dicho Jehová Dios de I, al cual me

ISRAEL *(Continúa)*

Jer. 42.15 dicho Jehová..Dios de I: Si vosotros
42.18 ha dicho..Dios de I: Como se derramó
43.10 ha dicho Jehová..Dios de I..yo enviaré
44.2 ha dicho..Dios de I..habéis visto todo
44.7 dicho..Dios de I: ¿Por qué hacéis tan
44.11 ha dicho..Dios de I..vuelvo mi rostro
44.25 ha hablado Jehová de los..Dios de I
45.2 dicho Jehová Dios de I a ti, oh Baruc
46.25 Dios de I, ha dicho..castigo a Amón
46.27 y tú no temas..Jacob, ni desmayes, I
48.1 dicho Jehová..Dios de I: ¡Ay de Nebo!
48.13 la casa de I se avergonzó de Bet-el
48.27 ¿y no te fue a ti I por..de escarnio
49.1 ¿no tiene hijos I? ¿No tiene heredero?
49.2 e I tomará por heredad a los que los
50.4 vendrán los hijos de I, ellos y..Judá
50.17 rebaño descarriado es I; leones lo
50.18 ha dicho..Dios de I: Yo castigo al rey
50.19 y volveré a traer a I a su morada, y
50.20 la maldad de I será buscada..de Judá
50.29 se ensoberbeció, contra el Santo de I
50.33 oprimidos fueron los hijos de I y los
51.5 I y Judá no han enviudado de su Dios
51.5 llena de pecado contra el Santo de I
51.19 I es el cetro de su herencia; Jehová
51.33 ha dicho Jehová..Dios de I: La hija
51.49 por los muertos de I caerá Babilonia
Lm. 2.1 derribó del cielo..la hermosura de I
2.3 cortó con..su ira todo el poderío de I
2.5 el Señor..destruyó a I; destruyó todos
Ez. 2.3 te envió a los hijos de I, a gentes
3.1 come este..y vé y habla a la casa de I
3.4 y entra a la casa de I, y habla a ellos
3.5 no eres enviado a..sino a la casa de I
3.7 la casa de I no te querrá oir, porque no
3.7 casa de I es dura de frente y obstinada
3.17 te he puesto por atalaya a la casa de I
4.3 y la sitiarás. Es señal a la casa de I
4.4 pondrás sobre él..maldad de la casa de I
4.5 así llevarás tú la maldad de la casa de I
4.13 comerán los hijos de I su pan inmundo
5.4 allí saldrá el fuego a toda la casa de I
6.2 pon tu rostro hacia los montes de I, y
6.3 dirás: Montes de I, oíd palabra..Jehová
6.5 los cuerpos muertos de los hijos de I
6.11 grandes abominaciones de la casa de I!
7.2 dicho Jehová..a la tierra de I: El fin
8.4 estaba la gloria del Dios de I, como la
8.6 abominaciones que la casa de I hace aquí
8.10 todos los ídolos de la casa de I, que
8.11 ancianos de la casa de I, y Jaazanías
8.12 que los ancianos de la casa de I hacen
9.3 y la gloria del Dios de I se elevó de
9.8 ¿destruirás a todo el remanente de I
9.9 la maldad de la casa de I y de Judá es
10.19 la gloria del Dios de I..sobre ellos
10.20 vi debajo del Dios de I junto al río
11.5 así habéis hablado, oh casa de I, y las
11.10 los límites de I os juzgaré, y sabréis
11.11 carne; en los límites de I os juzgaré
11.13 ¿destruirás..todo al remanente de I?
11.15 toda la casa de I..a quienes dijeron
11.17 os recogeré..y os daré la tierra de I
11.22 la gloria del Dios de I estaba sobre
12.6 por señal te he dado a la casa de I
12.9 ¿no te ha dicho la casa de I, aquella
12.10 a toda la casa de I que está en medio
12.19 ha dicho..sobre la tierra de I: Su pan
12.22 refrán..que tenéis..en la tierra de I
12.23 y no repetirán más este refrán en I
12.24 ni habrá adivinación de..la casa de I
12.27 los de la casa de I dicen: La visión
13.2 profetiza contra los profetas de I que
13.4 como zorras..fueron tus profetas, oh I
13.5 un muro alrededor de la casa de I, para
13.9 inscritos en el libro de la casa de I
13.9 ni a la tierra de I volverán; y sabréis
13.16 profetas de I que profetizan acerca
14.1 vinieron..algunos de los ancianos de I
14.4,7 cualquier hombre de la casa de I que
14.5 tomar a la casa de I por el corazón, ya
14.6 dí a la casa de I..Convertíos, y volveos
14.7 de los extranjeros que moran en I, que
14.9 los destruiré de en medio de mi pueblo I
14.11 para que la casa de I no se desvíe más
17.2 y compón una parábola a la casa de I
17.23 en el monte alto de I lo plantaré, y
18.2 usáis este refrán sobre la tierra de I
18.3 tendréis por qué usar este refrán en I
18.6,15 ojos a los ídolos de la casa de I
18.25 casa de I: ¿No es recto mi camino? ¿no
18 29 aún dijere la casa de I: No es recto
18.29 ¿no son rectos mis caminos, casa de I?
18.30 yo os juzgaré a cada uno..oh casa de I
18.31 espíritu..¿Por qué moriréis, casa de I?
19.1 levanta endecha sobre..príncipes de I
19.9 no se oyese más sobre los montes de I
20.1 vinieron..ancianos de I a consultar a
20.3 habla a los ancianos de I, y diles: Así
20.5 día que escogí a I, y que alcé mi mano
20.13 se rebeló contra mí la casa de I en el
20.27 habla a la casa de I, y diles: Así ha
20.30 dí..a la casa de I: Así ha dicho Jehová
20.31 ¿y he de responderos yo, casa de I?
20.38 mas a la tierra de I no entrarán; y
20.39 a vosotros, oh casa de I, así ha dicho
20.40 mi santo monte en el alto monte de I
20.40 servirá toda la casa de I, toda ella
20.42 cuando os haya traído a la tierra de I
20.44 vuestras perversas obras..casa de I
21.2 hijo..profetiza contra la tierra de I
21.3 dirás a la tierra de I: Así ha dicho
21.12 será..sobre todos los príncipes de I
21.25 príncipe de I, cuyo día ha llegado ya
22.6 los príncipes de I..en derramar sangre
22.18 la casa de I se me ha convertido en
24.21 dí a..I: Así ha dicho Jehová el Señor
25.3 y la tierra de I era asolada, y llevada
25.6 todo tu menosprecio para la tierra de I
25.14 mi venganza contra Edom en manos de..I
27.17 y la tierra de I comerciaban contigo
28.24 nunca más será a la casa de I espina
28.25 cuando recoja..I de los pueblos entre
29.6 fueron báculo de caña a la casa de I
29.16 no será ya..para la casa de I apoyo de
29.21 haré retoñar el poder de la casa de I
33.7 he puesto por atalaya a la casa de I
33.10 dí a..I: Vosotros habéis hablado así
33.11 volveos..qué moriréis, oh casa de I?
33.20 os juzgaré, oh casa de I, a cada uno
33.24 los que habitan aquellos lugares..de I
33.28 los montes de I serán asolados hasta
34.2 profetiza contra los pastores de I..dí
34.2 ¡ay..pastores de I, que se apacientan a
34.13 las apacentaré en los montes de I, por
34.14 en los..montes de I estará su aprisco
34.14 serán apacentadas sobre..montes de I
34.30 ellos son mi pueblo, la casa de I, dice
35.5 entregaste a los hijos de I al poder de
35.12 tus injurias..contra los montes de I
35.15 alegraste sobre la heredad..casa de I
36.1 hijo..profetiza a los montes de I, y dí
36.1,4 montes de I, oíd palabra de Jehová
36.6 profetiza sobre la tierra de I, y dí a
36.8 oh montes de I, daréis vuestras ramas
36.8 y llevaréis vuestro fruto..mi pueblo I
36.10 haré multiplicar..a toda la casa de I
36.12 haré andar hombres sobre vosotros..I
36.17 mientras la..de I moraba en su tierra
36.21 profanado por la casa de I entre las
36.22 dí a la casa de I: Así ha dicho Jehová
36.22 no lo hago por vosotros, oh casa de I
36.32 por vuestras iniquidades, casa de I
36.37 aún seré solicitado por la casa de I
37.11 todos estos huesos son la casa de I
37.12 haré subir..traeré a la tierra de I
37.16 para Judá, y para los hijos de I sus
37.16 para José..para toda la casa de I sus
37.19 las tribus de I sus compañeros, y los
37.21 yo tomo a los hijos de I de entre las
37.22 los haré una nación..en los montes de I
37.28 y sabrán..que yo Jehová santifico a I
38.8 vendrás a..los montes de I, que siempre
38.14 cuando..I habite con seguridad, ¿no lo
38.16 subirás contra mi..I como nublado para
38.17 de quien hablé..por..los profetas de I
38.18 cuando venga Gog contra la tierra de I
38.19 habrá gran temblor sobre la tierra de I
39.2 haré..y te traeré sobre los montes de I
39.4 los montes de I caerás tú y todas tus
39.7 notorio mi santo nombre en medio de..I
39.7 sabrán..que yo soy Jehová, el Santo en I
39.9 moradores de..I saldrán, y encenderán
39.11 daré a Gog lugar para sepultura..en I
39.12 y la casa de I los estará enterrando
39.17 un sacrificio..sobre los montes de I
39.22 sabrá la casa de I que yo soy Jehová
39.23 la casa de I fue llevada cautiva por
39.25 tendré misericordia de..la casa de I
39.29 derramado de mi Espíritu sobre la..de I
40.2 me llevó a la tierra de I, y me puso
40.4 cuenta todo lo que ves a la casa de I
43.2 la gloria del Dios de I, que venía del
43.7 el cual habitaré entre los hijos de I
43.7 nunca..profanará la casa de I mi santo
43.10 hijo..muestra a la casa de I esta casa
44.2 porque Jehová Dios de I entró por ella
44.6 y dirás a los rebeldes, a la casa de I
44.6 basta ya..abominaciones, oh casa de I
44.9 extranjeros que..entre los hijos de I
44.10 se apartaron de mí cuando I se alejó
44.12 fueron a la casa de I por tropezadero
44.15 cuando los hijos de I se apartaron de
44.22 tomará virgen..linaje de la casa de I
44.28 pero no les daréis posesión en I; yo
44.29 toda cosa consagrada en I será de ellos
45.6 la ciudad..será para toda la casa de I
45.8 esta tierra tendrá por posesión en I
45.8 la tierra a la casa de I conforme a sus
45.9 ¡basta ya, oh príncipes de I! Dejad la
45.15 y una cordera..de las engordadas de I
45.16 a dar..ofrenda para el príncipe de I
45.17 en todas las fiestas de la casa de I
45.17 para hacer expiación por la casa de I
47.13 repartiréis..entre las 12 tribus de I
47.18 medio..de Galaad y de la tierra de I
47.21 entre vosotros según las tribus de I
47.22 como naturales entre los hijos de I
47.22 tener heredad entre las tribus de I
48.11 no erraron cuando erraron los hijos de I
48.19 que sirvan..serán de..las tribus de I
48.29 que repartiréis por..a las tribus de I
48.31 según los nombres de las tribus de I
Dn. 1.3 trajese de los hijos de I, del linaje
9.7 todo I, los de cerca y los de lejos, en
9.11 I traspasó tu ley apartándose para no
9.20 y confesando..el pecado de mi pueblo I
Os. 1.1 días de Jeroboam hijo de Joás, rey de I
1.4 y haré cesar el reino de la casa de I
1.5 en aquel día quebraré yo el arco de I en
1.6 no me compadeceré más de la casa de I
1.10 será el número de los hijos de I como
1.11 se congregarán los hijos de Judá y de I
3.1 como el amor de..para con los hijos de I
3.4 porque..estarán los hijos de I sin rey
3.5 volverán los hijos de I, y buscarán a
4.1 oíd palabra de Jehová, hijos de I, porque
4.15 si fornicas..I, a lo menos no peque Judá
4.16 como novilla indómita se apartó I; ¿los
5.1 estad atentos, casa de I, y casa del rey
5.3 I no me es desconocido; porque ahora, oh
5.3 te has prostituido, y se ha contaminado I
5.5 la soberbia de I le desmentirá en su cara
5.5 I y Efraín tropezarán en..pecado, y Judá
5.9 las tribus de I hice conocer la verdad
6.10 en la casa de I he visto inmundicia; allí
6.10 allí fornicó Efraín, y se contaminó I
7.1 mientras curaba yo a I, se descubrió la
7.10 la soberbia de I testificará contra él
8.2 clamará I: Dios mío, te hemos conocido
8.3 I desechó el bien; enemigo lo perseguirá
8.6 de I es también éste, y artífice lo hizo
8.8 devorado será I; pronto será entre las
8.14 olvidó, pues, I a su Hacedor, y edificó
9.1 no te alegres..I, hasta saltar de gozo
9.7 los días del castigo..e I lo conocerá
9.10 como uvas en el desierto hallé a I; como
10.1 I es una frondosa viña..abundante fruto
10.6 Efraín..I se avergonzará de su consejo
10.8 Avén serán destruidos, el pecado de I
10.9 desde los días de Gabaa has pecado..I
10.15 la mañana..del todo cortado el rey de I
11.1 cuando I era muchacho, yo lo amé, y de
11.8 oh Efraín? ¿Te entregaré yo, I? ¿Cómo
11.12 rodeó Efraín..la casa de I de engaño
12.12 I sirvió para adquirir mujer, y por
12.13 Jehová hizo subir a I de Egipto, y por
13.1 fue exaltado en I; mas pecó en Baal, y
13.9 te perdiste, oh I, mas en mí está tu
14.1 vuelve, oh I, a Jehová tu Dios; porque
14.5 seré a I como rocío; él florecerá como
Jl. 2.27 conoceréis que en medio de I estoy yo
3.2 a causa de..I mi heredad, a quien ellas
3.16 será..la fortaleza de los hijos de I
Am. 1.1 Amós..profetizó acerca de I en días de
1.1 días de Jeroboam hijo de Joás, rey de I
2.6 por tres pecados de I, y por el cuarto
2.11 es esto así, dice Jehová, hijos de I?
3.1 que ha hablado Jehová contra..hijos de I
3.12 así escaparán los hijos de I que moran
3.14 el día que castigue las rebeliones de I
4.5 así lo queréis, hijos de I, dice Jehová
4.12 tanto, de esta manera te haré a ti, oh I
4.12 para venir al encuentro de tu Dios, oh I
5.1 esta palabra que yo levanto..casa de I
5.2 cayó la virgen de I, y no..levantarse ya
5.3 salga..volverá con diez, en la casa de I
5.4 dice Jehová a la casa de I: Buscadme, y
5.25 ¿me ofrecisteis..ofrendas..oh casa de I?
6.1 ¡ay de..a los cuales acude la casa de I!
6.14 oh casa de I, dice Jehová..levantaré yo
7.8 pongo plomada..en medio de mi pueblo I
7.9 los santuarios de I serán asolados, y me
7.10 envió a decir a Jeroboam rey de I: Amós
7.10 Amós se ha levantado..en medio de..de I
7.11 I..llevado de su tierra en cautiverio
7.15 me dijo: Vé y profetiza a mi pueblo I
7.16 dices: No profetices contra I, ni hables
7.17 e I será llevado cautivo lejos de su
8.2 ha venido el fin sobre mi pueblo I, no
9.7 hijos de I, ¿no me sois vosotros como
9.7 ¿no hice yo subir a I de la tierra de
9.9 y haré que la casa de I sea zarandeada
9.14 y traeré del cautiverio a mi pueblo I
Abd. 20 cautivos..de los hijos de I poseerán lo
Mi. 1.5 esto..por los pecados de la casa de I
1.13 en vosotros se hallaron..rebeliones de I
1.14 Aczib serán para engaño a los reyes de I
1.15 aun..la flor de I huirá hasta Adulam
2.12 recogeré ciertamente el resto de I; lo
3.1 jefes de la casa de I: ¿No concierne a
3.8 para denunciar a Jacob..y a I su pecado
3.9 oid ahora esto, capitanes de la casa de I
5.1 vara herirán en la mejilla al juez de I
5.2 de ti me saldrá el que será Señor en I
5.3 el resto..se volverá con los hijos de I
6.2 Jehová tiene pleito..y altercará con I
Nah. 2.2 restaurará la gloria..la gloria de I
Sof. 2.9 dice..Dios de I, que Moab será como
3.13 el remanente de I no hará injusticia ni
3.14 Sion; da voces de júbilo, oh I; gózate

ISRAEL *(Continúa)*
Sof. 3.15 Jehová es Rey de *I* en medio de ti; nunca
Zac. 1.19 los cuernos que dispersaron a..a *I*
8.13 que como fuisteis maldición..casa de *I*
9.1 a Jehová deben mirar los..las tribus de *I*
11.14 romper la hermandad entre Judá e *I*
12.1 profecía de la palabra de Jehová..de *I*
Mal. 1.1 profecía..palabra de Jehová contra *I*
1.5 engrandecido más allá de..límites de *I*
2.11 en *I* y en..se ha cometido abominación
2.16 Dios de *I* ha dicho que él aborrece el
4.4 al cual encargué en..leyes para todo *I*
Mt. 2.6 guiador, que apacentará a mi pueblo *I*
2.20 toma al niño y a..y vete a tierra de *I*
2.21 tomó al niño y a..y vino a tierra de *I*
8.10 digo, que ni aun en *I* he hallado tante fe
9.33 nunca se ha visto cosa semejante en *I*
10.6 id antes a las ovejas perdidas de la..*I*
10.23 de recorrer todas las ciudades de *I*
15.24 a las ovejas perdidas de la casa de *I*
15.31 la multitud..glorificaban al Dios de *I*
19.28 para juzgar a las doce tribus de *I*
27.9 según precio puesto por los hijos de *I*
27.42 si es el Rey de *I*, descienda ahora de
Mr. 12.29 *I*; el Señor nuestro Dios, el Señor
15.32 el Cristo, Rey de *I*, descienda ahora de
Lc. 1.16 hijos de *I* se conviertan al Señor de
1.54 socorrió a *I* su siervo, acordándose de
1.68 el Señor Dios de *I*, que ha visitado y
1.80 hasta el día de su manifestación a *I*
2.25 Simeón..esperaba la consolación de *I*
2.32 revelación a..y gloria de tu pueblo *I*
2.34 caída y..levantamiento de muchos en *I*
4.25 muchas viudas había en *I* en los días de
4.27 muchos leprosos había en *I* en tiempo de
7.9 digo que ni aun en *I* he hallado tanta fe
22.30 tronos juzgando a las doce tribus de *I*
24.21 que él era el que había de redimir a *I*
Jn. 1.31 para que fuese manifestado a *I*, por
1.49 tú eres el Hijo de Dios..el Rey de *I*
3.10 ¿eres tú maestro de *I*, y no sabes esto?
12.13 ¡bendito el que viene en..el Rey de *I*!
Hch. 1.6 ¿restaurarás el reino a *I* en..tiempo?
2.36 sepa..la casa de *I*, que a este Jesús
4.8 les dijo: Gobernantes..y ancianos de *I*
4.10 sea notorio a..y a todo el pueblo de *I*
4.27 unieron..los gentiles y el pueblo de *I*
5.21 a todos los ancianos de los hijos de *I*
5.31 para dar a *I* arrepentimiento y perdón
7.23 visitar a sus hermanos, los hijos de *I*
7.37 que dijo a los hijos de *I*: Profeta os
7.42 me ofrecisteis víctimas y..casa de *I*?
9.15 nombre en presencia..de los hijos de *I*
10.36 Dios envió mensaje a los hijos de *I*
13.17 el Dios de..*I* escogió a nuestros padres
13.23 Dios levantó a Jesús por Salvador a *I*
13.24 predicó Juan el..a todo el pueblo de *I*
28.20 por la esperanza de *I* estoy sujeto con
Ro. 9.6 no todos los que descienden de *I* son
9.27 Isaías clama tocante a *I*: Si fuere el
9.27 fuere el número de los hijos de *I* como
9.31 *I*, que iba tras una ley de justicia, no
10.1 el anhelo de..y mi oración a Dios por *I*
10.19 también digo: ¿No ha conocido esto *I*?
10.21 acerca de *I* dice: Todo el día extendí
11.2 cómo invoca a Dios contra *I*, diciendo
11.7 lo que buscaba *I*, no lo ha alcanzado
11.11 ¿han tropezado..de *I* para que cayesen?
11.25 acontecido a *I* endurecimiento en parte
11.26 todo *I* será salvo, como está escrito
1 Co. 10.18 mirad a *I* según la carne; los que
2 Co. 3.7 los hijos de *I* no pudieron fijar la
3.13 los hijos de *I* no fijarán la vista en
Gá. 6.16 paz y misericordia sea..al *I* de Dios
Ef. 2.12 alejados de la ciudadanía de *I* y ajenos
Fil. 3.5 linaje de *I*, de la tribu de Benjamín
He. 8.8 que estableceré con la casa de *I* y la
8.10 es el pacto que haré con la casa de *I*
11.22 mencionó la salida de los hijos de *I*
Ap. 2.14 a poner tropiezo ante los hijos de *I*
7.4 de todas las tribus de los hijos de *I*
21.12 de las doce tribus de los hijos de *I*

ISRAELITA *Descendiente de Israel (=Jacob No. 1)*
Éx. 11.7 diferencia entre los egipcios y los *i*
Lv. 24.10 el hijo de una mujer *i*, el cual era
24.10 el hijo de la *i* y un hombre de Israel
24.11 hijo de la mujer *i* blasfemó el Nombre
Jos. 6.25 Rahab..habitó..entre los *i* hasta hoy
7.25 los *i* los apedrearon, y los quemaron
8.24 cuando los *i* acabaron de matar a todos
8.24 todos los *i* volvieron a Hai, y también
8.27 pero los *i* tomaron para sí las bestias
10.1 de Gabaón habían hecho paz con los *i*
10.11 mientras iban huyendo de los *i*, a la
10.12 habló a..y dijo en presencia de los *i*
11.23 la entregó Josué a los *i* por herencia
13.6 repartirás..el país a los *i* por heredad
13.13 Gesur y Maaca habitaron entre los *i*
Jue. 7.8 envió a..los *i* cada uno a su tienda
8.22 los *i* dijeron a Gedeón: Sé nuestro señor
9.55 cuando los *i* vieron muerto a Abimelec
1 S. 2.14 hacían con todo *i* que venía a Silo
7.14 las ciudades que..habían tomado a los *i*
14.21 se pusieron también del lado de los *i*
14.22 todos los *i* que se habían escondido en
2 S. 15.6 de esta manera hacía con todos los *i*
2 R. 3.24 se levantaron los *i* y atacaron a los
1 Cr. 9.2 los primeros moradores que..fueron *i*
10.1 huyeron delante de ellos los *i*..Gilboa
2 Cr. 11.3 habla a..los *i* en Judá y Benjamín
Neh. 11.3 los *i*, los sacerdotes y levitas, los
Jn. 1.47 he aquí un verdadero *i*, en quien no
Hch. 2.22 varones *i*, oíd estas palabras: Jesús
3.12 varones *i*, ¿por qué os maravilláis de
5.35 dijo: Varones *i*, mirad por vosotros lo
13.16 varones *i*, y los que teméis a Dios, oíd
21.28 ¡varones *i*, ayudad! Este es el hombre
Ro. 9.4 son *i*, de los cuales son la adopción
9.6 porque no todos los que..de Israel son *i*
11.1 yo soy *i*, de la descendencia de Abraham
2 Co. 11.22 ¿*i*? Yo también. ¿Son descendientes

ISRAHÍAS *Descendiente de Isacar*, 1 Cr. 7.3

IS-TOB *Ciudad y distrito en Haurán (=Tob)*
2 S. 10.6 a sueldo a los..de *I* doce mil hombres
10.8 los sirios..de *I*..estaban aparte en el

ISÚA *Hijo de Aser*, Gn. 46.17; 1 Cr. 7.30

ISÚI
1. Hijo de Aser, Gn. 46.17; Nm. 26.44; 1 Cr. 7.30
2. Hijo del rey Saúl, 1 S. 14.49

ISUITAS *Descendientes de Isúi No. 1*, Nm. 26.44

ITA-CAZIN *Población en la frontera de Zabulón*, Jos. 19.13

ITAI
1. Filisteo, amigo fiel de David
2 S. 15.19 dijo el rey a *I*..¿Para qué vienes
15.21 respondió *I* al rey..Vive Dios, y vive
15.22 David dijo a *I*: Ven, pues, y pasa
15.22 y pasó *I* geteo, y todos sus hombres
18.2 una tercera parte al mando de *I* geteo
18.5 y el rey mandó..a *I*, diciendo: Tratad
18.12 el rey te mandó a ti..y a *I*, diciendo
2. Uno de los 30 valientes de David, 2 S. 23.29; 1 Cr. 11.31

ITALIA
Hch. 18.2 un judío..Aquila..recién venido de *I*
27.1 decidió que habíamos de navegar para *I*
27.6 nave..que zarpaba para *I*, nos embarcó en
He. 13.24 saludad a todos..Los de *I* os saludan

ITALIANA
Hch. 10.1 centurión de la compañía llamada la *I*

ITAMAR *Cuarto hijo de Aarón*
Éx. 6.23 la cual dio a luz..Abiú, Eleazar e *I*
28.1 harás llegar..Nadab, Abiú, Eleazar e *I*
38.21 bajo la dirección de *I* hijo del..Aarón
Lv. 10.6,12 dijo a Aarón, y a Eleazar e *I* sus
10.16 se enojó contra Eleazar e *I*, los hijos
Nm. 3.2 los hijos de Aarón..Abiú, Eleazar e *I*
3.4 y Eleazar e *I* ejercieron el sacerdocio
4.28,33 bajo la dirección de *I* hijo del
7.8 bajo la mano de *I* hijo del sacerdote Aarón
26.60 a Aarón le nacieron..Abiú, Eleazar e *I*
1 Cr. 6.3; 24.1 los hijos de Aarón..Eleazar e *I*
24.2 Eleazar e *I* ejercieron el sacerdocio
24.3 David, con..Ahimelec de los hijos de *I*
24.4 había más varones..que de los hijos de *I*
24.4 los hijos de *I*, por sus casas paternas
24.5 y de los hijos de *I* hubo príncipes del
24.6 designando por suerte una..y otra para *I*
Esd. 8.2 los hijos de *I*, Daniel; de los hijos

ITIEL
1. Ascendiente de Salú No. 1, Neh. 11.7
2. Una de dos personas a las cuales dirigió Agur su profecía, Pr. 30.1

ITMA *Moabita, uno de los valientes de David*, 1 Cr. 11.46

ITNÁN *Ciudad en Judá*, Jos. 15.23

ITRA *Padre de Amasa (=Jeter No. 2)*, 2 S. 17.25

ITRÁN
1. Hijo de Disón, Gn. 36.26; 1 Cr. 1.41
2. Descendiente de Aser, 1 Cr. 7.37

ITREAM *Hijo de David*, 2 S. 3.5; 1 Cr. 3.3

ITRITA *Habitante de Quiriat-jearim*, 2 S. 23.38; 1 Cr. 2.53; 11.40

ITUREA *Región al noreste de Galilea*, Lc. 3.1

IVA *Ciudad conquistada por Senaquerib*
2 R. 18.34 ¿dónde está el dios..Hena, y de *I*?
19.13; Is. 37.13 ¿dónde está el rey..de *I*?

IZAR
Hch. 27.40 e *izada* al viento la vela de proa

IZHAR *Hijo de Coat*, Éx. 6.18,21; Nm. 3.19; 16.1; 1 Cr. 6.2,18,38; 23.12,18

IZHARITAS *Descendientes de Izhar*, Nm. 3.27; 1 Cr. 24.22; 26.23,29

IZQUIERDO, DA
Gn. 13.9 si fueres a la mano *i*, yo iré a la
13.9 si fueres..a la derecha, yo iré a la *i*
48.13 Efraín..*i* de Israel, y Manasés a su *i*
48.14 su mano *i* sobre la cabeza de Manasés
Éx. 14.22,29 teniendo las aguas como muro..*i*
Lv. 14.15 echará sobre la palma de su mano *i*
14.16 en el aceite que tiene en su mano *i*
14.26 del aceite sobre la palma de su mano *i*
14.27 rociará..aceite que tiene en su mano *i*
Nm. 22.26 para apartarse ni a derecha ni a *i*
Jue. 3.21 alargó Aod su mano *i*, y tomó el puñal
7.20 tomaron en la mano *i* las teas, y en la
16.29 derecha sobre una y su mano *i* sobre la
1 S. 6.12 sin apartarse ni a derecha ni a *i*
2 S. 2.19 Asael..apartarse ni a derecha ni a *i*
2.21 le dijo: Apártate a la derecha o a la *i*
14.19 no hay que apartarse a..ni a *i* de todo
16.6 los hombres valientes estaban..a su *i*
1 R. 7.21 la columna del lado *i*, llamó..Boaz
7.39 y las otras cinco a la mano *i*; y colocó
7.49 y otros cinco a la *i*, frente al lugar
22.19 todo el ejército..su derecha y a su *i*
2 R. 11.11 hasta el lado *i*, junto al altar y el
22.2 anduvo..sin apartarse a derecha ni a *i*
23.8 a la mano *i*, a la puerta de la ciudad
1 Cr. 6.44 la mano *i* estaban sus hermanos los
2 Cr. 3.17 y otra a la *i*..y a la de la *i*, Boaz
4.6 diez fuentes..5 a la derecha y 5 a la *i*
4.7 candeleros de..5 a la derecha y 5 a la *i*
4.8 hizo 10 mesas..5 a la derecha y 5 a la *i*
18.18 ejército..estaba a su mano..y a su *i*
23.10 desde el rincón derecho del..hasta el *i*
34.2 sin apartarse a la derecha ni a la *i*
Neh. 8.4 Esdras..a su mano *i*, Pedaías, Misael
Pr. 3.16 derecha; en su *i*, riquezas y honra
4.27 no te desvíes a la derecha ni a la *i*
Ec. 10.2 mas el corazón del necio a su mano *i*
Cnt. 2.6; 8.3 su *i* esté debajo de mi cabeza, y
Is. 9.20 tendrá hambre, y comerá a la *i*, y no
30.21 derecha, ni tampoco torzáis a la mano *i*
54.3 extenderás a la mano derecha y a la..*i*
Ez. 1.10 y cara de buey a la *i* en los cuatro
4.4 te acostarás sobre tu lado *i*, y pondrás
21.16 corta a la derecha, hiere..*i*, adonde
39.3 sacaré tu arco de tu..*i*, y derribaré tus
Jon. 4.11 no saben discernir entre..su mano *i*
Zac. 4.3 el uno a la derecha..y el otro a su *i*
4.11 dos olivos a la derecha del..y a su *i*?
Mt. 6.3 no sepa tu *i* lo que hace tu derecha
20.21 el uno a tu derecha, y el otro a tu *i*
20.23 el sentaros a..a mi *i*, no es mío darlo
25.33 a su derecha, y los cabritos a su *i*
25.41 también a los de la *i*: Apartaos de mí
27.38 dos..uno a la derecha, y otro a la *i*
Mr. 10.37 uno a tu derecha, y el otro a tu *i*
10.40 el sentaros..a mi *i*, no es mío darlo
15.27 dos..uno a su derecha, y el otro a su *i*
Lc. 23.33 los malhechores, uno..y otro a la *i*
Hch. 21.3 al avistar Chipre, dejándola a mano *i*
Ap. 10.2 sobre el mar, y el *i* sobre la tierra

IZRAHÍAS *Director de cantores*, Neh. 12.42

IZRAÍTA *Sobrenombre de Samhut*, 1 Cr. 27.8

IZRI *Músico en el templo (=Zeri)*, 1 Cr. 25.11

J

JAACÁN *Hijo de Ezer, jefe edomita,* 1 Cr. 1.42

JAACOBA *Príncipe de la tribu de Simeón,* 1 Cr. 4.36

JAALA *Padre de una famlia de siervos de Salomón,* Esd. 2.56; Neh. 7.58

JAALAM *Hijo de Esaú,* Gn. 36.5,14,18; 1 Cr. 1.35

JAANAI *Descendiente de Gad,* 1 Cr. 5.12

JAARE-OREGIM *Padre de Elhanán No. 1 (=Jair No. 3),* 2 S. 21.19

JAASAI *Uno de los que se casaron con mujeres extranjeras en tiempo de Esdras,* Esd. 10.37

JAASIEL
1. *Uno de los 30 valientes de David,* 1 Cr. 11.47
2. *Hijo de Abner y oficial de David,* 1 Cr. 27.21

JAAZANÍAS
1. *Uno que quedó en Judá con Gedalías después de la derrota de Jerusalén,* 2 R. 25.23
2. *Recabita que rehusó tomar vino,* Jer. 35.3
3. *Hijo de Safán, anciano idólatra en una visión de Ezequiel,* Ez. 8.11
4. *Hijo de Azur, anciano en otra visión de Ezequiel,* Ez. 11.1

JAAZÍAS *Levita, descendiente de Merari,* 1 Cr. 24.26,27

JAAZIEL *Levita del segundo orden (=Aziel),* 1 Cr. 15.18

JABAL *Primogénito de Lamec y Ada,* Gn. 4.20

JABALINA
1 S. 17.6 traía..*j* de bronce entre sus hombros
17.45 tú vienes a mí con espada y lanza y *j*
Job 39.23 contra él suenan la aljaba..y de la *j*
41.29 arma..y del blandir de la *j* se burla
Jer. 6.23 arco y *j* empuñarán; crueles son, y

JABES
1. *Ciudad en Galaad (=Jabes de Galaad y Jabes-galaad)*

1 S. 11.1 todos los de *J* dijeron a Nahas: Haz
11.3 ancianos de *J* le dijeron: Danos siete
11.5 le contaron las palabras de los..de *J*
11.9 diréis a los de *J*..lo anunciaron a..*J*
11.10 los de *J* dijeron a los enemigos: Mañana
31.12 los cuerpos..viniendo a *J*, los quemaron
31.13 los sepultaron debajo de un árbol en *J*
1 Cr. 10.12 los cuerpos de..los trajeron a *J*
10.12 y enterraron sus huesos..encina en *J*

2. *Padre del rey Salum,* 2 R. 15.10,13,14
3. *Lugar en Judá, cerca de Belén,* 1 Cr. 2.55
4. *Descendiente de Judá*

1 Cr. 4.9 *J* fue más ilustre que sus hermanos
4.9 al cual su madre llamó *J*, diciendo: Por
4.10 invocó *J* al Dios de Israel, diciendo

JABES DE GALAAD *(=Jabes No. 1 y Jabes-galaad)*
1 S. 11.1 subió Nahas amonita y acampó contra *J*
11.9 diréis a los de *J*: Mañana al calentar el
31.11 oyendo los de *J* esto que los filisteos
2 S. 2.4 los de *J* son los que sepultaron a Saúl
2.5 entonces envió David mensajeros a..de *J*
21.12 fue y tomó los huesos de Saúl..de *J*
1 Cr. 10.11 y oyendo todos los de *J* lo que los

JABES-GALAAD *(=Jabes No. 1 y Jabes de Galaad)*
Jue. 21.8 ninguno de *J* había venido..reunión
21.9 no hubo..varón de los moradores de *J*
21.10 herid a..espada a los moradores de *J*
21.12 y hallaron de los moradores de *J* 400
21.14 las que habían guardado vivas de..*J*

JABÍN
1. *Rey de Hazor,* Jos. 11.1
2. *Rey de Canaán*

Jue. 4.2 los vendió en mano de *J* rey de Canaán
4.7 Sísara, capitán del ejército de *J*, con
4.17 había paz entre *J*..y la casa de Heber
4.23 así abatió Dios aquel día a *J*, rey de
4.24 fue endureciéndose más y más contra *J*
Sal. 83.9 como a..a *J* en el arroyo de Cisón

JABNEEL
1. *Lugar en la frontera de Judá (=Jabnia),* Jos. 15.11
2. *Aldea en Neftalí,* Jos. 19.33

JABNIA *=Jabneel No. 1,* 2 Cr. 26.6

JABOC *Río tributario del Jordán*
Gn. 32.22 y se levantó..y pasó el vado de *J*
Nm. 21.24 tomó su tierra desde Arnón hasta *J*
Dt. 2.37 que está a la orilla del arroyo de *J*
3.16 medio del valle, hasta el arroyo de *J*
Jos. 12.2 el arroyo de *J*, término de..de Amón
Jue. 11.13 tomó mi tierra..desde Arnón hasta *J*
11.22 desde Arnón hasta *J*, y desde el desierto

JABÓN
Pr. 25.20 como..que sobre el *j* echa vinagre
Jer. 2.22 te laves con lejía, y amontones *j*
Mal. 3.2 es como fuego..como *j* de lavadores

JACÁN *Descendiente de Gad,* 1 Cr. 5.13

JACINTO
Éx. 28.19; 39.12 la tercera hilera, un *j*, una
Est. 1.6 sobre losado..y de alabastro y de *j*
Cnt. 5.14 como anillos de oro engastados de *j*
Ap. 21.20 undécimo, *j*; el duodécimo, amatista

JACOB
1. *Patriarca, hijo de Isaac (=Israel); a veces su posteridad*

Gn. 25.26 salió su..y fue llamado su nombre *J*
25.27 *J* era varón quieto, que habitaba en
25.28 amó Isaac a Esaú..Rebeca amaba a *J*
25.29 guisó *J* un potaje; y volviendo Esaú del
25.30 a *J*: Te ruego que me des a comer de ese
25.31 y *J* respondió: Véndeme en este día tu
25.33 dijo *J*: Júramelo en este día. Y él le
25.33 le juró, y vendió a *J* su primogenitura
25.34 *J* dio a Esaú pan y del guisado de las
27.6 Rebeca habló a *J* su hijo, diciendo: He
27.11 y *J* dijo a Rebeca su madre: He aquí
27.15 vestidos..y vistió a *J* su hijo menor
27.17 y entregó los guisados..en manos de *J*
27.19 y *J* dijo a su padre: Yo soy Esaú tu
27.21 Isaac dijo a *J*: Acércate ahora, y te
27.22 se acercó *J* a su padre Isaac..le palpó
27.22 la voz es la voz de *J*, pero las manos
27.24 ¿eres tu..Esaú? Y *J* respondió: Yo soy
27.25 *J* se la acercó, e Isaac comió; le trajo
27.27 y *J* se acercó, y le besó; y olió Isaac
27.30 acabó de bendecir a *J*..había salido *J*
27.36 bien llamaron su nombre *J*, pues ya me
27.41 aborreció Esaú a *J* por la bendición con
27.41 Esaú..dijo..yo mataré a mi hermano *J*
27.42 y llamó a *J* su hijo menor, y le dijo
27.46 si *J* toma mujer de las hijas de Het
28.1 entonces Isaac llamó a *J*, y lo bendijo
28.5 envió Isaac a *J*, el cual fue..a Labán
28.5 hermano de Rebeca madre de *J* y de Esaú
28.6 y vio..cómo Isaac había bendecido a *J*
28.7 y que *J* había obedecido a su padre y a
28.10 salió..*J* de Beerseba, y fue a Harán
28.16 y despertó *J* de su sueño, y dijo
28.18 levantó *J* de mañana, y tomó la piedra
28.20 hizo *J* voto, diciendo: Si fuere Dios
29.1 siguió luego *J* su camino, y fue a la
29.4 dijo *J*: Hermanos míos, ¿de dónde sois?
29.10 cuando *J* vio a Raquel, hija de Labán
29.10 se acercó *J* y removió la piedra de la
29.11 *J* besó a Raquel, y alzó su voz y lloró
29.12 *J* dijo a Raquel que él era hermano de
29.13 que oyó Labán las nuevas de *J*, hijo de
29.15 entonces dijo Labán a *J*: ¿Por ser tú
29.18 *J* amó a Raquel, y dijo: Yo te serviré
29.20 así sirvió *J* por Raquel siete años
29.21 dijo *J* a Labán: Dame mi mujer, porque
29.25 y *J* dijo a Labán: ¿Qué es esto que me
29.28 e hizo *J* así, y cumplió la semana de
30.1 viendo Raquel que no daba hijos a *J*, tuvo
30.1 tuvo envidia..y decía a *J*: Dame hijos
30.2 *J* se enojó contra Raquel, y dijo: ¿Soy
30.4 así le dio a Bilha..*J* se llegó a ella
30.5 concibió Bilha, y dio a luz un hijo a *J*
30.7 Bilha la..dio a luz un segundo hijo a *J*
30.9 tomó a Zilpa su..y la dio a *J* por mujer
30.10 Zilpa sierva de..dio a luz un hijo a *J*
30.12 sierva de Lea dio a luz otro hijo a *J*
30.16 cuando, pues, *J* volvía del campo a la
30.17 a Lea..y dio a luz el quinto hijo a *J*
30.19 otra vez..dio a luz el sexto hijo a *J*
30.25 que *J* dijo a Labán: Envíame, e iré a
30.31 te daré? Y respondió *J*: No me des nada
30.36 de camino entre sí y *J*; y *J* apacentaba
30.37 tomó luego *J* varas verdes de álamo, de
30.40 apartaba *J* los corderos, y ponía con
30.41 *J* ponía las varas delante de..ovejas
30.42 para Labán, y las más fuertes para *J*
31.1 y oía *J* las palabras de los hijos de
31.1 *J* ha tomado todo lo que era de..padre
31.2 miraba..*J* el semblante de Labán, y veía
31.3 Jehová dijo a *J*: Vuélvete a la tierra
31.4 envió, pues, *J*, y llamó a Raquel y a Lea
31.11 me dijo el ángel de Dios..*J*. Y yo dije
31.17 se levantó *J*, y subió sus hijos y sus
31.20 *J* engañó a Labán arameo, no..que se iba
31.22 fue dicho a Labán que *J* había huido
31.23 fue tras *J* camino de siete días, y le
31.24 y le dijo: Guárdate que no hables a *J*
31.25 alcanzó, pues, Labán a *J*; y éste había
31.26 y dijo Labán a *J*: ¿Qué has hecho, que
31.29 habló..no hables a *J* descomedidamente
31.31 respondió *J* y dijo a Labán..tuve miedo
31.32 *J* no sabía que Raquel..había hurtado
31.33 entró Labán en la tienda de *J*..de Lea
31.36 *J* se enojó, y riñó..respondió *J* y dijo
31.43 respondió Labán y dijo a *J*: Las hijas
31.45 *J* tomó una piedra, y la levantó por
31.46 dijo *J* a sus hermanos: Recoged piedras
31.47 Jegar Sahaduta; y lo llamó *J*, Galaad
31.51 dijo..Labán a *J*: He aquí este majano
31.53 *J* juró por aquel a quien temía Isaac
31.54 *J* inmoló víctimas en el monte, y llamó
32.1 *J* siguió su camino, y le salieron al
32.2 dijo *J* cuando los vio: Campamento de
32.3 envió *J* mensajeros delante de..a Esaú
32.4 dice tu siervo *J*: Con Labán he morado
32.6 los mensajeros volvieron a *J*, diciendo
32.7 *J* tuvo gran temor, y se angustió: y
32.9 dijo *J*: Dios de mi padre Abraham, y Dios
32.18 dirás: Es un presente de tu siervo *J*
32.20 aquí tu siervo *J* viene tras nosotros
32.24 quedó *J* solo; y luchó con él un varón
32.25 tocó..y se descoyuntó el muslo de *J*
32.26 y *J* le respondió: No te dejaré, si no
32.27 ¿cuál es tu nombre? Y él respondió: *J*
32.28 no se dirá..tu nombre *J*, sino Israel
32.29 *J* le preguntó..Declárame..tu nombre
32.30 y llamó *J* el nombre de..lugar, Peniel
32.32 tocó a *J* este sitio de su muslo en el
33.1 alzando *J* sus ojos, miró, y..venía Esaú
33.8 y *J* respondió: El hallar gracia en los
33.10 *J*: No, yo te ruego..acepta mi presente
33.13 *J* le dijo: Mi señor sabe que los niños
33.15 *J* dijo: ¿Para qué esto? Halle yo gracia
33.17 y *J* fue a Sucot, y edificó allí casa
33.18 *J* llegó..salvo a la ciudad de Siquem
34.1 de Lea, la cual..había dado a luz a *J*
34.5 oyó *J* que Siquem había amancillado a
34.5 sus hijos..calló *J* hasta que..viniesen
34.6 se dirigió Hamor..a *J*, para hablar con
34.7 hijos de *J* vinieron del campo cuando lo
34.7 hizo vileza..acostándose con la hija de *J*
34.13 respondieron los hijos de *J* a Siquem
34.19 porque la hija de *J* le había agradado
34.25 dos de los hijos de *J*, Simeón y Leví
34.27 los hijos de *J* vinieron a los muertos
34.30 dijo *J* a Simeón y a Leví: Me habéis
35.1 dijo Dios a *J*: Levántate y sube a Bet-el
35.2 *J* dijo a su familia y a todos los que
35.4 así dieron a *J* todos los dioses ajenos
35.4 *J* los escondió debajo de una encina que

JACOB *(Continúa)*
Gn. 35.5 y no persiguieron a los hijos de *J*
35.6 y llegó *J* a Luz, que está en tierra de
35.9 apareció otra vez Dios a *J*, cuando había
35.10 tu nombre es *J;* no se llamará más. .*J*
35.14 *J* erigió una señal en el lugar donde
35.15 llamó *J* el nombre de aquel lugar donde
35.20 levantó *J* un pilar sobre su sepultura
35.23 hijos de Lea: Rubén el primogénito de *J*
35.26 fueron los hijos de *J*, que le nacieron
35.27 vino *J* a Isaac su padre a Mamre, a la
35.29 Isaac. .lo sepultaron Esaú y *J* sus hijos
36.6 Esaú. .fue. .separándose de *J* su hermano
37.1 habitó *J* en la tierra donde. .su padre
37.2 esta es la historia de la familia de *J*
37.34 *J* rasgó sus vestidos, y puso cilicio
42.1 viendo *J* que en Egipto había alimentos
42.4 mas *J* no envió a Benjamín, hermano de
42.29 y venidos a *J* su padre en. .de Canaán
42.36 padre *J* les dijo: Me habéis privado de
45.25 llegaron a la tierra de Canaán a *J* su
45.26 el corazón de *J* se afligió, porque no
45.27 viendo *J* los carros que José enviaba
46.2 habló Dios a Israel en. .y dijo: *J, J*
46.5 se levantó *J*. .y tomaron. .a su padre *J*
46.6 vinieron a Egipto, *J* y. .su descendencia
46.8 que entraron en Egipto, *J* y sus hijos
46.8 en Egipto. .Rubén, el primogénito de *J*
46.15 hijos de Lea, los que dio a luz a *J* en
46.18 los hijos de Zilpa. .dio a luz éstos a *J*
46.19 los hijos de Raquel, mujer de *J:* José
46.22 los hijos de Raquel, que nacieron a *J*
46.25 hijos de Bilha. .dio a luz éstos a *J*. .7
46.26 personas que vinieron con *J* a Egipto
46.26 sin las mujeres de los hijos de *J*. .66
46.27 todas las personas de la casa de *J*. .70
46.28 envió *J* a Judá delante de sí a José
47.7 también José introdujo a *J* su padre, y
47.7 José. .lo presentó. .*J* bendijo a Faraón
47.8 dijo Faraón a *J:* ¿Cuántos son los días
47.9 *J* respondió a Faraón: Los días de los
47.10 y *J* bendijo a Faraón, y salió de la
47.28 y vivió *J* en. .Egipto diecisiete años
47.28 fueron los días de *J*, los años de su
48.2 se le hizo saber a *J*, diciendo: He aquí
49.1 llamó *J* a sus hijos, y dijo: Juntaos, y
49.2 juntaos y oíd, hijos de *J*, y escuchad
49.7 yo los apartaré en *J*, y los esparciré
49.24 brazos. .por las manos del Fuerte de *J*
49.33 y cuando acabó *J* de dar mandamientos a
50.24 a la tierra que juró a Abraham. .y a *J*
Éx. 1.1 son los. .que entraron en Egipto con *J*
1.5 personas que le nacieron a *J* fueron 70
2.24 se acordó de su pacto con Abraham. .y *J*
3.6 yo soy el Dios de tu. .Isaac, y Dios de *J*
3.15 el Dios. .de *J*, me ha enviado a vosotros
3.16 el Dios de Isaac y de *J*, me apareció
4.5 creerán que. .te ha aparecido. .Dios de *J*
6.3 y aparecí a. .y a *J* como Dios Omnipotente
6.8 jurando que la daría a. .a Isaac y a *J*
19.3 así dirás a la casa de *J*, y anunciarás
33.1 la tierra de la cual juré a. .Isaac y *J*
Lv. 26.42 yo me acordaré de mi pacto con *J*, y
Nm. 23.7 ven, maldíceme a *J*, y ven, execra a
23.10 ¿quién contará el polvo de *J*, o el
23.21 no ha notado iniquidad en *J*. .en Israel
23.23 contra *J* no hay agüero, ni adivinación
23.23 será dicho de *J* y de Israel: ¡Lo que ha
24.5 ¡cuán hermosas son tus tiendas, oh *J*
24.17 saldrá ESTRELLA de *J*, y se levantará
24.19 de *J* saldrá el dominador, y destruirá
32.11 tierra que prometí con juramento a. .*J*
Dt. 1.8 la tierra que Jehová juró a. .Isaac y *J*
6.10 que juró a tus padres Abraham, Isaac y *J*
9.5 la palabra que Jehová juró a. .Isaac y *J*
9.27 acuérdate de tus siervos. .Isaac y *J;* no
29.13 como lo juró a tus padres. .Isaac y *J*
30.20 la tierra que juró Jehová a. .Isaac y *J*
32.9 es su pueblo; *J* la heredad que le tocó
33.4 ley, como heredad a la congregación de *J*
33.10 ellos enseñarán tus juicios a *J*, y tu
33.28 la fuente de *J* habitará sola en tierra
34.4 esta es la tierra de que juré a. .y a *J*
Jos. 24.4 a Isaac di *J* y Esaú. Y a Esaú di el
24.4 pero *J* y sus hijos descendieron a Egipto
24.32 campo que *J* compró de los. .de Hamor
1 S. 12.8 cuando *J* hubo entrado en Egipto, y
2 S. 23.1 dijo David. .el ungido del Dios de *J*
1 R. 18.31 número de las tribus de. .hijos de *J*
2 R. 13.23 los miró, a causa de su pacto con
17.34 los mandamientos que. .a los hijos de *J*
1 Cr. 16.13 oh vosotros. .de *J*, sus escogidos
16.17 el cual confirmó a *J* por estatuto, y
Sal. 14.7 se gozará *J*, y se alegrará Israel
20.1 el nombre del Dios de *J* te defienda
22.23 glorificadle, descendencia toda de *J*
24.6 los que buscan tu rostro, oh Dios de *J*
44.4 Dios, eres mi rey; manda salvación a *J*
46.7,11 nuestro refugio es el Dios de *J*
47.4 elegirá. .la hermosura de *J*, al cual amó
53.6 hiciere. .gozará *J*, y se alegrará Israel
59.13 Dios gobierna en *J* hasta los fines de
75.9 siempre. .cantaré alabanzas al Dios de *J*
76.6 a tu reprensión, oh Dios de *J*, el carro
77.15 redimiste. .a los hijos de *J* y de José
78.5 estableció testimonio en *J*, y puso ley
78.21 encendió el fuego contra *J*, y el furor
78.71 para que apacentase a *J* su pueblo, y a
79.7 porque han consumido a *J*, y su morada
81.1 gozo. .al Dios de *J* aclamad con júbilo
81.4 estatuto es de. .ordenanza del Dios de *J*
84.8 oye mi oración; escucha, oh Dios de *J*
85.1 oh Jehová; volviste la cautividad de *J*
87.2 de Sion más que todas las moradas de *J*
94.7 no verá JAH, ni entenderá el Dios de *J*
99.4 tú has hecho en *J* juicio y justicia
105.6 oh vosotros. .hijos de *J*, sus escogidos
105.10 estableció a *J* por decreto, a Israel
105.23 entró. .y *J* moró en la tierra de Cam
114.1 cuando salió. .la casa de *J* del pueblo
114.7 tiembla. .a la presencia del Dios de *J*
132.2 cómo juró. .y prometió al Fuerte de *J*
132.5 que halle. .morada para el Fuerte de *J*
135.4 JAH ha escogido a *J* para sí, a Israel
146.5 aquel cuyo ayudador es el Dios de *J*
147.19 ha manifestado sus palabras a *J*, sus
Is. 2.3 y subamos al. .a la casa del Dios de *J*
2.5 venid, oh casa de *J*, y caminaremos a la
2.6 tú has dejado tu pueblo, la casa de *J*
8.17 escondió su rostro de la casa de *J*, y
9.8 el Señor envió palabra a *J*, y cayó en
10.20 casa de *J*, nunca más se apoyarán en el
10.21 volverá, el remanente de *J* volverá al
14.1 tendrá piedad de *J*, y todavía escogerá
14.1 se unirán. .se juntarán a la familia de *J*
17.4 la gloria de *J* se atenuará. .enflaquecerá
27.6 días vendrán cuando *J* echará raíces
27.9 pues, será perdonada la iniquidad de *J*
29.22 Jehová, que. .dice así a la casa de *J*
29.22 no será ahora avergonzado *J*, ni. .rostro
29.23 santificarán al Santo de *J*, y temerán
40.27 qué dices, oh *J*, y hablas tú, Israel
41.8 tú, *J*, a quien yo escogí, descendencia
41.14 no temas, gusano de *J*, oh vosotros los
41.21 presentad. .pruebas, dice el Rey de *J*
42.24 ¿quién dio a *J* en botín, y entregó a
43.1 ahora. .dice Jehová, Creador tuyo, oh *J*
43.22 no me invocaste a mí, oh *J*, sino que
43.28 puse por anatema a *J* y por oprobio a
44.1 pues, oye, *J*, siervo mío. y tú, Israel
44.2 no temas, siervo mío *J*, y tú, Jesurún
44.5 el otro se llamará del nombre de *J*, y
44.21 acuérdate de estas cosas. .*J*, e Israel
44.23 Jehová redimió a *J*, y en Israel será
45.4 por amor de mi siervo *J*, y de Israel mi
45.19 no dije a la descendencia de *J*. .vano
46.3 oídme, oh casa de *J*, y todo el resto de
48.1 oíd esto, casa de *J*, que os llamáis del
48.12 óyeme, *J*, y tú, Israel, a quien llamé
48.20 decid: Redimió Jehová a *J* su siervo
49.5 para hacer volver a él a *J* y. .a Israel
49.6 mi siervo para levantar las tribus de *J*
49.26 yo. .soy Salvador tuyo. .el Fuerte de *J*
58.1 su rebelión, y a la casa de *J* su pecado
58.14 daré a comer la heredad de *J* tu padre
59.20 que se volvieren de la iniquidad en *J*
60.16 soy el Salvador tuyo, el Fuerte de *J*
65.9 sacaré descendencia de *J*, y de Judá
Jer. 2.4 oíd la palabra de Jehová, casa de *J*
5.20 anunciad esto en la casa de *J*, y haced
10.16 no es así la porción de *J;* porque él
10.25 se comieron a *J*, lo devoraron, le han
30.7 tiempo de angustia para *J;* pero de ella
30.10 tú. .siervo mío *J*, no temas. .*J* volverá
30.18 volver los cautivos de. .tiendas de *J*
31.7 regocijaos en *J* con alegría, y. .júbilo
31.11 porque Jehová redimió a *J*, lo redimió
33.26 desecharé la descendencia de *J*, y de
33.26 sobre la posteridad. .de Isaac y de *J*
46.27 y tú no temas. .*J*, ni desmayes, Israel
46.27 volverá *J*, y descansará, y. .prosperado
46.28 *J*, no temas. .porque yo estoy contigo
51.19 no es como ellos la porción de *J*
Lm. 1.17 Jehová dio mandamiento contra *J*, que
2.2 destruyó en su furor. .las tiendas de *J*
2.3 se encendió en *J* como llama de fuego que
Ez. 20.5 jurar a la descendencia. .la casa de *J*
28.25 en su tierra, la cual di a mi siervo *J*
37.25 habitarán en la tierra que di a mi. .*J*
39.25 volveré la cautividad de *J*, y tendré
Os. 10.11 arará Judá, quebrará sus terrones *J*
12.2 pleito. .para castigar a *J* conforme a su
12.12 *J* huyó a tierra de Aram, Israel sirvió
Am. 3.13 oíd y testificad contra la casa de *J*
6.8 abomino la grandeza de *J*, y aborrezco sus
7.2,5 ¿quién levantará a *J*?. .es pequeño
8.7 juró por la gloria de *J:* No me olvidaré
9.8 mas no destruiré del todo la casa de *J*
Abd. 10 la injuria a. .*J* te cubrirá vergüenza
17 la casa de *J* recuperará sus posesiones
18 la casa de *J* será fuego, y la casa de José
Mi. 1.5 todo esto por la rebelión de *J*, y por
1.5 ¿cuál. .la rebelión de *J*? ¿No es Samaria?
2.7 que te dices casa de *J*, ¿se ha acortado
2.12 cierto te juntaré todo, oh *J;* recogeré
3.1 oíd ahora, príncipes de *J*, y jefes de la
3.8 denunciar a *J* su rebelión, y a Israel su
3.9 oíd ahora esto, jefes de la casa de *J*, y
4.2 subamos al. .y a la casa del Dios de *J*
5.7 remanente de *J* será en medio de muchos
5.8 remanente de *J* será entre las naciones
7.20 cumplirás la verdad a *J*, y a Abraham
Nah. 2.2 Jehová restaurará la gloria de *J* como
Mal. 1.2 ¿no era Esaú hermano de *J*?. .Y amé a *J*
2.12 cortará de las tiendas de *J* al hombre
3.6 por esto, hijos de *J*, no habéis sido
Mt. 1.2 engendró. .Isaac a *J*, y *J* a Judá y a
8.11 se sentarán con. .*J* en el reino de los
22.32; Mr. 12.26 Dios de Isaac y el. .de *J*?
Lc. 1.33 reinará sobre la casa de *J*. .siempre
3.34 hijo de *J*, hijo de Isaac. .de Abraham
13.28 cuando veáis. .a *J* y a. .los profetas
20.37 cuando llama al Señor, Dios de. .de *J*
Jn. 4.5 junto a la heredad que *J* dio a. .José
4.6 estaba allí el pozo de *J*. Entonces Jesús
4.12 ¿acaso eres tú mayor que. .padre *J*, que
Hch. 3.13 el Dios de Abraham. .y de *J*, el Dios
7.8 e Isaac a *J*, y *J* a los doce patriarcas
7.12 cuando oyó *J* que había trigo en Egipto
7.14 hizo venir a su padre *J*, y a toda su
7.15 descendió *J* a Egipto, donde murió él
7.32 yo soy el Dios de tus. .y el Dios de *J*
7.46 proveer tabernáculo para el Dios de *J*
Ro. 9.13 está escrito: A *J* amé, mas a Esaú
11.26 Libertador. .apartará de *J* la impiedad
He. 11.9 fe. .morando en tiendas con Isaac y *J*
11.20 por la fe bendijo Isaac a *J* y a Esaú
11.21 por la fe *J*, al morir, bendijo a cada

2. Padre de José, marido de María,
Mt. 1.15,16

JACOBO
1. Apóstol, hijo de Zebedeo

Mt. 4.21 hermanos, *J* hijo de Zebedeo, y Juan
10.2 *J* hijo de Zebedeo, y Juan su hermano
17.1 tomó a Pedro, a *J* y a Juan su hermano
Mr. 1.19 pasando. .vio a *J* hijo de Zebedeo, y
1.29 vinieron a casa de Simón. .con *J* y Juan
3.17 a *J*. .y a Juan hermano de *J*, a quienes
5.37 nadie sino Pedro, *J*, y Juan hermano de *J*
9.2 Jesús tomó a Pedro, a *J* y a Juan, y los
10.35 *J* y Juan. .se le acercaron, diciendo
10.41 comenzaron a enojarse contra *J* y. .Juan
13.3 Pedro, *J*, Juan y Andrés le preguntaron
14.33 y tomó consigo a Pedro, a *J* y a Juan
Lc. 5.10 *J* y Juan, hijos de Zebedeo, que eran
6.14 a Simón. .*J* y Juan, Felipe y Bartolomé
8.51 no dejó entrar a nadie. .sino a. .a *J*, a
9.28 tomó a. .y a *J*, y subió al monte a orar
9.54 viendo esto sus discípulos *J* y Juan
Hch. 1.13 al aposento. .donde moraban Pedro y *J*
12.2 y mató a espada a *J*, hermano de Juan

2. Apóstol, hijo de Alfeo

Mt. 10.3 Mateo el publicano, *J* hijo de Alfeo
Mr. 3.18 Tomás, *J* hijo de Alfeo, Tadeo, Simón
Lc. 6.15 *J* hijo de Alfeo, Simón llamado Zelote
Hch. 1.13 donde moraban Pedro. .*J* hijo de Alfeo

3. Hermano del Señor

Mt. 13.55 sus hermanos, *J*, José, Simón y Judas?
Mr. 6.3 hermano de *J*, José, de Judas y de
Hch. 12.17 dijo: Haced saber esto a *J* y a los
15.13 y cuando ellos callaron, *J* respondió
21.18 Pablo entró con nosotros a ver a *J*, y
1 Co. 15.7 apareció a *J;* después a todos los
Gá. 1.19 no vi a ningún otro de los. .sino a *J*
2.9 *J*. .que eran considerados como columnas
2.12 antes que viniesen algunos de parte de *J*

4. "El menor"

Mt. 27.56 estaban. .María la madre de *J* y de
Mr. 15.40 María la madre de *J* el menor y de
16.1 María Magdalena, María la madre de *J*
Lc. 24.10 eran. .Juana, y María madre de *J*, y

5. Hermano de Judas No. 3

Lc. 6.16 Judas hermano de *J*, y Judas Iscariote
Hch. 1.13 donde moraban. .y Judas hermano de *J*
Jud. 1 Judas. .y hermano de *J*, a los llamados

JACTANCIA

Jer. 48.30 su cólera. .sus *j* no le aprovecharán
51.55 quitará de ella la mucha *j;* bramarán
Ro. 3.27 ¿dónde, pues, está la *j*? Queda excluida
1 Co. 5.6 no es buena vuestra *j*. ¿No sabéis que
Stg. 4.16 os jactáis. .Toda *j* semejante es mala

JACTANCIOSAMENTE

Sal. 12.3 Jehová destruirá. .lengua que habla *j*

JACTANCIOSO

1 Co. 13.4 el amor es. .no es *j*, no se envanece

JACTARSE

Sal. 10.3 malo se *jacta* del deseo de su alma
49.6 que confían en sus bienes, y. .se *jactan*
52.1 qué te *jactas* de maldad, oh poderoso?
Pr. 12.9 que el que se *jacta*, y carece de pan
25.14 así es el hombre que se *jacta* de falsa
27.1 no te *jactes* del día de mañana; porque

JACTARSE *(Continúa)*
Abd. 12 ni debiste haberte *jactado* en el día
Ro. 2.23 te *jactas* de la ley..deshonras a Dios?
11.18 no te *jactes*..y si te *jactas*, sabe que
1 Co. 1.29 que nadie se *jacte* en su presencia
Stg. 3.5 la lengua..se *jacta* de grandes cosas
3.14 os *jactéis*, ni mintáis contra la verdad
4.16 ahora os *jactáis* en vuestras soberbias

JADA *Descendiente de Judá,* 1 Cr. 2.28,32

JADAU *Uno de los que se casaron con mujeres extranjeras en tiempo de Esdras,* Esd. 10.43

JADÓN *Uno que ayudó en la restauración del muro de Jerusalén,* Neh. 3.7

JADÚA
1. *Firmante del pacto de Nehemías,* Neh. 10.21
2. *Sumo sacerdote, último mencionado en el Antiguo Testamento,* Neh. 12.11,22

JAEL *Mujer de Heber ceneo*
Jue. 4.17 Sísara huyó a pie a la tienda de *J*
4.18 saliendo *J* a recibir a Sísara, le dijo
4.21 pero *J* mujer de Heber tomó una estaca
4.22 *J* salió a recibirlo, y le dijo: Ven, y
5.6 en los días de *J*, quedaron abandonados
5.24 bendita sea entre las mujeres *J*..ceneo

JAFET *Hijo de Noé*
Gn. 5.32 Noé de..engendró a Sem, a Cam y a *J*
6.10 engendró Noé tres..a Sem, a Cam y a *J*
7.13 día entraron..Sem, Cam y *J* hijos de Noé
9.18 salieron del arca fueron Sem, Cam y *J*
9.23 Sem y *J* tomaron la ropa, y la pusieron
9.27 engrandezca Dios a *J*, y habite en las
10.1 Sem, Cam y *J*, a quienes nacieron hijos
10.2 hijos de *J*: Gomer, Magog, Madai, Javán
10.21 a Sem, padre de..y hermano mayor de *J*
1 Cr. 1.4 Noé, Sem, Cam y *J*
1.5 hijos de *J*: Gomer, Magog, Madai, Javán

JAFÍA
1. *Rey de Laquis,* Jos. 10.3
2. *Población en la frontera de Zabulón,* Jos. 19.12
3. *Hijo de David,* 2 S. 5.15; 1 Cr. 3.7; 14.6

JAFLET *Descendiente de Aser,* 1 Cr. 7.32,33

JAFLETITA *Descendiente de Jaflet,* Jos. 16.3

JAGUR *Ciudad en Judá,* Jos. 15.21

JAH *Forma abreviada del nombre Jehová*
Sal. 68.4 *J* es su nombre; alegraos delante de
68.18 para que habite entre ellos *J* Dios
77.11 acordaré de las obras de *J*; sí, haré
94.7 y dijeron: No verá *J*, ni entenderá el
94.12 bienaventurado..quien tú, *J*, corriges
102.18 pueblo que está por nacer alabará a *J*
115.17 no alabarán..muertos a *J*, ni cuantos
115.18 bendeciremos a *J* desde ahora y para
118.5 invoqué a *J*..respondió *J*, poniéndome
118.14 mi fortaleza y mi cántico es *J*, y él
118.17 que viviré, y contaré las obras de *J*
118.18 me castigó..*J*, mas no me entregó a
118.19 puertas..entraré por ellas, alabaré a *J*
122.4 subieron las tribus, las tribus de *J*
130.3 *J*, si mirares a los pecados, ¿quién
135.3 alabad a *J*, porque él es bueno; cantad
135.4 porque *J* ha escogido a Jacob para sí
147.1 alabad a *J*, porque es bueno cantar
150.6 todo lo que respira alabe a *J*. Aleluya
Is. 12.2 mi fortaleza y mi canción es *J* Jehová
38.11 no veré a *J*, a *J* en la tierra de los

JAHAT
1. *Descendiente de Judá,* 1 Cr. 4.2
2. *Levita, descendiente de Gersón,* 1 Cr. 6.20,43
3. *Levita, otro descendiente de Gersón,* 1 Cr. 23.10,11
4. *Levita, descendiente de Izhar,* 1 Cr. 24.22
5. *Funcionario del rey Josías,* 2 Cr. 34.12

JAHAZA *Ciudad al oriente del Jordán (=Jaza)*
Nm. 21.23 mas Sehón..vino a *J* y peleó contra
Dt. 2.32 él y todo su pueblo, para pelear en *J*
Jos. 13.18 *J*, Cademot, Mefaat
21.36 de la tribu de Rubén..*J* con sus ejidos
Jue. 11.20 acampó en *J*, y peleó contra Israel
Is. 15.4 Hesbón y Eleale gritarán, hasta *J* se
Jer. 48.21 vino juicio..sobre Holón, sobre *J*
48.34 hasta *J* dieron su voz; desde Zoar

JAHAZÍAS *Uno que se opuso a Esdras,* Esd. 10.15

JAHAZIEL
1. *Guerrero que se unió a David en Siclag,* 1 Cr. 12.4
2. *Sacerdote contemporáneo de David,* 1 Cr. 16.6
3. *Levita contemporáneo de David,* 1 Cr. 23.19; 24.23
4. *Levita contemporáneo del rey Josafat,* 2 Cr. 20.14
5. *Padre de Secanías No. 4,* Esd. 8.5

JAHDAI *Descendiente de Judá,* 1 Cr. 2.47

JAHDIEL *Jefe de Manasés,* 1 Cr. 5.24

JAHDO *Descendiente de Gad,* 1 Cr. 5.14

JAHLEEL *Tercer hijo de Zabulón,* Gn. 46.14; Nm. 26.26

JAHLEELITAS *Descendientes de Jahleel,* Nm. 26.26

JAHMAI *Descendiente de Isacar,* 1 Cr. 7.2

JAHZEEL *Hijo de Neftalí,* Gn. 46.24; Nm. 26.48; 1 Cr. 7.13

JAHZEELITA *Descendiente de Jahzeel,* Nm. 26.48

JAIR
1. *Hijo de Manasés*
Nm. 32.41 *J*..tomó sus aldeas, y les puso por
Dt. 3.14 *J* hijo..tomó toda la tierra de Argob
Jos. 13.30 las aldeas de *J* que están en Basán
1 R. 4.13 las ciudades de *J* hijo de Manasés
1 Cr. 2.23 tomaron de ellos las ciudades de *J*
2. *Juez de Israel*
Jue. 10.3 tras él se levantó *J* galaadita, el
10.4 se llaman las ciudades de *J* hasta hoy
10.5 y murió *J*, y fue sepultado en Camón
3. *Padre de Elhanán No. 1,* 1 Cr. 20.5
4. *Ascendiente de Mardoqueo,* Est. 2.5

JAIREO *Habitante de una de las aldeas de Jair No. 1,* 2 S. 20.26

JAIRO *Principal de una sinagoga en Galilea,* Mr. 5.22; Lc. 8.41

JALÓN *Descendiente de Judá,* 1 Cr. 4.17

JAMBRES *Véase Janes y Jambres*

JAMÍN
1. *Hijo de Simeón,* Gn. 46.10; Éx. 6.15; Nm. 26.12; 1 Cr. 4.24
2. *Descendiente de Jerameel,* 1 Cr. 2.27
3. *Levita que ayudó a Esdras en la lectura de la ley,* Neh. 8.7

JAMINITA *Descendiente de Jamín No. 1,* Nm. 26.12

JAMLEC *Descendiente de Simeón,* 1 Cr. 4.34

JANA *Ascendiente de Jesucristo,* Lc. 3.24

JANES Y JAMBRES *Magos egipcios,* 2 Ti. 3.8

JANOA *Población en la frontera de Efraín,* Jos. 16.6,7; 2 R. 15.29

JANUM *Aldea en Judá,* Jos. 15.53

JAQUÉ *Padre de Agur,* Pr. 30.1

JAQUIM
1. *Descendiente de Benjamín,* 1 Cr. 8.19
2. *Sacerdote,* 1 Cr. 24.12

JAQUÍN
1. *Hijo de Simeón,* Gn. 46.10; Éx. 6.15; Nm. 26.12
2. *Una de dos columnas de bronce en el templo de Salomón,* 1 R. 7.21; 2 Cr. 3.17
3. *Sacerdote contemporáneo de David,* 1 Cr. 9.10; 24.17

JAQUINITA *Descendiente de Jaquín No. 1,* Nm. 26.12

JARA *Descendiente del rey Saúl,* 1 Cr. 9.42

JARDÍN
Ec. 2.5 me hice..*j*, y planté en ellos árboles
Jer. 52.7 muros que había cerca del *j* del rey

JAREB *Rey de Asiria,* Os. 5.13; 10.6

JARED *Hijo de Mahalaleel y padre de Enoc,* Gn. 5.15,16,18,19,20; 1 Cr. 1.2; Lc. 3.37

JARESÍAS *Descendiente de Benjamín,* 1 Cr. 8.27

JARHA *Siervo egipcio de Sesán,* 1 Cr. 2.34

JARIB
1. *Hijo de Simeón,* 1 Cr. 4.24
2. *Un enviado de Esdras,* Esd. 8.16
3. *Uno de los que se casaron con mujeres extranjeras en tiempo de Esdras,* Esd. 10.18

JARMUT
1. *Ciudad cananea, posteriormente de Judá,* Jos. 10.3,5; 12.11; 15.35; Neh. 11.29
2. *Ciudad de los levitas en Isacar,* Jos. 21.29

JAROA *Descendiente de Gad,* 1 Cr. 5.14

JARRO
Nm. 7.13,19,25,31,37,43,49,55,61,67,73,79 un *j* de plata de setenta siclos
7.84 doce *j* de plata, doce cucharas de oro
7.85 cada *j* de setenta; toda la plata de la
Is. 22.24 colgarán de él..hasta toda clase de *j*
Mr. 7.4,8 lavamientos de los vasos..y de los *j*

JASÉN *Uno de los 30 valientes de David,* 2 S. 23.32

JASER *"El Justo"*
Jos. 10.13 ¿no está escrito..en el libro de *J*?
2 S. 1.18 que está escrito en el libro de *J*

JASOBEAM
1. *El primero de los tres valientes de David (=Joseb-basebet),* 1 Cr. 11.11; 27.2
2. *Guerrero que se unió a David en Siclag,* 1 Cr. 12.6

JASÓN
1. *Cristiano en Tesalónica*
Hch. 17.5 asaltando la casa de *J*, procuraban
17.6 trajeron a *J*..ante las autoridades de
17.7 los cuales *J* ha recibido; y todos éstos
17.9 obtenida fianza de *J* y de los demás, los
2. *Pariente de Pablo,* Ro. 16.21

JASPE
Éx. 28.20; 39.13 cuarta hilera..ónice y un *j*
Ez. 28.13 *j*, crisólito, berilo y ónice; de
Ap. 4.3 aspecto..era semejante a piedra de *j*
21.11 su fulgor..como piedra de *j*, diáfana
21.18 el material de su muro era de *j*; pero
21.19 el primer cimiento era *j*; el segundo

JASUB
1. *Hijo de Isacar (=Job No. 1),* Nm. 26.24; 1 Cr. 7.1
2. *Uno de los que se casaron con mujeres extranjeras en tiempo de Esdras,* Esd. 10.29

JASUBITA *Descendiente de Jasub No. 1,* Nm. 26.24

JATIR *Ciudad levítica en Judá,* Jos. 15.48; 21.14; 1 S. 30.27; 1 Cr. 6.57

JATNIEL *Levita, portero del templo,* 1 Cr. 26.2

JAULA
Jer. 5.27 como *j* llena de pájaros, así están
Ez. 19.9 lo pusieron en una *j* y lo llevaron

JAVÁN
1. *Hijo de Jafet,* Gn. 10.2,4; 1 Cr. 1.5,7
2. *Descendientes de No. 1, y su tierra*
Is. 66.19 enviaré..Tubal y a *J*, a las costas
Ez. 27.13 *J*, Tubal y Mesec comerciaban también
27.19 y el errante *J* vinieron a tus ferias

JAZA *Ciudad al oriente del Jordán (=Jahaza),* 1 Cr. 6.78

JAZER *Ciudad fortificada en Galaad, dada a los levitas*
Nm. 21.32 también envió..a reconocer a *J*; y
32.1 vieron la tierra de *J*..y les pareció el
32.3 *J*, Nimra, Hesbón, Eleale, Sebam, Nebo
32.35 Atarot-sofán, *J*, Jogbeha
Jos. 13.25 territorio de ellos fue *J*, y todas
21.39 y *J* con sus ejidos; cuatro ciudades
2 S. 24.5 al sur de la ciudad que..junto a *J*
1 Cr. 6.81 Hesbón con sus ejidos y *J* con sus
26.31 fuertes y vigorosos en *J* de Galaad
Is. 16.8 habían llegado hasta *J*, y se habían
16.9 lamentaré con lloro de *J* por la viña
Jer. 48.32 con llanto de *J* lloraré por ti, oh
48.32 tus sarmientos..llegaron..el mar de *J*

JAZERA ***Ascendiente de Masai,*** **1 Cr. 9.12**

JAZIZ ***Funcionario del rey David,*** **1 Cr. 27.31**

JEARIM ***Monte en el límite norte de Judá,*** **Jos. 15.10**

JEATRAI ***Levita, descendiente de Gersón,*** **1 Cr. 6.21**

JEBEREQUÍAS ***Padre de Zacarías No. 29,*** **Is. 8.2**

JEBÚS ***Nombre antiguo de Jerusalén***

Jos. 18.28 Elef, *J* (que es Jerusalén), Gabaa, y
Jue. 19.10 se fue, y llegó hasta enfrente de *J*
19.11 y estando ya junto a *J*, el día había
1 Cr. 11.4 fue David. . a Jerusalén, la cual es *J*
11.5 los moradores de *J* dijeron a David: No

JEBUSEO ***Habitante de Jebús***

Gn. 10.16 al *j*, al amorreo, al gergeseo
15.21 los cananeos, los gergeseos y los *j*
Éx. 3.8 a tierra. . ferezeo, del heveo y del *j*
3.17 del *j*, a una tierra que fluye leche y
13.5 te hubiere metido en la tierra del. . *j*
23.23 Angel. . te llevará a la tierra del. . *j*
33.2 echaré fuera al cananeo. . heveo y al *j*
34.11 echo de delante de tu presencia. . al *j*
Nm. 13.29 *j* y el amorreo habitan en el monte
Dt. 7.1 haya echado. . ferezeo, al heveo y al *j*
20.17 *j*, como Jehová tu Dios te ha mandado
Jos. 3.10 y que él echará. . al amorreo y al *j*
9.1 oyeron estas cosas. . los reyes. . heveos y *j*
11.3 al *j* en las montañas, y al heveo al pie
12.8 el cananeo, el ferezeo, el heveo y el *j*
15.8 sube. . lado sur del *j*, que es Jerusalén
15.63 mas a los *j* que habitaban en Jerusalén
15.63 y ha quedado el *j* en Jerusalén con los
18.16 desciende. . al lado sur del *j*, y de allí
24.11 pelearon contra. . *j*, y yo los entregué
Jue. 1.21 al *j*. . no lo arrojaron. . el *j* habitó
3.5 habitaban entre los. . ferezeos, heveos y *j*
19.11 ven. . y vámonos a esta ciudad de los *j*
2 S. 5.6 marchó el. . a Jerusalén contra los *j*
5.8 el que hiera a los *j*, suba por el canal
24.16 el ángel. . junto a la era de Arauna *j*
24.18 altar a Jehová en la era de Arauna *j*
1 R. 9.20 todos los. . *j*, que no eran de. . Israel
1 Cr. 1.14 al *j*, al amorreo, al gergeseo
11.4 y los *j* habitaban en aquella tierra
11.6 que primero derrote a los *j* será cabeza
21.15 el ángel de. . junto a la era de Ornán *j*
21.18 un altar a Jehová en la era de Ornán *j*
21.28 que. . le había oído en la era de Ornán *j*
2 Cr. 3.1 en el lugar que. . en la era de Ornán *j*
8.7 de los heteos. . y *j*, que no eran de Israel
Esd. 9.1 no se han separado de los. . *j*, amonitas
Neh. 9.8 pacto con él para darle la tierra. . *j*
Zac. 9.7 un remanente. . y Ecrón será como el *j*

JECABSEEL ***Ciudad en Judá (=Cabseel),*** **Neh. 11.25**

JECAMÁN ***Hijo de Hebrón No. 3,*** **1 Cr. 23.19; 24.23**

JECAMÍAS

1. ***Descendiente de Jerameel,*** **1 Cr. 2.41**
2. ***Hijo del rey Jeconías,*** **1 Cr. 3.18**

JECOLÍAS ***Madre del rey Uzías,*** **2 R. 15.2; 2 Cr. 26.3**

JECONÍAS ***Rey de Judá (=Joaquín y Conías)***

1 Cr. 3.16 hijos de Joacim: *J* su hijo, hijo del
3.17 y los hijos de *J*: Asir, Salatiel
Est. 2.6 con los cautivos. . llevados con *J* rey
Jer. 24.1 transportado. . *J* hijo de Joacim, rey
27.20 cuando transportó. . a Babilonia a *J* hijo
28.4 yo haré volver a este lugar a *J* hijo de
29.2 después que salió el rey *J*, la reina
Mt. 1.11 Josías engendró a *J* y a sus hermanos
1.12 *J* engendró a Salatiel, y Salatiel a

JECUTIEL ***Descendiente de Judá,*** **1 Cr. 4.18**

JEDAÍA ***Padre de una familia de sacerdotes (=Jedaías No. 2)*** **Neh. 7.39**

JEDAÍAS

1. ***Descendiente de Simeón,*** **1 Cr. 4.37**
2. ***Padre de una familia de sacerdotes (=Jedaía),*** **1 Cr. 9.10; 24.7; Esd. 2.36**
3. ***Uno que ayudó en la restauración del muro de Jerusalén,*** **Neh. 3.10**
4. ***Sacerdote que regresó del exilio,*** **Neh. 11.10; 12.6,19; Zac. 6.10,14**
5. ***Otro sacerdote que regresó del exilio,*** **Neh. 12.7,21**

JEDIAEL

1. ***Descendiente de Benjamín,*** **1 Cr. 7.6,10,11**
2. ***Uno de los valientes de David,*** **1 Cr. 11.45**
3. ***Levita, portero del templo,*** **1 Cr. 26.2**

JEDIAIEL ***Guerrero que se unió a David en Siclag,*** **1 Cr. 12.20**

JEDIDA ***Madre del rey Josías,*** **2 R. 22.1**

JEDIDÍAS ***=Salomón***

2 S. 12.25 así llamó su. . *J*, a causa de Jehová

JEDUTÚN

1. ***Levita cantor en tiempo de David***

1 Cr. 9.16 Semaías, hijo de Galal, hijo de *J*
16.38 a Obed-edom hijo de *J* y a Hosa como
16.41 y con ellos a Hemán, a *J* y a los otros
16.42 con ellos. . *J* con trompetas y címbalos
16.42 con ellos. . los hijos de *J* para porteros
25.1 apartaron. . a los hijos de. . *J* para que
25.3 los hijos de *J*: Gedalías, Zeri, Jesaías
25.3 seis, bajo la dirección de su padre *J*
25.6 *J* y. . estaban por disposición del rey
2 Cr. 29.14 los hijos de *J*, Semaías y Uziel
35.15 al mandamiento. . de *J* vidente del rey
Neh. 11.17 de Samúa, hijo de Galal, hijo de *J*

2. ***Tonada para salmos,*** **Sals. 39, 62, 77, *tít.***

JEFE

Gn. 36.15 son los *j* de entre los hijos de Esaú
36.15 los *j* Temán, Omar, Zefo, Cenaz
36.16 los *j* de Elifaz en la tierra de Edom
36.17 Esaú: los *j* Nahat, Zera, Sama y Miza
36.17 estos son los *j* de la línea de Reuel
36.18 de Esaú: los *j* Jeús, Jaalam y Coré
36.18 los *j* que salieron de Aholibama mujer
36.19 son los hijos de Esaú, y sus *j*; él es
36.21 estos son los *j* de los horeos, hijo
36.29 los *j* de los horeos: los *j* Lotán, Sobal
36.30 estos fueron los *j* de los horeos, por
36.40 los nombres de los *j* de Esaú por sus
36.43 estos fueron los *j* de Edom según sus
39.21 gracia en los ojos del *j* de la cárcel
39.22 el *j* de la cárcel entregó en mano de
39.23 no necesitaba atender. . *j* de la
40.2 el *j* de los coperos. . *j* de los panaderos
40.9 *j* de los coperos contó su sueño a José
40.16 viendo el *j* de. . que había interpretado
40.20 alzó la cabeza del *j* de los coperos
40.20 y la cabeza del *j* de los panaderos
40.21 e hizo volver a. . al *j* de los coperos
40.22 mas hizo ahorcar al *j* de los panaderos
40.23 *j* de los coperos no se acordó de José
41.9 el *j* de los coperos habló a Faraón
41.10 echó a. . a mí y al *j* de los panaderos
Éx. 6.14 estos son los *j* de las familias de
6.25 son los *j* de los padres de los levitas
18.21 sobre el pueblo por *j* de millares, de
18.25 puso por *j* sobre el pueblo, sobre mil
Lv. 4.22 pecare un *j*, e hiciere por yerro algo
Nm. 1.4 cada uno *j* de la casa de sus padres
2.3 el *j* de los hijos de Judá, Naasón hijo de
2.5 y el *j* de los hijos de Isacar, Natanael
2.7 el *j* de los hijos de Zabulón, Eliab hijo
2.10 el *j* de los hijos de Rubén, Elisur hijo
2.12 y el *j* de los hijos de Simeón, Selumiel
2.14 el *j* de los hijos de Gad, Eliasaf hijo
2.18 *j* de los hijos de Efraín, Elisama hijo
2.20 el *j* de los hijos de Manasés, Gamaliel
2.22 y el *j* de los hijos de Benjamín, Abidán
2.25 el *j* de los hijos de Dan, Ahiezer hijo
2.27 el *j* de los hijos de Aser, Pagiel hijo
2.29 y el *j* de los hijos de Neftalí, Ahira
3.24 *j* del linaje de los gersonitas, Eliasaf
3.30 el *j* del linaje de las familias de Coat
3.32 y el principal de los *j*. . será Eleazar
3.32 hijo del sacerdote Aarón, *j* de los que
3.35 y el *j* de la casa del linaje de Merari
4.34 y los *j* de la congregación, contaron a
4.46 Moisés. . y los *j* de Israel contaron por
7.2 *j* de las casas de sus padres, los cuales
10.4 se congregarán. . los *j* de los millares
17.3 cada *j* de familia de. . tendrá una vara
25.14 Salu, *j* de una familia de la tribu de
31.14 y se enojó Moisés. . contra los *j* de
31.26 toma la cuenta. . y los *j* de los padres
31.48 vinieron a Moisés los *j* de millares
31.52 oro de la ofrenda. . los *j* de millares
31.54 recibieron. . oro de los *j* de millares
36.1 y hablaron delante de. . *j* de las casas
Dt. 1.13 para que yo los ponga por vuestros *j*
1.15 y los puse por *j* sobre. . *j* de millares
33.5 cuando se congregaron los *j* del pueblo
Jos. 21.1 *j* de los padres. . vinieron. . a Josué
22.14 cada uno. . *j* de la casa de sus padres
22.30 oyendo. . los *j* de los millares de Israel
Jue. 5.9 mi corazón es para. . *j* de Israel, para
5.30 la ropa de color. . para los *j* de los que
11.6 dijeron a Jefté: Ven, y serás nuestro *j*
11.11 el pueblo lo eligió por su caudillo y *j*
20.2 los *j* de todo el pueblo. . las tribus de
1 S. 8.12 nombrará para sí *j* de miles y *j* de
12.9 mano de Sísara *j* del ejército de Hazor
15.17 ¿no has sido hecho *j* de las tribus de
17.18 quesos. . los llevarás al *j* de los mil
18.13 Saúl lo alejó de sí, y le hizo *j* de mil
22.2 se juntaron con. . y fue hecho *j* de ellos
22.7 os hará a todos. . *j* de millares y *j* de
2 S. 10.16 llevando por *j* a Sobac, general del
17.25 Absalón nombró a Amasa *j* del ejército
18.1 y puso. . *j* de millares y *j* de centenas
23.13 tres de los treinta *j* descendieron y
23.19 llegó a ser su *j*; mas no igualó a los
23.23 y lo puso David como *j* de su guardia
1 R. 4.2 fueron los *j* que tuvo: Azarías hijo
8.1 Salomón reunió ante sí en. . a todos los *j*
9.23 que Salomón había hecho *j*. . eran 550
2 R. 11.4 envió Joiada y tomó *j* de centenas
11.9 los *j* de centenas, pues, hicieron todo
11.10 el sacerdote dio a los *j*. . las lanzas
11.15 Joiada mandó a los *j*. . Sacadla fuera del
11.19 tomó a los *j* de centenas, los capitanes
1 Cr. 1.51 sucedieron en Edom los *j* Timna, Alva
1.54 Magdiel e Iram. . fueron los *j* de Edom
5.24 fueron los *j* de las casas de sus padres
7.2 de Tola. . *j* de las familias de sus padres
7.7 cinco *j* de casas paternas, hombres de
7.9 que eran *j* de familias. . 20.200 hombres
7.11 *j* de familias, hombres muy valerosos
7.40 fueron hijos de Aser. . *j* de príncipes
8.6 estos los *j* de casas paternas. . en Geba
8.10 Jeúz. . Estos son sus hijos, *j* de familias
8.13 Bería también, y Sema, que fueron *j* de
8.28 estos fueron *j* principales de familias
9.9 estos hombres fueron *j* de familia en sus
9.13 sus hermanos, *j* de sus casas paternas
9.17 y los porteros: Salum. . Salum era el *j*
9.33 cantores, *j* de familias de los levitas
9.34 *j* de. . de los levitas. . *j*. . en Jerusalén
11.6 derrote a los jebuseos será cabeza y *j*
11.6 Joab. . subió el primero, y fue hecho *j*
11.20 Abisai. . era *j* de los treinta, el cual
11.21 fue el *j* de ellos, pero no igualó a los
12.18 el Espíritu vino sobre Amasai, *j* de los
12.19 los *j* de los filisteos. . lo despidieron
13.1 David tomó consejo con. . con todos los *j*
23.9 estos fueron los *j* de las familias de
23.16 hijo de Gersón fue Sebuel el *j*
23.17 e hijo de Eliezer fue Rehabías el *j*
23.18 hijo de Izhar fue Selomit el *j*
23.19 hijos de Hebrón: Jerías el *j*, Amarías
23.20 hijos de Uziel: Micaía el *j*, e Isías
23.24 *j* de familias según el censo de ellos
24.6 delante de. . los *j* de las casas paternas
24.21 de los hijos de Rehabías, Isías el *j*
24.23 de los hijos de Hebrón: Jerías el *j*
24.31 delante. . de los *j* de las casas paternas
25.1 David y los *j* del ejército apartaron
26.10 Simri el *j*. . mas su padre lo puso por *j*
26.21 los *j* de las casas paternas de Laadán
26.24 Sebuel hijo. . era *j* sobre los tesoros
26.26 *j* de las casas. . y los *j* del ejército
26.31 de los hebronitas, Jerías era el *j* de
26.32 eran 2.700, *j* de familias, los cuales
27.1 de Israel, *j* de familias, *j* de millares
27.3 él fue *j* de todos los capitanes de las
27.4 Miclot era *j* en su división, en la que
27.5 el *j* de la tercera división. . era Benaía
27.7 cuarto *j* para el cuarto mes era Asael
27.8 quinto *j* para el quinto mes era Samhut
27.16 el *j* de los rubenitas era Eliezer hijo
27.22 fueron los *j* de las tribus de Israel
28.1 reunió David en. . los *j* de las tribus
28.1 *j* de las divisiones. . *j* de millares y de
29.6 los *j* de familia, y. . *j* de millares y de
2 Cr. 1.2 todo Israel, a *j* de millares. . *j* de
5.2 Salomón reunió en. . los *j* de las familias
11.22 puso Roboam a Abías. . por *j* y príncipe
12.10 los entregó a los *j* de la guardia, los
13.12 y he aquí Dios está con nosotros por *j*
17.14 de los *j* de los millares de Judá, el
17.15 después de él, el *j* Johanán, y con él
23.1 consigo en alianza a los *j* de centenas
23.8 cada *j* a los suyos, los que entraban
23.9 dio. . a los *j* de centenas las lanzas, los
23.14 mandó que salieran los *j* de centenas
23.20 llamó después a los *j* de centenas, y
24.10 los *j* y todo el pueblo se gozaron, y
25.5 les puso *j* de millares y de centenas
26.11 y de Hananías, uno de los *j* del rey
26.12 el número de los *j* de familia. . 2.600
32.21 un ángel. . destruyó a. . los *j* y capitanes
35.9 y Josabad, *j* de los levitas, dieron a
Esd. 1.5 levantaron los *j* de las casas. . Judá
2.68 los *j* de las casas, cuando vinieron a
3.12 los *j* de las casas paternas, ancianos
4.2 vinieron. . a los *j* de las casas paternas
4.3 y los demás *j* de las casas. . dijeron: No
8.1 estos son los *j* de las casas paternas
8.17 a Iddo, *j* en el lugar llamado Casifia
8.29 delante de. . los *j* de las casas paternas
10.16 ciertos varones *j* de casas paternas
Neh. 4.16 y detrás de ellos estaban los *j* de
7.2 mandé. . y a Hananías, *j* de la fortaleza

JEFE *(Continúa)*

Neh. 11.1 habitaron los *j* del pueblo en Jerusalén
11.3 son los *j* de la provincia que moraron
11.13 y sus hermanos, *j* de familias, 242
11.14 el *j* de los cuales era Zabdiel hijo de
11.22 el *j* de los levitas..era Uzi hijo de
12.12 los sacerdotes *j* de familias fueron
12.22 fueron inscritos por *j* de familias
12.23 *j* de familias, fueron inscritos en el
13.4 Eliasib, siendo *j* de la cámara de la
Job 12.24 quita el entendimiento a los *j* del
29.25 yo..me sentaba entre ellos como el *j*
Is. 55.4 por *j* y por maestro a las naciones
Jer. 40.7 los *j* del ejército que estaban por
51.23 a *j* y a príncipes quebrantaré por..ti
Dn. 1.3 dijo el rey a Aspenaz, *j* de sus eunucos
1.7 a éstos el *j* de los eunucos puso nombres
1.8 pidió..al *j* de los eunucos que no se le
1.9 puso..en buena voluntad con el *j* de los
1.10 dijo el *j* de..a Daniel: Temo a mi señor
1.11 estaba puesto por el *j* de los eunucos
1.18 el *j* de los eunucos los trajo delante de
2.48 y *j* supremo de..los sabios de Babilonia
4.9 Beltsasar, *j* de los magos..he entendido
5.11 rey..constituyó *j* sobre todos los magos
9.12 la palabra que habló..contra nuestros *j*
Os. 1.11 nombrarán un solo *j*, y subirán de la
Mi. 3.1 dije: Oíd ahora..*j* de la casa de Israel
3.9 oíd ahora esto, *j* de la casa de Jacob, y
3.11 sus *j* juzgan por cohecho, y..por precio
Zac. 10.3 castigaré a los *j*; pero Jehová de los
Lc. 19.2 Zaqueo, que era *j* de los publicanos
22.4 éste fue y habló con..*j* de la guardia
22.52 Jesús dijo..a los *j* de la guardia del
Hch. 4.1 vinieron..los sacerdotes con el *j* de
5.24 cuando oyeron..el *j* de la guardia del
5.26 el *j* de la guardia con los alguaciles
19.14 tal Esceva, judío, *j* de los sacerdotes

JEFONE

1. *Padre de Caleb*

Nm. 13.6 de la tribu de Judá, Caleb hijo de *J*
14.6 y Caleb hijo de *J*, que eran de los que
14.30 exceptuando a Caleb hijo de *J*, y a
14.38 y Caleb hijo de *J* quedaron con vida
26.65 no quedó varón..sino Caleb hijo de *J*
32.12 excepto Caleb hijo de *J* cenezeo, y
34.19 de la tribu de Judá, Caleb hijo de *J*
Dt. 1.36 excepto Caleb hijo de *J*; él la verá
Jos. 14.6 Caleb, hijo de *J*..le dijo: Tú sabes
14.13 y dio a Caleb hijo de *J* a Hebrón por
14.14 vino a ser heredad de Caleb hijo de *J*
15.13 a Caleb hijo de *J* dio su parte entre
21.12 mas el campo..dieron a Caleb hijo de *J*
1 Cr. 4.15 los hijos de Caleb hijo de *J*: Iru
6.56 sus aldeas se dieron a Caleb, hijo de *J*

2. *Descendiente de Aser*, 1 Cr. 7.38

JEFTÉ *Juez de Israel*

Jue. 11.1 *J* galaadita era esforzado y valeroso
11.1 hijo de..una ramera, y el padre de *J* era
11.2 echaron..a *J*, diciéndole: No heredarás
11.3 huyó, pues, *J* de sus hermanos, y habitó
11.5 fueron a traer a *J* de la tierra de Tob
11.6 dijeron a *J*: Ven, y serás nuestro jefe
11.7 *J* respondió a los ancianos de Galaad
11.8 respondieron a *J*: Por esta misma causa
11.9 *J*..dijo a los ancianos de Galaad: Si me
11.10 respondieron a *J*: Jehová sea testigo
11.11 *J* vino con los ancianos de Galaad, y
11.11 *J* habló..delante de Jehová en Mizpa
11.12 envió *J* mensajeros al rey de..amonitas
11.13 rey..respondió a los mensajeros de *J*
11.14 *J* volvió a enviar..mensajeros al rey
11.15 *J* ha dicho así: Israel no tomó tierra
11.28 no atendió a las razones que *J* le envió
11.29 el Espíritu de Jehová vino sobre *J*
11.30 y *J* hizo voto a Jehová, diciendo: Si
11.32 *J* hacia los hijos de Amón para pelear
11.34 volvió *J* a Mizpa, a su casa..su hija
11.40 doncellas..a endechar a la hija de *J*
12.1 y dijeron a *J*: ¿Por qué fuiste a hacer
12.2 *J* les respondió: Yo y mi pueblo teníamos
12.4 reunió *J* a todos los varones de Galaad
12.7 y juzgó *J* a Israel seis años; y murió *J*
1 S. 12.11 Jehová envió..Barac, a *J* y a Samuel
He. 11.32 de Sansón, de *J*, de David, así como

JEFTE-EL *Valle en la frontera de Zabulón y Aser*, Jos. 19.14,27

JEGAR SAHADUTA *Nombre que dio Labán al majano de piedras*, Gn. 31.47

JEHALELEL

1. *Descendiente de Judá*, 1 Cr. 4.16
2. *Levita, descendiente de Merari*, 2 Cr. 29.12

JEHEDÍAS

1. *Levita, contemporáneo de David*, 1 Cr. 24.20
2. *Funcionario del rey David*, 1 Cr. 27.30

JEHÍAS *Levita, portero del arca*, 1 Cr. 15.24

JEHIEL

1. *Ascendiente del rey Saúl*, 1 Cr. 9.35
2. *Uno de los valientes de David*, 1 Cr. 11.44
3. *Levita, músico en tiempo de David*, 1 Cr. 15.18,20; 16.5
4. *Levita, tesorero del templo (=Jehieli)*, 1 Cr. 23.8; 29.8
5. *Instructor de los hijos de David*, 1 Cr. 27.32
6. *Hijo del rey Josafat*, 2 Cr. 21.2
7. *Levita en tiempo del rey Ezequías*, 2 Cr. 29.14; 31.13
8. *Oficial del templo bajo el rey Josías*, 2 Cr. 35.8
9. *Padre de Obadías No. 5*, Esd. 8.9
10. *Padre de Secanías No. 5*, Esd. 10.2
11. *Nombre de dos varones que se casaron con mujeres extranjeras en tiempo de Esdras*, Esd. 10.21,26

JEHIELI *=Jehiel No. 4*, 1 Cr. 26.22

JEHIELITAS *Familia de Jehieli*, 1 Cr. 26.21

JEHOVÁ

Gn. 2.4 el día que *J* Dios hizo la tierra y los
2.5 *J* Dios aún no había hecho llover sobre
2.7 *J* Dios formó al hombre del polvo de la
2.8 y *J* Dios plantó un huerto en Edén, al
2.9 *J* Dios hizo nacer de la tierra todo árbol
2.15 tomó, pues, *J* Dios al hombre, y lo puso
2.16 y mandó *J* Dios al hombre, diciendo: De
2.18 dijo *J* Dios: No es bueno que el hombre
2.19 *J* Dios formó..de la tierra toda bestia
2.21 *J* Dios hizo caer sueño..sobre Adán, y
2.22 la costilla que *J* Dios tomó del hombre
3.1 los animales del campo que *J* Dios había
3.8 oyeron la voz de *J* Dios que se paseaba
3.8 se escondieron de la presencia de *J* Dios
3.9 mas *J* Dios llamó al hombre, y le dijo
3.13 entonces *J* Dios dijo a la mujer: ¿Qué
3.14 *J*..dijo a la serpiente..maldita serás
3.21 *J*..hizo al hombre y a su mujer túnicas
3.22 dijo *J* Dios: He aquí el hombre es como
3.23 y lo sacó *J* del huerto del Edén, para
4.1 dijo: Por voluntad de *J* he adquirido varón
4.3 Caín trajo del fruto de..una ofrenda a *J*
4.4 miró *J* con agrado a Abel y a su ofrenda
4.6 *J* dijo a Caín: ¿Por qué te has ensañado
4.9 y *J* dijo a Caín: ¿Dónde está Abel tu
4.13 y dijo Caín a *J*: Grande es mi castigo
4.15 le respondió *J*: Ciertamente cualquiera
4.15 *J* puso señal en Caín, para que no lo
4.16 salió..Caín de delante de *J*, y habitó
4.26 comenzaron a invocar el nombre de *J*
5.29 Noé..a causa de la tierra que *J* maldijo
6.3 dijo *J*: No contenderá mi espíritu con el
6.5 vio *J* que la maldad de los hombres era
6.6 se arrepintió *J* de haber hecho hombre en
6.7 y dijo *J*: Raeré de sobre la faz de la
6.8 pero Noé halló gracia ante los ojos de *J*
7.1 dijo..*J* a Noé: Entra tú y toda tu casa
7.5 hizo Noé conforme a..lo que le mandó *J*
7.16 de toda carne..y *J* le cerró la puerta
8.20 y edificó Noé un altar a *J*, y tomó de
8.21 percibió *J* olor grato; y dijo *J* en su
9.26 dijo..Bendito por *J* mi Dios sea Sem, y
10.9 éste fue vigoroso cazador delante de *J*
11.5 y descendió *J* para ver la ciudad y la
11.6 y dijo *J*: He aquí el pueblo es uno, y
11.8 los esparció *J* desde allí sobre la faz
11.9 allí confundió *J* el lenguaje de toda la
12.1 pero *J* había dicho a Abram: Vete de tu
12.4 se fue Abram, como *J* le dijo; y Lot fue
12.7 y apareció *J* a Abram, y le dijo: A tu
12.7 y edificó allí un altar a *J*, quien le
12.8 allí altar a *J*, e invocó el nombre de *J*
12.17 mas *J* hirió a Faraón y a su casa con
13.4 altar..invocó allí Abram el nombre de *J*
13.10 como el huerto de *J*, como la tierra de
13.10 que destruyese *J* a Sodoma y a Gomorra
13.13 hombres de Sodoma..pecadores contra *J*
13.14 y *J* dijo a Abram, después que Lot se
13.18 en Hebrón, y edificó allí altar a *J*
14.22 he alzado mi mano a *J* Dios Altísimo
15.1 vino la palabra de *J* a Abram en visión
15.2 Señor *J*, ¿qué me darás, siendo así que
15.4 vino a él palabra de *J*, diciendo: No te
15.6 creyó a *J*, y le fue contado por justicia
15.7 le dijo: Yo soy *J*, que te saqué de Ur de
15.8 Señor *J*, ¿en qué conoceré que la he de
15.13 *J* dijo a Abram: Ten por cierto que tu
15.18 día hizo *J* un pacto con Abram, diciendo
16.2 ves que *J* me ha hecho estéril; te ruego
16.5 te di mi sierva..juzgue *J* entre tú y yo
16.7 halló el ángel de *J* junto a una fuente
16.9 y le dijo el ángel de *J*: Vuélvete a tu
16.10 le dijo..el ángel de *J*: Multiplicaré
16.11 le dijo el ángel de *J*: He aquí que has
16.11 Ismael, porque *J* ha oído tu aflicción
16.13 el nombre de *J* que con ella hablaba
17.1 apareció *J* y le dijo: Yo soy el Dios
18.1 le apareció *J* en el encinar de Mamre
18.13 entonces *J* dijo a Abraham: ¿Por qué
18.17 y *J* dijo: ¿Encubriré yo a Abraham lo
18.19 mandará..que guarden el camino de *J*
18.19 haga venir *J* sobre Abraham lo que ha
18.20 *J* le dijo..el clamor contra Sodoma y
18.22 pero Abraham estaba aún delante de *J*
18.26 respondió *J*: Si hallare en Sodoma 50
18.33 *J* se fue, luego que acabó de hablar
19.13 ha subido de punto delante de *J*; por
19.13 tanto, *J* nos ha enviado para destruirlo
19.14 porque *J* va a destruir esta ciudad
19.16 según la misericordia de *J* para con él
19.24 *J* hizo llover sobre Sodoma y..azufre
19.24 fuego de parte de *J* desde los cielos
19.27 lugar donde había estado delante de *J*
20.18 *J* había cerrado..matriz de la casa de
21.1 visitó *J* a Sara..hizo *J* con Sara como
21.33 e invocó..el nombre de *J* Dios eterno
22.11 ángel de *J* le dio voces desde el cielo
22.14 y llamó Abraham el nombre..*J* proveerá
22.14 dice..En el monte de *J* será provisto
22.15 llamó el ángel de *J* a Abraham segunda
22.16 por mí mismo he jurado, dice *J*, que
24.1 *J* había bendecido a Abraham en todo
24.3 te juramentaré por *J*, Dios de los cielos
24.7 *J*, Dios de los cielos, que me tomó de
24.12 oh *J*, Dios de mi señor Abraham, dame
24.21 saber si *J* había prosperado su viaje
24.26 el hombre..se inclinó, y adoró a *J*
24.27 y dijo: Bendito sea *J*, Dios de mi amo
24.27 guiándome *J* en el camino a casa de los
24.31 ven, bendito de *J*; ¿por qué estás fuera?
24.35 *J* ha bendecido mucho a mi amo, y él se
24.40 *J*..cuya presencia he andado, enviará
24.42 dije: *J*, Dios de mi señor Abraham, si
24.44 sea ésta la mujer que destinó *J* para
24.48 y adoré a *J*, y bendije a *J* Dios de mi
24.50 de *J* ha salido..no podemos hablarte
24.51 sea mujer del hijo..como lo ha dicho *J*
24.52 el criado..se inclinó en tierra ante *J*
24.56 no..ya que *J* ha prosperado mi camino
25.21 y oró Isaac a *J* por su mujer, que era
25.21 aceptó *J*, y concibió Rebeca su mujer
25.22 los hijos luchaban..fue a consultar a *J*
25.23 le respondió *J*: Dos naciones hay en tu
26.2 apareció *J*, y le dijo: No desciendas a
26.12 y cosechó aquel año..y le bendijo *J*
26.22 *J* nos ha prosperado, y fructificaremos
26.24 se le apareció *J* aquella noche, y le
26.28 visto que *J* está contigo; y dijimos
26.29 te..en paz; tú eres ahora bendito de *J*
27.7 te bendiga en la presencia de *J* antes
27.20 *J*..hizo que la encontrase delante de
27.27 el olor del campo que *J* ha bendecido
28.13 he aquí, *J* estaba en lo alto de ella
28.13 yo soy *J*, el Dios de Abraham tu padre
28.16 *J* está en este lugar, y yo no lo sabía
28.21 si volviere en paz a..*J* será mi Dios
29.31 vio *J* que Lea era menospreciada, y le
29.32 ha mirado *J* mi aflicción; ahora, por
29.33 oyó *J* que yo era menospreciada, me ha
29.35 esta vez alabaré a *J*; por esto llamó
30.24 José, diciendo: Añádame *J* otro hijo
30.27 que *J* me ha bendecido por tu causa
30.30 y *J* te ha bendecido con mi llegada
31.3 *J* dijo a Jacob: Vuélvete a la tierra de
31.49 atalaye *J* entre tú y yo, cuando nos
32.9 *J*, que..dijiste: Vuélvete a tu tierra
38.7 fue malo ante..*J*, y le quitó *J* la vida
38.10 desagradó en ojos de *J* lo que hacía
39.2 mas Jehová estaba con José, y fue varón
39.3 vio su amo que *J* estaba con él, y que
39.3 hacía, *J* lo hacía prosperar en su mano
39.5 *J* bendijo la casa del egipcio a causa
39.5 la bendición de *J* estaba sobre todo lo
39.21 pero *J* estaba con José, y le extendió
39.23 *J* estaba con José, y..*J* lo prosperaba
49.18 tu salvación esperé, oh *J*
Éx. 3.2 le apareció el Angel de *J* en una llama
3.4 viendo *J* que él iba a ver, lo llamó Dios
3.7 dijo..*J*: Bien he visto la aflicción de
3.15 *J*, el Dios de vuestros padres, el Dios
3.16 y diles: *J*, el Dios de vuestros padres
3.18 diréis: *J* el Dios de los hebreos nos ha
3.18 ofrezcamos sacrificios a *J* nuestro Dios
4.1 voz: porque dirán: No te ha aparecido *J*
4.2 *J* dijo: ¿Qué es..que tienes en tu mano?
4.4 dijo *J* a Moisés: Extiende tu mano, y
4.5 por esto creerán que se te ha aparecido *J*
4.6 le dijo además *J*: Mete ahora tu mano en
4.10 entonces dijo Moisés a *J*: ¡Ay, Señor!
4.11 y *J* le respondió: ¿Quién dio la boca
4.11 quién hizo al mudo y al..¿No soy yo *J*?
4.14 entonces *J* se enojó contra Moisés, y
4.19 dijo también *J* a Moisés en Madián: Vé
4.21 dijo *J* a Moisés: Cuando hayas vuelto a
4.22 *J* ha dicho así: Israel es mi hijo, mi
4.24 en una posada *J* le salió al encuentro
4.27 *J* dijo a Aarón: Vé a recibir a Moisés
4.28 todas las palabras de *J* que le enviaba
4.30 habló Aarón..de todas las cosas que *J*

JEHOVÁ ***(Continúa)***

Éx. 4.31 *J* había visitado a los hijos de Israel
5.1 *J* el Dios de Israel dice así: Deja ir a
5.2 Faraón respondió: ¿Quién es *J*, para que
5.2 no conozco a *J*, ni tampoco dejaré ir a
5.3 ofreceremos sacrificios a *J* nuestro Dios
5.17 vamos y ofrezcamos sacrificios a *J*
5.21 mire *J* sobre vosotros, y juzgue; pues
5.22 entonces Moisés se volvió a *J*, y dijo
6.1 *J* respondió a Moisés: Ahora verás lo que
6.2 habló. . Dios a Moisés, y le dijo: Yo soy *J*
6.3 mas en mi nombre *J* no me di a conocer a
6.6 yo soy *J*; y yo os sacaré de debajo de las
6.7 sabréis que yo soy *J* vuestro Dios, que
6.8 la tierra. . os la daré por heredad. Yo *J*
6.10,29; 13.1; 14.1; 16.11; 25.1; 30.11,17,22; 31.1,12; 40.1; Lv. 4.1; 5.14; 6.1,8,19,24; 7.22,28; 8.1; 12.1; 14.1; 17.1; 18.1; 19.1; 20.1,16; 22.1,17,26; 23.1,9,23,26,33; 24.1,13; 25.1; 27.1; Nm. 1.1,48; 3.1,5,11,14,44; 4.21; 5.1,5,11; 6.1,22; 7.4; 8.1,5,23; 9.1,9; 10.1; 13.1; 15.1,17,37; 16.23,36,44; 17.1; 18.25; 20.7; 25.10,16; 26.52; 28.1; 31.1,25; 33.50; 34.1,16; 35.1,9 habló *J* a Moisés, diciendo
Éx. 6.13; 7.8; 12.1; Lv. 11.1; 13.1; 14.33; 15.1; Nm. 2.1; 4.1,17; 14.26; 16.20; 19.1; 20.23 *J* habló a Moisés y a Aarón, diciendo
Éx. 6.26 es aquel Aarón y. . a los cuales *J* dijo
6.28 cuando *J* habló a Moisés en la tierra de
6.30 delante de *J*. . yo soy torpe de labios
7.1 *J* dijo a Moisés. . te he constituido dios
7.5 y sabrán los egipcios. . yo soy *J*, cuando
7.6 e hizo Moisés y Aarón como *J* les mandó
7.10 e hicieron como *J* lo había mandado
7.13 no los escuchó, como *J* lo había dicho
7.14 *J* dijo a Moisés: El corazón de Faraón
7.16 dile: *J* el Dios de los hebreos me ha
7.17 así ha dicho *J*. . conocerás que yo soy *J*
7.19 *J* dijo a Moisés: Dí a Aarón: Toma tu
7.20 Moisés y Aarón hicieron como *J* lo mandó
7.22 no los escuchó como *J* lo había dicho
7.25 siete días después que *J* hirió el río
8.1 *J* dijo a Moisés: Entra a la presencia de
8.1,20 *J* ha dicho así: Deja ir a mi pueblo
8.5 *J* dijo a Moisés: Dí a Aarón: Extiende tu
8.8 orad a *J* para que quite las ranas de mí
8.8 dejaré ir a. . que ofrezca sacrificios a *J*
8.10 que conozcas que no hay como *J* nuestro
8.12 y clamó Moisés a *J* tocante a las ranas
8.13 hizo *J* conforme a la palabra de Moisés
8.15 no los escuchó, como *J* lo había dicho
8.16 *J* dijo a Moisés: Dí a Aarón: Extiende tu
8.19 y no los escuchó, como *J* lo había dicho
8.20 *J* dijo a Moisés: Levántate de mañana y
8.22 que sepas que yo soy *J* en medio de la
8.24 *J* lo hizo. . y vino toda clase de moscas
8.26 ofreceríamos a *J*. . la abominación de los
8.27 y ofreceremos sacrificios a *J* nuestro
8.28 ofrezcáis sacrificios a *J* vuestro Dios
8.29 rogaré a *J* que las. . moscas se vayan de
8.29 no dejando ir al. . a dar sacrificio a *J*
8.30 Moisés salió de la presencia. . oró a *J*
8.31 *J* hizo conforme a la palabra de Moisés
9.1 *J* dijo a Moisés: Entra a la presencia de
9.1 dile: *J*, el Dios de los hebreos, dice así
9.3 la mano de *J* estará sobre tus ganados
9.4 *J* hará separación entre los ganados de
9.5 y *J* fijó plazo. . Mañana hará *J* esta cosa
9.6 *J* hizo aquello, y murió todo el ganado
9.8 *J* dijo a Moisés y a Aarón: Tomad. . ceniza
9.12 *J* endureció el corazón de Faraón, y no
9.12 no. . oyó, como *J* lo había dicho a Moisés
9.13 *J* dijo a Moisés: Levántate de mañana y
9.13 dile: *J*, el Dios de los hebreos, dice así
9.20 el que tuvo temor de la palabra de *J*
9.21 no puso en su corazón la palabra de *J*
9.22 *J* dijo a Moisés: Extiende tu mano hacia
9.23 *J* hizo tronar. . y *J* hizo llover granizo
9.27 *J* es justo, y yo y mi pueblo impíos
9.28 orad a *J* para que cesen los truenos de
9.29 extenderé mis manos a *J*, y los truenos
9.29 para que sepas que de *J* es la tierra
9.30 ni tú ni. . temeréis. . presencia de *J* Dios
9.33 extendió sus manos a *J*, y cesaron los
9.35 *J* lo había dicho por medio de Moisés
10.1 *J* dijo a Moisés: Entra a la presencia de
10.2 señales. . para que sepáis que yo soy *J*
10.3 *J* el Dios de los hebreos ha dicho así
10.7 deja ir a. . para que sirvan a *J* su Dios
10.8 les dijo: Andad, servid a *J* vuestro Dios
10.9 porque es nuestra fiesta solemne para *J*
10.10 él les dijo: ¡Así sea *J* con vosotros!
10.11 id. . vosotros los varones, y servid a *J*
10.12 entonces *J* dijo a Moisés: Extiende tu
10.13 *J* trajo un viento oriental sobre el
10.16 dijo: He pecado contra *J* vuestro Dios
10.17 oréis a *J* vuestro Dios que quite de
10.18 salió Moisés de delante de. . y oró a *J*
10.19 entonces *J* trajo un fortísimo viento
10.20,27 *J* endureció el corazón de Faraón
10.21 *J* dijo a Moisés: Extiende tu mano hacia
10.24 id, servid a *J*. . queden vuestras ovejas
10.25 que sacrifiquemos para *J* nuestro Dios
10.26 hemos de tomar para servir a *J*. . Dios
10.26 no sabemos con qué hemos de servir a *J*
11.1 *J* dijo a Moisés: Una plaga traeré aún
11.3 *J* dio gracia al pueblo en los ojos de
11.4 *J* ha dicho. . A la medianoche yo saldré
11.7 que sepáis que *J* hace diferencia entre
11.9 y *J* dijo a Moisés: Faraón no os oirá
11.10 pues *J* había endurecido el corazón de
12.11 comeréis. . ceñidos. . es la pascua de *J*
12.12 heriré a todo primogénito en la. . Yo *J*
12.14 lo celebraréis. . fiesta solemne para *J*
12.23 *J* pasará hiriendo a los egipcios; y
12.23 pasará *J* aquella puerta, y no dejará
12.25 cuando entréis en la tierra que *J* os
12.27 la víctima de la pascua de *J*, el cual
12.28 hicieron. . así, como *J* había mandado
12.29 *J* hirió a todo primogénito en. . Egipto
12.31 salid. . servid a *J*, como habéis dicho
12.36 *J* dio gracia al pueblo delante de los
12.41 todas las huestes de *J* salieron de la
12.42 noche de guardar para *J*, por haberlos
12.42 deben guardarla para *J* todos. . Israel
12.43 *J* dijo a Moisés y a Aarón: Esta es la
12.48 y quisiere celebrar la pascua para *J*
12.50 lo hicieron. . como mandó *J* a Moisés y
12.51 sacó *J* a los hijos de Israel. . Egipto
13.3 *J* os ha sacado de aquí con mano fuerte
13.5 cuando *J* te hubiere metido en la tierra
13.6 y el séptimo día será fiesta para *J*
13.8 hace esto con motivo de lo que *J* hizo
13.9 para que la ley de *J* esté en tu boca
13.9 con mano fuerte te sacó *J* de Egipto
13.11 *J* te haya metido. . tierra del cananeo
13.12 dedicarás a *J*. . los machos serán de *J*
13.14 *J* nos sacó con mano fuerte de Egipto
13.15 *J* hizo morir en la tierra de Egipto a
13.15 yo sacrifico para *J* todo primogénito
13.16 *J* nos sacó de Egipto con mano fuerte
13.21 *J* iba delante de ellos de día en una
14.4 y sabrán los egipcios que yo soy *J*
14.8 endureció *J* el corazón de Faraón rey de
14.10 hijos de Israel temieron. . clamaron a *J*
14.13 y ved la salvación que *J* hará hoy con
14.14 *J* peleará por vosotros, y. . tranquilos
14.15 *J* dijo a Moisés: ¿Por qué clamas a mí?
14.18 y sabrán los egipcios que yo soy *J*
14.21 e hizo *J* que el mar se retirase por
14.24 *J* miró el campamento de los egipcios
14.25 *J* pelea por ellos contra los egipcios
14.26 y *J* dijo a Moisés: Extiende tu mano
14.27 *J* derribó a los egipcios en medio del
14.30 salvó *J* aquel día a Israel de mano de
14.31 vio Israel. . grande hecho que *J* ejecutó
14.31 el pueblo temió a *J*, y creyeron a *J* y
15.1 cantó Moisés y los. . este cántico a *J*
15.1 cantaré yo a *J*, porque. . ha magnificado
15.2 *J* es mi fortaleza y mi cántico, y ha
15.3 *J* es varón de guerra; *J* es su nombre
15.6 tu diestra, oh *J*, ha sido magnificada
15.6 tu diestra, oh *J*, ha quebrantado al
15.11 ¿quién. . tú, oh *J*, entre los dioses?
15.16 hasta que haya pasado tu pueblo, oh *J*
15.17 el lugar. . que tú has preparado, oh *J*
15.17 el santuario que tus manos, oh *J*, han
15.18 *J* reinará eternamente y para siempre
15.19 *J* hizo volver las aguas del mar sobre
15.21 cantad a *J*, porque en extremo se ha
15.25 y Moisés clamó a *J*, y *J* le mostró un
15.26 si oyeres atentamente la voz de *J* tu
15.26 ninguna enfermedad. . soy *J* tu sanador
16.3 ojalá hubiéramos muerto por mano de *J*
16.4 *J* dijo a Moisés. . yo os haré llover pan
16.6 sabréis que *J* os ha sacado de la tierra
16.7 *J*. . él ha oído. . murmuraciones contra *J*
16.8 *J* os dará en la tarde carne para comer
16.8 porque *J* ha oído vuestras murmuraciones
16.8 no son contra nosotros, sino contra *J*
16.9 acercaos a la presencia de *J*. . ha oído
16.10 aquí la gloria de *J* apareció en la nube
16.12 y sabréis que yo soy *J* vuestro Dios
16.15 dijo: Es el pan que *J* os da para comer
16.16 esto es lo que *J* ha mandado: Recoged
16.23 ha dicho *J*: Mañana es el santo día de
16.23 mañana es el. . el reposo consagrado a *J*
16.25 comedlo. . hoy es día de reposo para *J*
16.28 y *J* dijo a Moisés: ¿Hasta cuándo no
16.29 mirad que *J* os dio el día de reposo
16.32 lo que *J* ha mandado: Llenad un gomer
16.33 ponlo delante de *J*. . que sea guardado
16.34 guardarlo, como *J* lo mandó a Moisés
17.1 Israel partió del. . al mandamiento de *J*
17.2 Moisés les dijo. . ¿Por qué tentáis a *J*?
17.4 clamó Moisés a *J*, diciendo: ¿Qué haré
17.5 y *J* dijo a. . Pasa delante del pueblo, y
17.7 tentaron a *J*, diciendo. . ¿Está, pues, *J*
17.14 y *J* dijo a Moisés: Escribe esto para
17.16 contra el trono de *J*, *J* tendrá guerra
18.1 cómo *J* había sacado a Israel de Egipto
18.8 Moisés contó. . cosas que *J* había hecho
18.8 el camino, y cómo los había librado *J*
18.9 se alegró Jetro de todo el bien que *J*
18.10 bendito sea *J*, que os libró de mano de
18.11 ahora conozco que *J* es más grande que
19.3 y *J* lo llamó desde el monte, diciendo
19.7 estas palabras que *J* le había mandado
19.8 y dijeron. . lo que *J* ha dicho, haremos
19.8,9 y Moisés refirió a *J* las palabras
19.9 *J* dijo. . vengo a ti en una nube espesa
19.10 *J* dijo a Moisés: Vé al pueblo. . laven
19.11 al tercer día *J* descenderá a ojos de
19.18 *J* había descendido sobre él en fuego
19.20 descendió *J* sobre el monte Sinaí, sobre
19.20 y llamó *J* a Moisés a la cumbre del
19.21 *J* dijo a Moisés: Desciende, ordena al
19.21 no traspase los límites para ver a *J*
19.22 los sacerdotes que se acercan a *J*
19.22 para que *J* no haga en ellos estrago
19.23 Moisés dijo a *J*: El pueblo no podrá
19.24 *J* le dijo: Vé, desciende, y subirás
19.24 no traspasen el límite para subir a *J*
20.2 soy *J* tu Dios, que te saqué de. . Egipto
20.5 yo soy *J* tu Dios, fuerte, celoso, que
20.7 no tomarás el nombre de *J*. . Dios en vano
20.7 no dará por inocente *J* al que tomare su
20.10 séptimo día es reposo para *J* tu Dios
20.11 porque en seis días hizo *J* los cielos y
20.11 *J* bendijo el día de reposo. . santificó
20.12 se alarguen en la tierra que *J*. . te da
20.22 *J* dijo a Moisés: Así dirás a los hijos
22.11 juramento de *J* habrá entre ambos, de
22.20 ofreciere. . excepto. . a *J*, será muerto
23.17 se presentará todo varón delante de *J*
23.19 primicias de. . traerás a la casa de *J*
23.25 mas a *J* vuestro Dios serviréis, y él
24.1 *J* a Moisés: Sube ante *J*, tú, y Aarón
24.2 Moisés sólo se acercará a *J*; y ellos no
24.3 contó al pueblo todas las palabras de *J*
24.3 haremos. . las palabras que *J* ha dicho
24.4 y Moisés escribió. . las palabras de *J*
24.5 y becerros como sacrificios de paz a *J*
24.7 haremos todas las cosas que *J* ha dicho
24.8 la sangre del pacto que *J* ha hecho con
24.12 *J* dijo a Moisés: Sube a mí al monte, y
24.16 la gloria de *J* reposó sobre el monte
24.17 apariencia de la gloria de *J* era como
27.21 que ardan delante de *J* desde la tarde
28.12,29 llevará los nombres. . delante de *J*
28.30 sobre. . Aarón cuando entre delante de *J*
28.30 llevará. . el juicio de los. . delante de *J*
28.35 él entre en el santuario delante de *J*
28.36 y grabarás en ella como. . SANTIDAD A *J*
28.38 para que obtengan gracia delante de *J*
29.11 matarás el becerro delante de *J*, a la
29.18 es holocausto de olor grato para *J*, es
29.23 los panes sin levadura presentado a *J*
29.24 los mecerás como ofrenda. . delante de *J*
29.25 delante de *J*. Es ofrenda encendida a *J*
29.26 lo mecerás por ofrenda. . delante de *J*
29.28 porción de ellos elevada en ofrenda a *J*
29.41 en olor grato; ofrenda encendida a *J*
29.42 puerta del tabernáculo. . delante de *J*
29.46 conocerán que yo soy *J*. . Yo *J* su Dios
30.8 rito perpetuo delante de *J* por vuestras
30.10 hará Aarón expiación. . muy santo a *J*
30.12 uno dará a *J* el rescate de su persona
30.13 mitad de un siclo será la ofrenda a *J*
30.14 que sea contado. . dará la ofrenda a *J*
30.15 la ofrenda a *J* para hacer expiación por
30.16 memorial a los. . de Israel delante de *J*
30.20 para quemar la ofrenda encendida para *J*
30.34 dijo además *J* a Moisés: Toma especias
30.37 incienso. . te será cosa sagrada para *J*
31.13 sepáis que yo soy *J* que os santifico
31.15 mas. . es día de reposo consagrado a *J*
31.17 en seis días hizo *J* los cielos y la
32.5 Aarón. . dijo: Mañana será fiesta para *J*
32.7 *J* dijo a Moisés. . desciende, porque tu
32.9 dijo. . *J* a Moisés: Yo he visto a este
32.11 Moisés oró en presencia de *J* su Dios
32.11 oh *J*, ¿por qué se encenderá tu furor
32.14 *J* se arrepintió del mal que dijo que
32.26 ¿quién está por *J*? Júntese conmigo
32.27 ha dicho *J*. . Poned cada uno su espada
32.29 os habéis consagrado a *J*, pues cada uno
32.30 yo subiré ahora a *J*; quizá le aplacaré
32.31 volvió Moisés a *J*, y dijo: Te ruego
32.33 y *J* respondió a Moisés: Al que pecare
32.35 *J* hirió al pueblo, porque habían hecho
33.1 *J* dijo a Moisés: Anda, sube de aquí, tu
33.5 *J* había dicho a Moisés: Dí a los hijos
33.7 y cualquiera que buscaba a *J*, salía al
33.9 nube descendía. . y *J* hablaba con Moisés
33.11 hablaba *J* a Moisés cara a cara, como
33.12 dijo Moisés a *J*: Mira, tú me dices a
33.17 y *J* dijo a Moisés: También haré esto
33.19 proclamaré el nombre de *J* delante de
33.21 dijo aún *J*: He aquí un lugar junto a
34.1 *J* dijo a Moisés: Alísate dos tablas de
34.4 subió al monte Sinaí, como le mandó *J*
34.5 *J*. . con él, proclamando el nombre de *J*
34.6 pasando *J* por delante de él, proclamó
34.6 ¡*J*! ¡*J*! fuerte, misericordioso. . tardo
34.10 verá todo el pueblo en. . la obra de *J*
34.14 *J*, cuyo nombre es Celoso, Dios celoso
34.23 delante de *J* el Señor, Dios de Israel
34.24 delante de *J* tu Dios tres veces en el
34.26 de los primeros frutos. . a la casa de *J*
34.27 y *J* dijo a Moisés: Escribe tú estas
34.28 estuvo allí con *J* 40 días y 40 noches

JEHOVÁ *(Continúa)*
Éx. 34.32 que *J* le había dicho en el monte Sinaí
34.34 venía Moisés delante de *J* para hablar
35.1 estas son las cosas que *J* ha mandado
35.2 os será santo, día de reposo para *J*
35.4 habló Moisés a..es lo que *J* ha mandado
35.5 tomad..ofrenda para *J*..la traerá a *J*
35.10 hará todas las cosas que *J* ha mandado
35.21 vino todo varón..con ofrenda a *J* para
35.22 todos presentaban ofrenda de oro a *J*
35.24 el que ofrecía..traía a *J* la ofrenda
35.29 para toda la obra, que *J* había mandado
35.29 todos..trajeron ofrenda voluntaria a *J*
35.30 *J* ha nombrado a Bezaleel hijo de Uri
36.1 todo hombre..a quien *J* dio sabiduría e
36.1 harán todas las cosas que ha mandado *J*
36.2 en cuyo corazón había puesto *J* sabiduría
36.5 necesita para la obra que *J* ha mandado
38.22 hizo..las cosas que *J* mandó a Moisés
39.1,5,7,21,26,29,31,32 como *J* lo había mandado a Moisés
39.30 y escribieron en ella..SANTIDAD A *J*
39.42 las cosas que *J* había mandado a Moisés
39.43 la habían hecho como *J* había mandado
40.16 y Moisés hizo..todo lo que *J* le mandó
40.19,21,23,25,27,29,32 como *J* había mandado a Moisés
40.34 y la gloria de *J* llenó el tabernáculo
40.35 tabernáculo..la gloria de *J* lo llenaba
40.38 la nube de *J* estaba de día sobre el
Lv. 1.1 llamó *J* a Moisés, y habló con él desde
1.2 alguno de..vosotros ofrece ofrenda a *J*
1.3 ofrecerá a la puerta del..delante de *J*
1.5 degollará el becerro en..presencia de *J*
1.9 ofrenda encendida de olor grato para *J*
1.11 degollará al lado norte..delante de *J*
1.13,17 ofrenda encendida de olor grato..*J*
1.14 la ofrenda para *J* fuere holocausto de
2.1 persona ofreciere oblación a *J*..ofrenda
2.2 ofrenda encendida es, de olor grato a *J*
2.3 de las ofrendas que se queman para *J*
2.8 traerás a *J* la ofrenda que se hará de
2.9 ofrenda encendida de olor grato a *J*
2.10 de las ofrendas que se queman para *J*
2.11 ninguna ofrenda que ofreciereis a *J* será
2.11 ni de..se ha de quemar ofrenda para *J*
2.12 ofrenda de primicias las ofreceréis a *J*
2.14 si ofrecieres a *J* ofrenda de primicias
2.16 hará arder..es ofrenda encendida para *J*
3.1 paz..sin defecto la ofrecerá delante de *J*
3.3 ofrecerá del..como ofrenda encendida a *J*
3.5 fuego; es ofrenda de olor grato para *J*
3.6 su ofrenda para sacrificio de paz a *J*
3.7 si..cordero..lo ofrecerá delante de *J*
3.9 ofrecerá por ofrenda..a *J* la grosura, la
3.11 vianda es de ofrenda encendida para *J*
3.12 fuere cabra..la ofrecerá delante de *J*
3.14 ofrecerá de..su ofrenda encendida a *J*
3.16 en olor grato a *J*..la grosura es de *J*
4.2 pecare por yerro en..mandamientos de *J*
4.3 ofrecerá a *J*, por su pecado que habrá
4.4 traerá el becerro..delante de *J*, y pondrá
4.4 el becerro, y lo degollará delante de *J*
4.6 aquella sangre siete veces delante de *J*
4.7 del altar del incienso..delante de *J*
4.13,22,27 contra..los mandamientos de *J*
4.15 manos sobre la cabeza del..delante de *J*
4.15 en presencia de *J* degollarán..becerro
4.17 rociará siete veces delante de *J* hacia
4.18 altar..delante de *J* en el tabernáculo
4.24 degollará..delante de *J*; es expiación
4.31 arder sobre el altar en olor grato a *J*
4.35 arder..sobre la ofrenda encendida a *J*
5.6 traerá a *J* por su pecado..una cordera o
5.7 traerá a *J*..dos tórtolas o dos palominos
5.12 sobre las ofrendas encendidas a *J*; es
5.15 pecare..yerro en las cosas santas de *J*
5.15 traerá..a *J* un carnero sin defecto de
5.17 que por mandamiento de *J* no se han de
5.19 es infracción, y..delinquió contra *J*
6.2 pecare e hiciere prevaricación contra *J*
6.6 traerá a *J* un carnero sin defecto de los
6.7 el..hará expiación por él delante de *J*
6.14 ofrecerán..delante de *J* ante el altar
6.15 hará arder..memorial en olor grato a *J*
6.18 tocante a..ofrendas encendidas para *J*
6.20 ofrenda..que ofrecerán a *J* el día que
6.21 la ofrenda ofrecerás en olor grato a *J*
6.22 es estatuto perpetuo de *J*..será quemada
6.25 degollada la ofrenda por..delante de *J*
7.5 hará arder sobre..ofrenda encendida a *J*
7.11 sacrificio de paz que se ofrecerá a *J*
7.14 parte por ofrenda elevada a *J*, y será
7.20,21 sacrificio de paz, el cual es de *J*
7.25 animal, del cual se ofrece a *J* ofrenda
7.29 el que ofreciere sacrificio de paz a *J*
7.29 su ofrenda del sacrificio de paz ante *J*
7.30 ofrendas que se han de quemar ante *J*
7.30 sea mecido como sacrificio..delante de *J*
7.35 porción de Aarón..de las ofrendas..a *J*
7.35 los consagró para ser sacerdotes de *J*
7.36 la cual mandó *J* que les diesen, desde
7.38 la cual mandó *J* a Moisés en el monte de
7.38 mandó..que ofreciesen sus ofrendas a *J*
8.4 Moisés como *J* le mandó, y se reunió la
8.5 dijo..Esto es lo que *J* ha mandado hacer
8.9,13,17,29 como *J* había mandado a Moisés
8.21 grato, ofrenda encendida para *J*, como *J*
8.26 del canastillo..que estaba delante de *J*
8.27 hizo mecerlo como ofrenda..delante de *J*
8.28 consagraciones..ofrenda encendida a *J*
8.29 lo meció, ofrenda mecida delante de *J*
8.34 ha hecho, mandó hacer *J* para expiaros
8.35 guardaréis la ordenanza delante de *J*
8.36 cosas que mandó *J* por medio de Moisés
9.2 de la vacada..y ofrécelos delante de *J*
9.4 un buey y un..que inmoléis delante de *J*
9.4 ofrenda..*J* se aparecerá hoy a vosotros
9.5 toda la congregación..puso delante de *J*
9.6 dijo: Esto es lo que mandó *J*; hacedlo, y
9.6 hacedlo, y la gloria de *J*..os aparecerá
9.7 haz la reconciliación..como ha mandado *J*
9.10,21 como *J* lo había mandado a Moisés
9.21 Aarón como ofrenda mecida delante de *J*
9.23 y la gloria de *J* se apareció a todo el
9.24 salió fuego de delante de *J*, y consumió
10.1 ofrecieron delante de *J* fuego extraño
10.2 salió fuego de delante de *J* y los quemó
10.2 y los quemó, y murieron delante de *J*
10.3 esto es lo que habló *J*, diciendo: En los
10.6 sí lamentarán por el incendio que *J* ha
10.7 el aceite de la unción de *J* está sobre
10.11 enseñar..estatutos que *J* les ha dicho
10.12 queda de las ofrendas encendidas a *J*
10.13 esto es para ti..de las ofrendas..a *J*
10.15 el pecho..ofrenda mecida delante de *J*
10.15 tuyo y de tus hijos..*J* lo ha mandado
10.17 para que sean reconciliados delante de *J*
10.19 han ofrecido..holocausto delante de *J*
10.19 yo comido hoy..¿sería esto grato a *J*?
11.44 yo soy *J* vuestro Dios..seréis santos
12.7 y él los ofrecerá delante de *J*, y hará
14.11 presentará delante de *J* al que se ha de
14.12 y lo mecerá como ofrenda..delante de *J*
14.16 esparcirá del aceite con..delante de *J*
14.18 hará..expiación por él delante de *J*
14.23 estas cosas al sacerdote..delante de *J*
14.24 mecerá el..ofrenda mecida delante de *J*
14.27 rociará del..siete veces delante de *J*
14.29 la cabeza..reconciliarlo delante de *J*
14.31 el que se ha de purificar, delante de *J*
15.14 vendrá delante de *J* a la puerta del
15.15 le purificará de su flujo delante de *J*
15.30 la purificará..delante de *J* del flujo
16.1 habló *J* a Moisés después de la muerte
16.1 se acercaron delante de *J*, y murieron
16.2 *J* dijo a Moisés: Dí a Aarón tu hermano
16.7 tomará..y los presentará delante de *J*
16.8 suerte por *J*, y otra suerte por Azazel
16.9 sobre el cual cayere la suerte por *J*
16.10 lo presentará vivo delante de *J* para
16.12 fuego del altar de delante de *J*, y sus
16.13 pondrá el perfume sobre..delante de *J*
16.18 saldrá al altar que está delante de *J*
16.30 seréis limpios..pecados delante de *J*
16.34 y Moisés lo hizo como *J* le mandó
17.2 y diles: Esto es lo que ha mandado *J*
17.4 ofrenda a *J* delante del tabernáculo de *J*
17.5 para que los traigan a *J* a la puerta del
17.5 sacrifiquen ellos sacrificios de paz a *J*
17.6 esparcirá la sangre sobre el altar de *J*
17.6 y quemará la grosura en olor grato a *J*
17.9 y no lo trajere a la..para hacerlo a *J*
18.2 habla..y diles: Yo soy *J* vuestro Dios
18.4 estatutos guardaréis..Yo *J* vuestro Dios
18.5 cuales haciendo..vivirá en ellos. Yo *J*
18.6 llegue a parienta próxima alguna..Yo *J*
18.21 no contamines así el nombre de..Yo *J*
18.30 no os contaminéis en ellas. Yo *J*..Dios
19.2 santos seréis, porque santo soy yo *J*
19.3 y mis días de reposo guardaréis. Yo *J*
19.4 ni haréis..dioses de..Yo *J* vuestro Dios
19.5 cuando ofreciereis..ofrenda de paz a *J*
19.8 por cuanto profanó lo santo de *J*; y la
19.10 para el pobre..lo dejarás. Yo *J*..Dios
19.12 no juraréis falsamente por mi..Yo *J*
19.14 sino que tendrás temor de tu Dios. Yo *J*
19.16 no atentarás contra la vida de..Yo *J*
19.18 amarás a tu prójimo como a ti..Yo *J*
19.21 él traerá a *J*..un carnero en expiación
19.22 lo reconciliará..delante de *J*, por su
19.24 fruto será consagrado en alabanzas a *J*
19.25 comeréis el fruto..Yo *J* vuestro Dios
19.28 ni imprimiréis en..señal alguna. Yo *J*
19.30 mis días de reposo guardaréis..Yo *J*
19.31 no los consultéis..Yo *J* vuestro Dios
19.32 canas..y de tu Dios tendrás temor. Yo *J*
19.34 al extranjero..lo amarás como a..Yo *J*
19.36 yo *J* vuestro Dios, que os saqué de la
19.37 guardad, pues..ponedlos por obra. Yo *J*
20.7 sed santos, porque yo *J* soy vuestro Dios
20.8 mis estatutos:..Yo *J* que os santifico
20.24 *J*..que os he apartado de los pueblos
20.26 yo *J* soy santo, y os he apartado de los
21.1 *J* dijo a Moisés: Habla a los sacerdotes
21.6 ofrendas encendidas para *J* y el pan de
21.8 porque santo soy yo *J* que os santifico
21.12 la consagración..está sobre él. Yo *J*
21.15 porque yo *J* soy el que los santifico
21.21 ofrecer las ofrendas encendidas para *J*
21.23 porque yo *J* soy el que los santifico
22.2 y no profanen mi santo nombre. Yo *J*
22.3 que los hijos de Israel consagran a *J*
22.3 sí, será cortado de mi presencia. Yo *J*
22.8 no comerá, contaminándose en ello. Yo *J*
22.9 guarden, pues..Yo *J* que los santifico
22.15 las cosas..las cuales apartan para *J*
22.16 porque yo *J* soy el que los santifico
22.18 ofrenda..ofrecidas en holocausto a *J*
22.21 en ofrenda de paz a *J* para cumplir un
22.22 no ofreceréis éstos a *J*, ni de ellos
22.22 ni de ellos pondréis..el altar de *J*
22.24 no ofreceréis a *J*..heridos..o cortados
22.27 acepto para..sacrificio encendido a *J*
22.29 sacrificio de acción de gracias a *J*, lo
22.30 no dejaréis de él para otro día: Yo *J*
22.31 guardad, pues, mis mandamientos..Yo *J*
22.32 no profanéis mi..Yo *J* que os santifico
22.33 os saqué..para ser vuestro Dios. Yo *J*
23.2 las fiestas solemnes de *J*..serán estas
23.3 día de reposo es de *J* en dondequiera que
23.4 estas son las fiestas solemnes de *J*, las
23.5 entre las dos tardes, pascua es de *J*
23.6 es la fiesta solemne de los panes..a *J*
23.8 ofreceréis a *J* 7 días ofrenda encendida
23.11 mecerá la gavilla delante de *J*, para
23.12 un cordero de un año..en holocausto a *J*
23.13 su ofrenda será a *J* en olor gratísimo
23.16 entonces ofreceréis el nuevo grano a *J*
23.17 panes..cocidos..como primicias para *J*
23.18 serán holocausto a *J*, con su ofrenda
23.18 sus libaciones..de olor grato para *J*
23.20 como ofrenda mecida delante de *J*, con
23.20 cosa sagrada a *J* para el sacerdote
23.22 para el pobre y para..la dejarás. Yo *J*
23.25,27 ofreceréis ofrenda encendida a *J*
23.28 día..para reconciliaros delante de *J*
23.34 fiesta solemne de los tabernáculos a *J*
23.36 ofreceréis ofrenda encendida a *J*; es
23.37 estas son las fiestas solemnes de *J*
23.37 para ofrecer ofrenda encendida a *J*
23.38 además de los días de reposo de *J*, de
23.38 voluntarias que acostumbráis dar a *J*
23.39 haréis fiesta a *J* por siete días; el
23.40 y os regocijaréis delante de *J*..Dios
23.41 y le haréis fiesta a *J* por siete días
23.43 cuando los saqué de..Yo *J* vuestro Dios
23.44 habló..sobre las fiestas solemnes de *J*
24.3 desde la tarde hasta la..delante de *J*
24.4 pondrá siempre..lámparas delante de *J*
24.6 dos hileras..mesa limpia delante de *J*
24.7 incienso puro, y..ofrenda encendida a *J*
24.8 día de reposo lo..en orden delante de *J*
24.9 lo comerán..las ofrendas encendidas a *J*
24.12 les fuese declarado por palabra de *J*
24.16 el que blasfemare el nombre de *J*, ha
24.22 un mismo estatuto tendréis..yo soy *J*
24.23 hicieron según *J* había mandado a Moisés
25.2 doy, la tierra guardará reposo para *J*
25.4 la tierra tendrá descanso, reposo para *J*
25.17 temed a vuestro Dios; porque yo soy *J*
25.38 yo *J*..Dios, que os saqué de la tierra
25.55 a los cuales saqué..Yo *J* vuestro Dios
26.1 no haréis..ídolos..soy *J* vuestro Dios
26.2 tened en reverencia mi santuario..Yo *J*
26.13 yo *J*..Dios, que os saqué de la tierra
26.44 yo no los desecharé..yo *J* soy su Dios
26.45 los saqué de..para ser su Dios. Yo *J*
26.46 estableció *J* entre sí y los..de Israel
27.2 alguno hiciere especial voto a *J*, según
27.9 animal de..que se ofrece ofrenda a *J*
27.9 todo lo que..se diere a *J* será santo
27.11 animal..que no se ofrece ofrenda a *J*
27.14 dedicare su casa consagrándola a *J*, la
27.16 si alguno dedicare de la tierra..a *J*
27.21 sino que..la tierra será santa para *J*
27.22 si dedicare alguno a *J* la tierra que
27.23 dará tu precio..cosa consagrada a *J*
27.26 por la primogenitura es de *J*, nadie lo
27.26 lo dedicará; sea buey u oveja, de *J* es
27.28 cosa..que alguno hubiere dedicado a *J*
27.28 consagrado será cosa santísima para *J*
27.30 diezmo..de *J* es; es cosa dedicada a *J*
27.32 y todo..el diezmo será consagrado a *J*
27.34 son los mandamientos que ordenó *J* a
Nm. 1.19 *J* lo había mandado a Moisés, los contó
1.54 hicieron..las cosas que mandó *J* a Moisés
2.33 no fueron contados..como *J* lo mandó
2.34 hicieron..todas las cosas que *J* mandó
3.4 pero Nadab y Abiú murieron delante de *J*
3.4 ofrecieron fuego extraño delante de *J*
3.13 todos los primogénitos..míos serán: Yo *J*
3.16 los contó conforme a la palabra de *J*
3.39 conforme a la palabra de *J* contaron por
3.40 *J* dijo a Moisés: Cuenta..primogénitos
3.41 lugar de todos los primogénitos..Yo *J*
3.42 contó Moisés, como *J* le mandó, todos
3.45 toma los..y los levitas serán míos. Yo *J*
3.51 la palabra de *J*, según lo que *J* había
4.37,45,49 lo mandó *J* por medio de Moisés
4.41 los cuales contaron..por mandato de *J*
5.4 los echaron fuera..como *J* dijo a Moisés

JEHOVÁ *(Continúa)*

Nm. 5.6 con que..prevarican contra *J* y delinquen
5.8 se dará la indemnización del agravio a *J*
5.16 ella se acerque se ponga delante de *J*
5.18 estar en pie a la mujer delante de *J*
5.21 *J* te haga maldición y execración en
5.21 haciendo *J* que tu muslo caiga y que tu
5.25 la mecerá delante de *J*, y la ofrecerá
5.30 la presentará entonces delante de *J*
6.2 haciendo voto de nazareo..dedicarse a *J*
6.5 cumplidos..días de su apartamiento a *J*
6.6 el tiempo que se aparte para *J*, no se
6.8 todo..su nazareato, será santo para *J*
6.12 consagrará para *J* los días..nazareato
6.14 y ofrecerá su ofrenda a *J*, un cordero
6.16 el sacerdote lo ofrecerá delante de *J*
6.17 ofrecerá el carnero en ofrenda de..a *J*
6.20 mecerá..ofrenda mecida delante de *J*
6.21 que hiciere voto de su ofrenda a *J* por
6.24 *J* te bendiga, y te guarde
6.25 *J* haga resplandecer su rostro sobre ti
6.26 *J* alce sobre ti su rostro, y ponga en ti
7.3 trajeron sus ofrendas delante de *J*, seis
7.11 *J* dijo a Moisés: Ofrecerán su ofrenda
8.3 encendió..sus lámparas, como *J* lo mandó
8.4 conforme al modelo que *J* mostró a Moisés
8.10 hayas acercado a..levitas delante de *J*
8.11 ofrecerá Aarón los levitas delante de *J*
8.11 levitas..servirán en el ministerio de *J*
8.12 ofrecerás..y el otro en holocausto a *J*
8.13 levitas..los ofrecerás en ofrenda a *J*
8.20 todas las cosas que mandó *J* a Moisés
8.21 los ofreció en ofrenda delante de *J*
8.22 mandó *J* a Moisés acerca de los levitas
9.5 conforme a todas las cosas que mandó *J*
9.7 ofrecer ofrenda a *J* a su tiempo entre los
9.8 oiré lo que ordena *J* acerca de vosotros
9.10 cualquiera de..celebrará la pascua a *J*
9.13 no ofreció a su tiempo la ofrenda de *J*
9.14 extranjero, y celebrare la pascua a *J*
9.18 al mandato de *J* los..de Israel partían
9.18 y al mandato de *J* acampaban; todos los
9.19 de Israel guardaban la ordenanza de *J*
9.20,23 de *J* acampaban, y al..de *J* partían
9.23 guardando la ordenanza de *J* como *J* lo
10.9 y seréis recordados por *J* vuestro Dios
10.10 serán por memoria..Yo *J* vuestro Dios
10.13 partieron..al mandato de *J* por medio
10.29 al lugar del cual *J* ha dicho: Yo os lo
10.29 porque *J* ha prometido el bien a Israel
10.32 cuando tengamos el bien que *J* nos ha
10.33 así partieron del monte de *J* camino de
10.33 el arca del pacto de *J* fue delante de
10.34 y la nube de *J* iba sobre ellos de día
10.35 levántate, oh *J*, y sean dispersados tus
10.36 vuelve, oh *J*, a los millares..Israel
11.1 quejó a oídos de *J*; y lo oyó *J*, y ardió
11.1 ardió..y se encendió en ellos fuego de *J*
11.2 Moisés oró a *J*, y el fuego se extinguió
11.3 porque el fuego de *J* se encendió en ellos
11.10 la ira de *J* se encendió en gran manera
11.11 dijo Moisés a *J*: ¿Por qué has hecho mal
11.16 *J* dijo a Moisés: Reúneme 70 varones de
11.18 habéis llorado en oídos de *J*, diciendo
11.18 *J*, pues, os dará carne, y comeréis
11.20 por cuanto menospreciasteis a *J* que
11.23 entonces *J* respondió a Moisés: ¿Acaso
11.24 salió Moisés y dijo..las palabras de *J*
11.25 *J* descendió en la nube, y le habló
11.29 ojalá todo el pueblo de *J* fuese profeta
11.29 que *J* pusiera su espíritu sobre ellos
11.31 un viento de *J*, y trajo codornices del
11.33 la ira de *J* se encendió..e hirió *J* al
12.2 por Moisés ha hablado *J*?..Y lo oyó *J*
12.4 luego dijo *J* a Moisés, a Aarón y a María
12.5 *J* descendió en la columna de la nube
12.6 cuando haya entre vosotros profeta de *J*
12.8 hablaré con..y verá la apariencia de *J*
12.9 la ira de *J* se encendió contra ellos
12.13 Moisés clamó a *J*, diciendo: Te ruego
12.14 respondió *J*..Pues si su padre hubiera
13.3 los envió..conforme a la palabra de *J*
14.3 por qué nos trae *J* a esta tierra para
14.8 si *J* se agradare de nosotros, él nos
14.9 no seáis rebeldes contra *J*, ni temáis
14.9 y con nosotros está *J*; no los temáis
14.10 pero la gloria de *J* se mostró en el
14.11 *J* dijo a Moisés: ¿Hasta cuándo me ha
14.13 Moisés respondió a *J*: Los oirán luego
14.14 oído que tú, oh *J*, estabas en medio de
14.14 cara a cara aparecías tú, oh *J*, y que
14.16 por cuanto no pudo *J* meter este pueblo
14.18 *J*, tardo para la ira..que perdona la
14.20 *J* dijo: Yo lo he perdonado conforme a
14.28 dice *J*, que según habéis hablado a mis
14.35 yo *J* he hablado; así haré a toda esta
14.37 mal de..murieron de plaga delante de *J*
14.40 subir al lugar del cual ha hablado *J*
14.41 qué quebrantáis el mandamiento de *J*?
14.42 no subáis, porque *J* no está en medio
14.43 cuanto os habéis negado a seguir a *J*
14.43 os habéis negado..por eso no estará *J*
14.44 el arca del pacto de *J*, y Moisés, no
15.3 hagáis ofrenda encendida a *J*, holocausto
15.3 para ofrecer..olor grato a *J*, de vacas
15.4 el que presente su ofrenda a *J* traerá
15.7 de vino..ofrecerás..en olor grato a *J*
15.8 novillo..por especial voto, o de paz a *J*
15.10,13,14 ofrenda encendida de..grato a *J*
15.15 así será el extranjero delante de *J*
15.19 del pan de la..ofreceréis ofrenda a *J*
15.21 de las primicias..daréis a *J* ofrenda
15.22 mandamientos que *J* ha dicho a Moisés
15.23 *J* os ha mandado..el día que *J* lo mandó
15.24 por holocausto en olor grato a *J*, con
15.25 ellos traerán..ofrenda encendida a *J*
15.25 sus expiaciones delante de *J* por sus
15.28 cuando pecare por yerro delante de *J*
15.30 hiciere algo con soberbia..ultraja a *J*
15.31 por cuanto tuvo en poco la palabra de *J*
15.35 *J* dijo a Moisés..muera aquel hombre
15.36 lo apedrearon, y murió, como *J* mandó
15.39 os acordéis de..los mandamientos de *J*
15.41 yo *J* vuestro Dios, que os saqué..Yo *J*
16.3 son santos, y en medio de ellos está *J*
16.3 levantáis..sobre la congregación de *J*?
16.5 mañana mostrará *J* quién es suyo..santo
16.7 y poned en ellos incienso delante de *J*
16.7 varón a quien *J* escogiere, aquel será
16.9 en el servicio del tabernáculo de *J*
16.11 os juntáis contra *J*; pues Aarón, ¿qué
16.15 Moisés se enojó..y dijo a *J*: No mires
16.16 tú y todo..poneos mañana delante de *J*
16.17 acercaos delante de *J* cada uno con su
16.19 entonces la gloria de *J* apareció a toda
16.28 conoceréis que *J* me ha enviado para que
16.29 si como mueren todos..*J* no me envió
16.30 si *J* hiciere algo nuevo, y la tierra
16.30 conoceréis que estos..irritaron a *J*
16.35 también salió fuego de delante de *J*
16.38 ofrecieron con ellos delante de *J*, son
16.40 ofrecer incienso delante de *J*, para que
16.40 según se lo dijo *J* por medio de Moisés
16.41 habéis dado muerte al pueblo de *J*
16.42 miraron hacia..apareció la gloria de *J*
16.46 furor ha salido de la presencia de *J*
17.7 y Moisés puso las varas delante de *J*
17.9 sacó..todas las varas de delante de *J*
17.10 y *J* dijo a Moisés: Vuelve la vara de
17.11 Moisés como le mandó *J*, así lo hizo
17.13 que viniere al tabernáculo de *J*, morirá
18.1 *J* dijo a Aarón: Tú y tus hijos, y la
18.6 dados a vosotros en don de *J*, para que
18.8 dijo más *J* a Aarón: He aquí yo te he
18.12 las primicias de..que presentarán a *J*
18.13 las primicias..las cuales traerán a *J*
18.15 de toda carne que ofrecerán a *J*, así de
18.17 ofrenda encendida en olor grato a *J*
18.19 que los hijos de Israel ofrecieren a *J*
18.19 pacto de sal perpetuo es delante de *J*
18.20 *J* dijo a Aarón: De la tierra de ellos
18.24 diezmos..que ofrecerán a *J* en ofrenda
18.26 ofrenda..a *J* el diezmo de los diezmos
18.28 ofrenda a *J* de todos vuestros diezmos
18.28 daréis..la ofrenda de *J* al sacerdote
18.29 ofreceréis toda ofrenda a *J*; de todo
19.2 ordenanza de la ley que *J* ha prescrito
19.13 tocare..el tabernáculo de *J* contaminó
19.20 cuanto contaminó el tabernáculo de *J*
20.3 muerto cuando perecieron..delante de *J*
20.4 venir la congregación de *J* a..desierto
20.6 y la gloria de *J* apareció sobre ellos
20.9 Moisés tomó la vara de delante de *J*
20.12 *J* dijo a Moisés y a Aarón: Por cuanto
20.13 contendieron los hijos de Israel con *J*
20.16 clamamos a *J*, el cual oyó nuestra voz
20.27 hizo como *J* le mandó; y subieron al
21.2 entonces Israel hizo voto a *J*, y dijo
21.3 *J* escuchó la voz de Israel, y entregó
21.6 y *J* envió entre el pueblo serpientes
21.7 hemos pecado por haber hablado contra *J*
21.7 ruega a *J* que quite..estas serpientes
21.8 y *J* dijo a Moisés: Hazte una serpiente
21.14 dice en el libro de las batallas de *J*
21.16 es el pozo del cual *J* dijo a Moisés
21.34 *J* dijo a Moisés: No le tengas miedo
22.8 yo os daré respuesta según *J* me hablare
22.13 *J* no me quiere dejar ir con vosotros
22.18 no puedo traspasar la palabra de *J* mi
22.19 que yo sepa qué me vuelve a decir *J*
22.22 y el ángel de *J* se puso en el camino
22.23 el asna vio al ángel de *J*, que estaba
22.24 el ángel de *J* se puso en una senda de
22.25,27 viendo el asna al ángel de *J*, se
22.26 el ángel de *J* pasó más allá, y se puso
22.28 *J* abrió la boca al asna, la cual dijo
22.31 entonces *J* abrió los ojos de Balaam
22.31 y vio al ángel de *J* que..en el camino
22.32 el ángel de *J* le dijo: ¿Por qué has
22.34 Balaam dijo al ángel de *J*: He pecado
22.35 ángel de *J* dijo a Balaam: Vé con esos
23.3 yo iré; quizá *J* me vendrá al encuentro
23.5 y *J* puso palabra en la boca de Balaam
23.8 ¿por qué he de execrar al que *J* no ha
23.12 de decir lo que *J* ponga en mi boca?
23.16 y *J* salió el encuentro de Balaam, y le
23.17 vino..le dijo Balac: ¿Qué ha dicho *J*?
23.21 *J* su Dios está con él, y júbilo de rey
23.26 lo que *J* me diga, eso tengo que hacer?
24.1 vio Balaam que parecía bien a *J* que él
24.6 como áloes plantados por *J* como cedros
24.11 he aquí que *J* te ha privado de honra
24.13 no podré traspasar el dicho de *J* para
24.13 no..mas lo que hable *J*, eso diré yo?
24.16 dijo el que oyó los dichos de *J*, y el
25.3 el furor de *J* se encendió contra Israel
25.4 *J* dijo a Moisés: Toma a..los príncipes
25.4 ahórcalos ante *J* delante del sol, y el
25.4 de la ira de *J* se apartará de Israel
26.4 contaréis el..como mandó *J* a Moisés y a
26.9 de Coré, cuando se rebelaron contra *J*
26.61 ofrecieron fuego extraño delante de *J*
26.65 *J* había dicho de ellos: Morirán en el
27.3 juntaron contra *J* en el grupo de Coré
27.5 y Moisés llevó su causa delante de *J*
27.11 por estatuto de derecho, como *J* mandó
27.12 *J* dijo a Moisés: Sube a este monte
27.15 entonces respondió Moisés a *J*, diciendo
27.16 ponga *J*..varón sobre la congregación
27.17 que la congregación de *J* no sea como
27.18 *J* dijo a Moisés: Toma a Josué hijo de
27.21 le consultará por..Urim delante de *J*
27.22 y Moisés hizo como *J* le había mandado
27.23 le dio el cargo, como *J* había mandado
28.3 esta es la ofrenda..que ofreceréis a *J*
28.6 es holocausto..ofrenda encendida a *J*
28.7 libación de vino superior ante *J* en el
28.8 ofrenda encendida en olor grato a *J*
28.11 ofreceréis en..a *J* dos becerros de la
28.13 holocausto de..ofrenda encendida a *J*
28.15 macho cabrío..se ofrecerá a *J*, además
28.16 los catorce días..será la pascua de *J*
28.19 ofrenda encendida..a *J*, dos becerros
28.24 y ofrenda encendida en olor grato a *J*
28.26 cuando presentéis ofrenda nueva a *J* en
28.27 ofreceréis en..en olor grato a *J*, dos
29.2 holocausto en olor grato a *J*, un becerro
29.6,36 ofrenda encendida a *J* en olor grato
29.8,13 y ofreceréis en..a *J* en olor grato
29.12 celebraréis fiesta..a *J* por siete días
29.39 ofreceréis a *J* en vuestras fiestas
29.40 dijo..todo lo que *J* le había mandado
30.1 diciendo: Esto es lo que *J* ha mandado
30.2 hiciere voto a *J*, o hiciere juramento
30.3 mas la mujer, cuando hiciere voto a *J*
30.5 y *J* la perdonará, por cuanto su padre
30.8 el voto que..será nulo; y *J* la perdonará
30.12 su marido los anuló, y *J* la perdonará
30.16 son las ordenanzas que *J* mandó a Moisés
31.3 contra Madián y hagan la venganza de *J*
31.7 y pelearon..como *J* lo mandó a Moisés
31.16 causa de que los..prevaricasen contra *J*
31.16 hubo mortandad en la congregación de *J*
31.21 ordenanza..que *J* ha mandado a Moisés
31.28 y apartarás para *J* el tributo de los
31.29 al sacerdote Eleazar la ofrenda de *J*
31.30 tienen la guarda del tabernáculo de *J*
31.31 hicieron Moisés y el..como *J* mandó a
31.37 tributo de las ovejas para *J* fue 675
31.38 de los bueyes..el tributo para *J*, 72
31.39 de los asnos..el tributo para *J*, 61
31.40 y de..el tributo para *J*, 32 personas
31.41 el tributo, para ofrenda elevada a *J*
31.41 dio Moisés..como *J* lo mandó a Moisés
31.47 la guarda del tabernáculo de *J*, como *J*
31.47 dio..como *J* lo había mandado a Moisés
31.50 hemos ofrecido a *J* ofrenda, cada uno
31.50 hacer expiación por..almas delante de *J*
31.52 el oro..que ofrecieron a *J* los jefes
31.54 por memoria de..de Israel delante de *J*
32.4 tierra que *J* hirió..es tierra de ganado
32.7 no pasen a la tierra que les ha dado *J*?
32.9 que no viniesen a la tierra que *J* les
32.10 ira de *J* se encendió entonces, y juró
32.12 Caleb..que fueron perfectos en pos de *J*
32.13 la ira de *J* se encendió contra Israel
32.13 generación que..hecho mal delante de *J*
32.14 añadir aún a la ira de *J* contra Israel
32.20 si os disponéis para ir delante de *J*
32.21 pasáis armados el Jordán delante de *J*
32.22 y sea el país sojuzgado delante de *J*
32.22 y seréis libres de culpa para con *J*
32.22 será vuestra en heredad delante de *J*
32.23 he aquí habréis pecado ante *J*; y sabed
32.27 tus siervos..pasarán delante de *J* a la
32.29 los hijos de Rubén pasan..delante de *J*
32.31 diciendo: Haremos lo que *J* ha dicho a
32.32 pasaremos armados delante de *J* a la
33.2 escribió sus salidas..por mandato de *J*
33.4 enterraban..a los que *J* había herido de
33.4 había hecho *J* juicios contra sus dioses
33.38 subió..Aarón..conforme al dicho de *J*
34.13 es la tierra..que mandó *J* que diese a
34.29 mandó *J* que hiciesen la repartición de
35.34 yo *J* habito en medio..hijos de Israel
36.2 y dijeron: *J* mandó a mi señor que por
36.2 ha mandado *J* a..posesión de Zelofehad
36.5 Moisés mandó a los..por mandato de *J*
36.6 esto es lo que ha mandado *J* acerca de
36.10 como *J* mandó..así hicieron las hijas
36.13 los estatutos que mandó *J* por medio de

JEHOVÁ *(Continúa)*

Dt. 1.3 todas las cosas que *J* le había mandado
1.6 *J*. .Dios nos habló en Horeb, diciendo
1.8 poseed la tierra que *J* juró a. .Abraham
1.10 *J* vuestro Dios os ha multiplicado, y he
1.11 ¡*J* Dios de vuestros padres os haga mil
1.19 anduvimos. .*J* nuestro Dios nos lo mandó
1.20 al monte. .el cual *J* nuestro Dios nos da
1.21 *J* tu Dios te ha entregado la tierra
1.21 toma posesión de ella, como *J* el Dios
1.25 es buena la tierra que *J*. .Dios nos da
1.26 rebeldes al mandato de *J* vuestro Dios
1.27 porque *J* nos aborrece, nos ha sacado
1.30 *J* vuestro Dios. .peleará por vosotros
1.31 en el desierto has visto que *J*. .te ha
1.32 y aun con esto no creísteis a *J*. .Dios
1.34 oyó *J* la voz de vuestras palabras, y se
1.36 Caleb. .porque ha seguido fielmente a *J*
1.37 contra mí se airó *J* por vosotros, y me
1.41 y me dijisteis: Hemos pecado contra *J*
1.41 conforme a todo lo que *J*. .ha mandado
1.42 *J* me dijo. .No subáis, ni peleéis, pues
1.43 antes fuisteis rebeldes al mandato de *J*
1.45 y llorasteis delante de *J*, pero *J* no
2.1 camino del Mar Rojo, como *J* me había
2.2,17 y *J* me habló, diciendo
2.7 *J* tu Dios te ha bendecido en toda obra
2.7 estos cuarenta años *J*. .ha estado contigo
2.9 y *J* me dijo: No molestes a Moab, ni te
2.12 hizo Israel en la tierra que les dio *J*
2.14 que se acabó. .como *J* les había jurado
2.15 también la mano de *J* vino sobre ellos
2.21 a los cuales *J* destruyó delante de los
2.22 como hizo *J* con los hijos de Esaú que
2.29 que cruce el. .a la tierra que nos da *J*
2.30 *J* tu Dios había endurecido su espíritu
2.31 y me dijo *J*: He aquí yo he comenzado a
2.33 *J* nuestro Dios lo entregó delante de
2.36 todas las entregó *J*. .en nuestro poder
2.37 a lugar alguno que *J*. .había prohibido
3.2 dijo *J*: No tengas temor de él, porque
3.3 *J*. .entregó también en nuestra mano a Og
3.18 *J*. .os ha dado esta tierra por heredad
3.20 hasta que *J* dé reposo a. .hermanos, así
3.20 hereden ellos también la tierra que *J*
3.21 lo que *J*. .Dios ha hecho. .así hará *J* a
3.22 porque *J*. .es el que pelea por vosotros
3.23 y oré a *J* en aquel tiempo, diciendo
3.24 Señor *J*, tú has comenzado a mostrar a
3.26 *J* se había enojado contra mí a causa de
3.26 me dijo *J*: Basta, no me hables más de
4.1 poseáis la tierra que *J* el Dios. .os da
4.2 para que guardéis los mandamientos de *J*
4.3 lo que hizo *J* con motivo de Baal-peor
4.3 que fue en pos de Baal-peor destruyó *J*
4.4 mas vosotros que seguisteis a *J*. .vivos
4.5 os he enseñado. .como *J* mi Dios me mandó
4.7 dioses tan cercanos a. .como lo está *J*
4.10 que estuviste delante de *J*. .*J* me dijo
4.12 habló *J*. .de en medio del fuego; oísteis
4.14 mandó *J*. .que os enseñase los estatutos
4.15 ninguna figura. .el día que *J* habló con
4.19 *J* tu. .ha concedido a todos los pueblos
4.20 a vosotros *J* os tomó, y os ha sacado
4.21 y *J* se enojó contra mí por causa de
4.21 ni entraría en la buena tierra que *J* tu
4.23 no os olvidéis del pacto de *J* vuestro
4.23 imagen de ninguna cosa que *J* tu Dios te
4.24 porque *J* tu Dios es fuego consumidor
4.25 e hiciereis lo malo ante los ojos de *J*
4.27 y *J* os esparcirá entre los pueblos, y
4.27 las naciones a las cuales os llevará *J*
4.29 mas si desde allí buscares a *J* tu Dios
4.30 volvieres a *J* tu Dios, y oyeres su voz
4.31 Dios misericordioso es *J* tu Dios; no te
4.34 como todo lo que hizo con vosotros *J*
4.35 que *J* es Dios, y no hay otro fuera de él
4.39 reflexiona. .que *J* es Dios arriba en el
4.40 tus días sobre la tierra que *J* tu Dios
5.2 *J* nuestro Dios hizo pacto con nosotros
5.3 no con nuestros padres hizo *J* este pacto
5.4 cara a cara habló *J* con vosotros en el
5.5 yo estaba entonces entre *J* y vosotros
5.5 estaba. .para declararos la palabra de *J*
5.6 soy *J* tu Dios, que te saqué de. .Egipto
5.9 porque yo soy *J* tu Dios, fuerte, celoso
5.11 no tomarás el nombre de *J* tu Dios en
5.11 *J* no dará por inocente al que tome su
5.12 guardarás el día. .como *J*. .te ha mandado
5.14 el séptimo día es reposo a *J* tu Dios
5.15 que *J*. .te sacó de allá con mano fuerte
5.15 *J*. .te ha mandado que guardes el día de
5.16 honra a tu padre y. .como *J*. .ha mandado
5.16 vaya bien sobre la tierra que *J* tu Dios
5.22 estas palabras habló *J* a toda vuestra
5.24 *J*. .ha mostrado su gloria y su grandeza
5.24 hoy hemos visto que *J* habla al hombre
5.25 si oyéremos otra vez la voz de *J*. .Dios
5.27 oye todas las cosas que dijere *J*. .Dios
5.27 tú nos dirás todo lo que *J* nuestro Dios
5.28 oyó *J* la voz. .y me dijo *J*: He oído la
5.32 que hagáis como *J*. .Dios os ha mandado
5.33 en todo el camino que *J*. .os ha mandado
6.1 decretos que *J*. .mandó que os enseñase
6.2 para que temas a *J*. .guardando todos sus
6.3 como te ha dicho *J* el Dios de tus padres
6.4 oye, Israel: *J* nuestro Dios, *J* uno es
6.5 y amarás a *J* tu Dios de todo tu corazón
6.10 cuando *J* tu Dios te haya introducido en
6.12 cuídate de no olvidarte de *J*. .te sacó de
6.13 a *J* tu Dios temerás, y a él. .servirás
6.15 porque. .*J* tu Dios, en medio de ti está
6.15 no se inflame el furor de *J*. .contra ti
6.16 no tentaréis a *J* vuestro Dios, como lo
6.17 guardad. .los mandamientos de *J* vuestro
6.18 haz lo recto. .ante los ojos de *J*, para
6.18 entres y poseas la buena tierra que *J*
6.19 arroje a tus enemigos. .como *J* ha dicho
6.20 significan los. .decretos que *J*. .mandó?
6.21 *J* nos sacó de Egipto con mano poderosa
6.22 *J* hizo señales y. .terribles en Egipto
6.24 nos mandó *J* que cumplamos todos estos
6.24 que temamos a *J* nuestro Dios, para que
6.25 mandamientos delante de *J* nuestro Dios
7.1 cuando *J* tu Dios te haya introducido en
7.2 *J* tu Dios las haya entregado delante de
7.4 furor de *J* se encenderá sobre vosotros
7.6 eres pueblo santo para *J*. .*J* tu Dios te
7.7 no por ser vosotros más que. .ha querido *J*
7.8 por cuanto *J* os amó, y quiso guardar el
7.8 os ha sacado *J* con mano poderosa, y os
7.9 conoce. .que *J* tu Dios es Dios, Dios fiel
7.12 *J* tu Dios guardará contigo el pacto y
7.15 y quitará *J* de ti toda enfermedad; y
7.16 consumirás a. .los pueblos que te da *J*
7.18 de lo que hizo *J* tu Dios con Faraón y
7.19 y el brazo. .con que *J* tu Dios te sacó
7.19 hará *J* tu Dios con todos los pueblos de
7.20 enviará *J* tu Dios avispas sobre ellos
7.21 no desmayes. .*J* tu Dios está en medio de
7.22 y *J* tu Dios echará a estas naciones de
7.23 *J* tu Dios las entregará delante de ti
7.25 oro de ellas. .abominación a *J* tu Dios
8.1 tierra que *J* prometió. .a vuestros padres
8.2 te acordarás. .por donde te ha traído *J*
8.3 que sale de la boca de *J* vivirá el hombre
8.5 como castiga. .así *J* tu Dios te castiga
8.6 guardarás. .los mandamientos de *J* tu Dios
8.7 porque *J*. .introduce en la buena tierra
8.10 bendecirás a *J*. .por la buena tierra que
8.11 cuídate de no olvidarte de *J* tu Dios
8.14 y te olvides de *J* tu Dios, que te sacó
8.18 acuérdate de *J*. .él te da el poder para
8.19 si llegares a olvidarte de *J* tu Dios y
8.20 como las naciones que *J* destruirá. .así
8.20 cuanto no habréis atendido a la voz de *J*
9.3 es *J* tu Dios el que pasa delante de ti
9.3 y los destruirás en. .como *J* te ha dicho
9.4 *J* tu Dios los haya echado de delante de
9.4 por mi justicia me ha traído *J* a poseer
9.4,5 la impiedad de estas naciones *J* las
9.5 para confirmar la palabra que *J* juró a
9.6 no es por tu justicia que *J*. .te da esta
9.7 no olvides que has provocado la ira de *J*
9.7 desde el día. .habéis sido rebeldes a *J*
9.8 provocasteis a ira a *J*, y se enojó *J*
9.9 tablas del pacto que *J* hizo con vosotros
9.10 dio *J* las dos tablas de piedra escritas
9.10 todas las palabras que os habló *J* en el
9.11 sucedió. .que *J* me dio las dos tablas de
9.12 me dijo *J*: Levántate, desciende pronto
9.13 habló *J*, diciendo: He observado a ese
9.16 habíais pecado contra *J* vuestro Dios
9.16 pronto del camino que *J* os había mandado
9.18 me postré delante de *J* como antes, 40
9.18 mal ante los ojos de *J* para enojarlo
9.19 furor. .la ira con que *J* estaba enojado
9.19 temí. .Pero *J* me escuchó aun esta vez
9.20 contra Aarón. .se enojó *J* en gran manera
9.22 en Tabera, en. .provocasteis a ira a *J*
9.23 cuando *J* os envió desde Cades-barnea
9.23 rebeldes al mandato de *J* vuestro Dios
9.24 rebeldes habéis sido a *J* desde el día
9.25 me postré. .delante de *J*. .porque *J* dijo
9.26 y oré a *J*, diciendo: Oh Señor *J*, no
9.28 no pudo *J* introducirlos en la tierra que
10.1 en aquel tiempo *J* me dijo: Lábrate dos
10.4 mandamientos que *J* os había hablado en
10.4 escribió en las tablas. .y me las dio *J*
10.5 las tablas. .allí están, como *J* me mandó
10.8 aquel tiempo apartó *J* la tribu de Leví
10.8 para que llevase el arca del pacto de *J*
10.8 que estuviese delante de *J* para servirle
10.9 *J* es su heredad, como *J* tu Dios le dijo
10.10 *J*. .me escuchó. .no quiso *J* destruirte
10.11 me dijo *J*: Levántate, anda, para que
10.12 ¿qué pide *J* tu Dios. .sino que temas a *J*
10.12 sirvas a *J*. .con todo tu corazón y con
10.13 que guardes los mandamientos de *J* y
10.14 he aquí, de *J* tu Dios son los cielos
10.15 de tus padres se agradó *J* para amarlos
10.17 *J* vuestro Dios es Dios de dioses, y
10.20 *J* tu Dios temerás, a él solo servirás
10.22 *J* te ha hecho como las estrellas del
11.1 amarás, pues, a *J* tu Dios, y guardarás
11.2 hijos que no han. .visto el castigo de *J*
11.4 las aguas del Mar Rojo. .*J* los destruyó
11.7 visto todas las grandes obras que *J* ha
11.9 de la cual juró *J* a vuestros padres, que
11.12 tierra de la cual *J* tu Dios cuida
11.12 están sobre ella los ojos de *J* tu Dios
11.13 amando a *J* vuestro Dios, y sirviéndole
11.17 se encienda el furor de *J*. .y cierre los
11.17 perezcáis pronto. .la tierra que os da *J*
11.21 numerosos sobre la tierra que *J* juró a
11.22 si amareis a *J* vuestro Dios, andando
11.23 *J*. .echará de delante de vosotros a
11.25 miedo y temor. .pondrá *J* vuestro Dios
11.27 si oyereis los mandamientos de *J*. .Dios
11.28 si no oyereis los mandamientos de *J*
11.29 cuando *J* tu Dios te haya introducido
11.31 para ir a poseer la tierra que os da *J*
12.1 por obra en la tierra que *J*. .te ha dado
12.4 no haréis así a *J* vuestro Dios
12.5 el lugar que *J* vuestro Dios escogiere
12.7 comeréis allí delante de *J* vuestro Dios
12.7 obrar. .en la cual *J* tu Dios te hubiere
12.9 a la heredad que os da *J* vuestro Dios
12.10 la tierra que *J*. .Dios os hace heredar
12.11 al lugar que *J*. .escogiere para poner
12.11 los votos que hubiereis prometido a *J*
12.12 alegraréis delante de *J* vuestro Dios
12.14 sino que en el lugar que *J* escogiere
12.15 según la bendición que *J*. .te haya dado
12.18 delante de *J*. .en el lugar que *J*. .Dios
12.18 te alegrarás delante de *J* tu Dios de
12.20 cuando *J* tu. .ensanchare tu territorio
12.21 lejos de ti el lugar que *J*. .escogiere
12.21 matar de. .ovejas que *J* te hubiere dado
12.25 hicieres lo recto ante los ojos de *J*
12.26 vendrás. .lugar que *J* hubiere escogido
12.27 ofrecerás. .sobre el altar de *J* tu Dios
12.27 será derramada sobre el altar de *J* tu
12.28 haciendo lo bueno. .ante. .de *J* tu Dios
12.29 *J* tu Dios haya destruido. .las naciones
12.31 no harás así a *J* tu Dios; porque toda
12.31 cosa. .que *J* aborrece, hicieron ellos
13.3 *J* vuestro Dios os está probando, para
13.3 si amáis a *J*. .con todo vuestro corazón
13.4 en pos de *J* vuestro Dios andaréis; a él
13.5 por cuanto aconsejó rebelión contra *J*
13.5 camino por el cual *J* tu Dios te mandó
13.10 cuanto procuró apartarte de *J* tu Dios
13.12 tus ciudades que *J* tu Dios te da para
13.16 todo ello, como holocausto a *J* tu Dios
13.17 que *J* se aparte del ardor de su ira
13.18 cuando obedecieres a la voz de *J* tu
13.18 para hacer lo recto ante los ojos de *J*
14.1 sois de *J* vuestro Dios; no os sajaréis
14.2 porque eres pueblo santo a *J* tu Dios
14.2 *J* te ha escogido para que le seas un
14.21 o véndela a. .tú eres pueblo santo a *J*
14.23 comerás delante de *J*. .en el lugar que
14.23 para que aprendas a temer a *J* tu Dios
14.24 el lugar que *J* tu Dios hubiere escogido
14.24 nombre, cuando *J* tu Dios te bendijere
14.25 vendrás al lugar que *J*. .Dios escogiere
14.26 comerás allí delante de *J* tu Dios, y te
14.29 que *J* tu Dios te bendiga en toda obra
15.2 porque es pregonada la remisión de *J*
15.4 porque *J* te bendecirá con abundancia en
15.4 en la tierra que *J*. .te da por heredad
15.5 escuchares. .la voz de *J* tu Dios, para
15.6 *J* tu Dios te habrá bendecido, como te
15.7 haya. .en la tierra que *J* tu Dios te da
15.9 él podrá clamar contra ti a *J*, y te será
15.10 porque por ello te bendecirá *J* tu Dios
15.14 aquello en que *J* te hubiere bendecido
15.15 y que *J* tu Dios te rescató; por tanto
15.18 *J*. .te bendecirá en todo cuanto hicieres
15.19 consagrarás a *J*. .primogénito macho de
15.20 delante de *J* tu Dios los comerás cada
15.20 comerás. .en el lugar que *J* escogiere
15.21 o cojo. .no lo sacrificarás a *J* tu Dios
16.1 guardarás el mes de. .y harás pascua a *J*
16.1 en el mes de Abib te sacó *J*. .de Egipto
16.2 sacrificarás la pascua a *J* tu Dios, de
16.2 lugar que *J* escogiere para que habite
16.5 de las ciudades que *J* tu Dios te da
16.6,15 en el lugar que *J* tu Dios escogiere
16.7,11 lugar que *J* tu Dios hubiere escogido
16.8 el séptimo día será fiesta solemne a *J*
16.10 la fiesta solemne de las semanas a *J*
16.10 según *J* tu Dios te hubiere bendecido
16.11 te alegrarás delante de *J* tu Dios, tú
16.15 celebrarás fiesta solemne a *J* tu Dios
16.15 habrá bendecido *J*. .en todos tus frutos
16.16 todo varón tuyo delante de *J* tu Dios
16.16 ninguno se presentará delante de *J* con
16.17 a la bendición que *J*. .te hubiere dado
16.18 tus ciudades que *J* tu Dios te dará en
16.20 heredes la tierra que *J* tu Dios te da
16.21 árbol para Asera cerca del altar de *J*
16.22 ni. .estatua, lo cual aborrece *J* tu Dios
17.1 no ofrecerás en sacrificio a *J*. .buey o
17.1 haya falta. .es abominación a *J* tu Dios
17.2 en. .de tus ciudades que *J* tu Dios te da
17.2 que haya hecho mal ante los ojos de *J*
17.8 y recurrirás al lugar que *J*. .escogiere
17.10 indiquen los del lugar que *J* escogiere
17.12 ministrar allí delante de *J* tu Dios
17.14 entrado en la tierra que *J*. .te da, y

JEHOVÁ ***(Continúa)***

Dt. 17.15 por rey. . al que *J* tu Dios escogiere
17.16 porque *J* os ha dicho: No volváis nunca
17.19 para que aprenda a temer a *J* su Dios
18.1 de las ofrendas quemadas a *J*. . comerán
18.2 *J* es su heredad, como él les ha dicho
18.5 le ha escogido *J* tu Dios de entre todas
18.6 viniere con. . al lugar que *J* escogiere
18.7 ministrará en el nombre de *J* su Dios
18.7 levitas. . estuvieren allí delante de *J*
18.9 cuando entres a la tierra que *J*. . te da
18.12 es abominación para con *J* cualquiera
18.12 por estas abominaciones *J* tu Dios echa
18.13 perfecto serás delante de *J* tu Dios
18.14 a ti no te ha permitido esto *J* tu Dios
18.15 profeta de en. . te levantará *J* tu Dios
18.16 lo que pediste a *J*. . en Horeb el día de
18.16 no vuelva yo a oir la voz de *J* mi Dios
18.17 *J* me dijo: Han hablado bien en lo que
18.21 ¿cómo conoceremos la palabra que *J* no
18.22 si el profeta hablare en nombre de *J*
18.22 y no se. . es palabra que *J* no ha hablado
19.1 *J* tu Dios destruya a las naciones cuya
19.1 cuya tierra *J* tu Dios te da a ti, y tú
19.2 tres ciudades en. . tierra que *J* tu Dios
19.3 dividirás. . tierra que *J* tu Dios te dará
19.8 y si *J* tu Dios ensanchare tu territorio
19.9 que ames a *J* tu. . y andes en sus caminos
19.10 medio de la tierra que *J* tu Dios te da
19.14 en la heredad. . que *J* tu Dios te da, no
19.17 los dos. . se presentarán delante de *J*
20.1 porque *J* tu Dios está contigo, el cual
20.4 porque *J*. . va con vosotros, para pelear
20.13 que *J* tu Dios la entregue en tu mano
20.14 tus enemigos, los cuales *J*. . te entregó
20.16 de las ciudades. . que *J* tu Dios te da
20.17 los destruirás. . como *J*. . te ha mandado
20.18 os enseñen a hacer. . y pequéis contra *J*
21.1 en la tierra que *J* tu Dios te da para
21.5 escogió *J*. . bendecir en el nombre de *J*
21.8 perdona a tu pueblo. . oh *J*; y no culpes
21.9 hicieres lo que es recto ante los. . de *J*
21.10 y *J* tu Dios los entregare en tu mano
21.23 no contaminarás tu tierra que *J*. . te da
22.5 porque abominación es a *J*. . que esto hace
23.1 no entrará en la congregación de *J* el
23.2 no. . bastardo en la congregación de *J*
23.2,3 no entrarán en la congregación de *J*
23.3 no. . ni moabita en la congregación de *J*
23.5 mas no quiso *J* tu Dios oir a Balaam
23.5 *J*. . convirtió la maldición. . *J*. . te amaba
23.8 los hijos. . entrarán. . congregación de *J*
23.14 *J* tu. . anda en medio de tu campamento
23.18 no traerás la paga de. . a la casa de *J*
23.18 abominación es a *J*. . uno como lo otro
23.20 para que te bendiga *J*. . en toda obra de
23.21 haces voto a *J* tu Dios, no tardes en
23.21 lo demandará *J* tu Dios de ti, y sería
23.23 cumplirás, conforme lo prometiste a *J*
24.4 es abominación delante de *J*, y no has
24.4 no. . pervertir la tierra que *J* tu Dios
24.9 acuérdate de los que hizo *J*. . a María en
24.13 te será justicia delante de *J* tu Dios
24.15 para que no clame contra ti a *J*, y sea
24.18 que de allí te rescató *J* tu Dios; por
24.19 que te bendiga *J* tu Dios en toda obra
25.15 sobre la tierra que *J* tu Dios te da
25.16 abominación es a *J* tu Dios cualquiera
25.19 cuando *J*. . te dé descanso de todos tus
25.19 en la tierra que *J*. . te da por heredad
26.1 hayas entrado en la tierra que *J*. . te da
26.2 que sacares de la tierra que *J* tu. . te da
26.2 irás al lugar que *J* tu Dios escogiere
26.3 declaro hoy a *J* tu Dios, que he entrado
26.3 la tierra que juró *J* a nuestros padres
26.4 pondrá delante del altar de *J* tu Dios
26.5 dirás delante de *J* tu Dios: Un arameo
26.7 clamamos a *J*. . y *J* oyó nuestra voz, y
26.8 y *J* nos sacó de Egipto con mano fuerte
26.10 he aquí he traído las primicias. . oh *J*
26.10 delante de *J*. . y adorarás delante de *J*
26.11 y te alegrarás en todo el bien que *J*
26.13 dirás delante de *J* tu Dios: He sacado
26.14 he obedecido a la voz de *J* mi Dios, he
26.16 *J* tu Dios te manda. . que cumplas estos
26.17 has declarado. . hoy que *J* es tu Dios
26.18 *J* ha declarado. . que tú eres pueblo suyo
26.19 que seas un pueblo santo a *J* tu Dios
27.2 pases. . a la tierra que *J* tu Dios te da
27.3 entrar en la tierra que *J* tu Dios te da
27.3 como *J* el Dios de tus padres. . ha dicho
27.5 edificarás allí un altar a *J* tu Dios
27.6 de piedras. . edificarás el altar de *J*
27.6 y ofrecerás sobre él holocausto a *J* tu
27.7 paz. . y te alegrarás delante de *J* tu Dios
27.9 hoy has venido a ser pueblo de *J* tu Dios
27.10 oirás, pues, la voz de *J* tu Dios, y
27.15 imagen de fundición, abominación a *J*
28.1 oyeres atentamente la voz de *J* tu Dios
28.1 *J*. . te exaltará sobre todas las naciones
28.2 bendiciones. . si oyeres la voz de *J* tu
28.7 *J* derrotará a tus enemigos que se
28.8 *J* te enviará su bendición sobre tus
28.8 te bendecirá en la tierra que *J*. . te da
28.9 te confirmará *J* por pueblo santo suyo
28.9 cuando guardares los mandamientos de *J*
28.10 el nombre de *J* es invocado sobre ti
28.11 te hará *J* sobreabundar en bienes, en
28.11 en el país que *J* juró a tus padres que
28.12 te abrirá *J* su buen tesoro, el cielo
28.13 te pondrá *J* por cabeza, y no por cola
28.13 si obedecieres los mandamientos de *J*
28.15 que si no oyeres la voz de *J* tu Dios
28.20 y *J* enviará contra ti la maldición
28.21 *J* traerá sobre ti mortandad, hasta que
28.22 *J* te herirá de tisis, de fiebre, de
28.24 dará *J* por lluvia a tu tierra polvo y
28.25 *J* te entregará derrotado delante de
28.27 *J* te herirá con la úlcera de Egipto
28.28 *J* te herirá con locura. . y turbación
28.35 te herirá *J* con maligna pústula en las
28.36 *J* te llevará a ti, y al rey. . a nación
28.37 los pueblos a los cuales te llevará *J*
28.45 no habrás atendido a la voz de *J* tu
28.47 cuanto no serviste a *J*. . con alegría y
28.48 servirás. . tus enemigos que enviare *J*
28.49 *J* traerá contra ti una nación de lejos
28.52 sitiará. . toda la tierra que *J* tu Dios
28.53 la carne de tus hijos. . que *J*. . te dio
28.58 nombre glorioso y temible: *J* TU DIOS
28.59 *J* aumentará. . tus plagas y las plagas
28.61 toda plaga que. . *J* la enviará sobre ti
28.62 no obedecisteis a la voz de *J* tu Dios
28.63 así como *J* se gozaba en haceros bien
28.63 gozará *J* en arruinaros y en destruiros
28.64 *J* te esparcirá por todos los pueblos
28.65 pues allí te dará *J* corazón temeroso
28.68 y *J* te hará volver a Egipto en naves
29.1 son las palabras del pacto que *J* mandó
29.2 vosotros habéis visto todo lo que *J* ha
29.4 *J* no os ha dado corazón para entender
29.6 para que supierais que yo soy *J*. . Dios
29.10 todos estáis hoy en presencia de *J*
29.12 que entres en el pacto de *J* tu Dios
29.12 que *J* tu Dios concierta hoy contigo
29.15 con los que están aquí. . delante de *J*
29.18 varón o. . cuyo corazón se aparte. . de *J*
29.20 no querrá *J* perdonarlo. . la ira de *J* y
29.20 *J* borrará su nombre de debajo del cielo
29.21 lo apartará *J* de todas las tribus de
29.22 enfermedades de que *J* la habrá hecho
29.23 las cuales *J* destruyó en su furor y en
29.24 ¿por qué hizo esto *J* a esta tierra?
29.25 dejaron el pacto de *J* el Dios de sus
29.27 se encendió la ira de *J* contra esta
29.28 *J* los desarraigó de su tierra con ira
29.29 las cosas secretas pertenecen a *J*. . Dios
30.1 adonde te hubiere arrojado *J* tu Dios
30.2 te convirtieres a *J* tu. . y obedecieres
30.3 entonces *J* hará volver a tus cautivos
30.3 adonde te hubiere esparcido *J* tu Dios
30.4 allí te recogerá *J* tu Dios, y de allí
30.5 y te hará volver *J* tu Dios a la tierra
30.6 circuncidará *J* tu Dios tu corazón, y el
30.6 que ames a *J* tu Dios con todo tu corazón
30.7 pondrá *J*. . todas estas maldiciones sobre
30.8 y tú volverás, y oirás la voz de *J*, y
30.9 te hará *J* tu Dios abundar en toda obra
30.9 *J* volverá a gozarse sobre ti para bien
30.10 cuando obedecieres a la voz de *J* tu
30.10 te convirtieres a *J* tu Dios con todo
30.16 yo te mando hoy que ames a *J* tu Dios
30.16 *J*. . te bendiga en la tierra a la cual
30.20 amando a *J* tu. . atendiendo a su voz, y
30.20 la tierra que juró *J* a. . Isaac y Jacob
31.2 *J* me ha dicho: No pasarás este Jordán
31.3 *J* tu Dios, él pasa delante de ti; él
31.3 Josué. . pasará delante. . como *J* ha dicho
31.4 y hará *J*. . como hizo con Sehón y con Og
31.5 y los entregará *J* delante de vosotros
31.6 porque *J* tu Dios es el que va contigo
31.7 tú entrarás. . a la tierra que juró *J* a
31.8 y *J* va delante de ti; él. . no te dejará
31.9 que llevaban el arca del pacto de *J*, y
31.11 viniere. . a presentarse delante de *J* tu
31.12 para que oigan. . teman a *J* vuestro Dios
31.13 los hijos. . aprendan a temer a *J*. . Dios
31.14 *J* dijo a Moisés. . ha acercado el día
31.15 se apareció *J* en el tabernáculo, en
31.16 y *J* dijo a Moisés: He aquí, tú vas a
31.25 que llevaban el arca del pacto de *J*
31.26 libro. . ponedlo al lado del arca. . de *J*
31.27 que aun viviendo yo. . sois rebeldes a *J*
31.29 por haber hecho mal ante los ojos de *J*
32.3 el nombre de *J* proclamaré: Engrandeced
32.6 ¿así pagáis a *J*, pueblo. . e ignorante?
32.9 la porción de *J* es su pueblo; Jacob la
32.12 *J* solo le guio, y con él no hubo dios
32.19 y lo vio *J*, y se encendió en ira por
32.27 nuestra mano. . hecho todo esto, y no *J*
32.30 su Roca. . *J* no los hubiera entregado?
32.36 *J* juzgará a su pueblo, y por amor de
32.48 y habló *J* a Moisés aquel mismo día
33.2 dijo: *J* vino de Sinaí, y de Seir les
33.7 oye, oh *J*, la voz de Judá, y llévalo a
33.11 bendice. . *J*, lo que hicieren, y recibe
33.12 dijo: El amado de *J* habitará confiado
33.13 bendita de *J* sea tu tierra, con lo
33.21 con Israel ejecutó los. . decretos de *J*
33.23 lleno de la bendición de *J*, posee el
33.29 ¿quién como tú, pueblo salvo por *J*
34.1 y le mostró *J* toda la tierra de Galaad
34.4 dijo *J*: Esta es la tierra de que juré
34.5 y murió allí Moisés siervo de *J*, en la
34.5 murió. . Moisés. . conforme al dicho de *J*
34.9 Israel. . hicieron como *J* mandó a Moisés
34.10 como Moisés, a quien haya conocido *J*
34.11 y prodigios que *J* le envió a hacer en
Jos. 1.1 después de la. . de Moisés siervo de *J*
1.1 *J* habló a Josué hijo de Nun, siervo de
1.9 *J* tu Dios estará contigo en dondequiera
1.11 a poseer la tierra que *J* vuestro Dios os
1.13 la palabra que Moisés, siervo de *J*, os
1.13 *J* vuestro Dios os ha dado reposo, y os
1.15 hasta tanto que *J* haya dado reposo a
1.15 también posean la tierra que *J*. . Dios. . da
1.15 la cual Moisés siervo de *J* os ha dado
1.17 *J* tu Dios esté contigo, como estuvo con
2.9 sé que *J* os ha dado esta tierra; porque
2.10 que *J* hizo secar las aguas del Mar Rojo
2.11 *J* vuestro Dios es Dios arriba en los
2.12 que me juréis por *J*, que como he hecho
2.14 y cuando *J* nos haya dado la tierra
2.24 *J* ha entregado toda la tierra en. . manos
3.3 cuando veáis el arca. . de *J* vuestro Dios
3.5 *J* hará mañana maravillas entre vosotros
3.7 entonces *J* dijo a Josué: Desde este día
3.9 escuchad las palabras de *J* vuestro Dios
3.13 los sacerdotes que llevan el arca de *J*
3.17 sacerdotes que llevaban el arca. . de *J*
4.1 hubo acabado de pasar. . *J* habló a Josué
4.5 dijo. . Pasad delante del arca de *J*. . Dios
4.7 fueron divididas delante del arca. . de *J*
4.8 piedras. . como *J* lo había dicho a Josué
4.10 que se hizo todo lo que *J* había mandado
4.11 pasó el arca de *J*, y los sacerdotes, en
4.13 hombres armados. . pasaron. . delante de *J*
4.14 aquel día *J* engrandeció a Josué a los
4.15 luego *J* habló a Josué, diciendo
4.18 los. . que llevaban el arca del pacto de *J*
4.23 *J*. . secó las aguas del Jordán delante de
4.23 a la manera que *J*. . Dios lo había hecho
4.24 conozcan que la mano de *J* es poderosa
4.24 temáis a *J* vuestro Dios todos los días
5.1 oyeron cómo *J* había secado las aguas del
5.2 *J* dijo a Josué: Hazte cuchillos afilados
5.6 no obedecieron a. . *J*. . *J* les juró que no
5.6 de la cual *J* había jurado a sus padres
5.9 y *J* dijo. . Hoy he quitado de vosotros el
5.14 Príncipe del ejército de *J* he venido
5.15 y el Príncipe. . de *J* respondió a Josué
6.2 *J* dijo a Josué: Mira, yo he entregado
6.6,8,13 bocinas. . delante del arca de *J*
6.7 armados pasarán delante del arca de *J*
6.8 y el arca del pacto de *J* los seguía
6.11 hizo que el arca de *J* diera una vuelta
6.12 y los sacerdotes tomaron el arca de *J*
6.13 la retaguardia iba tras el arca de *J*
6.16 gritad. . *J* os ha entregado la ciudad
6.17 y será la ciudad anatema a *J*, con todas
6.19 sean consagrados a *J*. . en el tesoro de *J*
6.24 pusieron en el tesoro de la casa de *J*
6.26 maldito delante de *J* el hombre que se
6.27 estaba, pues, *J* con Josué, y su nombre
7.1 la ira de *J* se encendió contra. . Israel
7.6 Josué. . se postró. . delante del arca de *J*
7.7 ¡ah, Señor *J*! ¿Por qué hiciste pasar a
7.10 *J* dijo a Josué: Levántate; ¿por qué te
7.13 *J* el Dios de Israel dice así: Anatema
7.14(3) la. . que *J* tomare, se acercará por sus
7.15 por cuanto ha quebrantado el pacto de *J*
7.19 hijo. . da gloria a *J* el Dios de Israel
7.20 yo he pecado contra *J* el Dios de Israel
7.23 y tomándolo. . lo pusieron delante de *J*
7.25 y le dijo Josué. . Túrbete *J* en este día
7.26 *J* se volvió del ardor de su ira. Y por
8.1 *J* dijo a Josué: No temas ni desmayes
8.7 pues *J*. . la entregará en vuestras manos
8.8 conforme a la palabra de *J*; mirad que
8.18 *J* dijo a Josué: Extiende la lanza que
8.27 la palabra de *J* que le había mandado a
8.30 edificó un altar a *J* Dios de Israel en
8.31 Moisés siervo de *J* lo había mandado
8.31 y ofrecieron sobre él holocaustos a *J*
8.33 que llevaban el arca del pacto de *J*, así
8.33 Moisés, siervo de *J*, lo había mandado
9.9 lejana, por causa del nombre de *J* tu Dios
9.14 tomaron de las. . y no consultaron a *J*
9.18 habían jurado por *J* el Dios de Israel
9.19 les hemos jurado por *J* Dios de Israel
9.24 fue dado a entender a. . que *J* tu Dios
9.27 a ser leñadores y. . para el altar de *J*
9.27 aguadores. . en el lugar que *J* eligiese
10.8 y *J* dijo a Josué: No tengas temor de
10.10 *J* los llenó de consternación delante
10.11 *J* arrojó desde. . cielo grandes piedras
10.12 habló a *J* el día en que *J* entregó al
10.14 habiendo atendido *J* a la voz de un
10.14 día como aquel. . *J* peleaba por Israel
10.19 *J*. . los ha entregado en vuestra mano
10.25 así hará *J* a todos vuestros enemigos
10.30 *J* la entregó. . y a su rey en manos de

JEHOVÁ *(Continúa)*
Jos. 10.32 *J* entregó a Laquis en mano de Israel
10.40 lo mató, como *J*..se lo había mandado
10.42 los tomó..porque *J*..peleaba por Israel
11.6 mas *J* dijo a Josué: No tengas temor de
11.8 los entregó *J* en manos de Israel, y los
11.9 hizo con ellos como *J* le había mandado
11.12 Moisés siervo de *J* lo había mandado
11.15 de la manera que *J* lo había mandado
11.15 quitar palabra de todo lo que *J* había
11.20 vino de *J*, que endurecía el corazón de
11.20 destruirlos..como *J* lo había mandado a
11.23 conforme a todo lo que *J* había dicho a
12.6 a estos derrotaron Moisés siervo de *J*
12.6 Moisés siervo de *J* dio aquella tierra en
13.1 siendo Josué ya viejo..años, *J* le dijo
13.8 dio..según se la dio Moisés siervo de *J*
13.14 los sacrificios de *J*..son su heredad
13.33 *J* Dios de Israel es la heredad de ellos
14.2 por suerte se les dio..*J* había mandado
14.5 de la manera que *J* lo había mandado a
14.6 le dijo: Tú sabes lo que *J* dijo a Moisés
14.7 cuando Moisés siervo de *J* me envió de
14.8 pero yo cumplí siguiendo a *J* mi Dios
14.9 cuanto cumpliste siguiendo a *J* mi Dios
14.10 bien, *J* me ha hecho vivir, como él dijo
14.10 el tiempo que *J* habló estas palabras
14.12 este monte, del cual habló *J* aquel día
14.12 quizá *J* estará conmigo, y los echaré
14.12 anaceos..los echaré, como *J* ha dicho
14.14 por cuanto había seguido..a *J* Dios de
15.13 conforme al mandamiento de *J* a Josué
17.4 *J* mandó a Moisés que nos diese heredad
17.4 les dio heredad..conforme al dicho de *J*
17.14 que *J* nos ha bendecido hasta ahora?
18.3 a poseer la tierra que os ha dado *J* el
18.6 yo os echaré suertes aquí delante de *J*
18.7 sacerdocio de *J* es la heredad de ellos
18.7 su heredad..les dio Moisés siervo de *J*
18.8 eche suertes aquí delante de *J* en Silo
18.10 y Josué les echó suertes delante de *J*
19.50 según la palabra de *J*, le dieron la
19.51 heredades que..entregaron..delante de *J*
20.1 habló *J* a Josué, diciendo
21.2 *J* mandó..que nos fuesen dadas ciudades
21.3 a los levitas, conforme al mandato de *J*
21.8 dieron, pues..como había mandado *J* por
21.43 dio *J* a Israel toda la tierra que había
21.44 *J* les dio reposo alrededor, conforme a
21.44 *J* entregó en sus manos a..sus enemigos
21.45 promesas que *J* había hecho a la casa
22.2 todo lo que Moisés siervo de *J* os mandó
22.3 de guardar los mandamientos de *J*..Dios
22.4 *J*..ha dado reposo a vuestros hermanos
22.4 tierra..que Moisés siervo de *J* os dio
22.5 la ley que Moisés siervo de *J* os ordenó
22.5 que améis a *J* vuestro Dios, y andéis en
22.9 conforme al mandato de *J* por conducto
22.16 toda la congregación de *J* dice así
22.16 ¿qué..para apartaros hoy de seguir a *J*
22.16 altar para ser rebeldes contra *J*?
22.17 la mortandad en la congregación de *J*
22.18 para que..apartéis hoy de seguir a *J*?
22.18 os rebeláis hoy contra *J*, y mañana
22.19 pasaos a la tierra de la posesión de *J*
22.19 en la cual está el tabernáculo de *J*
22.19 no os rebeléis contra *J*, ni os rebeléis
22.19 altar además del..de *J* nuestro Dios
22.22 *J* Dios de los dioses, *J* Dios de los
22.22 si fue..o por prevaricación contra *J*
22.23 altar para volvernos de en pos de *J*
22.23 nos hemos edificado..*J* nos lo demande
22.24 tenéis vosotros con *J* Dios de Israel?
22.25 *J* ha puesto por lindero el Jordán entre
22.25 no tenéis vosotros parte en *J*; y así
22.25 nuestros hijos dejasen de temer a *J*
22.27 de que podemos hacer el servicio de *J*
22.27 digan..vosotros no tenéis parte en *J*
22.28 mirad el símil del altar de *J*, el cual
22.29 acontezca que nos rebelemos contra *J*
22.29 o que nos apartemos hoy de seguir a *J*
22.29 además del altar de *J* nuestro Dios que
22.31 hoy hemos entendido que *J* está entre
22.31 no habéis intentado esta traición..*J*
22.31 librado a..de Israel de la mano de *J*
22.34 porque testimonio es..que *J* es Dios
23.1 después que *J* diera reposo a Israel de
23.3 habéis visto todo lo que *J*..ha hecho
23.3 *J*..Dios es quien ha peleado por vosotros
23.5 y *J*..las echará de delante de vosotros
23.5 poseeréis sus..como *J*..Dios os ha dicho
23.8 a *J* vuestro Dios seguiréis, como habéis
23.9 pues ha arrojado *J*..fuertes naciones
23.10 porque *J* vuestro Dios es quien pelea
23.11 guardad, pues..améis a *J* vuestro Dios
23.13 que *J*..no arrojará más a estas naciones
23.13 tierra que *J* vuestro Dios os ha dado
23.14 las buenas palabras que *J*..había dicho
23.15 toda palabra buena que *J*..había dicho
23.15 también traerá *J*..toda palabra mala
23.15 sobre la buena tierra que *J*..ha dado
23.16 si traspasareis el pacto de *J*..Dios que
23.16 ira de *J* se encenderá contra vosotros
24.2 dijo Josué..Así dice *J*, Dios de Israel
24.7 ellos clamaron a *J*, él puso oscuridad
24.14 ahora, pues, temed a *J*..y servid a *J*
24.15 si mal os parece servir a *J*, escogeos
24.15 y si..pero yo y mi casa serviremos a *J*
24.16 nunca tal..que dejemos a *J* para servir a
24.17 *J* nuestro Dios es el que nos sacó a
24.18 y *J* arrojó..a todos los pueblos, y al
24.18 nosotros, pues, también serviremos a *J*
24.19 no podréis servir a *J*, porque él es
24.20 si dejareis a *J* y sirviereis a dioses
24.21 a Josué: No, sino que a *J* serviremos
24.22 sois testigos..que habéis elegido a *J*
24.23 e inclinad vuestro corazón a *J* Dios de
24.24 *J* nuestro Dios serviremos, y a su voz
24.26 la encina que..junto al santuario de *J*
24.27 esta piedra..ha oído..las palabras que *J*
24.29 murió Josué hijo de Nun, siervo de *J*
24.31 sirvió Israel a *J*..el tiempo de Josué
24.31 las obras que *J* había hecho por Israel
Jue. 1.1 los hijos de Israel consultaron a *J*
1.2 *J* respondió: Judá subirá; he aquí que yo
1.4 *J* entregó en sus manos al cananeo y al
1.19 *J* estaba con Judá, quien arrojó a los
1.22 casa de José subió..*J* estaba con ellos
2.1 el ángel de *J* subió de Gilgal a Boquim
2.4 cuando el ángel de *J* habló estas palabras
2.5 Boquim..ofrecieron allí sacrificios a *J*
2.7 servido a *J* todo el tiempo de Josué, y
2.7 habían visto..las grandes obras de *J*, que
2.8 pero murió Josué hijo de Nun, siervo de *J*
2.10 otra generación que no conocía a *J*, ni
2.11 hicieron lo malo ante los ojos de *J*, y
2.12 dejaron a *J* el Dios de sus padres, que
2.12 tras otros dioses..provocaron a ira a *J*
2.13 y dejaron a *J*, y adoraron a Baal y a
2.14 se encendió contra Israel el furor de *J*
2.15 la mano de *J* estaba contra ellos para
2.15 *J* había dicho, y..*J* se lo había jurado
2.16 *J* levantó jueces que los librasen de los
2.17 obedeciendo a los mandamientos de *J*
2.18 *J* les levantaba jueces, *J* estaba con el
2.18 *J* era movido a misericordia por sus
2.20 la ira de *J* se encendió contra Israel
2.22 seguir el camino de *J*, andando en él
2.23 por esto dejó *J* a aquellas naciones, sin
3.1 las naciones que dejó *J* para probar con
3.4 si obedecerían a los mandamientos de *J*
3.7 malo ante los ojos de *J*, y olvidaron a *J*
3.8 y la ira de *J* se encendió contra Israel
3.9 clamaron..a *J*; y *J* levantó un libertador
3.10 el Espíritu de *J* vino sobre él, y juzgó
3.10 *J* entregó en su..a Cusan-risataim rey
3.12 lo malo ante..*J*..*J* fortaleció a Eglón
3.12 habían hecho lo malo ante los ojos de *J*
3.15 a *J*, y *J* les levantó un libertador, a
3.28 *J* ha entregado a vuestros enemigos los
4.1 volvieron a hacer lo malo ante los..de *J*
4.2 y *J* los vendió en mano de Jabín rey de
4.3 los hijos de Israel clamaron a *J*, porque
4.6 ¿no te ha mandado *J* Dios..diciendo: Vé
4.9 en mano de mujer venderá *J* a Sísara
4.14 este es el día en que *J* ha entregado a
4.14 ¿no ha salido *J* delante de ti? Y Barac
4.15 *J* quebrantó a Sísara, a..sus carros y a
5.2 por haberse puesto al frente..Load a *J*
5.3 yo cantaré a *J*, cantaré salmos a *J*, el
5.4 cuando saliste de Seir, oh *J*, cuando te
5.5 los montes temblaron delante de *J*, aquel
5.5 aquel Sinaí, delante de *J* Dios de Israel
5.9 los que..os ofrecisteis entre..load a *J*
5.11 allí repetirán los triunfos de *J*, los
5.11 marchará hacia..puertas el pueblo de *J*
5.13 el pueblo de *J* marchó por él en contra
5.23 maldecid a Meroz, dijo el ángel de *J*
5.23 al socorro de *J*..*J* contra los fuertes
5.31 así perezcan todos tus enemigos, oh *J*
6.1 ante los ojos de *J*; y *J* los entregó en
6.6 empobrecía Israel..Israel clamaron a *J*
6.7 cuando..Israel clamaron a *J*, a causa de
6.8 *J* envió..un varón profeta, el cual les
6.8 así ha dicho *J* Dios de Israel: Yo os hice
6.10 dije: Yo soy *J* vuestro Dios; no temáis
6.11 vino el ángel de *J*, y se sentó debajo
6.12 el ángel de *J*..le dijo: *J* está contigo
6.13 si *J* está con nosotros, ¿por qué nos ha
6.13 ¿no nos sacó *J* de Egipto? Y ahora *J* nos
6.14 y mirándole *J*, le dijo: Vé con esta tu
6.16 *J* dijo: Ciertamente yo estaré contigo
6.21 y extendiendo el ángel de *J* el báculo
6.21 y el ángel de *J* desapareció de su vista
6.22 viendo..Gedeón que era el ángel de *J*
6.22 ah, Señor *J*, que he visto el ángel de *J*
6.23 *J* le dijo: Paz a ti; no tengas temor, no
6.24 edificó..Gedeón altar a *J*, y lo llamó
6.25 la misma noche le dijo *J*: Toma un toro
6.26 y edifica altar a *J*..en la cumbre de
6.27 tomó 10 hombres..e hizo como *J* le dijo
6.34 el Espíritu de *J* vino sobre Gedeón, y
7.2 y *J* dijo a Gedeón: El pueblo..es mucho
7.4 *J* dijo a Gedeón: Aún es mucho el pueblo
7.5 *J* dijo a Gedeón: Cualquiera que lamiere
7.7 *J* dijo a Gedeón: Con estos 300 hombres
7.9 que aquella noche *J* le dijo: Levántate
7.15 *J* ha entregado el campamento de Madián
7.18 tocaréis..diréis: ¡Por *J* y por Gedeón!
7.20 gritaron..la espada de *J* y de Gedeón!
7.22 *J* puso la espada de cada uno contra su
8.7 *J* haya entregado en mi mano a Zeba y a
8.19 ¡vive *J*, que si les hubierais..la vida
8.23 ni mi hijo..*J* señoreará sobre vosotros
8.34 no se acordaron..de Israel de *J* su Dios
10.6 a hacer lo malo ante los ojos de *J*, y
10.6 Israel..dejaron a *J*, y no le sirvieron
10.7 se encendió la ira de *J* contra Israel
10.10 de Israel clamaron a *J*..hemos pecado
10.11 *J* respondió a los hijos de Israel: ¿No
10.15 los hijos de Israel respondieron a *J*
10.16 sirvieron a *J*; y él fue angustiado a
11.9 pelee..y *J* los entregare delante de mí
11.10 *J* sea testigo entre nosotros, si no
11.11 y Jefté habló..delante de *J* en Mizpa
11.21 *J*..entregó a Sehón y a todo su pueblo
11.23 lo que *J* Dios de..desposeyó al amorreo
11.24 todo lo que desposeyó *J*..lo poseeremos
11.27 *J*, que es el juez, juzgue hoy entre
11.29 y el Espíritu de *J* vino sobre Jefté
11.30 y Jefté hizo voto a *J*, diciendo: Si
11.31 cualquiera que saliere de..será de *J*
11.32 fue Jefté..y *J* los entregó en su mano
11.35 le he dado palabra a *J*, y no podré
11.36 si le has dado palabra a *J*..ya que *J*
12.3 los hijos de Amón, y *J* me los entregó
13.1 hacer lo malo ante..*J*..*J* los entregó en
13.3 a esta mujer apareció el ángel de *J*, y
13.8 oró Manoa a *J*, y dijo: Ah, Señor mío, yo
13.13 y el ángel de *J* respondió..La mujer se
13.15 Manoa dijo al ángel de *J*: Te ruego nos
13.16 el ángel de *J* respondió a Manoa: Aunque
13.16 si quieres..holocausto, ofrécelo a *J*
13.16 no sabía..que aquél fuese ángel de *J*
13.17 dijo Manoa al ángel de *J*: ¿Cuál es tu
13.18 y el ángel de *J* respondió: ¿Por qué
13.19 Manoa..los ofreció sobre una peña a *J*
13.20 ángel de *J* subió en la llama del altar
13.21 el ángel de *J* no volvió a aparecer a
13.21 conoció Manoa que era el ángel de *J*
13.23 si *J* nos quisiera matar, no aceptaría
13.24 Sansón..el niño creció, y *J* lo bendijo
13.25 el Espíritu de *J* comenzó a manifestarse
14.4 su padre..no sabían que esto venía de *J*
14.6 y el Espíritu de *J* vino sobre Sansón
14.19; 15.14 Espíritu de *J* vino sobre él
15.18 y teniendo gran sed, clamó luego a *J*
16.20 no sabía que *J* ya se había apartado de
16.28 clamó Sansón a *J*, y dijo: Señor *J*
17.2 la madre dijo: Bendito seas de *J*, hijo
17.3 he dedicado el dinero a *J* por mi hijo
17.13 Micaía dijo..sé que *J* me prosperará
18.6 id en paz; delante de *J*..vuestro camino
19.18 a Belén..mas ahora voy a la casa de *J*
20.1 se reunió la congregación..a *J* en Mizpa
20.18 y *J* respondió: Judá será el primero
20.23 lloraron delante de *J* hasta la noche
20.23 y consultaron a *J*..y *J* les respondió
20.26 y se sentaron allí en presencia de *J*
20.26 ofrecieron holocaustos..delante de *J*
20.27 y los hijos de Israel preguntaron a *J*
20.28 *J* dijo: Subid, porque..los entregaré
20.35 derrotó *J* a Benjamín delante de Israel
21.3 *J*..¿por qué ha sucedido esto en Israel
21.5 no subió a la reunión delante de *J*?
21.5 contra el que no subiese a *J* en Mizpa
21.7 hemos jurado por *J* que no les daremos
21.8 alguno..que no haya subido a *J* en Mizpa?
21.15 *J* había abierto una brecha entre las
21.19 año hay fiesta solemne de *J* en Silo
Rt. 1.6 oyó..que *J* había visitado a su pueblo
1.8 *J* haga con vosotras misericordia, como
1.9 os conceda *J* que halléis descanso, cada
1.13 pues la mano de *J* ha salido contra mí
1.17 me haga *J*, y aun me añada, que sólo la
1.21 yo me fui llena, pero *J* me ha vuelto con
1.21 ya que *J* ha dado testimonio contra mí
2.4 que Booz vino..y dijo..*J* sea con vosotros
2.4 los segadores..respondieron: *J* te bendiga
2.12 *J* recompense tu obra..de parte de *J* Dios
2.20 dijo..a su nuera: Sea él bendito de *J*
3.10 él dijo: Bendita seas tú de *J*, hija mía
3.13 mas si él no te..yo te redimiré, vive *J*
4.11 *J* haga a la mujer que entra en tu casa
4.12 descendencia que de esa joven te dé *J*
4.13 *J* le dio que concibiese y diese a luz
4.14 loado sea *J*, que hizo que no te faltase
1 S. 1.3 subía..para ofrecer sacrificios a *J*
1.3 estaban..Ofni y Finees, sacerdotes de *J*
1.5,6 *J* no le había concedido tener hijos
1.7 así hacía..cuando subía a la casa de *J*
1.9 una silla junto a un pilar del templo de *J*
1.10 con amargura de alma oró a *J*, y lloró
1.11 *J*..si te dignares mirar a la aflicción
1.11 dedicaré a *J* todos los días de su vida
1.12 ella oraba largamente delante de *J*, Elí
1.15 que he derramado mi alma delante de *J*
1.19 adoraron delante de *J*..y *J* se acordó de
1.20 hijo..diciendo: Por cuanto lo pedí a *J*
1.21 subió..para ofrecer a *J* el sacrificio
1.22 lo lleve y sea presentado delante de *J*
1.23 haz..solamente que cumpla *J* su palabra

JEHOVÁ *(Continúa)*

1 S. 1.24 y lo trajo a la casa de *J* en Silo; y el
1.26 que estuvo aquí junto a ti orando a *J*
1.27 por este niño oraba, y *J* me dio lo que
1.28 yo, pues, lo dedico también a *J:* todos
1.28 que viva, será de *J*. Y adoró allí a *J*
2.1 Ana..dijo: Mi corazón se regocija en *J*
2.1 mi poder se exalta en *J;* mi boca se
2.2 no hay santo como *J*..no hay ninguno fuera
2.3 el Dios de todo saber es *J*, y a él toca
2.6 *J* mata, y él da vida; él hace descender
2.7 *J* empobrece, y él enriquece; abate, y
2.8 de *J* son las columnas de la tierra, y él
2.10 delante de *J* serán quebrantados sus
2.10 *J* juzgará los confines de la tierra
2.11 el niño ministraba a *J* delante del..Elí
2.12 impíos, y no tenían conocimiento de *J*
2.17 era..muy grande delante de *J* el pecado
2.17 los hombres menospreciaban las..de *J*
2.18 Samuel ministraba en la presencia de *J*
2.20 *J* te dé hijos..lugar del que pidió a *J*
2.21 visitó *J* a Ana, y ella concibió, y dio
2.21 y el joven Samuel crecía delante de *J*
2.24 no, hijos..hacéis pecar al pueblo de *J*
2.25 mas si alguno pecare contra *J*, ¿quién
2.25 porque *J* había resuelto hacerlos morir
2.27 le dijo: Así ha dicho *J:* ¿No me manifesté
2.30 por tanto, *J*..dice: Yo había dicho que
2.30 mas ahora ha dicho *J:* Nunca yo tal haga
3.1 joven Samuel ministraba a *J* en presencia
3.1 palabra de *J* escaseaba en aquellos días
3.3 Samuel estaba durmiendo en el templo de *J*
3.4 *J* llamó a Samuel; y él respondió: Heme
3.6 y *J* volvió a llamar otra vez a Samuel
3.7 no había conocido aún a *J*..palabra de *J*
3.8 *J*, pues, llamó la tercera vez a Samuel
3.8 entonces entendió Elí que *J* llamaba al
3.9 dirás: Habla, *J*, porque tu siervo oye
3.10 vino *J* y se paró, y llamó como..¡Samuel
3.11 y *J* dijo a Samuel: He aquí haré yo una
3.15 Samuel..abrió..puertas de la casa de *J*
3.18 dijo: *J* es; haga lo que bien le pareciere
3.19 Samuel creció, y *J* estaba con él, y no
3.20 conoció que Samuel era..profeta de *J*
3.21 y *J* volvió a aparecer en Silo; porque
3.21 *J* se manifestó a..por la palabra de *J*
4.3 ha herido hoy *J* delante de los filisteos
4.3 traigamos..Silo el arca del pacto de *J*
4.4 trajeron de allá el arca del pacto de *J*
4.5 cuando el arca del pacto de *J* llegó al
4.6 que el arca de *J* había sido traída al
5.3,4 Dagón postrado..delante del arca de *J*
5.6 y se agravó la mano de *J* sobre..de Asdod
5.9 la mano de *J* estuvo contra la ciudad con
6.1 estuvo el arca de *J* en la tierra de los
6.2 preguntaron: ¿Qué haremos del arca de *J?*
6.8 tomaréis..el arca de *J*, y la pondréis
6.11 pusieron el arca de *J* sobre el carro, y
6.14 ofrecieron las vacas en holocausto a *J*
6.15 los levitas bajaron el arca de *J*, y la
6.15 dedicaron sacrificios a *J* en aquel día
6.17 los tumores de oro que pagaron los..a *J*
6.18 sobre la cual pusieron el arca de *J* está
6.19 mirado dentro del arca de *J;* hizo morir
6.19 lloró el pueblo..*J* lo había herido con
6.20 ¿quién podrá estar delante de *J*..santo?
6.21 los filisteos han devuelto el arca de *J*
7.1 vinieron los de..y llevaron el arca de *J*
7.1 Eleazar..para que guardase el arca de *J*
7.2 la casa de Israel lamentaba en pos de *J*
7.3 si..os volvéis a *J*..preparad..corazón a *J*
7.4 los hijos de Israel..sirvieron sólo a *J*
7.5 en Mizpa, y yo oraré por vosotros a *J*
7.6 sacaron agua, y..derramaron delante de *J*
7.6 y dijeron allí: Contra *J* hemos pecado
7.8 no ceses de clamar por nosotros a *J*..Dios
7.9 sacrificó..a *J;* y clamó..a *J*..y *J* le oyó
7.10 mas *J* tronó aquel día con gran estruendo
7.12 puso..diciendo: Hasta aquí nos ayudó *J*
7.13 la mano de *J* estuvo contra los filisteos
7.17 juzgaba a..y edificó allí un altar a *J*
8.6 no agradó a Samuel esta..Y Samuel oró a *J*
8.7 dijo *J* a Samuel: Oye la voz del pueblo
8.10 refirió Samuel todas las palabras de *J*
8.18 mas *J* no os responderá en aquel día
8.21 oyó Samuel..las refirió en oídos de *J*
8.22 *J* dijo a Samuel: Oye su voz, y pon rey
9.15 Saúl..*J* había revelado al oído de Samuel
9.17 *J* le dijo: He aquí éste es el varón del
10.1 ¿no te ha ungido *J* por príncipe sobre
10.6 el Espíritu de *J* vendrá sobre ti con
10.17 Samuel convocó al pueblo delante de *J*
10.18 así ha dicho *J*..Yo saqué a Israel de
10.19 presentaos delante de *J* por vuestras
10.22 preguntaron..otra vez a *J*..y respondió *J*
10.24 ¿habéis visto al que ha elegido *J*, que
10.25 un libro, el cual guardó delante de *J*
11.7 temor de *J* sobre el pueblo, y salieron
11.13 no morirá hoy..hoy *J* ha dado salvación
11.15 invistieron allí a Saúl..delante de *J*
11.15 sacrificaron..ofrendas..delante de *J*
12.3 estoy; atestiguad contra mí delante de *J*
12.5 les dijo: *J* es testigo contra vosotros
12.6 *J* que designó a Moisés y a Aarón, y sacó
12.7 y contenderé con vosotros delante de *J*
12.7 que *J* ha hecho con vosotros y..padres
12.8 padres clamaron a *J*, *J* envió a Moisés y
12.9 olvidaron a *J* su Dios, y él los vendió
12.10 ellos clamaron a *J*..hemos dejado a *J*
12.11 *J* envió a Jerobaal, a Barac, a Jefté
12.12 siendo así que *J*..Dios era vuestro rey
12.13 veis que *J* ha puesto rey sobre vosotros
12.14 si temiereis a *J*..y no..rebeldes a *J*
12.14 tanto vosotros como el rey..servís a *J*
12.15 si no oyereis la voz de *J*, y si fuereis
12.15 fuereis rebeldes a..de *J*, la mano de *J*
12.16 esta gran cosa que *J* hará delante de
12.17 yo clamaré a *J*, y él dará truenos y
12.17 vuestra maldad que..ante los ojos de *J*
12.18 clamó a *J*, y *J* dio truenos y lluvias
12.18 el pueblo tuvo gran temor de *J* y de
12.19 a Samuel: Ruega por tus siervos a *J*
12.20 no os apartéis de en pos de *J*, sino
12.22 *J* no desamparará a su pueblo, por su
12.22 porque *J* ha querido haceros pueblo suyo
12.23 lejos sea de mí que peque yo contra *J*
12.24 temed a *J* y servidle de verdad con todo
13.12 ahora..yo no he implorado el favor de *J*
13.13 no guardaste el mandamiento de *J* tu
13.13 *J* hubiera confirmado tu reino sobre
13.14 *J* se ha buscado..al cual *J* ha designado
13.14 tú no has guardado lo que *J* te mandó
14.3 sacerdote de *J* en Silo, llevaba el efod
14.6 haga algo *J*..pues no es difícil para *J*
14.10 *J* los ha entregado en nuestra mano
14.12 *J* los ha entregado en manos de Israel
14.23 salvó *J* a Israel aquel día. Y llegó la
14.33 el pueblo peca contra *J*, comiendo la
14.34 no pequéis contra *J* comiendo la carne
14.35 y edificó Saúl altar a *J*..edificó a *J*
14.37 mas *J* no le dio respuesta aquel día
14.39 vive *J*..que aunque fuere en Jonatán mi
14.41 a *J* Dios de Israel: Da suerte perfecta
14.45 vive *J*, que no ha de caer un cabello
15.1 *J* me envió a que te ungiese por rey
15.1 ahora..está atento a las palabras de *J*
15.2 dicho *J* de los ejércitos: Yo castigaré
15.10 vino palabra de *J* a Samuel, diciendo
15.11 y se apesadumbró Samuel, y clamó a *J*
15.13 bendito seas tú de *J;* yo he cumplido..*J*
15.15 para sacrificarlas a *J* tu Dios, pero
15.16 declararte lo que *J* me ha dicho esta
15.17 *J* te ha ungido por rey sobre Israel?
15.18 y *J* te envió en misión y dijo: Vé
15.19 ¿por qué, pues, no has oído la voz de *J*
15.19 has hecho lo malo ante los ojos de *J?*
15.20 antes bien he obedecido la voz de *J*
15.20 fui a la misión que *J* me envió, y he
15.21 para ofrecer sacrificios a *J* tu Dios
15.22 ¿se complace *J* tanto en..holocaustos
15.22 que se obedezca a las palabras de *J?*
15.23 cuanto tú desechaste la palabra de *J*
15.24 he quebrantado el mandamiento de *J* y
15.25 y vuelve conmigo para que adore a *J*
15.26 desechaste la palabra de *J*, y *J* te ha
15.28 *J* ha rasgado hoy..el reino de Israel
15.30 y vuelvas conmigo para que adore a *J*
15.31 volvió Samuel tras..y adoró Saúl a *J*
15.33 cortó en pedazos a Agag delante de *J*
15.35 *J* se arrepentía de haber puesto a Saúl
16.1 *J* a Samuel: ¿Hasta cuándo llorarás a
16.2 *J* respondió..A ofrecer..a *J* he venido
16.4 hizo..Samuel como le dijo *J;* y luego que
16.5 vengo a ofrecer sacrificio a *J*..venid
16.6 de cierto delante de *J* está su ungido
16.7 *J* respondió a Samuel..*J* no mira lo que
16.7 el hombre mira..pero *J* mira el corazón
16.8,9 tampoco a éste ha escogido *J*
16.10 dijo a Isaí: *J* no ha elegido a éstos
16.12 *J* dijo: Levántate y úngelo, porque éste
16.13 día..el Espíritu de *J* vino sobre David
16.14 el Espíritu de *J* se apartó de Saúl, y
16.14 le atormentaba un espíritu malo..de *J*
16.18 prudente..y hermoso, y *J* está con él
17.37 *J*, que me ha librado de las garras del
17.37 dijo Saúl a David: Vé, y *J* esté contigo
17.45 yo vengo a ti en el nombre de *J* de los
17.46 *J* te entregará hoy en mi mano, y yo te
17.47 sabrá..*J* no salva con espada y lanza
17.47 de *J* es la batalla, y él os entregará
18.12 *J* estaba con él, y se había apartado
18.14 David se conducía..y *J* estaba con él
18.17 valiente, y peleés las batallas de *J*
18.28 considerando que *J* estaba con David
19.5 y *J* dio gran salvación a todo Israel
19.6 voz..y juró Saúl: Vive *J*, que no morirá
19.9 espíritu malo de parte de *J* vino sobre
20.3 vive *J*..apenas hay un paso entre mí y
20.8 hecho entrar a tu siervo en pacto de *J*
20.12 dijo..¡*J* Dios de Israel, sea testigo!
20.13 *J* haga así a Jonatán..Y esté *J* contigo
20.14 harás conmigo misericordia de *J*, para
20.15 cuando *J* haya cortado uno por uno los
20.16 requiéralo *J* de la..enemigos de David
20.21 vendrás, porque..nada malo hay, vive *J*
20.22 dijere..vete, porque *J* te ha enviado
20.23 esté *J* entre nosotros dos para siempre
20.42 hemos jurado por..*J*..*J* esté entre tú
21.6 habían sido quitados..presencia de *J*
21.7 estaba allí..detenido delante de *J* uno
22.10 el cual consultó por él a *J* y le dio
22.17 volveos y matad a los sacerdotes de *J*
22.17 no quisieron..matar..sacerdotes de *J*
22.21 había dado muerte a los sacerdotes de *J*
23.2 y David consultó a *J*, diciendo: ¿Iré a
23.2 *J* respondió..Vé, ataca a los filisteos
23.4 David volvió a consultar a *J*. Y *J* le
23.10 *J* Dios..tu siervo tiene entendido que
23.11 *J*..te ruego..Y *J* dijo: Sí, descenderá
23.12 de Saúl? Y *J* respondió: Os entregarán
23.18 hicieron pacto delante de *J*. Y David
23.21 Saúl dijo: Benditos seáis vosotros de *J*
24.4 dijeron..aquí el día de que te dijo *J*
24.6 y dijo..*J* me guarde de hacer tal cosa
24.6 tal cosa contra mi señor, el ungido de *J*
24.6 mano contra él; porque es el ungido de *J*
24.10 cómo *J* te ha puesto hoy en mis manos
24.10 te perdoné..porque es el ungido de *J*
24.12 juzgue *J* entre tú..y véngueme de ti *J*
24.15 *J*..será juez, y él juzgará entre tú y
24.18 tú..habiéndome entregado *J* en tu mano
24.19 *J* te pague con bien por lo que..hecho
24.21 júrame..por *J*, que no destruirás mi
25.26 vive *J*..que *J* te ha impedido el venir
25.28 pues *J*..hará casa estable a mi señor
25.28 cuanto mi señor pelea las batallas de *J*
25.29 el haz de los que viven delante de *J*
25.30 cuando *J* haga con mi señor conforme a
25.31 señor, y cuando *J* haga bien a mi señor
25.32 y dijo David a Abigail: Bendito sea *J*
25.34 vive *J* Dios..que me ha defendido de
25.38 diez días después, *J* hirió a Nabal, y
25.39 bendito sea *J*, que juzgó la causa de
25.39 *J* ha vuelto la maldad de Nabal sobre
26.9 ¿quién..su mano contra el ungido de *J*
26.10 vive *J*, que si *J* no lo hiriere, o su
26.11 guárdeme *J* de..contra el ungido de *J*
26.12 sueño enviado de *J* había caído sobre
26.16 vive *J*, que sois dignos de muerte
26.16 no habéis guardado a..al ungido de *J*
26.19 si *J* te incita contra mí, acepte él la
26.19 malditos sean ellos en presencia de *J*
26.19 que no tenga parte en la heredad de *J*
26.20 no..mi sangre en tierra delante de *J*
26.23 y *J* pague a cada uno su justicia y su
26.23 *J* te había entregado hoy en mi mano
26.23 no quise..mano contra el ungido de *J*
26.24 así sea mi vida a los ojos de *J*, y me
28.6 consultó Saúl a *J*..*J* no le respondió ni
28.10 Saúl le juró por *J*, diciendo: Vive *J*
28.16 si *J* se ha apartado..y es tu enemigo
28.17 *J* te ha hecho..*J* ha quitado el reino
28.18 como tú no obedeciste a la voz de *J*
28.18 Amalec, por eso *J* te ha hecho esto hoy
28.19 *J* entregará a Israel también contigo
28.19 *J* entregará..al ejército de Israel en
29.6 vive *J*, que tú has sido recto, y que me
30.6 mas David se fortaleció en *J* su Dios
30.8 consultó a *J*, diciendo: ¿Perseguiré a
30.23 de lo que nos ha dado *J*, quien nos ha
30.26 envió..del botín de los enemigos de *J*

2 S. 1.12 ayunaron..por el pueblo de *J* y por
1.14 no..tu mano para matar al ungido de *J?*
1.16 boca..diciendo: Yo maté al ungido de *J*
2.1 que David consultó a *J*..Y *J* le respondió
2.5 benditos seáis..de *J*, que habéis hecho
2.6 ahora..*J* haga con vosotros misericordia
3.9 si como ha jurado *J* a David, no haga yo
3.18 hacedlo; porque *J* ha hablado a David
3.28 inocente..yo y mi reino, delante de *J*
3.39 *J* dé el pago al que mal hace, conforme
4.8 *J* ha vengado hoy a mi señor el rey, de
4.9 vive *J* que ha redimido mi alma de toda
5.2 *J* te ha dicho: Tú apacentarás a..pueblo
5.3 David hizo pacto con ellos delante de *J*
5.10 *J* Dios de los ejércitos estaba con él
5.12 que *J* le había confirmado por rey sobre
5.19 consultó David a..y *J* respondió..Vé
5.20 quebrantó *J* a mis enemigos delante de
5.23 consultando David a *J*, él le respondió
5.24 porque *J* saldrá delante de ti a herir
5.25 lo hizo así, como *J* se lo había mandado
6.2 la cual era invocado el nombre de *J* de
6.5 la casa de Israel danzaban delante de *J*
6.7 y el furor de *J* se encendió contra Uza
6.8 entristeció..por haber herido *J* a Uza
6.9 y temiendo David a *J* aquel día, dijo
6.9 ¿cómo ha de venir a mí el arca de *J?*
6.10 David no quiso traer..el arca de *J* a la
6.11 el arca de *J* en casa de Obed-edom tres
6.11 bendijo *J* a Obed-edom y a toda su casa
6.12 *J* ha bendecido la casa de Obed-edom y
6.14 David danzaba con..fuerza delante de *J*
6.15 David y..Israel conducían el arca de *J*
6.16 cuando el arca de *J* llegó a la ciudad
6.16 vio al rey David..danzaba delante de *J*
6.17 metieron..el arca de *J*, y la pusieron
6.17 holocaustos y ofrendas de..delante de *J*
6.18 bendijo al pueblo en el nombre de *J* de
6.21 *J*..me eligió..príncipe sobre el pueblo
6.21 el pueblo de *J*..danzaré delante de *J*
7.1 que *J* le había dado reposo de todos sus

JEHOVÁ ***(Continúa)***
2 S. 7.3 haz todo lo que..porque *J* está contigo
7.4 que vino palabra de *J* a Natán, diciendo
7.5 ha dicho *J*: ¿Tú me has de edificar casa
7.8 dirás..Así ha dicho *J* de los ejércitos
7.11 *J* te hace saber que él te hará casa
7.18 se puso delante de *J*, y dijo: Señor *J*
7.19 aun te ha parecido poco esto, Señor *J*
7.19 así como procede el hombre, Señor *J*?
7.20 pues tú conoces a tu siervo, Señor *J*
7.22 te has engrandecido, *J* Dios, por cuanto
7.24 y tú, oh *J*, fuiste a ellos por Dios
7.25 *J*..confirma para siempre la palabra que
7.26 *J* de los ejércitos es Dios sobre Israel
7.27 tú, *J*..revelaste al oído de tu siervo
7.28 *J*..eres Dios, y tus palabras son verdad
7.29 porque tú, *J* Dios, lo has dicho, y con
8.6,14 *J* dio la victoria a David..que fue
8.11 los cuales el rey David dedicó a *J*, con
10.12 Dios; y haga *J* lo que bien le pareciere
11.27 fue desagradable ante los ojos de *J*
12.1 *J* envió a Natán a David; y viniendo a
12.5 vive *J*, que el que tal hizo es digno de
12.7 ha dicho *J* Dios de Israel: Yo te ungí
12.9 ¿por..tuviste en poco la palabra de *J*
12.11 ha dicho *J*: He aquí yo haré levantar
12.13 dijo..Pequé contra *J*..*J* ha remitido tu
12.14 hiciste blasfemar a los enemigos de *J*
12.15 *J* hirió al niño que la mujer de Urías
12.20 David..entró en la casa de *J*, y adoró
12.24 llamó su nombre Salomón, al cual amó *J*
12.25 así llamó su..Jedidías, a causa de *J*
14.11 oh rey, que te acuerdes de *J* tu Dios
14.11 vive *J*, que no caerá ni un cabello de
14.17 y lo malo. Así *J* tu Dios sea contigo
15.7 a pagar mi voto que he prometido a *J*
15.8 si *J* me hiciere volver..yo serviré a *J*
15.20 y *J* te..amor permanente y fidelidad
15.25 yo hallare gracia ante los ojos de *J*
15.31 entorpece..*J*, el consejo de Ahitofel
16.8 *J* te ha dado el pago..*J* ha entregado el
16.10 él así maldice, es porque *J* le ha dicho
16.11 dejadle que maldiga..*J* se lo ha dicho
16.12 quizá mirará *J* mi aflicción, y me dará
16.12 me dará *J* bien por sus maldiciones de
16.18 que de aquel que eligiere *J*..seré yo
17.14 *J* había ordenado que el..consejo de
17.14 *J* hiciese venir el mal sobre Absalón
18.19 nuevas de que *J* ha defendido su causa
18.28 bendito sea *J* Dios..que ha entregado
18.31 que hoy *J* ha defendido tu causa de la
19.7 juro por *J* que si no sales, no quedará
19.21 ¿no..Simei, que maldijo al ungido de *J*?
20.19 ¿por qué destruyes la heredad de *J*?
21.1 y David consultó a *J*, y *J* le dijo: Es
21.3 qué..para que bendigáis la heredad de *J*?
21.6 para que los ahorquemos delante de *J*
21.6 Saúl, el escogido de *J*. Y el rey dijo
21.7 el juramento de *J* que hubo entre ellos
21.9 los ahorcaron en el monte delante de *J*
22.1 habló David a *J*..este cántico, el día
22.1 *J* le había librado de la mano de todos
22.2 dijo: *J* es mi roca y mi fortaleza, y mi
22.4 invocaré a *J*, quien es digno de ser
22.7 en mi angustia invoqué a *J*, y clamé a
22.14 tronó desde..cielos *J*, y el Altísimo
22.16 a la reprensión de *J*, por el soplo de
22.19 me asaltaron en el..mas *J* fue mi apoyo
22.21 *J* me ha premiado conforme..justicia
22.22 he guardado los caminos de *J*, y no me
22.25 lo cual me ha recompensado *J* conforme a
22.29 tú eres mi lámpara, oh *J*; mi Dios
22.31 camino, y acrisolada la palabra de *J*
22.32 porque ¿quién es Dios, sino sólo *J*?
22.42 clamaron, y..aun a *J*, mas no les oyó
22.47 viva *J*, y bendita sea mi roca..el Dios
22.50 por tanto, yo te confesaré entre..oh *J*
23.2 el Espíritu de *J* ha hablado por mí, y
23.10 *J* dio una gran victoria, y se volvió
23.12 lo defendió..y *J* dio una gran victoria
23.16 sino que la derramó para *J*, diciendo
23.17 lejos sea de mí, oh *J*, que yo haga esto
24.1 volvió a encenderse la ira de *J* contra
24.3 añada *J* tu Dios al pueblo cien veces
24.10 David a *J*: Yo he pecado gravemente por
24.10 oh *J*, te ruego que quites el pecado de
24.11 palabra de *J* al profeta Gad, vidente de
24.12 así ha dicho *J*: Tres cosas te ofrezco
24.14 caigamos ahora en mano de *J*, porque
24.15 *J* envió la peste sobre Israel desde la
24.16 *J* se arrepintió de aquel mal, y dijo
24.16 el ángel de *J* estaba junto a la era de
24.17 y David dijo a *J*, cuando vio al ángel
24.18 sube, y levanta un altar a *J* en la era
24.19 subió David..según había mandado *J*
24.21 a fin de edificar un altar a *J*, para
24.23 dijo Arauna..*J*..Dios te sea propicio
24.24 no ofreceré a *J*..holocaustos que no me
24.25 y edificó allí David un altar a *J*, y
24.25 *J* oyó las súplicas de la tierra, y cesó
1 R. 1.17 tú juraste a tu sierva por *J* tu Dios
1.29 vive *J*, que ha redimido mi alma de toda
1.30 que como yo te he jurado por *J* Dios de
1.36 así lo diga *J*, Dios de mi señor el rey
1.37 manera que *J* ha estado con mi señor el
1.48 bendito sea *J*..que ha dado hoy quien se
2.3 los preceptos de *J* tu Dios, andando en
2.4 que confirme *J* la palabra que me habló
2.8 le juré por *J*, diciendo: Yo no te mataré
2.15 vino a ser de mi hermano..por *J* era suyo
2.23 Salomón juró por *J*, diciendo: Así me
2.24 vive *J*, quien me ha confirmado y me ha
2.26 por cuanto has llevado el arca de *J* el
2.27 así echó..a Abiatar del sacerdocio de *J*
2.27 para que se cumpliese la palabra de *J*
2.28 huyó Joab al tabernáculo de *J*, y se asió
2.29 Joab había huido al tabernáculo de *J*
2.30 entró Benaía al tabernáculo de *J*, y le
2.32 y *J* hará volver su sangre sobre su
2.33 habrá perpetuamente paz de parte de *J*
2.42 te hice jurar yo por *J*, y te protesté
2.43 ¿por qué..no guardaste el juramento de *J*
2.44 *J*, pues, ha hecho volver el mal sobre tu
2.45 el trono de..será firme..delante de *J*
3.1 que acababa de edificar..la casa de *J*
3.2 no había casa edificada al nombre de *J*
3.3 mas Salomón amó a *J*, andando en los
3.5 y se le apareció *J* a Salomón en Gabaón
3.7 pues, *J* Dios mío, tú me has puesto a mí
3.15 y se presentó delante del arca..de *J*
5.3 no pudo edificar casa al nombre de *J* su
5.3 *J* puso sus enemigos bajo..de sus pies
5.4 *J* mi Dios me ha dado paz..todas partes
5.5 edificar casa al nombre de *J* mi Dios
5.5 según lo que *J* habló a David mi padre
5.7 bendito sea hoy *J*, que dio hijo sabio a
5.12 *J*, pues, dio a Salomón sabiduría como
6.1 año..comenzó él a edificar la casa de *J*
6.2 la casa que el rey Salomón edificó a *J*
6.11 vino palabra de *J* a Salomón, diciendo
6.19 para poner allí el arca del pacto de *J*
6.37 echaron los cimientos de la casa de *J*
7.12 así también el atrio..de la casa de *J*
7.40 terminó toda la obra..para la casa de *J*
7.45 todos los utensilios..para la casa de *J*
7.48 enseres que pertenecían a la casa de *J*
7.51 así se terminó toda la obra..casa de *J*
7.51 todo en las tesorerías de la casa de *J*
8.1 para traer el arca del pacto de *J* de la
8.4 llevaron el arca de *J*, y el tabernáculo
8.6 metieron el arca del pacto de *J* en su
8.9 donde *J* hizo pacto con..hijos de Israel
8.10 salieron del..la nube llenó la casa de *J*
8.11 gloria de *J* había llenado la casa de *J*
8.12 *J* ha dicho..habitaría en la oscuridad
8.15 y dijo: Bendito sea *J*, Dios de Israel
8.17 edificar casa al nombre de *J* Dios de
8.18 pero *J* dijo a David mi padre: Cuanto a
8.20 *J* ha cumplido su palabra..*J* había dicho
8.20 y he edificado la casa al nombre de *J*
8.21 el arca, en la cual está el pacto de *J*
8.22 se puso Salomón delante del altar de *J*
8.23 *J*..no hay Dios como tú, ni arriba en el
8.25 *J*..cumple a tu siervo David mi padre lo
8.26 oh *J*..cúmplase la palabra que dijiste
8.28 atenderás a..a su plegaria, oh *J* Dios
8.44 y oraren a *J* con el rostro hacia la
8.53 sacaste a nuestros padres de Egipto..*J*
8.54 acabó..de hacer a *J* toda esta oración
8.54 se levantó de..delante del altar de *J*
8.56 bendito sea *J*, que ha dado paz..Israel
8.57 esté con nosotros *J* nuestro Dios, como
8.59 he orado delante de *J*, estén cerca de *J*
8.60 todos los pueblos..sepan que *J* es Dios
8.61 sea..perfecto vuestro corazón para con *J*
8.62 rey..sacrificaron víctimas delante de *J*
8.63 ofreció a *J*, 22.000 bueyes y 120.000
8.63 dedicaron el rey..Israel la casa de *J*
8.64 atrio..estaban delante de la casa de *J*
8.64 el altar de bronce que..de *J* era pequeño
8.65 gran congregación..delante de *J*..Dios
8.66 todos los beneficios que *J* había hecho
9.1 hubo acabado..casa de *J*, y la casa real
9.2 *J* apareció a Salomón la segunda vez, como
9.3 y le dijo *J*: Yo he oído tu oración y tu
9.8 ¿por qué ha hecho así *J* a esta tierra y
9.9 y dirán: Por cuanto dejaron a *J* su Dios
9.9 ha traído *J* sobre ellos todo este mal
9.10 edificado..la casa de *J* y la casa real
9.15 de la leva..para edificar la casa de *J*
9.25 paz sobre el altar que él edificó a *J*
9.25 quemaba incienso sobre el..delante de *J*
10.1 la fama..alcanzado por el nombre de *J*
10.5 holocaustos que ofrecía en la casa de *J*
10.9 *J* tu Dios sea bendito, que se agradó de
10.9 porque *J* ha amado siempre a Israel, te
10.12 balaustres para la casa de *J* y para las
11.2 gentes de las cuales *J* había dicho a
11.4 corazón no era perfecto con *J* su Dios
11.6 hizo Salomón lo malo ante los ojos de *J*
11.6 y no siguió..a *J* como David su padre
11.9 enojó *J* contra Salomón, por cuanto su
11.9 su corazón se había apartado de *J* Dios
11.10 a dioses..no guardó lo que le mandó *J*
11.11 dijo *J* a Salomón: Por cuanto ha habido
11.14 y *J* suscitó un adversario a Salomón
11.31 dijo *J* Dios de Israel: He aquí que yo
12.15 designio de *J* para confirmar la palabra
12.15 palabra que *J* había hablado por medio
12.22 vino palabra de *J* a Semaías varón de
12.24 así ha dicho *J*: No vayáis, ni peleéis
12.24 se fueron, conforme a la palabra de *J*
12.27 ofrecer sacrificios en la casa de *J* en
13.1 un varón de Dios por palabra de *J* vino
13.2 clamó..por palabra de *J* y dijo: Altar
13.2 así ha dicho *J*: He aquí que a la casa
13.3 esta es la señal de que *J* ha hablado: he
13.5 la señal..había dado por palabra de *J*
13.6 que ruegues ante..de *J* tu Dios, y ores
13.6 el varón..oró a *J*, y la mano del rey se
13.9 así me está ordenado por palabra de *J*
13.18 ha hablado por palabra de *J*, diciendo
13.20 palabra de *J* al profeta que le había
13.21 dijo *J*..has sido rebelde al mandato de *J*
13.21 mandamiento que *J*..te había prescrito
13.22 y bebiste agua..donde *J* te había dicho
13.26 el varón..fue rebelde al mandato de *J*
13.26 por tanto, *J* le ha entregado al león
13.26 conforme a la palabra de *J* que él le
13.32 que él dijo a voces por palabra de *J*
14.5 *J* había dicho a Ahías: He aquí que la
14.7 vé y dí a Jeroboam: Así dijo *J* Dios de
14.11 lo comerán los perros..*J* lo ha dicho
14.13 alguna cosa buena delante de *J* Dios de
14.14 y *J* levantará para sí un rey..Israel
14.15 *J* sacudirá a Israel al modo que la caña
14.15 han hecho sus imágenes..enojando a *J*
14.18 lo endechó..conforme a la palabra de *J*
14.21 ciudad que *J* eligió de..las tribus de
14.22 Judá hizo lo malo ante los ojos de *J*
14.24 naciones que *J* había echado delante de
14.26 tomó los tesoros de la casa de *J*, y los
14.28 cuando el rey entraba en la casa de *J*
15.3 y no fue su corazón perfecto con *J* su
15.4 por amor a David, *J*..le dio lámpara en
15.5 David había hecho lo recto ante..de *J*
15.11 Asa hizo lo recto ante los ojos de *J*
15.14 el corazón de Asa fue perfecto..con *J*
15.15 metió en la casa de *J* lo que su padre
15.18 tomando Asa..el oro..de la casa de *J*
15.26,34 hizo lo malo ante los ojos de *J*
15.29 conforme a la palabra que *J* habló por
15.30 que provocó a enojo a *J* Dios de Israel
16.1 vino palabra de *J* a Jehú hijo de Hanani
16.7 palabra de *J*..había sido contra Baasa
16.7 todo lo malo que hizo ante los ojos de *J*
16.13 provocando a enojo..a *J* Dios de Israel
16.19 haciendo lo malo ante los ojos de *J*
16.25,30 hizo lo malo ante los ojos de *J*
16.26 provocando a ira a *J* Dios de Israel
16.33 provocar la ira de *J* Dios de Israel
16.34 palabra que *J* había hablado por Josué
17.1 dijo a Acab: Vive *J* Dios de Israel, en
17.2,8 vino a él palabra de *J*, diciendo
17.5 fue e hizo conforme a la palabra de *J*
17.12 vive *J* tu Dios, que no tengo pan cocido
17.14 *J* Dios de Israel ha dicho..La harina
17.14 hasta el día en que *J* haga llover sobre
17.16 la palabra que *J* había dicho por Elías
17.20 clamando a *J*, dijo: *J* Dios mío, ¿aun a
17.21 a *J* y dijo: *J* Dios mío, te ruego que
17.22 *J* oyó la voz de Elías, y el alma del
17.24 la palabra de *J* es verdad en tu boca
18.1 vino palabra de *J* a Elías en el tercer
18.3 Abdías era en gran manera temeroso de *J*
18.4 Jezabel destruía a los profetas de *J*
18.10 vive *J* tu Dios..no ha habido nación ni
18.12 el Espíritu de *J* te llevará adonde yo
18.12 tu siervo teme a *J* desde su juventud
18.13 Jezabel mataba a los profetas de *J*
18.13 escondí a cien..de los profetas de *J*
18.15 vive *J* de los..en cuya presencia estoy
18.18 sino tú..dejando los mandamientos de *J*
18.21 si *J* es Dios, seguidle; y si Baal, id
18.22 sólo yo he quedado profeta de *J*; mas
18.24 yo invocaré el nombre de *J*; y el Dios
18.30 y él arregló el altar de *J* que estaba
18.31 al cual había sido dada palabra de *J*
18.32 edificó..un altar en el nombre de *J*
18.36 dijo: *J* Dios de Abraham, de Isaac y de
18.37 respóndeme, *J*..que conozca este pueblo
18.37 este pueblo que tú, oh *J*, eres el Dios
18.38 entonces cayó fuego de *J*, y consumió el
18.39 dijeron: ¡*J* es el Dios, *J* es el Dios!
18.46 la mano de *J* estuvo sobre Elías, el cual
19.4 basta ya, oh *J*, quítame la vida, pues no
19.7 volviendo el ángel de *J* la segunda vez
19.9 vino a él palabra de *J*, el cual le dijo
19.10,14 he sentido un vivo celo por *J* Dios
19.11 sal..y ponte en el monte delante de *J*
19.11 y he aquí *J* que pasaba, y un grande y
19.11 quebraba las peñas delante de *J*, pero
19.11 pero *J* no estaba en el viento. Y tras
19.11 tras..pero *J* no estaba en el terremoto
19.12 un fuego; pero *J* no estaba en el fuego
19.15 le dijo *J*: Vé, vuélvete por tu camino
20.13 así ha dicho *J*: ¿Has visto esta gran
20.13,28 mano, para que conozcas que yo soy *J*
20.14 ha dicho *J*: Por mano de los siervos de
20.28 así dijo *J*: Por cuanto los sirios han
20.28 *J* es Dios de los montes, y no Dios de
20.36 no has obedecido a la palabra de *J*, he

JEHOVÁ (*Continúa*)
1 R. 20.42 así ha dicho J: Por cuanto soltaste de
21.3 guárdeme J de que..dé a ti la heredad
21.17,28 vino palabra de J a Elías tisbita
21.19 ha dicho J: ¿No mataste, y también has
21.19 así ha dicho J: En el mismo lugar donde
21.20 vendido a hacer lo malo delante de J
21.23 de Jezabel..ha hablado J, diciendo: Los
21.25 para hacer lo malo ante los ojos de J
21.26 lanzó J de delante de los..de Israel
22.5 ruego que consultes hoy la palabra de J
22.6 porque J la entregará en mano del rey
22.7 ¿hay..algún profeta de J, por el cual
22.8 por el cual podríamos consultar a J
22.11 así ha dicho J: Con éstos acornearás
22.12 porque J la entregará en mano del rey
22.14 vive J, que lo que J me hablare, eso
22.15 sube..J la entregará en mano del rey
22.16 me digas..la verdad en el nombre de J?
22.17 vi a..y J dijo: Estos no tienen señor
22.19 él dijo: Oye..palabra de J: Yo vi a J
22.20 J dijo: ¿Quién inducirá a Acab, para
22.21 un espíritu y se puso delante de J
22.21 induciré. Y J le dijo: ¿De qué manera?
22.23 J ha puesto espíritu de mentira en la
22.23 y J ha decretado el mal acerca de ti
22.24 dónde se fue de mí el Espíritu de J
22.28 volver en paz, J no ha hablado por mí
22.38 conforme a la palabra que J..hablado
22.43 haciendo lo recto ante los ojos de J
22.52; 2 R. 3.2; 8.18,27; 13.2,11; 14.24; 15.9,
18,24,28; 17.2; 21.2,20; 23.32,37; 24.9,19
hizo lo malo ante los ojos de J
1 R. 22.53 y provocó a ira a J Dios de Israel
2 R. 1.3 el ángel de J habló a Elías tisbita
1.4 así ha dicho J: Del lecho en que estás
1.6 así ha dicho J: ¿No hay Dios en Israel
1.15 el ángel de J dijo a Elías: Desciende
1.16 dijo: Así ha dicho J: Por cuanto enviaste
1.17 murió, conforme a la palabra de J, que
2.1 que cuando quiso J alzar a Elías en un
2.2,4,6 quédate aquí..porque J me ha enviado
2.2,4,6 Eliseo dijo: Vive J..que no te dejaré
2.3,5 ¿sabes que J te quitará hoy a tu señor
2.14 dijo: ¿Dónde está J, el Dios de Elías?
2.16 lo ha levantado el Espíritu de J, y lo
2.21 así ha dicho J: Yo sané estas aguas, y
2.24 los vio, y los maldijo en el nombre de J
3.10 que ha llamado J a estos tres reyes para
3.11 dijo: ¿No hay aquí profeta de J, para que
3.11 que consultemos a J por medio de él?
3.12 Josafat dijo: Este tendrá palabra de J
3.13 J ha reunido a estos tres reyes para
3.14 dijo: Vive J de los ejércitos, en cuya
3.15 tocaba, la mano de J vino sobre Eliseo
3.16 ha dicho J: Haced en este valle muchos
3.17 porque J ha dicho así: No veréis viento
3.18 y esto es cosa ligera en los ojos de J
4.1 tú sabes que tu siervo era temeroso de J
4.27 J me ha encubierto el motivo, y no me
4.30 vive J, y vive tu alma, que no te dejaré
4.33 cerró la puerta tras ambos, y oró a J
4.43 así ha dicho J: Comerán, y sobrará
4.44 les sobró, conforme a la palabra de J
5.1 por..él había dado J salvación a Siria
5.11 en pie invocará el nombre de J su Dios
5.16 mas él dijo: Vive J..que no lo aceptaré
5.17 tu siervo no sacrificará..sino a J
5.18 esto perdone J a tu siervo: que cuando
5.18 haga tal, J perdone en esto a tu siervo
5.20 vive J, que correré yo tras él y tomaré
6.17 oh J, que abras sus ojos..J abrió los
6.18 Eliseo a J, y dijo: Te ruego que hieras
6.20 J, abre los ojos a éstos..y J abrió los
6.27 si no te salva J, ¿de dónde te puedo
6.33 dijo: Ciertamente este mal de J viene
6.33 mal..¿Para qué he de esperar más a J?
7.1 oíd palabra de J..Así dijo J: Mañana a
7.2,19 J hiciese ahora ventanas en el cielo
7.6 J había hecho que en..se oyese estruendo
7.16 por un siclo, conforme a la palabra de J
8.1 J ha llamado el hambre, la cual vendrá
8.8 al varón de Dios, y consulta por él a J
8.10 J me ha mostrado..él morirá ciertamente
8.13 J me ha mostrado..tú serás rey de Siria
8.19 J no quiso destruir a Judá, por amor a
9.3,6,12 así dijo J: Yo te he ungido por rey
9.6 ungido por rey sobre Israel, pueblo de J
9.7 la sangre de todos los siervos de J, de
9.25 J pronunció esta sentencia sobre él
9.26 he visto ayer la sangre de Nabot..dijo J
9.26 te daré la paga en esta heredad, dijo J
9.26 échalo en..conforme a la palabra de J
10.10 la palabra que J habló sobre la casa
10.10 J ha hecho lo que dijo por su siervo
10.16 le..Ven conmigo, y verás mi celo por J
10.17 mató..conforme a la palabra de J, que
10.23 ved que no haya..de los siervos de J
10.30 J dijo a Jehú: Por cuanto has hecho
10.31 Jehú no cuidó de andar en la ley de J
10.32 comenzó J a cercenar el territorio de
11.3 escondido en la casa de J seis años
11.4 los metió consigo en la casa de J, e
11.4 juramentándolos en la casa de J; y les
11.7 la guardia de la casa de J junto al rey
11.10 lanzas y..que estaban en la casa de J
11.13 Atalía..al pueblo en el templo de J
11.15 que no la matasen en el templo de J
11.17 hizo pacto entre J y el rey y el pueblo
11.17 Joiada hizo pacto..serían pueblo de J
11.18 puso guarnición sobre la casa de J
11.19 y llevaron al rey desde la casa de J
12.2 Joás hizo lo recto ante..de J todo el
12.4 dinero..se suele traer a la casa de J
12.9 puso..que se entra en el templo de J
12.9 el dinero que se traía a la casa de J
12.10 dinero que hallaban en el templo de J
12.11 los que tenían a su cargo la casa de J
12.11 y maestros que reparaban la casa de J
12.12 para reparar las grietas de la casa de J
12.13 dinero que se traía a la casa de J, no
12.13 ningún otro..hacía para el templo de J
12.14 daban..con él reparaban la casa de J
12.16 dinero..no se llevaba a la casa de J
12.18 el oro que se halló en..la casa de J
13.3 se encendió el furor de J contra Israel
13.4 Joacaz oró en presencia de J..J lo oyó
13.5 y dio J salvador a Israel, y salieron
13.17 saeta de salvación de J, y saeta de
13.23 mas J tuvo misericordia de ellos, y se
14.3 y él hizo lo recto ante los ojos de J
14.6 donde J mandó diciendo: No matarán a los
14.14 utensilios..hallados en la casa de J
14.25 Arabá, conforme a la palabra de J Dios
14.26 porque J miró la..aflicción de Israel
14.27 J no había determinado raer..de Israel
15.3,34 hizo lo recto ante los ojos de J
15.5 mas J hirió al rey con lepra, y estuvo
15.12 fue la palabra de J que había hablado
15.35 edificó él la puerta..de la casa de J
15.37 comenzó J a enviar contra Judá a Rezin
16.2 y no hizo lo recto ante..de J su Dios
16.3 naciones que J echó de delante de los
16.8 y el oro que se halló en la casa de J
16.14 altar..que estaba delante de J, en la
16.14 entre el altar y el templo de J, y lo
16.18 y los quitó del templo de J, por causa
17.7 los hijos de Israel pecaron contra J su
17.8 de las naciones que J había lanzado de
17.9 hicieron..cosas no rectas contra J su
17.11 las naciones que J había traspuesto de
17.11 cosas..malas para provocar a ira a J
17.12 J les había dicho..no habéis de hacer
17.13 J amonestó entonces a Israel y a Judá
17.14 sus padres, los cuales no creyeron en J
17.15 J les había mandado que no hiciesen a
17.16 dejaron todos los mandamientos de J
17.17 a hacer lo malo ante los ojos de J
17.18 J..airó en gran manera contra Israel
17.19 ni..Judá guardó los mandamientos de J
17.20 desechó J..la descendencia de Israel
17.21 apartó a Israel de en pos de J, y les
17.23 hasta que J quitó a Israel de delante
17.25 no temiendo ellos a J, envió J contra
17.28 y les enseñó cómo habían de temer a J
17.32 temían a J, e hicieron..sacerdotes de
17.33 temían a J, y honraban a sus dioses
17.34 ni temen a J, ni guardan sus estatutos
17.34 los mandamientos que prescribió J a los
17.35 con los cuales J había hecho pacto, y
17.36 a J, que os sacó de tierra de Egipto
17.39 temed a J vuestro Dios..él os librará
17.41 así temieron a J aquellas gentes, y al
18.3 hizo lo recto ante los ojos de J..que
18.5 en J Dios de Israel puso su esperanza
18.6 siguió a J, y no se apartó de él, sino
18.6 guardó..mandamientos que J prescribió
18.7 y J estaba con él, y adondequiera que
18.12 no habían atendido a la voz de J..Dios
18.12 que Moisés siervo de J había mandado
18.15 toda la plata..en la casa de J, y en
18.16 el oro de las puertas del templo de J
18.22 si me decís: Nosotros confiamos en J
18.25 ¿acaso he venido..sin J a este lugar
18.25 J me ha dicho: Sube a esta tierra, y
18.30 y no os haga Ezequías confiar en J
18.30 diciendo: Ciertamente nos librará J
18.32 os engaña cuando dice: J nos librará
18.35 que J libre de mi mano a Jerusalén?
19.1 se cubrió de..y entró en la casa de J
19.4 oirá J tu Dios..palabras del Rabsaces
19.4 palabras, las cuales J tu Dios ha oído
19.6 ha dicho J: No temas por las palabras
19.14 subió a la casa de J, y las extendió
19.14 y las extendió Ezequías delante de J
19.15 y oró Ezequías delante de J, diciendo
19.15 J Dios de Israel, que moras entre los
19.16 inclina, oh J, tu oído..oh J tus ojos
19.17 verdad, oh J, que los reyes de Asiria
19.19 oh J..sálvanos, te ruego, de su mano
19.19 sepan todos..que sólo tú, J, eres Dios
19.20 ha dicho J..Lo que me pediste acerca
19.21 palabra que J ha pronunciado acerca de
19.23 has vituperado a J, y has dicho: Con
19.31 el celo de J de los ejércitos hará esto
19.32 así dice J acerca del rey de Asiria: No
19.33 y no entrará en esta ciudad, dice J
19.35 noche salió el ángel de J, y mató en
20.1 J dice así: Ordena tu casa..morirás, y
20.2 volvió su rostro a la pared, y oró a J
20.3 J, te ruego que hagas memoria de que
20.4 vino palabra de J a Isaías, diciendo
20.5 así dice J, el Dios de David tu padre
20.5 al tercer día subirás a la casa de J
20.8 ¿qué señal tendré de que J me sanará
20.8 que subiré a la casa de J al tercer día?
20.9 esta señal tendrás de J..que hará J esto
20.11 clamó a J; e hizo volver la sombra por
20.16 Isaías..a Ezequías: Oye palabra de J
20.17 será llevado..sin quedar nada, dijo J
20.19 palabra de J que has hablado, es buena
21.2 de las naciones que J había echado de
21.4 la casa de J de la cual J había dicho
21.5 altares..dos atrios de la casa de J
21.6 hacer lo malo ante los ojos de J, para
21.7 la casa de la cual J había dicho a David
21.9 más mal que las naciones que J destruyó
21.10 habló..J por medio de sus..los profetas
21.12 así ha dicho J..traigo tal mal sobre
21.16 que hiciese lo malo ante los ojos de J
21.22 dejó a J el Dios de sus padres, y no
21.22 dejó a..y no anduvo en el camino de J
22.2 e hizo lo recto ante los ojos de J, y
22.3 envió el rey a Safán..a la casa de J
22.4 el dinero que han traído a la casa de J
22.5,9 a su cargo el arreglo de la casa de J
22.5 los que hacen la obra de la casa de J
22.8 he hallado el libro de..en la casa de J
22.13 preguntad a J por mí, y por el pueblo
22.13 grande es la ira de J..se ha encendido
22.15 ha dicho J el Dios de Israel: Decid al
22.16 dijo J: He aquí yo traigo sobre este
22.18 os ha enviado para que preguntaseis a J
22.18 así ha dicho J..Por cuanto oíste las
22.19 te humillaste delante de J..oíste lo
22.19 lloraste en mi..yo te he oído, dice J
23.2 subió el rey a la casa de J con todos
23.2 leyó..del libro..hallado en la casa de J
23.3 pacto..de J, de que irían en pos de J
23.4 que sacasen del templo de J todos los
23.6 sacar la imagen..fuera de la casa de J
23.7 prostitución idolátrica..la casa de J
23.9 los sacerdotes..no subían al altar de J
23.11 caballos..a la entrada del templo de J
23.12 en los dos atrios de la casa de J; y de
23.16 conforme a la palabra de J que había
23.21 haced la pascua a J..Dios, conforme a
23.23 hecha aquella pascua a J en Jerusalén
23.24 en el libro..hallado en la casa de J
23.25 no hubo otro rey..se convirtiese a J
23.26 con todo eso, J no desistió del ardor
23.27 dijo J: También quitaré..a Judá, como
24.2 J envió contra Joacim tropas de caldeos
24.2 la palabra de J que había hablado por
24.3 vino esto contra Judá por mandato de J
24.4 sangre inocente; J..no quiso perdonar
24.13 sacó de allí..tesoros de la casa de J
24.13 en la casa de J, como J había dicho
24.20 vino..ira de J contra Jerusalén y Judá
25.13 quebraron..columnas..en la casa de J
25.13 el mar de bronce que..en la casa de J
25.16 un mar, y las basas..para la casa de J
1 Cr. 2.3 Er..fue malo delante de J..lo mató
5.25 pueblos..a los cuales J había quitado
6.15 llevado cautivo cuando J transportó a
6.31 el servicio de canto en la casa de J
6.32 hasta que Salomón edificó la casa de J
9.19 sus padres guardaron la entrada..de J
9.20 Finees..fue..capitán..J estaba con él
9.23 eran porteros..de la casa de J, y de la
10.13 contra J, contra la palabra de J, la
10.14 y no consultó a J; por esta causa lo
11.2 J tu Dios te ha dicho: Tú apacentarás
11.3 David hizo con ellos pacto delante de J
11.3 a la palabra de J por medio de Samuel
11.10 rey sobre..conforme a la palabra de J
11.14 J los favoreció con una gran victoria
11.18 no la quiso beber..la derramó para J
12.23 el reino de..conforme a la palabra de J
13.2 y si es la voluntad de J nuestro Dios
13.6 para pasar de allí el arca de J Dios
13.10 el furor de J se encendió contra Uza
13.11 porque J había quebrantado a Uza; por
13.14 bendijo J la casa de Obed-edom, y todo
14.2 y entendió David..J lo había confirmado
14.10 y J le dijo: Sube..yo los entregaré en
14.17 J puso el temor de David sobre todas
15.2 ha elegido J..que lleven el arca de J
15.3 que pasasen el arca de J a su lugar, el
15.12 pasad el arca de J Dios de Israel al
15.13 J..Dios nos quebrantó, por cuanto no
15.14 santificaron para traer el arca de J
15.15 el arca de..conforme a la palabra de J
15.25 fueron a traer el arca del pacto de J
15.26 los levitas que llevaban el arca..de J
15.28 llevaba..Israel el arca del pacto de J
15.29 cuando el arca del pacto de J llegó a
16.2 bendijo al pueblo en el nombre de J
16.4 puso delante del arca de J ministros de
16.4 para que recordasen..y loasen a J Dios
16.7 David comenzó a aclamar a J por mano de
16.8 alabad a J, invocad su nombre, dad a

JEHOVÁ ***(Continúa)***

1 Cr. 16.10 alégrese el corazón de los que buscan a *J*
16.11 buscad a *J* y su poder; buscad su rostro
16.14 *J*, él es nuestro Dios; sus juicios
16.23 cantad a *J* toda la tierra; proclamad
16.25 porque grande es *J*, y digno. .alabanza
16.26 dioses. .ídolos; mas *J* hizo los cielos
16.28 tributad a *J*. .dad a *J* gloria y poder
16.29 dad a *J* la honra debida a su nombre
16.29 postraos delante de *J* en. .la santidad
16.31 y digan en las naciones: *J* reina
16.33 cantarán los árboles de. .delante de *J*
16.34 aclamad a *J*, porque él es bueno; porque
16.36 bendito sea *J* Dios de. .en eternidad
16.36 y dijo. .el pueblo, Amén, y alabó a *J*
16.37 allí, delante del arca del pacto de *J*
16.39 delante del tabernáculo de *J* en el
16.40 sacrificasen. .holocaustos a *J* en el
16.40 conforme a todo. .la ley de *J*, que él
16.41 glorificar a *J*, porque es eterna su
17.1 arca del pacto de *J* debajo de cortinas
17.4 ha dicho *J*: Tú no me edificarás casa en
17.7 mi siervo David: Así ha dicho *J* de los
17.10 te hago saber. .que *J* te edificará casa
17.16 David. .delante de *J*, y dijo: *J* Dios
17.17 me has mirado como a. .excelente, oh *J*
17.19 *J*, por amor de tu siervo y. .has hecho
17.20 *J*, no hay semejante a ti, ni hay Dios
17.22 y tú, *J*, has venido a ser su Dios
17.23 *J*, la palabra. .sea firme para siempre
17.26 *J*, tú eres el Dios que has hablado de
17.27 tu, *J*, la has bendecido, y será bendita
18.6,13 porque *J* daba la victoria a David
18.11 el rey David dedicó a *J*, con la plata
19.13 esfuérzate. .y haga *J* lo que bien le
21.3 añada *J* a su pueblo cien veces más, rey
21.10 y dile: Así ha dicho *J*: Tres cosas te
21.11 Gad a David, le dijo: Así ha dicho *J*
21.12 por tres días la espada de *J*. .la peste
21.12 que el ángel de *J* haga destrucción en
21.13 ruego que yo caiga en la mano de *J*
21.14 así *J* envió una peste en Israel, y
21.15 y envió *J* el ángel a Jerusalén para
21.15 miró *J* y se arrepintió de aquel mal
21.15 el ángel de *J* estaba junto a la era
21.16 vio al ángel de *J*, que estaba entre
21.17 *J* Dios mío, sea ahora tu mano contra
21.18 el ángel de *J* ordenó a Gad que dijese
21.18 construyese un altar a *J* en la era de
21.19 que Gad le había dicho en nombre de *J*
21.22 era, para que edifique un altar a *J*
21.24 porque no tomaré para *J* lo que es tuyo
21.26 edificó allí David un altar a *J*, en el
21.26 e invocó a *J*, quien le respondió por
21.27 *J* habló al ángel, y. .volvió su espada
21.28 viendo David que *J* le había oído en la
21.29 el tabernáculo de *J*. .estaban. .Gabaón
21.30 atemorizado a causa de. .del ángel de *J*
22.1 David: Aquí estará la casa de *J* Dios
22.5 la casa que se ha de edificar a *J* ha de
22.6 le mandó que edificase casa a *J* Dios
22.7 tuve el edificar templo al nombre de *J*
22.8 vino a mí palabra de *J*. .no edificarás
22.11 ahora pues, hijo mío, *J* esté contigo
22.11 edifiques casa a *J* tu Dios, como él ha
22.12 y *J* te dé entendimiento y prudencia
22.12 cuando gobiernes. .guardes la ley de *J*
22.13 y decretos que *J* mandó a Moisés para
22.14 he preparado para la casa de *J*. .de oro
22.16 y manos a la obra; y *J* esté contigo
22.18 ¿no está con vosotros *J* vuestro Dios
22.18 tierra ha sido sometida delante de *J*
22.19 poned. .vuestros ánimos en buscar a *J*
22.19 edificad el santuario de *J* Dios, para
22.19 para traer el arca del pacto de *J*, y
22.19 a la casa edificada al nombre de *J*
23.4 para dirigir la obra de la casa de *J*
23.5 y 4.000 para alabar a *J*, dijo David, con
23.13 para que quemasen incienso delante de *J*
23.24 Leví. .en el ministerio de la casa de *J*
23.25 *J* Dios. .ha dado paz a su pueblo Israel
23.28 Aarón para ministrar en la casa de *J*
23.30 dar gracias y tributar alabanzas a *J*
23.31 ofrecer todos los holocaustos a *J* los
23.31 ofrecer. .continuamente delante de *J*
23.32 tuviesen. .el ministerio de la casa de *J*
24.19 que entrasen en la casa de *J*, según
24.19 le había mandado *J* el Dios de Israel
25.3 profetizaba con arpa, para. .alabar a *J*
25.6 en la casa de *J*, con címbalos. .y arpas
25.7 instruidos en el canto para *J*. .los aptos
26.12 porteros. .para servir en la casa de *J*
26.22 cargo de los tesoros de la casa de *J*
26.27 los botines, para reparar la casa de *J*
26.30 la obra de *J*, y en el servicio del rey
27.23 *J* había dicho que él multiplicaría a
28.2 cual reposara el arca del pacto de *J*
28.4 *J*. .eligió de toda la casa de mi padre
28.5 *J* me ha dado muchos hijos) eligió a mi
28.5 se siente en el trono del reino de *J*
28.8 ante. .congregación de *J*, y en oídos de
28.8 guardad e inquirid. .los preceptos de *J*
28.9 *J* escudriña los corazones de todos, y
28.10 *J* te ha elegido para que edifiques casa
28.12 para los atrios de la casa de *J*, para
28.13 para toda la obra del. .de la casa de *J*
28.13 todos los utensilios. .de la casa de *J*
28.18 alas. .cubrían el arca del pacto de *J*
28.19 me fueron trazadas por la mano de *J*
28.20 *J* Dios, mi Dios, estará contigo; él no
28.20 acabes toda la obra. .de la casa de *J*
29.1 la casa no es para hombre, sino para *J*
29.5 quiere hacer. .ofrenda voluntaria a *J*?
29.8 las dio para el tesoro de la casa de *J*
29.9 porque de todo corazón ofrecieron a *J*
29.10 David. .bendijo a *J* delante de toda la
29.10 David: Bendito seas tú, oh *J*, Dios de
29.11 tuya es, oh *J*, la magnificencia y el
29.11 tuyo, oh *J*, es el reino, y tú. .excelso
29.16 *J*. .toda esta abundancia. .todo es tuyo
29.18 *J*. .conserva. .esta voluntad del corazón
29.20 bendecid ahora a *J*. .bendijo a *J* Dios
29.20 toda la. .adoraron delante de *J* y del rey
29.21 sacrificaron. .a *J*, y ofrecieron a *J*
29.22 comieron. .delante de *J* aquel día con
29.22 ante *J* le ungieron por príncipe, y a
29.23 sentó Salomón por rey en el trono de *J*
29.25 y *J* engrandeció. .a Salomón a ojos de
2 Cr. 1.1 Salomón hijo. .*J* su Dios estaba con él
1.3 que Moisés siervo de *J* había hecho en el
1.5 el altar. .delante del tabernáculo de *J*
1.6 subió, pues, Salomón allá delante de *J*
1.9 confírmese. .oh *J* Dios, tu palabra dada a
2.1 edificar casa al nombre de *J*, y casa para
2.4 tengo que edificar casa al nombre de *J*
2.4 festividades de *J* nuestro Dios: lo cual
2.11 porque *J* amó a su pueblo, te ha puesto
2.12 bendito sea *J* el Dios de Israel, que
2.12 un hijo sabio. .que edifique casa a *J*
3.1 comenzó Salomón a edificar la casa de *J*
4.16 todos sus enseres. .para la casa de *J*
5.1 acabada toda la obra. .para la casa de *J*
5.2 que trajesen el arca del pacto de *J* de
5.7 metieron el arca del pacto de *J* en su
5.10 con los cuales *J* había hecho pacto con
5.13 cantaban todos. .alabar y dar gracias a *J*
5.13 y alababan a *J*, diciendo: Porque él es
5.13 casa se llenó de una nube, la casa de *J*
5.14 la gloria de *J* había llenado la casa
6.1 Salomón. .*J* ha dicho que él habitaría en
6.4 bendito sea *J* Dios de Israel, quien con
6.7 edificar casa al nombre de *J* Dios de
6.8 mas *J* dijo a David mi padre: Respecto a
6.10 y *J* ha cumplido su palabra que había
6.10 me he sentado en el. .como *J* había dicho
6.10 he edificado casa al nombre de *J* Dios
6.11 el arca, en la cual está el pacto de *J*
6.12 se puso luego. .delante del altar de *J*
6.14 *J* Dios. .no hay Dios semejante a ti en
6.16 *J*. .cumple a tu siervo David mi padre lo
6.17 *J* Dios de Israel, cúmplase tu palabra
6.19 mirarás a la oración de tu siervo. .oh *J*
6.41 *J* Dios, levántate ahora para habitar en
6.41 oh *J* Dios, sean vestidos de salvación
6.42 *J*. .no rechaces a tu ungido; acuérdate
7.1 fuego de. .y la gloria de *J* llenó la casa
7.2 y no podían entrar los. .en la casa de *J*
7.2 gloria de *J* había llenado la casa de *J*
7.3 descender el fuego y la gloria de *J* sobre
7.3 y alabaron a *J*, diciendo: Porque él es
7.4 rey. .sacrificaron víctimas delante de *J*
7.6 levitas, con los instrumentos de. .de *J*
7.6 había hecho el rey David para alabar a *J*
7.7 atrio que estaba delante de la casa de *J*
7.10 gozosos de. .los beneficios que *J* había
7.11 terminó, pues, Salomón la casa de *J*, y
7.11 propuso hacer en la casa de *J*, y en su
7.12 y apareció *J* a Salomón de noche, y le
7.21 ¿por qué ha hecho así *J* a esta. .casa?
7.22 cuanto dejaron a *J* Dios de sus padres
8.1 Salomón había edificado la casa de *J* y
8.11 ha entrado el arca de *J*, son sagradas
8.12 holocaustos a *J* sobre el altar de *J* que
8.16 pusieron los cimientos de la casa de *J*
8.16 la casa de *J* fue acabada totalmente
9.4 escalinata. .donde subía a la casa de *J*
9.8 bendito sea *J* tu Dios, el cual se ha
9.8 ponerte sobre su trono como rey para *J*
9.11 el rey hizo gradas en la casa de *J* y
10.15 para que *J* cumpliera la palabra que
11.2 vino palabra de *J* a Semaías varón de
11.4 así ha dicho *J*: No subáis, ni peleéis
11.4 oyeron la palabra de *J* y se volvieron
11.14 los excluyeron del ministerio de *J*
11.16 en buscar a *J*. .ofrecer sacrificios a *J*
12.1 dejó la ley de *J*, y todo Israel con él
12.2 por cuanto se habían rebelado contra *J*
12.5 ha dicho *J*: Vosotros me habéis dejado
12.6 se humillaron, y dijeron: Justo es *J*
12.7 *J* vio que se habían. .vino palabra de *J*
12.9 tomó los tesoros de la casa de *J*, y los
12.11 cuando el rey. .a la casa de *J*, venían
12.12 la ira de *J* se apartó de él, para no
12.13 en Jerusalén, ciudad que escogió *J* de
12.14 no dispuso su corazón para buscar a *J*
13.5 *J* Dios de Israel dio el reino a David
13.8 tratáis de resistir al reino de *J* en
13.9 habéis arrojado. .a los sacerdotes de *J*
13.10 nosotros, *J* es nuestro Dios, y no le
13.10 los. .que ministran delante de *J* son los
13.11 cuales queman para *J* los holocaustos
13.11 nosotros guardamos la ordenanza de *J*
13.12 Israel, no peleéis contra *J* el Dios de
13.14 lo que clamaron a *J*, y los sacerdotes
13.18 se apoyaban en *J* el Dios de sus padres
13.20 tuvo Jeroboam. .y *J* lo hirió, y murió
14.2 hizo Asa lo bueno y lo recto ante. .de *J*
14.4 mandó a Judá que buscase a *J* el Dios de
14.6 no había guerra. .*J* le había dado paz
14.7 porque hemos buscado a *J* nuestro Dios
14.11 clamó Asa a *J*. .y dijo: ¡Oh *J*, para ti
14.11 ayúdanos, oh *J*. .oh *J*, tú eres. .Dios
14.12 y *J* deshizo a los etíopes delante de
14.13 fueron deshechos delante de *J* y de su
14.14 porque el terror de *J* cayó sobre ellas
15.2 Asa. .*J* estará con vosotros, si vosotros
15.4 en su tribulación se convirtieron a *J*
15.8 reparó el altar de *J*. .del pórtico de *J*
15.9 él, viendo que *J* su Dios estaba con él
15.11 día sacrificaron para *J*, del botín que
15.12 prometieron. .que buscarían a *J* el Dios
15.13 cualquiera que no buscase a *J* el Dios
15.14 juraron a *J* con gran voz y júbilo, al
15.15 ellos; y *J* les dio paz por todas partes
16.2 sacó Asa la plata y. .de la casa de *J*
16.7 y no te apoyaste en *J* tu Dios, por eso
16.8 te apoyaste en *J*, él los entregó en tus
16.9 los ojos de *J* contemplan toda la tierra
16.12 en su enfermedad no buscó a *J*, sino a
17.3 *J* estuvo con Josafat, porque anduvo en
17.5 *J*. .confirmó el reino en su mano, y todo
17.6 se animó su corazón en los caminos de *J*
17.9 teniendo consigo el libro de la ley de *J*
17.10 y cayó el pavor de *J* sobre todos los
17.16 Amasías hijo. .se había ofrecido. .a *J*
18.4 ruego que consultes hoy la palabra de *J*
18.6 ¿hay aún aquí algún profeta de *J*, para
18.7 por el cual podemos preguntar a *J*; mas
18.10 así ha dicho *J*: Con estos acornearás a
18.11 porque *J* la entregará en mano del rey
18.13 vive *J*, que lo que mi Dios me dijere
18.15 te conjuraré por el nombre de *J* que
18.16 sin pastor; y dijo *J*: Estos no tienen
18.18 oíd, pues, palabra de *J*: Yo he visto
18.18 visto a *J* sentado en su trono, y todo
18.19 y *J* preguntó: ¿Quién inducirá a Acab
18.20 se puso delante de *J*. . Y *J* le dijo: ¿De
18.21 *J* dijo: Tú le inducirás. .lo lograrás
18.22 *J* ha puesto espíritu de mentira en la
18.22 pues *J* ha hablado el mal contra ti
18.23 camino se fue de mí el Espíritu de *J*
18.27 si tú volvieres en paz, *J* no ha hablado
18.31 mas Josafat clamó, y *J* lo ayudó, y los
19.2 al impío. .amas a los que aborrecen a *J*?
19.2 pues ha salido de la presencia de *J* ira
19.4 Josafat. .los conducía a *J* el Dios de sus
19.6 en lugar de *J*, el cual está con vosotros
19.7 sea, pues, con vosotros el temor de *J*
19.7 con *J* nuestro Dios no hay injusticia, ni
19.8 de los levitas en. .para el juicio de *J*
19.9 procederéis asimismo con temor de *J*, con
19.10 no pequen contra *J*, para que no venga
19.11 el que os presida en todo asunto de *J*
19.11 esforzaos, pues. .*J* estará con el bueno
20.3 humilló su rostro para consultar a *J*
20.4 y se reunieron. .para pedir socorro a *J*
20.4 las ciudades. .vinieron a pedir ayuda a *J*
20.5 Josafat se puso en pie. .en la casa de *J*
20.6 *J* Dios de nuestros padres, ¿no eres tú
20.13 todo Judá estaba en pie delante de *J*
20.14 sobre el cual vino el Espíritu de *J* en
20.15 oíd, Judá. .*J* os dice así: No temáis ni
20.17 y ved la salvación de *J* con vosotros
20.17 salid mañana. .*J* estará con vosotros
20.18 postraron delante de *J*, y adoraron a *J*
20.19 se levantaron. .para alabar a *J* el Dios
20.20 creed en *J* vuestro Dios, y estaréis
20.21 a algunos que cantasen y alabasen a *J*
20.21 que dijesen: Glorificad a *J*, porque su
20.22 *J* puso contra los hijos de Amón, de
20.26 Beraca; porque allí bendijeron a *J*
20.27 *J* les había dado gozo librándolos de
20.28 con. .arpas y trompetas, a la casa de *J*
20.29 oyeron que *J* había peleado contra los
20.32 haciendo lo recto ante los ojos de *J*
20.37 *J* destruirá tus obras. Y las naves se
21.6; 22.4; 33.2,22; 33.6; 36.5,9,12 hizo lo malo ante los ojos de *J*
21.7 *J* no quiso destruir la casa de David
21.10 había dejado a *J* el Dios de sus padres
21.12 *J* el Dios de David tu padre ha dicho
21.14 *J* herirá a tu pueblo de una gran plaga
21.16 *J* despertó contra Joram la ira de los
21.18 esto, *J* lo hirió con una enfermedad
22.7 Jehú. .al cual *J* había ungido para que
22.9 Josafat. .de todo su corazón buscó a *J*
23.3 rey, el cual reinará, como *J* ha dicho
23.5 estará en los patios de la casa de *J*
23.6 y ninguno entre en la casa de *J*, sino
23.6 todo el pueblo hará guardia delante de *J*
23.12 Atalía. .vino al pueblo a la casa de *J*
23.14 que no la matasen en la casa de *J*

JEHOVÁ ***(Continúa)***
2 Cr. 23.16 Joiada hizo pacto..serían pueblo de *J*
23.18 en la casa de *J*..para ofrecer a *J* los
23.19 porteros a las puertas de la casa de *J*
23.20 para conducir al rey desde la casa de *J*
24.2; 25.2; 26.4; 27.2; 29.2; 34.2 hizo lo recto ante los ojos de *J*
24.4 que Joás decidió restaurar la casa de *J*
24.6 ofrenda que Moisés siervo de *J* impuso
24.7 las cosas consagradas de la casa de *J*
24.8 un arca..a la puerta de la casa de *J*
24.9 pregonar..que trajesen a *J* la ofrenda
24.12 trabajo del servicio de la casa de *J*
24.12 que reparasen la casa de *J*, y artífices
24.14 hicieron de él utensilios..la casa de *J*
24.14 sacrificaban..en la casa de *J* todos los
24.18 desampararon la casa de *J* el Dios de
24.19 profetas para que los volviesen a *J*
24.20 qué quebrantáis los mandamientos de *J*?
24.20 por haber dejado a *J*, él también os
24.21 apedrearon..en el patio de la casa de *J*
24.22 dijo al morir: *J* lo vea y lo demande
24.24 *J* entregó en..un ejército muy numeroso
24.24 por cuanto habían dejado a *J* el Dios de
24.27 restauración de la casa de *J*, he aquí
25.4 donde *J* mandó diciendo: No morirán los
25.7 *J* no está con Israel, ni con todos los
25.9 respondió: *J* puede darte mucho más que
25.15 se encendió la ira de *J* contra Amasías
25.27 tiempo en que Amasías se apartó de *J*
26.5 días en que buscó a *J*, él le prosperó
26.16 se rebeló contra *J* su Dios, entrando en
26.16 en el templo de *J* para quemar incienso
26.17 entró..y con él ochenta sacerdotes de *J*
26.18 Uzías, el quemar incienso a *J*, sino a
26.18 no te será para gloria delante de *J*
26.19 la lepra le brotó en..en la casa de *J*
26.20 se dio prisa..porque *J* lo había herido
26.21 Uzías..fue excluido de la casa de *J*
27.2 salvo que no entró en el santuario de *J*
27.3 edificó él la puerta..de la casa de *J*
27.6 porque preparó sus caminos delante de *J*
28.1 no hizo lo recto ante..*J*, como David su
28.3 que *J* había arrojado de la presencia de
28.5 *J* su Dios lo entregó en manos del rey
28.6 por cuanto habían dejado a *J* el Dios de
28.9 un profeta de *J* que se llamaba Obed, el
28.9 *J* el Dios de vuestros padres, por el
28.10 ¿no habéis pecado vosotros contra *J*
28.13 pecado contra *J* estará sobre nosotros
28.19 *J* había humillado a Judá por causa de
28.19 Acaz rey..había prevaricado..contra *J*
28.21 despojó Acaz la casa de *J*, y la casa
28.22 rey Acaz..añadió mayor pecado contra *J*
28.24 cerró las puertas de la casa de *J*, y se
28.25 provocando así a ira a *J* el Dios de
29.3 abrió las puertas de la casa de *J*, y las
29.5 y santificad la casa de *J* el Dios de
29.6 han hecho lo malo ante..*J* nuestro Dios
29.6 apartaron sus rostros del..de *J*, y le
29.8 por..la ira de *J* ha venido sobre Judá
29.10 determinado hacer pacto con *J* el Dios
29.11 *J* os ha escogido..estéis delante de él
29.15 conforme al..y las palabras de *J*, para
29.15 y entraron..para limpiar la casa de *J*
29.16 entrando..dentro de la casa de *J* para
29.16 toda la inmundicia..en el templo de *J*
29.16 sacaron..al atrio de la casa de *J*, y de
29.17 del mismo mes vinieron al pórtico de *J*
29.17 santificaron la casa de *J* en ocho días
29.18 ya hemos limpiado toda la casa de *J*
29.19 he aquí están delante del altar de *J*
29.20 el rey Ezequías..subió a la casa de *J*
29.21 que los ofreciesen sobre el altar de *J*
29.25 puso también levitas en la casa de *J*
29.25 mandamiento procedía de *J* por medio de
29.27 comenzó también el cántico de *J*, con
29.30 los levitas que alabasen a *J* con las
29.31 dijo..os habéis consagrado ahora a *J*
29.31 presentad sacrificios..la casa de *J*
29.32 trajo..todo para el holocausto de *J*
29.35 restablecido el servicio de la..de *J*
30.1 viniesen..a la casa de *J* para celebrar
30.1,5 celebrar la pascua a *J* Dios de Israel
30.6 Israel, volveos a *J* el Dios de Abraham
30.7 padres..se rebelaron contra *J* el Dios
30.8 someteos a *J*, y venid a su santuario
30.8 servid a *J* vuestro Dios, y el ardor de
30.9 si os volviereis a *J*, vuestros hermanos
30.9 porque *J* vuestro Dios es clemente y
30.12 el mensaje..conforme a la palabra de *J*
30.15 trajeron..holocaustos a la casa de *J*
30.17 no..purificado, para santificarlos a *J*
30.18 oró..*J*, que es bueno, sea propicio a
30.19 a *J* el Dios de sus padres, aunque no
30.20 y oyó *J* a Ezequías, y sanó al pueblo
30.21 glorificaban a *J*..cantando con..a *J*
30.22 buena inteligencia en el servicio de *J*
30.22 y dando gracias a *J* el Dios de sus
31.2 alabasen dentro de..de los atrios de *J*
31.3 holocaustos..está escrito en la ley de *J*
31.4 para que ellos se dedicasen a la ley de *J*
31.6 de las cosas que habían prometido a *J*
31.8 bendijeron a *J*, y a su pueblo Israel
31.10 a traer las ofrendas a la casa de *J*
31.10 porque *J* ha bendecido a su pueblo
31.11 que preparasen cámaras en la casa de *J*
31.14 cargo..de las ofrendas dedicadas a *J*
31.16 los que entraban en la casa de *J* para
31.20 ejecutó lo bueno, recto..delante de *J*
32.8 con nosotros está *J* nuestro Dios para
32.11 al decir: *J* nuestro Dios nos librará de
32.16 más hablaron sus siervos contra *J* Dios
32.17 cartas en que blasfemaba contra *J* el
32.21 *J* envió un ángel, el cual destruyó a
32.22 salvó *J* a Ezequías y a los moradores
32.23 muchos trajeron a Jerusalén ofrenda a *J*
32.24 oró a *J*, quien le respondió, y le dio
32.26 y no vino sobre ellos la ira de *J* en
33.2 de las naciones que *J* había echado de
33.4 la casa de *J*, de la cual había dicho *J*
33.5 altares..los dos atrios de la casa de *J*
33.9 más mal que las naciones que *J* destruyó
33.10 habló *J* a Manasés y a su pueblo, mas
33.11 *J* trajo contra ellos los generales del
33.12 puesto en angustias, oró a *J* su Dios
33.13 entonces reconoció Manasés que *J* era
33.15 quitó los..y el ídolo de la casa de *J*
33.15 altares..en el monte de la casa de *J*
33.16 reparó luego el altar de *J*, y sacrificó
33.16 mandó a Judá que sirviesen a *J* Dios de
33.17 altos, aunque lo hacía para *J* su Dios
33.18 le hablaron en nombre de *J* el Dios de
33.23 nunca se humilló delante de *J*, como se
34.8 para que reparasen la casa de *J* su Dios
34.9,14 el dinero que..traído a la casa de *J*
34.10 que eran mayordomos en la casa de *J*
34.10 la obra y trabajaban en la casa de *J*
34.14 Hilcías halló el libro de la ley de *J*
34.15 yo he hallado..la ley en la casa de *J*
34.17 el dinero que se halló en la casa de *J*
34.21 andad, consultad a *J* por mí y por el
34.21 grande es la ira de *J*..sobre nosotros
34.21 padres no guardaron la palabra de *J*
34.23 *J* Dios de Israel ha dicho así: Decid
34.23 decid al varón que..que así ha dicho *J*
34.26 que os ha enviado a consultar a *J*, así
34.26 *J* el Dios de Israel ha dicho así: Por
34.27 lloraste..también te he oído, dice *J*
34.30 subió el rey a la casa de *J*, y con él
34.30 del libro del..hallado en la casa de *J*
34.31 hizo delante de *J* pacto de caminar en
34.31 de caminar en pos de *J* y de guardar
34.33 hizo que todos..sirviesen a *J* su Dios
34.33 no se apartaron de en pos de *J* el Dios de
35.1 celebró la pascua a *J* en Jerusalén, y
35.2 los confirmó en el..de la casa de *J*
35.3 y que estaban dedicados a *J*: Poned el
35.3 ahora servid a *J* vuestro Dios, y a su
35.6 que hagan conforme a la palabra de *J*
35.12 fin de que ofreciesen a *J* según está
35.16 fue preparado todo el servicio de *J*
35.16 los holocaustos sobre el altar de *J*
35.20 luego de haber reparado..la casa de *J*
35.26 a lo que está escrito en la ley de *J*
36.7 llevó..los utensilios de la casa de *J*
36.10 los objetos preciosos de la casa de *J*
36.12 Jeremías, que le hablaba de parte de *J*
36.13 para no volverse a *J* el Dios de Israel
36.14 contaminando la casa de *J*, la cual él
36.15 *J* el Dios de sus padres envió..palabra
36.16 hasta que subió la ira de *J* contra su
36.18 los tesoros de la casa de *J*, y los tesoros
36.21,22 que se cumpliese la palabra de *J*
36.22 *J* despertó el espíritu de Ciro rey de
36.23 *J*, el Dios de los cielos, me ha dado
36.23 pueblo, sea *J* su Dios con él, y suba
Esd. 1.1 que se cumpliese la palabra de *J* por
1.1 despertó *J* el espíritu de Ciro rey de
1.2 *J* el Dios de los cielos me ha dado todos
1.3 edifique la casa a *J* Dios de Israel (él
1.5 subir a edificar la casa de *J*, la cual
1.7 Ciro sacó los utensilios de la casa de *J*
2.68 vinieron a la casa de *J* que estaba en
3.3 y ofrecieron sobre él holocaustos a *J*
3.5 lunas, y todas las fiestas solemnes de *J*
3.5 todo sacrificio..ofrenda voluntaria a *J*
3.6 comenzaron a ofrecer holocaustos a *J*
3.6 cimientos del templo de *J* no se habían
3.8 que activasen la obra de la casa de *J*
3.10 los albañiles del templo de *J* echaban
3.10 que alabasen a *J*, según la ordenanza de
3.11 dando gracias a *J*, y diciendo: Porque
3.11 aclamaban con gran júbilo, alabando a *J*
3.11 se echaban los cimientos de la casa de *J*
4.1 oyendo..edificaban el templo de *J* Dios
4.3 nosotros solos la edificaremos a *J* Dios
6.21 se habían apartado de..para buscar a *J*
6.22 días, por cuanto *J* los había alegrado
7.6 la ley..que *J* Dios de Israel había dado
7.6 la mano de *J* su Dios estaba sobre Esdras
7.10 para inquirir la ley de *J* y..cumplirla
7.11 versado en los mandamientos de *J* y en
7.27 bendito *J* Dios de nuestros padres, que
7.27 rey, para honrar la casa de *J* que está
8.28 dije: Vosotros estáis consagrados a *J*
8.28 ofrenda..a *J* Dios de nuestros padres
8.29 peséis en los aposentos de la casa de *J*
8.35 ofrecieron..cabríos..en holocausto a *J*
9.5 postré..y extendí mis manos a *J* mi Dios
9.8 misericordia de parte de *J* nuestro Dios
9.15 oh *J* Dios de..tú eres justo, puesto que
10.11 dad gloria a *J* Dios de vuestros padres
Neh. 1.5 te ruego, oh *J*, Dios de los cielos
1.11 te ruego, oh *J*, esté..atento tu oído
2.8 según la benéfica mano de *J* sobre mí
5.13 respondió toda..¡Amén! y alabaron a *J*
8.1 la ley..la cual *J* había dado a Israel
8.6 bendijo..Esdras a *J*, Dios..y adoraron a *J*
8.9 dijeron..Día santo es a *J* nuestro Dios
8.10 porque el gozo de *J* es vuestra fuerza
8.14 que *J* había mandado por mano de Moisés
9.3 leyeron el libro de la ley de *J* su Dios
9.3 confesaron sus pecados y adoraron a *J*
9.4 Bani..clamaron en voz alta a *J* su Dios
9.5 bendecid a *J*..Dios desde la eternidad
9.6 tú solo eres *J*; tú hiciste los cielos, y
9.7 tú eres, oh *J*, el Dios que escogiste a
10.29 cumplirían todos los..estatutos de *J*
10.34 quemar sobre el altar de *J* nuestro Dios
10.35 que cada año traeríamos a la casa de *J*
Job 1.6 vinieron a presentarse delante de *J*
1.7 y dijo *J* a Satanás: ¿De dónde vienes?
1.7 respondiendo Satanás a *J*..De rodear la
1.8 *J* dijo a Satanás: ¿No has considerado
1.9 respondiendo Satanás a *J*, dijo: ¿Acaso
1.12 dijo *J* a Satanás: He aquí, todo lo que
1.12 dijo..y salió Satanás de delante de *J*
1.21 *J* dio, y *J* quitó; sea el nombre de *J*
2.1 vinieron..para presentarse delante de *J*
2.1 entre ellos presentándose delante de *J*
2.2 y dijo *J* a Satanás: ¿De dónde vienes?
2.2 respondió Satanás a *J*, y dijo: De rodear
2.3 *J* dijo a Satanás: ¿No has considerado a
2.4 dijo a *J*: Piel por piel, todo lo que el
2.6 *J* dijo a Satanás: He aquí, él está en tu
2.7 salió Satanás de la presencia de *J*, e
12.9 no entiende que la mano de *J* la hizo?
38.1 respondió *J* a Job desde un torbellino
40.1 además respondió *J* a Job, y dijo
40.3 entonces respondió Job a *J*, y dijo
40.6 respondió *J* a Job desde el torbellino
42.1 respondió Job a *J*, y dijo
42.7 después que habló *J*..*J* dijo a Elifaz
42.9 hicieron como *J* les dijo; y *J* aceptó la
42.10 quitó *J* la aflicción de Job, cuando él
42.11 aquel mal que *J* había traído sobre él
42.12 y bendijo *J* el postrer estado de Job
Sal. 1.2 en la ley de *J* está su delicia, y en
1.6 porque *J* conoce el camino de los justos
2.2 consultarán unidos contra *J* y contra su
2.7 *J* me ha dicho: Mi hijo eres tú; yo te
2.11 servid a *J* con temor, y alegraos con
3.1 ¡oh *J*, cuánto se han multiplicado mis
3.3 mas tú, *J*, eres escudo alrededor de mí
3.4 con mi voz clamé a *J*, y él me respondió
3.5 dormí..desperté, porque *J* me sustentaba
3.7 levántate, *J*: sálvame, Dios mío; porque
3.8 la salvación es de *J*; sobre tu pueblo sea
4.3 sabed..que *J* ha escogido al piadoso para
4.3 para sí; *J* oirá cuando yo a él clamare
4.5 ofreced sacrificios de..y confiad en *J*
4.6 alza sobre nosotros, oh *J*, la luz de tu
4.8 sólo tú, *J*, me haces vivir confiado
5.1 escucha, oh *J*, mis palabras; considera
5.3 oh *J*, de mañana oirás mi voz; de mañana
5.6 al..sanguinario y engañador abominará *J*
5.8 guíame, *J*, en tu justicia, a causa de mis
5.12 tú, oh *J*, bendecirás al justo; como con
6.1 *J*, no me reprendas en tu enojo, ni me
6.2 misericordia de mí, oh *J*, porque estoy
6.2 sáname, oh *J*..mis huesos se estremecen
6.3 está..turbada; y tú, *J*, ¿hasta cuándo?
6.4 vuélvete, oh *J*, libra mi alma; sálvame
6.8 porque *J* ha oído la voz de mi lloro
6.9 *J* ha oído mi ruego; ha recibido *J* mi
7 *tít.* que cantó a *J* acerca de las palabras de
7.1 *J* Dios mío, en ti he confiado; sálvame
7.3 *J* Dios mío, si yo he hecho esto, si hay
7.6 levántate, oh *J*, en tu ira; álzate en
7.8 *J* juzgará a los pueblos; júzgame, oh *J*
7.17 alabaré a *J* conforme a su justicia
7.17 y cantaré al nombre de *J* el Altísimo
8.1 ¡oh *J*, Señor nuestro, cuán glorioso es
8.9 ¡oh *J*, Señor nuestro, cuán grande es tu
9.1 te alabaré, oh *J*, con todo mi corazón
9.7 *J* permanecerá para siempre; ha dispuesto
9.9 *J* será refugio del pobre, refugio para
9.10 tú, oh *J*, no desamparaste a los que te
9.11 cantad a *J*..habita en Sion; publicad
9.13 ten misericordia de mí, *J*; mira mi
9.16 *J* se ha hecho conocer en el juicio que
9.19 oh *J*: no se fortalezca el hombre; sean
9.20 pon, oh *J*, temor en ellos; conozcan las
10.1 ¿por qué estás lejos, oh *J*..te escondes
10.3 bendice al codicioso, y desprecia a *J*
10.12 *J* Dios, alza tu mano; no te olvides de
10.16 *J* es rey eternamente y para siempre
10.17 el deseo de los humildes oíste, oh *J*
11.1 en *J* he confiado; ¿cómo decís a mi alma
11.4 *J* está en su santo templo; *J* tiene en
11.5 *J* prueba al justo; pero al malo y al

JEHOVÁ *(Continúa)*

Sal. 11.7 porque *J* es justo, y ama la justicia
12.1 salva, oh *J*, porque se acabaron los
12.3 *J* destruirá. . los labios lisonjeros, y
12.5 me levantaré, dice *J*; pondré en salvo
12.6 las palabras de *J* son palabras limpias
12.7 tú, *J*, los guardarás. . los preservarás
13.1 ¿hasta cuándo, *J*? ¿Me olvidarás para
13.3 respóndeme, oh *J* Dios mío; alumbra mis
13.6 cantaré a *J*, porque me ha hecho bien
14.2 *J* miró. . sobre los hijos de los hombres
14.4 que hacen iniquidad. . y a *J* no invocan?
14.6 se han burlado, pero *J* es su esperanza
14.7 cuando *J* hiciere volver a los cautivos
15.1 *J*, ¿quién habitará en tu tabernáculo?
15.4 el vil. . pero honra a los que temen a *J*
16.2 dijiste a *J*: Tú eres mi Señor; no hay
16.5 *J* es la porción de mi herencia y de mi
16.7 bendeciré a *J* que me aconseja; aun en
16.8 a *J* he puesto siempre delante de mí
17.1 oye, oh *J*, una causa justa; está atento
17.13 levántate, oh *J*; sal a su encuentro
17.14 de los hombres con tu mano, oh *J*, de
18,36 *títs.* salmo de David, siervo de *J*
18 *tít.* dirigió a *J* las palabras de este cántico
18 *tít.* el día que le libró *J* de la mano de
18.1 te amo, oh *J*, fortaleza mía
18.2 *J*, roca mía y castillo mío. . libertador
18.3 invocaré a *J*, quien es digno de ser
18.6 en mi angustia invoqué a *J*, y clamé a
18.13 tronó en los cielos *J*, y el Altísimo
18.15 a tu reprensión, oh *J*, por el soplo del
18.18 el día de mi quebranto. . *J* fue mi apoyo
18.20 *J* me ha premiado conforme a . . justicia
18.21 yo he guardado los caminos de *J*, y no
18.24 recompensado *J* conforme a mi justicia
18.28 tú. . *J* mi Dios alumbrará mis tinieblas
18.30 y acrisolada la palabra de *J*; escudo
18.31 porque ¿quién es Dios sino sólo *J*?
18.41 clamaron, y. . aun a *J*, pero no los oyó
18.46 viva *J*, y bendita sea mi roca. . Dios
18.49 yo te confesaré. . oh *J*, y cantaré a tu
19.7 la ley de *J* es perfecta, que convierte
19.7 el testimonio de *J* es fiel, que hace
19.8 los mandamientos de *J* son rectos, que
19.8 el precepto de *J* es puro, que alumbra
19.9 el temor de *J* es limpio, que permanece
19.9 juicios de *J* son verdad, todos justos
19.14 de ti, oh *J*, roca mía, y redentor mío
20.1 *J* te oiga en el día de conflicto; el
20.5 Dios; conceda *J* todas tus peticiones
20.6 ahora conozco que *J* salva a su ungido
20.7 del nombre de *J*. . Dios tendremos memoria
20.9 salva, *J*; que el Rey nos oiga en el día
21.1 rey se alegra en tu poder, oh *J*; y en
21.7 por cuanto el rey confía en *J*, y en la
21.9 *J* los deshará en su ira, y fuego los
21.13 engrandécete, oh *J*, en tu poder
22.8 se encomendó a *J*; líbrele él; sálvele
22.19 mas tú, *J*, no te alejes; fortaleza mía
22.23 los que teméis a *J*. . alabadle. . de Jacob
22.26 alabarán a *J* los que le buscan; vivirá
22.27 se volverán a *J* todos los confines de
22.28 porque de *J* es el reino, y él regirá
22.30 será contado de *J* hasta la postrera
23.1 *J* es mi pastor; nada me faltará
23.6 en la casa de *J* moraré por largos días
24.1 de *J* es la tierra y su plenitud; el
24.3 ¿quién subirá al monte de *J*? ¿Y quién
24.5 él recibirá bendición de *J*, y justicia
24.8 *J* el fuerte y valiente, *J* el poderoso
24.10 *J* de los ejércitos, él es el Rey de
25.1 a ti, oh *J*, levantaré mi alma
25.4 muéstrame, oh *J*, tus caminos. . sendas
25.6 acuérdate, oh *J*, de tus piedades y de
25.7 acuérdate de mí, por tu bondad, oh *J*
25.8 bueno y recto es *J*. . él enseñará a los
25.10 todas las sendas de *J* son misericordia
25.11 *J*, perdonarás. . pecado, que es grande
25.12 ¿quién es el hombre que teme a *J*?
25.14 la comunión. . de *J* es con los que le
25.15 ojos están siempre hacia *J*, porque él
26.1 júzgame, oh *J*. . yo en mi integridad he
26.1 he confiado asimismo en *J* sin titubear
26.2 escudríñame, oh *J*, y pruébame; examina
26.6 así andaré alrededor de tu altar, oh *J*
26.8 *J*, la habitación de tu casa he amado
26.12 en las congregaciones bendeciré a *J*
27.1 *J* es mi luz y. . *J* es la fortaleza de mi
27.4 una cosa he demandado a *J*, ésta buscaré
27.4 que esté yo en la casa de *J* todos los
27.4 para contemplar la hermosura de *J*, y
27.6 yo. . cantaré y entonaré alabanzas a *J*
27.7 oye, oh *J*, mi voz con que a ti clamo
27.8 buscad mi rostro. . rostro buscaré, oh *J*
27.10 me dejaran, con todo, *J* me recogerá
27.11 enséñame, oh *J*, tu camino, y guíame
27.13 si no creyese que veré la bondad de *J*
27.14 aguarda a *J*; esfuérzate. . sí, espera a *J*
28.1 a ti clamaré, oh *J*. Roca mía, no te
28.5 no atendieron a los hechos de *J*, ni a
28.6 bendito sea *J*, que oyó la voz de mis
28.7 *J* es mi fortaleza y mi escudo; en él
28.8 *J* es la fortaleza de su pueblo, y el
29.1 tributad a *J*. . dad a *J* la gloria y el
29.2 dad a *J* la gloria debida a su nombre
29.2 adorad a *J* en la hermosura. . santidad
29.3 voz de *J* sobre las aguas; truena el
29.3 truena el. . *J* sobre las muchas aguas
29.4 de *J* con potencia; voz de *J* con gloria
29.5 voz de *J* que quebranta los cedros
29.5 quebrantó *J* los cedros del Líbano
29.7 voz de *J* que derrama llamas de fuego
29.8 voz de *J* que hace temblar el desierto
29.8 hace temblar *J* el desierto de Cades
29.9 de *J* que desgaja las encinas, y desnuda
29.10 *J* preside en el diluvio, y se sienta *J*
29.11 *J* dará poder. . *J* bendecirá a su pueblo
30.1 te glorificaré, oh *J*, porque me has
30.2 *J* Dios mío, a ti clamé, y me sanaste
30.3 oh *J*, hiciste subir mi alma del Seol
30.4 cantad a *J*, vosotros sus santos, y
30.7 tú, *J*, con tu favor me afirmaste como
30.8 ti, oh *J*, clamaré, y al Señor suplicaré
30.10 *J*. . ten misericordia de mí; *J*, sé tú mi
30.12 *J* Dios mío, te alabaré para siempre
31.1 en ti, oh *J*, he confiado; no sea yo
31.5 me has redimido, oh *J*, Dios de verdad
31.6 aborrezco a. . mas yo en *J* he esperado
31.9 ten misericordia de mí, oh *J*, porque
31.14 mas yo en ti confío, oh *J*; digo: Tú
31.17 no sea yo avergonzado, oh *J*, ya que
31.21 bendito sea *J*. . ha hecho maravillosa
31.23 amad a *J*, todos vosotros sus santos
31.23 a los fieles guarda *J*, y paga. . al que
31.24 esforzaos. . los que esperáis en *J*, y
32.2 bienaventurado. . a quien *J* no culpa de
32.5 dije: Confesaré mis transgresiones a *J*
32.10 mas al que espera en *J*, le rodea la
32.11 alegraos en *J* y gozaos, justos; y
33.1 alegraos, oh justos, en *J*; en. . íntegros
33.2 aclamad a *J* con arpa; cantadle con
33.4 porque recta es la palabra de *J*, y toda
33.5 de la misericordia de *J* está llena la
33.6 por la palabra de *J* fueron hechos los
33.8 tema a *J* toda la tierra; teman delante
33.10 *J* hace nulo el consejo de las naciones
33.11 el consejo de *J* permanecerá. . siempre
33.12 bienaventurada la nación. . Dios es *J*
33.13 desde los cielos miró *J*; vio a todos
33.18 aquí el ojo de *J* sobre los que le temen
33.20 nuestra alma espera a *J*; nuestra ayuda
33.22 tu misericordia, oh *J*, sobre nosotros
34.1 bendeciré a *J* en todo tiempo. . mi boca
34.2 en *J* se gloriará mi alma; lo oirán los
34.3 engrandeced a *J* conmigo, y exaltemos a
34.4 busqué a *J*, y él me oyó, y me libró de
34.6 le oyó *J*, y lo libró de. . sus angustias
34.7 el ángel de *J* acampa alrededor de los
34.8 gustad, y ved que es bueno *J*; dichoso
34.9 temed a *J*, vosotros sus santos, pues
34.10 los que buscan a *J* no tendrán falta de
34.11 venid, hijos. . temor de *J* os enseñaré
34.15 los ojos de *J* están sobre los justos
34.16 la ira de *J* contra los que hacen mal
34.17 claman los justos, y *J* oye, y. . libra
34.18 cercano está *J* a los quebrantados de
34.19 aflicciones. . todas ellas le librará *J*
34.22 *J* redime el alma de sus siervos, y no
35.1 disputa, oh *J*, con los que contra mí
35.5 sean como el. . y el ángel de *J* los acose
35.6 su camino. . y el ángel de *J* los persiga
35.9 entonces mi alma se alegrará en *J*
35.10 dirán: *J*, ¿quién como tú, que libras
35.22 lo has visto, oh *J*; no calles; Señor
35.24 júzgame. . *J* Dios mío, y no se alegren
35.27 y digan siempre: Sea exaltado *J*, que
36.5 *J*, hasta. . cielos llega tu misericordia
36.6 oh *J*, al hombre y al animal conservas
37.3 confía en *J*, y haz el bien; y habitarás
37.4 deléitate. . en *J*, y él te concederá las
37.5 encomienda a *J* tu camino, y confía en
37.7 guarda silencio ante *J*, y espera en él
37.9 los que esperan en *J*, ellos heredarán
37.17 mas el que sostiene a los justos es *J*
37.18 conoce *J* los días de los perfectos
37.20 y los enemigos de *J* como la grasa de
37.23 *J* son ordenados los pasos del hombre
37.24 no quedará. . porque *J* sostiene su mano
37.28 *J* ama la rectitud, y no desampara a
37.33 *J* no lo dejará en sus manos, ni lo
37.34 espera en *J*, y guarda su camino, y él
37.39 la salvación de los justos es de *J*, y
37.40 *J* los ayudará y los librará. . salvará
38.1 *J*, no me reprendas en tu furor, ni me
38.15 porque en ti, oh *J*, he esperado; tú
38.15 esperado; tú responderás, *J* Dios mío
38.21 no me desampares, oh *J*; Dios mío, no
39.4 hazme saber, *J*, mi fin, y cuánta sea
39.12 oye mi oración, oh *J*, y escucha mi
40.1 pacientemente esperé a *J*, y se inclinó
40.3 verán esto muchos. . y confiarán en *J*
40.4 que puso en *J* su confianza, y no mira
40.5 has aumentado, oh *J*. . tus maravillas
40.9 no refrené mis labios, *J*, tú lo sabes
40.11 *J*, no retengas de mí tus misericordias
40.13 quieras, oh *J*, librarme; *J*, apresúrate
40.16 y digan siempre los. . *J* sea enaltecido
40.17 aunque afligido yo y. . *J* pensará en mí
41.1 el pobre; en el día malo lo librará *J*
41.2 *J* lo guardará, y le dará vida; será
41.3 *J* lo sustentará sobre. . lecho del dolor
41.4 dije: *J*, ten misericordia de mí; sana
41.10 mas tú, *J*, ten misericordia de mí, y
41.13 bendito sea *J*, el Dios de Israel, por
42.8 pero de día mandará *J* su misericordia
46.7,11 *J* de los ejércitos está con nosotros
46.8 venid, ved. . obras de *J*, que ha puesto
47.2 porque *J* el Altísimo es temible; Rey
47.5 subió Dios. . *J* con sonido de trompeta
48.1 grande es *J*, y digno de ser. . alabado
48.8 así lo hemos visto en la ciudad de *J*
50.1 *J*, ha hablado, y convocado la tierra
54.6 alabaré tu nombre. . *J*, porque es bueno
55.16 a mí, a Dios clamaré; y *J* me salvará
55.22 sobre *J* tu carga, y él te sustentará
56.10 Dios alabaré. . en *J* su palabra alabaré
58.6 quiebra, oh *J*, las muelas. . leoncillos
59.3 no por falta mía, ni por pecado. . oh *J*
59.5 tú, *J* Dios. . despierta para castigar a
59.8 tú, *J*, te reirás de ellos; te burlarás
59.11 dispérsalos con. . oh *J*, escudo nuestro
64.10 se alegrará el justo en *J*, y confiará
68.16 ciertamente *J* habitará en él. . siempre
68.20 y de *J* el. . es el librar de la muerte
69.6 no sean avergonzados por. . oh Señor *J* de
69.13 pero yo a ti oraba, oh *J*, al tiempo de
69.16 respóndeme, *J*, porque benigna es tu
69.31 y agradará a *J* más que sacrificio de
69.33 porque *J* oye a los menesterosos, y no
70.5 mi libertador eres. . *J*, no te detengas
71.1 en ti, oh *J*, me he refugiado; no sea yo
71.5 porque tú. . Señor *J*, eres mi esperanza
71.16 a los hechos poderosos de *J* el Señor
72.18 bendito *J* Dios, el Dios de Israel, el
73.28 he puesto en *J* el Señor mi esperanza
74.18 esto: que el enemigo ha afrentado a *J*
75.8 porque el cáliz está en la mano de *J*
76.11 prometed, y pagad a *J* vuestro Dios
78.4 contando a la. . las alabanzas de *J*, y su
78.21 por tanto, oyó *J*, y se indignó; se
79.5 ¿hasta cuándo, oh *J*? ¿Estarás airado
79.12 de su. . con que te han deshonrado, oh *J*
80.4 *J*, Dios de. . ¿hasta cuándo mostrarás tu
80.19 *J*, Dios de los ejércitos, restáuranos!
81.10 yo soy *J* tu Dios, que te hice subir de
81.15 los que aborrecen a *J* se le habrían
83.16 vergüenza, y busquen tu nombre, oh *J*
83.18 conozcan que tu nombre es *J*; tú solo
84.1 ¡cuán amables son tus moradas, oh *J* de
84.2 anhela mi alma. . desea los atrios de *J*
84.3 polluelos, cerca de tus altares, oh *J*
84.8 *J* Dios de. . ejércitos, oye mi oración
84.11 porque sol y escudo es *J* Dios; gracia
84.11 gracia y gloria dará *J*. No quitará el
84.12 *J*. . dichoso el hombre que en ti confía
85.1 fuiste propicio a tu tierra, oh *J*. . Jacob
85.7 muéstranos, oh *J*, tu misericordia, y
85.8 escucharé lo que hablará *J* Dios, porque
85.12 *J* dará. . el bien, y nuestra tierra dará
86.1 inclina, oh *J*, tu oído, y escúchame
86.3 ten misericordia de mí, oh *J*; porque a
86.6 escucha. . *J*, mi oración, y está atento
86.11 enséñame, oh *J*, tu camino; caminaré yo
86.12 te alabaré, oh *J* Dios mío, con todo mi
86.17 tú, *J*, me ayudaste y me consolaste
87.2 ama *J* las puertas de Sion más que todas
87.6 *J* contará al inscribir a los pueblos
88.1 *J*, Dios de mi salvación, día y noche
88.9 llamado, oh *J*, cada día; he extendido
88.13 yo a ti he clamado, oh *J*, y de mañana
88.14 ¿por qué, oh *J*, desechas mi alma? ¿Por
89.1 las misericordias de *J* cantaré. . mi boca
89.5 celebrarán los. . tus maravillas, oh *J*
89.6 ¿quién en los cielos se igualará a *J*?
89.6 ¿quién será semejante a *J* entre los
89.8 *J*. . ¿quién como tú? Poderoso eres, *J*
89.15 pueblo. . andará, oh *J*, a la luz de tu rostro
89.18 *J* es nuestro escudo, y nuestro rey es
89.46 ¿hasta cuándo, oh *J*? ¿Te esconderás
89.51 tus enemigos, oh *J*, han deshonrado
89.52 bendito sea *J* para siempre. Amén y
90.13 vuélvete, oh *J*; ¿hasta cuándo?
90.17 sea la luz de *J*. . Dios sobre nosotros
91.2 diré yo a *J*: Esperanza mía, y castillo
91.9 has puesto a *J*, que es mi esperanza, al
92.1 bueno es alabarte. . *J*, y cantar salmos
92.4 me has alegrado, oh *J*, con tus obras
92.5 ¡cuán grandes son tus obras, oh *J*! Muy
92.8 mas tú, *J*, para siempre eres Altísimo
92.9 he aquí tus enemigos, oh *J*. . perecerán
92.13 plantados en la casa de *J*. . los atrios
92.15 para anunciar que *J*. . es recto, y que
93.1 *J* reina; se vistió de magnificencia
93.1 *J* se vistió, se ciñó de poder. Afirmó
93.3 ríos, oh *J*, los ríos alzaron su sonido
93.4 *J* en las alturas es más poderoso que
93.5 la santidad conviene a tu casa, oh *J*
94.1 *J*, Dios de las venganzas, Dios de las
94.3 ¿hasta cuándo. . oh *J*, se gozarán los
94.5 a tu pueblo, oh *J*, quebrantan, y a tu
94.11 *J* conoce los pensamientos. . son vanidad

JEHOVÁ *(Continúa)*

Sal. 94.14 porque no abandonará J a su pueblo, ni
94.17 si no me ayudara J, pronto moraría mi
94.18 tu misericordia, oh J, me sustentaba
94.22 J me ha sido por refugio, y mi Dios por
94.23 maldad; los destruirá J nuestro Dios
95.1 aclamemos alegremente a J; cantemos
95.3 porque J es Dios grande, y Rey grande
95.6 arrodillémonos delante de J..Hacedor
96.1 cantad a J..cantad a J, toda la tierra
96.2 cantad a J, bendecid su nombre..de día
96.4 grande es J, y digno..suprema alabanza
96.5 dioses..ídolos; pero J hizo los cielos
96.7 tributad a J..dad a J la gloria y el
96.8 dad a J la honra debida a su nombre
96.9 adorad a J en la hermosura de..santidad
96.10 decid entre las naciones: J reina
96.13 delante de J que vino; porque vino a
97.1 J reina; regocíjese la..alégrense las
97.5 los montes se derritieron..delante de J
97.8 las hijas de Judá, oh J, se gozaron por
97.9 J, eres excelso sobre toda la tierra
97.10 los que amáis a J, aborreced el mal
97.12 alegraos, justos, en J, y alabad la
98.1 cantad a J cántico nuevo, porque ha
98.2 J ha hecho notoria su salvación; a vista
98.4 cantad alegres a J, toda la tierra
98.5 cantad salmos a J con arpa; con arpa y
98.6 y sonidos de bocina, delante del rey J
98.9 delante de J, porque vino a juzgar la
99.1 J reina; temblarán los pueblos; él está
99.2 J en Sion es grande, y exaltado sobre
99.5 exaltad a J nuestro Dios, y postraos
99.6 invocaban a J, y él les respondía
99.8 J Dios nuestro, tú les respondías; les
99.9 exaltad a J..J nuestro Dios es santo
100.2 servid a J con alegría; venid ante su
100.3 reconoced que J es Dios; él nos hizo
100.5 porque J es bueno; para siempre es su
101.1 juicio cantaré; a ti cantaré yo, oh J
101.8 exterminar de la ciudad de J a todos
102 *tít.* delante de J derrama su lamento
102.1 J, escucha mi oración, y llegue a ti
102.12 tú, J, permanecerás para siempre, y
102.15 las naciones temerán el nombre de J
102.16 por cuanto J habrá edificado a Sion
102.19 J miró desde los cielos a la tierra
102.21 que publique en Sion el nombre de J
102.22 se congreguen en uno para servir a J
103.1,2,22 bendice, alma mía, a J
103.6 J es el que hace justicia y derecho
103.8 misericordioso y clemente es J; lento
103.13 se compadece J de los que le temen
103.17 mas la misericordia de J es desde la
103.19 J estableció en los cielos su trono
103.20 bendecid a J, vosotros sus ángeles
103.21 bendecid a J..todos sus ejércitos
103.22 bendecid a J, vosotras todas sus obras
104.1 bendice..a J. J..te has engrandecido
104.16 se llenan de savia los árboles de J
104.24 cuán innumerables son tus obras, oh J!
104.31 sea la gloria de J..alégrese J en sus
104.33 a J cantaré en mi vida; a mi Dios
104.34 dulce será mi..yo me regocijaré en J
104.35 bendice, alma mía, a J. Aleluya
105.1 alabad a J, invocad su nombre; dad a
105.3 alégrese el corazón..que buscan a J
105.4 buscad a J y su poder; buscad siempre
105.7 es J nuestro Dios; en toda la tierra
105.19 su palabra, el dicho de J le probó
106.1 alabad a J..él es bueno..para siempre
106.2 expresará las poderosas obras de J?
106.4 acuérdate de mí, oh J, según tu..para
106.16 envidia..contra Aarón, el santo de J
106.25 murmuraron..y no oyeron la voz de J
106.34 no destruyeron a los..que J les dijo
106.40 se encendió..el furor de J sobre su
106.47 sálvanos, J Dios nuestro, y recógenos
106.48 bendito J Dios de Israel, desde la
107.1 alabad a J, porque él es bueno; porque
107.2 díganlo los redimidos de J, los que ha
107.6,13,19,28 clamaron a J en su angustia
107.8,15,21,31 alaben la misericordia de J
107.11 fueron rebeldes a las palabras de J
107.24 ellos han visto las obras de J, y sus
107.43 y entenderá las misericordias de J?
108.3 te alabaré, oh J, entre los pueblos
109.14 venga en memoria ante J la maldad de
109.15 estén siempre delante de J, y él corte
109.20 sea este el pago de parte de J a los
109.21 J, Señor mío, favoréceme por amor de
109.26 ayúdame, J Dios..sálvame conforme a
109.27 entiendan..que tú, J, has hecho esto
109.30 yo alabaré a J en gran manera con mi
110.1 J dijo a mi Señor: Siéntate a..diestra
110.2 J enviará desde Sion la vara de tu
110.4 juró J, y no se arrepentirá: Tú eres
111.1 alabaré a J con todo el corazón en la
111.2 grandes son las obras de J, buscadas
111.4 hecho..clemente y misericordioso es J
111.10 la sabiduría es el temor de J; buen
112.1 bienaventurado el hombre que teme a J
112.7 su corazón está firme, confiado en J
113.1 alabad, siervos de J..el nombre de J
113.2 el nombre de J bendito desde ahora y
113.3 se pone, sea alabado el nombre de J
113.4 excelso sobre todas las naciones es J
113.5 ¿quién como J..Dios, que se sienta en
114.7 a la presencia de J tiembla la tierra
115.1 oh J, no a nosotros, sino a tu nombre
115.9 oh Israel, confía en J; él es tu ayuda
115.10 casa de Aarón, confiad en J; él es
115.11 los que teméis a J, confiad en J; él
115.12 J se acordó de nosotros..bendecirá
115.13 bendecirá a los que temen a J, a
115.14 aumentará J bendición sobre vosotros
115.15 benditos vosotros de J, que hizo los
115.16 los cielos son los cielos de J; y ha
116.1 amo a J, pues ha oído mi voz y mis
116.4 entonces invoqué el nombre de J
116.4 diciendo: Oh J, libra ahora mi alma
116.5 clemente es J..sí, misericordioso es
116.6 J guarda a los sencillos; estaba yo
116.7 tu reposo, porque J te ha hecho bien
116.9 andaré delante de J en la tierra de los
116.12 ¿qué pagaré a J por..sus beneficios
116.13 tomaré la..e invocaré el nombre de J
116.14 pagaré mis votos a J delante de todo
116.15 estimada es a los ojos de J la muerte
116.16 oh J, ciertamente yo soy tu siervo
116.17 ofreceré..e invocaré el nombre de J
116.18 a J pagaré ahora mis votos delante de
116.19 los atrios de la casa de J, en medio
117.1 alabad a J, naciones todas; pueblos
117.2 y la fidelidad de J es para siempre
118.1 alabad a J, porque él es bueno; porque
118.4 digan ahora los que temen a J, que para
118.6 J está conmigo; no temeré lo que me
118.7 J está..entre los que me ayudan; por
118.8,9 mejor es confiar en J que confiar
118.10,11,12 nombre de J yo las destruiré
118.13 me empujaste..cayese; pero me ayudó J
118.15 júbilo..la diestra de J hace proezas
118.16 la diestra de J es sublime..de J hace
118.20 es puerta de J; por ella entrarán los
118.23 de J es esto, y es cosa maravillosa
118.24 es el día que hizo J; nos gozaremos
118.25 oh J, sálvanos ahora..te ruego, oh J
118.26 bendito el que viene en..nombre de J
118.26 desde la casa de J os bendecimos
118.27 J es Dios, y nos ha dado luz; atad
118.29 alabad a J..él es bueno; porque para
119.1 los perfectos..que andan en la ley de J
119.12 bendito tú..J; enséñame tus estatutos
119.31 he apegado a..oh J, no me avergüences
119.33 enséñame, oh J, el camino de tus
119.41 venga a mí tu misericordia, oh J
119.52 acordé, oh J, de tus juicios antiguos
119.55 me acordé en la..de tu nombre, oh J
119.57 porción es J; he dicho que guardaré
119.64 de tu misericordia, oh J, está llena
119.65 bien has hecho con tu siervo, oh J
119.75 conozco, oh J, que tus juicios son
119.89 siempre, oh J, permanece tu palabra
119.107 vivifícame, oh J, conforme..palabra
119.108 oh J, que te sean agradables los
119.126 tiempo es de actuar, oh J, porque
119.137 justo..oh J, y rectos tus juicios
119.145 clamé con..corazón; respóndeme, J
119.149 J, vivifícame conforme a tu juicio
119.151 cercano estás tú, oh J, y todos tus
119.156 muchas son tus misericordias, oh J
119.159 mira, oh J, que amo tus mandamientos
119.166 tu salvación he esperado, oh J, y tus
119.169 llegue mi clamor delante de ti..J
119.174 he deseado tu salvación, oh J, y tu
120.1 a J clamé estando en angustia, y él
120.2 libra mi alma, oh J, del..mentiroso
121.2 mi socorro viene de J, que hizo los
121.5 J es tu guardador; J es tu sombra a
121.7 J te guardará de..mal; él guardará tu
121.8 J guardará tu salida y tu entrada desde
122.1 que me decían: A la casa de J iremos
122.4 subieron..para alabar el nombre de J
122.9 por amor a la casa de J nuestro Dios
123.2 nuestros ojos miran a J nuestro Dios
123.3 ten misericordia de nosotros, oh J, ten
124.1,2 a no haber estado J por nosotros
124.6 bendito sea J..no nos dio por presa a
124.8 nuestro socorro está en el nombre de J
125.1 los que confían en J son como el monte
125.2 J está alrededor de su pueblo, desde
125.4 haz bien, oh J, a los buenos, y a los
125.5 J los llevará..los que hacen iniquidad
126.1 cuando J hiciere volver la cautividad
126.2 grandes cosas ha hecho J con éstos
126.3 grandes cosas ha hecho J con nosotros
126.4 haz volver nuestra cautividad, oh J
127.1 si J no edificare la casa, en vano
127.1 J no guardare la ciudad, en vano vela
127.3 he aquí, herencia de J son los hijos
128.1 bienaventurado todo aquel que teme a J
128.4 será bendecido el hombre que teme a J
128.5 bendígate J desde Sion, y veas el bien
129.4 J es justo; cortó las coyundas de los
129.8 bendición de J sea sobre vosotros; os
129.8 sea..os bendecimos en el nombre de J
130.1 de lo profundo, oh J, a ti clamo..oye
130.5 esperé yo a J, esperó mi alma; en su
130.6 espera a J más que los centinelas a la
130.7 espere Israel a J..J hay misericordia
131.1 J, no se ha envanecido mi corazón, ni
131.3 espera, oh Israel, en J, desde ahora
132.1 acuérdate, oh J, de David, y de toda
132.2 cómo juró a J, y prometió al Fuerte de
132.5 hasta que halle lugar para J, morada
132.8 levántate, oh J, al lugar de tu reposo
132.11 en verdad juró J a David, y no se
132.13 porque J ha elegido a Sion; la quiso
133.3 allí envía J bendición, y vida eterna
134.1 bendecid a J vosotros..los siervos de J
134.1 en la casa de J estáis por las noches
134.2 alzad vuestras manos..y bendecid a J
134.3 desde Sion te bendiga J, el cual ha
135.1 alabad el nombre de J..siervos de J
135.2 los que estáis en la casa de J, en los
135.5 porque yo sé que J es grande, y el
135.6 todo lo que J quiere, lo hace, en los
135.13 J, eterno es tu nombre; tu memoria
135.13 tu memoria, oh J, de generación en
135.14 porque J juzgará a su pueblo, y se
135.19 casa de Israel, bendecid a J; casa
135.19 Israel..casa de Aarón, bendecid a J
135.20 Leví..los que teméis a J, bendecid a J
135.21 desde Sion sea bendecido J, quien
136.1 alabad a J..él es bueno; porque para
137.4 ¿cómo cantaremos cántico de J en
137.7 J, recuerda contra los hijos de Edom
138.4 te alabarán, oh J, todos los reyes de
138.5 cantarán de los caminos de J, porque
138.5 porque la gloria de J es grande
138.6 J es excelso, y atiende al humilde
138.8 J cumplirá su propósito en mí; tu
138.8 tu misericordia, oh J, es para siempre
139.1 oh J, tú me has examinado y conocido
139.4 no..y he aquí, oh J, tú la sabes toda
139.21 odio, oh J, a los que te aborrecen
140.1 líbrame..J, del hombre malo; guárdame
140.4 guárdame, oh J, de manos del impío
140.6 he dicho a J: Dios mío eres tú; escucha
140.6 escucha, oh J, la voz de mis ruegos
140.7 J Señor, potente salvador mío, tú
140.8 no concedas, oh J, al impío sus deseos
140.12 sé que J tomará a su cargo la causa
141.1 J, a ti he clamado; apresúrate a mí
141.3 pon guarda a mi boca, oh J; guarda la
141.8 a ti, oh J, Señor, miran mis ojos; en
142.1 con mi voz clamaré a J..voz pediré a J
142.5 clamé a ti, oh J; dije: Tú eres mi
143.1 J, oye mi oración, escucha mis ruegos
143.7 respóndeme pronto, oh J..desmaya mi
143.9 líbrame de mis enemigos, oh J; en ti
143.11 por tu nombre, oh J, me vivificarás
144.1 bendito sea J, mi roca, quien adiestra
144.3 oh J, ¿qué es el hombre, para que en
144.5 oh J, inclina tus cielos y desciende
144.15 bienaventurado el pueblo..Dios es J
145.3 grande es J, y digno de..alabanza; y
145.8 clemente y misericordioso es J, lento
145.9 bueno es J para con todos, y sus
145.10 te alaben, oh J, todas tus obras, y
145.14 sostiene J a todos los que caen, y
145.17 justo es J en todos sus caminos, y
145.18 cercano está J a todos..que le temen
145.20 J guarda a todos los que le aman, mas
145.21 la alabanza de J proclamará mi boca
146.1 alaba, oh alma mía, a J
146.2 alabaré a J en mi vida; cantaré salmos
146.5 bienaventurado..cuya esperanza..en J
146.7 que da pan a..J liberta a los cautivos
146.8 J abre los ojos..J levanta a..J ama a
146.9 J guarda a los extranjeros..a la viuda
146.10 reinará J para siempre; tu Dios, oh
147.2 J edifica a Jerusalén; a..desterrados
147.6 J exalta a los humildes, y humilla a
147.7 cantad a J con alabanza, cantad con
147.11 se complace J en los que le temen, y en
147.12 alaba a J, Jerusalén; alaba a tu Dios
148.1 alabad a J desde los cielos; alabadle
148.5 alaben el nombre de J; porque él mandó
148.7 alabad a J desde la tierra..los abismos
148.13 alaben el nombre de J, porque sólo su
149.1 cantad a J cántico nuevo; su alabanza
149.4 J tiene contentamiento en su pueblo
Pr. 1.7 el principio de la..es el temor de J
1.29 por cuanto..no escogieron el temor de J
2.5 entenderás el temor de J, y hallarás el
2.6 J da la sabiduría, y de su boca viene el
3.5 fíate de J de todo tu corazón, y no te
3.7 no seas..teme a J, y apártate del mal
3.9 honra a J con tus bienes, y..primicias
3.11 no menosprecies, hijo..el castigo de J
3.12 porque J al que ama castiga, como el
3.19 J con sabiduría fundó la tierra; afirmó
3.26 J será tu confianza, y él preservará
3.32 porque J abomina al perverso; mas su
3.33 la maldición de J está en la casa del
5.21 caminos del..están ante los ojos de J
6.16 seis cosas aborrece J, y aun 7 abomina
8.13 el temor de J es aborrecer el mal; la
8.22 J me poseía en el principio, ya..antes
8.35 hallará la..y alcanzará el favor de J

JEHOVÁ ***(Continúa)***

Pr. 9.10 el temor de *J* es el principio de la
10.3 *J* no dejará padecer hambre al justo; mas
10.22 la bendición de *J* es la que enriquece
10.27 el temor de *J* aumentará los días; mas
10.29 camino de *J* es fortaleza al perfecto
11.1 el peso falso es abominación a *J*; mas
11.20 abominación son a *J* los perversos de
12.2 el bueno alcanzará favor de *J*; mas el
12.22 labios mentirosos son abominación a *J*
14.2 el que camina en su rectitud teme a *J*
14.26 en el temor de *J* está la. .confianza
14.27 el temor de *J* es manantial de vida para
15.3 ojos de *J* están en todo lugar, mirando
15.8 sacrificio. .impíos es abominación a *J*
15.9 abominación es a *J* el camino del impío
15.11 el Seol y el Abadón están delante de *J*
15.16 mejor es lo poco con el temor de *J*, que
15.25 *J* asolará la casa de los soberbios
15.26 abominación son a *J* los pensamientos
15.29 *J* está lejos de los impíos; pero él oye
15.33 temor de *J* es enseñanza de sabiduría
16.1 mas de *J* es la respuesta de la lengua
16.2 son limpios. .pero *J* pesa los espíritus
16.3 encomienda a *J* tus obras, y. .afirmados
16.4 todas las cosas ha hecho *J* para sí, y aun
16.5 abominación es a *J*. .altivo de corazón
16.6 y con el temor de *J*. .se apartan del mal
16.7 cuando los caminos. .son agradables a *J*
16.9 piensa su camino. .*J* endereza sus pasos
16.11 peso y balanzas justas son de *J*; obra
16.20 el que confía en *J* es bienaventurado
16.33 la suerte. .de *J* es la decisión de ella
17.3 el crisol. .pero *J* prueba los corazones
17.15 ambos son igualmente abominación a *J*
18.10 torre fuerte es el nombre de *J*; a él
18.22 el bien, y alcanza la benevolencia de *J*
19.3 y luego contra *J* se irrita su corazón
19.14 herencia. .mas de *J* la mujer prudente
19.17 a *J* presta el que da al pobre, y el
19.21 hay. .mas el consejo de *J* permanecerá
19.23 el temor de *J* es para vida, y con él
20.10 pesa falsa. .cosas son abominación a *J*
20.12 el oído. .y el ojo que ve. .ha hecho *J*
20.22 vengaré; espera a *J*, y él te salvará
20.23 abominación son a *J* las pesas falsas
20.24 de *J* son los pasos del hombre; ¿cómo
20.27 lámpara de *J* es el espíritu del hombre
21.1 está el corazón del rey en la mano de *J*
21.2 es recto en. .pero *J* pesa los corazones
21.3 hacer justicia. .es a *J* más agradable
21.30 no hay sabiduría. .ni consejo, contra *J*
21.31 alista. .mas *J* es el que da la victoria
22.2 el rico y el pobre. .a ambos los hizo *J*
22.4 son la remuneración. .y del temor de *J*
22.12 los ojos de *J* velan por la ciencia; mas
22.14 contra el cual *J* estuviere airado caerá
22.19 para que tu confianza sea en *J*, te las
22.23 porque *J* juzgará la causa de ellos, y
23.17 antes persevera en el temor de *J* todo
24.18 no sea que *J* lo mire, y le desagrade
24.21 teme a *J*, hijo mío, y al rey; no te
25.22 ascuas amontonarás. .y *J* te lo pagará
28.5 los que buscan a *J* entienden. .las cosas
28.25 mas el que confía en *J* prosperará
29.13 pobre y. .*J* alumbra los ojos de ambos
29.25 mas el que confía en *J* será exaltado
29.26 mas de *J* viene el juicio de cada uno
30.9 te niegue, y diga. .¿Quién es *J*? O que
31.30 mujer que teme a *J*, ésa será alabada
Is. 1.2 y escucha tú, tierra; porque habla *J*
1.4 dejaron a *J*, provocaron a ira al Santo
1.9 si *J* de. .no nos hubiese dejado un resto
1.10 príncipes de Sodoma. .la palabra de *J*
1.11 ¿para qué. .sirve, dice *J*. .sacrificios?
1.18 venid luego, dice *J*, y estemos a cuenta
1.20 espada; porque la boca de *J* lo ha dicho
1.24 dice el Señor, *J*. .el Fuerte de Israel
1.28 y los que dejan a *J* serán consumidos
2.2 será confirmado el monte de la casa de *J*
2.3 dirán: Venid, y subamos al monte de *J*
2.3 saldrá. .y de Jerusalén la palabra de *J*
2.5 venid, oh. .y caminaremos a la luz de *J*
2.10 escóndete. .la presencia temible de *J*
2.11,17 y *J* solo será exaltado en aquel día
2.12 día de *J* de los ejércitos vendrá sobre
2.19 por la presencia temible de *J*, y por el
2.21 por la presencia formidable de *J*, y por
3.1 *J* de los ejércitos quita de Jerusalén y
3.8 la lengua. .y sus obras han sido contra *J*
3.13 *J* está en pie para litigar, y. .juzgar a
3.14 *J* vendrá a juicio contra los ancianos de
3.15 y moléis las caras de. .dice el Señor, *J*
3.16 dice *J*: Por cuanto las hijas de Sion se
3.17 raerá la. .y *J* descubrirá sus vergüenzas
4.2 el renuevo de *J* será para hermosura y
4.5 creará *J* sobre toda la morada del monte
5.7 la viña de *J* de los. .es la casa de Israel
5.9 ha llegado a mis oídos de parte de *J* de
5.12 no miran la obra de *J*, ni consideran la
5.16 pero *J* de los ejércitos será exaltado
5.24 desecharon la ley de *J* de los ejércitos
5.25 encendió el furor de *J* contra su pueblo
6.3 santo, santo, santo, *J* de los ejércitos
6.5 porque. .han visto mis ojos al Rey, *J* de
6.12 que *J* haya echado lejos a los hombres
7.3 dijo *J* a Isaías: Sal ahora al encuentro
7.7 *J* el Señor dice así: No subsistirá, ni
7.10 habló también *J* a Acaz, diciendo
7.11 pide para ti señal de *J*, ya sea de abajo
7.12 respondió. .no pediré, y no tentaré a *J*
7.17 *J* hará venir sobre ti, y sobre tu pueblo
7.18 silbará *J* a la mosca que está en el fin
8.1 dijo *J*: Toma una tabla grande, y escribe
8.3 *J*: Ponle por nombre Maher-salal-hasbaz
8.5 otra vez volvió *J* a hablarme, diciendo
8.11 *J* me dijo de esta manera con mano fuerte
8.13 a *J* de los ejércitos, a él santificad
8.17 esperaré, pues, a *J*, el cual escondió
8.18 yo y los hijos que me dio *J* somos por
8.18 parte de *J* de los ejércitos, que mora
9.7 el celo de *J* de los ejércitos hará esto
9.11 pero *J* levantará los enemigos de Rezín
9.13 el pueblo. .ni buscó a *J* de los ejércitos
9.14 *J* cortará de Israel cabeza y cola, rama
9.19 por la ira de *J* de los ejércitos se
10.16 *J* de los ejércitos, enviará debilidad
10.20 se apoyarán con verdad en *J*, el Santo
10.23 *J*. .hará consumación ya determinada en
10.24 *J*. .dice así: Pueblo mío, morador de
10.26 y levantará *J*. .azote contra él como la
10.33 Señor, *J* de los ejércitos, desgajará
11.2 y reposará sobre él el Espíritu de *J*
11.3 y le hará entender. .en el temor de *J*
11.9 tierra será llena del conocimiento de *J*
11.11 *J* alzará otra vez su mano para recobrar
11.15 secará *J* la lengua del mar de Egipto
12.1 cantaré a ti, oh *J*. .aunque te enojaste
12.2 fortaleza y mi canción es JAH *J*, quien
12.4 diréis en aquel día: Cantad a *J*, aclamad
12.5 cantad salmos a *J*, porque ha hecho cosas
13.4 *J* de los ejércitos pasa revista a las
13.5 vienen. .*J* y los instrumentos de su ira
13.6 aullad, porque cerca está el día de *J*
13.9 he aquí el día de *J* viene, terrible, y
13.13 moverá. .en la indignación de *J* de los
14.1 *J* tendrá piedad de Jacob, y. .a Israel
14.2 poseerá por siervos. .en la tierra de *J*
14.3 el día que *J* te dé reposo de tu trabajo
14.5 quebrantó *J* el báculo de los impíos, el
14.22 yo me levantaré contra ellos, dice *J*
14.22 raeré de Babilonia el nombre. .dice *J*
14.23 y la barreré con. .destrucción, dice *J*
14.24 *J* de los ejércitos juró diciendo. .hará
14.27 *J* de los ejércitos lo ha determinado
14.32 que *J* fundó a Sion, y que a ella se
16.13 la palabra que pronunció *J* sobre Moab
16.14 *J* ha hablado, diciendo: Dentro de tres
17.3 y cesará el socorro de Efraín. .dice *J*
17.6 y quedarán en él rebuscos. .dice *J* Dios
18.4 *J* me dijo así: Me estaré quieto, y los
18.7 será traída ofrenda a *J* de los ejércitos
18.7 lugar del nombre de *J* de los ejércitos
19.1 aquí que *J* monta sobre una ligera nube
19.4 entregaré a Egipto en. .dice el Señor, *J*
19.12 lo que *J*. .ha determinado sobre Egipto
19.14 *J* mezcló espíritu de vértigo en medio
19.16 de la mano alta de *J* de los ejércitos
19.17 temerá por causa del consejo que *J* de
19.18 que juren por *J* de los ejércitos; una
19.19 altar para *J* en medio de la tierra de
19.19 y monumento a *J* junto a su frontera
19.20 y por testimonio a *J* de los ejércitos
19.20 clamarán a *J* a causa de sus opresores
19.21 y *J* será conocido de Egipto, y los de
19.21 conocerán a *J*. .harán votos a *J*, y los
19.22 herirá *J* a Egipto. .se convertirán a *J*
19.23 egipcios servirán con los asirios a *J*
19.25 *J*. .los bendecirá, diciendo: Bendito el
20.2 aquel tiempo habló *J* por medio de Isaías
20.3 y dijo *J*: De la manera que anduvo mi
21.10 dicho lo que oí de *J* de los ejércitos
21.16 así me ha dicho *J*: De aquí a un año
21.17 porque *J* Dios de Israel lo ha dicho
22.5 de parte del Señor, *J* de los ejércitos
22.12 *J* de los ejércitos, llamó en este día
22.14 esto fue revelado. .de parte de *J* de los
22.14 hasta que muráis, dice el Señor, *J* de
22.15 *J*. .dice así: Vé, entra a este tesorero
22.17 *J* te transportará en duro cautiverio
22.25 en aquel día, dice *J*. .el clavo hincado
22.25 carga. .echará a perder; porque *J* habló
23.9 *J* de los. .lo decretó, para envilecer la
23.11 *J* mandó respecto a Canaán, que sus
23.17 al fin de los 70 años visitará *J* a Tiro
23.18 sus. .y ganancias serán consagrados a *J*
23.18 para los que estuvieren delante de *J*
24.1 aquí que *J* vacía la tierra y la desnuda
24.3 porque *J* ha pronunciado esta palabra
24.14 cantarán gozosos por la grandeza de *J*
24.15 glorificad por esto a *J*. .sea nombrado *J*
24.21 *J* castigará al ejército de los cielos
24.23 el sol se confundirá, cuando *J* de los
25.1 *J*. .eres mi Dios; te exaltaré, alabaré
25.6 *J* de los ejércitos hará en este monte
25.8 y enjugará *J* el Señor toda lágrima de
25.8 quitará la afrenta de su. .*J* lo ha dicho
25.9 éste es *J* a quien hemos esperado, nos
25.10 la mano de *J* reposará en este monte
26.4 confiad en *J*. .porque en *J* el Señor está
26.8 en el camino de tus juicios, oh *J*, te
26.10 hará iniquidad, y no mirará a la. .de *J*
26.11 *J*, tu mano está alzada, pero ellos no
26.12 *J*, tú nos darás paz, porque también
26.13 *J* Dios nuestro, otros señores fuera de
26.15 aumentaste. .oh *J*, aumentaste el pueblo
26.16 *J*, en la tribulación te buscaron
26.17 como. .hemos sido delante de ti, oh *J*
26.21 que *J* sale de su lugar para castigar al
27.1 en aquel día *J* castigará con su espada
27.3 yo *J* la guardo, cada momento la regaré
27.12 trillará *J* desde el río Eufrates hasta
27.13 y adorarán a *J* en el monte santo, en
28.2 *J* tiene uno que es fuerte y poderoso
28.5 aquel día *J* de los ejércitos será por
28.13 la palabra. .de *J* les será mandamiento
28.14 varones burladores. .oíd la palabra de *J*
28.16 *J* el Señor dice. .he puesto en Sion por
28.21 *J* se levantará. .en el monte Perazim
28.22 he oído del Señor, *J* de los ejércitos
28.29 esto salió de *J* de los ejércitos, para
29.6 por *J* de los ejércitos serás visitada
29.10 *J* derramó sobre vosotros espíritu de
29.15 ¡ay de los que se esconden de *J*. .dicen
29.19 los humildes crecerán en alegría en *J*
29.22 *J*, que redimió a Abraham, dice así a
30.1 ¡ay de los hijos que se apartan, dice *J*
30.9 hijos que no quisieron oír la ley de *J*
30.15 así dijo *J* el Señor, el Santo de Israel
30.18 *J* esperará. .tener piedad de vosotros
30.18 *J* es Dios justo; bienaventurados todos
30.26 el día que vendare *J* la herida de su
30.27 aquí que el nombre de *J* viene de lejos
30.29 para venir al monte de *J*, al Fuerte de
30.30 *J* hará oír su potente voz, y hará ver
30.31 vara, con la voz de *J* será quebrantada
30.32 cada golpe de. .que asiente *J* sobre él
30.33 el soplo de *J*, como torrente de azufre
31.1 no miran al Santo de Israel, ni. .a *J*
31.3 extender *J* su mano, caerá el ayudador
31.4 *J* me dijo a mí de esta manera: Como el
31.4 *J* de los ejércitos descenderá a pelear
31.5 amparará *J* de. .a Jerusalén, amparando
31.9 con pavor, dejarán sus banderas, dice *J*
32.6 para hablar escarnio contra *J*, dejando
33.2 oh *J*, ten misericordia de nosotros, a ti
33.5 exaltado *J*, el cual mora en las alturas
33.6 salvación; el temor de *J* será su tesoro
33.10 ahora me levantaré, dice *J*; ahora seré
33.21 allí será *J*. .fuerte, lugar de ríos, de
33.22 *J* es. .juez, *J* es. .legislador, *J* es. .rey
34.2 *J* está airado contra todas las naciones
34.6 llena está de sangre la espada de *J*
34.6 porque *J* tiene sacrificios en Bosra, y
34.8 de venganza de *J*, año de retribuciones
34.16 inquirid en el libro de *J*, y leed si
35.2 verán la gloria de *J*, la hermosura del
35.10 los redimidos de *J* volverán, y vendrán
36.7 si me decís: En *J* nuestro Dios confiamos
36.10 acaso vine. .destruirla sin *J*? *J* me dijo
36.15 confiar en *J*, diciendo. .*J* nos librará
36.18 no os engañe. .diciendo: *J* nos librará
36.20 que *J* libre de mi mano a Jerusalén?
37.1 cubierto de cilicio vino a la casa de *J*
37.4 oirá *J* tu Dios las palabras del Rabsaces
37.4 palabras que oyó *J* tu Dios; eleva, pues
37.6 ha dicho *J*: No temas por las palabras
37.14 subió a la casa de *J*, y. .delante de *J*
37.15 entonces Ezequías oró a *J*, diciendo
37.16 *J* de los ejércitos, Dios de Israel, que
37.17 oh *J*, tu oído, y oye; abre, oh *J*, tus
37.18 oh *J*, los reyes de Asiria destruyeron
37.20 *J* Dios. .líbranos. .que sólo tú eres *J*
37.21 ha dicho *J* Dios de Israel: Acerca de lo
37.22 son las palabras que *J* habló contra él
37.32 el celo de *J* de los ejércitos hará esto
37.33 así dice *J* acerca del rey de Asiria
37.34 y no entrará en esta ciudad, dice *J*
38.1 *J* dice. .Ordena tu casa, porque morirás
38.2 volvió. .a la pared, e hizo oración a *J*
38.3 y dijo: Oh *J*, te ruego que te acuerdes
38.4 vino palabra de *J* a Isaías, diciendo
38.5 di a. .*J* Dios de David tu padre dice así
38.7 te será señal de parte de *J*, que *J* hará
38.14 *J*, violencia padezco; fortaléceme
38.20 *J* me salvará; por tanto cantaremos
38.20 cánticos en la casa de *J* todos los días
38.22 ¿qué señal. .que subiré a la casa de *J*?
39.5 dijo. .Oye palabra de *J* de los ejércitos
39.6 Babilonia. .ninguna cosa quedará, dice *J*
40.2 doble ha recibido de la mano de *J* por
40.3 preparad camino a *J*; enderezad calzada
40.5 se manifestará la gloria de *J*, y toda
40.5 verá; porque la boca de *J* ha hablado
40.7 la hierba. .el viento de *J* sopló en ella
40.10 que *J* el Señor vendrá con poder, y su
40.13 ¿quién enseñó al Espíritu de *J*, o le
40.27 mi camino está escondido de *J*, y de mi
40.28 que el Dios eterno es *J*, el cual creó
40.31 que esperan a *J* tendrán nuevas fuerzas
41.4 yo *J*, el primero, y. .con los postreros
41.13 yo *J* soy tu Dios, quien te sostiene de

JEHOVÁ *(Continúa)*

Is. 41.14 yo soy tu socorro, dice J; el Santo de
41.16 te regocijarás en J, te gloriarás en el
41.17 yo J los oiré, yo el Dios de Israel no
41.20 la mano de J hace esto, y que el Santo
41.21 alegad por vuestra causa, dice J..Rey
42.5 así dice J Dios, Creador de los cielos
42.6 yo J te he llamado en justicia, y te
42.8 yo J; este es mi nombre; y a otro no daré
42.10 cantad a J un nuevo cántico..alabanza
42.12 den gloria a J, y anuncien sus loores
42.13 J saldrá como gigante, y como hombre
42.19 ¿quién es..ciego como el siervo de J?
42.21 J se complació por amor de su justicia
42.24 quién..¿no fue J, contra quien pecamos?
43.1 así dice J, Creador tuyo, oh Jacob, y
43.3 yo J, Dios tuyo, el Santo..tu Salvador
43.10 vosotros sois mis testigos, dice J, y mi
43.11 yo, yo J, y fuera de mí no hay quien
43.12 sois mis testigos, dice J, que yo soy
43.14 así dice J, Redentor vuestro, el Santo
43.15 yo J, Santo vuestro, Creador de Israel
43.16 dice J, el que abre camino en el mar
44.2 dice J, Hacedor tuyo, y el que te formó
44.5 dirá: Yo soy de J; el otro se llamará
44.5 otro escribirá con su mano: A J, y se
44.6 así dice J Rey de Israel, y su Redentor
44.6 J de los ejércitos: Yo soy el primero, y
44.23 cantad loores, oh cielos, porque J lo
44.23 porque J redimió a Jacob, y en Israel
44.24 dice J, tu Redentor..Yo J, que lo hago
45.1 así dice J a su ungido, a Ciro, al cual
45.3 sepas que yo soy J, el Dios de Israel
45.5 yo soy J, y ninguno más hay; no hay Dios
45.6 no hay más que yo; yo J, y ninguno más
45.7 hago la paz..Yo J soy el que hago todo
45.8 destilen la justicia..Yo J lo he creado
45.11 J, el Santo de Israel, y su Formador
45.13 ni por dones, dice J de los ejércitos
45.14 así dice J: El trabajo de Egipto, las
45.17 Israel será salvo en J con salvación
45.18 dijo J, que creó los cielos..yo soy J
45.19 soy J que hablo justicia, que anuncio
45.21 ¿quién hizo oir esto desde..sino yo J?
45.24 ciertamente en J está la justicia y la
45.25 en J será justificada y se gloriará
47.4 nuestro Redentor, J de los ejércitos es
48.1 que juran en el nombre de J, y hacen
48.2 Dios..su nombre es J de los ejércitos
48.14 quien J amó ejecutará su voluntad en
48.16 me envió J el Señor, y su Espíritu
48.17 J, Redentor tuyo..yo soy J Dios tuyo
48.20 decid: Redimió J a Jacob su siervo
48.22 no hay paz para los malos, dijo J
49.1 J me llamó desde el vientre, desde las
49.4 pero mi causa está delante de J, y mi
49.5 pues, dice J, el que me formó desde el
49.5 porque estimado seré en los ojos de J
49.7 así ha dicho J, Redentor de Israel, el
49.7 adorarán por J; porque fiel es el Santo
49.8 dijo J: En tiempo aceptable te oí, y en
49.13 porque J ha consolado a su pueblo, y de
49.14 me dejó J, y el Señor se olvidó de mí
49.18 vivo yo, dice J, que de todos, como de
49.22 dijo J el Señor: He aquí, yo tenderé
49.23 y conocerás que yo soy J, que no se
49.25 así dice J: Ciertamente el cautivo será
49.26 conocerá..que yo J soy Salvador tuyo
50.1 dijo J: ¿Qué es de la carta de repudio
50.4 J el Señor me dio lengua de sabios, para
50.5 J el Señor me abrió el oído, y yo no fui
50.7 J el Señor me ayudará, por tanto no me
50.9 J el Señor me ayudará; ¿quién hay que
50.10 ¿quién..teme a J, y oye la voz de su
50.10 confíe en el nombre de J, y apóyese en
51.1 oídme, los que seguís..que buscáis a J
51.3 consolará J a Sion; consolará todas sus
51.3 cambiará..y su soledad en huerto de J
51.9 despiértate, vístete de..oh brazo de J
51.11 ciertamente volverán..redimidos de J
51.13 te has olvidado de J tu Hacedor, que
51.15 J, que agito el mar..cuyo nombre es J
51.17 que bebiste de la mano de J el cáliz
51.20 llenos de la indignación de J, de la
51.22 así dijo J tu Señor, y tu Dios, el cual
52.3 así dice J: De balde fuisteis vendidos
52.4 dijo J el Señor: Mi pueblo descendió a
52.5 ¿qué hago aquí, dice J..que mi pueblo es
52.5 se enseñorean, lo hacen aullar, dice J
52.8 ojo verán que J vuelve a traer a Sion
52.9 J ha consolado a su pueblo, a Jerusalén
52.10 J desnudó su santo brazo ante los ojos
52.11 salid..que lleváis los utensilios de J
52.12 porque J irá delante de vosotros, y os
53.1 quién se ha manifestado el brazo de J?
53.6 mas J cargó en él el pecado de todos
53.10 con todo eso, J quiso quebrantarlo
53.10 la voluntad de J será en..prosperada
54.1 porque más son los hijos..ha dicho J
54.5 marido es tu Hacedor; J..es su nombre
54.6 te llamó J, y como a la esposa de la
54.8 tendré compasión..dijo J tu Redentor
54.10 dijo J, el que tiene misericordia de
54.13 todos tus hijos serán enseñados por J
54.17 es la herencia de los siervos de J
54.17 y su salvación de mí vendrá, dijo J
55.5 por causa de J tu Dios, y del Santo de
55.6 buscad a J mientras puede ser hallado
55.7 a J, el cual tendrá de él misericordia
55.8 vuestros caminos mis caminos, dijo J
55.13 será a J por nombre, por señal eterna
56.1 así dijo J: Guardad derecho, y haced
56.3 y el extranjero que sigue a J no hable
56.3 me apartará totalmente J de su pueblo
56.4 dijo J: A los eunucos que guarden mis
56.6 extranjeros que sigan a J para servirle
56.6 y que amen el nombre de J para ser sus
56.8 dice J el Señor, el que reúne a..Israel
57.19 produciré fruto de labios..dijo J; y
58.5 ¿llamaréis..ayuno, y día agradable a J?
58.8 y la gloria de J será tu retaguardia
58.9 entonces invocarás..te oirá J; clamarás
58.11 J te pastoreará siempre..las sequías
58.13 llamares delicia, santo, glorioso de J
58.14 te deleitarás en J; y yo te haré subir
58.14 porque la boca de J lo ha hablado
59.1 no se ha acortado la mano de J..salvar
59.13 el prevaricar y mentir contra J, y el
59.15 vio J, y desagradó a sus ojos, porque
59.19 temerán..el occidente el nombre de J
59.19 mas el Espíritu de J levantará bandera
59.20 se volvieren de la iniquidad en..dice J
59.21 y este será mi pacto con ellos, dijo J
59.21 Espíritu..no faltarán de tu boca..dijo J
60.1 luz, y la gloria de J ha nacido sobre ti
60.2 sobre ti amanecerá J, y sobre ti será
60.6 traerán oro..publicarán alabanzas de J
60.9 traer..su oro con ellos, al nombre de J
60.14 llamarán Ciudad de J, Sion del Santo
60.16 y conocerás que yo J soy el Salvador
60.19,20 que J te será por luz perpetua, y
60.22 yo J, a su tiempo haré que esto sea
61.1 J el Señor está sobre mí..me ungió J
61.2 proclamar el año..buena voluntad de J
61.3 serán..plantío de J, para gloria suya
61.6 vosotros seréis llamados sacerdotes de J
61.8 yo J soy amante del derecho, aborrecedor
61.9 reconocerán..son linaje bendito de J
61.10 me gozaré en J, mi alma se alegrará en
61.11 así J el Señor hará brotar justicia y
62.2 nombre nuevo, que la boca de J nombrará
62.3 serás corona de gloria en la mano de J
62.4 el amor de J estará en ti, y tu tierra
62.6 los que os acordáis de J, no reposéis
62.8 juró J por su mano derecha, y por su
62.9 sino que..lo comerán, y alabarán a J
62.11 que J hizo oir hasta lo último de la
62.12 llamarán Pueblo Santo, Redimidos de J
63.7 de las misericordias de J haré memoria
63.7 de las alabanzas de J, conforme a todo
63.7 todo lo que J nos ha dado, y la grandeza
63.14 el Espíritu de J los pastoreó, como a
63.16 tú, oh J, eres nuestro padre; nuestro
63.17 ¿por qué, oh J, nos has hecho errar de
64.8 ahora pues, J, tú eres nuestro padre
64.9 no te enojes sobremanera, J, ni tengas
64.12 ¿te estarás quieto, oh J, sobre estas
65.7 por vuestras iniquidades, dice J, y por
65.8 así ha dicho J: Como si alguno hallase
65.11 vosotros los que dejáis a J..olvidáis
65.13 así dijo J el Señor: He aquí que mis
65.15 J el Señor te matará, y a sus siervos
65.23 son linaje de los benditos de J, y sus
65.25 ni harán mal..mi santo monte, dijo J
66.1 J dijo así: El cielo es mi trono, y la
66.2 mi mano hizo todas estas cosas..dice J
66.5 oíd palabra de J, vosotros..que tembláis
66.5 os aborrecen..dijeron: J sea glorificado
66.6 voz de J que da el pago a sus enemigos
66.9 hago dar a luz, ¿no haré nacer? dijo J
66.12 dice J: He aquí que yo extiendo..paz
66.14 la mano de J para con sus siervos será
66.15 J vendrá con fuego, y sus carros como
66.16 J juzgará..con fuego y con su espada
66.16 los muertos de J serán multiplicados
66.17 comen carne de cerdo..talados, dice J
66.20 por ofrenda a J, en caballos..dice J
66.20 traen la ofrenda en..a la casa de J
66.21 también de ellos..sacerdotes..dice J
66.22 permanecerán delante de mí, dice J, así
66.23 vendrán..adorar delante de mí, dijo J

Jer. 1.2 palabra de J que le vino en los días
1.4 vino, pues, palabra de J a mí, diciendo
1.6 ¡ah, ah, Señor J! He aquí, no sé hablar
1.7 me dijo J: No digas: Soy un niño; porque
1.8,19 contigo estoy para librarte, dice J
1.9 extendió J su mano y tocó..y me dijo J
1.11 palabra de J vino a mí, diciendo: ¿Qué
1.12 y me dijo J: Bien has visto; porque yo
1.13 vino..la palabra de J por segunda vez
1.14 me dijo J: Del norte se soltará el mal
1.15 convoco..los reinos del norte, dice J
2.1 vino a mí palabra de J, diciendo
2.2 así dice J: Me he acordado de ti, de la
2.3 santo era Israel a J, primicias de sus
2.3 culpables; mal venía sobre ellos, dice J
2.4 oíd la palabra de J, casa de Jacob, y
2.5 así dijo J: ¿Qué maldad hallaron en mí
2.6 ¿dónde está J, que nos hizo subir de la
2.8 los sacerdotes no dijeron: ¿Dónde está J?
2.9 contenderé aún con vosotros, dijo J, y
2.12 espantaos, cielos, sobre esto..dijo J
2.17 ¿no te acarreó esto el haber dejado a J
2.19 y amargo es el haber dejado tú a J tu
2.19 faltar mi temor en ti, dice el Señor, J
2.22 tu pecado permanecerá..dijo J el Señor
2.29 vosotros prevaricasteis contra..dice J
2.31 atended vosotros a la palabra de J. ¿He
2.37 porque J desechó a aquellos en quienes
3.1 has fornicado..mas ¡vuélvete a mí! dice J
3.6 me dijo J en días del rey Josías: ¿Has
3.10 no se volvió..sino fingidamente, dice J
3.11 dijo J: Ha resultado justa la rebelde
3.12 vuélvete, oh rebelde Israel, dice J; no
3.12 porque misericordioso soy yo, dice J
3.13 porque contra J tu Dios has prevaricado
3.13 fornicaste..y no oíste mi voz, dice J
3.14 convertíos, hijos rebeldes, dice J
3.16 y aconteceré que..en esos días, dice J
3.16 no se dirá más: Arca del pacto de J; ni
3.17 tiempo llamarán a Jerusalén: Trono de J
3.17 a ella en el nombre de J en Jerusalén
3.20 prevaricasteis..casa de Israel, dice J
3.21 porque..de J su Dios se han olvidado
3.22 venimos..porque tú eres J nuestro Dios
3.23 ciertamente en J..está la salvación de
3.25 porque pecamos contra J nuestro Dios
3.25 no hemos escuchado la voz de J..Dios
4.1 volvieres, oh Israel, dice J, vuélvete
4.2 jurares: Vive J, en verdad, en juicio y
4.3 porque así dice J a todo varón de Judá
4.4 circuncidaos a J, y quitad el prepucio
4.8 la ira de J se ha apartado de nosotros
4.9 en aquel día, dice J, desfallecerá el
4.10 dije: ¡Ay, ay, J Dios!..has engañado a
4.17 de ellas..se rebeló contra mí, dice J
4.26 sus ciudades eran asoladas delante de J
4.27 así dijo J: Toda la tierra será asolada
5.2 aunque digan: Vive J, juran falsamente
5.3 oh J, ¿no miran tus ojos a la verdad?
5.4 no conocen el camino de J, el juicio de
5.5 ellos conocen el camino de J, el juicio
5.9 ¿no había de castigar esto? dijo J. De
5.10 quitad las almenas..porque no son de J
5.11 se rebelaron..la casa de Judá, dice J
5.12 negaron a J, y dijeron: El no es, y no
5.14 dicho J..Porque dijeron estas palabras
5.15 yo traigo sobre vosotros gente..dice J
5.18 días, dice J, no os destruiré del todo
5.19 ¿por qué J el Dios nuestro hizo con
5.22 ¿a mí no me temeréis? dice J. ¿No os
5.24 y no dijeron en su..Temamos ahora a J
5.29 ¿no castigaré esto? dice J; ¿y de tal
6.6 J..Cortad árboles, y levantad vallado
6.9 dijo J..Del todo rebuscarán como a vid el
6.10 la palabra de J les es cosa vergonzosa
6.11 lleno de la ira de J, estoy cansado de
6.12 porque extenderé mi mano sobre..dice J
6.15 cuando los castigue caerán, dice J
6.16 dijo J: Paraos en los caminos, y mirad
6.21 J dice..pongo a este pueblo tropiezos
6.22 ha dicho J: He aquí que viene pueblo de
6.30 plata desechada los llamarán, porque J
7.1 palabra de J..vino a Jeremías, diciendo
7.2 a la puerta de la casa de J, y proclama
7.2 palabra de J, todo Judá, los que entráis
7.2 entráis por estas puertas para adorar a J
7.3 así ha dicho J..Mejorad vuestros caminos
7.4 templo de J, templo de J, templo de J
7.11 he aquí que también yo lo veo, dice J
7.13 habéis hecho todas estas obras, dice J
7.19 ¿me provocarán ellos a ira? dice J. ¿No
7.20 ha dicho J el Señor..mi furor y mi ira
7.21 así ha dicho J de los ejércitos, Dios
7.28 que no escuchó la voz de J su Dios, ni
7.29 J ha aborrecido y dejado la generación
7.30 han hecho lo malo ante mis ojos, dice J
7.32 vendrán días, ha dicho J, en que no se
8.1 dice J, sacarán los huesos de los reyes
8.3 arroje yo a los que queden, dice J de los
8.4 ha dicho J: El que cae, ¿no se levanta?
8.7 pero mi pueblo no conoce el juicio de J
8.8 decís..la ley de J está con nosotros?
8.12 cuando los castigue caerán, dice J
8.13 cortaré del todo, dice J. No quedarán
8.14 porque J nuestro Dios nos ha destinado
8.14 aguas de hiel, porque pecamos contra J
8.17 envío..serpientes..os morderán, dice J
8.19 ¿no está J en Sion? ¿No está en ella su
9.3 de mal en mal procedieron, y me..dice J
9.6 engaño..no quisieron conocerme, dice J
9.7 ha dicho J..los refinaré y los probaré
9.9 ¿no los he de castigar por estas..? dice J
9.12 ¿y a quién habló la boca de J, para que
9.13 dijo J: Porque dejaron mi ley, la cual
9.15 ha dicho J..les daré a comer ajenjo, y
9.17 dice J..y llamad plañideras que vengan
9.20 oíd, pues, oh mujeres, palabra de J, y
9.22 ha dicho J: Los cuerpos de los hombres
9.23 así dijo J: No se alabe el sabio en su
9.24 yo soy J, que hago misericordia, juicio
9.24 y justicia..estas cosas quiero, dice J

JEHOVÁ *(Continúa)*

Jer. 9.25 vienen días, dice J, en que castigaré
10.1 oíd la palabra que J ha hablado sobre
10.2 así dijo J: No aprendáis el camino de
10.6 no hay semejante a ti, oh J; grande eres
10.10 J es el Dios verdadero..y Rey eterno
10.16 el Hacedor de todo..J de..es su nombre
10.18 así ha dicho J..arrojaré con honda los
10.21 porque los pastores..no buscaron a J
10.23 conozco, oh J..el hombre no es señor
10.24 castígame, oh J, mas con juicio; no con
11.1 palabra..vino de J a Jeremías, diciendo
11.3 así dijo J Dios de Israel: Maldito el
11.5 les daría la tierra..y dije: Amén, oh J
11.6 J me dijo: Pregona todas estas palabras
11.9 me dijo J: Conspiración se ha hallado
11.11 ha dicho J..yo traigo sobre ellos mal
11.16 olivo verde, hermoso en su..llamó J tu
11.17 J de los ejércitos que te plantó ha
11.18 y J me lo hizo saber, y lo conocí
11.20 oh J de los..que juzgas con justicia
11.21 ha dicho J acerca de los varones de
11.21 diciendo: No profetices en nombre de J
11.22 ha dicho J..jóvenes morirán a espada
12.1 justo eres tú, oh J..yo dispute contigo
12.3 oh J, me conoces; me viste, y probaste
12.12 porque la espada de J devorará desde
12.13 nada..a causa de la ardiente ira de J
12.14 dijo J contra todos mis malos vecinos
12.16 diciendo: Vive J, así como enseñaron
12.17 arrancaré esa nación..de raíz..dice J
13.1 así me dijo J: Vé y cómprate un cinto
13.2 y compré el cinto..a la palabra de J
13.3 a mí segunda vez palabra de J, diciendo
13.5 fui, pues, y lo escondí..como J me mandó
13.6 después de muchos días me dijo J..Vete
13.8 y vino a mí palabra de J, diciendo: Así
13.9 ha dicho J: Así haré podrir la soberbia
13.11 juntar a mí..la casa de Judá, dice J
13.12 ha dicho J: Toda tinaja se llenará de
13.13 así ha dicho J: He aquí que yo lleno de
13.14 los quebrantaré..dice J: no perdonaré
13.15 no os envanezcáis, pues J ha hablado
13.16 dad gloria a J Dios vuestro, antes que
13.17 porque el rebaño de J..hecho cautivo
13.25 la porción que yo he medido..dice J
14.1 palabra de J que vino a Jeremías, con
14.7 J, actúa por amor de tu nombre; porque
14.9 tú estás entre nosotros, oh J, y sobre
14.10 así ha dicho J acerca de este pueblo
14.10 J no se agrada de ellos; se acordará
14.11 me dijo J: No ruegues por este pueblo
14.13 ¡ah, Señor J! He aquí que los profetas
14.14 J: Falsamente profetizan los profetas
14.15 así ha dicho J sobre los profetas que
14.20 reconocemos, oh J, nuestra impiedad
14.22 ¿no eres tú, J, nuestro Dios? En ti
15.1 dijo J: Si Moisés y Samuel se pusieran
15.2 ha dicho J: El que a muerte, a muerte
15.3 ellos cuatro géneros de castigo, dice J
15.6 me dejaste, dice J; te volviste atrás
15.9 espada delante de sus enemigos, dice J
15.11 oh J, si no te he rogado por su bien
15.15 tú lo sabes, oh J; acuérdate de mí, y
15.16 nombre se invocó sobre mí, oh J Dios
15.19 así dijo J: Si te convirtieres, yo te
15.20 para guardarte y..defenderte, dice J
16.1 vino a mí palabra de J, diciendo
16.3 así ha dicho J acerca de los hijos y de
16.5 ha dicho J: No entres en casa de luto
16.5 quitado mi paz de este pueblo, dice J
16.9 así ha dicho J de los ejércitos, Dios
16.10 ¿por qué anuncia J contra nosotros todo
16.10 o qué pecado..hemos cometido contra J
16.11 vuestros padres me dejaron, dice J, y
16.14 vienen días, dice J, en que no se dirá
16.14,15 vive J, que hizo subir a los hijos
16.16 yo envío muchos pescadores, dice J, y
16.19 oh J, fortaleza mía y fuerza mía, y
16.21 mi poder, y sabrán que mi nombre es J
17.5 dicho J: Maldito el varón que confía en
17.5 su brazo, y su corazón se aparta de J
17.7 que confía en J, y cuya confianza es J
17.10 J, que escudriño la mente, que pruebo
17.13 ¡oh J, esperanza de Israel! todos los
17.13 dejaron a J, manantial de aguas vivas
17.14 sáname, oh J..seré sano; sálvame, y
17.15 ¿dónde está la palabra de J? ¡Que se
17.19 me ha dicho J: Vé y ponte a la puerta
17.20 oíd la palabra de J, reyes de Judá, y
17.21 ha dicho J: Guardaos por vuestra vida
17.24 si vosotros me obedeciereis, dice J
17.26 y trayendo sacrificio..a la casa de J
18.1 palabra de J que..a Jeremías, diciendo
18.5 vino a mí palabra de J, diciendo
18.6 este alfarero..casa de Israel? dice J
18.11 ha dicho J: He aquí que yo dispongo mal
18.13 dijo J: Preguntad ahora a las naciones
18.19 J, mira por mí, y oye la voz de los que
18.23 oh J, conoces todo su consejo contra
19.1 así dijo J: Vé y compra una vasija de
19.3 dirás..Oíd palabra de J..Así dice J de
19.6 vienen días, dice J, que este lugar no
19.11 dicho J..Así quebrantaré a este pueblo
19.12 así haré a este lugar, dice J, y a sus
19.14 Tofet, adonde le envió J a profetizar
19.14 y se paró en el atrio de la casa de J
19.15 ha dicho J..traigo sobre esta ciudad
20.1 Pasur hijo..que presidía..la casa de J
20.2 puerta..la cual conducía a la casa de J
20.3 J no ha llamado tu nombre Pasur, sino
20.4 ha dicho J..haré que seas un terror a
20.7 me sedujiste, oh J, y fui seducido; más
20.8 la palabra de J me ha sido para afrenta
20.11 J está conmigo como poderoso gigante
20.12 J de los ejércitos, que pruebas a los
20.13 cantad a J, load a J..librado el alma
20.16 sea el..como las ciudades que asoló J
21.1 palabra de J que vino a Jeremías, cuando
21.2 consulta ahora acerca de nosotros a J
21.2 quizá J hará con nosotros según todas
21.4 así ha dicho J..vuelvo atrás las armas
21.7 dice J, entregaré a Sedequías rey de
21.8 así ha dicho J: He aquí pongo delante de
21.10 mi rostro he puesto..para mal, dice J
21.11 a la casa del rey de..Oíd palabra de J
21.12 así dijo J: Haced de mañana juicio, y
21.13 yo estoy contra ti, moradora..dice J
21.14 os castigaré..dice J, y haré encender
22.1 dijo J: Desciende a la casa del rey de
22.2 y dí: Oye palabra de J, oh rey de Judá
22.3 así ha dicho J: Haced juicio y justicia
22.5 he jurado, dice J, que esta casa será
22.6 ha dicho J acerca de la casa del rey de
22.8 ¿por qué hizo así J con esta..ciudad?
22.9 porque dejaron el pacto de J su Dios
22.11 así ha dicho J acerca de Salum hijo de
22.16 ¿no es esto conocerme a mí? dice J
22.18 así ha dicho J acerca de Joacim hijo
22.24 vivo yo, dice J, que si Conías hijo de
22.29 ¡tierra, tierra, tierra!..palabra de J
22.30 ha dicho J: Escribid lo que sucederá
23.1 de los pastores que destruyen..dice J
23.2 ha dicho J Dios de..a los pastores que
23.2 yo castigo la maldad de..obras, dice J
23.4 y pondré sobre ellas pastores..dice J
23.5 vienen días, dice J, en que levantaré
23.6 será su nombre con..J, justicia nuestra
23.7 dice J, en que no dirán más: Vive J que
23.8 sino: Vive J que hizo subir y trajo la
23.9 estoy como un ebrio..delante de J, y
23.11 aun en mi casa hallé su maldad, dice J
23.12 traeré mal sobre ellos en el..dice J
23.15 ha dicho J..contra aquellos profetas
23.16 ha dicho J..No escuchéis las palabras
23.16 hablan visión de..no de la boca de J
23.17 dicen atrevidamente a los..J dijo: Paz
23.18 ¿quién estuvo en el secreto de J, y
23.19 que la tempestad de J saldrá con furor
23.20 no se apartará el furor de J hasta que
23.23 ¿soy yo Dios de cerca..dice J, y no
23.24 ocultará alguno, dice J..yo no lo vea?
23.24 ¿no lleno yo, dice J, el cielo y la
23.28 que ver la paja con el trigo? dice J
23.29 ¿no es mi palabra como fuego, dice J
23.30 yo estoy contra los profetas, dice J
23.31 dice J..yo estoy contra los profetas
23.32 dice J, yo estoy contra..profetizan
23.32 y ningún provecho hicieron a..dice J
23.33 ¿cuál es la profecía de J? les dirás
23.33 es la profecía: Os dejaré, ha dicho J
23.34 que dijere: Profecía de J, yo enviaré
23.35 ¿qué ha respondido J, y qué habló J?
23.36 y nunca más os..decir: Profecía de J
23.36 pervertisteis las palabras..de J de los
23.37 ¿qué te respondió J, y qué habló J?
23.38 si..Profecía de J; por eso J dice así
23.38 profecía de J..deciros: No digáis..de J
24.1 me mostró J dos cestas de higos puestas
24.1 higos puestas delante del templo de J
24.3 dijo J: ¿Qué ves tú, Jeremías? Y dije
24.4 y vino a mí palabra de J, diciendo
24.5 ha dicho J..Como a estos higos buenos
24.7 para que me conozcan que yo soy J; y me
24.8 así ha dicho J, pondré a Sedequías rey
25.3 venido a mí palabra de J, y he hablado
25.4 envió J a vosotros todos sus siervos los
25.5 moraréis en la tierra que os dio J a
25.7 no me habéis oído, dice J, para..a ira
25.8 dicho J de..Por cuanto no habéis oído
25.9 tomaré a..las tribus del norte, dice J
25.12 castigaré..por su maldad, ha dicho J
25.15 me dijo J..Toma de mi mano la copa
25.17 la copa de la mano de J, y..me envió J
25.27 así ha dicho J..Bebed, y embriagaos
25.28 dirás tú..ha dicho J..Tenéis que beber
25.29 espada traigo sobre todos los..dice J
25.30 J rugirá desde lo alto..dará su voz
25.31 porque J tiene juicio contra..dice J
25.32 ha dicho J..que el mal irá de nación en
25.33 yacerán los muertos de J en aquel día
25.36 aullido de..porque J asoló sus pastos
25.37 destruidos por el ardor de la ira de J
26.1 del reinado de Joacim..esta palabra de J
26.2 ha dicho J: Ponte en el..de la casa de J
26.2 que vienen para adorar en la casa de J
26.4 así ha dicho J: Si no me oyereis para
26.7 oyeron..estas palabras en la casa de J
26.8 terminó de hablar Jeremías..lo que J le
26.9 has profetizado en nombre de J, diciendo
26.9 juntó contra Jeremías en la casa de J
26.10 subieron de la casa del..a la casa de J
26.10 en..de la puerta nueva de la casa de J
26.12 J me envió a profetizar contra esta
26.13 oíd la voz de J..se arrepentirá J del
26.15 J me envió a vosotros para que dijese
26.16 en nombre de J..Dios nos ha hablado
26.18 así ha dicho J..Sion será arada como
26.19 ¿no temió a J, y oró en presencia de J
26.19 y J se arrepintió del mal que había
26.20 hombre que profetizaba en nombre de J
27.1 esta palabra de J a Jeremías, diciendo
27.2 J me ha dicho así: Hazte coyundas y
27.4 así ha dicho J..Así habéis de decir a
27.8 castigaré a tal nación..dice J, hasta
27.11 la dejaré en su tierra, dice J, y la
27.13 dicho J de la nación que no sirviere
27.15 yo no los envié, dice J, y..profetizan
27.16 ha dicho J: No oigáis las palabras de
27.16 los utensilios de la casa de J volverán
27.18 si está con ellos..J, oren ahora a J
27.18 que han quedado en la casa de J y en
27.19 dicho J..acerca de aquellas columnas
27.21 ha dicho J..acerca de los utensilios
27.21 que quedaron en la casa de J, y en la
27.22 estarán hasta..yo los visite, dice J
28.1 me habló en la casa de J delante de los
28.2 así habló J..Quebranté el yugo del rey
28.3 volver..los utensilios de la casa de J
28.4 haré volver..a Jeconías hijo de..dice J
28.5 todo el pueblo que estaba en la casa de J
28.6 así lo haga J. Confirme J tus palabras
28.6 que los utensilios de la casa de J, y
28.9 como el profeta que J en verdad envió
28.11 ha dicho J: De esta manera romperé el
28.12 vino palabra de J a Jeremías, diciendo
28.13 ha dicho J: Yugos de madera quebraste
28.14 ha dicho J..Yugo de hierro puse sobre
28.15 J no te envió, y tú has hecho confiar
28.16 ha dicho J: He aquí que yo te quito de
28.16 morirás en..hablaste rebelión contra J
29.4 dicho J..a todos los de la cautividad
29.7 rogad por ella a J; porque en su paz
29.8 ha dicho J..No os engañen..profetas que
29.9 falsamente os profetizan ellos..dicho J
29.10 dijo J: Cuando en Babilonia se cumplan
29.11 sé los pensamientos que tengo..dice J
29.14 seré hallado por vosotros, dice J, y
29.14 reuniré de todas las naciones..dice J
29.15 dicho: J nos ha levantado profetas en
29.16 así ha dicho J acerca del rey que está
29.17 dicho J..envío yo contra ellos espada
29.19 no oyeron..dice J..no habéis..dice J
29.20 oíd..palabra de J, vosotros todos los
29.21 así ha dicho J..acerca de Acab hijo de
29.22 póngate J como a Sedequías y como a
29.23 lo cual yo sé y testifico, dice J
29.25 así habló J..Tú enviaste cartas en tu
29.26 J te ha puesto por sacerdote en lugar
29.26 para que te encargues en la casa de J
29.30 vino palabra de J a Jeremías, diciendo
29.31 así ha dicho J de Semaías de Nehelam
29.32 ha dicho J..castigaré a Semaías..dice J
29.32 porque contra J ha hablado rebelión
30.1 palabra de J..vino a Jeremías, diciendo
30.2 habló J..Escríbete en un libro todas las
30.3 dice J..haré volver a los..ha dicho J
30.4 palabras que habló J acerca de Israel
30.5 ha dicho J: Hemos oído voz de temblor
30.8 en aquel día, dice J..quebraré su yugo
30.9 servirán a J su Dios y a David su rey
30.10 siervo mío Jacob, no temas, dice J, ni
30.11 estoy contigo para salvarte, dice J
30.12 dicho J: Incurable..quebrantamiento
30.17 y sanaré tus heridas, dice J; porque
30.18 ha dicho J..hago volver los cautivos
30.21 que se atreve a acercarse a mí? dice J
30.23 la tempestad de J sale con furor; la
30.24 no se calmará el ardor de la ira de J
31.1 aquel tiempo, dice J, yo seré por Dios
31.2 ha dicho J: El pueblo que escapó de la
31.3 J se manifestó a..hace ya mucho tiempo
31.6 y subamos a Sion, a J nuestro Dios
31.7 dicho J..alabad, y decid: Oh J, salva
31.10 oíd palabra de J, oh naciones..decid
31.11 J redimió a Jacob, lo redimió de mano
31.12 correrán al bien de J, al pan, al vino
31.14 pueblo será saciado de mi bien, dice J
31.15 dicho J: Voz fue oída en Ramá, llanto
31.16 dicho J: Reprime del llanto..dice J
31.17 esperanza hay para tu porvenir, dice J
31.18 seré convertido, porque tú eres J mi
31.20 tendré de él misericordia, dice J
31.22 porque J creará una cosa nueva sobre
31.23 ha dicho J..Aún dirán esta palabra en
31.23 J te bendiga, oh morada de justicia
31.27 vienen días, dice J, en que sembraré
31.28 tendré cuidado de ellos para..dice J
31.31 que vienen días, dice J, en los cuales
31.32 ellos invalidaron mi pacto..dice J
31.33 este es el pacto que haré con..dice J
31.34 no enseñará más..diciendo: Conoce a J

JEHOVÁ *(Continúa)*
Jer. 31.34 todos me conocerán, desde el..dice *J*
31.35 ha dicho *J*..*J* de los ejércitos es su
31.36 si faltaren estas leyes..de mí, dice *J*
31.37 así ha dicho *J*: Si los cielos arriba
31.37 desecharé toda la descendencia..dice *J*
31.38 dice *J*..la ciudad será edificada a *J*
31.40 hasta la esquina de la..será santo a *J*
32.1 palabra de *J* que vino a Jeremías, el año
32.3 ha dicho *J*..yo entrego esta ciudad en
32.5 si peleareis..no os irá bien, dice *J*?
32.6 dijo Jeremías: Palabra de *J* vino a mí
32.8 vino a mí..conforme a la palabra de *J*
32.8 entonces conocí que era palabra de *J*
32.14 ha dicho *J* de..Toma estas cartas, esta
32.15 así ha dicho *J*..Aún se comprarán casas
32.16 después que di la carta de..oré a *J*
32.17 ¡oh Señor *J*!..tú hiciste el cielo y la
32.18 Dios grande, poderoso, *J*..su nombre
32.25 Señor *J*! ¿y tú me has dicho: Cómprate
32.26 vino palabra de *J* a Jeremías, diciendo
32.27 yo soy *J*, Dios de toda carne; ¿habrá
32.28 dicho *J*..voy a entregar esta ciudad
32.30 Judá no han hecho sino lo malo..dice *J*
32.36 así dice *J* Dios de Israel a esta ciudad
32.42 así ha dicho *J*: Como traje sobre este
32.44 yo haré regresar sus cautivos, dice *J*
33.1,19,23 vino palabra de *J* a Jeremías la
33.2 *J*, que hizo la..*J* que la formó..*J* es su
33.4 así ha dicho *J*..acerca de las casas de
33.10 así ha dicho *J*: En este lugar, del cual
33.11 alabad a *J*..porque *J* es bueno, porque
33.11 que traigan ofrendas..a la casa de *J*
33.11 volveré a traer los cautivos..dicho *J*
33.12 dice *J* de..En este lugar desierto, sin
33.13 aún pasarán ganados por las..ha dicho *J*
33.14 dice *J*..yo confirmaré la buena palabra
33.16 y se le llamará: *J*, justicia nuestra
33.17 ha dicho *J*: No faltará a David varón
33.20 así ha dicho *J*: Si pudiereis invalidar
33.24 familias que *J* escogiera ha desechado?
33.25 ha dicho *J*: Si no permanece mi pacto
34.1 palabra de *J* que vino a Jeremías
34.2 ha dicho *J*..a Sedequías..así ha dicho *J*
34.4 palabra de *J*..ha dicho *J* acerca de ti
34.5 en paz morirás..te endecharán..dice *J*
34.8 palabra de *J* que vino a Jeremías cuando
34.12 vino, pues, palabra de *J* a Jeremías
34.13 así dice *J*..pacto con vuestros padres
34.17 ha dicho *J*..promulgo libertad, dice *J*
34.22 dice *J*..los haré volver a esta ciudad
35.1 palabra de *J* que vino a Jeremías en días
35.2 introdúcelos en la casa de *J*, en uno de
35.4 los llevé a la casa de *J*, al aposento
35.12 vino palabra de *J* a Jeremías, diciendo
35.13 ha dicho *J*..¿No aprenderéis..dice *J*
35.17 así ha dicho *J*..traeré yo sobre Judá
35.18 ha dicho *J*..Por cuanto obedecisteis al
35.19 así ha dicho *J*..No faltará de Jonadab
36.1 que vino esta palabra de *J* a Jeremías
36.4 todas las palabras..*J* le había hablado
36.5 me ha prohibido entrar en la casa de *J*
36.6 lee..las palabras de *J*..en la casa de *J*
36.7 llegue la oración..a la presencia de *J*
36.7 el furor y la ira..*J* contra este pueblo
36.8 leyendo..palabras de *J* en la casa de *J*
36.9 promulgaron ayuno en la presencia de *J*
36.10 leyó en..casa de *J*..puerta..casa de *J*
36.11 oído del libro todas las palabras de *J*
36.26 a Baruc..y al profeta..*J* los escondió
36.27 vino palabra de *J* a Jeremías, después
36.29 así ha dicho *J*: Tú quemaste este rollo
36.30 ha dicho *J* acerca de Joacim..No tendrá
37.2 no obedeció él ni..a las palabras de *J*
37.3 ruega..por nosotros a *J* nuestro Dios
37.6 vino palabra de *J* al profeta Jeremías
37.7 ha dicho *J*..Diréis así al rey de Judá
37.9 ha dicho *J*: No os engañéis a vosotros
37.17 ¿hay palabra de *J*? Y Jeremías dijo: Hay
38.2 ha dicho *J*: El que se quedare en esta
38.3 ha dicho *J*..será entregada esta ciudad
38.14 en la tercera entrada de la casa de *J*
38.16 vive *J* que nos hizo esta alma, que no
38.17 ha dicho *J*..si te entregas en seguida
38.20 oye ahora la voz de *J* que yo te hablo
38.21 esta es la palabra que me ha mostrado *J*
39.15 había venido palabra de *J* a Jeremías
39.16 ha dicho *J*..traigo mis palabras sobre
39.17 en aquel día yo te libraré, dice *J*, y
39.18 porque tuviste confianza en mí, dice *J*
40.1 palabra de *J* que vino a Jeremías, después
40.2 *J* tu Dios habló este mal contra este
40.3 y lo ha..hecho *J*..pecasteis contra *J*
41.5 e incienso para llevar a la casa de *J*
42.2 ruega por nosotros a *J* tu Dios por todo
42.3 que *J* tu Dios nos enseñe el camino por
42.4 que voy a orar a *J* vuestro Dios, como
42.4 todo lo que *J* os respondiere, os enseñaré
42.5 *J* sea entre nosotros testigo de..verdad
42.5 todo aquello para lo cual *J* tu Dios te
42.6 la voz de *J*..obedeciendo a la voz de *J*
42.7 al cabo de diez días vino palabra de *J*
42.9 así ha dicho *J* Dios de Israel, al cual
42.11 no temáis..rey de Babilonia..dicho *J*
42.13 no obedeciendo..a la voz de *J* vuestro
42.15 oíd la palabra de *J*..así ha dicho *J*
42.18 ha dicho *J*..Como se derramó mi enojo
42.19 *J* habló sobre vosotros, oh remanente
42.20 enviasteis a *J*..ora por nosotros a *J*
42.20 las cosas que *J* nuestro Dios dijere
42.21 y no habéis obedecido a la voz de *J*
43.1 palabras de *J*..por las cuales *J* Dios
43.2 no te ha enviado *J* nuestro Dios para
43.4 no obedeció..la voz de *J* para quedarse
43.7 porque no obedecieron a la voz de *J*
43.8 vino palabra de *J* a Jeremías en Tafnes
43.10 así ha dicho *J*..yo enviaré y tomaré a
44.2 así ha dicho *J*..habéis visto todo el mal
44.7 ha dicho *J*..¿Por qué hacéis tan grande
44.11 ha dicho *J*..yo vuelvo mi rostro contra
44.16 que nos has hablado en nombre de *J*, no
44.21 ¿no se ha acordado *J*, y no ha venido
44.22 no pudo sufrirlo más *J*, a causa de la
44.23 pecasteis..*J*, y no obedecisteis a..*J*
44.24 oíd palabra de *J*, todos los de Judá
44.25 así ha hablado *J*..diciendo: Vosotros y
44.26 por tanto, oíd, palabra de *J*, todo Judá
44.26 jurado..dice *J*, que mi nombre no será
44.26 no será invocado más..diciendo: Vive *J*
44.29 esto tendréis por señal, dice *J*, de que
44.30 ha dicho *J*..yo entrego a Faraón Hofra
45.2 dicho *J* Dios de Israel a ti, oh Baruc
45.3 ¡ay..ha añadido *J* tristeza a mi dolor
45.4 ha dicho *J*..que yo destruyo a los que
45.5 yo traigo mal..ha dicho *J*; pero a ti te
46.1 palabra de *J*..vino al profeta Jeremías
46.5 huyeron..miedo de todas partes, dice *J*
46.10 ese día será para *J*..día de retribución
46.10 sacrificio será para *J*..en tierra del
46.13 palabra que habló *J* al profeta Jeremías
46.15 no pudo mantenerse firme..*J* la empujó
46.18 dice el Rey, cuyo nombre es *J* de los
46.23 cortarán sus bosques, dice *J*, aunque
46.25 *J* de los..ha dicho..yo castigo a Amón
46.26 después será habitado como en..dice *J*
46.28 tú, siervo mío Jacob, no temas, dice *J*
47.1 palabra de *J*..vino al profeta Jeremías
47.2 ha dicho *J*..que suben aguas del norte
47.4 *J* destruirá a los filisteos, al resto de
47.6 espada de *J*, ¿hasta cuándo reposarás?
47.7 te ha enviado contra Ascalón, y contra
48.1 así ha dicho *J*..¡Ay de Nebo! porque fue
48.8 será destruida la llanura..ha dicho *J*
48.10 que hiciere indolentemente la obra de *J*
48.12 vienen días, ha dicho *J*, en que yo le
48.15 ha dicho el Rey, cuyo nombre es *J* de
48.25 cortado es el poder de Moab, y..dice *J*
48.26 embriagadle..contra *J* se engrandeció
48.30 yo conozco, dice *J*, su cólera, pero no
48.35 exterminaré de Moab, dice *J*, a quien
48.38 quebranté a Moab como a vasija..dice *J*
48.40 ha dicho *J*..que como águila volará, y
48.42 será destruido..engrandeció contra *J*
48.43 contra ti, oh morador de Moab, dice *J*
48.44 traeré..el año de su castigo, dice *J*
48.47 volver a los cautivos de Moab..dice *J*
49.1 así ha dicho *J*: ¿No tiene hijos Israel?
49.2 vienen días, ha dicho *J*, en que haré oir
49.2 Israel tomará por heredad..ha dicho *J*
49.5 sobre ti espanto, dice el Señor, *J* de
49.6 volver a los cautivos..de Amón, dice *J*
49.7 así ha dicho *J*..¿No hay más sabiduría en
49.12 ha dicho *J*..no serás absuelto, sino
49.13 he jurado, dice *J*..asolamiento..Bosra
49.14 de *J* había sido enviado mensajero a las
49.16 nido, de allí te haré descender, dice *J*
49.18 dice *J*, así no morará allí nadie, ni
49.20 consejo que *J* ha acordado sobre Edom
49.26 los hombres de guerra morirán..dicho *J*
49.28 dicho *J*: Levantaos, subid contra Cedar
49.30 habitad en lugares profundos..dice *J*
49.31 subid contra..nación pacífica..dice *J*
49.32 todos lados..traeré su ruina, dice *J*
49.34 palabra de *J*..vino al profeta Jeremías
49.35 ha dicho *J*..yo quiebro el arco de Elam
49.37 traeré sobre ellos mal..mi ira, dice *J*
49.39 volver a los cautivos de Elam, dice *J*
50.1 palabra que habló *J* contra Babilonia
50.4 en aquellos días..dice *J*, vendrán los
50.4 irán..llorando, y buscarán a *J* su Dios
50.5 y juntémonos a *J* con pacto eterno que
50.7 contra *J* morada de..contra *J* esperanza
50.10 que la saquearen se saciarán, dice *J*
50.13 por la ira de *J* no será habitada, sino
50.14 no escatiméis las saetas..pecó contra *J*
50.15 derribados son sus muros..venganza de *J*
50.18 así ha dicho *J*..yo castigo al rey de
50.20 dice *J*..maldad de Israel será buscada
50.21 destruye y mata en pos..dice *J*, y haz
50.24 fuiste..presa, porque provocaste a *J*
50.25 abrió *J* su tesoro, y sacó..de su furor
50.25 obra de *J*..en la tierra de los caldeos
50.28 dar en..nuevas de la retribución de *J*
50.29 contra *J* se ensoberbeció, contra el
50.30 serán destruidos en aquel día, dice *J*
50.31 yo estoy contra ti..dice el Señor, *J*
50.33 dicho *J*..Oprimidos fueron los hijos de
50.34 el redentor de ellos es el Fuerte; *J* de
50.35 espada contra los caldeos, dice *J*, y
50.40 dice *J*, así no morará allí hombre, ni
50.45 oíd la..*J* ha acordado contra Babilonia
51.1 ha dicho *J*..yo levanto un viento contra
51.5 no han enviudado de su Dios, *J* de los
51.6 el tiempo es de venganza de *J*; le dará
51.7 copa de oro fue Babilonia en la..de *J*
51.10 *J* sacó a luz nuestras justicias; venid
51.10 contemos en Sion la obra de *J* nuestro
51.11 despertado *J* el espíritu de los reyes
51.11 porque venganza es de *J*, y venganza de
51.12 deliberó *J*, y aun pondrá en efecto lo
51.14 *J* de los ejércitos juró por sí mismo
51.19 porque él es el Formador de todo..*J* de
51.24 y pagaré a Babilonia..el mal..dice *J*
51.25 yo estoy contra ti, oh monte..dice *J*
51.26 perpetuo asolamiento serás, ha dicho *J*
51.29 es confirmado..todo el pensamiento de *J*
51.33 así ha dicho *J*..La hija de Babilonia es
51.36 ha dicho *J*..yo juzgo tu causa y haré
51.39 eterno sueño y no despierten, dice *J*
51.45 salvad..vida del ardor de la ira de *J*
51.48,53 vendrán a ella destruidores, dice *J*
51.50 acordaos por..días de *J*, y..Jerusalén
51.51 vinieron extranjeros contra..casa de *J*
51.52 dice *J*..yo destruiré sus ídolos, y en
51.55 *J* destruirá a Babilonia, y quitará de
51.56 *J*, Dios de retribuciones, dará la paga
51.57 dice el Rey, cuyo nombre es *J* de los
51.58 ha dicho *J*..El muro ancho de Babilonia
51.62 oh *J*, tú has dicho contra este lugar
52.2 lo malo ante los ojos de *J*, conforme a
52.3 causa de la ira de *J* contra Jerusalén
52.13 quemó la casa de *J*, y la casa del rey
52.17 columnas..que estaban en la casa de *J*
52.17 el mar de bronce que..en la casa de *J*
52.20 hecho el rey Salomón en la casa de *J*
Lm. 1.5 porque *J* la afligió por la multitud de
1.9 oh *J*, mi aflicción, porque el enemigo se
1.11 mira, oh *J*, y ve que estoy abatida
1.12 porque *J* me ha angustiado en el día de
1.17 *J* dio mandamiento contra Jacob, que sus
1.18 *J* es justo..contra su palabra me rebelé
1.20 oh *J*, estoy atribulada, mis entrañas
2.6 *J* ha hecho olvidar las fiestas solemnes
2.7 hicieron resonar su voz en la casa de *J*
2.8 *J* determinó destruir el muro de la hija
2.9 sus profetas tampoco hallaron visión de *J*
2.17 *J* ha hecho lo que tenía determinado; ha
2.20 mira, oh *J*, y considera a quién has..así
2.22 en el día del furor de *J* no hubo quien
3.18 dije: Perecieron mis..mi esperanza en *J*
3.22 por la misericordia de *J* no hemos sido
3.24 porción es *J*, dijo mi alma; por tanto
3.25 bueno es *J* a los que en él esperan, al
3.26 esperar en silencio la salvación de *J*
3.40 caminos, y busquemos, y volvámonos a *J*
3.50 hasta que *J* mire y..desde los cielos
3.55 invoqué tu nombre..*J*, desde la cárcel
3.59 has visto, oh *J*, mi agravio; defiende
3.61 has oído el oprobio de ellos, oh *J*, todas
3.64 dales el pago, oh *J*, según la obra de
3.66 quebrántalos de debajo de..cielos, oh *J*
4.11 cumplió *J* su enojo, derramó el ardor de
4.16 la ira de *J* los apartó, no los mirará
4.20 el ungido de *J*, de quien habíamos dicho
5.1 acuérdate..*J*, de lo que nos ha sucedido
5.19 mas tú, *J*, permanecerás para siempre
5.21 vuélvenos, oh *J*, a ti, nos volveremos
Ez. 1.3 vino palabra de *J* al sacerdote Ezequiel
1.3 Ezequiel..vino allí sobre él la mano de *J*
1.28 la visión de la semejanza..gloria de *J*
2.4 te envío..dirás: Así ha dicho *J* el Señor
3.11 ha dicho *J* el Señor; escuchen, o dejen
3.12 bendita..la gloria de *J* desde su lugar
3.14 pero la mano de *J* era fuerte sobre mí
3.16 que..vino a mí palabra de *J*, diciendo
3.22 vino allí la mano de *J* sobre mí, y me
3.23 estaba la gloria de *J*, como la gloria
3.27 ha dicho *J* el Señor: El que oye, oiga
4.13 dijo *J*: Así comerán los hijos de Israel
4.14 ¡ah, Señor *J*!..mi alma no es inmunda
5.5 ha dicho *J* el Señor: Esta es Jerusalén
5.7 dicho *J*: ¿Por haberos multiplicado más
5.8 ha dicho *J* el Señor..yo estoy contra ti
5.11 vivo yo, dice *J* el Señor..quebrantaré
5.13 sabrán que yo *J* he hablado en mi celo
5.15 y serás..escarmiento..Yo *J* he hablado
5.17 enviaré sobre ti espada. Yo *J* he hablado
6.1; 7.1; 11.14; 12.1,17,21,26; 13.1; 14.2,12; 15.1; 16.1; 17.1,11; 18.1; 20.2,45; 22.1,17,23; 23.1; 24.1,15,20; 25.1; 26.1; 27.1; 28.1,11; 29.1,17; 30.1,20; 31.1; 32.1,17; 33.1,23; 34.1; 35.1; 36.16; 37.15; 38.1 vino a mí palabra de *J*, diciendo
6.3 oíd palabra de *J* el Señor..ha dicho *J*
6.7 muertos caerán..y sabréis que yo soy *J*
6.10 y sabrán que yo soy *J*; no en vano dije
6.11 ha dicho *J* el Señor: Palmotea con tus
6.13 sabréis que yo soy *J*, cuando..muertos
6.14 extenderé mi..y conocerán que yo soy *J*
7.2 dicho *J* el Señor a la tierra de Israel
7.4 no te perdonará..y sabréis que yo soy *J*
7.5 dicho *J* el Señor: Un mal..viene un mal

JEHOVÁ *(Continúa)*

Ez. 7.9 y sabréis que yo *J* soy el que castiga
7.19 librarlos en el día del furor de *J*; no
7.27 ellos los juzgaré; y sabrán que yo soy *J*
8.1 se posó sobre mí la mano de *J* el Señor
8.12 no nos ve *J*; *J* ha abandonado la tierra
8.14 la puerta de la casa de *J*, que está al
8.16 llevó al atrio de adentro..la casa de *J*
8.16 aquí junto a la entrada del templo de *J*
8.16 sus espaldas vueltas al templo de *J* y
9.3 y llamó *J* al varón vestido de lino, que
9.4 dijo *J*: Pasa por en medio de la ciudad
9.8 dije: ¡Ah, Señor *J*! ¿destruirás a todo
9.9 dicho: Ha abandonado *J* la tierra, y *J* no
10.4 la gloria de *J* se elevó de encima del
10.4 y el atrio se llenó..de la gloria de *J*
10.18 la gloria de *J* se elevó de encima del
10.19 de la puerta oriental de la casa de *J*
11.1 por la puerta oriental de la casa de *J*
11.5 vino sobre mí el Espíritu de *J*, y..dijo
11.5 dicho *J*: Así habéis hablado, oh casa de
11.7 ha dicho *J* el Señor: Vuestros muertos
11.8 espada traeré sobre vosotros, dice *J* el
11.10 en..os juzgaré, y sabréis que yo soy *J*
11.12 sabréis que yo soy *J*; porque no habéis
11.13 ¡ah, Señor *J*! ¿Destruirás del todo al
11.15 alejaos de *J*; a nosotros es dada la
11.16 así ha dicho *J* el Señor: Aunque les he
11.17 dicho *J* el Señor: Yo os recogeré de los
11.21 yo traigo su camino sobre sus..dice *J*
11.23 y la gloria de *J* se elevó de en medio
11.25 hablé..cosas que *J* me había mostrado
12.8 y vino a mí palabra de *J* por la mañana
12.10 ha dicho *J*..Esta profecía se refiere al
12.15 sabrán que yo soy *J*..los esparciere
12.16 pocos..escapen..y sabrán que yo soy *J*
12.19 dicho *J* el Señor sobre los moradores
12.20 será asolada; y sabréis que yo soy *J*
12.23 ha dicho *J*..Haré cesar este refrán, y
12.25 yo *J* hablaré, y se cumplirá la..dice *J*
12.28 ha dicho *J* el Señor: No se tardará
12.28 palabra..se cumplirá, dice *J* el Señor
13.2 a los que profetizan..Oíd palabra de *J*
13.3 dicho *J* el Señor: ¡Ay de los profetas
13.5 resista..en la batalla en el día de *J*
13.6 dicen: Ha dicho *J*, y *J* no los envió; con
13.7 decís: Dijo *J*, no habiendo yo hablado?
13.8 dicho *J* el Señor: Por cuanto vosotros
13.8 estoy contra vosotros, dice *J* el Señor
13.9 mano..y sabréis que yo soy *J* el Señor
13.13 ha dicho *J* el Señor: Haré que la rompa
13.14 seréis consumidos..sabréis que yo soy *J*
13.16 y ven para ella visión de paz..dice *J*
13.18 dicho *J* el Señor: ¡Ay de aquellas que
13.20 dicho *J*..estoy contra vuestras vendas
13.21,23 libraré a mi..sabréis que yo soy *J*
14.4 dicho *J* el Señor: Cualquier hombre de
14.4 *J* responderé al que viniere conforme a
14.6 dice *J* el Señor: Convertíos, y volveos
14.7 preguntarle por mí, yo *J* le responderé
14.8 lo cortaré de..y sabréis que yo soy *J*
14.9 yo *J* engañé al tal profeta, y extenderé
14.11 y yo les sea por Dios, dice *J* el Señor
14.14 librarían..sus propias vidas, dice *J* el
14.16,18,20 dice *J*..no librarían a sus hijos
14.21 así ha dicho *J* el Señor: ¿Cuánto más
14.23 no sin causa hice todo lo que he..dice *J*
15.6 así ha dicho *J*..Como la madera de la vid
15.7 sabréis que yo soy *J*, cuando pusiere mi
15.8 cuanto cometieron prevaricación, dice *J*
16.3 dí: Así ha dicho *J* el..sobre Jerusalén
16.8 entré en pacto contigo, dice *J* el Señor
16.14 hermosura que yo puse sobre ti, dice *J*
16.19 agradable; y fue así, dice *J* el Señor
16.23 maldad ¡ay, ay de ti! dice *J* el Señor
16.30 ¡cuán inconstante es..dice *J* el Señor
16.35 por tanto, ramera, oye palabra de *J*
16.36 ha dicho *J*..han sido descubiertas tus
16.43 traeré tu camino sobre tu..dice *J* el
16.48 dice *J*..Sodoma tu hermana y sus hijas
16.58 el castigo de tu lujuria y de..dice *J*
16.59 ha dicho *J*..¿Haré yo contigo como tú
16.62 sino por mi pacto..sabrás que yo soy *J*
16.63 cuando yo perdone todo..dice *J* el Señor
17.3 así ha dicho *J* el Señor: Una gran águila
17.9 ha dicho *J* el Señor: ¿Será prosperada?
17.16 dice *J*..morirá en medio de Babilonia
17.19 ha dicho *J*..Vivo yo, que el juramento
17.21 vientos; y sabréis que yo *J* he hablado
17.22 así ha dicho *J*..Tomaré yo del cogollo
17.24 yo *J* abatí el árbol..yo *J* lo he dicho
18.3 dice *J*..que nunca más tendréis por qué
18.9 es justo; éste vivirá, dice *J* el Señor
18.23 ¿quiero yo la muerte del impío? dice *J*
18.30 os juzgaré a cada uno..dice *J* el Señor
18.32 porque no quiero la muerte del..dice *J*
20.1 algunos de los ancianos..a consultar a *J*
20.3 dicho *J*..¿A consultarme venís vosotros?
20.3 que no os responderé, dice *J* el Señor
20.5 ha dicho *J*..El día que escogí a Israel
20.5 les juré diciendo: Yo soy *J* vuestro Dios
20.7 no os contaminéis..soy *J* vuestro Dios
20.12 para que supiesen que yo soy *J* que los
20.19 yo soy *J* vuestro Dios; andad en mis
20.20 que sepáis que yo soy *J* vuestro Dios
20.26 para..y hacerles saber que yo soy *J*
20.27 ha dicho *J*..Aun en esto me afrentaron
20.30 así ha dicho *J* el..¿no os contamináis
20.31 dice *J* el Señor, que no os responderé
20.33 dice *J*..que con mano fuerte y brazo
20.36 así litigaré con vosotros, dice *J* el
20.38 no entrarán; y sabréis que yo soy *J*
20.39 ha dicho *J*..Andad cada uno tras sus
20.40 dice *J*..allí me servirá toda la casa
20.42 sabréis que yo soy *J*, cuando os haya
20.44 sabréis que yo soy *J*..dice *J* el Señor
20.47 oye la palabra de *J*: Así ha dicho *J* el
20.48 verá toda carne que yo *J* lo encendí; no
20.49 dije: ¡Ah, Señor *J*! ellos dicen de mí
21.3 dicho *J*: He aquí que yo estoy contra ti
21.5 yo *J* saqué mi espada de su vaina; no la
21.7 que viene, y se hará, dice *J* el Señor
21.9 así ha dicho *J* el Señor: Dí: La espada
21.13 aun al cetro? El no será más, dice *J*
21.17 y haré reposar mi ira. Yo *J* he hablado
21.24 así ha dicho *J*..Por cuanto habéis hecho
21.26 ha dicho *J*..Depón la tiara, quita la
21.28 así ha dicho *J*..de los hijos de Amón
21.32 serás pasto del fuego..yo *J* he hablado
22.3 así ha dicho *J*..¡Ciudad derramadora de
22.12 sangre; interés y usura tomaste..dice *J*
22.14 contra ti? Yo *J* he hablado, y lo haré
22.16 serás degradada..sabrás que yo soy *J*
22.19 ha dicho *J*..Por cuanto todos vosotros
22.22 sabréis que yo *J* habré derramado mi
22.28 así ha dicho *J*..y *J* no había hablado
22.31 derramé sobre ellos mi ira..dice *J* el
23.22 ha dicho *J*..suscitaré contra ti a tus
23.28 ha dicho *J*..yo te entrego en mano de
23.32 ha dicho *J*..Beberás el hondo y..cáliz
23.34 porque yo he hablado, dice *J* el Señor
23.35 dicho *J*..Por cuanto te has olvidado de
23.36 dijo *J*: Hijo de hombre, ¿no juzgarás
23.46 ha dicho *J*..Yo haré subir contra ellas
23.49 idolatría; y sabréis que yo soy *J* el
24.3 así ha dicho *J*..Pon una olla, ponla, y
24.6,9 dicho *J*..¡Ay de la ciudad de sangres
24.14 yo *J* he hablado; vendrá, y yo lo haré
24.14 según..tus obras te juzgarán, dice *J*
24.21 así ha dicho *J*..He aquí yo profano mi
24.24 ocurra, entonces sabréis que yo soy *J*
24.27 abrirá tu boca..sabrán que yo soy *J*
25.3 oíd palabra de *J*..Así dice *J* el Señor
25.5 pondré a Rabá..y sabréis que yo soy *J*
25.6 así ha dicho *J*..Por cuanto batiste tus
25.7 te exterminaré, y sabrás que yo soy *J*
25.8 ha dicho *J*..Por cuanto dijo Moab y Seir
25.11 en Moab haré..y sabrán que yo soy *J*
25.12 así ha dicho *J*..Por lo que hizo Edom
25.13 dicho *J*..extenderé mi mano sobre Edom
25.14 conocerán mi venganza, dice *J* el Señor
25.15 ha dicho *J* el..Por lo que hicieron los
25.16 dicho *J*: He aquí yo extiendo mi mano
25.17 y sabrán que yo soy *J*, cuando haga mi
26.3 ha dicho *J*..He aquí yo estoy contra ti
26.5 porque yo he hablado, dice *J* el Señor
26.6 muertas a espada; y sabrán que yo soy *J*
26.7 así ha dicho *J*..He aquí que del norte
26.14 porque yo *J* he hablado, dice *J* el Señor
26.15 así ha dicho *J* el Señor a Tiro: ¿No se
26.19 ha dicho *J*..Yo te convertiré en ciudad
26.21 y nunca más serás hallada, dice *J* el
27.3 ha dicho *J* el Señor: Tiro, tú has dicho
28.2 ha dicho *J*..Por cuanto se enalteció tu
28.6 así ha dicho *J*..Por cuanto pusiste tu
28.10 porque yo he hablado, dice *J* el Señor
28.12 así ha dicho *J*..Tú eras el sello de
28.22 ha dicho *J*..He aquí yo estoy contra ti
28.22 y sabrán que yo soy *J*, cuando haga en
28.23 caerán muertos..y sabrán que yo soy *J*
28.24 nunca más será..y sabrán que yo soy *J*
28.25 ha dicho *J*..Cuando recoja a la casa de
28.26 juicios..sabrán que yo soy *J* su Dios
29.3 ha dicho *J*..He aquí yo estoy contra ti
29.6 sabrán todos..que yo soy *J*, por cuanto
29.8 ha dicho *J*..yo traigo contra ti espada
29.9 y sabrán que yo soy *J*; por cuanto dijo
29.13 así ha dicho *J*..Al fin de cuarenta años
29.16 en pos de ellos; sabrán que yo soy *J*
29.19 así ha dicho *J*..He aquí que yo doy a
29.20 trabajaron para mí, dice *J* el Señor
29.21 abriré tu boca..y sabrán que yo soy *J*
30.2 así ha dicho *J*..Lamentad: ¡Ay de aquel
30.3 cerca está el día de *J*; día de nublado
30.6 así ha dicho *J*: También caerán los que
30.6 caerán en él a filo de espada, dice *J*
30.8 sabrán que yo soy *J*, cuando ponga fuego
30.10 ha dicho *J*..Destruiré las riquezas de
30.12 destruiré la tierra..Yo *J* he hablado
30.13 así ha dicho *J*..Destruiré..las imágenes
30.19 haré..juicios..y sabrán que yo soy *J*
30.22 dicho *J*..Heme aquí contra Faraón rey
30.25 sabrán que yo soy *J*, cuando yo ponga
30.26 los dispersaré..y sabrán que yo soy *J*
31.10 dijo *J*..Ya que por ser encumbrado en
31.15 dicho *J*..El día que descendió al Seol
31.18 este es Faraón y todo..dice *J* el Señor
32.3 ha dicho *J*..Yo extenderé sobre ti mi red
32.8 pondré tinieblas sobre tu tierra, dice *J*
32.11 ha dicho *J*..La espada del rey..vendrá
32.14 correr sus ríos como aceite, dice *J* el
32.15 cuando asuele la..sabrán que yo soy *J*
32.16 sobre Egipto y..su multitud, dice *J* el
32.31 Faraón muerto a espada, y todo..dice *J*
32.32 yacerán..con los muertos a..dice *J* el
33.11 vivo yo, dice *J*..no quiero la muerte
33.22 y la mano de *J* había sido sobre mí la
33.25 ha dicho *J*..¿Comeréis con sangre, y a
33.27 así ha dicho *J*..Vivo yo, que los que
33.29 sabrán que yo soy *J*, cuando convierta
33.30 venid..y oíd qué palabra viene de *J*
34.7,9 tanto, pastores, oíd palabra de *J*
34.8 dicho *J*..por cuanto mi rebaño fue para
34.10 ha dicho *J*..estoy contra los pastores
34.11 dicho *J*..He aquí yo..iré a buscar mis
34.15 yo les daré aprisco, dice *J* el Señor
34.17 dicho *J*..He aquí yo juzgo entre oveja
34.20 dice *J*..He aquí yo, yo juzgaré entre
34.24 *J* les seré por Dios, y mi siervo David
34.24 príncipe en medio de..Yo *J* he hablado
34.27 sabrán que yo soy *J*, cuando rompa las
34.30 yo *J* su Dios estoy con ellos..dice *J*
34.31 y yo vuestro Dios, dice *J* el Señor
35.3 dile: Así ha dicho *J*..He aquí yo estoy
35.4 tú serás asolado; y sabrás que yo soy *J*
35.6 dice *J* el Señor..a sangre te destinaré
35.9 en asolamiento..y sabréis que yo soy *J*
35.10 y tomaré posesión de..estando allí *J*
35.11 dice *J* el..yo haré conforme a tu ira
35.12 sabrás que yo *J* he oído..tus injurias
35.14 ha dicho *J*..Para que toda la tierra se
35.15 asolado será..y sabrán que yo soy *J*
36.1 dí: Montes de Israel, oíd palabra de *J*
36.2 ha dicho *J*..Por cuanto el enemigo dijo
36.3 así ha dicho *J*..Por cuanto os asolaron
36.4 oíd palabra de *J*..ha dicho *J* el Señor
36.5 así ha dicho *J*..He hablado por cierto
36.6 así ha dicho *J*..He aquí, en mi celo y
36.7 así ha dicho *J*..Yo he alzado mi mano
36.11 multiplicaré..y sabréis que yo soy *J*
36.13 dicho *J*..Por cuanto dicen de vosotros
36.14 nunca más matarás a..dice *J* el Señor
36.15 ni harás más morir..dice *J* el Señor
36.20 éstos son pueblo de *J*, y de la tierra
36.22 ha dicho *J*..No lo hago por vosotros, oh
36.23 sabrán..que yo soy *J*, dice *J* el Señor
36.32 no lo hago por vosotros, dice *J* el
36.33 así ha dicho *J*..El día que os limpie de
36.36 desolado; yo *J* he hablado, y lo haré
36.37 ha dicho *J*..Aún seré solicitado por la
36.38 serán llenas de..y sabrán que yo soy *J*
37.1 mano de *J*..llevó en el Espíritu de *J*
37.3 ¿vivirán..Y dije: Señor *J*, tú lo sabes
37.4 y diles: Huesos secos, oíd palabra de *J*
37.5 así ha dicho *J* el Señor a estos huesos
37.6 cubriré de piel..sabréis que yo soy *J*
37.9 ha dicho *J*..Espíritu, ven de los cuatro
37.12 ha dicho *J*..yo abro vuestros sepulcros
37.13 y sabréis que yo soy *J*, cuando abra
37.14 sabréis que yo *J* hablé, y lo..dice *J*
37.19 ha dicho *J*..He aquí, yo tomo el palo
37.21 dicho *J*..He aquí, yo tomo a los hijos
37.28 y sabrán..que yo *J* santifico a Israel
38.3 ha dicho *J*..yo estoy contra ti, oh Gog
38.10 así ha dicho *J*..En aquel día subirán
38.14 dí a Gog: Así ha dicho *J* el Señor: En
38.17 ha dicho *J*..¿No eres tú aquel de quien
38.18 dijo *J* el..subirá mi ira y mi enojo
38.21 contra él la espada, dice *J* el Señor
38.23 seré conocido..y sabrán que yo soy *J*
39.1 ha dicho *J*..yo estoy contra ti, oh Gog
39.5 porque yo he hablado, dice *J* el Señor
39.6 y enviaré fuego..y sabrán que yo soy *J*
39.7 y sabrán las naciones que yo soy *J*, el
39.8 he aquí viene, y se cumplirá, dice *J* el
39.10 robarán a los que les robaron, dice *J*
39.13 será para ellos célebre el día..dice *J*
39.17 ha dicho *J* el Señor: Dí a las aves de
39.20 y os saciaréis sobre mi mesa..dice *J* el
39.22 y sabrá la casa de Israel que yo soy *J*
39.25 ha dicho *J*..Ahora volveré la cautividad
39.28 y sabrán que yo soy *J* su Dios, cuando
39.29 habré derramado de mi Espíritu..dice *J*
40.1 vino sobre mí la mano de *J*, y me llevó
40.46 los hijos de Leví para ministrar a *J*
41.22 esta es la mesa que está delante de *J*
42.13 sacerdotes que se acercan a *J* comerán
43.4 la gloria de *J* entró en la casa por la
43.5 aquí que la gloria de *J* llenó la casa
43.18 ha dicho *J*..Estas son las ordenanzas
43.19 dice *J* el Señor, para ministrar ante
43.24 y los ofrecerás delante de *J*, y los
43.24 sal..y los ofrecerán en holocausto a *J*
43.27 y me seréis aceptos, dice *J* el Señor
44.2 me dijo *J*: Esta puerta estará cerrada
44.2 porque *J* Dios de Israel entró por ella
44.3 sentará allí para comer..delante de *J*
44.4 gloria de *J* había llenado la casa de *J*
44.5 dijo *J*: Hijo de hombre, pon atención
44.5 todas las ordenanzas de la casa de *J*
44.6 ha dicho *J* el Señor: Basta ya de todas
44.9 ha dicho *J*..Ningún hijo de extranjero

JEHOVÁ *(Continúa)*
Ez. 44.12 dice *J*..que ellos llevarán su iniquidad
44.15 ofrecerme la grosura..dice *J* el Señor
44.27 ofrecerá su expiación, dice *J* el Señor
45.1 apartaréis una porción para *J*, que le
45.4 se acercan para ministrar a *J*; y servirá
45.9 ha dicho *J*..¡Basta ya, oh príncipes de
45.9 quitad vuestras imposiciones de..dice *J*
45.15 paz, para expiación por ellos, dice *J*
45.18 ha dicho *J* el Señor: El mes primero, el
45.23 los siete días..ofrecerá holocausto a *J*
46.1 así ha dicho *J* el..La puerta del atrio
46.3 adorará el pueblo..delante de *J*, a la
46.4 el holocausto que..ofrecerá a *J* en el
46.9 cuando el pueblo..entrare delante de *J*
46.12 cuando..hiciere..ofrendas de paz a *J*
46.13 ofrecerás en sacrificio a *J* cada día
46.14 ofrenda para *J*..por estatuto perpetuo
46.16 dicho *J* el Señor: Si el príncipe diere
47.13 ha dicho *J*..Estos son los límites en
47.23 daréis su heredad, ha dicho *J* el Señor
48.9 la porción que reservaréis para *J* tendrá
48.10 santuario de *J* estará en medio de ella
48.14 no venderán nada..cosa consagrada a *J*
48.29 estas son sus porciones, ha dicho *J* el
Dn. 9.2 el número de los años de que habló *J*
9.4 y oré a *J* mi..e hice confesión diciendo
9.8 oh *J*, nuestra es la confusión de rostro
9.9 de *J*..Dios es el tener misericordia y el
9.10 y no obedecimos a la voz de *J* nuestro
9.13 no hemos implorado el favor de *J*, para
9.14 *J* veló sobre el mal y lo trajo sobre
9.14 justo es *J*..Dios en todas sus obras que
9.20 derramaba mi ruego delante de *J* mi Dios
Os. 1.1 palabra de *J* que vino a Oseas hijo de
1.2 principio de la palabra de *J* por medio
1.2 dijo *J* a Oseas: Vé, tómate una mujer
1.2 porque la tierra fornica apartándose de *J*
1.4 y le dijo *J*: Ponle por nombre Jezreel
1.7 y los salvaré por *J* su Dios; y no los
2.13 iba tras..y se olvidaba de mí, dice *J*
2.16 aquel tiempo, dice *J*, me llamarás Ishi
2.20 te desposaré conmigo..y conocerás a *J*
2.21 dice *J*, yo responderé a los cielos, y
3.1 me dijo otra vez *J*: Vé, ama a una mujer
3.1 como el amor de *J* para con los hijos de
3.5 volverán..Israel y buscarán a *J* su Dios
3.5 temerán a *J* y a su bondad en el fin de
4.1 oíd palabra de *J*..porque *J* contiende con
4.10 no se saciarán..dejaron de servir a *J*
4.15 ni subáis a Bet-avén, ni juréis: Vive *J*
4.16 ¿los apacentará..*J* como a corderos en
5.4 está en medio de ellos, y no conocen a *J*
5.6 andarán buscando a *J*, y no le hallarán
5.7 contra *J* prevaricaron..engendrado hijos
6.1 venid y volvamos a *J*; porque él arrebató
6.3 y proseguiremos en conocer a *J*; como el
7.10 y no se volvieron a *J* su Dios, ni lo
8.1 como águila viene contra la casa de *J*
8.13 no los quiso *J*; ahora se acordará de su
9.3 no quedarán en la tierra de *J*, sino que
9.4 no harán libaciones a *J*, ni..sacrificios
9.4 pan..ese pan no entrará en la casa de *J*
9.5 ¿qué haréis..el día de la fiesta de *J*?
9.14 dales..*J*, lo que les has de dar; dales
10.2 *J* demolerá sus altares, destruirá sus
10.3 no tenemos rey, porque no temimos a *J*
10.12 es el tiempo de buscar a *J*, hasta que
11.10 en pos de *J* caminarán; él rugirá como
11.11 los haré habitar en sus casas, dice *J*
12.2 pleito tiene *J* con Judá para castigar a
12.5 mas *J* es Dios de los ejércitos; *J* es su
12.9 pero yo soy *J* tu Dios desde la tierra
12.13 *J* hizo subir a Israel de Egipto, y por
13.4 mas yo soy *J* tu Dios desde la tierra de
13.15 vendrá el solano, viento de *J*..secará
14.1 vuelve, oh Israel, a *J* tu Dios; porque
14.2 volved a *J*, y decidle: Quita..iniquidad
14.9 porque los caminos de *J* son rectos, y
Jl. 1.1 palabra de *J* que vino a Joel, hijo de
1.9 desapareció de la casa de *J* la ofrenda y
1.9 sacerdotes ministros de *J* están de duelo
1.14 congregad..en la casa de *J*..clamad a *J*
1.15 cercano está el día de *J*, y vendrá como
1.19 a ti, oh *J*, clamaré..fuego consumió los
2.1 viene el día de *J*, porque está cercano
2.11 *J* dará su orden delante de su ejército
2.11 grande es el día de *J*, y muy terrible
2.12 dice *J*, convertíos a mí con todo..corazón
2.13 rasgad..y convertíos a *J* vuestro Dios
2.14 y dejará tras..ofrenda y libación para *J*
2.17 lloren los sacerdotes ministros de *J*
2.17 digan: Perdona, oh *J*, a tu pueblo, y no
2.18 *J*, solícito por..perdonará a su pueblo
2.19 responderá *J*..He aquí yo os envío pan
2.21 no temas..porque *J* hará grandes cosas
2.26 alabaréis el nombre de *J* vuestro Dios
2.27 y que yo soy *J* vuestro Dios, y no hay
2.31 que venga el día grande y espantoso de *J*
2.32 que invocare el nombre de *J* será salvo
2.32 Sion..habrá salvación, como ha dicho *J*
3.8 los venderán a los sabeos..*J* ha hablado
3.11 haz venir allí, oh *J*, a tus fuertes
3.14 cercano está el día de *J* en el valle de
3.16 y *J* rugirá desde Sion, y dará su voz
3.16 *J* será la esperanza de su pueblo, y la
3.17 y conoceréis que yo soy *J* vuestro Dios
3.18 saldrá una fuente de la casa de *J*, y
3.21 limpiaré la sangre..y *J* morará en Sion
Am. 1.2 *J* rugirá desde Sion, y dará su voz
1.3 ha dicho *J*: Por tres pecados de Damasco
1.5 quebraré los cerrojos de Damasco..dice *J*
1.6 así ha dicho *J*: Por tres pecados de Gaza
1.8 y el resto de los..perecerá, ha dicho *J*
1.9 así ha dicho *J*: Por tres pecados de Tiro
1.11 ha dicho *J*: Por tres pecados de Edom, y
1.13 ha dicho *J*: Por tres pecados de..Amón
1.15 su rey irá en cautiverio, él y..dice *J*
2.1 ha dicho *J*: Por tres pecados de Moab, y
2.3 quitaré el juez de en medio de..dice *J*
2.4 así ha dicho *J*: Por tres pecados de Judá
2.4 porque menospreciaron la ley de *J*, y no
2.6 ha dicho *J*: Por tres pecados de Israel
2.11 ¿no es..así, dice *J*, hijos de Israel?
2.16 el esforzado de..huirá desnudo..dice *J*
3.1 oíd esta palabra que ha hablado *J* contra
3.6 ¿habrá algún mal..cual *J* no haya hecho?
3.7 no hará nada *J* el Señor, sin que revele
3.8 habla *J* el Señor, ¿quién no profetizará?
3.10 no saben..lo recto, dice *J*, atesorando
3.11 *J* el Señor ha dicho..Un enemigo vendrá
3.12 ha dicho *J*: De la manera que el pastor
3.13 oíd y testificad..ha dicho *J* Dios de los
3.15 muchas casas serán arruinadas, dice *J*
4.2 *J* el Señor juró por su santidad: He aquí
4.3 y saldréis..echadas del palacio, dice *J*
4.5 pues que así lo queréis..dice *J* el Señor
4.6,8,9,10,11 no os volvisteis a mí, dice *J*
4.13 *J* Dios de los ejércitos es su nombre
5.3 ha dicho *J*..La ciudad que salga con mil
5.4 dice *J* a la casa de Israel: Buscadme, y
5.6 buscad a *J*, y vivid; no sea que acometa
5.8 el que llama a las aguas..*J* es su nombre
5.14 así *J* Dios de los..estará con vosotros
5.15 quizá *J*..tendrá piedad del remanente de
5.16 ha dicho *J*..En todas las plazas habrá
5.17 porque pasaré en medio de ti, dice *J*
5.18 ¡ay de los que desean el día de *J*! ¿Para
5.18 ¿para qué queréis este día de *J*? Será
5.20 ¿no será el día de *J* tinieblas, y no luz
5.27 os haré, pues, transportar..ha dicho *J*
6.8 *J*..juró por sí mismo, *J* Dios..ha dicho
6.10 no podemos mencionar el nombre de *J*
6.11 *J* mandará, y herirá con hendiduras la
6.14 dice *J*..levantaré yo sobre vosotros a
7.1 así me ha mostrado *J*..él criaba langostas
7.2 dije: *J*, perdona ahora; ¿quién levantará
7.3,6 arrepintió *J* de esto: No será, dijo *J*
7.4 *J*..me mostró así..*J* el Señor llamaba para
7.5 Señor *J*, cesa ahora; ¿quién levantará a
7.6 no será esto tampoco, dijo *J* el Señor
7.8 *J*..me dijo: ¿Qué ves, Amós? Y dije: Una
7.15 y *J* me tomó de detrás del ganado, y me
7.16 ahora, pues, oye palabra de *J*. Tú dices
7.17 así ha dicho *J*: Tu mujer será ramera en
8.1 me ha mostrado *J*..He aquí un canastillo
8.2 dijo *J*: Ha venido el fin sobre..Israel
8.3 los cantores del templo gemirán..dice *J*
8.7 *J* juró por la gloria de Jacob: No me
8.9 dice *J*..que haré que se ponga el sol a
8.11 vienen días, dice *J*..enviaré hambre a
8.11 ni sed de..sino de oír la palabra de *J*
8.12 e irán errantes..buscando palabra de *J*
9.5 *J* de los ejércitos, es el que toca la
9.6 él edificó en el cielo..*J* es su nombre
9.7 ¿no me sois..hijos de etíopes, dice *J*?
9.8 los ojos de *J* el Señor..contra el reino
9.8 no destruiré..la casa de Jacob, dice *J*
9.12 posean..y a todas las naciones, dice *J*
9.13 vienen días, dice *J*, en que el que ara
9.15 los plantaré sobre..ha dicho *J* Dios tuyo
Abd. 1 *J* el Señor ha dicho así..cuanto a Edom
1 hemos oído el pregón de *J*, y mensajero ha
4 remontares..de ahí te derribaré, dice *J*
8 ¿no haré que perezcan..dice *J*, los sabios
15 cercano está el día de *J* sobre..naciones
18 ni aun resto quedará de..*J* lo ha dicho
21 subirán salvadores..y el reino será de *J*
Jon. 1.1 palabra de *J* a Jonás hijo de Amitai
1.3 para huir de la presencia de *J* a Tarsis
1.3 irse..Tarsis, lejos de la presencia de *J*
1.4 *J* hizo levantar un gran viento en el mar
1.9 y temo a *J*, Dios de los cielos, que hizo
1.10 sabían que huía de la presencia de *J*
1.14 clamaron a *J* y dijeron: Te rogamos ahora
1.14 te rogamos ahora, *J*, que no perezcamos
1.14 porque tú, *J*, has hecho..has querido
1.16 temieron aquellos hombres a *J* con gran
1.16 ofrecieron sacrificio a *J*, e hicieron
1.17 pero *J* tenía preparado un gran pez que
2.1 oró Jonás a *J*..desde el vientre del pez
2.2 invoqué en mi angustia a *J*, y él me oyó
2.6 tú sacaste mi vida de la sepultura, oh *J*
2.7 alma desfallecía en mí, me acordé de *J*
2.9 pagaré lo..prometí. La salvación es de *J*
2.10 y mandó *J* al pez, y vomitó a Jonás en
3.1 vino palabra de *J*..segunda vez a Jonás
3.3 fue a Nínive conforme a la palabra de *J*
4.2 oró a *J* y dijo: Ahora, oh *J*, ¿no es esto
4.3 ahora..*J*, te ruego que me quites la vida
4.4 y *J* le dijo: ¿Haces tú bien en enojarte
4.6 preparó *J* Dios una calabacera, la cual
4.10 *J*: Tuviste tú lástima de la calabacera
Mi. 1.1 palabra de *J*..a Miqueas de Moreset en
1.2 *J* el Señor..sea testigo contra vosotros
1.3 aquí, *J* sale de su lugar, y descenderá
1.12 de parte de *J* el mal había descendido
2.3 dicho *J*: He aquí, yo pienso contra esta
2.5 no habrá quien..en la congregación de *J*
2.7 Jacob, ¿se ha acortado el Espíritu de *J*?
2.13 su rey pasará..y a la cabeza de ellos *J*
3.4 clamaréis a *J*, y no os responderá; antes
3.5 ha dicho *J* acerca de los profetas que
3.8 estoy lleno de poder del Espíritu de *J*
3.11 se apoyan en *J*, diciendo: ¿No está *J*
4.1 monte de la casa de *J* será establecido
4.2 venid, y subamos al monte de *J*, y a la
4.2 la ley, y de Jerusalén la palabra de *J*
4.4 boca de *J* de los ejércitos lo ha hablado
4.5 todo andaremos en el nombre de *J* nuestro
4.6 aquel día, dice *J*, juntaré la que cojea
4.7 y *J* reinará sobre ellos en el monte de
4.10 redimirá *J* de la mano de tus enemigos
4.12 no conocieron los pensamientos de *J*, ni
4.13 consagrarás a *J* su botín, y..al Señor
5.4 él estará, y apacentará con poder de *J*
5.4 con grandeza del nombre de *J* su Dios; y
5.7 remanente de Jacob..como el rocío de *J*
5.10 acontecerá..dice *J*, que haré matar tus
6.1 oíd..lo que dice *J*: Levántate, contiende
6.2 oíd..el pleito de *J*..*J* tiene pleito con
6.5 para que conozcas las justicias de *J*
6.6 ¿con qué me presentaré ante *J*, y adoraré
6.7 ¿se agradará *J* de millares de carneros
6.8 qué pide *J* de ti..hacer justicia, y amar
6.9 la voz de *J* clama a la ciudad; es sabio
7.7 mas yo a *J* miraré, esperaré al Dios de
7.8 aunque more en tinieblas, *J* será mi luz
7.9 ira de *J* soportaré, porque pequé contra
7.10 que me decía: ¿Dónde está *J* tu Dios?
7.17 se volverán amedrentados ante *J*..Dios
Nah. 1.2 *J* es Dios celoso y vengador; *J* es
1.3 *J* es tardo para la ira y grande en poder
1.3 *J* marcha en la tempestad y el torbellino
1.7 *J* es bueno, fortaleza en el día de la
1.9 ¿qué pensáis contra *J*?..hará consumación
1.11 de ti salió el que imaginó mal contra *J*
1.12 ha dicho *J*: Aunque reposo tengan, y sean
1.14 mandará *J*, que no quede ni memoria de
2.2 porque *J* restaurará la gloria de Jacob
2.13; 3.5 heme aquí contra ti, dice *J* de los
Hab. 1.2 ¿hasta cuándo, oh *J*, clamaré, y no
1.12 ¿no eres tú desde el principio, oh *J*
1.12 oh *J*, para juicio lo pusiste; y tú, oh
2.2 y *J* me respondió..Escribe la visión, y
2.13 ¿no es esto de *J* de los ejércitos? Los
2.14 la tierra será llena..de la gloria de *J*
2.16 cáliz de..*J* vendrá hasta ti, y vómito
2.20 mas *J* está en su santo templo; calle
3.2 oh *J*, he oído tu palabra, y temí. Oh
3.2 *J*, aviva tu obra en medio de los tiempos
3.8 ¿te airaste, oh *J*, contra los ríos?
3.18 con todo, yo me alegraré en *J*, y me
3.19 *J* el Señor es mi fortaleza, el cual
Sof. 1.1 palabra de *J*..vino a Sofonías hijo
1.2 destruiré por completo todas las..dice *J*
1.3 cortaré a los impíos; y raeré a..dice *J*
1.5 y a los que se postran jurando por *J* y
1.6 apartan de en pos de *J*..no buscaron a *J*
1.7 calla en la presencia de *J* el Señor
1.7 porque el día de *J* está cercano; porque
1.7 *J* ha preparado sacrificio, y ha dispuesto
1.8 el día del sacrificio de *J* castigaré a
1.10 habrá..dice *J*, voz de clamor desde la
1.12 que..dice..*J* ni hará bien ni hará mal
1.14 cercano está el día grande de *J*, cercano
1.14 es amarga la voz del día de *J*: gritará
1.17 como ciegos, porque pecaron contra *J*
1.18 ni su plata..en el día de la ira de *J*
2.2 venga sobre vosotros el furor..ira de *J*
2.2 antes que el día de la ira de *J* venga
2.3 buscad a *J*..los humildes de la tierra
2.3 seréis guardados..el día del enojo de *J*
2.5 la palabra de *J* es contra vosotros, oh
2.7 *J*..visitará, y levantará su cautiverio
2.9 dice *J* de los..que Moab será como Sodoma
2.10 afrentaron..pueblo de *J* de los ejércitos
2.11 terrible será *J* contra ellos, porque
3.2 no confió en *J*, no se acercó a su Dios
3.5 *J* en medio de ella es justo, no hará
3.8 esperadme, dice *J*, hasta el día que me
3.9 para que todos invoquen el nombre de *J*
3.12 el cual confiará en el nombre de *J*
3.15 *J* ha apartado tus juicios..*J* es Rey de
3.17 *J* está en medio de ti, poderoso, él
3.20 pues os pondré para renombre..dice *J*
Hag. 1.1,3 vino palabra de *J* por medio del
1.2 así ha hablado *J*..Este pueblo dice: No
1.2 tiempo de que la casa de *J*..reedificada
1.5,7 ha dicho *J*..Meditad..vuestros caminos
1.8 la casa..y seré glorificado, ha dicho *J*
1.9 ¿por qué? dice *J* de los ejércitos. Por

JEHOVÁ *(Continúa)*
Hag. 1.12 oyó Zorobabel hijo. .la voz de *J* su Dios
1.12 Hageo, como le había enviado *J* su Dios
1.12 y oyó. .y temió el pueblo delante de *J*
1.13 enviado de *J*, habló por mandato de *J*
1.13 diciendo: Yo estoy con vosotros, dice *J*
1.14 y despertó *J* el espíritu de Zorobabel
1.14 y trabajaron en la casa de *J*. .su Dios
2.1,10 palabra de *J* por medio del profeta
2.4 ahora, Zorobabel, esfuérzate, dice *J*
2.4 cobrad ánimo, pueblo. .dice *J*, y trabajad
2.4 porque yo estoy con vosotros, dice *J* de
2.6 dice *J*. .De aquí a poco yo haré temblar
2.7 llenaré de gloria esta casa, ha dicho *J*
2.8 mío es el oro, dice *J* de los ejércitos
2.9 gloria postrera. .será mayor. .ha dicho *J*
2.9 y daré paz en este lugar, dice *J* de los
2.11 así ha dicho *J*. .Pregunta ahora a los
2.14 así. .esta gente delante de mí, dice *J*
2.15 piedra sobre piedra en el templo de *J*
2.17 mas no os convertisteis a mí, dice *J*
2.18 que se echó el cimiento del templo de *J*
2.20 vino. .segunda vez palabra de *J* a Hageo
2.23 te tomaré, oh Zorobabel. .dice *J*, y te
2.23 yo te escogí, dice *J* de los ejércitos
Zac. 1.1,7 palabra de *J* al profeta Zacarías
1.2 se enojó *J* en. .contra vuestros padres
1.3 así ha dicho *J*. .Volveos a mí, dice *J* de
1.3 y yo me volveré a vosotros, ha dicho *J*
1.4 diciendo: Así ha dicho *J*. .Volveos ahora
1.4 no atendieron, ni me escucharon, dice *J*
1.6 *J*. .pensó tratarnos conforme a nuestros
1.10 son los que *J* ha enviado a recorrer la
1.11 hablaron a aquel ángel de *J* que estaba
1.12 respondió el ángel de *J*. .Oh *J* de los
1.13 *J* respondió. .palabras consoladoras, al
1.14 ha dicho *J*. .Celé con gran celo a. .Sion
1.16 ha dicho *J*: Yo me he vuelto a Jerusalén
1.16 en ella será edificada mi casa, dice *J*
1.17 así dice *J*. .Aún rebosarán mis ciudades
1.17 y aún consolará *J* a Sion, y escogerá
1.20 me mostró luego *J* cuatro carpinteros
2.5 seré para ella, dice *J*, muro de fuego en
2.6 eh, huid de la tierra del norte, dice *J*
2.6 los cuatro vientos. .os esparcí, dice *J*
2.8 ha dicho *J*. .Tras la gloria me enviará
2.9 sabréis que *J* de los ejércitos me envió
2.10 y moraré en medio de ti, ha dicho *J*
2.11 se unirán muchas naciones a *J* en aquel
2.11 conocerás que *J* de. .me ha enviado a ti
2.12 y *J* poseerá a Judá su heredad en la
2.13 calle toda carne delante de *J*; porque
3.1 el cual estaba delante del ángel de *J*
3.2 y dijo *J* a Satanás: *J* te reprenda, oh
3.2 *J*. .ha escogido a Jerusalén te reprenda
3.5 las ropas. Y el ángel de *J* estaba en pie
3.6 el ángel de *J* amonestó a Josué, diciendo
3.7 dice *J*. .Si anduvieres por mis caminos
3.9 yo grabaré su escultura, dice *J* de los
3.10 dice *J*. .cada uno de vosotros convidará
4.6 esta es palabra de *J* a Zorobabel, que
4.6 sino con mi Espíritu, ha dicho *J* de los
4.8 vino palabra de *J* a mí, diciendo
4.9 y conocerás que *J*. .me envió a vosotros
4.10 siete son los ojos de *J*, que recorren
5.4 he hecho salir, dice *J* de los ejércitos
6.9 vino a mí palabra de *J*, diciendo
6.12 así ha hablado *J*. .He aquí el varón cuyo
6.12 el Renuevo. .edificará el templo de *J*
6.13 él edificará el templo de *J*. .le llevará
6.14 servirán. .memoria en el templo de *J*
6.15 y ayudarán a edificar el templo de *J*
6.15 y conoceréis que *J* de. .me ha enviado a
6.15 esto sucederá si oyereis. .la voz de *J*
7.1 rey Darío vino palabra de *J* a Zacarías
7.2 había enviado. .a implorar el favor de *J*
7.3 sacerdotes que estaban en la casa de *J*
7.4 vino. .a mí palabra de *J* de los ejércitos
7.7 las palabras que proclamó *J* por medio de
7.8 vino palabra de *J* a Zacarías, diciendo
7.9 así habló *J*. .Juzgad conforme a la verdad
7.12 no oír. .las palabras que *J*. .enviaba por
7.12 vino. .gran enojo de parte de *J* de los
7.13 yo no escuché, dice *J* de los ejércitos
8.1,18 a mí palabra de *J* de los ejércitos
8.2 así ha dicho *J*. .Celé a Sion con gran celo
8.3 así dice *J*: Yo he restaurado a Sion, y
8.3 y el monte de *J* de. .Monte de Santidad
8.4 así ha dicho *J*. .Aún han de morar ancianos
8.6 dice *J*. .Si esto parecerá maravilloso a
8.6 maravilloso delante de mis ojos? dice *J*
8.7 ha dicho *J*. .yo salvo a mi pueblo de la
8.9 ha dicho *J*. .Esfuércense vuestras manos
8.9 que se echó el cimiento a la casa de *J*
8.11 no lo haré con el remanente de. .dice *J*
8.14 así ha dicho *J*. .Como pensé haceros mal
8.17 estas son cosas que aborrezco, dice *J*
8.19 ha dicho *J*. .El ayuno del cuarto mes, el
8.20 así ha dicho *J*. .Aún vendrán pueblos, y
8.21 dirán. .Vamos a implorar el favor de *J*
8.22 vendrán. .a buscar a *J* de los ejércitos
8.23 dicho *J*. .tomarán del manto a un judío
9.1 profecía de la palabra de *J* está contra
9.1 a *J* deben mirar los ojos de los hombres
9.14 *J* será visto sobre ellos, y su dardo
9.14 *J* el Señor tocará trompeta, e irá entre
9.15 *J* de los ejércitos los amparará, y ellos
9.16 los salvará en aquel día *J* su Dios como
10.1 pedid a *J* lluvia en la estación tardía
10.1 *J* hará relámpagos, y os dará lluvia
10.3 pero *J*. .visitará su rebaño, la casa de
10.5 y pelearán, porque *J* estará con ellos
10.6 porque yo soy *J* su Dios, y los oiré
10.7 se alegrarán; su corazón se gozará en *J*
10.12 fortaleceré en *J*. .en su nombre, dice *J*
11.4 así ha dicho *J*. .Apacienta las ovejas de
11.5 bendito sea *J*, porque he enriquecido
11.6 no tendré ya más piedad de los. .dice *J*
11.11 así conocieron. .que era palabra de *J*
11.13 me dijo *J*: Echalo al tesoro; ¡hermoso
11.13 y las eché en la casa de *J* al tesoro
11.15 me dijo *J*: Toma aún los aperos de un
12.1 profecía de la palabra de *J* acerca de
12.1 *J*, que extiende los cielos y funda la
12.4 aquel día, dice *J*, heriré con pánico a
12.5 tienen fuerza los. .de Jerusalén en *J*
12.7 librará *J* las tiendas de Judá primero
12.8 día *J* defenderá al morador de Jerusalén
12.8 será. .como el ángel de *J* delante de ellos
13.2 dice *J*. .quitaré de la tierra. .imágenes
13.3 has hablado mentira en el nombre de *J*
13.7 levántate, oh espada, contra el. .dice *J*
13.8 dice *J*, que las dos terceras partes
13.9 diré: Pueblo mío; y el dirá: *J* es mi Dios
14.1 he aquí, el día de *J* viene, y en medio
14.3 saldrá *J* y peleará con. .naciones, como
14.5 vendrá *J* mi Dios, y con él. .los santos
14.7 será un día, el cual es conocido de *J*
14.9 y *J* será rey sobre toda la tierra. En
14.9 aquel día *J* será uno, y uno su nombre
14.12 esta será la plaga con que herirá *J* a
14.13 entre ellos gran pánico enviado por *J*
14.16 subirán. .para adorar al Rey, a *J* de los
14.17 no subieren. .para adorar al Rey, *J* de
14.18 la plaga con que *J* herirá las naciones
14.20 estará grabado sobre las. .SANTIDAD A *J*
14.20 las ollas de la casa de *J* serán como
14.21 toda olla. .será consagrada a *J* de los
14.21 y no habrá. .mercader en la casa de *J*
Mal. 1.1 profecía de la palabra de *J* contra
1.2 os he amado, dice *J*; y dijisteis: ¿En qué
1.2 ¿no era Esaú hermano de Jacob? dice *J*
1.4 ha dicho *J*. .edificarán, y yo destruiré
1.4 pueblo contra el cual *J* está indignado
1.5 diréis: Sea *J* engrandecido más allá de
1.6 dice *J* de los ejércitos a vosotros, oh
1.7 pensáis que la mesa de *J* es despreciable
1.8 le serás acepto? dice *J* de los ejércitos
1.9 pero ¿cómo podéis agradarle. .dice *J* de
1.10 no tengo complacencia en. .dice *J* de los
1.11 grande es mi nombre entre las. .dice *J*
1.12 cuando decís: Inmunda es la mesa de *J*
1.13 y me despreciáis, dice *J* de. .ejércitos
1.13 ¿aceptaré yo. .de vuestra mano? dice *J*
1.14 que. .promete, y sacrifica a *J* lo dañado
1.14 porque yo soy Gran Rey, dice *J* de los
2.2 ha dicho *J* de. .enviaré maldición sobre
2.4 que fuese mi pacto con Leví, ha dicho *J*
2.7 porque mensajero es de *J* de. .ejércitos
2.8 habéis corrompido el pacto. .dice *J* de los
2.11 Judá ha profanado el santuario de *J* que
2.12 *J* cortará. .al hombre que hiciere esto
2.12 que ofrece ofrenda a *J* de los ejércitos
2.13 haréis cubrir el altar de *J* de lágrimas
2.14 *J* ha atestiguado entre ti y la mujer de
2.16 *J*. .ha dicho que él aborrece el repudio
2.16 al que cubre de iniquidad su. .dijo *J*
2.17 habéis hecho cansar a *J* con vuestras
2.17 cualquiera que hace mal agrada a *J*, y
3.1 aquí viene, ha dicho *J* de los ejércitos
3.3 Leví. .y traerán a *J* ofrenda en justicia
3.4 será grata a *J* la ofrenda de Judá y de
3.5 no teniendo temor de mí, dice *J* de los
3.6 yo *J* no cambio; por esto, hijos de Jacob
3.7 volveos a mí. .dicho *J* de los ejércitos
3.10 y probadme ahora en esto, dice *J* de los
3.11 no os destruirá el fruto de la. .dice *J*
3.12 porque seréis tierra deseable, dice *J* de
3.13 contra mí han sido violentas, dice *J*
3.14 andemos afligidos en presencia de *J* de
3.16 los que temían a *J* hablaron cada uno a
3.16 *J* escuchó y oyó, y fue escrito libro de
3.16 delante de él para los que temen a *J*
3.17 para mí especial tesoro, ha dicho *J* de
4.1 día que vendrá los abrasará, ha dicho *J*
4.3 serán ceniza. .dicho *J* de los ejércitos
4.5 que venga el día de *J*, grande y terrible

JEHOVÁ-NISI *"Jehová es mi estandarte"*, Éx. 17.15

JEHOVÁ-SALOM *"Jehová es paz"*, Jue. 6.24

JEHOVÁ-SAMA *"Jehová allí"*, Ez. 48.35

JEHÚ

1. Profeta

1 R. 16.1 vino palabra de Jehová a *J* hijo de
16.7 la palabra de Jehová por el profeta *J*
16.12 contra Baasa por medio del profeta *J*
2 Cr. 19.2 le salió al encuentro el vidente *J*
20.34 están escritos en las palabras de *J*

2. Rey de Israel

1 R. 19.16 a *J* hijo de Nimsi ungirás por rey
19.17 el que escapare de. .*J* lo matará; y el
19.17 y el que escapare de la espada de *J*
2 R. 9.2 cuando llegues allá, verás allí a *J*
9.5 *J* dijo: ¿A cuál de todos nosotros? Y él
9.11 salió *J* a los siervos de su señor, y le
9.13 y lo puso debajo de *J* en un trono alto
9.13 y tocaron corneta, y dijeron: *J* es rey
9.14 así conspiró *J* hijo de. .contra Joram
9.15 *J* dijo. .ninguno escape de la ciudad, para
9.16 *J* cabalgó y fue a Jezreel, porque Joram
9.17 vio la tropa de *J* que venía, y dijo: Veo
9.18,19 *J*. .¿Qué tienes tú que ver con la paz?
9.20 el marchar del. .es como el marchar de *J*
9.21 en su carro, y salieron a encontrar a *J*
9.22 vio Joram a *J*, dijo: ¿Hay paz, *J*? Y él
9.24 pero *J* entesó su arco, e hirió a Joram
9.25 dijo. .*J* a Bidcar su capitán: Tómalo, y
9.27 lo siguió *J*, diciendo: Herid. .a éste en
9.30 vino. .*J* a Jezreel; y cuando Jezabel lo
9.31 y cuando entraba *J* por la puerta, ella
10.1 *J* escribió cartas y las envió a Samaria
10.5 ayos enviaron a decir a *J*: Siervos tuyos
10.11 mató. .*J* a todos los. .de la casa de Acab
10.17 que *J* hubo llegado a Samaria, mató a
10.18 reunió *J* a todo el pueblo, y les dijo
10.18 Acab sirvió poco a. .*J* lo servirá mucho
10.19 lo hacía *J* con astucia, para exterminar
10.20 dijo *J*: Santificad un día solemne a
10.21 y envió *J* por todo Israel, y vinieron
10.23 entró *J* con Jonadab. .el templo de Baal
10.24 *J* puso fuera a 80 hombres, y les dijo
10.25 *J* dijo a los de su guardia y. .capitanes
10.28 así exterminó *J* a Baal de Israel
10.29 eso, *J* no se apartó de los pecados de
10.30 Jehová dijo a *J*: Por cuanto has hecho
10.31 mas *J* no cuidó de andar en la ley de
10.34 demás hechos de *J*, y todo lo que hizo
10.35 durmió *J* con sus padres. .lo sepultaron
10.36 reinó *J* sobre Israel. .fue de 28 años
12.1 en el séptimo año de *J* comenzó a. .Joás
13.1 año. .comenzó a reinar Joacaz hijo de *J*
14.8 a Joás hijo de Joacaz, hijo de *J*, rey
15.12 fue la palabra. .que había hablado a *J*
2 Cr. 22.7 salió con Joram contra *J* hijo de
22.8 y haciendo juicio *J* contra la casa de
22.9 a Ocozías. .trajeron a *J*, y le mataron
25.17 a Joás hijo de Joacaz, hijo de *J*, rey
Os. 1.4 castigaré a la casa de *J* por causa de

3. Descendiente de Judá, 1 Cr. 2.38

4. Descendiente de Simeón, 1 Cr. 4.35

5. Guerrero que se unió a David en Siclag, 1 Cr. 12.3

JEHÚBA *Descendiente de Aser,* 1 Cr. 7.34

JEHUD *Aldea en Dan,* Jos. 19.45

JEHUDAÍA *Mujer de Esdras No. 1,* 1 Cr. 4.18

JEHUDÍ *Siervo del rey Joacim*

Jer. 36.14 enviaron. .*J* hijo de Netanías, hijo
36.21 envió. .a *J*. .y leyó. .*J* a oídos del rey
36.23 *J* había leído tres o cuatro planas

JEHÚS *Descendiente del rey Saúl,* 1 Cr. 8.39

JEIEL

1. Príncipe de la tribu de Rubén, 1 Cr. 5.7

2. Portero en el templo, 1 Cr. 15.18

3. Nombre de dos músicos levitas, 1 Cr. 15.21; 16.5

4. Levita de los hijos de Asaf, 2 Cr. 20.14

5. Escriba del rey Uzías, 2 Cr. 26.11

6. Levita en tiempo del rey Ezequías, 2 Cr. 29.13

7. Jefe de los levitas en tiempo del rey Josías, 2 Cr. 35.9

8. Uno que regresó con Esdras del exilio, Esd. 8.13

9. Uno de los que se casaron con mujeres extranjeras en tiempo de Esdras, Esd. 10.43

JEMIMA *Primera hija de Job después de su restauración,* Job 42.14

JEMUEL *Primogénito de Simeón,* Gn. 46.10; Éx. 6.15

JERA *Hijo de Joctán,* Gn. 10.26; 1 Cr. 1.20

JERAMEEL

1. Padre de un linaje importante en el sur de Judá

JERAMEEL *(Continúa)*

1 S. 27.10 decía: En el..Neguev de *J*, o en el
30.29 en Racal, en las ciudades de *J*, en las
1 Cr. 2.9 hijos que nacieron a Hezrón: *J*, Ram
2.25 hijos de *J* primogénito de Hezrón fueron
2.26 y tuvo *J* otra mujer llamada Atara, que
2.27 los hijos de Ram primogénito de *J* fueron
2.33 y Zaza. Estos fueron los hijos de *J*
2.42 los hijos de Caleb hermano de *J* fueron

2. Levita, hijo de Cis No. 3, **1 Cr. 24.29**

3. Oficial del rey Joacim, **Jer. 36.26**

JEREBAI *Uno de los valientes de David,* **1 Cr. 11.46**

JEREMAI *Uno de los que se casaron con mujeres extranjeras en tiempo de Esdras,* **Esd. 10.33**

JERED *Descendiente de Judá,* **1 Cr. 4.18**

JEREMÍAS

1. De Libna, padre de Hamutal, **2 R. 23.31; 24.18; Jer. 52.1**

2. Jefe de la tribu de Manasés, **1 Cr. 5.24**

3. Nombre de tres guerreros que se unieron a David en Siclag, **1 Cr. 12.4,10,13**

4. Profeta

2 Cr. 35.25 y *J* endechó en memoria de Josías
36.12 y no se humilló delante del profeta *J*
36.21,22 la palabra de Jehová por boca de *J*
Esd. 1.1 cumpliese la palabra..por boca de *J*
Jer. 1.1 palabras de *J* hijo de Hilcías, de los
1.11 vino a mí, diciendo: ¿Qué ves tú, *J*?
7.1; 11.1; 14.1; 18.1; 21.1; 34.1,8,12; 35.1,12; 40.1; 46.1; 47.1; 49.34 palabra de Jehová que vino a *J*
18.18 dijeron: Venid y maquinemos contra *J*
19.14 y volvió *J* de Tofet, adonde le envió
20.1 Pasur..oyó a *J* que profetizaba estas
20.2 azotó Pasur al profeta *J*, y lo puso en
20.3 Pasur sacó a *J* del..Le dijo entonces *J*
21.3 y *J* les dijo: Diréis así a Sedequías
24.3 Jehová: ¿Qué ves tú, *J*? Y dije: Higos
25.1 palabra que vino a *J* acerca de todo el
25.2 habló el profeta *J* a todo el pueblo de
25.13 lo que está escrito..profetizado por *J*
26.7 oyeron a *J* hablar estas palabras en la
26.8 cuando terminó de hablar *J* todo lo que
26.9 todo el pueblo se juntó contra *J* en la
26.12 habló *J*..diciendo: Jehová me envió a
26.20 profetizó..conforme a..palabras de *J*
26.24 Ahicam..estaba a favor de *J*, para que
27.1 esta palabra de Jehová a *J*, diciendo
28.5 respondió el profeta *J* al..Hananías
28.6 y dijo el profeta *J*: Amén, así lo haga
28.10 quitó el yugo del cuello del profeta *J*
28.11 romperé el yugo..Y siguió *J* su camino
28.12 rompió el yugo..cuello del profeta *J*
28.12; 29.30; 32.26; 33.1,19,23; 35.12; 36.1,27; 37.6; 43.8 vino palabra de Jehová a *J*
28.15 entonces dijo..*J* al profeta Hananías
29.1 de la carta que el profeta *J* envió de
29.27 ¿por qué..no has reprendido ahora a *J*
29.29 leído esta carta a oídos del profeta *J*
30.1; 32.1 palabra de Jehová que vino a *J*
32.2 el profeta *J* estaba preso en el patio
32.6 *J*: Palabra de Jehová vino a mí, diciendo
34.6 habló el profeta *J* a Sedequías rey de
35.18 dijo *J* a la familia de los recabitas
36.4 y llamó *J* a Baruc hijo de Nerías, y
36.4 escribió Baruc de boca de *J*, en un rollo
36.5 mandó *J* a Baruc, diciendo: A mí se me
36.8 todas las cosas que le mandó *J* profeta
36.10 Baruc leyó..palabras de *J* en la casa
36.17 cómo escribiste de boca de *J* todas
36.19 vé y escóndete, tú y *J*, y nadie sepa
36.26 que prendiesen a Baruc..y al profeta *J*
36.27 rey quemó el rollo, las palabras..de *J*
36.32 y tomó *J* otro rollo y lo dio a Baruc
36.32 escribió en él de boca de *J* todas las
37.2 palabras..cuales dijo por el profeta *J*
37.3 dijesen al profeta *J*: Ruega ahora por
37.4 *J* entraba y salía en medio del pueblo
37.12 salía *J* de Jerusalén para irse a tierra
37.13 Irías..apresó al profeta *J*, diciendo
37.14 *J* dijo: Falso; no me paso a..caldeos
37.14 prendió Irías a *J*, y lo llevó delante
37.15 los príncipes se airaron contra *J*, y le
37.16 entró..*J* en la casa de la cisterna, y
37.16 y habiendo estado..*J* por muchos días
37.17 *J* dijo: Hay. Y dijo más: En mano del
37.18 dijo también *J* al rey Sedequías: ¿En
37.21 custodiaron a *J*..Y quedó *J* en el patio
38.1 palabras que *J* hablaba a todo el pueblo
38.6 tomaron..a *J*..metieron a *J*..se hundió *J*
38.7 que habían puesto a *J* en la cisterna
38.9 mal hicieron..han hecho con el profeta *J*
38.10 haz sacar al profeta *J* de la cisterna
38.11 los echó a *J* con sogas en la cisterna
38.12 el etíope..a *J*: Pon ahora esos trapos
38.12 debajo de las sogas. Y lo hizo así *J*
38.13 sacaron a *J*..y quedó *J* en el patio de
38.14 traer al profeta *J*..Y dijo el rey a *J*
38.15 *J* dijo a Sedequías: Si te lo declarare
38.16 juró el rey Sedequías en secreto a *J*
38.17 dijo *J* a Sedequías..Si te entregas en
38.19 rey Sedequías a *J*: Tengo temor de los
38.20 dijo *J*: No te entregarán. Oye..la voz
38.24 dijo Sedequías a *J*: Nadie sepa estas
38.27 vinieron luego..a *J*, y le preguntaron
38.28 quedó *J* en el patio de la cárcel hasta
39.11 había ordenado..acerca de *J*, diciendo
39.14 tomaron a *J* del patio de la cárcel, y
39.15 y había venido palabra de Jehová a *J*
40.2 tomó, pues, el capitán..a *J* y le dijo
40.6 se fue..*J* a Gedalías..y habitó con él
42.2 y dijeron al..*J*: Acepta..nuestro ruego
42.4 el profeta *J* les dijo: He oído. He aquí
42.5 dijeron a *J*: Jehová sea..testigo de la
42.7 al cabo de diez días vino palabra..a *J*
43.1 cuando *J* acabó de hablar a..el pueblo
43.2 soberbios dijeron a *J*: Mentira dices
43.6 al profeta *J* y a Baruc hijo de Nerías
44.1 palabra que vino a *J* acerca de..judíos
44.15 el pueblo..respondieron a *J*, diciendo
44.20 y habló *J* a todo el pueblo..diciendo
44.24 y dijo *J* a todo el pueblo, y a todas
45.1 palabra que habló el profeta *J* a Baruc
45.1 escribía..estas palabras de boca de *J*
46.13 palabra que habló Jehová al profeta *J*
50.1 habló Jehová..por medio del profeta *J*
51.59 palabra que..el profeta *J* a Seraías
51.60 escribió..*J* en un libro todo el mal
51.61 y dijo *J* a Seraías: Cuando llegues a
51.64 hasta aquí son las palabras de *J*
Dn. 9.2 años de que habló Jehová al profeta *J*
Mt. 2.17 se cumplió lo que fue dicho por..*J*
16.14 y otros, *J*, o alguno de los profetas
27.9 se cumplió lo dicho por el profeta *J*

5. Firmante del pacto de Nehemías, **Neh. 10.2**

6. Sacerdote que regresó del exilio con Zorobabel, **Neh. 12.1,12**

7. Príncipe de Judá en la dedicación del muro de Jerusalén, **Neh. 12.34**

8. Padre de Jaazanías recabita, **Jer. 35.3**

JEREMOT

1. Descendiente de Benjamín, **1 Cr. 8.14**

2. Levita, descendiente de Merari (=Jerimot No. 3), **1 Cr. 23.23**

3. Uno de los hijos de Hemán, **1 Cr. 25.4,22**

4. Nombre de dos que se casaron con mujeres extranjeras en tiempo de Esdras, **Esd. 10.26,27**

JERÍAS *Jefe de los hebronitas en tiempo de David,* **1 Cr. 23.19; 24.23; 26.31**

JERICÓ *Ciudad importante en el valle del Jordán*

Nm. 22.1 de Moab, junto al Jordán, frente a *J*
26.3 hablaron..junto al Jordán frente a *J*
26.63 contaron los..de Israel..frente a *J*
31.12 llanos de Moab, que están..frente a *J*
33.48 de Moab, junto al Jordán, frente a *J*
33.50 habló Jehová a Moisés en..frente a *J*
34.15 tomaron su heredad..Jordán frente a *J*
35.1 habló Jehová a Moisés en los..frente a *J*
36.13 y los estatutos que mandó..frente a *J*
Dt. 32.49 tierra de Moab que está frente a *J*
34.1 la cumbre del Pisga..está enfrente de *J*
34.3 la vega de *J*, ciudad de las palmeras
Jos. 2.1 reconoced la tierra, y a *J*. Y ellos
2.2 y fue dado aviso al rey de *J*, diciendo
2.3 el rey de *J* envió a decir a Rahab: Saca
3.16 y el pueblo pasó en dirección de *J*
4.13 pasaron hacia la llanura de *J* delante
4.19 acamparon en Gilgal, al..oriental de *J*
5.10 celebraron la pascua..los llanos de *J*
5.13 Josué cerca de *J*, alzó sus ojos y vio
6.1 *J* estaba cerrada, bien cerrada, a causa
6.2 he entregado en tu mano a *J* y a su rey
6.25 que Josué había enviado a reconocer a *J*
6.26 maldito..el hombre que..reedificare..*J*
7.2 Josué envió hombres desde *J* a Hai, que
8.2 harás a Hai y a su rey como hiciste a *J*
9.3 oyeron lo que Josué había hecho a *J* y a
10.1 como había hecho a *J* y a su rey, así
10.28 hizo al..como había hecho al rey de *J*
10.30 hizo a su rey..había hecho al rey de *J*
12.9 el rey de *J*, uno; el rey de Hai..otro
13.32 repartió..al otro lado del Jordán de *J*
16.1 el Jordán de *J* hasta las aguas de *J* al
16.1 hacia el desierto que sube de *J* por las
16.7 desciende a..y toca *J* y sale al Jordán
18.12 sube hacia el lado de *J* al norte; sube
18.21 las ciudades de..de Benjamín..fueron *J*
20.8 al oriente de *J*, señalaron a Beser en el
24.11 pasasteis el Jordán, y vinisteis a *J*
24.11 y los moradores de *J* pelearon contra
2 S. 10.5 quedaos en *J* hasta que os vuelva a
1 R. 16.34 tiempo Hiel de Bet-el reedificó a *J*
2 R. 2.4 quédate aquí..Jehová me ha enviado a *J*
2.4 que no te dejaré. Vinieron, pues, a *J*
2.5,15 hijos de..profetas que estaban en *J*
2.18 a Eliseo, que se había quedado en *J*, él
25.5 al rey..lo apresó en las llanuras de *J*
1 Cr. 6.78 otro lado del Jordán frente a *J*, al
19.5 dijeran: Estaos en *J* hasta que os crezca
2 Cr. 28.15 y los llevaron hasta *J*, ciudad de
Esd. 2.34; Neh. 7.36 los hijos de *J*, 345
Neh. 3.2 junto a ella edificaron los..de *J*, y
Jer. 39.5; 52.8 alcanzaron a Sedequías en..de *J*
Mt. 20.29 al salir ellos de *J*, le seguía una
Mr. 10.46 vinieron a *J*; y al salir de *J* él y
Lc. 10.30 un hombre descendía de Jerusalén a *J*
18.35 acercándose Jesús a *J*, un ciego estaba
19.1 entrado Jesús en *J*, iba pasando por la
He. 11.30 por la fe cayeron los muros de *J*

JERIEL *Descendiente de Isacar,* **1 Cr. 7.2**

JERIMOT

1. Nombre de dos descendientes de Benjamín, **1 Cr. 7.7,8**

2. Guerrero que se unió a David en Siclag, **1 Cr. 12.5**

3. Descendiente de Merari (=Jeremot No. 2), **1 Cr. 24.30**

4. Jefe de la tribu de Neftalí, **1 Cr. 27.19**

5. Hijo del rey David, **2 Cr. 11.18**

6. Funcionario del rey Ezequías, **2 Cr. 31.13**

JERIOT *Hijo de Caleb,* **1 Cr. 2.18**

JEROBAAL *=Gedeón*

Jue. 6.32 aquel día Gedeón fue llamado *J*, esto
7.1 levantándose, pues..*J*, el cual es Gedeón
8.29 *J* hijo de Joás fue y habitó en su casa
8.35 ni se..agradecidos con la casa de *J*, el
9.1 Abimelec hijo de *J* fue a Siquem, a los
9.2 que os gobiernen..todos los hijos de *J*
9.5 mató a sus hermanos los hijos de *J*, 70
9.5 pero quedó Jotam el hijo menor de *J*, que
9.16 si habéis actuado bien con *J* y con su
9.19 habéis procedido..con *J* y con su casa
9.24 la violencia hecha a los 70 hijos de *J*
9.28 ¿no es hijo de *J*..Zebul ayudante suyo?
9.57 vino..la maldición de Jotam hijo de *J*
1 S. 12.11 Jehová envió a *J*, a Barac, a Jefté
2 S. 11.21 ¿quién hirió a Abimelec hijo de *J*?

JEROBOAM

1. Jeroboam I, rey de Israel

1 R. 11.26 también *J*..alzó su mano contra el
11.28 *J* era valiente y esforzado; y viendo
11.29 aconteció..que saliendo *J* de Jerusalén
11.31 dijo a *J*: Toma para ti los diez pedazos
11.40 Salomón procuró matar a *J*, pero *J* se
12.2 cuando lo oyó *J* hijo de Nabat, que aún
12.3 vino, pues, *J*, y toda la congregación
12.12 día vino *J* con todo el pueblo a Roboam
12.15 por medio de Ahías silonita a *J* hijo
12.20 oyendo todo Israel que *J* había vuelto
12.25 reedificó *J* a Siquem en el monte de
12.26 y dijo *J* en su corazón..se volverá el
12.32 instituyó *J* fiesta solemne en el mes
13.1 estando *J* junto al altar para quemar
13.4 cuando..*J* oyó la palabra del varón de
13.33 no se apartó *J* de su mal camino, sino
13.34 esto fue causa de pecado a la casa de *J*
14.1 en..tiempo Abías hijo de *J* cayó enfermo
14.2 dijo *J* a su mujer: Levántate ahora y
14.2 no te conozcan que eres la mujer de *J*
14.4 la mujer de *J* lo hizo así; y se levantó
14.5 la mujer de *J* vendrá a consultarte por
14.6 entra, mujer de *J*. ¿Por qué te finges
14.7 dí a *J*: Así dijo Jehová Dios de Israel
14.10 traigo mal sobre..*J*, y destruiré de *J*
14.10 barreré la posteridad de la casa de *J*
14.11 el que muera de los de *J* en la ciudad
14.13 de los de *J*, sólo él será sepultado
14.13 en él alguna cosa buena..la casa de *J*
14.14 cual destruirá la casa de *J* en este día
14.16 entregará a Israel por..pecados de *J*
14.17 la mujer de *J* se levantó y se marchó
14.19 los demás hechos de *J*, las guerras que
14.20 el tiempo que reinó *J* fue de 22 años
14.30 hubo guerra entre Roboam y *J* todos los
15.1 en el año 18 del rey *J* hijo de Nabat
15.6 hubo guerra entre Roboam y *J* todos los
15.7 de Judá? Y hubo guerra entre Abiam y *J*
15.9 el año veinte de *J* rey de Israel, Asa
15.25 Nadab hijo de *J* comenzó a reinar sobre
15.29 mató a toda la casa de *J*, sin dejar
15.29 sin dejar alma viviente de los de *J*
15.30 por los pecados que *J* había cometido
15.34 en el camino de *J*, y en su pecado con
16.2 y has andado en el camino de *J*, y has
16.3 pondré su casa como la casa de *J* hijo
16.7 para que fuese hecha como la casa de *J*
16.19 andando en los caminos de *J*, y en su
16.26 anduvo en todos los caminos de *J* hijo
16.31 andar en..pecados de *J* hijo de Nabat

JEROBOAM ***(Continúa)***
1 R. 21.22 pondré tu casa como la casa de *J* hijo
22.52 anduvo. .el camino de *J* hijo de Nabat
2 R. 3.3 se entregó a los pecados de *J* hijo de
9.9 pondré. .como la casa de *J* hijo de Nabat
10.29,31; 13.11; 14.24; 15.9,18,24,28 no se apartó de los pecados de *J*
13.2 siguió en. .pecados de *J* hijo de Nabat
13.6 no se apartaron de los pecados. .de *J*
17.21 hicieron rey a *J*. .*J* apartó a Israel
17.22 anduvieron en todos los pecados de *J*
23.15 el lugar alto que había hecho *J* hijo
2 Cr. 9.29 en la profecía del. .Iddo contra *J*
10.2 cuando lo oyó *J* hijo de Nabat. .volvió
10.3 vino. .*J*, todo Israel, y hablaron a
10.12 vino. .*J* con todo el pueblo a Roboam al
10.15 la palabra que había hablado por. .a *J*
11.4 y se volvieron, y no fueron contra *J*
11.14 pues *J* y sus hijos los excluyeron del
12.15 entre Roboam y *J* hubo guerra constante
13.1 a los 18 años del rey *J*, reinó Abías
13.2 reinó. .y hubo guerra entre Abías y *J*
13.3 Abías. .*J* ordenó batalla contra él con
13.4 Abías. .y dijo: Oídme, *J* y todo Israel
13.6 pero *J*. .se levantó y rebeló contra su
13.8 tenéis. .becerros de oro que *J* os hizo
13.13 pero *J* hizo tender una emboscada para
13.15 Dios desbarató a *J* y a todo Israel
13.19 siguió Abías a *J*, y le tomó. .ciudades
13.20 y nunca más tuvo *J* poder en los días

2. Jeroboam II, rey de Israel

2 R. 13.13 se sentó *J* sobre su trono; y Joás
14.16 durmió. .reinó en su lugar *J* su hijo
14.23 el año quince de. .comenzó a reinar *J*
14.27 los salvó por mano de *J* hijo de Joás
14.28 demás hechos de *J*, y todo lo que hizo
14.29 durmió *J* con sus padres, los reyes de
15.1 año 27 de *J*. .comenzó a reinar Azarías
15.8 en el año 38. .reinó Zacarías hijo de *J*
1 Cr. 5.17 contados. .días de *J* rey de Israel
Os. 1.1 días de *J* hijo de Joás, rey de Israel
Am. 1.1 profetizó. .en días de *J* hijo de Joás
7.9 levantaré con espada sobre la casa de *J*
7.10 el sacerdote Amasías. .envió a decir a *J*
7.11 así ha dicho Amós: *J* morirá a espada

JEROHAM

1. Padre de Elcana y abuelo del profeta Samuel, **1 S.1.1; 1 Cr. 6.27,34**
2. Descendiente de Benjamín, **1 Cr. 8.27**
3. Ascendiente de Ibneías, **1 Cr. 9.8**
4. Ascendiente de Adaía No. 3, **1 Cr. 9.12; Neh. 11.12**
5. Padre de Joela y Zebadías, valientes de David, **1 Cr. 12.7**
6. Padre de Azareel No. 3, **1 Cr. 27.22**
7. Padre de Azarías No. 12, **2 Cr. 23.1**

JERUEL ***Desierto entre Tecoa y En-gadi,*** **2 Cr. 20.16**

JERUSA ***Madre del rey Jotam,*** **2 R. 15.33; 2 Cr. 27.1**

JERUSALÉN ***=Jebús***

Jos. 10.1 rey de *J* oyó que Josué había tomado
10.3 Adonisedec rey de *J* envió a Hoham rey
10.5,23 el rey de *J*, el rey de Hebrón, el
12.10 rey de *J*, otro; el rey de Hebrón, otro
15.8 sube. .al lado sur del jebuseo, que es *J*
15.63 mas a los jebuseos que habitaban en *J*
15.63 y ha quedado el jebuseo en *J* con los
18.28 Zela, Elef, Jebús (que es *J*), Gabaa y
Jue. 1.7 dijo. .Y le llevaron a *J*, donde murió
1.8 combatieron los hijos de Judá a *J* y la
1.21 mas al jebuseo que habitaba en *J* no lo
1.21 el jebuseo habitó con. .Benjamín en *J*
19.10 llegó. .enfrente de Jebús, que es *J*, con
1 S. 17.54 David tomó la cabeza. .la trajo a *J*
2 S. 5.5 en *J* reinó 33 años sobre todo Israel
5.6 entonces marchó el rey. .sus hombres a *J*
5.13 tomó David. .concubinas y mujeres de *J*
5.14 los nombres de los que le nacieron en *J*
8.7 tomó David los escudos de. .los llevó a *J*
9.13 y moraba Mefi-boset en *J*, porque comía
10.14 volvió, pues Joab. .de Amón, y vino a *J*
11.1 envió a Joab. .pero David se quedó en *J*
11.12 y se quedó Urías en *J* aquel día y el
12.31 y volvió David con todo el pueblo a *J*
14.23 y fue a Gesur, y trajo a Absalón a *J*
14.28 y estuvo Absalón por. .de dos años en *J*
15.8 diciendo: Si Jehová me hiciere volver a *J*
15.11 y fueron con Absalón 200 hombres de *J*
15.14 sus siervos que estaban con él en *J*
15.29 Sadoc y. .volvieron el arca de Dios a *J*
15.37 así vino Husai. .y Absalón entró en *J*
16.3 Siba respondió. .él se ha quedado en *J*
16.15 Absalón y toda. .Israel, entraron en *J*
17.20 como. .no los hallaron, volvieron a *J*
19.19 día en que mi señor el rey salió de *J*
19.25 luego que vino él a *J* a recibir al rey
19.33 pasa. .y yo te sustentaré conmigo en *J*
19.34 Barzilai dijo. .yo suba con el rey a *J*?
20.2 siguieron a su. .desde el Jordán hasta *J*
20.3 luego que llegó David a su casa en *J*
20.7 salieron de *J* para ir tras Seba hijo de
20.22 ciudad. .y Joab se volvió al rey a *J*
24.8 volvieron a *J* al cabo de nueve meses y
24.16 el ángel extendió su mano sobre *J* para
1 R. 2.11 reinó en Hebrón, y 33 años reinó en *J*
2.36 dijo: Edifícate una casa en *J* y mora ahí
2.38 hará. .Y habitó Simei en *J* muchos días
2.41 que Simei había ido de *J* hasta Gat, y
3.1 que acababa de edificar. .los muros de *J*
3.15 y vino a *J*, y se presentó delante del
8.1 Salomón reunió. .en *J* a los ancianos de
9.15 para edificar. .y el muro de *J*, y Hazor
9.19 lo que Salomón quiso edificar en *J*, en
10.2 y vino a *J* con un séquito muy grande
10.26 los cuales puso en. .y con el rey en *J*
10.27 que en *J* la plata llegara a ser como
11.7 en el monte que está enfrente de *J*, y
11.13 por amor a *J*, la cual yo he elegido
11.29 saliendo Jeroboam de *J*, le encontró en
11.32 él tendrá una tribu por. .por amor a *J*
11.36 lámpara. .delante de mí en *J*, ciudad que
11.42 los días que Salomón reinó en *J* sobre
12.18 el rey Roboam se apresuró a. .huir a *J*
12.21 cuando Roboam vino a *J*, reunió a toda
12.27 a ofrecer. .en la casa de Jehová en *J*
12.28 bastante habéis subido a *J*; he aquí tus
14.21 Roboam. .17 años reinó en *J*, ciudad que
14.25 subió Sisac rey de Egipto contra *J*
15.2 reinó tres años en *J*. El nombre de su
15.4 mas. .Jehová su Dios le dio lámpara en *J*
15.4 levantando a su hijo. .sosteniendo a *J*
15.10 y reinó 41 años en *J*; el nombre de su
22.42 era Josafat de. .y reinó 25 años en *J*
2 R. 8.17 de 32 años era. .ocho años reinó en *J*
8.26 reinó un año en *J*. El nombre de su madre
9.28 sus siervos le llevaron en un carro a *J*
12.1 reinar Joás, y reinó cuarenta años en *J*
12.17 y se propuso Hazael subir contra *J*
12.18 lo envió a Hazael. .y él se retiró de *J*
14.2 comenzó a reinar. .y 29 años reinó en *J*
14.2 el nombre de su madre fue Joadán, de *J*
14.13 vino a *J*, y rompió el muro de *J* desde
14.19 conspiraron contra él en *J*, y él huyó
14.20 lo sepultaron en *J* con sus padres en
15.2 comenzó a reinar. .y 52 años reinó en *J*
15.2 nombre de su madre fue Jecolías, de *J*
15.33 comenzó a. .y reinó dieciséis años en *J*
16.2 Acaz era. .y reinó en *J* dieciséis años
16.5 subieron a *J* para hacer guerra. .a Acaz
18.2 comenzó. .y reinó en *J* veintinueve años
18.17 contra *J*, y subieron y vinieron a *J*
18.22 Ezequías. .ha dicho a Judá y a *J*: Delante
18.22 delante de este altar adoraréis en *J*?
18.35 para que Jehová libre de mi mano a *J*?
19.10 *J* no será entregada en mano del rey de
19.21 detrás. .mueve su cabeza la hija de *J*
19.31 saldrá de *J* remanente, y del monte de
21.1 Manasés. .reinó en *J* 55 años; el nombre
21.4 había dicho: Yo pondré mi nombre en *J*
21.7 pondré mi nombre. .en esta casa, y en *J*
21.12 yo traigo tal mal sobre *J* y sobre Judá
21.13 extenderé sobre *J* el cordel de Samaria
21.13 limpiaré a *J* como se limpia un plato
21.16 derramó. .sangre inocente. .llenar a *J* de
21.19 Amón. .reinó dos años en *J*. El nombre
22.1 Josías. .y reinó en *J* treinta y un años
22.14 profetisa Hulda. .la cual moraba en *J*
23.1 rey mandó reunir. .los ancianos. .de *J*
23.2 subió el rey. .con. .los moradores de *J*
23.4 los quemó fuera de *J* en el campo del
23.5 los lugares altos. .los alrededores de *J*
23.6 sacar la imagen. .fuera de *J*. .y la quemó
23.9 no subían al altar de Jehová en *J*, sino
23.13 lugares altos que estaban delante de *J*
23.20 mató. .los sacerdotes de. .y volvió a *J*
23.23 fue hecha aquella pascua a Jehová en *J*
23.24 barrió Josías. .las abominaciones. .en *J*
23.27 desecharé a esta ciudad. .a *J*, y a la
23.30 lo trajeron muerto de Meguido a *J*, y
23.31 de 23 años era. .y reinó tres meses en *J*
23.33 puso preso. .para que no reinase en *J*
23.36 Joacim. .a reinar, y 11 años reinó en *J*
24.4 Manasés. .llenó a *J* de sangre inocente
24.8 era Joaquín. .y reinó en *J* tres meses
24.8 su madre fue Nehusta. .de Elnatán, de *J*
24.10 subieron contra *J* los. .rey de Babilonia
24.14 llevó en cautiverio a toda *J*, a todos
24.15 cautivos los llevó de *J* a Babilonia
24.18 era Sedequías. .y reinó en *J* once años
24.20 vino, pues, la ira de Jehová contra *J*
25.1 Nabucodonosor rey. .ejército contra *J*
25.8 a *J* Nabuzaradán, capitán de la guardia
25.9 quemó. .todas las casas de *J*; y todas las
25.10 caldeos. .derribó. .muros alrededor de *J*
1 Cr. 3.4 y en *J* reinó treinta y tres años
3.5 cuatro le nacieron en *J*: Simea, Sobab
6.10 en la casa que Salomón edificó en *J*
6.15 cautivo cuando Jehová transportó. .a *J*
6.32 que Salomón edificó la casa de. .en *J*
8.28 estos fueron jefes. .y habitaron en *J*
8.32 también habitaron con sus hermanos en *J*
9.3 habitaron en *J*, de los hijos de Judá, de
9.34 jefes de familias. .que habitaban en *J*
9.38 habitaban también en *J* con sus hermanos
11.4 se fue David con. .a *J*, la cual es Jebús
14.3 David tomó. .mujeres en *J*, y engendró
14.4 los nombres de los que le nacieron en *J*
15.3 congregó David a todo Israel en *J*, para
18.7 tomó. .escudos de oro. .y los trajo a *J*
19.15 habían huido. .Entonces Joab volvió a *J*
20.1 David estaba en *J*; y Joab batió a Rabá
20.3 y volvió David con todo el pueblo a *J*
21.4 volvió a *J* y dio la cuenta del número
21.15 y envió Jehová el ángel a *J*. .destruirla
21.16 una espada desnuda. .extendida contra *J*
23.25 Jehová. .él habitará en *J* para siempre
28.1 reunió David en *J*. .los principales de
29.27 en Hebrón, y treinta y tres reinó en *J*
2 Cr. 1.4 le había levantado una tienda en *J*
1.13 volvió Salomón a *J*, y reinó sobre Israel
1.14 jinetes, los cuales puso. .el rey en *J*
1.15 acumuló el rey plata y oro en *J* como
2.7 esculpir con los maestros. .Judá y en *J*
2.16 la madera. .y tú la harás llevar hasta *J*
3.1 comenzó Salomón. .la casa de Jehová en *J*
5.2 Salomón reunió en *J* a los ancianos de
6.6 a *J* he elegido para que en ella esté mi
8.6 todo lo que Salomón quiso edificar en *J*
9.1 oyendo la reina de Sabá. .vino a *J* con un
9.25 los cuales puso en. .y con el rey en *J*
9.27 acumuló el rey plata en *J* como piedras
9.30 reinó Salomón en *J* sobre todo Israel 40
10.18 el rey. .subiendo en su carro huyó a *J*
11.1 cuando vino Roboam a *J*, reunió de la
11.5 habitó Roboam en *J*, y edificó ciudades
11.14 los levitas. .venían a Judá y a *J*; pues
11.16 vinieron a *J* para ofrecer sacrificios
12.2 año. .subió Sisac rey de Egipto contra *J*
12.4 las ciudades. .de Judá, y llegó hasta *J*
12.5 que estaban reunidos en *J* por causa de
12.7 y no se derramará mi ira contra *J* por
12.9 subió, pues, Sisac rey de Egipto a *J*, y
12.13 fortalecido, pues, Roboam, reinó en *J*
12.13 era Roboam de 41. .17 años reinó en *J*
13.2 reinó tres años en *J*. El nombre de su
14.15 atacaron las cabañas. .y volvieron a *J*
15.10 se reunieron, pues, en *J*, en el mes
17.13 hombres de guerra muy valientes en *J*
19.1 Josafat. .volvió en paz a su casa en *J*
19.4 habitó, pues, Josafat en *J*. .y salía al
19.8 puso. .Josafat en *J* a. .Y volvieron a *J*
20.5 Josafat. .en pie en la asamblea de. .de *J*
20.15 oíd, Judá. .y vosotros moradores de *J*
20.17 oh Judá y *J*, no temáis ni desmayéis
20.18 moradores de *J* se postraron delante de
20.20 oídme, Judá y moradores de *J*. Creed en
20.27 todo Judá y los de *J*. .volvieron. .a *J*
20.28 vinieron a *J* con salterios, arpas y
20.31 así reinó Josafat. .reinó 25 años en *J*
21.5 era de 32 años, y reinó ocho años en *J*
21.11 moradores de *J* fornicasen tras ellos
21.13 que fornicase Judá y los moradores de *J*
21.20 reinó en *J* ocho años; y murió sin que
22.1 de *J* hicieron rey en lugar de Joram a
22.2 Ocozías comenzó a. .y reinó un año en *J*
23.2 recorrieron el país de. .y vinieron a *J*
24.1 era Joás. .y cuarenta años reinó en *J*
24.6 traigan de. .de *J* la ofrenda que Moisés
24.9 hicieron pregonar. .en *J*, que trajesen
24.18 la ira de Dios vino sobre Judá y *J* por
24.23 de Siria; y vinieron a Judá y a *J*, y
25.1 años era Amasías. .y 29 años reinó en *J*
25.1 el nombre de su madre fue Joadán, de *J*
25.23 lo llevó a *J*; y derribó el muro de *J*
25.27 empezaron a conspirar contra él en *J*
26.3 de 16 años era. .y 52 años reinó en *J*
26.3 nombre de su madre fue Jecolías, de *J*
26.9 edificó. .Uzías torres en *J*, junto a la
26.15 e hizo en *J* máquinas inventadas por
27.1 años era Jotam. .16 años reinó en *J*
27.8 comenzó. .de 25 años, y 16 reinó en *J*
28.1 era Acaz. .y dieciséis años reinó en *J*
28.10 sujetar a vosotros a Judá y a *J* como
28.24 Acaz. .se hizo altares en *J* en todos los
28.27 Acaz. .la sepultaron en la ciudad de *J*
29.1 Ezequías. .reinó veintinueve años en *J*
29.8 la ira de Jehová ha venido sobre. .y *J*
30.1 que viniesen a *J* a la casa de Jehová
30.2 y con toda la congregación en *J*, para
30.3 no. .ni el pueblo se había reunido en *J*
30.5 viniesen a celebrar la pascua a. .en *J*
30.11 de Aser. .se humillaron, y vinieron a *J*
30.13 reunió en *J* mucha gente para celebrar
30.14 quitaron los altares que había en *J*
30.21 los hijos de Israel que estaban en *J*
30.26 hubo entonces. .regocijo en *J*; porque
30.26 no había habido cosa semejante en *J*
31.4 mandó. .al pueblo que habitaban en *J*, que
32.2 viendo. .y su intención de combatir a *J*
32.9 siervos a *J* para decir a Ezequías rey
32.9 y a todos los de Judá que estaban en *J*
32.10 confiáis. .al resistir el sitio en *J*?
32.12 ha dicho a Judá y a *J*: Delante de este
32.18 clamaron a gran voz. . al pueblo de *J*

JERUSALÉN *(Continúa)*

2 Cr. 32.19 y hablaron contra el Dios de *J*, como
32.22 salvó Jehová. . a los moradores de *J* de
32.23 muchos trajeron a *J* ofrenda a Jehová
32.25 la ira contra él, y contra Judá y *J*
32.26 se humilló, él y los moradores de *J*
32.33 honrándole en su. . todo Judá y toda *J*
33.1 años era Manasés. . y 55 años reinó en *J*
33.4 en *J* estará mi nombre perpetuamente
33.7 en esta casa y en *J*, la cual yo elegí
33.9 hizo extraviarse. . los moradores de *J*
33.13 oyó su. . y lo restauró a *J*, a su reino
33.15 quitó. . todos los altares. . en *J*, y los
33.21 Amón. . a reinar, y dos años reinó en *J*
34.1 Josías. . y treinta y un años reinó en *J*
34.3 comenzó a limpiar a Judá y a *J* de los
34.5 quemó además los. . y limpió a Judá y a *J*
34.7 cuando hubo derribado los. . volvió a *J*
34.9 habían recogido. . de los habitantes de *J*
34.22 Hulda profetisa. . la cual moraba en *J*
34.29 reunió a todos los ancianos de. . y de *J*
34.30 y subió el rey. . y los moradores de *J*
34.32 se obligaran. . los que estaban en *J* y
34.32 *J* hicieron conforme al pacto de Dios
35.1 Josías celebró la pascua a Jehová en *J*
35.18 la que celebró. . con los moradores de *J*
35.24 carro. . y lo llevaron a *J*, donde murió
35.24 todo Judá y *J* hicieron duelo por Josías
36.1 tomó a Joacaz hijo. . lo hizo rey. . en *J*
36.2 años era Joacaz. . tres meses reinó en *J*
36.3 rey de Egipto lo quitó de *J*, y condenó
36.4 Egipto a Eliaquim. . rey sobre Judá y *J*
36.5 Joacim era de. . y reinó once años en *J*
36.9 Joaquín. . reinó 3 meses y 10 días en *J*
36.10 a Sedequías. . por rey sobre Judá y *J*
36.11 era Sedequías. . y once años reinó en *J*
36.14 casa. . cual él había santificado en *J*
36.19 quemaron la. . y rompieron el muro de *J*
36.23 ha mandado que le edifique casa en *J*
Esd. 1.2 ha mandado que le edifique casa en *J*
1.3 y suba a *J* que está en Judá, y edifique
1.3 y edifique la casa a. . la cual está en *J*
1.4 para la casa de Dios, la cual está en *J*
1.5 edificar la casa de. . la cual está en *J*
1.7 Nabucodonosor había sacado de *J*, y los
1.11 con los que subieron. . de Babilonia a *J*
2.1 que volvieron a *J* y a Judá, cada uno a
2.68 cuando vinieron a la casa de Jehová. . *J*
3.1 juntó el pueblo como un solo hombre en *J*
3.8 de su venida a la casa de Dios en *J*, en
3.8 que habían venido de la cautividad a *J*
4.6 escribieron. . contra los. . de Judá y de *J*
4.8 escribieron. . contra *J* al rey Artajerjes
4.12 los judíos que subieron. . vinieron a *J*
4.20 hubo en *J* reyes fuertes que dominaron
4.23 a *J* a los judíos, y les hicieron cesar
4.24 cesó la obra de la casa de Dios. . en *J*
5.1 profetizaron Hageo. . a los judíos. . en *J*
5.2 a reedificar la casa de Dios que. . en *J*
5.14 había sacado del templo que estaba en *J*
5.15 llévalos al templo que está en *J*; y sea
5.16 los cimientos de la casa de Dios. . en *J*
5.17 para reedificar esta casa de Dios en *J*
6.3 Ciro dio orden acerca de la casa. . en *J*
6.5 Nabucodonosor sacó del templo que. . en *J*
6.5 vayan a su lugar, al templo. . está en *J*
6.9 lo que dijeren los sacerdotes. . en *J*, les
6.12 o destruir esa casa de Dios. . está en *J*
6.18 levitas. . para el servicio de Dios en *J*
7.7 con él subieron a *J* algunos de. . Israel
7.8 llegó a *J* en el mes quinto del año. . rey
7.9 y al primero del mes quinto llegó a *J*
7.13 aquel. . que quiera ir contigo a *J*, vaya
7.14 eres enviado a visitar a Judea y a *J*
7.15 Dios de Israel, cuya morada está en *J*
7.16 la casa de su Dios, la cual está en *J*
7.17 sobre el altar de la casa. . está en *J*
7.19 los restituirás delante de Dios en *J*
7.27 honrar la casa de Jehová que está en *J*
8.29 los jefes de las casas paternas. . en *J*
8.30 traerlo a *J* a la casa de nuestro Dios
8.31 y partimos del río Ahava. . para ir a *J*
8.32 llegamos a *J*, y reposamos allí 3 días
9.9 para. . darnos protección en Judá y en *J*
10.7 hicieron pregonar. . en *J* que todos los
10.7 hijos del cautiverio se reuniesen en *J*
10.9 reunieron en *J* dentro de los tres días
Neh. 1.2 les pregunté por los judíos. . y por *J*
1.3 y el muro de *J* derribado, y sus puertas
2.11 llegué. . a *J*, y después de estar allí
2.12 puesto en mi corazón que hiciese en *J*
2.13 observé los muros de *J* que. . derribados
2.17 veis. . que *J* está desierta, y sus puertas
2.17 venid, y edifiquemos el muro de *J*, y no
2.20 no tenéis. . ni derecho ni memoria en *J*
3.8 dejaron reparada a *J* hasta el muro ancho
3.9,12 gobernador de la mitad de la. . de *J*
4.7 oyendo. . que los muros de *J* eran reparados
4.8 y conspiraron. . para venir a atacar a *J*
4.22 cada uno con su. . permanezca dentro de *J*
6.7 que proclamen acerca de ti en *J*, diciendo
7.2 y a Hananías, jefe de la fortaleza de *J*
7.3 no se abran las puertas de *J* hasta que
7.3 y señalé guardas de los moradores de *J*
7.6 y que volvieron a *J* y a Judá, cada uno
8.15 y pasar pregón. . por *J*, diciendo: Salid
11.1 habitaron los jefes del pueblo en *J*
11.1 uno de cada diez para que morase en *J*
11.2 varones. . se ofrecieron para morar en *J*
11.3 éstos son los jefes. . que moraron en *J*
11.4 en *J*, pues, habitaron algunos de. . Judá
11.6 hijos de Fares que moraron en *J* fueron
11.22 y el jefe de los levitas en *J* era Uzi
12.27 para la dedicación. . muro de *J* buscaron
12.27 traerlos a *J*, para hacer la dedicación
12.28 así de la región alrededor de *J* como
12.29 habían edificado aldeas alrededor de *J*
12.43 el alborozo de *J* fue oído desde lejos
13.6 yo no estaba en *J*, porque en el año 32
13.7 volver a *J*; y. . supe del mal que había
13.15 vi. . y que traían a *J* en día de reposo
13.16 vendían en día de reposo a los. . en *J*
13.19 iba oscureciendo a las puertas de *J*
13.20 se quedaron fuera de *J* una y dos veces
Est. 2.6 el cual había sido transportado de *J*
Sal. 51.18 haz bien con. . edifica los muros de *J*
68.29 por razón de tu templo en *J* los reyes
79.1 han profanado. . redujeron a *J* a escombros
79.3 sangre como agua en. . *J*, y no hubo quien
102.21 para que publique. . su alabanza en *J*
116.19 en los atrios. . en medio de ti, oh *J*
122.2 pies estuvieron. . de tus puertas, oh *J*
122.3 *J*, que se ha edificado como una ciudad
122.6 pedid por la paz de *J*. . prosperados los
125.2 como *J* tiene montes. . así Jehová está
128.5 y veas el bien de *J* todos los días de
135.21 sea bendecido Jehová, quien mora en *J*
137.5 si me olvidare de ti, oh *J*, pierda mi
137.6 si no enalteciere a *J* como preferente
137.7 recuerda contra. . de Edom el día de *J*
147.2 Jehová edifica a *J*; a los desterrados
147.12 alaba a Jehová, *J*; alaba a tu Dios, oh
Ec. 1.1 palabras del. . hijo de David, rey en *J*
1.12 el Predicador fui rey sobre Israel en *J*
1.16; 2.7,9 los que fueron antes de mí en *J*
Cnt. 1.5 morena. . oh hijas de *J*, pero codiciable
2.7; 3.5 yo os conjuro, oh doncellas de *J*
3.10 recamado de amor por las doncellas de *J*
5.8 yo os conjuro, oh doncellas de *J*, si
5.16 tal. . tal es mi amigo, oh doncellas de *J*
6.4 hermosa eres tú, oh. . y de desear, como *J*
8.4 os conjuro, oh doncellas de *J*, que no
Is. 1.1 visión de Isaías. . acerca de Judá y *J*
2.1 lo que vio Isaías. . acerca de Judá y de *J*
2.3 de Sion. . ley, y de *J* la palabra de Jehová
3.1 quita de *J* y de Judá al sustentador y al
3.8 pues arruinada está *J*, y Judá ha caído
4.3 fuere dejado en *J*, será llamado santo
4.3 los que en *J* estén registrados entre los
4.4 y limpie la sangre de *J* de en medio de
5.3 vecinos de *J* y varones de Judá, juzgad
7.1 Peka. . subieron contra *J* para combatirla
8.14 y por lazo y por red al morador de *J*
10.10 siendo sus imágenes más que las de *J*
10.11 ¿no haré también así a *J* y a. . ídolos?
10.12 toda su obra en el monte de Sion y en *J*
10.32 alzará su mano al monte. . collado de *J*
22.10 las casas de *J*, y derribasteis casas
22.21 y será padre al morador de *J*, y a la
24.23 Jehová de los ejércitos reine. . y en *J*
27.13 adorarán a. . en el monte santo, en *J*
28.14 gobernáis a este pueblo que está en *J*
30.19 el pueblo morará en Sion, en *J*; nunca
31.5 amparará Jehová de los ejércitos a *J*
31.9 cuyo fuego. . en Sion, y su horno en *J*
33.20 tus ojos verán a *J*, morada de quietud
36.2 rey de Asiria envió al Rabsaces. . a *J*
36.7 a *J*: Delante de este altar adoraréis?
36.20 para que Jehová libre de mi mano a *J*
37.10 *J* no será entregada en mano del rey de
37.22 detrás. . mueve su cabeza la hija de *J*
37.32 de *J* saldrá un remanente, y. . de Sion
40.2 hablad al corazón de *J*; decidle a voces
40.9 Sion; levanta. . tu voz, anunciadora de *J*
41.27 *J* daré un mensajero de alegres nuevas
44.26 que dice a *J*: Serás habitada; y a las
44.28 de Ciro. . al decir a *J*: Serás edificada
51.17 oh *J*, que bebiste de la mano de Jehová
52.1 vístete tu ropa hermosa, oh *J*, ciudad
52.2 siéntate, *J*; suelta las ataduras de tu
52.9 alegraos. . de *J*; porque. . a *J* ha redimido
62.1 por amor de *J* no descansaré, hasta que
62.6 sobre tus muros. . *J*, he puesto guardas
62.7 hasta que restablezca a *J*, y la ponga
64.10 Sion es un desierto, *J* una soledad
65.18 yo traigo a *J* alegría, y a su pueblo
65.19 y me alegraré con *J*, y me gozaré con
66.10 alegraos con *J*, y gozaos con ella
66.13 os consolaré. . en *J* tomaréis consuelo
66.20 a mi santo monte de *J*, dice Jehová, al
Jer. 1.3 la cautividad de *J* en el mes quinto
1.15 cada uno su campamento a. . puertas de *J*
2.2 anda y clama a los oídos de *J*, diciendo
3.17 llamarán a *J*: Trono de Jehová, y todas
3.17 vendrán a. . en el nombre de Jehová en *J*
4.3 dice Jehová a todo varón de Judá y de *J*
4.4 circuncidaos a Jehová. . moradores de *J*
4.5 proclamad en *J*, y decid: Tocad trompeta
4.10 dije. . has engañado a este pueblo y a *J*
4.11 dirá a este pueblo y a *J*: Viento seco
4.14 lava tu corazón de maldad, oh *J*, para
4.16 aquí, haced oír sobre *J*: Guardas vienen
5.1 recorred las calles de *J*, y mirad ahora
6.1 huid. . de en medio de *J*, y tocad bocina
6.6 y levantad vallado contra *J*; esta es la
6.8 corrígete, *J*. . no se aparte mi alma de ti
7.17 lo que éstos hacen en las calles de *J*?
7.34 haré cesar. . de las calles de *J*, la voz
8.1 sacarán. . los huesos de los moradores de *J*
8.5 ¿por qué es este pueblo de *J* rebelde con
9.11 reduciré a *J* a un montón de ruinas. . Judá
11.2 hablad a. . Judá, y a todo morador de *J*
11.6 en las calles de *J*, diciendo: Oíd las
11.9 conspiración se ha hallado entre. . de *J*
11.12 irán las ciudades de Judá y los. . de *J*
11.13 oh *J*, pusiste los altares de ignominia
13.9 haré podrir la. . la mucha soberbia de *J*
13.13 lleno de embriaguez a. . moradores de *J*
13.27 ¡ay de ti, *J*! ¿No serás al fin limpia?
14.2 se enlutó Judá. . y subió el clamor de *J*
14.16 echado en las calles de *J* por hambre
15.4 causa de Manasés. . por lo que hizo en *J*
15.5 ¿quién tendrá compasión de ti, oh *J*?
17.19 vé. . y ponte en todas las puertas de *J*
17.20 diles: Oíd la palabra. . moradores de *J*
17.21,27 y de meterla por las puertas de *J*
17.25 varones de Judá y los moradores de *J*
17.26 vendrán. . Judá, de los alrededores de *J*
17.27 consumirá los palacios de *J*, y no se
18.11 habla. . a los moradores de *J*, diciendo
19.3 oíd palabra de Jehová. . moradores de *J*
19.7 desvaneceré el consejo de Judá y de *J*
19.13 las casas de *J*, y las casas de los reyes
22.19 arrastrándole y echándole fuera. . de *J*
23.14 en los profetas de *J* he visto torpezas
23.15 los profetas de *J* salió la hipocresía
24.1 artesanos y herreros de *J*. . a Babilonia
24.8 pondré a Sedequías rey. . al resto de *J*
25.2 Jeremías. . a todos los moradores de *J*
25.18 a *J*, a las ciudades de Judá y a sus
26.18 y *J* vendrá a ser montones de ruinas
27.3 mano de los mensajeros que vienen a *J*
27.18 los utensilios que han quedado en. . *J*
27.20 transportó de *J* a. . los nobles de. . *J*
27.21 de los utensilios que quedaron. . en *J*
29.1 la carta que. . Jeremías envió de *J* a los
29.1 todo el pueblo que. . llevó cautivo de *J*
29.2 la reina. . los príncipes de Judá y de *J*
29.2 salió. . artífices y los ingenieros de *J*
29.4 a todos los. . que hice transportar de *J*
29.20 todos los transportados que envié de *J*
29.25 enviaste cartas. . pueblo que está en *J*
32.2 sitiada a *J*. . Jeremías estaba preso en
32.32 varones de Judá y los moradores de *J*
32.44 en los contornos de *J*, y en. . de Judá
33.10 en las calles de *J*, que están asoladas
33.13 y alrededor de *J* y en las ciudades de
33.16 en aquellos días. . *J* habitará segura
34.1 y todos los pueblos, peleaban contra *J*
34.6 Jeremías a Sedequías rey. . palabras en *J*
34.7 el ejército del rey. . peleaba contra *J*
34.8 hizo pacto con todo el pueblo en *J* para
34.19 a los príncipes de *J*, a los oficiales
35.11 ocultémonos en *J*. . y en *J* nos quedamos
35.13 vé y di a. . y a los moradores de *J*: ¿No
35.17 sobre todos los moradores de *J* todo el
36.9 pueblo de *J* y. . que venía. . de Judá a *J*
36.31 y traeré. . sobre los moradores de *J* y
37.5 tenían sitiada a *J*, se retiraron de *J*
37.11 ejército de los caldeos se retiró de *J*
37.12 salía Jeremías de *J* para irse a tierra
38.28 fue tomada *J*; y allí estaba cuando *J*
39.1 vino. . con todo su ejército contra *J*, y
39.8 los caldeos. . derribaron los muros de *J*
40.1 atado. . entre todos los cautivos de *J*
42.18 se derramó. . sobre los moradores de *J*
44.2 el mal que traje sobre *J* y sobre todas
44.6 mi ira. . se encendió. . en las calles de *J*
44.9 maldades. . hicieron. . en las calles de *J*?
44.13 castigué a *J*, con espada, con hambre
44.17 en las ciudades. . y en las plazas de *J*
44.21 incienso que ofrecisteis. . calles de *J*
51.35 mi sangre caiga sobre. . Caldea, dirá *J*
51.50 acordaos. . de Jehová, y acordaos de *J*
52.1 era Sedequías. . y reinó once años en *J*
52.3 y a causa de la ira de Jehová contra *J*
52.4 vino. . él y todo su ejército, contra *J*
52.12 a *J* Nabuzaradán capitán de la guardia
52.13 casa del rey, y todas las casas de *J*
52.14 destruyó. . los muros en derredor de *J*
52.29 él llevó cautivas de *J* a 832 personas
Lm. 1.7 *J*, cuando cayó su pueblo en mano del
1.8 pecado cometió *J*, por lo cual. . removida
1.17 *J* fue objeto de abominación entre ellos
2.10 las vírgenes de *J* bajaron sus cabezas a
2.13 a quién te haré semejante, hija de *J*?
2.15 movieron. . sus cabezas sobre la hija de *J*
4.12 el enemigo. . entrara por las puertas de *J*
Ez. 4.1 adobe. . diseña sobre él la ciudad de *J*
4.7 al asedio de *J* afirmarás tu rostro, y
4.16 quebrantaré el sustento del pan en *J*
5.5 así ha dicho Jehová el Señor: Esta es *J*

JERUSALÉN *(Continúa)*
Ez. 8.3 me llevó en visiones de Dios a *J*, a la
9.4 por en medio de *J*, y ponles una señal en
9.8 de Israel derramando tu furor sobre *J*?
11.15 a quienes dijeron los moradores de *J*
12.10 profecía se refiere al príncipe en *J*
12.19 así ha dicho. . sobre los moradores de *J*
13.16 profetas. . que profetizan acerca de *J*
14.21 cuando yo enviare contra *J* mis cuatro
14.22 mal que hice venir sobre *J*, de todas
15.6 como la. . así haré a los moradores de *J*
16.2 hijo de. . notifica a *J* sus abominaciones
16.3 ha dicho Jehová. . sobre *J*: Tu origen, tu
17.12 el rey de Babilonia vino a *J*, y tomó
21.2 pon tu rostro contra *J*, y. . profetiza
21.20 Judá contra *J*, la ciudad fortificada
21.22 sobre *J*, para dar la orden de ataque
22.19 aquí que yo os reuniré en medio de *J*
23.4 llamaron: Samaria, Ahola; y *J*, Aholiba
24.2 el rey. . puso sitio a *J* este mismo día
26.2 por cuanto dijo Tiro contra *J*: Ea, bien
33.21 vino a mí un fugitivo de *J*, diciendo
36.38 como las ovejas de *J* en sus fiestas
Dn. 1.1 vino Nabucodonosor. . a *J*, y la sitió
5.2 vasos de oro. . del templo de *J*, para que
5.3 del templo de. . en *J*, y bebieron en ellos
6.10 y abiertas las ventanas de su. . hacia *J*
9.2 de cumplirse las desolaciones de *J* en 70
9.7 los moradores de *J*, y todo Israel, los
9.12 semejante a lo que se ha hecho contra *J*
9.16 tu ira y tu furor de sobre tu ciudad *J*
9.16 *J* y tu pueblo son el oprobio de todos
9.25 la orden para restaurar y edificar a *J*
Jl. 2.32 monte de Sion y en *J* habrá salvación
3.1 en que haré volver la cautividad de. . *J*
3.6 vendisteis. . los hijos de *J* a los hijos de
3.16 y Jehová rugirá. . y dará su voz desde *J*
3.17 y *J* será santa, y extraños no pasarán
3.20 Judá será habitada. . y *J* por generación
Am. 1.2 Jehová rugirá. . y dará su voz desde *J*
2.5 fuego. . cual consumirá los palacios de *J*
Abd. 11 y echaban suertes sobre *J*, tú también
20 y los cautivos de *J* que están en Sefarad
Mi. 1.1 Miqueas. . lo que vio sobre Samaria y *J*
1.5 son los lugares altos de Judá? ¿No es *J*?
1.9 hasta la puerta de mi pueblo, hasta *J*
1.12 había descendido hasta la puerta de *J*
3.10 edificáis a Sion. . y a *J* con injusticia
3.12 *J* vendrá a ser montones de ruinas, y el
4.2 de Sion saldrá. . *J* la palabra de Jehová
4.8 hasta ti vendrá. . reino de la hija de *J*
Sof. 1.4 extenderé mi mano. . habitantes de *J*
1.12 que yo escudriñaré a *J* con linterna
3.14 regocíjate de todo corazón, hija de *J*
3.16 en aquel tiempo se dirá a *J*: No temas
Zac. 1.12 ¿hasta cuándo no tendrás piedad de *J*
1.14 dicho. . Celé con gran celo a *J* y a Sion
1.16 yo me he vuelto a *J* con misericordia
1.16 dice. . la plomada será tendida sobre *J*
1.17 consolará. . Sion, y escogerá todavía a *J*
1.19 son los cuernos que dispersaron a. . a *J*
2.2 dije: ¿A dónde vas?. . A medir a *J*, para
2.4 sin muros será habitada *J*, a causa de la
2.12 Jehová poseerá a Judá. . escogerá aún a *J*
3.2 Jehová que ha escogido a *J* te reprenda
7.7 cuando *J* estaba habitada y tranquila, y
8.3 y moraré en medio de *J*; y *J* se llamará
8.4 han de morar ancianos. . en las calles de *J*
8.8 y los traeré, y habitarán en medio de *J*
8.15 he pensado hacer bien a *J* y a la casa
8.22 a buscar a Jehová de los ejércitos en *J*
9.9 da voces de júbilo, hija de *J*; he aquí tu
9.10 destruiré. . caballos de *J*, y los arcos
12.2 yo pongo a *J* por copa que hará temblar
12.2 que hará temblar. . en el sitio contra *J*
12.3 pondré a *J* por piedra pesada a todos los
12.5 tienen fuerza los. . de *J* en Jehová de los
12.6 *J* será. . vez habitada en su lugar, en *J*
12.7 y del habitante de *J* no se engrandezca
12.8 tiempo Jehová defenderá al morador de *J*
12.9 todas las naciones que vinieren contra *J*
12.10 derramaré. . sobre los moradores de *J*
12.11 aquel día habrá gran llanto en *J*, como
13.1 un manantial. . para los habitantes de *J*
14.2 las naciones para combatir contra *J*
14.4 el monte de los. . que está en frente de *J*
14.8 que saldrán de *J* aguas vivas, la mitad
14.10 como llanura. . hasta Rimón al sur de *J*
14.11 más maldición, sino que *J* será habitada
14.12 a. . los pueblos que pelearon contra *J*
14.14 Judá también peleará en *J*. Y serán
14.16 de las naciones que vinieron contra *J*
14.17 que no subieren a *J* para adorar al Rey
14.21 toda olla en *J* y Judá será consagrada
Mal. 2.11 Judá. . *J* se ha cometido abominación
Mt. 2.1 vinieron del oriente a *J* unos magos
2.3 el rey Herodes se turbó, y toda *J* con él
3.5 y salía a él *J*, y toda Judea, y toda la
4.25 y le siguió mucha gente. . de *J*, de Judea
5.35 por *J*, porque es la ciudad del gran Rey
15.1 se acercaron. . escribas y fariseos de *J*
16.21 que le era necesario ir a *J* y padecer
20.17 subiendo Jesús a *J*, tomó a sus doce
20.18 subimos a *J*, y el Hijo del Hombre será
21.1 se acercaron a *J*, y vinieron a Betfagé
21.10 cuando entró él en *J*, toda la ciudad
23.37 ¡*J*, *J*, que matas a los profetas, y
Mr. 1.5 y salían a él. . todos los de *J*; y eran
3.8 *J*, de Idumea, del otro lado del Jordán
3.22 escribas que habían venido de *J* decían
7.1 de los escribas, que habían venido de *J*
10.32 subiendo a *J*; y Jesús iba delante, y
10.33 subimos a *J*, y el Hijo del Hombre será
11.1 se acercaban a *J*, junto a Betfagé y a
11.11 entró Jesús en *J*, y en el templo; y
11.15 vinieron, pues, a *J*; y entrando Jesús
11.27 volvieron. . a *J*; y andando él por el
15.41 y otras. . que habían subido con él a *J*
Lc. 2.22 le trajeron a *J* para presentarle al
2.25 había en *J* un hombre llamado Simeón, y
2.38 todos. . que esperaban la redención en *J*
2.41 padres. . a *J* en la fiesta de la pascua
2.42 subieron a *J* conforme a la costumbre de
2.43 se quedó el niño Jesús en *J*, sin que lo
2.45 pero como no le hallaron, volvieron a *J*
4.9 le llevó a *J*, y le puso sobre el pináculo
5.17 los cuales habían venido. . de Judea y *J*
6.17 multitud. . de *J* y de la costa de Tiro
9.31 partida, que iba Jesús a cumplir en *J*
9.51 cumplió. . afirmó su rostro para ir a *J*
9.53 porque su aspecto era como de ir a *J*
10.30 un hombre descendía de *J* a Jericó, y
13.4 que todos los hombres que habitan en *J*?
13.22 pasaba Jesús por. . y encaminándose a *J*
13.33 no es posible. . profeta muera fuera de *J*
13.34 ¡*J*, *J*, que matas a los profetas, y
17.11 yendo Jesús a *J*, pasaba entre Samaria
18.31 subimos a *J*, y se cumplirán todas las
19.11 por cuanto estaba cerca de *J*, y ellos
19.28 dicho esto, iba delante subiendo a *J*
21.20 pero cuando viereis a *J* rodeada de
21.24 *J* será hollada por los gentiles, hasta
23.7 que en aquellos días también estaba en *J*
23.28 hijas de *J*, no lloréis por mí, sino
24.13 a una aldea. . a sesenta estadios de *J*
24.18 ¿eres tú el único forastero en *J* que
24.33 volvieron a *J*, y hallaron a los once
24.47 que se predicase. . comenzando desde *J*
24.49 en. . *J*, hasta que seáis investidos de
24.52 adorado, volvieron a *J* con gran gozo
Jn. 1.19 los judíos enviaron de *J* sacerdotes
2.13 cerca la pascua de. . y subió Jesús a *J*
2.23 estando en *J* en la fiesta de la pascua
4.20 decís que en *J* es. . donde se debe adorar
4.21 ni en este monte ni en *J* adoraréis al
4.45 todas las cosas que había hecho en *J*, en
5.1 fiesta de los judíos, y subió Jesús a *J*
5.2 hay en *J*. . un estanque, llamado en hebreo
7.25 decían. . unos de *J*: ¿No es éste a quien
10.22 celebrábase en *J* la fiesta. . dedicación
11.18 Betania estaba cerca de *J*, como a 15
11.55 muchos subieron. . *J* antes de la pascua
12.12 multitudes. . al oír que Jesús venía a *J*
Hch. 1.4 les mandó que no se fueran de *J*, sino
1.8 me seréis testigos en *J*, en toda Judea
1.12 volvieron a *J* desde el monte que se
1.12 el cual está cerca de *J*, camino de un
1.19 fue notorio a todos los habitantes de *J*
2.5 moraban entonces en *J* judíos, varones
2.14 judíos, y todos los que habitáis en *J*
4.5 se reunieron en *J* los gobernantes, los
4.16 notoria a todos los que moran en *J*, y
5.16 muchos venían a *J*, trayendo enfermos
5.28 habéis llenado a *J* de vuestra doctrina
6.7 de los discípulos se multiplicaba. . en *J*
8.1 hubo. . contra la iglesia que estaba en *J*
8.14 cuando los apóstoles. . en *J* oyeron que
8.25 volvieron a *J*, y en muchas poblaciones
8.26 el camino que desciende de *J* a Gaza, el
8.27 etíope. . y había venido a *J* para adorar
9.2 hallase alguno. . los trajese presos a *J*
9.13 cuántos males ha hecho a. . santos en *J*
9.21 ¿no es éste el que asolaba en *J* a los
9.26 cuando llegó a *J*, trataba de juntarse
9.28 estaba con ellos en *J*; y entraba y salía
10.39 todas las cosas que Jesús hizo. . y en *J*
11.2 cuando Pedro subió a *J*, disputaban con
11.22 a oídos de la iglesia que estaba en *J*
11.27 días unos profetas descendieron de *J*
12.25 cumplido su servicio, volvieron de *J*
13.13 Juan, apartándose de ellos, volvió a *J*
13.27 los habitantes de *J*. . no conociendo a
13.31 habían subido juntamente con él. . a *J*
15.2 se dispuso que subiesen Pablo y. . a *J*
15.4 llegados a *J*, fueron recibidos por la
16.4 habían acordado los. . que estaban en *J*
18.21 guarde en *J* la fiesta que viene; pero
19.21 Pablo se propuso en espíritu ir a *J*
20.16 por estar. . si le fuese posible, en *J*
20.22 voy a *J*, sin saber lo que allá me ha
21.4 decían a Pablo por. . que no subiese a *J*
21.11 así atarán los judíos en *J* al varón de
21.12 le rogamos nosotros. . que no subiese a *J*
21.13 yo estoy dispuesto. . aun a morir en *J*
21.15 después de esos días. . subimos a *J*
21.17 cuando llegamos a *J*, los hermanos nos
21.31 toda la ciudad de *J* estaba alborotada
22.5 y fui a Damasco para traer presos a *J*
22.17 vuelto a *J*. . me sobrevino un éxtasis
22.18 prisa, y sal. . de *J*; porque no recibirán
23.11 como has testificado de mí en *J*, así
24.11 más de doce días que subí a adorar a *J*
25.1 subió de Cesarea a *J* tres días después
25.3 como gracia, que le hiciese traer a *J*
25.7 le rodearon los. . que habían venido de *J*
25.9 ¿quieres subir a *J*, y allá ser juzgado
25.15 cuando fui a *J*, se me presentaron los
25.20 le pregunté si quería ir a *J* y allá ser
25.24 ha demandado en *J* y aquí, dando voces
26.4 mi juventud. . pasé en mi nación, en *J*
26.10 lo cual también hice en *J*. Yo encerré
26.20 anuncié. . a los que están en. . *J*, y por
28.17 sido entregado preso desde *J* en manos
Ro. 15.19 desde *J*. . lo he llenado del evangelio
15.25 voy a *J* para ministrar a los santos
15.26 que hay entre los santos que están en *J*
15.31 ofrenda. . a los santos en *J* sea acepta
1 Co. 16.3 para que lleven vuestro donativo a *J*
Gá. 1.17 ni subí a *J* a los que eran apóstoles
1.18 pasados tres años. . a *J* para ver a Pedro
2.1 subí otra vez a *J* con Bernabé, llevando
4.25 y corresponde a la *J* actual, pues ésta
4.26 *J* de arriba, la cual es madre de todos
He. 12.22 la ciudad del Dios. . *J* la celestial
Ap. 3.12 nueva *J*, la cual desciende del cielo
21.2 yo Juan vi la santa ciudad, la nueva *J*
21.10 me mostró la gran ciudad santa de *J*

JESAHÍAS ***Levita (=Jesaías No. 2),*** **1 Cr. 25.15**

JESAÍAS
1. ***Descendiente de David,*** **1 Cr. 3.21**
2. ***Levita, músico entre los hijos de Jedutún (=Jesahías),*** **1 Cr. 25.3**
3. ***Levita, tesorero del templo,*** **1 Cr. 26.25**
4. ***Uno que regresó del exilio,*** **Esd. 8.7**
5. ***Levita que regresó del exilio,*** **Esd. 8.19**
6. ***Ascendiente de Salú No. 1,*** **Neh. 11.7**

JESANA ***Ciudad conquistada por el rey Abías (=Sen),*** **2 Cr. 13.19**

JESARELA ***Músico contemporáneo de David,*** **1 Cr. 25.14**

JESEBEAB ***Sacerdote contemporáneo de David,*** **1 Cr. 24.13**

JESER ***Hijo de Caleb,*** **1 Cr. 2.18**

JESIMIEL ***Príncipe de la tribu de Simeón,*** **1 Cr. 4.36**

JESISAI ***Descendiente de Gad,*** **1 Cr. 5.14**

JESOHAÍA ***Príncipe de la tribu de Simeón,*** **1 Cr. 4.36**

JESÚA
1. ***Una casa (o división) de sacerdotes,*** **1 Cr. 24.11; Esd. 2.36; Neh. 7.39**
2. ***Levita contemporáneo del rey Ezequías,*** **2 Cr. 31.15**
3. ***Ascendiente de un grupo de levitas que regresaron del exilio,*** **Esd. 2.40; Neh. 7.43**
4. ***Sumo sacerdote en tiempo de Esdras y Nehemías (=Josué No. 4)***

Esd. 2.2; Neh. 7.7 vinieron con Zorobabel, *J*
3.2 se levantaron *J* hijo de. . y sus hermanos
3.8 comenzaron. . *J* hijo de Josadac y los otros
3.9 *J* también, sus hijos y. . hermanos, Cadmiel
4.3 Zorobabel, *J*, y los demás jefes. . dijeron
5.2 se levantaron. . y *J* hijo de Josadac, y
10.18 de los hijos de *J* hijo de Josadac, y
Neh. 12.1 que subieron con Zorobabel. . y con *J*
12.7 eran los príncipes. . en los días de *J*
12.10 *J* engendró a Joiacim, y Joiacim
12.26 en los días de Joiacim hijo de *J*, hijo

5. ***Ascendiente de un grupo que regresó del exilio,*** **Esd. 2.6; Neh. 7.11**
6. ***Padre de Jozabad No. 6,*** **Esd. 8.33**
7. ***Padre de Ezer No. 5,*** **Neh. 3.19**
8. ***Nombre de uno o más levitas en tiempo de Nehemías,*** **Neh. 8.7; 9.4,5; 10.9; 12.8,24**
9. ***Población habitada por judíos que regresaron del exilio,*** **Neh. 11.26**

JESUCRISTO ***Véase también Cristo, Jesús***
Mt. 1.1 libro de la genealogía de *J*. . de David
1.18 el nacimiento de *J* fue así: Estando
Mr. 1.1 principio del evangelio de *J*, Hijo de
Jn. 1.17 la gracia y. . vinieron por medio de *J*
17.3 te conozcan. . y a *J*, a quien has enviado
Hch. 2.38 bautícese cada uno en el nombre de *J*
3.6 en el nombre de *J* de Nazaret, levántate
3.20 envíe a *J*, que os fue antes anunciado
4.10 en el nombre de *J* de Nazaret, a quien

JESUCRISTO ***(Continúa)***
Hch. 5.42 no cesaban de enseñar y predicar a *J*
8.12 Felipe, que anunciaba. . el nombre de *J*
8.37 dijo: Creo que *J* es el Hijo de Dios
9.34 dijo Pedro: Eneas, *J* te sana; levántate
10.36 el evangelio de la paz por medio de *J*
11.17 a nosotros que. . creído en el Señor *J*
15.26 han expuesto su vida por el. . Señor *J*
16.18 te mando en el nombre de *J*, que salgas
16.31 dijeron: Cree en el Señor *J*, y serás
20.21 con Dios, y de la fe en nuestro Señor *J*
24.24 Félix. . y le oyó acerca de la fe en *J*
28.31 de Dios y enseñando acerca del Señor *J*
Ro. 1.1 siervo de *J*, llamado a ser apóstol
1.3 acerca de su Hijo, nuestro Señor *J*, que
1.6 también vosotros, llamados a ser de *J*
1.7 gracia y paz a vosotros. . y del Señor *J*
1.8 doy gracias a mi Dios mediante *J* con
2.16 Dios juzgará por *J* los secretos de los
3.22 la justicia. . por medio de la fe en *J*
5.1 tenemos paz. . por medio de nuestro Señor *J*
5.11 nos gloriamos en Dios por el Señor. . *J*
5.15 el don de Dios por la gracia de un. . *J*
5.17 mucho más reinarán en vida por uno. . *J*
5.21 la justicia para vida eterna mediante *J*
7.25 gracias doy a Dios, por *J* Señor nuestro
13.14 vestíos del Señor *J*, no proveáis para
15.6 glorifiquéis al Dios y Padre de. . Señor *J*
15.16 para ser ministro de *J* a los gentiles
15.30 por nuestro Señor *J* y. . que me ayudéis
16.18 tales personas no sirven a nuestro. . *J*
16.20,24 la gracia de. . *J* sea con vosotros
16.25 mi evangelio y la predicación de *J*
16.27 al único. . Dios, sea gloria mediante *J*
1 Co. 1.1 Pablo, llamado a ser apóstol de *J*
1.2 que. . invocan el nombre de nuestro Señor *J*
1.3 paz a vosotros, de Dios. . y del Señor *J*
1.7 la manifestación de nuestro Señor *J*
1.8 irreprensibles en el día de nuestro. . *J*
1.9 llamados a la comunión con su Hijo *J*
1.10 ruego. . hermanos, por el nombre de. . *J*
2.2 saber. . sino a *J*, y a éste crucificado
3.11 que el que está puesto, el cual es *J*
5.4 el nombre de nuestro Señor *J*, reunidos
5.4 y mi espíritu, con el poder de. . Señor *J*
8.6 y un Señor, *J*, por medio del cual son
15.31 por la gloria que. . en nuestro Señor *J*
15.57 victoria por medio de nuestro Señor *J*
16.22 que no amare al Señor *J*, sea anatema
16.23 gracia del Señor *J* esté con vosotros
2 Co. 1.1 Pablo, apóstol de *J* por la voluntad
1.2 paz a vosotros, de Dios. . y del Señor *J*
1.3 bendito sea el. . Padre de nuestro Señor *J*
1.19 *J*, que entre vosotros ha sido predicado
4.5 no nos predicamos. . sino a *J* como Señor
4.6 de la gloria de Dios en la faz de *J*
8.9 ya conocéis la gracia de nuestro Señor *J*
11.31 y Padre de nuestro Señor *J*. . sabe que
13.5 no os conocéis. . que *J* está en vosotros
13.14 la gracia del Señor *J*, el amor de Dios
Gá. 1.1 sino por *J* y por Dios el Padre que lo
1.3 gracia y paz sean a. . de nuestro Señor *J*
1.12 hombre alguno, sino por revelación de *J*
2.16 no es justificado. . sino por la fe de *J*
2.16 nosotros. . hemos creído en *J*, para ser
3.1 ante cuyos ojos *J* fue ya presentado
3.22 la promesa que es por la fe en *J* fuese
6.14 gloriarme, sino en la cruz de. . Señor *J*
6.18 gracia de. . *J* sea con vuestro espíritu
Ef. 1.1 Pablo, apóstol de *J* por la voluntad de
1.2 y paz a vosotros, de. . nuestro. . Señor *J*
1.3 bendito sea el Dios y Padre de. . Señor *J*
1.5 ser adoptados hijos suyos por medio de *J*
1.17 el Dios de. . *J*, el Padre de gloria, os
2.20 siendo la principal piedra del ángulo *J*
3.14 doblo mis rodillas ante el Padre de. . *J*
5.20 gracias por todo en el nombre. . Señor *J*
6.23 y amor con fe, de Dios. . y del Señor *J*
6.24 gracia sea con todos los que aman a. . *J*
Fil. 1.1 Pablo y Timoteo, siervos de *J*, a todos
1.2 gracia y paz a vosotros. . y del Señor *J*
1.6 obra, la perfeccionará hasta el día de *J*
1.8 os amo a. . con el entrañable amor de *J*
1.11 llenos de frutos. . son por medio de *J*
1.19 y la suministración del Espíritu de *J*
2.11 toda lengua confiese que *J* es el Señor
3.20 de donde también esperamos. . al Señor *J*
4.23 gracia de nuestro Señor *J* sea con todos
Col. 1.1 Pablo, apóstol de *J*, por la voluntad
1.2 gracia y paz. . a vosotros. . y del Señor *J*
1.3 damos gracias a Dios, Padre de. . Señor *J*
2.6 habéis recibido al Señor *J*, andad en él
1 Ts. 1.1 Pablo. . a la iglesia. . en el Señor *J*
1.1 y paz sean a vosotros, de. . y del Señor *J*
1.3 constancia en la esperanza en. . Señor *J*
2.19 ¿no lo sois vosotros, delante de. . *J*, en
3.11 *J*, dirijan nuestro camino a vosotros
3.13 la venida de nuestro Señor *J* con todos
5.9 alcanzar salvación por medio de. . Señor *J*
5.23 sea guardado. . para la venida de. . Señor *J*
5.28 la gracia de. . Señor *J* sea con vosotros
2 Ts. 1.1 Dios nuestro Padre y en el Señor *J*
1.2 y paz a vosotros, de Dios. . y del Señor *J*
1.8 ni obedecen al evangelio de. . Señor *J*
1.12 el nombre de. . Señor *J* sea glorificado
1.12 por la gracia de. . Dios y del Señor *J*
2.1 pero con respecto a la venida. . Señor *J*
2.14 alcanzar la gloria de nuestro Señor *J*
2.16 el mismo *J*. . el cual nos amó y nos dio
3.6 os ordenamos. . en el nombre de nuestro. . *J*
3.12 y exhortamos, por nuestro Señor *J*, que
3.18 la gracia de. . *J* sea con todos vosotros
1 Ti. 1.1 Pablo, apóstol de *J* por mandato de
1.16 *J* mostrase en mí el. . toda su clemencia
2.5 un solo mediador entre Dios y. . *J* hombre
4.6 serás buen ministro de *J*, nutrido con las
5.21 te encarezco delante de Dios y del. . *J*
6.3 no se conforma a las sanas palabras de. . *J*
6.13 delante de. . *J*, que dio testimonio de la
6.14 hasta la aparición de nuestro Señor *J*
2 Ti. 1.1 Pablo, apóstol de *J* por la voluntad
1.2 paz, de Dios Padre y de *J* nuestro Señor
1.10 manifestada por la aparición de. . *J*, el
2.3 tú, pues, sufre. . como buen soldado de *J*
2.8 acuérdate de *J*, del linaje de David
4.1 encarezco delante de Dios y del Señor *J*
4.22 Señor *J* esté con tu espíritu. La gracia
Tit. 1.1 Pablo. . apóstol de *J*, conforme a la fe
1.4 paz, de. . y del Señor *J* nuestro Salvador
2.13 la manifestación gloriosa de nuestro. . *J*
3.6 el cual derramó. . por *J* nuestro Salvador
Flm. 1 Pablo, prisionero de *J*, y el hermano
3 gracia y paz a vosotros, de. . del Señor *J*
9 Pablo ya anciano, y ahora. . prisionero de *J*
25 la gracia de. . *J* sea con vuestro espíritu
He. 10.10 mediante la ofrenda del cuerpo de *J*
10.19 teniendo libertad. . por la sangre de *J*
13.8 *J* es el mismo ayer, y hoy, y por los
13.20 Dios. . que resucitó. . a nuestro Señor *J*
13.21 haciendo. . lo que es agradable. . por *J*
Stg. 1.1 Santiago, siervo de. . y del Señor *J*
2.1 fe en nuestro glorioso Señor *J* sea sin
1 P. 1.1 apóstol de *J*, a los expatriados de la
1.2 elegidos. . ser rociados con la sangre de *J*
1.3 bendito el. . Padre de nuestro Señor *J*, que
1.3 por la resurrección de *J* de los muertos
1.7 gloria y honra cuando sea manifestado *J*
1.13 se os traerá cuando *J* sea manifestado
2.5 sacrificios espirituales. . por medio de *J*
3.21 nos salva. . por la resurrección de *J*
4.11 que en todo sea Dios glorificado por *J*
5.10 que nos llamó a su gloria eterna en *J*
5.14 paz sea con todos. . los que estáis en *J*
2 P. 1.1 Simón Pedro, siervo y apóstol de *J*, a
1.1 por la justicia de nuestro. . Salvador *J*
1.8 sin fruto en cuanto al conocimiento de. . *J*
1.11 en el reino eterno de nuestro Señor. . *J*
1.14 como nuestro Señor *J* me ha declarado
1.16 conocer. . la venida de nuestro Señor *J*
2.20 el conocimiento del Señor y Salvador *J*
3.18 y el conocimiento de nuestro Señor. . *J*
1 Jn. 1.3 es con el Padre, y con su Hijo *J*
1.7 sangre de *J* su Hijo nos limpia de todo
2.1 abogado tenemos para con el Padre, a *J*
3.23 que creamos en el nombre de su Hijo *J*
4.2 espíritu que confiesa que *J* ha venido
4.3 no confiesa que *J* ha venido en carne, no
5.6 es *J*, que vino mediante agua y sangre; no
5.20 y estamos en el verdadero, en su Hijo *J*
2 Jn. 3 gracia. . y del Señor *J*, Hijo del Padre
7 que no confiesan que *J* ha venido en carne
Jud. 1 Judas, siervo de *J*, y hermano de Jacobo
1 Judas. . a los llamados, santificados. . en *J*
4 y niegan a Dios el. . y a nuestro Señor *J*
17 que. . fueron dichas por los apóstoles de. . *J*
21 esperando la misericordia de nuestro. . *J*
Ap. 1.1 la revelación de *J*, que Dios le dio
1.2 del testimonio de *J*, y de todas las cosas
1.5 y de *J* el testigo fiel, el primogénito
1.9 copartícipe vuestro. . la paciencia de *J*
1.9 Patmos, por causa de. . el testimonio de *J*
12.17 guardan. . y tienen el testimonio de *J*
22.21 la gracia de. . *J* sea con todos vosotros

JESURÚN ***Forma poética del nombre Israel***
Dt. 32.15 engordó *J*, y tiró coces (engordaste
33.5 y fue rey en *J*, cuando se congregaron
33.26 no hay como. . Dios de *J*, quien cabalga
Is. 44.2 siervo mío. . tú, *J*, a quien yo escogí

JESÚS
1. El Cristo (véase también Jesucristo)
Mt. 1.16 la cual nació *J*, llamado el Cristo
1.21 dará a luz un. . y llamarás su nombre *J*
1.25 hasta que dio a luz. . puso por nombre *J*
2.1 *J* nació en Belén de Judea en días del
3.13 *J* vino de Galilea a Juan al Jordán, para
3.15 *J* le respondió: Deja ahora, porque así
3.16 y *J*, después que fue bautizado, subió
4.1 *J* fue llevado. . el Espíritu al desierto
4.7 *J* le dijo: Escrito está. . No tentarás al
4.10 *J* le dijo: Vete, Satanás. . escrito está
4.12 *J* oyó que Juan estaba preso, volvió a
4.17 desde entonces comenzó *J* a predicar, y
4.18 andando *J* junto al mar de Galilea, vio
4.23 recorrió *J* toda Galilea, enseñando en
7.28 y cuando terminó *J* estas palabras, la
8.1 cuando descendió *J* del monte, le seguía
8.3 *J* extendió la mano y le tocó, diciendo
8.4 *J* le dijo: Mira, no lo digas a nadie. . vé
8.5 entrando *J* en Capernaum, vino a él un
8.7 y *J* le dijo: Yo iré y le sanaré
8.10 al oírlo *J*, se maravilló, y dijo a los
8.13 *J* dijo al centurión: Vé, y. . sea hecha
8.14 vino *J* a casa de Pedro, y vio a. . suegra
8.18 viéndose *J* rodeado. . gente, mandó pasar
8.20 *J* le dijo: Las zorras tienen guaridas
8.22 *J* le dijo: Sígueme; deja que. . muertos
8.29 ¿qué tienes con nosotros, *J*, Hijo de
8.34 toda la ciudad salió al encuentro de *J*
9.1 entrando *J* en la barca, pasó al otro lado
9.2 al ver *J* la fe de ellos, dijo. . Ten ánimo
9.4 conociendo *J*. . ¿Por qué pensáis mal en
9.9 pasando *J*. . vio a un hombre llamado Mateo
9.10 publicanos. . sentaron. . a la mesa con *J*
9.12 al oír esto *J*, les dijo: Los sanos no
9.15 *J* les dijo: ¿Acaso pueden. . tener luto
9.19 levantó *J*, y le siguió con. . discípulos
9.22 *J*, volviéndose. . dijo: Ten ánimo, hija
9.23 al entrar *J* en la casa del principal
9.27 pasando *J* de. . le siguieron dos ciegos
9.28 y *J* les dijo: ¿Creéis que puedo hacer
9.30 y *J* les encargó. . diciendo: Mirad que
9.35 recorría *J* todas las ciudades y aldeas
10.5 doce envió *J*, y les dio instrucciones
11.1 cuando *J* terminó de dar instrucciones a
11.4 *J*, les dijo: Id, y haced saber a Juan
11.7 comenzó *J* a decir de Juan a la gente
11.25 respondiendo *J*, dijo: Te alabo, Padre
12.1 iba *J* por los sembrados en un día de
12.10 preguntaron a *J*, para poder acusarle
12.14 fariseos, tuvieron consejo contra *J*
12.15 sabiendo esto *J*, se apartó de allí
12.25 sabiendo *J* los pensamientos de ellos
13.1 aquel día salió *J* de la casa y se sentó
13.34 esto habló *J* por parábolas a la gente
13.36 entró *J* en la casa; y acercándose a él
13.51 *J* les dijo: ¿Habéis entendido todas
13.53 cuando terminó *J* estas parábolas, se
13.57 *J* les dijo: No hay profeta sin honra
14.1 Herodes el tetrarca oyó la fama de *J*
14.12 sus discípulos. . dieron las nuevas a *J*
14.13 oyéndolo *J*, se apartó de allí en una
14.14 saliendo *J*, vio una gran multitud, y
14.16 *J* les dijo: No tienen necesidad de irse
14.22 *J* hizo a sus discípulos entrar en la
14.25 *J* vino a ellos andando sobre el mar
14.27 *J* les habló, diciendo: ¡Tened ánimo; yo
14.29 andaba sobre las aguas para ir a *J*
14.31 *J*, extendiendo la mano, asió de él
15.1 se acercaron a *J* ciertos escribas y
15.16 *J* dijo: ¿También vosotros sois aún sin
15.21 saliendo *J* de. . fue a la región de Tiro
15.23 *J* no le respondió palabra. Entonces
15.28 respondiendo *J*, dijo. . grande es tu fe
15.29 pasó *J* de allí y vino junto al mar de
15.30 y los pusieron a los pies de *J*, y los
15.32 y *J*, llamando a sus discípulos, dijo
15.34 *J* les dijo: ¿Cuántos panes tenéis?
16.6 *J* les dijo. . guardaos de la levadura de
16.8 *J*, les dijo: ¿Por qué pensáis dentro de
16.13 viniendo *J* a la región de Cesarea de
16.17 le respondió *J*: Bienaventurado eres
16.20 a nadie dijesen que él era *J* el Cristo
16.21 comenzó *J* a declarar a sus discípulos
16.24 *J* dijo. . Si alguno quiere venir en pos
17.1 seis días después, *J* tomó a Pedro, a
17.4 Pedro dijo a *J*: Señor, bueno es para
17.7 *J* se acercó y los tocó. . Levantaos, y no
17.8 los ojos, a nadie vieron sino a *J* solo
17.9 *J* les mandó. . No digáis a nadie la visión
17.11 *J*, les dijo: A la verdad, Elías viene
17.17 *J*, dijo: ¡Oh generación incrédula y
17.18 reprendió *J* al demonio, el cual salió
17.19 viniendo. . los discípulos a *J*, aparte
17.20 *J*. . dijo: Por vuestra poca fe; porque
17.22 *J* les dijo: El Hijo del Hombre será
17.25 *J* le habló. . ¿Qué te parece, Simón?
17.26 *J* le dijo: Luego. . hijos están exentos
18.1 a *J*, diciendo: ¿Quién es el mayor en el
18.2 llamando *J* a un niño, lo puso en medio
18.22 *J* le dijo: No te digo hasta siete, sino
19.1 que cuando *J* terminó estas palabras, se
19.14 *J* dijo: Dejad a los niños venir a mí
19.18 y *J* dijo: No matarás. No adulterarás
19.21 *J* le dijo: Si quieres ser perfecto
19.23 *J* dijo. . difícilmente entrará un rico
19.26 *J*, les dijo: Para los hombres esto es
19.28 *J* les dijo: De cierto os digo que en
20.17 subiendo *J* a Jerusalén, tomó a sus 12
20.22 *J*. . dijo: No sabéis lo que pedís. ¿Podéis
20.25 *J*, llamándolos, dijo: Sabéis que los
20.30 cuando oyeron que *J* pasaba, clamaron
20.32 deteniéndose *J*, los llamó, y les dijo
20.34 *J*, compadecido, les tocó los ojos, y
21.1 se acercaron a Jerusalén. . *J* envió dos
21.6 fueron, e hicieron como *J* les mandó
21.11 es *J* el profeta, de Nazaret de Galilea
21.12 entró *J* en el templo de Dios, y echó
21.16 *J* les dijo: Sí; ¿nunca leísteis: De la
21.21 respondiendo *J*. . si tuviereis fe, y no

JESÚS ***(Continúa)***
Mt. 21.24 *J*, les dijo: Yo. .os haré una pregunta
21.27 respondiendo a *J*, dijeron: No sabemos
21.42 *J* les dijo: ¿Nunca leísteis en las
22.1 *J*, les volvió a hablar en parábolas
22.18 *J*, conociendo la malicia de ellos, les
22.29 *J*. .Erráis, ignorando las Escrituras
22.37 *J* le dijo: Amarás al Señor tu Dios con
22.41 juntos los fariseos, *J* les preguntó
23.1 habló *J* a la gente y a sus discípulos
24.1 cuando *J* salió del templo y se iba, se
24.4 *J*, les dijo: mirad que nadie os engañe
26.1 cuando hubo acabado *J*. .estas palabras
26.4 para prender con engaño a *J*, y matarle
26.6 estando *J* en Betania, en casa de Simón
26.10 *J*, les dijo: ¿Por qué molestáis a esta
26.17 los discípulos a *J*, diciéndole: ¿Dónde
26.19 hicieron como *J* les mandó. .la pascua
26.26 tomó *J* el pan, y bendijo, y lo partió
26.31 *J* les dijo. .os escandalizaréis de mí
26.34 *J* le dijo: De cierto te digo que esta
26.36 llegó *J* con ellos. .se llama Getsemaní
26.38 *J* les dijo: Mi alma está muy triste
26.49 se acercó a *J* y dijo: ¡Salve, Maestro!
26.50 y *J* le dijo: Amigo, ¿a qué vienes?
26.50 y echaron mano a *J*, y le prendieron
26.51 uno de los que estaban con *J*. .espada
26.52 *J* le dijo: Vuelve tu espada a su lugar
26.55 *J* a la gente: ¿Como contra un ladrón
26.57 los que prendieron a *J* le llevaron al
26.59 buscaban falso testimonio contra *J*
26.63 mas *J* callaba. Entonces el. .sacerdote
26.64 *J* le dijo: Tú lo has dicho; y además
26.69 tú también estabas con *J* el galileo
26.71 también éste estaba con *J* el nazareno
26.75 Pedro se acordó de las palabras de *J*
27.1 ancianos. .entraron en consejo contra *J*
27.11 *J*. .estaba en pie delante. .gobernador
27.11 ¿eres tú el. .*J* le dijo: Tú lo dices
27.14 pero *J* no le respondió ni una palabra
27.17 que os suelte. .*J*, llamado el Cristo?
27.20 persuadieron a la. .que *J* fuese muerto
27.22 ¿qué. .haré de *J*, llamado el Cristo?
27.26 habiendo azotado a *J*, le entregó para
27.27 llevaron a *J* al pretorio, y reunieron
27.37 causa. .Este es *J*, el Rey de los judíos
27.46 *J* clamó a gran voz, diciendo: Elí, Elí
27.50 *J*, habiendo otra vez clamado a gran voz
27.54 los que estaban con él guardando a *J*
27.55 mujeres. .las cuales habían seguido a *J*
27.57 que también había sido discípulo de *J*
27.58 fue a Pilato y pidió el cuerpo de *J*
28.5 porque yo sé que buscáis a *J*, el que
28.9 aquí, *J* les salió al encuentro, diciendo
28.10 *J* les dijo: No temáis; id, dad las
28.16 al monte donde *J* les había ordenado
28.18 *J* se acercó y les habló diciendo: Toda
Mr. 1.9 *J* vino de Nazaret. .bautizado por Juan
1.14 *J* vino a Galilea predicando el evangelio
1.17 les dijo *J*: Venid en pos de mí, y haré
1.24 ¿qué tienes con nosotros, *J* nazareno?
1.25 *J* le reprendió, diciendo: ¡Cállate, y
1.41 *J*, teniendo misericordia. .extendió la
1.45 que ya *J* no podía entrar. .en la ciudad
2.1 entró *J* otra vez en Capernaum después de
2.5 ver *J* la fe de ellos, dijo al paralítico
2.8 conociendo luego *J* en su. .que cavilaban
2.15 que estando *J* a la mesa en casa de él
2.15 estaban. .a la mesa juntamente con *J* y
2.17 al oir esto *J*, les dijo: Los sanos no
2.19 *J* les dijo: ¿Acaso pueden los. .ayunar
3.1 entró *J* en la sinagoga; y había allí un
3.7 *J* se retiró al mar con sus discípulos
4.1 comenzó *J* a enseñar junto al mar, y se
5.6 cuando vio, pues, a *J* de lejos, corrió
5.7 ¿qué tienes conmigo, *J*, Hijo del Dios
5.13 luego *J* les dio permiso. .en los cerdos
5.15 vienen a *J*, y ven al que había sido
5.19 *J* no se lo permitió, sino que le dijo
5.20 cuán grandes cosas había hecho *J* con él
5.21 pasando otra vez *J* en una barca a la
5.27 cuando oyó hablar de *J*, vino por detrás
5.30 *J*, conociendo. .poder que había salido
5.36 *J*. .dijo al principal. .No temas, cree
6.1 salió *J* de allí y vino a su tierra, y le
6.4 *J* les decía: No hay profeta sin honra
6.14 oyó el rey Herodes la fama de *J*. .dijo
6.30 los apóstoles se juntaron con *J*, y le
6.34 y salió *J* y vio una gran multitud, y
7.1 se juntaron a *J* los fariseos, y algunos
7.2 viendo a. .los discípulos de *J* comer pan
7.27 *J* le dijo: Deja primero que se sacien
8.1 no. .qué comer, *J* llamó a sus discípulos
8.17 *J*. .dijo: ¿Qué discutís. .no tenéis pan?
8.27 salieron *J* y sus discípulos por las
9.2 *J* tomó a Pedro, a Jacobo y a Juan, y los
9.4 Elías con Moisés, que hablaban con *J*
9.5 Pedro dijo a *J*: Maestro, bueno es para
9.8 cuando miraron, no vieron más. .sino a *J*
9.20 cuando el espíritu vio a *J*, sacudió con
9.21 *J* preguntó al padre: ¿Cuánto tiempo hace
9.23 *J* le dijo: Si puedes creer, al que cree
9.25 y cuando *J* vio. .la multitud se agolpaba
9.27 *J*, tomándole de la mano, le enderezó
9.39 pero *J* dijo: No se lo prohibáis; porque
10.5 *J*, les dijo: Por la dureza de. .corazón
10.14 viéndolo *J*, se indignó, y les dijo
10.18 *J* le dijo: ¿Por qué me llamas bueno?
10.21 *J*, mirándole, le amó, y le dijo: Una
10.23 *J*. .dijo. .¡Cuán difícilmente entrarán
10.24 *J*. .volvió a decirles. .¡cuán difícil les
10.27 *J*, mirándolos, dijo: Para los hombres
10.29 *J* y dijo: De cierto os digo que no hay
10.32 y *J* iba delante, y ellos. .le seguían
10.38 *J* les dijo: No sabéis lo que pedís
10.39 *J* les dijo: A la verdad, del vaso que
10.42 mas *J*. .les dijo: Sabéis que los que son
10.47 y oyendo que era *J* nazareno, comenzó a
10.47 ¡*J*, Hijo de David, ten misericordia de
10.49 *J*, deteniéndose, mandó llamarle; y
10.50 arrojando su capa. .levantó y vino a *J*
10.51 respondiendo *J*, le dijo: ¿Qué quieres
10.52 *J* le dijo: Vete, tu fe te ha salvado
10.52 recobró la. .y seguía a *J* en el camino
11.1 Olivos, *J* envió dos de sus discípulos
11.6 les dijeron como *J* había mandado; y los
11.7 y trajeron el pollino a *J*, y echaron
11.11 entró *J* en Jerusalén, y en el templo
11.14 *J* dijo a la higuera. .jamás coma nadie
11.15 y entrando *J* en el templo, comenzó a
11.19 llegar la noche, *J* salió de la ciudad
11.22 respondiendo *J*, les dijo: Tened fe en
11.29 *J*. .les dijo: Os haré yo también una
11.33 respondiendo, dijeron a *J*: No sabemos
11.33 *J*, les dijo: Tampoco yo os digo con qué
12.1 comenzó *J* a decirles por parábolas: Un
12.17 *J*, les dijo: Dad a César lo que es de
12.24 respondiendo *J*, les dijo: ¿No erráis
12.29 *J* le. .El primer mandamiento de todos es
12.34 *J*. .viendo. .había respondido sabiamente
12.35 enseñando *J*. .decía: ¿Cómo dicen los
12.41 estando *J* sentado delante del arca de
13.1 saliendo *J* del templo, le dijo uno de
13.2 *J*, respondiendo, le dijo: ¿Ves estos
13.5 *J*. .comenzó a decir: Mirad que nadie os
14.6 *J* dijo: Dejadla; ¿por qué la molestáis?
14.18 dijo *J*: De cierto os digo que uno de
14.22 mientras comían, *J* tomó pan y bendijo
14.27 *J* les dijo: Todos os escandalizaréis
14.30 dijo *J*: De cierto te digo que tú, hoy
14.48 *J*, les dijo: ¿Como contra un ladrón
14.53 trajeron, pues, a *J* al sumo sacerdote
14.55 concilio buscaban testimonio contra *J*
14.60 preguntó a *J*, diciendo: ¿No respondes
14.62 y *J* le dijo: Yo soy; y veréis al Hijo
14.67 tú también estabas con *J* el nazareno
14.72 de las palabras que *J* le había dicho
15.1 llevaron a *J* atado, y le entregaron a
15.5 *J* ni aun con eso respondió; de modo que
15.15 les soltó a Barrabás, y entregó a *J*
15.34 *J* clamó a gran voz, diciendo: Eloi
15.37 mas *J*, dando una gran voz, expiró
15.43 José de. .vino. .y pidió el cuerpo de *J*
16.6 no os asustéis; buscáis a *J* nazareno, el
16.9 habiendo. .resucitado *J* por la mañana
Lc. 1.31 darás a luz. .y llamarás su nombre *J*
2.21 pusieron por nombre *J*, el cual le había
2.27 padres del niño *J* lo trajeron al templo
2.43 acabada la fiesta, se quedó el niño *J* en
2.52 y *J* crecía en sabiduría y en estatura
3.21 *J* fue bautizado; y orando, el cielo se
3.23 *J* mismo al comenzar su ministerio era
4.1 *J*, lleno del Espíritu Santo, volvió del
4.4 *J*, respondiéndole, dijo: Escrito está
4.8 *J*, le dijo: Vete de mí, Satanás, porque
4.12 *J*, le dijo: Dicho está: No tentarás al
4.14 y *J* volvió en el poder del Espíritu a
4.31 descendió *J* a Capernaum, ciudad de
4.34 déjanos; ¿qué tienes con nosotros, *J*
4.35 *J* le reprendió, diciendo: Cállate, y sal
4.38 *J* se levantó y salió de la sinagoga, y
5.1 estando *J* junto al lago de Genesaret, el
5.8 Pedro, cayó de rodillas ante *J*, diciendo
5.10 *J* dijo a Simón: No temas; desde ahora
5.12 viendo a *J*, se postró con el rostro en
5.19 lecho, poniéndole en medio, delante de *J*
5.22 *J*. .conociendo los pensamientos. .les dijo
5.31 *J*. .dijo: Los que están sanos no tienen
6.1 aconteció. .pasando *J* por los sembrados
6.3 *J*, les dijo: ¿Ni aun esto habéis leído
6.9 *J* les dijo: Os preguntaré una cosa: ¿Es
6.11 y hablaban. .qué podrían hacer contra *J*
7.3 cuando el centurión oyó hablar de *J*, le
7.4 vinieron a *J* y le rogaron con solicitud
7.6 *J* fue. .Pero cuando ya no estaban lejos
7.9 *J* se maravilló de él, y volviéndose, dijo
7.19 envió a *J*, para preguntarle: ¿Eres tú
7.22 *J*, les dijo: Id, haced saber a Juan lo
7.36 uno de los fariseos rogó a *J* que comiese
7.37 al saber que *J* estaba a la mesa en casa
7.40 *J*, le dijo: Simón, una cosa tengo que
8.1 *J* iba por todas las ciudades y aldeas
8.28 éste, al ver a *J*, lanzó un gran grito
8.28 ¿qué tienes conmigo, *J*, Hijo del Dios
8.30 preguntó *J*, diciendo: ¿Cómo te llamas?
8.35 vinieron a *J*, y hallaron al hombre de
8.35 sentado a los pies de *J*, vestido, y en
8.37 y *J*, entrando en la barca, se volvió
8.38 le rogaba. .pero *J* le despidió, diciendo
8.39 cuán grandes cosas había hecho *J* con él
8.40 cuando volvió *J*, le recibió la multitud
8.41 postrándose a los pies de *J*, le rogaba
8.45 *J* dijo: ¿Quién es el que me ha tocado?
8.46 *J* dijo: Alguien me ha tocado; porque
8.50 oyéndolo *J*, le respondió: No temas; cree
8.56 *J* les mandó que a nadie dijesen lo que
9.7 oyó de todas las cosas que hacía *J*; y
9.18 mientras *J* oraba aparte, estaban con él
9.31 partida. .iba *J* a cumplir en Jerusalén
9.32 vieron la gloria de *J*, y a. .dos varones
9.33 Pedro dijo a *J*: Maestro, bueno es para
9.36 cesó la voz, *J* fue hallado solo; y ellos
9.41 *J*. .¡Oh generación incrédula y perversa!
9.42 *J* reprendió al espíritu inmundo, y sanó
9.47 *J*, percibiendo los pensamientos de sus
9.50 *J* le dijo: No se lo prohibáis; porque el
9.58 le dijo *J*: Las zorras tienen guaridas
9.60 *J* le dijo. .que los muertos entierren a
9.62 *J* le dijo: Ninguno que poniendo su mano
10.21 *J* se regocijó en el Espíritu, y dijo
10.29 él. .dijo a *J*: ¿Y quién es mi prójimo?
10.30 *J*, dijo: Un hombre descendía. .Jericó
10.37 *J* le dijo: Vé, y haz tú lo mismo
10.39 la cual, sentándose a los pies de *J*
10.41 *J*, le dijo: Marta, Marta, afanada y
11.1 estaba *J* orando en un lugar, y cuando
11.14 estaba *J* echando fuera un demonio, que
11.37 entrando *J* en la casa, se sentó a la
13.2 *J*. .dijo: ¿Pensáis que estos galileos
13.10 enseñaba *J* en una sinagoga en el día
13.12 cuando *J* la vió, la llamó y le dijo
13.14 enojado de que *J* hubiese sanado en el
13.22 pasaba *J* por ciudades y. .enseñando
14.3 *J* habló a los intérpretes de la ley y
14.16 *J* le dijo: Un hombre hizo una. .cena
15.1 se acercaban a *J* todos los publicanos
17.1 dijo *J* a sus discípulos: Imposible es
17.11 *J* a Jerusalén, pasaba entre Samaria y
17.13 voz. .¡*J*. .ten misericordia de nosotros!
17.17 *J*, dijo: ¿No son diez los que fueron
18.1 les refirió *J* una parábola sobre. .orar
18.16 mas *J*, llamándolos, dijo: Dejad a los
18.19 *J* le dijo: ¿Por qué me llamas bueno?
18.22 *J*, oyendo esto, le dijo: Aún te falta
18.24 ver *J* que se había entristecido mucho
18.31 tomando *J* a los doce, les dijo: He aquí
18.35 que acercándose *J* a Jericó, un ciego
18.37 y le dijeron que pasaba *J* nazareno
18.38 ¡*J*, Hijo de David, ten misericordia de
18.40 *J*. .deteniéndose, mandó traerle a su
18.42 *J* le dijo: Recíbela. .fe te ha salvado
19.1 entrado *J* en Jericó, iba pasando por la
19.3 procuraba ver quién era *J*; pero no podía
19.5 cuando *J* llegó a aquel lugar, mirando
19.9 *J* le dijo: Hoy ha venido la salvación
19.11 prosiguió *J* y dijo una parábola, por
19.35 lo trajeron a *J*. .subieron a *J* encima
20.1 enseñando *J* al pueblo en el templo, y
20.3 *J*, les dijo: Os haré yo. .una pregunta
20.8 *J* les dijo: Yo tampoco os diré con qué
20.34 *J*, les dijo: Los hijos de este siglo
22.8 *J* envió a Pedro y a Juan, diciendo: Id
22.47 Judas. .se acercó hasta *J* para besarle
22.48 *J* le dijo: Judas, ¿con un beso entregas
22.51 respondiendo *J*, dijo: Basta ya; dejad
22.52 *J* dijo a los principales sacerdotes, a
22.63 los. .que custodiaban a *J* se burlaban
23.1 la muchedumbre. .llevaron a *J* a Pilato
23.8 Herodes, viendo a *J*, se alegró mucho
23.20 les habló. .Pilato, queriendo soltar a *J*
23.25 y entregó a *J* a la voluntad de ellos
23.26 la cruz para que la llevase tras *J*
23.28 pero *J*, vuelto hacia ellas, les dijo
23.34 *J* decía: Padre, perdónalos, porque no
23.42 a *J*: Acuérdate de mí cuando vengas en
23.43 *J* le dijo: De cierto te digo que hoy
23.46 *J*, clamando a gran voz, dijo: Padre
23.52 fue a Pilato, y pidió el cuerpo de *J*
24.3 no hallaron el cuerpo del Señor *J*
24.15 *J* mismo se acercó, y caminaba con ellos
24.19 de *J* nazareno, que fue varón profeta
24.36 *J* se puso en medio de ellos, y les dijo
Jn. 1.29 vio Juan a *J* que venía a él, y dijo
1.36 mirando a *J* que andaba por allí, dijo
1.37 oyeron hablar los dos. .y siguieron a *J*
1.38 volviéndose *J*. .les dijo: ¿Qué buscáis?
1.40 que habían oído a Juan, y. .seguido a *J*
1.42 le trajo a *J*. Y mirándole *J*, dijo: Tú
1.43 quiso *J* ir a Galilea, y halló a Felipe
1.45 hemos hallado a. .a *J*, el hijo de José
1.47 *J* vio a Natanael que se le acercaba, dijo
1.48 respondió *J* y le dijo: Antes que Felipe
1.50 respondió *J* y le dijo: ¿Porque te dije
2.1 unas bodas. .y estaba allí la madre de *J*
2.2 también invitados a las bodas *J* y sus
2.3 la madre de *J* le dijo: No tienen vino
2.4 *J* le dijo: ¿Qué tienes conmigo, mujer?
2.7 *J* les dijo: Llenad estas tinajas de agua
2.11 principio de señales hizo *J* en Caná de
2.13 cerca la pascua. .y subió *J* a Jerusalén
2.19 *J*. .dijo: Destruid este templo, y en tres
2.22 creyeron. .la palabra que *J* había dicho

JESÚS *(Continúa)*

Jn. 2.24 *J* mismo no se fiaba de ellos, porque
3.2 éste vino a *J* de noche, y le dijo: Rabí
3.3 respondió *J*..el que no naciere de nuevo
3.5 respondió *J*..el que no naciere de agua y
3.10 respondió *J*..¿Eres tú maestro de Israel
3.22 vino *J* con sus discípulos a la tierra de
4.1 decir: *J* hace y bautiza más discípulos
4.2 aunque *J* no bautizaba, sino..discípulos
4.6 *J*, cansado del camino, se sentó..al pozo
4.7 una mujer de..y *J* le dijo: Dame de beber
4.10 respondió *J*..Si conocieras el don de
4.13 *J* y le dijo: Cualquiera que bebiere de
4.16 *J* le dijo: Vé, llama a tu marido, y ven
4.17 *J* le..Bien has dicho: No tengo marido
4.21 *J* le..Mujer, créeme, que la hora viene
4.26 *J* le dijo: Yo soy, el que habla contigo
4.34 *J* les dijo: Mi comida es que haga la
4.44 *J*..dio testimonio de que el profeta no
4.46 vino, pues, *J* otra vez a Caná de Galilea
4.47 cuando oyó que *J* había llegado de Judea
4.48 *J* le..Si no viereis señales y prodigios
4.50 *J* le dijo: Vé, tu hijo vive. Y..creyó
4.50 hombre creyó la palabra que *J* le dijo
4.53 era la hora en que *J* le había dicho: Tu
4.54 esta segunda señal hizo *J*, cuando fue
5.1 había una fiesta..y subió *J* a Jerusalén
5.6 cuando *J* lo vio acostado, y supo que
5.8 *J* le dijo: Levántate, toma tu lecho, y
5.13 porque *J* se había apartado de la gente
5.14 después le halló *J* en el templo, y le
5.15 dio aviso..*J* era el que le había sanado
5.16 perseguían a *J*, y procuraban matarle
5.17 *J* les respondió: Mi Padre hasta ahora
5.19 *J*, y les dijo..No puede el Hijo hacer
6.1 *J* fue al otro lado del mar de Galilea
6.3 subió *J* a un monte, y se sentó allí con
6.5 alzó *J* los ojos, y vio que había venido
6.10 *J* dijo: Haced recostar la gente. Y había
6.11 tomó *J* aquellos panes, y habiendo dado
6.14 viendo la señal..*J* había hecho, dijeron
6.15 entendiendo *J* que iban a venir para
6.17 ya oscuro, y *J* no había venido a ellos
6.19 vieron a *J* que andaba sobre el mar y se
6.22 que *J* no había entrado en ella con sus
6.24 vio..la gente que *J* no estaba allí, ni
6.24 y fueron a Capernaum, buscando a *J*
6.26 respondió *J*..que me buscáis, no porque
6.29 respondió *J* y..Esta es la obra de Dios
6.32 *J* les dijo..No os dio Moisés el pan del
6.35 *J* les dijo: Yo soy el pan de vida; el
6.42 decían: ¿No es éste *J*, el hijo de José
6.43 *J* respondió y les dijo: No murmuréis
6.53 *J* les dijo..si no coméis la carne del
6.61 sabiendo *J*..sus discípulos murmuraban
6.64 *J* sabía desde el principio quiénes eran
6.67 dijo..*J* a los doce: ¿Queréis acaso iros
6.70 *J* les respondió: ¿No os he escogido yo
7.6 *J* les dijo: Mi tiempo aún no ha llegado
7.14 la fiesta subió *J* al templo, y enseñaba
7.16 *J* les respondió..Mi doctrina no es mía
7.21 *J* respondió..Una obra hice, y todos os
7.28 *J*..enseñando en el templo, alzó la voz
7.33 *J* dijo..un poco de tiempo estaré con
7.37 *J* se puso en pie y..Si alguno tiene sed
7.39 porque *J* no había sido aún glorificado
8.1 y *J* se fue al monte de los Olivos
8.6 *J*, inclinado hacia el suelo, escribía en
8.9 quedó solo *J*, y la mujer que estaba en
8.10 enderezándose *J*, y no viendo a nadie
8.11 *J* le dijo: Ni yo te condeno; vete, y no
8.12 *J* les habló, diciendo: Yo soy la luz del
8.14 *J* y les dijo: Aunque yo doy testimonio
8.19 respondió *J*: Ni a mí me conocéis, ni a
8.20 habló *J* en el lugar de las ofrendas
8.21 les dijo *J*: Yo me voy, y me buscaréis
8.25 *J* les dijo: Lo que desde el principio os
8.28 les dijo..*J*: Cuando hayáis levantado al
8.31 dijo..*J* a los judíos que habían creído
8.34 *J* les respondió..esclavo es del pecado
8.39 *J* les dijo: Si fueseis hijos de Abraham
8.42 *J*..dijo: Si vuestro padre fuese Dios
8.49 respondió *J*: Yo no tengo demonio, antes
8.54 respondió *J*: Si yo me glorifico a mí
8.58 *J* les dijo..Antes que Abraham fuese, yo
8.59 pero *J* se escondió y salió del templo
9.1 al pasar *J*, vio a un hombre ciego de
9.3 respondió *J*: No es que pecó éste, ni sus
9.11 aquel hombre que se llama *J* hizo lodo
9.14 era día de reposo cuando *J* había hecho
9.22 si alguno confesase que *J* era el Mesías
9.35 oyó *J* que le habían expulsado; y..le dijo
9.37 le dijo *J*: Pues le has visto, y el que
9.39 dijo *J*: Para juicio he venido yo a este
9.41 *J* les respondió: Si fuerais ciegos, no
10.6 esta alegoría les dijo *J*; pero ellos no
10.7 *J* a decirles..os digo, yo soy la puerta
10.23 y *J* andaba..por el pórtico de Salomón
10.25 *J* les respondió: Os lo he dicho, y no
10.32 *J* les respondió: Muchas buenas obras
10.34 *J* les respondió: ¿No está escrito en
11.3 enviaron..las hermanas para decir a *J*
11.4 oyéndolo *J*, dijo: Esta enfermedad no es
11.5 y amaba *J* a Marta, a su hermana y a
11.9 respondió *J*: ¿No tiene el día 12 horas?
11.13 *J* decía esto de la muerte de Lázaro
11.14 entonces *J* les dijo..Lázaro ha muerto
11.17 vino..*J*, y halló que hacía cuatro días
11.20 Marta, cuando oyó que *J* venía, salió
11.21 y Marta dijo a *J*: Señor, si hubieses
11.23 *J* le dijo: Tu hermano resucitará
11.25 dijo: Yo soy la resurrección y la vida
11.30 *J*..no había entrado en la aldea, sino
11.32 María, cuando llegó a donde estaba *J*
11.33 *J*..al verla llorando..se estremeció en
11.35 *J* lloró
11.38 *J*..vino al sepulcro. Era una cueva, y
11.39 dijo *J*: Quitad la piedra. Marta, la
11.40 *J* le dijo: ¿No te he dicho que si crees
11.41 y *J*..dijo: Padre, gracias te doy por
11.44 *J* les dijo: Desatadle, y dejadle ir
11.45 vieron lo que hizo *J*, creyeron en él
11.46 y les dijeron lo que *J* había hecho
11.51 profetizó que *J* había de morir por la
11.54 *J* ya no andaba abiertamente entre los
11.56 y buscaban a *J*, y estando ellos en el
12.1 vino *J* a Betania, donde estaba Lázaro
12.3 ungió los pies de *J*, y los enjugó con
12.7 entonces *J* dijo: Déjala; para el día de
12.9 no..por causa de *J*, sino..ver a Lázaro
12.11 los judíos se apartaban y creían en *J*
12.12 fiesta, al oir que *J* venía a Jerusalén
12.14 halló *J* un asnillo, y montó sobre él
12.16 cuando *J* fue glorificado, entonces se
12.21 diciendo: Señor, quisiéramos ver a *J*
12.22 Andrés y Felipe se lo dijeron a *J*
12.23 *J* les respondió..Ha llegado la hora
12.30 respondió *J*..No ha venido esta voz por
12.35 *J* les dijo: Aún por un poco está la luz
12.36 cosas habló *J*, y se fue y se ocultó de
12.44 *J* clamó y dijo: El que cree en mí, no
13.1 sabiendo *J* que su hora había llegado
13.3 sabiendo *J* que el Padre le había dado
13.7 respondió *J* y le dijo: lo que yo hago
13.8 *J* le respondió: Si no te lavare, no
13.10 *J* le..El que está lavado, no necesita
13.21 dicho *J* esto, se conmovió en espíritu
13.23 al cual *J* amaba, estaba..al lado de *J*
13.25 recostado cerca del pecho de *J*, le dijo
13.26 respondió *J*: A quien yo diere el pan
13.27 *J* le dijo: Lo que vas a hacer, hazlo
13.29 *J* le decía: Compra lo que necesitamos
13.31 dijo *J*: Ahora es glorificado el Hijo
13.36 *J* le respondió: A donde yo voy, no me
13.38 *J* le respondió: ¿Tu vida pondrás por
14.6 *J* le dijo: Yo soy el camino..y la vida
14.9 *J* le dijo: ¿Tanto tiempo hace que estoy
14.23 respondió *J*..ama, mi palabra guardará
16.19 *J* conoció que querían preguntarle, y
16.31 *J* les respondió: ¿Ahora creéis?
17.1 estas cosas habló *J*, y levantando los
18.1 habiendo dicho *J* estas cosas, salió con
18.2 muchas veces *J* se había reunido allí con
18.4 pero *J*, sabiendo todas las cosas que le
18.5 respondieron: A *J* nazareno. *J* les dijo
18.7 buscáis? Y ellos dijeron: A *J* nazareno
18.8 respondió *J*: Os he dicho que yo soy; pues
18.11 *J*..dijo a Pedro: Mete tu espada en la
18.12 los alguaciles..prendieron a *J* y le
18.15 y seguían a *J*..Pedro y otro discípulo
18.15 y entró con *J* al patio del..sacerdote
18.19 el sumo sacerdote preguntó a *J* acerca
18.20 *J* le respondió: Yo públicamente he
18.22 cuando *J* hubo dicho esto, uno de los
18.23 *J* le..Si he hablado mal, testifica en
18.28 llevaron a *J* de casa de Caifás al
18.32 cumpliese la palabra que *J* había dicho
18.33 llamó a *J* y le dijo: ¿Eres tú el Rey de
18.34 *J* le respondió: ¿Dices tú esto por ti
18.36 respondió *J*: Mi reino no es de este
18.37 respondió *J*: Tú dices que yo soy rey
19.1 así..entonces tomó Pilato a *J*, y le azotó
19.5 salió *J*, llevando la corona de espinas
19.9 entró..y dijo a *J*: ¿De dónde eres tú?
19.9 ¿de dónde..Mas *J* no le dio respuesta
19.11 *J*: Ninguna autoridad tendrías contra mí
19.13 Pilato..llevó fuera a *J*, y se sentó en
19.16 lo entregó..Tomaron..a *J*, y le llevaron
19.18 a otros dos, uno a cada lado, y *J* en
19.19 decía: *J* Nazareno, Rey de los judíos
19.20 donde *J* fue crucificado estaba cerca de
19.23 los soldados hubieron crucificado a *J*
19.25 estaban junto a la cruz de *J* su madre
19.26 vio *J* a su madre, y al discípulo a
19.28 sabiendo *J* que..todo estaba consumado
19.30 cuando *J* hubo tomado el vinagre, dijo
19.33 cuando llegaron a *J*, como le vieron ya
19.38 José de Arimatea..era discípulo de *J*
19.38 le permitiese llevarse el cuerpo de *J*
19.38 José..vino, y se llevó el cuerpo de *J*
19.39 que antes había visitado a *J* de noche
19.40 el cuerpo de *J*, y lo envolvieron en
19.42 sepulcro estaba cerca, pusieron a *J*
20.2 aquel al que amaba *J*, y les dijo: Se han
20.7 el sudario, que..sobre la cabeza de *J*
20.12 a los pies, donde el cuerpo de *J* había
20.14 vio a *J*..allí; mas no sabía que era *J*
20.15 *J* le dijo: Mujer, ¿por qué lloras? ¿A
20.16 *J* le dijo: ¡María! Volviéndose ella, le
20.17 *J* le dijo: No me toques, porque aún no
20.19 vino *J*, y puesto en medio, les dijo
20.21 *J* les dijo otra vez: Paz a vosotros
20.24 Tomás..no estaba con ellos cuando *J*
20.26 llegó *J*, estando las puertas cerradas
20.29 *J* le dijo: Porque me has visto, Tomás
20.30 hizo además *J* muchas otras señales en
20.31 para que creáis que *J* es el Cristo, el
21.1 *J* se manifestó otra vez a sus discípulos
21.4 se presentó *J* en..no sabían que era *J*
21.7 discípulo a quien *J* amaba dijo a Pedro
21.10 *J* les dijo: Traed de los peces que
21.12 les dijo *J*: Venid, comed. Y ninguno se
21.13 vino, pues, *J*, y tomó el pan y les dio
21.14 la tercera vez que *J* se manifestaba a
21.15 *J* dijo a Simón Pedro: Simón, hijo de
21.17 te amo. *J* le dijo: Apacienta mis ovejas
21.20 les seguía el discípulo a quien amaba *J*
21.21 vio, dijo a *J*: Señor, ¿y qué de éste?
21.22 *J* le dijo: Si quiero que él quede hasta
21.23 *J* no le dijo que no moriría, sino: Si
21.25 muchas cosas que hizo *J*, las cuales si

Hch. 1.1 todas las cosas que *J* comenzó a hacer
1.11 mismo *J*, que ha sido tomado de vosotros
1.14 en oración y..con María la madre de *J*
1.16 de Judas..guía de los que prendieron a *J*
1.21 todo el tiempo que el Señor *J* entraba
2.22 *J* nazareno, varón aprobado por Dios
2.32 este *J* resucitó Dios, de lo cual todos
2.36 este *J* a quien vosotros crucificasteis
3.13 el Dios de..ha glorificado a su Hijo *J*
4.2 anunciasen en *J* la resurrección de los
4.11 *J* es la piedra reprobada por vosotros
4.13 les reconocían que habían estado con *J*
4.18 hablasen ni enseñasen en el nombre de *J*
4.27 se unieron en..contra tu santo Hijo *J*
4.30 mediante el nombre de tu santo Hijo *J*
4.33 testimonio..la resurrección del Señor *J*
5.30 Dios..levantó a *J*, a quien..matasteis
5.40 que no hablasen en el nombre de *J*, y los
6.14 ese *J* de Nazaret destruirá este lugar
7.55 la gloria y a *J*..a la diestra de Dios
7.59 y decía: Señor *J*, recibe mi espíritu
8.16 habían sido bautizados en el nombre de *J*
8.35 Felipe..le anunció el evangelio de *J*
9.5 soy *J*, a quien tú persigues; dura cosa
9.17 el Señor *J*, que se te apareció en el
9.22 Saulo..demostrando que *J* era el Cristo
9.27 Damasco había hablado..el nombre de *J*
10.38 Dios ungió..con poder a *J* de Nazaret
10.39 cosas que *J* hizo en la tierra de Judea
10.48 bautizarles en el nombre del Señor *J*
11.20 anunciando el evangelio del Señor *J*
13.23 Dios levantó a *J* por Salvador a Israel
13.27 no conociendo a *J*, ni las palabras de
13.33 Dios ha cumplido a los..resucitando a *J*
15.11 la gracia del Señor *J* seremos salvos
17.3 *J*, a quien yo os anuncio..es el Cristo
17.7 de César, diciendo que hay otro rey, *J*
17.18 les predicaba el evangelio de *J*, y de
18.5 testificando a los judíos que *J* era el
18.28 demostrando por..que *J* era el Cristo
19.4 al pueblo que creyesen en..*J* el Cristo
19.5 fueron bautizados en el nombre..Señor *J*
19.10 todos..oyeron la palabra del Señor *J*
19.13 invocar el nombre del Señor *J* sobre
19.13 os conjuro por *J*, el que predica Pablo
19.15 a *J* conozco, y sé quién es Pablo; pero
19.17 era magnificado el nombre del Señor *J*
20.24 el ministerio que recibí del Señor *J*
20.35 y recordar las palabras del Señor *J*
21.13 aun a morir..por el nombre del Señor *J*
22.8 ¿quién eres, Señor? y me dijo: Yo soy *J*
25.19 un cierto *J*, ya muerto, el que Pablo
26.9 cosas contra el nombre de *J* de Nazaret
26.15 dijo: Yo soy *J*, a quien tú persigues
28.23 persuadiéndoles acerca de *J*, tanto por

Ro. 3.24 mediante la redención..es en Cristo *J*
3.26 el que justifica al que es de la fe de *J*
4.24 en el que levantó de los muertos a *J*
6.3 los que hemos sido bautizados en Cristo *J*
6.11 pero vivos para Dios en Cristo *J*, Señor
6.23 vida eterna en Cristo *J* Señor nuestro
8.1 para los que están en Cristo *J*, los que
8.2 la ley del Espíritu de vida en Cristo *J*
8.11(2) el que levantó de los muertos a *J*
8.39 amor de Dios, que es en Cristo *J* Señor
10.9 si confesares con tu..que *J* es el Señor
14.14 sé, y confío en el Señor *J*, que nada es
15.5 os dé..un mismo sentir según Cristo *J*
15.8 *J* vino a ser siervo de la circuncisión
15.17 tengo..de qué gloriarme en Cristo *J* en
16.3 Aquila, mis colaboradores en Cristo *J*
16.9 Urbano, nuestro colaborador en Cristo *J*

1 Co. 1.2 santificados en Cristo *J*, llamados a
1.4 la gracia de Dios que..dada en Cristo *J*
1.30 mas por él estáis vosotros en Cristo *J*
4.15 en Cristo *J* yo os engendré por medio del
5.5 espíritu sea salvo en el día del Señor *J*
6.11 justificados en el nombre del Señor *J*
9.1 ¿no he visto a *J* el Señor nuestro? ¿No
11.23 el Señor *J*, la noche que fue entregado
12.3 nadie que hable por..llama anatema a *J*

JESÚS *(Continúa)*
1 Co. 12.3 y nadie puede llamar a J Señor, sino por
16.24 mi amor en Cristo J esté con todos
2 Co. 1.14 vuestra gloria..el día del Señor J
2.14 nos lleva siempre en triunfo en Cristo J
4.5 a nosotros como..siervos por amor de J
4.10 llevando en el cuerpo..la muerte de J
4.10 que también la vida de J se manifieste
4.11 entregados a muerte por causa de J, para
4.11 para que..la vida de J se manifieste en
4.14 el que resucitó al Señor J, a nosotros
4.14 a nosotros también nos resucitará con J
11.4 si viene alguno predicando a otro J que
Gá. 2.4 nuestra libertad..tenemos en Cristo J
3.14 para que en..J la bendición de Abraham
3.26 sois hijos de Dios por la fe en Cristo J
3.28 todos vosotros sois uno en Cristo J
4.14 me recibisteis como a..como a Cristo J
5.6; 6.15 en..J ni la circuncisión vale algo
6.17 en mi cuerpo las marcas del Señor J
Ef. 1.1 a los santos y fieles en Cristo J que
1.15 habiendo oído de vuestra fe en el..J, y
2.6 y asimismo nos hizo sentar..con Cristo J
2.7 su bondad para con nosotros en Cristo J
2.10 creados en Cristo J para buenas obras
2.13 ahora en Cristo J..hechos cercanos por
3.1 prisionero de Cristo J por vosotros los
3.6 copartícipes de la promesa en Cristo J
3.11 propósito eterno que hizo en Cristo J
3.21 él sea gloria en la iglesia en Cristo J
4.21 oído..conforme a la verdad que está en J
Fil. 1.1 Pablo..a todos los santos en Cristo J
1.26 abunde vuestra gloria de mí en Cristo J
2.5 este sentir que hubo también en Cristo J
2.10 el nombre de J se doble toda rodilla de
2.19 espero en el Señor J enviaros pronto a
2.21 todos buscan..no lo que es de Cristo J
3.3 nos gloriamos en Cristo J, no teniendo
3.8 excelencia del conocimiento de Cristo J
3.12 para lo cual fui..asido por Cristo J
3.14 supremo llamamiento de Dios en Cristo J
4.7 guardará..y vuestros pensamientos en..J
4.19 conforme a sus riquezas en gloria en..J
4.21 saludad a todos los santos en Cristo J
Col. 1.4 oído de vuestra fe en Cristo J, y del
1.28 presentar perfecto en..J a todo hombre
3.17 hacedlo todo en el nombre del Señor J
1 Ts. 1.10 al cual resucitó de los muertos, a J
2.14 imitadores de las iglesias de Dios en..J
2.15 los cuales mataron al Señor J y a sus
4.1 os rogamos y exhortamos en el Señor J
4.2 qué instrucciones os dimos por el Señor J
4.14 si creemos que J murió y resucitó, así
4.14 traerá Dios con J a los que durmieron
5.18 la voluntad..con vosotros en Cristo J
2 Ts. 1.7 manifieste el Señor J desde el cielo
1 Ti. 1.2 paz, de Dios nuestro..y de Cristo J
1.12 doy gracias..a Cristo J nuestro Señor
1.14 con la fe y el amor que es en Cristo J
1.15 que Cristo J vino al mundo para salvar
3.13 confianza en la fe que es en Cristo J
2 Ti. 1.1 promesa de la vida que es en Cristo J
1.9 y la gracia que nos fue dada en Cristo J
1.13 oíste, en la fe y amor que es en Cristo J
2.1 mío, esfuérzate en la gracia que es en..J
2.10 obtengan la salvación que es en Cristo J
3.12 quieren vivir piadosamente en Cristo J
3.15 salvación por la fe que es en Cristo J
Flm. 5 del amor y de la fe que tienes hacia..J
6 el bien que está en vosotros por Cristo J
23 mi compañero de prisiones por Cristo J
He. 2.9 a J, coronado de gloria y de honra, a
3.1 apóstol..de nuestra profesión, Cristo J
4.14 gran sumo sacerdote..J el Hijo de Dios
6.20 donde J entró por..como precursor, hecho
7.22 por..J es hecho fiador de un mejor pacto
12.2 los ojos en J, el autor y consumador de
12.24 a J el Mediador del nuevo pacto, y a
13.12 J, para santificar al pueblo..padeció
2 P. 1.2 el conocimiento de..nuestro Señor J
1 Jn. 2.22 sino el que niega que J es el Cristo?
4.15 que confiese que J es el Hijo de Dios
5.1 todo aquel que cree que J es el Cristo
5.5 que vence..el que cree que J es el Hijo
Ap. 14.12 mandamientos de Dios y la fe de J
17.6 ebria de la sangre de los mártires de J
19.10 hermanos..retienen el testimonio de J
19.10 el testimonio de J es el espíritu de la
20.4 decapitados por causa..testimonio de J
22.16 yo J he enviado mi ángel para daros
22.20 vengo en breve. Amén; sí, ven, Señor J

2. ***"Jesús, llamado Justo", compañero de Pablo,*** **Col. 4.11**

JETER
1. ***Primogénito de Gedeón,*** **Jue. 8.20**
2. ***Padre de Amasa,*** **1 R. 2.5,32; 1 Cr. 2.17**
3. ***Descendiente de Jerameel,*** **1 Cr. 2.32**
4. ***Hijo de Esdras No. 1,*** **1 Cr. 4.17**
5. ***Descendiente de Aser,*** **1 Cr. 7.38**

JETET ***Jefe edomita,*** **Gn. 36.40; 1 Cr. 1.51**

JETLA ***Aldea en Dan,*** **Jos. 19.42**

JETRO ***Suegro de Moisés***
Éx. 3.1 apacentando Moisés las ovejas de J su
4.18 volviendo a su..J..J dijo a Moisés: Vé
18.1 oyó J..las cosas que Dios había hecho
18.2 y tomó J..a Séfora la mujer de Moisés
18.5 J el suegro de Moisés, con los hijos y
18.6 yo tu suegro J vengo a ti, con tu mujer
18.9 se alegró J de todo el bien que Jehová
18.10 y J dijo: Bendito sea Jehová, que os
18.12 tomó J..holocaustos y sacrificios para

JETUR ***Hijo de Ismael, y su descendencia,*** **Gn. 25.15; 1 Cr. 1.31; 5.19**

JEUEL ***Jefe de un grupo que regresó del exilio,*** **1 Cr. 9.6**

JEÚS
1. ***Hijo de Esaú y Aholibama,*** **Gn. 36.5,14,18; 1 Cr. 1.35**
2. ***Descendiente de Benjamín,*** **1 Cr. 7.10**
3. ***Descendiente del rey Saúl,*** **1 Cr. 23.10,11**
4. ***Hijo del rey Roboam,*** **2 Cr. 11.19**

JEUZ ***Descendiente de Benjamín,*** **1 Cr. 8.10**

JEZABEL ***Mujer del rey Acab***
1 R. 16.31 tomó por mujer a J..sirvió a Baal
18.4 cuando J destruía a..profetas de Jehová
18.13 hice, cuando J mataba a los profetas de
18.19 profetas de..que comen de la mesa de J
19.1 dio a J la nueva de todo lo que Elías
19.2 envió J a Elías un mensajero, diciendo
21.5 vino a él su mujer J, y le dijo: ¿Por
21.7 J le dijo: ¿Eres tú..rey sobre Israel?
21.11 los ancianos..hicieron como J les mandó
21.14 a decir a J: Nabot ha sido apedreado
21.15 J oyó que Nabot había sido apedreado
21.23 de J..ha hablado Jehová, diciendo: Los
21.23 los perros comerán a J en el muro de
21.25 fue como Acab..J su mujer lo incitaba
2 R. 9.7 yo vengue la sangre..de la mano de J
9.10 J la comerán los perros en el campo de
9.22 ¿qué paz, con las fornicaciones de J tu
9.30 cuando J lo oyó, se pintó los ojos con
9.36 en..comerán los perros las carnes de J
9.37 el cuerpo de J será como estiércol sobre
9.37 manera que nadie pueda decir: Esta es J
Ap. 2.20 que toleras que esa mujer J..enseñe

JEZANÍAS ***Capitán judío que quedó con Gedalías después de la deportación,*** **Jer. 40.8; 42.1**

JEZER ***Hijo de Neftalí,*** **Gn. 46.24; Nm. 26.30,49; 1 Cr. 7.13**

JEZERITA ***Descendiente de Jezer,*** **Nm. 26.30,49**

JEZÍAS ***Uno de los que se casaron con mujeres extranjeras en tiempo de Esdras,*** **Esd. 10.25**

JEZIEL ***Guerrero que se unió a David en Siclag,*** **1 Cr. 12.3**

JEZLÍAS ***Descendiente de Benjamín,*** **1 Cr. 8.18**

JEZOAR ***Descendiente de Judá,*** **1 Cr. 4.7**

JEZREEL
1. ***Población en Judá***
Jos. 15.56 J, Jocdeam, Zanoa
1 S. 25.43 también tomó David a Ahinoam de J
29.1 acampó junto a la fuente que está en J
29.11 volver a..y los filisteos fueron a J
2. ***Ciudad en la frontera de Isacar***
Jos. 19.18 fue su territorio J, Quesulot, Sunem
2 S. 2.9 lo hizo rey sobre Galaad..J..Efraín
4.4 cinco años..cuando llegó de J la noticia
1 R. 4.12 más abajo de J, desde Bet-seán hasta
18.45 gran lluvia. Y subiendo Acab, vino a J
18.46 y corrió delante de..hasta llegar a J
21.1 Nabot de J tenía allí una viña junto al
21.4 enojado, por la palabra que Nabot de J
21.6 hablé con Nabot de J, y le dije que me
21.7 le dijo..te daré la viña de Nabot de J
21.15 toma la viña de Nabot de J, que no te
21.16 para descender a la viña de Nabot de J
21.23 perros comerán a Jezabel en el muro de J
2 R. 8.29 Joram se volvió a J para curarse de
8.29 a visitar a Joram hijo de Acab en J
9.10 a Jezabel la comerán..en el campo de J
9.15 se había vuelto el rey Joram a J, para
9.15 escape..para ir a dar las nuevas en J
9.16 Jehú cabalgó y fue a J, porque Joram
9.17 atalaya..en la torre de J vio la tropa
9.21 hallaron en la heredad de Nabot en J
9.25 y échalo a un..la heredad de Nabot de J
9.30 vino..Jehú a J; y cuando Jezabel lo oyó
9.36 en..J comerán los perros las carnes de
9.37 será como estiércol..en la heredad de J
10.1 escribió cartas..a los principales de J
10.6 y venid a mí mañana a esta hora, a J
10.7 sus cabezas en..y se las enviaron a J
10.11 mató..Jehú..de la casa de Acab en J, a
2 Cr. 22.6 volvió para curarse en J de..heridas
22.6 para visitar a Joram hijo de Acab en J
Os. 1.4 castigaré a..causa de la sangre de J
1.11 tierra; porque el día de J será grande
3. ***Valle entre Galilea y Samaria***
Jos. 17.16 y los que están en el valle de J
Jue. 6.33 pasando acamparon en el valle de J
Os. 1.5 quebraré yo el arco..en el valle de J
2.22 vino y al aceite, y ellos responderán a J
4. ***Descendiente de Judá,*** **1 Cr. 4.3**
5. ***Hijo del profeta Oseas,*** **Os. 1.4**

JEZREELITA ***Originaria de Jezreel No 1; sobrenombre de Ahinoam, mujer de David,*** **1 S. 27.3; 30.5; 2 S. 2.2; 3.2; 1 Cr. 3.1**

JIBSAM ***Descendiente de Isacar,*** **1 Cr. 7.2**

JIDLAF ***Hijo de Nacor,*** **Gn. 22.22**

JIFTA ***Aldea en Judá,*** **Jos. 15.43**

JINETE
Gn. 49.17 muerde..y hace caer hacia atrás al j
Éx. 15.1,15 echado en el mar al caballo y al j
1 R. 4.26 Salomón tenía..carros, y doce mil j
10.26 tenía..doce mil j, los cuales puso en
2 R. 9.17 un j que vaya a reconocerlos, y les
9.18 fue, pues, el j a reconocerlos, y dijo
9.19 envió otro j, el cual llegando a ellos
18.23 te daré..si tú puedes dar j para ellos
2 Cr. 1.14 y juntó Salomón..12.000 j, los cuales
9.25 tuvo..12.000 j, los cuales puso en las
Job 39.18 luego..se burla del caballo y de su j
Is. 21.7,9 hombres montados, j de dos en dos
22.6 y Elam tomó aljaba, con carros y con j
31.1 su esperanza..en j, porque son valientes
36.8 si tú puedes dar j que cabalguen sobre
Jer. 46.4 subid, vosotros los j, y poneos con
51.21 quebrantaré caballos y a sus j, y por
Ez. 23.6,12 capitanes..j que iban a caballo
26.7 y carros y j, y tropas y mucho pueblo
38.4 caballos y j, de todo en todo equipados
39.20 os saciaréis..de j fuertes y de todos
Os. 1.7 no los salvaré..ni con caballos ni j
Nah. 3.3 j enhiesto, y resplandor de espada
Hab. 1.8 j se multiplicarán..de lejos sus j
Hag. 2.22 y vendrán abajo los caballos y sus
Zac. 12.4 heriré con pánico..y con locura al j
Hch. 23.23 mandó que preparasen..70 j y 200
23.32 día..dejando a los j que fuesen con él
Ap. 9.16 el número de los..j era 200 millones
9.17 así vi en visión los caballos y a sus j
19.18 carnes de caballos y de sus j, y carnes

JOA
1. ***Canciller del rey Ezequías***
2 R. 18.18 y salió a ellos..y J hijo de Asaf
18.26 dijo..J, al Rabsaces: Te rogamos que
18.37 J hijo de Asaf, canciller, vinieron a
Is. 36.3 salió a él..J hijo de Asaf, canciller
36.11 entonces dijeron Eliaquim, Sebna y J
36.22 y J hijo de Asaf, canciller, vinieron
2. ***Levita, descendiente de Gersón,*** **1 Cr. 6.21**
3. ***Levita, hijo de Obed-edom,*** **1 Cr. 26.4**
4. ***Levita en tiempo del rey Ezequías (posiblemente =No. 1),*** **2 Cr. 29.12**
5. ***Canciller del rey Josías,*** **2 Cr. 34.8**

JOAB
1. ***General del ejército del rey David***
1 S. 26.6 Abisai hijo de Sarvia, hermano de J
2 S. 2.13 J siervos y los..de David salieron
2.14 y dijo Abner a J: Levántense ahora los
2.14 y maniobren..Y J respondió: Levántense
2.18 tres hijos de Sarvia: J, Abisai y Asael
2.22 levantaría yo mi rostro delante de J tu
2.24 mas J y Abisai siguieron a Abner; y se
2.26 dio voces a J, diciendo: ¿Consumirá la
2.27 y J respondió: Vive Dios, que si no
2.28 J tocó el cuerno, y todo el pueblo se
2.30 J también volvió de perseguir a Abner
2.32 y caminaron toda aquella noche J y sus
3.22 siervos de David y J venían del campo
3.23 llegó J..fue dado aviso a J, diciendo
3.24 J vino al rey, y le dijo: ¿Qué has hecho?
3.26 y saliendo J de la presencia de David
3.27 cuando Abner volvió..J lo llevó aparte
3.29 caiga sobre..J..falte de la casa de J
3.30 J, pues, y Abisai su hermano, mataron a
3.31 dijo David a J..Rasgad vuestros vestidos
8.16 J hijo de..era general de su ejército
10.7 David..envió a J con todo el ejército

JOAB *(Continúa)*
2 S. 10.9 viendo, pues, *J* que se le presentaba la
10.13 y se acercó *J*, y el pueblo que con él
10.14 se volvió. . *J* de luchar contra. . de Amón
11.1 David envió a *J*, y con él a sus siervos
11.6 David envió a decir a *J*: Envíame a Urías
11.6 envíame a. . Y *J* envió a Urías a David
11.7 David le preguntó por la salud de *J*, y
11.11 mi señor *J*, y los siervos de mi señor
11.14 escribió David a *J* una carta, la cual
11.16 cuando *J* sitió la ciudad, puso a Urías
11.17 pelearon contra *J*, y cayeron algunos
11.18 entonces envió *J* e hizo saber a David
11.22 contó a David todo aquello a que *J* le
11.25 así dirás a *J*: No tengas pesar por esto
12.26 *J* peleaba contra Rabá. . hijos de Amón
12.27 envió *J* mensajeros a David, diciendo
14.1 conociendo *J*. . que el corazón del rey se
14.2 envió *J* a Tecoa, y tomó de allá. . mujer
14.3 le hablarás. . Y puso *J* las palabras en su
14.19 ¿no anda. . *J* contigo en. . *J*, él me mandó
14.20 para mudar. . *J* tu siervo ha hecho esto
14.21 el rey dijo a *J*: He aquí yo hago esto
14.22 *J* se postró en tierra sobre su rostro
14.23 se levantó. . *J* y fue a Gesur, y trajo a
14.29 mandó Absalón por *J*, para enviarlo al
14.30 mirad, el campo de *J* está junto al mío
14.31 se levantó *J* y vino a casa de Absalón
14.32 Absalón respondió a *J*. . he enviado por
14.33 vino, pues, *J* al rey, y se lo hizo saber
17.25 Absalón nombró a Amasa. . en lugar de *J*
17.25 Abigail. . hermana de Sarvia madre de *J*
18.2 una tercera parte bajo el mando de *J*
18.2 de Abisai hijo de Sarvia, hermano de *J*
18.5 el rey mandó a *J*, a Abisai y. . diciendo
18.10 viéndolo uno, avisó a *J*, diciendo: He
18.11 y *J* respondió al hombre. . Y viéndolo tú
18.12 el hombre dijo a *J*: Aunque me pesaras
18.14 respondió *J*: No malgastaré mi tiempo
18.15 escuderos de *J*. . hirieron a Absalón, y
18.16 *J* tocó la trompeta. . *J* detuvo al pueblo
18.20 respondió *J*: Hoy no llevarás las nuevas
18.21 *J* dijo a un etíope: Vé tú, y dí al rey
18.21 y el etíope hizo reverencia ante *J*, y
18.22 entonces Ahimaas. . volvió a decir a *J*
18.22 y *J* dijo: Hijo mío, ¿para qué has de
18.29 cuando envió *J* al siervo del rey y a
19.1 dieron aviso a *J*: He aquí el rey llora
19.5 *J* vino al rey en la casa, y dijo: Hoy
19.13 si no fueres general del. . en lugar de *J*
20.7 salieron en pos de él los hombres de *J*
20.8 y *J* estaba ceñido de su ropa, y sobre
20.9 *J* dijo a Amasa: ¿Te va bien, hermano
20.9 tomó *J*. . la barba de Amasa, para besarlo
20.10 de la daga que estaba en la mano de *J*
20.10 *J* y su. . fueron en persecución de Seba
20.11 uno de los. . de *J* se paró junto a él
20.11 ame a *J* y a David, vaya en pos de *J*
20.13 pasaron. . los que seguían a *J*, para ir
20.15 el pueblo que estaba con *J* trabajaba
20.16 os ruego que digáis a *J* que venga acá
20.17 dijo la mujer: ¿Eres tú *J*?. . Yo soy
20.20 *J* respondió diciendo: Nunca tal, nunca
20.21 la mujer dijo a *J*: He aquí su cabeza
20.22 cortaron la cabeza. . la arrojaron a *J*
20.22 tocó. . Y *J* se volvió al rey a Jerusalén
20.23 así quedó *J* sobre todo el ejército de
23.18 Abisai hermano de *J*. . fue el principal
23.24 Asael hermano de *J* fue de los treinta
23.37 Naharai. . escudero de *J* hijo de Sarvia
24.2 dijo el rey a *J*. . Recorre ahora todas las
24.3 *J* respondió al rey: Añada Jehová tu
24.4 prevaleció sobre *J*. . Salió, pues, *J* con
24.9 y *J* dio el censo del pueblo al rey; y
1 R. 1.7 se había puesto de acuerdo con *J* hijo
1.19 ha convidado. . a *J* general del ejército
1.41 oyendo *J* el sonido de la trompeta, dijo
2.5 ya sabes tú lo que me ha hecho *J* hijo de
2.22 ya tiene también. . y a *J* hijo de Sarvia
2.28 vino la noticia a *J*. . también *J* se había
2.28 huyó *J* al tabernáculo de Jehová, y se
2.29 *J* había huido al tabernáculo de Jehová
2.30 al rey. . Así dijo *J*, y así me respondió
2.31 quita de. . la sangre que *J* ha derramado
2.33 la sangre. . recaerá sobre la cabeza de *J*
11.15 y subió *J* el general del ejército a
11.16 seis meses habitó allí *J*, y todo Israel
11.21 que era muerto *J* general del ejército
1 Cr. 2.16 hijos de Sarvia. . Abisai, *J* y Asael
11.6 *J*. . subió el primero, y fue hecho jefe
11.8 muro; y *J* reparó el resto de la ciudad
11.20 Abisai, hermano de *J*, era jefe de los
11.26 los valientes de. . Asael hermano de *J*
11.39 Naharai beerotita, escudero de *J* hijo
18.15 y *J* hijo de. . era general del ejército
19.8 David, envió a *J* con todo el ejército
19.10 y viendo *J* que el ataque. . había sido
19.14 se acercó *J*. . pelear contra los sirios
19.15 de Amón. . huyeron. . *J* volvió a Jerusalén
20.1 *J* sacó las fuerzas del. . y *J* batió a Rabá
21.2 dijo David a *J* y. . haced censo de Israel
21.3 dijo *J*: Añada Jehová a su pueblo cien
21.4 la orden del rey pudo más que *J*. Salió
21.4 salió, por tanto, *J*, y recorrió todo
21.6 la orden del rey era abominable a *J*
26.28 había consagrado. . y *J* hijo de Sarvia
27.7 el cuarto jefe. . era Asael hermano de *J*
27.24 *J* hijo de. . había comenzado a contar
27.34 *J* era el general del ejército del rey
Sal. 60 *tít.* volvió *J*, y destrozó a 12.000 de

2. ***Hijo de Seraías,*** **1 Cr. 4.14**

3. ***Ascendiente de un grupo que regresó del exilio con Zorobabel,*** **Esd. 2.6; 8.9; Neh. 7.11**

JOACAZ

1. ***Rey de Israel, hijo y sucesor de Jehú***

2 R. 10.35 durmió Jehú. . y reinó en su lugar *J*
13.1 comenzó a reinar *J* hijo de Jehú sobre
13.4 *J* oró en presencia de Jehová, y Jehová
13.7 no le había quedado gente a *J*, sino 50
13.8 los hechos de *J*. . ¿no está escrito en el
13.9 y durmió *J*. . y lo sepultaron en Samaria
13.10 comenzó a reinar Joás hijo de *J* sobre
13.22 afligió a Israel todo el tiempo de *J*
13.25 volvió Joás hijo de *J* y tomó de mano
13.25 que éste había tomado en. . de mano de *J*
14.1 en el año segundo de Joás hijo de *J* rey
14.8 envió mensajeros a Joás hijo de *J*, hijo
14.17 vivió después de. . Joás hijo de *J*, rey
2 Cr. 25.17 a decir a Joás hijo de *J*, hijo de
25.25 después de la muerte de Joás hijo de *J*

2. ***Rey de Judá, hijo y sucesor de Josías (=Salum No. 4)***

2 R. 23.30 pueblo de la tierra tomó a *J*. . rey
23.31 de 23 años. . *J* cuando comenzó a reinar
23.34 a *J*, y lo llevó a Egipto, y murió allí
2 Cr. 36.1 el pueblo. . tomó a *J* hijo de Josías
36.2 de 23 años. . *J* cuando comenzó a reinar
36.4 a Eliaquim hermano de *J* por rey sobre
36.4 y a *J* su hermano tomó Necao. . a Egipto

3. ***Rey de Judá, hijo y sucesor de Joram (=Ocozías No. 2)***

2 Cr. 21.17 y no le quedó más hijo sino. . *J* el
25.23 apresó. . a Amasías rey de. . hijo de *J*

4. ***Padre de Joa No. 5,*** **2 Cr. 34.8**

JOACIM

1. ***Rey de Judá, hijo de Josías y sucesor de Joacaz No. 2 (=Eliaquim No. 2)***

2 R. 23.34 y le cambió el nombre por el de *J*
23.35 *J* pagó a Faraón la plata y el oro; mas
23.36 de 25 años. . *J* cuando comenzó a reinar
24.1 *J* vino a ser su siervo por 3 años, pero
24.2 envió contra *J* tropas de caldeos, tropas
24.5 demás hechos de *J*. . ¿no está escrito en
24.6 durmió *J* con sus padres, y reinó en su
24.19 e hizo lo malo. . lo que había hecho *J*
1 Cr. 3.15 el segundo *J*, el tercero Sedequías
3.16 los hijos de *J*: Jeconías su hijo, hijo
2 Cr. 36.4 le mudó el nombre en *J*; y a Joacaz
36.5 cuando comenzó a reinar *J* era de 25 años
36.8 los demás hechos de *J*, y las. . que hizo
Jer. 1.3 le vino. . en días de *J* hijo de Josías
22.18 así ha dicho Jehová acerca de *J* hijo
22.24 si Conías hijo de *J* rey de Judá fuera
24.1 haber transportado. . Jeconías hijo de *J*
25.1 el año cuarto de *J* hijo de Josías, rey
26.1 en el principio del reinado de *J* hijo de
26.21 oyeron sus palabras el rey *J* y todos
26.22 y el rey *J* envió hombres a Egipto, a
26.23 lo trajeron al rey *J*, el cual lo mató
27.1 en el principio del reinado de *J* hijo de
27.20 transportó. . a Jeconías hijo de *J*, rey
28.4 haré volver. . a Jeconías hijo de *J*, rey
35.1 palabra de. . vino a Jeremías en días de *J*
36.1 el cuarto año de *J* hijo de Josías, rey
36.9 el año quinto de *J* hijo de Josías, rey
36.28 en el primer rollo que quemó *J* rey de
36.29 y dirás a *J* rey de Judá. . Tú quemaste
36.30 ha dicho Jehová acerca de *J*. . No tendrá
36.32 del libro que quemó en el fuego *J* rey
37.1 en lugar de Conías hijo de *J* reinó el
45.1 Jeremías a Baruc. . en el año cuarto de *J*
46.2 a quien destruyó. . en el año cuarto de *J*
52.2 lo malo. . conforme a todo lo que hizo *J*
Dn. 1.1 en el año tercero del reinado de *J* rey
1.2 el Señor entregó en sus manos a *J* rey de

2. ***Descendiente de Judá,*** **1 Cr. 4.22**

JOADA ***Descendiente de Benjamín,*** **1 Cr. 8.36**

JOADÁN ***Madre del rey Amasías,*** **2 R. 14.2; 2 Cr. 25.1**

JOANA ***Ascendiente de Jesucristo,*** **Lc. 3.27**

JOAQUIN ***Rey de Judá, hijo y sucesor de Joacim (=Conías y Jeconías)***

2 R. 24.6 Joacim. . reinó en su lugar *J* su hijo
24.8 de 18 años era *J*. . comenzó a reinar, y
24.12 salió *J*. . rey de. . al rey de Babilonia, él
24.15 llevó cautivos a Babilonia a *J*, a la
24.17 por rey en lugar de *J* a Matanías su tío
25.27 a los 37 años del cautiverio de *J* rey
25.27 Evil-merodac. . libertó a *J* rey de Judá
2 Cr. 36.8 de Joacim. . reinó en su lugar *J* su
36.9 de ocho años era *J*. . comenzó a reinar, y
Jer. 52.31 año 37 del cautiverio de *J* rey de
52.31 alzó la cabeza de *J* rey de Judá y lo
Ez. 1.2 quinto año de la deportación del rey *J*

JOÁS

1. ***Padre de Gedeón***

Jue. 6.11 encina. . la cual era de *J* abiezerita
6.29 dijeron: Gedeón hijo de *J* lo ha hecho
6.29 los hombres de la ciudad dijeron a *J*
6.31 y *J* respondió a todos los que estaban
7.14 es. . sino la espada de Gedeón hijo de *J*
8.13 Gedeón hijo de *J* volvió de la batalla
8.29 Jerobaal hijo de *J*. . habitó en su casa
8.32 murió Gedeón hijo de *J* en buena vejez
8.32 fue sepultado en el sepulcro de su. . *J*

2. ***Hijo del rey Acab,*** **1 R. 22.26; 2 Cr. 18.25**

3. ***Rey de Judá, hijo de Ocozías***

2 R. 11.2 a *J*. . lo sacó furtivamente de entre
11.21 era *J* de siete años cuando comenzó a
12.1 en el séptimo año. . comenzó a reinar *J*
12.2 *J* hizo lo recto ante los ojos de Jehová
12.4 *J* dijo a los sacerdotes: Todo el dinero
12.6 año 23 del rey *J* aún no habían reparado
12.7 llamó. . rey *J* al sumo sacerdote Joiada
12.18 tomó *J*. . ofrendas que habían dedicado
12.19 los demás hechos de *J*. . ¿no está escrito
12.20 levantaron. . y mataron a *J* en la casa
13.1 en el año 23 de *J* hijo de Ocozías, rey
13.10 el año 37 de *J*. . comenzó a reinar Joás
14.1 comenzó a reinar Amasías hijo de *J* rey
14.3 hizo. . todas las cosas que había hecho *J*
14.13 tomó a Amasías rey de Judá, hijo de *J*
14.17 Amasías hijo de *J*. . vivió después de la
14.23 el año quince de Amasías hijo de *J* rey
1 Cr. 3.11 hijo fue Ocozías, hijo del cual. . *J*
2 Cr. 22.11 Josabet. . tomó a *J* hijo de Ocozías
24.1 de 7 años era *J* cuando comenzó a reinar
24.2 e hizo *J* lo recto ante. . ojos de Jehová
24.4 *J* decidió restaurar la casa de Jehová
24.22 *J* no se acordó de la misericordia que
24.24 Siria. . Así ejecutaron juicios contra *J*
24.27 cuanto a los hijos de *J*. . está escrito
25.23 apresó. . a Amasías. . hijo de *J*, hijo de
25.25 vivió Amasías hijo de *J*, rey de Judá

4. ***Rey de Israel, hijo y sucesor de Joacaz***

2 R. 13.9 durmió. . reinó en su lugar *J* su hijo
13.10 reinar *J* hijo de Joacaz sobre Israel
13.12 demás hechos de *J*. . ¿no está escrito en
13.13 y durmió *J*. . *J* fue sepultado en Samaria
13.14 y descendió a él *J* rey de Israel, y
13.25 volvió *J*. . y tomó de mano de Ben-adad
13.25 tres veces los derrotó *J*, y restituyó
14.1 el año segundo de *J*. . comenzó a reinar
14.8 Amasías envió mensajeros a *J* hijo de
14.9 *J*. . envió. . esta respuesta: El cardo que
14.11 subió *J* rey. . y se vieron las caras él
14.13 *J* rey de Israel tomó a Amasías rey de
14.15 los demás hechos que ejecutó *J*, y sus
14.16 durmió *J* con sus padres. . fue sepultado
14.17 después de la muerte de *J*. . quince años
14.23 comenzó a reinar Jeroboam hijo de *J*
14.27 salvó por mano de Jeroboam hijo de *J*
2 Cr. 25.17 Amasías. . envió a decir a *J* hijo
25.18 *J* rey de Israel envió a decir a. . rey
25.21 subió. . *J* rey de Israel, y se vieron
25.23 *J* rey de Israel apresó. . a Amasías rey
25.25 Amasías. . después de la muerte de *J*
Os. 1.1; Am. 1.1 en días de Jeroboam hijo de *J*

5. ***Descendiente de Judá,*** **1 Cr. 4.22**

6. ***Descendiente de Benjamín,*** **1 Cr. 7.8**

7. ***Uno de los valientes de David,*** **1 Cr. 12.3**

8. ***Funcionario del rey David,*** **1 Cr. 27.28**

JOB

1. ***Hijo de Isacar (=Jasub No. 1),*** **Gn. 46.13**

2. ***El del libro de Job***

Job 1.1 hubo en tierra de Uz un varón llamado *J*
1.5 acontecía. . *J* enviaba y los santificaba
1.5 decía *J*: Quizá habrán pecado mis hijos
1.8; 2.3 ¿no has considerado a mi siervo *J*, que
1.9 Satanás. . ¿Acaso teme *J* a Dios de balde?
1.14 y vino un mensajero a *J*, y le dijo
1.20 *J* se levantó, y rasgó su manto. . adoró
1.22 en todo esto no pecó *J*, ni atribuyó a
2.7 e hirió a *J* con una sarna maligna desde
2.8 tomaba *J* un tiesto para rascarse con él
2.10 en todo esto no pecó *J* con sus labios
2.11 y tres amigos de *J*, Elifaz temanita
3.1 esto abrió *J* su boca, y maldijo su día
3.2 y exclamó *J*, y dijo
6.1; 9.1; 12.1; 16.1; 19.1; 21.1; 23.1; 26.1 respondió. . *J*, y dijo
27.1 reasumió *J* su discurso, y dijo
29.1 volvió *J* a reanudar su discurso, y dijo
31.40 aquí terminan las palabras de *J*
32.1 cesaron estos. . varones de responder a *J*
32.2 Eliú hijo. . se encendió en ira contra *J*

JOB *(Continúa)*
Job 32.3 responder, aunque había condenado a *J*
32.4 Eliú había esperado a *J* en la disputa
32.12 hay de vosotros quien redarguya a *J*
32.14 *J* no dirigió contra mí sus palabras, ni
33.1 por tanto, *J*, oye ahora mis razones, y
33.31 escucha, *J*, y óyeme; calla, y. .hablaré
34.5 *J* ha dicho: Yo soy justo, y Dios me ha
34.7 ¿qué hombre hay como *J*, que bebe el
34.35 que *J* no habla con sabiduría, y que sus
34.36 deseo yo que *J* sea probado ampliamente
35.16 *J* abre su boca vanamente, y multiplica
37.14 escucha esto, *J*; detente, y considera
38.1 entonces respondió Jehová a *J* desde un
40.1 además respondió Jehová a *J*, y dijo
40.3 entonces respondió *J* a Jehová, y dijo
40.6 respondió Jehová a *J* desde el torbellino
42.1 respondió *J* a Jehová, y dijo
42.7 después que habló Jehová. .a *J*, Jehová
42.7 no habéis. .lo recto, como mi siervo *J*
42.8 id a mi siervo *J*, y ofreced holocausto
42.8 mi siervo *J* orará por vosotros; porque
42.8 no habéis hablado de. .como mi siervo *J*
42.9 fueron. .y Jehová aceptó la oración de *J*
42.10 quitó Jehová la aflicción de *J*, cuando
42.10 aumentó. .las cosas que habían sido de *J*
42.12 bendijo Jehová el postrer estado de *J*
42.15 no había mujeres. .como las hijas de *J*
42.16 después de esto vivió *J* 140 años, y vio
42.17 y murió *J* viejo y lleno de días
Ez. 14.14,20 si estuviesen. .Noé, Daniel y *J*
Stg. 5.11 habéis oído de la paciencia de *J*, y

JOBAB
1. Hijo de Joctán, **Gn. 10.29; 1 Cr. 1.23**
2. Segundo rey de Edom, **Gn. 36.33,34; 1 Cr. 1.44,45**
3. Rey de Madón, **Jos. 11.1**
4. Nombre de dos descendientes de Benjamín, **1 Cr. 8.9,18**

JOCABED *Madre de Moisés*, **Éx. 6.20; Nm. 26.59**

JOCDEAM *Aldea en Judá*, **Jos. 15.56**

JOCMEAM
1. =Jocneam, **1 R. 4.12**
2. Ciudad levítica en Efraín, **1 Cr. 6.68**

JOCNEAM *Ciudad levítica en Zabulón (=Jocmeam No. 1)*, **Jos. 12.22; 19.11; 21.34**

JOCSÁN *Hijo de Abraham y Cetura*, **Gn. 25.2,3; 1 Cr. 1.32(2)**

JOCTÁN *Hijo de Heber No. 1 y hermano de Peleg*, **Gn. 10.25,26,29; 1 Cr. 1.19,20,23**

JOCTEEL
1. Aldea en Judá, **Jos. 15.38**
2. =Sela No. 2, **2 R. 14.7**

JOED *Habitante de Jerusalén en tiempo de Nehemías*, **Neh. 11.7**

JOEL
1. Primogénito de Samuel, **1 S. 8.2; 1 Cr. 6.33; 15.17**
2. Príncipe de la tribu de Simeón, **1 Cr. 4.35**
3. Descendiente de Rubén, **1 Cr. 5.4,8**
4. Jefe de la tribu de Gad en Basán, **1 Cr. 5.12**
5. Ascendiente del profeta Samuel, **1 Cr. 6.36**
6. Descendiente de Isacar, **1 Cr. 7.3**
7. Uno de los valientes de David, **1 Cr. 11.38**
8. Levita eminente en tiempo de David (posiblemente =No. 9), **1 Cr. 15.7,11; 23.8**
9. Tesorero del templo en tiempo de David (posiblemente =No. 8), **1 Cr. 26.22**
10. Funcionario del rey David, **1 Cr. 27.20**
11. Levita en tiempo del rey Ezequías, **2 Cr. 29.12**
12. Uno de los que se casaron con mujeres extranjeras en tiempo de Esdras, **Esd. 10.43**
13. Oficial en Jerusalén en tiempo de Nehemías, **Neh. 11.9**
14. Profeta
Jl. 1.1 palabra de Jehová que vino a *J*, hijo
Hch. 2.16 esto es lo dicho por el profeta *J*

JOELA *Guerrero que se unió a David en Siclag*, **1 Cr. 12.7**

JOEZER *Guerrero que se unió a David en Siclag*, **1 Cr. 12.6**

JOFAINA
2 R. 12.13 no se hacían. .ni *j*, ni trompetas

JOGBEHA *Ciudad fortificada en Gad*, **Nm. 32.35; Jue. 8.11**

JOGLI *Padre de Buqui*, **Nm. 34.22**

JOHA
1. Descendiente de Benjamín, **1 Cr. 8.16**
2. Uno de los 30 valientes de David, **1 Cr. 11.45**

JOHANÁN
1. Capitán que se unió a Gedalías después de la deportación
2 R. 25.23 vinieron a él en. .*J* hijo de Carea
Jer. 40.8 *J* y Jonatán hijos de Carea, Seraías
40.13 *J* hijo de Carea y todos los príncipes
40.15 *J*. .habló. .iré ahora y mataré a Ismael
40.16 dijo a *J*. .No hagas esto. .es falso lo
41.11 y oyeron *J* hijo de Carea y todos los
41.13 todo el pueblo. .vio a *J*. .se alegraron
41.14 todo el pueblo. .se volvió y fue con *J*
41.15 escapó delante de *J* con ocho hombres
41.16 *J*. .y todos los capitanes de la gente
41.16 mujeres. .eunucos, que *J* había traído
42.1 vinieron todos los oficiales. .*J* hijo de
42.8 llamó a *J*. .y a todos los oficiales de
43.2 *J* hijo de Carea, y todos los varones
43.4 no obedeció. .*J*. .y todos los oficiales
43.5 tomó *J*. .todo el remanente de Judá que
2. Hijo del rey Josías, **1 Cr. 3.15**
3. Descendiente de David, **1 Cr. 3.24**
4. Sacerdote, **1 Cr. 6.9,10**
5. Nombre de dos guerreros que se unieron a David en Siclag, **1 Cr. 12.4,12**
6. Portero del templo, **1 Cr. 26.3**
7. Oficial del ejército del rey Josafat, **2 Cr. 17.15**
8. Padre de Ismael No. 5, **2 Cr. 23.1**
9. Padre de Azarías No. 14, **2 Cr. 28.12**
10. Uno de los que regresaron de Babilonia con Esdras, **Esd. 8.12**
11. Sacerdote, hijo del sumo sacerdote Eliasib, **Esd. 10.6; Neh. 12.22,23**
12. Uno de los que se casaron con mujeres extranjeras en tiempo de Esdras, **Esd. 10.28**
13. Hijo de Tobías amonita, **Neh. 6.18**
14. Sacerdote en tiempo de Joiacim, **Neh. 12.13**
15. Sacerdote en tiempo de Nehemías, **Neh. 12.42**

JOIACIM *Sumo sacerdote, hijo de Jesúa No. 4*, **Neh. 12.10,12,26**

JOIADA
1. Padre de Benaía No. 1, **2 S. 8.18; 20.23; 23.20,22; 1 R. 1.8,26,32,36,38,44; 2.25,29,34,35,46; 4.4; 1 Cr. 11.22,24; 18.17; 27.5**
2. Sacerdote en tiempo del rey Joás No. 3
2 R. 11.4 año envió *J* y tomó jefes de centenas
11.9 hicieron todo. .el sacerdote *J* les mandó
11.9 y los que salían. .vinieron al sacerdote *J*
11.12 sacando luego *J* al hijo del rey, le
11.15 *J* mandó a los jefes. .Sacadla fuera del
11.17 *J* hizo pacto entre Jehová y el rey y el
12.2 el tiempo que le dirigió el sacerdote *J*
12.7 llamó. .el rey Joás al sumo sacerdote *J*
12.9 mas. .*J* tomó un arca e hizo en la tapa un
2 Cr. 22.11 lo escondió. .mujer del sacerdote *J*
23.1 se animó *J*, y tomó consigo en alianza
23.3 *J* les dijo: He aquí el hijo del rey, el
23.8 como lo había mandado el sacerdote *J*
23.8 el sacerdote *J* no dio licencia a las
23.9 *J* a los jefes de centenas las lanzas
23.11 y *J* y sus hijos lo ungieron, diciendo
23.14 pero *J* mandó que salieran los jefes de
23.16 *J* hizo pacto entre sí. .el pueblo y el
23.18 luego ordenó *J* los oficios en la casa
24.2 hizo Joás lo recto. .todos los días de *J*
24.3 *J* tomó para él dos mujeres; y engendró
24.6 el rey llamó a. .*J* y le dijo: ¿Por qué
24.12 el rey y *J* lo daban a los que hacían
24.14 trajeron al rey y a *J* lo que quedaba
24.14 y sacrificaban. .todos los días de *J*
24.15 mas *J* envejeció, y murió lleno de días
24.17 muerto *J*, vinieron los príncipes de Judá
24.20 el Espíritu. .sobre Zacarías hijo del. .*J*
24.22 misericordia que *J*. .había hecho con él
24.25 causa de la sangre de los hijos de *J*
3. Príncipe del linaje de Aarón (posiblemente =No. 1), **1 Cr. 12.27**
4. Consejero de David después de Ahitofel, **1 Cr. 27.34**
5. Uno que ayudó en la restauración del muro de Jerusalén, **Neh. 3.6**
6. Sumo sacerdote, hijo de Eliasib No. 3, **Neh. 12.10,11,22; 13.28**
7. Sacerdote en tiempo del profeta Jeremías, **Jer. 29.26**

JOIARIB
1. Sacerdote que regresó de Babilonia, **1 Cr. 9.10; Neh. 11.10; 12.6,19**
2. Sacerdote en tiempo de David, **1 Cr. 24.7**
3. Mensajero enviado por Esdras, **Esd. 8.16**
4. Ascendiente de Maasías No. 11, **Neh. 11.5**

JONADAB
1. Sobrino de David
2 S. 13.3 llamaba *J*. .*J* era hombre muy astuto
13.5 y *J* le dijo: Acuéstate en tu cama, y
13.32 *J*. .habló y dijo: No diga mi señor que
13.35 dijo *J* al rey: He allí los hijos del
2. Hijo de Recab
2 R. 10.15 se encontró con *J* hijo de Recab
10.15 *J* dijo: Lo es. Pues que lo es, dame la
10.23 entró Jehú con *J*. .en el templo de Baal
Jer. 35.6 *J* hijo de Recab. .nos ordenó diciendo
35.8 hemos obedecido. .nuestro padre *J* hijo
35.10 cosas que nos mandó *J* nuestro padre
35.14 firme la palabra de *J* hijo de Recab
35.16 los hijos de *J* hijo de Recab tuvieron
35.18 obedecisteis al mandamiento de *J*. .padre
35.19 no faltará de *J*. .un varón que esté en

JONÁN *Ascendiente de Jesucristo*, **Lc. 3.30**

JONÁS
1. Profeta
2 R. 14.25 él había hablado por su siervo *J*
Jon. 1.1 palabra de Jehová a *J* hijo de Amitai
1.3 *J* se levantó para huir de la. .de Jehová
1.5 *J* había bajado al interior de la nave
1.7 echaron suertes, y la suerte cayó sobre *J*
1.15 tomaron a *J*, y lo echaron al mar; y el
1.17 preparado un gran pez que tragase a *J*
1.17 estuvo *J* en el vientre del pez tres días
2.1 oró *J* a Jehová. .desde el vientre del pez
2.10 y mandó Jehová al pez, y vomitó a *J* en
3.1 palabra de Jehová por segunda vez a *J*
3.3 se levantó *J*, y fue a Nínive conforme a
3.4 comenzó *J* a entrar por la ciudad, camino
4.1 *J* se apesadumbró en extremo, y se enojó
4.5 salió *J* de la ciudad, y acampó hacia el
4.6 una calabacera, la cual creció sobre *J*
4.6 creció. .y *J* se alegró. .por la calabacera
4.8 y el sol hirió a *J* en la cabeza, y se
4.9 dijo Dios a *J*: ¿Tanto te enojas por la
Mt. 12.39 señal. .sino la señal del profeta *J*
12.40 como estuvo *J* en el vientre del gran
12.41 se arrepintieron a la predicación de *J*
12.41 y he aquí más que *J* en este lugar
16.4 será dada, sino la señal del profeta *J*
Lc. 11.29 no le será dada, sino la señal de *J*
11.30 así como *J* fue señal a los ninivitas
11.32 la predicación de *J* se arrepintieron
11.32 y he aquí más que *J* en este lugar
2. Padre de Simón Pedro
Mt. 16.17 bienaventurado eres, Simón, hijo de *J*
Jn. 1.42 Simón, hijo de *J*; tú serás llamado
21.15,16,17 Simón, hijo de *J*, ¿me amas?

JONATÁN
1. Sacerdote en la tribu de Dan, **Jue. 18.30**
2. Hijo del rey Saúl
1 S. 13.2 y mil. .con *J* en Gabaa de Benjamín
13.3 *J* atacó a la guarnición de los filisteos
13.16 Saúl, pues, y *J* su hijo, y el pueblo
13.22 que estaba con. .con *J*, excepto Saúl y *J*
14.1 que *J*. .dijo a su criado que le traía las
14.3 no sabía el pueblo que *J* se hubiese ido
14.4 y entre los desfiladeros por donde *J*
14.6 dijo, pues, *J* a su paje. .Ven, pasemos a
14.8 dijo. .*J*: Vamos a pasar a esos hombres
14.12 respondieron a *J* y a. .*J* dijo a su paje
14.13 subió *J* trepando. .caían delante de *J*
14.14 esta primera matanza que hicieron *J* y
14.17 aquí que faltaba *J* y su paje de armas
14.21 de los israelitas que estaban con. .*J*
14.27 *J* no había oído cuando su padre había
14.29 respondió *J*: Mi padre ha turbado el
14.39 fuere en *J* mi hijo, de seguro morirá
14.40 yo y *J* mi hijo estaremos al otro lado
14.41 y la suerte cayó sobre *J* y Saúl, y el
14.42 suertes entre mí y *J* mi. .cayó sobre *J*
14.43 dijo a *J*: Declárame. .Y *J* se lo declaró
14.44 me haga Dios. .que sin duda morirás, *J*
14.45 ¿ha de morir *J*, el que ha hecho esta
14.45 no. .Así el pueblo libró de morir a *J*
14.49 los hijos de Saúl fueron *J*. .y Malquisúa
18.1 el alma de *J*. .lo amó *J* como a sí mismo
18.3 e hicieron pacto *J* y David, porque él
18.4 *J* se quitó el manto que llevaba. .lo dio
19.1 habló Saúl a *J*. .y a todos sus siervos
19.1 *J* hijo de. .amaba a David en gran manera
19.4 *J* habló bien de David a Saúl su padre
19.6 escuchó Saúl la voz de *J*; y juró Saúl

JONATÁN *(Continúa)*
1 S. 19.7 y llamó *J* a David, y le declaró todas
20.1 vino delante de *J*, y dijo: ¿Qué he..yo?
20.3 tu padre sabe..y dirá: No sepa esto *J*
20.4 *J* dijo a David: Lo que deseare tu alma
20.5 David respondió a *J*..será nueva luna, y
20.9 *J* le dijo: Nunca tal te suceda; antes
20.10 dijo..David a *J*: ¿Quién me dará aviso
20.11 *J* dijo a David: Ven, salgamos al campo
20.12 dijo *J* a David: ¡Jehová..sea testigo!
20.13 Jehová haga así a *J*, y aun le añada, si
20.15 no dejes que el nombre de *J* sea quitado
20.16 así hizo *J* pacto con la casa de David
20.17 *J* hizo jurar a David otra vez, porque
20.18 le dijo *J*: Mañana es nueva luna, y tú
20.25 *J* se levantó, y se sentó Abner al lado
20.27 Saúl dijo a *J*..¿Por qué no ha venido a
20.28 y *J* respondió a Saúl: David me pidió
20.30 se encendió la ira de Saúl contra *J*
20.32 *J* respondió a su padre Saúl y le dijo
20.33 entendió *J*..estaba resuelto a matar a
20.34 levantó *J* de la mesa con exaltada ira
20.35 salió *J* al campo, al tiempo señalado
20.37 saeta que *J* había tirado, *J* dio voces
20.38 y volvió a gritar *J* tras el muchacho
20.38 muchacho de *J* recogió las saetas, y vino
20.39 *J* y David entendían de lo..se trataba
20.40 dio *J* sus armas a su muchacho, y le dijo
20.42 y *J* dijo a David: Vete en paz, porque
20.42 él se levantó..y *J* entró en la ciudad
23.16 entonces se levantó *J* hijo de Saúl y
23.18 David se quedó en Hores, y *J* se volvió
31.2 siguiendo los filisteos a..mataron a *J*
2 S. 1.4 el pueblo..Saúl y *J* su hijo murieron
1.5 ¿cómo sabes que han muerto Saúl y *J* su
1.12 ayunaron..por Saúl y por *J* su hijo, por
1.17 endechó David a Saúl y a *J* su hijo con
1.22 arco de *J* no volvía atrás, ni la espada
1.23 Saúl y *J*, amados y..inseparables en su
1.25 han caído..¡*J*, muerto en tus alturas!
1.26 angustia tengo por ti, hermano mío *J*
4.4 y *J*..tenía un hijo lisiado de los pies
4.4 llegó de..la noticia de la muerte de..*J*
9.1 a quien haga yo misericordia..amor de *J*?
9.3 aún ha quedado un hijo de *J*, lisiado de
9.6 vino Mefi-boset, hijo de *J* hijo de Saúl
9.7 haré contigo misericordia por amor de *J*
21.7 perdonó..a Mefi-boset hijo de *J*, hijo
21.7 el juramento..que hubo..entre David y *J*
21.12 David fue y tomó..los huesos de *J* su
21.13 hizo llevar de allí..los huesos de *J*
21.14 sepultaron los huesos de..*J* en tierra
1 Cr. 8.33 engendró a Saúl, y Saúl engendró a *J*
8.34 hijo de *J* fue Merib-baal, y..a Micaía
9.39 Saúl engendró a *J*, Malquisúa..Es-baal
9.40 hijo de *J* fue Merib-baal..engendró a
10.2 mataron los filisteos a *J*, a Abinadab

3. Hijo del sacerdote Abiatar

2 S. 15.27 Ahimaas tu hijo, y *J* hijo..Abiatar
15.36 Ahimaas el de Sadoc, y *J* el de Abiatar
17.17 *J* y Ahimaas estaban junto a la fuente
17.20 le dijeron: ¿Dónde están Ahimaas y *J*?
1 R. 1.42 vino *J* hijo del sacerdote Abiatar, al
1.43 *J* respondió y..ha hecho rey a Salomón

4. Sobrino de David

2 S. 21.21 este desafió a Israel, y lo mató *J*
1 Cr. 20.7 lo mató *J*, hijo de Simea hermano

***5. Uno de los 30 valientes de David,* 2 S. 23.32; 1 Cr. 11.34**

***6. Descendiente de Jerameel,* 1 Cr. 2.32,33**

***7. Funcionario del rey David,* 1 Cr. 27.25**

***8. Tío y consejero del rey David,* 1 Cr. 27.32**

***9. Levita en tiempo del rey Josafat,* 2 Cr. 17.8**

***10. Padre de Ebed No. 2,* Esd. 8.6**

***11. Uno que se opuso a Esdras,* Esd. 10.15**

***12. Sumo sacerdote, hijo de Joiada No. 6 y padre de Jadúa,* Neh. 12.11**

***13. Nombre de dos jefes de familias sacerdotales en tiempo de Joiacim,* Neh. 12.14,18**

***14. Padre de Zacarías No. 28,* Neh. 12.35**

15. Escriba contemporáneo del profeta Jeremías

Jer. 37.15 en prisión en la casa del escriba *J*
37.20 no me hagas volver a casa del escriba *J*
38.26 que no me hiciese volver a casa de *J*

***16. Capitán que se unió a Gedalías después de la deportación,* Jer. 40.8**

JOPE *Puerto mediterráneo en Dan*
Jos. 19.46 el territorio que está delante de *J*
2 Cr. 2.16 te la traeremos..por el mar hasta *J*
Esd. 3.7 madera..desde el Líbano por mar a *J*
Jon. 1.3 descendió a *J*, y halló una nave que
Hch. 9.36 en *J* una discípula llamada Tabita, que
9.38 Lida estaba cerca de *J*, los discípulos
9.42 esto fue notorio en toda *J*, y muchos
9.43 se quedó muchos días en *J* en casa de un
10.5,32 envía..a *J*, y haz venir a Simón
10.8 envió a *J*, después de haberles contado
10.23 le acompañaron algunos..hermanos de *J*
11.5 estaba yo en la ciudad de *J* orando, y vi
11.13 dijo: Envía hombres a *J*, y haz venir a

JORA ***Padre de una familia que regresó del exilio con Zorobabel,* Esd. 2.18**

JORAI ***Descendiente de Gad,* 1 Cr. 5.13**

JORAM

1. Hijo de Toi, rey de Hamat

2 S. 8.10 envió Toi a *J* su hijo al rey David
8.10 *J* llevaba..utensilios de plata, de oro

2. Rey de Judá, hijo y sucesor de Josafat

1 R. 22.50 durmió..en su lugar reinó *J* su hijo
2 R. 1.17 el segundo año de *J* hijo de Josafat
8.16 a reinar *J* hijo de Josafat, rey de Judá
8.21 *J*..pasó a Zair, y todos sus carros con
8.23 demás hechos de *J*..¿no están escritos en
8.24 durmió *J* con sus padres, y fue sepultado
8.25 a reinar Ocozías hijo de *J*, rey de Judá
8.29 descendió Ocozías hijo de *J* rey de Judá
11.2 Josaba hija del rey *J*..tomó a Joás hijo
12.18 las ofrendas que habían dedicado..*J* y
1 Cr. 3.11 fue hijo *J*, cuyo hijo fue Ocozías
2 Cr. 21.1 Josafat..Y reinó en su lugar *J* su
21.3 había dado el reino a *J*, porque él era
21.4 elevado, pues, *J* al reino de su padre
21.9 pasó *J* con sus príncipes, y todos sus
21.16 Jehová despertó contra *J* la ira de los
22.1 hicieron rey en lugar de *J* a Ocozías su
22.1 reinó Ocozías, hijo de *J* rey de Judá
22.6 Ocozías hijo de *J*..para visitar a Joram
22.11 lo escondió Josabet, hija del rey *J*
Mt. 1.8 Asa engendró..Josafat a *J*, y *J* a Uzías

3. Rey de Israel, hermano y sucesor de Ocozías

2 R. 1.17 reinó en su lugar *J*, en el segundo
3.1 *J*..de Acab comenzó a reinar en Samaria
3.6 salió entonces de Samaria el rey *J*, y
8.16 en el quinto año de *J* hijo de Acab, rey
8.25 en el año doce de *J* hijo de Acab, rey de
8.28 y fue a la guerra con *J*..contra Hazael
8.28 contra Hazael..los sirios hirieron a *J*
8.29 *J* se volvió a Jezreel para curarse de
8.29 descendió Ocozías..a visitar a *J* hijo
9.14 conspiró Jehú hijo de..Nimsi, contra *J*
9.14 estaba entonces *J* guardando a Ramot de
9.15 había vuelto el rey *J* a Jezreel, para
9.16 a Jezreel, porque *J* estaba allí enfermo
9.16 Ocozías rey..descendido a visitar a *J*
9.17 y *J* dijo: Ordena a un jinete que vaya
9.21 *J* dijo: Unce el carro. Y cuando estaba
9.21 salieron *J* rey de Israel y Ocozías rey
9.22 cuando vio *J* a Jehú, dijo: ¿Hay paz
9.23 entonces *J* volvió las riendas y huyó
9.24 pero Jehú..hirió a *J* entre las espaldas
9.29 el undécimo año de *J*..comenzó a reinar
2 Cr. 22.5 fue a la guerra con *J* hijo de Acab
22.5 a Ramot..donde los sirios hirieron a *J*
22.6 para visitar a *J* hijo de Acab en Jezreel
22.7 que Ocozías fuese destruido viniendo a *J*
22.7 salió con *J* contra Jehú hijo de Nimsi

***4. Levita,* 1 Cr. 26.25**

***5. Sacerdote en tiempo del rey Josafat,* 2 Cr. 17.8**

JORCOAM ***Descendiente de Caleb,* 1 Cr. 2.44**

JORDÁN ***Río principal de Palestina***
Gn. 13.10 Lot..vio toda la llanura del *J*, que
13.11 Lot escogió para sí..la llanura del *J*
32.10 pues con mi cayado pasé este *J*, y ahora
50.10 era de Atad..está al otro lado del *J*
50.11 Abel-mizraim..está al otro lado del *J*
Nm. 13.29 el cananeo habita..a la ribera del *J*
22.1 acamparon..junto al *J*, frente a Jericó
26.3 hablaron..junto al *J* frente a Jericó
26.63 contaron..hijos de Israel..junto al *J*
31.12 llanos de Moab, que están junto al *J*
32.5 esta tierra..y no nos hagas pasar el *J*
32.19 no tomaremos heredad..otro lado del *J*
32.19 nuestra heredad a este otro lado del *J*
32.21 pasáis armados el *J* delante de Jehová
32.29 hijos de Rubén pasan con vosotros el *J*
32.32 nuestra heredad será a este lado del *J*
33.48 de Moab, junto al *J*, frente a Jericó
33.49 finalmente acamparon junto al *J*, desde
33.50 habló Jehová a Moisés en..junto al *J*
33.51 cuando hayáis pasado el *J* entrando en
34.12 después descenderá este límite al *J*
34.15 tomaron su heredad a este lado del *J*
35.1 habló Jehová a Moisés en..junto al *J*
35.10 hayáis pasado al otro lado del *J* a la
35.14 tres ciudades daréis a este lado del *J*
36.13 y los estatutos que mandó..junto al *J*
Dt. 1.1 palabras que habló..a este lado del *J*
1.5 lado del *J*, en..resolvió Moisés declarar
2.29 que cruce el *J* a la tierra que nos da
3.8 amorreos que estaban a este lado del *J*
3.17 también el Arabá, con el *J* como límite
3.20 vuestro Dios les da al otro lado del *J*
3.25 vea aquella tierra..está mas allá del *J*
3.27 y mira con tus..porque no pasarás el *J*
4.21 y Jehová..juró que yo no pasaría el *J*
4.22 voy a morir en esta..y no pasaré el *J*
4.26 tierra hacia la cual pasáis el *J* para
4.41 apartó..tres ciudades a este lado del *J*
4.46 a este lado del *J*, en el valle delante
4.47 reyes..que estaban de este lado del *J*
4.49 el Arabá de este lado del *J*, al oriente
9.1 tú vas hoy a pasar el *J*, para entrar a
11.30 los cuales están al otro lado del *J*
11.31 pasáis el *J* para ir a poseer la tierra
12.10 pasaréis el *J*, y habitaréis..la tierra
27.2 que pases el *J* a la tierra que Jehová
27.4 pasado el *J*, levantarás estas piedras
27.12 hayas pasado el *J*, estos estarán sobre
30.18 pasando el *J*, para entrar en posesión
31.2 Jehová me ha dicho: No pasarás este *J*
31.13; 32.47 pasando el *J*..tomar posesión de
Jos. 1.2 ahora, pues, levántate y pasa este *J*
1.11 pasaréis el *J* para entrar a poseer la
1.14 la tierra..os ha dado a este lado del *J*
1.15 este lado del *J* hacia donde nace el sol
2.7 tras ellos por el camino del *J*, hasta los
2.10 dos reyes..al otro lado del *J*, a Sehón
3.1 Israel partieron..y vinieron hasta el *J*
3.8 borde del agua del *J*..pararéis en el *J*
3.11 el arca..pasará delante..en medio del *J*
3.13 cuando..se asienten en las aguas del *J*
3.13 las aguas del *J* se dividirán; porque las
3.14 cuando partió el pueblo..para pasar el *J*
3.15 que llevaban el arca entraron en el *J*
3.15 el *J* suele desbordarse por todas sus
3.17 los sacerdotes..firmes en medio del *J*
3.17 el pueblo hubo acabado de pasar el *J*
4.1 cuando toda..hubo acabado de pasar el *J*
4.3 diciendo: Tomad de aquí de en medio del *J*
4.5 pasad delante del arca..la mitad del *J*
4.7 las aguas del *J* fueron divididas delante
4.7 cuando ella pasó el *J*, las aguas del *J*
4.8 tomaron doce piedras de en medio del *J*
4.9 levantó doce piedras en medio del *J*, en
4.10 los sacerdotes..pararon en medio del *J*
4.16 manda a los sacerdotes..que suban del *J*
4.17 Josué mandó a los..diciendo: Subid del *J*
4.18 que cuando..subieron de en medio del *J*
4.18 las aguas del *J* se volvieron a su lugar
4.19 pueblo subió del *J* el día diez del mes
4.20 las doce piedras que habían traído del *J*
4.22 hijos..Israel pasó en seco por este *J*
4.23 Dios secó las aguas del *J* delante de
5.1 los reyes de..al otro lado del *J*..oyeron
5.1 cómo Jehová había secado las aguas del *J*
7.7 ¿por qué hiciste pasar a este pueblo el *J*
7.7 hubiéramos quedado al otro lado del *J*!
9.1 los reyes que estaban a este lado del *J*
9.10 reyes..que estaban al otro lado del *J*
12.1 cuya tierra poseyeron al otro lado del *J*
12.7 reyes..que derrotaron..este lado del *J*
13.8 recibieron..heredad..al otro lado del *J*
13.23 y el *J* fue el límite del territorio de
13.27 el *J* y su límite hasta el extremo del
13.27 Cineret al otro lado del *J*, al oriente
13.32 Moisés repartió en..al otro lado del *J*
14.3 había dado..heredad al otro lado del *J*
15.5 el límite..hasta la desembocadura del *J*
15.5 desde la bahía..la desembocadura del *J*
16.1 desde el *J* de Jericó hasta las aguas de
16.7 desciende a..y toca Jericó y sale al *J*
17.5 y de Basán que está al otro lado del *J*
18.7 recibido su heredad al otro lado del *J*
18.12 límite de ellos al..norte desde el *J*
18.19 y termina..a la extremidad sur del *J*
18.20 el *J* era el límite al lado del oriente
19.22 y termina en el *J*; 16 ciudades con sus
19.33 su territorio desde Helef..y sale al *J*
19.34 Judá por el *J* hacia donde nace el sol
20.8 al otro lado del *J*..señalaron a Beser
22.4 que Moisés..os dio al otro lado del *J*
22.7 Josué..a este lado del *J*, al occidente
22.10 llegando a los límites del *J* que está
22.10 edificaron allí un altar junto al *J*, un
22.11 altar frente a la..en los límites del *J*
22.25 Jehová ha puesto por lindero el *J* entre
23.4 desde el *J* hasta el Mar Grande, hacia
24.8 amorreos..habitaban al otro lado del *J*
24.11 pasasteis el *J*, y vinisteis a Jericó
Jue. 3.28 tomaron los vados del *J* a Moab, y no
5.17 Galaad..quedó al otro lado del *J*; y Dan
7.24 vados del *J*..tomaron los vados..y del *J*
7.25 trajeron..a Gedeón al otro lado del *J*
8.4 y vino Gedeón al *J*, y pasó él y los 300
10.8 Israel que estaban al otro lado del *J*
10.9 hijos de Amón pasaron el *J* para hacer
11.13 tomó..desde Arnón hasta Jaboc y el *J*
11.22 se apoderaron..el desierto hasta el *J*
12.5 tomaron los vados del *J* a los de Efraín
12.6 le degollaban junto a los vados del *J*
1 S. 13.7 algunos..pasaron el *J* a la tierra de
31.7 los de Israel que..del otro lado del *J*
2 S. 2.29 y pasando el *J* cruzaron por..Bitrón
10.17 David..pasando el *J* vino a Helam; y los

JORDÁN *(Continúa)*
2 S. 17.16 pasa. .el *J*, para que no sea destruido
17.22 pasaron el *J* antes que amaneciese; ni
17.22 siquiera faltó uno que no pasase el *J*
17.24 Absalón pasó el *J* con toda la gente de
19.15 volvió, pues, el rey, y vino hasta el *J*
19.15 Judá vino a. .para hacerle pasar el *J*
19.17 los cuales pasaron el *J* delante del rey
19.18 se postró. .cuando él hubo pasado el *J*
19.31 pasó el *J* con el rey. .otro lado del *J*
19.36 pasará. .un poco más allá del *J* con el
19.39 todo el pueblo pasó el *J*; y luego que
19.41 hecho pasar el *J* al rey y a su familia
20.2 siguieron. .desde el *J* hasta Jerusalén
24.5 y pasando el *J* acamparon en Aroer, al
1 R. 2.8 él mismo descendió a recibirme al *J*
7.46 hizo fundir el rey en la llanura del *J*
17.3 arroyo de Querit, que está frente al *J*
17.5 junto al arroyo de Querit. .frente al *J*
2 R. 2.6 te quedes. .Jehová me ha enviado al *J*
2.7 lejos; y ellos dos se pararon junto al *J*
2.13 y volvió, y se paró a la orilla del *J*
5.10 vé y lávate siete veces en el *J*, y tu
5.14 zambulló siete veces en el *J*, conforme
6.2 vamos ahora al *J*, y tomemos de allí cada
6.4 cuando llegaron al *J*, cortaron la madera
7.15 ellos fueron, y los siguieron hasta el *J*
10.33 desde el *J* al nacimiento del sol, toda
1 Cr. 6.78 otro lado del *J*. .al oriente del *J*
12.15 estos pasaron el *J* en el mes primero
12.37 del otro lado del *J*. .120.000 con toda
19.17 cruzando el *J* vino a ellos, y ordenó
26.30 gobernaban a Israel al otro lado del *J*
2 Cr. 4.17 fundió el rey en los llanos del *J*
Job 40.23 todo un *J* se estrelle contra su boca
Sal. 42.6 me acordaré. .desde la tierra del *J*
114.3 el mar lo vio, y. .el *J* se volvió atrás
114.5 ¿y tú, oh *J*, que te volviste atrás?
Is. 9.1 lado del *J*, en Galilea de los gentiles
Jer. 12.5 ¿cómo harás en la espesura del *J*?
49.19 de la espesura del *J* contra la bella
50.44 como león subirá de la espesura del *J*
Ez. 47.18 medio de Haurán y de Damasco. .al *J*
Zac. 11.3 porque la gloria del *J* es destruida
Mt. 3.5 salía a él. .toda la provincia. .del *J*
3.6 bautizados por él en el *J*, confesando sus
3.13 Jesús vino de Galilea a Juan al *J*, para
4.15 camino del mar, al otro lado del *J*
4.25 le siguió mucha gente. .otro lado del *J*
19.1 las regiones de Judea al otro lado del *J*
Mr. 1.5 y eran bautizados por él en el río *J*
1.9 Jesús. .fue bautizado por Juan en el *J*
3.8 otro lado del *J*, y de los alrededores de
10.1 vino a la región de. .al otro lado del *J*
Lc. 3.3 fue por toda la región contigua al *J*
4.1 Jesús. .volvió del *J*, y fue llevado por el
Jn. 1.28 Betábara, al otro lado del *J*, donde
3.26 que estaba contigo al otro lado del *J*
10.40 y se fue de nuevo al otro lado del *J*

JORIM *Ascendiente de Jesucristo*, Lc. 3.29

JORNADA
Gn. 13.3 volvió por sus *j* desde el Neguev hacia
Éx. 17.1 partió del desierto de Sin por sus *j*
40.36 los. .de Israel se movían en todas sus *j*
40.38 a vista de toda. .Israel, en todas sus *j*
Nm. 33.1 son las *j* de los hijos de Israel, que
33.2 escribió sus salidas conforme a sus *j*
33.2 estas. .sus *j* con arreglo a sus salidas
Dt. 1.2 once *j* hay desde Horeb, camino. .Seir
Jue. 4.9 mas no será tuya la gloria de la *j*

JORNAL
Dt. 24.15 su día le darás su *j*. .pues es pobre
Ez. 39.14 hombres a *j* que vayan por el país
Hag. 1.6 trabaja a *j* recibe su *j* en saco roto
Mt. 20.8 llama a los obreros y págales el *j*
Stg. 5.4 he aquí, clama el *j* de los obreros que

JORNALERO
Éx. 12.45 el extranjero y el *j* no comerán de
Lv. 19.13 no retendrás el salario del *j* en tu
22.10 huésped. .el *j*, no comerán cosa sagrada
Dt. 15.18 la mitad del costo de un *j* te sirvió
24.14 no oprimirás al *j* pobre y menesteroso
Job 7.1 la vida. .sus días como los días del *j*?
7.2 como el *j* espera el reposo de su trabajo
14.6 entre tanto deseará, como el *j*, su día
Is. 16.14 como los años de un *j*, será abatida
21.16 aquí a un año, semejante a años de *j*
Mal. 3.5 los que defraudan en su salario al *j*
Mr. 1.20 y dejando a su padre Zebedeo. .los *j*
Lc. 15.17 *j* en casa de mi padre tienen. .de pan
15.19 no soy digno. .hazme como a uno de tus *j*

JOROBA
Is. 30.6 llevan. .tesoros sobre *j* de camellos

JOROBADO
Lv. 21.20 *j*, o enano, o que tenga nube en el

JOSABA ***Hija del rey Joram de Judá (=Josabet)*, 2 R. 11.2**

JOSABAD ***Jefe de los levitas en tiempo del rey Josías*, 2 Cr. 35.9**

JOSABET ***Hija del rey Joram de Judá (=Josaba)*, 2 Cr. 22.11**

JOSACAR ***Asesino del rey Joás de Judá*, 2 R. 12.21**

JOSADAC ***Sacerdote, padre de Jesúa No. 4*, 1 Cr. 6.14,15; Esd. 3.2,8; 5.2; 10.18; Neh. 12.26; Hag. 1.1,12,14; 2.2,4; Zac. 6.11**

JOSAFAT
1. ***Cronista de David y Salomón*, 2 S. 8.16; 20.24; 1 R. 4.3; 1 Cr. 18.15**
2. ***Funcionario del rey Salomón*, 1 R. 4.17**
3. ***Rey de Judá, hijo y sucesor de Asa***

1 R. 15.24 Asa. .y reinó en su lugar *J* su hijo
22.2 *J* rey de Judá descendió al. .de Israel
22.4 y dijo a *J*: ¿Quieres venir conmigo a
22.4 y *J* respondió al rey. .Yo soy como tú
22.5 dijo. .*J* al rey de Israel: Yo te ruego
22.7 y dijo *J*: ¿Hay aún aquí algún profeta
22.8 rey de Israel respondió a *J*: Aún hay
22.8 nunca. .Y *J* dijo: No hable el rey así
22.10 *J* rey de Judá estaban sentados cada
22.18 el rey de. .dijo a *J*: ¿No te lo había
22.29 subió. .el rey de Israel con *J* rey de
22.30 rey de Israel. .a *J*: Yo me disfrazaré
22.32 los capitanes de. .vieron a *J*, dijeron
22.32 éste es el rey de. .mas el rey *J* gritó
22.41 *J* hijo de. .comenzó a reinar sobre Judá
22.42 *J* de 35 años cuando comenzó a reinar
22.44 y *J* hizo paz con el rey de Israel
22.45 los demás hechos de *J*, y sus hazañas
22.48 *J* había hecho naves de Tarsis. .a Ofir
22.49 Ocozías. .dijo a *J*: Vayan mis siervos
22.49 vayan mis siervos con. .Mas *J* no quiso
22.50 durmió *J* con sus padres. .fue sepultado
22.51 Ocozías hijo. .comenzó. .el año 17 de *J*
2 R. 1.17 en el segundo año de Joram hijo de *J*
3.1 Joram. .comenzó a reinar. .el año 18 de *J*
3.7 a decir a *J* rey de Judá: El rey de Moab
3.11 *J* dijo: ¿No hay aquí profeta de Jehová
3.12 *J* dijo: Este tendrá palabra de Jehová
3.12 descendieron a él. .*J*, y el rey de Edom
3.14 que si no tuviese respeto al rostro de *J*
8.16 siendo *J* rey de Judá, comenzó a reinar
8.16 comenzó a reinar Joram hijo de *J*, rey
12.18 las ofrendas que habían dedicado *J* y
1 Cr. 3.10 cual fue hijo Asa, cuyo hijo fue *J*
2 Cr. 17.1 y reinó en su lugar *J* su hijo, el
17.3 y Jehová estuvo con *J*, porque anduvo en
17.5 confirmó. .y todo Judá dio a *J* presentes
17.10 pavor. .y no osaron hacer guerra contra *J*
17.11 traían. .presentes a *J*, y tributos de
17.12 iba, pues, *J* engrandeciéndose mucho
18.1 tenía, pues, *J* riquezas y gloria en
18.3 y dijo Acab. .a *J* rey de Judá: ¿Quieres
18.4 dijo *J* al rey de Israel: Te ruego que
18.6 *J* dijo: ¿Hay aún aquí algún profeta de
18.7 respondió a *J*: Aún hay aquí un hombre
18.7 y respondió *J*: No hable así el rey
18.9 y *J* rey de Judá estaban sentados cada
18.17 el rey de. .dijo a *J*: ¿No te había yo
18.28 subieron. .y *J* rey de Judá, a Ramot de
18.29 dijo el rey de. .a *J*: Yo me disfrazaré
18.31 cuando. .vieron a *J*, dijeron: Este es
18.31 *J* clamó, y Jehová. .y los apartó. .de él
19.1 *J* rey de Judá volvió en paz a su casa
19.2 dijo al rey *J*: ¿Al impío das ayuda, y
19.4 habitó. .*J* en Jerusalén. .salía al pueblo
19.8 puso. .*J* en Jerusalén. .de los levitas y
20.1 de Amón. .vinieron contra *J* a la guerra
20.2 y dieron aviso a *J*, diciendo: Contra ti
20.3 *J* humilló su rostro para consultar a
20.5 *J* se puso en pie en la asamblea de Judá
20.15 oíd, Judá. .y tú, rey *J*. Jehová os dice
20.18 entonces *J* se inclinó rostro a tierra
20.20 *J*, estando en pie, dijo: Oídme, Judá
20.25 entonces *J* y su pueblo a despojarlos
20.27 *J* a la cabeza de ellos, volvieron para
20.30 el reino de *J* tuvo paz, porque su Dios
20.31 así reinó *J* sobre Judá; de 35 años era
20.34 hechos de *J*, primeros y postreros, he
20.35 *J* rey de. .trabó amistad con Ocozías rey
20.37 Eliezer. .profetizó contra *J*, diciendo
21.1 durmió *J* con sus padres, y lo sepultaron
21.2 quien tuvo por hermanos, hijos de *J*, a
21.2 todos éstos fueron hijos de *J* rey de
21.12 no has andado en los caminos de *J*, ni
22.9 es hijo de *J*, quien de todo su corazón
Mt. 1.8 Asa engendró a *J*, *J* a Joram, y Joram

4. ***Padre de Jehú rey de Israel*, 2 R. 9.2,14**
5. ***Uno de los 30 valientes de David*, 1 Cr. 11.43**
6. ***Sacerdote contemporáneo de David*, 1 Cr. 15.24**
7. ***Valle no identificado***

Jl. 3.2 y las haré descender al valle de *J*, y
3.12 naciones. .suban al valle de *J*; porque

JOSAVÍA ***Uno de los 30 valientes de David*, 1 Cr. 11.46**

JOSBECASA ***Cantor en el templo*, 1 Cr. 25.4,24**

JOSÉ
1. ***Hijo del patriarca Jacob***

Gn. 30.24 y llamó su nombre *J*, diciendo. .hijo
30.25 cuando Raquel hubo dado a luz a *J*, que
33.2 puso las. .y a Raquel y a *J* los últimos
33.7 después llegó *J* y Raquel, y también se
35.24 los hijos de Raquel: *J* y Benjamín
37.2 *J*, siendo de edad de 17 años, apacentaba
37.2 e informaba *J* a su padre la mala fama
37.3 y amaba Israel a *J* más que a todos sus
37.5 y soñó *J* un sueño, y lo contó a sus
37.13 Israel a *J*: Tus hermanos apacientan las
37.16 *J* respondió: Busco a mis hermanos; te
37.17 entonces *J* fue tras de sus hermanos
37.23 llegó *J*. .ellos quitaron a *J* su túnica
37.28 sacaron ellos a *J* de la cisterna, y le
37.28 le vendieron. .y llevaron a *J* a Egipto
37.29 Rubén volvió a. .y no halló a *J* dentro
37.31 entonces tomaron ellos la túnica de *J*
39.1 llevado. .*J* a Egipto, Potifar oficial de
39.2 Jehová estaba con *J*, y fue. .próspero
39.4 halló *J* gracia en sus ojos, y le servía
39.5 Jehová bendijo la casa. .a causa de *J*
39.6 dejó todo lo que tenía en mano de *J*, y
39.6 y era *J* de hermoso semblante y bella
39.7 la mujer de su amo puso sus ojos en *J*
39.10 ella a *J* cada día, y no escuchándola
39.16 y ella puso junto a sí la ropa de *J*
39.19 cuando oyó el amo de *J* las palabras de
39.20 tomó su. .a *J*, y lo puso en la cárcel
39.21 Jehová estaba con *J* y le extendió su
39.22 en mano de *J* el cuidado de todos los
39.23 cosa. .de las que estaban al cuidado de *J*
39.23 porque Jehová estaba con *J*, y lo que
40.3 puso en prisión. .donde *J* estaba preso
40.4 el capitán de la. .encargó de ellos a *J*
40.6 vino a ellos *J* por la mañana. .tristes
40.8 entonces les dijo *J*: ¿No son de Dios las
40.9 jefe de los coperos contó su sueño a *J*,
40.12 le dijo *J*: Esta es su interpretación
40.16 dijo a *J*: También yo soñé que veía 3
40.18 respondió *J*, y dijo. .su interpretación
40.22 ahorcar. .como lo había interpretado *J*
40.23 jefe de los coperos no se acordó de *J*
41.14 Faraón envió y llamó a *J*. Y lo sacaron
41.15 Faraón a *J*: Yo he tenido un sueño, y no
41.16 respondió *J* a Faraón, diciendo: No es
41.17 entonces Faraón dijo a *J*: En mi sueño
41.25 *J* a Faraón: El sueño de Faraón es uno
41.39 dijo Faraón a *J*: Pues que Dios te ha
41.41 dijo. .Faraón a *J*. .te he puesto sobre
41.42 quitó su anillo. .puso en la mano de *J*
41.44 dijo Faraón a *J*: Yo soy Faraón; y sin
41.45 llamó Faraón. .*J*, Zafnat-panea; y le
41.45 salió *J* por toda la tierra de Egipto
41.46 era *J* de edad de treinta años cuando
41.46 salió *J* de delante de Faraón, y recorrió
41.49 recogió *J* trigo como arena del mar
41.50 y nacieron a *J* dos hijos antes. .hambre
41.51 y llamó *J* el nombre del primogénito
41.54 años del hambre, como *J* había dicho
41.55 id a *J*, y haced lo que él os dijere
41.56 abrió *J*. .granero donde había, y vendía
41.57 toda. .venían a Egipto para comprar de *J*
42.3 descendieron los diez hermanos de *J* a
42.4 no envió a Benjamín, hermano de *J*, con
42.6 *J* era el señor de la tierra, quien le
42.6 los hermanos de *J*, y se inclinaron a él
42.7 *J*. .vio a sus hermanos, los conoció; mas
42.8 *J*, pues, conoció a sus hermanos; pero
42.9 entonces se acordó *J* de los sueños que
42.12 *J* les dijo: No; para ver. .habéis venido
42.14 *J* les dijo: Eso es lo que os he dicho
42.18 día les dijo *J*: Haced esto, y vivid: Yo
42.23 no sabían que los entendía *J*, porque
42.24 se apartó *J* de ellos, y lloró; después
42.25 mandó *J* que llenaran sus sacos de trigo
42.36 *J* no parece, ni Simeón tampoco, y a
43.15 Egipto, y se presentaron delante de *J*
43.16 y vio *J* a Benjamín con ellos, y dijo
43.17 hizo el hombre como *J* dijo, y llevó a
43.17 hizo. .llevó a los hombres a casa de *J*
43.18 fueron llevados a casa de *J*, y decían
43.19 acercaron al mayordomo de la casa de *J*
43.24 llevó. .los hombres a casa de *J*; y les
43.25 ellos prepararon. .venía *J* a mediodía
43.26 vino *J* a casa, y ellos le trajeron el
43.27 entonces les preguntó *J* cómo estaban, y
43.29 y alzando *J* sus ojos vio a Benjamín su
43.30 *J* se apresuró, porque se conmovieron
43.34 *J* tomó viandas de delante de sí para
44.1 mandó *J* al mayordomo de su casa. .Llenad
44.2 pondrás mi copa. .Y él hizo como dijo *J*
44.4 dijo *J* a su mayordomo: Levántate y sigue

JOSÉ *(Continúa)*
Gn. 44.14 vino Judá con sus hermanos a casa de *J*
44.15 dijo *J:* ¿Qué acción es esta que habéis
44.17 *J* respondió: Nunca yo tal haga. El
45.1 no podía. .*J* contenerse delante de todos
45.1 él, al darse a conocer *J* a sus hermanos
45.3 dijo *J* a sus hermanos: Yo soy *J;* ¿vive
45.4 dijo *J* a sus hermanos: Acercaos ahora
45.4 dijo: Yo soy *J* vuestro hermano, el que
45.9 así dice tu hijo *J:* Dios me ha puesto
45.16 los hermanos de *J* han venido. Y esto
45.17 y dijo Faraón a *J:* Dí a tus hermanos
45.21 les dio *J* carros conforme a la orden
45.26 *J* vive aún; y él es señor en. .Egipto
45.27 le contaron todas las palabras de *J*
45.27 viendo Jacob los carros que *J* enviaba
45.28 basta; *J* mi hijo vive todavía; iré, y
46.4 haré. .y la mano de *J* cerrará tus ojos
46.19 hijos de Raquel, mujer. .*J* y Benjamín
46.20 y nacieron a *J* en la tierra de Egipto
46.27 hijos de *J,* que le nacieron en Egipto
46.28 envió Judá delante de sí a *J*
46.29 y *J*. .vino a recibir a Israel su padre
46.30 Israel dijo a *J:* Muera yo ahora, ya que
46.31 *J* dijo a sus hermanos, y a la casa de
47.1 vino *J* y lo hizo saber a Faraón, y dijo
47.5 Faraón habló a *J,* diciendo: Tu padre y
47.7 *J* introdujo a. .su padre, y lo presentó
47.11 así *J* hizo habitar a su padre y a sus
47.12 y alimentaba *J* a su padre y a toda la
47.14 y recogió *J* todo el dinero que había
47.14 metió *J* el dinero en casa de Faraón
47.15 todo Egipto a *J,* diciendo: Danos pan
47.16 *J* dijo: Dad vuestros ganados y yo os
47.17 trajeron sus ganados a *J,* y *J* les dio
47.20 compró *J* toda la tierra de Egipto para
47.23 *J* dijo al pueblo. .os he comprado hoy
47.26 *J* lo puso por ley hasta hoy sobre la
47.29 llamó a *J* su. .y le dijo: Si he hallado
47.30 y *J* respondió: Haré como tú dices
47.31 e Israel dijo: Júramelo. Y *J* le juró
48.1 que dijeron a *J*. .tu padre está enfermo
48.2 se le hizo saber. .tu hijo *J* viene a ti
48.3 a *J:* El Dios Omnipotente me apareció en
48.8 y vio Israel los hijos de *J,* y dijo
48.9 y respondió *J* a su padre: Son mis hijos
48.11 dijo Israel a *J:* No pensaba yo ver tu
48.12 *J* los sacó de entre sus rodillas, y se
48.13 los tomó *J* a ambos, Efraín a su derecha
48.15 bendijo a *J,* diciendo: El Dios en cuya
48.17 pero viendo *J* que su padre ponía la mano
48.18 dijo *J* a su padre: No así, padre mío
48.21 dijo Israel a *J:* He aquí yo muero, pero
49.22 rama fructífera es *J,* rama. .junto a una
49.26 serán sobre la cabeza de *J,* y sobre la
50.1 se echó *J* sobre el rostro de su padre
50.2 mandó *J* a sus siervos los médicos que
50.4 *J* a los de la casa de Faraón, diciendo
50.7 *J* subió para sepultar a su padre; y
50.8 y toda la casa de *J,* y sus hermanos, y
50.10 *J* hizo a su padre duelo por siete días
50.14 volvió *J* a Egipto, él y sus hermanos
50.15 viendo los hermanos de *J* que su padre
50.15 quizá nos aborrecerá *J,* y nos dará el
50.16 enviaron a decir a *J:* Tu padre mandó
50.17 así diréis a *J:* Te ruego que perdones
50.17 tu padre. .Y *J* lloró mientras hablaban
50.19 respondió *J:* No temáis: ¿acaso estoy
50.22 y habitó *J* en. .y vivió José 110 años
50.23 y vio *J* los hijos de Efraín hasta la
50.23 fueron criados sobre las rodillas de *J*
50.24 *J* dijo a sus hermanos: Yo voy a morir
50.25 e hizo jurar *J* a los hijos de Israel
50.26 murió *J* a la edad de ciento diez años
Éx. 1.5 nacieron a Jacob. .*J* estaba en Egipto
1.6 y murió *J,* y todos sus hermanos, y toda
1.8 Egipto un nuevo rey que no conocía a *J*
13.19 tomó. .consigo Moisés los huesos de *J*
Nm. 1.10 de los hijos de *J:* de Efraín, Elisama
1.32 los hijos de *J:* de los hijos de Efraín
13.11 de la tribu de *J;* de. .Gadi hijo de Susi
26.28 hijos de *J* por sus familias: Manasés
26.37 son. .los hijos de *J* por sus familias
27.1 de las familias de Manasés hijo de *J*
32.33 a la media tribu de Manasés hijo de *J*
34.23 de los hijos de *J:* de la tribu de los
36.1 de las familias de los hijos de *J;* y
36.5 la tribu de los. .de *J* habla rectamente
36.12 se casaron en la familia de. .hijo de *J*
Dt. 27.12 estarán. .Judá, Isacar, *J* y Benjamín
33.13 a *J* dijo: Bendita de Jehová. .tu tierra
33.16 la gracia. .venga sobre la cabeza de *J*
Jos. 14.4 los hijos de *J* fueron dos tribus
16.1 tocó. .a los hijos de *J* desde el Jordán
16.4 recibieron. .su heredad los hijos de *J*
17.1 Manasés, porque fue primogénito de *J*
17.2 de Manasés hijo de *J,* por sus familias
17.14 hijos de *J* hablaron a Josué, diciendo
17.16 los hijos de *J* dijeron: No nos bastará
17.17 respondió a la casa de *J,* a Efraín y a
18.5 los de la casa de *J* en el suyo al norte
18.11 quedó entre. .de Judá y los hijos de *J*
24.32 enterraron en Siquem los huesos de *J*
24.32 campo. .fue posesión de los hijos de *J*
Jue. 1.22 la casa de *J* subió contra Bet-el; y
1.23 y la casa de *J* puso espías en Bet-el
1.35 pero cuando la casa de *J* cobró fuerzas
2 S. 19.20 primero de toda la casa de *J,* para
1 R. 11.28 encomendó. .el cargo de la casa de *J*
1 Cr. 2.2 Dan, *J,* Benjamín, Neftalí, Gad y Aser
5.1 derechos. .fueron dados a los hijos de *J*
5.2 mas el derecho de primogenitura fue de *J*
7.29 estos lugares habitaron los hijos de *J*
Sal. 77.15 redimiste a. .hijos de Jacob y de *J*
78.67 desechó la tienda de *J,* y no escogió
80.1 tú que pastoreas como a ovejas a *J,* que
81.5 constituyó como testimonio en *J,* cuando
105.17 un varón delante de ellos; a *J,* que
Ez. 37.16 escribe en él: Para *J,* palo de Efraín
37.19 tomo el palo de *J* que está en la mano
47.13 que repartiréis la. .*J* tendrá dos partes
48.32 la puerta de *J*. .la puerta de Benjamín
Am. 5.6 que acometa como fuego a la casa de *J*
5.15 Dios. .tendrá piedad del remanente de *J*
6.6 no se afligen. .el quebrantamiento de *J*
Abd. 18 y la casa de *J* será llama, y la casa
Zac. 10.6 y guardaré la casa de *J,* y los haré
Jn. 4.5 la heredad que Jacob dio a su hijo *J*
Hch. 7.9 vendieron a *J* para Egipto; pero Dios
7.13 *J* se dio a conocer a sus hermanos, y fue
7.13 fue manifestado a Faraón el linaje de *J*
7.14 enviando *J,* hizo venir a su padre Jacob
7.18 en Egipto otro rey que no conocía a *J*
He. 11.21 bendijo a cada uno de los hijos de *J*
11.22 la fe *J,* al morir, mencionó la salida
Ap. 7.8 de la tribu de *J,* doce mil sellados

2. ***Padre de Igal No. 1,*** **Nm. 13.7**

3. ***Levita en tiempo de David,*** **1 Cr. 25.2,9**

4. ***Uno de los que se casaron con mujeres extranjeras en tiempo de Esdras,*** **Esd. 10.42**

5. ***Sacerdote en tiempo de Joiacim,*** **Neh. 12.14**

6. ***Marido de María, la madre de Jesús***

Mt. 1.16 Jacob engendró a *J,* marido de María
1.18 estando desposada María su madre con *J*
1.19 *J* su marido. .era justo. .no quiso dejarla
1.20 *J*. .no temas recibir a María tu mujer
1.24 despertando *J* del sueño, hizo como el
2.13,19 un ángel del Señor apareció en. .a *J*
Lc. 1.27 con un varón que se llamaba *J,* de la
2.4 *J* subió de Galilea. .de Nazaret, a Judea
2.16 vinieron. .y hallaron a María y a *J,* y al
2.33 y *J* y su madre estaban maravillados de
2.43 quedó. .sin que lo supiesen *J* y su madre
3.23 hijo, según se creía, de *J,* hijo de Elí
4.22 todos. .decían: ¿No es éste el hijo de *J?*
Jn. 1.45 hemos hallado a. .a Jesús, el hijo de *J*
6.42 ¿no es éste Jesús, el hijo de *J,* cuyo

7. ***Hermano de Jesús***

Mt. 13.55 y sus hermanos, Jacobo, *J,* Simón y
Mr. 6.3 ¿no es éste. .hermano de. .*J,* de Judas

8. ***Hijo de María No. 5***

Mt. 27.56 estaban. .la madre de Jacobo y de *J*
Mr. 15.40 madre de Jacobo. .y de *J,* y Salomé
15.47 Magdalena y María madre de *J* miraban

9. ***José de Arimatea***

Mt. 27.57 vino un hombre rico. .llamado *J,* que
27.59 y tomando *J* el cuerpo, lo envolvió en
Mr. 15.43 *J* de Arimatea, miembro. .del concilio
15.45 e informado por el. .dio el cuerpo a *J*
Lc. 23.50 había un varón llamado *J,* de Arimatea
Jn. 19.38 *J* de Arimatea, que era discípulo de

10. ***Nombre de tres ascendientes de Jesucristo,*** **Lc. 3.24,26,30**

11. ***Candidato al apostolado,*** **Hch. 1.23**

12. ***=Bernabé,*** **Hch. 4.36**

JOSEB-BASEBET ***Principal de los tres valientes de David (=Josobeam),*** **2 S. 23.8**

JOSÍAS

1. ***Rey de Judá***

1 R. 13.2 la casa de David nacerá un. .llamado *J*
2 R. 21.24 puso. .rey en su lugar a *J* su hijo
21.26 fue sepultado. .y reinó en su lugar *J*
22.1 cuando *J* comenzó a reinar era de 8 años
22.3 a los 18 años del rey *J,* envió el rey
23.16 se volvió *J,* y viendo los sepulcros que
23.19 de los lugares altos. .quitó también *J*
23.23 los 18 años del rey *J*. .aquella pascua
23.24 barrió *J* a los encantadores. .de Judá
23.28 los demás hechos de *J*. .¿no está todo
23.29 Faraón Necao. .salió contra él el rey *J*
23.30 el pueblo. .tomó a Joacaz hijo de *J*. .rey
23.34 puso por rey a Eliaquim. .en lugar de *J*
1 Cr. 3.14 del cual fue hijo Amón. .hijo fue *J*
3.15 los hijos de *J:* Johanán su primogénito
2 Cr. 33.25 puso por rey en su lugar a *J* su hijo
34.1 de 8 años era *J* cuando comenzó a reinar
34.33 quitó *J* todas las abominaciones de toda
35.1 *J* celebró la pascua a. .en Jerusalén, y
35.7 y dio el rey *J* a los del pueblo ovejas
35.16 conforme al mandamiento del rey *J*
35.18 tal como la que celebró el rey *J,* con
35.19 esta pascua fue. .en el año 18 del rey *J*
35.20 luego de haber reparado *J* la casa de
35.20 Necao rey de Egipto. .salió *J* contra él
35.22 *J* no se retiró, sino que se disfrazó
35.23 los flecheros tiraron contra el rey *J*
35.24 Judá y Jerusalén hicieron duelo por *J*
35.25 y Jeremías endechó en memoria de *J*
35.25 recitan esas lamentaciones sobre *J*
35.26 los demás hechos de *J,* y sus obras
36.1 tomó a Joacaz hijo de *J,* y lo hizo rey
Jer. 1.2 palabra. .le vino en los días de *J* hijo
1.3 le vino. .en días de Joacim hijo de *J,* rey
1.3 Sedequías hijo de *J,* rey de Judá, hasta
3.6 me dijo Jehová en días del rey *J:* ¿Has
22.11 Salum hijo de *J*. .reinó en lugar de *J*
22.18 Jehová acerca de Joacim hijo de *J,* rey
25.1 en el año cuarto de Joacim hijo de *J*
25.3 desde el año trece de *J* hijo. .he hablado
26.1; 27.1 del reinado de Joacim hijo de *J*
35.1 a Jeremías en días de Joacim hijo de *J*
36.1 el cuarto año de Joacim hijo de *J,* rey
36.2 escribe. .desde los días de *J* hasta hoy
36.9 el año quinto de Joacim hijo de *J,* rey
37.1 lugar. .reinó el rey Sedequías hijo de *J*
45.1; 46.2 el año cuarto de Joacim hijo de *J*
Sof. 1.1 en días de *J* hijo de Amón, rey de Judá
Mt. 1.10 engendró. .Manasés a Amón, y Amón a *J*
1.11 *J* engendró a Jeconías y a sus hermanos

2. ***Descendiente de Simeón,*** **1 Cr. 4.34**

3. ***Uno que regresó del exilio en Babilonia,*** **Zac. 6.10**

JOSIBÍAS ***Descendiente de Simeón,*** **1 Cr. 4.35**

JOSIFÍAS ***Padre de Selomit No. 7,*** **Esd. 8.10**

JOSUÉ

1. ***Ayudante y sucesor de Moisés (=Oseas No.1)***

Éx. 17.9 y dijo Moisés a *J:* Escógenos varones
17.10 hizo *J* como le dijo Moisés, peleando
17.13 y *J* deshizo a Amalec y a su pueblo a
17.14 dí a *J* que raeré del todo la memoria
24.13 y se levantó Moisés con *J* su servidor
32.17 cuando oyó *J* el clamor del pueblo que
33.11 el joven *J* hijo de Nun, su servidor
Nm. 11.28 respondió *J* hijo de Nun, ayudante
13.16 Oseas. .le puso Moisés el nombre de *J*
14.6 *J*. .y Caleb hijo. .rompieron sus vestidos
14.30 exceptuando a Caleb. .a *J* hijo de Nun
14.38 *J* hijo de. .y Caleb. .quedaron con vida
26.65 no quedó varón de ellos, sino. .*J* hijo
27.18 Jehová dijo a Moisés: Toma a *J* hijo de
27.22 tomó a *J* y lo puso delante del. .Eleazar
32.12 excepto Caleb hijo de. .y *J* hijo de Nun
32.28 les encomendó Moisés. .a *J* hijo de Nun
34.17 repartirán. .Eleazar, y *J* hijo de Nun
Dt. 1.38 *J*. .el cual te sirve, él entrará allá
3.21 ordené también a *J*. .diciendo: Tus ojos
3.28 manda a *J*. .y fortalécelo; porque él ha
31.3 *J* será el que pasará delante de ti; él
31.7 Moisés a *J,* y le dijo en presencia de
31.14 llama a *J,* y esperad en el tabernáculo
31.14 fueron. .Moisés y *J,* y esperaron en el
31.23 dio orden a *J* hijo de. .dijo: Esfuérzate
32.44 vino Moisés y recitó. .cántico. .él y *J*
34.9 *J*. .fue lleno del espíritu de sabiduría
Jos. 1.1 a *J* hijo de Nun, servidor de Moisés
1.10 y *J* mandó a los oficiales del pueblo
1.12 habló *J* a los rubenitas y gaditas y a
1.16 respondieron a *J*. .Nosotros haremos todas
2.1 *J* hijo de. .envió desde Sitim dos espías
2.23 vinieron a *J*. .contaron todas las cosas
2.24 dijeron a *J:* Jehová ha entregado toda
3.1 *J* se levantó de mañana, y él y todos los
3.5 y *J* dijo al pueblo: Santificaos, porque
3.6 y habló *J*. .diciendo: Tomad el arca del
3.7 entonces Jehová dijo a *J:* Desde este día
3.9 y *J* dijo a los hijos de Israel: Acercaos
3.10 añadió *J:* En esto conoceréis que el Dios
4.1 hubo acabado de pasar. .Jehová habló a *J*
4.4 *J* llamó a los doce hombres a los cuales
4.5 dijo *J:* Pasad delante del arca de Jehová
4.8 Israel lo hicieron así como *J* les mandó
4.8 piedras. .como Jehová lo había dicho a *J*
4.9 *J* también levantó doce piedras. .Jordán
4.10 todo lo que Jehová había mandado a *J* que
4.10 las cosas que Moisés había mandado a *J*
4.14 día Jehová engrandeció a *J* a los ojos de
4.15 luego Jehová habló a *J,* diciendo
4.17 *J* mandó a. .diciendo: Subid del Jordán
4.20 y *J* erigió en Gilgal las doce piedras
5.2 a *J:* Hazte cuchillos afilados, y vuelve
5.3 *J* se hizo cuchillos. .y circuncidó a los
5.4 es la causa por la cual *J* los circuncidó
5.7 a los hijos de ellos. .*J* los circuncidó
5.9 dijo a *J:* Hoy he quitado de vosotros el
5.13 estando *J* cerca de Jericó, alzó sus ojos
5.13 *J,* yendo hacia él, le dijo: ¿Eres de los
5.14 *J,* postrándose sobre. .en tierra, le adoró
5.15 el Príncipe del. .respondió a *J:* Quita el
5.15 quita el calzado de. .Y *J* así lo hizo
6.2 Jehová dijo a *J:* Mira, yo he entregado

JOSUÉ *(Continúa)*
Jos. 6.6 llamando. . *J* hijo de Nun a los sacerdotes
6.8 así que *J* hubo hablado al pueblo, los 7
6.10 *J* mandó al pueblo. . no gritaréis, ni se
6.12 *J* se levantó de mañana, y los sacerdotes
6.16 séptima vez, *J* dijo al pueblo: Gritad
6.22 mas *J* dijo a los dos hombres que habían
6.25 mas *J* salvó la vida a Rahab la ramera
6.25 escondió a los. . que *J* había enviado a
6.27 estaba, pues, Jehová con *J*, y su nombre
7.2 *J* envió hombres desde Jericó a Hai, que
7.3 volviendo a *J*, le dijeron: No suba todo
7.6 *J* rompió sus vestidos, y se postró en
7.7 y *J* dijo: ¡Ah, Señor Jehová! ¿Por qué
7.10 Jehová dijo a *J*: Levántate; ¿por qué te
7.16 *J*. . levantándose. . hizo acercar a Israel
7.19 *J* dijo a Acán: Hijo mío, da gloria a
7.20 Acán respondió a *J*. . yo he pecado contra
7.22 *J*. . envió mensajeros. . a la tienda; y he
7.23 lo trajeron a *J* y a. . los hijos de Israel
7.24 *J*, y todo Israel con él, tomaron a Acán
7.25 y le dijo *J*: ¿Por qué nos has turbado?
8.1 Jehová dijo a *J*: No temas ni desmayes
8.3 levantaron *J* y toda la gente de guerra
8.3 y escogió *J* treinta mil hombres fuertes
8.9 entonces *J* los envió; y ellos se fueron
8.9 *J* se quedó aquella noche en medio. . pueblo
8.10 levantándose *J*. . pasó revista al pueblo
8.13 y *J* avanzó. . hasta la mitad del valle
8.15 *J* y todo Israel se fingieron vencidos
8.16 siguieron a *J*, siendo así alejados de
8.18 Jehová dijo a *J*: Extiende la lanza que
8.18 y *J* extendió hacia la ciudad la lanza
8.21 *J*. . viendo que. . habían tomado la ciudad
8.23 tomaron vivo al rey de. . lo trajeron a *J*
8.26 *J* no retiró su mano que había extendido
8.27 palabra de Jehová. . le había mandado a *J*
8.28 *J* quemó a Hai y la redujo a. . escombros
8.29 mandó *J* que quitasen. . su cuerpo, y lo
8.30 entonces *J* edificó un altar a Jehová
8.35 no hubo palabra. . que *J* no hiciese leer
9.2 concertaron para pelear contra *J* e Israel
9.3 oyeron lo que *J* había hecho a Jericó y a
9.6 y vinieron a *J* al campamento en Gilgal
9.8 ellos respondieron a *J*. . somos tus siervos
9.8 y *J* les dijo: ¿Quiénes sois vosotros, y
9.15 *J* hizo paz. . y celebró con ellos alianza
9.22 llamándolos *J*. . qué nos habéis engañado
9.24 ellos respondieron a *J* y dijeron: Como
9.27 *J* los destinó aquel día a ser leñadores
10.1 de Jerusalén oyó que *J* había tomado a Hai
10.4 Gabaón. . ha hecho paz con *J* y con. . Israel
10.6 los. . de Gabaón enviaron a decir a *J* al
10.7 subió *J* de Gilgal, él y todo el pueblo
10.8 y Jehová dijo a *J*: No tengas temor de
10.9 *J* vino a ellos de repente. . toda la noche
10.12 *J* habló a Jehová el día en que Jehová
10.15 y *J*. . volvió al campamento en Gilgal
10.17 fue dado aviso a *J* que los cinco reyes
10.18 *J* dijo: Rodad grandes piedras a. . cueva
10.20 cuando *J*. . Israel acabaron de herirlos
10.21 todo el pueblo volvió sano y salvo a *J*
10.22 dijo *J*: Abrid la entrada de la cueva
10.24 llevado a *J*, llamó *J* a. . los varones de
10.25 *J* les dijo: No temáis, ni. . sed fuertes
10.26 después. . *J* los hirió, y los mató, y los
10.27 mandó *J* que los quitasen de los maderos
10.28 tomó *J* a Maceda, y la hirió a filo de
10.29 de Maceda pasó *J*, y todo Israel con él
10.31 y *J*, y todo Israel. . de Libna a Laquis
10.33 a él y a su pueblo destruyó *J*, hasta
10.34 Laquis pasó *J*, y todo Israel. . a Eglón
10.36 subió luego *J*. . de Eglón a Hebrón, y la
10.38 volvió *J*, y todo Israel. . sobre Debir
10.40 hirió. . *J* toda la región de las montañas
10.41 hirió *J* desde Cades-barnea hasta Gaza
10.42 estos reyes y. . los tomó *J* de una vez
10.43 y volvió *J*, y. . al campamento en Gilgal
11.6 mas Jehová dijo a *J*: No tengas temor de
11.7 *J*. . vino de repente contra ellos junto a
11.9 *J* hizo con ellos. . Jehová le había mandado
11.10 volviendo *J*, tomó en. . a Hazor, y mató a
11.12 asimismo tomó *J* todas las ciudades de
11.13 ciudades. . únicamente a Hazor quemó *J*
11.15 Moisés lo mandó a *J*; y así *J* lo hizo
11.16 tomó, pues, *J* toda aquella tierra, las
11.18 mucho tiempo tuvo guerra *J* con estos
11.21 vino *J* y destruyó a los anaceos de los
11.21 *J* los destruyó a ellos y a sus ciudades
11.23 tomó, pues, *J* toda la tierra, conforme
11.23 y la entregó *J* a los israelitas por
12.7 son los reyes de. . que derrotaron *J* y los
12.7 *J* dio la tierra. . a las tribus de Israel
13.1 siendo *J* ya viejo. . años, Jehová le dijo
14.1 les repartieron. . Eleazar, *J* hijo de Nun
14.6 los hijos de Judá vinieron a *J* en Gilgal
14.13 *J* entonces le bendijo, y dio a Caleb
15.13 conforme al mandamiento de Jehová a *J*
17.4 estas vinieron delante de. . *J* hijo de Nun
17.14 los hijos de José hablaron a *J*, diciendo
17.15 y *J* les respondió: Si sois pueblo tan
17.17 entonces *J* respondió a la casa de José
18.3 *J* dijo a. . Israel: ¿Hasta cuándo seréis
18.8 mandó *J* a los que iban para delinear la
18.9 y volvieron a *J* al campamento en Silo
18.10 *J* les echó suertes. . y allí repartió *J*
19.49 dieron. . Israel heredad a *J* hijo de Nun
19.51 heredades que. . Eleazar, y *J* hijo de Nun
20.1 habló Jehová a *J*, diciendo
21.1 los levitas vinieron al. . a *J* hijo de Nun
22.1 *J* llamó a los rubenitas, a los gaditas y
22.6 y bendiciéndolos, *J* los despidió, y se
22.7 Manasés. . a éstos envió *J* a sus tiendas
22.7 a la otra mitad dio *J* heredad entre sus
23.1 *J*, siendo ya viejo y avanzado en años
24.1 reunió *J* a todas las tribus de Israel
24.2 dijo *J* a. . pueblo: Así dice Jehová, Dios
24.19 *J* dijo al pueblo: No podréis servir a
24.21 el pueblo entonces dijo a *J*: No, sino
24.22 *J* respondió al pueblo: Vosotros sois
24.24 y el pueblo respondió a *J*: A Jehová
24.25 entonces *J* hizo pacto con el pueblo el
24.26 escribió *J* estas palabras en el libro
24.27 dijo *J* a todo el pueblo: He aquí esta
24.28 envió *J* al pueblo. . uno a su posesión
24.29 murió *J* hijo de Nun, siervo de Jehová
24.31 sirvió Israel a Jehová. . el tiempo de *J*
24.31 ancianos que sobrevivieron a *J* y que
Jue. 1.1 aconteció después de la muerte de *J*
2.6 *J* había despedido al pueblo, y los hijos
2.7 servido a Jehová todo el tiempo de *J*, y
2.7 de los ancianos que sobrevivieron a *J*
2.8 murió *J* hijo de Nun. . de ciento diez años
2.21 de las naciones que dejó *J* cuando murió
2.23 esto dejó. . no las entregó en mano de *J*
1 R. 16.34 la palabra que. . había hablado por *J*
1 Cr. 7.27 Nun su hijo, *J* su hijo
Neh. 8.17 desde los días de *J* hijo de Nun hasta
Hch. 7.45 introdujeron con *J* al tomar. . tierra
He. 4.8 porque si *J* les hubiera dado el reposo

2. ***Habitante de Bet-semes***

1 S. 6.14 el carro vino al. . de *J* de Bet-semes
6.18 la gran piedra. . está en el campo de *J*

3. ***Gobernador de Jerusalén bajo el rey Josías***

2 R. 23.8 altares. . entrada de la puerta de *J*

4. ***Sumo sacerdote en tiempo de los profetas Hageo y Zacarías (=Jesúa No. 4)***

Hag. 1.1 vino palabra. . y a *J* hijo de Josadac
1.12 oyó. . *J* hijo de Josadac. . voz de Jehová
1.14 despertó Jehová. . el espíritu de *J* hijo
2.2 habla. . a *J* hijo de Josadac. . sacerdote
2.4 esfuérzate también, *J* hijo de Josadac
Zac. 3.1 *J*, el cual estaba delante del ángel
3.3 y *J* estaba vestido de vestiduras viles
3.6 ángel de Jehová amonestó a *J*, diciendo
3.8 escucha. . ahora, *J* sumo sacerdote, tú y
3.9 aquí aquella piedra que puse delante de *J*
6.11 pondrás en la cabeza del. . sacerdote *J*

5. ***Ascendiente de Jesucristo***, Lc. 3.29

JOTA
Mt. 5.18 una *j* ni una tilde pasará de la ley

JOTAM

1. ***Hijo menor de Gedeón***

Jue. 9.5 quedó *J* el hijo menor de Jerobaal, que
9.7 cuando se lo dijeron a *J*, fue y se puso
9.21 y escapó *J* y huyó, y se fue a Beer, y
9.57 vino sobre ellos la maldición de *J* hijo

2. ***Rey de Judá, hijo y sucesor de Uzías***

2 R. 15.5 *J* hijo de. . tenía el cargo del palacio
15.7 durmió. . y reinó en su lugar *J* su hijo
15.30 Oseas. . reinó. . a los veinte años de *J*
15.32 a reinar *J* hijo de Uzías rey de Judá
15.36 demás hechos de *J*. . ¿no está escrito en
15.38 durmió *J* con sus padres. . fue sepultado
16.1 comenzó a reinar Acaz hijo de *J* rey de
1 Cr. 3.12 hijo fue Azarías, e hijo de éste, *J*
5.17 fueron contados. . días de *J* rey de Judá
2 Cr. 26.21 y *J* su hijo tuvo cargo de la casa
26.23 Uzías. . y reinó *J* su hijo en lugar suyo
27.1 de 25 años era *J*. . comenzó a reinar, y
27.6 así que *J* se hizo fuerte, porque preparó
27.7 demás hechos de *J*, y todas sus guerras
27.9 durmió *J* con sus padres, y lo sepultaron
Is. 1.1 visión de Isaías. . en días de Uzías, *J*
7.1 aconteció en los días de Acaz hijo de *J*
Os. 1.1 en días de. . *J*, Acaz y Ezequías, reyes
Mi. 1.1 palabra. . vino a Miqueas. . en días de *J*
Mt. 1.9 Uzías engendró a *J*, *J* a Acaz, y Acaz

3. ***Descendiente de Jerameel***, 1 Cr. 2.47

JOTBA *Lugar de donde era Mesulemet, madre del rey Amón de Judá*, 2 R. 21.19

JOTBATA *Lugar donde acampó Israel*, Nm. 33.33,34; Dt. 10.7

JOVEN
Gn. 4.23 un varón mataré. . y un *j* por mi golpe
9.24 supo lo que le había hecho su hijo más *j*
14.24 solamente lo que comieron los *j*, y la
19.4 los varones de Sodoma. . desde el más *j*
34.3 se enamoró de la *j*, y habló al corazón
34.4 diciendo: Tómame por mujer a esta *j*
34.12 dote y dones. . y dadme la *j* por mujer
34.19 no tardó el *j* en hacer aquello, porque
37.2 el *j* estaba con los hijos de Bilha y con
37.30 dijo: El *j* no parece; y yo, ¿adónde iré
41.12 estaba allí. . un *j* hebreo, siervo del
42.22 y dije: No pequéis contra el *j*, y no
43.8 a Israel su padre: Envía al *j* conmigo
44.20 tenemos. . hermano *j*, pequeño aún, que
44.22 dijimos a. . *j* no puede dejar a su padre
44.30 cuando vuelva yo. . si el *j* no va conmigo
44.31 que cuando no vea al *j*, morirá; y tus
44.32 tu siervo salió por fiador del *j* con mi
44.33 quede ahora tu siervo en lugar del *j*
44.33 quede. . y que el *j* vaya con sus hermanos
44.34 ¿cómo volveré yo a mi padre sin el *j*?
48.16 bendiga a estos *j*; y sea perpetuado en
Éx. 24.5 envió *j* de los hijos de Israel, los
33.11 el *j* Josué hijo de Nun, su servidor
Nm. 11.27 corrió un *j* y dio aviso a Moisés, y
11.28 respondió Josué hijo de. . uno de sus *j*
Dt. 22.15 el padre de la *j* y su madre tomarán
22.16 dirá el padre de la *j* a los ancianos
22.19 las cuales darán al padre de la *j*, por
22.20 mas si. . no se halló virginidad en la *j*
22.24 la *j* porque no dio voces en la ciudad
22.25 un hombre hallare en. . a la *j* desposada
22.26 mas a la *j* no le harás nada; no hay en
22.27 dio voces la *j*. . y no hubo. . la librase
22.28 hombre hallare a una *j* virgen que no
22.29 al padre de la *j* 50 piezas de plata
32.25 así al *j* como a la doncella, al niño de
Jos. 6.21 destruyeron. . *j* y viejos, hasta los
Jue. 8.14 tomó a un *j* de los hombres de Sucot
8.20 y mátalos. . el *j* no desenvainó su espada
14.5 un león *j* que venía rugiendo hacia él
14.10 y Sansón hizo allí. . solían hacer los *j*
16.26 Sansón dijo al *j*. . le guiaba de la mano
17.7 y había un *j* de Belén de Judá, de la
17.12 *j* le servía de sacerdote, y permaneció
18.3 cerca. . reconocieron la voz del *j* levita
18.15 vinieron a la casa del *j* levita, en casa
19.4 y viéndole el padre de la *j*, salió a
19.4 le detuvo su suegro, el padre de la *j*
19.5 padre de la *j* dijo a su yerno: Conforta
19.6 el padre de la *j* dijo al varón. . Yo te
19.8 levantándose. . le dijo el padre de la *j*
19.9 su suegro, el padre de la *j*, le dijo
Rt. 2.5 dijo a su criado. . ¿De quién es esta *j*?
2.6 es la *j* moabita que volvió con Noemí de
3.10 no yendo en busca de los *j*, sean pobres
4.12 por la descendencia que de esa *j* te dé
1 S. 2.17 era. . muy grande. . el pecado de los *j*
2.18 el *j* Samuel ministraba en la presencia
2.21 y el *j* Samuel crecía delante de Jehová
2.26 el *j* Samuel iba creciendo, y era acepto
3.1 *j* Samuel ministraba a Jehová en. . de Elí
3.8 entendió Elí que Jehová llamaba al *j*
8.16 tomará. . vuestros mejores *j*, y vuestros
9.2 tenía él un hijo que. . Saúl, *j* y hermoso
17.55 Abner, ¿de quién es hijo ese *j*? Y Abner
17.56 dijo: Pregunta de quién es hijo ese *j*
21.5 los vasos de los *j* eran santos, aunque
25.5 envió David diez *j* y les dijo: Subid a
25.8 hallen, por tanto, estos *j* gracia en tus
25.9 los *j*. . dijeron a Nabal. . estas palabras
25.10 Nabal respondió a los *j* enviados por
25.12 y los *j*. . se volvieron por su camino
25.25 mas yo. . no vi a los *j* que tú enviaste
30.13 respondió el *j* egipcio: Yo soy siervo
30.17 sino 400 *j* que montaron. . los camellos
2 S. 1.5 dijo David a aquel *j*. . ¿Cómo sabes que
1.6 *j*. . respondió: Casualmente vine al monte
1.13 y David a aquel *j*. . ¿De dónde eres tú?
2.14 levántense. . los *j*, y maniobren delante
13.32 no diga. . que han dado muerte a. . los *j*
13.34 y alzando sus ojos el *j*. . atalaya, miró
14.21 dijo a. . vé, y haz volver al *j* Absalón
17.18 pero fueron vistos por un *j*, el cual lo
18.5 tratad benignamente por. . al *j* Absalón
18.12 mirad que ninguno toque al *j* Absalón
18.15 diez *j* escuderos de. . hirieron a Absalón
18.29,32 el rey. . ¿El *j* Absalón está bien?
18.32 como aquel *j* sean los enemigos de mi
1 R. 1.2 busquen para mi señor. . una *j* virgen
1.3 buscaron una *j*. . toda la tierra de Israel
1.4 la *j* era hermosa; y ella abrigaba al rey
3.7 yo soy *j*, y no sé cómo entrar ni salir
11.28 viendo. . al *j* que era hombre activo, le
12.8 y pidió consejo de los *j* que se habían
12.10 entonces los *j*. . respondieron diciendo
12.14 les habló conforme al consejo de los *j*
2 R. 5.22 vinieron a mí. . dos *j* de los hijos de
8.12 sé el mal que. . a sus *j* matarás a espada
9.4 fue, pues, el *j*, el profeta, a Ramot de
1 Cr. 12.28 Sadoc, *j* valiente y esforzado, con
29.1 es *j* y tierno de edad, y la obra grande
2 Cr. 10.8 mas él. . tomó consejo con los *j* que
10.10 *j*. . le contestaron: Así dirás al pueblo
10.14 les habló conforme al consejo de los *j*
13.7 porque Roboam era *j* y pusilánime, y no
36.17 mató a espada a sus *j* en la casa de su
36.17 sin perdonar *j* ni doncella, anciano ni
Neh. 4.23 ni mis *j*, ni la gente de guardia que
Est. 2.2 busquen. . *j* vírgenes de buen parecer

JOVEN *(Continúa)*
Est. 2.3 lleven a todas las *j* vírgenes de buen
2.7 y la *j* era de hermosa figura y de buen
3.13 orden de destruir. . *j* y ancianos, niños
Job 1.19 la cual cayó sobre los *j*, y murieron
29.8 los *j* me veían, y se escondían; y los
30.1 mas ahora se ríen de mí los más *j* que yo
32.6 yo soy *j*, y vosotros ancianos; por tanto
Sal. 37.25 *j* fui, y he envejecido, y no he visto
68.27 allí estaba el *j* Benjamín, señoreador
78.63 fuego devoró a sus *j*, y sus vírgenes
119.9 ¿con qué limpiará el *j* su camino? Con
148.12 los *j* y también las doncellas, los
Pr. 1.4 para dar. . los *j* inteligencia y cordura
7.7 consideré entre los *j*, a un *j* falto de
20.29 la gloria de los *j* es su fuerza, y la
Ec. 11.9 alégrate, *j*, en tu juventud, y tome
Cnt. 2.3 manzano. . así es mi amado entre los *j*
Is. 3.4 les pondré *j* por príncipes, y muchachos
3.5 el *j* se levantará contra el anciano, y el
9.17 no tomará contentamiento en sus *j*, ni
20.4 así llevará. . a *j* y a ancianos, desnudos
23.4 di a luz, ni crié *j*, ni levanté vírgenes
31.8 caerá Asiria. . y sus *j* serán tributarios
40.30 los muchachos. . los *j* flaquean y caen
62.5 como el *j* se desposa con la virgen, se
Jer. 6.11 sobre la reunión de los *j* igualmente
9.21 para exterminar. . a los *j* de las plazas
11.22 los *j* morirán a espada, sus hijos y sus
18.21 y sus *j* heridos a espada en la guerra
31.13 se alegrará. . *j* y los viejos juntamente
48.15 *j* escogidos descendieron al degolladero
49.26; 50.30 sus *j* caerán en sus plazas, y
51.3 no perdonéis a sus *j*, destruid todo su
51.22 por medio de ti quebrantaré viejos y *j*
51.22 por tu medio quebrantaré *j* y vírgenes
Lm. 1.15 llamó. . compañía para quebrantar a. . *j*
1.18 mis vírgenes y mis *j* fueron llevados en
2.21 mis vírgenes y mis *j* cayeron a espada
5.13 llevaron a los *j* a moler, y. . muchachos
5.14 no se ven. . los *j* dejaron sus canciones
Ez. 9.6 matad a viejos, *j* y vírgenes, niños y
23.6 *j* codiciables todos ellos, jinetes que
23.12 a caballo, todos ellos *j* codiciables
23.23 *j* codiciables, gobernadores y capitanes
30.17 los *j* de Avén. . caerán a filo de espada
Jl. 1.8 llora tú como *j* vestida de cilicio por
2.28 ancianos. . y vuestros *j* verán visiones
Am. 2.7 hijo y su padre se llegan a la misma *j*
2.11 de vuestros *j* para que fuesen nazareos
4.10 mortandad. . maté a espada a vuestros *j*
8.13 las doncellas. . los *j* desmayarán de sed
Zac. 2.4 habla a este *j*, diciendo: Sin muros
9.17 el trigo alegrará a los *j*, y el vino a
Mt. 19.20 *j* le dijo: Todo esto lo he guardado
19.22 oyendo el *j* esta palabra. . fue triste
Mr. 14.51 *j* le seguía, cubierto el cuerpo con
16.5 vieron a un *j* sentado al lado derecho
Lc. 7.14 y dijo: *J*, a ti te digo, levántate
22.26 sea el mayor. . como el más *j*, y el que
Jn. 21.18 cuando eras más *j*, te ceñías, e ibas
Hch. 2.17 vuestros *j* verán visiones, y. . sueños
5.6 y levantándose los *j*, lo envolvieron, y
5.10 y cuando entraron los *j*, la hallaron
7.58 pusieron sus ropas a los pies de un *j*
20.9 un *j* llamado Eutico, que estaba sentado
20.12 y llevaron al *j* vivo, y. . consolados
23.17 lleva a este *j* ante el tribuno, porque
23.18 me rogó que trajese ante ti a este *j*
23.22 el tribuno despidió al *j*, mandándole
1 Ti. 5.1 exhórtale. . más *j*, como a hermanos
5.11 viudas más *j* no admitas; porque cuando
5.14 que las viudas *j* se casen, críen hijos
Tit. 2.4 enseñen a las mujeres *j* a amar a sus
2.6 asimismo a los *j* a que sean prudentes
1 P. 5.5 *j*, estad sujetos a los ancianos; y
1 Jn. 2.13 os escribo. . *j*, porque habéis vencido
2.14 os he escrito a. . *j*, porque sois fuertes

JOVENCITA
1 Ti. 5.2 a las *j*, como a hermanas, con toda

JOYA
Éx. 35.22 brazaletes y toda clase de *j* de oro
1 S. 6.8 las *j* de oro que le habéis de pagar
6.15 caja. . en la cual estaban las *j* de oro
2 Cr. 32.27 plata. . y toda clase de *j* deseables
Pr. 20.15 los labios prudentes son *j* preciosa
Cnt. 7.1 los contornos de tus muslos son como *j*
Is. 61.10 y como a novia adornada con sus *j*
Ez. 16.12 puse *j* en tu nariz, y zarcillos en

JOYEL
Jue. 8.26 *j* y vestidos de púrpura que traían
Pr. 25.12 como zarcillo de oro y *j* de oro fino
Is. 3.21 los anillos, y los *j* de las narices
Os. 2.13 se adornaba. . de sus *j*, y se iba tras

JOZABAD
1. ***Asesino del rey Joás de Judá*, 2 R. 12.21; 2 Cr. 24.26**
2. ***Nombre de tres guerreros que se unieron a David en Siclag*, 1 Cr. 12.4,20(2)**
3. ***Portero del templo*, 1 Cr. 26.4**
4. ***Oficial militar bajo el rey Josafat*, 2 Cr. 17.18**
5. ***Mayordomo del templo bajo el rey Ezequías*, 2 Cr. 31.13**
6. ***Levita en tiempo de Esdras (posiblemente =No. 8)*, Esd. 8.33**
7. ***Nombre de dos de los que se casaron con mujeres extranjeras en tiempo de Esdras*, Esd. 10.22,23**
8. ***Levita que ayudó a Esdras en la lectura de la ley (posiblemente =No. 6)*, Neh. 11.16**

JOZABED ***=Jozabad No. 8*, Neh. 8.7**

JUAN
1. ***El Bautista***

Mt. 3.1 en aquellos días vino *J* el Bautista
3.4 *J* estaba vestido de pelo de camello, y
3.13 Jesús vino de Galilea a *J* al Jordán, para
3.14 *J* se le oponía, diciendo: Yo necesito
4.12 Jesús oyó que *J* estaba preso, volvió a
9.14 vinieron. . los discípulos de *J*, diciendo
11.2 al oír *J*, en la cárcel, los hechos de
11.4 id, y haced saber a *J* las cosas que oís
11.7 comenzó Jesús a decir de *J* a la gente
11.11 no se ha levantado otro mayor que *J* el
11.12 desde los días de *J*. . el reino de los
11.13 los profetas y. . profetizaron hasta *J*
11.18 vino *J*, que ni comía ni bebía, y dicen
14.2 este es *J* el Bautista; ha resucitado de
14.3 Herodes había prendido a *J*, y le había
14.4 *J* le decía: No te es lícito tenerla
14.5 temía al pueblo. . tenían a *J* por profeta
14.8 dame aquí en. . la cabeza de *J* el Bautista
14.10 y ordenó decapitar a *J* en la cárcel
16.14 unos, *J* el Bautista; otros. . Jeremías
17.13 que les había hablado de *J* el Bautista
21.25 el bautismo de *J*, ¿de dónde era? ¿Del
21.26 porque todos tienen a *J* por profeta
21.32 porque vino a vosotros *J* en camino de
Mr. 1.4 bautizaba *J* en el desierto, y predicaba
1.6 y *J* estaba vestido de pelo de camello
1.9 Jesús. . fue bautizado por *J* en el Jordán
1.14 después que *J* fue encarcelado, Jesús
2.18 los discípulos de *J*. . ayunaban; y vinieron
2.18 ¿por qué los discípulos de *J* y. . ayunan
6.14 dijo: *J* el Bautista ha resucitado de los
6.16 este es *J*, el que yo decapité, que ha
6.17 Herodes había enviado y prendido a *J*
6.18 *J* decía a Herodes: No te es lícito tener
6.20 porque Herodes temía a *J*, sabiendo que
6.24 ella le dijo: La cabeza de *J* el Bautista
6.25 me des en. . la cabeza de *J* el Bautista
6.27 mandó que fuese traída la cabeza de *J*
8.28 ellos respondieron: Unos, *J* el Bautista
11.30 el bautismo de *J*, ¿era del cielo, o de
11.32 tenían a *J* como un verdadero profeta
Lc. 1.13 a luz un hijo, y llamarás su nombre *J*
1.60 pero. . su madre, dijo: No; se llamará *J*
1.63 escribió, diciendo: *J* es su nombre
3.2 palabra de Dios a *J*, hijo de Zacarías, en
3.15 preguntándose. . acaso *J* sería el Cristo
3.16 respondió *J*. . Yo a la verdad os bautizo
3.19 Herodes. . siendo reprendido por *J* a causa
3.20 añadió. . esta: encerró a *J* en la cárcel
5.33 ¿por qué los discípulos de *J* ayunan
7.18 los discípulos de *J* le dieron las nuevas
7.18 cosas. Y llamó *J* a dos de sus discípulos
7.20 *J* el Bautista nos ha enviado a ti, para
7.22 haced saber a *J* lo que habéis visto y
7.24 se fueron los mensajeros de *J*, comenzó
7.24 a decir de *J*. . ¿Qué salisteis a ver al
7.28 no hay mayor profeta que *J* el Bautista
7.29 a Dios, bautizándose con el bautismo de *J*
7.30 desecharon. . no siendo bautizados por *J*
7.33 vino *J* el Bautista, que ni comía pan ni
9.7 decían. . *J* ha resucitado de los muertos
9.9 dijo Herodes: A *J* yo le hice decapitar
9.19 ellos respondieron: Unos, *J* el Bautista
11.1 como también *J* enseñó a sus discípulos
16.16 ley y los profetas eran hasta *J*; desde
20.4 el bautismo de *J*, ¿era del cielo, o de
20.6 están persuadidos de que *J* era profeta
Jn. 1.6 hubo un hombre. . el cual se llamaba *J*
1.15 *J* dio testimonio de él, y clamó diciendo
1.19 este es el testimonio de *J*, cuando los
1.26 *J* les respondió. . Yo bautizo con agua
1.28 al otro lado. . donde *J* estaba bautizando
1.32 también dio *J* testimonio, diciendo: Vi
1.35 vez estaba *J*, y dos de sus discípulos
1.40 Andrés. . de los dos que habían oído a *J*
3.23 *J* bautizaba también en Enón, junto a
3.24 porque *J* no había sido aún encarcelado
3.25 hubo discusión entre los discípulos de *J*
3.26 vinieron a *J* y le dijeron: Rabí, mira
3.27 respondió *J*. . No puede el hombre recibir
4.1 Jesús hace y bautiza más discípulos que *J*
5.33 vosotros enviasteis mensajeros a *J*, y
5.36 yo tengo mayor testimonio que el de *J*
10.40 al lugar donde primero había estado. . *J*
10.41 *J*, a la verdad, ninguna señal hizo; pero
10.41 todo lo que *J* dijo de éste, era verdad
Hch. 1.5 *J* ciertamente bautizó con agua, mas
1.22 desde el bautismo de *J* hasta el día en
10.37 después del bautismo que predicó *J*
11.16 dijo: *J* ciertamente bautizó en agua
13.24 antes de su. . predicó *J* el bautismo de
13.25 cuando *J* terminaba su carrera, dijo
18.25 solamente conocía el bautismo de *J*
19.3 ¿en. . Ellos dijeron: En el bautismo de *J*
19.4 *J* bautizó. . bautismo de arrepentimiento

2. ***Apóstol***

Mt. 4.21 a otros dos. . Jacobo. . y *J* su hermano
10.2 Jacobo hijo de Zebedeo, y *J* su hermano
17.1 Jesús tomó a Pedro, a Jacobo y a *J* su
Mr. 1.19 vio. . y a *J* su hermano, también ellos
1.29 vinieron a casa de Simón y. . Jacobo y *J*
3.17 a Jacobo hijo. . y a *J* hermano de Jacobo
5.37 Pedro, Jacobo, y *J* hermano de Jacobo
9.2 Jesús tomó a Pedro, a Jacobo y a *J*, y los
9.38 *J* le respondió. . Maestro, hemos visto a
10.35 Jacobo y *J*. . se le acercaron, diciendo
10.41 diez, comenzaron a enojarse. . y contra *J*
13.3 Jacobo, *J* y Andrés le preguntaron aparte
14.33 tomó consigo a Pedro, a Jacobo y a *J*
Lc. 5.10 de Jacobo y *J*, hijos de Zebedeo
6.14 Simón. . Jacobo y *J*, Felipe y Bartolomé
8.51 entrar. . sino a Pedro. . a *J*, y al padre
9.28 tomó. . a *J* y a Jacobo, y subió al monte
9.49 *J*, dijo: Maestro, hemos visto a uno que
9.54 viendo esto sus discípulos Jacobo y *J*
22.8 y Jesús envió a Pedro y a *J*, diciendo
Hch. 1.13 moraban Pedro y Jacobo, *J*, Andrés
3.1 Pedro y *J* subían juntos al templo a la
3.3 vio a Pedro y a *J* que iban a entrar en
3.4 Pedro, con *J*, fijando en él los ojos, le
3.11 teniendo asidos a Pedro y a *J* el cojo
4.13 viendo el denuedo de Pedro y de *J*, y
4.19 y *J* respondieron. . Juzgad si es justo
8.14 apóstoles. . enviaron allá a Pedro y a *J*
12.2 mató a espada a Jacobo, hermano de *J*
Gá. 2.9 Cefas y *J*, que eran considerados como
Ap. 1.1 por medio de su ángel a su siervo *J*
1.4 *J*, a las siete iglesias que están en Asia
1.9 yo *J*. . estaba en la isla llamada Patmos
21.2 y yo *J* vi la santa ciudad, la nueva
22.8 yo *J* soy el que oyó y vio estas cosas

3. ***Pariente del sumo sacerdote***

Hch. 4.6 *J* y Alejandro, y todos los que eran

4. ***Juan Marcos (=Marcos)***

Hch. 12.12 a casa de María la madre de *J*, el
12.25 volvieron de Jerusalén. . consigo a *J*
13.5 judíos. Tenían también a *J* de ayudante
13.13 pero *J*, apartándose de ellos, volvió
15.37 Bernabé quería que llevasen. . a *J*, el

JUANA ***Discípula de Jesucristo***
Lc. 8.3 *J*, mujer de. . intendente de Herodes
24.10 eran. . *J*. . quienes dijeron estas cosas

JUBAL ***Hijo de Lamec No. 1*, Gn. 4.21**

JUBILEO
Lv. 25.10 os será de *j*, y volveréis cada uno a
25.11 año cincuenta os será *j*; no sembraréis
25.12 porque es *j*; santo será a vosotros; el
25.13 en este año de *j* volveréis cada uno a
25.15 conforme al número de los años. . del *j*
25.28 hasta el año del *j*; y al *j* saldrá, y él
25.30 quedará para siempre. . no saldrá en el *j*
25.31 podrán. . rescatadas, y saldrán en el *j*
25.33 saldrá de la casa vendida, o. . en el *j*
25.40 criado. . hasta el año del *j* te servirá
25.50 hará la cuenta con. . hasta el año del *j*
25.52 si quedare poco tiempo. . el año del *j*
25.54 año del *j* saldrá, él y sus hijos con él
27.17 dedicare su tierra desde el año del *j*
27.18 mas si después del *j* dedicare su tierra
27.18 años que quedaren hasta el año del *j*
27.21 que cuando saliere en el *j*, la tierra
27.23 calculará con él. . hasta el año del *j*
27.24 en el año del *j*, volverá la tierra a
Nm. 36.4 viniere el *j* de los hijos de Israel
Ez. 46.17 de él hasta el año del *j*, y volverá

JÚBILO
Nm. 23.21 Jehová su Dios está con él, y *j* de
1 S. 4.5 todo Israel gritó con tan gran *j* que
4.6 oyeron la voz de *j*. . ¿Qué voz de gran *j*
2 S. 6.15 conducían el arca de Jehová con *j*
1 Cr. 15.28 llevaba todo Israel el arca. . con *j*
2 Cr. 13.12 sacerdotes con las trompetas del *j*
15.14 y juraron a Jehová con gran voz y *j*, al
Esd. 3.11 todo el pueblo aclamaba con gran *j*
3.13 clamaba el pueblo con gran *j*, y se oía
Job 8.21 aún llenará tu boca. . tus labios de *j*
33.26 y verá su faz con *j*; y restaurará al
Sal. 5.11 den voces de *j* para siempre, porque
27.6 yo sacrificaré en su. . sacrificios de *j*
32.11 y cantad con *j*. . vosotros los rectos de
33.3 cantadle. . hacedlo bien, tañendo con *j*
47.1 batid las. . aclamad a Dios con voz de *j*
47.5 subió Dios con *j*, Jehová con sonido de

JÚBILO ***(Continúa)***

Sal. 63.5 y con labios de j te alabará mi boca
65.13 valles. .dan voces de j, y aun cantan
81.1 cantad. .al Dios de Jacob aclamad con j
95.1 con j a la roca de nuestra salvación
105.43 sacó a su pueblo. .j a sus escogidos
107.22 ofrezcan. .publiquen sus obras con j
118.15 voz de j y de salvación hay en las
132.16 vestiré. .sus santos darán voces de j
150.5 alabadle. .alabadle con címbalos de j
Is. 35.2 también se alegrará y cantará con j
42.11 la cumbre de los montes den voces de j
44.23 gritad. .j, profundidades de la tierra
52.8 juntamente darán voces de j; porque ojo
54.1 levanta canción y da voces de j, la que
65.14 mis siervos cantarán por j del corazón
Jer. 31.7 voces de j a la cabeza de naciones
Sof. 3.14 da voces de j, oh Israel; gózate y
Zac. 9.9 da voces de j, hija de Jerusalén; he
Gá. 4.27 prorrumpe en j y clama. .que no tienes

JUCAL ***Príncipe en Jerusalén en tiempo del profeta Jeremías,*** **Jer. 37.3; 38.1**

JUDÁ

1. Cuarto hijo de Jacob y la tribu que formó su posteridad; también el reino formado principalmente por la tribu de Judá

Gn. 29.35 llamó su nombre J; y dejó de dar a
35.23 hijos de Lea. .Simeón, Leví, J, Isacar y
37.26 J. .¿Qué provecho hay en que matemos a
38.1 J se apartó de sus hermanos, y se fue
38.2 y vio allí J la hija de un. .cananeo, el
38.6 J tomó mujer para su primogénito Er, la
38.7 Er, el primogénito de J, fue malo ante
38.8 J dijo a Onán: Llégate a la mujer de tu
38.11 J dijo a Tamar su nuera: Quédate viuda
38.12 y murió la hija de Súa, mujer de J
38.12 después J se consoló, y subía a los
38.15 la vio J, y la tuvo por ramera, porque
38.18 entonces J dijo: ¿Qué prenda te daré?
38.20 J envió el cabrito de las cabras por
38.22 volvió a J, y dijo: No la he hallado
38.23 J dijo: Tómeselo para sí, para que no
38.24 fue dado aviso a J. .y J dijo: Sacadla
38.26 J los reconoció, y dijo: Más justa es
43.3 respondió J, diciendo: Aquel varón nos
43.8 J dijo a. .su padre: Envía al. .conmigo
44.14 vino J con sus hermanos a casa de José
44.16 dijo J: ¿Qué diremos a mi señor? ¿Qué
44.18 J se acercó a él, y dijo: Ay, señor mío
46.12 los hijos de J: Er, Onán, Sela, Fares
46.28 envió Jacob a J delante de sí a José
49.8 J, te alabarán tus hermanos; tu mano en
49.9 cachorro de león, J; de la presa subiste
49.10 no será quitado el cetro de J, ni el
Éx. 1.2 Rubén, Simeón, Leví, J
31.2; 35.30 Bezaleel hijo. .de la tribu de J
38.22 Bezaleel. .de la tribu de J, hizo todas
Nm. 1.7 de J, Naasón hijo de Aminadab
1.26 de los hijos de J, por su descendencia
1.27 los contados de la tribu de J fueron
2.3 la bandera del campamento de J, por sus
2.3 el jefe de los hijos de J, Naasón hijo
2.9 contados en el campamento de J, 186.400
7.12 Naasón. .de Aminadab, de la tribu de J
10.14 la bandera. .de los hijos de J comenzó
13.6 de la tribu de J, Caleb hijo de Jefone
26.19 los hijos de J: Er, y Onán; y Er y Onán
26.20 hijos de J por sus familias; de Sela
26.22 estas son las familias de J, y fueron
34.19 de la tribu de J, Caleb hijo de Jefone
Dt. 27.12 estarán. .J, Isacar, José y Benjamín
33.7 esta bendición profirió para J. Dijo así
33.7 oye, oh Jehová, la voz de J, y llévalo
34.2 la tierra de J hasta el mar occidental
Jos. 7.1 Acán. .la tribu de J, tomó del anatema
7.16 hizo acercar. .fue tomada la tribu de J
7.17 y haciendo acercar a la tribu de J, fue
7.18 tomado Acán hijo de Carmi. .la tribu de J
11.21 de todos los montes de J y de todos los
14.6 hijos de J vinieron a Josué en Gilgal
15.1 que tocó en suerte a. .los hijos de J
15.12 este fue el límite de los hijos de J
15.13 a Caleb. .dio su parte entre los. .de J
15.20 es la heredad de la tribu. .hijos de J
15.21 fueron las ciudades. .de los hijos de J
15.63 los hijos de J no pudieron arrojarlos
15.63 ha quedado. .con los hijos de J hasta
18.5 J quedará en su territorio al sur, y los
18.11 quedó entre los hijos de J y. .de José
18.14 Quiriat-baal. .ciudad de los hijos de J
19.1 su heredad fue en medio de. .hijos de J
19.9 de la suerte de los. .de J fue sacada la
19.9 la parte de los hijos de J era excesiva
19.9 tuvieron. .heredad en medio de la de J
19.34 con J por el Jordán hacia donde nace
20.7 Quiriat-arba. .Hebrón en el monte de J
21.4 obtuvieron por suerte de la tribu de J
21.9 de la tribu de los hijos de J, y de la
21.11 les dieron Quiriat-arba. .el monte de J
Jue. 1.2 Jehová respondió: J subirá; he aquí
1.3 y J dijo a Simeón su. .Sube conmigo al
1.4 subió J, y Jehová entregó en sus manos
1.8 y combatieron los hijos de J a Jerusalén
1.9 los hijos de J descendieron para pelear
1.10 marchó J contra el cananeo. .en Hebrón
1.16 con los hijos de J al desierto de J, que
1.17 J con su hermano Simeón, y derrotaron
1.18 tomó también J a Gaza. .Ascalón. .Ecrón
1.19 y Jehová estaba con J, quien arrojó a
10.9 hacer también guerra contra J y contra
15.9 filisteos subieron y acamparon en J, y
15.10 los varones de J les dijeron: ¿Por qué
15.11 vinieron 3.000 hombres de J a la cueva
17.7 un joven de Belén de J, de la tribu de J
17.8 este hombre partió de. .Belén de J para
17.9 soy de Belén de J, y voy a vivir donde
18.12 acamparon en Quiriat-jearim en J, por
19.1 había tomado para sí mujer. .Belén de J
19.2 fue de él a casa. .padre, a Belén de J
19.18 de Belén de J. .había ido a Belén de J
20.18 y Jehová respondió: J será el primero
Rt. 1.1 varón de Belén de J fue a morar. .Moab
1.2 aquel varón era. .efrateos de Belén de J
1.7 caminar para volverse a la tierra de J
4.12 casa de Fares, el que Tamar dio a luz a J
1 S. 11.8 fueron treinta mil los hombres de J
15.4 les pasó revista. .10.000 hombres de J
17.1 y se congregaron en Soco, que es de J
17.12 David era hijo. .efrateo de Belén de J
17.52 levantándose. .y los de J, gritaron, y
18.16 todo Israel y J amaba a David, porque
22.5 Gad dijo a David. .y vete a tierra de J
23.3 aquí en J estamos con miedo; ¿cuanto más
23.23 buscaré entre todos los millares de J
27.6 cual Siclag vino a ser de los reyes de J
27.10 David decía: En el Neguev de J, y el
30.14 a la parte del Neguev que es de. .de J
30.16 gran botín. .tomado. .de la tierra de J
30.26 envió del botín a los ancianos de J, sus
2 S. 1.18 que debía enseñarse a los hijos de J
2.1 ¿subiré a alguna de las ciudades de J?
2.4 vinieron los varones de J y ungieron allí
2.4 ungieron allí. .por rey sobre la casa de J
2.7 los de la casa de J me han ungido por rey
2.10 los de la casa de J siguieron a David
2.11 que David reinó en. .sobre la casa de J
3.8 ¿soy. .cabeza de perro que pertenezca a J?
3.10 confirmando el trono de David. .sobre J
5.5 en Hebrón reinó sobre J siete años y seis
5.5 en Jerusalén reinó 33 años. .Israel y J
6.2 se levantó David y partió de Baala de J
11.11 arca e Israel y J están bajo tiendas
12.8 además te di la casa de Israel y de J
19.11 hablad a los ancianos de J, y decidles
19.14 inclinó el corazón de. .los varones de J
19.15 J vino a Gilgal para recibir al rey y
19.16 Simei. .descendió con los hombres de J
19.40 todo el pueblo de J acompañaba al rey
19.41 ¿por qué los. .de J. .te han llevado, y
19.42 los hombres de J respondieron a. .Israel
19.43 los de J: Nosotros tenemos en el rey
19.43 las palabras de. .J fueron más violentas
20.2 mas los de J siguieron a su rey desde
20.4 convócame a los. .de J para dentro de
20.5 fue. .Amasa para convocar a los de J
21.2 en su celo por los. .de Israel y de J
24.1 dijese: Vé, haz un censo de Israel y de J
24.7 y salieron al Neguev de J en Beerseba
24.9 de Israel. .y los de J 500.000 hombres
1 R. 1.9 convidó a. .a todos los varones de J
1.35 que sea príncipe sobre Israel y sobre J
2.32 Amasa hijo. .general del ejército de J
4.20 J e Israel eran muchos, como la arena
4.25 y J e Israel vivían seguros, cada uno
12.17 reinó Roboam sobre. .las ciudades de J
12.20 quedar tribu. .sino sólo la tribu de J
12.21 Roboam. .reunió a toda la casa de J y
12.23 habla. .rey de J, y a toda la casa de J
12.27 se volverá a su señor Roboam rey de J
12.32 conforme a la. .que se celebraba en J
13.1 que un varón de Dios. .vino de J a Bet-el
13.12 el varón de Dios que había venido de J
13.14 ¿eres tú el varón de. .que vino de J?
13.21 y clamó al varón de Dios. .venido de J
14.21 Roboam hijo de. .reinó en J. De 41 años
14.22 J hizo lo malo ante los ojos de Jehová
14.29; 15.7,23; 22.45; 2 R. 8.23; 12.19; 14.18;
15.6,36; 16.19; 20.20; 21.17,25; 23.28; 24.5
en. .las crónicas de los reyes de J
1 R. 15.1 18. .Abiam comenzó a reinar sobre J
15.9 año 20 de. .Asa comenzó a reinar sobre J
15.17 subió Baasa rey. .contra J, y edificó a
15.17 no dejar a. .ni entrar a Asa rey de J
15.22 entonces el rey Asa convocó a todo J
15.25 el segundo año de Asa rey de J; y reinó
15.28 el tercer año de Asa rey de J, y reinó
15.33 el tercer año de Asa rey de J comenzó a
16.8 en el año 26 de Asa rey de J comenzó a
16.10 lo mató, en el año 27 de Asa rey de J
16.15 año 27 de Asa rey de J. .reinar Zimri
16.23 el año 31 de Asa rey de J. .Omri sobre
16.29 reinar Acab. .el año 38 de Asa rey de J
19.3 vino a Beerseba, que está en J, y dejó
22.2 que Josafat rey de J descendió al rey de
22.10 Josafat rey de J estaban sentados cada
22.29 el rey de Israel con Josafat rey de J
22.41 Josafat. .comenzó a reinar sobre J en
22.51 comenzó. .el año 17 de Josafat rey de J
2 R. 1.17 de Joram hijo de Josafat, rey de J
3.1 comenzó. .el año 18 de Josafat rey de J
3.7 envió a decir a Josafat rey de J: El rey
3.9 salieron. .el rey de J, y el rey de Edom
3.14 respeto al. .rey de J, no te mirara a ti
8.16 siendo Josafat rey de J, comenzó. .Joram
8.16 reinar Joram hijo de Josafat, rey de J
8.19 Jehová no quiso destruir a J, por amor
8.20 se rebeló Edom contra el dominio de J
8.22 Edom se libertó del dominio de J, hasta
8.25 a reinar Ocozías hijo de Joram, rey de J
8.29 y descendió Ocozías hijo de. .rey de J, a
9.16 también estaba Ocozías rey de J, que
9.21 salieron Joram rey. .y Ocozías rey de J
9.27 Ocozías rey de J, huyó por el camino de
9.29 año. .comenzó a reinar Ocozías sobre J
10.13 halló. .los hermanos de Ocozías rey de J
12.18 tomó Joás rey de J. .las ofrendas que
12.18 Josafat y Joram y Ocozías. .reyes de J
13.1 año 23 de Joás hijo de Ocozías, rey de J
13.10 el año 37 de Joás rey de J, comenzó a
13.12 con que guerreó contra Amasías rey de J
14.1 a reinar Amasías hijo de Joás rey de J
14.9 Joás. .envió a. .rey de J esta respuesta
14.10 mal, para que caigas tú y J contigo?
14.11 y se vieron las caras él y. .rey de J
14.11 se vieron. .en Bet-semes, que es de J
14.12 J cayó delante de Israel, y huyeron
14.13 Joás rey de. .tomó a Amasías rey de J
14.15 y cómo peleó contra Amasías rey de J
14.17 Amasías. .rey de J, vivió después de
14.21 pueblo de J tomó a Azarías, que era
14.22 reedificó. .Elat, y la restituyó a J
14.23 año quince de Amasías. .de Joás rey de J
14.28 Damasco y. .que habían pertenecido a J
15.1 a reinar Azarías. .de Amasías, rey de J
15.8 en el año 38 de Azarías rey de J, reinó
15.13 reinar en el año 39 de Uzías rey de J
15.17 el año 39 de Azarías rey de J, reinó
15.23 el año 50 de Azarías rey de J, reinó
15.27 el año 52 de Azarías rey de J, reinó
15.32 reinar Jotam hijo de Uzías rey de J
15.37 enviar contra J a Rezín rey de Siria
16.1 a reinar Acaz hijo de Jotam rey de J
16.6 echó de Elat a los hombres de J; y los
17.1 en el año. .de Acaz rey de J, comenzó a
17.13 amonestó entonces. .a J por medio de
17.18 quitó. .no quedó sino sólo la tribu de J
17.19 mas ni aun J guardó los mandamientos
18.1 reinar Ezequías hijo de Acaz rey de J
18.5 otro como él entre todos los reyes de J
18.13 subió. .contra todas las ciudades. .de J
18.14 Ezequías rey de J envió a decir al rey
18.14 de Asiria impuso a Ezequías rey de J
18.22 y ha dicho a J. .Delante de este altar
18.26 no hables con nosotros en lengua de J
18.28 el Rabsaces. .a gran voz en lengua de J
19.10 así diréis a Ezequías rey de J: No te
19.30 que hubiere quedado de la casa de J
21.11 por cuanto Manasés rey de J ha hecho
21.11 Manasés. .hecho pecar a J con sus ídolos
21.12 yo traigo tal mal sobre Jerusalén y. .J
21.16 su pecado con que hizo pecar a J, para
22.13 preguntad a Jehová por mí, y. .todo J
22.16 este libro que ha leído el rey de J
22.18 al rey de J. .diréis así: Así ha dicho
23.1 el rey mandó reunir. .los ancianos de J
23.2 y subió el rey. .todos los varones de J
23.5 a los sacerdotes. .puesto los reyes de J
23.5 quemasen incienso. .en las ciudades de J
23.8 hizo venir todos los sacerdotes. .de J
23.11 los caballos que los reyes de J habían
23.12 altares que. .reyes de J habían hecho
23.17 es el. .del varón de Dios que vino de J
23.22 en todos los tiempos. .de los reyes de J
23.24 barrió. .abominaciones. .la tierra de J
23.26 gran ira se había encendido contra J
23.27 dijo Jehová. .quitaré de mi presencia a J
24.2 envió contra J para que la destruyesen
24.3 vino esto contra J por mandato de Jehová
24.12 Joaquín rey de J al rey de Babilonia
24.20 vino, pues, la ira de Jehová contra. .J
25.21 llevado cautivo J de sobre su tierra
25.22 rey de Babilonia dejó en tierra de J
25.25 también a los de J y a los caldeos que
25.27 años del cautiverio de Joaquín rey de J
25.27 Evil-merodac rey. .libertó a. .rey de J
1 Cr. 2.1 los hijos de Israel: Rubén. .Leví, J
2.3 los hijos de J: Er, Onán y Sela. Estos
2.3 y Er, primogénito de J, fue malo delante
2.4 a Zera. Todos los hijos de J fueron cinco
2.10 a Naasón, príncipe de los hijos de J
4.1 hijos de J: Fares, Hezrón, Carmi, Hur
4.21 los hijos de Sela hijo de J: Er padre
4.27 ni multiplicaron. .como los hijos de J
4.41 vinieron en días de Ezequías rey de J
5.2 bien que J llegó a ser el mayor sobre
5.17 fueron contados. .días de Jotam rey de J
6.15 cautivo cuando Jehová transportó a J
6.55 dieron, pues, Hebrón en tierra de J, y
6.57 de J dieron a los hijos de Aarón la

JUDÁ *(Continúa)*

1 Cr. 6.65 dieron. . de la tribu de los hijos de *J*
9.1 los de *J* fueron transportados a Babilonia
9.3 habitaron en Jerusalén. . hijos de *J*, de
9.4 Bani, de los hijos de Fares hijo de *J*
12.16 de los hijos. . de *J* vinieron a David
12.24 de *J* que. . 6.800, listos para la guerra
13.6 subió David con. . a Baala. . que está en *J*
21.5 *J* 470.000 hombres que sacaban espada
27.18 *J*, Eliú, uno de los hermanos de David
28.4 porque a *J* escogió. . y de la casa de *J*
2 Cr. 2.7 sepa esculpir con los maestros. . en *J*
9.11 nunca en la tierra de *J* se había visto
10.17 los. . que habitaban en las ciudades de *J*
11.1 vino Roboam a. . reunió de la casa de *J* y
11.3 habla a. . rey de *J*, y a todos los. . en *J*
11.5 y edificó ciudades para fortificar a *J*
11.10 Zora. . eran ciudades fortificadas de *J*
11.12 puso. . y *J* y Benjamín le estaban sujetos
11.14 los levitas. . venían a *J* y a Jerusalén
11.17 fortalecieron el reino de *J*. . Roboam
11.23 esparció a todos sus hijos por. . de *J*
12.4 y tomó las ciudades fortificadas de *J*
12.5 profeta Semaías. . a los príncipes de *J*
12.12 y también en *J* las cosas fueron bien
13.1 del rey Jeroboam, reinó Abías sobre *J*
13.13 la emboscada estaba a espaldas de *J*
13.14 miró *J*, he aquí que tenía batalla por
13.15 los de *J* gritaron con fuerza; y así que
13.15 desbarató a. . delante de Abías y de *J*
13.16 y huyeron los. . de Israel delante de *J*
13.18 los hijos de *J* prevalecieron, porque
14.4 mandó a *J* que buscase a Jehová el Dios
14.5 quitó. . las ciudades de *J*. . las imágenes
14.6 edificó ciudades fortificadas en *J*, por
14.7 dijo. . a *J*: Edifiquemos estas ciudades
14.8 tuvo. . Asa ejército. . de *J* trescientos mil
14.12 deshizo a los etíopes delante de. . de *J*
15.2 le dijo: Oídme, Asa y todo *J* y Benjamín
15.8 Asa. . quitó los ídolos abominables. . de *J*
15.9 reunió a todo *J* y Benjamín, y con ellos
15.15 los de *J* se alegraron de este juramento
16.1 subió Baasa rey. . contra *J*, y fortificó
16.1 salir ni entrar a ninguno al rey. . de *J*
16.6 el rey Asa tomó a todo *J*, y se llevaron
16.7 vino el vidente Hanani a Asa rey de *J*
16.11; 25.26; 27.7; 28.26; 32.32; 35.27; 36.8
escrito en el libro de los reyes de *J*
17.2 ejércitos en todas las ciudades. . de *J*
17.2 puso. . gente de guarnición en tierra de *J*
17.5 todo *J* dio a Josafat presentes; y tuvo
17.6 quitó. . las imágenes. . de en medio de *J*
17.7 para que enseñasen en las ciudades de *J*
17.9 enseñaron en *J*. . todas las ciudades de *J*
17.10 pavor de Jehová sobre. . alrededor de *J*
17.12 iba. . Josafat. . y edificó en *J* fortalezas
17.13 tuvo muchas provisiones en las. . de *J*
17.14 de los jefes de los millares de *J*, el
17.19 que el rey había puesto en. . en todo *J*
18.3 dijo Acab rey de. . a Josafat rey de *J*
18.9 y Josafat rey de *J* estaban sentados cada
18.28 subieron. . Israel, y Josafat rey de *J*
19.1 Josafat rey de *J* volvió en paz a su casa
19.5 puso jueces en todas las ciudades. . de *J*
19.11 Zebadías hijo. . príncipe de la casa de *J*
20.3 Josafat. . hizo pregonar ayuno a todo *J*
20.4 reunieron los de *J* para pedir socorro
20.4 de todas las ciudades de *J* vinieron a
20.5 se puso en pie en la asamblea de *J* y de
20.13 todo *J* estaba en pie delante de Jehová
20.15 oíd, *J* todo, y vosotros moradores de
20.17 *J* y Jerusalén, no temáis. . salid mañana
20.18 Josafat se inclinó. . y asimismo todo *J*
20.20 dijo: Oídme, *J* y moradores de Jerusalén
20.22 de ellos mismos que venían contra *J*
20.24 vino *J* a la torre del desierto, miraron
20.27 todo *J* y los. . volvieron para regresar
20.31 reinó Josafat sobre *J*; de 35 años era
20.35 Josafat rey de *J* trabó amistad con. . rey
21.2 estos fueron hijos de Josafat rey de *J*
21.3 había dado. . ciudades fortificadas en *J*
21.8 se rebeló Edom contra el dominio de *J*
21.10 Edom se libertó del dominio de *J*, hasta
21.11 hizo lugares altos en los montes de *J*
21.11 fornicasen tras. . y a ello impelió a *J*
21.12 no has andado. . caminos de Asa rey de *J*
21.13 hecho que fornicase *J* y los moradores
21.17 y subieron contra *J*, e invadieron la
22.1 reinó Ocozías, hijo de Joram rey de *J*
22.6 descendió Ocozías rey de *J*. . visitar a
22.8 a los príncipes de *J*, y a los hermanos
22.10 Atalía. . exterminó toda. . la casa de *J*
23.2 los cuales recorrieron el país de *J*, y
23.2 reunieron a los levitas. . de *J* y a los
23.8 todo *J* lo hicieron todo como lo había
24.5 salid por las ciudades de *J*, y recoged
24.6 los levitas traigan de *J* y de Jerusalén
24.9 hicieron pregonar en *J* y en Jerusalén
24.17 vinieron los príncipes de *J* y. . al rey
24.18 la ira de Dios vino sobre *J*. . por este
24.23 de Siria; y vinieron a *J* y a Jerusalén
25.5 reunió. . Amasías a *J*, y con arreglo a las
25.5 les puso jefes. . sobre todo *J* y Benjamín
25.10 de Efraín. . ellos se enojaron. . contra *J*
25.12 hijos de *J* tomaron vivos a otros 10.000
25.13 ejército. . invadieron las ciudades de *J*
25.17 y Amasías rey de *J*, después de tomar
25.18 Joás. . envió a decir a Amasías rey de *J*
25.19 mal en que puedas caer tú y *J* contigo?
25.21 se vieron. . él y Amasías rey de *J* en la
25.21 batalla de Bet-semes, la cual es de *J*
25.22 pero cayó *J* delante de Israel, y huyó
25.23 apresó. . a Amasías rey de *J*, hijo de
25.25 vivió Amasías. . rey de *J*, quince años
25.28 lo sepultaron con. . en la ciudad de *J*
26.1 todo el pueblo de *J* tomó a Uzías, el cual
26.2 y la restituyó a *J* después que el rey
27.4 edificó ciudades en las montañas de *J*
28.6 Peka hijo. . mató en *J* en un día 120.000
28.9 por el enojo contra *J*, los ha entregado
28.10 determinado sujetar a vosotros a *J* y
28.17 los edomitas habían. . atacado a los de *J*
28.18 por las ciudades de. . del Neguev de *J*
28.19 Jehová había humillado a *J* por. . Acaz
28.19 había actuado desenfrenadamante en *J*
28.25 lugares altos en. . las ciudades de *J*
29.8 la ira de Jehová ha venido sobre *J* y
29.21 para expiación por el reino. . y por *J*
30.1 envió. . Ezequías por todo Israel y *J*, y
30.6 correos con cartas. . por todo Israel y *J*
30.12 en *J* también estuvo la mano de Dios
30.24 porque Ezequías rey de *J* había dado a
30.25 se alegró. . toda la congregación de *J*
30.25 de Israel, y los que habitaban en *J*
31.1 por las ciudades de *J*, y quebraron las
31.1 derribaron los. . y los altares por todo *J*
31.6 los hijos. . de *J*. . en las ciudades de *J*
31.20 de esta manera hizo Ezequías en todo *J*
32.1 vino Senaquerib rey de. . e invadió a *J*
32.8 tuvo confianza en. . de Ezequías rey de *J*
32.9 decir a Ezequías rey de *J*, y a. . los de *J*
32.12 ha quitado. . sus altares, y ha dicho a *J*
32.23 trajeron. . ricos presentes a. . rey de *J*
32.25 vino la ira. . y contra *J* y Jerusalén
32.33 honrándole en. . todo *J* y toda Jerusalén
33.9 Manasés, pues, hizo extraviarse a *J* y a
33.14 capitanes. . en todas las ciudades. . de *J*
33.16 mandó a *J* que sirviesen a Jehová Dios
34.3 comenzó a limpiar a *J* y a Jerusalén de
34.5 quemó. . sobre sus altares, y limpió a *J*
34.9 habían recogido. . de todo *J* y Benjamín
34.11 que habían destruido los reyes de *J*
34.21 consultad. . por el remanente de. . y de *J*
34.24 libro que leyeron delante del rey de *J*
34.26 mas al rey de *J*, que os ha enviado a
34.29 reunió a todos los ancianos de *J* y de
34.30 subió el rey. . todos los varones de *J*
35.18 celebró pascua como. . toda *J* e Israel
35.21 ¿qué tengo yo contigo, rey de *J*? Yo no
35.24 todo *J* y Jerusalén hicieron duelo por
36.4 a Eliaquim. . por rey sobre *J* y Jerusalén
36.10 y constituyó a Sedequías. . rey sobre *J*
36.23; Esd. 1.2 que le edifique casa. . en *J*
Esd. 1.3 quien. . suba a Jerusalén que está en *J*
1.5 levantaron los jefes de las casas. . de *J*
1.8 dio por cuenta a Sesbasar príncipe de *J*
2.1 volvieron a Jerusalén y a *J*, cada uno a
4.1 oyendo los enemigos de *J* y de Benjamín
4.4 pero el pueblo. . intimidó al pueblo de *J*
4.6 escribieron. . contra los habitantes de *J*
5.1 profetizaron Hageo. . a los judíos. . en *J*
9.9 y darnos protección en *J* y en Jerusalén
10.7 hicieron pregonar en *J* y en Jerusalén
10.9 hombres de *J* y de Benjamín se reunieron
Neh. 1.2 que vino Hanani. . algunos varones de *J*
2.5 envíame a *J*; a la ciudad. . de mis padres
2.7 me franqueen el paso hasta que llegue a *J*
4.10 dijo *J*: Las fuerzas. . se han debilitado
4.16 estaban los jefes de toda la casa de *J*
5.14 fuese gobernador de. . en la tierra de *J*
6.7 diciendo: ¡Hay rey en *J*! Y ahora serán
6.17 iban muchas cartas de los. . de *J* a Tobías
6.18 muchos en *J* se habían conjurado con él
7.6 y que volvieron a Jerusalén y a *J*, cada
11.3 en las ciudades de *J* habitaron cada uno
11.4 habitaron algunos de los hijos de *J* y de
11.4 de los hijos de *J*: Ataías hijo de Uzías
11.20 en todas las ciudades de *J*, cada uno
11.24 de los hijos de Zera hijo de *J*, estaba
11.25 hijos de *J* habitaron en Quiriat-arba
11.36 los repartimientos de *J* y de Benjamín
12.31 hice luego subir a los príncipes de *J*
12.32 iba. . con la mitad de los príncipes de *J*
12.44 era grande el gozo de *J* con respecto a
13.12 todo *J* trajo el diezmo del grano, del
13.15 vi en *J*. . pisaban en lagares en día de
13.16 y vendían en día de. . a los hijos de *J*
13.17 reprendí a los señores de *J* y les dije
Est. 2.6 fueron llevados con Jeconías rey de *J*
Sal. 48.11 gozarán. . hijas de *J* por tus juicios
60.7; 108.8 mío es Galaad. . *J* es mi legislador
63 *tít.* cuando estaba en el desierto de *J*
68.27 los príncipes de *J* en su congregación
69.35 a Sion, y reedificará las ciudades de *J*
76.1 Dios es conocido en *J*; en Israel. . grande
78.68 que escogió la tribu de *J*, el monte de
97.8 las hijas de *J*. . gozaron por tus juicios
114.2 *J* vino a ser su santuario, e Israel su
Pr. 25.1 copiaron los. . de Ezequías, rey de *J*
Is. 1.1 visión de Isaías hijo de. . acerca de *J*
1.1 en días de. . Acaz y Ezequías, reyes de *J*
2.1 lo que vio Isaías hijo de. . acerca de *J*
3.1 quita. . de *J* al sustentador y al fuerte
3.8 arruinada está Jerusalén, y *J* ha caído
5.3 y varones de *J*, juzgad ahora entre mí y
5.7 los hombres de *J* planta deliciosa suya
7.1 aconteció en los días de Acaz. . rey de *J*
7.6 vamos contra *J* y aterroricémosla, y. . rey
7.17 desde el día que Efraín se apartó de *J*
8.8 y pasando hasta *J*, inundará y pasará
9.21 y Efraín a Manasés, y ambos contra *J*
11.12 y reunirá los esparcidos de *J* de los
11.13 y los enemigos de *J* serán destruidos
11.13 no tendrá envidia de *J*, ni *J* afligirá
19.17 la tierra de *J* será de espanto a Egipto
22.8 desnudó la cubierta de *J*; y miraste en
22.21 será padre al morador. . a la casa de *J*
26.1 cantarán este cántico en tierra de *J*
36.1 subió contra todas las ciudades. . de *J*
36.7 dijo a *J* y a Jerusalén: Delante de este
36.11 no hables con nosotros en lengua de *J*
36.13 se puso en pie y gritó. . en lengua de *J*
37.10 así diréis a Ezequías rey de *J*: No te
37.31 lo que hubiere quedado de la casa de *J*
40.9 a las ciudades de *J*: ¡Ved aquí al Dios
44.26 las ciudades de *J*: Reconstruidas serán
48.1 los que salieron de las aguas de *J*, los
65.9 descendencia de Jacob, y de *J* heredero
Jer. 1.2 le vino en los días de Josías. . de *J*
1.3 vino también en días de Joacim. . rey de *J*
1.3 de Sedequías hijo de Josías, rey de *J*
1.15 pondrá. . contra todas las ciudades de *J*
1.18 yo te he puesto. . contra los reyes de *J*
2.28 según el número. . oh *J*, fueron tus dioses
3.7 no se volvió, y lo vio su hermana la. . *J*
3.8 no tuvo temor la rebelde *J* su hermana
3.10 su hermana la rebelde *J* no se volvió a
3.11 justa. . en comparación con la desleal *J*
3.18 irán de la casa de *J* a la casa de Israel
4.3 así dice Jehová a todo varón de *J* y de
4.4 el prepucio de. . corazón, varones de *J* y
4.5 anunciad en *J*, y proclamad en Jerusalén
4.16 lanzarán su voz contra. . ciudades de *J*
5.11 se rebelaron contra mí. . y la casa de *J*
5.20 haced que esto se oiga en *J*, diciendo
7.2 oíd palabra de Jehová, todo *J*, los que
7.17 ¿no ves lo que éstos hacen en. . *J* y en
7.30 los hijos de *J* han hecho lo malo ante
7.34 haré cesar de las ciudades de *J*, y de
8.1 sacarán los huesos de los reyes de *J*, y
9.11 convertiré las. . de *J* en desolación en
9.26 a Egipto y a *J*, a Edom y a los hijos de
10.22 convertir en soledad. . las ciudades de *J*
11.2 hablad a todo varón de *J*. . de Jerusalén
11.6 pregona. . palabras en las ciudades de *J*
11.9 conspiración se ha hallado entre. . de *J*
11.10 de Israel y. . de *J* invalidaron mi pacto
11.12 irán las ciudades de *J* y los moradores
11.13 según. . tus ciudades. . tus dioses, oh *J*
11.17 Israel y. . *J* han hecho, provocándome a
12.14 arrancaré de en medio. . a la casa de *J*
13.9 así haré podrir la soberbia de *J*, y la
13.11 así hice juntar a mí. . toda la casa de *J*
13.19 toda *J* fue transportada, llevada en
14.2 enlutó *J*, y sus puertas se despoblaron
14.19 ¿has desechado enteramente a *J*. . a Sion?
15.4 causa de Manasés. . rey de *J*, por lo que
17.1 el pecado de *J* escrito está con cincel
17.19 la cual entran y salen los reyes de *J*
17.20 oíd la palabra. . reyes de *J*, y todo *J*
17.25 entrarán. . los reyes. . los varones de *J*
17.26 vendrán de las ciudades de *J*, de los
18.11 habla luego a todo hombre de *J* y a los
19.3 oíd palabra de Jehová, oh reyes de *J*, y
19.4 no habían conocido. . ni los reyes de *J*
19.7 desvaneceré el consejo de *J*. . Jerusalén
19.13 las casas de los reyes de *J*, serán como
20.4 a todo *J* entregaré en manos del rey de
20.5 daré. . los tesoros de los reyes de *J* en
21.7 entregaré a Sedequías rey de *J*, a sus
21.11 y a la casa del rey de *J* dirás: Oíd
22.1 dijo. . Desciende a la casa del rey de *J*
22.2 dí: Oye palabra de Jehová, oh rey de *J*
22.6 la casa del rey de *J*: Como Galaad eres
22.11 de Salum hijo de Josías, rey de *J*, el
22.18 Joacim hijo. . rey de *J*: No lo llorarán
22.24 que si Conías hijo de Joacim rey de *J*
22.30 sentarse sobre el. . ni reinar sobre *J*
23.6 sus días será salvo *J*, e Israel habitará
24.1 Jeconías. . rey de *J*, a los príncipes de *J*
24.5 así miraré a los transportados de *J*, a
24.8 así. . pondré a Sedequías rey de *J*, a sus
25.1 palabra. . acerca de todo el pueblo de *J*
25.1 el año cuarto de Joacim hijo. . rey de *J*
25.2 habló. . Jeremías a todo el pueblo de *J*
25.3 trece de Josías. . rey de *J*, hasta este
25.18 a las ciudades de *J* y a sus reyes, y
26.1 reinado de Joacim. . rey de *J*, vino esta
26.2 y habla a todas las ciudades de *J*, que
26.10 los príncipes de *J* oyeron estas cosas
26.18 tiempo de. . rey de *J*, y habló a todo. . *J*
26.19 lo mataron Ezequías rey de *J* y todo *J*?

JUDÁ ***(Continúa)***

Jer. 27.1 del reinado de Joacim. .rey de *J*, vino
27.3 los mensajeros. .a Sedequías rey de *J*
27.12 hablé. .a Sedequías rey de *J* conforme a
27.18,21 utensilios. .en la casa del rey de *J*
27.20 transportó. .rey de *J*, y. .nobles de *J*
28.1 de Sedequías rey de *J*, en el año cuarto
28.4 volver a. .rey de *J*. .transportados de *J*
29.2 salió. .los príncipes de *J* y de Jerusalén
29.3 a quienes envió Sedequías rey de *J* a
29.22 los transportados de *J* que están en
30.3 a los cautivos de mi pueblo Israel y *J*
30.4 palabras que habló Jehová acerca de. .*J*
31.23 dirán esta palabra en la tierra de *J*
31.24 y habitará allí *J*, y también en todas
31.27 sembraré la casa. .de *J* de simiente de
31.31 haré nuevo pacto. .y con la casa de *J*
32.1 año décimo de Sedequías rey de *J*, que
32.2 estaba preso. .en la casa del rey de *J*
32.3 Sedequías. .de *J* lo había puesto preso
32.4 y Sedequías rey de *J* no escapará de la
32.30 hijos de *J* no han hecho sino lo malo
32.32 los hijos de *J*. .y los varones de *J* y
32.35 esta abominación para hacer pecar a *J*
32.44 en las ciudades de *J*. .yo haré regresar
33.4 las casas de los reyes de *J*, derribadas
33.7 y haré volver los cautivos de *J* y los
33.10 en las ciudades de *J* y en las calles
33.13 las ciudades de *J*, aún pasarán ganados
33.14 la buena palabra que he hablado a. .*J*
33.16 días *J* será salvo, y Jerusalén habitará
34.2 vé y habla a Sedequías rey de *J*, y dile
34.4 oye palabra de Jehová, Sedequías. .de *J*
34.6 habló. .a Sedequías rey de *J* todas estas
34.7 las ciudades de *J* que. .fortificadas de *J*
34.19 los príncipes de *J* y a los príncipes
34.21 y a Sedequías rey de *J*. .los entregaré
34.22 reduciré a soledad las ciudades de *J*
35.1 a Jeremías en días de Joacim. .rey de *J*
35.13 dí a los varones de *J*. .los moradores
35.17 traeré sobre *J* y. .todos los moradores
36.1 de Joacim. .de *J*, que vino esta palabra
36.2 te he hablado contra Israel y contra *J*
36.3 quizá oiga la casa de *J* todo el mal que
36.6 las leerás. .a oídos de todos los de *J*
36.9 el año quinto de Joacim. .rey de *J*, que
36.9 venía de las ciudades de *J* a Jerusalén
36.28 en el primer rollo que quemó. .rey de *J*
36.29 a Joacim rey de *J*. .quemaste este rollo
36.30 de Joacim rey de *J*: No tendrá quien se
36.31 sobre los varones de *J* todo el mal que
36.32 que quemó en el fuego Joacim rey de *J*
37.1 constituyó por rey en la tierra de *J*
37.7 diréis así al rey de *J*, que os envió a
38.22 que han quedado en la casa del rey de *J*
39.1 en el noveno año de Sedequías rey de *J*
39.4 viéndolos Sedequías rey de *J* y todos los
39.6 degollar el rey. .a todos los nobles de *J*
39.10 quedar en tierra de *J* a los pobres del
40.1 los cautivos de. .*J* que iban deportados
40.5 ha puesto sobre todas las ciudades de *J*
40.11 el rey de. .había dejado a algunos en *J*
40.12 vinieron a tierra de *J*, a Gedalías en
40.15 dispersarán, y perecerá el resto de *J*
42.15 la palabra de Jehová, remanente de *J*
42.19 Jehová habló sobre vosotros, oh. .de *J*
43.4 no obedeció. .quedarse en tierra de *J*
43.5 el remanente de *J* que se había vuelto
43.5 vuelto de. .para morar en tierra de *J*
43.9 cúbrelas. .a vista de los hombres de *J*
44.2 el mal que traje sobre. .ciudades de *J*
44.6 se encendió en las ciudades de *J* y en
44.7 para ser destruidos. .de en medio de *J*
44.9 olvidado. .maldades de los reyes de *J*
44.9 maldades. .hicieron en la tierra de *J*
44.11 vuelvo mi rostro. .destruir a todo *J*
44.12 y tomaré el resto de *J* que volvieron
44.14 el resto de los de *J* que entraron en
44.14 ni quien quede vivo para volver a. .*J*
44.17 en las ciudades de *J* y en las plazas
44.21 el incienso que ofrecisteis en. .de *J*
44.24 oíd. .los de *J* que están en tierra de
44.26 oíd palabra. .*J* que habitáis en tierra
44.26 no será invocado. .ningún hombre de *J*
44.27 los hombres de *J*. .consumidos a espada
44.28 volverán de. .Egipto a la tierra de *J*
44.28 el resto de *J* que ha entrado en Egipto
44.30 entregué a Sedequías rey de *J* en mano
45.1; 46.2 el año cuarto de Joacim. .rey de *J*
49.34 el principio del. .de Sedequías rey de *J*
50.4 vendrán los hijos de Israel. .hijos de *J*
50.20 y los pecados de *J*, y no se hallarán
50.33 oprimidos fueron los. .los hijos de *J*
51.5 Israel y *J* no han enviudado de su Dios
51.59 iba con Sedequías rey de *J* a Babilonia
52.3 la ira de Jehová contra Jerusalén y *J*
52.10 degolló en Ribla. .los príncipes de *J*
52.27 así *J* fue transportada de su tierra
52.28 llevó cautivo. .a 3.023 hombres de *J*
52.30 año. .745 personas de los hombres de *J*
52.31 en. .del cautiverio de Joaquín rey de *J*
52.31 alzó la cabeza de Joaquín rey de *J* y
Lm. 1.3 *J* ha ido en cautiverio a causa de la
1.15 hollado el Señor a la virgen hija de *J*
2.2 echó por tierra las fortalezas de. .de *J*
2.5 multiplicó en la hija de *J* la tristeza
5.11 a las vírgenes en las ciudades de *J*
Ez. 4.6 y llevarás la maldad de la casa de *J*
8.1 ancianos de *J* estaban sentados delante
8.17 dijo. .¿Es cosa liviana para la casa de *J*
9.9 maldad de la casa de Israel y de *J* es
21.20 venga la espada. .a *J* contra Jerusalén
25.3 y llevada en cautiverio la casa de *J*
25.8 la casa de *J* es como todas las naciones
25.12 hizo Edom, tomando venganza. .de *J*
27.17 *J* y la tierra de Israel comerciaban
37.16 escribe. .Para *J*, y para los hijos de
37.19 y los pondré con el palo de *J*, y los
48.7 desde. .hasta el lado del mar, *J*, otra
48.8 junto al límite de *J*, desde el lado del
48.22 entre el límite de *J* y el límite de
48.31 puerta de *J*, otra; la puerta de Leví
Dn. 1.1 en el año tercero. .de Joacim rey de *J*
1.2 el Señor entregó en. .a Joacim rey de *J*
1.6 entre éstos estaban. .de los hijos de *J*
2.25 he hallado un. .de los deportados de *J*
5.13 tú. .de los hijos de la cautividad de *J*
6.13 Daniel, que es de. .cautivos de *J*, no te
9.7 en el día de hoy lleva todo hombre de *J*
Os. 1.1 en días de Uzías. .reyes de *J*, y en días
1.7 mas de la casa de *J* tendré misericordia
1.11 congregarán los hijos de *J* y de Israel
4.15 a lo menos no peque *J*; y no entréis en
5.5 Israel. .y *J* tropezará también con ellos
5.10 los príncipes de *J* fueron como los que
5.12 como polilla a. .carcoma a la casa de *J*
5.13 verá. .*J* su llaga; irá entonces Efraín a
5.14 y como cachorro de león a la casa de *J*
6.4 ¿qué haré a ti, oh *J*? La piedad vuestra
6.11 para ti también, oh *J*, está preparada
8.14 *J* multiplicó ciudades fortificadas; mas
10.11 arará *J*, quebrará sus terrones Jacob
11.12 *J* aún gobierna con Dios, y es fiel con
12.2 pleito tiene Jehová con *J* para castigar
Jl. 3.1 en que haré volver la cautividad de *J*
3.6 vendisteis los hijos de *J* y los hijos de
3.8 venderé vuestros hijos. .a los hijos de *J*
3.18 todos los arroyos de *J* correrán aguas
3.19 por la injuria hecha a los hijos de *J*
3.20 pero *J* será habitada para siempre, y
Am. 1.1 profetizó. .en días de Uzías rey de *J*
2.4 por tres pecados de *J*, y por el cuarto
2.5 prenderé, por tanto, fuego en *J*, el cual
7.12 huye a tierra de *J*, y come allá tu pan
Abd. 12 haberte alegrado de los hijos de *J* en
Mi. 1.1 palabra. .en días de Jotam. .reyes de *J*
1.5 ¿y cuáles son los lugares altos de *J*?
1.9 su llaga es dolorosa, y llegó hasta *J*
5.2 pequeña para. .entre las familias de *J*
Nah. 1.15 celebra, oh *J*, tus fiestas, cumple
Sof. 1.1 días de Josías hijo de Amón rey de *J*
1.4 extenderé mi mano sobre *J*, y. .Jerusalén
2.7 lugar para el remanente de la casa de *J*
Hag. 1.1 a Zorobabel hijo de. .gobernador de *J*
1.14 espíritu de Zorobabel. .gobernador de *J*
2.2,21 habla. .a Zorobabel gobernador de *J*
Zac. 1.12 no tendrás piedad de. .ciudades de *J*
1.19,21 son los cuernos que dispersaron a *J*
1.21 alzaron el cuerno sobre la tierra de *J*
2.12 y Jehová poseerá a *J* su heredad en la
8.13 como fuisteis maldición. .oh casa de *J*
8.15 he pensado hacer bien. .a la casa de *J*
8.19 convertirán para la casa de *J* en gozo
9.7 serán como capitanes en *J*, y Ecrón será
9.13 he entesado para mí a *J* como arco, e
10.3 Jehová. .visitará su rebaño, la casa de *J*
10.6 fortaleceré la casa de *J*, y guardaré la
11.14 romper la hermandad entre *J* e Israel
12.2 temblar a todos los pueblos. .contra *J*
12.4 sobre la casa de *J* abriré mis ojos, y
12.5 los capitanes de *J* dirán en su corazón
12.6 los capitanes de *J* como brasero de fuego
12.7 librará Jehová las tiendas de *J* primero
12.7 la casa de. .no se engrandezca sobre *J*
14.5 huisteis. .en los días de Uzías rey de *J*
14.14 y *J* también peleará en Jerusalén
14.21 y toda olla en. .y *J* será consagrada a
Mal. 2.11 prevaricó *J*. .ha cometido abominación
2.11 *J* ha profanado el santuario de Jehová
3.4 y será grata a Jehová la ofrenda de *J*
Mt. 1.2 engendró. .Jacob a *J* y a sus hermanos
1.3 *J* engendró de Tamar a Fares y a Zara
2.6 tú, Belén, de la tierra de *J*, no eres la
2.6 la más pequeña entre los príncipes de *J*
Lc. 1.39 María, fue de prisa. .una ciudad de *J*
3.33 hijo de Esrom, hijo de Fares, hijo de *J*
He. 7.14 nuestro Señor vino de la tribu de *J*
8.8 estableceré con. .la casa de *J* un. .pacto
Ap. 5.5 el León de la tribu de *J*. .ha vencido
7.5 de la tribu de *J*, doce mil sellados

2. ***Levita (=Hodavías No. 4)***, **Esd. 3.9**

3. ***Otro levita***, **Esd. 10.23**

4. ***Descendiente de Benjamín***, **Neh. 11.9**

5. ***Ascendiente de Petaías***, **Neh. 11.24**

6. ***Levita que regresó de Babilonia con Zorobabel***, **Neh. 12.8**

7. ***Príncipe de Judá en tiempo de Nehemías***, **Neh. 12.34**

8. ***Sacerdote y músico***, **Neh. 12.36**

9. ***Nombre de dos ascendientes de Jesucristo***, **Lc. 3.26,30**

JUDAICO, CA

2 Cr. 32.18 clamaron a gran voz en *j* al pueblo
Neh. 13.24 porque no sabían hablar *j*, sino que
Tit. 1.14 no atendiendo a fábulas *j*. .de hombres

JUDAÍSMO

Gá. 1.13 mi conducta en otro tiempo en el *j*
1.14 y en el *j* aventajaba a muchos de mis

JUDAIZAR

Gá. 2.14 qué obligas a los gentiles a *judaizar?*

JUDAS

1. ***Iscariote, el traidor***

Mt. 10.4 Simón el cananista, y *J* Iscariote, el
26.14 los doce, que se llamaba *J* Iscariote
26.25 *J*, el que le entregaba, dijo: ¿Soy yo
26.47 vino *J*, uno de. .y con él mucha gente
27.3 *J*, el que le había entregado, viendo que
Mr. 3.19 y *J* Iscariote, el que le entregó
14.10 *J* Iscariote, uno de los doce, fue a los
14.11 *J* buscaba oportunidad para entregarle
14.43 vino *J*, que era uno de los doce, y con
Lc. 6.16 *J* Iscariote. .llegó a ser el traidor
22.3 entró Satanás en *J*. .Iscariote, el cual
22.47 *J*, uno de los doce, iba al frente de
22.48 *J*, ¿con un beso entregas al Hijo del
Jn. 6.71 hablaba de *J* Iscariote, hijo de Simón
12.4 dijo uno de. .*J* Iscariote hijo de Simón
13.2 puesto en el corazón de *J* Iscariote
13.26 mojando el pan, lo dio a *J* Iscariote
13.29 pensaban, puesto que *J* tenía la bolsa
18.2 *J*, el que le entregaba, conocía aquel
18.3 *J*. .tomando una compañía de soldados
18.5 estaba también con ellos *J*, el que le
Hch. 1.16 antes por boca de David acerca de *J*
1.25 de este ministerio. .de que cayó *J* por

2. ***Hermano de Jesús***

Mt. 13.55 hermanos, Jacobo, José, Simón y *J*?
Mr. 6.3 hermano de Jacobo. .de *J* y de Simón?

3. ***Apóstol (=Lebeo y Tadeo)***

Lc. 6.16 *J* hermano de Jacobo, y Judas Iscariote
Jn. 14.22 le dijo *J* (no el Iscariote): Señor
Hch. 1.13 donde moraban. .*J* hermano de Jacobo
Jud. 1 *J*, siervo de Jesucristo, y hermano de

4. ***Revolucionario galileo***, **Hch. 5.37**

5. ***Cristiano de Damasco***, **Hch. 9.11**

6. ***"Varón principal" en la iglesia de Jerusalén***

Hch. 15.22 a *J* que. .por sobrenombre Barsabás
15.27 que enviamos a *J* y a Silas, los cuales
15.32 *J* y Silas. .consolaron y confirmaron a

JUDEA ***Provincia de Palestina***

Esd. 5.8 que fuimos a la provincia de *J*, a la
7.14 eres enviado a visitar a *J* y a Jerusalén
Dn. 5.13 ¿eres tú aquel. .mi padre trajo de *J*?
Mt. 2.1 cuando Jesús nació en Belén de *J* en
2.5 ellos le dijeron: En Belén de *J*; porque
2.22 que Arquelao reinaba en *J* en lugar de
3.1 Juan el. .predicando en el desierto de *J*
3.5 salía a él. .toda *J*, y toda la provincia
4.25 le siguió mucha gente. .de *J* y del otro
19.1 y fue a las regiones de *J* al otro lado
24.16 los que estén en *J*, huyan a los montes
Mr. 1.5 salían a él toda la provincia de *J*, y
3.7 siguió gran multitud de Galilea. Y de *J*
10.1 vino a la región de *J* y al otro lado del
13.14 los que estén en *J* huyan a los montes
Lc. 1.5 hubo en los días de Herodes, rey de *J*
1.65 todas las montañas de *J* se divulgaron
2.4 José subió de. .a *J*, a la ciudad de David
3.1 siendo gobernador de *J* Poncio Pilato, y
5.17 doctores de la ley. .de Galilea, y de *J*
6.17 gente de toda *J*, de Jerusalén y. .Tiro
7.17 y se extendió la fama de él por toda *J*
21.21 los que estén en *J*, huyan a los montes
23.5 enseñando por toda *J*, comenzando desde
23.50 José, de Arimatea, ciudad de *J*, el cual
Jn. 3.22 vino Jesús con sus discípulos a. .de *J*
4.3 salió de *J*, y se fue otra vez a Galilea
4.47 que Jesús había llegado de *J* a Galilea
4.54 hizo Jesús, cuando fue de *J* a Galilea
7.1 no quería andar en *J*, porque los judíos
7.3 vete a *J*, para que. .tus discípulos vean
11.7 a los discípulos: Vamos a *J* otra vez
Hch. 1.8 seréis testigos en Jerusalén, en. .*J*
2.9 *J*, en Capadocia, en el Ponto y en Asia
8.1 fueron esparcidos por. .de *J* y de Samaria
9.31 iglesias tenían paz por toda *J*, Galilea
10.37 sabéis lo que se divulgó por toda *J*
10.39 todas las cosas que Jesús hizo en. .*J*
11.1 oyeron los. .hermanos que estaban en *J*
11.29 enviar socorro a. .que habitaban en *J*
12.19 descendió de *J* a Cesarea y se quedó

JUDEA *(Continúa)*
Hch. 15.1 algunos que venían de *J* enseñaban a los
21.10 descendió de *J*..profeta llamado Agabo
26.20 anuncié..por toda la tierra de *J*, y a
28.21 ni hemos recibido de *J* cartas acerca
Ro. 15.31 sea librado de los..que están en *J*
2 Co. 1.16 y ser encaminado por vosotros a *J*
Gá. 1.22 no era conocido..a las iglesias de *J*
1 Ts. 2.14 imitadores de las iglesias..en *J*

JUDICIAL
Hch. 16.37 azotarnos..sin sentencia *j*, siendo

JUDÍO, DÍA
Esd. 4.12 sea notorio al rey, que los *j* que
4.23 fueron..a los *j*, y les hicieron cesar
5.1 profetizaron..a los *j* que estaban en Judá
5.5 los ojos de Dios estaban sobre..de los *j*
6.7 el gobernador de los *j* y sus ancianos
6.8 hacer con esos ancianos de los *j*, para
6.14 y los ancianos de los *j* edificaban y
Neh. 1.2 y les pregunté por los *j* que habían
2.16 ni hasta..lo había declarado yo a los *j*
4.1 se enojó y se..e hizo escarnio de los *j*
4.2 dijo..¿Qué hacen estos débiles *j*? ¿Se les
4.12 que cuando venían los *j* que habitaban
5.1 hubo gran clamor..contra sus hermanos *j*
5.8 dije..rescatamos a nuestros hermanos *j*
5.17 además, 150 *j* y oficiales..a mi mesa
6.6 que tú y los *j* pensáis rebelaros; y que
13.23 vi..a *j* que habían tomado mujeres de
Est. 2.5 en Susa..un varón *j* cuyo nombre era
3.4 Mardoqueo..les había declarado que era *j*
3.6 procuró Amán destruir a todos los *j* que
3.10 dio a Amán..agagueo, enemigo de los *j*
3.13 la orden de..y exterminar a todos los *j*
4.3 tenían los *j* gran luto, ayuno, lloro y
4.7 rey a cambio de la destrucción de los *j*
4.13 que escaparás..más que cualquier otro *j*
4.14 liberación vendrá..para los *j*; mas tú
4.16 reúne a todos los *j*..se hallan en Susa
5.13 veo al *j* Mardoqueo sentado a la puerta
6.10 y hazlo así con el *j* Mardoqueo, que se
6.13 si de la descendencia de los *j* es ese
8.1 Ester la casa de Amán enemigo de los *j*
8.3 maldad..que había tramado contra los *j*
8.5 que escribió para destruir a los *j* que
8.7 respondió el rey a..y a Mardoqueo el *j*
8.7 por cuanto extendió su mano contra los *j*
8.8 escribid..vosotros a los *j* como bien os
8.9 se escribió..a los *j*, y a los sátrapas
8.9 a los *j* también conforme a su escritura
8.11 el rey daba facultad a los *j* que estaban
8.13 decía que los *j* estuviesen preparados
8.16 los *j* tuvieron luz y alegría, y gozo y
8.17 los *j* tuvieron alegría y gozo, banquete
8.17 de entre los..de la tierra se hacían *j*
8.17 temor de los *j* había caído sobre ellos
9.1 mismo día en que los enemigos de los *j*
9.1 porque los *j* se enseñorearon de los que
9.2 los *j* se reunieron en sus ciudades, en
9.3 todos los príncipes de..apoyaban a los *j*
9.5 y asolaron los *j* a todos sus enemigos a
9.6 destruyeron los *j* a quinientos hombres
9.10 diez hijos de Amán..enemigo de los *j*
9.12 los *j* han matado a quinientos hombres
9.13 concédase..a los *j* en Susa, que hagan
9.15,18 los *j* que estaban en Susa se juntaron
9.16 otros *j* que estaban en las provincias
9.19 *j* aldeanos que habitaban en las villas
9.20 envió cartas a todos los *j* que estaban
9.22 días en que los *j* tuvieron paz de sus
9.23 *j* aceptaron hacer..lo que les escribió
9.24 enemigo de todos los *j*, había ideado
9.24 Amán hijo..ideado contra los *j* un plan
9.25 designio..contra los *j* recayera sobre su
9.27 los *j* establecieron y tomaron sobre sí
9.28 no dejarían de ser guardados por los *j*
9.29 Ester..y Mardoqueo el *j*, suscribieron
9.30 y fueron enviadas cartas a todos los *j*
9.31 según les había ordenado Mardoqueo el *j*
10.3 Mardoqueo el *j* fue el segundo..del rey
10.3 grande entre los *j*, y estimado por la
Jer. 32.12 delante de todos los *j* que estaban
34.9 que ninguno usase a los *j*..como siervos
38.19 tengo temor de los *j* que se han pasado
40.11 los *j* que estaban en Moab..y en Edom
40.12 estos *j* regresaron entonces de todos
40.15 *j* que se..reunido a ti se dispersarán
41.3 mató Ismael a todos los *j* que estaban
44.1 de todos los *j* que moraban en..Egipto
Dn. 3.8 caldeos vinieron y acusaron..a los *j*
3.12 hay unos varones *j*, los cuales pusiste
Zac. 8.23 tomarán del manto a un *j*, diciendo
Mt. 2.2 diciendo: ¿Dónde está el rey de los *j*
27.11 diciendo: ¿Eres tú el Rey de los *j*?
27.29 le escarnecían..¡Salve, Rey de los *j*!
27.37 causa..Este es Jesús, el Rey de los *j*
28.15 se ha divulgado entre los *j* hasta el
Mr. 7.3 los *j*, aferrándose a la tradición de
15.2 le preguntó: ¿Eres tú el Rey de los *j*?
15.9 ¿queréis que os suelte al Rey de los *j*?
15.12 que haga del que llamáis Rey de los *j*?
15.18 a saludarle: ¡Salve, Rey de los *j*!
15.26 título escrito..era: EL REY DE LOS *J*
Lc. 7.3 unos ancianos de los *j*, rogándole que
23.3 diciendo: ¿Eres tú el Rey de los *j*?
23.37 si tú eres el Rey de los *j*, sálvate a
23.38 un título..ESTE ES EL REY DE LOS *J*
Jn. 1.19 cuando los *j* enviaron de Jerusalén
2.6 al rito de la purificación de los *j*, en
2.13 estaba cerca la pascua de..*j*; y subió
2.18 *j* respondieron..¿Qué señal nos muestras
2.20 luego los *j*: En 46 años fue edificado
3.1 un..Nicodemo, un principal entre los *j*
3.25 los discípulos de Juan y los *j* acerca de
4.9 ¿cómo..siendo *j*, me pides a mí de beber
4.9 *j* y samaritanos no se tratan entre sí
4.22 adoramos..la salvación viene de los *j*
5.1 había una fiesta de los *j*, y subió Jesús
5.10 los *j* dijeron a aquel que había sido
5.15 el hombre se fue, y dio aviso a los *j*
5.16 por esta causa los *j* perseguían a Jesús
5.18 esto los *j* aun más procuraban matarle
6.4 estaba cerca la pascua, la fiesta de..*j*
6.41 murmuraban..de él los *j*, porque había
6.52 *j* contendían entre sí, diciendo: ¿Cómo
7.1 Judea, porque los *j* procuraban matarle
7.2 estaba cerca la fiesta de los *j*, la de
7.11 buscaban los *j* en la fiesta, y decían
7.13 pero ninguno hablaba..por miedo a los *j*
7.15 se maravillaban los *j*, diciendo: ¿Cómo
7.35 los *j* dijeron entre sí: ¿Adónde se irá
8.22 decían entonces los *j*: ¿Acaso se matará
8.31 dijo..Jesús a los *j* que habían creído
8.48 los *j*, y le dijeron: ¿No decimos bien
8.52 los *j* le dijeron: Ahora conocemos que
8.57 dijeron los *j*: Aún no tienes 50 años, ¿y
9.18 los *j* no creían que él había sido ciego
9.22 tenían miedo de los *j*, por cuanto los *j*
10.19 volvió a haber disensión entre los *j*
10.24 le rodearon los *j* y le dijeron: ¿Hasta
10.31 los *j* volvieron a tomar piedras para
10.33 respondieron los *j*..Por buena obra no
11.8 ahora procuraban los *j* apedrearte, ¿y
11.19 los *j* habían venido a Marta y a María
11.31 *j*..vieron que María se había levantado
11.33 los *j*..también llorando, se estremeció
11.36 dijeron..los *j*: Mirad cómo le amaba
11.45 entonces muchos de los *j*..creyeron en
11.54 Jesús ya no andaba..entre los *j*, sino
11.55 y estaba cerca la pascua de los *j*; y
12.9 de los *j* supieron..que él estaba allí
12.11 muchos de los *j* se apartaban y creían
13.33 como dije a los *j*, así os digo ahora
18.12 los alguaciles de los *j*, prendieron a
18.14 Caifás..había dado el consejo a los *j*
18.20 el templo, donde se reúnen todos los *j*
18.31 *j* le dijeron: A nosotros no nos está
18.33 y le dijo: ¿Eres tú el Rey de los *j*?
18.35 Pilato le respondió: ¿Soy yo acaso *j*?
18.36 para que yo no fuera entregado a los *j*
18.38 dicho esto, salió otra vez a los *j*, y
18.39 ¿queréis..que os suelte al Rey de los *j*?
19.3 y le decían: ¡Salve, Rey de los *j*! y le
19.7 los *j* le respondieron..tenemos una ley
19.12 pero los *j* daban voces, diciendo: Si
19.14 dijo a los *j*: ¡He aquí vuestro Rey!
19.19 decía: JESUS NAZARENO, REY DE LOS *J*
19.20 y muchos de los *j* leyeron este título
19.21 dijeron a Pilato..sacerdotes de los *j*
19.21 no escribas: Rey de los *j*; sino, que
19.21 no..sino, que él dijo: Soy Rey de los *j*
19.31 los *j*, por cuanto era la víspera de la
19.38 pero secretamente por miedo de los *j*
19.40 según es costumbre sepultar entre..*j*
19.42 la preparación de la pascua de los *j*
20.19 estaban reunidos por miedo de los *j*
Hch. 2.5 entonces en Jerusalén *j*..piadosos, de
2.10 romanos aquí..tanto *j* como prosélitos
2.14 varones *j*, y todos los que habitáis en
9.22 Saulo..confundía a los *j* que moraban
9.23 los *j* resolvieron en consejo matarle
10.22 buen testimonio en..nación de los *j*
10.28 abominable es para un varón *j* juntarse
11.19 no hablando a nadie..sino sólo a los *j*
12.3 viendo que esto había agradado a los *j*
12.11 todo lo que el pueblo de los *j* esperaba
13.5 anunciaban la..en las sinagogas de los *j*
13.6 mago, falso profeta, *j*, llamado Barjesús
13.42 salieron ellos de la sinagoga de los *j*
13.43 muchos de los *j*..siguieron a Pablo y a
13.45 pero viendo los *j* la muchedumbre, se
13.50 los *j* instigaron a mujeres piadosas y
14.1 entraron juntos en la sinagoga de los *j*
14.1 creyó una gran multitud de *j*, y..griegos
14.2 los *j* que no creían excitaron..ánimos
14.4 unos estaban con los *j*, y otros con los
14.5 cuando los *j* y los..con sus gobernantes
14.19 unos *j*..persuadieron a la multitud, y
16.1 Timoteo, hijo de una mujer *j* creyente
16.3 circuncidó por causa de los *j* que había
16.20 estos hombres, siendo *j*, alborotan
17.1 Tesalónica..había una sinagoga de los *j*
17.5 los *j* que no creían, teniendo celos
17.10 ellos..entraron en la sinagoga de los *j*
17.13 cuando los *j* de Tesalónica supieron que
17.17 que discutía en la sinagoga con los *j*
18.2 halló a un *j* llamado Aquila, natural de
18.2 había mandado que todos los *j* saliesen
18.4 discutía..y persuadía a *j* y a griegos
18.5 testificando a los *j* que Jesús era el
18.12 los *j* se levantaron de común acuerdo
18.14 Galión dijo a los *j*: Si fuera algún
18.14 fuera algún agravio..*j*..os toleraría
18.19 y entrando en la..discutía con los *j*
18.24 llegó..a Efeso un *j* llamado Apolos
18.28 refutaba..los *j*, demostrando por las
19.10 Asia, *j* y griegos, oyeron la palabra
19.13 algunos de los *j*..intentaron invocar
19.14 siete hijos de un tal Esceva, *j*, jefe
19.17 fue notorio a todos los..*j* como griegos
19.33 sacaron..a Alejandro, empujándole los *j*
19.34 cuando le conocieron que era *j*, todos
20.3 siéndole puestas asechanzas por los *j*
20.19 pruebas..por las asechanzas de los *j*
20.21 testificando a *j* y a gentiles acerca
21.11 atarán los *j* en Jerusalén al varón de
21.20 ves..millares de *j* hay que han creído
21.21 enseñas a todos los *j* que están entre
21.27 unos *j* de Asia, al verle en el templo
21.39 yo de cierto soy hombre *j* de Tarso
22.3 yo de cierto soy *j*, nacido en Tarso de
22.12 tenía buen testimonio de todos los *j*
22.30 la causa por la cual le acusaban los *j*
23.12 algunos de los *j* tramaron un complot
23.20 le dijo: Los *j* han convenido en rogarte
23.27 a este hombre, aprehendido por los *j*
23.30 de asechanzas que los *j* habían tendido
24.5 y promotor de sediciones entre..los *j*
24.9 *j* también confirmaban, diciendo ser así
24.18 unos *j* de Asia me hallaron purificado
24.24 viniendo Félix con Drusila..que era *j*
24.27 queriendo Félix congraciarse con los *j*
25.2 más influyentes de los *j* se presentaron
25.7 lo rodearon los *j* que habían venido de
25.8 ni contra la ley de los *j*, ni contra
25.9 Festo, queriendo congraciarse con los *j*
25.10 a los *j* no les he hecho ningún agravio
25.15 me presentaron..los ancianos de los *j*
25.24 la multitud de los *j* me ha demandado
26.2 las cosas de que soy acusado por los *j*
26.3 conoces..cuestiones que hay entre los *j*
26.4 mi vida, pues..la conocen todos los *j*
26.7 por esta esperanza..acusado por los *j*
26.21 por causa de esto los *j*, prendiéndome
28.17 convocó a los principales de los *j*, a
28.19 pero oponiéndose los *j*, me vi obligado
28.29 *j* se fueron, teniendo gran discusión
Ro. 1.16; 2.9,10 al *j* primeramente, y también
2.17 he aquí, tú tienes el sobrenombre de *j*
2.28 no es *j* el que lo es exteriormente, ni
2.29 es *j* el que lo es en lo interior, y la
3.1 ¿qué ventaja tiene, pues, el *j*? ¿o de qué
3.9 pues ya hemos acusado a *j* y a gentiles
3.29 ¿es Dios solamente Dios de los *j*? ¿No
9.24 no sólo de los *j*, sino..los gentiles?
10.12 no hay diferencia entre *j* y griego
1 Co. 1.22 los *j* piden señales, y los griegos
1.23 para los *j* ciertamente tropezadero, y
1.24 así *j* como griegos, Cristo poder de Dios
9.20 a los *j* como *j*, para ganar a los *j*; a
10.23 no seáis tropiezo ni a *j*, ni..gentiles
12.13 *j* o griegos, sean esclavos o libres
2 Co. 11.24 de los *j* cinco veces he recibido
Gá. 2.13 participaban también los otros *j*, de
2.14 *j*, vives como los gentiles y no como *j*
2.15 *j* de nacimiento, y no pecadores de entre
3.28 ya no hay *j* ni griego; no hay esclavo
Col. 3.11 no hay griego ni *j*, circuncisión ni
1 Ts. 2.14 cosas que ellas padecieron de los *j*
Ap. 2.9 la blasfemia de los que se dicen ser *j*
3.9 a los que se dicen ser *j* y no lo son

JUDIT *Mujer de Esaú*, Gn. 26.34

JUEZ
Gn. 18.25 *J*..no ha de hacer lo que es justo?
19.9 vino este..¿y habrá de erigirse en *j*?
Éx. 2.14 ¿quién te ha puesto a ti por..*j* sobre
21.6 su amo lo llevará ante los *j*, y le hará
21.22 penados conforme a lo..juzgaren los *j*
22.8 el dueño de la casa..presentado a los *j*
22.9 causa de ambos vendrá delante de los *j*
22.9 que los *j* condenaren, pagará el doble
22.28 no injuriarás a los *j*, ni maldecirás
Nm. 25.5 Moisés dijo a los *j* de Israel: Matad
Dt. 1.16 entonces mandé a vuestros *j*, diciendo
16.18 *j*..pondrás en todas tus ciudades que
17.9 vendrás..al *j* que hubiere en aquellos
17.12 no obedeciendo..o al *j*, el tal morirá
19.17 los sacerdotes y de los *j* que hubiere
19.18 *j* inquirirán bien; y si aquel testigo
21.2 *j* saldrán y medirán la distancia hasta
25.1 y acudieren..para que los *j* los juzguen
25.2 el *j* le hará echar en tierra, y le hará
32.31 aun nuestros enemigos son de ellos *j*
Jos. 8.33 Israel, con sus..*j*, estaba de pie a
23.2 llamó a todo Israel..*j* y sus oficiales
24.1 reunió Josué a..sus *j* y sus oficiales
Jue. 2.16 Jehová levantó *j* que los librasen de
2.17 pero tampoco oyeron a sus *j*, sino que

JUEZ *(Continúa)*

Jue. 2.18 les levantaba *j*, Jehová estaba con el *j*
2.18 los libraba..todo el tiempo de aquel *j*
2.19 al morir el *j*, ellos volvían atrás, y
11.27 Jehová, que es el *j*, juzgue hoy entre
Rt. 1.1 en los días que gobernaban los *j*, que
1 S. 2.25 si pecare el hombre..*j* le juzgarán
8.1 Samuel..a sus hijos por *j* sobre Israel
8.2 fue Joel, y..Abías; y eran *j* en Beerseba
24.15 Jehová..será *j*, y él juzgará entre tú y
2 S. 7.11 el día en que puse *j* sobre..Israel
15.4 Absalón: ¡Quién me pusiera por *j* en la
2 R. 23.22 los tiempos en que los *j* gobernaban
1 Cr. 17.6 ¿hablé..palabra a alguno de los *j*
17.10 que puse los *j* sobre mi pueblo Israel
23.4 éstos..seis mil para gobernadores y *j*
26.29 Quenanías y sus..eran gobernadores y *j*
2 Cr. 1.2 convocó Salomón a todo Israel..a *j*
19.5 puso *j* en todas las ciudades..de Judá
19.6 y dijo a los *j*: Mirad lo que hacéis
Esd. 4.9 escribieron Rehum..*j*, gobernadores y
7.25 pon *j* y gobernadores que gobiernen a
10.14 vengan..y con ellos..y los *j* de ellas
Job 9.15 aunque fuese..habría de rogar a mi *j*
9.24 él cubre el rostro de sus *j*. Si no es
12.17 a los consejeros, y entontece a los *j*
23.7 allí..yo escaparía para siempre de mi *j*
31.11 es maldad..que han de castigar los *j*
Sal. 2.10 admitid amonestación, *j* de la tierra
7.11 Dios es *j* justo, y Dios está airado
50.6 declararán su justicia..Dios es el *j*
75.7 Dios es el *j*; a éste humilla, y a aquél
94.2 engrandécete, oh *J* de la tierra; da el
141.6 despeñados sus *j*, y oirán mis palabras
148.11 príncipes y todos los *j* de la tierra
Is. 1.26 restauraré tus *j* como al principio, y
3.2 *j* y el profeta, el adivino y el anciano
33.22 porque Jehová es nuestro *j*, Jehová es
Jer. 25.31 él es el *J* de toda carne; entregará
Dn. 3.2,3 *j*, y todos los gobernadores de las
7.10 el *J* se sentó, y los libros..abiertos
7.26 pero se sentará el *J*, y le quitarán su
Os. 7.7 devoraron a sus *j*; cayeron todos sus
13.10 y tus *j*, de los cuales dijiste: Dame
Am. 2.3 y quitaré el *j* de en medio de él, y
Mi. 5.1 herirán en la mejilla al *j* de Israel
7.3 el *j* juzga por recompensa; y el grande
Sof. 3.3 *j*, lobos nocturnos que no dejan hueso
Mt. 5.25 te entregue al *j*, y el *j* al alguacil
12.27; Lc. 11.19 por..ellos serán vuestros *j*
Lc. 12.14 ¿quién me ha puesto..*j* o partidor?
12.58 te arrastre al *j*, y el *j* te entregue
18.2 había..un *j*, que ni temía a Dios, ni
18.6 dijo el..oíd lo que dijo el *j* injusto
Hch. 7.27,35 ¿quién te ha puesto por..y *j*
10.42 él es el que Dios ha puesto por *J* de
13.20 después..dio *j* hasta el profeta Samuel
18.15 yo no quiero ser *j* de estas cosas
24.10 hace muchos años eres *j* de esta nación
2 Ti. 4.8 la cual me dará el Señor, *j* justo
He. 12.23 Dios el *J* de todos, a los espíritus
Stg. 2.4 venís a ser *j* con malos pensamientos?
4.11 ley, no eres hacedor de la ley, sino *j*
5.9 he aquí, el *j* está delante de la puerta

JUGAR

Job 41.5 *¿jugarás* con él como con pájaro, o lo
Sal. 104.26 leviatán..para que *jugase* en él
Is. 11.8 niño de pecho *jugará* sobre la cueva
Zac. 8.5 llenas de muchachos..*jugarán* en ellas
1 Co. 10.7 se sentó el pueblo..levantó a *jugar*

JUGUETE

Jue. 16.25 a Sansón..y sirvió de *j* delante de

JUICIO

Gn. 18.19 que guarden..haciendo justicia y *j*
Éx. 6.6 con brazo extendido, y con *j* grandes
7.4 sacaré a mis..de Egipto, con grandes *j*
12.12 y ejecutaré mis *j* en todos los dioses
21.31 acorneado a..conforme a este *j* se hará
28.15 el pectoral del *j* de obra primorosa
28.29 los nombres de..en el pectoral del *j*
28.30 y pondrás en el pectoral del *j* Urim y
28.30 llevará siempre Aarón el *j* de..Israel
Lv. 19.15 no harás injusticia en el *j*..pobre
19.35 no hagáis injusticia en *j*, en medida
Nm. 27.21 consultará por el *j* del Urim delante
33.4 había hecho Jehová *j* contra sus dioses
35.12 entre en *j* delante de la congregación
Dt. 1.17 no hagáis distinción de persona en..*j*
1.17 no tendréis temor de..el *j* es de Dios
4.8 ¿qué nación..hay que tenga..*j* justos como
4.14 os enseñase..*j*, para que los pusieseis
16.18 cuales juzgarán al pueblo con justo *j*
17.8 cosa te fuere difícil en el *j*, entre una
17.9 y ellos te enseñarán la sentencia del *j*
17.11 según el *j* que te digan, harás; no te
32.41 echare mano del *j*, yo tomaré venganza
33.10 ellos enseñarán tus *j* a Jacob, y tu ley
Jos. 20.6 quedará..hasta que comparezca en *j*
Jue. 4.5 los hijos de Israel subían a ella a *j*
5.10 los que presidís en *j*, y vosotros los
2 S. 15.2 y a cualquiera que..venía al rey a *j*
15.6 hacía con todos..que venían al rey a *j*
1 R. 3.11 demandaste..inteligencia para oir *j*
3.28 todo Israel oyó aquel *j* que había dado
7.7 hizo..el pórtico del *j*, y lo cubrió de
1 Cr. 16.12 de sus prodigios, y de los *j* de su
16.14 es nuestro Dios; sus *j* están en toda la
2 Cr. 9.8 por rey..para que hagas *j* y justicia
19.8 para el *j* de Jehová y para las causas
22.8 haciendo *j* Jehú contra la casa de Acab
24.24 de Siria..Así ejecutaron *j* contra Joás
Esd. 10.17 terminaron el *j* de todos aquellos
Neh. 3.31 enfrente de la puerta del *J*, y hasta
9.13 les diste *j* rectos, leyes verdaderas, y
9.29 pecaron contra tus *j*, los cuales si el
Job 9.19 hablaremos..*j*, ¿quién me emplazará?
9.32 le responda, y vengamos juntamente a *j*
11.10 si..a *j*, ¿quién podrá contrarrestarle?
14.3 ¿sobre éste abres tus..y me traes a *j*
19.7 no seré oído; daré voces, y no habrá *j*
19.29 espada..para que sepáis que hay un *j*
22.4 ¿acaso te castiga, o viene a *j* contigo
29.7 cuando yo salía a la puerta a *j*, y en
32.17 responderé..también yo declararé mi *j*
34.4 escojamos para nosotros el *j*..lo bueno
34.17 ¿gobernará el que aborrece *j*?
34.23 lo justo, para que vaya con Dios a *j*
36.17 mas tú has llenado el *j* del impío, en
36.17 en vez de sustentar el *j* y la justicia
37.23 y en *j* y en multitud de justicia no
40.8 ¿invalidarás tú también mi *j*? ¿Me..a mí
Sal. 1.5 no se levantarán los malos en el *j*
7.6 álzate..y despierta en favor mío el *j*
9.7 pero Jehová..ha dispuesto su trono para *j*
9.16 Jehová se ha hecho conocer en el *j* que
10.5 tus *j* los tiene muy lejos de su vista
18.22 todos sus *j* estuvieron delante de mí
19.9 los *j* de Jehová son verdad, todos justos
25.9 encaminará a los humildes por el *j*, y
33.5 ama justicia y *j*; de la misericordia de
36.6 justicia es como..tus *j*, abismo grande
48.11 se gozarán las hijas de Judá por tus *j*
51.4 reconocido..y tenido por puro en tu *j*
72.1 Dios, da tus *j* al rey, y tu justicia al
72.2 juzgará a tu..y a tus afligidos con *j*
76.8 los cielos hiciste oir *j*; la tierra tuvo
89.14 justicia y *j*..el cimiento de tu trono
89.30 si dejaren..y no anduvieren en mis *j*
94.15 que el *j* será vuelto a la justicia, y
97.2 justicia y *j*..el cimiento de tu trono
97.8 las hijas de Judá..se gozaron por tus *j*
99.4 la gloria del rey ama el *j*; tú confirmas
99.4 tú has hecho en Jacob *j* y justicia
101.1 misericordia y *j* cantaré..cantaré yo
105.5 de sus prodigios y de los *j* de su boca
105.7 es..Dios; en toda la tierra están sus *j*
106.3 dichosos los que guardan *j*, los que
106.30 entonces se levantó Finees e hizo *j*
111.7 las obras de sus manos son verdad y *j*
112.5 y presta; gobierna sus asuntos con *j*
119.7 alabaré..cuando aprendiere tus justos *j*
119.13 con mis labios he contado todos los *j*
119.20 quebrantada..de desear tus *j* en todo
119.30 verdad; he puesto tus *j* delante de mí
119.39 quita de mí..porque buenos son tus *j*
119.43 no quites de..porque en tus *j* espero
119.52 acordé, oh Jehová, de tus *j* antiguos
119.62 me levanto..alabarte por tus justos *j*
119.75 conozco..que tus *j* son justos, y que
119.84 harás *j* contra los que me persiguen?
119.102 no me aparté de tus *j*, porque tú me
119.106 juré y..que guardaré tus justos *j*
119.108 ruego, oh Jehová..me enseñes tus *j*
119.120 temor de ti, y de tus *j* tengo miedo
119.121 *j* y justicia he..no me abandones a
119.137 justo eres..Jehová, y rectos tus *j*
119.149,156 vivifícame conforme a tu *j*
119.160 y eterno es todo *j* de tu justicia
119.164 día te alabo a causa de tus justos *j*
119.175 viva mi alma y te..y tus *j* me ayuden
122.5 allá están las sillas del *j*, los tronos
143.2 no entres en *j* con tu siervo; porque no
147.19 ha manifestado sus..y sus *j* a Israel
147.20 en cuanto a sus *j*, no los conocieron
149.9 para ejecutar en ellos el *j* decretado
Pr. 1.3 para recibir el consejo..*j* y equidad
2.8 que guarda las veredas del *j*, y preserva
2.9 entenderás justicia, *j* y equidad, y todo
8.14 conmigo está el consejo y el buen *j*; yo
8.20 guiaré, por en medio de sendas de *j*
13.23 de pan; mas se pierde por falta de *j*
16.10 del rey; en *j* no prevaricará su boca
19.28 el testigo perverso se burlará del *j*
19.29 preparados..*j* para los escarnecedores
20.8 el rey que se sienta en el trono de *j*
21.3 justicia y *j* es a Jehová más agradable
21.7 destruirá..cuanto no quisieron hacer *j*
21.15 alegría es para el justo el hacer *j*
24.23 hacer acepción de..en el *j* no es bueno
28.5 los hombres malos no entienden el *j*; mas
29.4 el rey con el *j* afirma la tierra; mas
29.26 mas de Jehová viene el *j* de cada uno
31.8 abre tu boca por el mudo en el *j* de
Ec. 3.16 en lugar del *j*, allí impiedad; y en
8.5 el corazón..discierne el tiempo y el *j*
8.6 para todo lo que quisieres hay tiempo y *j*
12.14 Dios traerá toda obra a *j*..sea buena o
Is. 1.17 buscad el *j*, restituid al agraviado
1.27 Sion será rescatada con *j*, y..justicia
3.14 Jehová vendrá a *J* contra los ancianos
4.4 con espíritu de *j* y con..de devastación
5.7 esperaba *j*, y he aquí vileza; justicia
5.16 Jehová de los ejércitos..exaltado en *j*
9.7 confirmándolo en *j* y en justicia desde
10.2 para apartar del *j* a los pobres, y para
16.3 haz *j*; pon tu sombra en medio del día
26.8 también en el camino de tus *j*, oh Jehová
26.9 luego que hay *j* tuyos en la tierra, los
28.6 por espíritu de *j* al que se sienta en *j*
28.7 erraron en la visión, tropezaron en el *j*
28.17 ajustaré el *j* a cordel, y a nivel la
32.1 reinará un..y príncipes presidirán en *j*
32.7 trama..para hablar en *j* contra el pobre
32.16 habitará el *j* en el desierto, y en el
33.5 Jehová..llenó a Sion de *j* y de justicia
34.5 descenderá sobre Edom en *j*, y sobre el
40.14 ¿quién le enseñó el camino del *j*, o le
40.27 escondido de..y de mi Dios pasó mi *j*?
41.1 entonces hablen; estemos juntamente a *j*
43.26 hazme recordar, entremos en *j*..habla tú
53.8 por cárcel y por *j* fue quitado; y su
54.17 lengua que se levante contra ti en *j*
58.2 me piden justos *j*, y quieren acercarse
Jer. 1.16 proferiré mis *j* contra los que me
2.35 entraré en *j* contigo, porque dijiste
4.2 vive Jehová, en verdad, en *j* y..justicia
4.12 y ahora yo pronunciaré *j* contra ellos
5.4 no conocen el camino de Jehová, el *j* de
5.5 ellos conocen el camino..el *j* de su Dios
8.7 pero mi pueblo no conoce el *j* de Jehová
9.24 yo soy Jehová, que hago..*j* y justicia
10.24 castígame, oh Jehová, mas con *j*; no
21.12 así dijo Jehová: Haced de mañana *j*, y
22.3 ha dicho..haced *j* y justicia, y librad
22.15 padre, e hizo *j* y justicia, y entonces
23.5 Rey..y hará *j* y justicia en la tierra
25.31 Jehová tiene *j* contra las naciones; él
33.15 un Renuevo..y hará *j* y justicia en la
48.21 vino *j* sobre la tierra de la llanura
48.47 de Moab..Hasta aquí es el *j* de Moab
51.9 porque ha llegado hasta el cielo su *j*
Ez. 5.8 haré *j* en medio de ti ante los ojos de
5.10 haré en ti *j*, y esparciré a todos los
5.15 yo haga en ti *j* con furor e indignación
7.27 haré..y con los *j* de ellos los juzgaré
11.9 os entregaré en..haré *j* entre vosotros
14.21 enviare contra..mis cuatro *j* terribles
16.41 harán en ti *j* en presencia de muchas
17.20 *j* con él por su prevaricación con que
18.8 e hiciere *j* verdadero entre hombre y
23.24 yo pondré delante de ellos el *j*, y por
25.11 también en Moab haré *j*, y sabrán que
28.22 cuando haga en ella *j*, y en ella me
28.26 haga *j* en todos los que los despojan
30.14 pondré fuego a Zoán, y haré *j* en Tebas
30.19 haré, pues, *j* en Egipto, y sabrán que
39.21 las naciones verán mi *j* que habré hecho
44.24 conforme a mis *j* juzgarán; y mis leyes
45.9 haced *j* y justicia; quitad vuestras
Dn. 7.22 se dio el *j* a los santos del Altísimo
Os. 2.19 te desposaré conmigo en justicia, *j*
4.11 fornicación, vino y mosto quitan el *j*
5.1 para vosotros es el *j*, pues habéis sido
5.11 Efraín es vejado, quebrantado en *j*
6.5 maté; y tus *j* serán como luz que sale
10.4 el *j* florecerá como ajenjo en los surcos
12.6 guarda misericordia y *j*, y en tu Dios
Jl. 3.2 allí entraré en *j* con ellas a causa de
Am. 5.7 los que convertís en ajenjo el *j*, y la
5.15 el bien, y estableced la justicia en *j*
5.24 pero corra el *j* como las aguas, y la
6.12 habéis..convertido el *j* en veneno, y el
Mi. 3.8 estoy lleno de poder..de *j* y de fuerza
3.9 que abomináis el *j*, y pervertís todo el
Hab. 1.4 la ley..el *j* no sale según la verdad
1.12 oh Jehová, para *j* lo pusiste; y tú, oh
Sof. 2.3 todos..los que pusisteis por obra su *j*
3.5 Jehová en..de mañana sacará a luz su *j*
3.15 Jehová ha apartado tus *j*, ha echado
Mal. 3.5 y vendré a vosotros para *j*; y seré
Mt. 5.21 fue dicho..matare será culpable de *j*
5.22 se enoje contra..será culpable de *j*; y
7.2 con el *j* con que juzgáis, seréis juzgados
10.15; 11.22,24 en el día del *j*, será más
tolerable el castigo
12.18 sobre él, y a los gentiles anunciará *j*
12.20 caña..hasta que saque a victoria el *j*
12.36 de ella darán cuenta en el día del *j*
12.41 los..de Nínive se levantarán en el *j* con
12.42 la reina del Sur se levantará en el *j*
Mr. 3.29 perdón, sino que es reo de *j* eterno
5.15 ven..sentado, vestido y en su *j* cabal
6.11 en el día del *j*, será más tolerable el
Lc. 8.35 sentado a..vestido, y en su cabal *j*
10.14 en el *j* será más tolerable el castigo
11.31 la reina del sur se levantará en el *j*
11.32 Nínive se levantarán en el *j* con esta
Jn. 5.22 nadie juzga, sino que todo el *j* dio

JUICIO *(Continúa)*
Jn. 5.27 y también le dio autoridad de hacer *j*
5.30 juzgo; y mi *j* es justo, porque no busco
7.24 no juzguéis según..juzgad con justo *j*
8.16 si yo juzgo, mi *j* es verdadero; porque
9.39 para *j* he venido yo a este mundo; para
12.31 ahora es el *j* de este mundo; ahora el
16.8 convencerá al mundo de pecado..y de *j*
16.11 de *j*, por cuanto el príncipe de este
Hch. 24.25 al disertar Pablo..del *j* venidero
26.6 por la esperanza de..soy llamado a *j*
Ro. 1.32 habiendo entendido el *j* de Dios, que
2.2 sabemos que el *j* de Dios contra los que
2.3 ¿y piensas..tú escaparás del *j* de Dios?
2.5 el día de la ira y..del justo *j* de Dios
3.19 todo el mundo quede bajo el *j* de Dios
5.16 *j* vino a causa de un solo pecado para
11.33 de Dios! ¡Cuán insondables son sus *j*
1 Co. 6.1 ¿osa..ir a *j* delante de los injustos
6.4 si..tenéis *j* sobre cosas de esta vida
6.6 el hermano con el hermano pleitea en *j*
7.40 a mi *j*, más dichosa será si se quedare
11.29 sin discernir..*j* come y bebe para sí
11.34 su casa, para que no os reunáis para *j*
2 Ts. 1.5 es demostración del justo *j* de Dios
1 Ti. 5.24 patentes antes que ellos vengan a *j*
Tit. 3.11 peca y está condenado por su propio *j*
He. 6.2 la resurrección de los..y del *j* eterno
9.27 una sola vez, y después de esto el *j*
10.27 sino una horrenda expectación de *j*, y
Stg. 2.13 *j*..se hará con aquel que no hiciere
2.13 y la misericordia triunfa sobre el *j*
1 P. 4.17 es tiempo de que el *j* comience por
2 P. 2.4 entregó a..para ser reservados al *j*
2.9 para ser castigados en el día del *j*
2.11 no pronuncian *j* de maldición contra
3.7 guardados para el fuego en el día del *j*
1 Jn. 4.17 tengamos confianza en el día del *j*
Jud. 6 los ha guardado..para el *j* del gran día
9 no se atrevió a proferir *j* de maldición
15 hacer *j* contra todos, y dejar convictos a
Ap. 14.7 la hora de su *j* ha llegado; y adorad
15.4 te adorarán..tus *j* se han manifestado
16.7 Señor..tus *j* son verdaderos y justos
18.10 ¡ay, ay de la..en una hora vino tu *j*!
19.2 porque sus *j* son verdaderos y justos

JUICIOSO
2 Co. 10.12 midiéndose a sí mismos..no son *j*

JULIA *Cristiana saludada por Pablo*, Ro. 16.15

JULIO *Centurión romano*
Hch. 27.1 centurión llamado *J*, de la compañía
27.3 y *J*, tratando humanamente a Pablo, le

JUNCO
Éx. 2.3 tomó una arquilla de *j* y la calafateó
Job 8.11 ¿crece el *j* sin lodo..prado sin agua?
Is. 18.2 envía..en naves de *j* sobre las aguas
19.15 la cabeza o la cola, la rama o el *j*
35.7 en su guarida, será lugar de cañas y *j*
58.5 incline su cabeza como *j*, y haga cama

JUNIAS *Cristiano saludado por Pablo*, Ro. 16.7

JUNTA
Sal. 106.18 encendió fuego en su *j*; la llama

JUNTAR
Gn. 1.9 *júntense* las aguas que están debajo de
14.3 éstos se *juntaron* en el valle de Sidim
29.3 y *juntaban* allí todos los rebaños..pozo
29.8 hasta que se *junten* todos los rebaños
29.22 Labán *juntó* a todos..e hizo banquete
34.30 se *juntarán* contra mí y me atacarán
41.35 y *junten* toda la provisión de estos
49.1 *juntaos*, y os declararé lo que os ha de
49.2 *juntaos* y oíd, hijos de Jacob..escuchad
49.6 ni mi espíritu se *junte* en su compañía
Éx. 8.14 las *juntaron* en montones, y apestaba
15.8 se *juntaron* las corrientes como en un
26.24 se *juntarán* por su alto con un gozne
28.7 dos hombreras que se *junten*..se *juntará*
28.28 *juntarán* el pectoral por sus anillos a
32.26 *júntese* conmigo. Y se *juntaron* con él
39.4 las hombreras para que se *juntasen*, y
Nm. 11.22 ¿o se *juntarán*..todos los peces del
14.35 multitud..que se ha *juntado* contra mí
16.3 se *juntaron* contra Moisés y Aarón y les
16.11 sois los que os *juntáis* contra Jehová
16.19 Coré había hecho *juntar* contra ellos
16.42 cuando se *juntó* la congregación contra
18.2 que..se *junten* contigo, y te servirán
18.4 se *juntarán*, pues, contigo, y tendrán
20.2 agua..*juntaron* contra Moisés y Aarón
21.23 que *juntó* Sehón todo su pueblo y salió
25.5 matad..que se han *juntado* con Baal-peor
27.3 de los que se *juntaron* contra Jehová
Dt. 13.16 *juntarás* todo su botín en medio de
20.3 oye, Israel..os *juntáis* hoy en batalla
Jos. 8.16 todo el pueblo..*juntó* para seguirles
10.5 cinco reyes de..se *juntaron* y subieron
22.12 se *juntó* toda la congregación de los
Jue. 3.13 *juntó* consigo a los hijos de Amón y
4.6 *junta* a tu gente en el monte de Tabor
4.10 *juntó* Barac a Zabulón y a Neftalí en
6.33 los madianitas..se *juntaron* a una, y
6.35 todo Manasés..también se *juntaron* con él
7.23 *juntándose* los de Israel..siguieron a
9.6 *juntaron* todos los de Siquem con..Milo
10.17 se *juntaron* los..de Amón..se *j*..Israel
11.3 y se *juntaron* con él hombres ociosos
15.4 y *juntó* cola con cola, y puso un tea
16.23 se *juntaron* para ofrecer sacrificio a
18.22 se *juntaron* y siguieron a los..de Dan
18.23 ¿qué tienes, que has *juntado* gente?
20.11 *juntaron* todos los hombres de Israel
20.14 los de Benjamín se *juntaron*..en Gabaa
Rt. 2.7 me dejes..*juntar* tras los segadores
2.21 me ha dicho: *Júntate* con mis criadas
1 S. 8.4 los ancianos de Israel se *juntaron*
13.4 y se *juntó* el pueblo en pos de Saúl en
13.5 los filisteos se *juntaron* para pelear
14.20 *juntando* Saúl a..el pueblo que con él
14.52 apto para combatir, lo *juntaba* consigo
17.1 los filisteos *juntaron* sus ejércitos
17.2 Saúl y..se *juntaron*, y acamparon en el
22.2 se *juntaron* con él todos los afligidos
25.1 murió Samuel, y se *juntó* todo Israel
28.4 se *juntaron*..los filisteos, y vinieron
28.4 Saúl *juntó* a todo Israel, y acamparon
29.1 los filisteos *juntaron*..sus fuerzas en
2 S. 2.25 y se *juntaron* los hijos de Benjamín
2.30 *juntando* a todo el pueblo, faltaron de
3.21 y *juntaré* a mi señor el rey a..Israel
12.29 *juntando* David a todo el pueblo, fue
17.11 todo Israel se *junte* a ti, desde Dan
20.14 se *juntaron*, y lo siguieron también
1 R. 10.26 *juntó* Salomón carros y gente de a
11.2 éstas, pues, se *juntó* Salomón con amor
11.24 había *juntado* gente contra él, y se
20.1 Ben-adad..*juntó* a todo su ejército, y
2 R. 3.21 todos los de Moab oyeron..*juntaron*
1 Cr. 11.1 Israel se *juntó* a David en Hebrón
19.7 se *juntaron* también los hijos de Amón
23.2 y *juntando* a todos los principales de
2 Cr. 1.14 *juntó* Salomón carros y gente de a
11.13 los sacerdotes..se *juntaron* a él desde
13.7 y se *juntaron* con él hombres vanos y
20.26 cuarto día se *juntaron* en el valle de
Esd. 3.1 *juntó* el pueblo como un solo hombre
9.4 se me *juntaron* todos los que temían las
10.1 se *juntó* a él una muy grande multitud
Neh. 8.1 se *juntó* todo el pueblo como un solo
Est. 9.15 los judíos..se *juntaron*..14 del mes
9.16 se *juntaron* y se pusieron en defensa de
9.18 los judíos..se *juntaron* el día trece y
Job 16.10 afrenta; contra mí se *juntaron* todos
39.12 para que recoja..y la *junte* en tu era?
41.16 uno se *junta* con el otro, que viento
Sal. 27.2 se *juntaron* contra mí los malignos
33.7 él *junta* como montón las aguas del mar
35.15 y se *juntaron*; se *j* contra mí gentes
50.5 *juntadme* mis santos, los que hicieron
59.3 se han *juntado* contra mí poderosos
83.8 asirio se ha *juntado* con ellos; sirven
94.20 ¿se *juntará*..el trono de iniquidades
94.21 se *juntan* contra la vida del justo, y
Pr. 13.20 mas el que se *junta* con necios será
15.12 escarnecedor no..*junta* con los sabios
Ec. 3.5 y tiempo de *juntar* piedras; tiempo de
Is. 5.8 ¡ay de los que *juntan* casa a casa, y
8.2 y *junté* conmigo por testigos fieles al
9.11 pero Jehová..y *juntará* a sus enemigos
11.12 y *juntará* los desterrados de Israel
14.1 extranjeros..se *juntarán* a la familia de
34.1 acercaos, naciones, *juntaos* para oír
34.15 el buho..los *juntará* debajo de sus alas
34.15 también se *juntarán* allí buitres, cada
40.12 tres dedos *juntó* el polvo de la tierra
43.9 congréguense..las naciones, y *júntense*
44.11 ellos se *juntarán*, se presentarán, se
45.20 reuníos y venid; *juntaos*..sobrevivientes
48.14 *juntaos* todos vosotros, y oíd. ¿Quién
50.8 ¿quién contenderá conmigo? *Juntémonos*
56.8 aún *juntaré* sobre él a sus congregados
60.4 todos éstos se han *juntado*, vinieron a
60.7 el ganado de Cedar será *juntado* para ti
66.18 tiempo vendrá para *juntar* a..naciones
Jer. 3.1 yéndose ésta de él se *juntare* a otro
4.5 pregonad, *juntaos*, y decid: Reuníos, y
5.7 casa de rameras se *juntaron* en compañías
13.11 como el cinto se *junta* a los lomos del
13.11 hice *juntar* a mí toda la casa de Israel
26.9 el pueblo se *juntó* contra Jeremías en
49.14 *juntaos* y venid contra ella..y subid
50.5 *juntémonos* a Jehová con pacto eterno
50.29 *juntar* contra Babilonia flecheros, a
51.27 *juntad* contra ella los reinos de Ararat
Ez. 1.9 con las alas se *juntaban* el uno al otro
1.11 tenían sus alas..las cuales se *juntaban*
3.13 las alas..se *juntaban* la una con la otra
17.7 esta vid *juntó* cerca de ella sus raíces
22.20 quien *junta* plata y bronce y hierro y
22.20 así os *juntaré* en mi furor y en mi ira
22.21 yo os *juntaré* y soplaré sobre vosotros
24.4 *junta* sus piezas de carne en ella; todas
29.5 no serás recogido, ni serás *juntado*
34.13 las *juntaré* de las tierras; las traeré
37.7 los huesos se *juntaron* cada hueso con su
37.17 *júntalos* luego el uno con el otro, para
39.17 a las aves de toda especie..*Juntaos*, y
Dn. 3.27 *juntaron* los sátrapas..gobernadores
6.6 sátrapas se *juntaron* delante del rey, y
6.11 entonces se *juntaron* aquellos hombres
11.34 muchos se *juntarán* a ellos con lisonjas
Os. 8.10 ahora las *juntaré*, y serán afligidos
10.10 se *juntarán* sobre ellos cuando sean
Jl. 2.16 *juntad* a los ancianos, congregad a los
3.11 *juntaos* y venid, naciones..de alrededor
Mi. 1.7 porque de dones de rameras los *juntó*
2.12 te *juntaré* todo, oh Jacob; recogeré el
4.6 en aquel día, dice..*juntaré* la que cojea
4.11 han *juntado* muchas naciones contra ti
4.12 por lo cual los *juntó* como gavillas en
Nah. 3.18 se derramó..y no hay quien lo *junte*
Hab. 1.15 *juntará* en sus mallas; por lo cual
2.5 reunió..*juntó* para sí todos los pueblos
Sof. 3.8 determinación es..*juntar* los reinos
Zac. 12.3 las naciones..*juntarán* contra ella
Mt. 1.18 antes que se *juntasen*, se halló que
13.2 se le *juntó* mucha gente; y entrando él
19.6 que Dios *juntó*, no lo separe el hombre
22.10 siervos..*juntaron* a..los que hallaron
22.34 los fariseos, oyendo..*juntaron* a una
23.37 quise *juntar* a..como la gallina *junta*
24.28 muerto, allí se *juntarán* las águilas
24.31 sus ángeles..*juntarán* a sus escogidos
Mr. 2.2 se *juntaron* muchos, de manera que ya
6.30 los apóstoles se *juntaron* con Jesús, y
6.33 fueron allá a pie..y se *juntaron* a él
7.1 *juntaron* a Jesús los fariseos, y algunos
10.1 volvió el pueblo a *juntarse* a él, y de
10.9 que Dios *juntó*, no lo separe el hombre
13.27 enviará..y *juntará* a sus escogidos de
Lc. 8.4 *juntándose* una gran multitud, y los que
12.1 esto, *juntándose* por millares la multitud
13.34 cuántas veces quise *juntar* a tus hijos
15.13 *juntándolo* todo el hijo menor, se fue
17.37 allí se *juntarán* también las águilas
22.66 se *juntaron* los ancianos del pueblo
Hch. 2.6 este estruendo, se *juntó* la multitud
4.26 los príncipes se *juntaron* en uno contra
5.13 ninguno se atrevía a *juntarse* con ellos
8.29 dijo a..Acércate y *júntate* a ese carro
9.26 trataba de *juntarse* con los discípulos
10.28 varón, judío *juntarse*..a un extranjero
13.44 se *juntó* casi toda la ciudad para oír
17.4 algunos de ellos creyeron, y se *juntaron*
17.5 y *juntando* una turba, alborotaron la
17.34 mas algunos creyeron, *juntándose* con él
1 Co. 5.9 que no os *juntéis* con los fornicarios
5.11 os escribí que no os *juntéis* con ninguno
7.5 y volved a *juntaros* en uno, para que no
2 Ts. 3.14 señaladlo, y no os *juntéis* con él

JUNTURA
Éx. 28.27 delante de su *j* sobre el cinto del
39.20 cerca de su *j*, sobre el cinto del efod
1 R. 22.34 al rey de Israel por entre las *j* de
1 Cr. 22.3 preparó David..hierro..para las *j*
2 Cr. 18.33 hirió al rey de Israel entre las *j*
Ez. 27.9 hábiles obreros calafateaban tus *j*

JÚPITER *Dios de los romanos*
Hch. 14.12 y a Bernabé llamaban *J*, y a Pablo
14.13 el sacerdote de *J*, cuyo templo estaba
19.35 guardiana..de la imagen venida de *J*?

JURAMENTAR
Gn. 24.3 y te *juramentaré* por Jehová, Dios de
Éx. 13.19 *juramentado* a los hijos de Israel
Jos. 2.17,20 este..con que nos has *juramentado*
1 S. 14.24 Saúl había *juramentado* al pueblo
14.27 su padre había *juramentado* al pueblo
2 R. 11.4 con ellos alianza, *juramentándolos*
Esd. 10.5 y *juramentó* a los príncipes de los
Hch. 23.12 y se *juramentaron* bajo maldición
23.14 nos hemos *juramentado* bajo maldición
23.21 se han *juramentado* bajo maldición, a

JURAMENTO
Gn. 24.8 no quisiere..serás libre de este mi *j*
24.41(2) serás libre de mi *j*
26.3 confirmaré el *j* que hice a Abraham tu
26.28 dijimos: Haya ahora *j* entre nosotros
Éx. 22.11 *j* de Jehová habrá entre ambos, de que
Lv. 5.4 en..cosa que el hombre profiere con *j*
Nm. 5.21 a la mujer con *j* de maldición, y dirá
30.2 voto..*j* ligando su alma con obligación
30.10 ligado su alma con obligación de *j*
30.13 todo *j* obligándose a afligir el alma
32.11 la tierra que prometí con *j* a Abraham
Dt. 7.8 Jehová..quiso guardar el *j* que juró a
8.1 la tierra que Jehová prometió con *j* a
29.12 que entres en el pacto de..y en su *j*
29.14 no solamente con vosotros hago yo..*j*
Jos. 2.17,20 quedaremos libres de este *j* con
6.26 aquel tiempo hizo Josué un *j*, diciendo

JURAMENTO *(Continúa)*

Jos. 9.20 les dejaremos vivir. .por causa del *j*
Jue. 21.5 se había hecho gran *j* contra el que
1 S. 14.26 no hubo quien. .el pueblo temía el *j*
2 S. 21.2 a los cuales. .Israel habían hecho *j*
21.7 por el *j* de Jehová que hubo entre ellos
1 R. 2.43 ¿por qué, pues, no guardaste el *j* de
8.31 le tomaren *j*. .viniere el *j* delante de
2 R. 25.24 Gedalías les hizo *j* a ellos y a los
1 Cr. 16.16 del pacto que. .y de su *j* a Isaac
2 Cr. 6.22 si alguno pecare. .se le exigiere *j*
15.15 todos. .de Judá se alegraron de este *j*
Sal. 105.9 concertó con Abraham, y de su *j* a
Ec. 8.2 que guardes. .la palabra del *j* de Dios
9.2 así. .al que jura, como al que teme el *j*
Is. 45.23 mí mismo hice *j*, de mi boca salió
Jer. 11.5 para que confirme el *j* que hice a
Ez. 16.8 di *j* y entré en pacto contigo, dice
16.59 menospreciaste el *j* para invalidar el
17.13 hizo pacto con él, y le hizo prestar *j*
17.16 cuyo *j* menospreció, y cuyo pacto hecho
17.18 menospreció el *j* y quebrantó el pacto
17.19 vivo yo, que el *j* mío que menospreció
21.23 ya que les ha hecho solemnes *j*; pero
Dn. 9.11 y el *j* que está escrito en la ley de
Hab. 3.9 *j* a las tribus fueron palabra segura
Zac. 8.17 piense mal en. .ni améis el *j* falso
Mt. 5.33 fue dicho. .cumplirás al Señor tus *j*
14.7 éste le prometió con *j* darle todo lo
14.9 a causa del *j*. .mandó que se la diesen
26.72 él negó otra vez con *j*: No conozco al
Mr. 6.26 a causa del *j*. .no quiso desecharla
Lc. 1.73 *j* que hizo a Abraham nuestro padre
Hch. 2.30 que con *j* Dios le había jurado que
He. 6.16 el fin de toda controversia es el *j*
6.17 queriendo Dios mostrar la. .interpuso *j*
7.20 y esto no fue hecho sin *j*
7.21 otros. .sin *j* fueron hechos sacerdotes
7.21 con el *j* del que le dijo: Juró el Señor
7.28 la palabra del *j*, posterior a. .al Hijo
Stg. 5.12 no juréis, ni. .ni por ningún otro *j*

JURAR

Gn. 21.23 *júrame*. .que no faltarás a mí, ni a
21.24 y respondió Abraham: Yo *juraré*
21.31 llamaron. .Beerseba; porque allí *juraron*
22.16 por mí mismo he *jurado*, dice Jehová
24.7 *juró*, diciendo: A tu descendencia daré
24.9 el criado. .le *juró* sobre este negocio
24.37 y mi amo me hizo *jurar*, diciendo: No
25.33 *júramelo* en este día. Y él le *juró*, y
26.31 se levantaron. .y *juraron* el uno al otro
31.53 Jacob *juró* por. .a quien temía Isaac su
47.31 Israel dijo: *Júramelo*. Y José le *juró*
50.5 mi padre mi hizo *jurar*, diciendo: He
50.6 sepulta. .padre, como él te hizo *jurar*
50.24 la tierra que *juró* a Abraham, a Isaac
50.25 hizo *jurar* José a los hijos de Israel
Éx. 6.8 *jurando*. .la daría a Abraham, a Isaac
13.5 tierra. .*juró* a tus padres que te daría
13.11 te haya metido en. .como te ha *jurado*
32.13 tus siervos, a los cuales has *jurado*
33.1 a la tierra de la cual *juré* a Abraham
Lv. 5.4 alguno *jurare*. .hacer mal o hacer bien
6.3 lo perdido. .lo negare, y *jurare* en falso
6.5 hubiere *jurado* falsamente; lo restituirá
19.12 no *juraréis* falsamente por mi nombre
Nm. 11.12 a la tierra de la cual *juraste* a sus
14.16 la tierra de la cual les había *jurado*
14.23 la tierra de la cual *juré* a sus padres
14.30 y *juré* que os haría habitar en ella
32.10 la ira de Jehová se encendió. .y *juró*
Dt. 1.8 y poseed la tierra que Jehová *juró* a
1.34 oyó Jehová la voz de. .y *juró* diciendo
1.35 buena tierra que *juré* que había de dar
2.14 se acabó. .como Jehová les había *jurado*
4.21 y *juró* que yo no pasaría el Jordán, ni
4.31 ni se olvidará del pacto que les *juró* a
6.10 en la tierra que *juró* a. .Isaac y Jacob
6.13 Jehová tu Dios. .por su nombre *jurarás*
6.18 la buena tierra que Jehová *juró* a tus
6.23 la tierra que *juró* a nuestros padres
7.8 el juramento que *juró* a vuestros padres
7.12 guardará contigo el pacto y. .que *juró* a
7.13 en la tierra que *juró* a tus padres que
8.18 a fin de confirmar su pacto que *juró* a
9.5 la palabra que Jehová *juró* a tus padres
10.11 posean la tierra que *juré* a sus padres
10.20 a él seguirás, y por su nombre *jurarás*
11.9 sobre la tierra, de la cual *juró* Jehová
11.21 la tierra que Jehová *juró*. .había de dar
13.17 multipliqué, como lo *juró* a tus padres
19.8 ensanchare tu territorio, como lo *juró*
26.3 he entrado en la tierra que *juró* Jehová
26.15 dado, como *juraste* a nuestros padres
28.9 confirmará Jehová. .como te lo ha *jurado*
28.11 en el país que. .*juró* a tus padres que
29.13 y como lo *juró* a tus padres Abraham
30.20 habites. .la tierra que *juró* Jehová a
31.7 entrarás. .a la tierra que *juró* Jehová
31.20 en la tierra que *juré* a sus padres, la
31.21 los introduzca en la tierra que *juré*
31.23 en la tierra que les *juré*, y yo estaré
34.4 es la tierra de que *juré* a Abraham, a
Jos. 1.6 tierra de la cual *juré* a sus padres
2.12 ruego, pues. .que me *juréis* por Jehová
5.6 *juró* que no les dejaría ver la tierra
5.6 la cual Jehová había *jurado* a sus padres
6.22 haced salir. .la mujer. .como lo *jurasteis*
9.15 y también lo *juraron* los príncipes de
9.18 los príncipes. .habían *jurado* por Jehová
9.19 nosotros. .hemos *jurado* por Jehová Dios
14.9 Moisés *juró*. .la tierra que. .será para ti
21.43 dio. .toda la tierra que había *jurado*
21.44 conforme a todo lo que había *jurado*
23.7 ni *juréis* por el nombre de sus dioses
Jue. 2.1 en la tierra de la cual había *jurado*
2.15 para mal. .como Jehová se lo había *jurado*
15.7 Sansón. .*juro* que me vengaré de vosotros
15.12 *juradme* que vosotros no me mataréis
21.1 los. .de Israel habían *jurado* en Mizpa
21.7 *jurado* por Jehová que no les daremos
21.18 los hijos de Israel han *jurado* diciendo
1 S. 3.14 *jurado*. .iniquidad de la casa de Elí
14.28 tu padre ha hecho *jurar* solemnemente
19.6 *juró* Saúl: Vive Jehová, que no morirá
20.3 volvió a *jurar* diciendo: Tu padre sabe
20.17 Jonatán hizo *jurar* a David otra vez
20.42 hemos *jurado* por el nombre de Jehová
24.21 *júrame*. .por Jehová, que no destruirás
24.22 entonces David *juró* a Saúl. Y se fue
28.10 Saúl le *juró* por. .diciendo: Vive Jehová
30.15 *júrame* por Dios que no me matarás, ni
2 S. 3.9 si como ha *jurado* Jehová a David, no
3.35 David *juró* diciendo: Así me haga Dios
19.7 *juro* por. .que si no sales, no quedará
19.23 a Simei: No morirás. .el rey se lo *juró*
21.17 *juraron*, diciendo: Nunca mas. .saldrás
1 R. 1.13 señor mío, ¿no *juraste* a tu sierva
1.17 *juraste* a tu sierva por Jehová tu Dios
1.29 el rey *juró* diciendo: Vive Jehová, que
1.30 como yo te he *jurado* por Jehová Dios de
1.51 *júreme*. .el rey Salomón que no matará a
2.8 yo le *juré* por. .diciendo: Yo no te mataré
2.23 Salomón *juró* por Jehová, diciendo: Así
2.42 ¿no te hice *jurar* yo por Jehová, y te
8.31 le tomaren juramento haciéndole *jurar*
18.10 ha hecho *jurar* que no te han hallado
2 Cr. 6.22 y viniere a *jurar* ante tu altar en
15.14 *juraron* a Jehová con gran voz y júbilo
15.15 todo su corazón lo *juraban*, y de toda
36.13 Nabucodonosor, al cual había *jurado*
Esd. 10.5 juramentó a. .Israel. .ellos *juraron*
Neh. 5.12 les hice *jurar* que harían conforme
9.15 la tierra, por la cual. .*juraste* que se
10.29 *jurar* que andarían en la ley de Dios
13.25 y les hice *jurar*, diciendo: No daréis
Sal. 15.4 el que aun *jurando* en daño suyo, no
24.4 no ha elevado su. .ni *jurado* con engaño
63.11 será alabado cualquiera que *jura* por
89.3 hice pacto con. .*juré* a David mi siervo
89.35 una vez he *jurado* por mi santidad, y
89.49 tus. .misericordias, que *juraste* a David
95.11 *juré* en. .que no entrarían en mi reposo
110.4 *juró* Jehová, y no se arrepentirá: Tú
119.106 *juré*. .guardaré tus justos juicios
132.2 de cómo *juró* a Jehová, y prometió al
132.11 en verdad *juró* Jehová a David, y no
Ec. 9.2 al que *jura*. .al que teme el juramento
Is. 3.7 *jurará* aquel día, diciendo: No tomaré
14.24 Jehová. .*juró* diciendo: Ciertamente se
19.18 cinco ciudades. .que *juren* por Jehová
45.23 a mí se doblará. .*jurará* toda lengua
48.1 oíd esto. .los que *juran* en el nombre de
54.9 *juré* que nunca más las aguas de Noé
54.9 así he *jurado* que no me enojaré contra
62.8 *juró* Jehová por su mano derecha, y por
65.16 *jurare*. .por el Dios de verdad *jurará*
Jer. 4.2 *jurares*: Vive Jehová, en verdad, en
5.2 digan: Vive Jehová, *juran* falsamente
5.7 sus hijos. .*juraron* por lo que no es Dios
7.9 *jurando* en falso, e incensando a Baal
12.16 para *jurar* en mi nombre, diciendo: Vive
12.16 enseñaron a mi pueblo a *jurar* por Baal
22.5 he *jurado*. .que esta casa será desierta
32.22 tierra, de la cual *juraste*. .la darías
38.16 y *juró* el rey Sedequías en secreto a
40.9 y les *juró* Gedalías. .No tengáis temor de
44.26 he *jurado* por mi grande nombre, dice
49.13 por mí he *jurado*. .asolamiento, oprobio
51.14 Jehová de. .*juró* por sí mismo, diciendo
Ez. 20.5 alcé mi mano para *jurar* a. .de Jacob
20.5 *juré* diciendo. .soy Jehová vuestro Dios
20.6 *jurando*. .que los sacaría de la tierra
20.15 *jurando* que no los traería a la tierra
20.23 *jurando* que los esparciría entre las
20.28 la cual. .*jurando* que había de dársela
20.42 *jurando* que la daría a vuestros padres
36.7 he *jurado* que las naciones que están a
44.12 *jurado*. .que ellos llevarán su iniquidad
47.14 *jurando* que la había de dar a vuestros
Dn. 12.7 y *juró* por el que vive por los siglos
Os. 4.15 no entréis en. .ni *juréis*: Vive Jehová
10.4 palabras *jurando* en vano al hacer pacto
Am. 4.2 Jehová el Señor *juró* por su santidad
6.8 el Señor *juró* por sí mismo. .Abomino la
8.7 Jehová *juró* por la gloria de Jacob: No
8.14 los que *juran* por el pecado de Samaria
Mi. 7.20 misericordia, que *juraste* a. .padres
Sof. 1.5 *jurando* por Jehová y *j* por Milcom
Zac. 5.3 todo aquel que *jura*. .será destruido
5.4 a la casa del que *jura* falsamente en mi
Mal. 3.5 pronto testigo. .contra los que *juran*
Mt. 5.34 no *juréis* en ninguna manera; ni por
5.36 ni por tu cabeza *jurarás*, porque no
23.16 alguno *jura* por el templo, no es nada
23.16 si alguno *jura* por el oro del templo
23.18 alguno *jura* por el altar, no es nada
23.18 *jura* por la ofrenda que está sobre él
23.20 el que *jura* por el altar, *j* por él, y
23.21 el que *jura* por el templo, *j* por él, y
23.22 *jura* por el cielo, *j* por el trono de
26.74 él comenzó a maldecir, y a *jurar*: No
Mr. 6.23 *juró*: Todo lo que me pidas te daré
14.71 él comenzó a maldecir, y a *jurar*: No
Hch. 2.30 había *jurado* que de su descendencia
7.17 de la promesa, que Dios había *jurado* a
He. 3.11 tanto, *juré* en mi ira: No entrarán en
3.18 a quienes *juró* que no entrarían en su
4.3 *juré* en mi ira, No entrarán en mi reposo
6.13 no pudiendo *jurar* por otro mayor, *juró*
6.16 hombres. .*juran* por uno mayor que ellos
7.21 *juró* el Señor, y no se arrepentirá: Tú
Stg. 5.12 no *juréis*, ni por el cielo, ni por
Ap. 10.6 y *juró* por el que vive por los siglos

JURISDICCIÓN

Lc. 23.7 al saber que era de la *j* de Herodes

JUSAB-HESED *Hijo de Zorobabel*, 1 Cr. 3.20

JUSTAMENTE

Dt. 1.16 juzgad *j* entre el hombre y su hermano
Job 33.12 no has hablado *j*; yo te responderé
Lc. 23.41 *j* padecemos, porque recibimos lo que
1 Ts. 2.10 sois testigos. .de cuán santa, *j* e
Tit. 2.12 vivamos en. .sobria, *j* y piadosamente
1 P. 2.23 encomendaba la causa al que juzga *j*

JUSTICIA

Gn. 15.6 creyó a Jehová y le fue contado por *j*
18.19 que guarden el camino de. .haciendo *j*
Lv. 19.15 grande; con *j* juzgarás a tu prójimo
Dt. 6.25 tendremos *j* cuando cuidemos de poner
9.4 por mi *j* me ha traído Jehová a poseer
9.5 no por tu *j*. .entras a poseer la tierra
9.6 no es por tu *j* que Jehová. .te da esta
10.18 que hace *j* al huérfano y a la viuda
16.20 la *j*, la *j* seguirás, para que vivas y
24.13 y te será *j* delante de Jehová tu Dios
33.19 allí sacrificarán sacrificios de *j*, por
1 S. 26.23 pague a cada uno su *j* y su lealtad
2 S. 8.15 y David administraba *j* y equidad a
15.4 pleito o negocio, que yo les haría *j*!
22.21 Jehová me ha premiado conforme a mi *j*
22.25 ha recompensado Jehová conforme a mi *j*
1 R. 3.6 anduvo delante de ti en verdad, en *j*
8.32 al justo para darle conforme a su *j*
8.45,49 oirás en los cielos. .y les harás *j*
10.9 puesto por rey. .que hagas derecho y *j*
1 Cr. 18.14 y juzgaba con *j* a todo su pueblo
2 Cr. 6.23 justificando al. .conforme a su *j*
9.8 te ha puesto. .para que hagas juicio y *j*
Job 6.29 volved aún a considerar mi *j* en esto
8.3 ¿acaso. .pervertirá el Todopoderoso la *j*?
8.6 por ti, y hará próspera la morada de tu *j*
27.6 mi *j* tengo asida, y no la cederé; no me
29.14 me vestía de *j*, y ella me cubría; como
31.6 péseme Dios en balanza de *j*, y conocerá
33.26 con júbilo; y restaurará al hombre su *j*
35.8 y al hijo de hombre aprovechará tu *j*
36.3 tomaré mi. .y atribuiré *j* a mi Hacedor
36.17 en vez de sustentar el juicio y la *j*
37.23 juicio y en multitud de *j* no afligirá
Sal. 4.1 respóndeme cuando. .oh Dios de mi *j*
4.5 ofreced sacrificios de *j*, y confiad en
5.8 guíame, Jehová, en tu *j*, a causa de mis
7.8 júzgame. .conforme a mi *j*, y conforme a
7.17 alabaré a Jehová conforme a su *j*, y
9.4 has sentado en el trono juzgando con *j*
9.8 juzgará al mundo con *j*, y a los pueblos
11.7 Jehová es justo, y ama la *j*; el hombre
15.2 el que anda en integridad y hace *j*, y
17.15 en cuanto a mí, veré tu rostro en *j*
18.20 Jehová me ha premiado conforme a mi *j*
18.24 me ha recompensado. .conforme a mi *j*
22.31 vendrán, y anunciarán su *j*; a pueblo
23.3 me guiará por sendas de *j* por amor de
24.5 él recibirá. .y *j* del Dios de salvación
31.1 oh Jehová, he confiado. .líbrame en tu *j*
33.5 él ama *j* y juicio; de la misericordia de
35.23 y despierta para hacerme *j*, Dios mío y
35.24 júzgame conforme a tu *j*, Jehová Dios
35.28 y mi lengua hablará de tu *j* y de tu
36.6 tu *j* es como los montes de Dios, tus
36.10 extiende. .tu *j* a los rectos de corazón
37.6 exhibirá tu *j* como la luz, y tu derecho
37.30 habla sabiduría, y su lengua habla *j*
40.9 he anunciado *j* en grande congregación
40.10 no encubrí tu *j* dentro de mi corazón
45.4 cabalga sobre palabra de verdad. .de *j*
45.6 trono. .cetro de *j* es el cetro de tu reino

JUSTICIA (*Continúa*)

Sal. 45.7 has amado la *j* y aborrecido la maldad
48.10 oh Dios..de *j* está llena tu diestra
50.6 los cielos declararán su *j*, porque Dios
51.14 oh Dios, Dios..cantará mi lengua tu *j*
51.19 te agradarán los sacrificios de *j*, el
58.1 congregación, ¿pronunciáis en verdad *j*?
65.5 responderás tú en *j*, oh Dios de nuestra
69.27 por maldad sobre..y no entren en tu *j*
71.2 socórreme y líbrame en tu *j*; inclina tu
71.15 mi boca publicará tu *j* y tus hechos de
71.16 haré memoria de tu *j*, de la tuya sola
71.19 y tu *j*, oh Dios, hasta lo excelso
71.24 mi lengua hablará también de tu *j* todo
72.1 oh Dios, da..tus *j* al hijo del rey, y
72.2 él juzgará a tu pueblo con *j*, y a tus
72.3 montes llevarán paz..y los collados *j*
72.7 florecerá en sus días *j*, y..paz, hasta
82.3 haced *j* al afligido y al menesteroso
85.10 la verdad y..la *j* y la paz se besaron
85.11 tierra, y la *j* mirará desde los cielos
85.13 la *j* irá delante de él, y sus pasos nos
88.12 serán reconocidas..tu *j* en la tierra
89.14 *j* y juicio son el cimiento de tu trono
89.16 se alegrará..y en tu *j* será enaltecido
94.15 sino que el juicio será vuelto a la *j*
96.10 afirmó el..juzgará a los pueblos en *j*
96.13 juzgará al mundo con *j*..con su verdad
97.2 *j* y juicio son el cimiento de su trono
97.6 los cielos anunciaron su *j*, y todos los
98.2 a vista de..naciones ha descubierto su *j*
98.9 juzgará al mundo con *j*, y..con rectitud
99.4 juicio..has hecho en Jacob juicio y *j*
103.6 Jehová es el que hace *j* y derecho a
103.17 y su *j* sobre los hijos de los hijos
106.3 dichosos..que hacen *j* en todo tiempo
106.31 y le fue contado por *j* de generación
111.3 su obra, y su *j* permanece para siempre
112.3 bienes..y su *j* permanece para siempre
112.9 los pobres; su *j* permanece para siempre
118.19 abridme las puertas de la *j*; entraré
119.40 he anhelado tus..vivifícame en tu *j*
119.121 juicio y *j* he hecho; no me abandones
119.123 salvación, y por la palabra de tu *j*
119.142 tu *j* es *j* eterna, y tu ley la verdad
119.144 *j* eterna son tus testimonios; dame
119.160 la suma..eterno es todo juicio de tu *j*
119.172 porque todos tus mandamientos son *j*
132.9 tus sacerdotes se vistan de *j*..santos
143.1 respóndeme por tu verdad, por tu *j*
143.11 por tu *j* sacarás mi alma de angustia
145.7 proclamarán..bondad, y cantarán tu *j*
146.7 que hace *j* a los agraviados, que da pan

Pr. 1.3 para recibir el consejo de..*j*, juicio
2.9 entonces entenderás *j*, juicio y equidad
8.15 por mí reinan..príncipes determinan *j*
8.18 están conmigo; riquezas duraderas, y *j*
8.20 por vereda de *j* guiaré, por en medio de
10.2 los tesoros..mas la *j* libra de muerte
11.4 de la ira; mas la *j* librará de muerte
11.5 la *j* del perfecto enderezará su camino
11.6 la *j* de los rectos los librará; mas los
11.18 mas el que siembra *j* tendrá galardón
11.19 como la *j* conduce a la vida, así el que
12.17 el que habla verdad declara *j*; mas el
12.28 en el camino de la *j* está la vida; y
13.6 la *j* guarda al de perfecto camino; mas
14.34 la *j* engrandece a la nación; mas el
15.9 del impío; mas él ama al que sigue *j*
16.8 mejor es lo poco con *j* que..de frutos
16.12 porque con *j* será afirmado el trono
16.31 vejez que se halla en el camino de *j*
17.23 soborno..pervertir las sendas de la *j*
21.3 hacer *j*..es a Jehová más agradable que
21.21 que sigue la *j*..hallará..*j* y la honra
25.5 aparta al..y su trono se afirmará en *j*
31.9 juzga con *j*, y defiende la causa del

Ec. 3.16 vi..en lugar de la *j*, allí iniquidad
5.8 si..perversión de derecho y de *j* vieres
7.15 justo hay que perece por su *j*, y hay

Is. 1.17 haced *j* al huérfano, amparad a..viuda
1.21 llena estuvo de *j*, en ella habitó la
1.23 no hacen *j* al huérfano, ni..de la viuda
1.26 te llamarán Ciudad de *j*, Ciudad fiel
1.27 juicio, y los convertidos de ella con *j*
5.7 esperaba juicio, y..*j*, y he aquí clamor
5.16 y el Dios Santo será santificado con *j*
9.7 confirmándolo en juicio y en *j*..siempre
10.22 la destrucción acordada rebosará *j*
11.4 sino que juzgará con *j* a los pobres, y
11.5 la *j* cinto de sus lomos, y la fidelidad
16.5 quien..busque el juicio, y apresure la *j*
26.9 los moradores del mundo aprenden *j*
26.10 se mostrará piedad al..y no aprenderá *j*
28.17 y ajustaré el juicio a..y a nivel la *j*
32.1 que para *j* reinará un rey, y príncipes
32.16 juicio..en el campo fértil morará la *j*
32.17 el efecto de la *j* será paz; y la labor
32.17 y la labor de la *j*, reposo y seguridad
33.5 Jehová..llenó a Sion de juicio y de *j*
33.15 el que camina en *j* y habla lo recto; el
41.10 te sustentaré con la diestra de mi *j*
42.1 mi siervo..él traerá *j* a las naciones
42.3 humeare; por medio de la verdad traerá *j*
42.4 hasta que establezca en la tierra *j*; y
42.6 te he llamado en *j*, y te sostendré por
42.21 Jehová se complació por amor de su *j*
45.8 nubes destilen la *j*..la salvación y la *j*
45.13 lo desperté en *j*, y enderezaré todos
45.19 yo soy Jehová que hablo *j*, que anuncio
45.23 mi boca salió palabra en *j*, y no será
45.24 en Jehová está la *j* y la fuerza; a él
46.12 oídme, duros..que estáis lejos de la *j*
46.13 que se acerque mi *j*; no se alejará, y
48.1 juran en el..mas no en verdad ni en *j*
48.18 un río, y tu *j* como las ondas del mar
51.1 los que seguís la *j*, los que buscáis a
51.4 de mí saldrá la ley, y mi *j* para luz de
51.5 cercana..mi *j*, ha salido mi salvación
51.6 mi salvación será para..mi *j* no perecerá
51.7 oídme, los que conocéis *j*, pueblo en
51.8 pero mi *j* permanecerá perpetuamente, y
54.14 con *j* serás adornada; estarás lejos de
56.1 dijo Jehová: Guardad derecho, y haced *j*
56.1 cercana está..y mi *j* para manifestarse
57.12 yo publicaré tu *j* y tus obras, que no
58.2 como gente que hubiese hecho *j*, y que
58.8 irá tu *j* delante de ti, y la gloria de
59.4 no hay quien clame por la *j*, ni quien
59.8 no conocieron..ni hay *j* en sus caminos
59.9 por esto se alejó de nosotros la *j*, y
59.11 esperamos *j*, y no la hay; salvación, y
59.14 y la *j* se puso lejos; porque la verdad
59.16 lo salvó su brazo, y le afirmó su..*j*
59.17 de *j* se vistió como de una coraza, con
60.17 por tu tributo, y *j* por tus opresores
61.3 y serán llamados árboles de *j*, plantío
61.10 me rodeó de manto de *j*, como a novio
61.11 así Jehová el Señor hará brotar *j* y
62.1 hasta que salga como resplandor su *j*, y
62.2 entonces verán las gentes tu *j*, y todos
63.1 el que hablo en *j*, grande para salvar
64.5 al encuentro del que con alegría hacía *j*
64.6 nuestras *j* como trapo de inmundicia; y

Jer. 4.2 Jehová, en verdad, en juicio y en *j*
5.1 si hay alguno que haga *j*..busque verdad
7.5 si con verdad hiciereis *j* entre el hombre
9.24 yo soy Jehová, que hago..juicio y *j* en
11.20 oh Jehová de los..que juzgas con *j*, que
22.3 haced juicio y *j*, y librad al oprimido
22.13 ¡ay del que edifica su casa sin *j*, y
22.15 tu padre..hizo juicio y *j*, y entonces
23.5 reinará..y hará juicio y *j* en la tierra
23.6 el cual le llamarán: Jehová, *j* nuestra
30.11 te castigaré con *j*; de ninguna manera
31.23 Jehová te bendiga, oh morada de *j*, oh
33.15 haré brotar a David un Renuevo de *j*
33.15 David..y hará juicio y *j* en la tierra
33.16 y se le llamará: Jehová, *j* nuestra
46.28 te castigaré con *j*, de ninguna manera
50.7 ellos pecaron contra Jehová morada de *j*
51.10 Jehová sacó a luz nuestras *j*; venid, y

Ez. 3.20 el justo se apartare de su *j* e hiciere
3.20 y sus *j* que había hecho no vendrán en
14.14,20 por su *j* librarían..propias vidas
18.5 que..hiciere según el derecho y la *j*
18.19 el hijo hizo según el derecho y la *j*
18.20 la *j* del justo será sobre él, y..impío
18.21 e hiciere según el derecho y la *j*, de
18.22 no..recordadas; en su *j* que hizo vivirá
18.24 el justo se apartare de su *j*..morirá
18.24 ninguna de las *j*..le serán tenidas en
18.26 apartándose el justo de su *j*..morirá
18.27 y haciendo según..la *j*, hará vivir su
33.12 la *j* del justo no lo librará el día que
33.12 el justo no podrá vivir por su *j* el día
33.13 él confiado en su *j* hiciere iniquidad
33.13 todas sus *j* no serán recordadas, sino
33.14 si él..hiciere según el derecho y la *j*
33.16 hizo según el derecho y la *j*; vivirá
33.18 cuando el justo se apartare de su *j*, e
33.19 e hiciere según..la *j*, vivirá por ello
34.16 fuerte destruiré; las apacentaré con *j*
45.9 dejad la violencia y..haced juicio y *j*

Dn. 4.27 rey..tus pecados redime con *j*, y tus
9.7 tuya es..la *j*, y nuestra la confusión de
9.16 conforme a..actos de *j*, apártase ahora
9.18 no elevamos..confiados en nuestras *j*
9.24 para traer la *j* perdurable, y sellar la
12.3 y los que enseñan la *j* a la multitud

Os. 2.19 te desposaré conmigo en *j*, juicio
10.12 sembrad para vosotros en *j*, segad para
10.12 buscar..hasta que venga y os enseñe *j*

Am. 5.7 el juicio, y la *j* la echáis por tierra
5.15 estableced la *j* en juicio; quizá Jehová
5.24 pero corra..la *j* como impetuoso arroyo
6.12 convertido el..el fruto de *j* en ajenjo?

Mi. 6.5 para que conozcas las *j* de Jehová
6.8 qué pide..hacer *j*, y amar misericordia
7.9 hasta que..haga mi *j*; él me sacará a luz; veré su *j*

Hab. 1.4 ley es debilitada..sale torcida la *j*
1.7 de ella misma procede su *j* y su dignidad

Sof. 2.3 buscad *j*, buscad mansedumbre; quizás

Zac. 8 8 seré a ellos por Dios en verdad y en *j*

Mal. 2.6 labios; en paz y en *j* anduvo conmigo
2.17 en que decís..¿dónde está el Dios de *j*?
3.3 afinará..traerán a Jehová ofrenda en *j*
4.2 a vosotros los que..nacerá el Sol de *j*

Mt. 3.15 así conviene que cumplamos toda *j*
5.6 los que tienen hambre y sed de *j*, porque
5.10 padecen persecución por causa de la *j*
5.20 si vuestra *j* no fuere mayor que la de
6.1 guardaos de hacer vuestra *j* delante de
6.33 mas buscad..el reino de Dios y su *j*, y
21.32 vino a vosotros Juan en camino de *j*
23.23 dejáis..la *j*, la misericordia y la fe

Lc. 1.75 *j* delante de él, todos nuestros días
11.42 pasáis por alto la *j* y el amor de Dios
18.3 a él, diciendo: Hazme *j* de mi adversario
18.5 le haré *j*, no sea..me agote la paciencia
18.7 ¿y acaso Dios no hará *j* a sus escogidos
18.8 digo que pronto les hará *j*. Pero cuando

Jn. 16.8 convencerá al mundo de pecado, de *j* y
16.10 de *j*, por cuanto voy al Padre, y no me

Hch. 8.33 en su humillación no se le hizo *j*
10.35 que..se agrada del que le teme y hace *j*
13.10 oh..hijo del diablo, enemigo de toda *j*!
17.31 día en el cual juzgará al mundo con *j*
24.25 al disertar Pablo acerca de la *j*, del
28.4 escapado del mar, la *j* no deja vivir

Ro. 1.17 el evangelio la *j* de Dios se revela
3.5 mi injusticia hace resaltar la *j* de Dios
3.21 ahora..se ha manifestado la *j* de Dios
3.22 la *j* de Dios por medio de la fe en
3.25 para manifestar su *j*, a causa de haber
3:26 con la mira de manifestar..su *j*, a fin
4.3 creyó Abraham a..y le fue contado por *j*
4.5 no obra, sino cree..le es contada por *j*
4.6 del hombre a quien Dios atribuye *j* sin
4.9 que a Abraham le fue contada la fe por *j*
4.11 sello de la *j* de la fe que tuvo estando
4.11 a fin de que..fe les sea contada por *j*
4.13 no por la ley..sino por la *j* de la fe
4.22 por lo cual..su fe le fue contada por *j*
5.17 reciben la abundancia..del don de la *j*
5.18 por la *j* de uno vino..la justificación
5.21 gracia reine por la *j* para vida eterna
6.13 miembros a Dios como instrumentos de *j*
6.16 muerte, o sea de la obediencia para *j*?
6.18 pecado, vinisteis a ser siervos de la *j*
6.19 presentad..miembros para servir a la *j*
6.20 esclavos..erais libres acerca de la *j*
8.4 la *j* de la ley se cumpliese en nosotros
8.10 mas el espíritu vive a causa de la *j*
9.28 el Señor ejecutará su sentencia..en *j*
9.30 los gentiles, que no iban tras la *j*, han
9.30 han alcanzado la *j*, es decir, la *j* que
9.31 Israel, que iba tras una ley de *j*, no la
10.3 ignorando la *j* de Dios, y procurando
10.3 suya..no se han sujetado a la *j* de Dios
10.4 es Cristo, para *j* a todo aquel que cree
10.5 de la *j* que es por la ley Moisés escribe
10.6 la *j* que es por la fe dice así: No digas
10.10 porque con el corazón se cree para *j*
14.17 no es..sino *j*, paz y gozo en el Espíritu

2 Co. 5.21 nosotros fuésemos hechos *j* de Dios
6.7 con armas de *j* a diestra y a siniestra
6.14 ¿qué compañerismo tiene la *j* con la
9.9 repartió..su *j* permanece para siempre
9.10 y aumentará los frutos de vuestra *j*
11.15 sus ministros se disfrazan como..de *j*

Gá. 2.21 si por la ley fuese la *j*..por demás
3.6 así..creyó a Dios, y le fue contado por *j*
3.21 pudiera vivificar, la *j* fuera..por la ley
5.5 aguardamos por fe la esperanza de la *j*

Ef. 4.24 creado según Dios en la *j* y santidad
5.9 fruto del Espíritu es en toda bondad, *j*
6.14 verdad, y vestidos con la coraza de *j*

Fil. 1.11 llenos de frutos de *j* que son por
3.6 a la *j* que es en la ley, irreprensible
3.9 no teniendo mi propia *j*..sino..la *j* que

1 Ti. 6.11 y sigue la *j*, la piedad, la fe, el

2 Ti. 2.22 y sigue la *j*, la fe, el amor y la
3.16 útil para enseñar..para instruir en *j*
4.8 me está guardada la corona de *j*, la cual

Tit. 3.5 nos salvó, no por obras de *j*..sino por

He. 1.9 has amado la *j*, y aborrecido la maldad
5.13 es inexperto en la palabra de *j*, porque
7.2 nombre significa primeramente Rey de *j*
11.7 y fue hecho heredero de la *j* que viene
11.33 por fe conquistaron reinos, hicieron *j*
12.11 pero después de fruto apacible de *j* a

Stg. 1.20 ira del hombre no obra la *j* de Dios
2.23 y le fue contado por *j*, y fue llamado
3.18 el fruto de *j* se siembra en paz para

1 P. 2.24 muertos a los pecados, vivamos a..*j*
3.14 alguna cosa padecéis por causa de la *j*

2 P. 1.1 habéis alcanzado, por la *j* de nuestro
2.5 sino que guardó a Noé, pregonero de *j*
2.21 no haber conocido el camino de la *j*, que
3.13 tierra nueva, en los cuales mora la *j*

1 Jn. 2.29 todo el que hace *j* es nacido de él
3.7 el que hace *j* es justo, como él es justo
3.10 aquel que no hace *j*, y que no ama a su

Ap. 18.20 porque Dios os ha hecho *j* en ella
19.11 se llamaba Fiel..con *j* juzga y pelea
22.11 que es justo, practique la *j* todavía

JUSTICIERA

Is. 30.32 y cada golpe de la vara *j*..será con

JUSTIFICACIÓN

Ro. 4.25 el cual fue. .resucitado para nuestra j
5.16 el don vino a causa de muchas. .para j
5.18 por la justicia de uno vino. .j de vida
1 Co. 1.30 cual nos ha sido hecho por Dios. .j
2 Co. 3.9 abundará en gloria el ministerio. .j

JUSTIFICAR

Gn. 44.16 con qué nos *justificaremos*? Dios ha
Éx. 23.7 no matarás. .yo no *justificaré* al impío
1 R. 8.32 y *justificando* al justo para darle
2 Cr. 6.23 dando la. .y *justificando* al justo
Job 9.2 ¿y cómo se *justificará* el hombre con
9.20 si yo me *justificare*, me condenaría mi
11.2 el hombre que habla. .será *justificado*?
13.18 expusiere mi. .sé que seré *justificado*
15.14 que se *justifique* el nacido de mujer?
22.3 contentamiento. .que tú seas *justificado*
25.4 ¿cómo, pues, se *justificará* el hombre
27.5 nunca. .acontezca que yo os *justifique*
32.2 *justificaba* a sí mismo más que a Dios
33.32 habla, porque yo te quiero *justificar*
40.8 ¿me condenarás. .para *justificarte* tú?
Sal. 143.2 se *justificará* delante de ti ningún
Pr. 17.15 el que *justifica* al impío, y el que
Is. 5.23 *justifican* al impío mediante cohecho
43.9 presenten sus testigos, y *justifíquense*
43.26 juntamente; habla tú para *justificarte*
45.25 será *justificada*. .la descendencia de
53.11 *justificará* mi siervo justo a muchos
Ez. 16.51 has *justificado* a tus hermanas con
16.52 cuanto has *justificado* a tus hermanas
Mt. 11.19 la sabiduría es *justificada* por sus
12.37 por tus palabras serás *justificado*, y
Lc. 7.29 *justificaron* a Dios, bautizándose con
7.35 sabiduría es *justificada* por. .sus hijos
10.29 él, queriendo *justificarse* a sí mismo
16.15 que os *justificáis* a vosotros mismos
18.14 éste descendió a su casa *justificado*
Hch. 13.39 ley. .no pudisteis ser *justificados*
13.39 en él es *justificado*. .aquel que cree
Ro. 2.13 los hacedores de. .serán *justificados*
3.4 que seas *justificado* en tus palabras, y
3.20 ningún. .será *justificado* delante de él
3.24 *justificados*. .por su gracia, mediante la
3.26 el que *justifica* al que es de la fe de
3.28 el hombre es *justificado* por fe sin las
3.30 Dios es uno, y él *justificará* por la fe
4.2 si Abraham fue *justificado* por las obras
4.5 cree en aquel que *justifica* al impío, su
5.1 *justificados*. .por la fe, tenemos paz con
5.9 más, estando ya *justificados* en su sangre
6.7 el que ha muerto, ha sido *justificado* del
8.30 *justificó*; y a los que j, a. .glorificó
8.33 acusará a los. .Dios es el que *justifica*
1 Co. 4.4 porque. .no por eso soy *justificado*
6.11 habéis sido *justificados* en el nombre
Gá. 2.16 no es *justificado* por las obras de la
2.16 hemos creído en. .para ser *justificados*
2.16 por las obras. .nadie será *justificado*
2.17 si buscando ser *justificados* en Cristo
3.8 que Dios había de *justificar* por la fe
3.11 y que por la ley ninguno se *justifica*
3.24 de que fuésemos *justificados* por la fe
5.4 los que por la ley os *justificáis*; de la
1 Ti. 3.16 *justificado* en el Espíritu, visto de
Tit. 3.7 para que *justificados* por su gracia
Stg. 2.21 fue *justificado* por las obras Abraham
2.24 el hombre es *justificado* por las obras
2.25 Rahab la. .¿no fue *justificada* por obras

JUSTO *(n.)*

1. ***Cristiano en Jerusalén,*** **Hch. 1.23**
2. ***Cristiano en Corinto,*** **Hch. 18.7**
3. ***Compañero de Pablo,*** **Col. 4.11**

JUSTO, TA *(adj. y s.)*

Gn. 6.9 Noé, varón j, era perfecto en. .con Dios
7.1 porque a ti he visto j delante de mí en
18.23 ¿destruirás también al j con el impío?
18.24 quizá haya 50 j dentro de la ciudad
18.24 por amor a los 50 j que estén dentro
18.25 que hagas morir al j con el impío, y
18.25 y que sea el j tratado como el impío
18.25 el Juez. .¿no ha de hacer lo que es j?
18.26 hallare en Sodoma cincuenta j dentro
18.28 quizá faltarán de cincuenta j cinco
23.9 la cueva. .que por su j precio me la dé
38.26 Judá. .dijo: Más j es ella que yo, por
43.21 he aquí. .nuestro dinero en su j peso
Éx. 9.27 Jehová es j, y yo y mi pueblo impíos
23.7 no matarás al inocente y j; porque yo
23.8 el presente. .pervierte las palabras. .j
Lv. 19.36 balanzas j, pesas j y medidas j
Dt. 4.8 juicios j como es toda esta ley que yo
16.18 cuales juzgarán al pueblo con j juicio
16.19 ojos. .y pervierte las palabras de los j
25.1 éstos absolverán al j, y condenarán al
25.15 pesa exacta y j tendrás; efa cabal y j
32.4 ninguna iniquidad en él, es j y recto
33.21 ejecutó los. .los j decretos de Jehová
1 S. 24.17 dijo a David: Más j eres tú que yo
2 S. 4.11 mataron a un hombre j en su casa y
15.3 mira, tus palabras son buenas y j; mas
23.3 un j que gobierne entre los hombres, que
1 R. 2.32 dado muerte a dos varones más j que
8.32 justificando al j para darle conforme a
2 R. 10.9 vosotros sois j. .yo he conspirado
1 Cr. 21.24 sino. .la compraré por su j precio
2 Cr. 6.23 justificando al j al darle conforme
12.6 se humillaron, y dijeron: J es Jehová
Esd. 4.14 no nos es j ver el menosprecio del
9.15 Dios de Israel, tú eres j, puesto que
Neh. 9.8 cumpliste tu palabra, porque eres j
9.33 eres j en todo lo que ha venido sobre
Job 4.17 ¿será el hombre más j que Dios? ¿Será
9.15 aunque fuese yo j, no respondería; antes
10.15 y si fuere j, no levantaré mi cabeza
12.4 todo, el j y perfecto es escarnecido
17.9 no obstante, proseguirá el j su camino
22.19 verán. .j y se gozarán; y el inocente
23.7 el j razonaría con él; y yo escaparía
27.17 habrá preparado él. .el j se vestirá
32.1 por cuanto él era j a sus propios ojos
34.5 Job ha dicho: Yo soy j, y Dios me ha
34.17 ¿y condenarás tú al que es tan j?
34.23 no carga. .él al hombre más de lo j, para
35.2 que has dicho: Más j soy yo que Dios?
35.7 si fueres j, ¿qué le darás a él? ¿O qué
36.7 no apartará de los j sus ojos; antes
Sal. 1.5 pecadores en la congregación de los j
1.6 Jehová conoce el camino de los j; mas la
5.12 porque tú, oh Jehová, bendecirás al j
7.9 fenezca ahora la. .mas establece tú al j
7.9 el Dios j prueba la mente y el corazón
7.11 es juez j, y Dios está airado contra el
11.3 los fundamentos, ¿qué ha de hacer el j?
11.5 Jehová prueba al j; pero al malo y al
11.7 porque Jehová es j, y ama la justicia
14.5 Dios está con la generación de los j
17.1 oh Jehová, una causa j; está atento a
19.9 juicios de Jehová son verdad, todos j
31.18 que hablan contra el j cosas duras con
32.11 alegraos en Jehová y gozaos, j. .cantad
33.1 alegraos, oh j, en Jehová. .los íntegros
34.15 los ojos de Jehová están sobre los j
34.17 claman los j, y Jehová oye, y los libra
34.19 muchas son las aflicciones del j, pero
34.21 los que aborrecen al j serán condenados
35.27 los que están a favor de mi j causa
37.12 maquina el impío contra el j, y cruje
37.16 es lo poco del j, que las riquezas de
37.17 mas el que sostiene a los j es Jehová
37.21 no paga. .el j tiene misericordia, y da
37.25 no he visto j desamparado. .mendigue
37.29 los j heredarán la tierra, y vivirán
37.30 la boca del j habla sabiduría, y su
37.32 acecha. .impío al j, y procura matarlo
37.37 considera al íntegro, y mira al j
37.39 pero la salvación de los j es de Jehová
51.4 para que seas reconocido j en tu palabra
52.6 verán los j, y temerán; se reirán de
55.22 él. .no dejará para siempre caído al j
58.10 se alegrará el j. .viere la venganza
58.11 entonces dirá. .hay galardón para el j
64.10 se alegrará el j en Jehová, y confiará
68.3 los j se alegrarán; se gozarán delante
69.28 raídos. .no sean escritos entre los j
75.10 pero el poder del j será exaltado
92.12 j florecerá como la palmera; crecerá
94.21 juntan contra la vida del j, y condenan
97.11 luz está sembrada para el j, y alegría
97.12 alegraos, j, en Jehová, y alabad la
112.4 rectos; es clemente, misericordioso y j
112.6 por lo cual. .en memoria eterna será el j
116.5 clemente es Jehová, y j. .nuestro Dios
118.15 voz de. .hay en las tiendas de los j
118.20 es puerta de. .por ella entrarán los j
119.7 te alabaré. .aprendiere tus j juicios
119.62 me levanto. .alabarte por tus j juicios
119.75 conozco. .Jehová, que tus juicios son j
119.106 juré y. .que guardaré tus j juicios
119.137 j eres tú, oh. .y rectos tus juicios
119.164 te alabo a causa de tus j juicios
125.3 sobre la heredad de los j; no sea que
125.3 no sea que extiendan los j sus manos a
129.4 Jehová es j; cortó las coyundas de los
140.13 los j alabarán tu nombre; los rectos
141.5 que el j me castigue, será un favor
142.7 me rodearán los j, porque tú me serás
145.17 j es Jehová en todos sus caminos, y
146.8 Jehová levanta a. .Jehová ama a los j
Pr. 2.20 andarás. .seguirás las veredas de los j
3.32 Jehová. .su comunión íntima es con los j
3.33 impío, pero bendecirá la morada de los j
4.18 la senda de los j es como la luz de la
8.8 j son todas las razones de mi boca; no
9.9 da al. .enseña al j, y aumentará su saber
10.3 Jehová no dejará padecer hambre al j
10.6 hay bendiciones sobre la cabeza del j
10.7 la memoria del j será bendita; mas el
10.11 manantial de vida es la boca del j
10.16 obra del j es para vida; mas el fruto
10.20 plata escogida es la lengua del j; mas
10.21 los labios del j apacientan a muchos
10.24 pero a los j les será dado lo que desean
10.25 pasa. .mas el j permanece para siempre
10.28 la esperanza de los j es alegría; mas
10.30 el j no será removido jamás; pero los
10.31 la boca del j producirá sabiduría; mas
10.32 los labios del j saben hablar lo que
11.8 el j es librado de la tribulación; mas
11.9 mas los j son librados con la sabiduría
11.10 en el bien de los j la ciudad se alegra
11.21 la descendencia de los j será librada
11.23 el deseo de los j es solamente el bien
11.24 quienes retienen más de lo que es j
11.28 caerá; mas los j reverdecerán como ramas
11.30 el fruto del j es árbol de vida; y el
11.31 el j será recompensado en la tierra
12.3 mas la raíz de los j no será removida
12.5 los pensamientos de los j son rectitud
12.7 pero la casa de los j permanecerá firme
12.10 el j cuida de la vida de su bestia; mas
12.12 el impío. .la raíz de los j dará fruto
12.13 el impío. .el j saldrá de la tribulación
12.21 ninguna adversidad acontecerá al j; mas
12.26 el j sirve de guía a su prójimo; mas
13.5 el j aborrece la palabra de mentira; mas
13.9 la luz de los j se alegrará. .se apagará
13.21 mas los j serán premiados con el bien
13.22 riqueza del. .está guardada para el j
13.25 el j come hasta saciar su alma; mas el
14.19 inclinarán. .impíos a las puertas del j
14.32 mas el j en su muerte tiene esperanza
15.6 en la casa del j hay gran provisión; pero
15.28 el corazón del j piensa para responder
15.29 Jehová está. .oye la oración de los j
16.11 peso y balanzas j son de Jehová; obra
16.13 los labios j son el contentamiento de
17.15 que justifica al. .el que condena al j
17.26 no es bueno condenar al j, ni herir a
18.5 para pervertir el derecho del j, no es
18.10 a él correrá el j, y será levantado
18.17 j parece el primero que aboga por su
20.7 camina en su integridad el j; sus hijos
21.12 considera el j la casa del impío, cómo
21.15 alegría es para el j el hacer juicio
21.18 rescate del j es el impío, y por los
21.26 codicia. .el j da, y no detiene su mano
23.24 mucho se alegrará el padre del j, y el
24.15 no aceches la tienda del j, no saquees
24.16 porque siete veces cae el j, y vuelve
24.24 que dijere al malo: J eres. .maldecirán
25.26 como. .es el j que cae delante del impío
28.1 impío. .el j está confiado como un león
28.12 cuando los j se alegran, grande es la
28.28 cuando perecen, los j se multiplican
29.2 cuando. .j dominan, el pueblo se alegra
29.6 lazo; mas el j cantará y se alegrará
29.7 conoce el j la causa de los pobres; mas
29.16 impíos. .los j verán la ruina de ellos
29.27 abominación es a. .j el hombre inicuo
Ec. 3.17 al j y al impío juzgará Dios; porque
7.15 j hay que perece por su justicia, y hay
7.16 no seas demasiado j, ni seas sabio con
7.20 no hay hombre j en la tierra, que haga
8.14 hay j a quienes sucede como si. .impíos
8.14 acontece como si hicieran obras de j
9.1 los j y los. .están en la mano de Dios
9.2 un mismo suceso ocurre al j y al impío
Is. 3.10 decid al j que le irá bien, porque
5.23 justifican al. .y al j quitan su derecho!
24.16 oímos cánticos: Gloria al j. Y yo dije
26.2 abrid las puertas. .entrará la gente j
26.7 el camino del j es rectitud; tú, que
26.7 que eres recto, pesas el camino del j
29.21 pervierten la causa del j con vanidad
30.18 Jehová es Dios j; bienaventurados todos
41.2 ¿quién despertó del oriente al j, lo
41.26 o de tiempo atrás, y diremos: Es j?
45.21 y no hay más Dios que yo; Dios j y
53.11 justificará mi siervo j a muchos, y
57.1 perece el j, y no hay quien piense en
57.1 delante de la aflicción es quitado el j
58.2 me piden j juicios, y quieren acercarse
60.21 tu pueblo, todos ellos serán j, para
Jer. 3.11 ha resultado j la rebelde Israel en
12.1 j eres tú, oh Jehová. .dispute contigo
20.12 Jehová. .que pruebas a los j, que ves
23.5 levantaré a David renuevo j, y reinará
Lm. 1.18 Jehová es j; yo contra su palabra me
4.13 derramaron en. .ella la sangre de los j
Ez. 3.20 si el j se apartare de su justicia e
3.21 si al j amonestares para que no peque
13.22 entristecisteis. .el corazón del j, al
16.52 más j son que tú; avergüénzate, pues
18.5 el hombre que fuere j, e hiciere según
18.9 y guardare mis. .éste es j; éste vivirá
18.20 la justicia del j será sobre él, y la
18.24 si el j se apartare de su justicia y
18.26 apartándose el j de su justicia, y
21.3 espada. .cortaré de ti al j y al impío
21.4 he de cortar de ti al j y al impío, por
23.45 hombres j las juzgarán por la ley de
33.12 la justicia del j no lo librará el día
33.12 y el j no podrá vivir por su justicia
33.13 yo dijere al j: De cierto vivirás, y él
33.18 cuando el j se apartare de su justicia
45.10 balanzas j, efa j, y bato j tendréis
Dn. 4.37 obras son verdaderas, y sus caminos j

JUSTO, TA *(Continúa)*

Dn. 9.14 *J* es Jehová nuestro Dios en todas sus
Os. 14.9 son rectos, y los *j* andarán por ellos
Am. 2.6 porque vendieron por dinero al *j*, y al
5.12 sé que afligís al *j*, recibís cohecho
Mi. 3.1 ¿no concierne a vosotros..lo que es *j*?
Hab. 1.4 por cuanto el impío asedia al *j*, por
1.13 cuando destruye el impío al más *j* que
2.4 enorgullece; mas el *j* por su fe vivirá
Sof. 3.5 Jehová en medio de ella es *j*, no hará
Zac. 9.9 aquí tu rey vendrá a ti, *j* y salvador
Mal. 3.18 la diferencia entre el *j* y el malo
Mt. 1.19 su marido, como era *j*, y no quería
5.45 y que hace llover sobre *j* e injustos
9.13 porque no he venido a llamar a *j*, sino
10.41 y el que recibe a un *j* por cuanto es *j*
10.41 que recibe a..recompensa de *j* recibirá
13.17 muchos..*j* desearon ver lo que veis, y
13.43 los *j* resplandecerán como el sol en
13.49 apartarán a los malos de entre los *j*
20.4 id..a mi viña, y os daré lo que sea *j*
20.7 id también..y recibiréis lo que sea *j*
23.28 os mostráis *j* a los hombres, pero por
23.29 y adornáis los monumentos de los *j*
23.35 venga sobre vosotros toda la sangre *j*
23.35 desde la sangre de Abel el *j* hasta la
25.37 los *j* le responderán diciendo: Señor
25.46 e irán éstos..y los *j* a la vida eterna
27.19 decir: No tengas nada que ver con ese *j*
27.24 inocente soy yo de la sangre de este *j*
Mr. 2.17 dijo..No he venido a llamar a *j*, sino
6.20 sabiendo que era varón *j* y santo, y le
Lc. 1.6 ambos eran *j* delante de Dios, y andaban
1.17 de los rebeldes a la prudencia de los *j*
2.25 y este hombre, *j* y piadoso, esperaba la
5.32 no he venido a llamar a *j*..a pecadores
12.57 ¿y por qué no juzgáis..lo que es *j*?
14.14 recompensado en la resurrección de..*j*
15.7 más gozo en..que por noventa y nueve *j*
18.9 unos que confiaban en sí mismos como *j*
20.20 enviaron espías que se simulasen *j*, a
23.47 verdaderamente este hombre era *j*
23.50 José, de Arimatea..varón bueno y *j*
Jn. 5.30 y mi juicio es *j*, porque no busco mi
7.24 no juzguéis..sino juzgad con *j* juicio
17.25 Padre *j*, el mundo no te ha conocido
Hch. 3.14 vosotros negasteis al Santo y al *J*
4.19 juzgad si es *j* delante de Dios obedecer
6.2 no es *j* que nosotros dejemos la palabra
7.52 los que anunciaron de..la venida del *J*
10.22 Cornelio..varón *j* y temeroso de Dios
22.14 te ha escogido para que..y veas al *J*
24.15 resurrección..así de *j* como de injustos
Ro. 1.17 está escrito..el *j* por la fe vivirá
2.5 y de la revelación del *j* juicio de Dios
2.13 no son los oidores de..los *j* ante Dios
3.8 algunos, cuya condenación es *j*, afirman
3.10 como está escrito: No hay *j*, ni aun uno
3.26 él sea el *j*, y el que justifica al que
5.7 apenas morirá alguno por un *j*; con todo
5.19 de uno, los muchos serán constituidos *j*
7.12 ley..y el mandamiento santo, *j* y bueno
Gá. 3.11 evidente, porque: El *j* por la fe vivirá
Ef. 6.1 hijos, obedeced en el Señor..esto es *j*
Fil. 1.7 me es *j* sentir esto de todos vosotros
4.8 todo lo *j*, todo lo puro, todo lo amable
Col. 4.1 amos, haced lo que es *j* y recto con
2 Ts. 1.5 es demostración del *j* juicio de Dios
1.6 porque es *j* delante de Dios pagar con
1 Ti. 1.9 la ley no fue dada para el *j*, sino
2 Ti. 4.8 la cual me dará el Señor, juez *j*, en
Tit. 1.8 sobrio, *j*, santo, dueño de sí mismo
2.12 vivamos en este siglo..*j* y piadosamente
He. 10.38 *j* vivirá por fe; y si retrocediere
11.4 alcanzó testimonio de que era *j*, dando
12.23 los espíritus de los *j* hechos perfectos
Stg. 5.6 habéis condenado y dado muerte al *j*
5.16 la oración eficaz del *j* puede mucho
1 P. 3.12 los ojos del Señor están sobre los *j*
3.18 el *j* por los injustos, para llevarnos a
4.18 y si el *j* con dificultad se salva, ¿en
2 P. 1.13 tengo por *j*, en tanto..despertaros con
2.7 libró al *j* Lot, abrumado por la nefanda
2.8 este *j*, que moraba entre ellos, afligía
2.8 afligía..su alma *j*, viendo y oyendo los
1 Jn. 1.9 es fiel y *j* para perdonar nuestros
2.1 abogado tenemos para..a Jesucristo el *j*
2.29 si sabéis que él es *j*, sabed también que
3.7 el que hace justicia es *j*, como él es *j*
3.12 obras eran malas, y las de su hermano *j*
Ap. 15.3 *j* y verdaderos son tus caminos, Rey
16.5 *j* eres tú, oh Señor, el que eres y que
16.7 Señor..tus juicios son verdaderos y *j*
19.2 porque sus juicios son verdaderos y *j*
19.8 lino..es las acciones *j* de los santos
22.11 y el que es *j*, practique la justicia

JUTA *Ciudad en Judá,* **Jos. 15.55; 21.16**

JUVENIL

2 Ti. 2.22 huye también de las pasiones *j*, y

JUVENTUD

Gn. 8.21 intento del corazón..malo desde su *j*
46.34 han sido tus siervos desde nuestra *j*
Lv. 22.13 hubiere vuelto a la..como en su *j*
Nm. 30.3 mujer, cuando hiciere voto..en su *j*
30.16 entre el padre y su hija durante su *j*
1 S. 12.2 he andado delante de vosotros..mi *j*
17.33 y él un hombre de guerra desde su *j*
2 S. 19.7 peor que todos los males..desde tu *j*
1 R. 18.12 tu siervo teme a Jehová desde su *j*
Job 13.26 haces cargo de los pecados de mi *j*?
20.11 sus huesos están llenos de su *j*, mas
29.4 como fui en los días de mi *j*, cuando el
31.18 desde mi *j* creció conmigo como con un
33.25 su carne..volverá a los días de su *j*
36.14 fallecerá el alma de ellos en su *j*, y
Sal. 25.7 de los pecados de mi *j*..rebeliones
71.5 mi esperanza, seguridad mía desde mi *j*
71.17 Dios, me enseñaste desde mi *j*, y hasta
88.15 desde la *j* he llevado tus terrores, he
89.45 has acortado los días de su *j*; le has
110.3 desde el..tienes tú el rocío de tu *j*
127.4 como..así son los hijos habidos en la *j*
129.1,2 mucho me han angustiado desde mi *j*
144.12 sean..como plantas crecidas en su *j*
Pr. 2.17 la cual abandona al compañero de su *j*
5.18 bendito..alégrate con la mujer de tu *j*
Ec. 11.9 alégrate, joven, en tu *j*, y tome placer
11.10 porque la adolescencia y..*j* son vanidad
12.1 acuérdate de tu Creador en los días..*j*
Is. 47.12 tus hechizos..te fatigaste desde tu *j*
47.15 los que traficaron contigo desde tu *j*
54.4 que te olvidarás de la vergüenza de tu *j*
54.6 como a la esposa de la *j*..es repudiada
Jer. 2.2 he acordado..de la fidelidad de tu *j*
3.4 me llamarás..Padre mío, guiador de mi *j*?
3.24 consumió el trabajo de..desde nuestra *j*
3.25 pecamos..desde nuestra *j* y hasta este
22.21 tu camino desde tu *j*, que nunca oíste
31.19 me confundí..llevé la afrenta de mi *j*
32.30 no han hecho sino lo malo..desde su *j*
48.11 quieto estuvo Moab desde su *j*, y sobre
Lm. 3.27 al hombre llevar el yugo desde su *j*
Ez. 4.14 nunca desde mi *j* hasta este tiempo
16.22 no te has acordado de los días de tu *j*
16.43 no te acordaste de los días de tu *j*, y
16.60 concerté contigo en los días de tu *j*
23.3 las cuales fornicaron en Egipto; en su *j*
23.8 porque con ella se echaron en su *j*, y
23.19 trayendo en memoria los días de su *j*
23.21 trajiste de nuevo..la lujuria de tu *j*
23.21 comprimieron tus..los pechos de tu *j*
Os. 2.15 allí cantará como en..su *j*, y como en
Jl. 1.8 llora tú como joven..el marido de su *j*
Zac. 13.5 pues he estado en el campo desde mi *j*
Mal. 2.14 entre ti y la mujer de tu *j*, contra
2.15 no seáis desleales..con la mujer de..*j*
Mt. 19.20; Mr. 10.20; Lc. 18.21 todo esto lo he
guardado desde mi *j*
Hch. 26.4 mi vida, pues, desde mi *j*, la cual
1 Ti. 4.12 ninguno tenga en poco tu *j*, sino sé

JUZGAR

Gn. 15.14 la nación a la cual servirán, *juzgaré*
16.5 Sarai dijo..*juzgue* Jehová entre tú y yo
30.6 me *juzgó* Dios, y también oyó mi voz, y
31.37 ponlo aquí..y *juzguen* entre nosotros
31.53 el Dios de Nacor *juzgue* entre nosotros
49.16 Dan *juzgará* a su pueblo, como una de
Éx. 5.21 mire Jehová sobre vosotros, y *juzgue*
18.13 se sentó Moisés a *juzgar* al pueblo; y
18.16 a mí, y yo *juzgo* entre el uno y el otro
18.22 ellos *juzgarán* al pueblo en todo tiempo
18.22 y ellos *juzgarán* todo asunto pequeño
18.26 *juzgaban* al pueblo en todo tiempo; el
18.26 y ellos *juzgaban* todo asunto pequeño
21.22 penados conforme..*juzgaren* los jueces
Lv. 19.15 con justicia *juzgarás* a tu prójimo
Nm. 35.24 la congregación *juzgará* entre el que
Dt. 1.16 *juzgad* justamente entre el hombre y
16.18 jueces..los cuales *juzgarán* al pueblo
25.1 para que los jueces los *juzguen*, éstos
32.36 porque Jehová *juzgará* a su pueblo, y
Jue. 3.10 y *juzgó* a Israel, y salió a batalla
10.2 *juzgó* a Israel 23 años; y murió, y fue
10.3 Jair..el cual *juzgó* a Israel 22 años
11.27 Jehová..es el juez, *juzgue* hoy entre
12.7 Jefté *juzgó* a Israel seis años; y murió
12.8 después de él *juzgó* a Israel Ibzán de
12.9 el cual tuvo..y *juzgó* a Israel siete años
12.11 *juzgó* a Israel Elón..el cual *j*..10 años
12.13 después..*juzgó* a Israel Abdón hijo de
12.14 éste tuvo..y *juzgó* a Israel ocho años
15.20 *juzgó* a Israel en los días de..20 años
16.31 le sepultaron..*juzgó* a Israel 20 años
1 S. 2.10 Jehová *juzgará* los confines de la
2.25 si pecare el hombre..jueces le *juzgarán*
3.13 le mostraré que yo *juzgaré* su casa para
4.18 y había *juzgado* a Israel cuarenta años
7.6 *juzgó* Samuel a los..de Israel en Mizpa
7.15 *juzgó* Samuel a Israel todo el tiempo que
7.16 *juzgaba* a Israel en todos estos lugares
7.17 volvía a Ramá..y allí *juzgaba* a Israel
8.5 constitúyenos..rey que nos *juzgue*, como
8.6 danos un rey que nos *juzgue*. Y Samuel oró
24.12 *juzgue* Jehová entre tú y..y véngueme
24.15 Jehová, pues..él *juzgará* entre tú y yo
25.39 bendito sea Jehová, que *juzgó* la causa
1 R. 3.9 da..corazón entendido para *juzgar* a
3.28 que había en él sabiduría..para *juzgar*
7.7 el pórtico del..en que había de *juzgar*
8.32 tu oirás desde el cielo..y *juzgarás* a
1 Cr. 16.33 porque viene a *juzgar* la tierra
18.14 reinó David..y *juzgaba* con justicia a
2 Cr. 6.23 y *juzgarás* a tus siervos, dando la
19.6 no *juzgáis* en lugar de hombre, sino en
19.6 cual está con vosotros cuando *juzgáis*
20.12 ¡oh Dios nuestro! ¿no los *juzgarás* tú?
Esd. 7.26 *juzgado* prontamente, sea a muerte
Job 21.22 *juzgando*..a los que están elevados?
22.13 cómo *juzgará* a través de la oscuridad?
31.28 también sería maldad *juzgada*; porque
Sal. 7.8 Jehová *juzgará* a los pueblos; *júzgame*
9.4 te has sentado en..*juzgando* con justicia
9.8 *juzgará* al mundo con justicia, y a los
9.19 sean *juzgadas* las naciones delante de
10.18 para *juzgar* al huérfano y al oprimido
26.1 *júzgame*, oh Jehová, porque yo en mi
35.24 *júzgame* conforme a tu justicia..Dios
37.33 ni lo condenará cuando le *juzgaren*
43.1 *júzgame*, oh Dios, y defiende mi causa
50.4 convocará a..para *juzgar* a su pueblo
58.1 ¿*juzgáis* rectamente, hijos de..hombres?
58.11 dirá..hay Dios que *juzga* en la tierra
67.4 porque *juzgarás* los pueblos con equidad
72.2 él *juzgará* a tu pueblo con justicia, y
72.4 *juzgará* a los afligidos del pueblo
75.2 al tiempo que señalaré yo *juzgaré*
76.9 cuando te levantaste..Dios, para *juzgar*
82.1 Dios está..medio de los dioses *juzga*
82.2 ¿hasta cuándo *juzgaréis* injustamente
82.8 levántate, oh Dios, *juzga* la tierra
96.10 *juzgará* a los pueblos en justicia
96.13 vino a *juzgar* la..*Juzgará* al mundo
98.9 Jehová, porque vino a *juzgar* la tierra
98.9 *juzgará* al mundo con justicia, y a los
109.7 cuando fuere *juzgado*, salga culpable
109.31 librar su alma de los que le *juzgan*
110.6 *juzgará* entre las naciones, las llenará
135.14 porque Jehová *juzgará* a su pueblo, y
Pr. 8.16 por mí..todos los gobernadores *juzgan*
22.23 Jehová *juzgará* la causa de ellos, y
23.11 *juzgará* la causa de ellos contra ti
29.14 rey que *juzga* con verdad a los pobres
31.9 *juzga* con justicia, y defiende la causa
Ec. 3.17 dije: Al justo y al impío *juzgará* Dios
11.9 sobre todas estas cosas te *juzgará* Dios
Is. 2.4 *juzgará* entre las naciones..los pueblos
3.13 Jehová está..para *juzgar* a los pueblos
5.3 ahora..*juzgad* ahora entre mí y mi viña
11.3 no *juzgará* según la vista de sus ojos
11.4 que *juzgará* con justicia a los pobres
16.5 sentará..quien *juzgue* y busque el juicio
51.5 y mis brazos *juzgarán* a los pueblos
59.4 no hay..ni quien *juzgue* por la verdad
66.16 Jehová *juzgará* con fuego y..su espada
Jer. 3.9 que por *juzgar* ella cosa liviana su
5.28 no *juzgaron* la causa, la causa del..no *j*
11.20 oh Jehová de..que *juzgas* con justicia
22.16 él *juzgó* la causa del afligido y del
30.13 no hay quien *juzgue* tu causa..sanarte
51.36 yo *juzgo* tu causa y haré tu venganza
51.44 *juzgaré* a Bel en Babilonia, y sacaré
Ez. 7.3 te *juzgaré* según tus caminos; y pondré
11.10,11 en los límites de Israel os *juzgaré*
16.38 y yo te *juzgaré* por las leyes de las
16.52 que *juzgaste* a tus hermanas, lleva tu
18.30 *juzgaré* a cada uno según sus caminos
20.4 ¿quieres tú *juzgarlos*?..quieres *juzgar*
21.30 la tierra donde has vivido, te *juzgaré*
22.2 ¿no *juzgarás* tu, no *j* tú a la ciudad
23.24 el juicio, y por sus leyes te *juzgarán*
23.36 ¿no *juzgarás* tú a Ahola y a Aholiba
23.45 justos las *juzgarán* por la ley de las
24.14 según tus caminos..obras te *juzgarán*
33.20 os *juzgaré*, oh casa de Israel, a cada
34.17 he aquí yo *juzgo* entre oveja y oveja
34.20 yo *juzgaré* entre la oveja engordada y
34.22 salvaré..*juzgaré* entre oveja y oveja
35.11 conocido en ellos, cuando te *juzgue*
36.19 y conforme a sus obras les *juzgué*
44.24 para *juzgar*; conforme a mis..*juzgarán*
Jl. 3.12 allí me sentaré para *juzgar*..naciones
Am. 7.4 el Señor llamaba para *juzgar* con fuego
Abd. 21 subirán..para *juzgar* al monte de Esaú
Mi. 3.11 sus jefes *juzgan* por cohecho, y sus
4.3 *juzgará* entre muchos pueblos, y corregirá
7.3 el juez *juzga* por recompensa; y el grande
7.9 que *juzgue* mi causa y haga mi justicia
Sof. 3.8 el día que me levante para *juzgaros*
Zac. 7.9 *juzgad* conforme a la verdad, y haced
8.16 *juzgad* según la verdad y lo..a la paz
Mt. 7.1 no *juzguéis*, para que no seáis *juzgados*
7.2 juicio con que *juzgáis*, seréis *juzgados*
19.28 tronos, para *juzgar* a las doce tribus
Lc. 6.37 no *juzguéis*, y no seréis *juzgados*; no
7.43 y él le dijo: Rectamente has *juzgado*
12.57 ¿y por qué no *juzgáis* por vosotros lo
19.22 mal siervo, por tu propia boca te *juzgo*
22.30 *juzgando* a las doce tribus de Israel
Jn. 5.22 porque el Padre a nadie *juzga*, sino

JUZGAR *(Continúa)*

Jn. 5.30 según oigo, así *juzgo;* y mi juicio es
7.24 no *juzguéis*. .sino *juzgad* con justo juicio
7.51 ¿*juzga* acaso nuestra ley a un hombre si
8.15 *juzgáis* según la carne; yo no *juzgo* a
8.16 y si yo *juzgo*, mi juicio es verdadero
8.26 muchas cosas tengo que decir y *juzgar*
8.50 mi gloria; hay quien la busca, y *juzga*
12.47 oye. .y no las guarda, yo no le *juzgo*
12.47 porque no he venido a *juzgar* al mundo
12.48 no recibe mis. .tiene quien le *juzgue*
12.48 la palabra. .ella le *juzgará* en el día
16.11 príncipe de este. .ha sido ya *juzgado*
18.31 tomadle. .y *juzgadle* según vuestra ley
Hch. 4.19 *juzgad* si es justo delante de Dios
7.7 yo *juzgaré*, dijo Dios, a la nación de la
13.46 no os *juzgáis* dignos de la vida eterna
15.19 *juzgo* que no se inquiete a los gentiles
16.15 si habéis *juzgado* que yo sea fiel al
17.31 un día. .*juzgará* al mundo con justicia
23.3 ¿estás tú. .para *juzgarme* conforme a la
23.6 de la resurrección de los. .se me *juzga*
24.6 quisimos *juzgarle* conforme a nuestra ley
24.8 al *juzgarle*, podrás informarte de todas
24.21 acerca de la resurrección. .soy *juzgado*
25.9 ser *juzgado* de estas cosas delante de
25.10 de César estoy, donde debo ser *juzgado*
25.20 ir. .y allá ser *juzgado* de estas cosas
26.8 ¿se *juzga* entre vosotros cosa increíble
Ro. 2.1 tú que *juzgas;* pues en lo que *j* a otro
2.1 te condenas. .tú que *juzgas* haces lo mismo
2.3 que *juzgas* a los que tal hacen, y haces
2.12 han pecado, por la ley serán *juzgados*
2.16 día en que Dios *juzgará*. .los secretos
3.4 palabras, y venzas cuando fueres *juzgado*
3.6 otro modo, ¿cómo *juzgaría* Dios al mundo?
3.7 ¿por qué aún soy *juzgado* como pecador?
14.3 el que no come, no *juzgue* al que come
14.4 quien eres, que *juzgas* al criado ajeno?
14.5 día; otro *juzga* iguales todos los días
14.10 pero tú, ¿por qué *juzgas* a tu hermano?
14.13 ya no nos *juzguemos*. .unos a los otros
1 Co. 2.15 el espiritual *juzga*. .no es *juzgado*
4.3 yo en muy poco tengo el ser *juzgado* por
4.3 poco. .y ni aun yo me *juzgo* a mí mismo
4.4 no por eso. .el que me *juzga* es el Señor
4.5 no *juzguéis* nada antes de tiempo, hasta
5.3 ya como presente he *juzgado* al que tal
5.12 ¿qué razón tendría yo para *juzgar* a los
5.12 ¿no *juzgáis*. .a los que están dentro?
5.13 a los que están fuera, Dios *juzgará*
6.2 que los santos han de *juzgar* al mundo?
6.2 el mundo ha de ser *juzgado* por vosotros
6.2 indignos de *juzgar* cosas muy pequeñas?
6.3 ¿o no sabéis que hemos de *juzgar* a los
6.4 ¿ponéis para *juzgar* a los que son de
6.5 uno que pueda *juzgar* entre sus hermanos
10.15 a sensatos hablo; *juzgad* vosotros lo
10.29 ¿por qué se ha de *juzgar* mi libertad
11.13 *juzgad*. .¿Es propio que la mujer ore a
11.31 nos examinásemos. .no seríamos *juzgados*
11.32 siendo *juzgados*, somos castigados por
13.11 *juzgaba* como niño; mas cuando ya fui
14.24 algún incrédulo. .por todos es *juzgado*
14.29 profetas hablen. .y los demás *juzguen*
Col. 2.16 por tanto, nadie os *juzgue* en comida
2 Ti. 4.1 *juzgará* a los vivos y a los muertos
He. 10.30 vez: El Señor *juzgará* a su pueblo
13.4 a los fornicarios y a. .los *juzgará* Dios
Stg. 2.12 como los que habéis de ser *juzgados*
4.11 el que. .*juzga* a su hermano. .*j* a la ley
4.11 si tú *juzgas* a la ley, no eres hacedor
4.12 tú, ¿quién eres para que *juzgues* a otro?
1 P. 1.17 que. .*juzga* según la obra de cada uno
2.23 sino encomendaba la causa al que *juzga*
4.5 al que está preparado para *juzgar* a los
4.6 para que sean *juzgados* en carne según los
Ap. 6.10 no *juzgas* y vengas nuestra sangre en
11.18 el tiempo de *juzgar* a los muertos, y
16.5 Santo, porque has *juzgado* estas cosas
18.8 poderoso es Dios el Señor, que la *juzga*
19.2 pues ha *juzgado* a la gran ramera que ha
19.11 Fiel y Verdadero, y con justicia *juzga*
20.4 los que recibieron facultad de *juzgar*
20.12 y fueron *juzgados* los muertos por las
20.13 y fueron *juzgados*. .uno según sus obras

K

KEILA

1. Ciudad de Judá

Jos. 15.44 *K*, Aczib y Maresa; nueve ciudades
1 S. 23.1 los filisteos combaten a *K*, y roban
23.2 vé, ataca a los filisteos, y libra a *K*
23.3 ¿cuánto más si fuéremos a *K* contra el
23.4 desciende a *K*, pues yo entregaré en tus
23.5 fue, pues. .a *K*. .y libró David a los de *K*
23.6 Abiatar hijo. .huyó siguiendo a David a *K*
23.7 dado aviso. .que David había venido a *K*
23.8 descender a *K*, y poner sitio a David y
23.10 que Saúl trata de venir contra *K*, a
23.11,12 ¿me entregarán los vecinos de *K*
23.13 David. .se levantó con. .y salieron de *K*
23.13 de que David se había escapado de *K*
Neh. 3.17,18 gobernador de la mitad de la. .de *K*

2. Descendiente de Judá, 1 Cr. 4.19

KELAÍA *Levita que se casó con una mujer extranjera (=Kelita),* Esd. 10.23

KELITA *Levita en tiempo de Esdras y Nehemías (=Kelaía),* Esd. 10.23; Neh. 8.7; 10.10

KEMUEL

1. Hijo de Nacor, Gn. 22.21
2. Jefe en la tribu de Efraín, Nm. 34.24
3. Levita en tiempo de David, 1 Cr. 27.17

KENAT *Ciudad en Galaad,* Nm. 32.42; 1 Cr. 2.23

KEREN-HAPUC *Hija de Job,* Job 42.14

KIBROT-HATAAVA *Lugar donde acampó Israel,* Nm. 11.34,35; 33.16,17; Dt. 9.22

KIBSAIM *Ciudad en Efraín,* Jos. 21.22

KIR

1. Lugar en Mesopotamia

2 R. 16.9 llevó cautivos a los moradores a *K*
Is. 22.6 Elam tomó aljaba. .*K* sacó el escudo
Am. 1.5 pueblo de Siria será transportado a *K*
9.7 ¿no hice yo subir. .de *K* a los arameos?

2. Ciudad de Moab (=Kir-hareset y Kir-hares), Is. 15.1

KIR-HARES *Ciudad de Moab (=Kir No. 2 y Kir-hareset)*

Jer. 48.31 y sobre los hombres de *K* gemiré
48.36 mi corazón resonará. .los hombres de *K*

KIR-HARESET *Ciudad de Moab (=Kir No. 2 y Kir-hares)*

2 R. 3.25 que en *K* solamente dejaron piedras
Is. 16.7 abatidos. .las tortas de uvas de *K*
16.11 entrañas vibrarán. .mi corazón por *K*

L

LAADA *Descendiente de Judá,* 1 Cr. 4.21

LAADÁN

1. Ascendiente de Josué, 1 Cr. 7.26
2. Levita, hijo de Gersón, 1 Cr. 23.7,8,9; 26.21

LABÁN

1. Suegro de Jacob

Gn. 24.29 Rebeca tenía un hermano. .llamaba *L*
24.32 *L* desató los camellos; y les dio paja
24.50 *L* y Betuel respondieron y dijeron: De
25.20 tomó. .a Rebeca. .hermana de *L* arameo
27.43 huye a casa de *L* mi hermano en Harán
28.2 vé. .y toma allí mujer de las hijas de *L*
28.5 Jacob. .fue a Padan-aram, a *L* hijo de
29.5 les dijo: ¿Conocéis a *L* hijo de Nacor?
29.10 Raquel, hija de *L*. .y las ovejas de *L*
29.10 acercó Jacob. .y abrevó el rebaño de *L*
29.13 oyó *L*. .lo abrazó. .él contó a *L* todas
29.14 y *L* le dijo: Ciertamente hueso mío y
29.15 dijo *L* a Jacob. .¿Por ser tú mi hermano
29.16 y *L* tenía dos hijas: el nombre de la
29.19 *L* respondió: Mejor es que te la dé a
29.21 dijo Jacob a *L:* Dame mi mujer, porque
29.22 *L* juntó a todos los. .e hizo banquete
29.24 y dio *L* su sierva Zilpa a su hija Lea
29.25 Jacob dijo a *L:* ¿Qué es esto que me has
29.26 *L* respondió: No se hace así en. .lugar
29.29 dio *L* a Raquel su hija su sierva Bilha
29.30 y sirvió a *L* aún otros siete años
30.25 que Jacob dijo a *L:* Envíame, e iré a
30.27 *L* le respondió: Halle yo ahora gracia
30.34 dijo entonces *L:* Mira, sea como tú
30.35 *L* apartó aquel día los machos cabríos
30.36 Jacob apacentaba las otras ovejas de *L*
30.40 todo lo que era oscuro del hato de *L*
30.40 hato. .no lo ponía con las ovejas de *L*
30.42 así eran las más débiles para *L*, y las
31.1 oía Jacob. .los hijos de *L*, que decían
31.2 miraba también Jacob el semblante de *L*
31.12 yo he visto todo lo que *L* te ha hecho
31.19 *L* había ido a trasquilar sus ovejas
31.20 Jacob engañó a *L*. .no haciéndole saber
31.22 al tercer día fue dicho a *L* que Jacob
31.23 *L* tomó a sus parientes consigo, y fue
31.24 vino Dios a *L* arameo en sueños. .noche
31.25 alcanzó, pues, *L* a Jacob; y éste había
31.25 *L* acampó con sus parientes en el monte
31.26 y dijo *L* a Jacob: ¿Qué has hecho, que
31.31 respondió Jacob y dijo a *L:* Porque tuve
31.33 entró *L* en la tienda de Jacob, en la
31.34 buscó *L* en toda la tienda, y no los
31.36 Jacob se enojó, y riñó con *L*. .dijo a *L*
31.43 respondió *L* y dijo a Jacob: Las hijas
31.47 lo llamó *L*, Jegar Sahaduta; y lo llamó
31.48 porque *L* dijo: Este majano es testigo
31.51 dijo. .*L* a Jacob: He aquí este majano
31.55 levantó *L* de mañana, y besó sus hijos

LABÁN *(Continúa)*

Gn. 32.4 con *L* he morado, y me he detenido hasta
46.18 de Zilpa, la que *L* dio a su hija Lea
46.25 Bilha, la que dio *L* a Raquel su hija

***2. Lugar en la península de Sinaí,* Dt. 1.1**

LABIO

Éx. 6.12 me escuchará..siendo yo torpe de *l*?
6.30 he aquí yo soy torpe de *l*, ¿cómo, pues
Lv. 5.4 alguno jurare a la ligera con sus *l*
Nm. 30.6 y pronunciare de sus *l* cosa con que
30.8 lo que pronunció de sus *l* con que ligó
30.12 todo lo que salió de sus *l*..será nulo
Dt. 23.23 pero lo que hubiere salido de tus *l*
1 S. 1.13 se movían sus *l*, y su voz no se oía
2 R. 19.28 yo pondré..mi freno en tus *l*, y te
Job 2.10 en todo esto no pecó Job con sus *l*
8.21 aún llenaré tu boca..y tus *l* de júbilo
11.5 diera que Dios..abriera sus *l* contigo
13.6 estad atentos a los argumentos de mis *l*
15.6 tu boca..tus *l* testificarán contra ti
16.5 y la consolación de mis *l* apaciguaría
23.12 mandamiento de sus *l* nunca me separé
27.4 *l* no hablarán iniquidad, ni mi lengua
32.20 respiraré; abriré mis *l*, y responderé
33.3 y lo que saben mis *l*, lo hablarán con
Sal. 12.2 mentira..hablan con *l* lisonjeros, y
12.3 Jehová destruirá todos los *l* lisonjeros
12.4 nuestros *l* son nuestros; ¿quién es señor
16.4 sangre, ni en mis *l* tomaré sus nombres
17.1 escucha..oración hecha de *l* sin engaño
17.4 la palabra de tus *l* yo me he guardado de
21.2 has..no le negaste la petición de sus *l*
31.18 enmudezcan los *l* mentirosos que hablan
34.13 guarda tu..y tus *l* de hablar engaño
40.9 no refrené mis *l*, Jehová, tú lo sabes
45.2 eres el..la gracia se derramó en tus *l*
51.15 Señor, abre mis *l*, y publicará mi boca
59.7 con su boca; espadas hay en sus *l*, porque
59.12 por la palabra de sus *l*, sean ellos
63.3 mejor..que la vida; mis *l* te alabarán
63.5 y con *l* de júbilo te alabará mi boca
66.14 que pronunciaron mis *l* y habló mi boca
71.23 mis *l* se alegrarán cuando cante a ti
89.34 ni mudaré lo que ha salido de mis *l*
106.33 y habló precipitadamente con sus *l*
119.13 mis *l* he contado todos los juicios
119.171 mis *l* rebosarán alabanzas cuando me
120.2 libra mi alma..del *l* mentiroso, y de
140.3 veneno de áspid hay debajo de sus *l*
140.9 la maldad de sus..*l* cubrirá su cabeza
141.3 oh Jehová; guarda la puerta de mis *l*
Pr. 4.24 y aleja de ti la iniquidad de los *l*
5.2 consejo, y tus *l* conserven la ciencia
5.3 los *l* de la mujer extraña destilan miel
6.2 has quedado preso en los dichos de tus *l*
7.21 lo..le obligó con la zalamería de sus *l*
8.6 hablaré..abriré mis *l* para cosas rectas
8.7 mi boca hablará..impiedad abominan mis *l*
10.8 sabio de corazón..el necio de *l* caerá
10.10 guiña..y el necio de *l* será castigado
10.13 los *l* del prudente se halla sabiduría
10.18 que encubre el odio es de *l* mentirosos
10.19 mas el que refrena sus *l* es prudente
10.21 los *l* del justo apacientan a muchos
10.32 *l* del justo saben hablar lo que agrada
12.13 enredado en la prevaricación de sus *l*
12.19 el *l* veraz permanecerá para siempre
12.22 *l* mentirosos son abominación a Jehová
13.3 que mucho abre sus *l* tendrá calamidad
14.3 mas los *l* de los sabios los guardarán
14.7 porque en él no hallarás *l* de ciencia
14.23 las vanas palabras de los *l* empobrecen
16.10 oráculo..en los *l* del rey; en juicio
16.13 *l* justos son el contentamiento de los
16.21 y la dulzura de *l* aumenta el saber
16.23 el corazón del..añade gracia a sus *l*
16.27 mal, y en sus *l* hay como llama de fuego
16.30 sus ojos..mueve sus *l*, efectúa el mal
17.4 el malo está atento al *l* inicuo; y el
17.7 no conviene..al príncipe el *l* mentiroso!
17.28 calla..el que cierra sus *l* es entendido
18.6 los *l* del necio traen contienda; y su
18.7 del necio..sus *l* son lazos para su alma
18.20 boca..se saciará del producto de sus *l*
19.1 mejor es..que el de perversos *l* y fatuo
20.15 mas los *l* prudentes son joya preciosa
22.11 la gracia de sus *l* tendrá la amistad
22.18 juntamente se afirmaren sobre tus *l*
23.16 cuando tus *l* hablaren cosas rectas
24.2 su corazón..e iniquidad hablan sus *l*
24.26 besados serán los *l* del que responde
24.28 tu prójimo, y no lisonjees con tus *l*
26.23 como escoria..son los *l* lisonjeros y
26.24 el que odia disimula con sus *l*; mas en
27.2 alábete el extraño..y no los *l* tuyos
Ec. 10.12 *l* del necio causan su propia ruina
Cnt. 4.3 tus *l* como hilo de grana, y tu habla
4.11 como panal de miel destilan tus *l*, oh
5.13 sus *l*, como lirios que destilan mirra
7.9 entra..y hace hablar los *l* de los viejos
Is. 6.5 hombre inmundo de *l*..tiene *l* inmundos
6.7 esto tocó tus *l*, y es quitada tu culpa
11.4 con el espíritu de sus *l* matará al impío
29.13 con sus *l* me honra, pero su corazón
30.27 sus *l* llenos de ira, y su lengua como
37.29 pondré..mi freno en tus *l*, y te haré
57.19 produciré fruto de *l*: Paz, paz al que
59.3 vuestros *l* pronuncian mentira, habla
Dn. 10.16 tocó mis *l*. Entonces abrí mi boca y
Os. 14.2 ofreceremos la ofrenda de nuestros *l*
Mi. 3.7 ellos todos cerrarán sus *l*, porque no
Hab. 3.16 a la voz temblaron mis *l*; pudrición
Sof. 3.9 devolveré..a los pueblos pureza de *l*
Mal. 2.6 iniquidad no fue hallada en sus *l*; en
2.7 los *l* del sacerdote han de guardar la
Mt. 15.8; Mr. 7.6 pueblo de *l* me honra, mas su
Ro. 3.13 veneno de áspides hay debajo de sus *l*
1 Co. 14.21 con otros *l* hablaré a este pueblo
He. 13.15 fruto de *l* que confiesan su nombre
1 P. 3.10 refrene su..y sus *l* no hablen engaño

LABOR

Éx. 1.14 y en toda *l* del campo y en todo su
23.16 la siega, los primeros frutos de tus *l*
23.16 hayas recogido los frutos de tus *l* del
31.5 artificio..trabajar en toda clase de *l*
35.33 obra..para trabajar en toda *l* ingeniosa
35.35 hagan toda *l*, e inventen todo diseño
39.3 tejerlos entre..el lino, con *l* primorosa
39.5 el cinto..era de lo mismo, de igual *l*
2 R. 25.17 e igual *l* había en la otra columna
Neh. 10.37 recibirían las décimas de nuestras *l*
Job 39.11 ¿confiarás tú en..y le fiarás tu *l*?
Sal. 78.46 dio también a..sus *l* a la langosta
104.23 sale el hombre a su *l*, y a..labranza
105.44 les dio..*l* de los pueblos heredaron
Pr. 14.23 en toda *l* hay fruto; mas las vanas
24.27 prepara tus *l* fuera, y dispónlas en tus
Ec. 3.13 y beba, y goce el bien de toda su *l*
Is. 32.17 *l* de la justicia, reposo y seguridad
Ez. 23.29 tomarán todo el fruto de tu *l*, y te
Jn. 4.38 y vosotros habéis entrado en sus *l*
1 Co. 3.8 recibirá su recompensa conforme a..*l*

LABORIOSA

Pr. 13.11 que recoge con mano *l* las aumenta

LABRADO ***Véase también Labrar***

Ez. 41.25 en las puertas..había *l* de querubines
Hab. 3.17 aunque..los *l* no den mantenimiento

LABRADOR

Gn. 4.2 fue pastor..y Caín fue *l* de la tierra
Is. 61.5 extraños serán vuestros *l*..viñadores
Jer. 14.4 están confusos los *l*, cubrieron sus
31.24 y habitará..en todas sus ciudades *l*
51.23 quebrantaré por tu medio a *l* y a sus
52.16 de los pobres del país dejó..para..*l*
Jl. 1.11 confundíos *l*; gemid, viñeros, por el
Am. 5.16 al *l* llamarán a lloro, y a endecha a
Zac. 13.5 no soy profeta; *l* soy de la tierra
Mt. 21.33 la arrendó a unos *l*, y se fue lejos
21.34 el tiempo de..envió sus siervos a los *l*
21.35 mas los *l*, tomando a los siervos, a uno
21.38 los *l*, cuando vieron al hijo, dijeron
21.40 cuando venga..¿qué hará a aquellos *l*?
21.41 y arrendará su viña a otros *l*, que le
Mr. 12.1 la arrendó a unos *l*, y se fue lejos
12.2 y a su tiempo envió un siervo a los *l*
12.7 *l* dijeron entre sí: Este es el heredero
12.9 y destruirá a los *l*, y dará su viña a
Lc. 20.9 plantó una viña, la arrendó a *l*, y se
20.10 envió un siervo a los *l*, para que le
20.10 los *l* le golpearon, y le enviaron con
20.14 mas los *l*, al verle, discutían entre sí
20.16 vendrá y destruirá a estos *l*, y dará
Jn. 15.1 yo soy la vid..y mi Padre es el *l*
2 Ti. 2.6 el *l*, para participar de los frutos
Stg. 5.7 cómo el *l* espera..fruto de la tierra

LABRANZA

Gn. 26.14 tuvo..mucha *l*..le tuvieron envidia
Nm. 20.17 no pasaremos por *l*, ni por viña, ni
1 Cr. 27.26 de los que trabajaban en la *l* de
2 Cr. 26.10 viñas y *l*, así en los montes como
Sal. 104.23 sale el hombre..*l* hasta la tarde
Mt. 22.5 se fueron, uno a su *l*, y otro a sus
1 Co. 3.9 y vosotros sois *l* de Dios, edificio

LABRAR

Gn. 2.5 ni había hombre..que *labrase* la tierra
2.15 puso en el huerto..para que lo *labrara*
3.23 lo sacó..para que *labrase* la tierra de
4.12 cuando *labres* la tierra, no te volverá
9.20 comenzó Noé a *labrar*, y plantó una viña
Éx. 20.25 si..altar de piedras, no las *labres*
25.18 querubines de oro; *labrados* a martillo
25.31 un candelero de oro..*labrado* a martillo
25.36 una pieza *labrada* a martillo, de oro
37.7 los dos querubines..*labrados* a martillo
37.17 el candelero de oro..*labrado* a martillo
37.22 una pieza *labrada* a martillo, de oro
39.6 *labraron* las piedras de ónice montadas
Nm. 8.4 candelero, de oro *labrado* a martillo
8.4 su pie hasta sus..era *labrado* a martillo
Dt. 10.1 *lábrate* dos tablas de piedra como las
10.3 y *labré* dos tablas de piedra como las
28.39 plantarás viñas y *labrarás*, pero no
Jos. 15.18 que pidiese a..tierras para *labrar*
2 S. 9.10 tú, pues, le *labrarás* las tierras, tú
1 R. 5.6 ninguno hay..que sepa *labrar* madera
5.17 mandó..que trajesen..piedras *labradas*
5.18 madera y la cantería para *labrar* la casa
6.9 *labró*, pues, la casa, y la terminó; y la
6.14 así..Salomón *labró* la casa y la terminó
6.36 de tres hileras de piedras *labradas*, y
7.11 piedras costosas, *labradas* conforme a
7.12 había tres hileras de piedras *labradas*
7.26 el borde era *labrado* como..de un cáliz
2 R. 25.12 que *labrasen* las viñas y la tierra
1 Cr. 22.2 canteros que *labrasen* piedras para
2 Cr. 9.15 hizo..Salomón 200 paveses..*labrado*
Neh. 3.16 hasta el estanque *labrado*, y hasta
Job 39.10 ¿*labrará* los valles en pos de ti?
Sal. 7.13 armas..ha *labrado* saetas ardientes
144.12 nuestras hijas como esquinas *labradas*
Pr. 9.1 la sabiduría..*labró* sus siete columnas
12.11; 28.19 el que *labra* su tierra se saciará
Is. 19.9 que *labran* lino fino y los que tejen
22.11 ni mirasteis de lejos al que lo *labró*
22.16 *labraste* aquí sepulcro para ti, como
22.16 que en lugar alto *labra* su sepultura
30.24 tus asnos que *labran* la tierra comerán
44.13 carpintero..lo *labra* con los cepillos
45.9 ¿dirá el barro al que lo *labra*: ¿Qué
Jer. 27.11 dejaré en su tierra, y la *labrará* y
Lm. 3.9 cercó mis caminos con piedra *labrada*
Ez. 27.19 para negociar..con hierro *labrado*
36.9 volveré, y seréis *labrados* y sembrados
36.34 y la tierra asolada será *labrada*, en
40.42 cuatro mesas..eran de piedra *labrada*
41.18 *labrada* con querubines y palmeras
41.20 desde el suelo..querubines *labrados*
Am. 5.11 edificasteis casas de piedra *labrada*
Mt. 27.60 su sepulcro nuevo, que había *labrado*
Jn. 4.38 segar lo que vosotros no *labrasteis*
4.38 *labraron*, y vosotros habéis entrado en
He. 6.7 a aquellos por los cuales es *labrada*

LACUM ***Población en Neftalí,* Jos. 19.33**

LADERA

Dt. 3.17 al pie de las *l* del Pisga al oriente
4.49 el mar del Arabá, al pie de las *l* del
Jos. 10.40 hirió..las *l*, y a todos sus reyes
12.3 desde el sur al pie de las *l* del Pisga
12.8 en las *l*, en el desierto y en el Neguev
13.20 Bet-peor, las *l* de Pisga, Bet-jesimot
Cnt. 4.1; 6.5 cabras que se recuestan en las *l*
Is. 37.24 subiré a las alturas..*l* del Líbano

LADO

Gn. 3.24 una espada..se revolvía por todos *l*
6.16 pondrás la puerta del arca a su *l*; y le
39.10 él para acostarse al *l* de ella, para
45.1 delante de todos los que estaban al *l*
50.10 la era de Atad..al otro *l* del Jordán
50.11 Abel-mizraim..está al otro *l* del Jordán
Éx. 17.12 Aarón y Hur..uno de un *l* y el otro
25.12 dos anillos a un *l*..y dos..al otro *l*
25.14 meterás..por los anillos a los *l* del
25.32 y saldrán seis brazos de sus *l*; tres
25.32 tres..a un *l*, y tres brazos al otro *l*
26.13 codo de un *l*, y otro codo del otro *l*
26.13 colgará sobre los *l*..a un *l* y al otro
26.18 veinte tablas al *l* del mediodía, al sur
26.20 y al otro *l* del tabernáculo, al *l* del
26.22 y para el *l* posterior del tabernáculo
26.26 para las tablas de un *l* del tabernáculo
26.27 las tablas del otro *l*..del *l* posterior
26.35 candelero..*l* sur..mesa al *l* del norte
27.7 estarán aquellas varas a..*l* del altar
27.9 *l* meridional, al sur, tendrá el atrio
27.9 de cien codos de longitud para un *l*
27.11 *l* del norte habrá a lo largo cortinas
27.12 el ancho del atrio, del *l* occidental
27.13 el ancho del atrio por el *l* del oriente
27.14 cortinas a un *l* de la entrada serán de
27.15 y al otro *l*, quince codos de cortinas
27.18 anchura 50 por un *l* y 50 por el otro
28.26 su orilla..al *l* del efod hacia adentro
30.4 dos anillos..sus dos esquinas a ambos *l*
32.15 escritas por ambos *l*; de uno y otro *l*
36.23 veinte tablas al *l*..sur, al mediodía
36.25 el otro *l* del tabernáculo, al *l* norte
36.27 para el *l* occidental del tabernáculo
36.28 para las esquinas..en los dos *l* hizo
36.31 para las tablas de un *l* del tabernáculo
36.32 las tablas del otro *l*..del *l* posterior
37.3 en un *l* dos anillos y en el otro *l* dos
37.5 metió las varas por..a los *l* del arca
37.18 de sus *l* salían seis brazos; 3 brazos
37.18 tres brazos de un *l*..brazos del otro
37.27 en las dos esquinas a los dos *l*, para
38.7 varas por los anillos a los *l* del altar
38.9 del *l* sur, al mediodía, las cortinas del
38.11 y del *l* norte cortinas de cien codos
38.12 *l* del occidente, cortinas de 50 codos
38.13 del *l* oriental, al este, cortinas de

LADO *(Continúa)*

Éx. 38.14 a un *l* cortinas de quince codos, sus
38.15 al otro *l*, de uno y otro *l* de la puerta
40.22 puso la mesa. . al *l* norte de la cortina
40.24 el candelero. . al *l* sur de la cortina
Lv. 1.11 y lo degollará al *l* norte del altar
Nm. 3.29 Coat acamparán al *l* del tabernáculo
3.35 acamparán al *l* del tabernáculo, al norte
11.31 un día de camino a un *l*, y un día de
21.13 acamparon al otro *l* de Arnón, que está
22.24 que tenía pared a un *l* y pared al otro
32.19 porque no tomaremos heredad. . al otro *l*
32.19 tendremos ya. . heredad a este otro *l* del
32.32 de nuestra heredad será a este *l* del
34.3 tendréis el *l* del sur desde el desierto
34.15 tomaron su heredad a este *l* del Jordán
35.5 mediréis. . al *l* del oriente. . al *l* del sur
35.5 *l* del occidente. . y al *l* del norte 2.000
35.9 hayáis pasado al otro *l* del Jordán a la
35.14 tres ciudades daréis a este *l* del Jordán
Dt. 1.1 que habló Moisés. . a este *l* del Jordán
1.5 de este *l* del Jordán, en tierra de Moab
3.8 dos reyes amorreos. . a este *l* del Jordán
3.20 que Jehová. . les da al otro *l* del Jordán
4.41 apartó Moisés tres ciudades a este *l* del
4.47 dos reyes de los. . de este *l* del Jordán
4.49 todo el Arabá de este *l* del Jordán, al
11.30 los cuales están al otro *l* del Jordán
30.13 ni está al otro *l* del mar, para que
31.26 este libro de. . y ponedlo al *l* del arca
Jos. 1.14,15 tierra. . dado a este *l* del Jordán
2.10 dos reyes de los. . al otro *l* del Jordán
3.16 de la ciudad. . que está al *l* de Saretán
4.19 acamparon en. . al *l* oriental de Jericó
5.1 reyes. . que estaban al otro *l* del Jordán
7.7 ¡ojalá nos hubiéramos quedado al otro *l*
8.22 fueron encerrados. . los unos por un *l*, y
8.33 estaba de pie a uno y otro *l* del arca
9.1 oyeron. . los reyes que estaban a este *l*
9.10 a los dos reyes. . al otro *l* del Jordán
12.1 tierra poseyeron al otro *l* del Jordán
12.7 derrotaron Josué. . a este *l* del Jordán
13.8 heredad. . al otro *l* del Jordán al oriente
13.27 del mar de Cineret al otro *l* del Jordán
13.32 Moisés repartió. . al otro *l* del Jordán
14.3 dos tribus. . heredad al otro *l* del Jordán
15.2 su límite por el *l* del sur fue desde la
15.5 límite del *l* del norte, desde la bahía
15.8 sube este límite. . al *l* sur del jebuseo
15.8 extremo del valle. . por el *l* del norte
15.10 gira. . y pasa al *l* del monte de Jearim
15.11 sale luego al *l* de Ecrón hacia el norte
16.5 límite de su heredad al *l* del oriente
17.5 Galaad y de Basán. . al otro *l* del Jordán
18.7 han recibido su heredad al otro *l* del
18.12 fue el límite. . al *l* del norte desde el
18.12 y sube hacia el *l* de Jericó al norte
18.14 y tuerce. . por el *l* sur del monte que
18.14 de Judá. Este es el *l* del occidente
18.15 el *l* del sur es desde el extremo de
18.16 al valle de Hinom, al *l* sur del jebuseo
18.18 pasa al *l* que está enfrente del Arabá
18.19 el límite al *l* norte de Bet-hogla, y
18.20 Jordán era el límite al *l* del oriente
19.13 pasando de allí hacia el *l* oriental a
20.8 al otro *l* del Jordán. . señalaron a Beser
22.4 la tierra. . os dio al otro *l* del Jordán
22.7 dio Josué heredad. . a este *l* del Jordán
22.11 altar. . del *l* de los hijos de Israel
24.2 habitaron. . al otro *l* del río, esto es
24.3 tomé a. . Abraham del otro *l* del río, y
24.8 amorreos, que habitaban al otro *l* del
24.14,15 vuestros padres al otro *l* del río
Jue. 3.16 y se lo ciñó debajo. . a su *l* derecho
3.21 Aod. . tomó el puñal de su *l* derecho, y
5.17 Galaad se quedó al otro *l* del Jordán
5.30 ropa de color bordada de ambos *l*, para
7.25 trajeron las cabezas. . otro *l* del Jordán
10.8 Israel que estaban al otro *l* del Jordán
11.18 por el *l* oriental. . al otro *l* de Arnón
21.19 en Silo. . al *l* oriental del camino que
Rt. 3.7 se retiró a dormir a un *l* del montón
1 S. 4.18 cayó hacia atrás. . al *l* de la puerta
6.8 y las joyas de. . en una caja al *l* de ella
14.1 y pasemos a la guarnición. . de aquel *l*
14.4 un peñasco agudo de un *l*, y. . del otro *l*
14.16 e iba de un *l* a otro y era deshecha
14.21 se pusieron. . del *l* de los israelitas
14.40 vosotros estaréis a un *l*, y yo. . otro *l*
17.3 filisteos. . a un *l*, e Israel. . al otro *l*
20.20 y yo tiraré tres saetas hacia aquel *l*
20.25 y se sentó Abner al *l* de Saúl, y el
20.41 se levantó David del *l* del sur, y se
23.26 Saúl iba por un *l*. . y David. . el otro *l*
26.13 pasó David al *l* opuesto, y se puso en
31.7 del otro *l* del valle. . otro *l* del Jordán
2 S. 2.13 un *l* del estanque, y. . otros al otro *l*
10.16 a los sirios que estaban al otro *l* del
13.34 gente que venía por el. . del *l* del monte
15.2 Absalón. . y se ponía a un *l* del camino
16.13 Simei iba por el *l* del monte delante
19.31 para acompañarle al otro *l* del Jordán
1 R. 1.2 y duerma a su *l*, y entrará en calor
3.20 a su *l*, y puso al *l* mío su hijo muerto
4.12 Bet-seán. . y hasta el otro *l* de Jocmeam
4.24 él señoreaba en. . y tuvo paz por todos *l*
6.8 puerta. . estaba al *l* derecho de la casa
7.21 hubo alzado la columna del *l* derecho
7.21 y alzando la columna del *l* izquierdo
7.23 un mar de diez codos de un *l* al otro
7.39 colocó el mar al *l* derecho de la casa
10.19 a uno y otro *l* tenía brazos cerca del
10.20 doce leones puestos. . de un *l* y de otro
2 R. 2.8,14 aguas. . se apartaron a uno y otro *l*
2.15 hijos. . que estaban en Jericó al otro *l*
11.8 estaréis alrededor del rey por todos *l*
11.11 el *l* derecho de. . hasta el *l* izquierdo
16.14 lo puso al *l* del altar hacia el norte
1 Cr. 6.78 del otro *l* del Jordán. . dieron de la
9.24 y estaban los porteros a los cuatro *l*
12.37 y del otro *l* del Jordán. . 120.000 con
19.16 los sirios que estaban al otro *l* del
26.30 gobernaban. . al otro *l* del Jordán, al
2 Cr. 4.10 colocó el mar al *l* derecho, hacia
9.18 brazos a uno y otro *l* del asiento, y
9.19 doce leones sobre las. . a uno y otro *l*
20.2 una gran multitud del otro *l* del mar
32.22 salvó Jehová. . dio reposo por todos *l*
Esd. 4.10 demás provincias del otro *l* del río
4.11 siervos del otro *l* del río te saludan
4.17 a los demás del otro *l* del río: Salud
5.3 vino a ellos Tatnai gobernador del otro *l*
5.6 la carta que Tatnai gobernador del otro *l*
5.6 los gobernadores que. . al otro *l* del río
6.6 pues, Tatnai gobernador del otro *l* del río
6.6 estáis al otro *l* del río, alejaos de allí
6.8 que tiene del tributo del otro *l* del río
6.13 Tatnai gobernador del otro *l* del río, y
7.21 tesoreros que están al otro *l* del río
7.25 todo el pueblo que está al otro *l* del río
8.36 sátrapas y capitanes del otro *l* del río
Neh. 2.7 gobernadores al otro *l* del río, para
2.9 vine. . a los gobernadores del otro *l* del
3.4 al *l* de ellos restauró Mesulam hijo de
3.7 bajo. . del gobernador del otro *l* del río
12.38 el segundo coro iba del *l* opuesto, y yo
Job 1.19 un gran viento vino del *l* del desierto
19.10 me arruinó por todos *l*, y perezco; y
Sal. 48.2 el monte de Sion, a los *l* del norte
91.7 caerán a tu *l* mil, y 10.000 a tu diestra
128.3 como vid que lleva fruto a los *l* de tu
Is. 7.20 con los que habitan al otro *l* del río
9.1 de aquel *l* del Jordán, en Galilea de los
14.13 monte. . me sentaré, a los *l* del norte
14.15 tú derribado eres. . a los *l* del abismo
56.11 su propio provecho, cada uno por su *l*
Jer. 25.22 reyes de las costas. . ese *l* del mar
49.32 de todos *l* les traeré su ruina, dice
Lm. 3.7 me cercó por todos *l*, y no puedo salir
Ez. 1.8 cuatro *l*. . y sus alas por los cuatro *l*
1.10 cara de león al *l* derecho de los cuatro
1.15 rueda. . junto a los seres. . los cuatro *l*
4.4 y tú te acostarás sobre tu *l* izquierdo
4.6 acostarás sobre tu *l* derecho segunda vez
4.8 y no te volverás de un *l* a otro, hasta
4.9 de los días que te acuestes sobre tu *l*
8.5 alza ahora tus ojos hacia el *l* del norte
10.19 las ruedas se alzaron al *l* de ellos
16.57 filisteos. . por todos *l* te desprecian
25.9 yo abro el *l* de Moab desde las ciudades
32.23 sus sepulcros. . a los *l* de la fosa, y
40.9 la puerta. . estaba por el *l* de adentro
40.10 tenía tres cámaras a cada *l*, las tres
40.10 de una medida los portales a cada *l*
40.12 el espacio. . un codo a un *l*, y. . otro *l*
40.12 cada cámara tenía seis codos por un *l*
40.18 el enlosado a los *l* de las puertas, en
40.21 sus cámaras eran tres de un *l*, y tres
40.26 palmeras, una de un *l*, y otra del otro *l*
40.34,37 palmeras. . postes de un *l* y de otro
40.39 había dos mesas a un *l*, y otras dos al
40.40 a un *l*. . había dos mesas; y al otro *l*
40.41 cuatro mesas a un *l*, y cuatro. . otro *l*
40.44 el atrio. . al *l* de la puerta del norte
40.44 estaba al *l* de la puerta del oriente
40.48 cinco codos de un *l*, y cinco codos de
40.48 de la puerta tres codos de un *l*, y tres
40.49 columnas. . una de un *l*, y otra de otro
41.1 siendo el ancho seis codos de un *l*, y
41.2 *l* de la puerta, de cinco codos de un *l*
41.10 anchura de veinte codos por todos *l*
41.12 del espacio abierto al *l* del occidente
41.15 y midió. . las cámaras de uno y otro *l*
41.19 un rostro. . hacia la palmera del un *l*
41.19 un rostro. . hacia la palmera del otro *l*
41.26 palmeras de uno y otro *l* a los *l* del
42.9 estaba la entrada al *l* oriental, para
42.12 había enfrente del muro al *l* oriental
42.16 midió el *l* oriental. . la caña de medir
42.17 midió al *l* del norte, quinientas cañas
42.18 midió al *l* del sur, quinientas cañas
42.19 rodeó al *l* del occidente, y midió 500
42.20 los cuatro *l* lo midió; tenía un muro
43.16 el altar tenía. . cuadrado a sus cuatro *l*
43.17 y catorce de anchura en sus cuatro *l*
43.17 la base de un codo por todos *l*; y sus
45.7 de uno y otro *l*, y junto a la posesión
46.19 un lugar en el fondo del *l* de occidente
47.1 aguas descendían. . hacia el *l* derecho de
47.2 y vi que las aguas salían del *l* derecho
47.7 vi. . muchísimos árboles a uno y otro *l*
47.12 junto al río. . a uno y otro *l*, crecerá
47.15 será el límite. . hacia el *l* del norte
47.17 será. . al límite de Hamat al *l* del norte
47.18 del *l* del oriente, en medio de Haurán
47.19 del *l* meridional, hacia el sur, desde
47.19 Mar. . esto será el *l* meridional, al sur
47.20 del *l* del occidente el Mar Grande será
47.20 el límite. . este será el *l* occidental
48.1 desde el *l* oriental hasta el occidental
48.2,3,4,5,6,7,8(2),23,24,25,26,27 el *l* del oriente hasta el *l* del mar
48.13 al *l* de los límites de. . los sacerdotes
48.16 *l* del norte 4.500 cañas, al *l* del sur
48.16 al *l* del oriente 4.500. . *l* del occidente
48.21 quedare a uno y otro *l* de la porción
48.28 al *l* meridional al sur, será el límite
48.30 al *l* del norte, cuatro mil quinientas
48.32 *l* oriental cuatro mil quinientas cañas
48.33 *l* del sur, cuatro mil quinientas cañas
48.34 al *l* occidental cuatro mil quinientas
Dn. 8.5 macho cabrío venía del *l* del poniente
12.5 uno a este *l* del río, y el otro al otro *l*
Am. 3.11 un enemigo vendrá por todos *l* de la
3.12 rincón de una cama, y al *l* de un lecho
Mi. 7.5 de la que duerme a tu *l* cuídate, no
Zac. 5.3 hurta (como está de un *l* del rollo)
5.3 jura. . (como está del otro *l* del rollo)
6.13 y habrá sacerdote a su *l*; y consejo de
Mt. 4.15 camino del mar, al otro *l* del Jordán
4.25 le siguió mucha gente. . del otro *l* del
8.18 viéndose Jesús. . mandó pasar al otro *l*
9.1 Jesús. . pasó al otro *l* y vino a su ciudad
16.5 llegando sus discípulos al otro *l*, se
19.1 regiones de Judea al otro *l* del Jordán
Mr. 3.8 del otro *l* del Jordán, y de. . Tiro y de
4.35 la noche, les dijo: Pasemos al otro *l*
5.1 vinieron al otro *l* del mar, a la región
10.1 al otro *l* del Jordán; y volvió el pueblo
16.5 vieron a un joven sentado al *l* derecho
Lc. 8.22 les dijo: Pasemos al otro *l* del lago
Jn. 1.28 cosas sucedieron. . otro *l* del Jordán
3.26 que estaba contigo al otro *l* del Jordán
3.29 el amigo. . que está a su *l* y le oye, se
6.1 Jesús fue al otro *l* del mar de Galilea
6.22 la gente. . al otro *l* del mar vio que no
6.25 hallándole al otro *l* del mar. . dijeron
10.40 y se fue de nuevo al otro *l* del Jordán
13.23 y uno. . estaba recostado al *l* de Jesús
16.32 que seréis esparcidos cada uno por su
17.5 ahora. . Padre, glorifícame tú al *l* tuyo
18.1 salió. . al otro *l* del torrente de Cedrón
19.18 y con él a otros dos, uno a cada *l*, y
21.20 en la cena se había recostado al *l* de
2 Ti. 4.16 en. . defensa ninguno estuvo a mi *l*
4.17 pero el Señor estuvo a mi *l*, y me dio
Ap. 22.2 uno y otro *l* del río, estaba el árbol

LADRAR

Sal. 59.6 volverán a la. . *ladrarán* como perros
59.14 vuelvan, pues. . y *ladren* como perros
Is. 56.10 todos. . perros mudos, no pueden *ladrar*

LADRILLO

Gn. 11.3 y se dijeron unos a. . Vamos, hagamos *l*
11.3 les sirvió el *l* en lugar de piedra, y el
Éx. 1.14 en hacer barro y *l*, y en toda labor
5.7 no daréis paja al pueblo para hacer *l*
5.8 les impondréis la misma tarea de *l* que
5.14 no habéis cumplido vuestra tarea de *l*
5.16 paja. . y con todo nos dicen: Haced el *l*
5.18 habéis de entregar la misma tarea de *l*
5.19 no se disminuirá nada de vuestro *l*, de
2 S. 12.31 los hizo trabajar en los hornos de *l*
Is. 9.10 los *l* cayeron, pero edificaremos de
65.3 me provoca. . quemando incienso sobre *l*

LADRÓN

Éx. 22.2 el *l* fuere hallado forzando una casa
22.3 el *l* hará completa restitución; si no
22.7 si el *l* fuere hallado, pagará el doble
22.8 si el *l* no fuere hallado. . el dueño de la
Dt. 24.7 morirá el tal *l*, y quitarás el mal de
Job 12.6 prosperan las tiendas de los *l*, y los
24.14 mata al pobre. . y de noche es como *l*
30.5 y todos les daban grita como tras el *l*
Sal. 50.18 si veías al *l*, tú corrías con él, y
Pr. 6.30 no tienen en poco al *l* si hurta para
29.24 cómplice del *l* aborrece su propia alma
Is. 1.23 tus príncipes. . compañeros de *l*; todos
Jer. 2.26 como se avergüenza el *l* cuando es
7.11 ¿es cueva de *l* delante de vuestros ojos
48.27 no te fue. . como si lo tomaran entre *l*?
49.9 *l* de noche, ¿no habrían tomado lo que
Ez. 18.10 mas si engendrare hijo *l*, derramador
Os. 6.9 como *l* que esperan a algún hombre, así
7.1 entra el *l*, y el salteador despoja por
Jl. 2.9 entrarán por las ventanas a manera de *l*
Abd. 5 si *l* vinieran a ti. . ¿no hurtarían lo que
Zac. 5.4 vendrá a la casa del *l*, y a la casa
Mt. 6.19 no os hagáis tesoros en. . donde *l* minan

LADRÓN *(Continúa)*

Mt. 6.20 corrompen, y donde *l* no minan ni hurtan
21.13 vosotros la habéis hecho cueva de *l*
24.43 qué hora el *l* habría de venir, velaría
26.55 dijo..¿Como contra un *l* habéis salido
27.38 crucificaron con él a dos *l*, uno a la
27.44 injuriaban..*l* que estaban crucificados
Mr. 11.17 vosotros la habéis hecho cueva de *l*
14.48 ¿como contra un *l* habéis salido con
15.27 crucificaron también con él a dos *l*
Lc. 10.30 y cayó en manos de *l*, los cuales le
10.36 prójimo del que cayó en manos de los *l*?
12.33 donde *l* no llega, ni polilla destruye
12.39 si supiese..a qué hora el *l* había de
18.11 porque no soy como..otros hombres, *l*
19.46 mas vosotros la habéis hecho cueva de *l*
22.52 ¿como contra un *l* habéis salido con
Jn. 10.1 que sube por otra parte, ése es *l* y
10.8 los que antes de mí vinieron, *l* son y
10.10 el *l* no viene sino para hurtar y matar
12.6 dijo esto..porque era *l*, y teniendo la
18.40 no..sino a Barrabás. Y Barrabás era *l*
1 Co. 5.10 con los *l*, o con los idólatras; pues
5.11 llamándose hermano, fuere..*l*; con el tal
6.10 los *l*, ni los avaros, ni los borrachos
2 Co. 11.26 peligros de *l*, peligros de los de
1 Ts. 5.2 el día del Señor vendrá así como *l*
5.4 para que aquel día os sorprenda como *l*
1 P. 4.15 ninguno..padezca como homicida, o *l*
2 P. 3.10 pero el día del Señor vendrá como *l*
Ap. 3.3 si no velas, vendré sobre ti como *l*, y
16.15 he aquí, yo vengo como *l*. Bienaventurado

LAEL *Levita*, Nm. 3.24

LAGAR

Éx. 22.29 no demorarás la primicia de..de tu *l*
Nm. 18.27 se os contará..como producto del *l*
18.30 será contado a los..como producto del *l*
Dt. 15.14 le abastecerás..de tu era y de tu *l*
16.13 hecho la cosecha de tu era y de tu *l*
Jue. 6.11 estaba sacudiendo el trigo en el *l*
7.25 y a Zeeb lo mataron en el *l* de Zeeb; y
2 R. 6.27 ¿de dónde te..¿Del granero, o del *l*?
Neh. 13.15 algunos que pisaban en *l* en el día
Job 24.11 aceite, pisan los *l*, y mueren de sed
Pr. 3.10 y serán llenos..*l* rebosarán de mosto
Is. 5.2 una torre, y hecho también en ella un *l*
16.10 no pisará vino en los *l* el pisador
63.2 es rojo..como del que ha pisado en *l*?
63.3 pisado yo solo el *l*, y de los pueblos
Jer. 48.33 y de los *l* haré que falte el vino
Lm. 1.15 como *l* ha hollado el Señor a..de Judá
Os. 9.2 la era y el *l* no los mantendrán, y les
Jl. 2.24 y los *l* rebosarán de vino y aceite
3.13 venid..el *l* está lleno, rebosan las cubas
Hag. 2.16 al *l* para sacar cincuenta cántaros
Zac. 14.10 desde la torre..hasta los *l* del rey
Mt. 21.33; Mr. 12.1 cavó un *l*, edificó..torre
Ap. 14.19 echó las uvas en el gran *l* de la ira
14.20 y fue pisado el *l* fuera de la ciudad
14.20 del *l* salió sangre hasta los frenos de
19.15 él pisa el *l* del vino del furor y de

LAGARERO

Is. 16.10 lagares..hecho cesar el grito del *l*
Jer. 25.30 canción de *l* cantará contra todos

LAGARTIJA

Lv. 11.30 erizo..lagarto, la *l* y el camaleón

LAGARTO

Lv. 11.30 erizo..*l*, la lagartija y el camaleón

LAGO

Lc. 5.1 estando Jesús junto al *l* de Genesaret
5.2 vio dos barcas..cerca de la orilla del *l*
8.22 y les dijo: Pasemos al otro lado del *l*
8.23 una tempestad de viento en el *l*; y se
8.33 el hato se precipitó..al *l*, y se ahogó
Ap. 19.20 lanzados..dentro de un *l* de fuego que
20.10 el diablo..fue lanzado en el *l* de fuego
20.14 la muerte y el..fueron lanzados al *l* de
20.15 no se halló..fue lanzado al *l* de fuego
21.8 tendrán su parte en el *l* que arde con

LÁGRIMA

2 R. 20.5 he oído tu oración, y he visto tus *l*
Job 16.20 mis amigos..ante Dios derramaré mis *l*
Sal. 6.6 las noches..riego mi cama con mis *l*
39.12 oye..mi clamor. No calles ante mis *l*
42.3 fueron mis *l* mi pan de día y de noche
56.8 pon mis *l* en tu redoma; ¿no están ellas
80.5 diste a comer pan de *l*, y a beber *l* en
84.6 atravesando el valle de *l* lo cambian en
102.9 como ceniza..y mi bebida mezclo con *l*
116.8 tú has librado mi alma..mis ojos de *l*
126.5 los que sembraron con *l*, con regocijo
Ec. 4.1 y he aquí las *l* de los oprimidos, sin
Is. 16.9 regaré con mis *l*, oh Hesbón y Eleale
25.8 y enjugará Jehová el Señor toda *l* de
38.5 he oído tu oración, y visto tus *l*; he
Jer. 9.1 mis ojos fuentes de *l*, para que llore
9.18 desháganse nuestros ojos en *l*..en aguas
13.17 se desharán mis ojos en *l*, porque el
14.17 derramen mis ojos *l* noche y día, y no
31.16 reprime del llanto..de las *l* tus ojos
Lm. 1.2 llora en la noche, y sus *l* están en sus
2.11 mis ojos desfallecieron de *l*..entrañas
2.18 hija de Sion, echa *l* cual arroyo día y
Ez. 24.16 endeches, ni llores, ni corran tus *l*
Mal. 2.13 haréis cubrir el altar de Jehová de *l*
Lc. 7.38 comenzó a regar con *l* sus pies, y los
7.44 ésta ha regado mis pies con *l*, y los ha
Hch. 20.19 sirviendo al Señor..y con muchas *l*
20.31 día, no he cesado de amonestar con *l*
2 Co. 2.4 os escribí con muchas *l*, no para que
2 Ti. 1.4 deseando verte, al acordarme de..*l*
He. 5.7 ofreciendo ruegos y súplicas con..y *l*
12.17 oportunidad..aunque la procuró con *l*
Ap. 7.17 enjugará toda *l* de los ojos de ellos
21.4 enjugará Dios toda *l* de los ojos de ellos

LAGUNA

Is. 14.23 y la convertiré..en *l* de agua; y la
Jer. 14.3 vinieron a las *l*, y no hallaron agua
Ez. 47.11 sus pantanos y sus *l* no se sanearán

LAHAD *Descendiente de Judá*, 1 Cr. 4.2

LAHMAM *Aldea en Judá*, Jos. 15.40

LAHMI *Hermano de Goliat geteo*, 1 Cr. 20.5

LAIS

1. Ciudad cananea en el norte de Palestina (=Lesem)

Jue. 18.7 vinieron a *L*; y vieron que el pueblo
18.14 habían ido a reconocer la tierra de *L*
18.27 llegaron a *L*, al pueblo tranquilo y
18.29 bien que antes se llamaba la ciudad *L*
Is. 10.30 haz que se oiga hacia *L*, pobrecilla

2. Padre de Palti No. 2, 1 S. 25.44; 2 S. 3.15

LAMA

Mt. 27.46 diciendo: Elí, Elí, ¿*l* sabactani?
Mr. 15.34 Eloi, ¿*l* sabactani? que traducido es

LAMEC

1. Hijo de Metusael

Gn. 4.18 a Metusael, y Metusael engendró a *L*
4.19 *L* tomó para sí dos mujeres..Ada..Zila
4.23 dijo *L* a sus mujeres: Ada y Zila, oíd
4.23 mujeres de *L*, escuchad mi dicho: Que un
4.24 *L* en verdad setenta veces siete lo será

2. Hijo de Matusalén y padre de Noé, Gn. 5.25,26,28,30,31; 1 Cr. 1.3; Lc. 3.36

LAMENTACIÓN

Gn. 50.10 y endecharon..grande y muy triste *l*
2 Cr. 35.25 recitan esas *l* sobre Josías hasta
Est. 4.3 los judíos gran luto, ayuno, lloro y *l*
Sal. 78.64 espada, y sus viudas no hicieron *l*
Jer. 9.10 por los montes levantaré lloro y *l*
9.20 enseñad endechas..*l* cada una a su amiga
Ez. 2.10 y había escritas en él endechas y *l*
27.32 levantarán sobre ti endechas en sus *l*
Am. 5.1 oíd esta palabra..para *l* sobre vosotros
8.10 cambiaré..todos vuestros cantares en *l*
Mi. 2.4 hará endecha de *l*, diciendo: Del todo
Mt. 2.18 grande *l*, lloro y gemido; Raquel que
Lc. 8.52 y lloraban todos y hacían *l* por ella
23.27 mujeres que lloraban y hacían *l* por él
Ap. 1.7 todos los linajes de la tierra harán *l*
18.9 llorarán y harán *l* sobre ella, cuando
18.11 los mercaderes de..hacen *l* sobre ella

LAMENTADOR

Job 30.31 se ha cambiado..mi flauta en voz de *l*

LAMENTAR

Lv. 10.6 *lamentarán* por el incendio que Jehová
1 S. 7.2 la casa de Israel *lamentaba* en pos de
28.3 todo Israel lo había *lamentado*..en Ramá
2 S. 1.12 *lamentaron* y ayunaron hasta la noche
Job 35.9 se *lamentarán* por el poderío de los
Is. 15.4 *lamentará* el alma de cada uno dentro
16.9 *lamentaré* con lloro la viña de Sibma; te
32.12 golpeándose el pecho *lamentarán* por
Jer. 4.31 voz de la hija de Sion que *lamenta*
16.5 ni vayas a *lamentar*, ni los consueles
22.18 lo *lamentarán*, diciendo: ¡Ay, señor!
31.15 Raquel que *lamenta* por sus hijos, y no
31.18 he oído a Efraín que se *lamentaba*: Me
47.2 clamarán, y *lamentará* todo morador de
48.20 se avergonzó Moab..*lamentad* y clamad
48.39 ¡*lamentad*! ¡Cómo ha sido quebrantado!
49.3 *lamenta*, oh Hesbón, porque destruida es
Lm. 2.8 hizo, pues, que se *lamentara* el antemuro
3.39 ¿por qué se *lamenta*..*Laméntese*..pecado
Ez. 7.11 ni habrá entre ellos quien se *lamente*
21.12 clama y *lamenta*, oh hijo de hombre
30.2 ha dicho..*Lamentad*: ¡Ay de aquel día!
Os. 10.5 pueblo *lamentará* a causa del becerro
Jl. 1.13 ceñíos y *lamentad*, sacerdotes; gemid
Mi. 1.8 por esto *lamentaré* y aullaré, y andaré
Zac. 12.12 tierra *lamentará*, cada linaje aparte
Mt. 11.17 flauta..endechamos, y no *lamentasteis*
24.30 entonces *lamentarán* todas las tribus de
Mr. 5.38 los que lloraban y *lamentaban* mucho
Lc. 6.25 ¡ay de..porque *lamentaréis* y lloraréis
Jn. 16.20 *lamentaréis*, y el mundo se alegrará
1 Co. 5.2 debierais más bien haberos *lamentado*
2 Co. 7.8 no me pesa, aunque entonces..*lamenté*
Stg. 4.9 afligíos, y *lamentad*, y llorad. Vuestra
Ap. 18.15 pararán lejos..llorando y *lamentando*
18.19 y *lamentando*, diciendo: ¡Ay, ay de la

LAMENTO

2 S. 13.36 siervos lloraron con muy grandes *l*
2 Cr. 35.25 las cuales están..en el libro de *L*
Sal. 30.11 cambiado mi *l* en baile; desataste
102 *tít.* y delante de Jehová derrama su *l*
Lm. 2.5 multiplicó en la..la tristeza y el *l*
Jl. 2.12 convertíos a mí..con ayuno y lloro y *l*
Mi. 1.8 haré aullido..y *l* como de avestruces

LAMER

Nm. 22.4 *lamerá* esta gente..como *lame* el buey
Jue. 7.5 *lamiere* las aguas..como *lame* el perro
7.6 número de los que *lamieron*..300 hombres
7.7 con estos..*lamieron* el agua os salvaré
1 R. 18.38 aun *lamió* el agua que estaba en la
21.19 donde *lamieron* los perros la sangre de
21.19 los perros *lamerán* también tu sangre
22.38 perros *lamieron* su sangre (y también
Sal. 72.9 ante él..enemigos *lamerán* el polvo
Is. 49.23 reyes..*lamerán* el polvo de tus pies
Mi. 7.17 *lamerán* el polvo como la culebra; como
Lc. 16.21 aun los perros..le *lamían* las llagas

LÁMINA

Éx. 28.36 harás además una *l* de oro fino, y
39.3 y batieron *l* de oro, y cortaron hilos
39.30 hicieron..la *l* de la diadema santa de
Lv. 8.9 sobre la mitra..puso la *l* de oro, la

LÁMPARA

Éx. 27.20 para hacer arder continuamente las *l*
30.7 Aarón..cuando aliste las *l* lo quemará
30.8 cuando Aarón encienda las *l*..incienso
35.14 sus *l*, y el aceite para el alumbrado
40.4 meterás..candelero y encenderás sus *l*
40.25 encendió las *l* delante de Jehová, como
Lv. 24.2 para hacer arder las *l* continuamente
24.4 pondrá siempre..las *l* delante de Jehová
Nm. 8.2 cuando enciendas las *l*, las siete *l*
8.3 encendió..sus *l*, como Jehová lo mandó a
1 S. 3.3 antes que la *l* de Dios fuese apagada
2 S. 21.17 no sea que apagues la *l* de Israel
22.29 mi *l*, oh Jehová; mi Dios alumbrará mis
1 R. 7.49 las flores, las *l* y tenazas de oro
11.36 mi siervo David tenga *l*..delante de mí
15.4 por amor a David, Jehová..le dio *l* en
2 R. 8.19 porque había prometido darle *l* a él
1 Cr. 28.15 oro en peso para..sus *l*; en peso
28.15(2) en peso..cada candelero y sus *l*
2 Cr. 4.20 los candeleros y sus *l*, de oro puro
13.11 el candelero de oro con sus *l* para que
21.7 le había dicho que le daría *l* a él y a
29.7 apagaron las *l*; no quemaron incienso, ni
Job 12.5 como una *l* despreciada de aquel que
18.6 su tienda, y se apagará sobre él su *l*
21.17 veces la *l* de los impíos es apagada
29.3 hacía resplandecer sobre mi cabeza su *l*
Sal. 18.28 tú encenderás mi *l*; Jehová mi Dios
119.105 *l* es a..pies tu palabra, y lumbrera
132.17 de David; he dispuesto *l* a mi ungido
Pr. 6.23 el mandamiento es *l*, y la enseñanza
13.9 luz..mas se apagará la *l* de los impíos
20.20 se apagará su *l* en oscuridad tenebrosa
20.27 *l* de Jehová es el espíritu del hombre
24.20 fin, y la *l* de los impíos será apagada
31.18 sus negocios; su *l* no se apaga de noche
Jer. 25.10 desaparezca..voz de gozo..luz de *l*
Zac. 4.2 y sus siete *l* encima del candelabro
4.2 siete tubos para las *l* que están encima
Mt. 6.22 la *l* del cuerpo es el ojo; así que
25.1 vírgenes que tomando sus *l*, salieron a
25.3 insensatas, tomando sus *l*, no tomaron
25.4 tomaron aceite en..juntamente con sus *l*
25.7 todas..se levantaron, y arreglaron sus *l*
25.8 dadnos de..porque nuestras *l* se apagan
Lc. 11.34 la *l* del cuerpo es el ojo; cuando tu
11.36 luminoso, como cuando una *l* te alumbra
12.35 estén ceñidos..vuestras *l* encendidas
15.8 enciende la *l*, y barre la casa, y busca
Hch. 20.8 había muchas *l* en el aposento alto
Ap. 4.5 y delante del trono ardían siete *l* de
18.23 luz de *l* no alumbrará más en ti, ni voz
22.5 no tienen necesidad de luz de *l*, ni de

LAMPARILLA

Éx. 25.37 harás siete *l*, las cuales encenderás
37.23 hizo asimismo sus siete *l*..de oro puro
39.37 sus *l*, las *l* que debían mantenerse en
Nm. 4.9 *l*, sus despabiladeras, sus platillos
2 Cr. 4.21 *l* y tenazas se hicieron de oro, de

LAMPIÑO

Gn. 27.11 mi hermano es hombre velloso, y yo *l*

LANA

Lv. 13.47 vestido..sea vestido de *l*, o de lino
13.48 lino o de *l*, o en cuero, o en cualquiera
13.52 será quemado el vestido..trama de *l* o
13.59 la ley para la plaga..del vestido de *l*
Dt. 18.4 las primicias de la *l* de tus ovejas
22.11 no vestirás..de *l* y lino juntamente
Jue. 6.37 yo pondré un vellón de *l* en la era
Sal. 147.16 da la nieve como *l*, y derrama la
Pr. 31.13 busca *l* y lino, y con voluntad trabaja
Is. 1.18 pecados..vendrán a ser como blanca *l*
51.8 polilla, como a *l* los comerá gusano; pero
Ez. 27.18 vino de Helbón y *l* blanca negociaban
34.3 coméis la grosura, y os vestís de la *l*
44.17 lino; no llevarán sobre ellos cosa de *l*
Dn. 7.9 y el pelo de su cabeza como *l* limpia
Os. 2.5 mis amantes, que me dan..*l* y mi lino
2.9 quitaré mi *l*..había dado para cubrir su
He. 9.19 tomó la sangre..con agua, *l* escarlata
Ap. 1.14 sus cabellos eran blancos como blanca *l*

LANCERO

Hch. 23.23 mandó que preparasen..doscientos *l*

LANCETA

1 R. 18.28 se sajaban con..y con *l* conforme a

LANGOSTA

Éx. 10.4 mañana yo traeré..tu territorio la *l*
10.12 extiende tu mano..traer la *l*, a fin de
10.13 la mañana el viento oriental trajo la *l*
10.14 subió la *l* sobre..la tierra de Egipto
10.19 quitó la *l*..ni una *l* quedó en todo el
Lv. 11.22 la *l* según su especie, el langostín
Nm. 13.33 éramos..como *l*..y así les parecíamos
Dt. 28.38 y recogerás poco..la *l* lo consumirá
28.42 tu arboleda..serán consumidos por la *l*
Jue. 6.5 venían con..en grande multitud como *l*
7.12 estaban tendidos en el valle como *l* en
1 R. 8.37 si en la tierra hubiere..*l* o pulgón
2 Cr. 6.28 si hubiere tizoncillo o..*l* o pulgón
7.13 si mandare a la *l* que consuma la tierra
Job 39.20 ¿le intimidarás tú como a *l*?
Sal. 78.46 dio también..y sus labores a la *l*
105.34 y vinieron *l*, y pulgón sin número
109.23 me voy como la..soy sacudido como *l*
Pr. 30.27 *l*, que no tienen rey, y salen todas
Ec. 12.5 la *l* será una carga, y se perderá el
Is. 33.4 como de una a otra parte corren las *l*
40.22 la tierra, cuyos moradores son como *l*
Jer. 46.23 porque serán más numerosos que *l*
51.14 yo te llenaré de hombres como de *l*, y
51.27 haced subir caballos como *l* erizadas
Jl. 1.4 y la *l* comió lo que del revoltón había
2.25 los años que comió..el revoltón y la *l*
Am. 4.9 la *l* devoró vuestros muchos huertos y
7.1 él criaba *l* cuando comenzaba a crecer el
Nah. 3.15 te devorará como..multiplícate como *l*
3.16 multiplicaste..la *l* hizo presa, y voló
3.17 tus príncipes serán como *l*..como nubes
3.17 grandes como nubes de *l* que se sientan
Mt. 3.4 Juan..su comida era *l* y miel silvestre
Mr. 1.6 vestido de..comía *l* y miel silvestre
Ap. 9.3 y del humo salieron *l* sobre la tierra
9.7 el aspecto..*l* era semejante a caballos

LANGOSTÍN

Lv. 11.22 estos comeréis..el *l* según su especie

LANGOSTÓN

Nah. 3.15 como langosta, multiplícate como el *l*

LANGUIDECER

1 S. 2.5 la que tenía muchos hijos *languidece*
Jer. 15.9 *languideció* la que dio a luz siete

LANZA

Nm. 25.7 se levantó..y tomó una *l* en su mano
Jos. 8.18 extiende la *l* que tienes en tu mano
8.18 Josué extendió hacia la ciudad la *l* que
8.26 su mano que había extendido con la *l*
Jue. 5.8 ¿se veía escudo o *l* entre 40.000 en
1 S. 13.19 que los hebreos no hagan espada o *l*
13.22 se halló espada ni *l* en mano de ninguno
17.7 el asta de su *l* era como un rodillo de
17.7 tenía el hierro de su *l* 600 siclos de
17.45 vienes a mí con espada y *l* y jabalina
17.47 sabrá..que Jehová no salva con..con *l*
18.10 tocaba..y tenía Saúl la *l* en la mano
18.11 y arrojó Saúl la *l*..lo evadió dos veces
19.9 sentado en su casa tenía una *l* a mano
19.10 procuró enclavar a David con la *l* a la
19.10 Saúl, el cual hirió con la *l* en la pared
20.33 Saúl le arrojó una *l* para herirlo
21.8 ¿no tienes aquí a mano *l* o espada?
22.6 Saúl..tenía su *l* en su mano, y todos sus
26.7 y su *l* clavada en tierra a su cabecera
26.8 ahora..déjame que le hiera con la *l*, y
26.11 pero toma..la *l* que está a su cabecera
26.12 se llevó, pues, David la *l* y la vasija
26.16 mira..ahora, dónde está la *l* del rey
26.22 he aquí la *l* del rey; pase acá uno de
2 S. 1.6 hallé a Saúl que se apoyaba sobre su *l*
2.23 lo hirió Abner con el regatón de la *l*
2.23 salió la *l* por la espalda, y cayó allí
21.16 uno..cuya *l* pesaba 300 siclos de bronce
21.19 el asta de cuya *l* era como el rodillo
23.7 se arma de hierro y de asta de *l*, y son
23.18 éste alzó su *l* contra trescientos, a
23.21 y tenía el egipcio una *l* en su mano
23.21 arrebató..la *l*..mató con su propia *l*
2 R. 11.10 sacerdote dio..las *l* y los escudos
1 Cr. 11.11 blandió su *l*..contra trescientos
11.20 blandió su *l* contra 300 y los mató, y
11.23 una *l* como un rodillo de tejedor, mas
11.23 y arrebató al egipcio la *l* de la mano
11.23 al egipcio..y lo mató con su misma *l*
12.24 los hijos de Judá que traían escudo y *l*
12.34 mil..y con ellos 37.000 con escudo y *l*
20.5 el asta de cuya *l* era como un rodillo de
2 Cr. 11.12 todas las ciudades puso escudos y *l*
14.8 tuvo..Asa ejército que traía escudos y *l*
23.9 dio..las *l*, los paveses y los escudos
25.5 escogidos para..que tenían *l* y escudo
26.14 y Uzías preparó..*l*, yelmos, coseletes
Neh. 4.13 puse al pueblo..con sus *l* y con sus
4.16 la otra mitad tenía *l*, escudos, arcos y
4.21 tenían *l* desde la subida del alba hasta
Job 39.23 contra él suenan..el hierro de la *l*
41.26 ni *l*, ni dardo, ni coselete durará
Sal. 35.3 la *l*, cierra contra mis perseguidores
46.9 quiebra el arco, corta la *l*, y quema los
57.4 sus dientes son *l* y saetas, y su lengua
Is. 2.4 volverán sus espadas..y sus *l* en hoces
Jer. 46.4 limpiad las *l*, vestíos las corazas
50.42 arco y *l* manejarán; serán crueles, y
Ez. 39.9 quemarán armas..dardos de mano y *l*
Jl. 3.10 forjad espadas..*l* de vuestras hoces
Mi. 4.3 y sus *l* para hoces; no alzará espada
Nah. 3.3 y resplandor de..y resplandor de *l*
Hab. 3.11 luz..y al resplandor de tu fulgente *l*
Jn. 19.34 uno..le abrió el costado con una *l*

LANZADERA

Job 7.6 mis días fueron más veloces que la *l*

LANZAR

1 S. 14.32 se *lanzó* el pueblo sobre el botín
2 S. 22.15 y *lanzó* relámpagos, y los destruyó
1 R. 21.26 los cuales *lanzó* Jehová de delante
2 R. 17.8 Jehová había *lanzado* de delante de
Job 18.18 de la luz será *lanzado* a..tinieblas
Sal. 18.14 *lanzó* relámpagos, y los destruyó
64.3 *lanzan* cual saeta suya, palabra amarga
68.2 como es *lanzado* el humo, los *lanzarás*
Pr. 10.3 mas la iniquidad *lanzará* a los impíos
14.32 por su maldad será *lanzado* el impío
Jer. 4.16 *lanzarán* su voz contra las ciudades
9.3 hicieron que su lengua *lanzara* mentira
49.5 seréis *lanzados* cada uno derecho hacia
Lc. 8.28 *lanzó* un gran grito, y postrándose a
Hch. 14.5 los judíos..se *lanzaron* a afrentarlos
14.14 se *lanzaron* entre la multitud, dando
19.29 se *lanzaron* al teatro, arrebatando a
22.23 como ellos..y *lanzaban* polvo al aire
Jud. 11 se *lanzaron* por lucro en el error de
Ap. 8.7 que fueron *lanzados* sobre la tierra
12.9 y fue *lanzado* fuera el gran dragón, la
12.10 ha sido *lanzado* fuera el acusador de
19.20 estos dos fueron *lanzados* vivos dentro
20.10 y el diablo..fue *lanzado* en el lago de
20.14 la muerte y..fueron *lanzados* al lago
20.15 que no se halló..fue *lanzado* al lago

LAODICEA *Ciudad en la provincia de Asia*

Col. 2.1 gran lucha..y por los que están en *L*
4.13 gran solicitud..por los que están en *L*
4.15 saludad a los hermanos que están en *L*
4.16 que la de *L* la leáis también vosotros
Ap. 1.11 y envíalo a..Sardis, Filadelfia y *L*
3.14 y escribe al ángel de la iglesia en *L*

LAODICENSE *Perteneciente a Laodicea,* **Col. 4.16**

LAPIDOT *Marido de Débora la profetisa,* **Jue. 4.4**

LAPSO

Hch. 5.7 pasado un *l* como de tres horas..entró

LAQUIS *Ciudad cananea, posteriormente de Judá*

Jos. 10.3 a Jafía rey de *L* y a Debir rey de
• 10.5,23 el rey de *L* y el rey de Eglón
10.31 y Josué..pasó de Libna a *L*, y acampó
10.32 Jehová entregó a *L* en mano de Israel
10.33 Horam..subió en ayuda de *L*; mas a él
10.34 de *L* pasó Josué, y todo Israel con él
10.35 aquel día mató..como había hecho en *L*
12.11 rey de Jarmut otro; el rey de *L*, otro
15.39 *L*, Boscat, Eglón
2 R. 14.19 huyó a *L*..le persiguieron hasta *L*
18.14 envió a decir al rey de Asiria..en *L*
18.17 envió..ejército desde *L* contra Jerusalén
19.8 Libna; porque oyó que se había ido de *L*
2 Cr. 11.9 Adoraim, *L*, Azeca
25.27 huido a *L*, enviaron tras él a *L*, y allá
32.9 rey..mientras sitiaba a *L* con todas sus
Neh. 11.30 en *L* y sus tierras, y en Azeca y sus
Is. 36.2 envió..desde *L* a Jerusalén contra el
37.8 había oído que se había apartado de *L*
Jer. 34.7 ejército del rey..peleaba contra..*L*
Mi. 1.13 bestias veloces, oh moradores de *L*

LARGAR

Hch. 27.30 como que querían *largar* las anclas
27.40 *largando* también las amarras del timón

LARGO, GA

Gn. 13.17 vé por la tierra a lo *l* de ella y a
Éx. 26.13 a lo *l* de las cortinas de la tienda
27.11 habrá a lo *l* cortinas de cien codos de
28.16 de un palmo de *l* y un palmo de ancho
Nm. 11.32 las tendieron para sí a lo *l* alrededor
20.15 y estuvimos en Egipto *l* tiempo, y los
Dt. 4.26 no estaréis en ella *l* días sin que
5.33 tengáis *l* días en la tierra que habéis
14.24 si..fuere tan *l* que no puedas llevarle
19.6 y le alcance por ser *l* el camino, y le
32.42 las cabezas de *l* cabellera del enemigo
Jos. 9.13 viejos a causa de lo muy *l* del camino
Jue. 3.16 puñal de dos filos, de un codo de *l*
1 S. 27.8 amalecitas..habitaban de *l* tiempo la
2 S. 3.1 hubo *l* guerra entre la casa de Saúl y
1 R. 6.2 las casa..tenía sesenta codos de *l* y
6.3 y el pórtico..tenía veinte codos de *l* a
6.20 el lugar santísimo..veinte codos de *l*
7.6 un pórtico..tenía cincuenta codos de *l*
19.7 levántate y..porque *l* camino te resta
2 R. 13.3 y los entregó en mano..por *l* tiempo
2 Cr. 3.4 el pórtico..era de veinte codos de *l*
4.2 mar..un cordón de 30 codos de *l* lo ceñía
6.13 hecho un estrado..de cinco codos de *l*
Job 7.4 la noche es *l*, y..lleno de inquietudes
12.12 está la..en la *l* edad la inteligencia
Sal. 23.6 la casa de Jehová moraré por *l* días
91.16 lo saciaré de *l* vida, y le mostraré mi
129.3 araron los aradores; hicieron *l* surcos
Pr. 7.19 porque el marido..ha ido a un *l* viaje
25.15 con *l* paciencia se aplaca el príncipe
Is. 53.10 verá linaje, vivirá por *l* días, y la
64.5 pecados hemos perseverado por *l* tiempo
Jer. 29.28 envió a decir..*L* será el cautiverio
Lm. 5.20 ¿por qué..nos abandonas tan *l* tiempo?
Ez. 17.3 gran águila..de *l* miembros, llena de
40.7 cada cámara tenía una caña de *l*, y una
40.30 los arcos..de veinticinco codos de *l*
41.8 eran de una caña entera de seis codos *l*
41.12 pared del edificio..noventa codos de *l*
41.13 luego midió la casa, cien codos de *l*
42.7 el muro, que..tenía cincuenta codos de *l*
42.10 a lo *l* del muro del..hacia el oriente
43.16 el altar tenía doce codos de *l*, y doce
Sof. 3.18 fastidiados por causa del *l* tiempo
Zac. 5.2 veo un rollo..de veinte codos de *l*, y
Mt. 23.14 y como pretexto hacéis *l* oraciones
Mr. 12.38 que gustan de andar con *l* ropas, y
12.40 casas..y por pretexto hacen *l* oraciones
16.5 un joven..cubierto de una *l* ropa blanca
Lc. 10.31 un sacerdote..y viéndole, pasó de *l*
10.32 llegando cerca..y viéndole, pasó de *l*
20.46 escribas..gustan de andar con ropas *l*
20.47 casas..y por pretexto hacen *l* oraciones
Hch. 20.16 había propuesto pasar de *l* a Efeso
Ef. 6.3 te vaya bien, y seas de *l* vida sobre
2 P. 2.3 *l* tiempo la condenación no se tarda

LARGURA

Sal. 21.4 *l* de días eternamente y para siempre
Pr. 3.2 porque *l* de días y años de vida y paz
3.16 *l* de días está en su mano derecha; en

LASA *Lugar en la frontera de Canaán,* **Gn. 10.19**

LASCIVIA

Mr. 7.22 la *l*, la envidia, la maledicencia, la
Ro. 1.27 se encendieron en su *l* unos con otros
13.13 no en lujurias y *l*, no en contiendas
2 Co. 12.21 y no se han arrepentido de la..*l*
Gá. 5.19 las obras de la carne..inmundicia, *l*
Ef. 4.19 se entregaron a la *l* para cometer con
1 P. 4.3 basta..andando en *l*, concupiscencias

LASEA *Ciudad en Creta,* **Hch. 27.8**

LÁSTIMA

Jon. 4.10 tuviste tú *l*, de la calabacera, en

LASTIMAR

Pr. 26.28 falsa atormenta al que ha *lastimado*

LASTIMERAMENTE

Is. 59.11 gemimos *l* como palomas; esperamos

LATERAL
1 R. 6.5 edificó..e hizo cámaras *l* alrededor
Ez. 41.6 cámaras *l* estaban sobrepuestas unas

LÁTIGO
Pr. 26.3 *l* para el caballo, el cabestro para
Lm. 3.1 visto aflicción bajo el *l* de su enojo
Nah. 3.2 chasquido de *l*, y fragor de ruedas

LATÍN *Idioma de los romanos*
Jn. 19.20 el título estaba..en griego y en *l*

LATINA *Referente al latín*
Lc. 23.38 letras griegas, *l* y hebreas: Este

LATROCINIO
Is. 61.8 soy aborrecedor del *l* para holocausto

LAUREL
Sal. 37.35 vi yo al impío..se extendía como *l*

LAVADERO
Cnt. 4.2; 6.6 manadas de ovejas..suben del *l*

LAVADOR
2 R. 18.17 en el camino de la heredad del *L*
Is. 7.3; 36.2 el camino de la heredad del *L*
Mal. 3.2 él es como fuego..y como jabón de *l*
Mr. 9.3 ningún *l*..los puede hacer tan blancos

LAVAMIENTO
Mr. 7.4,8 los *l* de los vasos de beber
Ef. 5.26 purificado en el *l* del agua por la
Tit. 3.5 por el *l* de la regeneración y por la

LAVAR
Gn. 18.4 poco de agua, y *lavad* vuestros pies
19.2 os hospedéis, y *lavaréis* vuestros pies
24.32 agua para *lavar* los pies de él, y los
43.24 y les dio agua, y *lavaron* sus pies, y
43.31 *lavó* su rostro y salió, y se contuvo
49.11 *lavó* en el vino su vestido, y en la
Éx. 2.5 la hija de Faraón descendió a *lavarse*
19.10 santifícalos hoy.. y *laven* sus vestidos
19.14 y santificó al..y *lavaron* sus vestidos
29.4 a Aarón y a sus hijos..los *lavarás* con
29.17 *lavarás* sus intestinos y sus piernas
30.18 una fuente de bronce, con..para *lavar*
30.19 y de ella se *lavarán* Aarón y sus hijos
30.20 se *lavarán* con agua, para que no mueran
30.21 se *lavarán* las manos y los pies, para
40.12 a Aarón y a sus..los *lavarás* con agua
40.30 fuente..y puso en ella agua para *lavar*
40.31 Aarón y sus hijos *lavaban* en ella sus
40.32 acercaban al altar, se *lavaban*, como
Lv. 1.9 y *lavará* con agua los intestinos y las
1.13 *lavará* las entrañas y..piernas con agua
6.27 sangre..*lavarás* aquello sobre que cayere
6.28 vasija..será fregada y *lavada* con agua
8.6 hizo acercarse a..y los *lavó* con agua
8.21 *lavó* luego con agua los intestinos y las
9.14 luego *lavó* los intestinos y las piernas
11.25,28,40(2) *lavará*..vestidos y será inmundo
13.6,34 *lavará* sus vestidos y será limpio
13.54 mandará que *laven* donde está la plaga
13.55 después que la plaga fuere *lavada*; y
13.56 ha oscurecido después que fue *lavada*
13.58 cosa..que *lavares*..se *lavará* segunda vez
14.8 *lavará* sus vestidos..y se *l* con agua, y
14.9 *lavará* sus vestidos, y *l* su cuerpo en
14.47 durmiere en aquella casa, *lavará* sus
14.47 el que comiere en..*lavará* sus vestidos
15.5,6,7,11,13,22,27 *lavará* sus vestidos; se *l* también a sí mismo
15.8 éste *lavará* sus vestidos, y después de
15.8 después de haberse *lavado* con agua, será
15.10 *lavará*..vestidos, y después de *lavarse*
15.11 tocare..y no *lavare* con agua sus manos
15.12 vasija de madera será *lavada* con agua
15.16 *lavará* en agua todo su cuerpo, y será
15.17 *lavará* con agua, y será inmunda hasta
15.18 se *lavarán* con agua, y serán inmundos
15.21 que tocare su cama, *lavará* sus vestidos
15.21 y después de *lavarse* con..será inmundo
16.4 ha de vestir después de *lavar* su cuerpo
16.24 *lavará* luego su cuerpo con agua en el
16.26,28 *lavará* sus vestidos, *l*..su cuerpo
17.15 *lavará* sus vestidos y a sí mismo se *l*
17.16 no los *lavare*, ni *l* su cuerpo, llevará
22.6 y no comerá..antes que haya *lavado* su
Nm. 8.7 *lavarán* sus vestidos, y..purificados
8.21 se purificaron, y *lavaron* sus vestidos
19.7,8 *lavará* luego sus vestidos, *l*..cuerpo
19.10 recogió..cenizas..*lavará* sus vestidos
19.19 él *lavará*..vestidos, y a sí mismo se *l*
19.21 el que rociare el..*lavará* sus vestidos
31.24 *lavaréis* vuestros vestidos el séptimo
Dt. 21.6 *lavarán* sus manos sobre la becerra
23.11 al caer la noche se *lavará* con agua
Jue. 19.21 y se *lavaron* los pies, y comieron
Rt. 3.3 te *lavarás*..te ungirás, y vistiéndote
1 S. 25.41 una sierva para *lavar* los pies de
2 S. 11.8 desciende a tu casa, y *lava* tus pies
12.20 David..se *lavó* y se ungió, y cambió sus
19.24 no había *lavado* sus pies, ni..su barba
19.24 ni tampoco había *lavado* sus vestidos
1 R. 22.38 y *lavaron* el carro en el estanque
22.38 y también las rameras se *lavaban* allí
2 R. 5.10 y *lávate* siete veces en el Jordán
5.12 me *lavare* en ellos, ¿no seré..limpio?
5.13 más, diciéndote: *Lávate*, y serás limpio?
2 Cr. 4.6 fuentes..para *lavar*..que se ofrecía
4.6 mar..para que los sacerdotes se *lavaran*
Job 9.30 aunque me *lave* con aguas de nieve, y
29.6 cuando *lavaba* yo mis pasos con leche
Sal. 26.6 *lavaré* en inocencia mis manos, y así
51.2 *lávame* más y más de mi maldad..pecado
51.7 *lávame*, y seré más blanco que la nieve
58.10 sus pies *lavará* en la sangre del impío
60.8 Moab, vasija para *lavarme;* sobre Edom
73.13 vano..*lavado* mis manos en inocencia
108.9 Moab, la vasija para *lavarme;* sobre
Cnt. 5.3 he *lavado* mis pies; ¿cómo los he de
5.12 se *lavan* con leche, y a la perfección
Is. 1.16 *lavaos* y limpiaos..de hacer lo malo
4.4 cuando el Señor *lava* las inmundicias de
Jer. 2.22 *laves* con lejía, y amontones jabón
4.14 *lava* tu corazón de maldad, oh Jerusalén
Ez. 16.4 ni fuiste *lavada* con aguas..ni salada
16.9 te *lavé* con agua, y *l* tus sangres..de ti
23.40 amor de ellos te *lavaste*, y pintaste
40.38 una cámara..allí *lavarán* el holocausto
Mt. 6.17 cuando ayunes, unge tu cabeza y *lava*
15.2 no se *lavan* las manos cuando comen pan
15.20 pero el comer con las manos sin *lavar*
27.24 tomó agua y se *lavó* las manos delante
Mr. 7.2 comer pan con manos..no *lavadas*, los
7.3 si muchas veces no se *lavan* las manos, no
7.4 volviendo de..si no se *lavan*, no comen
Lc. 5.2 y los pescadores..*lavaban* sus redes
11.38 se extrañó de que no se hubiese *lavado*
Jn. 9.7 vé a *lavarte* en el estanque de Siloé
9.7 fue entonces, y se *lavó*, y regresó viendo
9.11 vé al Siloé, y *lávate;* y fui, y me *lavé*
9.15 me puso lodo sobre los ojos, y me *lavé*
13.5 comenzó a *lavar* los pies de..discípulos
13.6 le dijo: Señor, ¿tú me *lavas* los pies?
13.8 le dijo: No me *lavarás* los pies jamás
13.8 no te *lavare*, no tendrás parte conmigo
13.10 Jesús le dijo: El que está *lavado*, no
13.10 no necesita sino *lavarse* los pies, pues
13.12 después que les hubo *lavado* los pies
13.14 pues si yo, el..he *lavado* vuestros pies
13.14 debéis *lavaros* los pies los unos a los
Hch. 9.37 después de *lavada*, la pusieron en una
16.33 y él, tomándolos..les *lavó* las heridas
22.16 ahora..bautízate, y *lava* tus pecados
1 Co. 6.11 habéis sido *lavados*, ya habéis sido
1 Ti. 5.10 si ha *lavado* los pies de los santos
He. 10.22 y *lavados* los cuerpos con agua pura
2 P. 2.22 la puerca *lavada* a revolcarse en el
Ap. 1.5 y nos *lavó* de nuestros pecados con su
7.14 han *lavado* sus ropas..en la sangre del
22.14 bienaventurados los que *lavan* sus ropas

LAZADA
Éx. 26.4 y harás *l* de azul en la orilla de la
26.5 cincuenta *l*..la primera cortina, y 50 *l*
26.5 las *l* estarán contrapuestas la una a la
26.10(2) cincuenta *l* en la orilla de la
26.11 corchetes de bronce..meterás por las *l*
36.11 *l* de azul en la orilla de la cortina que
36.12 cincuenta *l*..las *l*..correspondían a las
36.17 hizo..50 *l* en la orilla..y otras 50 *l*

LÁZARO
1. Mendigo
Lc. 16.20 había también un mendigo llamado *L*
16.23 de lejos a Abraham, y a *L* en su seno
16.24 envía a *L* para que moje..su dedo en
16.25 recibiste tus bienes..*L* también males
2. Hermano de Marta y María
Jn. 11.1 estaba entonces enfermo uno llamado *L*
11.2 María, cuyo hermano *L* estaba enfermo
11.5 amaba Jesús a Marta, a su hermana y a *L*
11.11 nuestro amigo *L* duerme; mas voy para
11.13 pero Jesús decía esto de la muerte de *L*
11.14 Jesús les dijo claramente: *L* ha muerto
11.17 hacía ya cuatro días que *L* estaba en el
11.37 haber hecho también que *L* no muriera?
11.43 esto, clamó a gran voz: ¡*L*, ven fuera!
12.1 vino Jesús a Betania, donde estaba *L*
12.2 *L* era uno de los que estaban sentados a
12.9 vinieron..también para ver a *L*, a quien
12.10 sacerdotes acordaron dar muerte..a *L*
12.17 llamó a *L* del sepulcro, y le resucitó

LAZO
Gn. 43.18 nos han traído..para tendernos *l* y
Éx. 10.7 ¿hasta cuando será este hombre un *l*
Jos. 23.13 os serán por *l*, por tropiezo, por
1 S. 18.21 se la daré, para que le sea por *l*
2 S. 22.6 ligaduras del..tendieron sobre mí *l*
Job 18.9 *l* prenderá su calcañar; se afirmará
22.10 por tanto, hay *l* alrededor de ti, y te
38.31 ¿podrás tú atar los *l* de las Pléyades
Sal. 18.5 rodearon, me tendieron *l* de muerte
38.12 los que buscan mi vida arman *l*, y los
64.5 obstinados en..tratan de esconder los *l*
69.22 sea su convite delante de ellos por *l*
91.3 él te librará del *l* del cazador, de la
119.110 me pusieron *l* los impíos, pero yo no
124.7 escapó cual ave del *l*..se rompió el *l*
140.5 han escondido *l* y cuerdas los soberbios
140.5 han tendido red junto a..han puesto *l*
141.9 guárdame de los *l* que me han tendido
142.3 en el camino en que..me escondieron *l*
Pr. 1.18 asechanzas, y a sus almas tienden *l*
6.5 como..como ave de la mano del que arma *l*
13.14; 14.27 apartarse de los *l* de la muerte
18.7 del necio..sus labios son *l* para su alma
20.25 *l* es al..hacer apresuradamente voto de
22.5 *l* hay en el camino del perverso; el que
22.25 que aprendas..y tomes *l* para tu alma
29.6 la transgresión del hombre malo hay *l*
29.25 el temor del hombre pondrá *l;* mas el
Ec. 7.26 a la mujer cuyo corazón es *l* y redes
9.12 como las aves que se enredan en *l*, así
Is. 8.14 *l* y por red al morador de Jerusalén
29.21 los que arman *l* al que reprendía en la
Jer. 5.26 acechaban como quien pone *l*..cazar
18.22 cavaron..a mis pies han escondido *l*
48.43 hoyo y *l* contra ti, oh morador de Moab
48.44 que saliere del hoyo será preso en el *l*
50.24 puse *l*, y fuiste tomada, oh Babilonia
Lm. 3.47 temor y *l*..asolamiento y quebranto
4.20 el ungido de Jehová..apresado en sus *l*
Ez. 17.20 será preso en mi *l*, y lo haré venir
Os. 5.1 habéis sido *l* en Mizpa, y red tendida
9.8 el profeta es *l* de cazador en..caminos
Am. 3.5 ¿caerá el ave en *l* sobre la tierra, sin
3.5 ¿se levantará el *l* de la tierra, si no
Abd. 7 comían tu pan pusieron *l* debajo de ti
Lc. 21.35 porque como un *l* vendrá sobre todos
1 Co. 7.35 esto lo digo..no para tenderos *l*
1 Ti. 3.7 para que no caiga..en *l* del diablo
6.9 los que quieren enriquecerse caen en..*l*
2 Ti. 2.26 y escapen del *l* del diablo, en que

LEA *Mujer de Jacob*
Gn. 29.16 Labán tenía dos hijas..mayor era *L*
29.17 y los ojos de *L* eran delicados, pero
29.23 tomó a *L* su hija, y se la trajo; y él
29.24 su sierva Zilpa a su hija *L* por criada
29.25 he aquí que era *L;* y Jacob dijo a Labán
29.30 se llegó a..la amó también mas que a *L*
29.31 y vio Jehová que *L* era menospreciada
29.32 y concibió *L*, y dio a luz un hijo, y
30.9 viendo..*L*, que había dejado de dar a luz
30.10 Zilpa sierva de *L* dio a luz un hijo a
30.11 dijo *L:* Vino la ventura; y llamó su
30.12 luego Zilpa la sierva de *L* dio a luz
30.13 y dijo *L:* Para dicha mía; porque las
30.14 mandrágoras..y las trajo a *L* su madre
30.14 dijo Raquel a *L:* Te ruego que me des
30.16 salió *L* a él, y le dijo: Llégate a mí
30.17 oyó Dios a *L;* y concibió, y dio a luz
30.18 dijo *L:* Dios me ha dado mi recompensa
30.19 después concibió *L* otra vez, y dio a
30.20 dijo *L:* Dios me ha dado una buena dote
31.4 envió..Jacob, y llamó a Raquel y a *L* al
31.14 respondieron Raquel y *L*, y le dijeron
31.33 entró Labán..en la tienda de *L*, y en la
31.33 salió de la tienda de *L*, y entró en la
33.1 repartió él los niños entre *L* y Raquel
33.2 luego a *L* y sus niños, y a Raquel y a
33.7 vino *L* con sus niños, y se inclinaron
34.1 salió Dina la hija de *L*, la cual ésta
34.3 su alma se apegó a Dina la hija de *L*, y
35.23 los hijos de *L:* Rubén el primogénito
35.26 los hijos de Zilpa, sierva de *L:* Gad y
46.15 estos fueron los hijos de *L*, los que
46.18 Zilpa, la que Labán dio a su hija *L*
49.31 sepultaron..allí también sepulté yo a *L*
Rt. 4.11 Jehová haga a la..como a Raquel y a *L*

LEALTAD
1 S. 26.23 Jehová pague a cada uno su..y su *l*
Jer. 42.5 Jehová sea..testigo de la verdad..*l*

LEBANA ***Jefe de una familia que regresó del exilio*, Esd. 2.45; Neh. 7.48**

LEBAOT ***Ciudad de Simeón (=Bet-lebaot y Bet-birai)*, Jos. 15.32**

LEBEO ***Uno de los 12 apóstoles (=Judas No. 3 y Tadeo)*, Mt. 10.3**

LEBONA ***Ciudad en Efraín*, Jue. 21.19**

LEBRILLO
Éx. 12.22 mojadlo en la sangre..estará en un *l*
12.22 y untad..la sangre que estará en el *l*
1 Cr. 28.17 oro..para los *l*, para las copas y
2 Cr. 4.22 los *l*, las cucharas..eran de oro puro
Jn. 13.5 puso agua en un *l*, y comenzó a lavar

LECA *Aldea en Judá,* 1 Cr. 4.21

LECTURA

Neh. 8.8 leían. .de modo que entendiesen la *l*
Hch. 13.15 después de la *l* de la ley y de los
1 Ti. 4.13 ocúpate en la *l*, la exhortación y

LECHE

Gn. 18.8 tomó. .mantequilla y *l*, y el becerro
49.12 de vino, y sus dientes blancos de la *l*
Éx. 3.8 sacarlos. .a tierra que fluye *l* y miel
3.17 yo os. .a una tierra que fluye *l* y miel
13.5 tierra que destila *l* y miel, harás esta
23.19 no guisarás el cabrito en la *l* de su
33.3 (a la tierra que fluye *l* y miel); pero yo
34.26 no cocerás el cabrito en la *l* de su
Lv. 20.24 heredad, tierra que fluye *l* y miel
Nm. 13.27 la que ciertamente fluye *l* y miel
14.8 entregará; tierra que fluye *l* y miel
16.13 hecho venir de una tierra que destila *l*
16.14 tampoco. .en tierra que fluya *l* y miel
Dt. 6.3 bien en la tierra que fluye *l* y miel
11.9 juró Jehová. .tierra que fluye *l* y miel
14.21 no cocerás el cabrito. .*l* de su madre
26.9 nos dio esta tierra que fluye *l* y miel
26.15 que nos has dado. .tierra que fluye *l*
27.3 tu Dios te da, tierra que fluye *l* y miel
31.20 la tierra que. .la cual fluye *l* y miel
32.14 mantequilla de vacas y *l* de ovejas, con
Jos. 5.6 la daría, tierra que fluye *l* y miel
Jue. 4.19 ella abrió un odre de *l* y le dio de
5.25 pidió agua, y ella le dio *l*; en tazón
1 S. 7.9 tomó un cordero de *l* y lo sacrificó
17.18 estos diez quesos de *l* los llevarás al
Job 10.10 ¿no me vaciaste como *l*, y como queso
20.17 no verá. .los torrentes de miel y de *l*
21.24 sus vasijas estarán llenas de *l*, y sus
29.6 cuando lavaba yo mis pasos con *l*, y la
Pr. 27.27 y abundancia de *l* de las cabras para
30.33 el que bate la *l* sacará mantequilla, y
Cnt. 4.11 miel y *l* hay debajo de tu lengua
5.1 y mi miel, mi vino y mi *l* he bebido
5.12 que se lavan con *l*, y a la perfección
Is. 7.22 y a causa de la abundancia de *l* que
55.1 comprad sin dinero y. .precio, vino y *l*
60.16 mamarás la *l* de las naciones, el pecho
Jer. 11.5 daría la tierra que fluye *l* y miel
32.22 les diste. .tierra que fluye *l* y miel
Lm. 4.7 nobles fueron. .más blancos que la *l*
Ez. 20.6,15 tierra. .que fluye *l* y miel, la cual
25.4 comerán tus sementeras, y beberán tu *l*
Jl. 3.18 los collados fluirán *l*, y por todos
1 Co. 3.2 os di a beber *l*, y no vianda; porque
9.7 ¿o quién apacienta el. .y no toma de la *l*
He. 5.12 que tenéis necesidad de *l*, y no de
5.13 que participa de la *l* es inexperto en
1 P. 2.2 desead, como niños. .la *l* espiritual

LECHO

Gn. 49.4 por cuanto subiste al *l* de tu padre
Dt. 22.30 tomará. .profanará el *l* de su padre
2 S. 4.7 entraron. .Is-boset dormía sobre su *l*
11.2 se levantó David de su *l* y se paseaba
2 R. 1.4,6 del *l* en que estás no te levantarás
1.16 no te levantarás. .del *l* en que estás
1 Cr. 5.1 Rubén. .como violó el *l* de su padre
Est. 7.8 Amán había caído sobre el *l* en que
Job 7.3 me consolará mi *l*, mi cama atenuará
33.15 visión. .cuando se adormecen sobre el *l*
Sal. 6.6 todas las noches inundo de llanto mi *l*
41.3 Jehová lo sustentará sobre el *l*. .dolor
63.6 cuando me acuerde de ti en mi *l*, cuando
132.3 no. .ni subiré sobre el *l* de mi estrado
Cnt. 1.16 eres hermoso. .nuestro *l* es de flores
3.1 busqué en mi *l* al que ama mi alma; lo
Is. 57.2 en la paz; descansarán en sus *l* todos
Ez. 23.17 se llegaron a ella. .en su *l* de amores
32.25 en medio de los muertos le pusieron *l*
Dn. 7.1 sueño. .mientras estaba en su *l*; luego
Am. 3.12 en el rincón de una. .al lado de un *l*
6.4 camas de marfil, y reposan sobre sus *l*
Mr. 2.4 bajaron el *l*. .que yacía el paralítico
2.9 o decirle: Levántate, toma tu *l* y anda?
2.11 levántate, toma tu *l*, y vete a tu casa
2.12 y tomando su *l*, salió delante de todos
6.55 a traer de todas partes enfermos en *l*
7.4 de los utensilios de metal, y de los *l*
Lc. 5.18 que traían en un *l* a un. .paralítico
5.19 y por el tejado le bajaron con el *l*
5.24 levántate, toma tu *l*, y vete a tu casa
5.25 y tomando el *l* en que estaba acostado
Jn. 5.8 le dijo: Levántate, toma tu *l*, y anda
5.9 fue sanado, y tomó su *l*, y anduvo. Y era
5.10 es día de. .no te es lícito llevar tu *l*
5.11 él mismo me dijo: Toma tu *l* y anda
5.12 ¿quién es el que te dijo: Toma tu *l* y
Hch. 5.15 y los ponían en camas y *l*, para que
He. 13.4 honroso sea. .el *l* sin mancilla; pero

LECHUZA

Lv. 11.16; Dt. 14.15 *l*, la gaviota y el gavilán
Is. 34.11 la *l* y el cuervo morarán en ella
34.14 fieras. .*l* también tendrá allí morada

LEER

Éx. 24.7 tomó el libro del pacto y lo *leyó* a
Dt. 17.19 y *leerá* en él todos los días de su
31.11 *leerás* esta ley delante de todo Israel
Jos. 8.34 *leyó* todas las palabras de la ley, las
8.35 que Josué no hiciese *leer* delante de toda
2 R. 5.7 que el rey de Israel *leyó* las cartas
19.14 y después que las hubo *leído*, subió a
22.8 Hilcías dio el libro a Safán, y lo *leyó*
22.10 libro. Y lo *leyó* Safán delante del rey
22.16 este libro que ha *leído* el rey de Judá
23.2 *leyó*. .todas las palabras del libro del
2 Cr. 34.18 y *leyó* Safán en él delante del rey
34.24 en el libro que *leyeron* delante del rey
34.30 y *leyó*. .todas las palabras del libro
Esd. 4.18 carta. .fue *leída* claramente delante
4.23 cuando la copia de la carta. .fue *leída*
Neh. 8.3 *leyó* en el libro delante de la plaza
8.8 y *leían* en el libro de la ley de Dios
8.18 y *leyó* Esdras en el libro de la ley de
9.3 puestos de pie. .*leyeron* el libro de la
13.1 aquel día se *leyó* en el libro de Moisés
Est. 6.1 dijo. .que las *leyeran* en su presencia
Is. 29.11 el cual si dieren al que sabe *leer*
29.11 y le dijeren: *Lee* ahora esto; él dirá
29.12 se diere el libro al que no sabe *leer*
29.12 si. .*Lee* ahora esto; él dirá: No sé *leer*
34.16 *leed* si faltó alguno de ellos; ninguno
37.14 y tomó Ezequías las cartas. .y las *leyó*
Jer. 29.29 el sacerdote. .había *leído* esta carta
36.6 entra tú, pues, y *lee* de este rollo que
36.6 las *leerás* también a oídos de todos los
36.8 Baruc. .*leyendo* en el libro las palabras
36.10 Baruc *leyó* en el libro las palabras de
36.13 cuando Baruc *leyó* en el libro a oídos
36.14 el rollo en el que *leíste* a oídos del
36.15 siéntate. .y *léelo*. .Y se lo *leyó* Baruc
36.21 *leyó* en él Jehudí a oídos del rey, y a
36.23 había *leído* tres o cuatro planas, lo
51.61 llegues a Babilonia, y veas y *leas* todas
51.63 cuando acabes de *leer* este libro, le
Dn. 5.7 cualquiera que *lea* esta escritura y me
5.8 no pudieron *leer* la escritura ni mostrar
5.15 que *leyesen* esta escritura y me diesen
5.16 si ahora puedes *leer* esta escritura y
5.17 *leeré* la escritura al rey, y le daré la
Hab. 2.2 para que corra el que *leyere* en ella
Mt. 12.3 ¿no habéis *leído* lo que hizo David
12.5 ¿o no habéis *leído* en la ley, cómo en
19.4 ¿no habéis *leído* que el que los hizo al
21.16 nunca *leísteis:* De la boca de los niños
21.42 ¿nunca *leísteis* en las Escrituras: La
22.31 ¿no habéis *leído* lo que os fue dicho
24.15 cuando veáis en. .(el que *lee*, entienda)
Mr. 2.25 él. .¿Nunca *leísteis* lo que hizo David
12.10 ni aun esta escritura habéis *leído:* La
12.26 ¿no habéis *leído* en el libro de Moisés
13.14 la abominación. .(el que *lee*, entienda)
Lc. 4.16 en la sinagoga. .y se levantó a *leer*
6.3 ¿ni aun esto habéis *leído*, lo que hizo
10.26 está escrito en la ley? ¿Cómo *lees?*
Jn. 19.20 muchos. .judíos *leyeron* este título
Hch. 8.28 su carro, y *leyendo* al profeta Isaías
8.30 oyó que *leía* al profeta Isaías, y dijo
8.30 y dijo: Pero ¿entiendes lo que *lees?*
8.32 el pasaje. .que *leía* era este: Como oveja
13.27 ni las palabras. .que se *leen* todos los
15.21 tiene. .donde es *leído* cada día de reposo
15.31 habiendo *leído* la cual, se regocijaron
23.34 el gobernador, *leída* la carta, preguntó
2 Co. 1.13 no os. .otras cosas de las que *leéis*
3.2 conocidas y *leídas* por todos los hombres
3.14 hoy, cuando *leen* el antiguo pacto, les
3.15 cuando se *lee* a Moisés, el velo está
Ef. 3.4 *leyendo* lo cual podéis entender cuál
Col. 4.16 cuando esta carta haya sido *leída*
4.16 se lea. .y que la de Laodicea la *leáis*
1 Ts. 5.27 que esta carta se *lea* a todos los
Ap. 1.3 bienaventurado el que *lee*, y los que
5.4 digno de abrir el libro, ni de *leerlo*

LEGAL

Dt. 17.8 entre una clase de derecho *l* y otro
Neh. 12.44 las porciones *l* para los sacerdotes

LEGIBLE

Is. 8.1 toma. .escribe en ella con caracteres *l*

LEGIÓN

Mt. 26.53 no me daría más de doce *l* de ángeles?
Mr. 5.9 ¿cómo te llamas?. .*L* me llamo; porque
5.15 ven al. .que había tenido la *l*, sentado
Lc. 8.30 ¿cómo te llamas? Y él dijo: *L*; porque

LEGISLADOR

Gn. 49.10 de Judá, ni el *l* de entre sus pies
Nm. 21.18 lo cavaron. .y el *l*, con sus báculos
Dt. 33.21 le fue reservada la porción del *l*
Sal. 60.7; 108.8 mío es Galaad. .Judá es mi *l*
Is. 33.22 Jehová es nuestro *l*, Jehová es. .Rey

LEGÍTIMA

Hch. 19.39 cosa, en *l* asamblea se puede decidir

LEGÍTIMAMENTE

1 Ti. 1.8 que la ley es buena, si uno la usa *l*
2 Ti. 2.5 atleta, no es coronado si no lucha *l*

LEGUA

Gn. 35.16 y había aún como media *l* de tierra
48.7 como media *l* de tierra viniendo a Efrata
2 R. 5.19 fue. .y caminó como media *l* de tierra

LEGUMBRE

Gn. 9.3 las *l* y plantas verdes, os lo he dado
1 R. 21.2 dame tu viña para un huerto de *l*
Pr. 15.17 mejor. .la comida de *l* donde hay amor
Dn. 1.12 y nos den *l* a comer, y agua a beber
1.16 se llevaba la porción de. .y les daba *l*
Ro. 14.2 de todo; otro, que es débil, come *l*

LEHABIM *Descendientes de Mizraim,* Gn. 10.13; 1 Cr. 1.11

LEHEM *Lugar en Judá,* 1 Cr. 4.22

LEHI *Lugar en Judá*

Jue. 15.9 los filisteos. .se extendieron por *L*
15.14 y así que vino hasta *L*, los filisteos
15.19 abrió Dios la cuenca que hay en *L*; y
15.19 nombre. .En-hacore, el cual está en *L*
2 S. 23.11 filisteos se habían reunido en *L*

LEJANO, NA

Dn. 29.22 extranjero que vendrá de *l* tierras
30.4 estuvieren en las partes más *l* que hay
Jos. 9.6 venimos de tierra muy *l*; haced, pues
9.9 tus siervos han venido de tierra muy *l*
17.18 y lo poseerás hasta sus límites más *l*
1 R. 8.41 el extranjero. .viniere de *l* tierras
2 R. 20.14 *l* tierras han venido, de Babilonia
1 Cr. 17.17 has hablado de. .para tiempo más *l*
2 Cr. 6.32 al extranjero. .venido de *l* tierras
Pr. 25.25 son las buenas nuevas de *l* tierras
Is. 5.26 alzará pendón a naciones *l*, y silbará
8.9 oíd, todos los que sois de *l* tierras
13.5 vienen de *l* tierra, de lo postrero de
39.3 de tierra muy *l* han venido a mí, de
41.9 tomé. .de tierras *l* te llamé, y te dije
46.11 que llamo. .de tierra *l* al varón de mi
49.1 y escuchad, pueblos *l*. Jehová me llamó
66.19 las costas *l* que no oyeron de mí, ni
Jer. 4.16 vienen de tierra *l*, y lanzarán su voz
6.20 y la buena caña olorosa de tierra *l?*
8.19 voz del clamor de. .viene de la tierra *l*
18.14 aguas frías que corren de *l* tierras?
Ez. 12.27 días, para *l* tiempos profetiza éste
Jl. 3.8 los venderán a los sabeos, nación *l*
Zac. 10.9 aun en *l* países se acordarán de mí
Lc. 19.12 un hombre noble se fue a un país *l*

LEJÍA

Jer. 2.22 aunque te laves con *l*, y amontones

LEJOS

Gn. 18.25 *l* de ti el. .que hagas morir al justo
Éx. 8.28 con tal que no vayáis más *l*; orad por
Dt. 12.21 estuviere *l* de ti el lugar que Jehová
13.7 los dioses. .cerca de ti o *l* de ti, desde
14.24 por estar *l* de ti el lugar que Jehová
20.15 así harás a. .ciudades que estén muy *l*
30.11 no. .demasiado difícil para ti, ni está *l*
1 S. 12.23 *l*. .de mí que peque yo contra Jehová
21.5 las mujeres han estado *l* de nosotros
22.15 *l* sea de mí; no culpe el rey de cosa
26.13 se puso en la cumbre del monte a lo *l*
2 S. 23.17 *l* sea de mí, oh Jehová, que yo haga
2 R. 2.7 vinieron. .y se pararon delante a lo *l*
3.22 vieron. .de Moab desde *l* las aguas rojas
2 Cr. 6.36 que. .los lleven cautivos. .*l* o cerca
26.15 fama se extendió *l*, porque fue ayudado
Neh. 4.19 apartados en el muro, *l* unos de otros
12.43 alborozo de Jerusalén fue oído desde *l*
Job 5.4 sus hijos estarán *l* de la seguridad; en
21.16 el consejo de los impíos *l* esté de mí
22.18 pero sea el consejo de ellos *l* de mí
28.4 abren minas *l*. .*l* de los demás hombres
34.10 oidme: *L* esté de Dios la impiedad, y del
36.25 todos la ven; la mira el hombre de *l*
Sal. 10.1 ¿por qué estás *l*. .y te escondes en
22.1 ¿por qué estás tan *l* de mi salvación, y
38.11 mis amigos. .se mantienen *l* de mi plaga
55.7 ciertamente huiría *l*; moraría. .desierto
103.12 está *l* el oriente del occidente, hizo
119.155 *l* está de los impíos la salvación
138.6 al humilde, mas al altivo mira de *l*
Pr. 15.29 Jehová está *l* de los impíos; pero él
27.10 mejor. .vecino cerca que el hermano *l*
31.14 como nave de mercader; trae su pan de *l*
Ec. 7.24 *l* está lo que fue; y lo muy profundo
Is. 6.12 que Jehová haya echado *l* a los hombres
29.13 me honra, pero su corazón está *l* de mí
33.13 oíd, los que estáis *l*, lo que he hecho

LEJOS *(Continúa)*
Is. 33.17 tus ojos verán. .la tierra que está *l*
43.6 trae de *l* mis hijos, y mis hijas de los
46.12 oídme, duros. .estáis *l* de la justicia
49.12 éstos vendrán de *l*. .éstos del norte y
57.19 paz, paz al que está *l* y al cercano
59.14 el. .se retiró, y la justicia se puso *l*
Jer. 5.15 traigo sobre vosotros gente de *l*, oh
23.23 Dios de cerca. .y no Dios desde muy *l*?
25.26 los de cerca y los de *l*, los unos con
31.10 hacedlo saber en las costas que están *l*
46.27 te salvaré de *l*, y a tu descendencia
48.24 sobre todas las ciudades. .de *l* y las de
49.30 huid, idos muy *l*, habitad en lugares
Ez. 22.5 cerca de ti y las que están *l* se reirán
Dn. 9.7 todo Israel, los de cerca y los de *l*
Mt. 15.8 me honra; mas su corazón está *l* de mí
21.33 edificó una torre, y la arrendó. .fue *l*
Mr. 7.6 me honra, mas su corazón está *l* de mí
8.25 fue restablecido, y vio de *l*. .a todos
Lc. 7.6 pero cuando ya no estaban *l* de la casa
24.28 llegaron. .y él hizo como que iba más *l*
Hch. 2.39 promesa. .para todos los que están *l*
17.27 no está *l* de cada uno de nosotros
Ef. 2.13 otro tiempo estabais *l*, habéis sido
2.17 anunció. .paz a vosotros que estabais *l*
Ap. 18.10,15 *l* por el temor de su tormento

LEMUEL *Personaje desconocido*
Pr. 31.1 palabras del rey *L*; la profecía con
31.4 no es de los reyes, oh *L*. .beber vino

LENGUA
Gn. 10.5 cada cual según su *l*, conforme a sus
10.20,31 sus *l*, en sus tierras. .sus naciones
11.1 tenía entonces toda la tierra una sola *l*
11.7 descendamos, y confundamos allí su *l*
Éx. 4.10 yo soy tardo en el habla y torpe de *l*
11.7 contra todos. .ni un perro moverá su *l*
Dt. 28.49 traerá. .nación cuya *l* no entiendas
Jos. 10.21 quien moviese su *l* contra ninguno
Jue. 7.5 lamiere las aguas con su *l* como lame
2 S. 23.2 mí, y su palabra ha estado en mi *l*
2 R. 18.26 no hables con nosotros en *l* de Judá
18.28 el Rabsaces. .a gran voz en *l* de Judá
Neh. 13.24 mitad de sus hijos hablaban la *l* de
13.24 hablaban conforme a la *l*. .cada pueblo
Est. 1.22 publicase esto en la *l* de su pueblo
3.12 mandó Amán. .y a cada pueblo según su *l*
8.9 y a cada pueblo conforme a su *l*, a los
8.9 a los judíos también conforme a su. .y *l*
Job 5.21 del azote de la *l* serás encubierto
6.30 ¿hay iniquidad en mi *l*? ¿Acaso no puede
20.12 si el mal. .lo ocultaba debajo de su *l*
20.16 veneno. .chupará; lo matará *l* de víbora
27.4 iniquidad, ni mi *l* pronunciará engaño
29.10 apagaba, y su *l* se pegaba a su paladar
31.30 ni. .entregué al pecado mi *l*, pidiendo
33.2 mi boca, y mi *l* hablará en mi garganta
41.1 sacarás. .con cuerda que le eches en su *l*?
Sal. 5.9 no hay sinceridad. .*l* hablan lisonjas
10.7 debajo de su *l* hay vejación y maldad
12.3 destruirá. .*l* que habla jactanciosamente
12.4 han dicho: Por nuestra *l* prevaleceremos
15.3 que no calumnia con su *l*, ni hace mal
22.15 y mi *l* se pegó a mi paladar, y me has
31.20 pondrás. .a cubierto de contención de *l*
34.13 guarda tu *l* del mal, y tus labios de
35.28 mi *l* hablará de tu justicia y de tu
37.30 hablará sabiduría. .su *l* habla justicia
39.1 dije: Atenderé. .para no pecar con mi *l*
39.3 encendió fuego, y así proferí con mi *l*
45.1 mi *l* es pluma de escribiente muy ligero
50.19 metías en mal, y tu *l* componía engaño
51.14 líbrame de. .cantará mi *l* tu justicia
52.2 agravios maquina tu *l*. .navaja afilada
52.4 amado. .palabras perniciosas, engañosa *l*
55.9 destrúyelos, oh Señor; confunde la *l* de
57.4 son lanzas y saetas, y su *l* espada aguda
64.3 que afilan como espada su *l*; lanzan cual
64.8 propias *l* los harán caer; se espantarán
66.17 a él clamé con. .fue exaltado con mi *l*
68.23 sangre. .y de ella la *l* de tus perros
71.24 mi *l* hablará también de tu justicia
73.9 ponen su boca. .y su *l* pasea la tierra
78.36 le lisonjeaban. .y con su *l* le mentían
109.2 mí; han hablado de mí con *l* mentirosa
119.172 hablará mi *l* tus dichos, porque todos
120.2 libra mi alma de. .de la *l* fraudulenta
120.3 ¿qué te dará, o qué te. .oh *l* engañosa?
126.2 se llenará de. .y nuestra *l* de alabanza
137.6 mi *l* se pegue a mi paladar, si de ti
139.4 aún no está la palabra en mi *l*, y he
140.3 aguzaron su *l* como la serpiente; veneno
Pr. 6.17 los ojos altivos, la *l* mentirosa, las
6.24 la blandura de la *l* de la mujer extraña
10.20 plata escogida es la *l* del justo; mas
10.31 boca. .mas la *l* perversa será cortada
12.18 mas la *l* de los sabios es medicina
12.19 mas la *l* mentirosa sólo por un momento
15.2 *l* de los sabios adornará la sabiduría
15.4 la *l* apacible es árbol de vida; mas la
16.1 mas de Jehová es la respuesta de la *l*
17.20 el que revuelve con su *l* caerá en el
18.21 la muerte y la. .están en poder de la *l*
20.19 no te entremetas. .con el suelto de *l*
21.6 amontonar tesoros con *l* mentirosa es
21.23 que guarda su. .y su *l*, su alma guarda
25.15 y la *l* blanda quebranta los huesos
25.23 ahuyenta. .rostro airado la *l* detractora
26.28 *l* falsa atormenta al que ha lastimado
28.23 reprende. .que el que lisonjea con la *l*
31.26 boca. . la ley de clemencia está en su *l*
Cnt. 4.11 miel y leche hay debajo de tu *l*; y
Is. 3.8 *l* de ellos y sus obras han sido contra
5.24 la *l* del fuego consume el rastrojo, y la
11.15 secará Jehová la *l* del mar de Egipto
19.18 cinco ciudades. .hablen la *l* de Canaán
28.11 en *l* de tartamudos, y en extraña *l*
30.27 labios. .y su *l* como fuego que consume
32.4 la *l* de los tartamudos hablará rápida
33.19 *l* difícil de entender, de *l* tartamuda
35.6 el cojo saltará. .cantará la *l* del mudo
36.11 y no hables con nosotros en *l* de Judá
36.13 en pie y gritó a gran voz en *l* de Judá
41.17 seca está de sed su *l*; yo Jehová los
45.23 que a mí se doblará. .y jurará toda *l*
50.4 el Señor me dio *l* de sabios, para saber
54.17 *l* que se levante contra ti en juicio
57.4 ¿contra quién. .y alargasteis la *l*? ¿No
59.3 vuestras manos. .habla maldad vuestra *l*
66.18 para juntar a todas las naciones y *l*
Jer. 5.15 gente antigua. .cuya *l* ignorarás, y
9.3 hicieron que su *l* lanzara mentira como
9.5 acostumbraron su *l* a hablar mentira, se
9.8 saeta afilada es la *l* de ellos: engaño
18.18 venid e hirámoslo de *l*, y no atendamos
23.31 los profetas que endulzan sus *l* y dicen
Lm. 4.4 la *l* del niño de pecho se pegó a su
Ez. 3.5 no eres enviado a pueblo. .de *l* difícil
3.6 no a muchos pueblos de. .ni de *l* difícil
3.26 y haré que se pegue tu *l* a tu paladar
Dn. 1.4 que les enseñase. .la *l* de los caldeos
2.4 hablaron los caldeos al rey en *l* aramea
3.4 alta voz: Mándase a vosotros. .naciones y *l*
3.7 naciones y *l* se postraron y adoraron la
3.29 que todo pueblo, nación o *l* que dijere
4.1 rey, a todos los pueblos. .y *l* que moran
5.19 y *l* temblaban y temían delante de él
6.25 el rey Darío escribió a. .*l* que habitan
7.14 los pueblos, naciones y *l* le sirvieran
Os. 7.16 cayeron sus. .por la soberbia de su *l*
Mi. 6.12 mentira, y su *l* es engañosa en su boca
Sof. 3.13 ni en boca de. .se hallará *l* engañosa
Zac. 8.23 hombres de las naciones de toda *l*
14.12 será. .la *l* se les deshará en su boca
Mr. 7.33 y tomándole. .y escupiendo, tocó su *l*
7.35 desató la ligadura de su *l*, y hablaba
16.17 mi nombre echarán. .hablarán nuevas *l*
Lc. 1.64 al momento fue. .suelta su *l*, y habló
16.24 envía a Lázaro para. .y refresque mi *l*
Hch. 1.19 aquel campo se llama en su propia *l*
2.3 se les aparecieron *l* repartidas, como de
2.4 y comenzaron a hablar en otras *l*, según
2.6 cada uno les oía hablar en su propia *l*
2.8 uno en nuestra *l* en la que hemos nacido?
2.11 árabes, les oímos hablar en nuestras *l*
2.26 se gozó mi *l*, y aun mi carne descansará
10.46 porque los oían que hablaban en *l*, y
14.11 diciendo en *l* licaónica: Dioses bajo
19.6 vino. .y hablaban en *l*, y profetizaban
21.40 silencio, habló en *l* hebrea, diciendo
22.2 y al oir que les hablaba en *l* hebrea
26.14 decía en *l* hebrea: Saulo, Saulo, ¿por
Ro. 3.13 con su *l* engañan. Veneno de áspides
14.11 se doblará. .y toda *l* confesará a Dios
1 Co. 12.10 géneros de *l*. .interpretación de *l*
12.28 administran, los que tienen don de *l*
12.30 ¿hablan todos *l*? ¿interpretan todos?
13.1 si yo hablase *l* humanas y angélicas, y
13.8 y cesarán las *l*, y la ciencia acabará
14.2 porque el que habla en *l* no habla a los
14.4 el que habla en *l* extraña, a sí mismo
14.5 quisiera que todos. .hablaseis en *l*, pero
14.5 porque mayor es. .que el que habla en *l*
14.6 voy a vosotros hablando en *l*, ¿qué os
14.9 vosotros, si por la *l* no diereis palabra
14.13 habla en *l* extraña, pida en oración
14.14 porque si yo oro en *l* desconocida, mi
14.18 gracias a Dios que hablo en *l* más que
14.19 que diez mil palabras en *l* desconocida
14.21 en otras *l* y. .hablaré a este pueblo
14.22 las *l* son por señal, no a los creyentes
14.23 todos hablan en *l*, y entran indoctos
14.26 cada uno de. .tiene *l*, tiene revelación
14.27 si habla alguno en *l* extraña, sea esto
14.39 profetizar, y no impidáis el hablar *l*
Fil. 2.11 toda *l* confiese que Jesucristo es el
Stg. 1.26 no refrena su *l*, sino que engaña su
3.5 así también la *l* es un miembro pequeño
3.6 y la *l* es un fuego, un mundo de maldad
3.6 la *l* está puesta entre nuestros miembros
3.8 ningún hombre puede domar la *l*, que es
1 P. 3.10 refrene su *l* de mal, y sus labios
1 Jn. 3.18 no amemos de palabra ni de *l*, sino
Ap. 5.9 de todo linaje y *l* y pueblo y nación
7.9 de todas naciones y tribus y pueblos y *l*
10.11 que profetices otra vez sobre muchos. .*l*
11.9 pueblos, tribus, *l* y naciones verán sus
13.7 le dio autoridad sobre toda. .*l* y nación
14.6 predicarlo. .a toda. .tribu, *l* y pueblo
16.10 se cubrió de. .y mordían de dolor sus *l*
17.15 las aguas. .son pueblos. .naciones y *l*

LENGUAJE
Gn. 11.6 todos éstos tienen un solo *l*; y han
11.9 allí confundió Jehová el *l* de. .tierra
Esd. 4.7 la escritura y el *l* de la carta eran
Est. 1.22 envió. .cada pueblo conforme a su *l*
Sal. 19.3 no hay *l*, ni palabras, ni es oída su
81.5 tierra de Egipto. Oí *l* que no entendía
Jn. 8.43 ¿por qué no entendéis mi *l*? Porque no

LENTEJA
Gn. 25.34 Jacob dio a Esaú. .guisado de las *l*
2 S. 17.28 trajeron a. .*l*, garbanzos tostados
23.11 había un pequeño terreno lleno de *l*
Ez. 4.9 toma para ti. .habas, *l*, millo y avena

LENTO
Sal. 86.15; 103.8; 145.8 *l* para la ira, y grande
en misericordia

LEÑA
Gn. 22.3 y cortó *l* para el holocausto, y se
22.6 y tomó Abraham la *l* del holocausto, y
22.7 él dijo: He aquí el fuego y la *l*; mas
22.9 compuso la *l*, y ató a Isaac su hijo, y
22.9 a Isaac. .lo puso en el altar sobre la *l*
Lv. 1.7 Aarón. .compondrán la *l* sobre el fuego
1.8,12 acomodará sobre la *l* que está sobre
1.17 la hará arder. .sobre la *l*. .en el fuego
3.5 el holocausto que estará sobre la *l* que
4.12 becerro. .lo quemará al fuego sobre la *l*
6.12 el sacerdote pondrá en él *l* cada mañana
Nm. 15.32 hombre. .recogía *l* en día de reposo
15.33 los que le hallaron recogiendo *l*, lo
Dt. 19.5 como el que fuere. .al monte a cortar *l*
29.11 desde el que corta tu *l* hasta el que
Jos. 9.23 y quien corte la *l* y saque el agua
2 S. 24.22 y los trillos. .de los bueyes para *l*
1 R. 17.10 una mujer viuda. .allí recogiendo *l*
18.23 pónganlo sobre *l*, pero no pongan fuego
18.23 pondré sobre *l*, y ningún fuego pondré
18.33 preparó luego la *l*. .lo puso sobre la *l*
18.34 agua, y derramadla sobre. .y sobre la *l*
18.38 consumió. .la *l*, las piedras y el polvo
1 Cr. 21.23 daré. .los trillos para *l*, y trigo
Neh. 10.34 acerca de la ofrenda de la *l*, para
13.31 para la ofrenda de la *l* en los tiempos
Pr. 26.20 sin *l* se apaga el fuego, y donde no
26.21 el carbón para brasas, y la *l* para el
Ec. 10.9 corta. .el que parte *l*, en ello peligra
Is. 30.33 Tofet. .pira es de fuego, y mucha *l*
Jer. 5.14 este pueblo por *l*, y los consumirá
7.18 hijos recogen la *l*, los padres. .fuego
46.22 con hachas vendrán a. .cortadores de *l*
Lm. 5.4 dinero; compramos nuestra *l* por precio
5.13 los. .desfallecieron bajo el peso de la *l*
Ez. 24.10 multiplicando la *l*, y encendiendo el
39.10 no traerán *l* del campo, ni cortarán
Zac. 12.6 como brasero de fuego entre *l*, y como

LEÑADOR
Jos. 9.21 y fueron constituidos *l* y aguadores
9.27 y Josué los destinó aquel día a ser *l*

LEÑO
Dt. 19.5 al dar. .golpe. .para cortar algún *l*
28.64 y allí servirás a. .al *l* y a la piedra
1 R. 17.12 ahora recogía dos *l*, para entrar y
Job 41.27 estima como. .bronce como *l* podrido
Is. 10.15 si levantase la vara al que no es *l*!
44.16 parte del *l* quema en el fuego. .carne
Jer. 2.27 que dicen a un *l*: Mi padre eres tú
3.9 ella. .adulteró con la piedra y con el *l*
10.3 porque *l* del bosque cortaron, obra de
10.8 todos. .Enseñanza de vanidades es el *l*
Os. 4.12 ídolo. .pregunta, y el *l* le responde

LEÓN, LEONA
Gn. 49.9 cachorro de *l*. .de la presa subiste
49.9 Judá. .se echó como *l*, así como *l* viejo
Nm. 23.24 *l* se levantará, y como *l* se erguirá
24.9 para echarse como *l*, y como *l*; ¿quién
Dt. 33.20 como *l* reposa, y arrebata brazo y
33.22 Dan es cachorro de *l* que salta desde
Jue. 14.5 *l* joven que venía rugiendo hacia él
14.6 despedazó al *l* como quien despedaza un
14.8 ver el cuerpo. .del *l*. .el cuerpo del *l*
14.9 tomado aquella miel del cuerpo del *l*
14.18 la miel? ¿Y qué cosa más fuerte que el *l*?
1 S. 17.34 venía un *l*. .y tomaba algún cordero
17.36 fuese *l*, fuese oso, tu siervo lo mataba
17.37 que me ha librado de las garras del *l*
2 S. 1.23 más ligeros eran. .más fuertes que *l*
17.10 aun. .cuyo corazón sea como corazón de *l*
23.20 éste mató a dos *l* de Moab; y él mismo
23.20 descendió y mató a un *l* en medio de un
1 R. 7.29 sobre. .tableros. .había figuras de *l*
7.29 la basa, así encima como debajo de los *l*

LEÓN, LEONA *(Continúa)*
1 R. 7.36 entalladuras. .de *l* y de palmeras, con
10.19 junto a los cuales. .colocados dos *l*
10.20 *l* puestos allí sobre las seis gradas
13.24 y yéndose, le topó un *l* en el camino
13.24 el asno. .el *l* también junto al cuerpo
13.25 vieron. .*l* que estaba junto al cuerpo
13.26 Jehová le ha entregado al *l*, que le
13.28 el asno y el *l*. .el *l* no había comido
20.36 te herirá un *l*. .le encontró un *l*, y le
2 R. 17.25 envió Jehová contra ellos *l* que los
17.26 y él ha echado *l*. .que los *l* los matan
1 Cr. 11.22 Benaía. .venció a los dos *l* de Moab
11.22 y mató a un *l* en medio de un foso, en
12.8 sus rostros eran como rostros de *l*, y
2 Cr. 9.18 dos *l* que estaban junto a los brazos
9.19 había. .doce *l* sobre las seis gradas, a
Job 4.10 los rugidos del *l*, y los bramidos del
4.11 el *l* viejo perece. .y los hijos de la *l*
10.16 si mi cabeza se alzare, cual *l* tú me
28.8 nunca la pisaron. .fieros, ni *l* pasó por
38.39 ¿cazarás. .presa para el *l*? ¿Saciarás
Sal. 7.2 no sea que desgarren mi alma cual *l*
10.9 acecha en oculto, como el *l* desde su
17.12 como *l* que desea hacer presa, y como
22.13 abrieron sobre mí su boca como *l* rapaz
22.21 sálvame de la boca del *l*, y líbrame de
35.17 rescata mi alma de. .mi vida de los *l*
57.4 mi vida está entre *l*; estoy echado entre
91.13 sobre el *l* y el áspid pisarás; hollarás
91.13 hollarás al cachorro del *l* y al dragón
Pr. 19.12 como rugido de cachorro de *l* es la
20.2 rugido de cachorro de *l* es el terror del
22.13 dice el perezoso: El *l* está fuera; seré
26.13 el *l* está en el camino, el *l* está en
28.1 mas el justo está confiado como un *l*
28.15 *l* rugiente y oso. .es el príncipe impío
30.30 el *l* fuerte entre todos los animales
Ec. 9.4 porque mejor. .perro vivo que *l* muerto
Cnt. 4.8 mira. .desde las guaridas de los *l*
Is. 5.29 su rugido será como de *l*; rugirá a
11.6 el becerro y el *l* y la bestia doméstica
11.7 juntos; y el *l* como el buey comerá paja
15.9 traeré. .*l* a los que escaparen de Moab
21.8 gritó como un *l*. .sobre la atalaya estoy
30.6 de donde salen la *l* y el *l*, la víbora
31.4 como el *l* y el cachorro de *l* ruge sobre
35.9 no habrá allí *l*, ni fiera subirá por él
38.13 como un *l* molió todos mis huesos; de
65.25 *l* comerá paja como el buey; y el polvo
Jer. 2.15 los cachorros del *l* rugieron contra
2.30 a vuestros profetas como *l* destrozador
4.7 el *l* sube de la espesura, y el destruidor
5.6 por tanto, el *l* de la selva los matará
12.8 heredad fue para mí como *l* en la selva
49.19 como *l* subirá de la espesura del Jordán
50.17 rebaño descarriado es. .*l* lo dispersaron
50.44 como *l* subirá de la espesura del Jordán
51.38 rugirán como *l*. .cachorros de *l* gruñirán
Lm. 3.10 fue para mí como. .*l* en escondrijos
Ez. 1.10 y cara de *l* al lado derecho de los 4
10.14 la tercera, cara de *l*; la cuarta, cara
19.2 ¡cómo se echó entre los *l* tu madre la *l*!
19.6 él andaba entre los *l*; se hizo leoncillo
22.25 como *l* rugiente que arrebata presa
41.19 rostro de *l* hacia la palmera del otro
Dn. 6.7,12 sea echado en el foso de los *l*
6.16 Daniel. .le echaron en el foso de los *l*
6.19 levantó muy de mañana. .al foso de los *l*
6.20 el Dios. .¿te ha podido librar de los *l*?
6.22 cerró la boca de los *l*, para que no me
6.24 y fueron echados en el foso de los *l*
6.24 cuando los *l* se apoderaron de ellos y
6.27 ha librado a Daniel del poder de los *l*
7.4 la primera era como *l*, y tenía alas de
Os. 5.14 como *l* a Efraín, y como cachorro de *l*
11.10 él rugirá como *l*; rugirá, y los hijos
13.7 por tanto, yo seré para ellos como *l*
13.8 y allí los devoraré como *l*; fiera del
Jl. 1.6 dientes son dientes de *l*. .muelas de *l*
Am. 3.4 ¿rugirá el *l* en la selva sin. .presa?
3.8 si el *l* ruge, ¿quién no temerá? Si habla
3.12 que el pastor libra. .del *l* dos piernas
5.19 como el que huye de delante del *l*, y se
Mi. 5.8 será. .como el *l* entre las bestias de
5.8 como el cachorro del *l* entre las manadas
Nah. 2.11 ¿qué es de la guarida de los *l*, y de
2.11 de la majada de los cachorros de los *l*
2.11 el *l* y la *l*, y los cachorros del *l*, y no
2.12 el *l* arrebataba en abundancia para sus
Sof. 3.3 sus príncipes en. .ella son *l* rugientes
Zac. 11.3 de rugidos de cachorros de *l*, porque
2 Ti. 4.17 así fui librado de la boca del *l*
He. 11.33 hicieron justicia. .taparon bocas de *l*
1 P. 5.8 adversario el diablo, como *l* rugiente
Ap. 4.7 el primer ser. .era semejante a un *l*; el
5.5 que el *L* de la tribu de Judá. .ha vencido
9.8 tenían cabello. .dientes eran como de *l*
9.17 y las cabezas. .eran como cabezas de *l*
10.3 y clamó a gran voz, como ruge un *l*; y
13.2 semejante a. .y su boca como boca de *l*

LEONCILLO
Job 4.10 los dientes de los *l* son quebrantados
38.39 ¿cazarás. .¿Saciarás el hambre de los *l*
Sal. 17.12 y como *l* que está en su escondite
34.10 los *l* necesitan, y tienen hambre; pero
58.6 quiebra, oh Jehová, las muelas de los *l*
104.21 *l* rugen tras la presa, y para buscar
Is. 5.29 de león; rugirá a manera de *l*; crujirá
Jer. 25.38 dejó cual *l* su guarida; pues asolada
Ez. 19.2 dirás. .Entre los *l* crio sus cachorros
19.3 vino a ser *l*, y aprendió a arrebatar la
19.5 otro de sus cachorros, y lo puso por *l*
19.6 se hizo *l*, aprendió a arrebatar la presa
32.2 a *l* de naciones eres semejante, y eres
Am. 3.4 ¿dará el *l* su rugido desde su guarida
Nah. 2.13 espada devorará tus *l*; y cortaré de

LEOPARDO
Cnt. 4.8 los leones, desde los montes de los *l*
Is. 11.6 el *l* con el cabrito se acostará; el
Jer. 5.6 los matará. .el *l* acechará sus ciudades
13.23 ¿mudará el etíope. .y el *l* sus manchas?
Dn. 7.6 semejante a un *l*, con cuatro alas de
Os. 13.7 como un *l* en el camino los acecharé
Hab. 1.8 sus caballos serán más ligeros que *l*
Ap. 13.2 bestia que vi era semejante a un *l*

LEPRA
Lv. 13.2 la piel de su cuerpo como llaga de *l*
13.3 más profunda que la piel. .llaga de *l* es
13.8 el sacerdote. .lo declarará inmundo: es *l*
13.9 cuando hubiere llaga de *l* en el hombre
13.11 es *l* crónica en la piel de su cuerpo
13.12 si brotare la *l* cundiendo por la piel
13.13 si la *l* hubiere cubierto todo su cuerpo
13.15 carne. .Es inmunda la carne viva; es *l*
13.20 llaga de *l* que se originó en el divieso
13.25 es *l* que salió en la quemadura; y el
13.25 declarará inmundo, por ser llaga de *l*
13.27 el. .lo declarará inmundo; es llaga de *l*
13.30 tiña, es *l* de la cabeza o de la barba
13.42 llaga. .*l* es que brota en su calva o en
13.43 como el parecer de la *l* de la piel del
13.47 cuando en un vestido hubiere plaga de *l*
13.49 plaga es de *l*, y se ha de mostrar al
13.51 *l* maligna es la plaga; inmunda será
13.52 será quemado. .porque *l* maligna es; al
13.59 esta es la ley para la plaga de la *l*
14.3 si ve que está sana la plaga de la *l*
14.7 sobre el que se purifica de la *l*, y le
14.32 para el que hubiere tenido plaga de *l*
14.34 si pusiere yo plaga de *l* en alguna casa
14.44 extendido la. .en la casa, es *l* maligna
14.54 es la ley acerca de toda plaga de *l* y
14.55 y de la *l* del vestido, y de la casa
14.57 limpio. Esta es la ley tocante a la *l*
Dt. 24.8 cuanto a la plaga de la *l*, ten cuidado
2 R. 5.3 si rogase mi señor. .lo sanaría de su *l*
5.6 mi siervo Naamán. .que lo sanes de su *l*
5.7 envíe a. .a que sane un hombre de su *l*?
5.11 saldrá. .tocará el lugar, y sanará la *l*
5.27 la *l* de Naamán se te pegará a ti y a tu
15.5 hirió al rey con *l*, y estuvo leproso
2 Cr. 26.19 Uzías. .la *l* le brotó en la frente
26.20 y he aquí la *l* estaba en su frente
Mt. 8.3 tocó. .Y al instante su *l* desapareció
Mr. 1.42 al instante la *l* se fue de aquél, y
Lc. 5.12 se presentó un hombre lleno de *l*, el
5.13 tocó. .y al instante la *l* se fue de él

LEPROSO, SA
Éx. 4.6 cuando la sacó. .su mano estaba *l* como
Lv. 13.44 *l* es, es inmundo, y el sacerdote lo
13.45 y el *l* en quien hubiere llaga llevará
14.2 será la ley para el *l* cuando se limpiare
14.3 y si ve que está sana. .la lepra del *l*
22.4 varón. .que fuere *l*, o padeciere flujo
Nm. 5.2 que echen del campamento a todo *l*, y
12.10 estaba *l* como la nieve. .que estaba *l*
2 S. 3.29 nunca falte de la casa de Joab. .*l*
2 R. 5.1 hombre valeroso en extremo, pero *l*
5.27 salió de delante de él *l*, blanco como
7.3 había a la entrada de. .cuatro hombres *l*
7.8 *l* llegaron a la entrada del campamento
15.5 y estuvo *l* hasta el día de su muerte
2 Cr. 26.21 Uzías fue *l*. .habitó *l* en una casa
26.23 porque dijeron: *L* es. Y reinó Jotam su
Mt. 8.2 he aquí vino un *l* y se postró ante él
10.8 enfermos, limpiad *l*, resucitad muertos
11.5 los *l* son limpiados, los sordos oyen
26.6 estando Jesús en. .en casa de Simón el *l*
Mr. 1.40 vino a él un *l*, rogándole; e hincada
14.3 él en Betania, en casa de Simón el *l*
Lc. 4.27 muchos *l* había en Israel en tiempo del
7.22 los *l* son limpiados, los sordos oyen
17.12 salieron al encuentro diez hombres *l*

LESEM *Ciudad cananea (=Lais)*, Jos. 19.47

LESIÓN
Lv. 24.19 causare *l* en su prójimo, según hizo
24.20 según la *l* que haya hecho. .se hará a él
Dn. 6.23 ninguna *l* se halló en él, porque había

LESNA
Éx. 21.6 y su amo le horadará la oreja con *l*
Dt. 15.17 tomarás una *l*, y horadarás su oreja

LETRA
Dn. 1.4 les enseñase las *l* y la lengua de los
1.17 les dio conocimiento. .en todas las *l* y
Lc. 23.38 título escrito con *l* griegas, latinas
Jn. 7.15 ¿cómo sabe. .*l*, sin haber estudiado?
Hch. 4.13 que eran hombres sin *l* y del vulgo
26.24 Pablo; las muchas *l* te vuelven loco
Ro. 2.27 con la *l* de la ley. .eres transgresor
2.29 circuncisión es. .en espíritu, no en *l*
7.6 bajo. .y no bajo el régimen viejo de la *l*
2 Co. 3.6 no de la *l*. .porque la *l* mata, mas el
3.7 el ministerio de muerte grabado con *l* en
Gá. 6.11 mirad con cuán grandes *l* os escribo

LETRINA
2 R. 10.27 y lo convirtieron en *l* hasta hoy
Mt. 15.17 entra en la boca. .es echado en la *l*?
Mr. 7.19 no. .sino en el vientre, y sale a la *l*?

LETUSIM *Descendientes de Dedán*, Gn. 25.3

LEUDAR
Éx. 12.15,19 comiere *leudado*. .cortado de Israel
12.20 ninguna cosa *leudada* comeréis; en todas
12.34 llevó el. .su masa antes que se *leudase*
12.39 tortas. .de la masa. .no había *leudado*
13.3 fuerte; por tanto, no comeréis *leudado*
13.6 siete días comerás pan sin *leudar*, y el
13.7 y no se verá contigo nada *leudado*, ni
34.25 no ofrecerás cosa *leudada* junto con la
Os. 7.4 que cesa de. .hasta que se haya *leudado*
Am. 4.5 sacrificio de alabanza con pan *leudado*
Mt. 13.33 de harina, hasta que todo fue *leudado*
1 Co. 5.6; Gá. 5.9 poco de levadura *leuda* toda

LEUDO, DA
Éx. 23.18 no ofrecerás con pan *l* la sangre de
Lv. 2.11 ninguna cosa *l*. .ha de quemar ofrenda
7.13 tortas de pan *l* presentará su ofrenda

LEUMIM *Descendientes de Dedán*, Gn. 25.3

LEVA
1 R. 5.13 decretó *l*. .la *l* fue de 30.000 hombres
5.14 Adoniram estaba encargado de aquella *l*
9.15 es la razón de la *l* que el rey Salomón

LEVADURA
Gn. 19.3 hizo banquete, y coció panes sin *l*
Éx. 12.8 comerán la carne asada. .panes sin *l*
12.15 siete días comeréis panes sin *l*; y así
12.15 el primer día haréis que no haya *l* en
12.17 guardaréis la fiesta de. .panes sin *l*
12.18 mes primero comeréis los panes sin *l*
12.19 por siete días no se hallará *l*. .casas
12.20 todas vuestras. .comeréis panes sin *l*
12.39 cocieron tortas sin *l* de la masa que
13.7 siete días se comerán los panes sin *l*
13.7 no se verá contigo nada leudado, ni *l*
23.15 la fiesta de los panes sin *l* guardarás
23.15 siete días comerás los panes sin *l*
29.2 y panes sin *l*, y tortas sin *l* amasadas
29.2 hojaldres sin *l* untadas con aceite; las
29.23 una hojaldre del. .de los panes sin *l*
34.18 la fiesta de los panes sin *l* guardarás
34.18 siete días comerás pan sin *l*, según te
Lv. 2.4 será de tortas de flor de harina sin *l*
2.4 y hojaldres sin *l* untadas con aceite
2.5 de sartén, será de flor de harina sin *l*
2.11 ninguna ofrenda. .a Jehová será con *l*
6.16 sin *l* se comerá en lugar santo; en el
6.17 no se cocerá con *l*; la he dado a ellos
7.12 gracias, ofrecerá. .tortas sin *l* amasadas
7.12 y hojaldres sin *l* untadas con aceite
8.2 toma. .el canastillo de los panes sin *l*
8.26 del canastillo de los panes sin *l*, que
8.26 una torta sin *l*, y una torta de pan de
10.12 ofrenda. .comedla sin *l* junto al altar
23.6 la fiesta solemne de los panes sin *l* a
23.6 fiesta. .siete días comeréis panes sin *l*
23.17 harina, cocidos con *l*, como primicias
Nm. 6.15 además un canastillo de tortas sin *l*
6.15 hojaldres sin *l* untadas con aceite, y su
6.17 con el canastillo de los panes sin *l*
6.19 tomará. .una torta sin *l* del canastillo
6.19 una hojaldre sin *l*, y las pondrá sobre
9.11 con panes sin *l* y hierbas. .la comerán
28.17 por siete días se comerán panes sin *l*
Dt. 16.3 no comerás con ella pan con *l*; siete
16.3 siete días comerás con ella pan sin *l*
16.4 no se verá *l* contigo en. .por siete días
16.8 días comerás pan sin *l*, y el séptimo día
16.16 la fiesta solemne de los panes sin *l*
Jos. 5.11 comieron del fruto de. .panes sin *l*
Jue. 6.19 Gedeón, preparó. .panes sin *l* de un
6.20 los panes sin *l* y ponlos sobre esta peña
6.21 tocó. .los panes sin *l*; y subió fuego de
6.21 subió fuego. .consumió. .los panes sin *l*
1 S. 28.24 amasó, y coció de ella panes sin *l*
2 R. 23.9 comían panes sin *l* entre. .hermanos
1 Cr. 23.29 de harina. .para las hojuelas sin *l*
2 Cr. 8.13 en la fiesta de los panes sin *l*, en
30.13 la fiesta solemne de los panes sin *l*

LEVADURA ***(Continúa)***

2 Cr. 30.21 celebraron la fiesta..los panes sin *l*
35.17 la fiesta..de los panes sin *l* por siete
Esd. 6.22 la fiesta solemne de los panes sin *l*
Ez. 45.21 pascua, fiesta..se comerá pan sin *l*
Mt. 13.33 el reino..cielos es semejante a la *l*
16.6 guardaos de la *l* de los fariseos y de los
16.11 os guardaseis de la *l* de los fariseos
16.12 se guardasen de la *l* del pan, sino de
26.17 día de la fiesta de los panes sin *l*
Mr. 8.15 la *l* de los fariseos..la *l* de Herodes
14.1 pascua, y la fiesta de los panes sin *l*
14.12 la fiesta de los panes sin *l*, cuando
Lc. 12.1 guardaos de la *l* de los fariseos, que
13.21 semejante a la *l*, que una mujer tomó
22.1 cerca la fiesta de los panes sin *l*, que
22.7 llegó el día de los panes sin *l*, en el
Hch. 12.3 entonces los días de los panes sin *l*
20.6 los días de los panes sin *l*, navegamos
1 Co. 5.6 que un poco de *l* leuda toda la masa?
5.7 limpiaos, pues, de la vieja *l*, para que
5.7 que seáis nueva masa, sin *l* como sois
5.8 fiesta, no con la vieja *l*, ni con la *l*
5.8 sino con panes sin *l*, de sinceridad y
Gá. 5.9 un poco de *l* leuda toda la masa

LEVANTAMIENTO

Lc. 2.34 puesto para caída y para *l* de muchos

LEVANTAR

Gn. 4.8 se *levantó* contra su hermano Abel, y
13.17 *levántate*, vé por la tierra a lo largo
18.16 los varones se *levantaron* de allí, y
19.1 viéndolos Lot, se *levantó* a recibirlos
19.2 *levantaréis*, y seguiréis vuestro camino
19.14 dijo: *Levantaos*, salid de este lugar
19.15 *levántate*, toma tu mujer, y tus..hijas
19.33 él no sintió..cuándo se *levantó* ella
19.35 se *levantó* la menor, y durmió con él
19.35 no echó de ver..ni cuándo se *levantó*
20.8 Abimelec se *levantó* de mañana y llamó
21.14 Abraham se *levantó* muy de mañana, y
21.18 *levántate*, alza al muchacho..tu mano
21.32 se *levantó* Abimelec, y Ficol príncipe
22.3 y Abraham se *levantó* muy de mañana, y
22.3 *levantó*..y fue al lugar que Dios le dijo
22.19 y se *levantaron* y se fueron juntos a
23.3 *levantó* Abraham de delante de su muerta
23.7 y Abraham se *levantó*, y se inclinó al
24.54 *levantándose*..dijo: Enviadme a mi señor
24.61 se *levantó* Rebeca y sus doncellas, y
25.34 comió y bebió, y se *levantó* y se fue
26.31 se *levantaron* de madrugada, y juraron
27.19 *levántate* ahora, y siéntate, y come de
27.31 *levántese* mi padre, y coma de la caza
27.43 *levántate* y huye a casa de Labán mi
28.2 *levántate*, vé a Padan-aram, a casa de
28.18 y se *levantó* Jacob de mañana, y tomó
31.13 *levántate* ahora y sal de esta tierra
31.17 se *levantó* Jacob, y subió sus hijos y
31.21 y se *levantó* y pasó el Eufrates, y se
31.35 porque no me puedo *levantar* delante de
31.45 Jacob tomó una piedra, y la *levantó*
31.55 y se *levantó* Labán de mañana, y besó
32.22 se *levantó* aquella noche, y tomó sus
35.1 *levántate* y sube a Bet-el, y quédate
35.3 y *levantémonos*, y subamos a Bet-el; y
35.20 *levantó* Jacob un pilar..su sepultura
37.7 que mi manojo se *levantaba* y..derecho
37.35 se *levantaron* todos sus hijos y todas
38.8 dijo..*levanta* descendencia a tu hermano
38.19 *levantó* y se fue, y se quitó el velo
40.13 tres días *levantará* Faraón tu cabeza
43.8 y nos *levantaremos* e iremos, a fin de
43.13 y *levantaos*, y volved a aquel varón
43.15 se *levantaron* y descendieron a Egipto
44.4 dijo..*Levántate* y sigue a esos hombres
46.5 se *levantó* Jacob de Beerseba; y tomaron
Éx. 1.8 se *levantó* sobre Egipto un nuevo rey
2.17 Moisés se *levantó* y las defendió, y dio
5.8 están ociosos, por eso *levantan* la voz
8.20; 9.13 *levántate*..ponte delante de Faraón
10.23 ni nadie se *levantó* de su lugar en tres
12.30 se *levantó* aquella noche Faraón, él y
15.7 has derribado a los que se *levantaron*
17.16 la mano de Amalec se *levantó* contra el
21.19 se *levantare* y anduviere fuera sobre
23.5 asno..caído..le ayudarás a *levantarlo*
24.4 *levantándose* de mañana edificó un altar
24.13 *levantó* Moisés con Josué su servidor
32.1 le dijeron: *Levántate*, haznos dioses que
32.6 sentó el pueblo..*levantó* a regocijarse
33.7 tomó el tabernáculo y lo *levantó* lejos
33.8 todo el pueblo se *levantaba*, y..en pie
33.10 se *levantaba* cada uno a la puerta de
34.4 se *levantó* de mañana y subió al monte
40.2 día del..harás *levantar* el tabernáculo
40.18 Moisés hizo *levantar* el tabernáculo
40.19 *levantó* la tienda sobre el tabernáculo
Lv. 10.6 *levante* la ira sobre..la congregación
19.32 delante de las canas te *levantarás*, y
26.1 ni os *levantaréis* estatua, ni pondréis
Nm. 7.1 acabado de *levantar* el tabernáculo, y
9.21(2) cuando la nube se *levantaba*..partían
10.35 Moisés decía: *Levántate*, oh Jehová, y
11.32 el pueblo estuvo *levantado*..aquel día
14.40 se *levantaron*..y subieron a la cumbre
16.2 y se *levantaron* contra Moisés con 250
16.3 ¿por qué..os *levantáis* vosotros sobre
16.25 Moisés se *levantó* y fue a Datán y a
22.13,21 Balaam se *levantó* por la mañana
22.14 príncipes..se *levantaron*, y vinieron
22.20 *levántate* y vete con ellos; pero harás
23.18 dijo: Balac, *levántate* y oye; escucha
23.24 el pueblo que como león se *levantará*
24.17 se *levantará* cetro de Israel, y herirá
24.25 se *levantó* Balaam y se fue, y volvió a
25.7 se *levantó* de..la congregación, y tomó
Dt. 2.13 *levantaos*..pasad el arroyo de Zered
2.24 *levantaos*..y pasad el arroyo de Arnón
6.7 y hablarás de ellas..cuando te *levantes*
9.12 dijo Jehová: *Levántate*, desciende pronto
10.11 *levántate*..para que marches delante del
11.19 hablando de ellas..cuando te *levantes*
13.1 cuando se *levantare*..profeta, o soñador
16.22 ni te *levantarás* estatua, lo..aborrece
17.8 te *levantarás* y recurrirás al lugar que
18.15 profeta..como yo, te *levantará* Jehová
18.18 profeta les *levantaré* de en medio de
19.11 y se *levantare* contra él y lo hiriere
19.16 *levantare* testigo falso contra alguno
22.4 buey, caído..le ayudarás a *levantarlo*
22.26 alguno se *levanta* contra su prójimo y
25.8 si él se *levantare* y dijere: No quiero
27.2 *levantarás* piedras grandes, y..con cal
27.4 *levantarás* estas piedras..os mando hoy
28.7 tus enemigos que se *levantaren* contra
29.22 dirán..hijos que se *levanten* después
31.16 este pueblo se *levantará* y fornicará
32.38 *levántense*..os ayuden y os defiendan
33.11 hiere los..para que nunca se *levanten*
34.10 nunca más se *levantó* profeta en Israel
Jos. 1.2 *levántate* y pasa este Jordán, tú y
3.1 Josué se *levantó* de mañana, y él y todos
4.3 *levantadlas* en el lugar donde habéis de
4.8 y las pasaron al..y las *levantaron* allí
4.9 Josué..*levantó* doce piedras en medio del
6.12 se *levantó* de mañana, y los sacerdotes
6.15 se *levantaron* al despuntar el alba, y
6.26 maldito..el hombre que se *levantare* y
7.10 Josué: *Levántate;* ¿por qué te postras
7.13 *levántate*, santifica al pueblo, y dí
7.16 *levantándose* de mañana, hizo acercar a
7.26 *levantaron* sobre él un gran montón de
8.1 dijo a Josué..y *levántate* y sube a Hai
8.3 *levantaron* Josué y..para subir contra Hai
8.7 vosotros os *levantaréis* de la emboscada
8.10 *levantándose* Josué muy de..pasó revista
8.19 *levantándose*..de su lugar..la emboscada
8.29 *levantaron* sobre él..montón de piedras
18.4 ellos se *levanten* y recorran la tierra
18.8 *levantándose*..aquellos varones, fueron
24.9 después se *levantó* Balac hijo de Zipor
24.26 piedra, la *levantó* allí debajo de la
Jue. 2.10 se *levantó* después..otra generación
2.16 Jehová *levantó* jueces que los librasen
2.18 y cuando Jehová les *levantaba* jueces
3.9 Jehová *levantó* un libertador a..Israel
3.15 Jehová les *levantó* un libertador, a Aod
3.20 Aod..él entonces se *levantó* de la silla
4.9 y *levantándose* Débora, fue con Barac a
4.14 *levántate*, porque este es el día en que
5.7 yo Débora me *levanté*, me *l* como madre en
5.12 *levántate*, Barac, y lleva tus cautivos
6.28 cuando..se *levantaron*, he aquí que el
6.38 *levantó* de mañana, exprimió el vellón
7.1 *levantándose*, pues, de mañana Jerobaal
7.9 *levántate*, y desciende al campamento
7.15 *levantaos*, porque Jehová ha entregado
8.20 dijo a Jeter su..*Levántate*, y mátalos
8.21 *levántate* tú..Gedeón se *levantó*, y mató
8.28 y nunca más volvió a *levantar* cabeza
9.18 os habéis *levantado* hoy contra la casa
9.23 de Siquem se *levantaron* contra Abimelec
9.32 *levántate*..y el pueblo que está contigo
9.34 *levantándose*..Abimelec y todo el pueblo
9.35 Abimelec..se *levantaron* de la emboscada
9.43 y se *levantó* contra ellos y los atacó
9.48 *levantándola*..la puso sobre sus hombros
10.1 *levantó* para librar a Israel Tola hijo
10.3 tras él se *levantó* Jair galaadita, el
13.11 se *levantó* Manoa, y siguió a su mujer
16.3 mas Sansón..a la medianoche se *levantó*
18.9 *levantaos*, subamos..poneros en marcha
18.30 *levantaron* para sí la imagen de talla
19.3 se *levantó* su marido y la siguió, para
19.5 se *levantaron*..*levantó* también el levita
19.7 y se *levantó* el varón para irse, pero
19.8 día, *levantándose* de mañana para irse
19.9 se *levantó* el varón para irse, él y su
19.9 *levantaréis* temprano a vuestro camino
19.10 que se *levantó* y se fue, y llegó hasta
19.27 y se *levantó* por la mañana su señor, y
19.28 *levántate*, y vámonos..la *levantó* el
19.28 varón..se *levantó* y se fue a su lugar
20.5 y *levantándose* contra mí los de Gabaa
20.8 el pueblo, como..se *levantó*, y dijeron
20.18,19 se *levantaron* los hijos de Israel
20.33 se *levantaron* todos los de Israel de
21.4 al día siguiente el pueblo se *levantó*
Rt. 1.6 *levantó*..regresó de los campos de Moab
2.15 luego se *levantó* para espigar. Y Booz
3.14 durmió a sus pies..se *levantó* antes que
1 S. 1.9 *levantó* Ana después que hubo comido
1.19 y *levantándose* de mañana, adoraron
2.8 él *levanta* del polvo al pobre, y del
3.6 *levantándose* Samuel, vino a Elí y dijo
3.8 *levantó* y vino a Elí, y dijo: Heme aquí
5.3 los de Asdod se *levantaron* de mañana
5.4 volviéndose a *levantar*..Dagón había caído
9.3 toma..*levántate*, y vé a buscar las asnas
9.26 y dijo: *Levántate*..se *levantó* Saúl, y
13.15 *levantándose* Samuel, subió de Gilgal
15.12 *levantó* un monumento, y dio la vuelta
16.12 dijo: *Levántate* y úngelo, porque éste
16.13 se *levantó*..Samuel, y se volvió a Ramá
17.20 se *levantó*, pues, David de mañana, y
17.35 si se *levantaba* contra mí, yo..hería
17.48 cuando el filisteo se *levantó* y echó
17.52 *levantándose* luego los de Israel y los
18.27 se *levantó* David y se fue con su gente
20.25 Jonatán se *levantó*, y se sentó Abner
20.34 *levantó* Jonatán de la mesa con..ira
20.41 se *levantó* David del lado del sur, y
20.42 se *levantó* y se fue; y Jonatán entró
21.10 *levantándose* David aquel día, huyó de
22.8 cómo mi hijo ha *levantado* a mi siervo
22.13 para que se *levantase* contra mí y me
23.4 y dijo: *Levántate*, desciende a Keila
23.13 se *levantó* con sus hombres, que eran
23.16 se *levantó* Jonatán..y vino a David a
23.24 y ellos se *levantaron*, y se fueron a
24.4 y se *levantó* David, y..cortó la orilla
24.7 reprimió..que se *levantasen* contra Saúl
24.8 también David se *levantó*..de la cueva
25.1 se *levantó* David y se fue al desierto
25.29 aunque alguien se haya *levantado* para
25.41 ella se *levantó* e inclinó su rostro a
25.42 *levantándose* luego Abigail con cinco
26.2 Saúl entonces se *levantó* y descendió al
26.5 se *levantó* David, y vino al sitio donde
27.2 *levantó*, pues, David, y..se pasó a Aquis
28.23 se *levantó*..y se sentó sobre una cama
28.25 después de haber comido, se *levantaron*
29.10 *levántate*..de mañana, tú y los siervos
29.10 y *levantándoos* al amanecer, marchad
29.11 se *levantó* David de mañana, él y sus
31.12 los hombres valientes se *levantaron*
2 S. 2.14 *levántense* ahora..Joab respondió: *L*
2.15 se *levantaron*, y pasaron en número igual
2.22 ¿cómo *levantaría*..mi rostro delante de
3.21 dijo Abner..*levantaré* e iré, y juntaré
6.2 y se *levantó* David y partió de Baala de
6.17 una tienda que David le había *levantado*
7.12 *levantaré*..a uno de tu linaje, el cual
11.2 que se *levantó* David de su lecho y se
12.11 yo haré *levantar* el mal sobre ti de tu
12.17 se *levantaron* los ancianos de su casa
12.17 a él para hacerlo *levantar* de la tierra
12.20 entonces David se *levantó* de la tierra
12.21 y muerto él, te *levantaste* y comiste
13.15 luego..dijo Amnón: *Levántate*, y vete
13.29 se *levantaron* todos los hijos del rey
13.31 *levantándose* David, rasgó sus vestidos
14.7 toda la familia se ha *levantado* contra
14.23 se *levantó* luego Joab y fue a Gesur
14.31 *levantó* Joab y vino a casa de Absalón
15.2 *levantaba* Absalón de mañana, y se ponía
15.9 vé en paz..se *levantó*, y fue a Hebrón
15.14 dijo a todos sus..*Levantaos* y huyamos
17.1 y me *levantaré* y seguiré a David esta
17.21 *levantaos* y daos prisa a pasar..aguas
17.22 David se *levantó*, y todo el pueblo que
17.23 y se *levantó* y se fue a su casa a su
18.17 y *levantaron* sobre él un..de piedras
18.28 que habían *levantado* sus manos contra
18.31 los que se habían *levantado* contra ti
18.32 y todos los que se *levanten* contra ti
19.7 *levántate*..ahora, y vé afuera y habla
19.8 entonces se *levantó* el rey y se sentó
20.21 Seba..*levantado* su mano contra el rey
22.39 los heriré, de modo que no se *levanten*
22.49 sobre los que se *levantan* contra mí
23.1 dijo aquel..que fue *levantado* en alto
23.10 *levantó* e hirió a los filisteos hasta
24.11 cuando David se hubo *levantado*, vino
24.18 y *levanta* un altar a Jehová en la era
1 R. 1.49 se *levantaron* todos los convidados
1.50 Adonías..*levantó* y se fue, y se asió de
2.19 y el rey se *levantó* a recibirla, y se
2.40 Simei se *levantó* y ensilló su asno y fue
3.12 ni después..se *levantará* otro como tú
3.20 *levantó* a medianoche y tomó a mi hijo
3.21 yo me *levanté*..dar el pecho a mi hijo
8.20 yo me he *levantado* en lugar de David mi
8.54 se *levantó* de estar de rodillas delante
11.18 se *levantaron* de Madián, y vinieron a
11.23 Dios..*levantó* por adversario..a Rezón
11.40 Jeroboam se *levantó* y huyó a Egipto
14.2 *levántate* ahora y disfrázate, para que
14.4 y la mujer de..se *levantó* y fue a Silo

LEVANTAR *(Continúa)*
1 R. 14.7 te *levanté* de en medio del pueblo, y te
14.12 y tú *levántate* y vete a tu casa; y al
14.14 Jehová *levantará*..un rey sobre Israel
14.17 la mujer de Jeroboam se *levantó* y se
15.4 *levantando* a su hijo después de él, y
16.2 yo te *levanté* del polvo y te puse por
17.9 *levántate*, vete a Sarepta de Sidón, y
17.10 él se *levantó* y se fue a Sarepta
19.3 se *levantó* y se fue para salvar su vida
19.5 un ángel le..y le dijo: *Levántate*, come
19.7 *levántate* y come, porque largo camino
19.8 se *levantó*, pues, y comió y bebió; y
19.21 se *levantó* y fue tras Elías, y le servía
21.7 *levántate*, y come y alégrate; yo te daré
21.15 *levántate* y toma la viña de Nabot de
21.16 Acab..*levantó* para descender a la viña
21.18 *levántate*, desciende a encontrarte con
2 R. 1.3 *levántate*, y sube a encontrarte con
1.4,6 del lecho en que estás no te *levantarás*
1.15 se *levantó*, y descendió con él al rey
1.16 no te *levantarás*, por tanto, del lecho
3.22 cuando se *levantaron* por la mañana, y
3.24 *levantaron* los israelitas y atacaron a
4.31 se *levantó* y la siguió. Y Giezi había
6.15 *levantó* de mañana y salió el que servía
7.5 se *levantaron*..al anochecer, para ir al
7.7 así se *levantaron* y huyeron al anochecer
7.12 y se *levantó* el rey de noche, y dijo a
8.1 *levántate*, vete tú..a vivir donde puedas
8.2 la mujer se *levantó*, e hizo como el varón
8.21 y *levantándose* de noche atacó a los de
9.2 haz que se *levante* de entre sus hermanos
9.6 se *levantó*, y entró en casa; y el otro
10.12 se *levantó* de allí para ir a Samaria
11.1 se *levantó* y destruyó..la descendencia
12.20 *levantaron* sus siervos..mataron a Joás
13.21 revivió, y se *levantó* sobre sus pies
16.7 defiéndeme..se han *levantado* contra mí
17.10 *levantaron* estatuas e imágenes..Asera
19.22 la voz, y *levantado* en alto tus ojos?
19.32 no..ni *levantará* contra ella baluarte
19.35 se *levantaron*..era cuerpos de muertos
21.3 *levantó* altares a Baal, e hizo..imagen
25.1 Jerusalén..y *levantó* torres contra ella
25.26 *levantándose* todo el pueblo, desde el
1 Cr. 10.12 *levantaron*..los hombres valientes
15.1 para el arca..y le *levantó* una tienda
16.1 la tienda que David había *levantado* para
17.11 *levantaré* descendencia después de ti
20.4 se *levantó* guerra en Gezer contra los
20.5 volvió a *levantarse* guerra contra los
21.1 pero Satanás se *levantó* contra Israel
22.16 *levántate*, y manos a la obra; y Jehová
22.19 *levantaos*, y edificad el santuario de
28.2 *levantándose* el rey David..dijo: Oídme
2 Cr. 1.4 arca..le había *levantado* una tienda
6.10 *levanté* yo en lugar de David mi padre
6.41 *levántate*..para habitar en tu reposo
13.4 y se *levantó* Abías sobre el monte de
13.6 Jeroboam..se *levantó* y rebeló contra
20.19 se *levantaron* los levitas de..de Coat
20.23 se *levantaron* contra los del monte de
21.9 se *levantó* de noche, y derrotó a los
22.10 Atalía..se *levantó* y exterminó toda la
28.12 se *levantaron* algunos varones de los
28.15 se *levantaron* los varones nombrados
29.12 se *levantaron* los levitas Mahat hijo
29.20 *levantándose*..rey Ezequías reunió los
30.14 *levantándose*, quitaron los altares que
33.3 y *levantó* altares a los baales, e hizo
Esd. 1.5 se *levantaron* los jefes de las casas
3.2 *levantaron* Jesúa hijo de..y sus hermanos
4.12 los judíos..*levantan* los muros y reparan
4.13 que si..y los muros fueren *levantados*
4.16 fuere..*levantados* sus muros, la región
4.19 se *levanta* contra los reyes y se rebela
5.2 se *levantaron* Zorobabel hijo de Salatiel
5.3 para edificar..y *levantar* estos muros?
5.9 os dio orden..para *levantar* estos muros?
9.5 a la hora del sacrificio..me *levanté* de
9.6 avergonzado estoy para *levantar*..rostro
9.9 para *levantar* la casa de nuestro Dios y
10.4 *levántate*, porque esta es tu obligación
10.5 se *levantó*..y juramentó a los príncipes
10.6 se *levantó*..Esdras de delante de la casa
10.10 *levantó*..Esdras y les dijo: Vosotros
Neh. 2.12 me *levanté* de noche, yo y unos pocos
2.18 y dijeron: *Levantémonos* y edifiquemos
2.20 nos *levantaremos* y edificaremos, porque
3.1 se *levantó* el sumo sacerdote Eliasib con
3.1 y *levantaron* sus puertas hasta la torre
3.3,6,13 *levantaron* sus puertas..cerrojos
3.14,15 *levantó* sus puertas, sus cerraduras
4.14 me *levanté* y dije a los nobles y a los
9.4 luego se *levantaron* sobre la grada de los
9.5 *levantaos*, bendecid a Jehová vuestro Dios
Est. 5.9 que no se *levantaba* ni se movía de su
7.7 el rey se *levantó* del banquete..en ira
8.4 rey..y Ester se *levantó*, y se puso en pie
Job 1.5 Job..se *levantaba* de mañana y ofrecía
1.20 se *levantó*, y rasgó su manto, y rasuró
5.7 como las chispas se *levantan* para volar
5.11 y a los enlutados *levanta* a seguridad
7.4 acostado, digo: ¿Cuándo me *levantaré*?
10.15 si fuere justo, no *levantaré* mi cabeza
11.15 *levantarás* tu rostro limpio de mancha
14.12 hombre yace y no vuelve a *levantarse*
14.12 hombre..ni se *levantarán* de su sueño
16.8 se *levanta* contra mí para testificar en
17.8 el inocente se *levantará* contra el impío
19.18 aun..al *levantarme*, hablaban contra mí
19.25 y al fin se *levantará* sobre el polvo
20.27 cielos..tierra se *levantará* contra él
24.14 a la luz se *levanta* el matador; mata
24.22 una vez que se *levante*, ninguno está
29.8 los ancianos se *levantaban*, y estaban
30.12 mano derecha se *levantó* el populacho
30.28 me he *levantado* en la congregación, y
31.14 qué haría yo cuando Dios se *levantase*?
39.18 luego que se *levanta* en alto, se burla
Sal. 1.5 por tanto, no se *levantarán* los malos
2.2 se *levantarán* los reyes de la tierra, y
3.1 muchos son los que se *levantan* contra mí
3.3 mi gloria, y el que *levanta* mi cabeza
3.7 *levántate*, Jehová; sálvame, Dios mío
7.6 *levántate*, oh Jehová, en tu ira; álzate
9.13 tú que me *levantas* de las puertas de la
9.19 *levántate*, oh Jehová; no se fortalezca
10.12 *levántate*, oh Jehová Dios, alza tu mano
12.5 *levantaré*, dice Jehová; pondré en salvo
17.7 de los que se *levantan* contra ellos
17.13 *levántate*, oh Jehová..a su encuentro
18.38 los herí de modo que no se *levantasen*
18.48 aun me eleva sobre los que se *levantan*
20.8 nosotros nos *levantamos*, y estamos en
25.1 a ti, oh Jehová, *levantaré* mi alma
27.3 aunque contra mí se *levante* guerra, yo
27.6 *levantará* mi cabeza sobre mis enemigos
27.12 han *levantado* contra mí testigos falsos
35.2 echa mano al..y *levántate* en mi ayuda
35.11 se *levantan* testigos malvados; de lo
36.12 derribados, y no podrán *levantarse*
40.12 maldades, y no puede *levantar* la vista
41.8 que cayó en cama no volverá a *levantarse*
41.10 misericordia de mí, y hazme *levantar*
44.26 *levántate* para ayudarnos, y redímenos
54.3 extraños se han *levantado* contra mí, y
57.8 despierta, alma..me *levantaré* de mañana
59.1 a salvo de los que se *levantan* contra mí
68.1 *levántese* Dios, sean esparcidos sus
71.20 de nuevo me *levantarás* de los abismos
74.5 parecen a los que *levantan* el hacha en
74.22 *levántate*, oh Dios, aboga tu causa
74.23 alboroto de los que se *levantan* contra
76.9 cuando te *levantaste*, oh Dios..juzgar
78.6 los que se *levantarán* lo cuentan a sus
82.8 *levántate*, oh Dios, juzga la tierra
86.4 porque a ti, oh Señor, *levanto* mi alma
86.14 los soberbios se *levantaron* contra mí
88.10 ¿se *levantarán* los muertos..alabarte?
89.9 cuando se *levantan* sus ondas, tú las
89.43 espada, y no lo *levantaste* en la batalla
92.11 oirán..de los que se *levantaron* contra
94.16 ¿quién se *levantará* por mí contra los
98.4 *levantad* la voz, y aplaudid, y cantad
102.13 *levantarás* y tendrás misericordia de
106.30 se *levantó* Finees e hizo juicio, y se
107.25 hizo *levantar* un viento tempestuoso
107.41 *levanta* de la miseria al pobre, y hace
109.28 *levántense*, mas sean avergonzados, y
110.7 beberá..por lo cual *levantará* la cabeza
113.7 él *levanta* del polvo al pobre, y al
119.62 medianoche me *levanto* para alabarte
124.2 cuando se *levantaron* contra nosotros
127.2 por demás..os *levantéis* de madrugada
132.8 *levántate*..al lugar de tu reposo, tú
139.2 conocido mi sentarme y mi *levantarme*
145.14 Jehová..*levanta* a todos los oprimidos
146.8 Jehová *levanta* a los caídos..ama a los
Pr. 6.9 ¿cuándo te *levantarás* de tu sueño?
16.28 el hombre perverso *levanta* contienda
18.10 él correrá el justo, y será *levantado*
24.16 cae el justo, y vuelve a *levantarse*
28.12 cuando se *levantan* los impíos, tienen
28.28 los impíos son *levantados* se esconde
29.22 el hombre iracundo *levanta* contiendas
30.13 generación..párpados están *levantados*
31.15 se *levanta*..y da comida a su familia
31.28 se *levantan* sus hijos y..bienaventurada
Ec. 1.5 a volver al lugar de donde se *levanta*
4.10 el uno *levantará* a su compañero; pero
4.10 cuando cayere, no habrá..que lo *levante*
9.14 y *levanta* contra ella grandes baluartes
12.4 se *levantará* a la voz del ave, y todas
Cnt. 2.10,13 *levántate*, oh amiga mía, hermosa
3.2 *levantaré* ahora, y rodearé por la ciudad
4.16 *levántate*, Aquilón, y ven, Austro; soplad
5.5 me *levanté* para abrir a mi amado, y mis
7.12 *levantémonos* de mañana a las viñas
Is. 2.19,21 se *levante* para castigar la tierra
3.5 el joven se *levantará* contra el anciano
5.11 de los que se *levantan* de mañana para
8.21 maldecirán a su..*levantando* el rostro
9.11 Jehová *levantará* los enemigos de Rezín
10.15 ¡como si..*levantase* al que lo *levanta*
10.26 *levantará* Jehová..azote contra él como
11.12 y *levantará* pendón a las naciones, y
11.15 *levantará* su mano con el poder de su
13.2 *levantad* bandera sobre un alto monte
13.20 ni *levantará* allí tienda el árabe, ni
14.9 hizo *levantar* de sus sillas a todos los
14.13 *levantaré* mi trono, y en el monte del
14.21 no se *levanten*, ni posean la tierra, ni
14.22 porque yo me *levantaré* contra ellos
15.5 *levantarán* grito de quebrantamiento por
18.3 se *levante* bandera en los montes, mirad
19.2 *levantaré* egipcios contra egipcios, y
19.16 la mano..que él *levantará* contra ellos
21.5 ¡*levantaos*..príncipes, ungid el escudo!
23.4 ni crié jóvenes, ni *levanté* vírgenes
23.12 *levántate* para pasar a Quitim, y aun
23.13 *levantaron* sus fortalezas, edificaron
24.20 ella..caerá, y nunca más se *levantará*
27.9 y no se *levanten* los símbolos de Asera
28.21 Jehová se *levantará* como en el monte
29.3 sitiaré..*levantaré* contra ti baluartes
31.2 se *levantará*, pues, contra..los malignos
32.9 mujeres indolentes, *levantaos*, oíd mi
33.3 las naciones..esparcidas al *levantarte*
33.10 me *levantaré*, dice Jehová; ahora seré
34.3 y de sus cadáveres se *levantará* hedor
37.23 ¿contra quién has..*levantado* tus ojos
37.33 no..ni *levantará* contra ella baluarte
37.36 y cuando se *levantaron* por la mañana
40.9 *levanta*..tu voz..*levántala*, no temas; dí
40.26 *levantad* en alto vuestros ojos, y mirad
40.31 pero..*levantarán* alas como las águilas
41.25 del norte *levanté* a uno, y vendrá; del
43.17 caen juntamente para no *levantarse*
49.6 mi siervo para *levantar* las tribus de
49.7 verán reyes, y se *levantarán* príncipes
49.11 montes, y..calzadas serán *levantadas*
49.22 y a los pueblos *levantaré* mi bandera
51.17 *levántate*, oh Jerusalén, que bebiste
52.2 polvo; *levántate* y siéntate, Jerusalén
54.1 *levanta* canción y da voces de júbilo
54.17 toda lengua que se *levante* contra ti
55.12 collados *levantarán* canción delante de
58.12 cimientos de generación y..*levantarás*
59.19 el Espíritu de Jehová *levantará* bandera
60.1 *levántate*, resplandece..ha venido tu luz
61.4 y *levantarán* los asolamientos primeros
63.9 trajo, y los *levantó* todos los días de
Jer. 1.17 tú, pues, ciñe tus lomos, *levántate*
2.27 y en el dicen: *Levántate*, y líbranos
2.28 tus dioses..*levántense* ellos, a ver si
5.22 mar..Se *levantarán* tempestades, mas no
6.4 *levantaos* y asaltémosla a mediodía. ¡Ay
6.5 *levantaos* y asaltemos de..sus palacios
6.6 *levantad* vallado contra Jerusalén; esta
6.22 *levantará* de los confines de la tierra
7.16 ni *levantes* por ellos clamor ni oración
7.29 corta tu cabello..*levanta* llanto sobre
8.4 les dirás..El que cae, ¿no se *levanta*?
9.10 *levantaré* lloro y lamentación, y llanto
9.18 prisa, y *levanten* llanto por nosotros
10.20 no hay ya más quien *levante* mi tienda
11.14 *levantes* por ellos clamor ni oración
12.6 aun ellos se *levantaron* contra ti, aun
13.4 cinto..y *levántate* y vete al Eufrates
13.6 *levántate* y vete al Eufrates, y toma de
18.2 *levántate* y vete a casa del alfarero
23.5 en que *levantaré* a David renuevo justo
25.27 no os *levantéis*, a causa de la espada
25.32 tempestad se *levantará* de los fines de
26.17 se *levantaron* algunos de los ancianos
29.15 dicho: Jehová nos ha *levantado* profetas
30.9 servirán a..su rey, a quien..*levantaré*
31.6 *levantaos*, y subamos a Sion, a Jehová
37.10 cada uno se *levantará* de su tienda, y
41.2 se *levantó* Ismael..e hirieron a espada
46.16 *levántate* y volvámonos a..pueblo, y a
49.28 *levantaos*, subid..Cedar, y destruid a
49.31 *levantaos*..contra una nación pacífica
50.2 *levantad* también bandera, publicad, y
50.9 *levanto* y hago subir contra Babilonia
50.32 y caerá, y no tendrá quien lo *levante*
50.41 reyes se *levantarán* de los extremos de
51.1 yo *levanto* un viento destruidor contra
51.1 sus moradores que se *levantan* contra mí
51.12 *levantad* bandera sobre los muros de
51.14 llenaré..*levantarán* contra ti gritería
51.64 no se *levantará* del mal que yo traigo
Lm. 1.14 contra las cuales no podré *levantarme*
2.19 *levántate*, da voces en la noche, al
3.41 *levantemos* nuestros corazones y manos
3.62 dichos de..que contra mí se *levantaron*
3.63 su sentarse y su *levantarse* mira; yo soy
Ez. 1.19,21 cuando..*levantaban*..las ruedas se *l*
1.20 ruedas también se *levantaban* tras ellos
3.12 me *levantó* el Espíritu, y oí detrás de
3.14 me *levantó*, pues, el Espíritu, y me tomó
3.22 *levántate*, y sal al campo..allí hablaré
3.23 y me *levanté* y salí al campo; y he aquí
7.11 la violencia se ha *levantado* en vara de
10.15 se *levantaron* los querubines; este es
10.16 alzaban sus alas para *levantarse* de la
10.19 alzando los querubines..se *levantaron*
11.24 me *levantó* el Espíritu y me volvió a
17.14 que el reino fuese..y no se *levantase*
17.17 *levanten* vallados y se edifiquen torres

LEVANTAR ***(Continúa)***

Ez. 17.24 *levanté* el árbol bajo, hice secar el
19.1 *levanta* endecha sobre los príncipes de
21.22 para *levantar* la voz en grito de guerra
21.22 *levantar* vallados, y edificar torres
23.27 no *levantarás* ya más a ellos tus ojos
26.8 *levantará* contra ti baluarte, y escudo
26.17 y *levantarán* sobre ti endechas, y te
27.2 tú, hijo. .*levanta* endechas sobre Tiro
27.32 *levantarán* sobre ti endechas en sus
28.12 *levanta* endechas sobre el rey de Tiro
31.10 *levantado* su cumbre entre densas ramas
31.14 ni *levanten* su copa entre la espesura
32.2 *levanta* endechas sobre Faraón rey de
34.23 *levantaré* sobre ellas a un pastor, y
34.29 *levantaré* para. .una planta de renombre
Dn. 2.39 después de ti se *levantará* otro reino
2.44 el Dios del cielo *levantará* un reino que
3.1 la *levantó* en el campo de Dura, en la
3.2,3(2),5,7 estatua que el rey. .*levantado*
3.12 ni adoran la estatua. .que has *levantado*
3.14 ni adoráis la estatua. .que he *levantado?*
3.18 ni. .adoraremos la estatua. .has *levantado*
3.24 se *levantó*. .y dijo a los de su consejo
6.19 el rey, pues, se *levantó* muy de mañana
7.4 *levantada* del suelo y se puso enhiesta
7.5 fue dicho. .*Levántate*, devora mucha carne
7.17 son cuatro reyes que se *levantarán* en
7.24 de aquel reino se *levantarán* diez reyes
7.24 y tras ellos se *levantará* otro, el cual
8.7 y se *levantó* contra él y lo hirió, y le
8.22 que cuatro reinos se *levantarán* de esa
8.23 se *levantará* un rey altivo de rostro
8.25 se *levantará* contra el Príncipe de los
11.2 *levantará* a. .contra el reino de Grecia
11.3 se *levantará* luego un rey valiente, el
11.4 cuando se haya *levantado*, su reino será
11.7 un renuevo. .se *levantará* sobre su trono
11.14 se *levantarán* muchos contra el rey del
11.14 se *levantarán* para cumplir la visión
11.15 norte, y *levantará* baluartes, y tomará
11.20 se *levantará* en su lugar uno que hará
11.31 se *levantarán* de su parte tropas que
11.40 el rey del norte se *levantará* contra él
12.1 se *levantará* Miguel, el gran príncipe
12.13 te *levantarás* para recibir tu heredad
Os. 4.8 comen, y en su maldad *levantan* su alma
10.14 en tus pueblos se *levantará* alboroto
13.15 se *levantará* desde el desierto, y se
Jl. 3.7 yo los *levantaré* del lugar donde los
Am. 2.11 *levanté* de vuestros hijos. .profetas
3.5 ¿se *levantará* el lazo de la tierra, si
5.1 palabra que yo *levanto* para lamentación
5.2 cayó la virgen de. .y no podrá *levantarse*
5.2 sobre su tierra, no hay quien la *levante*
6.14 *levantaré*. .una nación que os oprimirá
7.2,5 ¿quién *levantará* a Jacob? porque es
7.9 me *levantaré* con espada sobre la casa de
7.10 decir. .Amós se ha *levantado* contra ti
8.14 juran. .caerán, y nunca. .se *levantarán*
9.11 *levantaré* el tabernáculo caído de David
9.11 y *levantaré* sus ruinas, y lo edificaré
Abd. 1 *levantaos*, y *levantémonos* contra este
Jon. 1.2 *levántate* y vé a Nínive, aquella gran
1.3 Jonás se *levantó* para huir de. .de Jehová
1.4 Jehová hizo *levantar* un gran viento en
1.6 *levántate*, y clama a tu Dios; quizá él
3.2 *levántate* y vé a Nínive, aquella. .ciudad
3.3 *levantó* Jonás, y fue a Nínive conforme
3.6 se *levantó* de su silla, se despojó de
Mi. 2.4 *levantarán* sobre vosotros refrán, y
2.8 que ayer era mi pueblo, se ha *levantado*
2.10 *levantaos* y andad, porque no es este el
4.13 *levántate* y trilla, hija de Sion. .haré
5.5 *levantaremos* contra él siete pastores, y
6.1 *levántate*, contiende contra los montes
7.6 la hija se *levanta* contra la madre, la
7.8 porque aunque caí, me *levantaré*; aunque
Hab. 1.3 mí, y pleito y contienda se *levantan*
1.6 yo *levanto* a los caldeos, nación cruel
1.10 reirá. .y *levantará* terraplén y la tomará
2.6 ¿no han de *levantar* todos éstos refrán
2.7 ¿no se *levantarán*. .tus deudores, y se
2.19 que dice. .a la piedra muda: *Levántate!*
3.6 se *levantó*, y midió la tierra; miró, e
Sof. 2.7 Jehová su. .*levantará* su cautiverio
3.8 hasta el día. .me *levante* para juzgaros
3.20 *levante* vuestro cautiverio delante de
Zac. 2.13 se ha *levantado* de su santa morada
5.7 *levantaron* la tapa de plomo, y una mujer
11.16 *levanto* en la tierra a un pastor que
13.7 *levántate*, oh espada, contra el pastor
14.13 *levantará* su mano contra la mano de su
Mt. 2.13,20 *levántate*, y toma al niño y a su
2.21 se *levantó*, y tomó al niño y a su madre
3.9 que Dios puede *levantar* hijos a Abraham
8.15 tocó su mano, y ella se *levantó*, y les
8.24 que se *levantó* en el mar una tempestad
8.26 *levantándose*, reprendió a los vientos
9.5 perdonados, o decir: *Levántate* y anda?
9.6 *levántate*, toma tu cama, y vete a. .casa
9.7 entonces él se *levantó* y. .fue a su casa
9.9 dijo: Sígueme. Y se *levantó* y le siguió
9.19 se *levantó* Jesús, y le siguió con sus
9.25 de la mano a la niña, y ella se *levantó*
10.21 hijos se *levantarán* contra los padres
11.11 no se ha *levantado* otro mayor que Juan
11.23 tú. .que eres *levantada* hasta el cielo
12.11 oveja. .no le eche mano, y la *levante?*
12.41 de Nínive se *levantarán* en el juicio
12.42 reina del Sur se *levantará* en el juicio
14.19 *levantando* los ojos al cielo, bendijo
17.7 los tocó, y dijo: *Levantaos*, y no temáis
22.24 y *levantará* descendencia a su hermano
24.7 se *levantará* nación contra nación, y
24.11 muchos falsos profetas se *levantarán*
24.24 porque se *levantarán* falsos Cristos
25.7 todas aquellas vírgenes se *levantaron*
26.46 *levantaos*, vamos; ved, se acerca el
26.62 y *levantándose* el sumo sacerdote, le
27.52 muchos cuerpos de santos. .*levantaron*
Mr. 1.31 él. .la tomó de la mano y la *levantó*
1.35 *levantándose* muy de mañana, siendo aún
2.9 o decirle: *Levántate*, toma tu. .y anda?
2.11 *levántate*, toma tu lecho, y vete a tu
2.12 él se *levantó*. .tomando su lecho, salió
2.14 y le dijo: Sígueme. Y *levantándose*, le
3.3 la mano seca: *Levántate* y ponte en medio
3.26 si Satanás se *levanta* contra sí mismo
4.27 se *levanta*. .y la semilla brota y crece
4.37 se *levantó* una gran tempestad de viento
4.39 y *levantándose*, reprendió al viento, y
5.41 le dijo. .Niña, a ti te digo, *levántate*
5.42 luego la niña se *levantó* y andaba, pues
6.41 *levantando* los ojos al cielo, bendijo
7.24 *levantándose* de. .fue a la región de Tiro
7.34 *levantando* los ojos al cielo, gimió, y
9.27 Jesús, tomándole de la mano. .se *levantó*
10.1 *levantándose* de allí, vino a la región
10.49 ten confianza; *levántate*, te llama
10.50 él entonces. .se *levantó* y vino a Jesús
12.19 y *levante* descendencia a su hermano
13.8 se *levantará* nación contra nación, y
13.12 y se *levantarán* los hijos contra los
13.22 se *levantarán* falsos Cristos, y falsos
14.42 *levantaos*, vamos; he aquí, se acerca el
14.57 *levantándose*. .dieron falso testimonio
14.60 sumo sacerdote, *levantándose* en medio
Lc. 1.39 *levantándose* María, fue de prisa a la
1.69 nos *levantó* un poderoso Salvador en la
3.8 Dios puede *levantar* hijos. .aun de estas
4.16 entró en la sinagoga. .se *levantó* a leer
4.29 y *levantándose*, le echaron fuera de la
4.38 Jesús se *levantó* y salió de la sinagoga
4.39 *levantándose* ella al instante. .servía
5.23 es más fácil. .decir: *Levántate* y anda?
5.24 *levántate*, toma tu lecho, y vete a tu
5.25 *levantándose* en presencia de ellos, y
5.28 dejándolo todo, se *levantó* y le siguió
6.8 al hombre. .*Levántate*, y ponte en medio
6.8 ponte. .Y él, *levantándose*, se puso en pie
7.14 dijo: Joven, a ti te digo, *levántate*
7.16 un gran profeta se ha *levantado* entre
8.54 él. .clamó diciendo: Muchacha, *levántate*
8.55 inmediatamente se *levantó;* y él mandó
9.16 *levantando* los ojos al cielo. .bendijo
10.15 tú. .que hasta los cielos eres *levantada*
10.25 se *levantó* y dijo. .Maestro, ¿haciendo
11.7 dice. .no puedo *levantarme*, y dártelos?
11.8 aunque no se *levante* a dárselos por ser
11.8 por su importunidad se *levantará* y le
11.27 una mujer de. .*levantó* la voz y le dijo
11.31 reina del Sur se *levantará* en el juicio
11.32 de Nínive se *levantarán* en el juicio
13.25 se haya *levantado* y cerrado la puerta
15.18 *levantaré* e iré a mi padre, y le diré
15.20 *levantándose*, vino a su padre. .lo vio
16.31 aunque alguno se *levantare* de. .muertos
17.19 *levántate*, vete; tu fe te ha salvado
20.28 y *levante* descendencia a su hermano
21.1 *levantando* los ojos, vio a los ricos que
21.10 se *levantará* nación contra nación, y
21.28 erguíos y *levantad* vuestra cabeza
22.45 se *levantó* de la oración, y vino a sus
22.46 *levantaos*, y orad para que no entréis
23.1 *levantándose*. .la muchedumbre de ellos
24.12 *levantándose* Pedro, corrió al sepulcro
24.33 *levantándose* en la. .hora, volvieron a
Jn. 2.19 destruid. .y en tres días lo *levantaré*
2.20 dijeron. .tú en tres días lo *levantarás?*
3.14 como Moisés *levantó* la serpiente en el
3.14 que el Hijo del Hombre sea *levantado*
5.8 dijo: *Levántate*, toma tu lecho, y anda
5.21 como el Padre *levanta* a los muertos, y
6.18 se *levantaba* el mar con un gran viento
7.52 de Galilea nunca se ha *levantado* profeta
8.28 hayáis *levantado* al Hijo del Hombre
11.29 cuando lo oyó, se *levantó* de prisa y
11.31 que María se había *levantado* de prisa
12.32 y yo, si fuere *levantado* de la tierra
12.34 que el Hijo del Hombre sea *levantado?*
13.4 *levantó* de la cena, y se quitó su manto
13.18 el que. .*levantó* contra mí su calcañar
14.31 así hago. *Levantaos*, vamos de aquí
17.1 y *levantando* los ojos al cielo, dijo
Hch. 1.15 Pedro se *levantó* en medio de los
2.24 al cual Dios *levantó*, sueltos los dolores
2.30 *levantaría*. .Cristo para que se sentase
3.6 nombre de Jesucristo. .*levántate* y anda
3.7 tomándole por la mano derecha le *levantó*
3.22 el Señor. .Dios os *levantará* profeta de
3.26 Dios, habiendo *levantado* a su Hijo, lo
5.6 *levantándose* los jóvenes. .lo sepultaron
5.17 *levantándose* el sumo sacerdote y todos
5.30 Dios de nuestros padres *levantó* a Jesús
5.34 *levantándose* en el concilio un fariseo
5.36 antes de estos días se *levantó* Teudas
5.37 se *levantó* Judas el galileo, en los días
6.9 se *levantaron* unos de la. .de los libertos
7.18 hasta que se *levantó* en Egipto otro rey
7.37 profeta os *levantará* el Señor. .de entre
8.26 diciendo: *Levántate* y vé hacia el sur
8.27 él se *levantó* y fue. Y sucedió que un
9.6 *levántate* y entra en la ciudad, y se te
9.8 Saulo se *levantó*. .y abriendo los ojos, no
9.11 dijo: *Levántate*, y vé a la calle que se
9.18 la vista; y *levantándose*, fue bautizado
9.34 sana; *levántate*. .Y en seguida se *levantó*
9.39 *levantándose* entonces Pedro, fue con
9.40 y volviéndose. .dijo: Tabita, *levántate*
9.41 dándole la mano, la *levantó;* entonces
10.13 una voz: *Levántate*, Pedro, mata y come
10.20 *levántate*. .y desciende, y no dudes de
10.23 *levantándose*, se fue con ellos; y le
10.26 Pedro le *levantó*, diciendo: *Levántate*
10.40 a éste *levantó* Dios al tercer día, e
11.7 me decía: *Levántate*, Pedro, mata y come
11.28 y *levantándose* uno de ellos, llamado
12.7 le despertó, diciendo: *Levántate* pronto
13.16 Pablo, *levantándose*. .dijo: Varones
13.17 con brazo *levantado* los sacó de ella
13.22 quitado. .les *levantó* por rey a David
13.23 *levantó* a Jesús por Salvador a Israel
13.30 mas Dios le *levantó* de los muertos
13.34 cuanto a que le *levantó* de los muertos
13.37 quien Dios *levantó*, no vio corrupción
13.50 *levantaron* persecución contra Pablo y
14.10 voz: *Levántate* derecho sobre tus pies
14.20 se *levantó* y entró en la ciudad; y al
15.5 se *levantaron* diciendo: Es necesario
15.7 Pedro se *levantó* y les dijo: Varones
15.16 repararé sus. .y lo volveré a *levantar*
17.31 con haberle *levantado* de los muertos
18.12 judíos se *levantaron* de común acuerdo
20.9 cayó del. .abajo, y fue *levantado* muerto
20.30 se *levantarán* hombres que hablen cosas
21.38 ¿no eres tú. .egipcio que *levantó* una
22.10 me dijo: *Levántate*, y vé a Damasco, y
22.16 *levántate* y bautízate, y lava. .pecados
23.9 *levantándose* los escribas de la parte
26.16 pero *levántate*, y ponte sobre tus pies
26.30 se *levantó* el rey, y el gobernador, y
Ro. 4.24; 8.11 *levantó* de los muertos a Jesús
9.17 para esto mismo te he *levantado*, para
10.9 creyeres en tu. .que Dios le *levantó* de
13.11 es ya hora de *levantarnos* del sueño
15.12 que se *levantará* a regir los gentiles
1 Co. 6.14 que *levantó* al Señor. .nos *levantará*
10.7 se sentó el pueblo. .se *levantó* a jugar
2 Co. 10.5 derribando. .altivez que se *levanta*
Col. 2.12 Dios que le *levantó* de los muertos
2 Ts. 2.4 se opone y se *levanta* contra todo lo
1 Ti. 2.8 oren. .*levantando* manos santas, sin
He. 7.11 se *levantase* otro sacerdote, según el
7.15 a semejanza de. .se *levanta* un sacerdote
8.2 tabernáculo que *levantó* el Señor, y no el
11.19 Dios es poderoso para *levantar* aun de
12.12 *levantad* las manos caídas y. .rodillas
Stg. 5.15 salvará al. .y el Señor lo *levantará*
Ap. 10.5 ángel que vi. .*levantó* su mano al cielo
11.1 *levántate*, y mide el templo de Dios, y
11.11 se *levantaron* sobre sus pies, y cayó

LEVAR

Hch. 27.13 *levaron* anclas e iban costeando

LEVE

Job 26.14 cuán *l* es el susurro que hemos oído
2 Co. 4.17 porque esta *l* tribulación. .produce

LEVÍ

1. Hijo del patriarca Jacob, y la tribu que formó su posteridad

Gn. 29.34 a luz un hijo. .llamó su nombre *L*
34.25 Simeón y *L*. .tomaron cada uno su espada
34.30 dijo Jacob a Simeón y a *L:* Me habéis
35.23 Simeón, *L*, Judá, Isacar y Zabulón
46.11 los hijos de *L:* Gersón, Coat y Merari
49.5 Simeón y *L* son hermanos; armas de
Éx. 1.2 Rubén, Simeón, *L*, Judá
2.1 un varón. .de *L*. .tomó por mujer a. .de *L*
6.16 son los nombres de los hijos de *L* por
6.16 los años de la vida de *L* fueron 137 años
6.19 son las familias de *L* por sus linajes
32.26 juntaron con él todos los hijos de *L*
32.28 los hijos de *L* lo hicieron conforme al
Nm. 1.49 no contarás la tribu de *L*, ni tomarás
3.6 se acerque la tribu de *L*, y hazla estar
3.15 cuenta los hijos de *L* según las casas de
3.17 hijos de *L* fueron estos por sus nombres
3.20 familias de *L*, según las casas de sus

LEVÍ *(Continúa)*

Nm. 4.2 toma la cuenta. . de entre los hijos de *L*
16.1 Coré. . hijo de *L*, y Datán y Abiram hijos
16.7 poned fuego. . esto os baste, hijos de *L*
16.8 dijo más Moisés. . Oíd ahora, hijos de *L*
16.10 hizo acercar. . los hijos de *L* contigo?
17.3 el nombre de Aarón sobre la vara de *L*
17.8 la vara de Aarón de la casa de *L* había
18.2 la tribu de *L*. . haz que se acerquen a ti
18.21 he dado a los hijos de *L*. . los diezmos
26.59 Jocabed, hija de *L*, que le nació a *L*
Dt. 10.8 la tribu de *L* para que llevase el arca
10.9 *L* no tuvo. . ni heredad con sus hermanos
18.1 toda la tribu de *L*, no tendrán parte ni
21.5 vendrán los sacerdotes. . de *L*, porque a
27.12 bendecir al pueblo: Simeón, *L*, Judá
31.9 la dio a los sacerdotes hijos de *L*, que
33.8 a *L* dijo: Tu Tumim y tu Urim sean para
Jos. 13.14 pero a la tribu de *L* no dio heredad
13.33 a la tribu de *L* no dio Moisés heredad
21.10 las familias de Coat, de los hijos de *L*
1 R. 12.31 hizo sacerdotes. . que no eran. . de *L*
1 Cr. 2.1 los hijos de Israel: Rubén, Simeón, *L*
6.1,16 los hijos de *L*: Gersón, Coat y Merari
6.19 estas son las familias de *L*, según sus
6.38 hijo de Izhar, hijo de Coat, hijo de *L*
6.43 de Jahat, hijo de Gersón, hijo de *L*
6.47 hijo de Musi, hijo de Merari, hijo de *L*
9.18 entre las cuadrillas de los hijos de *L*
12.26 los hijos de *L*, cuatro mil seiscientos
23.6 los repartió. . conforme a los hijos de *L*
23.14 los hijos de Moisés. . en la tribu de *L*
23.24 son los hijos de *L* en las familias de
23.27 se hizo la cuenta de los hijos de *L* de
24.20 de los hijos de *L* que quedaron: Subael
Esd. 8.15 reuní. . no hallé allí de los hijos de *L*
8.18 hijo de *L*, hijo de Israel; a Serebías
Neh. 10.39 llevar. . los hijos de *L* la ofrenda
12.23 hijos de *L*, jefes de familias, fueron
Sal. 135.20 casa de *L*, bendecid a Jehová; los
Ez. 40.46 son llamados de los hijos de *L* para
48.31 puerta de Judá. . la puerta de *L*, otra
Zac. 12.13 descendientes de la casa de *L* por
Mal. 2.4 que fuese mi pacto con *L*, ha dicho
2.8 habéis corrompido el pacto de *L*, dice
3.3 limpiará a los hijos de *L*, los afinará
He. 7.5 que de entre los hijos de *L* reciben el
7.9 en Abraham pagó el diezmo también *L*, que
Ap. 7.7 de la tribu de *L*, doce mil sellados

2. ***Apóstol (=Mateo)***

Mr. 2.14 a *L* hijo de Alfeo, sentado al banco
Lc. 5.27 *L*, sentado al banco de los tributos
5.29 *L* le hizo gran banquete en su casa; y

3. ***Nombre de dos ascendientes de Jesucristo,*** **Lc. 3.24, 30**

LEVIATÁN

Job 3.8 los que se aprestan para despertar a *L*
41.1 ¿sacarás tú al *l* con anzuelo, o con
Sal. 74.14 magullaste las cabezas del *l*, y lo
104.26 *l* que hiciste para que jugase en él
Is. 27.1 castigará con. . al *l*. . al *l* serpiente

LEVITA ***Perteneciente a la tribu de Leví***

Éx. 4.14 ¿no. . a Aarón, *l*, y que él habla bien?
6.25 son los jefes de los padres de los *l*
38.21 por obra de los *l* bajo la dirección de
Lv. 25.32 ciudades de los *l*. . podrán rescatar
25.33 el que comprare de los *l* saldrá de la
25.33 las casas. . de los *l* son la posesión de
Nm. 1.47 los *l*. . no fueron contados entre ellos
1.50 pondrás a los *l* en el tabernáculo del
1.51 los *l* lo desarmarán, y. . los *l* lo armarán
1.53 *l* acamparán alrededor del tabernáculo
1.53 los *l* tendrán la guarda del tabernáculo
2.17 el campamento de los *l*, en medio de los
2.33 mas los *l* no fueron contados entre los
3.9 y darás los *l* a Aarón y a sus hijos; le
3.12 yo he tomado a los *l* de. . hijos de Israel
3.12 yo he tomado. . serán, pues, míos los *l*
3.32 el principal de. . de los *l* será Eleazar
3.39 contados de los *l*, que Moisés y Aarón
3.41 y tomarás a los *l* para mí en lugar de
3.41 los animales de los *l* en lugar de todos
3.45 toma los *l*. . y los animales de los *l* en
3.45 en lugar. . y los *l* serán míos. Yo Jehová
3.46 el rescate de los. . que exceden a los *l*
3.49 que excedían. . de los redimidos por los *l*
4.18 no haréis que perezca. . de entre los *l*
4.46 todos los contados de los *l* que Moisés
7.5 los darás a los *l*, a cada uno conforme a
7.6 recibió los carros y. . y los dio a los *l*
8.6 toma a los *l* de entre los. . de Israel, y
8.9 harás que los *l* se acerquen delante del
8.10 cuando hayas acercado a los *l* delante
8.10 pondrán. . Israel sus manos sobre los *l*
8.11 ofrecerá Aarón los *l* delante de Jehová
8.12 *l* pondrán sus manos sobre las cabezas
8.12 ofrecerás. . hacer expiación por los *l*
8.13 presentarás a los *l* delante de Aarón
8.14 apartarás a los *l*. . y serán míos los *l*
8.15 los *l* a ministrar en el tabernáculo de
8.16 son dedicados a mí los *l* de entre los
8.18 he tomado a los *l* en lugar de todos los
8.19 yo he dado en don los *l* a Aarón y a sus
8.20 hicieron con los *l* conforme a todas las
8.20 mandó Jehová a Moisés acerca de los *l*
8.21 y los *l* se purificaron, y lavaron sus
8.22 vinieron después los *l* para ejercer su
8.22 que mandó Jehová. . acerca de los *l*, así
8.24 *l* de 25 años arriba entrarán a ejercer
8.26 harás con los *l* en cuanto a. . ministerio
18.6 yo he tomado a. . los *l* de entre. . Israel
18.23 los *l* harán el servicio del tabernáculo
18.24 porque a los *l* he dado. . los diezmos de
18.26 hablarás a los *l*, y les dirás: Cuando
18.30 será contado a los *l* como producto de
26.57 los contados de los *l* por sus familias
26.58 son las familias de los *l*: la familia
26.62 de los *l* fueron contados 23.000, todos
31.30 tomarás. . darás a los *l*, que tienen la
31.47 los dio a los *l*, que tenían la guardia
35.2 que den a los *l*, de la posesión de su
35.2 daréis a los *l* los ejidos de. . ciudades
35.4 los. . que daréis a los *l* serán mil codos
35.6 de las ciudades que daréis a los *l*, seis
35.7 las ciudades que daréis a los *l* serán 48
35.8 cada uno dará de sus ciudades a los *l*
Dt. 12.12 *l* que habite en vuestras poblaciones
12.18 y el *l* que habita en tus poblaciones
12.19 ten cuidado de no desamparar al *l* en
14.27 no desampararás al *l* que habitare en
14.29 y vendrá el *l*, que no tiene parte ni
16.11 el *l* que habitare en tus ciudades, y
16.14 y el *l*, el extranjero, el huérfano y
17.9 vendrás a los sacerdotes *l*, y al juez
17.18 que está al cuidado de los sacerdotes *l*
18.1 los sacerdotes *l*. . no tendrán parte ni
18.6 saliere un *l* de alguna de tus ciudades
18.7 ministrará en. . como. . sus hermanos los *l*
24.8 según. . que os enseñaren los sacerdotes *l*
26.11 así tú como el *l* y el extranjero que
26.12 darás también al *l*, al extranjero, al
26.13 también lo he dado al *l*, al extranjero
27.9 y Moisés, con los sacerdotes *l*, habló
27.14 hablarán los *l*, y dirán a todo varón
31.25 dio órdenes. . a los *l* que llevaban el
Jos. 3.3 arca. . los *l* sacerdotes que la llevan
8.33 Israel. . presencia de los sacerdotes *l*
14.3 a los *l* no les dio heredad entre ellos
14.4 y no dieron parte a los *l* en la tierra
18.7 pero los *l* ninguna parte tienen entre
21.1 los padres de los *l* vinieron. . a Josué
21.3 dieron de su propia herencia a los *l*
21.4 los hijos de Aarón. . que eran de los *l*
21.8 dieron. . a los *l* estas ciudades con sus
21.20 hijos de Coat, *l*, los que quedaban de
21.27 hijos de Gersón. . de los *l*, dieron de
21.34 de Merari, *l* que quedaban, se les dio
21.40 restaban de. . los *l*, fueron. . doce ciudades
21.41 ciudades de los *l*. . fueron 48 ciudades
Jue. 17.7 un joven de Belén. . el cual era *l*, y
17.9 el *l* le respondió: Soy de Belén de Judá
17.10 quédate en mi casa, y. . Y el *l* se quedó
17.11 agradó. . al *l* morar con aquel hombre, y
17.12 consagró al *l*, y. . servía de sacerdote
17.13 sé que. . porque tengo un *l* por sacerdote
18.3 cerca. . reconocieron la voz del joven *l*
18.15 vinieron a la casa del joven *l*, en casa
19.1 hubo un *l* que moraba como forastero en
19.5 se levantó también el *l* para irse; y el
20.4 el varón *l*, marido de la mujer muerta
1 S. 6.15 los *l* bajaron el arca de Jehová, y la
2 S. 15.24 iba Sadoc, y con él todos los *l* que
1 R. 8.4 los cuales llevaban los sacerdotes y *l*
1 Cr. 6.48 los *l* fueron puestos sobre todo el
6.64 dieron a los *l* ciudades con sus ejidos
9.2 los primeros moradores. . israelitas. . *l* y
9.14 de los *l*: Semaías hijo de Hasub, hijo
9.26 de los porteros *l* estaban en el oficio
9.31 Matatías, uno de los *l*. . a su cargo las
9.33 jefes de familias de los *l*, los cuales
9.34 eran jefes de. . de los *l* por sus linajes
13.2 enviaremos. . por los sacerdotes y *l* que
15.2 arca. . no debe ser llevada sino por los *l*
15.4 reunió también David a los. . y a los *l*
15.11 y llamó David. . a los *l* Uriel, Asaías
15.12 sois los principales padres. . de los *l*
15.14 *l* se santificaron para traer el arca de
15.15 los hijos de los *l* trajeron el arca de
15.16 dijo. . a los principales de los *l*, que
15.17 los *l* designaron a Hemán hijo de Joel
15.22 y Quenanías, principal de los *l* en la
15.26 ayudando Dios a los *l* que llevaban el
15.27 lino. . todos los *l* que llevaban el arca
16.4 delante del arca. . ministros de los *l*
21.6 entre éstos no fueron contados los *l*, ni
23.2 y juntando a todos. . los sacerdotes y *l*
23.3 fueron contados los *l* de treinta años
23.26 también los *l* no tendrán que llevar más
24.6 el escriba Semaías. . de los *l*, escribió
24.6 jefes de las casas paternas de los. . *l*
24.30 fueron los hijos de los *l* conforme a
24.31 delante del. . jefes de. . sacerdotes y *l*
26.17 al oriente seis *l*, al norte cuatro de
26.20 y de los *l*, Ahías tenía cargo de los
27.17 de los *l*, Hasabías hijo de Kemuel; de
28.13,21 los grupos de los sacerdotes y. . *l*
2 Cr. 5.4 los ancianos. . y los *l* tomaron el arca
5.5 arca. . los sacerdotes y los *l* los llevaron
5.12 los *l* cantores, todos los de Asaf, los
7.6 los *l*, con los instrumentos de música de
8.14 los *l* en sus cargos, para que alabasen
8.15 mandamiento del rey, en cuanto a los. . *l*
11.13 los sacerdotes y *l*. . se juntaron a él
11.14 los *l* dejaban sus ejidos. . y venían a
13.9 ¿no habéis arrojado vosotros. . y a los *l*
13.10 Aarón, y los que están en la obra son *l*
17.8 y con ellos a los *l* Semaías, Netanías
19.8 puso también Josafat. . algunos de los *l*
19.11 los *l* serán oficiales en presencia de
20.14 Jahaziel hijo. . *l* de los hijos de Asaf
20.19 levantaron los *l* de los hijos de Coat
23.2 reunieron a los *l* de todas las ciudades
23.4 de porteros con los sacerdotes y los *l*
23.6 sino. . *l* que ministran; éstos entrarán
23.7 los *l* rodearán al rey por todas partes
23.8 los *l* y todo Judá lo hicieron todo como
23.18 bajo la mano de los. . *l*, según David los
24.5 reunió a. . y los *l*, y les dijo: Salid por
24.5 la casa. . los *l* no pusieron diligencia
24.6 no has procurado que los *l* traigan de
24.11 llevar el arca al. . por mano de los *l*
29.4 hizo venir a los sacerdotes y *l*, y los
29.5 dijo: ¡Oídme, *l*! Santificaos ahora, y
29.12 se levantaron los *l* Mahat hijo. . y Joel
29.16 la inmundicia. . los *l* la llevaron fuera
29.25 puso también *l* en la casa de Jehová
29.26 y los *l* estaban con los instrumentos
29.30 dijeron a los *l* que alabasen a Jehová
29.34 *l* les ayudaron hasta que acabaron la
29.34 los *l* fueron más rectos de corazón para
30.15 *l* llenos de vergüenza se santificaron
30.16 sangre que recibían de manos de los *l*
30.17 por eso los *l* sacrificaban la pascua
30.21 y glorificaban a Jehová. . los *l* y los
30.22 y habló Ezequías al corazón de. . los *l*
30.25 se alegró. . Judá, como también los . . *l*
30.27 *l*, puestos en pie, bendijeron al pueblo
31.2 arregló Ezequías la distribución de. . *l*
31.2 los *l* para ofrecer el holocausto y las
31.4 diese la porción. . a los sacerdotes y *l*
31.9 preguntó Ezequías a. . a los *l* acerca de
31.12 dieron cargo de ello al *l* Conanías el
31.14 el *l* Coré. . tenía cargo de las ofrendas
31.17 a los *l* de edad de veinte años arriba
31.19 porciones. . a todo el linaje de los *l*
34.9 que los *l* que guardaban la puerta habían
34.12 Jahat y Abdías, *l* de. . hijos de Merari
34.12 *l*, todos los entendidos en. . de música
34.13 de los *l* había escribas. . y porteros
34.30 los *l* y todo el pueblo, desde el mayor
35.3 dijo a los *l* que enseñaban a todo Israel
35.5 según la distribución de la. . de los *l*
35.8 sus príncipes dieron. . al pueblo y a. . *l*
35.9 jefes de los *l*, dieron a los *l*, para los
35.10 *l* en sus turnos, conforme al. . del rey
35.11 esparcían. . la sangre recibida de. . los *l*
35.11 pascua. . los *l* desollaban las víctimas
35.14 los *l* prepararon para ellos mismos y
35.15 hermanos los *l* preparaban para ellos
35.18 celebró pascua. . los sacerdotes y *l*, y
Esd. 1.5 se levantaron. . y los sacerdotes y *l*
2.40 los *l*: los hijos de Jesúa y de Cadmiel
2.70 y habitaron. . los *l*, los del pueblo, los
3.8 y los *l*, y todos los que habían venido
3.8 pusieron a los *l* de veinte años arriba
3.9 junto con. . sus hijos y sus hermanos, *l*
3.10 los *l* hijos de Asaf con címbalos, para
3.12 y muchos de. . los *l* y de los. . lloraban
6.16 los *l* y los demás que habían venido de
6.18 pusieron. . a los *l* en sus clases, para
6.20 sacerdotes y los *l* se habían purificado
7.7 con él subieron. . *l*, cantores, porteros
7.13 y *l*, que quiera ir contigo a Jerusalén
7.24 que a todos los. . *l*, cantores, porteros
8.20 puso para el ministerio de los *l*, 220
8.29 peséis delante de los príncipes de. . *l*
8.30 y los *l* recibieron el peso de la plata
8.33 y con ellos. . Noadías hijo de Binúi, *l*
9.1 y *l* no se han separado de los pueblos
10.5 y juramentó a los príncipes. . de los *l*
10.15 los *l* Mesulam y Sabetai les ayudaron
10.23 de los hijos de los *l*: Jozabad, Simei
Neh. 3.17 tras él restauraron los *l*; Rehum
7.1 luego. . fueron señalados. . cantores y *l*
7.43 *l*: los hijos de Jesúa, de Cadmiel, de
7.73 habitaron. . *l*, los porteros. . cantores
8.7 y los *l* Jesúa. . hacían entender el pueblo
8.9 *l* que hacían entender al pueblo, dijeron
8.11 *l*, pues, hacían callar a todo el pueblo
8.13 se reunieron. . sacerdotes y *l*, a Esdras
9.4 se levantaron sobre la grada de los *l*
9.5 y dijeron los *l* Jesúa. . bendecid a Jehová
9.38 firmada. . por nuestros *l* y. . sacerdotes
10.9 los *l*: Jesúa hijo de Azanías, Binúi de
10.28 los sacerdotes, *l*, porteros y cantores
10.34 echamos también suertes. . *l* y el pueblo
10.37 el diezmo de nuestra tierra para los *l*
10.37 y que los *l* recibirían las décimas de
10.38 el sacerdote hijo de Aarón con los *l*

LEVITA ***(Continúa)***
Neh. 10.38 cuando los *l* recibiesen el diezmo; y
10.38 los *l* llevarían el diezmo del diezmo
11.3 los sacerdotes y *l*, los sirvientes del
11.15 de los *l*: Semaías hijo de Hasub, hijo
11.16 y Jozabad, de los principales de los *l*
11.18 todos los *l* en la santa ciudad eran 284
11.20 los *l*, en todas las ciudades de Judá
11.22 el jefe de los *l* en Jerusalén era Uzi
11.36 algunos de los *l*, en los repartimientos
12.1 y *l* que subieron con Zorobabel hijo de
12.8 los *l*: Jesúa, Binúi, Cadmiel, Serebías
12.22 los *l* en días de Eliasib, de Joiada
12.24 principales de los *l*: Hasabías, Jesúa
12.27 buscaron a los *l* de todos sus lugares
12.30 se purificaron..los *l*; y purificaron al
12.44 las porciones legales para los..y *l*
12.44 el gozo..respecto a los sacerdotes y *l*
12.47 consagraban..sus porciones a los *l*, y
12.47 los *l* consagraban parte a los hijos de
13.5 que estaba mandado dar a los *l*, a los
13.10 las porciones para los *l* no les habían
13.10 y que los *l* y cantores..habían huido
13.13 y de los *l* a Pedaías; y al servicio de
13.22 y dije a los *l* que se purificasen y
13.29 los que contaminan..el pacto..de los *l*
13.30 puse a los..*l* por sus grupos, a cada
Is. 66.21 tomaré..de ellos para sacerdotes y *l*
Jer. 33.18 ni a los..*l* faltará varón..ofrezca
33.21 mi pacto con los *l* y sacerdotes, mis
33.22 multiplicaré la..y los *l* que me sirven
Ez. 43.19 los sacerdotes *l* que son del linaje
44.10 y los *l* que se apartaron de mí cuando
44.15 los sacerdotes *l* hijos de Sadoc, que
45.5 cual será para los *l* ministros de la casa
48.11 que no erraron cuando..erraron los *l*
48.12 porción..junto al límite de la de los *l*
48.13 de los *l*, al lado de los..sacerdotes
48.22 será..desde la porción de los *l* y la
Lc. 10.32 un *l*, llegando cerca de aquel lugar
Jn. 1.19 enviaron..*l* para que le preguntasen
Hch. 4.36 entonces José..*l*, natural de Chipre

LEVÍTICO
He. 7.11 perfección fuera por el sacerdocio *l*

LEY
Gn. 23.16 plata, de buena *l* entre mercaderes
26.5 Abraham..guardó mis estatutos y mis *l*
47.26 José lo puso por *l* hasta hoy sobre la
Éx. 12.49 misma *l* será para el natural, y para
13.9 para que la *l* de Jehová esté en tu boca
16.4 que yo lo pruebe si anda en mi *l*, o no
16.28 no..guardar mis mandamientos y mis *l*?
18.16 declaro las ordenanzas de Dios y sus *l*
18.20 enseña a ellos las ordenanzas y las *l*
21.1 estas son las *l* que les propondrás
24.3 y Moisés vino y contó al pueblo..las *l*
24.12 y te daré tablas de piedra, y la *l*, y
Lv. 6.9 y diles: Esta es la *l* del holocausto
6.14 es la *l* de la ofrenda: La ofrecerán los
6.25 esta es la *l* del sacrificio expiatorio
7.1 esta es la *l* del sacrificio por la culpa
7.7 una misma *l* tendrán; será del sacerdote
7.11 esta es la *l* del sacrificio de paz que
7.37 la *l* del holocausto, de la ofrenda, del
11.46 esta es la *l* acerca de las bestias, y
12.7 es la *l* para la que diere a luz hijo o
13.59 esta es la *l* para la plaga de la lepra
14.2 esta será la *l* para el leproso cuando
14.32 la *l* para el que hubiere tenido plaga
14.54 esta es la *l* acerca de toda plaga de
14.57 limpio. Esta es la *l* tocante a la lepra
15.32 esta es la *l* para el que tiene flujo
26.46 *l* que estableció Jehová entre sí y los
Nm. 5.29 esta es la *l* de los celos, cuando la
5.30 sacerdote ejecutará en ella toda esta *l*
6.13 esta es, pues, la *l* del nazareo el día
6.21 es la *l* del nazareo que hiciere voto de
6.21 hará, conforme a la *l* de su nazareato
9.3 y conforme a todas sus *l* la celebraréis
9.14 pascua y conforme a sus *l* la celebrará
15.16 misma *l* y mismo decreto tendréis
15.24 ofrenda y su libación conforme a la *l*
15.29 misma *l* tendréis para el que hiciere
19.2 ordenanza de la *l*..Jehová ha prescrito
19.14 esta es la *l* para cuando alguno muera
29.6 y sus libaciones conforme a su *l*, como
29.18,21,24,27,30,33,37 según el número
de ellos, conforme a la *l*
31.21 es la ordenanza de la *l* que Jehová ha
35.24 juzgará entre el..conforme a estas *l*
Dt. 1.5 Moab, resolvió Moisés declarar esta *l*
4.8 juicios justos como es toda esta *l* que
4.44 esta..es la *l* que Moisés puso delante
17.11 según la *l* que te enseñen, y según el
17.18 escribirá para sí..una copia de esta *l*
17.19 guardar todas las palabras de esta *l* y
27.3,8 y escribirás..las palabras de esta *l*
27.26 no confirmare las palabras de esta *l*
28.58 por obra todas las palabras de esta *l*
28.61 plaga que no está..el libro de esta *l*
29.21 del pacto escrito en este libro de la *l*
29.29 que cumplamos..las palabras de esta *l*
30.10 estatutos escritos en..libro de la *l*
31.9 escribió Moisés esta *l*, y la dio a los
31.11 leerás esta *l* delante de todo Israel
31.12 cuiden de cumplir..palabras de esta *l*
31.24 de escribir las palabras de esta *l* en
31.26 tomad este libro de la *l*, y ponedlo
32.46 cumplir todas las palabras de esta *l*
32.47 por medio de esta *l* haréis prolongar
33.2 con la *l* de fuego a su mano derecha
33.4 Moisés nos ordenó una *l*, como heredad
33.10 enseñarán tus juicios..tu *l* a Israel
Jos. 1.7 la *l* que mi siervo Moisés te mandó
1.8 nunca se apartará..este libro de la *l*
8.31 como está escrito en el libro de la *l*
8.32 escribió..una copia de la *l* de Moisés
8.34 después..leyó todas las palabras de la *l*
8.34 lo que está escrito en el libro de la *l*
22.5 que..cuidéis de cumplir..la *l* que Moisés
23.6 escrito en el libro de la *l* de Moisés
24.25 Josué..les dio estatutos y *l* en Siquem
24.26 escribió..en el libro de la *l* de Dios
1 S. 10.25 Samuel recitó luego las *l* del reino
30.25 aquel día en adelante fue esto por *l* y
1 R. 2.3 que está escrito en la *l* de Moisés
2 R. 10.31 Jehú no cuidó de andar en la *l* de
14.6 que está escrito en el libro de la *l*
17.13 conforme a..las *l* que yo prescribí a
17.26(2) no conocen la *l* del Dios de..tierra
17.27 habite..enseñe la *l* del Dios del país
17.34 ni hacen según la *l* y..mandamientos
17.37 *l* y mandamientos que os dio..escrito
21.8 conforme a..la *l* que mi siervo Moisés
22.8 he hallado el libro de la *l* en la casa
22.11 el rey hubo oído las palabras..de la *l*
23.24 para cumplir las palabras de la *l* que
23.25 rey..conforme a toda la *l* de Moisés, ni
1 Cr. 16.40 conforme a todo lo..escrito en la *l*
22.12 cuando gobiernes..guardes la *l* de..Dios
2 Cr. 6.16 andando en mi *l*, como tú has andado
12.1 Roboam..dejó la *l* de Jehová..todo Israel
14.4 mandó a Judá que..pusiese por obra la *l*
15.3 días ha estado Israel sin..Dios..y sin *l*
17.9 teniendo consigo el libro de la *l* de
19.10 en causas de sangre, entre *l* y precepto
23.18 como está escrito en la *l* de Moisés
25.4 según lo que está escrito en la *l*, en
30.16 conforme a la *l* de Moisés varón de Dios
31.3 holocaustos..como está escrito en la *l*
31.4 que ellos se dedicasen a la *l* de Jehová
31.21 de acuerdo con la *l* y los mandamientos
33.8 que guarden..toda la *l*, los estatutos
34.14 halló el libro de la *l* de Jehová dada
34.15 yo he hallado el libro de la *l* en la
34.19 el rey oyó las palabras de la *l*, rasgó
35.26 conforme a lo que..en la *l* de Jehová
Esd. 3.2 como está escrito en la *l* de Moisés
7.6 era escriba diligente en la *l* de Moisés
7.10 su corazón para inquirir la *l* de Jehová
7.12 y escriba erudito en la *l* del Dios del
7.14 conforme a la *l* de tu Dios que está en
7.21 escriba de la *l* del Dios del cielo, se
7.25 todos los que conocen las *l* de tu Dios
7.26 no cumpliere la *l* de tu Dios, y la *l* del
10.3 hagamos pacto..hágase conforme a la *l*
Neh. 8.1 que trajese el libro de la *l* de Moisés
8.2 trajo la *l* delante de la congregación
8.3 oídos..estaban atentos al libro de la *l*
8.7 levitas..hacían entender al pueblo la *l*
8.8 en el libro de la *l* de Dios claramente
8.9 pueblo lloraba oyendo..palabras de la *l*
8.13 para entender las palabras de la *l*
8.14 y hallaron escrito en la *l* que Jehová
8.18 leyó..en el libro de la *l* de Dios cada
9.3 leyeron el libro de la *l* de Jehová su
9.13 y les diste..*l* verdaderas, y estatutos
9.14 les prescribiste mandamientos..y la *l*
9.26 pero te..echaron tu *l* tras sus espaldas
9.29 amonestaste a que se volviesen a tu *l*
9.34 no pusieron por obra tu *l*, ni atendieron
10.28 se habían apartado de..a la *l* de Dios
10.29 y jurar que andarían en la *l* de Dios
10.32 nos impusimos además por *l*, el cargo
10.34 de la leña..como está escrito en la *l*
10.36 ganados, como está escrito en la *l*; y
13.3 cuando oyeron, pues, la *l*, separaron
Est. 1.8 la bebida era según esta *l*: Que nadie
1.13 todos los que sabían la *l* y el derecho
1.15 qué se había de hacer con..según la *l*
1.19 escriba entre las *l* de Persia y Media
2.12 conforme a la *l* acerca de las mujeres
3.8 *l* son diferentes de las de todo pueblo
3.8 no guardan las *l* del rey, y al rey nada
4.11 sola *l* hay respecto a él; ha de morir
4.16 al rey, aunque no sea conforme a la *l*
9.13 Susa, que hagan conforme a la *l* de hoy
Job 22.22 toma ahora la *l* de su boca, y pon sus
28.26 cuando él dio *l* a la lluvia, y camino
Sal. 1.2 en la *l*..está su delicia..su *l* medita
19.7 *l* de Jehová es perfecta, que convierte
37.31 la *l* de su Dios está en su corazón; por
40.8 Dios..tu *l* está en medio de mi corazón
50.16 ¿qué tienes tú que hablar de mis *l*, y
78.1 escucha, pueblo mío, mi *l*; inclinad..oído
78.5 y puso *l* en Israel, la cual mandó a
78.10 de Dios, ni quisieron andar en su *l*
89.30 si dejaren sus hijos mi *l*..mis juicios
94.12 JAH, corriges, y en tu *l* lo instruyes
94.20 trono..que hace agravio bajo forma de *l*?
105.45 que guardasen sus..y cumpliesen sus *l*
119.1 bienaventurados..los que andan en la *l*
119.18 ojos, y miraré las maravillas de tu *l*
119.29 y en tu misericordia concédeme tu *l*
119.34 dame entendimiento, y guardaré tu *l*
119.44 guardaré tu *l* siempre, para siempre y
119.51 de mí, mas no me he apartado de tu *l*
119.53 a causa de los inicuos que dejan tu *l*
119.55 me acordé..oh Jehová, y guardé tu *l*
119.61 rodeado, mas no me he olvidado de tu *l*
119.70 se engrosó..yo en tu *l* me he regocijado
119.72 mejor me es la *l* de tu boca que..oro
119.77 que viva, porque tu *l* es mi delicia
119.85 cavado hoyos..no proceden según tu *l*
119.92 si tu *l* no hubiese sido mi delicia, ya
119.97 ¡oh, cuánto amo yo tu *l*! Todo el día
119.109 peligro..no me he olvidado de tu *l*
119.113 aborrezco..hipócritas; mas amo tu *l*
119.126 Jehová, porque han invalidado tu *l*
119.136 mis ojos, porque no guardaban tu *l*
119.142 es justicia eterna, y tu *l* la verdad
119.150 me persiguen; se alejaron de tu *l*
119.153 líbrame..de tu *l* no me he olvidado
119.163 la mentira aborrezco y..tu *l* amo
119.165 mucha paz tienen los que aman tu *l*
119.174 he deseado tu..y tu *l* es mi delicia
148.6 los hizo..puso *l* que no será quebrantada
Pr. 3.1 hijo mío, no te olvides de mi *l*, y tu
3.21 de tus ojos; guarda la *l* y el consejo
4.2 doy buena enseñanza; no desamparéis mi *l*
7.2 guarda..mi *l* como las niñas de tus ojos
13.14 la *l* del sabio es manantial de vida
28.4 los que dejan la *l* alaban a los impíos
28.7 el que guarda la *l* es hijo prudente; mas
29.18 el que guarda la *l* es bienaventurado
31.5 que bebiendo olviden la *l*, y perviertan
31.26 y la *l* de clemencia está en su lengua
Is. 1.10 escuchad la *l* de nuestro Dios, pueblo
2.3 de Sion saldrá la *l*, y de Jerusalén la
5.24 porque desecharon la *l* de Jehová de los
8.16 ata el..sella la *l* entre mis discípulos
8.20 ¡a la *l* y al testimonio! Si no dijeren
10.1 ¡ay de los que dictan *l* injustas, y
24.5 porque traspasaron las *l*, falsearon el
30.9 pueblo..hijos que no quisieron oír la *l*
42.4 justicia; y las costas esperarán su *l*
42.21 en magnificar la *l* y engrandecerla
42.24 no quisieron andar en..ni oyeron su *l*
51.4 de mí saldrá la *l*, y mi justicia para
51.7 oídme..pueblo en cuyo corazón está mi *l*
58.2 y que no hubiese dejado la *l* de su Dios
Jer. 2.8 los que tenían la *l* no me conocieron
6.19 no escucharon mis..y aborrecieron mi *l*
8.8 decís..la *l* de Jehová está con nosotros?
9.13 porque dejaron mi *l*..y no obedecieron
16.11 padres me dejaron..no guardaron mi *l*
18.18 porque la *l* no faltará al sacerdote, ni
26.4 si no me oyereis para andar en mi *l*, la
31.33 daré mi *l* en su mente, y..su corazón
31.35 Jehová, que dá..las *l* de la luna y de
31.36 faltaren estas *l* delante de mí, dice
32.23 no oyeron tu voz, ni anduvieron en tu *l*
33.25 si yo no he puesto las *l* del cielo y la
44.10 ni han caminado en mi *l*..mis estatutos
44.23 ni anduvisteis en su *l* ni..estatutos ni
Lm. 2.9 entre las naciones donde no hay *l*; sus
Ez. 5.7 no habéis..ni habéis guardado mis *l*?
5.7 ni aun según las *l* de las naciones que
7.26 la *l* se alejará del sacerdote, y de los
16.38 te juzgaré por las *l* de las adúlteras
20.18 ni guardéis sus *l*, ni os contaminéis
22.26 violaron mi *l*, y contaminaron mis
23.24 delante de ellos el juicio, y por sus *l*
23.45 las juzgarán por la *l* de las adúlteras
23.45 y por la *l* de las que derraman sangre
43.11 sus configuraciones, y todas sus *l*
43.12(2) esta es la *l* de la casa
43.21 lo quemarás conforme a la *l* de la casa
44.5 lo que yo hablo contigo..y todas sus *l*
44.24 y mis *l* y mis decretos guardarán en
Dn. 3.10 has dado una *l* que todo hombre, al oír
6.5 si no..en relación con la *l* de su Dios
6.8,12 conforme a la *l* de Media y de Persia
6.15 es *l* de Media y de Persia que ningún
7.25 y pensará en cambiar los tiempos y la *l*
9.10 para andar en sus *l* que él puso delante
9.11 Israel traspasó tu *l* apartándose para
9.11 el juramento que está escrito en la *l*
9.13 conforme está escrito en la *l* de Moisés
Os. 4.6 olvidaste la *l* de tu Dios, también yo
8.1 traspasaron..y se rebelaron contra mi *l*
8.12 escribí las grandezas de mi *l*, y fueron
Am. 2.4 porque menospreciaron la *l* de Jehová
Mi. 4.2 de Sion saldrá la *l*, y de Jerusalén la
Hab. 1.4 por lo cual la *l* es debilitada, y el
Sof. 3.4 sus sacerdotes contaminaron el..la *l*
Hag. 2.11 pregunta..sacerdotes acerca de la *l*
Zac. 7.12 para no oír la *l* ni las palabras que
Mal. 2.6 la *l* de verdad estuvo en su boca, e

LEY *(Continúa)*•
Mal. 2.7 de su boca el pueblo buscará la l; porque
2.8 habéis hecho tropezar a muchos en la l
2.9 y en la l hacéis acepción de personas
3.7 os habéis apartado de mis l, y no las
3.14 ¿qué aprovecha que guardemos su l, y que
4.4 acordaos de la l de Moisés mi siervo, al
4.4 al cual encargué en Horeb ordenanzas y l
Mt. 5.17 no penséis. . venido para abrogar la l
5.18 ni una jota ni una tilde pasará de la l
7.12 así. . porque esto es la l y los profetas
11.13 los profetas y la l profetizaron hasta
12.5 ¿o no habéis leído en la l, cómo en el
22.35 uno. . intérprete de la l, preguntó por
22.36 ¿cuál es el gran mandamiento en la l?
22.40 de estos dos. . depende toda la l y los
23.23 dejáis lo más importante de la l: la
Lc. 2.22 cumplieron los días. . conforme a la l
2.23 como está escrito en la l del Señor
2.24 conforme a lo que se dice en la l del
2.27 hacer por él conforme al rito de la l
2.39 de haber cumplido con. . la l del Señor
2.46 sentado en medio de los doctores de la l
5.17 estaban sentados los. . doctores de la l
7.30 los intérpretes de la l desecharon los
10.25 intérprete de la l se levantó, y dijo
10.26 él le dijo: ¿Qué está escrito en la l?
11.45 uno de los intérpretes de la l, le dijo
11.46,52 de vosotros, intérpretes de la l!
14.3 Jesús habló a los intérpretes de la l
16.16 la l y los profetas eran hasta Juan
16.17 más fácil. . frustre una tilde de la l
24.44 lo que está escrito de mí en la l de
Jn. 1.17 porque la l por medio de Moisés fue
1.45 aquel de quien escribió Moisés en la l
7.19 os dio. . la l, y ninguno. . cumple la l?
7.23 que la l de Moisés no sea quebrantada
7.49 esta gente que no sabe la l, maldita
7.51 ¿juzga acaso nuestra l a un hombre si
8.5 la l nos mandó Moisés apedrear a tales
8.17 en vuestra l está. . que el testimonio de
10.34 escrito en vuestra l: Yo dije, dioses
12.34 oído de la l, que el Cristo permanece
15.25 palabra que está escrita en su l: Sin
18.31 tomadle. . y juzgadle según vuestra l
19.7 l, y según nuestra l debe morir, porque
Hch. 5.34 Gamaliel, doctor de la l, venerado
6.13 hombre no cesa de hablar. . contra la l
7.53 recibisteis la l por. . ángeles, y no la
13.15 después de la lectura de la l y de los
13.39 de que por la l de Moisés no pudisteis
15.5 y mandarles que guarden la l de Moisés
15.24 mandando circuncidaros y guardar la l
18.13 persuade. . a honrar a Dios contra la l
18.15 si son cuestiones de. . y de vuestra l
21.20 creído; y todos son celosos por la l
21.24 que tú también andas. . guardando la l
21.28 enseña a todos contra el pueblo, la l
22.3 instruido. . conforme a la l de nuestros
22.12 Ananías, varón piadoso según la l, que
23.3 sentado para juzgarme conforme a la l
23.3 y quebrantando la l me mandas golpear?
23.29 le acusaban por cuestiones de la l de
24.6 quisimos juzgarle conforme a nuestra l
24.14 creyendo todas las cosas que en la l
25.8 ni contra la l de los judíos, ni contra
28.23 tanto por la l de Moisés como por los
Ro. 2.12 que sin l han pecado, sin l. . perecerán
2.12 los que bajo la l han pecado, por la l
2.13 no son los oidores de la l los justos
2.13 los hacedores de la l serán justificados
2.14 no tienen l, hacen. . lo que es de la l
2.14 éstos, aunque no tengan l, son l para sí
2.15 mostrando la obra de la l escrita en sus
2.17 te apoyas en la l, y te glorías en Dios
2.18 e instruido por la l apruebas lo mejor
2.20 tienes en la l la forma de la ciencia
2.23 jactas de la l, ¿con infracción de la l
2.25 circuncisión aprovecha, si guardas la l
2.25 pero si eres transgresor de la l, tu
2.26 guardare las ordenanzas de la l, ¿no será
2.27 pero guarda. . la l, te condenará a ti, que
2.27 a ti, que con la letra de la l y con la
2.27 con la letra. . eres transgresor de la l
3.19 la l. . a los que están bajo la l lo dice
3.20 por las obras de la l ningún ser humano
3.20 por medio de la l es el conocimiento del
3.21 ahora, aparte de la l, se ha manifestado
3.21 testificada por la l y por los profetas
3.27 ¿por cuál l?. . No, sino por la l de la fe
3.28 justificado por fe sin las obras de la l
3.31 ¿luego por la fe invalidamos la l? En
3.31 en. . manera, sino que confirmamos la l
4.13 no por la l fue dada a. . la promesa de
4.14 si los que son de la l son los herederos
4.15 la l produce ira; pero donde no hay l
4.16 no solamente para la que es de la l, sino
5.13 pues antes de la l, había pecado en el
5.13 donde no hay l, no se inculpa de pecado
5.20 la l se introdujo para que el pecado
6.14 pues no estáis bajo la l, sino bajo la
6.15 porque no estamos bajo la l, sino bajo
7.1 hablo con los que conocen la l) que la l
7.2 sujeta por la l. . ella queda libre de la l
7.3 si su marido muriere, es libre de esa l
7.4 habéis muerto a la l mediante el cuerpo
7.5 pasiones pecaminosas que eran por la l
7.6 pero ahora estamos libres de la l, por
7.7 ¿qué diremos, pues? ¿La l es pecado? En
7.7 pero yo no conocí el pecado sino por la l
7.7 tampoco. . codicia, si la l no dijera: No
7.8 porque sin la l el pecado está muerto
7.9 y yo sin la l vivía en un tiempo; pero
7.12 manera que la l a la verdad es santa
7.14 porque sabemos que la l es espiritual
7.16 esto hago, apruebo que la l es buena
7.21 así. . hallo esta l: que el mal está en mí
7.22 interior, me deleito en la l de Dios
7.23 veo otra l. . que se rebela contra la l
7.23 que me lleva cautivo a la l del pecado
7.25 con la mente sirvo a la l de Dios, mas
7.25 sirvo. . con la carne a la l del pecado
8.2 la l del Espíritu. . me ha librado de la l
8.3 porque lo que era imposible para la l
8.4 que la justicia de la l se cumpliese en
8.7 los designios de la. . no se sujetan a la l
9.4 de los cuales son. . promulgación de la l
9.31 Israel, que iba tras una l de justicia
9.32 no por fe, sino como por obras de la l
10.4 porque el fin de la l es Cristo, para
10.5 de la justicia que es por la l Moisés
13.8 que ama al prójimo, ha cumplido la l
13.10 que el cumplimiento de la l es el amor
1 Co. 7.39 mujer casada está ligada por la l
9.8 ¿digo esto. . ¿No dice esto también la l?
9.9 porque en la l de Moisés está escrito
9.20 a los. . sujetos a la l. . como sujeto a la l
9.20 (aunque yo no esté sujeto a la l) como
9.20 ganar a los que están sujetos a la l
9.21 los que están sin l, como si yo. . sin l
9.21 no estando yo sin l. . sino bajo la l de
9.21 sino. . para ganar a los que están sin l
14.21 en la l está escrito: En otras lenguas
14.34 sujetas, como también la l lo dice
15.56 el pecado, y el poder del pecado, la l
Gá. 2.16 no es justificado por. . obras de la l
2.16 por la fe. . y no por las obras de la l
2.16 las obras de la l nadie será justificado
2.19 yo por la l soy muerto para la l. . para
2.21 si por la l fuese la justicia, entonces
3.2 ¿recibisteis el. . por las obras de la l
3.5 ¿lo hace por las obras de la l, o por el
3.10 que dependen de las obras de la l están
3.10 no. . en el libro de la l, para hacerlas
3.11 por la l ninguno se justifica para con
3.12 y la l no es de fe, sino que dice: El
3.13 nos redimió de la maldición de la l
3.17 la l. . no lo abroga, para invalidar la
3.18 si la herencia es por la l, ya no es
3.19 ¿para qué sirve la l? Fue añadida a
3.21 l es contraria a las promesas de Dios?
3.21 porque si la l dada pudiera vivificar
3.21 justicia fuera verdaderamente por la l
3.23 antes. . estábamos confinados bajo la l
3.24 de manera que la l ha sido nuestro ayo
4.4 Hijo, nacido de mujer y nacido bajo la l
4.5 redimiese a los que estaban bajo la l, a
4.21 estar bajo la l: ¿no habéis oído la l?
5.3 que está obligado a guardar toda la l
5.4 los que por la l os justificáis; de la
5.14 toda la l en esta sola palabra se cumple
5.18 sois guiados por. . no estáis bajo la l
5.23 templanza; contra tales cosas no hay l
6.2 las cargas. . cumplid así la l de Cristo
6.13 ni aun. . que se circuncidan guardan la l
Ef. 2.15 l de los mandamientos expresados en
Fil. 3.5 de hebreos; en cuanto a la l, fariseo
3.6 en cuanto a la justicia que es en la l
3.9 no. . mi propia justicia, que es por la l
1 Ti. 1.7 queriendo ser doctores de la l, sin
1.8 pero sabemos que la l es buena, si uno
1.9 que la l no fue dada para el justo, sino
Tit. 3.9 evita las. . discusiones acerca de la l
3.13 a Zenas intérprete de la l, y a Apolos
He. 7.5 de tomar del. . los diezmos según la l
7.11 porque bajo él recibió el pueblo la l
7.12 necesario es que. . también cambio de l
7.16 conforme a la l del mandamiento acerca
7.19 (pues nada perfeccionó la l), y de la
7.28 porque la l constituye sumos sacerdotes
7.28 del juramento, posterior a la l, al Hijo
8.4 que presentan las ofrendas según la l
8.10 pondré mis l en la mente de ellos, y
9.19 anunciado Moisés. . mandamientos de la l
9.22 y casi todo es purificado, según la l
10.1 la l, teniendo la sombra de los bienes
10.8 las cuales cosas se ofrecen según la l
10.16 pondré mis l en sus corazones, y en sus
10.28 el que viola la l de Moisés, por el
Stg. 1.25 el que mira. . en la perfecta l, la de
2.8 si. . cumplís la l. . conforme a la Escritura
2.9 convictos por la l como transgresores
2.10 que guardare toda la l, pero ofendiere
2.11 si. . ya te has hecho transgresor de la l
2.12 de ser juzgados por la l de la libertad
4.11 murmura de la l y juzga a la l; pero si
4.11 juzgas a la l, no eres hacedor de la l
4.12 uno solo es el dador de la l, que puede
1 Jn. 3.4 comete pecado, infringe también la l
3.4 pues el pecado es infracción de la l

LIBACIÓN
Gn. 35.14 una señal. . y derramó sobre ella l
Éx. 29.40 para la l, la cuarta parte de un hin
29.41 otro. . conforme a su l, en olor grato
30.9 no. . ni tampoco derramaréis sobre él l
Lv. 23.13 su l será de vino, la cuarta parte
23.18 holocausto a. . con su ofrenda y sus l
23.37 ofrenda. . y l, cada cosa en su tiempo
Nm. 6.15 hojaldres. . aceite, su ofrenda y sus l
6.17 ofrecerá asimismo el sacerdote. . sus l
15.5 de vino para la l ofrecerás la cuarta
15.7 de vino para la l ofrecerás la tercera
15.10 de vino para la l. . la mitad de un hin
15.24 con su ofrenda y su l conforme a la ley
28.7 y su l, la cuarta parte de un hin con
28.7 derramarás l de vino. . ante Jehová en el
28.8 y conforme a su l ofrecerás, ofrenda
28.9 de harina amasada con aceite. . con su l
28.10,15,24,31; 29.11,16,19,22,25,28,31,34,38 además del holocausto continuo y su l
28.14 l de vino, medio hin con cada becerro
29.6 sus l conforme a su ley, como ofrenda
29.18,21,24,27,30,33,37 l con los becerros
29.39 en vuestras fiestas. . para vuestras l
Dt. 32.38 comían. . y bebían el vino de sus l?
2 R. 16.13 derramó sus l, y esparció la sangre
16.15 holocausto del rey y su ofrenda y sus l
1 Cr. 29.21 ofrecieron. . mil corderos con sus l
2 Cr. 29.35 grosura. . y l para cada holocausto
Esd. 7.17 comprarás, pues. . sus ofrendas y sus l
Sal. 16.4 no ofreceré yo sus l de sangre, ni
Is. 57.6 y a ellas derramaste l, y ofreciste
65.11 mesa. . y suministráis l para el Destino
Jer. 19.13 cielo, y vertieron l a dioses ajenos
32.29 a Baal y derramaron l a dioses ajenos
44.17 a la reina del cielo, derramándole l
44.18 dejamos de ofrecer. . y de derramarle l
44.19 y cuando ofrecimos. . y le derramamos l
44.19 le derramamos l, sin consentimiento de
44.25 a la reina del cielo y derramarle l
Ez. 20.28 sacrificaron. . y allí derramaron sus l
45.17 el dar. . la l en las fiestas solemnes
Os. 9.4 no harán l a Jehová, ni sus sacrificios
Jl. 1.9 desapareció de la casa. . ofrenda y la l
1.13 quitada es de la casa. . ofrenda y la l
2.14 dejará. . ofrenda y l para Jehová. . Dios?
Fil. 2.17 aunque sea derramado en l sobre el

LÍBANO *Cordillera en Siria, al norte de Palestina*
Dt. 1.7 L, hasta el gran río, el río Eufrates
3.25 pase. . y vea. . aquel buen monte, y el L
11.24 desde el desierto hasta el L, desde el
Jos. 1.4 desde. . L hasta el gran río Eufrates
9.1 oyeron. . reyes que estaban. . delante del L
11.17 hasta Baal-gad en la llanura del L, a
12.7 desde Baal-gad en el llano del L hasta
13.5 todo el L hacia donde sale el sol, desde
13.6 desde el L hasta Misrefot-maim, todos
Jue. 3.3 los heveos que habitaban en el monte L
9.15 salga fuego. . devore a los cedros del L
1 R. 4.33 disertó sobre. . el cedro del L hasta
5.6 manda, pues. . que me corten cedros del L
5.9 mis siervos la llevarán desde el L al mar
5.14 enviaba al L. . a estar un mes en el L, y
7.2 la casa del bosque del L, la cual tenía
9.19 lo que Salomón quiso edificar. . en el L
10.17 el rey los puso en la casa del. . del L
10.21 la vajilla de la casa del bosque del L
2 R. 14.9 cardo que está en el L envió a decir
14.9 decir al cedro que está en el L: Da tu
14.9 y pasaron las fieras que están en el L
19.23 he subido. . a lo más inaccesible del L
2 Cr. 2.8 envíame también madera del L: cedro
2.8 tus siervos saben cortar madera en el L
2.16 nosotros cortaremos en el L la madera
8.6 lo que Salomón quiso edificar. . en el L
9.16 los puso. . en la casa del bosque del L
9.20 la vajilla de la casa del bosque del L
25.18 el cardo que. . en el L envió al cedro. . L
25.18 las fieras que estaban en el L pasaron
Esd. 3.7 trajesen madera. . desde el L por mar
Sal. 29.5 quebrantó Jehová los cedros del L
29.6 al L y al Sirión como hijos de búfalos
72.16 su fruto hará ruido como el L, y los
92.12 el justo. . crecerá como cedro en el L
104.16 de savia. . cedros del L que él plantó
Cnt. 3.9 se hizo una carroza de madera del L
4.8(2) ven conmigo desde el L
4.11 olor de tus vestidos como el olor del L
4.15 pozo de aguas vivas, que corren del L
5.15 su aspecto como el L, escogido como los
7.4 tu nariz, como la torre del L, que mira
Is. 2.13 sobre todos los cedros del L altos y
10.34 cortará con. . el L caerá con estruendo
14.8 se regocijaron. . cedros del L, diciendo
29.17 convertirá. . el L en campo fructífero
33.9 el L se avergonzó, y fue cortado; Sarón
35.2 gloria del L le será dada, la hermosura
37.24 subiré a las alturas de. . laderas del L
40.16 ni el L bastará para el fuego, ni todos

LÍBANO *(Continúa)*

Is. 60.13 la gloria del *L* vendrá a ti, cipreses
Jer. 18.14 ¿faltará la nieve del *L* de..campo?
22.6 eres tú para mí, y como la cima del *L*
22.20 sube al *L* y clama, y en Basán da tu voz
22.23 habitaste en el *L*, hiciste tu nido en
Ez. 17.3 águila..vino al *L*, y tomó el cogollo
27.5 tomaron..del *L* para hacerte el mástil
31.3 he aquí era el asirio cedro en el *L*, de
31.15 al *L* cubrí de tinieblas por él, y todos
31.16 los mejores del *L*..los que beben aguas
Os. 14.5 Israel..extenderá sus raíces como el *L*
14.6 se extenderán sus..perfumará como el *L*
14.7 la vid; su olor será como de vino del *L*
Nah. 1.4 Carmelo, y la flor del *L* fue destruida
Hab. 2.17 la rapiña del *L* caerá sobre ti, y la
Zac. 10.10 traeré a..del *L*, y no les bastará
11.1 *L*, abre tus puertas, y consuma el fuego

LIBAR

Éx. 25.29 harás..tazones, con que se *libará*
37.16 sus tazones con que se había de *libar*
Nm. 4.7 pondrán sobre ella..tazones para *libar*

LIBERACIÓN

Gn. 45.7 para daros vida por medio de gran *l*
Est. 4.14 respiro y *l* vendrá de alguna otra
Job 14.14 edad esperaré, hasta que venga mi *l*
Sal. 32.7 eres..con cánticos de *l* me rodearás
Is. 26.18 ninguna *l* hicimos en la tierra, ni
Fil. 1.19 vuestra oración..resultará en mi *l*

LIBERALIDAD

2 Cr. 35.8 los príncipes dieron con *l* al pueblo
Pr. 25.14 es el hombre que se jacta de falsa *l*
Ro. 12.8 el que reparte, con *l*; el que preside
2 Co. 9.11 estéis enriquecidos en..para toda *l*
9.13 por la *l* de vuestra contribución para

LIBERTAD

Éx. 21.26 hiriere..dará *l* por razón de su ojo
Lv. 19.20 sierva..ni le hubiere sido dada *l*
25.10 y pregonaréis *l* en la tierra a todos
Dt. 21.14 si no te agradare, la dejarás en *l*
Sal. 119.45 y andaré en *l*, porque busqué tus
Is. 61.1 a publicar *l* a los cautivos, y a los
Jer. 34.8 hizo pacto con..para promulgarles *l*
34.15 anunciando cada uno *l* a su prójimo
34.17 promulgar cada uno *l* a..yo promulgo *l*
Lc. 4.18 enviado..a pregonar *l* a los cautivos
4.18 enviado..a poner en *l* a los oprimidos
Hch. 3.13 éste había resuelto ponerle en *l*
4.23 y puestos en *l*, vinieron a los suyos y
5.40 después de azotarlos..los pusieron en *l*
7.25 que Dios les daría *l* por mano suya; mas
24.23 que se le concediese alguna *l*, y que
26.32 podía este hombre ser puesto en *l*, si
Ro. 8.21 a la *l* gloriosa de los hijos de Dios
1 Co. 8.9 *l* vuestra no venga a ser tropezadero
10.29 ¿por qué se ha de juzgar mi *l* por la
2 Co. 3.17 donde está el Espíritu..allí hay *l*
Gá. 2.4 para espiar nuestra *l* que tenemos en
5.1 en la *l* con que Cristo nos hizo libres
5.13 porque vosotros..a *l* fuisteis llamados
5.13 que no uséis la *l* como ocasión para la
Flm. 8 tengo mucha *l* en Cristo para mandarte
He. 10.19 *l* para entrar en el Lugar Santísimo
13.23 que está en *l* nuestro hermano Timoteo
Stg. 1.25 mira..en la perfecta ley, la de la *l*
2.12 que..de ser juzgados por la ley de la *l*
1 P. 2.16 que tienen la *l* como pretexto para
2 P. 2.19 les prometen *l*, y son ellos mismos

LIBERTADOR

Jue. 3.9 Jehová levantó un *l* a los..de Israel
3.15 y Jehová les levantó un *l*, a Aod hijo
2 S. 22.2 es mi roca y mi fortaleza, y mi *l*
Neh. 9.27 enviaste *l* para que los salvasen de
Sal. 18.2 Jehová, roca..y castillo mío, y mi *l*
40.17 mi ayuda y mi *l* eres tú; Dios mío, no
70.5 ayuda mía y mi *l* eres tú; oh Jehová, no
144.2 fortaleza mía y mi *l*, escudo mío, en
Hch. 7.35 envió Dios como gobernante y *l* por
Ro. 11.26 vendrá de Sion el *L*, que apartará de

LIBERTAR

Gn. 48.16 el Ángel que me *liberta* de todo mal
1 S. 30.18 *libertó* David a sus dos mujeres
2 R. 8.22 Edom se *libertó* del dominio de Judá
25.27 Evil-merodac..*libertó* a Joaquín rey de
2 Cr. 21.10 Edom se *libertó* del dominio de Judá
21.10 tiempo Libna se *libertó* de su dominio
Job 22.30 él *libertará* al inocente, y por la
Sal. 7.4 antes he *libertado* al que sin causa
37.40 los *libertará* de los impíos..salvará
69.14 yo *libertado* de los que me aborrecen
146.7 Jehová *liberta* a los cautivos; Jehová
Is. 51.14 preso agobiado será *libertado* pronto
Dn. 12.1 será *libertado* tu pueblo, todos los
Os. 5.14 iré: tomaré, y no habrá quien *liberte*
Jn. 8.36 el Hijo os *libertare*, seréis..libres
Ro. 6.18 y *libertados* del pecado, vinisteis a
6.22 que habéis sido *libertados* del pecado
8.21 la creación misma será *libertada* de la

LIBERTINAJE

Jud. 4 que convierten en *l* la gracia de nuestro

LIBERTO

Hch. 6.9 unos de la sinagoga llamada de los *l*
1 Co. 7.22 fue llamado siendo esclavo, *l* es del

LIBIA ***País al occidente de Egipto***

Ez. 30.5 *L*, y los hijos de las tierras aliadas
Dn. 11.43 y los de *L* y de Etiopía le seguirán
Nah. 3.9 Etiopía..Fut y *L* fueron sus ayudadores

LIBIO ***Habitante de Libia***

2 Cr. 12.3 venía con..*l*, suquienos y etíopes
16.8 etíopes y los *l*, ¿no eran un ejército

LIBNA

1. ***Lugar donde acampó Israel,*** **Nm. 33.20,21**

2. ***Ciudad en Judá***

Jos 10.29 pasó Josué..a *L*; y peleó contra *L*
10.31 Josué..pasó de *L* a Laquis, y acampó
10.32 la hirió..así como había hecho en *L*
10.39 y como había hecho a *L*..hizo a Debir
12.15 el rey de *L*, otro; el rey de Adulam
15.42 *L*, Eter, Asán
21.13 dieron Hebrón..además, *L* con..ejidos
2 R. 8.22 también se rebeló *L* en el mismo tiempo
19.8 halló al rey de..combatiendo contra *L*
23.31 su madre fue..hija de Jeremías, de *L*
24.18 fue Hamutal hija de Jeremías, de *L*
1 Cr. 6.57 de Judá dieron..*L* con sus ejidos
2 Cr. 21.10 tiempo *L* se libertó de su dominio
Is. 37.8 rey de Asiria que combatía contra *L*
Jer. 52.1 su madre..Hamutal..de Jeremías de *L*

LIBNI

1. ***Hijo de Gersón,*** **Éx. 6.17; Nm. 3.18.21; 1 Cr. 6.17,20**

2. ***Hijo de Merari,*** **1 Cr. 6.29**

LIBNITA ***Habitante de Libna,*** **Nm. 26.58**

LIBRA

1 R. 10.17 en cada uno..gastó tres *l* de oro
Esd. 2.69 dieron de..cinco mil *l* de plata, y
Neh. 7.71 cabezas de..dieron..2.200 *l* de plata
7.72 resto del pueblo dio..2.000 *l* de plata
Jn. 12.3 María tomó una *l* de perfume de nardo
19.39 un compuesto de mirra y..como cien *l*
Ap. 6.6 dos *l* de trigo..seis *l* de cebada por

LIBRAR

Gn. 32.11 *líbrame*..de la mano de mi hermano
32.30 dijo: Vi a Dios..fue *librada* mi alma
37.21 Rubén..lo *libró* de sus manos, y dijo
37.22 por *librarlo* así de sus manos, para
Éx. 3.8 *librarlos* de mano de los egipcios, y
5.23 porque..tú no has *librado* a tu pueblo
6.6 os sacaré..os *libraré* de su servidumbre
12.27 hirió a los egipcios, y *libró* nuestras
18.4 Dios de mi padre me ayudó, y me *libró*
18.8 contó a..cómo los había *librado* Jehová
18.9 haberlo *librado* de mano de los egipcios
18.10 os *libró* de..los egipcios..*l* al pueblo
Nm. 35.25 la congregación *librará* al homicida
Dt. 22.27 dio voces..no hubo quien la *librase*
23.14 para *librarte* y para entregar a tus
25.11 se acercare..para *librar* a su marido
32.39 no hay quien pueda *librar* de mi mano
Jos. 2.13 que *libraréis* nuestras vidas de la
9.26 los *libró* de la mano de los..de Israel
22.31 habéis *librado* a los hijos de Israel
24.10 os bendijo..y os *libré* de sus manos
Jue. 2.16 jueces que los *librasen* de mano de
2.18 y los *libraba* de mano de los enemigos
3.9 levantó un libertador a los..los *libró*
6.9 os *libré* de mano de los egipcios, y de
8.22 que nos has *librado* de mano de Madián
8.34 que los había *librado* de..sus enemigos
9.17 expuso su vida..para *libraros* de mano
10.1 levantó para *librar* a Israel Tola hijo
10.12 clamando a..no os *libré* de sus manos?
10.13 me habéis dejado, y..no os *libraré* más
10.14 a los dioses..que os *libren* ellos en el
10.15 te rogamos que nos *libres* en este día
1 S. 4.8 ¿quién nos *librará* de la mano de estos
7.3 y os *librará* de la mano de los filisteos
7.14 Israel *libró* su territorio de..filisteos
10.18 os *libré* de mano de los egipcios, y de
11.9 mañana al calentar el..seréis *librados*
12.10 *líbranos*..de mano de nuestros enemigos
12.11 os *libró* de mano de vuestros enemigos
12.21 vanidades que no aprovechan ni *libran*
14.45 así el pueblo *libró* de morir a Jonatán
14.48 y *libró* a Israel de mano de los que lo
17.35 yo..lo hería, y lo *libraba* de su boca
17.37 Jehová..me ha *librado* de las garras de
17.37 me *librará* de la mano de este filisteo
23.2 ataca a los filisteos, y *libra* a Keila
23.5 fue..David..*libró* David a los de Keila
26.24 Jehová, y me *libre* de toda aflicción
30.8 le dijo..cierto *librarás* a los cautivos
30.18 *libró* David..amalecitas habían tomado
2 S. 3.18 por mano..David *libraré* a mi pueblo
12.7 te ungí..y te *libré* de la mano de Saúl
14.16 el rey oirá, para *librar* a su sierva
18.6 y se *libró* la batalla en el bosque de
19.5 que hoy han *librado* tu vida, y la vida
19.9 el rey nos ha *librado* de..enemigos, y
22.1 Jehová le había *librado* de..sus enemigos
22.3 salvador mío; de violencia me *libraste*
22.18 me *libró* de poderoso enemigo, y de los
22.20 sacó..me *libró*, porque se agradó de mí
22.44 me has *librado* de las contiendas del
22.49 el que me *libra* de enemigos, y aun me
22.49 aun..me *libraste* del varón violento
2 R. 17.39 él os *librará* de mano de..enemigos
18.29 engañe..no os podrá *librar* de mi mano
18.30 nos *librará* Jehová, y esta ciudad no
18.32 engaña cuando dice: Jehová..*librará*
18.33 de los dioses..ha *librado* su tierra de
18.34 ¿pudieron éstos *librar* a Samaria de mi
18.35 ¿qué dios..ha *librado* su tierra de mi
18.35 Jehová *libre* de mi mano a Jerusalén?
19.12 ¿acaso *libraron* sus dioses..naciones
20.6 y te *libraré* a ti y a esta ciudad de
1 Cr. 4.10 y me *libraras* de mal, para que no
16.35 recógenos, y *líbranos* de las naciones
2 Cr. 20.27 gozo *librándolos* de sus enemigos
25.15 dioses de..que no *libraron* a su pueblo
32.11 Dios nos *librará* de la mano del rey de
32.13 ¿pudieron los dioses de las..*librar* su
32.14 ¿cómo podrá vuestro Dios *libraros* de
32.15 si ningún dios..pudo *librar* a su pueblo
32.15 ¿cuánto menos..Dios os podrá *librar* de
32.17 como los dioses..no pudieron *librar* a
32.17 tampoco el Dios de..*librará* al suyo de
Esd. 8.31 nos *libró* de mano del enemigo y del
Neh. 9.28 los oías..muchas veces los *libraste*
Job 5.4 sus hijos..y no habrá quien los *libre*
5.15 así *libra* de la espada al pobre, de la
5.19 en seis tribulaciones te *librará*, y en
6.23 dicho..*libradme* de la mano del opresor
10.7 que no hay quien de tu mano me *libre?*
22.30 por la limpieza de tus manos..*librado*
29.12 yo *libraba* al pobre que clamaba, y al
33.24 que lo *libró* de descender al sepulcro
36.15 al pobre *librará* de su pobreza, y en
Sal. 6.4 vuélvete, oh Jehová, *libra* mi alma
7.1 sálvame de..que me persiguen, y *líbrame*
7.2 me destrocen sin que haya quien me *libre*
17.13 *libra* mi alma de..malos con tu espada
18 *tít.* el día que le *libró* Jehová de mano
18.17 me *libró* de mi poderoso enemigo, y de
18.19 sacó..me *libró*, porque se agradó de mí
18.43 me has *librado* de las contiendas del
18.48 que me *libra* de mis enemigos, y aun
18.48 eleva..me *libraste* de varón violento
19.12 *líbrame* de los que me son ocultos
22.4 esperaron nuestros padres..los *libraste*
22.5 clamaron..fueron *librados;* confiaron en
22.8 encomendó a Jehová; *líbrele* él; sálvele
22.20 *libra* de la espada mi alma, del poder
22.21 *líbrame* de los cuernos de los búfalos
25.20 guarda mi alma, y *líbrame;* no sea yo
31.1 en ti..confiado..*líbrame* en tu justicia
31.2 inclina a mí tu oído, *líbrame* pronto; sé
31.15 *líbrame* de la mano de mis enemigos y
33.17 vano..su fuerza a nadie podrá *librar*
33.19 para *librar* sus almas de la muerte; y
34.4 oyó, y me *libró* de todos mis temores
34.6 oyó..y lo *libró* de todas sus angustias
34.17 oye, y los *libra* de todas sus angustias
34.19 pero de todas ellas le *librará* Jehová
35.10 que *libras* al afligido del más fuerte
37.40 Jehová los ayudará y los *librará;* los
39.8 *líbrame* de todas mis transgresiones; no
41.1 pobre; en el día malo lo *librará* Jehová
43.1 *líbrame* de gente impía, y del hombre
44.3 ni su brazo los *libró;* sino tu diestra
50.15 invócame..te *libraré*, y tú me honrarás
50.22 os despedace, y no haya quien os *libre*
51.14 *líbrame* de homicidios, oh Dios, Dios
54.7 me ha *librado* de toda angustia, y mis
56.13 has *librado* mi alma de la muerte, y
59.1 *líbrame* de mis enemigos, oh Dios mío
59.2 *líbrame* de los que cometen iniquidad
60.5 para que se *libren* tus amados, salva
68.20 y de Jehová..el *librar* de la muerte
69.18 alma..*líbrame* a causa de mis enemigos
70.1 oh Dios, acude a *librarme;* apresúrate
71.2 socórreme y *líbrame* en tu justicia
71.4 Dios mío, *líbrame* de la mano del impío
71.11 perseguidle y..no hay quien le *libre*
72.12 él *librará* al menesteroso que clamare
79.9 y *líbranos*, y perdona nuestros pecados
81.7 clamaste, y yo te *libré;* te respondí en
82.4 *librad*..*libradlo* de mano de los impíos
86.13 has *librado* mi alma de las..del Seol
89.48 ¿*librarás* su vida del poder del Seol?
91.3 el te *librará* del lazo del cazador, de
91.14 también lo *libraré;* le pondré en alto
91.15 invocará..lo *libraré* y le glorificaré

LIBRAR *(Continúa)*
Sal. 97.10 alma..de mano de los impíos los *libra.*
106.43 muchas veces los *libró;* mas ellos se
107.6,13,19 y los *libró* de sus aflicciones
107.20 y los sanó, y los *libró* de su ruina
107.28 claman..los *libra* de sus aflicciones
108.6 sean *librados* tus amados, salva con tu
109.21 *librame*, porque tu misericordia es
109.31 *librar* su alma de los que le juzgan
116.4 diciendo: Oh Jehová, *libra* ahora mi
116.8 tu has *librado* mi alma de la muerte
119.134 *líbrame* de la violencia de..hombres
119.153 mira mi aflicción, y *líbrame*, porque
119.170 de ti; *líbrame* conforme a tu dicho
120.2 *libra* mi alma, oh..del labio mentiroso
140.1 *líbrame*, oh Jehová, del hombre malo
140.4 *líbrame* de hombres injuriosos, que han
142.6 *líbrame* de los que me persiguen, porque
143.9 *líbrame* de mis enemigos, oh Jehová; en
144.11 y *líbrame* de la mano de los hombres
Pr. 2.12 para *librarte* del mal camino, de los
2.16 serás *librado* de la mujer extraña, de
6.3 *líbrate*, ya que has caído en la mano de
10.2 maldad..mas la justicia *libra* de muerte
11.4 ira; mas la justicia *librará* de muerte
11.6 la justicia de los rectos los *librará*
11.8 el justo es *librado* de la tribulación
11.9 los justos son *librados* con la sabiduría
11.21 la descendencia de los..será *librada*
12.6 mas la boca de los rectos los *librará*
14.25 el testigo verdadero *libra* las almas
23.14 con vara, y *librarás* su alma del Seol
24.11 *libra* a los que..llevados a la muerte
28.26 que camina en sabiduría será *librado*
Ec. 8.8 ni la impiedad *librará* el que la posee
9.15 *libra* a la ciudad con su sabiduría; y
Is. 19.20 les enviará salvador..que los *libre*
31.5 amparará Jehová..*librando*, preservando
36.14 os engañe..porque no os podrá *librar*
36.15,18 diciendo..Jehová nos *librará*
36.18 ¿acaso *libraron*..dioses de las naciones
36.19 dios..¿*Libraron* a Samaria de mi mano?
36.20 ¿qué dios..que haya *librado* su tierra
36.20 Jehová *libre* de mi mano a Jerusalén?
37.12 ¿acaso *libraron*..dioses a las naciones
37.20 Jehová Dios nuestro, *líbranos* de su
38.6 te *libraré* a ti y a..del rey de Asiria
38.17 a ti agradó *librar* mi vida del hoyo
42.22 son..para despojo, y no hay quien *libre*
43.13 era; y no hay quien de mi mano *libre*
44.17 le ruega..*Líbrame*, porque mi dios eres
44.20 le desvía, para que no *libre* su alma
46.7 le gritan, y tampoco responde, ni *libra*
47.3 deshonra..no se *librará* hombre alguno
50.2 ¿acaso..¿No hay en mí poder para *librar?*
57.13 cuando clames, que te *libren* tus ídolos
Jer. 1.8 porque contigo estoy para *librarte*
1.19 estoy contigo, dice Jehová, para *librarte*
2.27 calamidad dicen: Levántate, y *líbranos*
2.28 a ver si te podrán *librar* en..aflicción
7.10 *librados* somos; para seguir haciendo
14.9 ¿por qué eres como..no puede *librar?*
15.21 te *libraré* de la mano de los malos, y
20.13 cantad a Jehová..ha *librado* el alma
21.12; 22.3 *librad* al oprimido..del opresor
30.7 angustia para Jacob; pero..será *librado*
39.17 yo te *libraré*..de aquellos..tú temes
39.18 ciertamente te *libraré*, y no caerás a
42.11 estoy yo para salvaros y *libraros* de
51.6 *librad* cada uno su vida, para que no
Lm. 5.8 no hubo quien nos *librase* de su mano
Ez. 3.19 él morirá..tú habrás *librado* tu alma
3.21 vivirá..y tú habrás *librado* tu alma
7.19 ni su oro podrá *librarlos* en el día del
13.20 *libraré* de vuestras manos, y soltaré
13.21,23 *libraré* mi pueblo de vuestra mano
14.14 *librarían* únicamente sus propias vidas
14.16 a sus hijos ni a sus hijas *librarían*
14.16,18 ni a sus..ellos solos serían *librados*
14.18 no *librarían* a sus hijos ni a sus hijas
14.20 no *librarían* a hijo ni a hija; ellos
14.20 *librarían* solamente sus propias vidas
33.5 el que se apercibiere *librará* su vida
33.9 morirá por su..pero tú *libraste* tu vida
33.12 la justicia del justo no lo *librará* el
34.10 *libraré* mis ovejas de sus bocas, y no
34.12 y las *libraré* de todos los lugares en
34.27 los *libre* de mano de los que se sirven
Dn. 3.15 ¿y qué dios será aquel que os *libre*
3.17 nuestro Dios..puede *librarnos*..*librará*
3.28 *libró* a sus siervos que confiaron en él
3.29 no hay dios que pueda *librar* como éste
6.14 le pesó en..y resolvió *librar* a Daniel
6.14 la puesta del sol trabajó para *librarle*
6.16 el Dios tuyo, a quien tú..él te *libre*
6.20 ¿te ha podido *librar* de los leones?
6.27 y *libra*, y hace señales y maravillas en
6.27 él ha *librado* a Daniel del poder de los
8.7 no hubo quien *librase* al carnero de su
Os. 2.10 y ahora..nadie la *librará* de mi mano
13.14 los redimiré, los *libraré* de la muerte
14.3 no os *librará* el asirio; no montaremos
Am. 2.14 huir..ni el valiente *librará* su vida
3.12 que el pastor *libra* de la boca del león
Jon. 4.6 y le *librase* de su malestar; y Jonás
Mi. 4.10 allí serás *librada*..redimirá Jehová
5.6 nos *librará* del asirio, cuando viniere
Sof. 1.18 ni su oro podrá *librarlos* en el día
Zac. 11.6 asolarán..yo no los *libraré* de sus
12.7 y *librará* Jehová las tiendas de Judá
Mt. 6.13 *líbranos* del mal; porque tuyo es el
27.43 *líbrele* ahora si le quiere; porque ha
27.49 deja, veamos si viene Elías a *librarle*
Lc. 1.74 *librados* de..enemigos, sin temor le
11.4 no nos metas en..mas *líbranos* del mal
20.16 oyeron esto, dijeron: ¡Dios nos *libre!*
Hch. 7.10 le *libró* de todas sus tribulaciones
7.34 he oído..he descendido para *librarlos*
12.11 el Señor..me ha *librado* de la mano de
23.27 lo *libré* yo acudiendo con la tropa
26.17 *librándote* de tu pueblo, y..gentiles
Ro. 7.24 me *librará* de este cuerpo de muerte?
8.2 me ha *librado* de la ley del pecado y de
15.31 para que sea *librado* de los rebeldes
2 Co. 1.10 el cual nos *libró*, y nos *libra*, y
1.10 en quien esperamos que aún nos *librará*
Gá. 1.4 para *librarnos* del presente siglo malo
Col. 1.13 nos ha *librado* de la potestad de las
1 Ts. 1.10 a Jesús, quien nos *libra* de la ira
2 Ts. 3.2 seamos *librados* de hombres perversos
2 Ti. 3.11 y de todas me ha *librado* el Señor
4.17 así fui *librado* de la boca del león
4.18 el Señor me *librará* de toda obra mala
He. 2.15 *librar* a todos los que por el temor
5.7 al que le podía *librar* de la muerte, fue
2 P. 2.7 *libró* al justo Lot, abrumado por la
2.9 sabe el Señor *librar* de tentación a los

LIBRE
Gn. 24.8 no quisiere..serás *l* de..juramento
24.41 serás *l* de mi juramento, cuando hayas
24.41 si no te la..serás *l* de mi juramento
Éx. 21.2 te servirá; mas al séptimo saldrá *l*
21.5 dijere: Yo amo a mi señor..no saldré *l*
21.27 sierva, por su diente le dejará ir *l*
23.11 el séptimo año la dejarás *l*, para que
Lv. 15.28 cuando fuere *l* de su flujo, contará
19.20 no morirán, por cuanto ella no es *l*
25.41 entonces saldrá *l* de tu casa; él y sus
Nm. 5.19 si..*l* seas de estas aguas amargas que
5.28 sino que..ella será *l*, y será fecunda
5.31 hombre será *l* de iniquidad, y la mujer
32.22 seréis *l* de culpa para con Jehová, y
Dt. 15.12 servido..al séptimo le despedirás *l*
15.13 despidieres *l*, no le enviarás con las
15.18 no te parezca duro cuando le enviares *l*
24.5 *l* estará en su casa por un año, para
32.36 viere..y que no queda ni siervo ni *l*
Jos. 2.17,20 quedaremos *l* de este juramento
1 S. 14.41 sobre Jonatán..y el pueblo salió *l*
1 R. 14.10 destruiré..así el siervo como el *l*
21.21 y barreré..tanto el siervo como el *l*
2 R. 9.8 destruiré de Acab..siervo como al *l*
14.26 no había siervo ni *l*, ni quien diese
Esd. 9.8 hacer que nos quedase un remanente *l*
Job 3.19 allí están..y el siervo *l* de su señor
10.1 daré *l* curso a mi queja, hablaré con
36.16 te apartará..a lugar..*l* de todo apuro
39.5 ¿quién echó *l* al asno montés, y quién
Sal. 105.20 envió el rey, y le..le dejó ir *l*
Is. 20.6 nos acogimos por socorro para ser *l*
58.6 y dejar ir *l* a los quebrantados, y que
Jer. 2.31 somos *l;* nunca más vendremos a ti?
34.9 que cada uno dejase *l* a su siervo y a
34.10 pacto de dejar *l* cada uno a su siervo
34.11 a los siervos y..que habían dejado *l*
34.14 le servirá seis años, y lo enviará *l*
34.16 su siervo..que habíais dejado *l* a su
Lc. 13.12 dijo: Mujer, eres *l* de tu enfermedad
Jn. 8.32 conoceréis la..y la verdad os hará *l*
8.33 jamás hemos..¿Cómo dices tú: Seréis *l?*
8.36 que, si el Hijo os libertare, seréis ..*l*
Ro. 6.20 porque..erais *l* acerca de la justicia
7.2 el marido muere, ella queda *l* de la ley
7.3 si su marido muriere, es *l* de esa ley, de
7.6 estamos *l* de la ley, por haber muerto
1 Co. 7.21 si puedes hacerte *l*, procúralo más
7.22 el que fue llamado siendo *l*, esclavo es
7.27 ¿estás *l* de mujer? No procures casarte
7.39 *l* es para casarse con quien quiera, con
9.1 ¿no soy *l?* ¿No he visto a Jesús el Señor
9.19 siendo *l*..me he hecho siervo de todos
12.13 judíos o griegos, sean esclavos o *l;* y
Gá. 3.28 no hay esclavo ni *l;* no hay varón ni
4.22 dos..uno de la esclava, el otro de la *l*
4.23 la carne; mas el de la *l*, por la promesa
4.26 la cual es madre de todos nosotros, es *l*
4.30 porque no heredará..con el hijo de la *l*
4.31 no somos..de la esclava, sino de la *l*
5.1 en la libertad con que Cristo nos hizo *l*
Ef. 6.8 recibirá del Señor, sea siervo o sea *l*
Col. 3.11 donde no hay..siervo ni *l*, sino que
1 P. 2.16 como *l*, pero no como los que tienen
Ap. 6.15 todo *l*, se escondieron en las cuevas
13.16 *l* y esclavos, se les pusiese una marca
19.18 para que comáis carnes de..*l* y esclavos

LIBRITO
Ap. 10.2 su mano un *l* abierto; y puso su pie
10.8 toma el *l* que está abierto en la mano
10.9 fui al..diciéndole que me diese el *l*
10.10 tomé el *l* de la mano del ángel, y lo

LIBRO
Gn. 5.1 es el *l* de las generaciones de Adán
Éx. 17.14 escribe esto para memoria en un *l*, y
24.7 tomó el *l* del pacto y lo leyó a oídos
32.32 y si no, ráeme ahora de tu *l* que has
32.33 al que pecare..éste raeré yo de mi *l*
Nm. 5.23 escribirá estas maldiciones en un *l*
21.14 dice en el *l* de las batallas de Jehová
Dt. 17.18 escribirá para sí en un *l* una copia
28.58 todas las palabras..escritas en este *l*
28.61 toda plaga que no está escrita en el *l*
29.20 asentará..maldición escrita en este *l*
29.21 del pacto escrito en este *l* de la ley
29.27 traer..maldiciones escritas en este *l*
30.10 guardar..estatutos escritos en este *l*
31.24 escribir las palabras de..ley en un *l*
31.26 tomad este *l* de la ley, y ponedlo al
Jos. 1.8 nunca se apartará de tu boca este *l* de
8.31,34 está escrito en el *l* de la ley de
10.13 ¿no está escrito esto en el *l* de Jaser?
18.9 delineándola..en siete partes en un *l*
23.6 lo que está escrito en el *l* de la ley
24.26 escribió..palabras en el *l* de la ley
1 S. 10.25 leyes del reino..escribió en un *l*
2 S. 1.18 que está escrito en el *l* de Jaser
1 R. 11.41 ¿no está..en el *l* de los hechos de
14.19 está escrito en el *l* de las historias
15.7,23,31; 16.5,14,20,27; 22.39,45; 2 R. 1.18;
8.23; 10.34; 12.19; 13.8,12; 14.15,18,28;
15.6,11,15,21,26,31,36; 16.19; 20.20; 21.17,25;
23.28; 24.5; 1 Cr. 29.29; Est. 10.2 escrito
en el *l* de las crónicas
2 R. 14.6 lo que está escrito en el *l* de la ley
22.8 he hallado el *l* de la ley en la casa de
22.8 e Hilcías dio el *l* a Safán, y lo leyó
22.10 el sacerdote Hilcías me ha dado un *l*
22.11 el rey hubo oído las palabras del *l*
22.13 preguntad a..de las palabras de este *l*
22.13 no escucharon las palabras de este *l*
22.16 todo el mal de que habla este *l* que ha
22.18 por cuanto oíste las palabras del *l*
23.2 leyó..las palabras del *l* del pacto que
23.3 todas las palabras..escritas en aquel *l*
23.21 haced la pascua..está escrito en el *l*
23.24 en el *l* que..Hilcías había hallado en
1 Cr. 9.1; 2 Cr. 16.11; 25.26; 27.7; 28.26; 32.32;
35.27; 36.8 escritos en el *l* de los reyes
2 Cr. 9.29 escritos en los *l* del profeta Natán
12.15 escritos en los *l* del profeta Semaías
17.9 en Judá, teniendo consigo el *l* de la ley
20.34 se hace mención en el *l* de los reyes
24.27 escrito en la historia del *l* de..reyes
25.4 escrito en la ley, en el *l* de Moisés
34.14 halló el *l* de la ley de Jehová dada por
34.15 he hallado el *l* de..y dio Hilcías el *l*
34.18 Hilcías me dio un *l*. Y leyó Safán en él
34.21 acerca de las palabras del *l* que se ha
34.21 hacer..lo que está escrito en este *l*
34.24 las maldiciones que..escritas en el *l*
34.26 así: Por cuanto oíste las palabras del *l*
34.30 todas las palabras del *l* del pacto que
34.31 las palabras del..escritas en aquel *l*
35.12 según está escrito en el *l* de Moisés
35.25 las..están escritas en el *l* de Lamentos
Esd. 4.15 se busque en el *l* de las memorias de
4.15 hallarás en el *l* de las memorias, y
6.2 hallado..un *l* en el cual estaba escrito
6.18 conforme a lo escrito en el *l* de Moisés
Neh. 7.5 y hallé el *l* de la genealogía de los
8.1 dijeron a Esdras..que trajese el *l* de la
8.3 y leyó en el *l* delante de la plaza que
8.3 oídos de..estaban atentos al *l* de la ley
8.5 abrió, pues, Esdras el *l* a ojos de todo
8.8 leían en el *l* de la ley de..claramente
8.18 leyó Esdras en el *l* de la ley de Dios
9.3 leyeron el *l* de la ley de Jehová su Dios
12.23 fueron inscritos en el *l* de..crónicas
13.1 se leyó en el *l* de Moisés, oyéndolo el
Est. 2.23 fue escrito el caso en el *l* de las
6.1 que le trajesen el *l* de las memorias y
9.32 de Purim, y esto fue registrado en un *l*
Job 19.23 ¡quién diese..se escribiesen en un *l*
Sal. 40.7 en el rollo del *l* está escrito de mí
56.8 mis lágrimas..¿no están ellas en tu *l?*
69.28 sean raídos del *l* de los vivientes, y
139.16 tu *l* estaban escritas todas aquellas
Ec. 12.12 no hay fin de hacer muchos *l;* y el
Is. 29.11 como palabras de *l* sellado, el cual
29.12 y si se diere el *l* al que no sabe leer
29.18 los sordos oirán las palabras del *l*
30.8 escribe esta visión..regístrala en un *l*
34.4 y se enrollarán los cielos como un *l*
34.16 inquirid en el *l* de Jehová, y leed si
Jer. 25.13 todo lo que está escrito en este *l*
30.2 escríbete en un *l* todas las palabras que
36.2 toma un rollo de *l*, y escribe en él todas
36.4 escribió Baruc..en un rollo de *l*, todas

LIBRO *(Continúa)*
Jer. 36.8 leyendo en el *l* las palabras de Jehová
36.10 y Baruc leyó en el *l* las palabras de
36.11 habiendo oído del *l*. .las palabras de
36.13 Baruc leyó en el *l* a oídos del pueblo
36.18 él me dictaba. .y yo escribía. .en el *l*
36.32 todas las palabras del *l* que quemó en
45.1 cuando escribía en el *l* estas palabras
51.60 escribió, pues, Jeremías en un *l* todo
51.63 acabes de leer este *l*, le atarás una
Ez. 2.9 una mano. .en ella había un rollo de *l*
13.9 ni serán inscritos en el *l* de la casa
Dn. 7.10 el Juez se sentó, y los *l*. .abiertos
9.2 miré. .en los *l* el número de los años de
10.21 declararé lo que está escrito en el *l*
12.1 todos los que se hallen escritos en el *l*
12.4 y sella el *l* hasta el tiempo del fin
Nah. 1.1 profecía. .*L* de la visión de Nahum de
Mal. 3.16 fue escrito *l* de memoria delante de
Mt. 1.1 *l* de la genealogía de Jesucristo, hijo
Mr. 12.26 ¿no habéis leído en el *l* de Moisés
Lc. 3.4 en el *l* de las palabras del profeta
4.17 y se le dio el *l* del profeta Isaías
4.17 habiendo abierto el *l*, halló el lugar
4.20 enrollando el *l*, lo dio al ministro, y
20.42 David dice en el *l* de los Salmos: Dijo
Jn. 20.30 cuales no están escritas en este *l*
21.25 que ni aun en el mundo cabrían los *l*
Hch. 1.20 está escrito en el *l* de los Salmos
7.42 está escrito en el *l* de los profetas
19.19 trajeron los *l* y los quemaron delante
Gá. 3.10 permaneciere en. .escritas en el *l* de
Fil. 4.3 cuyos nombres están en el *l* de la vida
2 Ti. 4.13 y los *l*, mayormente los pergaminos
He. 9.19 roció el mismo *l* y también a todo el
10.7 en el rollo del *l* está escrito de mí
Ap. 1.11 escribe en un *l* lo que ves, y envíalo
3.5 y no borraré su nombre del *l* de la vida
5.1 vi. .un *l* escrito por dentro y por fuera
5.2 ¿quién es digno de abrir el *l* y desatar
5.3 ninguno, ni en el. .podía abrir el *l*, ni
5.4 hallado a ninguno digno de abrir el *l*, ni
5.5 ha vencido para abrir el *l* y desatar sus
5.7 vino, y tomó el *l* de la mano derecha del
5.8 cuando hubo tomado el *l*, los cuatro seres
5.9 digno eres de tomar el *l* y de abrir sus
13.8; 17.8 nombres no estaban. .en el *l* de la
20.12 pie ante Dios; y los *l* fueron abiertos
20.12 otro *l* fue abierto. .es el *l* de la vida
20.12 las cosas que estaban escritas en los *l*
20.15 el que no se halló. .en el *l* de la vida
21.27 los que están inscritos en el *l* de la
22.7 el que guarda las palabras. .de este *l*
22.9 los que guardan las palabras de este *l*
22.10 no selles las palabras de. .de este *l*
22.18 las palabras de la profecía de este *l*
22.18 traerá sobre él las plagas. .en este *l*
22.19 alguno quitare de las palabras del *l*
22.19 Dios quitará su parte del *l* de la vida
22.19 de las cosas que. .escritas en este *l*

LICAONIA ***Región de Asia Menor,* Hch. 14.6**

LICAÓNICA ***Perteneciente a Licaonia,* Hch. 14.11**

LICENCIA
2 Cr. 23.8 el sacerdote Joiada no dio *l* a las

LICIA ***Región de Asia Menor,* Hch. 27.5**

LÍCITO, TA
Est. 4.2 no era *l* pasar adentro de la puerta
Mt. 12.2 discípulos hacen lo que no es *l* hacer
12.4 panes. .que no les era *l* comer ni a él
12.10 Jesús. .¿Es *l* sanar en el día de reposo?
12.12 *l* hacer el bien en los días de reposo
14.4 porque Juan le decía: No te es *l* tenerla
19.3 ¿es *l* al hombre repudiar a su mujer por
20.15 ¿no me es *l* hacer lo que quiero con lo
22.17 dinos. .¿Es *l* dar tributo a César, o no?
27.6 dijeron: No es *l* echarlas en el tesoro
Mr. 2.24 ¿por qué hacen en el. .lo que no es *l*?
2.26 de los cuales no es *l* comer sino a los
3.4 ¿es *l* en los días de reposo hacer bien
6.18 no te es *l* tener la mujer de tu hermano
10.2 si era *l* al marido repudiar a su mujer
12.14 ellos. .¿Es *l* dar tributo a César, o no?
Lc. 6.2 ¿por qué hacéis lo que no es *l* hacer
6.4 de los cuales no es *l* comer sino sólo a
6.9 cosa: ¿Es *l* en día de reposo hacer bien
20.22 ¿nos es *l* dar tributo a César, o no?
Jn. 5.10 de reposo; no te es *l* llevar tu lecho
Hch. 16.21 costumbres que no nos es *l* recibir
22.25 ¿os es *l* azotar a un ciudadano romano
1 Co. 6.12 todas las cosas me son *l*. .no todas
6.12 todas las cosas me son *l*, mas yo no me
10.23 todo me es *l*, pero no todo conviene
10.23 todo me es *l*, pero no todo edifica

LICOR
Nm. 6.3 ni beberá ningún *l* de uvas, ni tampoco

LIDA ***Ciudad en Judea (=Lod)***
Hch. 9.32 vino. .los santos que habitaban en *L*
9.35 le vieron todos los que habitaban en *L*
9.38 *L* estaba cerca de Jope, los discípulos

LIDIA ***Cristiana en Filipos***
Hch. 16.14 una mujer llamada *L*, vendedora de
16.40 de la cárcel, entraron en casa de *L*

LIEBRE
Lv. 11.6 *l*, porque rumia, pero no tiene pezuña
Dt. 14.7 no comeréis. .*l* y. .no tienen pezuña

LIENZO
1 R. 10.28 y traían de Egipto caballos y *l* a
10.28 la compañía de. .compraba caballos y *l*
2 Cr. 1.16 compraban por contrato. .*l* finos de
Lc. 24.12 cuando miró dentro, vio los *l* solos
Jn. 19.40 el cuerpo de. .y lo envolvieron en *l*
20.5 vio los *l* puestos allí, pero no entró
20.6 entró en el. .y vio los *l* puestos allí
20.7 no puesto con los *l*, sino enrollado en
Hch. 10.11 descendía algo semejante a un. .*l*
10.16 *l* volvió a ser recogido en el cielo
11.5 visión: algo semejante a un gran *l* que

LIGADO ***Véase Ligar***

LIGADURA
2 S. 22.6 *l* del Seol me rodearon; tendieron
Job 38.31 ¿podrás. .desatarás las *l* de Orión?
Sal. 2.3 rompamos sus *l*, y echemos de nosotros
18.4 me rodearon *l* de muerte, y torrentes de
18.5 *l* del Seol me rodearon, me tendieron
116.3 me rodearon *l* de muerte. .las angustias
Ec. 7.26 la mujer cuyo corazón. .y sus manos *l*
Is. 58.6 desatar las *l* de impiedad, soltar las
Mr. 7.35 desató la *l* de su lengua, y hablaba
Lc. 13.16 ¿no se le debía desatar de esta *l* en

LIGAMENTO
Col. 2.19 y uniéndose por las coyunturas y *l*

LIGAR
Gn. 44.30 su vida está *ligada* a la vida de él
Nm. 30.2 o hiciere juramento *ligando* su alma
30.3 se *ligare* con obligación en casa de su
30.4 la obligación con que *ligó* su alma, y
30.4 toda obligación con que hubiere *ligado*
30.5 con que ella hubiere *ligado* su alma, no
30.7 obligación con que *ligó* su alma, firme
30.8 voto. .con que *ligó* su alma, será nulo
30.9 todo voto de viuda. .que *ligare* su alma
30.10 hubiere *ligado* su alma con obligación
30.11 obligación con que hubiere *ligado* su
36.7 estará *ligado* a la heredad de la tribu
36.9 cada una de las tribus estará *ligada* a
Jue. 20.11 se juntaron. .*ligados* como un solo
1 S. 18.1 alma de Jonatán quedó *ligada*. .David
25.29 la vida de mi señor será *ligada* en el
2 S. 3.34 no. .ni tus pies *ligados* con grillos
Pr. 7.3 *lígalos* a tus dedos; escríbelos en la
22.15 la necedad está *ligada* en el corazón
26.8 como quien *liga* la piedra en la honda
Ez. 3.25 pondrán sobre ti cuerdas. .te *ligarán*
30.21 ni poniéndole faja para *ligarlo*, a fin
Hch. 20.22 aquí, *ligado* yo en espíritu, voy a
1 Co. 7.27 ¿estás *ligado* a mujer? No procures
7.39 la mujer casada está *ligada* por la ley

LIGEREZA
2 Co. 1.17 al proponerme esto, ¿usé quizá de *l*?
1 Ti. 5.22 impongas con *l* las manos a ninguno

LIGERO, RA
Lv. 5.4 si alguno jurare a la *l* con sus labios
2 S. 1.23 más *l* eran que águilas, más fuertes
2.18 Asael era *l* de pies como una gacela del
1 R. 16.31 le fue *l* cosa andar en los pecados
2 R. 3.18 esto es cosa *l* en los ojos de Jehová
1 Cr. 12.8 eran *l* como las gacelas sobre las
Job 9.25 mis días han sido más *l* que un correo
24.18 huyen *l* como corrientes de aguas; su
Sal. 45.1 lengua es pluma de escribiente muy *l*
Pr. 29.20 ¿Has visto hombre *l* en sus palabras?
Ec. 9.11 que ni es de los *l* la carrera, ni la
Is. 19.1 que Jehová monta sobre una *l* nube, y
Jer. 2.23 lo que has hecho, dromedaria *l* que
4.13 más *l* son sus caballos que las águilas
46.6 no huya el *l*, ni el valiente escape; al
Lm. 4.19 *l* fueron nuestros perseguidores más
Am. 2.14 el *l* no podrá huir, y al fuerte no le
2.15 ni escapará el *l* de pies, ni el. .cabalga
Hab. 1.8 sus caballos serán más *l* que leopardos
Mt. 11.30 porque. .yugo es fácil, y *l* mi carga

LIKHI ***Descendiente de Manasés,* 1 Cr. 7.19**

LIMITAR
Job 15.8 y está *limitada* a ti la sabiduría?

LÍMITE
Gn. 49.13 será para puerto. .su *l* hasta Sidón
Éx. 16.35 hasta que llegaron a los *l* de. .Canaán
19.12 no subáis al monte, ni toquéis sus *l*
19.21 que no traspase los *l* para ver a Jehová
19.23 dijo. .Señala *l* al monte, y santifícalo
19.24 no traspasen el *l* para subir a Jehová
23.31 fijaré tus *l* desde el Mar Rojo hasta
Nm. 21.13 Arnón es *l* de Moab, entre Moab y el
21.15 corriente. .descansa en el *l* de Moab
22.36 la ciudad de Moab, que está junto al *l*
34.2 entrado. .la tierra de Canaán según sus *l*
34.3 el *l* del sur al extremo del Mar Salado
34.4 *l* os irá rodeando desde el sur hasta la
34.5 este *l* desde Asmón hasta el torrente de
34.6 y el *l* occidental será el Mar Grande
34.6 Mar Grande; este *l* será el *l* occidental
34.7 el *l* del norte será este: desde el Mar
34.8 de Hamat, y seguirá aquel *l* hasta Zedad
34.9 y seguirá este *l* hasta. .el *l* del norte
34.10 *l* al oriente. .desde Hazar-enán hasta
34.11 bajará este *l* desde Sefam a Ribla, al
34.11 descenderá el *l*, y llegará a la costa
34.12 después descenderá este *l* al Jordán, y
34.12 esta será vuestra tierra por sus *l*
35.26 saliere fuera de los *l* de su ciudad, en
35.27 y el vengador. .le hallare fuera del *l*
Dt. 3.14 tomó toda la tierra. .hasta el *l* con
3.16 *l* el medio del valle, hasta el arroyo de
3.16 Jaboc, el cual es *l* de los hijos de Amón
3.17 también el Arabá, con el Jordán como *l*
19.14 no reducirás los *l* de la propiedad de
27.17 maldito el. .redujere el *l* de su prójimo
32.8 estableció los *l* de los pueblos según el
Jos. 12.5 dominaba. .hasta los *l* de Gesur y de
13.3 Sihor, que. .hasta el *l* de Ecrón al norte
13.4 sur. .hasta Afec, hasta los *l* del amorreo
13.10 todas. .hasta los *l* de los hijos de Amón
13.23 el Jordán fue el *l* del territorio de
13.26 y desde Mahanaim hasta el *l* de Debir
13.27 el Jordán y su *l* hasta el extremo del
15.2 su *l*. .fue desde la costa del Mar Salado
15.4 mar. Este, pues, os será el *l* del sur
15.5 el *l* oriental es el Mar Salado hasta la
15.5 el *l* del lado del norte, desde la bahía
15.6 y sube este *l* por Bet-hogla, y pasa al
15.8 y sube este *l* por el valle del hijo de
15.9 rodea este *l* desde la cumbre del monte
15.10 después gira este *l* desde Baala hacia
15.12 el *l* del occidente es el Mar Grande. Este
15.12 este fue el *l* de los hijos de Judá, por
16.3 hasta el *l* de Bet-horón la de abajo, y
16.5 el *l* de su heredad. .desde Atarot-adar
16.6 continúa el *l* hasta el mar, y. .Micmetat
17.8 Tapúa. .que está junto al *l* de Manasés
17.9 este *l* al arroyo de Caná, hacia el sur
17.9 y el *l* de Manasés es desde el norte del
17.10 el mar es su *l*; y se encuentra con Aser
17.18 y lo poseerás hasta sus *l* más lejanos
18.12 fue el *l*. .al lado del norte desde el
18.16 desciende este *l* al extremo del monte
18.19 pasa el *l* al lado norte de Bet-hogla
18.19 extremidad sur del Jordán; este es el *l*
18.20 el Jordán era el *l* al lado del oriente
18.20 es la heredad. .por sus *l* alrededor
19.11 su *l* sube hacia el occidente a Marala
19.12 el *l* de Quislot-tabor, sale a Daberat
19.14 *l* gira hacia Hanatón, viniendo a salir
19.22 y llega este *l* hasta Tabor, Sahazima y
19.29 allí este *l* tuerce hacia Ramá, y hasta
19.34 el *l* hacia el occidente a Aznot-tabor
22.10 el *l* del Jordán. .edificaron allí un altar
22.11 en los *l* del Jordán, del lado de los
Jue. 1.36 el *l* del amorreo fue desde. .Acrabim
1 S. 6.12 tras ellas hasta el *l* de Bet-semes
1 R. 4.21 señoreaba. .hasta. .el *l* con Egipto
2 R. 14.25 restauró los *l* de Israel desde la
Job 13.27 trazando un *l* para las plantas de mis
14.5 le pusiste *l*, de los cuales no pasará
26.10 puso *l* a la superficie de las aguas
38.20 que las lleves a sus *l*, y entiendas las
Is. 9.7 lo dilatado de su imperio. .no tendrán *l*
15.8 porque el llanto rodeó los *l* de Moab
Ez. 11.10,11 en los *l* de Israel os juzgaré
29.10 desde Migdol. .hasta el *l* de Etiopía
45.7 la longitud. .el *l* occidental hasta el *l*
47.13 son los *l* en que repartiréis la tierra
47.15 este será el *l* de la tierra hacia el
47.16 entre el *l* de Damasco y el *l* de Hamat
47.16 Hazar-haticón, que es el *l* de Haurán
47.17 será el *l* del norte desde el mar hasta
47.17 el *l* de Damasco al norte, y al *l* de
47.18 esto mediréis de *l* hasta el mar oriental
47.20 el Mar Grande será el *l* hasta enfrente
48.3,4,5,6,7,8,24,25,26,27 junto al *l* de. .desde el lado del oriente
48.12 la porción de. .junto al *l* de. .levitas
48.13 lado de los *l* de la de los sacerdotes
48.21 de la porción hasta el *l* oriental, y al
48.21 y al occidente. .hasta el *l* occidental
48.22 entre el *l* de Judá y el *l* de Benjamín
48.28 junto al *l* de Gad, al lado meridional
48.28 será el *l* desde Tamar hasta las aguas

LÍMITE *(Continúa)*

Mi. 7.11 viene. .aquel día se extenderán los *l*
Nah. 3.9 Etiopía era su fortaleza. .eso sin *l*
Mal. 1.5 sea. .engrandecido más allá de los *l*
Hch. 13.50 persecución. .los expulsaron de sus *l*
17.26 ha prefijado. .los *l* de su habitación

LIMOSNA

Mt. 6.2 cuando. .des *l*, no hagas tocar trompeta
6.3 cuando tú des *l*, no sepa tu izquierda lo
6.4 para que sea tu *l* en secreto; y tu Padre
Lc. 11.41 dad *l* de lo que tenéis, y entonces
12.33 vended lo que poseéis, y dad *l*; haceos
Hch. 3.2 que pidiese *l* de los que entraban en
3.3 cuando vio. .les rogaba que le diesen *l*
3.10 que era el que se sentaba a pedir *l* a la
9.36 esta abundaba en buenas obras y en *l* que
10.2 que hacía muchas *l* al pueblo, y oraba
10.4 tus *l* han subido para memoria delante
10.31 y tus *l* han sido recordadas. .de Dios
24.17 vine a hacer *l* a mi nación. .ofrendas

LIMPIAR

Gn. 35.2 *limpiaos*, y mudad vuestros vestidos
Lv. 14.2 ley para el leproso cuando se *limpiare*
14.11 presentará. .al que se ha de *limpiar*, con
14.49 tomará para *limpiar* la casa. .avecillas
15.13 se hubiere *limpiado* de su flujo el que
16.19 lo *limpiará*, y lo santificará de las
2 S. 4.6 portera. .había estado *limpiando* trigo
2 R. 21.13 *limpiaré* a Jerusalén como se *limpia*
2 Cr. 4.6 *limpiar* en ellas lo que se ofrecía
29.15 y entraron. .*limpiar* la casa de Jehová
29.16 entrando los. .para *limpiarla*, sacaron
29.18 ya hemos *limpiado*. .la casa de Jehová
34.3 comenzó a *limpiar* a Judá y a Jerusalén
2 Cr. 34.5 quemó. .*limpió* a Judá y a Jerusalén
34.8 de haber *limpiado* la tierra y la casa
Neh. 13.9 y dije que *limpiasen* las cámaras, e
13.30 los *limpié*, pues, de todo extranjero
Job 9.30 y *limpie* mis manos con la limpieza
37.21 luego que pasa el viento y los *limpia*
Sal. 51.2 lávame más y. .*límpiame* de mi pecado
73.13 vano he *limpiado* mi corazón, y lavado
80.9 *limpiaste* sitio delante de ella. .raíces
119.9 ¿con qué *limpiará* el joven su camino?
Pr. 20.9 decir: Yo he *limpiado* mi corazón, he
30.12 bien no se ha *limpiado* de su inmundicia
30.20 come, y *limpia* su boca y dice: No he
Is. 1.16 lavaos y *limpiaos*; quitad la iniquidad
1.25 *limpiaré* hasta lo más puro tus escorias
4.4 el Señor. .*limpie* la sangre de Jerusalén de
Jer. 4.11 vino. .no para aventar, ni para *limpiar*
33.8 los *limpiaré* de toda su maldad con que
43.12 y *limpiará*. .como el pastor *limpia* su
46.4 *limpiad* las lanzas, vestíos las corazas
51.11 *limpiad*. .saetas, embrazad los escudos
Ez. 16.4 ni fuiste lavada con. .para *limpiarte*
24.13 te *limpié*, y tú no te *limpiaste* de tu
24.13 nunca más te *limpiarás*, hasta que yo
36.25 seréis *limpiados* de todas. .inmundicias
36.25 de todos vuestros ídolos os *limpiaré*
36.33 el día que os *limpie* de. .iniquidades
37.23 los salvaré de todas. .y los *limpiaré*
39.12 estará enterrando. .*limpiar* la tierra
39.14 enterrar. .a fin de *limpiarla*; al cabo
39.16 será Hamona; y *limpiarán* la tierra
43.20 su sangre. .lo *limpiarás* y purificarás
43.26 y lo *limpiarán*, y así lo consagrarán
Dn. 11.35 sabios caerán para ser. .y *limpiados*
Jl. 3.21 *limpiaré*. .los que no había *limpiado*
Mal. 3.3 se sentará para afinar y *limpiar* la
3.3 porque *limpiará* a los hijos de Leví, los
Mt. 3.12 *limpiará* su era; y recogerá su trigo
8.2 vino. .Señor, si quieres, puedes *limpiarme*
10.8 *limpiad* leprosos, resucitad muertos
11.5 los leprosos son *limpiados*, los sordos
23.25 porque *limpiáis* lo de fuera del vaso
23.26 *limpia* primero lo de dentro del vaso
Lc. 3.17 *limpiará* su era, y recogerá el trigo
4.27 pero ninguno de ellos fue *limpiado*, sino
5.12 le rogó. .si quieres, puedes *limpiarme*
7.22 los leprosos son *limpiados*, los sordos
11.39 los fariseos *limpiáis* lo de fuera del
17.14 que mientras iban, fueron *limpiados*
17.17 ¿no son diez los que fueron *limpiados*?
Jn. 15.2 lo *limpiará*, para que lleve más fruto
Hch. 10.15; 11.9 que Dios *limpió*, no lo llames
1 Co. 5.7 *limpiaos*, pues, de la vieja levadura
2 Co. 7.1 *limpiémonos* de toda contaminación de
2 Ti. 2.21 si alguno se *limpia* de estas cosas
He. 9.14 *limpiará* vuestras. .de obras muertas
Stg. 4.8 pecadores, *limpiad*. .manos; y vosotros
1 Jn. 1.7 la sangre. .nos *limpia* de todo pecado
1.9 perdonar. .y *limpiarnos* de toda maldad

LIMPIEZA

Gn. 20.5 y con *l* de mis manos he hecho esto
2 S. 22.21,25 conforme a la *l* de mis manos
Job 9.30 me. .limpie mis manos con la *l* misma
22.30 por la *l* de tus manos éste será librado
Sal. 18.20,24 conforme a la *l* de mis manos
Pr. 22.11 el que ama la *l* de corazón. .tendrá

LIMPIO, PIA

Gn. 7.2 de todo animal *l* tomarás siete parejas
7.2 de los animales que no son *l*, una pareja
7.8 los animales *l*, y de los. .que no eran *l*
8.20 tomó de todo animal *l* y de toda ave *l*
Éx. 31.8 el candelero *l* y todos sus utensilios
Lv. 4.12 sacará fuera. .a un lugar *l*, donde se
6.11 sacará las cenizas fuera. .a un lugar *l*
7.19 toda persona *l* podrá comer la carne
10.10 poder discernir. .entre lo inmundo y lo *l*
10.14 comeréis. .en lugar *l*, tú y tus hijos
11.32 inmundo hasta la. .entonces quedará *l*
11.36 fuente. .donde se recogen aguas serán *l*
11.37 cayere. .sobre alguna semilla. .será *l*
11.47 diferencia entre lo inmundo y lo *l*, y
12.7,8 hará expiación por ella, y será *l*
13.6 lo declarará *l*. .y lavará sus. .y será *l*
13.7 que él se mostró al sacerdote para ser *l*
13.13 si la. .declarará *l* al llagado. .él es *l*
13.17 declarará *l*. .tenía la llaga, y será *l*
13.23 cicatriz. .el sacerdote lo declarará *l*
13.28 el sacerdote lo declarará *l*. .señal de
13.34 lo declarará *l*; y lavará sus. .será *l*
13.37 está *l*, y *l* lo declarará el sacerdote
13.39 empeine que brotó. .está *l* la persona
13.40 le cayere el cabello, es calvo. .pero *l*
13.41 cabello, es calvo por delante, pero *l*
13.58 lavará segunda vez, y entonces será *l*
13.59 ley. .para que sea declarada *l* o inmunda
14.4 avecillas vivas, *l*, madera de cedro
14.7 y rociará siete veces. .y le declarará *l*
14.8 raerá. .y se lavará con agua, y será *l*
14.9 y lavará su cuerpo en agua, y será *l*
14.20 así hará. .expiación por él, y será *l*
14.48 sacerdote declarará *l* la casa, porque
14.53 hará expiación por la casa, y será *l*
14.57 enseñar cuándo es inmundo, y cuándo *l*
15.8 el que tiene flujo escupiere sobre el *l*
15.13 y lavará su cuerpo en aguas. .y será *l*
15.28 contará siete días, y después será *l*
16.30 y seréis *l* de todos vuestros pecados
17.15 será inmunda hasta la. .entonces será *l*
20.25 diferencia entre animal *l* e inmundo
20.25 diferencia. .entre ave inmunda y *l*; y
22.4 no comerá de. .sagradas hasta que esté *l*
22.7 sol se pusiere, será *l*; y después podrá
24.4 sobre el candelero *l* pondrá siempre en
24.6 seis. .sobre la mesa *l* delante de Jehová
Nm. 5.28 sino que estuviere *l*, ella será libre
9.13 el que estuviere *l*, y no estuviere de
18.11,13 todo *l* en tu casa comerá de ellas
19.9 y un hombre *l* recogerá las cenizas de
19.9 las pondrá. .en lugar *l*, y las guardará
19.12 al séptimo día será *l*; y si al tercer
19.12 tercer día. .no será *l* al séptimo día
19.18 hombre *l* tomará hisopo, y lo mojará
19.19 *l* rociará sobre el inmundo al tercero
19.19 se lavará con agua, y será *l* a la noche
31.23 por fuego lo haréis pasar, y será *l*
31.24 lavaréis vuestros vestidos. .seréis *l*
Dt. 12.15,22 el inmundo y el *l* la podrá comer
14.11,20 toda ave *l* podréis comer
15.22 el inmundo lo mismo que el *l* comerán
23.10 si hubiere en. .alguno que no fuere *l*
Jos. 22.17 que no estamos aún *l* hasta este día
1 S. 20.26 y no está *l*; de seguro. .purificado
2 S. 22.27 *l* te mostrarás para con el *l*, y
2 R. 5.10 vé y lávate siete veces. .y serás *l*
5.12 me lavare en ellos, ¿no seré también *l*?
5.13 ¿cuánto. .diciéndote: Lávate, y serás *l*?
5.14 se zambulló siete veces en. .y quedó *l*
2 Cr. 13.11 y ponen los panes sobre la mesa *l*
Esd. 6.20 estaban *l*, y sacrificaron la pascua
Job 4.17 será el varón más *l* que el que lo hizo?
8.6 si fueres *l* y recto, ciertamente luego
10.14 y no me tendrás por *l* de mi iniquidad
11.4 tú dices. .yo soy *l* delante de tus ojos
11.15 levantarás tu rostro *l* de mancha, y
14.4 ¿quién hará *l* a lo inmundo? Nadie
15.14 ¿qué cosa es el hombre para que sea *l*
15.15 y ni aun los cielos son *l* delante de
17.9 y el *l* de manos aumentará la fuerza
25.4 ¿y cómo será *l* el que nace de mujer?
25.5 ni las estrellas son *l* delante de sus
33.9 yo soy *l* y sin defecto; soy inocente
Sal. 12.6 palabras de Jehová son palabras *l*
18.26 *l* te mostrarás para con el *l*, y severo
19.9 el temor de Jehová es *l*, que permanece
19.13 entonces seré íntegro, y estaré *l* de
24.4 el *l* de manos y puro de corazón; el que
51.7 purifícame con hisopo, y seré *l*; lávame
51.10 crea en mí, oh Dios, un corazón *l*, y
73.1 es bueno Dios para. .los *l* de corazón
Pr. 15.26 mas las expresiones de los *l* son *l*
16.2 del hombre son *l* en su propia opinión
20.9 podrá decir: Yo. .*l* estoy de mi pecado?
20.11 muchacho. .su conducta fuere *l* y recta
30.5 toda palabra de Dios es *l*; él es escudo
30.12 hay generación *l* en su propia opinión
Ec. 9.2 y al impío; al bueno, al *l* y al no *l*
Is. 6.7 y es quitada tu culpa, y *l* tu pecado
28.8 está llena de. .hasta no haber lugar *l*
30.24 comerán grano *l*, aventado con pala y
66.20 traen la ofrenda en utensilios *l* a la
Jer. 13.27 ti, Jerusalén! ¿No serás al fin *l*?
Ez. 22.24 tú no eres tierra *l*, ni rociada con
22.26 ni distinguieron entre inmundo y *l*; y
36.25 esparciré sobre vosotros agua *l*, y
44.23 les enseñarán. .entre lo *l* y lo no *l*
Dn. 7.9 el pelo de su cabeza como lana *l*; su
12.10 muchos serán *l*, y emblanquecidos y
Am. 4.6 os hice estar a diente *l* en. .ciudades
Hab. 1.13 muy *l* eres de ojos para ver el mal
Zac. 3.5 pongan mitra *l*. .pusieron una mitra *l*
Mal. 1.11 en todo lugar se ofrece. .ofrenda *l*
Mt. 5.8 bienaventurados. .de *l* corazón, porque
8.3 Jesús. .le tocó, diciendo: Quiero; sé *l*
23.26 para que también lo de fuera sea *l*
27.59 el cuerpo, lo envolvió en una sábana *l*
Mr. 1.41 Jesús. .tocó, y le dijo: Quiero, sé *l*
1.42 así. .la lepra se fue de aquél, y quedó *l*
7.19 decía, haciendo *l* todos los alimentos
Lc. 5.13 mano, le tocó, diciendo: Quiero; sé *l*
11.41 dad limosna. .entonces todo os será *l*
Jn. 13.10 pues está todo *l*; y vosotros *l* estáis
13.11 sabía. .por eso dijo: No estáis *l* todos
15.3 vosotros estáis *l* por la palabra que os
Hch. 18.6 yo, *l*. .ahora me iré a los gentiles
20.26 estoy *l* de la sangre de todos vosotros
Ro. 14.20 todas las cosas a la verdad son *l*
2 Co. 7.11 en todo os habéis mostrado *l* en el
1 Ti. 1.5 es el amor nacido de corazón *l*, y de
3.9 el misterio de la fe con *l* conciencia
2 Ti. 1.3 a Dios, al cual sirvo. .*l* conciencia
2.22 los que de corazón *l* invocan al Señor
He. 10.2 *l* una vez, no tendrían ya. .de pecado
2 P. 3.1 despierto con. .vuestro *l* entendimiento
Ap. 15.6 siete ángeles. .vestidos de lino *l* y
19.8 concedido que se vista de lino fino, *l*
19.14 vestidos de lino. .y *l*, le seguían en
21.18 era de oro puro, semejante al vidrio *l*
22.1 después me mostró un río *l* de agua de

LINAJE

Gn. 17.12 comprado por. .que no fuere de tu *l*
36.9 estos son los *l* de Esaú, padre de Edom
36.40 los jefes de Esaú por sus *l*, por sus
Éx. 6.16,19 estos son los. .de Leví por sus *l*
Nm. 3.24 jefe del *l* de los gersonitas, Eliasaf
3.30 el jefe del *l* de las familias de Coat
3.35 el jefe. .del *l* de Merari, Zuriel hijo
27.11 su herencia a su. .más cercano de su *l*
Jue. 3.2 para que el *l* de los hijos de Israel
1 S. 25.3 el hombre era duro. .del *l* de Caleb
2 S. 4.8 Jehová ha vengado. .de Saúl y de su *l*
7.12 levantaré después de ti a uno de tu *l*
1 Cr. 6.60 sus ciudades. .repartidas por sus *l*
6.62 a los. .de Gersón, por sus *l*, dieron de
6.63 y a los. .de Merari, por sus *l*. .dieron
7.2 de Tola fueron contados por sus *l* en el
7.4 con ellos en sus *l*, por las familias de
7.9 contados por. .sus *l*, los que eran jefes
7.40 contados que fueron por sus *l* entre los
8.28 fueron jefes principales de. .por sus *l*
9.9 sus hermanos por sus *l* fueron 956. Todos
9.22 fueron contados por el orden de sus *l* en
9.34 eran jefes de. .de los levitas por sus *l*
12.27 Joiada, príncipe de los del *l* de Aarón
26.31 repartidos en sus *l* por sus familias
2 Cr. 31.16 a los varones anotados por sus *l*
31.19 porciones. .a todo el *l* de los levitas
Esd. 2.59 no pudieron demostrar la casa. .su *l*
9.2 y el *l* santo ha sido mezclado con los
Est. 2.5 hijo de Simei, hijo de Cis, del *l* de
10.3 Mardoqueo. .y habló paz para todo su *l*
Is. 53.10 verá *l*, vivirá por largos días, y la
61.9; 65.23 son *l* de los benditos de Jehová
Ez. 43.19 levitas que son del *l* de Sadoc, que
44.22 que tomará virgen del *l* de la casa de
Dn. 1.3 trajese. .del *l* real de los príncipes
Zac. 12.12 la tierra lamentará, cada *l* aparte
12.14 todos los otros *l*, cada uno por sí, y
Jn. 7.42 del *l* de David. .ha de venir el Cristo?
8.33 le respondieron: *L* de Abraham somos, y
Hch. 7.13 fue manifestado a Faraón el *l* de José
13.26 hijos del *l* de Abraham, y los que entre
17.26 y de una sangre ha hecho todo el *l* de
17.28 poetas. .han dicho: Porque *l* suyo somos
17.29 siendo. .*l* de Dios, no debemos pensar
Ro. 1.3 que era del *l* de David según la carne
Gá. 3.29 *l* de Abraham sois, y herederos según
Fil. 3.5 *l* de Israel, de la tribu de Benjamín
2 Ti. 2.8 del *l* de David, resucitado de los
1 P. 2.9 mas vosotros sois *l* escogido, real
Ap. 1.7 los *l* de la tierra harán lamentación
5.9 de todo *l* y lengua y pueblo y nación
22.16 la raíz y el *l* de David, la estrella

LINDERO

Jos. 22.25 Jehová ha puesto por *l* el Jordán
Job 24.2 traspasan los *l*, roban los ganados
Pr. 22.28 no traspases los *l* antiguos. .padres
23.10 no traspases el *l* antiguo, ni entres
Os. 5.10 fueron como los que traspasan los *l*

LINDO

Gn. 29.17 pero Raquel era de l semblante y de

LÍNEA

Gn. 36.17 estos son los jefes de la l de Reuel
1 S. 17.48 corrió a la l de batalla contra el
Esd. 8.3 en la l de varones, ciento cincuenta
Is. 28.10 renglón, l sobre l, un poquito allí
28.13 l sobre l, un poquito allí, otro..allá

LINGOTE

Jos. 7.21 vi..un l de oro de peso de 50 siclos
7.24 tomaron a Acán..el l de oro, sus hijos

LINO (n.) *Cristiano en Roma,* 2 Ti. 4.21

LINO (s.)

Gn. 41.42 hizo vestir de ropas de l finísimo
Éx. 9.31 el l..y la cebada fueron destrozados
9.31 la cebada estaba ya espigada, y el l en
25.4 azul, púrpura, carmesí, l fino, pelo de
26.1 tabernáculo de diez cortinas de l, azul
26.31 también harás un velo de..y l torcido
26.36 cortina de azul..y l torcido, obra de
27.9 tendrá el atrio cortinas de l torcido
27.16 una cortina de..l torcido, de obra de
27.18 cortinas de l torcido, y sus basas de
28.5 tomarán..púrpura, carmesí y l torcido
28.6 y harán el efod de..l torcido, de obra
28.8 su cinto de..azul, púrpura, carmesí y l
28.15 el pectoral del..púrpura, carmesí y l
28.39 túnica de l, y harás una mitra de l
28.42 harás calzoncillos de l para cubrir su
35.6 azul, púrpura, carmesí, l fino, pelo de
35.23 todo hombre que tenía..carmesí, l fino
35.25 y traían..azul, púrpura, carmesí o l
35.35 bordado en azul..en l fino y en telar
36.8 tabernáculo de diez cortinas de l, azul
36.35 el velo de azul..y l torcido; lo hizo
36.37 la puerta..púrpura, carmesí y l torcido
38.9,16 las cortinas del atrio..de l torcido
38.18 entrada..púrpura, carmesí y l torcido
38.23 recamador en azul, púrpura, carmesí y l
39.2 el efod de oro, de azul..y l torcido
39.3 el carmesí y el l, con labor primorosa
39.5 el cinto..púrpura, carmesí y l torcido
39.8 el pectoral..de oro, azul, púrpura..y l
39.24 granadas de azul..carmesí y l torcido
39.27 túnicas de l fino de obra de tejedor
39.28 la mitra de l fino..tiaras de l fino
39.28 y los calzoncillos de l, de l torcido
39.29 el cinto de l torcido, de azul, púrpura
Lv. 6.10 vestidura de l, y..calzoncillos de l
13.47 plaga de lepra, ya sea vestido de..l
13.48 en trama de l o de lana, o en cuero
13.52 quemado el vestido..de lana o de l, o
13.59 de la lepra del vestido de lana o de l
16.4 vestirá la túnica santa de l, y sobre
16.4 tendrá calzoncillos de l..el cinto de l
16.4 ceñirá..y con la mitra de l se cubrirá
16.23 quitará las vestiduras de l que había
16.32 y se vestirá las vestiduras de l, las
Dt. 22.11 no vestirás..de lana y l juntamente
Jos. 2.6 escondido entre los manojos de l que
Jue. 14.12 yo os daré treinta vestidos de l y
14.13 me daréis..los treinta vestidos de l
15.14 cuerdas..se volvieron como l quemado
1 S. 2.18 ministraba..vestido de un efod de l
22.18 mató a..varones que vestían efod de l
2 S. 6.14 y estaba David vestido..un efod de l
1 Cr. 4.21 de los que trabajan l en Bet-asbea
15.27 David iba vestido de l fino, y..levitas
15.27 llevaba..David sobre sí un efod de l
2 Cr. 2.14 sabe trabajar en..l y en carmesí
3.14 el velo de azul, púrpura, carmesí y l
5.12 levitas cantores..vestidos de l fino
Est. 1.6 tendido sobre cuerdas de l y púrpura
8.15 con vestido..y un manto de l y púrpura
Pr. 31.13 lana y l, y con voluntad trabaja con
31.22 hace..de l fino y púrpura es su vestido
Is. 3.23 los espejos, el l fino, las gasas y
19.9 los que labran l fino y los que tejen
Jer. 13.1 vé y cómprate un cinto de l, y cíñelo
Ez. 9.2 entre ellos había un varón vestido de l
9.3 llamó Jehová al varón vestido de l, que
9.11 que el varón vestido de l, que tenía el
10.2 habló al varón vestido de l, y le dijo
10.6 mandar al varón vestido de l, diciendo
10.7 las manos del que estaba vestido de l
16.10 te vestí..ceñí de l y te cubrí de seda
16.13 y tu vestido era de l..seda y bordado
27.7 de l fino..era tu cortina, para que te
27.16 con..l finos, corales y rubíes venía a
40.3 tenía un cordel de l en su mano, y una
44.17 entren por..vestirán vestiduras de l
44.18 turbantes de l..y calzoncillos de l
Dn. 10.5 un varón vestido de l, y ceñidos sus
12.6 y dijo uno al varón vestido de l, que
12.7 y oí al varón vestido de l, que estaba
Os. 2.5 amantes, que me dan..mi l, mi aceite
2.9 quitaré..mi l que había dado para cubrir
Lc. 16.19 se vestía de púrpura y de l fino, y
Ap. 15.6 siete ángeles..vestidos de l limpio
18.12 mercadería de..l fino, de púrpura, de
18.16 ciudad, que estaba vestida de l fino
19.8 le ha concedido que se vista de l fino
19.8 el l fino es las acciones justas de los
19.14 vestidos de l finísimos..le seguían en

LINTERNA

Sof. 1.12 yo escudriñaré a Jerusalén con l, y
Jn. 18.3 fue..con l y antorchas, y con armas

LIRIO

1 R. 7.19 los capiteles..tenían forma de l, y
7.22 tallado en forma de l, y así se acabó
Sal. 45,60,69,80 *tits.* al músico principal; sobre L
Cnt. 2.1 soy la rosa de..y el l de los valles
2.2 como el l entre los espinos, así es mi
2.16 mi amado es mío..él apacienta entre l
4.5 como..de gacela, que se apacientan entre l
5.13 sus labios, como l que destilan mirra
6.2 mi amado descendió..para recoger los l
6.3 amado es mío; él apacienta entre los l
7.2 tu vientre como montón de..cercado de l
Os. 14.5 él florecerá como l, y extenderá sus
Mt. 6.28 considerad..l del campo, cómo crecen
Lc. 12.27 considerad los l, cómo crecen; no

LIS

1 R. 7.26 borde era labrado como..flor de l
2 Cr. 4.5 el borde tenía la forma..flor de l

LISA

1 S. 17.40 escogió cinco piedras l del arroyo
Is. 57.6 las piedras l del valle está tu parte
Ez. 26.4 barreré..y la dejaré como una peña l
26.14 te pondré como una peña l; tendedero

LISANIAS *Tetrarca de Abilinia,* Lc. 3.1

LISIADO

2 S. 4.4 Jonatán..tenía un hijo l de los pies
9.3 aún..un hijo de Jonatán, l de los pies
9.13 Mefi-boset..y estaba l de ambos pies

LISIAS *Tribuno romano*

Hch. 23.26 Claudio L al excelentísimo..Félix
24.7 interviniendo el tribuno L..le quitó
24.22 descendiere el tribuno L, acabaré de

LISONJA

Job 32.22 no sé hablar l; de otra manera, en
41.3 ¿multiplicará él ruegos..hablará él l?
Sal. 5.9 su garganta, con su lengua hablan l
Jer. 23.32 hacen errar a mi pueblo..con sus l
Dn. 11.32 con l seducirá a los violadores del
11.34 y muchos se juntarán a ellos con l
Ro. 16.18 con..l engañan los corazones de los

LISONJEAR

Sal. 36.2 se *lisonjea*..en sus propios ojos, de
78.36 le *lisonjeaban* con su boca, y con su
Pr. 16.29 el hombre malo *lisonjea* a su prójimo
24.28 no seas..no *lisonjees* con tus labios
28.23 mayor gracia que el que *lisonjea* con
29.5 hombre que *lisonjea* a su prójimo, red

LISONJERO, RA

Job 32.21 no..ni usaré con nadie de títulos l
Sal. 12.2 hablan con labios l, y con doblez de
12.3 Jehová destruirá todos los labios l, y
35.16 como l, escarnecedores y truhanes
Pr. 26.23 son los labios l y el corazón malo
26.28 la lengua..y la boca l hace resbalar
Ez. 12.24 ni habrá adivinación de l en medio
1 Ts. 2.5 porque nunca usamos de palabras l

LISTA (s.)

1 Cr. 12.31 fueron tomados por l para venir a
2 Cr. 25.5 puso en l a..los de 20 años arriba
26.11 la l hecha por mano de Jeiel escriba
Is. 33.18 ¿qué del que pone en l las casas más
1 Ti. 5.9 sea puesta en la l sólo la viuda no

LISTADO

Gn. 30.39 varas; y parían borregos l, pintados
30.40 y ponía con su propio rebaño los l y
31.8 si decía así: Los l..las ovejas parían l
31.10,12 los machos que..a las hembras eran l

LISTO, TA (adj.)

Jos. 4.13 armados, l para la guerra, pasaron
2 S. 15.15 tus siervos están l a todo lo que
1 Cr. 12.23 principales que estaban l para la
12.24 de Judá que..6.800, l para la guerra
Est. 3.14 de que estuviesen l para aquel día
Mr. 3.9 que le tuviesen siempre l la barca, a
Hch. 23.15 estaremos l para matarle antes que
23.21 y ahora están l esperando tu promesa
2 Co. 9.5 para que esté l como de generosidad

LISTRA *Ciudad en Licaonia*

Hch. 14.6 habiéndolo sabido, huyeron a L y
14.8 y cierto hombre de L estaba sentado
14.21 después..volvieron a L, a Iconio y a
16.1 después llegó a Derbe y a L; y he aquí
16.2 daban buen testimonio de él los..en L
2 Ti. 3.11 como los que me sobrevinieron en..L

LITERA

Cnt. 3.7 es la l de Salomón; sesenta valientes
Is. 66.20 traerán..l, en mulos y en camellos

LITIGANTE

Dt. 19.17 los dos l se presentarán delante de

LITIGAR

Is. 3.13 Jehová está en pie para *litigar,* y
Ez. 20.35 y allí *litigaré* con vosotros cara a
20.36 como *litigué* con..*litigaré* con vosotros
38.22 yo *litigaré* contra él con pestilencia

LITIGIO

Éx. 23.2 ni responderás en l inclinándote a los
Dt. 17.8 te fuere difícil..en negocios de l

LIVIANAMENTE

Is. 9.1 en el tiempo que l tocaron..a la tierra

LIVIANDAD

Jer. 6.14 y curan la herida de mi pueblo con l
8.11 y curaron la..con l, diciendo: Paz, paz

LIVIANO, NA

Nm. 21.5 alma tiene fastidio de este pan tan l
Jer. 3.9 y sucedió que por juzgar ella cosa l
Ez. 8.17 ¿es cosa l para la casa de Judá hacer
Sof. 3.4 sus profetas son l..prevaricadores

LO-AMMI *"No pueblo mío", nombre simbólico,* Os. 1.9; 2.23

LOAR

Jue. 5.2 por haberse ofrecido..*load* a Jehová
5.9 los que..os ofrecisteis..*load* a Jehová
Rt. 4.14 decían a Noemí: *Loado* sea Jehová, que
1 Cr. 16.4 que..confesasen y *loasen* a Jehová
29.13 alabamos y *loamos* tu glorioso nombre
Sal. 49.18 aunque..sea *loado* cuando prospere
78.63 sus vírgenes no fueron *loadas* en cantos
Jer. 20.13 *load* a Jehová, porque ha librado el

LOBO

Gn. 49.27 Benjamín es l arrebatador..comerá
Is. 11.6 l con el cordero, y el leopardo con
65.25 él l y el cordero serán apacentados
Jer. 5.6 león..los matará, los destruirá el l
Ez. 22.27 sus príncipes..l que arrebatan presa
Hab. 1.8 ligeros..más feroces que l nocturnos
Sof. 3.3 sus jueces, l nocturnos que no dejan
Mt. 7.15 ovejas, pero por dentro son l rapaces
10.16; Lc. 10.3 como a ovejas en medio de l
Jn. 10.12 el asalariado..ve venir al l y deja
10.12 el l arrebata las ovejas y las dispersa
Hch. 20.29 entrarán en medio..l rapaces, que

LÓBREGA

Job 10.22 tierra de oscuridad, l, como sombra

LÓBULO

Éx. 29.20 la pondrás sobre el l..oreja derecha
29.20 y sobre el l de la oreja de sus hijos
Lv. 8.23 sangre..puso sobre el l de la oreja
8.24 puso..la sangre sobre el l de sus orejas
14.14,17,25,28 el l de la oreja derecha del

LOCAMENTE

Gn. 31.28 ni..besar a mis hijos..l has hecho
Nm. 12.11 porque l hemos actuado, y..pecado
1 S. 13.13 Samuel dijo a Saúl: L has hecho; no
1 Cr. 21.8 dijo David a Dios..he hecho muy l
2 Cr. 16.9 l has hecho..más guerra contra ti

LOCO

Dt. 32.6 ¿así..Jehová, pueblo l e ignorante?
1 S. 21.13 se fingió l entre ellos, y escribía
21.15 ¿acaso me faltan l..que hayáis traído
21.15 a éste que hiciese de l delante de mí?
2 R. 9.11 ¿para qué vino a ti aquel l? Y él les
Jer. 29.26 que te encargues..de todo hombre l
Hch. 12.15 y ellos le dijeron: Estás l. Pero
26.24 estás l, Pablo: las..letras te vuelven l
26.25 no estoy l, excelentísimo Festo, sino
1 Co. 14.23 indoctos..¿no dirán que estáis l?
2 Co. 5.13 porque si estamos l, es para Dios
11.16 nadie me tenga por l; o de otra manera
11.16 o de otra manera, recibidme como a l
11.23 de Cristo? (Como si estuviera l hablo.)

LOCURA

Dt. 28.28 te herirá con l, ceguera y turbación
Sal. 38.5 hieden..mis llagas, a causa de mi l
49.13 este su camino es l; con todo, sus
85.8 santos, para que no se vuelvan a la l
Pr. 5.23 morirá..y errará por lo inmenso de su l
14.17 el que fácilmente se enoja hará l; y el
Ec. 1.17 a entender las l y..desvaríos; conocí

LOCURA *(Continúa)*

Ec. 10.1 así una pequeña *l*, al que es..como sabio
Lm. 2.14 profetas vieron para ti vanidad y *l*
Os. 2.10 ahora descubriré yo su *l* delante de
Zac. 12.4 heriré..caballo, y con *l* al jinete
Lc. 24.11 les parecían *l* las palabras de ellas
1 Co. 1.18 la cruz es *l* a los que se pierden
1.21 salvar a los creyentes por la *l* de la
1.23 predicamos a Cristo..para los gentiles *l*
2.14 para él son *l*, y no las puede entender
2 Co. 11.1 ¡ojalá me toleraseis un poco de *l*!
11.17 no lo..según el Señor, sino como en *l*
11.21 (hablo con *l*) también yo tengo osadía
2 P. 2.16 bestia de..refrenó la *l* del profeta

LOD *Ciudad en Benjamín (=Lida)*, **1 Cr. 8.12; Esd. 2.33; Neh. 7.37; 11.35**

LODEBAR *Lugar en Galaad*, **2 S. 9.4,5; 17.27**

LODO

2 S. 22.43 como *l* de las calles los pisé y los
Job 8.11 ¿crece el junco sin *l*? ¿Crece el prado
13.12 vuestros baluartes son baluartes de *l*
27.16 aunque amontone..y prepare ropa como *l*
30.19 me derribó en el *l*, y soy semejante al
Sal. 18.42 los eché fuera como *l* de las calles
40.2 me hizo sacar del pozo..del *l* cenagoso
69.14 sácame del *l*, y no sea yo sumergido
Is. 10.6 ponga para ser hollado como *l* de las
41.25 y pisoteará príncipes como *l*, y como
57.20 el mar..y sus aguas arrojan cieno y *l*
Ez. 13.10 los otros la recubrían con *l* suelto
13.11 a los recubridores con *l* suelto, que
13.14 pared que..recubristeis con *l* suelto
13.15 en los que la recubrieron con *l* suelto
22.28 y sus profetas recubrían con *l* suelto
Mi. 7.10 será hollada como *l* de las calles
Nah. 3.14 en el *l*, pisa el barro, refuerza el
Zac. 9.3 y amontonó..oro como *l* de las calles
10.5 huellan al enemigo en el *l* de..calles
Jn. 9.6 hizo *l* con la saliva, y untó con el *l*
9.11 hizo *l*, me untó los ojos, y me dijo: Vé
9.14 día de reposo cuando..había hecho el *l*
9.15 me puso *l* sobre los ojos, y me lavé, y

LOG

Lv. 14.10 para ofrenda amasada..un *l* de aceite
14.12 lo ofrecerá..con el *l* de aceite, y lo
14.15 el sacerdote tomará del *l* de aceite
14.21 harina amasada con..y un *l* de aceite
14.24 tomará..el *l* de aceite, y los mecerá

LOGRAR

2 Cr. 18.21 le inducirás, y lo *lograrás;* anda
Job 35.6 pecares, ¿qué habrás *logrado* contra
Sal. 49.8 gran precio, y no se *logrará* jamás
73.7 *logran* con creces..antojos del corazón
Jer. 22.30 ninguno de su descendencia *logrará*
Hch. 14.18 *lograron* impedir que..les ofreciese
Fil. 3.12 por ver si *logro* asir aquello para

LOGRERO

Éx. 22.25 no te portarás con él como *l*, ni le

LOGRO

Is. 24.2 al que da a *l*, así al que lo recibe

LOIDA *Abuela de Timoteo*, **2 Ti. 1.5**

LOMO

Gn. 35.11 naciones..y reyes saldrán de tus *l*
37.34 y puso cilicio sobre sus *l*, y guardó
46.26 vinieron..Egipto, procedentes de sus *l*
Éx. 12.11 lo comeréis así: ceñidos vuestros *l*
28.42 su desnudez; serán desde los *l* hasta los
Dt. 33.11 hiere los *l* de sus enemigos, y de los
2 S. 20.8 tenía pegado a sus *l* el cinto con una
1 R. 2.5 sangre..en el talabarte..sobre sus *l*
8.19 hijo que saldrá de tus *l* él edificará
12.10 dedo..más grueso que los *l* de mi padre
18.46 el cual ciñó sus *l*, y corrió delante
20.31 pongamos, pues..cilicio en nuestros *l*
20.32 ciñeron..sus *l* con cilicio, y sogas
2 R. 1.8 ceñía sus *l* con un cinturón de cuero
4.29 ciñe tus *l*, y toma mi báculo en tu mano
9.1 ciñe tus *l*..redoma de aceite en tu mano
2 Cr. 6.9 sino tu hijo que saldrá de tus *l* él
10.10 dedo..más grueso que los *l* de mi padre
Neh. 4.18 cada uno tenía su espada..a sus *l*
Job 12.18 él rompe..les ata una soga a sus *l*
31.20 no me bendijeron sus *l*, y del vellón
38.3 ciñe como varón tus *l*; yo te preguntaré
40.7 cíñete ahora como varón tus *l*; yo te
40.16 su fuerza está en sus *l*, y su vigor en
Sal. 38.7 mis *l* están llenos de ardor, y nada
66.11 pusiste sobre nuestros *l* pesada carga
69.23 no..y haz temblar continuamente sus *l*
Pr. 30.31 el ceñido de *l*; asimismo el macho
31.17 ciñe de fuerza sus *l*, y esfuerza sus
Is. 5.27 ninguno..desatará el cinto de los *l*
11.5 será la justicia cinto de sus *l*, y la
20.2 y quita el cilicio de tus *l*, y descalza
21.3 mis *l* se han llenado de dolor; angustias
30.6 llevan sobre *l* de asnos sus riquezas, y
32.11 oh confiadas..ceñid los *l* con cilicio
45.1 sujetar naciones..y desatar *l* de reyes
Jer. 1.17 ciñe tus *l*, levántate, y háblales todo
13.1 y cíñelo sobre tus *l*, y no lo metas en
13.2 compré el cinto..y lo puse sobre mis *l*
13.4 toma el cinto..que está sobre tus *l*, y
13.11 el cinto se junta a los *l* del hombre
30.6 todo hombre tenía las manos sobre sus *l*
48.37 sobre toda mano..cilicio sobre todo *l*
Ez. 1.27 de sus *l* para arriba..sus *l* para abajo
8.2 desde sus *l*..y desde sus *l* para arriba
21.6 tú..gime con quebrantamiento de tus *l*
23.15 ceñidos por sus *l* con talabartes, y
29.7 cuando..les rompiste sus *l* enteramente
44.18 y calzoncillos de lino sobre sus *l*; no
47.4 me hizo pasar por las aguas hasta los *l*
Dn. 5.6 se debilitaron sus *l*, y sus rodillas
10.5 un varón..ceñidos sus *l* de oro de Ufaz
Am. 8.10 y haré poner cilicio sobre todo *l*, y
Nah. 2.1 cíñete los *l*, refuerza mucho tu poder
Mt. 3.4; Mr. 1.6 de cuero alrededor de sus *l*
Lc. 12.35 estén ceñidos vuestros *l*, y vuestras
Ef. 6.14 estad, pues, firmes, ceñidos vuestros *l*
He. 7.5 aunque también hayan salido de los *l*
7.10 porque aún estaba en los *l* de su padre
1 P. 1.13 ceñid los *l* de vuestro entendimiento

LONGANIMIDAD

Ro. 2.4 ¿o menosprecias las riquezas de su..*l*
2 Co. 6.6 *l*, en bondad, en el Espíritu Santo
Col. 1.11 su gloria, para toda paciencia y *l*
2 Ti. 3.10 has seguido mi..*l*, amor, paciencia

LONGITUD

Gn. 6.15 la harás: de 300 codos la *l* del arca
Éx. 25.10 un arca..*l* será de dos codos y medio
25.17 propiciatorio..*l* será de dos codos y
25.23 mesa de madera..su *l* será de dos codos
26.2 la *l* de una cortina de 28 codos, y la
26.8 la *l* de cada cortina será de 30 codos
26.16 la *l* de cada tabla será de diez codos
27.1 altar..de cinco codos de *l*, y de cinco
27.9,11 cortinas de cien codos de *l*
27.18 la *l* del atrio será de cien codos, y la
30.2 su *l* será de un codo, y su anchura de
36.9 la *l* de una cortina era de 28 codos, y
36.15 la *l* de una cortina era de 30 codos, y
36.21 la *l* de cada tabla era de diez codos
37.1 el arca..su *l* era de dos codos y medio
37.6 su *l* de dos codos y medio, y su anchura
37.10 la mesa..su *l* de dos codos, su anchura
37.25 el altar..un codo su *l*, y de otro codo
38.1 altar..su *l* de cinco codos, y su anchura
38.18 era de veinte codos de *l*, y su anchura
39.9 su *l* era de un palmo, y de un palmo su
Dt. 3.11 la *l* de ella es de nueve codos, y su
1 R. 7.2 la casa del bosque..cien codos de *l*
7.27 la *l* de cada basa de cuatro codos, y la
2 Cr. 3.3 la casa de Dios..la *l*, de 60 codos
3.8 lugar santísimo, cuya *l* era de 20 codos
3.11 *l* de las alas de los..era de 20 codos
4.1 hizo además un altar..de 20 codos de *l*
Ez. 40.11 y la *l* del portal, de trece codos
40.18 en proporción a la *l* de los portales
40.20 de la puerta..midió su *l* y su anchura
40.21 cincuenta codos de *l*, y veinticinco de
40.25 la *l* era de cincuenta codos, y el ancho
40.29,33,36 la *l* era de cincuenta codos, y de
40.42 un codo y medio de *l*, y codo y medio de
40.47 midió el atrio, cien codos de *l*, y cien
40.49 la *l* del pórtico, veinte codos, y el
41.2 y midió su *l*, de cuarenta codos, y la
41.4 midió también su *l*, de veinte codos, y
41.13 el edificio y sus..de cien codos de *l*
41.15 y midió la *l* del edificio que estaba
41.22 su *l* de dos codos; y sus esquinas, su
42.2 su *l* era de cien codos, y el ancho de
42.8 la *l* de las cámaras..de cincuenta codos
42.11 tanto su *l* como su ancho eran lo mismo
42.20 tenía un muro..de quinientas cañas de *l*
43.17 el descanso era de catorce codos de *l*
45.1 *l* de veinticinco mil cañas y diez mil
45.2 para el santuario quinientas cañas de *l*
45.3 medirás en *l* veinticinco mil cañas, y
45.5 veinticinco mil cañas de *l* y diez mil
45.6 de la ciudad señalaréis..y 25.000 de *l*
45.7 y la *l* será desde el límite occidental
46.22 había patios..de cuarenta codos de *l*
48.8 *l* como cualquiera de las otras partes
48.9 de *l* veinticinco mil cañas, y diez mil
48.10 de veinticinco mil de *l* al sur; y el
48.13 será de veinticinco mil cañas de *l*, y
48.13 la *l* de veinticinco mil, y la anchura
48.18 y lo que quedare de *l* delante de la
Zac. 2.2 para ver..su anchura, y cuánta su *l*
Ef. 3.18 comprender..la *l*, la profundidad y
Ap. 21.16 *l* es igual a su anchura; y él midió
21.16 la *l*, la altura y la anchura de ella

LOOR

Dt. 26.19 de exaltarte..para *l* y fama y gloria
Sal. 48.10 así es tu *l* hasta los fines de la
111.10 tienen..su *l* permanece para siempre
Is. 42.12 gloria a Jehová, y anuncien sus *l* en
44.23 cantad *l*, oh cielos, porque Jehová lo

LO-RUHAMA *"No compadecida", nombre simbólico*

Os. 1.6 ponle por nombre *L*..no me compadeceré
1.8 después de..destetado a *L*, concibió y dio
2.23 y tendré misericordia de *L;* y diré a

LOSADO

Est. 1.6 sobre *l* de pórfido y de mármol, y de

LOT *Sobrino de Abraham*

Gn. 11.27 Taré engendró a..Harán; y Harán..*L*
11.31 tomó Taré..a *L* hijo de Harán, hijo de
12.4 se fue Abram, como Jehová..*L* fue con él
12.5 tomó..Abram..a *L* hijo de su hermano
13.1 subió, pues, Abram de Egipto..con él *L*
13.5 *L*, que andaba con Abram, tenía ovejas
13.7 hubo contienda entre los pastores..de *L*
13.8 dijo a *L:* No haya ahora altercado entre
13.10 alzó *L* sus ojos y vio toda la llanura
13.11 *L* escogió..y se fue *L* hacia el oriente
13.12 *L* habitó en las ciudades de la llanura
13.14 dijo a Abram, después que *L* se apartó
14.12 también a *L*, hijo del hermano de Abram
14.16 recobró a..*L* su pariente y sus bienes
19.1 *L* estaba sentado a la puerta de Sodoma
19.1 y viéndolos *L*, se levantó a recibirlos
19.5 y llamaron a *L*, y le dijeron: ¿Dónde
19.6 *L* salió a ellos a la puerta, y cerró la
19.9 hacían gran violencia al varón, a *L*, y
19.10 mano, y metieron a *L* en casa con ellos
19.12 dijeron los varones a *L:* ¿Tienes aquí
19.14 salió *L* y habló a sus yernos, los que
19.15 los ángeles daban prisa a *L*, diciendo
19.18 *L* les dijo: No, yo os ruego, señores
19.23 el sol salía..cuando *L* llegó a Zoar
19.26 la mujer de *L* miró atrás, a espaldas de
19.29 y envió fuera a *L* de..donde *L* estaba
19.30 *L* subió de Zoar y moró en el monte, y
19.36 dos hijas de *L* concibieron de su padre
Dt. 2.9 dado a Ar por heredad a los hijos de *L*
2.19 a los hijos de *L* la he dado por heredad
Sal. 83.8 sirven de brazo a los hijos de *L*
Lc. 17.28 como sucedió en los días de *L;* comían
17.29 día en que *L* salió de Sodoma, llovió
17.32 acordaos de la mujer de *L*
2 P. 2.7 y libró al justo *L*, abrumado por la

LOTÁN *Primogénito de Seir*, **Gn. 36.20,22,29; 1 Cr. 1.38,39**

LOZANA

Ez. 17.9 todas sus hojas *l* se secarán; y eso
Os. 10.11 yo pasaré sobre su *l* cerviz; haré

LUCAS *Compañero de Pablo*

Col. 4.14 saluda *L*, el médico amado, y Demas
2 Ti. 4.11 sólo *L* está conmigo. Toma a Marcos
Flm. 24 Aristarco, Demas y *L*, mis colaboradores

LUCERO

Is. 13.10 sus *l* no darán su luz; y el sol se
14.12 ¡cómo caíste del cielo, oh *L*, hijo de
2 P. 1.19 el *l* de la mañana salga en vuestros

LUCIENTE

Sal. 148.3 alabadle, vosotras..*l* estrellas

LUCIO

1. *De Cirene*, **Hch. 13.1**
2. *Cristiano en Corinto*, **Ro. 16.21**

LUCRO

Jud. 11 lanzaron por *l* en el error de Balaam

LUCHA

Gn. 30.8 con *l* de Dios he contendido con mi
Ef. 6.12 no tenemos *l* contra sangre y carne
Col. 2.1 que sepáis cuán gran *l* sostengo por

LUCHAR

Gn. 25.22 y los hijos *luchaban* dentro de ella
32.24 quedó Jacob..y *luchó* con él un varón
32.25 descoyuntó el..mientras con él *luchaba*
32.28 porque has *luchado* con Dios y con los
2 S. 10.14 volvió, pues, Joab de *luchar*..Amón
Hch. 5.39 seáis..hallados *luchando* contra Dios
1 Co. 9.25 aquel que *lucha*, de todo se abstiene
Col. 1.29 *luchando* según la potencia de él, la
2 Ti. 2.5 el que *lucha*..si no *l* legítimamente
Stg. 4.2 *lucháis*, pero no tenéis lo que deseáis
Ap. 12.7 Miguel y sus ángeles *luchaban* contra
12.7 y *luchaban* el dragón y sus ángeles
13.4 bestia, y quien podrá *luchar* con ella?

LUD

1. *Hijo de Sem*, **Gn. 10.22; 1 Cr. 1.17**
2. *Pueblo que vivía en Asia Menor*

Is. 66.19 y enviaré de los escapados de..a *L*

LUD *(Continúa)*
Jer. 46.9 y los de *L* que toman y entesan arco
Ez. 27.10 los de *L* y Fut fueron en tu ejército
30.5 Etiopía, *L*, toda Arabia, Libia, y los

LUDIM *Descendientes de Mizraim*, Gn. 10.13; 1 Cr. 1.11

LUGAR
Gn. 1.9 júntense las aguas que están. .en un *l*
12.6 pasó Abram por. .hasta el *l* de Siquem
13.3 hasta el *l* donde había estado antes su
13.4 *l* del altar que había hecho allí antes
13.6 tierra. .no podían morar en un mismo *l*
13.14 mira desde el *l* donde estás hacia el
18.24 no perdonarás al *l* por amor de los 50
18.26 perdonaré a. .este *l* por amor a ellos
18.33 Jehová se fue. .y Abraham volvió a su *l*
19.12 todo lo que tienes. .sácalo de este *l*
19.13 vamos a destruir este *l*, por cuanto el
19.14 salid de este *l*; porque Jehová va a
19.27 subió Abraham. .al *l* donde había estado
20.11 no hay temor de Dios en este *l*, y me
20.13 en todos los *l* adonde lleguemos, digas
21.31 llamó a aquel *l* Beerseba; porque allí
22.3 Abraham se. .y fue al *l* que Dios le dijo
22.4 alzó Abraham sus ojos, y vio el *l* de
22.9 llegaron al *l* que Dios le había dicho
22.14 llamó. .de aquel *l*, Jehová proveerá
24.23 en casa de tu padre *l* donde posemos?
24.25 hay en nuestra casa. .y *l* para posar
24.31 he preparado. .el *l* para los camellos
26.7 los hombres de aquel *l* le preguntaron
26.7 pensando que tal vez los hombres del *l*
28.11 a un cierto *l*. .y se acostó en aquel *l*
28.16 ciertamente Jehová está en este *l*, y
28.17 ¡cuán terrible es este *l*! No es otra
28.19 y llamó el nombre de aquel *l* Bet-el
29.3 volvían la piedra sobre. .pozo a su *l*
29.22 juntó a todos los varones de aquel *l*
29.26 no se hace así en nuestro *l*, que se dé
30.25 envíame, e iré a mi *l*, y a mi tierra
31.55 y se levantó Labán. .y se volvió a su *l*
32.2 llamó el nombre de aquel *l* Mahanaim
32.30 llamó Jacob. .aquel *l*, Peniel; porque
33.17 fue. .llamó el nombre de aquel *l* Sucot
35.7 y llamó al *l* El-bet-el, porque allí le
35.13 fue. .del *l* en donde había hablado con él
35.14 Jacob erigió una señal en el *l* donde
35.15 y llamó Jacob el nombre de aquel *l*
36.40 por sus *l*, y sus nombres: Timna, Alva
38.21 y preguntó a los hombres de aquel *l*
38.22 y también los hombres del *l* dijeron
Éx. 3.5 el *l* en que tú estás, tierra santa es
3.8 *l* del cananeo, del heteo, del amorreo
10.23 nadie se levantó de su *l* en tres días
15.17 *l* de tu morada, que tú has preparado
16.29 cada uno en su *l*, y nadie salga de él
17.7 y llamó el nombre de aquel *l* Masah y
18.23 todo este pueblo irá en paz a su *l*
20.24 en todo *l* donde yo hiciere que esté la
21.13 yo te señalaré *l* al cual ha de huir
23.20 introduzca en el *l* que yo he preparado
25.27 para *l* de las varas para llevar la mesa
26.33 hará separación entre el *l* santo y el
26.34 el propiciatorio. .en el *l* santísimo
29.30 de sus hijos tome su *l* como sacerdote
29.31 carnero. .cocerás su carne en *l* santo
29.43 y el *l* será santificado con mi gloria
33.21 he aquí un *l* junto a mí, y tú estarás
Lv. 1.16 junto al altar. .el *l* de las cenizas
4.12 todo el becerro sacará. .a un *l* limpio
4.24,33 degollará en el *l* donde se degüella
4.29 y la degollará en el *l* del holocausto
6.11 sacará las cenizas fuera. .un *l* limpio
6.16 sin levadura se comerá en *l* santo; en
6.25 en el *l* donde se degüella el holocausto
6.26 en *l* santo será comida, en el atrio del
6.27 lavarás. .sobre que cayere, en *l* santo
7.2 en el *l* donde degüellan el holocausto
7.6 será comida en *l* santo; es cosa muy santa
10.13 la comeréis, pues, en *l* santo; porque
10.14 comeréis. .en *l* limpio, tú y tus hijos
10.17 no comisteis la expiación en *l* santo?
10.18 debíais comer la ofrenda en el *l* santo
13.19 en el *l* del divieso hubiere. .mancha
13.23,28 si la mancha. .estuviere en su *l*, y
13.33 pero no rasurará el *l* afectado; y el
14.13 degollará. .en el *l* donde se degüella
14.13 en el *l* del santuario; porque como la
14.28 aceite. .el *l* de la sangre de la culpa
14.40 las echarán fuera de la. .en *l* inmundo
14.41 fuera de la ciudad, en *l* inmundo, el
14.45 todo fuera de la ciudad a *l* inmundo
16.24 lavará. .su cuerpo con agua en el *l* del
24.9 lo comerán en *l* santo; porque es cosa
26.30 destruiré vuestros *l* altos. .derribaré
Nm. 4.4 oficio de. .en el *l* santísimo, será
4.19 que cuando se acerquen al *l* santísimo
9.17 *l* donde la nube paraba, allí acampaban
10.29 partimos para el *l* del cual Jehová ha
10.31 tú conoces los *l* donde hemos de acampar
10.33 el arca del. .buscándoles *l* de descanso
11.3 llamó a aquel *l* Tabera, porque el fuego
11.34 el nombre de aquel *l* Kibrot-hataava
13.24 y se llamó aquel *l* el Valle de Escol
14.40 subir al *l* del cual ha hablado Jehová
18.31 lo comeréis en cualquier *l*, vosotros
19.9 pondrá. .en *l* limpio, y las guardará la
20.5 subir de. .para traernos a este mal *l*?
20.5 no es *l* de sementera, de higueras, de
21.3 destruyó. .y llamó el nombre de. .*l* Horma
23.13 te ruego que vengas conmigo a otro *l*
23.27 ruego que vengas, te llevaré a otro *l*
24.11 huye a tu *l*; yo dije que te honraría
24.25 se levantó Balaam y. .y volvió a su *l*
32.17 iremos. .hasta que los metamos en su *l*
33.52 país. .y destruiréis todos sus *l* altos
Dt. 1.31 el camino que. .hasta llegar a este *l*
1.33 para reconoceros el *l* donde. .de acampar
2.37 a *l* alguno que Jehová. .había prohibido
9.7 hasta que entrasteis en este *l*, habéis
11.5 hecho. .hasta que habéis llegado a este *l*
11.24 *l* que pisare. .vuestro pie será vuestro
12.2 destruiréis. .los *l* donde las naciones
12.3 imágenes. .raeréis su nombre de aquel *l*
12.5,11,14,18,21,26; 16.2,6,7,11,15,16 el *l* que Jehová vuestro Dios escogiere
12.13 no ofrecer. .en cualquier *l* que vieres
14.23 comerás. .en el *l* que él escogiere para
14.24 por estar lejos de ti el *l* que Jehová
14.25 vendrás al *l* que Jehová tu. .escogiere
15.20 comerás. .en el *l* que Jehová escogiere
17.8 recurrirás al *l* que Jehová. .escogiere
17.10 harás según. .te indiquen los del *l* que
18.6 viniere con. .al *l* que Jehová escogiere
21.3,6, más cercana al *l* donde fuere hallado
21.19 sacarán. .a la puerta del *l* donde viva
23.12 tendrás un *l* fuera del. .adonde salgas
23.16 morará contigo. .en el *l* que escogiere
26.2 irás al *l* que Jehová tu Dios escogiere
26.9 trajo a este *l*, y nos dio esta tierra
29.7 llegasteis a este *l*, y salieron Sehón
31.11 presentarse. .en el *l* que él escogiere
34.6 y ninguno conoce el *l* de su sepultura
Jos. 1.3 *l* que pisare la planta de vuestro pie
3.3 saldréis de vuestro *l* y marcharéis en pos
4.3 tomad. .del *l* donde están firmes los pies
4.3 en el *l* donde habéis de pasar la noche
4.8 las pasaron al *l* donde acamparon, y las
4.9 en el *l* donde estuvieron los pies de los
4.18 los pies de los sacerdotes. .en *l* seco
4.18 las aguas del Jordán se volvieron a su *l*
5.8 la gente, se quedaron en el mismo *l* en
5.9 el nombre de aquel *l* fue llamado Gilgal
5.15 el calzado. .el *l* donde estás es santo
7.26 *l* se llama el Valle de Acor, hasta hoy
8.19 levantándose. .de su *l*. .en la emboscada
9.27 aguadores. .en el *l* que Jehová eligiese
Jue. 2.5 llamaron el nombre de aquel *l* Boquim
6.2 se hicieron. .cavernas, y *l* fortificados
6.26 edifica altar a Jehová. .*l* conveniente
7.7 váyase. .la demás gente cada uno a su *l*
8.27 Israel se prostituyó tras. .en aquel *l*
11.19 ruego que me dejes pasar. .hasta mi *l*
15.17 quijada, y llamó a aquel *l* Ramat-lehi
15.19 llamó el nombre de aquel *l*, En-hacore
17.8 para ir a vivir donde pudiera encontrar *l*
17.9 y voy a vivir donde pueda encontrar *l*
18.10 *l* donde no hay falta de cosa alguna que
18.12 llamaron a aquel *l* el campamento de Dan
19.13 ven, sigamos hasta uno de esos *l*, para
19.16 los moradores de aquel *l* eran hijos de
19.28 el varón. .se levantó y se fue a su *l*
20.22 ordenar la batalla en el mismo *l* donde
20.33 se levantaron. .los de Israel de su *l*
20.33 emboscadas de Israel salieron de su *l*
Rt. 1.7 salió, pues, del *l* donde había estado
3.4 notarás el *l* donde se acuesta, e irás y
4.10 nombre del muerto no se borre. .de su *l*
1 S. 3.9 así se fue Samuel, y se acostó en su *l*
5.3 y tomaron a Dagón y lo volvieron a su *l*
5.11 enviad el arca del. .y vuélvase a su *l*
6.2 el arca. .hemos de volver a enviar a su *l*
7.16 y juzgaba a Israel en todos estos *l*
9.11 dijeron: ¿Está en este *l* el vidente?
9.12 tiene hoy un sacrificio en el *l* alto
9.13 antes que suba al *l* alto a comer; pues
9.14 venía hacia ellos para subir al *l* alto
9.19 sube delante de mí al *l* alto, y come
9.22 los introdujo. .les dio *l* a la cabecera
9.25 cuando hubieron descendido del *l* alto
10.5 de profetas que descienden del *l* alto
10.13 cesó de profetizar, y llegó al *l* alto
12.8 padres. .los hicieron habitar en este *l*
14.9 entonces nos estaremos en nuestro *l*, y
14.20 llegaron hasta el *l* de la batalla; y
14.46 dejó. .los filisteos se fueron a su *l*
19.2 David. .estate en *l* oculto y escóndete
20.19 vendrás al *l* donde estabas escondido
20.25 se sentó. .y el *l* de David quedó vacío
21.2 yo les señalé a los criados un cierto *l*
22.4 tiempo que David estuvo en el *l* fuerte
22.5 Gad dijo. .No te estés en este *l* fuerte
23.13 salieron. .y anduvieron de un *l* a otro
23.14 se quedó en el desierto en *l* fuertes
23.22 conoced y ved el *l* de su escondite, y
23.28 pusieron a aquel *l* por. .Sela-hama-lecot
23.29 y habitó en los *l* fuertes de En-gadi
24.22 David y. .hombres subieron al *l* fuerte
26.5 miró David el *l* donde dormían Saúl y
26.25 David se fue. .y Saúl se volvió a su *l*
27.5 séame dado *l* en alguna de las aldeas
29.4 se vuelva al *l* que le señalaste, y no
30.31 todos los *l* donde David había estado
2 S. 2.16 fue llamado aquel *l*, Helcat-hazurim
2.23 los que venían por aquel *l* donde Asael
6.8 fue llamado aquel *l* Pérez-uza, hasta hoy
6.17 la pusieron en su *l* en. .de una tienda
7.10 fijaré *l* a mi. .para que habite en su *l*
11.16 puso a Urías en el *l* donde sabía que
15.17 salió. .el rey. .se detuvieron en un *l*
15.19 tú eres. .y desterrado también de tu *l*
17.9 escondido en alguna cueva o en otro *l*
17.12 acometeremos en cualquier *l* en donde
19.13 no fueres general del. .en el *l* de Joab
22.20 me sacó a *l* espacioso; me libró, porque
23.7 lanza, y son del todo quemados en su *l*
23.14 David. .estaba en el *l* fuerte, y había
1 R. 3.2 el pueblo sacrificaba en los *l* altos
3.3 Salomón. .quemaba incienso en los *l* altos
3.4 a Gabaón. .aquél era el *l* alto principal
4.28 traer cebada y paja. .*l* donde él estaba
5.9 la enviaré. .hasta el *l* que tú me señales
6.5 contra las paredes de. .del *l* santísimo
6.16 hizo. .un aposento que es el *l* santísimo
6.19 y adornó el *l* santísimo por dentro en
6.20 el *l* santísimo estaba. .parte de adentro
6.22 todo el altar que. .frente al *l* santísimo
6.23 hizo. .en el *l* santísimo dos querubines
6.27 puso estos querubines. .en el *l* santísimo
7.49 otros cinco a la. .frente al *l* santísimo
7.50 de oro los quiciales. .del *l* santísimo
8.6 metieron el arca del pacto. .en su *l*, en
8.6 en el *l* santísimo, debajo de las alas de
8.7 tenían extendidas las alas sobre el *l* del
8.8 el *l* santo. .está delante del *l* santísimo
8.21 y he puesto en ella *l* para el arca, en
8.29 estén tus ojos abiertos. .sobre este *l*
8.29 la oración que tu siervo haga en este *l*
8.30 cuando oren en este *l*. .tú lo oirás en
8.30 lo oirás en el *l* de tu morada, en los
8.35 y te rogaren en este *l* y confesaren tu
8.39,43,49 oirás en los cielos, en el *l* de
11.7 un *l* alto a Quemos, ídolo abominable de
12.31 hizo también casas sobre los *l* altos
12.32 ordenó. .sacerdotes para los *l* altos que
13.2 sacrificará. .a los sacerdotes de los *l*
13.8 comería pan ni bebería agua en este *l*
13.16 no. .ni beberé agua contigo en este *l*
13.22 bebiste agua en el *l* donde Jehová te
13.32 contra. .las casas de los *l* altos que
13.33 a hacer sacerdotes de los *l* altos de
13.33 que fuese. .sacerdotes de los *l* altos
14.23 ellos también se edificaron *l* altos
15.14 sin embargo, los *l* altos no se quitaron
21.19 *l* donde lamieron los perros la sangre
22.43 con todo. .*l* altos no fueron quitados
2 R. 2.19 el *l* en donde está. .ciudad es bueno
5.11 saldrá. .tocará el *l*, y sanará la lepra
5.24 y así que llegó a un *l* secreto, él lo
6.1 *l* en que moramos contigo nos es estrecho
6.2 viga, y hagamos allí *l* en que habitemos
6.6 él le mostró el *l*. Entonces cortó él un
6.8 dijo. .tal y tal *l* estará mi campamento
6.9 que no pases por tal *l*, porque los sirios
6.10 envió a aquel *l* que el varón de Dios
10.25 hasta el *l* santo del templo de Baal
12.3; 14.4; 15.4,35 *l* altos no se quitaron
12.3; 14.4; 15.4,35 el pueblo. .sacrificaba. .en los *l* altos
16.4 quemó incienso en los *l* altos, y sobre
17.9 edificándose *l* altos en. .sus ciudades
17.11 quemaron allí incienso en. .los *l* altos
17.29 los pusieron en los templos de los *l*
17.32 e hicieron. .sacerdotes de los *l* altos
17.32 sacrificaban para ellos en. .los *l* altos
18.4 quitó los *l* altos, y quebró. .imágenes
18.22 ¿no es. .aquel cuyos *l* altos y altares
18.25 ¿acaso he venido. .sin Jehová a este *l*
19.23 me alojaré en sus más remotos *l*, en
21.3 porque volvió a edificar los *l* altos
21.18 durmió Manasés. .y reinó en su *l* Amón
22.16 yo traigo sobre este *l*. .todo el mal
22.17 mi ira se ha encendido contra este *l*
22.19 que yo he pronunciado contra este *l*
22.20 todo el mal que traigo sobre este *l*
23.5 que quemasen incienso en los *l* altos en
23.7 derribó los *l* de prostitución idolátrica
23.8 y profanó los *l* altos donde. .quemaban
23.9 sacerdotes de los *l* altos no subían al
23.13 profanó el rey los *l* altos. .Jerusalén
23.14 y llenó el *l* de. .de huesos de hombres
23.15 y el *l* alto que había hecho Jeroboam
23.15 aquel altar y el *l* alto destruyó, y lo
23.19 todas las casas de los *l* altos. .quitó
23.20 mató además. .sacerdotes de los *l* altos
1 Cr. 2.23 y Aram tomaron de ellos las. .60 *l*
6.49 Aarón. .en toda la obra del *l* santísimo
7.29 en estos *l* habitaron los hijos de José
12.8 de Gad huyeron. .a David, al *l* fuerte en
12.16 de Judá vinieron a David al *l* fuerte

LUGAR ***(Continúa)***

1 Cr. 13.11 lo que llamó aquel *l* Pérez-uza, hasta
14.11 llamaron el nombre de. . *l* Baal-perazim
15.1 arregló un *l* para el arca de Dios, y le
15.3 que pasasen el arca de Jehová a su *l*, el
15.12 pasad el arca. . *l* que le he preparado
16.39 Sadoc. . el *l* alto que estaba en Gabaón
17.9 he dispuesto *l* para mi pueblo Israel
17.16 para que me hayas traído hasta este *l*?
21.22 dijo David a Ornán: Dame este *l* de la
21.25 dio David. . aquel *l*. . 600 siclos de oro
21.29 el altar del. . en el *l* alto de Gabaón
2 Cr. 1.3 fue Salomón. . al *l* alto que había en
1.4 David había traído el arca. . al *l* que él
1.13 y desde el *l* alto que estaba en Gabaón
3.1 en el *l* que David había preparado en la
3.8 hizo. . el *l* santísimo, cuya longitud era
3.10 del *l* santísimo hizo dos querubines de
4.20 lámparas. . las encendiesen delante del *l*
4.22 de oro. . sus puertas. . para el *l* santísimo
5.7 el arca. . en su *l*, en. . en el *l* santísimo
5.7 metieron el arca del pacto de. . en su *l*
5.8 extendían las alas sobre el *l* del arca
5.9 barras del arca delante del *l* santísimo
6.20 el *l* del cual dijiste: Mi nombre estará
6.20 oigas la. . que tu siervo ora en este *l*
6.21 cuando en este *l* hicieren oración, que
6.21,30,33,39 oirás. . desde el *l* de tu morada
6.26 haber pecado. . oraren a ti hacia este *l*
6.40 atentos. . oídos a la oración en este *l*
7.12 he elegido para mí este *l* por casa de
7.15 atentos. . oídos a la oración en este *l*
11.13 juntaron a él desde todos los *l* donde
11.15 propios sacerdotes para los *l* altos, y
14.3 porque quitó los altares. . y los *l* altos
14.5 quitó. . Judá los *l* altos y las imágenes
15.17 con todo. . *l* altos no eran quitados de
17.6 y quitó los *l* altos y las imágenes de
19.5 puso jueces en. . Judá, por todos los *l*
20.33 los *l* altos no fueron quitados; pues
21.11 hizo *l* altos en los montes de Judá, e
24.11 arca. . la vaciaban, y la volvían a su *l*
26.20 y le hicieron salir. . de aquel *l*; y él
28.4 quemó incienso en los *l* altos, en los
28.25 *l* altos en todas las ciudades de Judá
31.1 derribaron los *l* altos y los altares por
32.12 ha quitado sus *l* altos y sus altares
32.33 lo sepultaron en el *l* más prominente
33.3 él reedificó los *l* altos que Ezequías
33.17 sacrificaba en los *l* altos, aunque lo
33.19 edificó *l* altos y erigió imágenes de
34.3 a limpiar a Judá y a Jerusalén de los *l*
34.6 lo mismo hizo en. . y en los *l* asolados
34.24 traigo mal sobre este *l*, y sobre los
34.25 se derramará mi ira sobre este *l*, y no
34.27 oír sus palabras sobre este *l* y sobre
34.28 todo el mal que yo traigo sobre este *l*
Esd. 1.4 el que haya quedado, en cualquier *l*
1.4 ayúdenle los hombres de su *l* con plata
5.15 sea reedificada la casa de Dios en su *l*
6.3 casa. . como *l* para ofrecer sacrificios
6.5 y vayan a su *l*, al templo que está en
6.7 reedifiquen esa casa de Dios en su *l*
8.17 a Iddo, jefe en el *l* llamado Casifia
8.17 hablar a Iddo. . en el *l* llamado Casifia
9.8 para darnos un *l* seguro en su santuario
Neh. 1.9 os traeré al *l* que escogí para hacer
2.14 pero no había *l* por donde pasase la
4.12 todos los *l* de donde volviereis, ellos
4.13 por las partes bajas del *l*, detrás del
4.20 en el *l* donde oyereis el sonido de la
8.7 ley; y el pueblo estaba atento en su *l*
9.3 puestos de pie en su *l*, leyeron el libro
12.27 buscaron a los levitas de todos sus *l*
Est. 5.9 no se levantaba ni se movía de su *l*
Job 2.11 tres amigos de Job. . cada uno de su *l*
6.17 y al calentarse, desaparecen de su *l*
7.10 no volverá más. . su *l* le conocerá más
8.4 pecaron. . los echó en el *l* de su pecado
8.17 van. . enlazándose hasta un *l* pedregoso
8.18 le arrancaren de su *l*, éste le negará
9.6 él remueve la tierra de su *l*, y hace
9.9 él hizo la Osa. . y los *l* secretos del sur
14.18 cae. . y las peñas son removidas de su *l*
16.18 no cubras. . y no haya *l* para mi clamor
18.4 y serán removidas de su *l* las peñas?
18.21 será el *l* del que no conoció a Dios
20.9 nunca más le verá, ni su *l* le conocerá
27.21 va; y tempestad lo arrebatará de su *l*
27.23 batirán las. . y desde su *l* le silbarán
28.1 ciertamente. . el oro *l* donde se refina
28.4 abren minas. . en *l* olvidados, donde el
28.6 *l* hay cuyas piedras son zafiro, y sus
28.12,20 ¿dónde está el *l* de la inteligencia?
28.23 Dios entiende el camino. . conoce su *l*
30.3 huían a la. . a *l* tenebroso, asolado y
34.26 como a. . herirá en *l* donde sean vistos
36.16 te apartará. . a *l* espacioso, libre de
36.20 en que los pueblos desaparecen de su *l*
37.1 estremece mi corazón, y salta de su *l*
38.12 ¿has mandado tú. . mostrado al alba su *l*
38.19 luz, y dónde está el *l* de las tinieblas
39.6 soledad, y sus moradas en *l* estériles
40.21 se echará. . en lo oculto. . los *l* húmedos
Sal. 16.6 cuerdas me cayeron en *l* deleitosos
18.19 sacó a *l* espacioso; me libró, porque
23.2 en *l* de delicados pastos me. . descansar
24.3 ¿quién. . y quién estará en su *l* santo?
26.8 casa. . el *l* de la morada de tu gloria
33.14 desde el *l* de su morada miró sobre
37.10 malo; observarás su *l*, y no estará allí
44.19 nos quebrantases en el *l* de chacales
74.20 los *l* tenebrosos. . llenos de. . violencia
78.58 le enojaron con sus *l* altos. . a celo con
88.6 me has puesto en el hoyo. . *l* profundos
103.16 y pereció, y su *l* no la conocerá más
103.22 obras, en todos los *l* de su señorío
104.8 descendieron los valles, al *l* que tú
118.5 respondió. . poniéndome en *l* espacioso
132.5 hasta que halle *l* para Jehová, morada
132.8 levántate. . Jehová, al *l* de tu reposo
132.14 este es para siempre el *l* de mi reposo
Pr. 1.21 clama en los principales *l* de reunión
8.3 en el *l* de las puertas, a la entrada de
9.14 se sienta. . en los *l* altos de la ciudad
15.3 ojos de Jehová están en todo *l*, mirando
25.6 no te. . ni estés en el *l* de los grandes
27.8 cual ave. . el hombre que se va de su *l*
Ec. 1.5 se apresura a volver al *l* de donde se
1.7 al *l* de donde los ríos vinieron. . vuelven
3.20 todo va a un mismo *l*; todo es hecho del
6.6 aquél viviere. . ¿no van todos al mismo *l*?
8.10 los que frecuentaban el *l* santo fueron
10.4 no dejes tu *l*; porque la mansedumbre
10.6 y los ricos están sentados en *l* bajo
11.3 el *l* que el árbol cayere, allí quedará
Is. 4.5 sobre los *l* de sus convocaciones, nube
6.12 haya. . multiplicado los *l* abandonados en
7.23 el *l* donde había mil vides que valían
13.13 y la tierra se moverá de su *l*, en la
14.2 los tomarán los. . y los traerán a su *l*
15.2 a Bayit y a Dibón, *l* altos, a llorar
16.12 apareciere Moab cansado sobre los *l*
18.7 será traída. . al *l* del nombre de Jehová
22.16 el que en *l* alto labra su sepultura
22.19 te arrojaré de tu *l*, y de tu puesto te
22.23 y lo hincaré como clavo en *l* firme; y
22.25 clavo hincado en *l* firme será quitado
25.5 como el calor en *l* seco, así humillarás
26.5 derribó a los que moraban en *l* sublime
26.21 que Jehová sale de su *l* para castigar
28.8 vómito y suciedad, hasta no. . *l* limpio
28.25 pone el. . y la cebada en el *l* señalado
33.16 fortaleza de rocas será. . *l* de refugio
33.21 allí será Jehová. . *l* de ríos, de arroyos
35.7 el *l* seco se convertirá en estanque, y
35.7 en su guarida, será *l* de cañas y juncos
36.7 ¿no es éste aquel cuyos *l* altos y cuyos
37.38 le mataron. . y reinó en su *l* Esar-hadón
45.2 iré delante. . enderezaré los *l* torcidos
45.19 no hablé. . en un *l* oscuro de la tierra
46.7 llevan, y lo colocan en su *l*; allí se
49.20 estrecho es para mí este *l*; apártate
56.5 les daré *l* en mi casa y dentro de mis
59.10 tropezamos. . en *l* oscuros como muertos
60.13 para decorar el *l* de mi santuario, y
60.13 gloria. . y yo honraré el *l* de mis pies
65.5 dicen: Estate en tu *l*, no te acerques
66.1 dónde está la casa. . el *l* de mi reposo?
Jer. 3.2 ve en qué *l* no te hayas prostituido
4.7 y el destruidor. . ha salido de su *l* para
6.3 alrededor; cada uno apacentará en su *l*
7.3 mejorad. . obras, y os haré morar en este *l*
7.6 en este *l* derramareis la sangre inocente
7.7 os haré morar en este *l*, en la tierra que
7.12 andad ahora a mi *l* en Silo, donde hice
7.14 a este *l* que di a vosotros y a vuestros
7.20 ira se derramarán sobre este *l*, sobre
7.31 han edificado los *l* altos de Tofet, que
7.32 serán enterrados en Tofet. . no haber *l*
8.3 los *l* adonde arroje yo a los que queden
10.17 recoge. . la que moras en *l* fortificado
13.7 fui al Eufrates. . y tomé el cinto del *l*
14.13 que en este *l* os daré paz verdadera
16.2 no. . ni tendrás hijos ni hijas en este *l*
16.3 dicho. . de las hijas que nazcan en este *l*
16.9 haré cesar en este *l*. . toda voz de gozo
17.3 por el pecado de tus *l* altos en todo tu
17.12 trono de gloria, excelso. . es el *l* de
19.3 que yo traigo mal sobre este *l*, tal que
19.4 porque me dejaron, y enajenaron este *l*
19.4 llenaron este *l* de sangre de inocentes
19.5 edificaron *l* altos a Baal, para quemar
19.6 vienen días, dice Jehová, que este *l* no
19.7 y desvaneceré el consejo de. . en este *l*
19.11 porque no habrá otro *l* para enterrar
19.12 así haré a este *l*, dice Jehová, y a sus
19.13 las casas de. . serán como el *l* de Tofet
22.3 ni derraméis sangre inocente en este *l*
22.11 acerca de Salum. . reinó en *l* de Josías
22.11 salió de este *l*: No volverá más aquí
22.12 que morirá en el *l* adonde lo llevaron
24.5 los cuales eché de este *l* a la tierra
24.9 por maldición a todos los *l* adonde yo
27.22 los traeré y los restauraré a este *l*
28.3 dentro de dos años haré volver a este *l*
28.3 Nabucodonosor rey. . tomó de este *l* para
28.4 haré volver a este *l* a Jeconías hijo de
28.6 de ser devueltos de Babilonia a este *l*
29.10 palabra, para haceros volver a este *l*
29.14 y de todos los *l*. . os haré volver al *l*
32.35 edificaron *l* altos a Baal, los cuales
32.37 los haré volver a este *l*, y los haré
33.10 *l*, del cual decís que está desierto y
33.12 en este *l* desierto, sin hombre y sin
40.2 tu Dios habló este mal contra este *l*
40.12 judíos regresaron. . todos los *l* adonde
42.18 seréis objeto. . y no veréis más este *l*
42.22 moriréis en el *l*. . deseasteis entrar
44.29 en este *l* os castigo, para que sepáis
45.5 daré tu vida por botín en todos los *l*
48.35 a quien sacrifique sobre los *l* altos
49.8,30 habitad en *l* profundos. . moradores
51.62 oh Jehová, tú has dicho contra este *l*
Lm. 2.6 destruyó el *l* en donde se congregaban
Ez. 3.12 bendita. . gloria de Jehová desde su *l*
6.3 haré venir. . y destruiré vuestros *l* altos
6.6 *l* altos serán asolados, para que sean
6.13 *l* donde ofrecieron incienso a. . ídolos
7.22 apartaré. . y será violado mi *l* secreto
10.11 que al *l* adonde se volvía la primera
12.3 te pasarás de tu *l* a otro *l* a vista de
16.16 hiciste diversos *l* altos, y fornicaste
16.24 edificaste *l* altos, y te hiciste altar
16.25 cabeza de camino edificaste *l* alto, e
16.31 edificando tus *l* altos en toda cabeza
16.39 destruirán tus *l* altos, y derribarán
17.16 el *l* donde habita el rey que le hizo
20.29 qué es este *l* alto adonde vosotros vais?
21.30 en el *l* donde te criaste, en la tierra
33.24 los que habitan aquellos *l* asolados en
33.27 están en aquellos *l* asolados caerán a
34.12 libraré de todos los *l* en que fueron
34.13 las apacentaré. . en todos los *l* habitados
38.15 vendrás de tu *l*, de las regiones del
39.11 yo daré a Gog *l* para sepultura allí en
41.4 midió. . me dijo: Este es el *l* santísimo
42.13 allí pondrán las ofrendas. . el *l* es santo
42.14 no saldrán. . *l* santo al atrio exterior
42.20 separación entre el santuario y el *l*
43.7 es el *l* de mi trono, el *l* donde posaré
43.7 los cuerpos muertos de. . en sus *l* altos
43.14 hasta el *l* de abajo, dos codos, y la
45.3 estará el santuario y el *l* santísimo
45.4 y servirá de *l* para sus casas, y como
46.19 un *l* en el fondo del lado de occidente
46.20 es el *l* donde los sacerdotes cocerán
Dn. 8.11 el *l* de su santuario fue echado por
Os. 1.10 el *l* en donde les fue dicho. . no sois
4.16 Jehová como a corderos en *l* espacioso?
5.15 y volveré a mi *l*, hasta que reconozcan
9.13 es semejante a. . situado en *l* delicioso
10.8 y los *l* altos de Avén serán destruidos
Jl. 3.7 levantaré del *l* donde los vendisteis
Am. 2.13 yo os apretaré en vuestro *l*, como se
7.9 los *l* altos de Isaac serán destruidos, y
8.3 en todo *l* los echarán fuera en silencio
Mi. 1.3 aquí, Jehová sale de su *l*, y descenderá
1.5 cuáles son los *l* altos de Judá? ¿No es
2.10 porque no es este el *l* de reposo, pues
Nah. 3.17 van, y no se conoce el *l* donde están
Hab. 3.11 el sol y la luna se pararon en su *l*
Sof. 1.4 exterminaré de este *l*. . restos de Baal
2.7 aquel *l* para el remanente de la casa de
2.11 desde sus *l* se inclinarán a él todas las
Hag. 2.9 y daré paz en este *l*, dice Jehová de
Zac. 3.7 entre éstos que aquí están te daré *l*
12.6 y Jerusalén será. . habitada en su *l*, en
14.10 será. . habitada en su *l* desde la puerta
14.10 hasta el *l* de la puerta primera, hasta
Mal. 1.11 y en todo *l* se ofrece a mi nombre
Mt. 12.41 y he aquí más que Jonás en este *l*
12.42 y he aquí más que Salomón en este *l*
12.43 anda por *l* secos, buscando reposo, y
14.13 se apartó. . a un *l* desierto y apartado
14.15 el *l* es desierto, y la hora ya pasada
14.35 le conocieron los hombres de aquel *l*
24.7 habrá pestes y hambres. . en diferentes *l*
24.15 el *l* santo la abominación desoladora
26.36 llegó Jesús con ellos a un *l* que se
26.52 Jesús le dijo: Vuelve tu espada a su *l*
27.33 llegaron a un *l* llamado Gólgota, que
27.33 Gólgota. . significa: *L* de la Calavera
28.6 venid, ved el *l* donde fue puesto el Señor
Mr. 1.35 se fue a un *l* desierto, y allí oraba
1.38 vamos a. . *l* vecinos, para que predique
1.45 que se quedaba fuera en los *l* desiertos
6.10 posad en. . hasta que salgáis de aquel *l*
6.11 si en algún *l* no os recibieren ni os
6.31 dijo: Venid vosotros. . a un *l* desierto
6.32 y se fueron solos en una barca a un *l*
6.35 el *l* es desierto, y la hora. . avanzada
13.8 habrá terremotos en muchos *l*, y habrá
14.32 vinieron. . un *l* que se llama Getsemaní
15.22 y le llevaron a un *l* llamado Gólgota
15.22 que traducido es: *L* de la Calavera
16.6 aquí; mirad el *l* en donde le pusieron
Lc. 1.80 y estuvo en *l* desiertos hasta el día
2.7 porque no había *l* para ellos en el mesón
4.17 libro, halló el *l* donde estaba escrito
4.37 su fama se difundía por todos los *l* de
4.42 de día, salió y se fue a un *l* desierto

LUGAR *(Continúa)*
Lc. 5.16 él se apartaba a *l* desiertos, y oraba
6.17 se detuvo en un *l* llano, en compañía
9.10 se retiró aparte, a un *l* desierto de
9.12 que vayan. . aquí estamos en *l* desierto
10.1 toda ciudad y *l* adonde él había de ir
10.32 llegando cerca de aquel *l*, y viéndole
11.1 estaba Jesús orando en un *l*, y cuando
11.11 *l* de pescado, le dará una serpiente?
11.24 anda por *l* secos, buscando reposo; y
11.31 y he aquí más que Salomón en este *l*
11.32 y he aquí más que Jonás en este *l*
14.8 no te sientes en el primer *l*, no sea
14.9 da *l* a éste; y. . a ocupar el último *l*
14.10 y siéntate en el último *l*, para que
14.22 ha hecho como mandaste, y aún hay *l*
16.28 que no vengan. . a este *l* de tormento
19.5 cuando Jesús llegó a aquel *l*, mirando
21.11 diferentes *l* hambres y pestilencias
22.40 llegó a aquel *l*, les dijo: Orad que
23.33 llegaron al *l* llamado de la Calavera
Jn. 4.20 decís que en Jerusalén es el *l* donde
5.13 se había apartado de la gente. . aquel *l*
6.10 y había mucha hierba en aquel *l*; y se
6.23 junto al *l* donde habían comido el pan
8.20 habló Jesús en el *l* de las ofrendas
10.40 al *l* donde. . había estado bautizando
11.6 quedó dos días más en el *l* donde estaba
11.30 que estaba en el *l* donde Marta le había
11.48 destruirán nuestro *l* santo y nuestra
14.2 voy, pues, a preparar *l* para vosotros
14.3 y os preparare *l*, vendré otra vez, y os
18.2 Judas. . que le entregaba, conocía aquel *l*
19.13 se sentó. . en el *l* llamado el Enlosado
19.17 salió al *l* llamado de la Calavera, y en
19.20 el *l* donde Jesús fue crucificado estaba
19.41 y en el *l* donde había sido crucificado
20.7 lienzos, sino enrollado en un *l* aparte
20.19 estando las puertas cerradas en el *l*
20.25 metiere mi dedo en el *l* de los clavos
Hch. 1.25 cayó Judas. . para irse a su propio *l*
4.31 el *l* en que estaban congregados tembló
6.13 hablar palabras. . contra este *l* santo y
6.14 decir que ese Jesús. . destruirá este *l*
7.7 de esto saldrán y me servirán en este *l*
7.33 quita. . *l* en que estás es tierra santa
7.49 qué casa. . ¿o cuál es el *l* de mi reposo?
12.17 les contó. . Y salió, y se fue a otro *l*
16.3 por causa de los judíos. . en aquellos *l*
17.30 manda a todos los hombres en todo *l*
21.12 le rogamos nosotros y los de aquel *l*
21.28 enseña a todos contra. . ley y este *l*
21.28 además de. . ha profanado este santo *l*
24.3 recibimos. . en todo *l* con toda gratitud
27.8 un *l* que llaman Buenos Puertos, cerca
27.41 dando en un *l* de dos aguas, hicieron
28.7 en aquellos *l* había propiedades del
Ro. 9.26 en el *l* donde se les dijo: Vosotros
12.19 os venguéis. . dejad *l* a la ira de Dios
1 Co. 1.2 que en cualquier *l* invocan el nombre
8.10 ve. . sentado a la mesa en un *l* de ídolos
11.18 pues en primer *l*, cuando os reunís como
14.16 el que ocupa *l* de simple oyente, ¿cómo
14.23 si. . la iglesia se reúne en un solo *l*
2 Co. 2.14 manifiesta en todo *l* el olor de su
10.16 anunciaremos el. . en los *l* más allá de
Ef. 1.3 que nos bendijo. . en los *l* celestiales
1.20 sentándole a su. . en los *l* celestiales
2.6 nos hizo sentar en los *l* celestiales con
3.10 dada a conocer por. . en los *l* celestiales
4.27 ni deis *l* al diablo
1 Ts. 1.8 en todo *l* vuestra fe en Dios se ha
1 Ti. 2.8 pues, que los hombres oren en todo *l*
He. 2.6 alguien testificó en cierto *l*, diciendo
4.4 en cierto *l* dijo así del séptimo día: Y
5.6 dice en otro *l*: Tú eres sacerdote para
8.7 no se hubiera procurado *l* para el segundo
9.2 en la primera parte, llamada el *L* Santo
9.3 del tabernáculo llamada el *L* Santísimo
9.8 no. . manifestado el camino al *L* Santísimo
9.12 una vez para siempre en el *L* Santísimo
9.25 como entra. . en el *L* Santísimo cada año
10.19 libertad para entrar en el *L* Santísimo
11.8 obedeció para salir al *l* que había de
Stg. 2.3 siéntate tú aquí en buen *l*; y decís
2 P. 1.19 una antorcha que alumbra en *l* oscuro
3 Jn. 9 gusta tener el primer *l*. . no nos recibe
Ap. 2.5 y quitaré tu candelero de su *l*, si no
6.14 todo monte y toda isla. . removió de su *l*
12.6 donde tiene *l* preparado por Dios, para
12.8 ni se halló ya *l* para ellos en el cielo
12.14 para que volase de delante de. . a su *l*
16.16 reunió en el *l* que en hebreo se llama
20.11 huyeron. . y ningún *l* se encontró para

LUHIT *Ciudad de Moab*
Is. 15.5 por la cuesta de *L* subirán llorando
Jer. 48.5 la subida de *L* con llanto subirá el

LUJOSO
1 P. 3.3 vuestro atavío no sea. . de vestidos *l*

LUJURIA
Jer. 2.24 de su *l*, ¿quién la detendrá? Todos
Ez. 16.43 ni aun has pensado sobre toda tu *l*
16.58 sufre tú el castigo de tu *l* y de tus
23.11 su hermana Aholiba, y enloqueció de *l*
23.20 cuya *l* es como el ardor carnal de los
23.21 trajiste de nuevo a la memoria la *l* de
23.27 y haré cesar. . tu *l*, y tu fornicación
23.29 se descubrirá. . tu *l* y tu prostitución
23.35 por eso, lleva. . tu *l* y tus fornicaciones
23.48 haré cesar la *l* de la tierra. . mujeres
24.13 en tu inmunda *l* padecerás, porque te
Ro. 13.13 andemos. . no en *l* y lascivias, no en

LUMBRE
Job 41.18 con sus estornudos enciende *l*, y sus
Is. 47.14 no quedará. . ni *l* a la cual se sienten

LUMBRERA
Gn. 1.14 haya *l* en la expansión de los cielos
1.15 por *l* en. . para alumbrar sobre la tierra
1.16 dos grandes *l*; la *l* mayor. . la *l* menor
Sal. 119.105 lámpara es a mis. . y *l* a mi camino
136.7 hizo las grandes *l*, porque para siempre
Ap. 21.23 Dios la ilumina, y el Cordero es su *l*

LUMINAR
Fil. 2.15 resplandecéis como *l* en el mundo

LUMINOSO
Lc. 11.36 será todo *l*, como cuando una lámpara

LUNA
Gn. 37.9 que el sol y la *l*. . se inclinaban a mí
Dt. 4.19 viendo el sol y la *l* y las estrellas
17.3 se hubiere inclinado. . al sol, o a la *l*
33.14 del sol, con el rico producto de la *l*
Jos. 10.12 sol. . y tú, *l*, en el valle de Ajalón
10.13 el sol se detuvo y la *l* se paró, hasta
1 S. 20.5 he aquí que mañana será nueva *l*, y
20.18 mañana es nueva *l*, y tú serás echado
20.24 cuando llegó la nueva *l*, se sentó el
20.27 segundo día de la nueva *l*, aconteció
20.34 y no comió pan el. . día de la nueva *l*
2 R. 4.23 vas. . No es nueva *l*, ni día de reposo
23.5 que quemaban incienso. . al sol y a la *l*
1 Cr. 23.31 días de reposo, *l* nuevas y fiestas
2 Cr. 2.4 nuevas *l*, y festividades de Jehová
8.13 ofreciesen cada cosa en. . en las nuevas *l*
31.3 para los. . nuevas *l* y fiestas solemnes
Esd. 3.5 además. . nuevas *l*, y todas las fiestas
Neh. 10.33 las nuevas *l*, las festividades, y
Job 25.5 ni aun la misma *l* será resplandeciente
31.26 si he mirado. . la *l* cuando iba hermosa
Sal. 8.3 la *l* y las estrellas que tú formaste
72.5 te temerán mientras duren el sol y la *l*
72.7 florecerá en. . paz, hasta que no haya *l*
74.16 el día. . tú estableciste la *l* y el sol
81.3 tocad la trompeta en la nueva *l*, en el
89.37 como la *l* será firme para siempre, y
104.19 hizo la *l* para los tiempos; el sol
121.6 el sol no te fatigará de día, ni la *l*
136.9 *l* y las estrellas para que. . la noche
148.3 alabadle, sol y *l*; alabadle, vosotras
Ec. 12.2 antes que se oscurezca el sol. . la *l*
Cnt. 6.10 hermosa como la *l*, esclarecida como
Is. 1.13 *l* nueva y día de reposo, el convocar
1.14 *l* nuevas. . las tiene aborrecidas mi alma
13.10 el sol. . y la *l* no dará su resplandor
24.23 la *l* se avergonzará, y. . se confundirá
30.26 luz de la *l* será como la luz del sol
60.19 ni el resplandor de la *l* te alumbrará
60.20 no se pondrá. . tu sol, ni menguará tu *l*
Jer. 8.2 y los esparcirán al sol y a la *l* y a
31.35 las leyes de la *l* y de las estrellas
Ez. 32.7 sol. . la *l* no hará resplandecer su luz
45.17 el dar. . la libación. . en las *l* nuevas
46.1 se abrirá también el día de la *l* nueva
46.3 adorará el pueblo de. . en las *l* nuevas
46.6 mas el día de la *l* nueva, un becerro
Os. 2.11 haré cesar. . sus nuevas *l* y sus días
Jl. 2.10 cielos; el sol y la *l* se oscurecerán
2.31 sol se convertirá en. . y la *l* en sangre
3.15 el sol y la *l* se oscurecerán, y las
Hab. 3.11 el sol y la *l* se pararon en su lugar
Mt. 24.29; Mr. 13.24 la *l* no dará su resplandor
Lc. 21.25 habrá señales en el sol, en la *l* y
Hch. 2.20 y la *l* en sangre, antes que venga el
1 Co. 15.41 del sol, otra la gloria de la *l*
Col. 2.16 de fiesta, *l* nueva o días de reposo
Ap. 6.12 sol. . la *l* se volvió toda como sangre
8.12 y fue herida. . la tercera parte de la *l*
12.1 una mujer. . con la *l* debajo de sus pies
21.23 no tiene necesidad de sol ni de *l* que

LUNÁTICO
Mt. 4.24 endemoniados, *l* y paralíticos; y los
17.15 ten misericordia de mi hijo, que es *l*

LUNETA
Jue. 8.21 adornos de *l* que sus camellos traían
Is. 3.18 quitará el Señor. . redecillas, las *l*

LUSTROSO
Jer. 5.28 se engordaron y se pusieron *l*, y

LUTO
Gn. 27.41 llegarán los días del *l* de mi padre
37.34 Jacob. . guardó *l* por su hijo muchos días
50.4 pasados los días de su *l*, habló José a
Éx. 33.4 vistieron *l*, y ninguno se puso sus
Dt. 26.14 no he comido de ello en mi *l*, ni he
34.8 así. . los días del lloro y del *l* de Moisés
2 S. 11.27 pasado el *l*, envió David y la trajo
14.2 y te vistas ropas de *l*, y no te unjas
19.2 y se volvió aquel día la victoria en *l*
Est. 4.3 tenían los judíos. . *l*, ayuno, lloro y
9.22 cambió en alegría, y de *l* en día bueno
Job 30.31 se ha cambiado mi arpa en *l*, y mi
Sal. 35.14 el que trae *l* por madre, enlutado
Ec. 7.2 mejor es ir a la casa del *l* que a la
7.4 corazón de los. . está en la casa del *l*
Is. 60.20 y los días de tu *l* serán acabados
61.3 óleo de gozo en lugar de *l*, manto de
Jer. 6.26 ponte *l* como por hijo único, llanto
16.5 así. . No entres en casa de *l*, ni vayas a
16.7 ni partirán pan por ellos en el *l* para
Lm. 1.4 las calzadas de Sion tienen *l*, porque
5.15 el gozo. . nuestra danza se cambió en *l*
Ez. 24.17 reprime tu. . no hagas *l* de mortuorios
24.22 no os. . ni comeréis pan de hombres en *l*
31.15 hacer *l*, hice cubrir por él el abismo
Mt. 9.15 *l* entre tanto que el esposo está con

LUZ *(n.)*

*1. **Ciudad cananea que después fue llamada Bet-el***

Gn. 28.19 aunque *L* era el nombre de la ciudad
35.6 llegó Jacob a *L*, que está en tierra de
48.3 Dios. . me apareció en *L* en la tierra de
Jos. 16.2 y de Bet-el sale a *L*, y pasa a lo
18.13 pasa. . dirección de *L*, al lado sur de *L*
Jue. 1.23 Bet-el, ciudad que antes se llamaba *L*

*2. **Ciudad en la tierra de los heteos,*** Jue. 1.26

LUZ *(s.)*
Gn. 1.3 y dijo Dios: Sea la *l*; y fue la *l*
1.4 la *l* era buena; y separó Dios la *l* de las
1.5 llamó Dios a la *l* Día, y a las tinieblas
1.18 y para separar la *l* de las tinieblas
Éx. 10.23 Israel tenían *l* en sus habitaciones
Jue. 16.2 hasta la *l* de la mañana; entonces lo
2 S. 23.4 será como la *l* de la mañana, como
Est. 8.16 los judíos tuvieron *l* y alegría, y
Job 3.9 espere la *l*, y no venga, ni vea los
3.16 los pequeñitos que nunca vieron la *l*?
3.20 ¿por qué se da *l* al trabajado, y vida
10.22 como. . cuya *l* es como densas tinieblas
12.22 él. . y saca a *l* la sombra de muerte
12.25 a tientas, como en tinieblas y sin *l*
17.12 la *l* se acorta delante de las tinieblas
18.5 la *l* de los impíos será apagada, y no
18.6 la *l* se oscurecerá en su tienda, y se
18.18 de la *l* será lanzado a las tinieblas
22.28 y sobre tus caminos resplandecerá *l*
24.13 rebeldes a la *l*, nunca conocieron sus
24.14 a la *l* se levanta el matador; mata al
24.16 las tinieblas minan. . no conocen la *l*
25.3 ¿tienen sus. . ¿Sobre quién no está su *l*?
26.10 hasta el fin de la *l* y las tinieblas
28.11 detuvo. . e hizo salir a *l* lo escondido
29.3 a cuya *l* yo caminaba en la oscuridad
29.24 creían; y no abatían la *l* de mi rostro
30.26 cuando esperaba *l*, vino la oscuridad
33.28 Dios redimirá. . y su vida se verá en *l*
33.30 iluminarlo con la *l* de los vivientes
36.30 sobre él extiende su *l*, y cobija con
36.32 con las nubes encubre la *l*, y le manda
37.3 y su *l* hasta los fines de la tierra
37.11 disipar. . y con su *l* esparce la niebla
37.15 y hace resplandecer la *l* de su nube?
37.21 no se puede mirar la *l* esplendente en
38.15 la *l* de los impíos es quitada de ellos
38.19 va el camino a la habitación de la *l*
38.24 ¿por qué camino se reparte la *l*, y se
Sal. 4.6 alza sobre nosotros. . *l* de tu rostro
27.1 Jehová es mi *l* y mi salvación. . temeré?
36.9 contigo. . la vida; en tu *l* veremos la *l*
37.6 exhibirá tu justicia como la *l*, y tu
38.10 y aun la *l* de mis ojos me falta ya
43.3 tu *l* y tu verdad; éstas me guiarán; me
44.3 tu brazo, y la *l* de tu rostro, porque
49.19 entrará en la. . y nunca más verá la *l*
56.13 para que ande. . la *l* de los que viven
89.15 andará, oh Jehová, a la *l* de tu rostro
90.8 ti, nuestros yerros a la *l* de tu rostro
90.17 la *l* de Jehová. . Dios sobre nosotros, y
97.11 *l*. . sembrada para el justo, y alegría
104.2 que se cubre de *l* como de vestidura
112.4 resplandeció en las tinieblas *l* a los
118.27 Jehová es Dios, y nos ha dado *l*; atad
139.12 mismo te son las tinieblas que la *l*
Pr. 4.18 la senda de los justos es como la *l*
6.23 y la enseñanza es *l*, y camino de vida
13.9 la *l* de los justos se alegrará; mas se

LUZ *(Continúa)*

Pr. 15.30 la *l* de los ojos alegra el corazón, y
Ec. 2.13 la necedad, como la *l* a las tinieblas
11.7 suave. . es la *l*, y agradable a los ojos
12.2 antes que se oscurezca el sol, y la *l*
Is. 2.5 venid. . y caminaremos a la *l* de Jehová
5.20 hacen de la *l* tinieblas. . las tinieblas *l*
5.30 he aquí. . en sus cielos se oscurecerá la *l*
9.2 el pueblo que. . en tinieblas vio gran *l*
9.2 de muerte, *l* resplandeció sobre ellos
10.17 y la *l* de Israel será por fuego, y su
13.10 las estrellas. . no darán su *l*; y el sol
30.26 *l* de la luna será como la *l* del sol, y
30.26 la *l* del sol. . como la *l* de siete días
42.6 y te pondré por. . por *l* de las naciones
42.9 antes que salgan a *l*, yo os las haré
42.16 delante. . cambiaré las tinieblas en *l*
43.19 yo hago cosa nueva; pronto saldrá a *l*
45.7 que formo la *l* y creo las tinieblas, que
49.6 te di por *l* de las naciones, para que
50.10 el que anda en tinieblas y carece de *l*
50.11 andad a la *l* de vuestro fuego, y de las
51.4 saldrá la ley, y mi justicia para *l* de
58.8 entonces nacerá tu *l* como el alba, y tu
58.10 dieres. . en las tinieblas nacerá tu *l*
59.9 alejó. . esperamos *l*, y he aquí tinieblas
60.1 resplandece; porque ha venido tu *l*, y la
60.3 andarán las naciones a tu *l*, y los reyes
60.19 el sol nunca más te servirá de *l* para
60.19 que Jehová te será por *l* perpetua, y
Jer. 4.23 a los cielos, y no había en ellos *l*
13.16 esperéis *l*, y os la vuelva en sombra
25.10 desaparezca de. . ruido de molino y *l* de
31.35 el sol para *l* del día. . *l* de la noche
51.10 Jehová sacó a *l* nuestras justicias
Lm. 3.2 guió y me llevó en tinieblas, y no en *l*
Ez. 32.7 y la luna no hará resplandecer su *l*
Dn. 2.22 revela lo profundo. . con él mora la *l*
5.11 hombre. . se halló en él *l* e inteligencia
5.14 que en ti se halló *l*, entendimiento y
Os. 6.5 y tus juicios serán como *l* que sale
Am. 5.18 el día. . será de tinieblas, y no de *l*
5.20 ¿no será el día de. . tinieblas, y no *l*
Mi. 7.8 more en tinieblas, Jehová será mi *l*
7.9 Jehová. . me sacará a *l*; veré su justicia
Hab. 3.4 y el resplandor fue como la *l*; rayos
3.11 a la *l* de tus saetas anduvieron, y al
Sof. 3.5 sacará a *l* su juicio, nunca faltará
Zac. 14.6 ese día no habrá *l* clara, ni oscura
14.7 sucederá que al caer la tarde habrá *l*
Mt. 4.16 pueblo asentado en tinieblas vio. . *l*
4.16 y a los asentados. . *l* les resplandeció
5.14 vosotros sois la *l* del mundo; una ciudad
5.15 ni se enciende una *l* y se pone debajo
5.16 así alumbre vuestra *l* delante de los
6.22 bueno, todo tu cuerpo estará lleno de *l*
6.23 que, si la *l* que en ti hay es tinieblas
10.27 os digo en tinieblas, decidlo en la *l*
17.2 vestidos se hicieron blancos como la *l*
17.5 una nube de *l* los cubrió; y he aquí una
Mr. 4.21 se trae la *l* para ponerla debajo del
4.22 ni escondido, que no haya de salir a *l*
Lc. 1.79 dar *l* a los que habitan en tinieblas
2.32 *l* para revelación a los gentiles, y
8.16 nadie que enciende una *l* la cubre con
8.16 sino. . para que los que entran vean la *l*
8.17 escondido, que no haya de. . y salir a *l*
11.33 nadie pone en oculto la *l* encendida, ni
11.33 sino. . para que los que entran vean la *l*
11.34 todo tu cuerpo está lleno de *l*; pero
11.35 que la *l* que en ti hay, sea tinieblas
11.36 si todo tu cuerpo está lleno de *l*, no
12.3 dicho en tinieblas, a la *l* se oirá; y
16.8 son más sagaces en. . que los hijos de *l*
Jn. 1.4 vida y la vida era la *l* de los hombres
1.5 la *l* en las tinieblas resplandece, y las
1.7,8 para que diese testimonio de la *l*
1.9 *l* verdadera, que alumbra a todo hombre
3.19 que la *l* vino al mundo, y los hombres
3.19 amaron más. . tinieblas que la *l*, porque
3.20 aborrece la *l* y no viene a la *l*, para
3.21 viene a la *l*, para que sea manifiesto
5.35 quisisteis regocijaros por un. . en su *l*
8.12 habló, diciendo: Yo soy la *l* del mundo
8.12 el que me sigue. . tendrá la *l* de la vida
9.5 que estoy en el mundo, *l* soy del mundo
11.9 no tropieza, porque ve la *l* de. . mundo
11.10 noche, tropieza, porque no hay *l* en él
12.35 por un poco está la *l* entre vosotros
12.35 andad entre tanto que tenéis *l*, para
12.36 entre tanto que tenéis la *l*, creed en
12.36 creed. . la *l*, para que seáis hijos de *l*
12.46 yo, la *l*, he venido al mundo, para que
Hch. 9.3 le rodeó un resplandor de *l* del cielo
12.7 ángel. . una *l* resplandeció en la cárcel
13.47 te he puesto para *l* de los gentiles, a
16.29 él. . pidiendo *l*, se precipitó adentro
22.6 de repente me rodeó mucha *l* del cielo
22.9 vieron. . la *l*, y se espantaron; pero no
22.11 no veía a causa de la gloria de la *l*
26.13 por el camino, vi una *l* del cielo que
26.18 se conviertan de las tinieblas a la *l*
26.23 anunciar *l* al pueblo y a los gentiles
Ro. 2.19 guía. . *l* de los que están en tinieblas
13.12 obras. . y vistámonos las armas de la *l*
2 Co. 4.4 para que no les resplandezca la *l* del
4.6 que de las tinieblas resplandeciese la *l*
6.14 ¿y qué comunión la *l* con las tinieblas?
11.14 Satanás se disfraza como ángel de *l*
Ef. 5.8 ahora sois *l* en. . andad como hijos de *l*
5.13 son puestas en evidencia por la *l*, son
5.13 porque la *l* es lo que manifiesta todo
Col. 1.12 de la herencia de los santos en *l*
1 Ts. 5.5 vosotros sois hijos de *l* e hijos del
1 Ti. 6.16 que habita en *l* inaccesible; a quien
2 Ti. 1.10 sacó a *l* la vida y la inmortalidad
Stg. 1.17 desciende de lo. . del Padre de las *l*
1 P. 2.9 que os llamó de las tinieblas a su *l*
1 Jn. 1.5 Dios es *l*, y no hay. . tinieblas en él
1.7 pero si andamos en *l*, como él está en *l*
2.8 van pasando, y la *l* verdadera ya alumbra
2.9 que dice que está en la *l*, y aborrece a
2.10 el que ama a su. . permanece en la *l*, y
Ap. 8.12 no hubiese *l* en la tercera parte del
18.23 *l* de lámpara no alumbrará más en ti, ni
21.24 las naciones. . andarán a la *l* de ella
22.5 necesidad de *l* de lámpara, ni de *l* del

LL

LLAGA

Lv. 13.2 tuviere en. . *ll* de lepra, será traído
13.3 mirará la *ll*. . y si el pelo en la *ll* se
13.3 pareciere la *ll* más profunda que la piel
13.3 más profunda que la piel. . *ll* de lepra es
13.5 si la *ll* conserva el mismo aspecto, no
13.6 si parece haberse oscurecido la *ll*, y que
13.9 cuando hubiere *ll* de lepra en el hombre
13.17 si la *ll* se hubiere vuelto blanca, el
13.17 declarará limpio al que tenía la *ll*
13.20 inmundo; es *ll* de lepra que se originó
13.22 sacerdote lo declarará inmundo; es *ll*
13.25 declarará inmundo, por ser *ll* de lepra
13.27 lo declarará inmundo; es *ll* de lepra
13.29 saliere *ll* en la cabeza, o en la barba
13.30 sacerdote mirará la *ll*; y si pareciere
13.31 el sacerdote hubiere mirado la *ll* de la
13.32 el sacerdote mirará la *ll*; y si la tiña
13.42 la antecalva hubiere *ll* blanca rojiza
13.43 y si pareciere la hinchazón de la *ll*
13.44 leproso es. . en su cabeza tiene la *ll*
13.45 el leproso en quien hubiere *ll* llevará
13.46 todo el tiempo que la *ll* estuviere en
2 R. 20.7 higos. . pusieron sobre la *ll*, y sanó
2 Cr. 6.29 que conociere su *ll* y su dolor en
Job 5.18 es quien hace la *ll*, y él la vendará
23.2 hoy. . es más grave mi *ll* que mi gemido
Sal. 38.5 hieden y supuran mis *ll*, a causa de
Is. 1.6 no. . sino herida, hinchazón y podrida *ll*
14.6 hería a los pueblos. . con *ll* permanente
30.26 vendare. . y curare la *ll* que él causó
38.21 de higos, y póngala en la *ll*, y sanará
53.5 él, y por su *ll* fuimos nosotros curados
Jer. 10.19 ¡ay de mí. . mi *ll* es muy dolorosa
30.12 así. . Incurable es tu. . y dolorosa tu *ll*
Os. 5.13 y verá Efraín su. . y Judá su *ll*; irá
5.13 rey Jareb; mas él no. . os curará la *ll*
Mi. 1.9 su *ll* es dolorosa, y llegó hasta Judá
Lc. 16.20 echado a la puerta de. . lleno de *ll*
16.21 los perros venían y le lamían las *ll*

LLAGAR

Lv. 13.4 encerrará al *llagado* por siete días
13.12 que cubriere toda la piel del *llagado*
13.13 declarará limpio al *llagado*; toda ella
13.31 encerrará. . días al *llagado* de la tiña
Sal. 69.26 cuentan del dolor. . que tú *llagaste*

LLAMA

Éx. 3.2 el Angel de Jehová en una *ll* de fuego
Nm. 21.28 fuego salió. . *ll* de la ciudad de Sehón
Jue. 13.20 cuando la *ll* subía del altar hacia
13.20 el ángel de Jehová subió en la *ll* del
Job 15.30 *ll* secará sus ramas, y con el aliento
41.21 aliento enciende. . y de su boca sale *ll*
Sal. 29.7 voz de Jehová que derrama *ll* de fuego
57.4 entre hijos de hombres que vomitan *ll*
58.9 antes que vuestras ollas sientan la *ll*
83.14 como fuego que. . *ll* que abrasa el bosque
105.32 les dio. . y *ll* de fuego en su tierra
106.18 se encendió. . la *ll* quemó a los impíos
Pr. 16.27 y en sus labios hay como *ll* de fuego
26.18 el que enloquece, y echa *ll* y saetas
29.8 escarnecedores ponen la ciudad en *ll*
Cnt. 8.6 sus brasas, brasas de fuego, fuerte *ll*
Is. 4.5 noche resplandor de fuego que eche *ll*
5.24 como. . y la *ll* devora la paja, así será
10.17 será por fuego, y su Santo por *ll*, que
13.8 se asombrará. . al mirar. . rostros de *ll*
29.6 visitada con truenos, con. . *ll* de fuego
30.27 su rostro. . con *ll* de fuego devorador
30.30 con furor de. . y *ll* de fuego consumidor
33.14 ¿quién de nosotros habitará con las *ll*
43.2 no te quemarás, ni la *ll* arderá en ti
47.14 no salvarán. . vidas del poder de la *ll*
66.15 furor, y su reprensión con *ll* de fuego
Jer. 48.45 salió fuego de Hesbón, y *ll* de en
Lm. 2.3 se encendió en Jacob como *ll* de fuego
Ez. 20.47 seco; no se apagará la *ll* del fuego
Dn. 3.22 *ll*. . mató a aquellos que habían alzado
7.9 su trono *ll* de fuego, y las ruedas del
Os. 7.6 a la mañana está encendido como *ll* de
Jl. 1.19 *ll* abrasó todos los árboles del campo
2.3 tras de él abrasará *ll*; como el huerto
2.5 como sonido de *ll*. . que consume hojarascas
Abd. 18 la casa de José será *ll*, y la casa de
Lc. 16.24 porque estoy atormentado en esta *ll*
Hch. 7.30 un ángel se le apareció. . *ll* de fuego
2 Ts. 1.8 en *ll* de fuego, para dar retribución
He. 1.7 que hace. . a sus ministros *ll* de fuego
Ap. 1.14 como nieve; sus ojos como *ll* de fuego
2.18 el que tiene ojos como *ll* de fuego, y
19.12 sus ojos eran como *ll* de fuego, y había

LLAMADO *Véase Llamar*

LLAMAMIENTO

Ro. 11.29 irrevocables son los. . el *ll* de Dios
Fil. 3.14 al premio del supremo *ll* de Dios en
2 Ts. 1.11 Dios os tenga por dignos de su *ll*
2 Ti. 1.9 y llamó con *ll* santo, no conforme a
He. 3.1 participantes. . *ll* santo, considerad al

LLAMAR

Gn. 1.5 *llamó* Dios a la luz Día, y. . *ll* Noche
1.8 *llamó* Dios a la expansión Cielos. Y fue
1.10 *llamó* Dios. . Tierra. . las aguas *ll* Mares
2.19 que viese cómo las había de *llamar*; y
2.19 todo lo que Adán *llamó* a los animales
2.23 será *llamada* Varona, porque del varón
3.9 Dios *llamó* al hombre y le dijo: ¿Dónde
3.20 *llamó* Adán. . su mujer, Eva, por cuanto
4.17 y *llamó* el nombre de la ciudad. . Enoc
4.25 dio a luz. . hijo, y *llamó* su nombre Set
4.26 le nació un hijo, y *llamó* su nombre Enós
5.2 los bendijo, y *llamó* el nombre de ellos
5.3 engendró un hijo. . y *llamó* su nombre Set
5.29 y *llamó* su nombre Noé, diciendo: Este
11.9 por esto fue *llamado* el nombre de. . Babel
12.18 Faraón *llamó* a Abram, y le dijo: ¿Qué
16.1 tenía una sierva. . que se *llamaba* Agar
16.11 un hijo, y *llamarás* su nombre Ismael
16.13 *llamó* el nombre de Jehová que con ella
16.14 *llamó* al pozo: Pozo del Viviente-que-
16.15 *llamó* Abram el nombre del hijo que le
17.5 no se *llamará* más tu nombre Abram, sino
17.15 a Sarai tu mujer no la *llamarás* Sarai
17.19 dará a luz. . y *llamarás* su nombre Isaac
19.5 y *llamaron* a Lot, y le dijeron: ¿Dónde
19.22 por eso fue *llamado*. . la ciudad, Zoar

LLAMAR ***(Continúa)***

Gn. 19.37 *llamó* su nombre Moab, el cual es padre
19.38 y *llamó* su nombre Ben-ammi, el cual es
20.8 Abimelec. . *llamó* a todos sus siervos, y
20.9 *llamó* Abimelec a Abraham, y le dijo
21.3 *llamó* Abraham el nombre de su hijo que
21.12 en Isaac te será *llamada* descendencia
21.17 y el ángel de Dios *llamó* a Agar desde
21.31 por esto *llamó* a aquel lugar Beerseba
22.14 *llamó* Abraham. . lugar, Jehová proveerá
22.15 y *llamó* el ángel de Jehová a Abraham
22.24 y su concubina, que se *llamaba* Reúma
24.29 tenía un hermano que se *llamaba* Labán
24.57 respondieron. . *Llamemos* a la doncella
24.58 *llamaron* a Rebeca, y le dijeron: ¿Irás
25.25 todo velludo. . *llamaron* su nombre Esaú
25.26 salió. . y fue *llamado* su nombre Jacob
25.30 por tanto fue *llamado* su nombre Edom
26.9 *llamó* Abimelec a Isaac, y dijo: He aquí
26.18 los llamó. . su padre los había *llamado*
26.20 por eso *llamó* el nombre del pozo Esek
26.21 otro pozo, y. . y *llamó* su nombre Sitna
26.22 otro pozo. . y *llamó* su nombre Rehobot
26.33 *llamó* Seba; por esta causa el nombre
27.1 *llamó* a Esaú su hijo mayor, y le dijo
27.36 bien *llamaron* su nombre Jacob, pues ya
27.42 envió y *llamó* a Jacob su hijo menor, y
28.1 Isaac *llamó* a Jacob, y lo bendijo, y le
28.19 *llamó* el nombre de aquel lugar Bet-el
29.32 y *llamó* su nombre Rubén, porque dijo
29.33 me ha dado. . y *llamó* su nombre Simeón
29.34 hijos; por tanto, *llamó* su nombre Leví
29.35 alabaré. . por esto *llamó* su nombre Judá
30.6 me juzgó Dios, y. . *llamó* su nombre Dan
30.8 dijo Raquel. . y *llamó* su nombre Neftalí
30.11 dijo Lea: Vino. . y *llamó* su nombre Gad
30.13 dirán dichosa; y *llamó* su nombre Aser
30.18 Lea. . por eso *llamó* su nombre Isacar
30.20 le he dado. . y *llamó* su nombre Zabulón
30.21 dio a luz una. . *llamó* su nombre Dina
30.24 *llamó* su nombre José, diciendo. . hijo
31.4 envió. . Jacob, y *llamó* a Raquel y a Lea
31.47 y lo *llamó* Labán. . lo *ll* Jacob, Galaad
31.48 por eso fue *llamado* su nombre Galaad
31.54 y *llamó* a sus hermanos a comer pan
32.2 Jacob. . *llamó* el nombre de aquel lugar
32.30 *llamó* Jacob el nombre de aquel lugar
33.17 *llamó* el nombre de aquel lugar Sucot
33.20 un altar, y lo *llamó* El-Elohe-Israel
35.7 *llamó* al lugar El-bet-el, porque allí le
35.8 encina, la cual fue *llamada* Alón-bacut
35.10 no se *llamará* más tu. . y *llamó*. . Israel
35.15 *llamó* Jacob el nombre de aquel lugar
35.18 *llamó*. . Benoni. . su padre lo *ll* Benjamín
38.1 un varón adulamita que se *llamaba* Hira
38.2 hombre cananeo, el cual se *llamaba* Súa
38.3 dio a luz un hijo, y *llamó* su nombre Er
38.4 a luz un hijo, y *llamó* su nombre Onán
38.5 a luz un hijo, y *llamó* su nombre Sela
38.6 tomó mujer para. . Er. . se *llamaba* Tamar
38.29 y ella dijo. . y *llamó* su nombre Fares
38.30 después salió. . y *llamó* su nombre Zara
39.14 *llamó* a los de casa, y les habló
41.8 e hizo *llamar* a. . los magos de Egipto
41.14 entonces Faraón envió y *llamó* a José
41.45 *llamó* Faraón el nombre. . Zafnat-panea
41.51 *llamó* José el nombre del primogénito
41.52 *llamó* el nombre del segundo, Efraín
46.33 cuando Faraón os *llamare* y dijere: ¿Cuál
47.29 y *llamó* a José su hijo, y le dijo: Si
48.6 por el nombre de sus. . serán *llamados* en
49.1 y *llamó* Jacob a sus hijos, y. . Juntaos
50.11 fue *llamado* su nombre Abel-mizraim, que
Éx. 1.15 una de las cuales se *llamaba* Sifra
1.18 el rey de. . hizo *llamar* a las parteras
2.7 dijo. . ¿Iré a *llamarte* una nodriza de las
2.8 fue la doncella, y *llamó* a la madre del
2.20 ¿dónde está?. . *Llamadle* para que coma
3.4 lo *llamó* Dios de en medio de la zarza
7.11 *llamó*. . Faraón sabios y hechiceros, e
8.8,25 Faraón *llamó* a Moisés y a Aarón, y
9.27 entonces Faraón envió a *llamar* a Moisés
10.8 volvieron a ser *llamados* ante Faraón, el
10.16 apresuró a *llamar* a Moisés y a Aarón
10.24 Faraón hizo *llamar* a Moisés, y dijo: Id
12.31 e hizo *llamar* a Moisés y a Aarón de
16.31 lo *llamó* Maná; y era como semilla de
17.7 *llamó*. . de aquel lugar Masah y Meriba
17.15 altar, y *llamó* su nombre Jehová-nisi
18.3 sus dos hijos; el uno se *llamaba* Gersón
18.4 el otro se *llamaba* Eliezer, porque dijo
19.3 Moisés. . Jehová lo *llamó* desde el monte
19.7 vino Moisés, y *llamó* a los ancianos del
19.20 *llamó* Jehová a Moisés a la cumbre del
24.16 séptimo día *llamó* a Moisés de. . la nube
31.2 he *llamado* por nombre a Bezaleel hijo
33.7 y lo *llamó* el Tabernáculo de Reunión
34.31 Moisés los *llamó*; y Aarón y todos los
36.2 Moisés *llamó* a Bezaleel y a Aholiab y
Lv. 1.1 *llamó* Jehová a Moisés, y habló con él
5.1 si alguno pecare por haber sido *llamado*
9.1 Moisés *llamó* a Aarón y a sus hijos, y a
10.4 y *llamó* Moisés a Misael y a Elzafán
24.11 su madre se *llamaba* Selomit, hija de
Nm. 11.3 y *llamó* a aquel lugar Tabera, porque
11.26 dos varones, *llamados* el uno Eldad y
11.34 y *llamó*. . de aquel lugar Kibrot-hataava
12.5 y *llamó* a Aarón y a María; y salieron
13.24 se *llamó* aquel lugar el Valle de Escol
16.12 envió Moisés a *llamar* a Datán y Abiram
21.3 y *llamó* el nombre de aquel lugar Horma
22.5 envió mensajeros a Balaam. . lo *llamasen*
22.20 si vinieron para *llamarte* estos hombres
22.37 Balac dijo. . ¿No envié yo a *llamarte?*
24.10 para maldecir. . enemigos te he *llamado*
26.59 la mujer de Amram se *llamó* Jocabed
32.42 tomó Kenat y sus aldeas, y lo *llamó*
Dt. 2.11 Anac: y los moabitas los *llaman* emitas
2.20 cuales los amonitas *llamaban* zomzomeos
3.9 los sidonios *llaman* a Hermón, Sirión
3.13 Argob, que se *llamaba* la tierra de los
3.14 la *llamó*. . Basán-havot-jair, hasta hoy
5.1 *llamó* Moisés a todo Israel y les dijo
29.2 Moisés. . *llamó* a todo Israel, y les dijo
30.19 a los cielos y a. . *llamo* por testigos
31.7 y *llamó* Moisés a Josué, y le dijo en
31.14 de tu muerte; *llama* a Josué, y esperad
31.28 y *llamaré* por testigos contra ellos a
33.19 *llamarán* a los pueblos a su monte; allí
Jos. 2.1 en casa de una ramera. . *llamaba* Rahab
4.4 entonces Josué *llamó* a los doce hombres
5.9 el nombre. . fue *llamado* Gilgal, hasta hoy
6.6 *llamando*, pues, Josué. . a los sacerdotes
7.26 aquel lugar se *llama* el Valle de Acor
9.22 y *llamándolos* Josué, les habló diciendo
10.24 *llamó*. . a todos los varones de Israel
19.47 *llamaron* a Lesem, Dan, del nombre de
22.1 Josué *llamó* a los rubenitas, a. . gaditas
23.2 *llamó* a todo Israel, a sus ancianos, sus
24.1 y *llamó* a los ancianos de Israel, sus
24.9 y envió a *llamar* a Balaam hijo de Beor
Jue. 1.10 cual se *llamaba* antes Quiriat-arba
1.11 Debir. . antes se *llamaba* Quiriat-sefer
1.23 Bet-el, ciudad que antes se *llamaba* Luz
1.26 edificó una ciudad a la cual *llamó* Luz
2.5 *llamaron* el nombre de aquel lugar Boquim
4.2 capitán de su ejército se *llamaba* Sísara
4.6 envió a *llamar* a Barac hijo de Abinoam
6.24 edificó. . altar. . y lo *llamó* Jehová-salom
6.32 aquel día Gedeón fue *llamado* Jerobaal
8.1 no *llamándonos* cuando ibas a la guerra
9.54 *llamó*. . a su escudero, y le dijo: Saca
10.4 ciudades. . se *llaman* las ciudades de Jair
12.1 fuiste a hacer guerra. . no nos *llamaste*
12.2 y os *llamé*, y no me defendisteis de su
13.2 un hombre de. . el cual se *llamaba* Manoa
14.15 habéis *llamado* aquí para despojarnos?
15.17 arrojó. . *llamó* a aquel lugar Ramat-lehi
15.19 *llamó* el nombre de. . lugar, En-hacore
16.4 una mujer en. . la cual se *llamaba* Dalila
16.18 envió a *llamar* a los príncipes de los
16.19 *llamó* a un hombre, quien le rapó las
16.25 *llamad* a Sansón. . y *llamaron* a Sansón
17.1 hubo un hombre. . que se *llamaba* Micaía
18.12 *llamaron*. . lugar el campamento de Dan
18.29 *llamaron* el nombre de aquella ciudad
18.29 que antes se *llamaba* la ciudad Lais
21.13 envió luego a. . y los *llamaron* en paz
Rt. 1.20 no me *llaméis* Noemí, sino *llamadme*
1.21 ¿por qué me *llamaréis* Noemí, ya que
2.1 pariente. . rico. . el cual se *llamaba* Booz
4.17 nacido un hijo de Noemí. . *llamaron* Obed
1 S. 1.1 hubo un varón. . que se *llamaba* Elcana
3.4 Jehová *llamó* a Samuel; y él respondió
3.5 ¿para qué me *llamaste?*. . Yo no he *llamado*
3.6 Jehová volvió a *llamar* otra vez a Samuel
3.6 ¿para qué me has *llamado?*. . yo no he *ll*
3.8 Jehová. . *llamó* la tercera vez a Samuel
3.8 dijo: Heme aquí; ¿para qué me has *llamado*
3.8 entendió Elí que Jehová *llamaba* al joven
3.9 y si te *llamare*, dirás: Habla, Jehová
3.10 vino Jehová. . *llamó* como las otras veces
3.16 *llamando*, pues, Elí a Samuel, le dijo
4.21 *llamó* al niño Icabod. . ¡Traspasada es la
6.2 los filisteos, *llamando* a los sacerdotes
9.1 había un varón de. . el cual se *llamaba* Cis
9.2 y tenía él un hijo que se *llamaba* Saúl
9.9 se *llama* profeta. . se le *llamaba* vidente
9.26 Samuel *llamó* a Saúl. . y dijo: Levántate
14.4 el uno se *llamaba* Boses, y el otro Sene
16.3 y *llama* a Isaí al sacrificio, y yo te
16.5 y santificando. . los *llamó* al sacrificio
16.8 *llamó* Isaí a Abinadab, y lo hizo pasar
17.4 un paladín, el cual se *llamaba* Goliat
17.23 se *llamaba* Goliat, el filisteo de Gat
19.7 y *llamó* Jonatán a David, y le declaró
22.20 pero uno. . se *llamaba* Abiatar, escapó
25.3 aquel varón se *llamaba* Nabal, y su mujer
25.25 se *llama* Nabal, y la insensatez está
28.15 te he *llamado*, para que me declares lo
29.6 y Aquis *llamó* a David y le dijo: Vive
2 S. 1.7 me vio y me *llamó*; y yo dije: Heme aquí
1.15 *llamó* David a uno de sus hombres, y le
2.16 fue *llamado*. . lugar, Helcat-hazurim, el
3.7 concubina que se *llamaba* Rizpa, hija de
5.20 *llamó* el nombre de. . lugar Baal-perazim
6.8 fue *llamado* aquel lugar Pérez-uza hasta
9.2 un siervo. . de Saúl que se *llamaba* Siba
9.2 cual *llamaron* para que viniese a David
9.9 entonces el rey *llamó* a Siba. . y le dijo
9.12 un hijo pequeño que se *llamaba* Micaía
12.24 *llamó* su nombre Salomón, al cual amó
12.25 *llamó* su nombre Jedidías, a causa de
12.28 tome yo la. . y sea *llamada* de mi nombre
13.1 hermana hermosa que se *llamaba* Tamar
13.3 tenía un amigo que se *llamaba* Jonadab
13.17 *llamando* a su criado. . le dijo: Echame
14.27 una hija que se *llamó* Tamar, la cual
14.33 *llamó* a Absalón, el cual vino al rey
15.2 Absalón le *llamaba* y le decía: ¿De qué
15.12 *llamó* a Ahitofel. . consejero de David
16.5 salía uno de. . el cual se *llamaba* Simei
17.5 *llamad* también ahora a Husai arquita
17.25 era hijo de un varón de. . *llamado* Itra
18.18 y *llamó* aquella columna por su nombre
18.18 y así se ha *llamado* Columna de Absalón
20.1 un hombre. . que se *llamaba* Seba hijo de
20.21 un hombre. . de Efraín que se *llama* Seba
21.2 rey *llamó* a los gabaonitas, y les habló
1 R. 1.28 y dijo: *Llamadme* a Betsabé. Y ella
1.32 dijo: *Llamadme* al sacerdote Sadoc, al
7.21 columna del lado. . *llamó* su nombre Boaz
11.26 Jeroboam. . cuya madre se *llamaba* Zerúa
12.3 enviaron a *llamarle*. Vino. . Jeroboam, y
12.20 enviaron a *llamarle* a la congregación
13.2 nacerá un hijo *llamado* Josías, el cual
16.24 *llamó*. . la ciudad que edificó, Samaria
17.10 una mujer viuda. . él la *llamó*, y le dijo
17.11 la volvió a *llamar*, y le dijo: Te ruego
18.3 y Acab *llamó* a Abdías su mayordomo
20.7 rey. . *llamó* a todos los ancianos del país
22.9 el rey de. . *llamó* a un oficial, y le dijo
22.13 que había ido a *llamar* a Micaías, le
2 R. 3.10 ha *llamado* Jehová a estos tres reyes
4.12 dijo a Giezi su. . *Llama* a esta sunamita
4.12 cuando la *llamó*, vino ella delante de
4.15 *llámala*. Y él la *llamó*, y ella se paró
4.22 *llamando* luego a su marido, le dijo: Te
4.36 *llamó* él a Giezi, y le dijo: *Llama* a esta
4.36 él la *llamó*. Y entrando ella, él le dijo
6.11 y *llamando* a sus siervos, les dijo: ¿No
8.1 porque Jehová ha *llamado* el hambre, la
9.1 *llamó* a uno de los hijos de los profetas
10.19 *llamadme*. . a todos los profetas de Baal
12.7 *llamó*. . Joás al sumo sacerdote Joiada y
14.7 tomó a Sela. . la *llamó* Jocteel, hasta hoy
18.4 la serpiente de bronce. . *llamó* Nehustán
18.18 *llamaron*. . salió a ellos Eliaquim hijo
1 Cr. 2.26 tuvo Jerameel otra. . *llamada* Atara
2.34 Sesán un siervo egipcio *llamado* Jarha
4.9 al cual su madre *llamó* Jabes, diciendo
7.16 dio a luz un hijo, y lo *llamó* Peres
8.29 Abigabaón, la mujer del cual se *llamó*
11.7 por esto la *llamaron* la Ciudad de David
13.11 *llamó* aquel lugar Pérez-uza, hasta hoy
14.11 *llamaron*. . de aquel lugar Baal-perazim
15.11 y *llamó* David a los sacerdotes Sadoc y
22.6 *llamó* entonces David a Salomón su hijo
2 Cr. 3.17 la de la mano derecha *llamó* Jaquín
10.3 le *llamaron*. Vino, pues, Jeroboam, y todo
18.8 el rey. . *llamó* a un oficial, y le dijo
18.12 había ido a *llamar* a Micaías, le habló
20.26 *llamaron* el nombre de aquel paraje el
23.20 *llamó*. . los jefes de centenas, y a los
24.6 el rey *llamó* al sumo sacerdote Joiada
28.9 allí un profeta de. . que se *llamaba* Obed
Esd. 2.61 fue *llamado* por el nombre de ellas
8.17 Iddo, jefe en el lugar *llamado* Casifia
8.17 de hablar. . en el lugar *llamado* Casifia
Neh. 7.63 Barzilai. . *llamó* del nombre de ellas
Est. 2.14 si el rey la quería y era *llamada* por
3.12 fueron *llamados* los escribanos del rey
4.5 entonces Ester *llamó* a Hatac. . lo mandó
4.11 que entra en el patio. . sin ser *llamado*
4.11 yo no he sido *llamada* para ver al rey
5.5 *llamad* a Amán, para hacer lo que Ester
5.10 y mandó *llamar* a sus amigos y a Zeres
8.9 fueron *llamados* los escribanos del rey
9.26 por esto *llamaron* a estos días Purim
Job 1.1 en tierra de Uz un varón *llamado* Job
1.4 y enviaban a *llamar* a sus tres hermanas
11.10 si él. . y *llama* a juicio, ¿quién podrá
13.22 *llama* luego, y yo responderé; o yo
14.15 entonces *llamarás*, y yo te responderé
19.16 *llamé* a mi siervo, y no respondió; de
29.11 que me oían me *llamaban* bienaventurado
42.14 *llamó* el nombre de la primera, Jemima
Sal. 42.7 un abismo *llama* a otro a la voz de
49.18 aunque mientras viva, *llame* dichosa a
69.3 cansado estoy de *llamar*; mi garganta se
72.17 naciones; lo *llamarán* bienaventurado
86.7 día. . te *llamaré*, porque tú me respondes
88.9 te he *llamado*, oh Jehová, cada día; he
147.4 a todas ellas *llama* por sus nombres
Pr. 1.24 por cuanto *llamé*, y no quisisteis oir
1.28 entonces me *llamarán*, y no responderé
7.4 dí a. . y a la inteligencia *llama* parienta
9.15 *llamar* a los que pasan por el camino
16.21 el sabio de corazón es *llamado* prudente
18.6 contienda; y su boca los azotes *llama*
24.8 *llamarán* hombre de malos pensamientos
31.28 sus hijos y la *llaman* bienaventurada

LLAMAR *(Continúa)*
Cnt. 5.2 la voz de mi amado que *llama:* Abreme
5.6 lo busqué. .lo *llamé,* y no me respondió
6.9 la vieron. .y la *llamaron* bienaventurada
Is. 1.26 *llamarán* Ciudad de justicia, Ciudad
4.3 dejado en Jerusalén será *llamado* santo
7.14 un hijo, y *llamará* su nombre Emanuel
8.12 no *llaméis* conspiración a. .las cosas que
8.12 cosas que este pueblo *llama* conspiración
9.6 *llamará* su nombre Admirable, Consejero
13.3 asimismo *llamé* a mis valientes para mi
19.18 una será *llamada* la ciudad de Herez
22.12 el Señor, Jehová. .*llamó* en este día a
22.20 aquel día *llamaré* a mi siervo Eliaquim
32.5 el ruin nunca más será *llamado* generoso
32.5 ni el tramposo será *llamado* espléndido
34.12 *llamarán* a sus príncipes, príncipes sin
35.8 y será *llamado* Camino de Santidad; no
40.26 todas *llama* por sus nombres; ninguna
41.2 lo *llamó* para que le siguiese, entregó
41.4 ¿quién *llama* las generaciones desde el
41.9 de tierras lejanas te *llamé,* y te dije
42.6 yo Jehová te he *llamado* en justicia, y
43.7 los *llamados* de mi nombre; para gloria
44.5 el otro se *llamará* del nombre de Jacob
45.4 por amor de mi. .te *llamé* por tu nombre
46.11 que *llamo* desde el oriente al ave, y de
47.1 nunca más te *llamarán* tierna y delicada
47.5 nunca más te *llamarán* señora de reinos
48.1 que os *llamáis* del nombre de Israel, los
48.8 tanto te *llamé* rebelde desde el vientre
48.12 óyeme, Jacob, y. .Israel, a quien *llamé*
48.13 cielos. .al *llamarlos* yo, comparecieron
48.15 yo hablé, y le *llamé* y le traje; por
49.1 Jehová me *llamó* desde el vientre, desde
50.2 nadie, y cuando *llamé,* nadie respondió?
51.2 cuando no era más que uno solo lo *llamé*
54.5 tu. .Dios de toda la tierra será *llamado*
54.6 porque como a. .te *llamó* Jehová, y como
55.5 aquí, *llamarás* a gente que no conociste
55.6 buscad a. .*llamadle* en tanto que está
56.7 mi casa será *llamada* casa de oración
58.5 ¿*llamaréis* esto ayuno, y día agradable
58.12 serás *llamado* reparador de portillos
58.13 mi día santo. .*llamares* delicia, santo
60.14 y te *llamarán* Ciudad de Jehová, Sion
60.18 tus muros *llamarás* Salvación, y a tus
61.3 y serán *llamados* árboles de justicia
61.6 y vosotros seréis *llamados* sacerdotes
61.6 ministros. .nuestro Dios seréis *llamados*
62.4 nunca más te *llamarán* Desamparada, ni
62.4 *llamada* Hefzi-bá, y tu tierra, Beula
62.12 les *llamarán* Pueblo Santo. .te *ll* Ciudad
63.19 sobre los cuales nunca fue *llamado* tu
65.12 *llamé,* y no respondisteis; hablé, y
65.15 a sus siervos *llamará* por otro nombre
66.4 porque *llamé,* y nadie respondió; hablé
Jer. 3.4 ¿no me *llamarás*. .Padre mío, guiador
3.17 en aquel tiempo *llamarán* a Jerusalén
3.19 y dije: Me *llamaréis:* Padre mío, y no
6.30 plata desechada los *llamarán,* porque
7.13 os hablé. .no oísteis, y os *llamé,* y no
7.27 tú. .los *llamarás,* y no te responderán
9.17 *llamad* plañideras que vengan; buscad a
11.16 olivo verde. .*llamó* Jehová tu nombre
19.6 que este lugar no se *llamará* más Tofet
20.3 Jehová no ha *llamado* tu nombre Pasur
23.6 le *llamarán:* Jehová, justicia nuestra
30.17 desechada te *llamaron,* diciendo: Esta
33.16 se le *llamará:* Jehová, justicia nuestra
35.17 hablé. .los *llamé,* y no han respondido
36.4 *llamó* Jeremías a Baruc hijo de Nerías
37.13 capitán que se *llamaba* Irías hijo de
42.8 *llamó* a Johanán. .a todos los oficiales
52.1 su madre se *llamaba* Hamutal, hija de
Lm. 1.15 *llamó* contra mi compañía. .quebrantar
Ez. 9.3 *llamó* Jehová al varón vestido de lino
20.29 fue *llamado*. .Bama hasta el día de hoy
23.4 se *llamaban,* la mayor, Ahola, y su
23.4 *llamaron:* Samaria, Ahola; y Jerusalén
36.29 y *llamaré* al trigo, y lo multiplicaré
38.21 *llamaré* contra él la espada, dice Jehová
39.11 y lo *llamarán* el Valle de Hamón-gog
40.46 los cuales son *llamados* de. .Leví para
Dn. 2.2 hizo *llamar* el rey a magos, astrólogos
2.26 a Daniel, al cual *llamaban* Beltsasar
5.12 *llámese*. .ahora a Daniel, y él te dará
6.20 *llamó* a voces a Daniel con voz triste
10.1 fue. .palabra a Daniel, *llamado* Beltsasar
Os. 2.16 me *llamarás* Ishi, y nunca más me *ll*
7.11 *llamarán* a Egipto, acudirán a Asiria
11.1 yo lo amé, y de Egipto *llamé* a mi hijo
11.2 cuanto más yo los *llamaba,* tanto más se
11.7 aunque me *llaman* el Altísimo, ninguno
Jl. 2.32 remanente al cual él habrá *llamado*
Am. 5.8 que *llama* a las aguas del mar, y las
5.16 labrador *llamarán* a lloro, y a endecha
7.4 Jehová. .*llamaba* para juzgar con fuego
9.6 él *llama* las aguas del mar, y sobre la
Hag. 1.11 y *llamé* la sequía sobre esta tierra
Zac. 6.8 me *llamó,* y me habló diciendo: Mira
8.3 Jerusalén se *llamará* Ciudad de la Verdad
10.8 *llamaré* con un silbido, y los reuniré
Mal. 1.4 les *llamarán* territorio de impiedad

Mt. 1.16 de la cual nació Jesús, *llamado* el
1.21 y *llamarás* su nombre Jesús, porque él
1.23 *llamarás* su nombre Emanuel. .traducido
2.7 *llamando* en secreto a los magos, indagó
2.15 cuando dijo: De Egipto *llamé* a mi hijo
2.23 en la ciudad que se *llama* Nazaret, para
2.23 dicho. .habría de ser *llamado* nazareno
4.18 a dos hermanos, Simón, *llamado* Pedro, y
4.21 que remendaban sus redes; y los *llamó*
5.9 porque ellos serán *llamados* hijos de Dios
5.19 muy pequeño será *llamado* en el reino de
5.19 será *llamado* grande en el reino de los
7.7 buscad, y hallaréis; *llamad*. .os abrirá
7.8 el que busca. .al que *llama,* se le abrirá
9.9 pasando. .vio a un hombre *llamado* Mateo
9.13 no he venido a *llamar* a justos, sino a
10.1 *llamando* a sus doce discípulos, les dio
10.2 primero Simón, *llamado* Pedro, y Andrés
10.25 al padre de familia *llamaron* Beelzebú
13.55 ¿no se *llama* su madre María, y sus
15.10 *llamando* a sí a la multitud, les dijo
15.32 Jesús, *llamando* a sus discípulos, dijo
18.2 y *llamando* Jesús a un niño, lo puso en
18.32 *llamándole* su señor, le dijo: Siervo
19.17 él le dijo: ¿Por qué me *llamas* bueno?
20.8 *llama* a los obreros y págales el jornal
20.16 muchos son *llamados*. .pocos escogidos
20.25 Jesús, *llamándolos,* dijo: Sabéis que
20.32 los *llamó,* y les dijo: ¿Qué queréis que
21.13 mi casa, casa de oración será *llamada*
22.3 sus siervos a *llamar* a los convidados
22.9 y *llamad* a las bodas a cuantos halléis
22.14 muchos son *llamados,* y pocos escogidos
22.43 ¿pues cómo David en el. .le *llama* Señor
22.45 si David le *llama* Señor, ¿cómo es su
23.8 vosotros no queráis que os *llamen* Rabí
23.9 no *llaméis* padre vuestro a nadie en la
23.10 ni seáis *llamados* maestros; porque uno
25.14 *llamó* a sus siervos y les entregó sus
26.3 patio del sumo sacerdote *llamado* Caifás
26.14 uno que se *llamaba* Judas Iscariote, fue a
26.36 llegó Jesús. .a un lugar que se *llama*
27.8 aquel campo se *llama*. .Campo de sangre
27.16 tenían. .preso famoso *llamado* Barrabás
27.17 os suelte. .a Jesús, *llamado* el Cristo?
27.22 ¿qué. .haré de Jesús, *llamado* el Cristo?
27.32 a un hombre de. .que se *llamaba* Simón
27.33 llegaron a un lugar *llamado* Gólgota
27.47 decían, al oírlo: A Elías *llama* éste
27.57 vino un hombre rico de. .*llamado* José
Mr. 1.20 luego los *llamó;* y dejando a su padre
2.17 no he venido a *llamar* a justos, sino a
3.13 subió. .y *llamó* a sí a los que él quiso
3.23 *llamado,* les decía en parábolas: ¿Cómo
3.31 quedándose afuera, enviaron a *llamarle*
5.9 ¿cómo te *llamas?* Y respondió diciendo
5.9 Legión me *llamo;* porque somos muchos
5.22 y vino uno. .*llamado* Jairo; y luego que
6.7 *llamó* a los doce, y comenzó a enviarlos
7.14 *llamando* a sí a toda la multitud, les
8.1 Jesús *llamó* a sus discípulos, y les dijo
8.34 *llamando* a la gente y a sus discípulos
9.35 se sentó y *llamó* a los doce, y les dijo
10.18 ¿por qué me *llamas* bueno? Ninguno hay
10.42 *llamándolos,* les dijo: Sabéis que los
10.49 mandó *llamarle;* y *llamaron* al ciego
10.49 ten confianza; levántate, te *llama*
11.17 mi casa será *llamada* casa de oración
12.37 *llama* Señor; ¿cómo, pues, es su hijo?
12.43 *llamando* a sus discípulos, les dijo
14.32 a un lugar que se *llama* Getsemaní, y
15.7 uno que se *llamaba* Barrabás, preso con
15.12 haga del que *llamáis* Rey de los judíos?
15.22 le llevaron a un lugar *llamado* Gólgota
15.35 decían, al oírlo: Mirad, *llama* a Elías
Lc. 1.5 hubo en. .un sacerdote *llamado* Zacarías
1.5 su mujer era de. .y se *llamaba* Elisabet
1.13 dará a luz. .y *llamarás* su nombre Juan
1.26 una ciudad de Galilea, *llamada* Nazaret
1.27 con un varón que se *llamaba* José, de la
1.31 luz un hijo, y *llamarás* su nombre Jesús
1.32 éste será grande, y será *llamado* Hijo
1.35 el Santo Ser. .será *llamado* Hijo de Dios
1.36 mes para ella, la que *llamaban* estéril
1.59 le *llamaban* con el nombre de su padre
1.60 su madre, dijo: No; se *llamará* Juan
1.61 no hay nadie. .se *llame* con ese nombre
1.62 preguntaron por. .cómo le quería *llamar*
1.76 tú. .profeta del Altísimo serás *llamado*
2.4 la ciudad de David, que se *llama* Belén
2.23 abriere la matriz será *llamado* santo al
2.25 en Jerusalén un hombre *llamado* Simeón
5.27 a un publicano *llamado* Leví, sentado al
5.32 no he venido a *llamar* a justos, sino a
6.13 *llamó* a sus discípulos, y escogió a 12
6.13 doce. .los cuales también *llamó* apóstoles
6.14 a Simón, a quien también *llamó* Pedro, a
6.15 hijo de Alfeo, Simón *llamado* Zelote
6.46 ¿por qué me *llamáis,* Señor, Señor, y no
7.11 él iba a la ciudad que se *llama* Naín, e
7.18 y *llamó* Juan a dos de sus discípulos
8.2 María, que se *llamaba* Magdalena, de la
8.30 ¿cómo te *llamas?* Y él dijo: Legión
8.41 vino un varón *llamado* Jairo, que era

9.10 aparte, a un lugar. .*llamada* Betsaida
10.38 una mujer *llamada* Marta le recibió en
10.39 tenía una hermana que se *llamaba* María
11.9 y hallaréis; *llamad,* y se os abrirá
11.10 porque. .y al que *llama,* se le abrirá
12.36 para que cuando llegue y *llame,* le abran
13.12 la *llamó* y le dijo: Mujer, eres libre
13.25 estando fuera empecéis a *llamar* a la
14.12 no *llames* a tus amigos, ni. .hermanos
14.13 hagas banquete, *llama* a los pobres, los
15.19,21 ya no soy digno de ser *llamado* tu
15.26 y *llamando* a uno de los criados, le
16.2 le *llamó,* y le dijo: ¿Qué es esto que
16.5 *llamando* a cada uno de los deudores de
16.20 había. .un mendigo *llamado* Lázaro, que
18.16 *llamándolos,* dijo: Dejad a los niños
18.19 ¿por qué me *llamas* bueno? Ninguno hay
19.2 un varón *llamado* Zaqueo, que era jefe
19.13 *llamando* a diez siervos suyos, les dio
19.15 mandó *llamar*. .aquellos siervos a los
19.29 al monte que se *llama* de los Olivos
20.37 *llama* al Señor, Dios de Abraham, Dios
20.44 David, pues, le *llama* Señor; ¿cómo
21.37 en el monte que se *llama* de los Olivos
22.1 la fiesta de los. .que se *llama* la pascua
22.25 tienen autoridad. .*llamados* bienhechores
22.47 y el que se *llamaba* Judas, uno de los
23.33 y cuando llegaron al lugar *llamado* de
23.50 *llamado* José, de Arimatea, ciudad de
24.13 a una aldea *llamada* Emaús, que estaba
24.18 uno. .que se *llamaba* Cleofas, le dijo
Jn. 1.6 hubo un hombre. .cual se *llamaba* Juan
1.42 serás *llamado* Cefas (que quiere decir
1.48 antes que Felipe te *llamara,* cuando
2.9 el maestresala probó el. .*llamó* al esposo
3.1 había un hombre. .se *llamaba* Nicodemo
4.5 a una ciudad de Samaria *llamada* Sicar
4.16 dijo: Vé, *llama* a tu marido, y ven acá
4.25 de venir el Mesías, *llamado* el Cristo
5.2 un estanque, *llamado* en hebreo Betesda
9.11 hombre que se *llama* Jesús hizo lodo, me
9.18 hasta que *llamaron* a los padres del que
9.24 volvieron a *llamar* al. .había sido ciego
10.3 y a sus ovejas *llama* por nombre, y las
10.35 si *llamó* dioses a aquellos a quienes
11.1 estaba. .enfermo uno *llamado* Lázaro, de
11.16 dijo entonces Tomás, *llamado* Dídimo, a
11.28 dicho. .fue y *llamó* a María su hermana
11.28 dicho. .El Maestro está aquí y te *llama*
11.54 se alejó. .a una ciudad *llamada* Efraín
12.17 cuando *llamó* a Lázaro del sepulcro, y
13.13 vosotros me *llamáis* Maestro, y Señor
15.15 no os *llamaré* siervos, porque el siervo
15.15 os he *llamado* amigos, porque todas las
18.33 *llamó* a Jesús y le dijo: ¿Eres tú el
19.13 en el lugar *llamado* el Enlosado, y en
19.17 salió al lugar *llamado* de la Calavera
20.24 Tomás. .*llamado* Dídimo, no estaba con
21.2 juntos Simón. .Tomás *llamado* el Dídimo
Hch. 1.12 el monte que se *llama* del Olivar, el
1.19 campo se *llama* en su. .lengua, Acéldama
1.23 a José, *llamado* Barsabás, que tenía por
2.39 cuantos el Señor nuestro Dios *llamare*
3.2 la puerta del. .que se *llama* la Hermosa
3.11 ellos al pórtico que se *llama* de Salomón
4.18 y *llamándolos,* les intimaron que en
5.1 cierto hombre *llamado* Ananías, con Safira
5.34 un fariseo *llamado* Gamaliel, doctor de
5.40 *llamando* a los apóstoles, después de
6.9 de la sinagoga *llamada* de los libertos
7.58 pies de un joven que se *llamaba* Saulo
8.9 pero había un hombre *llamado* Simón, que
9.10 un discípulo *llamado* Ananías, a quien
9.11 vé a la calle que se *llama* Derecha, y
9.11 y busca. .a uno *llamado* Saulo, de Tarso
9.12 y ha visto. .a un varón *llamado* Ananías
9.33 halló allí a uno que se *llamaba* Eneas
9.36 en Jope una discípula *llamada* Tabita
9.41 *llamando* a los santos y a las viudas
10.1 en Cesarea un hombre *llamado* Cornelio
10.1 centurión de la compañía *llamada* la
10.7 éste *llamó* a dos de sus criados, y a
10.15 lo que Dios limpió, no lo *llames* tú
10.18 *llamando,* preguntaron si moraba allí
10.28 ningún hombre *llame* común o inmundo
10.29 cual, al ser *llamado,* vine sin replicar
11.9 que Dios limpió, no lo *llames* tú común
11.26 los discípulos se les *llamó* cristianos
11.28 y levantándose uno de. .*llamado* Agabo
12.13 cuando *llamó* Pedro a la puerta del
12.13 a escuchar una muchacha *llamada* Rode
12.16 mas Pedro persistía en *llamar;* y cuando
13.1 Simón el que se *llamaba* Niger, Lucio de
13.2 Saulo para la obra a que los he *llamado*
13.6 a cierto mago. .judío, *llamado* Barjesús
13.7 *llamando* a Bernabé y a Saulo, deseaba
14.12 a Bernabé *llamaban* Júpiter, y a Pablo
16.1 cierto discípulo *llamado* Timoteo, hijo
16.10 dando por cierto que Dios nos *llamaba*
16.14 una mujer *llamada* Lidia, vendedora de
17.34 una mujer *llamada* Dámaris, y otros con
18.2 a un judío *llamado* Aquila, natural del
18.7 se fue a la casa de uno *llamado* Justo
18.24 llegó. .a Efeso un judío *llamado* Apolos

LLAMAR *(Continúa)*

Hch. 19.9 en la escuela de uno *llamado* Tiranno
19.24 un platero *llamado* Demetrio, que hacía
20.1 después. . *llamó* Pablo a los discípulos
20.9 y un joven *llamado* Eutico. . rendido de
20.17 hizo *llamar* a. . ancianos de la iglesia
21.10 descendió de. . un profeta *llamado* Agabo
21.16 trayendo consigo a uno *llamado* Mnasón
22.12 *llamado* Ananías, varón piadoso según
23.17 *llamando* a uno de los centuriones, dijo
23.18 me *llamó* y me rogó que trajese ante ti
23.23 *llamando* a dos centuriones, mandó que
24.1 con. . un cierto orador *llamado* Tértulo, y
24.2 cuando. . fue *llamado*, Tértulo comenzó a
24.14 que según el Camino que. . *llaman* herejía
24.24 *llamó* a Pablo, y le oyó acerca de la
24.25 cuando tenga oportunidad te *llamaré*
26.6 por la esperanza. . soy *llamado* a juicio
27.1 centurión *llamado* Julio, de la compañía
27.8 a un lugar que *llaman* Buenos Puertos
27.14 un viento huracanado *llamado* Euroclidón
27.16 de una pequeña isla *llamada* Clauda, con
28.1 supimos que la isla se *llamaba* Malta
28.7 principal de la isla, *llamado* Publio
28.20 os he *llamado* para veros y hablaros
Ro. 1.1 Pablo, siervo. . *llamado* a ser apóstol
1.6 vosotros, *llamados* a ser de Jesucristo
1.7 amados de Dios, *llamados* a ser santos
4.17 y *llama* las cosas que no son, como si
7.3 se uniere a otro. . será *llamada* adúltera
8.28 conforme a su propósito son *llamados*
8.30 también *llamó;* y a los que *ll*, a éstos
9.7 en Isaac te será *llamada* descendencia
9.11 no por las obras sino por el que *llama*
9.24 los cuales también ha *llamado*, esto es
9.25 dice: *Llamaré* pueblo mío al que no era
9.26 serán *llamados* hijos del Dios viviente
1 Co. 1.1 Pablo, *llamado* a ser. . de Jesucristo
1.2 *llamados* a ser santos con todos los que
1.9 fuisteis *llamados* a la comunión con su
1.24 mas para los *llamados*. . poder de Dios, y
5.11 *llamándose* hermano, fuere fornicario, o
7.15 no está. . sino que a paz nos *llamó* Dios
7.17 y como Dios *llamó* a cada uno, así haga
7.18 ¿fue *llamado* alguno siendo circunciso?
7.18 ¿fue *llamado*. . siendo incircunciso? No
7.20 en el estado en que fue *llamado*. . quede
7.21 ¿fuiste *llamado* siendo esclavo? No te
7.22 fue *llamado* siendo libre, esclavo es de
7.24 cada uno. . en el estado en que fue *llamado*
8.5 algunos que se *llamen* dioses, sea en el
12.3 nadie que hable. . *llama* anatema a Jesús
12.3 nadie puede *llamar* a Jesús Señor, sino
15.9 que no soy digno de ser *llamado* apóstol
Gá. 1.6 que os *llamó* por la gracia de Cristo
1.15 que me apartó. . me *llamó* por su gracia
5.8 esta. . no procede de aquel que os *llama*
5.13 hermanos, a libertad fuisteis *llamados*
Ef. 1.18 la esperanza a que él os ha *llamado*
2.11 erais *llamados* incircuncisión por la
2.11 la *llamada* circuncisión hecha con mano
4.1 de la vocación con que fuisteis *llamados*
4.4 como fuisteis también *llamados* en una
Col. 3.15 a la que asimismo fuisteis *llamados*
4.11 y Jesús, *llamado* Justo. . son los únicos
1 Ts. 2.12 que os *llamó* a su reino y gloria
4.7 no nos ha *llamado* Dios a inmundicia, sino
5.24 fiel es el que os *llama*, el cual. . hará
2 Ts. 2.4 contra todo lo que se *llama* Dios o
2.14 cual os *llamó* mediante nuestro evangelio
1 Ti. 6.12 a la cual asimismo fuiste *llamado*
6.20 los argumentos de la. . *llamada* ciencia
2 Ti. 1.9 salvó y *llamó* con llamamiento santo
He. 2.11 no. . avergüenza de *llamarlos* hermanos
5.4 el que es *llamado* por Dios, como lo fue
7.11 que no fuese *llamado* según el orden de
9.2 la primera parte, *llamada* el Lugar Santo
9.3 la parte del. . *llamada* el Lugar Santísimo
9.15 los *llamados* reciban la promesa de la
11.8 Abraham, siendo *llamado*, obedeció para
11.16 no se avergüenza de *llamarse* Dios de
11.18 en Isaac te será *llamada* descendencia
11.24 la fe Moisés. . rehusó *llamarse* hijo de
Stg. 2.23 creyó. . y fue *llamado* amigo de Dios
5.14 *llame* a los ancianos de la iglesia, y
1 P. 1.15 como aquel que os *llamó* es santo, sed
2.9 las virtudes de aquel que os *llamó* de
2.21 pues para esto fuisteis *llamados;* porque
3.6 como Sara obedecía a. . *llamándole* señor
3.9 *llamados* para que heredaseis bendición
5.10 el Dios de. . que nos *llamó* a su gloria
2 P. 1.3 de aquel que nos *llamó* por su gloria
1 Jn. 3.1 que seamos *llamados* hijos de Dios
Jud. 1 a los *llamados*, santificados en Dios
Ap. 1.9 yo. . estaba en la isla *llamada* Patmos
2.24 y no han conocido lo que ellos *llaman*
3.20 yo estoy a la puerta y *llamo;* si alguno
11.8 en sentido espiritual se *llama* Sodoma y
12.9 serpiente antigua, que se *llama* diablo
14.18 *llamó* a gran voz al que tenía la hoz
16.16 lugar que en hebreo se *llama* Armagedón
17.14 y los que están con él son *llamados* y
19.9 los que son *llamados* a la cena de las
19.11 y el que lo montaba se *llamaba* Fiel y

LLANO

Nm. 31.12 en los *ll* de Moab, que están junto
Jos. 5.10 celebraron la pascua. . *ll* de Jericó
9.1 reyes. . en las montañas como en los *ll*
10.40 hirió, pues. . los *ll* y de las laderas
11.2 los reyes. . al sur de Cineret, en los *ll*
11.8 y los siguieron. . hasta el *ll* de Mizpa
11.16 tomó. . los *ll*, el Arabá, las montañas
12.7 Baal-gad en el *ll* del Líbano hasta el
13.32 Moisés repartió en. . en los *ll* de Moab
Jue. 1.9 cananeo que habitaba en. . y en los *ll*
1.19 arrojar a los que habitaban en los *ll*
1.34 Dan. . no los dejaron descender a los *ll*
2 Cr. 4.17 fundió el rey en los *ll* del Jordán
26.10 y viñas. . en los montes como en los *ll*
Sal. 65.13 se visten de manadas los *ll*, y los
Jer. 39.5; 52.8 alcanzaron a Sedequías en. . *ll*
Lc. 6.17 descendió. . y se detuvo en un lugar *ll*

LLANTO

Gn. 50.11 viendo. . el *ll*. . dijeron: *Ll* grande es
Jue. 21.2 vino. . alzando su voz hicieron gran *ll*
Is. 15.3 aullarán todos, deshaciéndose en *ll*
15.8 porque el *ll* rodeó los límites de Moab
22.12 llamó en este día a *ll* y a endechas, a
Jer. 3.21 *ll* de los ruegos de los. . de Israel
6.26 ponte luto como por. . *ll* de amarguras
7.29 y levanta *ll* sobre las alturas; porque
9.10 levantaré lloro. . *ll* por los pastizales
9.18 dense prisa, y levanten *ll* por nosotros
31.15 voz fue oída en Ramá, *ll* y lloro amargo
31.16 reprime del *ll* tu voz, y de. . lágrimas
48.5 la subida de Luhit con *ll* subirá el que
48.32 con *ll* de Jazer lloraré por ti, oh vid
48.38 los terrados de Moab. . todo él será *ll*
Am. 5.16 todas las plazas habrá *ll*, y en todas
5.17 y en todas las viñas habrá *ll;* porque
8.10 la volveré como en *ll* de unigénito, y su
Mi. 1.11 el *ll* de Bet-esel os quitará su apoyo
Zac. 12.11 gran *ll*. . como el *ll* de Hadad-rimón
Mal. 2.13 cubrir el altar de Jehová de. . *ll*, y
Lc. 13.28 allí será el *ll* y el crujir de dientes
Hch. 8.2 a Esteban, e hicieron gran *ll* sobre él
20.37 hubo gran *ll* de todos; y echándose al
2 Co. 7.7 vuestro *ll*, vuestra solicitud por mí
Ap. 18.7 tanto dadle de tormento y *ll;* porque
18.7 estoy sentada como reina. . y no veré *ll*
18.8 en un solo día vendrán. . *ll* y hambre, y
21.4 ya. . ni habrá más *ll*, ni clamor, ni dolor

LLANURA

Gn. 11.2 hallaron una *ll* en la tierra de Sinar
13.10 alzó Lot. . y vio toda la *ll* del Jordán
13.11 escogió para sí toda la *ll* del Jordán
13.12 que Lot habitó en las ciudades de la *ll*
14.6 el monte de Seir, hasta la *ll* de Parán
19.17 no mires tras. . ni pares en toda esta *ll*
19.25 destruyó las ciudades, y. . aquella *ll*
19.28 y hacia toda la tierra de aquella *ll*
19.29 así. . destruyó Dios las ciudades de la *ll*
Dt. 3.10 las ciudades de la *ll*, y todo Galaad
4.43 Beser en. . en tierra de la *ll*, para los
34.3 la *ll*, la vega de Jericó, ciudad de las
Jos. 4.13 pasaron hacia la *ll* de Jericó delante
11.17 hasta Baal-gad en la *ll* del Líbano, a
13.9 y toda la *ll* de Medeba, hasta Dibón
13.16 desde Aroer. . y toda la *ll* hasta Medeba
13.17 todas sus ciudades que están en la *ll*
13.21 las ciudades de la *ll*, y todo el reino
15.33 en las *ll*, Estaol, Zora, Asena
17.16 los cananeos que habitan. . la *ll*, tienen
20.8 a Beser. . en la *ll* de la tribu de Rubén
Jue. 9.6 la *ll* del pilar que estaba en Siquem
2 S. 18.23 corrió pues, por el camino de la *ll*
1 R. 7.46 lo hizo fundir. . en la *ll* del Jordán
20.23 mas si peleáremos con ellos en la *ll*
2 R. 25.5 al rey. . apresó en las *ll* de Jericó
Neh. 3.22 restauraron los. . los varones de la *ll*
Is. 42.16 cambiaré. . luz, y lo escabroso en *ll*
Jer. 21.13 moradora del. . de la piedra de la *ll*
31.40 todas las *ll* hasta el arroyo de Cedrón
48.8 arruinará. . valle, y será destruida la *ll*
48.21 vino juicio sobre la tierra de la *ll*
Zac. 4.7 delante de Zorobabel. . reducido a *ll*
14.10 la tierra se volverá como *ll* desde Geba

LLAVE

Jue. 3.25 no abría. . tomaron la *ll* y abrieron
Is. 22.22 y pondré la *ll* de la casa de David
Mt. 16.19 daré las *ll* del reino de los cielos
Lc. 11.52 habéis quitado la *ll* de la ciencia
Ap. 1.18 tengo las *ll* de la muerte y del Hades
3.7 el que tiene la *ll* de David, el que abre
9.1 y se le dio la *ll* del pozo del abismo
20.1 vi a un ángel. . con la *ll* del abismo, y

LLEGADA

Gn. 30.30 y Jehova te ha bendecido con mi *ll*

LLEGAR

Gn. 6.4 *llegaron* los hijos de Dios a las hijas
10.8 Nimrod, quien *llegó* a ser. . poderoso en
11.4 una torre, cuya cúspide *llegue* al cielo
12.5 salieron. . y a tierra de Canaán *llegaron*
15.16 no ha *llegado* a su colmo la maldad del
16.2 ruego, pues, que te *llegues* a mi sierva
16.4 y él se *llegó* a Agar, la cual concibió
19.1 *llegaron*. . los dos ángeles a Sodoma a la
19.22 nada podré hacer hasta que hayas *llegado*
19.23 el sol salía. . cuando Lot *llegó* a Zoar
20.4 Abimelec no se había *llegado* a ella, y
20.13 en todos los lugares adonde *lleguemos*
22.9 y cuando *llegaron* al lugar que Dios le
24.10 *llegó* a Mesopotamia, a la ciudad de
24.41 cuando hayas *llegado* a mi familia; y
24.42 *llegué*. . hoy a la fuente, y dije: Jehová
27.41 *llegarán* los días del luto de mi padre
28.3 hasta *llegar* a ser multitud de pueblos
28.11 *llegó* a un cierto lugar, y durmió allí
29.23 tomó a Lea su hija. . él se *llegó* a ella
29.30 y se *llegó* también a Raquel, y la amó
30.3 *llégate* a ella, y dará a luz sobre mis
30.4 le dio a Bilha. . y Jacob se *llegó* a ella
30.16 *llégate* a mí, porque a la verdad te he
33.3 inclinó. . siete veces, hasta que *llegó* a
33.7 después *llegó* José y Raquel, y también
33.14 iré. . hasta que *llegue* a mi señor a Seir
33.18 Jacob *llegó*. . a la ciudad de Siquem, que
35.6 *llegó* Jacob a Luz, que está en tierra
35.16 para *llegar* a Efrata, cuando dio a luz
35.22 durmió con Bilha. . *llegó* a saber Israel
37.5 ellos *llegaron* a aborrecerle más todavía
37.14 lo envió del valle. . y *llegó* a Siquem
37.18 lo vieron. . antes que *llegara* cerca de
37.23 que cuando *llegó* José a sus hermanos
38.2 vio allí Judá. . tomó, y se *llegó* a ella
38.8 Onán: *Llégate* a la mujer de tu hermano
38.9 que cuando se *llegaba* a la mujer de su
38.16 déjame. . *llegarme* a ti. . *llegarte* a mí?
38.18 y él se los dio, y se *llegó* a ella, y
42.6 y *llegaron* los hermanos de José, y se
43.21 que cuando *llegamos* al mesón y abrimos
44.24 cuando *llegamos* a mi padre tu siervo
45.25 *llegaron* a la tierra de Canaán a Jacob
46.28 Jacob. . y *llegaron* a la tierra de Gosén
47.9 no han *llegado* a los días de los años de
47.29 *llegaron* los días de Israel para morir
50.10 y *llegaron* hasta la era de Atad, que
Éx. 3.1 Moisés. . *llegó* hasta Horeb, monte de
3.13 aquí que *llego* yo a los hijos de Israel
10.26 no sabemos. . hasta que *lleguemos* allá
15.23 *llegaron* a Mara, y no pudieron beber
15.27 *llegaron* a Elim. . había doce fuentes de
16.35 hasta que *llegaron* a tierra habitada
16.35 hasta que *llegaron*. . tierra de Canaán
19.1 mismo día *llegaron* al desierto de Sinaí
19.2 salido. . y *llegaron* al desierto de Sinaí
22.23 *llegas* a afligirles, y ellos clamaren
27.5 y *llegará* la rejilla hasta la mitad del
28.1 harás *llegar* delante de ti a Aarón tu
32.19 *llegó* al campamento, y vio el becerro
Lv. 4.14 que *llegue* a ser conocido el pecado
5.3 después *llegare* a saberlo, será culpable
18.6 ningún. . se *llegue* a parienta próxima
18.14 no *llegarás* a su mujer; es mujer del
18.19 no *llegarás* a la mujer. . mientras esté
20.16 si una mujer se *llegare* a algún animal
Nm. 10.21 entretanto que ellos *llegaban*, los
13.23 *llegaron* hasta el arroyo de Escol, y
13.27 nosotros *llegamos* a la tierra a la cual
20.1 *llegaron* los hijos de Israel, toda la
22.7 fueron. . *llegaron* a Balaam y le dijeron
34.11 y descenderá el límite, y *llegará* a la
36.1 *llegaron* los príncipes de los padres de
Dt. 1.19 salidos. . *llegamos* hasta Cades-barnea
1.20 habéis *llegado* al monte del amorreo, el
1.22 de las ciudades adonde hemos de *llegar*
1.24 y *llegaron* hasta el valle de Escol, y
1.31 habéis andado, hasta *llegar* a este lugar
2.37 tierra de los hijos de Amón no *llegamos*
8.19 mas si *llegares* a olvidarte de Jehová y
11.5 hasta que habéis *llegado* a este lugar
13.16 *llegará* a ser un montón de ruinas para
21.13 después podrás *llegarte* a ella, y tú
22.13 haberse *llegado* a ella la aborreciere
22.14 me *llegué* a ella, y no la hallé virgen
25.5 su cuñado se *llegará* a ella, y la tomará
29.7 y *llegasteis* a este lugar, y salieron
Jos. 2.22 caminando ellos, *llegaron* al monte
8.11 la gente. . *llegaron* delante de la ciudad
9.17 al tercer día *llegaron* a las ciudades de
15.1 Judá. . *llegaba* hasta la frontera de Edom
19.11 su límite sube. . y *llega* hasta Dabeset
19.22 y *llega*. . límite hasta Tabor, Sahazima
19.26 *llega* hasta Carmelo al occidente, y a
19.27 después da vuelta. . y *llega* a Zabulón
19.34 el límite. . *llegaba* hasta Zabulón al sur
22.10 *llegando* a los límites del Jordán que
24.6 y cuando *llegaron* al mar, los egipcios
Jue. 3.3 de Baal-hermón hasta *llegar* a Hamat
6.4 destruían. . frutos. . hasta *llegar* a Gaza
7.13 cuando *llegó* Gedeón. . un hombre estaba
7.13 un pan. . *llegó* a la tienda, y la golpeó
7.17 *llegue* al extremo del campamento, haréis
7.19 *llegaron*. . Gedeón y los cien hombres que
7.24 tomad los vados. . antes que ellos *lleguen*
9.52 *llegó* hasta la puerta de la torre para

LLEGAR *(Continúa)*

Jue. 11.16 Israel subió de Egipto. . *llegó* a Cades
11.33 desde Aroer hasta *llegar* a Minit, 20
14.5 y cuando *llegaron* a las viñas de Timnat
16.1 vio allí a una mujer. . se *llegó* a ella
16.17 le dijo: Nunca a mi cabeza *llegó* navaja
17.8 y *llegando*. . al monte de Efraín, vino a
18.3 *llegando*. . dijeron: ¿Quién te ha traído
18.10 *llegaréis* a un pueblo confiado y a una
18.15 cuando *llegaron*. . a la casa del joven
18.27 *llegaron* a Lais, al pueblo tranquilo y
19.10 se fue. . *llegó* hasta enfrente de Jebús
19.29 y *llegando* a su casa, tomó un cuchillo
20.4 yo *llegué* a Gabaa de. . con mi concubina
Rt. 1.2 *llegaron*, pues, a los campos de Moab
1.19 anduvieron. . hasta que *llegaron* a Belén
1.22 *llegaron* a Belén al comienzo de la siega
2.3 y *llegando*, espigó en el campo en pos de
3.16 cuando *llegó* a donde estaba su suegra
4.13 Booz. . se *llegó* a ella, y Jehová le dio
1 S. 1.4 cuando *llegaba* el día en que Elcana
1.19 Elcana se *llegó* a Ana su mujer, y Jehová
4.5 cuando el arca del. . *llegó* al campamento
4.12 un hombre de. . *llegó* el mismo día a Silo
4.13 cuando *llegó*. . Elí estaba sentado en una
4.13 *llegado*, pues, aquel hombre a la ciudad
7.2 desde el día que *llegó* el arca. . pasaron
7.10 filisteos *llegaron* para pelear con. . Israel
9.13 no comerá hasta que él haya *llegado*, por
9.16 por cuanto su clamor ha *llegado* hasta
10.3 *llegues* a la encina de Tabor, te saldrán
10.5 después de. . *llegarás* al collado de Dios
10.13 cesó de profetizar, y *llegó* al lugar
10.21 e hizo *llegar* la tribu de Benjamín por
11.4 *llegando* los mensajeros a Gabaa de Saúl
14.9 esperad hasta que *lleguemos* a vosotros
14.20 *llegaron* hasta el lugar de la batalla
14.23 día. Y *llegó* la batalla hasta Bet-avén
14.25 *llegó* a un bosque, donde había miel en
14.26 no hubo quien hiciera *llegar* su mano a
15.7 Saúl derrotó. . Havila hasta *llegar* a Shur
16.4 luego que él *llegó* a Belén, los ancianos
17.20 y *llegó*. . cuando el ejército salía en
17.22 corrió al. . y cuando *llegó*, preguntó por
17.52 siguieron a los. . hasta *llegar* al valle
18.19 *llegado* el tiempo en que Merab hija de
19.22 *llegando* al gran pozo que está en Secú
19.23 profetizando hasta que *llegó* a Naiot en
20.24 *llegó* la nueva luna, se sentó el rey a
20.37 *llegando* el muchacho adonde. . la saeta
24.3 cuando *llegó* a un redil de ovejas en el
25.9 cuando *llegaron* los jóvenes enviados por
26.10 hiriere, o su día *llegue* para que muera
30.9 y *llegaron* hasta el torrente de Besor
30.21 *llegó* a la gente, les saludó con paz
30.26 David *llegó* a Siclag, envió del botín
2 S. 1.2 *llegando* a David, se postró en tierra
2.24 puso el sol cuando *llegaron* al collado
2.29 cruzaron. . Bitrón y *llegaron* a Mahanaim
3.7 te has *llegado* a la concubina de mi padre?
3.23 luego que *llegó* Joab y todo el ejército
5.25 hirió. . desde Geba hasta *llegar* a Gezer
6.6 cuando *llegaron* a la era de Nacón, Uza
6.16 cuando el arca de. . *llegó* a la ciudad de
10.2 mas *llegados* los siervos de David a la
11.22 *llegando*, contó a David todo aquello
12.24 *llegándose* a ella durmió con ella; y ella
13.30 *llegó* a David el rumor. . dado muerte a
16.14 y el rey y todo el. . *llegaron* fatigados
16.21 *llégate* a las concubinas de tu padre
16.22 se *llegó* Absalón a las concubinas de
17.18 los dos. . *llegaron* a casa de un hombre
17.20 *llegando* luego los criados de Absalón
17.24 David *llegó* a Mahanaim; y Absalón pasó
17.25 había *llegado* a Abigail hija de Nahas
17.27 que David llegó a Mahanaim, Sobi hijo
20.3 que *llegó* David a su casa en Jerusalén
20.3 pero nunca más se *llegó* a ellas, sino
21.17 Abisai. . *llegó* en su ayuda, e hirió al
22.7 él oyó. . y mi clamor *llegó* a sus oídos
23.19 y *llegó* a ser su jefe; mas no igualó a
1 R. 2.1 *llegaron* los días en que David había
4.34 había *llegado* la fama de su sabiduría
10.27 la plata *llegara* a ser como piedras, y
11.2 no os *llegaréis* a. . ni ellas se *llegarán*
16.11 luego que *llegó* a reinar. . mató a toda
17.10 cuando *llegó*. . he aquí una mujer viuda
18.36 cuando *llegó* la hora de ofrecerse el
18.46 Elías. . corrió. . hasta *llegar* a Jezreel
19.15 *llegarás*, y ungirás a Hazael por rey
20.39 y si *llegare* a huir, tu vida será por
20.43 el rey de. . se fue. . y *llegó* a Samaria
22.28 si *llegas* a volver en paz, Jehová no
2 R. 3.24 pero cuando *llegaron* al campamento
4.27 *llegó* a donde estaba el varón de Dios
5.6 cuando *lleguen* a ti estas cartas, sabe
5.24 así que *llegó* a un lugar secreto, él lo
6.4 cuando *llegaron* al Jordán, cortaron la
6.20 cuando *llegaron* a Samaria, dijo Eliseo
7.5 *llegando* a la entrada. . había allí nadie
7.8 *llegaron* a la entrada del campamento
8.9 y *llegando* se puso delante de él, y dijo
9.2 *llegues* allá, verás allí a Jehú hijo de
9.18 mensajero *llegó* hasta ellos, y no vuelve
9.19 *llegando* a ellos, dijo: El rey dice así
9.20 también éste *llegó* a ellos y no vuelve
10.2 que *lleguen* estas cartas a vosotros los
10.7 las cartas *llegaron* a ellos, tomaron a
10.12 *llegó* a. . casa de esquileo de pastores
10.17 luego que Jehú hubo *llegado* a Samaria
1 Cr. 1.10 Nimrod; este *llegó* a ser poderoso
4.39 *llegaron* hasta la entrada de Gedor hasta
5.2 que Judá *llegó* a ser el mayor sobre sus
7.23 él se *llegó* a su mujer, y ella concibió
13.9 cuando *llegaron* a la era de Quidón, Uza
15.29 cuando el arca. . *llegó* a la ciudad de
19.2 cuando *llegaron* los siervos de David a
19.5 cuando *llegó* a David la noticia sobre
2 Cr. 3.11,12 una ala. . *llegaba* hasta la pared
12.4 tomó. . de Judá, y *llegó* hasta Jerusalén
21.12 le *llegó* una carta del profeta Elías
23.20 *llegaron* a la mitad de la puerta mayor
28.9 con ira que ha *llegado* hasta el cielo
30.27 su oración *llegó* a la habitación de su
Esd. 3.1 cuando *llegó* el mes séptimo. . se juntó
7.8 y *llegó* a Jerusalén en el mes quinto del
7.9 y al primero del mes. . *llegó* a Jerusalén
8.32 *llegamos* a Jerusalén, y reposamos allí
Neh. 2.7 franqueen el paso hasta que *llegue* a
2.11 *llegué*. . a Jerusalén, y después de estar
12.40 *llegaron*. . los dos coros a la casa de
Est. 1.17 *llegará* a oídos de todas las mujeres
2.12 cuando *llegaba* el tiempo de cada una de
2.15 le *llegó* a Ester. . el tiempo de venir al
4.3 decreto *llegaba*, tenían los judíos gran
4.14 si para esta hora has *llegado* al reino?
6.14 los eunucos del rey *llegaron* apresurados
8.17 donde *llegó* el mandamiento del rey, los
9.26 esto, y lo que *llegó* a su conocimiento
Job 3.21 que esperan la muerte, y ella no *llega*
4.5 y cuando ha *llegado* hasta ti, te turbas
11.7 Dios? ¿*llegarás* tú a la perfección del
38.11 aquí *llegarás*, y no pasarás adelante
Sal. 18.6 mi clamor *llegó* delante. . a sus oídos
32.6 en la inundación. . no *llegarán* éstas a ti
36.5 hasta los cielos *llega* tu misericordia
51 *tít.* después que se *llegó* a Betsabé, vino
55.23 los. . no *llegarán* a la mitad de sus días
79.11 *llegue* delante de ti el gemido de los
88.2 *llegue* mi oración a tu presencia. . oído
91.7 caerán a tu lado mil. . a ti no *llegará*
95.2 *lleguemos* ante su presencia con alabanza
102.1 Jehová, escucha. . *llegue* a ti mi clamor
102.13 es tiempo. . porque el plazo ha *llegado*
107.18 y *llegaron* hasta las puertas de la
119.169 *llegue* mi clamor delante de ti, oh
119.170 *llegue* mi oración delante de ti
Pr. 1.27 calamidad *llegare* como un torbellino
2.19 los que a ella se *lleguen*, no volverán
6.29 así es el que se *llega* a la mujer de su
Ec. 12.1 *lleguen* los años de los cuales digas
Is. 1.23 ni *llega* a ellos la causa de la viuda
5.9 *llegado* a mis oídos de parte de Jehová
7.25 no *llegarán* allá por el temor de los
8.3 *llegué* a la profetisa, la cual concibió
8.8 pasará. . y *llegará* hasta la garganta; y
13.22 cercano a *llegar* está su tiempo, y sus
15.8 hasta Eglaim *llegó* su alarido, y hasta
16.8 habían *llegado* hasta Jazer, y se habían
23.5 cuando *llegue* la noticia. . tendrán dolor
28.15 turbión del azote, no *llegará* a nosotros
30.4 cuando. . sus embajadores *lleguen* a Hanes
30.28 cual torrente. . *llegará* hasta el cuello
37.3 los hijos han *llegado* hasta el punto de
37.24 *llegaré* hasta sus. . elevadas cumbres
57.3 mas vosotros *llegaos* acá, hijos de la
63.4 y el año de mis redimidos ha *llegado*
Jer. 5.31 ¿qué, pues, haréis cuando *llegue* el
25.31 *llegará* el estruendo hasta el fin de
30.21 le haré *llegar* cerca, y él se acercará
36.7 quizá *llegue* la oración de ellos a la
37.5 y *llegó* noticia de ello a oídos de los
41.7 *llegaron*. . ciudad, Ismael. . los degolló
43.7 y entraron en. . y *llegaron* hasta Tafnes
48.32 tus sarmientos. . *llegaron* hasta el mar
48.34 el clamor de Hesbón *llega* hasta Eleale
51.9 ha *llegado* hasta el cielo su juicio, y
51.61 cuando *llegues* a Babilonia, y veas y
Lm. 2.5 *llegó* a ser como enemigo, destruyó a
4.18 se cumplieron. . porque *llegó* nuestro fin
4.21 aun hasta ti *llegará* la copa. . vomitarás
Ez. 9.1 los verdugos de la ciudad han *llegado*
11.16 por. . santuario en las. . adonde *lleguen*
12.16 cuenten. . las naciones adonde *llegaren*
16.7 *llegaste* a ser muy hermosa; tus pechos
16.13 prosperaste hasta *llegar* a reinar
16.33 se *llegasen* a ti en tus fornicaciones
18.6 no. . ni se *llegare* a la mujer menstruosa
21.7 por una noticia que cuando *llegue* hará
21.25 impío príncipe de. . cuyo día ha *llegado*
22.4 día, y has *llegado* al término de tus años
23.4 Aholiba; las cuales *llegaron* a ser mías
23.17 se *llegaron* a ella los. . de Babilonia
27.25 *llegaste* a ser opulenta. . en gran manera
33.22 sobre mí. . antes de *llegar* el fugitivo
36.20 cuando *llegaron* a las naciones adonde
36.22 entre. . naciones adonde habéis *llegado*
Dn. 4.11 su copa *llegaba* hasta el cielo, y se
4.20 y cuya copa *llegaba* hasta el cielo, y
4.22 creció. . y ha *llegado* hasta el cielo, y
6.24 aún no habían *llegado* al fondo del foso
7.22 *llegó* el tiempo, y. . recibieron el reino
8.7 y lo vi que *llegó* junto al carnero, y se
8.23 cuando. . transgresores *lleguen* al colmo
11.27 porque el plazo aún no habrá *llegado*
11.45 *llegará* a su fin, y no tendrá quien le
12.12 el que espere, y *llegue* a 1.335 días
Os. 9.9 *llegaron* hasta lo más. . en su corrupción
9.12 y si *llegaren* a grandes sus hijos, los
Am. 2.7 hijo y su padre se *llegan* a la misma
Abd. 7 hasta los confines te hicieron *llegar*
Jon. 2.7 mi oración *llegó* hasta ti en tu santo
3.6 *llegó* la noticia hasta el rey de Nínive
Mi. 1.9 llaga es dolorosa, y *llegó* hasta Judá
1.9 *llegó* hasta la puerta de mi pueblo, hasta
2.1 mal, y cuando *llega* la mañana lo ejecutan
4.10 saldrás de. . y *llegarás* hasta Babilonia
Hag. 1.2 no ha *llegado* aún el tiempo. . la casa
Mt. 2.9 *llegando*, se detuvo sobre donde estaba
8.16 y cuando *llegó* la noche, trajeron a él
8.28 *llegó* a la otra orilla, a la tierra de
9.28 y *llegado* a la casa, vinieron a él los
12.28 ha *llegado* a vosotros el reino de Dios
12.44 y cuando *llega*, la halla desocupada y
14.12 *llegaron* sus discípulos, y tomaron el
14.23 y cuando *llegó* la noche, estaba allí
16.5 *llegando* sus discípulos al otro lado, se
17.14 cuando *llegaron* al gentío, vino a él un
17.24 cuando *llegaron* a Capernaum, vinieron
20.8 cuando *llegó* la noche, el señor de la
25.20 *llegando* el que había recibido cinco
25.22,24 *llegando*. . el que había recibido
26.20 *llegó* la noche, se sentó a la mesa con
26.36 *llegó* Jesús con ellos a un lugar que se
26.45 *llegado* la hora, y el Hijo del Hombre
27.33 y cuando *llegaron* a un lugar llamado
27.57 cuando *llegó* la noche, vino un hombre
28.2 un ángel. . *llegando*, removió la piedra
Mr. 1.32 cuando *llegó* la noche. . trajeron todos
3.26 Satanás. . se divide. . ha *llegado* su fin
4.29 mete la hoz, porque la siega ha *llegado*
4.35 cuando *llegó* la noche. . dijo: Pasemos al
6.2 y *llegado* el día de reposo, comenzó a
6.33 fueron allá. . *llegaron* antes que ellos
7.30 cuando *llegó* ella a su casa, halló que
9.14 *llegó* a donde estaban los discípulos, vio
9.33 *llegó* a Capernaum; y cuando estuvo en
11.13 cuando *llegó* a. . nada halló sino hojas
11.19 al *llegar* la noche, Jesús salió de la
14.17 y cuando *llegó* la noche, vino él con
15.42 *llegó* la noche. . es decir, la víspera
Lc. 1.44 porque tan pronto como *llegó* la voz
4.42 y *llegando* adonde estaba, le detenían
6.16 Iscariote, que *llegó* a ser el traidor
7.12 cuando *llegó* cerca de la puerta de la
8.19 no podían *llegar* hasta él por causa de
8.27 al *llegar* él a tierra, vino. . un hombre
10.32 *llegando* cerca de. . y viéndole, pasó de
11.20 el reino de Dios ha *llegado* a vosotros
11.25 *llega*, la halla barrida y adornada
12.33 ladrón no *llega*, ni polilla destruye
12.36 para que cuando *llegue* y llame, le abran
13.31 día *llegaron* unos fariseos, diciéndole
13.35 *llegue* el tiempo en que digáis: Bendito
15.6 y al *llegar* a casa, reúne a sus amigos
15.25 cuando vino, y *llegó* cerca de la casa
18.40 traerle. . y cuando *llegó*, le preguntó
19.5 Jesús *llegó*. . mirando hacia arriba, le vio
19.29 *llegando* cerca de Betfagé y de Betania
19.37 cuando *llegaban* ya cerca de la bajada
19.41 cuando *llegó* cerca de la ciudad, al
20.1 *llegaron* los principales sacerdotes y
20.27 *llegando*. . de los saduceos, los cuales
21.20 sabed. . que su destrucción ha *llegado*
22.7 *llegó* el día de los panes sin levadura
22.40 cuando *llegó* a aquel lugar, les dijo
23.33 y cuando *llegaron* al lugar llamado de
24.28 *llegaron* a la aldea adonde iban, y él
Jn. 4.35 cuatro meses para que *llegue* la siega
4.47 oyó que Jesús había *llegado* de Judea a
6.21 en la barca, la cual *llegó*. . a la tierra
6.25 le dijeron: Rabí, ¿cuándo *llegaste* acá?
7.6 les dijo: Mi tiempo aún no ha *llegado*
7.30; 8.20 porque aún no había *llegado* su hora
11.32 cuando *llegó* a donde estaba Jesús, al
12.23 ha *llegado* la hora para que el Hijo del
12.27 mas para esto he *llegado* a esta hora
13.1 sabiendo. . que su hora había *llegado* para
16.4 que cuando *llegue* la hora, os acordéis
16.21 tiene dolor, porque ha *llegado* su hora
17.1 Padre, la hora ha *llegado*; glorifica a
19.33 cuando *llegaron* a Jesús, como le vieron
20.4 corrió más. . y *llegó* primero al sepulcro
20.6 *llegó* Simón Pedro tras él, y entró en
20.19 *llegó* la noche de aquel mismo día, el
20.26 *llegó* Jesús. . las puertas cerradas, y se
Hch. 2.1 cuando *llegó* el día de Pentecostés
5.22 cuando *llegaron* los alguaciles, no los
8.36 *llegaron* a cierta agua, y dijo el eunuco
8.40 el evangelio. . hasta que *llegó* a Cesarea
9.3 al *llegar* cerca de Damasco. . resplandor
9.24 pero sus asechanzas *llegaron* a. . de Saulo

LLEGAR *(Continúa)*

Hch. 9.26 *llegó* a Jerusalén, trataba de juntarse
9.39 y cuando *llegó*, le llevaron a la sala
10.17 preguntando por. .*llegaron* a la puerta
10.32 envía. .y cuando *llegue*, él te hablará
11.11 luego *llegaron* tres hombres a la casa
11.22 *llegó* la noticia. .oídos de la iglesia
11.23 cuando *llegó*, y vio la gracia de Dios
12.10 *llegaron* a la puerta de hierro que daba
12.12 *llegó* a casa de María la madre de Juan
13.5 y *llegados* a Salamina, anunciaban la
13.14 ellos. .*llegaron* a Antioquía de Pisidia
13.51 sacudiendo. .el polvo. .*llegaron* a Iconio
14.27 habiendo *llegado*. .iglesia, refirieron
15.4 *llegados* a Jerusalén, fueron recibidos
15.25 habiendo *llegado* a un acuerdo, elegir
16.1 después *llegó* a Derbe y a Listra; y he
16.7 cuando *llegaron* a Misia, intentaron ir
17.1 *llegaron* a Tesalónica, donde había una
17.10 ellos, habiendo *llegado*, entraron en la
18.19 y *llegó* a Efeso, y los dejó allí; y
18.24 *llegó* entonces a Efeso un judío. .Apolos
18.27 *llegado* él allá, fue de gran provecho
20.2 después. .de exhortarles. .*llegó* a Grecia
20.15 navegando de. .*llegamos* delante de Quío
20.15 al día siguiente *llegamos* a Mileto
21.17 *llegamos* a Jerusalén, los hermanos nos
21.33 *llegando* el tribuno, le prendió y le
21.35 al *llegar* a las gradas, aconteció que
22.6 que yendo yo, al *llegar* cerca de Damasco
22.11 llevado de la mano. .*llegué* a Damasco
23.15 listos para matarle antes que *llegue*
23.33 cuando aquéllos *llegaron* a Cesarea, y
25.1 *llegado*. .Festo a la provincia, subió de
25.7 éste *llegó*, lo rodearon los judíos que
27.3 al otro día *llegamos* a Sidón; y Julio
27.7 y *llegando* a duras penas frente a Gnido
27.8 *llegamos* a un lugar que llaman Buenos
28.12 y *llegados* a Siracusa, estuvimos allí
28.13 de allí, costeando. .*llegamos* a Regio
28.13 sur, *llegamos* al segundo día a Puteoli
28.16 cuando *llegamos* a Roma, el centurión
Ro. 4.18 él creyó en. .para *llegar* a ser padre
15.29 *llegaré* con abundancia de la bendición
15.32 *llegue* a vosotros por la voluntad de
1 Co. 3.18 hágase ignorante. .*llegue* a ser sabio
4.9 pues hemos *llegado* a ser espectáculo al
14.36 de Dios, o sólo a vosotros ha *llegado*?
16.2 para que cuando yo *llegue* no se recojan
16.3 *llegado*, a quienes hubiereis designado
16.10 si *llega* Timoteo, mirad que esté con
2 Co. 2.3 que cuando *llegue* no tenga tristeza
2.12 cuando *llegué* a Troas para predicar el
10.13 para *llegar* también hasta vosotros
10.14 como si no *llegásemos* hasta vosotros
10.14 los primeros en *llegar* hasta vosotros
12.20 temo que cuando *llegue*, no os halle
Ef. 4.13 todos *lleguemos* a la unidad de la fe
Fil. 3.10 *llegando* a ser semejante a él en su
3.11 *llegase* a la resurrección de entre los
3.16 en aquello a que hemos *llegado*, sigamos
Col. 1.6 ha *llegado* hasta vosotros, así como
1 Ts. 1.5 pues nuestro evangelio no *llegó* a
2.8 habéis *llegado* a sernos muy queridos
2 Ti. 3.7 nunca pueden *llegar* al conocimiento
He. 5.12 habéis *llegado* a ser tales que tenéis
7.23 otros sacerdotes *llegaron* a ser muchos
10.33 *llegasteis* a ser compañeros de los que
2 P. 1.4 *llegaseis* a ser participantes de la
Ap. 1.13 de una ropa que *llegaba* hasta los pies
6.17 porque el gran día de su ira ha *llegado*
14.7 porque la hora de su juicio ha *llegado*
14.15 la hora de segar ha *llegado*, pues la
18.5 sus pecados han *llegado* hasta el cielo
19.7 han *llegado* las bodas del Cordero, y su

LLENAR

Gn. 1.22 y *llenad* las aguas en los mares, y
1.28; 9.1 multiplicaos. .*llenad* la tierra
21.19 fue y *llenó* el odre de agua, y dio de
24.16 descendió a la. .y *llenó* su cántaro, y
26.15 los habían cegado y *llenado* de tierra
42.25 mandó José que *llenaran* sus sacos de
44.1 *llena* de alimento los costales de estos
Éx. 1.7 de Israel. .se *llenó* de ellos la tierra
2.16 sacar agua para *llenar* las pilas y dar
8.21 se *llenarán* de toda clase de moscas, y
10.6 *llenará* tus casas, y las casas de todos
16.32 *llenad* un gomer de él, y guardadlo para
28.3 yo he *llenado* de espíritu de sabiduría
28.17 *llenarás* de pedrería en cuatro hileras
29.33 para *llenar* sus manos para consagrarlos
31.3 lo he *llenado* del Espíritu de Dios, en
35.31 y lo ha *llenado* del Espíritu de Dios
35.35 los ha *llenado* de sabiduría de corazón
40.34 gloria de Jehová *llenó* el tabernáculo
40.35 nube. .la gloria de Jehová lo *llenaba*
Lv. 9.17 la ofrenda, y *llenó* de ella su mano
19.29 no se prostituya. .y se *llene* de maldad
Nm. 14.21 yo, y mi gloria *llena* toda la tierra
Dt. 6.11 casas *llenas* de. .que tú no *llenaste*
Jos. 9.13 cueros de vino. .los *llenamos* nuevos
10.10 y Jehová los *llenó* de consternación
Jue. 8.12 *llenó* de espanto a todo el ejército
20.41 los de Benjamín se *llenaron* de temor
1 S. 2.33 será para. .*llenar* tu alma de dolor
5.9 afligió a los. .y se *llenaron* de tumores
16.1 *llena* tu cuerno de aceite. .te enviaré
1 R. 8.10 la nube *llenó* la casa de Jehová
8.11 gloria de Jehová había *llenado* la casa
18.34 dijo: *Llenad* cuatro cántaros de agua
18.35 agua. .se había *llenado* de agua la zanja
20.27 Israel. .los sirios *llenaban* la tierra
2 R. 3.20 Edom, y la tierra se *llenó* de aguas
3.25 echó cada uno su piedra, y las *llenaron*
4.39 y de ella *llenó* su falda de calabazas
10.21 el templo de Baal se *llenó* de extremo a
21.16 mucha sangre. .hasta *llenar* a Jerusalén
23.14 *llenó* el lugar de ellos de huesos de
24.4 *llenó* a Jerusalén de sangre inocente
2 Cr. 5.13 la casa se *llenó* de una nube, la casa
5.14; 7.1,2 la gloria de Jehová había *llenado* la
16.14 un ataúd, el cual *llenaron* de perfumes
24.10 las echaron en el arca hasta *llenarla*
26.19 entonces Uzías. .se *llenó* de ira; y en
Esd. 9.11 abominaciones de que la han *llenado*
Neh. 9.29 ellos se *llenaron* de soberbia, y no
Est. 3.5 que Mardoqueo ni. .y se *llenó* de ira
5.9 Amán. .se *llenó* de ira contra Mardoqueo
Job 3.15 oro, que *llenaban* de plata sus casas
8.21 *llenará* tu boca de risa, y tus labios
9.18 no. .sino que me ha *llenado* de amarguras
15.2 y *llenará* su vientre de viento solano?
16.8 tú me has *llenado* de arrugas; testigo
20.23 cuando se pusiere a *llenar* su vientre
23.4 causa. .*llenaría* mi boca de argumentos
36.17 mas tú has *llenado* el juicio del impío
Sal. 21.6 *llenaste* de alegría con tu presencia
73.21 se *llenó* de amargura mi alma, y en mi
80.9 hiciste arraigar sus. .y *llenó* la tierra
81.10 yo soy. .abre tu boca, y yo la *llenaré*
83.16 *llena* sus rostros de vergüenza. .Jehová
84.6 cuando la lluvia *llena* los estanques
104.16 *llenan* de savia los árboles de Dios
107.9 sacia. .*llena* de bien al alma hambrienta
110.6 las *llenará* de cadáveres; quebrantará
126.2 nuestra boca se *llenará* de risa, y
127.5 bienaventurado el. .que *llenó* su aljaba
129.7 de la cual no *llenó* el segador su mano
Pr. 1.13 *llenaremos* nuestras casas de despojos
8.21 su heredad, y que yo *llene* sus tesoros
18.20 del fruto de la. .se *llenará* su vientre
24.4 con ciencia se *llenarán* las cámaras de
28.19 el que sigue a los ociosos se *llenará*
Ec. 1.7 ríos todos van. .y el mar no se *llena*
5.20 Dios le *llenará* de alegría el corazón
Is. 6.1 sentado. .sus faldas *llenaban* el templo
6.4 que clamaba, y la casa se *llenó* de humo
8.8 *llenará* la anchura de. .tierra, oh Emanuel
9.1 al fin *llenará* de gloria el camino del
13.8 y se *llenarán* de terror; angustias y
13.21 sus casas se *llenarán* de hurones; allí
14.21 ni posean la tierra, ni *llenen*. .mundo
15.9 las aguas de Dimón se *llenarán* de sangre
21.3 por tanto, mis lomos se han *llenado* de
27.6 días. .la faz del mundo *llenará* de fruto
33.5 *llenó* a Sion de juicio y de justicia
66.10 *llenaos* con ella de gozo, todos los que
Jer. 13.12(2) toda tinaja se *llenará* de vino
13.13 que yo *lleno* de embriaguez a todos los
15.9 *llenó* de dolor su alma, su sol se puso
15.17 me senté solo, porque me *llenaste* de
16.18 sus abominaciones *llenaron* mi heredad
19.4 *llenaron* este. .de sangre de inocentes
23.24 ¿no *lleno* yo. .el cielo y la tierra?
33.5 *llenarlas* de cuerpos de hombres muertos
41.9 Ismael hijo de Netanías la *llenó* de
46.12 tu afrenta, y tu clamor *llenó* la tierra
50.11 *llenasteis* como novilla sobre la hierba
51.14 *llenaré* de hombres como de langostas
51.34 *llenó* su vientre de mis delicadezas
Lm. 3.15 me *llenó* de amarguras, me embriagó de
Ez. 3.3 *llena* tus entrañas de este rollo que yo
7.19 no saciarán su. .ni *llenarán* sus entrañas
8.17 que han *llenado* de maldad la tierra, se
9.7 contaminad la casa, y *llenad* los atrios
10.2 *llena* tus manos de carbones encendidos
10.3 y la nube *llenaba* el atrio de adentro
10.4 la casa fue llena. .y el atrio se *llenó*
11.6 y habéis *llenado* de muertos sus calles
16.50 y se *llenaron* de soberbia, e hicieron
24.4 sus piezas. .*llénala* de huesos escogidos
30.11 sobre Egipto, y *llenarán* de muertos la
32.5 y *llenaré* los valles de tus cadáveres
32.6 montes; y los arroyos se *llenarán* de ti
35.8 *llenaré* sus montes de sus muertos; en
43.5 que la gloria de Jehová *llenó* la casa
44.4 gloria de Jehová había *llenado* la casa
Dn. 2.35 un gran monte que *llenó* toda la tierra
3.19 entonces Nabucodonosor se *llenó* de ira
Jl. 2.24 las eras se *llenarán* de trigo, y los
Nah. 2.12 *llenaba* de presa sus cavernas, y de
Hab. 3.3 gloria. .y la tierra se *llenó* de su alabanza
Sof. 1.9 que *llenan* las casas de sus señores de
Hag. 2.7 *llenaré* de gloria esta casa, ha dicho
Zac. 9.15 y se *llenarán* como tazón, o. .cuernos
Mt. 23.32 *llenad* la medida de vuestros padres!
Lc. 1.65 se *llenaron* de temor todos sus vecinos
2.40 niño crecía. .y se *llenaba* de sabiduría
4.28 al oir estas cosas. .se *llenaron* de ira
5.7 y vinieron, y *llenaron* ambas barcas, de
6.11 ellos se *llenaron* de furor, y hablaban
14.23 fuérzalos. .para que se *llene* mi casa
15.16 *llenar* su vientre de las algarrobas que
Jn. 2.7 *llenad* estas. .las *llenaron* hasta arriba
6.13 y *llenaron* doce cestas de pedazos, que
12.3 la casa se *llenó* del olor del perfume
16.6 tristeza ha *llenado* vuestro corazón
Hch. 2.2 un viento. .el cual *llenó* toda la casa
2.28 me *llenarás* de gozo con tu presencia
3.10 y se *llenaron* de asombro y espanto por
5.3 ¿por qué *llenó* Satanás tu corazón para
5.17 de los saduceos, se *llenaron* de celos
5.28 habéis *llenado* a Jerusalén de vuestra
13.45 se *llenaron* de celos, y rebatían lo
14.17 bien. .*llenando* de sustento y de alegría
19.28 cosas, se *llenaron* de ira, y gritaron
19.29 la ciudad se *llenó* de confusión, y a
Ro. 15.13 Dios. .os *llene* de todo gozo y paz en
15.19 lo he *llenado* del evangelio de Cristo
Ef. 1.23 plenitud de Aquel que todo lo *llena*
4.10 subió por encima de. .para *llenarlo* todo
2 Ti. 1.4 deseando verte. .para *llenarme* de gozo
Ap. 8.5 ángel tomó el incensario, y lo *llenó*
12.17 el dragón se *llenó* de ira contra la
15.8 tempio se *llenó* de humo por la gloria

LLENO, NA

Gn. 6.11 y estaba la tierra *ll* de violencia
6.13 está *ll* de violencia a causa de ellos
9.19 Noé, y de ellos fue *ll* toda la tierra
14.10 valle. .estaba *ll* de pozos de asfalto
25.8 y murió Abraham. .anciano y *ll* de años
35.29 Isaac. .murió. .viejo y *ll* de días; y lo
41.5 siete espigas *ll* y hermosas crecían de
41.7 devoraban a las. .espigas gruesas y *ll*
41.22 espigas crecían en una misma caña, *ll*
Lv. 2.2 tomará. .puño *ll* de la flor de harina
5.12 el sacerdote tomará de ella su puño *ll*
16.12 tomará un incensario *ll* de brasas de
16.12 y sus puños *ll* del perfume aromático
Nm. 7.13,19,25,31,37,43,49,55,61,67,73,79 *ll* de
flor de harina amasada con aceite
7.14,20,26,32,38,44,50,56,62,68,74,80 una
cuchara de oro. .*ll* de incienso
7.86 las doce cucharas de oro *ll* de incienso
22.18; 24.13 me diese su casa *ll* de plata
Dt. 6.11 *ll* de todo bien, que tú no llenaste
8.15 un desierto. .*ll* de serpientes ardientes
33.23 Neftalí. .*ll* de la bendición de Jehová
34.9 Josué. .fue *ll* del espíritu de sabiduría
Jue. 6.38 exprimió. .sacó. .un tazón *ll* de agua
16.27 la casa estaba *ll* de hombres y mujeres
Rt. 1.21 me fui *ll*, pero Jehová me ha vuelto
1 S. 12.2 yo soy ya viejo y *ll* de canas; pero
2 S. 23.11 un pequeño terreno *ll* de lentejas
1 R. 1.45 ungido. .ciudad está *ll* de estruendo
7.14 e Hiram era *ll* de sabiduría. .y ciencia
2 R. 3.17 pero este valle será *ll* de agua, y
4.4 echa. .y cuando una esté *ll*, ponla aparte
4.6 cuando las vasijas estuvieron *ll*, dijo
6.17 monte estaba *ll* de gente de a caballo
7.15 todo el camino estaba *ll* de vestidos y
1 Cr. 11.13 una parcela de tierra *ll* de cebada
23.1 siendo, pues, David ya viejo y *ll* de días
29.28 *ll* de días, de riquezas y de gloria
2 Cr. 24.15 Joiada. .murió *ll* de días; de 130
30.15 levitas *ll* de vergüenza se santificaron
Neh. 9.25 y heredaron casas *ll* de todo bien
Job 7.4 estoy *ll* de inquietudes hasta el alba
20.11 sus huesos están *ll* de su juventud, mas
21.24 sus vasijas estarán *ll* de leche, y sus
32.18 *ll* estoy de palabras, y me apremia el
42.17 y murió Job viejo y *ll* de días
Sal. 10.7 *ll* está su boca de maldición, y de
17.14 y cuyo vientre está *ll* de tu tesoro
26.10 mal, y su diestra está *ll* de sobornos
33.5 de la misericordia. .está *ll* la tierra
38.7 porque mis lomos están *ll* de ardor, y
48.10 Dios. .de justicia está *ll* tu diestra
65.9 el río de Dios, *ll* de aguas, preparas
71.8 sea *ll* mi boca de tu alabanza, de tu
72.19 y toda la tierra sea *ll* de su gloria
74.20 los lugares tenebrosos. .*ll* de violencia
75.8 el vino está fermentado, *ll* de mistura
104.24 la tierra está *ll* de tus beneficios
119.64 de tu misericordia. .está *ll* la tierra
144.13 nuestros graneros *ll*, provistos de
Pr. 3.10 serán *ll* tus graneros con abundancia
17.1 que casa de contiendas *ll* de provisiones
20.17 pero después su boca será *ll* de cascajo
Ec. 4.6 más vale un puño *ll* con descanso, que
4.6 ambos puños *ll* con trabajo y aflicción
9.3 corazón de los. .hombres está *ll* de mal
10.12 palabras. .del sabio son *ll* de gracia
11.3 si las nubes fueren *ll* de aguas, sobre
Cnt. 5.2 porque mi cabeza está *ll* de rocío, mis
Is. 1.15 *ll* están de sangre vuestras manos
1.21 *ll* estuvo de justicia, en ella habitó
2.6 *ll* de costumbres traídas del oriente, y
2.7 tierra está *ll* de plata. .*ll* de caballos

LLENO, NA *(Continúa)*
Is. 2.8 además su tierra está *ll* de ídolos, y se
6.3 toda la tierra está *ll* de su gloria
9.12 y a boca *ll* devorarán a Israel. Ni con
11.9 la tierra será *ll* del conocimiento de
22.2 tú, *ll* de alborotos, ciudad turbulenta
22.7 hermosos valles fueron *ll* de carros, y
28.8 toda mesa está *ll* de vómito y suciedad
30.27 sus labios *ll* de ira, y su lengua como
34.6 *ll* está de sangre la espada de Jehová
41.15 trillo nuevo, *ll* de dientes; trillarás
51.20 *ll* de la indignación de Jehová, de la
Jer. 5.27 como jaula *ll* de pájaros, así están
5.27 sus casas *ll* de engaño; así se hicieron
6.6 ciudad. . toda ella está *ll* de violencia
6.11 por tanto, estoy *ll* de la ira de Jehová
15.9 fue avergonzada y *ll* de confusión; y lo
23.10 porque la tierra está *ll* de adúlteros
35.5 copas *ll* de vino, y les dije: Bebed vino
51.5 su tierra fue *ll* de pecado contra el
Ez. 1.18 y *ll* de ojos alrededor en las cuatro
7.23 *ll* de delitos. . y la ciudad está *ll* de
9.9 está *ll* de sangre, y. . *ll* de perversidad
10.4 la casa fue *ll* de la nube, y el atrio
10.12 alas y las ruedas estaban *ll* de ojos
17.3 gran águila. . *ll* de plumas de diversos
23.33 serás *ll* de embriaguez y de dolor por
26.2 se volvió; yo seré *ll*, y ella desierta
28.12 eras el sello de la. . *ll* de sabiduría
28.16 fuiste *ll* de iniquidad, y pecaste; por
36.38 ciudades desiertas serán *ll* de rebaños
37.1 en medio de un valle que. . *ll* de huesos
Jl. 3.13 el lagar está *ll*, rebosan las cubas
Am. 2.13 como se aprieta el carro *ll* de gavillas
Mi. 3.8 mas yo estoy *ll* de poder del Espíritu
Nah. 1.2 es vengador y *ll* de indignación; se
3.1 ¡ay de ti, ciudad. . toda *ll* de mentira y
Hab. 2.14 la tierra será *ll* del conocimiento de
Zac. 8.5 las calles. . estarán *ll* de muchachos
Mt. 6.22 si tu ojo es. . cuerpo estará *ll* de luz
13.48 y una vez *ll*, la sacan a la orilla
14.20 sobró de los pedazos, doce cestas *ll*
15.37 sobró de los pedazos, siete canastas *ll*
22.10 y las bodas fueron *ll* de convidados
23.25 pero por dentro estáis *ll* de robo y de
23.27 dentro están *ll* de huesos de muertos
23.28 por dentro estáis *ll* de hipocresía e
Mr. 4.28 espiga, después grano *ll* en la espiga
6.43 los pedazos doce cestas *ll*, y de lo que
8.19 cestas *ll* de los pedazos recogisteis?
8.20 ¿cuántas canastas *ll* de. . recogisteis?
Lc. 1.15 *ll* del Espíritu Santo, aun desde el
1.41 y Elisabet fue *ll* del Espíritu Santo
1.67 Zacarías. . fue *ll* del Espíritu Santo, y
4.1 Jesús, *ll* del Espíritu Santo, volvió del
5.26 y *ll* de temor, decían: Hoy hemos visto
11.34 también todo tu cuerpo está *ll* de luz
11.36 que, si todo tu cuerpo está *ll* de luz
11.39 pero por dentro estáis *ll* de rapacidad
16.20 mendigo. . a la puerta de. . *ll* de llagas
Jn. 1.14 su gloria. . *ll* de gracia y de verdad
19.29 estaba allí una vasija *ll* de vinagre
21.11 la red a tierra, *ll* de grandes peces
Hch. 2.4 y fueron todos *ll* del Espíritu Santo
2.13 burlándose, decían: Están *ll* de mosto
4.8 Pedro, *ll* del Espíritu Santo, les dijo
4.31 todos fueron *ll* del Espíritu Santo, y
6.3 a siete varones. . *ll* del Espíritu Santo
6.8 Esteban, *ll* de gracia y de poder, hacía
7.55 Esteban, *ll* del Espíritu Santo, puestos
9.17 recibas la vista y seas *ll* del Espíritu
11.24 varón bueno, y *ll* del Espíritu Santo y
13.9 Pablo, *ll* del Espíritu Santo, fijando en
13.10 ¡oh *ll* de todo engaño y de toda maldad
13.52 y los discípulos estaban *ll* de gozo y
Ro. 1.29 *ll* de envidia, homicidios, contiendas
3.14 boca está *ll* de maldición y. . amargura
15.14 *ll* de bondad, *ll* de todo conocimiento
2 Co. 7.4 *ll* estoy de consolación; sobreabundo
Ef. 3.19 seáis *ll* de toda la plenitud de Dios
5.18 no os. . antes bien sed *ll* del Espíritu
Fil. 1.11 *ll* de frutos de justicia que son por
4.18 *ll*, habiendo recibido de Epafrodito lo
Col. 1.9 pedir que seáis *ll* del conocimiento
Stg. 3.8 la lengua es un. . *ll* de veneno mortal
3.17 *ll* de misericordia y de buenos frutos
2 P. 2.14 tienen los ojos *ll* de adulterio, no
Ap. 4.6 había. . cuatro seres vivientes *ll* de ojos
4.8 alrededor y por dentro. . *ll* de ojos; y no
5.8 arpas, y copas de oro *ll* de incienso, que
15.7 copas de oro, *ll* de la ira de Dios, que
17.3 *ll* de nombres de blasfemia, que tenía
17.4 un cáliz de oro *ll* de abominaciones y
21.9 las siete copas *ll* de las siete plagas

LLEVAR
Gn. 5.24 y desapareció, porque le *llevó* Dios
12.15 fue *llevada* la mujer a casa de Faraón
15.5 lo *llevó* fuera, y le dijo: Mira ahora
19.17 los hubieron *llevado* fuera, dijeron
27.10 tú las *llevarás* a tu padre, y comerá
30.15 te has de *llevar* las mandrágoras de
31.32 lo que yo tenga tuyo, y *llévatelo*
32.17 ¿y para quién es. . que *llevas* delante
34.29 *llevaron* cautivos a todos sus niños y
37.25 y mirra, e iban a *llevarlo* a Egipto
37.28 vendieron. . Y *llevaron* a José a Egipto
39.1 *llevado*, pues, José a Egipto, Potifar
39.1 ismaelitas que lo habían *llevado* allá
42.19 vosotros id y *llevad* el alimento para
42.36 y a Benjamín le *llevaréis;* contra mí
43.11 *llevad* a aquel varón un presente, un
43.12 *llevad*. . el dinero vuelto en las bocas
43.16 dijo al. . *Lleva* a casa a esos hombres
43.17 y *llevó* a los hombres a casa de José
43.18 cuando fueron *llevados* a casa de José
43.24 *llevó* aquel varón a los hombres a casa
44.1 cuanto puedan *llevar*, y pon el dinero
45.27 carros que José enviaba para *llevarlo*
46.5 que Faraón había enviado para *llevarlo*
47.30 cuando duerma. . me *llevarás* de Egipto
49.15 y bajó su hombro para *llevar*, y sirvió
50.13 lo *llevaron* sus hijos a la tierra de
50.25 jurar. . haréis *llevar* de aquí mis huesos
Éx. 2.9 *lleva* a este niño y críamelo, y yo te
3.1 *llevó* las ovejas a través del desierto
12.34 *llevó* el pueblo su. . antes que leudase
12.46 no *llevarás* de aquella carne fuera de
13.17 Dios no los *llevó* por el camino de la
15.13 lo *llevaste* con tu poder a tu. . morada
18.22 la carga. . y la *llevarán* ellos contigo
21.6 su amo lo *llevará* ante los jueces, y le
22.10 animal. . fuere *llevado* sin verlo nadie
23.4 si encontrares el. . vuelve a *llevárselo*
23.23 y te *llevará* a la tierra del amorreo
25.14 meterás. . para *llevar* el arca con ellas
25.27 anillos. . las varas para *llevar* la mesa
25.28 varas. . con ellas será *llevada* la mesa
27.7 varas a ambos lados. . cuando sea *llevado*
28.12 y Aarón *llevará* los nombres de ellos
28.29 y *llevará* Aarón los nombres de. . Israel
28.30 y *llevará* siempre Aarón el juicio de
28.38 *llevará* Aarón las faltas cometidas en
28.43 para que no *lleven* pecado y mueran
29.4 y *llevarás* a Aarón y a sus hijos a la
29.10 después *llevarás* el becerro delante del
30.4 para meter. . varas con que será *llevado*
32.34 *lleva* a este pueblo a donde te he dicho
34.4 *llevó* en su. . las dos tablas de piedra
34.26 los primeros frutos. . *llevarás* a la casa
37.5 y metió las varas. . para *llevar* el arca
37.14 metían las varas para *llevar* la mesa
37.15 e hizo las varas. . para *llevar* la mesa
38.7 metió las varas. . para *llevarlo* con ellas
40.12 *llevarás* a Aarón y. . hijos a la puerta
Lv. 2.8 sacerdote, el cual la *llevará* al altar
5.1 y no lo denunciare, él *llevará* su pecado
5.17 cosas. . es culpable, y *llevará* su pecado
7.18 la. . que de él comiere *llevará* su pecado
9.5 *llevaron* lo que mandó Moisés delante del
10.17 *llevar* la iniquidad de la congregación
10.18 ved. . no fue *llevada* dentro del santuario
11.25 que *llevare* algo de sus cadáveres lavará
11.28 el que *llevare* sus cadáveres, lavará
13.45 el leproso. . *llevará* vestidos rasgados
15.10 el que la *llevare*, lavará sus vestidos
16.12 perfume. . y lo *llevará* detrás del velo
16.15 y *llevará* la sangre detrás del velo, y
16.22 y aquel macho cabrío *llevará* sobre sí
16.26 el que hubiere *llevado* el macho cabrío
16.27 cuya sangre fue *llevada* al santuario
17.16 si no los lavare. . *llevará* su iniquidad
19.8 y el que lo comiere *llevará* su delito
20.17 la desnudez de su. . su pecado *llevará*
20.19 al descubrir la. . su iniquidad *llevarán*
20.20 su pecado *llevarán;* morirán sin hijos
21.10 consagrado para *llevar* las vestiduras
22.9 para que no *lleven* pecado por ello, no
22.16 harían *llevar* la iniquidad del pecado
24.11 el hijo. . blasfemó. . lo *llevaron* a Moisés
24.15 que maldijere a. . *llevará* su iniquidad
27.8 será *llevado* ante el sacerdote, quien
Nm. 1.50 *llevarán* el tabernáculo y todos sus
4.15 vendrán. . hijos de Coat para *llevarlos*
4.24 el oficio. . para ministrar y para *llevar*
4.25 *llevarán* las cortinas del tabernáculo
5.31 libre de. . y la mujer *llevará* su pecado
7.9 porque *llevaban* sobre sí en los hombros
9.13 dejare de celebrar. . *llevará* su pecado
10.17 los hijos de Merari, que lo *llevaban*
10.21 luego. . coatitas *llevando* el santuario
11.12 digas: *Llévalo*. . como *lleva* la que cría
11.17 *llevarán* contigo la carga del pueblo
11.17 la carga del. . no la *llevarás* tú solo
14.8 él nos *llevará* a esta tierra, y nos la
14.33 *llevarán* vuestras rebeldías, hasta que
14.34 *llevaréis* vuestras iniquidades 40 años
15.18 en la tierra a la cual yo os *llevo*
18.1 tú y. . *llevaréis* el pecado del santuario
18.1 tú y. . *llevaréis* el pecado de. . sacerdocio
18.22 para que no *lleven* pecado por el cual
18.23 levitas. . ellos *llevarán* su iniquidad
18.32 y no *llevaréis* pecado por ello, cuando
23.14 lo *llevó* al campo de Zofín, a. . Pisga
23.27 te *llevaré* a otro lugar; por ventura
23.28 *llevó* a Balaam a la cumbre de Peor, que
24.22 será echado, cuando Asiria te *llevará*
25.11 Finees. . *llevado* de celo entre ellos
27.5 Moisés *llevó*. . causa delante de Jehová
30.15 entonces él *llevará* el pecado de ella
31.9 *llevaron* cautivas a las mujeres de los
Dt. 1.9 diciendo: Yo solo no puedo *llevaros*
1.12 ¿cómo *llevaré* yo solo vuestras molestias
4.27 naciones a las cuales os *llevará* Jehová
10.8 apartó. . de Leví para que *llevase* el arca
12.6 y allí *llevaréis* vuestros holocaustos
12.11 allí *llevaréis*. . cosas que yo os mando
14.24 no puedas *llevarlo*, por estar lejos de
20.20 el árbol que sepas que no *lleva* fruto
21.3 una becerra. . que no haya *llevado* yugo
28.36 te *llevará*. . a nación que no conociste
28.37 pueblos a los cuales te *llevará* Jehová
31.9 a los sacerdotes. . que *llevaban* el arca
31.25 órdenes. . a los levitas que *llevaban* el
32.11 los toma, los *lleva* sobre sus plumas
33.7 oye, oh Jehová. . y *llévalo* a su pueblo
Jos. 3.3 los levitas sacerdotes que la *llevan*
3.8 a los sacerdotes que *llevan* el arca del
3.13 de los sacerdotes que *llevan* el arca de
3.14 sacerdotes. . *llevando* el arca del pacto
3.15 los que *llevaban* el arca entraron en el
3.15 los pies de los. . que *llevaban* el arca
3.17 que *llevaban* el arca del pacto. . en seco
4.9 los sacerdotes que *llevaban* el arca del
4.10 los sacerdotes que *llevaban* el arca se
4.16 que *llevan* el arca del pacto. . que suban
4.18 los sacerdotes que *llevaban* el arca del
6.4 siete sacerdotes *llevarán* siete bocinas
6.6 dijo: *Llevad* el arca del pacto, y siete
6.6 y siete sacerdotes *lleven* bocinas de
6.13 sacerdotes, *llevando* las siete bocinas
7.24 Acán. . y lo *llevaron*. . al valle de Acor
8.33 levitas que *llevaban* el arca del pacto
10.24 y cuando los hubieron *llevado* a Josué
15.18 cuando la *llevaba*, él la persuadió que
Jue. 1.7 le *llevaron* a Jerusalén, donde murió
5.12 y *lleva* tus cautivos, hijo de Abinoam
5.19 no *llevaron* ganancia alguna de dinero
7.4 *llévalos* a las aguas, y. . te los probaré
7.5 entonces *llevó* el pueblo a las aguas; y
7.6 lamieron *llevando* el agua con la mano a
7.19 Gedeón y los cien hombres que *llevaban*
7.19 y quebraron los cántaros que *llevaban*
16.21 mas los filisteos. . le *llevaron* a Gaza
16.31 *llevaron*, y le sepultaron entre Zora
18.27 ellos, *llevando* las cosas que había hecho
19.3 *llevaba* consigo un criado, y un par de
20.10 mil. . que *lleven* víveres para el pueblo
1 S. 1.22 para que lo *lleve* y sea presentado
1.24 lo *llevó*. . con tres becerros, un efa de
2.28 le escogí. . *llevase* efod delante de mí
5.1 arca. . *llevaron* desde Eben-ezer a Asdod
6.21 descended, pues, y *llevadle* a vosotros
7.1 vinieron. . y *llevaron* el arca de Jehová
9.7 vamos. . pero ¿qué *llevaremos* al varón?
10.3 tres hombres. . *llevando* uno 3 cabritos
14.3 Ahías. . *llevaba* el efod; y no sabía el
14.27 y la mojó. . y *llevó* su mano a la boca
17.5 y *llevaba* una cota de malla; y era el
17.17 y *llévalo* pronto al campamento a tus
17.18 diez quesos de leche los *llevarás* al
17.57 lo tomó y lo *llevó* delante de Saúl
18.4 se quitó el manto que *llevaba*, y. . dio
20.8 no hay necesidad de *llevarme* hasta tu
20.40 le dijo: Vete y *llévalas* a la ciudad
23.5 peleó contra los. . se *llevó* sus ganados
26.2 Saúl. . *llevando* consigo 3.000 hombres
26.12 se *llevó*. . David la lanza y la vasija
27.9 David. . *llevaba* las ovejas, las vacas
30.2 habían *llevado* cautivas a las mujeres
30.2 los habían *llevado* al seguir su camino
30.3 sus hijos e hijas habían sido *llevados*
30.15 ¿me *llevarás* tú a esa tropa? Y él dijo
30.15 júrame por. . y yo te *llevaré* a esa gente
30.16 lo *llevó*. . estaban desparramados sobre
31.9 para que *llevaran* las buenas nuevas al
2 S. 2.3 *llevó*. . David consigo a los hombres que
2.8 tomó a Is-boset. . y lo *llevó* a Mahanaim
3.27 Joab lo *llevó* aparte en medio. . la puerta
6.3 el arca. . *llevaron* de la casa de Abinadab
6.4 y cuando lo *llevaban*. . Ahío iba delante
6.10 hizo *llevar* David a casa de Obed-edom
6.12 David fue, y *llevó* con alegría el arca
6.13 cuando los que *llevaban* el arca de Dios
8.7 escudos de oro. . y los *llevó* a Jerusalén
8.10 Joram *llevaba* en su mano utensilios de
10.16 *llevando* por jefe a Sobac, general del
13.10 Tamar. . las *llevó* a su hermano Amnón a
13.18 y *llevaba* ella un vestido de. . colores
15.24 todos los levitas que *llevaban* el arca
15.30 *llevando* la cabeza cubierta y los pies
17.13 todos los de Israel *llevarán* sogas a
18.20 no *llevarás* las nuevas. . las *ll* otro día
19.41 los hombres de Judá. . te han *llevado*, y
21.13 hizo *llevar* de allí los huesos de Saúl
1 R. 1.33 montad a Salomón. . *llevadlo* a Gihón
1.38 montaron a Salomón. . lo *llevaron* a Gihór
2.26 por cuanto has *llevado* el arca de Jehová
5.9 mis siervos la *llevarán* desde el Líbano
5.15 tenía. . 70.000 que *llevaban* las cargas
8.4 *llevaron* el arca de. . y el tabernáculo de

LLEVAR *(Continúa)*
1 R. 8.4 cuales *llevaban* los sacerdotes y levitas
8.46 que los cautive y *lleve* a tierra enemiga
8.48 los hubieren *llevado* cautivos, y oraren
8.50 los que los hubieron *llevado* cautivos
10.25 todos. .*llevaban* cada año sus presentes
13.29 y lo puso sobre el asno y se lo *llevó*
14.26 se *llevó* todos los escudos de oro que
14.28 el rey entraba. .la guardia los *llevaban*
17.19 y lo *llevó* al aposento donde él estaba
18.12 el Espíritu. .te *llevará* adonde yo no
18.40 y los *llevó* Elías al arroyo de Cisón
20.6 *llevarán* todo lo precioso que tengas
21.13 y lo *llevaron* fuera de la ciudad y lo
22.26 toma a. .y *llévalo* a Amón gobernador de
2 R. 4.19 dijo a un criado: *Llévalo* a su madre
5.2 habían *llevado* cautiva de. .a una muchacha
5.5 salió. .él, *llevando* consigo diez talentos
5.23 dos de sus criados para que lo *llevasen*
9.2 haz que se levante. .*llévalo* a la cámara
9.28 sus siervos le *llevaron* en un carro a
11.19 *llevaron* al rey desde la casa de Jehová
12.16 el dinero. .no se *llevaba* a la casa de
15.29 tomó a. .y los *llevó* cautivos a Asiria
16.9 y *llevó* cautivos a los moradores a Kir
17.6 *llevó* a Israel cautivo a Asiria, y los
17.23 Israel fue *llevado* cautivo de su tierra
17.27 *llevad* allí a alguno de los sacerdotes
17.28 uno de los sacerdotes. .*llevado* cautivo
18.11 el rey de Asiria *llevó* cautivo a Israel
18.32 os *lleve* a una tierra como la vuestra
19.30 a echar raíces. .y *llevará* fruto arriba
20.17 será *llevado* a Babilonia, sin quedar
22.20 y serás *llevado* a tu sepulcro en paz
23.4 hizo *llevar* las cenizas de ellos a Bet-el
23.34 y tomó a Joacaz y lo *llevó* a Egipto
24.14 *llevó* en cautiverio a toda Jerusalén, a
24.15 *llevó*. .a Joaquín. .cautivos los *ll* de
24.16 los. .*llevó* cautivos el rey de Babilonia
25.7 y a Sedequías. .lo *llevaron* a Babilonia
25.11 pueblo. .los *llevó* cautivos Nabuzaradán
25.13 mar. .y *llevaron* el bronce a Babilonia
25.14 *llevaron*. .los calderos, las paletas, las
25.15 todo lo *llevó* el capitán de la guardia
25.19 de la ciudad tomó. .*llevaba* el registro
25.20 los *llevó* a Ribla al rey de Babilonia
25.21 así fue *llevado* cautivo Judá de sobre
1 Cr. 4.42 *llevando* por capitanes a Pelatías
5.26 y los *llevó* a Halah, a Habor, a Hara y
6.15 y Josadac fue *llevado* cautivo cuando
13.7 *llevaron* el arca de Dios de la casa de
13.13 el arca. .la *llevó* a casa de Obed-edom
15.2 arca de Dios no debe ser *llevada* sino
15.2 ha elegido. .para que *lleven* el arca de
15.26 ayudando Dios a los. .que *llevaban* el
15.27 todos los levitas que *llevaban* el arca
15.27 *llevaba*. .David sobre sí un efod de lino
15.28 de esta manera *llevaba*. .Israel el arca
18.7 tomó. .los escudos de oro que *llevaban*
23.26 los levitas no tendrán que *llevar* más
2 Cr. 2.2 designó. .hombres que *llevasen* cargas
2.16 la madera. .harás *llevar* hasta Jerusalén
2.18 y señaló de ellos 70.000. .*llevar* cargas
5.5 *llevaron* el arca. .y los levitas los *ll*
6.36 los *lleven* cautivos a tierra de enemigos
6.37 la tierra donde fueren *llevados* cautivos
6.38 en la tierra. .donde los hubieren *llevado*
12.9 todo lo *llevó*, y tomó los escudos de oro
12.11 venían. .de la guardia y los *llevaban*
14.15 se *llevaron* muchas ovejas y camellos
16.6 *llevaron* de Ramá la piedra y la madera
18.25 toma a. .y *llevadlo* a Amón gobernador de
20.25 muchas riquezas. .no los podían *llevar*
24.11 *llevar* el arca al secretario del rey
24.11 y *llevaban* el arca, y la vaciaban, y
25.12 los cuales *llevaron* a la cumbre de un
25.23 a Amasías. .y lo *llevó* a Jerusalén; y
28.5 de prisioneros que *llevaron* a Damasco
28.8 ellos mucho botín que *llevaron* a Samaria
28.15 a los cautivos. .*llevaron* hasta Jericó
28.17 los edomitas. .habían *llevado* cautivos
29.9 nuestros hijos. .fueron *llevados* cautivos
29.16 de allí los levitas la *llevaron* fuera
33.11 con cadenas lo *llevaron* a Babilonia
34.16 y Safán lo *llevó* al rey, y le contó el
35.24 lo *llevaron* a Jerusalén, donde murió
36.4 Joacaz. .tomó Necao, y lo *llevó* a Egipto
36.6 lo *llevó* a Babilonia atado con cadenas
36.7 *llevó*. .de los utensilios de la casa de
36.10 rey. .envió y lo hizo *llevar* a Babilonia
36.18 utensilios. .todo lo *llevó* a Babilonia
36.20 fueron *llevados* cautivos a Babilonia
Esd. 1.11 los hizo *llevar*. .con los que subieron
2.1 Nabucodonosor. .había *llevado* cautivos a
5.5 que el asunto fuese *llevado* a Darío; y
5.12 y *llevó* cautivo al pueblo a Babilonia
5.14 los había *llevado* al templo de Babilonia
5.15 vé, y *llévalos* al templo. .en Jerusalén
7.15 a *llevar* la plata. .que el rey y. .ofrecen
Neh. 7.6 que *llevó* cautivos Nabucodonosor rey
9.23 y los *llevaste* a la tierra de la cual
10.38 *llevarían* el diezmo del diezmo a la casa
10.39 a las cámaras del. .han de *llevar*. .aceite
Est. 2.3 *lleven* a todas las jóvenes vírgenes de
2.6 con los cautivos. .*llevados* con Jeconías
2.8 Ester también fue *llevada* a la casa del
2.9 y la *llevó* con sus doncellas a lo mejor
2.16 fue, pues, Ester *llevada* al rey Asuero
6.9 *llévenlo* en el caballo por la plaza de
6.14 para *llevar* a Amán al banquete que Ester
Job 1.17 contra los camellos y se los *llevaron*
10.19 *llevado* del vientre a la sepultura
12.19 él *lleva* despojados a los príncipes, y
14.19 agua. .se *lleva* el polvo de la tierra
21.32 *llevado* será a los sepulcros, y sobre
21.33 tras de él será *llevado* todo hombre
31.36 yo lo *llevaría* sobre mi hombro, y me
34.31 he *llevado* ya castigo, no ofenderé ya
38.20 para que las *lleves* a sus límites, y
Sal. 45.14 con vestidos bordados será *llevada*
49.17 porque cuando muera no *llevará* nada
60.9 ¿quién me *llevará*. .me *ll* hasta Edom?
61.2 *llévame* a la roca que es más alta que yo
68.11 multitud. .que *llevaban* buenas nuevas
72.3 los montes *llevarán* paz al pueblo, y los
78.52 los *llevó* por el desierto como un rebaño
88.15 la juventud he *llevado* tus terrores, he
89.50 oprobio de muchos pueblos, que *llevo*
91.12 en las manos te *llevarán*, para que tu
125.5 los *llevará* con los que hacen iniquidad
126.6 irá. .el que *lleva* la preciosa semilla
128.3 mujer será como vid que *lleva* fruto a
137.3 y los que nos habían *llevado* cautivos
Pr. 3.35 honra. .los necios *llevarán* ignominia
7.20 la bolsa de dinero *llevó* en su mano; el
18.16 dádiva. .le *lleva* delante de los grandes
19.19 el de grande ira *llevará* la pena; y si
19.24 perezoso. .ni aun a su boca la *llevará*
22.21 vuelvas a *llevar* palabras de verdad a
24.11 libra a los que son *llevados* a la muerte
26.15 plato; se cansa de *llevarla* a su boca
26.17 el que pasando se deja *llevar* de la ira
27.12 mas los simples pasan y *llevan* el daño
30.10 sea que te maldiga, y *lleves* el castigo
Ec. 3.22 ¿quién lo *llevará* para que vea lo que
5.15 nada tiene de su trabajo para *llevar* en
10.20 las aves del cielo *llevarán* la voz, y
Cnt. 2.4 me *llevó* a la casa del banquete, y su
8.2 yo te *llevaría*, te metería en casa de mi
Is. 4.1 solamente permítenos *llevar* tu nombre
5.13 mi pueblo fue *llevado* cautivo, porque no
5.29 la *llevará* con seguridad, y nadie se la
9.5 todo calzado que *lleva* el guerrero en el
15.7 las *llevarán* al torrente de los sauces
20.4 *llevará* el rey de Asiria a los cautivos
21.14 *llevadle* agua, moradores de tierra de
23.7 sus pies la *llevarán* a morar lejos
30.6 *llevan* sobre lomos de asnos sus riquezas
36.17 yo venga y os *lleve* a una tierra como
39.6 *llevado* a Babilonia todo lo que hay en
40.11 en su brazo *llevará*. .en su seno los *ll*
40.24 el torbellino los *lleva* como hojarasca
41.16 los aventarás, y los *llevará* el viento
46.1 esas cosas que vosotros solíais *llevar*
46.3 los que sois *llevados* desde la matriz
46.4 yo; yo hice, yo *llevaré*, yo soportaré
46.7 lo echan sobre los hombros, lo *llevan*
48.20 publicadlo, *llevadlo* hasta lo postrero
48.21 sed cuando los *llevó* por los desiertos
52.5 que mi pueblo es *llevado* injustamente?
52.11 que *lleváis* los utensilios de Jehová
53.4 *llevó* él nuestras enfermedades, y sufrió
53.7 como cordero fue *llevado* al matadero
53.11 verá. .*llevará* las iniquidades de ellos
53.12 habiendo él *llevado* el pecado. .y orado
56.7 yo los *llevaré* a mi santo monte, y los
57.13 pero a todos ellos *llevará* el viento
60.4 y tus hijas serán *llevadas* en brazos
64.6 y nuestras maldades nos *llevaron* como
Jer. 10.5 son *llevados*, porque no pueden andar
11.19 yo era como cordero. .*llevan* a degollar
13.19 toda Judá fue. .*llevada* en cautiverio
17.21 guardaos. .vuestra vida de *llevar* carga
19.1 vasija. .y *lleva* contigo de los ancianos
20.4 los *llevará* cautivos a Babilonia, y los
20.5 los tomarán y los *llevarán* a Babilonia
22.12 morirá en el lugar adonde lo *llevaron*
22.26 haré *llevar* cautivo a ti y a tu madre
24.1 después. .haberlos *llevado* a Babilonia
28.3 de este lugar para *llevarlos* a Babilonia
29.1 pueblo que. .*llevó* cautivo de Jerusalén
29.14 volver al lugar de donde os hice *llevar*
31.19 porque *llevé* la afrenta de mi juventud
32.5 y hará *llevar* a Sedequías a Babilonia
34.18 no han *llevado* a efecto las palabras
35.4 *llevé* a la casa de Jehová, al aposento
37.14 Irías. .lo *llevó* delante de los príncipes
39.7 le aprisionó con grillos para *llevarle*
41.5 incienso para *llevar* a la casa de Jehová
41.10 *llevó* Ismael. .Los *ll*, pues, cautivos
41.16 a quienes *llevó* de Mizpa después que
43.12 quemará. .y a ellos los *llevará* cautivos
48.7 Quemos será *llevado* en cautiverio, sus
49.3 Milcom fue *llevado* en cautiverio, sus
52.11 lo hizo *llevar* a Babilonia; y lo puso
52.17 y *llevaron* todo el bronce a Babilonia
52.18 se *llevaron*. .los calderos, las palas
52.19 y lo de plata. .se *llevó* el capitán de
52.26 los *llevó* al rey de Babilonia en Ribla
52.28 es el pueblo que Nabucodonosor *llevó*
52.29 él *llevó* cautivas de Jerusalén a 832
52.30 *llevó* cautivas a 745 personas. .de Judá
Lm. 1.18 jóvenes fueron *llevados* en cautiverio
3.2 me guio y me *llevó* en tinieblas, y no en
3.27 bueno le es al hombre *llevar* el yugo
4.22 Sion; nunca más te hará *llevar* cautiva
5.7 pecaron. .y nosotros *llevamos* su castigo
5.13 *llevaron* a los jóvenes a moler, y los
Ez. 4.4 número de los días. .*llevarás* sobre ti
4.5 así *llevarás* tú la maldad de la casa de
4.6 y *llevarás* la maldad de la casa de Judá
8.3 me *llevó* en visiones de Dios a Jerusalén
8.7 me *llevó* a la entrada del atrio, y miré
8.14 me *llevó* a la entrada de la puerta de la
8.16 me *llevó* al atrio de adentro de la casa
11.1 *llevó* por la puerta oriental de la casa
11.24 volvió a *llevar* en visión del Espíritu
12.6 delante de sus ojos los *llevarás* sobre
12.7 los *llevé* sobre los hombros a vista de
12.12 y al príncipe que. .*llevarán* a cuestas
12.13 haré *llevarlo* a Babilonia, a tierra de
14.10 *llevarán* ambos el castigo de su maldad
14.22 hijos e hijas, que serán *llevados* fuera
16.39 se *llevarán* tus hermosas alhajas, y te
16.52 *lleva* tu vergüenza en los pecados que
16.52 y *lleva* tu confusión, por cuanto has
16.54 *lleves* tu confusión, y te avergüences
16.57 *llevas* tú la afrenta de las hijas de
17.4 lo *llevó* a tierra de mercaderes, y lo
17.12 tomó. .y los *llevó* consigo a Babilonia
17.13 se *llevó*. .a los poderosos de la tierra
18.19 ¿por qué el hijo no *llevará* el pecado
18.20 el hijo no *llevará* el pecado del padre
18.20 ni el padre *llevará* el pecado del hijo
19.4 lo *llevaron* con grillos a la tierra de
19.9 lo *llevaron* con cadenas, y lo *ll* al rey
23.35 *lleva*. .tu lujuria y tus fornicaciones
25.3 y *llevada* en cautiverio la casa de Judá
29.14 y los *llevaré* a la tierra de Patros, a
32.9 cuando *lleve* al cautiverio a los tuyos
32.24,25 *llevaron* su confusión con los que
36.6 por cuanto habéis *llevado* el oprobio de
36.7 las naciones. .han de *llevar* su afrenta
36.8 *llevaréis* vuestro fruto para mi pueblo
36.15 ni más *llevarás* denuestos de pueblos
37.1 y me *llevó* en el Espíritu de Jehová, y
39.23 de Israel fue *llevada* cautiva por su
39.28 cuando después de haberlos *llevado* al
40.1 sobre mí la mano de Jehová, y me *llevó*
40.2 en visiones de Dios me *llevó* a. .Israel
40.3 me *llevó* allí, y he aquí un varón, cuyo
40.17 me *llevó* luego al atrio exterior, y he
40.24 *llevó* después hacia el sur, y he aquí
40.28 me *llevó* después en el atrio de adentro
40.32 y me *llevó* al atrio interior hacia el
40.35 me *llevó* luego a la puerta del norte
40.48 *llevó* al pórtico del templo, y midió
42.1 me *llevó* a la cámara que estaba delante
43.1 me *llevó*. .a la puerta que mira hacia el
43.5 me alzó el. .y me *llevó* al atrio interior
44.4 y me *llevó* hacia la puerta del norte por
44.10 los levitas que. .*llevarán* su iniquidad
44.12 dice. .que ellos *llevarán* su iniquidad
44.13 sino que *llevarán* su vergüenza y las
44.17 no *llevarán* sobre ellos cosa de lana
46.21 *llevó* por los cuatro rincones del atrio
47.3 salió el. .*llevando* un cordel en su mano
47.6 me *llevó*, y me hizo volver por la ribera
Dn. 1.16 se *llevaba* la porción de la comida de
2.13 los sabios fueran *llevados* a la muerte
2.24 *llévame* a la presencia del rey, y yo le
2.25 Arioc *llevó*. .a Daniel ante el rey, y le
2.35 se los *llevó* el viento sin que de ellos
5.7 y un collar de oro *llevará* en su cuello
5.16 un collar de oro *llevarás* en tu cuello
9.7 el día de hoy *lleva* todo hombre de Judá
11.8 a los dioses de ellos. .*llevará* cautivos
11.10 *llevará* la guerra hasta su fortaleza
11.12 al *llevarse* él la multitud, se elevará
Os. 2.14 y la *llevaré* al desierto, y hablaré a
10.6 será él *llevado* a Asiria como presente
10.11 haré *llevar* yugo a Efraín; arará Judá
12.1 pacto con. .y el aceite se *lleva* a Egipto
14.2 *llevad* con vosotros palabras de súplica
Jl. 2.22 porque los árboles *llevarán* su fruto
3.5 habéis *llevado* mi plata y mi oro, y mis
Am. 1.6 porque *llevó* cautivo a todo un pueblo
4.2 días en que os *llevarán* con ganchos, y
5.5 porque Gilgal será *llevada* en cautiverio
5.26 bien, *llevabais* el tabernáculo de. .Moloc
7.11 e Israel será *llevado* de su tierra en
7.17 e Israel será *llevado* cautivo lejos de
9.13 el pisador de las uvas al que *lleve* la
Abd. 11 el día que. .*llevaban* extraños cautivo
Mi. 6.16 *llevaréis*, por tanto, el oprobio de mi
Nah. 2.7 sus criadas la *llevarán* gimiendo como
3.10 sin embargo. .fue *llevada* en cautiverio
Hag. 2.12 si alguno *llevare* carne santificada
Zac. 5.10 dije al ángel. .¿A dónde *llevan* el efa?
6.13 *llevará* gloria, y se sentará y dominará
11.16 ni *llevará* la cansada a cuestas, sino
Mt. 3.11 cuyo calzado yo no soy digno de *llevar*

LLEVAR *(Continúa)*
Mt. 4.1 fue *llevado* por el Espíritu al desierto
4.5 el diablo le *llevó* a la santa ciudad, y
4.8 le *llevó* el diablo a un monte muy alto
5.41 te oblique a *llevar* carga por una milla
7.13 y espacioso el camino que *lleva* a la
7.14 angosto el camino que *lleva* a la vida
8.17 él mismo. .y *llevó* nuestras dolencias
10.18 ante. .reyes seréis *llevados* por causa
11.8 los que *llevan* vestiduras delicadas, en
11.29 *llevad* mi yugo sobre. .y aprended de mí
17.1 tomó. .los *llevó* aparte a un monte alto
23.4 cargas pesadas y difíciles de *llevar*, y
24.39 vino el diluvio y se los *llevó* a todos
26.57 le *llevaron* al sumo sacerdote Caifás
27.2 y le *llevaron* atado, y le entregaron a
27.27 soldados. .*llevaron* a Jesús al pretorio
27.31 manto. .y le *llevaron* para crucificarle
27.32 a éste obligaron a que *llevase* la cruz
Mr. 4.28 porque de suyo *lleva* fruto la tierra
6.8 mandó. .no *llevasen* nada para el camino
9.2 los *llevó* aparte solos a un monte alto
11.16 nadie atravesase. .*llevando* utensilio
13.9 delante. .de reyes os *llevarán* por causa
14.13 un hombre que *lleva* un cántaro de agua
14.44 prendedle, y *llevadle* con seguridad
15.1 *llevaron* a Jesús atado, y le entregaron
15.16 le *llevaron* dentro del atrio, esto es
15.21 obligaron a. .a que le *llevase* la cruz
15.22 le *llevaron* a un lugar llamado Gólgota
15.24 suertes. .ver qué se *llevaría* cada uno
Lc. 4.1 Jesús. .fue *llevado* por el Espíritu al
4.5 y le *llevó* el diablo a un alto monte, y
4.9 y le *llevó* a Jerusalén, y le puso sobre
4.29 le *llevaron* hasta la cumbre del monte
5.18 *llevarle* adentro y ponerle delante de
7.12 *llevaban* a enterrar a un difunto, hijo
7.14 tocó. .los que lo *llevaban* se detuvieron
8.8 y nació y *llevó* fruto a ciento por uno
8.14 son ahogados por los. .y no *llevan* fruto
9.3 ni pan, ni dinero; ni *llevéis* dos túnicas
10.4 no *llevéis* bolsa, ni alforja, ni calzado
10.34 vendó sus heridas. .y lo *llevó* al mesón
11.46 con cargas que no pueden *llevar*, pero
13.15 ¿no desata. .su buey. .lo *lleva* a beber?
14.27 no *lleva* su cruz y viene en pos de mí
16.22 y fue *llevado* por los ángeles al seno
21.12 y seréis *llevados* ante reyes y ante
21.24 y serán *llevados* cautivos a todas las
22.10 un hombre que *lleva* un cántaro de agua
22.54 le *llevaron*, y le condujeron a casa del
23.1 levantándose. .*llevaron* a Jesús a Pilato
23.26 *llevándole*, tomaron a cierto Simón de
23.26 la cruz para que la *llevase* tras Jesús
23.32 *llevaban* también con él a otros dos
24.51 separó de ellos, y fue *llevado* arriba
Jn. 2.8 sacad. .y *llevadlo* al. .Y se lo *llevaron*
5.6 y supo que *llevaba* ya mucho tiempo así
5.10 día de. .no te es lícito *llevar* tu lecho
9.13 *llevaron* ante los fariseos al que. .ciego
12.24 el grano. .si muere, *lleva* mucho fruto
15.2 todo pámpano que en mí no *lleva* fruto
15.2 todo aquel que *lleva* fruto, lo limpiará
15.2 lo limpiará, para que *lleve* más fruto
15.4 como el pámpano no puede *llevar* fruto
15.5 que permanece. .éste *lleva* mucho fruto
15.8 glorificado. .en que *llevéis* mucho fruto
15.16 que vayáis y *llevéis* fruto, y vuestro
18.13 *llevaron* primeramente a Anás; porque
18.28 *llevaron* a Jesús de casa de Caifás al
19.5 y salió. .*llevando* la corona de espinas
19.13 *llevó* fuera a Jesús, y se sentó en el
19.16 tomaron, pues, a Jesús, y le *llevaron*
19.38 permitiese *llevarse* el cuerpo de Jesús
19.38 vino, y se *llevó* el cuerpo de Jesús
20.2 se han *llevado* del sepulcro al Señor, y
20.13 han *llevado* a mi Señor, y no sé dónde
20.15 si tú lo has *llevado*, dime dónde lo has
20.15 dónde lo has puesto, y yo lo *llevaré*
21.18 te ceñirá otro, y te *llevará* a donde
Hch. 5.37 y *llevó* en pos de sí a mucho pueblo
8.2 hombres piadosos *llevaron* a enterrar a
8.32 como oveja a la muerte fue *llevado*, y
9.8 *llevándole* por la mano, le metieron en
9.15 para *llevar* mi nombre en presencia de
9.21 a eso vino acá, para *llevarlos* presos
9.30 hermanos, le *llevaron* hasta Cesarea, y
9.39 le *llevaron* a la sala, donde le rodearon
11.10 y volvió todo a ser *llevado* arriba al
12.19 Herodes. .ordenó *llevarlos* a la muerte
12.25 *llevando* también consigo a Juan, el que
14.12 Mercurio, porque. .*llevaba* la palabra
15.10 que. .ni nosotros hemos podido *llevar?*
15.37 quería que *llevasen* consigo a Juan, el
15.38 Pablo no le parecía bien *llevar* consigo
16.34 *llevándolos* a su casa, les puso la mesa
17.15 conducir a Pablo le *llevaron* a Atenas
18.12 levantaron. .y le *llevaron* al tribunal
19.12 se *llevaban* a los enfermos los paños o
20.12 y *llevaron* al joven vivo, y. .consolados
21.34 nada de. .le mandó *llevar* a la fortaleza
21.35 aconteció que era *llevado* en peso por
22.11 *llevado* de la mano. .llegué a Damasco
23.10 bajasen. .y le *llevasen* a la fortaleza
23.17 *lleva* a este joven ante el tribuno
23.18 le *llevó* al tribuno, y dijo: El preso
23.20 en rogarte que mañana *lleves* a Pablo
23.24 a Pablo, le *llevasen* en salvo a Félix
23.28 saber la causa. .le *llevé* al concilio
23.31 a Pablo. .*llevaron* de noche a Antípatris
27.15 nos abandonamos. .y nos dejamos *llevar*
27.27 *llevados* a través del mar Adriático
Ro. 7.4 a fin de que *llevemos* fruto para Dios
7.5 obraban en. .*llevando* fruto para muerte
7.23 que me *lleva* cautivo a la ley del pecado
13.4 porque no en vano *lleva* la espada, pues
1 Co. 9.24 pero uno sólo se *lleva* el premio?
12.2 *llevándoos*, como se os *llevaba*, a los
16.3 que *lleven* vuestro donativo a Jerusalén
2 Co. 2.14 a Dios gracias, el cual nos *lleva*
4.10 *llevando*. .siempre. .la muerte de Jesús
8.11 *llevad* también a cabo el hacerlo, para
8.19 fue designado. .para *llevar* este donativo
10.5 *llevando* cautivo todo pensamiento a la
Gá. 2.1 subí. .*llevando* también conmigo a Tito
3.24 nuestro ayo, para *llevarnos* a Cristo
5.10 el que os perturba *llevará* la sentencia
6.5 porque cada uno *llevará* su propia carga
Ef. 4.8 *llevó* cautiva la cautividad, y dio
4.14 *llevados* por doquiera de todo viento de
Col. 1.6 y *lleva* fruto y crece. .en vosotros
1.10 *llevando* fruto en toda buena obra, y
2 Ti. 3.6 y *llevan* cautivas a las mujercillas
He. 2.10 habiendo de *llevar* muchos hijos a la
9.28 una sola vez para *llevar* los pecados de
13.9 no os dejéis *llevar* de doctrinas diversas
13.13 salgamos, pues. .*llevando* su vituperio
Stg. 3.4 naves. .*llevadas* de impetuosos vientos
1 P. 2.24 *llevó* él mismo nuestros pecados en
3.18 Cristo padeció. .para *llevarnos* a Dios
1 Jn. 4.18 porque el temor *lleva* en sí castigo
Jud. 12 nubes. .*llevadas* de acá para allá por los
Ap. 13.10 si alguno *lleva* en cautividad, va en
17.3 me *llevó* en el Espíritu al desierto; y
21.10 y me *llevó* en el Espíritu a un monte
21.26 *llevarán* la gloria. .de las naciones a

LLORAR
Gn. 21.16 el muchacho alzó su voz y *lloró*
23.2 a hacer duelo por Sara, y a *llorarla*
27.38 bendíceme. .alzó Esaú su voz, y *lloró*
29.11 Jacob besó a. .y alzó su voz y *lloró*
33.4 y se echó sobre su cuello. .y *lloraron*
37.35 no quiso. .consuelo. .lo *lloró* su padre
42.24 y se apartó José de ellos, y *lloró*
43.30 buscó dónde *llorar*. .su cámara, y *lloró*
45.2 se dio a *llorar* a gritos; y oyeron los
45.14 *lloró*; y. .Benjamín *ll* sobre su cuello
45.15 besó a todos sus. .y *lloró* sobre ellos
46.29 José. .*lloró* sobre su cuello largamente
50.1 echó José sobre el rostro de. .y *lloró*
50.3 lo *lloraron* los egipcios setenta días
50.17 ruego. .Y José *lloró* mientras hablaban
Éx. 2.6 la abrió. .he aquí que el niño *lloraba*
Nm. 11.4 los hijos de Israel. .volvieron a *llorar*
11.10 oyó Moisés al pueblo, que *lloraba* por
11.13 *lloran* a mí, diciendo: Danos carne que
11.18 *llorado* en oídos de Jehová, diciendo
11.20 y *llorasteis* delante de él, diciendo
14.1 gritó. .y el pueblo *lloró* aquella noche
25.6 *lloraban*. .a la puerta del tabernáculo
Dt. 1.45 y *llorasteis* delante de Jehová, pero
21.13 y *llorará* a su padre y a su madre un
34.8 *lloraron* los hijos de Israel a Moisés
Jue. 2.4 habló. .el pueblo alzó su voz y *lloró*
11.37 que vaya. .y *llore* mi virginidad, yo y
11.38 y *lloró* su virginidad por los montes
14.16 *lloró* la mujer de Sansón en presencia
14.17 *lloró* en presencia de él los siete días
20.23 y *lloraron* delante de Jehová hasta la
20.26 *lloraron*, y se sentaron. .en presencia
Rt. 1.9 besó, y ellas alzaron su voz y *lloraron*
1.14 ellas alzaron otra vez su voz y *lloraron*
1 S. 1.7 por lo cual Ana *lloraba*, y no comía
1.8 dijo: Ana, ¿por qué *lloras?*. .no comes?
1.10 amargura de alma oró a Jehová, y *lloró*
6.19 *lloró* el pueblo. .Jehová lo había herido
11.4 y todo el pueblo alzó su voz y *lloró*
11.5 dijo. .¿Qué tiene el pueblo, que *llora?*
15.35 y Samuel *lloraba* a Saúl; y Jehová se
16.1 a Samuel: ¿Hasta cuando *llorarás* a Saúl
20.41 *lloraron* el uno con. .David *lloró* más
24.16 mío David? Y alzó Saúl su voz y *lloró*
25.1 lo *lloraron*, y lo sepultaron en su casa
30.4 David y la. .alzaron su voz y *lloraron*
30.4 que les faltaron las fuerzas para *llorar*
2 S. 1.12 y *lloraron* y lamentaron y ayunaron
1.24 hijas de Israel, *llorad* por Saúl, quien
3.16 su marido fue. .*llorando* hasta Bahurim
3.32 el rey. .*lloró*. .*ll* también todo el pueblo
3.34 todo el pueblo volvió a *llorar* sobre él
12.21 por el niño, viviendo aún. .y *llorabas*
12.22 viviendo aún el. .yo ayunaba y *lloraba*
13.36 *lloraron*. .*ll* con muy grandes lamentos
13.37 David *lloraba* por su hijo todos. .días
15.23 todo el país *lloró* en alta voz; pasó
15.30 subió la cuesta. .y la subió *llorando*
15.30 pueblo. .iban *llorando* mientras subían
18.33 subió a la sala de la puerta, y *lloró*
19.1 el rey *llora*, y hace duelo por Absalón
2 R. 8.11 miró. .luego *lloró* el varón de Dios
8.12 dijo Hazael: ¿Por qué *llora* mi señor?
13.14 *llorando*. .dijo: ¡Padre mío, padre mío
20.3 ruego. .Y *lloró* Ezequías con gran lloro
22.19 *lloraste* en mi presencia. .te he oído
2 Cr. 34.27 *lloraste* en mi presencia. .he oído
Esd. 3.12 viendo echar los cimientos. .*lloraban*
10.1 oraba Esdras y. .*llorando* y postrándose
10.1 oraba. .y *lloraba* el pueblo amargamente
Neh. 1.4 oí estas palabras, me senté y *lloré*
8.9 ni *lloréis;* porque todo el pueblo *lloraba*
Est. 8.3 a sus pies, *llorando* y rogándole que
Job 2.12 no lo conocieron, y *lloraron* a gritos
27.15 muerte. .y no los *llorarán* sus viudas
29.25 como el que consuela a los que *lloran*
30.25 ¿no *lloré* yo al afligido? Y mi alma
31.38 si mi tierra. .*lloran* todos sus surcos
Sal. 69.10 *lloré* afligiendo con ayuno mi alma
126.6 irá andando y *llorando* el que lleva la
137.1 allí nos sentábamos, y aun *llorábamos*
Ec. 3.4 tiempo de *llorar*, y tiempo de reír
Is. 15.2 a Bayit y a. .lugares altos, a *llorar*
15.5 la cuesta de Luhit subirán *llorando*, y
22.4 dije: Dejadme, *lloraré* amargamente; no
30.19 Sion, en Jerusalén; nunca más *llorarás*
33.7 he aquí. .los mensajeros de paz *llorarán*
38.3 ojos. Y *lloró* Ezequías con gran lloro
Jer. 9.1 que *llore* día y noche los muertos de
12.11 fue puesta en asolamiento, y *lloró*
13.17 *llorará* mi alma. .*llorando* amargamente
22.10 no *lloréis* al muerto. .*llorad*. .que se va
22.18 no lo *llorarás*, diciendo: ¡Ay, hermano
41.6 les salió al encuentro, *llorando*, Ismael
48.5 con llanto subirá el que *llora;* porque
48.32 con llanto de Jazer *lloraré* por ti, oh
50.4 irán andando y *llorando*, y buscarán a
Lm 1.2 amargamente *llora* en la noche, y sus
1.16 por esta causa *lloro*. .mis ojos fluyen
Ez. 7.12 el que vende, no *llore*, porque la ira
24.16 no endeches, ni *llores*, ni corran tus
24.23 no endecharéis ni *lloraréis*, sino que
Os. 12.4 *lloró*, y le rogó; en Bet-el le halló
Jl. 1.5 despertad, borrachos, y *llorad;* gemid
1.8 *llora* tú como joven vestida de cilicio
2.17 entre la entrada y el altar *lloren* los
Am. 8.8 ¿no *llorará* toda habitante de ella?
9.5 y *llorarán* todos los que en ella moran
Mi. 1.10 no lo digáis en Gat, ni *lloréis* mucho
Zac. 7.3 ¿*lloraremos* en el mes quinto?. .años?
7.5 cuando. .*llorasteis* en el quinto y en el
12.10 *llorarán* como se *llora* por. .unigénito
Mt. 2.18 gemido; Raquel que *llora* a sus hijos
5.4 bienaventurados los que *lloran*, porque
26.75 y saliendo fuera, *lloró* amargamente
Mr. 5.38 vino. .a los que *lloraban* y lamentaban
5.39 les dijo: ¿Por qué alborotáis y *lloráis?*
14.72 Pedro se. .y pensando en esto, *lloraba*
16.10 hizo saber a los. .tristes y *llorando*
Lc. 6.21 bienaventurados los que ahora *lloráis*
6.25 ¡ay de. .porque lamentaréis y *lloraréis*
7.13 se compadeció de. .y le dijo: No *llores*
7.32 dicen. .os endechamos, y no *llorasteis*
7.38 detrás de él a sus pies, *llorando*. .ungía
8.52 *lloraban*. .y hacían lamentación por ella
8.52 dijo: No *lloréis;* no está muerta, sino
19.41 la ciudad, al verla, *lloró* sobre ella
22.62 y Pedro, saliendo. .*lloró* amargamente
23.27 multitud del. .de mujeres que *lloraban*
23.28 no *lloréis* por mí. .*llorad* por vosotras
Jn. 11.31 diciendo: Va al sepulcro a *llorar* allí
11.33 verla *llorando*. .estremeció en espíritu
11.33 y a los judíos que la. .también *llorando*
11.35 Jesús *lloró*
16.20 que vosotros *lloraréis* y lamentaréis
20.11 María estaba fuera *llorando* junto al
20.11 y mientras *lloraba*, se inclinó para
20.13 y le dijeron: Mujer, ¿por qué *lloras?*
20.15 Jesús le dijo: Mujer, ¿por qué *lloras?*
Hch. 9.39 le rodearon. .las viudas, *llorando* y
21.13 *llorando* y quebrantándome el corazón
Ro. 12.15 gozaos con. .*llorad* con los que *lloran*
1 Co. 7.30 los que *lloran*, como si no *llorasen*
2 Co. 12.21 quizá tenga que *llorar* por muchos
Fil. 3.18 digo *llorando*, que son enemigos de la
Stg. 4.9 afligíos, y lamentad, y *llorad*
5.1 *llorad* y aullad por las miserias que os
Ap. 5.4 *lloraba* yo mucho, porque no se había
5.5 uno de los ancianos me dijo: No *llores*
18.9 *llorarán* y harán lamentación sobre ella
18.11 *lloran* y hacen lamentación sobre ella
18.15 mercaderes. .se pararán lejos. .*llorando*
18.19 *llorando*. .diciendo: ¡Ay, ay de la gran

LLORO
Dt. 34.8 se cumplieron los días del *ll* y del
2 R. 20.3 ruego. .y lloró Ezequías con gran *ll*
Esd. 3.13 no podía distinguir. .la voz del *ll*
Est. 4.3 tenían los judíos. .*ll* y lamentación
Job 16.16 mi rostro está inflamado con el *ll*
Sal. 6.8 porque Jehová ha oído la voz de mi *ll*
30.5 por la noche durará el *ll*, y a la mañana
Is. 16.9 lamentaré con *ll* de Jazer por la viña

LLORO *(Continúa)*
Is. 38.3 oh Jehová..Y lloró Ezequías con gran *ll*
65.19 nunca más se oirán en ella voz de *ll*
Jer. 9.10 los montes levantaré *ll* y lamentación
31.9 irán con *ll*, mas con misericordia los
31.13 cambiaré su *ll* en gozo, y..consolaré
31.15 fue oída en Ramá, llanto y *ll* amargo
Jl. 2.12 convertíos..con ayuno y *ll* y lamento
Am. 5.16 labrador llamarán a *ll*, y a endecha
8.10 y cambiaré vuestras fiestas en *ll*, y
Mt. 2.18 voz..grande lamentación, *ll* y gemido
8.12; 13.5,42,50; 22.13; 24.51; 25.30 allí será el *ll* y el crujir de dientes
Stg. 4.9 vuestra risa se convierta en *ll*, y

LLOVER
Gn. 2.5 Jehová Dios aún no había hecho *llover*
7.4 pasados aún siete días, yo haré *llover*
19.24 Jehová hizo *llover* sobre Sodoma..azufre
Éx. 9.18 haré *llover* granizo muy pesado, cual
9.23 y Jehová hizo *llover* granizo sobre la
16.4 he aquí yo os haré *llover* pan del cielo
2 S. 21.10 hasta que *llovió* sobre ellos agua
1 R. 8.35 si el cielo se cerrare y no *lloviere*
17.7 porque no había *llovido* sobre la tierra
17.14 el día en que Jehová haga *llover* sobre
18.1 yo haré *llover* sobre la faz de la tierra
Job 20.23 la hará *llover* sobre él y sobre su
38.26 *llover* sobre la tierra deshabitada
Sal. 11.6 sobre los malos hará *llover*..fuego
78.24 hizo *llover* sobre ellos maná para que
78.27 e hizo *llover* sobre ellos carne como
Ec. 10.18 por la flojedad..se *llueve* la casa
Jer. 14.4 resquebrajó..por no haber *llovido*
14.22 entre los ídolos..quien haga *llover?*
Ez. 1.28 el arco iris..nubes el día que *llueve*
38.22 haré *llover* sobre él, sobre sus tropas
Am. 4.7 hice *llover* sobre una ciudad, y sobre
4.7 sobre otra ciudad no hice *llover;* sobre
4.7 sobre una parte *llovió*..no *ll*, se secó
Mt. 5.45 hace *llover* sobre justos e injustos
Lc. 17.29 *llovió* del cielo fuego y azufre, y
Stg. 5.17 para que no *lloviese*, y no *llovió*
Ap. 11.6 no *llueva* en los días de su profecía

LLOVIZNA
Dt. 32.2 como la *ll* sobre la grama, y como las
Job 37.6 también a la *ll*, y a los aguaceros

LLUVIA
Gn. 7.12 hubo *ll* sobre la tierra cuarenta días
8.2 cielos; y la *ll* de los cielos fue detenida
Éx. 9.33 y la *ll* no cayó más sobre la tierra
9.34 y viendo Faraón que la *ll* había cesado
Lv. 26.4 yo daré vuestra *ll* en su tiempo, y la
Dt. 11.11 que bebe las aguas de la *ll* del cielo
11.14 daré la *ll* de vuestra tierra a su tiempo
11.17 cierre los cielos, y no haya *ll*, ni la
28.12 enviar la *ll* a tu tierra en su tiempo
28.24 dará Jehová por *ll* a tu tierra polvo
32.2 como la *ll* mi enseñanza; destilará como
1 S. 12.17 yo clamaré..y él dará truenos y *ll*
12.18 Jehová dio truenos y *ll* en aquel día
2 S. 1.21 ni rocío ni *ll* caiga sobre vosotros
23.4 como la *ll* que hace brotar la hierba de
1 R. 8.36 y darás *ll* sobre tu tierra, la cual
17.1 que no habrá *ll* ni rocío en estos años
18.41 come y bebe, porque una *ll* grande se oye
18.44 desciende, para que la *ll* no te ataje
18.45 con nubes y viento, y hubo una gran *ll*
2 R. 3.17 ni veréis *ll;* pero este valle será
2 Cr. 6.26 cielos se cerraren y no hubiere *ll*
6.27 darás *ll* sobre tu tierra, que diste por
7.13 cerrare los cielos para que no haya *ll*
Esd. 10.9 se sentó..temblando..a causa de la *ll*
Job 5.10 da la *ll* sobre la faz de la tierra, y
24.8 con las *ll* de los montes se mojan, y
28.26 cuando él dio ley a la *ll*, y camino al
29.23 me esperaban como a la *ll*, y abrían su
29.23 y abrían su boca como a la *ll* tardía
36.27 aguas, al transformarse el vapor en *ll*
38.28 ¿tiene la *ll* padre? ¿O quién engendró
Sal. 65.10 la ablandas con *ll*, bendices sus
68.9 abundante *ll* esparciste, oh Dios; a tu
72.6 descenderá como la *ll* sobre la hierba
84.6 fuente, cuando la *ll* llena los estanques
105.32 les dio granizo por *ll*, y llamas de
135.7 hace los relámpagos para la *ll;* saca
147.8 el que prepara la *ll* para la tierra
Pr. 16.15 su benevolencia es como nube de *ll*
25.14 como nubes y vientos sin *ll*, así es el
25.23 el viento del norte ahuyenta la *ll*, y el
26.1 como no conviene..ni la *ll* en la siega
27.15 gotera continua en tiempo de *ll* y la
28.3 es como *ll* torrencial que deja sin pan
Ec. 12.2 antes que..vuelvan las nubes tras la *ll*
Cnt. 2.11 invierno, se ha mudado, la *ll* se fue
Is. 5.6 a las nubes mandaré que no derramen *ll*
18.4 como sol claro después de la *ll*, como
30.23 dará el Señor *ll* a..sementera, cuando
44.14 planta pino, que se críe con la *ll*
55.10 como desciende de los cielos la *ll* y la
Jer. 3.3 por esta causa..y faltó la *ll* tardía
5.24 que da *ll* temprana y tardía en su tiempo
10.13 hace los relámpagos con la *ll*, y saca
14.22 ¿y darán los cielos *ll*? ¿No eres tú
51.16 hace relámpagos con la *ll*, y saca el
Ez. 13.11 *ll* torrencial, y enviaré piedras de
13.13 ira, y *ll* torrencial vendrá con mi furor
22.24 ni rociada con *ll* en el día del furor
34.26 haré descender la *ll*..*ll* de bendición
38.22 haré llover..impetuosa *ll*, y piedras
Os. 6.3 vendrá..como la *ll*, como la *ll* tardía
Jl. 2.23 os ha dado la primera *ll* a su tiempo
2.23 y hará descender..*ll* temprana y tardía
Am. 4.7 os detuve la *ll* tres meses antes de la
Mi. 5.7 será..como las *ll* sobre la hierba, las
Hag. 1.10 por eso se detuvo de..vosotros la *ll*
Zac. 10.1 pedid a Jehová *ll*..la estación tardía
10.1 os dará *ll* abundante, y hierba verde en
14.17 no subieren..no vendrá sobre ellos *ll*
14.18 y no viniere, sobre ellos no habrá *ll*
Mt. 7.25,27 descendió *ll*, y vinieron ríos, y
Hch. 14.17 *ll* del cielo y tiempos fructíferos
28.2 nos recibieron a todos, a causa de la *ll*
He. 6.7 la tierra que bebe la *ll* que..cae sobre
Stg. 5.7 con paciencia hasta que reciba la *ll*
5.18 otra vez oró, y el cielo dio *ll*, y la

LLUVIOSO
Esd. 10.13 el pueblo es mucho, y el tiempo *ll*

M

MAACA
1. ***Hijo de Nacor,*** **Gn. 22.24**
2. ***Reino al oriente de Basán (véase también Maacateo)***
Dt. 3.14 tomó..hasta el límite con Gesur y *M*
Jos. 12.5 hasta los límites de Gesur y de *M*
13.13 Gesur y *M* habitaron entre..israelitas
2 S. 10.6 tomaron..del rey de *M* mil hombres
10.8 los sirios de Soba..de *M* estaban aparte
1 Cr. 19.6 carros y gente de a caballo..de *M*
19.7 tomaron a sueldo..al rey de *M* y a su
3. ***Madre de Absalón,*** **2 S. 3.3; 1 Cr. 3.2**
4. ***Ascendiente de Elifelet No. 2,*** **2 S. 23.34**
5. ***Padre de Aquis rey de Gat,*** **1 R. 2.39**
6. ***Madre de Abías rey de Judá***
1 R. 15.2 el nombre de su madre fue *M*, hija
2 Cr. 11.20 después..tomó a *M* hija de Absalón
11.21 Roboam amó a *M* hija de Absalón sobre
11.22 y puso Roboam a Abías hijo de *M* por
7. ***Madre de Asa rey de Judá***
1 R. 15.10 el nombre de su madre fue *M*, hija
15.13 privó a su madre *M* de ser reina madre
2 Cr. 15.16 a *M* madre del rey Asa..la depuso
8. ***Concubina de Caleb,*** **1 Cr. 2.48**
9. ***Mujer de Maquir No. 1,*** **1 Cr. 7.15,16**
10. ***Ascendiente de Saúl,*** **1 Cr. 8.29; 9.35**
11. ***Ascendiente de Hanán No. 3,*** **1 Cr. 11.43**
12. ***Ascendiente de Sefatías No. 4,*** **1 Cr. 27.16**

MAACATEO ***Habitante de Maaca No. 2***
Jos. 13.11 territorios de los gesureos y..*m*
13.13 a los *m* no los echaron los hijos de
2 R. 25.23 vinieron..y Jaazanías hijo de un *m*
1 Cr. 4.19 el padre de Keila..y Estemoa *m*
Jer. 40.8 Jezanías hijo de un *m*, ellos y sus

MAADÍAS ***Sacerdote que regresó del exilio con Zorobabel,*** **Neh. 12.5**

MAAI ***Músico en tiempo de Nehemías,*** **Neh. 12.36**

MAALA ***Hija de Zelofehad,*** **Nm. 26.33; 27.1; 36.11; Jos. 17.3**

MAARAT ***Ciudad en Judá (probablemente =Marot),*** **Jos. 15.59**

MAASEÍAS ***Sacerdote en tiempo de Nehemías,*** **Neh. 12.41**

MAASÍAS
1. ***Músico, levita en tiempo de David,*** **1 Cr. 15.18,20**
2. ***Oficial militar que ayudó al sacerdote Joiada,*** **2 Cr. 23.1**
3. ***Oficial del rey Uzías,*** **2 Cr. 26.11**
4. ***Hijo del rey Acaz,*** **2 Cr. 28.7**
5. ***Gobernador de Jesusalén bajo el rey Josías,*** **2 Cr. 34.8**
6. ***Nombre de varios que se habían casado con mujeres extranjeras en tiempo de Esdras,*** **Esd. 10.18,21,22,30**
7. ***Ascendiente de Azarías No. 18,*** **Neh. 3.23**
8. ***Uno que ayudó a Esdras en la lectura de la ley,*** **Neh. 8.4**
9. ***Levita que interpretó la lectura de la ley,*** **Neh. 8.7**
10. ***Firmante del pacto de Nehemías,*** **Neh. 10.25**
11. ***Residente de Jerusalén después del exilio (=Asaías No. 3),*** **Neh. 11.5**
12. ***Ascendiente de Salú No. 1,*** **Neh. 11.7**
13. ***Sacerdote en tiempo de Nehemías,*** **Neh. 12.42**
14. ***Padre del sacerdote Sofonías,*** **Jer. 21.1; 29.25; 37.3**
15. ***Padre de Sedequías No. 5,*** **Jer. 29.21**
16. ***Ascendiente de Baruc,*** **Jer. 32.12; 51.59**
17. ***Oficial del templo en tiempo de Jeremías,*** **Jer. 35.4**

MAAT ***Ascendiente de Jesucristo,*** **Lc. 3.26**

MAAZ ***Desciendiente de Jerameel,*** **1 Cr. 2.27**

MAAZÍAS
1. ***Sacerdote en tiempo de David,*** **1 Cr. 24.18**
2. ***Sacerdote en tiempo de Nehemías,*** **Neh. 10.8**

MACAZ ***Ciudad en un distrito administrativo de Salomón,*** **1 R. 4.9**

MACBANAI ***Militar que se unió a David en Siclag,*** **1 Cr. 12.13**

MACBENA ***Descendiente de Caleb,*** **1 Cr. 2.49**

MACEDA ***Ciudad cananea***
Jos. 10.10 siguió..los hirió hasta Azeca y *M*
10.16 reyes..escondieron en una cueva en *M*
10.17 reyes..sido hallados..en una cueva en *M*
10.21 el pueblo volvió..al campamento en *M*
10.28 tomó Josué a *M*, y la hirió a..espada
10.28 al rey de *M* como había hecho al rey de
10.29 de *M* pasó Josué, y todo Israel con él
12.16 rey de *M*, otro; el rey de Bet-el, otro
15.41 Naama y *M;* 16 ciudades con sus aldeas

MACEDONIA ***Provincia romana***
Hch. 16.9 varón..diciendo: Pasa a *M* y ayúdanos
16.10 en seguida procuramos partir para *M*
16.12 Filipos, que es la primera ciudad de..*M*
18.5 y cuando Silas y Timoteo vinieron de *M*
19.21 ir a Jerusalén, después de recorrer *M*
19.22 enviando a *M* a dos..Timoteo y Erasto
20.1 Pablo..se despidió y salió para ir a *M*

MACEDONIA *(Continúa)*

Hch. 20.3 cesó..tomó la decisión de volver por M
Ro. 15.26 M y Acaya..a bien hacer una ofrenda
1 Co. 16.5 por M, pues por M tengo que pasar
2 Co. 1.16 pasar a M, y desde M venir otra vez
2.13 despidiéndome de ellos, partí para M
7.5 cuando vinimos a M, ningún reposo tuvo
8.1 gracia..se ha dado a las iglesias de M
9.2 de la cual yo me glorío entre los de M
11.9 suplieron los hermanos..vinieron de M
Fil. 4.15 cuando partí de M, ninguna iglesia
1 Ts. 1.7 sido ejemplo a todos los de M y de
1.8 sido divulgada la palabra..no sólo en M
4.10 todos los hermanos que están por toda M
1 Ti. 1.3 te quedases en Efeso, cuando fui a M

MACEDONIO *Habitante de Macedonia*

Hch. 16.9 un varón m estaba en pie, rogándole
19.29 arrebatando a Gayo y..m, compañeros de
27.2 con nosotros Aristarco, m de Tesalónica
2 Co. 9.4 que si vinieren conmigo algunos m

MACELOT *Lugar donde acampó Israel,* **Nm. 33.25,26**

MACNADEBAI *Uno de los que se casaron con mujeres extranjeras en tiempo de Esdras,* **Esd. 10.40**

MACPELA *Cueva cerca de Hebrón*

Gn. 23.9 que me dé la cueva de M, que tiene al
23.17 la heredad de Efrón que estaba en M al
23.19 cueva de la heredad de M al oriente de
25.9 lo sepultaron Isaac e..en la cueva de M
49.30 en la cueva que está en el campo de M
50.13 sepultaron en la cueva del campo de M

MACTES *Barrio de Jerusalén,* **Sof. 1.11**

MÁCULA

1 Ti. 6.14 que guardes el mandamiento sin m
Stg. 1.27 la religión pura y sin m delante de

MACHACADA

Éx. 27.20 traigan aceite puro de olivas m
29.40 parte de un hin de aceite de olivas m
Lv. 24.2 te traigan..aceite puro de olivas m
Nm. 28.5 cuarto de..hin de aceite de olivas m

MACHO

Gn. 6.19 que tengan vida contigo; m y hembra
7.2 tomarás siete parejas, m y su hembra; mas
7.2 no son limpias, una pareja, el m y su
7.3 parejas, m y hembra, para conservar viva
7.9 dos..m y hembra, como mandó Dios a Noé
7.16 m y hembra de toda carne vinieron, como
30.35 Labán apartó..los m cabríos manchados
31.10 los m que..eran listados, pintados y
31.12 todos los m que cubren a las hembras
32.14 doscientas cabras y veinte m cabríos
Éx. 12.5 el animal será sin defecto, m de un
13.12 primer nacido..los m serán de Jehová
13.15 sacrifico para Jehová..primogénito m
34.19 mío es..todo primogénito..que sea m
Lv. 1.3,10 ofrenda..m sin defecto lo ofrecerá
3.1 de ganado..sea m o hembra, sin defecto
3.6 sea m o hembra, la ofrecerá sin defecto
4.23 por su ofrenda un m cabrío sin defecto
4.24 su mano sobre la cabeza del m cabrío
9.3 tomad un m cabrío para expiación, y un
9.15 el m cabrío que era para la expiación
10.16 Moisés preguntó por el m cabrío de la
16.5 tomará dos m cabríos para expiación, y
16.7 tomará los dos m cabríos y..presentará
16.8 echará suertes..sobre los dos m cabríos
16.9,10 el m cabrío sobre el cual cayere la
16.15 degollará el m cabrío en expiación por
16.18 tomará de..y de la sangre del m cabrío
16.20 expiar el..hará traer el m cabrío vivo
16.21 dos manos sobre la cabeza del m cabrío
16.21 poniéndolos así sobre la cabeza del m
16.22 aquel m cabrío llevará sobre sí todas
16.22 dejará ir el m cabrío por el desierto
16.26 el que hubiere llevado el m cabrío a
16.27 y sacarán fuera..el m cabrío inmolados
22.19 ofreceréis m sin defecto de entre el
23.19 ofreceréis..un m cabrío por expiación
Nm. 7.16,22,28,34,40,46,52,58,64,70,76,82 un m cabrío para expiación
7.17,23,29,35,41,47,53,59,65,71,77,83 cinco m cabríos y cinco corderos
7.87 todos..doce los m cabríos para expiación
7.88 sesenta los m cabríos, y sesenta los
15.24 ofrecerá..y un m cabrío en expiación
28.15 un m cabrío en expiación se ofrecerá
28.22; 29.5,11,16,19,22,25,28,31,34,38 y un m cabrío por expiación
28.30 un m cabrío para hacer expiación por
Dt. 15.19 consagrarás..todo primogénito m de
32.14 carneros de Basán; también m cabríos
2 Cr. 17.11 trajeron ganados..y 7.700 m cabríos
29.21 siete m cabríos para expiación por el
29.23 hicieron acercar..los m cabríos para
Esd. 6.17 doce m cabríos en expiación por todo
8.35 y doce m cabríos por expiación, todo en
Sal. 50.9 no tomaré de tu casa..ni m cabríos
50.13 ¿he de..o beber sangre de m cabríos?
66.15 te ofreceré en sacrificio..m cabríos
Pr. 30.31 el m cabrío; y el rey, a quien nadie
Is. 1.11 no quiero sangre de..ni de m cabríos
34.6 engrasada..de sangre de corderos y de m
Jer. 50.8 como los m cabríos que van delante
51.40 haré traer..como carneros y m cabríos
Ez. 27.21 traficaban contigo en..y m cabríos
34.17 yo juzgo..entre carneros y m cabríos
39.18 beberéis sangre..m cabríos, de bueyes
43.22 ofrecerás un m cabrío..para expiación
43.25 sacrificarán un m cabrío cada día en
45.23 y por el pecado un m cabrío cada día
Dn. 8.5 un m cabrío venía del lado del poniente
8.5 aquel m cabrío tenía un cuerno notable
8.8 el m cabrío se engrandeció sobremanera
8.21 el m cabrío es el rey de Grecia, y el
Mal. 1.14 teniendo m en su rebaño, promete, y
He. 9.13 si la sangre de los toros..m cabríos
9.19 sangre de los becerros y de m cabríos
10.4 sangre de los..m cabríos no puede quitar

MADAI

1. *Hijo de Jafet,* **Gn. 10.2; 1 Cr. 1.5**
2. *Uno de los que se casaron con mujeres extranjeras en tiempo de Esdras,* **Esd. 10.34**

MADERA

Gn. 6.14 hazte un arca de m de gofer; harás
Éx. 7.19 así en los vasos de m como en los de
25.5 de rojo, pieles de tejones, m de acacia
25.10 harán también un arca de m de acacia
25.13 harás unas varas de m de acacia, las
25.23 una mesa de m de acacia; su longitud
25.28 harás las varas de m de acacia, y las
26.15 harás para el tabernáculo tablas de m
26.26 cinco barras de m de acacia, para las
26.32 lo pondrás sobre cuatro columnas de m
26.37 harás..cinco columnas de m de acacia
27.1 harás también un altar de m de acacia
27.6 harás también..varas de m de acacia, las
30.1 un altar para..de m de acacia lo harás
30.5 harás las varas de m de acacia, y las
31.5 y en artificio de m; para trabajar en
35.7 pieles..pieles de tejones, m de acacia
35.24 todo el que tenía m de acacia la traía
35.33 obra de m, para trabajar en toda labor
36.20 las tablas de m de acacia, derechas
36.31 hizo también las barras de m de acacia
36.36 él hizo cuatro columnas de m de acacia
37.1 hizo..Bezaleel el arca de m de acacia
37.4 hizo también varas de m de acacia, y las
37.10 hizo también la mesa de m de acacia
37.15,28 e hizo las varas de m de acacia
37.25 también el altar del incienso, de m de
38.1 de m de acacia el altar del holocausto
38.6 e hizo las varas de m de acacia, y las
Lv. 11.32 sea cosa de m, vestido, piel, saco
14.4 dos avecillas vivas..m de cedro, grana
14.49 tomará..y m de cedro, grana e hisopo
14.52 purificará la casa con..la m de cedro
15.12 toda vasija de m será lavada con agua
Nm. 19.6 luego tomará el sacerdote m de cedro
31.20 purificaréis todo..todo utensilio de m
Dt. 4.28 serviréis allí a dioses..de m y piedra
10.1 y sube..al monte, y hazte un arca de m
10.3 e hice un arca de m de acacia, y labré
29.17 habéis visto..sus ídolos de m y piedra
Jue. 6.26 en holocausto con la m de la imagen
1 S. 6.14 y ellos cortaron la m del carro, y
2 S. 5.11 envió..m de cedro, y carpinteros, y
6.5 con toda clase de instrumentos de m de
1 R. 5.6 ninguno hay..que sepa labrar m como
5.8 acerca de la m de cedro y la m de ciprés
5.10 dio..a Salomón m de cedro y m de ciprés
5.18 los hombres de Gebal..prepararon la m
6.10 se apoyaba en la casa con m de cedro
6.15 revistiéndola de m por dentro, desde
6.15 cubrió..el pavimento con m de ciprés
6.23 dos querubines de m de olivo, cada uno
6.31 a la entrada..hizo puertas de m de olivo
6.32 dos puertas eran de m de olivo; y talló
6.33 hizo a..postes cuadrados de m de olivo
6.34 las dos puertas eran de m de ciprés
7.11 allí hacia arriba..piedras..y m de cedro
9.11 Hiram rey de..había traído a Salomón m
10.11 también de Ofir mucha m de sándalo, y
10.12 la m de sándalo hizo el rey balaustres
10.12 nunca vino semejante m de sándalo, ni
15.22 quitaron de Ramá la piedra y la m con
2 R. 6.4 llegaron al Jordán, cortaron la m
12.12 en comprar la m y piedra de cantería
19.18 obra de manos de hombres, m o piedra
22.6 para comprar m y piedra de cantería para
1 Cr. 22.3 preparó..y m de cedro sin cuenta
22.4 habían traído a David abundancia de m
22.14 he preparado m y piedra, a lo cual tú
29.2 y m para las de m; y piedras de ónice
2 Cr. 2.8 también m del Líbano: cedro, ciprés
2.8 sé que tus siervos saben cortar m en el
2.9 que me preparen mucha m, porque la casa
2.10 para..cortadores de m, he dado..trigo
2.14 sabe trabajar en oro..en piedra y en m
2.16 cortaremos..la m que necesites, y te la
3.5 techó el..del edificio con m de ciprés
3.10 hizo dos querubines de m, los cuales
9.10 Ofir, trajeron m de sándalo, y piedras
9.11 de la m de sándalo el rey hizo gradas
9.11 nunca en la..se había visto m semejante
16.6 se llevaron de Ramá..la m con que Baasa
34.11 que comprasen..y m para los armazones
Esd. 3.7 trajesen m de cedro desde el Líbano
6.4 tres hileras de piedras..una de m nueva
Neh. 2.8 dé m para enmaderar las puertas del
8.4 Esdras estaba sobre un púlpito de m que
Cnt. 3.9 se hizo una carroza de m del Líbano
Is. 37.19 porque no eran dioses, sino obra..m
40.20 el pobre escoge..m que no se apolille
60.17 y por m bronce, y en lugar de piedras
Jer. 28.13 yugos de m quebraste, mas en vez de
Ez. 15.2 qué es la m de la vid más que..otra m?
15.3 ¿tomarán de ella m..hacer alguna obra?
15.6 como la m de la vid entre los árboles
26.12 pondrán tus piedras y tu m y tu polvo
27.24 negociaban contigo en..en m de cedro
41.16 cubierto de m desde el suelo hasta el
41.22 la altura del altar de m..tres codos
41.22 su superficie y sus paredes eran de m
41.25 un portal de m por fuera a la entrada
Dn. 5.4 alabaron a los dioses..m y de piedra
5.23 diste alabanza a dioses..m y de piedra
Os. 4.12 mi pueblo a su ídolo de m pregunta
Hag. 1.8 y traed m, y reedificad la casa; y
Zac. 5.4 la consumirá, con sus m y sus piedras
1 Co. 3.12 edificare oro..m, heno, hojarasca
2 Ti. 2.20 plata, sino también de m y de barro
Ap. 9.20 ni dejaron de adorar..imágenes de..m
18.12 mercadería de..m olorosa..m preciosa

MADERAJE

Ez. 27.5 hayas..Senir te fabricaron todo el m

MADERO

Lv. 14.45 derribará..sus m y toda la mezcla de
Dt. 21.22 digno de muerte..lo colgareis en un m
21.23 que su cuerpo pase la noche sobre el m
Jos. 8.29 rey de Hai lo colgó de un m hasta
8.29 mandó..que quitasen del m su cuerpo, y
10.26 los mató, y los hizo colgar en cinco m
10.26 colgados en los m hasta caer la noche
10.27 mandó Josué que los quitasen de los m
1 R. 7.6 con sus columnas y m correspondientes
Esd. 5.8 ya los m están puestos en las paredes
6.11 le arranque un m de su casa, y alzado
Is. 45.20 aquellos que erigen el m de su ídolo
Hch. 5.30 a quien vosotros matasteis..en un m
10.39 a quien mataron colgándole en un m
13.29 quitándolo del m, lo pusieron en el
Gá. 3.13 maldito..el que es colgado en un m
1 P. 2.24 llevó..nuestros pecados..sobre el m

MADIÁN *Hijo de Abraham y Cetura, y la tribu que formó su posteridad (=Madianita)*

Gn. 25.2 dio a luz a..Medán, M, Isbac y Súa
25.4 e hijos de M: Efa, Efer, Hanoc, Abida
36.35 que derrotó a M en el campo de Moab
Éx. 2.15 huyó de..y habitó en la tierra de M
2.16 siete hijas que tenía el sacerdote de M
3.1 ovejas de Jetro su suegro, sacerdote de M
4.19 dijo también Jehová a Moisés en M: Vé
18.1 oyó Jetro sacerdote de M..las cosas que
Nm. 22.4 dijo Moab a los ancianos de M: Ahora
22.7 y los ancianos de M con las dádivas de
25.15 Zur, príncipe..padre de familia en M
25.18 lo tocante a..hija del príncipe de M
31.3 contra M y hagan la venganza de..en M
31.7 y pelearon contra M, como Jehová lo
31.8 mataron..los reyes de M, Evi, Requem
31.8 cinco reyes de M; también a Balaam hijo
Jos. 13.21 a los príncipes de M, Evi, Requem
Jue. 6.1 entregó en mano de M por siete años
6.2 y la mano de M prevaleció contra Israel
6.6 modo empobrecía Israel..por causa de M
7.8 y tenía el campamento de M abajo en el
7.13 un pan..rodaba hasta el campamento de M
7.15 Jehová ha entregado el campamento de M
8.1 cuando ibas a la guerra contra M? Y le
8.3 Dios ha entregado..Zeeb, príncipes de M
8.5 yo persigo a Zeba y Zalmuna, reyes de M
8.12 y prendió a los dos reyes de M, Zeba y
8.22 pues que nos has librado de mano de M
8.26 vestidos de..que traían los reyes de M
8.28 fue subyugado M delante de..de Israel
9.17 peleó por..para libraros de mano de M
1 R. 11.18 levantaron de M, y vinieron a Parán
1 Cr. 1.32 Cetura..dio a luz..M, Isbac y Súa
1.33 los hijos de M: Efa, Efer, Hanoc, Abida
1.46 el que derrotó a M en el campo de Moab
Sal. 83.9 hazles como a M, como a Sísara, como
Is. 9.4 tú quebraste su..como en el día de M
10.26 como la matanza de M en la peña..Oreb
60.6 te cubrirá; dromedarios de M y de Efa
Hab. 3.7 tiendas de la tierra de M temblaron
Hch. 7.29 vivió como extranjero en tierra de M

MADIANITA *Descendiente de Madián*
Gn. 37.28 y cuando pasaban los *m* mercaderes
37.36 los *m* lo vendieron en Egipto a Potifar
Nm. 10.29 Moisés a Hobad, hijo de Ragüel *m*, su
25.6 trajo una *m* a sus hermanos, a ojos de
25.14 nombre del..muerto con la *m* era Zimri
25.15 y el nombre de la..*m* muerta era Cozbi
25.17 hostigad a los *m*, y heridlos
31.2 haz la venganza de..Israel contra los *m*
31.9 cautivas a las mujeres de los *m*, a sus
Jue. 6.2 por causa de los *m*, se hicieron cuevas
6.3 subían los *m* y amalecitas y los hijos del
6.7 Israel clamaron a Jehová, a causa de los *m*
6.11 en el lagar, para esconderlo de los *m*
6.13 y nos ha entregado en mano de los *m*
6.14 salvarás a Israel de la mano de los *m*
6.16 derrotarás a..*m* como a un solo hombre
6.33 los *m* y amalecitas.. se juntaron a una
7.1 y tenía el campamento de los *m* al norte
7.2 para que yo entregue a los *m* en su mano
7.7 os salvaré, y entregaré..*m* en tus manos
7.12 y los *m*..estaban tendidos en el valle
7.14 Dios ha entregado en sus manos a los *m*
7.23 juntándose..Israel..siguieron a los *m*
7.24 descended al encuentro de los *m*, y tomad
7.25 tomaron a dos príncipes de los *m*, Oreb
7.25 después que siguieron a los *m*, trajeron

MADMANA
1. Ciudad en Judá, **Jos. 15.31**
2. Descendiente de Caleb, **1 Cr. 2.49**

MADMENA
1. Lugar no identificado, **Is. 10.31**
2. Lugar en Moab (probablemente =Dimón), **Jer. 48.2**

MADÓN *Ciudad cananea,* **Jos. 11.1; 12.19**

MADRE
Gn. 2.24 dejará el hombre a su padre y a su *m*
3.20 Eva..ella era *m* de todos los vivientes
17.16 y vendrá a ser *m* de naciones; reyes de
20.12 hija de mi padre, mas no hija de mi *m*
21.21 y su *m* le tomó mujer de la tierra de
24.28 corrió, e hizo saber en casa de su *m*
24.53 cosas preciosas a su hermano y a su *m*
24.55 respondieron su hermano y su *m:* Espere
24.60 sé *m* de millares de millares, y posean
24.67 trajo Isaac a la tienda de su *m* Sara
24.67 se consoló Isaac..de la muerte de su *m*
27.11 dijo a Rebeca su *m:* He aquí, Esaú mi
27.13 su *m* respondió: Hijo mío, sea sobre mí
27.14 él fue y los tomó, y los trajo a su *m*
27.14 y su *m* hizo guisados, como a su padre
27.29 se inclinen ante ti los hijos de tu *m*
28.2 padre de tu *m*..Labán, hermano de tu *m*
28.5 hermano de Rebeca *m* de Jacob y de Esaú
28.7 había obedecido a su padre y a su *m*, y
29.10 Raquel, hija de Labán hermano de su *m*
29.10 las ovejas de Labán el hermano de su *m*
29.10 abrevó el rebaño de Labán hermano..*m*
30.14 Rubén..halló..y las trajo a Lea su *m*
32.11 venga..y me hiera la *m* con los hijos
37.10 vendremos yo y tu *m*..a postrarnos en
43.29 vio a Benjamín..hijo de su *m*, y dijo
44.20 y él solo quedó de los hijos de su *m*
Éx. 2.8 entonces fue..y llamó a la *m* del niño
20.12 honra a tu padre y a tu *m*, para que
21.15 que hiriere a su padre o a su *m*, morirá
22.30 siete días estará con su *m*, y..darás
23.19; 34.26 el cabrito en la leche de su *m*
Lv. 18.7 la..de tu *m*, no descubrirás; tu *m* es
18.9 hija de tu *m*, nacida en casa o nacida
18.13 la desnudez de la hermana de tu *m* no
18.13 no descubrirás la..parienta de tu *m* es
19.3 cada uno temerá a su *m* y a su padre, y
20.9 que maldijere a su..*m*..a su *m* maldijo
20.14 el que tomare mujer y a la *m* de ella
20.17 hija de su padre o hija de su *m*, y viere
20.19 la desnudez de la hermana de tu *m*, o de
21.2 por su *m* o por su padre, o por su hijo
21.11 ni por su padre ni..*m* se contaminará
22.27 siete días estará mamando de su *m;* mas
24.11 su *m* se llamaba Selomit, hija de Dibri
Nm. 6.7 ni por su *m*..podrá contaminarse cuando
12.12 al salir del vientre de su *m*, tiene ya
Dt. 5.16 honra a tu padre y a tu *m*, como Jehová
13.6 si te incitare tu hermano, hijo de tu *m*
14.21 no cocerás el..en la leche de su *m*
21.13 y llorará a su padre y a su *m* un mes
21.18 que no obedeciere..ni a la voz de su *m*
21.19 tomarán su padre y su *m*, y lo sacarán
22.6 la *m* echada sobre los pollos o sobre los
22.6 nido de..no tomarás la *m* con los hijos
22.7 dejarás ir a la *m*, y tomarás los pollos
22.15 y su *m* tomarán y sacarán las señales
27.16 maldito el que deshonrare a..o a su *m*
27.22 el que se acostare con..o hija de su *m*
33.9 dijo de su padre y de su *m:* Nunca los
Jos. 2.13 salvaréis la vida a mi padre y..*m*
2.18 en tu casa..a tu *m*, a tus hermanos y
6.23 y sacaron a Rahab..su *m*, a sus hermanos
Jue. 5.7 que yo..me levanté como *m* en Israel
5.28 la *m* de Sísara se asoma a la ventana
8.19 dijo: Mis hermanos eran, hijos de mi *m*
9.1 Abimelec..fue..a los hermanos de su *m*
9.1 la familia de la..casa del padre de su *m*
9.3 hablaron por él los hermanos de su *m* en
14.2 declaró a su padre y a su *m*, diciendo
14.3 padre y su *m* le dijeron: ¿No hay mujer
14.4 su *m* no sabían que esto venía de Jehová
14.5 Sansón descendió con su padre y..su *m*
14.6 no declaró ni a su padre ni a su *m* lo
14.9 alcanzó a su padre y a su *m*, les dio
14.16 a mi padre ni a mi *m* lo he declarado
16.17 soy nazareo..desde el vientre de mi *m*
17.2 el cual dijo a su *m:* Los mil cien siclos
17.2 su *m* dijo: Bendito seas de Jehová, hijo
17.3 él devolvió los mil cien siclos..a su *m*
17.3 y su *m* dijo: En verdad he dedicado el
17.4 él devolvió el dinero a su *m*, y tomó su
17.4 tomó su *m* doscientos siclos..y los dio
Rt. 1.8 volveos cada una a la casa de su *m*
2.11 dejando a tu..*m*..has venido a un pueblo
1 S. 2.19 le hacía su *m* una túnica pequeña y
15.33 *m* será sin hijo entre las mujeres
20.30 para confusión de la vergüenza de tu *m?*
22.3 te ruego que..mi *m* estén con vosotros
2 S. 17.25 a Abigail..hermana de Sarvia *m* de
19.37 que muera..junto al sepulcro de..mi *m*
20.19 procuras destruir..que..es *m* en Israel
1 R. 1.11 habló Natán a Betsabé *m* de Salomón
2.13 Adonías..vino a Betsabé *m* de Salomón
2.19 una silla para su *m*, la cual se sentó
2.20 rey..Pide, *m* mía, que yo no te la negaré
2.22 Salomón..dijo a su *m:* ¿Por qué pides a
3.27 dad a aquélla el hijo vivo..ella es su *m*
11.26 cuya *m* se llamaba Zerúa, la cual era
14.21,31 nombre de su *m* fue Naama, amonita
15.2,10 su *m* fue Maaca, hija de Abisalom
15.13 privó a su *m* Maaca de ser reina *m*
15.13 además deshizo Asa el ídolo de su *m*
17.23 y lo dio a su *m*, y le dijo Elías: Mira
19.20 que me dejes besar a mi padre y a mi *m*
22.42 nombre de su *m* fue Azuba hija de Silhi
22.52 anduvo..en el camino de su *m*, y en el
2 R. 3.2 e hizo lo malo..aunque no como..su *m*
3.13 vé..a los profetas de tu *m*. Y el rey de
4.19 padre dijo a un criado: Llévalo a su *m*
4.20 y habiéndole él tomado y traído a su *m*
4.30 dijo la *m* del niño: Vive Jehová, y vive
8.26 el nombre de su *m* fue Atalía, hija de
9.22 con las fornicaciones de Jezabel tu *m*
11.1 Atalía *m* de Ocozías vio que su hijo era
12.1 nombre de su *m* fue Sibia, de Beerseba
14.2 nombre de su *m*..Joadán, de Jerusalén
15.2 el nombre de su *m* fue Jecolías, de
15.33 el nombre de su *m* fue Jerusa hija de
18.2 nombre de su *m* fue Abi hija de Zacarías
21.1 Manasés..el nombre de su *m* fue Hepsiba
21.19 Amón..el nombre de su *m* fue Mesulemet
22.1 Josías..su *m* fue Jedida hija de Adaía
23.31 Joacaz..el nombre de su *m* fue Hamutal
23.36 Joacim..nombre de su *m* fue Zebuda hija
24.8 Joaquín..el nombre de su *m* fue Nehusta
24.12 salió Joaquín rey de Judá..y su *m*, sus
24.15 llevó cautivos..a la *m* del rey, a las
24.18 el nombre de su *m* fue Hamutal hija de
1 Cr. 2.26 otra mujer..Atara..fue *m* de Onam
4.9 al cual su *m* llamó Jabes, diciendo: Por
2 Cr. 12.13 la *m* de Roboam fue Naama amonita
13.2 el nombre de su *m* fue Micaías hija de
15.16 a Maaca *m* del rey Asa..la depuso de su
20.31 Josafat..el nombre de su *m* fue Azuba
22.2 el nombre de su *m* fue Atalía, hija de
22.3 pues su *m* le aconsejaba a que actuase
22.10 Atalía *m* de Ocozías, viendo que su hijo
24.1 Joás..el nombre de su *m* fue Sibia, de
25.1 Amasías..el nombre de su *m* fue Joadán
26.3 Uzías..el nombre de su *m* fue Jecolías
27.1 Jotam..nombre de su *m* fue Jerusa, hija
29.1 Ezequías..el nombre de su *m* fue Abías
Est .2.7 su padre y su *m* murieron..la adoptó
Job 1.21 desnudo salí del vientre de mi *m*, y
17.14 dicho..a los gusanos: Mi *m* y mi hermana
31.18 desde el vientre de mi *m* fui guía de la
40.23 aquí, sale de *m* el río, pero él no se
Sal. 22.9 desde que estaba a los pechos de..*m*
22.10 desde el vientre de mi *m*, tú eres mi
27.10 aunque mi padre y mi *m* me dejaran, con
35.14 como el que trae luto por *m*, enlutado
50.20 contra el hijo de tu *m* ponías infamia
51.5 formado, y en pecado me concibió mi *m*
69.8 y desconocido para los hijos de mi *m*
71.6 de las entrañas de mi *m* tú fuiste el que
109.14 y el pecado de su *m* no sea borrado
113.9 a la estéril, que se goza en ser *m* de
131.2 como un niño destetado de su *m;* como
139.13 tú me hiciste en el vientre de mi *m*
Pr. 1.8 y no desprecies la dirección de tu *m*
4.3 hijo..delicado y único delante de mi *m*
6.20 padre, y no dejes la enseñanza de tu *m*
10.1 pero el hijo necio es tristeza de su *m*
15.20 mas el hombre necio menosprecia a su *m*
19.26 el que..ahuyenta a su *m*, es hijo que
20.20 al que maldice a su padre o a su *m*, se
23.22 tu *m* envejeciere, no la menosprecies
23.25 alégrense tu padre y tu *m*, y gócese la
28.24 el que roba a su..*m*, y dice que no es
29.15 mas el..consentido avergonzará a su *m*
30.11 que maldice a su..y a su *m* no bendice
30.17 menosprecia la enseñanza de la *m*, los
31.1 rey..la profecía con que le enseñó su *m*
Ec. 5.15 como salió del vientre de su *m*..vuelve
Cnt. 1.6 los hijos de mi *m* se airaron contra
3.4 hasta que lo metí en casa de mi *m* y en
3.11 la corona con que le coronó su *m* en el
6.9 la única de su *m*, la escogida de la que
8.1 como hermano mío que mamó..de mi *m!*
8.2 te llevaría, te metería en casa de mi *m*
8.5 tuvo tu *m* dolores, allí tuvo dolores la
Is. 8.4 antes que el niño sepa decir..y *M* mía
49.1 me llamó..desde las entrañas de mi *m*
50.1 la carta de repudio de vuestra *m*, con
50.1 por vuestras..fue repudiada vuestra *m*
66.13 como aquel a quien consuela su *m*, así
Jer. 15.8 destruidor a mediodía sobre la *m* y
15.10 ¡ay de mí, *m* mía, que me engendraste
16.3 dicho..de sus *m* que los den a luz y de
16.7 beber vaso de consolaciones..por su *m*
20.14 maldito el día en..mi *m* me dio a luz
20.17 mi *m* me hubiera sido mi sepulcro, y
22.26 te haré llevar cautivo a ti y a tu *m*
50.12 vuestra *m* se avergonzó..se afrentó la
52.1 *m* se llamaba Hamutal, hija de Jeremías
Lm. 2.12 decían a su *m:* ¿Dónde está el trigo
2.12 derramando sus..en el regazo de sus *m*
5.3 huérfanos somos sin..*m* son como viudas
Ez. 16.3 tu padre fue amorreo, y tu *m* hetea
16.44 refrán que dice: Cual la *m*, tal la hija
16.45 hija eres tú de tu *m*, que desechó a su
16.45 vuestra *m* fue hetea, y vuestro padre
19.2 ¡cómo se echó entre los leones tu *m* la
19.10 tu *m* fue como una vid en medio de la
22.7 al padre y a la *m* despreciaron en ti; al
23.2 hijo..hubo dos mujeres, hijas de una *m*
44.25 por padre o *m*..sí podrán contaminarse
Os. 2.2 contended con vuestra *m*..porque ella
2.5 su *m* se prostituyó; la que los dio a luz
4.5 caerás por tanto en..y a tu *m* destruiré
10.14 cuando la *m* fue destrozada con..hijos
Mi. 7.6 hija se levanta contra la *m*, la nuera
Zac. 13.3 le dirán..y su *m* que lo engendraron
13.3 su *m* que lo engendraron le traspasarán
Mt. 1.18 estando desposada María su *m* con José
2.11 al entrar en..vieron al niño con su *m*
2.13 toma al niño y a su *m*, y huye a Egipto
2.14 tomó de noche al niño y a su *m*..fue a
2.20 toma al niño y a su *m* y vete a tierra
2.21 tomó al niño y a su *m*, y vino a tierra
10.35 hija contra su *m*, y a la nuera contra
10.37 el que ama a padre o *m* más que a mí
12.46 su *m* y sus hermanos estaban afuera, y
12.47 aquí tu *m* y tus hermanos están afuera
12.48 dijo: ¿Quién es mi *m*, y quiénes son mis
12.49 dijo: He aquí mi *m* y mis hermanos
12.50 aquel que hace la voluntad..es mi..*m*
13.55 ¿no se llama su *m* María, y sus hermanos
14.8 ella, instruida primero por su *m*, dijo
14.11 su cabeza..y ella la presentó a su *m*
15.4 diciendo: Honra a tu padre y a tu *m*
15.4 el que maldiga al padre o a la *m*, muera
15.5 diga a su padre o a su *m:* Es mi ofrenda
15.6 ya no ha de honrar a su padre o a su *m*
19.5 el hombre dejará padre y *m*, y se unirá
19.12 hay eunucos que nacieron así..de su *m*
19.19 honra a tu padre y a tu *m;* y, Amarás a
19.29 que haya dejado..*m*, o mujer, o hijos, o
20.20 le acercó la *m* de los hijos de Zebedeo
27.56 cuales estaban..María la *m* de Jacobo
27.56 estaban..la *m* de los hijos de Zebedeo
Mr. 3.31 vienen después sus hermanos y su *m*, y
3.32 tu *m* y tus hermanos están afuera, y te
3.33 diciendo: ¿Quién es mi *m* y..hermanos?
3.34 él, dijo: He aquí mi *m* y mis hermanos
3.35 hace la voluntad de Dios, ése es mi..*m*
5.40 tomó al padre y a la *m* de la niña, y a
6.24 dijo a su *m:* ¿Qué pediré? Y ella le dijo
6.28 su cabeza..y la muchacha la dio a su *m*
7.10 Moisés dijo: Honra a tu padre y a tu *m*
7.10 que maldiga al padre o a la *m*, muera
7.11 que diga un hombre..a la *m:* Es Corbán
7.12 no le dejáis hacer más por su padre..*m*
10.7 dejará el hombre a su padre y a su *m*, y
10.19 no hurtes..Honra a tu padre y a tu *m*
10.29 dejado..padre, o *m*, o mujer, o hijos
10.30 reciba cien veces..*m*, hijos, y tierras
15.40 María Magdalena, María la *m* de Jacobo
15.47 Magdalena y María *m* de José miraban
16.1 María Magdalena, María la *m* de Jacobo
Lc. 1.15 lleno del..desde el vientre de su *m*
1.43 a mí, que la *m* de mi Señor venga a mí?
1.60 respondiendo su *m*, dijo: No; se llamará
2.33 y José y su *m* estaban maravillados de
2.34 dijo a su *m* María: He aquí, éste está
2.43 quedó..sin que lo supiesen José y su *m*
2.48 y le dijo su *m:* Hijo, ¿por qué nos has
2.51 su *m* guardaba todas estas cosas en su
7.12 hijo único de su *m*, la cual era viuda
7.15 entonces se incorporó..Y lo dio a su *m*

MADRE ***(Continúa)***
Lc. 8.19 su *m* y sus hermanos vinieron a él; pero
8.20 avisó. . Tu *m* y tus hermanos están fuera
8.21 mi *m* y mis hermanos son los que oyen la
8.51 a Pedro. . al padre y a la *m* de la niña
12.53 la *m* contra la hija, y la. . contra la *m*
14.26 no aborrece a su padre, y *m*, y mujer
18.20 testimonio; honra a tu padre y a tu *m*
24.10 Juana, y María *m* de Jacobo, y las demás
Jn. 2.1 unas bodas. . estaba allí la *m* de Jesús
2.3 la *m* de Jesús le dijo: No tienen vino
2.5 su *m* dijo a los que servían: Haced todo
2.12 descendieron a Capernaum, él, su *m*, sus
3.4 entrar. . en el vientre de su *m*, y nacer?
6.42 ¿no. . cuyo padre y *m* nosotros conocemos?
19.25 estaban junto a la cruz de Jesús su *m*
19.25 y la hermana de su *m*, María mujer de
19.26 cuando vio Jesús a su *m*. . dijo a su *m*
19.27 después dijo al discípulo: He ahí tu *m*
Hch. 1.14 en oración. . con María la *m* de Jesús
12.12 llegó a casa de María la *m* de Juan, el
Ro. 16.13 saludad a Rufo, escogido. . y a su *m*
Gá. 1.15 me apartó desde el vientre de mi *m*
4.26 cual es *m* de todos nosotros, es libre
Ef. 5.31 dejará el hombre a su padre y a su *m*
6.2 honra a tu padre y a tu *m*, que es el
1 Ti. 5.2 ancianas, como a *m*; a las jovencitas
2 Ti. 1.5 la fe. . la cual habitó. . en tu *m* Eunice
He. 7.3 sin padre, sin *m*, sin genealogía; que
Ap. 17.5 BABILONIA. . LA *m* DE LAS RAMERAS Y DE

MADRIGUERA
Sal. 104.18 montes. . peñas, *m* para los conejos

MADRUGADA
Gn. 26.31 se levantaron de *m*, y juraron el uno
1 R. 3.21 me levanté de *m* para dar el pecho a
Sal. 63.1 de *m* te buscaré; mi alma tiene sed
127.2 por demás es que os levantéis de *m*, y
Os. 6.4 como el rocío de la *m*. . se desvanece
13.3 serán como. . rocío de la *m* que se pasa

MADRUGAR
Éx. 32.6 *madrugaron*, y ofrecieron holocaustos
Jos. 8.14 el rey. . se apresuraron y *madrugaron*
Jue. 7.3 *madrugue* y devuélvase desde el monte
9.33 mañana. . *madruga* y cae sobre la ciudad
1 S. 9.26 otro día *madrugaron*; y al despuntar
15.12 *madrugó*. . Samuel para ir a encontrar a
Job 24.5 salen a su obra *madrugando* para robar
Pr. 27.14 que bendice a. . *madrugando* de mañana
Is. 26.9 *madrugaré* a buscarte; porque luego que

MADURAR
Gn. 40.10 viniendo a *madurar*. . racimos de uvas
Is. 18.5 pasada la flor se *maduren* los frutos
Ez. 47.12 a su tiempo *madurará*, porque. . aguas

MADUREZ
2 R. 19.26 heno de. . marchitado antes de su *m*
1 Co. 2.6 hablamos. . los que han alcanzado *m*
He. 5.14 alimento. . para los que han alcanzado *m*

MADURO, RA
Jl. 3.13 echad la hoz, porque la mies. . ya *m*
Mr. 4.29 cuando el fruto está *m*. . mete la hoz
1 Co. 14.20 sed niños. . *m* en el modo de pensar
Ap. 14.15 siega. . la mies de la tierra está *m*
14.18 vendimia los. . porque sus uvas están *m*

MAESTRESALA
1 R. 10.5 sus *m*, y sus holocaustos que ofrecía
2 Cr. 9.4 *m* y sus vestidos, y la escalinata
Jn. 2.8 sacad ahora, y llevadlo al *m*. Y se lo
2.9 el *m* probó el agua hecha vino, sin saber

MAESTRO, TRA
Éx. 36.4 vinieron todos los *m* que hacían toda
2 R. 12.11 en pagar a los. . *m* que reparaban la
22.6 a los carpinteros, *m* y albañiles, para
1 Cr. 15.27 Quenanías era *m* de canto entre los
25.8 servir. . lo mismo el *m* que el discípulo
2 Cr. 2.7 que sepa esculpir con los *m* que están
Ec. 12.11 clavos hincados son las de los *m* de
Cnt. 7.1 joyas, obra de mano de excelente *m*
Is. 30.20 tus *m* nunca más te serán quitados
30.20 nunca. . sino que tus ojos verán a tus *m*
40.20 se busca un *m* sabio, que le haga una
55.4 lo di. . por jefe y por *m* a las naciones
Nah. 3.4 ramera. . *m* en hechizos, que seduce a
Mt. 8.19 *M*, te seguiré adondequiera que vayas
9.11 qué come vuestro *M* con los publicanos y
10.24 el discípulo no es más que su *m*, ni el
10.25 bástale al discípulo ser como su *m*, y
12.38 diciendo: *M*, deseamos ver de ti señal
17.24 ¿vuestro *M* no paga las dos dracmas?
19.16 *M* bueno, ¿qué bien haré para tener la
22.16 *M*, sabemos que eres amante de. . verdad
22.24 *M*, Moisés dijo: Si alguno muriere sin
22.36 *M*, ¿cuál es el gran mandamiento en la
23.8 uno es vuestro *M*, el Cristo, y todos
23.10 ni seáis llamados *m*. . uno es vuestro *M*
26.18 el *M* dice: Mi tiempo está cerca; en tu
26.25 respondiendo Judas. . dijo: ¿Soy yo, *M*?
26.49 se acercó a Jesús y dijo: ¡Salve, *M*
Mr. 4.38 *M*, ¿no tienes cuidado que perecemos?
5.35 ha muerto; ¿para qué molestas más al *M*?
9.5 *M*, bueno es para nosotros que estemos
9.17 dijo: *M*, traje a ti mi hijo, que tiene
9.38 *M*, hemos visto a uno que en tu nombre
10.17 *M* bueno, ¿qué haré para heredar la vida
10.20 *M*, todo esto lo he guardado desde mi
10.35 diciendo: *M*, querríamos que nos hagas
10.51 ¿qué quieres. . *M*, que recobre la vista
11.21 *M*, mira, la higuera que maldijiste se
12.14 *M*, sabemos que eres hombre veraz, y que
12.19 *M*, Moisés. . escribió que si el hermano
12.32 *M*, verdad has dicho, que uno es Dios
13.1 *M*, mira qué piedras, y qué edificios
14.14 *M* dice: ¿Dónde está el aposento donde
14.45 se acercó. . le dijo: *M*, *M*. Y le besó
Lc. 3.12 publicanos. . dijeron: *M*, ¿qué haremos?
5.5 *M*, toda la noche hemos estado trabajando
6.40 el discípulo no es superior a su *m*; mas
6.40 que fuere perfeccionado, será como su *m*
7.40 tengo que decirte. Y él le dijo: Dí, *M*
8.24 y vinieron a él. . ¡*M*, *M*, que perecemos!
8.45 *M*, la multitud te aprieta y oprime, y
8.49 tu hija ha muerto; no molestes más al *M*
9.33 *M*, bueno es para nosotros que estemos
9.38 *M*, te ruego que veas a mi hijo, pues es
9.49 *M*, hemos visto a uno que echaba fuera
10.25 *M*, ¿haciendo qué cosa heredaré la vida
11.45 *M*, cuando dices esto. . nos afrentas a
12.13 *M*, dí a mi hermano que parta conmigo la
17.13 voz. . *M*, ten misericordia de nosotros!
18.18 *M* bueno, ¿qué haré para heredar la vida
19.39 dijeron: *M*, reprende a tus discípulos
20.21 *M*, sabemos que dices. . rectamente, y que
20.28 *M*, Moisés nos escribió: Si el hermano
21.7 diciendo: *M*, ¿cuándo será esto? ¿y qué
22.11 el *M* te dice: ¿Dónde está el aposento
Jn. 1.38 (que traducido es, *M*) ¿dónde moras?
3.2 sabemos que has venido de Dios como *m*
3.10 ¿eres tú *m* de Israel, y no sabes esto?
8.4 *M*, esta mujer ha sido sorprendida en el
11.28 diciéndole. . el *M* está aquí y te llama
13.13 me llamáis *M*, y Señor; y decís bien
13.14 si yo. . el *M*, he lavado vuestros pies
20.16 dijo: ¡Raboni! (que quiere decir, *M*)
Hch. 13.1 había. . en la iglesia. . profetas y *m*
Ro. 2.20 *m* de niños, que tienes en la ley la
1 Co. 12.28 lo tercero *m*, luego los que hacen
12.29 ¿son. . todos *m*? ¿hacen todos milagros?
Ef. 4.11 constituyó a. . a otros, pastores y *m*
1 Ti. 2.7 y *m* de los gentiles en fe y verdad
2 Ti. 1.11 fui constituido. . *m* de los gentiles
4.3 se amontonarán *m* conforme a sus propias
Ti. 2.3 sean. . no esclavas del vino, *m* del bien
He. 5.12 debiendo ser ya *m*, después de tanto
Stg. 3.1 no os hagáis *m* muchos de vosotros
2 P. 2.1 como habrá entre vosotros falsos *m*

MAGBIS ***Población en Judá*, Esd. 2.30**

MAGDALA ***Ciudad en la costa del mar de Galilea*, Mt. 15.39**

MAGDALENA ***Habitante de Magdala. Véase María No. 4***

MAGDIEL ***Jefe de Esaú*, Gn. 36.43; 1 Cr. 1.54**

MAGIA
Hch. 8.9 llamado Simón, que antes ejercía la *m*
19.19 que habían practicado la *m* trajeron

MÁGICO, CA
Ez. 13.18 cosen vendas *m* para todas las manos
13.18 hacen velos *m* para la cabeza de toda
13.20 yo estoy contra vuestras vendas *m*, con
13.21 romperé. . vuestros velos *m*, y libraré
Hch. 8.11 con sus artes *m* les había engañado

MAGISTRADO
Dn. 3.2 a que se reuniesen los. . *m* y capitanes
3.3 fueron. . reunidos. . *m*, capitanes, oidores
6.7 *m*, sátrapas. . han acordado por consejo
Lc. 12.11 cuando os trajeren a. . y ante los *m*
12.58 cuando vayas al *m* con tu adversario
Hch. 16.20 y presentándolos a los *m*, dijeron
16.22 y los *m*. . ordenaron azotarles con varas
16.35 *m* enviaron alguaciles a decir: Suelta
16.36 *m* han mandado a decir que se os suelte
16.38 hicieron saber estas palabras a los *m*
Ro. 13.3 los *m* no están para infundir temor al

MAGNIFICAR
Éx. 15.1 cantaré yo a Jehová. . se ha *magnificado*
15.6 tu diestra. . ha sido *magnificada* en poder
Nm. 14.17 te ruego que sea *magnificado* el poder
Is. 42.21 se complació. . en *magnificar* la ley
Hch. 10.46 los oían. . y que *magnificaban* a Dios
19.17 *magnificado* el nombre del Señor Jesús
Ro. 15.11 gentiles, y *magnificadle*. . los pueblos
Fil. 1.20 será *magnificado* Cristo en mi cuerpo

MAGNIFICENCIA
1 Cr. 16.27 alabanza y *m* delante de él; poder
29.11 tuya es, oh Jehová, la *m* y el poder
Est. 1.4 para mostrar él. . y la *m* de su poder
Sal. 68.34 sobre Israel es su *m*, y su poder
93.1 Jehová reina; se vistió de *m*. . de poder
96.6 alabanza y *m* delante de él; poder y
104.1 Dios. . te has vestido de gloria y de *m*
145.5 en la hermosura de la gloria de tu *m*
145.12 saber. . la gloria de la *m* de su reino
150.1 Dios. . alabadle en la *m* de su firmamento
Zac. 11.3 porque su *m* es asolada; estruendo de

MAGNÍFICO, CA
Éx. 15.11 ¿quién como tú, oh. . *m* en santidad
1 Cr. 22.5 la casa. . ha de ser *m* por excelencia
Is. 12.5 Jehová, porque ha hecho cosas *m*; sea
Jer. 32.19 grande en consejo, y *m* en hechos
Ez. 17.23 se hará *m* cedro; y habitarán. . aves
Zac. 11.2 porque los árboles *m* son derribados
2 P. 1.17 le fue enviada desde la *m* gloria una

MAGNITUD
1 S. 1.16 por la *m* de mis congojas. . he hablado
Jer. 30.14 a causa de la *m* de tu maldad y de la

MAGO
Gn. 41.8 hizo llamar a todos los *m* de Egipto
41.24 lo he dicho a los *m*, mas no hay quien
Dt. 18.11 *m*, ni quien consulte a los muertos
Dn. 1.20 mejores que todos los *m* y astrólogos
2.2 hizo llamar el rey a *m*. . que le explicasen
2.10 preguntó cosa semejante a ningún *m* mi
2.27 ni astrólogos, ni *m*. . lo pueden revelar
4.7 vinieron *m*, astrólogos, caldeos y. . dije
4.9 Beltsasar, jefe de los *m*. . he entendido
5.7 que hiciesen venir *m*, caldeos y adivinos
5.11 sobre todos los *m*, astrólogos, caldeos
Mt. 2.1 vinieron del oriente a Jerusalén unos *m*
2.7 llamando en secreto a los *m*, indagó de
2.16 cuando se vio burlado por los *m*. . enojó
2.16 al tiempo que había inquirido de los *m*
Hch. 13.6 hallaron a cierto *m*, falso profeta
13.8 les resistía Elimas, el *m* (pues así se

MAGOG
1. ***Hijo de Jafet*, Gn. 10.2; 1 Cr. 1.5**
2. ***Tierra y pueblo de Gog***

Ez. 38.2 tu rostro contra Gog en tierra de *M*
39.6 y enviaré fuego sobre *M*, y sobre los
Ap. 20.8 a Gog y a *M*, a fin de reunirlos para

MAGOR-MISABIB ***"Terror por todas partes", nombre simbólico*, Jer. 20.3**

MAGPÍAS ***Firmante del pacto de Nehemías*, Neh. 10.20**

MAGULLAR
Lv. 21.20 o empeine, o testículo *magullado*
22.24 con testículos heridos o *magullados*
Dt. 23.1 que tenga *magullados* los testículos
Sal. 74.14 *magullaste* las cabezas del leviatán

MAHALA ***Descendiente de Manasés*, 1 Cr. 7.18**

MAHALALEEL
1. ***Hijo de Cainán y padre de Jared*, Gn. 5.12,13,15,16,17; 1 Cr. 1.2; Lc. 3.37**
2. ***Ascendiente de Ataías*, Neh. 11.4**

MAHALAT
1. ***Mujer de Esaú*, Gn. 28.9**
2. ***Mujer del rey Roboam*, 2 Cr. 11.18**
3. ***Una tonada o un instrumento musical*, Sal. 53, 88, *tits.***

MAHANAIM ***Ciudad en Galaad***
Gn. 32.2 y llamó el nombre de aquel lugar *M*
Jos. 13.26 y desde *M* hasta el límite de Debir
13.30 territorio de ellos fue desde *M*, todo
21.38 Ramot de Galaad con sus ejidos. . *M* con
2 S. 2.8 tomó a Is-boset hijo. . lo llevó a *M*
2.12 Abner hijo de Ner salió de *M* a Gabaón
2.29 cruzaron por todo Bitrón y llegaron a *M*
17.24 y David llegó a *M*; y Absalón pasó el
17.27 luego que David llegó a *M*, Sobi hijo
19.32 dado provisiones. . cuando estaba en *M*
1 R. 2.8 me maldijo. . el día que yo iba a *M*
4.14 Ahinadab hijo de Iddo en *M*
1 Cr. 6.80 la tribu de Gad. . *M* con sus ejidos

MAHARAI ***Uno de los 30 valientes de David*, 2 S. 23.28; 1 Cr. 11.30; 27.13**

MAHAT
1. ***Ascendiente del cantor Hemán*, 1 Cr. 6.35**
2. ***Levita en tiempo del rey Ezequías*, 2 Cr. 29.12; 31.13**

MAHAVITA *Originario de Mahanaim,* 1 Cr. 11.46

MAHAZIOT *Hijo del cantor Hemán,* 1 Cr. 25.4,30

MAHER-SALAL-HASBAZ *Hijo del profeta Isaías,* Is. 8.1,3

MAHLI
1. *Primogénito de Merari,* Éx. 6.19; Nm. 3.20; 1 Cr. 6.19,29; 23.21; 24.26,28; Esd. 8.18
2. *Hijo de Musi,* 1 Cr. 6.47; 23.23; 24.30

MAHLITA *Descendiente de Mahli,* Nm. 3.33; 26.58

MAHLÓN *Marido de Rut,* Rt. 1.2,5; 4.9,10

MAHOL *Padre de tres varones conocidos por su sabiduría,* 1 R. 4.31

MAINÁN *Ascendiente de Jesucristo,* Lc. 3.31

MAJADA
Nm. 32.16 edificaremos. . *m* para nuestro ganado
32.24 edificaos. . *m* para vuestras ovejas, y
32.36 fortificadas; hicieron también *m* para
Sal. 78.70 y lo tomó de las *m* de las ovejas
Is. 13.20 el árabe, ni pastores tendrán allí *m*
17.2 ciudades de Aroer. . en *m* se convertirán
27.10 allí tendrá su *m,* y acabará sus ramas
32.14 asnos monteses, y ganados hagan *m*
65.10 el valle de Acor para *m* de vacas, para
Ez. 25.5 a los hijos de Amón por *m* de ovejas
Nah. 2.11 ¿qué es de la. . *m* de los cachorros de
Hab. 3.17 y las ovejas sean quitadas de la *m*
Sof. 2.14 rebaños de ganado harán en ella *m*

MAJADO *Véase Majar*

MAJANO
Gn. 31.46 un *m,* y comieron allí sobre aquel *m*
31.48 este *m* es testigo hoy entre nosotros
31.51 he aquí este *m,* y he aquí esta señal
31.52 testigo sea este *m,* y testigo. . señal
31.52 que ni yo pasaré de este *m* contra ti
31.52 ni tú pasarás de este *m,* ni de. . señal
Jer. 31.21 establécete señales, ponte *m* altos

MAJAR
Nm. 11.8 el pueblo. . lo *majaba* en morteros, y
Pr. 27.22 aunque *majes* al necio en un mortero
27.22 granos de trigo *majados* con el pisón
Is. 3.15 *majáis* mi pueblo y moléis las caras

MAJESTAD
Est. 1.19 salga un decreto real de vuestra *m*
Job 31.23 contra cuya *m* yo no tendría poder
37.22 claridad. En Dios hay una *m* terrible
40.10 adórnate. . de *m* y de alteza, y vístete
Sal. 21.5 gloria. . honra y *m* has puesto sobre
45.3 ciñe tu espada. . con tu gloria y con tu *m*
Is. 2.10 escóndete en. . del resplandor de su *m*
2.19 y por el resplandor de su *m,* cuando él
2.21 el resplandor de su *m,* cuando se levante
3.8 han sido. . para irritar los ojos de su *m*
26.10 malvado. . no mirará a la *m* de Jehová
Dn. 2.37 Dios del cielo te ha dado reino. . y *m*
4.30 que yo edifiqué. . para gloria de mi *m?*
4.36 *m* de mi reino, mi dignidad y mi grandeza
5.18 dio a Nabucodonosor. . la gloria y la *m*
7.27 la *m* de los reinos. . sea dado al pueblo
Hch. 19.27 y comience a ser destruida la *m* de
He. 1.3 se sentó a la diestra de la *M* en las
8.1 sentó a la diestra. . de la *M* en los cielos
2 P. 1.16 como habiendo visto con. . ojos su *m*
Jud. 25 al único y sabio Dios. . sea gloria y *m*

MAJESTUOSA
Job 37.4 truena él con voz *m;* y aunque sea oída

MAL *Véase también Malo*
Gn. 2.9 árbol de la ciencia del bien y del *m*
2.17 del árbol. . del bien y del *m* no comerás
3.5 seréis como Dios, sabiendo el bien. . *m*
3.22 de nosotros, sabiendo el bien y el *m*
6.5 que todo designio. . era. . solamente el *m*
19.9 ahora te haremos más *m* que a ellos
19.19 no sea que me alcance el *m,* y muera
26.29 que no nos hagas *m,* como nosotros no
28.8 las hijas de Canaán parecían *m* a Isaac
31.7 Dios no le ha permitido. . me hiciese *m*
31.29 poder hay en mi mano para haceros *m*
31.52 ni tú pasarás. . señal contra mí, para *m*
39.9 ¿cómo, pues, haría yo este grande *m,* y
40.7 ¿por qué parecen hoy *m*. . semblantes?
43.6 ¿por qué me hicisteis tanto *m,* declarando
44.4 ¿por qué habéis vuelto *m* por bien? ¿Por
44.5 ¿no. . Habéis hecho *m* en lo que hicisteis
44.34 por no ver el *m* que sobrevendrá a mi
48.16 el. . que me liberta de todo *m,* bendiga a
50.15 José, y nos dará el pago de todo el *m*
50.17 perdones ahora. . porque *m* te trataron
50.20 pensasteis *m* contra mí, mas Dios lo
Éx. 10.10 el *m* está delante de vuestro rostro
23.2 no seguirás a los muchos para hacer *m*
32.12 para *m* los sacó, para matarlos en los
32.12 y arrepiéntete de. . *m* contra tu pueblo
32.14 Jehová se arrepintió del *m* que dijo que
32.22 tú conoces al pueblo. . es inclinado a *m*
Lv. 5.4 con sus labios hacer *m* o hacer bien
Nm. 11.10 y oyó Moisés. . le pareció *m* a Moisés
11.11 ¿por qué has hecho *m* a tu siervo? ¿y
11.15 me des muerte. . y que yo no vea mi *m*
13.32 hablaron *m* entre los hijos de Israel
14.37 habían hablado *m*. . murieron de plaga
16.15 no. . ni a ninguno de ellos he hecho *m*
22.34 ahora, si te parece *m,* yo me volveré
32.13 que había hecho *m* delante de Jehová
35.23 no era su enemigo, ni procuraba su *m*
Dt. 9.18 habíais cometido haciendo el *m* ante
13.5 y así quitarás el *m* de en medio de ti
17.2 que haya hecho *m* ante. . Jehová tu Dios
17.7,12; 19.19; 21.21; 22.21,24; 24.7 quitarás el *m* de en medio de ti
22.22 morirán. . así quitarás el *m* de Israel
28.60 traerá sobre ti todos los *m* de Egipto
29.21 lo apartará Jehová. . de Israel para *m*
30.15 la vida y el bien, la muerte y el *m*
31.17 y vendrán sobre ellos. . *m* y angustias
31.17 me han venido estos *m* porque no está
31.18 por todo el *m* que ellos habrán hecho
31.21 y cuando les vinieren. . *m* y angustias
31.29 os ha de venir *m*. . por haber hecho *m*
32.23 amontonaré *m* sobre ellos; emplearé en
Jos. 24.15 y si *m* os parece servir a Jehová
24.20 os hará *m,* y os consumirá, después que
Jue. 2.15 de Jehová estaba contra ellos para *m*
9.23 un *m* espíritu entre Abimelec y. . Siquem
9.56 así pagó Dios a Abimelec el *m* que hizo
11.27 tú haces *m* conmigo peleando contra mí
15.3 sin culpa seré esta. . si *m* les hiciere
19.23 míos, os ruego que no cometáis este *m*
20.13 los matemos, y quitemos el *m* de Israel
1 S. 6.9 si. . él nos ha hecho este *m* tan grande
12.19 hemos añadido este *m* de pedir rey para
12.20 vosotros habéis hecho todo este *m;* pero
12.25 si perseverareis en hacer *m,* vosotros
20.13 pero si mi padre intentare hacerte *m*
23.9 entendiendo David que Saúl ideaba el *m*
24.9 que dicen: Mira que David procura tu *m?*
24.11 que no hay *m* ni traición en mi mano
24.17 con bien, habiéndote yo pagado con *m*
25.7 no les tratamos *m,* ni les faltó nada en
25.15 y nunca nos trataron *m,* ni nos faltó
25.17 el *m* está ya resuelto contra. . su casa
25.21 sin que. . y él me ha vuelto *m* por bien
25.26 los que procuran *m* contra mi señor
25.28 *m* no se ha hallado en ti en tus días
25.34 Dios. . que me ha defendido de hacerte *m*
25.39 Jehová. . ha preservado del *m* a su siervo
26.18 ¿qué he hecho? ¿Qué *m* hay en mi mano?
26.21 dijo Saúl. . que ningún *m* te haré más
28.10 vive Jehová, que ningún *m* te vendrá por
2 S. 3.39 Jehová dé el pago al que *m* hace
7.14 si él hiciere *m,* yo le castigaré con
12.11 haré levantar el *m*. . de tu misma casa
15.14 y arroje el *m* sobre nosotros, y hiera
17.14 que. . hiciese venir el *m* sobre Absalón
18.32 los que se levanten contra ti para *m*
19.7 esto te será peor que todos los *m* que
19.19 tengas memoria de los *m* que tu siervo
24.16 Jehová se arrepintió de aquel *m,* y dijo
1 R. 1.52 mas si se hallare *m* en él, morirá
2.44 tú sabes todo el *m* el cual tu corazón
2.44 ha hecho volver el *m* sobre tu cabeza
5.4 pues ni hay adversarios, ni *m* que temer
9.9 por eso ha traído Jehová. . todo este *m*
11.25 y fue otro *m* con el de Hadad, porque
13.33 no se apartó Jeroboam de su *m* camino
14.10 yo traigo *m* sobre la casa de Jeroboam
20.7 y ved ahora cómo éste no busca sino *m*
21.21 aquí yo traigo *m* sobre ti, y barreré tu
21.29 no traeré el *m* en sus días; en los días
21.29 días de su hijo traeré el *m* sobre su
22.8 nunca me profetiza bien. . solamente *m*
22.18 profetizará él. . sino solamente el *m*
22.23 Jehová ha decretado el *m* acerca de ti
2 R. 4.41 de comer. . no hubo más *m* en la olla
6.33 este *m* de Jehová viene. ¿Para qué he de
8.12 sé el *m* que harás a los hijos de Israel
14.10 ¿para qué te metes en un *m,* para que
21.9 los indujo a que hiciesen más *m* que las
21.11 Manasés. . ha hecho más *m* que todo lo
21.12 traigo tal *m* sobre Jerusalén y sobre
22.16 traigo. . el *m* de que habla este libro
22.20 no verán tus ojos. . el *m* que yo traigo
1 Cr. 4.10 libraras de *m,* para que no me dañe!
21.15 miró Jehová y se arrepintió de aquel *m*
21.17 yo. . pequé, y ciertamente he hecho *m*
2 Cr. 1.11 ni la vida de los que te quieren *m*
7.22 por eso él ha traído todo este *m* sobre
18.7 nunca me profetiza cosa. . sino siempre *m*
18.17 que no me profetizaría bien, sino *m?*
18.22 pues Jehová ha hablado el *m* contra ti
18.33 sácame del campo, pues estoy *m* herido
20.9 si *m* viniere sobre nosotros, o espada
25.19 provocas un *m* en que puedas caer tú y
33.9 para hacer más *m* que las naciones que
34.24 yo traigo *m* sobre este lugar, y sobre
34.28 ojos no verán todo el *m* que yo traigo
Neh. 1.3 están en gran *m* y afrenta, y el muro
2.17 vosotros veis el *m* en que estamos, que
6.2 ven. . Mas ellos habían pensado hacerme *m*
6.13 sirviera de *m* nombre con que fuera yo
13.7 supe del *m* que había hecho Eliasib por
13.18 trajo. . este *m* sobre nosotros y sobre
13.27 para cometer todo este *m* tan grande
Est. 7.7 estaba resuelto. . *m* de parte del rey
8.6 yo ver el *m* que alcanzará a mi pueblo?
9.2 sobre los que habían procurado su *m,* y
Job 1.1,8 temeroso de Dios y apartado del *m*
2.3 varón perfecto. . y apartado del *m,* y que
2.10 Dios el bien, y el *m* no lo recibiremos?
2.11 todo este *m* que le había sobrevenido
4.5 mas ahora que el *m* ha venido sobre ti, te
5.19 seis. . en la séptima no te tocará el *m*
20.12 si el *m* se endulzó en su boca, si lo
28.28 y el apartarse del *m,* la inteligencia
30.26 cuando esperaba yo el bien. . vino el *m*
31.29 si. . me regocijé cuando le halló el *m*
34.32 enséñame tú. . si hice *m,* no lo haré más
36.23 ¿quién. . y quién le dirá: Has hecho *m?*
42.11 aquel *m* que Jehová había traído sobre
Sal. 7.4 he dado *m* pago al que estaba en paz
15.3 el que no. . ni hace *m* a su prójimo, ni
21.11 intentaron el *m* contra ti; fraguaron
23.4 no temeré *m* alguno, porque tú estarás
26.10 en cuyas manos está el *m,* y su diestra
27.5 él me esconderá en su. . en el día del *m*
34.13 guarda tu lengua del *m,* y tus labios de
34.14 apártate del *m,* y haz el bien; busca la
34.16 la ira de Jehová contra los que hacen *m*
35.4 vueltos atrás y. . los que mi *m* intentan
35.12 devuelven *m* por bien, para afligir a
35.26 confundidos a una los que de mi *m* se
36.4 en camino no bueno; el *m* no aborrece
37.19 no serán avergonzados en el *m* tiempo
37.27 apártate. . *m,* y haz el bien, y vivirás
38.12 que procuran mi *m* hablan iniquidades
38.20 que pagan *m* por bien me son contrarios
40.12 porque me han rodeado *m* sin número; me
40.14 y avergüéncense los que mi *m* desean
41.7 contra mí piensan *m,* diciendo de mí
50.19 boca metías en *m,* y tu lengua. . engaño
52.3 amaste el *m* más que el bien, la mentira
54.5 devolverá el *m* a mis enemigos; córtales
56.5 contra mí son. . sus pensamientos para *m*
70.2 sean vueltos atrás y. . que mi *m* desean
71.13 sean avergonzados. . los que mi *m* buscan
71.20 tú, que me has hecho ver muchas. . y *m*
71.24 confundidos los que mi *m* procuraban
74.3 a todo el *m* que el enemigo ha hecho en
88.3 mi alma está hastiada de *m,* y mi vida
90.15 conforme a. . los años en que vimos el *m*
91.10 no te sobrevendrá *m,* ni plaga tocará
97.10 los que amáis a Jehová, aborreced el *m*
105.15 no toquéis. . ni hagáis *m* a mis profetas
105.25 para que contra sus siervos pensasen *m*
106.32 le fue *m* a Moisés por causa de ellos
107.26 suben a. . almas se derriten con el *m*
107.39 a causa de tiranía, de *m* y congojas
109.5 devuelven *m* por bien, y odio por amor
109.20 y a los que hablan *m* contra mi alma
119.101 de todo *m* camino contuve mis pies
121.7 te guardará de todo *m;* él guardará tu
140.2 los cuales maquinan *m* en el corazón
140.11 el *m* cazará al hombre injusto para
Pr. 1.16 porque sus pies corren hacia el *m,* y
1.33 y vivirá tranquilo, sin temor del *m*
2.12 librarte del *m* camino, de los hombres
2.14 que se alegran haciendo el *m,* que se
3.7 opinión; teme a Jehová, y apártate del *m*
3.29 intentes *m* contra tu prójimo que habita
4.16 no duermen ellos si no han hecho *m,* y
4.27 no te desvíes a la. . aparta tu pie del *m*
5.14 casi en todo *m* he estado, en medio de
6.14 pensando el *m* en todo tiempo; siembra
6.18 los pies presurosos para correr al *m*
8.13 el temor de Jehová es aborrecer el *m*
8.13 soberbia y la arrogancia, el *m* camino
11.19 así el que sigue el *m* lo hace para su
11.27 mas al que busca el *m,* éste le vendrá
12.20 engaño hay en el. . los que piensan el *m*
12.21 mas los impíos serán colmados de *m*
13.2 alma de los prevaricadores hallará el *m*
13.17 el *m* mensajero acarrea desgracia; mas
13.19 apartarse del *m* es abominación a los
13.21 el *m* perseguirá a los pecadores, mas
14.16 el sabio teme y se aparta del *m;* mas
14.22 ¿no yerran los que piensan el *m?*
16.6 el temor. . los hombres se apartan del *m*
16.17 camino de los rectos se aparta del *m*
16.27 el hombre perverso cava en busca del *m*
16.30 ojos. . mueve sus labios, efectúa el *m*
17.11 el rebelde no busca sino el *m,* y
17.13 da *m* por bien, no se apartará el *m* de
17.20 revuelve con su lengua caerá en el *m*
19.19 si usa de violencias, añadirá nuevos *m*
19.23 con él vivirá. . no será visitado de *m*

MAL *(Continúa)*
Pr. 20.8 el rey que..con su mirar disipa todo *m*
21.10 alma del impío desea el *m;* su prójimo
21.12 los impíos son trastornados por el *m*
22.3; 27.12 el avisado ve el *m* y se esconde
24.8 al que piensa hacer el *m,* le llamarán
24.16 el justo..mas los impíos caerán en el *m*
28.10 el que hace errar a..por el *m* camino
28.14 que endurece su corazón caerá en el *m*
30.32 o si has pensado hacer *m,* pon el dedo
31.12 le da ella bien y no *m* todos los días
Ec. 2.21 también es esto vanidad y *m* grande
5.1 los necios; porque no saben que hacen *m*
5.13 un *m*..las riquezas guardadas..para su *m*
5.16 es un gran *m,* que como vino, así haya de
6.1 hay un *m* que he visto debajo del cielo
6.2 lo disfrutan los..Esto es vanidad, y *m*
7.17 no hagas mucho *m,* ni seas insensato
7.21 para que.no oigas..cuando dice *m* de ti
7.22 que tú..dijiste *m* de otros muchas veces
8.5 el que guarda el..no experimentará *m*
8.6 porque el *m* del hombre es grande sobre
8.9 el hombre se enseñorea del hombre para *m*
8.11 el corazón..dispuesto para hacer el *m*
8.12 aunque el pecador haga *m* cien veces, y
9.3 *m* hay entre todo lo que se hace debajo
9.3 el corazón de..hombres está lleno de *m*
10.1 hacen heder y dar *m* olor al perfume del
10.5 hay un *m* que he visto debajo del sol, a
10.20 ni..en tu pensamiento digas *m* del rey
10.20 ni en lo secreto de..digas *m* del rico
11.2 no sabes el *m* que vendrá sobre la tierra
11.10 quita, pues..aparta de tu carne el *m*
Is. 3.9 ¡ay del..porque amontonaron *m* para sí
3.11 ¡ay del impío! *M* le irá, porque según las
11.9 no harán *m* ni dañarán en todo mi santo
15.9 porque yo traeré sobre Dimón *m* mayores
31.2 traerá el *m,* y no retirará sus palabras
41.23 a lo menos haced bien, o *m,* para que
47.11 sobre ti *m,* cuyo nacimiento no sabrás
56.2 y que guarda su mano de hacer todo *m*
59.7 sus pies corren al *m,* se apresuran para
59.15 el que se apartó del *m* fue puesto en
65.25 ni harán *m* en todo mi santo monte, dijo
Jer. 1.14 del norte se soltará el *m* sobre todos
2.3 todos..eran culpables; *m* venía sobre ellos
2.13 dos *m* ha hecho mi pueblo: me dejaron a
4.6 hago venir *m* del norte, y quebrantamiento
4.22 sabios para hacer el *m,* pero hacer el
5.12 él no es, y no vendrá *m* sobre nosotros
6.1 huid..porque del norte se ha visto *m,* y
6.19 traigo *m* sobre este pueblo, el fruto de
7.6 en pos de dioses ajenos para *m* vuestro
8.6 no hay hombre que se arrepienta de su *m*
9.3 porque de *m* en *m* procedieron, y me han
11.11 traigo sobre ellos *m* del que no podrán
11.12 no los..salvar en el tiempo de su *m*
11.17 Jehová de..ha pronunciado *m* contra ti
11.23 yo traeré *m* sobre los varones de Anatot
13.23 bien, estando habituados a hacer *m?*
16.10 ¿por qué anuncia Jehová..todo este *m*
18.8 me arrepentiré del *m* que había pensado
18.11 yo dispongo *m* contra vosotros, y trazo
18.11 conviértase..cada uno de su *m* camino
18.20 se da *m* por bien, para que hayan cavado
19.3 yo traigo *m* sobre este lugar, tal que
19.15 yo traigo..todo el *m* que hablé contra
21.10 puesto contra esta ciudad para *m,* y nc
23.12 traeré *m* sobre ellos en el año de su
23.17 dicen: No vendrá *m* sobre vosotros
23.22 lo habrían hecho volver de su *m* camino
24.9 y los daré por escarnio y por *m* a todos
25.5 volveos ahora de vuestro *m* camino y de
25.6 y no vayáis en pos de..y no os haré *m*
25.7 para provocarme a ira..para *m* vuestro
25.29 que a la ciudad..yo comienzo a hacer *m*
25.32 aquí que el *m* irá de nación en nación
26.3 y se vuelvan cada uno de su *m* camino
26.3 y me arrepentiré yo del *m* que pienso
26.13 y se arrepentirá Jehová del *m* que ha
26.19 Jehová se arrepintió del *m* que había
26.19 ¿haremos..tan gran *m* contra..almas?
29.11 pensamientos de paz, y no de *m,* para
32.23 hecho venir sobre ellos todo este *m*
32.42 traje sobre este pueblo..este gran *m*
35.15 volveos..cada uno de vuestro *m* camino
35.17 todo el *m* que contra ellos he hablado
36.3 oiga..todo el *m* que yo pienso hacerles
36.3 se arrepienta cada uno de su *m* camino
36.7 vuelva cada uno de su *m* camino; porque
36.31 Judá, todo el *m* que les he anunciado
38.4 no busca la paz de..pueblo, sino el *m*
38.9 *m* hicieron estos varones en todo lo que
39.12 no le hagas *m* alguno, sino que harás
39.16 yo traigo mis palabras sobre..para *m*
40.2 tu Dios habló este *m* contra este lugar
41.11 todo el *m* que había hecho Ismael hijo
42.10 porque estoy arrepentido del *m* que os
42.17 quien escape delante del *m* que traeré
44.2 vosotros habéis visto..el *m* que traje
44.7 ¿por qué hacéis tan grande *m* contra
44.11 vuelvo mi rostro contra vosotros para *m*
44.17 estuvimos alegres, y no vimos *m* alguno
44.23 ha venido sobre vosotros este *m,* como
44.27 yo velo sobre ellos para *m,* y no para
44.29 permanecerán mis palabras para *m* sobre
45.5 traigo *m* sobre toda carne..pero a ti te
48.2 en Hesbón maquinaron *m* contra ella
48.16 cercano está..su *m* se apresura mucho
49.37 traeré sobre ellos *m,* y el ardor de mi
51.2 se pondrán contra ella..en el día del *m*
51.24 pagaré..todo el *m* que ellos hicieron
51.60 escribió..todo el *m* que había de venir
51.64 y no se levantará del *m* que yo traigo
Lm. 1.21 todos mis enemigos han oído mi *m,* se
Ez. 3.18 el impío sea apercibido de su *m* camino
3.19 no se convirtiere de..y de su *m* camino
6.9 se avergonzarán de sí..a causa de los *m*
6.10 no en vano dije..había de hacer este *m*
7.5 ha dicho..Un *m,* he aquí que viene un *m*
11.2 estos son los hombres..dan..*m* consejo
13.22 para que no se apartase de su *m* camino
14.22 consolados del *m* que hice venir sobre
38.10 tu corazón, y concebirás *m* pensamiento
Dn. 4.19 su interpretación para los que *m* te
9.12 trayendo sobre nosotros tan grande *m*
9.13 todo este *m* vino sobre nosotros; y no
9.14 Jehová veló sobre el *m* y lo trajo sobre
11.27 el corazón de estos..será para hacer *m*
Os. 7.15 yo los enseñé..contra mí pensaron *m*
Am. 3.6 ¿habrá algún *m* en la ciudad, el cual
5.15 aborreced el *m,* y amad el bien..quizá
9.4 pondré sobre ellos mis ojos para *m,* y no
9.10 no se acercará, ni nos alcanzará el *m*
Abd. 13 no..haber mirado su *m* en el día de su
Jon. 1.7 causa de quién nos ha venido este *m*
1.8 ahora por qué nos ha venido este *m.* ¿Qué
3.8 conviértase cada uno de su *m* camino, de
3.10 de su *m* camino; y se arrepintió del *m*
4.2 tú eres Dios..que te arrepientes del *m*
Mi. 1.12 el *m* había descendido hasta la puerta
2.1 ¡ay de los que..maquinan el *m,* y cuando
2.3 pienso..*m* del cual no sacaréis vuestros
3.11 está Jehová..No vendrá *m* sobre nosotros
Nah. 1.11 de ti salió el que imaginó *m* contra
Hab. 1.13 limpio eres de ojos para ver el *m,* ni
2.9 su nido, para escaparse del poder del *m!*
Sof. 1.12 dicen en..Jehová ni hará bien ni..*m*
3.15 es Rey de Israel..nunca más verás el *m*
Zac. 1.15 estaba enojado..ellos agravaron el *m*
7.10 ninguno piense *m* en..contra su hermano
8.14 pensé haceros *m* cuando vuestros padres
8.17 ninguno..piense *m* en su corazón contra
Mal. 2.17 decís: Cualquiera que hace *m* agrada
Mt. 5.11 digan toda clase de *m* contra vosotros
5.37 lo que es más que esto, de *m* procede
6.13 líbranos del *m;* porque tuyo es el reino
6.34 su afán. Basta a cada día su propio *m*
9.4 ¿por qué pensáis *m* en vuestros corazones?
12.35 malo, del *m* tesoro..saca malas cosas
27.23 les dijo: Pues ¿qué *m* ha hecho? Pero
Mr. 3.4 hacer bien, o hacer *m;* salvar la vida
9.39 ninguno hay..luego pueda decir *m* de mí
15.14 les decía: ¿Pues qué *m* ha hecho? Pero
Lc. 6.9 ¿es lícito en..hacer bien, o hacer *m?*
6.45 malo, del *m* tesoro..saca malas cosas
11.4 y no nos metas en..mas líbranos del *m*
16.25 que recibiste tus..y Lázaro también *m*
19.22 *m* siervo, por tu propia boca te juzgo
23.22 les dijo..¿Pues qué *m* ha hecho éste?
23.41 nuestros hechos..éste ningún *m* hizo
Jn. 17.15 del mundo, sino que los guardes del *m*
18.23 hablado *m,* testifica en qué está el *m*
Hch. 9.13 cúantos *m* ha hecho a tus santos en
16.28 diciendo: No te hagas ningún *m,* pues
18.10 pondrá sobre ti la mano para hacerte *m*
23.9 ningún *m* hallamos en este hombre; que
24.20 si hallaron en mí alguna cosa *m* hecha
28.6 viendo que ningún *m* le venía..dijeron
28.21 haya denunciado o hablado algún *m* de
Ro. 1.30 inventores de *m,* desobedientes a los
3.8 decir..Hagamos *m* para que vengan bienes?
7.19 no..sino el *m* que no quiero, eso hago
7.21 así..hallo esta ley: que el *m* está en mí
12.17 no paguéis a nadie *m* por *m;* procurad
12.21 vencido..sino vence con el bien el *m*
13.10 el amor no hace *m* al prójimo; así que
16.19 quiero que seáis..ingenuos para el *m*
1 Ts. 5.15 que ninguno pague a otro *m* por *m*
5.22 absteneos de toda especie de *m*
2 Ts. 3.3 el Señor..afirmará y guardará del *m*
1 Ti. 6.10 raíz de todos los *m* es el amor al
2 Ti. 3.13 los malos hombres..irán de *m* en peor
4.14 Alejandro el..me ha causado muchos *m*
He. 5.14 el discernimiento del bien y del *m*
Stg. 1.13 Dios no puede ser tentado por el *m*
3.8 que es un *m* que no puede ser refrenado
4.3 no recibís, porque pedís *m,* para gastar
1 P. 3.9 no devolviendo *m* por *m,* ni maldición
3.10 refrene su lengua de *m,* y sus labios
3.11 apártese del *m,* y haga el bien; busque
3.12 está contra aquellos que hacen el *m*
3.17 padezcáis haciendo el bien, que..el *m*
2 P. 2.10 no temen decir *m* de las potestades
2.12 hablando *m* de cosas que no entienden

MALAQUÍAS *Profeta,* Mal. 1.1

MALCAM *Descendiente de Benjamín,* 1 Cr. 8.9

MALCO *Siervo del sumo sacerdote,* Jn. 18.10

MALDAD
Gn. 6.5 que la *m* de los hombres era mucha en
15.16 aún no ha llegado a su colmo la *m* del
19.7 os ruego, hermanos..que no hagáis tal *m*
44.16 Dios ha hallado la *m* de tus siervos; he
50.17 la *m* de tus hermanos..perdones la *m* de
Éx. 20.5 que visito la *m* de los padres sobre los
Lv. 18.17 no tomarás la hija de su hijo..es *m*
18.25 yo visité su *m* sobre ella, y la tierra
19.29 prostituya la tierra y se llene de *m*
Nm. 14.18 visita la *m* de los padres sobre los
Dt. 5.9 que visito la *m* de los padres sobre los
19.20 no volverán a hacer..una *m* semejante
28.20 y perezcas pronto a causa de la *m* de
Jos. 7.15 por cuanto..ha cometido *m* en Israel
22.17 ¿no ha sido bastante la *m* de Peor, de
Jue. 19.23 no, hermanos míos..no hagáis esta *m*
20.3 dijeron..Israel: Decid cómo fue esta *m*
20.6 cuanto han hecho *m* y crimen en Israel
20.12 diciendo: ¿Qué *m* es esta que ha sido
1 S. 12.17 es grande vuestra *m* que habéis hecho
20.1 ¿cuál es mi *m,* o cuál mi pecado contra
20.7 que la *m* está determinada de parte de él
20.8 si hay *m* en mí, mátame tú, pues no hay
20.9 supiere que mi padre ha determinado *m*
25.39 Jehová ha vuelto la *m* de Nabal sobre
2 S. 3.39 dé el pago al que..conforme a su *m*
14.9 la *m* sea sobre mí y sobre la casa de mi
16.8 hete aquí sorprendido en tu *m,* porque
22.24 fui recto..y me he guardado de mi *m*
24.17 yo hice la *m;* ¿qué hicieron..ovejas?
2 R. 7.9 si esperamos..nos alcanzará nuestra *m*
Est. 8.3 que hiciese nula la *m* de Amán agagueo
Job 22.5 tu malicia es..y tus *m* no tienen fin
31.11 es *m* e iniquidad que han de castigar
31.28 esto también sería *m* juzgada; porque
33.9 soy limpio..inocente, y no hay *m* en mí
34.22 no..donde se escondan los que hacen *m*
Sal. 5.4 no eres un Dios que se complace en..*m*
5.9 sus entrañas son *m,* sepulcro abierto es
7.9 fenezca ahora la *m* de los inicuos, mas
7.14 he aquí, el impío concibió *m,* se preñó
10.7 debajo de su lengua hay vejación y *m*
10.15 y persigue la *m* del malo hasta que no
18.23 fui recto..y me he guardado de mi *m*
28.3 hablan paz con..*m* está en su corazón
32.5 dije..tú perdonaste la *m* de mi pecado
34.21 matará al malo la *m,* y..que aborrecen
36.4 medita *m* sobre su cama; está en camino
37.7 no te alteres..por el hombre que hace *m*
38.18 confesaré mi *m,* y me contristaré por
40.12 alcanzado mis *m,* y no puedo levantar la
45.7 has amado la justicia y aborrecido la *m*
51.2 lávame más y más de mi *m,* y límpiame de
51.5 aquí, en *m* he sido formado, y en pecado
51.9 tu rostro de mis pecados, y borra..mis *m*
52.1 ¿por qué te jactas de *m,* oh poderoso?
52.7 que confió en la..y se mantuvo en su *m*
53.1 han corrompido, e hicieron abominable *m*
55.11 *m* hay en medio de ella, y el fraude y
55.15 hay *m* en sus moradas, en medio de ellos
69.27 pon *m* sobre su *m,* y no entren en tu
73.8 se mofan y hablan con *m* de..violencia
78.38 él, misericordioso, perdonaba la *m,* y
84.10 Dios, que habitar en las moradas de *m*
90.8 pusiste nuestras *m* delante de..rostro
92.9 serán esparcidos todos los que hacen *m*
94.23 él hará..y los destruirá en su propia *m*
106.43 rebelaron..fueron humillados por su *m*
107.17 fueron afligidos los..a causa de sus *m*
107.34 tierra..estéril, por la *m* de los que
109.14 venga en memoria..la *m* de sus padres
119.150 se acercaron a la *m* los..persiguen
140.9 la *m* de sus..labios cubrirá su cabeza
141.5 pero mi oración será..contra las *m* de
Pr. 4.17 comen pan de *m,* y beben vino de robos
10.2 los tesoros de *m* no serán de provecho
10.23 *m* es como una diversión al insensato
10.29 pero es destrucción a los que hacen *m*
14.32 por su *m* será lanzado el impío; mas el
21.27 es abominación..más ofreciéndolo con *m*
26.26 odio se cubra..su *m* será descubierta
28.24 que roba a su padre..y dice que no es *m*
30.20 limpia su boca y dice: No he hecho *m*
Ec. 7.15 hay impío que por su *m* alarga sus días
7.25 fijé mi corazón para..conocer la *m* de
Is. 1.4 oh gente pecadora, pueblo cargado de *m*
9.18 la *m* se encendió como fuego, cardos y
13.11 castigaré al mundo por su *m,* y a los
14.21 sus hijos para el matadero, por la *m*
26.21 para castigar al morador de..por su *m*
43.24 de tus pecados, me fatigaste con tus *m*
47.10 te confiaste en tu *m,* diciendo: Nadie
50.1 he aquí que por vuestras *m* sois vendidos
53.9 nunca hizo *m,* ni hubo engaño en su boca
59.3 vuestras manos..habla *m* vuestra lengua
59.4 hablan..conciben *m,* y dan a luz iniquidad
64.6 y nuestras *m* nos llevaron como viento
64.7 nos dejaste marchitar en poder de..*m*
Jer. 1.16 a causa de toda su *m,* proferiré mis
2.5 ¿qué *m* hallaron en mí vuestros padres
2.19 tu *m* te castigará, y tus rebeldías te

MALDAD *(Continúa)*
Jer. 3.2 con. . y con tu *m* has contaminado la tierra
3.5 has hablado y hecho cuantas *m* pudiste
3.13 reconoce. . .u *m*, porque contra Jehová
4.4 mi ira salga. . por la *m* de vuestras obras
4.14 lava tu corazón de *m*, oh Jerusalén, para
4.18 es tu *m*, por lo cual amargura penetrará
6.7 nunca cesa de manar su *m*; injusticia y
7.12 ved lo que le hice por la *m* de mi pueblo
11.10 se han vuelto a las *m* de sus primeros
11.17 a causa de la *m* que la casa de Israel
12.4 la *m* de los que en ella moran, faltaron
13.22 de tu *m* fueron descubiertas tus faldas
13.27 tus relinchos, la *m* de tu fornicación
14.10 se acordará ahora de su *m*, y castigará
14.16 sus hijos. . sobre ellos derramaré su *m*
16.10 ¿qué *m* es la nuestra, o qué pecado es
16.17 ni su *m* se esconde de la presencia de
18.8 si esos pueblos se convirtieren de su *m*
18.23 no perdones su *m*, ni borres su pecado
21.12 mi ira no salga. . *m* de vuestras obras
22.22 y te confundirás a causa de toda tu *m*
23.2 yo castigo la *m* de vuestras obras, dice
23.11 aun en mi casa hallé su *m*, dice Jehová
23.14 para que ninguno se convirtiese de su *m*
23.22 habrían hecho volver. . de la *m* de sus
25.5 volveos ahora. . la *m* de vuestras obras
25.12 castigaré. . a aquella nación por su *m*
26.3 del mal que pienso hacerles por la *m*
29.23 hicieron *m* en Israel, y cometieron
30.14 a causa de la magnitud de tu *m* y de la
31.30 que cada cual morirá por su propia *m*
31.34 porque perdonaré la *m* de ellos, y no
32.18 y castigas la *m* de los padres en sus
32.32 por toda la *m* de los hijos de Israel
33.5 escondí mi rostro. . causa de toda su *m*
33.8 limpiaré de toda su *m* con que pecaron
36.3 se arrepienta. . yo perdonaré su *m* y su
36.31 castigaré su *m* en él. . su descendencia
44.3 causa de la *m* que ellos cometieron para
44.5 para convertirse de su *m*, para dejar de
44.9 olvidado de las *m* de vuestros padres, de
44.9 de las *m* de los reyes. . *m* de sus mujeres
44.9 de vuestras *m* y. . *m* de vuestras mujeres
44.22 a causa de la *m* de vuestras obras, a
50.20 la *m* de Israel será buscada, y. . de Judá
51.6 para que no perezcáis a causa de su *m*
Lm. 1.22 venga delante de ti toda su *m*, y haz
4.13 por causa de. . y las *m* de sus sacerdotes
Ez. 3.18 impío morirá por su *m*, pero su sangre
3.19 morirá por su *m*, pero tú habrás librado
3.20 si el justo se apartare de. . e hiciere *m*
4.4 pondrás sobre él la *m* de la. . de Israel
4.4 duermas sobre él, llevarás sobre ti la *m*
4.5 he dado los años de su *m* por el número de
4.5 así llevarás tú la *m* de la casa de Israel
4.6 llevarás la *m* de la casa de Judá 40 días
4.17 miren unos a otros. . se consuman en su *m*
7.11 violencia se ha levantado en vara de *m*
7.19 oro. . porque ha sido tropiezo para su *m*
8.17 después que han llenado de *m* la tierra
9.9 la *m* de la casa de Israel y de Judá es
12.19 será despojada. . por la *m* de todos los
14.3,4,7 establecido el tropiezo de su *m*
14.10 y llevarán ambos el castigo de su *m*
14.10 la *m* del que consultare. . *m* del profeta
16.23 sucedió que después de toda tu *m* (¡ay
16.49 que esta fue la *m* de Sodoma. . soberbia
16.57 antes que tu *m* fuese descubierta. Así
18.8 que de la *m* retrajere su mano, e hiciere
18.17 éste no morirá por la *m* de su padre; de
18.18 hizo agravio. . que él morirá por su *m*
18.24 cometiere *m*, e hiciere. . abominaciones
21.23 trae a la memoria la *m* de ellos, para
21.24 hecho traer a la memoria vuestras *m*
21.25,29 tiempo de la consumación de la *m*
24.23 os consumiréis a causa de vuestras *m*
28.15 perfecto. . hasta que se halló en ti *m*
28.18 la multitud de tus *m* y con la iniquidad
31.11 yo lo entregaré. . le tratará según su *m*
44.12 fueron a. . Israel por tropezadero de *m*
Dn. 9.13 convertirnos de nuestras *m* y entender
9.16 por la *m* de nuestros padres, Jerusalén
Os. 4.8 del pecado. . en su *m* levantan su alma
7.1 se descubrió. . y las *m* de Samaria; porque
7.2 que tengo en memoria toda su *m*; ahora les
7.3 su *m* alegran al rey, y a los príncipes
9.7 a causa de la multitud de tu *m*, y grande
9.15 toda la *m* de ellos fue en Gilgal; allí
10.15 así hará. . por causa de vuestra gran *m*
13.12 atada está la *m* de Efraín; su pecado
Jl. 3.13 rebosan las. . mucha es la *m* de ellos
Am. 3.2 por tanto, os castigaré. . vuestras *m*
Jon. 1.2 porque ha subido su *m* delante de mí
Mi. 7.3 para completar la *m* con sus manos, el
7.18 ¿qué Dios como tú, que perdona la *m*, y
Nah. 3.19 quién no pasó continuamente tu *m*?
Zac. 5.8 dijo: Esta es la *M*; y la echó dentro
Mal. 4.1 y todos los que hacen *m* serán estopa
Mt. 7.23 les. . apartaos de mí, hacedores de *m*
24.12 haberse multiplicado la *m*, el amor de
Mr. 7.22 *m*, el engaño, la lascivia, la envidia
7.23 estas *m* de dentro salen, y contaminan
Lc. 3.19 causa de. . *m* que Herodes había hecho
11.39 dentro estáis llenos de rapacidad y de *m*
13.27 apartaos de mí todos. . hacedores de *m*
Hch. 3.26 que cada uno se convierta de su *m*
8.22 arrepiéntete. . de esta tu *m*, y ruega a
8.23 hiel. . y en prisión de *m* veo que estás
13.10 ¡oh, lleno de todo engaño y de toda *m*
Ro. 1.29 estando atestados de toda. . avaricia, *m*
1 Co. 5.8 ni con la levadura de malicia y de *m*
Ef. 6.12 contra huestes espirituales de *m* en
He. 1.9 aborrecido la *m*, por lo cual te ungió
Stg. 3.6 la lengua es un fuego, un mundo de *m*
2 P. 2.15 Balaam hijo. . amó el premio de la *m*
1 Jn. 1.9 fiel y justo. . limpiarnos de toda *m*
Ap. 18.5 cielo, y Dios se ha acordado de sus *m*

MALDECIR
Gn. 3.14 *maldita* serás entre todas las bestias
3.17 *maldita* será la tierra por tu causa; con
4.11 *maldito* seas tú de la tierra, que abrió
5.29 a causa de la tierra que Jehová *maldijo*
8.21 no volveré más a *maldecir* la tierra por
9.25 *maldito* sea Canaán; siervo de siervos
12.3 y a los que te *maldijeren maldeciré*
27.29 sírvante. . *Malditos* los que te *maldijeren*
49.7 *maldito* su furor, que fue fiero; y su
Éx. 21.17 el que *maldijere* a su padre o a su
22.28 ni *maldecirás* al príncipe de tu pueblo
Lv. 19.14 no *maldecirás* al sordo, y delante del
20.9 todo hombre que *maldijere* a su padre o
20.9 madre *maldijo*; su sangre será sobre él
24.11 el hijo. . blasfemó el Nombre, y *maldijo*
24.15 cualquiera que *maldijere* a su Dios
Nm. 22.6 ven. . te ruego, *maldíceme* este pueblo
22.6 yo sé. . el que tú *maldigas* será *maldito*
22.11 ven pues, ahora, y *maldícemelo*; quizá
22.12 no vayas con. . ni *maldigas* al pueblo
22.17 pues, ahora, *maldíceme* a este pueblo
23.7 ven, *maldíceme* a Jacob, y ven, execra a
23.8 *maldeciré* yo al que Dios no *maldijo*?
23.11 he traído. . que *maldigas* a mis enemigos
23.13 lugar. . y desde allí me los *maldecirás*
23.25 dijo a Balaam: Ya que no lo *maldices*
23.27 parecerá bien a Dios. . me lo *maldigas*
24.9 que. . y *malditos* los que te *maldijeren*
24.10 *maldecir* a mis enemigos te he llamado
Dt. 21.23 *maldito* por Dios es el colgado; y no
23.4 alquilaron. . a Balaam. . para *maldecirte*
27.15 *maldito* el hombre que hiciere escultura
27.16 *maldito* el que deshonrare a su padre o
27.17 *maldito* el que redujere el límite de su
27.18 *maldito* el que hiciere errar al ciego
27.19 *maldito* el que pervirtiere el derecho
27.20 *maldito*. . se acostare con la mujer de
27.21 *maldito* el que se ayuntare con. . bestia
27.22 *maldito* el. . se acostare con su hermana
27.23 *maldito*. . que se acostare con su suegra
27.24 *maldito* el que hiriere a su prójimo
27.25 *maldito* el que recibiere soborno para
27.26 *maldito*. . que no confirmare las palabras
28.16 *maldito* serás tú en la ciudad, y *m* en
28.17 *maldita* tu canasta, y. . artesa de amasar
28.18 *maldito* el fruto de tu vientre. . tierra
28.19 *maldito* serás en tu entrar, y *m* en tu
Jos. 6.26 *maldito*. . reedificare esta ciudad de
9.23 *malditos* sois, y no dejará de haber de
24.9 llamar a Balaam. . para que os *maldijese*
Jue. 5.23 *maldecid* a Meroz. . *m* severamente a
9.27 uva. . y bebieron, y *maldijeron* a Abimelec
17.2 acerca de los cuales *maldijiste*, y de
21.18 *maldito* el que diere mujer. . benjamitas
1 S. 14.24 que coma pan antes de. . sea *maldito*
14.28 *maldito* sea el. . que tome hoy alimento
17.43 el filisteo. . *maldijo* a David por sus
26.19 *malditos* sean. . en presencia de Jehová
2 S. 16.5 llamaba Simei. . y salía *maldiciendo*
16.7 y decía Simei, *maldiciéndole*: ¡Fuera
16.9 ¿por qué *maldice* este perro muerto a mi
16.10 *maldice*. . Jehová le ha dicho. . *maldiga*
16.11 dejadle que *maldiga*, pues Jehová se lo
16.13 Simei iba por el. . andando y *maldiciendo*
19.21 Simei. . *maldijo* al ungido de Jehová?
1 R. 2.8 me *maldijo* con una maldición fuerte
2 R. 2.24 los *maldijo* en el nombre de Jehová
22.19 que vendrán a ser asolados y *malditos*
Neh. 13.2 dieron dinero a. . que los *maldijera*
13.25 *maldije*, y herí a algunos de ellos, y
Job 2.9 su mujer. . *Maldice* a Dios, y muérete
3.1 abrió Job su boca, y *maldijo* su día
3.8 *maldíganla* los que *maldicen* el día, los
5.3 en la misma hora *maldije* su habitación
24.18 su porción es *maldita* en la tierra; no
Sal. 37.22 los *malditos* de él serán destruidos
62.4 bendicen, pero *maldicen* en su corazón
109.28 *maldigan* ellos, pero bendice tú
Pr. 11.26 que acapara. . el pueblo lo *maldecirá*
20.20 al que *maldice* a su padre o a su madre
24.24 pueblos lo *maldecirán*, y le detestarán
30.10 no acuses al. . no sea que te *maldiga*
30.11 hay generación que *maldice* a su padre
Is. 8.21 que. . *maldecirán* a su rey y a su Dios
65.20 el pecador de cien años será *maldito*
Jer. 11.3 *maldito* el varón que no obedeciere
15.10 ni tomado en préstamo, y. . me *maldicen*
17.5 *maldito* el. . que confía en el hombre, y
20.14 *maldito* el día en que nací; el día en
20.15 *maldito* el hombre que dio nuevas a mi
48.10 *maldito* el que hiciere indolentemente
48.10 *maldito* el que detuviere de la sangre
Mal. 1.14 *maldito* el que engaña. . en su rebaño
2.2 *maldeciré* vuestras bendiciones; y aun las
2.2 aun las he *maldecido*, porque no os habéis
3.9 *malditos*. . con maldición. . me habéis robado
Mt. 5.44 amad. . bendecid a los que os *maldicen*
15.4 que *maldiga* al padre o a la madre, muera
26.74 él comenzó a *maldecir*, y a jurar: No
Mr. 7.10 el que *maldiga* al padre o a la madre
11.21 la higuera que *maldijiste* se ha secado
14.71 él comenzó a *maldecir*, y a jurar: No
Lc. 6.28 bendecid a los que os *maldicen*, y orad
Jn. 7.49 gente que no sabe la ley, *maldita* es
Hch. 19.9 *maldiciendo* el Camino delante de la
23.5 *maldecirás* a. . príncipe de tu pueblo
Ro. 12.14 persiguen; bendecid, y no *maldigáis*
1 Co. 4.12 manos; nos *maldicen*, y bendecimos
Gá. 3.10 *maldito*. . aquel que no permaneciere en
3.13 *maldito*. . el que es colgado en un madero
He. 6.8 está próxima a ser *maldecida*, y su fin
Stg. 3.9 con ella *maldecimos* a los hombres, que
1 P. 2.23 cuando le *maldecían*, no respondía con

MALDICIENTE
1 Co. 5.11 que, llamándose hermano, fuere. . *m*
6.10 los avaros. . ni los *m*. . heredarán el reino

MALDICIÓN
Gn. 27.12 y traeré sobre mí *m* y no bendición
27.13 respondió: Hijo mío, sea sobre mí tu *m*
Nm. 5.18 mano las aguas amargas que acarrean *m*
5.19 libre seas de estas aguas. . que traen *m*
5.21 conjurará. . con juramento de *m*, y dirá
5.21 Jehová te haga *m* y execración en medio
5.22 y estas aguas que dan *m* entren en tus
5.23 sacerdote escribirá estas *m* en un libro
5.24 dará a. . las aguas amargas que traen *m*
5.24,27 aguas que obran *m* entrarán en ella
5.27 la mujer será *m* en medio de su pueblo
Dt. 11.26 aquí yo pongo hoy. . bendición y la *m*
11.28 la *m*, si no oyereis los mandamientos
11.29 pondrás la. . la *m* sobre el monte Ebal
23.5 tu Dios te convirtió la *m* en bendición
27.13 sobre el monte. . para pronunciar la *m*
28.15 que vendrán sobre ti todas estas *m*, y
28.20 Jehová enviará contra ti la *m*. . en todo
28.45 vendrán sobre ti todas estas *m*, y te
29.19 que al oir. . esta *m*, él se bendiga en su
29.20 y se asentará sobre él toda *m* escrita
29.21 conforme a. . las *m* del pacto escrito en
29.27 para traer sobre ella. . las *m* escritas
30.1 la *m* que he puesto delante de ti, y te
30.7 pondrá. . estas *m* sobre tus enemigos, y
30.19 la bendición y la *m*; escoge, pues, la
Jos. 8.34 leyó todas. . las bendiciones y las *m*
Jue. 9.57 vino sobre ellos la *m* de Jotam hijo
2 S. 16.12 dará Jehová bien por sus *m* de hoy
1 R. 2.8 me maldijo con una *m* fuerte el día que
2 Cr. 34.24 todas las *m* que están escritas en
Neh. 13.2 mas. . Dios volvió la *m* en bendición
Job 31.30 mi lengua, pidiendo *m* para su alma
Sal. 10.7 llena está su boca de *m*, y. . fraude
59.12 sean. . por la *m* y mentira que profieren
109.17 amó la *m*, y ésta le sobrevino; y no
109.18 se vistió de *m* como de su vestido, y
Pr. 3.33 *m* de Jehová está en la casa del impío
26.2 como. . así la *m* nunca vendrá sin causa
27.14 el que bendice a. . por *m* se le contará
28.27 el que aparta sus ojos tendrá muchas *m*
Is. 24.6 por esta causa la *m* consumió la tierra
65.15 y dejaréis vuestro nombre por *m* a mis
65.23 no trabajarán. . ni darán a luz para *m*
Jer. 23.10 a causa. . *m* la tierra está desierta
24.9 y por *m* a todos los lugares adonde yo
25.18 para ponerlos. . en burla y en *m*, como
26.6 esta ciudad la pondré por *m* a todas las
29.18 los daré. . por *m* y por espanto, y por
29.22 harán de ellos una *m*. . Póngate Jehová
42.18 seréis objeto de. . de *m* y de afrenta
44.8 seáis por *m* y por oprobio a todas las
44.12 objeto de execración. . *m* y de oprobio
44.22 tierra fue puesta. . en espanto y en *m*
49.13 asolamiento, oprobio. . y *m* será Bosra
Lm. 3.65 entrégalos al. . tu *m* caiga sobre ellos
Dn. 9.11 lo cual ha caído sobre nosotros la *m*
Zac. 5.3 esta es la *m* que sale sobre la faz de
8.13 que como fuisteis *m* entre las naciones
14.11 y morarán en ella, y no habrá. . más *m*
Mal. 2.2 no oyereis. . enviaré *m* sobre vosotros
3.9 malditos sois con *m*, porque vosotros, la
4.6 sea que yo venga y hiera la tierra con *m*
Hch. 23.12 juramentaron bajo *m*, diciendo que
23.14 juramentado bajo *m*, a no gustar nada
23.21 han juramentado bajo *m*, a no comer
Ro. 3.14 su boca está llena de *m* y de amargura
Gá. 3.10 bajo *m*, pues escrito está: Maldito
3.13 nos redimió de la *m* de la ley, hecho. . *m*
Stg. 3.10 misma boca proceden bendición y *m*
1 P. 2.23 le maldecían, no respondía con *m*
3.9 no devolviendo mal por mal, ni *m* por *m*
2 P. 2.11 ángeles. . no pronuncian juicio de *m*

MALDICIÓN *(Continúa)*

2 P. 2.14 no se sacian de pecar. .son hijos de *m*
Jud. 9 no se atrevió a proferir juicio de *m*
Ap. 22.3 y no habrá más *m;* y el trono de Dios

MALDITO, TA *Véase también Maldecir*

2 R. 9.34 id. .a ver a aquella *m*, y sepultadla
Sal. 119.21 los soberbios. .*m*, que se desvían
Mt. 25.41 apartaos de mí, *m*, al fuego eterno

MALEDICENCIA

Mr. 7.22 la lascivia, la envidia, la *m*, la
2 Co. 12.20 haya entre. .iras, divisiones, *m*
Ef. 4.31 ira, gritería y *m*, y toda malicia
1 Ti. 5.14 que no den. .ninguna ocasión de *m*

MALESTAR

Jon. 4.6 le librase de su *m;* y Jonás se alegró

MALGASTAR

2 S. 18.14 no *malgastaré* mi tiempo contigo
Lc. 15.14 cuando todo lo hubo *malgastado*, vino

MALHECHOR

Lc. 23.32 llevaban. .a otros dos, que eran *m*
23.33 y a los *m*, uno a la derecha y otro a
23.39 uno de los *m*. .le injuriaba, diciendo
Jn. 18.30 éste no fuera *m*, no te lo habríamos
2 Ti. 2.9 sufro. .hasta prisiones a modo de *m*
1 P. 2.12 que murmuran de vosotros como de *m*
2.14 por él enviados para castigo de los *m*
3.16 lo que murmuran de vosotros como de *m*
4.15 ninguno de vosotros padezca como. .o *m*

MALICIA

1 S. 17.28 yo conozco tu. .y la *m* de tu corazón
Job 22.5 cierto tu *m* es grande, y tus maldades
Mt. 22.18 pero Jesús, conociendo la *m* de ellos
1 Co. 5.8 ni con la levadura de *m* y de maldad
14.20 sed niños en la *m*, pero maduros en el
Ef. 4.31 gritería y maledicencia, y toda *m*
Col. 3.8 *m*, blasfemia, palabras deshonestas de
Tit. 3.3 viviendo en *m* y envidia, aborrecibles
Stg. 1.21 desechando toda. .y abundancia de *m*
1 P. 2.1 desechando, pues, toda *m*, todo engaño

MALIGNIDAD

Ro. 1.29 llenos de envidia, homicidios. .y *m*

MALIGNO, NA

Lv. 13.51 lepra *m* es la plaga; inmunda será
13.52 será quemado el vestido. .lepra *m* es; al
14.44 extendido la plaga. .lepra *m* en la casa
Dt. 28.35 herirá Jehová con *m* pústula en las
28.59 plagas. .y enfermedades *m* y duraderas
Job 2.7 hirió a Job con una sarna *m* desde la
8.20 no aborrece. .ni apoya la mano de los *m*
Sal. 22.16 perros. .ha cercado cuadrilla de *m*
26.5 aborrecí la reunión de los *m*, y con los
27.2 cuando se juntaron contra mí los *m*, mis
37.1 no te impacientes a causa de los *m*, de la
37.9 porque los *m* serán destruidos, pero los
64.2 escóndeme del consejo. .de los *m*, de la
92.11 que se levantaron contra mí, de los *m*
94.16 levantará por mí contra los *m?* ¿Quién
119.115 apartaos de mí, *m*, pues yo guardaré
144.10 el que rescata de *m* espada a David su
Pr. 24.19 no te entremetas con los *m*, ni tengas
Is. 1.4 oh. .generación de *m*, hijos depravados!
7.5 ha acordado *m* consejo contra ti el sirio
9.17 todos son falsos y *m*, y toda boca habla
14.20 no será nombrada. .la descendencia. .*m*
31.2 se levantará. .contra la casa de los *m*
Jer. 20.13 librado el alma. .de mano de los *m*
Mt. 6.23 si tu ojo es *m*, todo tu cuerpo estará
Lc. 11.34 pero cuando tu ojo es *m*, también tu
Ef. 6.16 apagar todos los dardos de fuego del *m*
Fil. 2.15 sin. .en medio de una generación *m* y
1 Jn. 2.13,14 os escribo. .habéis vencido al *m*
3.12 no como Caín, que era del *m* y mató a su
5.18 Aquel que. .le guarda, y el *m* no le toca
5.19 Dios, y el mundo entero está bajo el *m*
3 Jn. 10 que hace parloteando con palabras *m*
Ap. 16.2 vino una úlcera *m*. .sobre los hombres

MALO, LA *Véase también Mal*

Gn. 8.21 el intento del corazón del hombre es *m*
13.13 hombres de Sodoma eran *m* y pecadores
24.50 esto; no podemos hablarte *m* ni bueno
37.2 informaba José a su padre la *m* fama de
37.20 y diremos: Alguna *m* bestia lo devoró
37.33 alguna *m* bestia lo devoró; José ha sido
38.6 Er. .fue *m* ante los ojos de Jehová, y le
41.21 la apariencia de las flacas era aún *m*
47.9 pocos y *m* han sido los días de los años
Éx. 33.4 oyendo el. .*m* noticia, vistieron luto
Lv. 26.6 quitar de vuestra tierra las *m* bestias
27.10 trocado, bueno por *m*, ni *m* por bueno
27.12 sacerdote lo valorará, sea bueno o. .*m*
27.14 la valorará. .sea buena o sea *m;* según
27.33 no mirará. .bueno o *m*, ni lo cambiará
Nm. 13.19 cómo es la tierra. .si es buena o *m*
20.5 subir de. .para traernos a este *m* lugar?
24.13 hacer cosa buena ni *m* de mi arbitrio
Dt. 1.35 no verá hombre. .de esta *m* generación
1.39 hijos que no saben hoy lo bueno ni lo *m*
4.25 hiciereis lo *m* ante los ojos de Jehová
7.15 las *m* plagas de Egipto, que tú conoces
15.9 con *m* ojos a tu hermano menesteroso para
17.5 sacarás. .que hubiere hecho esta *m* cosa
22.19 cuanto esparció *m* fama sobre una virgen
23.9 salieres. .te guardarás de toda cosa *m*
28.54 mirará con *m* ojos a su hermano, y a
28.56 mirará con *m* ojos al marido de su seno
Jos. 23.15 traerá Jehová sobre. .toda palabra *m*
Jue. 2.11; 3.7,12(2); 4.1; 6.1; 10.6; 13.1 lo *m*
ante los ojos de Jehová
1 S. 2.23 oigo de todo. .vuestros *m* procederes
15.19 has hecho lo *m* ante los ojos de Jehová?
16.14 le atormentaba un espíritu *m* de parte
16.15 un espíritu *m* de. .de Dios te atormenta
16.16 cuando esté sobre ti el espíritu *m* de
16.23 cuando el espíritu *m*. .venía sobre Saúl
16.23 Saúl. .el espíritu *m* se apartaba de él
18.10 un espíritu *m* de parte de Dios tomó a
19.9 el espíritu *m* de parte. .vino sobre Saúl
20.21 tú vendrás. .y nada *m* hay, vive Jehová
25.3 el hombre era duro y de *m* obras; y era
29.6 ninguna cosa *m* he hallado en ti desde el
30.22 los *m*. .de entre los que habían ido con
2 S. 3.34 los que caen delante de *m* hombres
4.11 cuánto más a los *m* hombres que mataron
12.9 ¿por qué, pues. .*m* delante de sus ojos?
13.22 mas Absalón no habló con. .ni *m* ni bueno
14.17; 1 R. 3.9 discernir entre lo bueno y lo *m*
1 R. 8.47 hemos hecho lo *m*. .cometido impiedad
11.6; 14.22; 15.26,34; 16.19,25,30; 22.52; 2 R 3.2;
8.18,27; 13.2,11; 14.24; 15.9,18,24,28; 17.2,17;
21.2,16,20; 23.32,37; 24.9,19; 2 Cr. 21.6; 22.4;
29.6; 33.2,22; 36.5,9,12 lo *m* ante los ojos de
Jehová
1 R. 14.9 sino que hiciste lo *m* sobre todos los
16.7 con motivo de todo lo *m* que hizo ante
21.20 te has vendido a hacer lo *m* delante de
21.25 Acab, que se vendió para hacer lo *m*
2 R. 2.19 aguas son *m*, y la tierra es estéril
17.11 hicieron cosas muy *m* para provocar a
17.13 diciendo: Volveos de vuestros *m* caminos
21.6 agorero. .multiplicando así el hacer lo *m*
21.15 por cuanto han hecho lo *m* ante mis ojos
1 Cr. 2.3 Er. .fue *m* delante de Jehová, quien
2 Cr. 7.14 y se convirtieren de sus *m* caminos
12.14 hizo lo *m*. .no dispuso su corazón para
33.6 adivinaciones, y. .excedió en hacer lo *m*
Esd. 4.12 y edifican la ciudad rebelde y *m*, y
9.13 que nos ha. .a causa de nuestras *m* obras
Neh. 9.28 volvían a hacer lo *m* delante de ti
9.33 justo. .mas nosotros hemos hecho lo *m*
9.35 no te. .ni se convirtieron de sus *m* obras
13.17 ¿qué *m* cosa. .hacéis, profanando así el
Job 10.15 fuere *m*, ¡ay de mí! Y si fuere justo
11.20 pero los ojos de los *m* se consumirán
20.5 que la alegría de los *m* es breve, y el
21.30 que el *m* es preservado en el día de la
34.8 en compañía. .y anda con los hombres *m?*
34.26 como a *m* los herirá en lugar donde sean
35.12 él no oirá, por la soberbia de los *m*
Sal. 1.1 varón que no anduvo en consejo de *m*
1.4 no así los *m*, que son como el tamo que
1.5 no se levantarán los *m* en el juicio, ni
1.6 justos; mas la senda de los *m* perecerá
5.4 la maldad; el *m* no habitará junto a ti
9.5 reprendiste. .naciones, destruiste al *m*
9.16 la obra de sus manos fue enlazado el *m*
9.17 los *m* serán trasladados al Seol, todas
10.2 con arrogancia el *m* persigue al pobre
10.3 porque el *m* se jacta del deseo de su
10.4 el *m*, por la altivez de su rostro, no
10.13 ¿por qué desprecia el *m* a Dios? En su
10.15 persigue la maldad del *m* hasta que no
11.2 *m* tienden el arco, disponen sus saetas
11.5 al *m* y al que ama la violencia, su alma
11.6 sobre los *m* hará llover calamidades
12.8 cercando andan los *m*, cuando la vileza
17.9 de la vista de los *m* que me oprimen, de
17.13 libra mi alma de los *m* con tu espada
28.3 no me arrebates. .con los *m*, y con los
34.21 matará al *m* la maldad. .serán condenados
37.8 no te excites en manera. .a hacer lo *m*
37.10 pues de aquí a poco no existirá el *m*
41.1 el pobre; en el día *m* lo librará Jehová
50.16 pero al *m* dijo Dios: ¿Qué tienes tú que
51.4 y he hecho lo *m* delante de tus ojos
107.42 véanlo. .todos los *m* cierren su boca
112.7 no tendrá temor de *m* noticias. .confiado
140.1 líbrame, oh Jehová, del hombre *m*
141.4 no dejes. .incline mi corazón a cosa *m*
Pr. 4.14 no. .ni vayas por el camino de los *m*
6.12 el hombre *m*. .el que anda en perversidad
6.24 para que te guarden de la *m* mujer, de
10.25 como pasa el torbellino, así el *m* no
11.7 perece. .expectación de los *m* perecerá
11.21 tarde o temprano, el *m* será castigado
12.2 condenará al hombre de *m* pensamientos
12.4 mas la *m*, como carcoma en sus huesos
14.19 *m* se inclinarán delante de los buenos
15.3 lugar, mirando a los *m* y a los buenos
15.26 abominación son. .los pensamientos del *m*
15.28 la boca de los impíos derrama *m* cosas
16.4 ha hecho. .y aun al impío para el día *m*
16.29 el hombre *m* lisonjea a su prójimo, y el
17.4 el *m* está atento al labio inicuo; y el
20.14 el que compra dice: *M* es, *m* es; mas
20.30 los azotes que. .son medicina para el *m*
24.1 no tengas envidia de los hombres *m*, ni
24.8 al. .le llamarán hombre de *m* pensamientos
24.20 porque para el *m* no habrá buen fin
24.24 el que dijere al *m:* Justo eres, los
26.23 los labios lisonjeros y el corazón *m*
28.5 los hombres *m* no entienden el juicio
29.6 en la transgresión del hombre *m* hay lazo
Ec. 4.3 visto las *m* obras que debajo del sol
5.14 las cuales se pierden en *m* ocupaciones
8.3 ni en cosa *m* persistas; porque él hará
8.11 ejecuta luego sentencia sobre la *m* obra
9.12 como los peces. .son presos en la *m* red
9.12 son enlazados. .hombres en el tiempo *m*
12.1 antes que vengan los días *m*, y lleguen
12.14 toda obra a juicio. .sea buena o sea *m*
Is. 1.16 quitad la iniquidad de. .de hacer lo *m*
5.20 que a lo *m* dicen bueno, y a lo bueno *m*
7.15 sepa desechar lo *m* y escoger lo bueno
7.16 antes que el niño sepa desechar lo *m* y
32.7 las armas del tramposo son *m*. .intrigas
33.15 que cierra sus ojos para no ver cosa *m*
48.22 no hay paz para los *m*, dijo Jehová
65.12 hicisteis lo *m* delante de mis ojos, y
66.4 que hicieron lo *m* delante de mis ojos
Jer. 2.19 cuán *m* y amargo es el haber dejado
5.28 pusieron. .sobrepasaron los hechos del *m*
7.30 hijos de Judá han hecho lo *m* ante mis
8.3 el resto que quede de esta *m* generación
12.14 dijo Jehová contra todos mis *m* vecinos
13.10 este pueblo *m*, que no quiere oir mis
15.21 te libraré de la mano de los *m*, y te
17.17 pues mi refugio eres tú en el día *m*
17.18 trae sobre ellos día *m*, y quebrántalos
18.10 si hiciere lo *m* delante de mis ojos, no
23.10 carrera de ellos fue *m*, y su valentía
23.14 fortalecían las manos de los *m*, para
23.19 la tempestad. .sobre la cabeza de los *m*
24.2 la otra cesta. .higos muy *m*, que de *m* no
24.3 *m*, muy *m*, que de *m* no se pueden comer
24.8 higos *m*, que de *m* no se pueden comer
29.17 como los higos *m*, que de tan *m* no se
32.30 han hecho sino lo *m* delante de mis ojos
42.6 sea bueno, sea *m*, a la voz de Jehová
49.23 se confundieron Hamat. .oyeron *m* nuevas
52.2 e hizo lo *m* ante los ojos de Jehová
Lm. 3.38 ¿de la boca del Altísimo no sale lo *m*
Ez. 20.44 no según vuestros caminos *m*. .obras
21.29 la emplees sobre los cuellos de los *m*
30.12 y entregaré la tierra en manos de *m*, y
33.11 volveos, volveos de vuestros *m* caminos
35.5 aflicción, en el tiempo extremadamente *m*
36.31 y os acordaréis de vuestros *m* caminos
Dn. 6.22 y aun delante de. .no he hecho nada *m*
Os. 4.14 con *m* mujeres sacrifican; por tanto
Am. 5.13 tiempo calla, porque el tiempo es *m*
5.14 buscad lo bueno, y no lo *m*. .que viváis
6.3 dilatáis el día *m*, y acercáis la silla de
Mi. 2.3 ni andaréis erguidos. .el tiempo será *m*
3.2 que aborrecéis lo bueno y amáis lo *m*
Zac. 1.4 volveos ahora de. .*m* caminos. .*m* obras
Mal. 1.8 ofrecéis el animal ciego. .¿no es *m?*
1.8 cuando ofrecéis el cojo o el. .¿no es *m?*
3.18 diferencia entre el justo y el *m*, entre
4.3 hollaréis a los *m*. .cuales serán ceniza
Mt. 5.39 yo os digo: No resistáis al que es *m*
5.45 que hace salir su sol sobre *m* y buenos
7.11 si vosotros, siendo *m* sabéis dar buenas
7.17 buenos frutos. .el árbol *m* da frutos *m*
7.18 no puede el buen árbol dar *m* frutos, ni
7.18 no puede. .el árbol *m* dar frutos buenos
12.33 bueno, o haced el árbol *m*, y su fruto *m*
12.34 cómo podéis hablar lo bueno, siendo *m?*
12.35 hombre *m*, del mal tesoro saca *m* cosas
12.39 generación *m* y adúltera demanda señal
12.45 así. .acontecerá a esta *m* generación
13.19 viene el *m*, y arrebata lo. .sembrado en
13.38 reino, y la cizaña son los hijos del *m*
13.48 recogen lo bueno. .y lo *m* echan fuera
13.49 saldrán los ángeles, y apartarán a. .*m*
15.19 del corazón salen los *m* pensamientos
16.4 generación *m* y adúltera demanda señal
21.41 a los *m* destruirá sin misericordia, y
22.10 juntaron a todos, juntamente *m* y buenos
24.48 si aquel siervo *m* dijere en su corazón
25.26 le dijo: Siervo *m* y negligente, sabías
Mr. 7.21 de dentro. .salen los *m* pensamientos
Lc. 6.22 y desechen vuestro nombre como *m*, por
6.35 él es benigno para con los ingratos y *m*
6.43 no es buen árbol el que da *m* frutos, ni
6.43 no es. .ni árbol *m* el que da buen fruto
6.45 el hombre *m*, del mal tesoro. .saca lo *m*
7.21 sanó a muchos de. .plagas. .espíritus *m*
8.2 algunas mujeres. .sanadas de espíritus *m*
11.13 vosotros, siendo *m*, sabéis dar buenas
11.29 esta generación es *m;* demanda señal
16.8 alabó el amo al mayordomo *m* por haber

MALO, LA *(Continúa)*
Jn. 3.19 amaron..tinieblas..sus obras eran *m*
3.20 hace lo *m*, aborrece la luz y no viene a
5.29 los que hicieron lo *m*, a resurrección de
7.7 yo testifico de él, que sus obras son *m*
Hch. 17.5 tomaron consigo..ociosos, hombres *m*
19.12 enfermedades..y los espíritus *m* salían
19.13 Jesús sobre los que tenían espíritus *m*
19.15 el espíritu *m*, dijo: A Jesús conozco
19.16 hombre en quien estaba el espíritu *m*
Ro. 2.9 sobre todo ser humano que hace lo *m*
12.9 amor..Aborreced lo *m*, seguid lo bueno
12.21 no seas vencido de lo *m*, sino vence con
13.3 temor al que hace el bien, sino al *m*
13.4 pero si haces lo malo, teme; porque no
13.4 vengador para castigar al que hace lo *m*
14.20 pero es *m* que el hombre haga tropezar
1 Co. 4.4 aunque de nada tengo *m* conciencia, no
9.17 de *m* voluntad, la comisión me ha sido
10.6 que no codiciemos cosas *m*, como ellos
15.33 *m* conversaciones corrompen las buenas
2 Co. 5.10 que haya hecho..sea bueno o sea *m*
6.8 deshonra, por *m* fama y por buena fama
13.7 y oramos a..que ninguna cosa *m* hagáis
Gá. 1.4 para librarnos del presente siglo *m*
Ef. 5.16 aprovechando..porque los días son *m*
6.13 para que podáis resistir en el día *m*
Fil. 3.2 guardaos de los *m* obreros, guardaos
Col. 1.21 erais..extraños y..haciendo *m* obras
3.5 haced morir..*m* deseos y avaricia, que es
2 Ts. 3.2 que seamos librados de hombres..*m*
1 Ti. 6.4 de las cuales nacen..*m* sospechas
2 Ti. 3.13 los *m* hombres..irán de mal en peor
4.18 y el Señor me librará de toda obra *m*
Tit. 1.12 los cretenses..*m* bestias, glotones
2.8 no tenga nada *m* que decir de vosotros
He. 3.12 no haya..corazón *m* de incredulidad
10.22 purificados los..de *m* conciencia, y
Stg. 2.4 venís a ser jueces con *m* pensamientos?
4.16 jactáis..Toda jactancia semejante es *m*
1 P. 2.16 la libertad como pretexto para..lo *m*
1 Jn. 3.12 porque sus obras eran *m*, y las de
2 Jn.11 que le dice..participa en sus *m* obras
3 Jn. 11 amado, no imites lo *m*, sino lo bueno
11 pero el que hace lo *m*, no ha visto a Dios
Ap. 2.2 que no puedes soportar a los *m*, y has

MALOGRAR
Job 21.10 paren sus vacas, y no *malogran*..cría

MALOTI *Hijo del cantor Hemán*, **1 Cr. 25.4,26**

MALQUÍAS
1. ***Ascendiente de Asaf el cantor*, 1 Cr. 6.40**
2. ***Ascendiente de Adaía No. 3*, 1 Cr. 9.12; Neh. 11.12**
3. ***Sacerdote en tiempo de David*, 1 Cr. 24.9**
4. ***Nombre de tres de los que se casaron con mujeres extranjeras en tiempo de Esdras*, Esd. 10.25,31**
5. ***Nombre de tres varones que ayudaron en la reedificación del muro de Jerusalén*, Neh. 3.11,14,31**
6. ***Uno que ayudó a Esdras en la lectura de la ley*, Neh. 8.4**
7. ***Firmante del pacto de Nehemías*, Neh. 10.3**
8. ***Sacerdote en tiempo de Nehemías*, Neh. 12.42**
9. ***Padre de Pasur No. 1*, Jer. 21.1; 38.1**
10. ***Residente de Jerusalén en tiempo de Jeremías*, Jer. 38.6**

MALQUIEL *Desciendiente de Aser*, **Gn. 46.17; Nm. 26.45; 1 Cr. 7.31**

MALQUIELITA *Descendiente de Malquiel*, **Nm. 26.45**

MALQUIRAM *Hijo del rey Jeconías*, **1 Cr. 3.18**

MALQUISÚA *Hijo del rey Saúl*, **1 S. 14.49; 31.2; 1 Cr. 8.33; 9.39; 10.2**

MALTA *Isla en el Mar Mediterráneo*, **Hch. 28.1**

MALTRATAR
Éx. 2.13 dijo al que *maltrataba* al otro: ¿Por
Nm. 20.15; Dt. 26.6 egipcios nos *maltrataron*
Hch. 7.6 *maltratarían*, por cuatrocientos años
7.19 *maltrató* a nuestros padres, a fin de que
7.24 y al ver a uno que era *maltratado*, lo
7.26 ¿por qué os *maltratáis* el uno al otro?
7.27 que *maltrataba* a su prójimo le rechazó
12.1 Herodes echó mano de..para *maltratarles*
He. 11.25 escogiendo antes ser *maltratado* con
11.37 anduvieron..angustiados, *maltratados*
13.3 acordaos de los..y de los *maltratados*

MALUC
1. ***Ascendiente de Etán No. 4*, 1 Cr. 6.44**
2. ***Nombre de dos de los que se casaron con mujeres extranjeras en tiempo de Esdras*, Esd. 10.29,32**
3. ***Sacerdote en tiempo de Nehemías*, Neh. 10.4; 12.2**
4. ***Firmante del pacto de Nehemías*, Neh. 10.27**

MALVA
Job 30.4 recogían *m* entre..arbustos, y raíces

MALVADO, DA
Éx. 34.7 ningún modo tendrá por inocente al *m*
Est. 7.6 el enemigo y adversario es este *m* Amán
Job 20.22 mano de todos los *m* vendrá sobre él
Sal. 35.11 se levantan testigos *m;* de lo que
101.4 se apartará de mí; no conoceré al *m*
Pr. 12.12 codicia el impío la red de los *m;* mas
Is. 26.10 mostrará piedad al *m*..no aprenderá
Jer. 2.33 aun a las *m* enseñaste tus caminos
3.17 ni andarán más tras la..de su *m* corazón
7.24 caminaron..en la dureza de su corazón *m*
11.8; 16.12 la imaginación de su *m* corazón
18.12 uno el pensamiento de nuestro *m* corazón
Ez. 8.9 entra, y ve las *m* abominaciones que
Mi. 3.4 y no os responderá..hicisteis *m* obras
Nah. 1.15 nunca..volverá a pasar por ti el *m*
Mt. 18.32 siervo *m*..aquella deuda te perdoné
2 P. 2.7 abrumado por la..conducta de los *m*
Jud. 18 habrá burladores..según sus *m* deseos

MALLA
1 S. 17.5 llevaba una cota de *m;* y era el peso
Job 18.8 red será echada a..y sobre *m* andará
Hab. 1.15 y los juntará en sus *m;* por lo cual
1.16 y ofrecerá sahumerios a sus *m;* porque

MAMAR
Gn. 21.7 Sara habría de dar de *mamar* a hijos?
Lv. 22.27 o cabra..7 días..*mamando* de su madre
Nm. 11.12 como lleva la que cría al que *mama*
Job 3.12 ¿y a qué los pechos para que *mamase?*
Sal. 8.2 de la boca de los que *maman*, fundaste
Cnt. 8.1 un hermano mío que *mamó* los pechos de
Is. 60.16 *mamarás* la leche de..de los reyes *m*
66.11 para que *maméis*..de los pechos de sus
66.12 *mamaréis*, y en..brazos seréis traídos
Lm. 2.11 desfallecía el niño y el que *mamaba*
Jl. 2.16 congregad a los niños y a los que *maman*
Mt. 21.16 leísteis: De la boca..los que *maman*
Lc. 11.27 bienaventurado..los senos que *mamaste*

MAMRE
1. ***Lugar cerca de Hebrón***
Gn. 13.18 vino y moró en el encinar de *M*, que
18.1 le apareció Jehová en el encinar de *M*
23.17 oriente de *M*, la heredad con la cueva
23.19 la heredad de Macpela al oriente de *M*
25.9 en la heredad de Efrón..enfrente de *M*
35.27 vino Jacob a Isaac su padre a *M*, a la
49.30 al oriente de *M* en la tierra de Canaán
50.13 en la cueva del campo..al oriente de *M*
2. ***Aliado de Abram***
Gn. 14.13 que habitaba en el encinar de *M* el
14.24 Aner, Escol y *M*, los cuales tomarán

MANÁ
Éx. 16.31 lo llamó *M;* y era como semilla de
16.33 una vasija y pon en ella un gomer de *m*
16.35 comieron..*m* cuarenta años, hasta que
16.35 *m* comieron hasta que llegaron a los
Nm. 11.6 pues nada sino este *m* ven nuestros ojos
11.7 y era el *m* como semilla de culantro, y
11.9 rocío..noche, el *m* descendía sobre él
Dt. 8.3 hizo tener hambre, y te sustentó con *m*
8.16 que te sustentó con *m* en el desierto
Jos. 5.12 y el *m* cesó el día siguiente, desde
5.12 hijos de Israel nunca más tuvieron *m*
Neh. 9.20 no retiraste tu *m* de su boca, y agua
Sal. 78.24 hizo llover sobre ellos *m* para que
Jn. 6.31 nuestros padres comieron el *m* en el
6.49 padres comieron el *m* en el desierto, y
6.58 no como vuestros padres comieron el *m*
He. 9.4 una urna de oro que contenía el *m*, y
Ap. 2.17 al que venciere, daré a comer del *m*

MANADA
Gn. 32.16 lo entregó a sus siervos, cada *m* de
32.16 delante..y poned espacio entre *m* y *m*
32.19 a todos los que iban tras aquellas *m*
Dt. 14.23 primicias de tus *m* y de tus ganados
1 S. 17.34 un oso, y tomaba..cordero de la *m*
Job 21.11 salen sus pequeñuelos como *m*, y sus
Sal. 65.13 visten de *m* los llanos, y los valles
Cnt. 4.1 tus caballos como *m* de cabras que se
4.2 tus dientes como *m* de ovejas..que suben
6.5 tu cabello es como *m* de cabras que se
6.6 tus dientes, como *m* de ovejas que suben
Ez. 43.23 becerro..carnero sin tacha de la *m*
Mi. 5.8 como el cachorro del león entre las *m*
Mal. 4.2 mas..saltaréis como becerros de la *m*
Lc. 12.32 no temáis, *m* pequeña, porque..reino

MANADERO
Is. 35.7 estanque, y el sequedal en *m* de aguas

MANAÉN *Cristiano eminente en Antioquía*
Hch. 13.1 *M* el que se había criado junto con

MANAHAT
1. ***Descendiente de Seir*, Gn. 36.23; 1 Cr. 1.40**
2. ***Lugar en Judá*, 1 Cr. 8.6**

MANAHEM *Rey de Israel*
2 R. 15.14 *M* hijo de Gadi subió de Tirsa y vino
15.16 *M* saqueó a Tifsa, y a todos los que
15.17 en el año 39 de..reinó *M* hijo de Gadi
15.19 y *M* dio a Pul mil talentos de plata
15.20 e impuso *M* este dinero sobre Israel
15.21 demás hechos de *M*..¿no está escrito en
15.22 durmió *M* con padres, y reinó en su
15.23 en el año 50..reinó Pekaía hijo de *M*

MANAHETITA *Habitante de Manahat No. 2*, **1 Cr. 2.52,54**

MANANTIAL
Gn. 36.24 Aná..que descubrió *m* el el desierto
Dt. 8.7 tierra de..y *m*, que brotan en vegas
2 R. 2.21 saliendo él a..*m*..echó dentro la sal
2 Cr. 32.30 Ezequías cubrió los *m* de Gihón la
Sal. 36.9 contigo está el *m* de la vida; en tu
107.33 y los *m* de las aguas en sequedales
107.35 en estanques..y la tierra seca en *m*
Pr. 5.18 sea bendito tu *m*, y alégrate con la
10.11 *m* de vida es la boca del justo; pero
13.14 la ley del sabio es *m* de vida para
14.27 el temor de Jehová es *m* de vida para
16.22 *m* de vida es el entendimiento al que
25.26 como fuente turbia y *m* corrompido es
Is. 41.18 abriré..*m* de aguas en la tierra seca
49.10 guiará, y los conducirá a *m* de aguas
58.11 *m* de aguas, cuyas aguas nunca faltan
Jer. 17.13 dejaron a Jehová, *m* de aguas vivas
Os. 13.15 secará su *m*, y se agotará su fuente
Zac. 13.1 un *m* abierto para la casa de David

MANAR
Pr. 4.23 guarda tu corazón; porque de él *mana*
Jer. 6.7 como la fuente nunca cesa de *manar* sus
6.7 así ella nunca cesa de *manar* su maldad

MANASÉS
1. ***Hijo de José, y la tribu que formó su posteridad***
Gn. 41.51 llamó..el nombre del primogénito, *M*
46.20 nacieron a José..*M* y Efraín, los que
48.1 y él tomó consigo a sus dos hijos, *M* y
48.5 hijos Efraín y *M*, que te nacieron en la
48.13 y *M* a su izquierda, a la derecha de
48.14 su mano izquierda sobre la cabeza de *M*
48.14 adrede, aunque *M* era el primogénito
48.17 para cambiarla de la..a la cabeza de *M*
48.20 como a *M*. Y puso a Efraín antes de *M*
50.23 Maquir hijo de *M* fueron criados sobre
Nm. 1.10 de los hijos de José..de *M*, Gamaliel
1.34 de los hijos de *M*, por su descendencia
1.35 contados de la tribu de *M* fueron 32.200
2.20 junto a él estará la tribu de *M;* y el
2.20 el jefe de los hijos de *M*, Gamaliel hijo
7.54 príncipe de los hijos de *M*, Gamaliel hijo
10.23 tribu de los hijos de *M*, Gamaliel hijo
13.11 de la tribu de *M*, Gadi hijo de Susi
26.28 los hijos de José por sus familias: *M*
26.29 los hijos de *M:* de Maquir, la familia
26.34 estas son las familias de *M;* y fueron
27.1 hijo de *M*, de las familias de *M* hijo de
32.33 así Moisés dio..a la media tribu de *M*
32.39 los hijos de Maquir hijo de *M* fueron
32.40 Moisés dio Galaad a Maquir hijo de *M*
32.41 Jair hijo de *M* fue y tomó sus aldeas
34.14 y la media tribu de *M*, han tomado su
34.23 de la tribu de los hijos de *M*..Haniel
36.1 de Maquir, hijo de *M*, de las familias
36.12 en la familia de los hijos de *M*, hijo
Dt. 3.13 Galaad..lo di a la media tribu de *M*
3.14 Jair hijo de *M* tomó toda la tierra de
4.43 Ramot..y Golán en Basán para los de *M*
29.8 y la dimos por..a la media tribu de *M*
33.17 Efraín, y ellos son los millares de *M*
34.2 y la tierra de Efraín y de *M*, toda la
Jos. 1.12 habló Josué..a la media tribu de *M*
4.12 y la media tribu de *M* pasaron armados
12.6 en posesión a..a la media tribu de *M*
13.7 en heredad a..y a la media tribu de *M*
13.8 y la otra mitad de *M* recibieron ya su
13.29 Moisés heredad a la media tribu de *M*
13.29 fue para la media tribu de los..de *M*
13.31 para los hijos de Maquir hijo de *M*
14.4 los hijos de José fueron dos tribus, *M*
16.4 recibieron, pues, su heredad..*M* y Efraín
16.9 medio de la heredad de los hijos de *M*
17.1 se echaron..suertes para la tribu de *M*
17.1 Maquir, primogénito de *M*..tuvo Galaad y
17.2 para los otros hijos de *M* conforme a sus
17.2 fueron los hijos varones de *M* hijo de

MANASÉS ***(Continúa)***

Jos. 17.3 Maquir, hijo de *M*, no tuvo hijos sino
17.5 y le tocaron a *M* diez partes además de
17.6 las hijas de *M* tuvieron heredad entre
17.6 de Galaad fue de los otros hijos de *M*
17.7 fue el territorio de *M* desde Aser hasta
17.8 la tierra de Tapúa fue de *M*; pero Tapúa
17.8 Tapúa misma. .junto al límite de *M*, es de
17.9 ciudades de Efraín están entre las. .de *M*
17.9 y el límite de *M* es desde el norte del
17.10 Efraín al sur, y *M* al norte, y el mar
17.11 tuvo también *M* en Isacar. .a Bet-seán
17.12 los hijos de *M* no pudieron arrojar a
17.17 Josué respondió a la casa de José. .*M*
18.7 la media tribu de *M*, ya han recibido su
20.8 Gad, y Golán en Basán de la tribu de *M*
21.5 diez ciudades. .de la media tribu de *M*
21.6 de la media tribu de *M*. .trece ciudades
21.25 de la media tribu de *M*, Taanac con sus
21.27 dieron a la media tribu de *M* a Golán en
22.1 Josué llamó a los. .a la media tribu de *M*
22.7 a la media tribu de *M* había dado Moisés
22.9 Gad y la media tribu de *M*, se volvieron
22.10 la media tribu de *M* edificaron allí un
22.11 tribu de *M* habían edificado un altar
22.13 y enviaron. .a la media tribu de *M* en
22.15 a la media tribu de *M*. .y les hablaron
22.30 palabras que hablaron. .los hijos de *M*
22.31 dijo Finees hijo de. .a los hijos de *M*
Jue. 1.27 tampoco *M* arrojó a los de Bet-seán
6.15 mi familia es pobre en *M*, y yo el menor
6.35 envió mensajeros por todo *M*, y. .a Aser
7.23 juntándose. .*M*, siguieron a. .madianitas
11.29 y pasó por Galaad y *M*, y de allí pasó
12.4 galaaditas, en medio de Efraín y de *M*
1 R. 4.13 tenía. .las ciudades de Jair hijo de *M*
2 R. 10.33 toda la tierra. .y de *M*, desde Aroer
1 Cr. 5.18 Rubén y de Gad, y. .media tribu de *M*
5.23 de la media tribu de *M*, multiplicados en
5.26 transportó a. .y a la media tribu de *M*
6.61 dieron. .ciudades de la media tribu de *M*
6.62 la tribu de *M* en Basán, trece ciudades
6.70 de la media tribu de *M*, Aner con. .ejidos
6.71 dieron de la media tribu de *M*, Golán en
7.14 los hijos de *M*: Asriel, al cual dio a
7.17 de Galaad, hijo de Maquir, hijo de *M*
7.29 junto al territorio de los hijos de *M*
9.3 habitaron en Jerusalén. .de Efraín y *M*
12.19 pasaron a David algunos de *M*, cuando
12.20 a Siclag, se pasaron a él de los de *M*
12.20 los. .príncipes de millares de los de *M*
12.31 la media tribu de *M*, 18.000, los cuales
12.37 la media tribu de *M*, 120.000 con toda
26.32 constituyó sobre. .la media tribu de *M*
27.20 de la media tribu de *M*, Joel hijo de
27.21 de la otra media tribu de *M*, en Galaad
2 Cr. 15.9 y con ellos los forasteros de. .*M* y
30.1 y escribió cartas a Efraín y a *M*, para
30.10 pasaron. .por la tierra de Efraín y *M*
30.11 algunos. .*M* y de Zabulón se humillaron
30.18 gran multitud del pueblo de Efraín y *M*
31.1 quebraron las estatuas. .en Efraín y *M*
34.6 mismo hizo en las ciudades de *M*, Efraín
34.9 recogido de mano de *M* y de Efraín y de
Sal. 60.7 mío es Galaad, y mío es *M*; y Efraín
80.2 despierta tu poder delante de. .y de *M*
108.8 mío es Galaad, mío es *M*, y Efraín es
Is. 9.21 *M* a Efraín, y Efraín a *M*. .contra Judá
Ez. 48.4 del oriente hasta el lado del mar, *M*
48.5 junto al límite de *M*, desde el lado del
Ap. 7.6 de la tribu de *M*, doce mil sellados

2. Rey de Judá

2 R. 20.21 Ezequías. .y reinó en su lugar *M* su
21.1 doce años era *M* cuando comenzó a reinar
21.9 *M* los indujo a que hiciesen más mal que
21.11 *M* rey de. .ha hecho estas abominaciones
21.16 derramó *M* mucha sangre inocente en
21.17 hechos de *M*. .¿no está todo escrito en
21.18 durmió *M* con sus padres. .y reinó en
21.20 lo malo. .como había hecho *M* su padre
23.12 derribó. .los altares que había hecho *M*
23.26 por todas las provocaciones con que *M*
24.3 para quitarle de. .por los pecados de *M*
1 Cr. 3.13 fue hijo Ezequías, cuyo hijo fue *M*
2 Cr. 32.33 Ezequías. .y reinó en su lugar *M* su
33.1 doce años era *M* cuando comenzó a reinar
33.9 *M*, pues, hizo extraviarse a Judá y a los
33.10 y habló Jehová a *M* y a su pueblo, mas
33.11 los cuales aprisionaron con grillos a *M*
33.13 entonces reconoció *M*. .Jehová era Dios
33.18 los demás hechos de *M*, y su oración a
33.20 durmió *M* con sus padres. .lo sepultaron
33.22 lo malo. .como había hecho *M* su padre
33.22 los ídolos que su padre *M* había hecho
33.23 pero nunca. .como se humilló *M* su padre
Jer. 15.4 a causa de *M* hijo de Ezequías, rey
Mt. 1.10 Ezequías engendró a *M*, *M* a Amón, y

3. Nombre de dos de los que se casaron con mujeres extranjeras en tiempo de Esdras, Esd. 10.30,33

MANCILLA

He. 13.4 honroso sea. .y el lecho sin *m*; pero

MANCILLAR

Jud. 8 soñadores *mancillan* la carne, rechazan

MANCO

Mt. 15.30 que traía. .*m*, y otros muchos enfermos
15.31 viendo a. .*m* sanados, a los cojos andar
18.8 mejor te es entrar en la vida cojo o *m*
Mr. 9.43 mejor te es entrar en la vida *m*, que
Lc. 14.13 llama a. .*m*, los cojos y los ciegos
14.21 y trae acá. .pobres, los *m*, los cojos

MANCHA

Lv. 13.2 hombre tuviere en la piel. .*m* blanca
13.4 si en la piel de su. .hubiere *m* blanca
13.19 hubiere una hichazón, o una *m* blanca
13.23 si la *m* blanca se estuviere en su lugar
13.24 cuando hubiere. .*m* blanquecina, rojiza
13.25 pelo se hubiere vuelto blanco en la *m*
13.26 no apareciere en la *m* pelo blanco, ni
13.28 pero si la *m* se estuviere en su lugar
13.38 en la piel de su cuerpo. .*m*, *m* blancas
13.39 aparecieren *m* blancas algo oscurecidas
14.37 si se vieren *m*. .*m* verdosas o rojizas
14.56 acerca de la hinchazón, y. .la *m* blanca
Dt. 32.5 la corrupción. .de sus hijos es la *m*
Job 11.15 levantarás tu rostro limpio de *m*, y
Pr. 9.7 el que reprende al impío, se atrae *m*
Cnt. 4.7 toda tú eres hermosa. .en ti no hay *m*
Jer. 2.22 la *m* de tu pecado permanecerá aún
13.23 ¿mudará el etíope. .el leopardo sus *m*?
Ef. 1.4 fuésemos santos y sin *m* delante de él
5.27 iglesia. .no tuviese *m*. .santa y sin *m*
Fil. 2.15 hijos de Dios sin *m* en medio de una
Col. 1.22 para presentaros santos y sin *m* e
He. 7.26 sin *m*, apartado de los pecadores, y
9.14 el cual. .ofreció a sí mismo sin *m* a Dios
Stg. 1.27 viudas. .y guardarse sin *m* del mundo
1 P. 1.19 un cordero sin *m* y sin contaminación
2 P. 2.13 estos son inmundicias y *m*, quienes
3.14 hallados por él sin *m* e irreprensibles
Jud. 12 son *m* en vuestros ágapes, que comiendo
24 presentaros sin *m* delante de su gloria con
Ap. 14.5 son sin *m* delante del trono de Dios

MANCHADO, DA

Gn. 30.32 poniendo aparte todas las ovejas *m*
30.32 y las *m* y salpicadas de color entre las
30.33 toda la que no fuere pintada ni *m* en
30.35 apartó aquel día los machos cabríos *m*
30.35 y todas las cabras *m* y salpicadas de
Os. 6.8 Galaad, ciudad. .iniquidad, *m* de sangre

MANCHAR

Is. 63.3 su sangre salpicó. .y *manché* todas mis
Ez. 28.7 extranjeros. .y *mancharán* tu esplendor
Ap. 3.4 que no han *manchado* sus vestiduras

MANDAMIENTO

Gn. 26.5 guardó. .mis *m*, mis estatutos y mis
49.33 cuando acabó Jacob de dar *m* a sus hijos
Éx. 6.13 y les dio *m* para los hijos de Israel
12.17 guardaréis este *m*. .costumbre perpetua
12.35 hicieron los. .conforme al *m* de Moisés
15.26 dieres oído a sus *m*, y guardares todos
16.28 ¿hasta cuándo no queréis guardar mis *m*
17.1 Israel partió. .conforme al *m* de Jehová
20.6 hago. .a los que me aman y guardan mis *m*
24.12 te daré tablas. .*m* que he escrito para
34.28 escribió en tablas. .pacto, los diez *m*
Lv. 4.2 pecare por yerro en alguno de los *m* de
4.13,22,27 algo contra alguno de los *m* de
5.17 cosas que por *m* de Jehová no se han de
22.31 guardad, pues, mis *m*, y cumplidlos. Yo
26.3 guardareis mis *m*, y los púsiereis por
26.14 si no. .ni hiciereis todos estos mis *m*
26.15 no ejecutando. .mis *m*, e invalidando mi
27.34 son los *m* que ordenó Jehová a Moisés
Nm. 14.41 ¿por qué quebrantáis el *m* de Jehová?
15.22 no hiciereis todos estos *m* que Jehová
15.31 cuanto tuvo en poco. .menospreció su *m*
15.39 os acordéis de todos los *m* de Jehová
15.40 que os acordéis, y hagáis todos mis *m*
20.24 fuisteis rebeldes a mi *m* en las aguas
36.13 estos son los *m*. .que mandó Jehová por
Dt. 4.2 guardéis los *m* de Jehová Dios vuestro
4.13 él os anunció su pacto. .los diez *m*, y los
4.40 guarda. .sus *m*, los cuales yo te mando
5.10 hago. .a los que me aman y guardan mis *m*
5.29 me temiesen y guardasen. .todos mis *m*
5.31 todos los *m*. .que les enseñarás, a fin
6.1 *m*. .que Jehová vuestro Dios mandó que os
6.2 guardando todos. .sus *m* que yo te mando
6.17 guardad cuidadosamente los *m* de. .Dios
6.25 poner por obra todos estos *m* delante de
7.9 y guardan sus *m*, hasta mil generaciones
7.11 guarda, por tanto, los *m*, estatutos y
8.1 poner por obra todo *m* que yo os ordeno
8.2 saber. .si habías de guardar o no sus *m*
8.6 guardarás, pues, los *m* de Jehová tu Dios
8.11 para cumplir sus *m*, sus decretos y sus
10.4 escribió en las tablas. .los diez *m* que
10.13 guardes los *m* de Jehová y sus estatutos
11.1 guardarás sus. .y sus *m*, todos los días
11.8 guardad. .los *m* que yo os prescribo hoy
11.13 obedeciereis. .*m* que yo os prescribo hoy
11.22 si guardareis cuidadosamente. .estos *m*
11.27 bendición, si oyereis los *m* de Jehová
11.28 y la maldición, si no oyereis los *m* de
13.4 guardaréis sus *m* y escucharéis su voz
13.18 guardando. .sus *m* que yo te mando hoy
15.5 guardar y cumplir todos estos *m* que yo
17.20 que. .ni se aparte del *m* a diestra ni
19.9 guardares. .estos *m* que yo te prescribo
26.13 no he transgredido tus *m*, ni. .olvidado
26.17 guardarás. .sus *m* y sus decretos, y que
26.18 eres pueblo suyo. .guardes todos su *m*
27.1 guardaréis. .*m* que yo os prescribo hoy
27.10 oirás, pues, la voz. .cumplirás sus *m*
28.1 y poner por obra todos sus *m* que yo te
28.9 te confirmará. .cuando guardares los *m*
28.13 si obedecieres los *m* de Jehová tu Dios
28.15 para procurar cumplir todos sus *m* y sus
28.45 guardar sus *m* y sus estatutos, que él
30.8 y pondrás por obra todos sus *m* que yo
30.10 obedecieres. .para guardar sus *m* y sus
30.11 porque este *m* que yo te ordeno hoy no
30.16 y guardes sus *m*, sus estatutos y sus
Jos. 1.18 cualquiera que fuere rebelde a tu *m*
15.13 dio. .conforme al *m* de Jehová a Josué
22.3 de guardar los *m* de Jehová vuestro Dios
22.5 cuidéis de cumplir el *m* y la ley que
Jue. 2.17 padres obedeciendo a los *m* de Jehová
3.4 saber si obedecerían a los *m* de Jehová
1 S. 13.13 no guardaste el *m* de Jehová tu Dios
15.24 pues he quebrantado el *m* de Jehová y
1 R. 2.3 guarda. .observando sus estatutos y *m*
2.43 no guardaste. .y el *m* que yo te impuse?
3.14 guardando mis estatutos y mis *m*, como
6.12 guardares todos mis *m* andando en ellos
8.58 guardemos sus *m* y sus estatutos y sus
8.61 guardando sus *m*, como en el día de hoy
9.6 y no guardareis mis *m* y mis estatutos
11.34 y quien guardó mis *m* y mis estatutos
11.38 guardando. .mis *m*, como hizo David mi
13.21 no guardaste el *m* que Jehová tu Dios
14.8 como David mi siervo, que guardó mis *m*
18.18 dejando los *m* de Jehová, y siguiendo
2 R. 17.13 y guardad mis *m* y mis ordenanzas
17.16 dejaron todos los *m* de Jehová su Dios
17.19 ni aún Judá guardó los *m* de Jehová su
17.34 ni hacen según. .los *m* que prescribió
17.37 y derechos y ley y *m* que os dio por
18.6 que guardó los *m* que Jehová prescribió
18.36 había *m* del rey, el cual había dicho
23.3 guardarían sus *m*, sus testimonios y sus
23.35 dar el dinero conforme al *m* de Faraón
1 Cr. 28.7 poner por obra mis *m* y mis decretos
29.19 que guarde tus *m*, tus testimonios y tus
2 Cr. 7.19 si dejareis. .mis estatutos y *m* que
8.13 que ofreciesen. .conforme al *m* de Moisés
8.15 no se apartaron del *m* del rey, en cuanto
14.4 Judá. .pusiese por obra la ley y sus *m*
17.4 anduvo en sus *m*, y no según las obras
24.20 ¿por qué quebrantáis los *m* de Jehová?
29.15 conforme al *m* del rey y las palabras
29.25 levitas en la. .conforme al *m* de David
29.25 aquel *m* procedía de Jehová por medio
31.13 por *m* del rey Ezequías y de Azarías
31.21 de acuerdo con. .los *m*, buscó a su Dios
34.31 pacto de caminar. .y de guardar sus *m*
35.10 en sus turnos, conforme al *m* del rey
35.15 conforme al *m* de David, de Asaf y de
35.16 pascua. .conforme al *m* del rey Josías
Esd. 7.11 versado en los *m* de Jehová y en sus
9.10 ¿qué. .Porque nosotros hemos dejado tus
9.14 ¿hemos de volver a infringir tus *m*, y a
10.3 de los que temen el *m* de nuestro Dios
Neh. 1.5 a los que le aman y guardan sus *m*
1.7 y no hemos guardado los *m*, estatutos y
1.9 guardareis mis *m*, y los pusiereis por
9.13 diste juicios. .y estatutos y *m* buenos
9.14 les prescribiste *m*, estatutos y la ley
9.16 endurecieron su. .y no escucharon tus *m*
9.29 no oyeron tus *m*, sino que pecaron contra
9.34 ni atendieron a tus *m* y a. .testimonios
10.29 y cumplirían todos los *m*, decretos y
11.23 porque había *m* del rey acerca de ellos
Est. 2.8 que cuando se divulgó el *m* y decreto
3.3 preguntaron a. .¿Por qué traspasas el *m*
3.14 la copia del escrito que se dio por *m*
4.3 donde el *m* del rey y su decreto llegaba
8.17 en cada ciudad donde llegó el *m* del rey
9.1 cuando debía ser ejecutado el *m* del rey
9.32 *m* de Ester confirmó estas celebraciones
Job 23.12 del *m* de sus labios nunca me separé
39.27 ¿se remonta el águila por tu *m*, y pone
Sal. 19.8 *m* de Jehová son rectos, que alegran
71.3 tú has dado *m* para salvarme, porque tú
78.7 y no se olviden de. .que guarden sus *m*
89.31 profanaren mis. .y no guardaren mis *m*
103.18 y los que se acuerdan de sus *m* para
111.7 son verdad y. .fieles son todos sus *m*
111.10 tienen todos los que practican sus *m*
112.1 y en sus *m* se deleita en gran manera
119.4 encargaste que sean. .guardados tus *m*
119.6 no sería yo. .cuando atendiese a. .tus *m*
119.10 buscado; no me dejes desviarme de tus *m*

MANDAMIENTO *(Continúa)*

Sal. 119.15 en tus *m* meditaré; consideraré tus
119.19 en la tierra; no encubras de mí tus *m*
119.21 reprendiste. . que se desvían de tus *m*
119.27 hazme entender el camino de tus *m*
119.32 por el camino de tus *m* correré, cuando
119.35 guíame por la senda de tus *m*, porque
119.40 he anhelado tus *m*; vivifícame en tu
119.45 y andaré en libertad. . busqué tus *m*
119.47 y me regocijaré en tus *m*, los cuales
119.48 alzaré. . mis manos a tus *m* que amé
119.56 bendiciones tuve porque guardé tus *m*
119.60 me. . y no me retardé en guardar tus *m*
119.63 todos los que te temen y guardan tus *m*
119.66 y sabiduría, porque tus *m* he creído
119.69 mas yo guardaré de todo corazón tus *m*
119.73 hazme entender, y aprenderé tus *m*
119.78 calumniado; pero yo meditaré en tus *m*
119.86 todos tus *m* son verdad; sin causa me
119.87 casi me han. . pero no he dejado tus *m*
119.93 jamás me olvidaré de tus *m*, porque
119.94 soy, sálvame, porque he buscado tus *m*
119.96 he visto. . amplio sobremanera es tu *m*
119.98 me has hecho más sabio que. . con tus *m*
119.100 entendido, porque he guardado tus *m*
119.104 de tus *m* he adquirido inteligencia
119.110 lazo. . pero yo no me desvié de tus *m*
119.115 pues yo guardaré los *m* de mi Dios
119.127 por eso he amado tus *m* más que el oro
119.128 por eso estimé rectos todos tus *m*
119.131 abrí y suspiré, porque deseaba tus *m*
119.134 líbrame de la. . y guardaré tus *m*
119.141 pequeño. . no me he olvidado de tus *m*
119.143 de mí, mas tus *m* fueron mi delicia
119.151 oh Jehová, y todos tus *m* son verdad
119.159 mira, oh Jehová, que amo tus *m*
119.166 Jehová, y tus *m* he puesto por obra
119.168 he guardado tus *m* y tus testimonios
119.172 porque todos tus *m* son justicia
119.173 socorrerme, porque tus *m* he escogido
119.176 porque no me he olvidado de tus *m*
Pr. 2.1 palabras, y mis *m* guardares dentro de
3.1 no te olvides. . tu corazón guarde mis *m*
4.4 retenga tu. . mis razones, guarda mis *m*, y
6.20 guarda, hijo mío, el *m* de tu padre, y
6.23 porque el *m* es lámpara, y la enseñanza
7.1 hijo mío, guarda. . atesora contigo mis *m*
7.2 guarda mis *m* y vivirás, y mi ley como las
8.29 para que las aguas no traspasen su *m*
10.8 el sabio de corazón recibirá los *m*; mas
13.13 mas el que teme el *m* será recompensado
19.16 que guarda el *m* guarda su alma; mas
Ec. 8.2 que guardes el *m* del rey y la palabra
8.5 el que guarda el *m* no experimentará mal
12.13 es este: Teme a Dios, y guarda sus *m*
Is. 28.10.13 *m* tras *m*, mandato sobre mandato
29.13 y su temor de mí no es más que un *m* de
48.18 oh, si hubieras atendido a mis *m*! Fuera
Jer. 35.14 no lo han bebido. . por obedecer al *m*
35.16 tuvieron por firme el *m* que les dio su
35.18 obedecisteis al *m* de. . y guardasteis. . *m*
Lm. 1.17 dio *m* contra Jacob, que sus vecinos
Ez. 5.6 desecharon mis decretos y mis *m*, y no
5.7 no habéis andado en mis *m*, ni. . guardado
Dn. 9.4 con los que te aman y guardan tus *m*
9.5 y nos hemos apartado de tus *m* y de tus
Mi. 6.16 los *m* de Omri se han guardado, y toda
Mal. 2.1 sacerdotes, para vosotros es este *m*
2.4 y sabréis que yo os envié este *m*, para
Mt. 5.19 quebrante uno de estos *m* muy pequeños
15.3 ¿por qué. . quebrantáis el *m* de Dios por
15.6 así habéis invalidado el *m* de Dios por
15.9 enseñando como doctrinas, *m* de hombres
19.17 si quieres entrar en la. . guarda los *m*
22.36 Maestro, ¿cuál es el gran *m* en la ley?
22.38 este es el primero y grande *m*
22.40 de estos dos *m* depende toda la ley y
Mr. 7.7 enseñando como doctrinas *m* de hombres
7.8 dejando el *m* de Dios, os aferráis a la
7.9 bien invalidáis el *m* de Dios para guardar
10.5 por la dureza de. . os escribió este *m*
10.19 los *m* sabes: No adulteres. No mates
12.28 le preguntó: ¿Cuál es el primer *m* de
12.29 el primer *m* de todos es: Oye, Israel
12.30 y amarás al Señor. . es el principal *m*
12.31 amarás a tu. . No hay otro *m* mayor que
Lc. 1.6 andaban irreprensibles en todos los *m*
18.20 los *m* sabes: No adulterarás; no matarás
23.56 descansaron el día de. . conforme al *m*
Jn. 10.18 a tomar. Este *m* recibí de mi Padre
12.49 me dio *m* de lo que he de decir, y de
12.50 sé que su *m* es vida eterna. Así pues
13.34 un *m* nuevo os doy: Que os améis unos a
14.15 si me amáis, guardad mis *m*
14.21 el que tiene mis *m*, y los guarda, ése
15.10 si guardareis mis *m*, permaneceréis en
15.10 como yo he guardado los *m* de mi Padre
15.12 este es mi *m*: Que os améis unos a otros
Hch. 1.2 haber dado *m* por el Espíritu Santo a
Ro. 7.8 el pecado, tomando ocasión por el *m*
7.9 venido el *m*, el pecado revivió y yo morí
7.10 hallé que el mismo *m* que era para vida
7.11 el pecado, tomando ocasión por el *m*, me
7.12 es santa, y el *m* santo, justo y bueno
7.13 fin de que por el *m* el pecado llegase a
13.9 cualquier otro *m*. . se resume: Amarás a
16.26 según el *m* del Dios eterno, se ha dado
1 Co. 7.6 digo por vía de concesión, no por *m*
7.19 nada es, sino el guardar los *m* de Dios
7.25 en cuanto a las vírgenes no tengo *m* del
14.37 que lo que os escribo son *m* del Señor
Ef. 2.15 ley de los *m* expresados en ordenanzas
6.2 honra a. . que es el primer *m* con promesa
Col. 2.22 en conformidad a *m* y doctrinas de
4.10 acerca del cual habéis recibido *m*; si
1 Ti. 1.5 el propósito de este *m* es el amor
1.18 este *m*, hijo Timoteo, te encargo, para
6.14 guardes el *m* sin mácula ni reprensión
Tit. 1.14 ni a *m* de hombres que se apartan de
He. 7.5 tienen *m* de tomar los diezmos según la
7.16 no constituido conforme a la ley del *m*
7.18 queda. . abrogado el *m* anterior a causa de
9.19 anunciado Moisés todos los *m* de la ley
11.22 por la fe José. . *m* acerca de sus huesos
2 P. 2.21 volverse atrás del santo *m* que les
3.2 y del *m* del Señor y Salvador dado por
1 Jn. 2.3 en esto sabemos. . si guardamos sus *m*
2.4 dice: Yo le conozco, y no guarda sus *m*
2.7 no os escribo *m* nuevo, sino el *m* antiguo
2.7 este *m* antiguo es la palabra que. . oído
2.8 os escribo un *m* nuevo, que es verdadero
3.22 guardamos sus *m*, y hacemos las cosas que
3.23 este es su *m*: Que creamos en el nombre
3.24 el que guarda sus *m*, permanece en Dios
4.21 tenemos este *m* de él: El que ama a Dios
5.2 cuando amamos a Dios, y guardamos sus *m*
5.3 que guardemos sus *m*. . *m* no son gravosos
2 Jn. 4 conforme al *m* que recibimos del Padre
5 no como escribiéndote un nuevo *m*, sino el
6 que andemos según sus *m*. Este es el *m*; que
Ap. 12.17 que guardan los *m* de Dios y tienen
14.12 los que guardan los *m* de Dios y la fe

MANDAR

Gn. 2.16 *mandó* Jehová Dios al hombre, diciendo
3.11 árbol de que yo te *mandé* no comieses?
3.17 que te *mandé* diciendo: No comerás de él
6.22 Noé; hizo. . todo lo que Dios le *mandó*
7.5 hizo Noé. . todo lo que le *mandó* Jehová
7.9 macho y hembra, como *mandó* Dios a Noé
7.16 vinieron, como le había *mandado* Dios
18.19 yo sé que *mandará* a sus hijos y a su
21.4 circuncidó. . como Dios le había *mandado*
26.11 Abimelec *mandó*. . pueblo, diciendo: El
27.8 obedece a mi voz en lo que te *mando*
28.1 Isaac. . lo bendijo, y le *mandó* diciendo
28.6 le había *mandado* diciendo: No tomarás
32.4 y les *mandó* diciendo: Así diréis a mi
32.17 y *mandó* al primero, diciendo: Si Esaú
32.19 *mandó* también al segundo, y al tercero
42.25 *mandó* José que llenaran sus sacos de
44.1 *mandó* José al mayordomo de su casa
45.19 y tú *manda*: Haced esto: tomaos de la
47.11 tierra de Ramesés, como *mandó* Faraón
49.29 les *mandó* luego, y les dijo: Yo voy a
50.2 *mandó* José a sus siervos los médicos que
50.12 hicieron, pues. . según les había *mandado*
50.16 José: Tu padre *mandó* antes de su muerte
Éx. 1.17 y no hicieron como les *mandó* el rey
1.22 entonces Faraón *mandó* a todo su pueblo
5.6 y *mandó* Faraón. . a los cuadrilleros del
7.2 tú dirás todas las cosas que yo te *mande*
7.6 e hizo Moisés y. . como Jehová les *mandó*
7.10 hicieron como Jehová lo había *mandado*
7.20 y Aarón hicieron como Jehová lo *mandó*
8.12 tocante a las ranas que había *mandado*
12.28 hicieron. . como Jehová había *mandado* a
12.50 como *mandó* Jehová a Moisés. . hicieron
16.16 es lo que Jehová ha *mandado*: Recoged
16.24 lo guardaron. . según lo. . había *mandado*
16.32 es lo que Jehová ha *mandado*: Llenad un
16.34 lo puso. . como Jehová lo *mandó* a Moisés
18.23 si esto hicieres, y Dios te lo *mandare*
19.7 palabras que Jehová le había *mandado*
19.23 has *mandado* diciendo: Señala límites al
23.15 panes sin levadura, como yo te *mandé*
25.22 lo que yo te *mandare* para los hijos de
27.20 *mandarás*. . que te traigan aceite puro
29.35 harás a Aarón y. . que yo te he *mandado*
31.6 para que hagan todo lo que te he *mandado*
31.11 harán conforme. . lo que te he *mandado*
32.8 apartado del camino que yo les *mandé*
34.4 y subió al monte. . como le *mandó* Jehová
34.11 guarda lo que yo te *mando* hoy; he aquí
34.18 comerás pan sin. . según te he *mandado*
34.32 *mandó*. . lo que Jehová le había dicho en
34.34 decía a. . Israel lo que le era *mandado*
35.1 las cosas que Jehová ha *mandado* que se
35.4 habló Moisés. . lo que Jehová ha *mandado*
35.10 hará. . las cosas que Jehová ha *mandado*
35.29 toda la obra, que Jehová había *mandado*
36.1 harán. . las cosas que ha *mandado* Jehová
36.5 más. . para la obra que Jehová ha *mandado*
36.6 entonces Moisés *mandó* pregonar por el
38.22 hizo. . cosas que Jehová *mandó* a Moisés
39.1,5,7,21,31,32; 40.19,21,23,25,27,29,32
como Jehová lo había *mandado* a Moisés
39.26,29 como Jehová lo *mandó* a Moisés
39.42 las cosas que Jehová había *mandado* a
39.43 habían hecho. . Jehová había *mandado*
40.16 hizo conforme. . lo que Jehová le *mandó*
Lv. 6.9 *manda* a Aarón y a sus hijos, y diles
7.36 *mandó* Jehová que les diesen, desde el
7.38 *mandó* Jehová a Moisés en el monte de
7.38 el día que *mandó* a los hijos de Israel
8.4 hizo, pues, Moisés como Jehová le *mandó*
8.5 esto es lo que Jehová ha *mandado* hacer
8.9,13,17,21,29; 9.10,21 como Jehová lo había
mandado a Moisés
8.31 según yo he *mandado*, diciendo: Aarón y
8.34 hecho, *mandó* hacer Jehová para expiaros
8.35 ordenanza. . porque. . me ha sido *mandado*
8.36 hicieron. . las cosas que *mandó* Jehová
9.5 y llevaron lo que *mandó* Moisés delante
9.6 esto es lo que *mandó* Jehová; hacedlo, y
9.7 haz. . por ellos, como ha *mandado* Jehová
10.1 fuego extraño, que él nunca les *mandó*
10.13 la comeréis. . así me ha sido *mandado*
10.15 tuyo y de. . como Jehová lo ha *mandado*
10.18 vosotros debíais comer. . como yo *mandé*
13.54 *mandará* que laven donde está la plaga
14.4 el sacerdote *mandará*. . que se tomen para
14.5 *mandará* el sacerdote matar una avecilla
14.36 el sacerdote *mandará* desocupar la casa
14.40 *mandará* el sacerdote, y arrancarán las
14.46 durante los días en que la *mandó* cerrar
16.34 y Moisés lo hizo como Jehová le *mandó*
17.2 diles: Esto es lo que ha *mandado* Jehová
24.2 *manda* a los hijos de Israel. . te traigan
24.23 hicieron según Jehová había *mandado* a
Nm. 1.19 como Jehová. . había *mandado* a Moisés
1.54 conforme a todas las. . que *mandó* Jehová
2.33 levitas. . como Jehová lo *mandó* a Moisés
2.34 todas las cosas que Jehová *mandó* a Moisés
3.16 y Moisés los contó. . como le fue *mandado*
3.42 contó Moisés, como Jehová. . *mandó*, todos
3.51 según lo que. . había *mandado* a Moisés
4.37,45 contaron Moisés. . lo *mandó* Jehová
4.49 como. . *mandó* Jehová por medio de Moisés
4.49 los cuales contó él, como le fue *mandado*
5.2 *manda* a los hijos de Israel que echen del
8.3 encendió. . como Jehová lo *mandó* a Moisés
8.20 conforme a. . las cosas que *mandó* Jehová
8.22 de la manera que *mandó* Jehová a Moisés
9.5 conforme a. . las cosas que *mandó* Jehová
15.23 las cosas que Jehová os ha *mandado* por
15.23 desde el día que Jehová lo *mandó*, y en
15.36 lo apedrearon. . Jehová *mandó* a Moisés
17.11 hizo Moisés como le *mandó* Jehová, así
20.9 Moisés tomó la vara. . como él le *mandó*
20.27 y Moisés hizo como Jehová le *mandó*
26.4 contaréis. . como *mandó* Jehová a Moisés
27.11 estatuto. . como Jehová *mandó* a Moisés
27.22 hizo como Jehová le había *mandado*, pues
27.23 como Jehová había *mandado* por mano de
28.2 *manda* a los hijos de Israel, y diles
29.40 dijo. . lo que Jehová le había *mandado*
30.1 habló. . Esto es lo que Jehová ha *mandado*
30.16 ordenanzas que Jehová *mandó* a Moisés
31.7,31,41 como Jehová lo *mandó* a Moisés
31.21 es la ordenanza. . que Jehová ha *mandado*
31.47 como Jehová lo había *mandado* a Moisés
32.25 siervos harán como mi señor ha *mandado*
34.2 *manda* a los hijos de Israel y diles
34.13 y *mandó* Moisés a los hijos de Israel
34.13 la tierra. . que *mandó* Jehová que diese
34.29 a éstos *mandó* Jehová que hiciesen la
35.2 *manda* a los hijos de Israel que den a
36.2 Jehová *mandó*. . que por sorteo diese la
36.2 ha *mandado* Jehová. . que dé la posesión
36.5 Moisés *mandó* a los hijos de Israel por
36.6 es lo que ha *mandado* Jehová acerca de
36.10 como Jehová *mandó*. . hicieron las hijas
36.13 estatutos que *mandó* Jehová por medio
Dt. 1.3 habló a. . que Jehová le había *mandado*
1.16 *mandé* a vuestros jueces, diciendo: Oíd
1.18 os *mandé*, pues. . lo que habíais de hacer
1.19 como Jehová nuestro Dios nos lo *mandó*
1.41 conforme a. . lo que Jehová. . ha *mandado*
2.4 *manda* al pueblo, diciendo: Pasando. . Esaú
3.18 os *mandé*. . diciendo: Jehová vuestro Dios
3.28 *manda* a Josué, y anímalo, y fortalécelo
4.2 no añadiréis a la palabra que. . os *mando*
4.5 enseñado. . como Jehová mi Dios me *mandó*
4.13 pacto, el cual os *mandó* poner por obra
4.14 me *mandó* Jehová en. . que os enseñase los
4.40 estatutos. . los cuales yo te *mando* hoy
5.12 guardarás el día. . tu Dios te ha *mandado*
5.15 ha *mandado* que guardes el día de reposo
5.16 honra a tu padre. . tu Dios te ha *mandado*
5.32 que hagáis como Jehová. . os ha *mandado*
5.33 camino que Jehová. . Dios os ha *mandado*
6.1 decretos que. . Dios *mandó* que os enseñase
6.2 guardando. . mandamientos que yo te *mando*
6.6 palabras que yo te *mando*. . estarán sobre
6.17 guardad. . sus estatutos que te ha *mandado*
6.20 y decretos que Jehová. . Dios os *mandó*?
6.24 *mandó*. . cumplamos todos estos estatutos
6.25 poner por obra. . como él nos ha *mandado*
7.11 guarda. . y decretos que yo te *mando* hoy
9.12 han apartado del camino que yo les *mandé*
9.16 del camino que Jehová os había *mandado*

MANDAR ***(Continúa)***
Dt. 10.5 arca. .allí están, como Jehová me *mandó*
12.11 allí llevaréis. .cosas que yo os *mando*
12.14 y allí harás todo lo que yo te *mando*
12.21 podrás matar. .como te he *mandado* yo, y
12.28 escucha. .estas palabras que yo te *mando*
12.32 cuidarás de hacer. .lo que yo te *mando*
13.5 por el cual Jehová. .*mandó* que anduvieses
13.18 sus mandamientos que yo te *mando* hoy
15.11 yo te *mando*, diciendo: Abrirás tu mano
15.15 te rescató; por tanto yo te *mando* esto
18.18 les hablará todo lo que yo le *mandare*
18.20 a quien yo no le haya *mandado* hablar
19.7 por tanto yo te *mando*. .Separarás tres
20.17 los destruirás. .tu Dios te ha *mandado*
24.8 según yo les he *mandado*, así cuidaréis
24.18,22 por tanto, yo te *mando* que hagas
26.13,14 conforme a. .lo que me has *mandado*
26.16 te *manda*. .que cumplas estos estatutos
27.4 levantarás. .piedras que yo os *mando* hoy
27.11 y *mandó* Moisés al pueblo en aquel día
28.14 todas las palabras que yo te *mando* hoy
28.45 guardar. .sus estatutos, que él te *mandó*
29.1 las palabras. .que Jehová *mandó* a Moisés
30.2 y obedecieres a. .lo que yo te *mando* hoy
30.16 yo te *mando* hoy que ames a Jehová tu
31.5 haréis con ellos. .lo que os he *mandado*
31.10 les *mandó* Moisés, diciendo: Al fin de
31.29 os apartaréis del camino. .he *mandado*
32.46 para que las *mandéis* a vuestros hijos
34.9 e hicieron como Jehová *mandó* a Moisés
Jos. 1.7 la ley que mi siervo Moisés te *mandó*
1.9 mira que te *mando* que te esfuerces y seas
1.10 Josué *mandó* a los oficiales del pueblo
1.11 *mandad* al pueblo, diciendo: Preparaos
1.13 la palabra que Moisés. .*mandó* diciendo
1.16 haremos. .las cosas que nos has *mandado*
1.16 e iremos adondequiera que nos *mandes*
1.18 no obedeciere. .las cosas que le *mandes*
3.3 y *mandaron* al pueblo, diciendo: Cuando
3.8 *mandarás* a los sacerdotes que llevan el
4.3 *mandadles*, diciendo: Tomad. .del Jordán
4.8 Israel lo hicieron. .como Josué les *mandó*
4.10 lo que Jehová había *mandado* a Josué que
4.10 cosas que Moisés había *mandado* a Josué
4.16 *manda* a. .sacerdotes que llevan el arca
4.17 Josué *mandó* a los sacerdotes. .Subid del
6.10 Josué *mandó* al pueblo. .no gritaréis, ni
7.11 quebrantado mi pacto que yo les *mandé*
8.4 y les *mandó*, diciendo: Atended, pondréis
8.8 conforme a. .mirad que os lo he *mandado*
8.27 palabra de Jehová que le había *mandado*
8.29 *mandó* Josué que quitasen del madero su
8.31 como Moisés. .lo había *mandado* a. .Israel
8.33 que Moisés, siervo de. .lo había *mandado*
8.35 todo cuanto *mandó* Moisés. .hiciese leer
9.24 Dios había *mandado* a Moisés su siervo
10.27 *mandó* Josué que los quitasen de los
10.40 mató, como Jehová. .se lo había *mandado*
11.9 con ellos como Jehová le había *mandado*
11.12 como Moisés siervo. .lo había *mandado*
11.15,20 Jehová lo había *mandado* a Moisés
11.15 Moisés lo *mandó* a Josué; y así Josué
11.15 lo que Jehová había *mandado* a Moisés
13.6 repartirás. .por suerte. .te he *mandado*
14.2 como Jehová había *mandado* a Moisés que
14.5 Jehová lo había *mandado* a Moisés, así lo
17.4 *mandó* a Moisés que nos diese heredad
18.8 *mandó* Josué a. .que iban para delinear
21.2 Jehová *mandó*. .nos fuesen dadas ciudades
21.8 dieron, pues. .como había *mandado* Jehová
22.2 guardado todo lo que Moisés. .os *mandó*
22.2 habéis obedecido. .lo que os he *mandado*
23.16 el pacto de. .Dios que él os ha *mandado*
Jue. 4.6 dijo: ¿No te ha *mandado* Jehová Dios
13.14 no beberá vino. .todo lo que le *mandé*
21.10 y les *mandaron*, diciendo: Id y herid
21.20 *mandaron* a. .Benjamín, diciendo: Id, y
Rt. 2.9 *mandado* a los criados. .no te molesten
2.15 Booz *mandó* a sus. .diciendo: Que recoja
3.5 respondió: Haré todo lo que tú me *mandes*
3.6 hizo. .lo que su suegra le había *mandado*
1 S. 2.29 mis ofrendas, que yo *mandé* ofrecer en
13.14 no has guardado lo que Jehová te *mandó*
17.20 se fue con. .como Isaí le había *mandado*
18.22 y *mandó* Saúl a sus siervos: Hablad en
20.29 dejes ir. .mi hermano me lo ha *mandado*
2 S. 5.25 así, como Jehová se lo había *mandado*
7.7 a quien haya *mandado* apacentar a. .Israel
9.11 ha *mandado* mi señor. .lo hará tu siervo
11.19 *mandó* al mensajero, diciendo: Cuando
13.28 y no temáis, pues yo os lo he *mandado*
13.29 los criados. .Absalón les había *mandado*
14.19 Joab, él me *mandó*, y él puso en boca de
14.29 *mandó* Absalón por Joab, para enviarlo
18.5 el rey *mandó* a Joab, a Abisai y a Itai
18.12 el rey te *mandó*. .diciendo: Mirad que
21.14 e hicieron todo lo que. .había *mandado*
24.19 subió David. .habiá *mandado* Jehová
1 R. 2.46 el rey *mandó* a Benaía. .el cual salió
5.6 *manda*. .que me corten cedros del Líbano
5.8 he oído lo que me *mandaste* a decir; yo
5.17 y *mandó* el rey que trajesen piedras
8.44 batalla. .por el camino que tú les *mandes*
8.58 los cuales *mandó* a nuestros padres
9.4 haciendo. .cosas que yo te he *mandado*, y
11.10 y le había *mandado*. .que no siguiese a
11.10 mas él no guardó lo que le *mandó* Jehová
11.11 no has guardado mi pacto. .yo te *mandé*
11.38 oído a todas las cosas que te *mandare*
12.12 vino. .según el rey lo había *mandado*
15.5 cosa que le *mandase* se había apartado
17.4 yo he *mandado* a los cuervos que te den
20.9 haré todo lo que *mandaste* a tu siervo
21.11 los. .hicieron como Jezabel les *mandó*
22.31 había *mandado* a sus 32 capitanes de
2 R. 5.13 si el. .te *mandara* alguna gran cosa
5.24 luego *mandó* a los hombres. .se fuesen
10.5 tuyos. .haremos todo lo que nos *mandes*
11.5 *mandó* diciendo: Esto es lo que habéis
11.9 hicieron todo como. .Joiada les *mandó*
11.15 Joiada *mandó* a los jefes de centenas
14.6 Jehová *mandó*. .No matarán a los padres
16.15 *mandó* el rey Acaz al sacerdote Urías
16.16 hizo. .cosas que el rey Acaz le *mandó*
17.15 les había *mandado* que no hiciesen a la
17.27 rey de Asiria *mandó*, diciendo: Llevad
17.35 les *mandó* diciendo: No temeréis a otros
18.12 las cosas que Moisés. .había *mandado*
21.8 hagan. .las cosas que yo les he *mandado*
21.8 la ley que mi siervo Moisés les *mandó*
23.1 rey *mandó* reunir. .a todos los ancianos
23.4 *mandó* el rey al sumo sacerdote Hilcías
23.21 *mandó* el rey a todo. .Haced la pascua
1 Cr. 6.49 todo lo que Moisés. .había *mandado*
14.16 hizo, pues, David como Dios le *mandó*
15.15 el arca. .como lo había *mandado* Moisés
16.15 de la palabra que él *mandó* para mil
17.6 los cuales *mandé* que apacentasen a mi
19.5 el rey *mandó* que les dijeran: Estaos en
22.2 *mandó*. .que se reuniese a los extranjeros
22.6 y le *mandó* que edificase casa a Jehová
22.13 y decretos que Jehová *mandó* a Moisés
22.17 *mandó* David. .que ayudasen a Salomon
24.19 que le había *mandado* Jehová el Dios de
2 Cr. 7.13 *mandare* a la langosta que consuma
7.17 hicieres. .las cosas que yo te he *mandado*
8.10 los cuales *mandaban* sobre aquella gente
8.14 lo había *mandado* David, varón de Dios
10.12 vino. .según el rey les había *mandado*
14.4 y *mandó* a Judá que buscase a Jehová el
18.30 *mandado* a los capitanes de los carros
19.9 les *mandó* diciendo: Procederéis asimismo
23.8 hicieron todo como lo había *mandado* el
23.14 Joiada *mandó* que salieran los jefes de
23.14 había *mandado* que no la matasen en la
24.8 *mandó*. .el rey que hiciesen un arca, la
25.4 Jehová *mandó*. .No morirán los padres por
29.24 *mandó* el rey hacer el holocausto y la
29.27 entonces *mandó* Ezequías sacrificar el
30.6 cartas de. .como el rey lo había *mandado*
31.4 *mandó*. .que diese la porción a. .levitas
31.11 *mandó* Ezequías que preparasen cámaras
33.8 hagan. .las cosas que yo les he *mandado*
33.16 y *mandó* a Judá que sirviesen a Jehová
34.20 y *mandó* a Hilcías y a Ahicam hijo de
36.23 él me ha *mandado* que le edifique casa
Esd. 1.2 me ha *mandado* que le edifique casa en
4.3 como. .*mandó* el rey Ciro, rey de Persia
7.23 lo que es *mandado* por el Dios del cielo
Neh. 5.14 desde el día que me *mandó* el rey que
7.2 *mandé* a mi hermano Hanani, y a Hananías
8.14 ley que Jehová había *mandado* por mano
13.5 estaba *mandado* dar a los levitas, a los
Est. 1.8 porque así lo había *mandado* el rey a
1.10 *mandó* a Mehumán, Bizta, Harbona, Bigta
1.17 rey Asuero *mandó* traer. .la reina Vasti
2.10 porque Mardoqueo le había *mandado* que
2.20 Ester, según le había *mandado* Mardoqueo
3.2 se inclinaban. .lo había *mandado* el rey
3.12 fue escrito conforme. .lo que *mandó* Amán
4.5 lo *mandó* a Mardoqueo, con orden de saber
4.17 Mardoqueo. .hizo. .lo que le *mandó* Ester
5.8 haré conforme a lo que el rey ha *mandado*
8.9 se escribió. .todo lo que *mandó* Mardoqueo
9.14 *mandó* el rey que se hiciese así. Se dio
Job 9.7 él *manda* al sol, y no sale; y sella las
36.32 y le *manda* no brillar, interponiendo
37.12 para hacer sobre. .lo que él les *mande*
38.12 ¿has *mandado*. .a la mañana en tus días?
Sal. 7.6 en favor mío el juicio que *mandaste*
33.9 dijo, y fue hecho; él *mandó*, y existió
42.8 de día *mandará* Jehová su misericordia
44.4 tú. .eres mi rey; *manda* salvación a Jacob
78.5 puso ley. .cual *mandó* a nuestros padres
78.23 *mandó* a las nubes de arriba, y abrió
91.11 sus ángeles *mandará* acerca de ti, que
105.8 la palabra que *mandó*. .mil generaciones
148.5 porque él *mandó*, y fueron creados
Is. 5.6 aun a las nubes *mandaré* que no derramen
10.6 le *mandaré* contra una nación pérfida
13.3 *mandé* a mis consagrados, asimismo llamé
23.11 Jehová *mandó* respecto a Canaán, que sus
34.16 porque su boca *mandó*, y los reunió su
36.21 el rey así lo había *mandado*, diciendo
45.11 *mandadme* acerca de mis hijos, y acerca
45.12 los cielos, y a todo su ejército *mandé*
48.5 mi ídolo lo hizo. .*mandaron* estas cosas
Jer. 1.7 irás tú, y dirás todo lo que te *mande*
1.17 háblales todo cuanto te *mande;* no temas
7.22 ni nada les *mandé* acerca de holocaustos
7.23 les *mandé*, diciendo: Escuchad mi voz
7.23 andad en todo camino que os *mande*, para
7.31 yo no les *mandé*, ni subió en mi corazón
11.4 el cual *mandé* a vuestros padres el día
11.4 conforme a todo lo que os *mando;* y me
11.8 pacto, el cual *mandé* que cumpliesen, y
13.5 fui. .lo escondí. .como Jehová me *mandó*
13.6 toma. .el cinto que te *mandé* esconder
14.14 no los envié, ni les *mandé*, ni. .hablé
17.22 santificad. .día de reposo, como *mandé*
19.5 cosa que no les *mandé*, ni hablé, ni me
23.32 yo no los envié ni les *mandé;* y ningún
26.2 habla a. .las palabras que yo te *mandé*
26.8 todo lo que Jehová le había *mandado* que
27.4 y les *mandarás* que digan a sus señores
29.23 hablaron en. .palabra que no les *mandé*
32.23 nada hicieron de lo que les *mandaste*
32.35 lo cual no les *mandé*, ni me vino al
34.22 *mandaré* yo, dice Jehová. .haré volver
35.8 hemos obedecido. .cosas que nos *mandó*
35.10 conforme a. .las cosas que nos *mandó*
35.14 de Jonadab. .el cual *mandó* a sus hijos
35.18 e hicisteis conforme a. .que os *mandó*
36.5 *mandó* Jeremías a Baruc. .A mí se me ha
36.8 todas las cosas que le *mandó* Jeremías
36.26 *mandó* el rey. .que prendiesen a Baruc
38.10 *mandó* el rey al. .etíope, Ebed-melec
38.27 a todo lo que el rey le había *mandado*
50.21 haz conforme a. .que yo te he *mandado*
Lm. 1.10 las cuales *mandaste* que no entrasen
2.17 la cual él había *mandado* desde tiempo
3.37 que sucedió algo que el Señor no *mandó?*
Ez. 9.11 hecho conforme a. .lo que me *mandaste*
10.6 que al *mandar* al varón vestido de lino
12.7 yo hice así como me fue *mandado;* saqué
24.18 a la mañana hice como me fue *mandado*
37.7 profeticé. .como me fue *mandado;* y hubo
37.10 y profeticé como me había *mandado*, y
Dn. 2.12 *mandó*. .que matasen a todos los sabios
2.46 rey. .*mandó* que le ofreciesen presentes
3.4 *mándase* a vosotros, oh pueblos, naciones
3.20 y *mandó* a hombres. .que atasen a Sadrac
4.6 por esto *mandé* que vinieran. .los sabios
5.2 *mandó* que trajesen los vasos de oro y de
5.29 entonces *mandó* Belsasar vestir a Daniel
6.16 el rey *mandó*, y trajeron a Daniel, y le
6.23 y *mandó* sacar a Daniel del foso; y fue
Am. 2.12 y a los profetas *mandasteis* diciendo
6.11 Jehová *mandará*, y herirá con hendiduras
9.3 allí *mandaré* a la serpiente y los morderá
9.4 fueren en cautiverio. .*mandaré* la espada
9.9 yo *mandaré* y haré que la casa de Israel
Jon. 2.10 y *mandó* Jehová al pez, y vomitó a
Nah. 1.14 *mandará* Jehová. .no quede ni memoria
2.7 la reina será cautiva; *mandarán* que suba
Zac. 1.6 mis ordenanzas que *mandé* a mis siervos
3.4 y *mandó* a los que estaban delante de él
Mt. 1.24 hizo como el ángel. .le había *mandado*
2.16 Herodes. .*mandó* matar a todos los niños
4.6 sus ángeles *mandará* acerca de ti, y, En
8.18 mucha gente, *mandó* pasar al otro lado
14.9 entonces el rey. .*mandó* que se la diesen
14.19 *mandó* a la gente recostarse sobre la
14.28 Señor, si eres tú, *manda* que yo vaya a
15.4 Dios *mandó*, diciendo: Honra a tu padre
15.35 *mandó* a la multitud que se recostase
16.20 *mandó*. .discípulos que a nadie dijesen
17.9 Jesús les *mandó*, diciendo: No digáis a
19.7 ¿por qué, pues, *mandó* Moisés dar carta
21.6 fueron, e hicieron como Jesús les *mandó*
26.19 como Jesús les *mandó*, y prepararon la
27.19 le *mandó* decir: No tengas nada que ver
27.58 Pilato *mandó* que se le diese el cuerpo
27.64 *manda*, pues, que se asegure el sepulcro
28.20 todas las cosas que os he *mandado;* y
Mr. 1.27 *manda* aun a los espíritus inmundos, y
1.44 por tu purificación lo que Moisés *mandó*
5.43 él les *mandó* mucho que nadie lo supiese
6.8 les *mandó* que no llevasen nada para el
6.27 rey. .*mandó* que fuese traída la cabeza
6.39 les *mandó* que hiciesen recostar a todos
7.36 y les *mandó* que no lo dijesen a nadie
7.36 más. .*mandaba*. .más y más lo divulgaban
8.6 *mandó* a la multitud que se recostase en
8.7 *mandó* que también los pusiesen delante
8.15 *mandó*, diciendo: Mirad, guardaos de la
8.30 él les *mandó* que no dijesen esto de él
9.9 *mandó* que a nadie dijesen lo que habían
9.25 *mando*, sal de él, y no entres más en él
10.3 él, respondiendo. .¿Qué os *mandó* Moisés?
10.49 Jesús. .*mandó* llamarle; y llamaron al
11.6 dijeron como Jesús había *mandado;* y los
13.34 su obra, y al portero *mandó* que velase
Lc. 4.10 sus ángeles *mandará* acerca de ti, que
4.36 *manda* a los espíritus inmundos, y salen?
5.14 y él le *mandó* que no lo dijese a nadie
5.14 según *mandó* Moisés, para testimonio a
8.25 aun. .a las aguas *manda*, y le obedecen?
8.29 porque *mandaba* al espíritu inmundo que
8.31 rogaban que no los *mandase* ir al abismo
8.55 y él *mandó* que se le diese de comer

MANDAR *(Continúa)*
Lc. 8.56; 9.21 les *mandó* que a nadie dijesen
9.54 *mandemos* que descienda fuego del cielo
14.22 se ha hecho como *mandaste,* y aún hay
17.9 porque hizo lo que se le había *mandado?*
18.40 Jesús. .*mandó* traerle a su presencia
Jn. 8.5 *mandó* Moisés apedrear a tales mujeres
14.31 mas. .como el Padre me *mandó,* así hago
15.14 amigos, si hacéis lo que yo os *mando*
15.17 os *mando:* Que os améis unos a otros
Hch. 1.4 *mandó* que no se fueran de Jerusalén
5.28 ¿no os *mandamos*. .que no enseñaseis en
5.34 *mandó* que sacasen fuera. .los apóstoles
8.38 y *mandó* parar el carro; y descendieron
10.33 para oír todo lo que Dios te ha *mandado*
10.42 nos *mandó* que predicásemos al pueblo
10.48 y *mandó* bautizarles en el nombre del
13.15 los principales de. .*mandaron* a decirles
13.47 así nos ha *mandado* el Señor, diciendo
15.5 *mandarles* que guarden la ley de Moisés
15.24 *mandando* circuncidaros y guardar la ley
16.18 te *mando* en el nombre de Jesucristo
16.23 *mandando* al carcelero. .los guardase
16.36 los magistrados han *mandado* a decir
17.30 *manda* a todos los hombres en todo lugar
18.2 Claudio había *mandado*. .judíos saliesen
21.33 prendió y le *mandó* atar con 2 cadenas
21.34 como. .le *mandó* llevar a la fortaleza
22.24 *mandó* el tribuno que le metiesen en la
22.30 *mandó* venir a los. .y sacando a Pablo
23.3 quebrantando la ley me *mandas* golpear?
23.10 tribuno. .*mandó* que bajasen soldados y
23.22 *mandándole* que a nadie dijese que le
23.23 *mandó* que preparasen. .200 soldados, 70
23.35 *mandó*. .le custodiasen en el pretorio
24.8 *mandando* a sus acusadores que viniesen
24.23 *mandó*. .que se custodiase a Pablo, pero
25.6 se sentó. .y *mandó* que fuese traído Pablo
25.17 al día siguiente. .*mandé* traer al hombre
25.21 *mandé* que le custodiasen hasta que le
27.43 y *mandó* que los que pudiesen nadar se
1 Co. 7.10 *mando*. .Que la mujer no se separe del
2 Co. 4.6 Dios, que *mandó* que de las tinieblas
8.8 no hablo como quien *manda,* sino para
1 Ts. 4.11 de la manera que os hemos *mandado*
2 Ts. 3.4 que hacéis. .lo que os hemos *mandado*
3.12 *mandamos*. .que trabajando sosegadamente
1 Ti. 1.3 que *mandases* a algunos que no enseñen
4.3 *mandarán* abstenerse de alimentos que Dios
4.11 esto *manda* y enseña
5.7 *manda* también estas cosas, para que sean
6.13 te *mando* delante de Dios, que da vida a
6.17 a los ricos. .*manda* que no sean altivos
Tit. 1.5 en cada ciudad, así como yo te *mandé*
Flm. 8 libertad. .para *mandarte* lo que conviene
He. 9.20 sangre del pacto que. .os ha *mandado*
1 Jn. 3.23 nos amemos. .como nos lo ha *mandado*
Ap. 9.4 les *mandó* que no dañasen a la hierba
13.14 *mandando*. .le hagan imagen a la bestia

MANDATO
Nm. 4.41 los cuales contaron. .por *m* de Jehová
9.18 al *m* de Jehová los. .de Israel partían
9.18 y al *m* de Jehová acampaban; todos los
9.20,23 al *m* de Jehová acampaban, y al *m* de
10.13 partieron. .al *m* de Jehová por medio de
27.14 rebeldes a mi *m* en el desierto de Zin
33.2 escribió sus salidas. .por *m* de Jehová
36.5 Moisés mandó a. .Israel por *m* de Jehová
Dt. 1.26,43; 9.23 fuisteis rebeldes al *m* de
33.21 con Israel ejecutó los *m* y los justos
Jos. 21.3 dieron de. .conforme al *m* de Jehová
22.9 conforme al *m* de Jehová por conducto de
2 S. 13.32 por *m* de Absalón esto había sido
1 R. 13.21 has sido rebelde al *m* de Jehová, y
13.26 varón. .que fue rebelde al *m* de Jehová
18.36 que por *m* tuyo he hecho. .estas cosas
2 R. 24.3 vino esto contra Judá por *m* de Jehová
2 Cr. 24.21 por *m* del rey lo apedrearon hasta
Esd. 6.14 edificaron. .por *m* de Ciro, de Darío
Est. 3.15 salieron los correos. .por *m* del rey
Sal. 119.148 la noche, para meditar en tus *m*
Is. 28.10,13 *m* sobre *m,* renglón tras renglón
Jon. 3.7 hizo proclamar y anunciar. .*m* del rey
Hag. 1.13 por *m* de Jehová al pueblo, diciendo
Hch. 16.24 este *m,* los metió en el calabozo
25.23 día. .por *m* de Festo fue traído Pablo
1 Ti. 1.1 Pablo, apóstol. .por *m* de Dios nuestro
Tit. 1.3 que me fue encomendada por *m* de Dios

MANDO
Gn. 36.30 jefes de los horeos, por sus *m* en la
Nm. 33.1 salieron de la. .bajo el *m* de Moisés
Dt. 20.9 tomarán el *m* a la cabeza del pueblo
Jue. 4.10 y subió con diez mil hombres a su *m*
5.14 y de Zabulón los que tenían vara de *m*
2 S. 18.2 bajo el *m* de Joab. .el *m* de Abisai
18.2 y una tercera parte al *m* de Itai geteo
1 Ts. 4.16 el Señor mismo con voz de *m,* con

MANDRÁGORA
Gn. 30.14 y halló *m* en el campo, y las trajo a
30.14 te ruego que me des de las *m* de tu hijo
30.15 sino que. .te has de llevar las *m* de
30.15 dormirá contigo esta noche por las *m*
30.16 te he alquilado por las *m* de mi hijo
Cnt. 7.13 las *m* han dado olor, y a nuestras

MANECILLA
Cnt. 5.5 mirra. .corría sobre la *m* del cerrojo

MANEJAR
2 R. 3.26 tomó. .hombres que *manejaban* espada
Est. 3.9 de plata a los que *manejan* la hacienda
Jer. 50.42 arco y lanza *manejarán*. .crueles, y no
Am. 2.15 el que *maneja* el arco no resistirá, ni
Col. 2.21 tales como: No *manejes,* ni gustes, ni

MANEJO
2 R. 22.7 del dinero cuyo *m* se les confiare

MANERA
Dt. 12.30 la *m* que servían aquellas naciones
15.2 esta es la *m* de la remisión: perdonará
Jue. 13.12 ¿cómo debe ser la *m* de vivir. .niño
1 S. 21.13 cambió su *m* de comportarse delante
1 R. 22.21 yo le. .Y Jehová le dijo: ¿De qué *m?*
Job 33.14 en una o en dos *m* habla Dios; pero el
Pr. 22.25 no sea que aprendas sus *m,* y tomes
Ec. 9.2 todo acontece de la misma *m* a todos
Mt. 16.22 Señor. .en ninguna *m* esto te acontezca
24.24 tal *m* que engañarán, si fuere posible
Mr. 14.70 tu *m* de hablar es semejante a la de
Ro. 3.4 ninguna *m;* antes bien sea Dios veraz
3.6 ninguna *m;* de otro modo, ¿cómo juzgaría
3.9 ¿somos. .mejores que ellos? En ninguna *m*
3.31 ninguna *m,* sino que confirmamos la ley
6.15 ¿pecaremos. .bajo la gracia? En ninguna *m*
7.7 ¿la ley es pecado? En ninguna *m.* Pero yo
7.13 en ninguna *m;* sino que el pecado, para
9.14 hay injusticia en Dios? En ninguna *m*
11.1 ¿ha desechado Dios a su. .En ninguna *m*
11.11 ¿han tropezado los de. .En ninguna *m*
1 Ti. 5.25 y las que son de otra *m,* no pueden
He. 1.1 Dios, habiendo hablado. .y de muchas *m*
1 P. 1.15 santos en toda vuestra *m* de vivir
1.18 rescatados de vuestra vana *m* de vivir
2.12 manteniendo buena. .*m* de vivir entre los
2 P. 3.11 andar en santa y piadosa *m* de vivir

MANIFESTACIÓN
Lc. 1.80 estuvo. .hasta el día de su *m* a Israel
Ro. 8.19 el aguardar la *m* de los hijos de Dios
1 Co. 1.7 don, esperando la *m* de nuestro Señor
12.7 a cada uno le es dada la *m* del Espíritu
2 Co. 4.2 por la *m* de la verdad recomendándonos
2 Ti. 4.1 juzgará a los vivos y a los. .en su *m*
Tit. 2.13 la *m* gloriosa de nuestro gran Dios y

MANIFESTAR
Gn. 46.29 se *manifestó* a él, y se echó sobre
Nm. 17.4 donde yo me *manifestaré* a vosotros
Dt. 17.10 hacer según. .lo que te *manifiesten*
Jue. 13.25 el Espíritu. .comenzó a *manifestarse*
1 S. 2.27 ¿no me *manifesté* yo claramente a la
3.18 Samuel se lo *manifestó*. .sin encubrirle
3.21 Jehová se *manifestó* a Samuel en Silo
1 Cr. 19.2 *manifestaré* misericordia con Hanún
Job 28.27 entonces la veía él, y la *manifestaba*
Sal. 71.17 ahora he *manifestado* tus maravillas
111.6 el poder de sus. .*manifestó* a su pueblo
119.26 te he *manifestado* mis caminos, y me
142.2 delante de él *manifestaré* mi angustia
147.19 ha *manifestado* sus palabras a Jacob
Pr. 13.16 mas el necio *manifestará* necedad
Is. 40.5 y se *manifestará* la gloria de Jehová
53.1 sobre quién se ha *manifestado* el brazo
56.1 cercana. .mi justicia para *manifestarse*
Jer. 13.26 tu. .y se *manifestará* tu ignominia
31.3 se *manifestó* a mí hace ya mucho tiempo
Ez. 16.36 tu confusión ha sido *manifestada* a
21.24 *manifestando* vuestras traiciones, y
Mal. 3.2 estar en pie cuando él se *manifieste?*
Mt. 10.26; Mr. 4.22 no haya de ser *manifestado*
Lc. 2.15 esto. .que el Señor nos ha *manifestado*
8.17 oculto, que no haya de ser *manifestado*
17.30 que el Hijo del Hombre se *manifieste*
19.11 reino. .se *manifestaría* inmediatamente
Jn. 1.31 para que fuese *manifestado* a Israel
2.11 y *manifestó* su gloria; y sus discípulos
7.4 si estas cosas haces, *manifiéstate* al
9.3 las obras de Dios se *manifiesten* en él
11.57 que si alguno supiese. .lo *manifestase*
14.21 y yo le amaré, y me *manifestaré* a él
14.22 que te *manifestarás* a nosotros, y no
17.6 he *manifestado* tu nombre a los hombres
21.1 se *manifestó* otra vez a sus discípulos
21.1 otra vez. .se *manifestó* de esta manera
21.14 Jesús se *manifestaba* a sus discípulos
Hch. 7.13 fue *manifestado* a Faraón el linaje
10.40 tercer día, e hizo que se *manifestase*
Ro. 1.19 es manifiesto. .Dios se lo *manifestó*
3.21 se ha *manifestado* la justicia de Dios
3.25 para *manifestar* su justicia, a causa de
3.26 con la mira de *manifestar*. .su justicia
8.18 gloria. .en nosotros ha de *manifestarse*
10.20 me *manifesté* a los que no preguntaban
16.26 pero que ha sido *manifestado* ahora, y
1 Co. 4.5 y *manifestará* las intenciones de los
2 Co. 2.14 *manifiesta* en todo lugar el olor de
4.10,11 la vida de Jesús se *manifieste* en
Ef. 5.13 porque la luz es lo que *manifiesta*
Col. 1.26 que. .ha sido *manifestado* a sus santos
3.4 Cristo, vuestra vida, se *manifieste*
3.4 vosotros. .seréis *manifestados* con él en
4.4 para que lo *manifieste* como debo hablar
2 Ts. 1.7 cuando se *manifieste* el Señor Jesús
2.3 sin que. .se *manifieste* el hombre de pecado
2.6 de que a su debido tiempo se *manifieste*
2.8 se *manifestará* aquel inicuo, a quien el
1 Ti. 3.16 de la piedad: Dios fue *manifestado*
2 Ti. 1.10 que ahora ha sido *manifestada* por
Tit. 1.3 su debido tiempo *manifestó* su palabra
2.11 la gracia de Dios se ha *manifestado* para
3.4 cuando se *manifestó* la bondad de Dios
He. 9.8 no se había *manifestado* el camino al
1 P. 1.5 ser *manifestada* en el tiempo postrero
1.7 honra cuando sea *manifestado* Jesucristo
1.13 traerá cuando Jesucristo sea *manifestado*
1.20 *manifestado* en los postreros tiempos
1 Jn. 1.2 porque la vida fue *manifestada,* y la
1.2 estaba con el Padre, y se nos *manifestó*
2.19 que se *manifestase* que no todos son de
2.28 para que cuando se *manifieste,* tengamos
3.2 no se ha *manifestado* lo que hemos de ser
3.2 pero sabemos que cuando él se *manifieste*
3.10 esto se *manifiestan* los hijos de Dios
Ap. 1.1 la revelación. .para *manifestar* a sus
15.4 porque tus juicios se han *manifestado*

MANIFIESTO, TA
1 R. 18.36 sea hoy *m* que tú eres Dios en Israel
Pr. 27.5 mejor es reprensión *m* que amor oculto
Jn. 3.21 sea *m* que sus obras son hechas en Dios
Hch. 2.20 antes que venga el día. .grande y *m*
4.16 cierto, señal *m* ha sido hecha por ellos
Ro. 1.19 lo que de Dios se conoce les es *m*
1 Co. 3.13 obra de cada uno se hará *m;* porque
11.19 que se hagan *m*. .los que son aprobados
14.25 lo oculto de su corazón se hace *m;* y
2 Co. 3.3 *m* que sois carta de Cristo expedida
5.11 a Dios le es *m* lo que somos; y espero
7.12 que se os hiciese *m* nuestra solicitud
Gá. 5.19 *m* son las obras de la carne, que son
Ef. 5.13 las cosas. .por la luz, son hechas *m*
1 Ti. 4.15 para que tu aprovechamiento sea *m*
5.25 asimismo se hacen *m* las buenas obras
2 Ti. 3.9 porque su insensatez será *m* a todos
He. 4.13 no hay cosa creada que no sea *m* en su
7.14 porque *m* es que nuestro Señor vino de
7.15 esto es aun más *m,* si a semejanza de

MANILLA
Nm. 31.50 hemos ofrecido a Jehová. .*m,* anillos

MANIOBRAR
2 S. 2.14 y *maniobren* delante de nosotros

MANJAR
Gn. 40.17 toda clase de *m* de pastelería para
Pr. 23.3 no codicies sus *m* delicados, porque
23.6 no comas pan con el. .ni codicies sus *m*
Is. 25.6 banquete de *m* suculentos, banquete de
Dn. 10.3 no comí *m* delicado, ni entró en. .boca
11.26 los que coman de sus *m* le quebrantarán

MANO
Gn. 3.22 que no alargue su *m,* y tome también
4.11 recibir de tu *m* la sangre de tu hermano
5.29 nos aliviará de. .trabajo de nuestras *m*
8.9 extendió su *m* y. .la hizo entrar consigo
9.2 todo animal. .en vuestra *m* son entregados
9.5 de *m* de todo animal. .y de *m* del hombre
9.5 de *m* del varón su. .demandaré la vida del
13.9 si fueres a la *m* izquierda, yo iré a la
14.20 el Dios. .entregó tus enemigos en tu *m*
14.22 he alzado mi *m* a Jehová Dios Altísimo
16.6 tu sierva está en tu *m;* haz con ella lo
16.9 vuélvete a tu. .y ponte sumisa bajo su *m*
16.12 *m* será contra todos, y la *m* de todos
19.10 los varones alargaron la *m,* y metieron
19.16 varones asieron de su *m,* y de la *m* de
19.16 y de las *m* de sus dos hijas, según la
20.5 y con limpieza de mis *m* he hecho esto
21.18 alza al muchacho, y sostenlo con tu *m*
21.30 estas siete corderas tomarás de mi *m*
22.6 él tomó en su *m* el fuego y el cuchillo
22.10 extendió Abraham su *m*. .para degollar
22.12 no extiendas tu *m* sobre el muchacho
24.2 dijo. .Pon ahora tu *m* debajo de mi muslo
24.9 el criado puso su *m* debajo del muslo de
24.18 prisa a bajar su cántaro sobre su *m*
24.30 vio el pendiente. .las *m* de su hermana
25.26 trabada su *m* al calcañar de Esaú; y fue
27.16 cubrió sus *m* y la parte de su cuello
27.17 y entregó los guisados. .en *m* de Jacob
27.22 voz de Jacob, pero las *m,* las *m* de Esaú
27.23 sus *m* eran vellosas como las *m* de Esaú
30.35 ovejas, y las puso en *m* de sus hijos

MANO *(Continúa)*

Gn. 31.29 poder hay en mi *m* para haceros mal
31.42 me enviarías ahora con las *m* vacías
31.42 pero Dios vio. .y el trabajo de mis *m*
32.11 líbrame ahora de la *m* de. .la *m* de Esaú
32.13 de lo que le vino a la *m* un presente
33.19 compró una. .de *m* de los hijos de Hamor
37.21 Rubén oyó esto, lo libró de sus *m*, y
37.22 echadlo en esta. .y no pongáis *m* en él
37.22 por librarlo así de sus *m*, para hacerlo
37.27 no sea nuestra *m* sobre él; porque él
38.18 tu sello. .tu báculo que tienes en tu *m*
38.28 sacó la *m* el uno, y la partera tomó y
38.28 partera. .ató a su *m* un hilo de grana
38.29 pero volviendo él a meter la *m*, he aquí
38.30 el que tenía en su *m* el hilo de grana
39.3 todo. .Jehová lo hacía prosperar en su *m*
39.6 y dejó todo lo que tenía en *m* de José
39.8 y ha puesto en mi *m* todo lo que tiene
39.12 dejó su ropa en las *m* de ella, y huyó
39.13 que le había dejado su ropa en sus *m*
39.22 jefe. .entregó en *m* de José el cuidado
40.11 que la copa de Faraón estaba en mi *m*
40.11 uvas. .y daba yo la copa en *m* de Faraón
40.13 darás la copa a Faraón en su *m*, como
40.21 hizo. .y dio éste la copa en *m* de Faraón
41.35 recojan el trigo bajo la *m* de Faraón
41.42 anillo de su *m*. .lo puso en la *m* de José
41.44 sin ti ninguno alzará su *m* ni su pie
43.12 tomad en vuestras *m* doble cantidad de
43.12 llevad en vuestra *m* el dinero vuelto
43.15 y tomaron en su *m* doble cantidad de
43.22 traído en nuestras *m* otro dinero para
43.26 ellos. .el presente que tenían en su *m*
46.4 contigo. .y la *m* de José cerrará tus ojos
47.29 te ruego que pongas tu *m* debajo de mi
48.14 extendió su *m* derecha, y. .*m* izquierda
48.14 de Manasés, colocando así sus *m* adrede
48.17 ponía la *m* derecha sobre la cabeza de
48.17 asió la *m*. .cambiarla de la cabeza de
48.18 éste. .pon tu *m* derecha sobre su cabeza
48.22 la cual tomé yo de *m* del amorreo con
49.8 Judá. .tu *m* en la cerviz de tus enemigos
49.24 los brazos de sus *m* se fortalecieron
49.24 por las *m* del Fuerte de Jacob (por el

Éx. 2.19 nos defendió de *m* de los pastores, y
3.8 y he descendido para librarlos de *m* de
3.19 rey. .no os dejará ir sino por *m* fuerte
3.20 yo extenderé mi *m*, y heriré a Egipto con
3.21 salgáis, no vayáis con las *m* vacías
4.2 Jehová. .¿Qué es eso que tienes en tu *m*?
4.4 extiende tu *m*. .y él extendió su *m*, y la
4.4 y la tomó, y se volvió vara en su *m*
4.6 mete. .tu *m* en tu seno. Y él metió la *m*
4.6 y cuando la sacó. .su *m* estaba leprosa
4.7 a meter tu *m*. Y él volvió a meter su *m*
4.17 tomarás en tu *m* esta vara, con la cual
4.20 tomó. .Moisés la vara de Dios en su *m*
4.21 las maravillas que he puesto en tu *m*
5.21 la espada en la *m* para que nos maten
6.1 porque con *m* fuerte los dejará ir, y con
6.1 y con *m* fuerte los echará de su tierra
6.8 la tierra por la cual alcé mi *m* jurando
7.4 yo pondré mi *m* sobre Egipto, y sacaré a
7.5 extienda mi *m* sobre Egipto, y saque a los
7.15 en tu *m* la vara que se volvió culebra
7.17 golpearé con la vara que tengo en mi *m*
7.19 vara, y extiende tu *m* sobre las aguas
8.5 extiende tu *m* con tu vara sobre los ríos
8.6 Aarón extendió su *m* sobre las aguas de
8.17 así; y Aarón extendió su *m* con su vara
9.3 la *m* de Jehová estará sobre tus ganados
9.15 extenderé mi *m* para herirte a ti y a tu
9.22 extiende tu *m* hacia el cielo, para que
9.29 extenderé mis *m*. .y los truenos cesarán
9.33 extendió sus *m* a Jehová, y cesaron los
10.12 extiende tu *m* sobre la tierra de Egipto
10.21 extiende tu *m* hacia el cielo, para que
10.22 y extendió Moisés su *m* hacia el cielo
12.11 comeréis. .vuestro bordón en vuestra *m*
13.3 Jehová os ha sacado de aquí con *m* fuerte
13.9,16 te será como una señal sobre tu *m*
13.9 con *m* fuerte te sacó Jehová de Egipto
13.14 le dirás: Jehová nos sacó con *m* fuerte
13.16 Jehová nos sacó de Egipto con *m* fuerte
14.8 de Israel habían salido con *m* poderosa
14.16 tu vara, y extiende tu *m* sobre el mar
14.21 y extendió Moisés su *m* sobre el mar, e
14.26 extiende tu *m* sobre el mar, para que
14.27 Moisés extendió su *m* sobre el mar, y
14.30 así salvó. .Israel de *m* de los egipcios
15.9 sacaré mi espada, los destruirá mi *m*
15.17 en el santuario que tus *m*, oh Jehová
15.20 María la. .tomó un pandero en su *m*, y
16.3 ojalá hubiéramos muerto por *m* de Jehová
17.5 y toma también en tu *m* tu vara con que
17.9 estaré sobre. .y la vara de Dios en mi *m*
17.11 alzaba Moisés su *m*, Israel prevalecía
17.11 cuando. .bajaba su *m*, prevalecía Amalec
17.12 y las *m* de Moisés se cansaban; por lo
17.12 Aarón y Hur sostenían sus *m*, el uno de
17.12 así hubo en sus *m* firmeza hasta que se
17.16 por cuanto la *m* de Amalec se levantó
18.9 al haberlo librado de *m* de los egipcios
18.10 os libró de *m*. .egipcios. .*m* de Faraón
18.10 libró al pueblo de la *m* de los egipcios
19.13 no lo tocará *m*, porque será apedreado
21.13 que no. .sino que Dios lo puso en sus *m*
21.16 o si fuere hallada en sus *m*, morirá
21.20 y muriere bajo su *m*, será castigado
21.24 diente por diente, *m* por *m*, pie por pie
22.4 si fuere hallado con el hurto en la *m*
22.8 si ha metido su *m* en los bienes de su
22.11 juramento. .no metió su *m* a los bienes
23.15 y ninguno se presentará. .las *m* vacías
23.31 pondré en tus *m* a los moradores de la
24.11 no extendió su *m* sobre los príncipes
29.10,15,19 pondrán sus *m* sobre la cabeza del
29.20 sobre el dedo pulgar de las *m* derechas
29.24 en las *m* de Aarón. .las *m* de sus hijos
29.25 lo tomarás de sus *m* y lo harás arder
29.33 para llenar sus *m* para consagrarlos
30.19 lavarán Aarón y sus. .las *m* y los pies
30.21 se lavarán las *m* y los pies, para que
32.4 tomó de las *m* de ellos, y le dio forma
32.11 pueblo, que tú sacaste. .con *m* fuerte?
32.15 en su *m* las dos tablas del testimonio
32.19 Moisés, y arrojó las tablas de sus *m*
33.22 y te cubriré con mi *m* hasta que haya
33.23 apartaré mi *m*, y verás mis espaldas
34.4 llevó en su *m* las dos tablas de piedra
34.20 ninguno se presentará. .con las *m* vacías
34.29 las dos tablas del testimonio en su *m*
35.25 mujeres sabias de. .hilaban con sus *m*
40.31 Aarón y sus hijos lavaban en ella. .*m*

Lv. 1.4 pondrá su *m*. .la cabeza del holocausto
3.2,8 su *m* sobre la cabeza de su ofrenda
3.13 pondrá su *m* sobre la cabeza de ella, y
4.4,15 pondrá. .*m* sobre la cabeza del becerro
4.24 pondrá su *m* sobre la cabeza del macho
4.29,33 su *m* sobre la cabeza de la ofrenda
6.2 negare. .lo encomendado o dejado en su *m*
7.30 sus *m* traerán las ofrendas que se han
8.14,18,22 pusieron sus *m* sobre la cabeza
8.23 sobre el dedo pulgar de su *m* derecha, y
8.24 sobre los pulgares de sus *m* derechas, y
8.27 las *m* de Aarón, y en las *m* de sus hijos
8.28 tomó aquellas cosas. .de las *m* de ellos
9.17 y llenó de ella su *m*, y la hizo quemar
9.22 alzó Aarón sus *m* hacia el pueblo y lo
14.14,17,25,28 el pulgar de su *m* derecha
14.15,26 sobre la palma de su *m* izquierda
14.16 dedo. .en el aceite que tiene en su *m*
14.17,18,27,28 del aceite que tiene en su *m*
14.29 que sobre el aceite que. .tiene en su *m*
15.11 tocare el. .y no lavare con agua sus *m*
16.21 pondrá Aarón sus dos *m* sobre la cabeza
16.21 por *m* de un hombre destinado para esto
21.19 tenga quebradura de pie o rotura de *m*
22.25 ni de *m* de extranjeros tomarás estos
24.14 los que le oyeron pongan sus *m* sobre
25.14 o compraréis de *m* de vuestro prójimo
26.25 y seréis entregados en *m* del enemigo
26.46 que estableció Jehová. .por *m* de Moisés

Nm. 5.18 mujer. .pondrá sobre sus *m* la ofrenda
5.18 el sacerdote tendrá en la *m* las aguas
5.25 tomará de la *m* de la mujer la ofrenda
6.19 y las pondrá sobre las *m* del nazareo
7.8 conforme a su ministerio bajo la *m* de
8.10 hijos de Israel sus *m* sobre los levitas
8.12 pondrán sus *m* sobre las cabezas de los
11.23 ¿acaso se ha acortado la *m* de Jehová?
14.30 alcé mi *m* y juré que os haría habitar
20.11 alzó Moisés su *m* y golpeó la peña con
20.20 salió Edom contra él con. .y *m* fuerte
21.2 si en. .entregares este pueblo en mi *m*
21.34 porque en tu *m* lo he entregado, a él
22.7 con las dádivas de adivinación en su *m*
22.23 vio al ángel. .con su espada. .en su *m*
22.29 al asna. .¡Ojalá tuviera espada en mi *m*
22.31 y tenía su espada desnuda en su *m*
24.7 *m* destilarán aguas, y su descendencia
24.10 batiendo sus *m* le dijo: Para maldecir
25.7 vio Finees. .y tomó una lanza en su *m*
27.18 toma a Josué. .y pondrás tu *m* sobre él
27.23 puso sobre él sus *m*, y le dio el cargo
27.23 Jehová había mandado por *m* de Moisés
31.6 y con las trompetas en su *m* para tocar
33.3 salieron los. .de Israel con *m* poderosa
35.17 y si con piedra en la *m*. .lo hiriere y
35.18 y si con instrumento de palo en la *m*
35.21 o por enemistad lo hirió con su *m*, y
35.25 librará al homicida de *m* del vengador

Dt. 1.25 y tomaron en sus *m* del fruto del país
1.27 para entregarnos en *m* del amorreo para
2.7 te ha bendecido en toda obra de tus *m*
2.15 la *m* de Jehová vino sobre ellos para
2.24 aquí he entregado en tu *m* a Sehón rey
2.30 para entregarlo en tu *m*, como hasta hoy
3.2 tu *m* he entregado a él y a todo su pueblo
3.3 entregó. .en nuestra *m* a Og rey de Basán
3.8 Hermón, de *m* de los dos reyes amorreos
3.24 mostrar. .tu grandeza, y tu *m* poderosa
4.28 serviréis allí a dioses hechos de *m* de
4.34 *m* poderosa y brazo extendido, y hechos
5.15 te sacó de allá con *m* fuerte y brazo
6.8 y las atarás como una señal en tu *m*, y
6.21 y Jehová nos sacó de. .con *m* poderosa
7.8 os ha sacado Jehová con *m* poderosa, y
7.8 os ha rescatado. .de la *m* de Faraón rey
7.19 de la *m* poderosa y el brazo extendido
7.24 él entregará sus reyes en tu *m*, y tú
8.17 digas. .Mi poder y la fuerza de mi *m* me
9.15 con las tablas del pacto en mis dos *m*
9.17 las arrojé de mis dos *m*, y las quebré
9.26 que sacaste de Egipto con *m* poderosa
10.3 y subí al. .con las dos tablas en mi *m*
11.2 ni visto el. .su *m* poderosa, y su brazo
11.18 y las ataréis como señal en vuestra *m*
12.6,11,17 la ofrenda elevada de vuestras *m*
12.7 os alegraréis. .en toda obra de vuestra *m*
12.18 te alegrarás. .de toda la obra de tus *m*
13.9 tu *m* se alzará. .la *m* de todo el pueblo
13.17 y no se pegará a tu *m* nada del anatema
14.25 guardarás el dinero en tu *m*, y vendrás
14.29 te bendiga en. .obra que tus *m* hicieren
15.2 todo aquel que hizo empréstito de su *m*
15.3 lo que. .tuviere tuyo, lo perdonará tu *m*
15.7 no. .ni cerrarás tu *m* contra tu hermano
15.8 sino abrirás a él tu *m* liberalmente, y
15.11 abrirás tu *m* a tu hermano, al pobre y
15.13 libre, no le enviarás con las *m* vacías
16.10 de la abundancia voluntaria de tu *m*
16.15 habrá bendecido. .toda la obra de tus *m*
16.16 ninguno se presentará. .con las *m* vacías
16.17 con la ofrenda de su *m* conforme a la
17.7 *m* de los testigos caerá. .sobre él para
17.7 y después la *m* de todo el pueblo; así
19.5 al dar su *m* el golpe con el hacha para
19.12 lo entregarán en *m* del vengador de la
19.21 diente por diente, *m* por *m*, pie por pie
20.13 que Jehová tu Dios la entregue en tu *m*
21.6 todos. .lavarán sus *m* sobre la becerra
21.7 nuestras *m* no han derramado esta sangre
21.10 Jehová tu Dios los entregare en tu *m*
23.20 que te bendiga. .en toda obra de tus *m*
23.25 podrás arrancar espigas con tu *m*; mas
24.1 se la entregará en su *m*, y la despedirá
24.3 la entregare en su *m*, y la despidiere
24.19 que te bendiga. .en toda obra de tus *m*
25.11 para librar a su marido de *m* del que le
25.11 y alargando su *m* asiere de sus partes
25.12 le cortarás. .la *m*; no la perdonarás
26.4 el sacerdote tomará la canasta de tu *m*
26.8 Jehová nos sacó de Egipto con *m* fuerte
27.15 hiciere escultura o. .de *m* de artífice
28.8 y sobre. .aquello en que pusieres tu *m*
28.12 y para bendecir toda obra de tus *m*
28.20 y asombro en todo cuanto pusieres *m*
28.32 ojos lo verán. .no habrá fuerza en tu *m*
30.9 te hará. .abundar en toda obra de tus *m*
31.29 enojándole con la obra de vuestras *m*
32.27 no sea que digan: Nuestra *m* poderosa
32.39 y no hay quien pueda librar de mi *m*
32.40 yo alzaré a los cielos mi *m*, y diré
32.41 echare *m* del juicio. .tomaré venganza
33.2 vino. .con la ley de fuego a su *m* derecha
33.3 los consagrados a él estaban en su *m*
33.7 *m* le basten, y tú seas su ayuda contra
33.11 y recibe con agrado la obra de sus *m*
34.9 Moisés había puesto sus *m* sobre él

Jos. 2.19 su sangre será sobre. .si *m* le tocare
2.24 entregado toda la tierra en nuestras *m*
4.24 conozcan que la *m* de Jehová es poderosa
5.13 un varón que. .tenía una espada. .en su *m*
6.2 mira, yo he entregado en tu *m* a Jericó
7.7 para entregarnos en las *m* de los amorreos
8.1 yo he entregado en tu *m* al rey de Hai, a
8.7 vuestro Dios la entregará en vuestras *m*
8.18 extiende la lanza que tienes en tu *m*
8.18 hacia Hai, porque. .la entregaré en tu *m*
8.18 extendió. .la lanza que en su *m* tenía
8.19 los que. .corrieron luego que él alzó su *m*
8.26 no retiró su *m*. .extendido con la lanza
9.11 tomad en vuestras *m* provisión para el
9.25 ahora, pues, henos aquí en tu *m*. .hazlo
9.26 los libró de la *m* de los hijos de Israel
10.8 porque yo los he entregado en tu *m*, y
10.19 Dios los ha entregado en vuestra *m*
10.30 entregó. .ella y su rey en *m* de Israel
10.32 entregó a Laquis en *m* de Israel, y la
11.8 los entregó Jehová en *m* de Israel, y
20.5 no entregarán en su *m* al homicida, por
20.9 que no muriese por *m* del vengador de la
21.44 entregó en sus *m* a todos sus enemigos
22.31 librado a. .de Israel de la *m* de Jehová
24.8 amorreos. .yo los entregué en vuestras *m*
24.10 cual os bendijo. .y os libré de sus *m*
24.11 de Jericó. .los entregué en vuestras *m*

Jue. 1.2 que yo he entregado la tierra en sus *m*
1.4 Jehová entregó en sus *m* al cananeo y al
1.6 le cortaron los pulgares de las *m* y de
1.7 cortados los pulgares de sus *m* y de sus
2.14 los entregó en *m* de robadores que los
2.14 Jehová. .los vendió en *m* de sus enemigos
2.15 la *m* de Jehová estaba contra ellos para
2.16 jueces que los librasen de *m* de los que
2.18 los libraba de *m* de los enemigos todo el
2.23 por esto. .no las entregó en *m* de Josué
3.4 él había dado a. .padres por *m* de Moisés
3.8 los vendió en *m* de Cusan-risataim rey de
3.10 entregó en su *m* a Cusan-risataim rey de

MANO ***(Continúa)***

Jue. 3.10 prevaleció su *m* contra Cusan-risataim
3.21 alargó Aod su *m* izquierda, y tomó el
3.28 ha entregado a..moabitas en vuestras *m*
3.30 fue subyugado Moab..bajo la *m* de Israel
4.2 Jehová los vendió en *m* de Jabín rey de
4.7 y yo atraeré..y lo entregaré en tus *m*?
4.9 en *m* de mujer venderá Jehová a Sísara
4.14 Jehová ha entregado a Sísara en tus *m*
4.21 poniendo un mazo en su *m*, se le acercó
4.24 la *m* de..Israel fue endureciéndose más
5.26 tendió su *m* a la estaca, y su diestra al
6.1 los entregó en *m* de Madián por siete años
6.2 la *m* de Madián prevaleció contra Israel
6.9 os libré de *m* de los egipcios, y de *m* de
6.13 nos ha entregado en *m* de los madianitas
6.14 vé..y salvarás a Israel de la *m* de los
6.21 el báculo que tenía en su *m*, tocó con la
6.36 si has de salvar a Israel por mi *m*, como
6.37 entenderé..salvarás a Israel por mi *m*
7.2 que yo entregue a los madianitas en su *m*
7.2 se alabe..diciendo: Mi *m* me ha salvado
7.6 lamieron llevando el agua con la *m* a su
7.7 y entregaré a los madianitas en tus *m*
7.9 levántate..yo lo he entregado en tus *m*
7.11 oirás..y entonces tus *m* se esforzarán
7.14 de Gedeón..Dios ha entregado en sus *m* a
7.15 entregado el..de Madián en vuestras *m*
7.16 dio a todos ellos trompetas en sus *m*
7.19 y quebraron los cántaros que..en sus *m*
7.20 tomaron en la *m* izquierda las teas, y
8.3 entregado en vuestras *m* a Oreb y a Zeeb
8.6,15 ¿están ya en tu *m* Zeba y Zalmuna, para
8.7 Jehová haya entregado en mi *m* a Zeba y a
8.22 pues que nos ha librado de *m* de Madián
9.16 si..pagado conforme a la obra de sus *m*
9.17 mi padre..para libraros de *m* de Madián
9.24 de Siquem que fortalecieron las *m* de él
9.29 ojalá estuviera este pueblo bajo mi *m*
9.48 Abimelec un hacha en su *m*, y cortó una
10.7 en *m* de los filisteos, y en *m*..de Amón
10.12 y clamando a mí no os libré de sus *m*?
11.21 Dios..entregó a Sehón..en *m* de Israel
11.30 si entregares a los amonitas en mis *m*
11.32 fue Jefté..Jehová los entregó en su *m*
12.2 os llamé, y no me defendisteis de su *m*
12.6 le echaban *m*, y le degollaban junto a
13.1 los entregó en *m* de los filisteos por
13.5 salvar a Israel de *m* de los filisteos
13.23 no aceptaría de..*m* el holocausto y la
14.6 despedazó al..sin tener nada en su *m*
14.9 tomándolo en sus *m*, se fue comiéndolo
15.12 para..entregarte en *m* de los filisteos
15.13 te entregaremos en sus *m*; mas no te
15.14 y las ataduras se cayeron de sus *m*
15.15 extendió la *m* y la tomó, y mató con
15.17 arrojó de su *m* la quijada, y llamó a
15.18 grande salvación por *m* de tu siervo
15.18 sed, y caeré en *m* de los incircuncisos?
16.18 vinieron..trayendo en su *m* el dinero
16.21 mas los filisteos le echaron *m*, y le
16.23,24 nuestro dios entregó en nuestras *m*
16.26 dijo al joven que le guiaba de la *m*
16.29 *m* derecha sobre una y su *m* izquierda
18.10 pues Dios la ha entregado en vuestras *m*
18.19 pon la *m* sobre tu boca, y vente con
19.27 estaba tendida..las *m* sobre el umbral
19.29 echó *m* de su concubina, y la partió por
Rt. 1.13 la *m* de Jehová ha salido contra mí
1.21 Jehová me ha vuelto con las *m* vacías
3.17 no vayas a tu suegra con las *m* vacías
4.5 día que compres las tierras de *m* de Noemí
4.9 he adquirido de *m* de Noemí todo lo que
1 S. 2.13 en su *m* un garfio de tres dientes
4.3 nos salve de la *m* de nuestros enemigos
4.8 ¿quién nos librará de la *m* de..dioses
5.4 palmas de sus *m* estaban cortadas sobre
5.6 y se agravó la *m* de Jehová sobre..Asdod
5.7 Dios..porque su *m* es dura sobre nosotros
5.9 la *m* de Jehová estuvo contra la ciudad
5.11 y la *m* de Dios se había agravado allí
6.3 por qué no se apartó de vosotros su *m*
6.5 quizá aliviará su *m* de sobre vosotros
6.9 sabremos que no es su *m*..nos ha herido
7.3 y os librará de la *m* de los filisteos
7.8 que nos guarde de la *m* de los filisteos
7.13 *m* de Jehová estuvo contra los filisteos
7.14 Israel libró su territorio de *m* de los
9.8 se halla en mi *m* la cuarta parte de un
9.16 salvará a mi pueblo de *m* de..filisteos
10.4 dos panes, los que tomarás de *m* de ellos
10.7 haz lo que te viniere a la *m*, porque
10.18 os libré de *m* de los egipcios, y de *m*
12.4 has tomado algo de *m* de ningún hombre
12.5 no habéis hallado cosa alguna en mi *m*
12.9 él los vendió en *m* de Sísara jefe del
12.9 *m* de los filisteos..*m* del rey de Moab
12.10 líbranos..de *m* de nuestros enemigos, y
12.11 y os libró de *m* de vuestros enemigos
12.15 la *m* de Jehová estará contra vosotros
13.22 no se halló espada..en *m* de ninguno del
14.10 Jehová los ha entregado en nuestra *m*
14.12 Jehová los ha entregado en *m* de Israel
14.13 subió..trepando con sus *m* y sus pies
14.19 dijo Saúl al sacerdote: Detén tu *m*
14.26 quien hiciera llegar su *m* a su boca
14.27 y alargó..una vara que traía en su *m*
14.27 la mojó en un..y llevó su *m* a la boca
14.34 y trajo..cada cual por su *m* su vaca
14.37 tras..¿los entregarás en *m* de Israel?
14.43 la punta de la vara que traía en mi *m*
14.48 libró a..de *m* de los que lo saqueaban
16.16 arpa..toque con su *m*, y tengas alivio
16.23 David..tocaba con su *m*; y Saúl tenía
17.22 dejó su carga en *m* del que guardaba el
17.35 le echaba *m* de la quijada, y lo hería
17.37 él..me librará de la *m* de este filisteo
17.40 y tomó su cayado en su *m*, y escogió 5
17.40 tomó su honda en su *m*, y se fue hacia
17.46 Jehová te entregará hoy en mi *m*, y yo
17.47 de Jehová..él entregará en nuestras *m*
17.49 metiendo David su *m* en la bolsa, tomó
17.50 y lo mató, sin tener..espada en su *m*
17.57 David la cabeza del filisteo en su *m*
18.10 tocaba..tenía Saúl la lanza en la *m*
18.17 no será mi *m*..sino la *m* de los filisteos
18.21 que la *m* de los filisteos sea contra él
18.25 hacer caer a David en *m* de..filisteos
19.5 pues él tomó su vida en su *m*, y mató al
19.9 una lanza a *m*, mientras David tocaba
20.16 requiéralo..de la *m* de los enemigos de
21.3 ¿qué tienes a *m*? Dame cinco panes, o lo
21.4 no tengo pan común a la *m*..pan sagrado
21.8 ¿no tienes aquí a *m* lanza o espada?
21.8 no tomé en mi *m* mi espada ni mis armas
22.6 Saúl..tenía su lanza en su *m*, y todos
22.17 también la *m* de ellos está con David
22.17 no quisieron extender sus *m* para matar
23.4 yo entregaré en tus *m* a los filisteos
23.6 Abiatar..descendió con el efod en su *m*
23.7 Dios lo ha entregado en mi *m*; pues se
23.11 ¿me entregarán los..de Keila en sus *m*?
23.12 dijo..¿Me entregarán los..en *m* de Saúl?
23.14 buscaba..Dios no lo entregó en sus *m*
23.16 Jonatán hijo..fortaleció su *m* en Dios
23.17 no te hallará la *m* de Saúl mi padre
23.20 nosotros lo entregaremos en la *m* del
24.4 el día..entrego a tu enemigo en tu *m*
24.6 mi *m* contra él; porque es el ungido de
24.10 Jehová te ha puesto hoy en mis *m* en la
24.10 dije: No extenderé mi *m* contra mi señor
24.11 y mira..la orilla de tu manto en mi *m*
24.11 ve que no hay mal ni traición en mi *m*
24.12 juzgue Jehová..mi *m* no será contra ti
24.13 dice..así que mi *m* no será contra ti
24.15 vea..mi causa, y me defienda de tu *m*
24.18 habiéndome entregado Jehová en tu *m*
24.20 el reino de..ha de ser en tu *m* firme
25.8 te ruego que des lo que tuvieres a *m*
25.26 ha impedido..vengarte por tu propia *m*
25.33 de ir a..y a vengarme por mi propia *m*
25.35 recibió David de su *m* lo que le había
25.39 juzgó..afrenta recibida de *m* de Nabal
26.8 ha entregado Dios a tu enemigo en tu *m*
26.9 ¿quién extenderá su *m* contra el ungido
26.11 de extender mi *m* contra el ungido de
26.18 ¿qué he hecho? ¿Qué mal hay en mi *m*?
26.23 Jehová te había entregado hoy en mi *m*
26.23 mas yo no quise extender mi *m* contra
27.1 al fin seré muerto..día por la *m* de Saúl
27.1 que fugarme a la..así escaparé de su *m*
28.17 Jehová ha quitado el reino de tu *m*, y
28.19 Jehová entregará..*m* de los filisteos
28.19 al ejército de..en *m* de los filisteos
30.15 ni me entregarás en *m* de mi amo, y yo
30.23 entregado en nuestra *m*..merodeadores
2 S. 1.14 extender tu *m* para matar al ungido
2.7 esfuércense, pues, ahora vuestras *m*, y
2.16 y cada uno echó *m* de..de su adversario
2.21 echa *m* de alguno de los hombres, y toma
3.8 no te he entregado en *m* de David; ¿y tú
3.12 que mi *m* estará contigo para volver a ti
3.18 por la *m* de..David libraré a mi pueblo
3.18 mi pueblo Israel de *m* de los filisteos
3.18 libraré a..y de *m* de todos sus enemigos
3.34 tus *m* no estaban atadas, ni tus pies
4.1 luego que oyó..las *m* se le debilitaron
4.11 demandar yo su sangre de vuestras *m*, y
4.12 y les cortaron las *m* y los pies, y los
5.19 ¿iré contra los..Los entregarás en mi *m*?
5.19 vé..entregaré a los filisteos en tu *m*
6.6 Uza extendió su *m* al arca de Dios, y la
8.1 tomó..a Meteg-ama de *m* de los filisteos
8.10 llevaba en su *m* utensilios de plata, de
10.10 resto del ejército en *m* de Abisai su
11.14 una carta, la cual envió por *m* de Urías
12.7 yo te ungí..y te libré de la *m* de Saúl
13.5 para que al verla yo la coma de su *m*
13.6 dos hojuelas, para que coma yo de su *m*
13.10 trae la comida a..que yo coma de tu *m*
13.19 su *m* sobre su cabeza, se fue gritando
14.16 librar a su sierva de *m* del hombre que
14.19 ¿no anda la *m* de Joab..en todas estas
15.5 a él, él extendía la *m* y lo tomaba, y
16.8 ha entregado el reino en *m* de tu hijo
16.21 se fortalecerán las *m* de todos los que
17.2 y caeré sobre él mientras..débil de *m*
18.12 no extendería yo mi *m* contra el hijo
18.14 tomando tres dardos en su *m*, los clavó
18.19 ha defendido..de la *m* de sus enemigos?
18.28 que habían levantado sus *m* contra mi
18.31 ha defendido tu causa de la *m* de todos
19.9 el rey nos ha librado de *m* de..enemigos
19.9 y nos ha salvado de *m* de los filisteos
20.10 de la daga que estaba en la *m* de Joab
20.21 ha levantado su *m* contra el rey David
21.9 y los entregó en *m* de los gabaonitas
21.20 doce dedos en las *m*, y otros doce en
21.22 por *m* de David y por *m* de sus siervos
22.1 le había librado de la *m*..la *m* de Saúl
22.21,25 conforme a la limpieza de mis *m*
22.35 quien adiestra mis *m* para la batalla
23.6 espinos..los cuales nadie toma con la *m*
23.10 su *m* se cansó, y quedó pegada su *m* a
23.21 y tenía el egipcio una lanza en su *m*
23.21 arrebató al egipcio la lanza de la *m*
24.14 caigamos ahora en *m* de Jehová, porque
24.14 de Jehová..no caiga yo en *m* de hombres
24.16 el ángel extendió su *m* sobre Jerusalén
24.16 basta ahora; detén tu *m*. Y el ángel de
24.17 te ruego que tu *m* se vuelva contra mí
1 R. 2.25 Salomón envió por *m* de Benaía hijo de
2.46 reino fue confirmado en la *m* de Salomón
7.39 basas a la *m* derecha..a la *m* izquierda
7.49 cinco candeleros de oro..a la *m* derecha
8.15 que habló..lo que con su *m* ha cumplido
8.22 Salomón..y extendiendo sus *m* al cielo
8.24 con tu *m* lo has cumplido, como sucede
8.38 súplica..extendiere sus *m* a esta casa
8.42 oirán de..de tu *m* fuerte y de tu brazo
8.54 levantó..con sus *m* extendidas al cielo
9.9 dejaron a..y echaron *m* a dioses ajenos
10.29 los adquirían por *m* de ellos todos los
11.12 padre; lo romperé de la *m* de tu hijo
11.26 Jeroboam hijo..alzó su *m* contra el rey
11.27 la causa por la cual éste alzó su *m*
11.31 yo rompo el reino de la *m* de Salomón
11.34 pero no quitaré nada del reino de sus *m*
11.35 quitaré el reino de la *m* de su hijo, y
13.4 extendiendo su *m*..mas la *m*..se le secó
13.6 ores por mí..que mi *m* me sea restaurada
13.6 oró a..y la *m* del rey se le restauró
14.3 y toma en tu *m* diez panes, y tortas, y
16.7 provocándole..con las obras de sus *m*
17.11 me traigas..un bocado de pan en tu *m*
18.9 que entregues a tu siervo en *m* de Acab
18.44 una pequeña nube como la palma de la *m*
18.46 la *m* de Jehová estuvo sobre Elías, el
20.13 te la entregaré hoy en tu *m*, para que
20.14 ¿por *m* de quién?..Por *m* de los siervos
20.28 entregaré..esta gran multitud en tu *m*
20.42 por cuanto soltaste de la *m* el hombre
22.3 no hemos hecho nada para tomarla de *m*
22.6,12,15 Jehová la entregará en *m* del rey
2 R. 3.10,13 entregarlos en *m* de los moabitas
3.15 tocaba, la *m* de Jehová vino sobre Eliseo
3.18 también a los moabitas en vuestras *m*
4.29 ciñe..y toma mi báculo en tu *m*, y vé
4.34 poniendo..sus *m* sobre las *m* suyas; así
5.11 alzará su *m* y tocará el lugar, y sanará
5.20 no tomando de su *m* las cosas que había
5.24 él lo tomó de *m* de ellos, y lo guardó
6.7 tómalo. Y él extendió la *m*, y lo tomó
8.8 rey dijo..Toma en tu *m* un presente, y vé
8.9 tomó, pues, Hazael en su *m* un presente
9.1 toma esta redoma de aceite en tu *m*, y vé
9.7 yo vengue la sangre..de la *m* de Jezabel
9.35 más que..pies, y las palmas de las *m*
10.15 dame la *m*. Y él le dio la *m*. Luego lo
10.24 hombres que yo he puesto en vuestras *m*
11.8 teniendo cada uno sus armas en las *m*
11.11 teniendo cada uno sus armas en sus *m*
11.12 batiendo las *m* dijeron: ¡Viva el rey!
12.5 recíbanlo los..de *m* de sus familiares
12.9 a la *m* derecha así que se entra en el
12.15 cuyas *m* el dinero era entregado, para
13.3 en *m* de Hazael rey..y en *m* de Ben-adad
13.16 tu *m* sobre el arco. Y puso él su *m*
13.16 puso Eliseo sus *m* sobre las *m* del rey
13.25 tomó de *m* de Ben-adad..las ciudades que
13.25 había tomado en guerra de *m* de Joacaz
14.5 afirmado en sus *m* el reino, mató a los
14.27 salvó por *m* de Jeroboam hijo de Joás
16.7 defiéndeme de *m* del rey de Siria, y de
16.7 y de *m* del rey de Israel, que se han
17.7 los sacó..de bajo la *m* de Faraón rey de
17.20 los entregó en *m* de saqueadores, hasta
17.39 os librará de *m* de..vuestros enemigos
18.21 se le entrará por la *m* y la traspasará
18.29 Ezequías..no os podrá librar de mi *m*
18.30 ciudad no será entregada en *m* del rey
18.33 ha librado su tierra de la *m* del rey
18.34 ¿pudieron..librar a Samaria de mi *m*?
18.35 qué dios..ha librado su tierra de mi *m*
18.35 que Jehová libre de mi *m* a Jerusalén?
19.10 Jerusalén no será entregada en *m* del
19.14 tomó..cartas de *m* de los embajadores
19.18 no eran dioses..obra de *m* de hombres
19.19 sálvanos, te ruego, de su *m*, para que
19.23 por *m* de tus mensajeros has vituperado
20.6 te libraré a ti..de *m* del rey de Asiria
21.14 y lo entregaré en *m* de sus enemigos

MANO ***(Continúa)***

2 R. 22.5 que lo pongan en *m* de los que hacen la
22.17 provocándome a ira con..obra de sus *m*
23.8 la *m* izquierda, a la puerta de la ciudad
23.13 lugares altos..la *m* derecha del monte
1 Cr. 4.10 si tu *m* estuviera conmigo..libraras
5.10 los agarenos, los cuales cayeron en su *m*
5.20 y los agarenos..se rindieron en sus *m*
6.15 transportó a Judá..*m* de Nabucodonosor
6.39 su hermano Asaf..estaba a su *m* derecha
6.44 a la *m* izquierda estaban sus hermanos
11.23 arrebató al egipcio la lanza de la *m*
12.2 y usaban de ambas *m* para tirar piedras
12.17 sin haber iniquidad en mis *m*, véalo el
13.9 cuando..Uza extendió su *m* al arca para
13.10 había extendido su *m* al arca; y murió
14.10 los filisteos? ¿Los entregarás en mi *m?*
14.10 sube, porque yo los entregaré en tus *m*
14.11 Dios rompió mis enemigos por mi *m*
16.7 aclamar a Jehová por *m* de Asaf y de sus
18.1 tomó a Gat y sus..de *m* de los filisteos
19.11 puso luego el resto de..en *m* de Abisai
20.6 hombre..tenía seis dedos en pies y *m*
20.8 cayeron por *m* de David y de..siervos
21.13 ruego que yo caiga en la *m* de Jehová
21.13 ruego..que no caiga en *m* de hombres
21.15 y dijo al ángel..Basta ya; detén tu *m*
21.16 ángel..con una espada desnuda en su *m*
21.17 Dios mío, sea ahora tu *m* contra mí, y
22.16 levántate, y *m* a la obra; y Jehová esté
22.18 él ha entregado en mi *m* a los moradores
28.19 me fueron trazadas por la *m* de Jehová
28.20 anímate y esfuérzate, y *m* a la obra
29.5 toda la obra de las *m* de los artífices
29.8 el tesoro de..en *m* de Jehiel gersonita
29.12 en tu *m* está la fuerza y el poder, y
29.12 en tu *m* el hacer grande y el dar poder
29.14 tuyo, y de lo recibido de tu *m* te damos
29.16 toda esta abundancia que..de tu *m* es
2 Cr. 3.17 las columnas..una a la *m* derecha, y
3.17 a la de la *m* derecha llamó Jaquín, y a
6.4 con su *m* ha cumplido lo que prometió con
6.12 se puso luego Salomón..y extendió sus *m*
6.13 Salomón..extendió sus *m* al cielo, y dijo
6.15 con tu *m* lo has cumplido, como se ve en
6.29 si extendiere sus *m* hacia esta casa
6.32 venido..a causa de..y de tu *m* poderosa
8.18 Hiram le había enviado naves por *m* de
12.5 yo también os he dejado en *m* de Sisac
12.7 no se derramará mi ira..por *m* de Sisac
13.8 al reino..en *m* de los hijos de David
13.16 huyeron..y Dios los entregó en sus *m*
15.7 no desfallezcan vuestras *m*, pues hay
16.7 el ejército del..ha escapado de tus *m*
16.8 te apoyaste en..él los entregó en tus *m*
17.5 por tanto, confirmó el reino en su *m*
18.5 porque Dios los entregará en *m* del rey
18.11 porque Jehová la entregará en *m* del rey
18.14 pues serán entregados en vuestras *m*
18.18 el ejército de..estaba a su *m* derecha
20.6 ¿no está en tu *m* tal fuerza y poder, que
23.7 rey..cada uno tendrá sus armas en la *m*
23.10 teniendo cada uno su espada en la *m*
23.15 le echaron *m*, y luego que ella hubo
23.18 bajo la *m* de los sacerdotes y levitas
24.11 llevar el arca..por *m* de los levitas
24.13 y por sus *m* la obra fue restaurada, y
24.24 Jehová entregó en sus *m* un ejército
25.15 que no libraron a su pueblo de tus *m?*
25.20 quería entregar en *m* de sus enemigos
26.11 la lista hecha por *m* de Jeiel escriba
26.13 bajo la *m* de éstos estaba el ejército
26.19 Uzías, teniendo en la *m* un incensario
28.5 lo entregó en *m* del rey de los sirios
28.5 fue..entregado en *m* del rey de Israel
28.9 Dios..los ha entregado en vuestras *m*
29.23 cabríos..pusieron sobre ellos sus *m*
30.6 correos con cartas de *m* del rey y de
30.6 quedado de la *m* de los reyes de Asiria
30.12 en Judá también estuvo la *m* de Dios
30.16 esparcían la sangre que recibían de *m*
32.11 Dios nos librará de la *m* del rey de
32.13 ¿pudieron..librar su tierra de mi *m?*
32.14 ¿qué dios..pudiese salvar..de mis *m?*
32.14 podrá vuestro Dios libraros de mi *m?*
32.15 de mis *m*, y de las *m* de mis padres
32.15 menos..Dios os podrá librar de mi *m?*
32.17 no pudieron librar a..pueblo de mis *m*
32.17 tampoco el..librará al suyo de mis *m*
32.19 dioses..que son obra de *m* de hombres
32.22 así salvó..de las *m* de Senaquerib rey
32.22 de las *m* de todos; y les dio reposo por
34.9 recogido de *m* de Manasés y de Efraín
34.10 lo entregaron en *m* de los que hacían
34.17 han entregado en *m* de los encargados
34.17 dinero..en *m* de los que hacen la obra
34.25 provocándome a ira con..obras de sus *m*
35.11 la sangre recibida de *m* de los levitas
36.17 de los caldeos..los entregó en sus *m*
Esd. 1.8 los sacó..por *m* de Mitrídates tesorero
5.8 se hace de prisa, y prospera en sus *m*
5.12 los entregó en *m* de Nabucodonosor rey
6.12 que pusiere su *m* para cambiar o destruir
6.22 fortalecer sus *m* en la obra de la casa
7.6 *m* de Jehová su Dios estaba sobre Esdras
7.9 llegó..estando con él la buena *m* de Dios
7.14 a la ley de tu Dios que está en tu *m*
7.28 y yo, fortalecido por la *m* de mi Dios
8.18 nos trajeron según la buena *m* de..Dios
8.22 la *m* de nuestro Dios es para bien sobre
8.26 pesé, pues, en *m* de ellos 650 talentos
8.31 y la *m* de..Dios estaba sobre nosotros
8.31 libró de *m* del enemigo y del acechador
8.33 fue pesada la plata..por *m* del sacerdote
9.2 *m* de los príncipes..ha sido la primera
9.5 postré..extendí mis *m* a Jehová mi Dios
9.7 hemos sido entregados en *m* de los reyes
10.4 contigo; esfuérzate, y pon *m* a la obra
10.19 *m* en promesa de que despedirían sus
Neh. 1.10 cuales redimiste..con tu *m* poderosa
2.8 según la benéfica *m* de Jehová sobre mí
2.18 cómo la *m* de mi Dios había sido buena
2.18 y dijeron..esforzaron sus *m* para bien
4.17 con una *m* trabajaban en la obra, y en la
6.5 envió a..con una carta abierta en su *m*
6.9 se debilitarán las *m* de ellos en la obra
6.9 ahora, pues, oh Dios, fortalece tú mis *m*
8.4 junto a él estaban Matatías..su *m* derecha
8.4 *m* izquierda, Pedaías, Misael, Malquías
8.6 respondió: ¡Amén! ¡Amén! alzando sus *m*
8.14 Jehová había mandado por *m* de Moisés
9.14 y por *m* de..tu siervo les prescribiste
9.15 la tierra, por la cual alzaste tu *m* y
9.24 los cuales entregaste en su *m*, y a sus
9.27 los entregaste en *m* de sus enemigos, los
9.27 que los salvasen de *m* de sus enemigos
9.28 los abandonaste en *m* de sus enemigos
9.30 los entregaste en *m* de los pueblos de
13.21 si lo hacéis otra vez, os echaré *m*
Est. 2.21 procuraban poner *m* en el rey Asuero
3.6 pero tuvo en poco poner *m* en Mardoqueo
3.10 rey quitó el anillo de su *m*, y lo dio
5.2 extendió..cetro de oro que tenía en la *m*
6.2 que habían procurado poner *m* en el rey
6.9 y den..en *m* de alguno de los príncipes
8.7 cuanto extendió su *m* contra los judíos
9.2 *m* sobre los que habían procurado su mal
Job 1.10 al trabajo de sus *m* has dado bendición
1.11 extiende ahora tu *m* y toca todo lo que
1.12 he aquí, todo lo que tiene está en tu *m*
1.12 solamente no pongas tu *m* sobre él
2.5 extiende ahora tu *m*, y toca su hueso y
2.6 aquí, él está en tu *m;* mas guarda su vida
4.3 tú enseñabas..fortalecías las *m* débiles
5.12 frustra..para que sus *m* no hagan nada
5.15 boca de los impíos, y de la *m* violenta
5.18 hace la llaga..él hiere, y sus *m* curan
6.9 Dios..soltara su *m*, y acabara conmigo!
6.23 libradme de..*m* del opresor, y redimidme
8.20 Dios no..ni apoya la *m* de los malignos
9.24 la tierra es entregada en *m* de..impíos
9.30 y limpie mis *m* con la limpieza misma
9.33 árbitro que ponga su *m* sobre nosotros
10.3 oprimas, que deseches la obra de tus *m*
10.7 y que no hay quien de tu *m* me libre?
10.8 tus *m* me hicieron y me formaron; ¿y
11.13 tu corazón, y extendieres a él tus *m*
11.14 si alguna iniquidad hubiere en tu *m*, y
12.6 en cuyas *m* él ha puesto cuanto tienen
12.9 no entiende que la *m* de Jehová la hizo?
12.10 en su *m* está el alma de todo viviente
13.14 mis dientes, y tomaré mi vida en mi *m?*
13.21 aparta de mí tu *m*, y no me asombre tu
14.15 tendrás afecto a la hechura de tus *m*
15.25 por cuanto él extendió su *m* contra Dios
16.11 y en las *m* de los impíos me hizo caer
16.17 pesar de no haber iniquidad en mis *m*
17.9 y el limpio de *m* aumentará la fuerza
19.21 mí, porque la *m* de Dios me ha tocado
20.10 hijos..sus *m* devolverán lo que él robó
20.22 la *m* de..los malvados vendrá sobre él
21.5 espantaos, y poned la *m* sobre la boca
21.16 aquí que su bien no está en *m* de ellos
22.30 la limpieza de tus *m* éste será librado
26.13 cielos; su *m* creó la serpiente tortuosa
27.11 os enseñaré en cuanto a la *m* de Dios
27.22 no perdonará; hará él por huir de su *m*
27.23 batirán las *m* sobre él, y..le silbarán
28.9 en el pedernal puso su *m*, y trastornó
29.9 los príncipes..ponían la *m* sobre su boca
29.20 mí, y mi arco se fortalecía en mi *m*
30.2 de qué me serviría..la fuerza de sus *m?*
30.12 la *m* derecha se levantó el populacho
30.21 mí; con el poder de tu *m* me persigues
30.24 no extenderá la *m* contra el sepulcro
31.7 si mi corazón..si algo se pegó a mis *m*
31.21 alcé contra el huérfano mi *m*, aunque
31.25 si me alegré..que mi *m* hallase mucho
31.27 mi corazón se engañó..boca besó mi *m*
33.7 terror no..ni mi *m* se agravará sobre ti
34.19 pobre, porque todos son obra de sus *m?*
34.20 pueblos..sin *m* será quitado el poderoso
35.7 le darás a él? ¿o qué recibirá de tu *m?*
40.4 te responderé? Mi *m* pongo sobre mi boca
41.8 pon tu *m* sobre él; te acordarás de la
Sal. 7.3 Dios mío, si hay en mis *m* iniquidad
8.6 señorear sobre las obras de tus *m;* todo
9.16 la obra de sus *m* fue enlazado el malo
10.12 alza tu *m*, no te olvides de los pobres
10.14 para dar la recompensa con tu *m;* a ti
17.14 de los hombres con tu *m*, oh Jehová, de
18 *tít. m* de..sus enemigos, y de *m* de Saúl
18.20,24 conforme a la limpieza de mis *m*
18.34 quien adiestra mis *m* para la batalla
19.1 el firmamento anuncia la obra de sus *m*
21.8 alcanzará tu *m* a todos tus enemigos; tu
22.16 malignos; horadaron mis *m* y mis pies
24.4 el limpio de *m* y puro de corazón; el que
26.6 lavaré en inocencia mis *m*, y así andaré
26.10 en cuyas *m* está el mal, y su diestra
28.2 cuando alzo..*m* hacia tu santo templo
28.4 dales su..conforme a la obra de sus *m*
28.5 no atendieron a..ni a la obra de sus *m*
31.5 en tu *m* encomiendo mi espíritu; tú me
31.8 no me entregaste en *m* del enemigo
31.15 en tu *m* están mis tiempos; líbrame de
31.15 líbrame de la *m* de mis enemigos y de
32.4 día y de noche se agravó sobre mí tu *m*
35.2 echa *m* al escudo y al pavés, y..ayuda
36.11 no venga pie..*m* de impíos no me mueva
37.24 postrado, porque Jehová sostiene su *m*
37.33 Jehová no lo dejará en sus *m*, ni lo
38.2 tus saetas..sobre mí ha descendido tu *m*
39.10 estoy consumido bajo..golpes de tu *m*
44.2 tú con tu *m* echaste las naciones, y los
44.20 si..o alzado nuestras *m* a dios ajeno
47.1 pueblos todos, batid las *m;* aclamad a
55.20 extendió el inicuo sus *m* contra los que
58.2 pesar la violencia de vuestras *m* en la
63.4 te bendeciré..en tu nombre alzaré mis *m*
68.31 se apresurará a extender sus *m* hacia
71.4 líbrame de la *m* del impío, de la *m* del
73.13 en vano he..lavado mis *m* en inocencia
73.23 contigo; me tomaste de la *m* derecha
74.11 ¿por qué retraes tu *m?*..tu diestra en
75.8 porque el cáliz está en la *m* de Jehová
76.5 no hizo uso de sus *m* ninguno de..fuertes
77.2 alzaba..mis *m* de noche, sin descanso
77.20 condujiste a tu pueblo..*m* de Moisés
78.42 no se acordaron de su *m*, del día que
78.54 los trajo..monte que ganó su *m* derecha
78.61 y entregó..su gloria en *m* del enemigo
78.72 los pastoreó con la pericia de sus *m*
80.17 sea tu *m* sobre el varón de tu diestra
81.6 sus *m* fueron descargadas de los cestos
81.14 y vuelto mi *m* contra sus adversarios
82.4 al afligido..libradlo de *m* de los impíos
88.5 quienes..que fueron arrebatados de tu *m*
88.9 te he llamado..he extendido a ti mis *m*
89.13 fuerte es tu *m*, exaltada tu diestra
89.21 mi *m* estará siempre con él, mi brazo
89.25 pondré su *m* sobre el mar, y sobre los
90.17 la obra de nuestras *m* confirma sobre
90.17 sí, la obra de nuestras *m* confirma
91.12 en las *m* te llevarán, para que tu pie
92.4 Jehová..en las obras de tus *m* me gozo
95.4 en su *m* están las profundidades de la
95.5 hizo; y sus *m* formaron la tierra seca
95.7 pueblo de su prado, y ovejas de su *m*
97.10 guarda..de *m* de los impíos los libra
98.8 los ríos batan las *m*, los montes todos
102.25 fundaste..los cielos son obra de tus *m*
104.28 les das..abres tu *m*, se sacian de bien
106.10 los salvó de *m* del enemigo, y los
106.10 y los rescató de *m* del adversario
106.26 por tanto, alzó su *m*..para abatirlos
106.42 y fueron quebrantados debajo de su *m*
109.27 y entiendan que esta es tu *m;* que tú
111.7 las obras de sus *m* son verdad y juicio
115.4 ídolos de ellos..obra de *m* de hombres
115.7 *m* tienen, mas no palpan; tienen pies
119.48 alzaré..mis *m* a tus mandamientos que
119.73 tus *m* me hicieron y me formaron; hazme
119.173 esté tu *m* pronta para socorrerme
121.5 Jehová es..es tu sombra a tu *m* derecha
123.2 como los ojos de..miran a la *m* de sus
123.2 como los ojos de la sierva a la *m* de
125.3 no sea que extiendan los justos sus *m*
127.4 como saetas en *m* del valiente, así son
128.2 cuando comieres el trabajo de tus *m*
129.7 de la cual no llenó el segador su *m*
134.2 vuestras *m* al santuario, y bendecid a
135.15 los ídolos de..obra de *m* de hombres
136.12 *m* fuerte, y brazo extendido, porque
138.7 contra la ira de mis..extenderás tu *m*
138.8 Jehová..no desampares la obra de tus *m*
139.5 me rodeaste, y sobre mí pusiste tu *m*
139.10 aun allí me guiará tu *m*, y me asirá
140.4 guárdame, oh Jehová, de *m* del impío
141.2 el don de mis *m* como la ofrenda de la
143.5 reflexionaba en las obras de tus *m*
143.6 extendí mis *m* a ti, mi alma a ti como
144.1 quien adiestra mis *m* para la batalla
144.7 envía tu *m* desde lo alto; redímeme, y
144.7 sácame de las..de la *m* de los hombres
144.11 líbrame de la *m* de..hombres extraños
145.16 abres tu *m*, y colmas de bendición a
149.6 con..y espadas de dos filos en sus *m*
Pr. 1.24 extendí mi *m*, y no..quien atendiese
3.16 largura de días está en su *m* derecha; en
3.18 árbol de vida a los que de ella echan *m*
6.3 ya que has caído en la *m* de tu prójimo

MANO *(Continúa)*
Pr. 6.5 escápate como gacela de la *m* del cazador
6.5 y como ave de la *m* del que arma lazos
6.10 y cruzar por un poco las *m* para reposo
6.17 las *m* derramadoras de sangre inocente
7.20 la bolsa de dinero llevó en su *m;* el día
10.4 la *m* negligente empobrece; mas la *m* de
12.14 le será pagado según la obra de sus *m*
12.24 la *m* de los diligentes señoreará; mas
13.11 que recoge con *m* laboriosa las aumenta
14.1 edifica. . la necia con sus *m* la derriba
17.16 ¿de qué sirve el precio en la *m* del
19.24 el perezoso mete su *m* en el plato, y
21.1 así está el corazón del rey en la *m* de
21.25 mata, porque sus *m* no quieren trabajar
21.26 pero el justo da, y no detiene su *m*
24.33 poniendo *m* sobre *m* otro poco. . dormir
26.6 el que envía recado por *m* de un necio
26.9 espinas hincadas en *m* del embriagado
26.15 mete el perezoso su *m* en el plato; se
27.16 es como. . o sujetar el aceite en la *m*
30.28 la araña que atrapas con la *m,* y está
31.13 lino, y con voluntad trabaja con sus *m*
31.16 compra, y planta viña del fruto de. . *m*
31.19 aplica. . *m* al huso, y sus *m* a la rueca
31.20 alarga su *m* al pobre, y extiende sus
31.20 pobre, y extiende sus *m* al menesteroso
31.31 dadle del fruto de sus *m,* y alábenla
Ec. 2.11 miré. . las obras que habían hecho mis *m*
2.24 he visto que esto es de la *m* de Dios
4.1 fuerza estaba en la *m* de sus opresores
4.5 el necio cruza sus *m* y come su. . carne
5.6 enoje. . y que destruya la obra de tus *m?*
5.14 y a los hijos. . nada les queda en la *m*
5.15 nada tiene de su. . para llevar en su *m*
7.18 y también de aquello no apartes tu *m*
7.26 cuyo corazón es lazos. . sus *m* ligaduras
9.1 los justos y los. . están en la *m* de Dios
9.10 que te viniere a la *m* para hacer, hazlo
10.2 el corazón del sabio está a su *m* derecha
10.2 el corazón del necio a su *m* izquierda
10.18 por la flojedad de las *m* se llueve la
11.6 la tarde no dejes reposar tu *m;* porque
Cnt. 5.4 mi amado metió su *m* por la ventanilla
5.5 mis *m* gotearon mirra, y mis dedos mirra
5.14 sus *m,* como anillos de oro engastados de
7.1 joyas, obra de *m* de excelente maestro
Is. 1.12 ¿quién demanda esto de vuestras *m*
1.15 cuando extendáis. . *m,* yo esconderé de
1.15 no oiré; llenas. . de sangre vuestras *m*
1.25 y volveré mi *m* contra ti, y limpiaré
2.8 se han arrodillado ante la obra de sus *m*
3.6 alguno tomare de la *m* a su hermano, de
3.6 serás nuestro príncipe, y toma en tus *m*
3.10 irá bien. . comerá de los frutos de sus *m*
3.11 según las obras de sus *m* le será pagado
4.1 echarán *m* de un hombre siete mujeres en
5.12 Jehová, ni consideran la obra de sus *m*
5.25 y extendió contra él su *m,* y le hirió
5.25 no. . sino que todavía su *m* está extendida
6.6 un serafín. . en su *m* un carbón encendido
8.11 me dijo de esta manera con *m* fuerte, y
9.12,17,21; 10.4 sino que todavía su *m* está extendida
9.20 cada uno hurtará a la *m* derecha. . hambre
10.5 Asiria, vara. . en su *m* he puesto mi ira
10.10 halló mi *m* los reinos de los ídolos
10.13 con el poder de mi *m* lo he hecho, y con
10.14 halló mi *m* como nido las riquezas de
10.32 alzará su *m* al monte de la hija de Sion
11.8 recién destetado extenderá su *m* sobre
11.11 que Jehová alzará otra vez su *m* para
11.15 y levantará su *m* con el poder de su
13.2 alzad la voz a ellos, alzad la *m,* para
13.7 toda *m* se debilitará, y desfallecerá
14.26 y esta, la *m* extendida sobre todas las
14.27 y su *m* extendida. . la hará retroceder?
17.8 no mirará. . altares que hicieron sus *m*
19.4 y entregaré a Egipto en *m* de señor duro
19.16 temerán en la presencia de la *m* alta de
19.25 el asirio obra de mis *m,* e Israel mi
22.21 entregaré en sus *m* tu potestad; y será
23.11 extendió. . *m* sobre el mar, hizo temblar
25.10 la *m* de Jehová reposará en este monte
25.11 extenderá su *m* por en medio de él, como
25.11 y abatirá su. . y la destreza de sus *m*
26.11 Jehová, tu *m* está alzada, pero ellos
28.4 se la traga tan luego como la tiene a *m*
29.23 porque verá a sus hijos, obra de mis *m*
30.21 no echéis a la *m* derecha, ni tampoco
30.21 ni tampoco torzáis a la *m* izquierda
31.3 extender Jehová su *m,* caerá el ayudador
31.7 ídolos. . han hecho vuestras *m* pecadoras
33.15 sacude sus *m* para no recibir cohecho
34.17 les echó suertes, y su *m* les repartió
35.3 fortaleced las *m* cansadas, afirmad las
36.6 se le entrará por la *m,* y la atravesará
36.15 no será entregada. . *m* del rey de Asiria
36.18 ¿acaso libraron. . *m* del rey de Asiria?
36.19 el dios. . ¿Libraron a Samaria de mi *m?*
36.20 dios. . haya librado su tierra de mi *m*
36.20 que Jehová libre de mi *m* a Jerusalén?
37.10 Jerusalén no será entregada en *m* del
37.19 porque no eran dioses, sino obra de *m*
37.20 Jehová Dios nuestro, líbranos de su *m*
37.24 por *m* de tus siervos has vituperado al
38.6 libraré. . y a esta ciudad, de *m* del rey
40.2 doble ha recibido de la *m* de Jehová por
40.12 midió las aguas con el hueco de su *m*
41.13 quien te sostiene de tu *m* derecha, y
41.20 *m* de Jehová hace esto, y que el Santo
42.6 en justicia, y te sostendré por la *m*
43.13 yo era; y no hay quien de mi *m* libre
44.5 y otro escribirá con su *m:* A Jehová, y
44.20 ¿no es. . mentira lo que tengo en mi *m*
45.1 Ciro, al cual tomé yo por su *m* derecha
45.9 ¿qué haces?; o tu obra: ¿No tiene *m?*
45.11 mandadme. . acerca de la obra de mis *m*
45.12 yo, mis *m,* extendieron los cielos, y
47.6 mi heredad, y los entregué en tu *m;* no
48.13 mi *m* fundó también la tierra, y mi *m*
49.2 me cubrió con la sombra de su *m;* y me
49.16 que en las palmas de las *m* te tengo
49.22 tenderé mi *m* a las naciones, y a los
50.2 se ha acortado mi *m* para no redimir?
50.11 mi *m* os vendrá esto; en dolor seréis
51.16 boca. . con la sombra de mi *m* te cubrí
51.17 bebiste de la *m* de Jehová el cáliz de
51.18 ni quien la tome de la *m,* de todos los
51.22 he aquí he quitado de tu *m* el cáliz de
51.23 y lo pondré en *m* de tus angustiadores
53.10 y la voluntad de Jehová será en su *m*
54.3 te extenderás a la *m* derecha y a la *m*
56.2 que hace. . guarda su *m* de hacer todo mal
57.10 dijiste. . hallaste nuevo vigor en tu *m*
59.1 no se ha acortado la *m* de Jehová para
59.3 vuestras *m* están contaminadas de sangre
59.6 iniquidad, y obra de rapiña. . en sus *m*
60.21 todos. . obra de mis *m,* para glorificarme
62.3 serás corona de gloria en la *m* de Jehová
62.3 diadema de reino en la *m* del Dios tuyo
62.8 juró Jehová por su *m* derecha y. . brazo
64.8 que obra de tus *m* somos todos nosotros
65.2 extendí mis *m*. . el día a pueblo rebelde
65.22 escogidos disfrutarán la obra de sus *m*
66.2 *m* hizo todas estas cosas, y así todas
66.14 y la *m* de Jehová para con sus siervos
Jer. 1.9 extendió Jehová su *m* y tocó mi boca
1.16 a dioses. . y la obra de sus *m* adoraron
2.37 allí saldrás con tus *m* sobre tu cabeza
4.31 extiende sus *m,* diciendo: ¡Ay ahora de
5.31 los sacerdotes dirigían por *m* de ellos
6.9 vuelve tu *m* como vendimiador entre los
6.12 extenderé mi *m* sobre los moradores de
6.24 oímos, y nuestras *m* se descoyuntaron
10.3 leño. . obra de *m* de artífice con buril
10.9 obra del artífice, y de *m* del fundidor
11.21 no profetices. . no mueras a nuestras *m*
12.7 he entregado lo que amaba. . en *m* de sus
15.6 extenderé sobre ti mi *m* y te destruiré
15.21 te libraré de la *m* de los malos, y te
15.21 y te redimiré de la *m* de los fuertes
16.21 haré conocer mi *m* y mi poder, y sabrán
18.4 la vasija de. . se echó a perder en su *m*
18.6 como el barro en la *m* del alfarero, así
18.6 así sois vosotros en mi *m,* oh. . Israel
19.7 y en las *m* de los que buscan sus vidas
20.4 y a todo Judá entregaré en *m* del rey de
20.5 todos los tesoros. . en *m* de sus enemigos
20.13 ha librado el alma del pobre de *m* de
21.4 vuelvo atrás las armas. . en vuestras *m*
21.5 pelearé contra vosotros con *m* alzada y
21.7 en *m* de Nabucodonosor rey. . en *m* de sus
21.10 esta ciudad. . en *m* del rey de Babilonia
21.12 y librad al oprimido de *m* del opresor
22.3 librad al oprimido de *m* del opresor, y
22.24 si Conías hijo. . fuera anillo en mi *m*
22.25 te entregaré en *m* de los que buscan tu
22.25 en *m* de aquellos cuya vista temes; sí
22.25 en *m* de Nabucodonosor. . y en *m* de los
23.14 los profetas de. . fortalecían las *m* de
25.6,7 no. . a ira con la obra de vuestras *m*
25.14 pagaré. . conforme a la obra de sus *m*
25.15 toma de mi *m* la copa del vino de este
25.17 tomé la copa de la *m* de Jehová, y di
25.28 y si no quieren tomar la copa de tu *m*
26.8 echaron *m,* diciendo: De cierto morirás
26.14 estoy en vuestras *m;* haced de mí como
26.24 la *m* de Ahicam hijo de Safán estaba a
26.24 no lo entregasen en las *m* del pueblo
27.3 por *m* de los mensajeros que vienen a
27.6 he puesto todas estas tierras en *m* de
27.8 castigaré a. . que la acabe yo por su *m*
29.3 por *m* de Elasa hijo de. . y de Gemarías
29.21 los entrego yo en *m* de Nabucodonosor
30.6 todo hombre tenía las *m* sobre sus lomos
31.11 lo redimió de *m* del más fuerte que él
31.32 el día que tomé su *m* para sacarlos de
32.3 yo entrego esta ciudad en *m* del rey de
32.4 no escapará de la *m* de los caldeos, sino
32.4 será entregado en *m* del rey de Babilonia
32.21 con *m* fuerte y brazo extendido, y con
32.24 va a ser entregada en *m* de los caldeos
32.25 aunque la ciudad sea entregada en *m* de
32.28 ciudad en *m* de los caldeos, y en *m* de
32.30 provocarme a ira con la obra de sus *m*
32.36 entregada será en *m* del rey. . a espada
32.43 y sin animales, es entregada en *m* de
33.13 aún pasarán ganados por las *m* del que
34.1 los reinos de. . bajo el señorío de su *m*
34.3 no escaparás tú de su *m*. . en su *m* serás
34.20,21 los entregaré en *m* de sus enemigos
34.20,21 en *m* de los que buscan su vida, y en
34.21 en *m* del ejército del rey de Babilonia
36.14 Baruc. . tomó el rollo en su *m* y vino a
37.17 más: En *m* del rey de Babilonia serás
38.3 será entregada. . en *m* del ejército del
38.4 hace desmayar las *m*. . las *m* de. . pueblo
38.5 él está en vuestras *m;* pues el rey nada
38.16 ni te entregaré en *m* de estos varones
38.18 en *m*. . caldeos. . no escaparás de sus *m*
38.19 no sea que me entreguen en sus *m* y me
38.23 tú no escaparás de sus *m,* sino que por
38.23 que por *m* del rey de Babilonia serás
39.17 no serás entregado en *m* de aquellos a
40.4 he soltado. . cadenas que tenías en tus *m*
41.5 traían en sus *m* ofrenda e incienso para
42.11 yo para salvaros y libraros de su *m*
43.3 para entregarnos en *m* de los caldeos
43.9 con tu *m* piedras grandes, y cúbrelas de
44.8 haciéndome enojar. . obras de vuestras *m*
44.25 vuestras *m* lo ejecutasteis, diciendo
44.30 en *m* de sus enemigos. . en *m* de los que
44.30 así como entregué a Sedequías. . en *m* de
46.24 entregada. . en *m* del pueblo del norte
46.26 los entregaré en *m* de los que buscan
46.26 *m* de Nabucodonosor. . *m* de sus siervos
47.3 no cuidaron. . por la debilidad de sus *m*
48.37 sobre toda *m* habrá rasguños, y cilicio
50.43 oyó la noticia. . y sus *m* se debilitaron
51.7 copa de oro fue Babilonia en la *m* de
51.25 extenderé mi *m* contra ti. . haré rodar
Lm. 1.7 cuando cayó su pueblo en *m* del enemigo
1.10 extendió su *m* el enemigo a todas sus
1.14 el yugo de mis. . ha sido atado por su *m*
1.14 me ha entregado el Señor en *m* contra las
1.17 Sion extendió sus *m;* no tiene quien la
2.4 afirmó su *m* derecha como adversario, y
2.7 ha entregado en *m* del enemigo los muros
2.8 no retrajo su *m* de la destrucción; hizo
2.15 los que pasaban. . batieron las *m* sobre
2.19 alza tus *m* a él implorando la vida de
3.3 contra mí. . y revolvió su *m* todo el día
3.41 levantemos nuestros corazones y *m* a Dios
3.64 dales el pago. . según la obra de sus *m*
4.2 vasijas de barro, obra de *m* de alfarero!
4.10 *m* de mujeres piadosas cocieron a sus
5.6 extendimos la *m,* para saciarnos de pan
5.8 siervos. . no hubo quien nos librase de su *m*
5.12 a los príncipes colgaron de las *m;* no
Ez. 1.3 río. . vino allí sobre él la *m* de Jehová
1.8 a sus cuatro lados, tenían *m* de hombre
2.9 una *m* extendida hacia mí, y. . un rollo
3.14 pero la *m* de Jehová era fuerte sobre mí
3.18,20 pero su sangre demandaré de tu *m*
3.22 vino allí la *m* de Jehová sobre mí, y me
6.11 palmotea con tus *m,* y golpea con tu pie
6.14 extenderé mi *m* contra ellos. . conocerán
7.17 toda *m* se debilitará, y toda rodilla será
7.21 en *m* de extraños la entregué para ser
7.27 las *m* del pueblo de la tierra temblarán
8.1 allí se posó sobre mí la *m* de Jehová el
8.3 aquella figura extendió la *m,* y me tomó
8.11 cada uno con su incensario en su *m;* y
9.1 y cada uno trae en su *m* su instrumento
9.2 cada uno traía en su *m* su instrumento
10.2 llena tus *m* de carbones encendidos de
10.3 los querubines estaban a la *m* derecha
10.7 extendió su *m*. . y lo puso en las *m* del
10.8 apareció. . la figura de una *m* de hombre
10.12 sus *m,* sus alas y las ruedas estaban
10.21 figuras de *m* de hombre debajo de sus
11.9 os entregaré en *m* de extraños, y haré
12.7 me abrí paso. . la pared con mi propia *m*
13.9 *m* contra los profetas que ven vanidad
13.18 cosen vendas mágicas para todas las *m*
13.20 yo las libraré de vuestras *m,* y soltaré
13.21,23 libraré a mi pueblo de vuestra *m*
13.21 no estarán más como presa en vuestra *m*
13.22 fortalecisteis las *m* del impío, para
14.9 extenderé mi *m* contra él. . destruiré de
14.13 pecare. . extendiere yo mi *m* sobre ella
16.27 extendí contra ti mi *m,* y disminuí tu
16.39 entregaré en *m* de ellos; y destruirán
16.49 no fortaleció la *m* del afligido y del
17.18 aquí que había dado su *m,* y ha hecho
18.8 de la maldad retrajere su *m,* e hiciere
18.17 apartare su *m* del pobre, interés y
20.5 alcé mi *m* para jurar a la descendencia
20.5 cuando alcé mi *m* y les juré diciendo
20.6 alcé mi *m,* jurando así que los sacaría
20.15 les alcé mi *m* en el desierto, jurando
20.22 mas retraje mi *m* a causa de mi nombre
20.23 alcé yo mi *m* en el desierto, jurando
20.28 la tierra sobre la cual. . alzado mi *m*
20.33 que con *m* fuerte. . he de reinar sobre
20.34 y os reuniré de. . con *m* fuerte y brazo
20.42 la cual alcé mi *m* jurando que la daría
21.7 toda *m* se debilitará, y se angustiará
21.11 y la dio a pulir para tenerla a *m;* la
21.11 dio. . para entregarla en *m* del matador
21.14 bate una *m* contra otra, y duplíquese

MANO ***(Continúa)***

Ez. 21.17 y yo también batiré mi *m* contra mi *m*
21.22 la adivinación señaló a su *m* derecha
21.24 en memoria, seréis entregados en su *m*
21.31 te entregaré en *m* de hombres temerarios
22.13 que batí mis *m* a causa de tu avaricia
22.14 ¿serán fuertes tus *m* en los días en que
23.9 lo cual la entregué en *m* de sus amantes
23.9 en *m* de los hijos de los asirios, de
23.28 yo te entrego en *m* de. .que aborreciste
23.28 *m* de aquellos de los cuales se hastió
23.31 de tu hermana. .pondré su cáliz en tu *m*
23.37 hay sangre en sus *m*, y han fornicado
23.42 pusieron pulseras en sus *m*, y bellas
23.45 son adúlteras, y sangre hay en sus *m*
25.6 batiste tus *m*, y golpeaste con tu pie
25.7 he aquí yo extenderé mi *m* contra ti, y
25.13 yo también extenderé mi *m* sobre Edom
25.14 y pondré mi venganza. .*m* de mi pueblo
25.16 yo extiendo mi *m* contra los filisteos
27.15 tomaban mercadería de tu *m;* colmillos
28.9 tú, hombre eres. .en la *m* de tu matador
28.10 morirás por *m* de extranjeros; porque
29.7 tomaron con la *m*, te quebraste, y les
30.10 destruiré las riquezas de Egipto por *m*
30.12 y entregaré la tierra en *m* de malos
30.12 *m* de extranjeros destruiré la tierra
30.22 haré que la espada se le caiga de la *m*
30.24 Babilonia, y pondré mi espada en su *m*
30.25 cuando yo ponga mi espada en la *m* del
31.11 lo entregaré en *m* del poderoso de las
33.6 demandaré su sangre de *m* del atalaya
33.8 pero su sangre yo la demandaré de tu *m*
33.22 y la *m* de Jehová había sido sobre mí
34.10 y demandaré mis ovejas de su *m*, y les
34.27 los libre de *m* de los que se sirven de
35.3 Seir, y extenderé mi *m* contra ti, y te
36.7 alzado mi *m*, he jurado que las naciones
37.1 *m* de Jehová vino sobre mí, y me llevó
37.17 júntalos luego. .serán uno solo en tu *m*
37.19 tomo el palo de José que está en la *m*
37.19 haré un solo palo, y serán uno en mi *m*
37.20 los palos. .estarán en tu *m* delante de
38.12 poner tus *m* sobre las tierras desiertas
39.3 y sacaré tu arco de tu *m* izquierda, y
39.3 y derribaré tus saetas de tu *m* derecha
39.9 y quemarán armas. .dardos de *m* y lanzas
39.21 mi juicio. .mi *m* que sobre ellos puse
39.23 y los entregué en *m* de sus enemigos
40.1 mismo día vino sobre mí la *m* de Jehová
40.3 tenía un cordel de lino en su *m*, y una
40.5 la caña de medir que. .tenía en la *m* era
44.12 he alzado mi *m* y jurado, dice Jehová
47.3 el oriente, llevando un cordel en su *m*
47.14 alcé mi *m* jurando que la había de dar
Dn. 1.2 y el Señor entregó en sus *m* a Joacim
2.34 que una piedra fue cortada, no con *m*
2.38 los ha entregado en tu *m*, y te ha dado
2.45 cortada una piedra, no con *m*, la cual
3.17 pueden. .y de tu *m*, oh rey, nos librará
4.35 y no hay quien detenga su *m*, y le diga
5.5 una *m*. .que escribía. .y el rey veía la *m*
5.23 el Dios en cuya *m* está tu vida, y cuyos
5.24 enviada la *m* que trazó esta escritura
7.25 serán entregados en su *m* hasta tiempo
8.25 hará prosperar el engaño en su *m;* y en
8.25 quebrantado, aunque no por *m* humana
9.15 que sacaste tu pueblo. .con *m* poderosa
10.10 una *m* me tocó, e hizo que me pusiese
10.10 rodillas y sobre las palmas de mis *m*
11.11 toda. .multitud será entregada en su *m*
11.41 estas escaparán de su *m:* Edom y Moab
11.42 extenderá su *m* contra las tierras, y
Os. 2.10 descubriré. .nadie la librará de mi *m*
7.5 rey. .extendió su *m* con los escarnecedores
12.7 mercader que tiene en su *m* peso falso
13.14 de la *m* del Seol los redimiré. .libraré
14.3 nunca. .diremos a la obra de nuestras *m*
Am. 1.8 volveré mi *m* contra Ecrón, y el resto
5.19 y apoyare su *m* en la pared, y le muerde
7.7 plomo, y en su *m* una plomada de albañil
9.2 aunque cavasen. .de allá los tomará mi *m*
Abd. 13 haber echado *m* a sus bienes en el día
Jon. 3.8 conviértase. .de la rapiña. .en sus *m*
4.11 entre su *m* derecha y su *m* izquierda?
Mi. 2.1 lo ejecutan. .tienen en su *m* el poder!
4.10 allí te redimirá Jehová de la *m* de tus
5.9 *m* se alzará sobre tus enemigos, y todos
5.12 destruiré de tu *m* las hechicerías, y no
5.13 nunca. .te inclinarás a la obra de tus *m*
7.3 para completar la maldad con sus *m*, el
7.16 las naciones. .pondrán la *m* sobre su boca
Nah. 3.19 los que oigan. .batirán las *m* sobre
Hab. 2.16 el cáliz de la *m* derecha de Jehová
3.4 rayos brillantes salían de su *m*, y allí
3.10 abismo dio su voz, a lo alto alzó sus *m*
Sof. 1.4 extenderé mi *m* sobre Judá, y sobre
2.13 extenderá su *m* sobre el norte. .a Asiria
2.15 cualquiera. .se burlará, y sacudirá su *m*
3.16 no temas; Sion, no se debiliten tus *m*
Hag. 1.11 llamé la sequía sobre. .trabajo de *m*
2.14 y asimismo toda obra de sus *m;* y todo
2.17 os herí. .en toda obra de vuestras *m*
Zac. 2.1 un varón que tenía en su *m* un cordel
2.9 alzo mi *m* sobre ellos, y serán despojo
3.1 y Satanás estaba a su *m* derecha para
4.9 las *m* de Zorobabel echarán el cimiento
4.9 *m* la acabarán; y conocerás que Jehová
4.10 verán la plomada en la *m* de Zorobabel
8.4 morar. .cada cual con bordón en su *m* por
8.9 esfuércense vuestras *m*, los que oís en
8.13 no temáis, mas esfuércense vuestras *m*
11.6 en *m* de su compañero y en *m* de su rey
11.6 asolarán. .y yo no los libraré de sus *m*
13.6 ¿qué heridas son estas en tus *m?* Y él
13.7 haré volver mi *m* contra los pequeñitos
14.13 trabará cada uno. .la *m* de su compañero
14.13 y levantará su *m* contra la *m* de su
Mal. 1.10 no. .ni de vuestra *m* aceptaré ofrenda
1.13 ¿aceptaré yo eso de vuestra *m?* dice
2.13 para aceptarla con gusto de vuestra *m*
Mt. 3.12 aventador está en su *m*, y limpiará
4.6 *m* te sostendrán, para que no tropieces
5.30 si tu *m* derecha te es ocasión de caer
8.3 Jesús extendió la *m* y le tocó, diciendo
8.15 tocó su *m*, y la fiebre la dejó; y ella
9.18 mas ven y pon tu *m* sobre ella, y vivirá
9.25 tomó de la *m* a la niña, y. .se levantó
12.10 había allí uno que tenía seca una *m*
12.11 cayere en. .no le eche *m*, y la levante?
12.13 dijo a aquel hombre: Extiende tu *m*
12.49 extendiendo su *m*. .He aquí mi madre
14.31 Jesús, extendiendo la *m*, asió de él, y
15.2 porque no se lavan las *m* cuando comen
15.20 comer con las *m* sin lavar no contamina
17.22 Hijo. .será entregado en *m* de hombres
18.8 si tu *m* o tu pie te es ocasión de caer
18.8 teniendo dos *m*. .ser echado en el fuego
19.13 que pusiese las *m* sobre ellos, y orase
19.15 habiendo puesto sobre ellos las *m*, se
21.46 buscar cómo echarle *m*, temían al pueblo
22.13 atadle de pies y *m*, y echadle en las
26.23 el que mete la *m* conmigo en el plato
26.45 Hijo. .es entregado en *m* de pecadores
26.50 y echaron *m* a Jesús, y le prendieron
26.51 uno. .extendiendo la *m*, sacó su espada
27.24 agua y se lavó las *m* delante del pueblo
27.29 y pusieron. .una caña en su *m* derecha
Mr. 1.31 él se acercó, y la tomó de la *m* y la
1.41 él, extendió la *m* y le tocó, y le dijo
3.1 había allí un hombre que tenía seca una *m*
3.3 dijo al. .que tenía la *m* seca: Levántate
3.5 dijo al hombre: Extiende tu *m*. Y él la
3.5 extendió, y la *m* le fue restaurada sana
5.23 pon las *m* sobre ella para que sea salva
5.41 tomando la *m* de la niña. .dijo: Talita
6.2 estos milagros que por sus *m* son hechos?
6.5 que sanó a. .poniendo sobre ellos las *m*
7.2 comer pan con *m* inmundas. .no lavadas
7.3 si muchas veces no se lavan las *m*, no
7.5 ¿por qué tus. .comen pan con *m* inmundas?
7.32 le rogaron que le pusiera la *m* encima
8.23 tomando la *m* del ciego, le sacó fuera
8.23 le puso las *m* encima, y le preguntó si
8.25 le puso otra vez las *m* sobre los ojos
9.27 Jesús, tomándole de la *m*, le enderezó
9.31 el Hijo. .será entregado en *m* de hombres
9.43 tu *m* te fuere ocasión de caer, córtala
9.43 que teniendo dos *m* ir al infierno, al
10.16 poniendo las *m* sobre ellos. .bendecía
12.3 mas ellos. .le enviaron con las *m* vacías
14.41 el Hijo. .entregado en *m* de los pecadores
14.46 ellos le echaron *m*, y le prendieron
14.58 yo derribaré este templo hecho a *m*, y
14.58 tres días edificaré otro hecho sin *m*
16.18 en las *m* serpientes, y si bebieren cosa
16.18 sobre los enfermos pondrán sus *m*, y
Lc. 1.66 niño? Y la *m* del Señor estaba con él
1.71 la *m* de todos los que nos aborrecieron
3.17 su aventador está en su *m*, y limpiará
4.11 y, En las *m* te sostendrán, para que no
4.40 poniendo las *m* sobre cada uno de ellos
5.13 extendiendo él la *m*, le tocó, diciendo
6.1 arrancaban. .restregándolas con las *m*
6.6 un hombre que tenía seca la *m* derecha
6.8 y dijo al hombre que tenía la *m* seca
6.10 dijo al. .Extiende tu *m*. Y él lo hizo así
6.10 él lo hizo así, y su *m* fue restaurada
8.54 él, tomándola de la *m*, clamó diciendo
9.44 el Hijo. .será entregado en *m* de hombres
9.62 ninguno que poniendo su *m* en el arado
10.30 y cayó en *m* de ladrones, los cuales le
10.36 prójimo del que. .en *m* de los ladrones?
13.13 las *m* sobre ella; y ella se enderezó
15.22 poned un anillo en su *m*, y calzado en
20.10 le golpearon, y le enviaron. .*m* vacías
20.11 afrentado. .enviaron con las *m* vacías
20.19 los escribas echarle *m* en aquella hora
21.12 os echarán *m*, y os perseguirán, y os
22.21 la *m* del que me entrega está conmigo
22.53 no extendisteis las *m* contra mí; mas
23.46 Padre, en tus *m* encomiendo mi espíritu
24.7 entregado en *m* de hombres pecadores, y
24.39 mirad mis *m* y mis pies, que yo mismo
24.40 diciendo. .les mostró las *m* y los pies
24.50 los sacó. .alzando sus *m*, los bendijo
Jn. 3.35 todas las cosas ha entregado en su *m*
7.30 ninguno le echó *m*, porque aún no había
7.44 ellos querían. .pero ninguno le echó *m*
10.28 jamás, ni nadie las arrebatará de mi *m*
10.29 nadie las puede arrebatar de la *m* de
10.39 prenderle, pero él se escapó de sus *m*
11.44 atadas las *m* y los pies con vendas, y
13.3 le había dado todas las cosas en las *m*
13.9 no sólo mis pies, sino también las *m*
20.20 esto, les mostró las *m* y el costado
20.25 si no viere en sus *m*. .y metiere mi *m*
20.27 aquí tu dedo, y mira mis *m;* y acerca
20.27 y acerca tu *m*, y métela en mi costado
21.18 extenderás tus *m*, y te ceñirá otro, y
Hch. 2.23 a éste. .matasteis por *m* de inicuos
3.7 tomándole por la *m* derecha le levantó
4.3 echaron *m*, y los pusieron en la cárcel
4.28 cuanto tu *m* y tu. .habían. .determinado
4.30 mientras extiendes tu *m* para que se
5.12 y por la *m* de los apóstoles se hacían
5.18 *m* a los apóstoles y los pusieron en la
6.6 quienes, orando, les impusieron las *m*
7.25 que Dios les daría libertad por *m* suya
7.35 por *m* del ángel que se le apareció en
7.41 en las obras de sus *m* se regocijaron
7.48 no habita en templos hechos de *m*, como
7.50 ¿no hizo mi *m* todas estas cosas?
8.17 imponían las *m*, y recibían el Espíritu
8.18 que por la imposición de las *m* de los
8.19 a quien yo impusiere las *m* reciba el
9.8 así que, llevándole por la *m*, le metieron
9.12 que entra y le pone las *m* encima para
9.17 fue. .y poniendo sobre él las *m*, dijo
9.41 el, dándole la *m*, la levantó; entonces
11.21 y la *m* del Señor estaba con ellos; y
11.30 enviándolo a los. .por *m* de Bernabé y
12.1 Herodes echó *m* a algunos de la iglesia
12.7 y las cadenas se le cayeron de las *m*
12.11 y me ha librado de la *m* de Herodes, y
12.17 él, haciéndoles con la *m* señal de que
13.3 les impusieron las *m* y los despidieron
13.11 he aquí la *m* del Señor está contra ti
13.11 buscaba quien le condujese de la *m*
13.16 hecha señal de silencio con la *m*, dijo
14.3 se hiciesen por las *m* de ellos señales
17.24 Dios. .no habita en templos hechos por *m*
17.25 ni es honrado por *m* de hombres, como
18.10 y ninguno pondrá sobre ti la *m* para
19.6 habiéndoles impuesto Pablo las *m*, vino
19.11 hacía Dios milagros. .por *m* de Pablo
19.26 son dioses los que se hacen con las *m*
19.33 Alejandro, pedido silencio con la *m*
20.34 necesario a mí. .estas *m* me han servido
21.3 dejándola a *m* izquierda, navegamos a
21.11 atándose los pies y las *m*, dijo: Esto
21.11 y le entregarán en *m* de los gentiles
21.27 alborotaron. .multitud y le echaron *m*
21.40 Pablo. .hizo señal con la *m* al pueblo
22.11 llevado de la *m* por. .llegué a Damasco
23.19 tomándole de la *m*. .le preguntó: ¿Qué
24.7 interviniendo. .le quitó de nuestras *m*
26.1 Pablo. .extendiendo la *m*, comenzó así su
27.19 con nuestras propias *m* arrojamos los
28.3 víbora, huyendo. .se le prendió en la *m*
28.4 vieron la víbora colgando de su *m*, se
28.8 entró Pablo. .impuso las *m*, y le sanó
28.17 he sido entregado. .en *m* de los romanos
Ro. 10.21 extendí mis *m* a un pueblo rebelde y
1 Co. 4.12 trabajando con nuestras propias *m*
12.15 si. .Porque no soy *m*, no soy del cuerpo
12.21 ni el ojo puede decir a la *m:* No te
16.21 yo, Pablo, os escribo. .de mi propia *m*
2 Co. 5.1 tenemos de Dios. .casa no hecha de *m*
11.33 descolgado del muro. .escapé de sus *m*
Gá. 3.19 medio de ángeles en *m* de un mediador
6.11 mirad. .letras os escribo de mi propia *m*
Ef. 2.11 la llamada circuncisión hecha con *m*
4.28 sino. .haciendo con sus *m* lo que es bueno
Col. 2.11 circuncisión no hecha a *m*, al echar
4.18 la salutación de mi propia *m*, de Pablo
1 Ts. 4.11 negocios, y trabajar con vuestras *m*
2 Ts. 3.17 la salutación es de mi propia *m*, de
1 Ti. 2.8 oren. .levantando *m* santas, sin ira
4.14 te fue dado. .con la imposición de las *m*
5.22 no impongas con ligereza las *m* a ninguno
6.12 fe, echa *m* de la vida eterna, a la cual
6.19 por venir, que echen *m* de la vida eterna
2 Ti. 1.6 está en ti por la imposición de. .*m*
Flm. 19 Pablo lo escribo de mi *m*, yo lo pagaré
He. 1.10 Señor. .los cielos son obra de tus *m*
2.7 y le pusiste sobre las obras de tus *m*
3.16 que salieron de Egipto por *m* de Moisés?
6.2 la imposición de *m*, de la resurrección
8.9 día que los tomé de la *m* para sacarlos
9.11 no hecho de *m*, es decir, no de esta
9.24 no entró. .en el santuario hecho de *m*
10.31 ¡horrenda. .es caer en *m* del Dios vivo!
12.12 levantad las *m* caídas y las rodillas
Stg. 4.8 pecadores, limpiad las *m*. .purificad
1 P. 5.6 humillaos, pues, bajo la poderosa *m*
1 Jn. 1.1 que. .palparon nuestras *m* tocante al
Ap. 5.1 en la *m* derecha del que estaba sentado
5.7 y tomó el libro de la *m* derecha del que
6.5 que lo montaba tenía una balanza en la *m*
7.9 de ropas blancas, y con palmas en las *m*
8.4 y de la *m* del ángel subió. .el humo del

MANO *(Continúa)*

Ap. 9.20 se arrepintieron de las obras de sus *m*
10.2 tenía en su *m* un librito abierto; y puso
10.5 el ángel que vi..levantó su *m* al cielo
10.8 el librito que está..en la *m* del ángel
10.10 tomé el librito de la *m* del ángel, y
13.16 les pusiese una marca en la *m* derecha
14.9 recibe la marca en su frente o en su *m*
14.14 que tenía en..y en la *m* una hoz aguda
17.4 tenía en la *m* un cáliz de oro lleno de
19.2 ha vengado la sangre..de la *m* de ella
20.1 vi a un ángel..una gran cadena en la *m*
20.4 no recibieron la marca en..ni en sus *m*

MANOA *Padre de Sansón*

Jue. 13.2 hombre de Zora..el cual se llamaba *M*
13.8 oró *M* a Jehová, y dijo: Ah, Señor mío
13.9 y Dios oyó la voz de *M;* y el ángel de
13.9 volvió..su marido *M* no estaba con ella
13.11 y se levantó *M* y siguió a su mujer; y
13.12 entonces *M* dijo: Cuando tus palabras
13.13 el ángel..respondió a *M:* La mujer se
13.15 *M* dijo al ángel de Jehová: Te ruego nos
13.16 y el ángel de Jehová respondió a *M*
13.16 y no sabía *M* que aquel fuese ángel de
13.17 dijo *M* al ángel de..¿Cuál es tu nombre
13.19 y *M* tomó un cabrito y una ofrenda, y
13.19 el ángel hizo milagro ante..*M* y de su
13.20 el ángel de..subió..ante los ojos de *M*
13.21 ángel..no volvió a aparecer a *M* ni a
13.21 conoció *M* que era el ángel de Jehová
13.22 *M* a su mujer: Ciertamente moriremos
16.31 sepultaron..el sepulcro de su padre *M*

MANOJITO

Cnt. 1.13 mi amado es para mí un *m* de mirra

MANOJO

Gn. 37.7 que atábamos *m*..que mi *m* se levantaba
37.7 que vuestros *m* estaban alrededor y se
Éx. 12.22 tomad un *m* de hisopo, y mojadlo en
Jos. 2.6 había escondido entre los *m* de lino
Rt. 2.16 y dejaréis..para ella algo de los *m*
Jer. 9.22 caerán..como *m* tras el segador, que
Mt. 13.30 recoged..cizaña, y atadla en *m* para

MANSAMENTE

Is. 8.6 las aguas de Siloé, que corren *m*, y se

MANSEDUMBRE

Ec. 10.4 porque la *m* hará cesar grandes ofensas
Sof. 2.3 su juicio; buscad justicia, buscad *m*
1 Co. 4.21 vara, o con amor y espíritu de *m?*
2 Co. 10.1 Pablo os ruego por la *m* y ternura
Gá. 5.23 *m*, templanza; contra tales cosas no
6.1 vosotros..restauradle con espíritu de *m*
Ef. 4.2 con toda humildad y *m*, soportándoos con
Col. 3.12 vestíos, pues..de humildad, de *m*, de
1 Ti. 6.11 sigue..el amor, la paciencia, la *m*
2 Ti. 2.25 con *m* corrija a los que se oponen
Tit. 3.2 mostrando toda *m* para con todos los
Stg. 1.21 recibid con *m* la palabra implantada
3.13 muestre por la..sus obras en sabia *m*
1 P. 3.15 defensa con *m* y reverencia ante todo

MANSO

Nm. 12.3 y aquel varón Moisés era muy *m*, más
Sal. 25.9 juicio, y enseñará a..*m* su carrera
34.2 mi alma; lo oirán los *m*, y se alegrarán
35.20 contra los *m* de la..piensan palabras
37.11 pero los *m* heredarán la tierra, y se
76.9 para salvar a todos los *m* de la tierra
Is. 11.4 argüirá con equidad por los *m* de la
Mt. 5.5 bienaventurados los *m*, porque ellos
11.29 y aprended de mí, que soy *m* y humilde
21.5 *m*, y sentado sobre una asna, sobre un

MANTA

Jue. 4.18 tienda, y ella le cubrió con una *m*
2 S. 17.19 tomando la mujer..*m*, la extendió
Is. 28.20 la *m* estrecha para poder envolverse

MANTECA

2 S. 17.29 miel, *m*, ovejas, y quesos de vaca

MANTENER

Gn. 48.15 el Dios que me *mantiene* desde que yo
49.24 mas su arco se *mantuvo* poderoso, y los
50.20 para *mantener* en vida a mucho pueblo
Éx. 39.37 lamparillas que debían *mantenerse* en
Dt. 12.23 *mantengas* firme en no comer sangre
19.15 tres testigos se *mantendrá* la acusación
Jue. 5.17 se *mantuvo* Aser a la ribera del mar
1 R. 4.7 cuales *mantenían* al rey y a su casa
4.27 y estos gobernadores *mantenían* al rey
18.13 escondí..y los *mantuve* con pan y agua?
22.27 y *mantenedle* con pan de angustia y con
1 Cr. 12.29 *mantenían* fieles a la casa de Saúl
Esd. 4.14 siendo que nos *mantienen* del palacio
Est. 3.4 ver si Mardoqueo se *mantendría* firme
Sal. 9.4 has *mantenido* mi derecho y mi causa
38.11 mis amigos..se *mantienen* lejos de mi
52.7 confió en la..y se *mantuvo* en su maldad
130.3 ¿quién, oh Señor, podrá *mantenerse?*
Pr. 30.8 riquezas; *manténme* del pan necesario
Jer. 46.15 no pudo *mantenerse* firme..la empujó
Lm. 2.22 los que..*mantuve*, mi enemigo los acabó
Ez. 13.18 para *mantener*..vuestra propia vida?
16.19 pan..y la miel, con que yo te *mantuve*
Dn. 4.12 fruto..y se *mantenía* de él toda carne
11.8 por años se *mantendrá* él contra el rey
Os. 9.2 la era y el lagar no los *mantendrán*, y
Ro. 16.25 se ha *mantenido* oculto desde tiempos
1 Ti. 1.19 *manteniendo* la fe y buena conciencia
5.16 que las *mantenga*, y no sea gravada la
He. 10.23 *mantengamos* firme..la profesión de
1 P. 2.12 *manteniendo* buena..manera de vivir

MANTENIMIENTO

Gn. 9.3 lo que se mueve y vive, os será para *m*
41.35 y recojan el..para *m* de las ciudades
47.24 para vuestro *m*, y de los que están en
Job 24.5 aquí..el desierto es *m* de sus hijos
Sal. 147.9 da a la bestia su *m*, y a los hijos
Pr. 6.8 recoge en el tiempo de la siega su *m*
27.27 la leche..para tu *m*, para *m* de tu casa
Hab. 3.17 los labrados no den *m*, y las ovejas
Stg. 2.15 tienen necesidad del *m* de cada día

MANTEQUILLA

Gn. 18.8 tomó también *m* y leche, y el becerro
Dt. 32.14 *m* de vacas y leche de ovejas, con
Sal. 55.21 los dichos..son más blandos que *m*
Pr. 30.33 el que bate la leche sacará *m*, y el
Is. 7.15 comerá *m* y miel, hasta que..lo malo
7.22 comerá *m*..*m* y miel comerá el que quede

MANTO

Gn. 49.11 lavó en..en la sangre de uvas su *m*
Éx. 28.4 el *m*, la túnica bordada, la mitra
28.31 harás el *m* del efod todo de azul
28.34 una campanilla..en toda la orla del *m*
29.5 y vestirás a Aarón la túnica, el *m* del
39.22 hizo también el *m* del efod de obra de
39.24 hicieron en las orillas del *m* granadas
39.25 entre las granadas en..orillas del *m*
39.26 en las orillas del *m*, para ministrar
Lv. 8.7 le vistió después el *m*, y puso sobre él
Dt. 22.12 te harás flecos en..puntas de tu *m*
Jos. 7.21 entre los despojos un *m* babilónico
7.24 tomaron a Acán hijo..el *m*, el lingote
Jue. 8.25 tendiendo un *m*, echó allí..zarcillos
Rt. 3.15 dijo: Quítate el *m* que traes sobre ti
1 S. 15.27 se asió de la punta de su *m*..rasgó
18.4 y Jonatán se quitó el *m* que llevaba, y
24.4 David..cortó la orilla del *m* de Saúl
24.5 había cortado la orilla del *m* de Saúl
24.11 la orilla de tu *m*..yo corté..de tu *m*
28.14 un hombre anciano..cubierto de un *m*
1 R. 19.13 Elías, cubrió su rostro con su *m*, y
19.19 pasando Elías por..echó sobre él su *m*
2 R. 2.8 tomando entonces Elías su *m*, lo dobló
2.13 alzó..*m* de Elías que se le había caído
2.14 tomando el *m* de Elías que..había caído
9.13 cada uno tomó..su *m*, y lo puso debajo
Esd. 9.3 rasgué mi vestido y mi *m*, y arranqué
9.5 y habiendo rasgado mi..*m*, me postré de
Est. 8.15 gran corona de oro, y un *m* de lino
Job 1.20 Job..rasgó su *m*, y rasuró su cabeza
2.12 cada uno de ellos rasgó su *m*, y los tres
29.14 me..como *m* y diadema era mi rectitud
Sal. 109.29 cubiertos de confusión como con *m*
Cnt. 5.7 quitaron mi *m* de encima los guardas
Is. 9.5 *m* revolcado en sangre, serán quemados
59.17 ropas..y se cubrió de celo como de *m*
61.3 ordenar que a..se les dé..*m* de alegría
61.10 me vistió..me rodeó de *m* de justicia
Ez. 5.3 tomarás..los atarás en la falda de tu *m*
16.8 pasé..y extendí mi *m* sobre ti, y cubrí
26.16 y se quitarán sus *m*, y desnudarán sus
27.24 en *m* de azul y bordados, y en cajas de
Dn. 3.21 estos varones fueron atados con sus *m*
Zac. 8.23 tomarán del *m* a un judío, diciendo
13.4 y nunca más vestirán el *m* velloso para
Mt. 9.20 se le acercó..tocó el borde de su *m*
9.21 si tocare solamente su *m*, seré salva
14.36 dejase tocar..el borde de su *m;* y todos
21.7 y pusieron sobre ellos sus *m;* y él se
21.8 la multitud..tendía sus *m* en el camino
23.5 hacen..y extienden los flecos de sus *m*
27.28 le echaron encima un *m* de escarlata
27.31 después..le quitaron el *m*, le pusieron
Mr. 5.27 vino por detrás entre..y tocó su *m*
5.28 tocare tan solamente su *m*, seré salva
6.56 dejase tocar siquiera el borde de su *m*
11.7 y echaron sobre él sus *m*, y se sentó
11.8 muchos tendían sus *m* por el camino, y
Lc. 8.44 se le acercó..tocó el borde de su *m*
19.35 habiendo echado sus *m* sobre el pollino
19.36 a su paso tendían sus *m* por el camino
Jn. 13.4 se quitó su *m*, y tomando una toalla
13.12 tomó su *m*, volvió a la mesa, y..dijo
19.2 y le vistieron con un *m* de púrpura
19.5 salió Jesús, llevando..el *m* de púrpura
Hch. 12.8 dijo: Envuélvete en tu *m*, y sígueme

MANTONCILLO

Is. 3.22 las ropas de gala, los *m*, los velos

MANZANA

Éx. 25.31 sus *m* y sus flores, serán de lo mismo
25.33 tres copas..un brazo, una *m* y una flor
25.33 en otro brazo, una *m* y una flor; así
25.34 en forma de flor..sus *m* y sus flores
25.35 habrá una *m* debajo de dos brazos del
25.35 otra *m*..y otra *m* debajo de los otros
25.36 sus *m* y sus brazos serán de una pieza
37.17,22 sus *m* y sus flores eran de lo mismo
37.19 una *m* y una flor, y..una *m* y una flor
37.20 había cuatro copas..sus *m* y sus flores
37.21 una *m*..otra *m*..y otra *m* debajo de los
Pr. 25.11 *m* de oro con figuras de plata es la
Cnt. 2.5 sustentadme con..confortadme con *m*
7.8 racimos..y el olor de tu boca como de *m*

MANZANO

Cnt. 2.3 el *m* entre los árboles silvestres, así
8.5 debajo de un *m* te desperté; allí tuvo
Jl. 1.12 la palmera y el *m;* todos los árboles

MAÑANA

Gn. 1.5 noche. Y fue la tarde y la *m* un día
1.8,13,19,23,31 fue la tarde y la *m* el día
19.2 y por la *m* os levantaréis, y seguiréis
19.27 subió Abraham por la *m* al lugar donde
20.8 Abimelec se levantó de *m* y llamó a todos
21.14 Abraham se levantó muy de *m*, y tomó
22.3 Abraham se levantó muy de *m*..y fue al
24.54 levantándose de *m*, dijo: Enviadme a
28.18 levantó Jacob de *m*, y tomó la piedra
29.25 venida la *m*, he aquí que era Lea
30.33 así responderá por mí mi honradez *m*
31.55 levantó Labán de *m*, y besó sus hijos
40.6 vino a ellos José por la *m*, y los miró
41.8 que por la *m* estaba agitado su espíritu
44.3 la *m*, los hombres fueron despedidos con
49.27 Benjamín es lobo..la *m* comerá la presa
Éx. 7.15 vé por la *m* a Faraón, he aquí que él
8.10 él dijo: *M*. Y Moisés respondió: Se hará
8.20 levántate de *m* y..delante de Faraón; he
8.23 yo pondré redención..*M* será esta señal
8.29 se vayan de Faraón, y..y de su pueblo *m*
9.5 fijó..*M* hará Jehová esta cosa en la tierra
9.13 levántate..*m*, y ponte delante de Faraón
9.18 *m* a estas horas yo haré llover granizo
10.4 que *m* yo traeré sobre tu..la langosta
10.13 al venir la *m* el viento oriental trajo
12.10 ninguna cosa dejaréis de él hasta la *m*
12.10 lo que quedare hasta la *m*, lo quemaréis
12.22 ninguno de vosotros salga..hasta la *m*
13.14 *m* te pregunte tu hijo..¿Qué es esto?
14.24 a la vigilia de la *m*, que Jehová miró
16.7 la *m* veréis la gloria de Jehová; porque
16.8 os dará en..y en la *m* pan hasta saciaros
16.12 por la *m* os saciaréis de pan, y sabréis
16.13 por la *m* descendió rocío en derredor
16.19 dijo..Ninguno deje nada de ello para *m*
16.21 lo recogían cada *m*, cada uno según lo
16.23 *m* es el santo día de reposo..a Jehová
16.23 lo que os sobrare, guardadlo para *m*
16.24 guardaron hasta la *m*..y no se agusanó
17.9 *m* yo estaré sobre la cumbre del collado
18.13 pueblo..delante de Moisés desde la *m*
18.14 pueblo está delante de ti desde la *m*
19.10 vé al pueblo, y santifícalos hoy y *m*
19.16 cuando vino la *m*, vinieron truenos y
23.18 ni la grosura de..quedará..hasta la *m*
24.4 levantándose de *m* edificó un altar al
27.21 que ardan..desde la tarde hasta la *m*
29.34 si sobrare hasta la *m* algo de la carne
29.39 ofrecerás uno de los corderos por la *m*
29.41 haciendo conforme a la ofrenda de la *m*
30.7 cada *m* cuando aliste las lámparas lo
32.5 y pregonó Aarón, y dijo: *M* será fiesta
34.2 prepárate, pues, para *m*, y sube de *m* al
34.4 se levantó de *m* y subió al monte Sinaí
34.25 ni se dejará hasta la *m*..sacrificio de
36.3 trayéndole ofrenda voluntaria cada *m*
Lv. 6.9 el holocausto estará sobre..hasta la *m*
6.12 el sacerdote pondrá en él leña cada *m*
6.20 la mitad a la *m* y la mitad a la tarde
9.17 quemar..además del holocausto de la *m*
19.13 no retendrás el salario del..hasta la *m*
24.3 desde la tarde hasta la *m* delante de
Nm. 9.12 no dejarán del animal..para la *m*, ni
9.15 como una apariencia de fuego, hasta la *m*
9.21 se detenía..hasta la *m*, o cuando a la *m*
11.18 santificaos para *m*, y comeréis carne
14.25 volveos *m* y salid al desierto, camino
14.40 se levantaron por la *m* y subieron a la
16.5 *m* mostrará Jehová quién es suyo, y quién
16.7 y poned..incienso delante de Jehová *m*
16.16 tu séquito, poneos *m* delante de Jehová
22.13 así Balaam se levantó por la *m* y dijo
22.21 levantó por la *m*, y enalbardó su asna
28.4 cordero ofrecerás por la *m*, y el otro
28.8 la tarde; conforme a la ofrenda de la *m*
28.23 esto..además del holocausto de la *m*
Dt. 6.20 *m* cuando te preguntare tu hijo..¿Qué

MAÑANA *(Continúa)*

Dt. 16.4 de la carne que. .no quedará hasta la *m*
16.7 y por la *m* regresarás. .a tu habitación
28.67 por la *m*. . ¡Quién diera que fuese la *m*!
Jos. 3.1 Josué se levantó de *m*, y él y todos
3.5 Jehová hará *m* maravillas entre vosotros
4.6 preguntaren a sus padres *m*, diciendo
4.21 cuando *m* preguntaren vuestros hijos a
6.12 Josué se levantó de *m*, y los sacerdotes
7.13 dí: Santificaos para *m*; porque Jehová
7.14 os acercaréis. .*m* por vuestras tribus
7.16 Josué. .levantándose de *m*, hizo acercar
8.10 levantándose. .muy de *m*, pasó revista al
11.6 *m*. .yo entregaré a todos ellos muertos
22.18 os rebeláis. .y *m* se airará él contra
22.24 temor de que *m* vuestros hijos digan a
22.27 digan *m* vuestros hijos a los nuestros
Jue. 6.28 por la *m*, cuando los de la ciudad se
6.31 cualquiera que contienda. .muera esta *m*
6.38 se levantó de *m*, exprimió el vellón y
7.1 levantándose, pues, de *m* Jerobaal, el
9.33 *m* al salir el sol. .cae sobre la ciudad
16.2 la luz de la *m*; entonces lo mataremos
19.5 se levantaron de *m*, se levantó. .levita
19.8 levantándose de *m* para irse, le dijo el
19.9 y *m* os levantaréis temprano a. .camino
19.25 abusaron de ella toda la. .hasta la *m*
19.27 se levantó por la *m* su señor, y abrió
20.19 levantaron. .hijos de Israel por la *m*
20.28 subid, porque *m* yo os los entregaré
21.4 el pueblo se levantó de *m*, y edificaron
Rt. 2.7 está desde por la *m* hasta ahora, sin
3.13 pasa aquí. .Descansa, pues, hasta la *m*
3.14 después que durmió a sus. .hasta la *m*
1 S. 1.19 levantándose de *m*, adoraron. .Jehová
3.15 y Samuel estuvo acostado hasta la *m*
5.3 cuando. .los de Asdod se levantaron de *m*
5.4 volviéndose a levantar de *m*. .que Dagón
9.16 *m*. .enviaré a ti un varón de la tierra
9.19 come hoy. .y por la *m* te despacharé, y te
11.9 *m* al calentar el sol, seréis librados
11.10 dijeron. .*M* saldremos a vosotros, para
11.11 entraron en medio. .la vigilia de la *m*
14.36 descendamos. .saquearemos hasta la *m*
15.12 para ir a encontrar a Saúl por la *m*
17.16 venía. .aquel filisteo por la *m* y por
17.20 levantó, pues, David de *m*, y dejando
19.2 cuídate hasta la *m*, y estate en lugar
19.11 Saúl envió luego. .lo matasen a la *m*
19.11 si no salvas tu vida. .*m* serás muerto
20.5 que *m* será nueva luna, y yo acostumbro
20.12 haya preguntado a mi padre *m* a esta
20.18 le dijo Jonatán: *M* es nueva luna, y
20.35 al otro día, de *m*, salió Jonatán al
25.22 de aquí a *m*, de todo lo que fuere suyo
25.34 de aquí a *m* no le hubiera quedado con
25.37 pero por la *m*, cuando ya a Nabal se le
28.19 y *m* estaréis conmigo, tú y tus hijos
29.10 levántate. .de *m*, tú y los siervos de
29.11 y se levantó David de *m*. .para irse y
30.17 hirió David desde aquella *m* hasta la
2 S. 2.27 hubiera dejado de seguir a. .esta *m*
11.12 quédate. .aún hoy, y *m* te despacharé
11.14 la *m*, escribió David a Joab una carta
15.2 se levantaba Absalón de *m*, y se ponía
23.4 será como la luz de la *m*, como. .del sol
23.4 como el resplandor del sol en una *m* sin
24.11 la *m*, cuando David se hubo levantado
24.15 desde la *m* hasta el tiempo señalado
1 R. 3.21 lo observé por la *m*, y vi que no era
17.6 los cuervos le traían. .carne por la *m*
18.26 invocaron el. .de Baal desde la *m* hasta
19.2 si *m*. .yo no he puesto tu persona como
20.6 además, *m*. .enviaré yo a ti mis siervos
2 R. 3.20 la *m*, cuando se ofrece el sacrificio
3.22 se levantaron por la *m*, y brilló el sol
6.15 se levantó de *m* y salió el que servía al
6.28 da acá tu hijo, y. .y *m* comeremos el mío
7.1 dijo. .*M* a estas horas valdrá el seah de
7.18 y el seah. .será vendido por un siclo *m*
10.6 tomad las cabezas de. .y venid a mí *m* a
10.8 ponedlas en dos montones a. .hasta la *m*
10.9 venida la *m*, salió él, y estando en pie
16.15 encenderás el holocausto de la *m* y la
19.35 por la *m*. .todo era cuerpos de muertos
1 Cr. 9.27 el cargo de. .de abrirla todas las *m*
16.40 que sacrificasen. .*m* y tarde. .a Jehová
23.30 para asistir cada *m*. .a dar gracias y
2 Cr. 2.4 para holocaustos a *m* y tarde, en los
13.11 queman. .los holocaustos cada *m* y. .tarde
20.16 *m* descenderéis contra ellos; he aquí
20.17 salid *m* contra ellos, porque Jehová
20.20 se levantaron por la *m*, salieron al
29.20 y levantándose de *m*, el rey Ezequías
31.3 contribuyó. .para los holocaustos a *m* y
Esd. 3.3 y ofrecieron. .holocaustos por la *m* y
Est. 2.14 y a la *m* siguiente volvía a la casa
5.8 y *m* haré conforme a lo que el rey ha
5.12 también para *m* estoy convidado por ella
5.14 y *m* dí al rey que cuelguen a Mardoqueo
9.13 concédase. .*m* a los judíos en Susa, que
Job 1.5 se levantaba de *m* y ofrecía holocaustos
3.9 y no venga, ni vea los párpados de la *m*
4.20 de la *m* a la tarde son destruidos, y se
7.18 y lo visites todas las *m*, y todos los
7.21 y si me buscares de *m*, ya no existiré
8.5 si tú de *m* buscares a Dios, y rogares al
11.17 aunque oscureciere, será como la *m*
24.17 la *m* es para todos ellos como sombra
38.12 ¿has mandado tú a la *m* en tus días?
Sal. 5.3 de *m* oirás mi voz; de *m* me presentaré
30.5 el lloro, y a la *m* vendrá la alegría
46.5 Dios está. .la ayudará al clarear la *m*
49.14 los rectos se enseñorearán. .por la *m*
55.17 *m* y a mediodía oraré y clamaré, y él
57.8 despierta, salterio. .me levantaré de *m*
59.16 pero yo. .alabaré de *m* tu misericordia
65.8 tú haces alegrar las salidas de la *m*
73.14 pues he sido. .y castigado todas las *m*
88.13 de *m* mi oración se presentará delante
90.5 son. .como la hierba que crece en la *m*
90.6 en la *m* florece y crece; a la tarde es
90.14 de *m* sácianos de tu misericordia, y
92.2 anunciar por la *m* tu misericordia, y tu
101.8 de *m* destruiré a todos los impíos de
130.6 centinelas a la *m*. .vigilantes a la *m*
143.8 hazme oir por la *m* tu misericordia
Pr. 1.28 me buscarán de *m*, y no me hallarán
3.28 no digas a. .*m* te daré, cuando tienes
7.18 embriaguémonos de amores hasta la *m*
27.1 no te jactes del día de *m*; porque no
27.14 el que bendice a su. .madrugando de *m*
Ec. 10.16 rey. .tus príncipes banquetean de *m*!
11.6 la *m* siembra tu semilla, y a la tarde
Cnt. 7.12 levantémonos de *m* a las viñas. .vides
Is. 5.11 ¡ay de los que se levantan de *m* para
14.12 ¡cómo caíste del cielo. .hijo de la *m*!
17.14 antes de la *m* el enemigo ya no existe
21.12 respondió: La *m* viene, y después la
22.13 comamos y bebamos. .*m* moriremos
28.19 porque de *m* en *m* pasará, de día y de
33.2 tú, brazo de ellos en la *m*, sé también
37.36 levantarnos por la *m*, he aquí que todo
38.13 contaba yo hasta la *m*. .la *m* a la noche
50.4 *m* tras *m*, despertará mi oído para que
56.12 y será el día de *m* como este, o mucho
Jer. 20.16 oiga gritos de *m*, y voces a mediodía
21.12 así dijo Jehová: Haced de *m* juicio, y
Lm. 3.23 nuevas son cada *m*; grande. .fidelidad
Ez. 7.7 la *m* viene para ti, oh morador de la
7.10 ha salido la *m*; ha florecido la vara
12.8 y vino a mí palabra de Jehová por la *m*
24.18 hablé al pueblo por la *m*, y a la tarde
24.18 hablé. .a la *m* hice como me fue mandado
33.22 hasta que vino a mí por la *m*; y abrió
46.13 cordero de un año. .*m* lo sacrificarás
46.14 harás todas las *m* ofrenda de la sexta
46.15 ofrecerán. .todas las *m* el holocausto
Dn. 6.19 el rey, pues, se levantó muy de *m*, y
8.14 él dijo: Hasta 2.300 tardes y *m*; luego
8.26 la visión de las tardes y *m* que se ha
Os. 6.4 la piedad vuestra es como nube de la *m*
7.6 la *m* está encendido como llama de fuego
10.15 a la *m* será. .cortado el rey de Israel
13.3 como la niebla de la *m*, y como el rocío
Am. 4.4 de *m* vuestros sacrificios, y. .diezmos
4.13 el que hace de las tinieblas *m*, y pasa
5.8 al que hace. .y vuelve las tinieblas en *m*
Mi. 2.1 cuando llega la *m* lo ejecutan, porque
Sof. 3.3 lobos. .que no dejan hueso para la *m*
3.5 *m* sacará a luz su juicio, nunca faltará
Mt. 6.30 si la hierba. .que hoy es, y *m* se echa
6.34 no os afanéis por. .*m*. .*m* traerá su afán
16.3 y por la *m*: Hoy habrá tempestad; porque
20.1 que salió por la *m* a contratar obreros
21.18 por la *m*, volviendo a la ciudad, tuvo
27.1 venida la *m*. .los principales sacerdotes
Mr. 1.35 levantándose muy de *m*, siendo aún muy
11.20 la *m*, vieron que la higuera se había
13.35 vendrá. .al canto del gallo, o a la *m*
15.1 muy de *m*. .los principales sacerdotes con
16.2 y muy de *m*, el primer día de la semana
16.9 habiendo, pues, resucitado Jesús por la *m*
Lc. 12.28 hoy está en el campo, y *m* es echada
13.32 y hago curaciones hoy y *m*, y al tercer
13.33 que hoy y *m* y pasado *m* siga mi camino
21.38 y todo el pueblo venía a él por la *m*
24.1 el primer día de la. .muy de *m*, vinieron
Jn. 8.2 por la *m* volvió al templo, y todo el
18.28 era de *m*, y ellos no entraron en el
20.1 fue de *m*, siendo aún oscuro, al sepulcro
Hch. 5.21 habiendo oído esto, entraron de *m* en
23.15 le traiga *m* ante vosotros, como que
23.20 que *m* lleves a Pablo ante el concilio
25.22 quisiera oir. .Y él le dijo: *M* le oirás
28.23 les testificaba. .desde la *m* hasta la
1 Co. 15.32 comamos y bebamos. .*m* moriremos
Stg. 4.13 decís: Hoy y *m* iremos a tal ciudad
4.14 cuando no sabéis lo que será *m*. Porque
2 P. 1.19 el lucero de la *m* salga en vuestros
Ap. 2.28 y le daré la estrella de la *m*
22.16 la estrella resplandeciente de la *m*

MAOC ***Padre de Aquis No. 1*, 1 S. 27.2**

MAÓN

*1. **Ciudad en Judá***

Jos. 15.55 *M*, Carmel, Zif, Juta
Jue. 10.12 de *M*, y clamando a mí no os libré
1 S. 23.24 David y. .estaban en el desierto de *M*
23.25 David. .se quedó en el desierto de *M*
23.25 esto, siguió a David al desierto de *M*
25.2 y en *M* había un hombre que tenía su

2. *Descendiente de Caleb*, 1 Cr. 2.45

MAQUI ***Padre de Geuel*, Nm. 13.15**

MÁQUINA

2 Cr. 26.15 hizo en Jerusalén *m* inventadas por

MAQUINACIÓN

Sal. 21.11 fraguaron *m*, mas no prevalecerán
33.10 Jehová. .frustra las *m* de los pueblos
Lm. 3.61 has oído el oprobio. .sus *m* contra mí
2 Co. 2.11 no gane ventaja. .no ignoramos sus *m*

MAQUINAR

2 S. 21.5 nos destruyó, y que *maquinó* contra
Sal. 37.12 *maquina* el impío contra el justo, y
52.2 agravios *maquina* tu lengua; como navaja
58.2 en el corazón *maquináis* iniquidades
62.3 ¿hasta cuándo *maquinaréis* contra un
140.2 los cuales *maquinan* males en el corazón
Pr. 6.18 el corazón que *maquina* pensamientos
26.24 que odia. .en su interior *maquina* engaño
Jer. 11.19 que *maquinaban* designios contra mí
18.18 venid y *maquinemos* contra Jeremías
48.2 en Hesbón *maquinaron* mal contra ella
Ez. 11.2 los hombres que *maquinan* perversidad
Mi. 2.1 los que en sus camas. .*maquinan* el mal

MAQUIR

*1. **Hijo de Manasés No. 1***

Gn. 50.23 hijos de *M* hijo de Manasés fueron
Nm. 26.29 de *M*. .los maquiritas; y *M* engendró
27.1 de Galaad, hijo de *M*, hijo de Manasés
32.39 los hijos de *M* hijo de Manasés fueron
32.40 Moisés dio Galaad a *M* hijo de Manasés
36.1 la familia de Galaad hijo de *M*, hijo de
Dt. 3.15 y Galaad se lo di a *M*
Jos. 13.31 ciudades. .para los hijos de *M* hijo
13.31 la mitad de los hijos de *M* conforme a
17.1 *M*, primogénito de Manasés y padre de
17.3 de Galaad, hijo de *M*, hijo de Manasés
Jue. 5.14 de *M* descendieron príncipes, y de
1 Cr. 2.21 entró Hezrón a la hija de *M* padre
2.23 todos éstos fueron de los hijos de *M*
7.14 la cual también dio a luz a *M* padre de
7.15 *M* tomó mujer de Hupim y Supim, cuya
7.16 Maaca mujer de *M* dio a luz un hijo, y
7.17 los hijos de Galaad, hijo de *M*, hijo

2. *Habitante de Lodebar en tiempo de David*

2 S. 9.4 está en casa de *M* hijo de Amiel, en
9.5 envió. .y le trajo de la casa de *M* hijo
17.27 Sobi. .*M* hijo de Amiel, de Lodebar, y

MAQUIRITAS ***Descendientes de Maquir No. 1*, Nm. 26.29**

MAR ***Véanse también Mar Adriático y otros mares según sus nombres***

Gn. 1.10 y a la reunión de las aguas llamó *M*
1.22 diciendo. .y llenad las aguas en los *m*
1.26,28 en los peces del *m*, en las aves de
9.2 la tierra, y en todos los peces del *m*
32.12 tu descendencia. .como la arena del *m*
41.49 recogió José trigo como arena del *m*
49.13 Zabulón en puertos de *m* habitará; será
Éx. 14.2 entre Migdol y el *m* hacia Baal-zefón
14.2 delante de él acamparéis junto al *m*
14.9 los alcanzaron acampados junto al *m*, al
14.16 tu vara, y extiende tu mano sobre el *m*
14.16 entren. .de Israel por en medio del *m*
14.21 extendió Moisés su mano sobre el *m*, e
14.21 el *m* se retirase. .volvió el *m* en seco
14.22 de Israel entraron por en medio del *m*
14.23 egipcios. .hasta la mitad del *m*, toda la
14.26 extiende tu mano sobre el *m*, para que
14.27 Moisés extendió su mano sobre el *m*, y
14.27 el *m* se volvió en toda su fuerza, y los
14.27 egipcios al huir se encontraban. .el *m*
14.27 derribó a los egipcios en medio del *m*
14.28 que había entrado tras ellos en el *m*
14.29 por en medio del *m*, en seco, teniendo
14.30 los egipcios muertos a la orilla del *m*
15.1 ha echado en el *m* al caballo y al jinete
15.4 echó en el *m* los carros de Faraón y su
15.8 los abismos se cuajaron en medio del *m*
15.10 soplaste con tu viento; los cubrió el *m*
15.19 entró. .su gente de a caballo en el *m*
15.19 hizo volver las aguas del *m* sobre ellos
15.19 los. .pasaron en seco por en medio del *m*
15.21 echado en el *m* al caballo y al jinete
20.11 en seis días hizo Jehová. .tierra, el *m*
Lv. 11.9 tienen aletas y. .en las aguas del *m*
11.10 no tienen aletas ni escamas en el *m*
Nm. 11.22 se juntarán. .todos los peces del *m*
11.31 un viento de. .trajo codornices del *m*
13.29 y el cananeo habita junto al *m*, y a la
33.8 pasaron por en medio del *m* al desierto

MAR *(Continúa)*
Dt. 1.7 y junto a la costa del *m*, a la tierra
30.13 ni está al otro lado del *m*, para que
30.13 ¿quién pasará por nosotros el *m*, para
33.19 chuparán la abundancia de los *m*, y los
Jos. 5.1 reyes de los..que estaban cerca del *m*
11.4 gente, como la arena..a la orilla del *m*
15.4 allí pasaba a Asmón..y terminaba en el *m*
15.5 la bahía del *m* en la desembocadura del
15.11 pasa..sale a Jabneel y termina en el *m*
15.46 desde Ecrón hasta el *m*, todas las que
16.3 Bet-horón..y hasta Gezer; y sale al *m*
16.6 continúa el límite hasta el *m*, y hasta
16.8 se vuelve hacia el *m*, al..y sale al *m*
17.9 el límite de Manasés..salidas son al *m*
17.10 Efraín al sur, y..y el *m* es su límite
19.29 sale al *m* desde el territorio de Aczib
24.6 llegaron al *m*, los egipcios siguieron a
24.7 e hizo venir sobre ellos el *m*, el cual
Jue. 5.17 se mantuvo Aser a la ribera del *m*
7.12 como la arena..está a la ribera del *m*
1 S. 13.5 pueblo..como la arena..orillas del *m*
2 S. 17.11 la arena que está a la orilla del *m*
1 R. 4.20,29 como la arena que está junto al *m*
5.9 la llevarán desde el Líbano al *m*, y la
5.9 enviaré en balsas por *m* hasta el lugar
7.23 fundir..un *m* de diez codos de un lado
7.24 rodeaban aquel *m* por debajo de su borde
7.24 unas bolas..ceñían el *m*..en dos filas
7.24 habían sido fundidas cuando el *m* fue
7.25 sobre estos se apoyaba el *m*, y las ancas
7.26 el grueso del *m* era de un palmo menor
7.39 colocó el *m* al lado derecho de la casa
7.44 un *m*, con doce bueyes debajo del *m*
9.27 y envió..marineros y diestros en el *m*
10.22 rey tenía en el *m* una flota de naves
18.43 sube ahora, y mira hacia el *m*. Y él
18.44 veo una pequeña nube..que sube del *m*
2 R. 16.17 y quitó..el *m* de sobre los bueyes
25.13 quebraron..el *m* de bronce que estaba
25.16 *m*, y las basas que Salomón había hecho
1 Cr. 16.32 resuene el *m*, y su plenitud..todo
18.8 con el que Salomón hizo el *m* de bronce
2 Cr. 2.16 la traeremos..por el *m* hasta Jope
4.2 hizo un *m* de fundición, el cual tenía 10
4.3 debajo del *m*..figuras de calabazas que
4.3 calabazas fundidas juntamente con el *m*
4.4 bueyes..el *m* descansaba sobre ellos, y las
4.6 pero el *m* era para que los sacerdotes se
4.10 colocó el *m* al lado derecho, hacia el
4.15 un *m*, y los doce bueyes debajo de él
8.17 Salomón fue..a Elot, a la costa del *m*
8.18 marineros diestros en el *m*, los cuales
20.2 una gran multitud del otro lado del *m*
Esd. 3.7 madera..desde el Líbano por *m* a Jope
Neh. 9.6 hiciste..los *m*..lo que hay en ellos
9.11 dividiste el *m* delante de..y pasaron
Est. 10.1 impuso tributo sobre..costas del *m*
Job 6.3 pesarían ahora más que la arena del *m*
7.12 ¿soy yo el *m*, o un monstruo marino, para
9.8 extendió los..y anda sobre las olas del *m*
11.9 su dimensión es..y más ancha que el *m*
12.8 los peces del *m* te lo declararán también
14.11 como las aguas se van del *m*, y el río
26.5 profundo, los *m* y cuanto en ellos mora
26.12 él agita el *m* con su poder, y con su
28.14 abismo dice..y el *m* dijo: Ni conmigo
36.30 y cobija con ella..profundidades del *m*
38.8 ¿quién encerró con puertas el *m*, cuando
38.16 has entrado tú hasta las fuentes del *m*
41.31 hervir como una olla el *m* profundo, y
Sal. 8.8 aves de los cielos y los peces del *m*
8.8 todo cuanto pasa por los senderos del *m*
24.2 él la fundó sobre los *m*, y la afirmó
33.7 él junta como montón las aguas del *m*
46.2 traspasen los montes al corazón del *m*
65.5 y de los más remotos confines del *m*
65.7 el que sosiega el estruendo de los *m*
66.6 volvió el *m* en seco..el río pasaron a pie
68.22 haré volver de las profundidades del *m*
69.34 alábenle..los *m*, y todo lo que se mueve
72.8 dominará de *m* a *m*, y desde el río hasta
74.13 dividiste el *m*..quebrantaste cabezas
77.19 en el *m* fue tu camino, y tus sendas en
78.13 dividió el *m* y los hizo pasar; detuvo
78.27 como polvo, como arena del *m* aves que
78.53 los guió..y el *m* cubrió a sus enemigos
80.11 sus vástagos hasta el *m*, y hasta el río
89.9 tienes dominio sobre la braveza del *m*
89.25 pondré su mano sobre el *m*, y sobre los
93.4 más poderoso..que las recias ondas del *m*
95.5 suyo también el *m*, pues él lo hizo
96.11; 98.7 brame el *m* y su plenitud
104.25 allí el grande y anchuroso *m*, en donde
107.23 que descienden al *m* en naves, y hacen
114.3 *m* lo vio, y huyó; el Jordán se volvió
114.5 ¿qué tuviste, oh *m*, que huiste? ¿y tú
135.6 hace..en los *m* y en todos los abismos
139.9 del alba y habitare en el extremo del *m*
146.6 hizo..el *m*, y todo lo que en ellos hay
Pr. 8.29 cuando ponía al *m* su estatuto, para
23.34 serás como el que yace en medio del *m*
30.19 el rastro de la nave en medio del *m*
Ec. 1.7 los ríos todos van al *m*, y el *m* no se
Is. 5.30 bramará sobre él..como bramido del *m*
9.1 al fin llenará de gloria el camino del *m*
10.22 tu pueblo..fuere como las arenas del *m*
10.26 y alzará su vara sobre el *m* como hizo
11.9 será llena..como las aguas cubren el *m*
11.11 su pueblo que aún queda..costas del *m*
16.8 extendieron sus plantas, pasaron el *m*
17.12 que harán ruido como estruendo del *m*
18.2 envía mensajeros por el *m*, y en naves
19.5 las aguas del *m* faltarán, y el río se
21.1 profecía sobre el desierto del *m*. Como
23.2 Sidón, que pasando el *m* te abastecían
23.4 porque el *m*, la fortaleza del *m*, habló
23.11 su mano sobre el *m*, hizo temblar los
24.14 alzarán su voz..desde el *m* darán voces
24.15 las orillas del *m* sea nombrado Jehová
27.1 y matará al dragón que está en el *m*
42.10 los que descendéis al *m*, y cuanto hay
43.16 que abre camino en el *m*, y senda en
48.18 fuera..justicia como las ondas del *m*
50.2 que con mi reprensión hago secar el *m*
51.10 ¿no eres tú el que secó el *m*, las aguas
51.10 profundidades del *m* para que pasaran
51.15 que agito el *m* y hago rugir sus ondas
57.20 los impíos son como el *m* en tempestad
60.5 se haya vuelto a ti la multitud del *m*
63.11 les hizo subir del *m* con el pastor de
Jer. 5.22 mí, que puse arena por término al *m*
6.23 estruendo brama como el *m*, y montarán
15.8 sus viudas se..más que la arena del *m*
25.22 reyes de las costas..de ese lado del *m*
31.35 que parte el *m*, y braman sus ondas
33.22 ni la arena del *m* se puede medir, así
46.18 y como Carmelo junto al *m*, así vendrá
47.7 te ha enviado..contra la costa del *m*
48.32 pasaron el *m*, llegaron hasta el *m* de
50.42 su voz rugirá como el *m*, y montarán
51.36 secaré su *m*, y haré que su corriente
51.42 subió el *m* sobre Babilonia..cubierta
52.17 el *m* de bronce que estaba en la casa
52.20 un *m*, y los doce bueyes de bronce que
Lm. 2.13 grande como el *m*..tu quebrantamiento
Ez. 25.16 destruiré el resto..la costa del *m*
26.3 naciones, como el *m* hace subir sus olas
26.5 tendedero de redes será en medio del *m*
26.16 los príncipes del *m* descenderán de sus
26.17 pereciste tú, poblada por gente de *m*
26.17 ciudad..que era fuerte en el *m*, ella y
26.18 islas que están en el *m* se espantarán
27.3 que está asentada a las orillas del *m*
27.4 el corazón de los *m* están tus confines
27.9 naves del *m*..fueron a ti para negociar
27.25 te multiplicaste en..en medio de los *m*
27.26 viento..te quebrantó en medio de los *m*
27.27 caerán en medio de los *m* el día de tu
27.29 pilotos del *m* se quedarán en tierra
27.32 como Tiro..destruida en medio del *m*?
27.34 quebrantada por los *m* en lo profundo
28.2 soy un dios..sentado en medio de los *m*
28.8 de los que mueren en medio de los *m*
32.2 como el dragón en los *m*; pues secabas
38.20 los peces del *m*, las aves del cielo
39.11 de los que pasan al oriente del *m*
47.8 descenderán al Arabá, y entrarán en el *m*
47.8 entradas en el *m*, recibirán sanidad las
47.17 el límite del norte desde el *m* hasta
48.2,3,4,5,6,7,8(2)23,24,25,26,27 lado del oriente hasta el lado del *m*
Dn. 7.2 cuatro vientos..combatían en el gran *m*
7.3 y cuatro bestias grandes..subían del *m*
11.45 y plantará las tiendas..entre los *m* y
Os. 1.10 será el número..como la arena del *m*
4.3 morador..y aun los peces del *m* morirán
Am. 5.8 el que llama a las aguas del *m*, y las
8.12 irán errantes de *m* a *m*; desde el norte
9.3 se escondieron de..en lo profundo del *m*
9.6 llama las aguas del *m*, y sobre la faz de
Jon. 1.4 Jehová hizo levantar..viento en el *m*
1.4 y hubo en el *m* una tempestad tan grande
1.5 echaron al *m* los enseres que había en la
1.9 y temo a Jehová..hizo el *m* y la tierra
1.11 ¿qué haremos..que el *m* se nos aquiete?
1.11,13 el *m* se iba embraveciendo más y más
1.12 y echadme al *m*, y el *m* se os aquietará
1.15 lo echaron al *m*; y el *m* se aquietó de
2.3 echaste a lo profundo, en medio de los *m*
Mi. 7.12 vendrán..*m* a *m*, y de monte a monte
7.19 echará en..del *m* todos nuestros pecados
Nah. 1.4 él amenaza al *m*, y lo hace secar, y
3.8 cuyo baluarte era el *m*, y aguas por muro?
Hab. 1.14 sean los hombres como..peces del *m*
2.14 será llena..como las aguas cubren el *m*
3.8 ¿fue tu ira contra el *m* cuando montaste
3.15 caminaste en el *m* con tus caballos
Sof. 1.3 destruiré las aves..los peces del *m*
2.5 ¡ay de los que moran en la costa del *m*
2.6 la costa del *m* praderas para pastores
Hag. 2.6 yo haré temblar..el *m* y la tierra seca
Zac. 9.4 y herirá en el *m* su poderío, y ella
9.10 su señorío será de *m* a *m*, y desde el río
10.11 pasará por el *m*, y herirá en el *m* las
Mt. 4.15 camino del *m*, al otro lado del Jordán
4.18 vio a dos..que echaban la red en el *m*
8.24 se levantó en el *m* una tempestad tan
8.26 reprendió a los vientos y al *m*; y se
8.27 ¿qué hombre es éste..el *m* le obedecen?
8.32 el hato de cerdos se precipitó en el *m*
13.1 salió Jesús de..y se sentó junto al *m*
13.47 a una red, que echada en el *m*, recoge
14.24 barca estaba en medio del *m*, azotada
14.25 Jesús vino a ellos andando sobre el *m*
14.26 viéndole andar sobre el *m*, se turbaron
17.27 al *m*, y echa el anzuelo, y el primer
18.6 que se le hundiese en lo profundo del *m*
21.21 quítate y échate en el *m*, será hecho
23.15 recorréis *m* y..para hacer un prosélito
Mr. 1.16 junto al *m*..que echaban la red en el *m*
2.13 volvió a salir al *m*; y toda la gente
3.7 Jesús se retiró al *m* con sus discípulos
4.1 comenzó Jesús a enseñar junto al *m*, y se
4.1 se sentó en ella en el *m*; y toda la gente
4.1 toda la gente estaba en tierra junto al *m*
4.39 reprendió al viento, y dijo al *m*: Calla
4.41 ¿quién es..el viento y el *m* le obedecen?
5.1 vinieron al otro lado del *m*, a la región
5.13 precipitó en el *m*..en el *m* se ahogaron
5.21 gran multitud; y él estaba junto al *m*
6.47 barca estaba en medio del *m*, y él solo
6.48 noche vino a ellos andando sobre el *m*
6.49 viéndole..andar sobre el *m*, pensaron que
9.42 se le atase..y se le arrojase en el *m*
11.23 quítate y échate en el *m*, y no dudare
Lc. 5.4 boga *m* adentro, y echad vuestras redes
17.2 se le arrojase al *m*, que hacer tropezar
17.6 desarráigate, y plántate en el *m*; y os
21.25 confundidas a causa del bramido del *m*
Jn. 6.16 al..descendieron sus discípulos al *m*
6.17 iban cruzando el *m* hacia Capernaum
6.18 y se levantaba el *m* con un gran viento
6.19 vieron a Jesús que andaba sobre el *m*
6.22 la gente que estaba al otro..del *m* vio
6.25 y hallándole al otro lado del *m*, le
21.7 Pedro..y se echó al *m*
Hch. 4.24 tú eres el Dios que hiciste..el *m* y
10.6 curtidor, que tiene su casa junto al *m*
10.32 casa de Simón, un curtidor, junto al *m*
14.15 convirtáis al Dios vivo, que hizo..el *m*
17.14 enviaron a Pablo que fuese hacia el *m*
27.5 atravesado el *m* frente a Cilicia..a Mira
27.30 y echando el esquife al *m*, aparentaban
27.38 aligeraron la..echando el trigo al *m*
27.40 las dejaron en el *m*, largando también
27.41 popa se abría con la violencia del *m*
28.4 escapado..*m*, la justicia no deja vivir
Ro. 9.27 fuere el número..como la arena del *m*
1 Co. 10.1 bajo la nube, y todos pasaron el *m*
10.2 fueron bautizados en la nube y en el *m*
2 Co. 11.25 he estado como náufrago en alta *m*
11.26 peligros..el desierto, peligros en el *m*
He. 11.12 la arena..que está a la orilla del *m*
Stg. 1.6 que duda es semejante a la onda del *m*
3.7 toda naturaleza..de seres del *m*, se doma
Jud. 13 fieras ondas del *m*, que espuman su
Ap. 4.6 había como un *m* de vidrio semejante al
5.13 y en el *m*, y a todas las cosas que en
7.1 para que no soplase viento..sobre el *m*
7.2 poder de hacer daño a la tierra y al *m*
7.3 no hagáis daño a la tierra, ni al *m*, ni
8.8 una gran montaña..fue precipitada en el *m*
8.8 la tercera parte del *m* se convirtió en
8.9 murió la tercera parte de los..en el *m*
10.2 y puso su pie derecho sobre el *m*, y el
10.5 y el ángel que vi en pie sobre el *m* y
10.6 el *m* y las cosas que están en él, que
10.8 del ángel que está en pie sobre el *m*
12.12 ¡ay de los moradores..tierra y del *m*!
13.1 sobre la arena del *m*, y vi subir del *m*
14.7 adorad a aquel que hizo el cielo..el *m*
15.2 como un *m* de vidrio mezclado con fuego
15.2 pie sobre el *m* de vidrio, con las arpas
16.3 el segundo..derramó su copa sobre el *m*
16.3 murió todo ser vivo que había en el *m*
18.17 que trabajan en el *m*, se pararon lejos
18.19 los que tenían naves en el *m* se habían
18.21 y la arrojó en el *m*, diciendo: Con el
20.8 el número de los..es como la arena del *m*
20.13 el *m* entregó los muertos que había en
21.1 tierra pasaron, y el *m* ya no existía más

MAR ADRIÁTICO
Hch. 27.27 siendo llevados a través del *m A*

MAR DE CINERET =*Mar de Galilea y Mar de Tiberias*
Nm. 34.11 y llegará a la costa del *m de C*, al
Jos. 12.3 el Arabá hasta el *m de C*, al oriente
13.27 el extremo del *m de C* al otro lado del

MAR DE EGIPTO =*Mar Rojo*
Is. 11.15 secará Jehová la lengua del *m de E*

MAR DE GALILEA =*Mar de Cineret y Mar de Tiberias*
Mt. 4.18 andando Jesús junto al *m de G*, vio a
15.29 Jesús de allí y vino junto al *m de G*
Mr. 1.16 andando junto al *m de G*, vio a Simón
7.31 vino por Sidón al *m de G*, pasando por
Jn. 6.1 Jesús fue al otro lado del *m de G*. el

MAR DEL ARABÁ *=Mar Salado y Mar Oriental*

Dt. 3.17 desde Cineret hasta el *m del A*, el Mar
4.49 el *m del A*, al pie de las laderas del
Jos. 3.16 descendían al *m del A*..se acabaron
12.3 el *m del A*, el Mar Salado, al oriente
2 R. 14.25 él restauró los límites..el *m del A*

MAR DE LOS FILISTEOS *=Mar Grande*

Éx. 23.31 fijaré tus límites..hasta el *m de los f*

MAR DE TIBERIAS *=Mar de Cineret y Mar de Galilea*

Jn. 6.1 Jesús fue al otro lado del *m*..el *de T*
21.1 se manifestó otra vez..junto al *m de T*

MAR GRANDE (GRAN MAR) *El Mediterráneo (=Mar de los filisteos y Mar occidental)*

Nm. 34.6 y el límite occidental será el *M G*
34.7 desde el *M G* trazaréis al monte de Hor
Jos. 1.4 la tierra de los heteos hasta el *g m*
9.1 toda la costa del *M G* delante del Líbano
15.12 el límite del occidente es el *M G*. Este
15.47 Gaza con sus..y el *M G* con sus costas
23.4 repartido..desde el Jordán hasta el *M G*
Ez. 47.10 tan numerosos como los peces del *M G*
47.15 norte; desde el *M G*, camino de Hetlón
47.19 desde Cades y el arroyo hasta el *M G*
47.20 del lado del occidente el *M G* será el
48.28 desde Cades y el arroyo hasta el *M G*

MAR OCCIDENTAL *=Mar Grande y Mar de los filisteos*

Dt. 11.24 desde el río Eufrates hasta el *m o*
34.2 Neftalí..la tierra de Judá hasta el *m o*
Jl. 2.20 y su fin al *m o;* y exhalará su hedor
Zac. 14.8 otra mitad hacia el *m o*, en verano

MAR ORIENTAL *=Mar del Arabá y Mar Salado*

Ez. 47.18 esto mediréis de límite hasta el *m o*
Jl. 2.20 su faz será hacia el *m o*, y su fin
Zac. 14.8 la mitad de ellas hacia el *m o*, y la

MAR ROJO *=Mar de Egipto*

Éx. 10.19 la langosta y la arrojó en el *M R*
13.18 rodease..camino del desierto del *M R*
15.4 sus capitanes..fueron hundidos en el *M R*
15.22 Moisés que partiese Israel del *M R*
23.31 fijaré tus límites desde el *M R* hasta
Nm. 14.25 y salid al desierto, camino del *M R*
21.4 partieron del..de Hor, camino del *M R*
21.14 lo que hizo en el *M R*, y en..de Arnón
33.10 de Elim y acamparon junto al *M R*
33.11 salieron del *M R* y acamparon en el
Dt. 1.1 que habló..en el Arabá frente al *M R*
1.40 volveos e id al desierto, camino del *M R*
2.1 salimos al desierto, camino del *M R*, como
11.4 como precipitó las aguas del *M R* sobre
Jos. 2.10 Jehová hizo secar las aguas del *M R*
4.23 la manera que..lo había hecho en el *M R*
24.6 egipcios siguieron..padres hasta el *M R*
Jue. 11.16 anduvo por el desierto hasta el *M R*
1 R. 9.26 junto a Elot en la ribera del *M R*, en
Neh. 9.9 y oíste el clamor de ellos en el *M R*
Sal. 106.7 se rebelaron junto al mar, el *M R*
106.9 reprendió al *M R* y lo secó, y les hizo
106.22 de Cam, cosas formidables sobre el *M R*
136.13 que dividió el *M R* en partes, porque
136.15 y arrojó a Faraón y a su..en el *M R*
Jer. 49.21 grito de su voz se oirá en el *M R*
Hch. 7.36 prodigios y señales..en el *M R*, y en
He. 11.29 por la fe pasaron el *M R* como por

MAR SALADO *=Mar del Arabá y Mar Oriental*

Gn. 14.3 en el valle de Sidim, que es el *M S*
Nm. 34.3 el límite del sur al extremo del *M S*
34.12 límite al Jordán y terminará en el *M S*
Dt. 3.17 *M S*, al pie de las laderas del Pisga
Jos. 3.16 y las que descendían al mar..al *M S*
12.3 Arabá, el *M S*, al oriente, por el camino
15.2 y su límite..fue desde la costa del *M S*
15.5 el límite oriental es el *M S* hasta la
18.19 y termina en la bahía norte del *M S*, a

MARA *"Amargura"*

1. Lugar donde acampó Israel

Éx. 15.23 llegaron a *M*..beber las aguas de *M*
15.23 por eso le pusieron el nombre de *M*
Nm. 33.8 anduvieron tres días..acamparon en *M*
33.9 salieron de *M* y vinieron a Elim, donde

2. =Noemí

Rt. 1.20 no me llaméis Noemí, sino llamadme *M*

MARALA *Población en la frontera de Zabulón,* Jos. 19.11

MARAVILLA

Éx. 3.20 heriré a Egipto con todas mis *m* que
4.21 todas las *m* que he puesto en tu mano
7.3 multiplicaré en la..mis señales y mis *m*
11.9 mis *m* se multipliquen en la tierra de
34.10 haré *m* que no han sido hechas en toda
Dt. 28.46 serán en ti por señal y por *m*, y en
29.3 que vieron..las señales y las grandes *m*
Jos. 3.5 Jehová hará mañana *m* entre vosotros
Jue. 6.13 ¿y dónde están todas sus *m*..contado
2 R. 8.4 me cuentes..las *m* que ha hecho Eliseo
1 Cr. 16.9 cantad a él..hablad de todas sus *m*
16.12 haced memoria de las *m* que ha hecho, de
16.24 gloria, y en todos los pueblos sus *m*
17.21 para hacerte nombre con grandezas y *m*
Neh. 9.10 e hiciste señales y *m* contra Faraón
9.17 ni se acordaron de..*m* que habías hecho
Job 5.9 cual hace cosas grandes..y *m* sin número
10.16 me cazas; y vuelves a hacer en mí *m*
37.14 Job; detente, y considera las *m* de Dios
37.16 ¿has conocido tú las *m* del Perfecto en
Sal. 9.1 te alabaré, oh..contaré todas tus *m*
26.7 para exclamar..para contar todas tus *m*
40.5 has aumentado, oh Jehová Dios mío, tus *m*
65.8 los habitantes de los..temen de tus *m*
71.17 Dios..hasta ahora he manifestado tus *m*
72.18 el Dios de Israel, el único que hace *m*
75.1 tu nombre; los hombres cuentan tus *m*
77.11 sí, haré yo memoria de tus *m* antiguas
77.14 tú eres el Dios que hace *m;* hiciste
78.4 contando..su potencia, y las *m* que hizo
78.11 se olvidaron..de sus *m* que les había
78.12 delante de sus padres hizo *m*..Egipto
78.32 pecaron..y no dieron crédito a sus *m*
78.43 señales, y sus *m* en el campo de Zoán
86.10 tú eres grande, y hacedor de *m;* sólo
88.10 ¿manifestarás tus *m* a los muertos?
88.12 ¿serán reconocidas en..tinieblas tus *m*
89.5 celebrarán los cielos tus *m*, oh Jehová
96.3 su gloria, en todos los pueblos sus *m*
98.1 cantad a Jehová cántico nuevo..hecho *m*
105.2 cantadle salmos; hablad de todas sus *m*
105.5 acordaos de las *m* que él ha hecho, de
106.7 nuestros padres..no entendieron tus *m*
106.22 *m* en la tierra de Cam..formidables
107.8,15,21,31 sus *m* para con los hijos de
107.24 han visto..sus *m* en las profundidades
111.4 ha hecho memorables sus *m;* clemente y
119.18 abre mis ojos, y miraré las *m* de tu
119.27 entender el..para que medite en tus *m*
136.4 al único que hace grandes *m*, porque
Is. 25.1 alabaré tu nombre..has hecho *m;* tus
Jer. 21.2 hará con nosotros según todas sus *m*
Dn. 4.3 cuán potentes sus *m!* Su reino, reino
6.27 hace..*m* en el cielo y en la tierra; él
11.36 contra el Dios de los dioses hablará *m*
12.6 dijo..¿Cuándo será el fin de estas *m?*
Jl. 2.26 Jehová..el cual hizo *m* con vosotros
Mi. 7.15 *m* como el día que saliste de Egipto
Mt. 21.15 los escribas, viendo las *m* que hacía
Lc. 5.26 llenos de..decían: Hoy hemos visto *m*
19.37 a alabar a Dios..por todas las *m* que
Hch. 2.11 les oímos hablar en..las *m* de Dios
2.22 Jesús..varón aprobado por Dios..las *m*
2.43 muchas *m* y señales eran hechas por los
15.12 *m* había hecho Dios por medio de ellos
2 Co. 11.14 no es *m*, porque el mismo Satanás
Gá. 3.5 y hace *m* entre vosotros, ¿lo hace por

MARAVILLARSE

Gn. 24.21 el hombre estaba *maravillado* de ella
Job 17.8 los rectos se *maravillarán* de esto, y
Sal. 48.5 viéndola ellos así, se *maravillaron*
139.14 estoy *maravillado*, y mi alma lo sabe
Ec. 5.8 si opresión..vieres..no te *maravilles*
Is. 29.9 deteneos y *maravillaos;* ofuscaos y
41.23 tengamos qué contar..nos *maravillemos*
59.16 vio que no había hombre, y se *maravilló*
60.5 se *maravillará* y ensanchará tu corazón
63.5 me *maravillé* que no hubiera..sustentase
Jer. 4.9 aquel día..*maravillarán* los profetas
Ez. 27.35 los moradores de la..se *maravillarán*
28.19 los que te conocieron..se *maravillarán*
Mt. 8.10 al oírlo Jesús, se *maravilló*, y dijo
8.27 los hombres se *maravillaron*, diciendo
9.8 la gente..se *maravilló* y glorificó a Dios
9.33 la gente se *maravillaba*, y decía: Nunca
13.54 se *maravillaban*, y decían: ¿De dónde
15.31 la multitud se *maravillaba*, viendo a los
21.20 *maravillados:* ¿Cómo es que se secó en
22.22 se *maravillaron*, y dejándole, se fueron
27.14 que el gobernador se *maravillaba* mucho
Mr. 5.20 a publicar en..y todos se *maravillaban*
6.51 se calmó el viento..y se *maravillaban*
7.37 se *maravillaban*, diciendo: Bien lo ha
12.17 dad a César..Y se *maravillaron* de él
15.5 ni aun..respondió..Pilato se *maravillaba*
Lc. 1.63 Juan es su nombre. Y..se *maravillaron*
2.18 todos los que oyeron, se *maravillaron*
2.33 *maravillados* de todo lo que se decía de
2.47 se *maravillaban* de su inteligencia y de
4.22 *maravillados* de las palabras de gracia
4.36 estaban todos *maravillados*, y hablaban
7.9 al oír esto, Jesús se *maravilló* de él, y
8.25 se *maravillaban*, y se decían..¿Quién es
9.43 *maravillándose* todos de todas las cosas
11.14 el mudo habló; y la gente se *maravilló*
20.26 *maravillados* de su respuesta, callaron
24.12 se fue a casa *maravillándose* de lo que
24.41 no lo creían, y estaban *maravillados*
Jn. 3.7 no te *maravilles* de que te dije: Os es
4.27 se *maravillaron* de que hablaba con una
5.20 de modo que vosotros os *maravilléis*
5.28 no os *maravilléis* de esto..vendrá hora
7.15 y se *maravillaban* los judíos, diciendo
7.21 una obra hice, y todos os *maravilláis*
Hch. 2.7 *maravillados*..¿no son galileos todos
3.12 ¿por qué os *maravilláis* de esto? ¿o por
4.13 viendo el denuedo de..se *maravillaban*
7.31 Moisés..se *maravilló* de la visión; y
13.12 creyó, *maravillado* de la doctrina del
Gá. 1.6 estoy *maravillado*..os hayáis alejado
Ap. 13.3 se *maravilló* toda la tierra en pos de

MARAVILLOSO, SA

Éx. 15.11 en *m* hazañas, hacedor de prodigios
2 S. 1.26 más *m* me fue tu amor que el amor de
Job 9.10 él hace cosas grandes..*m*, sin número
42.3 cosas demasiado *m* para mí, que yo no
Sal. 17.7 muestra tus *m* misericordias, tú que
31.21 hecho *m* su misericordia para conmigo
118.23 es esto, y es cosa *m* a nuestros ojos
119.129 *m* son tus testimonios; por tanto, los
139.6 tal conocimiento es..*m* para mí; alto
139.14 porque formidables, *m* son tus obras
145.5 la gloria..y en tus hechos *m* meditaré
Is. 28.29 hacer *m* el consejo y engrandecer la
Ez. 1.22 una expansión a manera de cristal *m*
Zac. 8.6 parecerá *m* a los ojos del remanente
8.6 ¿también será *m* delante de mis ojos?
Mt. 21.42; Mr. 12.11 es cosa *m* a nuestros ojos?
Jn. 9.30 es lo *m*, que..no sepáis de dónde sea
Ap. 15.3 grandes y *m* son tus obras, Señor Dios

MARCA

Cnt. 8.6 ponme..como una *m* sobre tu brazo
Gá. 6.17 traigo en mi cuerpo las *m* del Señor
Ap. 13.16 les pusiese una *m* en la mano derecha
13.17 tuviese la *m* o el nombre de la bestia
14.9 recibe la *m* en su frente o en su mano
14.11 ni nadie que reciba la *m* de su nombre
15.2 la bestia..su *m* y el número de su nombre
16.2 úlcera..sobre los hombres que tenían la *m*
19.20 engañado a los que recibieron la *m* de
20.4 que no recibieron la *m* en sus frentes

MARCOS *Sobrino de Bernabé (=Juan No. 4)*

Hch. 12.12 Juan, el que tenía..sobrenombre *M*
12.25 llevando también consigo a Juan, el..*M*
15.37 Juan, el que tenía por sobrenombre *M*
15.39 Bernabé, tomando a *M*, navegó a Chipre
Col. 4.10 os saluda, y *M* el sobrino de Bernabé
2 Ti. 4.11 toma a *M* y tráele contigo, porque
Flm. 24 *M*, Aristarco, Demas..mis colaboradores
1 P. 5.13 la iglesia..y *M* mi hijo, os saludan

MARCHA

Nm. 10.12 partieron los..según el orden de *m*
10.28 este era el orden de *m* de..Israel por
Jue. 18.9 no seáis perezosos en poneros en *m*
2 S. 5.24 oigas ruido como de *m* por las copas
Jer. 4.7 el destruidor de naciones está en *m*
Ez. 12.3 prepárate enseres de *m*, y parte de
Nah. 2.5 sus valientes; se atropellarán en su *m*

MARCHAR

Éx. 14.15 di a los hijos de Israel que *marchen*
Nm. 2.9 por sus ejércitos, *marcharán* delante
2.16 los..de Rubén..*marcharán* los segundos
2.17 así *marchará* cada uno junto a su bandera
2.34 así *marcharon* cada uno por sus familias
10.14 la..de Judá comenzó a *marchar* primero
10.18 luego comenzó a *marchar* la bandera del
10.21 luego comenzaron a *marchar* los coatitas
10.22 después comenzó a *marchar* la bandera
10.25 comenzó a *marchar* la bandera..de Dan
10.30 *marcharé* a mi tierra y a mi parentela
Dt. 10.11 para que *marches* delante del pueblo
Jos. 2.16 *marchaos* al monte, para que los que
3.3 veáis el arca..*marcharéis* en pos de ella
Jue. 1.10 y *marchó* Judá contra el cananeo que
5.4 cuando te *marchaste* de..campos de Edom
5.11 *marchará* hacia las puertas el pueblo de
5.13 entonces *marchó* el resto de los nobles
5.13 el pueblo de Jehová *marchó* por él en
5.21 barrió..*Marcha*, oh alma mía, con poder
1 S. 13.17 un escuadrón *marchaba* por el camino
13.18 otro..*marchaba*..el tercer escuadrón *m*
29.10 y levantándoos al amanecer, *marchad*
2 S. 5.6 *marchó* el rey con..a Jerusalén contra
1 R. 14.17 la mujer de Jeroboam..y se *marchó*
2 R. 9.20 el *marchar* de..es como el *m* de Jehú
Pr. 7.22 se *marchó* tras ella, como va el buey
Is. 63.1 que *marcha* en la grandeza de su poder?
Jl. 2.7 cada cual *marchará* por su camino, y no
Nah. 1.3 Jehová *marcha* en la tempestad y el
Lc. 8.37 la multitud..le rogó que se *marchase*
14.31 qué rey, al *marchar* a la guerra contra
Hch. 16.36 que ahora salid, y *marchaos* en paz

MARCHITA
Gn. 41.23 que otras siete espigas menudas, *m*
41.27 siete espigas menudas y *m* del viento

MARCHITAR
2 R. 19.26 como heno..*marchitado* antes de su
Is. 15.6 *marchitarán* los retoños, todo verdor
25.5 harás *marchitar* el renuevo de..robustos
40.7 la hierba se seca, y la flor se *marchita*
40.8 sécase la hierba, *marchítase* la flor
64.7 dejaste *marchitar* en nuestras maldades
Jer. 12.4 *marchita* la hierba de todo el campo?
Stg. 1.11 así también se *marchitará* el rico en

MARDOQUEO
1. Uno que regresó del exilio con Zorobabel, **Esd. 2.2; Neh. 7.7**
2. Primo de la reina Ester
Est. 2.5 había en Susa..un varón judío..era *M*
2.7 su madre murieron, *M* la adoptó como hija
2.10 *M* le había mandado que no lo declarase
2.11 *M* se paseaba delante del patio de la
2.15 llegó a Ester, hija de Abihail tío de *M*
2.19 *M* estaba sentado a la puerta del rey
2.20 y Ester, según le había mandado *M*, no
2.20 hacía lo que decía *M*, como cuando él la
2.21 estando *M* sentado a la puerta del rey
2.22 cuando *M* entendió esto, lo denunció a
2.22 y Ester lo dijo al rey en nombre de *M*
3.2 pero *M* ni se arrodillaba ni se humillaba
3.3 preguntaron a *M:* ¿Por qué traspasas el
3.4 para ver si *M* se mantendría firme en su
3.5 y vio Amán que *M* ni se arrodillaba ni se
3.6 tuvo en poco poner mano en *M* solamente
3.6 habían declarado cuál era el pueblo de *M*
3.6 procuró Amán destruir a..al pueblo de *M*
4.1 supo *M* todo lo que se había hecho, rasgó
4.4 envió vestidos para hacer vestir a *M*, y
4.5 y lo mandó a *M*, con orden de saber qué
4.6 salió, pues, Hatac a ver a *M*, a la plaza
4.7 *M* le declaró..lo que le había acontecido
4.9 vino Hatac y contó a..las palabras de *M*
4.10 Ester dijo a Hatac que le dijese a *M*
4.12 y dijeron a *M* las palabras de Ester
4.13 *M* que respondiesen a Ester: No pienses
4.15 y Ester dijo que respondiesen a *M*
4.17 *M* fue, e hizo conforme a todo lo que le
5.9 Amán..vio a *M*..se llenó de ira contra *M*
5.13 cada vez que veo al judío *M* sentado a
5.14 di al rey que cuelguen a *M* en ella; y
6.2 *M* había denunciado el complot de Bigtan
6.3 o qué distinción se hizo a *M* por esto?
6.4 para que hiciese colgar a *M* en la horca
6.10 has dicho, y hazlo así con el judío *M*
6.11 vistió a *M*, y lo condujo a caballo por
6.12 *M* volvió a la puerta real, y Amán se dio
6.13 si de..los judíos es ese *M* delante de
7.9 horca de 50 codos..que hizo Amán para *M*
7.10 que él había hecho preparar para *M;* y se
8.1 *M* vino delante del rey, porque Ester le
8.2 se quitó el rey el anillo..y lo dio a *M*
8.2 y Ester puso a *M* sobre la casa de Amán
8.7 respondió el rey Asuero..y a *M* el judío
8.9 se escribió conforme a..lo que mandó *M*
8.15 salió *M* de delante del rey con vestido
9.3 el temor de *M* había caído sobre ellos
9.4 pues *M* era grande en la casa del rey, y
9.4 pues *M* iba engrandeciéndose más y más, y
9.20 escribió *M* estas cosas, y envió cartas
9.23 aceptaron hacer..lo que les escribió *M*
9.29 Ester..y *M* el judío, suscribieron con
9.31 según les había ordenado *M* el judío y
10.2 el relato sobre la grandeza de *M*, con
10.3 *M* el judío fue el segundo después del

MARESA
1. Ciudad en Judá, **Jos. 15.44; 2 Cr. 11.8**
2 Cr. 14.9 salió contra ellos Zera..y vino hasta *M*
14.10 ordenaron la batalla en el..junto a *M*
20.37 Eliezer hijo..de *M*, profetizó contra
Mi. 1.15 nuevo poseedor, oh moradores de *M*
2. Primogénito de Caleb, **1 Cr. 2.42**
3. Descendiente de Judá, **1 Cr. 4.21**

MARFIL
1 R. 10.18 un gran trono de *m*, el cual cubrió
10.22 traía..plata, *m*, monos y pavos reales
22.39 la casa de *m* que construyó, y todas las
2 Cr. 9.17 hizo..el rey un gran trono de *m*, y
9.21 y traían oro..*m*, monos y pavos reales
Sal. 45.8 mirra..desde palacios de *m* te recrean
Cnt. 5.14 su cuerpo, como claro *m* cubierto de
7.4 cuello, como torre de *m;* tus ojos, como
Ez. 27.6 bancos de pino de..incrustados de *m*
27.15 colmillos de *m*..dieron por sus pagos
Am. 3.15 y heriré..y las casas de *m* perecerán
6.4 duermen en camas de *m*, y reposan sobre
Ap. 18.12 mercadería de oro..todo objeto de *m*

MARÍA
1. Hermana de Moisés
Éx. 15.20 *M* la profetisa..tomó un pandero en
15.21 y *M* les respondía: Cantad a Jehová
Nm. 12.1 *M* y Aarón hablaron contra Moisés a
12.4 dijo Jehová a..*M:* Salid vosotros tres
12.5 Jehová descendió..llamó a Aarón y a *M*
12.10 que *M* estaba leprosa..y miró Aarón a *M*
12.15 *M* fue echada del campamento siete días
12.15 pueblo no pasó..hasta que se reunió *M*
20.1 y allí murió *M*, y allí fue sepultada
26.59 dio a luz..a Aarón y a Moisés, y a *M*
Dt. 24.9 acuérdate de lo que hizo..Dios a *M*
1 Cr. 6.3 hijos de Amram: Aarón, Moisés y *M*
Mi. 6.4 envié delante de ti a Moisés..y a *M*
2. Hija de Esdras No. 1, **1 Cr. 4.17**
3. Madre de Jesucristo
Mt. 1.16 Jacob engendró a José, marido de *M*
1.18 estando desposada *M* su madre con José
1.20 no temas recibir a *M* tu mujer, porque
2.11 la casa, vieron al niño con su madre *M*
13.55 ¿no se llama su madre *M*, y sus hermanos
Mr. 6.3 ¿no es éste el carpintero, hijo de *M*
Lc. 1.27 virgen..el nombre de la virgen era *M*
1.30 *M*, no temas, porque has hallado gracia
1.34 *M* dijo al ángel: ¿Cómo será esto? pues
1.38 entonces *M* dijo: He aquí la sierva del
1.39 *M*, fue de prisa a la montaña, a..de Judá
1.41 cuando oyó Elisabet la salutación de *M*
1.46 entonces *M* dijo: Engrandece mi alma al
1.56 y se quedó *M* con ella como tres meses
2.5 empadronado con *M* su mujer, desposada
2.16 vinieron..y hallaron a *M* y a José, y
2.19 *M* guardaba todas estas cosas..corazón
2.34 dijo a su madre *M:* He aquí, éste está
Hch. 1.14 perseveraban..oración y ruego..con *M*
4. Magdalena
Mt. 27.56 entre las cuales estaban *M* Magdalena
27.61 estaban allí *M* Magdalena, y la otra
28.1 vinieron *M* Magdalena y la otra María
Mr. 15.40 entre las cuales estaban *M* Magdalena
15.47 y *M* Magdalena y María madre de José
16.1 *M* Magdalena..compraron especias
16.9 apareció primeramente a *M* Magdalena, de
Lc. 8.2 *M*, que se llamaba Magdalena, de la que
24.10 *M* Magdalena, y Juana, y María madre
Jn. 19.25 estaban junto a la cruz..*M* Magdalena
20.1 *M* Magdalena fue de mañana, siendo aún
20.11 pero *M* estaba fuera llorando junto al
20.16 Jesús le dijo: ¡*M*! Volviéndose ella
20.18 fue..*M* Magdalena para dar..las nuevas
5. Madre de Jacobo el menor (quizá =No. 7)
Mt. 27.56 estaban..*M* la madre de Jacobo y de
27.61 otra *M*, sentadas delante del sepulcro
28.1 vinieron..la otra *M*, a ver el sepulcro
Mr. 15.40 *M* la madre de Jacobo el menor y de
15.47 Magdalena y *M* madre de José miraban
16.1 *M* la madre de Jacobo..para ir a ungirle
Lc. 24.10 *M* madre de Jacobo, y las demás con
6. Hermana de Marta y Lázaro
Lc. 10.39 tenía una hermana que se llamaba *M*
10.42 *M* ha escogido la buena parte, la cual
Jn. 11.1 Betania, la aldea de *M* y de Marta su
11.2 *M*..fue la que ungió al Señor con perfume
11.19 los judíos habían venido a Marta y a *M*
11.20 Marta..salió..pero *M* se quedó en casa
11.28 habiendo dicho esto, fue y llamó a *M*
11.31 *M* se había levantado de prisa y había
11.32 *M*, cuando llegó a donde estaba Jesús
11.45 que habían venido para acompañar a *M*
12.3 entonces *M* tomó una libra de perfume de
7. Mujer de Cleofas (posiblemente =No. 5), **Jn. 19.25**
8. Madre de Juan Marcos
Hch. 12.12 llegó a casa de *M* la madre de Juan
9. Cristiana saludada por Pablo, **Ro. 16.6**

MARIDO
Gn. 3.6 tomó de su fruto..dio también a su *m*
3.16 tu deseo será para tu *m*, y él se..de ti
16.3 a Agar..la dio por mujer a Abram su *m*
20.3 de la mujer que..la cual es casada con *m*
20.7 ahora, pues, devuelve la mujer a su *m*
29.32 dijo..ahora, por tanto, me amará mi *m*
29.34 unirá mi *m* conmigo, porque le he dado
30.15 ¿es poco que hayas tomado mi *m*, sino
30.18 por cuanto di mi sierva a mi *m;* por eso
30.20 dijo Lea..morará conmigo mi *m*, porque
Éx. 21.22 penados conforme a..impusiere el *m*
Lv. 21.3 su hermana..la cual no haya tenido *m*
21.7 ni con mujer repudiada de su *m;* porque
Nm. 5.13 cohabitare..su *m* no lo hubiese visto
5.15 el *m* traerá su mujer al sacerdote, y con
5.19 le dirá..si no te has apartado de tu *m*
5.20 si te has descarriado de tu *m* y te has
5.20 y ha cohabitado contigo..fuera de tu *m*
5.27 hubiere sido infiel a su *m*, las aguas
5.29 mujer cometiere infidelidad contra su *m*
5.30 del *m* sobre el cual pasare..de celos
30.7 *m* lo oyere, y cuando lo oyere callare
30.8 si cuando su *m* lo oyó, le vedó, entonces
30.10 si hubiere hecho voto en casa de su *m*
30.11 su *m* oyó, y calló a ello y no le vedó
30.12 si su *m* los anuló el día que los oyó
30.12 su *m* los anuló, y Jehová la perdonará
30.13 su *m* lo confirmará, o su *m* lo anulará
30.14 si su *m* callare a ello de día en día
36.4 será añadida a..la tribu de sus *m;* así
Dt. 21.13 tú serás su *m*, y ella será tu mujer
22.22 acostado con una mujer casada con *m*
24.4 no podrá su primer *m*..volverla a tomar
25.11 librar a su *m* de mano del que le hiere
28.56 mirará con malos ojos al *m* de su seno
Jue. 13.6 la mujer vino y se lo contó a su *m*
13.9 el ángel..su *m* Manoa no estaba con ella
13.10 y la mujer corrió..a avisarle a su *m*
14.15 induce a tu *m* a que nos declare este
19.3 y se levantó su *m* y la siguió, para
20.4 el varón levita, *m* de la mujer muerta
Rt. 1.3 y murió Elimelec, *m* de Noemí, y quedó
1.5 desamparada de sus dos hijos y de su *m*
1.9 que halléis descanso..en casa de su *m*
1.11 más hijos..que puedan ser vuestros *m?*
1.12 yo ya soy vieja para tener *m*. Y aunque
1.12 esta noche estuviese con *m*, y aun diese
2.1 tenía Noemí un pariente de su *m*..rico
2.11 has hecho..después de la muerte de tu *m*
1 S. 1.8 y Elcana su *m* le dijo: Ana, ¿por qué
1.22 Ana..dijo a su *m:* Yo no subiré hasta que
1.23 su *m* le respondió: Haz lo que bien te
2.19 la traía cada año cuando subía con su *m*
4.19 y muertos su suegro y su *m*, se inclinó
4.21 y por la muerte de su suegro y de su *m*
25.19 criados..y nada declaró a su *m* Nabal
2 S. 3.15 se la quitó a su *m* Paltiel hijo de
3.16 *m* fue con ella, siguiéndola y llorando
11.26 oyendo la..que su *m* Urías era muerto
11.26 la mujer de Urías..hizo duelo por su *m*
14.5 yo..soy una mujer viuda y mi *m* ha muerto
14.7 no dejando a mi *m* nombre ni reliquia
2 R. 4.1 tu siervo mi *m* ha muerto; y tú sabes
4.9 ella dijo a su *m*..es varón santo de Dios
4.14 que ella no tiene hijo, y su *m* es viejo
4.22 llamando..a su *m*, le dijo: Te ruego que
4.26 ¿le va bien a tu *m*, y a tu hijo? Y ella
Est. 1.17 ellas tendrán en poca estima a sus *m*
1.20 todas las mujeres darán honra a sus *m*
Pr. 7.19 el *m* no está en casa; se ha ido a un
12.4 mujer virtuosa es corona de su *m;* mas
31.11 corazón de su *m* está en ella confiado
31.23 *m* es conocido en las puertas, cuando
31.28 bienaventurada..su *m* también la alaba
Is. 54.5 porque tu *m* es tu Hacedor; Jehová de
Jer. 6.11 será preso tanto el *m* como la mujer
18.21 sus *m* sean puestos a muerte..a espada
29.6 dad *m* a vuestras hijas, para que tengan
31.32 mi pacto, aunque fui yo un *m* para ellos
44.19 le..sin consentimiento de nuestros *m?*
Ez. 16.32 que en lugar de su *m* recibe a ajenos
16.45 madre, que desechó a su *m* y a sus hijos
16.45 que desecharon a sus *m* y a sus hijos
44.25 por..hermana que no haya tenido *m*, sí
Os. 2.2 porque ella no es mi mujer, ni yo su *m*
2.7 iré y me volveré a mi primer *m;* porque
Jl. 1.8 llora tú como..por el *m* de su juventud
Mt. 1.16 y Jacob engendró a José, *m* de María
1.19 José su *m*, como era justo, y no quería
Mr. 10.2 era lícito al *m* repudiar a su mujer
10.12 la mujer repudia a su *m* y se casa con
Lc. 2.36 pues había vivido con su *m* siete años
16.18 casa con la repudiada del *m*, adultera
Jn. 4.17 respondió la mujer y dijo: No tengo *m*
4.17 Jesús le..Bien has dicho: No tengo *m*
4.18 cinco *m* has tenido, y el que..no es tu *m*
Hch. 5.9 han sepultado a tu *m*, y te sacarán a
5.10 sacaron, y la sepultaron junto a su *m*
Ro. 7.2 está sujeta..al *m*..pero si el *m* muere
7.2 pero..ella queda libre de la ley del *m*
7.3 si en vida del *m* se uniere a otro varón
7.3 si su *m* muriere..si se uniere a otro *m*
1 Co. 7.2 mujer, y cada una tenga su propio *m*
7.3 el *m* cumpla con la..el deber conyugal
7.3 cumpla con..asimismo la mujer con el *m*
7.4 la mujer no tiene potestad..sino el *m*
7.4 ni tampoco tiene el *m* potestad sobre su
7.10 mando..Que la mujer no se separe del *m*
7.11 sin casar, o reconcíliese con su *m*
7.11 y que el *m* no abandone a su mujer
7.13 una mujer tiene *m* que no sea creyente
7.14 *m* incrédulo es santificado en la mujer
7.14 y la mujer incrédula en el *m;* pues de
7.16 sabes tú..si quizá harás salvo a tu *m?*
7.16 ¿o qué sabes tú, oh *m*, si quizá harás
7.34 tiene cuidado..de cómo agradar a su *m*
7.39 ligada por la ley mientras su *m* vive
7.39 si su *m* muriere, libre es para casarse
14.35 si quieren..pregunten en casa a sus *m*
Gá. 4.27 de la desolada, que de la que tiene *m*
Ef. 5.22 casadas estén sujetas a sus propios *m*
5.23 el *m* es cabeza de la mujer, así como
5.24 también las casadas lo estén a sus *m* en
5.25 *m*, amad a vuestras mujeres, así como
5.28 los *m* deben amar a sus mujeres como a
5.33 a sí mismo; y la mujer respete a su *m*
Col. 3.18 casadas, estad sujetas a vuestros *m*
3.19 *m*, amad a vuestras mujeres, y no seáis
1 Ti. 3.2 el obispo sea..*m* de una sola mujer

MARIDO *(Continúa)*
1 Ti. 3.12 los diáconos sean *m* de una sola mujer
5.9 viuda..que haya sido esposa de un solo *m*
Tit. 1.6 *m* de una sola mujer, y tenga hijos
2.4 enseñen..a amar a sus *m* y a sus hijos
2.5 sujetas a sus *m*, para que la palabra de
1 P. 3.1 mujeres, estad sujetas a vuestros *m*
3.5 santas mujeres..estando sujetas a sus *m*
3.7 vosotros, *m*..vivid con ellas sabiamente
Ap. 21.2 como una esposa ataviada para su *m*

MARINERO
1 R. 9.27 sus siervos, *m* y diestros en el mar
2 Cr. 8.18 había enviado naves..y *m* diestros
Ez. 27.28 al estrépito de las voces de tus *m*
Jon. 1.5 *m* tuvieron miedo, y cada uno clamaba
Hch. 27.27 los *m* sospecharon que estaban cerca
27.30 los *m* procuraron huir de la nave, y
Ap. 18.17 *m*, y todos los que trabajan en el mar

MARINO
Gn. 1.21 y creó Dios los grandes monstruos *m*
Job 7.12 ¿soy yo el mar, o un monstruo *m*, para
Sal. 148.7 alabad a Jehová..los monstruos *m* y

MARÍTIMA
Mt. 4.13 y habitó en Capernaum, ciudad *m*, en

MARMITA
1 S. 2.14 lo metía..en el caldero o en la *m*

MÁRMOL
1 Cr. 29.2 piedras preciosas..y piedras de *m*
Est. 1.6 en anillos de plata y columnas de *m*
1.6 plata, sobre losado de pórfido y de *m*
Cnt. 5.15 sus piernas, como columnas de *m*..oro
Ap. 18.12 mercadería de oro..de hierro y de *m*

MAROT *Población en Judá*
Mi. 1.12 los moradores de *M* anhelaron..el bien

MARSENA ***Príncipe del rey Asuero*, Est. 1.14**

MARTA *Mujer de Betania*
Lc. 10.38 y una mujer llamada *M* le recibió en
10.40 *M* se preocupaba con muchos quehaceres
10.41 dijo: *M, M*, afanada y turbada estás con
Jn. 11.1 la aldea de María y de *M* su hermana
11.5 y amaba Jesús a *M*, a su hermana y a
11.19 los judíos habían venido a *M* y a María
11.20 *M*, cuando oyó que Jesús venía, salió
11.21 y *M* dijo a Jesús: Señor, si hubieses
11.24 *M* le dijo: Yo sé que resucitará en la
11.30 estaba..donde *M* le había encontrado
11.39 *M*..le dijo: Señor, hiede ya, porque
12.2 *M* servía, y Lázaro era uno de los que

MARTILLAR
Mi. 4.3 *martillarán* sus espadas para azadones

MARTILLO
Éx. 25.18 querubines..labrados a *m* los harás
25.31 labrado a *m* se hará el candelero; su
25.36 todo ello una pieza labrada a *m*, de oro
37.7 labrados a *m*, en los dos extremos del
37.17 el candelero de oro puro, labrado a *m*
37.22 era una pieza labrada a *m*, de oro puro
Nm. 8.4 candelero, de oro labrado a *m*; desde
8.4 su pie hasta sus flores era labrado a *m*
10.2 dos trompetas..de obra de *m* las harás
1 R. 6.7 ni *m* ni hachas se oyeron en la casa
Sal. 74.6 con..y *m* han quebrado..entalladuras
Pr. 25.18 *m*..es el hombre que habla contra su
Is. 41.7 y el que alisaba con *m* al que batía
44.12 da forma con los *m*, y trabaja en ello
Jer. 10.4 con clavos y *m* lo afirman para que
23.29 ¿no es..como *m* que quebranta la piedra?
50.23 ¡cómo fue cortado y quebrado el *m* de
51.20 *m* me sois, y armas de guerra; y por

MÁRTIR
Ap. 17.6 ebria..de la sangre de los *m* de Jesús

MAS ***Hijo de Aram No. 1*, Gn. 10.23**

MÁS
Dt. 7.7 no por ser vosotros *m* que..los pueblos
2 R. 6.16 *m* son los que están con nosotros que

MASA
Éx. 12.34 llevó el..su *m* antes que se leudase
12.34 sus *m* envueltas en sus sábanas sobre
12.39 cocieron tortas sin levadura de la *m*
Nm. 15.21 las primicias de vuestra *m* daréis a
1 S. 30.12 le dieron..un pedazo de *m* de higos
2 R. 20.7 dijo Isaías: Tomad *m* de higos..sanó
Neh. 10.37 también las primicias de nuestras *m*
Is. 38.21 tomen *m* de higos, y pónganla en la
Jer. 7.18 amasan la *m*, para hacer tortas a la
Ez. 44.30 daréis al sacerdote las primicias..*m*
Os. 7.4 que cesa..después que está hecha la *m*
Zac. 5.8 y echó la *m* de plomo en la boca del
Ro. 9.21 para hacer de la misma *m* un vaso para
11.16 son santas, también lo es la *m* restante
1 Co. 5.6 un poco de levadura leuda toda la *m*?
5.7 que seáis nueva *m*, sin levadura como sois
Gá. 5.9 un poco de levadura leuda toda la *m*

MASAH *Lugar donde acampó Israel*
Éx. 17.7 y llamó el nombre de aquel lugar *M* y
Dt. 6.16 no tentaréis a Jehová..como lo..en *M*
9.22 en *M* y en..provocasteis a ira a Jehová
33.8 a quien probaste en *M*..contendiste en
Sal. 95.8 como en el día de *M* en el desierto

MASAI ***Sacerdote que regresó del exilio*, 1 Cr. 9.12**

MASAL ***Población levítica en la frontera de Aser*, 1 Cr. 6.74**

MASCULINO
1 R. 11.16 acabado con todo el sexo *m* en Edom

MASQUIL ***"Poema didáctico", palabra que aparece en el título de los Salmos***
32,42,44,45,52,53,54,55,74,78,88,89,142

MASRECA ***Ciudad de Samla rey de Edom*, Gn. 36.36; 1 Cr. 1.47**

MASSA ***Hijo de Ismael No. 1*, Gn. 25.14; 1 Cr. 1.30**

MASTELERO
Pr. 23.34 como el que está en la punta de un *m*

MASTICAR
Nm. 11.33 la carne..antes que fuese *masticada*

MÁSTIL
Is. 30.17 quedéis como *m* en la cumbre de un
33.23 no afirmaron su *m*, ni entesaron la vela
Ez. 27.5 cedros del Líbano para hacerte el *m*

MATA
Job 30.7 bramaban entre las *m*, y se reunían
Is. 7.19 todos los zarzales, y en todas las *m*

MATADERO
Sal. 44.11 nos entregas como ovejas al *m*, y nos
44.22 somos contados como ovejas para el *m*
Is. 14.21 preparad sus hijos para el *m*, por la
34.2 ellas; las destruirá y las entregará al *m*
53.7 como cordero fue llevado al *m*; y como
Jer. 50.27 matad a..novillos; que vayan al *m*
51.40 los haré traer como corderos al *m*, como
Ro. 8.36 causa de ti..contados como ovejas de *m*

MATADOR, RA
Job 24.14 la luz se levanta el *m*; mata al pobre
Ez. 21.11 pulida para entregarla en mano del *m*
28.9 hombre..y no Dios, en la mano de tu *m*
36.13 y *m* de los hijos de tu nación has sido
Hch. 7.52 del Justo, de quien..habéis sido..*m*

MATÁN
1. ***Sacerdote de Baal en el reinado de Atalía*, 2 R. 11.18; 2 Cr. 23.17**
2. ***Padre de Sefatías No. 9*, Jer. 38.1**
3. ***Ascendiente de Jesucristo*, Mt. 1.15**

MATANA ***Lugar donde acampó Israel*, Nm. 21.18,19**

MATANÍAS
1. ***Nombre original del rey Sedequías*, 2 R. 24.17**
2. ***Levita que regresó del exilio*, 1 Cr. 9.15**
3. ***Levita, músico en el templo*, 1 Cr. 25.4,16**
4. ***Levita de los hijos de Asaf*, 2 Cr. 20.14**
5. ***Levita en tiempo del rey Ezequías*, 2 Cr. 29.13**
6. ***Nombre de cuatro de los que se casaron con mujeres extranjeras en tiempo de Esdras*, Esd. 10.26,27,30,37**
7. ***Levita, cantor en tiempo de Zorobabel*, Neh. 11.17,22; 12.8**
8. ***Levita, portero en tiempo de Nehemías*, Neh. 12.25**
9. ***Ascendiente de Zacarías No. 28*, Neh. 12.35**
10. ***Abuelo de Hanán No. 7*, Neh. 13.13**

MATANZA
1 S. 14.14 esta primera *m* que hicieron Jonatán
2 S. 18.7 hizo..una gran *m* de 20.000 hombres
2 Cr. 13.17 Abías..hicieron en ellos una gran *m*
25.14 volviendo luego Amasías de la *m* de los
Is. 10.26 como la *m* de Madián en la peña de
30.25 habrá ríos..aguas el día de la gran *m*
34.6 tiene sacrificios..*m* en tierra de Edom
Jer. 7.32 no se diga más..sino Valle de la *M*
12.3 como a..señálalos para el día de la *m*
19.6 no se llamará más Tofet..Valle de la *M*
Ez. 21.14 esta es la espada de la gran *m* que
21.22 la orden de..para dar comienzo a la *m*
26.15 cuando se haga la *m* en medio de ti?
Os. 9.13 pero Efraín sacará sus hijos a la *m*
Zac. 11.4 dicho..Apacienta las ovejas de la *m*
11.7 apacenté, pues, las ovejas de la *m*, esto
Stg. 5.5 vuestros corazones como en día de *m*

MATAR ***Véanse también Morir, Muerte, Muerto***
Gn. 4.8 Caín se levantó contra su..y lo *mató*
4.14 cualquiera que me hallare, me *matará*
4.15 cualquiera que *matare* a Caín, 7 veces
4.15 señal en Caín, para que no lo *matase*
4.23 varón *mataré* por mi herida, y un joven
4.25 hijo en lugar de Abel, a quien *mató* Caín
12.12 me *matarán* a mí, y a ti te reservarán
20.4 Señor, *¿matarás* también al inocente?
20.11 dije..me *matarán* por causa de mi mujer
26.7 lo *matarían* por causa de Rebeca, pues
27.41 y dijo..yo *mataré* a mi hermano Jacob
27.42 consuela..de ti con la idea de *matarte*
34.25 vinieron contra..y *mataron* a todo varón
34.26 a Hamor..los *mataron* a filo de espada
37.18 conspiraron contra él para *matarle*
37.20 *matémosle* y echémosle en una cisterna
37.21 Rubén..lo libró..y dijo: No lo *matemos*
37.26 dijo..¿Qué provecho hay en que *matemos*
49.6 porque en su furor *mataron* hombres, y en
Éx. 1.16 si es hijo, *matadlo;* y si es hija
2.12 *mató* al egipcio y lo escondió en la arena
2.14 piensas *matarme* como *mataste* al egipcio?
2.15 oyendo Faraón..procuró *matar* a Moisés
4.23 voy a *matar* a tu hijo, tu primogénito
4.24 le salió al encuentro, y quiso *matarlo*
5.21 poniéndoles la espada en..que nos *maten*
16.3 *matar* de hambre a toda esta multitud
17.3 subir..para *matarnos* de sed a nosotros
20.13 no *matarás*
21.14 y lo *matare*..de mi altar lo quitarás
21.29 *matare* a hombre o mujer, el buey será
21.34 pagará..y lo que fue *muerto* será suyo
22.14 bestia..y fuere estropeada o *muerta*
22.20 que ofreciere sacrificios..será *muerto*
22.24 mi furor se encenderá, y os *mataré* a
23.7 no *matarás* al inocente..no justificaré
29.11 *matarás* el becerro delante de Jehová
29.16 y *matarás* el carnero, y con su sangre
29.20 *matarás* el carnero, y tomarás de su
32.12 los sacó, para *matarlos* en los montes
32.27 *matad* cada uno a su hermano..su amigo
Lv. 14.5 mandará..*matar* una avecilla en un vaso
20.4 si..cerrare sus ojos..para no *matarle*
20.10 el adúltero y la adúltera..serán *muertos*
20.11 ambos han de ser *muertos:* su sangre será
20.13 han de ser *muertos;* sobre ellos será su
20.15 cópula con bestia, ha de ser *muerto*, y
20.15 tuviere cópula..*mataréis* a la bestia
20.16 la mujer y el animal *matarás;* morirán
20.17 serán *muertos* a ojos de los hijos de su
24.16 que blasfemare el nombre..de ser *muerto*
27.29 separada como anatema..de ser *muerta*
Nm. 14.16 no pudo Jehová..*mató* en el desierto
22.29 tuviera espada..que ahora te *mataría!*
23.33 te *mataría* a ti, y a ella dejaría viva
22.40 y Balac hizo *matar* bueyes y ovejas, y
25.5 *matad*..que se han juntado con Baal-peor
25.14 nombre del..que fue *muerto*..era Zimri
25.15 de la mujer madianita *muerta* era Cozbi
25.18 fue *muerta* el día de la mortandad por
31.7 contra Madián..y *mataron* a todo varón
31.8 *mataron* también..a los reyes de Madián
31.8 a Balaam hijo de Beor *mataron* a espada
31.17 *matad*..niños; *m* también a toda mujer
35.19 vengador..lo encontrare, él lo *matará*
35.21 el vengador..*matará* al homicida cuando
35.23 hizo caer..piedra que pudo *matarlo*, y
35.27 y el vengador de la sangre *matare* al
Dt. 3.6 *matando* en..a hombres, mujeres y niños
4.42 el homicida que *matase* a su prójimo sin
5.17 no *matarás*
9.28 los sacó para *matarlos* en el desierto
12.15 podrás *matar* y comer carne en todas tus
12.21 podrás *matar* de tus vacas y..tus ovejas
13.5 o soñador de sueños ha de ser *muerto*
13.9 sino que lo *matarás;* tu mano se alzará
13.9 se alzará primero sobre él para *matarle*
13.15 *matarás* sus ganados a filo de espada
16.4 y de la carne que *matares*..no quedará
17.7 la mano de los testigos caerá. *matarlo*
21.1 muerto..y no se supiere quién lo *mató*
28.31 buey será *matado* delante de tus ojos
Jos. 7.5 los de Hai *mataron*..unos 36 hombres
8.24 acabaron de *matar* a todos los..de Hai
9.18 y no los *mataron* los hijos de Israel
9.26 los libró de..Israel, y no los *mataron*
10.11 que los que..Israel *mataron* a espada
10.26 Josué los hirió y los *mató*, y..colgar
10.28 tomó Josué a Maceda..y *mató* a su rey
10.35 *mató* a todo lo que en ella tenía vida
10.40 todo lo que tenía vida lo *mató*, como
11.10 tomó..Hazor, y *mató* a espada a su rey

MATAR *(Continúa)*

Jos. 11.11 y *mataron*. .cuanto en ella tenía vida
11.17 a todos sus reyes, y los hirió y *mató*
13.22 *mataron* a espada. .a Balaam el adivino
13.22 a Balaam. .entre los demás que *mataron*
20.3 se acoja allí el homicida que *matare* a
Jue. 3.29 *mataron* de los moabitas como 10.000
3.31 Samgar. .*mató* a seiscientos hombres de
7.25 *mataron* a Oreb. .Zeeb lo *m* en el lagar
8.17 derribó la. .y *mató* a los de la ciudad
8.18 aquellos hombres. .*matasteis* en Tabor?
8.19 conservado la vida, yo no os *mataría!*
8.20 levántate, y *mátalos*. Pero el joven no
8.21 dijeron Zeba. .Levántate tú, y *mátanos*
8.21 Gedeón se levantó, y *mató* a Zeba y a
9.5 *mató* a sus hermanos. .hijos de Jerobaal
9.18 y habéis *matado* a sus hijos, setenta
9.24 sobre Abimelec su hermano que los *mató*
9.24 fortalecieron las manos de él. .*matar* a
9.44 acometieron a todos los. .y los *mataron*
9.45 tomó la ciudad, y *mató* al pueblo que en
9.54 *mátame*. .no se diga. .Una mujer lo *mató*
9.56 el mal que hizo. .*matando* a. .70 hermanos
13.23 su mujer. .Si Jehová nos quisiera *matar*
14.19 descendió a Ascalón y *mató* a treinta
15.12 juradme que vosotros no me *mataréis*
15.13 te prenderemos, y. .mas no te *mataremos*
15.15 la tomó, y *mató* con ella a mil hombres
15.16 con la quijada de un asno *maté* a mil
16.2 hasta la luz de la mañana. .lo *mataremos*
16.30 que *mató* al morir fueron muchos más
16.30 más que los que había *matado* durante
20.5 rodearon contra mí. .con idea de *matarme*
20.13 entregad, pues. .para que los *matemos*
20.31 *matándolos* como las otras veces por los
20.31 y *mataron* unos 30 hombres de Israel
20.35 *mataron*. .a 25.100 hombres de Benjamín
20.39 comenzaron. .*matar* a la gente de Israel
20.45 y *mataron* de ellos a dos mil hombres
21.11 *mataréis* a todo varón, y a toda mujer
21.16 fueron *muertas*. .mujeres de Benjamín
1 S. 1.25 *matando* el becerro, trajeron el niño
2.6 *mata*, y él da vida; él hace descender al
4.11 fue. .y *muertos* los dos hijos de Elí, Ofni
4.17 dos hijos, Ofni y Finees, fueron *muertos*
5.10 han pasado. .el arca del. .para *matarnos*
5.11 arca. .no nos *mate*. .ni a nuestro pueblo
11.12 dadnos esos hombres, y los *mataremos*
14.13 su paje de. .que iba tras él los *mataba*
15.3 *mata* a hombres, mujeres, niños y aun los
15.8 a todo el pueblo *mató* a filo de espada
16.2 ¿cómo iré? Si Saúl lo supiera, me *mataría*
17.35 le echaba mano. .lo hería y lo *mataba*
17.36 fuese león. .oso, tu siervo lo *mataba*
17.50 hirió al filisteo y lo *mató*, sin tener
17.51 lo acabó de *matar*, y le cortó con ella
17.57; 18.6 David volvía de *matar* al filisteo
18.27 se fue con. .y *mató* a doscientos hombres
19.1 habló Saúl a. .para que *matasen* a David
19.2 a David. .Saúl mi padre procura *matarte*
19.5 y *mató* al filisteo, y Jehová dio gran
19.5 ¿por qué. .*matando* a David sin causa
19.11 Saúl envió. .y lo *matasen* a la mañana
19.11 si no salvas tu. .mañana serás *muerto*
19.15 traédmelo en la cama para que lo *mate*
19.17 dijo: Déjame ir; si no, yo te *mataré*
20.8 si hay maldad en mí, *mátame* tú, pues no
20.33 que su padre estaba resuelto de *matar*
22.17 dijo el rey. .*matad* a los sacerdotes de
22.17 no quisieron. .*matar* a los sacerdotes
22.18 Doeg. .mató. .a ochenta y cinco varones
24.10 me dijeron que te *matase*. .te perdoné
24.11 yo corté la. .de tu manto, y no te *maté*
26.9 no le *mates;* porque ¿quién extenderá su
26.15 ha entrado a *matar* a tu señor el rey
27.1 al fin seré *muerto*. .por la mano de Saúl
28.24 tenía. .un ternero. .el cual *mató* luego
30.15 júrame por Dios que no me *matarás*, ni
31.2 los filisteos a Saúl. .*mataron* a Jonatán
31.7 que Saúl y sus hijos habían sido *muertos*
2 S. 1.9 me volvió a decir: Te ruego. .me *mates*
1.10 yo entonces me puse sobre él y le *maté*
1.14 tu mano para *matar* al ungido de Jehová?
1.15 dijo: Vé y *mátalo*. Y él lo hirió, y murió
1.16 diciendo: Yo *maté* al ungido de Jehová
3.30 Joab, pues, y Abisai. .*mataron* a Abner
3.37 que no. .del rey el *matar* a Abner hijo
4.1 oyó. .Abner había sido *muerto* en Hebrón
4.7 lo hirieron y lo *mataron*, y le cortaron
4.8 cabeza de Is-boset. .que procuraba *matarte*
4.10 le *maté* en Siclag en pago de la nueva
4.11 hombres que *mataron* a un hombre justo
4.12 David ordenó a sus. .y ellos los *mataron*
10.18 David *mató*. .a la gente de 700 carros
12.9 él lo *mataste* con la espada de. .de Amón
13.28 y al decir yo: Herid a Amnón. .*matadle*
13.32,33 sólo Amnón ha sido *muerto*
13.33 no diga. .hijos del rey han sido *muertos*
14.6 hijos. .hirió el uno al otro, y lo *mató*
14.7 entrega al que *mató* a su hermano, para
14.7 a quien él *mató*, y *matemos*. .al heredero
14.32 vea yo. .y si hay en mí pecado, *máteme*
17.2 el pueblo. .huirá, y *mataré* al rey solo
18.11 tú, ¿por qué no le *mataste* luego allí
18.15 hirieron a Absalón. .acabaron de *matarle*
21.1 Saúl. .por cuanto *mató* a los gabaonitas
21.2 había procurado *matarlos* en su celo por
21.9 fueron *muertos* en los. .días de la siega
21.12 los filisteos *mataron* a Saúl en Gilboa
21.16 e Isbi-benob. .trató de *matar* a David
21.17 mas Abisai. .hirió al filisteo y lo *mató*
21.18 Sibecai. .*mató* a Saf, quien era uno de
21.19 Elhanán. .*mató* a Goliat geteo, el asta
21.21 desafió a Israel, y lo *mató* Jonatán hijo
23.8 éste era Adino. .que *mató* a 800 hombres
23.12 *mató* a los filisteos; y Jehová dio una
23.18 su lanza contra 300, a quienes *mató*, y
23.20 *mató* a dos leones de Moab; y él mismo
23.20 y *mató* a un león en medio de un foso
23.21 también *mató* él a un egipcio, hombre
23.21 al egipcio. .lo *mató* con su propia lanza
1 R. 1.9 y *matando* Adonías ovejas y vacas y
1.19,25 ha *matado* bueyes y animales gordos
1.51 júreme hoy. .que no *matará* a espada a su
2.5 dos generales del. .a los cuales él *mató*
2.8 yo le juré por Jehová: Yo no te *mataré* a
2.26 pero no te *mataré* hoy, por cuanto has
2.31 *mátale* y entiérrale, y quita de mí y de
2.32 a los cuales *mató* a espada sin que mi
2.34 Benaía hijo de Joiada subió. .y lo *mató*
3.26 dad a ésta el niño vivo, y no lo *matéis*
3.27 a aquélla el hijo vivo, y no lo *matéis*
11.15 y *mató* a todos los varones de Edom
11.40 Salomón procuró *matar* a Jeroboam, pero
12.27 *matarán* a mí, y se volverán a Roboam
13.24 yéndose, le topó un león en. .y le *mató*
13.26 león, que le ha quebrantado y *matado*
15.28 lo *mató*, pues, Baasa en el tercer año
15.29 *mató* a toda la casa de Jeroboam, sin
16.4 que de Baasa fuere *muerto* en la ciudad
16.4 el que de él fuere *muerto* en el campo
16.10 vino Zimri. .lo *mató*, en el año 27 de
16.11 reinar. .*mató* a toda la casa de Baasa
18.9 tu siervo en mano de Acab. .que me *mate?*
18.12 a Acab, al no hallarte él, me *matará*
18.13 cuando Jezabel *mataba* a los profetas
18.14 aquí está Elías; para que él me *mate?*
19.1 cómo había *matado* a. .todos los profetas
19.10,14 han *matado* a espada a tus profetas
19.17 escapare. .Jehú lo *matará*. .Eliseo lo *m*
19.21 y tomó un par de bueyes y los *mató*, y
20.20 *mató* cada uno al que venía contra él
20.29 *mataron* de. .cien mil hombres de a pie
20.36 apartó. .le encontró un león, y le *mató*
21.15 oyó que Nabot había sido. .*muerto*, dijo
21.19 ¿no *mataste*, y también has despojado?
21.24 que de Acab fuere *muerto* en la ciudad
21.24 fuere *muerto* en el campo, lo comerán los
2 R. 3.24 persiguieron *matando* a los de Moab
5.7 ¿soy yo Dios, que *mate* y dé vida, para
6.21 dijo a Eliseo: ¿Los *mataré*, padre mío?
6.22 no los *mates*. ¿*Matarás* tú a los. .cautivos
8.12 fuego, a sus jóvenes *matarás* a espada
9.31 ¿sucedió bien a Zimri, que *mató* a su
10.11 *mató* entonces Jehú a todos los que
10.17 *mató* a todos los que habían quedado de
10.25 entrad, y *matadlos*. .no escape ninguno
10.25 los *mataron* a espada, y los dejaron
11.2 hijos del rey a quienes estaban *matando*
11.2 lo ocultó. .en esta forma no lo *mataron*
11.8 que entrare en las filas, sea *muerto*
11.15 al que la siguiere, *matadlo* a espada
11.15 no la *matasen* en el templo de Jehová
11.16 donde entran los de. .allí la *mataron*
11.18 y *mataron* a Matán sacerdote de Baal
11.20 habiendo sido Atalía *muerta* a espada
12.20 y se levantaron. .y *mataron* a Joás en
14.5 *mató* a. .que habían dado muerte al rey
14.6 pero no *mató* a los hijos de los que le
14.6 no *matarán* a los padres por los hijos
14.7 *mató*. .a diez mil edomitas en el Valle
14.19 pero le persiguieron. .allá lo *mataron*
15.10 lo hirió. .lo *mató*, y reinó en su lugar
15.14 hirió a Salum. .lo *mató*, y reinó en su
15.25 conspiró contra él Peka hijo. .lo *mató*
15.30 lo hirió y lo *mató*, y reinó en su lugar
16.9 tomó, y llevó cautivos. .y *mató* a Rezín
17.25 envió Jehová. .leones que los *mataban*
17.26 los leones los *matan*. .no conocen la ley
19.35 *mató* en el campamento de los asirios
21.23 los siervos de Amón. .*mataron* al rey en
21.24 el pueblo. .*mató* a todos los que habían
23.20 *mató*. .sobre los altares a. .sacerdotes
23.29 pero. .así que le vio, lo *mató* en Meguido
25.21 el rey de. .los hirió y *mató* en Ribla
1 Cr. 2.3 fue malo delante de Jehová. .lo *mató*
7.21 los hijos de Gat. .los *mataron*, porque
10.2 hijos, y *mataron* los filisteos a Jonatán
10.5 él. .se echó sobre su espada y se *mató*
10.14 por esta causa lo *mató*, y traspasó el
11.11 lanza. .contra 300, a los cuales *mató*
11.20 Abisai. .blandió su lanza. .y los *mató*
11.22 *mató* a un león en medio de un foso, en
11.23 al egipcio. .lo *mató* con su misma lanza
19.18 *mató* David de los sirios a siete mil
19.18 *mató* a Sofac general del ejército
20.4 Sibecai husatita *mató* a Sipai, de los
20.5 Elhanán hijo. .*mató* a Lahmi, hermano de
20.7 injurió a Israel, pero lo *mató* Jonatán
2 Cr. 18.2 por lo que Acab *mató* muchas ovejas
20.22 Amón. .se *mataron* los unos a los otros
20.23 se levantaron contra los. .para *matarlos*
21.4 *mató* a espada a todos sus hermanos, y
22.1 banda armada. .había *matado* a todos los
22.8 hijos. .que servían a Ocozías, y los *mató*
22.9 lo trajeron a Jehú, y le *mataron;* y le
22.11 a los cuales *mataban*, le guardó a él
22.11 lo escondió Josabet. .y no lo *mataron*
23.14 *matadlo*. .no la *matasen* en la casa de
23.15 pasado la entrada de. .allí la *mataron*
23.17 *mataron* delante de los altares a Matán
23.21 que *mataron* a Atalía a filo de espada
24.21 apedrearon hasta *matarlo*, en el patio
24.22 *mató* a su hijo, quien dijo al morir
25.3 *mató* a los siervos que habían *matado* al
25.4 no *mató* a los hijos de ellos, según lo
25.11 *mató* de los hijos de Seir diez mil
25.13 de Judá. .*mataron* a tres mil de ellos
25.16 eso. ¿Por qué quieres que te *maten?*
25.27 enviaron tras él. .y allá lo *mataron*
28.6 Peka. .*mató* en Judá en un día 120.000
28.7 Zicri. .*mató* a Maasías hijo del rey, a
28.9 vosotros los habéis *matado* con ira que
29.22 *mataron*. .los novillos, y los sacerdotes
29.22 *mataron*. .los carneros. .*m* los corderos
29.24 los sacerdotes los *mataron*, e hicieron
32.21 lo *mataron* a espada sus propios hijos
33.24 conspiraron. .y lo *mataron* en su casa
33.25 mas el pueblo de. .*mató* a todos los que
36.17 que *mató* a espada a sus jóvenes en la
Neh. 4.11 hasta que entremos en. .y los *matemos*
6.10 vienen para *matarte*. .noche vendrán a *m*
9.26 *mataron* a tus profetas que protestaban
Est. 3.13 destruir, *matar* y exterminar a todos
7.4 hemos sido vendidos. .para ser *muertos* y
8.11 a destruir, y *matar*, y acabar con toda
9.6 en Susa. .*mataron*. .judíos a 500 hombres
9.7 *mataron* entonces a Parsandata, Dalfón
9.12 los judíos han *matado* a 500 hombres, y a
9.15 y *mataron* en Susa a trescientos hombres
9.16 y *mataron* de sus contrarios a 75.000
Job 1.15,17 *mataron* a los criados a filo de
5.2 es cierto que al necio lo *mata* la ira, y
9.23 si azote *mata* de repente, se ríe del
13.15 aunque él me *matare*, en él esperaré
20.16 veneno de. .lo *matará* lengua de víbora
24.14 matador; *mata* al pobre y al necesitado
Sal. 10.8 se. .en escondrijos *mata* al inocente
34.21 *matará* al malo la maldad, y los que
37.14 para *matar* a los de recto proceder
37.32 acecha el impío al. .y procura *matarlo*
44.22 pero por causa de ti nos *matan* cada día
59 *tít.* y vigilaron la casa para *matarlo*
59.11 no los *mates*, para que mi pueblo no
94.6 a la viuda y al extranjero *matan*, y a
105.29 sus aguas en sangre, y *mató* sus peces
135.10 destruyó a. .y *mató* a reyes poderosos
136.18 *mató* a reyes poderosos, porque para
Pr. 1.32 desvío de los ignorantes los *matará*
7.26 más fuertes han sido *muertos* por ella
9.2 *mató*. .víctimas, mezcló su vino, y puso
21.25 el deseo del perezoso le *mata*, porque
22.13 león está fuera; seré *muerto* en la calle
Ec. 3.3 tiempo de *matar*, y tiempo de curar
Is. 11.4 con el espíritu de sus labios *matará*
14.20 tú destruiste tu tierra, *mataste* a tu
22.13 he aquí gozo y alegría, *matando* vacas
27.1 y *matará* al dragón que está en el mar
27.7 ha sido *muerto* como los que lo *mataron?*
37.36 y *mató* a 185.000 en el campamento de
37.38 hijos. .le *mataron* a espada, y huyeron
65.15 el Señor te *matará*, y a sus siervos
66.3 sacrifica. .como si *matase* a un hombre
Jer. 5.6 el león de la selva los *matará*, los
7.9 *matando*, adulterando, jurando en falso
15.3 espada para *matar*. .y aves del cielo y
20.4 llevará cautivos. .los *matará* a espada
20.17 no me *mató* en el vientre, y mi madre
26.15 si me *matáis*, sangre inocente echaréis
26.19 ¿acaso lo *mataron* Ezequías rey de Judá
26.21 oyeron sus. .y el rey procuró *matarle*
26.23 lo *mató* a espada, y echó su cuerpo en
26.24 en las manos del pueblo para *matarlo*
29.21 él los *matará* delante de vuestros ojos
38.15 ¿no es verdad que me *matarás?* y si te
38.16 el rey. .Vive Jehová. .que no te *mataré*
38.25 no nos lo encubras, y no te *mataremos*
40.14 enviado a Ismael hijo. .para *matarte?*
40.15 *mataré* a Ismael. .¿por qué te ha de *matar*
41.2 *matando* así a aquel a quien el rey de
41.3 asimismo *mató* Ismael a todos los judíos
41.4 día después que *mató* a Gedalías, cuando
41.8 no nos mates. .y no los *mató* entre sus
41.9 los hombres que *mató* a causa de Gedalías
41.16 después que *mató* a Gedalías hijo de
43.3 para *matarnos* y hacernos transportar a
50.21 destruye y *mata* en pos de ellos, dice
50.27 *matad* a todos sus novillos; que vayan
52.27 los *mató* en Ribla en tierra de Hamat
Lm. 2.20 ¿han de ser *muertos* en el santuario
2.21 *mataste* en el día de. .furor; degollaste
3.43 perseguiste; *mataste*, y no perdonaste

MATAR *(Continúa)*
Ez. 9.5 pasad. .la ciudad en pos de él, y *matad*
9.6 *matad* a viejos, jóvenes y vírgenes, niños
9.7 salid. Y salieron, y *mataron* en la ciudad
9.8 que cuando ellos iban *matando* y quedé yo
13.19 *matando* a. .personas que no deben morir
20.17 pues no los *maté*, ni los exterminé en
23.10 a ella *mataron* a espada; y vino a ser
23.47 *matarán* a sus hijos y a sus hijas, y
26.6 sus hijas que. .serán *muertas* a espada
26.8 *matará* a espada a tus hijas que están
26.11 a tu pueblo *matará* a filo de espada, y
28.9 delante del que te *mate*. .Yo soy Dios?
32.15 cuando *mate* a. .los que en ella moran
36.12 Israel. .nunca más les *matarás* los hijos
36.14 y nunca más *matarás* a los hijos de tu
44.11 servirán. .ellos *matarán* el holocausto
Dn. 2.12 mandó que *matasen* a todos los sabios
2.13 y buscaron a Daniel y a. .para *matarlos*
2.14 había salido para *matar* a los sabios de
2.24 había puesto para *matar* a los sabios de
2.24 así: No *mates* a los sabios de Babilonia
3.22 la llama del. .*mató* a aquellos que habían
5.19 quien quería *mataba*, y a quien quería
5.30 la misma noche fue *muerto* Belsasar rey
7.11 miraba hasta que *mataron* a la bestia
11.44 gran ira para destruir y *matar* a muchos
Os. 2.3 la deje como tierra seca, y la *mate* de
4.2 *matar*, hurtar y adulterar prevalecen
6.5 con las palabras de mi boca los *maté*
6.9 compañía de sacerdotes *mata* en el camino
9.16 yo *mataré* lo deseable de su vientre
Am. 2.3 y *mataré* con él a todos sus príncipes
4.10 *maté* a espada a vuestros jóvenes, con
9.1 y al postrero de ellos *mataré* a espada
9.4 mar, allí mandaré la espada, y los *matará*
Abd. 14 para *matar* a los que de ellos escapasen
Mi. 5.10 haré *matar* tus caballos de en medio de
Sof. 2.12 los de Etiopía seréis *muertos* con mi
Zac. 11.5 a las cuales *matan* sus compradores
Mt. 2.13 Herodes buscará al niño para *matarlo*
2.16 mandó *matar* a todos los niños menores
5.21 no *matarás*; y cualquiera que *matare* será
10.28 *matan* el cuerpo. .alma no pueden *matar*
14.5 Herodes quería *matarle*, pero temía al
16.21 y ser *muerto*, y resucitar al tercer día
17.23 *matarán*; mas al tercer día resucitará
19.18 dijo: No *matarás*. No adulterarás. No
21.35 a otro *mataron*, y a otro apedrearon
21.38 este es el heredero; venid, *matémosle*
21.39 echaron fuera de la viña, y le *mataron*
22.4 mis animales gordos han sido *muertos*
22.6 tomando a los siervos los *mataron*
23.31 que sois hijos de aquellos que *mataron*
23.34 yo os envío profetas. .a unos *mataréis*
23.35 a quien *matasteis* entre el templo y el
23.37 que *matas* a los profetas, y apedreas a
24.9 *matarán*, y seréis aborrecidos de todas
26.4 prender con engaño a Jesús, y *matarle*
27.20 persuadieron a. .que Jesús fuese *muerto*
Mr. 6.19 Herodías. .deseaba *matarle*, y no podía
8.31 ser *muerto*, y resucitar después de tres
9.22 en el fuego y en el agua, para *matarle*
9.31 el Hijo. .*matarán*; pero después de *muerto*
10.19 no *mates*. No hurtes. No digas falso
10.34 y escupirán en él, y le *matarán*; mas
11.18 y lo oyeron. .y buscaban cómo *matarle*
12.5 volvió a enviar otro, y a éste *mataron*
12.5 otros muchos, golpeando a unos y *matando*
12.7 *matémosle*, y la heredad será nuestra
12.8 *mataron*, y le echaron fuera de la viña
13.12 hijos contra los padres, y los *matarán*
14.1 buscaban. .prenderle por engaño y *matarle*
Lc. 9.22 sea *muerto*, y resucite al tercer día
11.47 profetas a quienes *mataron*. .padres!
11.48 ellos los *mataron*, y vosotros edificáis
11.49 a unos *matarán* y a otros perseguirán
12.4 no temáis a los que *matan* el cuerpo, y
13.4 los cuales cayó la torre en. .y los *mató*
13.31 y vete. .porque Herodes te quiere *matar*
13.34 Jerusalén, que *matas* a los profetas, y
15.23 el becerro gordo y *matadlo*, y comamos
15.27 padre ha hecho *matar* el becerro gordo
15.30 hecho *matar* para él el becerro gordo
18.20 sabes: No adulterarás; no *matarás*; no
18.33 *matarán*; mas al tercer día resucitará
19.47 y los principales. .procuraban *matarle*
20.14 venid, *matémosle*, para que la heredad
20.15 echaron fuera de la viña, y le *mataron*
21.16 seréis. .y *matarán* a algunos de vosotros
22.2 y los escribas buscaban cómo *matarle*
23.32 que eran malhechores, para ser *muertos*
Jn. 5.16 judíos perseguían. .procuraban *matarle*
5.18 los judíos aun más procuraban *matarle*
7.1 en Judea. .los judíos procuraban *matarle*
7.19 cumple la. .¿Por qué procuráis *matarme*?
7.20 demonio tienes; ¿quién procura *matarte*?
7.25 ¿no es éste a quien buscan para *matarle*?
8.22 ¿acaso se *matará* a sí mismo, que dice
8.37 procuráis *matarme*, porque mi palabra no
8.40 procuráis *matarme* a mí, hombre que os he
10.10 el ladrón no viene sino para. .*matar* y
11.53 que, desde aquel día acordaron *matarle*
16.2 cuando cualquiera que os *mate*, pensará
Hch. 2.23 éste. .*matasteis* por manos de inicuos
3.15 *matasteis* al Autor de la vida, a quien
5.30 a Jesús, a quien vosotros *matasteis*
5.33 esto, se enfurecían y querían *matarlos*
5.36 Teudas. .él fue *muerto*, y todos los que le
7.28 *matarme*, como *mataste* ayer al egipcio?
7.52 *mataron* a los que anunciaron. .la venida
9.23 judíos resolvieron en consejo *matarle*
9.29 hablaba. .pero éstos procuraban *matarle*
10.13 una voz: Levántate, Pedro, *mata* y come
10.39 quien *mataron* colgándole en un madero
11.7 me decía: Levántate, Pedro, *mata* y come
12.2 *mató* a espada a Jacobo, hermano de Juan
13.28 pidieron a Pilato que se le *matase*
16.27 la espada y se iba a *matar*, pensando que
21.31 procurando ellos *matarle*, se le avisó
22.20 guardaba. .ropas de los que le *mataban*
23.15 estaremos listos para *matarle* antes que
23.27 y que iban ellos a *matar*, lo libré yo
25.3 preparando ellos una celada para *matarle*
26.10 yo. .cuando los *mataron*, yo di mi voto
26.21 prendiéndome en el. .intentaron *matarme*
27.42 soldados acordaron *matar* a los presos
Ro. 7.11 el pecado. .me engañó, y por él me *mató*
8.36 por causa de ti somos *muertos* todo el día
11.3 sólo yo he quedado, y procuran *matarme?*
13.9 no *matarás*, no hurtarás, no dirás falso
2 Co. 3.6 la letra *mata*. .el espíritu vivifica
Ef. 2.16 un solo cuerpo, *matando* en ella las
1 Ts. 2.15 los cuales *mataron* al Señor Jesús
2 Ts. 2.8 inicuo, a quien el Señor *matará* con
2 Ti. 2.11 si somos *muertos* con él. .viviremos
He. 11.37 fueron. .*muertos* a filo de espada
Stg. 2.11 dijo. .también ha dicho: No *matarás*
2.11 pero *matas*, te has hecho transgresor de
4.2 *matáis* y ardéis de envidia, y no podéis
1 Jn. 3.12 *mató* a su. .¿Y por qué causa le *m?*
Ap. 2.13 Antipas mi testigo fiel fue *muerto*
6.4 que se *matasen* unos a otros; y se le
6.8 fue dada potestad. .para *matar* con espada
6.9 las almas de los que habían sido *muertos*
6.11 que. .habían de ser *muertos* como ellos
9.5 y les fue dado, no que los *matasen*, sino
9.15 a fin de *matar* a la tercera parte de los
9.18 por estas. .fue *muerta* la tercera parte de
9.20 no fueron *muertos* con estas plagas
11.7 hará guerra. .los vencerá y los *matará*
13.10 alguno *mata*. .a espada debe ser *muerto*
13.15 hiciese *matar* a. .el que no la adorase
18.24 los que han sido *muertos* en la tierra
19.21 los demás fueron *muertos* con la espada

MATAT ***Nombre de dos ascendientes de Jesucristo*, Lc. 3.24,29**

MATATA
1. ***Uno de los que se casaron con mujeres extranjeras en tiempo de Esdras*, Esd. 10.33**
2. ***Ascendiente de Jesucristo*, Lc. 3.31**

MATATÍAS
1. ***Levita que regresó de Babilonia*, 1 Cr. 9.31**
2. ***Levita, músico en el templo*, 1 Cr. 15,18,21; 16.5; 25.3,21**
3. ***Uno de los que se casaron con mujeres extranjeras en tiempo de Esdras*, Esd. 10.43**
4. ***Uno que ayudó a Esdras en la lectura pública de la ley*, Neh. 8.4**
5. ***Nombre de dos ascendientes de Jesucristo*, Lc. 3.25,26**

MATENAI
1. ***Nombre de dos de los que se casaron con mujeres extranjeras en tiempo de Esdras*, Esd. 10.33,37**
2. ***Sacerdote en tiempo del sumo sacerdote Joiacim*, Neh. 12.19**

MATEO ***Apóstol (=Leví No. 2)***
Mt. 9.9 vio a un hombre llamado *M*, que estaba
10.3 *M* el publicano, Jacobo hijo de Alfeo
Mr. 3.18 *M*, Tomás, Jacobo hijo de Alfeo
Lc. 6.15 *M*, Tomás, Jacobo hijo de Alfeo
Hch. 1.13 al aposento alto, donde moraban. .*M*

MATERIAL
Éx. 36.7 tenían *m* abundante para hacer toda la
Ro. 15.27 deben. .ellos ministrarles de los *m*
1 Co. 9.11 ¿es gran cosa si segáremos de. .lo *m?*
Ap. 21.18 el *m* de su muro era de jaspe; pero

MATERNO
Job 24.20 los olvidará el seno *m*. .los gusanos
Os. 12.3 en el seno *m* tomó por el calcañar a

MATÍAS ***Apóstol elegido en lugar de Judas Iscariote***
Hch. 1.23 señalaron a dos: a José. .Justo, y a *M*
1.26 la suerte cayó sobre *M*, y fue contado

MATORRAL
Os. 2.12 y las reduciré a un *m*, y las comerán

MATRED ***Madre de Mehetabel No. 1*, Gn. 36.39; 1 Cr. 1.50**

MATRI ***Padre de una familia de Benjamín*, 1 S. 10.21**

MATRICIDA
1 Ti. 1.9 la ley. .dada. .para los parricidas y *m*

MATRIMONIO
Jos. 23.12 porque. .si concertareis con ellas *m*
1 Co. 7.10 a los que están unidos en *m*, mando
He. 13.4 honroso sea en todos el *m*, y el lecho

MATRIZ
Gn. 20.18 Jehová había cerrado. .toda *m* de la
Éx. 13.2 que abre *m* entre los hijos de Israel
13.12 dedicarás a. .todo aquel que abriere *m*
Nm. 18.15 todo lo que abre *m*, de toda carne que
Job 3.11 ¿por qué no morí yo en la *m*, o expiré
10.18 ¿por qué me sacaste de la *m?* Hubiera
31.15 ¿y no nos dispuso uno mismo en la *m?*
Sal. 58.3 se apartaron los impíos desde la *m*
Pr. 30.16 el Seol, la *m* estéril, la tierra que
Is. 46.3 oídme. .que sois llevados desde la *m*
Os. 9.14 dales *m* que aborte, y pechos enjutos
Lc. 2.23 que abriere la *m* será llamado santo
Ro. 4.19 su cuerpo. .esterilidad de la *m* de Sara

MATUSALÉN ***Hijo de Enoc y padre de Lamec*, Gn. 5.21,22,25,26,27; 1 Cr. 1.3; Lc. 3.37**

MÁXIMA
Job 13.12 vuestras *m* son refranes de ceniza

MAYOR
Gn. 1.16 la lumbrera *m* para que señorease en
10.21 padre de. .Heber, y hermano *m* de Jafet
19.11 con ceguera desde el menor hasta el *m*
19.31 la *m* dijo. .Nuestro padre es viejo, y
19.33 entró la *m*, y durmió con su padre; mas
19.34 al día siguiente, dijo la *m* a la menor
19.37 dio a luz la *m* un hijo, y llamó. .Moab
25.23 será más fuerte. .el *m* servirá al menor
27.1 Isaac. .llamó a Esaú su hijo *m*, y le dijo
27.15 tomó Rebeca los vestidos de. .su hijo *m*
27.42 Rebeca las palabras de Esaú su hijo *m*
29.16 dos hijas: el nombre de la *m* era Lea
29.26 no. .que se dé la menor antes que la *m*
34.25 pero. .cuando sentían ellos el *m* dolor
39.9 no hay otro *m* que yo en esta casa, y
41.40 solamente en el trono seré yo *m* que tú
43.33 el *m* conforme a su primogenitura, y el
43.34 la porción de. .era cinco veces *m* que
44.12 buscó; desde el *m* comenzó, y acabó en
49.26 fueron *m* que las bendiciones de mis
Éx. 1.9 el pueblo de los hijos de Israel es *m*
Lv. 25.16 cuanto *m* fuere el número de los años
Nm. 26.54 a los más darás *m* heredad, y a los
Dt. 1.28 pueblo es *m* y más alto que nosotros
7.1 siete naciones *m* y más poderosas que tú
Rt. 1.13 que *m* amargura tengo yo que vosotras
1 S. 14.30 ¿no se habría hecho ahora *m* estrago
14.49 de la *m*, Merab, y el de la menor, Mical
15.9 perdonaron. .a lo mejor de. .del ganado *m*
17.13 y los tres hijos *m* de Isaí habían ido
17.14 David era. .siguieron. .los tres *m* a Saúl
17.28 y oyéndole hablar Eliab su hermano *m*
18.17 yo te daré Merab mi hija *m* por mujer
30.2 se habían llevado cautivas. .hasta el *m*
30.20 tomó. .el ganado *m*; y trayéndolo todo
2 S. 4.5 entraron en el *m* calor del día en casa
13.15 el odio. .fue *m* que el amor con que la
13.16 no hay razón; *m* mal es este. .que el que
1 R. 1.37 haga *m* su trono que el. .de mi señor
1.47 Dios haga. .haga *m* su trono que el tuyo
2.22 es mi hermano *m*, y ya tiene también al
4.30 era *m* la sabiduría de Salomón que la de
10.7 es *m* tu sabiduría y bien, que la fama
2 R. 25.26 pueblo, desde el menor hasta el *m*
1 Cr. 5.2 que Judá llegó a ser el *m* sobre sus
12.14 el menor tenía cargo de. .y el *m* de mil
2 Cr. 3.5 techó el cuerpo *m* del edificio con
22.1 una banda. .había matado a todos los *m*
23.20 llegaron a la mitad de la puerta *m* de
27.3 edificó él la puerta *m* de la casa de
28.22 Acaz. .añadió *m* pecado contra Jehová
31.15 a sus grupos, así al *m* como al menor
34.30 todo el pueblo, desde el *m* hasta el más
Est. 1.5 a todo el pueblo. .el *m* hasta el menor
1.20 darán honra a sus maridos, desde el *m*
Job 33.12 yo te responderé que *m* es Dios que
38.32 o guiarás a la Osa *M* con sus hijos?
Sal. 4.7 tú diste alegría. .*m* que la de ellos
135.5 Señor nuestro, *m* que todos los dioses
Is. 15.9 yo traeré sobre Dimón males *m*, leones
30.26 y la luz del sol siete veces *m*, como
Jer. 42.1,8 pueblo desde el menor hasta el *m*
44.12 de hambre morirán. .el menor hasta el *m*
Ez. 8.6,13,15 vuélvete aún. .abominaciones *m*

MAYOR ***(Continúa)***
Ez. 16.46 y tu hermana *m* es Samaria, ella y sus
16.61 las *m* que tú y las menores que tú, las
23.4 se llamaban, la *m*, Ahola, y su hermana
36.11 haré *m* bien que en vuestros principios
41.7 había *m* anchura en las cámaras de más
43.14 menor hasta la cornisa *m*, cuatro codos
Dn. 4.36 mi reino, y *m* grandeza me fue añadida
5.12 fue hallado en él *m* espíritu y ciencia
5.14 que en ti se halló luz. . y *m* sabiduría
8.8 estando en su *m* fuerza, aquel gran cuerno
11.13 poner en campaña una multitud *m* que la
Am. 6.2 ved. . su extensión es *m* que la vuestra
6.11 herirá con hendiduras la casa *m*, y la
Jon. 3.5 vistieron de cilicio desde el *m* hasta
Hag. 2.9 la gloria postrera. . *m* que la primera
Mt. 5.20 si vuestra justicia no fuere *m* que la
11.11 no se ha levantado otro *m* que Juan el
11.11 el más pequeño en el reino. . *m* es que él
12.6 digo que uno *m* que el templo está aquí
13.32 pero cuando ha crecido, es la *m* de las
18.1 ¿quién es el *m* en el reino de los cielos?
18.4 ése es el *m* en el reino de los cielos
23.11 el que es el *m* de. . sea vuestro siervo
23.17 porque ¿cuál es *m*, el oro, o el templo
23.19 ¿cuál es *m*, la ofrenda, o el altar que
Mr. 4.32 se hace la *m* de todas las hortalizas
9.34 disputado entre. . quién había de ser el *m*
12.31 no hay otro mandamiento *m* que éstos
14.31 él con *m* insistencia decía: Si me fuere
Lc. 7.28 no hay *m* profeta que Juan el Bautista
7.28 el más pequeño en el reino de Dios es *m*
9.46 una discusión. . quién de ellos sería el *m*
12.18 los edificaré *m*, y allí guardaré todos
15.25 su hijo *m* estaba en el campo; y. . vino
20.47 devoran. . éstos recibirán *m* condenación
22.24 una disputa. . quién de ellos sería el *m*
22.26 sea el *m*. . como el más joven, y el que
22.27 ¿cuál es *m*, el que se sienta a la mesa
Jn. 1.50 dije: Te vi. . Cosas *m* que estas verás
4.12 eres tú *m* que nuestro padre Jacob, que
5.20 *m* obras que estas le mostrará, de modo
5.36 yo tengo *m* testimonio que el de Juan
8.53 ¿eres tú. . *m* que nuestro padre Abraham
10.29 mi Padre. . es *m* que todos, y nadie las
13.16 digo: El siervo no es *m* que su señor
13.16 ni el enviado es *m* que el que le envió
14.12 y aun *m* hará, porque yo voy al Padre
14.28 al Padre; porque el Padre *m* es que yo
15.13 nadie tiene *m* amor que este, que uno
15.20 dicho: El siervo no es *m* que su señor
19.11 a ti me ha entregado, *m* pecado tiene
Hch. 12.20 Blasto, que era camarero *m* del rey
Ro. 9.12 se le dijo: El *m* servirá al menor
1 Co. 9.19 he hecho siervo. . ganar a *m* número
13.13 estos 3; pero el *m* de ellos es el amor
14.5 *m* es el que profetiza que el que habla
2 Co. 12.15 yo con el *m* placer gastaré lo mío
Fil. 2.28 le envío con *m* solicitud, para que
2 Ti. 1.3 al cual sirvo desde mis *m* con limpia
He. 3.3 tanto *m* gloria que Moisés es estimado
3.3 tiene *m* honra que la casa el que la hizo
6.13 no pudiendo jurar por otro *m*, juró por
6.16 los hombres. . juran por uno *m* que ellos
7.7 alguna, el menor es bendecido por el *m*
8.11 me conocerán, desde el menor hasta el *m*
10.29 ¿cuánto *m* castigo. . que merecerá el que
11.26 teniendo por *m* riquezas el vituperio de
Stg. 3.1 maestros. . recibiremos *m* condenación
4.6 pero él da *m* gracia. Por esto dice: Dios
2 P. 2.11 los ángeles, que son *m* en fuerza y
1 Jn. 3.20 *m* que nuestro corazón es Dios, y él
4.4 *m* es el que está en vosotros, que el que
3 Jn. 4 no tengo yo *m* gozo que este, el oír que

MAYORAL
Gn. 47.6 capaces, ponlos por *m* del ganado mío
Jer. 25.34 revolcaos en el polvo, *m* del rebaño
25.35 acabará. . el escape de los *m* del rebaño
25.36 y aullido de los *m* del rebaño! porque

MAYORDOMÍA
Lc. 16.2 da cuenta de tu *m*, porque ya no podrás
16.3 mi amo me quita la *m*. Cavar, no puedo
16.4 cuando se me quite de la *m*, me reciban

MAYORDOMO
Gn. 15.2 *m* de mi casa es ese damasceno Eliezer
39.4 él le hizo *m* de su casa y entregó en su
43.16 y dijo al *m* de su casa: Lleva a casa a
43.19 se acercaron al *m* de la casa de José
44.1 mandó José al *m* de su casa, diciendo
44.4 dijo José a su *m*: Levántate y sigue a
Rt. 2.5 dijo a su criado el *m* de los segadores
2.6 el. . *m* de los segadores, respondió y dijo
1 R. 4.6 Ahisar, *m*; y Adoniram hijo de Abda
16.9 estando él en casa de Arsa su *m* en Tirsa
18.3 y Acab llamó a Abdías su *m*. Abdías era
2 R. 10.5 y el *m*, el gobernador de la ciudad
18.18 y salió a ellos Eliaquim. . *m*, y Sebna
18.37 Eliaquim hijo de Hilcías, *m*, y Sebna
19.2 envió a Eliaquim *m*, a Sebna escriba y
2 Cr. 28.7 Zicri. . mató a Maasías. . Azricam su *m*
31.13 y Benaía, fueron los *m* al servicio de
34.10 que eran *m* en la casa de Jehová, los
34.12 y eran sus *m* Jahat y Abdías, levitas
34.13 *m* de los que se ocupaban en cualquier
Neh. 13.13 puse por *m*. . al sacerdote Selemías
Est. 1.8 lo había mandado el rey a todos los *m*
Is. 22.15 entra a este tesorero, a Sebna el *m*
36.3 salió a él Eliaquim hijo de Hilcías, *m*
36.22 Eliaquim hijo. . *m*. . vinieron a Ezequías
37.2 envió a Eliaquim *m*, a Sebna escriba y a
Mt. 20.8 el señor de la viña dijo a su *m*. Llama
Lc. 12.42 ¿quién es el *m* fiel y prudente al cual
16.1 había un hombre rico que tenía un *m*, y
16.2 da cuenta. . porque ya no podrás más ser *m*
16.3 entonces el *m* dijo para sí: ¿Qué haré?
16.8 alabó el amo al *m* malo por haber hecho

MAYORÍA
Dn. 11.41 escaparán. . la *m* de los hijos de Amón
2 Co. 9.2 y vuestro celo ha estimulado a la *m*
Fil. 1.14 *m* de los hermanos. . se atreven mucho

MAZMORRA
Is. 24.22 como se amontona. . encarcelados en *m*
51.14 libertado pronto; no morirá en la *m*

MAZO
Jue. 4.21 y poniendo un *m* en su mano, se le
5.26 y su diestra al *m* de trabajadores, y

MEBUNAI ***Uno de los 30 valientes de David (=Sibecai), 2 S. 23.27***

MECER
Éx. 29.24,26 lo *mecerás* como ofrenda *mecida*
29.27 el pecho de la ofrenda *mecida*, y la
29.27 lo que fue *mecido* y lo que fue elevado
Lv. 7.30 para que sea *mecido* como sacrificio *m*
7.34 he tomado de. . el pecho que se *mece* y la
8.27 puso. . hizo *mecerlo* como ofrenda *mecida*
8.29 tomó Moisés. . lo *meció*, ofrenda *mecida*
9.21 *meció*. . como ofrenda *mecida* delante de
10.14 pecho *mecido* y la espaldilla elevada
10.15 pecho. . *mecido* como ofrenda *mecida*
14.12 lo *mecerá* como ofrenda *mecida* delante
14.21 para ser ofrecido como ofrenda *mecida*
14.24 *mecerá*. . como ofrenda *mecida* delante de
23.11 *mecerá* la gavilla. . día de reposo la *m*
23.15 en que ofrecisteis la. . ofrenda *mecida*
23.17 traeréis dos panes para ofrenda *mecida*
23.20 como ofrenda *mecida* delante de Jehová
Nm. 5.25 tomará. . ofrenda. . y la *mecerá* delante
6.20 sacerdote *mecerá*. . como ofrenda *mecida*
6.20 del pecho *mecido* y de la espaldilla
18.11 las ofrendas *mecidas* de los hijos de
18.18 como el pecho de la ofrenda *mecida* y
18.26 en ofrenda *mecida* a Jehová el diezmo

MECONA ***Población en el sur de Judá,* Neh. 11.28**

MEDAD ***Israelita que profetizó en el campamento,* Nm. 11.26,27**

MEDÁN ***Hijo de Abraham y Cetura,* Gn. 25.2; 1 Cr. 1.32**

MEDEBA ***Ciudad de Moab, posteriormente en Rubén***
Nm. 21.30 pereció. . destruimos hasta Nofa y *M*
Jos. 13.9 y toda la llanura de *M*, hasta Dibón
13.16 desde Aroer. . toda la llanura hasta *M*
1 Cr. 19.7 vinieron y acamparon delante de *M*
Is. 15.2 sobre Nebo y sobre *M* aullará Moab

MEDIA ***Región al noreste de Persia***
Esd. 6.2 en el palacio. . en la provincia de *M*
Est. 1.3 teniendo delante. . más poderosos. . de *M*
1.14 siete. . de *M* que veían la cara del rey
1.18 dirán esto las señoras. . de *M* que oigan
1.19 se escriba entre las leyes de. . y de *M*
10.2 escrito en. . crónicas de los reyes de *M*
Is. 21.2 destruye. Sube, oh Elam; sitia, oh *M*
Jer. 25.25 los reyes de Elam, a. . los reyes de *M*
51.11 ha despertado Jehová. . los reyes de *M*
51.28 los reyes de *M*, sus capitanes y todos
Dn. 5.31 Darío de *M* tomó el reino, siendo de
6.8,12 conforme a la ley de *M* y de Persia
6.15 que es ley de *M* y de Persia que ningún
8.20 éstos son los reyes de *M* y de Persia

MEDIADOR
Job 33.23 algún elocuente *m* muy escogido, que
Gá. 3.19 por medio de ángeles en mano de un *m*
3.20 el *m* no lo es de uno solo; pero Dios es
1 Ti. 2.5 un solo *m* entre Dios y los hombres
He. 8.6 *m* de un mejor pacto, establecido sobre
9.15 así que, por eso es *m* de un nuevo pacto
12.24 a Jesús el *m* del nuevo pacto, y a la

MEDIANOCHE
Éx. 11.4 a la *m* yo saldré por en medio de Egipto
12.29 a la *m* Jehová hirió a todo primogénito
Jue. 7.19 al principio de la guardia de la *m*
16.3 Sansón durmió hasta la *m*; y a la *m* se
Rt. 3.8 que a la *m* se estremeció aquel hombre
1 R. 3.20 se levantó a *m* y tomó a mi hijo de
Job 34.20 y a *m* se alborotarán los pueblos, y
Sal. 119.62 a *m* me levanto para alabarte por
Mt . 25.6 y a la *m* se oyó un clamor. . el esposo
Mr. 13.35 anochecer, o a la *m*, o al canto del
Lc. 11.5 que tenga un amigo, va a él a *m* y le
Hch. 16.25 a *m*, orando Pablo y Silas, cantaban
20.7 Pablo. . alargó el discurso hasta la *m*
27.27 a la *m* los marineros sospecharon que

MEDIAR
Ez. 43.8 *mediando* sólo una pared entre mí y

MEDICAMENTO
Jer. 30.13 sanarte; no hay para ti *m* eficaces

MEDICINA
Pr. 3.8 será *m* a tu cuerpo, y refrigerio para
4.22 porque son vida. . y *m* a todo su cuerpo
12.18 hay. . mas la lengua de los sabios es *m*
16.24 suavidad al alma y *m* para los huesos
20.30 azotes que hieren son *m* para el malo
29.1 será quebrantado, y no habrá para él *m*
Jer. 8.22 ¿por qué. . no hubo *m* para la hija de
33.6 yo les traeré sanidad y *m*; y los curaré
46.11 por demás multiplicarás las *m*; no hay
Ez. 30.21 no ha sido vendado poniéndole *m*, ni
47.12 su fruto será para comer, y su hoja. . *m*
Nah. 3.19 no hay *m* para tu quebradura. . herida

MÉDICO
Gn. 50.2 mandó José a. . los *m* que embalsamasen
50.2 su padre; y los *m* embalsamaron a Israel
2 Cr. 16.12 no buscó a Jehová, sino a los *m*
Job 13.4 porque. . sois todos vosotros *m* nulos
Jer. 8.22 ¿no hay allí *m*? ¿Por qué, pues, no
Mt. 9.12; Mr. 2.17 no tienen necesidad de *m*
Mr. 5.26 y había sufrido mucho de muchos *m*, y
Lc. 4.23 me diréis este. . *M*, cúrate a ti mismo
5.31 que están sanos no tienen necesidad de *m*
8.43 que había gastado en *m* todo cuanto tenía
Col. 4.14 os saluda Lucas el *m* amado, y Demas

MEDIDA
Gn. 18.6 toma pronto tres *m* de flor de harina
Éx. 26.2 las cortinas tendrán una misma *m*
26.8 una misma *m* tendrán las once cortinas
36.9 codos; todas las cortinas eran de igual *m*
36.15 las once cortinas tenían una misma *m*
Lv. 19.35 en *m* de tierra, en peso ni en otra *m*
19.36 pesos. . y *m* justas tendréis. Yo Jehová
Rt. 3.15 midió seis *m* de cebada, y se las puso
3.17 seis *m* de cebada me dio, diciéndome: A
1 S. 25.18 cinco ovejas. . 5 *m* de grano tostado
1 R. 7.9 ajustadas con sierras según las *m*, así
7.11 piedras. . labradas conforme a sus *m*, y
7.37 diez basas, fundidas de. . de una misma *m*
18.32 zanja. . en que cupieran dos *m* de grano
1 Cr. 22.14 y bronce y hierro sin *m*, porque es
23.29 para lo tostado, y para toda *m* y cuenta
2 Cr. 3.3 son las *m* que dio. . a los cimientos
5.13 y a *m* que alzaban la voz con trompetas
Esd. 7.22 y cien batos de aceite; y sal sin *m*
Job 28.25 al dar peso. . poner las aguas por *m*
38.5 ¿quién ordenó sus *m*, si lo sabes?
Sal. 39.4 saber. . cuánta sea la *m* de mis días
Pr. 20.10 pesa falsa y *m* falsa. . abominación a
Is. 5.14 ensanchó su. . sin *m* extendió su boca
27.8 con *m* lo castigarás en sus vástagos
Jer. 31.39 saldrá más allá el cordel de la *m*
51.13 ha venido tu fin, la *m* de tu codicia
Ez. 4.11 beberás el agua por *m*, la sexta parte
4.16 y beberán el agua por *m* y con espanto
40.10 las tres de una *m*; también de una *m* los
40.21 sus arcos eran como la *m* de la puerta
40.22 arcos y. . conforme a la *m* de la puerta
40.24 y midió. . sus arcos conforme a estas *m*
40.28,32 midió la puerta conforme a estas *m*
40.29 y sus arcos eran conforme a estas *m*
40.33 postes y sus arcos conforme a estas *m*
40.35 me llevó. . y midió conforme a estas *m*
41.17 encima de la puerta, y hasta. . tomó *m*
42.15 que acabó las *m* de la casa de adentro
43.13 estas son las *m* del altar por codos
45.3 y de esta *m* medirás en longitud 25.000
45.11 el efa y el bato serán de una misma *m*
45.11 efa; la *m* de ellos será según el homer
46.22 patios. . una misma *m* tenían los cuatro
48.16 estas serán sus *m*; al lado del norte
48.30 al lado del norte, 4.500 cañas por *m*
48.33 al lado del sur, 4.500 cañas por *m*, y
Am. 8.5 graneros del pan, y achicaremos la *m*
Mi. 6.10 ¿hay aún. . *m* escasa que es detestable?
Mt. 7.2 con la *m* con que medís, os será medido
13.33 y escondió en tres *m* de harina, hasta
23.32 también llenad la *m* de vuestros padres!
Mr. 4.24 con la *m* con que medís, os será medido
Lc. 6.38 dad, y se os dará; *m* buena, apretada
6.38 porque con la misma *m* con que medís, os
13.21 una mujer tomó y escondió en tres *m*

MEDIDA *(Continúa)*
Lc. 16.7 él dijo: Cien *m* de trigo. El le dijo
Jn. 3.34 pues Dios no da el Espíritu por *m*
Ro. 12.3 a la *m* de fe que Dios repartió a cada
12.6 profecía, úsese conforme a la *m* de la
2 Co. 10.13 regla que Dios nos ha dado por *m*
Ef. 4.7 la gracia conforme a la *m* del don de
4.13 a la *m* de la..de la plenitud de Cristo
1 Ts. 2.16 colman ellos..la *m* de sus pecados
Ap. 21.17 de *m* de hombre, la cual es de ángel

MEDIO, DIA
Gn. 24.22 dio..un pendiente..que pesaba *m* siclo
35.16 había aún como *m* legua de tierra para
48.7 como *m* legua de tierra viniendo a Efrata
Éx. 25.10 cuya longitud será de dos codos y *m*
25.10 de codo y *m*, y su altura de codo y *m*
25.17 cuya longitud será de dos codos y *m*, y su
25.17 longitud será..su anchura de codo y *m*
25.23 una mesa de..y su altura de codo y *m*
26.16 cada tabla será..de codo y *m* la anchura
30.13 esto dará..*m* siclo, conforme al siclo
30.15 ni..ni el pobre disminuirá del *m* siclo
36.21 de cada tabla..de codo y *m* la anchura
37.1 arca..su longitud era de dos codos y *m*
37.1 de codo y *m*, y su altura de codo y *m*
37.6 propiciatorio..longitud de dos codos y *m*
37.6 propiciatorio..su anchura de codo y *m*
37.10 hizo..la mesa..de codo y *m* su altura
38.26 *m* siclo por cabeza, según el siclo del
Lv. 25.49 o si sus *m* alcanzaren..se rescatará
Nm. 12.12 nace muerto..*m* consumida su carne
28.14 sus libaciones..*m* hin con cada becerro
32.33 dio..a la *m* tribu de Manasés hijo de
34.13 mandó Jehová que diese..a la *m* tribu
34.14 la *m* tribu de Manasés, han tomado su
34.15 dos tribus y *m* tomaron su heredad a
Dt. 3.13 Galaad..lo di a la *m* tribu de Manasés
3.16 límite el *m* del valle, hasta el arroyo
29.8 la dimos por..a la *m* tribu de Manasés
Jos. 1.12 habló Josué..a la *m* tribu de Manasés
4.12 la *m* tribu de Manasés pasaron armados
12.6 aquella tierra..a la *m* tribu de Manasés
13.7 reparte, pues..a la *m* tribu de Manasés
13.29 dio..heredad a la *m* tribu de Manasés
13.29 fue para la *m* tribu de los..de Manasés
14.2 diera a las nueve tribus y a la *m* tribu
14.3 *m* tribu les había dado Moisés heredad
18.7 *m* tribu de Manasés, ya han recibido su
21.5 diez ciudades..de la *m* tribu de Manasés
21.6 la *m* tribu de Manasés..trece ciudades
21.25 la *m* tribu de Manasés, Taanac con sus
21.27 la *m* tribu de Manasés a Golán en Basán
22.1 Josué llamó a..a la *m* tribu de Manasés
22.7 la *m* tribu de Manasés había dado Moisés
22.9 y la *m* tribu de Manasés, se volvieron
22.10 la *m* tribu de Manasés edificaron allí
22.11 la *m* tribu..habían edificado un altar
22.13 enviaron..a la *m* tribu de Manasés en
22.15 cuales fueron..a la *m* tribu de Manasés
22.21 y la *m* tribu de Manasés respondieron
1 S. 14.14 espacio de una *m* yugada de tierra
2 S. 14.14 que provee *m* para no alejar de sí
1 R. 7.31 hechura del remate, y..de codo y *m*
7.32 altura de cada rueda era de un codo y *m*
7.35 una pieza redonda de *m* codo de altura
2 R. 5.19 fue..caminó como *m* legua de tierra
1 Cr. 5.18 de la *m* tribu de Manasés..valientes
5.23 la *m* tribu de Manasés, multiplicados en
5.26 transportó a..a la *m* tribu de Manasés
6.61 dieron..diez ciudades de la *m* tribu de
6.70 de la *m* tribu de Manasés, Aner con sus
6.71 la *m* tribu de Manasés, Golán en Basán
12.31 de la *m* tribu de Manasés, 18.000 que
12.37 de la *m* tribu de Manasés, 120.000 con
26.32 constituyó sobre..la *m* tribu de Manasés
27.20 de la *m* tribu de Manasés, Joel hijo de
27.21 la otra *m* tribu de Manasés..Iddo hijo
Job 36.31 que por esos *m* castiga a los pueblos
Ez. 40.42 un codo y *m* de longitud, y codo y *m*
43.17 y de *m* codo el borde alrededor; y la
Dn. 7.25 hasta tiempo, y tiempos, y *m* tiempo
Os. 3.2 la compré..por..un homer y *m* de cebada
Lc. 10.30 le despojaron..dejándole *m* muerto
Ap. 8.1 silencio en el cielo como por *m* hora
11.9 verán sus cadáveres por tres días y *m*
11.11 después de tres días y *m* entró en ellos

MEDIODÍA
Gn. 43.16 estos hombres comerán conmigo al *m*
43.25 ellos..entretanto que venía José a *m*
Éx. 26.18 veinte tablas al lado del *m*, al sur
36.23 veinte tablas al lado del sur, al *m*
38.9 al *m*, las cortinas del atrio eran de 100
Dt. 28.29 palparás a *m* como palpa el ciego en
1 R. 18.26 invocaron..Baal desde..hasta el *m*
18.27 al *m*, que Elías se burlaba de ellos
18.29 pasó el *m*, y ellos siguieron gritando
20.16 y salieron a *m*. Y..Ben-adad bebiendo
2 R. 4.20 estuvo sentado..hasta el *m*, y murió
Neh. 8.3 y leyó en el libro..alba hasta el *m*
Job 5.14 y a *m* andan a tientas como de noche
11.17 la vida te será más clara que el *m*
Sal. 37.6 exhibirá tu..y tu derecho como el *m*
55.17 tarde y mañana y a *m* oraré y clamaré
Cnt. 1.7 dónde apacientas, dónde sesteas al *m*
Is. 58.10 luz, y tu oscuridad será como el *m*
59.10 sin ojos; tropezamos a *m* como de noche
Jer. 6.4 levantaos y asaltémosla a *m*. ¡Ay de
15.8 traje..destruidor a *m* sobre la madre y
20.16 oiga gritos de mañana, y voces a *m*
Am. 8.9 haré que se ponga el sol a *m*, y cubriré
Hch. 22.6 a *m*, de repente me rodeó mucha luz
26.13 a *m*, oh rey, yendo por el camino, vi

MEDIR
Éx. 16.18 y lo *median* por gomer, y no sobró al
Nm. 35.5 luego *mediréis* fuera de la ciudad al
Dt. 21.2 saldrán y *medirán* la distancia hasta
Rt. 3.15 *midió* seis medidas de cebada, y se las
2 S. 8.2 los *midió* con cordel..*m* dos cordeles
Sal. 60.6; 108.7 y *mediré* el valle de Sucot
Is. 40.12 ¿quién *midió* las aguas con..su mano
48.13 mi mano derecha *midió* los cielos con
65.7 les *mediré* su obra antigua en su seno
Jer. 13.25 la porción que yo he *medido* para ti
31.37 si los cielos arriba se pueden *medir*
33.22 ni la arena del mar se puede *medir*
Ez. 40.3 tenía un cordel..y una caña de *medir*
40.5 la caña de *medir* que aquel varón tenía
40.5 *midió* el espesor del muro, de una caña
40.6 y *midió* un poste de la puerta, de una
40.8 *midió* asimismo la entrada de la puerta
40.9 *midió*..la entrada del portal, de ocho
40.11 *midió* el ancho de la entrada..la puerta
40.13 *midió* la puerta desde el techo de una
40.14 y *midió* los postes, de sesenta codos
40.19 *midió* la anchura desde el frente de la
40.20 y de la puerta..*midió* su longitud y su
40.23 *midió* de puerta a puerta, cien codos
40.24 *midió* sus portales y..arcos conforme a
40.27 *midió* de puerta a puerta hacia el sur
40.28 y *midió* la puerta del sur conforme a
40.32 y *midió* la puerta conforme a..medidas
40.35 luego..*midió* conforme a estas medidas
40.47 *midió* el atrio, cien codos de longitud
40.48 y *midió* cada poste del pórtico, cinco
41.1 *midió* los postes, siendo el ancho seis
41.2 y *midió* su longitud, de cuarenta codos
41.3 pasó al..y *midió* cada poste de la puerta
41.4 *midió*..su longitud, de veinte codos, y
41.5 después *midió* el muro de la casa, de 6
41.13 *midió* la casa, cien codos de largo; y
41.15 y *midió* la longitud del edificio que
42.15 el oriente, y lo *midió* todo alrededor
42.16 *midió* el lado oriental con la caña de
42.16 *midió* el lado..con la caña de *medir*
42.16,17,18,19 cañas de la caña de *medir*
42.17 *midió* al lado del norte, 500 cañas de
42.18 *midió* al lado del sur, quinientas cañas
42.19 rodeó al lado del occidente, y *midió*
42.20 a los cuatro lados lo *midió*; tenía un
43.10 esta casa..y *midan* el diseño de ella
45.3 *medirás* en longitud 25.000 cañas, y en
47.3 y *midió* mil codos, y me hizo pasar por
47.4 *midió* otros mil..*m* luego otros mil
47.5 *midió* otros mil, y era ya un río que yo
47.18 esto *mediréis* de límite hasta el mar
Os. 1.10 arena del mar, que no se puede *medir*
Hab. 3.6 se levantó, y *midió* la tierra; miró
Zac. 2.1 un varón que tenía..un cordel de *medir*
2.2 respondió: A *medir* a Jerusalén, para ver
Mt. 7.2; Mr. 4.24 que *medís*, os será *medido*
Lc. 6.38 con que *medís*, os volverán a *medir*
2 Co. 10.12 ellos, *midiéndose* a sí mismos por
Ap. 11.1 una caña semejante a una vara de *medir*
11.1 *mide* el templo de Dios, y el altar, y
11.2 el patio..déjalo aparte, y no lo *midas*
21.15 una caña de *medir*, para *m* la ciudad
21.16 él *midió* la ciudad con la caña, doce
21.17 *midió* su muro, 144 codos, de medida de

MEDITACIÓN
Sal. 19.14 y la *m* de mi corazón delante de ti
39.3 en mi *m* se encendió fuego, y así proferí
104.34 dulce será mi *m* en él..me regocijaré
119.97 yo tu ley! Todo el día es ella mi *m*
119.99 he entendido..tus testimonios son mi *m*

MEDITAR
Gn. 24.63 y había salido Isaac a *meditar* al
37.11 envidia, mas su padre *meditaba* en esto
Jos. 1.8 que de día y de noche *meditarás* en él
1 R. 18.27 quizá está *meditando*, o tiene algún
Neh. 5.7 lo *medité*, y reprendí a los nobles y
Sal. 1.2 y en su ley *medita* de día y de noche
4.4 *meditad* en vuestro corazón estando en
36.4 *medita* maldad sobre su cama; está en
38.12 hablan..y *meditan* fraudes todo el día
63.6 cuando *medite* en ti en las vigilias de
77.6 *meditaba* en mi corazón, y mi espíritu
77.12 *meditaré* en..tus obras, y hablaré de
119.15 tus mandamientos *meditaré*..caminos
119.23 tu siervo *meditaba* en tus estatutos
119.27 para que *medite* en tus maravillas
119.48 que amé, y *meditaré* en tus estatutos
119.78 pero yo *meditaré* en tus mandamientos
119.148 noche, para *meditar* en tus mandatos
143.5 *meditaba* en todas..obras de tus manos
145.5 en tus hechos maravillosos *meditaré*
Sof. 2.1 congregaos y *meditad*, oh nación sin
Hag. 1.5 *meditad* bien sobre vuestros caminos
1.7 dicho..*Meditad* sobre vuestros caminos
2.15,18(2) *meditad* en vuestro corazón
Lc. 2.19 guardaba..*meditándolas* en su corazón

MEDO *Habitante de Media*
2 R. 17.6; 18.11 puso..las ciudades de los *m*
Is. 13.17 despierto contra ellos a los *m*, que
Dn. 5.28 roto, y dado a los *m* y a los persas
9.1 de la nación de los *m*, que vino a ser
11.1 el año primero de Darío el *m*, estuve
Hch. 2.9 *m*, elamitas, y los que habitamos en

MEDRAR
2 Co. 2.17 que *medran* falsificando la palabra

MEDROSO
Dt. 20.8 ¿quién es hombre *m* y pusilánime? Vaya
Sal. 88.15 la juventud he llevado..he estado *m*
Jer. 46.5 ¿por qué los vi *m*, retrocediendo?

MEFAAT *Ciudad de los levitas en Rubén,* **Jos. 13.18; 21.37; 1 Cr. 6.79; Jer. 48.21**

MEFI-BOSET
1. Hijo de Jonatán No. 2 (=Merib-baal)
2 S. 4.4 un hijo lisiado de..Su nombre era *M*
9.6 y vino *M*..y se postró sobre su rostro
9.6 dijo David: *M*. Y él respondió: He aquí
9.10 *M* el hijo de..comerá siempre a mi mesa
9.11 *M*, dijo el rey, comerá a mi mesa, como
9.12 tenía *M* un hijo pequeño que se..Micaía
9.12 de la casa de Siba eran siervos de *M*
9.13 y moraba *M* en Jerusalén, porque comía
16.1 Siba el criado de *M*..salía a recibirle
16.4 el rey dijo..sea tuyo..lo que tiene *M*
19.24 *M* hijo de..descendió a recibir al rey
19.25 dijo: *M*, ¿por qué no fuiste conmigo?
19.30 *M* dijo al rey: Deja que él las tome
21.7 y perdonó el rey a *M* hijo de Jonatán
2. Hijo del rey Saúl y Rizpa, **2 S. 21.8**

MEGUIDO *Ciudad cananea, posteriormente de Israel*
Jos. 12.21 el rey de Taanac, otro; el rey de *M*
17.11 y a los moradores de *M* y sus aldeas
Jue. 1.27 ni a los que habitan en *M* y en sus
5.19 pelearon..junto a las aguas de *M*, mas
1 R. 4.12 Baana hijo de Ahilud en Taanac y *M*
9.15 edificar la casa de..y Hazor, *M* y Gezer
2 R. 9.27 y Ocozías huyó a *M*, pero murió allí
23.29 pero aquél, así que le vio, lo mató en *M*
23.30 y lo trajeron muerto de *M* a Jerusalén
1 Cr. 7.29 *M* con sus aldeas, y Dor con..aldeas
2 Cr. 35.22 a darle batalla en el campo de *M*
Zac. 12.11 como el llanto..en el valle de *M*

MEHARA *Cuevas en la tierra de Sidón,* **Jos. 13.4**

MEHETABEL
1. Mujer de Hadar (Hadad), rey edomita, **Gn. 36.39; 1 Cr. 1.50**
2. Ascendiente de Semaías No. 19, **Neh. 6.10**

MEHÍDA *Padre de una familia de sirvientes del templo,* **Esd. 2.52; Neh. 7.54**

MEHIR *Descendiente de Judá,* **1 Cr. 4.11**

MEHOLATITA *Habitante de Abel-mehola*
1 S. 18.19 Merab..dada por mujer a Adriel *m*
2 S. 21.8 tenido de Adriel hijo de Barzilai *m*

MEHUJAEL *Hijo de Irad y padre de Metusael,* **Gn. 4.18**

MEHUMÁN *Uno de los siete eunucos del rey Asuero,* **Est. 1.10**

MEHUNIM *Padre de una familia de sirvientes del templo (=Meunim),* **Neh. 7.52**

MEJARCÓN *Parte del territorio de Dan,* **Jos. 19.46**

MEJILLA
1 R. 22.24 golpeó a Micaías en la *m*, diciendo
2 Cr. 18.23 golpeó a Micaías en la *m*, y dijo
Job 16.10 hirieron mis *m* con afrenta; contra
Sal. 3.7 heriste a todos mis enemigos en la *m*
Cnt. 1.10 hermosas son tus *m*..los pendientes
4.3 tus *m*, como cachos de granada detrás de
5.13 *m*, como una era de especias aromáticas
6.7 cachos de granada son tus *m*, detrás de
Is. 50.6 mis *m* a los que me mesaban la barba
Lm. 1.2 llora..y sus lágrimas están en sus *m*

MEJILLA ***(Continúa)***

Lm. 3.30 dé la *m* al que le hiere, y sea colmado
Mi. 5.1 vara herirán en la *m* al juez de Israel
Mt. 5.39 que te hiera en la *m* derecha, vuélvele
Lc. 6.29 al que te hiera en una *m*, preséntale

MEJOR

Gn. 23.6 en lo *m* de nuestros sepulcros sepulta
29.19 *m* es que te la dé a ti, y no que la dé
43.11 de lo *m* de la tierra en vuestros sacos
45.23 diez asnos cargados de lo *m* de Egipto
47.6 en lo *m* de la tierra haz habitar a tu
47.11 les dio posesión. .en lo *m* de la tierra
Éx. 14.12 *m* nos fuera servir a los egipcios, que
22.5 lo *m* de su campo y de lo *m* de su viña
Nm. 11.18 ¡ciertamente *m* nos iba en Egipto!
14.3 ¿no nos sería *m* volvernos a Egipto?
18.29 de todo lo *m* de. .ofreceréis la porción
18.30 cuando ofreciereis lo *m* de ellos, será
18.32 cuando hubiereis ofrecido la *m* parte
Dt. 33.13 con lo *m* de los cielos, con el rocío
33.16 y con las *m* dádivas de la tierra y su
Jue. 8.2 ¿no es el rebusco. .*m* que la vendimia
9.2 ¿qué os parece *m*, que os gobiernen 70
11.25 ¿eres tú ahora *m* en algo que Balac hijo
18.19 ¿es *m* que seas tú sacerdote en casa de
Rt. 2.22 y Noemí respondió a Rut. .*M* es, hija
3.10 has hecho *m* tu postrera bondad que la
1 S. 1.8 dijo. .¿No te soy yo *m* que diez hijos?
8.14 tomará lo *m* de vuestras tierras. .viñas
8.16 tomará. .vuestros *m* jóvenes, y. .asnos
15.9 el pueblo perdonaron a Agag, y a lo *m* de
15.15 el pueblo perdonó lo *m* de las ovejas
15.22 ciertamente el obedecer es *m* que los
15.28 lo ha dado a un prójimo tuyo *m* que tú
16.23 y Saúl tenía alivio y estaba *m*, y el
27.1 nada. .será *m* que fugarme a la tierra de
2 S. 14.32 vine de. .*M* me fuera estar aún allá
17.14 el consejo de Husai arquita es *m* que el
18.3 *m* que tú nos des ayuda desde la ciudad
1 R. 2.32 dado muerte a dos varones. .*m* que él
19.4 basta. .pues no soy yo *m* que mis padres
21.2 daré. .otra viña *m*. .o si *m* te pareciere
2 R. 5.12 ¿no son *m* que. .las aguas de Israel?
10.3 al *m* y. .de los hijos de vuestro señor
2 Cr. 21.13 has dado muerte a. .eran *m* que tú
Est. 2.9 llevó. .a lo *m* de la casa de las mujeres
Sal. 37.16 *m* es lo poco del justo, que las
63.3 *m* es tu misericordia que la vida; mis
81.16 sustentaría Dios con lo *m* del trigo
84.10 porque *m* es un día en tus atrios que
118.8,9 *m* es confiar en Jehová que confiar
119.72 *m* me es la ley de tu boca que. .oro
147.14 él. .te hará saciar con lo *m* del trigo
Pr. 3.14 su ganancia es *m* que la. .de la plata
8.11 porque *m* es la sabiduría que. .piedras
8.19 *m* es mi fruto. .mi rédito *m* que la plata
15.16 *m* es lo poco con el temor de Jehová
15.17 *m* es la comida de legumbres donde hay
16.8 *m* es lo poco con justicia que. .frutos
16.16 *m* es adquirir sabiduría que oro preciado
16.19 *m* es humillar el espíritu con. .humildes
16.28 y el chismoso aparta a los *m* amigos
16.32 *m* es el. .tarda en airarse que el fuerte
17.1 *m* es un bocado seco, y en paz, que casa
17.12 *m* es encontrarse con una osa a la cual
19.1 *m* es el pobre que camina en integridad
19.22 pero *m* es el pobre que el mentiroso
21.9 *m* es vivir en un rincón del terrado que
21.19 *m* es morar en tierra desierta que con
25.7 *m* es que se te diga: Sube acá, y no que
25.24 *m* es estar en un rincón del terrado que
27.5 *m* es reprensión manifiesta. .amor oculto
27.10 *m* es el vecino cerca. .el hermano lejos
28.6 *m* es el pobre. .camina en su integridad
Ec. 2.24 no hay cosa *m*. .sino que coma y beba
2.25 comerá, y quién se cuidará, *m* que yo?
3.12 no hay para ellos cosa *m* que alegrarse
3.22 no hay cosa *m*. .alegrarse en su trabajo
4.9 *m* son dos que uno, porque tienen *m* paga
4.13 *m* es el muchacho pobre y sabio, que el
5.5 *m* es que no prometas, y no. .y no cumplas
6.3 careció. .digo que un abortivo es *m* que él
7.1 *m* es la buena fama que el buen ungüento
7.1 y *m* el día de la muerte que el día del
7.2 *m* es ir a la casa del luto que a la casa
7.3 *m* es el pesar que la risa; porque con la
7.5 *m* es oír la reprensión del sabio que la
7.8 *m* es el fin del negocio que su principio
7.8 *m* es el sufrido de espíritu que el altivo
7.10 los tiempos pasados fueron *m* que estos
9.4 porque *m* es perro vivo que león muerto
9.16 *m* es la sabiduría que la fuerza, aunque
9.17 palabras del sabio. .son *m* que el clamor
9.18 *m* es la sabiduría que. .armas de guerra
11.6 porque no sabes cual es lo *m*, si esto o
Cnt. 1.2 porque *m* son tus amores que el vino
4.10 ¡cuánto *m* que el vino tus amores, y el
Is. 56.5 les daré. .nombre *m* que el de hijos e
Jer. 26.14 haced de mí como *m* y más recto os
40.4 vé a donde *m* y más cómodo te parezca ir
Ez. 31.16 árboles escogidos. .los *m* del Líbano
Dn. 1.15 rostro de ellos *m* y más robusto que
1.20 halló diez veces *m* que todos los magos
Os. 2.7 volveré. .*m* me iba entonces que ahora
Am. 6.2 ved si son aquellos reinos *m* que estos
Jon. 4.3 porque *m* me es la muerte que la vida
4.8 *m* sería para mí la muerte que la vida
Mi. 7.4 el *m* de ellos es como el espino; el más
Nah. 3.8 ¿eres tú *m* que Tebas. .junto al Nilo
Mt. 5.29,30 *m* te es que se pierda uno de tus
18.6 *m* le fuera que se le colgase al cuello
18.8 *m* te es entrar en la vida cojo o manco
18.9 *m* te es entrar con un solo ojo en la vida
Mr. 9.42 *m* le fuera si se le atase una piedra
9.43 *m* te es entrar en la vida manco, que
9.45 *m* te es entrar en la vida cojo, que
9.47 *m*. .entrar en el reino de Dios con un ojo
Lc. 5.39 el nuevo; porque dice: El añejo es *m*
15.22 sacad el *m* vestido, y vestidle; y poned
17.2 *m* le fuera que se le atase al cuello una
Jn. 4.52 a qué hora había comenzado a estar *m*
Hch. 27.36 entonces todos, teniendo ya *m* ánimo
Ro. 2.18 e instruido por la ley apruebas lo *m*
3.9 ¿qué, pues? ¿Somos nosotros *m* que ellos?
1 Co. 7.9 *m* es casarse que estarse quemando
7.38 y el que no la da en casamiento hace *m*
11.17 no os congregáis para lo *m*, sino para
12.31 procurad, pues, los dones *m*. Mas yo os
Fil. 1.10 para que aprobéis lo *m*, a fin de que
1.23 y estar con Cristo, lo. .es muchísimo *m*
1 Ti. 6.2 sírvanles *m*. .son creyentes y amados
He. 6.9 estamos persuadidos de cosas *m*, y que
7.19 de la introducción de una *m* esperanza
7.22 por. .Jesús es hecho fiador de un *m* pacto
8.6 tanto *m* ministerio es el suyo, cuanto es
8.6 un *m* pacto, establecido sobre *m* promesas
9.23 las cosas celestiales. .con *m* sacrificios
10.34 que tenéis. .una *m* y perdurable herencia
11.16 anhelaban una *m*, esto es, celestial
11.35 otros. .a fin de obtener *m* resurrección
11.40 proveyendo Dios. .cosa *m* para nosotros
12.9 obedeceremos mucho *m* al Padre de los
12.24 la sangre rociada que habla *m* que la de
1 P. 3.17 *m* es que padezcáis haciendo el bien
2 P. 2.21 *m*. .no haber conocido el camino de la

MEJORAR

Is. 47.12 podrás *mejorarte*. .te fortalecerás
Jer. 7.3 *mejorad* vuestros caminos y. .obras, y
7.5 pero si *mejorareis*. .vuestros caminos y
18.11 conviértase. .*mejore* sus caminos y sus
26.13 *mejorad* ahora vuestros caminos. .obras

MELATÍAS ***Uno que ayudó en la restauración del muro de Jerusalén*, Neh. 3.7**

MELEA ***Ascendiente de Jesucristo*, Lc. 3.31**

MELEC ***Nieto de Mefi-boset No. 1*, 1 Cr. 8.35; 9.41**

MELICU ***Familia de sacerdotes en tiempo de Joiacim*, Neh. 12.14**

MELODÍA

Is. 23.16 haz buena *m*, reitera la canción

MELÓN

Nm. 11.5 de los pepinos, los *m*, los puerros

MELONAR

Is. 1.8 y queda la hija de. .como cabaña en *m*

MELQUI ***Nombre de dos ascendientes de Jesucristo*, Lc. 3.24,28**

MELQUISEDEC ***Rey de Salem***

Gn. 14.18 *M*, rey de Salem y sacerdote del Dios
Sal. 110.4 eres sacerdote. .según el orden de *M*
He. 5.6,10; 6.20 sacerdote. .según el orden de *M*
7.1 este *M*, rey de Salem, sacerdote del Dios
7.10 en los lomos de. .cuando *M* le salió al
7.11 otro sacerdote, según el orden de *M*, y
7.15 semejanza de *M* se levanta un sacerdote
7.17,21 eres sacerdote según el orden de *M*

MELSAR ***Funcionario del rey Nabucodonosor***

Dn. 1.11 dijo Daniel a *M*, que estaba puesto
1.16 *M* se llevaba la porción de la comida

MEMORABLE

Sal. 111.4 hecho *m* sus maravillas; clemente

MEMORIA

Éx. 12.14 día os será en *m*, y lo celebraréis
13.3 Moisés dijo al pueblo: Tened *m* de. .día
17.14 escribe esto para *m* en un libro, y dí
17.14 que raeré del todo la *m* de Amalec de
20.24 lugar donde yo. .esté la *m* de mi nombre
Lv. 5.12 el sacerdote tomará de. .para *m* de él
26.42 me acordaré, y haré *m* de la tierra
Nm. 5.15 es ofrenda. .que trae a la *m* el pecado
5.26 un puñado de la ofrenda en *m* de ella, y
10.10 os serán por *m* delante de vuestro Dios
31.54 trajeron. .por *m* de los hijos de Israel
Dt. 25.19 borrarás la *m* de Amalec de debajo
32.26 haría cesar de entre. .la *m* de ellos
2 S. 18.18 no tengo hijo que conserve la *m* de
19.19 tengas *m* de los males que tu siervo
1 R. 17.18 para traer a *m* mis iniquidades, y
2 R. 20.3 hagas *m* de que he andado delante de
1 Cr. 16.12 haced *m* de las maravillas que ha
16.15 hace *m* de su pacto perpetuamente, y de
2 Cr. 35.25 y Jeremías endechó en *m* de Josías
Esd. 4.15 que se busque en el libro de las *m*
4.15 hallarás en el libro de las *m*, y sabrás
6.2 libro en el cual estaba escrito así: *M*
Neh. 2.20 no tenéis parte. .ni *m* en Jerusalén
Est. 6.1 trajesen el libro de las *m* y crónicas
Job 18.17 *m* perecerá de la tierra, y no tendrá
24.20 nunca más habrá de ellos *m*, y como un
Sal. 6.5 porque en la muerte no hay *m* de ti; en
8.4 ¿qué es el hombre. .que tengas de él *m*
9.6 y las ciudades. .su *m* pereció con ellas
20.3 haga *m* de todas tus ofrendas, y acepte
20.7 del nombre de Jehová. .Dios tendremos *m*
30.4 cantad. .y celebrad la *m* de su santidad
34.16 mal, para cortar de la tierra la *m* de
45.17 perpetua la *m* de tu nombre en todas las
71.16 haré *m* de tu justicia, de la tuya sola
77.10 traeré. .a la *m* los años de la diestra
77.11 haré yo *m* de tus maravillas antiguas
83.4 y no haya más *m* del nombre de Israel
97.12 alegraos. .alabad la *m* de su santidad
102.12 y tu *m* de generación en generación
109.14 venga en *m* ante Jehová la maldad de
109.15 Jehová, y él corte de la tierra su *m*
112.6 por lo cual. .en *m* eterna será el justo
135.13 tu *m*, oh Jehová, de generación en
145.7 proclamarán la *m* de tu inmensa bondad
Pr. 10.7 la *m* del justo será bendita; mas el
Ec. 1.11 no hay *m* de lo que precedió, ni. .de lo
1.11 tampoco de lo que sucederá habrá *m* en
2.16 ni del sabio ni del necio habrá *m* para
9.5 los muertos. .su *m* es puesta en olvido
Is. 26.8 y tu *m* son el deseo de nuestra alma
43.18 no. .ni traigáis a *m* las cosas antiguas
48.1 hacen *m* del Dios de Israel, mas no en
49.1 Jehová me llamó. .tuvo mi nombre en *m*
54.4 de la afrenta de tu. .no tendrás más *m*
63.7 de las misericordias de Jehová haré *m*
64.9 ni tengas perpetua *m* de la iniquidad
65.17 de lo primero no habrá *m*, ni más vendrá
Jer. 11.19 y cortémoslo. .que no haya más *m* de
23.36 y nunca más os vendrá a la *m* decir
44.21 y no ha venido a su *m* el incienso que
Lm. 3.20 tendré aún en *m*, porque mi alma está
Ez. 3.20 sus justicias. .no vendrán en *m*; pero
16.60 yo tendré *m* de mi pacto que concerté
21.23 pero él trae a la *m* la maldad de ellos
21.24 hecho traer a la *m* vuestras maldades
21.24 por cuanto habéis venido en *m*, seréis
21.32 no habrá más *m* de ti, porque yo Jehová
23.19 trayendo en *m* los días de su juventud
23.21 trajiste de nuevo a la *m* la lujuria de
25.10 que no haya mas *m* de los hijos de Amón
Os. 7.2 no consideran. .que tengo en *m* toda su
Nah. 1.14 mandará. .no quede ni *m* de tu nombre
Zac. 6.14 servirán a. .*m* en el templo de Jehová
Mal. 3.16 fue escrito libro de *m* delante de él
Mt. 26.13; Mr. 14.9 se contará. .para *m* de ella
Lc. 22.19 es mi cuerpo. .haced esto en *m* de mí
Hch. 10.4 han subido para *m* delante de Dios
1 Co. 11.24 tomad, comed. .haced esto en *m* de
11.25 haced esto todas las veces. .en *m* de mí
Ef. 1.16 dar gracias. .haciendo *m* de vosotros
1 Ts. 1.2 haciendo *m* de vosotros en. .oraciones
2 Ti. 1.5 trayendo a la *m* la fe no fingida que
Flm. 4 haciendo siempre *m* de ti en. .oraciones
He. 10.3 cada año se hace *m* de los pecados
10.32 traed a la *m* los días pasados, en los
2 P. 1.15 podáis en todo momento tener *m* de
3.2 tengáis *m* de las palabras que antes han
Jud. 17 pero vosotros. .tened *m* de las palabras
Ap. 16.19 Babilonia vino en *m* delante de Dios

MEMORIAL

Éx. 13.9 será. .como un *m* delante de tus ojos
13.16 te será. .por un *m* delante de tus ojos
28.12 para piedras *m*. .sus dos hombros por *m*
28.29 por *m* delante de Jehová continuamente
30.16 por *m* a los hijos de Israel delante de
39.7 por piedras *m* para los hijos de Israel
Lv. 2.2 y lo hará arder sobre el altar para *m*
2.9 tomará el sacerdote. .que sea para su *m*
2.16 y el sacerdote hará arder el *m* de él
6.15 hará arder. .por *m* en olor grato a Jehová

MEMUCÁN ***Uno de los siete príncipes del rey Asuero*, Est. 1.14,16,21**

MENCIÓN

Gn. 40.14 te ruego que. .hagas *m* de mí a Faraón
Jos. 23.7 ni hagáis *m* ni juréis por el nombre
1 S. 4.18 que cuando él hizo *m* del arca de Dios
20.6 si tu padre hiciere *m* de mí, dirás: Me
2 Cr. 20.34 se hace *m* en el libro de los reyes
Job 28.18 no se hará *m* de coral ni de perlas
Ez. 16.56 no era. .Sodoma digna de *m* en tu boca
Ro. 1.9 hago *m* de vosotros. .en mis oraciones

MENCIONAR
Os. 2.17 nunca más se *mencionarán* sus nombres
Am. 6.10 no podemos *mencionar* el. .de Jehová
He. 11.22 José. .*mencionó* la salida de. .Israel

MENDIGAR
Sal. 37.25 ni su descendencia que *mendigue* pan
109.10 anden. .hijos vagabundos, y *mendiguen*
Mr. 10.46 sentado junto al camino *mendigando*
Lc. 16.3 no puedo; *mendigar*, me da vergüenza
18.35 un ciego estaba sentado. .*mendigando*
Jn. 9.8 es éste el que se sentaba y *mendigaba?*

MENDIGO
Éx. 23.6 no pervertirás el derecho de tu *m* en
Dt. 15.4 para que así no haya en medio de ti *m*
Lc. 16.20 había también un *m* llamado Lázaro
16.22 que murió el *m*, y fue llevado por los

MENE
Dn. 5.25 la escritura que trazó es: *M*, *M*, TEKEL
5.26 *M:* Contó Dios tu reino, y le ha puesto

MENEAR
Sal. 22.7 todos. .escarnecen. .*menean* la cabeza
44.14 naciones. .al vernos *menean* la cabeza
109.25 me miraban, y burlándose *meneaban* su
Jer. 18.16 aquel que pasare. .*meneará* la cabeza
Mt. 27.39; Mr. 15.29 le injuriaban, *meneando* la

MENESTEROSO, SA
Dt. 15.7 haya en medio de ti *m* de alguno de
15.9 y mires con malos ojos a tu hermano *m*
15.11 no faltarán *m*. .abrirás tu mano. .al *m*
24.14 no oprimirás al jornalero pobre y *m*
1 S. 2.8 levanta. .y del muladar exalta al *m*
Job 5.16 pues es esperanza al *m*, y la iniquidad
24.4 hacen apartar del camino a los *m*. .pobres
29.16 a los *m* era padre, y de la causa que
30.25 alma, ¿no se entristeció sobre el *m?*
31.19 si he visto que pereciera. .*m* sin abrigo
Sal. 9.18 no para siempre será olvidado el *m*
12.5 por el gemido de los *m*. .me levantaré
35.10 que libras al. .*m* del que le despoja?
37.14 para derribar al pobre y al *m*, para
69.33 Jehová oye a los *m*, y no menosprecia
70.5 yo estoy afligido y *m*, apresúrate a mí
72.4 salvará a los hijos del *m*, y aplastará
72.12 porque él librará al *m* que clamare, y
72.13 tendrá misericordia del pobre y del *m*
74.21 el afligido y el *m* alabarán tu nombre
82.3 débil. .haced justicia al afligido y al *m*
86.1 escúchame, porque estoy afligido y *m*
88.15 estoy afligido y *m;* desde la juventud
107.9 sacia al alma *m*, y llena de bien al
109.16 y persiguió al hombre afligido y *m*
113.7 él levanta del. .y al *m* alza del muladar
Pr. 30.14 devorar. .los *m* de entre los hombres
31.9 y defiende la causa del pobre y del *m*
31.20 al pobre, y extiende sus manos al *m*
Is. 14.30 los *m* se acostarán confiados; mas yo
25.4 fortaleza al *m* en su aflicción, refugio
26.6 pies del afligido, los pasos de los *m*
41.17 los afligidos y *m* buscan las aguas, y
Jer. 22.16 juzgó la causa del afligido y del *m*
Ez. 16.49 no fortaleció la mano del. .y del *m*
18.12 al pobre y *m* oprimiere, cometiere robos
22.29 al afligido y *m* hacía violencia, y al
Am. 4.1 que oprimís a los pobres y. .a los *m*
8.4 oíd esto, los que explotáis a los *m*, y

MENFIS *Ciudad en Egipto*
Is. 19.13 se han engañado los príncipes de *M*
Jer. 2.16 de *M* y de Tafnes te quebrantaron la
44.1 de todos los judíos que moraban. .en *M*
46.14 haced saber también en *M* y en Tafnes
46.19 *M* será desierto, y será asolada hasta
Ez. 30.13 y destruiré los ídolos de *M;* y no
30.16 Tebas. .y *M* tendrá continuas angustias
Os. 9.6 Egipto los recogerá, *M* los enterrará

MENGUAR
1 R. 17.16 ni el aceite de la vasija *menguó*
Job 6.18 apartan. .van *menguando*, y se pierden
Is. 60.20 ni *menguará* tu luna; porque Jehová
Jn. 3.30 que él crezca, pero que yo *mengüe*

MENOR
Gn. 1.16 la lumbrera *m* para que señorease en
19.11 hirieron con ceguera desde el *m* hasta
19.31 la mayor dijo a la *m:* Nuestro padre es
19.34 la mayor a la *m:* He aquí, yo dormí la
19.35 se levantó la *m*, y durmió con él; pero
19.38 la *m* también dio a luz un hijo, y llamó
25.23 más fuerte. .y el mayor servirá al *m*
27.15 tomó Rebeca. .vistió a Jacob su hijo *m*
27.42 ella envió y llamó a Jacob su hijo *m*
29.16 dos hijas. .y el nombre de la *m*, Raquel
29.18 te serviré siete años por. .tu hija *m*
29.26 no se. .que se dé la *m* antes de la mayor
32.10 *m* soy que todas las misericordias y que
42.13 *m* está hoy con nuestro padre, y otro
42.15 cuando vuestro hermano *m* viniere aquí
42.20 pero traeréis a vuestro hermano *m*, y
42.32 el *m* está hoy con nuestro padre en la
42.34 traedme a vuestro hermano el *m*, para
43.29 ¿es éste vuestro hermano *m*, de quien
43.33 el mayor. .y el *m* conforme a su *m* edad
44.2 mi copa, la. .en la boca del costal del *m*
44.12 desde el mayor. .y acabó en el *m;* y la
44.23 si vuestro hermano *m* no desciende con
44.26 si no está con. .nuestro hermano el *m*
48.14 puso sobre la. .de Efraín, que era el *m*
48.19 su hermano *m* será más grande que él
Éx. 37.12 hizo. .una moldura de un palmo *m* de
Lv. 25.16 cuanto *m* fuere. .disminuirás el precio
Nm. 26.54 darás. .a los menos *m;* y a cada uno
Jos. 6.26 sobre su hijo *m* asiente sus puertas
Jue. 1.13 la tomó Otoniel. .hermano *m* de Caleb
3.9 libertador. .Otoniel. .hermano *m* de Caleb
6.15 familia es pobre. .y yo el *m* en la casa
9.5 pero quedó Jotam el hijo *m* de Jerobaal
15.2 hermana *m*, ¿no es más hermosa que ella?
1 S. 14.49 nombres de sus dos hijas. .*m*, Mical
16.11 queda. .el *m*, que apacienta las ovejas
17.14 David era el *m*. Siguieron, pues, los
30.2 se habían llevado. .desde el *m* hasta el
1 R. 7.26 el grueso del mar era de un palmo *m*
12.10 el *m* dedo de los míos es más grueso que
16.34 a precio de. .Segub su hijo *m* puso sus
2 R. 18.24 podrás resistir. .al *m* de los siervos
25.26 *m* hasta el mayor. .se fueron a Egipto
1 Cr. 12.14 el *m* tenía cargo de cien hombres
24.31 igualmente que el *m* de sus hermanos
2 Cr. 4.5 y tenía de grueso un palmo *m*, y el
21.17 no le quedó más hijo. .Joacaz el *m* de
22.1 hicieron rey en. .a Ocozías su hijo *m*
31.15 sus porciones. .así al mayor como al *m*
Est. 1.5 el pueblo. .desde el mayor hasta el *m*
1.20 darán honra a sus maridos. .hasta el *m*
Sal. 8.5 le has hecho poco *m* que los ángeles
Is. 22.24 colgarán. .todos los vasos *m*, desde
36.9 podrás resistir. .al *m* de los siervos de
60.22 vendrá a ser mil, el *m*. .pueblo fuerte
Jer. 42.1,8 pueblo desde el *m* hasta el mayor
44.12 de hambre morirán desde el *m* hasta el
Ez. 16.46 tu hermana *m* es Sodoma con sus hijas
16.61 y las *m* que tú, las cuales yo te daré
40.43 ganchos, de un palmo *m*, dispuestos en
43.13 medidas. .(el codo de a codo y palmo *m*)
43.14 la cornisa *m* hasta la cornisa mayor
Am. 6.11 Jehová. .herirá. .casa *m* con aberturas
Jon. 3.5 se vistieron de cilicio. .el *m* de ellos
Mt. 2.16 matar a todos los niños *m* de dos años
Mr. 15.40 la madre de Jacobo el *m* y de José, y
Lc. 15.12 el *m* de ellos dijo a su padre: Padre
15.13 después, juntándolo todo el hijo *m*, se
Ro. 9.12 se le dijo: El mayor servirá al *m*
1 Co. 6.4 ¿ponéis. .a los que son de *m* estima
1 Ti. 5.9 en la lista sólo la viuda no *m* de 60
He. 2.7 le hiciste un poco *m* que los ángeles
2.9 que fue hecho un poco *m* que los ángeles
7.7 sin discusión alguna, el *m* es bendecido
8.11 todos me conocerán, desde el *m* hasta el

MENOS
Nm. 26.54 darás mayor heredad, y a los *m* menor
1 S. 20.18 y tú serás echado de *m*, porque tu
2 Cr. 6.18 ¿cuánto *m*. .casa que he edificado?
Job 9.14 ¿cuánto *m* le responderé yo, y hablaré
12.3 también tengo. .no soy yo *m* que vosotros
13.2 sabéis, lo sé yo; no soy *m* que vosotros
25.6 ¿cuánto *m* el hombre, que es un gusano
34.19 ¿cuánto *m* a aquel que no hace acepción
Pr. 17.7 cuánto *m* al príncipe el. .mentiroso!
Jer. 3.4 a lo *m* desde ahora, ¿no me llamarás
3.16 ella, ni la echarán de *m*, ni se hará otra
2 Co. 8.15 no. .más, y el que poco, no tuvo *m*
12.11 en nada he sido *m* que aquellos grandes
12.13 ¿en qué habéis sido *m* que las. .iglesias
Ef. 3.8 a mí, que soy *m* que el más pequeño de
1 Ti. 6.2 no los tengan en *m* por ser hermanos
He. 12.25 mucho *m* nosotros, si desecháremos

MENOSCABAR
Esd. 4.13 erario de los reyes será *menoscabado*
Job 15.4 *menoscabas* la oración delante de Dios
Sal. 107.39 luego son *menoscabados* y abatidos
Jer. 23.4 y no temerán. .ni serán *menoscabadas*
30.19 multiplicaré, y no serán *menoscabados*

MENOSPRECIABLE
2 Co. 10.10 presencia. .débil, y la palabra *m*

MENOSPRECIADO *Véase Menospreciar*

MENOSPRECIADOR
Hab. 1.13 ¿por qué ves a los *m*, y callas cuando
Hch. 13.41 mirad. .*m*, y asombraos, y desapareced

MENOSPRECIAR
Gn. 25.34 así *menospreció* Esaú la primogenitura
29.31 vio Jehová que Lea era *menospreciada*
29.33 oyó Jehová que yo era *menospreciada*
38.23 sí, para que no seamos *menospreciados*
Lv. 26.15 si. .alma *menospreciare* mis estatutos
26.43 cuanto *menospreciaron* mis ordenanzas
Nm. 11.20 por cuanto *menospreciasteis* a Jehová
15.31 la palabra. .*menospreció* su mandamiento
Dt. 32.15 *menospreció* la Roca de su salvación
1 S. 2.17 hombres *menospreciaban* las ofrendas
2 S. 6.16 vio al rey David. .y le *menospreció*
12.10 me *menospreciaste*, y tomaste la mujer
2 R. 19.21 virgen hija de Sion te *menosprecia*
1 Cr. 15.29 vio al rey David. .y lo *menospreció*
2 Cr. 36.16 ellos. .*menospreciaban* sus palabras
Job 5.17 tanto, no *menosprecies* la corrección
19.18 aun los muchachos me *menospreciaron*
41.34 *menosprecia* toda cosa alta; es rey sobre
Sal. 15.4 a cuyos ojos el vil es *menospreciado*
22.24 no *menospreció*. .la aflicción de ellos
69.33 oye. .y no *menosprecia* a sus prisioneros
73.20 Señor. .*menospreciarás* su apariencia
89.38 despreciaste y *menospreciaste*. .ungido
Pr. 1.30 y *menospreciaron* toda reprensión mía
3.11 no *menosprecies*, hijo mío, el castigo
5.12 y mi corazón *menospreció* la reprensión
8.33 atended el consejo. .no lo *menospreciéis*
11.12 el que carece. .*menosprecia* a su prójimo
12.8 perverso de corazón será *menospreciado*
13.13 el que *menosprecia* el precepto perecerá
13.18 pobreza. .tendrá el que *menosprecia* el
14.2 el de caminos pervertidos lo *menosprecia*
14.21 peca el que *menosprecia* a su prójimo
15.5 el necio *menosprecia* el consejo de su
15.20 el hombre necio *menosprecia* a su madre
15.32 tiene en poco la. .*menosprecia* su alma
19.16 el que *menosprecia* sus caminos morirá
23.9 *menospreciará* la prudencia de. .razones
23.22 madre envejeciere, no la *menosprecies*
30.17 *menosprecia* la enseñanza de la madre
Ec. 9.16 ciencia del pobre sea *menospreciada*
Cnt. 8.1 te besaría, y no me *menospreciarían*
8.7 si diese. .de cierto lo *menospreciarían*
Is. 37.22 la virgen hija de Sion te *menosprecia*
49.7 dicho Jehová. .al *menospreciado* de alma
53.3 fue *menospreciado*, y no lo estimamos
Jer. 4.30 *menospreciarán* tus amantes, buscarán
49.15 haré. .*menospreciado* entre los hombres
Lm. 1.8 que la honraban la han *menospreciado*
2.7 *menospreció* su santuario; ha entregado
Ez. 16.31 a ramera, en que *menospreciaste* la
16.59 que *menospreciaste* el juramento para
17.16 juramento *menospreció*. .pacto. .rompió
17.18 por cuanto *menospreció* el juramento y
17.19 que el juramento mío que *menospreció*
22.8 santuarios *menospreciaste*, y mis días de
28.24 en medio de cuantos la. .*menosprecian*
Am. 2.4 porque *menospreciaron* la ley de Jehová
Zac. 4.10 los que *menospreciaron* el día de las
Mal. 1.6 que *menospreciáis* mi nombre. Y decís
1.6 ¿en qué hemos *menospreciado* tu nombre?
Mt. 6.24 o estimará al uno y *menospreciará* al
18.10 *menospreciéis* a uno de estos pequeños
Lc. 16.13 o estimará al uno y *menospreciará* al
18.9 confiaban. .y *menospreciaban* a los otros
23.11 Herodes. .le *menospreció* y escarneció
Ro. 2.4 ¿o *menosprecias* las. .de su benignidad
14.3 el que come, no *menosprecie* al que no
14.10 ¿por qué *menosprecias* a tu hermano?
1 Co. 1.28 lo *menospreciado* escogió Dios, y lo
11.22 ¿o *menospreciáis* la iglesia de Dios, y
1 Ts. 5.20 no *menospreciéis* las profecías
Tit. 2.15 esto habla, y. .Nadie te *menosprecie*
He. 12.2 *menospreciando* el oprobio, y se sentó
12.5 no *menosprecies* la disciplina del Señor
Ap. 12.11 y *menospreciaron* sus vidas hasta la

MENOSPRECIO
Dt. 32.19 por el *m* de sus hijos y de sus hijas
Esd. 4.14 no nos es justo ver el *m* del rey, por
Neh. 4.4 Dios nuestro. .somos objeto de su *m*
Est. 1.18 dirán esto. .y habrá mucho *m* y enojo
Job 12.21 él derrama *m* sobre los príncipes, y
31.34 y el *m* de las familias me atemorizó
Sal. 31.18 hablan contra el. .con soberbia y *m*
107.40 esparce *m* sobre los príncipes, y les
119.22 aparta de mí el oprobio y el *m*, porque
123.3 porque estamos muy hastiados de *m*
123.4 hastiada está. .del *m* de los soberbios
Pr. 18.3 viene el impío, viene también el *m*
Ez. 16.5 *m* de tu vida, en el día que naciste
25.6 con todo tu *m* para la tierra de Israel

MENSAJE
Gn. 24.33 no comeré hasta que haya dicho mi *m*
Jos. 11.1 Jabín. .envió *m* a Jobab rey de Madón
2 S. 12.25 un *m* por medio de Natán profeta; así
2 Cr. 30.12 para cumplir el *m* del rey y de los
Jon. 3.2 proclama en ella el *m* que yo te diré
Hch. 10.36 Dios envió *m* a los hijos de Israel
1 Jn. 1.5 este es el *m* que hemos oído de él, y
3.11 este es el *m* que habéis oído desde el

MENSAJERO
Gn. 32.3 y envió Jacob *m* delante de sí a Esaú
32.6 y los *m* volvieron a Jacob, diciendo
Nm. 22.5 tanto, envió *m* a Balaam hijo de Beor
24.12 ¿no lo declaré yo también a tus *m* que

MENSAJERO *(Continúa)*
Dt. 2.26 envié *m* desde el desierto de Cademot
Jos. 6.17 vivirá..por cuanto escondió a los *m*
6.25 escondió a..*m* que Josué había enviado
7.22 Josué entonces envió *m*..a la tienda; y
Jue. 6.35 envió *m* por todo Manasés..*m* a Aser
7.24 Gedeón..envió *m* por todo el monte de
9.31 envió..*m* a Abimelec, diciendo: He aquí
11.12 envió Jefté *m* al rey de los amonitas
11.13 el rey de..respondió a los *m* de Jefté
11.14 Jefté volvió a enviar otros *m* al rey
11.17 envió *m* al rey de Edom, diciendo: Yo
11.19 y envió Israel *m* a Sehón rey de los
1 S. 4.17 el *m* respondió diciendo: Israel huyó
6.21 y enviaron *m* a los..de Quiriat-jearim
11.3 para que enviemos *m* por todo..de Israel
11.4 llegando los *m* a Gabaa de Saúl, dijeron
11.7 y los envió..por medio de *m*, diciendo
11.9 respondieron a los *m*..Y vinieron los *m*
16.19 envió *m* a Isaí, diciendo: Envíame a
19.11 Saúl envió luego *m* a casa de David para
19.14 y cuando Saúl envió *m* para prender a
19.15 *m* para que viesen a David, diciendo
19.16 cuando los *m* entraron, he..la estatua
19.20 envió *m* para que trajeran a David, los
19.20 vino el Espíritu de Dios sobre los *m*
19.21 otros *m*, los cuales también profetizaron
23.27 vino un *m* a Saúl, diciendo: Ven luego
25.14 he aquí David envió *m* del desierto que
25.42 Abigail con..siguió a los *m* de David
31.9 enviaron *m* por..tierra de los filisteos
2 S. 2.5 envió David *m* a..de Jabes de Galaad
3.12 entonces envió Abner *m* a David de su
3.14 envió David *m* a Is-boset hijo de Saúl
3.26 Joab..envió *m* tras Abner, los cuales le
11.4 envió David *m*, y la tomó; y vino a él
11.19 mandó al *m*, diciendo: Cuando acabes de
11.22 fue el *m*, y llegando, contó a David
11.23 y dijo el *m* a David: Prevalecieron
11.25 David dijo al *m*: Así dirás a Joab: No
12.27 envió Joab *m* a David, diciendo: Yo he
15.10 envió Absalón *m* por todas las tribus
15.13 *m* vino a David, diciendo..de Absalón
18.26 vio..y el rey dijo: Este también es *m*
1 R. 19.2 envió Jezabel a Elías un *m*, diciendo
20.2 envió *m* a la ciudad a Acab rey de Israel
20.5 volviendo los *m* otra vez, dijeron: Así
22.13 el *m* que había ido a llamar a Micaías
2 R. 1.2 envió *m*, y les dijo: Id y consultad a
1.3 y sube a encontrarte con los *m* del rey
1.5 los *m* se volvieron al rey, él les dijo
1.16 enviaste *m* a consultar a Baal-zebub dios
5.10 envió un *m*, diciendo: Vé y lávate siete
6.32 mas antes que el *m* viniese a él, dijo
6.32 cuando viniere el *m*, cerrad la puerta
6.33 he aquí el *m* que descendía a él; y dijo
7.15 volvieron los *m* y lo hicieron saber al
9.18 el *m* llegó hasta ellos, y no vuelve
10.8 un *m* que le dio las nuevas, diciendo
14.8 Amasías envió *m* a Joás..diciendo: Ven
19.23 mano de tus *m* has vituperado a Jehová
20.12 *m* con cartas y presentes a Ezequías
1 Cr. 10.9 y enviaron *m* por toda la tierra de
2 Cr. 18.12 *m* que había ido a llamar a Micaías
32.31 en lo referente a los *m*..de Babilonia
35.21 Necao le envió *m*, diciendo: ¿Qué tengo
36.15 palabra a ellos por medio de sus *m*
36.16 ellos hacían escarnio de los *m* de Dios
Neh. 6.3 envié *m*, diciendo: Yo hago una gran
Job 1.14 y vino un *m* a Job, y le dijo: Estaban
Sal. 104.4 el que hace a los vientos sus *m*, y
Pr. 13.17 el mal *m* acarrea desgracia..el *m* fiel
16.14 la ira del rey es *m* de muerte; mas el
17.11 mal, y *m* cruel será enviado contra él
25.13 así es el *m* fiel a los que lo envían
Is. 14.32 ¿y qué se responderá a los *m* de las
18.2 que envía *m* por el mar, y en naves de
18.2 andad, *m* veloces, a la nación de..tez
33.7 voces..los *m* de paz llorarán amargamente
41.27 Jerusalén daré un *m* de alegres nuevas
42.19 ¿quién es sordo, como mi *m* que envié?
44.26 yo, el que..cumple el consejo de sus *m*
Jer. 27.3 mano de los *m* que vienen a Jerusalén
49.14 de Jehová había sido enviado *m* a las
51.31 *m* se encontrará con *m*, para anunciar
Ez. 23.16 envió *m* a la tierra de los caldeos
23.40 a los cuales había sido enviado *m*, y
30.9 saldrán *m* de..en naves, para espantar a
Abd. 1 oído..*m* ha sido enviado a las naciones
Nah. 2.13 y nunca más se oirá la voz de tus *m*
Mal. 2.7 la ley; porque *m* es de Jehová de los
3.1 envío mi *m*, el cual preparará el camino
Mt. 11.10; Mr. 1.2 yo envío mi *m* delante de tu
Lc. 7.24 cuando se fueron..*m* de Juan, comenzó
7.27 he aquí, envío mi *m* delante de tu faz
9.52 y envió *m* delante de él, los cuales
Jn. 5.33 enviasteis *m* a Juan..dio testimonio
2 Co. 8.23 son *m* de las iglesias, y gloria de
12.7 un *m* de Satanás que me abofetee, para
Fil. 2.25 *m*, y ministrador de mis necesidades
Stg. 2.25 cuando recibió a los *m* y los envió

MENSTRUACIÓN
Lv. 12.2 conforme a los días de su *m*..inmunda

MENSTRUAL
Lv. 18.19 y no..mientras esté en su impureza *m*

MENSTRUO
Lv. 15.24 y su *m* fuere sobre él, será inmundo
Ez. 22.10 violencia a la que..inmunda por su *m*

MENSTRUOSA
Lv. 20.18 cualquiera que durmiere con mujer *m*
Ez. 18.6 prójimo, ni se llegare a la mujer *m*
36.17 inmundicia de *m* fue su camino delante

MENTA
Mt. 23.23 porque diezmáis la *m* y el eneldo y
Lc. 11.42 ¡ay de vosotros..que diezmáis la *m*

MENTAR
Éx. 23.13 nombre de otros dioses no *mentaréis*

MENTE
1 Cr. 28.12 el plano de..cosas que tenía en *m*
Sal. 7.9 Dios justo prueba la *m* y el corazón
Jer. 11.20 que escudriñas la *m* y el corazón
17.10 Jehová, que escudriño la *m*, que pruebo
31.33 daré mi ley en su *m*, y..en su corazón
Dn. 5.21 y su *m* se hizo semejante a la de las
Mt. 22.37; Mr. 12.30; Lc. 10.27 amarás al Señor
tu Dios..con toda tu *m*
Ro. 1.28 Dios los entregó a una *m* reprobada
7.23 que se rebela contra la ley de mi *m*, y
7.25 mismo con la *m* sirvo a la ley de Dios
11.34 porque ¿quién entendió la *m* del Señor?
14.5 plenamente convencido en su propia *m*
1 Co. 1.10 que estéis..unidos en una misma *m*
2.16 porque ¿quién conoció la *m* del Señor?
2.16 mas nosotros tenemos la *m* de Cristo
Ef. 4.17 gentiles..andan en la vanidad de su *m*
4.23 y renovaos en el espíritu de vuestra *m*
Col. 1.21 extraños y enemigos en vuestra *m*
2.18 vanamente hinchado..su propia *m* carnal
Tit. 1.15 *m* y su conciencia están corrompidas
He. 8.10 pondré mis leyes en la *m* de ellos, y
10.16 mis leyes en..y en sus *m* las escribiré
Ap. 2.23 que yo soy el que escudriña la *m* y el
17.9 esto, para la *m* que tenga sabiduría

MENTIR
Lv. 19.11 no engañaréis ni *mentiréis* el uno al
Nm. 23.19 Dios no es hombre, para que *mienta*
Jos. 7.11 han tomado del anatema..han *mentido*
24.27 para que no *mintáis* contra vuestro Dios
1 S. 15.29 es la Gloria de Israel no *mentirá*
1 R. 13.18 dijo, *mintiéndole:* Yo también soy
Job 34.6 ¿he de *mentir* yo contra mi razón?
Sal. 78.36 su boca, y con su lengua le *mentían*
89.35 he jurado por mi..y no *mentiré* a David
Pr. 14.5 el testigo verdadero no *mentirá;* mas
Is. 59.13 el prevaricar y *mentir* contra Jehová
63.8 mi pueblo son, hijos que no *mienten;* y
Ez. 13.19 *mintiendo* a mi pueblo que escucha la
Os. 4.2 *mentir*..hurtar y adulterar prevalecen
Mi. 2.11 *mintiere* diciendo: Yo te profetizaré
Hab. 2.3 apresura hacia el fin, y no *mentirá*
Zac. 13.4 nunca..el manto velloso para *mentir*
Mt. 5.11 y digan toda clase de mal..*mintiendo*
Hch. 5.3 para que *mintieses* al Espíritu Santo
5.4 has *mentido* a los hombres, sino a Dios
Ro. 9.1 verdad digo en Cristo, no *miento*, y
2 Co. 11.31 Dios y Padre..sabe que no *miento*
Gá. 1.20 he aquí delante de Dios que no *miento*
Col. 3.9 no *mintáis* los unos a los otros
1 Ti. 2.7 digo verdad en Cristo, no *miento*
Tit. 1.2 la cual Dios, que no *miente*, prometió
He. 6.18 cosas..es imposible que Dios *mienta*
Stg. 3.14 jactéis, ni *mintáis* contra la verdad
1 Jn. 1.6 andamos en tinieblas, *mentimos*, y
Ap. 3.9 dicen ser judíos y no lo son..*mienten*

MENTIRA
Éx. 23.7 de palabra de *m* te alejarás, y no
Jue. 16.10 me has engañado, y me has dicho *m*
16.13 me engañas, y tratas conmigo con *m*
1 R. 22.22 yo saldré, y seré espíritu de *m* en
22.23 espíritu de *m* en la boca de todos tus
2 R. 9.12 ellos dijeron: *M;* decláranoslo ahora
2 Cr. 18.21 saldré y seré espíritu de *m* en la
18.22 Jehová ha puesto espíritu de *m* en la
Job 6.28 y ved si digo *m* delante de vosotros
13.4 vosotros sois fraguadores de *m;* sois
31.5 anduve con *m*, y si mi pie se apresuró
36.4 porque de cierto no son *m* mis palabras
Sal. 4.2 amaréis la vanidad, y buscaréis la *m?*
5.6 destruirás a los que hablan *m;* al hombre
12.2 habla *m* cada uno con su prójimo; hablan
40.4 no mira..los que se desvían tras la *m*
41.6 si vienen a verme, hablan *m;* su corazón
52.3 amaste el mal..la *m* más que la verdad
58.3 se descarriaron hablando *m* desde que
59.12 y por la maldición y *m* que profieren
62.4 aman la *m;* con su boca bendicen, pero
62.9 vanidad son los..*m* los hijos de varón
63.11 boca de los que hablan *m* será cerrada
101.7 el que habla *m* no se afirmará delante
119.29 aparta de mí el camino de la *m*, y en
119.69 contra mí forjaron *m* los soberbios
119.104 tanto, he aborrecido todo camino de *m*
119.128 por eso..aborrecí todo camino de *m*
119.163 la *m* aborrezco y abomino; tu ley amo
144.8,11 y cuya diestra es diestra de *m*
Pr. 6.19 el testigo falso que habla *m*, y el que
13.5 el justo aborrece la palabra de *m;* mas
14.5 testigo..mas el testigo falso hablará *m*
14.25 el testigo..mas el engañoso hablará *m*
19.5 castigo, y el que habla *m* no escapará
19.9 el testigo falso..que habla *m* perecerá
20.17 sabroso es al hombre el pan de *m;* pero
Is. 9.15 el profeta que enseña *m*, es la cola
16.6 su altivez; pero sus *m* no serán firmes
28.15 hemos puesto nuestro refugio en la *m*
28.17 y granizo barrerá el refugio de la *m*
30.10 decidnos..halagüeñas, profetizad *m*
44.20 pura *m* lo que tengo en mi mano derecha?
59.3 vuestros labios pronuncian *m*, habla
59.13 y proferir de corazón palabras de *m*
Jer. 5.31 los profetas profetizaron *m*, y los
7.4 no fiéis en palabras de *m*, diciendo
7.8 vosotros confiáis en palabras de *m*, que
8.8 la ha cambiado en *m* la pluma mentirosa
9.3 hicieron que su lengua lanzara *m* como
9.5 acostumbraron su lengua a hablar *m*, se
13.25 te olvidaste de mí y confiaste en la *m*
16.19 *m* poseyeron nuestros padres, vanidad
20.6 los..a los cuales has profetizado con *m*
23.14 andaban en *m*, y fortalecían las manos
23.25 profetizando *m* en mi nombre, diciendo
23.26 que profetizan *m*, y que profetizan el
23.32 y hacen errar a mi pueblo con sus *m* y
27.10 os profetizan *m*, para haceros alejar
27.14,16 no oigáis..porque os profetizan *m*
28.15 has hecho confiar en *m* a este pueblo
29.31 yo no lo envié, y os hizo confiar en *m*
43.2 *m* dices; no te ha enviado Jehová..Dios
51.17 porque *m* es su ídolo, no tiene espíritu
Ez. 13.8 por cuanto vosotros..habéis visto *m*
13.9 profetas que ven vanidad y adivinan *m*
13.19 mintiendo a mi pueblo que escucha la *m*
13.22 entristecisteis con *m* el corazón del
21.29 adivinan *m*, para que la emplees sobre
22.28 y adivinándoles *m*, diciendo: Así ha
Dn. 11.27 en una misma mesa hablarán *m;* mas
Os. 7.3 alegran al..a los príncipes con sus *m*
7.13 los redimí, y ellos hablaron *m* contra mí
10.13 comeréis fruto de *m*, porque confiaste
11.12 rodeó Efraín de *m*, y la casa de Israel
12.1 *m* y destrucción aumenta continuamente
Am. 2.4 y les hicieron errar sus *m*, en pos de
Mi. 6.12 sus moradores hablaron *m*, y su lengua
Nah. 3.1 ¡ay de ti, ciudad..toda llena de *m* y
Hab. 2.18 ¿la estatua..que enseña *m*, para que
Sof. 3.13 ni dirá *m*, ni en boca de ellos se
Zac. 10.2 adivinos han visto *m*..sueños vanos
13.3 has hablado *m* en el nombre de Jehová
Mal. 3.5 seré pronto testigo contra..juran *m*
Jn. 8.44 cuando habla *m*, de suyo habla; porque
8.44 suyo..porque es mentiroso, y padre de *m*
Ro. 1.25 cambiaron la verdad de Dios por la *m*
3.7 por mi *m* la verdad de Dios abundó para
Ef. 4.25 desechando la *m*, hablad verdad cada
2 Ts. 2.11 Dios les envía..para que crean la *m*
1 Jn. 2.21 porque ninguna *m* procede de..verdad
2.27 y no es *m*, según ella os ha enseñado
Ap. 14.5 en sus bocas no fue hallada *m*, pues
21.27 cosa..que hace abominación y *m*, sino
22.15 fuera..y todo aquel que ama y hace *m*

MENTIROSO, SA
Éx. 5.9 se ocupen..y no atiendan a palabras *m*
Job 16.11 me ha entregado Dios al *m*, y en las
Sal. 31.18 enmudezcan los labios *m*, que hablan
109.2 impío..han hablado de mí con lengua *m*
116.11 mi apresuramiento: Todo hombre es *m*
120.2 libra mi alma, oh Jehová, del labio *m*
Pr. 6.17 ojos altivos, la lengua *m*, las manos
10.18 el que encubre el odio es de labios *m*
12.17 habla verdad..mas el testigo *m*, engaño
12.19 mas la lengua *m* solo por un momento
12.22 los labios *m* son abominación a Jehová
17.4 y el *m* escucha la lengua detractora
17.7 ¡cuánto menos al príncipe el labio *m!*
19.22 pero mejor es el pobre que el *m*
21.6 amontonar tesoros con lengua *m* es aliento
21.28 el testigo *m* perecerá; mas el hombre
29.12 si un gobernante atiende la palabra *m*
30.6 que no te reprenda, y seas hallado *m*
30.8 vanidad y palabra *m* aparta de mí; no me
Is. 30.9 *m*, hijos que no quisieron oir la ley
32.7 enredar a los simples con palabras *m*
57.4 ¿no sois vosotros hijos..generación *m*
Jer. 8.8 la ha cambiado en mentira la pluma *m*
10.14 *m* es su obra de fundición, y no hay
14.14 ni les hablé; visión *m*, adivinación
23.32 contra los que profetizan sueños *m*, y
Ez. 13.6 vieron vanidad y adivinación *m*. Dicen
13.7 habéis dicho adivinación *m*, pues..decís
21.23 para ellos esto será como adivinación *m*
Dn. 2.9 preparáis respuesta *m* y perversa que

MENTIROSO, SA *(Continúa)*
Jn. 8.44 suyo habla; porque es *m*, y padre de
8.55 y si dijere que no le conozco, sería *m*
Ro. 3.4 bien sea Dios veraz, y todo hombre *m*
2 Ts. 2.9 gran poder y señales y prodigios *m*
1 Ti. 1.10 los *m* y perjuros, y para cuanto se
4.2 por la hipocresía de *m* que, teniendo
Tit. 1.12 cretenses, siempre *m*, malas bestias
1 Jn. 1.10 le hacemos a él *m*, y su palabra no
2.4 el tal es *m*, y la verdad no está en él
2.22 ¿quién es el *m*, sino el que niega que
4.20 que dice..y aborrece a su hermano, es *m*
5.10 el que no cree, a Dios le ha hecho *m*
Ap. 2.2 has probado a los..y los has hallado *m*
21.8 *m* tendrán su parte en el lago que arde

MENUDO, DA
Gn. 41.6 siete espigas *m* y abatidas del viento
41.7 y las siete espigas *m* devoraban a las
41.23 que otras siete espigas *m*, marchitas
41.24 y las espigas *m* devoraban a las siete
41.27 las siete espigas *m* y marchitas..años
Éx. 16.14 cosa *m*, redonda, *m* como una escarcha
Is. 29.5 muchedumbre..enemigos será..polvo *m*
40.15 y como *m* polvo en las balanzas le son

MENÚHA *=Manahat No. 2,* **Jue. 20.43**

MEOLLO
Sal. 63.5 de *m* y de grosura será saciada mi

MEONOTAI *Hijo de Otoniel,* **1 Cr. 4.14**

MEQUERATITA *Sobrenombre de Hefer No. 4,* **1 Cr. 11.36**

MERAB *Hija mayor del rey Saúl*
1 S. 14.49 nombres..eran, el de la mayor, *M*
18.17 yo te daré *M* mi hija mayor por mujer
18.19 el tiempo en que *M*..se había de dar a

MERAÍAS *Jefe de una familia de sacerdotes en tiempo de Joiacim,* **Neh. 12.12**

MERAIOT
1. *Sacerdote, descendiente de Finees No. 1,* **1 Cr. 6.6,7,52**
2. *Ascendiente de Azarías No. 8,* **1 Cr. 9.11; Neh. 11.11**
3. *Ascendiente del escriba Esdras (posiblemente =No. 2),* **Esd. 7.3**
4. *Familia de sacerdotes en tiempo de Joacim,* **Neh. 12.15**

MERARI *Tercer hijo de Leví*
Gn. 46.11; Éx. 6.16 de Leví: Gersón, Coat y *M*
Éx. 6.19 los hijos de *M*: Mahli y Musi. Estas
Nm. 3.17 los hijos de Leví..Gersón, Coat y *M*
3.20 los hijos de *M* por sus familias: Mahli
3.33 de *M* era la..estas son las familias de *M*
3.35 y el jefe..del linaje de *M*, Zuriel hijo
3.36 a cargo de los hijos de *M* estará la
4.29 contarás los hijos de *M* por sus familias
4.33 será el servicio de..de los hijos de *M*
4.42,45 contados de las..de los hijos de *M*
7.8 y a los hijos de *M* dio cuatro carros y
10.17 movieron..hijos de *M*, que lo llevaban
26.57 de *M*, la familia de los meraritas
Jos. 21.7 los hijos de *M* según sus familias
21.34 los hijos de *M*, levitas que quedaban
21.40 todas las ciudades de los hijos de *M*
1 Cr. 6.1,16 hijos de Leví: Gersón, Coat y *M*
6.19 los hijos de *M*: Mahli y Musi. Estas son
6.29 los hijos de *M*: Mahli, Libni su hijo
6.44 pero a la mano izquierda..los hijos de *M*
6.47 hijo de Musi, hijo de *M*, hijo de Leví
6.63 y a los hijos de *M*..dieron por suerte
6.77 a los hijos de *M*..dieron de..de Zabulón
9.14 hijo de Hasabías, de los hijos de *M*
15.6 de los hijos de *M*, Asaías el principal
15.17 de los hijos de *M* y de sus hermanos
23.6 conforme a los hijos de Leví..Coat y *M*
23.21 hijos de *M*: Mahli y Musi. Los hijos
24.26 los hijos de *M*: Mahli y Musi; hijo de
24.27 hijos de *M* por Jaazías: Beno, Soham
26.10 de Hosa, de los hijos de *M*: Simri el
26.19 de los porteros..y de los hijos de *M*
2 Cr. 29.12 los hijos de *M*, Cis hijo de Abdi
34.12 y Abdías, levitas de los hijos de *M*
Esd. 8.19 con él a Jesaías de los hijos de *M*

MERARITA *Descendiente de Merari,* **Nm. 26.57**

MERATAIM *Región en el sur de Babilonia,* **Jer. 50.21**

MERCADER
Gn. 23.16 siclos de plata, de buena ley entre *m*
37.28 y cuando pasaban los madianitas *m*
1 R. 10.15 sin lo de los *m*, y..la contratación
10.28 de los *m* del rey compraba caballos y
2 Cr. 1.16 los *m* del rey compraban por contrato
9.14 sin lo que traían los *m* y negociantes
Job 41.6 ¿harán..¿lo repartirán entre los *m*?
Pr. 31.14 como nave de *m*; trae su pan de lejos
31.24 hace telas, y vende, y da cintas al *m*
Is. 23.2 moradores de la costa, *m* de Sidón
23.8 cuyos *m* eran los nobles de la tierra?
Ez. 17.4 lo llevó a tierra de *m*, y lo puso en
27.21 Arabia y..en estas cosas fueron tus *m*
27.22 los *m* de Sabá y de Raama fueron..tus *m*
27.23 Edén, y los *m* de Sabá, de Asiria y de
27.24 *m* tuyos negociaban contigo en varias
27.36 los *m* en los pueblos silbarán contra ti
38.13 y los *m* de Tarsis..dirán: ¿Has venido
Os. 12.7 *m* que tiene en su mano peso falso
Nah. 3.16 multiplicaste tus *m*..las estrellas
Sof. 1.11 porque todo el pueblo *m* es destruido
Zac. 14.21 no habrá en aquel día más *m* en la
Mt. 13.45 el reino de los..es semejante a un *m*
Ap. 18.3 *m* de la tierra se han enriquecido de
18.11 los *m* de..lloran y hacen lamentación
18.15 los *m* de estas cosas..se pararán lejos
18.23 tus *m* eran los grandes de la tierra

MERCADERÍA
Neh. 10.31 trajesen a vender *m* y comestibles
13.16 tirios que traían pescado y toda *m*, y
Is. 45.14 trabajo de Egipto, las *m* de Etiopía
Jer. 10.17 recoge de las tierras tus *m*, la que
Ez. 26.12 y saquearán tus *m*; arruinarán tus
27.15 muchas costas tomaban *m* de tu mano
27.27 tus *m*, tu tráfico, tus remeros, tus
27.33 tus *m* salían de las naves, saciabas a
2 P. 2.3 por avaricia harán *m* de vosotros con
Ap. 18.11 lloran..ninguno compra más sus *m*
18.12 *m* de..de plata, de piedras preciosas

MERCADO
Ez. 27.14 con caballos y..comerciaban en tu *m*
27.17 aceite y resina negociaban en tus *m*
27.19 negociar en tu *m* con hierro labrado
Jn. 2.16 no hagáis de la casa de mi Padre..*m*

MERCANCÍA
Neh. 13.20 los que vendían toda especie de *m*
Ez. 27.25 como tus caravanas que traían tus *m*

MERCED
Gn. 20.13 esta es la *m* que tú harás conmigo
33.11 acepta..porque Dios me ha hecho *m*, y
Jue. 21.22 hacednos la *m* de concedérnoslas
Est. 2.18 dio *m* conforme a la generosidad real

MERCENARIO
Jer. 46.21 sus soldados *m* también en medio de

MERCURIO *Dios pagano*
Hch. 14.12 a Pablo, *M*, porque éste era el que

MERECER
Dt. 25.2 el delincuente *mereciere* ser azotado
Job 11.6 menos de lo que tu iniquidad *merece*
Pr. 26.5 responde al necio..*merece* su necedad
Lc. 23.41 recibimos lo que *merecieron* nuestros
He. 10.29 *merecerá* el que pisoteare al Hijo de
1 P. 2.19 esto *merece* aprobación, si alguno a
Ap. 16.6 dado a beber sangre; pues lo *merecen*

MERECIDO
Sal. 28.4 dales su *m* conforme a la obra de sus

MERED *Descendiente de Judá que se casó con la hija de Faraón,* **1 Cr. 4.17,18**

MEREMOT
1. *Sacerdote que ayudó en la restauración del muro de Jerusalén,* **Esd. 8.33; Neh. 3.4,21; 10.5**
2. *Uno de los que se casaron con mujeres extranjeras en tiempo de Esdras,* **Esd. 10.36**
3. *Sacerdote que regresó del exilio con Zorobabel,* **Neh. 12.3**

MERES *Uno de los siete príncipes del rey Asuero,* **Est. 1.14**

MERIBA *Lugar donde acampó Israel*
Éx. 17.7 llamó..Masah y *M*, por la rencilla de
Dt. 32.51 pecasteis contra..en las aguas de *M*
33.8 con quien contendiste en las aguas de *M*
Sal. 81.7 yo..te probé junto a las aguas de *M*
95.8 no endurezcáis..corazón, como en *M*..en
106.32 le irritaron en las aguas de *M*; y le

MERIB-BAAL *Hijo de Jonatán No. 2 (=Mefi-boset No. 1),* **1 Cr. 8.34; 9.40**

MERIDIONAL
Éx. 27.9 al lado *m*, al sur, tendrá el atrio
Jos. 15.1 el desierto de Zin..como extremo *m*
Ez. 47.19 del lado *m*, hacia el sur, desde Tamar
47.19 el arroyo..esto será al lado *m*, al sur
48.28 al lado *m* al sur, será el límite desde

MÉRITO
Lc. 6.32,33,34 ¿qué *m* tenéis?..los pecadores
Fil. 2.22 conocéis los *m* de él, que como hijo

MERMAR
Am. 8.8; 9.5 y *mermará* como el río de Egipto

MERODAC *Dios de Babilonia,* **Jer. 50.2**

MERODAC-BALADÁN *Rey de Babilonia,* **2 R. 20.12; Is. 39.1**

MERODEADOR
1 S. 13.17 salieron *m* del campamento de los
30.8 diciendo: ¿Perseguiré a estos *m*? ¿Los
30.23 ha entregado en nuestra mano a los *m*
2 S. 4.2 tenía dos..capitanes de bandas de *m*
1 Cr. 12.21 ayudaron a..contra la banda de *m*

MERODEAR
1 S. 14.15 ido a *merodear*..tuvieron pánico
27.10 ¿dónde habéis *merodeado* hoy? Y David

MEROM *Laguna o arroyo en el norte de Galilea*
Jos. 11.5 y acamparon..junto a las aguas de *M*
11.7 vino contra ellos junto a las aguas de *M*

MERONOTITA *Habitante de Meronot*
1 Cr. 27.30 Obil..y de las asnas, Jehedías *m*
Neh. 3.7 junto..restauró Melatías..y Jadón *m*

MEROZ *Población no identificada,* **Jue. 5.23**

MES
Gn. 7.11 en el *m* segundo, a los 17 días del *m*
8.4 reposó el arca en el *m* séptimo, a los 17
8.4 los 17 días del *m*, sobre los montes de
8.5 hasta el *m* décimo..al primero del *m*, se
8.13 en el *m* primero, el día primero del *m*
8.14 en el *m* segundo, a los 27 días del *m*
29.14 Labán le..Y estuvo con él durante un *m*
38.24 al cabo de unos tres *m* fue dado aviso
Éx. 2.2 era hermoso, le tuvo escondido tres *m*
12.2 este *m* os será principio de los *m*; para
12.2 para vosotros será..el primero de los *m*
12.3 en el diez de este *m* tómese cada uno un
12.6 lo guardaréis hasta el día 14 de este *m*
12.18 en el *m* primero comeréis los panes sin
12.18 el día 14 del *m*..hasta el 21 del *m* por
13.4 vosotros salís hoy en el *m* de Abib
13.5 miel, harás esta celebración en este *m*
16.1 quince días del segundo *m* después que
19.1 el *m* tercero de la salida de los hijos
23.15 te mandé, en el tiempo del *m* de Abib
34.18 *m* de Abib..en el *m* de Abib saliste de
40.2 primer día del *m* primero harás levantar
40.17 en el día primero del primer *m*, en el
Lv. 16.29 el *m* séptimo, a los diez días del *m*
23.5 en el *m* primero, a los 14 del *m*..pascua
23.6 y a los 15 días de este *m* es la fiesta
23.24 el *m* séptimo, al primero del *m*..reposo
23.27 los diez días de este *m* séptimo será
23.32 comenzando a los nueve días del *m* en
23.34 a los 15 días de este *m* séptimo será la
23.39 a los quince días del *m* séptimo, cuando
23.41 haréis fiesta..el *m* séptimo la haréis
25.9 tocar..el *m* séptimo a los 10 días del *m*
27.6 y si fuere de un *m* hasta cinco años
Nm. 1.1 habló..en el día primero del *m* segundo
1.18 reunieron..el día primero del *m* segundo
3.15 contarás..los varones de un *m* arriba
3.22,28,34,39 los varones de un *m* arriba
3.40,43 primogénitos varones..de un *m* arriba
9.1 habló Jehová..en el *m* primero, diciendo
9.3 el decimocuarto día de este *m*, entre las
9.5 celebraron la pascua en el *m* primero, a
9.5 a los catorce días del *m* entre las dos
9.11 el *m* segundo, a los catorce días del *m*
9.22 o un *m*, o..mientras la nube se detenía
10.10 en los principios de..*m*, tocaréis las
10.11 en el *m* segundo, a los 20 días del *m*
11.20 sino hasta un *m* entero, hasta que os
11.21 les daré carne, y comerán un *m* entero!
18.16 de un *m* harás efectuar el rescate de
20.1 llegaron..en el *m* primero, y acampó el
26.62 levitas..todos varones de un *m* arriba
28.11 al comienzo de vuestros *m* ofreceréis
28.14 holocausto de cada *m* por todos los *m*
28.16 en el *m* primero, a los 14 días del *m*
28.17 los quince días de este *m*, la fiesta
29.1 séptimo *m*, el primero del *m*..convocación
29.6 del holocausto del *m* y su ofrenda, y el
29.7 en el diez de este *m* séptimo tendréis
29.12 a los 15 días del *m*..santa convocación
33.3 de Ramesés salieron en el *m* primero, a
33.3 los 15 días del primero; el segundo
33.38 en el *m* quinto, en el primero del *m*
Dt. 1.3 en el *m* undécimo, el primero del *m*
16.1 guardarás el *m* de Abib, y harás pascua

MES ***(Continúa)***

Dt. 16.1 el *m* de Abib te sacó Jehová. . de Egipto
21.13 y llorará a. . y a su madre un *m* entero
Jos. 4.19 del Jordán el día diez del *m* primero
5.10 celebraron la pascua. . los 14 días del *m*
Jue. 11.37 déjame por dos *m* que vaya y. . llore
11.38 y la dejó por dos *m*. Y ella fue con
11.39 pasados los dos *m* volvió a su padre
19.2 y su concubina. . se fue de él. . cuatro *m*
20.47 estuvieron en. . peña de Rimón cuatro *m*
1 S. 6.1 el arca de Jehová en. . filisteos 7 *m*
27.7 David habitó en la. . un año y cuatro *m*
2 S. 2.11 David reinó en. . siete años y seis *m*
5.5 en Hebrón reinó sobre Judá 7 años y 6 *m*
6.11 estuvo el arca de Jehová en casa. . tres *m*
24.8 volvieron a. . al cabo de 9 *m* y 20 días
24.13 huyas tres *m* delante de tus enemigos
1 R. 4.7 estaba obligado a abastecerlo. . un *m*
4.27 cada uno un *m*, y hacían que nada faltase
5.14 los cuales enviaba. . cada *m* por turno
5.14 un *m* en el Líbano, y dos *m* en sus casas
6.1 *m* de Zif, que es el *m* segundo, comenzó
6.37 el *m* de Zif, se echaron los cimientos
6.38 y en el *m* de Bul, que es el *m* octavo
8.2 en el *m* de Etanim ,ue es el *m* séptimo
11.16 porque seis *m* habitó allí Joab. . Edom
12.32 fiesta solemne en el *m* octavo, a los
12.32 los 15 días del *m*, conforme a la fiesta
12.33 sacrificó. . a los 15 días del *m* octavo
12.33 *m* que él había inventado de su propio
2 R. 15.8 en el año 38. . reinó Zacarías. . seis *m*
15.13 Salum hijo de. . reinó un *m* en Samaria
23.31 era Joacaz. . reinó tres *m* en Jerusalén
24.8 era Joaquín. . y reinó en Jerusalén tres *m*
25.1 en el *m* décimo, a los diez días del *m*
25.3 los nueve días del cuarto *m* prevaleció
25.8 en el *m* quinto, a los siete días del *m*
25.25 en el *m* séptimo vino Ismael hijo de
25.27 en el *m* duodécimo, a los 27 días del *m*
1 Cr. 3.4 Hebrón, donde reinó 7 años y seis *m*
12.15 estos pasaron el Jordán en el *m* primero
13.14 el arca de Dios estuvo. . en su casa, 3 *m*
21.12 o por tres *m* ser derrotado delante de
27.1 y salían cada *m* durante todo el año
27.2 sobre la primera división del primer *m*
27.3 fue jefe de. . las compañías del primer *m*
27.4 sobre la división del segundo *m* estaba
27.5 el jefe de. . para el tercer *m* era Benaía
27.7 cuarto jefe para el cuarto *m* era Asael
27.8 quinto jefe para el quinto *m* era Samhut
27.9 el sexto para el sexto *m* era Ira hijo
27.10 para el séptimo *m* era Heles pelonita
27.11 el octavo para el octavo *m* era Sibecai
27.12 el noveno para el noveno *m* era Abiezer
27.13 el décimo para el décimo *m* era Mahari
27.14 el undécimo *m* era Benaía piratonita
27.15 el duodécimo *m* era Heldai netofatita
2 Cr. 3.2 el *m* segundo, a los dos días del *m*
5.3 para la fiesta solemne del *m* séptimo
7.10 y a los 23 días del *m* séptimo envió al
15.10 se reunieron. . en el *m* tercero del año
29.3 en el *m* primero, abrió las puertas de
29.17 a santificarse el día primero del *m*
29.17 a los 8 días del. . *m* vinieron al pórtico
29.17 en el día 16 del *m* primero terminaron
30.2 para celebrar la pascua en el *m* segundo
30.13 fiesta solemne de los panes. . *m* segundo
30.15 sacrificaron la. . a los 14 días del *m*
31.7 el *m* tercero comenzaron. . el *m* séptimo
35.1 sacrificaron la pascua. . 14 días del *m*
36.2 era Joacaz. . tres *m* reinó en Jerusalén
36.9 reinó tres *m* y diez días en Jerusalén
Esd. 3.1 cuando llegó el *m* séptimo. . se juntó
3.6 el primer día del *m* séptimo comenzaron
3.8 el *m* segundo, comenzaron Zorobabel hijo
6.15 terminada el tercer día del *m* de Adar
6.19 pascua a los catorce días del *m* primero
7.8 llegó a. . en el *m* quinto del año séptimo
7.9 el día primero del. . *m* fue el principio de
7.9 al primero del *m* quinto llegó a Jerusalén
8.31 partimos del río. . el doce del *m* primero
10.9 los 20 días del *m*, que era el *m* noveno
10.16 se sentaron el primer día del *m* décimo
10.17 y terminaron el. . el primer día del *m*
Neh. 1.1 en el *m* de Quisleu, en el año veinte
2.1 sucedió en el *m* de Nisán, en el año 20
6.15 fue terminado. . el 25 del *m* de Elul, en
7.73 venido el *m* séptimo. . de Israel estaban
8.2 trajo la ley. . primer día del *m* séptimo
8.14 tabernáculos en la fiesta solemne del *m*
9.1 el día 24 del mismo *m* se reunieron los
Est. 2.12 haber estado 12 *m* conforme a la ley
2.12 seis *m* con óleo de mirra y seis *m* con
2.16 en el *m* décimo, que es el *m* de Tebet
3.7 en el *m* primero, que es el *m* de Nisán
3.7 suerte para cada día y cada *m* del año
3.7 y salió el *m* duodécimo, que es el *m* de
3.12 los escribanos del rey en el *m* primero
3.13 del *m* duodécimo, que es el *m* de Adar
8.9 llamados los escribanos. . en el *m* tercero
8.9 a los 23 días de ese *m*; y se escribió
8.12; 9.1 *m* duodécimo, que es el *m* de Adar
9.1 a los 13 días del mismo *m*, cuando debía
9.15 en Susa se juntaron. . 14 del *m* de Adar
9.17 esto fue en el día 13 del *m* de Adar, y
9.18 se juntaron el día trece. . del mismo *m*
9.19 hacen a los 14 del *m* de Adar el día de
9.21 el día decimocuarto del *m* de Adar, y
9.22 el *m* que de tristeza se les cambió en
Job 3.6 no sea. . ni venga en el número de los *m*
7.3 he recibido *m* de calamidad, y noches de
14.5 y el número de sus *m* está cerca de ti
21.21 sí, siendo cortado el número de sus *m*?
29.2 me volviese como en los *m* pasados, como
39.2 ¿contaste. . los *m* de su preñez, y sabes
Is. 47.13 que cuentan los *m*, para pronosticar
66.23 de *m* en *m*, y de día de reposo en día
Jer. 1.3 hasta la cautividad. . en el *m* quinto
28.1 el quinto *m*, que Hananías hijo de Azur
28.17 el mismo año murió Hananías, en el *m*
36.9 en el *m* noveno, que promulgaron ayuno
36.22 *m* noveno, y había un brasero ardiendo
39.1 en el *m* décimo, vino Nabucodonosor rey
39.2 el *m* cuarto, a los nueve días del *m* se
41.1 en el *m* séptimo que vino Ismael hijo de
52.4 en el *m* décimo, a los diez días del *m*
52.6 en el *m* cuarto, a los nueve días del *m*
52.12 en el *m* quinto, a los diez días del *m*
52.31 en el *m* duodécimo, a los 25 días del *m*
Ez. 1.1 en el *m* cuarto, a los cinco días del *m*
1.2 en el quinto año. . a los cinco días del *m*
8.1 en el *m* sexto, a los cinco días del *m*
20.1 en el *m* quinto, a los diez días del *m*
24.1 a mí palabra de Jehová. . en el *m* décimo
24.1 palabra. . los diez días del *m*, diciendo
26.1 aconteció en. . en el día primero del *m*
29.1 en el *m* décimo, a los doce días del *m*
29.17 en el *m* primero, el día primero del *m*
30.20 el *m* primero, a los siete días del *m*
31.1 en el *m* tercero, el día primero del *m*
32.1 en el *m* duodécimo, el día primero del *m*
32.17 a los quince días del *m*, que vino a mí
33.21 en el *m* décimo, a los cinco días del *m*
39.12 enterrando por siete *m*, para limpiar la
39.14 al cabo de siete *m*. . el reconocimiento
40.1 los diez días del *m*, a los catorce años
45.18 el *m* primero, el día primero del *m*
45.20 así harás el séptimo día del *m* para los
45.21 el *m* primero, a los catorce días del *m*
45.25 en el *m* séptimo, a los 15 días del *m*
Dn. 4.29 al cabo de doce *m*, paseando. . palacio
10.4 día veinticuatro del *m* primero estaba yo
Os. 5.7 en un solo *m* serán consumidos ellos y
Am. 4.7 os detuve la lluvia tres *m* antes de la
8.5 ¿cuándo pasará el *m*, y venderemos. . trigo
Hag. 1.1 en el *m* sexto, en el primer día del *m*
1.15 el día veinticuatro del *m* sexto, en el
2.1 el *m* séptimo, a los veintiún días del *m*
2.10 a los veinticuatro días del noveno *m*, en
2.18 desde el día 24 del noveno *m*, desde el
2.20 palabra de. . a los 24 días del mismo *m*
Zac. 1.1 el octavo *m* del año segundo de Darío
1.7 los 24 días del *m*. . que es el *m* de Sebat
7.1 palabra. . a los cuatro días del *m* noveno
7.3 ¿lloraremos en el *m* quinto? ¿Haremos
7.5 llorasteis en el quinto y en el séptimo *m*
8.19 ayuno del cuarto *m*, el ayuno del quinto
11.8 y destruí a tres pastores en un *m*; pues
Lc. 1.24 recluyó en casa por cinco *m*, diciendo
1.26 al sexto *m* el ángel Gabriel fue enviado
1.36 el sexto *m* para ella, la que llamaban
1.56 y se quedó María con ella como tres *m*
4.25 cielo fue cerrado por tres años y seis *m*
Jn. 4.35 cuatro *m* para que llegue la siega?
Hch. 7.20 fue criado tres *m* en casa de su padre
18.11 detuvo allí un año y seis *m*, enseñando
19.8 habló con denuedo por espacio de tres *m*
20.3 después de haber estado allí tres *m*
28.11 pasados tres *m*, nos hicimos a la vela
Gá. 4.10 guardáis los días, los *m*, los tiempos
He. 11.23 escondido por sus padres por tres *m*
Stg. 5.17 y no llovió. . por tres años y seis *m*
Ap. 9.5 sino que los atormentasen cinco *m*; y
9.10 para dañar a los hombres durante cinco *m*
9.15 preparados para la hora, día, *m* y año
11.2 y ellos hollarán la ciudad santa 42 *m*
13.5 se le dio autoridad para actuar 42 *m*
22.2 dando cada *m* su fruto; y las hojas del

MESA ***(n.)***

1. ***Lugar en Arabia,*** Gn. 10.30
2. ***Rey de Moab,*** 2 R. 3.4
3. ***Primogénito de Caleb,*** 1 Cr. 2.42
4. ***Descendiente de Benjamín,*** 1 Cr. 8.9

MESA ***(s.)***

Éx. 25.23 asimismo una *m* de madera de acacia
25.27 lugares de las varas para llevar la *m*
25.28 varas de. . con ellas será llevada la *m*
25.30 sobre la *m* el pan de la proposición
26.35 la *m*. . y el candelero enfrente de la *m*
26.35 sur. . y pondrás la *m* al lado del norte
30.27 la *m* con todos sus utensilios. . altar
31.8 *m* y sus utensilios, el candelero limpio
35.13 *m* y sus varas, y todos sus utensilios
37.10 hizo también la *m* de madera de acacia
37.14 se metían las varas para llevar la *m*
37.15 e hizo las varas de. . para llevar la *m*
37.16 utensilios que habían de. . sobre la *m*
39.36 la *m*. . vasos, el pan de la proposición
40.4 meterás la *m* y la pondrás en orden
40.22 puso la *m* en el tabernáculo de reunión
40.24 puso el candelero en. . enfrente de la *m*
Lv. 24.6 sobre la *m* limpia delante de Jehová
Nm. 3.31 a cargo de ellos estarán el arca, la *m*
4.7 sobre la *m* de. . extenderán un paño azul
Jue. 1.7 recogían las migajas debajo de mi *m*
1 S. 16.11 no nos sentaremos a la *m* hasta que
20.29 por esto. . no ha venido a la *m* del rey
20.34 se levantó Jonatán de la *m* con. . ira
2 S. 9.7 dijo David. . comerás siempre a mi *m*
9.10 pero Mefi-boset. . comerá siempre a mi *m*
9.11 Mefi-boset, dijo el rey, comerá a mi *m*
9.13 comía siempre a la *m* del rey; y estaba
11.8 le fue enviado presente de la *m* real
19.28 tu siervo entre los convidados a tu *m*
1 R. 2.7 hijos. . sean de los convidados a tu *m*
4.27 los que a la *m* del rey Salomón venían
7.48 un altar de oro, y una *m* también de oro
10.5 la comida de su *m*, las habitaciones de
13.20 estando ellos en la *m*, vino palabra de
18.19 los 450. . que comen de la *m* de Jezabel
2 R. 4.10 pongamos allí. . *m*, silla y candelero
1 Cr. 28.16 dio oro. . para las *m*. . para cada *m*
2 Cr. 4.8 hizo diez *m* y las puso en el templo
4.19 *m* sobre las cuales se ponían los panes
9.4 las viandas de su *m*, las habitaciones de
13.11 y ponen los panes sobre la *m* limpia
29.18 hemos limpiado. . la *m* de la proposición
Neh. 5.17 además, 150 judíos. . estaban a mi *m*
Job 36.16 lugar. . te preparará *m* llena de grosura
Sal. 23.5 *m* delante de mí en presencia de mis
78.19 Dios. . ¿podrá poner *m* en el desierto?
128.3 como plantas de. . alrededor de tu *m*
Pr. 9.2 víctimas, mezcló su vino, y puso su *m*
Is. 21.5 ponen la *m*, extienden tapices; comen
28.8 toda *m* está llena de vómito y suciedad
65.11 vosotros. . que ponéis *m* para la Fortuna
Jer. 52.33 comía pan en la *m* del rey siempre
Ez. 23.41 preparada *m* delante de él, y sobre
39.20 os saciaréis sobre mi *m*, de caballos
40.39 y a la entrada. . había dos *m* a un lado
40.40 había dos *m*; y al otro lado que. . dos *m*
40.41 cuatro *m* a un lado, y cuatro *m* al otro
40.41 ocho *m*, sobre las cuales degollarán las
40.42 las cuatro *m*. . eran de piedra labrada
40.43 sobre las *m* la carne de las víctimas
41.22 esta es la *m* que está delante de Jehová
44.16 y se acercarán a mi *m* para servirme
Dn. 11.27 y en una misma *m* hablarán mentira
Mal. 1.7 en que pensáis que la *m* de Jehová es
1.12 que decís: Inmunda es la *m* de Jehová
Mt. 9.10 estando él sentado a la *m* en la casa
9.10 se sentaron juntamente a la *m* con Jesús
14.9 a causa. . los que estaban con él a la *m*
15.27 comen de las migajas que caen de la *m*
21.12 y volcó las *m* de los cambistas, y las
26.7 derramó sobre. . estando sentado a la *m*
26.20 la noche, se sentó a la *m* con los doce
Mr. 2.15 que estando Jesús a la *m* en casa de él
2.15 publicanos. . estaban también a la *m* con
6.22 agradó a Herodes y a los que. . a la *m*
6.26 a causa. . los que estaban con él a la *m*
7.28 los perrillos, debajo de la *m*, comen de
11.15 y volcó las *m* de los cambistas, y las
14.3 estando. . sentado a la *m*, vino una mujer
14.18 cuando se sentaron a la *m*. . dijo Jesús
16.14 se apareció a los once. . sentados a la *m*
Lc. 5.29 de otros que estaban a la *m* con ellos
7.36 y habiendo entrado en. . se sentó a la *m*
7.37 saber que Jesús estaba a la *m* en casa
7.49 los que estaban. . a la *m*, comenzaron a
11.37 entrando Jesús en la. . se sentó a la *m*
12.37 hará que se sienten a la *m*, y vendrá
13.29 se sentarán a la *m* en el reino de Dios
14.7 escogían los primeros asientos a la *m*
14.10 de los que se sientan contigo a la *m*
14.15 uno de los. . sentados con él a la *m*, le
16.21 las migajas que caían de la *m* del rico
17.7 luego le dice: Pasa, siéntate a la *m*?
22.14 se sentó a la *m*, y con él los apóstoles
22.21 mano del que me entrega está. . en la *m*
22.27 cuál es mayor, el que se sienta a la *m*
22.27 ¿no es el que se sienta a la *m*? Mas yo
22.30 para que comáis y bebáis a mi *m* en mi
24.30 estando sentado. . a la *m*, tomó el pan
Jn. 2.15 esparció las monedas. . y volcó las *m*
12.2 Lázaro era uno de los. . sentados a la *m*
13.12 volvió a la *m*, y les dijo: ¿Sabéis lo
13.28 pero ninguno de los que estaban a la *m*
Hch. 6.2 dejemos la palabra de. . servir a las *m*
16.34 les puso la *m*; y se regocijó con toda
1 Co. 8.10 te ve. . sentado a la *m* en un lugar de
10.21 *m* del Señor, y de la *m* de los demonios
He. 9.2 la primera parte. . *m* y los panes de la

MESAC ***Compañero de Daniel (=Misael No. 3)***

Dn. 1.7 puso nombres. . Misael, *M*, y a Azarías
2.49 sobre los negocios de la. . a Sadrac, *M*
3.12 hay unos varones judíos. . *M* y Abed-nego
3.13 dijo con ira. . que trajesen a Sadrac, *M*

MESAC *(Continúa)*
Dn. 3.14 *M* y Abed-nego, que vosotros no honráis
3.16 *M* y Abed-nego respondieron al rey..No
3.19 se demudó..su rostro contra Sadrac, *M*
3.20 mandó..atasen a Sadrac, *M* y Abed-nego
3.22 mató a aquellos que habían alzado a..*M*
3.23 Sadrac, *M* y Abed-nego, cayeron atados
3.26 Sadrac, *M* y Abed-nego, siervos del Dios
3.26 *M* y Abed-nego salieron de en medio del
3.28 bendito sea el Dios de..*M* y Abed-nego
3.29 blasfemia contra el Dios de Sadrac, *M*
3.30 el rey engrandeció a..*M* y Abed-nego en

MESAR
Is. 50.6 y mis mejillas a los que me *mesaban*

MESEC
1. Hijo de Jafet, Gn. 10.2; 1 Cr. 1.5
2. Hijo de Sem, 1 Cr. 1.17
3. Descendientes de No. 1 o su territorio
Sal. 120.5 ¡ay de mí, que moro en *M*, y habito
Ez. 27.13 *M* comerciaban también contigo; con
32.26 allí *M* y Tubal, y toda su multitud; sus
38.2 Magog, príncipe soberano de *M* y Tubal
38.3; 39.1 yo estoy contra ti, oh Gog..de *M*

MESELEMÍAS *Portero del templo (=Selemías No. 1)*, 1 Cr. 9.21; 26.1,2,9

MESEZABEEL
1. Ascendiente de uno que ayudó en la restauración del muro de Jerusalén, Neh. 3.4
2. Firmante del pacto de Nehemías, Neh. 10.21
3. Padre de Petaías No. 4, Neh. 11.24

MESÍAS
Dn. 9.25 hasta el *M* príncipe..7 semanas, y 62
9.26 se quitará la vida al *M*, mas no por sí
Jn. 1.41 y le dijo: Hemos hallado el *M* (que
4.25 que ha de venir el *M*, llamado el Cristo
9.22 si alguno confesase que Jesús era el *M*

MESILEMIT *=Mesilemot No. 2*, 1 Cr. 9.12

MESILEMOT
1. Descendiente de Efraín, 2 Cr. 28.12
2. Sacerdote, ascendiente de Amasai No. 4, Neh. 11.13

MESOBAB *Descendiente de Simeón*, 1 Cr. 4.34

MESOBAITA *Sobrenombre de Jaasiel No. 1*, 1 Cr. 11.47

MESÓN
Gn. 42.27 abriendo uno..en el *m*, vio su dinero
43.21 llegamos al *m* y abrimos nuestros
Lc. 2.7 no había lugar para ellos en el *m*
10.34 vendó sus..lo llevó al *m*, y cuidó de él

MESONERO
Lc. 10.35 sacó dos denarios, y los dio al *m*, y

MESOPOTAMIA *Valle de los ríos Tigris y Éufrates*
Gn. 24.10 fue..llegó a *M*, a la ciudad de Nacor
Dt. 23.4 a Balaam hijo..en *M*, para maldecirte
Jue. 3.8 en manos de Cusan-risataim rey de *M*
1 Cr. 19.6 para tomar a sueldo carros..de *M*
Hch. 2.9 los que habitamos en *M*, en Judea, en
7.2 apareció a..padre Abraham, estando en *M*

MESULAM
1. Abuelo de Safán No. 1, 2 R. 22.3
2. Hijo de Zorobabel, 1 Cr. 3.19
3. Descendiente de Gad, 1 Cr. 5.13
4. Descendiente de Benjamín, 1 Cr. 8.17
5. Padre de Salú No. 1, 1 Cr. 9.7
6. Ascendiente de No. 5, 1 Cr. 9.8
7. Hijo de Sadoc No. 3, 1 Cr. 9.11; Neh. 11.11
8. Ascendiente de Adaía No. 3, 1 Cr. 9.12
9. Levita contemporáneo del rey Josías, 2 Cr. 34.12
10. Mensajero de Esdras, Esd. 8.16
11. Levita que se opuso a Esdras, Esd. 10.15
12. Uno de los que se casaron con mujeres extranjeras en tiempo de Esdras (posiblemente =No. 11), Esd. 10.29
13. Hijo de Berequías No. 6
Neh. 3.4 al lado de ellos restauró *M* hijo de
3.30 después..restauró *M* hijo de Berequías
6.18 había tomado por mujer a la hija de *M*
14. Uno que restauró la Puerta Vieja de Jerusalén, Neh. 3.6
15. Uno que ayudó a Esdras en la lectura de la ley, Neh. 8.4
16. Nombre de dos firmantes del pacto de Nehemías, Neh. 10.7,20
17. Padre de Salú No. 1, Neh. 11.7
18. Nombre de dos sacerdotes en tiempo de Joiacim, Neh. 12.13,16
19. Portero en tiempo de Joiacim, Neh. 12.25
20. Príncipe de Judá en tiempo de Nehemías, Neh. 12.33

MESULEMET *Mujer de Manasés y madre de Amón, reyes de Judá*, 2 R. 21.19

META
Fil. 3.14 prosigo a la *m*, al premio del supremo

METAL
Mr. 7.4 los utensilios de *m*, y de los lechos
1 Co. 13.1 vengo a ser como *m* que resuena, o

METEG-AMA *Lugar no identificado*, 2 S. 8.1

METER
Gn. 6.19 dos de cada especie *meterás* en el arca
19.10 y *metieron* a Lot en casa con ellos, y
38.29 volviendo él a *meter* la mano, he aquí
47.14 *metió* José el dinero en casa de Faraón
Éx. 4.6 *mete*..tu mano en tu seno. Y él *metió*
4.7 vuelve a *meter* tu mano..Y él volvió a *m*
6.8 os *meteré* en la tierra por la cual alcé
13.5 Jehová te hubiere *metido* en la tierra
13.11 Jehová te haya *metido* en la tierra del
22.5 *metiere* su bestia en campo de otro, de
22.8 si ha *metido* su mano en los bienes de su
22.11 de que no *metió* su mano a los bienes de
25.14 y *meterás* las varas por los anillos a
26.11 corchetes de..*meterás* por las lazadas
26.29 de oro para *meter* por ellos las barras
26.33 *meterás*..del velo adentro, el arca del
27.7 y las varas se *meterán* por los anillos
30.4 para *meter* las varas con que será llevado
37.5 *metió* las varas por los anillos a los
37.14 *metían* las varas para llevar la mesa
37.27 para *meter* por ellos las varas con que
38.5 cuatro anillos a..para *meter* las varas
38.7 y *metió* las varas por los anillos a los
40.4 *meterás* la mesa..*m* también el candelero
40.21 luego *metió* el arca en el tabernáculo
Lv. 4.16 *meterá* la sangre del becerro en el
6.30 ofrenda de cuya sangre se *metiere* en el
11.32 sea cosa de madera..será *metido* en agua
Nm. 14.16 no pudo Jehová *meter* este pueblo en
14.24 yo le *meteré* en la tierra donde entró
16.14 ni tampoco nos has *metido* tú en tierra
20.12 no *meteréis* esta congregación en la
32.17 hasta que los *metamos* en su lugar; y
Dt. 2.5 no os *metáis* con ellos, porque no os
16.9 desde que comenzare a *meterse* la hoz en
20.19 no destruirás..árboles *metiendo* hacha
21.12 la *meterás* en tu casa; y ella rapará
Jos. 10.20 los que quedaron..*metieron* en las
Jue. 3.21 el puñal..se lo *metió* por el vientre
4.21 y le *metió* la estaca por las sienes, y
9.46 se *metieron* en la fortaleza del templo
1 S. 2.14 y lo *metía* en el perol, en la olla
5.2 el arca..la *metieron* en la casa de Dagón
17.49 y *metiendo* David su mano en la bolsa
2 S. 2.16 *metió* su espada en el costado de su
6.17 *metieron*, pues, el arca de Jehová, y la
17.18 un pozo, dentro del cual se *metieron*
1 R. 7.51 *metió*..lo que David..había dedicado
8.6 los sacerdotes *metieron* el arca del pacto
15.15 *metió* en la casa de Jehová lo que su
16.18 Zimri..*metió* en el palacio de la casa
19.9 *metió* en una cueva, donde pasó la noche
22.25 cuando te irás *metiendo* de aposento en
2 R. 8.15 tomó un paño y lo *metió* en agua, y
11.4 los *metió* consigo en la casa de Jehová
14.10 ¿para qué te *metes* en un mal, para que
20.20 Ezequías..*metió* las aguas en la ciudad
1 Cr. 9.28 los utensilios..*metían* por cuenta
26.14 y *metieron* en las suertes a Zacarías
2 Cr. 5.1 *metió* Salomón las cosas que..dedicado
5.7 y los sacerdotes *metieron* el arca del
28.27 no lo *metieron* en los sepulcros de los
Sal. 50.19 tu boca *metías* en mal, y tu lengua
66.11 nos *metiste* en la red; pusiste sobre
Pr. 19.24 el perezoso *mete* su mano en el plato
26.15 *mete* el perezoso su mano en el plato
Cnt. 1.4 el rey me ha *metido* en sus cámaras
3.4 hasta que lo *metí* en casa de mi madre, y
5.4 mi amado *metió* su mano por la ventanilla
8.2 llevaría, te *metería* en casa de mi madre
Is. 2.10 *métete* en la peña, escóndete en..polvo
2.19 se *meterán* en las cavernas de las peñas
2.21 se *meterá* en las hendiduras de las rocas
Jer. 13.1 un cinto, y..y no lo *metas* en agua
17.21 llevar carga..*meterla* por las puertas
17.27 para no traer carga ni *meterla* por las
20.9 un fuego ardiente *metido* en mis huesos
38.6 echar..y *metieron* a Jeremías con sogas
41.17 fueron..fin de ir y *meterse* en Egipto
50.16 al que *mete* hoz en tiempo de la siega
Os. 8.14 mas yo *meteré* fuego en sus ciudades
Jl. 3.5 mi oro..*metisteis* en vuestros templos
Zac. 13.9 y *meteré* en el fuego a la tercera
Mt. 6.13 y no nos *metas* en tentación..líbranos
14.3 Juan, y le había..*metido* en la cárcel
26.23 el que *mete* la mano conmigo en el plato
Mr. 4.29 se *mete* la hoz..la siega ha llegado
7.33 *metió* los dedos en las orejas de él, y
Lc. 11.4 y no nos *metas* en tentación..líbranos
12.58 y el alguacil te *meta* en la cárcel
Jn. 5.7 no tengo quien me *meta* en el estanque
18.11 *mete* tu espada en la vaina; la copa
20.25 si no..*metiere* mi dedo..y *m* mi mano
Hch. 21.29 pensaban que Pablo había *metido* en
22.24 le *metiesen* en la fortaleza, y ordenó
2 Ti. 3.6 son los que se *meten* en las casas y
Ap. 14.15 *mete* tu hoz, y siega; porque la hora
14.16 *metió* su hoz en la tierra, y la tierra
14.18 *mete* tu hoz..y vendimia los racimos de

METUSAEL *Hijo de Mehujael y padre de Lamec No. 1*, Gn. 4.18

MEUNIM *Padre de una familia de sirvientes del templo (=Mehunim)*, Esd. 2.50

MEZAAB *Padre de Matred*, Gn. 36.39; 1 Cr. 1.50

MEZCLA
Gn. 11.3 les sirvió..el asfalto en lugar de *m*
Lv. 14.45 derribará..toda la *m* de la casa; y
19.19 campo no sembrarás con *m* de semillas
19.19 no te pondrás vestidos con *m* de hilos
Jer. 25.20 toda la *m* de naciones, a todos los

MEZCLAR
Éx. 9.24 hubo..fuego *mezclado* con el granizo
30.35 perfume..bien *mezclado*, puro y santo
Nm. 11.4 gente..que se *mezcló* con ellos tuvo
Jos. 23.7 no os *mezcléis* con estas naciones
23.12 *mezclándoos* con..y ellas con vosotros
Esd. 9.2 el linaje santo ha sido *mezclado* con
Neh. 13.3 todos los *mezclados* con extranjeros
Sal. 102.9 pan, y mi bebida *mezclo* con lágrimas
106.35 antes se *mezclaron* con las naciones
Pr. 9.2 mató sus víctimas, *mezcló* su vino, y
9.5 pan, y bebed del vino que yo he *mezclado*
Is. 1.22 plata..tu vino está *mezclado* con agua
5.22 y hombres fuertes para *mezlcar* bebida
19.14 Jehová *mezcló* espíritu de vértigo en
Jer. 25.24 los reyes de pueblos *mezclados* que
Ez. 46.14 aceite para *mezclar* con la..harina
Dn. 2.41,43 viste hierro *mezclado* con barro
2.43 *mezclarán* por medio de alianzas humanas
2.43 como el hierro no se *mezcla* con el barro
Os. 7.8 se ha *mezclado* con los demás pueblos
Mt. 27.34 le dieron..vinagre *mezclado* con hiel
Mr. 15.23 le dieron..vino *mezclado* con mirra
Lc. 13.1 cuya sangre Pilato había *mezclado* con
Ap. 8.7 granizo y fuego *mezclados* con sangre
15.2 un mar de vidrio *mezclado* con fuego; y

MEZQUINO
Dt. 15.10 no serás de *m* corazón cuando le des

MIBHAR *Uno de los 30 valientes de David*, 1 Cr. 11.38

MIBSAM
1. Hijo de Ismael, Gn. 25.13; 1 Cr. 1.29
2. Descendiente de Simeón, 1 Cr. 4.25

MIBZAR *Jefe edomita*, Gn. 36.42; 1 Cr. 1.53

MICAEL
1. Padre de Setur, Nm. 13.13
2. Nombre de dos descendientes de Gad, 1 Cr. 5.13,14
3. Ascendiente de Asaf el cantor, 1 Cr. 6.40
4. Descendiente de Isacar, 1 Cr. 7.3
5. Descendiente de Benjamín, 1 Cr. 8.16
6. Guerrero que se unió a David en Siclag, 1 Cr. 12.20
7. Padre de Omri No. 4, 1 Cr. 27.18
8. Hijo del rey Josafat, 2 Cr. 21.2
9. Padre de Zebadías No. 7, Esd. 8.8

MICAÍA
1. Hombre de Efraín
Jue. 17.1 hubo un hombre del..que se llamaba *M*
17.4 una imagen..fue puesta en la casa de *M*
17.5 este hombre *M* tuvo casa de dioses, e hizo
17.8 este hombre partió de..vino a casa de *M*
17.9 *M* le dijo: ¿De dónde vienes? Y el levita
17.10 *M* le dijo: Quédate en mi casa, y serás
17.12 *M* consagró al levita, y..le servía de

MICAÍA *(Continúa)*

Jue. 17.12 sacerdote, y permaneció en casa de *M*
17.13 y *M* dijo..sé que Jehová me prosperará
18.2 éstos vinieron al..hasta la casa de *M*
18.3 cuando estaban cerca de la casa de *M*
18.4 y de esta manera ha hecho conmigo *M*, y
18.13 de allí..vinieron hasta la casa de *M*
18.15 casa del joven levita, en casa de *M*
18.18 entrando, pues, aquéllos en la casa de *M*
18.22 ya se habían alejado de la casa de *M*
18.22 en las casas cercanas a la casa de *M*
18.23 y dijeron a *M*: ¿Qué tienes, que has
18.26 *M*, viendo que eran más fuertes que él
18.27 llevando las cosas que había hecho *M*
18.31 entre ellos la imagen..*M* había hecho

2. ***Hijo de Mefi-boset No. 1 (Merib-baal),*** **2 S. 9.12; 1 Cr. 8.34,35; 9.40,41**
3. ***Descendiente de Rubén,*** **1 Cr. 5.5**
4. ***Padre de Matanías No. 2,*** **1 Cr. 9.15**
5. ***Padre de Matanías No. 7,*** **Neh. 11.17,22**
6. ***Levita contemporáneo de David,*** **1 Cr. 23.20; 24.24,25**
7. ***Padre de Abdón No. 5 (=Micaías No. 2),*** **2 Cr. 34.20**
8. ***Firmante del pacto de Nehemías,*** **Neh. 10.11**

MICAÍAS

1. ***Profeta en tiempo del rey Acab***

1 R. 22.8 aún hay un varón..*M* hijo de Imla; mas
22.9 le dijo: Trae pronto a *M* hijo de Imla
22.13 que había ido a llamar a *M*, le habló
22.14 *M* respondió: Vive Jehová, que lo que
22.15 *M*, ¿iremos a pelear contra Ramot de
22.24 Sedequías..golpeó a *M* en la mejilla
22.25 *M* respondió: He aquí tú lo verás en
22.26 rey..dijo: Toma a *M*, y llévalo a Amón
22.28 y dijo *M*: Si llegas a volver en paz
2 Cr. 18.7 hay un hombre..es *M* hijo de Imla
18.8 dijo: Haz venir luego a *M* hijo de Imla
18.12 que había ido a llamar a *M*, le habló
18.13 dijo *M*: Vive Jehová, que lo que mi Dios
18.14 *M*, ¿iremos a pelear contra Ramot de
18.16 entonces *M* dijo: He visto a todo Israel
18.23 Sedequías..golpeó a *M* en la mejilla
18.24 y *M* respondió..tú lo verás aquel día
18.25 rey..dijo: Tomad a *M*, y llevadlo a Amón
18.27 *M* dijo: Si tú volvieres en paz, Jehová

2. ***Padre de Acbor No. 2 (=Micaía No. 7),*** **2 R. 22.12**
3. ***Madre de Abías rey de Judá,*** **2 Cr. 13.2**
4. ***Príncipe, enviado del rey Josafat,*** **2 Cr. 17.7**
5. ***Ascendiente de Zacarías No. 28,*** **Neh. 12.35**
6. ***Sacerdote en tiempo de Nehemías,*** **Neh. 12.41**
7. ***Contemporáneo del profeta Jeremías***

Jer. 36.11 *M* hijo de Gemarías, hijo de Safán
36.13 y les contó *M* todas las palabras que

MICAL ***Hija del rey Saúl y mujer de David***

1 S. 14.49 de sus dos hijas..el de la menor, *M*
18.20 *M* la otra hija de Saúl amaba a David
18.27 rey. Y Saúl le dio su hija *M* por mujer
18.28 Saúl, viendo..que su hija *M* lo amaba
19.11 mas *M* su mujer avisó a David, diciendo
19.12 y descolgó *M* a David por una ventana
19.13 tomó luego *M* una estatua, y la puso
19.17 Saúl dijo a *M*..y *M* respondió a Saúl
25.44 Saúl había dado a..*M* mujer de David
2 S. 3.13 primero traigas a *M* la hija de Saúl
3.14 diciendo: Restitúyeme mi mujer *M*, la
6.16 *M* hija de Saúl miró desde una ventana
6.20 y saliendo *M* a recibir a David, dijo
6.21 respondió a *M*: Fue delante de Jehová
6.23 *M* hija de Saúl nunca tuvo hijos hasta
21.8 tomó el rey a..cinco hijos de *M* hija
1 Cr. 15.29 *M*..mirando por una ventana, vio

MICLOT

1. ***Descendiente de Benjamín,*** **1 Cr. 8.32; 9.37,38**
2. ***Oficial del ejército de David,*** **1 Cr. 27.4**

MICMAS ***Ciudad en Benjamín***

1 S. 13.2 estaban con Saúl dos mil en *M* y en
13.5 acamparon en *M*, al oriente de Bet-avén
13.11 que los filisteos estaban reunidos en *M*
13.16 pero los filisteos habían acampado en *M*
13.23 los filisteos avanzó hasta el paso de *M*
14.5 uno de los peñascos..al norte, hacia *M*
14.31 hirieron a los..desde *M* hasta Ajalón
Esd. 2.27; Neh. 7.31 los varones de *M*, 122
Neh. 11.31 habitaron..en *M*, en Aía, en Bet-el
Is. 10.28 pasó hasta..en *M* contará su ejército

MICMETAT

1. ***Lugar en la frontera de Efraín,*** **Jos. 16.6**
2. ***Lugar en Manasés, cerca de Siquem,*** **Jos. 17.7**

MICNÍAS ***Levita contemporáneo de David,*** **1 Cr. 15.18,21**

MICRI ***Descendiente de Benjamín,*** **1 Cr. 9.8**

MICTAM ***Palabra que aparece en el título de los Salmos 16, 56, 57, 58, 59, 60***

MIDÍN ***Aldea en Judá,*** **Jos. 15.61**

MIEDO

Gn. 3.10 él..Oí tu voz en el huerto, y tuve *m*
9.2 *m* de vosotros estarán sobre todo animal
18.15 Sara negó..No me reí; porque tuvo *m*
19.30 tuvo *m* de quedarse en Zoar, y habitó
26.7 tuvo *m* de decir: Es mi mujer; pensando
28.17 tuvo *m*, y dijo: ¡Cuán terrible es este
31.31 respondió Jacob y dijo..Porque tuve *m*
50.21 pues, no tengáis *m*; yo os sustentaré
Éx. 2.14 Moisés tuvo *m*, y dijo: Ciertamente
3.6 Moisés cubrió su..tuvo *m* de mirar a Dios
34.30 todos los..tuvieron *m* de acercarse a él
Nm. 21.34 no le tengas *m*, porque en tu mano lo
Dt. 1.29 os dije: No temáis, ni tengáis *m* de
2.4 pasando vosotros..tendrán *m* de vosotros
11.25 *m* y temor de vosotros pondrá Jehová
28.67 por el *m* de tu corazón con que estarás
31.6 no temáis, ni tengáis *m*..porque Jehová
Jue. 9.21 allí se estuvo por *m* de Abimelec su
1 S. 4.7 filisteos tuvieron *m*, porque decían
16.4 salieron a recibirle con *m*, y dijeron
17.11 oyendo..se turbaron y tuvieron gran *m*
23.3 que nosotros aquí en Judá estamos con *m*
28.5 cuando vio Saúl el campamento..tuvo *m*
2 S. 19.9 ha huido del país por *m* de Absalón
1 R. 1.51 que Adonías tiene *m* del rey Salomón
2 R. 1.15 desciende con él; no tengas *m* de él
6.16 dijo: No tengas *m*, porque más son los
1 Cr. 10.4 su escudero no quiso..tenía mucho *m*
2 Cr. 32.7 ni tengáis *m* del rey de Asiria, ni
Esd. 3.3 porque tenías *m* de los pueblos de las
Neh. 6.14 otros..que procuraban infundirme *m*
Job 32.6 he tenido *m*, y he temido declararos
Sal. 31.13 oigo..*m* me asalta por todas partes
53.5 sobresaltaron de pavor donde no había *m*
119.120 por temor..y de tus juicios tengo *m*
Is. 8.12 ni temáis lo que ellos..ni tengáis *m*
8.13 él vuestro temor, y él sea vuestro *m*
31.9 de *m* pasará su fortaleza..dejarán sus
Jer. 46.5 sin volver atrás; *m* de todas partes
48.43 *m* y hoyo y lazo contra ti, oh morador
48.44 el que huyere del *m* caerá en el hoyo
49.29 y clamarán contra ellos: *M* alrededor
Ez. 2.6 tú..no les temas, ni tengas *m* de sus
3.9 los temas, ni tengas *m* delante de ellos
30.4 y habrá *m* en Etiopía, cuando caigan
Jon. 1.5 los marineros tuvieron *m*, y cada uno
Mt. 14.26 ¡un fantasma! Y dieron voces de *m*
14.30 tuvo *m*; y comenzando a hundirse, dio
25.25 tuve *m*, y fui y escondí tu talento en
28.4 de *m* de él los guardas temblaron y se
Mr. 5.15 y en su sentido cabal; y tuvieron *m*
9.32 no entendían..tenían *m* de preguntarle
10.32 ellos se asombraron, y le seguían con *m*
11.18 le tenían *m*..el pueblo estaba admirado
16.8 ni decían nada a nadie, porque tenían *m*
Lc. 7.16 todos tuvieron *m*, y glorificaban a Dios
8.35 salieron a ver lo que había..tuvieron *m*
19.21 tuve *m*..por cuanto eres hombre severo
Jn. 6.19 a Jesús que andaba sobre..tuvieron *m*
7.13 pero ninguno hablaba..por *m* a los judíos
9.22 tenían *m* de los judíos, por cuanto los
14.27 no se turbe vuestro corazón, ni tenga *m*
19.8 cuando Pilato oyó decir esto, tuvo..*m*
19.38 pero secretamente por *m* de los judíos
20.19 puertas cerradas..por *m* de los judíos
Hch. 9.26 le tenían *m*, no creyendo que fuese
16.38 magistrados..*m* al oír que eran romanos
Gá. 2.12 tenía *m* de los de la circuncisión

MIEL

Gn. 43.11 y llevad..un presente, un poco de *m*
Éx. 3.8 sacarlos..a tierra que fluye leche y *m*
3.17 yo os..a una tierra que fluye leche y *m*
13.5 te daría, tierra que destila leche y *m*
16.31 Maná..su sabor como de hojuelas con *m*
33.3 (a la tierra que fluye leche y *m*); pero
Lv. 2.11 de ninguna *m*, se ha de quemar ofrenda
20.24 por heredad tierra que fluye leche y *m*
Nm. 13.27 la que ciertamente fluye leche y *m*
14.8 la entregará; tierra que fluye leche y *m*
16.13 de una tierra que destila leche y *m*
16.14 metido..en tierra que fluya leche y *m*
Dt. 6.3; 11.9; 26.9,15; 27.3 tierra que fluye leche y *m*
8.8 tierra de trigo y cebada..aceite y de *m*
31.20 la tierra que..la cual fluye leche y *m*
32.13 que chupase *m* de la peña, y aceite del
Jos. 5.6 la daría, tierra que fluye leche y *m*
Jue. 14.8 en el cuerpo del león..un panal de *m*
14.9 había tomado aquella *m* del cuerpo del
14.18 ¿qué cosa más dulce que la *m*? ¿Y qué
1 S. 14.25 había *m* en la superficie del campo
14.26 que la *m* corría; pero no hubo quien
14.27 la mojó en un panal de *m*, y llevó su
14.29 ojos, por haber gustado un poco de *m*
14.43 gusté un poco de *m* con la punta de la
2 S. 17.29 *m*, manteca, ovejas, y quesos de
1 R. 14.3 y toma..una vasija de *m*, y vé a él
2 R. 18.32 a una tierra..de aceite, y de *m*; y
2 Cr. 31.5 primicias de grano, vino, aceite..*m*
Job 20.17 no verá..torrentes de *m* y de leche
Sal. 19.10 dulces más que *m*, y que..del panal
81.16 trigo, y con *m* de la peña les saciaría
119.103 dulces son..más que la *m* a mi boca
Pr. 5.3 labios de la mujer extraña destilan *m*
16.24 panal de *m* son los dichos suaves
24.13 come, hijo..de la *m*, porque es buena
25.16 ¿hallaste *m*? Come lo que te basta, no
25.27 mucha *m* no es bueno, ni el buscar la
27.7 hombre saciado desprecia el panal de *m*
Cnt. 4.11 como panal de *m* destilan tus labios
4.11 *m* y leche hay debajo de tu lengua; y el
5.1 he comido mi panal y mi *m*, mi vino y mi
Is. 7.15 comerá..*m*, hasta que sepa desechar lo
7.22 ciertamente mantequilla y *m* comerá el
Jer. 11.5 daría la tierra que fluye leche y *m*
32.22 les diste..tierra que fluye leche y *m*
41.8 no nos mates..tesoros de..y aceites y *m*
Ez. 3.3 comí, y fue en mi boca dulce como *m*
16.13 comiste flor de harina de trigo, *m* y
16.19 aceite y la *m*, con que yo te mantuve
20.6 la tierra que les..que fluye leche y *m*
20.15 a la tierra que..que fluye leche y *m*
27.17 con..*m*, aceite y resina negociaban en
Mt. 3.4 su comida era langostas y *m* silvestre
Mr. 1.6 Juan..y comía langostas y *m* silvestre
Ap. 10.9 pero en tu boca será dulce como la *m*
10.10 era dulce en mi boca como la *m*, pero

MIEMBRO

Dt. 23.1 el que tenga..o amputado su *m* viril
Job 18.13 sus *m* devorará el primogénito de la
40.18 fuertes..sus *m* como barras de hierro
41.12 no guardaré silencio sobre sus *m*, ni
Ez. 17.3 una gran águila..de largos *m*, llena
Mt. 5.29,30 mejor..que se pierda uno de tus *m*
Mr. 15.43 José de Arimatea, *m*..del concilio
Lc. 23.50 José..*m* del concilio, varón bueno y
Ro. 6.13 ni tampoco presentéis..*m* al pecado
6.13 vuestros *m* a Dios como instrumentos de
6.19 vuestros *m* para servir a la inmundicia
6.19 vuestros *m* para servir a la justicia
7.5 obraban en nuestros *m* llevando fruto para
7.23 otra ley en mis *m*, que se rebela contra
7.23 a la ley del pecado que está en mis *m*
12.4 en un cuerpo tenemos muchos *m*, pero no
12.4 no todos los *m* tienen la misma función
12.5 muchos..y todos *m* los unos de los otros
1 Co. 6.15 vuestros cuerpos son *m* de Cristo?
6.15 ¿quitaré, pues, los *m* de Cristo y los
6.15 ¿quitaré..y los haré *m* de una ramera?
12.12 tiene muchos *m*, pero todos los *m* del
12.14 el cuerpo no es un solo *m*, sino muchos
12.18 ha colocado los *m* cada uno de ellos en
12.19 todos fueran un solo *m*, ¿dónde estaría
12.20 ahora son muchos los *m*, pero el cuerpo
12.22 los *m*..que parecen más débiles, son los
12.25 los *m* todos se preocupan los unos por
12.26 si un *m* padece, todos los *m* se duelen
12.26 *m* recibe honra..los *m* con él se gozan
12.27 el cuerpo..y *m* cada uno en particular
Ef. 2.19 los santos, y *m* de la familia de Dios
3.6 los gentiles son..y *m* del mismo cuerpo
4.16 según la actividad propia de cada *m*
4.25 porque somos *m* los unos de los otros
5.30 somos *m* de su cuerpo, de su carne y de
Stg. 3.5 lengua es un *m* pequeño, pero se jacta
3.6 la lengua está puesta entre nuestros *m*
4.1 pasiones, las..combaten en vuestros *m*?

MIES

Éx. 22.6 quemar espinos quemare *m* amontonadas
Lv. 19.9 cuando siegues la *m* de tu tierra, no
23.10 y seguéis su *m*, traeréis al sacerdote
23.22 cuando segareis la *m* de vuestra tierra
Dt. 16.9 que comenzare a meter la hoz en las *m*
23.25 cuando entres en la *m* de tu prójimo
23.25 no aplicarás hoz a la *m* de tu prójimo
24.19 siegues tu *m* en tu campo, y olvides
Jue. 15.5 y quemó las *m* amontonadas y en pie
1 S. 8.12 a que sieguen sus *m*, y a que hagan
Job 5.5 su *m* comerán los hambrientos, y la
Is. 17.5 como cuando el segador recoge la *m*
23.3 su provisión procedía..de la *m* del río
Jer. 5.17 comerá tu *m* y tu pan, comerá a tus
Os. 8.7 no tendrán *m*, ni su espiga hará harina
Jl. 1.11 gemid, viñeros..perdió la *m* del campo
3.13 echad la hoz, porque la *m* está ya madura
Mt. 9.37 la *m* es mucha, mas los obreros pocos
9.38 al Señor de la *m*..envíe obreros a su *m*
Lc. 10.2 les decía: La *m* a la verdad es mucha
10.2 Señor de la *m* que envíe obreros a su *m*
Ap. 14.15 pues la *m* de la tierra está madura

MIGAJA
Jue. 1.7 pies, recogían las *m* debajo de mi mesa
Mt. 15.27 comen de las *m* que caen de la mesa
Mr. 7.28 aun los perrillos. .comen de las *m* de
Lc. 16.21 ansiaba saciarse de las *m* que caían

MIGDAL-EDAR *Lugar entre Belén y Hebrón,* Gn. 35.21

MIGDAL-EL *Ciudad fortificada en Neftalí,* Jos. 19.38

MIGDAL-GAD *Aldea en Judá,* Jos. 15.37

MIGDOL *Población en Egipto*
Éx. 14.2 den la vuelta y acampen. .entre *M* y el
Nm. 33.7 salieron de. .y acamparon delante de *M*
Jer. 44.1 vivían en *M*, en Tafnes, en Menfis
46.14 anunciad en Egipto, y haced saber en *M*
Ez. 29.10 en la soledad. .desde *M* hasta Sevene
30.6 desde *M* hasta Sevene caerán. .a filo de

MIGRÓN *Población en Benjamín*
1 S. 14.2 debajo de un granado que hay en *M*, y
Is. 10.28 vino hasta Ajat, pasó hasta *M*; en

MIGUEL *Arcángel*
Dn. 10.13 *M*, uno de los. .príncipes, vino para
10.21 ninguno me ayuda contra ellos, sino *M*
12.1 en aquel tiempo se levantará *M*, el gran
Jud. 9 cuando el arcángel *M* contendía con el
Ap. 12.7 *M* y sus ángeles luchaban contra el

MIJAMÍN
1. Sacerdote en tiempo de David, 1 Cr. 24.9
2. Uno de los que se casaron con mujeres extranjeras en tiempo de Esdras, Esd. 10.25
3. Sacerdote, firmante del pacto de Nehemías, Neh. 10.7
4. Sacerdote que regresó del exilio con Zorobabel, Neh. 12.5

MIL *Véase también Millar, Mil Cinco, Dos Mil,* etc.
Gn. 20.16 he dado *m* monedas de. .a tu hermano
Éx. 18.25 los puso por jefes. .sobre *m*, sobre
Nm. 31.4 *m* de cada tribu de todas las tribus
31.5 así fueron dados de. .*m* por cada tribu
31.6 *m* de cada tribu envió; y Finees hijo de
35.4 los ejidos de. .serán *m* codos alrededor
Dt. 1.11 Dios. .os haga *m* veces más de lo que
7.9 guarda el pacto y. .hasta *m* generaciones
32.30 ¿cómo podría perseguir uno a *m*, y dos
Jos. 23.10 un varón de vosotros perseguirá a *m*
Jue. 9.49 murieron. .unos *m* hombres y mujeres
15.15 quijada. .y mató con ella a *m* hombres
15.16 con la quijada de un. .maté a *m* hombres
20.10 ciento de cada *m*, y *m* de cada 10.000
1 S. 8.12 nombrará para sí jefes de *m* y jefes
13.2 y *m* estaban con Jonatán en Gabaa de Saúl
17.18 quesos. .los llevarás al jefe de los *m*
18.7 Saúl hirió a sus *m*, y David a. .10.000
18.8 y a mí *m*; no le falta más que el reino
18.13 lo alejó de sí, y le hizo jefe de *m*
21.11 hirió Saúl a sus *m*, y David a. .10.000
25.2 era muy rico, y tenía. .ovejas y *m* cabras
29.2 a sus compañías de a ciento y de a *m*
29.5 Saúl hirió a sus *m*, y David a. .10.000
2 S. 10.6 tomaron. .del rey de Maaca *m* hombres
18.4 salía todo el pueblo de. .y de *m* en *m*
18.12 aunque me pesaras *m* siclos de plata, no
19.17 con él venían *m* hombres de Benjamín
1 R. 3.4 *m* holocaustos sacrificaba Salomón
2 R. 15.19 y Manahem dio a Pul *m* talentos de
24.16 a los artesanos y herreros. .fueron *m*
1 Cr. 12.14 menor tenía cargo. .el mayor de *m*
12.34 de Neftalí, *m* capitanes, y con ellos
16.15 de la palabra que él mandó para *m*
18.4 tomó David *m* carros. .y desjarretó David
19.6 Hanún y. .enviaron *m* talentos de plata
29.21 *m* becerros, *m* carneros, *m* corderos
2 Cr. 1.6 y ofreció sobre él *m* holocaustos
30.24 había dado a la asamblea *m* novillos
30.24 los príncipes dieron al. .*m* novillos y
Esd. 1.9 tazones de oro, *m* tazones de plata
1.10 tazas de plata, y otros *m* utensilios
8.27 veinte tazones de oro de *m* dracmas, y
Neh. 3.13 y *m* codos del muro, hasta la puerta
7.70 el gobernador dio. .*m* dracmas de oro, 50
Job 9.3 no le podrá responder a una. .entre *m*
42.12 tuvo. .*m* yuntas de bueyes y *m* asnas
Sal. 84.10 mejor es un día en tus atrios que *m*
90.4 *m* años delante de tus ojos son como el
91.7 caerán a tu lado *m*. .mas a ti no llegará
105.8 palabra que mandó para *m* generaciones
Ec. 6.6 viviere *m* años dos veces, sin gustar
7.28 hombre entre *m* he hallado, pero mujer
Cnt. 4.4 *m* escudos están colgados en ella, todos
8.11 traer *m* monedas de plata por su fruto
8.12 las *m* serán tuyas, oh Salomón, y 200
Is. 7.23 *m* vides que valían *m* siclos de plata
60.22 el pequeño vendrá a ser *m*, el menor, un
Ez. 47.3,4(2) midió *m* codos, y me hizo pasar
47.5 midió otros *m*, y era ya un río que yo
Dn. 5.1 Belsasar hizo un gran banquete a *m* de
5.1 el rey. .en presencia de los *m* bebía vino
Am. 5.3 la ciudad que salga con *m*, volverá con
2 P. 3.8 un día es como *m* años, y *m* años como
Ap. 20.2 prendió al dragón. .lo ató por *m* años
20.3 hasta que fuesen cumplidos *m* años; y
20.4 vivieron y reinaron con Cristo *m* años
20.5 a vivir hasta que se cumplieron *m* años
20.6 sacerdotes. .y reinarán con él *m* años
20.7 cuando los *m* años se cumplan, Satanás

MILAGRO
Éx. 7.9 mostrad *m*; dirás a Aarón: Toma tu vara
Dt. 4.34 con señales, con *m* y con guerra, y
6.22 Jehová. .*m* grandes y terribles en Egipto
7.19 señales y *m*, y de la mano poderosa y el
26.8 y Jehová nos sacó. .con señales y con *m*
Jue. 13.19 ángel hizo *m* ante los ojos de Manoa
Dn. 4.2 que yo declare. .*m* que el Dios Altísimo
Mt. 7.22 dirán. .en tu nombre hicimos muchos *m*?
11.20 en las cuales había hecho muchos. .*m*
11.21,23 hubieran hecho los *m* que han sido
13.54 ¿de dónde tiene. .sabiduría y estos *m*?
13.58 no hizo allí muchos *m*, a causa de la
Mr. 6.2 estos *m* que por sus manos son hechos?
6.5 no pudo hacer allí ningún *m*, salvo que
9.39 ninguno hay que haga *m* en mi nombre
Lc. 10.13 se hubieran hecho los *m* que se han
Hch. 4.22 en quien se había hecho este *m* de
8.13 viendo las. .y grandes *m* que se hacían
19.11 hacía Dios *m* extraordinarios por mano
1 Co. 12.10 otro, el hacer *m*; a otro, profecía
12.28 luego los que hacen *m*, después los que
12.29 ¿son todos apóstoles?. .¿hacen todos *m*?
2 Co. 12.12 hechas. .por señales, prodigios y *m*
He. 2.4 *m* y repartimientos del Espíritu Santo

MILALAI *Levita, músico en tiempo de Nehemías,* Neh. 12.36

MILANO
Lv. 11.14; Dt. 14.13 el gallinazo, el *m* según

MILCA
1. Mujer de Nacor, Gn. 11.29; 22.20,23; 24.15,24,47
2. Hija de Zelofehad, Nm. 26.33; 27.1; 36.11

MIL CIEN
Jue. 16.5 cada uno de. .te dará *1.100* siclos de
17.2 dijo. .los *1.100* ciclos de plata que te
17.3 él devolvió los *1.100* siclos de plata

MIL CINCO
1 R. 4.32 compuso. .sus cantares fueron *1.005*

MIL CINCUENTA Y DOS
Esd. 2.37; Neh. 7.40 los hijos de Imer, *1.052*

MILCOM *Dios de los amonitas*
1 R. 11.5 siguió. .a *M*, ídolo abominable de los
2 R. 23.13 *M* ídolo abominable. .hijos de Amón
Jer. 49.1 ¿por qué *M* ha desposeído a Gad, y su
49.3 porque *M* fue llevado en cautiverio, sus
Sof. 1.5 a los que se postran jurando. .por *M*

MIL CUATROCIENTOS
1 R. 10.26; 2 Cr. 1.14 y tuvo *1.400* carros

MIL DIECISIETE
Esd. 2.39; Neh. 7.42 los hijos de Harim, *1.017*

MIL DOSCIENTOS
2 Cr. 12.3 con *1.200* carros, y con sesenta mil

MIL DOSCIENTOS CINCUENTA Y CUATRO
Esd. 2.7; Neh. 7.12 los hijos de Elam, *1.254*
Esd. 2.31; Neh. 7.34 hijos de otro Elam, *1.254*

MIL DOSCIENTOS CUARENTA Y SIETE
Esd. 2.38; Neh. 7.41 los hijos de Pasur, *1.247*

MIL DOSCIENTOS NOVENTA
Dn. 12.11 hasta la abominación. .*1.290* días

MIL DOSCIENTOS SESENTA
Ap. 11.3 daré. .que profeticen por *1.260* días
12.6 que allí la sustenten por *1.260* días

MIL DOSCIENTOS VEINTIDÓS
Esd. 2.12 los hijos de Azgad, *1.222*

MILETO *Puerto en Asia Menor*
Hch. 20.15 escala. .día siguiente llegamos a *M*
20.17 enviando, pues, desde *M* a Efeso, hizo
2 Ti. 4.20 se quedó en. .y a Trófimo dejé en *M*

MILICIA
Jer. 52.25 tomó. .principal secretario de la *m*
2 Co. 10.4 armas de nuestra *m* no son carnales
Fil. 2.25 necesario enviaros. .compañero de *m*
1 Ti. 1.18 a ti, milites por ellas la buena *m*
Flm. 2 a Arquipo nuestro compañero de *m*, y a la

MILITAR *(adj.)*
Hch. 28.16 entregó los presos al prefecto *m*

MILITAR *(v.)*
2 Co. 10.3 carne, no *militamos* según la carne
1 Ti. 1.18 *milites* por ellas la buena milicia
2 Ti. 2.4 ninguno que *milita* se enreda en los

MILO
1. Barrio de la ciudad de Siquem
Jue. 9.6 se juntaron. .con toda la casa de *M*
9.20 fuego salga. .consuma. .a la casa de *M*
9.20 y fuego. .de la casa de *M*, que consuma
2. Fortificación de Jerusalén
2 S. 5.9 y edificó alrededor desde *M* hacia
1 R. 9.15 edificar. .*M*, y el muro de Jerusalén
9.24 que Salomón. .entonces edificó él a *M*
11.27 edificando a *M*, cerró el portillo de
2 R. 12.20 y mataron a Joás en la casa de *M*
1 Cr. 11.8 edificó la ciudad. .*M* hasta el muro
2 Cr. 32.5 fortificó además a *M* en la ciudad

MIL SEISCIENTOS
Ap. 14.20 salió sangre hasta. .*1.600* estadios

MIL SETECIENTOS
Jue. 8.26 fue el peso de. .*1.700* siclos de oro
2 S. 8.4 y tomó David de ellos *1.700* hombres
1 Cr. 26.30 hermanos, hombres de vigor, *1.700*

MIL SETECIENTOS SESENTA
1 Cr. 9.13 sus hermanos. .en número de *1.760*

MIL SETECIENTOS SETENTA Y CINCO
Éx 38.25 plata. .cien talentos y *1.775* siclos
38.28 de los *1.775* siclos hizo los capiteles

MIL TRESCIENTOS SESENTA Y CINCO
Nm. 3.50 y recibió. .de Israel. .*1.365* siclos

MIL TRESCIENTOS TREINTA Y CINCO
Dn. 12.12 el que espere, y llegue a *1.335* días

MILLA
Mt. 5.41 te obligue a llevar carga por una *m*

MILLAR
Gn. 24.60 hermana nuestra, sé madre de *m* de *m*
Éx. 18.21 sobre el pueblo por jefes de *m*, de
20.6 y hago misericordia a *m*, a los que me
34.7 que guarda misericordia a *m*, que perdona
Nm. 1.16 eran los. .capitanes de los *m* de Israel
10.4 se congregarán. .los jefes de los *m* de
10.36 vuelve, oh Jehová, a los *m* de
31.5 así fueron dados de los *m* de Israel, mil
31.14 se enojó Moisés contra. .los jefes de *m*
31.48 vinieron a Moisés los jefes de los *m*
31.48 vinieron. .los jefes de *m* y de centenas
31.52 ofrenda que ofrecieron. .los jefes de *m*
31.54 recibieron. .el oro de los jefes de *m*
Dt. 1.15 jefes de *m*, de centenas, de cincuenta
5.10 y que hago misericordia a *m*, a los que
33.2 vino de entre diez *m* de santos, con la
33.17 los diez *m* de Efraín. .los *m* de Manasés
Jos. 22.14 era jefe de. .entre los *m* de Israel
22.21 y dijeron a los cabezas de los *m* de
22.30 oyendo. .los jefes de los *m* de Israel
1 S. 10.19 delante de Jehová. .por vuestros *m*
22.7 os hará a todos vosotros jefes de *m* y
23.23 le buscaré entre todos los *m* de Judá
2 S. 18.1 puso sobre ellos jefes de *m* y jefes
1 Cr. 12.20 príncipes de *m* de los de Manasés
13.1 tomó consejo con los capitanes de *m* y
15.25 y los capitanes de *m*, fueron a traer
26.26 los capitanes de *m* y de centenas, y
27.1 jefes de *m* y de centenas, y oficiales
28.1 reunió David. .jefes de *m* y de centenas
29.6 de Israel, jefes de *m* y de centenas, con
2 Cr. 1.2 convocó Salomón a Israel. .jefes de *m*
17.14 los jefes de los *m* de Judá, el general
25.5 les puso jefes de *m* y de centenas sobre
Sal. 3.6 no temeré a diez *m* de gente. .pusieren
50.10 mía. .los *m* de animales en los collados
68.17 se cuentan por veintenas de *m* de *m*
119.72 mejor me es la ley de. .que *m* de oro y
144.13 que se multiplican a *m* y decenas de *m*
Is. 30.17 un *m* huirá a la amenaza de uno; a la
Jer. 32.18 haces misericordia a *m*, y castigas
Dn. 7.10 de delante de él; *m* de *m* le servían
11.12 derribará a muchos *m*. .no prevalecerá
Mi. 6.7 ¿se agradará Jehová de *m* de carneros
Lc. 12.1 juntándose por *m* la multitud, tanto
Hch. 21.20 cuántos *m* de judíos. .que han creído
He. 12.22 la compañía de muchos *m* de ángeles
Jud. 14 el Señor con sus santas decenas de *m*

MILLO
Ez. 4.9 toma para..cebada, habas, lentejas, *m*

MILLÓN
1 Cr. 22.14 oro, y un *m* de talentos de plata
2 Cr. 14.9 Zera etíope con un ejército de un *m*
Dn. 7.10 *m* de *m* asistían delante de él; el Juez
Ap. 5.11 muchos ángeles..su número era *m* de *m*

MIMADO
Pr. 29.21 siervo *m* desde la niñez por su amo
Is. 66.12 brazos..y sobre las rodillas seréis *m*

MIMBRE
Jue. 16.7 si me ataren con siete *m* verdes que
16.8 le trajeron siete *m*..y ella le ató con
16.9 rompió los *m*, como se rompe una cuerda

MINA *(moneda)*
Ez. 45.12 veinte..quince siclos, os serán una *m*
Lc. 19.13 llamando a diez siervos..dio diez *m*
19.16 diciendo: Señor, tu *m* ha ganado diez *m*
19.18 diciendo: Señor, tu *m* ha producido 5 *m*
19.20 está tu *m*, la cual he tenido guardada
19.24 quitadle la *m*, y dadla al que..diez *m*
19.25 ellos le dijeron: Señor, tiene diez *m*

MINA *(excavación en la tierra)*
Job 28.4 abren *m* lejos de lo habitado..el pie
Sof. 2.9 *m* de sal, y asolamiento perpetuo; el

MINAR
Job 24.16 en las tinieblas *minan* las casas que
Mt. 6.19 tesoros en..ladrones *minan* y hurtan
6.20 y donde ladrones no *minan* ni hurtan
24.43 velaría, y no dejaría *minar* su casa

MINI *Reino al noroeste de Asiria*
Jer. 51.27 reinos de Ararat, de *M* y de Askenaz

MINIAMÍN
1. *Ayudante de Coré el levita en tiempo del rey Ezequías*, 2 Cr. 31.15
2. *Sacerdote, músico en tiempo de Nehemías*, Neh. 12.17,41

MÍNIMO
Jer. 8.12 no se han avergonzado en lo más *m*

MINISTERIO
Éx. 39.1 las vestiduras del *m* para ministrar
Nm. 3.7 para servir en el *m* del tabernáculo
4.27 será todo el *m* de los hijos de Gersón
4.33 todo su *m* en el tabernáculo de reunión
7.5 los darás..a cada uno conforme a su *m*
7.7 dio a los..de Gersón, conforme a su *m*
7.8 a los hijos de Merari..conforme a su *m*
8.11 levitas..y servirán en el *m* de Jehová
8.19 ejerzan el *m* de los hijos de Israel en
8.22 vinieron..los levitas para ejercer su *m*
8.24 entrarán a ejercer su *m* en el servicio
8.25 desde..50 años cesarán de ejercer su *m*
8.26 pero no servirán en el *m*. Así harás con
8.26 harás con los levitas en cuanto a su *m*
18.6 que sirvan en el *m* del tabernáculo de
18.21 por su *m*, por cuanto ellos sirven en
18.21 ellos sirven en el *m* del tabernáculo
18.31 es vuestra remuneración por vuestro *m*
1 S. 2.36 me agregues a alguno de los *m*, para
1 Cr. 6.32 después estuvieron en su *m* según su
6.48 levitas fueron puestos sobre todo el *m*
9.13 eficaces en la obra del *m* en la casa de
9.19 a su cargo la obra del *m*, guardando las
9.28 a su cargo los utensilios para el *m*, los
23.24 cuales trabajaban en el *m* de la casa
23.26 que llevar..los utensilios para su *m*
23.28 la demás obra del *m* de la casa de Dios
23.32 guarda del..el *m* de la casa de Jehová
24.3 los repartió por sus turnos en el *m*
24.19 fueron distribuidos para su *m*, para que
25.1 apartaron para el *m* a los hijos de Asaf
25.1 hombres idóneos para la obra de su *m*, fue
25.6 la música..para el *m* del templo de Dios
28.13 para toda la obra del *m* de la casa de
28.13 utensilios del *m* de la casa de Jehová
28.21 levitas, para todo el *m* de la casa de
2 Cr. 7.6 y los sacerdotes desempeñaban su *m*
11.14 Jeroboam y sus..los excluyeron del *m*
31.16 para desempeñar su *m* según sus oficios
35.2 y los confirmó en el *m* de la casa de
35.15 no era necesario..se apartasen de su *m*
Esd. 8.20 David..puso, para el *m* de los levitas
Neh. 12.9 Bacbuquías y Uni..cada cual en su *m*
Lc. 1.23 cumplidos los días de su *m*, se fue a
3.23 Jesús mismo al comenzar su *m* era como de
Hch. 1.17 era contado..y tenía parte en este *m*
1.25 que tome la parte de este *m* y apostolado
6.4 en la oración y en el *m* de la palabra
20.24 que acabe..el *m* que recibí del Señor
21.19 cosas que Dios había hecho..por su *m*
Ro. 11.13 cuanto yo soy apóstol a..honro mi *m*
1 Co. 12.5 hay diversidad de *m*, pero el Señor
2 Co. 3.7 si el *m* de muerte grabado con letras
3.8 más bien con gloria el *m* del espíritu?
3.9 si el *m* de condenación fue con gloria
3.9 abundará en gloria el *m* de justificación
4.1 por lo cual, teniendo nosotros este *m*
5.18 Dios..nos dio el *m* de la reconciliación
6.3 no..para que nuestro *m* no sea vituperado
Ef. 4.12 perfeccionar a..para la obra del *m*
Col. 4.17 mira que cumplas el *m* que recibiste
1 Ti. 1.12 tuvo por fiel, poniéndome en el *m*
2 Ti. 4.5 tú sé sobrio en todo..cumple tu *m*
4.11 toma a Marcos y tráele..útil para el *m*
He. 8.6 ahora tanto mejor *m* es el suyo, cuanto
9.21 roció también..y todos los vasos del *m*

MINISTRACIÓN
2 Co. 9.1 cuanto a la *m* para los santos, es por
9.12 la *m* de este servicio..suple lo que a
9.13 la experiencia de esta *m* glorifican a

MINISTRADOR
Fil. 2.25 mensajero, y *m* de mis necesidades
He. 1.14 ¿no son todos espíritus *m*, enviados

MINISTRAR
Éx. 28.35 estará sobre Aarón cuando *ministre*
30.20 se acerquen al altar para *ministrar*
35.19 las vestiduras..para *ministrar* en el
39.1 hicieron las vestiduras..para *ministrar*
39.26 para *ministrar*, como Jehová lo mandó a
39.41 vestiduras del servicio para *ministrar*
39.41 hijos, para *ministrar* en el sacerdocio
Nm. 3.8 *ministren*..el servicio del tabernáculo
3.31 los utensilios del..con que *ministran*
4.24 será el oficio..Gersón, para *ministrar*
4.35,39,43 para *ministrar* en el tabernáculo
4.37,41 los que *ministran* en el tabernáculo
4.47 entraban para *ministrar* en el servicio
8.15 vendrán..a *ministrar* en el tabernáculo
16.9 para que *ministréis* en el servicio del
16.9 estéis delante de..para *ministrarles*
18.7 tú y tus hijos contigo..*ministraréis*
Dt. 17.12 al sacerdote que está para *ministrar*
18.7 *ministrará*..como todos sus hermanos los
Jue. 20.28 Finees..*ministraba* delante de ella
1 S. 2.11 y el niño *ministraba* a Jehová delante
2.18 joven Samuel *ministraba* en la presencia
3.1 el joven Samuel *ministraba* a Jehová en
1 R. 8.11 no pudieron..*ministrar* por causa de
2 R. 25.14 los utensilios..con que *ministraban*
1 Cr. 6.49 Aarón..*ministraban* en toda la obra
16.37 que *ministrasen* de continuo..del arca
23.13 y le *ministrasen* y bendijesen en su
23.28 para *ministrar* en la casa de Jehová
2 Cr. 5.14 no podían los sacerdotes..*ministrar*
8.14 *ministrasen* delante de los sacerdotes
13.10 los sacerdotes que *ministran*..de Aarón
23.6 los sacerdotes y levitas que *ministran*
31.2 para que *ministrasen*..que diesen gracias
Neh. 10.36 a los sacerdotes que *ministran* en la
10.39 estarán..los sacerdotes que *ministran*
Jer. 52.18 utensilios..con que se *ministraba*
Ez. 40.46 llamados de..para *ministrar* a Jehová
42.14 dejarán..vestiduras con que *ministran*
43.19 se acerquen a..para *ministrar* ante mí
44.15 se acercarán para *ministrar* ante mí
44.17 cuando *ministren* en las puertas del
44.19 las vestiduras con que *ministraron*, y
44.27 entre..para *ministrar* en el santuario
45.4 que se acercan para *ministrar* a Jehová
Hch. 13.2 *ministrando*..al Señor, y ayunando
Ro. 15.16 *ministrando* el evangelio de Dios, para
15.25 Jerusalén para *ministrar* a los santos
15.27 deben..*ministrarles* de los materiales
He. 10.11 día *ministrando* y ofreciendo muchas
1 P. 4.10 *minístrelo* a los otros, como buenos
4.11 si alguno *ministra*, *ministre* conforme

MINISTRO
1 R. 4.5 Zabud..*m* principal y amigo del rey
1 Cr. 16.4 puso delante del arca de Jehová *m*
2 Cr. 29.11 seáis sus *m*, y le queméis incienso
Esd. 7.24 a todos los..*m* de la casa de Dios
8.17 nos trajesen *m* para la casa de..Dios
Sal. 103.21 *m* suyos, que hacéis su voluntad
104.4 que hace..a las flamas de fuego sus *m*
Is. 61.6 *m* de nuestro Dios seréis llamados
Jer. 33.21 con los levitas y sacerdotes, mis *m*
Ez. 45.4 para los sacerdotes, *m* del santuario
45.5 lo cual será para los levitas *m* de la
Jl. 1.9 sacerdotes *m* de Jehová están de duelo
1.13 sacerdotes; gemid, *m* del altar; venid
1.13 venid, dormid en cilicio, *m* de mi Dios
2.17 altar lloren los sacerdotes *m* de Jehová
Sof. 1.4 el nombre de los *m* idólatras con sus
Lc. 1.2 que lo vieron..fueron *m* de la palabra
4.20 enrollando el libro, lo dio al *m*, y se
Hch. 26.16 para ponerte por *m* y testigo de las
Ro. 15.16 ser *m* de Jesucristo a los gentiles
2 Co. 3.6 hizo *m* competentes de un nuevo pacto
6.4 nos recomendamos en todo como *m* de Dios
11.15 sus *m* se disfrazan como *m* de justicia
11.23 ¿son *m* de Cristo? (Como si..loco hablo)
Gá. 2.17 ¿es por eso Cristo *m* de pecado? En
Ef. 3.7 del cual yo fui hecho *m* por el don de
6.21 Tíquico, hermano amado y fiel *m* en el
Col. 1.7 Epafras..que es un fiel *m* de Cristo
1.23 cielo; del cual yo Pablo fui hecho *m*
1.25 fui hecho *m*, según la administración de
4.7 saber Tíquico, amado hermano y fiel *m* y
1 Ti. 4.6 serás buen *m* de Jesucristo, nutrido
He. 1.7 el que hace a..a sus *m* llama de fuego
8.2 *m* del santuario, y de..tabernáculo que

MINIT *Ciudad de los amonitas*
Jue. 11.33 desde Aroer hasta llegar a *M*, veinte
Ez. 27.17 con trigos de *M* y Panag..negociaban

MÍO, A
Gn. 33.11 presente..todo lo que hay aquí es *m*
Éx. 19.5 especial tesoro..*m* es toda la tierra
22.9 fraude..cuando alguno dijere: Esto es *m*
Lv. 25.23 tierra no se venderá..la tierra *m* es
Nm. 8.17 *m* es todo primogénito de entre los
1 R. 20.3 ha dicho..Tu plata y tu oro son *m*
Is. 43.1 te redimí; te puse nombre, *m* eres tú
Os. 3.3 dije: Tú serás *m* durante muchos días
Jn. 14.24 la palabra que habéis oído no es *m*
16.14 tomará de lo *m*, y os lo hará saber
16.15 todo lo que tiene el Padre es *m*; por
17.10 todo lo *m* es tuyo, y lo tuyo *m*; y he

MIQUEAS *Profeta*
Jer. 26.18 *M*..profetizó en tiempo de Ezequías
Mi. 1.1 palabra de Jehová..vino a *M* de Moreset

MIRA *Ciudad de Licia*, Hch. 27.5

MIRA
Neh. 6.6 la *m*, según estas palabras, de ser tú
Mt. 16.23; Mr. 8.33 no pones la *m* en las cosas
Ro. 3.26 con la *m* de manifestar..su justicia
Col. 3.2 poned la *m* en las cosas de arriba, no

MIRADA
Job 7.19 ¿hasta cuándo no apartarás de mí tu *m*
He. 11.26 tenía puesta la *m* en el galardón

MIRAR
Gn. 4.4 *miró* Jehová con agrado a Abel y a su
4.5 no *miró* con agrado a Caín y a su ofrenda
6.12 y *miró* Dios la tierra, y he aquí que
8.13 quitó Noé la cubierta del arca, y *miró*
13.14 alza ahora tus ojos, y *mira* desde el
15.3 Abram: *Mira* que no me has dado prole, y
15.5 dijo: *Mira* ahora los cielos, y cuenta
16.4 Agar..*miraba* con desprecio a su señora
16.5 me *mira* con desprecio; juzgue Jehová
18.2 alzó sus ojos y *miró*, y he aquí tres
18.16 *miraron* hacia Sodoma; y Abraham iba
19.17 escapa por tu vida; no *mires* tras ti
19.26 la mujer de Lot *miró* atrás, a espaldas
19.28 *miró* hacia Sodoma..aquella llanura *m*
20.16 *mira* que él te es como un velo para los
22.13 alzó Abraham sus ojos y *miró*, y he aquí
24.63 *miró*, y he aquí los camellos..venían
26.8 *mirando* por una ventana, vio a Isaac que
27.27 *mira*, el olor de mi hijo, como el olor
29.2 *miró*, y vio un pozo en el campo; y he
29.32 dijo: Ha *mirado* Jehová mi aflicción
30.34 dijo..Labán: *Mira*, sea como tú dices
31.2 *miraba*..Jacob el semblante de Labán, y
31.50 *mira*, Dios es testigo entre nosotros
33.1 alzando Jacob sus ojos, *miró*, y..Esaú
37.14 vé..*mira* cómo están tus hermanos y
37.25 ojos *miraron*, y he aquí una compañía de
38.25 *mira* ahora de quién son estas cosas, el
39.14 *mirad*, nos ha traído un hebreo para que
40.6 los *miró*, y he aquí que estaban tristes
42.1 dijo a sus..¿Por qué os estáis *mirando*?
43.33 estaban..atónitos *mirándose* el uno al
Éx. 2.12 *miró* a todas partes, y viendo que no
2.25 *miró* Dios a los hijos de Israel, y los
3.2 y él *miró*, y vio que la zarza ardía en
3.6 Moisés cubrió su..miedo de *mirar* a Dios
4.21 *mira* que hagas delante de Faraón todas
5.21 *mire* Jehová sobre vosotros, y juzgue
7.1 Moisés: *Mira*, yo te he constituido dios
10.10 *mirad*..el mal está delante de vosotros!
14.24 Jehová *miró* el campamento de..egipcios
16.10 *miraron* hacia el desierto..la gloria de
16.29 *mirad*..Jehová os dio el día de reposo
25.20 *mirando* al propiciatorio los rostros
25.40 *mira* y hazlos conforme al modelo que
31.2 *mira*..he llamado por nombre a Bezaleel
33.8 *miraban* en pos de Moisés, hasta que él
33.12 *mira*..me dices a mí: Saca este pueblo
33.13 y *mira* que esta gente es pueblo tuyo
34.30 y Aarón y..de Israel *miraron* a Moisés
34.35 al *mirar* los hijos de Israel el rostro
35.30 *mirad*, Jehová ha nombrado a Bezaleel
37.9 rostros..*miraban* hacia el propiciatorio
Lv. 13.3,30,32 el sacerdote *mirará* la llaga
13.5 el sacerdote lo *mirará*; y si la llaga
13.10 éste lo *mirará*, y si apareciere tumor

MIRAR ***(Continúa)***
Lv. 13.15 y el sacerdote *mirará* la carne viva, y
13.17 el sacerdote *mirará*, y si la llaga se
13.20 y el sacerdote *mirará;* y si pareciere
13.25 el sacerdote la *mirará;* y si el pelo se
13.26 el sacerdote la *mirare*, y no apareciere
13.31 el sacerdote hubiere *mirado* la llaga de
13.34 *mirará* el sacerdote la tiña; y si la
13.36 el sacerdote la *mirará;* y si la tiña
13.39 el sacerdote *mirará*, y si en la piel de
13.43 el sacerdote lo *mirará*, y si pareciere
13.50 sacerdote *mirará* la plaga, y encerrará
13.51 y al séptimo día *mirará* la plaga; y si
13.53 si el sacerdote *mirare*, y no pareciere
13.55 sacerdote *mirará* después que la plaga
14.36 casa antes que entre a *mirar* la plaga
27.33 no *mirará* si es bueno o malo, ni lo
Nm. 12.10 *miró* Aarón a María..estaba leprosa
15.39 y no *miréis* en pos de vuestro corazón
16.15 dijo a Jehová: No *mires* a su ofrenda
16.42 *miraron*..el tabernáculo de reunión, y
21.8 fuere mordido y *mirare* a ella, vivirá
21.9 mordía..*miraba* a la serpiente..y vivía
21.20 la cumbre..que *mira* hacia el desierto
23.9 y desde los collados lo *miraré;* he aquí
23.28 a la cumbre de Peor, que *mira* hacia el
24.17 lo veré, mas..*miraré*, mas no de cerca
Dt. 1.8 *mirad*, yo os he entregado la tierra
1.21 *mira*, Jehová..te ha entregado la tierra
3.27 y *mira* con tus propios ojos..no pasarás
4.5 *mirad*..he enseñado estatutos y decretos
5.32 *mirad*..que hagáis como Jehová..Dios os
9.16 y *miré*, y he aquí habíais pecado contra
9.27 no *mires* a la dureza de este pueblo, ni
15.9 año..y *mires* con malos ojos a tu hermano
26.15 *mira* desde tu morada santa, desde el
28.54 *mirará* con malos ojos a su hermano, y
28.56 *mirará* con malos ojos al marido de su
30.15 *mira*, yo he puesto delante de ti hoy la
32.49 sube..y *mira* la tierra de Canaán, que
Jos. 1.9 *mira* que te mando que te esfuerces y
6.2 dijo..*Mira*, yo he entregado en tu mano a
8.1 *mira*, yo he entregado en tu mano al rey
8.8 conforme a..*mirad* que os lo he mandado
8.20 al *mirar*..el humo de la ciudad subía al
15.2 desde la bahía que *mira* hacia el sur
15.7 y al norte *mira* sobre Gilgal, que está
22.28 *mirad* el símil del altar de Jehová, el
Jue. 6.14 y *mirándole* Jehová, le dijo: Vé con
7.17 *miradme* a mí, y haced como hago yo; he
9.43 *miró*..el pueblo que salía de la ciudad
13.10 *mira*..se me ha aparecido aquel varón
16.27 estaban *mirando* el escarnio de Sansón
18.14 *mirad*, por tanto..que habéis de hacer
20.40 los de Benjamín *miraron* hacia atrás; y
Rt. 2.9 *mira*..el campo que sieguen, y síguelas
1 S. 1.11 si te dignares mirar a la aflicción
6.19 habían *mirado* dentro del arca de Jehová
9.16 yo he *mirado* a mi pueblo, por cuanto su
12.16 *mirad* esta gran cosa que Jehová hará
13.18 la región que *mira* al valle de Zeboim
16.7 no *mires* a su parecer, ni a lo grande de
16.7 Jehová no *mira* lo que *m* el hombre; pues
16.7 el hombre *mira*..pero Jehová *m* el corazón
17.18 *mira* si tus hermanos están buenos, y
17.42 el filisteo *miró* y vio a David, le tuvo
18.9 día Saúl no *miró* con buenos ojos a David
24.8 Saúl *miró*..David inclinó su rostro a
24.9 dicen: *Mira* que David procura tu mal?
24.11 y *mira*, padre mío, *m* la orilla de tu
25.35 sube en paz..*mira* que he oído tu voz
26.5 *miró* David el lugar donde dormían Saúl
26.16 *mira*..dónde está la lanza del rey, y
2 S. 1.7 *mirando* él hacia atrás, me vio y me
2.20 *miró* atrás Abner, y dijo: ¿No eres tú
6.16 Mical..*miró* desde una ventana, y vio al
7.2 *mira* ahora, yo habito en casa de cedro
9.8 para que *mires* a un perro muerto como yo
13.28 que *miréis* cuando el corazón de Amnón
13.34 *miró*, y he aquí mucha gente que venía
14.30 *mirad*, el campo de Joab está junto al
15.3 *mira*, tus palabras son buenas y justas
15.28 *mirad*, yo me detendré en los vados del
16.12 quizá *mirará* Jehová mi aflicción, y me
18.12 *mirad*..ninguno toque al joven Absalón
18.24 y..*miró*, y vio a uno que corría solo
24.13 piensa..y *mira* qué responderé al que me
24.20 Arauna *miró*, y vio al rey y..siervos
1 R. 7.25 tres *miraban* al norte, tres *m* al
7.25 tres *miraban* al sur, y tres *m* al oriente
17.23 y le dijo Elías: *Mira*, tu hijo vive
18.43 *mira* hacia el mar. Y él subió, y *miró*
19.6 *miró*, y he aquí a su cabecera una torta
20.22 considera y *mira* lo que hagas; porque
2 R. 2.24 *mirando* él atrás..vio, y los maldijo
3.14 no tuviese respeto..no te *mirara* a ti
6.9 *mira* que no pases por tal lugar, porque
6.13 *mirad* dónde está, para que yo envíe a
6.17 y *miró*..el monte estaba lleno de gente
6.20 y *miraron*, y se hallaban en..de Samaria
6.32 *mirad*..y cuando viniere el mensajero
8.11 y el varón de Dios le *miró* fijamente
10.23 *mirad* y..no haya aquí entre vosotros
11.14 cuando *miró*..el rey estaba junto a la
13.4 *miró* la aflicción de Israel, pues el
13.23 y los *miró*, a causa de su pacto con
14.26 Jehová *miró* la..aflicción de Israel
19.16 oye; abre, oh Jehová, tus ojos, y *mira*
1 Cr. 15.29 Mical..*mirando* por una ventana, vio
17.17 has *mirado* como a un hombre excelente
21.12 *mira*, pues, qué responderé al que me
21.15 *miró* Jehová y se arrepintió de aquel
21.21 *miró* Ornán, y vio a David..se postró
28.10 *mira*..que Jehová te ha elegido para
2 Cr. 4.4 doce bueyes, tres..*miraban* al norte
6.19 *mirarás* a la oración de tu siervo, y a
10.16 ¡David, *mira* ahora por tu casa! Así se
13.14 *miró* Judá, he aquí que tenía batalla
19.6 dijo a los jueces: *Mirad* lo que hacéis
19.7 *mirad* lo que hacéis, porque con Jehová
20.24 *miraron* hacia la multitud, y he aquí
23.13 *mirando*, vio al rey que estaba junto
26.20 le *miró* el sumo sacerdote Azarías, y
33.6 *miraba* en agüeros, era..adivinaciones
Esd. 4.22 y *mirad* que no seáis negligentes en
Neh. 4.14 después *miré*..y dije a los nobles y
9.9 *miraste* la aflicción de nuestros padres
Job 6.19 *miraron* los caminantes de Temán, los
6.28 *miradme*, y ved si digo mentira delante
11.18 *mirarás* alrededor, y dormirás seguro
21.5 *miradme*, y espantaos, y poned la mano
22.12 *mira* lo encumbrado de las estrellas
28.24 él *mira* hasta los fines de la tierra
31.1 ¿cómo..había yo de *mirar* a una virgen?
31.26 si he *mirado* al sol cuando resplandecía
33.27 él *mira* sobre los hombres; y al que
34.29 escondiere el rostro, ¿quién lo *mirará?*
35.5 *mira* a los cielos, y ve, y considera que
35.13 la vanidad, ni la *mirará* el Omnipotente
36.25 la ven; la *mira* el hombre de lejos
37.21 mas ahora ya no se puede *mirar* la luz
39.1 ¿o *miraste* tú las ciervas cuando están
40.11 tu ira; *mira* a todo altivo, y abátelo
40.12 *mira* a todo soberbio, y humíllalo, y
Sal. 9.13 *mira* mi aflicción..a causa de los que
10.14 *miras* el trabajo y la vejación, para
11.7 justo..el hombre recto *mirará* su rostro
13.3 *mira*, respóndeme, oh Jehová Dios mío
14.2 Jehová *miró* desde los cielos sobre los
22.17 entre tanto..me *miran* y me observan
25.16 *mírame*, y ten misericordia de mí..solo
25.18 *mira* mi aflicción y mi trabajo, y
25.19 *mira* mis enemigos..se han multiplicado
33.13 desde los cielos *miró* Jehová; vio a
33.14 *miró* sobre todos los moradores de la
34.5 los que *miraron* a él fueron alumbrados
37.37 considera al íntegro, y *mira* al justo
40.4 no *mira* a los soberbios, ni a los que
45.10 oye, hija, y *mira*, e inclina tu oído
48.13 *mirad* sus palacios..que lo contéis a
53.2 Dios desde los cielos *miró* sobre los
56.6 *miran* atentamente mis pasos..acechan
59.4 despierta para..a mi encuentro, y *mira*
63.2 así como te he *mirado* en el santuario
66.18 si..hubiese yo *mirado* a la iniquidad
69.16 *mírame* conforme a la multitud de tus
74.20 *mira* al pacto, porque los lugares
80.14 *mira* desde el cielo, y considera, y
84.9 *mira*, oh Dios, escudo nuestro, y pon los
85.11 y la justicia *mirará* desde los cielos
86.16 *mírame*, y ten misericordia de mí; da
91.8 ciertamente con..ojos *mirarás* y verás
92.11 *mirarán* mis ojos sobre mis enemigos
102.19 *miró* desde lo alto de su santuario
102.19 *miró* desde los cielos a la tierra
104.32 él *mira* a la tierra, y ella tiembla
106.44 él *miraba* cuando estaban en angustia
109.25 me *miraban*, y burlándose meneaban su
113.6 que se humilla a *mirar* en el cielo y en
119.18 abre mis ojos, y *miraré*..de tu ley
119.132 *mírame*, y ten misericordia de mí
119.153 *mira* mi aflicción, y líbrame, porque
119.159 *mira*, oh..que amo tus mandamientos
123.2 como los ojos de..*miran* a la mano de
123.2 así nuestros ojos *miran* a Jehová..Dios
130.3 Jah, si *mirares* a los pecados, ¿quién
133.1 ¡*mirad* cuán bueno y cuán delicioso es
134.1 *mirad*, bendecid a Jehová, vosotros todos
138.6 atiende..mas al altivo *mira* de lejos
141.8 ti, oh Jehová, Señor, *miran* mis ojos
142.4 *mira* a mi diestra y observa, pues no
Pr. 4.25 tus ojos *miren* lo recto, y diríjanse
6.6 la hormiga..*mira* sus caminos, y sé sabio
7.6 porque *mirando* yo por la ventana de mi
14.15 mas el avisado *mira* bien sus pasos
15.3 ojos..*mirando* a los malos y a los buenos
20.8 el rey que..con su *mirar* disipa todo mal
23.26 hijo..y *miren* tus ojos por mis caminos
23.31 no *mires* al vino cuando rojea, cuando
23.33 tus ojos *mirarán* cosas extrañas, y tu
24.12 que *mira* por tu alma, él lo conocerá
24.18 sea que Jehová lo *mire*, y le desagrade
24.32 *miré*, y lo puse en mi corazón; lo vi
25.7 del príncipe a quien han *mirado* tus ojos
27.18 y el que *mira* por los intereses de su
27.23 sé..y *mira* con cuidado por tus rebaños
Ec. 1.14 *miré*..obras que se hacen debajo del
2.11 *miré* yo..las obras que habían hecho mis
2.12 volví yo a *mirar* para ver la sabiduría
7.13 *mira* la obra de Dios; porque ¿quién
11.4 y el que *mira* a las nubes, no segará
12.3 se oscurecerán los que *miran* por las
Cnt. 1.6 que soy morena, porque el sol me *miró*
2.9 *mirando* por las ventanas, atisbando por
4.8 *mira* desde la cumbre de Amana, desde la
6.13 oh sulamita..vuélvete, y te *miraremos*
7.4 como la torre..que *mira* hacia Damasco
Is. 5.12 y vino, y no *miran* la obra de Jehová
5.30 *mirará*..la tierra, y he aquí tinieblas
8.22 y *mirarán* a la tierra, y..tribulación
13.8 se asombrará cada cual al *mirar* a su
13.14 cada cual *mirará* hacia su pueblo..huirá
17.7 aquel día *mirará* el hombre a su Hacedor
17.8 no *mirará* a los altares que hicieron sus
17.8 ni *mirará* a lo que hicieron sus dedos
18.3 se levante bandera en los montes, *mirad*
18.4 y los *miraré* desde mi morada, como sol
20.6 *mirad* qué tal fue nuestra esperanza, a
21.7 sobre camellos; y *miró* más atentamente
22.8 *miraste* en aquel día hacia la casa de
22.11 ni *mirasteis* de lejos al que lo labró
23.13 *mira* la tierra de los caldeos. Este
26.10 y no *mirará* a la majestad de Jehová
28.4 la cual, apenas la ve el que la *mira*, se
31.1 no *miran* al Santo de Israel, ni buscan
33.20 *mira* a Sion, ciudad de nuestras fiestas
36.18 *mirad*..no os engañe Ezequías diciendo
37.17 abre, oh Jehová, tus ojos, y *mira;* y
40.26 *mirad* quién creó estas cosas; él saca
41.28 *miré*, y no había ninguno; y pregunté
42.18 oíd, y vosotros, ciegos, *mirad* para ver
45.22 *mirad* a mí, y sed salvos, todos los
49.18 alza tus ojos alrededor, y *mira:* todos
51.1 *mirad* a la piedra de donde..cortados, y
51.2 *mirad* a Abraham vuestro padre, y a Sara
51.6 alzad..ojos, y *mirad* abajo a la tierra
60.4 alza tus ojos alrededor y *mira*, todos
63.5 *miré*, y no había quien ayudara, y me
63.15 *mira* desde el cielo, y contempla desde
64.9 he aquí, *mira* ahora, pueblo tuyo somos
66.2 *miraré* a aquel que es pobre y humilde
Jer. 1.10 *mira*..te he puesto en este día sobre
2.10 pasad a la costas de Quitim y *mirad*
2.23 *mira* tu proceder en el valle, conoce lo
4.23 *miré* a la tierra, y he aquí que estaba
4.24 *miré* a los montes..temblaban, y todos
4.25 *miré*, y no había hombre, y todas las
4.26 *miré*, y..el campo fértil era un desierto
5.1 recorred las calles de Jerusalén, y *mirad*
5.3 Jehová, ¿no *miran* tus ojos a la verdad?
6.16 y *mirad*, y preguntad por las sendas
18.19 oh Jehová, *mira* por mí, y oye la voz
20.10 todos mis amigos *miraban* si claudicaría
24.5 así *miraré* a los transportados de Judá
30.6 inquirid..y *mirad* si el varón da a luz
40.4 *mira*, toda la tierra está delante de
46.5 valientes..huyeron sin volver a *mirar*
48.19 párate..y *mira*, oh moradora de Aroer
Lm. 1.7 la *miraron* los enemigos, y se burlaron
1.9 *mira*, oh Jehová, mi aflicción, porque el
1.11 *mira*, oh Jehová, y ve que estoy abatida
1.12 *mirad*, y ved si hay dolor como mi dolor
1.20 *mira*, oh Jehová, estoy atribulada, mis
2.20 *mira*, oh Jehová, y considera a quién has
3.50 que Jehová *mire* y vea desde los cielos
3.63 su sentarse y su levantarse *mira;* yo soy
4.16 ira de..los apartó, no los *mirará* más
5.1 acuérdate..*mira*, y ve nuestro oprobio
Ez. 1.4 y *miré*, y..venía del norte un viento
1.15 mientras yo *miraba* los seres vivientes
2.9 *miré*, y he aquí una mano extendida hacia
4.17 se *miren* unos a otros con espanto, y se
8.2 *miré*, y he aquí una figura que parecía de
8.3 la puerta de adentro que *mira* hacia el
8.7 me llevó a la entrada del atrio, y *miré*
8.10 entré..y *miré;* y he aquí toda forma de
9.2 puerta de arriba que *mira* hacia el norte
10.1 *miré*..en la expansión que había sobre
10.9 *miré*, y he aquí cuatro ruedas junto a
11.1 la puerta oriental..la cual *mira* hacia
12.6 y cubrirás tu rostro, y no *mirarás* la
16.8 y te *miré*, y he aquí que tu tiempo era
17.6 ramas *miraban* al águila, y sus raíces
18.28 *miró* y se apartó de..sus transgresiones
20.28 *miraron* a todo collado alto y a todo
21.21 consultó a sus ídolos, *miró* el hígado
28.17 reyes te pondré para que *miren* en ti
28.18 puse..a los ojos de..los que te *miran*
29.16 recordar el pecado de *mirar* en pos de
37.8 y *miré*, y he aquí tendones sobre ellos
40.4 *mira* con tus ojos, y oye con tus oídos
40.6 después vino a la puerta que *mira* hacia
40.44 cámaras..cuales *miraban* hacia el norte
40.44 del oriente que *miraba* hacia el norte
40.45 esta cámara que *mira* hacia el sur es de
40.46 y la cámara que *mira* hacia el norte es
41.8 y *miré* la altura de la casa alrededor
42.15 camino de la puerta que *miraba* hacia
43.1 a la puerta que *mira* hacia el oriente
44.1 puerta..la cual *mira* hacia el oriente
44.4 y *miré*, y he aquí la gloria de Jehová
44.5 *mira* con tus ojos, y oye con tus oídos

MIRAR *(Continúa)*

Ez. 46.1 puerta del atrio..que *mira* al oriente
46.12 abrirán la puerta que *mira* al oriente
46.19 cámaras..las cuales *miraban* al norte
47.2 camino de la que *mira* al oriente; y vi
Dn. 2.34 estabas *mirando*, hasta que una piedra
3.27 se juntaron..para *mirar* a estos varones
7.2 dijo: *Miraba* yo en mi visión de noche, y
7.4 estaba *mirando* hasta que sus alas fueron
7.6 después de esto *miré*, y he aquí otra
7.7 *miraba* yo en las visiones de la noche
7.9 estuve *mirando* hasta que fueron puestos
7.11 yo entonces *miraba* a causa del sonido
7.11 *miraba* hasta que mataron a la bestia
7.13 *miraba* yo en la visión de la noche, y
8.3 y *miré*, y he aquí un carnero que estaba
9.2 *miré*..los libros el número de los años
9.18 abre..y *mira* nuestras desolaciones, y
10.5 y *miré*, y he aquí un varón vestido de
12.5 y yo Daniel *miré*, y he aquí otros dos
Os. 3.1 *miran* a dioses ajenos, y aman tortas
14.8 lo oiré, y *miraré*; yo seré a él como
Am. 5.22 ni *miraré* a las ofrendas de paz de
6.2 pasad a Calne, y *mirad*; y de allí id a
Abd. 12 no..haber estado *mirando* en el día de
13 no debiste haber *mirado* su mal en el día
Mi. 7.7 yo a Jehová *miraré*, esperaré al Dios
Nah. 2.8 ¡deteneos, deteneos!..ninguno *mira*
Hab. 1.5 *mirad* entre las naciones, y ved, y
2.15 y le embriagas para *mirar* su desnudez
3.6 tierra; *miró*, e hizo temblar las gentes
Zac. 1.18 alcé..*miré*, y he aquí cuatro cuernos
2.1 *miré*, y he aquí un varón que tenía en su
3.4 *mira* que he quitado de ti tu pecado, y
4.2 he *mirado*, y..un candelabro todo de oro
5.5 alza ahora tus ojos, y *mira* qué es esto
5.9 *miré*, y he aquí dos mujeres que salían
6.1 *miré*, y he aquí cuatro carros que salían
6.8 *mira*, los que salieron hacia la tierra
9.1 porque a Jehová deben *mirar* los ojos de
9.8 y no pasará..ahora *miraré* con mis ojos
11.11 así conocieron los..que *miraban* a mí
12.10 *mirarán* a mí, a quien traspasaron, y
Mal. 2.13 así que no *miraré* más a la ofrenda
Mt. 5.28 cualquiera que *mira* a una mujer para
6.26 *mirad* las aves del cielo..no siembran
7.3 ¿y por qué *miras* la paja que está en el
8.4 Jesús le dijo: *Mira*, no lo digas a nadie
9.22 Jesús..*mirándola*, dijo: Ten ánimo, hija
9.30 les encargó..*Mirad* que nadie lo sepa
16.6 *mirad*, guardaos de la levadura de los
18.10 *mirad* que no menospreciéis a uno de
19.26 *mirándolos* Jesús, les dijo: Para los
22.16 no *miras* la apariencia de los hombres
24.4 Jesús..dijo: *Mirad* que nadie os engañe
24.6 *mirad* que no os turbéis..es necesario
24.23 *mirad*, aquí está..o *m*, allí está, no
24.26 *mirad*, está en el desierto, no salgáis
24.26 o *mirad*, está en los aposentos, no lo
27.55 estaban allí..mujeres *mirando* de lejos
Mr. 1.44 *mira*, no digas a nadie nada, sino vé
2.24 dijeron: *Mira*, ¿por qué hacen en el día
3.5 *mirándolos*..con enojo..dijo al hombre
3.34 *mirando* a los que estaban sentados..dijo
4.24 *mirad* lo que oís; porque con la medida
5.32 él *miraba*..para ver quién había hecho
8.15 *mirad*, guardaos de la levadura de los
8.24 él, *mirando*, dijo: Veo los hombres como
8.25 le hizo que *mirase*; y fue restablecido
8.33 *mirando* a los discípulos, reprendió a
9.8 *miraron*, no vieron más a nadie consigo
10.21 Jesús, *mirándole*, le amó, y le dijo
10.23 *mirando* alrededor, dijo a..discípulos
10.27 entonces Jesús, *mirándolos*, dijo: Para
11.11 y habiendo *mirado* alrededor todas las
11.21 *mira*, la higuera que maldijiste se ha
12.14 no *miras* la apariencia de los hombres
12.41 *miraba* cómo el pueblo echaba dinero en
13.1 Maestro, *mira* qué piedras, y..edificios
13.5 comenzó a decir: *Mirad* que nadie os
13.9 *mirad* por vosotros mismos; porque os
13.21 *mirad*, aquí está el Cristo; o, *m*, allí
13.23 vosotros *mirad*; os lo he dicho todo
13.33 *mirad*, velad y orad; porque no sabéis
14.67 cuando vio a Pedro..*mirándole*, dijo: Tú
15.4 ¿nada respondes? *Mira* de cuántas cosas
15.35 decían, al oírlo: *Mirad*, llama a Elías
15.40 había algunas mujeres *mirando* de lejos
15.47 María madre..*miraban* dónde lo ponían
16.4 pero cuando *miraron*, vieron removida la
16.6 *mirad* el lugar en donde le pusieron
Lc. 1.48 ha *mirado* la bajeza de su sierva; pues
6.10 y *mirándolos* a todos..dijo al hombre
6.41 ¿por qué *miras* la paja que está en el
6.42 no *mirando* tú la viga..en el ojo tuyo?
8.18 *mirad*, pues, cómo oís; porque a todo el
9.62 que poniendo su mano..*mira* hacia atrás
11.35 *mira*..no suceda que la luz que en ti
12.15 *mirad*, y guardaos de toda avaricia
17.3 *mirad*..vosotros mismos. Si tu hermano
19.5 Jesús..*mirando* hacia arriba, le vio, y
20.17 *mirándolos*, dijo: ¿Qué, pues, es lo que
21.8 *mirad* que no seáis engañados; porque
21.29 *mirad* la higuera y todos los árboles
21.34 *mirad* también por vosotros mismos que
22.61 vuelto el Señor, *miró* a Pedro; y Pedro
23.35 y el pueblo estaba *mirando*; y aun los
23.49 y las mujeres..estaban lejos *mirando*
24.12 y cuando *miró* dentro, vio los lienzos
24.39 *mirad* mis manos y mis pies, que yo
Jn. 1.36 *mirando* a Jesús que andaba por allí
1.42 y *mirándole* Jesús, dijo: Tú eres Simón
3.26 *mira* que el que estaba contigo al otro
4.35 alzad vuestros ojos y *mirad* los campos
5.14 *mira*, has sido sanado; no peques más
7.26 pues *mirad*, habla públicamente, y no le
11.36 dijeron..judíos: *Mirad* cómo le amaba
12.19 dijeron..*Mirad*, el mundo se va tras él
13.22 los discípulos se *miraban* unos a otros
19.4 dijo: *Mirad*, os lo traigo fuera, para
19.37 y también..*Mirarán* al que traspasaron
20.5 y bajándose a *mirar*, vio los lienzos
20.11 inclinó para *mirar* dentro del sepulcro
20.27 pon aquí tu dedo, y *mira* mis manos; y
Hch. 1.11 ¿por qué estáis *mirando* al cielo?
2.7 *mirad*, ¿no son galileos todos estos que
3.4 fijando en él los ojos..dijo: *Míranos*
4.29 Señor, *mira* sus amenazas, y concede a
5.35 *mirad*..lo que vais a hacer respecto a
7.31 Moisés, *mirando*, se maravilló de la
7.32 Moisés, temblando, no se atrevía a *mirar*
10.4 él, *mirándole*..dijo: ¿Qué es, Señor?
13.40 *mirad*..no venga sobre vosotros lo que
13.41 *mirad*..menospreciadores, y asombraos
17.23 pasando y *mirando* vuestros santuarios
20.28 por tanto, *mirad* por vosotros, y por
22.13 yo en..hora recobré la vista y lo *miré*
23.1 Pablo, *mirando* fijamente al concilio
27.12 puerto de Creta que *mira* al nordeste
Ro. 11.22 *mira*..bondad y la severidad de Dios
1 Co. 1.26 *mirad*, hermanos, vuestra vocación
3.10 pero cada uno *mire* cómo sobreedifica
8.9 *mirad* que esta libertad..no venga a ser
10.12 piensa estar firme, *mire* que no caiga
10.18 *mirad* a Israel según la carne; los que
16.10 *mirad* que esté con..con tranquilidad
2 Co. 3.18 *mirando* a cara descubierta como en
4.18 no *mirando*..las cosas que se ven, sino
10.7 *miráis* las cosas según la apariencia
Gá. 5.15 *mirad*..no os consumáis unos a otros
6.11 *mirad*..cuán grandes letras os escribo
Ef. 5.15 *mirad*..con diligencia cómo andéis, no
Fil. 2.4 no *mirando* cada uno por lo suyo propio
3.17 *mirad* a los que así se conducen según
Col. 2.5 *mirando* vuestro buen orden..firmeza
2.8 *mirad* que nadie os engañe por medio de
4.17 Arquipo: *mira* que cumplas el ministerio
1 Ts. 5.15 *mirad* que ninguno pague a otro mal
He. 3.12 *mirad*..que no haya..corazón malo de
8.5 *mira*, haz todas las cosas conforme al
11.13 *mirándolo* de lejos, y creyéndolo, y
12.15 *mirad* bien, no sea que alguno deje de
12.25 *mirad* que no desechéis al que habla
Stg. 1.25 mas el que *mira*..en la perfecta ley
2.3 y *miráis* con agrado al que trae la ropa
3.4 *mirad*..las naves; aunque tan grandes, y
5.7 *mirad* cómo el labrador espera el..fruto
1 P. 1.12 cosas en las cuales anhelan *mirar*
1 Jn. 3.1 *mirad* cuál amor nos ha dado el Padre
2 Jn. 8 *mirad* por vosotros mismos, para que no
Ap. 4.1 *miré*, y he aquí una puerta abierta en
5.3 ninguno..podía abrir el..ni aun *mirarlo*
5.4 digno de abrir el libro..ni de *mirarlo*
5.6 *miré*, y vi que en medio del trono y de
5.11 y *miré*, y oí la voz de muchos ángeles
6.1 oí a uno de los cuatro seres..Ven y *mira*
6.2 *miré*, y he aquí un caballo blanco; y el
6.3 oí al segundo ser..que decía: Ven y *mira*
6.5 decía: Ven y *mira*. Y *miré*, y he aquí un
6.7 la voz del cuarto ser..decía: Ven y *mira*
6.8 *miré*, y he aquí un caballo amarillo, y el
6.12 *miré* cuando abrió el sexto sello, y he
7.9 esto *miré*, y he aquí una gran multitud
8.13 *miré*, y oí a un ángel volar..en medio
14.1 *miré*, y he aquí el Cordero estaba en pie
14.14 *miré*..una nube blanca; y sobre la nube
15.5 *miré*, y he aquí fue abierto en el cielo
19.10 *mira*, no lo hagas; yo soy consiervo
22.9 él me dijo: *Mira*, no lo hagas; porque

MIRMA *Descendiente de Benjamín*, **1 Cr. 8.10**

MIRRA

Gn. 37.25 traían aromas, bálsamo y *m*, e iban
43.11 llevad a aquel..*m*, nueces y almendras
Éx. 30.23 especias finas; de *m* excelente 500
Est. 2.12 esto es, seis meses con óleo de *m* y
Sal. 45.8 *m*, áloe..exhalan todos tus vestidos
Pr. 7.17 he perfumado mi cámara con *m*, áloes
Cnt. 1.13 amado es para mí un manojito de *m*
3.6 que sube del..sahumada de *m* y de incienso
4.6 me iré al monte de la *m*, y al collado
4.14 *m* y áloes, con..principales especias
5.1 he recogido mi *m* y mis aromas; he comido
5.5 y mis manos gotearon *m*, y mis dedos *m*
5.13 sus labios, como lirios que destilan *m*
Ez. 27.19 negociar en tu mercado..*m* destilada
Mt. 2.11 le ofrecieron presentes..incienso y *m*
Mr. 15.23 dieron a beber vino mezclado con *m*
Jn. 19.39 vino trayendo un compuesto de *m* y de
Ap. 18.13 incienso, *m*, olíbano, vino, aceite

MIRTO

Zac. 1.8 entre los *m* que había en la hondura
1.10 varón que estaba entre los *m*..y dijo
1.11 a aquel ángel..que estaba entre los *m*

MISAEL

1. *Levita, hijo de Uziel No. 1*, **Éx. 6.22; Lv. 10.4**
2. *Uno que ayudó a Esdras en la lectura de la ley*, **Neh. 8.4**
3. *Compañero de Daniel (=Mesac)*, **Dn. 1.6,7,11,19; 2.17**

MISAM *Descendiente de Benjamín*, **1 Cr. 8.12**

MISEAL *Ciudad levítica en la frontera de Aser*, **Jos. 19.26; 21.30**

MISERABLE

Sal. 69.29 a mí, afligido y *m*, tu salvación
Ro. 7.24 ¡*m* de mí! ¿quién me librará de este
Ap. 3.17 y no sabes que tú eres un..*m*, pobre

MISERIA

Job 3.10 no cerró..ni escondió de mis ojos la *m*
11.16 olvidarás tu *m*, o te acordarás de ella
Sal. 107.41 levanta de la *m* al pobre, y hace
Pr. 31.7 beban..y de su *m* no se acuerden más
Ec. 5.17 comerá..con mucho afán y dolor y *m*
Stg. 5.1 y aullad por las *m* que os vendrán

MISERICORDIA

Gn. 19.16 según la *m* de Jehová para con él
19.19 vuestra *m* que habéis hecho conmigo
24.12 oh Jehová..haz *m* con mi señor Abraham
24.14 en esto conoceré que habrás hecho *m* con
24.27 no apartó de mi amo su *m* y su verdad
24.49 si vosotros hacéis *m* y verdad con mi
32.10 menor soy que todas las *m* y que toda
39.21 le extendió su *m*, y le dio gracia en
40.14 ruego que uses conmigo de *m*, y hagas
43.14 el Dios Omnipotente os dé *m* delante de
43.29 y dijo: Dios tenga *m* de ti, hijo mío
47.29 harás conmigo *m* y verdad. Te ruego que
Éx. 15.13 condujiste en tu *m* a este pueblo que
20.6 y hago *m* a millares, a los que me aman
33.19 y tendré *m* del que tendré *m*, y seré
34.6 tardo..la ira, y grande en *m* y verdad
34.7 que guarda *m* a millares, que perdona la
Nm. 6.25 haga resplandecer su..y tenga de ti *m*
14.18 tardo para la ira y grande en *m*, que
14.19 perdona..según la grandeza de tu *m*, y
Dt. 5.10 hago *m* a millares, a los que me aman
7.2 no harás..alianza, ni tendrás de ellas *m*
7.9 que guarda el..y la *m* a los que le aman
7.12 Dios guardará..*m* que juró a tus padres
13.8 no..ni le tendrás *m*, ni le encubrirás
13.17 que Jehová se aparte..y tenga de ti *m*
30.3 tendrá *m* de ti, y volverá a recogerte
Jos. 2.12 como he hecho *m* con vosotros, así la
2.14 si..nosotros haremos contigo *m* y verdad
11.20 y que no les fuese hecha *m*, sino que
Jue. 1.24 muéstranos ahora..haremos contigo *m*
2.18 Jehová era movido a *m* por sus gemidos
Rt. 1.8 Jehová haga con vosotras *m*, como la
1 S. 15.6 mostrasteis *m*..los hijos de Israel
20.8 harás, pues, *m* con tu siervo, ya que
20.14 harás conmigo *m* de Jehová, para que no
20.15 y no apartarás tu *m* de mi casa para
2 S. 2.5 que habéis hecho esta *m* con..con Saúl
2.6 pues, Jehová haga con vosotros *m* y verdad
3.8 yo he hecho hoy *m* con la casa de Saúl tu
7.15 mi *m* no se apartará de él como..de Saúl
9.1 a quien haga yo *m* por amor de Jonatán?
9.3 ha quedado..a quien haga yo *m* de Dios?
9.7 contigo *m* por amor de Jonatán tu padre
10.2 haré *m* con Hanún hijo de Nahas, como
12.6 debe..porque hizo tal cosa, y no tuvo *m*
22.26 con el *m* te mostrarás *m*, y recto para
22.51 salva..y usa de *m* para con su ungido
24.14 porque sus *m* son muchas, mas no caiga
1 R. 2.7 a los hijos de Barzilai..harás *m*
3.6 hiciste gran *m* a tu siervo David mi padre
3.6 le has reservado esta tu gran *m*, en que
8.23 guardas el pacto y la *m* a tus siervos
8.50 harás que tengan de ellos *m* los que los
2 R. 13.23 mas Jehová tuvo *m* de ellos, y se
1 Cr. 16.34 él es bueno; porque su *m* es eterna
16.41 glorificar a Jehová..es eterna su *m*
17.13 no quitaré de él mi *m*, como la quité
19.2 *m* con Hanún hijo..su padre me mostró *m*
21.13 porque sus *m* son muchas en extremo
2 Cr. 1.8 has tenido con David mi padre gran *m*
5.13 es bueno, porque su *m* es para siempre
6.14 que guardas el..y la *m* con tus siervos
6.42 acuérdate de tus *m* para con David tu
7.3 porque él es bueno..su *m* es para siempre
7.6; 20.21 porque su *m* es para siempre
24.22 Joás no se acordó de la *m* que Joiada

MISERICORDIA ***(Continúa)***
2 Cr. 30.9 *m* delante de los que. .tienen cautivos
32.32 los demás hechos de Ezequías, y sus *m*
36.15 porque él tenía *m* de su pueblo y de su
Esd. 3.11 para siempre es su *m* sobre Israel
7.28 inclinó hacia mí su *m* delante del rey
9.8 ahora por un breve momento ha habido *m*
9.9 *m* delante de los reyes de Persia, para
Neh. 1.5 que guarda el pacto y la *m* a los que
9.17 grande en *m*, porque no los abandonaste
9.19 tú. .por tus muchas *m* no los abandonaste
9.27 gran *m* les enviaste libertadores para
9.28 según tus *m* muchas veces los libraste
9.31 por tus muchas *m* no los consumiste, ni
9.32 Dios grande. .que guardas el pacto y la *m*
13.14 no borres mis *m* que hice en la casa de
13.22 y perdóname según la grandeza de tu *m*
Job 10.12 vida y *m* me concediste, y tu cuidado
33.24 que le diga que Dios tuvo de él *m*, que
37.13 por azote. .otras por *m* las hará venir
Sal. 4.1 clamo. .ten *m* de mí, y oye mi oración
5.7 abundancia de tu *m* entraré en tu casa
6.2 ten *m* de mí, oh. .porque estoy enfermo
6.4 vuélvete, oh Jehová. .sálvame por tu *m*
9.13 ten *m* de mí, Jehová; mira mi aflicción
13.5 yo en tu *m* he confiado; mi corazón se
17.7 muestra tus maravillosas *m*. .que salvas
18.50 y hace *m* a su ungido, a David y a su
21.7 el rey confía en. .en la *m* del Altísimo
23.6 bien y la *m* me seguirán todos los días
25.6 acuérdate, oh Jehová, de. .y de tus *m*
25.7 conforme a tu *m* acuérdate de mí, por
25.10 las sendas de Jehová son *m* y verdad
25.16 mírame, y ten *m* de mí, porque estoy
26.3 porque tu *m* está delante de mis ojos
26.11 yo andaré en. .redímeme, y ten *m* de mí
27.7; 30.10 oye, oh Jehová. .ten *m* de mí
31.7 me gozaré y alegraré en tu *m*, porque
31.9 ten *m* de mí. .porque estoy en angustia
31.16 haz resplandecer tu. .sálvame por tu *m*
32.10 al que espera en Jehová, le rodea la *m*
33.5 de la *m* de Jehová está llena la tierra
33.18 el ojo. .sobre los que esperan en su *m*
33.22 sea tu *m*, oh Jehová, sobre nosotros
36.5 Jehová, hasta los cielos llega tu *m*, y
36.7 ¡cuán preciosa, oh Dios, es tu *m*! Por
36.10 extiende tu *m* a los que te conocen, y
37.21 y no paga; mas el justo tiene *m*, y da
37.26 en todo tiempo tiene *m*, y presta; y su
40.10 no oculté tu *m* y tu verdad en grande
40.11 Jehová, no retengas de mí tus *m*; tu
40.11 tu *m* y tu verdad me guarden siempre
41.4 yo dije: Jehová, ten *m* de mí; sana mi
41.10 Jehová, ten *m* de mí, y hazme levantar
42.8 de día mandará Jehová su *m*, y de noche
44.26 levántate. .redímenos por causa de tu *m*
48.9 acordamos de tu *m*, oh Dios, en medio de
51.1 piedad de mí, oh Dios, conforme a tu *m*
52.1 ¿por qué te. .La *m* de Dios es continua
52.8 la *m* de Dios confío eternamente y para
56.1 ten *m* de mí, oh Dios. .me devoraría el
57.1 *m* de mí, oh Dios, ten *m* de mí; porque
57.3 enviará. .Dios enviará su *m* y su verdad
57.10 porque grande es hasta los cielos tu *m*
59.5 no tengas *m* de. .los que se rebelan con
59.10 Dios de mi *m* irá delante de mí; Dios
59.16 y alabaré de mañana tu *m*; porque has
59.17 porque eres, oh Dios. .el Dios de mi *m*
61.7 prepara *m* y verdad. .que lo conserven
62.12 y tuya, oh Señor, es la *m*; porque tú
63.3 mejor es tu *m* que la vida; mis labios
66.20 que no echó de sí mi. .ni de mí su *m*
67.1 Dios tenga *m* de nosotros, y nos bendiga
69.13 Dios, por la abundancia de tu *m*, por
69.16 respóndeme, Jehová. .benigna es tu *m*
72.13 tendrá *m* del pobre y del menesteroso
77.8 ¿ha cesado para siempre su *m*? ¿Se ha
77.9 ¿ha olvidado Dios el tener *m*. .con ira
79.8 vengan pronto tus *m* a encontrarnos
85.7 muéstranos, oh Jehová, tu *m*, y danos tu
85.10 la *m* y la verdad se encontraron; la
86.3 *m* de mí, oh Jehová; porque a ti clamo
86.5 grande en *m* para con todos los que te
86.13 porque tu *m* es grande para conmigo, y
86.15 tú, Señor, Dios. .grande en *m* y verdad
86.16 mírame, y ten *m* de mí; da tu poder a
88.11 ¿será contada en el sepulcro tu *m*, o
89.1 las *m* de Jehová cantaré perpetuamente
89.2 para siempre será edificada *m*; en los
89.14 *m* y verdad van delante de tu rostro
89.24 mi verdad y mi *m* estarán con él, y en
89.28 para siempre le conservaré mi *m*, y mi
89.33 no quitaré de él mi *m*, ni falsearé mi
89.49 Señor, ¿dónde están tus antiguas *m*, que
90.14 de mañana sácianos de tu *m*. .cantaremos
92.2 anunciar por la mañana tu *m*, y. .noche
94.18 mi pie. .tu *m*, oh Jehová, me sustentaba
98.3 se ha acordado de su *m* y de su verdad
100.5 es bueno; para siempre es su *m*, y su
101.1 *m* y juicio cantaré; a ti cantaré yo
102.13 te levantarás y tendrás *m* de Sion
102.13 porque es tiempo de tener *m* de ella
103.4 vida; el que te corona de favores y *m*
103.8 es. .lento para la ira, y grande en *m*
103.11 engrandeció su *m* sobre. .que le temen
103.17 la *m* de Jehová es desde la eternidad
106.1 alabad a Jehová. .para siempre es su *m*
106.7 no se acordaron de la muchedumbre. .*m*
106.45 se arrepentía conforme a la. .de sus *m*
106.46 que tuviesen de ellos *m* todos los que
107.1 es bueno; porque para siempre es su *m*
107.8,15,21,31 alaben la *m* de Jehová, y sus
107.43 ¿quién es. .entenderá las *m* de Jehová?
108.4 más grande que los cielos es tu *m*, y
109.12 no tenga quien le haga *m*, ni haya
109.16 por cuanto no se acordó de hacer *m*
109.21 Señor. .líbrame, porque tu *m* es buena
109.26 Jehová Dios. .sálvame conforme a tu *m*
112.5 el hombre de bien tiene *m*, y presta
115.1 da gloria, por tu *m*, por tu verdad
117.2 ha engrandecido sobre nosotros su *m*
118.1 es bueno; porque para siempre es su *m*
118.2,3,4 diga. .que para siempre es su *m*
118.29 alabad a Jehová. .para siempre es su *m*
119.29 aparta de. .y en tu *m* concédeme tu ley
119.41 venga a mí tu *m*, oh Jehová. .salvación
119.58 supliqué. .ten *m* de mí según tu palabra
119.64 tu *m*, oh Jehová, está llena la tierra
119.76 sea. .tu *m* para consolarme, conforme a
119.77 vengan a mí tus *m*, para que viva
119.88 vivifícame conforme a tu *m*, y guardaré
119.124 haz con tu siervo según tu *m*, y
119.132 ten *m* de mí, como acostumbras con
119.149 oye mi voz conforme a tu *m*; oh Jehová
119.156 muchas. .tus *m*, oh Jehová; vivifícame
119.159 amo tus. .vivifícame conforme a tu *m*
123.2 Dios, hasta que tenga *m* de nosotros
123.3 ten *m* de. .oh Jehová, ten *m* de nosotros
130.7 espere Israel. .porque en Jehová hay *m*
136.1–26 porque para siempre es su *m*
138.2 postraré. .alabaré tu nombre por tu *m*
138.8 tu *m*, oh Jehová, es para siempre; no
142.1 clamaré. .con mi voz pediré a Jehová *m*
143.8 hazme oir por la mañana tu *m*, porque
143.12 y por tu *m* disiparás a mis enemigos
144.2 *m* mía y mi castillo, fortaleza mía y
145.8 es. .lento para la ira, y grande en *m*
145.9 bueno. .y sus *m* sobre todas sus obras
147.11 temen, y en los que esperan en su *m*
Pr. 3.3 nunca se aparten de ti la *m* y. .verdad
14.21 mas el que tiene *m* de los pobres es
14.22 *m* y verdad alcanzarán los que piensan
14.31 mas el que tiene *m* del pobre, lo honra
16.6 con *m* y verdad se corrige el pecado, y
19.22 contentamiento es a. .hombres hacer *m*
20.28 *m* y verdad guardan al rey. .clemencia
21.21 que sigue la justicia y la *m* hallará
28.13 mas el que los confiesa. .alcanzará *m*
Is. 9.17 ni de sus huérfanos y viudas tendrá *m*
13.18 y no tendrán *m* del fruto del vientre
16.5 se dispondrá el trono en *m*; y sobre él
27.11 no tendrá de él *m*, ni se compadecerá
30.14 un vaso de. .que sin *m* lo hacen pedazos
30.18 será exaltado teniendo de vosotros *m*
30.19 el que tiene *m* se apiadará de ti; al
33.2 Jehová, ten *m* de nosotros, a ti hemos
49.10 el que tiene de ellos *m* los guiará, y
49.13 ha consolado. .de sus pobres tendrá *m*
54.7 te abandoné. .te recogeré con grandes *m*
54.8 pero con *m* eterna tendré compasión de
54.10 pero no se apartará de ti mi *m*, ni el
54.10 paz. .dijo Jehová, el que tiene *m* de ti
55.3 haré. .pacto eterno, las *m* firmes a David
55.7 a Jehová, el cual tendrá de él *m*, y al
60.10 en mi buena voluntad tendré de ti *m*
63.7 de las *m* de Jehová haré memoria, de las
63.7 beneficios. .les ha hecho según sus *m*
Jer. 6.23 arco y. .crueles son, y no tendrán *m*
9.24 hago *m*, juicio y justicia en la tierra
12.15 y tendré *m* de ellos, y los haré volver
13.14 ni tendré. .ni *m*, para no destruirlos
16.5 yo he quitado mi paz. .dice Jehová, mi *m*
21.7 ni tendrá compasión de ellos, ni. .*m*
30.18 de sus tiendas tendré *m*, y la ciudad
31.3 he amado; por tanto, te prolongué mi *m*
31.9 irán con lloro. .con *m* los haré volver
31.20 por eso. .tendré de él *m*, dice Jehová
32.18 que haces *m* a millares, y castigas la
33.11 Jehová es bueno. .para siempre es su *m*
33.26 haré volver sus cautivos, y tendré. .*m*
42.12 tendré. .*m*, y él tendrá *m* de vosotros
Lm. 3.22 por la *m* de. .nunca decayeron sus *m*
3.32 compadece según la multitud de sus *m*
Ez. 5.11 no perdonará, ni tampoco tendré yo *m*
7.4,9; 8.18 ojo no perdonará, ni tendré *m*
9.5 no perdone vuestro ojo, ni tengáis *m*
9.10 mi ojo no perdonará, ni tendré *m*; haré
16.5 se compadeciese de ti. .teniendo de ti *m*
24.14 ni tendré *m*, ni me arrepentiré; según
39.25 tendré *m* de toda la casa de Israel, y
Dn. 2.18 pidiesen *m* del Dios del cielo sobre
9.4 guardas el. .y la *m* con los que te aman
9.9 de Jehová nuestro Dios es el tener *m* y
9.18 ante ti confiados. .sino en tus muchas *m*
Os. 1.7 mas de la casa de Judá tendré *m*, y los
2.4 ni tendré *m* de sus hijos, porque son
2.19 te desposaré conmigo en justicia. .y *m*
2.23 y la sembraré. .y tendré *m* de Lo-ruhama
4.1 no hay. .*m*, ni conocimiento de Dios en la
6.6 *m* quiero, y no sacrificio, y conocimiento
10.12 segad para vosotros en *m*; haced para
12.6 guarda *m* y juicio, y en tu Dios confía
14.3 porque en ti el huérfano alcanzará *m*
Jl. 2.13 tardo para la ira y grande en *m*, y que
Jon. 2.8 que siguen vanidades. .su *m* abandonan
4.2 eres. .tardo en enojarte, y de grande *m*
Mi. 6.8 y amar *m*, y humillarte ante tu Dios
7.18 no retuvo para. .porque se deleita en *m*
7.19 volverá a tener *m* de nosotros. .echará
7.20 a Abraham la *m*, que juraste a. .padres
Hab. 3.2 Jehová. .en la ira acuérdate de la *m*
Zac. 1.16 yo me he vuelto a Jerusalén con *m*
7.9 haced *m* y piedad cada uno con su hermano
Mt. 5.7 los misericordiosos. .ellos alcanzarán *m*
9.13 que significa: *M* quiero, y no sacrificio
9.27 diciendo: ¡Ten *m* de nosotros, Hijo de
12.7 qué significa: *M* quiero, y no sacrificio
15.22 ¡Señor, Hijo de David, ten *m* de mí!
17.15 ten *m* de mi hijo, que es lunático, y
18.27 movido a *m*, le soltó y le perdonó la
18.33 tener *m* de tu. .como yo tuve *m* de ti?
20.30,31 Hijo de David, ten *m* de nosotros!
21.41 los malos destruirá sin *m*, y arrendará
23.23 y dejáis lo. .la justicia, la *m* y la fe
Mr. 1.41 Jesús, teniendo *m* de él, extendió la
5.19 y cuéntales. .y cómo ha tenido *m* de ti
9.22 si puedes hacer algo, ten *m* de nosotros
10.47,48 ¡Hijo de David, ten *m* de mí!
Lc. 1.50 su *m* es de generación en generación
1.54 socorrió a Israel. .acordándose de la *m*
1.58 había engrandecido para con ella su *m*
1.72 hacer *m* con nuestros padres, y. .su pacto
1.78 por la entrañable *m* de nuestro Dios, con
10.33 samaritano. .viéndole, fue movido a *m*
10.37 el que usó de *m* con él. .haz tú lo mismo
15.20 lo vio su padre, y fue movido a *m*, y
16.24 padre Abraham, ten *m* de mí, y envía a
17.13 ¡Jesús, Maestro, ten *m* de nosotros!
18.38,39 ¡Hijo de David, ten *m* de mí!
Hch. 13.34 así: Os daré las *m* fieles de David
Ro. 1.31 necios, desleales. .implacables, sin *m*
9.15 dice: Tendré *m* del que yo tenga *m*, y me
9.16 no depende de. .sino de Dios que tiene *m*
9.18 que de quien quiere, tiene *m*, y al que
9.23 las mostró para con los vasos de *m* que
11.30 pero ahora habéis alcanzado *m* por la
11.31 por la *m* concedida a vosotros, ellos
11.31 concedida a. .ellos también alcancen *m*
11.32 sujetó a todos. .para tener *m* de todos
12.1 así que, hermanos, os ruego por las *m* de
12.8 solicitud; el que hace *m*, con alegría
15.9 los gentiles glorifiquen a Dios por su *m*
1 Co. 7.25 como quien ha alcanzado *m* del Señor
2 Co. 1.3 bendito sea el Dios y. .Padre de *m* y
4.1 teniendo. .según la *m* que hemos recibido
Gá. 6.16 paz y *m* sea a ellos, y al Israel de
Ef. 2.4 Dios, que es rico en *m*, por su gran
Fil. 2.1 si hay alguna consolación. .alguna *m*
2.27 pero Dios tuvo *m* de él, y no solamente
Col. 3.12 de entrañable *m*, de benignidad, de
1 Ti. 1.2 *m* y paz, de Dios nuestro Padre y de
1.13 mas fui recibido a *m* porque lo hice por
1.16 pero por esto fui recibido a *m*, para que
2 Ti. 1.2 gracia, *m* y paz, de Dios Padre y de
1.16 tenga el Señor *m* de. .casa de Onesíforo
1.18 concédale el Señor que halle *m* cerca del
Tit. 1.4 a Tito. .*m* y paz, de Dios Padre y del
3.5 nos salvó, no por obras. .sino por su *m*
He. 4.16 acerquémonos, pues. .para alcanzar *m*
Stg. 2.13 juicio sin *m* se hará con aquel que
2.13 no hiciere *m*; y la *m* triunfa sobre el
3.17 benigna, llena de *m* y de buenos frutos
1 P. 1.3 que según su grande *m* nos hizo renacer
2.10 no habíais alcanzado *m*, pero ahora. .*m*
2 Jn. 3 sea con vosotros gracia, *m* y paz, de
Jud. 2 *m* y paz y amor os sean multiplicados
21 esperando la *m* de. .Jesucristo para vida
23 del fuego; y de otros tened *m* con temor

MISERICORDIOSO
Éx. 22.27 él clamare a mí. .oiré, porque soy *m*
34.6 proclamó. .¡Jehová! fuerte, *m* y piadoso
Dt. 4.31 porque Dios *m* es Jehová tu Dios; no
2 S. 22.26 con el *m* te mostrarás *m*, y recto
2 Cr. 30.9 vuestro Dios es clemente y *m*, y no
Neh. 9.31 ni los desamparaste. .clemente y *m*
Sal. 18.25 con el *m* te mostrarás *m*, y recto
78.38 él, *m*, perdonaba la maldad, y no los
86.15 Dios *m* y clemente, lento para la ira
103.8 *m* y clemente es Jehová; lento para la
111.4 sus maravillas; clemente y *m* es Jehová
112.4 resplandeció. .es clemente, *m* y justo
116.5 clemente es Jehová. .*m* es nuestro Dios
145.8 clemente y *m* es Jehová, lento para la
145.17 justo es Jehová. .*m* en todas sus obras
Pr. 11.17 a su alma hace bien el hombre *m*; mas
22.9 el ojo *m* será bendito, porque dio de su
Jer. 3.12 *m* soy yo, dice Jehová, no guardaré
Jl. 2.13 *m* es y clemente, tardo para la ira y
Mi. 7.2 faltó el *m* de la tierra, y ninguno hay
Mt. 5.7 bienaventurados los *m*, porque ellos
Lc. 6.36 *m*, como también vuestro Padre es *m*

MISERICORDIOSO *(Continúa)*
Ef. 4.32 *m*, perdonándoos unos a otros, como
He. 2.17 venir a ser *m* y fiel sumo sacerdote
Stg. 5.11 que el Señor es muy *m* y compasivo
1 P. 3.8 finalmente, sed todos..*m*, amigables

MISGAB *Lugar en Moab*, **Jer. 48.1**

MISIA *Región noroeste de Asia Menor*
Hch. 16.7 cuando llegaron a *M*, intentaron ir
16.8 y pasando junto a *M*, descendieron a

MISIÓN
1 S. 15.18 y Jehová te envió en *m* y dijo: Vé
15.20 fui a la *m* que Jehová me envió, y he

MISMA
1. Hijo de Ismael, **Gn. 25.14; 1 Cr. 1.30**
2. Descendiente de Simeón, **1 Cr. 4.25,26**

MISMANA *Guerrero que se unió a David en Siclag*, **1 Cr. 12.10**

MISMO
He. 13.8 Jesucristo es el *m* ayer, y hoy, y por

MISPAR *Uno que regresó del exilio con Zorobabel*, **Esd. 2.2**

MISPERET *Uno que regresó del exilio con Zorobabel*, **Neh. 7.7**

MISRAÍTA *Una familia de Quiriat-jearim*, **1 Cr. 2.53**

MISREFOT-MAIM *Lugar cerca de Sidón*, **Jos. 11.8; 13.6**

MISTERIO
Dn. 2.18 pidiesen misericordias..sobre este *m*
2.27 el *m* que el rey demanda, ni sabios, ni
2.28 pero hay un Dios..el cual revela los *m*
2.29 y el que revela los *m* te mostró lo que
2.30 y a mí me ha sido revelado este *m*, no
2.47 que revela los *m*..pudiste revelar este *m*
4.9 y que ningún *m* se te esconde, declárame
Mt. 13.11; Mr. 4.11; Lc. 8.10 os es dado conocer los *m* del reino
Ro. 11.25 no quiero, hermanos, que ignoréis..*m*
16.25 del *m* que se ha mantenido oculto desde
1 Co. 2.7 mas hablamos sabiduría de Dios en *m*
4.1 por..administradores de los *m* de Dios
13.2 entendiese todos los *m* y toda ciencia
14.2 habla en lenguas..el Espíritu habla *m*
15.51 digo un *m*: No todos dormiremos; pero
Ef. 1.9 conocer el *m* de su voluntad, según su
3.3 que por revelación me fue declarado el *m*
3.4 sea mi conocimiento en el *m* de Cristo
3.5 *m* que en otras generaciones no se dio a
3.9 cuál sea la dispensación del *m* escondido
5.32 grande es este *m*..yo digo esto respecto
6.19 para dar a conocer..el *m* del evangelio
Col. 1.26 *m* que había estado oculto desde los
1.27 dar a conocer las riquezas de..este *m*
2.2 de conocer el *m* de Dios el Padre, y de
4.3 a fin de dar a conocer el *m* de Cristo
2 Ts. 2.7 está en acción el *m* de la iniquidad
1 Ti. 3.9 que guarden el *m* de la fe con limpia
3.16 grande es el *m* de la piedad: Dios fue
Ap. 1.20 el *m* de las siete estrellas que has
10.7 el *m* de Dios se consumará, como él lo
17.5 y en su frente un nombre escrito, un *m*
17.7 yo te diré el *m* de la mujer, y de la

MISTURA
Sal. 75.8 el vino está fermentado, lleno de *m*
Pr. 23.30 vino, para los que van buscando la *m*

MITAD
Gn. 15.10 los partió por la *m*, y puso cada *m*
Éx. 24.6 Moisés tomó la *m* de la sangre, y la
24.6 esparció la otra *m* de..sobre el altar
26.12 la *m* de la cortina que sobra, colgará
27.5 llegará la rejilla hasta la *m* del altar
30.13 *m* de un siclo será la ofrenda a Jehová
30.23 de canela aromática la *m*, esto es, 250
38.4 rejilla, que puso..hasta la *m* del altar
Lv. 6.20 la *m* a la mañana y la *m* a la tarde
Nm. 15.9 amasada con la *m* de un hin de aceite
15.10 de vino..la *m* de un hin, en ofrenda
31.27 partirás por *m* el botín entre los que
31.29 de la *m* de ellos lo tomarás; y darás
31.30 de la *m* perteneciente a los hijos de
31.36 *m*, la parte de los que habían salido
31.42 de la *m* para los hijos de Israel, que
31.43 la *m* para la congregación fue..337.500
31.47 de la *m*..tomó Moisés uno de cada 50
Dt. 3.12 y la *m* del monte de Galaad con sus
15.18 por la *m* del costo..sirvió seis años
Jos. 4.5 delante del arca..a la *m* del Jordán
8.13 y Josué avanzó..hasta la *m* del valle
8.33 la *m* de ellos hacia el monte Gerizim
8.33 y la otra *m* hacia el monte Ebal, de la
12.2 y la *m* de Galaad, hasta el arroyo de
12.5 y la *m* de Galaad, territorio de Sehón
13.8 la otra *m* de Manasés recibieron ya su
13.25 la *m* de la tierra de los hijos de Amón
13.31 y la *m* de Galaad, y Astarot y Edrei
13.31 la *m* de los hijos de Maquir conforme
22.7 a la otra *m* dio Josué heredad entre sus
2 S. 10.4 les rapó la *m* de la barba, les cortó
10.4 cortó los vestidos por la *m* hasta las
18.3 la *m* de nosotros muera, no harán caso
19.40 y también la *m* del pueblo de Israel
1 R. 3.25 dad la *m* a la una, y la otra *m* a la
10.7 han visto que ni aun se me dijo la *m*
13.8 aunque me dieras la *m* de tu casa, no
16.9 conspiró..Zimri, comandante de la *m* de
16.21 la *m*..seguía a Tibni..otra *m*..a Omri
2 R. 20.4 Isaías saliese hasta la *m* del patio
1 Cr. 2.52 de Sobal..la *m* de los manahetitas
2.54 hijos de Salma..la *m* de los manahetitas
19.4 Hanún..les cortó los vestidos por la *m*
2 Cr. 9.6 que ni aun la *m*..me había sido dicha
23.20 llegaron a la *m* de la puerta mayor de
Neh. 3.9,12,16,17,18 gobernador de la *m* de la
4.6 fue terminada hasta la *m* de su altura
4.16 *m* de mis siervos trabajaba..la otra *m*
4.21 la *m* de ellos tenían lanzas desde la
12.32 iba..Osaías con la *m* de los príncipes
12.38 yo en pos de él, con la *m* del pueblo
12.40 y yo, y la *m* de los oficiales conmigo
13.24 la *m* de sus hijos hablaban la lengua
Est. 5.3 dijo el rey..Hasta la *m* del reino se
5.6; 7.2 aunque sea la *m* del reino, te será
Sal. 55.23 no llegarán a la *m* de sus días; pero
102.24 mío, no me cortes en la *m* de mis días
Is. 38.10 dije: A la *m* de mis días iré a las
Jer. 17.11 en la *m* de sus días las dejará, y
Ez. 16.51 Samaria no cometió ni la *m* de tus
Dn. 9.27 la *m* de la semana hará cesar..ofrenda
12.7 que será por tiempo..y la *m* de un tiempo
Zac. 14.2 la *m* de la ciudad irá en cautiverio
14.4 *m* del monte se apartará hacia el norte
14.4 hacia el norte, y la otra *m* hacia el sur
14.8 aguas..*m* de ellas hacia el mar oriental
14.8 la otra *m* hacia el mar occidental, en
Mr. 6.23 todo..te daré, hasta la *m* de mi reino
Lc. 19.8 la *m* de mis bienes doy a los pobres
23.45 el velo del templo se rasgó por la *m*
Jn. 7.14 mas a la *m* de la fiesta subió Jesús
Hch. 1.18 cayendo..se reventó por la *m*, y todas
Ap. 12.14 es sustentada por un tiempo..y la *m*

MITCA *Lugar donde acampó Israel*, **Nm. 33.28,29**

MITIGAR
Gn. 27.44 el enojo de tu hermano se *mitigue*
Sal. 104.11 *mitigan* su sed los asnos monteses

MITILENE *Ciudad en la isla de Lesbos en el Mar Egeo*, **Hch. 20.14**

MITNITA *Sobrenombre de Josafat No. 5*, **1 Cr. 11.43**

MITRA
Éx. 28.4 la túnica bordada, la *m* y el cinturón
28.37 sobre la *m*..la parte delantera de la *m*
28.39 harás una *m* de lino; harás..un cinto
29.6 *m* sobre su cabeza, y sobre la *m* pondrás
39.28 *m* de lino fino, y los adornos de las
39.31 para colocarla sobre la *m* por arriba
Lv. 8.9 la *m* sobre su cabeza, y sobre la *m*, en
16.4 se ceñirá..y con la *m* de lino se cubrirá
Zac. 3.5 pongan *m* limpia..pusieron una *m* sobre

MITRÍDATES
1. Tesorero del rey Ciro, **Esd. 1.8**
2. Uno que escribió al rey Artajerjes en contra de los judíos, **Esd. 4.7**

MIZA *Jefe edomita*, **Gn. 36.13,17; 1 Cr. 1.37**

MIZAR *Monte en la región del monte Hermón*
Sal. 42.6 acordaré..de ti desde el monte de *M*

MIZPA
1. Lugar en Galaad
Gn. 31.49 *M*, por cuanto dijo: Atalaye Jehová
Jue. 10.17 juntaron..Israel, y acamparon en *M*
11.11 Jefté habló..delante de Jehová en *M*
11.29 pasó a *M* de Galaad, y de *M*..pasó a los
11.34 volvió Jefté a *M*, a su casa..su hija
Os. 5.1 habéis sido lazo en *M*, y red tendida
2. Región al norte de Palestina
Jos. 11.3 el heveo al pie de Hermón en..de *M*
11.8 los siguieron..hasta el llano de *M* al
3. Ciudad en Judá, **Jos. 15.38**
4. Ciudad en Benjamín
Jos. 18.26 *M*, Cafira, Mozah
Jue. 20.1 Israel, y se reunió..a Jehová en *M*
20.3 los hijos de Israel habían subido a *M*
21.1 los varones de Israel habían jurado en *M*
21.5 contra el que no subiese a Jehová en *M*
21.8 alguno..no haya subido a Jehová en *M*?
1 S. 7.5 reunid a todo Israel en *M*, y yo oraré
7.6 y se reunieron en *M*, y sacaron agua, y
7.6 juzgó Samuel a los hijos de Israel en *M*
7.7 de Israel estaban reunidos en *M*, subieron
7.11 y saliendo los hijos de Israel de *M*
7.12 una piedra y la puso entre *M* y Sen, y le
7.16 y daba vuelta a Bet-el, a Gilgal y a *M*
10.17 después Samuel convocó al pueblo..en *M*
1 R. 15.22 edificó el rey Asa..a Geba..y a *M*
2 R. 25.23 los príncipes del..vinieron a él en *M*
25.25 a los caldeos que estaban con él en *M*
2 Cr. 16.6 Asa..con ellas edificó a Geba y a *M*
Neh. 3.7 varones de Gabaón y de *M*, que estaban
3.15 Salum hijo..gobernador de la región de *M*
3.19 Ezer hijo..gobernador de *M*, otro tramo
Jer. 40.6 fue entonces Jeremías a Gedalías..*M*
40.8 vinieron luego a Gedalías en *M*; esto es
40.10 yo habito en *M*, para estar delante de
40.12 regresaron..vinieron..a Gedalías en *M*
40.13 los príncipes..vinieron a Gedalías en *M*
40.15 a Gedalías en secreto en *M*, diciendo
41.1 en *M*; y comieron pan juntos allí en *M*
41.3 los judíos que estaban con Gedalías en *M*
41.6 de *M* les salió al encuentro, llorando
41.10 en *M*..el pueblo que en *M* había quedado
41.14 había traído cautivo de *M* se volvió y
41.16 a quienes llevó de *M* después que mató
Os. 5.1 habéis sido lazo en *M*, y red tendida
5. Ciudad en Moab, **1 S. 22.3**

MIZRAIM *Hijo de Cam*, **Gn. 10.6,13; 1 Cr. 1.8,11**

MNASÓN *"Discípulo antiguo"*, **Hch. 21.16**

MOAB *Hijo de Lot, y la nación que formó su descendencia, o su territorio*
Gn. 19.37 a luz la mayor un hijo, y llamó..*M*
36.35 que derrotó a Madián en el campo de *M*
Éx. 15.15 a los valientes de *M* les sobrecogerá
Nm. 21.11 el desierto que está enfrente de *M*
21.13 es límite de *M*, entre *M* y el amorreo
21.15 corriente..descansa en el límite de *M*
21.20 al valle que está en los campos de *M*
21.26 tenido guerra antes con el rey de *M*
21.28 consumió a Ar de *M*, a los señores de
21.29 ¡ay de ti, *M*! Pereciste, pueblo de
22.1 acamparon en los campos de *M* junto al
22.3 *M* tuvo gran temor a..y se angustió *M*
22.4 dijo *M* a los ancianos de Madián: Ahora
22.4 Balac hijo de Zipor..entonces rey de *M*
22.7 los ancianos de *M*..con las dádivas de
22.8 príncipes de *M* se quedaron con Balaam
22.10 Balac..rey de *M*, ha enviado a decirme
22.14 los príncipes de *M*..vinieron a Balac
22.21 así Balaam..fue con los príncipes de *M*
22.36 salió a recibirlo a la ciudad de *M*, que
23.6 estaba..él y todos los príncipes de *M*
23.7 dijo: De Aram me trajo Balac, rey de *M*
23.17 él estaba..con él los príncipes de *M*
24.17 y herirá las sienes de *M*, y destruirá
25.1 empezó a fornicar con las hijas de *M*
26.3 hablaron con ellos en los campos de *M*
26.63 contaron..de Israel en los campos de *M*
31.12 al campamento, en los llanos de *M*, que
33.44 y acamparon en..en la frontera de *M*
33.48 acamparon en los campos de *M*, junto al
33.49 acamparon junto al..en los campos de *M*
33.50; 35.1 habló Jehová..en los campos de *M*
36.13 que mandó Jehová..en los campos de *M*
Dt. 1.5 tierra de *M*, resolvió Moisés declarar
2.8 y tomamos el camino del desierto de *M*
2.9 Jehová me dijo: No molestes a *M*, ni te
2.18 tú pasarás hoy el territorio de *M*, a Ar
29.1 los hijos de Israel en la tierra de *M*
32.49 monte Nebo, situado en la tierra de *M*
34.1 subió Moisés de los campos de *M*..Nebo
34.5 y murió allí Moisés..en la tierra de *M*
34.6 lo enterró..en la tierra de *M*, enfrente
34.8 lloraron..a Moisés en los campos de *M*
Jos. 13.32 Moisés repartió..en los llanos de *M*
Jue. 3.12 fortaleció a Eglón rey de *M* contra
3.15 enviaron..un presente a Eglón rey de *M*
3.17 y entregó el presente a Eglón rey de *M*
3.28 tomaron los vados del Jordán a *M*, y no
3.30 fue subyugado *M* aquel día bajo la mano
10.6 los dioses de *M*, a los dioses de Amón
11.15 Israel no tomó tierra de *M*, ni tierra
11.17 al rey de *M*, el cual tampoco quiso; se
11.18 rodeó..de *M*..lado oriental de la..de *M*
11.18 y no entró en..*M*..es territorio de *M*
11.25 que Balac hijo de Zipor, rey de *M*?
Rt. 1.1 varón..fue a morar en los campos de *M*
1.2 llegaron, pues, a los campos de *M*, y se
1.6 regresó de los campos de *M*; porque oyó
1.6 oyó en el campo de *M* que Jehová había
1.22 volvió de los campos de *M*, y llegaron
2.6 que volvió con Noemí de los campos de *M*
4.3 dijo al..Noemí..ha vuelto del campo de *M*
1 S. 12.9 los vendió..y en mano del rey de *M*

MOAB *(Continúa)*
1 S. 14.47 Saúl hizo guerra a..contra *M*, contra
22.3 David de allí a..*M*, y dijo al rey de *M*
22.4 los trajo..a la presencia del rey de *M*
2 S. 8.2 derrotó también a los de *M*, y..midió
23.20 mató a dos leones de *M*; y él mismo
1 R. 11.1 Salomón amó, además de..a las de *M*
11.7 a Quemos, ídolo abominable de *M*, en el
11.33 han adorado..a Quemos dios de *M*, y a
2 R. 1.1 después de la muerte de..se rebeló *M*
3.4 entonces Mesa rey de *M* era propietario
3.5 el rey de *M* se rebeló contra el rey de
3.7 el rey de *M* se ha rebelado contra mí
3.7 ¿irás tú conmigo a la guerra contra *M*?
3.21 los de *M* oyeron que los reyes subían a
3.22 vieron los de *M*..las aguas rojas como
3.23 y dijeron..ahora, pues, ¡*M*, al botín!
3.24 los israelitas y atacaron a los de *M*
3.24 los persiguieron matando a los de *M*
3.26 el rey de *M* vio que era vencido en la
23.13 a Quemos ídolo abominable de *M*, y a
1 Cr. 1.46 derrotó a Madián en el campo de *M*
4.22 los cuales dominaron en *M* y volvieron
8.8 y Saharaim engendró hijos en la..de *M*
11.22 Benaía..venció a los dos leones de *M*
18.2 también derrotó a *M*, y los moabitas
18.11 de todas las naciones de Edom, de *M*
2 Cr. 20.1 los hijos de *M* y de Amón, y..otros
20.10 los hijos de Amón y de *M*, y los del
20.22 Jehová puso contra los hijos de..de *M*
20.23 los hijos de..*M* se levantaron contra
Sal. 60.8 *M*, vasija para lavarme; sobre Edom
83.6 las tiendas de los edomitas y..*M* y los
108.9 *M*, la vasija para lavarme; sobre Edom
Is. 11.14 Edom y *M* les servirán, y los hijos
15.1 profecía sobre *M*. Cierto, de noche fue
15.1 destruida Ar de *M*..destruida Kir de *M*
15.2 sobre Nebo y sobre Medeba aullará *M*
15.4 por lo que aullarán los guerreros de *M*
15.5 corazón dará gritos por *M*..huirán hasta
15.8 el llanto rodeó los límites de *M*; hasta
15.9 traeré..leones a los que escaparen de *M*
16.2 así serán las hijas de *M* en los vados de
16.4 moren contigo mis desterrados, oh *M*; sé
16.6 oído la soberbia de *M*; muy grandes son
16.7 por tanto, aullará *M*, todo él aullará
16.11 mis entrañas vibrarán como arpa por *m*
16.12 cuando apareciere *M* cansado sobre los
16.13 palabra que pronunció Jehová sobre *M*
16.14 será abatida la gloria de *M*, con toda
25.10 pero *M* será hollado en su mismo sitio
Jer. 9.26 los hijos de Amón y de *M*, y a todos
25.21 a Edom, a *M* y a los hijos de Amón
27.3 enviarás al rey de Edom, y al rey de *M*
40.11 los judíos que estaban en *M*..en Edom
48.1 acerca de *M*. Así ha dicho Jehová de los
48.2 no se alabará ya más *M*; en Hesbón..mal
48.4 *M* fue quebrantada; hicieron..se oyese
48.9 dad alas a *M*, para que se vaya volando
48.11 quieto estuvo *M* desde su juventud, y
48.13 y se avergonzará *M* de Quemos, como la
48.15 destruido fue *M*..sus ciudades asoladas
48.16 cercano está el quebrantamiento de *M*
48.18 el destruidor de *M* subió contra ti
48.20 se avergonzó *M*, porque..*M* es destruido
48.24 ciudades de tierra de *M*, las de lejos
48.25 cortado es el poder de *M*, y su brazo
48.26 revuélquese *M* sobre su vómito, y sea
48.28 y habitad en peñascos, moradores de *M*
48.29 hemos oído la soberbia de *M*, que es
48.31 yo aullaré sobre *M*; sobre todo *M* haré
48.33 los campos fértiles, de la tierra de *M*
48.35 exterminaré de *M*..a quien sacrifique
48.36 resonará como flautas por causa de *M*
48.38 sobre todos los terrados de *M*, y en sus
48.38 yo quebranté a *M* como a vasija que no
48.39 *M*, y fue avergonzado! Fue *M* objeto de
48.40 volará, y extenderá sus alas contra *M*
48.41 el corazón de los valientes de *M* como
48.42 y *M* será destruido hasta dejar de ser
48.43 lazo contra ti, oh morador de *M*, dice
48.44 traeré..sobre *M*, el año de su castigo
48.45 quemó el rincón de *M*, y la coronilla
48.46 ¡ay de ti, *M*! pereció el pueblo de
48.47 haré volver a los cautivos de *M* en lo
48.47 volver..Hasta aquí es el juicio de *M*
Ez. 25.8 dijo *M* y Seir: He aquí la casa de Judá
25.9 yo abro el lado de *M* desde las ciudades
25.11 en *M* haré juicios, y sabrán que yo soy
Dn. 11.41 escaparán..Edom y *M*, y la mayoría de
Am. 2.1 por tres pecados de *M*, y por el cuarto
2.2 prenderé fuego en *M*, y consumirá los
2.2 y morirá *M* con tumulto, con estrépito y
Mi. 6.5 acuérdate..qué aconsejó Balac rey de *M*
Sof. 2.8 yo he oído las afrentas de *M*, y los
2.9 dice Jehová..que *M* será como Sodoma, y

MOABITA *Descendiente de Moab*
Gn. 19.37 el cual es padre de los *m* hasta hoy
Dt. 2.11 gigantes eran..los *m* los llaman emitas
2.29 y los *m* que habitaban en Ar; hasta que
23.3 no entrará..ni *m* en la congregación de
Jos. 24.9 levantó Balac..rey de los *m*, y peleó
Jue. 3.14 y sirvieron..a Eglón rey de los *m*
3.28 Jehová ha entregado a..enemigos los *m*
3.29 mataron de los *m* como diez mil hombres
Rt. 1.4 los cuales tomaron para sí mujeres *m*
1.22 así volvió Noemí, y Rut la *m*..con ella
2.2 Rut la *m* dijo a Noemí: Te ruego que me
2.6 es la joven *m* que volvió con Noemí de los
2.21 Rut la *m* dijo: Además de..me ha dicho
4.5 debes tomar también a Rut la *m*, mujer de
4.10 también tomo por mi mujer a Rut la *m*
2 S. 8.2 *m* siervos de David, y pagaron tributo
8.12 los *m*, de los amonitas..los filisteos
2 R. 3.10,13 para entregarlos en manos de los *m*
3.18 entregará..a los *m* en vuestras manos
13.20 año vinieron bandas armadas de *m* a la
24.2 contra Joacim..tropas de *m* y tropas de
1 Cr. 11.46 Eliel mahavita, Jerebai..Itma *m*
18.2 derrotó a Moab, y los *m* fueron siervos
2 Cr. 24.26 Zabad..Jozabad hijo de Simrit *m*
Esd. 9.1 no se han separado de los pueblos..*m*
Neh. 13.1 amonitas y *m* no debían entrar jamás
13.23 a judíos que habían tomado mujeres..*m*

MOADÍAS *Familia de sacerdotes en tiempo de Joiacim*, Neh. 12.17

MODELO
Éx. 25.40 conforme al *m*..te ha sido mostrado
26.30 alzarás el tabernáculo conforme al *m*
Nm. 8.4 conforme al *m* que Jehová mostró..hizo
Hch. 7.44 lo hiciese conforme al *m* que había
He. 8.5 haz todas las cosas conforme al *m* que

MODESTIA
1 Ti. 2.9 mujeres se atavíen..con pudor y *m*
2.15 si permaneciere en fe, amor, y..con *m*

MODILLÓN
Ez. 41.6 y entraban *m* en la pared de la casa

MODO
Éx. 34.7 que de ningún *m* tendrá por inocente
2 Cr. 18.20 yo le..Jehová le dijo: ¿De qué *m*?
30.5 no la habían celebrado al *m* que está
31.19 del mismo *m* para los hijos de Aarón
32.15 ni os persuada de ese *m*, ni le creáis
Sal. 90.12 enséñanos de tal *m* a contar..días
Jer. 38.13 este *m* sacaron a Jeremías con sogas
Ro. 1.27 igual *m* también los hombres, dejando
Gá. 5.10 yo confío..que no pensaréis de otro *m*

MOFARSE
Job 12.4 yo soy uno de quien su amigo se *mofa*
Sal. 73.8 *mofan* y hablan con maldad de hacer
Pr. 14.9 los necios se *mofan* del pecado; mas
Ez. 23.32 de ti se *mofarán* las naciones, y te
33.30 los hijos de tu pueblo se *mofan* de ti

MOHO
Stg. 5.3 su *m* testificará contra vosotros, y

MOHOSO
Jos. 9.5 todo el pan que traían..era seco y *m*
9.12 este..pan..helo aquí ahora ya seco y *m*

MOISÉS
Éx. 2.10 lo prohijó, y le puso por nombre *M*
2.11 crecido ya *M*, salió a sus hermanos, y
2.14 *M* tuvo miedo, y dijo: Ciertamente esto
2.15 Faraón..procuró matar a *M*; pero *M* huyó
2.17 entonces *M* se levantó y las defendió
2.21 *M* convino en morar con aquel varón; y él
2.21 y él dio su hija Séfora por mujer a *M*
3.1 apacentando *M*..ovejas de Jetro su suegro
3.3 *M* dijo: Iré yo ahora y veré esta..visión
3.4 dijo: ¡*M*, *M*! Y él respondió: Heme aquí
3.6 *M* cubrió su rostro, porque tuvo miedo de
3.11 *M* respondió a Dios: ¿Quién soy yo para
3.13 dijo *M* a Dios: He aquí que llego yo a
3.14 respondió Dios a *M*: Yo soy el que soy
3.15 dijo Dios a *M*: Así dirás a los hijos de
4.1 *M* respondió diciendo..no me creerán, ni
4.3 y se hizo una culebra; y *M* huía de ella
4.4 Jehová a *M*: Extiende tu mano, y tómala
4.10 dijo *M* a Jehová: ¡Ay, Señor! nunca he
4.14 Jehová se enojó contra *M*, y dijo: ¿No
4.18 se fue *M*..Y Jetro dijo a *M*: Vé en paz
4.19 dijo también Jehová a *M* en Madián: Vé
4.20 entonces *M* tomó su mujer y sus hijos
4.20 tomó también *M* la vara de Dios en su
4.21 dijo Jehová a *M*: Cuando hayas vuelto a
4.27 a Aarón: Vé a recibir a *M* al desierto
4.28 contó *M* a Aarón todas las palabras de
4.29 fueron *M* y Aarón, y reunieron a todos
4.30 cosas que Jehová había dicho a *M*, e hizo
5.1 después *M* y Aarón entraron a..de Faraón
5.4 dijo: *M* y Aarón, ¿por qué hacéis cesar
5.20 encontrando a *M* y a Aarón, que estaban
5.22 entonces *M* se volvió a Jehová, y dijo
6.1 Jehová respondió a *M*: Ahora verás lo que
6.2 habló todavía Dios a *M*, y le dijo: Yo soy
6.9 de esta manera habló *M* a los hijos de
6.9 no escuchaban a *M* a causa de la congoja
6.10,29; 7.8; 12.1; 13.1; 14.1; 16.11; 25.1;
30.11,17,22; 31.1,12; 40.1; Lv. 4.1; 5.14;
6.1,8,19,24; 7.22,28; 8.1; 11.1; 12.1; 13.1;
14.1,33; 15.1; 17.1; 18.1; 19.1; 20.1; 21.16;
22.1,17,26; 23.1,9,23,26,33; 24.1,13; 25.1;
27.1; Nm. 1.1,48; 2.1; 3.5,11,14,44; 4.1,17,21;
5.1,5,11; 6.1,22; 7.4; 8.1,5,23; 9.1,9; 10.1;
13.1; 14.26; 15.1,17,37; 16.20,23,36,44; 17.1;
18.25; 19.1; 20.7,23; 25.10,16; 26.1,52; 27.6;
28.1; 31.1,25; 33.50; 34.1,16; 35.1,9 Jehová
habló a *M*, diciendo
Éx. 6.12 respondió *M* delante de Jehová: He aquí
6.13 Jehová habló a *M* y a Aarón y les dio
6.20 a Jocabed su..dio a luz a Aarón y a *M*
6.26 es aquel Aarón y aquel *M*, a los cuales
6.27 estos son los..*M* y Aarón fueron éstos
6.28 cuando Jehová habló a *M* en la tierra
6.30 y *M* respondió delante de Jehová: He
7.1 dijo a *M*: Mira, yo te he constituido
7.6 e hizo *M* y Aarón como Jehová les mandó
7.7 era *M* de edad de ochenta años, y Aarón
7.10 vinieron, pues, *M* y Aarón a Faraón, e
7.14 Jehová dijo a *M*: El corazón de Faraón
7.19 Jehová dijo a *M*: Dí a Aarón: Toma tu
7.20 *M* y Aarón hicieron..Jehová lo mandó
8.1 Jehová dijo a *M*: Entra a la presencia
8.5 Jehová dijo a *M*: Dí a Aarón: Extiende
8.8 Faraón llamó a *M* y a Aarón, y les dijo
8.9 y dijo *M* a Faraón: Dígnate indicarme
8.10 y *M* respondió: Se hará conforme a tu
8.12 salieron *M* y Aarón de la presencia de
8.12 clamó *M* a Jehová tocante a las ranas
8.13 hizo Jehová conforme a la palabra de *M*
8.16 Jehová dijo a *M*: Dí a Aarón: Extiende
8.20 Jehová dijo a *M*: Levántate de mañana
8.25 Faraón llamó a *M* y a Aarón, y les dijo
8.26 *M* respondió: No conviene que hagamos
8.29 respondió *M*: He aquí, al salir yo de ta
8.30 *M* salió de la presencia de Faraón, y oró
8.31 Jehová hizo conforme a la palabra de *M*
9.1 Jehová dijo a *M*: Entra a la presencia
9.8 Jehová dijo a *M* y a Aarón: Tomad..ceniza
9.8 y la esparcirá *M* hacia el cielo delante
9.10 ceniza..y la esparció *M* hacia el cielo
9.11 y los hechiceros no podían estar..de *M*
9.12 no..oyó, como Jehová lo había dicho a *M*
9.13 Jehová dijo a *M*: Levántate de mañana, y
9.22 Jehová dijo a *M*: Extiende tu mano hacia
9.23 y *M* extendió su vara hacia el cielo, y
9.27 Faraón envió a llamar a *M* y a Aarón, y
9.29 le respondió *M*: Tan pronto salga yo de
9.33 y salido *M* de la presencia de Faraón
9.35 Jehová lo había dicho por medio de *M*
10.1 Jehová dijo a *M*: Entra a la presencia
10.3 entonces vinieron *M* y Aarón a Faraón
10.8 *M* y Aarón volvieron a ser llamados ante
10.9 *M* respondió: Hemos de ir con nuestros
10.12 entonces Jehová dijo a *M*: Extiende tu
10.13 extendió *M* su vara sobre la tierra de
10.16 Faraón se apresuró a llamar a *M* y a
10.18 salió *M* de delante de Faraón, y oró a
10.21 a *M*: Extiende tu mano hacia el cielo
10.22 y extendió *M* su mano hacia el cielo, y
10.24 hizo llamar a *M*, y dijo: Id, servid a
10.25 *M* respondió: Tú..nos darás sacrificios
10.29 *M* respondió: Bien has dicho; no veré
11.1 Jehová dijo a *M*: Una plaga traeré aún
11.3 *M* era tenido por gran varón en..Egipto
11.4 dijo, pues, *M*: Jehová ha dicho así
11.9 y Jehová dijo a *M*: Faraón no os oirá
11.10 y *M* y Aarón hicieron..estos prodigios
12.21 y *M* convocó a..los ancianos de Israel
12.28 hicieron..Jehová había mandado a *M* y
12.31 hizo llamar a *M* y a Aarón de noche, y
12.35 Israel conforme al mandamiento de *M*
12.43 a *M* y a Aarón: Esta es la ordenanza de
12.50 así lo hicieron..como mandó Jehová a *M*
13.3 *M* dijo al pueblo: Tened memoria de este
13.19 tomó..consigo *M* los huesos de José
14.11 y dijeron a *M*: ¿No había sepulcros en
14.13 y *M* dijo al pueblo: No temáis; estad
14.15 Jehová..a *M*: ¿Por qué clamas a mí? Dí
14.21 y extendió *M* su mano sobre el mar, e
14.26 dijo a *M*: Extiende tu mano sobre el
14.27 *M* extendió su mano sobre el mar, y
14.31 y creyeron a Jehová y a *M* su siervo
15.1 entonces cantó *M* y los hijos de Israel
15.22 e hizo *M* que partiese Israel del Mar
15.24 pueblo murmuró contra *M*, y dijo: ¿Qué
15.25 *M* clamó a Jehová..le mostró un árbol
16.2 de los hijos de Israel murmuró contra *M*
16.4 Jehová dijo a *M*..yo os haré llover pan
16.6 dijeron *M* y Aarón a todos los hijos de
16.8 dijo también *M*: Jehová os dará en la
16.9 dijo *M* a Aarón: Dí a..la congregación
16.15 *M* les dijo: Es el pan que Jehová os da
16.19 les dijo *M*: Ninguno deje nada de ello
16.20 no obedecieron a *M*, sino..dejaron de
16.20 dejaron de ello..enojó contra ellos *M*
16.22 vinieron y se lo hicieron saber a *M*
16.24 mañana, según lo que *M* había mandado
16.25 dijo *M*: Comedlo hoy, porque hoy es día
16.28 y Jehová dijo a *M*: ¿Hasta cuándo no
16.32 dijo *M*..es lo que Jehová ha mandado
16.33 dijo *M* a Aarón: Toma una vasija y pon

MOISÉS *(Continúa)*
Éx. 16.34 guardarlo, como Jehová lo mandó a *M*
17.2 y altercó el pueblo con *M*, y dijeron
17.2 *M* les dijo: ¿Por qué altercáis conmigo?
17.3 murmuró contra *M*, y dijo: ¿Por qué nos
17.4 clamó *M* a Jehová, diciendo: ¿Qué haré
17.5 Jehová dijo a *M:* Pasa delante del pueblo
17.6 *M* lo hizo así en presencia de. . Israel
17.9 y dijo *M* a Josué: Escógenos varones, y
17.10 hizo Josué como le dijo *M*, peleando
17.10 *M* y Aarón y Hur subieron a la cumbre
17.11 alzaba *M* su mano, Israel prevalecía
17.12 las manos de *M* se cansaban; por lo que
17.14 y Jehová dijo a *M:* Escribe esto para
17.15 *M* edificó un altar, y llamó su nombre
18.1 Jetro sacerdote de Madián, suegro de *M*
18.1 oyó. . cosas que Dios había hecho con *M*
18.2 tomó Jetro suegro de *M*. . la mujer de *M*
18.5 y Jetro el suegro de *M*. . vino a *M* en el
18.6 y dijo a *M:* Yo tu suegro Jetro vengo a
18.7 y *M* salió a recibir a su suegro, y se
18.8 y *M* contó a su suegro todas las cosas
18.12 tomó Jetro suegro de *M*, holocaustos y
18.12 vino Aarón. . comer con el suegro de *M*
18.13 se sentó *M* a juzgar al pueblo; y el
18.13 y el pueblo estuvo delante de *M* desde
18.14 viendo el suegro de *M* todo lo que él
18.15 y *M* respondió a su suegro: Porque el
18.17 el suegro de *M* le dijo: No está bien
18.24 oyó *M* la voz de su suegro, e hizo todo
18.25 escogió *M* varones de virtud de entre
18.26 asunto difícil lo traían a *M*, y ellos
18.27 despidió *M* a su suegro, y éste se fue
19.3 *M* subió a Dios; y Jehová lo llamó desde
19.7 entonces vino *M*, y llamó a los ancianos
19.8,9 *M* refirió a Jehová las palabras del
19.9 dijo a *M*. . vengo a ti en una nube espesa
19.10 a *M:* Vé al pueblo, y santifícalos hoy
19.14 y descendió *M* del monte al pueblo, y
19.17 *M* sacó del campamento al pueblo para
19.19 *M* hablaba, y Dios le respondía con voz
19.20 llamó Jehová a *M* a la cumbre. . *M* subió
19.21 Jehová dijo a *M:* Desciende, ordena al
19.23 *M* dijo a Jehová: El pueblo no podrá
19.25 entonces *M* descendió y se lo dijo al
20.19 y dijeron a *M:* Habla tú con nosotros
20.20 y *M* respondió al pueblo: No temáis
20.21 *M* se acercó a la oscuridad en la cual
20.22 Jehová dijo a *M:* Así dirás a los hijos
24.1 dijo Jehová a *M:* Sube ante Jehová, tú
24.2 *M* solo se acercará a Jehová; y ellos no
24.3 *M* vino y contó al pueblo. . las palabras
24.4 *M* escribió todas las palabras de Jehová
24.6 y *M* tomó la mitad de la sangre, y la
24.8 *M* tomó la sangre y roció. . el pueblo, y
24.9 subieron *M* y Aarón, Nadab y Abiú, y 70
24.12 Jehová dijo a *M:* Sube a mí al monte
24.13 se levantó *M* con Josué. . y *M* subió al
24.15 *M* subió al monte, y una nube cubrió
24.16 al séptimo día llamó a *M*. . de la nube
24.18 entró *M* en medio de la nube, y subió
24.18 y estuvo *M* en el monte 40 días y 40
30.34 dijo además Jehová a *M:* Toma especias
31.18 y dio a *M*. . dos tablas del testimonio
32.1 viendo. . que *M* tardaba en descender del
32.1 a este *M*, el varón que nos sacó de la
32.7 a *M:* Anda, desciende, porque tu pueblo
32.9 dijo mas Jehová a *M:* Yo he visto a este
32.11 *M* oró en presencia de Jehová su Dios
32.15 volvió *M* y descendió. . monte, trayendo
32.17 Josué. . dijo a *M:* Alarido de pelea hay
32.19 ardió la ira de *M*, y arrojó las tablas
32.21 dijo *M* a Aarón: ¿Qué te ha hecho este
32.23 a este *M*, el. . no sabemos qué le haya
32.25 viendo *M*. . pueblo estaba desenfrenado
32.26 se puso *M* a la puerta del campamento
32.28 lo hicieron conforme al dicho de *M*
32.29 *M* dijo: Hoy os habéis consagrado a
32.30 dijo *M* al pueblo. . habéis cometido un
32.31 volvió *M* a Jehová, y dijo: Te ruego
32.33 Jehová respondió a *M:* Al que pecare
33.1 dijo a *M:* Anda, sube de aquí, tú y el
33.5 Jehová había dicho a *M:* Dí a los hijos
33.7 y *M* tomó el tabernáculo, y lo levantó
33.8 cuando salía *M* al tabernáculo, todo el
33.8 y miraban en pos de *M*, hasta. . entraba
33.9 *M* entraba en. . y Jehová hablaba con *M*
33.11 hablaba Jehová a *M* cara a cara, como
33.12 dijo *M* a Jehová: Mira, tú me dices a
33.15 *M* respondió: Si tu presencia no ha de
33.17 y Jehová dijo a *M:* También haré esto
34.1 Jehová dijo a *M:* Alísate dos tablas de
34.4 *M* alisó dos tablas de piedra como las
34.8 *M*. . bajó la cabeza hacia el suelo y adoró
34.27 dijo a *M:* Escribe tú estas palabras
34.29 descendiendo *M* del monte Sinaí con las
34.29 no sabía *M* que la piel de su rostro
34.30 miraron a *M*, y. . era resplandeciente
34.31 entonces *M* los llamó. . y *M* les habló
34.33 acabó *M* de hablar con ellos, puso un
34.34 venía *M* delante de Jehová para hablar
34.35 al mirar los. . de Israel el rostro de *M*
34.35 y volvía *M* a poner el velo sobre su
35.1 *M* convocó a toda la congregación de los
35.4 habló *M* a toda la congregación de los
35.20 y salió toda. . Israel de delante de *M*
35.29 Jehová había mandado por medio de *M*
35.30 y dijo *M* a los hijos de Israel: Mirad
36.2 *M* llamó a Bezaleel y a Aholiab y a todo
36.3 tomaron de delante de *M* toda la ofrenda
36.5 hablaron a *M*, diciendo: El pueblo trae
36.6 *M* mandó pregonar por el campamento
38.21 se hicieron por orden de *M* por obra de
38.22 hizo. . las cosas que Jehová mandó a *M*
39.1,5,7,21,26,29,31,32 como Jehová lo había
mandado a *M*
39.33 trajeron el tabernáculo a *M*. . y todos
39.42 las cosas que Jehová había mandado a *M*
39.43 vio *M* toda la obra. . habían hecho como
40.16 y *M* hizo conforme a. . Jehová le mandó
40.18 *M* hizo levantar el tabernáculo. . puso
40.19,21,23,25,27,29 como Jehová había
mandado a *M*
40.31 *M* y Aarón y sus hijos lavaban en ella
40.32 altar. . como Jehová había mandado a *M*
40.33 erigió el atrio. . Así acabó *M* la obra
40.35 y no podía *M* entrar en el tabernáculo
Lv. 1.1 llamó Jehová a *M*, y habló con él desde
7.38 la cual mandó Jehová a *M* en el monte de
8.4 hizo, pues, *M* como Jehová le mandó, y se
8.5 dijo *M* a la congregación: Esto es lo que
8.6 *M* hizo acercarse a Aarón y a. . y los lavó
8.9,13,17,21,29 Jehová había mandado a *M*
8.10 tomó *M* el aceite de la unción y ungió
8.13 *M* hizo acercarse los hijos de Aarón, y
8.15 y *M* tomó la sangre, y puso con su dedo
8.16 tomó. . y lo hizo arder *M* sobre el altar
8.19,24 y roció *M* la sangre sobre el altar
8.20 y *M* hizo arder la cabeza, y los trozos
8.21 quemó *M* todo el carnero sobre el altar
8.23 tomó *M* de la sangre, y la puso sobre el
8.24 y puso *M* de la sangre sobre el lóbulo
8.28 tomó aquellas cosas *M* de las manos de
8.29 tomó *M* el pecho, y lo meció, ofrenda
8.29 aquella fue la parte de *M*, como Jehová
8.30 luego tomó *M* del aceite de la unción
8.31 dijo *M* a Aarón y a sus hijos: Comed la
8.36 cosas que mandó Jehová por medio de *M*
9.1 *M* llamó a Aarón y a sus hijos, y a los
9.5 y llevaron lo que mandó *M* delante del
9.6 entonces *M* dijo: Esto es lo que mandó
9.7 dijo *M* a Aarón: Acércate al altar, y haz
9.10,21 como Jehová lo había mandado a *M*
9.23 y entraron *M* y Aarón en el tabernáculo
10.3 *M* a Aarón: Esto es lo que habló Jehová
10.4 llamó *M* a Misael y a. . hijos de Uziel
10.5 se acercaron y los sacaron. . como dijo *M*
10.6 *M* dijo. . No descubráis vuestras cabezas
10.7 ellos hicieron conforme al dicho de *M*
10.11 que Jehová les ha dicho por medio de *M*
10.12 *M* dijo a Aarón, y a Eleazar y a Itamar
10.16 *M* preguntó por el macho cabrío de la
10.19 respondió Aarón a *M:* He aquí hoy han
10.20 y cuando *M* oyó. . se dio por satisfecho
16.1 Jehová a *M* después de la muerte de los
16.2 dijo a *M:* Dí a Aarón tu hermano, que no
16.34 y *M* lo hizo como Jehová le mandó
21.1 Jehová dijo a *M:* Habla a los sacerdotes
21.24 *M* habló esto a Aarón, y a sus hijos
23.44 habló *M* a los hijos de Israel sobre
24.11 blasfemó el Nombre, y. . lo llevaron a *M*
24.23 habló *M* a los hijos de Israel, y ellos
24.23 hicieron según Jehová había mandado a *M*
26.46 que estableció Jehová. . por mano de *M*
27.34 los mandamientos que ordenó Jehová a *M*
Nm. 1.17 tomaron. . *M* y Aarón a estos varones
1.19 como Jehová lo había mandado a *M*, los
1.44 contaron *M* y Aarón, con los príncipes
1.54 hicieron. . cosas que mandó Jehová a *M*
2.33 los levitas. . como Jehová lo mandó a *M*
2.34 todas las cosas que Jehová mandó a *M*
3.1 son los descendientes de Aarón y de *M*
3.1 en el día en que Jehová habló a *M* en el
3.16 *M* los contó conforme a la palabra de
3.38 los que acamparán. . serán *M* y Aarón y
3.39 los contados. . que *M* y Aarón. . contaron
3.40 Jehová dijo a *M:* Cuenta. . primogénitos
3.42 contó *M*, como Jehová le mandó, todos
3.49 tomó, pues, *M* el dinero del rescate de
3.51 *M* dio el dinero. . a Aarón y a sus hijos
3.51 según lo que Jehová había mandado a *M*
4.34 *M*, pues. . contaron a los hijos de Coat
4.37,41,45 los cuales contaron *M* y Aarón
4.37,45,49 lo mandó Jehová por medio de *M*
4.46 que *M* y Aarón. . contaron por sus familias
5.4 los echaron fuera. . como Jehová dijo a *M*
7.1 que cuando *M* hubo acabado de levantar
7.6 *M* recibió los carros y los bueyes, y los
7.11 Jehová dijo a *M:* Ofrecerán su ofrenda
7.89 entraba *M* en. . oía la voz que le hablaba
8.3 Aarón lo hizo. . como Jehová lo mandó a *M*
8.4 conforme al modelo que Jehová mostró a *M*
8.20 *M*. . hicieron con los levitas conforme a
8.20,22 mandó Jehová a *M* acerca de. . levitas
9.4 habló *M* a los hijos de Israel para que
9.5 a todas las cosas que mandó Jehová a *M*
9.6 vinieron delante de *M* y. . Aarón aquel día
9.8 *M* les respondió: Esperad, y oiré lo que
9.23 Jehová lo había dicho por medio de *M*
10.13 al mandato de Jehová por medio de *M*
10.29 *M* a Hobab, hijo de Ragüel madianita
10.35 el arca se movía, *M* decía: Levántate
11.2 el pueblo clamó a *M*, y *M* oró a Jehová
11.10 y oyó *M* al pueblo. . le pareció mal a *M*
11.11 y dijo *M* a Jehová: ¿Por qué has hecho
11.16 Jehová dijo a *M:* Reúneme 70 varones
11.21 dijo *M:* Seiscientos mil de a pie es
11.23 respondió a *M:* ¿Acaso se ha acortado
11.24 salió *M* y dijo al pueblo las palabras
11.27 y corrió un joven y dio aviso a *M*, y
11.28 respondió Josué hijo. . ayudante de *M*
11.28 Josué. . dijo: Señor mío *M*, impídelos
11.29 *M* le respondió: ¿Tienes tú celos por
11.30 *M* volvió al campamento. . y los ancianos
12.1 hablaron contra *M* a causa de la mujer
12.2 ¿solamente por *M* ha hablado Jehová? ¿No
12.3 aquel varón *M* era muy manso, más que
12.4 Jehová a *M*, a Aarón y a María: Salid
12.7 no así a mi siervo *M*, que es fiel en
12.8 no. . temor de hablar contra mi siervo *M?*
12.11 y dijo Aarón a *M:* ¡Ah! señor mío, no
12.13 *M* clamó a Jehová, diciendo: Te ruego
12.14 Jehová a *M:* Pues si su padre hubiera
13.3 *M* los envió desde el desierto de Parán
13.16 nombres de los varones que *M* envió a
13.16 a Oseas. . le puso *M* el nombre de Josué
13.17 envió, pues, *M* a reconocer la tierra
13.26 y vinieron a *M* y a Aarón, y a toda la
13.30 hizo callar al pueblo delante de *M*, y
14.2 y se quejaron contra *M* y contra Aarón
14.5 entonces *M* y Aarón se postraron sobre
14.11 Jehová dijo a *M:* ¿Hasta cuando me ha
14.13 *M* respondió a Jehová: Lo oirán luego
14.36 y los varones que *M* envió a reconocer
14.39 *M* dijo estas cosas a. . hijos de Israel
14.41 *M:* ¿Por qué quebrantáis el mandamiento
14.44 pero el arca. . y *M*, no se apartaron de
15.22 mandamientos que Jehová ha dicho a *M*
15.23 Jehová os ha mandado por medio de *M*
15.33 los que le hallaron. . lo trajeron a *M*
15.35 y Jehová dijo a *M*. . muera aquel hombre
15.36 lo apedrearon. . como Jehová mandó a *M*
16.2 se levantaron contra *M* con 250 varones
16.3 juntaron contra *M* y Aarón y les dijeron
16.4 cuando oyó esto *M*, se postró sobre su
16.8 dijo más *M* a Coré: Oíd. . hijos de Leví
16.12 y envió *M* a llamar a Datán y Abiram
16.15 *M* se enojó en gran manera, y dijo a
16.16 dijo *M* a Coré: Tú y todo tu séquito
16.18 pusieron a la puerta. . con *M* y Aarón
16.25 *M* se levantó y fue a Datán y a Abiram
16.28 dijo *M:* En esto conoceréis que Jehová
16.40 según se lo dijo Jehová por medio de *M*
16.41 la congregación de. . murmuró contra *M*
16.42 que cuando se juntó. . contra *M* y Aarón
16.43 *M* y Aarón delante del tabernáculo de
16.46 dijo *M* a Aarón: Toma el incensario, y
16.47 tomó Aarón el incensario, como *M* dijo
16.50 después volvió Aarón a *M* a la puerta
17.6 *M* habló a los hijos de Israel, y todos
17.7 y *M* puso las varas delante de Jehová
17.8 vino *M* al tabernáculo del testimonio
17.9 sacó *M*. . las varas de delante de Jehová
17.10 y Jehová dijo a *M:* Vuelve la vara de
17.11 hizo *M* como le mandó Jehová. . lo hizo
17.12 los. . de Israel hablaron a *M*, diciendo
20.2 no había agua. . se juntaron contra *M* y
20.3 y habló el pueblo contra *M*, diciendo
20.6 y se fueron *M* y Aarón de delante de la
20.9 *M* tomó la vara de delante de Jehová
20.10 reunieron *M* y Aarón a la congregación
20.11 alzó *M* su mano y golpeó la peña con su
20.12 Jehová dijo a *M* y a Aarón: Por cuanto
20.14 envió *M* embajadores al rey de Edom
20.27 *M* hizo. . Jehová le mandó; y subieron al
20.28 *M* desnudó a Aarón de sus vestiduras
20.28 y *M* y Eleazar descendieron del monte
21.5 habló el pueblo contra Dios y contra *M*
21.7 el pueblo vino a *M* y dijo: Hemos pecado
21.7 ruega a Jehová. . Y *M* oró por el pueblo
21.8 y Jehová dijo a *M:* Hazte una serpiente
21.9 *M* hizo una serpiente de bronce, y la
21.16 es el pozo del cual Jehová dijo a *M*
21.32 también envió *M* a reconocer a Jazer
21.34 Jehová dijo a *M:* No le tengas miedo
25.4 Jehová dijo a *M:* Toma a. . los príncipes
25.5 entonces *M* dijo a los jueces de Israel
25.6 trajo una madianita. . a ojos de *M* y de
26.3 *M* y. . Eleazar hablaron con ellos en los
26.4 contaréis el pueblo. . mandó Jehová a *M*
26.9 que se rebelaron contra *M* y Aarón con
26.59 dio a luz. . a Aarón y a *M*, y a María
26.63 son los contados por *M* y el. . Eleazar
26.64 ninguno hubo de los contados por *M* y
27.2 se presentaron delante de *M* y. . Eleazar
27.5 y *M* llevó su causa delante de Jehová
27.11 por estatuto. . como Jehová mandó a *M*
27.12 a *M:* Sube a este monte Abarim, y verás
27.15 entonces respondió *M* a Jehová, diciendo
27.18 Jehová dijo a *M:* Toma a Josué hijo de
27.23 Jehová había mandado por mano de *M*
29.40 *M* dijo a los hijos de Israel conforme

MOISÉS *(Continúa)*

Nm. 30.1 habló *M* a los príncipes de las tribus
30.16 las ordenanzas que Jehová mandó a *M*
31.3 *M* habló al pueblo, diciendo: Armaos
31.6 y *M* los envió a la guerra; mil de cada
31.7 y pelearon..como Jehová lo mandó a *M*
31.12 trajeron a *M*..los cautivos y el botín
31.13 y salieron *M*..a recibirlos fuera del
31.14 se enojó *M* contra los capitanes del
31.15 les dijo *M*: ¿Por qué habéis dejado con
31.21 ordenanza..que Jehová ha mandado a *M*
31.31 e hicieron *M* y..como Jehová mandó a *M*
31.41 dio *M* el tributo..Jehová lo mandó a *M*
31.42 apartó *M* de los..que habían ido a la
31.47 de la mitad..tomó *M* uno de cada 50, así
31.47 dio..como Jehová lo había mandado a *M*
31.48 vinieron a *M* los jefes de los millares
31.49 y dijeron a *M*: Tus siervos han tomado
31.51 *M* y el..Eleazar recibieron el oro de
31.54 recibieron..*M* y..el oro de los jefes
32.2 y hablaron a *M* y al sacerdote Eleazar
32.6 respondió *M*..¿Irán vuestros hermanos a
32.16 entonces ellos vinieron a *M* y dijeron
32.20 les respondió *M*: Si lo hacéis así, si
32.25 hablaron..a *M*, diciendo: Tus siervos
32.28 les encomendó *M* al sacerdote Eleazar
32.29 les dijo *M*: Si los hijos de Gad y los
32.33 *M* dio a los hijos de Gad, a los hijos
32.40 *M* dio Galaad a Maquir hijo de Manasés
33.1 que salieron..bajo el mando de *M* y Aarón
33.2 *M* escribió sus salidas conforme a sus
34.13 y mandó *M* a los..de Israel, diciendo
36.1 llegaron..y hablaron delante de *M* y de
36.5 entonces *M* mandó a los hijos de Israel
36.10 como Jehová mandó a *M*, así hicieron
36.13 que mandó Jehová por medio de *M* a los
Dt. 1.1 las palabras que habló *M* a todo Israel
1.3 *M* habló a los hijos de Israel conforme a
1.5 resolvió *M* declarar esta ley, diciendo
4.41 apartó *M* tres ciudades a este lado del
4.44 la ley que *M* puso delante de..de Israel
4.45 habló *M* a los hijos de Israel cuando
4.46 al cual derrotó *M* con los..de Israel
5.1 llamó *M* a todo Israel y les dijo: Oye
27.1 ordenó *M*, con los ancianos..al pueblo
27.9 *M*, con..habló a todo Israel, diciendo
27.11 mandó *M* al pueblo en aquel..diciendo
29.1 son las palabras..que Jehová mandó a *M*
29.2 *M*, pues, llamó a todo Israel, y les dijo
31.1 fue *M* y habló estas palabras a..Israel
31.7 llamó *M* a Josué, y le dijo en presencia
31.9 y escribió *M* esta ley, y la dio a los
31.10 les mandó *M*, diciendo: Al fin de cada
31.14 dijo a *M*..se ha acercado el día de tu
31.14 fueron..*M* y Josué, y esperaron en el
31.16 y Jehová dijo a *M*: He aquí, tú vas a
31.22 *M* escribió este cántico aquel día, y lo
31.24 cuando acabó *M* de escribir las palabras
31.25 *M* a los levitas que llevaban el arca
31.30 habló *M* a oídos de toda la congregación
32.44 vino *M* y recitó todas las palabras de
32.45 y acabó *M* de recitar..estas palabras
32.48 y habló Jehová a *M* aquel mismo día
33.1 es la bendición con la cual bendijo *M*
33.4 *M* nos ordenó una ley, como heredad a la
34.1 subió *M* de los campos de Moab al monte
34.5 y murió allí *M*..en la tierra de Moab
34.7 era *M* de edad de 120 años cuando murió
34.8 y lloraron los hijos de Israel a *M* en
34.8 se cumplieron los días..del luto de *M*
34.9 porque *M* había puesto sus manos sobre él
34.9 le obedecieron..como Jehová mandó a *M*
34.10 nunca más se levantó profeta..como *M*
34.12 los hechos..que *M* hizo a la vista de
Jos. 1.1 después de la muerte de *M* siervo de
1.1 que Jehová habló a Josué..servidor de *M*
1.2 mi..*M* ha muerto; ahora, pues, levántate
1.3 os he entregado, como lo había dicho a *M*
1.5 como estuve con *M*, estaré contigo; no te
1.7 hacer..la ley que mi siervo *M* te mandó
1.13 acordaos de la palabra que *M*..os mandó
1.14 quedarán en la tierra que *M* os ha dado
1.15 a la tierra de..la cual *M*..os ha dado
1.17 de la manera que obedecimos a *M*..a ti
1.17 tu Dios esté contigo, como estuvo con *M*
3.7 que como estuve con *M*, así estaré contigo
4.10 las cosas que *M* había mandado a Josué
4.12 pasaron armados..según *M*..había dicho
4.14 y le temieron, como habían temido a *M*
8.31 como *M*..había mandado a los..de Israel
8.31 está escrito en el libro de la ley de *M*
8.32 también escribió..copia de la ley de *M*
8.33 de la manera que *M*..había mandado antes
8.35 que mandó *M*, que Josué no hiciese leer
9.24 Dios había mandado a *M* su siervo que
11.12 los destruyó, como *M*..había mandado
11.15 mandado a *M*..así *M* lo mandó a Josué
11.15 de todo lo que Jehová había mandado a *M*
11.20 destruirlos..Jehová..había mandado a *M*
11.23 a todo lo que Jehová había dicho a *M*
12.6 a estos derrotaron *M*..y los hijos de
12.6 *M*..dio aquella tierra en posesión a los
13.8 su heredad, la cual les dio *M* al otro
13.8 heredad..se la dio *M* siervo de Jehová
13.12 los refaítas..*M* los derrotó, y los echó
13.15 dio..*M* a la tribu de los hijos de Rubén
13.21 el reino de Sehón..al cual derrotó *M*
13.24 dio..*M* a la tribu de Gad, a los hijos
13.29 también dio *M* heredad a la media tribu
13.32 esto es lo que *M* repartió en heredad
13.33 a la tribu de Leví no dio *M* heredad
14.2 como Jehová había mandado a *M*..se diera
14.3 les había dado *M* heredad al otro lado
14.5 manera que Jehová lo había mandado a *M*
14.6 dijo: Tú sabes lo que Jehová dijo a *M*
14.7 cuando *M*..me envió de Cades-barnea a
14.9 *M* juró diciendo: Ciertamente la tierra
14.10 que Jehová habló estas palabras a *M*
14.11 tan fuerte como el día que *M* me envió
17.4 Jehová mandó a *M* que nos diese heredad
18.7 su heredad..les dio *M* siervo de Jehová
20.2 las cuales yo os hablé por medio de *M*
21.2 medio de *M* que nos fuesen dadas ciudades
21.8 había mandado Jehová por conducto de *M*
22.2 habéis guardado todo lo que *M* siervo de
22.4 regresad a..a la tierra..que *M*..os dio
22.5 cumplir..la ley que *M* siervo de Jehová
22.7 Manasés había dado *M* posesión en Basán
22.9 al mandato de Jehová por conducto de *M*
23.6 está escrito en el libro de la ley de *M*
24.5 yo envié a *M* y a Aarón, y herí a Egipto
Jue. 1.16 y los hijos del ceneo, suegro de *M*
1.20 y dieron Hebrón a Caleb, como *M* había
3.4 él había dado a sus padres por mano de *M*
4.11 Heber ceneo, de los hijos..suegro de *M*
18.30 Jonatán hijo de Gersón, hijo de *M*, él
1 S. 12.6 Jehová que designó a *M* y a Aarón, y
12.8 padres clamaron a Jehová..envió a *M* y a
1 R. 2.3 está escrito en la ley de *M*, para que
8.9 las dos tablas..había puesto *M* en Horeb
8.53 como lo dijiste por medio de *M* tu siervo
8.56 todas sus promesas que expresó por *M* su
2 R. 14.6 lo que está escrito en..la ley de *M*
18.4 serpiente de bronce que había hecho *M*
18.6 mandamientos que Jehová prescribió a *M*
18.12 todas las cosas que *M*..había mandado
21.8 toda la ley que mi siervo *M* les mandó
23.25 otro rey..conforme a toda la ley de *M*
1 Cr. 6.3 los hijos de Amram: Aarón, *M* y María
6.49 lo que *M* siervo de Dios había mandado
15.15 arca de Dios..como lo había mandado *M*
21.29 el tabernáculo..que *M* había hecho en
22.13 y decretos que Jehová mandó a *M* para
23.13 los hijos de Amram: Aarón y *M*. Y Aarón
23.14 y los hijos de *M* varón de Dios fueron
23.15 los hijos de *M* fueron Gersón y Eliezer
26.24 Sebuel hijo de Gersón, hijo de *M*, era
2 Cr. 1.3 el tabernáculo..que *M*..había hecho
5.10 dos tablas que *M* había puesto en Horeb
8.13 su día, conforme al mandamiento de *M*
23.18 como está escrito en la ley de *M*, con
24.6 ofrenda que *M* siervo de Jehová impuso
24.9 que *M* siervo de Dios había impuesto a
25.4 lo que está escrito..en el libro de *M*
30.16 conforme a la ley de *M* varón de Dios
33.8 la ley..y los preceptos, por medio de *M*
34.14 libro de la ley..dada por medio de *M*
35.6 palabra de Jehová dada por medio de *M*
35.12 según está escrito en el libro de *M*
Esd. 3.2 como está escrito en la ley de *M* varón
6.18 conforme a lo escrito en el libro de *M*
7.6 era escriba diligente en la ley de *M*, que
Neh. 1.7 y preceptos que diste a *M* tu siervo
1.8 de la palabra que diste a *M* tu siervo
8.1 que trajese el libro de la ley de *M*, la
8.14 que Jehová había mandado por mano de *M*
9.14 por mano de *M* tu siervo..prescribiste
10.29 que fue dada por *M* siervo de Dios, y
13.1 se leyó en el libro de *M*, oyéndolo el
Sal. 77.20 condujiste a tu pueblo..mano de *M*
90 *tít.* oración de *M*, varón de Dios
99.6 *M* y Aarón entre..sacerdotes, y Samuel
103.7 sus caminos notificó a *M*, y a los hijos
105.26 envió a su siervo *M*, y a Aarón, al cual
106.16 tuvieron envidia de *M*..y contra Aarón
106.23 no haberse interpuesto *M* su escogido
106.32 y le fue mal a *M* por causa de ellos
Is. 63.11 pero se acordó..de *M* y de su pueblo
63.12 que los guio por la diestra de *M* con
Jer. 15.1 si *M* y Samuel se pusieran delante de
Dn. 9.11 el juramento que está..en la ley de *M*
9.13 conforme está escrito en la ley de *M*
Mi. 6.4 envié delante de ti a *M*, a Aarón y a
Mal. 4.4 acordaos de la ley de *M* mi siervo, al
Mt. 8.4 presenta la ofrenda que ordenó *M*, para
17.3 aparecieron *M* y Elías, hablando con él
17.4 tres enramadas: una para ti, otra para *M*
19.7 ¿por qué..mandó *M* dar carta de divorcio
19.8 por la..*M* os permitió repudiar a..mujeres
22.24 *M* dijo: Si alguno muriere sin hijos, su
23.2 la cátedra de *M* se sientan los escribas
Mr. 1.44 por tu purificación lo que *M* mandó
7.10 *M* dijo: Honra a tu padre y a tu madre
9.4 les apareció Elías con *M*, que hablaban
9.5 para ti, otra para *M*, y otra para Elías
10.3 respondiendo, les dijo: ¿Qué os mandó *M*?
10.4 ellos..*M* permitió dar carta de divorcio
12.19 *M* nos escribió que si el hermano de
12.26 ¿no habéis leído en el libro de *M* cómo
Lc. 2.22 conforme a la ley de *M*, le trajeron
5.14 según mandó *M*, para testimonio a ellos
9.30 varones que hablaban con él..*M* y Elías
9.33 tres enramadas, una para ti, una para *M*
16.29 le dijo: A *M* y a los profetas tienen
16.31 dijo: Si no oyen a *M* y a los profetas
20.28 *M* nos escribió: Si el hermano de alguno
20.37 *M* lo enseñó en el pasaje de la zarza
24.27 y comenzando desde *M*, y siguiendo por
24.44 que está escrito de mí en la ley de *M*
Jn. 1.17 la ley por medio de *M* fue dada, pero
1.45 a aquel de quien escribió *M* en la ley
3.14 *M* levantó la serpiente en el desierto
5.45 hay quien os acusa, *M*, en quien tenéis
5.46 porque si creyeseis a *M*, me creeríais a
6.32 no os dio *M* el pan del cielo, mas mi
7.19 ¿no os dio *M* la ley, y ninguno..cumple
7.22 por cierto, *M* os dio la circuncisión
7.22 no porque sea de *M*, sino de los padres
7.23 para que la ley de *M* no sea quebrantada
8.5 ley nos mandó *M* apedrear a tales mujeres
9.28 tú eres..pero nosotros, discípulos de *M*
9.29 sabemos que Dios ha hablado a *M*; pero
Hch. 3.22 porque *M* dijo a los padres: El Señor
6.11 oído hablar palabras blasfemas contra *M*
6.14 y cambiará las costumbres que nos dio *M*
7.20 nació *M*, y fue agradable a Dios; y fue
7.22 fue enseñado *M* en toda la sabiduría de
7.29 al oír..*M* huyó, y vivió como extranjero
7.31 *M*, mirando, se maravilló de la visión
7.32 y *M*, temblando, no se atrevía a mirar
7.35 *M*, a quien habían rechazado, diciendo
7.37 *M* es el que dijo a los hijos de Israel
7.38 aquel *M* que estuvo en la congregación
7.40 a..*M*..no sabemos qué le haya acontecido
7.44 cuando dijo a *M* que lo hiciese conforme
13.39 de que por la ley de *M* no pudisteis ser
15.1 os circuncidáis conforme al rito de *M*
15.5 y mandarles que guarden la ley de *M*
15.21 *M*..tiene en..ciudad quien lo predique
21.21 enseñas a..los judíos..a apostatar de *M*
26.22 los profetas y *M* dijeron que habían de
28.23 de Jesús, tanto por la ley de *M* como
Ro. 5.14 reinó la muerte desde Adán hasta *M*
9.15 pues a *M* dice: Tendré misericordia del
10.5 *M* escribe así: El hombre que haga estas
10.19 *M* dice: Yo os provocaré a celos con un
1 Co. 9.9 porque en la ley de *M* está escrito
10.2 todos en *M* fueron bautizados en la nube
2 Co. 3.7 no pudieron fijar la vista en..de *M*
3.13 no como *M*, que ponía un velo sobre su
3.15 cuando se lee a *M*, el velo está puesto
2 Ti. 3.8 que Janes y Jambres resistieron a *M*
He. 3.2 como..lo fue *M* en toda la casa de Dios
3.3 de tanto mayor gloria que *M* es estimado
3.5 *M* a la..fue fiel en toda la casa de Dios
3.16 que salieron de Egipto por mano de *M*?
7.14 Judá, de la cual nada habló *M* tocante al
8.5 se le advirtió a *M* cuando iba a erigir el
9.19 habiendo anunciado *M*..los mandamientos
10.28 el que viola la ley de *M*, por..muere
11.23 la fe *M*, cuando nació, fue escondido
11.24 *M*..rehusó llamarse hijo de la hija de
12.21 *M* dijo: Estoy espantado y temblando
Jud. 9 disputando con él por el cuerpo de *M*
Ap. 15.3 cantan el cántico de *M* siervo de Dios

MOJAR

Éx. 12.22 hisopo, y *mojadlo* en la sangre que
Lv. 4.6,17 *mojará* el sacerdote su dedo en la
9.9 él *mojó* su dedo en la sangre, y puso de
14.6 los *mojará* con la avecilla viva en la
14.16 y *mojará* su dedo derecho en el aceite
14.51 los *mojará* en la sangre de la avecilla
Nm. 19.18 tomará hisopo, y lo *mojará* en el agua
Dt. 33.24 el amado de..y *moje* en aceite su pie
Jos. 3.15 los pies de los sacerdotes..*mojados*
Rt. 2.14 come del pan, y *moja* tu bocado en el
1 S. 14.27 la *mojó* en un panal de miel, y llevó
Job 24.8 con las lluvias de los montes se *mojan*
Dn. 4.15,23 sea *mojado* con el rocío del cielo
4.33 cuerpo se *mojaba* con el rocío del cielo
5.21 su cuerpo fue *mojado* con el rocío del
Mr. 14.20 uno..el que *moja* conmigo en el plato
Lc. 16.24 Lázaro para que *moje* la punta de su
Jn. 13.26 a quien yo diere el pan *mojado*..es
13.26 *mojando* el pan..dio a Judas Iscariote

MOLADA *Ciudad en Simeón*, Jos. 15.26; 19.2; 1 Cr. 4.28; Neh. 11.26

MOLDURA

Éx. 25.25 le harás también una *m* alrededor, de
25.25 a la *m* una cornisa de oro alrededor
25.27 los anillos estarán debajo de la *m*, para
27.10,11 capiteles de las columnas y sus *m*
36.38 y cubrió de oro los capiteles y las *m*
37.12 una *m* de un palmo menor de anchura
37.12 hizo en derredor de la *m* una cornisa
37.14 debajo de la *m* estaban los anillos, por
38.10,11,12,17 capiteles..y sus *m*, de plata
38.17 columnas del atrio tenían *m* de plata
38.19 y las cubiertas de..y sus *m*, de plata

MOLDURA *(Continúa)*
1 R. 7.28 basas..tenían unos tableros..entre *m*
7.29 y sobre aquellos tableros..entre las *m*
7.29 y sobre las *m* de..había unas añadiduras
7.35 encima de la basa sus *m* y tableros, los
7.36 e hizo en las tablas de las *m*, y en los

MOLE
Hab. 3.15 caminaste..sobre la *m* de las..aguas

MOLER
Éx. 30.36 y *molerás* parte de él en polvo fino
32.20 becerro..*molió* hasta reducirlo a polvo
Lv. 16.12 llenos del perfume aromático *molido*
Nm. 11.8 el pueblo..lo recogía, y lo *molía* en
Dt. 9.21 desmenucé *moliéndolo* muy bien, hasta
Jue. 16.21 le ataron..que *moliese* en la cárcel
2 S. 22.43 como polvo de la tierra los *molí*
Job 19.2 ¿hasta cuándo..*moleréis* con palabras?
31.10 *muela* para otro mi mujer, y sobre ella
Sal. 18.42 *molí* como polvo delante del viento
38.8 estoy debilitado y *molido* en gran manera
Is. 3.15 *moléis* las caras de los pobres? dice
38.13 como un león *molió* todos mis huesos; de
41.15 trillo..trillarás montes y los *molerás*
47.2 toma el molino y *muele* harina; descubre
53.5 herido fue..*molido* por nuestros pecados
Lm. 5.13 llevaron a los jóvenes a *moler*, y los
Mt. 24.41 dos mujeres estarán *moliendo* en un
Lc. 17.35 dos mujeres estarán *moliendo* juntas

MOLESTAR
Éx. 1.11 que los *molestasen* con sus cargas; y
Nm. 10.9 contra el enemigo que os *molestare*
Dt. 2.9 Jehová me dijo: No *molestes* a Moab, ni
2.19 no los *molestes*, ni contiendas con ellos
Rt. 2.9 he mandado..criados que no te *molesten*
Mi. 6.3 pueblo mío..o en qué te he *molestado?*
Mt. 26.10 ¿por qué *molestáis* a esta mujer?
Mr. 5.35 ¿para qué *molestas* más al Maestro?
14.6 dijo: Dejadla; ¿por qué la *molestáis?*
Lc. 7.6 no te *molestes*, pues no soy digno de
8.49 ha muerto; no *molestes* más al Maestro
11.7 le dice: No me *molestes;* la puerta ya
Hch. 24.4 no *molestarte*..ruego que nos oigas

MOLESTIA
Dt. 1.12 ¿cómo llevaré yo..vuestras *m*..pleitos?
2 S. 14.26 causaba *m*, y por eso se lo cortaba
Job 5.6 aflicción..ni la *m* brota de la tierra
Sal. 90.10 todo, su fortaleza es *m* y trabajo
Ec. 1.18 en la mucha sabiduría hay mucha *m*
2.23 no son sino dolores, y sus trabajos *m*
Hab. 1.3 me haces ver iniquidad, y..que vea *m?*
Gá. 6.17 de aquí en adelante nadie me cause *m*
1 P. 2.19 si..sufre *m* padeciendo injustamente

MOLESTO, TA
Job 4.2 si probáremos a hablarte, te será *m*
16.2 oído..consoladores *m* sois todos vosotros
Pr. 15.10 la reconvención es *m* al que deja el
Is. 7.13 ¿os es poco el ser *m* a los hombres
Lc. 18.5 esta viuda me es *m*, le haré justicia
Fil. 3.1 no me es *m* el escribiros las mismas

MOLID *Descendiente de Judá,* 1 Cr. 2.29

MOLIDO *Véase Moler*

MOLINO
Éx. 11.5 la sierva que está tras el *m*, y todo
Nm. 11.8 el pueblo..lo molía en *m* o lo majaba
Dt. 24.6 no tomarás en prenda la muela del *m*
Jue. 9.53 dejó caer un pedazo de una rueda de *m*
2 S. 11.21 pedazo de una rueda de *m*, y murió
Is. 47.2 toma el *m* y muele harina; descubre
Jer. 25.10 que desaparezca..ruido de *m* y luz
Mt. 18.6 le colgase al cuello una piedra de *m*
24.41 estarán moliendo en un *m;* la una será
Mr. 9.42 se le atase una piedra de *m* al cuello
Lc. 17.2 se le atase al cuello una piedra de *m*
Ap. 18.21 una piedra, como una gran piedra de *m*
18.22 en ti, ni ruido de *m* se oirá más en ti

MOLOC *Dios pagano al cual se ofrecían sacrificios humanos*
Lv. 18.21 no des hijo tuyo para ofrecerlo..a *M*
20.2 que ofreciere alguno de sus hijos a *M*
20.3 dio de sus hijos a *M*, contaminando mi
20.4 varón que hubiere dado de sus hijos a *M*
20.5 que fornicaron..prostituyéndose con *M*
1 R. 11.7 edificó..a *M*, ídolo abominable de los
11.33 adorado..a *M* dios de los hijos de Amón
2 R. 23.10 ninguno pasase su hijo..fuego a *M*
Jer. 32.35 el fuego sus hijos y sus hijas a *M*
Am. 5.26 llevabais el tabernáculo de vuestro *M*
Hch. 7.43 llevasteis el tabernáculo de *M*, y la

MOMENTÁNEA
2 Co. 4.17 esta leve tribulación *m* produce en

MOMENTO
Éx. 33.5 en un *m* subiré en medio de ti, y te
Nm. 16.21, 45 apartaos..y los consumiré en un *m*
Rt. 2.7 desde..sin descansar ni aun por un *m*
Esd. 9.8 por un breve *m* ha habido misericordia
Job 7.18 lo visites..y todos los *m* lo pruebes?
20.5 es breve, y el gozo del impío por un *m?*
34.20 en un *m* morirán, y a medianoche se
Sal. 30.5 un *m* será su ira, pero su favor dura
81.14 un *m* habría yo derribado a sus enemigos
Pr. 12.19 la lengua mentirosa sólo por un *m*
Is. 26.20 escóndete por un poquito, por un *m*
27.3 yo Jehová la guardo, cada *m* la regaré
29.5 pasa; y será repentinamente, en un *m*
54.7 por un breve *m* te abandoné, pero te
54.8 de ira escondí mi rostro de ti por un *m*
Jer. 4.20 son destruidas..en un *m* mis cortinas
51.8 en un *m* cayó Babilonia, y se despedazó
Lm. 4.6 destruida en un *m*, sin que acamparan
Ez. 32.10 sobresaltarán..a cada *m* en el día de
Mt. 13.20 el que oye..al *m* la recibe con gozo
14.31 al *m* Jesús, extendiendo la mano, asió
Mr. 4.16 la palabra, al *m* la reciben con gozo
Lc. 1.64 al *m* fue abierta su boca y suelta su
4.5 le mostró en un *m* todos los reinos de la
Hch. 3.7 *m* se le afirmaron los pies y tobillos
5.34 sacasen fuera por un *m* a los apóstoles
9.18 *m* le cayeron de los ojos como escamas
12.23 al *m* un ángel del Señor le hirió, por
1 Co. 15.52 un *m*, en un abrir y cerrar de ojos
Gá. 2.5 ni por un *m* accedimos a someternos
2 P. 1.15 podáis en todo *m* tener memoria de

MONDADURA
Gn. 30.37 Jacob..descortezó en ellas *m* blancas

MONDAR
Gn. 30.38 varas que había *mondado* delante del

MONEDA
Gn. 20.16 he dado mil *m* de plata a tu hermano
33.19 compró una parte del campo..por cien *m*
1 S. 2.36 vendrá a postrarse..una *m* de plata
Job 42.11 cada uno..le dio una pieza de *m* y un
Cnt. 8.11 cada uno..debía traer mil *m* de plata
Mt. 22.19 mostradme la *m* del tributo. Y ellos
Mr. 12.15 ¿por qué me tentáis? Traedme la *m*
Lc. 20.24 mostradme la *m*. ¿De quién tiene la
Jn. 2.15 y esparció las *m* de los cambistas, y

MONO
1 R. 10.22; 2 Cr. 9.21 traían..plata, marfil, *m*

MONSTRUO
Gn. 1.21 y creó Dios los grandes *m* marinos, y
Job 7.12 ¿soy yo el mar, o un *m* marino, para
Sal. 74.13 quebrantaste cabezas de *m* en las
148.7 alabad..*m* marinos y todos los abismos

MONTADO *Véase Montar*

MONTAÑA
Jos. 9.1 los reyes..en las *m* como en los llanos
10.6 reyes de..amorreos que habitan en las *m*
10.40 hirió..Josué toda la región de las *m*
11.2 y a los reyes que..del norte en las *m*
11.3 al jebuseo en las *m*, y al heveo al pie
11.16 tomó, pues, Josué..*m*, todo el Neguev
11.16 el Arabá, las *m* de Israel y sus valles
12.8 en las *m*, en los valles, en el Arabá, en
13.6 todos los que habitan en las *m* desde el
15.48 y en las *m*, Samir, Jatir, Soco
16.1 desierto que sube..por las *m* de Bet-el
Jue. 1.9 el cananeo que habitaba en las *m*, en
1.19 con Judá, quien arrojó a los de las *m*
1 Cr. 12.8 ligeros como..gacelas sobre las *m*
2 Cr. 2.18 y ochenta mil canteros en la *m*, y
27.4 edificó ciudades en las *m* de Judá, y
Cnt. 8.14 sé semejante al corzo..sobre las *m*
Jer. 17.3 sobre las *m* y sobre el campo. Todos
32.44; 33.13 ciudades de las *m*..de la Sefela
Mi. 7.14 que mora solo en la *m*, en campo fértil
Lc. 1.39 levantándose María..de prisa a la *m*
1.65 en todas las *m* de Judea se divulgaron
Ap. 8.8 como una gran *m*..fue precipitada en el

MONTAÑOSA
Gn. 10.30 fue desde Mesa..hasta la región *m* del
2 Cr. 15.8 los ídolos..en la parte *m* de Efraín

MONTAR
Gn. 24.61 Rebeca y..*montaron* en los camellos
Éx. 28.20 estarán *montadas* en engastes de oro
39.6 piedras de ónice *montadas* en engastes
39.13 *montadas* y encajadas en engastes de oro
Nm. 22.22 *montado* sobre su asna, y con él dos
1 S. 25.20 *montando* un asno, descendió por una
25.42 Abigail..*montó* en un asno y siguió a
30.17 sino 400..que *montaron*..los camellos
2 S. 13.29 *montaron* cada uno en su..y huyeron
16.2 los asnos son para que *monte* la familia
19.26 enalbárdame un asno, y *montaré* en él
1 R. 1.33 *montad* a Salomón mi hijo en mi mula
1.38 *montaron* a Salomón en la mula del rey
1.44 los cuales le *montaron* en la mula del
1 R. 13.13 le ensillaron el asno, y él lo *montó*
Est. 8.10 cartas por medio de correos *montados*
8.14 los correos, pues, *montados* en caballos
Is. 19.1 que Jehová *monta* sobre una ligera nube
21.7,9 hombres *montados*, jinetes de dos en
21.7 *montados* sobre asnos, *m* sobre camellos
Jer. 6.23 y *montarán* a caballo como hombres
22.4 los reyes..entrarán *montados* en carros
50.42 voz rugirá..y *montarán* sobre caballos
Ez. 23.23 nobles y varones..*montan* a caballo
Os. 14.3 no *montaremos* en caballos, ni nunca
Hab. 3.8 cuando *montaste* en tus caballos, y en
Mr. 11.2 ningún hombre ha *montado;* desatadlo y
Lc. 19.30 en el cual ningún hombre ha *montado*
Jn. 12.14 halló..un asnillo, y *montó* sobre él
12.15 tu Rey viene, *montado* sobre un pollino
Ap. 6.2 el que lo *montaba* tenía un arco; y le
6.4 y al que lo *montaba* le fue dado poder de
6.5 y el que lo *montaba* tenía una balanza en
6.8 que lo *montaba* tenía por nombre Muerte
19.11 y el que lo *montaba* se llamaba Fiel y
19.19 para guerrear contra el que *montaba* el
19.21 la espada..del que *montaba* el caballo

MONTE
Gn. 7.19 y todos los *m* altos..fueron cubiertos
7.20 después que fueron cubiertos los *m*
8.4 reposó el arca en..sobre los *m* de Ararat
8.5 mes, se descubrieron las cimas de los *m*
12.8 se pasó de allí a un *m* al oriente de
14.6 y a los horeos en el *m* de Seir, hasta
14.10 cayeron allí, y los demás huyeron al *m*
19.17 escapa por tu..al *m*, no sea que perezcas
19.19 no podré escapar al *m*, no sea que me
19.30 pero Lot subió de Zoar y moró en el *m*
22.2 ofrécelo allí..sobre uno de los *m* que
22.14 hoy: En el *m* de Jehová será provisto
31.21 huyó, pues..se dirigió al *m* de Galaad
31.23 Labán..y le alcanzó en el *m* de Galaad
31.25 y éste había fijado su tienda en el *m*
31.25 y Labán acampó con..en el *m* de Galaad
31.54 inmoló víctimas en el *m*, y llamó a sus
31.54 pan, y durmieron aquella noche en el *m*
36.8 y Esaú habitó en el *m* de Seir; Esaú es
36.9 son los linajes de Esaú..en el *m* de Seir
Éx. 3.1 ovejas..llegó hasta Horeb, *m* de Dios
3.12 por señal..serviréis a Dios sobre este *m*
4.27 lo encontró en el *m* de Dios, y le besó
15.17 y los plantarás en el *m* de tu heredad
18.5 estaba acampando junto al *m* de Dios
19.2 Sinaí..acampó allí Israel delante del *m*
19.3 y Jehová lo llamó desde el *m*, diciendo
19.11 Jehová descenderá..sobre el *m* de Sinaí
19.12 no subáis al *m*, ni toquéis sus límites
19.12 cualquiera que tocare el *m*, de..morirá
19.13 cuando suene..la bocina, subirán al *m*
19.14 y descendió Moisés del *m* al pueblo, y
19.16 relámpagos, y espesa nube sobre el *m*
19.17 Moisés sacó..al pueblo..al pie del *m*
19.18 el *m* Sinaí humeaba, porque Jehová había
19.18 todo el *m* se estremecía en gran manera
19.20 descendió..sobre el *m*..la cumbre del *m*
19.20 llamó Jehová a Moisés..la cumbre del *m*
19.23 el pueblo no podrá subir al *m* Sinaí
19.23 tú..Señala límites al *m*, y santifícalo
20.18 el *m* que humeaba; y viéndolo el pueblo
24.4 edificó un altar al pie del *m*, y doce
24.12 sube a mí al *m*, y espera allá, y te
24.13 se levantó..y Moisés subió al *m* de Dios
24.15 subió al *m*, y una nube cubrió el *m*
24.16 la gloria de Jehová reposó sobre el *m*
24.17 un fuego abrasador en la cumbre del *m*
24.18 subió al *m;* y estuvo..en el *m* 40 días
25.40; 26.30; 27.8 te fue mostrado en el *m*
31.18 cuando acabó de hablar con él en el *m*
32.1 que Moisés tardaba en descender del *m*
32.12 matarlos en los *m*, y para raerlos de
32.15 descendió del *m*, trayendo..dos tablas
32.19 las tablas..y las quebró al pie del *m*
33.6 se despojaron de sus atavíos desde el *m*
34.2 prepárate..mañana..sube de mañana al *m*
34.2 preséntate ante mí sobre la cumbre..*m*
34.3 no suba..ni parezca alguno en todo el *m*
34.3 ovejas ni bueyes pazcan delante del *m*
34.4 se levantó de mañana y subió al *m* Sinaí
34.29 descendiendo Moisés del *m* Sinaí con las
34.29 al descender del *m*, no sabía Moisés que
34.32 lo que Jehová le había dicho en el *m*
Lv. 7.38 la cual mandó Jehová a Moisés en el *m*
25.1 Jehová habló a Moisés en el *m* de Sinaí
26.46 que estableció Jehová..en el *m* de Sinaí
27.34 los mandamientos que ordenó..en el *m*
Nm. 3.1 en que Jehová habló..en el *m* de Sinaí
10.33 así partieron del *m* de Jehová camino de
13.17 subid de aquí al Neguev, y subid al *m*
13.29 el heteo..el amorreo habitan en el *m*
14.40 y subieron a la cumbre del *m*, diciendo
14.44 se obstinaron en subir a la cima del *m*
14.45 y el cananeo que habitaban en aquel *m*
20.22 y partiendo de..vinieron al *m* de Hor
20.23 Jehová habló a Moisés..en el *m* de Hor
20.25 a Aarón y a..hazlos subir al *m* de Hor
20.27 y subieron al *m* de Hor a la vista de
20.28 y Aarón murió allí en la cumbre del *m*

MONTE *(Continúa)*
Nm. 20.28 Moisés y Eleazar descendieron del *m*
21.4 partieron del *m* de Hor, camino del Mar
23.3 Balaam dijo. .se fue a un *m* descubierto
23.7 de Aram me trajo. .de los *m* del oriente
27.12 sube a este *m* Abarim, y verás la tierra
28.6 holocausto. .ordenado en el *m* Sinaí para
33.23 salieron. .y acamparon en el *m* de Sefer
33.24 salieron del *m* de Sefer y acamparon en
33.32 salieron. .acamparon en el *m* de Gidgad
33.33 salieron del *m* de Gidgad y acamparon
33.37 y acamparon en el *m* de Hor, en. .Edom
33.38 subió. .Aarón al *m* de Hor, conforme al
33.39 Aarón. .123 años. .murió en el *m* de Hor
33.41 salieron del *m* de Hor y acamparon en
33.47 acamparon en los *m* de Abarim, delante
33.48 salieron de. .*m* de Abarim y acamparon
34.7 desde el Mar Grande trazaréis al *m* de
34.8 del *m* de Hor trazaréis a la entrada de
Dt. 1.2 once jornadas hay. .camino del *m* de Seir
1.6 habéis estado bastante tiempo en este *m*
1.7 al *m* del amorreo y a todas sus comarcas
1.7 en el *m*, en los valles, en el Neguev, y
1.19 anduvimos. .el camino del *m* del amorreo
1.20 dije: Habéis llegado al *m* del amorreo
1.24 subieron al *m*, y llegaron hasta el valle
1.41 cada uno. .preparasteis para subir al *m*
1.43 persistiendo con altivez subisteis al *m*
1.44 el amorreo, que habitaba en aquel *m*, y
2.1 rodeamos el *m* de Seir por mucho tiempo
2.3 habéis rodeado este *m*; volveos al norte
2.5 he dado por heredad a Esaú el *m* de Seir
2.37 a las ciudades del *m*, ni a lugar alguno
3.8 también tomamos. .hasta el *m* de Hermón
3.12 mitad del *m* de Galaad con sus ciudades
3.25 pase. .y vea. .aquel buen *m*, y el Líbano
4.11 os pusisteis al pie del *m*; y el *m* ardía
4.48 desde Aroer. .hasta el *m* de Sion, que es
5.4 cara a cara habló Jehová. .en el *m* de en
5.5 tuvisteis temor del. .y no subisteis al *m*
5.22 estas palabras habló Jehová a. .en el *m*
5.23 cuando. .visteis al *m* que ardía en fuego
8.7 de manantiales, que brotan en vegas y *m*
8.9 son hierro, y de cuyos *m* sacarás cobre
9.9 yo subí al *m* para recibir las tablas de
9.9 en el *m* cuarenta días y cuarenta noches
9.10 las palabras que os habló Jehová en el *m*
9.15 descendí del *m*, el cual ardía en fuego
9.21 eché. .en el arroyo que descendía del *m*
10.1 y sube a mí al *m*, y hazte un arca de
10.3 subí al *m* con las dos tablas en mi mano
10.4 que Jehová os había hablado en el *m* de
10.5 y descendí del *m*, y puse las tablas en
10.10 estuve en el *m* como los primeros días
11.11 la tierra. .es tierra de *m* y de vegas
11.29 la bendición sobre el *m* Gerizim, y la
11.29 pondrás. .la maldición sobre el *m* Ebal
12.2 sirvieron. .sobre los *m* altos, y sobre
19.5 fuere con su prójimo al *m* a cortar leña
27.4 levantarás estas piedras. .en el *m* Ebal
27.12 estos estarán sobre el *m* Gerizim para
27.13 estarán sobre el *m* Ebal. .la maldición
32.22 y abrasará los fundamentos de los *m*
32.49 sube a este *m* de Abarim, al *m* Nebo
32.50 y muere en el *m* al cual subes, y sé
32.50 así como murió Aarón tu hermano en el *m*
33.2 resplandeció desde el *m* de Parán, y vino
33.15 con el fruto más fino de los *m* antiguos
33.19 llamarán a los pueblos a su *m*; allí
34.1 subió Moisés. .al *m* Nebo, a la cumbre del
Jos. 2.16 les dijo: Marchaos al *m*, para que los
2.22 ellos, llegaron al *m* y estuvieron allí
2.23 descendieron del *m*. .y vinieron a Josué
8.30 Josué edificó un altar a. .en el *m* Ebal
8.33 la mitad de ellos. .hacia el *m* Gerizim
8.33 y la otra mitad hacia el *m* Ebal, de la
11.17 el *m* Halac. .a la falda del *m* Hermón
11.21 y destruyó a los anaceos de los *m* de
11.21 todos los *m* de Judá y. .los *m* de Israel
12.1 el arroyo de Arnón hasta el *m* Hermón
12.5 dominaba en el *m* Hermón, en Salca, en
12.7 el llano del Líbano hasta el *m* de Halac
13.5 todo. .desde Baal-gad al pie del *m* Hermón
13.11 todo el *m* Hermón, y toda la tierra de
13.19 Sibma, Zaret-sahar en el *m* del valle
14.12 este *m*, del cual habló Jehová aquel día
15.8 luego sube por la cumbre del *m* que está
15.9 rodea este límite desde la cumbre del *m*
15.9 y sale a las ciudades del *m* de Efrón
15.10 gira. .hacia el occidente al *m* de Seir
15.10 y pasa al lado del *m* de Jearim hacia
15.11 a Sicrón, y pasa por el *m* de Baala, y
17.15 *m* de Efraín es estrecho para vosotros
17.16 José. .No nos bastará a nosotros este *m*
17.18 que aquel *m* será tuyo; pues aunque es
18.12 sube después al *m* hacia el occidente
18.13 desciende de. .al *m* que está al sur de
18.14 tuerce hacia el. .por el lado sur del *m*
18.16 al extremo del *m* que está delante del
19.50 le dieron la. .Timnat-sera, en el *m* de
20.7 señalaron a Cedes. .en el *m* de Neftalí
20.7 señalaron a. .Siquem en el *m* de Efraín
20.7 Quiriat-arba (que es Hebrón) en el *m* de
21.11 dieron Quiriat-arba. .en el *m* de Judá
21.21 les dieron Siquem. .en el *m* de Efraín
24.4 y a Esaú di el *m* de Seir, para que lo
24.30 el *m* de Efraín, al norte del *m* de Gaas
24.33 lo enterraron en el. .en el *m* de Efraín
Jue. 1.34 acosaron a. .hijos de Dan hasta el *m*
1.35 persistió en habitar en el *m* de Heres
2.9 el *m* de Efraín, al norte del *m* de Gaas
3.3 los heveos que habitaban en el *m* Líbano
3.3 desde el *m* de Baal-hermón hasta. .Hamat
3.27 tocó el cuerno en el *m* de Efraín, y los
3.27 de Israel descendieron con él del *m*, y
4.5 entre Ramá y Bet-el, en el *m* de Efraín
4.6 junta a tu gente en el *m* de Tabor, y toma
4.12 que Barac. .había subido al *m* de Tabor
4.14 Barac descendió del *m* de Tabor, y diez
5.5 los *m* temblaron delante de Jehová, aquel
6.2 se hicieron cuevas en los *m*, y cavernas
7.3 tema. .madrugue y devuélvase desde el *m*
7.24 envió mensajeros por todo el *m* de Efraín
9.7 y se puso en la cumbre del *m* de Gerizim
9.25 Siquem pusieron en las cumbres de los *m*
9.36 he allí gente que desciende. .de los *m*
9.36 tú ves la sombra de los *m* como. .hombres
9.48 subió Abimelec al *m* de Salmón, él y toda
10.1 Tola hijo de. .habitaba en Samir en el *m*
11.37 vaya y descienda por los *m*, y llore mi
11.38 fue. .y lloró su virginidad por los *m*
12.15 y fue sepultado en. en el *m* de Amalec
16.3 subió a. .*m* que está delante de Hebrón
17.1 hubo un hombre del *m* de Efraín. .Micaía
17.8 llegando. .al *m* de Efraín, vino a casa
18.2 vinieron al *m* de Efraín, hasta la casa
18.13 pasaron al *m* de Efraín, y vinieron a
19.1 en la parte más remota del *m* de Efraín
19.16 un hombre. .el cual era del *m* de Efraín
19.18 a la parte más remota del *m* de Efraín
1 S. 1.1 un varón. .de Zofim, del *m* de Efraín
9.4 pasó el *m* de Efraín, y de allí a. .Salisa
13.2 dos mil en Micmas y en el *m* de Bet-el
14.22 se habían escondido en el *m* de Efraín
17.3 filisteos. .sobre un *m*. .e Israel. .otro *m*
23.14 y habitaba en un *m* en el desierto de
23.26 Saúl iba por un lado del *m*, y David con
23.26 David con sus. .por el otro lado del *m*
25.20 descendió por una parte secreta del *m*
26.13 se puso en la cumbre del *m* a lo lejos
26.20 quien persigue una perdiz por los *m*
31.1 y cayeron muertos en el *m* de Gilboa
31.8 hallaron a Saúl y. .tendidos en el *m* de
2 S. 1.6 vine al *m* de Gilboa, y hallé a Saúl
1.21 *m* de Gilboa, ni rocío ni lluvia caiga
13.34 mucha gente que venía. .del lado del *m*
15.32 cuando David llegó a la cumbre del *m*
16.1 un poco más allá de la cumbre del *m*, he
16.13 Simei iba por el lado del *m* delante de
20.21 un hombre del *m* de Efraín. .Seba hijo
21.9 los ahorcaron en el *m* delante de Jehová
1 R. 4.8 son. .el hijo de Hur en el *m* de Efraín
5.15 tenía. .ochenta mil cortadores en el *m*
11.7 lugar alto. .en el *m* que está enfrente
12.25 reedificó. .a Siquem en el *m* de Efraín
16.24 y Omri compró a Semer el *m* de Samaria
16.24 y edificó en el *m*; y llamó el nombre
16.24 de Semer, que fue dueño de aquel *m*
18.19 congrégame a. .Israel en el *m* Carmelo
18.20 reunió a los profetas en el *m* Carmelo
19.8 caminó 40. .hasta Horeb, el *m* de Dios
19.11 sal fuera, y ponte en el *m* delante de
19.11 un poderoso viento que rompía los *m*, y
20.23 sus dioses son dioses de los *m*, por eso
20.28 dicho: Jehová es Dios de los *m*, y no
22.17 vi a todo Israel esparcido por los *m*
2 R. 1.9 él estaba sentado en la cumbre del *m*
2.16 ha echado en algún *m* o en algún valle
2.24 salieron dos osos del *m*, y despedazaron
2.25 allí fue al *m* Carmelo, y de allí volvió
4.25 y vino al varón de Dios, al *m* Carmelo
4.27 donde estaba el varón de Dios en el *m*
5.22 vinieron. .*m* de Efraín dos jóvenes
6.17 el *m* estaba lleno de gente de a caballo
19.23 he subido a las alturas de los *m*, a lo
19.31 saldrá. .del *m* de Sion los que se salven
23.13 lugares altos. .a la mano derecha del *m*
23.16 Josías. .viendo los sepulcros. .en el *m*
1 Cr. 4.42 los. .de Simeón, fueron al *m* de Seir
5.23 Basán hasta. .y Senir y el *m* de Hermón
6.67 Siquem con sus ejidos en el *m* de Efraín
10.1 y cayeron heridos en el *m* de Gilboa
10.8 a Saúl y a sus hijos tendidos en el *m*
2 Cr. 2.2 ochenta mil. .que cortasen en los *m*
3.1 edificar la casa de. .en el *m* Moriah
13.4 sobre el *m*. .que está en los *m* de Efraín
18.16 todo Israel derramado por los *m* como
19.4 desde Beerseba hasta el *m* de Efraín, y
20.10 y los del *m* de Seir, a cuya tierra no
20.22 contra. .Amón, de Moab y del *m* de Seir
20.23 se levantaron contra los del *m* de Seir
20.23 hubieron acabado con los del *m* de Seir
21.11 hizo lugares altos en los *m* de Judá
26.10 en los *m* como en los llanos fértiles
33.15 altares que había edificado en el *m* de
Neh. 8.15 salid al *m*, y traed ramas de olivo
9.13 y sobre el *m* de Sinaí descendiste, y
Job 9.5 arranca los *m* con su furor, y no saben
14.18 el *m* que cae se deshace, y las peñas
24.8 con las lluvias de los *m* se mojan, y
28.9 puso su mano, y trastornó de raíz los *m*
39.8 lo oculto de los *m* es su pasto, y anda
40.20 los *m* producen hierba para él; y toda
Sal. 2.6 puesto mi rey sobre Sion, mi santo *m*
3.4 clamé. .él me respondió desde su *m* santo
11.1 ¿cómo decís. .que escape al *m* cual ave?
15.1 Jehová. .¿quién morará en tu *m* santo?
18.7 se conmovieron los cimientos de los *m*
24.3 ¿quién subirá al *m* de Jehová? ¿Y quién
30.7 con tu favor me afirmaste como *m* fuerte
36.6 tu justicia es como los *m* de Dios, tus
42.6 me acordaré. .de ti. .desde el *m* de Mizar
43.3 me guiarán; me conducirán a tu santo *m*
46.2 se traspasen los *m* al corazón del mar
46.3 tiemblen los *m* a causa de su braveza
48.1 en la ciudad de. .Dios, en su *m* santo
48.2 hermosa provincia. .es el *m* de Sion, a
48.11 se alegrará el *m* de Sion; se gozarán
50.11 conozco a todas las aves de los *m*, y
65.6 tú, el que afirma los *m* con su poder
68.14 como si hubiese nevado en el *m* Salmón
68.15 *m* de Dios es el *m* de Basán; *m* alto el
68.16 ¿por qué observáis, oh *m* altos, al *m*
72.3 los *m* llevarán paz al pueblo, y los
72.16 será echado. .en las cumbres de los *m*
74.2 este *m* de Sion, donde has habitado
76.4 eres tú, poderoso más que los *m* de caza
78.54 los trajo. .a este *m* que ganó su mano
78.68 escogió la. .el *m* de Sion, al cual amó
80.10 los *m* fueron cubiertos de su sombra
83.14 como fuego que quema el *m*, como llama
87.1 su cimiento está en el *m* santo
90.2 antes que naciesen los *m* y formases la
95.4 tierra, y las alturas de los *m* son suyas
97.5 los *m* se derritieron como cera delante
98.8 batan las manos. .*m* todos hagan regocijo
99.9 postraos ante su santo *m*, porque Jehová
104.6 cubriste; sobre. .*m* estaban las aguas
104.8 subieron. .*m*, descendieron los valles
104.10 que envía las fuentes. .van entre los *m*
104.13 él riega los *m* desde sus aposentos
104.18 los *m* altos para las cabras monteses
104.32 él mira a la. .toca los *m*, y humean
114.4 *m* saltaron como carneros, los collados
114.6 *m*, ¿por qué saltasteis como carneros
121.1 alzaré mis ojos a los *m*; ¿de dónde
125.1 que confían en. .son como el *m* de Sion
125.2 Jerusalén tiene *m* alrededor de ella
133.3 rocío. .desciende sobre los *m* de Sion
144.5 inclina tus. .y desciende; toca los *m*, y
147.8 el que hace a los *m* producir hierba
148.9 los *m* y todos los collados, el árbol
Pr. 8.25 antes que los *m* fuesen formados, antes
27.25 y se segarán las hierbas de los *m*
Cnt. 2.8 he aquí él viene saltando sobre los *m*
2.17 como el cervatillo sobre los *m* de Beter
4.6 me iré al *m* de la mirra, y al collado del
4.8 ven conmigo. .desde los *m* de los leopardos
Is. 2.2 el *m* de la casa. .como cabeza de los *m*
2.3 dirán: Venid, y subamos al *m* de Jehová
2.14 sobre todos los *m* altos, y. .los collados
4.5 sobre toda la morada del *m* de Sion, y
5.25 le hirió; y se estremecieron los *m*, y
7.2 como se estremecen los árboles del *m* a
7.25 a todos los *m* que se cavaban con azada
8.18 de Jehová de. .que mora en el *m* de Sion
10.12 su obra en el *m* de Sion y en Jerusalén
10.32 alzará su mano al *m* de la hija de Sion
11.9 ni dañarán en todo mi santo *m*; porque
13.2 levantad bandera sobre un alto *m*; alzad
13.4 estruendo de multitud en los *m*, como de
14.13 en el *m* del testimonio me sentaré, a
14.25 en mi tierra, y en mis *m* lo hollaré
16.1 enviad cordero. .del desierto al *m* de la
17.13 serán ahuyentados como el tamo de los *m*
18.3 cuando se levante bandera en. .*m*, mirad
18.6 serán dejados. .para las aves de los *m*
18.7 lugar del nombre de Jehová. .*m* de Sion
22.5 para derribar el muro, y clamar al *m*
24.23 cuando Jehová. .reine en el *m* de Sion
25.6 y Jehová de. .hará en este *m*. .banquete
25.7 y destruirá en este *m* la cubierta con
25.10 la mano de Jehová reposará en este *m*
27.13 adorarán a Jehová en el *m* santo, en
28.21 levantará como en el *m* Perazim, como
29.8 las naciones que pelearán contra el *m*
30.17 como mástil en la cumbre de un *m*, y
30.25 sobre todo *m* alto. .ríos y corrientes
30.29 el que va con flauta para venir al *m*
31.4 descenderá a pelear sobre el *m* de Sion
32.19 y cuando caiga granizo, caerá en los *m*
34.3 y los *m* se disolverán por la sangre de
37.24 subiré a las alturas de los *m*. .laderas
37.32 saldrá. .del *m* de Sion los que se salven
40.4 y bájese todo *m* y collado; y lo torcido
40.9 súbete sobre un *m* alto, anunciadora de
40.12 y pesó los *m* con balanza y con pesas
41.15 trillarás *m* y los molerás, y collados
42.11 desde la cumbre de los *m* den voces de
42.15 convertiré en soledad *m* y collados
44.23 prorrumpid, *m*, en alabanza; bosque, y
49.11 y convertiré en camino todos mis *m*, y

MONTE (*Continúa*)
Is. 49.13 prorrumpid en alabanzas, oh *m;* porque
52.7 ¡cuán hermosos son sobre los *m* los pies
54.10 los *m* se moverán..collados temblarán
55.12 los *m* y los collados levantarán canción
56.7 los llevaré a mi santo *m*, y los recrearé
57.7 sobre el *m* alto y empinado pusiste tu
57.13 tendrá la tierra..y poseerá mi santo *m*
64.1 si..a tu presencia se escurriesen los *m*
64.3 descendiste, fluyeron los *m* delante de
65.7 quemaron incienso sobre los *m*, y sobre
65.9 sacaré descendencia..heredero de mis *m*
65.11 vosotros los..que olvidáis mi santo *m*
65.25 ni harán mal en todo mi santo *m*, dijo
66.20 mi santo *m* de Jerusalén, dice Jehová
Jer. 3.6 se va sobre todo *m* alto y debajo de
3.23 vanidad son..y el bullicio sobre los *m*
4.15 oir la calamidad desde el *m* de Efraín
4.24 miré a los *m*, y he aquí que temblaban
9.10 por los *m* levantaré lloro y lamentación
13.16 antes que..tropiecen en *m* de oscuridad
16.16 los cazarán por todo *m* y todo collado
17.26 vendrán de las..de los *m* y del Neguev
26.18 el *m* de la casa como cumbres de bosque
31.5 aún plantarás viñas en los *m* de Samaria
31.6 clamarán los guardas en el *m* de Efraín
31.23 te bendiga, oh morada de..oh *m* santo
46.18 como Tabor entre los *m*, y así vendrá
49.16 tú que habitas..tienes la altura del *m*
50.6 por los *m*..anduvieron de *m* en collado
50.19 el *m* de Efraín y en Galaad se saciará
51.25 yo estoy contra ti, oh *m* destruidor
51.25 haré rodar..y te reduciré a *m* quemado
Lm. 4.19 sobre los *m* nos persiguieron, en el
5.18 el *m* de Sion que está asolado; zorras
Ez. 6.2 pon tu rostro hacia los *m* de Israel
6.3 *m* de Israel, oíd palabra de Jehová el
6.3 dicho Jehová..a los *m* y a los collados
6.13 en todas las cumbres de los *m*, debajo de
7.7 de tumulto, y no de alegría, sobre los *m*
7.16 estarán sobre los *m* como palomas de los
11.23 se puso sobre el *m* que está al oriente
17.22 lo plantaré sobre el *m* alto y sublime
17.23 en el *m* alto de Israel lo plantaré, y
18.6,15 no comiere sobre los *m*, ni alzare
18.11 que comiere sobre los *m*, o violare la
19.9 que su voz no se oyese más sobre los *m*
20.40 en mi santo *m*, en el alto *m* de Israel
22.9 y sobre los *m* comieron en ti; hicieron
27.5 de hayas del *m* Senir te fabricaron todo
28.14 yo te puse en el santo *m* de Dios, allí
28.16 por lo que yo te eché del *m* de Dios
31.12 sus ramas caerán sobre los *m* y..valles
32.5 tus carnes sobre los *m*, y llenaré los
32.6 regaré de tu sangre..hasta los *m;* y los
33.28 y los *m* de Israel serán asolados hasta
34.6 perdidas mis ovejas por todos los *m*, y
34.13 yo..las apacentaré en los *m* de Israel
34.14 en los altos *m* de..estará su aprisco
34.14 serán apacentadas sobre..*m* de Israel
35.2 hijo..pon tu rostro hacia el *m* de Seir
35.3 dile..yo estoy contra ti, oh *m* de Seir
35.7 y convertiré al *m* de Seir en desierto y
35.8 y llenaré sus *m* de sus muertos; en tus
35.12 tus injurias..contra los *m* de Israel
35.15 asolado será el *m* de Seir, y todo Edom
36.1 profetiza a los *m* de Israel, y dí: *M* de
36.4 *m* de Israel, oíd palabra de Jehová el
36.4 así ha dicho..a los *m* y a los collados
36.6 y dí a los *m* y a los collados, y a los
36.8 oh *m* de Israel, daréis vuestras ramas
37.22 los haré una nación..en los *m* de Israel
38.8 recogida de..pueblos, a los *m* de Israel
38.20 se desmoronarán los *m*, y los vallados
38.21 en..mis *m* llamaré contra él la espada
39.2 haré..y te traeré sobre los *m* de Israel
39.4 sobre los *m* de Israel caerás tú y todas
39.17 sacrificio grande sobre los *m* de Israel
40.2 me puso sobre un *m* muy alto, sobre el
43.12 sobre la cumbre..*m*, el recinto entero
Dn. 2.35 piedra..fue hecha un gran *m* que llenó
2.45 viste que del *m* fue cortada una piedra
9.16 apártese..tu furor de sobre..tu santo *m*
9.20 derramaba mi ruego..por el *m* santo de
11.45 plantará las..entre los mares y el *m*
Os. 4.13 sobre las cimas de los *m* sacrificaron
10.8 y dirán a los *m:* Cubridnos; y a los
Jl. 2.1 y dad alarma en mi santo *m;* tiemblen
2.2 que sobre los *m* se extiende como el alba
2.5 sobre las cumbres de los *m;* como sonido
2.32 en el *m* de Sion..habrá salvación, como
3.17 Dios, que habito en Sion, mi santo *m*
3.18 sucederá..que los *m* destilarán mosto
Am. 3.9 reuníos sobre los *m* de Samaria, y ved
4.1 vacas de..que estáis en el *m* de Samaria
4.13 el que forma los *m*, y crea el viento, y
6.1 ¡ay..de los confiados en el *m* de Samaria
9.13 los *m* destilarán mosto, y los collados
Abd. 8 perezcan..la prudencia del *m* de Esaú?
9 todo hombre será cortado del *m* de Esaú por
16 de la manera que..bebisteis en mi santo *m*
17 en el *m* de Sion habrá un remanente que se
19 y los del Neguev poseerán el *m* de Esaú
21 y subirán salvadores al *m* de Sion para
21 para juzgar al *m* de Esaú; y el reino será
Jon. 2.6 descendí a los cimientos de los *m;* la
Mi. 1.4 y se derretirán los *m* debajo de él, y
3.12 el *m* de la casa como cumbres de bosque
4.1 *m* de la casa de Jehová..por cabecera de *m*
4.2 dirán: Venid, y subamos al *m* de Jehová
4.7 y Jehová reinará..en el *m* de Sion desde
6.1 levántate, contiende contra los *m*, y oigan
6.2 oíd, *m*, y fuertes cimientos de la tierra
7.12 día vendrán..de mar a mar, y de *m* a *m*
Nah. 1.5 los *m* tiemblan delante de él, y los
1.15 aquí sobre los *m* los pies del que trae
3.18 pueblo se derramó por los *m*, y no hay
Hab. 3.3 vendrá..el Santo desde el *m* de Parán
3.6 los *m* antiguos fueron desmenuzados, los
3.10 te vieron y tuvieron temor los *m;* pasó
Sof. 3.11 nunca..ensoberbecerás en mi santo *m*
Hag. 1.8 al *m*, y traed madera, y reedificad la
1.11 y llamé la sequía..sobre los *m*, sobre
Zac. 4.7 ¿quién eres tú, oh gran *m?* Delante de
6.1 salían de entre dos *m;* y aquellos *m* eran
8.3 llamará..el *m* de Jehová..*M* de Santidad
14.4 afirmarán sus pies..sobre el *m* de los
14.4 *m* de los Olivos se partirá por en medio
14.4 mitad del *m* se apartará hacia el norte
14.5 y huiréis al valle de los *m*, porque el
14.5 el valle de los *m* llegará hasta Azal
Mal. 1.3 a Esaú..convertí sus *m* en desolación
Mt. 4.8 le llevó el diablo a un *m* muy alto, y
5.1 viendo la multitud, subió al *m;* y
5.14 ciudad asentada sobre un *m* no se puede
8.1 cuando descendió Jesús del *m*, le seguía
14.23 subió al *m* a orar aparte; y..allí solo
15.29 de Galilea; y subiendo al *m*, se sentó
17.1 tomó a..y los llevó aparte a un *m* alto
17.9 cuando descendieron del *m*, Jesús les
17.20 si tuviereis fe como..diréis a este *m*
18.12 va por los *m* a buscar la que se había
21.1 vinieron a Betfagé, al *m* de los Olivos
21.21 sino que si a este *m* dijereis: Quítate
24.3 estando él sentado en el *m* de..Olivos
24.16 los que estén en Judea, huyan a los *m*
26.30 el himno, salieron al *m* de los Olivos
28.16 al *m* donde Jesús les había ordenado
Mr. 3.13 al *m*, y llamó a sí a los que él quiso
5.5 dando voces en los *m* y en los sepulcros
5.11 estaba allí cerca del *m* un gran hato de
6.46 los hubo despedido, se fue al *m* a orar
9.2 y los llevó aparte solos a un *m* alto; y
9.9 descendiendo ellos del *m*, les mandó que
11.1 frente al *m* de los Olivos, Jesús envió
11.23 dijere a este *m:* Quítate y échate en
13.3 se sentó en el *m* de los Olivos, frente
13.14 los que estén en Judea huyan a los *m*
14.26 el himno, salieron al *m* de los Olivos
Lc. 3.5 bajará todo *m* y collado; los caminos
4.5 y le llevó el diablo a un alto *m*, y le
4.29 le llevaron hasta la cumbre del *m* sobre
6.12 en aquellos días él fue al *m* a orar, y
8.32 hato de muchos cerdos que pacían en el *m*
9.28 que tomó a Pedro, a..y subió al *m* a orar
9.37 descendieron del *m*, una gran multitud
19.29 que llegando..al *m* que se llama de los
19.37 cerca de la bajada del *m* de los Olivos
21.21 los que estén en Judea, huyan a los *m*
21.37 se estaba en el *m* que se llama de los
22.39 fue, como solía, al *m* de los Olivos
23.30 comenzarán a decir a los *m:* Caed sobre
Jn. 4.20 nuestros padres adoraron en este *m*
4.21 ni en este *m* ni en Jerusalén adoraréis
6.3 subió Jesús a un *m*, y se sentó allí con
6.15 Jesús..volvió a retirarse al *m* él solo
8.1 y Jesús se fue al *m* de los Olivos
Hch. 1.12 desde el *m* que se llama del Olivar
7.30 le apareció en el desierto del *m* Sinaí
7.38 el ángel que le hablaba en el *m* Sinaí
1 Co. 13.2 de tal manera que trasladase los *m*
Gá. 4.24 el uno proviene del *m* Sinaí, el cual
4.25 porque Agar es el *m* Sinaí en Arabia, y
He. 8.5 modelo que se te ha mostrado en el *m*
11.38 errando por los desiertos, por los *m*
12.18 porque no os habéis acercado al *m* que
12.20 si aun una bestia tocare el *m*, será
12.22 os habéis acercado al *m* de Sion, a la
2 P. 1.18 oímos esta voz..con él en el *m* santo
Ap. 6.14 *m* y toda isla se removió de su lugar
6.15 escondieron..entre las peñas de los *m*
6.16 y decían a los *m*..Caed sobre nosotros
14.1 el Cordero estaba en pie sobre el *m* de
16.20 isla huyó, y los *m* no fueron hallados
17.9 las siete cabezas son siete *m*, sobre los
21.10 me llevó en el Espíritu a un *m* grande

MONTÉS
Dt. 14.5 la gacela, el corzo, la cabra *m*, el
1 S. 24.2 por..de los peñascos de las cabras *m*
2 R. 4.39 y halló una como parra *m*, y de ella
Job 6.5 acaso gime el asno *m* junto a la hierba?
11.12 un pollino de asno *m* nazca hombre
24.5 como asnos *m* en el desierto, salen a su
39.1 tú el tiempo en que paren las cabras *m?*
39.5 ¿quién echó libre al asno *m*, y quién
Sal. 80.13 destroza el puerco *m*, y la bestia
104.11 bestias..mitigan su sed los asnos *m*
104.18 los montes altos para las cabras *m*
Is. 32.14 donde descansen asnos *m*, y ganados
Jer. 2.24 asna *m* acostumbrada al desierto, que
14.6 y los asnos *m* se ponían en las alturas
Dn. 5.21 echado..con los asnos *m* fue su morada
Os. 8.9 subieron a..como asno *m* para sí solo

MONTÓN
Gn. 41.47 siete años de..la tierra produjo a *m*
Éx. 8.14 juntaron en *m*, y apestaba la tierra
15.8 se juntaron las corrientes como en un *m*
Nm. 11.32 el que menos, recogió diez *m;* y las
Dt. 13.16 ciudad..llegará a ser un *m* de ruinas
Jos. 3.13 porque las aguas..detendrán en un *m*
3.16 las aguas..se detuvieron como en un *m*
7.26 levantaron sobre él un..*m* de piedras
8.28 a Hai y la redujo a un *m* de escombros
8.29 levantaron sobre él un..*m* de piedras
Jue. 15.16 la quijada de un asno, un *m*, dos *m*
Rt. 3.7 Booz..retiró a dormir a un lado del *m*
2 S. 18.17 levantaron sobre él un *m*..de piedras
2 R. 10.8 ponedlas en dos *m* a la entrada de la
19.25 reducir las ciudades fortificadas a *m*
2 Cr. 31.6 los diezmos..y los depositaron en *m*
31.7 el mes..comenzaron a formar aquellos *m*
31.8 vieron los *m*, bendijeron a Jehová, y a
31.9 preguntó Ezequías a..acerca de esos *m*
Neh. 4.2 ¿resucitarán de los *m* del polvo las
Sal. 33.7 él junta como *m* las aguas del mar
78.13 pasar; detuvo las aguas como en un *m*
Cnt. 7.2 tu vientre como *m* de trigo cercado de
Is. 17.1 Damasco dejará de..y será *m* de ruinas
25.2 convertiste la ciudad en *m*, la ciudad
37.26 tú serás para reducir las ciudades..*m*
Jer. 9.11 reduciré a Jerusalén a..*m* de ruinas
26.18 Jerusalén vendrá a ser *m* de ruinas, y
49.2 Rabá..y será convertida en *m* de ruinas
50.26 abrid sus..convertidla en *m* de ruinas
51.37 será Babilonia *m* de ruinas, morada de
Os. 12.11 sus altares son como *m* en los surcos
Mi. 1.6 haré, pues, de Samaria *m* de ruinas, y
3.12 Jerusalén vendrá a ser *m* de ruinas, y
Hag. 2.16 venían al *m* de veinte efas, y había

MONTURA
Lv. 15.9 *m* sobre que cabalgare el que tuviere

MONUMENTO
Jos. 4.7 piedras servirán de *m* conmemorativo
1 S. 15.12 se levantó un *m*, y dio la vuelta, y
2 R. 23.17 ¿qué *m* es este que veo? Y los de la
Is. 19.19 habrá altar..y *m* a Jehová junto a su
Mt. 23.29 porque..adornáis los *m* de los justos

MORADA
Gn. 36.43 los jefes..según sus *m* en la tierra
Éx. 15.13 llevaste con tu poder a tu santa *m*
15.17 el lugar de tu *m*, que tú has preparado
35.3 no encenderéis fuego en..de vuestras *m*
Lv. 13.46 solo; fuera del campamento será su *m*
26.11 y pondré mi *m* en medio de vosotros, y
Dt. 26.15 desde tu *m* santa, desde el cielo, y
1 R. 8.13 yo he edificado casa por *m* para ti
8.30 oren..tú lo oirás en el lugar de tu *m*
8.39,43,49 tú oirás en..el lugar de tu *m*
8.66 se fueron a sus *m* alegres y gozosos de
1 Cr. 16.27 alabanza..poder y alegría en su *m*
2 Cr. 6.2 he edificado una casa de *m* para ti
6.21,30,33,39 oirás..desde el lugar de tu *m*
Esd. 7.15 al Dios de..cuya *m* está en Jerusalén
Job 5.24 visitarás tu *m*, y nada te faltará
8.6 ti, y hará próspera la *m* de tu justicia
18.15 de azufre será esparcida sobre su *m*
18.19 no tendrá..ni quien le suceda en sus *m*
18.21 tales son las *m* del impío..el lugar del
21.28 de la tienda de las *m* de los impíos?
36.29 las..y el sonido estrepitoso de su *m?*
37.8 las bestias entran..se están en sus *m*
39.6 soledad, y sus *m* en lugares estériles
Sal. 26.8 he amado..lugar de la *m* de tu gloria
27.5 él..me ocultará en lo reservado de su *m*
33.14 desde..su *m* miró sobre..los moradores
43.3 conducirán a tu santo monte, y a tus *m*
45.13 gloriosa es la hija del rey en su *m*
46.4 Dios, el santuario de las *m* del Altísimo
49.14 se consumirá su..y el Seol será su *m*
52.5 te arrancará de tu *m*, y te desarraigará
55.15 maldades en sus *m*, en medio de ellos
68.5 defensor de viudas es Dios en su santa *m*
68.16 al monte que deseó Dios para su *m?*
78.55 hizo habitar en sus *m* a las tribus de
79.7 consumido a Jacob, y su *m* han asolado
83.12 han dicho: Heredemos..las *m* de Dios
84.1 ¡cuán amables son tus *m*, oh Jehová de
84.10 Dios, que habitar en las *m* de maldad
87.2 de Sion más que todas las *m* de Jacob
91.10 sobrevendrá mal, ni plaga tocará tu *m*
132.3 no entraré en la *m* de mi casa..lecho
132.5 que halle..*m* para el Fuerte de Jacob
Pr. 3.33 Jehová..bendecirá la *m* de los justos
Ec. 12.5 porque el hombre va a su *m* eterna, y
Is. 4.5 y creará Jehová sobre toda la *m*..Sion
14.18 ellos yacen con honra cada uno en su *m*

MORADA *(Continúa)*
Is. 18.4 y los miraré desde mi *m*, como sol claro
22.16 el que esculpe para sí *m* en una peña?
32.18 y mi pueblo habitará en *m* de paz, en
33.20 *m* de quietud..que no será desarmada, ni
34.13 serán *m* de chacales, y patio para los
34.14 la lechuza..tendrá allí *m*, y hallará
35.7 la *m* de chacales..será lugar de cañas y
37.37 Senaquerib rey de Asiria..hizo su *m* en
38.12 mi *m* ha sido movida y traspasada de mí
63.15 contempla desde tu santa y gloriosa *m*
Jer. 9.6 *m* está en medio del engaño; por muy
9.11 reduciré a Jerusalén a..*m* de chacales
9.19 tierra, porque han destruido nuestras *m*
10.22 las ciudades de Judá, en *m* de chacales
10.25 le han consumido, y han asolado su *m*
21.13 que decís..quién entrará en nuestras *m?*
23.3 mis ovejas..y las haré volver a sus *m*
25.30 alto, y desde su *m* santa dará su voz
25.30 su voz; rugirá fuertemente contra su *m*
31.23 te bendiga, oh *m* de justicia, oh monte
35.9 de no edificar casa para nuestra *m*, y de
49.20 los arrastrarán, y destruirán sus *m*
49.33 Hazor será *m* de chacales, soledad para
50.7 ellos pecaron contra Jehová *m* de justicia
50.19 y volveré a traer a Israel a su *m*, y
50.44 espesura del Jordán a la *m* fortificada
50.45 los arrastrarán, y destruirán sus *m*
51.37 será Babilonia..*m* de chacales, espanto
Dn. 2.11 los dioses cuya *m* no es con la carne
4.12 sus ramas hacían *m* las aves del cielo
4.25 y con las bestias del campo será tu *m*
5.21 con los asnos monteses fue su *m*. Hierba
Os. 9.6 la ortiga..y espino crecerá en sus *m*
Abd. 3 que moras..en tu altísima *m*; que dices
Hab. 1.6 camina por..para poseer las *m* ajenas
Sof. 3.7 corrección, y no será destruida su *m*
Zac. 2.13 Jehová..se ha levantado de su santa *m*
Mr. 5.3 tenía su *m* en los sepulcros, y nadie
Lc. 16.9 falten, os reciban en las *m* eternas
Jn. 14.2 en la casa de mi Padre muchas *m* hay
14.23 y vendremos a él, y haremos *m* con él
1 Co. 4.11 somos abofeteados, y no tenemos *m*
2 Co. 5.1 nuestra *m* terrestre..se deshiciere
Ef. 2.22 edificados..*m* de Dios en el Espíritu
Jud. 6 ángeles..que abandonaron su propia *m*

MORADOR, RA
Gn. 19.25 destruyó las ciudades..todos los *m*
34.30 con hacerme abominable a los *m* de esta
36.20 los hijos de Seir horeo, *m* de aquella
50.11 y viendo los *m* de la tierra..el llanto
Éx. 15.15 se acobardarán todos los *m* de Canaán
23.31 pondré en tus manos a..*m* de la tierra
34.12 guárdate de hacer alianza con los *m* de
34.15 no harás alianza con los *m* de..tierra
Lv. 18.25 visité su..y la tierra vomitó sus *m*
25.10 y pregonaréis libertad..a todos sus *m*
Nm. 13.32 es tierra que traga a sus *m*; y todo
32.17 en ciudades..causa de los *m* del país
33.52 echaréis de delante de..los *m* del país
33.53 a los *m* de la tierra, y habitaréis en
33.55 y si no echareis a los *m* del país de
Dt. 13.13 han instigado a los *m* de su ciudad
13.15 herirás a..a los *m* de aquella ciudad
Jos. 2.9 todos los *m* del país ya han desmayado
2.24 los *m* de..desmayan delante de nosotros
7.9 los cananeos..los *m* de la tierra oirán
8.24 cuando..acabaron de matar a..*m* de Hai
8.26 destruido por completo a los *m* de Hai
9.3 mas los *m* de Gabaón, cuando oyeron lo
9.11 *m* de nuestra tierra nos dijeron: Tomad
9.24 había de destruir a todos los *m* de la
10.1 los *m* de Gabaón habían hecho paz con
10.6 *m* de Gabaón enviaron a decir a Josué
17.11 tuvo..a los *m* de Dor..los *m* de Endor
17.11 los *m* de Taanac..y a los *m* de Meguido
24.11 *m* de Jericó pelearon contra vosotros
Jue. 1.33 fueron tributarios..*m* de Bet-semes
1.33 le fueron tributarios..los *m* de Bet-anat
2.2 no hagáis pacto con los *m* de esta tierra
5.23 maldecid severamente a sus *m*, porque no
19.16 pero los *m* de aquel lugar eran hijos
21.9 no hubo allí varón..*m* de Jabes-galaad
21.10 id y herid a..a los *m* de Jabes-galaad
21.12 hallaron de los *m*..400 doncellas que
1 R. 17.1 Elías tisbita..era de los *m* de Galaad
2 R. 16.9 la tomó, y llevó cautivos a los *m* a
19.26 sus *m* fueron de corto poder; fueron
22.19 lo que yo he pronunciado..contra sus *m*
23.2 el rey a..con todos los *m* de Jerusalén
1 Cr. 8.13 jefes de las familias..*m* de Ajalón
8.13 jefes..los cuales echaron a los *m* de Gat
9.2 *m* que entraron en sus posesiones en las
11.5 y los *m* de Jebús dijeron a David: No
22.18 ha entregado en mi mano a los *m* de la
2 Cr. 20.7 ¿no echaste..los *m* de esta tierra
20.15 oíd, Judá..y vosotros *m* de Jerusalén
20.18 Judá y los *m* de Jerusalén..adoraron
20.20 oídme, Judá y *m* de Jerusalén. Creed en
21.11 hizo que los *m*..fornicasen tras ellos
21.13 fornicase Judá y los *m* de Jerusalén
32.22 así salvó Jehová..los *m* de Jerusalén
32.26 se humilló, él y los *m* de Jerusalén
33.9 hizo extraviarse..a los *m* de Jerusalén
34.24 traigo mal sobre..y sobre los *m* de él
34.27 oír sus palabras sobre..y sobre sus *m*
34.28 el mal que yo traigo..sobre los *m* de
34.30 subió el rey a..y los *m* de Jerusalén
34.32 los *m* de Jerusalén hicieron conforme
35.18 rey..juntamente con los *m* de Jerusalén
Neh. 3.13 la restauró Hanún con los *m* de Zanoa
7.3 y señalé guardas de los *m* de Jerusalén
9.24 y humillaste..a los *m* del país, a los
Job 19.15 los *m* de mi..me tuvieron por extraño
Sal. 33.14 miró sobre todos los *m* de la tierra
69.25 su palacio..en sus tiendas no haya *m*
72.9 ante él se postrarán los *m* del desierto
74.14 diste por comida a los *m* del desierto
75.3 se arruinaban la tierra y sus *m*; yo
Is. 5.9 asoladas, sin *m* las grandes y hermosas
6.11 las ciudades estén asoladas y sin *m*, y
8.14 y por lazo y por red al *m* de Jerusalén
9.9 sabrá todo el pueblo..y los *m* de Samaria
10.24 pueblo mío, *m* de Sion, no temas de
10.31 Madmena se alborotó; los *m* de Gebim
12.6 regocíjate y canta, oh *m* de Sion; porque
18.3 todos los *m* del mundo y habitantes de
20.6 y dirá en aquel día el *m* de esta costa
21.14 llevadle agua, *m* de la tierra de Tema
22.21 será padre al *m* de Jerusalén, y a la
23.2 callad, *m* de la costa, mercaderes de
23.6 pasaos a Tarsis; aullad, *m* de la costa
23.13 Asiria la fundó para..*m* del desierto
24.1 trastorna su..y hace esparcir a sus *m*
24.5 tierra se contaminó bajo sus *m*; porque
24.6 consumió la tierra..*m* fueron asolados
24.17 foso y red sobre ti, oh *m* de la tierra
26.9 luego..los *m* del mundo aprenden justicia
26.18 la tierra, ni cayeron los *m* del mundo
26.19 ¡despertad y cantad, *m* del polvo!
26.21 sale de su lugar para castigar al *m* de
33.24 no dirá el *m*: Estoy enfermo; al pueblo
37.27 sus *m* fueron de corto poder..confusos
38.11 no veré más hombre con los *m* del mundo
40.22 la tierra, cuyos *m* son como langostas
42.10 y cuanto hay en él, las costas y los *m*
42.11 canten los *m* de Sela..voces de júbilo
49.19 será estrecha por la multitud de los *m*
51.6 y de la misma manera perecerán sus *m*
Jer. 1.14 se soltará el mal sobre todos los *m*
2.15 león..quemadas están sus ciudades, sin *m*
4.4 circuncidaos a Jehová..*m* de Jerusalén
4.7 tus ciudades quedarán asoladas y sin *m*
4.29 ciudades..no quedó en ellas *m* alguno
6.12 extenderé mi mano sobre los *m* de la
8.1 sacarán..los huesos de los *m* de Jerusalén
8.16 devoraron..la ciudad y a los *m* de ella
9.11 de Judá en desolación en que no quede *m*
10.18 arrojaré con honda los *m* de la tierra
11.2 hablad a..Judá, y a todo *m* de Jerusalén
11.9 conspiración..entre los *m* de Jerusalén
11.12 irán las ciudades..los *m* de Jerusalén
13.13 yo lleno de embriaguez a todos los *m*
17.20 oíd la palabra de Jehová..todos los *m*
17.25 varones de Judá y los *m* de Jerusalén
18.11 habla..a los *m* de Jerusalén, diciendo
19.3 oíd palabra de Jehová..*m* de Jerusalén
19.12 a este lugar, dice Jehová, y a sus *m*
20.6 Pasur, y todos los *m* de tu casa iréis
21.6 y heriré a los *m* de esta ciudad, y los
21.13 yo estoy contra ti, *m* del valle, y de
23.14 me fueron todos..y sus *m* como Gomorra
25.2 Jeremías..a todos los *m* de Jerusalén y
25.9 los traeré contra esta tierra y..sus *m*
25.29 espada traigo sobre todos los *m* de la
25.30 canción..cantará contra todos los *m* de
26.9 ciudad será asolada hasta no quedar *m?*
26.15 sangre inocente echaréis..sobre sus *m*
32.32 varones de Judá y los *m* de Jerusalén
33.10 están asoladas..y sin *m* y sin animal
34.22 las ciudades de Judá, hasta no quedar *m*
35.13 dí a..Judá, y los *m* de Jerusalén: ¿No
35.17 Judá y sobre todos los *m* de Jerusalén
36.31 traeré sobre ellos, y sobre los *m* de
42.18 sobre los *m* de Jerusalén, así..mi ira
44.22 tierra..hasta quedar sin *m*, como está
46.19 hazte enseres de cautiverio, *m* hija de
46.19 porque Menfis será..hasta no quedar *m*
47.2 inundarán la..la ciudad y los *m* de ella
47.2 los hombres clamarán, y lamentará todo *m*
48.9 desiertas..hasta no quedar en ellas *m*
48.18 siéntate en tierra..*m* hija de Dibón
48.19 párate..mira, oh *m* de Aroer; pregunta
48.28 y habitad en peñascos, oh *m* de Moab
48.43 y hoyo y lazo contra ti, oh *m* de Moab
49.8 habitad en lugares profundos, oh *m* de
49.20 que ha resuelto sobre los *m* de Temán
49.30 habitad en lugares profundos, oh *m* de
50.21 sube..contra los *m* de Pecod; destruye
50.34 tierra, y turbar a los *m* de Babilonia
50.35 contra los *m* de Babilonia, contra sus
51.1 contra sus *m* que se levantan contra mí
51.12 que ha dicho contra los *m* de Babilonia
51.24 pagaré..a todos los *m* de Caldea, todo
51.29 en soledad, para que no haya *m* en ella
51.35 sobre Babilonia caiga..dirá la *m* de Sion
51.35 mi sangre caiga sobre los *m* de Caldea
51.37 será Babilonia..espanto y burla, sin *m*
Ez. 7.7 la mañana viene para ti, oh *m* de la
11.15 a quienes dijeron los *m* de Jerusalén
12.19 dicho Jehová..sobre los *m* de Jerusalén
15.6 como la..así haré a los *m* de Jerusalén
27.8 los *m* de Sidón y de..fueron tus remeros
27.35 *m* de las costas se maravillarán sobre
29.6 sabrán todos los *m* de Egipto que yo soy
30.18 los *m* de sus aldeas irán en cautiverio
39.9 los *m* de las ciudades de Israel saldrán
Dn. 9.7 los *m* de Jerusalén, y todo Israel, los
Os. 4.1 Jehová contiende con los *m* de la tierra
4.3 y se extenuará todo *m* de ella, con las
10.5 por..serán atemorizados los *m* de Samaria
Jl. 1.2 y escuchad, todos los *m* de la tierra
1.14 congregad a los..*m* de la tierra en la
2.1 tiemblen..*m* de la tierra, porque viene
Am. 1.5 destruiré a los *m* del valle de Avén, y
1.8 y destruiré a los *m* de Asdod, y a los
Mi. 1.11 pásate, oh *m* de Safir, desnudo y con
1.11 el *m* de Zaanán no sale; el llanto de
1.12 los *m* de Marot anhelaron ansiosamente
1.13 uncid..bestias veloces, oh *m* de Laquis
1.15 traeré nuevo poseedor, oh *m* de Maresa
6.12 y sus *m* hablaron mentira, y su lengua
6.16 te pusiese en asolamiento, y tus *m* para
7.13 será asolada la tierra a causa de sus *m*
Sof. 2.5 y te haré destruir hasta no dejar *m*
Zac. 11.6 no tendré ya más piedad de los *m* de
12.8 Jehová defenderá al *m* de Jerusalén; el
12.10 y derramaré..sobre los *m* de Jerusalén
Ap. 11.10 y los *m* de la tierra se regocijarán
11.10 profetas habían atormentado a los *m* de
12.12 ¡ay de los *m* de la tierra y del mar!
13.8 y la adoraron todos los *m* de la tierra
13.12 que la tierra y los *m* de ella adoren
13.14 y engaña a los *m* de la tierra con las
13.14 mandando a los *m*..que le hagan imagen
14.6 para predicarlo a los *m* de la tierra, a
17.2 con la cual han fornicado..los *m* de la
17.8 los *m* de la tierra..se asombrarán viendo

MORAR
Gn. 12.10 descendió Abram a Egipto para *morar*
13.6 y no podían *morar* en un mismo lugar
13.18 vino y *moró* en el encinar de Mamre, que
14.12 tomaron..a Lot..que *moraba* en Sodoma
15.13 tu descendencia *morará* en tierra ajena
17.8 y te daré a ti..la tierra en que *moras*
19.30 Lot subió de Zoar y *moró* en el monte
21.23 y con la tierra en donde has *morado*
21.34 *moró* Abraham en tierra de..filisteos
27.44 y *mora* con él algunos días, hasta que
28.4 que heredes la tierra en que *moras*, que
30.20 dijo..ahora *morará* conmigo mi marido
32.4 con Labán he *morado*, y me he detenido
34.10 *morad* y negociad en ella, y tomad en
35.22 cuando *moraba* Israel en..tierra, fue
36.7 ni la tierra en donde *moraban* los podía
37.1 la tierra donde había *morado* su padre
46.34 fin de que *moréis* en la tierra de Gosén
47.4 para *morar* en esta tierra hemos venido
Éx. 2.21 y Moisés convino en *morar* con..varón
12.48 extranjero *morare* contigo, y quisiere
Lv. 14.8 *morará* fuera de su tienda siete días
16.29 el extranjero que *mora* entre vosotros
17.8 los extranjeros que *moran* entre vosotros
17.10,13 extranjeros que *moran* entre ellos
17.12 el extranjero que *mora* entre vosotros
18.3 como..en..Egipto, en la cual *morasteis*
18.26 el extranjero que *mora* entre vosotros
19.33 extranjero *morare*..en vuestra tierra
19.34 al extranjero que *more* entre vosotros
20.2 de los extranjeros que *moran* en Israel
25.6 y a tu extranjero que *morare* contigo
26.32 pasmarán..enemigos que en ella *moren*
Nm. 9.14 y si *morare* con vosotros extranjero
15.15,16 extranjero que con vosotros *mora*
15.26; 19.10 extranjero que *mora* entre ellos
25.1 *moraba* Israel en Sitim..fornicar con las
35.15 refugio para..el que *more* entre ellos
35.25 *morará* en ella hasta que muera el sumo
Dt. 23.16 *morará* contigo, en medio de ti, en
33.12 la cubrirá..entre sus hombros *morará*
Jos. 8.35 extranjeros que *moraban* entre ellos
9.22 así que *moráis* en medio de nosotros?
11.19 salvo los heveos que *moraban* en Gabaón
14.4 ciudades en que *morasen*, con los ejidos
15.15 subió contra los que *moraban* en Debir
20.9 y para el extranjero que *morase* entre
24.13 os di la tierra..en las cuales *moráis*
Jue. 1.32 y *moró* Aser entre los cananeos que
1.33 Neftalí..*moró* entre los cananeos que
9.41 a Gaal..para que no *morasen* en Siquem
11.8 caudillo de..los que *moramos* en Galaad
17.11 agradó..levita *morar* con aquel hombre
19.1 un levita que *moraba* como forastero en
19.16 viejo..*moraba* como forastero en Gabaa
20.15 contados..sin los que *moraban* en Gabaa
Rt. 1.1 un varón de Belén de Judá fue a *morar*
1 S. 4.4 Jehová..*moraba* entre los querubines
19.18 y él y Samuel se fueron y *moraron* en
27.3 *moró* David con Aquis en Gat, él y sus

MORAR *(Continúa)*

1 S. 27.5 ¿por qué ha de *morar* tu siervo contigo
27.11 todo el tiempo que *morá* en la tierra
2 S. 2.3 los. .*moraron* en las ciudades de Hebrón
4.3 y *moran* allí como forasteros hasta hoy
5.6 el rey. .contra los jebuseos que *moraban*
5.9 y David *moró* en la fortaleza, y le puso
6.2 Jehová de. .que *mora* entre los querubines
7.5 has de edificar casa en donde yo *more?*
9.13 *moraba* Mefi-boset en Jerusalén, porque
1 R. 2.36 en Jerusalén y *mora* ahí, y no salgas
3.17 *morábamos* en una misma casa, y yo di a
3.18 *morábamos* nosotras juntas; ninguno de
7.8 la casa en que él *moraba*, en otro atrio
8.27 verdad que Dios *morará* sobre la tierra?
12.17 reinó Roboam sobre los. .que *moraban* en
13.11 *moraba*. .en Bet-el un viejo profeta, al
17.9 vete a Sarepta de Sidón, y *mora* allí; he
21.8 y a los principales que *moraban* en la
21.11 principales que *moraban* en su ciudad
2 R. 6.1 el lugar en que *moramos*. .es estrecho
19.15 Dios. .que *moras* entre los querubines
22.14 Hulda. .la cual *moraba* en Jerusalén en
22.16 yo traigo sobre. .los que en él *moran*
1 Cr. 2.55 los escribas que *moraban* en Jabes
4.23 eran alfareros, y *moraban* en medio de
4.23 *moraban* allá con el rey, ocupados en su
9.27 *moraban* alrededor de la casa de Dios
9.33 los cuales *moraban* en las cámaras del
13.6 arca de. .que *mora* entre los querubines
17.1 *morando* David en su casa, dijo David
2 Cr. 2.3 edificara para sí casa en que *morase*
6.2 una habitación en que *mores* para siempre
6.28 sitiaren. .en la tierra en donde *moren*
8.11 no *morará* en la casa de David, porque
34.22 Hulda. .la cual *moraba* en Jerusalén en
Esd. 1.4 cualquier lugar donde *more*, ayúdenle
Neh. 11.14 uno de cada diez para que *morase* en
11.2 se ofrecieron para *morar* en Jerusalén
11.3 los jefes de. .que *moraron* en Jerusalén
11.6 hijos de Fares que *moraron* en Jerusalén
Job 11.14 no consintieres que *more* en tu casa
18.15 en su tienda *morará* como si no fuese
26.5 tiemblan. .mares y cuanto en ellos *mora*
29.25 *moraba* como rey en el ejército, como
39.28 ella habita y *mora* en la peña, en la
Sal. 2.4 el que *mora* en los cielos se reirá
15.1 Jehová. .¿quién *morará* en tu monte santo?
23.6 en la casa de Jehová *moraré*. .largos días
55.7 huiría lejos; *moraría* en el desierto
68.10 que son de tu grey han *morado* en ella
91.1 *morará* bajo la sombra del Omnipotente
94.17 pronto *moraría* mi alma en el silencio
105.23 y Jacob *moró* en la tierra de Cam
107.10 algunos *moraban* en tinieblas y sombra
120.5 ¡ay de mí, que *moro* en Mesec, y habito
120.6 *morado* mi alma con los que aborrecen
135.21 sea bendecido Jehová, quien *mora* en
140.13 los rectos *morarán* en tu presencia
Pr. 15.31 que escucha. .entre los sabios *morará*
21.19 mejor es *morar* en tierra desierta que
Cnt. 7.11 ven. .al campo, *moremos* en las aldeas
Is. 8.18 Jehová. .que *mora* en el monte de Sion
9.2 los que *moraban* en tierra de sombra de
11.6 *morará* el lobo con el cordero, y el
13.20 ni se *morará* en ella de generación en
16.4 *moren* contigo mis desterrados, oh Moab
23.7 ¿no. .Sus pies la llevarán a *morar* lejos
26.5 porque derribó a los que *moraban* en
30.19 el pueblo *morará* en Sion, en Jerusalén
32.16 en el campo fértil *morará* la justicia
33.5 será exaltado Jehová, el cual *mora* en
33.14 ¿quién de nosotros *morará* con el fuego
33.24 al pueblo que *more*. .le será perdonada
34.11 la lechuza y el cuervo *morarán* en ella
34.17 generación en generación *morarán* allí
37.12 hijos de Edén que *moraban* en Telasar?
37.16 Jehová. .que *moras* entre los querubines
40.22 despliega como una tienda para *morar*
42.5 que da aliento al pueblo que *mora* sobre
42.7 de casas de prisión a los que *moran* en
49.20 este lugar; apártate, para que yo *more*
52.4 pueblo descendió a Egipto. .para *morar*
65.21 edificarán casas, y *morarán* en ellas
Jer. 7.3 mejorad. .os haré *morar* en este lugar
7.7 haré *morar* en este lugar, en la tierra
7.12 en Silo, donde hice *morar* mi nombre al
9.26 a todos los. .que *moran* en el desierto
10.17 la que *moras* en lugar fortificado
12.4 por la maldad de los que en ella *moran*
17.6 *morará* en los sequedales en el desierto
24.8 a los que *moran* en la tierra de Egipto
25.5 volveos ahora. .y *moraréis* en la tierra
27.11 dejaré. .y la labrará y *morará* en ella
29.16 y de todo el pueblo que *mora* en esta
29.32 no tendrá varón que *more* entre. .pueblo
35.7 *moraréis* en tiendas todos vuestros días
35.10 *moramos*, pues, en tiendas, y hemos
42.13 dijereis: No *moraremos* en esta tierra
42.14 sino que entraremos. .y allá *moraremos*
42.15 en Egipto, y entraréis para *morar* allá
42.17 para entrar en Egipto para *morar* allí
42.22 donde deseasteis entrar para *morar* allí
43.2 decir: No vayáis a Egipto para *morar*
43.5 había vuelto. .para *morar* en tierra de
44.1 los judíos que *moraban* en la tierra de
44.2 están. .asoladas; no hay quien *more* en
44.12 para ir a tierra de Egipto para *morar*
44.13 castigaré a los que *moran* en. .Egipto
44.28 que ha entrado en Egipto a *morar* allí
46.8 destruiré a la ciudad y. .en ella *moran*
49.18 no *morará* allí nadie, ni la habitará
49.33 ninguno *morará* allí, ni la habitará
50.3 no habrá ni hombre ni. .que en ella *more*
50.39 *morarán* fieras. .chacales, *m* también en
50.40 así no *morará* allí hombre, ni hijo de
51.13 la que *moras* entre muchas aguas, rica
51.43 tierra seca y. .en que no *morará* nadie
Lm. 4.15 se dijo entre. .Nunca más *morarán* aquí
Ez. 2.6 te hallas entre. .*moras* con escorpiones
3.15 los cautivos. .que *moraban* junto al río
12.19 maldad de todos los que en ella *moran*
14.7 de los extranjeros que *moran* en Israel
32.15 cuando mate a. .los que en ella *moran*
36.11 haré *morar* como solíais antiguamente
36.17 mientras. .Israel *moraba* en su tierra
38.8 y todos ellos *morarán* confiadamente
38.12 *mora* en la parte central de la tierra
39.6 que *moran* con seguridad en las costas
47.22 para los extranjeros que *moran* entre
47.23 la tribu en que *morare* el extranjero
Dn. 2.22 revela. .conoce. .y con él *mora* la luz
4.1 que *moran* en toda la tierra: Paz os sea
4.8 en quien *mora* el espíritu de los dioses
4.18 *mora* en ti el espíritu de los dioses
4.21 debajo del cual *moraban* las bestias del
5.11 un hombre en el cual *mora* el espíritu
Os. 12.9 aún te haré *morar* en tiendas, como en
Jl. 3.21 limpiaré la. .y Jehová *morará* en Sion
Am. 3.12 que *moran* en Samaria en el rincón de
9.5 y llorarán todos los que en ella *moran*
Abd. 3 que *moras* en las hendiduras de las peñas
Mi. 4.10 saldrás de la ciudad y *morarás* en el
5.4 apacentará con poder de. .*morarán* seguros
7.8 aunque *more* en tinieblas, Jehová será mi
7.14 tu pueblo. .que *mora* solo en la montaña
Sof. 2.5 ¡ay de los que *moran* en la costa del
Zac. 2.7 oh Sion, la que *moras* con la hija de
2.10 *moraré* en medio de ti, ha dicho Jehová
2.11 serán por pueblo, y *moraré* en medio de ti
8.3 a Sion, y *moraré* en medio de Jerusalén
8.4 aún han de *morar* ancianos y ancianas en
14.11 *morarán* en ella, y no habrá nunca más
Mt. 12.45 siete espíritus peores. .y. .*moran* allí
Mr. 4.32 aves del cielo pueden *morar* bajo su
Lc. 8.27 ni *moraba* en casa, sino en. .sepulcros
11.26 y entrados, *moran* allí; y el postrer
Jn. 1.38 ellos le dijeron: Rabí. .¿dónde *moras?*
1.39 vieron donde *moraba*, y se quedaron con
5.38 tenéis su palabra *morando* en vosotros
14.10 el Padre que *mora* en mí, él hace las
14.17 le conocéis, porque *mora* con vosotros
Hch. 1.13 donde *moraban* Pedro y Jacobo, Juan
1.20 y no haya quien *more* en ella; y: Tome
2.5 *moraban* entonces en Jerusalén judíos
4.16 notoria a. .los que *moran* en Jerusalén
7.2 Mesopotamia, antes que *morase* en Harán
9.22 confundía a los judíos que *moraban* en
10.18 si *moraba* allí un Simón que tenía por
10.32 cual *mora* en casa de Simón, un curtidor
22.12 buen testimonio de. .que allí *moraban*
Ro. 7.17 no soy yo. .el pecado que *mora* en mí
7.18 yo sé que. .en mi carne, no *mora* el bien
7.20 no lo hago yo, sino el pecado que *mora*
8.9 que el Espíritu de Dios *mora* en vosotros
8.11 el Espíritu de aquel. .*mora* en vosotros
8.11 vivificará. .por su Espíritu que *mora* en
1 Co. 3.16 Espíritu de Dios *mora* en vosotros?
Col. 3.16 la palabra de Cristo *more*. .vosotros
He. 11.9 *morando* en tiendas con Isaac y Jacob
Stg. 4.5 el Espíritu que él ha hecho *morar* en
2 P. 2.8 este justo, que *moraba* entre ellos
3.13 nueva, en los cuales *mora* la justicia
1 Jn. 3.17 ¿cómo *mora* el amor de Dios en él?
Ap. 2.13 conozco. .dónde *moras*, donde está el
2.13 Antipas. .fue muerto. .donde *mora* Satanás
3.10 probar a los que *moran* sobre la tierra
6.10 vengas. .en los que *moran* en la tierra?
8.13 ¡ay. .de los que *moran* en la tierra, a
12.12 alegraos, cielos, y los que *moráis* en
13.6 blasfemar. .de los que *moran* en el cielo
21.3 él *morará* con ellos; y ellos serán su

MORDER

Gn. 49.17 que *muerde* los talones del caballo
Nm. 21.6 serpientes. .que *mordían* al pueblo; y
21.8 fuere *mordido* y mirare a ella, vivirá
21.9 cuando alguna serpiente *mordía* a alguno
Pr. 23.32 mas al fin como serpiente *morderá*, y
Ec. 10.8 aportillare. .le *morderá* la serpiente
10.11 si *muerde* la serpiente antes de ser
Jer. 8.17 yo envío. .serpientes. .y os *morderán*
Am. 5.19 en la pared, y le *muerde* una culebra
9.3 allí mandaré a la serpiente y los *morderá*
Gá. 5.15 os *mordéis* y os coméis unos a otros
Ap. 16.10 copa. .y *mordían* de dolor sus lenguas

MORE

1. Encino o encinar cerca de Siquem, **Gn. 12.6; Dt. 11.30**
2. Collado cerca del valle de Jezreel, **Jue. 7.1**

MORENA

Cnt. 1.5 *m* soy, oh hijas de Jerusalén, pero
1.6 no reparéis en que soy *m*, porque el sol

MORESET, MORESET-GAT *Lugar cerca de Gat*

Jer. 26.18 Miqueas de *M* profetizó en tiempo
Mi. 1.1 palabra de Jehová. .a Miqueas de *M* en
1.14 por tanto, vosotros daréis dones a *M*

MORIAH *Lugar donde se edificó el templo*

Gn. 22.2 vete a tierra de *M*, y ofrécelo allí en
2 Cr. 3.1 edificar la casa de. .en el monte *M*

MORIBUNDO

Job 24.12 gimen los *m*, y claman las almas de
2 Co. 6.9 como *m*, mas he aquí vivimos; como

MORIR *Véase también Matar, Muerto*

Gn. 2.17 el día que de él comieres. .*morirás*
3.3 no comeréis de él. .para que no *muráis*
3.4 serpiente dijo a la mujer: No *moriréis*
5.5 días que vivió Adán 930 años; y *murió*
5.8 todos los días de Set 912 años; y *murió*
5.11 todos los días de Enós 905 años; y *murió*
5.14 los días de Cainán 910 años; y *murió*
5.17 los días de Mahalaleel 895 años; y *murió*
5.20 los días de Jared 962 años; y *murió*
5.27 los días de Matusalén 969 años; y *murió*
5.31 los días de Lamec 777 años; y *murió*
6.17 todo lo que hay en la tierra *morirá*
7.21 *murió* toda carne que se mueve sobre la
7.22 todo lo que había en la tierra, *murió*
9.29 fueron. .días de Noé 950 años; y *murió*
11.28 *murió* Harán antes que su padre Taré en
11.32 los días de Taré 205 años; y *murió* Taré
18.25 que hagas *morir* al justo con el impío
19.19 no sea que me alcance el mal, y *muera*
20.7 sabe que de cierto *morirás* tú, y todos
21.16 no veré cuando el muchacho *muera*
23.2 y *murió* Sara en Quiriat-arba, que es
25.8 *murió* Abraham en buena vejez, anciano
25.11 *muerto* Abraham. .Dios bendijo a Isaac
25.17 exhaló el espíritu Ismael, y *murió*, y
25.18 *murió* en presencia de. .sus hermanos
25.32 he aquí yo me voy a *morir;* ¿para qué
26.9 dije: Quizá *moriré* por causa de ella
26.11 el que tocare a este hombre o. .*morirá*
27.4 para que yo te bendiga antes que *muera*
27.7 coma, y te bendiga. .antes que yo *muera*
30.1 a Jacob: Dame hijos, o si no, me *muero*
33.13 si. .en un día *morirán* todas las ovejas
35.8 entonces *murió* Débora, ama de Rebeca
35.18 que al salírsele el alma (pues *murió*)
35.19 así *murió* Raquel, y fue sepultada en
35.29 exhaló Isaac el espíritu, y *murió*, y
36.33 *murió* Bela, y reinó en su lugar Jobab
36.34 *murió* Jobab, y en su lugar reinó Husam
36.35 *murió* Husam, y reinó en su lugar Hadad
36.36 *murió* Hadad, y en su lugar reinó Samla
36.37 *murió* Samla, y reinó en su lugar Saúl
36.38 *murió* Saúl, y en su. .reinó Baal-hanán
36.39 *murió* Baal-hanán hijo. .y reinó Hadar
38.11 no sea que *muera* él también como sus
38.12 y *murió* la hija de Súa, mujer de Judá
42.2 para que podamos vivir, y no *muramos*
42.20 verificadas. .palabras, y no *moriréis*
42.37 harás *morir* a mis dos hijos, si no te
42.38 pues su hermano ha *muerto*, y él solo
43.8 que vivamos y no *muramos* nosotros, y tú
44.9 en quien fuere hallada la copa. .*muera*
44.20 un hermano suyo *murió*, y él solo quedó
44.22 porque si lo dejare, su padre *morirá*
44.31 cuando no vea al joven, *morirá;* y tus
45.28 vive. .iré, y le veré antes que yo *muera*
46.12 mas Er y Onán *murieron* en la tierra de
46.30 dijo a José: *Muera* yo ahora, ya que he
47.15 ¿por qué *moriremos* delante de ti, por
47.19 ¿por qué *moriremos* delante de tus ojos
47.19 semilla para que vivamos y no *muramos*
47.29 llegaron los días de Israel para *morir*
48.7 cuando yo venía de. .se me *murió* Raquel
48.21 dijo Israel a José: He aquí yo *muero*
50.5 voy a *morir;* en el sepulcro que cavé
50.24 y José dijo. .Yo voy a *morir;* mas Dios
50.26 y *murió* José a la edad de ciento diez
Éx. 1.6 y *murió* José, y todos sus hermanos, y
2.23 después de. .días *murió* el rey de Egipto
4.19 han *muerto* todos los que procuraban tu
7.18 y los peces que hay en el río *morirán*
7.21 los peces que había en el río *murieron*
8.13 *murieron* las ranas de las casas, de los
9.4 nada *muera* de todo lo de los. .de Israel
9.6 y *murió* todo el ganado. .de Israel no *m*
9.7 del ganado de. .Israel no había *muerto* uno
9.19 el granizo caerá sobre él, y *morirá*
10.28 en. .día que vieres mi rostro, *morirás*

MORIR *(Continúa)*
Éx. 11.5 *morirá* todo primogénito en. .de Egipto
13.15 hizo *morir*. .Egipto a todo primogénito
14.11 para que *muramos* en el desierto? ¿Por
14.12 fuera servir a los egipcios, que *morir*
16.3 hubiéramos *muerto* por mano de Jehová en
19.12 que tocare el monte, de seguro *morirá*
20.19 no hable Dios con. .para que no *muramos*
21.12 que. .haciéndole así *morir*, él *morirá*
21.14 de mi altar lo quitarás para que *muera*
21.15 hiriere a su padre o a. .madre, *morirá*
21.16 si fuere hallada en sus manos, *morirá*
21.17 maldijere a su padre o. .madre, *morirá*
21.18 puño, y éste no *muriere*, pero cayere
21.20 *muriere* bajo su mano, será castigado
21.28 acorneare a. .y a causa de ello *muriere*
21.29 el buey será apedreado. .*morirá* su dueño
21.35 hiriere al buey. .de modo que *muriere*
22.2 el ladrón. .fuere herido y *muriere*, el
22.10 animal. .*muriere* o fuere estropeado, o
22.19 que cohabitare con bestia, *morirá*
28.35 se oirá su sonido. .para que no *muera*
28.43 para que no lleven pecado y *mueran*
30.20 lavarán con agua, para que no *mueran*
30.21 lavarán las manos. .para que no *mueran*
31.14 el día de reposo. .lo profanare. .*morirá*
31.15 que trabaje en el día de reposo. .*morirá*
35.2 que en él hiciere trabajo alguno, *morirá*
Lv. 8.35 y guardaréis la ordenanza. .no *muráis*
10.2 los quemó, y *murieron* delante de Jehová
10.6 ni rasguéis. .vestidos. .que no *muráis*
10.7 ni saldréis de la puerta del. .*moriréis*
10.9 no beberéis vino ni. .para que no *muráis*
11.32 cayere algo de ellos después de *muertos*
11.39 animal que tuviereis para comer *muriere*
15.31 no *mueran* por sus impurezas por haber
16.1 acercaron delante de Jehová, y *murieron*
16.2 no en todo tiempo entre. .que no *muera*
16.13 cubrirá el propiciatorio. .que no *muera*
19.20 no *morirán*, por cuanto ella no es libre
20.2 que ofreciere. .a Moloc, de seguro *morirá*
20.9 maldijere a su padre. .de cierto *morirá*
20.12 si. .durmiere con su nuera. .han de *morir*
20.16 *morirán* indefectiblemente; su sangre
20.20 su pecado llevarán; *morirán* sin hijos
20.27 que evocare espíritus de. .ha de *morir*
22.9 no sea que así *mueran* cuando la profanen
24.16 así. .si blasfemare el Nombre, que *muera*
24.21 mas el que hiere de muerte. .que *muera*
Nm. 1.51 y el extraño que se acercare *morirá*
3.4 Nadab y Abiú *murieron* delante de Jehová
3.10,38 el extraño que se acercare, *morirá*
3.13 mío. .desde el día en que yo hice *morir*
4.15 no tocarán cosa santa. .sea que *mueran*
4.19 cuando se acerquen. .vivan, y no *mueran*
4.20 no entrarán para ver. .porque *morirán*
6.7 padre. .podrá contaminarse cuando *mueran*
6.9 si alguno *muriere* súbitamente junto a él
14.2 ¡ojalá *muriéramos* en. .tierra de Egipto
14.2 o en este desierto ojalá *muriéramos!*
14.15 has hecho *morir* a este pueblo como a
14.35 así. .serán consumidos, y ahí *morirán*
14.37 habían hablado mal. .*murieron* de plaga
15.35 irremisiblemente *muera* aquel hombre
15.36 apedrearon y *murió*, como Jehová mandó
16.13 ¿es poco. .hacernos *morir* en el desierto
16.29 si como *mueren* todos. .*murieron* éstos
16.49 los que *murieron*. .fueron 14.700, sin
17.10 harás cesar sus quejas. .que no *mueran*
17.13 el que viniere al tabernáculo. .*morirá*
18.3 no se acercarán a. .para que no *mueran*
18.7 y el extraño que se acercare, *morirá*
18.22 que no lleven pecado por el cual *mueran*
18.32 no contaminaréis. .cosas. .y no *moriréis*
19.14 es la ley para cuando alguno *muera* en
20.1 allí *murió* María, y allí fue sepultada
20.3 habló. .¡Ojalá hubiéramos *muerto* cuando
20.4 venir. .para que *muramos* aquí nosotros
20.26 Aarón será reunido a su. .y allí *morirá*
20.28 y Aarón *murió*. .en la cumbre del monte
20.29 y viendo. .que Aarón había *muerto*, le
21.5 subir de Egipto para que *muramos* en este
21.6 mordían. .y *murió* mucho pueblo de Israel
23.10 *muera* yo la muerte de los rectos, y mi
25.9 y *murieron* de aquella mortandad 24.000
26.10 y los tragó. .cuando aquel grupo *murió*
26.11 mas los hijos de Coré no *murieron*
26.19 los hijos de Judá. .Er y Onán *murieron*
26.61 Abiú *murieron* cuando ofrecieron fuego
26.65 Jehová había dicho de ellos: *Morirán*
27.3 nuestro padre *murió* en el desierto; y
27.3 sino que en su propio pecado *murió*, y
27.8 alguno *muriere* sin hijos, traspasaréis
33.38 Aarón. .allí *murió* a los 40 años de la
33.39 era Aarón. .de 123 años, cuando *murió*
35.12 no *morirá* el homicida hasta que entre
35.16,17,18 y *muriere*. .el homicida *morirá*
35.20 si por odio lo empujó, o echó. .*muere*
35.21 lo hirió. .y *murió*, el heridor *morirá*
35.23 caer sobre él alguna piedra. .y *muriere*
35.25 hasta que *muera* el sumo sacerdote, el
35.28 habitar hasta que *muera* el. .sacerdote
35.28 después que haya *muerto*. .volverá a la
35.30 dicho de testigos *morirá* el homicida
35.30 un solo testigo no hará fe. .que *muera*
35.31 no tomaréis precio por la vida. .*morirá*
35.32 ni. .hasta que *muera* el sumo sacerdote
Dt. 2.16 *murieron* todos los hombres de guerra
4.22 así que yo voy a *morir* en esta tierra
5.25 ahora, pues, ¿por qué vamos a *morir?*
5.25 si oyéremos otra vez la voz. .*moriremos*
10.6 allí *murió* Aarón, y allí fue sepultado
13.10 apedrearás hasta que *muera*, por cuanto
17.5 sacarás. .los apedrearás, y así *morirán*
17.6 por dicho de dos. .*morirá* el que. .*morir*
17.6 no *morirá* por el dicho de un. .testigo
17.12 no obedeciendo. .al juez, el tal *morirá*
18.16 ni vea. .gran fuego, para que no *muera*
18.20 que hablare en nombre de dioses. .*morirá*
19.5 diere contra su prójimo y éste *muriere*
19.11 alguno. .hiriere de muerte, y *muriere*
19.12 lo entregarán en mano. .para que *muera*
20.5,6,7 no sea que *muera* en la batalla, y
21.21 los hombres. .lo apedrearán, y *morirá*
21.22 lo hiciereis *morir*, y lo colgareis en
22.21 la apedrearán los hombres de. .y *morirá*
22.22 ambos *morirán*, el hombre que se acostó
22.24 los apedrearéis, y *morirán*; la joven
22.25 *morirá*. .hombre que se acostó con ella
24.3 o si hubiere *muerto* el postrer hombre
24.7 *morirá* el tal ladrón, y quitarás el mal
24.16 los padres no *morirán* por los hijos, ni
24.16 hijos. .cada uno *morirá* por su pecado
25.5 habitaren juntos, y *muriere* alguno de
31.27 ¿cuánto. .después que yo haya *muerto?*
32.39 hago *morir*, y yo hago vivir; yo hiero
32.50 y *muere*. .como *murió* Aarón tu hermano
33.1 bendijo Moisés varón. .antes que *muriese*
33.6 viva Rubén, y no *muera;* y no sean pocos
34.5 *murió* allí Moisés. .en la tierra de Moab
34.7 Moisés de edad de 120 años cuando *murió*
Jos. 1.2 mi siervo Moisés ha *muerto;* ahora
1.18 cualquiera que fuere rebelde a. .*muera*
5.4 los hombres de guerra, habían *muerto* en
10.11 grandes piedras sobre ellos, y *murieron*
10.11 *murieron* por las piedras del granizo
20.9 que no *muriese* por mano del vengador de
24.29 después. .cosas *murió* Josué hijo de Nun
24.33 también *murió* Eleazar hijo de Aarón
Jue. 1.7 le llevaron a Jerusalén, donde *murió*
2.8 *murió* Josué. .siendo de ciento diez años
2.19 al *morir* el juez, ellos volvían atrás
2.21 las naciones que dejó Josué cuando *murió*
3.11 reposó la tierra. .y *murió* Otoniel hijo
4.21 le metió la estaca por las. .y así *murió*
6.23 paz a ti; no tengas temor, no *morirás*
6.30 saca a tu hijo para que *muera*, porque ha
6.31 cualquiera que contienda por él. .*muera*
8.32 y *murió* Gedeón hijo de. .en buena vejez
8.33 cuando *murió* Gedeón, los hijos de Israel
9.49 todos los de la torre de Siquem *murieron*
9.54 saca. .Y su escudero le atravesó, y *murió*
10.2 juzgó. .*murió*, y fue sepultado en Samir
10.5 y *murió* Jair, y fue sepultado en Camón
12.6 *murieron*. .de Efraín cuarenta y dos mil
12.7 *murió* Jefté. .y fue sepultado en una de
12.10 *murió* Ibzán, y fue sepultado en Belén
12.12 *murió* Elón. .y fue sepultado en Ajalón
12.15 *murió* Abdón. .fue sepultado en Piratón
13.22 *moriremos*, porque a Dios hemos visto
15.18 ¿y *moriré* yo ahora de sed, y caeré en
16.30 dijo Sansón: *Muera* yo con. .filisteos
16.30 los que mató al *morir* fueron. .más que
20.5 la humillaron de tal manera que *murió*
20.46 de Benjamín *murieron*. .25.000 hombres
Rt. 1.3 y *murió* Elimelec, marido de Noemí, y
1.5 y *murieron*. .los dos, Mahlón y Quelión
1.17 donde tú *murieres*, *moriré* yo, y allí
2.20 la benevolencia. .con los que han *muerto*
1 S. 2.25 Jehová había resuelto hacerlos *morir*
2.33 nacidos en tu casa *morirán* en la edad
2.34 Ofni y Finees: ambos *morirán* en un día
4.18 Elí cayó. .atrás. .y se desnucó y *murió*
4.19 oyendo. .*muertos* su suegro y su marido
4.20 al tiempo que *moría*, le decían las que
5.12 y los que no *morían*, eran heridos de
6.19 hizo *morir* a. .hizo *m*. .a 50.070 hombres
11.13 no *morirá* hoy ninguno, porque. .Jehová
12.19 ruega a. .para que no *muramos;* porque
14.39 que aunque fuere en Jonatán mi. .*morirá*
14.43 gusté un poco de miel. .y he de *morir?*
14.44 respondió. .sin duda *morirás*, Jonatán
14.45 ¿ha de *morir* Jonatán, el que ha hecho
14.45 así el pueblo libró de *morir* a Jonatán
19.6 juró Saúl: Vive Jehová, que no *morirá*
20.2 le dijo: En ninguna manera; no *morirás*
20.14 harás conmigo misericordia. .no *muera*
20.31 envía. .y tráemelo, porque ha de *morir*
20.32 dijo: ¿Por qué *morirá?* ¿Qué ha hecho?
22.16 rey dijo: Sin duda *morirás*, Ahimelec
25.1 *murió* Samuel, y se juntó todo Israel, y
25.38 después, Jehová hirió a Nabal, y *murió*
25.39 que David oyó que Nabal había *muerto*
26.10 que si. .o su día llegue para que *muera*
28.3 Samuel había *muerto*, y todo Israel lo
28.9 pones tropiezo a. .para hacerme *morir?*
31.5 se echó sobre su espada, y *murió* con él
31.6 *murió* Saúl en aquel día, juntamente con
2 S. 1.4 también Saúl y Jonatán su. .*murieron*
1.5 ¿cómo sabes. .han *muerto* Saúl y Jonatán
1.15 vé y mátalo. Y él lo hirió, y *murió*
2.7 *muerto* Saúl. .los de la casa de Judá me
2.23 cayó allí, y *murió* en aquel mismo sitio
2.31 hirieron de. .a 360. .los cuales *murieron*
3.27 hirió por la quinta costilla, y *murió*
3.29 falte de la casa. .quien *muera* a espada
3.33 de *morir* Abner como *muere* un villano?
4.10 me dio nuevas, diciendo. .Saúl ha *muerto*
8.2 midió dos cordeles para hacerlos *morir*
10.1 que *murió* el rey de los hijos de Amón
10.18 a Sobac general del. .quien *murió* allí
11.15 a Urías. .para que sea herido y *muera*
11.17 cayeron. .y *murió* también Urías heteo
11.21 hirió a Abimelec. .y *murió* en Tebes?
11.24 *murieron* algunos de los. .y *murió*. .Urías
12.13 dijo. .ha remitido tu pecado; no *morirás*
12.14 el hijo que. .nacido ciertamente *morirá*
12.18 al séptimo día *murió* el niño; y temían
12.18 hacerle saber que el niño había *muerto*
12.18 si le decimos que el niño ha *muerto?*
12.19 que el niño había *muerto;* por lo que
12.19 dijo David. .¿Ha *muerto* el niño?. .Ha *m*
12.23 ahora que ha *muerto*, ¿para qué he de
13.39 consolado. .de Amnón, que había *muerto*
14.5 una mujer viuda y mi marido ha *muerto*
14.7 entrega. .para que le hagamos *morir* por
14.14 de cierto *morimos*, y somos como aguas
17.23 pero Ahitofel. .se ahorcó, y así *murió*
18.3 aunque la mitad de nosotros *muera*, no
18.20 hoy la nueva. .el hijo del rey ha *muerto*
18.33 me diera que *muriera* yo en lugar de ti
19.10 y Absalón. .ha *muerto* en la batalla
19.21 ¿no ha de *morir* por esto Simei, que
19.22 ¿ha de *morir* hoy alguno en Israel?
19.23 dijo el rey a Simei: No *morirás*. .juró
19.37 *muera* en mi ciudad, junto al sepulcro
20.3 quedaron encerradas hasta que *murieron*
21.4 ni queremos que *muera* hombre de Israel
21.9 así *murieron* juntos aquellos siete, los
24.15 y *murieron* del pueblo. .70.000 hombres
1 R. 1.52 mas si se hallare mal en él, *morirá*
2.1 los días en que David había de *morir*, y
2.24 vive Jehová. .que Adonías *morirá* hoy
2.25 Benaía. .arremetió contra él, y *murió*
2.30 y él dijo: No, sino que aquí *moriré*
2.37 el día que salieres. .sin duda *morirás*
2.42 el día que salieres. .*morirás?* Y tú me
2.46 Benaía hijo. .salió y lo hirió, y *murió*
3.19 una noche el hijo de esta mujer *murió*
12.18 pero lo apedreó todo Israel, y *murió*
13.31 yo *muera*, enterradme en el sepulcro en
14.11 el que *muera* de los de Jeroboam en la
14.11 el que *muera* en el campo, lo comerán
14.12 al poner tu pie en la. .*morirá* el niño
14.17 y entrando ella por el. .el niño *murió*
16.18 prendió fuego a la casa. .y así *murió*
16.22 a Tibni. .y Tibni *murió*, y Omri fue rey
17.12 que lo comamos, y nos dejemos *morir*
17.18 venido a. .para hacer *morir* a mi hijo?
17.20 has afligido, haciéndole *morir* su hijo?
19.4 y deseando *morirse*, dijo: Basta ya, oh
21.10 sacadlo, y apedreadlo para que *muera*
21.13 lo llevaron. .y lo apedrearon, y *murió*
21.14 Nabot ha sido apedreado y ha *muerto*
21.15 porque Nabot no vive, sino. .ha *muerto*
22.35 estuvo en su carro. .a la tarde *murió*
22.37 *murió*. .el rey, y fue traído a Samaria
2 R. 1.4 del lecho. .no te levantarás. .*morirás*
1.6,16 no te levantarás; de cierto *morirás*
1.17 *murió* conforme a la palabra de Jehová
3.5 *muerto* Acab, el rey de Moab se rebeló
4.1 diciendo: Tu siervo mi marido ha *muerto*
4.20 sentado en. .hasta el mediodía, y *murió*
7.3 ¿para qué nos estamos aquí. .que *muramos?*
7.4 por el hambre que hay en la. .*moriremos*
7.4 si nos quedamos aquí, también *moriremos*
7.4 si ellos. .nos dieren la muerte, *moriremos*
7.17,20 lo atropelló el pueblo a la. .y *murió*
8.10 Jehová me ha mostrado que él *morirá*
8.15 sobre el rostro de Ben-adad, y *murió*
9.27 Ocozías huyó a Meguido, pero *murió* allí
12.21 y Jozabad hijo. .le hirieron, y *murió*
13.14 enfermo de la enfermedad de que *murió*
13.20 *murió* Eliseo, y lo sepultaron. Entrado
13.24 *murió* Hazael rey de. .y reinó. .Ben-adad
14.6 que cada uno *morirá* por su propio pecado
18.32 y no *moriréis*. No oigáis a Ezequías
20.1 así: Ordena tu casa, porque *morirás*, y
23.34 Joacaz, y lo llevó a Egipto, y *murió*
25.25 Ismael. .hirieron a Gedalías, y *murió*
1 Cr. 2.30 Seled y. .Y Seled *murió* sin hijos
2.32 Jeter y Jonatán. Y *murió* Jeter sin hijos
10.6 *murieron* Saúl y. .y toda su casa *murió*
10.13 así *murió* Saúl por su rebelión con que
13.10 el arca; y *murió* allí delante de Dios
19.1 que *murió* Nahas rey de los hijos de Amón
21.14 una peste. .y *murieron* de Israel 70.000
23.22 y *murió* Eleazar sin hijos; pero tuvo
24.2 como Nadab y Abiú *murieron* antes que su
29.28 *murió* en buena vejez, lleno de días, de
2 Cr. 10.18 a Adoram. .le apedrearon. .y *murió*
13.20 Jeroboam. .y Jehová lo hirió, y *murió*

MORIR *(Continúa)*
2 Cr. 15.13 no buscase a Jehová el Dios. .*muriese*
16.13 Asa. .*murió* en el año 41 de su reinado
18.34 en el carro. .y *murió* al ponerse el sol
21.19 *muriendo* así de enfermedad muy penosa
21.20 años, y *murió* sin que lo desearan más
23.7 cualquiera que entre. .casa, que *muera*
24.15 mas Joiada envejeció, y *murió* lleno de
24.15 Joiada. .de 130 años era cuando *murió*
24.22 mató a su hijo, quien dijo al *morir*
24.25 lo hirieron en su cama, y *murió*. Y lo
25.4 no *morirán* los padres por los hijos, ni
25.4 no. .mas cada uno *morirá* por su pecado
35.24 lo llevaron a Jerusalén, donde *murió*
Est. 2.7 cuando su padre y su madre *murieron*
4.11 ha de *morir;* salvo aquel a quien el rey
Job 1.19 cayó sobre los jóvenes, y *murieron*
2.9 integridad? Maldice a Dios, y *muérete*
3.11 ¿por qué no *morí* yo en la matriz, o
4.21 y *mueren* sin haber adquirido sabiduría
12.2 sois. .y con vosotros *morirá* la sabiduría
13.19 porque si ahora yo callara, *moriría*
14.10 mas el hombre *morirá*, y será cortado
14.14 el hombre *muriere*, ¿volverá a vivir?
21.23 éste *morirá* en el vigor de. .hermosura
21.25 este otro *morirá* en amargura de ánimo
24.11 pisan los lagares, y *mueren* de sed
27.5 hasta que *muera*, no quitaré de mí mi
29.18 decía yo: En mi nido *moriré*, y como
34.20 en un momento *morirán*, y a medianoche
42.17 y *murió* Job viejo y lleno de días
Sal. 41.5 mis enemigos dicen: ¿Cuándo *morirá*
49.10 pues verá que aun los sabios *mueren*
49.17 porque cuando *muera* no llevará nada, ni
78.31 hizo *morir* a los más robustos de ellos
78.34 si los hacía *morir*. .buscaban a Dios
78.51 hizo *morir* a todo primogénito en Egipto
82.7 como hombres *moriréis*, y como cualquiera
118.17 no *moriré*, sino que viviré, y contaré
135.8 hizo *morir* a los primogénitos de Egipto
139.19 cierto, oh Dios, harás *morir* al impío
Pr. 5.23 él *morirá* por falta de corrección, y
10.21 los. .*mueren* por falta de entendimiento
11.7 cuando *muere* el hombre impío, perece su
15.10 el que aborrece la corrección *morirá*
19.16 el que menosprecia sus caminos *morirá*
23.13 si lo castigas con vara, no *morirá*
30.7 dos. .no me las niegues antes que *muera*
Ec. 2.16 también *morirá* el sabio como el necio
3.2 tiempo de nacer, y tiempo de *morir*
3.19 como *mueren* los unos, así *m* los otros
4.2 y alabé yo a. .los que ya *murieron*, más
7.17 ¿por qué habrás de *morir* antes de tu
9.5 los que viven saben que han de *morir*
Is. 6.1 en el año que *murió* el rey Uzías, vi
14.28 el año que *murió* el rey Acaz fue esta
14.30 mas yo haré *morir* de hambre tu raíz
22.13 y bebamos, porque mañana *moriremos*
22.14 no os será perdonado hasta que *muráis*
22.18 *morirás*, y allá estarán los carros de
38.1 dice. .Ordena tu casa, porque *morirás*
50.2 se pudren por falta de agua, y *mueren*
51.14 pronto; no *morirá* en la mazmorra, ni
57.1 y los piadosos *mueren*, y no hay quien
59.5 el que comiere de sus huevos, *morirá*
65.20 no habrá. .niño que *muera* de pocos días
65.20 porque el niño *morirá* de cien años, y
66.24 porque su gusano nunca *morirá*, ni su
Jer. 11.21 para que no *mueras* a nuestras manos
11.22 *morirán* a espada. .hijas *m* de hambre
16.4 de dolorosas enfermedades *morirán;* no
16.6 *morirán* en. .tierra grandes y pequeños
20.6 entrarás en Babilonia, y allí *morirás*
21.6 y los hombres y las bestias *morirán* de
21.9 el que quedare en. .*morirá* a espada, de
22.12 *morirá* en el lugar adonde lo llevaron
22.26 te haré llevar cautivo. .allá *moriréis*
26.8 pueblo le echaron mano. .cierto *morirás*
27.13 ¿por qué *moriréis* tú y tu pueblo a
28.16 *morirás* en este año, porque hablaste
28.17 y el mismo año *murió* Hananías, en el
31.30 cada cual *morirá* por su propia maldad
34.4 así ha dicho Jehová. .No *morirás* a espada
34.5 en paz *morirás*. .te endecharán, diciendo
37.20 no me hagas volver. .que no *muera* allí
38.2 el que se quedare en. .*morirá* a espada
38.4 al rey: *Muera* ahora este hombre; porque
38.9 *morirá* de hambre, pues no hay más pan
38.10 haz sacar. .Jeremías. .antes que *muera*
38.24 nadie sepa estas palabras, y no *morirás*
38.26 no me hiciese volver a. .no me *muriese*
42.16 en Egipto os perseguirá; y. .*moriréis*
42.17 para entrar en Egipto. .*morirán* a espada
42.22 de hambre y de pestilencia *moriréis* en
44.12 a espada y de hambre *morirán* desde el
49.26 y todos los hombres de guerra *morirán*
52.11 en la cárcel hasta el día en que *murió*
4.9 éstos *murieron* poco a poco por falta de
5.7 nuestros padres pecaron, y han *muerto*
Ez. 3.18 yo dijere al impío: De cierto *morirás*
3.18 el impío *morirá* por su maldad, pero su
3.19 él *morirá* por su maldad, pero tú habrás
3.20 él *morirá*, porque tú no le amonestaste
3.20 en su pecado *morirá*, y sus justicias que
5.12 *morirá* de pestilencia y. .de hambre en
6.12 el que esté lejos *morirá* de pestilencia
6.12 quede y sea asediado *morirá* de hambre
7.15 el que esté en el campo *morirá* a espada
11.13 Pelatías. .*murió*. Entonces me postré
12.13 haré llevarlo a Babilonia. .allá *morirá*
13.19 matando a. .personas que no deben *morir*
17.16 que *morirá* en medio de Babilonia, en
18.4,20 el alma que pecare, esa *morirá*
18.13 cierto *morirá*, su sangre será sobre él
18.17 no *morirá* por la maldad de su padre
18.18 he aquí que él *morirá* por su maldad
18.21 si se apartare de todos sus. .no *morirá*
18.24 el pecado que cometió, por ello *morirá*
18.26 él *morirá* por ello; por la iniquidad. .*m*
18.28 se apartó. .de cierto vivirá; no *morirá*
18.31 ¿por qué *moriréis*, casa de Israel?
18.32 no quiero la muerte del que *muere*, dice
24.18 la mañana, y a la tarde *murió* mi mujer
28.8 sepulcro te harán descender, y *morirás*
28.8 la muerte de los que *mueren* en medio de
28.10 *morirás* por mano de extranjeros; porque
33.8,14 dijere al impío. .De cierto *morirás*
33.8 el impío *morirá* por su pecado, pero su
33.9 *morirá* por su pecado, pero tú libraste
33.11 ¿por qué *moriréis*, oh casa de Israel?
33.13 sino que *morirá* por su iniquidad que
33.15 si. .no haciendo iniquidad. .no *morirá*
33.18 e hiciere iniquidad, *morirá* por ello
33.27 en las cuevas, de pestilencia *morirán*
36.15 ni harás más *morir* a los hijos de tu
Os. 4.3 cielo; y aun los peces del mar *morirán*
13.1 fue exaltado en. .pecó en Baal, y *murió*
Am. 2.2 fuego. .y *morirá* Moab con tumulto, con
6.9 si diez hombres quedaren en una. .*morirán*
7.11 ha dicho Amós: Jeroboam *morirá* a espada
7.17 tú *morirás* en tierra inmunda, e Israel
9.10 a espada *morirán* todos los pecadores de
Hab. 1.12 Dios mío, Santo mío? No *moriremos*
Zac. 11.9 la que *muriere*, que *muera;* y la que
Mt. 2.19 después de *muerto* Herodes. .un ángel
2.20 porque han *muerto* los que procuraban la
9.18 mi hija acaba de *morir;* mas ven y pon
10.21 levantarán contra. .y los harán *morir*
15.4 maldiga al padre o a la madre, *muera*
22.24 alguno *muriere* sin hijos, su hermano
22.25 hermanos; el primero se casó, y *murió*
22.27 y después de. .*murió* también la mujer
26.35 aunque me sea necesario *morir* contigo
Mr. 5.35 tu hija ha *muerto;* ¿para qué molestas
7.10 el que maldiga al padre o. .madre, *muera*
9.44,46,48 donde el gusano de ellos no *muere*
12.19 que si el hermano de alguno *muriere* y
12.20 primero. .*murió* sin dejar descendencia
12.21 el segundo se casó con ella, y *murió*
12.22 y después de. .*murió* también la mujer
14.31 si me fuere necesario *morir* contigo, no
15.44 se sorprendió de que ya hubiese *muerto*
Lc. 7.2 el siervo. .enfermo y a punto de *morir*
7.15 se incorporó el que había *muerto*, y
8.42 tenía una hija. .que se estaba *muriendo*
8.49 tu hija ha *muerto;* no molestes más al
11.51 Zacarías, que *murió* entre el altar y
13.33 un profeta *muera* fuera de Jerusalén
16.22 *murió* el mendigo. .y *m* también el rico
20.28 el hermano de alguno *muriere* teniendo
20.29 el primero tomó esposa, y *murió* sin
20.30 la tomó el segundo. .*murió* sin hijos
20.31 todos. .*murieron* sin dejar descendencia
20.32 finalmente *murió* también la mujer
20.36 porque no pueden ya más *morir*, pues
Jn. 4.47 su hijo, que estaba a punto de *morir*
4.49 Señor, desciende antes que mi. .*muera*
6.49 padres comieron el maná en. .y *murieron*
6.50 para que el que de él come, no *muera*
6.58 padres comieron el maná, y *murieron*
8.21 buscaréis. .en vuestro pecado *moriréis*
8.24 dije que *moriréis* en vuestros pecados
8.24 no creéis. .en vuestros pecados *moriréis*
8.52 Abraham *murió*, y los profetas; y. .dices
8.53 mayor. .padre Abraham, el cual *murió?*
8.53 los profetas *murieron!* ¿Quién te haces
11.14 les dijo claramente: Lázaro ha *muerto*
11.16 vamos también. .para que *muramos* con él
11.21 estado aquí. .hermano no habría *muerto*
11.26 y cree en mí, no *morirá* eternamente
11.32 hubieses. .no habría *muerto* mi hermano
11.37 hecho también que Lázaro no *muriera?*
11.39 hermana del que había *muerto*, le dijo
11.44 el que había *muerto* salió, atadas las
11.50 que un hombre *muera* por el pueblo, y
11.51 que Jesús había de *morir* por la nación
12.24 no *muere*, queda solo. .*m*, lleva. .fruto
12.33 a entender de qué muerte iba a *morir*
18.14 un solo hombre *muriese* por el pueblo
18.32 a entender de qué muerte iba a *morir*
19.7 y según nuestra ley debe *morir*, porque
21.23 que aquel discípulo no *moriría*. Pero
21.23 Jesús no le dijo que no *moriría*, sino
Hch. 2.29 David, que *murió* y fue sepultado, y
7.4 *muerto* su padre, Dios le trasladó a esta
7.15 descendió Jacob a Egipto, donde *murió*
9.37 que en aquellos días enfermó y *murió*
21.13 dispuesto. .aun a *morir* en Jerusalén
21.36 pueblo venía detrás, gritando: *¡Muera!*
25.11 cosa. .digna de muerte. .no rehúso *morir*
25.19 cierto Jesús, ya *muerto*, el que Pablo
Ro. 5.6 porque Cristo. .a su tiempo *murió* por
5.7 apenas *morirá* alguno por un justo; con
5.7 ser que alguno osara *morir* por el bueno
5.8 aún pecadores, Cristo *murió* por nosotros
5.15 si por. .aquel uno *murieron* los muchos
6.2 hemos *muerto* al pecado, ¿cómo viviremos
6.7 el que ha *muerto*, ha sido justificado del
6.8 *morimos* con Cristo, creemos que también
6.9 habiendo resucitado de los. .ya no *muere*
6.10 en cuanto *murió*, al pecado *m* una vez
7.2 si el marido *muere*, ella queda libre de
7.3 su marido *muriere*, es libre de esa ley
7.4 habéis *muerto* a la ley mediante el cuerpo
7.6 libres de la ley, por haber *muerto* para
7.9 venido el. .el pecado revivió y yo *morí*
8.13 si vivís conforme a la carne, *moriréis*
8.13 por el Espíritu hacéis *morir* las obras
8.34 Cristo es el que *murió;* mas aun, el que
14.7 ninguno de. .vive para sí. .*muere* para sí
14.8 vivimos; y si *morimos*, para el Señor *m*
14.8 sea que. .o que *muramos*, del Señor somos
14.9 Cristo para esto *murió* y resucitó, y
14.15 se pierda aquel por quien Cristo *murió*
1 Co. 7.39 si su marido *muriere*, libre es para
8.11 se perderá el. .por quien Cristo *murió*
9.15 prefiero *morir*, antes que. .desvanezca
15.3 que Cristo *murió* por nuestros pecados
15.22 como en Adán todos *mueren*, también en
15.31 aseguro, hermanos. .que cada día *muero*
15.32 comamos y bebamos. .mañana *moriremos*
15.36 lo. .no se vivifica, si no *muere* antes
2 Co. 5.14 si uno *murió*. .luego todos *murieron*
5.15 por todos *murió*, para que los que viven
5.15 ya no vivan. .sino para aquel que *murió*
7.3 nuestro corazón, para *morir* y para vivir
Gá. 2.21 ley. .entonces por demás *murió* Cristo
Fil. 1.21 mí el vivir es Cristo, y el *morir* es
2.27 estuvo enfermo, a punto de *morir;* pero
Col. 2.20 pues si habéis *muerto* con Cristo en
3.3 porque habéis *muerto*, y vuestra vida está
3.5 haced *morir*. .lo terrenal en vosotros
1 Ts. 4.14 porque si creemos que Jesús *murió* y
5.10 *murió* por nosotros para que ya sea que
He. 9.27 está establecido. .*mueran* una sola vez
10.28 viola la ley de. .*muere* irremisiblemente
11.13 *murieron*. .éstos sin haber recibido lo
11.21 al *morir*, bendijo a cada uno de los
11.22 José, al *morir*, mencionó la salida de
Ap. 3.2 afirma. .cosas que están para *morir*
8.9 *murió* la tercera parte de los. .en el mar
8.11 muchos. .*murieron* a causa de esas aguas
9.6 ansiarán *morir*, pero la muerte huirá de
11.5 daño, debe *morir* él de la misma manera
11.13 terremoto *murieron*. .siete mil hombres
14.13 bienaventurados. .que *mueren* en el Señor
16.3 *murió* todo ser vivo que había en el mar

MORTAL
Éx. 10.17 quite de mí al menos esta plaga *m*
Jue. 16.16 su alma fue reducida a *m* angustia
Sal. 73.5 no pasan trabajos como los otros *m*
Is. 51.12 tengas temor del hombre, que es *m*
Ro. 6.12 no reine. .pecado en vuestro cuerpo *m*
8.11 vivificará también vuestros cuerpos *m*
1 Co. 15.53 y esto *m* se vista de inmortalidad
15.54 esto *m* se haya vestido de inmortalidad
2 Co. 4.11 la vida. .se manifieste en. .carne *m*
5.4 para que lo *m* sea absorbido por la vida
He. 7.8 y aquí. .reciben los diezmos hombres *m*
Stg. 3.8 lengua. .es un mal. .llena de veneno *m*
Ap. 13.3 herida. .pero su herida *m* fue sanada
13.12 la. .bestia, cuya herida *m* fue sanada

MORTANDAD
Éx. 12.13 y no habrá en vosotros plaga de *m*
30.12 no haya en ellos *m* cuando. .contado
Nm. 14.12 yo los heriré de *m* y los destruiré
16.46 el furor ha salido. .la *m* ha comenzado
16.47 que la *m* había comenzado en el pueblo
16.48 se puso entre los. .vivos; y cesó la *m*
16.49 los que murieron en aquella *m* fueron
16.50 volvió Aarón. .cuando la *m* había cesado
25.8 y cesó la *m* de los hijos de Israel
25.9 murieron de aquella *m* veinticuatro mil
25.18 fue muerta el día de la *m* por causa de
26.1 aconteció después de la *m*, que Jehová
31.16 por lo que hubo *m* en la congregación
Dt. 28.21 Jehová traerá sobre ti *m*, hasta que
Jos. 10.10 y los hirió con gran *m* en Gabaón
10.20 acabaron de herirlos con gran *m* hasta
22.17 maldad. .por la cual vino la *m* en la
Jue. 15.8 los hirió cadera y muslo con gran *m*
1 S. 4.10 y huyeron. .y fue hecha muy grande *m*
4.17 también fue hecha gran *m* en el pueblo
6.19 Jehová lo había herido con tan gran *m*
2 S. 24.21 un altar. .que cese la *m* del pueblo
1 Cr. 21.22 para que cese la *m* en el pueblo
2 Cr. 28.5 rey de. .el cual lo batió con gran *m*
Est. 9.5 y asolaron los. .con *m* y destrucción
Sal. 78.50 no eximió. .entregó su vida a la *m*
91.6 ni. .ni *m* que en medio del día destruya

MORTANDAD *(Continúa)*

Sal. 106.15 él les dio. . mas envió *m* sobre ellos
106.29 ira. . y se desarrolló la *m* entre ellos
Am. 4.10 envié contra vosotros *m* tal como en
Hab. 3.5 delante de su rostro iba *m*, y a sus
Ap. 6.8 para matar con espada. . con *m*, y con

MORTECINO, NA

Lv. 17.15 que comiere animal *m* o despedazado
22.8 *m* ni despedazado por fiera no comerá
Dt. 14.21 ninguna cosa *m* comeréis; al. . la darás
Ez. 4.14 nunca. . comí cosa *m* ni despedazada, ni
44.31 ninguna cosa *m*. . comerán los sacerdotes

MORTERO

Nm. 11.8 lo majaba en *m*, y lo cocía en caldera
2 Cr. 24.14 hicieron de él. . *m*, cucharas, vasos
Pr. 27.22 aunque majes al necio en un *m* entre

MORTÍFERA

Mr. 16.18 si bebieren cosa *m*, no les hará daño

MORTUORIO

Ez. 24.17 reprime el suspirar, no hagas luto. . *m*

MOSA

1. Hijo de Caleb, **1 Cr. 2.46**

2. Descendiente del rey Saúl, **1 Cr. 8.36,37; 9.42,43**

MOSCA

Éx. 8.21 yo enviaré sobre ti. . toda clase de *m*
8.21 casas. . se llenarán de toda clase de *m*
8.22 que ninguna clase de *m* haya en ella, a
8.24 vino toda clase de *m* molestísimas sobre
8.29 que las diversas clases de *m* se vayan
8.31 quitó todas aquellas *m* de Faraón, de sus
Sal. 78.45 envió entre ellos enjambres de *m*
105.31 habló, y vinieron enjambres de *m*, y
Ec. 10.1 *m* muertas hacen heder y dar mal olor
Is. 7.18 silbará Jehová a la *m* que está en el

MOSERA *Lugar donde acampó Israel,* **Dt. 10.6**

MOSEROT *Lugar donde acampó Israel,* **Nm. 33.30,31**

MOSQUITO

Mt. 23.24 coláis el *m*, y tragáis el camello!

MOSTAZA

Mt. 13.31 el reino. . es semejante al grano de *m*
17.20 si tuviereis fe como un. . de *m*, diréis
Mr. 4.31 es como el grano de *m*, que cuando se
Lc. 13.19 es semejante al grano de *m*, que un
17.6 dijo: Si tuvierais fe como un grano de *m*

MOSTO

Gn. 27.28 te dé. . abundancia de trigo y de *m*
Nm. 18.12 *m* y de trigo, todo lo más escogido
Dt. 7.13 bendecirá. . tu *m*, tu aceite, la cría
28.51 y no te dejará grano, ni *m*, ni aceite
Jue. 9.13 ¿he de dejar mi *m*, que alegra a Dios
Sal. 4.7 ellos cuando abundaba su grano y su *m*
Pr. 3.10 tus graneros. . lagares rebosarán de *m*
Cnt. 8.2 vino adobado del *m* de mis granadas
Is. 65.8 como si alguno hallase *m* en un racimo
Os. 4.11 fornicación, vino y *m* quitan el juicio
7.14 para el trigo y el *m* se congregaron, se
9.2 no los mantendrán, y les fallará el *m*
Jl. 1.5 a causa del *m*, porque os es quitado de
1.10 trigo. . secó el *m*, se perdió el aceite
2.19 yo os envío pan, *m* y aceite, y seréis
3.18 los montes destilarán *m*, y los collados
Am. 9.13 los montes destilarán *m*, y. . collados
Mi. 6.15 el aceite; y *m*, mas no beberás el vino
Hch. 2.13 mas otros. . decían: Están llenos de *m*

MOSTRAR

Gn. 12.1 vete de. . a la tierra que te *mostraré*
37.16 te ruego que me *muestres* dónde están
41.25 Dios ha *mostrado* a Faraón lo que va a
41.28 lo que Dios va a hacer, lo ha *mostrado*
Éx. 7.9 respondiere diciendo: *Mostrad* milagro
9.16 he puesto para *mostrar* en ti mi poder
10.1 *mostrar* entre ellos estas mis señales
15.25 Jehová le *mostró* un árbol; y lo echó en
18.20 *muéstrales* el camino por donde. . andar
25.9 conforme a todo lo que yo te *muestre*, el
25.40; 26.30 conforme al modelo. . *mostrado*
27.8 manera que te fue *mostrado* en el monte
30.36 de reunión, donde yo me *mostraré* a ti
33.13 ruego que me *muestres* ahora tu camino
33.18 te ruego que me *muestres* tu gloria
Lv. 13.7 después que él se *mostró* al sacerdote
13.7 deberá *mostrarse* otra vez al sacerdote
13.19 una mancha. . será *mostrado* al sacerdote
13.49 plaga. . y se ha de *mostrar* al sacerdote
Nm. 8.4 modelo que Jehová *mostró* a Moisés, así
13.26 y les *mostraron* el fruto de la tierra
14.10 pero la gloria de Jehová se *mostró* en
16.5 mañana *mostrará* Jehová. . quién es santo
23.3 cosa que me *mostrare*, te avisaré. Y se
Dt. 1.33 con fuego. . para *mostraros* el camino
3.24 has comenzado a *mostrar* a tu siervo tu
4.35 a ti te fue *mostrado*, para que supieses
4.36 sobre la tierra te *mostró* su gran fuego
5.24 nuestro Dios nos ha *mostrado* su gloria
34.1 *mostró* Jehová toda la tierra de Galaad
Jue. 1.24 *muéstranos*. . la entrada de la ciudad
1.25 y él les *mostró* la entrada a la ciudad
4.22 ven, y te *mostraré* al varón que tú buscas
8.35 ni se *mostraron* agradecidos con. . Gedeón
13.23 ni nos hubiera *mostrado* todas estas
1 S. 3.13 le *mostraré* que yo juzgaré su casa
8.9 *muéstrales* cómo les tratará el rey que
14.8 vamos a pasar. . nos *mostraremos* a ellos
14.11 se *mostraron*. . ambos a la guarnición de
15.6 *mostrasteis* misericordia a. . de Israel
24.18 has *mostrado* hoy que has hecho. . bien
2 S. 15.20 Jehová te *muestre* amor permanente
17.17 ellos no podían *mostrarse* viniendo a
22.26 te *mostrarás* misericordioso, y recto
22.27 limpio te *mostrarás* para con el limpio
1 R. 13.12 y sus hijos le *mostraron* el camino
18.1 vé, *muéstrate* a Acab, y yo haré llover
18.2 fue, pues, Elías a *mostrarse* a Acab
18.15 vive Jehová. . que hoy me *mostraré* a él
2 R. 6.6 él le *mostró* el lugar. Entonces cortó
8.10 Jehová me ha *mostrado* que él morirá
8.13 Jehová me ha *mostrado* que tú serás rey
11.4 los metió. . les *mostró* el hijo del rey
20.13 les *mostró* toda la casa de sus tesoros
20.13 ninguna cosa quedó que. . no les *mostrase*
20.15 nada quedó en mis. . que no les *mostrase*
1 Cr. 19.2 su padre me *mostró* misericordia
2 Cr. 3.1 el monte. . *mostrado* a David su padre
16.9 para *mostrar* su poder a favor de los que
23.13 que todo el pueblo. . *mostraba* alegría
Neh. 7.61 cuales no pudieron *mostrar* la casa de
Est. 1.4 *mostrar* él las riquezas de la gloria de
1.11 para *mostrar* a los pueblos y. . príncipes
4.8 a fin de que la *mostrase* a Ester y se lo
Job 12.7 a las aves de. . y ellas te lo *mostrarán*
15.17 yo te *mostraré*, y te contaré lo que he
23.9 si *muestra* su poder al norte, yo no lo
37.19 *muéstranos* qué le hemos de decir; porque
38.12 días? ¿Has *mostrado* al alba su lugar?
Sal. 4.6 dicen: ¿Quién nos *mostrará* el bien?
16.11 me *mostrarás* la senda de la vida; en tu
18.25 te *mostrarás* misericordioso, y recto
18.26 limpio te *mostrarás* para con el limpio
25.4 *muéstrame*, oh Jehová, tus caminos
31.19 que has *mostrado* a los que esperan en
50.23 al. . le *mostraré* la salvación de Dios
78.11 sus maravillas que les había *mostrado*
80.4 ¿hasta cuándo *mostrarás* tu indignación
85.7 *muéstranos*, oh Jehová, tu misericordia
91.16 le saciaré. . y le *mostraré* mi salvación
94.1 Dios. . Dios de las venganzas, *muéstrate*
Pr. 18.24 tiene amigos ha de *mostrarse* amigo
Cnt. 2.12 han *mostrado* las flores en la tierra
2.14 *muéstrame* tu rostro, hazme oir tu voz
Is. 5.5 os *mostraré*, pues, ahora lo que haré yo
21.2 visión dura me ha sido *mostrada*. El
26.10 se *mostrará* piedad al malvado, y no
39.2 se regocijó. . les *mostró* la casa de su
39.2 no hubo cosa. . Ezequías no les *mostrase*
39.4 ninguna cosa. . que no les haya *mostrado*
40.14 o le *mostró* la senda de la prudencia?
49.9 a los que están en tinieblas: *Mostraos*
66.5 él se *mostrará* para alegría vuestra, y
Jer. 16.13 arrojaré. . no os *mostraré* clemencia
18.17 les *mostraré* las espaldas y no el rostro
24.1 me *mostró* Jehová dos cestas de higos
38.21 esta es la palabra que me ha *mostrado*
Ez. 10.1 semejanza de un trono que se *mostró*
11.25 y hablé. . que Jehová me había *mostrado*
22.2 le *mostrarás* todas sus abominaciones?
39.25 me *mostraré* celoso por mi santo nombre
40.4 pon tu corazón a. . cosas que te *muestro*
40.4 que yo te las *mostrase* has sido traído
43.10 *muestra* a la casa de Israel esta casa
Dn. 2.4 dí. . y te *mostraremos* la interpretación
2.5 lo olvidé; si no me *mostráis* el sueño y
2.6 me *mostraréis* el sueño y su interpretación
2.7 el rey. . le *mostraremos* la interpretación
2.9 si no me *mostráis* el sueño, una sola
2.16 él *mostraría* la interpretación al rey
2.24 rey, y yo le *mostraré* la interpretación
2.29 el que revela los misterios te *mostró* lo
2.45 el gran Dios ha *mostrado* al rey lo que
4.6 para que me *mostrasen* la interpretación
4.7 no me pudieron *mostrar* su interpretación
4.18 los sabios. . no han podido *mostrarme* su
5.7 que lea. . y me *muestre* su interpretación
5.8 no. . ni *mostrar* al rey su interpretación
5.15 han podido *mostrarme* la interpretación
11.2 ahora yo te *mostraré* la verdad. He aquí
Am. 7.1 así me ha *mostrado* Jehová el Señor. He
7.4 el Señor me *mostró* así: He aquí, Jehová
8.1 así me ha *mostrado* Jehová. . He aquí un
Mi. 7.15 les *mostraré* maravillas como el día
Nah. 3.5 *mostraré* a las naciones tu desnudez
Zac. 1.20 me *mostró*. . Jehová cuatro carpinteros
3.1 *mostró* el sumo sacerdote Josué, el cual
Mt. 4.8 le *mostró* todos los reinos del mundo y
6.16 para *mostrar* a los hombres que ayunan
6.18 para no *mostrar* a los hombres que ayunas
8.4 vé, *muéstrate* al sacerdote, y presenta la
16.1 pidieron. . les *mostrase* señal del cielo
22.19 *mostradme* la moneda del tributo. Y ellos
23.27 por fuera. . se *muestran* hermosos, mas
23.28 fuera. . os *mostráis* justos a los hombres
24.1 para *mostrarle* los edificios del templo
24.27 se *muestra* hasta el occidente, así será
Mr. 1.44 *muéstrate* al sacerdote, y ofrece por tu
14.15 él os *mostrará* un gran aposento alto
Lc. 4.5 le *mostró*. . todos los reinos de la tierra
5.14 dijo, *muéstrate* al sacerdote, y ofrece
17.14 les dijo: Id, *mostraos* a los sacerdotes
20.24 *mostradme* la moneda. ¿De quién tiene la
22.12 él os *mostrará* un gran aposento alto
24.40 esto, les *mostró* las manos y los pies
Jn. 2.18 ¿qué señal nos *muestras*, ya que haces
5.20 le *muestra* todas las cosas que él hace
5.20 y mayores obras que estas le *mostrará*
10.32 muchas buenas obras os he *mostrado* de
14.8 Señor, *muéstranos* el Padre, y nos basta
14.9 ¿cómo. . dices tú: *Muéstranos* el Padre?
20.20 esto, les *mostró* las manos y el costado
Hch. 1.24 *muestra* cuál de estos. . has escogido
7.3 sal. . y ven a la tierra que yo te *mostraré*
9.16 *mostraré* cuánto le es necesario padecer
9.39 *mostrando* las túnicas. . que Dorcas hacía
10.28 a mí me ha *mostrado* Dios que a ningún
16.9 le *mostró* a Pablo una visión de noche
Ro. 2.15 *mostrando* la obra de la ley escrita en
5.8 Dios *muestra* su amor para con nosotros
7.13 para *mostrarse* pecado, produjo en mí la
9.17 para *mostrar* en ti mi poder, y para que
9.22 Dios, queriendo *mostrar* su ira y hacer
9.23 *mostró*. . con los vasos de misericordia
15.8 siervo. . para *mostrar* la verdad de Dios
2 Co. 7.11 en todo os habéis *mostrado* limpios
8.24 *mostrad*, pues, para con ellos ante las
Gá. 4.18 *mostrar* celo en lo bueno siempre, y no
Ef. 2.7 para *mostrar*. . las abundantes riquezas
1 Ti. 1.16 para que Jesucristo *mostrase* en mí
6.15 a su tiempo *mostrará* el. . solo Soberano
Tit. 2.7 en la enseñanza *mostrando* integridad
2.10 *mostrándose* fieles en todo, para que en
3.2 *mostrando* toda mansedumbre para con
He. 5.2 se *muestre* paciente con los ignorantes
6.10 el trabajo de amor que habéis *mostrado*
6.11 cada uno de. . *muestre* la misma solicitud
6.17 queriendo Dios *mostrar*. . abundantemente
8.5 conforme al modelo que se te ha *mostrado*
Stg. 2.18 *muéstrame* tu fe sin tus obras, y yo
2.18 y yo te *mostraré* mi fe por mis obras
3.13 *muestre* por la buena conducta sus obras
1 Jn. 4.9 en esto se *mostró* el amor de Dios para
Ap. 4.1 yo te *mostraré* las cosas que sucederán
17.1 te *mostraré* la sentencia contra la gran
21.9 ven acá, yo te *mostraré* la desposada, la
21.10 y me *mostró* la gran ciudad santa de
22.1 me *mostró* un río limpio de agua de vida
22.6 para *mostrar* a sus siervos las cosas que
22.8 adorar a los pies del. . que me *mostraba*

MOTÍN

Mr. 15.7 Barrabás, preso con. . compañeros de *m*

MOTIVO

Éx. 2.23 y subió a Dios el clamor. . con *m* de su
13.8 se hace esto con *m* de lo que Jehová hizo
Dt. 4.3 lo que hizo Jehová con *m* de Baal-peor
28.37 serás *m* de horror, y servirás de refrán
1 S. 25.31 señor mío, no tendrás *m* de pena ni
1 R. 16.7 con *m* de todo lo malo que hizo ante
2 R. 4.27 Jehová me ha encubierto el *m*, y no
1 Cr. 17.25 ha hallado tu siervo *m* para orar
Esd. 10.9 temblando con *m* de aquel asunto, y a
Sal. 37.7 no te alteres con *m* del que prospera
Pr. 1.11 dijeren. . acechemos sin *m* al inocente
Jer. 14.1 vino a Jeremías, con *m* de la sequía
48.26 Moab. . sea también él por *m* de escarnio
48.27 y no te fue. . Israel por *m* de escarnio
Ez. 16.54 siendo tú *m* de consuelo para ellas
Hch. 11.19 la persecución que. . con *m* de Esteban
Gá. 6.4 tendrá *m* de gloriarse sólo respecto de

MOVER

Gn. 1.2 el Espíritu. . se *movía* sobre las aguas
1.21 creó Dios. . todo ser viviente que se *mueve*
1.28 las bestias que se *mueven* sobre la tierra
7.21 murió toda carne que se *mueve* sobre la
8.19 que se *mueve* sobre la tierra según sus
9.2 en todo lo que se *mueva* sobre la tierra
9.3 todo lo que se *mueve* y vive, os será para
Éx. 11.7 ni un perro *moverá* su lengua, para que
36.2 su corazón le *movió* a venir a la obra
40.36 Israel se *movían* en todas sus jornadas
40.37 no se *movían* hasta el día en que ella
Lv. 11.10 todo lo que se *mueve* como de toda cosa
11.29 animales que se *mueven* sobre la tierra
11.31 inmundos de. . los animales que se *mueven*
11.46 ley acerca de. . todo ser. . que se *mueve*

MOVER *(Continúa)*
Lv. 26.36 el sonido de una hoja que se *mueva* los
Nm. 9.22 la nube se detenía..no se *movían;* mas
10.2 te servirán para..*mover* los campamentos
10.5.6 cuando tocareis alarma..*moverán* los
10.17 se *movieron* los hijos de Gersón y los
10.35 cuando el arca se *movía,* Moisés decía
Dt. 32.21 me *movieron* a celos..*moveré* a celos
Jos. 10.21 no hubo quien *moviese*..lengua contra
Jue. 2.18 Jehová era *movido* a misericordia por
1 S. 1.13 se *movían* sus labios, y su voz no se
2 S. 5.24 cuando oigas ruido como..te *moverás*
15.20 ¿y he de hacer hoy que te *muevas* para ir
2 R. 19.21 detrás de ti *mueve* su cabeza la hija
21.8 el pie de Israel sea movido de la tierra
23.18 dejadlo; ninguno *mueva* sus huesos; y así
Est. 5.9 que no se levantaba ni se *movía* de su
Job 16.4 podría..sobre vosotros *mover* mi cabeza
40.17 su cola *mueve* como un cedro, y..muslos
41.23 están en él firmes, y no se *mueven*
Sal. 10.6 dice en su corazón: No seré *movido*
35.23 *muévete*..para hacerme justicia, Dios
36.11 no vengas..mano de impíos no me *mueva*
50.11 que se *mueve* en los campos me pertenece
69.34 los mares y todo lo que se *mueve* en ellos
78.26 *movió* el solano en el cielo, y trajo
93.1 afirmó también el mundo, y no se *moverá*
104.25 en donde se *mueven* seres innumerables
125.1 no se *mueve,* sino que permanece para
Pr. 16.30 ojos..*mueve* sus labios, efectúa el mal
Is. 10.14 no hubo quién *moviese* ala, ni abriese
10.15 ¿se..la sierra contra el que la *mueve?*
13.13 la tierra se *moverá* de su lugar, en la
37.22 detrás de ti *mueve* su cabeza la hija de
38.12 mi morada ha sido *movida* y traspasada
40.20 una imagen de talla que no se *mueva*
41.7 lo afirmó con clavos..que no se *moviese*
46.7 allí se está, y no se *mueve* de su sitio
54.10 los montes se *moverán,* y los collados
Jer. 10.4 con clavos y..para que no se *mueva*
46.7 ¿quién es éste..cuyas aguas se *mueven*
46.8 y las aguas se *mueven* como ríos, y dijo
Lm. 2.15 *movieron* despectivamente sus cabezas
Ez. 1.12 donde el espíritu les *movía*..andaban
1.17 cuando andaban, se *movían* hacia sus 4
1.20 les *movía* que anduviesen..*m* el espíritu
Mt. 18.27 *movido* a misericordia, le soltó y le
23.4 ellos ni con un dedo quieren *moverlas*
Lc. 2.27 *movido* por el Espíritu, vino al templo
6.48 no la pudo *mover*..fundada sobre la roca
10.33 viéndole, fue *movido* a misericordia
15.20 y fue *movido* a misericordia, y corrió
Hch. 7.9 los patriarcas, *movidos* por envidia
17.28 en él vivimos, y nos *movemos,* y somos
Col. 1.23 en la fe, sin *moveros* de la esperanza
2 Ts. 2.2 que no os dejéis *mover* fácilmente de

MOVIBLE
He. 12.27 indica la remoción de las cosas *m*

MOVIDO *Véase Mover*

MOVIMIENTO
Jn. 5.3 paralíticos, que esperaban el *m* del agua
5.4 el que primero..después del *m* del agua

MOZAH *Ciudad en Benjamín,* Jos. 18.26

MUCHACHO, CHA
Gn. 21.12 no te parezca grave a causa del *m*
21.14 a Agar..le entregó el *m,* y la despidió
21.15 odre, y echó al *m* debajo de un arbusto
21.16 fue y..decía: No veré cuando el *m* muera
21.16 ella se sentó..el *m* alzó su voz y lloró
21.17 oyó Dios la voz del *m;* y el ángel de
21.17 Dios ha oído la voz del *m* en donde está
21.18 levántate, alza al *m,* y sostenlo con tu
21.19 llenó el odre de..y dio de beber al *m*
21.20 y Dios estaba con el *m;* y creció, y
22.5 esperad..y yo y el *m* iremos hasta allí
22.12 no extiendas tu mano sobre el *m,* ni le
Dt. 22.23 hubiere una *m* virgen desposada con
Jue. 8.20 el joven..tenía temor, pues aún era *m*
1 S. 17.33 tú eres *m,* y él un hombre de guerra
17.42 era *m,* y rubio, y de hermoso parecer
17.58 le dijo Saúl: *M,* ¿de quién eres hijo?
20.22 si yo dijere al *m*..He allí las saetas
20.35 salió Jonatán al..y un *m* pequeño con él
20.36 y dijo al *m:* Corre..el *m* iba corriendo
20.37 llegando el *m* adonde estaba la saeta que
20.37 Jonatán dio voces tras el *m,* diciendo
20.38 y volvió a gritar Jonatán tras el *m*
20.38 y el *m* de Jonatán recogió las saetas
20.39 ninguna cosa entendió el *m;* solamente
20.40 dio Jonatán sus armas a su *m,* y le dijo
20.41 el *m* se había ido, se levantó David del
1 R. 11.17 huyó..era entonces Hadad *m* pequeño
2 R. 2.23 salieron unos *m* de la ciudad, y se
2.24 dos osos..despedazaron de ellos a 42 *m*
5.2 y habían llevado cautiva de la..a una *m*
5.4 así ha dicho una *m* que es de la tierra
1 Cr. 22.5 Salomón mi hijo es *m*..de tierna edad
2 Cr. 28.8 tomaron cautivos a..mujeres, *m* y *m*
34.3 siendo aún *m,* comenzó a buscar al Dios
Job 19.18 *m* me menospreciaron; al levantarme
Pr. 20.11 aun el *m* es conocido por sus hechos
22.15 la necedad..ligada en el corazón del *m*
23.13 no rehúses corregir al *m;* porque si lo
29.15 el *m* consentido avergonzará a su madre
Ec. 4.13 mejor es el *m* pobre..que el rey viejo
4.15 caminando con el *m* sucesor, que estará
10.16 ¡ay de ti..cuando tu rey es *m,* y tus
Is. 3.4 pondré jóvenes..y *m* serán sus señores
3.12 opresores de mi pueblo son *m,* y mujeres
40.30 *m* se fatigan y se cansan, los jóvenes
Jer. 44.7 ser destruidos..*m* y el niño de pecho
Lm. 5.13 los *m* desfallecieron bajo el peso de
Dn. 1.4 *m* en quienes no hubiese tacha alguna
1.10 rostros más pálidos que los de los *m* que
1.13 con los rostros de los *m* que comen de
1.15 mejor y más robusto que el de..otros *m*
1.17 a estos 4 *m* Dios les dio conocimiento
Os. 11.1 cuando Israel era *m,* yo lo amé, y de
Zac. 8.5 las calles..estarán llenas de *m* y *m*
Mt. 11.16 es semejante a los *m* que se sientan
14.11 y fue traída su cabeza..y dada a la *m*
17.18 el cual salió del *m,* y éste quedó sano
21.15 los *m* aclamando en el templo y diciendo
Mr. 6.22 rey dijo a la *m:* Pídeme lo que quieras
6.28 su cabeza..dio a la *m,* y la *m* la dio a su
9.20 el espíritu..sacudió con violencia al *m*
9.24 el padre del *m* clamó y dijo: Creo; ayuda
Lc. 7.32 semejantes son a los *m* sentados en la
8.54 tomándola..clamó diciendo: *M,* levántate
9.42 mientras se acercaba el *m,* el demonio
9.42 sanó al *m,* y se lo devolvió a su padre
Jn. 6.9 aquí está un *m,* que tiene cinco panes
Hch. 12.13 salió a escuchar una *m* llamada Rode
16.16 al encuentro una *m* que tenía espíritu

MUCHEDUMBRE
Gn. 17.4 contigo, y serás padre de *m* de gentes
17.5 te he puesto por padre de *m* de gentes
Nm. 32.1 tenían una muy inmensa *m* de ganado
Job 32.7 y la *m* de años declarará sabiduría
38.34 tu voz, para que te cubra *m* de aguas?
Sal. 49.6 y de la *m* de sus riquezas se jactan
72.7 florecerá..*m* de paz, hasta que no haya
106.7 padres..no se acordaron de la *m* de tus
106.45 se arrepentía conforme a la *m* de sus
150.2 alabadle conforme a la *m* de su grandeza
Pr. 16.8 mejor..que la *m* de frutos sin derecho
Ec. 4.16 no tenía fin la *m*..pueblo que le seguía
Is. 29.5 la *m* de tus enemigos será como polvo
Jer. 10.13 a su voz se produce *m* de aguas en el
Ez. 1.24 como ruido de *m,* como el ruido de un
16.40 harán subir contra ti *m* de gente, y te
Dn. 9.27 con la *m* de las abominaciones vendrá
Lc. 23.1 levantándose..la *m* de ellos, llevaron
Hch. 13.45 viendo..la *m,* se llenaron de celos
14.13 con la *m* quería ofrecer sacrificios
21.36 la *m* del pueblo venía detrás, gritando
Ap. 17.15 las aguas..son pueblos, *m,* naciones

MUCHO
Éx. 23.2 no seguirás a los *m* para hacer mal. ni
Sal. 55.18 él redimirá..aunque contra mí haya *m*
56.2 porque *m* son los que pelean contra mí
71.7 prodigio he sido a *m,* y tú mi refugio
109.30 a Jehová..y en medio de *m* le alabaré
Pr. 7.26 a *m* ha hecho caer heridos, y aun los
10.21 los labios del justo apacientan a *m,* mas
Jer. 42.2 de *m* hemos quedado unos pocos, como
Hag. 1.9 buscáis *m,* y halláis poco; y encerráis
Mt. 20.16 *m* son llamados, mas pocos escogidos
20.28 y para dar su vida en rescate por *m*
22.14 *m* son llamados, y pocos escogidos
25.21,23 poco has sido fiel, sobre *m* te pondré
Mr. 5.9 Legión me llamo; porque somos *m*
Lc. 12.48 se haya dado *m,* *m* se le demandará
Ro. 5.15 la transgresión de..uno murieron los *m*
5.15 abundaron *m* más para los *m* la gracia y
5.19 los *m* fueron constituidos pecadores, así
5.19 de uno, los *m* serán constituidos justos
2 Co. 2.17 pues no somos como *m,* que medran
6.10 como pobres, mas enriqueciendo a *m*

MUDA
Gn. 45.22 a cada uno de..dio *m* de vestidos, y
45.22 a Benjamín dio..y cinco *m* de vestidos
Jue. 14.19 mató a 30..y dio las *m* de vestidos a
2 R. 5.5 llevando consigo..diez *m* de vestidos

MUDANZA
Stg. 1.17 en el cual no hay *m,* ni sombra de

MUDAR
Gn. 35.2 limpiaos, y *mudad* vuestros vestidos
41.14 se afeitó, y *mudó* sus vestidos, y vino
Lv. 13.10 cual haya *mudado* el color del pelo
Nm. 4.5,15 haya de *mudarse* el campamento
32.38 Nebo, Baal-meón (*mudados* los nombres)
1 S. 10.6 ellos, y serás *mudado* en otro hombre
10.9 le *mudó* Dios su corazón; y todas estas
2 S. 14.20 para *mudar* el aspecto de las cosas
2 Cr. 36.4 el rey..le *mudó* el nombre en Joacim
Job 20.14 su comida se *mudará* en sus entrañas
38.14 ella *muda* luego de aspecto como barro
Sal. 34 *tít.* de David, cuando *mudó* su semblante
89.34 ni *mudaré* lo que ha salido de..labios
102.26 como un..los *mudarás,* y serán *mudados*
Ec. 8.1 la tosquedad de su semblante se *mudará*
Cnt. 2.11 ha pasado el invierno, se ha *mudado*
Jer. 13.23 ¿*mudará* el etíope su piel..leopardo
52.33 hizo *mudar*..los vestidos de prisionero
Dn. 2.21 *muda* los tiempos y las edades; quita
He. 1.12 los envolverás, y serán *mudados;* pero

MUDO, DA
Éx. 4.11 al *m* y al sordo, al que ve y al ciego?
Sal. 31.17 sean avergonzados..estén *m* en el Seol
38.13 mas yo..soy como *m* que no abre la boca
Pr. 31.8 abre tu boca por el *m* en el juicio de
Is. 35.6 cojo saltará..cantará la lengua del *m*
56.10 todos ellos perros *m,* no pueden ladrar
Ez. 3.26 y estarás *m,* y no..varón que reprende
24.27 y hablarás, y no estarás más *m;* y les
Hab. 2.18 para que haciendo imágenes *m* confíe
2.19 que dice a..y a la piedra *m:* Levántate!
Mt. 9.32 salían..le trajeron un *m,* endemoniado
9.33 y echado fuera el demonio, el *m* habló
12.22 entonces fue traído a él un..ciego y *m*
12.22 y le sanó..el ciego y *m* veía y hablaba
15.30 gente que traía consigo a..*m,* mancos y
15.31 viendo a los *m* hablar..mancos sanados
Mr. 7.37 hace a los sordos oír, y a..*m* hablar
9.17 traje..mi hijo, que tiene un espíritu *m*
9.25 espíritu *m*..yo te mando, sal de él, y no
Lc. 1.20 y ahora quedarás *m* y no podrás hablar
1.22 les hablaba por señas, y permaneció *m*
11.14 echando fuera un demonio, que era *m*
11.14 que salido el demonio, el *m* habló; y la
Hch. 8.32 y como cordero *m* delante del que lo
1 Co. 12.2 como se os llevaba, a los ídolos *m*
2 P. 2.16 pues una *m* bestia..hablando con voz

MUEBLE
Lv. 15.22 tocare cualquier *m* sobre que ella se
15.26 *m* sobre que se sentare, será inmundo
Nm. 19.18 rociará..sobre todos los *m,* sobre las
Neh. 13.8 y arrojé..los *m* de la casa de Tobías

MUELA
Dt. 24.6 no tomarás en prenda la *m* del molino
Job 41.24 su corazón..fuerte como la *m* de abajo
Sal. 58.6 oh Jehová, las *m* de los leoncillos
Pr. 30.14 cuyos dientes son..y sus *m* cuchillos
Ec. 12.3 y cesarán las *m* porque han disminuido
12.4 cerrarán, por lo bajo del ruido de la *m*
Jl. 1.6 son dientes de león, y sus *m,* *m* de león

MUERTE
Gn. 24.67 consoló Isaac..de la *m* de su madre
26.18 habían cegado después..*m* de Abraham
27.2 aquí ya soy viejo, no sé el día de mi *m*
27.10 para que él te bendiga antes de su *m*
37.26 matemos..hermano y encubramos su *m?*
50.16 tu padre mandó antes de su *m,* diciendo
Éx. 4.19 muerto todos los que procuraban tu *m*
21.22 abortare..sin haber *m,* serán penados
21.23 mas si hubiere *m*..pagarás vida por vida
22.2 el que lo hirió no será culpado de su *m*
22.3 el autor de la *m* será reo de homicidio
Lv. 16.1 después de la *m* de los dos hijos de
24.17 el hombre que hiere de *m* a..sufra la *m*
24.21 que hiere de *m* a un hombre, que muera
Nm. 11.15 y si así lo..yo te ruego que me des *m*
16.41 vosotros habéis dado *m* al pueblo de
23.10 muera yo la *m* de los rectos, y mi
31.19 cualquiera que haya dado *m* a persona
33.4 a los que Jehová había herido de *m* de
35.11 el homicida que hiriere a alguno de *m*
35.15 que hiriere de *m* a otro sin intención
35.17 con piedra en la mano, que pueda dar *m*
35.18 instrumento de palo..que pueda dar *m*
35.19 el vengador de..él dará *m* al homicida
35.24 entre el que causó la *m* y el vengador
35.30 diere *m* a alguno..morirá el homicida
35.31 no tomaréis precio por..condenado a *m*
Dt. 19.6 el vengador de la..le hiera de *m,* no
19.6 le hiera..no debiendo ser condenado a *m*
19.11 lo acechare..lo hiriere de *m,* y muriere
21.22 cometido algún crimen digno de *m,* y lo
22.26 a la joven..no hay en ella culpa de *m*
30.15 hoy la vida y el bien, la *m* y el mal
30.19 que os he puesto delante la vida y la *m*
31.14 he aquí se ha acercado el día de tu *m*
31.29 yo sé que después de mi *m,* ciertamente
Jos. 1.1 después de la *m* de Moisés siervo de
2.13 y que libraréis nuestras vidas de la *m*
20.6 hasta la *m* del que fuere sumo sacerdote
Jue. 1.1 aconteció después de la *m* de Josué
4.1 después de la *m* de Aod..hijos de Israel
5.18 pueblo de Zabulón expuso su vida a la *m*
13.7 niño será nazareo..hasta el día de su *m*
16.24 cual había dado *m* a muchos de nosotros
21.5 gran juramento..diciendo: Sufrirá la *m*
Rt. 1.17 sólo la *m* hará separación entre..dos
2.11 tu suegra después de la *m* de tu marido

MUERTE *(Continúa)*
1 S. 4.21 por la *m* de su suegro y de su marido
5.11 consternación de *m* en toda la ciudad
15.32 dijo Agag. .ya pasó la amargura de la *m*
20.3 que apenas hay un paso entre mí y la *m*
22.21 Saúl había dado *m* a los sacerdotes de
22.22 yo he ocasionado la *m* a. .las personas
24.18 hecho conmigo bien. .no me has dado *m*
26.16 vive Jehová. .sois dignos de *m*, porque
30.2 cautivas a. .pero a nadie habían dado *m*
2 S. 1.1 después de la *m* de Saúl. .vuelto David
1.23 vida, tampoco en su *m* fueron separados
3.27 en venganza de la *m* de Asael su hermano
3.30 Abner. .había dado *m* a Asael hermano de
4.4 cuando llegó. .la noticia de la *m* de Saúl y
6.23 nunca tuvo hijos hasta el día de su *m*
12.5 dijo. .que el que tal hizo es digno de *m*
13.30 Absalón ha dado *m* a todos los hijos del
13.32 no diga. .han dado *m* a todos los hijos
15.21 para *m* o para vida, donde mi señor el
19.28 toda la casa de mi padre era digna de *m*
22.5 me rodearon ondas de *m*, y torrentes de
22.6 del Seol. .tendieron sobre mí lazos de *m*
1 R. 2.26 vete a Anatot. .pues eres digno de *m*
2.32 ha dado *m* a dos varones más justos
9.16 y dio *m* a los cananeos que habitaban la
11.40 estuvo en Egipto hasta la *m* de Salomón
16.16 oyó decir: Zimri ha. .ha dado *m* al rey
2 R. 1.1 después de la *m* de Acab, se rebeló
2.21 no habrá más en ellas *m* ni enfermedad
3.23 y cada uno ha dado *m* a su compañero
4.40 ¡varón de Dios, hay *m* en esa olla! Y no
7.4 sirios; si ellos nos dieren. .*m*, moriremos
10.9 yo he conspirado contra. .y le he dado *m*
10.9 pero ¿quién ha dado *m* a todos éstos?
14.5 mató a los. .que habían dado *m* al rey su
14.6 no mató a. .hijos de los que le dieron *m*
14.17 vivió después de la *m* de Joás hijo de
15.5 y estuvo leproso hasta el día de su *m*
20.1 Ezequías cayó enfermo de *m*. Y vino a él
1 Cr. 19.2 que lo consolasen de la *m* de su padre
22.5 David antes de su *m* hizo preparativos
2 Cr. 21.13 y además has dado *m* a tus hermanos
22.4 después de la *m* de su padre, ellos le
25.25 vivió Amasías hijo. .después de la *m* de
26.21 rey Uzías fue leproso hasta. .de su *m*
32.11 para entregaros a *m*, a hambre y a sed
32.24 en aquel tiempo Ezequías enfermó de *m*
32.33 honrándole en su *m* todo Judá y toda
Esd. 7.26 sea juzgado. .sea a *m*, a destierro, a
Est. 7.4 nuestra *m* sería para el rey un daño
Job 3.5 aféenlo. .sombra de *m*; repose sobre él
3.21 que esperan la *m*, y ella no llega, aunque
5.20 en el hambre te salvará de la *m*, y del
7.15 mi alma. .quiso la *m* más que mis huesos
10.21 tierra de tinieblas y de sombra de *m*
10.22 como sombra de *m* y sin orden, y cuya
12.22 descubre. .y saca a luz la sombra de *m*
18.13 sus. .devorará el primogénito de la *m*
24.12 claman las almas de los heridos de *m*
24.17 es para todos ellos como sombra de *m*
24.17 terrores de sombra de *m* los toman
27.15 de él quedaren, en *m* serán sepultados
28.3 las piedras que hay en. .en sombra de *m*
28.22 y la *m* dijeron: Su fama hemos oído con
30.23 yo sé que me conduces a la *m*, y a la
33.22 su alma. .su vida a los que causan la *m*
34.22 no hay tinieblas ni sombra de *m* donde
38.17 sido descubiertas las puertas de la *m*
38.17 has visto las puertas de la sombra de *m*?
Sal. 6.5 porque en la *m* no hay memoria de ti
7.13 ha preparado armas de *m*, y ha labrado
9.13 que me levantas de las puertas de la *m*
13.3 alumbra mis ojos. .que no duerma de *m*
18.4 me rodearon ligaduras de *m*, y torrentes
18.5 me rodearon, me tendieron lazos de *m*
22.15 y me has puesto en el polvo de la *m*
23.4 aunque ande en valle de sombra de *m*, no
30.9 ¿qué provecho. .en mi *m* cuando descienda
33.19 para librar sus almas de la *m*, y para
44.19 que. .y nos cubrieses con sombra de *m*
48.14 Dios. .nos guiará aun más allá de la *m*
49.14 como a rebaños que. .la *m* los pastoreará
55.4 mí, y terrores de *m* sobre mí han caído
55.15 la *m* les sorprenda; desciendan vivos al
56.13 has librado mi alma de la *m*, y mis pies
68.20 de Jehová el Señor es el librar de la *m*
73.4 porque no tienen congojas por su *m*, pues
78.50 no eximió la vida de ellos de la *m*, sino
79.11 brazo preserva a los sentenciados a *m*
89.10 tú quebrantaste a. .como a herido de *m*
89.48 ¿qué hombre vivirá y no verá *m*. .Seol?
102.20 para soltar a los sentenciados a *m*
105.36 hirió de *m* a todos los primogénitos en
107.10 moraban en tinieblas y sombra de *m*
107.14 sacó de. .de la sombra de *m*, y rompió
107.18 y llegaron hasta las puertas de la *m*
109.16 quebrantado de corazón, para darle *m*
116.3 me rodearon ligaduras de *m*. .angustias
116.8 tú has librado mi alma de la *m*, mis ojos
116.15 estimada es a los. .la *m* de sus santos
118.18 me castigó. .mas no me entregó a la *m*
Pr. 2.18 su casa está inclinada a la *m*, y sus
5.5 sus pies descienden a la *m*; sus pasos
7.27 casa, que conduce a las cámaras de la *m*
8.36 todos los que me aborrecen aman la *m*
10.2 de provecho; mas la justicia libra de *m*
11.4 riquezas. .mas la justicia librará de *m*
11.19 el que sigue el mal lo hace para su *m*
12.28 la justicia. .y en sus caminos no hay *m*
13.14; 14.27 apartarse de los lazos de la *m*
14.12 le parece. .pero su fin es caminos de *m*
14.32 mas el justo en su *m* tiene esperanza
16.14 la ira del rey es mensajero de *m*; mas
16.25 hay camino que. .su fin es camino de *m*
18.21 la *m* y la. .están en poder de la lengua
21.6 es aliento. .de aquellos que buscan la *m*
24.11 libra a los que son llevados a la *m*
24.11 salva a los que están en peligro de *m*
26.18 enloquece, y echa llamas y saetas y *m*
Ec. 7.1 mejor el día de la *m* que el día del
7.26 hallado más amarga que la *m* a la mujer
8.8 tenga. .ni potestad sobre el día de la *m*
Cnt. 8.6 porque fuerte es como la *m* el amor
Is. 9.2 que moraban en tierra de sombra de *m*
25.8 destruirá a la *m* para siempre. .enjugará
28.15 pacto tenemos hecho con la *m*, e hicimos
28.18 y será anulado vuestro pacto con la *m*
38.1 en aquellos días Ezequías enfermó de *m*
38.18 no te exaltará, ni te alabará la *m*; ni
53.9 mas con los ricos fue en su *m*; aunque
53.12 por cuanto derramó su vida hasta la *m*
Jer. 2.6 condujo. .tierra seca y de sombra de *m*
8.3 escogerá la *m* antes que la vida todo el
9.21 la *m* ha subido por nuestras ventanas, ha
13.16 os la vuelva en sombra de *m* y tinieblas
15.2 que a *m*, a *m*; el que a espada, a espada
18.21 maridos sean puestos a *m*, y sus jóvenes
18.23 conoces. .su consejo contra mí para *m*
21.8 delante de. .camino de vida y camino de *m*
26.11 en pena de *m* ha incurrido este hombre
26.16 no ha incurrido. .en pena de *m*, porque
41.18 temían, por haber dado *m* Ismael hijo
43.11 los que a *m*, a *m*, y los que a cautiverio
52.34 todos los días. .hasta el día de su *m*
Lm. 1.20 por fuera. .la espada; por dentro. .la *m*
Ez. 18.23 ¿quiero. .la *m* del impío? dice Jehová
18.32 porque no quiero la *m* del que muere
21.29 la emplees sobre los. .sentenciados a *m*
28.8 morirás con la *m* de los que mueren en
28.10 de *m* de incircuncisos morirás por mano
30.24 gemirá con gemidos de herido de *m*
31.14 porque todos están destinados a *m*, a lo
33.11 no quiero la *m* del impío, sino que se
Dn. 2.13 que los sabios fueran llevados a la *m*
Os. 13.14 los redimiré, los libraré de la *m*
13.14 *m*, yo seré tu *m*; y seré tu destrucción
Jon. 4.3 porque mejor me es la *m* que la vida
4.8 deseaba la *m*, diciendo: Mejor sería. .la *m*
4.9 él respondió: Mucho me enojo, hasta la *m*
Hab. 2.5 es como la *m*, que no se saciará; antes
Mt. 2.15 y estuvo allá hasta la *m* de Herodes
2.20 han muerto los que procuraban la *m* del
4.16 los asentados en región de sombra de *m*
10.21 el hermano entregará a la *m* al hermano
16.28 que hay algunos. .que no gustarán la *m*
20.18 será entregado a. .y le condenarán a *m*
26.38 mi alma está muy triste, hasta la *m*
26.59 falso testimonio. .entregarle a la *m*
26.66 y respondiendo. .dijeron: ¡Es reo de *m*!
27.1 en consejo contra Jesús. .entregarle a *m*
Mr. 9.1 no gustarán la *m* hasta que hayan visto
10.33 y le condenarán a *m*, y le entregarán a
13.12 el hermano entregará a la *m* al hermano
14.34 mi alma está muy triste, hasta la *m*
14.55 buscaban testimonio. .entregarle a la *m*
14.64 condenaron, declarándole ser digno de *m*
Lc. 1.79 luz a los que habitan en. .sombra de *m*
2.26 no vería la *m* antes que viese al Ungido
9.27 que no gustarán la *m* hasta que vean el
22.33 ir. .no sólo a la cárcel. .también a la *m*
23.15 nada digno de *m* ha hecho este hombre
23.22 ningún delito digno de *m* he hallado en él
24.20 cómo le entregaron. .a sentencia de *m*
Jn. 5.24 no vendrá. .mas ha pasado de *m* a vida
8.51 el que guarda mi palabra, nunca verá *m*
8.52 que guarda mi palabra, nunca sufrirá *m*
11.4 esta enfermedad no es para *m*, sino para
11.13 Jesús decía esto de la *m* de Lázaro; y
12.10 pero. .acordaron dar *m* también a Lázaro
12.33 dando a entender de qué *m* iba a morir
18.31 a nosotros no nos está permitido dar *m*
18.32 dando a entender de qué *m* iba a morir
21.19 con qué *m* había de glorificar a Dios
Hch. 2.24 los dolores de la *m*, por cuanto era
7.19 fin de que expusiesen a la *m* a sus niños
7.21 pero siendo expuesto a la *m*, la hija de
8.1 y Saulo consentía en su *m*. En aquel día
8.32 que leía. .Como oveja a la *m* fue llevado
9.1 respirando aún amenazas y *m* contra los
12.19 mas Herodes. .ordenó llevarlos a la *m*
13.28 y sin hallar en él causa digna de *m*
22.4 perseguía yo este Camino hasta la *m*
22.20 consentía en su *m*, y guardaba las ropas
23.12 no. .hasta que hubiesen dado *m* a Pablo
23.14 nada hasta que hayamos dado *m* a Pablo
23.21 no. .ni beber hasta que le hayan dado *m*
23.29 pero que ningún delito tenía digno de *m*
25.11 o cosa alguna digna de *m* he hecho, no
25.16 entregar alguno a la *m* antes que el
25.25 que ninguna cosa digna de *m* ha hecho
26.31 ninguna cosa digna ni de *m* ni de prisión
28.18 por no haber en mí ninguna causa de *m*
Ro. 1.32 practican tales cosas son dignos de *m*
5.10 reconciliados con Dios por la *m* de su
5.12 por el pecado la *m*, así la *m* pasó a todos
5.14 reinó la *m* desde Adán hasta Moisés, aun
5.17 por la transgresión de uno. .reinó la *m*
5.21 para que así como el pecado reinó para *m*
6.3 los que. .hemos sido bautizados en su *m*?
6.4 sepultados juntamente con él para *m* por
6.5 plantados. .en la semejanza de su *m*, así
6.9 no muere; la *m* no se enseñorea más de él
6.16 sea del pecado para *m*, o. .la obediencia
6.21 de aquellas cosas. .el fin de ellas es *m*
6.23 porque la paga del pecado es *m*, mas la
7.5 pasiones. .obraban. .llevando fruto para *m*
7.10 mandamiento que. .a mí me resultó para *m*
7.13 lo que es bueno, vino a ser *m* para mí?
7.13 sino que el pecado. .produjo en mí la *m*
7.24 ¿quién me librará de este cuerpo de *m*?
8.2 librado de la ley del pecado y de la *m*
8.6 porque el ocuparse de la carne es *m*, pero
8.38 de que ni la *m*, ni la vida, ni ángeles
11.3 Señor, a tus profetas han dado *m*, y tus
1 Co. 3.22 la vida, sea la *m*, sea lo presente
4.9 nos ha exhibido. .como a sentenciados a *m*
11.26 *m* del Señor anunciáis hasta que venga
15.21 por cuanto la *m* entró por un hombre
15.26 el postrer enemigo. .destruido es la *m*
15.54 escrita: Sorbida es la *m* en victoria
15.55 ¿dónde está, oh *m*, tu aguijón? ¿Dónde
15.56 ya que el aguijón de la *m* es el pecado
2 Co. 1.9 tuvimos en nosotros. .sentencia de *m*
1.10 nos libra. .nos librará, de tan gran *m*
2.16 a éstos. .olor de *m* para *m*, y a aquéllos
3.7 si el ministerio de *m* grabado con letras
4.10 llevando en el cuerpo por. .la *m* de Jesús
4.11 entregados a *m* por causa de Jesús, para
4.12 de manera que la *m* actúa en nosotros, y
7.10 pero la tristeza del mundo produce *m*
11.23 yo más. .en peligros de *m* muchas veces
Fil. 1.20 magnificado Cristo. .por vida o por *m*
2.8 haciéndose obediente hasta la *m*, y *m* de
2.30 por la obra de. .estuvo próximo a la *m*
3.10 llegando a ser semejante a él en su *m*
Col. 1.22 en su cuerpo de. .por medio de la *m*
2 Ti. 1.10 el cual quitó la *m* y sacó a luz la
He. 2.9 a causa del padecimiento de la *m*, para
2.9 que por la gracia de Dios gustase la *m*
2.14 para destruir por medio de la *m* al que
2.14 al que tenía el imperio de la *m*, esto es
2.15 por el temor de la *m* estaban. .sujetos a
5.7 lágrimas al que le podía librar de la *m*
7.23 debido a que por la *m* no podían continuar
9.15 interviniendo *m* para la remisión de las
9.16 necesario que intervenga *m* del testador
9.17 el testamento con la *m* se confirma; pues
11.5 la fe Enoc fue traspuesto para no ver *m*
Stg. 1.15 el pecado; y el pecado. .da a luz la *m*
5.6 habéis condenado y dado *m* al justo, y él
5.20 salvará de *m* un alma, y cubrirá multitud
1 Jn. 3.14 sabemos que hemos pasado de *m* a vida
3.14 que no ama a su hermano, permanece en *m*
5.16 cometer pecado que no sea de *m*, pedirá
5.16 los que cometen pecado que no sea de *m*
5.16 hay pecado de *m*, por el cual yo no digo
5.17 toda. .es pecado; pero hay pecado no de *m*
Ap. 1.18 tengo las llaves de la *m* y del Hades
2.10 fiel hasta la *m*, y yo te daré la corona
2.11 el que. .no sufrirá daño de la segunda *m*
2.23 y a sus hijos heriré de *m*, y todas las
6.8 el que la montaba tenía por nombre *M*, y
9.6 buscarán la *m*. .pero la *m* huirá de ellos
12.11 y menospreciaron sus vidas hasta la *m*
13.3 vi una de sus cabezas como herida de *m*
18.8 en un solo día vendrán sus plagas; *m*
20.6 segunda *m* no tiene potestad sobre éstos
20.13 la *m* y el Hades entregaron los muertos
20.14 *m* y el Hades fueron lanzados al lago
20.14 al lago de fuego. Esta es la *m* segunda
21.4 ya no habrá *m*, ni habrá más llanto, ni
21.8 el lago que arde. .que es la *m* segunda

MUERTO, TA *Véase también Matar, Morir*
Gn. 15.11 descendían aves. .sobre los cuerpos *m*
20.3 he aquí, *m* eres, a causa de la mujer que
23.3 se levantó Abraham de delante de su *m*
23.4 dadme. .sepultaré mi *m* de delante de mí
23.6 en lo mejor de. .sepulcros sepulta a tu *m*
23.6 ninguno. .te impedirá que entierres tu *m*
23.8 de que yo sepulte mi *m* de delante de mí
23.11 no, señor mío. .te la doy; sepulta tu *m*
23.13 la heredad. .y sepultaré en ella mi *m*
23.15 la tierra vale. .entierra, pues, tu *m*
34.27 y los hijos de Jacob vinieron a los *m*
50.15 viendo los hermanos. .que su padre era *m*
Éx. 12.30 no había casa donde no hubiese un *m*
12.33 egipcios. .porque decían: Todos somos *m*
14.30 a los egipcios *m* a la orilla del mar
21.35 venderán el buey. .partirán el buey *m*
21.36 buey por buey, y el buey *m* será suyo

MUERTO, TA *(Continúa)*

Lv. 7.24 la grosura de animal *m*, y la grosura
11.8 no comeréis, ni tocaréis su cuerpo *m;* los
11.11 no comeréis, y abominaréis..cuerpos *m*
11.24 que tocare sus cuerpos *m* será inmundo
11.31 los tocare cuando estuvieren *m*, será
11.40 comiere del cuerpo *m*..que sacare el..*m*
14.6,51 mojará..la sangre de la avecilla *m*
19.28 no haréis rasguños en..cuerpo por un *m*
20.27 la mujer que evocare espíritus de *m* o
21.1 diles que no se contaminen por un *m* en
21.11 ni entrará donde haya alguna persona *m*
26.30 y pondré vuestros cuerpos *m* sobre..*m* de
Nm. 5.2 que echen del..todo contaminado con *m*
6.6 aparte para..no se acercará a persona *m*
6.11 expiación de lo que pecó a causa del *m*
9.6 algunos..estaban inmundos a causa de *m*
9.7 nosotros estamos inmundos por causa de *m*
9.10 que estuviere inmundo por causa de *m* o
12.12 no quede ella ahora como el que nace *m*
16.48 puso entre los *m* y los vivos; y cesó la
16.49 sin los *m* por la rebelión de Coré
17.12 aquí nosotros somos *m*, perdidos somos
19.16 tocare algún *m*..sobre la faz del campo
19.18 sobre aquel que hubiere tocado el..*m*
23.24 que devore..y beba la sangre de los *m*
31.8 los *m* de ellos, a los reyes de Madián
31.19 que haya tocado *m*, permaneced fuera del
Dt. 14.1 no os sajaréis, ni os..a causa de *m*
14.8 no comeréis, ni tocaréis sus cuerpos *m*
18.11 encantador..ni quien consulte a los *m*
21.1 si en la tierra..fuere hallado alguien *m*
21.2 las ciudades que están alrededor del *m*
21.3,6 cercana al lugar donde..hallado el *m*
25.5 la mujer del *m* no se casará fuera con
25.6 sucederá en el nombre de su hermano *m*
26.14 no he..ni de ello he ofrecido a los *m*
32.42 en la sangre de los *m* y de los cautivos
Jos. 11.6 yo entregaré a todos ellos *m* delante
Jue. 3.25 he aquí su señor caído en tierra, *m*
4.22 y he aquí Sísara yacía *m* con la estaca
5.27 tendido..donde se encorvó, allí cayó *m*
9.55 cuando..vieron *m* a Abimelec, se fueron
14.8 se apartó..para ver el cuerpo *m* del león
20.4 el varón levita, marido de la mujer *m*
Rt. 1.8 como..habéis hecho con los *m* y conmigo
4.5 para que restaures el nombre del *m* sobre
4.10 que el nombre del *m* no se borre de entre
1 S. 4.19 el rumor que..*m* su suegro y su marido
17.51 filisteos vieron a su paladín *m*, huyeron
24.14 ¿a quién persigues? ¿A un perro *m?* ¿A
31.1 Israel cayeron *m* en el monte de Gilboa
31.5 viendo su..a Saúl *m*, él también se echó
31.8 viniendo los filisteos a despojar a los *m*
2 S. 1.4 dijo..muchos del pueblo cayeron y son *m*
1.22 sin sangre de los *m*, sin grosura de los
1.25 han caído..Jonatán, *m* en tus alturas!
2.23 lugar donde Asael había caído y estaba *m*
6.7 Uza..cayó allí *m* junto al arca de Dios
9.8 es..para que mires a un perro *m* como yo?
11.21 también tu siervo Urías el heteo es *m*
11.26 que su marido Urías era *m*, hizo duelo
12.21 el niño..*m* él, te levantaste y comiste
14.2 una mujer que..está de duelo por algún *m*
16.9 ¿por qué maldice este perro *m*..el rey?
19.6 aunque todos nosotros estuviéramos *m*
20.10 y cayó *m* sin darle un segundo golpe
1 R. 3.20 su lado, y puso al lado mío su hijo *m*
3.21 cuando yo me levanté..he aquí estaba *m*
3.22 tu hijo es el *m*..No; tu hijo es el *m*, y
3.23 tu hijo es el *m*..tuyo es el *m*, y mi hijo
11.15 subió Joab el general..a enterrar los *m*
11.21 y que era *m* Joab general del ejército
21.16 y oyendo..que Nabot era *m*, se levantó
2 R. 4.32 niño estaba *m* tendido sobre su cama
8.5 contando..cómo había hecho vivir a un *m*
11.1 cuando Atalía..viendo que su hijo era *m*
13.21 llegó a tocar el *m*..huesos de Eliseo
19.35 por la mañana..todo era cuerpos de *m*
23.30 lo trajeron *m* de Meguido a Jerusalén
1 Cr. 1.44 *m* Bela, reinó en su lugar Jobab hijo
1.45 *m* Jobab, reinó en su lugar Husam, de la
1.46 *m* Husam, reinó en su lugar Hadad hijo de
1.47 *m* Hadad, reinó en su lugar Samla de
1.48 *m* también Samla, reinó en su lugar Saúl
1.49 y *m* Saúl, reinó en su lugar Baal-hanán
1.50 *m* Baal-hanán, reinó en su lugar Hadad
1.51 *m* Hadad, sucedieron en Edom los jefes
2.19 *m* Azuba, tomó Caleb por mujer a Efrata
2.24 *m* Hezrón en Caleb de..Abías..dio a luz
5.22 cayeron muchos *m*, porque la guerra era
10.5 cuando su escudero vio a Saúl *m*..se mató
10.7 que Saúl y sus hijos eran *m*, dejaron sus
10.8 al venir los filisteos a despojar a los *m*
2 Cr. 20.24 he aquí yacían ellos en tierra *m*
22.10 Atalía madre..viendo que su hijo era *m*
24.17 *m* Joiada, vinieron..príncipes de Judá
Est. 9.11 le dio cuenta..del número de los *m*
Job 3.13 pues ahora estaría yo *m*, y reposaría
14.8 su raíz, y su tronco fuere *m* en el polvo
Sal. 31.12 he sido olvidado de su..como un *m*
58.8 ellos..como el que nace *m*, no vean el sol
88.5 abandonado entre..*m*, como los pasados a
88.10 ¿manifestarás tus maravillas a los *m?*
88.10 ¿se levantarán los *m* para alabarte?
106.28 y comieron los sacrificios de los *m*
115.17 no alabarán los *m* a Jah, ni cuantos
143.3 hecho habitar en tinieblas como los..*m*
Pr. 2.18 su casa está..sus veredas hacia los *m*
9.18 no saben que allí están los *m;* que sus
21.16 vendrá a parar en la compañía de los *m*
Ec. 9.3 vida; y después de esto se van a los *m*
9.4 porque mejor es perro vivo que león *m*
9.5 pero los *m* nada saben, ni tienen más paga
10.1 las moscas *m* hacen heder y dar mal olor
Is. 6.5 ¡ay de mí! que soy *m;* porque siendo
8.19 ¿consultará a los *m* por los vivos?
10.4 se inclinarán entre..entre los *m* cayeron
14.9 despertó *m* que en tu venida saliesen a
14.19 como vestido de *m* pasados a espada, que
14.19 tú echado eres..como cuerpo *m* hollado
22.2 tus *m* no son *m* a espada, ni *m* en guerra
26.14 *m* son, no vivirán; han fallecido, no
26.19 tus *m* vivirán..y la tierra dará sus *m*
26.21 la tierra..no encubrirá ya más a sus *m*
34.3 los *m* de ellas serán arrojados, y de sus
37.36 por la mañana..todo era cuerpos de *m*
59.10 estamos en lugares oscuros como *m*
66.16 y los *m* de Jehová serán multiplicados
Jer. 7.33 serán los cuerpos *m* de este pueblo
9.1 para que llore día y noche los *m* de la
9.22 los cuerpos de los hombres *m* caerán como
14.18 si salgo al campo, he aquí *m* a espada
16.7 en el luto para consolarlos de sus *m*
22.10 no lloréis al *m*, ni de él os condoláis
25.33 y yacerán los *m* de Jehová en aquel día
31.40 todo el valle de los cuerpos *m* y de la
33.5 para llenarlas de cuerpos de hombres *m*
34.20 y sus cuerpos *m* serán comida de las
41.9 Ismael hijo de Netanías la llenó de *m*
51.4 y caerán *m* en la tierra de los caldeos
51.47 y todos sus *m* caerán en medio de ella
51.49 por los *m* de Israel caerá Babilonia
51.49 como por Babilonia cayeron los *m* de
Lm. 3.6 me dejó en oscuridad, como los ya *m* de
3.54 aguas cubrieron mi cabeza..dije: *M* soy
4.9 más dichosos..*m* a espada que los *m* por el
Ez. 6.4 haré que caigan vuestros *m* delante de
6.5 y pondré los cuerpos *m* de los hijos de
6.7 *m* caerán en medio de vosotros; y sabréis
6.13 sus *m* estén en medio de sus ídolos, en
9.7 la casa, y llenad los atrios de *m;* salid
11.6 multiplicado vuestros *m* en esta ciudad
11.7 vuestros *m* que habéis puesto en medio de
28.23 caerán *m* en medio de ella, con espada
30.11 espadas sobre..llenarán de *m* la tierra
31.17 descendieron..Seol, con los *m* a espada
31.18 derribado serás..yacerás, con los *m* a
32.20 entre los *m* a espada caerá; a la espada
32.21 yacen con los incircuncisos *m* a espada
32.22,23,24 todos ellos cayeron *m* a espada
32.25 en medio de los *m* le pusieron lecho con
32.25,26 todos ellos incircuncisos, *m* a espada
32.25 con los..fue puesto en medio de los *m*
32.28,29,30,32 con los *m* a espada
32.30 con su terror descendieron con los *m*
32.31 Faraón *m* a espada, y todo su ejército
35.8 y llenaré sus montes de sus *m;* en tus
35.8 tus collados, en tus..caerán *m* a espada
37.9 ven de..y sopla sobre estos *m*, y vivirán
43.7 ni con los cuerpos *m* de sus reyes en sus
43.9 arrojarán lejos..cuerpos *m* de sus reyes
44.25 no se acercarán a..*m* para contaminarse
Dn. 11.26 su ejército será..y caerán muchos *m*
Am. 8.3 muchos serán los cuerpos *m;* en..lugar
Nah. 3.3 multitud de *m*, y multitud de cadáveres
Hag. 2.13 un inmundo a causa de cuerpo *m* tocare
Mt. 8.22 deja que los *m* entierren a sus *m*
9.24 porque la niña no está *m*, sino duerme
10.8 resucitad *m*, echad fuera demonios; de
11.5 los *m* son resucitados, y a los pobres
14.2 este es Juan..ha resucitado de los *m*
17.9 el Hijo del Hombre resucite de los *m*
22.31 respecto a la resurrección de los *m*
22.32 Dios no es Dios de *m*, sino de vivos
23.27 dentro están llenos de huesos de *m* y
24.28 dondequiera que estuviere el cuerpo *m*
27.64 lo hurten, y..Resucitó de entre los *m*
28.4 de miedo de él los..se quedaron como *m*
28.7 y decid a..que ha resucitado de los *m*
Mr. 5.39 y lloráis? La niña no está *m*..duerme
6.14 y dijo: Juan el..ha resucitado de los *m*
6.16 éste es Juan..que ha resucitado de los *m*
9.9 el Hijo del..hubiere resucitado de los *m*
9.10 qué sería aquello de resucitar de los *m*
9.26 el espíritu..salió; y él quedó como *m*, de
9.26 de modo que muchos decían: Está *m*
12.25 porque cuando resuciten de los *m*, ni se
12.26 pero respecto a que los *m* resucitan, ¿no
12.27 no es Dios de *m*, sino Dios de vivos; así
15.44 centurión, le preguntó si ya estaba *m*
Lc. 7.22 los *m* son resucitados, y a los pobres
8.52 él dijo: No lloréis; no está *m*, sino que
8.53 se burlaban de él, sabiendo que estaba *m*
9.7 decían..Juan ha resucitado de los *m*
9.60 dijo: Deja que los *m* entierren a sus *m*
10.30 ladrones..se fueron, dejándole medio *m*
15.24 este mi hijo *m* era, y ha revivido; se
15.32 este tu hermano era *m*, y ha revivido
16.30 si alguno fuere a ellos de entre los *m*
16.31 no..aunque alguno se levantare de los *m*
20.35 alcanzar..resurrección de entre los *m*
20.37 en cuanto a que los *m* han de resucitar
20.38 Dios no es Dios de *m*, sino de vivos
24.5 por qué buscáis entre los *m* al que vive?
24.46 que..resucitase de los *m* al tercer día
Jn. 2.22 cuando resucitó de entre los *m*, sus
5.21 como el Padre levanta a los *m*, y les da
5.25 los *m* oirán la voz del Hijo de Dios; y
11.25 que cree en mí, aunque esté *m*, vivirá
11.41 piedra de donde había sido puesto el *m*
12.1 estaba Lázaro, el que había estado *m*, y
12.1 y a quien había resucitado de los *m*
12.9 para ver a Lázaro..resucitado de los *m*
12.17 cuando llamó a..y le resucitó de los *m*
19.33 llegaron a Jesús, como le vieron ya *m*
20.9 era necesario que él resucitase de los *m*
21.14 después de haber resucitado de los *m*
Hch. 3.15 a quien Dios ha resucitado de los *m*
4.2 anunciasen..resurrección de entre los *m*
4.10 a quien Dios resucitó de los *m*, por él
5.10 entraron los jóvenes, la hallaron *m;* y la
10.41 con él después que resucitó de los *m*
10.42 Dios ha puesto por Juez de vivos y *m*
13.30 mas Dios le levantó de los *m*
13.34 y en cuanto a que le levantó de los *m*
14.19 le arrastraron..pensando que estaba *m*
17.3 Cristo padeciese, y resucitase de los *m*
17.31 dando fe..con haberle levantado de los *m*
17.32 oyeron lo de la resurrección de los *m*
20.9 cayó del tercer piso..y fue levantado *m*
23.6 de la resurrección de los *m* se me juzga
24.15 que ha de haber resurrección de los *m*
24.21 acerca de la resurrección de los *m* soy
26.8 cosa increíble que Dios resucite a los *m?*
26.23 el primero de la resurrección de los *m*
28.6 esperando que él..cayese *m* de repente
Ro. 1.4 Hijo..por la resurrección de entre los *m*
4.17 da vida a los *m*, y llama las cosas que
4.19 la fe al considerar su cuerpo..ya como *m*
4.24 el que levantó de los *m* a Jesús, Señor
6.4 que como Cristo resucitó de los *m* por la
6.9 Cristo, habiendo resucitado de los *m*, ya
6.11 consideraos *m* al pecado, pero vivos para
6.13 presentaos..como vivos de entre los *m*
7.4 que seáis de..del que resucitó de los *m*
7.8 el pecado..sin la ley el pecado está *m*
8.10 el cuerpo en..está *m* a causa del pecado
8.11 el que levantó de los *m* a Jesús mora en
8.11 el que levantó de los *m* a Cristo Jesús
10.7 para hacer subir a Cristo de entre los *m*
10.9 y creyeres..que Dios le levantó de los *m*
11.15 ¿qué será su..sino vida de entre los *m?*
14.9 para ser Señor así de los *m* como de los
1 Co. 15.12 se predica..que resucitó de los *m*
15.12 ¿cómo dicen..no hay resurrección de *m?*
15.13 si no hay resurrección de *m*, tampoco
15.15 Cristo..si en verdad los *m* no resucitan
15.16 si los *m* no resucitan, tampoco Cristo
15.20 mas ahora Cristo ha resucitado de los *m*
15.21 por un hombre la resurrección de los *m*
15.29 qué harán los que se bautizan por los *m*
15.29 si en ninguna manera los *m* resucitan?
15.29 ¿por qué, pues, se bautizan por los *m?*
15.32 si..*m* no resucitan, comamos y bebamos
15.35 dirá alguno: ¿Cómo resucitarán los *m?*
15.42 también es la resurrección de los *m*
15.52 los *m* serán resucitados incorruptibles
2 Co. 1.9 no..sino en Dios que resucita a los *m*
6.9 aquí vivimos; como castigados, mas no *m*
Gá. 1.1 por Dios el..que lo resucitó de los *m*
2.19 porque yo por la ley soy *m* para la ley
Ef. 1.20 resucitándole de los *m* y sentándole a
2.1 dio vida a vosotros, cuando estabais *m* en
2.5 aun estando..*m* en pecados, nos dio vida
5.14 y levántate de los *m*, y te alumbrará
Fil. 3.11 llegase a la resurrección de..los *m*
Col. 1.18 el primogénito de entre los *m*, para
2.12 el poder de Dios que le levantó de los *m*
2.13 y a vosotros, estando *m* en pecados y en
1 Ts. 1.10 al cual resucitó de los *m*, a Jesús
4.16 y los *m* en Cristo resucitarán primero
1 Ti. 5.6 la que se entrega a..viviendo está *m*
2 Ti. 2.8 linaje de David, resucitado de los *m*
4.1 que juzgará a los vivos y a los *m* en su
He. 6.1 del arrepentimiento de obras *m*, de la
6.2 de la resurrección de los *m* y del juicio
9.14 limpiará vuestras conciencias de obras *m*
11.4 por la fe Abel..*m*, aún habla por ella
11.12 de uno, y ése ya casi *m*, salieron como
11.19 levantar aun de entre los *m*, de donde
11.35 las mujeres recibieron sus *m* mediante
13.20 el Dios de paz que resucitó de los *m* a
Stg. 2.17 la fe, si no tiene obras, es *m* en sí
2.20 ¿mas quieres saber..fe sin obras es *m?*
2.26 como el cuerpo sin espíritu está *m*, así
2.26 como..así también la fe sin obras está *m*
1 P. 1.3 la resurrección de Jesucristo de los *m*
1.21 quien le resucitó de los *m* y le ha dado
2.24 estando *m* a los pecados, vivamos a la
3.18 siendo a la verdad *m* en la carne, pero
4.5 está preparado para juzgar a..y a los *m*

MUERTO, TA *(Continúa)*
1 P. 4.6 ha sido predicado el evangelio a los *m*
Jud. 12 árboles. . dos veces *m* y desarraigados
Ap. 1.5 de Jesucristo. . el primogénito de los *m*
1.17 cuando le vi, caí como *m* a sus pies. Y él
1.18 el que vivo, y estuve *m;* mas he aquí que
2.8 el postrero, el que estuvo *m* y vivió, dice
3.1 que tienes nombre de que vives, y estás *m*
11.18 el tiempo de juzgar a los *m*, y de dar
14.13 bienaventurados. . los *m* que mueren en el
16.3 y éste se convirtió en sangre como de *m*
20.5 los otros *m* no volvieron a vivir hasta
20.12 vi a los *m*, grandes y pequeños, de pie
20.12 y fueron juzgados los *m* por las cosas
20.13 y el mar entregó los *m* que había en él
20.13 entregaron los *m* que había en ellos

MUGIR
Job 6.5 ¿acaso. . *muge* el buey junto a su pasto?

MUGRÓN
Ez. 17.6 una vid, y arrojó sarmientos y echó *m*
Nah. 2.2 los saquearon, y estropearon sus *m*

MUJER
Gn. 2.22 de la costilla. . del hombre, hizo una *m*
2.24 se unirá a su *m*, y serán una sola carne
2.25 y estaban ambos desnudos, Adán y su *m*
3.1 la serpiente. . dijo a la *m:* ¿Conque Dios
3.2 la *m* respondió a la serpiente: Del fruto
3.4 la serpiente dijo a la *m:* No moriréis
3.6 y vio la *m* que el árbol era bueno para
3.8 el hombre y su *m* se escondieron de. . Dios
3.12 la *m* que me diste por compañera me dio
3.13 Dios dijo a la *m:* ¿Qué es. . que has hecho?
3.13 y dijo la *m:* La serpiente me engañó, y
3.15 pondré enemistad entre ti y la *m*, y entre
3.16 a la *m* dijo: Multiplicaré . . los dolores en
3.17 por cuanto obedeciste a la voz de tu *m*
3.20 llamó Adán el nombre de su *m*, Eva, por
3.21 Dios hizo al hombre y a su *m* túnicas de
4.1 conoció Adán a su *m*. . y dio a luz a Caín
4.17 y conoció Caín a su *m*, la cual concibió
4.19 Lamec tomó para sí dos *m*. . Ada, y. . Zila
4.23 dijo Lamec a sus *m:* Ada y Zila, oíd mi
4.23 *m* de Lamec, escuchad mi dicho: Que un
4.25 conoció de nuevo Adán a su *m*, la cual dio
6.2 los hijos de Dios que. . tomaron para sí *m*
6.18 tus hijos, tu *m*, y las *m* de tus hijos
7.7 entró Noé al. . su *m*, y las *m* de sus hijos
7.13 entraron. . la *m* de Noé, y las tres *m* de
8.16 tu *m*, y tus hijos, y las *m* de tus hijos
8.18 salió Noé, y. . su *m*, y las *m* de sus hijos
11.29 y tomaron Abram y Nacor para sí *m;* el
11.29 el nombre de la *m* de Abram era Sarai
11.29 y el nombre de la *m* de Nacor, Milca
11.31 y a Sarai su nuera, *m* de Abram su hijo
12.5 tomó, pues, Abram a Sarai su *m*, y a Lot
12.11 a Sarai su *m:* He aquí, ahora conozco
12.11 conozco que eres *m* de hermoso aspecto
12.12 dirán: Su *m* es; y me matarán a mí, y a
12.14 los egipcios vieron que la *m* era hermosa
12.15 y fue llevada la *m* a casa de Faraón
12.17 plagas, por causa de Sarai *m* de Abram
12.18 ¿por qué no me declaraste que era tu *m?*
12.19 en ocasión de tomarla para mí por *m?*
12.19 ahora. . he aquí tu *m;* tómala, y vete
12.20 le acompañaron, y a su *m*, con todo lo
13.1 salió, pues, Abram. . y su *m*, con todo lo
14.16 y recobró todos. . a las *m* y demás gente
16.1 Sarai *m* de Abram no le daba hijos; y ella
16.3 Sarai *m* de Abram tomó a Agar su sierva
16.3 Sarai. . la dio por *m* a Abram su marido
16.5 di mi sierva por *m*, y viéndose encinta
17.15 a Sarai tu *m* no la llamarás Sarai, mas
17.19 tu *m* te dará a luz un hijo, y llamarás
18.9 y le dijeron: ¿Dónde está Sara tu *m?*
18.10 he aquí que Sara tu *m* tendrá un hijo
18.11 había cesado ya la costumbre de las *m*
19.15 levántate, toma tu *m*, y tus dos hijas
19.16 la mano de su *m* y de las manos de sus
19.26 la *m* de Lot miró atrás, a espaldas de
20.2 dijo Abraham de Sara su *m*. . mi hermana
20.3 a causa de la *m* que has tomado, la cual
20.7 devuelve la *m* a su marido. . es profeta
20.11 lugar, y me matarán por causa de mi *m*
20.12 mi hermana, hija de. . y la tomé por *m*
20.14 a Abraham, y le devolvió a Sara su *m*
20.17 y Dios sanó a Abimelec, y a su *m*, y a
20.18 casa de Abimelec, a causa de Sara *m* de
21.21 y su madre le tomó *m* de la. . de Egipto
23.19 sepultó Abraham a Sara su *m* en la cueva
24.3,37 no tomarás para mi hijo *m* de las hijas
24.4 irás a. . y tomarás *m* para mi hijo Isaac
24.5 quizá la *m* no querrá venir en pos de mí
24.7 y tú traerás de allá *m* para mi hijo
24.8 si la *m* no quisiere venir en pos de ti
24.15 Milca *m* de Nacor hermano de Abraham
24.36 y Sara, *m* de mi amo, dio a luz en su
24.38 sino que irás. . y tomarás *m* para mi hijo
24.39 dije: Quizás la *m* no querrá seguirme
24.40 tomarás para mi hijo *m* de mi familia
24.44 sea ésta la *m* que destinó Jehová para
24.51 sea *m* del hijo de tu señor, como lo ha
24.67 Isaac. . tomó a Rebeca por *m*, y la amó
25.1 Abraham tomó otra *m*, cuyo nombre era
25.10 allí fue sepultado Abraham, y Sara su *m*
25.20 cuando tomó por *m* a Rebeca, hija de
25.21 oró Isaac a Jehová por su *m*, que era
25.21 aceptó Jehová, y concibió Rebeca su *m*
26.7 hombres. . le preguntaron acerca de su *m*
26.7 tuvo miedo de decir: Es mi *m;* pensando
26.8 vio a Isaac que acariciaba a Rebeca su *m*
26.9 y dijo: He aquí ella es de cierto tu *m*
26.10 hubiera dormido alguno del. . con tu *m*
26.11 el que tocare a este hombre o a su *m*
26.34 Esaú. . de 40 años, tomó por *m* a Judit
27.46 si Jacob toma *m* de las hijas de Het
28.1 no tomes mujer de las hijas de Canaán
28.2 vé. . y toma allí *m* de las hijas de Labán
28.6 había enviado a. . para tomar para sí *m*
28.6 no tomarás *m* de las hijas de Canaán
28.9 por *m* a Mahalat. . además de sus otras *m*
29.21 a Labán: Dame mi *m*, porque mi tiempo
29.28 y él le dio a Raquel su hija por *m*
30.4 le dio a Bilha su sierva por *m;* y Jacob
30.9 tomó a Zilpa su. . y la dio a Jacob por *m*
30.13 dijo Lea. . porque las *m* me dirán dichosa
30.26 dame mis *m* y mis hijos. . y déjame ir
31.17 subió sus. . y sus *m* sobre los camellos
31.35 pues estoy con la costumbre de las *m*
31.50 si tomares otras *m* además de mis hijas
32.22 tomó sus dos *m*, y sus dos siervas, y sus
33.5 alzó sus ojos y vio a las *m* y los niños
34.4 habló Siquem. . Tómame por *m* a esta joven
34.8 mi hijo. . os ruego que se la deis por *m*
34.12 dote y dones. . y dadme la joven por *m*
34.21 nosotros tomaremos sus hijas por *m*, y
34.29 llevaron cautivos a. . sus niños y sus *m*
36.2 Esaú tomó sus *m* de las hijas de Canaán
36.6 Esaú tomo sus *m*, sus hijos y sus hijas
36.10 hijos de Esaú: Elifaz, hijo de Ada *m*
36.10 son. . Reuel, hijo de Basemat *m* de Esaú
36.12 estos son los hijos de Ada, *m* de Esaú
36.13 estos son. . hijos de Basemat *m* de Esaú
36.14 los hijos de Aholibama *m* de Esaú, hija
36.17 estos hijos vienen de Basemat *m* de Esaú
36.18 estos son los hijos de Aholibama *m* de
36.18 salieron de Aholibama *m* de Esaú, hija de
36.39 Hadar. . y el nombre de su *m*, Mehetabel
37.2 hijos de Bilha y. . Zilpa, *m* de su padre
38.6 Judá tomó *m* para su primogénito Er, la
38.8 a Onán: Llégate a la *m* de tu hermano, y
38.9 cuando se llegaba a la *m* de su hermano
38.12 días, y murió la hija de Súa, *m* de Judá
38.14 Sela, y ella no era dada a él por *m*
38.20 que éste recibiese la prenda de la *m*
39.7 que la *m* de su amo puso sus ojos en José
39.8 y él no quiso, y dijo a la *m* de su amo
39.9 cuanto tú eres su *m;* ¿cómo, pues, haría
39.19 oyó. . las palabras que su *m* le hablaba
41.45 dio por *m* a Asenat, hija de Potifera
44.27 nos dijo. . dos hijos me dio a luz mi *m*
45.19 carros para vuestros niños y vuestras *m*
46.5 tomaron. . y a sus *m*, en los carros que
46.19 los hijos de Raquel, *m* de Jacob: José
46.26 Jacob. . sin las *m* de los hijos de Jacob
49.31 allí sepultaron a Abraham y a Sara su *m*
49.31 allí sepultaron a Isaac y a Rebeca su *m*
Éx. 1.19 porque las *m* hebreas no son como las
2.1 un varón. . tomó por *m* a una hija de Leví
2.9 lleva a. . Y la *m* tomó al niño y lo crio
2.21 y él dio su hija Séfora por *m* a Moisés
3.22 sino que pedirá cada *m* a su vecina y a
4.20 entonces Moisés tomó su *m* y sus hijos
6.20 Amram tomó por *m* a Jocabed su tía, la
6.23 y tomó Aarón por *m* a Elisabet hija de
6.25 y Eleazar. . tomó para sí mujer de las
15.20 *m* salieron en pos de ella con panderos
18.2 y tomó Jetro. . a Séfora la *m* de Moisés
18.5 Jetro el. . con los hijos y la *m* de éste
18.6 vengo a ti, con tu *m*, y sus dos hijos
19.15 dijo. . Estad preparados. . no toquéis *m*
20.17 no codiciarás la *m* de tu prójimo, ni
21.3 si. . si tenía *m*, saldrá él y su *m* con él
21.4 si su amo le hubiere dado *m*, y ella le
21.4 la *m* y sus hijos serán de su amo, y él
21.5 yo amo a mi señor, a mi *m* y a mis hijos
21.10 tomare para él otra *m*, no disminuirá
21.22 si. . riñeren, e hirieren a *m* embarazada
21.22 que les impusiere el marido de la *m* y
21.28 si un buey acorneare a hombre o a *m*, y
21.29 fuere acorneador. . matare a hombre o *m*
22.16 ella, deberá dotarla y tomarla por *m*
22.24 y vuestras *m* serán viudas, y huérfanos
23.26 no habrá *m* que aborte, ni estéril en
32.2 zarcillos. . en las orejas de vuestras *m*
35.22 vinieron así hombres como *m*, todos los
35.25 todas las *m* sabias de corazón hilaban
35.26 y todas las *m*. . hilaron pelo de cabra
35.29 hombres como *m*. . que tuvieron corazón
36.6 hombre ni *m* haga más para la ofrenda del
38.8 de los espejos de las *m* que velaban a la
Lv. 12.2 la *m* cuando conciba y dé a luz varón
13.29 o *m* que le saliere llaga en la cabeza
13.38 o la *m* tuviere en la piel de su cuerpo
15.18 y cuando un hombre yaciere con una *m*
15.19 cuando la *m* tuviere flujo de sangre
15.25 la *m*, cuando siguiere el flujo de su
15.33 el que tuviere flujo, sea varón o *m*
15.33 y para el hombre que durmiere con *m*
18.8 la desnudez de la *m* de tu padre no
18.11 la desnudez de la hija de la *m* de tu
18.14 no llegarás a su *m;* es *m* del hermano
18.15 nuera. . *m* es de tu hijo, no descubrirás
18.16 la desnudez de la *m* de tu hermano no
18.17 desnudez de la *m* y de. . no descubrirás
18.18 no tomarás *m* juntamente con su hermana
18.19 no llegarás a la *m*. . mientras esté en
18.20 no tendrás acto carnal con la *m* de tu
18.22 no te echarás con varón como con *m;* es
18.23 ni *m*. . se pondrá delante de animal para
19.20 si. . yaciere con una *m* que fuere sierva
20.10 adulterio con la *m* de su prójimo, el
20.11 que yaciere con la *m* de su padre, la
20.13 alguno. . ayuntare con varón como con *m*
20.14 el que tomare *m* y a la madre de ella
20.16 y si una *m* se llegare a algún animal
20.16 a la *m* y al animal matarás; morirán
20.18 durmiere con *m* menstruosa. . descubrió
20.20 que durmiere con la *m* del hermano de
20.21 que tomare la *m* de su hermano, comete
20.27 la *m* que evocare espíritus de muertos
21.7 con *m* ramera o. . ni con *m* repudiada de
21.13 tomará por esposa a una *m* virgen
21.14 tomará de su pueblo una virgen por *m*
24.10 el hijo de una *m* israelita, el cual era
24.11 y el hijo de la *m*. . blasfemó el Nombre
26.26 cocerán diez *m* vuestro pan en un horno
27.4 y si fuere *m*, la estimarás en treinta
27.5,7 estimarás en. . y a la *m* en diez siclos
27.6 estimarás. . la *m* en tres siclos de plata
Nm. 5.3 a hombres como a *m* echaréis; fuera del
5.6 o la *m* que cometiere alguno de. . pecados
5.12 si la *m* de alguno se descarriare, y le
5.14 tuviere celos de su *m*, habiéndose ella
5.14 y tuviere celos de su *m*, no habiéndose
5.15 el marido traerá su *m* al sacerdote, y
5.18 estar en pie a la *m* delante de Jehová
5.18 descubrirá la cabeza de la *m*, y pondrá
5.21 el sacerdote conjurará. . *m* con juramento
5.21 dirá a la *m*): Jehová te haga maldición
5.22 caer tu muslo. Y la *m* dirá: Amén, amén
5.24 dará a beber a la *m* las aguas amargas
5.25 tomará de la mano de la *m* la ofrenda de
5.26 después dará a beber las aguas a la *m*
5.27 *m* será maldición en medio de su pueblo
5.28 si la *m* no fuere inmunda, sino. . limpia
5.29 cuando la *m* cometiere infidelidad contra
5.30 y tuviere celos de su *m;* la presentará
5.31 será libre de. . y la *m* llevará su pecado
6.2 o la *m* que se apartare haciendo voto de
12.1 la *m* cusita. . él había tomado *m* cusita
14.3 que nuestras *m* y. . niños sean por presa?
16.27 se pusieron a las puertas. . con sus *m*
25.8 los alanceó a. . y a la *m* por su vientre
25.15 el nombre de la *m* madianita. . era Cozbi
26.59 la *m* de Amram se llamó Jocabed, hija
30.3 mas la *m*, cuando hiciere voto a Jehová
30.16 las ordenanzas. . entre el varón y su *m*
31.9 cautivas a las *m* de los madianitas, a
31.15 habéis dejado con vida a todas las *m?*
31.17 matad. . toda *m* que haya conocido varón
31.18 a todas las niñas entre las *m*, que no
31.35 *m* que no habían conocido varón, eran
32.26 nuestras *m*. . estarán. . en las ciudades
Dt. 2.34 destruimos todas. . hombres, *m* y niños
3.6 matando en. . ciudad a hombres, *m* y niños
3.19 vuestras *m*. . quedarán en las ciudades que
5.21 no codiciarás la *m* de tu prójimo, ni
13.6 si te incitare. . tu *m* o tu amigo íntimo
17.2 hombre o *m* que haya hecho mal ante los
17.5 sacarás. . a la *m* que hubiere hecho esta
17.5 sea hombre o *m*, y los apedrearás, y así
17.17 ni tomará para sí muchas *m*, para que
20.7 ¿y quién se ha desposado con *m*, y no la
20.14 *m* y los niños, y los animales, y todo
21.11 entre los cautivos a alguna *m* hermosa
21.11 vieres entre. . la tomares para ti por *m*
21.13 tú serás su marido, y ella será tu *m*
21.15 un hombre tuviere dos *m*, la una amada
22.5 no vestirá la *m* traje de hombre, ni el
22.5 ni el hombre vestirá ropa de *m;* porque
22.13 alguno tomare *m*, y después de haberse
22.14 dijere: A esta *m*. . y no la hallé virgen
22.16 di mi hija a este hombre por *m*, y él la
22.19 y le multarán. . y la tendrá por *m*, y no
22.22 acostado con una *m* casada con marido
22.22 que se acostó con la *m*, y la *m* también
22.24 el hombre porque humilló a la *m* de su
22.29 ella será su *m*, por cuanto la humilló
22.30 ninguno tomará la *m* de su padre, ni
24.1 alguno tomare *m* y se casare con ella, si
24.3 si hubiere muerto el. . que la tomó por *m*
24.4 no. . volverla a tomar para que sea su *m*
24.5 por un año, para alegrar a la *m* que tomó
25.5 la *m* del muerto no se casará fuera con
25.5 su cuñado. . la tomará por su *m*, y hará
25.11 se acercare la *m* de uno para librar a
27.20 que se acostare con la *m* de su padre
28.30 te desposarás con *m*, y otro. . dormirá

MUJER *(Continúa)*
Dt. 28.54 con malos ojos..a la *m* de su seno, y
29.11 *m*, y tus extranjeros que habitan en
29.18 no sea que haya..varón o *m*, o familia
31.12 harás congregar..varones y *m* y niños
Jos. 1.14 vuestras *m*..quedarán en la tierra que
2.4 pero la *m* había tomado a los dos hombres
6.21 y destruyeron a..hombres y *m*, jóvenes y
6.22 entrad en casa de la *m* ramera, y haced
6.22 haced salir de allí a la *m* y a todo lo
8.25 los que cayeron aquel día, hombres y *m*
8.35 leer delante de..de las *m*, de los niños
15.16 atacare a..le daré mi hija Acsa por *m*
15.17 la tomó..y él le dio su hija Acsa por *m*
Jue. 1.12 dijo..yo le daré Acsa mi hija por *m*
1.13 de Caleb; y él le dio Acsa su hija por *m*
3.6 tomaron de sus hijas por *m*, y dieron sus
4.4 una *m*, Débora, profetisa, *m* de Lapidot
4.9 en mano de *m* venderá Jehová a Sísara
4.17 a la tienda de Jael *m* de Heber ceneo
4.21 Jael *m* de Heber tomó una estaca de la
5.24 sea entre las *m* Jael, *m* de Heber ceneo
5.24 sobre las *m* bendita sea en la tienda
8.30 y tuvo Gedeón setenta hijos..muchas *m*
9.49 murieron, como unos mil hombres y *m*
9.51 a la cual se retiraron..hombres y las *m*
9.53 una *m* dejó caer un pedazo de una rueda
9.54 para que no se diga de mí: Una *m* lo mató
11.1 Jefté..era hijo de una *m* ramera, y el
11.2 pero la *m* de Galaad le dio hijos, los
11.2 no heredarás en la..eres hijo de otra *m*
13.2 su *m* era estéril, y nunca había tenido
13.3 a esta *m* apareció el ángel de Jehová
13.6 y la *m* vino y se lo contó a su marido
13.9 el ángel de Dios volvió otra vez a la *m*
13.10 y la *m* corrió..a avisarle a su marido
13.11 y se levantó Manoa, y siguió a su *m*
13.11 ¿eres tú aquel varón que habló a la *m?*
13.13 la *m* se guardará de todas las cosas que
13.19,20 ante los ojos de Manoa y de su *m*
13.21 no volvió a aparecer a Manoa ni a su *m*
13.22 Manoa a su *m:* Ciertamente moriremos
13.23 *m* le respondió: Si..nos quisiera matar
13.24 la *m* dio a luz un hijo, y le puso por
14.1 Sansón..vio..a una *m* de las hijas de los
14.2 he visto en Timnat una *m* de las hijas de
14.2 he visto..ruego que me la toméis por *m*
14.3 ¿no hay *m*..a tomar *m* de los filisteos
14.3 tómame ésta por *m*, porque..me agrada
14.7 y habló a la *m;* y ella agradó a Sansón
14.10 vino, pues, su padre adonde estaba la *m*
14.15 al séptimo día dijeron a la *m* de Sansón
14.16 lloró la *m* de Sansón en presencia de él
14.20 la *m* de Sansón fue dada a su compañero
15.1 visitó a su *m* con un..Entraré a mi *m* en
15.6 le quitó su *m* y la dio a su compañero
16.1 fue Sansón a..y vio allí a una *m* ramera
16.4 se enamoró de una *m* en el valle de Sorec
16.27 y la casa estaba llena de hombres y *m*
16.27 había como tres mil hombres y *m*, que
19.1 el cual había tomado para sí *m* concubina
19.26 vino la *m*, y cayó delante de la puerta
19.27 *m*..estaba tendida delante de la puerta
20.4 el varón levita, marido de la *m* muerta
21.1 dará su hija a los de Benjamín por *m*
21.7 cuanto a *m* para los..no les daremos..*m*
21.10 herid a filo de espada a..las *m* y niños
21.11 mataréis a..a toda *m* que haya conocido
21.14 les dieron por *m*..las *m* de Jabes-galaad
21.16 respecto de *m* para..las *m* de Benjamín
21.18 no les podemos dar *m* de nuestras hijas
21.18 maldito el que diere *m* a..benjamitas
21.21 salid..y arrebatad cada uno *m* para sí
21.22 en la guerra no tomamos *m* para todos
21.23 así; y tomaron *m* conforme a su número
Rt. 1.1 fue a morar en los..de Moab, él y su *m*
1.2 nombre de..Elimelec, y el de su *m*, Noemí
1.4 tomaron para sí *m* moabitas; el nombre de
1.5 quedando así la *m* desamparada de..hijos
3.8 he aquí, una *m* estaba acostada a sus pies
3.11 de mi pueblo sabe que eres *m* virtuosa
3.14 él dijo: No se sepa que vino *m* a la era
4.5 debes tomar también a Rut..*m* del difunto
4.10 tomo por mi *m* a Rut la moabita, *m* de
4.11 Jehová haga a la *m* que entra en tu casa
4.13 Booz, pues, tomó a Rut, y ella fue su *m*
4.14 las *m* decían a Noemí: Loado sea Jehová
1 S. 1.2 tenía él dos *m;* el nombre de una era
1.4 daba a Penina su *m*, a todos sus hijos y a
1.15 soy una *m* atribulada de espíritu; no he
1.16 no tengas a tu sierva por una *m* impía
1.18 se fue la *m* por su camino, y comió, y no
1.19 Elcana se llegó a Ana su *m*, y Jehová se
1.23 y se quedó la *m*, y crio a su hijo hasta
1.26 yo soy aquella *m* que estuvo aquí junto a
2.20 Elí bendijo a Elcana y a su *m*, diciendo
2.20 Jehová te dé hijos de esta *m* en lugar
2.22 cómo dormían con las *m* que velaban a la
4.19 su nuera la *m* de Finees..estaba encinta
14.50 el nombre de la *m* de Saúl era Ahinoam
15.3 mata a hombres, *m*, niños, y aun los de
15.33 las *m* sin hijos..sin hijo entre las *m*
18.6 salieron las *m* de todas las ciudades de
18.7 cantaban las *m* que danzaban, y decían
18.17 yo te daré Merab mi hija mayor por *m*
18.19 Merab..dada por *m* a Adriel meholatita
18.27 rey. Y Saúl le dio su hija Mical por *m*
19.11 Mical su *m* avisó a David, diciendo: Si
21.4 criados se han guardado a lo menos de *m*
21.5 *m* han estado lejos de nosotros ayer y
22.19 hirió..así a hombres como a *m*, niños
25.3 y su *m*, Abigail. Era aquella *m* de buen
25.14 uno de..dio aviso a Abigail *m* de Nabal
25.37 a Nabal..le refirió su *m* estas cosas
25.39 envió David a..para tomarla por su *m*
25.40 nos ha enviado..para tomarte por su *m*
25.42 siguió a los mensajeros de..y fue su *m*
25.43 tomó..a Ahinoam..y ambas fueron sus *m*
25.44 Saúl había dado a..Mical *m* de David a
27.3 David con sus dos *m*, Ahinoam..y Abigail
27.3 y Abigail la que fue *m* de Nabal el de
27.9 David..no dejaba con vida hombre ni *m*
27.11 ni hombre ni *m* dejaba David con vida
28.7 una *m* que tenga espíritu de adivinación
28.7 hay una *m* en Endor que tiene espíritu de
28.8 vinieron a aquella *m* de noche; y él dijo
28.9 *m* le dijo: He aquí tú sabes lo que Saúl
28.11 la *m*..dijo: ¿A quién te haré venir?
28.12 y viendo la *m* a Samuel, clamó en alta
28.12 voz, y habló aquella *m* a Saúl, diciendo
28.13 la *m* respondió a Saúl: He visto dioses
28.21 la *m* vino a Saúl, y viéndole turbado
28.23 porfiaron con él..juntamente con la *m*
28.24 aquella *m* tenía en su casa un ternero
30.2 se habían llevado cautivas a las *m* y a
30.3 sus *m* y..habían sido llevados cautivos
30.5 las dos *m* de David..también eran cautivas
30.5 y Abigail la que fue *m* de Nabal el de
30.18 libró David..libertó David a sus dos *m*
30.22 no les daremos..sino a cada uno su *m* y
2 S. 1.26 más maravilloso..que el amor de las *m*
2.2 subió allá, y con él sus dos *m*, Ahinoam
2.2 y Abigail, la que fue *m* de Nabal el de
3.3 Quileab, de Abigail la *m* de Nabal el de
3.8 me haces hoy cargo del pecado de esta *m?*
3.14 restitúyeme mi *m* Mical, la cual desposé
5.13 tomó David..concubinas y *m* de Jerusalén
6.19 repartió..así a hombres como a *m*..pan
11.2 y vio..a una *m* que se estaba bañando, la
11.3 envió David a preguntar por aquella *m*
11.3 aquella es Betsabé..*m* de Urías heteo
11.5 concibió la *m*, y envió a hacerlo saber
11.11 entrar en mi casa..a dormir con mi *m?*
11.21 ¿no echó una *m* del muro un pedazo de
11.26 oyendo la *m* de Urías que su marido
11.27 y la trajo a su casa; y ella fue su *m*
12.8 te di la..y las *m* de tu señor en tu seno
12.9 a Urías heteo..y tomaste por *m* a su *m*
12.10 tomaste la *m* de Urías..que fuese tu *m*
12.11 y tomaré tus *m*..cual yacerá con tus *m*
12.15 al niño que la *m* de Urías había dado
12.24 consoló..a Betsabé su *m*, y llegándose
14.2 y tomó de allá una *m* astuta, y le dijo
14.2 como una *m*..de duelo por algún muerto
14.4 entró, pues, aquella *m* de Tecoa al rey
14.5 a la verdad soy una *m* viuda y mi marido
14.8 el rey dijo a la *m:* Vete a tu casa, y yo
14.9 la *m* de Tecoa dijo al rey: Rey señor mío
14.12 la *m* dijo: Te ruego que me permitas que
14.13 la *m* dijo: ¿Por qué, pues, has pensado
14.18 David..dijo a la *m:* Yo te ruego que no
14.18 y la *m* dijo: Hable mi señor el rey
14.19 *m* respondió y dijo: Vive tu alma, rey
14.27 se llamó Tamar..*m* de hermoso semblante
15.16 dejó el rey diez *m* concubinas, para
17.19 tomando la *m* de la casa una manta, la
17.20 llegando luego..a la casa de la *m*, le
17.20 *m* les respondió: Ya han pasado el vado
19.5 han librado..la vida de tus *m*, y la vida
20.3 tomó el rey las diez *m* concubinas que
20.16 *m* sabia dio voces en la ciudad, diciendo
20.17 él se acercó..dijo la *m:* ¿Eres tú Joab?
20.21 la *m* dijo a Joab: He aquí su cabeza te
20.22 la *m* fue luego a todo el pueblo con su
1 R. 2.17 para que me dé Abisag sunamita por *m*
2.21 dijo: Dese Abisag..por *m* a tu hermano
3.16 tiempo vinieron al rey dos *m* rameras
3.17 yo y esta *m* morábamos..una misma casa
3.19 y una noche el hijo de esta *m* murió
3.22 la otra *m* dijo: No; mi hijo es el que
3.26 la *m* de quien era el hijo vivo, habló
4.11 éste tenía por *m* a Tafat hija de Salomón
4.15 tomó..por *m* a Basemat hija de Salomón
7.8 hija de Faraón, que había tomado por *m*
9.16 dio en dote a su hija la *m* de Salomón
11.1 Salomón amó..a muchas *m* extranjeras, a
11.3 setecientas *m* reinas y 300 concubinas
11.3 concubinas..sus *m* desviaron su corazón
11.4 sus *m* inclinaron su corazón tras dioses
11.8 así hizo para todas sus *m* extranjeras
11.19 le dio por *m* la hermana de su esposa
14.2 dijo Jeroboam a su *m:* Levántate ahora
14.2 te conozcan que eres la *m* de Jeroboam
14.4 y la *m* de Jeroboam lo hizo así; y se
14.5 la *m* de Jeroboam vendrá a consultarte
14.6 Ahías oyó..dijo: Entra, *m* de Jeroboam
14.17 entonces la *m* de Jeroboam se levantó
16.31 por *m* a Jezabel, hija de Et-baal rey
17.9 he dado orden allí a una *m* viuda que te
17.10 he aquí una *m* viuda..recogiendo leña
17.24 la *m* dijo a Elías: Ahora conozco que
20.3 y tus *m* y tus hijos hermosos son míos
20.5 tu plata..y tus *m* y tus hijos me darás
20.7 ha enviado a mí por mis *m* y mis hijos
21.5 vino a él su *m* Jezabel, y le dijo: ¿Por
21.7 y su *m* Jezabel le dijo: ¿Eres tú ahora
21.25 hacer lo malo..Jezabel su *m* lo incitaba
2 R. 4.1 una *m*, de las *m* de los hijos de los
4.5 se fue la *m*, y cerró..encerrándose ella
4.8 allí una *m* importante, que le invitaba
4.17 mas la *m* concibió, y dio a luz un hijo
5.2 muchacha, la cual servía a la *m* de Naamán
6.26 pasando el rey..una *m* le gritó, y dijo
6.28 dijo..Esta *m* me dijo: Da acá tu hijo, y
6.30 el rey oyó las palabras de aquella *m*
8.1 habló Eliseo a aquella *m* a cuyo hijo él
8.2 la *m* se levantó, e hizo como el..le dijo
8.3 *m* volvió de la tierra de los filisteos
8.5 la *m*..vino para implorar al rey por su
8.5 dijo..Rey señor mío, ésta es la *m*, y este
8.6 preguntando el rey a la *m*..se lo contó
8.12 y abrirás el vientre a sus *m* que estén
8.18 hija de Acab fue su *m;* e hizo lo malo
14.9 al cedro que..Da tu hija por *m* a mi hijo
15.16 y abrió el vientre a todas sus *m* que
22.14 la profetisa Hulda, *m* de Salum hijo de
23.7 en los cuales tejían las *m* tiendas para
24.15 llevó cautivos..a las *m* del rey, a sus
1 Cr. 1.50 Hadad..el nombre de su *m*, Mehetabel
2.18 Caleb hijo..engendró a Jeriot de su *m*
2.19 tomó Caleb por *m* a Efrata, la cual dio
2.24 Abías *m* de Hezrón dio a luz a Asur
2.26 tuvo Jerameel otra *m* llamada Atara, que
2.29 el nombre de la *m* de Abisur fue Abihail
2.35 a éste Sesán dio su hija por *m*, y ella
3.3 quinto..el sexto, Itream, de Egla su *m*
4.5 Asur padre de Tecoa tuvo dos *m*, Hela y
4.18 su *m* Jehudaía dio a luz a Jered padre de
4.19 los hijos de la *m* de Hodías, hermana de
7.4 en sus linajes..porque tuvieron muchas *m*
7.15 Maquir tomó *m* de Hupim, y Supim, cuya
7.16 Maaca *m* de Maquir dio a luz un hijo, y
7.23 se llegó a su *m*, y ella concibió y dio
8.8 después que dejó a Husim..que eran sus *m*
8.9 engendró, pues, de Hodes su *m* a Jobab
8.29 habitaron Abigabaón, la *m* del cual se
9.35 Jehiel..el nombre de cuya *m* era Maaca
14.3 David tomó..*m* en Jerusalén, y engendró
16.3 así a hombres como a *m*, a cada uno una
23.22 y los hijos de Cis..las tomaron por *m*
2 Cr. 2.14 hijo de una *m* de las hijas de Dan
8.11 mi *m* no morará en la casa de David rey
11.18 tomó Roboam por *m* a Mahalat hija de
11.21 amó a Maaca hija..sobre todas sus *m*
11.21 Roboam..tomó 18 *m* y 60 concubinas
11.23 y les dio provisiones en..y muchas *m*
13.21 tomó catorce *m*, y engendró 22 hijos y
15.13 que no buscase a Jehová..hombre o *m*
20.13 estaba en pie..con sus niños y sus *m*
21.6 tenía por *m* a la hija de Acab, e hizo lo
21.14 herirá..tus *m*, y a todo cuanto tienes
21.17 tomaron..a sus hijos y a sus *m;* y no le
22.11 lo escondió Josabet..*m* del sacerdote
24.3 Joiada tomó para él dos *m;* y engendró
25.18 diciendo: Da tu hija a mi hijo por *m*
28.8 tomaron cautivos de sus..a 200.0000, *m*
29.9 y nuestras *m* fueron llevados cautivos
31.18 eran inscritos con..sus *m*, sus hijos
34.22 fueron a Hulda profetisa, *m* de Salum
Esd. 2.61 cual tomó *m* de las hijas de Barzilai
10.1 se juntó a él una..hombres, *m* y niños
10.2 tomamos *m* extranjeras de los pueblos de
10.3 despediremos a..las *m* y los nacidos de
10.10 tomasteis *m* extranjeras, añadiendo así
10.11 apartaos de los..de las *m* extranjeras
10.14 hayan tomado *m* extranjeras, vengan en
10.17 todos..que habían tomado *m* extranjeras
10.18 de los..que habían tomado *m* extranjeras
10.19 en promesa de que despedirían sus *m*
10.44 todos estos habían tomado *m* extranjeras
10.44 había *m*..que habían dado a luz hijos
Neh. 4.14 pelead por vuestros hermanos..*m* y por
5.1 hubo gran clamor del..y de sus *m* contra
6.18 Johanán su hijo había tomado por *m* a la
7.63 el cual tomó *m* de las hijas de Barzilai
8.2 congregación, así de hombres como de *m*
8.3 leyó..en presencia de hombres y *m* y de
10.28 con sus *m*, sus hijos e hijas, todo el
12.43 se alegraron también las *m* y los niños
13.23 a judíos que habían tomado *m* de Asdod
13.26 él le hicieron pecar las *m* extranjeras
13.27 de prevaricar..tomando *m* extranjeras?
Est. 1.9 reina Vasti hizo banquete para las *m*
1.17 porque..llegará a oídos de todas las *m*
1.20 y todas las *m* darán honra a sus maridos
2.3 las jóvenes vírgenes..a la casa de las *m*
2.3,8 al cuidado de Hegai..guarda de las *m*
2.9 la llevó..a lo mejor de la casa de las *m*
2.11 delante del patio de la casa de las *m*
2.12 conforme a la ley acerca de las *m*, pues
2.12 seis meses con perfumes..afeites de *m*
2.13 venir..desde la casa de las *m* hasta la

MUJER *(Continúa)*
Est. 2.14 volvía a la casa segunda de las *m*, al
2.15 sino lo que dijo Hegai. . guarda de las *m*
2.17 el rey amó a Ester más que. . las otras *m*
3.13 de destruir. . niños y *m*, en un mismo día
4.11 que cualquier. . *m* que entra en el patio
5.10 mandó llamar a. . amigos y a Zeres su *m*
5.14 le dijo Zeres su *m* y todos sus amigos
6.13 contó. . Amán a Zeres su *m* y. . sus amigos
6.13 le dijeron sus sabios, y Zeres su *m*: Si
8.11 aun sus niños y *m*, y apoderarse de sus
Job 2.9 entonces le dijo su *m*: ¿Aún retienes tu
2.10 suele hablar cualquiera de las *m* fatuas
14.1 el hombre nacido de *m*, corto de días, y
15.14 para que se justifique el nacido de *m?*
19.17 mi aliento vino a ser extraño a mi *m*
24.21 a la *m* estéril. . afligió, y a la viuda
25.4 ¿y cómo será limpio el que nace de *m*?
31.9 si fue mi corazón engañado acerca de *m*
31.10 muela para otro mi *m*, y sobre ella se
42.15 no había *m* tan hermosas como las hijas
Sal. 48.6 tomó. . dolor como de *m* que da a luz
109.9 sean sus hijos huérfanos, y su *m* viuda
128.3 tu *m* será como vid que lleva fruto a
Pr. 2.16 serás librado de la *m* extraña, de la
5.3 los labios de la *m* extraña destilan miel
5.18 sea. . y alégrate con la *m* de tu juventud
5.20 ¿por qué. . andarás ciego con la *m* ajena
6.24 para que te guarden de la mala *m*, de la
6.24 blandura de la lengua de la *m* extraña
6.26 porque a causa de la *m* ramera el hombre
6.26 y la *m* caza la preciosa alma del varón
6.29 es el que se llega a la *m* de su prójimo
7.5 para que te guarden de la *m* ajena, y de
7.10 una *m* le sale al encuentro, con atavío
9.13 *m* insensata es alborotadora; es simple
11.16 la *m* agraciada tendrá honra, y los
11.22 es la *m* hermosa y apartada de razón
12.4 la *m* virtuosa es corona de su marido
14.1 *m* sabia edifica su casa; mas la necia
19.13 gotera continua. . contiendas de la *m*
19.14 herencia. . mas de Jehová la *m* prudente
21.9; 25.24 con *m* rencillosa en casa espaciosa
21.19 que con la *m* rencillosa e iracunda
22.14 fosa profunda. . la boca de la *m* extraña
27.15 gotera continua en. . y la *m* rencillosa
30.20 proceder de la *m* adúltera es así: come
30.23 por la *m* odiada cuando se casa; y por
31.3 no des a las *m* tu fuerza, ni tus caminos
31.10 *m* virtuosa, ¿quién la hallará? porque
31.29 *m* hicieron el bien; mas tú sobrepasas
31.30 *m* que teme a Jehová, ésa será alabada
Ec. 7.26 amarga. . la *m* cuyo corazón es lazos y
7.28 pero *m* entre todas éstas nunca hallé
9.9 goza de la vida con la *m* que amas, todos
11.5 cómo crecen los. . en el vientre de la *m*
Cnt. 1.8 no lo sabes, oh hermosa entre las *m*
5.9; 6.1 oh la más hermosa de todas las *m?*
Is. 3.12 mi pueblo. . y *m* se enseñorearon de él
4.1 echarán mano de un hombre siete *m* en
13.8 ellos; tendrán dolores como *m* de parto
13.16 sus casas. . saqueadas, y violadas sus *m*
19.16 en aquel día los egipcios serán como *m*
21.3 apoderaron de mí, como angustias de *m*
26.17 como la *m* encinta cuando se acerca el
27.11 *m* vendrán a encenderlas; porque aquel
32.9 *m* indolentes, levantaos, oíd mi voz
45.10 que dice. . a la *m:* ¿Por qué diste a luz?
47.8 oye, pues, ahora esto, *m* voluptuosa, tú
49.15 ¿se olvidará la *m* de lo que dio a luz
54.6 a *m* abandonada y triste de espíritu te
Jer. 3.1 alguno dejare a su *m*, y yéndose ésta
4.31 oí una voz como de *m* que está de parto
5.8 cual relinchaba tras la *m* de su prójimo
6.11 será preso tanto el marido como la *m*
6.12 a otros, sus heredades y también sus *m*
6.24 se apoderó de nosotros. . dolor como de *m*
7.18 *m* amasan la masa, para hacer tortas a
8.10 a otros sus *m*, y sus campos a quienes
9.20 oíd, pues, oh *m*, palabra de Jehová, y
13.21 ¿no te darán dolores como de *m* que está
14.16 no habrá quien los entierre. . a sus *m*
16.2 no tomarás para ti *m*, ni tendrás hijos
18.21 queden sus *m* sin hijos, y viudas; y sus
22.23 te. . dolor como de *m* que está de parto!
29.6 dad *m* a vuestros hijos, y dad maridos a
29.23 cometieron adulterio con las *m* de sus
30.6 todo hombre. . como *m* que está de parto
31.8 *m* que está encinta y la que dio a luz
31.22 una cosa nueva. . la *m* rodeará al varón
35.8 no beber vino. . nosotros, ni nuestras *m*
38.22 *m* que han quedado en la casa del rey
38.23 sacarán. . todas tus *m* y tus hijos a los
40.7 que le había encomendado. . *m* y los niños
41.16 hombres de guerra, *m*, niños y eunucos
43.6 hombres y *m* y niños, y a las hijas del
44.7 para ser destruidos el hombre y la *m*, el
44.9 de las maldades de sus *m*. . de vuestras *m*
44.15 todos los que sabían que sus *m* habían
44.15 todas las *m* que estaban presentes, una
44.20 habló Jeremías. . a los hombres y a las *m*
44.24 dijo Jeremías a. . y a todas las *m:* Oíd
44.25 vosotros y vuestras *m* hablasteis con
48.41 corazón. . de Moab como el corazón de *m*
49.22 corazón. . de Edom como el corazón de *m*
49.24 dolores. . como de *m* que está de parto
50.37 contra todo el pueblo. . serán como *m*
50.43 angustia le tomó. . como de *m* de parto
51.22 por tu medio quebrantaré hombres y *m*
51.30 los valientes de. . se volvieron como *m*
Lm. 2.20 cómer las *m* el fruto de sus entrañas
4.10 las manos de *m* piadosas cocieron a sus
5.11 violaron a las *m* en Sion, a las vírgenes
Ez. 8.14 *m* que estaban allí sentadas endechando
9.6 matad a viejos. . y *m*, hasta que no quede
16.32 sino como *m* adúltera, que en lugar de
16.34 sucedido. . lo contrario de las demás *m*
16.41 y harán en ti juicios en presencia. . *m*
18.6 que no. . ni violare la *m* de su prójimo, ni
18.6 prójimo, ni se llegare a. . *m* menstruosa
18.11 montes, o violare la *m* de su prójimo
18.15 Israel; la *m* de su prójimo no violare
22.11 hizo abominación con la *m* de su prójimo
23.2 hombre, hubo dos *m*, hijas de una madre
23.10 y vino a ser famosa entre las *m*, pues
23.44 venido a. . como quien viene a *m* ramera
23.44 así vinieron a. . Aholiba, *m* depravadas
23.48 escarmentarán todas las *m*, y no harán
24.18 a la tarde murió mi *m;* y a la mañana
30.17 de Pibeset. . las *m* irán en cautiverio
33.26 y contaminasteis. . la *m* de su prójimo
44.22 viuda ni repudiada tomará por *m*, sino
Dn. 5.2 bebiesen en ellos. . *m* y sus concubinas
5.3 bebieron en ellos el rey y. . sus *m* y sus
5.23 tú y. . tus *m* y tus concubinas, bebisteis
6.24 echados en el foso. . sus hijos y sus *m*
11.17 le dará una hija de *m* para destruirle
11.37 no hará caso, ni del amor de las *m;* ni
Os. 1.2 vé, tómate una *m* fornicaria, e hijos de
2.2 porque ella no es mi *m*, ni yo su marido
3.1 dijo. . ama a una *m* amada de su compañero
4.14 y con malas *m* sacrifican; por tanto, el
12.12 para adquirir *m*, y por. . *m* fue pastor
13.13 dolores de *m* que da a luz le vendrán
13.16 caerán. . sus *m* encintas serán abiertas
Am. 1.13 abrieron a las *m* de Galaad. . encintas
7.17 tu *m* será ramera en medio de la ciudad
Mi. 2.9 a las *m*. . echasteis fuera de las casas
4.9 te ha tomado dolor como de *m* de parto?
4.10 gime, hija de Sion, como *m* que está de
Nah. 3.13 tu pueblo será como *m* en medio de ti
Zac. 5.7 una *m* estaba sentada en medio de. . efa
5.9 dos *m* que salían, y traían viento en sus
12.12 la casa de David por sí, y sus *m* por sí
12.12 las casa de Natán por sí, y sus *m* por sí
12.13 la casa de Leví por sí, y sus *m* por sí
12.13 descendientes de Simei. . y sus *m* por sí
12.14 linajes, cada uno por sí. . sus *m* por sí
14.2 saqueadas las casas, y violadas las *m*
Mal. 2.14 ha atestiguado entre ti y la *m* de tu
2.14 desleal, siendo ella. . la *m* de tu pacto
2.15 y no seáis desleales para con la *m* de
Mt. 1.6 engendró a. . de la que fue *m* de Urías
1.20 no temas recibir a María tu *m*, porque lo
1.24 y despertando José del. . recibió a su *m*
5.28 que mira a una *m* para codiciarla, ya
5.31 fue dicho: Cualquiera que repudie a su *m*
5.32 que repudia a su *m*, a no ser por causa
9.20 una *m* enferma de flujo de sangre desde
9.22 fe. . Y la *m* fue salva desde aquella hora
11.11 los que nacen de *m* no se ha levantado
13.33 la levadura que tomó una *m*, y escondió
14.3 por causa de Herodías, *m* de Felipe su
14.21 como cinco mil hombres, sin contar las *m*
15.22 he aquí una *m* cananea que había salido
15.28 oh *m*, grande es tu fe; hágase contigo
15.38 cuatro mil hombres, sin contar las *m*
18.25 su señor venderle, y a su *m* e hijos
19.3 ¿es lícito al hombre repudiar a su *m* por
19.5 dejará padre y madre, y se unirá a su *m*
19.8 os permitió repudiar a vuestras *m;* mas
19.9 cualquiera que repudia a su *m*, salvo por
19.10 así es la condición del hombre con su *m*
19.29 que haya dejado. . madre, o *m*, o hijos
22.24 hijos, su hermano se casará con su *m*
22.25 descendencia, dejó su *m* a su hermano
22.27 después de todos murió también la *m*
22.28 ¿de cuál de los siete será ella *m*, ya
24.41 dos *m* estarán moliendo en un molino; la
26.7 a él una *m*, con un vaso de alabastro de
26.10 les dijo: ¿Por qué molestáis a esta *m?*
27.19 su *m* le mandó a decir: No tengas nada
27.55 estaban allí muchas *m* mirando de lejos
28.5 ángel. . dijo a las *m:* No temáis vosotras
Mr. 5.25 una *m* que. . padecía de flujo de sangre
5.33 la *m*. . vino y se postró delante de él
6.17 por causa de Herodías, *m* de Felipe su
6.17 Herodías. . pues la había tomado por *m*
6.18 no. . es lícito tener la *m* de tu hermano
7.25 *m*, cuya hija tenía un espíritu inmundo
7.26 la *m* era griega, y sirofenicia de nación
10.2 si era lícito al marido repudiar a su *m*
10.7 dejará el hombre a. . y se unirá a su *m*
10.11 que repudia a su *m* y se casa con otra
10.12 si la *m* repudia a su marido y se casa
10.29 que haya dejado. . madre o *m*, o hijos, o
12.22 después de todos murió también la *m*
12.23 ¿de cuál de ellos será ella *m*, ya que
12.23 ya que los siete la tuvieron por *m?*
14.3 vino una *m* con un vaso de alabastro de
15.40 algunas *m* mirando de lejos, entre las
Lc. 1.5 su *m* era de las hijas de Aarón, y se
1.13 tu *m* Elisabet te dará a luz un hijo, y
1.18 soy viejo, y mi *m* es de edad avanzada
1.24 concibió su *m* Elisabet, y se recluyó en
1.28 el ángel. . dijo. . bendita tú entre las *m*
1.42 dijo: Bendita tú entre las *m*, y bendito
2.5 empadronado con María su *m*, desposada
3.19 Juan a causa de Herodías, *m* de Felipe
4.26 sino a una *m* viuda en Sarepta de Sidón
7.28 que entre los nacidos de *m*, no hay mayor
7.37 una *m* de la. . que era pecadora, al saber
7.39 conocería. . qué clase de *m* es la que le
7.44 y vuelto a la *m*, dijo a. . ¿Ves esta *m?*
7.50 él dijo a la *m:* Tu fe te ha salvado, vé
8.2 y algunas *m* que habían sido sanadas de
8.3 Juana, *m* de Chuza intendente de Herodes
8.43 *m* que padecía de flujo de sangre desde
8.47 *m* vio que no había quedado oculta, vino
10.38 *m* llamada Marta le recibió en su casa
11.27 una *m* de entre. . levantó la voz y le dijo
13.11 una *m* que. . tenía espíritu de enfermedad
13.12 le dijo: *M*, eres libre de tu enfermedad
13.21 es semejante a la levadura, que una *m*
14.26 no aborrece a su padre, y *m*, e hijos
15.8 qué *m* que tiene diez dracmas, si pierde
16.18 que repudia a su *m*, y se casa con otra
17.32 acordaos de la *m* de Lot
17.35 dos *m* estarán moliendo juntas; la una
18.29 haya dejado. . *m*, o hijos, por el reino
20.28 muriere teniendo *m*, y no dejare hijos
20.32 finalmente murió también la *m*
20.33 ¿de cuál de ellos será *m*, ya que los 7
20.33 ya que los siete la tuvieron por *m?*
22.57 él lo negó, diciendo: *M*, no lo conozco
23.27 de *m* que lloraban y hacían lamentación
23.49 *m*. . estaban lejos mirando estas cosas
23.55 y las *m* que habían venido con él desde
24.1 trayendo. . y algunas otras *m* con ellas
24.22 también nos han asombrado unas *m* de
24.24 hallaron así como las *m* habían dicho
Jn. 2.4 Jesús le dijo: ¿Qué tienes conmigo, *m?*
4.7 vino una *m* de Samaria a sacar agua; y
4.9 la *m* samaritana le dijo: ¿Cómo tú, siendo
4.9 pides a mí de beber. . soy *m* samaritana?
4.11 la *m* le dijo: Señor, no tienes con qué
4.15 la *m* le dijo: Señor, dame esa agua, para
4.17 respondió la *m* y dijo: No tengo marido
4.19 le dijo la *m:* Señor, me parece que tú
4.21 *m*, créeme, que la hora viene cuando no
4.25 dijo la *m:* Sé que ha de venir el Mesías
4.27 se maravillaron de que hablaba con una *m*
4.28 la *m* dejó su cántaro, y fue a la ciudad
4.39 creyeron en él por la palabra de la *m*
4.42 y decían a la *m:* Ya no creemos solamente
8.3 fariseos le trajeron una *m*. . en adulterio
8.4 Maestro, esta *m* ha sido sorprendida en el
8.5 ley nos mandó Moisés apedrear a tales *m*
8.9 y quedó solo Jesús, y la *m* que estaba en
8.10 viendo a nadie sino a la *m*, le dijo: *M*
16.21 *m* cuando da a luz, tiene dolor, porque
19.25 estaban. . María *m* de Cleofas, y María
19.26 vio. . dijo a su madre: *M*, he ahí tu hijo
20.13 dijeron: *M*, ¿por qué lloras? Les dijo
20.15 le dijo: *M*, ¿por qué lloras? ¿A quién
Hch. 1.14 perseveraban. . en oración. . con las *m*
5.1 llamado Ananías, con Safira su *m*, vendió
5.2 y sustrajo del precio, sabiéndolo. . su *m*
5.7 que entró su *m*, no sabiendo lo que había
5.14 gran número así de hombres como de *m*
8.3 arrastraba a hombres y a *m*. . en la cárcel
8.12 creyeron a. . se bautizaban hombres y *m*
9.2 si hallase. . hombres o *m* de este Camino
13.50 pero los judíos instigaron a *m* piadosas
16.1 Timoteo, hijo de una *m* judía creyente
16.13 hablamos a las *m* que se habían reunido
16.14 *m* llamada Lidia, vendedora de púrpura
17.4 griegos piadosos. . y *m* nobles no pocas
17.12 que creyeron. . *m* griegas de distinción
17.34 Dionisio. . *m* llamada Dámaris, y otros
18.2 recién venido de Italia con. . su *m*, por
21.5 acompañándonos todos, con sus *m* e hijos
22.4 entregando en cárceles a hombres y *m*
24.24 viniendo Félix con Drusila su *m*, que
Ro. 1.26 sus *m* cambiaron el uso natural por el
1.27 hombres, dejando el uso natural de la *m*
7.2 *m* casada está sujeta por la ley al marido
1 Co. 5.1 que alguno tiene la *m* de su padre
7.1 bueno le sería al hombre no tocar *m*
7.2 cada uno tenga su propia *m*, y cada una
7.3 marido cumpla con la *m* el deber conyugal
7.3 conyugal, y asimismo la *m* con el marido
7.4 la *m* no tiene potestad sobre su propio
7.4 ni. . potestad sobre su. . cuerpo, sino la *m*
7.10 mando. . que la *m* no se separe del marido
7.11 y que el marido no abandone a su *m*
7.12 si. . hermano tiene *m* que no sea creyente
7.13 una *m* tiene marido que no sea creyente
7.14 marido. . santificado en la *m*, y la *m* en
7.16 ¿qué sabes tú, oh *m*, si quizá harás
7.16 sabes tú. . si quizá harás salva a tu *m?*
7.27 ¿estás ligado a *m?* No procures soltarte

MUJER *(Continúa)*

1 Co. 7.27 ¿estás libre de *m*? No procures casarte
7.33 tiene cuidado..de cómo agradar a su *m*
7.39 *m* casada está ligada por la ley mientras
9.5 de traer con nosotros una hermana por *m*
11.3 el varón es la cabeza de la *m*, y Dios la
11.5 *m* que ora o..con la cabeza descubierta
11.6 la *m* no se cubre, que se corte también
11.6 si le es vergonzoso a la *m* cortarse el
11.7 de Dios; pero la *m* es gloria del varón
11.8 varón no procede de la *m*, sino la *m* del
11.9 creado por causa de la *m*, sino la *m* por
11.10 *m* debe tener señal de autoridad sobre
11.11 ni el varón es sin la *m*, ni la *m* sin el
11.12 como la *m* procede del varón, también el
11.12 también el varón nace de la *m*; pero todo
11.13 ¿es propio que la *m* ore a Dios sin
11.15 la *m*..crecer el cabello le es honroso
14.34 *m* callen en las congregaciones; porque
14.35 es indecoroso que una *m* hable en la
Gá. 3.28 libre; no hay varón ni *m*; porque todos
4.4 su Hijo, nacido de *m* y nacido bajo la ley
4.24 pues estas *m* son los dos pactos; el uno
Ef. 5.23 el marido es cabeza de la *m*, así como
5.25 maridos, amad a vuestras *m*, así como
5.28 los maridos deben amar a sus *m* como a
5.28 el que ama a su *m*, a sí mismo se ama
5.31 y se unirá a su *m*, y los dos serán una
5.33 ame también a su *m* como a sí mismo
5.33 a sí mismo; y la *m* respete a su marido
Col. 3.19 amad a vuestras *m*, y no seáis ásperos
1 Ts. 5.3 destrucción..como los dolores a la *m*
1 Ti. 2.9 que las *m* se atavíen de ropa decorosa
2.10 corresponde a *m* que profesan piedad
2.11 la *m* aprenda en silencio, con..sujeción
2.12 no permito a la *m* enseñar, ni ejercer
2.14 que la *m*, siendo engañada, incurrió en
3.2 que el obispo sea..marido de una sola *m*
3.11 las *m*..sean honestas, no calumniadoras
3.12 diáconos sean maridos de una sola *m*, y
Tit. 1.6 el que fuere..marido de una sola *m*
2.4 que enseñen a las *m* jóvenes a amar a sus
He. 11.35 las *m* recibieron sus muertos mediante
1 P. 3.1 *m*, estad sujetas a vuestros maridos
3.5 también se ataviaban..aquellas santas *m*
3.7 dando honor a la *m* como a vaso..frágil
Ap. 2.20 que toleras que esa *m* Jesabel, que se
9.8 cabello como cabello de *m*; sus dientes
12.1 *m* vestida del sol, con la luna debajo de
12.4 y el dragón se paró frente a la *m* que
12.6 *m* huyó al desierto, donde tiene lugar
12.13 persiguió a la *m* que había dado a luz
12.14 se le dieron a la *m* las dos alas de la
12.15 y la serpiente arrojó..tras la *m*, agua
12.16 la tierra ayudó a la *m*, pues la tierra
12.17 el dragón se llenó de ira contra la *m*
14.4 son los que no se contaminaron con *m*
17.3 una *m* sentada sobre una bestia escarlata
17.4 *m* estaba vestida de púrpura y escarlata
17.6 a la *m* ebria de la sangre de los santos
17.7 yo te diré el misterio de la *m*, y de la
17.9 montes, sobre los cuales se sienta la *m*
17.18 la *m*..es la gran ciudad que reina sobre

MUJERCILLA

2 Ti. 3.6 llevan cautivas a las *m* cargadas de

MULADAR

1 S. 2.8 y del *m* exalta al menesteroso, para
Esd. 6.11 colgado..su casa sea hecha *m* por esto
Neh. 2.13 salí de noche..hacia..la puerta del *M*
3.13 y mil codos del..hasta la puerta del *M*
3.14 reedificó la puerta del *M* Malquías hijo
12.31 sobre el muro, hasta la puerta del *M*
Sal. 113.7 al pobre..al menesteroso alza del *m*
Is. 25.10 Moab..como es hollada la paja en el *m*
Dn. 2.5 vuestras casas serán convertidas en *m*
3.29 y su casa convertida en *m*; por cuanto
Lc. 14.35 para la tierra ni para el *m* es útil

MULO, LA

2 S. 13.29 y montaron cada uno..*m*, y huyeron
18.9 iba Absalón sobre un *m*, y el *m* entró por
18.9 quedó..y el *m* en que iba pasó adelante
1 R. 1.33 montad a Salomón mi hijo en mi *m*, y
1.38 montaron a Salomón..la *m* del rey David
1.44 los cuales le montaron en la *m* del rey
10.25 le llevaban cada año sus..caballos y *m*
18.5 con que conservemos la vida a..y a las *m*
2 R. 5.17 no se dará..la carga de un par de *m*?
1 Cr. 12.40 trajeron víveres en..camellos, *m* y
2 Cr. 9.24 traía..caballos y *m*, todos los años
Esd. 2.66; Neh. 7.68 caballos, 736; sus *m*, 245
Sal. 32.9 no seáis como el caballo, o como el *m*
Is. 66.20 en *m* y en camellos, a mi santo monte
Ez. 27.14 casa de Togarma, con..*m*, comerciaba
Zac. 14.15 la plaga de los caballos, de los *m*

MULTA

2 R. 23.33 impuso *m* de cien talentos de plata
Esd. 7.26 sea a muerte..a pena de *m*, o prisión

MULTADO

Am. 2.8 el vino de los *m* beben en la casa de

MULTAR

Dt. 22.19 le *multarán* en cien piezas de plata

MULTIFORME

Ef. 3.10 para que la *m* sabiduría de Dios sea
1 P. 4.10 administradores de la *m* gracia de

MULTIPLICACIÓN

2 Cr. 24.27 la *m* que hizo de las rentas, y la

MULTIPLICAR

Gn. 1.22 los bendijo, diciendo..*multiplicaos*
1.22 *multiplíquense* las aves en la tierra
1.28 y les dijo: Fructificad y *multiplicaos*
3.16 *multiplicaré* en gran manera los dolores
6.1 comenzaron los hombres a *multiplicarse*
8.17 vayan..y *multiplíquense* sobre la tierra
9.1 dijo..*multiplicaos*, y llenad la tierra
9.7 *multiplicaos*..en la tierra..y *m* en ella
16.10 *multiplicaré* tanto tu descendencia que
17.2,6 y te *multiplicaré* en gran manera
17.20 a Ismael..le haré..*multiplicar* mucho en
22.17 de cierto te bendeciré, y *multiplicaré*
26.4,24 y *multiplicaré* tu descendencia
28.3 Dios..te *multiplique*, hasta llegar a ser
35.11 le dijo Dios..crece y *multiplícate*; una
47.27 Israel..se *multiplicaron* en gran manera
48.4 te *multiplicaré*, y te pondré por estirpe
48.16 *multiplíquense* en gran manera en medio
Éx. 1.7 los hijos de Israel..se *multiplicaron*
1.10 seamos sabios..para que no se *multiplique*
1.12 tanto más se *multiplicaban* y crecían, de
1.20 el pueblo se *multiplicó* y se fortaleció
7.3 *multiplicaré* en la tierra de Egipto mis
11.9 se *multipliquen* en la tierra de Egipto
23.30 te *multipliques* y tomes posesión de la
32.13 yo *multiplicaré*..descendencia como las
Lv. 26.9 os *multiplicaré*, y afirmaré mi pacto
Dt. 1.10 Jehová vuestro Dios os ha *multiplicado*
6.3 para que te vaya bien..os *multipliquéis*
7.13 te amará, te bendecirá y te *multiplicará*
8.1 seáis *multiplicados*, y entréis y poseáis
8.13 y la plata y el oro se te *multipliquen*
13.17 *multiplique*, como lo juró a tus padres
28.63 como Jehová se gozaba en..*multiplicaros*
30.5 y te *multiplicará* más que a tus padres
30.16 para que vivas y seas *multiplicado*, y
1 S. 2.3 no *multipliquéis* palabras de grandeza
2 R. 21.6 *multiplicando* así el hacer lo malo
1 Cr. 4.27 ni *multiplicaron*..su familia como
4.38 las casas de sus..fueron *multiplicadas*
5.23 media tribu de Manasés, *multiplicados*
27.23 que él *multiplicaría* a Israel como las
Esd. 9.6 nuestras iniquidades..han *multiplicado*
Neh. 9.23 *multiplicaste* sus hijos..las estrellas
9.37 se *multiplica* su fruto para los reyes
Job 12.23 él *multiplica* las naciones, y él las
27.14 sus hijos fueren *multiplicados*, serán
29.18 yo..como arena *multiplicaré* mis días
31.25 de que mis riquezas se *multiplicasen*
34.37 y contra Dios *multiplica* sus palabras
35.6 si tus rebeliones se *multiplicaren*, ¿qué
35.16 Job..*multiplica* palabras sin sabiduría
41.3 *multiplicará* él ruegos para contigo?
Sal. 3.1 se han *multiplicado* mis adversarios!
16.4 *multiplicarán* los dolores de aquellos
25.19 mis enemigos, cómo se han *multiplicado*
105.24 *multiplicó* su pueblo en gran manera
107.38 los bendice, y se *multiplican* en gran
107.41 *multiplicar* las familias como rebaños
139.18 si los enumero, se *multiplican* más que
144.13 *multipliquen* a millares y decenas de
Pr. 4.10 oye..se te *multiplicarán* años de vida
6.35 ni querrá perdonar, aunque *multipliques*
23.28 *multiplica* entre..los prevaricadores
28.16 falto de entendimiento *multiplicará* la
28.28 perecen, los justos se *multiplican*
Ec. 6.11 las..palabras *multiplican* la vanidad
10.14 el necio *multiplica* palabras, aunque
Is. 1.15 cuando *multipliquéis* la oración, yo
6.12 *multiplicado* los lugares abandonados en
9.3 *multiplicaste* la gente, y..la alegría
22.9 visteis las brechas..se *multiplicaron*
40.29 *multiplica* las fuerzas al que no tiene
51.2 lo llamé, y lo bendije y lo *multipliqué*
54.13 y se *multiplicará* la paz de tus hijos
57.9 *multiplicaste* tus perfumes, y enviaste
59.12 rebeliones se han *multiplicado* delante
66.16 y los muertos de..serán *multiplicados*
Jer. 3.16 cuando os *multipliquéis* y crezcáis en
5.6 sus rebeliones se han *multiplicado*, se han
14.7 nuestras rebeliones se han *multiplicado*
15.8 sus viudas se me *multiplicaron* más que
23.3 las haré volver a..y se *multiplicarán*
29.6 y *multiplicaos* ahí, y no os disminuyáis
30.19 los *multiplicaré*, y no serán disminuidos
30.19 *multiplicaré*, y no serán menoscabados
33.22 *multiplicaré* la descendencia de David
46.11 por demás *multiplicarás* las medicinas
46.16 *multiplicó* los caídos, y cada uno cayó
Lm. 2.5 *multiplicó* en la hija de..la tristeza
Ez. 5.7 ¿por haberos *multiplicado* más que las
11.6 habéis *multiplicado* vuestros muertos en
16.7 te hice *multiplicar* como la hierba del
16.25 y *multiplicaste* tus fornicaciones
16.29 *multiplicaste*..fornicación en la tierra
16.51 tú *multiplicaste* tus abominaciones más
21.15 para que..los estragos se *multipliquen*
22.25 *multiplicaron* sus viudas en medio de
23.19 *multiplicó* sus fornicaciones, trayendo
24.10 *multiplicando* la leña, y encendiendo el
27.25 *multiplicaste* en gran manera en medio
28.5 *multiplicado* tus riquezas; y a causa de
31.5 se *multiplicaron* sus ramas, y a causa de
35.13 y *multiplicasteis* contra mí..palabras
36.10 y haré *multiplicar*..la casa de Israel
36.11 *multiplicaré* sobre..serán *multiplicados*
36.29 y llamaré al trigo, y lo *multiplicaré*
36.30 *multiplicaré*..el fruto de los árboles
36.37 hacerles esto: *multiplicaré* los hombres
36.37 hombres como se *multiplican* los rebaños
37.26 y los estableceré y los *multiplicaré*
Dn. 4.1 a todos los..Paz os sea *multiplicada*
6.25 Darío escribió..Paz os sea *multiplicada*
Os. 2.8 y que le *multipliqué* la plata y el oro
4.10 fornicarán, mas no se *multiplicarán*
8.11 *multiplicó* Efraín altares para pecar
8.14 y Judá *multiplicó* ciudades fortificadas
10.1 de su fruto *multiplicó* también..altares
Nah. 3.15 *multiplícate* como langosta, *m* como
3.16 *multiplicaste* tus mercaderes más que las
Hab. 1.8 sus jinetes se *multiplicarán*; vendrán
2.6 del que *multiplicó* lo que no era suyo!
Zac. 10.8 *multiplicados* tanto como fueron antes
Mt. 24.12 por haberse *multiplicado* la maldad
Hch. 6.7 y el número de los..se *multiplicaba*
7.17 el pueblo..y se *multiplicó* en Egipto
12.24 la palabra del Señor..se *multiplicaba*
2 Co. 9.10 y *multiplicará* vuestra sementera
He. 6.14 de cierto te bendeciré..*multiplicaré*
1 P. 1.2 gracia y paz os sean *multiplicadas*
2 P. 1.2 gracia y paz os sean *multiplicadas*
Jud. 2 misericordia y..os sean *multiplicados*

MULTITUD

Gn. 16.10 no podrá ser contada a causa de la *m*
28.3 te haga..hasta llegar a ser *m* de pueblos
32.12 arena..que no se puede contar por la *m*
48.19 su descendencia formará *m* de naciones
Éx. 12.38 subió con..*m* de toda clase de gentes
16.3 desierto para matar de hambre..esta *m*
19.21 que no traspase los límites..caerá *m* de
Nm. 14.2 dijo toda la *m*: ¡Ojalá muriéramos en
14.5 se postraron..delante de toda la *m* de
14.10 toda la *m* habló de apedrearlos. Pero
14.27 ¿hasta cuándo oiré esta depravada *m*
14.35 así haré a toda esta *m* perversa que
Dt. 1.10 sois como..estrellas del cielo en *m*
10.22 te ha hecho como las estrellas..en *m*
28.62 haber sido como las estrellas..en *m*
Jos. 11.4 mucha gente, como la arena que..en *m*
Jue. 6.5 y venían..en grande *m* como langostas
7.12 como langostas en *m*..como la arena..*m*
1 S. 14.16 vieron..la *m* estaba turbada, e iba
2 S. 6.19 repartió..a toda la *m* de Israel, así
17.11 *m* como la arena..a la orilla del mar
1 R. 3.8 que no se puede..ni numerar por su *m*
4.20 Judá e Israel eran..como la arena..en *m*
8.5 por la *m* no se podían contar ni numerar
20.13 ¿has visto esta gran *m*? He aquí yo te
20.28 yo entregaré toda esta..*m* en tu mano
2 R. 7.13 perecerán como toda la *m* de Israel
19.23 con la *m* de mis carros he subido a las
2 Cr. 20.2 viene una gran *m* del otro lado del
20.12 no hay fuerza contra tan grande *m* que
20.15 ni os amedrentéis delante de esta *m* tan
20.24 que vino Judá a la..miraron hacia la *m*
23.3 y toda la *m* hizo pacto con el rey en la
28.14 dejó..el botín delante..de toda la *m*
29.23 delante del..de la *m* los machos cabríos
29.28 la *m* adoraba, y los cantores cantaban
29.31 la *m* presentó sacrificios y alabanzas
30.4 esto agradó al rey y a toda la *m*
30.18 una gran *m* del..no se habían purificado
30.25 se alegró..toda la *m* que había venido
31.18 eran inscritos con todos..toda la *m*
32.7 ni tengáis miedo..toda la *m* que con él
Esd. 10.1 junto a él una muy grande *m* de Israel
Est. 5.11 la *m* de sus hijos, y todas las cosas
10.3 fue..estimado por la *m* de sus hermanos
Job 31.34 porque tuve temor de la gran *m*, y el
35.9 causa de la *m* de las violencias claman
36.31 castiga a los..a la *m* él da sustento
37.23 juicio y en *m* de justicia no afligirá
39.7 burla de la *m* de la ciudad; no oye las
Sal. 5.10 por la *m* de sus transgresiones échalos
33.16 rey no se salva por la *m* del ejército
42.4 de cómo yo fui con la *m*, y la conduje
51.1 conforme a la *m* de tus piedades borra
52.7 sino que confió en la *m* de sus riquezas
68.11 *m* de las que llevaban buenas nuevas
68.30 la *m* de toros con los becerros de los
69.16 mírame conforme a..*m* de tus piedades
94.19 en la *m* de mis pensamientos dentro de

MULTITUD *(Continúa)*

Pr. 11.14 en la *m* de consejeros hay seguridad
14.28 en la *m* del pueblo está la gloria del
15.22 mas en la *m* de consejeros se afirman
20.15 hay oro y *m* de piedras preciosas; mas
24.6 en la *m* de consejeros está la victoria
Ec. 5.3 y de la *m* de las palabras la voz del
Is. 1.11 ¿para qué me sirve. .*m*. .sacrificios?
5.13 gloria pereció. .y su *m* se secó de sed
5.14 descenderá la gloria de ellos, y su *m*
13.4 estruendo de *m* en los montes, como de
16.14 la gloria de Moab, con toda su gran *m*
17.12 *m* de muchos pueblos que harán ruido
29.5 la *m* de los fuertes como tamo que pasa
29.7 la *m* de todas las naciones que pelean
29.8 así será la *m* de todas las naciones que
32.14 la *m* de la ciudad cesará; las torres y
37.24 dijiste: Con la *m* de mis carros subiré
47.9 a pesar de la *m* de tus hechizos y de tus
47.12 en la *m* de tus hechizos, en los cuales
49.19 estrecha por la *m* de los moradores, y
57.10 en la *m* de tus caminos te cansaste, pero
60.5 se haya vuelto a ti la *m* del mar, y las
60.6 *m* de camellos te cubrirá; dromedarios de
63.7 según sus misericordias, y según la *m*
Jer. 30.14 a causa de. .de la *m* de tus pecados
49.32 la *m* de sus ganados por despojo; y los
51.42 Babilonia. .*m* de sus olas fue cubierta
52.15 y a todo el resto de la *m* del pueblo
Lm. 1.5 la afligió por la *m* de sus rebeliones
3.32 se compadece según la *m*. .misericordias
Ez. 7.11 ninguno quedará de ellos, ni de su *m*
7.12 no llore. .la ira está sobre toda la *m*
7.13 la visión sobre toda la *m* no se revocará
7.14 la batalla. .mi ira está sobre toda la *m*
14.4 responderé al que viniere conforme a la *m*
19.11 fue vista por. .la *m* de sus sarmientos
23.24 vendrán contra ti carros. .*m* de pueblos
26.10 por la *m* de sus caballos te cubrirá el
27.16 Edom traficaba contigo por la *m* de tus
27.33 a los reyes. .enriqueciste con la *m* de
28.16 a causa de la *m* de tus contrataciones
28.18 con la *m* de tus maldades y. .iniquidad
30.15 mi ira. .y exterminaré a la *m* de Tebas
31.9 lo hice hermoso con la *m* de sus ramas
32.12 de Egipto, y toda su *m* será deshecha
32.16 endecharán sobre Egipto y. .toda su *m*
32.18 hombre, endecha sobre la *m* de Egipto
32.22 está Asiria con toda su *m*; en derredor
32.24 Elam, y toda su *m* por los alrededores
32.25 le pusieron lecho con toda su *m*; a sus
32.26 allí Mesec y Tubal, y toda su *m*; sus
32.31 se consolará sobre toda su *m*; Faraón
32.32 Faraón y toda su *m* yacerán entre los
38.4 gran *m* con paveses y escudos, teniendo
38.7 prepárate y apercíbete, tú y toda tu *m*
38.13 ¿has reunido tu *m* para tomar botín
38.15 a caballo, gran *m* y poderoso ejército
39.11 allí enterrarán a Gog y a toda su *m*
Dn. 10.6 palabras como el estruendo de una *m*
11.10 mas. .reunirán *m* de grandes ejércitos
11.11 del norte; y pondrá en campaña *m* grande
11.11 toda aquella *m* será entregada en su mano
11.12 y al llevarse él la *m*, se elevará su
11.13 a poner en campaña una *m* mayor que la
12.3 los que enseñan la justicia a la *m*, como
Os. 9.7 a causa de la *m* de tu maldad, y grande
10.13 confiaste. .y en la *m* de tus valientes
Am. 5.23 quita de mí la *m* de tus cantares, pues
Mi. 2.12 harán estruendo por la *m* de hombres
Nah. 3.3 y *m* de muertos, y *m* de cadáveres
3.4 a causa de la *m* de las fornicaciones de
Zac. 2.4 causa de la *m* de hombres y de ganado
8.4 bordón en su mano por la *m* de los días
Mt. 5.1 viendo la *m*, subió al monte. .vinieron
9.36 al ver las *m*, tuvo compasión de ellas
14.14 saliendo Jesús, vio una gran *m*, y tuvo
14.15 despide a la *m*, para que vayan por las
14.19 dio los panes. .y los discípulos a la *m*
14.22 ir. .entre tanto que él despedía a la *m*
14.23 despedida la *m*, subió al monte a orar
15.10 y llamando a sí a la *m*, les dijo: Oíd
15.31 la *m* se maravillaba, viendo a. .hablar
15.33 panes. .para saciar a una *m* tan grande?
15.35 mandó a la *m*. .se recostase en tierra
15.36 partió y dio. .y los discípulos a la *m*
19.2 le siguieron grandes *m*, y los sanó allí
20.29 al salir ellos. .le seguía una gran *m*
21.8 y la *m*. .tendía sus mantos en el camino
27.20 pero. .persuadieron a la *m* que pidiese
Mr. 2.4 no podían acercarse. .a causa de la *m*
3.7 le siguió gran *m* de Galilea. Y de Judea
3.8 de Jerusalén. .grandes *m* vinieron a él
4.36 y despidiendo a la *m*, le tomaron como
5.21 se reunió alrededor de él una gran *m*
5.24 y le seguía una gran *m*, y le apretaban
5.27 vino por detrás entre la *m*, y tocó su
5.30 él, volviéndose a la *m*, dijo: ¿Quién ha
5.31 le dijeron: Ves que la *m* te aprieta, y
6.34 vio una gran *m*, y tuvo compasión de ellos
6.45 ir. .entre tanto que él despedía a la *m*
7.14 y llamando a sí a toda la *m*, les dijo
7.17 cuando se alejó de la *m* y entró en casa
8.1 había una gran *m*, y no tenían qué comer
8.6 mandó a la *m* que se recostase en tierra
8.6 siete panes. .los pusieron delante de la *m*
9.14 gran *m* alrededor de ellos, y escribas
9.17 respondiendo uno de la *m*, dijo: Maestro
9.25 cuando Jesús vio que la *m* se agolpaba
10.46 al salir de Jericó él y. .y una gran *m*
12.12 temían a la *m*, y dejándole, se fueron
12.37 gran *m* del pueblo le oía de buena gana
15.8 y viniendo la *m*, comenzó a pedir que
15.11 incitaron a la *m* para que les soltase
Lc. 1.10 la *m* del pueblo estaba fuera orando
2.13 apareció. .*m* de las huestes celestiales
3.7 a las *m* que salían para ser bautizadas
5.3 sentándose, enseñaba desde la barca. .*m*
5.19 pero no hallando cómo. .a causa de la *m*
6.17 y de una gran *m* de gente de toda Judea
7.11 iban con él. .discípulos, y una gran *m*
8.4 juntándose una gran *m*, y los que de cada
8.19 no podían llegar hasta. .causa de la *m*
8.37 la *m*. .le rogó que se marchase de ellos
8.40 le recibió la *m* con gozo; porque todos
8.42 hija. .Y mientras iba, la *m* le oprimía
8.45 dijo. .Maestro, la *m* te aprieta y oprime
9.13 a comprar alimentos para toda esta *m*
9.37 descendió. .gran *m* les salió al encuentro
9.38 hombre de la *m* clamó. .Maestro, te ruego
11.27 una mujer de entre la *m* levantó la voz
11.29 apiñándose las *m*, comenzó a decir: Esta
12.1 en esto, juntándose por millares la *m*
12.13 le dijo uno de la *m*: Maestro, dí a mi
12.54 a la *m*: Cuando veis la nube que sale del
14.25 grandes *m* iban con él; y volviéndose
18.36 y al oir a la *m* que pasaba, preguntó
19.3 pero no podía a causa de la *m*, pues era
19.37 toda la *m* de los discípulos, gozándose
19.39 los fariseos de entre la *m* le dijeron
23.18 mas toda la *m* dio voces a una, diciendo
23.27 seguía gran *m* del pueblo, y de mujeres
23.48 la *m* de. .viendo lo que había acontecido
Jn. 5.3 yacía una *m* de enfermos, ciegos, cojos
6.2 seguía gran *m*, porque veían las señales
6.5 vio que había venido a él gran *m*, dijo a
7.12 gran murmullo acerca de él entre la *m*
7.20 respondió la *m* y dijo: Demonio tienes
7.31 muchos de la *m* creyeron en él, y decían
7.40 algunos de la *m*, oyendo estas palabras
11.42 lo dije por causa de la *m*. .alrededor
12.9 *m* de los judíos supieron entonces que él
12.12 *m* que habían venido a la fiesta, al oir
12.29 *m* que estaba allí y había oído la voz
Hch. 2.6 hecho este estruendo, se juntó la *m*
4.32 y la *m* de los que habían creído era de
6.2 doce convocaron a la *m* de los discípulos
6.5 agradó la propuesta. .la *m*; y eligieron
11.24 y una gran *m* fue agregada al Señor
14.1 manera que creyó una gran *m* de judíos
14.14 y se lanzaron entre la *m*, dando voces
14.18 impedir. .la *m* les ofreciese sacrificio
14.19 unos judíos de. .que persuadieron a la *m*
15.12 toda la *m* calló, y oyeron a Bernabé y
17.13 fueron allá, y. .alborotaron a las *m*
19.9 maldiciendo el Camino delante de la *m*
19.33 y sacaron de entre la *m* a Alejandro
19.35 cuando había apaciguado a la *m*, dijo
21.22 la *m* se reunirá de cierto, porque oirán
21.27 alborotaron a toda la *m* y le echaron
21.34 entre la *m*, unos gritaban una cosa, y
21.35 llevado en peso. .la violencia de la *m*
24.12 no me hallaron. .ni amotinando a la *m*
24.18 purificado. .no con *m* ni con alboroto
25.24 la *m* de los judíos me ha demandado en
He. 11.12 como las estrellas del cielo en *m*, y
Stg. 5.20 salvará de. .y cubrirá *m* de pecados
1 P. 4.8 porque el amor cubrirá *m* de pecados
Ap. 7.9 una gran *m*, la cual nadie podía contar
19.1 oí una gran voz de gran *m* en el cielo
19.6 oí como la voz de una gran *m*, como el

MULLIR

Sal. 41.3 *mullirás*. .su cama en su enfermedad

MUNDANO

Sal. 17.14 hombres *m*, cuya porción la tienen en
Tit. 2.12 renunciando a la. .y a los deseos *m*

MUNDO

1 S. 2.8 de Jehová. .él afirmó sobre ellas el *m*
2 S. 22.16 al descubierto los cimientos del *m*
1 Cr. 16.30 el *m* será aún establecido, para que
Job 18.18 será lanzado a. .echado fuera del *m*
34.13 él. .¿y quién puso en orden todo el *m*?
37.12 para hacer sobre la faz del *m*, en la
Sal. 9.8 él juzgará al *m* con justicia, y a los
18.15 descubierto los cimientos del *m*, a tu
19.4 y hasta el extremo del *m* sus palabras
24.1 de Jehová. .el *m*, y los que en él habitan
33.8 teman delante de él. .habitantes del *m*
49.1 oíd. .escuchad, habitantes todos del *m*
50.12 a ti; porque mío es el *m* y su plenitud
73.12 estos impíos, sin ser turbados del *m*
77.18 trueno tus relámpagos alumbraron el *m*
89.11 tuyos. .*m* y su plenitud, tú lo fundaste
90.2 antes que. .y formases la tierra y el *m*
93.1 afirmó también el *m*, y no se moverá
96.10 reina. .afirmó el *m*, no será conmovido
96.13 juzgará al *m* con justicia, y a. .pueblos
97.4 relámpagos alumbraron el *m*; la tierra
98.7 brame el. .el *m* y los que en él habitan
98.9 juzgará al *m* con justicia, y a. .pueblos
Pr. 8.26 no. .ni el principio del polvo del *m*
Is. 13.11 y castigaré al *m* por su maldad, y a
14.17 puso el *m* como un desierto, que asoló
14.21 no. .ni llenen de ciudades la faz del *m*
18.3 vosotros, todos los moradores del *m* y
23.17 fornicará con todos los reinos del *m*
24.4 enfermó, cayó el *m*; enfermaron los altos
26.9 los moradores del *m* aprenden justicia
26.18 tierra, ni cayeron los moradores del *m*
27.6 Israel, y la faz del *m* llenará de fruto
34.1 oiga la tierra. .*m* y todo lo que produce
38.11 ya no veré más hombre con los. .del *m*
Jer. 10.12 que puso en orden el *m* con su saber
25.26 y a todos los reinos del *m* que están
51.15 él es. .que afirmó el *m* con su sabiduría
Lm. 4.12 ni. .los que habitan en el *m*, creyeron
Nah. 1.5 y el *m*, y todos los que en él habitan
Mt. 4.8 le mostró todos los reinos del *m* y la
5.14 vosotros sois la luz del *m*; una ciudad
13.35 escondidas desde la fundación del *m*
13.38 el campo es el *m*; la buena semilla son
16.26 ¿qué aprovechará. .si ganare todo el *m*
18.7 ¡ay del *m* por los tropiezos! porque es
24.14 predicado este evangelio. .en todo el *m*
24.21 desde el principio del *m* hasta ahora
25.34 preparado. .desde la fundación del *m*
26.13 en todo el *m*. .se contará lo que ésta ha
28.20 estoy con vosotros. .hasta el fin del *m*
Mr. 8.36 ganare todo el *m*, y perdiere su alma?
14.9 en todo el *m*. .se contará lo que ésta ha
16.15 por todo el *m* y predicad el evangelio
Lc. 2.1 un edicto. .todo el *m* fuese empadronado
9.25 si gana todo el *m*, y se destruye o se
11.50 ha derramado desde la fundación del *m*
12.30 estas cosas buscan las gentes del *m*
Jn. 1.9 aquella luz verdadera. .venía a este *m*
1.10 en el *m* estaba, y el *m* por él fue hecho
1.10 por. .fue hecho; pero el *m* no le conoció
1.29 el Cordero. .que quita el pecado del *m*
3.16 de tal manera amó Dios al *m*, que ha dado
3.17 no envió. .su Hijo al *m* para condenar al *m*
3.17 no. .sino para que el *m* sea salvo por él
3.19 la luz vino al *m*, y los hombres amaron
4.42 sabemos que. .éste es el Salvador del *m*
6.14 es el profeta que había de venir al *m*
6.33 que descendió del cielo y da vida al *m*
6.51 es mi carne. .yo daré por la vida del *m*
7.4 si estas cosas haces, manifiéstate al *m*
7.7 no puede el *m* aborreceros a vosotros; mas
8.12 yo soy la luz del *m*; el que me sigue, no
8.23 sois de este *m*, yo no soy de este *m*
8.26 yo, lo que he oído de él, esto hablo al *m*
9.5 tanto que estoy en el *m*, luz soy del *m*
9.39 para juicio he venido yo a este *m*; para
10.36 al que el Padre santificó y envió al *m*
11.9 no tropieza, porque ve la luz de este *m*
11.27 el Hijo de Dios, que has venido al *m*
12.19 ya veis que. .Mirad, el *m* se va tras él
12.25 el que aborrece su vida en este *m*, para
12.31 ahora es el juicio de este *m*; ahora el
12.31 príncipe de este *m* será echado fuera
12.46 yo, la luz, he venido al *m*, para que
12.47 no. .a juzgar al *m*, sino a salvar al *m*
13.1 hora. .para que pasase de este *m* al Padre
13.1 amado a los suyos que estaban en el *m*
14.17 Espíritu. .cual el *m* no puede recibir
14.19 todavía un poco, y el *m* no me verá más
14.22 te manifestarás a nosotros, y no al *m*?
14.27 la paz. .yo no os la doy como el *m* la da
14.30 porque viene el príncipe de este *m*, y
14.31 para que el *m* conozca que amo al Padre
15.18 si el *m* os aborrece, sabed que a mí me
15.19 si fuerais del *m*, el *m* amaría lo suyo
15.19 porque no sois del *m*. .os elegí del *m*
15.19 yo os elegí. .por eso el *m* os aborrece
16.8 convencerá al *m* de pecado, de justicia
16.11 príncipe de este *m* ha sido ya juzgado
16.20 vosotros lloraréis. .y el *m* se alegrará
16.21 de que haya nacido un hombre en el *m*
16.28 y he venido al *m*; otra vez dejo el *m*, y
16.33 en el *m* tendréis. .yo he vencido al *m*
17.5 gloria que tuve. .antes que el *m* fuese
17.6 a los hombres que del *m* me diste; tuyos
17.9 no ruego por el *m*, sino por los que me
17.11 no estoy en el *m*. .éstos están en el *m*
17.12 cuando estaba con ellos en el *m*, yo los
17.13 y hablo esto en el *m*, para que tengan
17.14 el *m* los aborreció, porque no son del
17.14,16 no son del *m*. .tampoco yo soy del *m*
17.15 no ruego que los quites del *m*, sino que
17.18 me enviaste al *m*. .los he enviado al *m*
17.21 para que el *m* crea que tú me enviaste
17.23 para que el *m* conozca que tú me enviaste
17.24 has amado. .antes de la fundación del *m*
17.25 Padre justo, el *m* no te ha conocido
18.20 públicamente he hablado al *m*; siempre
18.36 reino no es de este *m*; si. .de este *m*
18.37 y para esto he venido al *m*, para dar
21.25 ni aún en el *m* cabrían los libros que

MUNDO *(Continúa)*

Hch. 17.6 que trastornan el *m*..han venido acá
17.24 Dios que hizo el *m* y todas las cosas
17.31 día en el cual juzgará al *m* con justicia
19.27 a quien venera toda Asia, y el *m* entero
24.5 promotor de sediciones..por todo el *m*
Ro. 1.8 que vuestra fe se divulga por todo el *m*
1.20 visibles desde la creación del *m*, siendo
3.6 de otro modo, ¿cómo juzgaría Dios al *m?*
3.19 todo el *m* quede bajo el juicio de Dios
4.13 la promesa de que sería heredero del *m*
5.12 el pecado entró en el *m* por un hombre
5.13 antes de la ley, había pecado en el *m*
11.12 si su transgresión es la riqueza del *m*
11.15 su exclusión es la reconciliación del *m*
1 Co. 1.20 ha enloquecido..la sabiduría del *m?*
1.21 ya que..el *m* no conoció a Dios mediante
1.27 que lo necio del *m* escogió Dios, para
1.27 lo débil del *m*..avergonzar a lo fuerte
1.28 lo vil del *m* y lo menospreciado escogió
2.12 no hemos recibido el espíritu del *m*, sino
3.19 la sabiduría de este *m* es insensatez para
3.22 sea el *m*, sea la vida, sea la muerte
4.9 hemos llegado a ser espectáculo al *m*, a
4.13 hemos venido a ser..la escoria del *m*
5.10 no..con los fornicarios de este *m*, o con
5.10 tal caso os sería necesario salir del *m*
6.2 santos han de juzgar al *m?* Y si el *m* ha
7.31 los que disfrutan de este *m*, como si no
7.31 porque la apariencia de este *m* se pasa
7.33,34 tiene cuidado de las cosas del *m*, de
8.4 sabemos que un ídolo nada es en el *m*, y
11.32 para que no seamos condenados con el *m*
14.10 tantas clases de idioma hay..en el *m*
2 Co. 1.12 Dios, nos hemos conducido en el *m*
5.19 en Cristo reconciliando consigo al *m*
7.10 pero la tristeza del *m* produce muerte
Gá. 4.3 en esclavitud bajo los rudimentos del *m*
6.14 el *m* me es crucificado a mí, y yo al *m*
Ef. 1.4 escogió..antes de la fundación del *m*
2.2 siguiendo la corriente de..*m*, conforme
2.12 estabais sin Cristo..y sin Dios en el *m*
Fil. 2.15 resplandecéis como luminares en el *m*
Col. 1.6 que ha llegado..así como a todo el *m*
2.8 conforme a los rudimentos del *m*, y no
2.20 habéis muerto..a los rudimentos del *m*
2.20 como si vivieseis en el *m*, os sometéis
1 Ti. 1.15 Cristo Jesús vino al *m* para salvar
3.16 creído en el *m*, recibido arriba..gloria
6.7 nada hemos traído a este *m*, y sin duda
2 Ti. 4.10 me ha desamparado, amando este *m*
He. 1.6 introduce al Primogénito en el *m*, dice
2.5 no sujetó a los ángeles el *m* venidero
4.3 obras..acabadas desde la fundación del *m*
9.26 muchas veces desde el principio del *m*
10.5 entrando en el *m* dice: Sacrificio y
11.7 y por esa fe condenó al *m*, y fue hecho
11.38 de los cuales el *m* no era digno; errando
Stg. 1.27 visitar..guardarse sin mancha del *m*
2.5 ¿no ha elegido..a los pobres de este *m*
3.6 y la lengua es un fuego, un *m* de maldad
4.4 amistad del *m* es enemistad contra Dios?
4.4 quiera ser amigo del *m*..enemigo de Dios
1 P. 1.20 ya..desde antes de la fundación del *m*
5.9 van cumpliendo en..hermanos en todo el *m*
2 P. 1.4 huido de la corrupción que..en el *m*
2.5 y si no perdonó al *m* antiguo, sino que
2.5 trayendo el diluvio sobre el *m* de..impíos
2.20 escapado de las contaminaciones del *m*
3.6 el *m* de entonces pereció anegado en agua
1 Jn. 2.2 no..sino también por los de todo el *m*
2.15 no améis al *m*, ni las cosas que..en el *m*
2.15 si alguno ama al *m*, el amor del Padre
2.16 que hay en el *m*..no proviene del Padre
2.16 vida, no proviene del Padre, sino del *m*
2.17 y el *m* pasa, y sus deseos; pero el que
3.1 por esto el *m* no nos conoce, porque no le
3.13 míos, no os extrañéis si el *m* os aborrece
3.17 el que tiene bienes de este *m* y ve a su
4.1 muchos falsos profetas han salido..el *m*
4.3 que viene, y que ahora ya está en el *m*
4.4 mayor es el que..que el que está en el *m*
4.5 son del *m*..hablan del *m*, y el *m* los oye
4.9 que Dios envió a su Hijo unigénito al *m*
4.14 ha enviado al Hijo, el Salvador del *m*
4.17 como él es, así somos nosotros en este *m*
5.4 todo lo que es nacido de Dios vence al *m*
5.4 esta es la victoria que ha vencido al *m*
5.5 ¿quién es..vence al *m*, sino el que cree
5.19 que..el *m* entero está bajo el maligno
2 Jn. 7 muchos engañadores han salido por el *m*
Ap. 3.10 la prueba que ha de venir sobre el *m*
11.15 los reinos del *m* han venido a ser de
12.9 y Satanás, el cual engaña al *m* entero
13.8 fue inmolado desde el principio del *m*
16.14 y van a los reyes..en todo el *m*, para
17.8 escritos desde la fundación del *m* en el

MUPIM *Hijo de Benjamín*, Gn. 46.21

MURALLA

2 S. 20.15 pueblo..trabajaba por derribar la *m*
Neh. 4.6 edificamos, pues, el muro, y toda la *m*
Is. 54.12 puertas..tu *m* de piedras preciosas
Jer. 21.4 los caldeos que están fuera de la *m*

MURCIÉLAGO

Lv. 11.19; Dt. 14.18 cigüeña..abubilla y el *m*
Is. 2.20 arrojará el hombre a los topos y *m* sus

MURMULLO

Is. 17.12 y *m* de naciones que harán alboroto
Jn. 7.12 gran *m* acerca de él entre la multitud

MURMURACIÓN

Éx. 16.7 él ha oído vuestras *m* contra Jehová
16.8 Jehová ha oído vuestras *m* con que habéis
16.8 vuestras *m* no son contra nosotros, sino
16.9 acercaos a..Jehová..ha oído vuestras *m*
16.12 he oído las *m* de los hijos de Israel
Jer. 20.10 porque oí la *m* de muchos, temor de
Hch. 6.1 *m* de los griegos contra los hebreos
2 Co. 12.20 haya entre vosotros..*m*, soberbias
Fil. 2.14 haced todo sin *m* y contiendas
1 P. 4.9 hospedaos los unos a los otros sin *m*

MURMURADOR

Is. 29.24 extraviados..*m* aprenderán doctrina
Ro. 1.30 *m*, detractores, aborrecedores de Dios
Jud. 16 son *m*, querellosos, que andan según sus

MURMURAR

Éx. 15.24 pueblo *murmuró* contra Moisés, y dijo
16.2 la congregación..*murmuró* contra Moisés
16.7 qué..para que *murmuréis* contra nosotros?
16.8 ha oído..que habéis *murmurado* contra él
17.3 *murmuró* contra Moisés, y dijo: ¿Por qué
Nm. 14.27 esta depravada multitud que *murmura*
14.29 todo..los cuales han *murmurado* contra
14.36 los varones que..habían hecho *murmurar*
16.11 Aarón, ¿qué es..contra él *murmuréis?*
16.41 la congregación de..de Israel *murmuró*
17.5 las quejas..que *murmuran* contra vosotros
Dt. 1.27 y *murmurasteis* en vuestras tiendas
Jos. 9.18 la congregación *murmuraba* contra los
Sal. 41.7 *murmuran* contra mí todos los que me
106.25 antes *murmuraron* en sus tiendas, y no
Mt. 20.11 y al recibirlo, *murmuraban* contra el
Mr. 14.5 dado a los pobres. Y *murmuraban* contra
Lc. 5.30 los escribas y los fariseos *murmuraban*
15.2 los fariseos y los escribas *murmuraban*
19.7 al ver esto, todos *murmuraban*, diciendo
Jn. 6.41 *murmuraban* entonces de él los judíos
6.43 les dijo: No *murmuréis* entre vosotros
6.61 sabiendo..que sus discípulos *murmuraban*
7.32 oyeron a la gente que *murmuraba* de él
1 Co. 10.10 ni *murmuréis*, como..*murmuraron*
Stg. 4.11 no *murmuréis* los unos de los otros
4.11 el que *murmura* del hermano..*m* de la ley
1 P. 2.12; 3.16 en lo que *murmuran* de vosotros

MURO

Gn. 49.22 cuyos vástagos se extienden sobre el *m*
Éx. 14.22,29 las aguas como *m* a su derecha y
Lv. 25.31 casas de las aldeas que no tienen *m*
Nm. 35.4 los ejidos de..mil codos..desde el *m*
Dt. 3.5 eran ciudades fortificadas con *m* altos
3.5 sin contar otras muchas ciudades sin *m*
28.52 pondrá sitio..hasta que caigan tus *m*
Jos. 2.15 casa..en el *m*..y ella vivía en el *m*
6.5 a gran voz, y el *m* de la ciudad caerá
6.20 el pueblo gritó, y..y el *m* se derrumbó
1 S. 6.18 las ciudades..como las aldeas sin *m*
25.16 *m* fueron para nosotros de día y..noche
31.10 colgaron su cuerpo en el *m* de Bet-sán
31.12 quitaron el cuerpo de Saúl..del *m* de
2 S. 5.11 de Tiro envió..canteros para los *m*
11.20 sabéis..que suelen arrojar desde el *m?*
11.21 ¿no echó una mujer del *m* un pedazo de
11.21 ¿por qué os acercasteis tanto al *m?*
11.24 pero los flecheros tiraron..desde el *m*
18.24 ido al terrado sobre la puerta en el *m*
20.21 su cabeza te será arrojada desde el *m*
22.30 ejércitos, y con mi Dios asaltaré *m*
1 R. 3.1 acababa de edificar..los *m* de Jerusalén
4.13 sesenta..ciudades con *m* y cerraduras de
6.5 también junto al *m* de la casa aposentos
9.15 para edificar la..y el *m* de Jerusalén
20.30 y el *m* cayó sobre 27.000 hombres que
21.23 los perros comerán a Jezabel en el *m* de
2 R. 3.27 sacrificó en holocausto sobre el *m*
6.26 pasando el rey..por el *m*, una mujer le
6.30 rasgó sus vestidos, y pasó así por el *m*
14.13 y vino a..y rompió el *m* de Jerusalén
18.26 oídos del pueblo que está sobre el *m*
18.27 no a los hombres que están sobre el *m*
25.4 abierta ya..brecha en el *m* de la ciudad
25.4 huyeron..entre los dos *m*, junto a los
25.10 ejército..derribó los *m*..de Jerusalén
1 Cr. 11.8 edificó la ciudad..Milo hasta el *m*
2 Cr. 8.5 reedificó..con *m*, puertas y barras
14.7 cerquémoslas de *m* con torres, puertas
25.23 Joás rey de..derribó el *m* de Jerusalén
26.6 salió y peleó contra..rompió el *m* de Gat
26.6 rompió..el *m* de Jabnia, y el *m* de Asdod
27.3 sobre el *m* de la fortaleza edificó mucho
32.5 edificó..los *m* caídos..otro *m* por fuera
32.18 al pueblo de..que estaba sobre los *m*
33.14 edificó el *m*..y elevó el *m* muy alto
36.19 de Dios, y rompieron el *m* de Jerusalén
Esd. 4.12 edifican..y levantan los *m* y reparan
4.13 si..los *m* fueren levantados, no pagarán
4.16 fuere reedificada, y levantados sus *m*
5.3,9 edificar esta casa y levantar estos *m?*
Neh. 1.3 y el *m* de Jerusalén derribado, y sus
2.8 para el *m* de la ciudad, y la casa en que
2.13 salí..y observé los *m* de Jerusalén que
2.15 de noche..observé el *m*, y di la vuelta
2.17 venid, y edifiquemos el *m* de Jerusalén
3.8 reparada a Jerusalén hasta el *m* ancho
3.13 levantaron..mil codos del *m*, hasta la
3.15 y levantó..el *m* del estanque de Siloé
3.24 hasta el ángulo entrante del *m*, y hasta
3.27 restauraron los tecoítas..el *m* de Ofel
4.1 cuando oyó Sanbalat..edificábamos el *m*
4.3 lo que ellos edifican del *m* de piedra, si
4.6 edificamos, pues, el *m*, y toda la muralla
4.7 que oyendo..que los *m* de Jerusalén eran
4.10 debilitado..y no podemos edificar el *m*
4.13 detrás del *m*, y en los sitios abiertos
4.15 nos volvimos todos al *m*, cada uno a su
4.17 los que edificaban en el *m*, los que
4.19 estamos apartados en el *m*, lejos unos de
5.16 en la obra de este *m* restauré mi parte
6.1 oyeron..que yo había edificado el *m*, y
6.6 por eso edificas tú el *m*, con la mira de
6.15 fue terminado, pues, el *m*, el 25 del mes
7.1 luego que el *m* fue edificado, y colocadas
12.27 para la dedicación del *m* de Jerusalén
12.30 purificaron al..y las puertas, y el *m*
12.31 sobre el *m*, y puse dos coros grandes
12.31 uno a la derecha, sobre el *m*, hacia la
12.37 por la subida del *m*, desde la casa de
12.38 yo..con la mitad del pueblo sobre el *m*
12.38 desde la torre de los..hasta el *m* ancho
13.21 ¿por qué os quedáis..delante del *m?*
Est. 9.19 los..que habitan en las villas sin *m*
Sal. 18.29 contigo..y con mi Dios asaltaré *m*
51.18 bien..a Sion; edifica los *m* de Jerusalén
55.10 día y noche la rodean sobre sus *m*, e
122.7 la paz dentro de tus *m*, y el descanso
Pr. 18.11 y como un *m* alto en su imaginación
25.28 como ciudad..sin *m* es el hombre cuyo
Cnt. 5.7 quitaron mi manto..guardas de los *m*
8.9 si ella es *m*, edificaremos sobre él un
8.10 soy *m*, y mis pechos como torres, desde
Is. 2.15 sobre toda torre alta, y sobre todo *m*
22.5 para derribar el *m*, y clamar al monte
22.10 derribasteis casas para fortificar el *m*
22.11 hicisteis foso entre los dos *m* para las
25.4 el ímpetu..es como turbión contra el *m*
25.12 y abatirá la fortaleza de tus altos *m*
26.1 salvación puso Dios por *m* y antemuro
36.11 lo oye el pueblo que está sobre el *m*
36.12 no a los hombres que están sobre el *m*
49.16 que..delante de mí están siempre tus *m*
56.5 daré lugar en mi casa y dentro de mis *m*
60.10 y extranjeros edificarán tus *m*, y sus
60.18 a tus *m* llamarás Salvación, y a tus
62.6 sobre tus *m*..he puesto guardas; todo el
Jer. 1.15 y junto a todos sus *m* en derredor
1.18 que yo te he puesto..como *m* de bronce
5.10 escalad sus *m* y destruid, pero no del
5.10 quitad las almenas de sus *m*, porque no
15.20 te pondré..por *m* fortificado de bronce
39.2 se abrió brecha en el *m* de la ciudad
39.4 por la puerta entre los dos *m*; y salió
39.8 caldeos..derribaron los *m* de Jerusalén
49.27 haré encender fuego en el *m* de Damasco
50.15 sus cimientos, derribados son sus *m*
51.12 levantad bandera..los *m* de Babilonia
51.44 juzgaré a..y el *m* de Babilonia caerá
51.58 el *m* ancho de Babilonia será derribado
52.7 y fue abierta una brecha en el *m* de la
52.7 dos *m* que había cerca del jardín del rey
52.14 todos los *m* en derredor de Jerusalén
Lm. 2.7 mano del enemigo los *m* de sus palacios
2.8 determinó destruir..*m* de la hija de Sion
2.8 hizo que se lamentara el antemuro y el *m*
Ez. 4.3 ponla en lugar de *m* de hierro entre ti
13.5 edificado un *m* alrededor de la casa de
26.4 demolerán los *m* de Tiro, y..sus torres
26.9 pondrá contra ti arietes, contra tus *m*
26.10 con el estruendo de..temblarán tus *m*
26.12 arruinarán tus *m*, y..casas preciosas
27.11 hijos de Arvad..estuvieron sobre tus *m*
27.11 gamadeos..escudos colgaron sobre tus *m*
38.11 habitan sin *m*, y no tienen cerrojos ni
38.20 los vallados..y todo *m* caerá a tierra
40.5 y he aquí un *m* fuera de la casa; y la
40.5 midió el espesor del *m*, de una caña, y
41.5 midió el *m* de la casa, de seis codos
42.7 el *m*..enfrente de las cámaras, hacia el
42.10 lo largo del *m* del..hacia el oriente
42.12 había enfrente del *m* al lado oriental
42.20 un *m*..de quinientas cañas de longitud
Dn. 9.25 se volverá a edificar la plaza y el *m*
Jl. 2.7 como hombres de guerra subirán el *m*
2.9 correrán por el *m*, subirán por las casas

MURO *(Continúa)*
Am. 1.7,10,14 prenderé fuego en el *m*..consumirá
7.7 el Señor estaba sobre un *m* hecho a plomo
Mi. 5.1 rodéate ahora de *m*, hija de guerreros
7.11 viene el día en que se edificarán tus *m*
Nah. 2.5 se apresurarán a su *m*, y la defensa
3.8 cuyo baluarte era el mar, y aguas por *m?*
Hab. 2.11 porque la piedra clamará desde el *m*
Zac. 2.4 dijo..Sin *m* será habitada Jerusalén
2.5 seré para ella..*m* de fuego en derredor
Hch. 9.25 le bajaron por el *m*, descolgándole en
2 Co. 11.33 fui descolgado del *m* en un canasto
He. 11.30 cayeron los *m* de Jericó después de
Ap. 21.12 tenía un *m* grande..con doce puertas
21.14 el *m* de la ciudad tenía doce cimientos
21.15 caña de..para medir la ciudad..y su *m*
21.17 y midió su *m*, 144 codos, de medida de
21.18 el material de su *m* era de jaspe; pero
21.19 y los cimientos del *m*..adornados con

MÚSCULO
Job 40.16 y su vigor en los *m* de su vientre

MUSI *Hijo de Merari*, Éx. 6.19; Nm. 3.20; 1 Cr. 6.19,47; 23.21,23; 24.26,30

MÚSICA
1 S. 18.6 las mujeres..con instrumentos de *m*
1 Cr. 15.16 a cantores con instrumentos de *m*
15.22 Quenanías, principal de los..en la *m*
16.42 y con otros instrumentos de *m* de Dios
25.6 bajo la dirección de su padre en la *m*
2 Cr. 5.13 címbalos y otros instrumentos de *m*
7.6 los levitas, con los instrumentos de *m* de
23.13 y los cantores con instrumentos de *m*
34.12 los entendidos en instrumentos de *m*
Ec. 2.8 y de toda clase de instrumentos de *m*
Dn. 3.5,7,10,15 al oir el son..instrumento de *m*
6.18 ni instrumentos de *m* fueron traídos
Lc. 15.25 y cuando vino..oyó la *m* y las danzas

MUSICAL
Neh. 12.36 los instrumentos *m* de David varón
Am. 6.5 e inventan instrumentos *m*, como David

MÚSICO
Sal. 4, 5, 6, 8, 9, 11, 12, 13, 14, 18, 19, 20, 21, 22, 31, 36, 39, 40, 41, 42, 44, 45, 46, 47, 49, 51, 52, 53, 54, 55, 56, 57, 58, 59, 60, 61, 62, 64, 65, 66, 67, 68, 69, 70, 75, 76, 77, 80, 81, 84, 85, 88, 109, 139, 140 *títs.* al *m* principal
68.25 los cantores iban delante, los *m* detrás
Ap. 18.22 y voz de arpistas, de *m*..no se oirá

MUSITA *Descendiente de Musi*, Nm. 3.33; 26.58

MUSLO
Gn. 24.2 pon ahora tu mano debajo de mi *m*
24.9 puso su mano debajo del *m* de Abraham su
32.25 tocó en..de su *m*, y se descoyuntó el *m*
32.32 el encaje del *m*..este sitio de su *m* en
47.29 que pongas tu mano debajo de mi *m*, y
Éx. 28.42 y le harás calzoncillos..hasta los *m*
32.27 poned cada uno su espada sobre su *m*
Nm. 5.21 tu *m* caiga y que tu vientre se hinche
5.22 y hagan hinchar tu vientre y caer tu *m*
5.27 y su vientre se hinchará y caerá su *m*
Jue. 15.8 los hirió cadera y *m* con..mortandad
Job 40.17 nervios de sus *m* están entretejidos
Sal. 45.3 ciñe tu espada sobre el *m*, oh valiente
Cnt. 3.8 cada uno su espada sobre su *m*, por los
7.1 los contornos de tus *m* son como joyas
Jer. 31.19 que reconocí mi falta, herí mi *m*
Ez. 21.12 caerán..a espada..hiere, pues, tu *m*
Dn. 2.32 imagen..su vientre y sus *m*, de bronce
Ap. 19.16 y en su *m* tiene escrito este nombre

MUTILADO
Lv. 21.18 varón ciego, o cojo, o *m*, o sobrado
22.22 ciego..*m*, verrugoso, sarnoso o roñoso

MUTILADOR
Fil. 3.2 obreros, guardaos de los *m* del cuerpo

MUTILAR
Gá. 5.12 se *mutilasen* los que os perturban!

MUT-LABÉN *Tonada musical*, Sal. 9 *tít.*

MUTUO, TUA
Ro. 14.19 que contribuye..a la *m* edificación
1 Co. 7.5 por algún tiempo de *m* consentimiento
He. 13.16 bien y de la ayuda *m* no os olvidéis

N

NAALAL *Ciudad levítica en Zabulón* Jos. 19.15; 21.35; Jue. 1.30

NAAM *Hijo de Caleb*, 1 Cr. 4.15

NAAMA
1. ***Hermana de Tubal-caín***, Gn. 4.22
2. ***Aldea en Judá, cerca de Laquis***, Jos. 15.41
3. ***Madre del rey Roboam***, 1 R. 14.21,31; 2 Cr. 12.13

NAAMÁN
1. ***Hijo de Benjamín (posiblemente =No. 2)***, Gn. 46.21
2. ***Hijo de Bela***, Nm. 26.40(2); 1 Cr. 8.4
3. ***General del ejército de Siria***

2 R. 5.1 *N*, general del ejército..rey de Siria
5.2 muchacha, la cual servía a la mujer de *N*
5.4 entrando *N*..le relató diciendo: Así y así
5.6 yo envío a ti mi siervo *N*, para que lo
5.9 vino *N* con sus caballos y con su carro
5.11 y *N* se fue enojado, diciendo: He aquí
5.17 *N* dijo: Te ruego..¿de esta tierra no se
5.20 dijo..mi señor estorbó a este sirio *N*
5.21 y siguió Giezi a *N*; y cuando vio *N* que
5.23 dijo *N*: Te ruego que tomes dos talentos
5.27 la lepra de *N* se te pegará a ti y a tu
Lc. 4.27 ninguno de ellos fue limpiado, sino *N*

4. ***Descendiente de Benjamín***, 1 Cr. 8.7

NAAMATITA *Sobrenombre de Zofar*, Job 2.11; 11.1; 20.1; 42.9

NAAMITA *Descendiente de Naamán No. 2*, Nm. 26.40

NAARA *Mujer de Asur No. 2*, 1 Cr. 4.5,6

NAARAI *Uno de los 30 valientes de David (=Paarai)*, 1 Cr. 11.37

NAARÁN *Población en Efraín*, 1 Cr. 7.28

NAARAT *Ciudad cerca de Jericó*, Jos. 16.7

NAASÓN *Príncipe de la tribu de Judá*
Éx. 6.23 tomó Aarón..a Elisabet..hermana de *N*
Nm. 1.7 de Judá, *N* hijo de Aminadab
2.3 el jefe de..de Judá, *N* hijo de Aminadab
7.12 el que ofreció su..el primer día fue *N*
7.17 esta fue la ofrenda de *N* hijo de Aminadab
10.14 *N*..estaba sobre su cuerpo de ejército
Rt. 4.20 engendró a *N*, y *N* engendró a Salmón
1 Cr. 2.10 Aminadab engendró a *N*, príncipe de
2.11 *N* engendró a Salmón, y Salmón..a Booz
Mt. 1.4 engendró..Aminadab a *N*, y *N* a Salmón
Lc. 3.32 de Booz, hijo de Salmón, hijo de *N*

NABAL *Descendiente de Caleb*
1 S. 25.3 aquel varón se llamaba *N*, y su mujer
25.4 y oyó David..que *N* esquilaba sus ovejas
25.5 dijo..id a *N*, y saludadle en mi nombre
25.9 los jóvenes..dijeron a *N*..estas palabras
25.10 *N* respondió a los jóvenes enviados por
25.14 uno de..dio aviso a Abigail mujer de *N*
25.19 criados..y nada declaró a su marido *N*
25.25 no haga caso ahora mi señor de..de *N*
25.25 se llama *N*, y la insensatez está con él
25.26 sean..como *N* tus enemigos, y todos los
25.34 no le hubiera quedado con vida a *N* ni
25.36 y Abigail volvió a *N*, y he aquí que él
25.36 y el corazón de *N* estaba alegre..ebrio
25.37 cuando ya a *N* se le habían pasado los
25.38 y diez días después, Jehová hirió a *N*
25.39 que David oyó que *N* había muerto, dijo
25.39 juzgó..mi afrenta recibida de mano de *N*
25.39 Jehová ha vuelto la maldad de *N* sobre
27.3; 30.5 Abigail la que fue mujer de *N* el
2 S. 2.2 Abigail, la que fue mujer de *N* el de
3.3 Quileab, de Abigail la mujer de *N* el de

NABAT *Padre de Jeroboam No. 1*
1 R. 11.26 también Jeroboam hijo de *N*, efrateo
12.2 cuando lo oyó Jeroboam hijo de *N*, que
12.15 había hablado por..a Jeroboam hijo de *N*
15.1 en el año 18 del rey Jeroboam hijo de *N*
16.3 casa como la casa de Jeroboam hijo de *N*
16.26 todos los caminos de Jeroboam hijo de *N*
16.31 en los pecados de Jeroboam hijo de *N*
21.22 casa como la casa de Jeroboam hijo de *N*
22.52 y en el camino de Jeroboam hijo de *N*
2 R. 3.3; 10.29; 13.2,11; 14.24; 15.9,18,24,28 los pecados de Jeroboam hijo de *N*
9.9 Acab como la casa de Jeroboam hijo de *N*
17.21 ellos hicieron rey a Jeroboam hijo de *N*
23.15 lugar alto..hecho Jeroboam hijo de *N*
2 Cr. 9.29 la profecía..Jeroboam hijo de *N*
10.2 cuando lo oyó Jeroboam hijo de *N*, el
10.15 la palabra que..a Jeroboam hijo de *N*
13.6 pero Jeroboam hijo de *N*..se levantó y

NABOT *Hombre de Jezreel*
1 R. 21.1 que *N* de Jezreel tenía allí una viña
21.2 Acab habló a *N*, diciendo: Dame tu viña
21.3 y *N* respondió a Acab: Guárdeme Jehová
21.4 triste y enojado, por la palabra que *N*
21.6 hablé con *N*..y le dije que me diera su
21.7 dijo..yo te daré la viña de *N* de Jezreel
21.8 a los..que moraban en la ciudad con *N*
21.9 decían así..poned a *N* delante del pueblo
21.12 ayuno, y pusieron a *N* delante del pueblo
21.13 atestiguaron contra *N* delante..pueblo
21.13 diciendo: *N* ha blasfemado a Dios y al
21.14 a decir a Jezabel: *N* ha sido apedreado
21.15 oyó que *N* había sido apedreado y muerto
21.15 y toma la viña de *N*..porque *N* no vive
21.16 oyendo Acab que *N* era muerto..levantó
21.16 para descender a la viña de *N* de Jezreel
21.18 él está en la viña de *N*, a la cual ha
21.19 donde lamieron..perros la sangre de *N*
2 R. 9.21 al cual hallaron en la heredad de *N*
9.25 échalo a un..la heredad de *N* de Jezreel
9.26 yo he visto ayer la sangre de *N*, y la
9.26 tómalo pues..échalo en la heredad de *N*

NABUCODONOSOR *Rey de Babilonia*
2 R. 24.1 subió en campaña *N* rey de Babilonia
24.10 subieron contra Jerusalén los..de *N* rey
24.11 vino también *N* rey de Babilonia contra
25.1 que *N* rey de..vino con todo su ejército
25.8 el año 19 de *N* rey de Babilonia, vino a
25.22 pueblo que *N*..dejó en tierra de Judá
1 Cr. 6.15 transportó a Judá y..por mano de *N*
2 Cr. 36.6 subió contra él *N* rey de Babilonia
36.7 llevó *N* a Babilonia de los utensilios de
36.10 rey *N* envió y lo hizo llevar a Babilonia
36.13 rebeló asimismo contra *N*, al cual había
Esd. 1.7 los utensilios..que *N* había sacado de
2.1 *N* rey de Babilonia había llevado cautivos
5.12 los entregó en mano de *N* rey de Babilonia
5.14 los utensilios de oro..que *N* había sacado
6.5 los cuales *N* sacó del templo que estaba
Neh. 7.6 que llevó cautivos *N* rey de Babilonia
Est. 2.6 hizo transportar *N* rey de Babilonia
Jer. 21.2 *N* rey de Babilonia hace guerra contra
21.7 entregaré a Sedequías..en mano de *N* rey
22.25 sí, en mano de *N* rey de Babilonia, y en
24.1 después de haber transportado *N* rey de
25.1 era el año primero de *N* rey de Babilonia
25.9 tomaré a..*N* rey de Babilonia, mi siervo
27.6 yo he puesto..estas tierras en mano de *N*
27.8 a la nación..que no sirviere a *N* rey de
27.20 que no quitó *N* rey de Babilonia cuando
28.3 utensilios..que *N* rey de..tomó de este
28.11 romperé el yugo de *N* rey de Babilonia
28.14 sirvan a *N* rey de..y han de servirle
29.1 y a todo el pueblo que *N* llevó cautivo
29.3 a quienes envió Sedequías..a *N* rey de
29.21 aquí los entrego yo en mano de *N* rey
32.1 Judá, que fue el año decimoctavo de *N*

NABUCODONOSOR *(Continúa)*

Jer. 32.28 a entregar esta ciudad. . en mano de *N*
34.1 cuando *N*. . peleaban contra Jerusalén y
35.11 cuando *N*. . subió a la tierra, dijimos
37.1 *N* rey de Babilonia constituyó por rey en
39.1 vino *N* rey. . con todo su ejército contra
39.5 Hamat, donde estaba *N* rey de Babilonia
39.11 *N* había ordenado a Nabuzaradán capitán
43.10 *N*. . pondré su trono sobre estas piedras
44.30 entregué a Sedequías rey. . en mano de *N*
46.2 a quien destruyó *N*. . en el año cuarto de
46.13 habló. . acerca de la venida de *N* rey de
46.26 y los entregaré. . en mano de *N* rey de
49.28 los cuales asoló *N* rey de Babilonia
49.30 tomó consejo contra vosotros *N* rey de
50.17 *N* rey de Babilonia lo deshuesó después
51.34 me desmenuzó *N* rey de Babilonia, y me
52.4 vino *N* rey de Babilonia, él y todo su
52.12 era el año diecinueve del reinado de *N*
52.28 este es el pueblo que *N* llevó cautivo
52.29 el año dieciocho de *N* él llevó cautivas
52.30 el año veintitrés de *N*. . 745 personas
Ez. 26.7 del norte traigo yo contra Tiro a *N*
29.18 *N* rey de Babilonia hizo a su ejército
29.19 yo doy a *N*. . la tierra de Egipto; y él
30.10 las riquezas de Egipto por mano de *N*
Dn. 1.1 vino *N* rey de Babilonia a Jerusalén, y
1.18 jefe de. . eunucos los trajo delante de *N*
2.1 el segundo año del reinado de *N*, tuvo *N*
2.28 él ha hecho saber al rey *N* lo que ha de
2.46 el rey *N* se postró sobre su rostro y se
3.1 *N* hizo una estatua de oro cuya altura era
3.2 y envió el rey *N* a que se reuniesen los
3.2,3 la estatua que el rey *N* había levantado
3.3 la estatua que había levantado el rey *N*
3.5 adoréis la estatua de oro que el rey *N* ha
3.7 adoraron la estatua de oro que el rey *N*
3.9 dijeron al rey *N:* Rey, para siempre vive
3.13 *N* dijo con ira y. . que trajesen a Sadrac
3.14 habló *N* y les dijo: ¿Es verdad, Sadrac
3.16 respondieron al rey *N*. . No es necesario
3.19 entonces *N* se llenó de ira, y se demudó
3.24 rey *N* se espantó, y se levantó. . y dijo
3.26 *N* se acercó a la puerta del horno de
3.28 *N* dijo: Bendito sea el Dios de ellos, de
4.1 *N* rey, a todos los pueblos, naciones y
4.4 yo *N* estaba tranquilo en mi casa, y
4.18 yo el rey *N* he visto este sueño. Tú, pues
4.28 todo esto vino sobre el rey *N*
4.31 se te dice. . *N:* El reino ha sido quitado
4.33 misma hora se cumplió la palabra sobre *N*
4.34 al fin del. . yo *N* alcé mis ojos al cielo
4.37 ahora yo *N*. . glorifico al Rey del cielo
5.2 vasos. . que *N* su padre había traído del
5.11 que el rey *N* tu padre. . constituyó jefe
5.18 Dios, oh rey, dio a *N* tu padre el reino

NABUSAZBÁN ***Eunuco principal de Nabucodonosor*, Jer. 39.13**

NABUZARADÁN ***Capitán de la guardia de Nabucodonosor***

2 R. 25.8 vino a Jerusalén *N*, capitán de la
25.11 llevó cautivos *N*, capitán de la guardia
25.12 mas de los pobres de la tierra dejó *N*
25.20 éstos tomó *N*, capitán de la guardia
Jer. 39.9 *N* capitán de la guardia. . transportó a
39.10 *N* capitán de la guardia hizo quedar en
39.11 había ordenado a *N*. . acerca de Jeremías
39.13 envió, por tanto, *N* capitán. . guardia
40.1 después que *N* capitán de la guardia le
41.10 el cual había encargado *N* capitán de la
43.6 toda persona que había dejado *N* capitán
52.12 vino a Jerusalén *N* capitán de la guardia
52.15 hizo transportar *N*. . a los pobres del
52.16 los pobres del país dejó *N*. . labradores
52.26 tomó. . *N*. . los llevó al rey de Babilonia
52.30 *N* capitán de la. . llevó cautivas a 745

NACER

Gn. 2.5 toda hierba del campo antes que *naciese*
2.9 Dios hizo *nacer* de la tierra todo árbol
4.18 a Enoc le *nació* Irad, e Irad engendró
4.26 y a Set también le *nació* un hijo. . Enós
6.1 multiplicarse sobre. . les *nacieron* hijas
10.1 a quienes *nacieron*. . después del diluvio
10.21 también le *nacieron* hijos a Sem, padre
10.25 a Heber *nacieron* dos hijos: el nombre
14.14 armó a sus criados, los *nacidos* en su
15.3 será mi heredero un esclavo *nacido* en mi
17.12 el *nacido* en casa, y el comprado por
17.13 debe ser circuncidado el *nacido* en tu
17.17 hombre de cien años ha de *nacer* hijo?
17.23 a todos los siervos *nacidos* en su casa
17.27 el siervo *nacido* en casa, y el comprado
21.3 el nombre de su hijo que le *nació*, que
21.5 Abraham de cien años cuando *nació* Isaac
24.15 Rebeca, que había *nacido* a Betuel, hijo
35.26 los hijos de Jacob, que le *nacieron* en
36.5 los hijos de Esaú, que le *nacieron* en la
41.50 y *nacieron* a José dos hijos antes que
44.20 un hermano. . que le *nació* en su vejez
46.20 *nacieron* a José en la tierra de Egipto
46.22 hijos de Raquel, que *nacieron* a Jacob
46.27 los hijos de José, que le *nacieron* en
48.5 hijos. . que te *nacieron* en la tierra de
Éx. 1.5 las personas que le *nacieron* a Jacob
1.22 echad al río a todo hijo que *nazca*, y
13.12 todo primer *nacido* de tus animales; los
34.19 primer *nacido*, mío es; y de tu ganado
Lv. 18.9 tu hermana. . *nacida* en casa o *n* fuera
22.11 el *nacido* en su casa podrá comer de su
22.27 el becerro. . cuando *naciere*, siete días
25.5 lo que de suyo *naciere*. . no lo segarás
25.11 ni segaréis lo que *naciere* de suyo en
25.45 familias de. . *nacidos* en vuestra tierra
Nm. 3.12 primeros *nacidos* de entre los hijos de
8.16 levitas. . en lugar de todo primer *nacido*
12.12 no quede ella. . como el que *nace* muerto
15.29 el *nacido* entre los hijos de Israel, y
26.59 Jocabed. . que le *nació* a Leví en Egipto
26.60 y a Aarón le *nacieron* Nadab. . e Itamar
Dt. 23.8 los hijos que *nacieren*. . en la tercera
28.57 al recién *nacido* que sale de entre sus
Jos. 1.15 a este lado. . hacia donde *nace* el sol
5.5 el pueblo que había *nacido* en el desierto
12.1 al otro lado del. . hacia donde *nace* el sol
19.12 gira de Sarid. . hacia donde *nace* el sol
19.34 por el Jordán hacia donde *nace* el sol
Jue. 13.8 de hacer con el niño que ha de *nacer*
20.43 enfrente de Gabaa hacia donde *nace* el
Rt. 2.11 que dejando. . la tierra donde *naciste*
4.17 diciendo: Le ha *nacido* un hijo a Noemí
1 S. 2.33 los *nacidos* en tu casa morirán en la
2 S. 3.2 y *nacieron* hijos a David en Hebrón
3.5 éstos le *nacieron* a David en Hebrón
5.13 David. . y le *nacieron* más hijos e hijas
5.14 son los nombres de los que le *nacieron*
10.5 hasta que os vuelva a *nacer* la barba
12.14 mas. . el hijo que te ha *nacido*. . morirá
14.27 le *nacieron* a Absalón tres hijos, y una
1 R. 1.6 éste. . había *nacido* después de Absalón
4.33 hasta el hisopo que *nace* en la pared
7.32 los ejes de las. . *nacían* en la misma basa
13.2 la casa de David *nacerá* un hijo llamado
2 R. 19.3 los hijos están a punto de *nacer*, y
19.29 este año comeréis lo que *nacerá* de suyo
19.29 el segundo año lo que *nacerá* de suyo
23.25 otro rey. . ni después de él *nació* otro
1 Cr. 1.19 Heber *nacieron* dos hijos; el nombre
2.3 estos tres le *nacieron* de la hija de Súa
2.9 los hijos que *nacieron* a Hezrón: Jerameel
3.1 hijos de David que le *nacieron* en Hebrón
3.4 estos seis le *nacieron* en Hebrón, donde
3.5 estos 4 le *nacieron* en Jerusalén: Simea
14.4 son los nombres de los que le *nacieron*
22.9 he aquí te *nacerá* un hijo. . varón de paz
26.6 de Semaías. . *nacieron* hijos que fueron
Esd. 10.3 las mujeres y los *nacidos* de ellas
Job 1.2 y le *nacieron* siete hijos y tres hijas
3.3 el día en que yo *nací*, y la noche en que
5.7 aire, así el hombre *nace* para la aflicción
8.19 el gozo. . y del polvo mismo *nacerán* otros
11.12 un pollino de asno montés *nazca* hombre
14.1 el hombre *nacido* de mujer, corto de días
15.7 ¿*naciste* tú primero que Adán? ¿o fuiste
15.14 que se justifique el *nacido* de mujer?
25.4 cómo será limpio el que *nace* de mujer?
31.40 en lugar de trigo me *nazcan* abrojos, y
38.21 sabes! Pues entonces ya habías *nacido*
Sal. 22.10 sobre ti fui echado. . antes de *nacer*
22.31 a pueblo no *nacido* aún, anunciarán que
58.3 descarriaron. . mentira desde que *nacieron*
58.8 como el que *nace* muerto, no vean el sol
78.6 que lo sepa la. . y los hijos que *nacerán*
87.4 Filistea. . con Etiopía; éste *nació* allá
87.5 se dirá: Este y aquél han *nacido* en ella
87.6 contará al inscribir a. . Este *nació* allí
90.2 que *naciesen* los montes, y formases la
102.18 el pueblo que está por *nacer* alabará
Ec. 2.7 tuve siervos *nacidos* en casa; también
3.2 tiempo de *nacer*, y tiempo de morir
4.14 reinar, aunque en su reino *nació* pobre
Is. 9.6 un niño nos es *nacido*, hijo nos es dado
13.10 el sol se oscurecerá al *nacer*, y la luna
37.3 han llegado hasta el punto de *nacer*, y
37.30 comeréis este año lo que *nace* de suyo
37.30 y el año segundo lo que *nace* de suyo
58.8 entonces *nacerá* tu luz como el alba, y
58.10 en las tinieblas *nacerá* tu luz, y tu
60.1 la gloria de Jehová ha *nacido* sobre ti
66.8 ¿*nacerá* una nación de una vez? Pues en
66.9 yo que hago dar a luz, ¿no haré *nacer?*
Jer. 1.5 antes que *nacieses* te santifiqué, te
16.3 de las hijas que *nazcan* en este lugar
20.14 maldito el día en que *nací;* el día en
20.15 padre, diciendo: Hijo varón te ha *nacido*
22.10 no volverá. . ni verá la tierra. . *nació*
22.26 a tierra ajena en que no *nacisteis*
Ez. 16.4 el día que *naciste* no fue cortado tu
16.5 arrojada sobre la. . en el día que *naciste*
Os. 2.3 yo. . la ponga como el día en que *nació*
13.13 no debiera detenerse al punto. . de *nacer*
Jon. 4.10 en espacio de una noche *nació*, y en
Mal. 1.11 desde donde el sol *nace* hasta donde
4.2 mas a vosotros. . *nacerá* el Sol de justicia
Mt. 1.16 María, de la cual *nació* Jesús, llamado
2.1 cuando Jesús *nació* en Belén de Judea en
2.2 diciendo: ¿Dónde está el rey. . ha *nacido?*
2.4 preguntó dónde había de *nacer* el Cristo
11.11 entre los que *nacen* de mujer no se ha
19.12 eunucos que *nacieron* así del vientre de
21.19 le dijo: Nunca jamás *nazca* de ti fruto
26.24; Mr. 14.21 bueno le. . no haber *nacido*
Lc. 1.35 el Santo Ser que *nacerá*, será llamado
2.11 os ha *nacido* hoy, en la ciudad de David
7.28 que entre los *nacidos* de mujeres, no hay
8.6 *nacida*, se secó, porque no tenía humedad
8.7 cayó. . los espinos que *nacieron*. . ahogaron
8.8 y *nació* y llevó fruto a ciento por uno
Jn. 3.3 que no *naciere* de nuevo, no puede ver
3.4 ¿cómo puede. . hombre *nacer* siendo viejo?
3.4 entrar. . el vientre de su madre, y *nacer?*
3.5 el que no *naciere* de agua y del Espíritu
3.6 lo que es *nacido* de la carne, carne es; y
3.6 que es *nacido* del Espíritu, espíritu es
3.7 te dije: Os es necesario *nacer* de nuevo
3.8 es todo aquel que es *nacido* del Espíritu
8.41 nosotros no somos *nacidos* de fornicación
9.2 ¿quién pecó. . para que haya *nacido* ciego?
9.19 el que vosotros decís que *nació* ciego?
9.20 éste es nuestro hijo, y que *nació* ciego
9.32 abriese los ojos a uno que *nació* ciego
16.21 el gozo de que haya *nacido* un hombre
18.37 yo para esto he *nacido*, y para esto he
Hch. 2.8 nuestra lengua en la que hemos *nacido?*
7.20 *nació* Moisés, y fue agradable a Dios
22.3 soy judío, *nacido* en Tarso de Cilicia
Ro. 9.11 no habían aún *nacido*, ni habían hecho
1 Co. 11.12 también el varón *nace* de la mujer
Gá. 4.4 Hijo, *nacido* de mujer y *n* bajo la ley
4.23 el de la esclava *nació* según la carne
4.29 había *nacido* según la carne perseguía
4.29 al que había *nacido* según el Espíritu
1 Ti. 1.5 es el amor *nacido* de corazón limpio
6.4 de las cuales *nacen* envidias, pleitos
He. 11.23 Moisés, cuando *nació*, fue escondido
Stg. 1.18 hizo *nacer* por la palabra de verdad
1 P. 2.2 desead, como niños recién *nacidos*, la
2 P. 2.12 irracionales, *nacidos* para presa y
1 Jn. 2.29 el que hace justicia es *nacido* de él
3.9 aquel que es *nacido* de Dios, no practica
3.9 no puede pecar, porque es *nacido* de Dios
4.7 todo aquel que ama, es *nacido* de Dios
5.1 todo aquel que cree. . es *nacido* de Dios
5.4 lo que es *nacido* de Dios vence al mundo
5.18 ha *nacido* de Dios, no practica el pecado
Ap. 12.4 devorar a su hijo tan pronto. . *naciese*

NACIMIENTO

Gn. 11.28 y murió Harán. . en la tierra de su *n*
25.13 hijos. . nombrados en el orden de su *n*
31.13 sal de. . vuélvete a la tierra de tu *n*
Éx. 28.10 seis. . conforme al orden de *n* de ellos
Nm. 21.11 el desierto que está. . al *n* del sol
34.15 heredad. . frente a Jericó. . al *n* del sol
Dt. 4.41 apartó. . tres ciudades a. . al *n* del sol
Jue. 13.5,7 niño será nazareo a Dios desde su *n*
2 R. 10.33 desde el Jordán al *n* del sol, toda
Job 28.11 detuvo los ríos en su *n*, e hizo salir
Sal. 50.1 convocado la tierra, desde el *n* del
113.3 desde el *n* del sol hasta donde se pone
Ec. 7.1 mejor el día de la muerte que. . del *n*
Is. 41.25 uno. . del *n* del sol invocará mi nombre
45.6 sepa desde el *n* del sol, y hasta donde
47.11 sobre ti mal, cuyo *n* no sabrás; caerá
59.19 Jehová, y desde el *n* del sol su gloria
60.3 luz, y los reyes al resplandor de tu *n*
66.9 engendrar, ¿impediré el *n?* dice tu Dios
Jer. 46.16 volvámonos. . la tierra de nuestro *n*
Ez. 16.3 tu origen, tu *n*, es de la tierra de
16.4 y en cuanto a tu *n*, el día que naciste
23.15 a la manera. . de Caldea, tierra de su *n*
Os. 9.11 de modo que no habrá *n*, ni embarazos
Mt. 1.18 el *n* de Jesucristo fue así: Estando
Lc. 1.14 gozo. . y muchos se regocijarán de su *n*
Jn. 9.1 al pasar. . vio a un hombre ciego de *n*
Hch. 3.2 traído un hombre cojo de *n*, a quien
14.8 imposibilitado de los pies, cojo de *n*
22.28 entonces Pablo dijo. . yo lo soy de *n*
Gá. 2.15 nosotros, judíos de *n*, y no pecadores

NACIÓN

Gn. 10.5 cada. . conforme a sus familias en sus *n*
10.20,31 lenguas, en sus tierras, en sus *n*
10.32 de Noé por sus descendencias, en sus *n*
10.32 y de éstos se esparcieron las *n* en la
12.2 haré de ti una *n* grande, y te bendeciré
15.14 a la *n* a la cual servirán, juzgaré yo
17.6 multiplicaré. . y haré *n* de ti, y reyes
17.16 bendeciré, y vendrá a ser madre de *n*
17.20 Ismael, también haré de él una gran *n*
18.18 habiendo de ser Abraham una *n* grande
18.18 ser benditas en él. . las *n* de la tierra?
21.13 hijo de la sierva haré una *n*, porque es
21.18 mano, porque yo haré de él una gran *n*
22.18 benditas todas las *n* de la tierra, por
25.23 dos *n* hay en tu seno, y dos pueblos
26.4 las *n* de. . serán benditas en tu simiente
27.29 y *n* se inclinen a ti; sé señor de tus
35.11 una *n* y conjunto de *n* procederán de ti
46.3 porque allí yo haré de ti una gran *n*

NACIÓN *(Continúa)*

Gn. 48.4 te pondré por estirpe de *n;* y daré esta
48.19 su descendencia formará multitud de *n*
Éx. 12.48 la celebrará. .como uno de vuestra *n*
32.10 consuma; y de ti yo haré una *n* grande
34.10 no han sido hechas en. .ni en *n* alguna
34.24 yo arrojaré a las *n* de tu presencia
Lv. 18.24 se han corrompido las *n* que yo echo
18.28 como vomitó a la *n* que la habitó antes
20.23 las prácticas de las *n* que yo echaré
26.33 y a vosotros os esparciré entre las *n*
26.38 y pereceréis entre las *n*, y la tierra
26.45 cuando los saqué. .a los ojos de las *n*
Nm. 23.9 pueblo. .no será contado entre las *n*
24.8 devorará a las *n* enemigas, desmenuzará
24.20 Amalec, cabeza de *n*. .al fin perecerá
Dt. 4.6 pueblo sabio y entendido, *n* grande es
4.7 ¿qué *n* grande hay que tenga dioses tan
4.8 ¿qué *n* grande hay que tenga estatutos y
4.27 quedaréis pocos en número entre las *n*
4.34 tomar para sí. .*n* de en medio de otra *n*
4.38 para echar. .de tu presencia *n* grandes
7.1 haya echado de delante de ti a muchas *n*
7.1 siete *n* mayores y más poderosas que tú
7.17 estas *n* son mucho más numerosas que yo
7.22 Dios echará a estas *n* de delante de ti
8.20 las *n* que Jehová destruirá delante de
9.1 entrar a desposeer a *n* más numerosas y
9.4,5 por la impiedad de estas *n*. .las arroja
9.14 yo te pondré sobre una *n* fuerte y mucho
11.23 echaré de delante de. .a todas estas *n*
11.23 desposeeréis *n* grandes y más poderosas
12.2 donde las *n* que. .sirvieron a sus dioses
12.29 tu Dios haya destruido. .*n* adonde tú vas
12.30 de la manera que servían aquellas *n* a
15.6 prestarás entonces a muchas *n*, mas tú
15.6 tendrás dominio sobre muchas *n*, pero
17.14 un rey. .como todas las *n* que están en
18.9 no aprenderás. .las abominaciones de. .*n*
18.12 por estas abominaciones. .echa estas *n*
18.14 estas *n*. .a agoreros y a adivinos oyen
19.1 destruya a las *n* cuya tierra Jehová tu
20.15 que no sean de las ciudades de estas *n*
26.5 allí creció y llegó a ser una *n* grande
26.19 a fin de exaltarte sobre todas las *n*
28.1 tu Dios te exaltará sobre todas las *n*
28.12 prestarás a muchas *n*, y tú no pedirás
28.36 llevará. .a *n* que no conociste ni tú ni
28.49 traerá contra ti una *n*. .*n* cuya lengua
28.65 ni aun entre estas *n* descansarás, ni la
29.16 hemos pasado por en medio de las *n* por
29.18 para ir a servir a los dioses de esas *n*
29.24 todas las *n* dirán: ¿Por qué hizo esto
30.1 arrepintieres en medio de todas las *n*
31.3 destruirá a estas *n* delante de ti, y las
32.8 cuando el Altísimo hizo heredar a las *n*
32.21 los provocaré a ira con una *n* insensata
32.28 porque son *n* privada de consejos, y no
32.43 alabad, *n*, a su pueblo. .él vengará la
Jos. 23.3 que Jehová. .ha hecho con todas estas *n*
23.4 os he repartido por suerte, en. .estas *n*
23.7 que no os mezcléis con estas *n* que han
23.9 pues ha arrojado. .grandes y fuertes *n*
23.12 os uniereis a lo que resta de estas *n*
23.13 no arrojará más a estas *n* delante de
Jue. 2.21 arrojar. .ninguna de las *n* que dejó
2.23 dejó. .a aquellas *n*, sin arrojarlas de
3.1 estas, pues, son las *n* que dejó Jehová
1 S. 8.5 un rey que. .como tienen todas las *n*
8.20 y nosotros seremos. .como todas las *n*
2 S. 7.23 quién como tu pueblo. .*n* singular en
7.23 que rescataste. .de las *n* y de sus dioses
8.11 el oro que había dedicado de todas las *n*
22.44 guardaste para que fuese cabeza de *n*
22.50 yo te confesaré entre las *n*, oh Jehová
1 R. 4.31 y fue conocido entre todas las *n* de
14.24 hicieron. .las abominaciones de las *n*
18.10 no ha habido *n* ni. .adonde mi señor no
18.10 reinos y a *n* él ha hecho jurar que no
2 R. 16.3 las prácticas abominables de las *n*
17.8 y anduvieron en los estatutos de las *n*
17.11 a la manera de las *n* que Jehová había
17.15 en pos de las *n* que estaban alrededor
17.29 pero cada *n* se hizo sus dioses, y los
17.29 cada *n* en su ciudad donde habitaba
17.33 según la costumbre de las *n* de donde
18.33 ¿acaso alguno de los dioses de las *n*
19.12 ¿acaso libraron sus dioses a las *n* que
19.17 reyes de Asiria han destruido las *n* y
21.2 las abominaciones de las *n* que Jehová
21.9 más mal que las *n* que Jehová destruyó
1 Cr. 14.17 puso el temor de David sobre. .*n*
16.20 y andaban de *n* en *n*, y de un reino a
16.31 tierra, y digan en las *n:* Jehová reina
16.35 recógenos, y líbranos de las *n*, para
17.21 echando a las *n* de delante de tu pueblo
18.11 el oro que había tomado de todas las *n*
2 Cr. 12.8 qué es servir a los reinos de las *n*
20.6 y tienes dominio. .los reinos de las *n?*
25.15 has buscado los dioses de otra *n*, que
28.3 a las abominaciones de las *n* que Jehová
32.13 ¿pudieron los dioses de las *n* de esas
32.14 ¿qué dios hubo de entre. .de aquellas *n*
32.15 que si ningún dios de todas aquellas *n*
32.17 como los dioses de las *n* de los países
32.23 muy engrandecido delante de todas las *n*
33.2 a las abominaciones de las *n* que Jehová
33.9 más mal que las *n* que Jehová destruyó
36.14 siguiendo. .las abominaciones de las *n*
Neh. 5.8 judíos que habían sido vendidos a. .*n*
5.9 ser oprobio de las *n* enemigas nuestras?
5.17 los que venían de las *n* que. .alrededor
6.6 se ha oído entre las *n*, y Gasmu lo dice
6.16 temieron todas las *n* que. .alrededor de
13.26 bien que en muchas *n* no hubo rey como
Est. 2.20 Ester. .no había declarado su *n* ni su
8.6 ¿cómo podré yo ver la destrucción de mi *n?*
Job 12.23 multiplica las *n*, y él las destruye
12.23 esparce a las *n*, y las vuelve a reunir
34.29 esto sobre una *n*, y lo mismo sobre un
Sal. 2.8 pídeme, y te daré por herencia las *n*
9.5 reprendiste a las *n*, destruiste al malo
9.15 se hundieron las *n*. .hoyo que hicieron
9.19 no se. .sean juzgadas las *n* delante de ti
9.20 conozcan las *n* que no son sino hombres
10.16 es Rey. .de su tierra han perecido las *n*
18.43 me has hecho cabeza de las *n;* pueblo que
18.49 yo te confesaré entre las *n*, oh Jehová
22.27 todas. .de las *n* adorarán delante de ti
22.28 Jehová es el reino, y el regirá las *n*
33.10 Jehová hace nulo el consejo de las *n*
33.12 bienaventurada la *n* cuyo Dios es Jehová
44.2 tu mano echaste las *n*, y los plantaste
44.11 ovejas. .nos has esparcido entre las *n*
44.14 nos pusiste por proverbio entre las *n*
46.6 bramaron las *n*, titubearon los reinos
46.10 seré exaltado entre las *n;* enaltecido
47.3 someterá a. .*n* debajo de nuestros pies
47.8 reinó Dios sobre las *n;* se sentó Dios
57.9 te alabaré. .cantaré de ti entre las *n*
59.5 despierta para castigar a todas las *n*
59.8 te reirás. .te burlarás de todas las *n*
65.7 el que sosiega. .y el alboroto de las *n*
66.7 señorea. .sus ojos atalayan sobre las *n*
67.2 conocido. .en todas las *n* tu salvación
67.4 alégrense y gócense las *n*. .juzgarás los
67.4 con equidad, y pastorearás las *n* en la
72.11 se postrarán. .todas las *n* le servirán
72.17 el sol. Benditas serán en él todas las *n*
78.55 echó las *n* de delante de ellos. .tierras
79.1 oh Dios, vinieron las *n* a tu heredad
79.6 derrama tu ira sobre las *n* que no te
80.8 una vid. .echaste las *n*, y la plantaste
82.8 levántate, oh. .tú heredarás todas las *n*
83.4 destruyámoslos para que no sean *n*, y no
86.9 las *n*. .vendrán y adorarán delante de ti
94.10 que castiga a las *n*, ¿no reprenderá?
95.10 cuarenta años. .disgustado con la *n*, y
96.3 proclamad entre las *n* su gloria, en todos
96.10 decid entre las *n:* Jehová reina. .afirmó
98.2 a vista de. .*n* ha descubierto su justicia
102.15 las *n* temerán el nombre de Jehová
105.13 andaban de *n* en *n*, de un reino a otro
105.44 les dio las tierras de las *n*, y las
106.5 que me goce en la alegría de tu *n*, y me
106.27 y humillar su pueblo entre las *n*
106.35 se mezclaron con las *n*, y aprendieron
106.41 los entregó en poder de las *n*, y se
106.47 y recógenos de entre las *n*, para que
108.3 te alabaré. .cantaré salmos entre las *n*
110.6 juzgará entre las *n*, las llenará de
111.6 el poder. .dándole la heredad de las *n*
113.4 excelso sobre todas las *n* es Jehová
117.1 alabad a Jehová, *n* todas; pueblos todos
118.10 las *n* me rodearon; mas en el nombre
126.2 dirán entre. .*n:* Grandes cosas ha hecho
135.10 destruyó a muchas *n*, y mató a reyes
135.15 los ídolos de las *n* son plata y oro
147.20 no ha hecho así con ninguna. .de las *n*
149.7 para ejecutar venganza entre las *n*, y
Pr. 14.34 la justicia engrandece a la *n;* mas
14.34 mas el pecado es afrenta de las *n*
24.24 lo maldecirán, y le detestarán las *n*
Is. 2.2 exaltado. .y correrán a él todas las *n*
2.4 y juzgará entre las *n*, y reprenderá a
2.4 hoces; no alzará espada *n* contra *n*, ni se
5.26 alzará pendón a *n* lejanas, y silbará al
10.6 le mandaré contra una *n* pérfida, y sobre
10.7 pensamiento será desarraigar y cortar *n*
11.12 y levantará pendón a las *n*, y juntará
13.4 estruendo de ruido de reinos, de *n*
14.6 el que se enseñoreaba de las *n* con ira
14.9 hizo levantar. .todos los reyes de las *n*
14.12 cortado fuiste. .que debilitabas a las *n*
14.18 reyes de las *n*. .yacen con honra cada uno
14.26 la mano extendida sobre todas las *n*
14.32 responderá a los mensajeros de la *n?*
16.8 *n* pisotearon sus generosos sarmientos
17.12 murmullo de *n* que harán alboroto como
18.2 andad, mensajeros veloces, a la *n* de
23.3 del río. Fue también emporio de las *n*
25.7 y el velo que envuelve a todas las *n*
29.7,8 multitud de todas las *n* que pelean
30.28 para zarandear a las *n* con criba de
33.3 las *n* fueron esparcidas al levantarte
34.1 acercaos, *n*, juntaos para oir. .pueblos
34.2 Jehová está airado contra todas las *n*
36.18 ¿acaso libraron los dioses de las *n*
37.12 ¿acaso libraron sus dioses a las *n* que
40.15 las *n* le son como la gota de agua que
40.17 como nada son todas las *n* delante de
41.2 entregó delante de él *n*. .como hojarasca
42.1 mi siervo. .él traerá justicia a las *n*
42.6 te pondré por pacto. .por luz de las *n*
43.4 daré. .hombres por ti, y *n* por tu vida
43.9 congréguense. .todas las *n*, y júntense
45.1 para sujetar *n* delante de él y desatar
45.20 venid; juntaos todos. .de entre las *n*
49.6 te di por luz de las *n*, para que seas
49.7 ha dicho Jehová. .al abominado de las *n*
49.22 he aquí, yo tenderé mi mano a las *n*, y a
51.4 atentos a mí, pueblo mío, y oídme, *n* mía
52.10 ante los ojos de todas las *n*, y todos
52.15 así asombrará él a muchas *n;* los reyes
54.3 tu descendencia heredará *n*, y habitará
55.4 lo di. .por jefe y por maestro a las *n*
60.2 cubrirán la tierra, y oscuridad las *n*
60.3 andarán las *n* a tu luz, y los reyes al
60.5 y las riquezas de las *n* hayan venido a
60.11 ti sean traídas las riquezas de las *n*
60.12 la *n* o el reino que no te sirviere
60.16 y mamarás la leche de las *n*, el pecho
61.6 comeréis las riquezas de las *n*. .gloria
61.9 conocida entre las *n*, y sus renuevos en
61.11 brotar justicia. .delante de todas las *n*
64.2 fuego. .las *n* temblasen a tu presencia!
66.8 ¿concebirá la. .¿Nacerá una *n* de una vez?
66.12 y la gloria de las *n* como torrente que
66.18 tiempo vendrá para juntar a todas las *n*
66.19 enviaré de los escapados de. .a las *n*
66.19 y publicarán mi gloria entre las *n*
66.20 vuestros hermanos de entre todas las *n*
Jer. 1.5 santifiqué, te di por profeta a las *n*
1.10 que te he puesto en este día sobre *n* y
2.11 ¿acaso alguna *n* ha cambiado sus dioses
3.17 todas las *n* vendrán a ella en el nombre
3.19 os daré la. .la rica heredad de las *n?*
4.2 las *n* serán benditas en él, y en él se
4.7 el destruidor de *n* está en marcha, y ha
4.16 decid a las *n:* He aquí, haced oir sobre
5.9 de una *n* como esta, ¿no se había de vengar
6.18 oid, *n*, y entended, oh congregación, lo
6.22 n grande se levantará de los confines de
7.28 esta es la *n* que no escuchó la voz de
9.9 dice. .de tal *n*, ¿no se vengará mi alma?
9.16 los esparciré entre *n* que ni. .conocieron
9.26 porque todas las *n* son incircuncisas, y
10.2 no aprendáis el camino de las *n*, ni de
10.2 ni de las. .tengáis temor, aunque las *n*
10.7 ¿quién no te temerá, oh Rey de las *n?*
10.7 porque entre todos los sabios de las *n*
10.10 las *n* no pueden sufrir su indignación
10.25 derrama tu enojo. .sobre las *n* que no te
12.17 arrancaré esa *n*, sacándola de raíz y
14.22 ¿hay entre los ídolos de las *n* quien
16.19 a ti vendrán *n* desde los extremos de la
18.13 preguntad ahora a las *n*, quién ha oído
25.9 los traeré contra. .contra todas estas *n*
25.11 y servirán estas *n* al rey de Babilonia
25.12 castigaré. .a aquella *n* por su maldad
25.13 libro, profetizado. .contra todas las *n*
25.14 ellas serán sojuzgadas por muchas *n* y
25.15 beber de él a todas las *n* a las cuales
25.17 di de beber a todas las *n*, a las cuales
25.20 toda la mezcla de *n*, a todos los reyes
25.31 Jehová tiene juicio contra las *n;* él es
25.32 mal irá de *n* en *n*, y grande tempestad
26.6 la pondré por maldición a todas las *n*
27.7 las *n* le servirán a él, a su hijo, y al
27.7 y la reduzcan a servidumbre muchas *n* y
27.8 *n*. .que no sirviere. .castigaré a tal *n*
27.11 a la *n* que sometiere su cuello al yugo
27.13 ha dicho Jehová de la *n* que no sirviere
28.11 romperé el yugo. .del cuello de. .las *n*
28.14 yugo de hierro puse sobre. .de estas *n*
29.14 os reuniré de todas las *n* y de todos los
29.18 los daré. .por burla. .para todas las *n*
30.11 y destruiré a. .las *n* entre las cuales
30.19 saldrá. .voz de *n* que está en regocijo
31.7 y dad voces de júbilo a la cabeza de *n*
31.10 oíd palabra de Jehová, oh *n*. .y decid
31.36 si faltaren estas. .faltará para no ser *n*
33.9 gloria, entre todas las *n* de la tierra
33.24 mi pueblo, hasta no tenerlo más por *n*
36.2 y contra todas las *n*, desde el día que
43.5 había vuelto de todas las *n* donde había
44.8 seáis por maldición. .a todas las *n* de la
46.1 palabra de Jehová que vino. .contra las *n*
46.12 las *n* oyeron tu afrenta, y tu clamor
46.28 destruiré a. .las *n* entre las cuales te
48.2 venid, y quitémosla de entre las *n*
49.14 había sido enviado mensajero a las *n*
49.15 he aquí que te haré pequeño entre las *n*
49.31 subid contra una *n* pacífica que vive
49.36 no habrá *n* a donde vayan fugitivos de
50.2 anunciad en las *n*, y haced saber. .decid
50.3 subió contra ella una *n* del norte, la
50.12 aquí será la última de las *n;* desierto
50.23 Babilonia en desolación entre las *n!*
50.41 un pueblo del norte, y una *n* grande y
50.46 tembló, y el clamor se oyó entre las *n*
51.7 su vino bebieron. .se aturdieron. .las *n*

NACIÓN ***(Continúa)***
Jer. 51.20 por medio de ti quebrantaré *n*, y por
51.27 trompeta en las *n*, preparad pueblos
51.28 preparad contra ella *n*; los reyes de
51.41 a ser..objeto de espanto entre las *n*!
51.44 y no vendrán más *n* a él, y el muro de
51.58 las *n* se cansaron sólo para el fuego
Lm. 1.1 la grande entre las *n* se ha vuelto como
1.3 habitó entre las *n*, y no halló descanso
1.10 ha visto entrar en su santuario a las *n*
2.8 su rey y sus príncipes están entre las *n*
4.15 se dijo entre las *n*: Nunca más morarán
4.17 aguardamos a una *n* que no puede salvar
4.20 a su sombra tendremos vida entre las *n*
Ez. 4.13 comerán..su pan inmundo, entre las *n*
5.5 es Jerusalén; la puse en medio de las *n*
5.6 ella cambió..en impiedad más que las *n*
5.7 ¿por haberos multiplicado más que las *n*
5.7 ni aun según las leyes de las *n*..andado
5.8 haré juicios en..ante los ojos de las *n*
5.14 te convertiré..en oprobio entre las *n*
5.15 y serás..escarmiento y espanto a las *n*
6.8 tengáis entre las *n* algunos que escapen
6.9 escaparen se acordarán de mí entre las *n*
7.24 traeré..los más perversos de las *n*, los
11.12 según las costumbres de las *n* que os
11.16 aunque les he arrojado lejos entre las *n*
12.15 cuando los esparciere entre las *n*, y los
12.16 cuenten..sus abominaciones entre las *n*
16.14 salió tu renombre entre las *n* a causa
19.4 *n* oyeron de él; fue tomado en la trampa
20.9,14,22 se infamase ante los ojos de las *n*
20.23 que los esparciría entre las *n*, y que
20.32 vosotros decís: Seamos como las *n*, como
20.41 seré santificado..a los ojos de las *n*
22.4 por tanto, te he dado en oprobio a las *n*
22.15 te dispersaré por las *n*, y te esparciré
22.16 serás degradada a la vista de las *n*
23.30 porque fornicaste en pos de las *n*, con
23.32 ti se mofarán las *n*, y te escarnecerán
25.7 te entregaré a las *n* para ser saqueada
25.8 aquí la casa de Judá es como todas las *n*
25.10 no haya más memoria..Amón entre las *n*
26.2 quebrantada está..era puerta de las *n*
26.3 haré subir contra ti muchas *n*, como el
26.5 dice Jehová..será saqueda por las *n*
28.7 traigo sobre ti..los fuertes de las *n*
28.25 santificaré..ante los ojos de las *n*
29.12 esparciré a Egipto entre las *n*, y lo
29.15 nunca..se alzará sobre las *n*; porque
29.15 no vuelvan a tener dominio sobre las *n*
30.3 día de nublado, día de castigo de las *n*
30.11 los más fuertes de las *n*, serán traídos
30.23,26 esparciré..los egipcios entre las *n*
31.6 ramaje..a su sombra habitaban muchas *n*
31.11 en manos del poderoso de las *n*, que de
31.12 lo destruirán..los poderosos de las *n*
31.16 hice temblar a las *n*, cuando las hice
31.17 los que estuvieron..en medio de las *n*
32.2 a leoncillo de *n* eres semejante, y eres
32.9 al cautiverio a los tuyos entre las *n*
32.12 ellos serán los poderosos de las *n*; y
32.16 la endecha..hijas de las *n* la cantarán
32.18 despéñalo a él, y a las hijas de las *n*
34.28 no serán más por despojo de las *n*, ni
34.29 ni ya más serán avergonzados por las *n*
35.10 las dos *n* y las dos tierras serán mías
36.3 para que fueseis heredad de las otras *n*
36.4 puestas por..y escarnio de las otras *n*
36.5 he hablado..mi celo contra las demás *n*
36.6 cuanto habéis llevado el oprobio de las *n*
36.7 he jurado que las *n*..han de llevar su
36.13 matadora de los hijos de tu *n* has sido
36.14 nunca más matarás a los hijos de tu *n*
36.15 y nunca más te haré oir injuria de *n*
36.15 ni harás más morir a los hijos de tu *n*
36.19 les esparcí por las *n*, y..dispersados
36.20 cuando llegaron a las *n* adonde fueron
36.21 profanado..entre las *n* adonde fueron
36.22 cual profanasteis vosotros entre las *n*
36.23 mi grande nombre, profanado entre las *n*
36.23 y sabrán las *n* que yo soy Jehová, dice
36.24 yo os tomaré de las *n*, y os recogeré
36.30 nunca..oprobio de hambre entre las *n*
36.36 *n* que queden..sabrán que yo reedifiqué
37.21 tomo a los..de Israel de entre las *n*
37.22 y los haré una *n* en la tierra, en los
37.22 y nunca más serán dos *n*, ni nunca más
37.28 sabrán las *n* que yo..santifico a Israel
38.8 mas fue sacada de las *n*, y todos ellos
38.12 sobre el pueblo recogido de entre..*n*
38.16 *n* me conozcan, cuando sea santificado
38.23 seré conocido ante los ojos de muchas *n*
39.7 sabrán las *n* que yo soy Jehová, el Santo
39.21 pondré mi gloria entre las *n*, y..verán
39.21 las *n* verán mi juicio que habré hecho
39.23 sabrán las *n* que la casa de Israel fue
39.27 sea santificado en ellos ante..muchas *n*
39.28 cautiverio entre las *n*, los reúna sobre
Dn. 3.4 mándase a vosotros, oh pueblos, *n* y
3.7 *n* y lenguas se postraron y adoraron la
3.29 que todo pueblo, *n* o lengua que dijere
4.1 rey, a todos los pueblos, *n* y lenguas
5.19 *n* y lenguas temblaban y temían..de él
6.25 rey Darío escribió a..*n* y lenguas que
7.14 los pueblos, *n* y lenguas le sirvieron
8.22 que cuatro reinos se levantarán de esa *n*
9.1 de la *n* de los medos, que vino a ser rey
Os. 8.8 será entre las *n* como vasija que no se
8.10 aunque alquilen entre las *n*, ahora las
9.17 no oyeron..andarán errantes entre las *n*
Jl. 2.17 para que las *n* se enseñoreen de ella
2.19 nunca más os pondré en oprobio entre..*n*
3.2 reuniré a..las *n*, y las haré descender al
3.2 a quien ellas esparcieron entre las *n*
3.8 venderán a los sabeos, *n* lejana; porque
3.9 proclamad esto entre las *n*, proclamad
3.11 y venid, *n*..de alrededor, y congregaos
3.12 despiértense las *n*, y suban al valle de
3.12 me sentaré para juzgar a todas las *n* de
Am. 6.1 principales entre las *n*, a los cuales
6.14 levantaré..una *n* que os oprimirá desde
9.9 Israel sea zarandeada entre todas las *n*
9.12 posean el resto de Edom, y a todas..*n*
Abd. 1 oído..mensajero ha sido enviado a las *n*
2 he aquí, pequeño te he hecho entre las *n*
15 está el día de Jehová sobre todas las *n*
16 beberán continuamente todas las *n*; beberán
Mi. 4.2 vendrán muchas *n*, y dirán: Venid, y
4.3 corregirá a *n* poderosas hasta muy lejos
4.3 hoces; no alzará espada *n* contra *n*, ni
4.7 la descarriada como *n* robusta; y Jehová
4.11 han juntado muchas *n* contra ti, y dicen
5.8 el remanente de Jacob será entre las *n*
5.15 con furor haré venganza en las *n* que no
7.16 las *n* verán, y se avergonzarán de todo
Nah. 3.4 seduce a las *n* con sus fornicaciones
3.5 contra ti..y mostraré a las *n* tu desnudez
Hab. 1.5 mirad entre las *n*, y ved, y asombraos
1.6 aquí, yo levanto a los caldeos, *n* cruel
1.17 red, y no tendrá piedad de aniquilar *n*
2.8 por cuanto tú has despojado a muchas *n*
2.13 los pueblos..las *n* se fatigarán en vano
3.12 hollaste la..con furor trillaste las *n*
Sof. 2.1 congregaos y meditad, oh *n* sin pudor
2.11 se inclinarán a él..las tierras de las *n*
3.6 hice destruir *n*; sus habitaciones están
3.8 porque mi determinación es reunir las *n*
Hag. 2.7 haré temblar a todas las *n*, y vendrá
2.7 haré..y vendrá el Deseado de todas las *n*
2.22 destruiré la fuerza de..reinos de las *n*
Zac. 1.15 y estoy muy airado contra las *n* que
1.21 para derribar los cuernos de las *n* que
2.8 me enviará él a las *n* que os despojaron
2.11 unirán muchas *n* a Jehová en aquel día
7.14 esparcí con torbellino por todas las *n*
8.13 que como fuisteis maldición entre las *n*
8.22 pueblos y fuertes *n* a buscar a Jehová
8.23 que diez hombres de las *n* de toda lengua
9.10 hablará paz a las *n*, y su señorío será
12.3 *n* de la tierra se juntarán contra ella
12.9 destruir a..las *n* que vinieren contra
14.2 yo reuniré a todas las *n* para combatir
14.3 saldrá Jehová y peleará con aquellas *n*
14.14 reunidas las riquezas de todas las *n*
14.16 que sobrevivieren de las *n* que vinieron
14.18 la plaga con que Jehová herirá las *n*
14.19 del pecado de..las *n* que no subieren
Mal. 1.11 es grande mi nombre entre las *n*; y
1.11 grande es mi nombre entre las *n*, dice
1.14 yo soy..mi nombre es temible entre las *n*
3.9 vosotros, la *n* toda, me habéis robado
3.12 y todas las *n* os dirán bienaventurados
Mt. 20.25 gobernantes de las *n* se enseñorean de
24.7 se levantará *n* contra *n*, y reino contra
24.14 el mundo, para testimonio a todas las *n*
25.32 serán reunidas delante de él todas las *n*
28.19 id, y haced discípulos a todas las *n*
Mr. 7.26 mujer era griega, y sirofenicia de *n*
10.42 gobernantes de las *n* se enseñorean de
11.17 casa de oración para todas las *n*? Mas
13.8 se levantará *n* contra *n*, y reino contra
13.10 evangelio sea predicado antes a..las *n*
Lc. 7.5 porque ama a nuestra *n*, y nos edificó
21.10 se levantará *n* contra *n*, y reino contra
21.24 serán llevados cautivos a todas las *n*
22.25 reyes de las *n* se enseñorean de ellas
23.2 éste hemos hallado que pervierte a la *n*
24.47 y el perdón de pecados en todas las *n*
Jn. 11.48 vendrán los romanos, y destruirán..*n*
11.50 un hombre..y no que toda la *n* perezca
11.51 profetizó que..había de morir por la *n*
11.52 y no solamente por la *n*, sino también
18.35 tu *n*..te han entregado a mí. ¿Qué has
Hch. 2.5 varones piadosos, de todas las *n* bajo
7.7 yo juzgaré..la *n* de la cual serán siervos
10.22 tiene buen testimonio en toda la *n* de
10.35 en toda *n* se agrada del que le teme y
13.19 habiendo destruido siete *n* en la tierra
24.10 hace muchos años eres juez de esta *n*
24.17 vine a hacer limosnas a mi *n* y presentar
26.4 mi vida..la cual desde el..pasé en mi *n*
28.19 no porque tenga de qué acusar a mi *n*
Ro. 1.5 la obediencia a la fe en todas las *n*
2 Co. 11.26 peligros de los de mi *n*, peligros
Gá. 1.14 aventajaba a muchos de mis..en mi *n*
3.8 nueva..En ti serán benditas todas las *n*
1 Ts. 2.14 padecido de los de vuestra propia *n*
1 P. 2.9 sois linaje..*n* santa, pueblo adquirido
Ap. 2.26 fin, yo le daré autoridad sobre las *n*
5.9 has..de todo linaje y lengua y pueblo y *n*
7.9 una gran multitud..de todas *n* y tribus
10.11 que profetices otra vez sobre muchos..*n*
11.9 *n* verán sus cadáveres por tres días y
11.18 y se airaron las *n*, y tu ira ha venido
12.5 regirá con vara de hierro a todas las *n*
13.7 le dio autoridad sobre toda tribu..y *n*
14.6 para predicarlo..a toda *n*, tribu, lengua
14.8 ha hecho beber a todas las *n* del vino del
15.4 las *n* vendrán y te adorarán, porque tus
16.19 y las ciudades de las *n* cayeron; y la
17.15 las aguas que..son pueblos..*n* y lenguas
18.3 las *n* han bebido del vino del furor de
18.23 por tus hechicerías fueron engañadas..*n*
19.15 una espada..para herir con ella a las *n*
20.3 que no engañase más a las *n*, hasta que
20.8 saldrá a engañar a las *n* que están en los
21.24 las *n* que hubieren sido salvas andarán a
21.26 y llevarán la gloria..de las *n* a ella
22.2 las hojas..eran para la sanidad de las *n*

NACÓN ***Dueño de la era donde murió Uza.***
2 S. 6.6

NACOR
1. Hijo de Serug y padre de Taré,
Gn. 11.22,23,24,25; 1 Cr. 1.26; Lc. 3.34
2. Hijo de Taré y hermano de Abraham
Gn. 11.26 Taré vivió 70 años, y engendró a..*N*
11.27 Taré engendró a Abram, a *N* y a Harán
11.29 y tomaron Abram y *N* para sí mujeres; el
11.29 y el nombre de la mujer de *N*, Milca
22.20 Milca..dado a luz hijos a *N* tu hermano
22.23 los ocho hijos que dio a luz Milca, de *N*
24.10 llegó a Mesopotamia, a la ciudad de *N*
24.15 Milca mujer de *N* hermano de Abraham
24.24 de Milca, el cual ella dio a luz a *N*
24.47 de Betuel hijo de *N*, que le dio a luz
29.5 les dijo: ¿Conocéis a Labán hijo de *N*?
31.53 y el Dios de *N* juzgue entre nosotros
Jos. 24.2 esto es, Taré, padre de Abraham y de *N*

NADA
Gn. 47.18 *n* ha quedado..sino nuestros cuerpos
1 S. 25.21 *n* le haya faltado de todo cuanto es
1 R. 18.43 él subió, y miró, y dijo: No hay *n*
Sal. 62.9 pesándolos..en la balanza..menos que *n*
Pr. 10.20 el corazón de los impíos es como *n*
13.7 quienes pretenden..ricos, y no tienen *n*
Ec. 2.12 rey? *N*, sino lo que ya ha sido hecho
Is. 33.8 aborreció las..tuvo en *n* a los hombres
34.12 sin reino; y todos sus grandes serán *n*
40.17 *n* son todas las naciones delante de él
40.17 serán estimadas en menos que *n*, y que
40.23 él convierte en *n* a los poderosos, y a
41.11 como *n* y perecerán los que contienden
41.12 como *n*, y como cosa que no es, aquellos
41.24 que vosotros sois *n*, y vuestras obras
44.9 lo más precioso de ellos para *n* es útil
44.10 una imagen que para *n* es de provecho?
Jer. 32.17 oh Señor..ni hay *n* que sea difícil
39.10 los pobres del pueblo que no tenían *n*
50.26 venid..y destruidla; que no le quede *n*
Dn. 4.35 los habitantes..son considerados como *n*
Hag. 2.3 ¿no es ella como *n* delante de..ojos?
Mt. 5.13 no sirve más para *n*, sino para ser
10.26 *n* hay encubierto, que no haya de ser
17.20 allá, y se pasará; y *n* os será imposible
Mr. 1.44 dijo: Mira, no digas a nadie *n*, sino
9.12 Hijo..padezca mucho y sea tenido en *n*?
Lc. 1.37 porque *n* hay imposible para Dios
Jn. 1.3 sin él *n* de lo que ha sido hecho, fue
5.19 no puede el Hijo hacer *n* por sí mismo
6.63 que da vida; la carne para *n* aprovecha
15.5 porque separados de mí *n* podéis hacer
Ro. 13.8 no debáis a nadie *n*, sino el amaros
1 Co. 9.15 yo de *n* de esto me he aprovechado
2 Co. 6.10 no teniendo *n*, mas poseyéndolo todo
13.8 *n* podemos contra la verdad, sino por la
1 Ti. 6.7 *n* hemos traído a..*n* podremos sacar

NADAB
1. Hijo de Aarón
Éx. 6.23 Elisabet hija..la cual dio a luz a *N*
24.1 sube ante Jehová, tú, y Aarón, *N*, y Abiú
24.9 subieron Moisés y Aarón, *N* y Abiú, y 70
28.1 harás llegar delante de..a Aarón y a *N*
Lv. 10.1 *N* y..tomaron cada uno su incensario
Nm. 3.2 los hijos de Aarón: *N* el primogénito
3.4 pero *N* y Abiú murieron delante de Jehová
26.60 a Aarón le nacieron *N*, Abiú, Eleazar
26.61 *N* y Abiú murieron cuando ofrecieron
1 Cr. 6.3; 24.1 los hijos de Aarón: *N*, Abiú
24.2 *N* y Abiú murieron antes que su padre
2. Rey de Israel
1 R. 14.20 Jeroboam..reinó en su lugar *N* su hijo
15.25 *N* hijo de Jeroboam comenzó a reinar

NADAB *(Continúa)*
1 R. 15.27 *N* y. .Israel tenían sitiado a Gibetón
15.31 demás hechos de *N*, y todo lo que hizo
3. Descendiente de Judá, 1 Cr. 2.28,30
4. Hermano de Cis, padre del rey Saúl, 1 Cr. 8.30; 9.36

NADADOR
Is. 25.11 como la extiende el *n* para nadar

NADAR
Is. 25.11 como la extiende el nadador para *nadar*
Ez. 32.6 de tu sangre la tierra donde *nadas*
47.9 toda alma viviente que *nadare*. .vivirá
Hch. 27.42 para que ninguno se fugase *nadando*
27.43 que los que pudiesen *nadar* se echasen

NADIE
Gn. 45.1 no quedó *n* con él, al darse a conocer
Lv. 26.37 como si huyeran ante. .*n* los persiga
Dt. 11.25 *n* se sostendrá delante de vosotros
34.11 *n* como él en todas las señales. .hacer
1 S. 11.3 no hay *n* que nos defienda, saldremos
2 R. 7.5 llegando a la entrada. .no había allí *n*
7.10 he aquí que no había allí *n*, ni voz de
Is. 63.3 y de los pueblos *n* había conmigo; los
Jer. 30.17 esta es Sion, de la que *n* se acuerda
49.18 no morará allí *n*, ni la habitará hijo
51.26 *n* tomará de ti piedra para esquina, ni
Mr. 5.43 él les mandó mucho que *n* lo supiese
13.5 comenzó a decir: Mirad que *n* os engañe
2 Co. 7.2 a *n* hemos agraviado, a *n*. .corrompido
Gá. 6.17 aquí en adelante *n* me cause molestias

NADO
Ez. 47.5 que el río no se podía pasar sino a *n*

NAFIS
1. Hijo de Ismael, Gn. 25.15; 1 Cr. 1.31
2. Tribu descendiente de No. 1, 1 Cr. 5.19

NAFTUHIM *Tribu antigua en Egipto,* Gn. 10.13; 1 Cr. 1.11

NAGAI *Ascendiente de Jesucristo,* Lc. 3.25

NAHALIEL *Lugar donde acampó Israel,* Nm. 21.19

NAHAM *Cuñado de Hodías No. 1,* 1 Cr. 4.19

NAHAMANI *Uno que regresó del exilio con Zorobabel,* Neh. 7.7

NAHARAI *Escudero de Joab,* 2 S. 23.37; 1 Cr. 11.39

NAHAS
1. Rey amonita en tiempo del rey Saúl
1 S. 11.1 subió *N* amonita, y acampó contra Jabes
11.1 los de Jabes dijeron a *N*: Haz alianza
11.2 *N* amonita les respondió. .esta condición
12.12 *N* rey de. .de Amón venía contra vosotros
2. Rey amonita, amigo de David
2 S. 10.2 haré misericordia con Hanún hijo de *N*
17.27 Sobi hijo de *N*, de Rabá de los hijos
1 Cr. 19.1 que murió *N* rey de los hijos de Amón
19.2 misericordia con Hanún hijo de *N*, porque
3. Madre de Abigail No. 2, 2 S. 17.25
4. Ciudad en Judá o Benjamín, 1 Cr. 4.12

NAHAT
1. Hijo de Reuel No. 1, Gn. 36.13,17; 1 Cr. 1.37
2. Levita, 1 Cr. 6.26
3. Mayordomo del rey Ezequías, 2 Cr. 31.13

NAHBI *Uno de los 12 espías,* Nm. 13.14

NAHUM
1. Profeta, Nah. 1.1
2. Ascendiente de Jesucristo, Lc. 3.25

NAÍN *Ciudad en Galilea,* Lc. 7.11

NAIOT *Morada de Samuel en Ramá*
1 S. 19.18 y Samuel se fueron y moraron en *N*
19.19 fue dado aviso. .David está en *N* en Ramá
19.22 uno respondió. .aquí están en *N* en Ramá
19.23 fue a *N* en Ramá; y también vino sobre
19.23 y profetizando hasta que llegó a *N* en
20.1 después David huyó de *N*. .vino delante de

NALGA
2 S. 10.4; 1 Cr. 19.4 cortó los. .hasta las *n*
Is. 20.4 a los cautivos. .descubiertas las *n*

NARCISO *Cristiano saludado por Pablo,* Ro. 16.11

NARDO
Cnt. 1.12 el rey estaba en su. .mi *n* dio su olor
4.13 son paraíso de. .de flores de alheña y *n*
4.14 *n* y azafrán, caña aromática y canela, con
Mr. 14.3 de perfume de *n* puro de mucho precio
Jn. 12.3 María tomó una libra de perfume de *n*

NARIZ
Gn. 2.7 sopló en su *n* aliento de vida, y fue
7.22 tenía aliento. .de vida en sus *n*. .murió
24.47 entonces le puse un pendiente en su *n*
Nm. 11.20 hasta que os salga por las *n*, y la
2 S. 22.9 humo subió de su *n*, y de. .boca fuego
22.16 aguas. .por el soplo del aliento de su *n*
2 R. 19.28 yo pondré mi garfio en tu *n*, y mi
Job 27.3 en mí, y haya hálito de Dios en mis *n*
39.20 el resoplido de su *n* es formidable
40.24 ¿lo tomará alguno. .y horadará su *n*?
41.2 ¿pondrás tú soga en sus *n*, y horadarás
41.20 de sus *n* sale humo, como de una olla
Sal. 18.8 humo subió de su *n*, y de. .boca fuego
18.15 Jehová, por el soplo del aliento de tu *n*
115.6 mas no oyen; tienen *n*, mas no huelen
Pr. 30.33 el que recio se suena las *n* sacará
Cnt. 7.4 tú *n*, como la torre del Líbano, que
Is. 2.22 del hombre, cuyo aliento está en su *n*
3.21 los anillos, y los joyeles de las *n*
37.29 pondré. .mi garfio en tu *n*, y mi freno
Ez. 8.17 he aquí que aplican el ramo a sus *n*
16.12 puse joyas en tu *n*, y zarcillos en tus
23.25 te quitarán tu *n* y tus orejas, y lo que
Am. 4.10 hice subir el hedor. .hasta vuestras *n*

NATÁN
1. Hijo de David y ascendiente de Jesucristo, 2 S. 5.14; 1 Cr. 3.5; 14.4; Zac. 12.12; Lc. 3.31
2. Profeta
2 S. 7.2 dijo el rey al profeta *N*: Mira ahora
7.3 *N* dijo al rey: Anda, y haz todo lo que
7.4 que vino palabra de Jehová a *N*, diciendo
7.17 conforme a toda esta visión, así habló *N*
12.1 Jehová envió a *N* a David; y. .dijo: Había
12.5 a *N*: Vive Jehová, que el que tal hizo es
12.7 dijo *N* a David: Tú eres aquel hombre
12.13 entonces dijo David a *N*: Pequé contra
12.13 y *N* dijo a David: También Jehová ha
12.15 *N* se volvió a su casa. Y Jehová hirió
12.25 envió un mensaje por medio de *N* profeta
1 R. 1.8 el profeta *N*, Simei, Rei y todos los
1.10 no convidó al profeta *N*, ni a Benaía, ni
1.11 *N* a Betsabé madre de Salomón, diciendo
1.22 aún hablaba ella con. .vino el profeta *N*
1.23 al rey, diciendo: He aquí el profeta *N*
1.24 y dijo *N*: Rey señor mío, ¿has dicho tú
1.32 llamadme. .al profeta *N*, y a Benaía hijo
1.34 y allí lo ungirán. .Sadoc y el profeta *N*
1.38 descendieron. .el profeta *N*, y Benaía hijo
1.44 rey ha enviado. .el profeta *N*, y a Benaía
1.45 y el profeta *N* lo han ungido por rey en
1 Cr. 17.1 dijo David al profeta *N*. .yo habito
17.2 *N* dijo a David: Haz todo lo que está en
17.3 noche vino palabra de Dios a *N*, diciendo
17.15 a todas estas palabras. .habló *N* a David
29.29 en las crónicas del profeta *N*, y en las
2 Cr. 9.29 están. .en los libros del profeta *N*
29.25 mandamiento de David. .y del profeta *N*
Sal. 51 *tít.* cuando después que. .vino a el *N*
3. Padre de Igal No. 2, 2 S. 23.36
4. Padre de Azarías No. 2, 1 R. 4.5
5. Padre de Zabud No. 1, 1 R. 4.5
6. Descendiente de Judá, 1 Cr. 2.36
7. Hermano de Joel No. 7, 1 Cr. 11.38
8. Enviado de Esdras, Esd. 8.16
9. Uno de los que se casaron con mujeres extranjeras en tiempo de Esdras, Esd. 10.39

NATANAEL
1. Príncipe de la tribu de Isacar
Nm. 1.8 de Isacar, *N* hijo de Zuar
2.5 jefe de los. .de Isacar, *N* hijo de Zuar
7.18 el segundo día ofreció *N* hijo de Zuar
7.23 esta fue la ofrenda de *N* hijo de Zuar
10.15 sobre. .los hijos de Isacar, *N* hijo de
2. Hijo de Isaí y hermano de David, 1 Cr. 2.14
3. Sacerdote en tiempo de David, 1 Cr. 15.24
4. Levita, padre de Semaías No. 8, 1 Cr. 24.6
5. Levita, portero en el templo, 1 Cr. 26.4
6. Príncipe de Judá bajo el rey Josafat, 2 Cr. 17.7
7. Levita en tiempo del rey Josías, 2 Cr. 35.9
8. Sacerdote de entre los que se casaron con mujeres extranjeras en tiempo de Esdras, Esd. 10.22
9. Jefe de una casa de sacerdotes en tiempo de Joiacim, Neh. 12.21
10. Sacerdote en tiempo de Nehemías, Neh. 12.36
11. Discípulo de Jesucristo
Jn. 1.45 Felipe halló a *N*, y le dijo: Hemos
1.46 *N* le dijo: ¿De Nazaret puede salir algo
1.47 Jesús vio a *N* que se le acercaba, dijo
1.48 dijo *N*: ¿De dónde me conoces? Respondió
1.49 respondió *N*. .Rabí, tú eres el Hijo de
21.2 estaban. .*N* el de Caná de Galilea, los

NATÁN-MELEC *Eunuco bajo el rey Josías,* 2 R. 23.11

NATURAL
Éx. 12.19 comiere leudado. .así extranjero como *n*
12.49 la misma ley será para el *n*, y para el
Lv. 16.29 y ninguna obra haréis, ni el *n* ni el
17.15 cualquier persona, así de los *n* como de
18.26 ni el *n* ni el extranjero que mora entre
19.34 como a un *n* de. .tendréis al extranjero
23.42 *n* de Israel habitará en tabernáculos
24.16 apedreará; así el extranjero como el *n*
24.22 un mismo estatuto tendréis. .para el *n*
Nm. 9.14 mismo rito. .el extranjero como el *n*
15.13 *n* hará estas cosas así, para ofrecer
15.30 hiciere algo. .el *n* como el extranjero
Jos. 8.33 todo Israel. .extranjeros como los *n*
1 Cr. 7.21 los hijos de Gat, *n* de aquella tierra
Ez. 47.22 los tendréis como *n* entre los hijos
Am. 1.11 y violó todo afecto *n*; y en su furor
Hch. 4.36 entonces José. .levita, *n* de Chipre
18.2 halló a un judío. .Aquila, *n* del Ponto
18.24 judío. .Apolos, *n* de Alejandría, varón
28.2 los *n* nos trataron con no poca humanidad
28.4 los *n* vieron la víbora colgando de su
Ro. 1.26 sus mujeres cambiaron el uso *n* por
1.27 hombres, dejando el uso *n* de la mujer
1.31 desleales, sin afecto *n*, implacables
11.21 si Dios no perdonó a las ramas *n*, a ti
11.24 son las ramas *n*, serán injertados en su
1 Co. 2.14 el hombre *n* no percibe las cosas que
2 Ti. 3.3 afecto *n*, implacables, calumniadores
Stg. 1.23 considera en un espejo su rostro *n*

NATURALEZA
Gn. 1.12 hierba que da semilla según su *n*, y
Ro. 1.26 cambiaron el. .por el que es contra *n*
2.14 gentiles. .hacen por *n* lo que es de la
11.24 fuiste cortado del que por *n* es olivo
11.24 contra *n* fuiste injertado en el buen
1 Co. 11.14 la *n*. .¿no os enseña que al varón
Gá. 4.8 servíais a los que por *n* no son dioses
Ef. 2.3 éramos por *n* hijos de ira, lo mismo que
Stg. 3.7 toda *n* de bestias, y de aves. .se doma
3.7 se doma y ha sido domada por la *n* humana
2 P. 1.4 a ser participantes de la *n* divina
Jud. 7 habiendo. .ido en pos de vicios contra *n*
10 y en las que por *n* conocen, se corrompen

NAUFRAGAR
1 Ti. 1.19 cual *naufragaron* en cuanto a la fe

NAUFRAGIO
2 Co. 11.25 tres veces he padecido *n*; una noche

NÁUFRAGO
2 Co. 11.25 un día he estado como *n* en alta mar

NAVAJA
Nm. 6.5 no pasará *n* sobre su cabeza; hasta que
8.7 y haz pasar la *n* sobre todo su cuerpo
Jue. 13.5 *n* no pasará sobre su cabeza, porque
16.17 nunca a mi cabeza llegó *n*; porque soy
1 S. 1.11 hijo. .y no pasará *n* sobre su cabeza
Sal. 52.2 lengua; como *n* afilada hace engaño
Is. 7.20 el Señor raerá con *n* alquilada, con
Ez. 5.1 toma una *n* de barbero, y hazla pasar

NAVE
Gn. 49.13 para puerto de *n*, y su límite hasta
Nm. 24.24 vendrán *n* de la costa de Quitim, y
Dt. 28.68 te hará volver a Egipto en *n*, por el
Jue. 5.17 Dan, ¿por qué se estuvo junto a las *n*?
1 R. 9.26 hizo también el rey Salomón *n* en
10.22 el rey tenía. .una flota de *n* de Tarsis
22.48 Josafat había hecho *n* de Tarsis, las
22.49 vayan mis siervos con los tuyos en. .*n*
2 Cr. 8.18 Hiram le había enviado *n* por mano de
9.21 cada 3 años solían venir las *n* de Tarsis
20.36 para construir *n* que fuesen a Tarsis
20.36 y construyeron las *n* en Ezión-geber
20.37 y las *n* se rompieron, y no pudieron ir
Job 9.26 pasaron cual *n* veloces; como el águila
Sal. 48.7 viento. .quiebras tú las *n* de Tarsis
104.26 allí andan las *n*; allí este leviatán
107.23 que descienden al mar en *n*, y hacen
Pr. 30.19 el rastro de la *n* en medio del mar
31.14 es como *n* de mercader; trae su pan de
Is. 2.16 sobre todas las *n* de Tarsis, y sobre
18.2 que envía. .*n* de junco sobre las aguas!
23.1,14 aullad, *n* de Tarsis, porque destruida
33.21 galera de remos, ni por él pasará. .*n*

NAVE *(Continúa)*
Is. 43.14 aun a los caldeos en las *n* de que se
60.9 las *n* de Tarsis desde el principio, para
Ez. 27.9 todas las *n* del mar..fueron a ti para
27.25 las *n* de Tarsis eran como tus caravanas
27.29 descenderán de sus *n*..que toman remo
27.33 cuando tus mercaderías salían de las *n*
30.9 saldrán mensajeros..en *n*, para espantar
Dn. 11.30 vendrán contra él *n* de Quitim, y él
11.40 carros y gente de a caballo, y muchas *n*
Jon. 1.3 y halló una *n* que partía para Tarsis
1.4 viento..que se pensó que se partiría la *n*
1.5 echaron al mar los enseres que..en la *n*
1.5 Jonás había bajado al interior de la *n*
1.6 el patrón de la *n* se le acercó y le dijo
1.13 trabajaron..hacer volver la *n* a tierra
Hch. 27.2 embarcándonos en una *n* adramitena
27.6 hallando..una *n* alejandrina que zarpaba
27.10 no sólo del cargamento y de la *n*, sino
27.11 daba más crédito..al patrón de la *n*
27.14 dio contra la *n* un viento huracanado
27.15 siendo arrebatada la *n*, y no pudiendo
27.17 usaron de refuerzos para ceñir la *n*
27.19 manos arrojamos los aparejos de la *n*
27.22 pérdida de vida..sino solamente de la *n*
27.30 los marineros procuraron huir de la *n*
27.31 si éstos no permanecen en la *n*, vosotros
27.37 éramos todas las personas en la *n* 276
27.38 aligeraron la *n*, echando el trigo al mar
27.39 playa, en la cual acordaron varar..la *n*
27.41 pero dando en un..hicieron encallar la *n*
27.44 y los demás..parte en cosas de la *n*
28.11 una *n* alejandrina que había invernado
Stg. 3.4 mirad..las *n*; aunque tan grandes, y
Ap. 8.9 tercera parte de las *n* fue destruida
18.17 todos los que viajan en *n*, y marineros
18.19 los que tenían *n* en el mar se habían

NAVEGACIÓN
Hch. 21.7 completamos la *n*, saliendo de Tiro
27.9 y siendo ya peligrosa la *n*, por haber
27.10 veo que la *n* va a ser con perjuicio y

NAVEGAR
Lc. 8.23 pero mientras *navegaban*, él se durmió
Hch. 13.4 a Seleucia, y de..*navegaron* a Chipre
14.26 de allí *navegaron* a Antioquía, desde
15.39 Bernabé, tomando a Marcos, *navegó* a
18.18 después se despidió..y *navegó* a Siria
20.6 *navegamos* de Filipos, y en cinco días
20.13 *navegamos* a Asón para recoger allí a
20.15 *navegando* de allí, al día siguiente
21.3 *navegamos* a Siria, y arribamos a Tiro
27.1 cuando..habíamos de *navegar* para Italia
27.4 allí, *navegamos* a sotavento de Chipre
27.7 *navegando*..días despacio, y llegando a
27.7 *navegamos* a sotavento de Creta, frente
27.24 te ha concedido todos los que *navegan*

NAZAREATO
Nm. 6.4 el tiempo de su *n*..de la vid..no comerá
6.5 el tiempo del..de su *n* no pasará navaja
6.8 el tiempo de su *n*, será santo para Jehová
6.12 consagrará..los días de su *n*, y traerá
6.12 anulados..cuanto fue contaminado su *n*
6.13 día que se cumpliere el tiempo de su *n*
6.21 que hiciere voto de..a Jehová por su *n*
6.21 así hará, conforme a la ley de su *n*

NAZARENO *De Nazaret*
Mt. 2.23 profetas, que habría de ser llamado *n*
26.71 allí: También éste estaba con Jesús el *n*
Mr. 1.24 ¡ah! ¿qué tienes con nosotros, Jesús *n?*
10.47 oyendo que era Jesús *n*, comenzó a dar
14.67 dijo: Tú también estabas con Jesús el *n*
16.6 buscáis a Jesús *n*..que fue crucificado
Lc. 4.34 ¡ah! ¿qué tienes con nosotros, Jesús *n?*
18.37 y le dijeron que pasaba Jesús *n*
24.19 le dijeron: De Jesús *n*, que fue varón
Jn. 18.5 le respondieron: A Jesús *n*. Jesús les
18.7 ¿a quién buscáis? Y..dijeron: A Jesús *n*
19.19 cual decía: Jesús *n*, Rey de los judíos
Hch. 2.22 oíd..Jesús *n*, varón aprobado por Dios
24.5 plaza..y cabecilla de la secta de los *n*

NAZAREO
Nm. 6.2 el..que se apartare haciendo voto de *n*
6.13 esta es, pues, la ley del *n* el día que
6.18 el *n* raerá a la..su cabeza consagrada
6.19 torta..las pondrá sobre las manos del *n*
6.20 mecerá..después el *n* podrá beber vino
6.21 esta es la ley del *n* que hiciere voto
Jue. 13.5,7 será *n* a Dios desde su nacimiento
16.17 *n* de Dios desde el vientre de mi madre
Am. 2.11 de vuestros jóvenes para que fuesen *n*
2.12 vosotros disteis de beber vino a los *n*

NAZARET *Ciudad en Galilea*
Mt. 2.23 y habitó en la ciudad que se llama *N*
4.13 dejando a *N*, vino y habitó en Capernaum
21.11 es Jesús el profeta, de *N* de Galilea
Mr. 1.9 que Jesús vino de *N* de Galilea, y fue
Lc. 1.26 fue enviado..a una ciudad..llamada *N*
2.4 José subió..de la ciudad de *N*, a Judea
2.39 volvieron a Galilea, a su ciudad de *N*
2.51 y descendió con ellos, y volvió a *N*, y
4.16 vino a *N*, donde se había criado; y en el
Jn. 1.45 hallado..Jesús, el hijo de José, de *N*
1.46 dijo: ¿De *N* puede salir algo de bueno?
Hch. 3.6 en el nombre de Jesucristo de *N*..anda
4.10 en el nombre de Jesucristo de *N*, a quien
6.14 que ese Jesús de *N* destruirá este lugar
10.38 cómo Dios ungió..con poder a Jesús de *N*
22.8 yo soy Jesús de *N*, a quien tú persigues
26.9 cosas contra el nombre de Jesús de *N*

NEA ***Población en la frontera de Zabulón,* Jos. 19.13**

NEÁPOLIS ***Puerto de Macedonia, cerca de Filipos,* Hch. 16.11**

NEARÍAS
1. ***Descendiente de Judá,* 1 Cr. 3.22,23**
2. ***Capitán militar bajo el rey Ezequías,* 1 Cr. 4.42**

NEBAI ***Firmante del pacto de Nehemías,* Neh. 10.19**

NEBAIOT ***Primogénito de Ismael, y su descendencia,* Gn. 25.13; 28.9; 36.3; 1 Cr. 1.29; Is. 60.7**

NEBALAT ***Pueblo de los benjamitas después del exilio,* Neh. 11.34**

NEBLINA
Stg. 4.14 es vuestra vida? Ciertamente es *n*

NEBO
1. ***Ciudad en Moab***
Nm. 32.3 Nimra, Hesbón, Eleale, Sebam, *N* y
32.38 *N*, Baal-meón (mudados los nombres) y
33.47 acamparon en los montes..delante de *N*
1 Cr. 5.8 habitó en Aroer hasta *N* y Baal-meón
Esd. 10.43 de los hijos de *N:* Jeiel, Matatías
Is. 15.2 sobre *N* y sobre Medeba aullará Moab
Jer. 48.1 así..¡Ay de *N!* porque fue destruida
48.22 sobre Dibón..*N*, sobre Bet-diblataim
2. ***Monte en Moab***
Dt. 32.49 al monte *N*, situado en la tierra de
34.1 subió Moisés de los..de Moab al monte *N*
3. ***Posiblemente =Nob,* Esd. 2.29; Neh. 7.33**
4. ***Dios de los caldeos***
Is. 46.1 postró Bel, se abatió *N;* sus imágenes

NECAO ***=Faraón No. 8***
2 Cr. 35.20 *N* rey de Egipto subió para hacer
35.21 *N* le envió mensajeros, diciendo: ¿Qué
35.22 y no atendió a las palabras de *N*, que
36.4 a Joacaz..tomó *N*, y lo llevó a Egipto

NECEDAD
Job 4.18 sus siervos..y notó *n* en sus ángeles
Pr. 12.23 el corazón de los necios publica la *n*
13.16 prudente..mas el necio manifestará *n*
14.18 simples heredarán *n;* mas los prudentes
14.29 es impaciente de espíritu enaltece la *n*
15.14 la boca de los necios se alimenta de *n*
15.21 *n* es alegría al falto de entendimiento
16.22 mas la erudición de los necios es *n*
17.12 con una osa..que con un fatuo en su *n*
22.15 la *n*..ligada en el corazón del muchacho
26.4 nunca respondas al..de acuerdo con su *n*
26.5 responde el necio como merece su *n*, para
26.11 como perro..el necio que repite su *n*
27.22 con el pisón, no se apartará de él su *n*
Ec. 2.3 con retención de la *n*, hasta ver cuál
2.12 a mirar para ver..los desvaríos y la *n*
2.13 sabiduría sobrepasa a la *n*, como la luz
10.6 la *n* está colocada en grandes alturas
10.13 el principio..palabras de su boca es *n*
Ef. 5.4 ni *n*, ni truhanerías, que no convienen

NECESARIO, RIA
1 R. 6.38 fue acabada la casa..con todo lo *n*
2 Cr. 35.15 y no era *n* que se apartasen de su
Esd. 6.9 y lo que fuere *n*, becerros, carneros
7.20 sea *n* dar, lo darás de..tesoros del rey
Pr. 30.8 des..ni riquezas; manténme del pan *n*
Dn. 3.16 no es *n* que te respondamos sobre este
Mt. 17.10 dicen..es *n* que Elías venga primero?
18.7 es *n* que vengan tropiezos, pero ¡ay de
23.23 era *n* hacer, sin dejar de hacer aquello
24.6 es *n* que todo esto acontezca; pero aún
26.35 aunque me sea *n* morir contigo, no te
26.54 las Escrituras, de que es *n* que así se
Mr. 8.31 le era *n* al Hijo del Hombre padecer
9.11 ¿por qué dicen..que es *n* que Elías venga
13.7 es *n* que suceda así; pero aún no es el
13.10 y es *n* que el evangelio sea predicado
14.31 decía: Si me fuere *n* morir contigo, no
Lc. 2.49 los negocios de mi Padre me es *n* estar?
4.43 es *n* que..a otras ciudades anuncie el
9.22 es *n* que el Hijo del Hombre padezca
10.42 solo una cosa es *n;* y María ha escogido
11.42 esto os era *n* hacer, sin dejar aquello
13.33 es *n* que hoy y mañana..siga mi camino
15.32 mas era *n* hacer fiesta y regocijarnos
19.5 porque hoy es *n* que pose yo en tu casa
21.9 es *n* que estas cosas acontezcan primero
22.7 en el cual era *n* sacrificar el cordero
24.7 *n* que el Hijo del Hombre sea entregado
24.26 *n* que el Cristo padeciera estas cosas
24.46 y así fue *n* que el Cristo padeciese, y
Jn. 3.7 de que te dije: Os es *n* nacer de nuevo
3.14 *n* que el Hijo del Hombre sea levantado
3.30 es *n* que él crezca, pero que yo mengüe
4.4 y le era *n* pasar por Samaria
4.24 en espíritu y en verdad es *n* que adoren
9.4 me es *n* hacer las obras del que me envió
12.34 *n* que el Hijo del Hombre sea levantado
20.9 era *n* que él resucitase de los muertos
Hch. 1.16 era *n* que se cumpliese la Escritura
1.21 es *n*, pues, que de estos hombres que han
3.21 a quien..es *n* que el cielo reciba hasta
5.29 es *n* obedecer a Dios antes que..hombres
10.6 este posa..te dirá lo que es *n* que hagas
13.46 a vosotros a la verdad era *n* que se os
14.22 *n* que a través de muchas tribulaciones
15.5 es *n* circuncidarlos, y mandarles que
15.28 no..ninguna carga más que estas cosas *n*
17.3 *n* que el Cristo padeciese, y resucitase
18.21 *n* que..guarde en Jerusalén la fiesta
19.21 después..me será *n* ver también a Roma
19.36 *n* que os apaciguéis, y que nada hagáis
20.34 para lo que me ha sido *n*..estas manos
23.11 es *n* que testifiques también en Roma
27.24 es *n* que comparezcas ante César; y he
27.26 con todo, es *n* que demos en alguna isla
28.10 zarpamos, nos cargaron de las cosas *n*
1 Co. 12.22 parecen más débiles, son los más *n*
15.53 es *n* que esto corruptible se vista de
2 Co. 5.10 *n* que todos..comparezcamos ante el
9.5 tuve por *n* exhortar a los hermanos que
Fil. 1.24 pero quedar en la carne es más *n* por
2.25 mas tuve por *n* enviaros a Epafrodito, mi
1 Ti. 3.2 es *n* que el obispo sea irreprensible
3.7 es *n* que tenga buen testimonio de los de
He. 2.1 es *n* que con más diligencia atendamos
7.12 *n* es que haya también cambio de ley
8.3 es *n* que también..tenga algo que ofrecer
9.16 donde hay testamento, es *n*..muerte del
9.23 fue, pues, *n* que las figuras de las cosas
10.36 es *n* la paciencia, para que habiendo
Stg. 2.16 pero no les dais las cosas que son *n*
Jud. 3 me ha sido *n* escribiros exhortándoos que
Ap. 10.11 es *n* que profetices otra vez sobre
17.10 y cuando venga, es *n* que dure..tiempo

NECESIDAD
Jue. 19.20 tu *n* toda quede solamente a mi cargo
1 S. 20.8 no hay *n* de llevarme hasta tu padre
Neh. 9.21 de ninguna cosa tuvieron *n*..vestidos
Pr. 6.11 así vendrá tu *n* como caminante, y tu
13.25 mas el vientre de los impíos tendrá *n*
24.34 así vendrá como caminante tu *n*, y tu
31.7 y olvídense de su *n*, y de su miseria no
Mt. 6.8 vuestro Padre sabe..qué cosas tenéis *n*
6.32 vuestro Padre celestial sabe..tenéis *n*
9.12 los sanos no tienen *n* de médico, sino los
14.16 les dijo: No tienen *n* de irse; dadles
26.65 ¿qué más *n* tenemos de testigos? He aquí
Mr. 2.17 los sanos no tienen *n* de médico, sino
2.25 lo que hizo David cuando tuvo *n*, y sintió
14.63 dijo: ¿Qué más *n* tenemos de testigos?
Lc. 5.31 sanos no tienen *n* de médico, sino los
12.30 pero vuestro Padre sabe que tenéis *n* de
18.1 una parábola sobre la *n* de orar siempre
23.17 tenía *n* de soltarles uno en cada fiesta
Jn. 2.25 *n* de que nadie le diese testimonio del
Hch. 2.45 lo repartían..según la *n* de cada uno
4.35 y se repartía a cada uno según su *n*
Ro. 12.13 compartiendo para las *n* de los santos
1 Co. 7.26 bueno a causa de la *n* que apremia
7.37 el que está firme en..sin tener *n*, sino
9.16 porque me es impuesta *n;* y ¡ay de mí si
12.21 ni..puede decir..No tengo *n* de vosotros
12.24 los que..son más decorosos, no tienen *n*
2 Co. 3.1 ¿o tenemos *n*, como algunos, de cartas
6.4 en tribulaciones, en *n*, en angustias
9.7 cada uno dé..no con tristeza, ni por *n*
11.9 tuve *n*, a ninguno fui carga, pues lo que
12.10 me gozo en..en *n*, en persecuciones, en
Ef. 4.28 qué compartir con el que padece *n*
Fil. 2.25 mensajero, y ministrador de mis *n*
4.12 tener abundancia como para padecer *n*
4.16 a Tesalónica me enviasteis..para mis *n*
1 Ts. 1.8 nosotros no tenemos *n* de hablar nada
3.7 en medio de toda nuestra *n* y aflicción
1 Ts. 4.9 no tenéis *n* de que os escriba, porque
4.12 os conduzcáis..y no tengáis *n* de nada
5.1 no tenéis *n*, hermanos, de que..os escriba
Tit. 3.14 en buenas obras para los casos de *n*
Flm. 14 que tu favor no fuese como de *n*, sino
He. 5.12 tenéis *n* de que se os vuelva a enseñar

NECESIDAD *(Continúa)*
He. 5.12 habéis llegado a ser tales que tenéis *n*
7.11 ¿qué *n* habría. .de que se levantase otro
7.27 que no tiene *n* cada día, como aquellos
Stg. 2.15 y tienen *n* del mantenimiento de cada
1 Jn. 2.27 no tenéis *n* de que nadie os enseñe
3.17 el que tiene. .y ve a su hermano tener *n*
Ap. 3.17 yo soy rico. .y de ninguna cosa tengo *n*
21.23 la ciudad no tiene *n* de sol ni de luna
22.5 y no tienen *n* de luz de lámpara, ni de

NECESITADO
Job 24.14 se levanta el. .mata al pobre y al *n*
34.28 pobre, y que oiga el clamor de los *n*
Sal. 40.17 afligido yo y *n*, Jehová pensará en
82.4 librad al afligido y al *n;* libradlo de
109.22 yo estoy afligido y *n*, y mi corazón
140.12 Jehová tomará a. .el derecho de los *n*
Pr. 21.17 hombre *n* será el que ama el deleite
Am. 8.6 pobres. .y los *n* por un par de zapatos
Hch. 4.34 así que no había entre ellos ningún *n*
20.35 trabajando así, se debe ayudar a los *n*

NECESITAR
Gn. 39.23 no *necesitaba* atender el jefe de la
Éx. 36.5 trae mucho más de lo que se *necesita*
Dt. 15.8 efecto le prestarás lo que *necesite*
2 R. 4.13 ¿*necesitas* que hable por ti al rey
2 Cr. 2.16 cortaremos. .la madera que *necesites*
Sal. 34.10 los leoncillos *necesitan*, y tienen
Mt. 3.14 yo *necesito* ser bautizado por ti, ¿y
21.3 decid: El Señor los *necesita;* y luego los
Mr. 11.3 decid que el Señor lo *necesita*, y que
Lc. 9.11 sanaba a. .que *necesitaban* ser curados
11.8 se levantará y le dará. .lo que *necesite*
14.28 calcula. .ver si tiene lo que *necesita*
15.7 más. .que por 99 justos que no *necesitan*
19.31 ¿por qué. .Porque el Señor lo *necesita*
18.34 dijeron: Porque el Señor lo *necesita*
22.71 ¿qué más testimonio *necesitamos?* porque
Jn. 13.10 el que está lavado, no *necesita* sino
13.29 decía: Compra lo que *necesitamos* para
16.30 y no *necesitas* que nadie te pregunte
Hch. 17.25 como si *necesitase* de algo; pues él
Ro. 16.2 la ayudéis en cualquier cosa. .*necesite*
1 Co. 12.21 decir. .No te *necesito*, ni tampoco

NECIAMENTE
1 S. 26.21 he aquí yo he hecho *n*, y he errado
2 S. 24.10 y dijo David a. .yo he hecho muy *n*
Pr. 30.32 si *n* has procurado enaltecerte, o si

NECIO, CIA
Job 5.2 al *n* lo mata la ira, y al codicioso lo
5.3 yo he visto al *n* que echaba raíces, y en
Sal. 14.1 dice el *n* en su corazón: No hay Dios
49.10 perecen del mismo modo que el. .y el *n*
53.1 dice el *n* en su corazón: No hay Dios
92.6 el hombre *n* no sabe, y el insensato no
94.8 entended, *n*. .pueblo; y vosotros, fatuos
Pr. 1.32 la prosperidad de los *n* los echará a
3.35 heredarán. .mas los *n* llevarán ignominia
7.22 el *n* a las prisiones para ser castigado
8.5 entended. .vosotros, *n*, entrad en cordura
10.1 pero el hijo *n* es tristeza de su madre
10.8 mandamientos, mas el *n* de labios caerá
10.10 guiña. .y el *n* de labios será castigado
10.14 mas la boca del *n* es calamidad cercana
10.18 encubre. .el que propaga calumnia es *n*
10.21 los *n* mueren por falta de entendimiento
11.29 el *n* será siervo del sabio de corazón
12.15 camino del *n* es derecho en su opinión
12.16 el *n* al punto da a conocer su ira; mas
12.23 el corazón de los *n* publica la necedad
13.16 prudente. .mas el *n* manifestará necedad
13.19 apartarse del. .es abominación a los *n*
13.20 el que se junta con *n* será quebrantado
14.1 casa; mas la *n* con sus manos la derriba
14.3 boca del *n* está la vara de la soberbia
14.7 vete de delante del hombre *n*, porque en
14.8 mas la indiscreción de los *n* es engaño
14.9 los *n* se mofan del pecado; mas entre los
14.14 de sus caminos será hastiado el *n* de
14.24 la insensatez de los *n* es infatuación
14.33 pero no es conocida en medio de los *n*
15.2 mas la boca de los *n* hablará sandeces
15.5 el *n* menosprecia el consejo de su padre
15.7 sabiduría; no así el corazón de los *n*
15.14 boca de los *n* se alimenta de necedades
15.20 mas el hombre *n* menosprecia a su madre
16.22 mas la erudición de los *n* es necedad
17.7 no conviene al *n* la altilocuencia
17.10 aprovecha al. .más que cien azotes al *n*
17.16 precio en la mano del *n* para comprar
17.21 tristeza. .el padre del *n* no se alegrará
17.24 los ojos del *n* vagan hasta el extremo
17.25 el hijo *n* es pesadumbre de su padre, y
17.28 *n*, cuando calla, es contado por sabio
18.2 no toma placer el *n* en la inteligencia
18.6 los labios del *n* traen contienda; y su
18.7 la boca del *n* es quebrantamiento para
19.10 no conviene al *n* el deleite; ¡cuánto
19.13 dolor es para su padre el hijo *n*, y
19.29 y azotes para las espaldas de los *n*
23.9 no hables a oídos del *n*. .menospreciará
24.9 el pensamiento del *n* es pecado, y
26.1 la siega, así no conviene al *n* la honra
26.3 el asno, y la vara para la espalda del *n*
26.4 nunca respondas al *n* de acuerdo con su
26.5 responde al *n* como merece su necedad
26.6 es el que envía recado por mano de un *n*
26.7 así es el proverbio en la boca del *n*
26.8 la honda, así hace el que da honra al *n*
26.9 tal es el proverbio en la boca de los *n*
26.11 como. .así es el *n* que repite su necedad
26.12; 29.20 más esperanza hay del *n* que de él
27.3 mas la ira del *n* es más pesada que ambas
27.22 aunque majes al *n* en un mortero entre
28.26 el que confía en su propio corazón es *n*
29.11 el *n* da rienda suelta a toda su ira, mas
30.22 reina; por el *n* cuando se sacia de pan
Ec. 2.14 el sabio. .mas el *n* anda en tinieblas
2.15 sucederá al *n*, me sucederá también a mí
2.16 ni del sabio ni del *n* habrá memoria para
2.16 y también morirá el sabio como el *n*
2.19 si será sabio o *n* el que se enseñoreará
4.5 *n* cruza sus manos y come su misma carne
4.13 el rey viejo y *n* que no admite consejos
5.1 que para ofrecer el sacrificio de los *n*
5.3 la multitud de las palabras la voz del *n*
6.8 ¿qué más tiene el sabio que el *n?*
7.5 mejor es oir la. .que la canción de los *n*
7.6 la risa del *n* es como el estrépito de los
7.9 porque el enojo reposa en el seno de. .*n*
9.17 mejores que el clamor del señor entre. .*n*
10.2 mas el corazón del *n* a su mano izquierda
10.3 va el *n*. .va diciendo a todos que es *n*
10.12 los labios del *n* causan su propia ruina
10.14 *n* multiplica palabras, aunque no sabe
10.15 el trabajo de los *n* los fatiga; porque
Is. 19.11 *n* los príncipes de Zoán; el consejo
32.4 el corazón de los *n* entenderá para saber
Jer. 4.22 mi pueblo es *n*, no me conocieron; son
5.21 oíd ahora esto, pueblo *n* y sin corazón
Os. 9.7 *n* es el profeta, insensato es el varón
Mt. 5.22 cualquiera que diga: *N*, a su hermano
23.19 ¡*n* y ciegos! porque ¿cuál es mayor, la
Lc. 11.40 *n*, ¿el que hizo lo de fuera, no hizo
12.20 *n*, esta noche vienen a pedirte tu alma
Ro. 1.21 sino. .su *n* corazón fue entenebrecido
1.22 profesando ser sabios, se hicieron *n*
1.31 *n*. .sin afecto natural, implacables
1 Co. 1.27 lo *n* del mundo escogió Dios, para
15.36 *n*, lo que tú siembras no se vivifica
2 Co. 11.19 de buena gana toleráis a los *n*
12.11 me he hecho un *n* al gloriarme; vosotros
Gá. 3.3 ¿tan *n* sois? ¿Habiendo comenzado por el
Ef. 5.15 andéis, no como *n* sino como sabios
1 Ti. 6.5 disputas *n* de hombres corruptos de
6.9 caen en. .en muchas codicias *n* y dañosas
2 Ti. 2.23 desecha. .cuestiones *n* e insensatas
Tit. 3.9 evita las cuestiones *n*, y genealogías

NECODA
1. ***Padre de una familia de sirvientes del templo***, **Esd. 2.48; Neh. 7.50**
2. ***Ascendiente de algunos que no pudieron demostrar su linaje***, **Esd. 2.60; Neh. 7.62**

NEDABÍAS ***Hijo del rey Jeconías***, **1 Cr. 3.18**

NEFANDA
2 P. 2.7 Lot, abrumado por la *n* conducta de los

NEFEG
1. ***Levita, hijo de Izhar***, **Éx. 6.21**
2. ***Hijo de David***, **2 S. 5.15; 1 Cr. 3.7; 14.6**

NEFISESIM ***Ascendiente de una familia de sirvientes del templo (=Nefusim)***, **Neh. 7.52**

NEFTALÍ ***Hijo de Jacob, y la tribu que formó su posteridad***
Gn. 30.8 y dijo Raquel. Y llamó su nombre *N*
35.25 los hijos de Bilha, sierva. .Dan y *N*
46.24 los hijos de *N:* Jahzeel, Guni, Jezer
49.21 *N*, cierva suelta. .pronunciará dichos
Éx. 1.4 Dan, *N*, Gad y Aser
Nm. 1.15 de *N*, Ahira hijo de Enán
1.42 de los hijos de *N*, por su descendencia
1.43 contados de la tribu de *N* fueron 53.400
2.29 y la tribu de *N;* y el jefe de. .*N*, Ahira
7.78 príncipe de los hijos de *N*, Ahira hijo
10.27 sobre el. .de los hijos de *N*, Ahira hijo
13.14 de la tribu de *N*, Nahbi hijo de Vapsi
26.48 los hijos de *N*, por sus familias: de
26.50 son las familias de *N* por sus familias
34.28 de la tribu de. .*N*, el príncipe Pedael
Dt. 27.13 estos estarán sobre. .Zabulón, Dan y *N*
33.23 a *N* dijo: *N*, saciado de favores, y lleno
34.2 de *N*, y la tierra de Efraín y de Manasés
Jos. 19.32 la sexta suerte. .a los hijos de *N*
19.39 esta es la heredad. .de los hijos de *N*
20.7 señalaron a Cedes en. .en el monte de *N*
21.6 de la tribu de *N* y de. .trece ciudades
21.32 y de la tribu de *N*, Cedes en Galilea
Jue. 1.33 tampoco *N* arrojó a los que habitaban
4.6 ella envió a llamar a Barac. .de Cedes de *N*
4.6 toma. .diez mil hombres de la tribu de *N*
4.10 y juntó Barac a Zabulón y a *N* en Cedes
5.18 Zabulón. .y *N* en las alturas del campo
6.35 envió mensajeros a Aser, a Zabulón y a *N*
7.23 juntándose los de Israel, de *N*, de Aser
1 R. 4.15 Ahimaas en *N;* éste tomó. .por mujer
7.14 hijo de una viuda de la tribu de *N*. Su
15.20 toda Cineret, con toda la tierra de *N*
2 R. 15.29 y tomó. .toda la tierra de *N;* y los
1 Cr. 2.2 Dan, José, Benjamín, *N*, Gad y Aser
6.62 dieron. .de la tribu de *N* y de la tribu
6.76 de la tribu de *N*, Cedes en Galilea con
7.13 los hijos de *N:* Jahzeel, Guni, Jezer y
12.34 *N*, mil capitanes, y con ellos 37.000
27.19 y de los de *N*, Jerimot hijo de Azriel
2 Cr. 16.4 conquistaron. .las ciudades de. .de *N*
34.6 lo mismo hizo en las ciudades. .hasta *N*
Sal. 68.27 allí estaba el. .los príncipes de *N*
Is. 9.1 tierra de Zabulón y a la tierra de *N*
Ez. 48.3 del oriente hasta el lado del mar, *N*
48.4 junto al límite de *N*, desde el lado del
48.34 sus tres puertas. .la puerta de *N*, otra
Mt. 4.13 habitó. .en la región de Zabulón y de *N*
4.15 tierra de Zabulón y tierra de *N*, camino
Ap. 7.6 de la tribu de *N*, doce mil sellados

NEFTOA ***Manantial cerca de Jerusalén***, **Jos. 15.9; 18.15**

NEFUSIM ***Padre de una familia de sirvientes del templo***, **Esd. 2.50**

NEGAR
Gn. 18.15 Sara *negó*, diciendo: No me reí; porque
23.6 ninguno de. .te *negará* su sepulcro, ni te
Lv. 6.2 *negare* a su prójimo lo encomendado o
6.3 hallado lo perdido después lo *negare*, y
Nm. 14.43 os habéis *negado* a seguir a Jehová
Dt. 22.1 extraviado el. .no le *negarás* tu ayuda
22.3 mismo harás. .no podrás *negarle* tu ayuda
Jos. 10.6 no *niegues* ayuda a tus siervos; sube
2 S. 13.13 hables al rey, que él no me *negará*
1 R. 2.16 hago una petición; no me la *niegues*
2.17 hables al rey Salomón. .no te lo *negará*
2.20 una pequeña petición. .no me la *niegues*
2.20 pide, madre mía, que yo no te la *negaré*
20.7 y por mi oro, y yo no se lo he *negado*
Job 8.18 *negará* entonces, diciendo: Nunca te vi
31.28 porque habría *negado* al Dios soberano
Sal. 21.2 no le *negaste* la petición de. .labios
Pr. 3.27 no te *niegues* a hacer el bien a quien
30.7 dos. .no me las *niegues* antes que muera
30.9 no sea que me sacie, y te *niegue*, y diga
Ec. 2.10 no *negué* a mis ojos ninguna cosa que
Jer. 5.12 *negaron* a Jehová, y dijeron: El no es
Mt. 10.33 que me *niegue*. .le *negaré* delante de
16.24 *niéguese* a sí mismo, y tome su cruz, y
26.34 que esta noche. .me *negarás* tres veces
26.35 me sea necesario morir. .no te *negaré*
26.70 mas él *negó* delante de todos, diciendo
26.72 él *negó*. .con juramento: No conozco al
26.75 antes que cante. .me *negarás* tres veces
Mr. 8.34 *niéguese* a sí mismo, y tome su cruz
14.30 gallo haya cantado. .*negarás* tres veces
14.31 necesario morir contigo, no te *negaré*
14.68 mas él *negó*, diciendo: No le conozco
14.70 pero él *negó* otra vez. Y poco después
14.72 gallo cante dos veces, me *negarás* tres
Lc. 6.29 la capa, ni aun la túnica le *niegues*
8.45 y *negando* todos, dijo Pedro y los que
9.23 *niéguese* a sí mismo, tome su cruz cada
12.9 el que me *negare* delante de. .será *negado*
20.27 los cuales *niegan* haber resurrección
22.34 que tú *niegues* tres veces que me conoces
22.57 lo *negó*, diciendo: Mujer, no lo conozco
22.61 el gallo cante, me *negarás* tres veces
Jn. 1.20 confesó, y no *negó*, sino confesó: Yo
13.38 no. .sin que me hayas *negado* tres veces
18.25 ¿no eres tú. .El *negó*, y dijo: No lo soy
18.27 *negó* Pedro otra vez; y. .cantó el gallo
Hch. 3.13 a quien vosotros. .*negasteis* delante
3.14 vosotros *negasteis* al Santo y al Justo
4.16 señal manifiesta. .y no lo podemos *negar*
1 Co. 7.5 no os *neguéis* el uno al otro, a no ser
1 Ti. 5.8 si alguno no provee. .ha *negado* la fe
2 Ti. 2.12 le *negáremos*, él también nos *negará*
2.13 fiel; él no puede *negarse* a sí mismo
3.5 pero *negarán* la eficacia de ella; a éstos
Tit. 1.16 Dios, pero con los hechos lo *niegan*
2 P. 2.1 aun *negarán* al Señor que los rescató
1 Jn. 2.22 el que *niega* que Jesús es el Cristo?
2.22 este es anticristo, el que *niega* al Padre
2.23 aquel que *niega* al Hijo, tampoco tiene
Jud. 4 y *niegan* a Dios el único soberano, y a
Ap. 2.13 retienes mi nombre, y no has *negado* mi
3.8 has guardado. .y no has *negado* mi nombre

NEGINOT ***"Instrumento de cuerdas", palabra que aparece en el título de los Salmos 4, 6, 54, 55, 61, 67, 76***

NEGLIGENCIA
Pr. 12.24 señoreará; mas la *n* será tributaria

NEGLIGENTE
Jos. 18.3 Josué dijo a..¿Hasta cuándo seréis *n*
Esd. 4.22 mirad que no seáis *n* en esto; ¿por qué
Pr. 10.4 la mano *n* empobrece; mas la mano de los
18.9 el que es *n* en su trabajo es hermano del
19.15 en..sueño, y el alma *n* padecerá hambre
Mt. 25.26 le dijo: Siervo malo y *n*, sabías que

NEGOCIANTE
2 Cr. 9.14 sin lo que traían los mercaderes y *n*
Neh. 13.20 se quedaron fuera..los *n* y los que
Is. 23.8 *n* eran príncipes, cuyos mercaderes eran

NEGOCIAR
Gn. 34.10 morad y *negociad* en ella, y tomad en
42.34 os daré a..y *negociaréis* en la tierra
Ez. 27.9 las naves..fueron a ti para *negociar*
27.17 con trigos..*negociaban* en tus mercados
27.18 con vino de..y lana blanca *negociaban*
27.19 para *negociar* en tu mercado con hierro
27.24 mercaderes tuyos *negociaban* contigo en
Mt. 25.16 *negoció* con ellos, y ganó otros cinco
Lc. 19.13 dijo: *Negociad* entre tanto que vengo
19.15 saber lo que había *negociado* cada uno

NEGOCIO
Gn. 24.9 el criado puso..le juró sobre este *n*
Dt. 17.8 juicio..*n* de litigio en tus ciudades
Jue. 18.7,28 lejos de..y no tenían *n* con nadie
Rt. 4.7 que para la confirmación de cualquier *n*
2 S. 15.4 viniesen a mí todos los..pleito o *n*
1 R. 1.27 ¿es este *n* ordenado por mi señor el
1 Cr. 26.32 las cosas de Dios y los *n* del rey
27.1 oficiales que servían al rey en..los *n*
2 Cr. 8.15 mandamiento del rey, en cuanto a..*n*
19.11 Zebadías hijo..en todos los *n* del rey
Neh. 11.24 estaba al servicio del rey en todo *n*
Sal. 107.23 que..hacen *n* en las muchas aguas
Pr. 18.1 se desvía, y se entremete en todo *n*
31.18 ve que van bien sus *n;* su lámpara no se
Ec. 7.8 mejor es el fin del *n* que su principio
Is. 23.18 sus *n* y ganancias serán consagrados
Ez. 27.9 fueron a ti..para participar de tus *n*
27.27 y los agentes de tus *n*, y..tus hombres
Dn. 2.49 que pusiera sobre los *n* de..a Sadrac
3.12 pusiste sobre los *n* de la provincia de
8.27 cuando convalecí, atendí los *n* del rey
Mt. 22.5 fueron..a su labranza, y otro a sus *n*
Lc. 2.49 ¿no sabíais que en los *n* de mi Padre
Hch. 19.27 peligro de que este nuestro *n* venga
1 Ts. 4.11 procuréis..ocuparos en vuestros *n*
2 Ti. 2.4 milita se enreda en los *n* de la vida

NEGRO, GRA
Lv. 13.31 pareciere..ni hubiere en ella pelo *n*
13.37 salido en ella el pelo *n*, la tiña está
1 Cr. 29.2 piedras preciosas, piedras *n*, piedras
Cnt. 5.11 sus cabellos crespos, *n* como el cuervo
Zac. 6.2 había..en el segundo carro caballos *n*
6.6 el carro con los caballos *n* salía hacia
Mt. 5.36 no puedes hacer blanco o *n* un..cabello
Ap. 6.5 miré, y he aquí un caballo *n;* y el que
6.12 y el sol se puso *n* como tela de cilicio

NEGRURA
Lm. 4.8 oscuro más que la *n* es su aspecto

NEGUEV *La región del sur de Palestina*
Gn. 12.9 y Abram partió de..yendo hacia el *N*
13.1 subió..Abram de Egipto hacia el *N*, él y
13.3 por sus jornadas desde el *N* hacia Bet-el
20.1 de allí partió Abraham a la tierra del *N*
24.62 venía Isaac del pozo..habitaba en el *N*
Nm. 13.17 subid de aquí al *N*, y subid al monte
13.22 subieron al *N* y vinieron hasta Hebrón
13.29 Amalec habita el *N*..heteo, el jebuseo
21.1; 33.40 rey de Arad, que habitaba en el *N*
Dt. 1.7 en el *N*, y junto a la costa del mar, a
34.3 el *N*, y la llanura, la vega de Jericó
Jos. 10.40 hirió..Josué toda la región..del *N*
11.16 tomó..todo el *N*, toda la tierra de Gosén
12.8 el *N;* el heteo, el amorreo, el cananeo
15.19 puesto que me has dado tierra del *N*
19.8 hasta Baalat-beer, que es Ramat del *N*
Jue. 1.9 contra el cananeo que habitaba..en el *N*
1.15 me has dado tierra del *N*, dame..fuentes
1.16 al desierto de Judá, que está en el *N*
1 S. 27.10 decía: En el *N* de Judá, y el *N* de
27.10 David decía..o en el *N* de los ceneos
30.1 los de Amalec habían invadido el *N* y a
30.14 parte del *N*..de Judá, y al *N* de Caleb
30.27 a los que estaban..en Ramot del *N*, en
2 S. 24.7 y salieron al *N* de Judá en Beerseba
2 Cr. 28.18 por las ciudades de la Sefela del *N*
Sal. 126.4 haz volver..como los arroyos del *N*
Is. 21.1 como torbellino del *N*, así viene del
30.6 profecía sobre las bestias del *N:* Por
Jer. 13.19 las ciudades del *N* fueron cerradas
17.26 vendrán de las..de los montes y del *N*
32.44 en las ciudades del *N;* porque yo haré
33.13 en las ciudades del *N*, en la tierra de
Ez. 20.46 sur..profetiza contra el bosque del *N*
20.47 dirás al bosque del *N:* Oye la palabra
Abd. 19 y los del *N* poseerán el monte de Esaú
20 los cautivos..poseerán las ciudades del *N*
Zac. 7.7 el *N* y la Sefela estaban..habitados?

NEHELAM ***Pueblo del falso profeta Semaías,* Jer. 29.24,31,32**

NEHEMÍAS
1. ***Jefe entre los que regresaron del exilio con Zorobabel,* Esd. 2.2; Neh. 7.7**
2. ***Gobernador de Jerusalén bajo el rey Artajerjes***
Neh. 1.1 palabras de *N*..Aconteció en el mes de
8.9 *N* el gobernador, y el sacerdote Esdras
10.1 los que firmaron fueron: *N* el gobernador
12.26 en los días del gobernador *N* y..Esdras
12.47 Israel..en días de *N* daba alimentos a
3. ***Uno que ayudó en la restauración del muro de Jerusalén,* Neh. 3.16**

NEHILOT ***Instrumento musical,* Sal. 5 tít.**

NEHUM ***Jefe entre los que regresaron del exilio con Zorobabel (=Rehum No. 1), Neh. 7.7***

NEHUSTA ***Madre del rey Joaquín* 2 R. 24.8**

NEHUSTÁN ***"Cosa de bronce",* 2 R. 18.4**

NEIEL ***Población en la frontera de Aser,* Jos. 19.27**

NEMUEL
1. ***Descendiente de Rubén,* Nm. 26.9**
2. ***Hijo de Simeón (=Jemuel),* Nm. 26.12; 1 Cr. 4.24**

NEMUELITA ***Descendiente de Nemuel No. 2,* Nm. 26.12**

NEÓFITO
1 Ti. 3.6 no un *n*, no sea que envaneciéndose

NER *Padre de Abner*
1 S. 14.50 el general de..era Abner, hijo de *N*
14.51 Cis padre..y *N*..fueron hijos de Abiel
26.5 donde dormían Saúl y Abner hijo de *N*
26.14 y dio voces David..a Abner hijo de *N*
2 S. 2.8 Abner hijo de *N*, general del ejército
2.12 Abner hijo de *N* salió de Mahanaim a
3.23 Abner hijo de *N* ha venido al rey, y él
3.25 conoces a Abner hijo de *N*. No ha venido
3.28 inocente soy..sangre de Abner hijo de *N*
3.37 no..del rey el matar a Abner hijo de *N*
1 R. 2.5 que hizo a..Abner hijo de *N* y a Amasa
2.32 mató..a Abner hijo de *N*..y a Amasa hijo
1 Cr. 8.33 *N* engendró a Cis, Cis engendró a
9.36 Abdón, luego Zur, Cis, Baal, *N*, Nadab
9.39 *N* engendró a Cis, Cis engendró a Saúl
26.28 había consagrado el..Abner hijo de *N*

NEREO ***Cristiano saludado por Pablo,* Ro. 16.15**

NERGAL ***Dios de Mesopotamia,* 2 R. 17.30**

NERGAL-SAREZER ***Príncipe del rey Nabucodonosor***
Jer. 39.3 entraron..acamparon..*N*, Samgar-nebo
39.3 *N* el Rabmag y todos los demás príncipes
39.13 *N* el Rabmag y todos los príncipes del

NERI ***Ascendiente de Jesucristo,* Lc. 3.27**

NERÍAS ***Padre de Baruc y Seraías, ayudantes del profeta Jeremías***
Jer. 32.12 la carta de venta a Baruc hijo de *N*
32.16 que di la carta de..a Baruc hijo de *N*
36.4 llamó Jeremías a Baruc..de *N*, y escribió
36.8 y Baruc hijo de *N* hizo conforme a todas
36.14 y Baruc hijo de *N* tomó el rollo en su
36.32 rollo..lo dio a Baruc hijo de *N* escriba
43.3 sino que Baruc hijo de *N* te incita contra
43.6 al profeta Jeremías y a Baruc hijo de *N*
45.1 el profeta Jeremías a Baruc hijo de *N*
51.59 que envió..Jeremías a Seraías hijo de *N*

NERVIO
Job 10.11 vestiste..me tejiste con huesos y *n*
40.17 los *n* de sus muslos están entretejidos

NETANÍAS
1. ***Padre de Ismael No. 2,* 2 R. 25.23,25; Jer. 40.8,14,15; 41.1,2,6,7,9,10,11,12, 15,16,18**
2. ***Levita, cantor,* 1 Cr. 25.2,12**
3. ***Levita, siervo del rey Josafat,* 2 Cr. 17.8**
4. ***Padre de Jehudí,* Jer. 36.14**

NETOFA ***Población en Judá, cerca de Belén,* Esd. 2.22; Neh. 7.26**

NETOFATITA ***Habitante de Netofa***
2 S. 23.28 Salmón ahohíta, Maharai *n*
23.29 Heleb hijo de Baana, *n*, Itai hijo de
2 R. 25.23 vinieron a él..Seraías hijo de..*n*
1 Cr. 2.54 los hijos de Salma: Belén, y los *n*
9.16 el cual habitó en las aldeas de los *n*
11.30 Maharai *n*, Heled hijo de Baana *n*
27.13 para el décimo mes era Maharai *n*, de
27.15 para el duodécimo mes era Heldai *n*, de
Neh. 12.28 así..como de las aldeas de los *n*
Jer. 40.8 hijos de Efai *n*, y Jezanías hijo de

NEVAR
2 S. 23.20 mató a un león en..estaba *nevando*
Sal. 68.14 fue como si hubiese *nevado* en el

NEZÍA ***Padre de una familia de sirvientes del templo,* Esd. 2.54; Neh. 7.56**

NEZIB ***Aldea en Judá,* Jos. 15.43**

NIBHAZ ***Dios de los aveos,* 2 R. 17.31**

NIBSÁN ***Aldea en Judá,* Jos. 15.62**

NICANOR ***Uno de los siete diáconos,* Hch. 6.5**

NICODEMO *Fariseo, discípulo de Jesucristo*
Jn. 3.1 había un hombre de..que se llamaba *N*
3.4 *N* le dijo: ¿Cómo puede un hombre nacer
3.9 respondió *N*..¿Cómo puede hacerse esto?
7.50 les dijo *N*, el que vino a él de noche
19.39 *N*, el que antes había visitado a Jesús

NICOLAÍTA *Discípulo de un Nicolás no identificado*
Ap. 2.6 que aborreces las obras de los *n*, las
2.15 los que retienen la doctrina de los *n*

NICOLÁS ***Prosélito de Antioquía, uno de los siete diáconos,* Hch. 6.5**

NICÓPOLIS ***Ciudad en Grecia,* Tit. 3.12**

NIDADA
Dt. 32.11 el águila que excita su *n*, revolotea

NIDO
Nm. 24.21 es tu habitación; pon en la peña tu *n*
Dt. 22.6 encuentres por el camino..*n* de ave en
Job 29.18 decía..En mi *n* moriré, y como arena
39.27 ¿se remonta el..y pone en alto su *n?*
Sal. 84.3 halla casa, y la golondrina *n* para sí
Pr. 27.8 cual ave que se va de su *n*, tal es el
Is. 10.14 halló mi mano como *n* las riquezas de
16.2 y cual ave espantada que huye de su *n*
Jer. 22.23 Líbano, hiciste tu *n* en los cedros
48.28 la paloma que hace *n* en la boca de la
49.16 aunque alces como águila tu *n*, de allí
Ez. 31.6 en sus ramas hacían *n* todas las aves
Abd. 4 si..entre las estrellas pusieres tu *n*
Hab. 2.9 que codicia..para poner en alto su *n*
Mt. 8.20 las aves del cielo *n;* mas el Hijo del
13.32 vienen las aves del cielo y hacen *n* en
Lc. 9.58 guaridas, y las aves de los cielos *n*

NIEBLA
Job 37.11 disipar..y con su luz esparce la *n*
Is. 44 22 deshice como..y como *n* tus pecados
Os. 13.3 serán como la *n* de la mañana, y como

NIETO
Gn. 21.23 por Dios que no faltarás a..ni a mi *n*
Éx. 10.2 para que cuentes..y a tus *n* las cosas
Dt. 4.25 cuando hayáis engendrado hijos y *n*, y
Jue. 8.22 nuestro señor, tú, y tu hijo, y tu *n*
12.14 tuvo..treinta *n*, que cabalgaban sobre
2 R. 17.41 sus *n*, según como hicieron sus padres
1 Cr. 8.40 los cuales tuvieron muchos hijos y *n*
Job 18.19 no tendrá hijo ni *n* en su pueblo, ni
Pr. 17.6 corona de los viejos son los *n*, y la
Is. 14.22 raeré de Babilonia el..hijo y *n*, dice
22.24 la honra de la casa..los hijos y los *n*
1 Ti. 5.4 si alguna viuda tiene..o *n*, aprendan

NIEVE
Éx. 4.6 que su mano estaba leprosa como la *n*
Nm. 12.10 que María estaba leprosa como la *n*
2 R. 5.27 salió de..leproso, blanco como la *n*
1 Cr. 11.22 mató a un león en..en tiempo de *n*
Job 6.16 escondidas por..y encubiertas por la *n*
9.30 aunque me lave con agua de *n*, y limpie
24.19 el calor arrebatan las aguas de la *n*
37.6 porque a la *n* dice: Desciende a..tierra
38.22 ¿has entrado tú en los tesoros de la *n*
Sal. 51.7 lávame, y seré más blanco que la *n*
147.16 la *n* como lana, y derrama la escarcha
148.8 el fuego y el granizo, la *n* y el vapor
Pr. 25.13 como frío de *n* en tiempo de la siega
26.1 como no conviene la *n* en el verano, ni

NIEVE *(Continúa)*
Pr. 31.21 no tiene temor de la *n* por su familia
Is. 1.18 grana, como la *n* serán emblanquecidos
55.10 desciende de. . cielos la lluvia y la *n*
Jer. 18.14 ¿faltará la *n* del Líbano de la piedra
Lm. 4.7 sus nobles fueron más puros que la *n*
Dn. 7.9 cuyo vestido era blanco como la *n*, y
Mt. 28.3 aspecto. . su vestido blanco como la *n*
Mr. 9.3 sus vestidos se volvieron. . como la *n*
Ap. 1.14 su cabeza y sus cabellos eran. . como *n*

NIGER ***Uno del grupo de profetas y maestros en la iglesia de Antioquía (=Simón No. 11),*** **Hch. 13.1**

NILO *Unico río que fluye por Egipto*
Is. 23.3 que crecen con las muchas aguas del *N*
Jer. 2.18 ¿qué tienes tu. . que bebas agua del *N*?
Ez. 29.3 cual dijo: Mío es el *N*, pues yo lo hice
29.9 cuanto dijo: El *N* es mío, y yo lo hice
Nah. 3.8 que estaba asentada junto al *N*, cuyo

NIMRA ***Ciudad en Moab (=Bet-nimra),*** **Nm. 32.3**

NIMRIM ***Arroyo en Moab***
Is. 15.6 las aguas de *N* serán consumidas, y
Jer. 48.34 las aguas de *N* serán destruidas

NIMROD ***Hijo de Cus No. 2***
Gn. 10.8 Cus engendró a *N*, quien llegó a ser el
10.9 se dice: Así como *N*, vigoroso cazador
1 Cr. 1.10 Cus engendró a *N*; éste llegó a ser
Mi. 5.6 con sus espadas la tierra de *N*; y nos

NIMSI ***Padre o abuelo del rey Jehú,*** **1 R. 19.16; 2 R. 9.2,14,20; 2 Cr. 22.7**

NINFAS ***Cristiana saludada por Pablo,*** **Col. 4.15**

NINGUNO, NA
1 S. 2.2 porque no hay *n* fuera de ti, y no hay
1 R. 3.13 que entre los reyes *n* haya como tú
Is. 40.29 multiplica las fuerzas al que no. . *n*
41.28 miré, y no había *n*. . *n* consejero hubo

NINIVE ***Capital de Asiria***
Gn. 10.11 salió para Asiria, y edificó *N*. . Cala
10.12 y Resén entre *N* y Cala. . ciudad grande
2 R. 19.36 Senaquerib rey. . se fue, y volvió a *N*
Is. 37.37 Senaquerib rey. . hizo su morada en *N*
Jon. 1.2; 3.2 levántate y vé a *N*. . gran ciudad
3.3 fue a *N*. . era *N* ciudad grande en extremo
3.4 de aquí a cuarenta días *N* será destruida
3.5 y los hombres de *N* creyeron a Dios, y
3.6 llegó la noticia hasta el rey de *N*, y se
3.7 proclamar. . en *N*, por mandato del rey y de
4.11 ¿y no tendré yo piedad de *N*, aquella
Nah. 1.1 profecía sobre *N*. Libro de la visón
2.8 fue *N* de tiempo antiguo como estanque de
3.7 *N* es asolada; ¿quién se compadecerá de
Sof. 2.13 y convertirá a *N* en asolamiento y en
Mt. 12.41; Lc. 11.32 los. . de *N* se levantarán en

NINIVITA ***Habitante de Nínive,*** **Lc. 11.30**

NIÑEZ
Pr. 29.21 siervo mimado desde la *n* por su amo
2 Ti. 3.15 desde la *n* has sabido las Sagradas

NIÑO, ÑA
Gn. 21.8 creció el *n*, y fue destetado; e hizo
25.27 crecieron los *n*, y Esaú fue diestro en
33.1 repartió él los *n* entre Lea y Raquel y
33.2 puso las siervas y sus *n* delante, luego
33.2 luego a Lea y sus *n*, y a Raquel y a José
33.5 ojos y vio a las mujeres y los *n*, y dijo
33.5 son los *n* que Dios ha dado a tu siervo
33.6 vinieron las siervas, ellas y sus *n*, y
33.7 vino Lea con sus *n*, y se inclinaron; y
33.13 mi señor sabe que los *n* son tiernos
33.14 y yo me iré. . al paso de los *n*, hasta
34.29 llevaron cautivos a todos sus *n* y sus
43.8 que vivamos y no muramos. . y nuestros *n*
45.19 tomaos de la. . carros para nuestros *n*
46.5 tomaron. . a sus *n*, y a sus mujeres, en
47.24 vuestras. . y para que coman vuestros *n*
50.8 dejaron en la tierra de Gosén sus *n*, y
Éx. 1.17 sino que preservaron la vida a los *n*
1.18 que habéis preservado la vida a los *n*?
2.3 arquilla. . colocó en ella al *n* y lo puso
2.6 abrió, vio al *n*; y he aquí. . el *n* lloraba
2.6 dijo: De los *n* de los hebreos es éste
2.7 una nodriza de. . para que te críe este *n*?
2.8 fue la doncella, y llamó a la madre del *n*
2.9 lleva a este *n* y. . y la mujer tomó al *n*
2.10 y cuando el *n* creció, ella lo trajo a
10.9 hemos de ir con nuestros *n* y con. . viejos
10.10 a dejar ir a vosotros y a vuestros *n*?
10.24 vayan también vuestros *n* con vosotros
12.37 como 600.000 hombres. . sin contar los *n*
Lv. 12.3 y al octavo día se circuncidará al *n*
Nm. 14.3 mujeres y nuestros *n* sean por presa?
14.31 pero a vuestros *n*. . yo los introduciré
31.9 llevaron cautivas. . madianitas, a sus *n*
31.17 matad, pues. . los varones de entre los *n*
31.18 a todas las *n*. . las dejaréis con vida
32.16 edificaremos. . ciudades para nuestros *n*
32.17 *n* quedarán en ciudades fortificadas a
32.24 edificaos ciudades para vuestros *n*, y
32.26 nuestros *n*. . estarán. . en las ciudades
Dt. 1.39 vuestros *n*. . ellos entrarán allá, y a
2.34 destruimos todas. . hombres, mujeres y *n*
3.6 matando en. . ciudad a hombres, mujeres y *n*
20.14 y los *n*, y los animales, y todo lo que
28.50 fiera de rostro, que no. . perdonará al *n*
29.11 vuestros *n*, vuestras mujeres, y tus
31.12 harás congregar al pueblo. . mujeres y *n*
32.10 lo trajo. . guardó como a la *n* de su ojo
32.25 así. . al *n* de pecho como al hombre cano
Jos. 1.14 *n* y vuestros ganados quedarán en la
8.35 leer delante. . de las mujeres, de los *n*
Jue. 13.5,7 el *n* será nazareo a Dios desde su
13.8 lo que hayamos de hacer con el *n* que ha
13.12 cómo debe ser la manera de vivir del *n*
13.24 y el *n* creció, y Jehová lo bendijo
18.21 pusieron los *n*. . el bagaje por delante
21.10 herid. . moradores. . como las mujeres y *n*
1 S. 1.22 no subiré hasta que el *n*. . destetado
1.24 lo trajo a. . en Silo; y el *n* era pequeño
1.25 matando el becerro, trajeron el *n* a Elí
1.27 por este *n* oraba, y Jehová me dio lo que
2.11 y el *n* ministraba a Jehová delante del
4.21 llamó al *n* Icabod. . ¡Traspasada es la
15.3 mata a hombres. . *n*, y aun los de pecho
22.19 hirió a. . *n* hasta los de pecho, bueyes
2 S. 4.4 huyendo. . se le cayó el *n* y quedó cojo
12.15 Jehová hirió al *n* que la mujer de Urías
12.16 entonces David rogó a Dios por el *n*
12.18 al séptimo día murió el *n*; y temían los
12.18 hacerle saber que el *n* había muerto
12.18 cuando el *n* aún vivía, le hablábamos
12.18 más. . si le decimos que el *n* ha muerto?
12.19 que el *n* había muerto. . ¿Ha muerto el *n*?
12.21 ¿qué. . Por el *n*, viviendo aún, ayunabas
12.22 viviendo aún el *n*, yo ayunaba y lloraba
12.22 tendrá compasión de mí, y vivirá el *n*?
1 R. 3.25 partid por medio al *n* vivo, y dad la
3.26 dad a ésta el *n* vivo, y no lo matéis; ella
14.3 te declare lo que ha de ser de este *n*
14.12 y al poner tu pie en la. . morirá el *n*
14.17 entrando ella por el umbral. . *n* murió
17.21 y se tendió sobre el *n* tres veces, y
17.21 que hagas volver el alma de este *n* a él
17.22 y el alma del *n* volvió a él, y revivió
17.23 tomando luego Elías al *n*, lo trajo del
2 R. 4.18 el *n* creció. Pero aconteció un día
4.29 pondrás mi báculo sobre el rostro del *n*
4.30 dijo la madre del *n*: Vive Jehová, y vive
4.31 puesto el báculo sobre el rostro del *n*
4.31 lo declaró, diciendo: El *n* no despierta
4.32 venido Eliseo a la. . el *n* estaba muerto
4.34 subió y se tendió sobre el *n*, poniendo
4.34 tendió. . el cuerpo del *n* entró en calor
4.35 y el *n* estornudó siete veces, y abrió
5.14 y su carne se volvió como la. . de un *n*
8.12 matarás a espada, y estrellarás a sus *n*
2 Cr. 20.13 todo Judá estaba en pie. . con sus *n*
31.18 inscritos con todos sus *n*, sus mujeres
Esd. 8.21 camino derecho para. . para nuestros *n*
10.1 se juntó a él. . mujeres y *n*; y lloraba
Neh. 12.43 se alegraron. . las mujeres y los *n*
Est. 3.13 con la orden de destruir. . *n* y mujeres
8.11 aun sus *n* y mujeres, y apoderarse de sus
Job 33.25 su carne será más tierna que la del *n*
41.5 ¿jugarás con él. . o lo atarás para tus *n*?
Sal. 8.2 de la boca de los *n* y de los que maman
17.8 guárdame como a la *n* de tus ojos. . alas
131.2 como un *n*. . un *n* destetado está mi alma
137.9 el que. . estrellare tus *n* contra la peña
148.12 los jóvenes y. . los ancianos y los *n*
Pr. 7.2 guarda. . mi ley como las *n* de tus ojos
22.6 instruye al *n* en su camino, y aun cuando
Is. 7.16 antes que el *n* sepa desechar lo malo
8.4 antes que el *n* sepa decir: Padre mío, y
9.6 porque un *n* nos es nacido, hijo nos es
10.19 en número que un *n* los pueda contar
11.6 el león y la bestia. . un *n* los pastoreará
11.8 el *n* de pecho jugará sobre la cueva de
13.16 sus *n* serán estrellados delante de ellos
13.18 con arco tirarán a los *n*, y no tendrán
65.20 no habrá allí *n* que muera de pocos días
65.20 porque el *n* morirá de cien años, y el
Jer. 1.6 he aquí, no sé hablar, porque soy *n*
1.7 dijo Jehová: No digas: Soy un *n*; porque
6.11 la derramaré sobre los *n* en la calle, y
9.21 para exterminar a los *n* de las calles
31.20 Efraín. . ¿no es *n* en quien me deleito?
40.7 le había encomendado. . mujeres y los *n*
41.16 mató a. . hombres de guerra, mujeres, *n*
43.6 a hombres y mujeres y *n*, y a las hijas
44.7 destruidos. . el muchacho y el *n* de pecho
Lm. 2.11 desfallecía el *n* y el que mamaba, en
2.18 no descanses, ni cesen las *n* de tus ojos
2.21 *n* y viejos yacían por tierra en. . calles
4.4 la lengua del *n* de. . se pegó a su paladar
Ez. 9.6 matad a viejos, jóvenes y. . *n* y mujeres
Os. 13.16 sus *n* serán estrellados, y. . mujeres
Jl. 2.16 congregad a los *n* y a los que maman
3.3 los *n* por una ramera, y vendieron las *n*
Mi. 2.9 sus *n* quitasteis mi perpetua alabanza
Zac. 2.8 el que os toca, toca a la *n* de su ojo
Mt. 2.8 id allá y averiguad con. . acerca del *n*
2.9 hasta. . se detuvo sobre donde estaba el *n*
2.11 al entrar en. . vieron al *n* con su madre
2.13 toma al *n* y a su madre, y huye a Egipto
2.13 que Herodes buscará al *n* para matarlo
2.14 tomó. . al *n* y a su madre. . fue a Egipto
2.16 matar a todos los *n* menores de dos años
2.20 toma al *n* y a su madre, y vete a tierra
2.20 han muerto. . procuraban la muerte del *n*
2.21 tomó al *n* y a su madre, y vino a tierra
9.24 porque la *n* no está muerta, sino duerme
9.25 tomó de la mano a la *n*, y. . se levantó
11.25 los entendidos, y las revelaste a los *n*
14.21 como cinco mil. . sin contar las. . y los *n*
18.2 llamando Jesús a un *n*, lo puso en medio
18.3 si no os volvéis. . como *n*, no entraréis
18.4 cualquiera que se humille como este *n*
18.5 cualquiera que reciba. . a un *n* como este
19.13 entonces le fueron presentados unos *n*
19.14 Jesús dijo: Dejad a los *n* venir a mí
21.16 de la boca de los *n* y de los que maman
Mr. 5.39 dijo. . la *n* no está muerta, sino duerme
5.40 tomó al padre y a la madre de la *n*, y a
5.40 tomó al padre. . entró donde estaba la *n*
5.41 tomando la mano de la *n*. . dijo: Talita
5.41 traducido. . *N*, a ti te digo, levántate
5.42 la *n* se levantó y andaba, pues tenía 12
9.21 ¿cuánto tiempo hace. . Y él dijo: Desde *n*
9.36 tomó a un *n*, y lo puso en medio de ellos
9.37 el que recibe en mi nombre a un *n* como
10.13 y le presentaban *n* para que los tocase
10.14 dejad a los *n* venir a mí, y no se lo
10.15 que no reciba el reino de Dios como un *n*
Lc. 1.59 vinieron para circuncidar al *n*; y le
1.66 ¿quién, pues, será este *n*? Y la mano del
1.76 tú, *n*, profeta del Altísimo serás llamado
1.80 el *n* crecía, y se fortalecía en espíritu
2.12 esto. . Hallaréis al *n* envuelto en pañales
2.16 hallaron. . al *n* acostado en el pesebre
2.17 lo que se les había dicho acerca del *n*
2.21 cumplidos. . días para circuncidar al *n*
2.27 los padres del *n* Jesús lo trajeron al
2.38 hablaba del *n* a todos los que esperaban
2.40 *n* crecía y se fortalecía, y se llenaba
2.43 quedó el *n* Jesús en Jerusalén, sin que lo
8.51 a Pedro. . y al padre y a la madre de la *n*
9.47 Jesús. . tomó a un *n* y lo puso junto a sí
9.48 dijo: Cualquiera que reciba a este *n* en
10.21 y las has revelado a los *n*. Sí, Padre
11.7 y mis *n* están conmigo en cama; no puedo
18.15 traían a él los *n* para que los tocase
18.16 dejad a los *n* venir a mí, y no se lo
18.17 el que no recibe el reino de. . como un *n*
Jn. 16.21 pero después que ha dado a luz un *n*
Hch. 7.19 que expusiesen a la muerte a sus *n*
Ro. 2.20 instructor de. . indoctos, maestro de *n*
1 Co. 3.1 como a carnales, como a *n* en Cristo
13.11 cuando yo era *n*, hablaba como *n*, pensaba
13.11 como *n*, juzgaba como *n*; mas cuando ya
13.11 ya fui hombre, dejé lo que era de *n*
14.20 no seáis *n* en. . sino sed *n* en la malicia
Gá. 4.1 que el heredero es *n*, en nada difiere
4.3 cuando éramos *n*, estábamos en esclavitud
Ef. 4.14 para que ya no seamos *n* fluctuantes
He. 5.13 inexperto en la palabra. . porque es *n*
11.23 le vieron *n* hermoso, y no temieron el
1 P. 2.2 desead, como *n*. . la leche espiritual

NISÁN ***Primer mes del año en el calendario hebreo (=Abib)***
Neh. 2.1 sucedió en el mes de *N*, en el año 20
Est. 3.7 es el mes de *N*, en el año duodécimo

NISROC ***Dios de Mesopotamia***
2 R. 19.37; Is. 37.38 adoraba en el templo de *N*

NIVEL
Is. 28.17 ajustaré el juicio. . a *n* la justicia
34.11 sobre ella cordel. . y *n* de asolamiento

NO
Gn. 19.18 Lot. . dijo: *N*, yo os ruego, señores
33.10 Jacob: *N*, yo te ruego; si he hallado
Jos. 24.21 dijo. . *n*, sino que a Jehová serviremos
1 S. 8.19 *n*, sino que habrá rey sobre nosotros
Sal. 57,58,59,75 *tits.* sobre *N* destruyas
Mt. 5.37 pero sea vuestro hablar: Sí, sí; *n*, *n*
2 Co. 1.17 la carne, para que haya en mí Sí y *N*?
1.18 nuestra palabra a vosotros *n* es Sí y *N*
1.19 *n* ha sido Sí y *N*: mas ha sido Sí en él
Stg. 5.12 vuestro *n* sea *n*, para que no caigáis

NOA ***Hija de Zelofehad,*** **Nm. 26.33; 27.1; 36.11; Jos. 17.3**

NOADÍAS
1. *Levita en tiempo de Esdras*, Esd. 8.33
2. *Profetisa que se opuso a Nehemías*, Neh. 6.14

NOB *Ciudad en Benjamín*
1 S. 21.1 vino David a *N*, al sacerdote Ahimelec
22.9 dijo: Yo vi al hijo de Isaí que vino a *N*
22.11 y por. .los sacerdotes que estaban en *N*
22.19 a *N*, ciudad de los sacerdotes, hirió a
Neh. 11.32 en Anatot, *N*, Ananías
Is. 10.32 aún vendrá día cuando reposará en *N*

NOBA
1. *Militar de la tribu de Manasés*, Nm. 32.42
2. *Ciudad en Galaad conquistada por No. 1 (=Kenat)*, Nm. 32.42
3. *Ciudad en el oriente de Galaad*, Jue. 8.11

NOBLE
Jue. 5.13 entonces marchó el resto de los *n*; el
5.25 ella. .en tazón de *n* le presentó crema
2 Cr. 25.24 asimismo tomó. .los hijos de los *n*
Neh. 2.16 a los *n* y oficiales, ni a los demás
4.14,19 dije a los *n* y a los oficiales, y al
5.7 reprendí a los *n* y a los oficiales, y les
7.5 reuniese a los *n* y oficiales y al pueblo
Est. 6.9 mano. .de los príncipes más *n* del rey
Sal. 49.2 así los plebeyos como los *n*, el rico
51.12 vuélveme el. .y espíritu *n* me sustente
78.25 pan de *n* comió el hombre; les envió
149.8 sus reyes. .sus *n* con cadenas de hierro
Pr. 17.26 ni herir a los *n* que hacen lo recto
Ec. 10.17 tu rey es hijo de *n*, y tus príncipes
Is. 3.5 se levantará. .el villano contra el *n*
23.8 cuyos mercaderes eran los *n* de la tierra?
Jer. 14.3 los *n* enviaron sus criados al agua
27.20 transportó. .todos los *n* de Judá y de
39.6 haciendo. .degollar. .todos los *n* de Judá
51.57 y embriagaré a. .a sus *n* y a sus fuertes
Lm. 4.7 sus *n* fueron más puros que la nieve
Ez. 23.23 *n* y varones de renombre, que montan
Mr. 15.43 de Arimatea, miembro *n* del concilio
Lc. 19.12 un hombre *n* se fue a un país lejano
Hch. 17.4 griegos piadosos. .mujeres *n* no pocas
17.11 éstos eran más *n* que los. .en Tesalónica
1 Co. 1.26 no. .ni muchos poderosos, ni muchos *n*

NOCIVO
Ec. 10.13 y el fin de su charla, *n* desvarío

NOCTURNO, NA
Job 4.13 en imaginaciones de visiones *n*, cuando
20.8 como sueño. .y se disipará como visión *n*
33.15 en visión *n*, cuando el sueño cae sobre
Sal. 91.5 no temerás el terror *n*, ni saeta que
Is. 29.7 como sueño de visión *n* la multitud de
Hab. 1.8 más ligeros. .más feroces que lobos *n*
Sof. 3.3 sus jueces, lobos *n* que no dejan hueso

NOCHE
Gn. 1.5 la luz Día, y a las tinieblas llamó *N*
1.14 lumbreras. .para separar el día de la *n*
1.16 lumbrera menor. .que señorease en la *n*
1.18 y para señorear en el día y en la *n*, y
7.4 haré llover sobre. .cuarenta días y 40 *n*
7.12 lluvia sobre la tierra 40 días y 40 *n*
8.22 no cesarán. .el invierno, y el día y la *n*
14.15 cayó sobre ellos de *n*, él y sus siervos
19.2 no, que en la calle nos quedaremos esta *n*
19.5 los varones que vinieron a ti esta *n*?
19.33,35 y dieron a beber vino a su padre. .*n*
19.34 aquí, yo dormí la *n* pasada con mi padre
19.34 démosle a beber vino también esta *n*, y
20.3 Dios vino a Abimelec en sueños de *n*, y
26.24 se le apareció Jehová aquella *n*, y le
29.23 la *n* tomó a Lea su hija, y se la trajo
30.15 Raquel. .pues dormirá contigo esta *n* por
30.16 salió Lea. .Y durmió con ella aquella *n*
31.24 vino Dios a Labán. .aquella *n*, y le dijo
31.39 lo hurtado así de día como de *n*, a mí
31.40 me consumía el calor, y de *n* la helada
31.54 pan, y durmieron aquella *n* en el monte
32.13 durmió allí aquella *n*, y tomó de lo que
32.21 y él durmió aquella *n* en el campamento
32.22 se levantó aquella *n*, y tomó sus dos
40.5 cada uno su propio sueño en una misma *n*
41.11 él y yo tuvimos un sueño en la misma *n*
46.2 y habló Dios a Israel en visiones de *n*
Éx. 10.13 trajo un viento oriental. .aquella *n*
12.8 y aquella *n* comerán la carne asada al
12.12 yo pasaré aquella *n* por la tierra de
12.30 se levantó aquella *n* Faraón, él y todos
12.31 e hizo llamar a Moisés y a Aarón de *n*
12.42 *n* de guardar para Jehová, por haberlos
12.42 esta *n* deben guardarla para Jehová todos
13.21 y de *n* en una columna de fuego para
13.21 a fin de que anduviesen de día y de *n*
13.22 nunca se apartó. .*n* la columna de fuego
14.20 nube y tinieblas. .alumbraba a Israel de *n*
14.20 en toda aquella *n* nunca se acercaron
14.21 por recio viento oriental toda aquella *n*
23.18 ni la. .quedará de la *n* hasta la mañana
24.18 estuvo Moisés en el monte. .cuarenta *n*
34.28 estuvo allí. .con Jehová 40 días y 40 *n*
40.38 fuego estaba de *n* sobre él, a vista de
Lv. 6.9 el holocausto estará. .altar toda la *n*
8.35 a la puerta. .de reunión estaréis día y *n*
11.24,27,31,39; 15.10,19,23 tocare. .inmundo hasta la *n*
11.25,28,32,40(2); 15.5,6,7,8,10,11,16,17,18,21, 22,27 lavará. .inmundo hasta la *n*
11.32 será metido en agua. .inmundo hasta la *n*
14.46 que entrare. .será inmundo hasta la *n*
17.15 será inmundo hasta la *n*; entonces será
22.6 que lo tocare será inmundo hasta la *n*
Nm. 9.16 de día, y de *n* la apariencia de fuego
9.21 y a la *n* la nube se levantaba. .partían
11.9 cuando descendía el rocío. .de *n*, el maná
11.32 el pueblo estuvo levantado. .toda la *n*
14.1 dio voces; y el pueblo lloró aquella *n*
14.14 de día ibas. .de *n* en columna de fuego
19.7 y será inmundo el sacerdote hasta la *n*
19.8,10,21 lavará. .será inmundo hasta la *n*
19.19 lavará con agua, y será limpio a la *n*
19.22 que lo tocare, será inmunda hasta la *n*
22.8 él les dijo: Reposad aquí esta *n*, y yo
22.19 que reposéis. .esta *n*, para que yo sepa
22.20 vino Dios a Balaam de *n*, y le dijo: Si
Dt. 1.33 fuego de *n* para mostraros el camino
9.9 en el monte. .cuarenta *n*, sin comer pan ni
9.11 al fin de. .40 *n*, que Jehová me dio las
9.18 me postré. .cuarenta días y cuarenta *n*
9.25 cuarenta días y 40 *n* estuve postrado
10.10 y yo estuve. .cuarenta días y cuarenta *n*
16.1 te sacó Jehová tu Dios de Egipto, de *n*
21.23 que su cuerpo pase la *n* sobre el madero
23.10 alguna impureza acontecida de *n*, saldrá
23.11 pero al caer la *n* se lavará con agua
28.66 pende. .estarás temeroso de *n* y de día
Jos. 1.8 día y de *n* meditarás en él, para que
2.2 venido aquí esta *n* para espiar la tierra
4.3 en el lugar donde habéis de pasar la *n*
6.11 volvieron luego al. .y allí pasaron la *n*
8.3 escogió Josué. .hombres. .cuales envió de *n*
8.9 y Josué se quedó aquella *n* en medio del
8.13 Josué avanzó aquella *n* hasta la mitad del
8.29 al rey de Hai lo colgó. .hasta caer la *n*
10.9 habiendo subido toda la *n* desde Gilgal
10.26 quedaron colgados en. .hasta caer la *n*
Jue. 6.25 misma *n* le dijo Jehová: Toma un toro
6.27 temiendo hacerlo de día. .lo hizo de *n*
6.40 aquella *n* lo hizo Dios así; sólo el vellón
7.9 que aquella *n* Jehová le dijo: Levántate, y
9.32 levántate. .ahora de *n*, tú y el pueblo que
9.34 levantándose. .de *n* Abimelec y. .el pueblo
16.2 acecharon toda aquella *n* a la puerta de
16.2 y estuvieron callados toda aquella *n*
19.6 yo te ruego que quieras pasar aquí la *n*
19.7 insistió su. .y volvió a pasar allí la *n*
19.9 he aquí. .te ruego que paséis aquí la *n*
19.10 hombre no quiso pasar allí la *n*, sino
19.11 ciudad. .para que pasemos en ella la *n*
19.13 ven. .para pasar la *n* en Gabaa o en Ramá
19.15 para entrar a pasar allí la *n* en Gabaa
19.15 los acogiese en casa para pasar la *n*
19.20 con tal que no pases la *n* en la plaza
19.25 y abusaron de ella toda la *n* hasta la
20.4 yo llegué a Gabaa. .para pasar allí la *n*
20.5 rodearon contra mí la casa por la *n*, con
20.23 Israel subieron y lloraron. .hasta la *n*
20.26 Israel. .ayunaron aquel día hasta la *n*
21.2 el pueblo. .se estuvieron allí hasta la *n*
Rt. 1.12 y esta *n* estuviese con marido, y aun
2.17 espigó, pues, en el campo hasta la *n*, y
3.2 él avienta esta *n* la parva de las cebadas
3.13 pasa aquí la *n*, y cuando sea de día, si
1 S. 14.24 coma pan antes de caer la *n*, antes
14.34 trajo todo el pueblo. .su vaca aquella *n*
14.36 descendamos de *n* contra los filisteos
15.11 apesadumbró Samuel, y clamó. .aquella *n*
15.16 declararte. .Jehová me ha dicho esta *n*
19.10 hirió. .y David huyó, y escapó aquella *n*
19.11 diciendo: Si no salvas tu vida esta *n*
19.24 desnudo todo aquel día y toda aquella *n*
25.16 muro fueron para nosotros de día. .de *n*
26.7 David. .y Abisai fueron de *n* al ejército
28.8 vinieron a aquella mujer de *n*; y él dijo
28.20 aquel día y aquella *n* no había comido
28.25 se levantaron, y se fueron aquella *n*
30.12 ni bebido agua en tres días y tres *n*
31.12 anduvieron toda aquella *n*, y quitaron
2 S. 1.12 ayunaron hasta la *n*, por Saúl y por
2.29 caminaron por el Arabá toda aquella *n*
2.32 y caminaron toda aquella *n* Joab y sus
4.7 caminaron toda la *n*. .el camino del Arabá
7.4 aquella *n*, que vino palabra de Jehová a
12.16 ayunó David, y. .la *n* acostado en tierra
17.1 y me levantaré y seguiré a David esta *n*
17.8 tu padre. .no pasará la *n* con el pueblo
17.16 no te quedes esta *n* en los vados del
19.7 no quedará ni un hombre contigo esta *n*
21.10 no dejó que. .ni fieras del campo de *n*
1 R. 3.5 se le apareció Jehová. .una *n* en sueños
3.19 una *n* el hijo de esta mujer murió, porque
8.29 estén tus ojos abiertos de *n* y de día
8.59 palabras. .cerca de. .Dios de día y de *n*
19.8 caminó cuarenta días y 40 *n* hasta Horeb
19.9 se metió en una cueva, donde pasó la *n*
2 R. 6.14 vinieron de *n*, y sitiaron la ciudad
7.12 y se levantó el rey de *n*, y dijo a sus
8.21 y levantándose de *n* atacó a los de Edom
19.35 *n* salió el ángel de Jehová, y mató en
25.4 huyeron de *n* todos los hombres de guerra
1 Cr. 9.33 día y de *n* estaban en aquella obra
17.3 *n* vino palabra de Dios a Natán, diciendo
2 Cr. 1.7 aquella *n* apareció Dios a Salomón y
6.20 tus ojos estén abiertos. .de día y de *n*
7.12 y apareció Jehová a Salomón de *n*, y le
21.9 Joram. .se levantó de *n*, y derrotó a los
35.14 ocupados hasta la *n* en el sacrificio de
Neh. 1.6 oír la oración de. .que hago. .día y *n*
2.12 me levanté de *n*, yo y unos pocos varones
2.13 salí de *n* por la puerta del Valle hacia
2.15 subí de *n* por el torrente y observé el
4.9 pusimos guarda contra ellos de día y de *n*
4.22 *n* sirvan de centinela y de día en la obra
6.10 reunámonos en. .esta *n* vendrán a matarte
9.12 los guiaste. .con columna de fuego de *n*
9.19 no se apartó. .de *n* la columna de fuego
Est. 4.16 no comáis ni bebáis en tres días, *n*
6.1 aquella. .*n* se le fue el sueño al rey, y
Job 2.13 sentaron con él. .siete días y siete *n*
3.3 la *n* en que se dijo: Varón es concebido
3.6 ocupe aquella *n* la oscuridad; no. .contada
3.7 ¡oh, que fuera aquella *n* solitaria, que
5.14 y a mediodía andan a tientas como de *n*
7.3 así. .*n* de trabajo me dieron por cuenta
7.4 la *n* es larga, y. .lleno de inquietudes
17.12 pusieron la *n* por día, y la luz se
24.14 mata al pobre y. .y de *n* es como ladrón
24.15 ojo del adúltero está aguardando la *n*
27.20 aguas; torbellino lo arrebatará de *n*
30.17 la *n* taladra mis huesos, y los dolores
31.32 el forastero no pasaba fuera la *n*; mis
34.25 cuando los trastorne en la *n*, y sean
35.10 ¿dónde está. .que da cánticos en la *n*?
36.20 no anheles la *n*, en que los pueblos
Sal. 1.2 que. .en su ley medita de día y de *n*
6.6 todas las *n* inundo de llanto mi lecho
16.7 aun en las *n* me enseña mi conciencia
17.3 me has visitado de *n*; me has puesto a
19.2 día, y una *n* a otra *n* declara sabiduría
22.2 clamo. .y de *n*, y no hay para mí reposo
30.5 por la *n* durará el lloro, y la mañana
32.4 de día y de *n* se agravó sobre mí tu mano
42.3 fueron mis lágrimas mi pan de día y de *n*
42.8 de día. .y de *n* su cántico estará conmigo
55.10 día y *n* la rodean sobre sus muros, e
59.15 si no se sacian, pasen la *n* quejándose
63.6 medite en ti en las vigilias de la *n*
74.16 tuyo es el día, tuya también es la *n*
77.2 alzaba a. .mis manos de *n*, sin descanso
77.6 acordaba de mis cánticos de *n*; meditaba
78.14 les guio. .toda la *n* con resplandor de
88.1 oh Jehová. .día y *n* clamo delante de ti
90.4 son. .como una de las vigilias de la *n*
92.2 tu misericordia, y tu fidelidad cada *n*
104.20 pones las tinieblas, y es la *n*; en ella
105.39 una nube. .y fuego para alumbrar la *n*
119.55 acordé en la *n* de tu nombre, oh Jehová
119.148 anticiparon. .a las vigilias de la *n*
121.6 el sol no te fatigará. .ni la luna de *n*
134.1 en la casa de Jehová estáis por las *n*
136.9 estrellas para que señoreasen en la *n*
139.11 aun la *n* resplandecerá alrededor de mí
139.12 de ti, y la *n* resplandece como el día
Pr. 7.9 día, en la oscuridad y tinieblas de la *n*
31.15 se levanta aun de *n* y da comida a su
31.18 negocios; su lámpara no se apaga de *n*
Ec. 2.23 de *n* su corazón no reposa. .es vanidad
8.16 hay quien ni de *n* ni de día ve sueño en
Cnt. 3.1 por las *n* busqué. .al que ama mi alma
3.8 su espada sobre. .por los temores de la *n*
5.2 llena. .mis cabellos de las gotas de la *n*
Is. 4.5 oscuridad de día, y de *n* resplandor de
5.11 ¡ay de los que. .que se están hasta la *n*
15.1 de *n* fue destruida Ar de Moab, puesta en
15.1 de *n* fue destruida Kir de Moab, reducida
16.3 pon tu sombra en medio del día como la *n*
21.4 la *n* de mi deseo se me volvió en espanto
21.8 estoy yo continuamente de día, y las *n*
21.11 ¿qué de la *n*? Guarda, ¿qué de la *n*?
21.12 la mañana viene, y después la *n*. .volved
21.13 en el bosque pasaréis la *n* en Arabia
26.9 con mi alma te he deseado en la *n*, y en
27.3 guardaré de *n* y de día, para que nadie
28.19 mañana en mañana pasará, de día y de *n*
30.29 vosotros tendréis cántico como de *n* en
34.10 no se apagará de *n* ni de día. .su humo
38.12 mi vida. .consumirás entre el día y la *n*
38.13 molió. .de la mañana a la *n* me acabarás
59.10 ojos; tropezamos a mediodía como de *n*
60.11 puertas. .no se cerrarán de día ni de *n*
62.6 todo el día y toda la *n* no callarán jamás
65.4 y en lugares escondidos pasan la *n*; que
Jer. 6.5 levantaos y asaltemos de *n*. .palacios
9.1 para que llore día y *n* los muertos de la
14.8 caminante que se retira para pasar la *n*?
14.17 derramen mis ojos lágrimas *n* y día, y no

NOCHE *(Continúa)*
Jer. 16.13 serviréis a dioses ajenos de día y. . *n*
31.35 la luna y. . estrellas para luz de la *n*
33.20 mi pacto con la *n*. . no haya día ni *n* a
33.25 si no. . mi pacto con el día y la *n*, si
36.30 será echado al calor. . al hielo de la *n*
39.4 huyeron y salieron de *n* de la ciudad por
49.9 si ladrones de *n*, ¿no habrían tomado lo
52.7 huyeron, y salieron de la ciudad de *n* por
Lm. 1.2 amargamente llora. . la *n*, y sus lágrimas
2.18 Sion, echa lágrimas cual arroyo día y *n*
2.19 voces en la *n*, al comenzar las vigilias
Ez. 12.6 llevarás. . de *n* los sacarás; cubrirás
12.7 salí de *n*, y los llevé sobre los hombros
12.12 al príncipe que. . llevarán a cuestas de *n*
Dn. 2.19 secreto fue revelado. . en visión de *n*
5.30 la misma *n* fue muerto Belsasar rey de
7.2 miraba yo en mi visión de *n*, y he aquí
7.7,13 miraba yo en las visiones de la *n*, y he
Os. 4.5 caerá también contigo el profeta de *n*
7.6 toda la *n* duerme su hornero; a la mañana
Am. 5.8 y hace oscurecer el día como *n*; el que
Abd. 5 si ladrones vinieran. . o robadores de *n*
Jon. 1.17 Jonás en el vientre del pez. . tres *n*
4.10 de una *n* nació, y en. . de otra *n* pereció
Mi. 3.6 la profecía se os hará *n*, y oscuridad
Sof. 2.7 en las casas de Ascalón dormirán de *n*
Zac. 1.8 de *n*, y he aquí un varón que cabalgaba
14.7 será un día. . que no será ni de día ni *n*
Mt. 2.14 él. . tomó de *n* al niño y a su madre, y
4.2 después de haber ayunado 40 días y 40 *n*
8.16 cuando llegó la *n*, trajeron. . los enfermos
12.40 como estuvo Jonás. . tres días y tres *n*
12.40 estará el Hijo del. . tres días y tres *n*
14.23 y cuando llegó la *n*, estaba allí solo
14.25 la cuarta vigilia de la *n*, Jesús vino
20.8 cuando llegó la *n*, el señor de la viña
26.20 cuando llegó la *n*, se sentó a la mesa
26.31 dijo. . os escandalizaréis de mí esta *n*
26.34 que esta *n*, antes que el gallo cante, me
27.57 cuando llegó la *n*, vino un hombre rico
27.64 vengan sus discípulos de *n*, y lo hurten
28.13 vinieron de *n*, y lo hurtaron, estando
Mr. 1.32 cuando llegó la *n*. . le trajeron todos
4.27 duerme y se levanta, de *n* y de día, y la
4.35 cuando llegó la *n*, les dijo: Pasemos al
5.5 de día y de *n*, andaba dando voces en los
6.47 venir la *n*, la barca estaba en medio del
6.48 cerca de la cuarta vigilia de la *n* vino
11.19 pero al llegar la *n*, Jesús salió de la
14.17 cuando llegó la *n*, vino él con los doce
14.27 todos os escandalizaréis de mí esta *n*
14.30 *n*, antes que el gallo haya cantado dos
15.42 cuando llegó la *n*. . era la preparación
Lc. 2.8 y guardaban las vigilias de la *n* sobre
2.37 de *n* y de día con ayunos y oraciones
5.5 toda la *n* hemos estado trabajando, y nada
6.12 fue al monte. . y pasó la *n* orando a Dios
12.20 esta *n* vienen a pedirte tu alma; y lo
17.34 en aquella *n* estarán dos en una cama
18.7 sus escogidos, que claman a él día y *n*?
21.37 de *n*, saliendo, se estaba en el monte
Jn. 3.2 este vino a Jesús de *n*, y le dijo: Rabí
7.50 les dijo Nicodemo, el que vino a él de *n*
9.4 la *n* viene, cuando nadie puede trabajar
11.10 el que anda de *n*, tropieza, porque no
13.30 tomado el bocado. . salió; y era ya de *n*
19.39 que antes había visitado a Jesús de *n*
20.19 cuando llegó la *n* de aquel mismo día, el
21.3 una barca; y aquella *n* no pescaron nada
Hch. 5.19 un ángel. . abriendo de *n* las puertas
9.24 guardaban las puertas de día y de *n* para
9.25 discípulos, tomándole de *n*, le bajaron
12.6 misma *n* estaba Pedro durmiendo entre dos
16.9 se le mostró a Pablo una visión de *n*; un
16.33 él, tomándolos en aquella. . hora de la *n*
17.10 enviaron de *n* a Pablo y. . hasta Berea
18.9 el Señor dijo a Pablo en visión de *n*: No
20.31 *n* y de día, no he cesado de amonestar
23.11 la *n* siguiente se le presentó el Señor
23.23 la hora tercera de la *n* 200 soldados, 70
23.31 soldados. . le llevaron de *n* a Antípatris
26.7 tribus, sirviendo. . a Dios de día y de *n*
27.23 esta *n* ha estado conmigo el ángel del
27.27 la decimacuarta *n*, y siendo llevados a
Ro. 13.12 *n* está avanzada, y se acerca el día
1 Co. 11.23 la *n* que fue entregado, tomó pan
2 Co. 11.25 una *n* y un día he estado. . náufrago
1 Ts. 2.9 trabajando de *n* y de día, para no ser
3.10 orando de *n* y de día con gran insistencia
5.2 que el día. . vendrá así como ladrón en la *n*
5.5 no somos de la *n* ni de las tinieblas
5.7 los que duermen, de *n* duermen, y los que
5.7 los que se embriagan, de *n* se embriagan
2 Ts. 3.8 que trabajamos. . día y *n*, para no ser
1 Ti. 5.5 y es diligente en súplicas. . *n* y día
2 Ti. 1.3 acuerdo de ti en. . oraciones *n* y día
2 P. 3.10 día del. . vendrá como ladrón en la *n*
Ap. 4.8 y no cesaban día y *n* de decir: Santo
7.15 Dios, y le sirven día y *n* en su templo
8.12 no hubiese luz en la tercera. . de la *n*
12.10 los acusaba delante de. . Dios día y *n*
14.11 y no tienen reposo de día ni de *n* los
20.10 atormentados día y *n* por los siglos de
21.25 cerradas de día, pues allí no habrá *n*
22.5 no habrá allí más *n*; y no. . luz del sol

NOD ***Tierra donde habitó Caín*, Gn. 4.16**

NODAB ***Tribu descendiente de Ismael*, 1 Cr. 5.19**

NODRIZA
Gn. 24.59 dejaron ir a Rebeca. . y a su *n*, y al
Éx. 2.7 ¿iré a llamarte una *n* de las hebreas
2 S. 4.4 su *n* le tomó y huyó; y mientras iba
Is. 49.23 reyes. . tus ayos, y sus reinas tus *n*
1 Ts. 2.7 tiernos entre vosotros, como la *n* que

NOÉ
Gn. 5.29 llamó su nombre *N*, diciendo: Este nos
5.30 y vivió Lamec, después que engendró a *N*
5.32 y siendo *N* de 500 años, engendró a Sem
6.8 *N* halló gracia ante los ojos de Jehová
6.9 son las generaciones de *N*: *N*, varón justo
6.9 era perfecto en sus. . con Dios caminó *N*
6.10 engendró *N* tres hijos: a Sem, a Cam y
6.13 dijo. . Dios a *N*: He decidido el fin de
6.22 y lo hizo así *N*; hizo conforme a todo
7.1 dijo luego Jehová a *N*: Entra tú y toda
7.5 hizo *N* conforme a. . que le mandó Jehová
7.6 era *N* de 600 años cuando el diluvio de
7.7 entró *N* al arca, y con él sus hijos, su
7.9 de dos en dos entraron con *N* en el arca
7.9 macho y hembra, como mandó Dios a *N*
7.13 en este mismo día entraron *N*, y Sem, Cam
7.13 entraron *N*. . hijos de *N*, la mujer de *N*
7.15 vinieron, pues, con *N* al arca, de dos en
7.23 solamente *N*, y los que con él estaban
8.1 se acordó Dios de *N*, y de. . los animales
8.6 abrió *N* la ventana del arca que había
8.11 y entendió *N* que las aguas. . retirado de
8.13 que en el año 601 de *N*, en el mes primero
8.13 y quitó *N* la cubierta del arca, y miró
8.15 entonces habló Dios a *N*, diciendo
8.18 salió *N*, y sus hijos, su mujer, y las
8.20 y edificó *N* un altar a Jehová, y tomó de
9.1 bendijo Dios a *N* y a sus hijos, y les dijo
9.8 y habló Dios a *N* y a sus hijos con él
9.17 dijo, pues, Dios a *N*: Esta es la señal
9.18 hijos de *N* que salieron del arca fueron
9.19 estos tres son los hijos de *N*, y de ellos
9.20 comenzó *N* a labrar la tierra, y plantó
9.24 y despertó *N* de su embriaguez, y supo lo
9.28 y vivió *N* después del diluvio 350 años
9.29 y fueron todos los días de *N* 950 años
10.1 son las generaciones de los hijos de *N*
10.32 estas son las familias de los hijos de *N*
1 Cr. 1.4 *N*, Sem, Cam y Jafet
Is. 54.9 como en los días de *N*, cuando juré que
54.9 nunca más las aguas de *N* pasarían sobre
Ez. 14.14,20 estuviesen en. . ella *N*, Daniel y Job
Mt. 24.37 mas como en los días de *N*, así será
24.38 hasta el día en que *N* entró en el arca
Lc. 3.36 de Arfaxad, hijo de Sem, hijo de *N*
17.26 en los días de *N*, así también será en
17.27 hasta el día en que entró *N* en el arca
He. 11.7 por la fe *N*, cuando fue advertido por
1 P. 3.20 la paciencia de Dios en los días de *N*
2 P. 2.5 si no perdonó al. . sino que guardó a *N*

NOEMÍ ***Suegra de Rut***
Rt. 1.2 nombre. . Elimelec, y el de su mujer, *N*
1.3 murió Elimelec, marido de *N*, y quedó ella
1.8 y *N* dijo a sus dos nueras: Andad, volveos
1.11 *N* respondió: Volveos, hijas mías; ¿para
1.15 *N* dijo: He aquí tu cuñada se ha vuelto a
1.18 viendo *N* que estaba tan resuelta a ir con
1.19 toda la ciudad. . y decían: ¿No es esta *N*?
1.20 ella les respondía: No me llaméis *N*, sino
1.21 ¿por qué me llamaréis *N*, ya que Jehová
1.22 así volvió *N*, y Rut la moabita su nuera
2.1 tenía *N* un pariente de su marido. . rico
2.2 Rut. . dijo a *N*: Te ruego que me dejes ir
2.6 es la joven moabita que volvió con *N* de
2.20 *N* a su nuera: Sea él bendito de Jehová
2.20 después le dijo *N*: Nuestro pariente es
2.22 y *N* respondió a Rut su nuera: Mejor es
3.1 le dijo su suegra *N*: Hija mía, ¿no he de
3.18 *N* dijo: Espérate, hija mía, hasta que
4.3 dijo. . *N*, que ha vuelto del campo de Moab
4.5 día que compres las tierras de mano de *N*
4.9 he adquirido de mano de *N* todo lo que fue
4.14 las mujeres decían a *N*: Loado sea Jehová
4.16 tomando *N* el hijo, lo puso en su regazo
4.17 diciendo: Le ha nacido un hijo a *N*; y lo

NOFA ***Población en Moab*, Nm. 21.30**

NOGA ***Hijo de David*, 1 Cr. 3.7; 14.6**

NOGAL
Cnt. 6.11 al huerto de los *n* descendí a ver

NOHA ***Hijo de Benjamín*, 1 Cr. 8.2**

NOMBRAR
Gn. 25.13 *nombrados* en. . orden de su nacimiento
Éx. 35.30 Jehová ha *nombrado* a Bezaleel hijo
Nm. 1.16 los *nombrados* de entre la congregación
Jos. 21.9 estas ciudades que fueron *nombradas*
1 S. 8.12 y *nombrará* para sí jefes de miles y
2 S. 17.25 *nombró* a Amasa jefe del ejército en
1 Cr. 6.65 dieron. . las ciudades que *nombraron*
11.24 y fue *nombrado* con los tres valientes
2 Cr. 28.15 levantaron los varones *nombrados*
31.19 varones *nombrados* tenían cargo de dar
Is. 14.20 no será *nombrada*. . la descendencia de
24.15 las orillas del mar sea *nombrado* Jehová
48.2 de la santa ciudad se *nombran*, y en el
62.2 nombre. . que la boca de Jehová *nombrará*
Os. 1.11 *nombrarán* un solo jefe, y subirán de
Ro. 15.20 no donde Cristo. . sido *nombrado*, para
1 Co. 5.1 tal fornicación cual ni aun se *nombra*
Ef. 1.21 y sobre todo nombre que se *nombra*, no
5.3 toda inmundicia. . ni aun se *nombre* entre

NOMBRE
Gn. 2.11 el *n* del uno era Pisón; éste es el que
2.13 el *n* del segundo río es Gihón; éste es
2.14 y el *n* del tercer río es Hidekel; éste
2.19 y todo lo que Adán llamó a los. . es su *n*
2.20 puso Adán *n* a toda bestia y ave de los
3.20 llamó Adán el *n* de su mujer, Eva, por
4.17 llamó el *n* de la ciudad del *n* de. . Enoc
4.19 *n* de la una fue Ada, y el *n* de la otra
4.21 el *n* de su hermano fue Jubal, el cual fue
4.25 cual dio a luz un hijo, y llamó su *n* Set
4.26 a Set. . nació un hijo, y llamó su *n* Enós
4.26 comenzaron a invocar el *n* de Jehová
5.2 llamó el *n* de ellos Adán, el día en que
5.3 Adán. . engendró un hijo. . y llamó su *n* Set
5.29 y llamó su *n* Noé, diciendo. . nos aliviará
10.25 el *n* del uno fue Peleg, porque en sus
10.25 fue Peleg. . y el *n* de su hermano, Joctán
11.4 un *n*, por si fuéremos esparcidos sobre
11.9 por esto fue llamado el *n* de ella Babel
11.29 el *n* de la mujer de Abram era Sarai, y
11.29 el *n* de la mujer de Nacor, Milca, hija
12.2 y te bendeciré, y engrandeceré tu *n*, y
12.8 edificó. . un altar. . invocó el *n* de Jehová
13.4 antes; e invocó allí Abram el *n* de Jehová
16.11 llamarás su *n* Ismael, porque Jehová ha
16.13 el *n* de Jehová que con ella hablaba: Tú
16.15 llamó Abram el *n* del hijo que. . Ismael
17.5 no. . más tu *n* Abram. . será tu *n* Abraham
17.15 no la llamarás Sarai. . Sara será su *n*
17.19 y llamarás su *n* Isaac; y confirmaré mi
19.22 eso fue llamado el *n* de la ciudad, Zoar
19.37 dio a luz la mayor. . y llamó su *n* Moab
19.38 llamó su *n* Ben-ammi, el cual es padre
21.3 y llamó Abraham el *n* de su hijo que le
21.33 e invocó. . el *n* de Jehová Dios eterno
22.14 y llamó Abraham el *n* de aquel lugar
25.1 Abraham tomó otra mujer. . *n* era Cetura
25.13 estos. . son los *n* de los hijos de Ismael
25.16 estos sus *n*, por sus villas y por sus
25.25 era todo velludo. . y llamaron su *n* Esaú
25.26 su hermano. . y fue llamado su *n* Jacob
25.30 rojo. . Por tanto fue llamado su *n* Edom
26.18 los llamó por los *n* que su padre los
26.20 por eso llamó el *n* del pozo Esek, porque
26.21 otro pozo. . riñeron. . y llamó su *n* Sitna
26.22 otro pozo. . llamó su *n* Rehobot, y dijo
26.25 edificó allí un altar, e invocó el *n*
26.33 por esta causa el *n* de aquella ciudad
27.36 bien llamaron su *n* Jacob, pues ya me ha
28.19 llamó el *n* de aquel lugar Bet-el. . Luz
28.19 aunque Luz era el *n* de la ciudad primero
29.16 el *n* de la mayor era Lea, y el *n* de la
29.32 hijo, y llamó su *n* Rubén, porque dijo
29.33 cuanto oyó Jehová. . Y llamó su *n* Simeón
29.34 le he dado. . por tanto, llamó su *n* Leví
29.35 vez alabaré a. . por esto llamó su *n* Judá
30.6 Dios oyó mi. . Por tanto llamó su *n* Dan
30.8 he contendido con. . Y llamó su *n* Neftalí
30.11 Lea: Vino la ventura; llamó su *n* Gad
30.13 me dirán dichosa; y llamó su *n* Aser
30.18 y dijo Lea. . por eso llamó su *n* Isacar
30.20 le he dado a luz. . y llamó su *n* Zabulón
30.21 dio a luz una hija, y llamó su *n* Dina
30.24 llamó su *n* José, diciendo: Añádame
31.48 este majano es. . fue llamado su *n* Galaad
32.2 y llamó el *n* de aquel lugar Mahanaim
32.27 ¿cuál es tu *n*? Y él respondió: Jacob
32.28 no se dirá más tu *n* Jacob, sino Israel
32.29 declárame ahora tu *n*. . ¿Por qué. . mi *n*?
32.30 llamó Jacob el *n* de aquel lugar Peniel
33.17 Jacob. . llamó el *n* de aquel lugar Sucot
35.10 tu *n* es Jacob; no se llamará. . *n* Jacob
35.10 Israel será tu *n*; y llamó su *n* Israel
35.15 llamó Jacob el *n* de aquel lugar donde
35.18 murió) llamó su *n* Benoni; mas su padre
36.10 estos son los *n* de los hijos de Esaú
36.32 Bela. . y el *n* de su ciudad fue Dinaba
36.35 Hadad hijo. . el *n* de su ciudad fue Avit
36.39 Hadar hijo. . el *n* de su ciudad fue Pau
36.39 y el *n* de su mujer, Mehetabel hija de

NOMBRE ***(Continúa)***

Gn. 36.40 son los *n* de los jefes de Esaú por sus
36.40 lugares, y sus *n:* Timna, Alva, Jetet
38.3 y dio a luz un hijo, y llamó su *n* Er
38.4 y dio a luz un hijo, y llamó su *n* Onán
38.5 y dio a luz un hijo, y llamó su *n* Sela
38.29 ¡qué brecha te has. . Y llamó su *n* Fares
38.30 salió su hermano. . y llamó su *n* Zara
41.45 y llamó Faraón el *n* de. . Zafnat-panea
41.51 y llamó. . el *n* del primogénito, Manasés
41.52 llamó el *n* del segundo, Efraín, porque
46.8 estos son los *n* de los hijos de Israel
48.6 el *n* de sus hermanos serán llamados en
48.16 sea perpetuado en ellos mi *n*, y el *n* de
49.24 por el *n* del Pastor, la Roca de Israel
50.11 por eso fue llamado su *n* Abel-mizraim
Éx. 1.1 estos son los *n* de los hijos de Israel
2.10 cual lo prohijó, y le puso por *n* Moisés
2.22 y él le puso por *n* Gersón, porque dijo
3.13 si ellos me preguntaren: ¿Cuál es su *n?*
3.15 este es mi *n* para siempre; con él se me
5.23 yo vine a Faraón para hablarle en tu *n*
6.3 en mi *n* Jehová no me di a conocer a ellos
6.16 estos son los *n* de los hijos de Leví por
9.16 que mi *n* sea anunciado en toda la tierra
15.3 Jehová. . varón de guerra; Jehová es su *n*
15.23 eran amargas. . le pusieron el *n* de Mara
17.7 el *n* de aquel lugar Masah y Meriba, por
17.15 un altar, y llamó su *n* Jehová-nisi
20.7 no tomarás el *n* de Jehová tu Dios en vano
20.7 por inocente. . al que tomare su *n* en vano
20.24 en todo lugar donde. . la memoria de mi *n*
23.13 *n* de otros dioses no mentaréis, ni se
23.21 y oye su voz. . porque mi *n* está en él
28.9 grabarás en ellas los *n* de los hijos de
28.10 seis *n* en una piedra, y los otros seis *n*
28.11 harás grabar. . con los *n* de los hijos de
28.12 Aarón llevará los *n* de ellos delante de
28.21 piedras serán según los *n* de los hijos
28.21 doce según sus *n*. . cada una con su *n*
28.29 y llevará Aarón los *n* de los hijos de
31.2 he llamado por *n* a Bezaleel hijo de Uri
33.12 tú dices: Yo te he conocido por tu *n*
33.17 has hallado gracia. . conocido por tu *n*
33.19 proclamaré el *n* de Jehová delante de ti
34.5 estuvo allí. . proclamando el *n* de Jehová
34.14 Jehová, cuyo *n* es Celoso, Dios celoso
39.6 oro, con grabaduras de sello con los *n*
39.14 conforme a los *n* de los hijos de Israel
39.14 según los *n* de ellos; como grabaduras
39.14 una con su *n*, según las doce tribus de
Lv. 18.21 no contamines así el *n* de tu Dios
19.12 y no juraréis falsamente por mi *n*
19.12 profanando. . el *n* de tu Dios. Yo Jehová
20.3 contaminando. . y profanando mi santo *n*
21.6 santos. . no profanarán el *n* de su Dios
22.2 que. . no profanen mi santo *n*. Yo Jehová
22.32 no profanéis mi santo *n*, para que yo
24.8 en orden. . en *n* de los hijos de Israel
24.11 el hijo de. . blasfemó el *N*, y maldijo
24.16 blasfemare el *n* de Jehová, ha de ser
24.16 así el. . si blasfemare el *N*, que muera
Nm. 1.2 tomad el censo. . con la cuenta de los *n*
1.5 son los *n* de los varones que estarán con
1.17 varones que fueron designados por sus *n*
1.18,20,22,24,26,28,30,32,34,36,38,40,42 conforme a la cuenta de los *n*
3.2,3 estos son los *n* de los hijos de Aarón
3.17 los hijos de Leví fueron estos por sus *n*
3.18 *n* de los hijos de Gersón por. . familias
3.40 los primogénitos. . cuéntalos por sus *n*
3.43 conforme al número de sus *n*, de un mes
4.32 consignarás por sus *n*. . los utensilios
6.27 pondrán mi *n* sobre los hijos de Israel
11.34 *n* de aquel lugar Kibrot-hataava, por
13.4 estos son sus *n:* De la tribu de Rubén
13.16 los *n* de los varones que Moisés envió
13.16 a Oseas. . le puso Moisés el *n* de Josué
17.2 y escribirás el *n* de cada uno. . su vara
17.3 escribirás el *n* de Aarón sobre la vara
21.3 Israel. . llamó el *n* de aquel lugar Horma
25.14 *n* del varón que fue muerto. . era Zimri
25.15 el *n* de la mujer madianita. . era Cozbi
26.33 los *n* de las hijas de Zelofehad fueron
26.46 y el *n* de la hija de Aser fue Sera
26.53 se repartirá. . por la cuenta de los *n*
26.55 por los *n* de las tribus de. . heredarán
27.1 las hijas. . *n* de las cuales eran Maala
27.4 será quitado el *n* de nuestro padre de
32.38 Baal-meón (mudados los *n*) y Sibma
32.38 pusieron *n* a. . ciudades que edificaron
32.41 Jair hijo de. . les puso por *n* Havot-jair
32.42 Noba. . y lo llamó Noba, conforme a su *n*
34.17 estos son los *n* de los varones que os
34.19 estos son los *n* de los varones: De la
Dt. 3.14 y la llamó por su *n*, Basán-havot-jair
5.11 no tomarás el *n* de Jehová. . Dios en vano
5.11 no. . inocente al que tome su *n* en vano
6.13 Jehová tu Dios temerás. . por su *n* jurarás
7.24 destruirás el *n* de ellos de debajo del
9.14 y borre su *n* de debajo del cielo, y yo
10.8 la tribu de Leví. . para bendecir en su *n*
10.20 Dios. . a él seguirás, y por su *n* jurarás
12.3 imágenes. . y raeréis su *n* de aquel lugar
12.5 para poner allí su *n* para su habitación
12.11,21 Dios escogiere para poner en él su *n*
14.23 que él escogiere para poner allí su *n*
14.24 hubiere escogido para poner en él su *n*
16.2,6 escogiere para que habite allí su *n*
16.11 hubiere escogido para poner allí su *n*
18.5 para administrar en el *n* de Jehová, él
18.7 ministrará en el *n* de Jehová su Dios
18.19 que no oyere. . que él hablare en mi *n*
18.20 presunción de hablar palabra en mi *n*
18.20 que hablare en *n* de dioses ajenos, el
18.22 si el profeta hablare en *n* de Jehová
21.5 escogió. . para bendecir en el *n* de Jehová
25.6 sucederá en el *n* de su hermano muerto
25.6 que el *n* de este no sea borrado de Israel
25.7 mi cuñado no quiere suscitar *n* en Israel
25.10 se le dará este *n* en Israel: La casa
26.2 escogiere para hacer habitar allí su *n*
28.10 que el *n* de Jehová es invocado sobre
28.58 temiendo. . *n* glorioso y temible: JEHOVÁ
29.20 Jehová borrará su *n* de debajo del cielo
32.3 el *n* de Jehová proclamaré; engrandeced
Jos. 5.9 el *n* de aquel lugar fue llamado Gilgal
6.27 Jehová con Josué, y su *n* se divulgó por
7.9 y borrarán nuestro *n* de sobre la tierra
7.9 y entonces, ¿qué harás tú a tu grande *n?*
9.9 han venido de. . por causa del *n* de Jehová
14.15 el *n* de Hebrón fue antes Quiriat-arba
15.15 el *n* de Debir era antes Quiriat-sefer
17.3 los *n* de. . son estos: Maala, Noa, Hogla
19.47 llamaron a Lesem, Dan, del *n* de Dan su
22.34 pusieron por *n* al altar Ed. . testimonio
23.7 ni juréis por el *n* de sus dioses, ni los
Jue. 1.17 y pusieron por *n* a la ciudad, Horma
1.26 cual llamó Luz; y este es su *n* hasta hoy
2.5 y llamaron el *n* de aquel lugar Boquim
8.14 por escrito los *n* de los principales y de
8.31 le dio un hijo, y le puso por *n* Abimelec
13.6 de un ángel. . ni tampoco él me dijo su *n*
13.17 ¿cuál es tu *n*, para que. . te honremos?
13.18 ¿por qué preguntas por mi *n*, que es
13.24 dio a luz. . hijo, y le puso por *n* Sansón
15.19 llamó el *n* de aquel lugar, En-hacore
18.29 y llamaron el *n* de aquella ciudad Dan
18.29 conforme al *n* de Dan su padre, hijo de
Rt. 1.2 el *n* de aquel varón era Elimelec, y el
1.2 los *n* de sus hijos eran Mahlón y Quelión
1.4 el *n* de una era Orfa. . *n* de la otra, Rut
2.19 *n* del varón con quien hoy he trabajado
4.5 para que restaures el *n* del muerto sobre
4.10 restaurar el *n*. . *n* del muerto no se borre
4.14 pariente, cuyo *n* será celebrado en Israel
4.17 y le dieron *n* las vecinas, diciendo: Le
1 S. 1.2 el *n* de una era Ana. . la otra, Penina
1.20 un hijo, y le puso por *n* Samuel, diciendo
7.12 le puso por *n* Eben-ezer, diciendo: Hasta
8.2 el *n* de. . fue Joel. . el *n* del segundo, Abías
12.22 Jehová no desamparará. . por su grande *n*
14.49 los *n* de sus dos hijas eran. . Merab, y
14.50 y el *n* de la mujer de Saúl era Ahinoam
14.50 el *n* del general. . era Abner, hijo de Ner
17.12 aquel hombre efrateo. . cuyo *n* era Isaí
17.13 los *n* de sus. . eran: Eliab el primogénito
17.45 yo vengo a ti en el *n* de Jehová de los
18.30 David. . se hizo de mucha estima su *n*
20.15 dejes que el *n* de Jonatán sea quitado
20.42 ambos hemos jurado por el *n* de Jehová
21.7 cuyo *n* era Doeg, edomita, el principal
23.28 a aquel lugar por *n* Sela-hama-lecot
24.21 ni borrarás mi *n* de la casa de mi padre
25.5 subid. . id a Nabal, y saludadle en mi *n*
25.9 dijeron. . estas palabras en *n* de David
25.25 Nabal; porque conforme a su *n*, así es
2 S. 4.2 el *n* de uno era Baana, y el del otro
4.4 un hijo lisiado de. . su *n* era Mefi-boset
5.9 moró. . y le puso por *n* la Ciudad de David
5.14 los *n* de los que le nacieron en Jerusalén
5.20 llamó el *n* de aquel lugar Baal-perazim
6.2 la cual era invocado el *n* de Jehová de
6.18 bendijo al pueblo en el *n* de Jehová de
7.9 y te he dado *n* grande, como el *n* de los
7.13 él edificará casa a mi *n*, y yo afirmaré
7.23 para ponerle *n*, y para hacer grandezas
7.26 que sea engrandecido tu *n* para siempre
12.24 un hijo, y llamó su *n* Salomón, el cual
12.25 llamó su *n* Jedidías, a causa de Jehová
12.28 tome yo la ciudad y sea llamada de mi *n*
14.7 dejando a mi marido *n* ni reliquia sobre
18.18 hijo que conserve la memoria de mi *n*
18.18 llamó aquella columna por su *n*, y así
22.50 confesaré. . oh Jehová, y cantaré a tu *n*
23.8 son los *n* de los valientes que tuvo David
1 R. 1.47 Dios haga. . *n* de Salomón más que tu *n*
3.2 no había casa edificada al *n* de Jehová
4.8 son los *n* de ellos: el hijo de Hur en el
5.3 no pudo edificar casa al *n* de Jehová su
5.5 yo. . edificar casa al *n* de Jehová mi Dios
5.5 hijo, a quien. . él edificará casa a mi *n*
7.21 del lado derecho, le puso por *n* Jaquín
7.21 alzando la columna del. . llamó su *n* Boaz
8.16 casa en la cual estuviese mi *n*, aunque
8.17 edificar casa al *n* de Jehová Dios de los
8.18 edificar casa a mi *n*, bien has hecho
8.19 sino tu hijo que. . edificará casa a mi *n*
8.20 he edificado la casa al *n* de Jehová Dios
8.29 lugar del cual has dicho. . *n* estará allí
8.33 se volvieren a ti y confesaren tu *n*, y
8.35 y confesaren tu *n*, y se volvieren del
8.41 extranjero. . que viniere. . a causa de tu *n*
8.42 oirán de tu gran *n*, de tu mano fuerte
8.43 los pueblos de la tierra conozcan tu *n*
8.43 y entiendan que tu *n* es invocado sobre
8.44,48 hacia la casa que yo edifiqué a tu *n*
9.3 oído. . para poner mi *n* en ella para siempre
9.7 esta casa que he santificado a mi *n*, yo
9.13 les puso por *n*. . Cabul, *n* que tiene hasta
10.1 la fama que. . había alcanzado por el *n* de
11.36 que yo me elegí para poner en ella mi *n*
14.21 que Jehová eligió. . para poner allí su *n*
14.21,31 el *n* de su madre fue Naama, amonita
15.2,10 el *n* de su madre fue Maaca, hija de
16.24 el *n* de la ciudad que edificó, Samaria
16.24 Samaria, del *n* de Semer, que fue dueño
18.24 invocad luego. . el *n* de vuestros dioses
18.24 yo invocaré el *n* de Jehová; y el Dios
18.25 invocad el *n* de vuestros dioses, mas
18.26 invocaron el *n* de Baal desde la mañana
18.31 de Jehová diciendo, Israel será tu *n*
18.32 edificó con. . un altar en el *n* de Jehová
21.8 escribió cartas en *n* de Acab, y las selló
22.16 digas sino la verdad en el *n* de Jehová?
22.42 *n* de su madre fue Azuba hija de Silhi
2 R. 2.24 vio, y los maldijo en el *n* de Jehová
5.11 en pie invocará el *n* de Jehová su Dios
8.26 *n* de su madre fue Atalía, hija de Omri
12.1 el *n* de su madre fue Sibia, de Beerseba
14.2 el *n* de su madre fue Joadán, de Jerusalén
14.27 Jehová no había determinado raer el *n*
15.2 *n* de su madre fue Jecolías, de Jerusalén
15.33 *n* de su madre fue Jerusa hija de Sadoc
17.34 de Jacob, al cual puso el *n* de Israel
18.2 *n* de su madre fue Abi hija de Zacarías
21.1 Manasés. . el *n* de su madre fue Hepsiba
21.4 había dicho: Yo pondré mi *n* en Jerusalén
21.7 pondré mi *n* para siempre en esta casa
21.19 Amón. . el *n* de su madre fue Mesulemet
22.1 Josías. . el *n* de su madre fue Jedida hija
23.27 cual había yo dicho: Mi *n* estará allí
23.31 el *n* de su madre fue Hamutal hija de
23.34 Faraón. . cambió el *n* por el de Joacim
23.36 Joacim. . *n* de su madre fue Zebuda hija
24.8 Joaquín. . *n* de su madre fue Nehusta hija
24.17 y le cambió el *n* por el de Sedequías
24.18 Sedequías. . el *n* de su madre fue Hamutal
1 Cr. 1.19 el *n* del uno fue Peleg, por cuanto
1.19 Peleg. . y el *n* de su hermano fue Joctán
1.43 Bela hijo. . el *n* de su ciudad fue Dinaba
1.46 Hadad hijo. . el *n* de su ciudad fue Avit
1.50 reinó. . Hadad, el *n* de cuya ciudad fue Pai
1.50 y el *n* de su mujer, Mehetabel hija de
2.29 el *n* de la mujer de Abisur fue Abihail
4.3 y el *n* de su hermana fue Haze-lelponi
4.38 éstos, por sus *n*, son los principales
4.41 y estos que han sido escritos por sus *n*
5.24 varones de *n* y jefes de las casas de sus
6.17 los *n* de los hijos de Gersón: Libni y
6.65 dieron. . ciudades que nombraron por sus *n*
7.15 y Supim, cuya hermana tuvo por *n* Maaca
7.15 Maaca, y el *n* del segundo fue Zelofehad
7.16 *n* de su hermano fue Seres, cuyos hijos
7.23 por *n* Bería, por cuanto había estado en
8.38 los hijos de Azel. . *n* son Azricam, Bocru
9.35 Jehiel. . el *n* de cuya mujer era Maaca
9.44 Azel tuvo seis hijos, los *n* de los cuales
13.6 el arca. . sobre la cual su *n* es invocado
14.4 los *n* de los que le nacieron en Jerusalén
14.11 llamaron el *n*. . aquel lugar Baal-perazim
16.2 bendijo al pueblo en el *n* de Jehová
16.8 alabad a Jehová, invocad su *n*, dad a
16.10 gloriaos en su santo *n;* alégrese el
16.29 dad a Jehová la honra debida a su *n*
16.35 para que confesemos tu santo *n*, y nos
16.41 los otros escogidos declarados por sus *n*
17.8 te haré gran *n*, como el *n* de los grandes
17.21 hacerte *n* con grandezas y maravillas
17.24 sea engrandecido tu *n* para siempre, a
21.19 que Gad le había dicho en *n* de Jehová
22.7 tuve el edificar templo al *n* de Jehová
22.8 no edificarás casa a mi *n*, porque has
22.9 *n* será Salomón, y yo daré paz y reposo
22.10 él edificará casa a mi *n*, y él me será
22.19 arca. . a la casa edificada al *n* de Jehová
23.13 le ministrasen y bendijesen en su *n*
23.24 los hijos de Leví. . contados por sus *n*
24.6 escribió sus *n* en presencia del rey y de
28.3 no edificarás casa a mi *n*, porque eres
29.13 ahora. . alabamos y loamos tu glorioso *n*
29.16 para edificar casa a tu santo *n*, de tu
2 Cr. 2.1 Salomón edificar casa al *n* de Jehová
2.4 yo tengo que edificar casa al *n* de Jehová
6.5 para edificar casa donde estuviese mi *n*
6.6 he elegido para que en ella esté mi *n*
6.7 su corazón edificar casa al *n* de Jehová
6.8 tu corazón deseo de edificar casa a mi *n*
6.9 sino tu hijo. . él edificará casa a mi *n*
6.10 he edificado casa al *n* de Jehová Dios de
6.20 lugar del cual dijiste: Mi *n* estará allí
6.24 Israel. . se convirtiere, y confesare tu *n*

NOMBRE *(Continúa)*

2 Cr. 6.26 y confesaren tu *n*, y se convirtieren de
6.32 que hubiere venido. . a causa de tu gran *n*
6.33 que todos los pueblos de. . conozcan tu *n*
6.33 sepan que tu *n* es invocado sobre esta
6.34,38 hacia la casa que he edificado a tu *n*
7.14 sobre el cual mi *n* es invocado, y oraren
7.16 esté en ella mi *n* para siempre; y mis
7.20 esta casa que he santificado a mi *n*
12.13 en Jerusalén. . para poner en ella su *n*
12.13 y el *n* de la madre de Roboam fue Naama
13.2 *n* de su madre fue Micaías hija de Uriel
14.11 y en tu *n* venimos contra este ejército
18.15 te conjuraré por el *n* de Jehová que no
20.8 han edificado en ella santuario a tu *n*
20.9 delante. . (Porque tu *n* está en esta casa)
20.26 por eso llamaron el *n*. . valle de Beraca
20.31 reinó Josafat. . *n* de su madre fue Azuba
22.2 *n* de su madre fue Atalía, hija de Omri
24.1 el *n* de su madre fue Sibia, de Beerseba
25.1 Amasías. . el *n* de su madre fue Joadán, de
26.3 Uzías. . el *n* de su madre fue Jecolías, de
27.1 Jotam. . el *n* de su madre fue Jerusa, hija
29.1 Ezequías. . *n* de su madre fue Abías, hija
33.4 en Jerusalén estará mi *n* perpetuamente
33.7 en esta casa. . pondré mi *n* para siempre
33.18 le hablaron en *n* de Jehová el Dios de
36.4 y le mudó el *n* en Joacim; y a Joacaz su
Esd. 2.61 Barzilai. . llamado por el *n* de ellas
5.1 profetizaron. . en el *n* del Dios de Israel
5.4 cuáles son los *n* de los hombres que hacen
5.10 preguntamos sus *n* para hacértelo saber
5.10 para escribirte los *n* de los hombres que
6.12 y el Dios que hizo habitar allí su *n*
8.13 *n* son estos: Elifelet, Jeiel y Semaías
8.20 los cuales fueron designados por sus *n*
10.16 por sus *n* se sentaron el primer día del
Neh. 1.9 que escogí para hacer habitar allí mi *n*
1.11 siervos, quienes desean reverenciar tu *n*
6.13 y les sirviera de mal *n* con que fuera yo
7.63 de Barzilai. . y se llamó del *n* de ellas
9.5 bendígase el *n* tuyo, glorioso y alto sobre
9.7 que escogiste. . y le pusiste el *n* Abraham
9.10 y te hiciste *n* grande, como en este día
Est. 2.5 varón judío cuyo *n* era Mardoqueo hijo
2.14 si el rey la quería y era llamada por *n*
2.22 Ester lo dijo al rey en *n* de Mardoqueo
3.12 *n* del rey Asuero fue escrito, y sellado
8.8 escribid. . en *n* del rey, y selladlo con el
8.8 un edicto que se escribe en *n* del rey, no
8.10 escribió en *n* del rey Asuero, y lo selló
9.26 por esto llamaron. . Purim, por el *n* Pur
Job 1.21 Jehová quitó. . el *n* de Jehová bendito
18.17 perecerá. . y no tendrá *n* por las calles
30.8 hijos de viles, y hombres sin *n*, más
42.14 llamó el *n* de la primera, Jemima, el de
Sal. 5.11 en ti se regocijen los que aman tu *n*
7.17 y cantaré al *n* de Jehová el Altísimo
8.1 cuán glorioso es tu *n* en toda la tierra!
8.9 ¡cuán grande es tu *n* en toda la tierra!
9.2 me alegraré. . cantaré a tu *n*, oh Altísimo
9.5 borraste el *n* de ellos. . y para siempre
9.10 en ti confiarán los que conocen tu *n*
16.4 sangre, ni en mis labios tomaré sus *n*
18.49 te confesaré entre. . y cantaré a tu *n*
20.1 oiga. . el *n* del Dios de Jacob te defienda
20.5 y alzaremos pendón en el *n* de. . Dios
20.7 nosotros del *n* de Jehová nuestro Dios
22.22 anunciaré tu *n* a mis hermanos; en medio
23.3 guiará por sendas de. . por amor de su *n*
25.11 por amor de tu *n*, oh Jehová, perdonarás
29.2 dad a Jehová la gloria debida a su *n*
31.3 tú. . por tu *n* me guiarás y me encaminarás
33.21 porque en su santo *n* hemos confiado
34.3 engrandeced a. . y exaltemos a una su *n*
41.5 mal. . ¿Cuándo morirá, y perecerá su *n*?
44.5 tu *n* hollaremos a nuestros adversarios
44.8 gloriaremos. . para siempre alabaremos tu *n*
44.20 si nos hubiésemos olvidado del *n* de
45.17 haré perpetua la memoria de tu *n* en
48.10 conforme a tu *n*. . así es tu loor hasta
49.11 serán eternas. . dan sus *n* a sus tierras
52.9 y esperaré en tu *n*, porque es bueno
54.1 Dios, sálvame por tu *n*, y con tu poder
54.6 alabaré tu *n*, oh Jehová, porque es bueno
61.5 dado la heredad de los que temen tu *n*
61.8 cantaré tu *n* para siempre, pagando mis
63.4 te bendeciré. . en tu *n* alzaré mis manos
66.2 cantad la gloria de su *n*; poned gloria
66.4 tierra. . cantará a ti; cantarán a tu *n*
68.4 cantad salmos a su *n*; exaltad al que
68.4 JAH es su *n*; alegraos delante de él
69.30 alabaré yo el *n* de Dios con cántico
69.36 y los que aman su *n* habitarán en ella
72.17 su *n* para siempre, se perpetuará su *n*
72.19 bendito su *n* glorioso para siempre, y
74.7 han profanado el tabernáculo de tu *n*
74.10 ¿ha de blasfemar el enemigo. . tu *n*?
74.18 y pueblo insensato ha blasfemado tu *n*
74.21 el afligido. . menesteroso alabarán tu *n*
75.1 gracias te damos, oh. . cercano está tu *n*
76.1 es conocido en. . en Israel es grande su *n*
79.6 ira sobre los reinos que no invocan tu *n*
79.9 ayúdanos, oh Dios. . por la gloria de tu *n*
79.9 perdona nuestros pecados. . amor de tu *n*
80.18 así. . vida nos darás, e invocaremos tu *n*
83.4 y no haya más memoria del *n* de Israel
83.16 vergüenza, y busquen tu *n*, oh Jehová
83.18 conozcan que tu *n* es Jehová; tú solo
86.9 todas las naciones. . glorificarán tu *n*
86.11 afirma mi corazón para que tema tu
86.12 alabaré. . y glorificaré tu *n*. . siempre
89.12 el Tabor y el Hermón cantarán en tu *n*
89.16 en tu *n* se alegrará todo el día; y en
89.24 verdad. . en mi *n* será exaltado su poder
91.14 en alto, por cuanto ha conocido mi *n*
92.1 bueno. . cantar salmos a tu *n*, oh Altísimo
96.2 cantad a Jehová, bendecid su *n*; anunciad
96.8 dad a Jehová la honra debida a su *n*
99.3 alaben tu *n* grande y temible. . es santo
99.6 y Samuel entre los que invocaron su *n*
100.4 con alabanza; alabadle, bendecid su *n*
102.15 las naciones temerán el *n* de Jehová
102.21 que publique en Sion el *n* de Jehová
103.1 alma. . y bendiga todo mi ser su santo *n*
105.1 alabad a Jehová, invocad su *n*; dad a
105.3 gloriaos en su santo *n*; alégrese el
106.8 los salvó por amor de su *n*, para hacer
106.47 para que alabemos tu santo *n*, para que
109.13 en la segunda generación. . borrado su *n*
109.21 Señor mío, favoréceme por amor de tu *n*
111.9 su pacto; santo y temible es su *n*
113.1 alabad, siervos. . alabad el *n* de Jehová
113.2 el *n* de Jehová bendito desde ahora y
113.3 desde el. . sea alabado el *n* de Jehová
115.1 no a nosotros, sino a tu *n* da gloria
116.4 invoqué el *n* de Jehová, diciendo: Oh
116.13 tomaré la. . e invocaré el *n* de Jehová
116.17 te ofreceré. . e invocaré el *n* de Jehová
118.10,11,12 en el *n* de Jehová. . destruiré
118.26 bendito el que viene en el *n* de Jehová
119.55 acordé en la noche de tu *n*, oh Jehová
119.132 acostumbras con los que aman tu *n*
122.4 subieron las. . para alabar el *n* de Jehová
124.8 nuestro socorro está en el *n* de Jehová
129.8 sobre. . os bendecimos en el *n* de Jehová
135.1 alabad. . *n* de Jehová. . siervos de Jehová
135.3 cantad salmos a su *n*. . él es benigno
135.13 oh Jehová, eterno es tu *n*; tu memoria
138.2 alabaré tu *n* por tu misericordia y tu
138.2 has engrandecido tu *n*, y tu palabra
139.20 porque. . enemigos toman en vano tu *n*
140.13 los justos alabarán tu *n*; los rectos
142.7 saca mi alma de. . para que alabe tu *n*
143.11 por tu *n*, oh Jehová, me vivificarás
145.1 bendeciré tu *n* eternamente y. . siempre
145.2 alabaré tu *n* eternamente y para siempre
145.21 todos bendigan su santo *n* eternamente
147.4 cuenta. . a todas ellas llama por sus *n*
148.5 alaben el *n* de Jehová; porque él mandó
148.13 alaben el *n* de Jehová, porque sólo su
148.13 sólo su *n* es enaltecido. Su gloria es
149.3 alaben su *n* con danza; con pandero y
Pr. 10.7 justo. . el *n* de los impíos se pudrirá
21.24 escarnecedor es el *n* del soberbio y
22.1 de más estima es el buen *n* que. . riquezas
30.4 ¿cuál. . su *n*, y el *n* de su hijo, si sabes?
30.9 siendo pobre. . blasfeme el *n* de mi Dios
Ec. 6.4 porque. . con tinieblas su *n* es cubierto
6.10 ya ha mucho que tiene *n*, y se sabe que
Cnt. 1.3 tu *n* es como ungüento derramado; por
Is. 4.1 permítenos llevar tu *n*; quita nuestro
7.14 a luz un hijo, y llamará su *n* Emanuel
8.3 me dijo. . Ponle por *n* Maher-salal-hasbaz
9.6 y se llamará su *n* Admirable, Consejero
12.4 a Jehová, aclamad su *n*, haced célebres en
12.4 obras, recordad que su *n* es engrandecido
14.22 raeré de Babilonia el *n* y el remanente
18.7 lugar del *n* de Jehová de los ejércitos
25.1 te exaltaré, alabaré tu *n*, porque has
26.8 *n* y tu memoria son el deseo de nuestra
26.13 ti solamente nos acordaremos de tu *n*
29.23 verá a sus hijos. . que santificarán mi *n*
30.27 aquí que el *n* de Jehová viene de lejos
40.26 todas llama por sus *n*; ninguna faltará
41.25 del nacimiento del sol invocará mi *n*
42.8 Jehová; este es mi *n*; y a otro no daré
43.1 porque yo te redimí; te puse *n*, mío eres
43.7 los llamados de mi *n*; para gloria mía
44.5 otro se llamará del *n* de Jacob, y otro
44.5 otro. . se apellidará con el *n* de Israel
45.3 soy. . el Dios de Israel, que te pongo *n*
45.4 te llamé por tu *n*; te puse sobrenombre
47.4 Jehová de. . ejércitos es su *n*, el Santo
48.1 que os llamáis del *n* de Israel, los que
48.1 los que juran en el *n* de Jehová, y hacen
48.2 el Dios. . su *n* es Jehová de los ejércitos
48.9 por amor de mi *n* diferiré mi ira, y para
48.11 haré, para que no sea amancillado mi *n*
48.19 nunca su *n* sería cortado, ni raído de
49.1 Jehová me llamó. . tuvo mi *n* en memoria
50.10 confíe en el *n* de Jehová, y apóyese en
51.15 yo. . soy tu Dios, cuyo *n* es Jehová de los
52.5 aullar. . es blasfemado mi *n* todo el día
52.6 mi pueblo sabrá mi *n* por esta causa en
54.5 Hacedor; Jehová de los ejércitos es su *n*
55.13 será a Jehová por *n*, por señal eterna
56.5 *n* mejor que el de. . *n* perpetuo les daré
56.6 y que amen el *n* de Jehová para ser sus
57.15 así dijo el Alto y. . cuyo *n* es el Santo
59.19 temerán desde. . occidente el *n* de Jehová
60.9 su oro con ellos, al *n* de Jehová tu Dios
62.2 y te será puesto un *n* nuevo, que la boca
63.12 que los guió. . haciéndose así *n* perpetuo
63.14 pastoreaste a. . para hacerte *n* glorioso
63.16 tú. . nuestro Redentor perpetuo es tu *n*
63.19 sobre los cuales nunca fue llamado tu *n*
64.2 que hicieras notorio tu *n* a tus enemigos
64.7 nadie hay que invoque tu *n*. . despierte
65.1 dije a gente que no invocaba mi *n*: Heme
65.15 dejaréis vuestro *n* por maldición a mis
65.15 Señor. . a sus siervos llamará por otro *n*
66.5 echan fuera por causa de mi *n*, dijeron
66.22 permanecerá vuestra descendencia y. . *n*
Jer. 2.8 los profetas profetizaron en *n* de Baal
3.17 vendrán. . en el *n* de Jehová en Jerusalén
7.10,11,14,30 sobre la cual es invocado mi *n*
7.12 donde hice morar mi *n* al principio, y ved
10.6 oh Jehová; grande eres tú, y grande tu *n*
10.16 él es. . Jehová de los ejércitos es su *n*
10.25 sobre las naciones que no invocan tu *n*
11.16 olivo verde, hermoso. . llamó Jehová tu *n*
11.19 para que no haya más memoria de su *n*
11.21 no profetices en *n* de Jehová, para que
12.16 jurar en mi *n*, diciendo: Vive Jehová
14.7 Jehová, actúa por amor de tu *n*; porque
14.9 sobre nosotros es invocado tu *n*; no nos
14.14 falsamente profetizan los. . en mi *n*; no
14.15 los profetas que profetizan en mi *n*, los
14.21 por amor de tu *n* no nos deseches, ni
15.16 tu *n* se invocó sobre mí, oh Jehová Dios
16.21 enseñaré. . y sabrán que mi *n* es Jehová
20.3 Jehová no ha llamado tu *n* Pasur, sino
20.9 no me acordaré. . ni hablaré más en su *n*
23.6 este será su *n* con el cual le llamarán
23.13 profetizaban en *n* de Baal, e hicieron
23.25 profetizando mentira en mi *n*, diciendo
23.27 hacen que mi pueblo se olvide de mi *n*
23.27 padres se olvidaron de mi *n* por Baal?
25.29 la ciudad en la cual es invocado mi *n*
26.9 ¿por qué has profetizado en *n* de Jehová
26.16 porque en *n* de Jehová. . nos ha hablado
26.20 hombre que profetizaba en *n* de Jehová
27.15 y ellos profetizan falsamente en mi *n*
29.9 falsamente os profetizan ellos en mi *n*
29.21 que os profetizan falsamente en mi *n*
29.23 falsamente hablaron en mi *n* palabra que
29.25 tú enviaste cartas en tu *n* a todo el
31.35 ondas; Jehová de los ejércitos es su *n*
32.18 Dios. . Jehová de los ejércitos es su *n*
32.20 te has hecho *n*, como se ve en el día de
32.34; 34.15 la casa en la cual es invocado mi *n*
33.2 hizo la tierra. . la formó. . Jehová es su *n*
33.9 será a mí por *n* de gozo, de alabanza y
34.16 pero os habéis vuelto y profanado mi *n*
44.16 la palabra que nos has hablado en *n* de
44.26 he jurado por mi grande *n*, dice Jehová
44.26 mi *n* no será más invocado por boca de
46.18 dice el Rey, cuyo *n* es Jehová de los
48.15 ha dicho el Rey, cuyo *n* es Jehová de los
48.17 compadeceos de él. . los que sabéis su *n*
50.34 Fuerte; Jehová de los ejércitos es su *n*
51.19 él es. . Jehová de los ejércitos es su *n*
51.57 dice el Rey, cuyo *n* es Jehová de los
Lm. 3.55 invoqué tu *n*. . Jehová, desde la cárcel
Ez. 20.9,14,22 de mi *n*, para que no se infamase
20.29 llamado su *n* Bama hasta el día de hoy
20.39 pero no profanéis más mi santo *n* con
20.44 haga con vosotros por amor de mi *n*, no
22.5 amancillada de *n*, y de grande turbación
36.20 profanaron mi santo *n*, diciéndose de
36.21 ver mi santo *n* profanado por la casa de
36.22 sino por causa de mi santo *n*, el cual
36.23 y santificaré mi grande *n*, profanado
39.7 haré notorio mi santo *n* en medio de mi
39.7 y nunca más dejaré profanar mi santo *n*
39.16 también el *n* de la ciudad será Hamona
39.25 y me mostraré celoso por mi santo *n*
43.7 nunca más profanará. . Israel mi santo *n*
43.8 contaminado mi. . *n* con sus abominaciones
48.1 estos son los *n* de las tribus: Desde el
48.31 las puertas. . serán según los *n* de las
48.35 el *n* de la ciudad desde aquel día será
Dn. 1.7 a éstos el jefe de los eunucos puso *n*
2.20 bendito el *n* de Dios de siglos en siglos
4.8 Daniel, cuyo *n* es Beltsasar, como el *n* de
4.19 Daniel. . *n* era Beltsasar, quedó atónito
5.12 en Daniel, al cual. . puso por *n* Beltsasar
9.6 que en tu *n* hablaron a nuestros reyes, a
9.18 la ciudad sobre la cual es invocado tu *n*
9.19 porque tu *n* es invocado sobre tu ciudad
Os. 1.4 ponle por *n* Jezreel; porque de aquí a
1.6 ponle por *n* Lo-ruhama. . me compadeceré
1.9 ponle por *n* Lo-ammi, porque vosotros no
2.17 quitaré de su boca los *n* de los baales
2.17 baales, y nunca. . se mencionarán sus *n*
12.5 Jehová es Dios de los. . Jehová es su *n*
Jl. 2.26 alabaréis el *n* de Jehová vuestro Dios
2.32 que invocare el *n* de Jehová será salvo
Am. 2.7 pisotean en el. . profanando mi santo *n*
4.13 Jehová Dios de los ejércitos es su *n*
5.8 el que llama a las aguas. . Jehová es su *n*

NOMBRE *(Continúa)*

Am. 5.27 Jehová, cuyo *n* es Dios de los ejércitos
6.10 no podemos mencionar el *n* de Jehová
9.6 él edificó en el cielo..Jehová es su *n*
9.12 sobre..cuales es invocado mi *n* posean
Mi. 4.5 cada uno en el *n* de su dios, nosotros
4.5 andaremos en el *n* de Jehová nuestro Dios
5.4 con grandeza del *n* de Jehová su Dios; y
6.9 voz de Jehová..y es sabio temer a tu *n*
Nah. 1.14 que no quede ni memoria de tu *n;* de
Sof. 1.4 y exterminaré..el *n* de los ministros
3.9 para que todos invoquen el *n* de Jehová
3.12 pobre, el cual confiará en el *n* de Jehová
Zac. 5.4 casa del que jura falsamente en mi *n*
6.12 he aquí el varón cuyo *n* es el Renuevo
10.12 y caminarán en su *n*, dice Jehová
11.7 puse por *n* Gracia, y al otro Ataduras
13.2 quitaré de la tierra..*n* de las imágenes
13.3 has hablado mentira en el *n* de Jehová
13.9 él invocará mi *n*, y yo le oiré, y diré
14.9 aquel día Jehová será uno, y uno su *n*
Mal. 1.6 oh sacerdotes, que menospreciáis mi *n*
1.6 decís: ¿En qué hemos menospreciado tu *n?*
1.11 en todo lugar se ofrece a mi *n* incienso
1.11(2) grande es mi *n* entre las naciones
1.14 y mi *n* es temible entre las naciones
2.2 no decidís de corazón dar gloria a mi *n*
2.5 mí, y delante de mi *n* estuvo humillado
3.16 escrito..para los que piensan en su *n*
4.2 a vosotros los que teméis mi *n*, nacerá el
Mt. 1.21 llamarás su *n* Jesús, porque él salvará
1.23 y llamarás su *n* Emanuel, que traducido
1.25 dio a luz a su hijo..le puso por *n* Jesús
6.9 Padre nuestro que..santificado sea tu *n*
7.22 profetizamos en tu *n*, y en tu *n* echamos
7.22 ¿no..y en tu *n* hicimos muchos milagros?
10.2 los *n* de los doce apóstoles son estos
10.22 seréis aborrecidos..por causa de mi *n*
12.21 y en su *n* esperarán los gentiles
18.5 que reciba en mi *n* a un niño como este
18.20 o tres congregados en mi *n*, allí estoy
19.29 dejado casas..por mi *n*, recibirá cien
21.9; 23.39 bendito el que viene en el *n* del
24.5 vendrán muchos en mi *n*, diciendo: Yo soy
24.9 y seréis aborrecidos..por causa de mi *n*
28.19 bautizándolos en el *n* del Padre, y del
Mr. 6.14 porque su *n* se había hecho notorio; y
9.37 el que reciba en mi *n* a un niño como este
9.38 a uno que en tu *n* echaba fuera demonios
9.39 ninguno hay que haga milagro en mi *n*, que
9.41 os diere un vaso de agua en mi *n*, porque
11.9 bendito el que viene en el *n* del Señor
13.6 vendrán muchos en mi *n*, diciendo: Yo soy
13.13 aborrecidos de todos por causa de mi *n*
16.17 creen: En mi *n* echarán fuera demonios
Lc. 1.13 te dará..un hijo, y llamarás su *n* Juan
1.27 una virgen..el *n* de la virgen era María
1.31 darás a luz..hijo, y llamarás su *n* Jesús
1.49 me ha hecho grandes cosas..santo es su *n*
1.59 llamaban con el *n* de su padre, Zacarías
1.61 no hay nadie en..que se llame con ese *n*
1.63 tablilla, escribió, diciendo: Juan es su *n*
2.21 pusieron por *n* Jesús, el cual le había
6.22 desechen vuestro *n* como malo, por causa
9.48 que reciba a este niño en mi *n*, a mí me
9.49 a uno que echaba fuera demonios en tu *n*
10.17 aun los demonios se nos sujetan en tu *n*
10.20 vuestros *n* están escritos en los cielos
11.2 santificado sea tu *n*. Venga tu reino
13.35; 19.38 ¡bendito el que viene en el *n* del
21.8 vendrán muchos en mi *n*, diciendo: Yo soy
21.12 seréis llevados ante..por causa de mi *n*
21.17 seréis aborrecidos..por causa de mi *n*
24.47 se predicase en su *n* el arrepentimiento
Jn. 1.12 a los que creen en su *n*..dio potestad
2.23 creyeron en su *n*, viendo las señales que
3.18 no ha creído en el *n* del unigénito Hijo
5.43 yo he venido en *n* de mi Padre, y no me
5.43 si otro viniere en su propio *n*, a ése
10.3 y a sus ovejas llama por *n*, y las saca
10.25 las obras que yo hago en *n* de mi Padre
12.13 ¡bendito..viene en el *n* del Señor, el
12.28 Padre, glorifica tu *n*. Entonces vino
14.13 todo lo que pidiereis al Padre en mi *n*
14.14 si algo pidiereis en mi *n*, yo lo haré
14.26 a quien el Padre enviará en mi *n*, él os
15.16 todo lo que pidiereis al Padre en mi *n*
15.21 todo esto os harán por causa de mi *n*
16.23 cuanto pidiereis al Padre en mi *n*, os
16.24 hasta ahora nada habéis pedido en mi *n*
16.26 en aquel día pediréis en mi *n;* y no os
17.6 he manifestado tu *n* a los hombres que
17.11 guárdalos en tu *n*, para que sean uno
17.12 yo los guardaba en tu *n;* a los que me
17.26 les he dado a conocer tu *n*, y lo daré
20.31 para que creyendo, tengáis vida en su *n*
Hch. 2.21 invocare el *n* del Señor, será salvo
2.38 bautícese..en el *n* de Jesucristo para
3.6 en el *n* de Jesucristo..levántate y anda
3.16 por la fe en su *n*, a éste, que vosotros
3.16 a éste..le ha confirmado su *n;* y la fe
4.7 o en qué *n*, habéis hecho vosotros esto?
4.10 que en el *n* de Jesucristo de Nazaret, a
4.12 no hay otro *n* bajo el cielo, dado a los
4.17 no hablen de..a hombre alguno en este *n*
4.18 hablasen ni enseñasen en el *n* de Jesús
4.30 y prodigios mediante el *n* de tu..Hijo
5.28 no enseñaseis en ese *n?* Y ahora habéis
5.40 que no hablasen en el *n* de Jesús, y los
5.41 por dignos de padecer afrenta por..del *N*
8.12 Felipe, que anunciaba..*n* de Jesucristo
8.16 habían sido bautizados en el *n* de Jesús
9.14 prender a todos los que invocan tu *n*
9.15 llevar mi *n* en presencia de los gentiles
9.16 cuánto le es necesario padecer por mi *n*
9.21 que asolaba..a los que invocaban este *n*
9.27 hablado valerosamente en el *n* de Jesús
9.29 en el *n* del Señor, y disputaba con los
10.43 recibirán perdón de pecados por su *n*
10.48 y mandó bautizarles en el *n* del Señor
13.8 les resistía Elimas..así se traduce su *n*
15.14 para tomar de ellos pueblo para su *n*
15.17 todos..sobre los cuales es invocado mi *n*
15.26 que han expuesto su vida por el *n* de
16.18 mando en el *n* de Jesucristo, que salgas
18.15 cuestiones de palabras, y de *n*..vedlo
19.5 fueron bautizados en el *n* del Señor Jesús
19.13 invocar el *n* del Señor Jesús sobre los
19.17 y era magnificado el *n* del Señor Jesús
21.13 aun a morir..por el *n* del Señor Jesús
22.16 y lava tus pecados, invocando su *n*
26.9 cosas contra el *n* de Jesús de Nazaret
Ro. 1.5 obediencia a la fe..por amor de su *n*
2.24 el *n* de Dios es blasfemado entre los
9.17 para que mi *n* sea anunciado por toda la
10.13 que invocare el *n* del Señor, será salvo
15.9 yo te confesaré entre..y cantaré a tu *n*
1 Co. 1.2 lugar invocan el *n* de nuestro Señor
1.10 ruego, pues..por el *n* de nuestro Señor
1.13 ¿o fuisteis bautizados en el *n* de Pablo?
1.15 diga que fuisteis bautizados en mi *n*
5.4 en el *n* de..Señor Jesucristo, reunidos
6.11 ya..justificados en el *n* del Señor Jesús
2 Co. 5.20 somos embajadores en *n* de Cristo
5.20 os rogamos en *n* de Cristo: Reconciliaos
Ef. 1.21 sobre todo *n* que se nombra, no sólo
3.15 quien toma *n* toda familia en los cielos
5.20 dando siempre gracias por todo..en el *n*
Fil. 2.9 Dios..le dio un *n* que es sobre todo *n*
2.10 en el *n* de Jesús se doble toda rodilla
4.3 cuyos *n* están en el libro de la vida
4.8 todo lo que es de buen *n;* si hay virtud
Col. 3.17 hacedlo todo en el *n* del Señor Jesús
2 Ts. 1.12 *n* de nuestro Señor..sea glorificado
3.6 os ordenamos..en el *n* de nuestro Señor
1 Ti. 6.1 que no sea blasfemado el *n* de Dios y
2 Ti. 2.19 todo aquel que invoca el *n* de Cristo
He. 1.4 cuanto heredó más excelente *n* que ellos
2.12 diciendo: Anunciaré a mis hermanos tu *n*
6.10 de amor que habéis mostrado hacia su *n*
7.2 *n* significa..Rey de justicia, y también
13.15 es..fruto de labios que confiesan su *n*
Stg. 2.7 ¿no blasfeman ellos el buen *n* que fue
5.10 los profetas que hablaron en *n* del Señor
5.14 ungiéndole con aceite en el *n* del Señor
1 P. 4.14 sois vituperados por el *n* de Cristo
1 Jn. 2.12 os han sido perdonados por su *n*
3.23 creamos en el *n* de su Hijo Jesucristo
5.13 a vosotros que creéis en el *n* del Hijo
5.13 para que creáis en el *n* del Hijo de Dios
3 Jn. 7 ellos salieron por amor del *n* de El, sin
Ap. 2.3 has trabajado..por amor de mi *n*, y no
2.13 retienes mi *n*, y no has negado mi fe
2.17 y en la piedrecita escrito un *n* nuevo
3.1 que tienes *n* de que vives, y estás muerto
3.5 y no borraré su *n* del..y confesaré su *n*
3.8 has guardado mi..y no has negado mi *n*
3.12 escribiré sobre él el *n* de mi Dios, y el
3.12 y el *n* de la ciudad de mi Dios, y mi *n*
6.8 y el que lo montaba tenía por *n* Muerte
8.11 y el *n* de la estrella es Ajenjo. Y la
9.11 al ángel del abismo, cuyo *n* en hebreo es
11.18 dar el galardón..a los que temen tu *n*
13.1 tenía..sobre sus cabezas, un *n* blasfemo
13.6 blasfemar de su *n*, de su tabernáculo, y
13.8 cuyos *n* no estaban escritos en el libro
13.17 sino el que tuviese la marca o el *n* de
13.17 tuviese la marca..o el número de su *n*
14.1 que tenían el *n* de él y el de su Padre
14.11 ni nadie que reciba la marca de su *n*
15.2 victoria sobre la bestia..número de su *n*
15.4 y glorificará tu *n?* pues sólo tú eres
16.9 y blasfemaron el *n* de Dios, que tiene
17.3 sobre una bestia..llena de *n* de blasfemia
17.5 en su frente un *n* escrito, un misterio
17.8 *n* no están escritos desde la fundación
19.12 tenía un *n* escrito que ninguno conocía
19.13 en sangre; y su *n* es: El Verbo de Dios
19.16 tiene escrito este *n:* Rey de reyes y
21.12 y en las puertas..*n* inscritos, que son
21.14 y sobre ellos los doce *n* de los doce
22.4 verán su rostro, y su *n*..en sus frentes

NORDESTE

Hch. 27.12 puerto de Creta que mira al *n* y

NORMA

2 Cr. 35.25 y las tomaron por *n* para endechar

NORTE

Gn. 13.14 lugar donde estás hacia el *n* y el sur
14.15 les fue siguiendo hasta Hoba al *n* de
28.14 te extenderás..al *n* y al sur, y todas
Éx. 26.20 al otro lado..lado del *n*, 20 tablas
26.35 fuera del velo..la mesa al lado del *n*
27.11 al lado del *n* habrá a lo largo cortinas
36.25 al lado *n*, hizo otras veinte tablas
38.11 del lado *n* cortinas de cien codos; sus
40.22 puso la mesa..al lado *n* de la cortina
Lv. 1.11 degollará al lado *n* del altar, delante
Nm. 2.25 bandera del..de Dan estará al *n*, por
3.35 acamparán al lado del tabernáculo, al *n*
34.7 el límite del *n* será este: desde el Mar
34.9 Hazar-enán; este será el límite del *n*
35.5 mil codos, y al lado del *n* dos mil codos
Dt. 2.3 bastante habéis rodeado..volveos al *n*
3.27 y alza tus ojos al oeste, y al *n*, y al
Jos. 8.11 y llegaron..y acamparon al *n* de Hai
8.13 todo el campamento al *n* de la ciudad, y
11.2 a los reyes que..del *n* en las montañas
13.3 Sihor..hasta el límite de Ecrón al *n*
15.5 el límite del lado del *n*, desde la bahía
15.6 pasa al *n* de Bet-arabá, y de aquí sube
15.7 *n* mira sobre Gilgal, que está enfrente
15.8 al extremo del valle..por el lado del *n*
15.10 al lado del monte Jearim hacia el *n*, el
15.11 al lado de Ecrón hacia el *n;* y rodea a
16.6 el límite hasta..y hasta Micmetat al *n*
17.9 límite..es desde el *n* del mismo arroyo
17.10 Efraín al sur, y Manasés al *n*, y el mar
17.10 encuentra con Aser al *n*, y con Isacar
18.5 los de la casa de José en el suyo al *n*
18.12 fue el límite de..del *n* desde el Jordán
18.12 y sube hacia el lado de Jericó al *n*
18.16 que está al *n* en el valle de Refaim
18.17 luego se inclina hacia el *n* y sale a
18.19 pasa el límite al lado *n* de Bet-hogla
18.19 termina en la bahía *n* del Mar Salado
19.14 al *n*, el límite gira hacia Hanatón
19.27 de Jefte-el al *n*..y sale a Cabul al *n*
24.30 en su heredad..al *n* del monte de Gaas
Jue. 2.9 lo sepultaron..al *n* del monte de Gaas
7.1 el campamento de los madianitas al *n*, más
12.1 y pasaron hacia el *n*, y dijeron a Jefté
21.19 fiesta..en Silo, que está al *n* de Bet-el
1 S. 14.5 de los peñascos estaba situado al *n*
1 R. 7.25 sobre doce bueyes; tres miraban al *n*
2 R. 16.14 lo puso al lado del altar hacia el *n*
1 Cr. 9.24 estaban los porteros..al *n* y al sur
26.14 y salió la suerte suya para la del *n*
26.17 *n* cuatro de día; al sur cuatro de día
2 Cr. 4.4 tres de los cuales miraban al *n*, tres
Job 23.9 muestra su poder al *n*, yo no lo veré
26.7 él extiende el *n* sobre vacío, cuelga la
37.9 viene..y el frío de los vientos del *n*
37.22 viniendo de..del *n* la dorada claridad
Sal. 48.2 el monte de Sion, a los lados del *n*
89.12 el *n* y el sur, tú los creaste; el Tabor
107.3 los ha congregado de..del *n* y del sur
Pr. 25.23 el viento del *n* ahuyenta la lluvia
Ec. 1.6 el viento tira hacia el sur, y..al *n*
11.3 si el árbol cayere..al *n*, en el lugar que
Is. 14.13 trono..me sentaré, a los lados del *n*
14.31 porque humo vendrá del *n*, no quedará
41.25 del *n* levanté a uno, y vendrá..del sol
43.6 diré al *n:* Da acá; y al sur: No detengas
49.12 he aquí éstos del *n* y del occidente, y
Jer. 1.13 que hierve; y su faz está hacia el *n*
1.14 del *n* se soltará el mal sobre todos los
1.15 yo convoco a todas las familias..del *n*
3.12 vé y clama estas palabras hacia el *n*
3.18 vendrán juntamente de la tierra del *n* a
4.6 huid..porque yo hago venir mal del *n*, y
6.1 huid, hijos..porque del *n* se ha visto mal
6.22 viene pueblo de la tierra del *n*, y una
10.22 alboroto grande de la tierra del *n*, para
13.20 alzad..y ved a los que vienen del *n*
15.12 quebrar..el hierro del *n* y el bronce?
16.15 hizo subir..Israel de la tierra del *n*
23.8 que hizo subir..Israel de tierra del *n*
25.9 tomaré a todas las tribus del *n*, dice
25.26 a todos los reyes del *n*, los de cerca
31.8 yo los hago volver de la tierra del *n*
46.6 al *n* junto a la ribera del Eufrates
46.10 sacrificio..tierra del *n* junto al río
46.20 es Egipto; mas viene destrucción, del *n*
46.24 entregada será en manos..pueblo del *n*
47.2 suben aguas del *n*, y se harán torrente
50.3 subió contra ella una nación del *n*, la
50.9 de grandes pueblos de la tierra del *n*
50.41 aquí viene un pueblo del *n*, y una nación
51.48 del *n* vendrán contra ella destruidores
Ez. 1.4 aquí venía del *n* un viento tempestuoso
8.3 la puerta de adentro que mira hacia el *n*
8.5 alza ahora tus ojos hacia el lado del *n*
8.5 alcé mis ojos hacia el *n*, y he aquí al *n*
8.14 me llevó a la entrada de..que está al *n*
9.2 la puerta de arriba que mira hacia el *n*
16.46 ella y sus hijas, que habitan al *n* de ti
20.47 y serán quemados en..el sur hasta el *n*
21.4 cortar de ti al..desde el sur hasta el *n*
26.7 que del *n* traigo..a Nabucodonosor rey de
32.30 allí los príncipes del *n*, todos ellos

NORTE *(Continúa)*
Ez. 38.6 casa de Togarma, de los confines del *n*
38.15 vendrás de..de las regiones del *n*, tú y
39.2 te haré subir de las partes del *n*, y te
40.19 de cien codos hacia el oriente y el *n*
40.20 de la puerta que estaba hacia el *n* en
40.23 estaba enfrente de la puerta hacia el *n*
40.35 me llevó..a la puerta del *n*, y midió
40.40 a la entrada de la puerta del *n*, había
40.44 el atrio..al lado de la puerta del *n*
40.44 al lado de la..que miraba hacia el *n*
40.46 cámara que mira hacia el *n* es de los
41.11 una puerta hacia el *n*, y otra puerta
42.1 me trajo..al atrio exterior hacia el *n*
42.1 espacio abierto que quedaba..hacia el *n*
42.2 delante de la puerta del *n* su longitud
42.4 un corredor..y sus puertas daban al *n*
42.11 de las cámaras que estaban hacia el *n*
42.13 las cámaras del *n* y las del sur, que
42.17 midió al lado del *n*, quinientas cañas
44.4 y me llevó hacia la puerta del *n* por
46.9 entrare por la puerta del *n* saldrá por
46.9 que entrare..saldrá por la puerta del *n*
46.19 las cámaras..las cuales miraban al *n*
47.2 me sacó por..la puerta del *n*, y me hizo
47.15 el límite de la..hacia el lado del *n*
47.17 será el límite del *n* desde el mar hasta
47.17 Hazar-enán en el límite de Damasco al *n*
47.17 y al límite de Hamat al lado del *n*
48.1 desde el extremo *n* por la vía de Hetlón
48.1 al *n*, hacia Hamat, tendrá Dan una parte
48.10 será de veinticinco mil cañas al *n*, y
48.16 lado del *n* cuatro mil quinientas cañas
48.17 el ejido de la ciudad será al *n* de 250
48.30 al lado del *n*, 4.500 cañas por medida
48.31 tres puertas al *n*: la puerta de Rubén
Dn. 8.4 vi que el carnero hería..al *n* y al sur
11.6 hija del rey del sur vendrá al rey del *n*
11.7 vendrá..contra el rey del *n*, y entrará
11.8 años se mantendrá él contra el rey del *n*
11.11 y saldrá y peleará contra el rey del *n*
11.13 el rey del *n* volverá a poner en campaña
11.15 el rey del *n*, y levantará baluartes
11.40 rey del *n* se levantará contra él como
11.44 noticias del..y del *n* lo atemorizarán
Jl. 2.20 y haré alejar de vosotros al del *n*, y
Am. 8.12 el *n* hasta el oriente discurrirán
Sof. 2.13 extenderá su mano sobre el *n*..Asiria
Zac. 2.6 huid de la tierra del *n*, dice Jehová
6.6 el carro con..salía hacia la tierra del *n*
6.8 los que salieron hacia la tierra del *n*
6.8 reposar mi Espíritu en la tierra del *n*
14.4 la mitad..se apartará hacia el *n*, y la
Lc. 13.29 vendrán del oriente..del *n* y del sur
Ap. 21.13 *n* tres puertas; al sur tres puertas

NOSOTROS
Gn. 3.22 el hombre es como uno de *n*, sabiendo
Éx. 17.7 ¿está, pues, Jehová entre *n*, o no?
Sal. 124.1,2 a no haber estado Jehová por *n*
Mr. 9.40; Lc. 9.50 que no es contra *n*, por *n* es
1 Jn. 2.19 salieron de *n*, pero no eran de *n*

NOTABLE
Dn. 8.5 aquel macho cabrío tenía un cuerno *n*
8.8 en su lugar salieron..cuatro cuernos *n*
Am. 6.1 los *n* y principales entre las naciones

NOTAR
Nm. 23.21 no ha *notado* iniquidad en Jacob, ni
Rt. 3.4 *notarás* el lugar donde se acuesta, e
Job 4.18 he aquí..*notó* necedad en sus ángeles
Jer. 31.21 altos, *nota* atentamente la calzada
Hch. 23.6 *notando* que una parte era de saduceos

NOTICIA
Gn. 22.20 que fue dada *n* a Abraham, diciendo
45.16 y se oyó la *n* en la casa de Faraón
Éx. 33.4 y oyendo el pueblo esta mala *n*..luto
Jos. 14.7 yo le traje *n* como lo sentía en mi
2 S. 4.4 llegó..la *n* de la muerte de Saúl y de
1 R. 2.28 y vino la *n* a Joab; porque también
1 Cr. 19.5 fueron..y cuando llegó a David la *n*
Est. 4.7 le dio *n* de la plata que Amán había
Job 1.15,16,17,19 escapé yo para darte la *n*
Sal. 112.7 no tendrá temor de malas *n*..corazón
Is. 23.5 cuando llegue la *n* a Egipto, tendrán
Jer. 37.5 llegó *n* de ello a oídos de los caldeos
49.14 *n* oí, que de Jehová había sido enviado
50.43 oyó la *n* el rey de Babilonia, y sus
Ez. 21.7 por una *n* que cuando llegue harás que
24.26 ese día vendrá a ti..para traer las *n*
Dn. 11.44 *n* del oriente y del..lo atemorizarán
Jon. 3.6 llegó la *n* hasta el rey de Nínive, y
Mt. 14.35 enviaron *n* por toda aquella tierra
Hch. 5.25 les dio esta *n*: He aquí, los varones
11.22 llegó la *n* de estas cosas a oídos de la
1 Ts. 3.6 nos dio buenas *n* de vuestra fe y amor

NOTIFICAR
Éx. 21.29 a su dueño se le hubiere *notificado*
Sal. 78.5 mandó..que la *notificasen* a sus hijos
103.7 sus caminos *notificó* a Moisés, y a los
Ez. 16.2 *notifica* a Jerusalén sus abominaciones

NOTORIO, RIA
1 Cr. 17.19 para hacer *n* todas tus grandezas
Esd. 4.12 sea *n* al rey, que los judíos..edifican
4.13 sea *n* al rey, que si aquella ciudad fuere
5.8 sea *n* al rey, que fuimos..a la casa del
Job 34.25 tanto, él hará *n* las obras de ellos
Sal. 77.14 hiciste *n* en los pueblos tu poder
79.10 *n* en las gentes, delante de nuestros
89.1 en generación haré *n* tu fidelidad con mi
98.2 Jehová ha hecho *n* su salvación; a vista
106.8 él los salvó por..para hacer *n* su poder
Is. 38.19 el padre hará *n* tu verdad a los hijos
42.9 antes que salgan a luz yo os las haré *n*
64.2 hicieras *n* tu nombre a tus enemigos, y
Ez. 39.7 y haré *n* mi santo nombre en medio de
Mr. 6.14 porque su nombre se había hecho *n*
Hch. 1.19 *n* a todos los habitantes de Jerusalén
2.14 varones..os sea *n*, y oíd mis palabras
4.10 *n* a todos vosotros, y a todo el pueblo
4.16 *n* a todos los que moran en Jerusalén
9.42 fue *n* en toda Jope, y muchos creyeron
19.17 *n* a todos los que habitaban en Efeso
28.22 nos es *n* que en..se habla contra ella
Ro. 9.22 y hacer *n* su poder, soportó con mucha
9.23 para hacer *n* las riquezas de su gloria
16.19 vuestra obediencia ha venido a ser *n*

NOVECIENTOS
Jue. 4.3 porque aquél tenía *n* carros herrados
4.13 reunió Sísara..*n* carros herrados, con

NOVECIENTOS CINCO
Gn. 5.11 y fueron todos los días de Enós *905*

NOVECIENTOS CINCUENTA
Gn. 9.29 fueron todos los días de Noé *950* años

NOVECIENTOS CINCUENTA Y SEIS
1 Cr. 9.9 hermanos por sus linajes fueron *956*

NOVECIENTOS CUARENTA Y CINCO
Esd. 2.8 los hijos de Zatu, *945*

NOVECIENTOS DIEZ
Gn. 5.14 fueron..los días de Cainán *910* años

NOVECIENTOS DOCE
Gn. 5.8 fueron todos los días de Set *912* años

NOVECIENTOS SESENTA Y DOS
Gn. 5.20 todos los días de Jared *962* años; y

NOVECIENTOS SESENTA Y NUEVE
Gn. 5.27 todos los días de Matusalén *969* años

NOVECIENTOS SETENTA Y TRES
Esd. 2.36; Neh. 7.39 sacerdotes..de la casa
de Jesúa, *973*

NOVECIENTOS TREINTA
Gn. 5.5 todos los días que vivió Adán *930* años

NOVECIENTOS VEINTIOCHO
Neh. 11.8 y tras él Gabai y Salai, *928*

NOVENO, NA
Lv. 25.22 el año *n*, hasta que venga su fruto
Nm. 7.60 el *n* día, el príncipe de los hijos de
2 R. 18.10 el cual era el año *n* de Oseas rey de
1 Cr. 12.12 Johanán el octavo, Elzabad el *n*
24.11 la *n* a Jesúa, la décima a Secanías
25.16 la *n* para Matanías, con sus hijos y sus
27.12 *n* para el *n* mes era Abiezer anatotita
Esd. 10.9 los 20 días del mes..que era el mes *n*
Jer. 36.9 en el mes *n*, que promulgaron ayuno en
36.22 el mes *n*, y había un brasero ardiendo
39.1 en el *n* año de Sedequías rey de Judá, en
Ez. 24.1 a mí palabra de Jehová en el año *n*, en
Hag. 2.10 a los veinticuatro días del *n* mes, en
2.18 día..desde el día veinticuatro del *n* mes
Zac. 7.1 palabra..a los cuatro días del mes *n*
Mt. 20.5 salió..cerca de las horas sexta y *n*
27.45 hubo tinieblas sobre..hasta la hora *n*
27.46 cerca de la hora *n*, Jesús clamó a gran
Mr. 15.33 hubo tinieblas sobre..hasta la hora *n*
15.34 y a la hora *n* Jesús clamó a gran voz
Lc. 23.44 tinieblas sobre toda..hasta la hora *n*
Hch. 3.1 subían juntos al templo a la hora *n*
10.3 vio..como a la hora *n* del día, que un
10.30 a la hora *n*, mientras oraba en mi casa
Ap. 21.20 el *n*, topacio; el décimo, crisopraso

NOVENTA
Gn. 5.9 vivió Enós *n* años, y engendró a Cainán
17.17 ¿y Sara, ya de *n* años, ha de concebir?
Ez. 41.12 pared del edificio..*n* codos de largo

NOVENTA Y CINCO
Esd. 2.20 los hijos de Gibar, *95*
Neh. 7.25 los hijos de Gabaón *95*

NOVENTA Y NUEVE
Gn. 17.1,24 Abram de edad de *99* años cuando
Mt. 18.12 ¿no deja las *99* y va por los montes
18.13 se regocija más por..que por las *99* que
Lc. 15.4 deja las *99* en el desierto, y va tras
15.7 que por *99* justos que no necesitan de

NOVENTA Y OCHO
1 S. 4.15 era ya Elí de edad de *98* años, y sus
Esd. 2.16; Neh. 7.21 los hijos de Ater, *98*

NOVENTA Y SEIS
Jer. 52.23 había *96* granadas en cada hilera
Esd. 8.35 ofrecieron holocaustos..*96* carneros

NOVILLO, LLA
Gn. 32.15 diez *n*, veinte asnas y diez borricos
Nm. 7.88 los bueyes de la ofrenda de paz, 24 *n*
8.8 tomarán un *n*, con su ofrenda de flor de
8.8 aceite; y tomarás otro *n* para expiación
8.12 sus manos sobre las cabezas de los *n*
15.8 ofreciereis *n* en holocausto o sacrificio
15.9 con el *n* una ofrenda de tres décimas de
15.24 ofrecerá un *n* por holocausto en olor
Jue. 14.18 si no araseis con mi *n*..descubierto
1 Cr. 15.26 sacrificaron siete *n* y 7 carneros
2 Cr. 29.21 presentaron siete *n*, siete carneros
29.22 mataron, pues, los *n*, y..los corderos
30.24 había dado a..mil *n* y siete mil ovejas
30.24 también los príncipes dieron..mil *n* y
Is. 15.5 huirán hasta Zoar, como *n* de tres años
Jer. 31.18 y fui castigado como *n* indómito
50.11 os llenasteis como *n* sobre la hierba
50.27 a todos sus *n*; que vayan al matadero
Os. 4.16 como *n* indómita se apartó Israel; ¿los
10.11 Efraín es *n* domada..le gusta trillar
Am. 6.4 comen..*n* de en medio del engordadero

NOVIO, VIA
Is. 49.18 serás vestida..serás ceñida como *n*
61.10 como a *n* me atavió, y como a *n* adornada
Jl. 2.16 su cámara el *n*, y de su tálamo la *n*

NUBE
Gn. 9.13 mi arco he puesto en las *n*..por señal
9.14 cuando haga venir *n* sobre la tierra, se
9.14 se dejará ver entonces mi arco en las *n*
9.16 estará el arco en las *n*, y lo veré, y me
Éx. 13.21 Jehová iba delante..una columna de *n*
13.22 la columna de *n* de día, ni de noche la
14.19 la columna de *n* que iba delante de ellos
14.20 iba..y era *n* y tinieblas para aquéllos
14.24 miró el..desde la columna de fuego y *n*
16.10 la gloria de Jehová apareció en la *n*
19.9 en una *n* espesa, para que el pueblo oiga
19.16 vinieron truenos..y espesa *n* sobre el
24.15 Moisés subió al monte, y una *n* cubrió
24.16 Sinaí, y la *n* lo cubrió por seis días
24.16 día llamó a Moisés de en medio de la *n*
24.18 entró Moisés en medio de la *n*, y subió
33.9 la columna de *n* descendía y se ponía a
33.10 viendo todo el pueblo la columna de *n*
34.5 Jehová descendió en la *n*, y estuvo allí
40.34 una *n* cubrió el tabernáculo de reunión
40.35 la *n* estaba sobre él, y la gloria de
40.36 cuando la *n* se alzaba del tabernáculo
40.37 pero si la *n* no se alzaba, no se movían
40.38 la *n* de Jehová estaba de día sobre el
Lv. 16.2 porque yo apareceré en la *n* sobre el
16.13 *n* del perfume cubrirá el propiciatorio
21.20 o que tenga *n* en el ojo, o que tenga
Nm. 9.15 la *n* cubrió el tabernáculo sobre la
9.16 la *n* lo cubría de día, y de noche..fuego
9.17 cuando se alzaba la *n* del tabernáculo
9.17 lugar donde la *n* paraba, allí acampaban
9.18 todos los días que la *n* estaba sobre el
9.19 la *n* se detenía sobre el..muchos días
9.20 *n* estaba sobre el tabernáculo pocos días
9.21 cuando la *n* se detenía desde la tarde
9.21 o cuando a la mañana la *n* se levantaba
9.21 y a la noche la *n* se levantaba..partían
9.22 un año, mientras la *n* se detenía sobre
10.11 mes, la *n* se alzó del tabernáculo del
10.12 se detuvo la *n* en el desierto de Parán
10.34 la *n* de Jehová iba sobre ellos de día
11.25 Jehová descendió en la *n*, y le habló
12.5 Jehová descendió en la columna de la *n*
12.10 *n* se apartó del tabernáculo, y he aquí
14.14 que tu *n* estaba sobre ellos, y que de
14.14 de día ibas delante de..en columna de *n*
16.42 miraron hacia..la *n* lo había cubierto
Dt. 1.33 iba delante de vosotros..con *n* de día
4.11 el monte ardía en fuego..*n* y oscuridad

NUBE *(Continúa)*

Dt. 5.22 habló Jehová..de la *n* y de la oscuridad
31.15 se apareció Jehová..en la columna de *n*
31.15 la columna de *n* se puso sobre la puerta
33.26 cabalga..sobre las *n* con su grandeza
Jue. 5.4 los cielos destilaron, y las *n* gotearon
2 S. 22.12 puso..oscuridad de aguas y densas *n*
23.4 resplandor del sol en una mañana sin *n*
1 R. 8.10 salieron..*n* llenó la casa de Jehová
8.11 no pudieron..por causa de la *n;* porque
18.44 veo una pequeña *n* como la palma de la
18.45 que los cielos se oscurecieron con *n*
2 Cr. 5.13 entonces la casa se llenó de una *n*
5.14 y no podían..ministrar..causa de la *n*
Neh. 9.12 con columna de *n* los guiaste de día
9.19 la columna de *n* no se apartó de ellos
Job 7.9 como la *n* se desvanece y se va, así el
20.6 el cielo, y su cabeza tocare en las *n*
22.14 las *n* le rodearon, y no ve; y por el
26.8 ata las aguas en sus *n,* y las *n* no se
26.9 de su trono, y sobre él extiende su *n*
30.15 mi honor, y mi prosperidad pasó como *n*
35.5 y considera que las *n* son mas altas que
36.28 la cual destilan las *n,* goteando en
36.29 comprender la extensión de las *n,* y el
36.32 con las *n* encubre la luz, y le manda no
37.11 regando..llega a disipar la densa *n,* y
37.12 revuelven las *n* en derredor, para hacer
37.15 cómo..hace resplandecer la luz de su *n?*
37.16 has conocido tú las diferencias de las *n*
38.9 cuando puse yo *n* por vestidura suya, y
38.34 ¿alzarás tú a las *n* tu voz, para que te
Sal. 18.11 oscuridad de aguas, *n* de los cielos
18.12 por el resplandor de su..sus *n* pasaron
36.5 Jehová..tu fidelidad alcanza hasta las *n*
57.10 grande es hasta..hasta las *n* tu verdad
65.11 con tus bienes, y tus *n* destilan grosura
77.17 las *n* echaron inundaciones de aguas
78.14 les guio de día con *n,* y toda la noche
78.23 mandó a las *n* de arriba, y abrió las
97.2 *n* y oscuridad alrededor de él; justicia
99.7 en columna de *n* hablaba con ellos
104.3 que pone las *n* por su carroza, el que
105.39 extendió una *n* por cubierta, y fuego
135.7 hace subir las *n* de los extremos de la
147.8 él es quien cubre de *n* los cielos, el
Pr. 16.15 su benevolencia es como *n* de lluvia
25.14 como *n* y vientos sin lluvia, así es el
Ec. 11.3 si las *n* fueren llenas de agua, sobre
11.4 viento..y el que mira a las *n,* no segará
12.2 antes que..vuelvan las *n* tras la lluvia
Is. 4.5 y creará Jehová..*n* y oscuridad de día
5.6 a las *n* mandaré que no derramen lluvia
14.14 sobre las alturas de las *n* subiré, y
18.4 como *n* de rocío en el calor de la tierra
19.1 que Jehová monta sobre una ligera *n,* y
25.5 como calor debajo de *n* harás marchitar
44.22 yo deshice como una *n* tus rebeliones
45.8 de arriba, y las *n* destilen la justicia
60.8 ¿quiénes son éstos que vuelan como *n,* y
Jer. 4.13 que subirá como *n,* y su carro como
10.13 hace subir las *n* de lo postrero de la
51.9 su juicio, y se ha alzado hasta las *n*
51.16 subir las *n* de lo último de la tierra
Lm. 3.44 te cubriste de *n* para que no pasase
Ez. 1.4 y una gran *n,* con un fuego envolvente
1.28 el arco iris que está en las *n* el día
8.11 mano; y subía una *n* espesa de incienso
10.3 varón entró; y la *n* llenaba el atrio de
10.4 la casa fue llena de la *n,* y el atrio se
Dn. 7.13 con las *n* del cielo venía uno como un
Os. 6.4 piedad vuestra es como *n* de la mañana
Jl. 2.2 de *n* y de sombra, que sobre los montes
Nah. 1.3 marcha..las *n* son el polvo de sus pies
3.17 tus grandes como *n* de langostas que se
Mt. 17.5 *n* de luz..he aquí una voz desde la *n*
24.30 al Hijo..viniendo sobre las *n* del cielo
26.64 al Hijo..viniendo en las *n* del cielo
Mr. 9.7 una *n* que les hizo sombra, y desde la *n*
13.26 al Hijo..vendrá en las *n* con gran poder
14.62 al Hijo del..viniendo en las *n* del cielo
Lc. 9.34 decía esto, vino una *n* que los cubrió
9.34 y tuvieron temor al entrar en la *n*
9.35 vino una voz desde la *n,* que decía: Este
12.54 cuando veis la *n* que sale del poniente
21.27 al Hijo..que vendrá en una *n* con poder
Hch. 1.9 le recibió una *n* que le ocultó de sus
1 Co. 10.1 padres todos estuvieron bajo la *n*
10.2 fueron bautizados en la *n* y en el mar
1 Ts. 4.17 con ellos en las *n* para recibir al
He. 12.1 en derredor tan grande *n* de testigos
2 P. 2.17 estos son..*n* empujadas por la tormenta
Jud. 12 *n* sin agua, llevadas de acá para allá
Ap. 1.7 que viene con las *n,* y todo ojo le verá
10.1 a otro ángel fuerte, envuelto en una *n*
11.12 subid acá. Y subieron al cielo en una *n*
14.14 una *n* blanca; y sobre la *n* uno sentado
14.15 voz al que estaba sentado sobre la *n*
14.16 el que estaba sentado sobre la *n* metió

NUBLADO

Job 3.5 repose sobre él *n* que lo haga horrible
Ez. 30.3 de *n,* día de castigo de las naciones
32.7 el sol cubriré con *n,* y la luna no hará
34.12 esparcidas el día del *n* y..la oscuridad
38.9 como *n* para cubrir la tierra serás tú y
38.16 subirás..como *n* para cubrir la tierra
Sof. 1.15 día de ira..*n* y de entenebrecimiento
Mt. 16.3 tempestad..tiene arreboles el cielo *n*

NUERA

Gn. 11.31 a Sarai su *n,* mujer de Abram su hijo
38.11 Judá dijo a Tamar su *n:* Quédate viuda
38.16 pues no sabía que era su *n;* y ella dijo
38.24 Judá, diciendo: Tamar tu *n* ha fornicado
Lv. 18.15 la desnudez de tu *n* no descubrirás
20.12 alguno durmiere con su *n,* ambos han de
Rt. 1.6 se levantó con sus *n,* y regresó de los
1.7 salió..y con ella sus dos *n;* y comenzaron
1.8 y Noemí dijo a sus dos *n:* Andad, volveos
1.22 así volvió Noemí, y Rut..su *n* con ella
2.20 y dijo Noemí a su *n:* Sea él bendito de
2.22 y Noemí respondió a Rut su *n:* Mejor es
4.15 pues tu *n,* que te ama, lo ha dado a luz
1 S. 4.19 y su *n*..oyendo el rumor que el arca
1 Cr. 2.4 Tamar su *n* dio a luz a Fares y a Zera
Ez. 22.11 uno contaminó pervertidamente a su *n*
Os. 4.13 fornicarán, y adulterarán vuestras *n*
4.14 hijas..ni a vuestras *n* cuando adulteren
Mi. 7.6 la *n* contra su suegra, y los enemigos
Mt. 10.35 para poner..a la *n* contra su suegra
Lc. 12.53 la suegra contra su *n,* y la *n* contra

NUEVA *(s.)* ***Véase también Nuevo***

Gn. 26.32 *n* acerca del pozo que habían abierto
29.12 y ella corrió, y dio las *n* a su padre
29.13 así que oyó Labán las *n* de Jacob, hijo
45.26 y le dieron las *n,* diciendo: José vive
Jue. 4.12 *n* de que Barac hijo de Abinoam había
1 S. 4.13 y dadas las *n,* toda la ciudad gritó
4.14 hombre vino aprisa, y dio las *n* a Elí
23.13; 27.4 vino a Saúl la *n* de que David se
31.9 que llevaran las buenas *n* al templo de
2 S. 1.5 David a aquel joven que le daba las *n*
1.6 el joven que le daba las *n* respondió
1.13 aquel joven que le había traído las *n*
1.20 ni déis las *n* en las plazas de Ascalón
4.10 dio *n*..imaginándose que traía buenas *n*
4.10 yo..le maté en Siclag en pago de la *n*
18.11 y Joab respondió al..que le daba la *n*
18.19 *n* de que Jehová ha defendido su causa
18.20 hoy no llevarás las *n*..no darás hoy la *n*
18.22 tú, si no recibirás premio por las *n?*
18.25 rey dijo: Si viene solo, buenas *n* trae
18.27 es hombre de bien, y viene con buenas *n*
18.31 dijo: Reciba *n* mi señor el rey, que hoy
1 R. 1.42 tú eres..valiente, y traerás buenas *n*
18.12 al venir yo y dar las *n* a Acab, al no
19.1 dio a Jezabel la *n* de todo lo que Elías
2 R. 7.9 es día de buena *n,* y nosotros callamos
7.9 entremos y demos la *n* en casa del rey
9.15 ninguno escape..a dar las *n* en Jezreel
10.8 le dio las *n,* diciendo: Han traído las
1 Cr. 10.9 dar las *n* a sus ídolos y al pueblo
Sal. 68.11 multitud de las que llevan buenas *n*
Pr. 15.30 luz..y la buena *n* conforta los huesos
25.25 así son las buenas *n* de lejanas tierras
Is. 7.2 vino la *n* a la casa de David, diciendo
23.5 Egipto, tendrán dolor de las *n* de Tiro
41.23 dadnos *n* de lo que ha de ser después
41.27 a Jerusalén..un mensajero de alegres *n*
43.9 ¿quién de ellos hay que nos dé *n* de esto
48.20 huid..dad *n* de esto con voz de alegría
52.7 montes los pies del que trae alegres *n*
52.7 del que trae *n* del bien, del que publica
61.1 me ha enviado a predicar buenas *n* a los
Jer. 4.15 porque una voz trae las *n* desde Dan
20.15 maldito el hombre que dio *n* a mi padre
49.23 se confundieron Hamat..oyeron malas *n*
50.28 dar en Sion las *n* de la retribución de
Nah. 1.15 los pies del que trae buenas *n,* del
Mt. 14.12 sus discípulos..dieron las *n* a Jesús
28.8 a dar las *n*..dar las *n* a los discípulos
28.10 id, dad las *n* a mis hermanos, para que
Lc. 1.19 sido enviado a..darte estas buenas *n*
2.10 he aquí os doy *n* de gran gozo, que será
3.18 con..anunciaba las buenas *n* al pueblo
4.18 ha ungido para dar buenas *n* a los pobres
7.18 le dieron las *n* de todas estas cosas
24.9 dieron *n* de todas estas cosas a los once
Jn. 4.51 le dieron *n,* diciendo: Tu hijo vive
20.18 para dar a los discípulos las *n* de que
Hch. 12.14 la *n* de que Pedro estaba a la puerta
Ro. 10.15 la paz, de los que anuncian buenas *n!*
Gá. 3.8 dio de antemano la buena *n* a Abraham
Ef. 2.17 vino y anunció las buenas *n* de paz a
He. 4.2 se nos ha anunciado la buena *n* como a
4.6 a quienes..se les anunció la buena *n* no

NUEVE

Lv. 23.32 comenzando a los *n* días del mes en la
Nm. 29.26 quinto día, *n* becerros, dos carneros
34.13 mandó Jehová que diese a las *n* tribus
Dt. 3.11 la longitud de ella es de *n* codos, y su
Jos. 13.7 esta tierra en heredad a las *n* tribus
14.2 había mandado..se diera a las *n* tribus
15.44 Keila, Aczib..*n* ciudades con sus aldeas
15.54 Humta..Sior; *n* ciudades con sus aldeas
21.16 Aín con..*n* ciudades de estas dos tribus
2 S. 24.8 volvieron..cabo de *n* meses y veinte
2 R. 17.1 comenzó a reinar Oseas..reinó *n* años
17.6 el año *n* de Oseas, el rey de Asiria tomó
25.1 aconteció a los *n* años de su reinado, en
25.3 a los *n* días del cuarto mes prevaleció
1 Cr. 3.6 y otros *n:* Ibhar, Elisama, Elifelet
Neh. 11.1 otras *n* partes en las otras ciudades
Jer. 39.2 a los *n* días del mes se abrió brecha
52.4 a los *n* años de su reinado, en el mes
52.6 los *n* días del mes, prevaleció el hambre
Lc. 17.17 ¿no son diez..y los *n,* ¿dónde están?

NUEVO, VA *(adj.)* ***Véase también Nueva (s.)***

Éx. 1.8 se levantó sobre Egipto un *n* rey que
Lv. 23.16 entonces ofreceréis el *n* grano a
26.10 pondréis fuera lo..para guardar lo *n*
Nm. 11.8 su sabor era como sabor de aceite *n*
16.30 si Jehová hiciere algo *n,* y la tierra
28.26 cuando presentéis ofrenda *n* a Jehová
Dt. 20.5 ¿quién ha edificado casa *n,* y no la ha
22.8 cuando edifiques casa *n,* harás pretil a
32.17 los demonios..*n* dioses venidos de cerca
Jos. 5.11 y en el mismo día espigas *n* tostadas
9.13 cueros de vino también los llenamos *n*
Jue. 5.8 cuando escogían *n* dioses, la guerra
15.13 entonces le ataron con dos cuerdas *n*
16.11 si me ataren..con cuerdas *n* que no se
16.12 y Dalila tomó cuerdas *n,* y le ató con
1 S. 6.7 haced, pues, ahora un carro *n,* y tomad
20.5 que mañana será *n* luna, y yo acostumbro
20.18 le dijo Jonatán: Mañana es *n* luna, y tú
20.24 la *n* luna, se sentó el rey a comer pan
20.27 el segundo día de la *n* luna, aconteció
20.34 ira, y no comió pan el..día de la *n* luna
2 S. 6.3 pusieron el arca de..sobre un carro *n*
6.3 Uza y Ahío, hijos de..guiaban el carro *n*
21.16 quien estaba ceñido con una espada *n*
1 R. 11.29 éste estaba cubierto con una capa *n*
11.30 tomando Ahías la capa *n* que tenía sobre
2 R. 2.20 traedme una vasija *n,* y poned en..sal
4.23 vas..hoy? No es *n* luna, ni día de reposo
4.42 al varón de Dios trigo *n* en su espiga
5.22 te ruego que les des..y dos vestidos *n*
5.23 plata..y dos vestidos *n,* y lo puso todo
1 Cr. 13.7 llevaron el arca de Dios..un carro *n*
23.31 los días de reposo, lunas *n* y fiestas
2 Cr. 2.4 *n* lunas, y festividades de Jehová
8.13 que ofreciesen cada cosa..en las *n* lunas
20.5 Josafat se puso en..delante del atrio *n*
31.3 holocaustos..*n* lunas y fiestas solemnes
Esd. 3.5 además..*n* lunas, y todas las fiestas
4.21 no..hasta que por mí sea dada *n* orden
6.4 tres hileras de piedras..y una de madera *n*
Neh. 10.33 las *n* lunas, las festividades, y para
Job 14.9 reverdecerá, y hará copa como planta *n*
32.19 mi corazón está..se rompe como odres *n*
Sal. 33.3 cantadle cántico *n;* hacedlo..júbilo
40.3 luego en mi boca cántico *n,* alabanza a
81.3 tocad la trompeta en la *n* luna, en el
96.1; 98.1; 149.1 cantad a Jehová cántico *n*
144.9 oh Dios, a ti cantaré cántico *n;* con
Pr. 19.19 si usa de violencias, añadirá *n* males
Ec. 1.6 y a sus giros vuelve el viento de *n*
1.7 vinieron, allí vuelven para correr de *n*
1.9 lo mismo que..y nada hay *n* debajo del sol
1.10 que se puede decir: He aquí esto es *n?*
Cnt. 7.13 toda suerte de..frutas, *n* y añejas
Is. 1.13 luna *n* y..reposo..no lo puedo sufrir
1.14 vuestras lunas *n* y..fiestas solemnes las
40.31 que esperan a Jehová tendrán *n* fuerzas
41.15 trillo *n,* lleno de dientes; trillarás
42.9 anuncio cosas *n;* antes que salgan a luz
42.10 cantad a Jehová un *n* cántico..la tierra
43.19 que yo hago cosa *n;* pronto saldrá a luz
48.6 te he hecho oir cosas *n* y ocultas que tú
62.2 te será puesto un nombre *n,* que la boca
65.17 yo crearé *n* cielos y *n* tierra; y de lo
66.22 como los cielos *n* y la *n* tierra que yo
Jer. 2.3 era Israel..primicias de sus *n* frutos
26.10 de la puerta *n* de la casa de Jehová
31.22 creará una cosa *n* sobre la tierra; la
31.31 días..en los cuales haré *n* pacto con la
36.10 a la entrada de la puerta *n* de la casa
Lm. 3.23 *n* son cada mañana; grande..fidelidad
Ez. 11.19 un espíritu *n* pondré dentro de ellos
18.31 y haceos un corazón *n* y un espíritu *n*
23.21 trajiste de *n* a la memoria la lujuria
36.26 os daré corazón *n,* y pondré espíritu *n*
45.17 del holocausto..en las lunas *n,* en
46.1 se abrirá también el día de la luna *n*
46.3 adorará el pueblo de la..en las lunas *n*
46.6 día de la luna *n,* un becerro sin tacha
Os. 2.11 haré cesar..sus *n* lunas y sus días de
Mi. 1.15 os traeré *n* poseedor, oh moradores de
Zac. 4.12 hablé aún de *n,* y le..¿Qué significan
6.1 de *n* alcé mis ojos y miré, y he aquí 4
Mt. 9.16 remiendo de paño *n* en vestido viejo
9.17 ni echan vino *n* en odres viejos; de
9.17 echan el vino *n* en odres *n,* y lo uno y
13.44 un hombre halla, y lo esconde de *n;* y
13.52 que saca de su tesoro cosas *n* y cosas
26.28 porque esto es mi sangre del *n* pacto
26.29 aquel día en que lo beba *n* con vosotros

NUEVO *(Continúa)*

Mt. 26.44 se fue de *n*, y oró por tercera vez
27.60 y lo puso en su sepulcro *n*, que había
Mr. 1.27 ¿qué es esto? ¿Qué *n* doctrina es esta
2.21 nadie pone remiendo de paño *n* en vestido
2.21 remiendo *n* tira de lo viejo. .hace peor
2.22 y nadie echa vino *n* en odres viejos; de
2.22 otra manera, el vino *n* rompe los odres
2.22 y el vino *n* en odres *n* se ha de echar
3.20 y se agolpó de *n* la gente, de modo que
10.1 pueblo. .y de *n* les enseñaba como solía
14.24 esto es mi sangre del *n* pacto, que por
14.25 en que lo beba *n* en el reino de Dios
16.17 señales seguirán a. .hablarán *n* lenguas
Lc. 5.36 nadie corta un pedazo de un vestido *n*
5.36 pues. .no solamente rompe el *n*, sino que
5.37 y nadie echa vino *n* en odres viejos; de
5.37 otra manera, el vino *n* romperá los odres
5.38 vino *n* en odres *n* se ha de echar; y lo
5.39 que beba del añejo, quiere luego el *n*
22.20 esta copa es el *n* pacto en mi sangre
Jn. 3.3 el que no naciere de *n*, no puede ver el
3.7 que te dije: Os es necesario nacer de *n*
8.8 inclinándose de *n* hacia el suelo, siguió
10.40 y se fue de *n* al otro lado del Jordán
13.34 un mandamiento *n* os doy: Que os améis
19.41 en el huerto un sepulcro *n*, en el cual
Hch. 17.18 parece que es predicador de *n* dioses
17.19 qué es esta *n* enseñanza de que hablas?
17.21 interesaban. .en decir o en oir algo *n*
Ro. 6.4 así también nosotros andemos en vida *n*
7.6 sirvamos bajo el régimen *n* del Espíritu
1 Co. 5.7 seáis *n* masa, sin levadura como sois
11.25 esta copa es el *n* pacto en mi sangre
2 Co. 3.6 nos hizo ministros. .de un *n* pacto, no
5.17 *n* criatura es. .aquí todas son hechas *n*
Gá. 2.6 los de reputación nada *n* me comunicaron
6.15 vale nada, ni la. .sino una *n* creación
Ef. 2.15 crear. .de los dos un solo y *n* hombre
4.24 vestíos del *n* hombre, creado según Dios
Fil. 2.28 para que al verle de *n*, os gocéis, y
Col. 2.16 nadie os juzgue. .en cuanto a. .luna *n*
3.10 revestido del *n*, el cual conforme a la
He. 8.8 estableceré con la casa de. .un *n* pacto
8.13 al decir: *N* pacto, ha dado por viejo al
9.15 que, por eso es mediador de un *n* pacto
10.20 el camino *n* y vivo que él nos abrió a
12.24 a Jesús el Mediador del *n* pacto, y a
2 P. 3.13 esperamos. .cielos *n* y tierra *n*, en
1 Jn. 2.7 no os escribo mandamiento *n*, sino el
2.8 un mandamiento *n*, que es verdadero en él
2 Jn. 5 no como escribiéndote un *n* mandamiento
Ap. 2.17 en la piedrecita escrito un nombre *n*
3.12 venciere. .escribiré sobre él. .nombre *n*
3.12 *n* Jerusalén, la cual desciende del cielo
5.9 cantaban un *n* cántico, diciendo: Digno
14.3 cantaban un cántico *n* delante del trono
21.1 vi un cielo *n* y una tierra *n*; porque el
21.2 yo Juan vi la. .ciudad, la *n* Jerusalén
21.5 dijo: He aquí, yo hago *n* todas las cosas

NUEZ

Gn. 43.11 llevad a aquel varón. .*n* y almendras

NULO, LA

Nm. 30.8 el voto. .con que ligó su alma, será *n*
30.12 cuanto a la obligación de su. .será *n*
2 S. 15.34 tú harás *n* el consejo de Ahitofel
Est. 8.3 hiciese *n* la maldad de Amán agagueo
Job 13.4 porque. .sois todos vosotros médicos *n*
Sal. 33.10 hace *n* el consejo de las naciones
Ro. 3.3 ¿su incredulidad habrá hecho *n*. .Dios?

NUMERAR

1 R. 3.8 pueblo. .no se puede contar ni *numerar*
8.5 bueyes. .no se podían contar ni *numerar*
2 Cr. 5.6 que. .no se pudieron contar ni *numerar*

NÚMERO

Gn. 30.30 poco tenías. .y ha crecido en gran *n*
41.49 no poderse contar, porque no tenía *n*
47.12 y alimentaba. .según el *n* de los hijos
Éx. 12.4 tomarán. .según el *n* de las personas
16.16 conforme al *n* de vuestras personas
23.26 y yo completaré el *n* de tus días
30.12 el *n* de los hijos de Israel conforme a
Lv. 25.15 al *n* de los años después del jubileo
25.15 conforme al *n* de. .años de los frutos
25.16 cuanto mayor fuere el *n* de los años
25.16 cuanto menor fuere el *n*, disminuirás el
25.16 según el *n* de las cosechas te venderá
25.50 apreciarse. .conforme al *n* de los años
26.22 os reduzcan en *n*, y vuestros caminos
Nm. 3.28 el *n* de todos los varones de un mes
3.34 los contados de ellos conforme al *n* de
3.43 varones, conforme al *n* de sus nombres
3.49 los que excedían el *n* de los redimidos
4.22 *n* de los hijos de Gersón según las casas
14.29 todo el *n* de los que fueron contados
14.34 conforme al *n* de los días. .los 40 días
15.12 conforme al *n* así haréis. .según el *n* de
23.10 o el *n* de la cuarta parte de Israel?
29.18,21,24,27,30,33,37 según el *n* de ellos
31.36 y la mitad. .fue el *n* de 337.500 ovejas
Dt. 4.27 quedaréis pocos en *n* entre las naciones
25.2 según su delito será el *n* de azotes
28.62 quedaréis pocos en *n*, en lugar de haber
32.8 los límites. .según el *n* de los hijos de
Jos. 4.5,8 conforme al *n* de las tribus de los
8.25 *n* de los que cayeron aquel día. .12.000
Jue. 7.6 el *n* de los que lamieron. .300 hombres
21.23 hijos. .tomaron mujeres conforme a su *n*
1 S. 6.4 conforme al *n* de los príncipes de los
6.18 ratones. .fueron conforme al *n* de todas
27.7 fue el *n* de los días que David habitó
2 S. 2.11 el *n* de los días que David reinó en
2.15 y pasaron en *n* igual, doce de Benjamín
24.2 censo. .para que yo sepa el *n* de la gente
1 R. 18.31 conforme al *n* de las tribus de los
1 Cr. 7.40 contados. .el *n* de ellos fue 26.000
9.13 sus hermanos, jefes de. .en *n* de 1.760
11.11 el *n* de los valientes que David tuvo
12.23 y este es el *n* de los principales que
16.19 cuando ellos eran pocos en *n*, pocos y
21.2 haced censo. .e informadme sobre el *n* de
21.4 dio la cuenta del *n* del pueblo a David
23.3 levitas. .fue el *n* de ellos por. .38.000
23.31 según su *n* y de acuerdo con su rito
25.1 el *n* de ellos, hombres idóneos para la
25.7 el *n* de. .instruidos en el canto. .fue 288
27.23 no tomó David el *n* de los que eran de
27.24 así el *n* no fue puesto en el registro
2 Cr. 4.18 todos estos enseres en *n* tan grande
12.3 que venía con él de Egipto. .no tenía *n*
17.14 este es el *n* de ellos según sus casas
26.12 el *n* de los jefes de familia. .era 2.600
28.5 y le tomaron gran *n* de prisioneros que
29.32 el *n* de los holocaustos que trajo la
35.7 dio el rey Josías. .en *n* de treinta mil
Esd. 2.2 *n* de los varones del pueblo de Israel
6.17 conforme al *n* de las tribus de Israel
Neh. 7.7 *n* de los varones del pueblo de Israel
Est. 9.11 dio cuenta al rey. .*n* de los muertos
Job 1.5 y ofrecía holocaustos conforme al *n* de
3.6 del año, ni venga en el *n* de los meses
5.9 hace cosas grandes. .y maravillas sin *n*
9.10 hace cosas grandes. .maravillosas, sin *n*
14.5 el *n* de sus meses está cerca de ti; le
15.20 el *n* de sus años está escondido para
21.21 sí, siendo cortado el *n* de sus meses?
25.3 ¿tienen sus ejércitos *n*? ¿Sobre quién no
31.37 le contaría el *n* de mis pasos, y como
38.21 nacido, y es grande el *n* de tus días
Sal. 40.12 porque me han rodeado males sin *n*
71.15 mi boca publicará. .aunque no sé su *n*
105.12 ellos eran pocos en *n*, y forasteros
105.34 y vinieron langostas, y pulgón sin *n*
147.4 cuenta el *n* de las estrellas; a todas
Cnt. 6.8 sesenta son las. .y las doncellas sin *n*
Is. 10.19 en *n* que un niño los pueda contar
21.17 sobrevivientes del *n* de los valientes
Jer. 2.28 según el *n* de tus ciudades, oh Judá
11.13 según el *n* de tus ciudades. .tus dioses
11.13 según el *n* de tus calles. .los altares
46.23 serán más numerosos que. .no tendrán *n*
Ez. 4.4 el *n* de los días que duermas sobre él
4.5 te he dado los años. .por el *n* de los días
4.9 hazte pan de ellos el *n* de los días que
5.3 tomarás también de allí unos pocos en *n*
Dn. 9.2 miré. .en los libros el *n* de los años de
Os. 1.10 será el *n* de los. . Israel como la arena
Lc. 22.3 Judas. .el cual era uno del *n* de los
Jn. 6.10 se recostaron. .en *n* de 5.000 varones
Hch. 1.15 y los reunidos eran como 120 en *n*
4.4 el *n* de los varones era como cinco mil
5.14 gran *n* así de hombres como de mujeres
5.36 a éste se unió un *n* como de 400 hombres
6.1 como creciera el *n* de los discípulos, hubo
6.7 el *n* de los discípulos se multiplicaba
7.14 su parentela, en *n* de setenta y cinco
11.21 gran *n* creyó y se convirtió al Señor
16.5 las iglesias. .aumentaban en *n* cada día
17.4 los griegos piadosos gran *n*, y mujeres
Ro. 9.27 si fuere el *n* de los hijos de Israel
1 Co. 9.19 hecho siervo. .para ganar a mayor *n*
2 Co. 11.23 en azotes sin *n*; en cárceles más
Ap. 5.11 ángeles. .su *n* era millones de millones
6.11 que se completara el *n* de sus consiervos
7.4 oí el *n* de los sellados: 144.000 sellados
9.16 y el *n* de los ejércitos de los jinetes
9.16 era doscientos millones. Yo oí su *n*
11.13 murieron en *n* de siete mil hombres; y
13.17 tuviese la marca. .o el *n* de su nombre
13.18 el *n* de la bestia, pues es *n* de hombre
13.18 y su *n* es seiscientos sesenta y seis
15.2 la victoria sobre la bestia. .y el *n* de
20.8 el *n* de los cuales es como la arena del

NUMEROSÍSIMO

2 Cr. 16.8 ¿no eran un ejército *n*, con carros

NUMEROSO, SA

Nm. 13.18 pueblo. .fuerte o débil, si poco o *n*
Dt. 2.10,21 pueblo grande y *n*, y alto como los
7.17 dijeres. .Estas naciones son mucho más *n*
9.1 para entrar a desposeer a naciones más *n*
9.14 nación fuerte y mucho más *n* que ellos
11.21 sean vuestros días. .*n* sobre la tierra
26.5 y llegó a ser una nación. .fuerte y *n*
1 S. 13.5 pueblo *n* como la arena que está a la
2 S. 12.2 el rico tenía *n* ovejas y vacas
2 Cr. 1.9 has puesto por rey sobre un pueblo *n*
24.24 entregó en sus manos un ejército muy *n*
Neh. 12.43 sacrificaron aquel día *n* víctimas
Sal. 35.18 confesaré. .alabaré entre *n* pueblo
Ec. 6.3 y los días de su edad fueren *n*; si su
Jer. 46.23 porque serán más *n* que langostas, no
Ez. 47.10 tan *n* como los peces del Mar Grande
Mt. 21.8 y la multitud, que era muy *n*, tendía

NUN *Padre de Josué No. 1*

Éx. 33.11 el joven Josué hijo de *N*, su servidor
Nm. 11.28 respondió Josué hijo de *N*, ayudante
13.8 de la tribu de Efraín, Oseas hijo de *N*
13.16 y a Oseas hijo de *N* le puso Moisés el
14.6 Josué hijo de *N*. .reconocido la tierra
14.30 exceptuando a Caleb. .y Josué hijo de *N*
14.38 Josué hijo de *N* y. .quedaron con vida
26.65 no quedó varón. .sino. .Josué hijo de *N*
27.18 Jehová dijo a. .Toma a Josué hijo de *N*
32.12 excepto Caleb hijo. .y Josué hijo de *N*
32.28 les encomendó. .a Josué hijo de *N*, y a
34.17 repartirán. .Eleazar, y Josué hijo de *N*
Dt. 1.38 Josué hijo de *N*, el. .él entrará allá
31.23 y dio orden a Josué hijo de *N*, y dijo
32.44 Moisés y recitó. .él y Josué hijo de *N*
34.9 Josué hijo de *N* fue lleno del espíritu
Jos. 1.1 que Jehová habló a Josué hijo de *N*
2.1 Josué hijo de *N* envió desde Sitim dos
2.23 vinieron a Josué hijo de *N*, y le contaron
6.6 llamando, pues, Josué hijo de *N* a los
14.1 repartieron. .Eleazar, Josué hijo de *N*
17.4 estas vinieron delante. .Josué hijo de *N*
19.49 dieron los. .heredad a Josué hijo de *N*
19.51 son las heredades que. .Josué hijo de *N*
21.1 los levitas vinieron. .a Josué hijo de *N*
24.29 murió Josué hijo de *N*, siervo de Jehová
Jue. 2.8 pero murió Josué hijo de *N*. .de 110 años
1 R. 16.34 había hablado por Josué hijo de *N*
1 Cr. 7.27 *N* su hijo, Josué su hijo
Neh. 8.17 desde los días de Josué hijo de *N*

NUPCIAL

Sal. 78.63 sus vírgenes no. .loadas en cantos *n*

NUTRIR

Col. 2.19 de quien todo el cuerpo, *nutriéndose*
1 Ti. 4.6 *nutrido* con las palabras de la fe y

O

OBADÍAS

1. Jefe de la tribu de Isacar, **1 Cr. 7.3**
2. Descendiente de Benjamín, **1 Cr. 8.38; 9.44**
3. Levita que regresó del exilio (=Abda No. 2), **1 Cr. 9.16**
4. Oficial del ejército de David, **1 Cr. 12.9**
5. Sacerdote que regresó del exilio con Esdras, **Esd. 8.9**
6. Firmante del pacto de Nehemías, **Neh. 10.5**
7. Portero del templo en tiempo de Joiacim, **Neh. 12.25**

OBAL *Hijo de Joctán (=Ebal No. 3),* **Gn. 10.28**

OBED

1. Hijo de Booz y Rut

Rt. 4.17 ha nacido un hijo a. . y le llamaron *O*
4.21 Salmón engendró a Booz, y. . engendró a *O*
4.22 *O* engendró a Isaí, e Isaí. . a David
1 Cr. 2.12 Booz engendró a *O,* y *O* engendró a
Mt. 1.5 Booz engendró de Rut a *O,* y *O* a Isaí
Lc. 3.32 Isaí, hijo de *O,* hijo de Booz, hijo

2. Descendiente de Judá, **1 Cr. 2.37,38**
3. Uno de los valientes de David, **1 Cr. 11.47**
4. Portero en el templo de Salomón, **1 Cr. 26.7**
5. Padre de Azarías No. 10, **2 Cr. 15.1,8**
6. Padre de Azarías No. 12, **2 Cr. 23.1**
7. Profeta en tiempo de Peka, rey de Israel, **2 Cr. 28.9**

OBEDECER

Gn. 3.17 por cuanto *obedeciste* a la voz de tu
22.18 en tu. . por cuanto *obedeciste* a mi voz
27.8 mío, *obedece* a mi voz en lo que te mando
27.13 hijo. . *obedece* a mi voz y vé y tráemelos
27.43 hijo mío, *obedece* a mi voz; levántate
28.7 que Jacob había *obedecido* a su padre y
34.24 *obedecieron* a Hamor y a Siquem su hijo
Éx. 4.8 que no te creyeren ni *obedecieren* a la
16.20 ellos no *obedecieron* a Moisés, sino que
24.7 haremos todas las cosas. . y *obedeceremos*
Nm. 27.20 toda la congregación de. . le *obedezca*
Dt. 9.23 rebeldes al. . ni *obedecisteis* a su voz
11.13 si *obedeciereis*. . mis mandamientos que
13.18 cuando *obedecieres* a la voz de Jehová
17.12 no *obedeciendo* al sacerdote que está
21.18 un hijo. . que no *obedeciere* a la voz de
21.18 habiéndole castigado, no les *obedeciere*
21.20 no *obedece* a nuestra voz; es glotón y
26.14 he *obedecido* a la voz de Jehová mi Dios
28.13 *obedecieres* los mandamientos de Jehová
28.62 no *obedecisteis* a la voz de Jehová tu
30.2 convirtieres a. . y *obedecieres* a su voz
30.10 cuando *obedecieres* a la voz de Jehová
34.9 y los hijos de Israel le *obedecieron,* e
Jos. 1.17 de la manera que *obedecimos* a Moisés
1.17 en todas las cosas. . te *obedeceremos* a ti
1.18 no *obedeciere* a tus palabras en todas las
5.6 cuanto no *obedecieron* a la voz de Jehová
22.2 y habéis *obedecido* a mi voz en todo lo
24.24 nuestro Dios. . y a s_ voz *obedeceremos*
Jue. 2.17 *obedeciendo*. . mandamientos de Jehová
2.20 traspasa mi pacto. . no *obedece* a mi voz
3.4 saber si *obedecerían* a los mandamientos
6.10 dije. . pero no habéis *obedecido* a mi voz
1 S. 15.20 *obedecido* la voz de Jehová, y fui a
15.22 en que se *obedezca* a las palabras de
15.22 *obedecer* es mejor que los sacrificios
28.18 tú no *obedeciste* a la voz de Jehová, ni
28.21 tu sierva ha *obedecido* a tu voz, y he
28.23 pero porfiaron con él. . y él les *obedeció*
2 S. 22.45 los hijos de extraños. . me *obedecerán*
1 R. 2.42 la palabra es buena, yo la *obedezco*
20.8 no le *obedezcas,* ni hagas lo que te pide
20.36 no has *obedecido* a la palabra de Jehová
2 R 10.6 si sois míos, y queréis *obedecerme*
17.14 no *obedecieron,* antes endurecieron su
1 Cr. 29.23 Salomón. . y le *obedeció* todo Israel
2 Cr. 25.16 hecho. . y no *obedeciste* mi consejo
Neh. 13.27 ¿y *obedeceremos*. . para cometer todo
Sal. 18.44 oír de mí me *obedecieron;* los hijos
103.20 *obedeciendo* a la voz de su precepto
Pr. 12.15 el que *obedece* al consejo es sabio
Is. 11.14 y los hijos de Amón los *obedecerán*
Jer. 9.13 no *obedecieron* a mi voz, ni caminaron
11.3 maldito el varón que no *obedeciere* las
17.24 *obedeciereis*. . no metiendo carga por las
22.4 *obedeciereis* esta palabra, los reyes que
34.10 los usase más como siervos, *obedecieron*
35.8 hemos *obedecido* a la voz de. . Jonadab
35.10 y hemos *obedecido* y hecho conforme a
35.13 no aprenderéis a *obedecer*. . palabras?
35.14 no lo han bebido hasta. . por *obedecer* al
35.16 pero este pueblo no me ha *obedecido*
35.18 cuanto *obedecisteis* al mandamiento de
37.2 pero no *obedeció* él ni sus siervos ni el
42.6 *obedeceremos,* para que *obedeciendo* a la
42.13 no *obedeciendo* así a la voz de Jehová
42.21 no habéis *obedecido* a la voz de Jehová
43.4 no *obedeció*. . Johanán. . la voz de Jehová
43.7 entraron en. . no *obedecieron* a la voz de
44.23 y no *obedecisteis* a la voz de Jehová
Ez. 11.12 ni habéis *obedecido* mis decretos, sino
20.8 no quisieron *obedecerme;* no echó de sí
20.39 andad. . si es que a mí no me *obedecéis*
Dn. 7.27 y todos los dominios le. . *obedecerán*
9.6 no hemos *obedecido* a tus siervos los
9.10 no *obedecimos* a la voz de Jehová. . Dios
9.11 ley apartándose para no *obedecer* tu voz
9.14 el mal. . porque no *obedecimos* a su voz
Mi. 5.15 ira. . en las naciones que no *obedecieron*
Mt. 8.27 aun los vientos y el mar le *obedecen?*
Mr. 1.27 los espíritus inmundos, y le *obedecen?*
4.41 que aun el viento y el mar le *obedecen?*
Lc. 8.25 a los vientos y. . manda, y le *obedecen?*
17.6 y plántate en el mar; y os *obedecería*
Hch. 4.19 *obedecer* a vosotros antes que a Dios
5.29 es necesario *obedecer* a Dios antes que
5.32 cual ha dado Dios a los que le *obedecen*
5.36,37 que le *obedecían* fueron dispersados
6.7 muchos de los sacerdotes *obedecían* a la
7.39 nuestros padres no quisieron *obedecer*
Ro. 2.8 no *obedecen* a la verdad, sino que *o* a
6.12 que lo *obedezcáis* en sus concupiscencias
6.16 si os sometéis a alguien para *obedecerle*
6.16 sois esclavos de aquel a quien *obedecéis*
6.17 habéis *obedecido* de corazón a aquella
10.16 mas no todos *obedecieron* al evangelio
16.26 las gentes para que *obedezcan* a la fe
Gá. 3.1 os fascinó para no *obedecer* a la verdad
5.7 os estorbó para no *obedecer* a la verdad?
Ef. 6.1 hijos, *obedeced* en. . a vuestros padres
6.5 *obedeced* a vuestros amos terrenales con
Fil. 2.12 míos, como siempre habéis *obedecido*
Col. 3.20 hijos, *obedeced* a vuestros padres en
3.22 siervos, *obedeced* en. . a vuestros amos
2 Ts. 1.8 ni *obedecen* al evangelio de nuestro
3.14 si alguno no *obedece* a lo que decimos
Tit. 3.1 que *obedezcan,* que estén dispuestos a
He. 5.9 eterna salvación. . los que le *obedecen*
11.8 *obedeció* para salir al lugar que había
12.9 ¿por qué no *obedeceremos* mucho mejor al
13.17 *obedeced* a vuestros pastores. . velan por
Stg. 3.3 freno en la boca. . que nos *obedezcan*
1 P. 1.2 *obedecer* y ser rociados con la sangre
3.6 como Sara *obedecía* a Abraham, llamándole
4.17 el fin de aquellos que no *obedecen* al

OBED-EDOM

1. Geteo en cuya casa dejó David el arca

2 S. 6.10 hizo llevar David a casa de *O* geteo
6.11 y estuvo el arca de Jehová en casa de *O*
6.11 y bendijo Jehová a *O* y a toda su casa
6.12 Jehová ha bendecido la casa de *O* y todo
6.12 fue, y llevó. . arca de Dios de casa de *O*
1 Cr. 13.13 el arca. . la llevó a casa de *O* geteo
13.14 y el arca. . estuvo con la familia de *O*
13.14 bendijo Jehová la casa de *O,* y todo lo
15.25 a traer el arca del pacto. . de casa de *O*

2. Portero y músico en el templo

1 Cr. 15.18 hermanos. . *O* y Jeiel, los porteros
15.21 Micnias, *O,* Jeiel y Azarías tenían arpas
15.24 *O* y Jehías. . también porteros del arca
16.5 *O* y Jeiel, con sus. . salterios y arpas
16.38 y a *O* y a sus sesenta y ocho hermanos
16.38 *O* hijo de Jedutún y a Hosa como porteros

3. Portero del templo

1 Cr. 26.4 los hijos de *O:* Semaías el primogénito
26.5 octavo. . porque Dios había bendecido a *O*
26.8 todos éstos de los hijos de *O;* ellos
26.8 hombres robustos y fuertes. . 62, de *O*
26.15 para *O* la puerta del sur, y a sus hijos

4. Tesorero del templo en tiempo de Amasías, rey de Judá, **2 Cr. 25.24**

OBEDIENCIA

2 Cr. 24.17 ofrecieron *o* al rey. . el rey los oyó
Ro. 1.5 para la *o* a la fe en todas las naciones
5.19 así también por la *o* de uno, los muchos
6.16 para muerte, o sea de la *o* para justicia?
15.18 medio de mí para la *o* de los gentiles
16.19 vuestra *o* ha venido a ser notoria a
2 Co. 7.15 cuando se acuerda de la *o* de todos
9.13 por la *o* que profesáis al evangelio de
10.5 cautivo todo pensamiento a la *o* a Cristo
10.6 castigar. . cuando vuestra *o* sea perfecta
Flm. 21 he escrito confiando en tu *o*. . aun más
He. 5.8 Hijo, por lo que padeció aprendió la *o*
1 P. 1.22 purificado vuestras almas por la *o* a

OBEDIENTE

Zac. 6.15 esto sucederá si oyereis *o* la voz de
2 Co. 2.9 prueba de si vosotros sois *o* en todo
Fil. 2.8 *o* hasta la muerte, y muerte de cruz
1 P. 1.14 como hijos *o,* no os conforméis a los

OBIL *Ismaelita, mayordomo de David,* **1 Cr. 27.30**

OBISPADO

1 Ti. 3.1 si alguno anhela *o,* buena obra desea

OBISPO

Hch. 20.28 el Espíritu Santo os ha puesto por *o*
Fil. 1.1 están en Filipos, con los *o* y diáconos
1 Ti. 3.2; Tit. 1.7 que el *o* sea irreprensible
1 P. 2.25 habéis vuelto al. . *O* de vuestras almas

OBJETO

Dt. 9.21 el *o* de vuestro pecado, el becerro que
10.21 él es el *o* de tu alabanza, y él es tu
1 S. 9.6 acerca del *o* por el cual emprendimos
2 Cr. 36.10 con los *o* preciosos de la casa de
36.19 y destruyeron todos sus *o* deseables
Neh. 4.4 somos *o* de su menosprecio, y vuelve el
Job 30.9 yo soy *o* de su burla, y les sirvo de
Sal. 31.11 todos mis enemigos soy *o* de oprobio
109.25 yo he sido para ellos *o* de oprobio; me
Jer. 7.29 y dejado la generación *o* de su ira
18.16 su tierra en desolación, *o* de burla
42.18; 44.12 *o* de execración y de espanto
51.41 vino a ser Babilonia *o* de espanto entre
Lm. 1.17 Jerusalén fue *o* de abominación entre
Dn. 11.8 y sus *o* preciosos de plata y de oro
2 Ts. 2.4 se levanta contra todo lo. . *o* de culto
Ap. 18.12 todo *o* de marfil, de todo *o* de madera

OBLACIÓN

Lv. 2.1 alguna persona ofreciere *o* a Jehová, su
Is. 19.21 los de Egipto. . harán sacrificio y *o*

OBLIGACIÓN

Nm. 30.2 ligando su alma con *o,* no quebrantará
30.3 y se ligare con *o* en casa de su padre
30.4 padre oyere. . la *o* con que ligó su alma
30.4,5 *o* con que hubiere ligado su alma
30.7 y la *o* con que ligó su alma, firme será
30.10 si. . ligado su alma con *o* de juramento
30.11 toda *o* con que hubiere ligado su alma
30.12 y cuanto a la *o* de su alma, será nulo
30.14 confirmó. . las *o* que están sobre ella
Esd. 10.4 levántate, porque esta es tu *o,* y
Hch. 21.23 cuatro. . que tienen *o* de cumplir voto

OBLIGAR

Éx. 1.14 todo su servicio. . *obligaban* con rigor
Nm. 30.6 votos, o. . cosa con que *obligue* su alma
30.13 todo voto. . *obligándose* a afligir el alma
Dt. 15.2 hizo empréstito. . *obligó* a su prójimo
1 R. 4.7 cada uno. . estaba *obligado* a abastecerlo
2 Cr. 34.32 hizo que se *obligaran* a ello todos

OBLIGAR *(Continúa)*
Est. 1.8 nadie fuese *obligado* a beber; porque
Pr. 7.21 *obligó* con la zalamería de sus labios
Ez. 45.16 estará *obligado* a dar esta ofrenda
Dn. 1.8 que no se le *obligase* a contaminarse
Mt. 5.41 a cualquiera que te *obligue* a llevar
27.32 a éste *obligaron* a que llevase la cruz
Mr. 15.21 *obligaron* a uno que..Simón de Cirene
Lc. 24.29 ellos le *obligaron* a quedarse, diciendo
Hch. 16.15 entrad en..Y nos *obligó* a quedarnos
28.19 judíos, me vi *obligado* a apelar a César
2 Co. 12.11 vosotros me *obligasteis* a ello, pues
Gá. 2.3 ni aun Tito..*obligado* a circuncidarse
2.14 ¿por qué *obligas*..gentiles a judaizar?
5.3 que está *obligado* a guardar toda la ley
6.12 éstos os *obligan* a que os circuncidéis

OBOT *Lugar donde acampó Israel,*
Nm. 21.10,11; 33.43,44

OBRA
Gn. 2.2 acabó Dios..la *o*..toda la *o* que hizo
2.3 en él reposó de toda la *o* que había hecho
4.22 artífice de toda *o* de bronce y de hierro
5.29 éste nos aliviará de nuestras *o* y del
11.6 y han comenzado la *o*, y nada les hará
18.21 y veré si han consumado su *o* según el
Éx. 5.13 acabad vuestra *o*, la tarea de cada día
12.16 primer día..ninguna *o* se hará en ellos
20.9 seis días trabajarás, y harás toda tu *o*
20.10 no hagas en él *o* alguna, tú, ni tu hijo
26.1 lo harás con querubines de *o* primorosa
26.31 harás un velo de..hecho de *o* primorosa
26.36 harás..una cortina de..*o* de recamador
27.4 le harás un enrejado de bronce de *o* de
27.16 una cortina..de azul..de *o* de recamador
28.6 y harán el efod de oro..de *o* primorosa
28.8 cinto de *o* primorosa..será de la misma *o*
28.11 *o* de grabador en piedra, como..de sello
28.15 *o* primorosa..conforme a la *o* del efod
28.32 tendrá un borde alrededor de *o* tejida
28.39 una mitra..un cinto de *o* de recamador
31.14 día de reposo..hiciere *o* alguna en él
32.16 tablas eran *o* de Dios, y la escritura
34.10 y verá todo el pueblo..la *o* de Jehová
35.21 para la *o* del tabernáculo..toda su *o*
35.24 la traía para toda la *o* del servicio
35.29 voluntario para traer para toda la *o*
35.33 en *o* de madera, para trabajar en toda
35.35 que hagan toda *o* de arte y de invención
36.1 saber hacer toda la *o* del servicio del
36.2 le movió a venir a la *o* para trabajar en
36.3 ofrenda..traído para la *o* del servicio
36.4 maestros que hacían..la *o* del santuario
36.4 los maestros..cada uno de la *o* que hacía
36.5 la *o* que Jehová ha mandado que se haga
36.7 tenían material..para hacer toda la *o*
36.8 los sabios..entre los que hacían la *o*
36.8,35 con querubines de *o* primorosa
36.37 el velo..lino torcido, *o* de recamador
38.4 un enrejado de bronce de *o* de rejilla
38.18 la cortina de la..era de *o* de recamador
38.21 *o* de los levitas bajo la dirección de
38.24 oro empleado en la *o*, en toda la *o* del
39.8 el pectoral de *o* primorosa como la *o* del
39.22 hizo..el manto del efod de *o* de tejedor
39.27 las túnicas de lino fino de *o* de tejedor
39.29 también el cinto de..de *o* de recamador
39.32 así fue acabada..la *o* del tabernáculo
39.42 así hicieron los..de Israel toda la *o*
39.43 vio Moisés toda la *o*..la habían hecho
40.33 erigió el atrio..Así acabó Moisés la *o*
Lv. 13.48 en cuero, o en cualquiera *o* de cuero
13.49 o en cualquiera *o* de cuero; plaga es de
13.51 o en cualquiera *o* que se hace de cuero
13.52 trama de lana..o cualquiera *o* de cuero
13.53 extendido..o en cualquiera *o* de cuero
16.29 ninguna *o* haréis, ni el natural ni el
18.4 mis ordenanzas pondréis por *o*, y mis
19.37; 20.8 mis estatutos, y ponedlos por *o*
20.22 ponedlos por *o*, no sea que os vomite la
25.18 y ponedlos por *o*, y habitaréis en la
26.3 guardareis mis..y los pusiereis por *o*
Nm. 4.47 y tener cargo de *o* en el tabernáculo
10.2 dos trompetas..*o* de martillo las harás
15.39 acordéis de todos..para ponerlos por *o*
28.18,25,26; 29.1,7,12 santa convocación; ninguna *o* de siervos haréis
29.35 el octavo..ninguna *o* de siervos haréis
31.20 purificaréis..toda *o* de pelo de cabra
Dt. 2.7 te ha bendecido en toda *o* de tus manos
3.24 ¿qué dios hay en..que haga *o* y proezas
4.6 guardadlos, pues, y ponedlos por *o*; porque
4.13 su pacto, el cual os mandó poner por *o*
4.14 que los pusieseis por *o* en la tierra a
5.1 oye..y guardadlos, para ponerlos por *o*
5.13 seis días trabajarás, y harás toda tu *o*
5.14 ninguna *o* harás tú, ni tu hijo, ni tu
5.31 pongan ahora por *o* en la tierra que yo
6.1 los pongáis por *o* en la tierra a la cual
6.3 oye..oh Israel, y cuida de ponerlos por *o*
6.25 de poner por *o* todos estos mandamientos
7.12 puesto por *o*..guardará contigo el pacto
8.1 cuidaréis de poner por *o* todo mandamiento
11.3 *o* que hizo en medio de Egipto a Faraón
11.7 todas las grandes *o* que Jehová ha hecho
12.1 cuidaréis de poner por *o* en la tierra que
12.7 os alegraréis..*o* de vuestras manos en
12.18 alegrarás..de toda la *o* de tus manos
14.29 bendiga en toda *o*:..tus manos hicieren
16.15 bendecido..en toda la *o* de tus manos
17.19 estos estatutos, para ponerlos por *o*
19.9 mandamientos que..para ponerlos por *o*
23.20; 24.19 bendiga..en toda *o* de tus manos
26.16 de ponerlos por *o* con todo tu corazón y
27.15 escultura..*o* de mano de artífice, y la
28.1 poner por *o* todos sus mandamientos que
28.12 y para bendecir toda *o* de tus manos
28.20 perezcas..causa de la maldad de tus *o*
28.58 de poner por *o*..palabras de esta ley
29.9 guardaréis..y las pondréis por *o*, para
30.8 y pondrás por *o* todos sus mandamientos
30.9 te hará..abundar en toda *o* de tus manos
31.29 enojándole con la *o* de vuestras manos
32.4 es la Roca, cuya *o* es perfecta, porque
33.11 y recibe con agrado la *o* de sus manos
Jos. 24.31 todas las *o* que Jehová había hecho
Jue. 2.7 visto todas las grandes *o* de Jehová
2.10 ni la *o* que él había hecho por Israel
2.19 no se apartaban de sus *o*, ni de..camino
9.16 si le habéis pagado conforme a la *o* de
Rt. 2.12 recompense tu *o*, y tu remuneración sea
1 S. 8.8 conforme a todas las *o* que han hecho
8.16 tomará..asnos, y con ellos hará sus *o*
19.4 sus *o* han sido muy buenas para contigo
25.3 el hombre era duro y de malas *o*; y era
2 S. 7.23 para hacer..*o* terribles a tu tierra
1 R. 5.16 oficiales de..que estaban sobre la *o*
5.16 tenían a cargo el pueblo que hacía la *o*
7.8 y la casa en..era de *o* semejante a ésta
7.9 *o* fueron de piedras costosas, cortadas y
7.14 Hiram era lleno de..ciencia en toda *o* de
7.14 vino al rey Salomón, e hizo toda su *o*
7.22 puso..y así se acabó la *o* de las columnas
7.28 la *o* de las basas era esta: tenían unas
7.40 así terminó toda la *o* que hizo a Salomón
7.51 terminó toda la *o* que dispuso hacer el
9.1 hubo acabado la *o* de la casa de Jehová
9.23 jefes y vigilantes sobre las *o* eran 550
9.23 sobre el pueblo..trabajaba en aquella *o*
16.7 provocándole a ira con las *o* de..manos
2 R. 12.11 daban el dinero a..que hacían la *o*
12.14 lo daban a los que hacían la *o*, y con
12.15 ellos lo diesen a los que hacían la *o*
16.19 los demás hechos que puso por *o* Acaz
17.37 cuidaréis siempre de ponerlos por *o*
18.12 mandado, no las habían..ni puesto por *o*
19.18 ellos no eran dioses, sino *o* de manos
22.5 pongan en manos de los que hacen la *o*
22.5 que lo entreguen a los que hacen la *o*
22.9 dinero..en poder de los que hacen la *o*
22.17 provocándome a ira con toda la *o* de sus
1 Cr. 6.49 ministraban en toda la *o* del lugar
9.13 muy eficaces en la *o*..en la casa de Dios
9.19 su cargo la *o* del ministerio, guardando
9.33 de día y de noche estaban en aquella *o*
16.8 dad a conocer en los pueblos sus *o*
22.13 cuidares de poner por *o* los estatutos
22.15 tienes..todo hombre experto en toda *o*
22.16 levántate, y manos a la *o*; y Jehová esté
23.4 de éstos, 24.000 para dirigir la *o* de la
23.28 la demás *o* del ministerio de la casa de
25.1 idóneos para la *o* de su ministerio, fue
26.30 la *o* de Jehová, y en el servicio del rey
28.7 a poner por *o* mis mandamientos y mis
28.13 *o* del ministerio de la casa de Jehová
28.19 me hizo entender todas las *o* del diseño
28.20 anímate y esfuérzate, y manos a la *o*
28.20 que acabes toda la *o* para el servicio
28.21 de Dios, estarán contigo en toda la *o*
29.1 es joven y tierno de edad, y la *o* grande
29.5 toda la *o* de las manos de los artífices
2 Cr. 4.11 y acabó Hiram la *o* que hacía al rey
5.1 acabada toda la *o* que hizo Salomón para
8.9 hijos de Israel no puso..siervos en su *o*
8.16 la *o* de Salomón estaba preparada desde
13.10 mas..los que están en la *o* son levitas
14.4 mandó a Judá que..pusiese por *o* la ley
15.7 manos..hay recompensa para vuestra *o*
16.5 oyendo esto Baasa, cesó..abandonó su *o*
17.4 anduvo en..y no según las *o* de Israel
20.37 Jehová destruirá tus *o*. Y las naves se
24.13 hacían..los artesanos la *o*, y por sus
24.13 y por sus manos la *o* fue restaurada
29.34 les ayudaron hasta que acabaron la *o*
32.19 dioses de..son *o* de manos de hombres
34.10 mano de los que hacían la *o*, que eran
34.10 cuales lo daban a los que hacían la *o*
34.12 hombres procedían con fidelidad en la *o*
34.12 levitas de los..para que activasen la *o*
34.13 que se ocupaban en cualquier clase de *o*
34.17 dinero..en mano de los que hacen la *o*
34.25 provocándome a ira con todas las *o* de
34.31 poniendo por *o* las palabras del pacto
35.26 de Josías, y sus *o* piadosas conforme a
Esd. 2.69 al tesorero de la *o* 61.000 dracmas de
3.8 que activasen la *o* de la casa de Jehová
3.9 activar a los que hacían la *o* en la casa
4.24 entonces cesó la *o* de la casa de Dios
5.8 la *o* se hace de prisa, y prospera en sus
6.7 dejad que se haga la *o* de esa casa de Dios
6.8 dados..los gastos, para que no cese la *o*
6.22 fortalecer sus manos en la *o* de la casa
9.13 a causa de nuestras malas *o*, y a causa
10.4 contigo; esfuérzate, y pon mano a la *o*
10.13 ni la *o* es de un día ni de dos, porque
Neh. 1.9 pusiereis por *o*..de allí os recogeré
2.16 los oficiales, ni a los..que hacían la *o*
3.5 no se prestaron para ayudar a la *o* de su
4.11 entremos en medio..y hagamos cesar la *o*
4.16 la mitad..trabajaba en la *o*, y la otra
4.17 con una mano trabajaban en la *o*, y en la
4.19 la *o* es grande y extensa, y nosotros
4.21 nosotros, pues, trabajábamos en la *o*
4.22 sirvan de centinela y de día en la *o*
5.16 en la *o* de este muro restauré mi parte
5.16 todos mis criados..estaban allí en la *o*
6.3 yo hago una gran *o*, y no puedo ir; porque
6.3 porque cesaría la *o*, dejándola yo para ir
6.9 se debilitarán las manos de ellos en la *o*
6.16 por nuestro Dios había sido hecha esta *o*
6.19 contaban..las buenas *o* de él, y a él le
7.70 algunos de los..dieron ofrendas para la *o*
7.71 dieron para..la *o* 20.000 dracmas de oro
9.34 no pusieron por *o* tu ley, ni atendieron
9.35 no te..ni se convirtieron de sus malas *o*
10.32 de contribuir..para la *o* de la casa de
11.12 los que hacían la *o* de la casa, 822
11.16 capataces de la *o* exterior de la casa
11.22 cantores, sobre la *o* de la casa de Dios
Job 10.3 que deseches la *o* de tus manos, y que
24.5 salen a su *o* madrugando para robar; el
33.17 quitar al hombre de su *o*, y apartar del
34.11 porque él pagará al hombre según su *o*
34.19 pobre, porque todos son *o* de sus manos
34.25 él hará notorias las *o* de ellos, cuando
36.9 les dará a conocer la *o* de ellos, y que
36.24 acuérdate de engrandecer su *o*, la cual
37.7 que los hombres todos reconozcan su *o*
Sal. 8.3 cuando veo tus cielos, *o* de tus dedos
8.6 hiciste señorear sobre las *o* de tus manos
9.11 en Sion; publicad entre los pueblos sus *o*
9.16 en la *o* de sus manos fue enlazado el malo
14.1 se han corrompido, hacen *o* abominables
17.4 cuanto a las *o* humanas, por la palabra
19.1 el firmamento anuncia la *o* de sus manos
28.4 dales conforme a su *o*, y conforme a la
28.4 dales su..conforme a la *o* de sus manos
28.5 no atendieron a..ni a la *o* de sus manos
33.4 recta..toda su *o* es hecha con fidelidad
33.15 él formó el..atento está a todas sus *o*
44.1 han contado la *o* que hiciste en sus días
46.8 venid, ved las *o* de Jehová, que ha puesto
62.12 tú pagas a cada uno conforme a su *o*
64.9 anunciarán la *o* de Dios, y entenderán
66.3 decid a Dios: ¡Cuán asombrosas..tus *o*!
66.5 venid, y ved las *o* de Dios, temible en
73.28 mi esperanza, para contar todas sus *o*
77.11 me acordaré de las *o* de JAH; sí, haré
77.12 meditaré en todas tus *o*, y hablaré de
78.7 y no se olviden de las *o* de Dios; que
78.11 sino que se olvidaron de sus *o*, y de
86.8 ninguno hay como..ni *o* que igualen tus *o*
90.16 aparezca en tus siervos tu *o*, y..gloria
90.17(2) la *o* de nuestras manos confirma
92.4 con tus *o*; en las *o* de tus manos me gozo
92.5 ¡cuán grandes son tus *o*, oh Jehová! Muy
95.9 me tentaron..me probaron, y vieron mis *o*
99.8 les fuiste un Dios..retribuidor de sus *o*
101.3 aborrezco la *o* de los que se desvían
102.25 tierra, y los cielos son *o* de tus manos
103.7 Moisés, y a los hijos de Israel sus *o*
103.18 que se acuerdan..para ponerlos por *o*
103.22 bendecid a Jehová, vosotras todas sus *o*
104.13 del fruto de sus *o* se sacia la tierra
104.24 cuán innumerables son tus *o*, oh Jehová!
104.31 para siempre; alégrese Jehová en sus *o*
105.1 dad a conocer sus *o* en los pueblos
106.2 expresará las poderosas *o* de Jehová?
106.13 bien pronto olvidaron sus *o*..consejo
106.29 provocaron la ira de Dios con sus *o*
106.35 se mezclaron con..aprendieron sus *o*
106.39 se contaminaron así con sus *o*, y se
107.22 ofrezcan..publiquen sus *o* con júbilo
107.24 ellos han visto las *o* de Jehová, y sus
111.2 grandes son las *o* de Jehová, buscadas
111.3 gloria y hermosura es su *o*, y..justicia
111.6 el poder de sus *o* manifestó a su pueblo
111.7 las *o* de sus manos son verdad y juicio
115.4 son plata y oro, *o* de manos de hombres
118.17 sino que viviré, y contaré las *o* de JAH
119.166 y tus mandamientos he puesto por *o*
135.15 los ídolos de..*o* de manos de hombres
138.8 Jehová..no desampares la *o* de tus manos
139.14 formidables, maravillosas son tus *o*
141.4 corazón a cosa mala, a hacer *o* impías
143.5 meditaba en..tus *o*..las *o* de tus manos
145.4 generación a generación celebrará tus *o*
145.9 y sus misericordias sobre todas sus *o*
145.10 te alaben, oh Jehová, todas tus *o*, y
145.17 justo..misericordioso en todas sus *o*
Pr. 8.22 Jehová me poseía en el..antes de sus *o*

OBRA *(Continúa)*
Pr. 10.16 *o* del justo es para vida; mas el fruto
11.18 impío hace *o* falsa; mas el que siembra
12.14 le será pagado según la *o* de sus manos
16.3 encomienda a Jehová tus *o*..pensamientos
16.11 *o* suya con todas las pesas de la bolsa
24.12 conocerá, y dará al hombre según sus *o*
24.29 le..daré el pago al hombre según su *o*
Ec. 1.14 miré todas las *o* que se hacen debajo
2.4 engrandecí mis *o*, edifiqué para mí casas
2.11 miré..las *o* que habían hecho mis manos
2.17 porque la *o* que se hace..era fastidiosa
3.11 sin que alcance..a entender la *o* que ha
4.3 las malas *o* que debajo del sol se hacen
4.4 excelencia de *o* despierta la envidia del
5.6 enoje..y que destruya la *o* de tus manos
7.13 mira la *o* de Dios; porque ¿quién podrá
8.11 no se ejecuta..sentencia sobre la mala *o*
8.14 sucede como si hicieran *o* de impíos, y
8.14 acontece como si hicieran *o* de justos
8.17 y he visto todas las *o* de Dios, que el
8.17 alcanzar la *o* que debajo del sol se hace
9.1 los sabios, y sus *o*, están en la mano de
9.7 porque tus *o* ya son agradables a Dios
9.10 en el sepulcro, adonde vas, no hay *o*, ni
11.5 así ignoras la *o* de Dios, el cual hace
12.14 Dios traerá toda *o* a juicio, juntamente
Cnt. 7.1 joyas, *o* de mano de excelente maestro
Is. 1.16 quitad la iniquidad de vuestras *o* de
2.8 se han arrodillado ante la *o* de sus manos
3.8 lengua de ellos y sus *o* han sido contra
3.11 según las *o* de sus manos le será pagado
5.12 no miran la *o* de..ni consideran la *o* de
5.19 apresúrese su *o*, y veamos; acérquese, y
10.12 el Señor haya acabado toda su *o* en el
12.4 haced célebres en los pueblos sus *o*
19.14 hicieron errar a Egipto en toda su *o*
19.25 el asirio *o* de mis manos, e Israel mi
26.12 hiciste en nosotros todas nuestras *o*
28.21 para hacer su *o*, su extraña *o*, y para
29.15 *o* están en tinieblas, y dicen: ¿Quién
29.16 ¿acaso la *o* dirá de su hacedor: No me
29.23 porque verá a sus hijos, *o* de mis manos
37.19 porque no eran dioses, sino *o* de manos
41.24 que..sois nada, y vuestras *o* vanidad
41.29 todos son vanidad, y..*o* de ellos nada
45.9 ¿qué haces?; o tu *o*: ¿No tiene manos?
45.11 mandadme..acerca de las *o* de mis manos
54.16 y que saca la herramienta para su *o*
57.12 publicaré tu justicia y tus *o*, que no
59.6 para vestir, ni de sus *o* serán cubiertos
59.6 sus *o* son *o* de iniquidad, y *o* de rapiña
60.21 renuevos de mi plantío, *o* de mis manos
61.8 tanto, afirmaré en verdad su *o*, y haré
62.11 viene tu Salvador..delante de él su *o*
64.8 así que *o* de tus manos somos..nosotros
65.7 y les mediré su *o* antigua en su seno
65.22 mis escogidos disfrutarán la *o* de sus
66.18 yo conozco sus *o* y sus pensamientos
Jer. 1.12 apresuro mi palabra..ponerla por *o*
1.16 extraños, y la *o* de sus manos adoraron
4.4 la apague, por la maldad de vuestras *o*
4.18 camina y tus *o* te hicieron esto; esta
7.3 mejorad vuestros caminos y vuestras *o*, y
7.5 si mejoraréis..vuestras *o*; si con verdad
7.13 por cuanto..habéis hecho todas estas *o*
10.3 leño..*o* de manos de artífice con buril
10.9 *o* del artífice, y de manos del fundidor
10.9 vestirán de azul y..*o* de peritos es todo
10.14 porque mentirosa es su *o* de fundición
10.15 vanidad son, *o* vana; al tiempo de su
11.6 oíd las palabras de..y ponedlas por *o*
11.18 me lo hizo saber..me hiciste ver sus *o*
17.10 dar a cada uno..según el fruto de sus *o*
18.11 camino, y mejore sus caminos y sus *o*
21.12 mi ira no salga..por la maldad de..*o*
21.14 os castigaré conforme al fruto de..*o*
23.2 yo castigo la maldad de vuestras *o*, dice
23.22 habrían hecho volver..maldad de sus *o*
25.5 volveos..y de la maldad de vuestras *o*
25.6 ni me provoquéis a ira con la *o*..manos
25.7 para provocarme a ira con la *o*..manos
25.14 pagaré..y conforme a la *o* de sus manos
26.3 pienso hacerles por la maldad de sus *o*
26.13 mejorad..vuestros caminos y vuestras *o*
32.19 a cada uno..según el fruto de sus *o*
32.30 provocarme a ira con la *o* de sus manos
35.15 enmendad vuestras *o*, y no vayáis tras
44.8 haciéndome enojar con las *o* de..manos
44.17 pondremos por *o* toda palabra que ha
44.22 a causa de la maldad de vuestras *o*, a
44.25 votos, y ponéis vuestros votos por *o*
48.10 hiciere indolentemente la *o* de Jehová
50.25 *o* de Jehová..en la tierra de los caldeos
50.29 pagadle según su *o*; conforme a todo lo
51.10 y contemos en Sion la *o* de Jehová..Dios
51.18 vanidad son, *o* digna de burla; en el
Lm. 3.64 dales el pago..según la *o* de sus manos
4.2 vasijas de barro, *o* de manos de alfarero!
Ez. 1.16 *o* era semejante al color del crisólito
1.16 su apariencia y su *o* eran como rueda en
6.6 destruidas, y vuestras *o* serán deshechas
15.3 ¿tomarán..madera para hacer alguna *o*?
15.4 medio se quemó; ¿servirá para *o* alguna?
15.5 cuando estaba entera no servía para *o*
15.5 quemada? ¿Servirá más para *o* alguna?
16.30 cosas, *o* de una ramera desvergonzada
20.19 guardad..preceptos, y ponedlos por *o*
20.21 mis decretos para ponerlos por *o*, por
20.24 porque no pusieron por *o* mis decretos
20.44 según vuestras perversas *o*, oh..Israel
21.24 vuestros pecados en todas vuestras *o*
24.14 según tus caminos y tus *o* te juzgarán
33.31,32 tus palabras..no las pondrán por *o*
36.17 contaminó con sus caminos y con sus *o*
36.19 caminos y conforme a sus *o* les juzgué
36.27 en..mis preceptos, y los pongáis por *o*
36.31 y de vuestras *o* que no fueron buenas
37.24 estatutos guardarán, y..pondrán por *o*
43.11 todas sus reglas, y las pongan por *o*
Dn. 4.37 porque todas sus *o* son verdaderas, y
9.14 justo es Jehová..en todas sus *o* que ha
Os. 4.9 castigaré..le pagaré conforme a sus *o*
7.2 ahora les rodearán sus *o*; delante de mí
9.15 por la perversidad de sus *o* los echaré
12.2 pleito tiene..pagará conforme a sus *o*
13.2 han hecho..ídolos, toda *o* de artífices
14.3 nunca..diremos a la *o* de nuestras manos
Am. 8.7 no me olvidaré jamás de todas sus *o*
Mi. 2.7 ¿se ha acortado el..¿Son estas sus *o*?
3.4 rostro..por cuanto hicisteis malvadas *o*
5.13 nunca más te inclinarás a la *o* de tus
6.16 y toda *o* de la casa de Acab; y en los
7.13 y será asolada..por el fruto de sus *o*
Hab. 1.5 haré una *o* en vuestros días, que aun
2.18 imágenes..confíe el hacedor en su *o*?
3.2 aviva tu *o* en medio de los tiempos, en
Sof. 2.3 los que pusisteis por *o* su juicio
3.11 no serás avergonzada..ninguna de tus *o*
Hag. 2.14 asimismo toda *o* de sus manos; y todo
2.17 con granizo en toda *o* de vuestras manos
Zac. 1.4 volveos ahora de..de vuestras malas *o*
1.6 pensó tratarnos..conforme a nuestras *o*
Mt. 5.16 vean vuestras buenas *o*, y glorifiquen
16.27 Hijo..pagará a cada uno conforme a..*o*
23.3 mas no hagáis conforme a sus *o*, porque
23.5 hacen todas sus *o* para ser vistos por
26.10 mujer..ha hecho conmigo una buena *o*
Mr. 13.34 dio..a cada uno su *o*, y al portero
14.6 qué la molestáis? Buena *o* me ha hecho
13.32 mañana, y al tercer día termino mi *o*
24.19 poderoso en *o* y en palabra delante de
Jn. 3.19 amaron..las tinieblas..sus *o* eran malas
3.20 luz, para que sus *o* no sean reprendidas
3.21 manifiesto que sus *o* son hechas en Dios
4.34 que haga la voluntad..y que acabe su *o*
5.20 y mayores *o* que estas le mostrará, de
5.36 porque las *o* que el Padre me dio para
5.36 las..*o* que yo hago, dan testimonio de mí
6.28 para poner en práctica las *o* de Dios?
6.29 esta es la *o* de Dios, que creáis en el
6.30 ¿qué señal, pues, haces..¿Qué *o* haces?
7.3 que también tus discípulos vean las *o*
7.7 yo testifico de él, que sus *o* son malas
7.21 dijo: Una *o* hice, y todos os maravilláis
8.39 si fueseis hijos..*o* de Abraham haríais
8.41 vosotros hacéis las *o* de vuestro padre
9.3 que las *o* de Dios se manifiesten en él
9.4 es necesario hacer las *o* del que me envió
10.25 las *o* que yo hago en nombre de mi Padre
10.32 muchas buenas *o* os he mostrado de mi
10.33 por buena *o* no te apedreamos, sino por
10.37 no hago las *o* de mi Padre, no me creáis
10.38 no me creáis a mí, creed a las *o*, para
14.10 el Padre que mora en mí, él hace las *o*
14.11 otra manera, creedme por las mismas *o*
14.12 las *o* que yo hago, él las hará también
15.24 hecho..*o* que ningún otro ha hecho, no
17.4 he acabado la *o* que me diste que hiciese
Hch. 5.38 *o* es de los hombres, se desvanecerá
7:22 Moisés..era poderoso en sus palabras y *o*
7.41 y en las *o* de sus manos se regocijaron
9.36 abundaba en buenas *o* y en limosnas que
13.2 apartadme a Bernabé..para la *o* a que los
13.41 yo hago una *o* en vuestros días, *o* que
14.26 encomendados..la *o* que habían cumplido
15.38 al que..no había ido con ellos a la *o*
26.20 haciendo *o* dignas de arrepentimiento
Ro. 2.6 cual pagará a cada uno conforme a sus *o*
2.15 la *o* de la ley escrita en sus corazones
3.20 por las *o* de la ley ningún..justificado
3.27 ¿por cuál ley? ¿Por la de las *o*? No, sino
3.28 justificado por fe sin las *o* de la ley
4.2 si Abraham fue justificado por..*o*, tiene
4.6 del..a quien Dios atribuye justicia sin *o*
8.13 por el..hacéis morir las *o* de la carne
9.11 Dios..no por las *o* sino por el que llama
9.32 como por *o* de la ley, pues tropezaron
11.6 y si por gracia, ya no es por *o*; de otra
11.6 por *o*, ya no es gracia; de otra manera
11.6 gracia; de otra manera la *o* ya no es *o*
13.12 desechemos, pues, las *o* de las tinieblas
14.20 no destruyas la *o* de Dios por causa de
15.18 ha hecho..con la palabra y con las *o*
1 Co. 3.13 la *o* de cada uno se hará manifiesta
3.13 y la *o* de cada uno cuál sea, el fuego la
3.14 si permaneciere la *o* de..que sobreedificó
3.15 si la *o* de alguno se quemare, él sufrirá
9.1 ¿no..¿No sois vosotros mi *o* en el Señor?
15.58 creciendo en la *o* del Señor siempre
16.10 porque él hace la *o* del Señor así como yo
2 Co. 8.6 acabe también entre vosotros esta *o*
9.8 fin de que..abundéis para toda buena *o*
10.16 más allá..sin entrar en la *o* de otro
11.15 como..cuyo fin será conforme a sus *o*
Gá. 2.16 el hombre no es justificado por las *o*
2.16 la fe de Cristo y no por las *o* de la ley
2.16 las *o* de la ley nadie será justificado
3.2 ¿recibisteis el Espíritu por las *o* de la
3.5 ¿lo hace por las *o* de la ley, o por el oir
3.10 los que dependen de las *o* de la ley están
5.19 manifiestas son las *o* de la carne, que
6.4 cada uno someta a prueba su propia *o*, y
Ef. 2.9 no por *o*, para que nadie se gloríe
2.10 creados en Cristo Jesús para buenas *o*
4.12 perfeccionar a los santos para la *o* del
5.11 no participéis en las *o* infructuosas de
Fil. 1.6 el que comenzó en vosotros la buena *o*
1.22 si el vivir..resulta..beneficio de la *o*
2.30 por la *o* de Cristo estuvo próximo a la
Col. 1.10 llevando fruto en toda buena *o*, y
1.21 extraños y enemigos..haciendo malas *o*
1 Ts. 1.3 acordándonos..de la *o* de vuestra fe
5.13 tengáis en mucha estima..causa de su *o*
2 Ts. 1.11 y cumpla..toda *o* de fe con su poder
2.9 cuyo advenimiento es por *o* de Satanás
2.17 os confirme en toda buena palabra y *o*
1 Ti. 2.10 sino con buenas *o*, como corresponde
3.1 si alguno anhela obispado, buena *o* desea
5.10 que tenga testimonio de buenas *o*; si ha
5.10 si ha criado..practicado toda buena *o*
5.25 se hacen manifiestas las buenas *o*; y las
6.18 hagan bien, que sean ricos en buenas *o*
2 Ti. 1.9 no conforme a nuestras *o*, sino según
2.21 útil al..y dispuesto para toda buena *o*
3.17 enteramente preparados para toda buena *o*
4.5 pero tú..haz *o* de evangelista, cumple tu
4.18 el Señor me librará de toda *o* mala, y me
Tit. 1.16 reprobados en cuanto a toda buena *o*
2.7 presentándote..como ejemplo de buenas *o*
2.14 un pueblo propio, celoso de buenas *o*
3.1 que obedezcan..dispuestos a toda buena *o*
3.5 salvó, no por *o* de justicia que nosotros
3.8 creen en..procuren ocuparse en buenas *o*
3.14 aprendan..a ocuparse en buenas *o* para
He. 1.10 Señor..los cielos son *o* de tus manos
2.7 le pusiste sobre las *o* de tus manos; todo
3.9 me probaron, y vieron mis *o* cuarenta años
4.3 aunque las *o* suyas estaban acabadas desde
4.4 dijo..Y reposó Dios de todas sus *o* en el
4.10 ha reposado de sus *o*, como Dios de las
6.1 del arrepentimiento de *o* muertas, de la
6.10 Dios no es injusto para olvidar..*o* y el
9.14 limpiará..conciencias de *o* muertas para
10.24 estimularnos al amor y a las buenas *o*
13.21 os haga aptos en toda *o* buena para que
Stg. 1.4 mas tenga la paciencia su *o* completa
1.25 hacedor de la *o*..será bienaventurado en
2.14 alguno dice que tiene fe, y no tiene *o*?
2.17 la fe, si no tiene *o*, es muerta en sí
2.18 tú tienes fe, y yo tengo *o*. Muéstrame tu
2.18 muéstrame tu fe sin tus *o*. y yo te
2.18 muéstrame..te mostraré mi fe por mis *o*
2.20 quieres saber..que la fe sin *o* es muerta?
2.21 ¿no fue justificado por las *o* Abraham
2.22 ¿no ves que la fe actuó..con sus *o*, y
2.22 que la fe se perfeccionó por las obras?
2.24 que el hombre es justificado por las *o*
2.25 Rahab..¿no fue justificada por *o*, cuando
2.26 porque..también la fe sin *o* está muerta
3.13 muestre por..sus *o* en sabia mansedumbre
3.16 donde hay celos y..hay..toda *o* perversa
1 P. 1.17 Padre..juzga según la *o* de cada uno
2.12 a Dios..al considerar vuestras buenas *o*
2 P. 3.10 las *o* que en ella hay serán quemadas
1 Jn. 3.8 Hijo..para deshacer las *o* del diablo
3.12 sus *o* eran malas, y las de su hermano
2 Jn. 11 que le dice..participa en sus malas *o*
3 Jn. 10 las *o* que hace parloteando con palabras
Jud. 15 de todas sus *o* impías que han hecho
Ap. 2.2 yo conozco tus *o*, y tu arduo trabajo y
2.5 arrepiéntete, y haz las primeras *o*; pues
2.6 que aborreces las *o* de los nicolaítas, las
2.9 yo conozco tus *o*, y tu tribulación, y tu
2.13 yo conozco tus *o*, y dónde moras, donde
2.19 conozco tus *o*, y amor, y fe, y servicio
2.19 tus *o* postreras son más que las primeras
2.22 si no se arrepienten de las *o* de ella
2.23 y os daré a cada uno según vuestras *o*
2.26 al que venciere y guardare mis *o* hasta
3.1 conozco tus *o*, que tienes nombre de que
3.2 no he hallado tus *o* perfectas delante de
3.8 conozco tus *o*; he aquí, he puesto delante
3.15 yo conozco tus *o*, que ni eres frío ni
9.20 ni aun así se arrepintieron de las *o* de
14.13 descansarán de..sus *o* con ellos siguen
15.3 grandes y maravillosas son tus *o*, Señor
16.11 dolores..no se arrepintieron de sus *o*
18.6 dadle a ella..pagadle doble según sus *o*
20.12 juzgados los muertos por..según sus *o*
20.13 fueron juzgados cada uno según sus *o*
22.12 recompensar a cada uno según sea su *o*

OBRAR
Nm. 5.24,27 las aguas que *obran* maldición
2 Cr. 11.23 *obró* sagazmente, y esparció a todos
Sal. 74.12 *obra* salvación en medio de la tierra
Pr. 21.24 presuntuoso que *obra* en la insolencia
Jer. 7.19 ¿no *obran* más bien ellos mismos su
Ro. 4.4 al que *obra*, no se le cuenta el salario
4.5 al que no *obra*, sino cree en aquel que
7.5 pasiones. . *obraban* en nuestros miembros
Gá. 5.6 vale. . sino la fe que *obra* por el amor
Stg. 1.20 ira del hombre no *obra* la justicia

OBRERO
1 Cr. 22.15 tienes contigo muchos *o*, canteros
Ez. 27.9 hábiles *o* calafateaban tus junturas
Mt. 9.37 la mies es mucha, mas los *o* pocos
9.38 rogad. . al Señor. . que envíe *o* a su mies
10.10 porque el *o* es digno de su alimento
20.1 que salió. . a contratar *o* para su viña
20.2 convenido con los *o* en un denario al día
20.8 dijo. . Llama a los *o* y págales el jornal
Lc. 10.2 la mies. . es mucha, mas los *o* pocos
10.2 rogad al Señor de. . que envíe *o* a su mies
10.7 porque el *o* es digno de su salario. No
Hch. 19.25 reunidos con los *o* del mismo oficio
2 Co. 11.13 falsos apóstoles, *o* fraudulentos
Fil. 3.2 guardaos de los malos *o*, guardaos de
1 Ti. 5.18 dice. . Digno es el *o* de su salario
2 Ti. 2.15 *o* que no tiene de qué avergonzarse
Stg. 5.4 he aquí, clama el jornal de los *o* que

OBSEQUIAR
Neh. 8.12 pueblo se fue. . a *obsequiar* porciones

OBSERVAR
Éx. 2.11 y *observó* a un egipcio que golpeaba a
20.18 todo el pueblo *observaba* el estruendo
Nm. 13.18 y *observad* la tierra cómo es, y el
Dt. 9.13 he *observado* a ese pueblo, y he aquí
24.8 ten cuidado de *observar*. . y hacer según
1 S. 1.12 Elí estaba *observando* la boca de ella
6.9 y *observaréis*; si sube por el camino de
23.23 *observad*, pues, e informaos de todos
1 R. 2.3 andando en. . *observando* sus estatutos
3.21 lo *observé* por la mañana, y vi que no
2 R. 21.6 y se dio a *observar* los tiempos, y
2 Cr. 33.6 y *observaba* los tiempos, miraba en
Neh. 2.13 *observé* los muros de Jerusalén que
2.15 subí de noche. . y *observé* el muro, y di
Job 10.14 si pequé, tú me has *observado*, y no
13.27 el cepo, y *observas* todos mis caminos
39.29 presa; sus ojos *observan* de muy lejos
Sal. 22.17 entre tanto. . me miran y me *observan*
37.10 *observarás* su lugar, y no estará allí
68.16 ¿por qué *observáis*, oh montes altos, al
142.4 mira a mi diestra y *observa*, pues no
Ec. 11.4 el que al viento *observa*, no sembrará
Is. 47.13 los que *observan* las estrellas, los
Lc. 14.7 *observando* cómo escogían los primeros
Hch. 7.31 acercándose para *observar*, vino a él
17.22 en todo *observo* que sois muy religiosos
21.21 enseñas a. . ni *observen* las costumbres

OBSTÁCULO
Esd. 6.9 les sea dado día por día sin *o* alguno
1 Co. 9.12 por no poner ningún *o* al evangelio

OBSTINACIÓN
1 S. 15.23 como. . como ídolos e idolatría la *o*
Jer. 23.17 que anda tras las *o* de su corazón

OBSTINAR
Éx. 9.34 se *obstinó* en pecar, y endurecieron
Nm. 14.44 se *obstinaron* en subir a la cima del
Dt. 2.30 tu Dios había. . *obstinado* su corazón
Jue. 2.19 no se apartaban de. . *obstinado* camino
2 Cr. 36.13 *obstinó* su corazón. . no volverse a
Sal. 64.5 *obstinados* en su inicuo designio
Ez. 3.7 toda la casa de Israel es. . *obstinada*

OBSTRUIR
Ez. 39.11 *obstruirá* el paso a los transeúntes

OBTENER
Gn. 31.18 el ganado de su. . que había *obtenido*
Éx. 28.38 que *obtengan* gracia delante de Jehová
Lv. 4.20 hará. . expiación. . y *obtendrán* perdón
6.7 y *obtendrá* perdón de cualquiera de todas
Jos. 21.4 *obtuvieron* por suerte de la tribu de
21.5 hijos de Coat *obtuvieron*. . diez ciudades
21.6 *obtuvieron* por suerte. . trece ciudades
21.7 los hijos de Merari. . *obtuvieron* de. . Gad
21.10 cuales *obtuvieron* los hijos de Aarón de
Est. 5.2 Ester. . *obtuvo* gracia ante sus ojos
Pr. 3.13 el hombre. . que *obtiene* la inteligencia
Ez. 22.27 lobos. . para obtener ganancias injustas
Dn. 2.49 solicitó. . y *obtuvo* que pusiera sobre
Hch. 8.20 el don de Dios se *obtiene* con dinero
17.9 *obtenida* fianza de Jasón. . los soltaron
19.25 que de este oficio *obtenemos*. . riqueza
26.22 *obtenido* auxilio de Dios, persevero
1 Co. 9.24 corred. . tal manera que lo *obtengáis*
2 Ti. 2.10 ellos. . *obtengan* la salvación que es
He. 9.12 habiendo *obtenido* eterna redención
10.36 hecho la voluntad de Dios, *obtengáis*
11.35 a fin de *obtener* mejor resurrección
1 P. 1.9 *obteniendo* el fin de vuestra fe, que

OCASIÓN
Gn. 12.19 poniéndome en *o* de tomarla para mí
Jue. 9.33 harás con él según se presente la *o*
14.4 él buscaba *o* contra los filisteos; pues
1 S. 9.24 para esta *o* se te guardó, cuando dije
2 S. 23.8 Adino. . mató a 800 hombres en una *o*
2 R. 5.7 considerad ahora, y ved cómo busca *o*
Ec. 9.11 sino que tiempo y *o* acontecen a todos
Dn. 6.4 gobernadores. . buscaban *o* para acusar a
6.4 no podían hallar *o* alguna o falta, porque
6.5 no hallaremos. . *o* alguna para acusarle, si
Mt. 5.29 ojo derecho te es *o* de caer, sácalo
5.30 tu mano derecha te es *o* de caer, córtala
18.8 mano o tu pie te es *o* de caer, córtalo
18.9 y si tu ojo te es *o* de caer, sácalo y
Mr. 9.43 si tu mano te fuere *o* de caer, córtala
9.45 y si tu pie te fuere *o* de caer, córtalo
Lc. 21.13 y esto os será *o* para dar testimonio
Ro. 7.8,11 pecado, tomando *o* por el mandamiento
14.13 decidid no poner. . *o* de caer al hermano
2 Co. 5.12 os damos *o* de gloriaros por nosotros
6.3 no damos a nadie ninguna *o* de tropiezo
11.12 hago, lo haré aún, para quitar la *o* a
Gá. 5.13 que no uséis la libertad como *o* para
1 Ts. 5.1 acerca de los tiempos y de las *o*, no
1 Ti. 5.14 no den al. . ninguna *o* de maledicencia

OCASIONAR
1 S. 22.22 he *ocasionado* la muerte a todas las

OCASO
Sal. 104.19 hizo la luna. . el sol conoce su *o*

OCCIDENTAL
Éx. 10.19 trajo. . viento *o*, y quitó la langosta
27.12 el ancho del atrio, del lado *o*, tendrá
36.27 para el lado *o* del tabernáculo hizo 6
Nm. 34.6 el límite *o* será el Mar Grande; este
34.6 Mar Grande; este límite será el límite *o*
Dt. 11.24 desde el río Eufrates hasta el mar *o*
34.2 toda la tierra de Judá hasta el mar *o*
Ez. 45.7 desde el extremo *o*. . desde el límite *o*
47.20 el Mar Grande será. . este será el lado *o*
48.1 tendrá Dan. . el lado oriental hasta el *o*
48.21 occidente. . hasta el límite *o*, delante
48.34 al lado *o* cuatro mil quinientas cañas
Jl. 2.20 su fin al mar *o*; y exhalará su hedor
Zac. 14.8 otra mitad hacia el mar *o*, en verano

OCCIDENTE
Gn. 12.8 tienda, teniendo a Bet-el al *o* y Hai
13.14 alza ahora tus ojos, y mira al. . y al *o*
28.14 extenderás al *o*, al oriente, al norte y
Éx. 26.22,27 posterior del tabernáculo, al *o*
36.32 posterior del tabernáculo hacia el *o*
38.12 del lado del *o*, cortinas de 50 codos
Nm. 2.18 bandera del campamento de Efraín. . *o*
3.23 las familias de Gersón acamparán. . al *o*
34.5 límite desde. . y sus remates serán al *o*
35.5 al lado del *o* dos mil codos, y al lado
Dt. 11.30 camino del *o* en la tierra del cananeo
33.23 Neftalí, saciado. . posee el *o* y el sur
Jos. 5.1 los reyes. . al otro lado del Jordán al *o*
8.9 ellos se fueron a la emboscada. . *o* de Hai
8.12 los puso en emboscada. . al *o* de la ciudad
8.13 su emboscada al *o* de la ciudad, y Josué
11.2 los reyes. . en las regiones de Dor al *o*
11.3 al cananeo que estaba al oriente y al *o*
12.7 reyes. . que derrotaron Josué. . hacia el *o*
15.8 enfrente del valle de Hinom hacia el *o*
15.10 gira este. . hacia el *o* al monte de Seir
15.12 límite del *o* es el Mar Grande. Este fue
16.3 y baja hacia el *o* al territorio de los
18.12 sube. . al monte hacia el *o*, y viene a
18.14 tuerce hacia el. . Este es el lado del *o*
18.15 y sale al *o*, a la fuente de las aguas
19.11 su límite sube hacia el *o* a Marala, y
19.26 y Miseal; y llega hasta Carmelo al *o*
19.34 giraba el límite hacia el *o*. . a Hucoc
19.34 y al *o* confinaba con Aser, y con Judá
22.7 la otra mitad dio Josué heredad. . al *o*
Jue. 18.12 de Dan. . está al *o* de Quiriat-jearim
1 R. 7.25 tres miraban al *o*, tres miraban al
1 Cr. 7.28 a la parte del *o* Gezer y sus aldeas
9.24 estaban los porteros. . al oriente, al *o*
26.16 Supim y Hosa, la del *o*, la puerta de
26.18 en la cámara de los utensilios al *o*, 4
26.30 gobernaban a Israel. . al *o*, en toda la
2 Cr. 4.4 doce bueyes. . tres al *o*, tres al sur
32.30 condujo el agua hacia el *o* de la ciudad
33.14 edificó el muro. . al *o* de Gihón, en el
Job 18.20 sobre su día se espantarán los de *o*
23.8 he aquí yo iré. . al *o*, y no lo percibiré
Sal. 75.6 ni de *o*, ni. . viene el enaltecimiento
103.12 cuanto está lejos el oriente del *o*
107.3 los ha congregado. . del oriente y del *o*
Is. 11.14 volarán sobre. . de los filisteos al *o*
43.5 del oriente traeré. . y del *o* te recogeré
49.12 aquí éstos del norte y del *o*, y éstos
59.19 temerán desde el *o* el nombre de Jehová
Ez. 41.12 espacio abierto al lado del *o* era de
42.19 al lado del *o*, y midió quinientas cañas
46.19 allí un lugar en el fondo del lado de *o*
47.20 del lado del *o* del Mar Grande será el
48.10 porción. . de diez mil de anchura al *o*
48.16 y al lado del *o* cuatro mil quinientas
48.17 el ejido. . de doscientas cincuenta al *o*
48.18 diez mil al *o*, que será lo que quedará
48.21 y al *o* delante de las 25.000 hasta el
Os. 11.10 los hijos vendrán temblando desde el *o*
Zac. 14.4 se partirá. . el oriente y hacia el *o*
Mt. 8.11 vendrán muchos del oriente y del *o*, y
24.27 que sale del. . y se muestra hasta el *o*
Lc. 13.29 porque vendrán del oriente y del *o*
Ap. 21.13 sur tres puertas; al *o* tres puertas

OCIOSIDAD
Ez. 16.49 abundancia de *o* tuvieron ella y sus

OCIOSO, SA
Éx. 5.8 porque están *o*, por eso levantan la voz
5.17 estáis *o*, sí, *o*, y por eso decís: Vamos
Jue. 9.4 alquiló hombres *o* y vagabundos, que le
11.3 Jefté, y se juntaron con él hombres *o*
18.7 el pueblo. . estaba seguro, *o* y confiado
Pr. 28.19 sigue a los *o* se llenará de pobreza
Mt. 12.36 palabra *o* que hablen los hombres, de
Hch. 17.5 consigo a algunos *o*, hombres malos
1 Ts. 5.14 os rogamos. . que amonestéis a los *o*
1 Ti. 5.13 aprenden a ser *o*. . y no solamente *o*
Tit. 1.12 cretenses. . malas bestias, glotones *o*
2 P. 1.8 no os dejarán estar *o* ni sin fruto en

OCOZÍAS
1. Rey de Israel, hijo y sucesor de Acab
1 R. 22.40 durmió Acab. . en su lugar *O* su hijo
22.49 *O*. . dijo a Josafat: Vayan mis siervos
22.51 *O* hijo. . comenzó a reinar sobre Israel
2 R. 1.2 *O* cayó por la ventana de una sala de
1.17 reinó en. . Joram. . porque *O* no tenía hijo
1.18 demás hechos de *O*, ¿no están escritos en
2 Cr. 20.35 Josafat rey. . trabó amistad con *O*
20.37 por cuanto has hecho compañía con *O*
2. Rey de Judá, hijo y sucesor de Joram
2 R. 8.24 durmió Joram. . reinó en lugar suyo *O*
8.25 comenzó a reinar *O* hijo de Joram, rey de
8.26 de 22 años era *O* cuando comenzó a reinar
8.29 descendió *O*. . a visitar a Joram hijo de
9.16 también estaba *O*. . que había descendido
9.21 salieron Joram rey de Israel y *O* rey de
9.23 Joram. . huyó, y dijo a *O*: ¡Traición, *O!*
9.27 viendo esto *O*. . huyó por el camino de la
9.27 herid. . Y *O* huyó a Meguido, pero murió
9.29 año de. . comenzó a reinar *O* sobre Judá
10.13 halló allí a los hermanos de *O* rey de
10.13 somos hermanos de *O*, y hemos venido a
11.1 cuando Atalía madre de *O* vio que su hijo
11.2 hermana de *O*, tomó a Joás hijo de *O* y
12.18 las ofrendas que habían dedicado. . y *O*
13.1 en el año 23 de Joás hijo de *O*, rey de
14.13 hijo de Joás hijo de *O*, en Bet-semes
1 Cr. 3.11 fue Joram, cuyo hijo fue *O*, hijo del
2 Cr. 22.1 hicieron rey en. . a *O* su hijo menor
22.1 por lo cual reinó *O*, hijo de Joram rey
22.2 cuando *O* comenzó a reinar era de 42 años
22.6 descendió *O*. . para visitar a Joram, rey
22.7 para que *O* fuese destruido viniendo a
22.8 de los hermanos de *O*, que servían a *O*
22.9 buscando a *O*. . escondido en Samaria, lo
22.9 la casa de *O* no tenía fuerzas para poder
22.10 Atalía madre de *O*, viendo que su hijo
22.11 pero Josabet. . tomó a Joás hijo de *O*, y
22.11 Josabet, hija del rey. . era hermana de *O*

OCRÁN ***Padre de Pagiel príncipe de Aser,*** **Nm. 1.13; 2.27; 7.72,77; 10.26**

OCTAVA *(s.)*
1 Cr. 15.21 tenían arpas afinadas en la *o* para

OCTAVO, VA *(adj.)*
Éx. 22.30 con su madre, y al *o* día me lo darás
Lv. 9.1 en el día *o*, Moisés llamó a Aarón y a
12.3 y al *o* día se circuncidará al niño
14.10 día *o* tomará dos corderos sin defecto
14.23 *o* día de su purificación traerá estas
15.14,29 el *o* día tomará dos tórtolas o dos
22.27 desde el *o* día en adelante será acepto
23.36 el *o* día tendréis santa convocación
23.39 y el *o* día será también día de reposo
25.22 y sembraréis el año *o*, y comeréis del
Nm. 6.10 y el día *o* traerá dos tórtolas o dos
7.54 el *o* día, el príncipe de los hijos de
29.35 el *o* día tendréis solemnidad; ninguna
1 R. 6.38 el mes de Bul, que es el mes *o*, fue
8.66 y al *o* día despidió al pueblo; y ellos
12.32 Jeroboam fiesta solemne en el mes *o*, a
12.33 sacrificó. . los quince días del mes *o*
2 R. 24.12 prendió. . en el *o* año de su reinado

OCTAVO, VA *(Continúa)*

1 Cr. 12.12 Johanán el *o*, Elzabad el noveno
24.10 la séptima a Cos, la *o* a Abías
25.15 la *o* para Jesahías, con sus hijos y sus
26.5 *o* Peultai; porque Dios había bendecido
27.11 el *o* para el *o* mes era Sibecai husatita
2 Cr. 7.9 al *o* día hicieron solemne asamblea
Neh. 8.18 *o* día fue de solemne asamblea, según
Ez. 43.27 del *o* día en adelante, los sacerdotes
Zac. 1.1 en el *o* mes del año segundo de Darío
Lc. 1.59 al *o* día vinieron para circuncidar al
Hch. 7.8 engendró a. . y le circuncidó al *o* día
Fil. 3.5 circuncidado al *o* día, del linaje de
Ap. 17.11 la bestia que era, y no es, es. . el *o*
21.20 el *o*, berilo; el noveno, topacio; el

OCULTAR

Éx. 2.3 no pudiendo *ocultarle* más tiempo, tomó
40.21 y *ocultó* el arca del testimonio, como
1 S. 23.23 informaos de todos. . donde se *oculta*
2 R. 11.2 lo *ocultó* de Atalía, a él y a su ama
Job 20.12 mal. . lo *ocultaba* debajo de su lengua
Sal. 27.5 el. . me *ocultará* en lo reservado de su
40.10 no *oculté* tu misericordia y tu verdad
55.12 un enemigo. . me hubiera *ocultado* de él
Is. 59.2 hecho *ocultar* de vosotros su rostro
Jer. 16.17 sus caminos. . no se me *ocultaron*, ni
23.24 ¿se *ocultará* alguno. . en escondrijos que
35.11 venid, y *ocultémonos* en Jerusalén, de
Jn. 12.36 cosas habló Jesús. . fue y se *ocultó*
Hch. 1.9 y una nube que le *ocultó* de sus ojos

OCULTO, TA

Lv. 4.13 y el yerro estuviere *o* a los ojos del
Dt. 27.15 hiciere escultura. . y la pusiere en *o*
1 S. 19.2 Saúl. . estate en lugar *o* y escóndete
Job 4.12 el asunto también me era a mí *o*; mas
24.1 no son *o* los tiempos al Todopoderoso
28.21 encubierta. . a toda ave del cielo es *o*
39.8 lo *o* de los montes es su pasto, y anda
40.21 se echará. . en lo *o* de las cañas y de
Sal. 10.9 acecha en *o*, como el león desde su
11.2 asaetear en *o* a los rectos de corazón
19.12 errores? Líbrame de los que me son *o*
38.9 todos mis deseos, y mi suspiro no te es *o*
69.5 tú conoces mi. . mis pecados no te son *o*
139.15 que en *o* fui formado, y entretejido en
Pr. 9.17 dulces, y el pan comido en *o* es sabroso
27.5 mejor es reprensión manifiesta. . amor *o*
30.18 tres cosas me son *o*; aun tampoco sé la
Is. 48.6 te he hecho oir cosas nuevas y *o* que
Jer. 33.3 y te enseñaré cosas grandes y *o* que
Ez. 28.3 sabio. . y no hay secreto que te sea *o*
Mt. 10.26 nada hay. . *o*, que no haya de saberse
Mr. 4.22 nada *o* que no haya de ser manifestado
Lc. 8.47 la mujer vio que no había quedado *o*
11.33 nadie pone en *o* la luz encendida, ni
12.2 nada hay. . ni *o*, que no haya de saberse
Jn. 18.20 públicamente. . y nada he hablado en *o*
Ro. 16.25 misterio que se ha mantenido *o* desde
1 Co. 2.7 hablamos sabiduría de. . la sabiduría *o*
4.5 aclarará también lo *o* de las tinieblas
14.25 lo *o* de su corazón se hace manifiesto
2 Co. 4.2 bien renunciamos a lo *o* y vergonzoso
Col. 1.26 que había estado *o* desde los siglos
1 Ti. 5.25 otra manera, no pueden permanecer *o*

OCUPACIÓN

Ec. 5.3 de la mucha *o* viene el sueño, y de la
5.14 las cuales se pierden en malas *o*, y a los

OCUPAR

Éx. 5.9 agrávese la. . para que se *ocupen* en ella
Dt. 24.5 en ninguna cosa se le *ocupará*; libre
1 S. 27.1 para que Saúl no se *ocupe* de mí, y
1 R. 20.40 mientras tu siervo estaba *ocupado*
1 Cr. 4.23 moraban allá. . *ocupados* en su servicio
2 Cr. 34.13 mayordomos de los que se *ocupaban*
35.14 estuvieron *ocupados* hasta la noche en
Job 3.6 *ocupe* aquella noche la oscuridad; no
38.13 para que *ocupe* los fines de la tierra
Ec. 1.13 trabajo dio Dios. . para que se *ocupen*
2.3 en el cual se *ocuparon*. . todos los días
2.19 trabajo. . en que *ocupé*. . mi sabiduría?
2.20 trabajo. . en que había *ocupado* debajo del
3.10 Dios ha dado. . para que se *ocupen* en él
Is. 5.8 añaden heredad. . hasta *ocuparlo* todo!
13.17 medos, que no se *ocuparán* de la plata
Jer. 9.5 se *ocupan* de actuar perversamente
Lc. 14.9 con vergüenza a *ocupar* el último lugar
Hch. 26.12 *ocupado* en esto, iba yo a Damasco
Ro. 8.6 *ocuparse* de la carne. . *o* del Espíritu
1 Co. 7.5 *ocuparos* sosegadamente en la oración
14.16 si. . el que *ocupa* lugar de simple oyente
Fil. 2.12 *ocupaos* en vuestra salvación. . temor
1 Ts. 4.11 y *ocuparos* en vuestros negocios, y
1 Ti. 4.13 tanto que voy, *ocúpate* en la lectura
4.15 *ocúpate* en estas cosas; permanece en
Tit. 3.8 que. . procuren *ocuparse* en buenas obras
3.14 y aprendan. . a *ocuparse* en buenas obras
He. 13.9 no. . a los que se han *ocupado* de ellas

OCURRIR

1 S. 6.9 sino que esto *ocurrió* por accidente
20.19 estabas escondido el día que *ocurrió*
Ec. 9.2 un mismo suceso *ocurre* al justo y al
Ez. 24.24 cuando esto *ocurra*. . sabréis que yo

OCHENTA

Éx. 7.7 era Moisés de edad de *o* años, y Aarón
Jue. 3.30 subyugado. . y reposó la tierra *o* años
2 S. 19.32 era Barzilai. . de *o* años, y él había
19.35 de edad de *o* años soy este día. ¿Podré
2 R. 6.25 cabeza de un. . se vendía por *o* piezas
10.24 Jehú puso fuera a *o* hombres, y les dijo
1 Cr. 15.9 Eliel el principal. . sus hermanos, *o*
2 Cr. 26.17 Azarías, y con él *o* sacerdotes de
Esd. 8.8 Zebadías hijo de Micael, y con él *o*
Sal. 90.10 y si en los más robustos son *o* años
Cnt. 6.8 *o* las concubinas, y las doncellas sin
Jer. 41.5 que venían. . *o* hombres, raída la barba
Lc. 16.7 le dijo: Toma tu cuenta, y escribe *o*

OCHENTA MIL

1 R. 5.15 tenía. . *80.000* cortadores en el monte
2 Cr. 2.2 y *80.000* hombres que cortasen en los
2.18 señaló. . *80.000* canteros en la montaña

OCHENTA Y CINCO

Jos. 14.10 he aquí, hoy soy de edad de *85* años
1 S. 22.18 mató en aquel día a *85* varones que

OCHENTA Y CUATRO

Lc. 2.37 viuda hacía *84* años; y no se apartaba

OCHENTA Y SEIS

Gn. 16.16 era Abram de edad de *86* años, cuando

OCHENTA Y SIETE MIL

1 Cr. 7.5 familas de Isacar. . *87.000* hombres

OCHENTA Y TRES

Éx. 7.7 Aarón de edad de *83*, cuando hablaron

OCHO

Gn. 17.12 de edad de *o* días será circuncidado
21.4 circuncidó Abraham a. . Isaac de *o* días
22.23 son los *o* hijos que dio a luz Milca, de
Éx. 26.25 *o* tablas, con sus basas de plata, 16
36.30 eran. . *o* tablas, y sus basas de plata
Nm. 7.8 y a los hijos de Merari dio. . *o* bueyes
29.29 el sexto día, *o* becerros, dos carneros
Jue. 3.8 y sirvieron. . a Cusan-risataim *o* años
12.14 tuvo 40 hijos. . y juzgó a Israel *o* años
1 S. 17.12 de Belén. . Isaí, el cual tenía *o* hijos
1 R. 7.10 cimiento era de. . piedras de *o* codos
2 R. 8.17 comenzó. . y *o* años reinó en Jerusalén
22.1 Josías comenzó a reinar era de *o* años
1 Cr. 24.4 de Itamar, por sus casas paternas, *o*
2 Cr. 21.5 era de 32 años, y reinó en. . *o* años
21.20 y reinó en Jerusalén *o* años; y murió
29.17 los *o* del mismo mes vinieron al pórtico
29.17 y santificaron la casa de. . en *o* días
34.1 de *o* años era Josías cuando comenzó a
34.3 a los *o* años de su reinado, siendo aún
36.9 de *o* años era Joaquín cuando comenzó a
Ec. 11.2 reparte a siete, y aun a *o*; porque no
Jer. 41.15 pero Ismael. . escapó. . con *o* hombres
Ez. 40.9 midió. . entrada del portal, de *o* codos
40.31,34,37 sus gradas eran de *o* peldaños
40.41 *o* mesas, sobre las cuales degollarán las
Mi. 5.5 levantaremos. . y *o* hombres principales
Lc. 2.21 cumplidos los *o* días para circuncidar
9.28 *o* días después. . que tomó a Pedro, a Juan
Jn. 20.26 *o* días después, estaban otra vez sus
Hch. 9.33 que hacía *o* años que estaba en cama
25.6 y deteniéndose. . no más de *o* o diez días
1 P. 3.20 pocas personas. . *o*, fueron salvadas

OCHOCIENTOS

Gn. 5.4 los días de Adán después que. . *800* años
5.19 vivió Jared, después que engendró. . *800*
2 S. 23.8 era Adino el. . que mató a *800* hombres

OCHOCIENTOS CUARENTA

Gn. 5.13 vivió Cainán, después que. . *840* años, y

OCHOCIENTOS CUARENTA Y CINCO

Neh. 7.13 los hijos de Zatu, *845*

OCHOCIENTOS MIL

2 S. 24.9 fueron los de Israel *800.000* hombres
2 Cr. 13.3 él con *800.000* hombres escogidos

OCHOCIENTOS NOVENTA Y CINCO

Gn. 5.17 todos los días de Mahalaleel *895* años

OCHOCIENTOS QUINCE

Gn. 5.10 y vivió Enós, después que. . *815* años

OCHOCIENTOS SIETE

Gn. 5.7 Set, después que. . *807* años, y engendró

OCHOCIENTOS TREINTA

Gn. 5.16 y vivió Mahalaleel, después. . *830* años

OCHOCIENTOS TREINTA Y DOS

Jer. 52.29 llevó cautivas de Jerusalén a *832*

OCHOCIENTOS VEINTIDÓS

Neh. 11.12 que hacían la obra de la casa, *822*

OCHO MIL QUINIENTOS OCHENTA

Nm. 4.48 las contados de ellos fueron *8.580*

OCHO MIL SEISCIENTOS

Nm. 3.28 de todos los varones de un mes. . *8.600*

ODIADA

Pr. 30.23 por la mujer *o* cuando se casa; y por

ODIAR

Dt. 7.10 y no se demora con el que le *odia*, en
Sal. 139.21 ¿no *odio*. . a los que te aborrecen
Pr. 26.24 el que *odia* disimula con sus labios

ODIO

Nm. 35.20 si por *o* lo empujó, o echó sobre él
2 S. 13.15 el *o* con que la aborreció fue mayor
Sal. 25.19 cómo. . y con *o* violento me aborrecen
109.3 con palabras de *o* me han rodeado, y
109.5 me devuelven mal por bien, y *o* por amor
Pr. 10.12 *o* despierta rencillas; pero el amor
10.18 encubre el *o* es de labios mentirosos
15.17 amor, que de buey engordado donde hay *o*
26.26 aunque su *o* se cubra con disimulo, su
Ec. 9.1 o que sea *o*, no lo saben los hombres
9.6 su amor y su *o* y su envidia fenecieron
Ez. 23.29 los cuales procederán contigo con *o*
Os. 9.7 causa de la. . de tu maldad, y grande *o*
9.8 el profeta es. . *o* en la casa de su Dios

ODIOSO

2 S. 10.6; 1 Cr. 19.6 se habían hecho *o* a David
Pr. 13.5 justo. . mas el impío se hace *o* e infame
14.20 pobre es *o* aun a su amigo; pero muchos

ODRE

Gn. 21.14 pan, y un *o* de agua, y lo dio a Agar
21.15 y le faltó el agua del *o*, y echó al
21.19 llenó el *o* de agua, y dio de beber al
Jue. 4.19 ella abrió un *o* de leche y le dio de
Job 32.19 mi corazón. . y se rompe como *o* nuevos
38.37 y los *o* de los cielos, ¿quién los hace
Sal. 119.83 estoy como el *o* al humo; pero no he
Jer. 48.12 vaciarán. . vasijas, y romperán sus *o*
Mt. 9.17 ni echan vino nuevo en *o* viejos; de
9.17 los *o* se rompen. . los *o* se pierden; pero
9.17 echan el vino nuevo en *o* nuevos, y lo uno
Mr. 2.22 y nadie echa vino nuevo en *o* viejos
2.22 vino nuevo rompe los *o*. . los *o* se pierden
Lc. 5.37 y nadie echa vino nuevo en *o* viejos
5.37 romperá los *o* y se derramará, y los *o*
5.38 vino nuevo en *o* nuevos se ha de echar

OESTE

Dt. 3.27 alza tus ojos al *o*, y al norte, y al
Jos. 18.14 y tuerce hacia el *o* por el lado sur
1 R. 4.24 señoreaba en toda. . al *o* del Eufrates
4.24 sobre todos los reyes al *o* del Eufrates

OFEL *Barrio de Jerusalén*

2 Cr. 33.14 amuralló *O*, y elevó el muro muy alto
Neh. 3.26 los. . que habitaban en *O* restauraron
3.27 ellos restauraron. . hasta el muro de *O*
11.21 sirvientes del templo habitaban en *O*

OFENDER

Lv. 6.4 habiendo pecado y *ofendido*, restituirá
6.7 de todas las cosas en que suele *ofender*
Job 34.31 he llevado ya castigo, no *ofenderé* ya
Pr. 18.19 el hermano *ofendido* es más tenaz que
Hab. 1.11 *ofenderá* atribuyendo su fuerza a su
Mt. 15.12 ¿sabes que los fariseos se *ofendieron*
17.27 para no *ofenderles*, vé al mar, y echa
Jn. 6.61 sabiendo. . les dijo: ¿Esto os *ofende?*
Ro. 14.21 ni nada en que tu hermano. . se *ofenda*
Stg. 2.10 pero *ofendiere* en un punto, se hace
3.2 todos *ofendemos* muchas veces. Si alguno
3.2 si alguno no *ofende* en palabra, éste es

OFENSA

Dt. 19.15 relación con cualquiera *o* cometida
21.5 la palabra de ellos se decidirá. . toda *o*
1 S. 25.28 y yo te ruego que perdones. . esta *o*
Pr. 19.11 y su honra es pasar por alto la *o*
Ec. 10.4 la mansedumbre hará cesar grandes *o*
Mt. 6.14 si perdonáis a los hombres sus *o*, os
6.15 mas si no perdonáis a los hombres sus *o*
6.15 tampoco. . Padre os perdonará vuestras *o*
18.35 si no perdonáis. . uno a su hermano sus *o*
Mr. 11.25 Padre. . perdone a vosotros vuestras *o*
11.26 tampoco vuestro Padre. . os perdonará. . *o*
Hch. 24.16 conciencia sin *o* ante Dios y ante los
Stg. 5.16 confesaos vuestras *o* unos a otros, y

OFICIAL

Gn. 37.36 lo vendieron. .a Potifar, *o* de Faraón
39.1 Potifar *o* de Faraón. .lo compró de los
40.2 se enojó Faraón contra sus dos *o*, contra
40.7 él preguntó a aquellos *o* de Faraón, que
Dt. 16.18 *o* pondrás en todas tus ciudades que
20.5 y los *o* hablarán al pueblo, diciendo
20.8 y volverán los *o* a hablar al pueblo, y
20.9 cuando los *o* acaben de hablar al pueblo
29.10 vuestros *o*, todos los varones de Israel
31.28 congregad a mí. .vuestros *o*, y hablaré
Jos. 1.10 mandó a los *o* del pueblo, diciendo
3.2 tres días, los *o* recorrieron el campamento
8.33 todo Israel, con sus ancianos, *o* y jueces
23.2 llamó a. .*o*, y les dijo: Yo ya soy viejo
24.1 llamó. .jueces y sus *o*; y se presentaron
1 S. 8.15 diezmará. .viñas, para dar a sus *o* y
1 R. 5.16 sin los principales *o* de Salomón que
10.5 las habitaciones de sus *o*, el estado y
22.9 el rey de. .llamó a un *o*, y le dijo: Trae
2 R. 8.6 entonces el rey ordenó a un *o*, al cual
24.12 salió Joaquín. .y sus *o*; y lo prendió el
24.15 llevó cautivos a Babilonia. .rey, a sus *o*
25.19 *o* que tenía a su cargo los hombres de
1 Cr. 27.1 y *o* que servían al rey en todos los
28.1 reunió David. .los *o* y los más poderosos
2 Cr. 8.9 de los hijos de Israel. .eran. .sus *o*
9.4 las habitaciones de sus *o*, el estado de
18.8 el rey de Israel llamó a un *o*, y le dijo
19.11 los levitas serán *o* en presencia de
35.8 y Jehiel, *o* de la casa de Dios, dieron
Esd. 4.9 los gobernadores y *o*, y los de Persia
Neh. 2.16 no sabían los *o* a dónde yo había ido
2.16 ni a los nobles y *o*, ni a los demás que
4.14,19 dije. .a los *o* y al resto del pueblo
5.7 reprendí. .a los *o*, y les dije: ¿Exigís
5.17 además, 150 judíos y *o*, y los que venían
7.5 que reuniese a los. .*o* y al pueblo, para
12.40 dos coros. .y la mitad de los *o* conmigo
13.11 reprendí a los *o*, y dije: ¿Por qué está
Est. 6.3 respondieron. .sus *o*: Nada se ha hecho
9.3 *o* del rey, apoyaban a los judíos; porque
Jer. 34.19 a los *o* y a los sacerdotes y a todo
42.1 vinieron. .los *o* de la gente de guerra
42.8 y llamó a. .los *o* de la gente de guerra
43.4 no obedeció. .los *o* de la gente de guerra
43.5 tomó Johanán. .y todos los *o* de la gente
52.25 a un *o* que era capitán de los hombres
Jn. 4.46 había en Capernaum un *o* del rey, cuyo
4.49 el *o*. .dijo: Señor, desciende antes que

OFICIAR

Neh. 12.8 *oficiaba* en los cantos de alabanza

OFICIO

Gn. 39.11 entró. .en casa para hacer su *o*, y no
40.21 volver a su *o* al jefe de los coperos
46.33 Faraón os. .dijere: ¿Cuál es vuestro *o*?
47.3 y Faraón dijo a sus. .¿Cuál es vuestro *o*?
Nm. 4.4 el *o* de los hijos de Coat en. .será este
4.19 los pondrán a cada uno en su *o* y en su
4.24 este será el *o* de las familias de Gersón
4.49 fueron contados, cada uno según su *o* y
1 Cr. 9.22 los cuales constituyó en su *o* David
29.6 cuatro principales. .estaban en el *o*, y
2 Cr. 8.14 turnos de los sacerdotes en sus *o*
23.18 luego ordenó Joiada los *o* en la casa
31.2 conforme a sus turnos. .uno según su *o*
31.16 desempeñar su ministerio según sus *o*
31.17 levitas de. .conforme a sus *o* y grupos
35.2 puso también a los sacerdotes en sus *o*
Sal. 109.8 sean sus días pocos; tome otro su *o*
Jer. 9.17 llamad plañideras. .las hábiles en su *o*
Jon. 1.8 mal. ¿Qué *o* tienes, y de dónde vienes?
Hch. 1.20 no haya quien more. .y: Tome otro su *o*
18.3 como era del mismo *o*, se quedó con ellos
18.3 pues el *o* de ellos era hacer tiendas
19.25 reunidos con los obreros del mismo *o*
19.25 que de este *o* obtenemos nuestra riqueza
He. 9.6 entran. .para cumplir los *o* del culto
Ap. 18.22 artífice de *o* alguno se hallará más

OFIR

1. Hijo de Joctán, **Gn. 10.29; 1 Cr. 1.23**
2. País no identificado, posiblemente en el África
1 R. 9.28 fueron a *O* y tomaron de allí oro, 420
10.11 traído el oro de *O*, traía también de *O*
22.48 naves. .habían de ir a *O* por oro; mas no
1 Cr. 29.4 tres mil talentos de oro. .oro de *O*
2 Cr. 8.18 fueron con. .siervos de Salomón a *O*
9.10 siervos. .que habían traído el oro de *O*
Job 22.24 y como piedras de arroyos oro de *O*
28.16 no puede ser apreciada con oro de *O*, ni
Sal. 45.9 la reina a tu diestra con oro de *O*
Is. 13.12 haré más precioso. .que el oro de *O*

OFNI

1. Población en Benjamín, **Jos. 18.24**
2. Hijo de Elí
1 S. 1.3 Silo, donde estaban dos. .*O* y Finees
2.34 dos. .*O* y Finees: ambos morirán en un día
4.4 *O* y Finees, estaban allí con el arca del
4.11 muertos los dos hijos de Elí, *O* y Finees
4.17 *O* y Finees, fueron muertos, y el arca

OFRA

1. Ciudad en Benjamín (=Efrón No. 2 y Efraín No. 2), **Jos. 18.23; 1 S. 13.17**
2. Ciudad en Manasés
Jue. 6.11 se sentó debajo de la encina que. .en *O*
6.24 el cual permanece hasta hoy en *O* de los
8.27 un efod. .hizo guardar en su ciudad de *O*
8.32 fue sepultado en. .*O* de los abiezeritas
9.5 viniendo a la casa de su padre en *O*, mató
3. Descendiente de Judá, **1 Cr. 4.14**

OFRECER

Gn. 8.20 Noé. .*ofreció* holocausto en el altar
22.2 tu hijo. .y *ofrécelo* allí en holocausto
22.13 lo *ofreció* en holocausto en lugar de su
46.1 *ofreció* sacrificios al Dios de su padre
Éx. 3.18 que *ofrezcamos* sacrificios a Jehová
5.3 *ofreceremos* sacrificios a Jehová. .Dios
5.8 vamos y *ofrezcamos* sacrificios a. .Dios
5.17 decís. .*ofrezcamos* sacrificios a Jehová
8.8 y dejaré ir. .para que *ofrezca* sacrificios
8.25 *ofreced* sacrificio a vuestro Dios en la
8.26 *ofreceríamos* a Jehová. .la abominación de
8.27 *ofreceremos* sacrificios a Jehová. .Dios
8.28 para que *ofrezcáis* sacrificios a Jehová
22.20 *ofreciere* sacrificio a dioses excepto
23.18 no *ofrecerás* con pan leudo la sangre de
24.5 y envió jóvenes. .*ofrecieron* holocaustos
29.3 en el canastillo las *ofrecerás*, con el
29.36 *ofrecerás* el becerro del sacrificio por
29.38 *ofrecerás* sobre el altar: dos corderos
29.39 *ofrecerás* uno de. .el otro cordero *o* a
29.41 *ofrecerás* el otro cordero a la. .tarde
30.9 no *ofreceréis* sobre él incienso extraño
32.6 *ofrecieron* holocaustos, y presentaron
32.8 le han *ofrecido* sacrificios, y han dicho
34.15 *ofrecerán* sacrificios a sus dioses, y te
34.25 no *ofrecerás* cosa leudada junto con la
35.24 todo el que *ofrecía* ofrenda de plata o
36.6 así se le impidió al pueblo *ofrecer* más
Lv. 1.2 cuando alguno. .*ofrece* ofrenda a Jehová
1.3,10 ofrenda. .macho sin defecto lo *ofrecerá*
1.3 lo *ofrecerá* a la puerta del tabernáculo
1.5 sacerdotes hijos de. .*ofrecerán* la sangre
1.13 el sacerdote lo *ofrecerá* todo, y lo hará
1.15 el sacerdote la *ofrecerá* sobre el altar
2.1 persona *ofreciere* oblación a Jehová, su
2.4 *ofrecieres* ofrenda cocida en horno, será
2.5 si *ofrecieres* ofrenda de sartén, será de
2.7 si *ofrecieres* ofrenda cocida en cazuela
2.11 ninguna ofrenda que *ofreciereis* a Jehová
2.12 ofrenda de primicias las *ofreceréis* a
2.13 Dios; en toda ofrenda tuya *ofrecerás* sal
2.14 si *ofrecieres* a. .ofrenda de primicias
2.14 el grano. .*ofrecerás* como ofrenda de tus
3.1 si hubiere de *ofrecerla* de ganado vacuno
3.1 sin defecto la *ofrecerá* delante de Jehová
3.3 *ofrecerá* del sacrificio de paz. .la grosura
3.6 macho o hembra, la *ofrecerá* sin defecto
3.7 si *ofreciere* cordero. .*ofrecerá* delante de
3.9 del sacrificio de paz *ofrecerá* por ofrenda
3.12 cabra su ofrenda, la *ofrecerá* delante de
3.14 *ofrecerá* de ella su ofrenda encendida a
4.3 *ofrecerá*. .su pecado que habrá cometido
4.14 la congregación *ofrecerá* un becerro por
5.8 *ofrecerá* primero el que es para expiación
6.14 la *ofrecerán* los hijos de Aarón delante
6.20 que *ofrecerán* a Jehová el día. .ungidos
6.21 frita. .*ofrecerás* en olor grato a Jehová
6.26 el sacerdote que la *ofreciere*. .la comerá
7.3 *ofrecerá* toda su grosura, la cola, y la
7.8 y el sacerdote que *ofreciere* holocausto
7.8 piel del holocausto que *ofreciere* será
7.9 toda. .será del sacerdote que lo *ofreciere*
7.11 sacrificio de paz. .se *ofrecerá* a Jehová
7.12 si se *ofreciere* en acción de gracias
7.12 *ofrecerá* por sacrificio de acción de
7.15 se comerá en el día que fuere *ofrecida*
7.16 será comido en el día que *ofreciere* su
7.18 el que lo *ofreciere* no será acepto, ni
7.25 del cual se *ofrece* a Jehová ofrenda, la
7.29 que *ofreciere* sacrificio de paz a Jehová
7.33 *ofreciere* la sangre de los sacrificios
7.38 el día que mandó. .*ofreciesen* sus ofrendas
9.2 toma de la. .y *ofrécelos* delante de Jehová
9.15 *ofreció* también la ofrenda del pueblo
9.15 lo *ofreció* por el pecado como el primero
9.16 *ofreció* el holocausto, e hizo según el
9.17 *ofreció*. .la ofrenda, y llenó de ella su
10.1 y *ofrecieron* delante de Jehová fuego
10.19 he aquí hoy han *ofrecido* su expiación
12.7 los *ofrecerá* delante de Jehová, y hará
14.12 lo *ofrecerá* por la culpa, con el log de
14.19 *ofrecerá*. .el sacerdote el sacrificio por
14.21 tomará un cordero para ser *ofrecido*
14.30 asimismo *ofrecerá* una de las tórtolas
16.9 macho cabrío. .lo *ofrecerá* en expiación
17.4 y no lo trajere a. .para *ofrecer* ofrenda
17.8 que *ofreciere* holocausto o sacrificio
18.21 no des hijo. .para *ofrecerlo* por fuego a
19.5 cuando *ofreciereis* sacrificio de. .paz a
19.5 *ofrecedlo* de tal manera. .seáis aceptos
19.6 será comido el día que lo *ofreciereis*
20.2 que *ofreciere* alguno de sus hijos a Moloc
21.6 y el pan de su Dios *ofrecen*; por tanto
21.8 el pan de tu Dios *ofrece*; santo será para
21.17 se acercará para *ofrecer* el pan de su
21.21 se acercará para *ofrecer* las ofrendas
21.21 no se acercará a *ofrecer* el pan de su
22.18 varón. .*ofreciere* su ofrenda en pago de
22.18 como ofrendas. .*ofrecidas* en holocausto
22.19 *ofreceréis* macho sin defecto de entre
22.20 ninguna cosa. .haya defecto *ofreceréis*
22.21 alguno *ofreciere* sacrificio en ofrenda
22.22 o roñoso, no *ofreceréis* éstos a Jehová
22.23 podrás *ofrecer* por ofrenda voluntaria
22.24 no *ofreceréis* a Jehová animal. .heridos
22.24 ni en vuestra tierra lo *ofreceréis*
22.25 animales para *ofrecerlos* como el pan
22.29 cuando *ofreciereis* sacrificio de acción
23.8 y *ofreceréis*. .7 días ofrenda encendida
23.12 día que *ofrezcáis* la gavilla, *ofreceréis*
23.14 hasta que hayáis *ofrecido* la ofrenda de
23.15 *ofrecisteis* la gavilla de la ofrenda
23.16 entonces *ofreceréis* el nuevo grano a
23.18 *ofreceréis* con el pan siete corderos
23.19 *ofreceréis* además un macho cabrío por
23.25,27,36(2) *ofreceréis* ofrenda encendida a Jehová
23.37 que convocaréis. .para *ofrecer* ofrenda
27.9 y si fuere animal de los que se *ofrece*
27.11 animal. .de que no se *ofrece* ofrenda a
Nm. 3.4 Abiú murieron. .cuando *ofrecieron* fuego
5.25 ofrenda. .la *ofrecerá* delante del altar
6.11 sacerdote *ofrecerá* el uno en expiación
6.14 *ofrecerá* su ofrenda. .un cordero de un
6.16 y el sacerdote lo *ofrecerá* delante de
6.17 *ofrecerá* el carnero en ofrenda de paz
6.17 *ofrecerá*. .el sacerdote su ofrenda y sus
7.2 los príncipes de las tribus. .*ofrecieron*
7.3 los *ofrecieron* delante del tabernáculo
7.10 *ofreciendo*. .ofrenda delante del altar
7.11 *ofrecerán* su ofrenda, un príncipe un día
7.12 el que *ofreció*. .el primer día fue Naasón
7.18 el segundo día *ofreció* Natanael hijo de
7.19 *ofreció*. .un plato de plata de 130 siclos
7.84 *ofrecieron* para la dedicación del altar
8.11 *ofrecerá* Aarón los levitas delante de
8.12 y *ofrecerás* el uno por expiación, y el
8.13 levitas. .*ofrecerás* en ofrenda a Jehová
8.15 purificados, y los *ofrecerás* en ofrenda
8.21 y Aarón los *ofreció* en ofrenda delante
9.7 impedidos de *ofrecer* ofrenda a Jehová
9.13 cuanto no *ofreció* a su tiempo la ofrenda
15.3 para *ofrecer* en. .fiestas solemnes olor
15.5,7 de vino para la libación *ofrecerás*
15.8 cuando *ofrecieres* novillo en holocausto
15.9 *ofrecerás* con el novillo. .tres décimas
15.10 de vino. .*ofrecerás* la mitad de un hin
15.13 para *ofrecer* ofrenda encendida de olor
15.19 a comer del pan. .*ofreceréis* ofrenda a
15.20 *ofreceréis* una torta en ofrenda; como
15.20 como la ofrenda de la era. .*ofreceréis*
15.24 la congregación *ofrecerá* un novillo por
15.27 pecare. .*ofrecerá* una cabra de un año
16.35 consumió a los. .hombres que *ofrecían*
16.38 *ofrecieron* con ellos delante de Jehová
16.39 con que los quemados habían *ofrecido*
16.40 ningún extraño. .acerque para *ofrecer*
18.15 de toda carne que *ofrecerán* a Jehová
18.19 que los hijos de. .*ofrecieron* a Jehová
18.24 los diezmos. .que *ofrecerán* a Jehová en
18.28 *ofreceréis* también vosotros ofrenda a
18.29 *ofreceréis* toda ofrenda a Jehová; de
18.29 *ofreceréis* la. .que ha de ser consagrada
18.30 cuando *ofreciereis* lo mejor de ellos
18.32 hubiereis *ofrecido* la mejor parte de
23.2 y *ofrecieron*. .un becerro y un carnero
23.4 y en cada altar he *ofrecido* un becerro
23.14,30 *ofreció* un becerro. .en cada altar
26.61 y Abiú murieron cuando *ofrecieron* fuego
28.2 guardaréis, *ofreciéndomelo* a su tiempo
28.3 es la ofrenda. .que *ofreceréis* a Jehová
28.4 un cordero *ofrecerás* por la mañana, y el
28.4 otro cordero *ofrecerás* a la caída de la
28.8 *ofrecerás* el segundo cordero a la caída
28.8 conforme a. .libación *ofrecerás*, ofrenda
28.11,19,27 *ofreceréis*. .becerros de la vacada
28.13 ofrenda. .se *ofrecerá* con cada cordero
28.15 un macho cabrío. .se *ofrecerá* a Jehová
28.21 con cada uno de. .*ofreceréis* una décima
28.23,31 *ofreceréis* además del holocausto
28.24 *ofreceréis* cada uno de los siete días
28.24 se *ofrecerá* además del. .con su libación
29.2 y *ofreceréis* holocausto en olor grato a
29.8 *ofreceréis* en. .un becerro de la vacada
29.13 *ofreceréis*. .trece becerros de la vacada
29.36 *ofreceréis* en. .un becerro, un carnero
29.39 *ofreceréis* a Jehová en vuestras fiestas
31.50 hemos *ofrecido* a Jehová ofrenda, cada
31.52 todo el oro. .que *ofrecieron* a Jehová

OFRECER *(Continúa)*
Dt. 12.13 cuídate de no *ofrecer* tus holocaustos
12.14 allí *ofrecerás* tus holocaustos, y allí
12.27 *ofrecerás* tus holocaustos, la carne y
17.1 no *ofrecerás* en sacrificio a Jehová tu
18.3 de los que *ofrecieren* en sacrificio buey
26.14 ni de ello he *ofrecido* a los muertos
27.6 *ofrecerás* sobre él holocaustos a Jehová
Jos. 8.31 y *ofrecieron* sobre él holocaustos a
22.23 para *ofrecer* sobre él ofrendas de paz
Jue. 2.5 y *ofrecieron* allí sacrificios a Jehová
5.2 por haberse *ofrecido*..el pueblo, load a
5.9 los que..os *ofrecisteis* entre el pueblo
6.28 el segundo toro había sido *ofrecido* en
11.31 de Jehová, y lo *ofreceré* en holocausto
13.16 si quieres hacer holocausto, *ofrécelo*
13.19 y los *ofreció* sobre una peña a Jehová
16.23 para *ofrecer* sacrificio a Dagón su dios
20.26; 21.4 *ofrecieron* holocaustos y ofrendas
1 S. 1.3 subía de su..para *ofrecer* sacrificios
1.4 el día en que Elcana *ofrecía* sacrificio
1.21 *ofrecer* a Jehová el sacrificio..y su voto
2.13 cuando alguno *ofrecía* sacrificio, venía
2.19 subía con su..para *ofrecer* el sacrificio
2.28 que *ofreciese* sobre mi altar, y quemase
2.29 y mis ofrendas, que yo mandé *ofrecer* en
6.14 y *ofrecieron* las vacas en holocausto a
9.7 no tenemos qué *ofrecerle* al varón de Dios
10.8 entonces descenderé yo a ti para *ofrecer*
13.9 dijo..Traedme..y *ofreció* el holocausto
13.10 acababa de *ofrecer* el holocausto, he aquí
13.12 me esforcé, pues, y *ofrecí* holocausto
15.21 para *ofrecer* sacrificios a Jehová tu
16.2 a *ofrecer* sacrificio a Jehová he venido
16.5 sí, vengo a *ofrecer* sacrificio a Jehová
2 S. 6.18 cuando David había acabado de *ofrecer*
15.12 Absalón *ofrecía* los..llamó a Ahitofel
24.12 tres cosas te *ofrezco*; tú escogerás una
24.22 y *ofrezca* mi señor el rey lo que bien
24.24 no *ofreceré* a Jehová..no me cuesten nada
1 R. 3.15 *ofreció* sacrificios de paz, e hizo
8.63 *ofreció* Salomón..los cuales *o* a Jehová
8.64 porque *ofreció* allí los holocaustos, las
9.25 y *ofrecía* Salomón tres veces cada año
10.5 sus holocaustos que *ofrecía* en la casa
11.8 las cuales..*ofrecían* sacrificios a sus
12.27 si..subiere a *ofrecer* sacrificios en
12.32 *ofreciendo* sacrificios a los becerros
18.29 siguieron..hasta la hora de *ofrecerse*
18.36 la hora de *ofrecerse* el holocausto, se
2 R. 3.20 por la mañana, cuando se *ofrece* el
5.17 ni *ofrecerá* sacrificio a otros dioses
16.12 se acercó..y *ofreció* sacrificios en él
1 Cr. 6.49 Aarón y sus hijos *ofrecían*..sobre
16.1 y *ofrecieron* holocaustos y sacrificios
16.2 David acabó de *ofrecer* el holocausto y
21.26 *ofreció* holocaustos y ofrendas de paz
21.28 la era de Ornán..*ofreció* sacrificios
23.31 para *ofrecer* todos los holocaustos a
29.6 los jefes de..*ofrecieron* voluntariamente
29.9 de todo corazón *ofrecieron* a Jehová
29.14 ¿quién soy..para que pudiésemos *ofrecer*
29.17 voluntariamente te he *ofrecido* todo esto
29.21 y *ofrecieron* a Jehová holocaustos al
2 Cr. 1.6 y *ofreció* sobre él mil holocaustos
4.6 y limpiar en ellas lo que se *ofrecía* en
7.5 *ofreció* el rey Salomón en..22.000 bueyes
7.7 había *ofrecido* allí los holocaustos, y la
8.12 *ofreció* Salomón holocaustos a Jehová
8.13 para que *ofreciesen* cada cosa en su día
11.16 vinieron a..para *ofrecer* sacrificios a
17.16 cual se había *ofrecido* voluntariamente
23.18 para *ofrecer* a Jehová los holocaustos
24.17 y *ofrecieron* obediencia al rey; y el
26.19 un incensario para *ofrecer* incienso
28.23 porque *ofreció* sacrificios a los dioses
28.23 también *ofreceré* sacrificios a ellos
29.21 dijo..los *ofreciesen* sobre el altar de
29.29 cuando acabaron de *ofrecer*..adoraron
30.22 siete días, *ofreciendo* sacrificios de
31.2 los levitas para *ofrecer* el holocausto
33.22 *ofreció* sacrificios y sirvió a..ídolos
34.4 los que les habían *ofrecido* sacrificios
34.25 han *ofrecido* sacrificios a dioses ajenos
35.12 a fin de que *ofreciesen* a Jehová según
Esd. 1.6 todo lo que se *ofreció* voluntariamente
3.2 altar..para *ofrecer* sobre él holocaustos
3.3 *ofrecieron* sobre él holocaustos a Jehová
3.6 desde..comenzaron a *ofrecer* holocaustos
4.2 y a él *ofrecemos* sacrificios desde los
6.3 casa..como lugar para *ofrecer* sacrificios
6.10 *ofrezcan* sacrificios..al Dios del cielo
6.17 y *ofrecieron* en la dedicación..becerros
7.15 que el rey y..*ofrecen* al Dios de Israel
7.16 que..*ofrecieren* para la casa de su Dios
7.17 los *ofrecerás* sobre el altar de la casa
8.25 ofrenda que..habían *ofrecido* el rey y sus
8.35 *ofrecieron* holocaustos..doce becerros
10.19 y *ofrecieron* como ofrenda..un carnero
Neh. 4.2 ¿se les permitirá volver a *ofrecer* sus
11.2 se *ofrecieron* para morar en Jerusalén
Est. 3.11 la plata que *ofreces* sea para ti, y
Job 1.5 Job..*ofrecía* holocaustos conforme al
42.8 y *ofreced* holocausto por vosotros, y mi
Sal. 4.5 *ofreced* sacrificios de justicia, y
16.4 no *ofreceré* yo sus libaciones de sangre
51.19 entonces *ofrecerán* becerros sobre tu
66.15 holocaustos de animales..te *ofreceré*
66.15 *ofreceré* en sacrificio bueyes y machos
68.29 tu templo..los reyes te *ofrecerán* dones
72.10 los reyes de Sabá y..*ofrecerán* dones
106.38 *ofrecieron* en sacrificio a los ídolos
107.22 *ofrezcan* sacrificios de alabanza, y
110.3 tu pueblo se te *ofrecerá*..en el día de
116.17 te *ofreceré* sacrificio de alabanza, e
Pr. 21.27 ¡cuánto más *ofreciéndolo* con maldad!
Ec. 5.1 acércate más para oír que para *ofrecer*
Is. 40.20 pobre escoge, para *ofrecerle*, madera
57.6 ellas derramaste libación, y *ofreciste*
60.7 *ofrecidos* con agrado sobre mi altar, y
66.3 hace ofrenda, como si *ofreciese* sangre
Jer. 11.13 altares para *ofrecer* incienso a Baal
14.12 *ofrezcan* holocausto y..no lo aceptaré
19.4 y *ofrecieron* en él incienso a dioses
19.13 sobre cuyos tejados *ofrecieron* incienso
32.29 casas sobre cuyas azoteas *ofrecieron*
33.18 que delante de mí *ofrezca* holocausto
44.3 a *ofrecer* incienso, honrando a dioses
44.5 dejar..*ofrecer* incienso a dioses ajenos
44.8 *ofreciendo* incienso a dioses ajenos en
44.15 sus mujeres habían *ofrecido* incienso
44.17,25 *ofrecer* incienso a la reina del cielo
44.18 desde que dejamos de *ofrecer* incienso
44.19 cuando *ofrecimos* incienso a la reina
44.21 el incienso que *ofrecisteis* en..Judá
44.23 *ofrecisteis* incienso y pecasteis contra
48.35 a quien *ofrezca* incienso a sus dioses
Ez. 6.13 lugares donde *ofrecieron* incienso a
16.21 los *ofrecieras* a aquellas imágenes como
16.25 y te *ofreciste* a cuantos pasaban, y
20.31 *ofreciendo* vuestras ofrendas, haciendo
43.18 para *ofrecer* holocausto sobre él y para
43.22 *ofrecerás* un macho cabrío sin defecto
43.23 *ofrecerás* un becerro de la vacada sin
43.24 y los *ofrecerás* delante de Jehová, y
43.24 los *ofrecerán* en holocausto a Jehová
44.7 *ofrecer* mi pan, la grosura y la sangre
44.15 estarán para *ofrecerme* la grosura y la
44.27 *ofrecerá* su expiación, dice Jehová el
45.13 esta será la ofrenda que *ofreceréis*
45.14 será que *ofreceréis* un bato de aceite
45.23 *ofrecerá* holocausto a Jehová..becerros
45.24 con cada becerro *ofrecerá* ofrenda de
46.2 pie..mientras los sacerdotes *ofrezcan*
46.4 el holocausto que el príncipe *ofrecerá* a
46.13 *ofrecerás* en..un cordero de un año sin
46.15 *ofrecerán*..el cordero y la ofrenda y el
Dn. 2.46 y mandó que le *ofreciesen* presentes
Os. 2.8 la plata y el oro que *ofrecían* a Baal
11.2 y a los ídolos *ofrecían* sahumerios
14.2 y te *ofreceremos* la ofrenda de..labios
Am. 4.5 y *ofreced* sacrificio..con pan leudado
5.22 si me *ofreciereis* vuestros holocaustos
5.25 ¿me *ofrecisteis* sacrificios y ofrendas
Jon. 1.16 y *ofrecieron* sacrificio a Jehová, e
2.9 mas yo..te *ofreceré* sacrificios; pagaré
Hab. 1.16 y *ofrecerá* sahumerios a sus mallas
Hag. 2.14 todo lo que aquí *ofrecen* es inmundo
Mal. 1.7 que *ofrecéis* sobre mi altar pan inmundo
1.8 cuando *ofrecéis* el animal ciego para el
1.8 cuando *ofrecéis* el cojo o..¿no es malo?
1.11 se *ofrece* a..incienso y ofrenda limpia
2.12 y al que *ofrece* ofrenda a Jehová de los
Mt. 2.11 le *ofrecieron* presentes: oro..y mirra
Mr. 1.44 y *ofrece* por tu purificación lo que
Lc. 1.9 le tocó en suerte *ofrecer* el incienso
2.24 para *ofrecer* conforme a lo que se dice
5.14 *ofrece* por tu purificación, según mandó
Hch. 7.41 *ofrecieron* sacrificio al ídolo, y en
7.42 me *ofrecisteis* víctimas y sacrificios
8.18 cuando vio Simón..les *ofreció* dinero
14.13 sacerdote..quería *ofrecer* sacrificios
14.18 impedir que..les *ofreciese* sacrificio
He. 5.3 debe *ofrecer* por los pecados, tanto por
5.7 y Cristo..*ofreciendo* ruegos y súplicas
7.27 de *ofrecer* primero sacrificios por sus
7.27 lo hizo una vez..*ofreciéndose* a sí mismo
8.3 es necesario que..tenga algo que *ofrecer*
9.7 año, no sin sangre, la cual *ofrece* por sí
9.14 se *ofreció* a sí mismo sin mancha a Dios
9.25 y no para *ofrecerse* muchas veces, como
9.28 Cristo fue *ofrecido* una sola vez para
10.1 los mismos sacrificios que se *ofrecen*
10.2 otra manera cesarían de *ofrecerse*, pues
10.8 las cuales cosas se *ofrecen* según la ley
10.11 *ofreciendo*..los mismos sacrificios, que
10.12 habiendo *ofrecido* una vez para siempre
11.4 *ofreció* a Dios más excelente sacrificio
11.17 *ofreció* a Isaac..*ofrecía* su unigénito
13.15 *ofrezcamos* siempre a Dios, por medio de
Stg. 2.21 cuando *ofreció* a su hijo Isaac sobre
1 P. 2.5 para *ofrecer* sacrificios espirituales

OFRENDA
Gn. 4.3 Caín trajo del fruto de la tierra una *o*
4.4 y miró Jehová con agrado a Abel y a su *o*
4.5 no miró con agrado a Caín y a la *o* suya
Éx. 20.24 sacrificarás sobre él..tus *o* de paz
25.2 los hijos de Israel que tomen para mí *o*
25.2 la diere de su voluntad..tomaréis mi *o*
25.3 la *o* que tomaréis de ellos: oro, plata
28.38 hubieren consagrado en..sus santas *o*
29.14 los quemarás a fuego..es *o* por el pecado
29.18 es holocausto de..*o* quemada a Jehová
29.24 todo..como *o* mecida delante de Jehová
29.25 harás arder..Es *o* encendida a Jehová
29.26 y lo mecerás por *o* mecida delante de
29.27 y apartarás el pecho de la *o* mecida, y
29.27 la espaldilla de la *o* elevada, lo que
29.28 es *o*..*o* elevada de los hijos de Israel
29.28 porción de ellos elevada en *o* a Jehová
29.41 haciendo conforme a la *o* de la mañana
29.41 en olor grato; *o* encendida a Jehová
30.9 no ofreceréis sobre él..*o*; ni tampoco
30.13 mitad de un siclo será la *o* a Jehová
30.15 la *o* a Jehová para hacer expiación por
30.20 para quemar la *o* encendida para Jehová
32.6 y presentaron *o* de paz; y se sentó el
35.5 tomad de entre vosotros *o* para Jehová
35.21 con *o* a Jehová para..del tabernáculo
35.22 y todos presentaban *o* de oro a Jehová
35.24 el que ofrecía *o*..traía a Jehová la *o*
35.29 todos..trajeron *o* voluntaria a Jehová
36.3 tomaron de delante de Moisés toda la *o*
36.3 ellos seguían trayéndole *o* voluntaria
36.6 hombre ni mujer haga más para la *o* del
38.24 todo el oro..de la *o*, fue 29 talentos
40.29 sacrificó sobre él holocausto y *o*, como
Lv. 1.2 ofrece *o* a Jehová, de ganado vacuno u
1.2 ganado vacuno u ovejuno haréis vuestra *o*
1.3 si su *o* fuere holocausto vacuno, macho
1.9,13,17 *o* encendida de olor grato para
1.10 si su *o* para holocausto fuere del rebaño
1.14 la *o* para Jehová fuere holocausto de aves
1.14 presentará su *o* de tórtolas..palominos
2.1 su *o* será flor de harina, sobre la cual
2.2 *o* encendida es, de olor grato a Jehová
2.3 lo que resta de la *o* será de Aarón y de
2.3 cosa santísima de las *o* que se queman
2.4 cuando ofrecieres *o* cocida en horno, será
2.5 si ofrecieres *o* de sartén, será de flor
2.6 piezas, y echarás sobre ella aceite; es *o*
2.7 ofrecieres *o* cocida en cazuela, se hará
2.8 y traerás a Jehová la *o* que se hará de
2.9 tomará..de aquella *o* lo que sea para su
2.9 altar; *o* encendida de olor grato a Jehová
2.10 y lo que resta de la *o* será de Aarón y
2.10 es cosa santísima de las *o* que se queman
2.11 ninguna *o* que ofreciereis a Jehová será
2.11 ni de ninguna miel, se ha de quemar *o*
2.12 *o* de primicias las ofreceréis a Jehová
2.13 sazonarás con sal toda *o* que presentes
2.13 no harás que falte..de tu *o* la sal del
2.13 del pacto..en toda *o* tuya ofrecerás sal
2.14 si ofrecieres a Jehová *o* de primicias
2.14 el grano desmenuzado ofrecerás como *o*
2.15 y pondrás sobre ella incienso; es *o*
2.16 hará arder..es *o* encendida para Jehová
3.1 si su *o* fuere sacrificio de paz..vacuno
3.2 pondrá su mano sobre la cabeza de su *o*
3.3 ofrecerá del..como *o* encendida a Jehová
3.5 del fuego; es *o* de olor grato para Jehová
3.6 si de ovejas fuere su *o* para sacrificio
3.7 ofreciere cordero por su *o*, lo ofrecerá
3.8 pondrá su mano sobre la cabeza de su *o*
3.9 por *o* encendida a Jehová la grosura, la
3.11 vianda es de *o* encendida para Jehová
3.12 fuere cabra su *o*, la ofrecerá delante
3.14 ofrecerá de..su *o* encendida a Jehová
3.16 vianda es de *o* que se quema..a Jehová
4.23 presentará por su *o* un macho cabrío sin
4.28 traerá por su *o* una cabra..sin defecto
4.29 su mano sobre la cabeza de la *o* de la
4.32 por su *o* por el pecado trajere cordero
4.33 pondrá su mano sobre la cabeza de la *o*
4.35 arder en..sobre la *o* encendida a Jehová
5.6 traerá..o una cabra como *o* de expiación
5.11 traerá como *o* la décima parte de un efa
5.12 y la hará arder en el altar sobre las *o*
5.13 será del sacerdote, como la *o* de vianda
5.15 carnero sin defecto..en *o* por el pecado
6.14 esta es la ley de la *o*: La ofrecerán los
6.15 tomará de ella..flor de harina de la *o*
6.15 tomará..el incienso que está sobre la *o*
6.17 la he dado a..por su porción de mis *o*
6.18 tocante a las *o* encendidas para Jehová
6.20 es la *o* de Aarón y de sus..*o* perpetua
6.21 los pedazos cocidos de la *o* ofrecerás en
6.22 sacerdote que..fuere ungido..hará igual *o*
6.23 toda *o* de sacerdote será..quemada; no
6.25 degollada la *o* por el pecado delante de
6.30 no se comerá ninguna *o* de cuya sangre
7.5 hará arder..altar, *o* encendida a Jehová
7.9 toda *o* que se cociere en horno, y todo
7.10 toda *o* amasada con aceite, o seca, será
7.13 con tortas de pan..presentará su *o* en
7.14 de toda la *o* presentará una parte por *o*
7.16 si el sacrificio de su *o* fuere voto, o
7.25 animal, del cual se ofrece a Jehová *o*
7.29 traerá su *o* del sacrificio..ante Jehová
7.30 las *o* que se han de quemar ante Jehová
7.32 al sacerdote para ser elevada en *o*, la

OFRENDA ***(Continúa)***

Lv. 7.34 he tomado de. .la espaldilla elevada en *o*
7.35 la porción. .de las *o* encendidas a Jehová
7.37 esta es la ley. .de la *o*, del sacrificio
7.38 mandó. .que ofreciesen sus *o* a Jehová, en
8.21 *o* encendida para Jehová, como Jehová lo
8.27 e hizo mecerlo como *o* mecida delante de
8.28 consagraciones en. .*o* encendida a Jehová
8.29 y lo meció, *o* mecida delante de Jehová
9.4 y un carnero. .y una *o* amasada con aceite
9.7 la *o* del pueblo, y haz la reconciliación
9.15 ofreció también la *o* del pueblo, y tomó
9.17 ofreció. .la *o*, y llenó de ella su mano
9.21 los meció Aarón como *o* mecida delante de
10.12 dijo a. .Tomad la *o* que queda de las *o*
10.13 comeréis. .de las *o* encendidas a Jehová
10.15 con las *o*. .traerán la espaldilla que se
10.15 el pecho que será mecido como *o* mecida
10.18 debíais comer la *o* en el lugar santo
14.12 y lo mecerá como *o* mecida delante de
14.20 hará subir el. .y la *o* sobre el altar
14.21 cordero para ser ofrecido como *o* mecida
14.21 flor de harina amasada con aceite para *o*
14.24 y los mecerá. .como *o* mecida delante de
14.31 el otro en holocausto, además de la *o*
15.15 sacerdote hará del uno *o* por el pecado
17.4 no lo trajere. .para ofrecer *o* a Jehová
19.5 cuando ofreciereis. .*o* de paz a Jehová
21.6 las *o* encendidas para Jehová y el pan de
21.21 ningún. .se acercará para ofrecer las *o*
22.12 si se casare. .no comerá de la *o* de las
22.18 ofreciere su *o* en. .*o* como *o* voluntarias
22.21 sacrificio en *o* de paz a Jehová para
22.21 como *o* voluntaria, sea de vacas o de
22.22 ni de ellos pondréis *o* encendida sobre
22.23 podrás ofrecer por *o* voluntaria; pero
22.27 desde el octavo día. .será acepto para *o*
23.8 y ofreceréis a. .siete días *o* encendida
23.13 *o* será dos décimas de efa de. .harina
23.13 flor de harina. .*o* encendida a Jehová
23.14 hasta que hayáis ofrecido la *o* de. .Dios
23.15 ofrecisteis la gavilla de la *o* mecida
23.17 traeréis dos panes para *o* mecida, que
23.18 su *o* y sus libaciones, *o* encendida de
23.19 dos corderos. .sacrificio de *o* de paz
23.20 los presentará como *o* mecida delante
23.25,27,36(2) ofreceréis *o* encendida a Jehová
23.37 convocaréis. .para ofrecer *o* encendida a
23.37 *o*, sacrificio y libaciones, cada cosa
23.38 y de todas vuestras *o* voluntarias que
24.7 incienso puro, y. .*o* encendida a Jehová
24.9 comerán. .de las *o* encendidas a Jehová
27.9 si fuere animal de los que se ofrece *o*
27.11 animal. .de que no se ofrece *o* a Jehová
Nm. 4.16 la *o* continua y el aceite de la unción
5.9 toda *o* de todas las cosas santas que los
5.15 traerá su mujer. .con ella traerá su *o*
5.15 es *o* de celos, *o* recordativa, que trae
5.18 la *o* recordativa, que es la *o* de celos
5.25 tomará. .la *o* de los celos, y la mecerá
5.26 un puñado de la *o* en memoria de ella, y
6.14 ofrecerá su *o* a Jehová, un cordero de
6.14 y un carnero sin defecto por *o* de paz
6.15 y hojaldres sin. .y su *o* y sus libaciones
6.17 y ofrecerá el carnero en *o* de. .a Jehová
6.17 ofrecerá asimismo el sacerdote su *o* y
6.18 el fuego que está debajo de la *o* de paz
6.20 sacerdote mecerá aquello como *o* mecida
6.21 que hiciere voto de su *o* a Jehová por
7.3 trajeron sus *o*. .seis carros cubiertos y
7.10 trajeron *o* para la dedicación del altar
7.10 ofreciendo los. .su *o* delante del altar
7.11 ofrecerán su *o*, un príncipe un día, y
7.12 el que ofreció su *o* el primer día fue
7.13,19,25,31,37,43,49,55,61,67,73,79 *o* fue un plato de plata de 130 siclos
7.13,19,25,31,37,43,49,55,61,67,73,79 harina amasada con aceite para *o*
7.17,23,29,35,41,47,53,59,65,71,77,83 y para *o* de paz, dos bueyes
7.17 esta fue la *o* de Naasón hijo de Aminadab
7.23 esta fue la *o* de Natanael hijo de Zuar
7.29 esta fue la *o* de Eliab hijo de Helón
7.35 esta fue la *o* de Elisur hijo de Sedeur
7.41 fue la *o* de Selumiel hijo de Zurisadai
7.47 esta fue la *o* de Eliasaf hijo de Deuel
7.53 esta fue la *o* de Elisama hijo de Amiud
7.59 esta fue la *o* de Gamaliel hijo de Pedasur
7.65 esta fue la *o* de Abidán hijo de Gedeoni
7.71 esta fue la *o* de Ahiezer hijo de Amisadai
7.77 esta fue la *o* de Pagiel hijo de Ocrán
7.83 esta fue la *o* de Ahira hijo de Enán
7.84 fue la *o* que los príncipes. .ofrecieron
7.87 doce los corderos de un año, con su *o*
7.88 los bueyes de la *o* de paz, 24 novillos
8.8 con su *o* de flor de harina amasada con
8.11 y ofrecerá Aarón. .en *o* de los hijos de
8.13 levitas. .y los ofrecerás en *o* a Jehová
8.15 serán purificados, y los ofrecerás en *o*
8.21 ofreció en *o* delante de Jehová, e hizo
9.7 seremos impedidos de ofrecer *o* a Jehová
9.13 no ofreció a su tiempo la *o* de Jehová
15.3 hagáis *o* encendida a Jehová, holocaustos
15.4 el que presente su *o*. .traerá como *o* la
15.6 por cada carnero harás *o* de dos décimas
15.9 con el novillo una *o* de tres décimas de
15.10 ofrecerás. .en *o* encendida de olor grato
15.13 para ofrecer *o* encendida de olor grato
15.14 si hiciere *o* encendida de olor grato a
15.19 a comer del pan. .ofreceréis *o* a Jehová
15.20 una torta en *o*; como la *o* de la era, así
15.21 las primicias de. .masa daréis a Jehová *o*
15.24 con su *o* y su libación conforme a la ley
15.25 traerán sus *o*, *o* encendida a Jehová, y
16.15 dijo a Jehová: No mires a su *o*; ni aun
18.8 te he dado también el cuidado de mis *o*
18.9 esto será tuyo de la *o*. .toda *o* de ellos
18.11 será tuyo: la *o* elevada de sus dones
18.11 todas las *o* mecidas de los. .de Israel
18.17 *o* encendida en olor grato a Jehová
18.18 como el pecho de la *o* mecida y como la
18.19 todas las *o* elevadas. .he dado para ti
18.24 diezmos. .que ofrecerán a Jehová en *o*
18.26 presentaréis de ellos en *o* mecida a
18.27 se os contará vuestra *o* como grano de
18.28 ofreceréis también vosotros *o* a Jehová
18.28 y daréis. .la *o* de Jehová al sacerdote
18.29 de. .vuestros dones ofreceréis toda *o* a
28.2 *o*, mi pan con mis *o* encendidas en olor
28.3 esta es la *o*. .que ofreceréis a Jehová
28.5 con un cuarto de hin de aceite de. .en *o*
28.6,13 olor grato, *o* encendida a Jehová
28.8 la tarde; conforme a la *o* de la mañana
28.8,24 *o* encendida en olor grato a Jehová
28.9,12(2),13 de harina amasada con aceite, como *o*
28.19 ofreceréis como *o*. .dos becerros de la
28.20 su *o* de harina amasada con aceite; tres
28.26 cuando presentéis *o* nueva a Jehová en
28.28 la *o* de ellos, flor de harina amasada
28.31 ofreceréis. .con sus *o*, y sus libaciones
29.3,14 y la *o* de ellos, de flor de harina
29.6 además del holocausto del mes y su *o*, y
29.6,11,16,19,22,25,28,31,34,38 además del. .holocausto continuo y su *o*
29.6,13,36 *o* encendida a Jehová en olor grato
29.9 sus *o*, flor de harina amasada con aceite
29.11 un macho cabrío. .además de la *o* de las
29.18,21,24,27,30,33,37 *o* y sus libaciones con los becerros
29.39 ofreceréis. .además de. .*o* voluntarias
29.39 para vuestras *o*. .para vuestras *o* de paz
31.29 al sacerdote Eleazar la *o* de Jehová
31.41 el tributo, para *o* elevada a Jehová, al
31.50 hemos ofrecido a Jehová *o*, cada uno de
31.52 todo el oro de la *o* que ofrecieron a
Dt. 12.6 llevaréis. .la *o* elevada de vuestras
12.6 vuestras *o* voluntarias, y las primicias
12.11 allí llevaréis. .las *o*. .de vuestras manos
12.17 ni las *o* voluntarias, ni las *o* elevadas
16.17 cada uno con la *o* de su mano, conforme
18.1 de las *o* quemadas a Jehová y de. .comerán
23.23 pagando la *o* voluntaria que prometiste
27.7 sacrificarás *o* de paz, y comerás allí
Jos. 8.31 altar de piedras. .sacrificaron *o* de
22.23 para sacrificar. .*o*, o para. .*o* de paz
22.27 delante de él con. .con nuestras *o* de paz
22.29 altar para holocaustos, para *o* o para
Jue. 6.18 saque mi *o* y la ponga delante de ti
13.19 Manoa tomó un cabrito y una *o*, y los
13.23 no aceptaría de. .el holocausto y la *o*
20.26; 21.4 ofrecieron holocaustos y *o* de paz
1 S. 2.17 los hombres menospreciaban las *o* de
2.28 di. .todas las *o* de los hijos de Israel
2.29 ¿por qué habéis hollado mis. .y mis *o*
2.29 engordándoos de. .de las *o* de mi pueblo
3.14 de Elí no será expiada jamás. .ni con *o*
6.8 las joyas. .que le habéis de pagar en *o*
10.8 descenderé yo a ti para. .sacrificar *o*
11.15 y sacrificaron allí *o* de paz delante
13.9 dijo Saúl: Traedme holocausto y *o* de paz
26.19 si Jehová te incita. .acepte él la *o*
2 S. 1.21 ni seáis tierras de *o*; porque allí
6.17 sacrificó David. .y *o* de paz delante de
6.18 había acabado de ofrecer los. .y *o* de paz
24.25 sacrificó. .*o* de paz; y Jehová oyó las
1 R. 8.64 ofreció allí. .las *o* y la grosura de
8.64 y no cabían en él. .las *o* y la grosura
2 R. 12.18 tomó Joás. .las *o* que habían dedicado
16.13 y encendió su holocausto y su *o*. .*o* de paz
16.15 altar encenderás el. .y la *o* de la tarde
16.15 asimismo el holocausto del rey y su *o*
16.15 holocausto de todo el pueblo. .y su *o*
1 Cr. 16.29 dad. .traed *o*, y venid delante de él
21.23 la leña, y trigo para la *o*; yo lo doy
21.26 un altar. .en el que ofreció. .*o* de paz
29.5 ¿y quién quiere hacer hoy *o* voluntaria
2 Cr. 7.7 había ofrecido allí. .de las *o* de paz
7.7 no podían caber los. .las *o* y las grosuras
24.6 la *o* que Moisés siervo de. .impuso a la
24.9 la *o* que. .siervo de Dios había impuesto
24.10 trajeron *o*, y las echaron en el arca
29.24 hicieron *o* de expiación con la sangre
29.33 las *o* fueron 600 bueyes y 3.000 ovejas
29.35 grosura de las *o* de paz, y libaciones
31.2 y los levitas para ofrecer el. .y las *o*
31.10 desde que comenzaron a traer las *o* a
31.14 tenía cargo de las *o* voluntarias para
31.14 cargo. .y de la distribución de las *o*
32.23 muchos trajeron a Jerusalén *o* a Jehová
33.16 sobre él sacrificios de *o* de paz y de
Esd. 1.4 además de *o* voluntarias para la casa
2.68 hicieron *o* voluntarias para la casa de
3.5 además de esto. .toda *o* voluntaria a Jehová
7.16 con las *o* voluntarias del pueblo y de
7.17 comprarás, pues, sus *o* y sus libaciones
8.25 *o* que para la casa. .habían ofrecido el
8.28 *o* voluntaria a Jehová Dios de nuestros
10.19 y ofrecieron como *o* por su pecado un
Neh. 7.70 algunos de los. .dieron *o* para la obra
10.33 para la *o* continua, para el holocausto
10.34 acerca de la *o* de la leña, para traerla
10.37 nuestras *o*, y del fruto de todo árbol
10.39 han de llevar. .*o* del grano, del vino y
12.44 varones sobre las cámaras de. .de las *o*
13.5 guardaban antes las *o*, el incienso, los
13.5 cual guardaban. .la *o* de los sacerdotes
13.9 e hice volver allí. .las *o* y el incienso
13.31 y para la *o* de la leña en los tiempos
Sal. 20.3 memoria de todas tus *o*, y acepte tu
40.6 sacrificio y *o* no te agrada; has abierto
51.19 te agradarán los. .*o* del todo quemada
76.11 están alrededor. .traigan *o* al Temible
96.8 a Jehová. .traed *o*, y venid a sus atrios
141.2 el don de mis. .como la *o* de la tarde
Is. 1.13 no me traigáis más vana *o*; el incienso
18.7 será traída *o* a Jehová de los ejércitos
43.23 no te hice servir con *o*, ni. .incienso
66.3 el que hace *o*, como si ofreciese sangre
66.20 traerán. .por *o* a Jehová, en caballos
66.20 al modo que los hijos de. .traen la *o*
Jer. 7.18 para hacer *o* a dioses ajenos, para
14.12 y cuando ofrezcan. .y *o* no lo aceptaré
17.26 trayendo holocausto y sacrificio, y *o*
33.11 voz de los que traigan *o* de. .gracias
33.18 ofrezca holocausto y encienda *o*, y que
41.5 traían. .*o* e incienso para llevar a la
Ez. 16.21 y los ofrecieras a. .imágenes como *o*
20.26 los contaminé en sus *o* cuando hacían
20.28 allí presentaron *o* que me irritan, allí
20.31 ofreciendo vuestras *o*, haciendo pasar
20.39 pero no profanéis más. .con vuestras *o*
20.40 demandaré vuestras *o*, y las primicias
42.13 los sacerdotes. .comerán las santas *o*
42.13 allí pondrán las *o* santas, la *o* y la
43.27 sacrificarán. .vuestras *o* de paz; y me
44.29 la *o* y la expiación. .comerán, y toda
44.30 toda *o* de todo. .será de los sacerdotes
44.30 todo lo que se presente de. .vuestras *o*
45.13 la *o* que ofreceréis: la sexta parte de
45.15 para *o* de paz, para expiación por ellos
45.16 dar esta *o* para el príncipe de Israel
45.17 él dispondrá. .la *o*, el holocausto y las
45.17 y las *o* de paz, para hacer expiación
45.24 ofrecerá *o* de un efa, y. .carnero un efa
46.2 los sacerdotes ofrezcan. .y sus *o* de paz
46.5 y por *o* un efa con cada carnero; y con
46.5 con cada cordero una *o* conforme a sus
46.7 hará *o* de un efa con el becerro, y un
46.11 las fiestas. .será la *o* un efa con cada
46.12 príncipe libremente hiciere. .*o* de paz
46.12 y sus *o* de paz, como hace en el día de
46.14 harás. .*o* de la sexta parte de un efa
46.14 *o* para Jehová continuamente. .estatuto
46.15 ofrecerán. .cordero y la *o* y el aceite
46.20 donde los sacerdotes cocerán la *o* por
46.20 allí cocerán la *o*, para no sacarla al
46.24 los servidores. .cocerán la *o* del pueblo
Dn. 9.27 mitad. .hará cesar el sacrificio y la *o*
Os. 8.13 los sacrificios de mis *o* sacrificaron
14.2 te ofreceremos la *o* de nuestros labios
Jl. 1.9 desapareció de la casa de Jehová la *o*
1.13 porque quitada es de la casa de. .la *o*
2.14 dejará bendición. .esto es, *o* y libación
Am. 4.5 publicad *o* voluntarias, pues que así lo
5.22 si me ofreciereis. .*o*, no los recibiré
5.22 ni miraré a las *o* de paz de. .animales
5.25 ¿me ofrecisteis sacrificios y *o* en el
Sof. 3.10 hija de mis esparcidos traerá mi *o*
Mal. 1.10 dice. .ni de vuestra mano aceptaré *o*
1.11 en todo lugar se ofrece a mi nombre. .*o*
1.13 trajisteis lo hurtado. .presentasteis *o*
2.12 que ofrece *o* a Jehová de los ejércitos
2.13 no miraré más a la *o*, para aceptarla con
3.3 de Leví. .traerán a Jehová *o* en justicia
3.4 y será grata a Jehová la *o* de Judá y de
3.8 ¿en qué te hemos robado? En. .diezmos y *o*
Mt. 5.23 si traes tu *o* al altar, y. .te acuerdas
5.24 deja allí tu *o*. .reconcíliate primero con
5.24 y anda. .y entonces ven y presenta tu *o*
8.4 y presenta la *o* que ordenó Moisés, para
15.5 diga. .Es mi *o* a Dios todo aquello con que
23.18 pero si alguno jura por la *o* que está
23.19 ¿cuál es mayor, la *o*, o el altar que
23.19 ¿cuál. .o el altar que santifica la *o*?
27.6 lícito echarlas en el tesoro de las *o*
Mr. 7.11 Corbán (que quiere decir, mi *o* a Dios)
12.41 Jesús sentado delante del arca de la *o*
Lc. 21.1 que echaban sus *o* en el arca de las *o*
21.4 echaron para las *o*. .de lo que les sobra
21.5 el templo estaba adornado de. .*o* votivas
Jn. 8.20 en el lugar de las *o*, enseñando en el

OFRENDA *(Continúa)*
Jn. 21.26 había de presentarse la *o* por cada uno
24.17 vine a hacer limosnas a..y presentar *o*
Ro. 15.16 que los gentiles le sean *o* agradable
15.26 Acaya tuvieron a bien hacer una *o* para
15.31 que la *o* de mi servicio a..sea acepta
1 Co. 16.1 cuanto a la *o* para los santos, haced
16.2 que cuando yo llegue no se recojan..*o*
2 Co. 8.20 nadie nos censure en cuanto a esta *o*
Ef. 5.2 *o* y sacrificio a Dios en olor fragante
He. 5.1 para que presente *o* y..por los pecados
8.3 sacerdote..constituido para presentar *o*
8.4 sacerdotes que presentan las *o* según la
9.9 presente, según el cual se presentan *o* y
10.5 dice: Sacrificio y *o* no quisiste; mas me
10.8 y *o* y holocaustos y expiaciones por el
10.10 mediante la *o* del cuerpo de Jesucristo
10.14 porque con una sola *o* hizo perfectos
10.18 remisión..no hay más *o* por el pecado
11.4 fe Abel..dando Dios testimonio de sus *o*

OFRENDAR
Éx. 38.29 bronce *ofrendado* fue de setenta talentos

OFUSCAR
Is. 29.9 *ofuscaos* y cegaos; embriagaos, y no
32.3 no se *ofuscarán* entonces los ojos de los
Jer. 14.6 se *ofuscaron* porque no había hierba

OG *Rey amorreo en Basán*
Nm. 21.33 y salió contra ellos *O* rey de Basán
32.33 Moisés dio..el reino de *O* rey de Basán
Dt. 1.4 derrotó..*O* rey de Basán que habitaba
3.1 y nos salió al encuentro *O* rey de Basán
3.3 entregó también en nuestra mano a *O* rey
3.4 toda la tierra de Argob, del reino de *O*
3.10 Salca y Edrei, ciudades del reino de *O*
3.11 *O*..había quedado del resto de..gigantes
3.13 Basán, del reino de *O*, toda la tierra de
4.47 poseyeron..la tierra de *O* rey de Basán
29.7 y salieron..*O* rey de Basán delante de
31.4 y hará Jehová..hizo con Sehón y con *O*
Jos. 2.10 lo que habéis hecho..a Sehón y a *O*
9.10 todo lo que hizo a..y a *O* rey de Basán
12.4 y el territorio de *O* rey de Basán, que
13.12 el reino de *O* en Basán, el cual reinó
13.30 reino de *O* rey de Basán, y todas las
13.31 y Edrei, ciudades del reino de *O* en
1 R. 4.19 tierra de Galaad..de *O* rey de Basán
Neh. 9.22 y poseyeron..la tierra de *O* rey de
Sal. 135.11 rey amorreo, a *O* rey de Basán, y a
136.20 *O* rey de Basán, porque para siempre

OHAD *Hijo de Simeón,* Gn. 46.10; Éx. 6.15

OHEL *Descendiente del rey David,* 1 Cr. 3.20

OÍDAS
Job 42.5 de *o* te había oído; mas ahora mis ojos

OÍDO
Gn. 20.8 dijo todas estas palabras en los *o* de
34.17 no nos prestareis *o* para circuncidaros
44.18 que hable..una palabra en *o* de mi señor
50.4 si..os ruego que habléis en *o* de Faraón
Éx. 15.26 oyeres..y dieres *o* a sus mandamientos
19.5 si diereis *o* a mi voz, y guardareis mi
24.7 tomó el libro..y lo leyó a *o* del pueblo
Nm. 11.1 que el pueblo se quejó a *o* de Jehová
11.18 porque habéis llorado en *o* de Jehová
14.28 que según habéis hablado a mis *o*, así
Dt. 1.43 hablé, y no disteis *o;* antes fuisteis
1.45 pero Jehová no escuchó..ni os prestó *o*
5.1 decretos que yo pronuncio..en vuestros *o*
13.3 no darás *o* a..palabras de tal profeta
13.8 no consentirás con él, ni le prestarás *o*
29.4 no os ha dado..para ver, ni *o* para oir
31.11 leerás esta ley delante..a *o* de ellos
31.28 y hablaré en sus *o* estas palabras, y
31.30 habló Moisés a *o* de..la congregación
32.44 recitó..este cántico a *o* del pueblo
Jos. 20.4 sus razones en *o* de los ancianos de
Jue. 7.3 ahora..haz pregonar en *o* del pueblo
9.2 que digáis en *o* de todos los de Siquem
1 S. 3.11 quien la oyere, le retiñirán ambos *o*
8.21 oyó Samuel..las refirió en *o* de Jehová
9.15 Jehová había revelado al *o* de Samuel
11.4 dijeron estas palabras en *o* del pueblo
15.14 bramido..este que yo oigo con mis *o?*
18.23 hablaron estas palabras a..*o* de David
22.8 quién me descubra al *o* cómo mi hijo ha
25.24 permitas que tu sierva hable a tus *o*
2 S. 7.22 todo lo que hemos oído con nuestro *o*
7.27 revelaste al *o* de tu siervo, diciendo
1 R. 11.38 prestares *o* a todas las cosas que
20.25 campo raso..Y él les dio *o*, y lo hizo
2 R. 18.26 en lengua de Judá a *o* del pueblo que
19.28 cuanto tu arrogancia ha subido a mis *o*
21.12 al que lo oyere le retiñarán ambos *o*
1 Cr. 17.25 revelaste al *o* de tu siervo que le
28.8 de todo Israel..y en *o* de nuestro Dios
2 Cr. 6.40 ojos y atentos tus *o* a la oración en
7.15 mis ojos y atentos mis *o* a la oración en
34.30 leyó a *o* de ellos todas las palabras del
Neh. 1.6 atento tu *o* y abiertos tus ojos para
1.11 atento tu *o* a la oración de tu siervo
8.3 los *o* de todo el pueblo estaban atentos
Est. 1.17 este hecho de la reina llegará a *o*
Job 4.12 mas mi *o* ha percibido algo de ello
12.11 *o* distingue las palabras, y el paladar
13.1 estas cosas..oído y entendido mis *o*
13.17 y mi declaración entre en vuestros *o*
15.21 estruendos espantosos hay en sus *o;* en
28.22 su fama hemos oído con nuestros *o*
29.11 los *o* que me oían me..bienaventurado
33.8 tú dijiste a *o* míos, y yo oí la voz de
33.16 entonces revela al *o* de los hombres
34.3 porque el *o* prueba las palabras, como
36.10 despierta además el *o* de ellos para
36.15 pobre..en la aflicción despertará su *o*
Sal. 10.17 tú dispones su..y haces atento tu *o*
17.6 inclina a mí tu *o*, escucha mi palabra
18.6 oyó mi voz..y mi clamor llegó..a sus *o*
31.2 inclina a mí tu *o*, líbrame pronto; sé
34.15 ojos..atentos sus *o* al clamor de ellos
40.6 ofrenda no te agrada; has abierto mis *o*
45.10 inclina tu *o;* olvida tu pueblo, y la
49.4 inclinaré al proverbio mi *o;* declararé
58.4 son como el áspid sordo que cierra su *o*
71.2 líbrame en tu..inclina tu *o*, y sálvame
78.1 inclinad vuestro *o* a las palabras de mi
86.1 inclina, oh Jehová, tu *o*, y escúchame
88.2 mi oración a..inclina tu *o* a mi clamor
92.11 oirán mis *o* de los que se levantaron
94.9 que hizo el *o*, ¿no oirá? El que formó
102.2 día de mi angustia; inclina a mí tu *o*
116.2 ha inclinado a mí su *o;* por tanto, le
130.2 atentos tus *o* a la voz de mi súplica
Pr. 2.2 haciendo..atento tu *o* a la sabiduría
4.20 está atento..inclina tu *o* a mis razones
5.1 hijo mío..a mi inteligencia inclina tu *o*
5.13 a los que me enseñaban no incliné mi *o*
15.31 el *o* que escucha las amonestaciones de
18.15 y el *o* de los sabios busca la ciencia
20.12 el *o* que oye, y el ojo que ve, ambas
21.13 el que cierra su *o* al clamor del pobre
22.17 inclina tu *o* y oye las palabras de los
23.9 no hables a *o* del necio..menospreciará
23.12 aplica..*o* a las palabras de sabiduría
25.12 que reprende al sabio que tiene *o* dócil
28.9 el que aparta su *o* para no oir la ley
Ec. 1.8 se sacia el ojo de ver, ni el *o* de oir
Is. 5.9 ha llegado a mis *o* de parte de Jehová
6.10 agrava sus *o*, y ciega sus ojos, para que
6.10 ojos, ni oiga con sus *o*, ni su corazón
11.3 ojos, ni argüirá por lo que oigan sus *o*
22.14 esto fue revelado a mis *o* de parte de
30.21 tus *o* oirán a tus espaldas palabra que
32.3 ven, y los *o* de los oyentes oirán atentos
33.15 que tapa sus *o* para no oir propuestas
35.5 ojos..y los *o* de los sordos se abrirán
37.17 inclina, oh Jehová, tu *o*, y oye; abre
37.29 arrogancia ha subido a mis *o;* pondré
42.20 ve muchas cosas..abre los *o* y no oye?
43.8 pueblo ciego..a los sordos que tienen *o*
48.8 no se abrió antes tu *o;* porque sabía que
49.20 los hijos de tu orfandad dirán a tus *o*
50.4 despertará mi *o* para que oiga como los
50.5 Jehová el Señor me abrió el *o*, y yo no
55.3 inclinad vuestro *o*, y venid a mí; oíd, y
59.1 la mano..ni se ha agravado su *o* para oir
64.4 nunca oyeron, ni *o* percibieron, ni ojo
Jer. 2.2 clama a los *o* de Jerusalén, diciendo
5.21 oíd..pueblo necio..que tiene *o* y no oye
6.10 que sus *o* son incircuncisos, y no pueden
7.24 y no oyeron ni inclinaron su *o;* antes
9.20 vuestro *o* reciba la palabra de su boca
11.8; 17.23 no oyeron, ni inclinaron su *o*
19.3 todo el que lo oyere, le retiñan los *o*
25.4 no oísteis, ni inclinasteis vuestro *o*
26.11 como vosotros habéis oído con vuestros *o*
26.15 que dijese todas estas palabras en..*o*
27.9 no prestéis *o* a vuestros profetas, ni a
28.7 en tus *o* y en los *o* de todo el pueblo
29.29 había leído esta carta a *o*..Jeremías
34.14 pero..no me oyeron, ni inclinaron su *o*
35.15 mas no inclinasteis vuestro *o*, ni me
36.6 las palabras de Jehová a los *o* del pueblo
36.6 a *o* de todos los de Judá que vienen de
36.10,13 leyó en el libro..a *o* del pueblo
36.14 toma el rollo en el que leíste a *o* del
36.21 leyó en él Jehudí a *o* del rey, y a *o* de
37.5 llegó noticia de ello a *o* de los caldeos
44.5 ni inclinaron su *o* para convertirse de
Lm. 3.8 cuando clamé..cerró los *o* a mi oración
3.56 no escondas tu *o* al clamor de..suspiros
Ez. 3.10 todas mis palabras..y oye con tus *o*
8.18 y gritarán a mis *o* con gran voz, y no
9.1 clamó en mis *o* con gran voz, diciendo
12.2 y no ven, tienen *o* para oir y no oyen
40.4 oye con tus *o*, y pon tu corazón a todas
44.5 y oye con tus *o* todo lo que yo hablo
Dn. 9.18 inclina..tu *o*, y oye; abre tus ojos, y
9.19 presta *o*, Señor, y hazlo; no tardes, por
Mi. 7.16 pondrán la mano..ensordecerán sus *o*
Zac. 7.11 espalda, y taparon sus *o* para no oir
Mt. 10.27 que oís al *o*, proclamadlo desde las
11.15; 13.9 el que tiene *o* para oir, oiga
13.14 que dijo: De *o* oiréis, y no entenderéis
13.15 engrosado, y con los *o* oyen pesadamente
13.15 no vean con los ojos, y oigan con los *o*
13.16 pero bienaventurados..vuestros *o*..oyen
13.43 Padre. El que tiene *o* para oir, oiga
Mr. 4.9 dijo: El que tiene *o* para oir, oiga
4.23; 7.16 si alguno tiene *o* para oir, oiga
7.35 fueron abiertos sus *o*, y se desató la
8.18 y teniendo *o* no oís? ¿Y no recordáis?
Lc. 1.44 de tu salutación a mis *o*, la criatura
8.8 gran voz: El que tiene *o* para oir, oiga
9.44 penetren bien en los *o* estas palabras
12.3 que habéis hablado al *o* en los aposentos
14.35 fuera. El que tiene *o* para oir, oiga
Hch. 7.51 e incircuncisos de corazón y de *o!*
7.57 se taparon los *o*, y arremetieron a una
11.22 llegó la noticia de..a *o* de la iglesia
17.20 pues traes a nuestros *o* cosas extrañas
28.26 diles: De *o* oiréis, y no entenderéis
28.27 y con los *o* oyeron pesadamente, y sus
28.27 ojos, y oigan con los *o*, y entiendan
Ro. 11.8 y *o* con que no oigan, hasta el día de
1 Co. 2.9 cosas que ojo no vio, ni *o* oyó, ni
12.17 ¿dónde estaría el *o?* Si todo fuese *o*
2 Ti. 4.4 y apartarán de la verdad el *o* y se
Stg. 5.4 han entrado en los *o* del Señor de los
1 P. 3.12 sus *o* atentos a sus oraciones; pero
Ap. 2.7,11,17,29; 3.6,13,22 el que tiene *o*, oiga
lo que el Espíritu dice
13.9 si alguno tiene *o*, oiga

OIDOR
Dn. 3.2 reuniesen los..capitanes, *o*, tesoreros
3.3 reunidos los..*o*, tesoreros, consejeros
Ro. 2.13 no son los *o* de la ley los justos, sino
Stg. 1.22 sed hacedores..y no tan solamente *o*
1.23 porque si alguno es *o* de la palabra pero
1.25 no siendo *o* olvidadizo, sino hacedor de

OIR
Gn. 3.8 y *oyeron* la voz de Jehová Dios que se
3.10 y él respondió: *Oí* tu voz en el huerto
4.23 y dijo Lamec a..Ada y Zila, *oíd* mi voz
16.11 he aquí que..Jehová ha *oído* tu aflicción
17.20 en cuanto a Ismael, también te he *oído*
21.6 y cualquiera que lo *oyere*, se reirá
21.12 *oye* su voz, porque en Isaac te será
21.17 y *oyó* Dios la voz del muchacho; y el
21.17 Dios ha *oído* la voz del muchacho en
21.26 me lo hiciste saber, ni yo lo he *oído*
23.6 *óyenos*, señor nuestro; eres un príncipe
23.8 *oídme*, e interceded por mí con Efrón
23.11 no, señor mío, *óyeme:* te doy la heredad
23.13 si te place, te ruego que me *oigas.* Yo
24.52 el criado de Abraham *oyó* sus palabras
26.5 por cuanto *oyó* Abraham mi voz, y guardó
27.5 y Rebeca estaba *oyendo*, cuando hablaba
27.6 yo he *oído* a tu padre que hablaba con
27.34 Esaú *oyó* las palabras de..padre, clamó
29.13 así que *oyó* Labán las nuevas de Jacob
29.33 y dijo: Por cuanto *oyó* Jehová que yo
30.6 y también *oyó* mi voz, y me dio un hijo
30.17 y *oyó* Dios a Lea; y concibió, y dio a
30.22 y la *oyó* Dios, y le concedió hijos
31.1 *oía* Jacob las palabras de los hijos de
34.5 *oyó* Jacob que Siquem había amancillado
37.6 les dijo: *Oíd* ahora este sueño que he
37.17 se han ido de aquí; y yo les *oí* decir
37.21 Rubén *oyó* esto, lo libró de sus manos
39.19 *oyó* el amo de José las palabras que su
41.15 he *oído* decir de ti, que *oyes* sueños
42.2 yo he *oído* que hay víveres en Egipto
43.25 habían *oído* que allí habrían de comer
45.2 y *oyeron* los egipcios, y *oyó*..de Faraón
45.16 se *oyó* la noticia en la casa de Faraón
49.2 y *oíd*, hijos de Jacob, y escuchad a
Éx. 2.15 *oyendo* Faraón..procuró matar a Moisés
2.24 *oyó* Dios el gemido de ellos, y se acordó
3.7 *oído* su clamor a causa de sus exactores
3.18 *oirán* tu voz; e irás..al rey de Egipto
4.1 que ellos no me creerán, ni *oirán* mi voz
4.9 y si aún no creyeren..ni *oyeren* tu voz
4.31 *oyendo* que Jehová había visitado a los
5.2 ¿quién es Jehová..que yo *oiga* su voz?
6.5 he *oído* el gemido de los hijos de Israel
6.30 yo soy torpe..¿cómo, pues, me ha de *oir*
7.4 Faraón no os *oirá;* mas yo pondré mi mano
7.16 aquí que hasta ahora no has querido *oir*
9.12 endureció el corazón de..y no los *oyó*
11.9 dijo a Moisés: Faraón no os *oirá*, para
15.14 lo *oirán* los pueblos, y temblarán; se
15.26 si *oyeres* atentamente la voz de Jehová
16.7,8,9 él ha *oído* vuestras murmuraciones
16.12 he *oído* las murmuraciones de los hijos
18.1 *oyó* Jetro sacerdote de Madián, suegro
18.19 *oye* ahora mi voz; yo te aconsejaré, y
18.24 *oyó* Moisés la voz de su suegro, e hizo
19.9 una nube espesa, para que el pueblo *oiga*
20.19 dijeron..Habla tú..y nosotros *oiremos*
22.23 ellos clamaren a mí..*oiré* yo su clamor
22.27 yo le *oiré*, porque soy misericordioso
23.13 nombre de..ni se *oirá* de vuestra boca
23.21 guárdate delante de él, y *oye* su voz

OIR *(Continúa)*

Éx. 23.22 si en verdad *oyeres* su voz e hicieres
32.17 cuando *oyó* Josué el clamor del pueblo
32.18 ni voz de alaridos. .voz de cantar *oigo*
33.4 y *oyendo* el pueblo esta mala noticia

Lv. 10.20 cuando Moisés *oyó* esto, se dio por
24.14 que le *oyeron* pongan sus manos sobre
26.14 si no me *oyereis*, ni hiciereis todos
26.18 si aun con estas cosas no me *oyereis*
26.21 no me quisiereis *oir*, yo añadiré sobre
26.27 si aun con esto no me *oyereis*, sino que

Nm. 7.89 cuando entraba Moisés. .*oía* la voz que
9.8 y *oiré* lo que ordena Jehová acerca de
11.1 quejó. .y lo *oyó* Jehová, y ardió su ira
11.10 *oyó* Moisés al pueblo, que lloraba por
12.2 también por nosotros? Y lo *oyó* Jehová
12.6 y él les dijo: *Oíd* ahora mis palabras
14.13 lo *oirán* luego los egipcios, porque de
14.14 han *oído* que tú, oh Jehová, estabas en
14.15 las gentes que hubieren *oído* tu fama
14.22 me han tentado. .y no han *oído* mi voz
14.27 ¿hasta cuándo *oiré* esta. .multitud que
16.4 cuando *oyó* esto Moisés, se postró sobre
16.8 dijo. .Moisés. .*Oíd* ahora, hijos de Leví
20.10 y les dijo: ¡*Oíd* ahora, rebeldes! ¿Os
20.16 clamamos a Jehová, el cual *oyó* nuestra
21.1 cuando el cananeo, el rey de Arad. .*oyó*
22.36 *oyendo* Balac que Balaam venía, salió a
23.18 dijo: Balac, levántate y *oye*; escucha
24.4 dijo el que *oyó* los dichos de Dios, el
24.16 dijo el que *oyó* los dichos de Jehová
30.4 su padre *oyere* su voto, y la obligación
30.5 si su padre le vedare el día que *oyere*
30.7 marido lo *oyere*, y cuando lo *o* callare
30.8 pero si cuando su marido lo *oyó*, le vedó
30.11 si su marido *oyó*, y calló a ello, y no
30.12 su marido los anuló el día que los *oyó*
30.14 cuanto calló a ello el día que lo *oyó*
30.15 si los anulare después de haberlos *oído*
33.40 el cananeo. .*oyó* que habían venido los

Dt. 1.16 *oíd* entre vuestros hermanos, y juzgad
1.17 así al pequeño como al grande *oiréis*
1.17 causa. .la traeréis a mí, y yo la *oiré*
1.34 *oyó* Jehová la voz de vuestras palabras
2.25 los cuales *oirán* tu fama, y temblarán
4.1 oh Israel, *oye* los estatutos y decretos
4.6 los cuales *oirán* todos estos estatutos
4.10 les haga *oir* mis palabras, las cuales
4.12 *oísteis* la voz. .mas a excepción de *oir*
4.28 dioses. .que no ven, ni *oyen*, ni comen
4.30 te volvieres a Jehová. .y *oyeres* su voz
4.32 pregunta. .se haya *oído* otra como ella
4.33 ¿ha *oído* pueblo alguno la voz de Dios
4.36 desde los cielos te hizo *oir* su voz, para
4.36 has *oído* sus palabras de en medio del
5.1 *oye*, Israel, los estatutos y decretos que
5.23 que cuando vosotros *oísteis* la voz de
5.24 hemos *oído* su voz de en medio del fuego
5.25 si *oyéremos* otra vez la voz de Jehová
5.26 que *oiga* la voz. .como nosotros la *oímos*
5.27 *oye* todas las cosas que dijere Jehová
5.27 nos dirás. .nosotros *oiremos* y haremos
5.28 *oyó* Jehová la voz. .y me dijo. .He oído
6.3 *oye*. .oh Israel, y cuida de ponerlos por
6.4 *oye*, Israel: Jehová nuestro Dios. .uno es
7.12 haber *oído* estos decretos, y haberlos
9.1 *oye*, Israel. .vas hoy a pasar el Jordán
9.2 *oído* decir: ¿Quién se sostendrá delante
11.27 bendición, si *oyereis* los mandamientos
11.28 la maldición, si no *oyereis*. .apartareis
13.11 para que todo Israel *oiga*, y tema, y no
13.12 si *oyeres* que se dice de alguna de tus
17.4 que *oyeres*. .la cosa pareciere de verdad
17.13 todo el pueblo *oirá*, y temerá, y no se
18.14 porque estas naciones. .a adivinos *oyen*
18.15 profeta. .levantará Jehová. .a él *oiréis*
18.16 no vuelva yo a *oir* la voz de Jehová mi
18.19 a cualquiera que no *oyere* mis palabras
19.20 los que quedaren *oirán*, y temerán, y no
20.3 *oye*, Israel, vosotros os juntáis hoy en
21.21 quitarás. .y todo Israel *oirá*, y temerá
23.5 mas no quiso Jehová tu Dios *oir* a Balaam
26.7 Jehová *oyó* nuestra voz, y vio nuestra
27.10 *oirás*, pues, la voz de Jehová tu Dios
28.1 que si *oyeres*. .la voz de Jehová tu Dios
28.2 bendiciones. .si *oyeres* la voz de Jehová
28.15 si no *oyeres* la voz de Jehová tu Dios
29.4 Jehová no os ha dado. .ni oídos para *oir*
29.19 al *oir* las palabras de esta maldición
30.8 y tú volverás, y *oirás* la voz de Jehová
30.12 ¿quién subirá. .y nos lo hará *oir* para
30.13 nos lo traiga y nos lo haga *oir*, a fin
30.17 si. .no *oyeres*, y te dejares extraviar
31.12 que *oigan* y aprendan, y teman a Jehová
31.13 los hijos. .*oigan*, y aprendan a temer a
32.1 y *oiga* la tierra los dichos de mi boca
33.7 dijo así: *Oye*, oh Jehová, la voz de Judá

Jos. 2.10 hemos *oído* que Jehová hizo secar las
2.11 *oyendo* esto, ha desmayado. .corazón; ni
5.1 *oyeron* cómo Jehová había secado las aguas
6.5 *oigáis* el sonido de la bocina, todo el
6.10 no gritaréis, ni se *oirá* vuestra voz, ni
6.20 cuando el pueblo hubo *oído* el sonido de
7.9 los moradores. .*oirán*, y nos rodearán, y
9.1 cuando *oyeron* estas cosas todos los reyes
9.3 cuando *oyeron* lo que Josué había hecho
9.9 hemos *oído* su fama, y todo lo que hizo
9.16 tres días. .*oyeron* que eran sus vecinos
10.1 *oyó* que Josué había tomado a Hai, y que
11.1 cuando *oyó* esto Jabín. .envió mensaje a
14.12 tú *oíste*. .que los anaceos están allí
22.11 *oyeron* decir que los hijos de Rubén y
22.12 cuando *oyeron* esto los. .de Israel, se
22.30 *oyendo* Finees. .les pareció bien todo
24.27 esta piedra. .*oído* todas las palabras

Jue. 2.17 tampoco *oyeron* a sus jueces, sino que
5.3 *oíd*, reyes; escuchad, oh príncipes; yo
5.16 para *oir* los balidos de los rebaños?
7.11 y *oirás* lo que hablan; y entonces tus
7.15 cuando Gedeón *oyó* el relato del sueño
9.7 *oídme*, varones de. .y así os *oiga* Dios
9.30 cuando Zebul. .*oyó* las palabras de Gaal
9.46 cuando *oyeron* esto. .los que estaban en
13.9 Dios *oyó* la voz de Manoa; y el ángel de
14.13 ellos. .Propón tu enigma, y lo *oiremos*
19.25 aquellos hombres no le quisieron *oir*
20.3 *oyeron* que. .de Israel habían subido a
20.13 de Benjamín no quisieron *oir* la voz de

Rt. 1.6 *oyó*. .Jehová había visitado a su pueblo
2.8 *oye*, hija mía, no vayas a espigar a otro

1 S. 1.13 voz no se *oía*; y Elí la tuvo por ebria
2.22 *oía* de todo lo que sus hijos hacían con
2.23 yo *oigo* de. .vuestros malos procederes
2.24 hijos. .no es buena fama la que yo *oigo*
2.25 pero ellos no *oyeron* la voz de su padre
3.9,10 habla, Jehová, porque tu siervo *oye*
3.11 a quien la *oyere*, le retiñirán ambos oídos
4.6 filisteos *oyeron* la voz de júbilo, dijeron
4.14 Elí *oyó* el estruendo de la gritería, dijo
4.19 su nuera. .*oyendo* el rumor que el arca
7.7 *oyeron* los filisteos que los. .de Israel
7.7 *oir* esto los hijos de Israel, tuvieron
7.9 clamó Samuel a Jehová. .y Jehová le *oyó*
8.7 y dijo Jehová. .*Oye* la voz del pueblo en
8.9 *oye* su voz; mas protesta. .contra ellos
8.19 el pueblo no quiso *oir* la voz de Samuel
8.21 y *oyó* Samuel. .las palabras del pueblo
8.22 dijo. .*Oye* su voz, y pon rey sobre ellos
11.6 al *oir* Saúl estas palabras, el Espíritu
12.1 yo he *oído* vuestra voz en todo cuanto me
12.14 si temiereis a. .y *oyereis* su voz, y no
12.15 mas si no *oyereis* la voz de Jehová, y
13.3 Jonatán atacó. .lo *oyeron* los filisteos
13.3 trompeta. .diciendo: *Oigan* los hebreos
13.4 todo Israel *oyó* que se decía: Saúl ha
14.22 Efraín, *oyendo* que los filisteos huían
14.27 Jonatán no había *oído* cuando su padre
15.14 bramido de vacas es este que yo *oigo*
15.19 ¿por qué. .no has *oído* la voz de Jehová
17.11 *oyendo* Saúl y. .Israel estas palabras
17.23 las mismas palabras, y las *oyó* David
17.28 *oyéndole* hablar Eliab su hermano mayor
17.31 fueron *oídas* las palabras que David
22.6 *oyó* Saúl que se sabía de David y de los
22.7 *oíd* ahora, hijos de Benjamín: ¿Os dará
22.12 *oye* ahora, hijo de Ahitob. Y él dijo
23.11 ¿descenderá. .como ha *oído* tu siervo?
23.25 cuando Saúl *oyó* esto, siguió a David
24.9 ¿por qué *oyes* las palabras de los que
25.4 y *oyó* David. .Nabal esquilaba sus ovejas
25.35 sube en paz. .mira que he *oído* tu voz
25.39 que David *oyó* que Nabal había muerto
26.19 el rey. .*oiga* ahora las palabras de su
28.21 y he *oído* las palabras que tú me has
28.22 tú también *oigas* la voz de tu sierva
31.11 mas *oyendo* los de Jabes de Galaad esto

2 S. 4.1 *oyó* el hijo de Saúl que Abner había
5.17 *oyendo* los filisteos que David había sido
5.17 David lo *oyó*, descendió a la fortaleza
5.24 y cuando *oigas* ruido como de marcha por
7.22 conforme a todo lo que hemos *oído* con
8.9 *oyendo* Toi. .que David había derrotado a
10.7 cuando David *oyó* esto, envió a Joab con
11.26 *oyendo* la mujer de Urías que su marido
12.18 hablábamos, y no quería *oir* nuestra voz
13.14 no la quiso *oir*, sino que pudiendo más
13.16 no hay razón. .Mas él no la quiso *oir*
13.21 y luego que el rey David *oyó* todo esto
14.16 el rey *oirá*, para librar a su sierva de
15.3 no tienes quien te *oiga* de parte del rey
15.10 cuando *oigáis* el sonido de la trompeta
15.35 lo que *oyeres*. .se lo comunicarás a los
15.36 me enviaréis aviso de. .lo que *oyereis*
16.21 todo el pueblo. .*oirá* que te has hecho
17.5 a Husai arquita. .*oigamos* lo que él dirá
17.9 que lo *oyere* dirá. .ha sido derrotado
18.5 el pueblo *oyó* cuando dio el rey orden
18.12 *oímos* cuando el rey te mandó a ti y a
19.2 *oyó* decir. .que el rey tenía dolor por
19.35 ¿*oiré* más la voz de los cantores y de
20.16 *oíd*, *o*; os ruego que digáis a Joab que
20.17 ella le dijo: *Oye*. .el respondió: *Oigo*
22.7 Dios; él *oyó* mi voz desde su templo, y
22.42 clamaron, y. .a Jehová, mas no les *oyó*
22.45 extraños. .al *oir* de mí, me obedecerán
24.25 Jehová *oyó* las súplicas de la tierra

1 R. 1.11 ¿no has *oído* que reina Adonías hijo
1.41 lo *oyó* Adonías, y todos los convidados
1.41 y *oyendo* Joab el sonido de la trompeta
1.45 alegría. .el alboroto que habéis *oído*
3.11 demandaste. .inteligencia para *oir* juicio
3.28 Israel *oyó* aquel juicio que había dado
4.34 *oir* la sabiduría de Salomón venían de
5.1 luego que *oyó* que le habían ungido por
5.7 cuando Hiram *oyó* las palabras de Salomón
5.8 he *oído* lo que me mandaste a decir; yo
6.7 martillos ni hachas se *oyeron* en la casa
8.28 *oyendo*. .la oración que tu siervo hace
8.29 *oigas* la oración que tu siervo haga en
8.30 *oye*, pues, la oración de tu siervo, y de
8.30 tú lo *oirás* en el lugar de tu morada, en
8.32 tú *oirás* desde el cielo y actuarás, y
8.34,36 tú *oirás* en los cielos, y perdonarás
8.39,43,49 *oirás* en los cielos, en el lugar
8.42 *oirán* de tu gran nombre, de tu mano
8.45 tú *oirás* en los cielos su oración y su
8.52 para *oirlos* en. .por lo cual te invocaren
9.3 dijo. .Yo he *oído* tu oración y tu ruego
10.1 *oyendo* la reina de Sabá la fama que
10.6 verdad es lo que *oí* en mi tierra de tus
10.7 es mayor. .que la fama que yo había *oído*
10.8 dichosos estos. .que. .*oyen* tu sabiduría
10.24 para *oir* la sabiduría que Dios había
11.21 *oyendo* Hadad. .que David había dormido
12.2 que cuando lo *oyó* Jeroboam hijo de Nabat
12.15 y no *oyó* el rey al pueblo; porque era
12.16 vio que el rey no les había *oído*, le
12.20 *oyendo* todo Israel que Jeroboam había
12.24 y ellos *oyeron* la palabra de Dios, y
13.4 rey Jeroboam *oyó* la palabra del varón de
13.26 *oyéndolo* el profeta. .dijo: El varón de
14.6 cuando Ahías *oyó* el sonido de sus pies
15.21 *oyendo* esto Baasa, dejó de edificar a
16.16 *oyó* decir: Zimri ha conspirado, y ha
17.22 Jehová *oyó* la voz de Elías, y el alma
18.41 bebe; porque una lluvia grande se *oye*
19.13 cuando lo *oyó* Elías, cubrió su rostro
20.12 cuando él *oyó* esta palabra. .dijo a sus
20.31 hemos *oído* de. .que son reyes clementes
21.15 *oyó* que Nabot había sido apedreado y
21.16 *oyendo* Acab que Nabot era muerto, se
21.27 cuando Acab *oyó* estas palabras, rasgó
22.19 él dijo: *Oye*, pues, palabra de Jehová
22.28 en seguida dijo: *Oíd*, pueblos todos

2 R. 3.21 de Moab *oyeron* que los reyes subían
5.8 *oyó* que el rey de Israel había rasgado
6.30 el rey *oyó* las palabras de aquella mujer
6.32 ¿no se *oye* tras él el ruido de los pasos
7.1 *oíd* palabra de Jehová: Así dijo Jehová
7.6 se *oyese* estruendo de carros, ruido de
9.30 cuando Jezabel lo *oyó*, se pintó los ojos
11.13 *oyendo* Atalía el estruendo del pueblo
13.4 Joacaz oró. .Jehová lo *oyó*; porque miró
18.28 *oíd* la palabra del gran rey, el rey de
18.32 no *oigáis* a Ezequías. .os engaña cuando
19.1 cuando el rey Ezequías lo *oyó*, rasgó sus
19.4 *oirá* Jehová tu Dios todas las palabras
19.4 palabras, las cuales Jehová tu. .ha *oído*
19.6 no temas por las palabras que has *oído*
19.7 *oirá* rumor, y volverá a su tierra; y haré
19.8 porque *oyó* que se había ido de Laquis
19.9 y *oyó* decir que Tirhaca. .había salido
19.11 has *oído* lo que han hecho los reyes
19.16 inclina, oh Jehová, tu oído, y *oye*; abre
19.16 y *oye* las palabras de Senaquerib, que
19.20 lo que me pediste acerca de. .he *oído*
19.25 ¿nunca has *oído* que desde. .yo lo hice
20.5 yo he *oído* tu oración, y he visto tus
20.12 *oído* que Ezequías había caído enfermo
20.13 Ezequías los *oyó*, y les mostró toda la
20.16 Isaías dijo a. .*Oye* palabra de Jehová
21.12 que al que lo *oyere* le retiñirán. .oídos
22.11 el rey hubo *oído* las palabras del libro
22.18 por cuanto *oíste* las palabras del libro
22.19 *oíste* lo que yo he pronunciado contra
22.19 también yo te he *oído*, dice Jehová
23.2 el rey. .leyó, *oyéndolo* ellos, todas las
25.23 *oyendo* todos los príncipes del ejército

1 Cr. 10.11 *oyendo*. .lo que los filisteos habían
14.8 *oyendo* los filisteos que David. .ungido
14.8 cuando David lo *oyó*, salió contra ellos
14.15 así que *oigas* venir un estruendo por
17.20 según todas las cosas que hemos *oído*
18.9 y *oyendo* Toi. .que David había deshecho
19.8 *oyéndolo* David, envió a Joab con todo
21.28 viendo David que Jehová le había *oído*
28.2 dijo: *Oídme*, hermanos míos, y pueblo mío

2 Cr. 6.19 *oir* el clamor y la oración con que
6.20 *oigas* la oración con que tu siervo ora
6.21 que *oigas* el ruego de tu siervo, y de
6.21 *oirás* desde los. .que *oigas* y perdones
6.23 tú *oirás* desde los cielos, y actuarás
6.25 tú *oirás* desde los cielos, y perdonarás
6.27 los *oirás* en los cielos, y perdonarás el
6.30,33,35,39 *oirás* desde los cielos, desde
7.12 he *oído* tu oración, y he elegido para
7.14 yo *oiré* desde los cielos, y perdonaré
9.1 *oyendo* la reina de Sabá la. .de Salomón
9.5 verdad es lo que había *oído* en mi tierra
9.6 tú superas la fama que yo había *oído*
9.7 y dichosos estos. .que. .*oyen* tu sabiduría

OIR *(Continúa)*

2 Cr. 9.23 *oír* la sabiduría que Dios le había dado
10.2 y cuando lo *oyó* Jeroboam hijo de Nabat
10.16 viendo..que el rey no les había *oído*
11.4 ellos *oyeron* la palabra de Jehová y se
13.4 y dijo: *Oídme*, Jeroboam y todo Israel
15.2 dijo: *Oídme*, Asa y todo Judá y Benjamín
15.8 *oyó* Asa las palabras y la profecía de
16.5 *oyendo* esto Baasa, cesó de edificar a
18.18 *oíd*..palabra de Jehová: Yo he visto
18.27 Micaías..dijo además: *Oíd*, pueblos todos
20.9 clamaremos..y tú nos *oirás* y salvarás
20.15 *oíd*, Judá todo, y vosotros moradores
20.20 *oídme*, Judá y moradores de Jerusalén
20.29 cuando *oyeron*..Jehová había peleado
23.12 cuando Atalía *oyó* el estruendo de la
24.17 obediencia al rey; y el rey los *oyó*
25.20 Amasías no quiso *oír*; porque era la
28.11 *oídme*..y devolved a los cautivos que
29.5 ¡*oídme*, levitas! Santificaos ahora, y
30.20 y *oyó* Jehová a Ezequías, y sanó al
30.27 la voz de ellos fue *oída*, y su oración
33.13 pues Dios *oyó* su oración y lo restauró
33.19 su oración también, y cómo fue *oído*
34.19 que el rey *oyó* las palabras de la ley
34.26 por cuanto *oíste* las palabras del libro
34.27 y te humillaste..al *oír* sus palabras
34.27 yo también te he *oído*, dice Jehová
Esd. 3.13 clamor..*oía* el ruido hasta de lejos
4.1 *oyendo* los enemigos de Judá y..Benjamín
9.3 cuando *oí* esto, rasgué mi vestido y mi
Neh. 1.4 cuando *oí* estas palabras me senté y
1.6 atento tu oído..para *oír* la oración de
2.10 *oyéndolo* Sanbalat horonita y Tobías el
2.19 pero cuando lo *oyeron* Sanbalat horonita
4.1 *oyó* Sanbalat que..edificábamos el muro
4.4 *oye*, oh Dios nuestro, que somos objeto de
4.7 *oyendo* Sanbalat y Tobías..que los muros
4.15 cuando *oyeron* nuestros enemigos que le
4.20 donde *oyereis* el sonido de la trompeta
5.6 me enojé..cuando *oí* su clamor y estas
6.1 cuando *oyeron* Sanbalat y Tobías y Gesem
6.6 se ha *oído* entre las naciones, y Gasmu
6.7 serán *oídas* del rey las tales palabras
6.16 y cuando lo *oyeron*..nuestros enemigos
8.9 el pueblo lloraba *oyendo* las palabras
9.9 *oíste* el clamor de ellos en el Mar Rojo
9.17 no quisieron *oír*, ni se acordaron de tus
9.27,28 a ti, y tú desde los cielos los *oías*
9.29 y no *oyeron* tus mandamientos, sino que
12.43 alborozo de Jerusalén fue *oído* desde
13.1 aquel día se leyó..*oyéndolo* el pueblo
13.3 cuando *oyeron*, pues, la ley, separaron
Est. 1.18 dirán esto las señoras..que *oigan* el
1.20 el decreto..será *oído* en todo su reino
Job 2.11 luego que *oyeron* todo este mal que le
3.18 los cautivos; no *oyen* la voz del capataz
4.16 ojos un fantasma..y quedo, *oí* que decía
5.27 *óyelo*, y conócelo tú para tu provecho
13.1 todas estas cosas han..*oído*..mis oídos
13.6 *oíd* ahora mi razonamiento, y..atentos a
13.17 *oíd* con atención mi razonamiento, y mi
15.8 ¿*oíste* tú el secreto de Dios, y está
16.2 muchas veces he *oído* cosas como estas
19.7 clamaré agravio, y no seré *oído*; daré
20.3 la reprensión de mi censura he *oído*, y
21.2 *oíd* atentamente mi palabra, y sea esto
22.27 orarás..él te *oirá*; y tú pagarás tus
26.14 y cuán leve es el susurro..*oído* de él!
27.9 ¿*oirá* Dios su clamor cuando la..viniere
28.22 su fama hemos *oído* con nuestros *oídos*
29.11 que me *oían* me llamaban bienaventurado
29.21 me *oían*, y esperaban, y callaban a mi
30.20 clamo a ti, y no me *oyes*; me presento
31.35 ¡quién me diera quien me *oyese*! He aquí
33.1 por tanto, Job, *oye* ahora mis razones, y
33.8 yo *oí* la voz de tus palabras que decían
33.31 escucha..y *óyeme*; calla, y yo hablaré
33.33 y si no, *óyeme* tú a mí; calla, y te
34.2 *oíd*, sabios, mis palabras; y vosotros
34.10 varones..*oídme*: Lejos esté de Dios la
34.16 *oye*..escucha la voz de mis palabras
34.28 que *oiga* el clamor de los necesitados
34.34 dirán..y el hombre sabio que me *oiga*
35.12 allí clamarán, y él no *oirá*, por la
35.13 Dios no *oirá* la vanidad, ni la mirará
36.11 si *oyeren* y les sirvieren, acabarán sus
36.12 si no *oyeren*, serán pasados a espada
37.2 *oíd*..el estrépito de su voz, y el sonido
37.4 aunque sea *oída* su voz, no los detiene
39.7 se burla..no *oye* las voces del arriero
42.4 *oye*, te ruego, y hablaré; te preguntaré
42.5 de oídas te había *oído*; mas ahora mis
Sal. 4.1 misericordia de mí, y *oye* mi oración
4.3 sí; Jehová *oirá* cuando yo a él clamare
5.3 de mañana *oirás* mi voz; de mañana me
6.8 porque Jehová ha *oído* la voz de mi lloro
6.9 ha *oído* mi ruego; ha recibido Jehová mi
10.17 deseo de los humildes *oíste*, oh Jehová
17.1 *oye*, oh Jehová, una causa justa; está
17.6 te he invocado, por cuanto tú me *oirás*
18.6 *oyó* mi voz desde su templo, y mi clamor
18.41 clamaron..aun a Jehová, pero no los *oyó*
18.44 al *oír* de mí me obedecieron..extraños
19.3 no hay lenguaje, ni..ni es *oída* su voz
20.1 Jehová te *oiga* en el día de conflicto
20.6 lo *oirá* desde sus santos cielos con la
20.9 que el rey nos *oiga* en el día que lo
22.24 ni..sino que cuando clamó a él, le *oyó*
27.7 *oye*, oh Jehová, mi voz con que..clamo
28.2 *oye* la voz de mis ruegos cuando clamo a
28.6 bendito sea Jehová, que *oyó* la voz de mis
30.10 *oye*, oh Jehová, y ten misericordia de
31.13 *oigo* la calumnia de muchos; el miedo
31.22 tú *oíste* la voz de mis ruegos cuando
34.2 lo *oirán* los mansos, y se alegrarán
34.4 busqué a Jehová, y él me *oyó*, y me libró
34.6 este pobre clamó, y le *oyó* Jehová, y lo
34.11 *oídme*; el temor de Jehová os enseñaré
34.17 claman los justos, y Jehová *oye*, y los
38.13 mas yo, como si fuera sordo, no *oigo*
38.14 soy, pues, como un hombre que no *oye*
39.12 *oye* mi oración, oh Jehová, y escucha
40.1 esperé..se inclinó a mí, y *oyó* mi clamor
44.1 oh Dios, con nuestros oídos hemos *oído*
45.10 *oye*, hija, y mira, e inclina tu oído
48.8 como lo *oímos*, así lo hemos visto en la
49.1 *oíd* esto, pueblos..habitantes todos del
50.7 *oye*, pueblo mío, y hablaré; escucha
51.8 hazme *oír* gozo y alegría..se recrearán
54.2 oh Dios, *oye* mi oración; escucha las
55.17 día oraré y clamaré, y él *oirá* mi voz
55.19 Dios *oirá*, y los quebrantará luego, el
58.5 que no *oye* la voz de los que encantan
59.7 en sus labios, porque dicen: ¿Quién *oye*?
60.5 libren..salva con tu diestra, y *óyeme*
61.1 *oye*, oh Dios, mi clamor; a mi oración
61.5 porque tú, oh Dios, has *oído* mis votos
62.11 dos veces he *oído* esto: que de Dios es
65.2 *oyes* la oración; a ti vendrá toda carne
66.8 Dios, y haced *oír* la voz de su alabanza
66.16 venid, *oíd* todos los que teméis a Dios
69.17 estoy angustiado; apresúrate, *óyeme*
69.33 porque Jehová *oye* a los menesterosos
76.8 desde los cielos hiciste *oír* juicio; la
78.3 las cuales hemos *oído* y entendido; que
78.21 por tanto, *oyó* Jehová, y se indignó
78.59 *oyó* Dios y se enojó, y en gran manera
81.5 de Egipto..*Oí* lenguaje que no entendía
81.8 *oye*, pueblo mío..Israel, si me *oyeres*
81.11 mi pueblo no *oyó* mi voz, e Israel no
81.13 ¡oh, si me hubiera *oído* mi pueblo, si
84.8 Jehová Dios de..*oye* mi oración; escucha
92.11 *oirán*..oídos de los que se levantaron
94.9 el que hizo el oído, ¿no *oirá*? El que
95.7 ovejas de su mano. Si *oyereis* hoy su
97.8 *oyó* Sion, y se alegró; y las hijas de
102.20 para *oír* el gemido de los presos, para
106.25 antes..y no *oyeron* la voz de Jehová
106.44 con todo, él miraba..y *oía* su clamor
115.6 orejas tienen, mas no *oyen*..narices, y
116.1 amo a Jehová, pues ha *oído* mi voz y mis
118.21 te alabaré porque me has *oído*, y me
119.149 *oye* mi voz conforme a..misericordia
130.2 Señor, *oye* mi voz; estén atentos tus
132.6 aquí en Efrata lo *oímos*; lo hallamos
135.17 tienen orejas, y no *oyen*; tampoco hay
138.4 porque han *oído* los dichos de tu boca
141.6 *oirán* mis palabras, que son verdaderas
143.1 Jehová, *oye* mi oración, escucha mis
143.8 hazme *oír*..misericordia, porque en ti
145.19 *oirá* asimismo el clamor de ellos, y
Pr. 1.5 *oirá* el sabio, y aumentará el saber
1.8 *oye*, hijo mío, la instrucción de tu padre
1.24 llamé, y no quisisteis *oír*, extendí mi
1.33 el que me *oyere*, habitará confiadamente
4.1 *oíd*, hijos, la enseñanza de un padre, y
4.10 *oye*, hijo mío, y recibe mis razones, y
5.7 *oídme*, y no os apartéis de las razones
5.13 no *oí* la voz de los que me instruían, y a
7.24 *oídme*, y estad atentos a las razones de
8.6 *oíd*, porque hablaré cosas excelentes, y
8.32 hijos, *oídme*, y bienaventurados los que
13.8 riquezas; pero el pobre no *oye* censuras
15.29 pero él *oye* la oración de los justos
18.13 al que responde palabra antes de *oír*
19.27 cesa, hijo mío, de *oír* las enseñanzas
20.12 oído que *oye*, y el ojo que ve, ambas
21.13 el que cierra..clamará, y no será *oído*
21.28 el hombre que *oye*, permanecerá en su
22.17 inclina tu oído y *oye* las palabras de
23.19 *oye*, hijo mío, y sé sabio, y endereza
23.22 *oye* a tu padre, a..que te engendró
25.10 no sea que te deshonre el que lo *oyere*
28.9 que aparta su oído para no *oír* la ley
29.24 pues *oye* la imprecación y no dice nada
Ec. 1.8 nunca se sacia el ojo..el oído de *oír*
5.1 acércate más para *oír* que para ofrecer
7.5 mejor es *oír* la reprensión del sabio que
7.21 que no *oigas* a tu siervo cuando dice mal
12.13 el fin de todo el discurso *oído* es este
Cnt. 2.12 país se ha *oído* la voz de la tórtola
2.14 hazme *oír* tu voz; porque dulce es la voz
8.13 compañeros escuchan tu voz; házmela *oír*
Is. 1.2 *oíd*, cielos, y escucha tú, tierra
1.10 príncipes de Sodoma, *oíd* la palabra de
1.15 multipliquéis la oración, yo no *oiré*
1.19 si quisiereis y *oyereis*, comeréis el bien
6.8 *oí* la voz del Señor, que decía: ¿A quién
6.9 dí a este..*Oíd* bien, y no entendáis; ved
6.10 no..ni *oiga* con sus oídos, ni su corazón
7.13 dijo..Isaías: *Oíd* ahora, casa de David
8.9 *oíd*, todos..que sois de lejanas tierras
10.30 haz que se *oiga* hacia Lais, pobrecilla
11.3 ni argüirá por lo que *oigan* sus oídos
15.4 gritarán, hasta Jahaza se *oirá* su voz
16.6 hemos *oído* la soberbia de Moab; muy
21.3 agobié *oyendo*, y al ver me he espantado
21.10 os he dicho lo que *oí* de Jehová de los
24.16 postrero de la tierra *oímos* cánticos
28.12 este es el reposo..mas no quisieron *oír*
28.14 burladores..*oíd* la palabra de Jehová
28.19 y será..espanto el entender lo *oído*
28.22 porque destrucción..he *oído* del Señor
28.23 estad atentos, y *oíd* mi voz..*o* mi dicho
29.18 tiempo los sordos *oirán* las palabras
30.9 que no quisieron *oír* la ley de Jehová
30.19 *oír* la voz de tu clamor te responderá
30.21 tus oídos *oirán* a tus espaldas palabra
30.30 Jehová hará *oír* su potente voz, y hará
32.3 los oídos de los oyentes *oirán* atentos
32.9 mujeres indolentes..*oíd* mi voz; hijas
33.13 *oíd*, los que estáis lejos, lo que he
33.15 tapa sus oídos para no *oír* propuestas
34.1 acercaos, naciones, juntaos para *oír*; y
34.1 *oiga* la tierra y cuanto hay en ella, el
36.11 lo *oye* el pueblo que está sobre el muro
36.13 *oíd* las palabras del gran rey, el rey
37.1 cuando el rey Ezequías *oyó* esto, rasgó
37.4 quizá *oirá* Jehová tu Dios las palabras
37.4 para vituperar con las palabras que *oyó*
37.6 no temas por las palabras que has *oído*
37.7 pondré..un espíritu, y *oirá* un rumor, y
37.8 ya había *oído* que se había apartado de
37.9 al *oírlo*, envió embajadores a Ezequías
37.11 tú *oíste* lo que han hecho los reyes de
37.17 inclina, oh Jehová, tu oído, y *oye*; abre
37.17 *oye* todas las palabras de Senaquerib
37.26 ¿no has *oído* decir que desde..lo hice
38.5 he *oído* tu oración, y visto tus lágrimas
39.5 *oye* palabra de Jehová de los ejércitos
40.21 ¿no sabéis? ¿No habéis *oído*? ¿Nunca
40.28 has *oído* que el Dios eterno es Jehová
41.17 Jehová los *oiré*, yo el Dios de Israel
41.26 ciertamente no hay quien *oiga* vuestras
42.2 ni alzará..ni la hará *oír* en las calles
42.18 sordos, *oíd*, y vosotros, ciegos, mirad
42.20 advierte, que abre los oídos y no *oye*?
42.23 ¿quién de vosotros *oirá* esto? ¿Quién
42.24 no quisieron andar en..ni *oyeron* su ley
43.9 y quién nos haga *oír* las cosas primeras?
43.9 justifíquense; *oigan*, y digan: Verdad es
43.12 yo anuncié, y salvé, e hice *oír*, y no
44.1 ahora pues, *oye*, Jacob, siervo mío, y tú
44.8 ¿no te lo hice *oír* desde la antigüedad
45.21 ¿quién hizo *oír*..desde el principio, y
46.3 *oídme*, oh casa de Jacob, y todo..Israel
46.12 *oídme*, duros de corazón, que estáis
47.8 *oye*, pues, ahora esto, mujer voluptuosa
48.1 *oíd* esto, casa de Jacob, que os llamáis
48.6 *oíste*..te he hecho *oír* cosas nuevas y
48.7 ni antes de este día las habías *oído*
48.8 sí, nunca lo habías *oído*, ni..conocido
48.12 *óyeme*, Jacob..Israel, a quien llamé
48.14 juntaos todos vosotros, y *oíd*. ¿Quién
48.16 acercaos..*oíd* esto: desde el principio
49.1 *oídme*, costas, y escuchad, pueblos
49.8 en tiempo aceptable te *oí*, y en el día
50.4 despertará mi oído para que *oiga* como
50.10 que teme..y *oye* la voz de su siervo?
51.1 *oídme*, los que seguís la justicia, los
51.4 a mí, pueblo mío, y *oídme*, nación mía
51.7 *oídme*, los que conocéis justicia, pueblo
51.21 *oye*, pues, ahora esto, afligida, ebria
52.15 y entenderán lo que jamás habían *oído*
55.2 *oídme* atentamente, y comed del bien, y
55.3 venid a mí; *oíd*, y vivirá vuestra alma
58.4 para que vuestra voz sea *oída* en lo alto
58.9 entonces invocarás, y te *oirá* Jehová
59.1 salvar, ni..agravado su oído para *oír*
59.2 han hecho ocultar..rostro para no *oír*
60.18 nunca..se *oirá* en tu tierra violencia
62.11 Jehová hizo *oír* hasta lo último de la
64.4 ni nunca *oyeron*, ni oídos percibieron
65.12 y no *oísteis*, sino..hicisteis lo malo
65.19 nunca..se *oirán* en ella voz de lloro
65.24 mientras aún hablan, yo habré *oído*
66.4 hablé, y no *oyeron*, sino que hicieron
66.5 *oíd* palabra de Jehová, vosotros los que
66.8 ¿quién *oyó* cosa semejante? ¿quién vio
66.19 a las costas lejanas que no *oyeron* de
Jer. 2.4 *oíd*..palabra de Jehová, casa de Jacob
3.13 fornicaste con los..y no *oíste* mi voz
3.21 voz fue *oída* sobre las alturas, llanto
4.15 hace *oír* la calamidad desde el monte
4.16 aquí, haced *oír* sobre Jerusalén: Guardas
4.19 porque sonido de trompeta has *oído*, oh
4.21 ¿hasta cuándo he de ver..*oír* sonido de
4.31 *oí* una voz como de mujer que..de parto
5.20 haced que esto se *oiga* en Judá, diciendo
5.21 *oíd* ahora esto..que tiene oídos y no *oye*
6.7 maldad; injusticia y robo se *oyen* en ella

OIR *(Continúa)*
Jer. 6.10 ¿a quién. . amonestaré, para que *oigan?*
6.18 por tanto, *oíd*, naciones, y entended, oh
6.19 *oye*, tierra. . yo traigo mal sobre este
6.24 su fama *oímos*. . manos se descoyuntaron
7.2 *oíd* palabra de Jehová, todo Judá, los que
7.13 no *oísteis*. . llamé, y no respondisteis
7.16 ores. . ni me ruegues; porque no te *oiré*
7.24 no *oyeron* ni inclinaron su oído; antes
7.26 pero no me *oyeron* ni inclinaron su oído
7.27 todas estas palabras, pero no te *oirán*
8.6 escuché y *oí*; no hablan rectamente, no
8.16 desde Dan se *oyó* el bufido de. . caballos
9.10 no quedar. . ni *oírse* bramido de ganado
9.19 porque de Sion fue *oída* voz de endecha
9.20 *oíd*, pues, oh mujeres, palabra de Jehová
10.1 *oíd* la palabra que Jehová ha hablado
11.2 *oíd* las palabras de este pacto, y hablad
11.4 *oíd* mi voz, y cumplid mis palabras
11.6 *oíd* las palabras de. . ponedlas por obra
11.7 hasta el día de hoy, diciendo: *Oíd* mi
11.8 pero no *oyeron*, ni inclinaron su oído
11.11 traigo. . y clamarán a mí, y no los *oiré*
11.14 yo no *oiré* en el día que. . clamen a mí
12.17 mas si no *oyeren*, arrancaré esa nación
13.10 este pueblo malo, que no quiere *oír* mis
13.15 escuchad y *oíd;* no os envanezcáis, pues
13.17 si no *oyereis* esto, en secreto llorará
14.12 cuando ayunen, yo no *oiré* su clamor, y
16.12 tras la imaginación. . no *oyéndome* a mí
17.20 diles: *Oíd* la palabra de Jehová, reyes
17.23 ellos no *oyeron*, ni inclinaron su oído
17.23 endurecieron su cerviz para no *oír*, ni
17.27 pero si no me *oyereis* para santificar
18.2 vete a. . y allí te haré *oír* mis palabras
18.10 no *oyendo* mi voz, me arrepentiré del
18.13 preguntad. . quién ha *oído* cosa semejante
18.19 oh Jehová, mira por mí, y *oye* la voz
18.22 *óigase* clamor de sus casas, cuando
19.3 dirás. . *Oíd* palabra de Jehová, oh reyes
19.3 a todo el que lo *oyere*, le retiñan los
19.15 han endurecido su cerviz para no *oír*
20.1 *oyó* a Jeremías que profetizaba estas
20.10 *oí* la murmuración de muchos, temor de
20.16 *oiga* gritos de mañana, y. . a mediodía
21.11 y a la casa del. . *Oíd* palabra de Jehová
22.2 *oye* palabra de Jehová, oh rey de Judá
22.5 mas si no *oyereis* estas palabras, por
22.21 dijiste: No *oiré*. . nunca *oíste* mi voz
22.29 ¡tierra. . tierra! *oye* palabra de Jehová
23.18 ¿quién estuvo en el secreto de. . y *oyó*
23.18 estuvo atento a su palabra, y la *oyó?*
23.22 pero si. . habrían hecho *oír* mis palabras
23.25 yo he *oído* lo que. . profetas dijeron
25.3,4 temprano y sin cesar; pero no *oísteis*
25.7 no me habéis *oído*. . provocarme a ira con
25.8 por cuanto no habéis *oído* mis palabras
26.3 quizá *oigan*, y se vuelvan cada uno de
26.4 si no me *oyereis* para andar en mi ley
26.5 profetas. . a los cuales no habéis *oído*
26.7 los profetas y todo el pueblo *oyeron* a
26.10 príncipes de Judá *oyeron* estas cosas
26.11 profetizó. . como vosotros habéis *oído*
26.12 profetizar. . palabras que habéis *oído*
26.13 y *oíd* la voz de Jehová vuestro Dios
26.21 y *oyeron* sus palabras el rey Joacim y
27.14,16 no *oigáis* las palabras de. . profetas
27.17 no los *oigáis;* servid al rey. . y vivid
28.7 con todo esto, *oye* ahora esta palabra
28.15 *oye*, Hananías: Jehová no te envió, y
29.12 me invocaréis. . oraréis. . y yo os *oiré*
29.19 por cuanto no *oyeron* mis palabras, dice
29.20 *oíd*, pues, palabra de Jehová, vosotros
30.5 hemos *oído* voz de temblor; de espanto
31.7 haced *oír*, alabad, y decid: Oh Jehová
31.10 *oíd* palabra de Jehová, oh naciones, y
31.15 voz fue *oída* en Ramá, llanto y lloro
31.18 he *oído* a Efraín que se lamentaba: Me
32.23 la disfrutaron; pero no *oyeron* tu voz
33.9 las naciones. . habrán *oído* todo el bien
33.11 ha de *oírse*. . voz de gozo y de alegría
34.4 *oye* palabra. . rey. . No morirás a espada
34.10 y cuando *oyeron* todos los príncipes, y
34.14 padres no me *oyeron*, ni inclinaron su
34.17 no me habéis *oído* para promulgar cada
35.14 yo os he hablado. . y no me habéis *oído*
35.15 no inclinasteis. . oído, ni me *oísteis*
35.17 les hablé, y no *oyeron;* los llamé, y
36.3 quizá *oiga* la casa de Judá todo el mal
36.11 Micaías hijo. . habiendo *oído* del libro
36.13 palabras que había *oído* cuando Baruc
36.16 *oyeron*. . palabras, cada uno se volvió
36.24 sus siervos que *oyeron*. . estas palabras
36.25 que no quemase. . rollo, no los quiso *oír*
37.20 *oye*, te ruego, oh rey mi señor; caiga
38.1 *oyeron* Sefatías hijo de Matán. . y Pasur
38.7 *oyendo* Ebed-melec. . etíope, eunuco de la
38.20 *oye*. . la voz de Jehová que yo te hablo
38.25 si. . *oyeren* que yo he hablado contigo
38.27 se alejaron. . asunto no se había *oído*
40.3 no *oísteis* su voz, por eso os ha venido
40.7 *oyeron* que. . había puesto a Gedalías
40.11 *oyeron* decir que el rey de Babilonia
41.11 y *oyeron* Johanán hijo de Carea y todos
42.4 he *oído*. . voy a orar a Jehová vuestro
42.14 Egipto. . ni *oiremos* sonido de trompeta
42.15 *oíd* la palabra de Jehová, remanente de
44.5 pero no *oyeron* ni inclinaron su oído
44.16 la palabra que nos. . no la *oiremos* de ti
44.24 *oíd* palabra de Jehová, todos. . de Judá
44.26 *oíd* palabra de Jehová, todo Judá que
46.12 las naciones *oyeron* tu afrenta, y tu
48.4 hicieron que se *oyese* el clamor de sus
48.5 los enemigos *oyeron* clamor de quebranto
48.29 hemos *oído* la soberbia de Moab, que es
49.2 haré *oír* clamor de guerra en Rabá de los
49.14 noticia *oí*, que de Jehová había sido
49.20 *oíd* el consejo que Jehová ha acordado
49.21 grito de su voz se *oirá* en el Mar Rojo
49.23 se confundieron. . *oyeron* malas nuevas
50.43 *oyó* la noticia el rey de Babilonia, y
50.45 tanto, *oíd* la determinación que Jehová
50.46 tembló, y el clamor se *oyó* entre las
51.46 ni temáis. . del rumor que se *oirá* por
51.51 avergonzados, porque *oímos* la afrenta
51.54 ¡*óyese* el clamor de Babilonia, y el
Lm. 1.18 *oíd* ahora, pueblos todos, y ved mi
1.21 *oyeron* que gemía, mas no hay consolador
1.21 enemigos han *oído* mi mal, se alegran de
3.56 *oíste* mi voz; no escondas tu oído al
3.61 has *oído* el oprobio de ellos, oh Jehová
Ez. 1.24 y *oí* el sonido de sus alas. . andaban
1.25 se *oía* una voz de arriba de la expansión
1.28 me postré. . *oí* la voz de uno que hablaba
2.2 sobre mis pies, y *oí* al que me hablaba
2.8 *oye* lo que yo te hablo; no seas rebelde
3.6 y si a ellos te enviara, ellos te *oyeran*
3.7 no te querrá *oír*, porque no me quiere *o*
3.10 todas mis palabras. . y *oye* con tus oídos
3.12 y *oí* detrás de mí una voz de. . estruendo
3.13 *oí*. . el sonido de las alas de los seres
3.17 *oirás*, pues, tú la palabra de mi boca
3.27 que *oye*, *oiga*. . no quiere *oír*, no *oiga*
6.3 montes de Israel, *oíd* palabra de Jehová
8.18 gritarán a mis oídos con. . y no los *oiré*
9.5 dijo, *oyéndolo* yo: Pasad por la ciudad
10.5 las alas de los querubines se *oía* hasta
10.13 a las ruedas, *oyéndolo* yo. . les gritaba
12.2 tienen oídos para *oír* y no *oyen*, porque
13.2 que profetizan. . *Oíd* palabra de Jehová
16.35 tanto, ramera, *oye* palabra de Jehová
18.25 *oíd*. . Israel: ¿no es recto mi camino?
19.4 las naciones *oyeron* de él; fue tomado en
19.9 su voz no se *oyese* más sobre los montes
20.47 al bosque del Neguev: *Oye* la palabra de
23.42 se *oyó* en ella voz de compañía que se
25.3 hijos de Amón: *Oíd* palabra de Jehová el
26.13 y no se *oirá* más el son de tus cítaras
27.30 harán *oír* su voz sobre ti, y gritarán
33.4 *oyere* el sonido de la trompeta y no se
33.5 el sonido de la trompeta *oyó*, y no se
33.7 he puesto. . y *oirás* la palabra de mi boca
33.30 venid. . *oíd* qué palabra viene de Jehová
33.31,32 *oirán*. . pero no las pondrán por obra
34.7,9 tanto, pastores, *oíd* palabra de Jehová
35.12 yo Jehová he *oído* todas tus injurias
35.13 y multiplicasteis. . palabras. Yo lo *oí*
36.1,4 montes de Israel, *oíd* palabra de
36.15 nunca. . te haré *oír* injuria de naciones
37.4 y diles: Huesos. . *oíd* palabra de Jehová
40.4 *oye* con tus oídos, y pon tu corazón a
43.6 y *oí* uno que me hablaba desde la casa
44.5 *oye* con tus oídos todo lo que yo hablo
Dn. 3.5,7,10,15 al *oír* el son de la bocina, de
5.14 yo he *oído* de ti que el espíritu de los
5.16 he *oído*. . que puedes dar interpretaciones
5.23 dioses. . que ni ven, ni *oyen*, ni saben
6.14 cuando el rey *oyó* el asunto, le pesó en
8.13 *oí* a un santo que hablaba; y otro de los
8.16 *oí* una voz de hombre entre las riberas
9.17 Dios. . *oye* la oración de tu siervo, y sus
9.18 inclina. . tu oído, y *oye;* abre tus ojos
9.19 *oye*, Señor; oh Señor, perdona; presta
10.9 *oí* el sonido de sus palabras; y al *oír*
10.12 fueron *oídas* tus palabras; y a causa de
12.7 *oí* al varón vestido de lino, que estaba
12.8 y yo *oí*, mas no entendí. Y dije: Señor
Os. 4.1 *oíd* palabra de Jehová, hijos de Israel
5.1 sacerdotes, *oíd* esto, y estad atentos
9.17 los desechará, porque ellos no le *oyeron*
14.8 yo lo *oiré*, y miraré; yo seré a él como
Jl. 1.2 *oíd* esto, ancianos, y escuchad, todos
Am. 3.1 *oíd* esta palabra que ha hablado Jehová
3.13 *oíd* y testificad contra. . casa de Jacob
4.1 *oíd* esta palabra, vacas de Basán, que
5.1 *oíd* esta palabra que yo levanto para
7.16 ahora. . *oye* palabra de Jehová. Tú dices
8.4 *oíd*. . los que explotáis a. . menesterosos
8.11 hambre a. . de *oír* la palabra de Jehová
Abd. 1 dicho. . Hemos *oído* el pregón de Jehová
Jon. 2.2 invoqué en mi. . a Jehová, y él me *oyó*
2.2 desde el. . del Seol clamé, y mi voz *oíste*
Mi. 1.2 *oíd*, pueblos todos; está atenta, tierra
3.1 *oíd* ahora, príncipes de Jacob, y jefes
3.9 *oíd*. . esto, jefes de la casa de Jacob, y
6.1 *oíd* ahora lo que dice Jehová: Levántate
6.1 levántate. . y *oigan* los collados tu voz
6.2 *oíd*, montes, y fuertes cimientos de la
7.7 esperaré al Dios de. . el Dios mío me *oirá*
Nah. 2.13 más se *oirá* la voz de tus mensajeros
3.19 los que *oigan* tu fama batirán las manos
Hab. 1.2 ¿hasta cuándo. . clamaré, y no *oirás?*
3.2 oh Jehová, he *oído* tu palabra, y temí
3.16 *oí*, y se conmovieron mis entrañas; a la
Sof. 2.8 he *oído* las afrentas de Moab, y los
Hag. 1.12 *oyó* Zorobabel hijo. . la voz de Jehová
Zac. 6.15 esto sucederá si *oyereis* obedientes
7.11 antes. . taparon sus oídos para no *oír*
7.12 para no *oír* la ley ni las palabras que
8.9 los que *oís*. . estas palabras de la boca
8.23 hemos *oído* que Dios está con vosotros
10.6 porque yo soy Jehová su Dios, y los *oiré*
13.9 él invocará mi nombre, y yo le *oiré*, y
Mal. 2.2 si no *oyereis*, y si no decidís de
3.16 y Jehová escuchó y *oyó*, y fue escrito
Mt. 2.3 *oyendo* esto, el rey Herodes se turbó
2.9 ellos, habiendo *oído* al rey, se fueron
2.18 voz. . *oída* en Ramá, grande lamentación
2.22 *oyendo* que Arquelao reinaba en Judea
4.12 cuando Jesús *oyó* que Juan estaba preso
5.21 *oísteis* que fue dicho a los. . No matarás
5.27 *oísteis*. . dicho: No cometerás adulterio
5.33 *oído* que fue dicho a los. . No perjurarás
5.38 *oísteis* que fue dicho: Ojo por ojo, y
5.43 *oísteis*. . fue dicho: Amarás a tu prójimo
6.7 piensan que por su palabrería serán *oídos*
7.24 que me *oye* estas palabras, y las hace, le
7.26 que me *oye* estas palabras y no las hace
8.10 al *oírlo* Jesús, se maravilló, y dijo a
9.12 al *oír* esto Jesús, les dijo: Los sanos
10.14 ni *oyere* vuestras palabras, salid de
10.27 lo que *oís* al oído, proclamadlo desde
11.2 al *oír* Juan. . los hechos de Cristo, le
11.4 haced saber a Juan las cosas que *oís* y
11.5 sordos *oyen*, los muertos. . resucitados
11.15 el que tiene oídos para *oír*, *oiga*
12.19 ni nadie *oirá* en las calles su voz
12.24 los fariseos, al *oírlo*, decían: Este no
12.42 ella vino. . *oír* la sabiduría de Salomón
13.9 el que tiene oídos para *oír*, *oiga*
13.13 porque. . *oyendo* no *oyen*, ni entienden
13.14 de oído *oiréis*, y no entenderéis; y
13.15 con los oídos *oyen* pesadamente, y han
13.15 *oigan* con los oídos, y con el corazón
13.16 bienaventurados. . oídos, porque *oyen*
13.17 ver. . y *oír* lo que *oís*, y no lo *oyeron*
13.18 *oíd*, pues. . la parábola del sembrador
13.19 alguno *oye* la palabra del reino, y no
13.20 el que *oye* la palabra, y al momento la
13.22 el que *oye* la palabra, pero el afán de
13.23 es el que *oye* y entiende la palabra, y
13.43 el que tiene oídos para *oír*, *oiga*
14.1 Herodes. . tetrarca *oyó* la fama de Jesús
14.13 *oyéndolo* Jesús, se apartó de allí en
14.13 y cuando la gente lo *oyó*, le siguió a
15.10 llamando a. . les dijo: *Oíd*, y entended
15.12 ofendieron cuando *oyeron* esta palabra?
17.5 decía: Este es mi Hijo amado. . a él *oíd*
17.6 al *oír* esto los discípulos, se postraron
18.15 si te *oyere*, has ganado a tu hermano
18.16 si no te *oyere*, toma aún contigo a uno
18.17 si no los *oyere*. . dilo a la iglesia; y
18.17 y si no *oyere* a la iglesia, tenle por
19.22 *oyendo* el joven esta palabra, se fue
19.25 discípulos, *oyendo* esto, se asombraron
20.24 los diez *oyeron* esto, se enojaron contra
20.30 y dos ciegos. . *oyeron* que Jesús pasaba
21.16 *¿oyes* lo que éstos dicen? Y Jesús les
21.33 *oíd*. . parábola: Hubo un hombre, padre
21.45 *oyendo* sus parábolas los. . sacerdotes
22.7 al *oírlo* el rey, se enojó; y enviando
22.22 *oyendo*. . se maravillaron, y dejándole
22.33 *oyendo* esto la gente, se admiraba de
22.34 fariseos, *oyendo* que había hecho callar
24.6 *oiréis* de guerras y rumores de guerras
25.6 a la medianoche se *oyó*. . ¡Aquí viene el
26.65 ahora mismo habéis *oído* su blasfemia
27.13 dijo: ¿No *oyes* cuántas cosas testifican
27.47 decían, al *oírlo:* A Elías llama éste
28.14 y si. . lo *oyere* el gobernador, nosotros
Mr. 2.1 entró Jesús. . se *oyó* que estaba en casa
2.17 al *oír* esto Jesús, les dijo: Los sanos
3.8 Sidón, *oyendo* cuán grandes cosas hacía
3.21 lo *oyeron* los suyos, vinieron. . prenderle
4.3 *oíd*. . aquí, el sembrador salió a sembrar
4.9 dijo: El que tiene oídos para *oír*, *oiga*
4.15 después que la *oyen*. . viene Satanás, y
4.16 cuando han *oído* la palabra, al momento
4.18 entre espinos: los que *oyen* la palabra
4.20 que *oyen* la palabra y la reciben, y dan
4.23 si alguno tiene oídos para *oír*, *oiga*
4.24 mirad lo que *oís;* porque con la medida
4.24 aun se os añadirá a vosotros los que *oís*
4.33 la palabra, conforme a lo que podían *oír*
5.27 cuando *oyó* hablar de Jesús, vino por
5.36 pero Jesús, luego que *oyó* lo que se decía
6.2 muchos, *oyéndole*, se admiraban, y decían
6.11 ni os *oyeren*, salid de allí, y sacudid
6.14 *oyó* el rey Herodes la fama de Jesús
6.16 al *oír* esto Herodes, dijo: Este es Juan
6.20 *oyéndole*, se quedaba muy perplejo, pero
6.29 *oyeron* esto sus discípulos, vinieron y

OIR ***(Continúa)***

Mr. 6.55 traer..enfermos..donde *oían* que estaba
7.14 llamando a sí a..les dijo: *Oídme* todos
7.16 si alguno tiene oídos para *oir, oiga*
7.25 luego que *oyó* de él, vino y se postró
7.37 a los sordos *oir*, y a los mudos hablar
8.18 teniendo oídos no *oís*? ¿Y no recordáis?
9.7 decía: Este es mi Hijo amado; a él *oíd*
10.41 cuando lo *oyeron* los diez, comenzaron
10.47 y *oyendo* que era Jesús..comenzó a dar
11.14 jamás coma..Y lo *oyeron* sus discípulos
11.18 *oyeron* los escribas y los..sacerdotes
12.28 escribas, que los había *oído* disputar
12.29 *oye*, Israel; el Señor nuestro Dios, el
12.37 gran multitud del..le *oía* de buena gana
13.7 cuando *oigáis* de guerras y de rumores
14.11 al *oirlo*, se alegraron, y prometieron
14.58 *oído* decir: Yo derribaré este templo
14.64 *oído* la blasfemia; ¿qué os parece?
15.35 decían, al *oirlo:* Mirad, llama a Elías
16.11 ellos, cuando *oyeron* que vivía, y que
Lc. 1.13 tu oración ha sido *oída*, y tu mujer
1.41 que cuando *oyó* Elisabet la salutación
1.58 *oyeron* los vecinos y los parientes que
1.66 todos los que las *oían* las guardaban en
2.18 todos los que *oyeron*, se maravillaron
2.20 todas las cosas que habían *oído* y visto
2.46 sentado en..*oyéndoles* y preguntándoles
2.47 todos los que le *oían*, se maravillaban
4.23 cosas que hemos *oído* que se han hecho
4.28 al *oir* estas cosas..se llenaron de ira
5.1 se agolpaba..para *oir* la palabra de Dios
5.15 se reunía mucha gente para *oirle*, y para
6.17 de gente..que había venido para *oirle*
6.27 a vosotros los que *oís*, os digo: Amad
6.47 *oye* mis palabras y las hace, os indicaré
6.49 mas el que *oyó* y no hizo, semejante es
7.1 todas sus palabras al pueblo que le *oía*
7.3 cuando el centurión *oyó* hablar de Jesús
7.9 al *oir* esto, Jesús se maravilló de él
7.22 saber a Juan lo que habéis visto y *oído*
7.22 ven, los cojos andan..los sordos *oyen*
7.29 cuando lo *oyeron*, justificaron a Dios
8.8 voz: El que tiene oídos para *oir, oiga*
8.10 viendo no vean, y *oyendo* no entiendan
8.12 de junto al camino son los que *oyen*, y
8.13 son los que habiendo *oído*, reciben la
8.14 los que *oyen*, pero yéndose, son ahogados
8.15 son los que..retienen la palabra *oída*
8.18 mirad, pues, cómo *oís;* porque a todo el
8.21 mi madre y..son los que *oyen* la palabra
8.50 *oyéndole* Jesús, le respondió: No temas
9.7 Herodes el tetrarca *oyó*..todas las cosas
9.9 ¿quién..es éste, de quien *oigo*..cosas?
9.35 decía: Este es mi Hijo amado; a él *oíd*
10.16 el que a vosotros *oye*, a mí me *o;* y el
10.24 ver..y *oir* lo que *oís*, y no lo *oyeron*
10.39 sentándose a los pies de..*oía* su palabra
11.28 antes bienaventurados los que *oyen* la
11.31 vino..para *oir* la sabiduría de Salomón
12.3 dicho en tinieblas, a la luz se *oirá*
14.15 *oyendo* esto uno de los que..a la mesa
14.35 el que tiene oídos para *oir, oiga*
15.1 se acercaban a Jesús todos..para *oirle*
15.25 hijo mayor..*oyó* la música y las danzas
16.2 ¿qué es esto que *oigo* acerca de ti? Da
16.14 *oían*..todas estas cosas los fariseos
16.29 a Moisés y..profetas tienen; *óiganlos*
16.31 si no *oyen* a Moisés y a los profetas
18.6 y dijo..*Oíd* lo que dijo el juez injusto
18.22 *oyendo* esto, le dijo: Aún te falta una
18.23 él, *oyendo* esto, se puso muy triste
18.26 y los que *oyeron* esto dijeron: ¿Quién
18.36 al *oir* a la multitud..preguntó qué era
19.11 *oyendo* ellos estas cosas, prosiguió
19.48 todo el pueblo estaba suspenso *oyéndole*
20.16 *oyeron* esto, dijeron: ¡Dios nos libre!
20.45 y *oyéndole* todo el pueblo, dijo a sus
21.9 *oigáis* de guerras y de sediciones, no os
21.38 todo el pueblo venía a él..para *oirle*
22.71 porque nosotros mismos lo hemos *oído* de
23.6 Pilato, *oyendo* decir, Galilea, preguntó
23.8 había *oído* muchas cosas acerca de él, y
Jn. 1.37 le *oyeron* hablar los dos discípulos
1.40 Andrés..uno de los dos que habían *oído*
3.8 y *oyes* su sonido; mas ni sabes de dónde
3.29 amigo del esposo, que..le *oye*, se goza
3.32 y lo que vio y *oyó*, esto testifica; y
4.1 fariseos habían *oído* decir: Jesús hace y
4.42 hemos *oído*, y sabemos..es el Salvador
4.47 cuando *oyó* que Jesús había llegado de
5.24 el que *oye* mi palabra, y cree al que me
5.25 muertos *oirán*..los que la *oyeren* vivirán
5.28 que están en los sepulcros *oirán* su voz
5.30 según *oigo*, así juzgo; y mi juicio es
5.37 nunca habéis *oído* su voz, ni habéis visto
6.45 todo aquel que *oyó* al Padre, y aprendió
6.60 al *oirlas*..sus discípulos dijeron: Dura
6.60 dura es..palabra; ¿quién la puede *oir?*
7.32 *oyeron* a la gente que murmuraba de él
7.40 algunos..*oyendo* estas palabras, decían
7.51 si primero no le *oye*, y sabe lo que ha
8.9 al *oir* esto, acusados por su conciencia
8.26 yo, lo que he *oído* de él..hablo al mundo
8.38 vosotros hacéis lo que habéis *oído* cerca
8.40 os he hablado la verdad, la cual he *oído*
8.47 palabras de Dios *oye;* por esto no las *oís*
9.27 os lo he dicho, y no habéis querido *oir*
9.27 ¿por qué lo queréis *oir* otra vez?
9.31 sabemos que Dios no *oye* a los pecadores
9.31 si alguno es temeroso de Dios..a ése *oye*
9.32 no se ha *oído* decir que alguno abriese
9.35 *oyó* Jesús que le habían expulsado; y
9.40 al *oir* esto, le dijeron: ¿Acaso nosotros
10.3 las ovejas *oyen* su voz; y a sus ovejas
10.8 y salteadores..no los *oyeron* las ovejas
10.16 aquéllas..debo traer, y *oirán* mi voz
10.20 y está fuera de sí; ¿por qué le *oís?*
10.27 ovejas *oyen* mi voz, y yo las conozco
11.4 *oyéndolo*..dijo: Esta enfermedad no es
11.6 *oyó*, pues, que estaba enfermo, se quedó
11.20 cuando *oyó* que Jesús venía, salió a
11.29 ella, cuando lo *oyó*, se levantó de prisa
11.41 Padre, gracias te doy por haberme *oído*
11.42 yo sabía que siempre me *oyes;* pero lo
12.12 día..al *oir* que Jesús venía a Jerusalén
12.18 porque había *oído* que él había hecho
12.29 había *oído* la voz, decía que había sido
12.34 hemos *oído* de..que el Cristo permanece
12.47 que *oye* mis palabras, y no las guarda
14.24 y la palabra que habéis *oído* no es mía
14.28 habéis *oído* que yo os he dicho: Voy, y
15.15 las cosas que *oí* de mi Padre, os las
16.13 sino que hablará todo lo que *oyere*, y
18.21 pregunta a los que han *oído*, qué les
18.37 aquel que es de la verdad, *oye* mi voz
19.8 Pilato *oyó* decir esto, tuvo más miedo
19.13 *oyendo* esto, llevó fuera a Jesús, y se
21.7 Pedro, cuando *oyó* que era el Señor, se
Hch. 1.4 la promesa..les dijo, *oísteis* de mí
2.6 uno les *oía* hablar en su propia lengua
2.8 ¿cómo pues, les *oímos*..hablar cada uno en
2.11 les *oímos* hablar en nuestras lenguas las
2.14 esto os sea notorio, y *oíd* mis palabras
2.22 varones israelitas, *oíd* estas palabras
2.33 derramado esto que vosotros veis y *oís*
2.37 al *oir* esto, se compungieron de corazón
3.22 a él *oiréis* en todas las cosas que os
3.23 toda alma que no *oiga* a aquel profeta
4.4 los que habían *oído* la palabra, creyeron
4.20 no podemos dejar de decir lo que..*oído*
4.24 habiéndolo *oído*, alzaron..la voz a Dios
5.5 al *oir* Ananías estas palabras, cayó y
5.5,11 temor sobre todos los que lo *oyeron*
5.21 habiendo *oído* esto, entraron de mañana
5.24 *oyeron* estas palabras el sumo sacerdote
5.33 *oyendo* esto, se enfurecían y querían
6.11 que le habían *oído* hablar..contra Moisés
6.14 pues le hemos *oído* decir que ese Jesús
7.2 hermanos y padres, *oíd:* El Dios de la
7.12 cuando *oyó* Jacob..había trigo en Egipto
7.29 *oir* esta palabra, Moisés huyó, y vivió
7.34 he *oído* su gemido, y he descendido para
7.37 profeta os levantará el Señor..*oiréis*
7.54 *oyendo* estas cosas, se enfurecían en sus
8.6 *oyendo* y viendo las señales que hacía
8.10 a éste *oían* atentamente todos, desde el
8.14 *oyeron* que Samaria había recibido la
8.30 *oyó* que leía al profeta Isaías, y dijo
9.4 *oyó* una voz que le decía: Saulo, Saulo
9.7 *oyendo* a la..la voz, mas sin ver a nadie
9.13 he *oído* de muchos acerca de este hombre
9.21 todos los que le *oían* estaban atónitos
9.38 los discípulos, *oyendo* que Pedro estaba
10.22 hacerte venir..para *oir* tus palabras
10.31 Cornelio, tu oración ha sido *oída*, y
10.33 para *oir* todo lo que Dios te ha mandado
10.44 Espíritu Santo cayó sobre..los que *oían*
10.46 los *oían* que hablaban en lenguas, y que
11.1 *oyeron* los apóstoles y los hermanos que
11.7 y *oí* una voz que me decía: Levántate
11.18 entonces, *oídas* estas cosas, callaron
13.7 Sergio..deseaba *oir* la palabra de Dios
13.16 varones..y los que teméis a Dios, *oíd*
13.44 la ciudad para *oir* la palabra de Dios
13.48 gentiles, *oyendo* esto, se regocijaban
14.9 *oyó* hablar a Pablo, el cual, fijando en
14.14 *oyeron*..Bernabé y Pablo, rasgaron sus
15.7 Dios escogió que los gentiles *oyesen* por
15.12 calló, y *oyeron* a Bernabé y a Pablo
15.13 diciendo: Varones hermanos, *oídme*
15.24 hemos *oído* que algunos que han salido
16.14 Lidia, vendedora de..estaba *oyendo*
16.25 cantaban himnos..los presos los *oían*
16.38 tuvieron miedo al *oir* que eran romanos
17.8 y alborotaron al..*oyendo* estas cosas
17.21 cosa..sino en decir o en *oir* algo nuevo
17.32 cuando *oyeron* lo de la resurrección
17.32 ya te *oiremos* acerca de esto otra vez
18.8 los corintios, *oyendo*..eran bautizados
18.26 cuando le *oyeron* Priscila y Aquila, le
19.2 ni siquiera hemos *oído* si hay Espíritu
19.5 cuando *oyeron* esto, fueron bautizados en
19.10 judíos y griegos, *oyeron* la palabra del
19.26 y *oís* que este Pablo, no solamente en
19.28 *oyeron* estas cosas, se llenaron de ira
21.12 al *oir* esto, le rogamos..no subiese a
21.20 cuando ellos lo *oyeron*, glorificaron a
21.22 se reunirá..porque *oirán* que has venido
22.1 hermanos y padres, *oíd* ahora mi defensa
22.2 al *oir* que les hablaba en lengua hebrea
22.7 *oí* una voz que me decía: Saulo, Saulo
22.14 su voluntad, y *oigas* la voz de su boca
22.15 testigo suyo..lo que has visto y *oído*
22.22 le *oyeron* hasta esta palabra; entonces
22.26 el centurión *oyó* esto, fue y dio aviso
23.16 el hijo de..*oyendo* hablar de la celada
23.35 te *oiré* cuando vengan tus acusadores
24.4 que nos *oigas* brevemente conforme a tu
24.22 Félix, *oídas* estas cosas..les aplazó
24.24 le *oyó* acerca de la fe en Jesucristo
25.22 yo también quisiera *oir* a ese hombre
25.22 Festo..Y él le dijo: Mañana le *oirás*
26.3 por lo cual te ruego que me *oigas* con
26.14 *oí* una voz que me hablaba, y decía en
26.29 los que hoy me *oyen*, fueseis hechos
27.21 haberme *oído*, y no zarpar de Creta tan
28.15 donde, *oyendo* de nosotros los hermanos
28.22 pero querríamos *oir* de ti lo que piensas
28.26 vé a..De oído *oiréis*, y no entenderéis
28.27 con los oídos *oyeron* pesadamente, y sus
28.27 y *oigan* con los oídos, y entiendan de
28.28 es enviada esta salvación..ellos *oirán*
Ro. 10.14 ¿cómo creerán..de quien no han *oído?*
10.14 cómo *oirán* sin haber quien..predique?
10.17 la fe es por el *oir*, y el *o*, por la palabra
10.18 pero digo: ¿No han *oído?* Antes bien
11.8 Dios les dio..y oídos con que no *oigan*
15.21 y los que nunca han *oído*..entenderán
1 Co. 2.9 cosas que ojo no vio, ni oído *oyó*, ni
5.1 de cierto se *oye* que hay entre vosotros
11.18 *oigo* que hay entre vosotros divisiones
14.21 y ni aun así me *oirán*, dice el Señor
2 Co. 6.2 en tiempo aceptable te he *oído*, y en
8.18 cuya alabanza en el evangelio se *oye* por
12.4 donde *oyó* palabras inefables que no le
12.6 piense de mí más de lo que..ve, u *oye*
Gá. 1.13 habéis *oído* acerca de mi conducta en
1.23 *oían* decir: Aquel que en otro tiempo nos
3.2,5 por las obras de..o por el *oir* con fe?
4.21 decidme, los..¿no habéis *oído* la ley?
Ef. 1.13 vosotros, habiendo *oído* la palabra de
1.15 habiendo *oído* de vuestra fe en el Señor
3.2 si..habéis *oído* de la administración de
4.21 si en verdad le habéis *oído*, y habéis
Fil. 1.27 *oiga* de vosotros que estáis firmes en
1.30 conflicto que..ahora *oís* que hay en mí
2.26 porque habíais *oído* que había enfermado
4.9 *oísteis* y visteis en mí, esto haced; y
Col. 1.4 habiendo *oído* de vuestra fe en Cristo
1.5 la esperanza..de la cual ya habéis *oído*
1.6 desde el día que *oísteis* y conocisteis la
1.9 desde..que lo *oímos*, no cesamos de orar
1.23 sin moveros de..evangelio que habéis *oído*
1 Ts. 2.13 la palabra..que *oísteis* de nosotros
2 Ts. 3.11 *oímos* que algunos..no trabajando en
1 Ti. 4.16 salvarás a ti..y a los que te *oyeren*
2 Ti. 1.13 retén..palabras que de mí *oíste*, en
2.2 lo que has *oído* de mí..encarga a hombres
4.3 teniendo comezón de *oir*, se amontonarán
4.17 que todos los gentiles *oyesen*. Así fui
Flm. 5 *oigo* del amor y de la fe que tienes
He. 2.1 atendamos a las cosas que hemos *oído*
2.3 nos fue confirmada por los que *oyeron*
3.7,15 si *oyereis* hoy su voz
3.16 los que, habiendo *oído*, le provocaron?
4.2 pero no les aprovechó el *oir* la palabra
4.2 ir acompañada de fe en los que la *oyeron*
4.7 si *oyereis* hoy su voz, no endurezcáis
5.7 fue *oído* a causa de su temor reverente
5.11 cuanto os habéis hecho tardos para *oir*
12.19 los que la *oyeron* rogaron que no se les
Stg. 1.19 todo hombre sea pronto para *oir*, tardo
2.5 *oíd:* ¿No ha elegido Dios a los pobres de
5.11 habéis *oído* de la paciencia de Job, y
2 P. 1.18 nosotros *oímos* esta voz..del cielo
2.8 viendo y *oyendo* los hechos inicuos de ellos
1 Jn. 1.1 lo que hemos *oído*, lo que hemos visto
1.3 hemos visto y *oído*, eso os anunciamos
1.5 este es el mensaje que hemos *oído* de él
2.7 es la palabra que habéis *oído* desde el
2.18 *oísteis* que el anticristo viene, así
2.24 lo que habéis *oído* desde el..permanezca
3.11 es el mensaje que habéis *oído* desde el
4.3 habéis *oído* que viene, y que ahora ya
4.5 eso hablan del mundo, y el mundo los *oye*
4.6 conoce a Dios, nos *oye*; el que no..no nos *o*
5.14 que si pedimos alguna cosa..él nos *oye*
5.15 si sabemos que él nos *oye* en..tenemos
2 Jn. 6 que andéis en amor, como..habéis *oído*
3 Jn. 4 *oir* que mis hijos andan en la verdad
Ap. 1.3 que *oyen* las palabras de esta profecía
1.10 y *oí* detrás de mí una gran voz como de
2.7,11,17,29 *oiga* lo que el Espíritu dice a
3.3 acuérdate..de lo que has recibido y *oído*
3.6,13,22 *oiga* lo que el Espíritu dice a las
3.20 si alguno *oye* mi voz y abre la puerta
4.1 y la primera voz que *oí*..dijo: Sube acá
5.11 *oí* la voz de muchos ángeles alrededor
5.13 *oí* decir: Al que está sentado en el trono
6.1 y *oí* a uno de los cuatro seres vivientes
6.3 *oí* al segundo ser viviente, que decía

OIR *(Continúa)*

Ap. 6.5 *oí* al tercer ser. . que decía: Ven y mira
6.6 *oí* una voz de en medio de los cuatro seres
6.7 *oí* la voz del cuarto ser viviente, que
7.4 y *oí* el número de los sellados: 144.000
8.13 y *oí* a un ángel volar por en medio del
9.13 *oí* una voz de entre los cuatro cuernos
9.16 era doscientos millones. Yo *oí* su número
9.20 cuales no pueden ver, ni *oír*, ni andar
10.4 *oí* una voz. . que me decía: Sella las cosas
10.8 la voz que *oí* del cielo habló otra vez
11.12 y *oyeron* una gran voz del cielo, que
12.10 *oí* una gran voz en el cielo, que decía
13.9 si alguno tiene oído, *oiga*
14.2 *oí* una voz del cielo como estruendo de
14.2 la voz que *oí* era como de arpistas que
14.13 *oí* una voz que desde el cielo me decía
16.1 *oí* una. . voz que decía desde el templo a
16.5 y *oí* al ángel de las aguas, que decía
16.7 también *oí* a otro, que desde el altar
18.4 y *oí* otra voz. . que decía: Salid de ella
18.22 voz de arpistas. . no se *oirá* más en ti
18.22 ni ruido de molino se *oirá* más en ti
18.23 ni voz de esposo y. . se *oirá* más en ti
19.1 *oí* una gran voz. . que decía: ¡Aleluya!
19.6 y *oí* como la voz de una gran multitud
21.3 y *oí* una gran voz del cielo que decía
22.8 Juan soy el que *oyó* y vio estas cosas
22.8 después que. . *oído* y visto, me postré
22.17 el que *oye*, diga: Ven. Y el que tiene
22.18 yo testifico a todo aquel que *oye* las

OJALÁ

Gn. 17.18 dijo. . *O* Ismael viva delante de ti
Éx. 16.3 *o* hubiéramos muerto por. . de Jehová
Nm. 14.2 ¡*o* muriéramos en la. . *o* muriéramos!
2 Co. 11.1 ¡*o* me toleraseis un poco de locura!
Ap. 3.15 caliente. ¡*O* fueses frío o caliente!

OJO

Gn. 3.5 serán abiertos vuestros *o*, y seréis como
3.6 era agradable a los *o*, y árbol codiciable
3.7 entonces fueron abiertos los *o* de ambos
6.8 pero Noé halló gracia ante los *o* de Jehová
13.10 alzó Lot sus *o*, y vio toda la llanura
13.14 alza. . tus *o*, y mira desde el lugar donde
18.2 alzó sus *o* y miró, y he aquí tres varones
18.3 si ahora he hallado gracia en tus *o*, te
19.19 ha hallado. . siervo gracia en vuestros *o*
20.16 que él te es como un velo para los *o*
21.19 Dios le abrió los *o*, y vio una fuente
22.4 alzó Abraham sus *o*, y vio el lugar de
22.13 alzó Abraham sus *o* y miró, y he aquí a
24.63 y alzando sus *o* miró, y. . los camellos
24.64 Rebeca. . alzó sus *o*, y vio a Isaac, y
27.1 Isaac envejeció, y sus *o* se oscurecieron
29.17 los *o* de Lea eran delicados, pero Raquel
30.27 halle yo. . gracia en tus *o*, y quédate
31.10 en celo, alcé yo mis *o* y vi en sueños
31.12 alza ahora tus *o*, y verás que todos los
31.40 de noche la. . y el sueño huía de mis *o*
32.5 decirlo a. . para hallar gracia en tus *o*
33.1 alzando Jacob sus *o*, miró. . venía Esaú
33.5 alzó sus *o* y vio a las mujeres y a los
33.8 el hallar gracia en los *o* de mi señor
33.10 si he hallado ahora gracia en tus *o*
33.15 halle yo gracia en los *o* de mi señor
34.11 halle yo gracia en vuestros *o*, y daré
37.25 y alzando los *o* miraron, y he aquí una
38.7 Er. . fue malo ante los *o* de Jehová, y le
38.10 desagradó en *o* de Jehová lo que hacía
39.4 halló José gracia en sus *o*, y le servía
39.7 la mujer de su amo puso sus *o* en José
39.21 gracia en los *o* del jefe de la cárcel
43.29 alzando José sus *o* vio a Benjamín su
44.21 traédmelo, y pondré mis *o* sobre él
45.12 vuestros *o* ven, y los *o* de. . Benjamín
45.16 y esto agradó en los *o* de Faraón y de
46.4 haré. . y la mano de José cerrará tus *o*
47.19 ¿por qué moriremos delante de tus *o*
47.25 hallemos gracia en *o* de nuestro señor
47.29 si he hallado ahora gracia en tus *o*, te
48.10 los *o* de Israel estaban tan agravados
49.12 sus *o*, rojos de vino, y sus dientes
50.4 si he hallado. . gracia en vuestros *o*, os
Éx. 3.21 daré. . gracia en los *o* de los egipcios
4.30 e hizo las señales delante de los *o* del
11.3 Jehová dio gracia al pueblo en los *o* de
11.3 gran varón. . a los *o* de. . los *o* del pueblo
13.9,16 será. . un memorial delante de tus *o*
14.10 alzaron sus *o*, y. . los egipcios venían
15.26 e hicieres lo recto delante de sus *o*
19.11 descenderá a *o* de todo el pueblo sobre
21.24 *o* por *o*, diente por diente, mano por
21.26 hiriere el *o* de su siervo, o el *o* de
21.26 si. . le dará libertad por razón de su *o*
24.17 era como un fuego. . a los *o* de. . Israel
33.12 y has hallado también gracia en mis *o*
33.13 si he hallado gracia en tus *o*, te ruego
33.13 que te conozca, y halle gracia en tus *o*
33.16 que he hallado gracia en tus *o*, yo y tu
33.17 por cuanto has hallado gracia en mis *o*
34.9 si. . hallado gracia en tus *o*, vaya ahora
Lv. 4.13 estuviere oculto a los *o* del pueblo
14.9 raerá. . las cejas de sus *o* y todo su pelo
20.4 cerrare sus *o* respecto de aquel varón
20.17 muertos a *o* de los hijos de su pueblo
21.20 o que tenga nube en el *o*, o que tenga
24.20 rotura por rotura, *o* por *o*, diente por
25.53 no se enseñoreará en. . delante de tus *o*
26.16 terror. . calentura, que consuman los *o*
26.45 los saqué de. . a los *o* de las naciones
Nm. 10.31 tú conoces. . nos serás en lugar de *o*
11.6 pues nada sino este maná ven nuestros *o*
11.11 por qué no he hallado gracia en tus *o*
11.15 muerte, si he hallado gracia en tus *o*
15.39 no miréis en pos de. . y de vuestros *o*
16.14 no nos. . ¿Sacarás los *o* de estos hombres?
19.5 quemar la vaca ante sus *o*; su cuero y su
22.31 abrió los *o* de Balaam, y vio al ángel
24.2 alzando sus *o*, vio a Israel alojado por
24.3,15 dijo Balaam. . el varón de *o* abiertos
24.4,16 el que vio. . caído, pero abiertos los *o*
25.6 trajo una madianita. . a *o* de Moisés y de
27.14 no santificándome en las. . a *o* de ellos
32.5 si hallamos gracia en tus *o*, dése esta
33.55 aguijones en vuestros *o* y por espinas
Dt. 1.30 hizo. . en Egipto delante de vuestros *o*
3.21 *o* vieron todo. . que Jehová vuestro Dios
3.27 y alza tus *o*. . y mira con tus propios *o*
4.3 vuestros *o* vieron lo que hizo Jehová con
4.6 y vuestra inteligencia ante los *o* de los
4.9 olvides de las cosas que tus *o* han visto
4.19 alces tus *o* al cielo, y viendo el sol y
4.25 hiciereis lo malo ante los *o* de Jehová
4.34 todo lo que hizo. . en Egipto ante tus *o*?
6.8 y estarán como frontales entre tus *o*
6.18 y haz lo recto y lo bueno ante los *o* de
6.22 hizo señales y. . delante de nuestros *o*
7.16 no lo perdonará tu *o*, ni servirás a sus
7.19 de las grandes pruebas que vieron tus *o*
9.17 tablas. . las quebré delante de vuestros *o*
9.18 haciendo el mal ante los *o* de Jehová para
10.21 cosas grandes y. . que tus *o* han visto
11.7 vuestros *o* han visto. . obras que Jehová
11.12 están sobre ella los *o* de Jehová tu Dios
11.18 y serán por frontales entre vuestros *o*
12.25 hicieres lo recto ante los *o* de Jehová
12.28 bueno y lo recto ante los *o* de Jehová
13.8 ni tu *o* le compadecerá, ni le tendrás
13.18 hacer lo recto ante los *o* de Jehová tu
15.9 y mires con malos *o* a tu. . menesteroso
16.19 el soborno ciega los *o* de los sabios, y
17.2 que haya hecho mal ante los *o* de Jehová
19.21 por vida, *o* por *o*, diente por diente
21.7 esta sangre, ni nuestros *o* lo han visto
21.9 hicieres lo que es recto ante los *o* de
25.3 se sienta. . envilecido delante de tus *o*
28.31 tu buey será matado delante de tus *o*
28.32 *o* lo verán, y desfallecerán por ellos
28.34 enloquecerás. . lo que verás con tus *o*
28.54 mirará con malos *o* a su hermano, y a
28.56 mirará con malos *o* al marido de su seno
28.65 te dará Jehová. . desfallecimiento de *o*
28.67 por el miedo. . por lo que verán tus *o*
29.2 Jehová ha hecho delante de vuestros *o*
29.3 grandes pruebas que vieron vuestros *o*
29.4 Jehová no os ha dado. . ni *o* para ver, ni
31.29 haber hecho mal ante los *o* de Jehová
32.10 halló. . lo guardó como a la niña de su *o*
34.4 te he permitido verla con tus *o*, mas no
34.7 sus *o* nunca se oscurecieron, ni perdió
Jos. 3.7 a engrandecerte delante de los *o* de
4.14 engrandeció a Josué a los *o* de. . Israel
5.13 Josué cerca. . alzó sus *o* y vio un varón
23.13 os serán. . por espinas para vuestros *o*
24.7 vuestros *o* vieron lo que hice en Egipto
Jue. 2.11; 3.7,12(2); 4.1; 6.1; 10.6; 13.1 lo
malo ante los *o* de Jehová
13.19 y el ángel hizo milagro ante los *o* de
13.20 el ángel. . subió. . ante los *o* de Manoa
16.21 mas los filisteos le. . y le sacaron los *o*
16.28 de una vez tome venganza. . por mis dos *o*
19.17 y alzando el viejo los *o*, vio a aquel
Rt. 2.2 pos de aquel a cuyos *o* hallare gracia
2.10 ¿por qué he hallado gracia en tus *o* para
2.13 dijo. . halle yo gracia delante de tus *o*
1 S. 1.18 halle tu sierva gracia delante. . tus *o*
2.33 para consumir tus *o* y llenar tu alma de
3.2 *o* comenzaban a oscurecerse de modo que
4.15 sus *o* se habían oscurecido, de modo que
6.13 y alzando los *o* vieron el arca, y se
11.2 que a cada uno de. . saque el *o* derecho
12.3 si. . he tomado cohecho para cegar mis *o*
12.16 que Jehová hará delante de vuestros *o*
12.17 maldad que habéis hecho ante los *o* de
14.27 panal de miel. . y fueron aclarados sus *o*
14.29 ved. . cómo han sido aclarados mis *o*, por
15.17 aunque eras pequeño en tus propios *o*
15.19 has hecho lo malo ante los *o* de Jehová?
16.7 hombre mira lo que está delante de sus *o*
16.12 rubio, hermoso de *o*, y de buen parecer
16.22 David esté. . ha hallado gracia en mis *o*
18.5 acepto a los *o*. . a los *o* de los siervos
18.9 desde. . Saúl no miró con buenos *o* a David
18.20 dicho a Saúl, y le pareció bien a sus *o*
18.26 pareció bien la cosa a los *o* de David
20.3 que yo he hallado gracia delante de tus *o*
20.29 lo tanto, si he hallado gracia en tus *o*
24.10 han visto hoy tus *o* cómo Jehová te ha
25.8 hallen. . estos jóvenes gracia en tus *o*
26.21 mi vida ha sido estimada. . hoy a tus *o*
26.24 tu vida ha sido estimada. . hoy a mis *o*
26.24 así sea mi vida a los *o* de Jehová, y
27.5 si he hallado gracia ante tus *o*, séame
29.6 mas a los *o* de los príncipes no agradas
29.9 eres bueno ante mis *o*, como un ángel de
2 S. 6.22 seré bajo a tus *o*; pero seré honrado
11.27 fue desagradable ante los *o* de Jehová
12.9 delante de sus *o*? A Urías heteo heriste
12.11 y tomaré tus mujeres delante de tus *o*
13.34 alzando sus *o* el joven. . atalaya, miró
14.22 he hallado gracia en tus *o*, rey señor
15.25 yo hallaré gracia ante los *o* de Jehová
16.22 y se llegó. . ante los *o* de todo Israel
18.24 y alzando sus *o*, miró, y vio a uno que
22.28 mas tus *o* están sobre los altivos para
1 R. 1.20 *o* de todo Israel están puestos en ti
1.48 se siente en mi trono, viéndolo mis *o*
8.29 que estén tus *o* abiertos de noche y de
8.52 estén, pues, atentos tus *o* a la oración
9.3 en ella estarán mis *o* y mi corazón todos
10.7 mis *o* han visto que ni aun se me dijo la
11.6 hizo Salomón lo malo ante. . *o* de Jehová
11.33 para hacer lo recto delante de mis *o*
11.38 si. . hicieres lo recto delante de mis *o*
14.4 sus *o* se habían oscurecido a causa de su
14.8 haciendo solamente lo recto delante. . *o*
14.22; 15.26,34; 16.7,19,25,30; 21.25; 22.52;
2 R. 3.2; 8.18,27; 13.2,11; 14.24; 15.9,18,
24,28; 17.2,17; 21.2,6,15,16,20; 23.32,36;
24.9,19; 2 Cr. 21.6; 22.4; 29.6; 33.2,6,22;
36.5,9,12 (hacer) lo malo ante los *o* de
Jehová
1 R. 15.5,11; 22.43; 2 R. 12.2; 14.3; 15.3,34;
18.3; 22.2; 2 Cr. 14.2; 20.32; 24.2; 25.2;
26.4; 27.2; 29.2; 34.2 (hacer) lo recto
ante los *o* de Jehová
1 R. 20.38 disfrazó, poniéndose una venda. . los *o*
20.41 él se quitó. . la venda de sobre sus *o*
2 R. 1.13 sea de valor delante de tus *o* mi vida
1.14 sea estimada. . mi vida delante de tus *o*
3.18 esto es cosa ligera en los *o* de Jehová
4.34 poniendo su boca. . y sus *o* sobre sus *o*
4.35 niño estornudó siete veces, y abrió sus *o*
6.17 que abras sus *o*. . abrió los *o* del siervo
6.20 abre los *o* de. . que vean. Y. . abrió sus *o*
7.2,19 lo verás con tus *o*, mas no comerás de
9.30 se pintó los *o* con antimonio, y atavió
10.30 ejecutando lo recto delante de mis *o*
15.2 no hizo lo recto ante los *o* de Jehová
19.16 abre, oh Jehová, tus *o*, y mira; y oye
19.22 contra quién. . levantado en alto tus *o*?
22.20 no verán tus *o*. . el mal que yo traigo
25.7 a Sedequías le sacaron los *o*, y atado
1 Cr. 21.16 alzando David sus *o*, vio al ángel
28.8 ante los *o* de todo Israel. . los preceptos
29.25 engrandeció en extremo a Salomón a *o*
2 Cr. 6.20 tus *o* estén abiertos sobre esta casa
6.40 que estén abiertos tus *o* y atentos tus
7.15 ahora estarán abiertos mis *o* y atentos
7.16 mis *o* y mi corazón estarán ahí. . siempre
9.6 hasta que he venido, y mis *o* han visto
16.9 *o* de Jehová contemplan toda la tierra
20.12 no sabemos. . y a ti volvemos nuestros *o*
28.1 Acaz. . no hizo lo recto ante los *o* de
29.8 a escarnio, como veis. . con vuestros *o*
34.28 *o* no verán todo el mal que yo traigo
Esd. 5.5 *o* de Dios estaban sobre los ancianos
9.8 fin de alumbrar nuestro Dios nuestros *o*
Neh. 1.6 y abiertos tus *o* para oír la oración
8.5 abrió. . el libro a *o* de todo el pueblo
Est. 1.21 agradó esta palabra a los *o* del rey
2.4 la doncella que agrade a los *o* del rey
2.4 esto agradó a los *o* del rey, y lo hizo
2.9 doncella agradó a sus *o*, y halló gracia
5.2 ella obtuvo gracia ante sus *o*; y el rey
5.8 si he hallado gracia ante los *o* del rey
5.14 y agradó esto a los *o* de Amán, e hizo
7.3 si he hallado gracia en tus *o*, y si al
8.5 si. . yo soy agradable a sus *o*, que se dé
Job 2.12 los cuales, alzando los *o* desde lejos
3.10 estaba, ni escondió de mis *o* la miseria
4.16 paróse delante de mis *o* un fantasma
7.7 y que mis *o* no volverán a ver el bien
7.8 los *o* de los que me ven, no me verán más
7.8 más; fijarás en mí tus *o*, y dejaré de ser
10.4 ¿tienes. . acaso *o* de carne? ¿Ves tú como
10.18 expirado, y ningún *o* me habría visto
11.4 dices. . yo soy limpio delante de tus *o*
11.20 pero los *o* de los malos se consumirán
13.1 que todas estas cosas han visto mis *o*
14.3 ¿sobre éste abres tus *o*, y me traes a
15.12 tu corazón te. . y por qué guiñan tus *o*
15.15 ni aun los cielos son limpios. . sus *o*
16.9 furor. . contra mí aguzó sus *o* mi enemigo
17.2 sino. . en cuya amargura se detienen mis *o*
17.5 presa, los *o* de sus hijos desfallecerán
17.7 mis *o* se oscurecieron por el dolor, y
18.3 ¿por qué. . y a vuestros *o* somos viles?
19.15 por extraño; forastero fui yo a sus *o*

OJO *(Continúa)*
Job 19.27 mis *o* lo verán, y no otro, aunque mi
20.9 el *o* que le veía, nunca más le verá, ni
21.8 y sus renuevos están delante de sus *o*
21.20 verán sus *o* su quebranto, y beberá de
22.29 dirás. . y Dios salvará al humilde de *o*
24.15 el *o* del adúltero está aguardando la
24.23 sus *o* están sobre los caminos de ellos
25.5 estrellas son limpias delante de sus *o*
27.19 acuesta. . abrirá sus *o*, y nada tendrá
28.7 senda que nunca. . ni *o* de buitre la vio
28.10 ríos, y sus *o* vieron todo lo preciado
28.21 encubierta está a los *o* de. . viviente
29.11 los *o* que me veían me daban testimonio
29.15 yo era *o* al ciego, y pies al cojo
31.1 hice pacto con mis *o*; ¿cómo, pues, había
31.7 si mi corazón se fue tras mis *o*, y si
31.16 si. . hice desfallecer los *o* de la viuda
32.1 por cuanto él era justo a sus propios *o*
34.21 *o* están sobre los caminos del hombre
36.7 no apartará de los justos sus *o*; antes
39.29 la presa; sus *o* observan de muy lejos
41.18 sus *o* son como los párpados del alba
42.5 te había oído; mas ahora mis *o* te ven
Sal. 5.5 insensatos no estarán delante de tus *o*
6.7 mis *o* están gastados de sufrir; se han
10.8 sus *o* están acechando al desvalido
11.4 sus *o* ven, sus párpados examinan a los
13.3 alumbra mis *o*, para que no duerma de
15.4 aquel a cuyos *o* el vil es menospreciado
17.2 mi vindicación; vean tus *o* la rectitud
17.8 como a la niña de tus *o*; escóndeme bajo
17.11 puestos sus *o* para echarnos por tierra
18.27 salvarás al. . y humillarás los *o* altivos
19.8 el precepto. . es puro, que alumbra los *o*
25.15 *o* están siempre hacia Jehová, porque
26.3 tu misericordia está delante de mis *o*
31.9 se han consumido de tristeza mis *o*, mi
31.22 cortado soy de delante de tus *o*; pero
32.8 te enseñaré el. . sobre ti fijaré mis *o*
33.18 el *o* de Jehová sobre los que le temen
34.15 los *o* de Jehová están sobre los justos
35.19 ni los que me aborrecen. . guiñen el *o*
35.21 dijeron. . ea, nuestros *o* lo han visto!
36.1 no hay temor de Dios delante de sus *o*
36.2 lisonjea, por tanto, en sus propios *o*
38.10 vigor, y aun la luz de mis *o* me falta
50.21 pero te. . las pondré delante de tus *o*
51.4 he hecho lo malo delante de tus *o*; para
54.7 mis *o* han visto la ruina de mis enemigos
66.7 sus *o* atalayan sobre las naciones; los
69.3 han desfallecido mis *o* esperando a mi
69.23 sean oscurecidos sus *o* para que no vean
72.14 y la sangre. . será preciosa ante sus *o*
73.7 los *o* se les saltan de gordura; logran
77.4 no me dejabas pegar los *o*; estaba yo
79.10 sea notoria en. . delante de nuestros *o*
84.9 y pon los *o* en el rostro de tu ungido
88.9 mis *o* enfermaron a causa de mi aflicción
90.4 mil años delante de tus *o* son como el día
91.8 tus *o* mirarás y verás la recompensa de
92.11 y mirarán mis *o* sobre mis enemigos
94.9 ¿no oirá? El que formó el *o*, ¿no verá?
101.3 no pondré delante de. . *o* cosa injusta
101.5 no sufriré al de *o* altaneros. . vanidoso
101.6 mis *o* pondré en los fieles de la tierra
101.7 habla. . no se afirmará delante de mis *o*
115.5 boca, mas no hablan; tienen *o*, mas no
116.8 tú has librado. . mis *o* de lágrimas, y
116.15 estimada es a. . *o* de Jehová la muerte
118.23 y es cosa maravillosa a nuestros *o*
119.18 abre mis *o*, y miraré las. . de tu ley
119.37 aparta mis *o*, que no vean la vanidad
119.82 desfallecieron mis *o* por tu palabra
119.123 mis *o* desfallecieron por tu salvación
119.136 ríos de agua descendieron de mis *o*
119.148 se anticiparon mis *o* a las vigilias
121.1 alzaré mis *o* a los montes; ¿de dónde
123.1 a ti alcé mis *o*, a ti que habitas en
123.2 como los *o* de los siervos miran a la
123.2 como los *o* de la sierva a la mano de
123.2 así nuestros *o* miran a Jehová nuestro
131.1 ni mis *o* se enaltecieron; ni anduve en
132.4 no daré sueño a mis *o*, ni a. . párpados
135.16 boca, y no hablan; tienen *o*, y no ven
139.16 mi embrión vieron tus *o*, y en tu libro
141.8 a ti, oh Jehová, Señor, miran mis *o*
145.15 los *o* de todos esperan en ti, y tú les
146.8 abre los *o* a los ciegos; Jehová ama a
Pr. 1.17 en vano se tenderá la red ante los *o*
3.4 y buena opinión ante los *o* de Dios y de
3.21 mío, no se aparten estas cosas de tus *o*
4.21 no se aparten de tus *o*; guárdalas en
4.25 tus *o* miren lo recto, y diríjanse tus
5.21 los caminos. . están ante los *o* de Jehová
6.4 no des sueño a tus *o*, ni a tus párpados
6.13 que guiña los *o*, que habla con los pies
6.17 los *o* altivos, la lengua mentirosa, las
6.25 tu corazón, ni ella te prenda con sus *o*
7.2 guarda. . y mi ley como las niñas de tus *o*
10.10 el que guiña el *o* acarrea tristeza
10.26 como el humo a los *o*. . es el perezoso
15.3 *o* de Jehová están en todo lugar, mirando
15.30 la luz de los *o* alegra el corazón, y la
16.30 cierra sus *o* para pensar perversidades
17.24 los *o* del necio vagan hasta el extremo
20.12 el oído que oye, y el *o* que ve, ambas
20.13 el sueño. . abre tus *o*, y te saciarás de
21.4 altivez de *o*, y orgullo de. . son pecado
21.10 mal; su prójimo no halla favor en sus *o*
22.9 *o* misericordioso será bendito, porque
22.12 los *o* de Jehová velan por la ciencia
23.5 ¿has de poner tus *o* en las riquezas
23.26 dame. . y miren tus *o* por mis caminos
23.29 ay. . ¿para quién lo amoratado de los *o*?
23.33 *o* mirarán cosas extrañas, y tu corazón
25.7 del príncipe a quien han mirado tus *o*
27.20 *o* del hombre nunca están satisfechos
28.27 que aparta sus *o* tendrá. . maldiciones
29.13 pobre. . Jehová alumbra los *o* de ambos
30.13 hay generación cuyos *o* son altivos y
30.17 el *o* que escarnece a su padre. . madre
Ec. 1.8 nunca se sacia el *o* de ver, ni el oído
2.10 no negué a mis *o*. . cosa que desearan, ni
2.14 el sabio tiene sus *o* en su cabeza, mas
4.8 ni sus *o* se sacian de sus riquezas, ni
5.11 ¿qué bien, pues. . sino verlos con sus *o*?
6.9 más vale vista de *o* que deseo que pasa
8.16 ni de noche ni de día ve sueño en sus *o*
11.7 suave. . y agradable a los *o* ver el sol
11.9 y anda en los. . y en la vista de tus *o*
Cnt. 1.15 eres bella; tus *o* son como palomas
4.1 tus *o* entre tus guedejas como de paloma
4.9 has apresado mi corazón con uno de tus *o*
5.12 *o*, como palomas junto a los arroyos de
6.5 aparta tus *o* de delante de mí, porque
7.4 *o*, como los estanques de Hesbón junto a
8.10 que fui en sus *o* como la que halla paz
Is. 1.15 esconderé de vosotros mis *o*. . no oiré
1.16 quitad la iniquidad. . delante de mis *o*
2.11 la altivez de los *o* del hombre. . abatida
3.8 obras. . para irritar los *o* de su majestad
3.16 las hijas de Sion. . con *o* desvergonzados
5.15 y serán bajados los *o* de los altivos
5.21 ¡ay de los sabios en sus propios *o*, y de
6.5 porque han visto mis *o* al Rey, Jehová de
6.10 agrava sus oídos, y ciega sus *o*, para
6.10 para que no vea con sus *o*, ni oiga con
10.12 rey. . y la gloria de la altivez de sus *o*
11.3 no juzgará según la vista de sus *o*, ni
13.18 niños. . ni su *o* perdonará a los hijos
17.7 sus *o* contemplarán al Santo de Israel
29.10 cerró los *o* de vuestros profetas, y
29.18 los *o* de los ciegos verán en medio de
30.20 sino que tus *o* verán a tus maestros
32.3 no se ofuscarán. . los *o* de los que ven
33.15 el que cierra sus *o* para no ver cosa
33.17 *o* verán al Rey en su hermosura; verán
33.20 *o* verán a Jerusalén, morada de quietud
35.5 los *o* de los ciegos serán abiertos, y los
37.17 abre, oh Jehová, tus *o*, y mira; y oye
37.23 ¿contra quién has. . levantado tus *o* en
38.3 he hecho lo. . agradable delante de tus
38.14 gemía como la. . alzaba en alto mis *o*
40.26 levantad en alto vuestros *o*, y mirad
42.7 para que abras los *o* de los ciegos, para
43.4 a mis *o* fuiste de gran estima, fuiste
43.8 sacad al pueblo ciego que tiene *o*, y a
44.18 cerrados están sus *o* para no ver, y su
49.5 estimado seré en los *o* de Jehová, y el
49.18 alza. . *o* alrededor, y mira: todos éstos
51.6 alzad a los cielos vuestros *o*, y mirad
52.8 *o* a *o* verán que Jehová vuelve a traer
52.10 brazo ante los *o* de todas las naciones
59.10 ciegos, y andamos a tientas como sin *o*
59.15 vio Jehová, y desagradó a sus *o*, porque
60.4 alza tus *o* alrededor y mira, todos éstos
64.4 nunca. . ni *o* ha visto a Dios fuera de ti
65.12 que hicisteis lo malo delante de mis *o*
65.16 olvidadas, y serán cubiertas de mis *o*
66.4 que hicieron lo malo delante de mis *o*
Jer. 3.2 alza tus *o* a las alturas, y ve en qué
4.30 aunque pintes con antimonio tus *o*, en
5.3 oh Jehová, ¿no miran tus *o* a la verdad?
5.21 pueblo necio y sin. . que tiene *o* y no ve
7.11 ¿es cueva de ladrones delante de. . *o* esta
7.30 de Judá han hecho lo malo ante mis *o*
9.1 mis *o* fuentes de lágrimas, para que llore
9.18 y desháganse nuestros *o* en lágrimas, y
13.17 se desharán mis *o* en lágrimas, porque
13.20 alzad vuestros *o*, y ved a. . del norte
14.6 *o* se ofuscaron porque no había hierba
14.17 derramen mis *o* lágrimas noche y día, y
16.9 yo haré cesar. . delante de vuestros *o* y
16.17 mis *o* están sobre todos sus caminos
16.17 ni su maldad se esconde de. . de mis *o*
18.10 si hiciere lo malo delante de mis *o*, no
19.10 quebrarás la vasija ante los *o* de los
20.4 caerán por la espada. . y tus *o* lo verán
22.17 tus *o* y tu corazón no son sino para tu
24.6 pondré mis *o* sobre ellos para bien, y
29.21 y él los matará delante de vuestros *o*
31.16 reprime. . voz, y de las lágrimas tus *o*
32.4 y hablará con él. . y sus *o* verán sus *o*
32.19 tus *o* están abiertos sobre todos los
32.30 han hecho sino lo malo delante de mis *o*
34.3 tus *o* verán los *o* del rey de Babilonia
34.15 habíais. . hecho lo recto delante. . mis *o*
39.7 y sacó los *o* del rey Sedequías, y le
42.2 quedado unos pocos, como nos ven tus *o*
51.24 mal que ellos hicieron. . delante de. . *o*
52.2 e hizo lo malo ante los *o* de Jehová
52.10 degolló a los hijos. . delante de sus *o*
52.11 sacó los *o* a Sedequías, y le ató con
Lm. 1.16 mis *o*, mis *o* fluyen aguas, porque se
2.11 mis *o* desfallecieron de lágrimas, se
2.18 no descanses, ni cesen. . niñas de tus *o*
3.49 mis *o* destilan y no cesan, porque no hay
3.51 mis *o* contristaron mi alma por todas las
4.17 han desfallecido nuestros *o* esperando en
5.17 por esto se entenebrecieron nuestros *o*
Ez. 1.18 llenos de *o* alrededor en las cuatro
5.8 haré juicios. . ante los *o* de las naciones
5.11 mi *o* no perdonará, ni tampoco tendré yo
5.14 en oprobio. . a los *o* de todo transeúnte
6.9 a causa de sus *o* que fornicaron tras sus
7.4,9 mi *o* no te perdonará, ni. . misericordia
8.5 alza ahora tus *o*. . y alcé mis *o* hacia el
8.18 procederé con furor; no perdonará mi *o*
9.5 no perdone vuestro *o*, ni. . misericordia
9.10 así, pues, haré yo; mi *o* no perdonará
10.12 ruedas estaban llenos de *o* alrededor
10.19 levantaron de la tierra delante de. . *o*
12.2 los cuales tienen *o* para ver y no ven
12.3 enseres. . parte de día delante de sus *o*
12.4 sacarás tus enseres. . delante de sus *o*
12.5 delante de sus *o* te abrirás paso por
12.6 delante de sus *o* los llevarás sobre tus
12.12 cubrirá su. . no ver con sus *o* la tierra
16.5 no hubo *o* que se compadeciese de ti para
18.6,12,15 alzare sus *o* a los ídolos
20.7,8 las abominaciones de delante de sus *o*
20.9 para que no se infamase ante los *o* de
20.9 las naciones. . en cuyos *o* fui conocido
20.14,22 las. . ante cuyos *o* los había sacado
20.17 los perdonó mi *o*, pues no los maté, ni
20.24 tras los ídolos de. . se les fueron los *o*
20.41 santificado. . a los *o* de las naciones
21.6 hijo de. . gime delante de los *o* de ellos
22.26 de mis días de reposo apartaron sus *o*
23.27 no levantarás ya más a ellos tus *o*, ni
23.40 por amor de ellos te. . pintaste tus *o*
24.16 te quito de golpe el deleite de tus *o*
24.21 el deseo de vuestros *o* y el deleite de
24.25 el deleite de sus *o* y el anhelo de sus
28.18 te puse en ceniza. . a los *o* de todos los
28.25 me santificaré. . los *o* de las naciones
33.25 a vuestros ídolos alzaréis vuestros *o*
36.23 sea santificado en. . delante de sus *o*
36.34 asolada a *o* de todos los que pasaron
37.20 los palos. . en tu mano delante de sus *o*
38.16 santificado, oh Gog, delante de sus *o*
38.23 seré conocido ante los *o* de. . naciones
39.27 sea santificado en ellos ante los *o* de
40.4 mira con tus *o*, y oye con tus oídos, y
43.11 descríbelo delante de sus *o*, para que
44.5 y mira con tus *o*, y oye con tus oídos
Dn. 4.34 yo Nabucodonosor alcé mis *o* al cielo
7.8 que este cuerno tenía *o* como de hombre
7.20 este mismo cuerno tenía *o*, y boca que
8.3 alcé los *o* y miré, y he aquí un carnero
8.5 macho cabrío. . cuerno notable entre sus *o*
8.21 el cuerno grande que tenía entre sus *o*
9.18 abre tus *o*, y mira nuestras desolaciones
10.5 alcé mis *o* y miré, y he aquí un varón
10.6 y sus *o* como antorchas de fuego, y sus
10.15 estaba yo con los *o* puestos en tierra
Os. 2.10 descubriré yo su locura delante de. . *o*
Jl. 1.16 arrebatado. . de delante de nuestros *o*
Am. 9.3 se escondieren de delante de mis *o* en
9.4 pondré sobre ellos mis *o* para mal, y no
9.8 los *o* de Jehová. . están contra el reino
Jon. 2.4 dije: Desechado soy de delante. . tus *o*
Mi. 4.11 y vean nuestros *o* su deseo en Sion
7.10 mis *o* la verán; ahora será hollada como
Hab. 1.13 muy limpio eres de *o* para ver el mal
Sof. 3.20 levante. . cautiverio delante de. . *o*
Hag. 2.3 ¿no es. . nada delante de vuestros *o*?
Zac. 1.18 alcé mis *o* y miré, y he aquí cuatro
2.1 alcé. . mis *o* y miré, y he aquí un varón
2.8 el que os toca, toca a la niña de su *o*
3.9 sobre esta única piedra hay siete *o*; y
4.10 estos siete son los *o* de Jehová, que
5.1 de nuevo alcé mis *o* y miré, y he aquí un
5.5 alza ahora tus *o*, y mira qué es esto que
5.9 alcé. . *o*, y miré, y he aquí dos mujeres
6.1 de nuevo alcé mis *o* y miré, y he aquí 4
8.6 si esto parecerá maravilloso a los *o* de
8.6 será maravilloso delante de mis *o*? dice
9.1 a Jehová deben mirar los *o* de. . hombres
9.8 no pasará. . porque ahora miraré con mis *o*
11.17 hiera la espada su brazo. . su *o* derecho
11.17 se secará su brazo, y su *o*. . oscurecido
12.4 mas sobre la casa de Judá abriré mis *o*
14.12 y se consumirán en las cuencas sus *o*
Mal. 1.5 y vuestros *o* lo verán, y diréis: Sea
Mt. 5.29 si tu *o* derecho te es ocasión de caer
5.38 fue dicho: *O* por *o*, y diente por diente
6.22 la lámpara del cuerpo es el *o*; así que
6.23 pero si tu *o* es maligno, todo tu cuerpo
7.3 la paja que está en el *o* de tu hermano
7.3 no echas de ver la viga. . en tu propio *o*?

OJO *(Continúa)*
Mt. 7.4 sacar la paja de tu *o*..viga en el *o* tuyo
7.5 saca primero la viga de tu propio *o*, y
7.5 para sacar la paja del *o* de tu hermano
9.29 les tocó los *o*, diciendo: Conforme..fe
9.30 los *o* de ellos fueron abiertos. Y Jesús
13.15 han cerrado sus *o*..que no vean con los *o*
13.16 bienaventurados vuestros *o*, porque ven
14.19 levantando los *o* al cielo, bendijo, y
17.8 alzando ellos los *o*, a nadie vieron sino
18.9 si tu *o* te es ocasión de caer, sácalo y
18.9 mejor..entrar con un solo *o* en la vida
18.9 teniendo dos *o* ser echado en el infierno
19.24 pasar un camello por el *o* de una aguja
20.33 Señor, que sean abiertos nuestros *o*
20.34 Jesús, compadecido, les tocó los *o*, y
21.42 esto, y es cosa maravillosa a nuestros *o?*
26.43 *o* de ellos estaban cargados de sueño
Mr. 6.41 y levantando los *o* al cielo, bendijo
7.34 levantando los *o* al cielo, gimió, y le
8.18 ¿teniendo *o* no veis, y teniendo oídos no
8.23 escupiendo en sus *o*, le puso las manos
8.25 le puso otra vez las manos sobre los *o*
9.47 si tu *o* te fuere ocasión de caer, sácalo
9.47 el reino..con un *o*, que teniendo dos *o*
10.25 pasar un camello por el *o* de un aguja
12.11 esto, y es cosa maravillosa a nuestros *o?*
14.40 *o* de ellos estaban cargados de sueño
Lc. 1.2 enseñaron los que..lo vieron con sus *o*
2.30 porque han visto mis *o* tu salvación
4.20 los *o* de todos en..estaban fijos en él
6.20 alzando los *o* hacia..discípulos, decía
6.41 en el *o* de tu hermano..en tu propio *o?*
6.42 déjame sacar la paja que está en tu *o*
6.42 no mirando tú la viga que..en el *o* tuyo?
6.42 saca primero la viga de tu propio *o*, y
6.42 la paja que está en el *o* de tu hermano
9.16 levantando los *o* al cielo, los bendijo
10.23 bienaventurados los *o* que ven lo que
11.34 la lámpara del cuerpo es el *o;* cuando
11.34 tu *o* es bueno, también todo tu cuerpo
11.34 cuando tu *o* es maligno..tu cuerpo está
16.23 y en el Hades alzó sus *o*, estando en
18.13 no quería ni aun alzar los *o* al cielo
18.25 pasar un camello por el *o* de una aguja
19.42 día..Mas ahora está encubierto de tus *o*
21.1 levantando los *o*, vio a los ricos que
22.64 vendándole los *o*, le golpeaban el rostro
24.16 los *o* de ellos estaban velados, para que
24.31 entonces les fueron abiertos los *o*, y
Jn. 4.35 alzad vuestros *o* y mirad los campos
6.5 alzó Jesús los *o*, y vio que había venido
9.6 lodo..untó con el lodo los *o* del ciego
9.10 dijeron: ¿Cómo te fueron abiertos los *o?*
9.11 hizo lodo, me untó los *o*, y me dijo: Vé
9.14 hecho el lodo, y le había abierto los *o*
9.15 puso lodo sobre los *o*, y me lavé, y veo
9.17 ¿qué dices tú del que te abrió los *o?*
9.21 quién le haya abierto los *o*, nosotros no
9.26 le..¿Qué te hizo? ¿Cómo te abrió los *o?*
9.30 vosotros no sepáis..a mí me abrió los *o*
9.32 que..abriese los *o* a uno que nació ciego
10.21 el demonio abrir los *o* de los ciegos?
11.37 que abrió los *o* al ciego, haber hecho
11.41 alzando los *o* a lo alto, dijo: Padre
12.40 cegó los *o* de..y endureció su corazón
12.40 no vean con los *o*, y entiendan con el
17.1 levantando los *o* al cielo, dijo: Padre
Hch. 1.9 recibió una..que le ocultó de sus *o*
1.10 estando..con los *o* puestos en el cielo
3.4 fijando en él los *o*, le dijo: Míranos
3.12 por qué ponéis los *o* en nosotros, como
6.15 al fijar los *o* en él, vieron su rostro
7.55 Esteban..puestos los *o* en el cielo, vio
9.8 Saulo..abriendo los *o*, no veía a nadie
9.18 cayeron de los *o* como escamas, y recibió
9.40 ella abrió los *o*, y al ver a Pedro, se
11.6 cuando fijé en él los *o*, consideré y vi
13.9 lleno del Espíritu..fijando en él los *o*
14.9 Pablo..fijando en él sus *o*, y viendo que
26.18 abras sus *o*, para que se conviertan de
28.27 y sus *o* han cerrado..no vean con los *o*
Ro. 3.18 no hay temor de Dios delante de sus *o*
11.8 Dios les dio..*o* con que no vean y oídos
11.10 oscurecidos sus *o* para que no vean, y
1 Co. 2.9 cosas que *o* no vio, ni oído oyó, ni
12.16 si..Porque no soy *o*, no soy del cuerpo
12.17 todo el cuerpo fuese *o*, ¿dónde estaría
12.21 ni el *o* puede decir a la mano: No te
15.52 en un abrir y cerrar de *o*, a la final
Gá. 3.1 ante cuyos *o* Jesucristo..ya presentado
4.15 os hubierais sacado vuestros propios *o*
Ef. 1.18 alumbrando los *o* de..entendimiento
6.6; Col. 3.22 no sirviendo al *o*, como los
He. 4.13 desnudas y abiertas a los *o* de aquel
12.2 los *o* en Jesús, el autor y consumador
1 P. 3.12 los *o* del Señor están sobre los justos
2 P. 1.16 habiendo visto con nuestros propios *o*
2.14 tienen los *o* llenos de adulterio, no se
1 Jn. 1.1 lo que hemos visto con nuestros *o*, lo
2.11 porque las tinieblas le han cegado los *o*
2.16 los deseos de los *o*, y la vanagloria de
Ap. 1.7 viene..y todo *o* le verá, y los que le
1.14 como nieve; sus *o* como llama de fuego
2.18 que tiene *o* como llama de fuego, y pies
3.18 y unge tus *o* con colirio, para que veas
4.6 seres vivientes llenos de *o* delante y
4.8 alrededor y..dentro estaban llenos de *o*
5.6 estaba en pie un Cordero..tenía..siete *o*
7.17 Dios enjugará toda lágrima de los *o* de
19.12 sus *o* eran como llama de fuego, y había
21.4 enjugará Dios toda lágrima de los *o* de

OLA
Job 9.8 extendió..y anda sobre las *o* del mar
38.11 dije..ahí parará el orgullo de tus *o?*
Sal. 42.7 tus ondas y tus *o* han pasado sobre mí
Jer. 51.42 de la multitud de sus *o* fue cubierta
51.55 bramarán sus *o*, y como sonido..aguas
Ez. 26.3 subir..como el mar hace subir sus *o*
Jon. 2.3 todas tus ondas y tus *o* pasaron sobre
Mt. 8.24 tempestad..que las *o* cubrían la barca
14.24 ya la barca estaba..azotada por las *o*
Mr. 4.37 tempestad..y echaba las *o* en la barca
Lc. 8.24 reprendió al viento y a..*o;* y cesaron
21.25 a causa del bramido del mar y de las *o*

ÓLEO
2 S. 14.2 y no te unjas con *ó*, sino preséntate
Est. 2.12 esto es, seis meses con *ó* de mirra
Sal. 45.7 ungió..el Dios tuyo, con *ó* de alegría
133.2 es como el buen *ó* sobre la cabeza, el
Is. 61.3 gloria en lugar de ceniza, *ó* de gozo
He. 1.9 te ungió Dios..con *ó* de alegría más que

OLER
Gn. 27.27 y *olió* Isaac el olor de sus vestidos
Éx. 30.38 que hiciere otro como este para *olerlo*
Lv. 26.31 y no *oleré* la fragancia de..perfume
Dt. 4.28 dioses..ni oyen, ni comen, ni *huelen*
Job 39.25 y desde lejos *huele* la batalla, el
Sal. 115.6 oyen; tienen narices, mas no *huelen*

OLFATEAR
Jer. 2.24 asna..en su ardor *olfatea* el viento

OLFATO
1 Co. 12.17 fuese oído, ¿dónde estaría el *o?*

OLIMPAS *Cristiano saludado por Pablo,* **Ro. 16.15**

OLIVA
Éx. 27.20 mandarás..te traigan aceite puro de *o*
29.40 harina amasada con..hin de aceite de *o*
30.24 de casia quinientos..aceite de *o* un hin
Lv. 24.2 traigan..aceite puro de *o* machacadas
Nm. 28.5 con un cuarto de un hin de aceite de *o*
2 R. 18.32 tierra de *o*, de aceite, y de miel

OLIVAR
Éx. 23.11 año así harás con tu viña y con tu *o*
Dt. 6.11 no cavaste, viñas y *o* que no plantaste
Jos. 24.13 de las viñas y *o* que no plantasteis
Jue. 15.5 quemó las mieses..en pie, viñas y *o*
1 S. 8.14 tomará lo mejor de..vuestros *o*, y las
2 R. 5.26 ¿es tiempo de tomar..*o*, viñas, ovejas
1 Cr. 27.28 de los *o* e higuerales de la Sefela
Neh. 5.11 os ruego que les devolváis hoy..sus *o*
9.25 heredaron..viñas y *o*, y muchos árboles
Am. 4.9 la langosta devoró..y vuestros *o;* pero
Hch. 1.12 volvieron..desde el monte..del *O*, el

OLIVO
Gn. 8.11 volvió..traía una hoja de *o* en el pico
Dt. 8.8 tierra de vides..*o*, de aceite y de miel
24.20 cuando sacudes tus *o*, no recorrerás las
28.40 tendrás *o*..no te ungirás con el aceite
Jue. 9.8 y dijeron al *o:* Reina sobre nosotros
9.9 el *o* respondió: ¿He de dejar mi aceite
1 R. 6.23 hizo..dos querubines de madera de *o*
6.31 la entrada..hizo puertas de madera de *o*
6.32 las dos puertas eran de madera de *o*
6.33 hizo a..postes cuadrados de madera de *o*
Neh. 8.15 traed ramas de *o*, de *o* silvestre, de
Job 15.33 la vid, y derramará su flor como el *o*
Sal. 52.8 yo estoy como *o* verde en la casa de
128.3 tus hijos como plantas de *o* alrededor
Is. 17.6 y quedarán..como cuando sacuden el *o*
24.13 como *o* sacudido..rebuscos después
41.19 en el desierto..acacias, arrayanes y *o*
Jer. 11.16 *o* verde, hermoso en su fruto y en su
Os. 14.6 ramas, y será su gloria como la del *o*
Hab. 3.17 aunque falte el producto del *o*, y los
Hag. 2.19 ni el árbol de *o* ha florecido todavía
Zac. 4.3 junto a él dos *o*, el uno a la derecha
4.11 ¿qué significan..dos *o* a la derecha del
4.12 ¿qué significan las dos ramas de *o* que
Ro. 11.17 y tú, siendo *o* silvestre, has sido
11.17 participante..de la rica savia del *o*
11.24 del que por naturaleza es *o* silvestre
11.24 contra..fuiste injertado en el buen *o*
11.24 más éstos..injertados en su propio *o?*
Ap. 11.4 estos testigos son los dos *o*, y los

OLIVOS (monte de los)
2 S. 15.30 David subió la cuesta de los *O;* y
Zac. 14.4 afirmarán..sobre el monte de los *O*
14.4 monte de los *O* se partirá por en medio
Mt. 21.1 vinieron a Betfagé, al monte de los *O*
24.3 estando él sentado en el monte de los *O*
26.30 el himno, salieron al monte de los *O*
Mr. 11.1 se acercaban..frente al monte de los *O*
13.3 se sentó en el monte de los *O*, frente al
14.26 el himno, salieron al monte de los *O*
Lc. 19.29 el monte que se llama de los *O*, envió
19.37 cerca de la bajada del monte de los *O*
21.37 estaba en el monte..se llama de los *O*
22.39 se fue, como solía, al monte de los *O*
Jn. 8.1 y Jesús se fue al monte de los *O*

OLMO
Os. 4.13 debajo de las encinas, álamos y *o* que

OLOR
Gn. 8.21 percibió Jehová *o* grato; y dijo Jehová
27.27 olió Isaac el *o* de sus vestidos, y le
27.27 mira, el *o* de mi hijo, como el *o* del
Éx. 29.18 es holocausto de *o* grato para Jehová
29.25 arder..por *o* grato delante de Jehová
29.41 y conforme a su libación, en *o* grato
Lv. 1.9,13,17; 2.2,9 ofrenda encendida de *o* grato a Jehová
2.12 no subirán sobre el altar en *o* grato
3.5 fuego; es ofrenda de *o* grato para Jehová
3.16 vianda es..se quema en *o* grato a Jehová
4.31; 6.15 hará arder..en *o* grato a Jehová
6.21 ofrenda ofrecerás en *o* grato a Jehová
8.21 holocausto de *o* grato, ofrenda..Jehová
8.28 las consagraciones en *o* grato, ofrenda
17.6 quemará la grosura en *o* grato a Jehová
23.13 encendida a Jehová en *o* gratísimo; y su
23.18 con su ofrenda..de *o* grato para Jehová
Nm. 15.3 o para ofrecer..*o* grato a Jehová, de
15.7 libación ofrecerás..en *o* grato a Jehová
15.10,13,14 ofrenda encendida de *o* grato a
15.24 holocausto en *o* grato a Jehová, con su
18.17 ofrenda encendida en *o* grato a Jehová
28.2 con mis ofrendas encendidas en *o* grato
28.6 es holocausto continuo..*o* grato, ofrenda
28.8,24 ofrenda encendida..*o* grato a Jehová
28.13 de *o* grato, ofrenda encendida a Jehová
28.27 y ofreceréis..en *o* grato a Jehová, dos
29.2 holocausto en *o* grato a Jehová..becerro
29.6,13 ofrenda encendida a Jehová en *o* grato
29.8 y ofreceréis..en *o* grato, un becerro de
29.36 ofrenda encendida de *o* grato a Jehová
Ec. 10.1 hacen heder y dar mal *o* al perfume del
Cnt. 1.3 a más del *o* de tus suaves ungüentos
1.12 mientras el rey estaba..nardo dio su *o*
2.13 higos, y las vides en cierne dieron *o*
4.10 y el *o* de tus ungüentos que todas las
4.11 *o* de tus vestidos como el *o* del Líbano
7.8 vid, y el *o* de tu boca como de manzanas
7.13 las mandrágoras han dado *o*, y..frutas
Is. 3.20 pelo, los pomitos de *o* y los zarcillos
Jer. 48.11 su sabor..y su *o* no se ha cambiado
Ez. 16.19 delante de ellas para *o* agradable
Dn. 3.27 ropas..ni siquiera *o* de fuego tenían
Os. 14.7 vid; su *o* será como de vino del Líbano
Jn. 12.3 y la casa se llenó del *o* del perfume
2 Co. 2.14 manifiesta..el *o* de su conocimiento
2.15 para Dios somos grato *o* de Cristo en los
2.16 éstos..*o* de muerte..aquéllos *o* de vida
Ef. 5.2 ofrenda y sacrificio a..en *o* fragante
Fil. 4.18 *o* fragante, sacrificio acepto..Dios

OLOROSA
Jer. 6.20 y la buena caña *o* de tierra lejana?
Ap. 18.12 mercadería de oro..de toda madera *o*

OLVIDADO *Véase Olvidar*

OLVIDADIZO
Stg. 1.25 no siendo oidor *o*, sino hacedor de

OLVIDAR
Gn. 27.45 hermano..*olvide* lo que le has hecho
40.23 no se acordó de José, sino que le *olvidó*
41.30 y toda la abundancia será *olvidada* en
41.51 Dios me hizo *olvidar* todo mi trabajo
Dt. 4.9 no te *olvides* de las cosas que tus ojos
4.23 guardaos, no os *olvidéis* del pacto de
4.31 ni se *olvidará* del pacto que les juró a
6.12; 8.11 cuídate de no *olvidarte* de Jehová
8.14 *olvides* de Jehová tu Dios, que te sacó
8.19 mas si llegares a *olvidarte* de Jehová tu
9.7 no *olvides* que has provocado la ira de
24.19 *olvides* alguna gavilla en el campo, no
25.19 borrarás la..de Amalec..no lo *olvides*
26.13 no he transgredido..ni me he *olvidado*
32.18 de la Roca que te creó te *olvidaste;* te
32.18 te has *olvidado* de Dios tu creador
Jue. 3.7 *olvidaron* a Jehová..y sirvieron a los
1 S. 1.11 y no te *olvidares* de tu sierva, sino
12.9 y *olvidaron* a Jehová su Dios, y él los
2 R. 17.38 no *olvidaréis* el pacto que hice con
Job 8.13 los caminos de..los que *olvidan* a Dios

OLVIDAR *(Continúa)*
Job 9.27 si yo dijere: *Olvidaré* mi queja, dejaré
11.16 *olvidarás* tu miseria, o te acordarás de
19.14 mis. . y mis conocidos se *olvidaron* de mí
24.20 los *olvidará* el seno materno; de ellos
28.4 abren minas lejos. . en lugares *olvidados*
39.15 *olvida* que el pie los puede pisar, y que
Sal. 9.12 no se *olvidó* del clamor de. . afligidos
9.17 todas las gentes que se *olvidan* de Dios
9.18 no para. . será *olvidado* el menesteroso
10.11 dice en su corazón: Dios ha *olvidado*
10.12 oh Jehová. . no te *olvides* de los pobres
13.1 ¿me *olvidarás* para siempre? ¿Hasta
31.12 he sido *olvidado* de su corazón como un
42.9 Roca mía, ¿por qué te has *olvidado* de mí?
44.17 venido, y no nos hemos *olvidado* de ti
44.20 si nos hubiésemos *olvidado* del nombre
44.24 te *olvidas* de nuestra aflicción, y de
45.10 *olvida* tu pueblo, y la casa de tu padre
50.22 los que os *olvidáis* de Dios, no sea que
59.11 no los mates. . que mi pueblo no *olvide*
74.19 no *olvides*. . siempre la congregación de
74.23 no *olvides* las voces de tus enemigos
77.9 ¿ha *olvidado* Dios el tener misericordia?
78.7 y no se *olviden* de las obras de Dios
78.11 sino que se *olvidaron* de sus obras, y
89.34 no *olvidaré* mi pacto, ni mudaré lo que
102.4 por lo cual me *olvido* de comer mi pan
103.2 y no *olvides* ninguno de sus beneficios
106.13 bien pronto *olvidaron* sus obras; no
106.21 *olvidaron* al Dios de su salvación, que
119.16 en tus. . no me *olvidaré* de tus palabras
119.61,109 mas no me he *olvidado* de tu ley
119.83 odre. . pero no he *olvidado* tus estatutos
119.93 jamás me *olvidaré* de tus mandamientos
119.139 porque mis enemigos se *olvidaron* de
119.141,176 no. . *olvidado* de tus mandamientos
119.153 porque de tu ley no me he *olvidado*
137.5 si me *olvidare* de ti, oh Jerusalén
Pr. 2.17 cual. . se *olvida* del pacto de su Dios
3.1 hijo mío, no te *olvides* de mi ley, y tu
4.5 no te *olvides*. . de las razones de mi boca
31.5 no sea que bebiendo *olviden* la ley, y
31.7 beban, y *olvídense* de su necesidad, y de
Ec. 2.16 días venideros ya todo será *olvidado*
Is. 17.10 te *olvidaste* del Dios de tu salvación
23.16 y rodea la ciudad, oh ramera *olvidada*
44.21 siervo mío. . tú; Israel, no me *olvides*
49.14 me dejó Jehová, y el Señor se *olvidó*
49.15 *olvidará* la mujer de lo que dio a luz
49.15 *olvide* ella, yo nunca me *olvidaré* de ti
51.13 ya te has *olvidado* de Jehová tu Hacedor
54.4 que te *olvidarás* de la vergüenza de tu
65.11 los que. . *olvidáis* mi santo monte, que
65.16 porque las angustias. . serán *olvidadas*
Jer. 2.32 ¿se *olvida* la virgen de su atavío, o
2.32 mi pueblo se ha *olvidado* de mí por días
3.21 han. . de Jehová su Dios se han *olvidado*
13.25 te *olvidaste* de mí y confiaste en la
18.15 mi pueblo me ha *olvidado*, incensando a
20.11 confusión que jamás será *olvidada*
23.27 que mi pueblo se *olvide* de mi nombre
23.27 se *olvidaron* de mi nombre por Baal?
30.14 todos tus enamorados te *olvidaron;* no
44.9 ¿os habéis *olvidado* de las maldades de
50.6 collado, y se *olvidaron* de sus rediles
Lm. 2.6 Jehová ha hecho *olvidar* las fiestas y
3.17 mi alma se alejó de. . me *olvidé* del bien
5.20 ¿por qué te *olvidas*. . de nosotros, y nos
Ez. 22.12 te *olvidaste* de mí, dice Jehová el
23.35 te has *olvidado* de mí, y me has echado
Dn. 2.5 el asunto lo *olvidé;* si no me mostráis
Os. 2.13 se iba. . se *olvidaba* de mí, dice Jehová
4.6 y porque *olvidaste* la ley de tu Dios
4.6 también yo me *olvidaré* de tus hijos
8.14 *olvidó*. . Israel a su Hacedor, y edificó
13.6 por esta causa se *olvidaron* de mí
Am. 8.7 no me *olvidaré* jamás de todas sus obras
Mi. 7.18 *olvida* el pecado del remanente de su
Mt. 16.5 sus discípulos. . *olvidado* de traer pan
Mr. 8.14 *olvidado* de traer pan, y no tenían sino
Lc. 12.6 ni uno. . está *olvidado* delante de Dios
Fil. 3.13 *olvidando* ciertamente lo que queda
He. 6.10 Dios no es injusto. . *olvidar* vuestra
12.5 y habéis ya *olvidado* la exhortación que
13.2 no os *olvidéis* de la hospitalidad, porque
13.16 bien y de la ayuda mutua no os *olvidéis*
Stg. 1.24 él. . se va, y luego *olvida* cómo era
2 P. 1.9 habiendo *olvidado* la purificación de

OLVIDO
Sal. 88.12 y tu justicia en la tierra del *o?*
Ec. 8.10 luego puestos en *o* en la ciudad donde
9.5 los muertos. . su memoria es puesta en *o*
Is. 23.15 Tiro será puesta en *o*. . setenta años
Jer. 23.39 yo os echaré en *o*, y arrancaré de mi
23.40 eterna confusión que nunca borrará el *o*
50.5 con pacto eterno que jamás se ponga en *o*

OLLA
Éx. 16.3 cuando nos sentábamos a las *o* de carne
Jue. 6.19 el caldo en una *o*, y sacándolo se lo
1 S. 2.14 lo metía en el perol, en la *o*, en el
2 R. 4.38 pon una *o* grande, y haz potaje para
4.39 y las cortó en la *o* del potaje, pues no
4.40 ¡varón de Dios, hay muerte en esa *o!*
4.41 la esparció en la *o*, y dijo: Da de comer
2 Cr. 35.13 lo. . santificado lo cocieron en *o*, en
Job 41.20 sale humo, como de una *o* o caldero
41.31 hace hervir como una *o* el mar profundo
41.31 mar. . lo vuelve como una *o* de ungüento
Sal. 58.9 que vuestras *o* sientan la llama de los
Ec. 7.6 estrépito de los espinos debajo de la *o*
Is. 65.4 en sus *o* hay caldo de cosas inmundas
Jer. 1.13 dije: Veo una *o* que hierve; y su faz
52.19 copas, *o*, candeleros, escudillas. . oro
Ez. 11.3 esta será la *o*, y nosotros la carne
11.7 muertos que. . son la carne, y ella es la *o*
11.11 la ciudad no os será por *o*, ni vosotros
24.3 pon una *o*. . y echa también en ella agua
24.6 la *o* herrumbrosa cuya herrumbre no ha
24.11 asentando. . la *o* vacía sobre sus brasas
Mi. 3.3 y los rompéis como. . como carnes en *o*
Zac. 14.20 *o* de la casa de Jehová serán como
14.21 y toda *o* en. . será consagrada a Jehová

OMAR ***Jefe edomita, hijo de Elifaz,* Gn.36.11,15; 1 Cr. 1.36**

OMBLIGO
Cnt. 7.2 tu *o* como una taza redonda que no le
Ez. 16.4 no fue cortado tu *o*, ni fuiste lavada

OMEGA
Ap. 1.8 yo soy el Alfa y la *O*, principio y fin
1.11 el Alfa y la *O*, el primero y el último
21.6,13 yo soy el Alfa y la *O*, el principio y

OMITIR
Est. 6.10 no *omitas* nada de. . lo que has dicho

OMNIPOTENTE
Gn. 28.3 Dios *o* te bendiga, y te. . multiplique
35.11 le dijo Dios: Yo soy el Dios *o:* crece
43.14 el Dios *O* os dé misericordia delante de
48.3 a José: El Dios *O* me apareció en Luz en
49.25 por el Dios *O*, el cual te bendecirá con
Éx. 6.3 aparecí a Abraham. . a Jacob como Dios *O*
Nm. 24.4,16 dijo el que. . vio la visión del *O*
Job 6.14 aun aquel que abandona el temor del *O*
22.3 ¿tiene contentamiento el *O* en que tú
22.17 apártate. . ¿Y qué les había hecho el *O?*
22.23 si te volvieres al *O*, serás edificado
22.26 porque entonces te deleitarás en el *O*
23.16 Dios ha enervado. . me ha turbado el *O*
27.2 vive Dios. . el *O*, que amargó el alma mía
27.10 se deleitará en el *O?* ¿Invocará a Dios
27.11 no esconderé lo que hay para con el *O*
27.13 la herencia que. . han de recibir del *O*
29.5 cuando aún estaba conmigo el *O*, y mis
31.2 y qué heredad el *O* desde las alturas?
31.35 mi confianza es que el *O* testificará
32.8 y el soplo del *O* le hace que entienda
33.4 me hizo, y el soplo del *O* me dio vida
34.10 lejos esté de Dios. . del *O* la iniquidad
34.12 Dios no. . el *O* no pervertirá el derecho
35.13 no oirá la vanidad, ni la mirará el *O*
40.2 ¿es sabiduría contender con el *O?* El que
Sal. 68.14 cuando esparció el *O* los reyes allí
91.1 habita al. . morará bajo la sombra del *O*
Ez. 1.24 oí el sonido. . como la voz del *O*, como
10.5 se oía. . como la voz del Dios *O* cuando

OMRI
1. ***Rey de Israel***

1 R. 16.16 por rey sobre Israel a *O*, general de
16.17 subió *O* de Gibetón, y con él. . Israel
16.21 la mitad del. . la otra mitad seguía a *O*
16.22 el pueblo que seguía a *O*. . y *O* fue rey
16.23 el año 31 de Asa. . comenzó a reinar *O*
16.24 *O* compró a Semer el monte de Samaria
16.25 *O* hizo lo malo ante los ojos de Jehová
16.27 demás hechos de *O*, y todo lo que hizo
16.28 *O* durmió con sus padres, y. . sepultado
16.29 comenzó a reinar Acab hijo de *O* sobre
16.30 y reinó Acab hijo de *O* sobre Israel en
16.30 y Acab hijo de *O* hizo lo malo ante los
2 Cr. 22.2 de su madre fue Atalía, hija de *O*
Mi. 6.16 los mandamientos de *O* se han guardado

2. ***Descendiente de Benjamín,* 1 Cr. 7.8**
3. ***Descendiente de Judá,* 1 Cr. 9.4**
4. ***Jefe de la tribu de Isacar en tiempo del rey David,* 1 Cr. 27.18**

ON
1. ***Dios de Egipto,* Gn. 41.45,50; 46.20**
2. ***Rubenita que se rebeló contra Moisés,* Nm. 16.1**

ONAM
1. ***Descendiente de Seir horeo,* Gn. 36.23; 1 Cr. 1.40**
2. ***Descendiente de Jerameel,* 1 Cr. 2.26,28**

ONÁN ***Hijo de Judá***
Gn. 38.4 dio a luz un hijo y llamó su nombre *O*
38.8 Judá dijo a *O:* Llégate a la mujer de tu
38.9 sabiendo *O* que la descendencia no había
46.12 los hijos de Judá: Er, *O*, Sela, Fares
46.12 Er y *O* murieron en la tierra de Canaán
Nm. 26.19 de Judá: Er y *O;* y Er y *O* murieron en
1 Cr. 2.3 hijos de Judá: Er, *O* y Sela. Estos

ONCE
Gn. 32.22 tomó. . y sus *o* hijos, y pasó el vado
37.9 la luna y *o* estrellas se inclinaban a mí
Éx. 26.7 pelo de cabra para. . *o* cortinas harás
26.8 una misma medida tendrán las *o* cortinas
36.14 cortinas de pelo de cabra. . *o* cortinas
36.15 las *o* cortinas tenían una misma medida
Nm. 29.20 día tercero, *o* becerros, dos carneros
Dt. 1.2 *o* jornadas hay desde Horeb, camino del
Jos. 15.51 Holón y. . *o* ciudades con sus aldeas
2 R. 23.36 Joacim. . y *o* años reinó en Jerusalén
24.18 Sedequías. . reinó en Jerusalén *o* años
2 Cr. 36.5 Joacim. . reinó *o* años en Jerusalén
36.11 Sedequías. . *o* años reinó en Jerusalén
Jer. 52.1 Sedequías. . reinó *o* años en Jerusalén
Ez. 40.49 el ancho *o* codos, al cual subían por
Mt. 28.16 los *o* discípulos se fueron a Galilea
Mr. 16.14 se apareció a los *o* mismos, estando
Lc. 24.9 dieron nuevas de. . estas cosas a los *o*
24.33 y hallaron a los *o* reunidos, y a los
Hch. 1.26 Matías. . contado con los *o* apóstoles
2.14 poniéndose en pie con los *o*, alzó la voz

ONDA
2 S. 22.5 me rodearon *o* de muerte, y torrentes
Sal. 42.7 todas tus *o* y. . han pasado sobre mí
65.7 el que sosiega. . el estruendo de sus *o*
88.7 ira, y me has afligido con todas tus *o*
89.9 cuando se levantan. . *o*, tú las sosiegas
93.3 los ríos alzaron. . alzaron los ríos sus *o*
93.4 más poderoso. . que las recias *o* del mar
107.25 levantar un viento. . que encrespa sus *o*
107.29 en sosiego, y se apaciguan sus *o*
Is. 48.18 río, y tu justicia como las *o* del mar
51.15 yo. . que agito el mar y hago rugir sus *o*
Jer. 5.22 bramarán sus *o*, mas no lo pasarán
31.35 parte el mar, y braman sus *o;* Jehová
Jon. 2.3 todas tus *o* y tus olas pasaron sobre
Zac. 10.11 herirá en el mar las *o*, y se secarán
Stg. 1.6 el que duda es semejante a la *o* del
Jud. 13 fieras *o* del mar. . espuman su. . vergüenza

ONDULANTE
Job 39.19 ¿vestiste tú su cuello de crines *o?*

ONESÍFORO ***Cristiano de Efeso***
2 Ti. 1.16 tenga. . misericordia de la casa de *O*
4.19 saluda a Prisca y a. . y a la casa de *O*

ONÉSIMO ***Esclavo de Filemón***
Col. 4.9 con *O*, amado. . que es uno de vosotros
Flm. 10 ruego por mi hijo *O*, a quien engendré

ÓNICE
Gn. 2.12 el oro. . hay allí también bedelio y *ó*
Éx. 25.7 piedras de *ó*, y piedras de engaste
28.9 y tomarás dos piedras de *ó*, y grabarás
28.20 la cuarta hilera, un berilo, un *ó* y un
35.9 piedras de *ó* y piedras de engaste para
35.27 los príncipes trajeron piedras de *ó*, y
39.6 labraron las piedras de *ó* montadas en
39.13 un *ó* y un jaspe. . montadas y encajadas
1 Cr. 29.2 y piedras de *ó*, piedras preciosas
Job 28.16 con oro de Ofir, ni con *ó* precioso
Ez. 28.13 era tu vestidura; de. . berilo y *ó;* de
Ap. 21.20 el quinto, *ó;* el sexto, cornalina; el

ONO ***Ciudad en Benjamín***
1 Cr. 8.12 Semed (el cual edificó *O*, y Lod con
Esd. 2.33 los hijos de Lod, Hadid y *O*, 725
Neh. 6.2 ven y reunámonos. . en el campo de *O*
7.37 los hijos de Lod, Hadid y *O*, 721
11.35 Lod, y *O*, valle de los artífices

OPERACIÓN
Is. 28.21 obra, y para hacer su *o*, su extraña *o*
1 Co. 12.6 hay diversidad de *o*, pero Dios que
Ef. 1.19 según la *o* del poder de su fuerza
3.7 me ha sido dado según la *o* de su poder

OPERAR
2 Co. 1.6 cual se *opera* en el sufrir las mismas
Ef. 1.20 *operó* en Cristo, resucitándole de los
2.2 espíritu que ahora *opera* en los hijos de

OPINIÓN
Job 32.6 miedo, y he temido declararos mi *o*
Pr. 3.4 hallarás gracia y buena *o* ante los ojos
3.7 no seas sabio en tu propia *o;* teme a
12.15 el camino del necio es derecho en su *o*
16.2 del hombre son limpios en su propia *o*
21.2 todo camino del. . es recto en su propia *o*

OPINIÓN *(Continúa)*

Pr. 26.5 que no se estime sabio en su propia *o*
26.12 ¿has visto hombre sabio en su propia *o*?
26.16 en su. .*o* el perezoso es más sabio que
28.11 hombre rico es sabio en su propia *o*
30.12 hay generación limpia en su propia *o*
Ro. 12.16 no seáis sabios en vuestra propia *o*
14.1 recibid al. .no para contender sobre *o*

OPONER

1 S. 15.2 hizo Amalec. .*oponérsele* en el camino
2 Cr. 35.21 deja de *oponerte* a Dios, quien está
Esd. 10.15 Jonatán hijo de. .se *opusieron* a esto
Dn. 10.13 el príncipe. .de Persia se me *opuso*
Mt. 3.14 mas Juan se le *oponía*, diciendo: Yo
Lc. 21.15 no podrán resistir. .que se *opongan*
Jn. 19.12 el que se hace rey, a César se *opone*
Hch. 18.6 pero *oponiéndose* y blasfemando éstos
28.19 *oponiéndose*. .me vi obligado a apelar a
Ro. 13.2 que quien se *opone* a la autoridad, a lo
Gá. 5.17 y éstos se *oponen* entre sí, para que
Fil. 1.28 nada intimidados por los que se *oponen*
1 Ts. 2.15 Dios, y se *oponen* a todos los hombres
2 Ts. 2.4 el cual se *opone* y se levanta contra
1 Ti. 1.10 cuanto se *oponga* a la sana doctrina
2 Ti. 2.25 corrija a los que se *oponen*, por si
4.15 en gran manera se ha *opuesto* a nuestras

OPORTUNIDAD

Mt. 26.16 entonces buscaba *o* para entregarle
Mr. 14.11 y Judas buscaba *o* para entregarle
Lc. 22.6 y buscaba una *o* para entregárselo a
Hch. 24.25 vete; pero cuando tenga *o* te llamaré
1 Co. 16.12 por ahora; pero irá cuando tenga *o*
Gá. 6.10 que, según tengamos *o*, hagamos bien
Fil. 4.10 estabais solícitos. .os faltaba la *o*
He. 12.17 y no hubo *o* para el arrepentimiento

OPORTUNO

Mr. 6.21 un día *o*, en que Herodes, en la fiesta
He. 4.16 para. .hallar gracia para el *o* socorro

OPOSICIÓN

Lv. 26.21,23 anduviereis conmigo en *o*
26.27 no. .sino que procediereis conmigo en *o*
26.40 también porque anduvieron conmigo en *o*
1 Ts. 2.2 para anunciaros. .en medio de gran *o*

OPRESIÓN

Éx. 3.9 la *o* con que los egipcios los oprimen
Dt. 26.7 oyó. .vio. .nuestro trabajo y nuestra *o*
Sal. 12.5 la *o* de los pobres, por el gemido de
42.9; 43.2 ¿por qué andaré enlutado por la *o*
44.24 y te olvidas de nuestra. .la *o* nuestra?
55.3 la voz del enemigo, por la *o* del impío
Ec. 5.8 si *o* de pobres. .vieres en la provincia
7.7 ciertamente la *o* hace entontecer al sabio
Is. 54.14 lejos de *o*, porque no temerás, y de
58.6 soltar las cargas de *o*, y dejar ir libres
Jer. 22.17 sino. .y para *o* y para hacer agravio
Ez. 22.29 el pueblo de la tierra usaba de *o* y
Os. 12.7 en su mano peso falso, amador de *o*
Am. 3.9 ved las muchas *o* en medio de ella, y las

OPRESOR, RA

Job 6.23 ¿os he dicho. .libradme de la mano del *o*
Sal. 49.5 cuando la iniquidad de. .*o* me rodeare?
72.4 salvará a los hijos del. .y aplastará al *o*
119.121 he hecho; no me abandones a mis *o*
Ec. 4.1 la fuerza estaba en la mano de sus *o*
Is. 3.12 los *o* de mi pueblo son muchachos, y
9.4 tú quebraste. .el cetro de su *o*, como en
14.4 ¡cómo paró el *o*, cómo acabó la ciudad
19.20 clamarán a Jehová a causa de sus *o*, y
60.17 pondré paz por. .y justicia por tus *o*
Jer. 21.12; 22.3 librad al oprimido de. .del *o*
25.38 asolada fue la tierra por la ira del *o*
30.20 confirmada; y castigaré a todos sus *o*
Sof. 3.1 ¡ay. .ciudad rebelde y contaminada y *o*!
3.19 yo apremiaré a todos tus *o*; y salvaré
Zac. 9.8 no pasará más sobre ellos el *o*; porque

OPRIMIR

Gn. 15.13 morará en. .y será *oprimida* 400 años
Éx. 1.12 cuanto más los *oprimían*, tanto más se
3.9 la opresión con que los egipcios. .*oprimen*
Lv. 19.13 no *oprimirás*. .prójimo, ni le robarás
19.33 extranjero que morare. .no le *oprimiréis*
Dt. 23.16 morará contigo, en. .no le *oprimirás*
24.14 no *oprimirás* al jornalero. .menesteroso
28.29,33 serás sino *oprimido*. .todos los días
28.55,57 el apuro. .que tu enemigo te *oprimirá*
Jue. 2.18 gemidos a causa de. .que los *oprimían*
4.3 y había *oprimido* con crueldad a. .Israel
10.8 los cuales *oprimieron*. .hijos de Israel
10.11 ¿no habéis sido *oprimidos* de Egipto, de
1 Cr. 16.21 no permitió que nadie los *oprimiese*
2 Cr. 16.10 *oprimió* Asa. .a algunos del pueblo
Job 10.3 ¿te parece bien que *oprimas*. .deseches
Sal. 10.18 para juzgar al huérfano y al *oprimido*
17.9 de la vista de los malos que me *oprimen*
56.1 porque. .*oprime* combatiéndome cada día
69.32 lo verán los *oprimidos*, y se gozarán
88.16 sobre mí han. .y me *oprimen* tus terrores
106.42 sus enemigos los *oprimieron*, y fueron
119.122 no permitas. .los soberbios me *opriman*
145.14 caen, y levanta a todos los *oprimidos*
Pr. 14.31 el que *oprime* al pobre afrenta a su
22.16 el que *oprime* al pobre para aumentar
Ec. 4.1 he aquí las lágrimas de los *oprimidos*
Is. 14.2 señorearán sobre los que. .*oprimieron*
23.12 no te alegrarás más, oh *oprimida* virgen
58.3 y *oprimís* a todos vuestros trabajadores
Jer. 7.6 no *oprimiereis* al extranjero. .la viuda
21.12; 22.3 libertad al *oprimido*. .del opresor
50.33 *oprimidos* fueron los hijos de Israel
Ez. 18.7 ni *oprimiere* a ninguno; que al deudor
18.12 al pobre y menesteroso *oprimiere*. .robos
18.16 *oprimiere* a nadie. .ni cometiere robos
22.29 y al extranjero *oprimía* sin derecho
45.8 nunca más mis príncipes *oprimirán* a mi
Dn. 4.27 misericordias para con los *oprimidos*
Am. 4.1 vacas de Basán. .que *oprimís* a los pobres
6.14 a una nación que os *oprimirá* desde la
Mi. 2.2 toman; *oprimen* al hombre y a su casa
Zac. 7.10 no *oprimáis* a la viuda, al huérfano
Mr. 3.9 causa del gentío. .que no le *oprimiesen*
Lc. 4.18 a poner en libertad a los *oprimidos*
8.42 y mientras iba, la multitud le *oprimía*
8.45 Maestro, la multitud te. .*oprime*, y dices
Hch. 7.24 al ver. .hiriendo al. .vengó al *oprimido*
10.38 y sanando a. .*oprimidos* por el diablo
Stg. 2.6 ¿no os *oprimen* los ricos, y no son

OPROBIO

Jos. 5.9 he quitado de vosotros el *o* de Egipto
1 S. 17.26 venciere. .y quitare el *o* de Israel?
Neh. 2.17 edifiquemos el. .y no estemos más en *o*
5.9 ser *o* de las naciones enemigas nuestras?
Job 19.5 engrandecéis. .contra mí alegáis mi *o*
Sal. 22.6 *o* de los hombres, y despreciado del
31.11 de todos mis enemigos soy objeto de *o*
69.19 sabes mi afrenta, mi confusión y mi *o*
89.41 lo saquean todos. .es *o* a sus vecinos
89.50 acuérdate del *o*. .*o* de muchos pueblos
109.25 yo he sido para ellos objeto de *o*; me
119.22 aparta de mí el *o* y el menosprecio
119.39 quita de mí el *o* que he temido, porque
Pr. 18.13 al que responde. .le es fatuidad y *o*
19.26 el que roba a. .es hijo que. .acarrea *o*
Is. 4.1 permítenos. .tu nombre, quita nuestro *o*
30.5 les será para vergüenza y aun para *o*
43.28 por anatema a Jacob y por *o* a Israel
Jer. 44.8 seáis por maldición y por *o* a todas
44.12 y serán objeto de execración. .y de *o*
49.13 asolamiento, *o*, soledad y maldición
Lm. 3.45 *o* y abominación en medio de. .pueblos
3.61 has oído el *o* de ellos. .sus maquinaciones
5.1 acuérdate, oh Jehová, de. .y ve nuestro *o*
Ez. 5.14 te convertiré en soledad y en *o* entre
5.15 *o* y escarnio y escarmiento y espanto a
21.28 acerca de los hijos de Amón, y de su *o*
22.4 por tanto, te he dado en *o* a las naciones
36.3 se os ha hecho. .ser el *o* de los pueblos
36.6 por cuanto habéis llevado el *o* de las
36.30 para que nunca más recibáis *o* de hambre
Dn. 9.16 Jerusalén y tu pueblo. .el *o* de todos
11.18 un príncipe. .hará volver sobre él su *o*
Os. 12.14 sobre él. .y su Señor le pagará su *o*
Jl. 2.17 y no entregues al *o* tu heredad, para
2.19 y nunca más os pondré en *o* entre las
Mi. 6.16 llevaréis, por tanto. .*o* de mi pueblo
1 Ti. 4.10 esto mismo trabajamos y sufrimos *o*
He. 12.2 menospreciando el *o*, y se sentó a la

OPULENTO, TA

2 R. 15.20 impuso Manahem. .sobre todos los. .*o*
Ez. 27.25 llegaste a ser *o*, te multiplicaste

ORACIÓN

1 R. 8.28 tú atenderás a la *o* de tu siervo, y
8.28 el clamor y la *o* que tu siervo hace hoy
8.29 y que oigas la *o* que tu siervo haga en
8.30 oye, pues, la *o* de tu siervo, y de tu
8.38 toda *o* y. .que hiciere cualquier hombre
8.45 tú oirás en los cielos su *o* y. .súplica
8.49 oirás en los cielos. .su *o* y su súplica
8.52 estén, pues, atentos tus ojos a la *o* de
8.54 cuando acabó Salomón. .esta *o* y súplica
9.3 yo he oído tu *o* y tu ruego que has hecho
2 R. 19.4 por tanto, eleva *o* por el remanente
20.5 he oído tu *o*, y he visto tus lágrimas
2 Cr. 6.19 mirarás a la *o* de tu. .para oir. .la *o*
6.20 que oigas la *o* con que tu siervo ora en
6.21 oigas el ruego. .de tu pueblo. .hicieren *o*
6.29 toda *o* y. .que hiciere cualquier hombre
6.35,39 tú oirás desde los cielos su *o* y su
6.40 estén. .atentos tus oídos a la *o* en este
7.12 he oído tu *o*, y he elegido para mí este
7.15 y atentos mis oídos a la *o* en este lugar
30.27 fue oída, y su *o* llegó a la habitación
33.13 Dios oyó su *o* y lo restauró. .a su reino
33.18 los demás hechos de Manasés, y su *o* a
33.19 *o* también, y cómo fue oído, todos sus
Neh. 1.6,11 atento tu oído. .la *o* de tu siervo
1.11 y a la *o* de tus siervos, quienes desean
11.17 el que empezaba las. .al tiempo de la *o*
Job 15.4 tú. .menoscabas la *o* delante de Dios
16.17 a pesar de. .y de haber sido mi *o* pura
24.12 claman las. .pero Dios no atiende su *o*
42.9 fueron, pues. .Jehová aceptó la *o* de Job
Sal. 4.1 ten misericordia de mí, y oye mi *o*
6.9 oído mi ruego; ha recibido Jehová mi *o*
17, 86 *tits.* *o* de David
17.1 escucha mi *o* hecha de labios sin engaño
35.13 con ayuno. .y mi *o* se volvía a mi seno
39.12 mi *o*, oh Jehová, y escucha mi clamor
42.8 su cántico. .y mi *o* al Dios de mi vida
54.2 oh Dios, oye mi *o*; escucha las razones
55.1 escucha, oh Dios, mi *o*, y no te escondas
55.2 está atento, y respóndeme; clamo en mi *o*
61.1 oye, oh Dios, mi clamor; a mi *o* atiende
65.2 tú oyes la *o*; a ti vendrá toda carne
66.20 Dios, que no echó de sí mi *o*, ni de mí
72.20 aquí terminan las *o* de David, hijo de
80.4 tu indignación contra la *o* de tu pueblo?
84.8 Jehová Dios de los ejércitos, oye mi *o*
86.6 escucha. .mi *o*, y está atento a la voz
88.2 llegue mi *o* a tu presencia; inclina tu
88.13 de mañana mi *o* se presentará delante de
90 *tít.* *o* de Moisés, varón de Dios
102 *tít.* *o* del que sufre, cuando. .angustiado
102.1 escucha mi *o*, y llegue a ti mi clamor
102.17 considerado la *o* de los desvalidos, y
109.7 salga culpable; y su *o* sea para pecado
119.170 llegue mi *o* delante de ti; líbrame
141.2 suba mi *o* delante de ti como el incienso
141.5 mi *o*. .contra las maldades de aquéllos
142 *tít.* *o* que hizo cuando estaba en la cueva
143.1 Jehová, oye mi *o*, escucha mis ruegos
Pr. 15.8 mas la *o* de los rectos es su gozo
15.29 lejos. .pero él oye la *o* de los justos
28.9 aparta su oído. .*o* también es abominable
Is. 1.15 cuando multipliquéis la *o*, yo no oiré
26.16 derramaron *o* cuando los castigaste
37.4 eleva, pues, *o* tú por el remanente que
38.2 volvió Ezequías su rostro a. .e hizo *o*
38.5 he oído tu *o*, y visto tus lágrimas; he
56.7 monte, y los recrearé en mi casa de *o*
56.7 casa será llamada casa de *o* para todos
Jer. 7.16 ni levantes por ellos. .ni *o*
11.14 ni levantes por ellos clamor ni *o*
36.7 llegue la *o* de ellos a la presencia de
Lm. 3.8 cuando clamé. .cerró los oídos a mi *o*
3.44 nube para que no pasase la *o* nuestra
Dn. 9.3 y volví mi rostro a. .buscándole en *o*
9.17 oye la *o* de tu siervo, y sus ruegos
9.21 estaba hablando en *o*, cuando el varón
Jon. 2.7 mi *o* llegó hasta ti en tu santo templo
Hab. 3.1 *o* del profeta Habacuc, sobre Sigionot
Zac. 12.10 espíritu de gracia y de *o*. .llorarán
Mt. 17.21 pero este género no sale sino con *o*
21.13 mi casa, casa de *o* será llamada; mas
21.22 y todo lo que pidiereis en *o*, creyendo
23.14 como pretexto hacéis largas *o*; por eso
Mr. 9.29 este. .con nada puede salir, sino con *o*
11.17 casa será llamada casa de *o* para todas
12.40 viudas, y por pretexto hacen largas *o*
Lc. 1.13 tu *o* ha sido oída, y tu mujer Elisabet
2.37 sirviendo de noche y de día. .ayunos y *o*
5.33 de Juan ayunan muchas veces y hacen *o*
19.46 mi casa es casa de *o*; mas vosotros la
20.47 viudas, y por pretexto hacen largas *o*
22.45 cuando se levantó de la *o*, y vino a sus
Hch. 1.14 perseveraban unánimes en *o* y ruego
2.42 perseveraban en la doctrina. .y en las *o*
3.1 al templo a la hora novena, la de la *o*
6.4 persistiremos en la *o* y en el ministerio
10.4 tus *o*. .han subido para memoria delante
10.31 y dijo: Cornelio, tu *o* ha sido oída, y
12.5 la iglesia hacía sin cesar *o* a Dios por
16.13 junto al río, donde solía hacerse la *o*
16.16 que mientras íbamos a la *o*, nos salió
Ro. 1.9 mención de vosotros siempre en mis *o*
10.1 *o* a Dios por Israel, es para salvación
12.12 en la tribulación; constantes en la *o*
1 Co. 7.5 para ocuparos sosegadamente en la *o*
14.13 lengua. .pida en *o* poder interpretarla
2 Co. 1.11 vosotros a favor nuestro con la *o*
9.14 asimismo en la *o* de ellos por vosotros
Ef. 1.16 haciendo memoria de vosotros en mis *o*
6.18 orando en todo. .con toda *o* y súplica en
Fil. 1.4 en todas mis *o* rogando con gozo por
1.9 esto pido en *o*, que vuestro amor abunde
1.19 sé que por vuestra *o*. .en mi liberación
4.6 sino sean conocidas. .en toda *o* y ruego
Col. 4.2 perseverad en la *o*, velando en ella
4.12 rogando. .por vosotros en sus *o*, para que
1 Ts. 1.2 haciendo memoria de vosotros en. .*o*
1 Ti. 2.1 se hagan rogativas, *o*, peticiones y
4.5 por la palabra. .por la *o* es santificado
5.5 es diligente en súplicas y *o* noche y día
2 Ti. 1.3 me acuerdo de ti en mis *o* noche y día
Flm. 4 haciendo siempre memoria de ti en mis *o*
22 espero que por vuestras *o*. .seré concedido
Stg. 5.13 está alguno. .vosotros afligido? Haga *o*
5.15 y la *o* de fe salvará al enfermo, y el
5.16 orad. .La *o* eficaz del justo puede mucho
1 P. 3.7 para que vuestras *o* no tengan estorbo

ORACIÓN *(Continúa)*

1 P. 3.12 los ojos..y sus oídos atentos a sus *o*
4.7 acerca; sed, pues, sobrios, y velad en *o*
Ap. 5.8 llenas de incienso, que son las *o* de los
8.3 mucho incienso para añadirlo a las *o* de
8.4 subió a la..el humo del incienso con las *o*

ORÁCULO

Pr. 16.10 *o* hay en los labios del rey; en juicio
Zac. 10.2 los terafines han dado vanos *o*, y los

ORADOR

Is. 3.3 consejero, el artífice excelente y el..*o*
Hch. 24.1 los ancianos y un..*o* llamado Tértulo

ORAR

Gn. 20.7 es profeta, y *orará* por ti, y vivirás
20.17 Abraham *oró* a..y Dios sanó a Abimelec
25.21 *oró* Isaac a Jehová por su mujer, que
Éx. 8.8 *orad* a Jehová para que quite las ranas
8.9 cuándo debo *orar* por ti, por tus siervos
8.28 tal que no vayáis más lejos; *orad* por mí
8.30 salió de la presencia de Faraón, y *oró*
9.28 *orad*..para que cesen los truenos de Dios
10.17 os ruego..*oréis* a Jehová vuestro Dios
10.18 salió Moisés de delante..*oró* a Jehová
32.11 Moisés *oró* en presencia de Jehová su
Nm. 11.2 el pueblo clamó..y Moisés *oró* a Jehová
21.7 hemos pecado..Moisés *oró* por el pueblo
Dt. 3.23 y *oré* a Jehová en..tiempo, diciendo
9.20 también *oré* por Aarón en aquel entonces
9.26 *oré* a Jehová, diciendo: Oh Señor Jehová
Jue. 13.8 entonces *oró* Manoa a Jehová, y dijo
1 S. 1.10 ella con amargura de alma *oró* a Jehová
1.12 mientras ella *oraba*..delante de Jehová
1.26 aquella mujer que estuvo aquí..*orando*
1.27 por este niño *oraba*, y Jehová me dio lo
2.1 Ana *oró* y dijo: Mi corazón se regocija en
7.5 a todo Israel en Mizpa, y yo *oraré* por
8.6 pero no agradó a Samuel..y Samuel *oró* a
1 R. 8.30 cuando *oren* en este lugar..lo oirás
8.33 y *oraren* y te..suplicaren en esta casa
8.42 oirán de..y viniere a *orar* a esta casa
8.44 y *oraren* a Jehová con el rostro hacia
8.47 y *oraren* a ti en la tierra de los que
8.48 *oraren*..con el rostro hacia su tierra
8.59 mis palabras con que he *orado* delante de
13.6 que *ores* por mí, para que mi mano me sea
13.6 varón..*oró* a Jehová, y la mano del rey
2 R. 4.33 cerró la puerta tras ambos, y *oró* a
6.17 *oró* Eliseo, y dijo..que abras sus ojos
6.18 *oró* Eliseo a Jehová, y dijo: Te ruego
13.4 mas Joacaz *oró* en presencia de Jehová, y
19.15 y *oró* Ezequías..diciendo: Jehová Dios
20.2 él volvió su rostro a..y *oró* a Jehová
1 Cr. 17.25 hallado tu siervo motivo para *orar*
2 Cr. 6.19 con que tu siervo *ora* delante de ti
6.20 la oración con que tu siervo *ora* en este
6.26 haber pecado contra ti, si *oraren* a ti
6.32 extranjero que..*orare* hacia esta casa
6.34 y *oraren* a ti hacia esta ciudad que tú
6.37 si se convirtieren, y *oraren* a ti en la
6.38 y *oraren* hacia la tierra que tú diste a
7.1 Salomón acabó de *orar*, descendió fuego
7.14 y *oraren*, y buscaren mi rostro..yo oiré
30.18 mas Ezequías *oró* por ellos, diciendo
32.20 Ezequías y el profeta Isaías..*oraron*
32.24 *oró* a Jehová, quien le respondió, y le
33.12 fue puesto en angustias, *oró* a Jehová
33.13 habiendo *orado* a él, fue atendido; pues
Esd. 6.10 *oren* por la vida del rey y por sus
10.1 mientras *oraba* Esdras..se juntó a él una
Neh. 1.4 y *oré* delante del Dios de los cielos
2.4 dijo el rey..*oré* al Dios de los cielos
4.9 *oramos* a nuestro Dios, y por causa de ellos
Job 21.15 de qué nos aprovechará que *oremos* a
22.27 entonces *orarás* a él, y él te oirá
33.26 *orará* a Dios, y éste le amará, y verá
42.8 id..y mi siervo Job *orará* por vosotros
42.10 cuando él hubo *orado* por sus amigos, y
Sal. 5.2 atento a la voz de..porque a ti *oraré*
32.6 *orará* a ti todo santo en el tiempo en
55.17 tarde y mañana y a mediodía *oraré* y
69.13 a ti *oraba*, oh Jehová, al tiempo de tu
72.15 se *orará* por él continuamente; todo el
109.4 me han sido adversarios; mas yo *oraba*
Is. 16.12 Moab..venga a su santuario a *orar*, no
37.15 entonces Ezequías *oró* a Jehová, diciendo
53.12 pecado..y *orado* por los transgresores
Jer. 7.16; 11.14 no *ores* por este pueblo, ni
26.19 *oró* en presencia de Jehová, y Jehová
27.18 *oren* ahora a Jehová de los ejércitos
29.12 vendréis y *oraréis* a mí, y yo os oiré
32.16 después que di la carta..*oré* a Jehová
42.4 voy a *orar* a Jehová vuestro Dios, como
42.20 diciendo: *Ora* por nosotros a Jehová
Dn. 6.10 y *oraba* y daba gracias delante de su
6.11 hallaron a Daniel *orando* y rogando en
9.4 y *oré* a Jehová mi Dios e hice confesión
9.20 estaba..*orando*, y confesando mi pecado
Jon. 2.1 *oró* Jonás a Jehová su Dios desde el
4.2 y *oró* a Jehová y dijo: Ahora, oh Jehová
Mal. 1.9 *orad* por el favor de Dios, para que
Mt. 5.44 y *orad* por los que os ultrajan y os
6.5 cuando *ores*, no seas como los hipócritas
6.5 aman el *orar* en pie en las sinagogas y en
6.6 mas tú, cuando *ores*, entra en tu aposento
6.6 y cerrada la puerta, *ora* a tu Padre que
6.7 *orando*, no uséis vanas repeticiones, como
6.9 *oraréis* así: Padre nuestro que estás en
14.23 subió al monte a *orar* aparte, y cuando
19.13 pusiere las manos sobre ellos, y *orase*
24.20 *orad*, pues, que vuestra huida no sea en
26.36 sentaos aquí, entre tanto que voy..*oro*
26.39 se postró sobre su rostro, *orando* y
26.41 *orad*, para que no entréis en tentación
26.42 *oró* por segunda vez, diciendo: Padre
26.44 se fue..y *oró* por tercera vez, diciendo
26.53 ¿acaso piensas que no puedo ahora *orar*
Mr. 1.35 fue a un lugar desierto, y allí *oraba*
6.46 hubo despedido, se fue al monte a *orar*
11.24 que pidiereis *orando*, creed..y os vendrá
11.25 y cuando estéis *orando*, perdonad, si
13.18 *orad*, pues, que vuestra huida no sea en
13.33 *orad*..no sabéis cuándo será el tiempo
14.32 sentaos aquí, entre tanto que yo *oro*
14.35 se postró en tierra, y *oró* que si fuese
14.38 *orad*, para que no entréis en tentación
14.39 fue y *oró*, diciendo las mismas palabras
Lc. 1.10 fuera *orando* a la hora del incienso
3.21 bautizado; y *orando*, el cielo se abrió
5.16 se apartaba a lugares desiertos, y *oraba*
6.12 al monte a orar, y pasó la noche *orando*
6.28 bendecid..*orad* por los que os calumnian
9.18 Jesús *oraba* aparte, estaban con él los
9.28 ocho días después..subió al monte a *orar*
9.29 entre tanto que *oraba*, la apariencia de
11.1 estaba Jesús *orando* en..y cuando terminó
11.1 enséñanos a *orar*, como..Juan enseñó a sus
11.2 cuando *oréis*, decid: Padre nuestro que
18.1 una parábola sobre la necesidad de *orar*
18.10 dos hombres subieron al templo a *orar*
18.11 fariseo, puesto en pie, *oraba* consigo
21.36 *orando* que seáis..dignos de escapar de
22.40 dijo: *Orad* que no entréis en tentación
22.41 él se apartó..y puesto de rodillas *oró*
22.44 en agonía, *oraba* más intensamente; y
22.46 *orad* para que no entréis en tentación
Hch. 1.24 y *orando*, dijeron: Tú, Señor, que
4.31 cuando hubieron *orado*, el lugar..tembló
6.6 quienes, *orando*, les impusieron las manos
8.15 *oraron*..que recibiesen el Espíritu Santo
9.11 a uno llamado Saulo, de Tarso..él *ora*
9.40 todos, Pedro se puso de rodillas y *oró*
10.2 muchas limosnas..y *oraba* a Dios siempre
10.9 subió a la azotea para *orar*, cerca de la
10.30 mientras *oraba* en mi casa, vi que se
11.5 estaba yo..*orando*, y vi en éxtasis una
12.12 donde muchos estaban reunidos *orando*
13.3 habiendo..*orado*, les impusieron las manos
14.23 *orado* con ayunos, los encomendaron al
16.25 *orando* Pablo y Silas, cantaban himnos
20.36 puso de rodillas, y *oró* con todos ellos
21.5 puestos de rodillas en la playa, *oramos*
22.17 que *orando* en el templo me sobrevino un
28.8 y después de haber *orado*, le impuso las
Ro. 15.30 que me ayudéis *orando* por mí a Dios
1 Co. 11.4 todo varón que *ora*..cabeza cubierta
11.5 toda mujer que *ora* o profetiza con la
11.13 la mujer *ore*..sin cubrirse la cabeza?
14.14 porque si yo *oro* en lengua desconocida
14.15 *oraré* con el espíritu, pero *o* también
2 Co. 13.7 *oramos*..que ninguna cosa mala hagáis
13.9 y aun *oramos* por vuestra perfección
Ef. 6.18 *orando* en todo tiempo con toda oración
Col. 1.3 *orando* por vosotros, damos gracias a
1.9 no cesamos de *orar* por vosotros, y de
4.3 *orando* también..por nosotros, para que
1 Ts. 3.10 *orando*..que veamos vuestro rostro
5.17 *orad* sin cesar
5.25 hermanos, *orad* por nosotros
2 Ts. 1.11 *oramos* siempre por vosotros, para
3.1 por lo demás, hermanos, *orad* por nosotros
1 Ti. 2.8 que los hombres *oren* en todo lugar
He. 13.18 *orad* por nosotros; pues confiamos en
Stg. 5.14 llame a los ancianos..y *oren* por él
5.16 y *orad* unos por otros, para que seáis
5.17 Elías..*oró*..para que no lloviese, y no
5.18 otra vez *oró*, y el cielo dio lluvia, y
Jud. 20 vosotros..*orando* en el Espíritu Santo

ÓRBITA

Jue. 5.20 desde sus *ó* pelearon contra Sísara

ORDEN

Gn. 12.20 Faraón dio *o*..acerca de Abram; y le
25.13 son..nombrados en el *o* de su nacimiento
45.21 les dio José..conforme a la *o* de Faraón
Éx. 27.21 las pondrá en *o* Aarón y sus hijos para
28.10 conforme al *o* de nacimiento de ellos
38.21 las que le hicieron por *o* de Moisés por
39.37 lamparillas que debían mantenerse en *o*
40.4 meterás la mesa y la pondrás en *o*
40.23 puso por *o* los panes delante de Jehová
Lv. 24.4 en *o* las lámparas delante de Jehová
24.8 lo pondrá..en *o* delante de Jehová, en
Nm. 2.17 en el *o* en que acampan; así marchará
4.27 según la *o* de Aarón y de sus hijos será
10.12 y partieron los..según el *o* de marcha
10.28 el *o* de marcha de los hijos de Israel
23.20 he aquí, he recibido *o* de bendecir; él
Dt. 31.23 dio *o* a Josué..y dijo: Esfuérzate y
31.25 dio *o* Moisés a los levitas que llevaban
Jue. 20.33 Israel..se pusieron en *o* de batalla
1 S. 17.2 pusieron en *o* de batalla contra los
17.8 qué os habéis puesto en *o* de batalla?
17.20 ejército salía en *o* de batalla, y daba
17.21 pusieron en *o* de batalla Israel y los
21.8 por cuanto la *o* del rey era apremiante
22.14 sirve a tus *ó* y es ilustre en tu casa
2 S. 10.8 de Amón, se pusieron en *o* de batalla
10.9 puso en *o* de batalla contra los sirios
10.17 los sirios se pusieron en *o* de batalla
13.28 y Absalón había dado *o* a sus criados
14.8 tu casa, y yo daré *ó* con respecto a ti
17.23 después de poner su casa en *o*..ahorcó
18.5 cuando dio el rey *o* acerca de Absalón
1 R. 17.9 dado *o* allí a una mujer..te sustente
2 R. 22.12 el rey dio *o* al sacerdote Hilcías
23.4 mandó el..a los sacerdotes de segundo *o*
1 Cr. 9.22 eran 212..por el *o* de sus linajes
9.32 panes..los cuales ponían por *o* cada día
15.18 con ellos a sus hermanos del segundo *o*
21.4 la *o* del rey pudo más que Joab. Salió
21.6 la *o* del rey era abominable a Joab
23.28,32 bajo las *o* de los hijos de Aarón
25.2 Asaf, el cual profetizaba bajo las *ó* del
28.21 todo el pueblo para ejecutar todas tus *ó*
2 Cr. 8.14 los porteros por su *o* a cada puerta
23.10 y puso en *o* a todo el pueblo, teniendo
Esd. 3.4 holocaustos..por *o* conforme al rito
4.19 por mí fue dada *o* y buscaron y hallaron
4.21 dad *o* que cesen aquellos hombres, y no
4.21 no..hasta que por mí sea dada nueva *o*
5.3,9 ¿quién os ha dado *o* para edificar esta
5.13 Ciro dio *o* para que..fuese reedificada
5.17 había sido dada la *o* para reedificar esta
6.1 rey Darío dio la *o* de buscar en la casa
6.3 Ciro dio *o* acerca de la casa de Dios, la
6.8 es dada *o* de lo que habéis de hacer con
6.11 por mí es dada *o*, que cualquiera que
6.14 y terminaron, por *o* del Dios de Israel
7.13 por mí es dada *o* que todo aquel en mi
7.21 dada *o* a todos los tesoreros que están
Neh. 13.14 acuérdate de mí, oh Dios, en *o* a esto
Est. 1.12 Vasti no quiso comparecer a la *o* del
1.15 no había cumplido la *o* del rey Asuero
3.13 la *o* de destruir, matar y exterminar a
4.5 *o* de saber qué sucedía, y por qué estaba
8.5 se dé *o* escrita para revocar las cartas
8.14 los correos..salieron..por la *o* del rey
9.14 se dio la *o* en Susa, y colgaron a los
Job 10.22 sombra de muerte y sin *o*, y cuya luz
34.13 ¿y quién puso en *o* todo el mundo?
Sal. 110.4 siempre, según el *o* de Melquisedec
Cnt. 6.4,10 imponente como ejércitos en *o*
Is. 44.7 ¿y quién..pondrá en *o* delante de mí
Jer. 10.12 que puso en *o* el mundo con su saber
32.13 di *o* a Baruc delante de ellos, diciendo
37.21 dio *o* el rey Sedequías, y custodiaron
50.14 poneos en *o* contra Babilonia alrededor
Ez. 21.22 la *o* de ataque, para dar comienzo a
Dn. 3.22 y como la *o* del rey era apremiante, y
4.26 en cuanto a la *o* de dejar en la tierra
6.24 dio *o* el rey, y fueron traídos aquellos
9.23 principio de tus ruegos fue dada la *o*
9.23 entiende, pues, la *o*, y entiende..visión
9.25 desde la salida de la *o* para restaurar
Jl. 2.11 Jehová dará..*o* delante de su ejército
2.11 fuerte es el que ejecuta su *o*; porque
Mt. 8.9 y tengo bajo mis *ó* soldados; y digo a
Lc. 1.1 han tratado de poner en *o* la historia
1.3 me ha parecido..escribírtelas por *o*, oh
1.8 ejerciendo..el sacerdocio según el *o* de
7.8 tengo soldados bajo mis *ó*; y digo a éste
Jn. 11.57 dado *o* de que si alguno supiese dónde
Hch. 11.4 comenzó Pedro a contarles por *o* lo
15.24 han salido de..a los cuales no dimos *o*
17.15 recibido *o* para Silas y Timoteo, de que
17.26 les ha prefijado el *o* de los tiempos
18.23 recorriendo por *o* la región de Galacia
1 Co. 11.34 demás cosas las pondré en *o* cuando
14.40 pero hágase todo decentemente y con *o*
15.23 cada uno en su debido *o*: Cristo, las
Col. 2.5 gozándome y mirando vuestro buen *o* y
He. 5.6,10; 6.20; 7.11,17,21 sacerdote según el *o* de Melquisedec
7.11 no fuese llamado según el *o* de Aarón?

ORDENACIÓN

Sal. 119.91 por tu *o* subsisten todas las cosas
Jer. 5.22 por *o* eterna la cual no quebrantará?

ORDENADAMENTE

Hch. 21.24 tú también andas *o*, guardando la ley

ORDENADO *Véase Ordenar*

ORDENAMIENTO

Ez. 44.15 guardaron el *o* del santuario cuando

ORDENANZA

Éx. 12.43 es la *o* de la pascua; ningún extraño
15.25 allí les dio estatutos y *o*, y allí los
18.16 yo..declaro las *o* de Dios y sus leyes
18.20 y enseña a ellos las *o* y las leyes, y
Lv. 8.35 y guardaréis la *o* delante de Jehová
18.4 mis *o* pondréis por obra, y mis estatutos
18.5 guardaréis mis..*o*, los cuales haciendo
18.26 guardad, pues..mis estatutos y mis *o*
18.30 guardad..*o*, no haciendo las costumbres
19.37; 20.22 todas mis *o*, y ponedlos por obra
22.9 guarden, pues, mi *o*, para que no lleven
25.18 y guardad mis *o*, y ponedlos por obra
26.43 por cuanto menospreciaron mis *o*, y su
26.46 estos son los estatutos, *o* y leyes que
Nm. 9.19 los hijos de Israel guardaban la *o* de
9.23 partían, guardando la *o* de Jehová como
19.2 la *o* de la ley que Jehová ha prescrito
30.16 las *o* que Jehová mandó a Moisés entre
31.21 la *o* de la ley que Jehová ha mandado a
35.29 estas cosas os serán por *o* de derecho
Dt. 11.1 guardarás sus *o*, sus estatutos, sus
1 S. 30.25 esto por ley y *o*, en Israel, hasta
2 R. 17.13 y guardad..mis *o*, conforme a todas
17.34 ni guardan sus estatutos ni sus *o*, ni
1 Cr. 15.13 cuanto no le buscamos según su *o*
2 Cr. 4.20 que las encendiesen..conforme a la *o*
13.11 guardamos la *o* de Jehová nuestro Dios
35.13 asaron la pascua al..conforme a la *o*
Esd. 3.10 que alabasen a..según la *o* de David
Job 38.33 ¿supiste tú las *o* de los cielos?
Sal. 81.4 estatuto es de Israel, *o* del Dios de
Ez. 5.6 y ella cambió mis decretos y mis *o* en
11.20 para que anden en mis *o*, y guarden mis
18.9 mis *o* caminare, y guardare mis decretos
18.17 y anduviere en mis *o*; éste no morirá
43.18 estas son las *o* del altar el día en que
44.5 lo que yo hablo..sobre todas las *o* de
44.8 extranjeros como guardas de las *o* en mi
44.16 ellos entrarán en..y guardarán mis *o*
45.14 la *o* para el aceite será que ofreceréis
Dn. 6.15 ningún edicto u *o* que el rey confirme
6.26 de parte mía es puesta esta *o*: Que en
9.5 y nos hemos apartado de tus..y de tus *o*
Am. 2.4 y no guardaron sus *o*, y les hicieron
Zac. 1.6 y mis *o* que mandé a mis siervos..¿no
3.7 y si guardares mi *o*..gobernarás mi casa
Mal. 4.4 al cual encargué en Horeb *o* y leyes
Lc. 1.6 todos los mandamientos y *o* del Señor
Hch. 16.4 entregaban las *o* que habían acordado
Ro. 2.26 si..el incircunciso guardare las *o* de
Ef. 2.15 de los mandamientos expresados en *o*
He. 9.1 aun el primer pacto tenía *o* de culto y
9.10 consiste sólo de..*o* acerca de la carne

ORDENAR

Gn. 14.8 *ordenaron* contra ellos batalla en el
Éx. 19.21 *ordena* al pueblo que no traspase los
Lv. 27.34 los mandamientos que *ordenó* Jehová
Nm. 9.8 esperad, y oiré lo que *ordena* Jehová
18.3 guardarán lo que tú *ordenes*, y el cargo
23.4 siete altares he *ordenado*, y en cada uno
28.6 que fue *ordenado* en el monte Sinaí para
Dt. 3.21 *ordené* también a Josué..diciendo: Tus
4.2 mandamientos de..Dios que yo os *ordeno*
8.1 por obra..mandamiento que yo os *ordeno*
8.11 cumplir..estatutos que yo te *ordeno* hoy
11.28 apartareis del camino que yo os *ordeno*
15.5 estos mandamientos que yo te *ordeno* hoy
27.1 *ordenó*..al pueblo, diciendo: Guardaréis
27.10 y sus estatutos, que yo te *ordeno* hoy
28.13; 30.8 mandamientos que yo te *ordeno* hoy
30.11 este mandamiento que yo te *ordeno* hoy
33.4 cuando Moisés nos *ordenó* una ley, como
Jos. 22.5 cumplir..ley que Moisés..os *ordenó*
Jue. 2.20 pueblo traspasa mi pacto que *ordené*
20.20 de Israel *ordenaron* la batalla contra
20.22 Israel volvieron a *ordenar* la batalla
20.22 donde la habían *ordenado* el primer día
20.30 el tercer día, *ordenaron* la batalla
1 S. 13.13 el mandamiento..te había *ordenado*
2 S. 4.12 David *ordenó*..y ellos los mataron, y
17.14 Jehová había *ordenado* que..frustrara
23.5 pacto..*ordenado* en todas las cosas, y
1 R. 1.27 este negocio *ordenado* por mi señor
2.1 David..*ordenó* a Salomón su hijo, diciendo
12.32 *ordenó* también en Bet-el sacerdotes para
13.9 me está *ordenado* por palabra de Jehová
2 R. 8.6 rey *ordenó* a un oficial, al cual dijo
9.17 Joram dijo: *Ordena* a un jinete que vaya
20.1 le dijo: *Ordena* tu casa, porque morirás
1 Cr. 19.9 hijos de Amón..*ordenaron* la batalla
19.10 *ordenó* su ejército contra los sirios
19.11 *ordenó* en batalla contra los amonitas
19.17 a David..y *ordenó* batalla contra ellos
19.17 y cuando David hubo *ordenado* su tropa
21.18 y el ángel de Jehová *ordenó* a Gad que
24.19 fue *ordenado* por Aarón su padre, de la
2 Cr. 8.14 conforme a lo *ordenado* por David su
13.3 Abías *ordenó* batalla con..y Jeroboam *o*
14.10 salió Asa..y *ordenaron* la batalla en
23.18 *ordenó* Joiada los oficios en la casa de
35.4 como lo *ordenaron* David rey de Israel
Esd. 6.13 según el rey Darío había *ordenado*
Neh. 9.14 les *ordenaste* el día de reposo santo
13.19 puertas..y *ordené* que no las abriesen
Est. 9.21 *ordenándoles* que celebrasen el día
9.25 él *ordenó*..que el perverso designio que
9.31 les había *ordenado* Mardoqueo el judío y
Job 33.5 respóndeme..*ordena* tus palabras, ponte
37.19 no podemos *ordenar* las ideas a causa de
38.5 ¿quién *ordenó* sus medidas, si lo sabes?
Sal. 37.23 por Jehová son *ordenados* los pasos
50.23 al que *ordenare* su camino, le mostraré
68.28 Dios ha *ordenado* tu fuerza; confirma
111.9 siempre ha *ordenado* su pacto; santo y
119.5 ojalá fuesen *ordenados* mis caminos para
119.133 *ordena* mis pasos con tu palabra, y
Pr. 8.30 con él estaba yo *ordenándolo* todo, y
20.18 pensamientos con el consejo se *ordenan*
21.29 impío..mas el recto *ordena* sus caminos
Is. 38.1 dice..*Ordena* tu casa, porque morirás
61.3 *ordenar* que a los afligidos de Sion se
Jer. 10.23 ni del hombre..el *ordenar* sus pasos
35.6 nos *ordenó* diciendo: No beberéis..vino
39.11 había *ordenado* a..acerca de Jeremías
Dn. 3.19 *ordenó* que el horno se calentase siete
Mt. 8.4 presenta la ofrenda que *ordenó* Moisés
14.10 *ordenó* decapitar a Juan en la cárcel
18.25 *ordenó* su señor venderle, y a su mujer
20.21 *ordena* que en tu reino se sienten estos
27.10 y las dieron..como me *ordenó* el Señor
28.16 al monte donde Jesús les había *ordenado*
Lc. 3.13 no exijáis más de lo que os..*ordenado*
17.10 hecho todo lo que os ha sido *ordenado*
Hch. 4.15 *ordenaron* que saliesen del concilio
7.44 como había *ordenado* Dios cuando dijo a
10.41 los testigos que Dios había *ordenado*
12.19 Herodes..*ordenó* llevarlos a la muerte
13.48 que estaban *ordenados* para vida eterna
16.22 ropas, *ordenaron* azotarles con varas
22.10 se te dirá todo lo que está *ordenado*
22.24 *ordenó* que fuese examinado con azotes
23.2 Ananías *ordenó*..le golpeasen en la boca
23.31 tomando a Pablo como se les *ordenó*, le
1 Co. 7.17 esto *ordeno* en todas las iglesias
9.14 *ordenó* el Señor a los que anuncian el
12.24 pero Dios *ordenó* el cuerpo, dando más
16.1 haced..de la manera que *ordené* en las
Gá. 3.19 fue *ordenada* por medio de ángeles en
2 Ts. 3.6 pero os *ordenamos*..que os apartéis
3.10 *ordenábamos* esto: Si alguno no quiere
He. 12.20 no podían soportar lo que se *ordenaba*

ORDINARIA

Ez. 16.27 mi mano, y disminuí tu provisión *o*

OREB

1. Príncipe madianita ejecutado por Gedeón

Jue. 7.25 tomaron a..*O* y Zeeb; y mataron a *O*
7.25 trajeron las cabezas de *O* y de Zeeb a
8.3 Dios ha entregado en vuestras manos a *O*
Sal. 83.11 a sus capitanes como a *O* y a Zeeb

2. Peña donde mataron a Oreb

Jue. 7.25 mataron a Oreb en la peña de *O*, y a
Is. 10.26 matanza de Madián en la peña de *O*

OREJA

Gn. 35.4 y los zarcillos que estaban en sus *o*
Éx. 21.6 le horadará la *o* con lesna, y será su
29.20 la *o* derecha de Aarón..*o* de sus hijos
32.2 zarcillos..en las *o* de vuestras mujeres
32.3 los zarcillos de oro que tenían en las *o*
Lv. 8.23 puso sobre el lóbulo de sus *o* derechas
8.24 de la sangre sobre el lóbulo de sus *o*
14.14,17,25,28 el lóbulo de la *o* derecha del
Dt. 15.17 tomarás una lesna, y horadarás su *o*
Sal. 115.6 *o* tienen, mas no oyen..no huelen
135.17 *o*, y no oyen; tampoco hay aliento en
Pr. 26.17 como el que toma al perro por las *o*
Ez. 16.12 puse joyas..y zarcillos en tus *o*, y
23.25 te quitarán tu nariz y tus *o*, y lo que
Am. 3.12 que el pastor libra..la punta de una *o*
Mt. 26.51 hiriendo a un siervo..le quitó la *o*
Mr. 7.33 aparte..metió los dedos en las *o* de
14.47 hirió al siervo del..cortándole la *o*
Lc. 22.50 hirió a un..y le cortó la *o* derecha
22.51 dijo: Basta..Y tocando su *o*, le sanó
Jn. 18.10 e hirió al..y le cortó la *o* derecha
18.26 a quien Pedro había cortado la *o*, le
1 Co. 12.16 si dijere la *o*: Porque no soy ojo

ORÉN *Hijo de Jerameel*, 1 Cr. 2.25

ORFA *Nuera de Noemí*

Rt. 1.4 el nombre de una era *O*, y el nombre de
1.14 y *O* besó a su suegra, mas Rut se quedó

ORFANDAD

Is. 47.8 más; no quedaré viuda, ni conoceré *o*
47.9 dos cosas..en un mismo día, *o* y viudez
49.20 los hijos de tu *o* dirán a tus oídos

ORGÍA

Gá. 5.21 *o*, y cosas semejantes a estas; acerca
1 P. 4.3 andando en lascivias..*o*, disipación y

ORGULLO

Lv. 26.19 quebrantaré la soberbia de vuestro *o*
Job 38.11 y dije..ahí parará el *o* de tus olas?
Pr. 21.4 *o* de corazón, y..de impíos, son pecado
Is. 25.5 así humillarás el *o* de los extraños
Dn. 5.20 su espíritu se endureció en su *o*, fue

ORGULLOSO

Is. 33.19 no verás a aquel pueblo *o*, pueblo de
Jer. 48.29 Moab, que es..*o*, altivo y altanero

ORIENTAL

Gn. 25.6 los envió..el oriente, a la tierra *o*
29.1 siguió luego Jacob..la tierra de los *o*
Éx. 10.13 y Jehová trajo un viento *o* sobre el
10.13 mañana el viento *o* trajo la langosta
14.21 el mar se retirase por recio viento *o*
38.13 lado *o*, al este, cortinas de 50 codos
Lv. 16.14 y la rociará con su dedo..al lado *o*
Jos. 4.19 y acamparon en Gilgal, al lado *o* de
15.5 el límite *o* es el Mar Salado hasta la
19.13 de allí hacia el lado *o* a Gat-hefer y
Jue. 11.18 y viniendo por el lado *o* de..Moab
21.19 al lado *o* del camino que sube de Bet-el
1 R. 4.30 la sabiduría..que la de todos los *o*
1 Cr. 5.10 habitaron en..la región *o* de Galaad
2 Cr. 29.4 levitas, y los reunió en la plaza *o*
31.14 Coré hijo de Imna, guarda..la puerta *O*
Neh. 3.29 Semaías hijo..guarda de la puerta *O*
Job 1.3 aquel varón más grande que todos los *o*
Jer. 19.2 el valle..a la entrada de la puerta *o*
Ez. 10.19 pararon a la entrada de la puerta *o*
11.1 me llevó por la puerta *o* de la casa de
25.4 aquí yo te entrego por heredad a los *o*
40.10 la puerta *o* tenía tres cámaras a cada
42.9 debajo de..estaba la entrada al lado *o*
42.12 que había enfrente del muro al lado *o*
42.16 midió el lado *o* con la caña de medir
45.7 desde el extremo..hasta el extremo *o*, y
45.7 el límite occidental hasta el límite *o*
47.18 esto mediréis de límite hasta el mar *o*
48.1 Dan..desde el lado *o* hasta el occidental
48.21 de la porción hasta el límite *o*, y al
48.32 al lado *o* cuatro mil quinientas cañas
Jl. 2.20 su faz será hacia el mar *o*, y su fin
Zac. 14.8 la mitad de ellas hacia el mar *o*, y

ORIENTE

Gn. 2.8 Dios plantó un huerto en Edén, al *o*
2.14 es Hidekel..es el que va al *o* de Asiria
3.24 puso al *o* del huerto de Edén querubines
4.16 habitó en tierra de Nod, al *o* de Edén
10.30 fue..hasta la región montañosa del *o*
11.2 salieron de *o*, hallaron una llanura en
12.8 pasó de allí a un monte al *o* de Bet-el
12.8 teniendo a..Hai al *o*..edificó allí altar
13.11 Lot escogió..y se fue Lot hacia el *o*
13.14 alza ahora tus ojos, y mira..al *o* y al
23.17 que estaba en Macpela al *o* de Mamre, la
23.19 la cueva de la heredad..al *o* de Mamre
25.6 los envió lejos..hacia el *o*, a la tierra
28.14 y te extenderás al occidente, al *o*, al
49.30 de Macpela, al *o* de Mamre en..Canaán
50.13 en la cueva..de Macpela..al *o* de Mamre
Éx. 27.13 el ancho del atrio por el lado del *o*
Lv. 1.16 el buche y las plumas..hacia el *o*, en
Nm. 2.3 acamparán al *o*, al este: la bandera del
3.38 acamparán delante del tabernáculo al *o*
10.5 moverán..los que están acampados al *o*
23.7 de Aram me trajo Balac..los montes del *o*
32.19 tendremos ya nuestra heredad a..al *o*
34.3 al extremo del Mar Salado hacia el *o*
34.10 por límite al *o*..Hazar-enán hasta Sefam
34.11 este límite desde Sefam a Ribla, al *o*
34.11 a la costa del mar de Cineret, al *o*
34.15 tomaron su heredad a este lado..al *o*
35.5 mediréis..al lado del *o* dos mil codos
Dt. 3.17 al pie de las laderas del Pisga al *o*
4.47 reyes de los amorreos que estaban..al *o*
4.49 y todo el Arabá..al *o*, hasta el mar del
Jos. 7.2 junto a Bet-avén hacia el *o* de Bet-el
11.3 cananeo que estaba al *o* y al occidente
11.8 siguieron hasta..el llano de Mizpa al *o*
12.1 el arroyo de Arnón..todo el Arabá al *o*
12.3 el Arabá hasta el mar de Cineret, al *o*
12.3 el mar Salado, al *o*, por el camino de
13.3 Sihor, que está al *o* de Egipto, hasta el
13.8 heredad..al otro lado del Jordán al *o*
13.27 Cineret al otro lado del Jordán, al *o*
13.32 al otro lado del Jordán de Jericó, al *o*
16.1 hasta las aguas de Jericó hacia el *o*
16.5 límite de su heredad al lado del *o* fue
16.6 el límite..da vuelta hacia el *o* hasta
17.10 con Aser al norte, y con Isacar al *o*
18.7 han recibido su heredad..al *o*, la cual
18.20 el Jordán era el límite al lado del *o*
19.12 gira de Sarid hacia el *o*, hacia donde
19.27 vuelta hacia el *o* a Bet-dagón y llega
20.8 al *o* de Jericó, señalaron a Beser en el
Jue. 6.3 subían..los hijos del *o* contra ellos
6.33 los del *o* se juntaron a una, y pasando
7.12 los hijos del *o* estaban tendidos en el
8.10 de todo el ejército de los hijos del *o*

ORIENTE *(Continúa)*
Jue. 8.11 subiendo, pues, Gedeón. .al *o* de Noba
1 S. 13.5 subieron y acamparon en Micmas, al *o*
15.7 llegar a Shur, que está al *o* de Egipto
26.1 David escondido en. .al *o* del desierto?
26.3 y acampó Saúl en el. .al *o* del desierto
1 R. 7.25 y tres miraban al *o;* sobre éstos se
7.39 y colocó el mar al lado. .*o,* hacia el sur
17.3 apártate de aquí, y vuélvete al *o,* y
2 R. 13.17 y dijo: Abre la ventana que da al *o*
1 Cr. 4.39 y llegaron hasta. .Gedor hasta el *o*
5.9 habitó. .desde el *o* hasta la entrada del
6.78 al *o* del Jordán, dieron de la tribu de
7.28 y hacia el *o* Naarán. .Gezer y sus aldeas
9.18 los porteros en la puerta del rey. .al *o*
9.24 estaban los porteros. .al *o*. .al norte y
12.15 e hicieron huir a. .al *o* y al poniente
26.14 la suerte para la del *o* cayó a Selemías
26.17 al *o* seis levitas, al norte cuatro de
2 Cr. 4.4 sobre doce bueyes, tres. .y tres al *o*
5.12 y los levitas cantores. .al *o* del altar
Neh. 3.26 hasta enfrente de la puerta de. .al *o*
12.37 casa. .hasta la puerta de las Aguas, al *o*
Job 18.20 su día. .y pavor caerá sobre los de *o*
23.8 he aquí yo iré al *o,* y no lo hallaré; y
Sal. 75.6 porque ni de *o* ni de occidente, ni del
103.12 cuanto está lejos el *o* del occidente
107.3 ha congregado. .del *o* y del occidente
Is. 2.6 llenos de costumbres traídas del *o,* y
9.12 *o* los sirios, y. .filisteos del poniente
11.14 saquearán también a los de *o;* Edom y
41.2 despertó del *o* al justo, lo llamó para
43.5 *o* traeré tu generación, y del occidente
46.11 que llamo desde el *o* al ave, y de tierra
Jer. 31.40 la puerta de los caballos al *o,* será
49.28 subid. .y destruid a los hijos del *o*
Ez. 8.16 como 25 varones. .rostros hacia el *o*
8.16 adoraban al sol, postrándose hacia el *o*
11.1 puerta oriental. .la cual mira hacia el *o*
11.23 se puso sobre el monte que está al *o* de
25.10 los hijos del *o* contra los hijos de Amón
39.11 el valle de los que pasan al *o* del mar
40.6 vino a la puerta que mira hacia el *o,* y
40.19 la anchura. .de cien codos hacia el *o*
40.22 a la medida de la puerta. .hacia el *o*
40.23 al *o;* y midió de puerta a puerta, cien
40.32 me llevó al atrio interior hacia el *o*
40.44 una estaba al lado de la puerta del *o*
41.14 el ancho del. .y del espacio abierto al *o*
42.10 hacia el *o,* enfrente del espacio abierto
42.15 por. .la puerta que miraba hacia el *o*
43.1 luego a la puerta. .que mira hacia el *o*
43.2 he aquí la gloria del Dios. .venía del *o*
43.4 por la vía de la puerta que daba al *o*
43.17 el descanso. .y sus gradas estaban al *o*
44.1 hacia la puerta. .la cual mira hacia el *o*
46.1 puerta del atrio interior que mira al *o*
46.12 le abrirán la puerta que mira al *o,* y
47.1 aguas que salían de debajo. .hacia el *o*
47.1 la fachada de la casa estaba al *o,* y las
47.2 me sacó. .al camino de la que mira al *o*
47.3 salió el varón hacia el *o,* llevando un
47.8 estas aguas salen a la región del *o,* y
47.18 del lado del *o,* en medio de Haurán y de
48.2,3,4,5,6,7,8(2),23,24,25,26,27 desde el lado
del *o* hasta el lado del mar
48.10 porción santa. .diez mil de anchura al *o*
48.16 y al lado del *o* cuatro mil quinientas
48.17 el ejido. .al *o* de doscientas cincuenta
48.18 lo que quedare de. .diez mil cañas al *o*
Dn. 8.9 creció mucho al sur, y al *o,* y hacia la
11.44 noticias del *o* y del. .lo atemorizarán
Am. 8.12 norte hasta el *o* discurrirán buscando
Jon. 4.5 salió Jonás. .y acampó hacia el *o* de la
Zac. 8.7 salvo a mi pueblo de la tierra del *o*
14.4 el monte de los Olivos, que está. .al *o*
14.4 partirá por en medio, hacia el *o* y hacia
Mt. 2.1 vinieron del *o* a Jerusalén unos magos
2.2 porque su estrella hemos visto en el *o*
2.9 la estrella que habían visto en el *o* iba
8.11 que vendrán muchos del *o* y del occidente
24.27 como el relámpago que sale del *o* y se
Lc. 13.29 vendrán del *o* y del occidente, del
Ap. 16.12 preparado el camino a los reyes del *o*
21.13 *o* tres puertas; al norte tres puertas

ORIGEN
Gn. 2.4 estos son los *o* de los cielos y de la
Ez. 16.3 tu *o,* tu nacimiento, es de la tierra
29.14 los llevaré a la. .a la tierra de su *o*
Lc. 1.3 diligencia todas las cosas desde su *o*

ORIGINAL
Dt. 17.18 *o* que está al cuidado de los levitas

ORIGINAR
Lv. 13.20 es llaga de lepra que se *originó* en

ORILLA
Gn. 22.17 la arena que está a la *o* del mar; y
41.3 cerca de las vacas hermosas a la *o* del
41.17 me parecía que estaba a la *o* del río
Éx. 2.3 lo puso en un carrizal a la *o* del río
14.30 vio a los egipcios muertos a la *o* del
26.4 harás lazadas de azul en la *o* de la
26.4 lo mismo harás en la *o* de la cortina de
26.5 y 50 lazadas harás en la *o* de la cortina
26.10 harás 50 lazadas en la *o* de la cortina
26.10 y 50 lazadas en la *o* de la cortina de
28.26 en su *o* que está al lado del efod hacia
36.11 lazadas de azul en la *o* de la cortina
36.11 lo mismo en la *o* de la cortina final de
36.12 y otras 50 en la *o* de la cortina de la
36.17 hizo. .50 lazadas en la *o* de la cortina
36.17 otras 50 lazadas en la *o* de la cortina
39.19 su *o,* frente a la parte baja del efod
39.24 e hicieron en las *o* del manto granadas
39.25 entre las granadas en las *o* del manto
39.26 una campanilla y. .en las *o* del manto
Dt. 2.37 a todo lo que está a la *o* del arroyo
Jos. 3.15 pies. .fueron mojados a la *o* del agua
3.15 el Jordán suele desbordarse por. .sus *o*
11.14 como la arena que está a la *o* del mar
13.9,16 Aroer. .está a la *o* del arroyo de Arnón
1 S. 13.5 como la arena que está a la *o* del mar
24.4 se levantó David, y. .cortó la *o* del manto
24.5 porque había cortado la *o*. .manto de Saúl
24.11 mira la *o* de tu manto. .yo corté la *o* de
2 S. 17.11 como la arena que está a la *o* del
1 R. 4.29 como la arena que está a la *o* del mar
2 R. 2.13 volvió, y se paró a la *o* del Jordán
Sal. 104.12 sus *o* habitan las aves de los cielos
Is. 24.15 en las *o* del mar sea nombrado Jehová
Ez. 27.3 Tiro, que está asentada a. .*o* del mar
Dn. 10.4 estaba yo a la *o* del gran río Hidekel
Mt. 8.28 cuando llegó a la otra *o,* a la tierra
13.48 una vez llena, la sacan a la *o*. .recogen
Mr. 5.21 pasando otra vez Jesús en. .a la otra *o*
6.53 vinieron a tierra de. .y arribaron a la *o*
Lc. 5.2 vio dos barcas. .cerca de la *o* del lago
He. 11.12 como la arena que está a la *o* del mar

ORÍN
Mt. 6.19 donde la polilla y el *o* corrompen, y
6.20 donde ni la polilla ni el *o* corrompen

ORINA
2 R. 18.27; Is. 36.12 expuestos a. .beber su *o*

ORIÓN *Constelación celestial*
Job 9.9 hizo la Osa, el *O* y las Pléyades, y los
38.31 atar. .o desatarás las ligaduras de *O?*
Am. 5.8 que hace las Pléyades y el *O,* y vuelve

ORLA
Éx. 28.33 y en sus *o* harás granadas de azul
28.34 y otra granada, en toda la *o* del manto

ORNAMENTO
2 S. 1.24 adornaba vuestras ropas con *o* de oro
2 Cr. 3.6 cubrió. .de piedras preciosas para *o*
20.21 que cantasen y. .vestidos de *o* sagrados
Is. 13.19 *o* de la grandeza de los caldeos, será
Ez. 7.20 cuanto convirtieron la gloria de su *o*

ORNÁN *Jebuseo que vendió su era al rey David (=Arauna)*
1 Cr. 21.15 ángel. .estaba junto a la era de *O*
21.18 altar a Jehová en la era de *O* jebuseo
21.20 y volviéndose *O,* vio al ángel, por lo
21.20 se escondieron. .Y *O* trillaba el trigo
21.21 y viniendo David a *O,* miró *O,* y vio a
21.22 dijo David a *O:* Dame este lugar de la
21.23 y *O* respondió a David: Tómala para ti
21.24 rey David dijo a *O:* No, sino. .compraré
21.25 dio David a *O* por. .de 600 siclos de oro
21.28 que Jehová le había oído en la era de *O*
2 Cr. 3.1 en el lugar. .en la era de *O* jebuseo

ORNATO
1 P. 3.4 el *o* de un espíritu afable y apacible

ORO
Gn. 2.11 toda la tierra de Havila, donde hay *o*
2.12 y el *o* de aquella tierra es bueno; hay
13.2 Abram era riquísimo en. .en plata y en *o*
24.22 le dio el. .un pendiente de *o* que pesaba
24.35 Jehová. .le ha dado ovejas y vacas. .y *o*
24.53 sacó el criado alhajas de plata. .de *o*
41.42 Faraón. .puso un collar de *o* en su cuello
44.8 hurtar de casa de tu señor plata ni *o?*
Éx. 3.22 pedirá cada mujer a su. .alhajas de *o*
11.2 una a su vecina, alhajas de plata y de *o*
12.35 pidiendo de. .alhajas de plata, y de *o*
20.23 no. .de plata, ni dioses de *o* os haréis
25.3 la ofrenda que tomaréis. .*o,* plata, cobre
25.11 la cubrirás de *o* puro por dentro y por
25.11 sobre ella una cornisa de *o* alrededor
25.12 fundirás para ella cuatro anillos de *o*
25.13 unas varas. .las cuales cubrirás de *o*
25.17 harás un propiciatorio de *o* fino, cuya
25.18 harás. .dos querubines de *o;* labrados a
25.24 la cubrirás de *o* puro, y le harás una
25.24 y le harás una cornisa de *o* alrededor
25.25 y harás a la moldura una cornisa de *o*
25.26 harás cuatro anillos de *o,* los cuales
25.28 harás las varas de. .y las cubrirás de *o*
25.29 platos. .cucharas. .de *o* fino los harás
25.31 además un candelero de *o* puro; labrado
25.36 una pieza labrada a martillo, de *o* puro
25.38 despabiladeras y sus platillos, de *o*
25.39 de un talento de *o* fino lo harás, con
26.6 harás también cincuenta corchetes de *o*
26.29 cubrirás de *o* las tablas, y harás sus
26.29 harás sus anillos de *o*. .*o* las barras
26.32 acacia cubiertas de *o*. .capiteles de *o*
26.37 cubrirás de *o,* con sus capiteles de *o*
28.5 tomarán *o,* azul, púrpura, carmesí y lino
28.6 harán el efod de *o,* azul, púrpura. .lino
28.8 y su cinto. .de *o,* azul, púrpura, carmesí
28.11 piedras. .harás alrededor engastes de *o*
28.13 harás, pues, los engastes de *o*
28.14 cordones de *o* fino, los cuales harás en
28.15 pectoral del juicio. .*o,* azul, púrpura
28.20 todas estarán montadas en engastes de *o*
28.22 cordones de hechura de trenzas de *o*
28.23 harás en el pectoral dos anillos de *o*
28.24 fijarás los dos cordones de *o* en los
28.26,27 harás también dos anillos de *o,* los
28.33 entre ellas campanillas de *o* alrededor
28.34 campanilla de *o*. .otra campanilla de *o*
28.36 harás además una lámina de *o* fino, y
30.3 lo cubrirás de *o* puro, su cubierta, sus
30.3 y le harás en derredor una cornisa de *o*
30.4 le harás. .dos anillos de *o* debajo de su
30.5 harás las varas de. .y las cubrirás de *o*
31.4 diseños, para trabajar en *o,* en plata
32.2 apartad los zarcillos de *o* que están en
32.3 apartó los zarcillos de *o* que tenían en
32.24 les respondí: ¿Quién tiene *o?* Apartadlo
32.31 un gran pecado. .se hicieron dioses de *o*
35.5 ofrenda para Jehová. .*o,* plata, bronce
35.22 joyas de *o*. .presentaban ofrenda de *o*
35.32 para trabajar en *o,* en plata y en bronce
36.13 hizo también 50 corchetes de *o,* con los
36.34 cubrió de *o* las tablas. .de *o* los anillos
36.34 barras; cubrió también de *o* las barras
36.36 cubrió de *o,* y sus capiteles eran de *o*
36.38 cubrió de *o* los capiteles y. .molduras
37.2 y la cubrió de *o*. .hizo una cornisa de *o*
37.3 cuatro anillos de *o* a. .cuatro esquinas
37.4 hizo también varas. .y las cubrió de *o*
37.6 hizo asimismo el propiciatorio de *o;* su
37.7 dos querubines de *o,* labrados a martillo
37.11 la cubrió de *o*. .hizo una cornisa de *o*
37.12 hizo en derredor de. .una cornisa de *o*
37.13 hizo. .de fundición cuatro anillos de *o*
37.15 las varas. .la mesa, y las cubrió de *o*
37.16 sus cubiertos y sus tazones. .de *o* fino
37.17 hizo asimismo el candelero de *o* puro
37.22 era una pieza labrada a martillo, de *o*
37.23 sus despabiladeras y sus platillos, de *o*
37.24 de un talento de *o* puro lo hizo, con
37.26 lo cubrió de *o* puro. .una cornisa de *o*
37.27 dos anillos de *o* debajo de la cornisa
37.28 e hizo las varas de. .y las cubrió de *o*
38.24 todo el *o*. .el cual fue *o* de la ofrenda
39.2 también el efod de *o,* de azul, púrpura
39.3 batieron láminas de *o,* y cortaron hilos
39.5 el cinto. .de *o,* azul, púrpura, carmesí y
39.6 las piedras. .montadas en engastes de *o*
39.8 pectoral. .de *o,* azul, púrpura, carmesí
39.13 montadas y encajadas en engastes de *o*
39.15 cordones de forma de trenza, de *o* puro
39.16 hicieron. .engastes y dos anillos de *o*
39.16 dos anillos de *o* en los dos extremos del
39.17 cordones de *o* en aquellos dos anillos
39.18 dos cordones de *o* en los dos engastes
39.19,20 hicieron. .anillos de *o* que pusieron
39.25 hicieron también campanillas de *o* puro
39.30 la lámina de la diadema santa de *o* puro
39.38 el altar de *o,* el aceite de la unción
40.5 pondrás el altar de *o* para el incienso
40.26 puso. .el altar de *o* en el tabernáculo
Lv. 8.9 y sobre la mitra. .puso la lámina de *o*
Nm. 4.11 el altar de *o* extenderán un paño azul
7.14,20,26,32,38,44,50,56,62,68,74,80 una
cuchara de *o* de diez siclos
7.84 doce jarros de plata, 12 cucharas de *o*
7.86 doce cucharas de *o* llenas de incienso
7.86 todo el *o* de las cucharas, 120 siclos
8.4 del candelero, de *o* labrado a martillo
22.18; 24.13 diese su casa llena de plata y *o*
31.22 ciertamente el *o* y la plata, el bronce
31.50 hemos ofrecido a Jehová. .alhajas de *o*
31.51 y Moisés y. .Eleazar recibieron el *o* de
31.52 todo el *o* de la ofrenda que ofrecieron
31.54 recibieron, pues. .el *o* de los jefes de
Dt. 7.25 no codiciarás. .*o* de ellas para tomarlo
8.13 y la plata y el *o* se te multipliquen, y
17.17 ni *o* amontonará para sí en abundancia
29.17 sus ídolos. .plata y *o*. .tienen consigo
Jos. 6.19 la plata y el *o*. .consagrados a Jehová
6.24 pusieron en el tesoro. .de Jehová. .el *o*
7.21 un lingote de *o*. .lo cual codicié y tomé
7.24 tomaron a Acán. .lingote de *o,* sus hijos
22.8 volved a. .con *o,* y bronce, y. .vestidos
Jue. 8.24 traían zarcillos de *o,* porque eran
8.26 de los zarcillos de *o*. .1.700 siclos de *o*

ORO *(Continúa)*
1 S. 6.4 cinco tumores de *o*, y 5 ratones de *o*
6.8 y las joyas de *o* que le habéis de pagar
6.11 caja con los ratones de *o* y las figuras
6.15 caja..en la cual estaban las joyas de *o*
6.17 tumores de *o* que pagaron los filisteos
6.18 ratones de *o* fueron conforme al número
2 S. 1.24 quien adornaba vuestras ropas con..*o*
8.7 y tomó David los escudos de *o* que traían
8.10 Joram llevaba en su..utensilios de..de *o*
8.11 dedicó a Jehová, con la plata y el *o* que
12.30 la corona de la..pesaba un talento de *o*
21.4 no tenemos..querella..sobre *o* con Saúl
1 R. 6.20 y lo cubrió de *o* purísimo; asimismo
6.20 asimismo cubrió de *o* el altar de cedro
6.21 cubrió de *o* puro la casa por dentro, y
6.21 cerró..cadenas de *o*, y lo cubrió de *o*
6.22 cubrió, pues, de *o*..casa de arriba abajo
6.22 asimismo cubrió de *o* todo el altar que
6.28 y cubrió de *o* los querubines
6.30 y cubrió de *o* el piso de la casa, por
6.32 talló en ellas figuras..las cubrió de *o*
6.32 cubrió también de *o* los querubines y las
6.35 cubrió de *o* ajustado a las talladuras
7.48 un altar de *o*, y una mesa también de *o*
7.49 cinco candeleros de *o*..y tenazas de *o*
7.50 los cántaros..de *o*..de *o* los quiciales
7.51 metió Salomón lo..plata, *o* y utensilios
9.11 había traído a Salomón..cuanto *o* quiso
9.14 había enviado al rey 120 talentos de *o*
9.28 fueron a Ofir y tomaron de allí *o*, 420
10.2 a Jerusalén con..*o* en gran abundancia
10.10 y dio ella al rey 120 talentos de *o*
10.11 la flota..que había traído el *o* de Ofir
10.14 el peso del *o*..era 666 talentos de *o*
10.16 hizo..200 escudos grandes de *o* batido
10.16 seiscientos siclos de *o* gastó en cada
10.17 hizo 300 escudos de *o* batido, en cada
10.17 en cada uno de..gastó tres libras de *o*
10.18 trono de marfil, el cual cubrió de *o*
10.21 los vasos de beber del rey..eran de *o*
10.21 la vajilla de la casa..era de *o* fino
10.22 traía *o*, plata, marfil, monos y pavos
10.25 le llevaban..alhajas de *o* y de plata
12.28 hizo el rey dos becerros de *o*, y dijo
14.26 se llevó..los escudos de *o* que Salomón
15.15 metió en la casa de Jehová..*o*, plata
15.18 tomando Asa..y el *o* que había quedado
15.19 te envío un presente de plata y de *o*
20.3 tu plata y tu *o* son míos, y tus mujeres
20.5 tu *o*, y tus mujeres y tus hijos me darás
20.7 ha enviado a mí..por mi plata y por mi *o*
22.48 las cuales habían de ir a Ofir por *o*
2 R. 5.5 consigo seis mil piezas de *o*, y diez
7.8 tomaron de allí plata y *o* y vestidos, y
10.29 en pie los becerros de *o* que estaban en
12.13 ningún otro utensilio de *o* ni de plata
12.18 todo el *o* que se halló en los tesoros
14.14 tomó todo el *o*, y la plata, y todos los
16.8 tomando Acaz..el *o* que se halló en la
18.14 impuso a Ezequías rey..30 talentos de *o*
18.16 Ezequías quitó el *o* de las puertas del
18.16 quiciales que el..había cubierto de *o*
20.13 Ezequías los oyó..mostró..*o*, y especias
23.33 de cien talentos de plata, y uno de *o*
23.35 Joacim pagó a Faraón la plata y el *o*
23.35 sacando..y el *o* del pueblo de la tierra
24.13 rompió..los utensilios de *o* que había
25.15 cuencos, los que de *o*, en *o*, y los que
1 Cr. 18.7 tomó también David los escudos de *o*
18.10 envió..toda clase de utensilios de *o*
18.11 dedicó a Jehová, con la plata y el *o*
20.2 y la halló de peso de un talento de *o*
21.25 dio David..el peso de 600 siclos de *o*
22.14 he preparado..cien mil talentos de *o*
22.16 del *o*, de la plata, del..no hay cuenta
28.14 dio *o* en peso para las cosas de *o*, para
28.15 *o* en peso para los candeleros de *o*, y
28.15 en peso el *o* para cada candelero y sus
28.16 asimismo dio *o* en peso para las mesas
28.17 también *o* puro..y para las tazas de *o*
28.18 *o*..para el altar..los querubines de *o*
29.2 *o* para las cosas de *o*, plata para las
29.3 guardo en mi tesoro particular *o* y plata
29.4 tres mil talentos de *o*, de *o* de Ofir, y
29.5 *o*, pues, para las cosas de *o*, y plata
29.7 dieron..5.000 talentos y..dracmas de *o*
2 Cr. 1.15 acumuló..rey plata y *o* en Jerusalén
2.7 un hombre hábil que sepa trabajar en *o*
2.14 cual sabe trabajar en *o*, plata, bronce
3.4 el pórtico..cubrió por dentro de *o* puro
3.5 ciprés, la cual cubrió de *o* fino, e hizo
3.6 cubrió también..y el *o* era *o* de Parvaim
3.7 que cubrió la casa..y sus puertas con *o*
3.8 y lo cubrió de *o* fino que ascendía a 600
3.9 clavos..de *o*. Cubrió..de *o* los aposentos
3.10 dos querubines de madera..cubiertos de *o*
4.7 hizo asimismo diez candeleros de *o* según
4.8 hizo diez mesas..hizo cien tazones de *o*
4.19 hizo..el altar de *o*, y las mesas sobre
4.20 los candeleros y sus lámparas, de *o* puro
4.21 las flores..y tenazas de *o*, de *o* finísimo
4.22 las cucharas y los incensarios..de *o* puro
4.22 de *o* también la entrada de la casa, sus
5.1 plata y el *o*..en los tesoros de la casa
8.18 tomaron de allá 450 talentos de *o*, y los
9.1 *o* en abundancia, y piedras preciosas, para
9.9 y dio al rey 120 talentos de *o*, y gran
9.10 siervos..que habían traído el *o* de Ofir
9.13 el peso del *o* que..era 666 talentos de *o*
9.14 los gobernadores de..traían *o* y plata a
9.15 hizo..Salomón doscientos paveses de *o*
9.15 paveses..cada uno de..600 siclos de *o*
9.16 escudos de *o* batido..300 siclos de *o*
9.17 trono de marfil, y lo cubrió de *o* puro
9.18 seis gradas, y un estrado de *o* fijado
9.20 toda la vajilla del rey Salomón era de *o*
9.20 la vajilla de la casa del Líbano, de *o*
9.21 las naves de Tarsis, y traían *o*, plata
9.24 traía su presente..plata, alhajas de *o*
12.9 tomó los escudos de *o* que Salomón había
13.8 tenéis con vosotros los becerros de *o*
13.11 el candelero de *o* con sus lámparas para
15.18 y trajo a la casa de Dios lo..plata, *o*
16.2 sacó Asa..el *o* de los tesoros de la casa
16.3 te he enviado plata y *o*, para que vengas
21.3 había dado muchos regalos de *o* y plata
24.14 hicieron de él..vasos de *o* y de plata
25.24 tomó todo el *o* y la plata, y todos los
32.27 Ezequías..adquirió tesoros de plata y *o*
36.3 pagar cien talentos de plata y uno de *o*
Esd. 1.4 ayúdenle los hombres de..con plata, *o*
1.6 les ayudaron con plata y *o*, con bienes y
1.9 treinta tazones de *o*, mil tazones..plata
1.10 treinta tazas de *o*..410 tazas de plata
1.11 los utensilios de *o* y de plata eran 5.400
2.69 dieron..61.000 dracmas de *o*, cinco mil
5.14; 6.5 los utensilios de *o* y de plata de la
7.15 llevar la plata y el *o* que el rey y sus
7.16 el *o* que halles en toda la provincia de
7.18 os parezca hacer de la otra plata y *o*
8.25 les pesé la plata, el *o* y los utensilios
8.26 utensilios de plata..cien talentos de *o*
8.27 veinte tazones de *o* de mil dracmas, y
8.27 dos vasos de bronce..preciados como el *o*
8.28 son santos los..la plata y el *o*, ofrenda
8.30 y los levitas recibieron el peso..del *o*
8.33 pesada la plata, el *o* y los utensilios
Neh. 7.70 el gobernador dio..mil dracmas de *o*
7.71 cabezas de familia..20.000 dracmas de *o*
7.72 del pueblo dio 20.000 dracmas de *o*
Est. 1.6 reclinatorios de *o* y de plata, sobre
1.7 y daban a beber en vasos de *o*, y vasos
4.11 a quien el rey extendiere el cetro de *o*
5.2; 8.4 rey extendió a Ester el cetro de *o*
8.15 con vestido real..y una gran corona de *o*
Job 3.15 o con los príncipes que poseían el *o*
22.24 tendrás más *o* que tierra, y..*o* de Ofir
23.10 él conoce..me probará, y saldré como *o*
28.1 la plata..y el *o* lugar donde se refina
28.6 piedras son zafiro, y sus polvos de *o*
28.15 no se dará por *o*, ni su precio será a
28.16 no puede ser apreciada con *o* de Ofir, ni
28.17 el *o* no se le igualará, ni el diamante
28.17 ni se cambiará por alhajas de *o* fino
28.19 ella..no se podrá apreciar con *o* fino
31.24 en el *o* mi esperanza, y dije al *o:* Mi
36.19 ¿hará él estima de tus riquezas, del *o*
42.11 cada uno de ellos le dio..anillo de *o*
Sal. 19.10 deseables..más que el *o*..*o* afinado
21.3 corona de *o*..has puesto sobre su cabeza
45.9 está la reina a tu diestra con *o* de Ofir
45.13 la hija..de brocado de *o* es su vestido
68.13 plata, y sus plumas con amarillez de *o*
72.15 vivirá, y se le dará del *o* de Sabá, y
105.37 los sacó con plata y *o;* y no hubo en
115.4 ídolos de ellos son plata y *o*, obra de
119.72 mejor me es la ley..que millares de *o*
119.127 más que el *o*, y más que *o* muy puro
135.15 ídolos de las naciones son plata y *o*
Pr. 3.14 plata, y sus frutos más que el *o* fino
8.10 plata; y ciencia antes que el *o* escogido
8.19 mejor es mi fruto que el *o*, y que el *o*
11.22 zarcillo de *o* en el hocico de un cerdo
16.16 mejor es adquirir sabiduría..*o* preciado
17.3 crisol para la plata..hornaza para el *o*
20.15 hay *o* y multitud de piedras preciosas
22.1 y la buena fama más que la plata y el *o*
25.11 manzana de *o* con figuras de plata es la
25.12 como zarcillo de *o* y joyel de *o* fino es
27.21 el crisol prueba la..y la hornaza el *o*
Ec. 2.8 amontoné también plata y *o*, y tesoros
12.6 se quiebre, y se rompa el cuenco de *o*
Cnt. 1.11 zarcillos de *o* te haremos, tachonados
3.10 su respaldo de *o*, su asiento de grana
5.11 su cabeza como *o* finísimo; sus cabellos
5.14 manos, como anillos de *o* engastados de
5.15 sus piernas, como..sobre basas de *o* fino
Is. 2.7 su tierra está llena de plata y *o*, y sus
2.20 arrojará el hombre a los..sus ídolos de *o*
13.12 haré más precioso que el *o* fino al varón
13.12 haré..y más que el *o* de Ofir al hombre
13.17 no se ocuparán de la..ni codiciarán *o*
14.4 ¡cómo..acabó la ciudad codiciosa de *o!*
30.22 profanarás..tus imágenes fundidas de *o*
31.7 en aquel día arrojará..sus ídolos de *o*
39.2 mostró la casa de su tesoro, plata y *o*
40.19 el platero le extiende el *o* y le funde
46.6 sacan *o* de la bolsa, y pesan plata con
60.6 *o* e incienso, y publicarán alabanzas de
60.9 traer tus hijos de lejos..su *o* con ellos
60.17 en vez de bronce traeré *o*, y por hierro
Jer. 4.30 aunque te adornes con atavíos de *o*
10.4 con plata y *o* lo adornan; con clavos y
10.9 traerán plata batida de Tarsis y *o* de
51.7 copa de *o* fue Babilonia en la mano de
52.19 lo de *o* por *o*, y lo de plata por plata
Lm. 4.1 ¡cómo se ha ennegrecido el *o!* ¡Cómo el
4.1 ¡cómo el buen *o* ha perdido su brillo!
4.2 preciados y estimados más que el *o* puro
Ez. 7.19 arrojarán su plata..*o* será desechado
7.19 ni su plata ni su *o* podrá librarlos en
16.13 fuiste adornada de *o* y de plata, y tu
16.17 tomaste..tus hermosas alhajas de *o* y
27.22 toda piedra..*o*, vinieron a tus ferias
28.4 has adquirido *o* y plata en tus tesoros
28.13 de zafiro, carbunclo, esmeralda y *o*
38.13 quitar plata y *o*, para tomar ganados y
Dn. 2.32 la cabeza de esta imagen era de *o* fino
2.35 fueron desmenuzados..la plata y el *o*
2.38 te ha dado..tú eres aquella cabeza de *o*
2.45 desmenuzó el hierro..la plata y el *o*
3.1 hizo una estatua de *o* cuya altura era de
3.5 os postréis y adoréis la estatua de *o* que
3.7 se postraron y adoraron la estatua de *o*
3.10 que..se postre y adore la estatua de *o*
3.12 ni adoran la estatua de *o*..has levantado
3.14 que vosotros no..adoráis la estatua de *o*
5.2 que trajesen los vasos de *o* y de plata que
5.3 fueron traídos los vasos de *o* que habían
5.4 y alabaron a los dioses de *o* y de plata
5.7 y un collar de *o* llevará en su cuello, y
5.16 y un collar de *o* llevarás en tu cuello
5.23 diste alabanza a dioses de plata y *o*, de
5.29 y poner en su cuello un collar de *o*, y
10.5 un varón..ceñidos sus lomos de *o* de Ufaz
11.8 y sus objetos preciosos de plata y de *o*
11.38 al dios de las..honrará con *o* y plata
11.43 apoderará de los tesoros de *o* y plata
Os. 2.8 y que le multipliqué la plata y el *o*
8.4 plata y de su *o* hicieron ídolos para sí
Jl. 3.5 porque habéis llevado mi plata y mi *o*
Nah. 2.9 saquead *o;* no hay fin de las riquezas
Hab. 2.19 está cubierto de *o* y plata, y no hay
Sof. 1.18 ni su *o* podrá librarlos en el día de
Hag. 2.8 mía es la plata, y mío es el *o*, dice
Zac. 4.2 he aquí un candelabro todo de *o*, con
4.12 tubos de *o* vierten de sí aceite como *o?*
6.11 tomarás..plata y *o*, y harás coronas, y
9.3 amontonó plata..*o* como lodo de las calles
13.9 plata, y los probaré como se prueba el *o*
14.14 *o* y plata, y ropas de vestir, en gran
Mal. 3.3 los afinará como a *o* y como a plata
Mt. 2.11 ofrecieron presentes: *o*, incienso y
10.9 no os proveáis de *o*, ni plata, ni cobre
23.16 si alguno jura por el *o* del templo, es
23.17 el *o*, o el templo que santifica al *o?*
Hch. 3.6 dijo: No tengo plata ni *o*, pero lo que
17.29 que la Divinidad sea semejante a *o*, o
20.33 ni plata ni *o* ni..de nadie he codiciado
1 Co. 3.12 si sobre este..alguno edificare *o*
1 Ti. 2.9 ni *o*, ni perlas..ni vestidos costosos
2 Ti. 2.20 no solamente hay utensilios de *o* y
He. 9.4 el cual tenía un incensario de *o* y el
9.4 el arca del pacto cubierta de *o* por todas
9.4 urna de *o* que contenía el maná, la vara
Stg. 2.2 entra un hombre con anillo de *o* y con
5.3 vuestro *o* y plata están enmohecidos; y su
1 P. 1.7 vuestra fe, mucho más preciosa que..*o*
1.18 con cosas corruptibles, como *o* o plata
3.3 no..de adornos de *o* o de vestidos lujosos
Ap. 1.12 y vuelto, vi siete candeleros de *o*
1.13 ceñido por el pecho con un cinto de *o*
1.20 el misterio de..siete candeleros de *o*
2.1 anda en medio de los 7 candeleros de *o*
3.18 te aconsejo que de mí compres *o* refinado
4.4 ancianos..con coronas de *o* en sus cabezas
5.8 y copas de *o* llenas de incienso, que son
8.3 otro ángel vino..con un incensario de *o*
8.3 sobre el altar de *o*..delante del trono
9.7 en las cabezas tenían como coronas de *o*
9.13 voz de entre los..cuernos del altar de *o*
9.20 ni dejaron de adorar..las imágenes de *o*
14.14 tenía en la cabeza una corona de *o*, y
15.6 ceñidos alrededor del..con cintos de *o*
15.7 dio a los siete ángeles siete copas de *o*
17.4 adornada de *o*, de piedras preciosas y de
17.4 tenía en la mano un cáliz de *o* lleno de
18.12 mercadería de *o*, de plata, de piedras
18.16 adornada de *o*, de piedras preciosas y
21.15 conmigo tenía una caña de medir, de *o*
21.18 la ciudad era de *o* puro, semejante al
21.21 y la calle de la ciudad era de *o* puro

ORTIGA
Pr. 24.31 espinos, *o* habían ya cubierto su faz
Is. 34.13 sus alcázares crecerán espinos, y *o*
55.13 y en lugar de la *o* crecerá arrayán; y
Os. 9.6 *o* conquistará lo deseable de su plata
Sof. 2.9 Moab será..campo de *o*, y mina de sal

ORUGA

Sal. 78.46 dio también a la *o* sus frutos, y sus
Is. 33.4 serán recogidos como cuando recogen *o*
Jl. 1.4 lo que quedó de la *o* comió el saltón
2.25 os restituiré los años que comió la *o*
Am. 4.9 os herí con viento solano y con *o;* la

OSADÍA

2 Co. 10.2 no tenga que usar de aquella *o* con
11.21 pero en lo que otro tenga *o*..yo tengo *o*

OSADO

Job 41.10 nadie hay tan *o* que lo despierte
2 Co. 10.1 mas ausente soy *o* para con vosotros

OSAÍAS

1. Príncipe de Judá en tiempo de Nehemías, Neh. 12.32
2. Padre de Jezanías (=Azarías No. 23), Jer. 42.1; 43.2

OSAR

2 Cr. 17.10 y no *osaron*..guerra contra Josafat
Mt. 22.46 ni *osó* ninguno..aquel día preguntarle
Mr. 12.34 entonces..ninguno *osaba* preguntarle
Lc. 20.40 y no *osaron* preguntarle nada más
Ro. 5.7 ser que alguno *osara* morir por el bueno
15.18 no *osaría* hablar sino de lo que Cristo
1 Co. 6.1 ¿*osa* alguno..ir a juicio delante de

ÓSCULO

Ro. 16.16; 1 Co. 16.20; 2 Co. 13.12 saludaos unos a otros con *ó* santo
1 Ts. 5.26 saludad a todos los hermanos con *ó*
1 P. 5.14 saludaos unos a otros con *ó* de amor

OSCURAMENTE

1 Co. 13.12 vemos por espejo, *o;* mas entonces

OSCURECER

Gn. 15.17 *oscurecido*, se veía un horno humeando
27.1 Isaac envejeció..ojos se *oscurecieron*
Éx. 10.15 cubrió..país, y *oscureció* la tierra
Lv. 13.6 si parece haberse *oscurecido* la llaga
13.39 manchas..algo *oscurecidas*, es empeine
13.56 la plaga se ha *oscurecido* después que
Dt. 34.7 ojos nunca se *oscurecieron*, ni perdió
1 S. 3.2 sus ojos comenzaban a *oscurecerse* de
4.15 sus ojos se habían *oscurecido*, de modo
1 R. 14.4 ojos se habían *oscurecido* a causa de
18.45 los cielos se *oscurecieron* con nubes
Neh. 13.19 iba *oscureciendo* a las puertas de
Job 3.9 *oscurézcanse* las estrellas de su alba
11.17 aunque *oscureciere*, será como..mañana
17.7 mis ojos se *oscurecieron* por el dolor
18.6 la luz se *oscurecerá* en su tienda, y se
38.2 ¿quién es ése que *oscurece* el consejo
42.3 ¿quién es el que *oscurece* el consejo sin
Sal. 69.23 sean *oscurecidos* sus ojos para que
105.28 envió tinieblas que lo *oscurecieron*
Pr. 7.9 la tarde del día, cuando ya *oscurecía*
Ec. 12.2 antes que se *oscurezca* el sol, y la luz
12.3 y se *oscurecerán* los que miran por las
Is. 5.30 y en sus cielos se *oscurecerá* la luz
9.19 la ira de Jehová..se *oscureció* la tierra
13.10 y el sol se *oscurecerá* al nacer, y la
24.11 todo gozo se *oscureció*, se desterró la
Jer. 4.28 y los cielos arriba se *oscurecerán*
Lm. 2.1 ¡cómo *oscureció* el Señor en su furor a
Ez. 30.18 Tafnes se *oscurecerá* el día, cuando
Jl. 2.10; 3.15 el sol y la luna se *oscurecerán*
Am. 5.8 y hace *oscurecer* el día como noche; el
Zac. 11.17 y su ojo derecho será..*oscurecido*
Mt. 24.29 sol se *oscurecerá*, y la luna no dará
Mr. 13.24 aquellos días..el sol se *oscurecerá*
Lc. 23.45 y el sol se *oscureció*, y el velo del
Ro. 11.10 *oscurecidos* sus ojos para que no vean
Ap. 8.12 *oscureciese* la tercera parte de ellos
9.2 se *oscureció* el sol y el aire por el humo

OSCURIDAD

Gn. 15.12 temor de una grande *o* cayó sobre él
Éx. 20.21 y Moisés se acercó a la *o* en la cual
Dt. 4.11 monte ardía..con tinieblas, nube y *o*
5.22 habló Jehová a..de la nube y de la *o*, a
28.29 palparás..como palpa el ciego en la *o*
Jos. 24.7 puso *o* entre vosotros y los egipcios
2 S. 22.12 tinieblas..*o* de aguas y densas nubes
1 R. 8.12; 2 Cr. 6.1 que él habitaría en la *o*
Job 3.6 ocupe aquella noche la *o;* no..contada
10.22 tierra de *o*, lóbrega, como sombra de
22.13 Dios? ¿Cómo juzgará a través de la *o?*
23.17 no fui..ni fue cubierto con *o* mi rostro?
28.3 las piedras que hay en *o* y en sombra de
29.3 lámpara, a cuya luz yo caminaba en la *o*
30.26 mal; y cuando esperaba luz, vino la *o*
38.9 cuando puse yo nubes por..por su faja *o*
40.13 el polvo, encierra sus rostros en la *o*
Sal. 18.11 puso tinieblas por su..*o* de aguas
91.6 pestilencia que ande en *o*, ni mortandad
97.2 nubes y *o* alrededor de él; justicia y
Pr. 4.19 el camino de los impíos es como la *o*
7.9 la tarde..en la *o* y tinieblas de la noche
20.20 se le apagará su lámpara en *o* tenebrosa
Is. 4.5 y creará Jehová..nube y *o* de día, y de
8.22 y he aquí tribulación y..*o* y angustia
9.1 mas no habrá siempre *o* para la que está
29.18 ciegos verán en medio de la *o* y de las
50.3 visto de *o* los cielos, y..como cilicio
58.10 si dieres..tu *o* será como el mediodía
59.9 esperamos luz, y he aquí..andamos en *o*
60.2 tinieblas cubrirán la..y *o* las naciones
Jer. 13.16 que vuestros pies tropiecen en..de *o*
23.12 su camino será como resbaladeros en *o*
Lm. 3.6 me dejó en *o*, como los ya muertos de
Ez. 34.12 esparcidas el día del nublado y..la *o*
Jl. 2.2 día de tinieblas y de *o*, día de nube y
Am. 5.20 día de..*o*, que no tiene resplandor?
Mi. 3.6 se os hará noche, y *o* del adivinar
Sof. 1.15 día de tiniebla y de *o*, día de nublado
Hch. 13.11 cayeron sobre él *o* y tinieblas; y
He. 12.18 acercado a..a la *o*, a las tinieblas
2 P. 2.4 sino que los entregó a prisiones de *o*
2.17 los cuales la más densa *o* está reservada
Jud. 6 ha guardado bajo *o*, en prisiones eternas
13 las cuales está reservada eternamente la *o*

OSCURO, RA

Gn. 30.32 aparte todas las ovejas..de color *o*
30.33 color *o*..me ha de tener como de hurto
30.35 todas las de color *o* entre las ovejas
30.40 y todo lo que era *o* del hato de Labán
Lv. 13.21 ni fuere más profunda que la..sino *o*
13.26 sino que estuviere *o*, le encerrará el
13.28 la mancha..estuviere *o*, es la cicatriz
Jos. 2.5 se iba a cerrar la puerta, siendo ya *o*
Is. 45.19 no hablé..en un lugar *o* de la tierra
59.10 estamos en lugares *o* como muertos
Lm. 4.8 *o* más que la negrura es su aspecto
Zac. 14.6 en ese día no habrá luz clara, ni *o*
Mr. 1.35 siendo aún muy *o*, salió y se fue a un
Jn. 6.17 estaba ya *o*, y Jesús no había venido
20.1 fue de mañana, siendo aún *o*, al sepulcro
2 P. 1.19 una antorcha que alumbra en lugar *o*

OSEAS

1. =Josué No. 1
Nm. 13.8 de la tribu de Efraín, *O* hijo de Nun
13.16 a *O*..le puso Moisés el nombre de Josué
2. Rey de Israel
2 R. 15.30 *O* hijo de Ela conspiró contra Peka
17.1 a reinar *O* hijo de Ela en Samaria sobre
17.3 y *O* fue hecho su siervo, y le pagaba tributo
17.4 el rey de..descubrió que *O* conspiraba
17.6 en el año nueve de *O*, el rey de Asiria
18.1 en el tercer año de *O*..comenzó a reinar
18.9 que era el año séptimo de *O* hijo de Ela
18.10 era el año noveno de *O* rey de Israel
3. Efrainita, funcionario del rey David, 1 Cr. 27.20
4. Firmante del pacto de Nehemías, Neh. 10.23
5. Profeta
Os. 1.1 palabra..que vino a *O* hijo de Beeri, en
1.2 principio de la palabra..por medio de *O*
1.2 dijo Jehová a *O:* Vé, tómate una mujer
Ro. 9.25 también en *O* dice: Llamaré pueblo mío

OSO, SA

1 S. 17.34 y cuando venía un león, o un *o*, y
17.36 fuese *o*, tu siervo lo mataba; y este
17.37 me ha librado de..de las garras del *o*
2 S. 17.8 como la *o* en el campo cuando le han
2 R. 2.24 y salieron dos *o* del..y despedazaron
Job 9.9 él hizo la *O*, el Orión y las Pléyades
38.32 ¿o guiarás a la *O* Mayor con sus hijos?
Pr. 17.12 mejor es encontrarse con una *o* a la
28.15 *o* hambriento es el príncipe impío que
Is. 11.7 la vaca y la *o* pacerán, sus crías se
59.11 gruñimos como *o*..nosotros, y gemimos
Lm. 3.10 para mí como *o* que acecha, como león
Dn. 7.5 otra segunda bestia, semejante a un *o*
Os. 13.8 como *o* que ha perdido los hijos los
Am. 5.19 huye..del león, y se encuentra con el *o*
Ap. 13.2 pies como de *o*. y su boca como boca de

OSTENTOSO

1 Ti. 2.9 no con peinado *o*, ni oro, ni perlas
1 P. 3.3 vuestro atavío no sea el..peinados *o*

OTNI *Portero en el templo,* 1 Cr. 26.7

OTONIEL *Sobrino de Caleb*

Jos. 15.17 y la tomó *O*, hijo de Cenaz hermano
Jue. 3.9 a *O* hijo de Cenaz, hermano..de Caleb
3.11 y reposó la tierra 40 años; y murió *O*
1 Cr. 4.13 hijos de Cenaz: *O*..los hijos de *O*
27.15 el duodécimo mes era Heldai..de *O*

OTOÑAL

Jud. 12 nubes sin agua..árboles *o*. sin fruto

OTORGAR

Lv. 25.24 en toda la tierra..*otorgaréis* rescate
1 S. 1.17 Dios de Israel te *otorgue* la petición
1 Cr. 4.10 Jabes..le *otorgó* Dios lo que pidió
Est. 5.6 ¿cuál..petición, y te será *otorgada?*
5.8 y si place al rey *otorgar* mi petición y
7.2 sea la mitad del reino, te será *otorgada*
Job 6.8 y que me *otorgase* Dios lo que anhelo
36.6 no *otorgará* vida al impío, pero a los
2 P. 1.11 será *otorgada*..entrada en el reino

OTRO

Éx. 9.14 no hay *o* como yo en toda la tierra
Dt. 4.35 Jehová es Dios, y no hay *o* fuera de
1 R. 8.60 que Jehová es Dios, y que no hay *o*
2 R. 18.5 después ni antes de él hubo *o* como
Job 1.8; 2.3 que no hay *o* como él en la tierra
Is. 45.14 en ti está Dios, y no hay *o* fuera de
Fil. 2.4 cada cual también por lo de los *o*

OVEJA

Gn. 4.2 fue pastor de *o*, y Caín fue labrador de
4.4 Abel trajo..de los primogénitos de sus *o*
12.16 tuvo *o*, vacas, asnos, siervos, criadas
13.5 también Lot..tenía *o*, vacas y tiendas
20.14 tomó *o* y vacas..y se los dio a Abraham
21.27 y tomó Abraham *o* y..y dio a Abimelec
24.35 Jehová..le ha dado *o* y vacas, plata y
26.14 y tuvo hato de *o*, y hato de vacas, y
29.2 aquí tres rebaños de *o* que yacían cerca
29.3 y abrevaban las *o*, y volvían la piedra
29.6 he aquí Raquel su hija viene con las *o*
29.7 dijo..abrevad las *o*, e id a apacentarlas
29.8 y remuevan la piedra..abrevemos las *o*
29.10 Raquel..y las *o* de Labán el hermano de
30.31 si hicieres..volveré a apacentar tus *o*
30.32 poniendo aparte todas las *o* manchadas
30.32 de color, y todas las *o* de color oscuro
30.33 de color oscuro entre mis *o*, se me ha
30.35 las de color oscuro entre las *o*, y las
30.36 y Jacob apacentaba las otras *o* de Labán
30.38 donde venían a beber las *o*, las cuales
30.39 así concebían las *o* delante de las varas
30.40 hato..y no la ponía con las *o* de Labán
30.41 se hallaban en celo las *o* más fuertes
30.41 Jacob ponía las varas delante de las *o*
30.42 pero cuando venían las *o* más débiles
30.43 se enriqueció el varón..y tuvo muchas *o*
31.4 y a Lea al campo donde estaban sus *o*
31.8 las *o* parían pintados..*o* parían listados
31.10 que al tiempo que las *o* estaban en celo
31.19 pero Labán había ido a trasquilar sus *o*
31.38 tus *o* y..ni yo comí carnero de tus *o*
31.43 las *o* son mis *o*, y todo lo que tú ves
32.5 y tengo vacas..*o*, y siervos y siervas
32.7 las *o* y las vacas..en dos campamentos
32.14 veinte machos cabríos, doscientas *o* y
33.13 que tengo *o* y vacas paridas; y si las
33.13 fatigan, en un día morirán todas las *o*
34.28 tomaron sus *o* y vacas y sus asnos, y lo
37.2 José..apacentaba las *o* con sus hermanos
37.12 fueron sus hermanos a apacentar las *o*
37.13 tus hermanos apacientan las *o* en Siquem
37.14 mira cómo están..y cómo están las *o*, y
38.12 subía a los trasquiladores de sus *o*
38.13 tu suegro sube a..a trasquilar sus *o*
46.32 son pastores de *o*..y han traído sus *o*
46.34 para..es abominación todo pastor de *o*
47.1 mi padre y mis..y sus *o*..han venido de
47.3 a Faraón: Pastores de *o* son tus siervos
47.4 no hay pasto para las *o* de tus siervos
47.17 y José les dio..por el ganado de las *o*
50.8 dejaron en..de Gosén sus niños, y sus *o*
Éx. 2.16 vinieron a..dar de beber a las *o* de su
2.17 y las defendió, y dio de beber a sus *o*
2.19 nos sacó el agua, y dio de beber a las *o*
3.1 apacentando Moisés..*o* de Jetro su suegro
3.1 *o* a través del desierto, y llegó hasta
9.3 sobre tus..vacas y *o*, con plaga gravísima
10.9 ir..con nuestras *o* y con nuestras vacas
10.24 queden vuestras *o* y vuestras vacas
12.5 lo tomaréis de las *o* o de las cabras
12.32 tomad también vuestras *o* y..vacas, como
12.38 multitud de toda clase de gentes, y *o*
20.24 y sacrificarás sobre él..tus *o* y tus
22.1 alguno hurtare buey u *o*, y lo degollare
22.1 pagará cinco..y por aquella *o* cuatro *o*
22.4 el hurto en la mano..sea buey o asno u *o*
22.9 en toda clase de fraude, sobre buey..*o*
22.10 si alguno hubiere dado..*o*..a guardar
22.30 lo mismo harás..de tu buey y de tu *o*
34.3 ni *o* ni bueyes pazcan delante del monte
34.19 mío es..todo primogénito de vaca o de *o*
Lv. 1.10 su ofrenda..fuere del rebaño, de las *o*
3.6 si de *o* fuere su ofrenda para sacrificio
22.21 sea de..*o* de *o*, para que sea aceptado
22.28 sea..*o*, no degollaréis en un mismo día
27.26 el primogénito..buey u *o*, de Jehová es
27.32 y todo diezmo de vacas o de *o*, de todo

OVEJA *(Continúa)*
Nm. 11.22 ¿se degollarán para ellos *o* y bueyes
15.3 ofrecer en..olor grato..de vacas o de *o*
15.11 así se hará con cada..cordero de las *o*
18.17 primogénito de *o* y..cabra, no redimirás
22.40 Balac hizo matar bueyes y *o*, y envió a
27.17 congregación..no sea como *o* sin pastor
31.28 así de las personas como de..de las *o*
31.30 tomarás..de las *o* y de todo animal, y
31.32 y fue el botín..que tomaron..675.000 *o*
31.36 la mitad..fue el número de 337.500 *o*
31.37 el tributo de las *o* para Jehová fue 675
31.43 mitad para la congregación..*o*, 337.500
32.24 edificaos..majadas para vuestras *o*, y
32.36 Bet-nimra y Bet-arán..majadas para *o*
Dt. 7.13 bendecirá..los rebaños de tus *o*, en
8.13 vacas y tus *o* se aumenten, y la plata y
12.6 las primicias de..vacas y de vuestras *o*
12.17 ni las primicias de tus..*o*, ni los votos
12.21 podrás matar..*o* que Jehová te hubiere
14.4 podréis comer: El buey, la *o*, la cabra
14.26 darás el dinero..por *o*, por vino, por
15.14 le abastecerás..de tus *o*, de tu era y
15.19 consagrarás..todo primogénito..de tus *o*
15.19 ni trasquilarás el primogénito de tus *o*
16.2 sacrificarás la pascua..de las *o* y de las
18.4 primicias de la lana de tus *o* le darás
28.4 bendito el fruto..los rebaños de tus *o*
28.18 maldito el fruto de..rebaños de tus *o*
28.31 tus *o* serán dadas a tus enemigos, y no
28.51 no te dejará..ni los rebaños de tus *o*
32.14 mantequilla de vacas y leche de *o*, con
Jos. 6.21 y destruyeron..los bueyes, las *o*, y
7.24 tomaron a Acán hijo..sus *o*, su tienda
Jue. 6.4 no dejaban..ni *o*, ni bueyes, ni asnos
1 S. 14.32 tomaron *o* y vacas y becerros, y los
14.34 me traigan cada uno su vaca, y..su *o*
15.3 mata a hombres, mujeres..*o*, camellos y
15.9 perdonaron a Agag, y a lo mejor de las *o*
15.14 ¿pues qué balido de *o*..es este que yo
15.15 el pueblo perdonó lo mejor de las *o* y
15.21 el pueblo tomó del botín *o* y vacas, las
16.11 queda aún el menor, que apacienta las *o*
16.19 envíame a David tu..que está con las *o*
17.15 apacentar las *o* de su padre en Belén
17.20 dejando las *o* al cuidado de un guarda
17.28 ¿y a quién has dejado aquellas pocas *o*
17.34 siervo era pastor de las *o* de su padre
22.19 bueyes, asnos y *o*, todo lo hirió a filo
24.3 cuando llegó a..redil de *o* en el camino
25.2 muy rico, y tenía tres mil *o* y mil cabras
25.2 aconteció que estaba esquilando sus *o* en
25.4 oyó David en..que Nabal esquilaba sus *o*
25.16 que hemos estado con..apacentando las *o*
25.18 tomó..cinco *o* guisadas, cinco medidas
27.9 se llevaba las *o*, las vacas, los asnos
30.20 tomó también David..las *o* y el ganado
2 S. 7.8 te tomé del redil, de detrás de las *o*
12.2 el rico tenía numerosas *o* y vacas
12.4 no quiso tomar de sus *o* y de sus vacas
12.4 sino que tomó la *o* de aquel hombre pobre
17.29 miel, manteca, *o*, y quesos de vaca para
24.17 hice la maldad; ¿qué hicieron estas *o?*
1 R. 1.9 matando Adonías *o* y vacas y animales
1.19,25 ha matado..muchas *o*, y ha convidado
4.23 bueyes de pasto y cien *o*; sin los ciervos
8.5 estaban con él..sacrificando *o* y bueyes
8.63 ofreció..120.000 *o*. Así dedicaron el rey
22.17 yo vi a todo Israel esparcido..como *o*
2 R. 5.26 tomar..*o*, bueyes, siervos y siervas?
1 Cr. 5.21 y tomaron..250.000 *o* y 2.000 asnos
12.40 trajeron..y bueyes y *o* en abundancia
17.7 te tomé del redil, de detrás de las *o*
21.17 el mal; pero estas *o*, ¿qué han hecho?
27.31 y de las *o*, Jaziz agareno. Todos estos
2 Cr. 5.6 sacrificaron *o*..que por ser tantos no
7.5 y ofreció el rey Salomón en..120.000 *o*
14.15 y se llevaron muchas *o* y camellos, y
15.11 sacrificaron..700 bueyes y siete mil *o*
18.2 que Acab mató muchas *o* y bueyes para él
18.16 por los montes como *o* sin pastor; y dijo
29.33 las ofrendas fueron 600..y tres mil *o*
30.24 el rey Ezequías..había dado..siete mil *o*
30.24 los príncipes dieron al..y diez mil *o*
31.6 dieron..diezmos de las vacas y de las *o*
32.29 ciudades, y hatos de *o* y de vacas en
35.7 y dio el rey Josías a los del pueblo *o*
35.8 para celebrar la pascua, 2.600 *o* y 300
35.9 sacrificios..pascua, 5.000 *o* y 500 bueyes
Neh. 3.1 edificaron la puerta de las *O*. Ellos
3.32 entre la sala de..y la puerta de las *O*
5.18 se preparaba..un buey y seis *o* escogidas
10.36 que traeríamos los primogénitos de..*o*
12.39 torre de Hamea, hasta la puerta de..*O*
Job 1.3 su hacienda era siete mil *o*, tres mil
1.16 fuego..que quemó las *o* y a los pastores
31.20 si..del vellón de mis *o* se calentaron
42.12 porque tuvo 14.000 *o*, 6.000 camellos
Sal. 8.7 *o* y bueyes, todo ello, y asimismo las
44.11 nos entregas como *o* al matadero, y nos
44.22 somos contados como *o* para el matadero
74.1 se ha encendido tu furor contra las *o*
77.20 condujiste a tu pueblo como *o* por mano
78.52 hizo salir a su pueblo como *o*, y los
78.70 y lo tomó de las majadas de las *o*; de
79.13 nosotros, pueblo tuyo, y *o* de tu prado
80.1 tú que pastoreas como a *o* a José, que
95.7 el pueblo de su prado, y *o* de su mano
100.3 él..pueblo suyo somos, y *o* de su prado
107.41 y hace multiplicar..como rebaños de *o*
119.176 yo anduve errante como *o* extraviada
Pr. 27.23 sé diligente en conocer el..de tus *o*
Ec. 2.7 tuve posesión grande de vacas y de *o*
Cnt. 4.2; 6.6 tus dientes como manadas de *o*
Is. 1.11 no quiero sangre de bueyes, ni de *o*
7.21 que criará un hombre una vaca y dos *o*
13.14 y como *o* sin pastor, cada cual mirará
22.13 alegría, matando vacas y degollando *o*
53.6 todos nosotros nos descarriamos como *o*
53.7 como *o*..enmudeció, y no abrió su boca
61.5 extranjeros apacentarán vuestras *o*, y
65.10 será Sarón para habitación de *o*, y el
66.3 el que sacrifica *o*, como si degollase un
Jer. 3.24 *o*, sus vacas, sus hijos y sus hijas
5.17 comerá tus *o* y tus vacas, comerá..viñas
12.3 arrebátalos como a *o* para..la matanza
23.1 pastores..dispersan las *o* de mi rebaño!
23.2 dispersasteis mis *o*, y las espantasteis
23.3 yo mismo recogeré el remanente de mis *o*
31.12 y al ganado de las *o* y de las vacas
50.6 *o* perdidas fueron mi pueblo..pastores
Ez. 24.5 una *o* escogida..enciende los huesos
25.5 y a los hijos de Amón por majada de *o*
34.3 coméis la grosura..no apacentáis a las *o*
34.6 anduvieron perdidas mis *o* por todos los
34.6 de la tierra fueron esparcidas mis *o*, y
34.8 y mis *o* fueron para ser presa de todas
34.8 ni mis pastores buscaron mis *o*, sino que
34.8 apacentaron a sí..y no apacentaron mis *o*
34.10 demandaré mis *o* de su mano, y les haré
34.10 les haré dejar de apacentar las *o*; ni
34.10 yo libraré mis *o* de sus bocas, y no les
34.11 iré a buscar mis *o*, y las reconoceré
34.12 que está en medio de sus *o* esparcidas
34.12 así reconoceré mis *o*, y las libraré de
34.15 apacentaré mis *o*, y yo les daré aprisco
34.17 vosotras, *o* mías, así ha dicho Jehová
34.17 yo juzgo entre *o* y *o*, entre carneros y
34.19 mis *o* comen lo hollado de vuestros pies
34.20 yo juzgaré entre la *o* engordada y la *o*
34.22 salvaré a mis *o*..y juzgaré entre *o* y *o*
34.31 y vosotras, *o* mías, *o* de mi pasto sois
36.38 como las *o* consagradas, como las *o* de
Os. 5.6 con sus *o*..andarán buscando a Jehová
Jl. 1.18 fueron asolados los rebaños de las *o*
Jon. 3.7 bueyes y *o*, no gusten cosa alguna; no
Mi. 2.12 reuniré como *o* de Bosra, como rebaño
5.8 cachorro de..entre las manadas de las *o*
Hab. 3.17 las *o* sean quitadas de la majada, y
Sof. 2.6 será la costa del mar..corrales de *o*
Zac. 10.2 el pueblo vaga como *o*, y sufre porque
11.4 ha dicho..Apacienta las *o* de la matanza
11.7 apacenté..las *o* de la matanza, esto es
11.7 para mí dos cayados..y apacenté las *o*
13.7 hiere al pastor, y serán dispersadas..*o*
Mt. 7.15 profetas, que vienen..vestidos de *o*
9.36 dispersas como *o* que no tienen pastor
10.6 id antes a las *o* perdidas de la casa de
10.16 yo os envío como a *o* en medio de lobos
12.11 que tenga una *o*, y si ésta cayere en
12.12 ¿cuánto más vale un hombre que una *o?*
15.24 no soy enviado sino a las *o*..de Israel
18.12 os parece? Si un hombre tiene cien *o*
25.32 como aparta el..las *o* de los cabritos
25.33 pondrá las *o* a su derecha..cabritos a
26.31 y las *o* del rebaño serán dispersadas
Mr. 6.34 eran como *o* que no tenían pastor; y
14.27 heriré al..y las *o* serán dispersadas
Lc. 15.4 qué hombre..teniendo cien *o*, si pierde
15.6 he encontrado mi *o* que se había perdido
Jn. 2.14 el templo a los que vendían bueyes, *o*
2.15 echó fuera del templo a..*o* y los bueyes
5.2 cerca de la puerta de las *o*, un estanque
10.1 que no entra por..en el redil de las *o*
10.2 que entra por la..el pastor de las *o* es
10.3 las *o* oyen su voz; y a sus *o* llama por
10.4 las *o* le siguen, porque conocen su voz
10.7 de cierto os..Yo soy la puerta de las *o*
10.8 ladrones son..pero no los oyeron las *o*
10.11 el buen pastor su vida da por las *o*
10.12 de quien no son propias las *o*, ve venir
10.12 deja las *o* y huye, y el lobo arrebata
10.12 el lobo arrebata las *o* y las dispersa
10.13 es asalariado, y no le importan las *o*
10.14 y conozco mis *o*, y las mías me conocen
10.15 yo conozco..y pongo mi vida por las *o*
10.16 tengo otras *o* que no son de este redil
10.26 no creéis, porque no sois de mis *o*, como
10.27 mis *o* oyen mi voz, y yo las conozco, y
21.16 que te amo. Le dijo: Pastorea mis *o*
21.17 te amo. Jesús le dijo: Apacienta mis *o*
Hch. 8.32 leía..Como *o* a la muerte fue llevado
Ro. 8.36 escrito..contados como *o* de matadero
He. 11.37 anduvieron..cubiertos de pieles de *o*
13.20 a Jesucristo, el gran pastor de las *o*
1 P. 2.25 vosotros erais como *o* descarriadas
Ap. 18.13 *o*, caballos y carros, y esclavos

OVEJUNO
Lv. 1.2 ofrece ofrenda..de ganado vacuno u *o*

OVERO
Zac. 1.8 había caballos alazanes, *o* y blancos
6.3 y en el cuarto carro caballos *o* rucios
6.6 los *o* salieron hacia la tierra del sur

OYENTE
Is. 32.3 ven, y los oídos de los *o* oirán atentos
1 Co. 14.16 que ocupa lugar de simple *o*, ¿cómo
Ef. 4.29 sea buena..a fin de dar gracia a los *o*
2 Ti. 2.14 sino que es para perdición de los *o*

OZEM
1. Hermano del rey David, 1 Cr. 2.15
2. Hijo de Jerameel, 1 Cr. 2.25

OZNI *Descendiente de Gad,* Nm. 26.16

OZNITA *Descendiente de Ozni,* Nm. 26.16

P

PAARAI *Uno de los 30 valientes de David (=Naarai),* 2 S. 23.35

PABELLÓN
Est. 1.6 *p* era de blanco, verde y azul, tendido
Jer. 43.10 Nabucodonosor..extenderá su *p* sobre
Ez. 27.7 de azul y púrpura de las costas..tu *p*

PÁBILO
Is. 42.3 ni apagará el *p* que humeare; por medio
43.17 caen..fenecen, como *p* quedan apagados
Mt. 12.20 el *p* que humea no apagará, hasta que

PABLO *Apóstol*
Hch. 13.9 Saulo, que también es *P*, lleno del
13.13 *P* y sus compañeros arribaron a Perge
13.16 entonces *P*, levantándose, hecha señal
13.43 muchos de los judíos..siguieron a *P* y
13.45 rebatían lo que *P* decía, contradiciendo
13.46 *P* y..hablando con denuedo, dijeron: A
13.50 pero..levantaron persecución contra *P*
14.9 oyó hablar a *P*, el cual, fijando en él
14.11 la gente, visto lo que *P* había hecho
14.12 y a *P*, Mercurio, porque éste era el que
14.14 cuando lo oyeron..Bernabé y *P*, rasgaron
14.19 apedreado a *P*, le arrastraron fuera de
15.2 como *P* y Bernabé tuviesen una discusión
15.2 que subiesen *P* y Bernabé a Jerusalén, y
15.12 y oyeron a Bernabé y a *P*, que contaban
15.22 enviarlos a Antioquía con *P* y Bernabé
15.25 enviarlos a vosotros con..Bernabé y *P*
15.35 *P* y Bernabé continuaron en Antioquía
15.36 *P* dijo a Bernabé: Volvamos a visitar
15.38 a *P* no le parecía bien llevar..al que
15.40 y *P*, escogiendo a Silas, salió
16.3 quiso *P*..éste fuese con él; y tomándole
16.9 se le mostró a *P* una visión de noche; un
16.14 que estuviese atenta a lo que *P* decía

PABLO *(Continúa)*

Hch. 16.17 siguiendo a *P* y. . daba voces, diciendo
16.18 desagradando a *P*, éste se volvió y dijo
16.19 sus amos. . prendieron a *P* y a Silas, y
16.25 medianoche, orando *P* y Silas, cantaban
16.28 mas *P* clamó a gran voz, diciendo: No te
16.29 se postró a los pies de *P* y de Silas
16.36 el carcelero hizo saber. . palabras a *P*
16.37 pero *P* les dijo: Después de azotarnos
17.2 y *P*, como acostumbraba, fue a ellos, y
17.4 creyeron, y se juntaron con *P* y. . Silas
17.10 enviaron de noche a *P* y a Silas hasta
17.13 era anunciada la palabra de Dios por *P*
17.14 pero. . enviaron a *P* que fuese hacia el mar
17.15 encargado de conducir a *P* le llevaron
17.16 mientras *P* los esperaba en Atenas, su
17.22 *P*, puesto en pie en medio del Areópago
17.33 y así *P* salió de en medio de ellos
18.1 cosas, *P* salió de Atenas y fue a Corinto
18.5 *P* estaba entregado por. . a la predicación
18.9 el Señor dijo a *P* en visión de. . No temas
18.12 los judíos se levantaron de. . contra *P*
18.14 al comenzar *P* a hablar, Galión dijo a
18.18 *P*, habiéndose detenido aún muchos días
19.1 *P*. . vino a Efeso, y hallando a ciertos
19.4 dijo *P:* Juan bautizó con bautismo de
19.6 habiéndoles impuesto *P* las manos, vino
19.8 y entrando *P* en la sinagoga, habló con
19.9 multitud, se apartó *P* de ellos y separó
19.11 y hacía Dios milagros. . por mano de *P*
19.13 os conjuro por Jesús, el que predica *P*
19.15 a Jesús conozco, y sé quien es *P;* pero
19.21 *P* se propuso. . ir a Jerusalén, después
19.26 este *P*, no solamente en Efeso, sino en
19.29 a Gayo y. . macedonios, compañeros de *P*
19.30 queriendo *P* salir al pueblo, los. . no lo
20.1 llamó *P* a los discípulos. . y salió para
20.7 *P* les enseñaba, habiendo de salir al día
20.9 cuanto *P* disertaba largamente, vencido
20.10 entonces descendió *P* y se echó sobre él
20.13 navegamos a Asón para recoger allí a *P*
20.16 *P* se había propuesto pasar de largo a
20.37 echándose al cuello de *P*, le besaban
21.4 a *P* por el Espíritu, que no subiese a
21.8 otro día, saliendo *P*. . fuimos a Cesarea
21.11 tomó el cinto de *P*, y atándose los pies
21.13 *P* respondió: ¿Qué hacéis llorando y
21.18 *P* entró con nosotros a ver a Jacobo
21.26 *P* tomó consigo a aquellos hombres, y
21.29 quien pensaban que *P* había metido en
21.30 y apoderándose de *P*, le arrastraron
21.32 ellos vieron. . dejaron de golpear a *P*
21.37 a meter a *P* en la fortaleza, dijo al
21.39 dijo *P:* Yo de cierto soy hombre judío
21.40 *P*, estando en pie en las gradas, hizo
22.25 *P* dijo al centurión. . es lícito azotar
22.28 *P* dijo: Pero yo lo soy de nacimiento
22.30 y sacando a *P*, le presentó ante ellos
23.1 *P*, mirando fijamente al concilio, dijo
23.3 entonces *P* le dijo: ¡Dios te golpeará a
23.5 *P* dijo: No sabía, hermanos, que era el
23.6 *P*, notando que una parte era de saduceos
23.10 temor de que *P* fuese despedazado por
23.11 ten ánimo, *P*, pues como has testificado
23.12 no. . hasta que hubiesen dado muerte a *P*
23.14 nada hasta que hayamos dado muerte a *P*
23.16 mas el hijo de la hermana de *P*, oyendo
23.16 entró en la fortaleza, y dio aviso a *P*
23.17 *P*, llamando a uno de los centuriones
23.18 *P* me llamó y me rogó que trajese ante
23.20 que mañana lleves a *P* ante el concilio
23.24 cabalgaduras en que poniendo a *P*, le
23.31 soldados, tomando a *P* como se les ordenó
23.33 presentaron también a *P* delante de él
24.1 ancianos. . ante el gobernador contra *P*
24.10 habiéndole hecho señal. . a *P* para que
24.23 mandó al centurión. . se custodiase a *P*
24.24 llamó a *P*, y le oyó acerca de la fe en
24.25 al disertar *P* acerca de la justicia, del
24.26 *P* le diera dinero para que le soltase
24.27 congraciarse con los. . dejó preso a *P*
25.2 se presentaron ante él contra *P*, y le
25.4 *P* estaba custodiado en Cesarea, adonde
25.6 sentó en el. . y mandó que fuese traído *P*
25.8 alegando *P* en su defensa: Ni contra la
25.9 respondiendo a *P* dijo: ¿Quieres subir a
25.10 *P* dijo: Ante el tribunal de César estoy
25.14 expuso al rey la causa de *P*, diciendo
25.19 ya muerto, al que *P* afirmaba estar vivo
25.21 como *P* apeló para que se le reservase
25.23 día. . por mandato de Festo fue traído *P*
26.1 Agripa dijo a *P:* Se te permite hablar
26.1 *P*. . extendiendo la mano, comenzó así su
26.24 Festo a gran voz dijo: Estás loco, *P*
26.28 entonces Agripa dijo a *P:* Por poco me
26.29 *P* dijo: ¡Quisiera Dios que por poco o
27.1 entregaron a *P*. . a un centurión llamado
27.3 tratando humanamente a *P*, le permitió
27.9 siendo ya peligrosa la. . *P* les amonestaba
27.11 daba más crédito. . que a lo que *P* decía
27.21 *P*, como hacía ya mucho que no comíamos
27.24 diciendo: *P*, no temas; es necesario que
27.31 *P* dijo al centurión y a los soldados
27.33 *P* exhortaba a todos. . comiesen, diciendo
27.43 queriendo salvar a *P*, les impidió este
28.3 habiendo recogido *P* algunas ramas secas
28.8 y entró *P* a verle, y después de. . orado
28.15 al verlos, *P* dio gracias a Dios y cobró
28.16 a *P* se le permitió vivir aparte, con un
28.17 *P* convocó a los principales de. . judíos
28.25 les dijo *P* esta palabra: Bien habló el
28.30 y *P* permaneció dos años. . en una casa
Ro. 1.1 *P*, siervo de Jesucristo, llamado a ser
1 Co. 1.1 *P*, llamado a. . apóstol de Jesucristo
1.12 dice: Yo soy de *P;* y yo de Apolos; y yo
1.13 ¿acaso. . Fue crucificado *P* por vosotros?
1.13 fuisteis bautizados en el nombre de *P?*
3.4 diciendo el uno: Yo. . soy de *P;* y el otro
3.5 ¿qué, pues, es *P*, y qué es Apolos?
3.22 *P*, sea Apolos, sea Cefas, sea el mundo
16.21 yo, *P*, os escribo esta salutación de
2 Co. 1.1 *P*, apóstol de Jesucristo. . y. . Timoteo
10.1 *P* os ruego por la mansedumbre y ternura
Gá. 1.1 *P*, apóstol (no de hombres ni por hombre
5.2 yo *P* os digo que si os circuncidáis, de
Ef. 1.1 *P*, apóstol de Jesucristo por. . de Dios
3.1 por esta causa yo *P*, prisionero de Cristo
Fil. 1.1 *P* y Timoteo, siervos de Jesucristo, a
Col. 1.1 *P*, apóstol de Jesucristo por. . de Dios
1.23 del evangelio. . yo *P* fui hecho ministro
4.18 la salutación de mi propia mano, de *P*
1 Ts. 1.1 *P*, Silvano y Timoteo, a la iglesia de
2.18 ir a vosotros, yo *P*. . una y otra vez
2 Ts. 1.1 *P*, Silvano y Timoteo, a la iglesia
3.17 salutación es de mi propia mano, de *P*
1 Ti. 1.1 *P*, apóstol de Jesucristo por mandato
2 Ti. 1.1 *P*, apóstol. . por la voluntad de Dios
Tit. 1.1 *P*, siervo de. . y apóstol de Jesucristo
Flm. 1 *P*, prisionero de Jesucristo. . al. . Timoteo
9 *P* ya anciano, y. . prisionero de Jesucristo
19 yo *P* lo escribo de mi mano, yo lo pagaré
2 P. 3.15 nuestro amado hermano *P*. . ha escrito

PACER

Gn. 41.2,18 siete vacas. . *pacían* en el prado
Éx. 34.3 ovejas ni bueyes *pazcan* delante del
Job 1.14 y las asnas *paciendo* cerca de ellos
Is. 11.7 la vaca y la osa *pacerán*, sus crías
Jer. 50.19 *pacerá* en el Carmelo y en Basán; y
Mt. 8.30 *paciendo* lejos. . hato de muchos cerdos
Mr. 5.11 cerca. . un gran hato de cerdos *paciendo*
Lc. 8.32 un hato de muchos cerdos que *pacían*

PACIENCIA

Job 6.11 ¿y cuál mi fin para que tenga aún *p?*
Pr. 25.15 con larga *p* se aplaca el príncipe, y
Mt. 18.26 ten *p* conmigo, y yo te lo pagaré todo
Lc. 18.5 no sea que viniendo de. . me agote la *p*
21.19 con vuestra *p* ganaréis vuestras almas
Hch. 26.3 lo cual te ruego que me oigas con *p*
Ro. 2.4 ¿o menosprecias las riquezas de su. . *p*
3.25 pasado por alto, en su *p*, los pecados
5.3 sabiendo que la tribulación produce *p*
5.4 y la *p*, prueba; y la prueba, esperanza
8.25 pero si esperamos. . con *p* lo aguardamos
9.22 soportó con mucha *p* los vasos de ira
15.4 de que por la *p* y la. . tengamos esperanza
15.5 el Dios de la *p*. . os dé entre vosotros un
2 Co. 6.4 *p*, en tribulaciones, en necesidades
12.12 las señales de apóstol han. . en toda *p*
Gá. 5.22 amor, gozo, paz, *p*, benignidad, bondad
Ef. 4.2 soportándoos con *p* los unos a los otros
Col. 1.11 su gloria, para toda *p* y longanimidad
3.12 vestíos. . humildad, de mansedumbre, de *p*
2 Ts. 1.4 por vuestra *p* y fe en. . persecuciones
3.5 y el Señor encamine. . y a la *p* de Cristo
1 Ti. 6.11 y sigue la. . la fe, el amor, la *p*, la
2 Ti. 3.10 tú has seguido mi doctrina. . amor, *p*
4.2 reprende, exhorta con toda *p* y doctrina
Tit. 2.2 sanos en la fe, en el amor, en la *p*
He. 6.12 por la fe y la *p* heredan las promesas
6.15 y habiendo esperado con *p*, alcanzó la
10.36 porque os es necesaria la *p*, para que
12.1 corramos con *p* la carrera que tenemos
Stg. 1.3 que la prueba de vuestra fe produce *p*
1.4 mas tenga la *p* su obra completa, para que
5.7 tened *p* hasta la venida del Señor. Mirad
5.7 aguardando con *p*. . que reciba la lluvia
5.8 tened. . *p*, y afirmad vuestros corazones
5.10 tomad como ejemplo. . de *p* a los profetas
5.11 habéis oído de la *p* de Job, y habéis
1 P. 3.20 cuando una vez esperaba la *p* de Dios
2 P. 1.6 al dominio propio, *p;* a la *p*, piedad
3.15 la *p* de nuestro Señor es para salvación
Ap. 1.9 copartícipe vuestro en el reino. . la *p*
2.2 conozco tus obras. . tu arduo trabajo y *p*
2.3 y has sufrido, y has tenido *p*. . trabajado
2.19 tu *p*, y que tus obras postreras son más
3.10 cuanto has guardado la palabra de mi *p*
13.10 aquí está la *p* y la fe de los santos
14.12 aquí está la *p* de los santos, los que

PACIENTE

1 Ts. 5.14 débiles, que seáis *p* para con todos
He. 5.2 que se muestre *p* con los ignorantes y
2 P. 3.9 es *p* para con nosotros, no queriendo

PACIENTEMENTE

Sal. 40.1 *p* esperé a Jehová, y se inclinó a mí

PACÍFICAMENTE

Gn. 37.4 le aborrecían, y no podían hablarle *p*
2 S. 8.10 para saludarle *p* y para bendecirle

PACIFICADOR

Mt. 5.9 bienaventurados los *p*, porque ellos

PACÍFICO, CA

Gn. 34.21 estos varones son *p* con nosotros, y
1 S. 16.4 miedo, y dijeron: ¿Es *p* tu venida?
2 S. 20.19 yo soy de las *p* y fieles de Israel
Job 21.23 morirá en el vigor. . todo quieto y *p*
Sal. 120.7 yo soy *p;* mas ellos, así que hablo
Jer. 49.31 subid contra una nación *p* que vive
Stg. 3.17 sabiduría que es. . pura, después *p*

PACTAR

2 Cr. 7.18 de tu reino, como *pacté* con David
Is. 2.6 pueblo. . *pactan* con hijos de extranjeros

PACTO

Gn. 6.18 estableceré mi *p* contigo, y entrarás
9.9 yo establezco mi *p* con vosotros, y con
9.11 mi *p* con vosotros, y no exterminaré ya
9.12 la señal del *p* que yo establezco entre
9.13 mi arco. . será por señal del *p* entre mí
9.15 me acordaré del *p* mío, que hay entre mí
9.16 lo veré, y me acordaré del *p* perpetuo
9.17 esta es la señal del *p* que he establecido
15.18 en aquel día hizo Jehová un *p* con Abram
17.2 mi *p* entre mí y ti, y te multiplicaré en
17.4 aquí mi *p* es contigo, y serás padre de
17.7 y estableceré mi *p* entre. . por *p* perpetuo
17.9 en cuanto a ti, guardarás mi *p*, tú y tu
17.10 este es mi *p*, que guardaréis entre mí
17.11 por señal del *p* entre mí y vosotros
17.13 y estará mi *p* en vuestra carne por *p*
17.14 cortada de su pueblo; ha violado mi *p*
17.19 confirmaré mi *p* con él como *p* perpetuo
17.21 yo estableceré mi *p* con Isaac, el que
21.27 Abraham. . Abimelec. . e hicieron ambos *p*
21.32 hicieron *p* en Beerseba; y se levantó
26.28 haya ahora juramento entre. . haremos *p*
31.44 ven, pues, ahora, y hagamos *p* tú y yo
Éx. 2.24 oyó. . y se acordó de su *p* con Abraham
6.4 establecí mi *p* con ellos, de darles la
6.5 yo he oído el. . y me he acordado de mi *p*
19.5 y guardareis mi *p*, vosotros seréis mi
24.7 tomó el libro del *p* y lo leyó a oídos de
24.8 la sangre del *p* que Jehová ha hecho con
31.16 celebrándolo por sus generaciones por *p*
34.10 hago *p* delante de todo tu pueblo; haré
34.27 conforme a estas palabras he hecho *p*
34.28 escribió en tablas las palabras del *p*
Lv. 2.13 no harás que falte jamás. . la sal del *p*
24.8 lo pondrá. . en orden. . como *p* perpetuo
26.9 haré crecer. . afirmaré mi *p* con vosotros
26.15 no ejecutando todos. . invalidando mi *p*
26.25 espada vengadora, en vindicación del *p*
26.42 yo me acordaré de mi *p* con Jacob, y
26.42 de mi *p* con Isaac. . mi *p* con Abraham me
26.44 ni los abominaré. . invalidando mi *p* con
26.45 me acordaré de ellos por el *p* antiguo
Nm. 10.33 el arca del *p*. . fue delante de ellos
14.44 el arca del *p*. . no se apartaron de en
18.19 *p* de sal. . delante de Jehová para ti y
25.12 aquí yo establezco mi *p* de paz con él
25.13 tendrá. . el *p* del sacerdocio perpetuo
Dt. 4.13 él os anunció su *p*, el cual os mandó
4.23 guardaos, no os olvidéis del *p* de Jehová
4.31 ni se olvidará del *p* que les juró a tus
5.2 Jehová. . Dios hizo *p* con nosotros en Horeb
5.3 no con nuestros padres hizo Jehová este *p*
7.9 guarda el *p* y la misericordia a los que
7.12 Jehová tu Dios guardará contigo el *p* y
8.18 a fin de confirmar su *p* que juró a tus
9.9 para recibir. . las tablas del *p* que Jehová
9.11 Jehová me dio las dos. . las tablas del *p*
9.15 con las tablas del *p* en mis dos manos
10.8 de Leví para que llevase el arca del *p*
17.2 haya hecho mal ante. . traspasando su *p*
29.1 son las palabras del *p* que Jehová mandó
29.1 además del *p* que concertó con ellos en
29.9 guardaréis, pues, las palabras de este *p*
29.12 que entres en el *p* de Jehová tu Dios
29.14 no solamente con vosotros hago. . este *p*
29.21 todas las maldiciones del *p* escrito en
29.25 dejaron el *p* de Jehová el Dios de sus
31.9 que llevaban el arca del *p* de Jehová, y
31.16 invalidará mi *p* que he concertado con
31.20 y me enojarán, e invalidarán mi *p*
31.25 levitas que llevaban el arca del *p* de
31.26 la ley, y ponedlo al lado del arca del *p*
33.9 pues ellos guardaron. . y cumplieron tu *p*
Jos. 3.3 cuando veáis el arca del *p* de Jehová
3.6 tomad el arca del *p*, y pasad delante del
3.6 tomaron el arca del *p* y fueron delante
3.8 mandarás a los. . que llevan el arca del *p*
3.11 arca del *p*. . pasará delante de vosotros
3.14 los sacerdotes. . llevando el arca del *p*

PACTO *(Continúa)*
Jos. 3.17 que llevaban el arca del *p*..en medio del
4.7 fueron divididas delante del arca del *p*
4.9 pies de los..que llevaban el arca del *p*
4.18 que llevaban el arca del *p* subieron de
6.6 llevad el arca del *p*, y siete sacerdotes
6.8 bocinas..arca del *p* de Jehová los seguía
7.11 Israel ha pecado..han quebrantado mi *p*
7.15 por cuanto ha quebrantado el *p* de Jehová
8.33 levitas que llevaban el arca del *p* de
23.16 si traspasareis el *p* de Jehová..Dios
24.25 entonces Josué hizo *p* con el pueblo el
Jue. 2.1 no invalidaré jamás mi *p* con vosotros
2.2 no hagáis *p* con los moradores de..tierra
2.20 traspasa mi *p* que ordené a sus padres
20.27 pues el arca del *p* de Dios estaba allí
1 S. 4.3 traigamos a..el arca del *p* de Jehová
4.4 trajeron de allá el arca del *p* de Jehová
4.4 Ofni y Finees..allí con el arca del *p* de
4.5 cuando el arca del *p* de Jehová llegó al
18.3 hicieron *p* Jonatán y David..él le amaba
20.8 ya que has hecho entrar a tu siervo en *p*
20.16 así hizo Jonatán *p* con la casa de David
23.18 y ambos hicieron *p* delante de Jehová
2 S. 3.12 envió Abner..a David..haz *p* conmigo
3.13 haré *p* contigo, mas una cosa te pido
3.21 para que hagan contigo *p*, y tú reines
5.3 el rey David hizo *p* con ellos en Hebrón
15.24 levitas que llevaban el arca del *p* de
15.24 los levitas..asentaron el arca del *p*
23.5 sin embargo, él ha hecho conmigo *p*
1 R. 3.15 y se presentó delante del arca del *p*
5.12 y hubo paz entre Hiram y..e hicieron *p*
6.19 para poner allí el arca del *p* de Jehová
8.1 para traer el arca del *p* de Jehová de la
8.6 metieron el arca del *p*..en su lugar, en
8.9 Horeb, donde Jehová hizo *p* con los hijos
8.21 el arca, en la cual está el *p* de Jehová
8.23 que guardas el *p* y la misericordia a tus
11.11 y no has guardado mi *p*..romperé de ti
15.19 y rompe tu *p* con Baasa rey de Israel
19.10,14 los hijos de Israel han dejado tu *p*
20.34 yo, dijo..te dejaré partir con este *p*
20.34 hizo, pues, *p* con él, y le dejó ir
2 R. 11.17 hizo *p* entre Jehová y el rey y el
13.23 los miró, a causa de su *p* con Abraham
17.15 desecharon..y el *p* que él había hecho
17.35 con los cuales Jehová había hecho *p*
17.38 no olvidaréis el *p* que..con vosotros
18.12 habían quebrantado su *p*; y todas las
23.2 leyó..las palabras del libro del *p* que
23.3 hizo *p* delante de Jehová, de que irían
23.3 y que cumplirían las palabras del *p* que
23.3 libro. Y todo el pueblo confirmó el *p*
23.21 que está escrito en el libro de este *p*
1 Cr. 11.3 y David hizo con ellos *p* delante de
15.25 fueron a traer el arca del *p* de Jehová
15.26 levitas que llevaban el arca del *p* de
15.28 llevaba todo Israel el arca del *p*, con
15.29 arca del *p*..llegó a la ciudad de David
16.6 trompetas delante del arca del *p* de Dios
16.15 él hace memoria de su *p* perpetuamente
16.16 del *p* que concertó con Abraham, y de
16.17 cual confirmó..a Israel por *p* sempiterno
16.37 allí, delante del arca del *p* de Jehová
17.1 y el arca del *p* de..debajo de cortinas
22.19 para traer el arca del *p* de Jehová, y
28.2 casa en la cual reposara el arca del *p*
28.18 que con las alas..cubrían el arca del *p*
2 Cr. 5.2 trajesen el arca del *p* de Jehová de
5.7 metieron el arca del *p* de..en su lugar
5.10 había hecho *p* con los hijos de Israel
6.11 el arca, en la cual está el *p* de Jehová
6.14 que guardas el *p* y la..con tus siervos
13.5 Jehová dio el reino a David..*p* de sal?
21.7 causa del *p* que había hecho con David
23.3 toda la multitud hizo *p* con el rey en
23.16 *p* entre sí y todo el pueblo y el rey
29.10 yo he determinado hacer *p* con Jehová
34.30 y leyó..del libro del *p* que había sido
34.31 hizo..*p* de caminar en pos de Jehová y
34.31 poniendo por obra las palabras del *p*
34.32 conforme al *p* de Dios, del Dios de sus
Esd. 10.3 *p* con nuestro Dios, que despediremos
Neh. 1.5 que guarda el *p* y la misericordia a los
9.8 hiciste *p* con él para darle la tierra de
9.32 que guardas el *p* y la misericordia, no
13.29 los que contaminan..el *p* del sacerdocio
Job 5.23 con las piedras del campo tendrás tu *p*
31.1 hice *p* con mis ojos; ¿cómo, pues, había
41.4 ¿hará *p* contigo para que lo tomes por
Sal. 25.10 que guardan su *p* y sus testimonios
25.14 le temen, y a ellos hará conocer su *p*
44.17 nos ha venido..y no hemos faltado a tu *p*
50.5 mis santos, los que hicieron conmigo *p*
50.16 mis leyes, y que tomar mi *p* en tu boca?
55.20 extendió el inicuo..manos..violó su *p*
74.20 mira al *p*..están llenos..de violencia
78.10 no guardaron el *p* de Dios, ni..su ley
78.37 rectos..ni estuvieron firmes en su *p*
89.3 hice *p* con mi escogido; juré a David mi
89.28 misericordia, y mi *p* será firme con él
89.34 no olvidaré mi *p*, ni mudaré lo que ha
89.39 rompiste el *p* de tu siervo..su corona
103.18 sobre los que guardan su *p*, y los que
105.8 se acordó para siempre de su *p*; de la
105.10 por decreto, a Israel por *p* sempiterno
106.45 y se acordaba de su *p* con ellos, y se
111.5 temen; para siempre se acordará de su *p*
111.9 para siempre ha ordenado su *p*; santo y
132.12 si tus hijos guardaren mi *p*, y mi
Pr. 2.17 abandona..y se olvida del *p* de su Dios
Is. 24.5 porque..quebrantaron el *p* sempiterno
28.15 *p* tenemos hecho con la muerte..el Seol
28.18 será anulado vuestro *p* con la muerte
33.8 ha anulado el *p*, aborreció las ciudades
42.6 te pondré por *p* al pueblo, por luz de
49.8 daré por *p* al pueblo, para que restaures
54.10 ni el *p* de mi paz se quebrantará, dijo
55.3 venid..haré con vosotros *p* eterno, las
56.4 los eunucos que guarden..y abracen mi *p*
56.6 guarden el día de reposo..y abracen mi *p*
57.8 ensanchaste tu cama..hiciste con ellos *p*
59.21 este será mi *p* con ellos, dijo Jehová
61.8 afirmaré..y haré con ellos *p* perpetuo
Jer. 3.16 no se dirá más: Arca del *p* de Jehová
11.2 oíd las palabras de este *p*, y hablad a
11.3 maldito el varón que no obedeciere..*p*
11.6 oíd las palabras de este *p*, y ponedlas
11.8 sobre ellos todas las palabras de este *p*
11.10 casa de Judá invalidaron mi *p*, el cual
14.21 no nos deseches..no invalides tu *p* con
22.9 porque dejaron el *p* de Jehová su Dios, y
31.31 en los cuales haré nuevo *p* con la casa
31.32 no como el *p* que hice con sus padres el
31.32 ellos invalidaron mi *p*, aunque fui yo
31.33 pero este es el *p* que haré con la casa
32.40 y haré con ellos *p* eterno, que no me
33.20 invalidar mi *p* con el día y mi *p* con la
33.21 mi *p* con..David..mi *p* con los levitas
33.25 si no permanece mi *p* con el día y la
34.8 Sedequías hizo *p* con todo el pueblo en
34.10 había convenido en el *p* de dejar libre
34.13 hice *p* con vuestros padres el día que
34.15 y habíais hecho *p* en mi presencia, en
34.18 traspasaron mi *p*..las palabras del *p*
50.5 y juntémonos a Jehová con *p* eterno que
Ez. 16.8 te di juramento y entré en *p* contigo
16.59 menospreciaste..para invalidar el *p*?
16.60 yo tendré memoria de mi *p* que concerté
16.60 y estableceré contigo un *p* sempiterno
16.61 yo te daré por hijas, mas no por tu *p*
16.62 por mi *p* que yo confirmaré contigo; y
17.13 *p* con él, y le hizo prestar juramento
17.14 que guardando el *p*, permaneciese en pie
17.15 el que rompió el *p*, ¿podrá escapar?
17.16 el rey que..cuyo *p* hecho con él rompió
17.18 cuanto menospreció el..y quebrantó el *p*
17.19 *p* que ha quebrantado, lo traeré sobre
20.37 y os haré entrar en los vínculos del *p*
34.25 y estableceré con ellos *p* de paz, y
37.26 y haré con ellos *p* de paz, *p* perpetuo
44.7 y de invalidar mi *p* con todas vuestras
Dn. 9.4 que guardas el *p*..con los que te aman
9.27 y por otra semana confirmará el *p* con
11.22 del todo destruidos..el príncipe del *p*
11.23 después del *p* con él, engañará y subirá
11.28 y su corazón será contra el *p* santo
11.30 se enojará contra el *p* santo, y hará
11.30 entenderá con los que abandonen el..*p*
11.32 seducirá a los violadores del *p*; mas el
Os. 2.18 para ti *p* con las bestias del campo
6.7 mas ellos, cual Adán, traspasaron el *p*
8.1 traspasaron mi *p*, y se rebelaron contra
10.4 jurando en vano al hacer *p*; por tanto
12.1 hicieron *p* con los asirios, y el aceite
Am. 1.9 y no se acordaron del *p* de hermanos
Hag. 2.5 el *p* que hice con vosotros cuando
Zac. 9.11 por la sangre de tu *p* serás salva; yo
11.10 romper mi *p* que concerté con todos los
Mal. 2.4 para que fuese mi *p* con Leví, ha dicho
2.5 *p* con él fue de vida y de paz, las cuales
2.8 apartado..habéis corrompido el *p* de Leví
2.10 ¿profanando el *p* de nuestros padres?
2.14 desleal, siendo ella..la mujer de tu *p*
3.1 el ángel del *p*, a quien deseáis vosotros
Mt. 26.28; Mr. 14.24 es mi sangre del nuevo *p*
Lc. 1.72 misericordia..acordarse de su santo *p*
22.20 esta copa es el nuevo *p* en mi sangre
Hch. 3.25 *p* que Dios hizo con nuestros padres
7.8 y le dio el *p* de la circuncisión; y así
Ro. 9.4 de los cuales son la adopción..el *p*, la
11.27 y este será mi *p* con ellos, cuando yo
1 Co. 11.25 esta copa es el nuevo *p* en mi sangre
2 Co. 3.6 nos hizo ministros..de un nuevo *p*, no
3.14 cuando leen el antiguo *p*, les queda el
Gá. 3.15 un *p*, aunque sea de..nadie lo invalida
3.17 el *p* previamente ratificado por Dios para
4.24 pues estas mujeres son los dos *p*; el uno
Ef. 2.12 y ajenos a los *p* de la promesa, sin
He. 7.22 Jesús es hecho fiador de un mejor *p*
8.6 suyo, cuanto es mediador de un mejor *p*
8.8 días..en que estableceré con..un nuevo *p*
8.9 no como el *p* que hice con sus padres el
8.9 ellos no permanecieron en mi *p*, y yo me
8.10 es el *p* que haré con la casa de Israel
8.13 nuevo *p*, ha dado por viejo al primero
9.1 aun el primer *p* tenía ordenanzas de culto
9.4 tenía..el arca del *p* cubierta de oro por
9.4 que contenía el maná..y las tablas del *p*
9.15 que, por eso es mediador de un nuevo *p*
9.15 de las transgresiones..bajo el primer *p*
9.18 ni aun el primer *p* fue instituido sin
9.20 esta es la sangre del *p* que Dios os ha
10.16 es el *p* que haré con ellos después de
10.29 y tuviere por inmunda la sangre del *p*
12.24 a Jesús el Mediador del nuevo *p*, y a
13.20 pastor de..por la sangre del *p* eterno
Ap. 11.19 el arca de su *p* se veía en el templo

PADAN-ARAM *Región en el norte de Mesopotamia*
Gn. 25.20 a Rebeca, hija de Betuel arameo de *P*
28.2 a *P*, a casa de Betuel, padre de tu madre
28.5 así envió Isaac a Jacob, el cual fue a *P*
28.6 le había enviado a *P*, para tomar para
28.7 Jacob había obedecido..se había ido a *P*
31.18 el ganado de..que había obtenido en *P*
33.18 cuando venía de *P*; y acampó delante de
35.9 Dios a Jacob, cuando había vuelto de *P*
35.26 hijos de Jacob, que le nacieron en *P*
46.15 hijos de Lea..dio a luz a Jacob en *P*
48.7 yo venía de *P*, se me murió Raquel en la

PADECER
Lv. 15.33 para la que *padece* su costumbre, y
22.4 varón..*padeciere* flujo, no comerá de las
Nm. 5.2 echen..a todos los que *padecen* flujo
2 S. 3.29 nunca falte de..Joab quien *padezca*
Job 20.22 de su abundancia *padecerá* estrechez
Sal. 9.13 mi aflicción que *padezco* a causa de
103.6 derecho a..los que *padecen* violencia
Pr. 10.3 no dejará *padecer* hambre al justo; mas
19.15 y el alma negligente *padecerá* hambre
Is. 38.14 Jehová, violencia *padezco*; fortaléceme
Jer. 42.14 Egipto, en la..ni *padeceremos* hambre
Lm. 5.5 *padecemos* persecución sobre nosotros
Ez. 24.13 en tu inmunda lujuria *padecerás*
Mt. 5.10 los que *padecen* persecución por causa
16.21 le era necesario ir a..y *padecer* mucho
17.12 el Hijo del Hombre *padecerá* de ellos
17.15 es lunático, y *padece* muchísimo; porque
27.19 he *padecido*..en sueños por causa de él
Mr. 5.25 doce años *padecía* de flujo de sangre
8.31 era necesario al Hijo del hombre *padecer*
9.12 que *padezca* mucho y sea tenido en nada?
Lc. 8.43 mujer que *padecía* de flujo de sangre
9.22 el Hijo del Hombre *padezca* muchas cosas
13.2 porque *padecieron*..eran más pecadores
17.25 es necesario que *padezca* mucho, y sea
22.15 comer..esta pascua antes que *padezca*!
23.41 nosotros..justamente *padecemos*, porque
24.26 era necesario que el Cristo *padeciera*
24.46 fue necesario que el Cristo *padeciese*
Hch. 1.3 de haber *padecido*, se presentó vivo
3.18 anunciado..su Cristo había de *padecer*
5.41 tenidos por dignos de *padecer* afrenta
9.16 cuánto le es necesario *padecer* por mi
17.3 era necesario que el Cristo *padeciese*
26.23 que el Cristo había de *padecer*, y ser
28.5 él, sacudiendo la..ningún daño *padeció*
Ro. 8.17 si es que *padecemos* juntamente con él
1 Co. 4.12 *padecemos* persecución..la soportamos
12.26 un miembro *padece*, todos los miembros
2 Co. 1.6 las mismas aflicciones que..*padecemos*
4.15 *padecemos* por amor a vosotros, para que
7.9 para que ninguna pérdida *padecieseis* por
7.12 por causa del que lo *padeció*, sino para
11.25 tres veces he *padecido* naufragio; una
Gá. 3.4 ¿tantas cosas habéis *padecido* en vano?
5.11 ¿por qué *padezco* persecución todavía?
6.12 para no *padecer* persecución a causa de
Ef. 4.28 compartir con el que *padece* necesidad
Fil. 1.29 él, sino también que *padezcáis* por él
4.12 así para..como para *padecer* necesidad
Col. 1.24 gozo en lo que *padezco* por vosotros
1 Ts. 2.2 habiendo..*padecido* y sido ultrajados
2.14 *padecido* de los de vuestra..nación las
2.14 las mismas cosas que ellas *padecieron* de
2 Ts. 1.5 reino de Dios, por el cual..*padecéis*
2 Ti. 1.12 por lo cual asimismo *padezco* esto
3.12 quieren vivir piadosamente en..*padecerán*
He. 2.18 él mismo *padeció* siendo tentado, es
5.8 y aunque era Hijo, por lo que *padeció*
9.26 *padecer* muchas veces desde el principio
13.12 santificar..*padeció* fuera de la puerta
1 P. 2.19 si alguno..sufre molestias *padeciendo*
2.21 Cristo *padeció* por nosotros, dejándonos
2.23 maldición; cuando *padecía*, no amenazaba
3.14 cosa *padecéis* por causa de la justicia
3.17 mejor es que *padezcáis* haciendo el bien
3.18 *padeció* una sola vez por los pecados, el
4.1 que Cristo ha *padecido* por nosotros en la
4.1 quien ha *padecido* en la carne, terminó con
4.15 así que, ninguno..*padezca* como homicida
4.16 pero si alguno *padece* como cristiano, no
4.19 que *padecen* según la voluntad de Dios
5.10 después que hayáis *padecido* un poco de
Ap. 2.10 no temas en nada lo que vas a *padecer*

PADECIMIENTO
Is. 53.10 quiso quebrantarlo, sujetándole a *p*
Fil. 3.10 a fin de. . la participación de sus *p*
2 Ti. 3.11 *p*, como los que me sobrevinieron en
He. 2.9 coronado de. . a causa del *p* de la muerte
10.32 días. . sostuvisteis gran combate de *p*
1 P. 4.13 sois participantes de los *p* de Cristo
5.1 yo. . testigo de los *p* de Cristo, que soy
5.9 que los mismos *p* se van cumpliendo en

PADÓN ***Padre de una familia de sirvientes del templo,*** **Esd. 2.44; Neh. 7.47**

PADRE
Gn. 2.24 dejará el hombre a su *p* y a su madre
4.20 Jabal. . *p* de los que habitan en tiendas
4.21 Jubal. . fue *p* de todos los que tocan arpa
9.18 Cam y Jafet; y Cam es el *p* de Canaán
9.22 *p* de Canaán, vio la desnudez de su *p*, y
9.23 Jafet. . cubrieron la desnudez de su *p*
9.23 ropa. . así no vieron la desnudez de su *p*
10.21 a Sem, *p* de todos los hijos de Heber
11.28 y murió Harán antes que su *p* Taré en
11.29 hija de Harán, *p* de Milca y de Isca
12.1 vete de tu tierra. . de la casa de tu *p*
15.15 y tú vendrás a tus *p* en paz, y serás
17.4 es contigo, y serás *p* de muchedumbre de
17.5 puesto por *p* de muchedumbre de gentes
19.31 nuestro *p* es viejo, y no queda varón en
19.32 ven, demos a beber vino a nuestro *p* y
19.32 conservaremos de nuestro *p* descendencia
19.33,35 dieron a beber vino a su *p*. . noche
19.33 entró la mayor, y durmió con su *p*; mas
19.34 aquí, yo dormí la noche pasada con mi *p*
19.34 para que conservemos. . *p* descendencia
19.36 las dos hijas de Lot concibieron de su *p*
19.37 el cual es *p* de los moabitas hasta hoy
19.38 el cual es *p* de los amonitas hasta hoy
20.12 también es mi hermana, hija de mi *p*
20.13 hizo salir errante de la casa de mi *p*
22.7 habló Isaac a Abraham su *p*, y dijo: *P*
22.21 Uz su primogénito. . Kemuel *p* de Aram
22.23 Betuel fue el *p* de Rebeca. Estos son
24.7 que me tomó de la casa de mi *p* y de la
24.23 en casa de tu *p* lugar donde posemos?
24.38 irás a la casa de mi *p* y a mi parentela
24.40 mujer de mi familia y. . la casa de mi *p*
26.3 el juramento que hice a Abraham tu *p*
26.15 abierto los criados de Abraham su *p* en
26.18 abierto en los días de Abraham su *p*, y
26.18 y los llamó por los nombres que su *p*
26.24 le dijo: Yo soy el Dios de Abraham tu *p*
27.6 yo he oído a tu *p* que hablaba con Esaú
27.9 haré de ellos viandas para tu *p*, como a
27.10 las llevarás a tu *p*, y comerá, para que
27.12 quizá me palpará mi *p*, y me tendrá por
27.14 hizo guisados, como a su *p* le gustaba
27.18 entonces éste fue a su *p* y dijo: *P* mío
27.19 y Jacob dijo a su *p*: Yo soy Esaú tu
27.22 se acercó Jacob a su *p* Isaac. . le palpó
27.26 y le dijo Isaac su *p*: Acércate ahora, y
27.30 salido Jacob de delante de Isaac su *p*
27.31 él también hizo guisados, y trajo a su *p*
27.31 levántese mi *p*, y coma de la caza de su
27.32 Isaac su *p* le dijo: ¿Quién eres tú?
27.34 cuando Esaú oyó las palabras de su *p*
27.34 le dijo: Bendíceme también a mí, *p* mío
27.38 Esaú respondió a su *p*: ¿No tienes más
27.38 ¿no tienes más que una. . bendición, *p*
27.38 bendíceme también a mí, *p* mío. . y lloró
27.39 Isaac su *p* habló y le dijo: He aquí, tu
27.41 por la bendición con que su *p* le había
27.41 llegarán los días del luto de mi *p*, y
28.2 a casa de Betuel, *p* de tu madre, y toma
28.7 y que Jacob había obedecido a su *p* y a
28.8 las hijas de. . parecían mal a Isaac su *p*
28.13 yo soy Jehová, el Dios de Abraham tu *p*
28.21 y si volviere en paz a casa de mi *p*
29.9 con el rebaño de su *p*, porque ella era
29.12 a Raquel que él era hermano de su *p*, y
29.12 y ella corrió, y dio las nuevas a su *p*
31.1 ha tomado todo lo que era de nuestro *p*
31.1 de lo que era de nuestro *p* ha adquirido
31.3 vuélvete a la tierra de tus *p*, y a tu
31.5 veo que el semblante de vuestro *p* no es
31.5 mas el Dios de mi *p* ha sido conmigo
31.6 sabéis que con. . he servido a vuestro *p*
31.7 y vuestro *p* me ha engañado. . el salario
31.9 así quitó Dios el ganado de vuestro *p*
31.14 ¿tenemos acaso. . heredad en la casa. . *p*?
31.16 toda. . que Dios ha quitado a nuestro *p*
31.18 volverse a Isaac su *p* en la tierra de
31.19 y Raquel hurtó los ídolos de su *p*
31.29 mas el Dios de tu *p* me habló anoche
31.30 porque tenías deseo de la casa de tu *p*
31.35 ella dijo a su *p*: No se enoje mi señor
31.42 si el Dios de mi *p*. . no estuviera conmigo
31.53 Dios de Nacor juzgue. . y el Dios de sus *p*
31.53 juró por aquel a quien temía Isaac su *p*
32.9 de mi *p* Abraham, y Dios de mi *p* Isaac
33.19 parte del campo. . de Hamor *p* de Siquem
34.4 y habló Siquem a Hamor su *p*, diciendo
34.6 y se dirigió Hamor *p* de Siquem a Jacob
34.11 Siquem también dijo al *p* de Dina y a
34.13 respondieron. . a Siquem y a Hamor su *p*
34.19 más distinguido de toda la casa de su *p*
35.18 nombre Benoni. . su *p* lo llamó Benjamín
35.22 durmió con Bilha la concubina de su *p*
35.27 vino Jacob a Isaac su *p* a Mamre, a la
36.9 son los linajes de Esaú, *p* de Edom, en
36.24 apacentaba los asnos de Zibeón su *p*
36.43 Edom es el mismo Esaú, *p* de. . edomitas
37.1 en la tierra donde había morado su *p*, en
37.2 con los hijos de Zilpa, mujeres de su *p*
37.2 informaba José a su *p* la mala fama de
37.4 y viendo sus hermanos que su *p* lo amaba
37.10 lo contó a su *p* y. . y su *p* le reprendió
37.11 le tenían envidia, mas su *p* meditaba en
37.12 fueron. . a apacentar las ovejas de su *p*
37.22 librarlo. . para hacerlo volver a su *p*
37.32 y la trajeron a su *p*, y dijeron: Esto
37.35 él no quiso recibir. . Y lo lloró su *p*
38.11 quédate viuda en casa de tu *p*, hasta
38.11 se fue Tamar, y estuvo en casa de su *p*
41.51 me hizo olvidar. . toda la casa de mi *p*
42.13 el menor está hoy con nuestro *p*, y otro
42.29 venidos a Jacob su *p*. . le contaron todo
42.32 somos doce hermanos, hijos de nuestro *p*
42.32 el menor está hoy con nuestro *p* en la
42.35 viendo ellos y su *p* los atados de su
42.36 su *p* Jacob les dijo: Me habéis privado
42.37 y Rubén habló a su *p*, diciendo: Harás
43.2 les dijo su *p*: Volved, y comprad para
43.7 diciendo: ¿Vive aún vuestro *p*? ¿Tenéis
43.8 a Israel su *p*: Envía al joven conmigo
43.11 Israel su *p* les respondió: Pues que así
43.23 el Dios de vuestro *p* os dio el tesoro
43.27 ¿vuestro *p*, el anciano. . lo pasa bien?
43.28 bien va a tu siervo nuestro *p*; aún vive
44.17 la copa. . vosotros id en paz a vuestro *p*
44.19 mi señor preguntó. . ¿Tenéis *p* o hermano?
44.20 respondimos. . Tenemos un *p* anciano, y
44.20 y él solo quedó de los. . y su *p* lo ama
44.22 el joven no puede dejar a su *p*. . *p* morirá
44.24 cuando llegamos a mi *p* tu siervo, le
44.25 dijo nuestro *p*: Volved a comprarnos un
44.27 siervo mi *p* nos dijo: Vosotros sabéis
44.30 cuando vuelva yo a tu siervo mi *p*, si
44.31 las canas de tu siervo nuestro *p* con
44.32 salió por fiador del joven con mi *p*
44.32 yo seré culpable ante mi *p* para siempre
44.34 ¿cómo volveré yo a mi *p* sin el joven?
44.34 no ver el mal que sobrevendrá a mi *p*
45.3 dijo José. . Yo soy José; ¿vive aún mi *p*?
45.8 Dios, que me ha puesto por *p* de Faraón
45.9 id a mi *p* y decidle: Así dice tu hijo
45.13 haréis. . saber a mi *p*. . traed a mi *p* acá
45.18 tomad a vuestro *p* y. . familias y venid
45.19 haced esto. . traed a vuestro *p*, y venid
45.23 y a su *p* envió. . diez asnos cargados de
45.23 y pan y comida, para su *p* en el camino
45.25 llegaron a la tierra de. . a Jacob su *p*
46.1 y ofreció sacrificios al Dios de su *p*
46.3 yo soy Dios, el Dios de tu *p*; no temas
46.5 tomaron. . a su *p* Jacob, y a sus niños, y
46.29 vino a recibir a Israel su *p* en Gosén
46.31 José dijo a. . a la casa de su *p*: Subiré
46.31 la casa de mi *p*, que. . han venido a mí
46.34 de ganadería. . nosotros y nuestros *p*
47.1 mi *p* y mis hermanos, y sus ovejas y sus
47.3 pastores. . así nosotros como nuestros *p*
47.5 habló. . Tu *p* y tus hermanos han venido a
47.6 en lo mejor de la. . haz habitar a tu *p*
47.7 también José introdujo a Jacob su *p*, y
47.9 de los años de la vida de mis *p* en los
47.11 así José hizo habitar a su *p* y a sus
47.12 alimentaba José a su *p*. . la casa de su *p*
47.30 cuando duerma con mis *p*, me llevarás de
48.1 a José: He aquí tu *p* está enfermo. Y él
48.9 y respondió José a su *p*: Son mis hijos
48.15 Dios en cuya presencia anduvieron mis *p*
48.16 sea perpetuado. . y el nombre de mis *p*
48.17 que su *p* ponía la mano derecha sobre la
48.17 y asió la mano de su *p*, para cambiarla
48.18 dijo José a su *p*: No así, *p*. . éste es el
48.19 su *p* no quiso, y dijo: Lo sé, hijo mío
48.21 hará volver a la tierra de vuestros *p*
49.2 de Jacob, y escuchad a vuestro *p* Israel
49.4 subiste al lecho de tu *p*; entonces te
49.8 los hijos de tu *p* se inclinarán a ti
49.25 por el Dios de tu *p*, el cual te ayudará
49.26 las bendiciones de tu *p* fueron mayores
49.28 lo que su *p* les dijo, al bendecirlos
49.29 sepultadme con mis *p* en la cueva que
49.33 Jacob. . expiró, y fue reunido con sus *p*
50.1 se echó José sobre el rostro de su *p*
50.2 y mandó José a. . que embalsamasen a su *p*
50.5 mi *p* me hizo jurar, diciendo: He aquí
50.5 que vaya yo. . y sepulte a mi *p*, y volveré
50.6 y sepulta a tu *p*, como él te hizo jurar
50.7 subió para sepultar a su *p*; y subieron
50.8 José, y sus hermanos, y la casa de su *p*
50.10 José hizo a su *p* duelo por siete días
50.14 que subieron con él a sepultar a su *p*
50.15 hermanos de José que su *p* era muerto
50.16 a José: Tu *p* mandó antes de su muerte
50.17 maldad de los siervos del Dios de tu *p*
50.22 habitó José en. . él y la casa de su *p*
Éx. 2.16 y dar de beber a las ovejas de su *p*
2.18 y volviendo ellas a Reuel su *p*, él les
3.6 yo soy el Dios de tu *p*, Dios de Abraham
3.13 el Dios de vuestros *p* me ha enviado a
3.15 Jehová, el Dios de vuestros *p*, el Dios
3.16 y diles: Jehová, el Dios de vuestros *p*
4.5 Dios de tus *p*, el Dios de Abraham, Dios
6.14 son los jefes de las familias de sus *p*
6.25 son los jefes de los *p* de los levitas
10.6 cual nunca vieron tus *p* ni tus abuelos
12.3 un cordero según las familias de los *p*
13.5 tierra. . la cual juró a tus *p* que te daría
13.11 metido en. . te ha jurado a ti y a tus *p*
15.2 mi Dios. . Dios de mi *p*, y lo enalteceré
18.4 el Dios de mi *p* me ayudó, y me libró de
20.5 que visito la maldad de los *p* sobre los
20.12 honra a tu *p* y a tu madre, para que tus
21.15 que hiriere a su *p* o a su madre, morirá
21.17 maldijere a su *p* o a su madre, morirá
22.17 su *p* no quisiere dársela, él le pesará
34.7 la iniquidad de los *p* sobre los hijos
40.15 y los ungirás, como ungiste a su *p*, y
Lv. 16.32 para ser sacerdote en lugar de su *p*
18.7 la desnudez de tu *p*, o. . no descubrirás
18.8 la desnudez de la mujer de tu *p* no
18.8 no descubrirás; es la desnudez de tu *p*
18.9 la desnudez de tu hermana, hija de tu *p*
18.11 la hija de. . de tu *p*, engendrada de tu *p*
18.12 la desnudez de la hermana de tu *p* no
18.12 no descubrirás; es parienta de tu *p*
18.14 la desnudez del hermano de tu *p* no
18.14 su mujer; es mujer del hermano de tu *p*
19.3 cada uno temerá a su madre y a su *p*, y
20.9 hombre que maldijere a su *p* o a. . morirá
20.9 de cierto morirá; a su *p* o a su. . maldijo
20.11 que yaciere con la mujer de su *p*, la
20.11 la desnudez de su *p* descubrió; ambos
20.17 su hermana, hija de su *p* o hija de su
20.19 la desnudez. . de la hermana de tu *p*, no
20.20 con la mujer del hermano de su *p*, la
20.20 desnudez del hermano de su *p* descubrió
21.2 por su madre o por su *p*, o por su hijo
21.9 si comenzare a fornicar, a su *p* deshonra
21.11 ni por su *p* ni. . madre se contaminará
22.13 y se hubiere vuelto a la casa de su *p*
22.13 podrá comer del alimento de su *p*; pero
25.41 y a la posesión de su *p* se restituirá
26.39 por la iniquidad de sus *p* decaerán con
26.40 confesarán su. . y la iniquidad de sus *p*
Nm. 1.2 por las casas de sus *p*, con la cuenta
1.4 tribu, cada uno jefe de la casa de sus *p*
1.16 eran. . príncipes de las tribus de sus *p*
1.18,20,22,24,26,28,30,32,34,36,38,40,42 según las casas de sus *p*, conforme a
1.44 doce varones, uno por cada casa de sus *p*
1.45 los contados de. . por las casas de sus *p*
1.47 los levitas, según la tribu de sus *p*, no
2.2 bajo las enseñas de las casas de sus *p*
2.32 los contados. . según las casas de sus *p*
2.34 así marcharon. . según las casas de sus *p*
3.4 ejercieron el sacerdocio delante de. . su *p*
3.15,20 de Leví según las casas de sus *p*
4.2 la cuenta de los. . según las casas de sus *p*
4.22,38 de Gersón. . según las casas de sus *p*
4.29,42 de Merari. . según las casas de sus *p*
4.34 hijos de Coat. . según las casas de sus *p*
4.40 los contados. . según las casas de sus *p*
6.7 ni aun por su *p* ni. . podrá contaminarse
7.2 jefes de las casas de sus *p*. . ofrecieron
11.12 la tierra de la cual juraste a sus *p*?
12.14 si su *p* hubiera escupido en su rostro
13.2 cada tribu de sus *p* enviaréis un varón
14.18 que visita la maldad de los *p* sobre los
14.23 la tierra de la cual juré a sus *p*; no
17.2 toma. . una vara por cada casa de los *p*
17.2 doce varas conforme a las casas de sus *p*
17.3 cada jefe de. . de sus *p* tendrá una vara
17.6 cada príncipe por las casas de sus *p* una
18.1 la casa de tu *p*. . llevaréis el pecado del
18.2 tribu de tu *p*, haz que se acerquen a ti
20.15 cómo nuestros *p* descendieron a Egipto
20.15 los egipcios nos maltrataron, y a. . *p*
25.15 Cozbi hija de. . *p* de familia en Madián
26.2 tomad el censo. . por las casas de sus *p*
26.55 por. . de las tribus de sus *p* heredarán
27.3 nuestro *p* murió en el desierto; y él no
27.4 será quitado el nombre de nuestro *p* de
27.4 heredad entre los hermanos de nuestro *p*
27.7 una heredad entre los hermanos de su *p*
27.7 traspasarás la heredad de su *p* a ellas
27.10 daréis su herencia a. . hermanos de su *p*
27.11 y si su *p* no tuviere hermanos, daréis
30.3 se ligare con obligación en casa de su *p*
30.4 si su *p* oyere su voto. . y su *p* callare a
30.5 mas si su *p* le vedare. . su *p* se lo vedó
30.16 las ordenanzas. . entre el *p* y su hija
30.16 durante su juventud en casa de su *p*
31.26 los jefes de los *p* de la congregación
32.8 hicieron vuestros *p*, cuando los envié
32.14 habéis sucedido en lugar de vuestros *p*
32.28 les encomendó. . a los príncipes de los *p*
33.54 por las tribus de vuestros *p* heredaréis
34.14 hijos de Rubén según las casas de sus *p*
34.14 hijos de Gad según las casas de sus *p*

PADRE *(Continúa)*

Nm. 36.1 los príncipes de los *p* de la familia de
36.3 así quitada de la herencia de nuestros *p*
36.4 será quitada. . de la tribu de nuestros *p*
36.6 pero en la familia de la tribu de su *p*
36.7 ligado a la heredad de la tribu de sus *p*
36.8 la familia de la tribu de su *p* se casará
36.8 los hijos. . cada uno la heredad de sus *p*
36.12 la heredad. . quedó en la tribu de. . su *p*
Dt. 1.8 la tierra que Jehová juró a vuestros *p*
1.11 Dios de vuestro *p* os haga mil veces más
1.21 como. . el Dios de tus *p* te ha dicho; no
1.35 que juré que había de dar a vuestros *p*
4.1 tierra que. . el Dios de vuestros *p* os da
4.31 ni se olvidará del. . que les juró a tus *p*
4.37 y por cuanto él amó a tus *p*, escogió a
5.3 no con nuestros *p* hizo Jehová este pacto
5.9 visito la maldad de los *p* sobre los hijos
5.16 honra a tu *p* y a tu madre, como Jehová
6.3 como te ha dicho Jehová el Dios de tus *p*
6.10 en la tierra que juró a tus *p* Abraham
6.18 la buena tierra que Jehová juró a tus *p*
6.23 darnos la tierra que juró a nuestros *p*
7.8 el juramento que juró a vuestros *p*, os ha
7.12 Dios. . la misericordia que juró a tus *p*
7.13 la tierra que juró a tus *p* que te daría
8.1 tierra que Jehová prometió. . a vuestros *p*
8.3 comida que. . ni tus *p* la habían conocido
8.16 con maná. . que tus *p* no habían conocido
8.18 de confirmar su pacto que juró a tus *p*
9.5 palabra que Jehová juró a tus *p* Abraham
10.11 posean la tierra que juré a sus *p* que
10.15 de tus *p* se agradó Jehová para amarlos
10.22 con 70 personas descendieron tus *p* a
11.9 de la cual juró Jehová a vuestros *p*, que
11.21 juró a vuestros *p* que les había de dar
12.1 tierra que. . el Dios de tus *p* te ha dado
13.6 dioses. . que ni tú ni tus *p* conocisteis
13.17 y te multiplique, como lo juró a tus *p*
19.8 Dios ensanchare tu. . como lo juró a tus *p*
19.8 toda la tierra que prometió dar a tus *p*
21.13 y llorará a su *p* y a su madre un mes
21.18 que no obedeciere a la voz de su *p* ni
21.19 lo tomarán su *p*. . y lo sacarán ante los
22.15 el *p* de la joven y. . sacarán las señales
22.16 y dirá el *p* de la joven a los ancianos
22.19 las cuales darán al *p* de la joven, por
22.21 la sacarán a la puerta de la. . de su *p*
22.21 vileza en. . fornicando en casa de su *p*
22.29 al *p* de la joven 50 piezas de plata, y
22.30 ninguno tomará la mujer de su *p*, ni
24.16 los *p* no morirán por los hijos, ni los
24.16 no morirán. . los hijos por los *p*; cada
26.3 la tierra que juró Jehová a nuestros *p*
26.5 un arameo. . fue mi *p*, el cual descendió
26.7 clamamos a Jehová el Dios de nuestros *p*
26.15 nos has dado, como juraste a nuestros *p*
27.3 como Jehová el Dios de tus *p* te ha dicho
27.16 maldito el que deshonrare a su *p* o a su
27.20 que se acostare con la mujer de su *p*
27.20 por cuanto descubrió el regazo de su *p*
27.22 el que se acostare con su. . hija de su *p*
28.11 en el país que Jehová juró a tus *p* que
28.36 a nación que no conociste. . tú ni tus *p*
28.64 a dioses. . que no conociste tú ni tus *p*
29.13 como lo juró a tus *p* Abraham, Isaac y
29.25 dejaron el pacto de. . el Dios de sus *p*
30.5 tierra que heredaron tus *p*, y será tuya
30.5 bien, y te multiplicará más que a tus *p*
30.9 de la manera que se gozó sobre tus *p*
30.20; 31.7 la tierra que juró Jehová a tus *p*
31.16 he aquí, tú vas a dormir con tus *p*, y
31.20 en la tierra que juré a tus *p*, la cual
32.6 ¿no es él tu *p* que te creó? El te hizo
32.7 pregunta a tu *p*, y él te declarará; a tus
32.17 dioses que. . no habían temido vuestros *p*
33.9 quien dijo de su *p* y. . Nunca los he visto
Jos. 1.6 la tierra de la cual juré a sus *p* que
2.12 la haréis vosotros con la casa de mi *p*
2.13 salvaréis la vida a mi *p* y a mi madre
2.18 reunirás en tu casa a tu *p* y a tu madre
2.18 reunirás en. . a toda la familia de tu *p*
4.6 y cuando vuestros. . preguntaren a sus *p*
4.21 mañana preguntaren. . a sus *p*, y dijeren
5.6 la tierra de. . Jehová había jurado a sus *p*
6.23 y sacaron a Rahab, a su *p*, a su madre, a
6.25 salvó la vida a Rahab. . la casa de su *p*
14.1 les repartieron. . los cabezas de los *p*
15.13 la ciudad de Quiriat-arba *p* de Anac, que
15.18 que pidiese a su *p* tierras para labrar
17.1 primogénito de Manasés y *p* de Galaad, el
17.4 les dio heredad entre los hermanos del *p*
18.3 que os ha dado. . el Dios de vuestros *p*?
19.47 llamaron a Lesem. . nombre de Dan su *p*
19.51 las heredades que. . los cabezas de los *p*
21.1 los *p* de los levitas vinieron. . a Josué
21.1 a los cabezas de los *p* de las tribus de
21.11 les dieron Quiriat-arba del *p* de Anac
21.43 la tierra que había jurado dar a sus *p*
21.44 a todo lo que había jurado a sus *p*; y
22.14 cada uno. . era jefe de la casa de sus *p*
22.28 altar de. . el cual hicieron nuestros *p*
24.2 vuestros *p* habitaron. . al otro lado del
24.2 esto es, Taré, *p* de Abraham y de Nacor
24.3 tomé a vuestro *p* Abraham del otro lado
24.6 saqué a vuestros *p* de Egipto; y cuando
24.6 egipcios siguieron a vuestros *p* hasta
24.14,15 los dioses a. . sirvieron vuestros *p*
24.17 sacó a. . y a nuestros *p* de la tierra de
24.32 Jacob compró de los hijos de Hamor *p* de
Jue. 1.14 la persuadió que pidiese a su *p* un
2.1 había jurado a vuestros *p*. . No invalidaré
2.10 aquella generación. . fue reunida a sus *p*
2.12 dejaron a Jehová el Dios de sus *p*, que
2.17 se. . del camino en que anduvieron sus *p*
2.19 volvían. . y se corrompían más que sus *p*
2.20 traspasa mi pacto que ordené a sus *p*, y
2.22 seguir el camino de Jehová. . como. . sus *p*
3.4 él había dado a sus *p* por mano de Moisés
6.13 sus maravillas, que. . *p* nos han contado
6.15 pobre. . yo el menor en la casa de mi *p*
6.25 le dijo. . Toma un toro del hato de tu *p*
6.25 derriba el altar de Baal que tu *p* tiene
6.27 temiendo. . por la familia de su *p* y por
8.32 y fue sepultado en el sepulcro de su *p*
9.1 Abimelec. . habló con. . la casa del *p* de su
9.5 viniendo a la casa de su *p* en Ofra, mató
9.17 *p* peleó por vosotros, y expuso su vida
9.18 levantado hoy contra la casa de mi *p*, y
9.28 servid a los varones de Hamor *p*. . Siquem
9.56 así pagó. . el mal que hizo contra su *p*
11.1 era hijo de. . y el *p* de Jefté era Galaad
11.2 no heredarás en la casa de nuestro *p*
11.7 ¿no me. . me echasteis de la casa de mi *p*?
11.36 *p* mío, si le has dado palabra a Jehová
11.37 volvió a decir a su *p*: Concédeme esto
11.39 pasados los dos meses volvió a su *p*
14.2 subió, y lo declaró a su *p* y a su madre
14.3 y su *p* y su madre le dijeron: ¿No hay
14.3 y Sansón respondió a su *p*: Tómame ésta
14.4 *p*. . no sabían que esto venía de Jehová
14.5 y Sansón descendió con su *p* y. . su madre
14.6 y no declaró ni a su *p* ni a su madre lo
14.9 cuando alcanzó a su *p*. . les dio también
14.10 vino pues, su *p* adonde estaba la mujer
14.15 te quememos a ti y a la casa de tu *p*
14.16 ni a mi *p* ni a mi madre lo he declarado
14.19 en enojo se volvió a la casa de su *p*
15.1 Sansón. . el *p* de ella no lo dejó entrar
15.2 dijo el *p* de ella: Me persuadí de que la
15.6 filisteos y la quemaron a ella y a su *p*
16.31 y toda la casa de su *p*. . y le sepultaron
16.31 Estaol, en el sepulcro de su *p* Manoa
17.10 quédate. . y serás para mí *p* y sacerdote
18.19 vente. . que seas nuestro *p* y sacerdote
18.29 Dan, conforme al nombre de Dan su *p*
19.2 se fue de él a casa de su *p*, a Belén de
19.3 ella le hizo entrar en la casa de su *p*
19.4 y viéndole el *p* de la joven, salió a
19.4 le detuvo su suegro, el *p* de la joven, y
19.5 irse; y el *p* de la joven dijo a su yerno
19.6 y el *p* de la joven dijo al varón: Yo te
19.8 levantándose. . le dijo el *p* de la joven
19.9 su suegro, el *p* de la joven, le dijo: He
21.22 si vinieren los *p* de ellas. . les diremos
Rt. 2.11 dejando a tu *p* y. . venido a un pueblo
4.17 Obed. Este es *p* de Isaí, *p* de David
1 S. 2.25 pero ellos no oyeron la voz de su *p*
2.27 ¿no me manifesté yo. . a la casa de tu *p*
2.28 di a la casa de tu *p* todas las ofrendas
2.30 que tu casa y la casa de tu *p* andarían
2.31 cortaré. . y el. . brazo de la casa de tu *p*
8.3 no anduvieron. . por los caminos de su *p*
9.3 y se habían perdido las asnas de Cis, *p* de
9.5 mi *p*, abandonada la preocupación por las
9.20 sino para ti y para toda la casa de tu *p*?
10.2 tu *p* ha dejado ya de inquietarse por las
10.12 respondió. . ¿Y quién es el *p* de ellos?
12.6 sacó a vuestros *p* de la tierra de Egipto
12.7 Jehová ha hecho con vosotros y con. . *p*
12.8 *p* clamaron a Jehová. . envió a Moisés y a
12.8 los cuales sacaron a vuestros *p* de Egipto
12.15 estará. . como estuvo contra vuestros *p*
14.1 ven y pasemos. . no lo hizo saber a su *p*
14.27 no había oído cuando su *p* juramentó a
14.28 *p* ha hecho jurar. . al pueblo, diciendo
14.29 mi *p* ha turbado el país. Ved ahora cómo
14.51 Cis *p* de Saúl, y Ner *p* de Abner, fueron
17.15 apacentar las ovejas de su *p* en Belén
17.25 eximirá de tributos a la casa de su *p*
17.34 siervo era pastor de las ovejas de su *p*
18.2 Saúl. . no le dejó volver a casa de su *p*
18.18 y qué es. . la familia de mi *p* en Israel
19.2 diciendo: Saúl mi *p* procura matarte; por
19.3 junto a mi *p*. . hablaré de ti a mi *p*, y te
19.4 Jonatán habló bien de David a Saúl su *p*
20.1 o cuál mi pecado contra tu *p*, para que
20.2 que mi *p* ninguna cosa hará, grande ni
20.2 me ha de encubrir mi *p* este asunto? No
20.3 tu *p* sabe. . he hallado gracia delante de
20.6 si tu *p* hiciere mención de mí, dirás: Me
20.8 no hay necesidad de llevarme hasta tu *p*
20.9 si yo supiere que mi *p* ha determinado
20.10 dijo. . ¿Quién me dará aviso si tu *p* te
20.12 preguntado a mi *p* mañana a esta hora
20.13 si mi *p* intentare hacerte mal, Jehová
20.13 Jehová contigo, como estuvo con mi *p*
20.32 y Jonatán respondió a su *p* Saúl y le
20.33 su *p* estaba resuelto a matar a David
20.34 no comió pan. . su *p* le había afrentado
22.1 casa de su *p* lo supieron, vinieron allí
22.3 te ruego que mi *p* y. . estén con vosotros
22.11 el rey envió. . por toda la casa de su *p*
22.15 no culpe el rey. . a toda la casa de mi *p*
22.16 sin duda morirás. . toda la casa de tu *p*
23.17 no te hallará la mano de Saúl mi *p*, y
23.17 tú reinarás. . aun Saúl mi *p* así lo sabe
24.11 *p* mío, mira la orilla de tu manto en
24.21 ni borrarás mi nombre de la. . de mi *p*
2 S. 2.32 lo sepultaron en el sepulcro de su *p*
3.7 te has llegado a la concubina de mi *p*?
3.8 hoy misericordia con la casa de Saúl tu *p*
3.29 de Joab, y sobre toda la casa de su *p*
6.21 quien me eligió en preferencia a tu *p*
7.12 duermas con tus *p*, yo levantaré. . a uno
7.14 le seré a él *p*, y él me será a mí hijo
9.7 misericordia por amor de Jonatán tu *p*, y
9.7 te devolveré. . las tierras de Saúl tu *p*
10.2 haré misericordia. . su *p* la hizo conmigo
10.2 envió. . siervos para consolarlo por su *p*
10.3 que por honrar David a tu *p* te ha enviado
13.5 y cuando tu *p* viniere a visitarte, dile
14.9 la maldad sea. . y sobre la casa de mi *p*
15.34 como. . he sido siervo de tu *p*, así seré
16.3 me devolverá. . de Israel el reino de mi *p*
16.19 como he servido delante de tu *p*, así
16.21 llégate a las concubinas de tu *p*, que
16.21 que te has hecho aborrecible a tu *p*, y
16.22 se llegó. . a las concubinas de su *p*, ante
17.8 tu *p* y los suyos son hombres valientes
17.8 tu *p* es hombre de guerra, y no pasará
17.10 todo Israel sabe que tu *p* es. . valiente
17.23 fue sepultado en el sepulcro de su *p*
19.28 toda la casa de mi *p* era digna de muerte
19.37 y que muera. . junto al sepulcro de mi *p*
21.14 y sepultaron. . el sepulcro de Cis su *p*
24.17 contra mí, y contra la casa de mi *p*
1 R. 1.6 y su *p* nunca le había entristecido en
1.21 cuando mi señor el rey duerma con sus *p*
2.10 durmió David con sus *p*, y fue sepultado
2.12 sentó Salomón en el trono de David su *p*
2.24 ha puesto sobre el trono de David mi *p*
2.26 has llevado el arca. . delante de. . mi *p*
2.26 todas las cosas en que fue afligido mi *p*
2.31 quita de. . de la casa de mi *p* la sangre
2.32 mató a. . sin que mi *p* David supiese nada
2.44 el mal. . que cometiste contra mi *p* David
3.3 andando en los estatutos de su *p* David
3.6 hiciste gran misericordia a. . David mi *p*
3.7 puesto a. . por rey en lugar de David mi *p*
3.14 si anduvieres. . como anduvo David tu *p*
5.1 que lo habían ungido. . en lugar de su *p*
5.3 sabes que mi *p*. . no pudo edificar casa al
5.5 según lo que Jehová habló a David mi *p*
6.12 cumpliré. . palabra que hablé a David tu *p*
7.14 *p*, que trabajaba en bronce, era de Tiro
7.51 metió Salomón lo que su *p* había dedicado
8.15 habló a David mi *p* lo que con su mano
8.17 mi *p* tuvo en su corazón edificar casa
8.18 pero Jehová dijo a David mi *p*: Cuanto a
8.20 me he levantado en lugar de David mi *p*
8.21 el pacto de. . que él hizo con nuestros *p*
8.24 has cumplido a tu siervo David mi *p* lo
8.25 a tu siervo. . mi *p* lo que le prometiste
8.26 la palabra que dijiste a tu. . David mi *p*
8.34 volverás a la tierra que diste a sus *p*
8.40 de la tierra que tú diste a nuestros *p*
8.48 hacia su tierra que tú diste a sus *p*, y
8.53 cuando sacaste a nuestros *p* de Egipto
8.57 esté. . como estuvo con nuestros *p*, y no
8.58 decretos, los cuales mandó a nuestros *p*
9.4 si tú anduvieres. . como anduvo David tu *p*
9.5 hablé a David tu *p*, diciendo: No faltará
9.9 había sacado a sus *p* de tierra de Egipto
11.4 su corazón no era perfecto. . como. . su *p*
11.6 y no siguió. . a Jehová como David su *p*
11.12 no lo haré en tus días, por amor a. . tu *p*
11.17 varones edomitas de los siervos de su *p*
11.21 que David había dormido con sus *p*, y que
11.27 el portillo de la ciudad de David su *p*
11.33 y mis decretos, como hizo David su *p*
11.43 durmió Salomón con sus *p*. . fue sepultado
11.43 sepultado en la ciudad de su *p* David; y
12.4,10 tu *p* agravó nuestro yugo. . disminuye tú
12.4 disminuye. . la dura servidumbre de tu *p*
12.6 habían estado delante de Salomón su *p*
12.9 del yugo que tu *p* puso sobre nosotros?
12.10 dedo. . más grueso que los lomos de mi *p*
12.11 mi *p* os cargó de pesado yugo, mas yo
12.11,14 mi *p* os castigó con azotes, mas yo
12.14 diciendo: Mi *p* agravó vuestro yugo, pero
13.11 le contaron también a su *p* las palabras
13.12 su *p* les dijo: ¿Por qué camino se fue?
13.22 no entrará tu. . en el sepulcro de tus *p*
14.15 esta buena tierra que había dado a sus *p*
14.20 habiendo dormido con sus *p*, reinó en su
14.22 le enojaron más que todo lo que sus *p*
14.31 durmió Roboam con sus *p*. . fue sepultado
14.31 fue sepultado con sus *p* en la ciudad de
15.3 no fue. . como el corazón de David su *p*
15.8 durmió Abiam con sus *p*, y lo sepultaron
15.11 Asa hizo lo recto ante. . como David su *p*

PADRE *(Continúa)*
1 R. 15.12 quitó..ídolos que sus *p* habían hecho
15.15 metió en..lo que su *p* había dedicado
15.19 haya alianza..como entre mi *p* y el tuyo
15.24 durmió Asa con sus *p*, y fue sepultado
15.24 sepultado..en la ciudad de David su *p*
15.26 andando en el camino de su *p*, y en los
16.6 durmió Baasa con sus *p*, y fue sepultado
16.28 Omri durmió con sus *p*, y fue sepultado
18.18 yo no he turbado..tú y la casa de tu *p*
19.4 basta ya..pues no soy yo mejor que mis *p*
19.20 que me dejes besar a mi *p* y a mi madre
20.34 las ciudades que mi *p* tomó al tuyo, yo
20.34 plazas..como mi *p* las hizo en Samaria
21.3 que yo te dé a ti la heredad de mis *p*
21.4 diciendo: No te daré la heredad de mis *p*
22.40 y durmió Acab con sus *p*, y reinó en su
22.43 anduvo en todo el camino de Asa su *p*
22.46 que había quedado en el tiempo de su *p*
22.50 durmió Josafat con sus *p*..fue sepultado
22.50 sepultado..en la ciudad de David su *p*
22.52 y anduvo en el camino de su *p*, y en el
22.53 todas las cosas que había hecho su *p*
2 R. 2.12 Eliseo, clamaba: ¡*P* mío, *p* mío, carro
3.2 lo malo..aunque no como su *p* y su madre
3.2 quitó las estatuas..que su *p* había hecho
3.13 vé a los profetas de tu *p*..de tu madre
4.18 vino a su *p*, que estaba con los segadores
4.19 dijo a su *p*: ¡Ay, mi cabeza, mi cabeza!
4.19 y el *p* dijo a un criado: Llévalo a su
5.13 *p* mío, si el profeta te mandara alguna
6.21 el rey..a Eliseo: ¿Los mataré, *p* mío?
8.24 durmió Joram con sus *p*, y fue sepultado
9.25 y yo íbamos..con la gente de Acab su *p*
9.28 siervos..allá le sepultaron con sus *p*
10.3 y ponedlo en el trono de su *p*, y pelead
10.35 durmió Jehú con sus *p*, y lo sepultaron
12.18 que habían dedicado..y Ocozías sus *p*
12.21 lo sepultaron con sus *p* en la ciudad de
13.9 durmió Joacaz con sus *p*, y lo sepultaron
13.13 y durmió Joás con sus *p*..fue sepultado
13.14 llorando..dijo: *P* mío, *p* mío, carro
13.25 había tomado..de mano de Joacaz su *p*
14.3 hizo lo recto..aunque no como David su *p*
14.3 hizo..las cosas que había hecho Joás su *p*
14.5 mató a..habían dado muerte al rey su *p*
14.6 no matarán a los *p* por los hijos, ni a
14.6 a los hijos por los *p*, sino que cada uno
14.16 y durmió Joás con..*p*, y fue sepultado
14.20 y lo sepultaron en Jerusalén con sus *p*
14.21 hicieron rey en lugar de Amasías su *p*
14.22 después que el rey durmió con sus *p*
14.29 durmió Jeroboam con sus *p*, los reyes de
15.3 las cosas que su *p* Amasías había hecho
15.7 durmió Azarías con sus *p*..lo sepultaron
15.9 e hizo lo malo..como habían hecho sus *p*
15.22 durmió Manahem con sus *p*, y reinó en su
15.34 él hizo lo..que había hecho su *p* Uzías
15.38 durmió Jotam con sus *p*, y fue sepultado
15.38 sepultado..en la ciudad de David su *p*
16.2 no hizo lo recto ante..como David su *p*
16.20 durmió el rey Acaz con sus *p*..sepultado
17.13 las leyes que yo prescribí a vuestros *p*
17.14 endurecieron su cerviz, como..de sus *p*
17.15 el pacto que él había hecho con sus *p*
17.41 como hicieron sus *p*..hacen hasta hoy
18.3 hizo..cosas que había hecho David su *p*
19.12 a las naciones que mis *p* destruyeron
20.5 así dice Jehová, el Dios de David tu *p*
20.17 lo que tus *p* han atesorado hasta hoy
20.21 durmió Ezequías con sus *p*, y reinó en
21.3 lugares altos que..su *p* había derribado
21.8 sea movido de la tierra que di a sus *p*
21.15 ira, desde el día que sus *p* salieron de
21.18 durmió Manasés con sus *p*..y reinó en su
21.20 lo malo..como había hecho Manasés su *p*
21.21 anduvo en..caminos en que su *p* anduvo
21.21 ídolos a los cuales había servido su *p*
21.22 y dejó a Jehová el Dios de sus *p*, y no
22.2 anduvo en todo el camino de David su *p*
22.13 nuestros *p* no escucharon las palabras
22.20 yo te recogeré con tus *p*..en paz, y no
23.30 y lo pusieron por rey en lugar de su *p*
23.32 él hizo lo malo..que sus *p* habían hecho
23.34 Eliaquim hijo..en lugar de Josías su *p*
23.37 todas las cosas que sus *p* habían hecho
24.6 durmió Joacim con sus *p*, y reinó en su
24.9 a todas las cosas que había hecho su *p*
1 Cr. 2.17 Amasa, cuyo *p* fue Jeter ismaelita
2.21 la hija de Maquir *p* de Galaad, la cual
2.23 lugares fueron de los hijos de Maquir *p*
2.24 Abías mujer de..dio a luz a Asur *p* de
2.42 Mesa..el *p* de Zif..Maresa *p* de Hebrón
2.44 Sema engendró a Raham *p* de Jorcoam, y
2.45 Maón fue hijo de Samai, y..*p* de Bet-sur
2.49 también dio a luz a Saaf *p* de Madmana
2.49 y a Seva *p* de Macbena y *p* de Gibea
2.50 de Efrata: Sobal *p* de Quiriat-jearim
2.51 Salma *p* de Belén, y Haref *p* de Bet-gader
2.52 los hijos de Sobal *p* de Quiriat-jearim
2.55 son los ceneos que vinieron de Hamat *p* de
4.3 y estas son las del *p* de Etam: Jezreel
4.4 Penuel fue *p* de Gedor, y Ezer *p* de Husa
4.4 estos fueron los hijos de Hur..*p* de Belén
4.5 Asur *p* de Tecoa tuvo dos mujeres, Hela y
4.11 engendró a Mehir, el cual fue *p* de Estón
4.12 a Tehina *p* de la ciudad de Nahas; estos
4.14 Joab, *p* de los habitantes del valle de
4.17 Esdras..engendró a..Isba *p* de Estemoa
4.18 Jered *p* de Gedor, a Heber *p* de Soco y a
4.18 Jehudaía dio a luz..Jecutiel *p* de Zanoa
4.19 fueron el *p* de Keila garmita, y Estemoa
4.21 Er *p* de Leca, y Laada *p* de Maresa, y las
4.38 las casas de sus *p* fueron multiplicadas
5.1 Rubén..mas como violó el lecho de su *p*
5.13 hermanos, según las familias de sus *p*
5.15 Ahí..fue principal en la casa de sus *p*
5.24 jefes de las casas de sus *p*: Efer, Isi
5.24 fueron los jefes de las casas de sus *p*
5.25 se rebelaron contra el Dios de sus *p*, y
7.2 de Tola..jefes de las familias de sus *p*
7.4 por las familias de sus *p*, 36.000 hombres
7.14 la cual también dio a luz a Maquir *p* de
7.22 Efraín su *p* hizo duelo por muchos días
7.31 y Malquiel, el cual fue *p* de Birzavit
9.19 coreítas por la casa de su *p*, tuvieron
9.19 *p* guardaron la entrada del campamento
9.35 en Gabaón habitaba Jehiel *p* de Gabaón
12.17 véalo..Dios de nuestros *p*, y lo demande
12.28 Sadoc..con 22 de los..de la casa de su *p*
12.30 varones ilustres en las casas de sus *p*
15.12 sois los principales *p* de..los levitas
17.11 días sean cumplidos para irte con tus *p*
17.13 yo le seré por *p*, y él me será por hijo
19.2 con Hanún..su *p* me mostró misericordia
19.2 que lo consolasen de la muerte de su *p*
19.3 ¿a tu parecer honra David a tu *p*, que
21.17 contra mí, y contra la casa de mi *p*, y
22.10 yo le seré por *p*; y afirmaré el trono
23.24 hijos de Leví en las familias de sus *p*
24.19 según les fue ordenado por Aarón su *p*
24.31 el principal de los *p* igualmente que
25.3 seis, bajo la dirección de su *p* Jedutún
25.6 bajo la dirección de su *p* en la música
26.6 fueron señores sobre la casa de sus *p*
26.10 no era el..mas su *p* lo puso por jefe
28.4 Dios..me eligió de toda la casa de mi *p*
28.4 de la casa de Judá a la familia de mi *p*
28.4 de entre los hijos de mi *p* se agradó de
28.6 escogido por hijo..le seré a él por *p*
28.9 tú, Salomón..reconoce al Dios de tu *p*
29.10 oh Jehová, Dios de Israel nuestro *p*
29.15 y advenedizos..como todos nuestros *p*
29.18 Dios de..Israel nuestros *p*, conserva
29.20 toda la..bendijo a Jehová Dios de sus *p*
29.23 sentó Salomón..en lugar de David su *p*
2 Cr. 1.8 tenido con..mi *p* gran misericordia
1.9 confírmese..la palabra dada a David mi *p*
2.3 como hiciste con David mi *p*, enviándole
2.7 con los maestros..los cuales dispuso mi *p*
2.14 hijo de..de Dan, mas su *p* fue de Tiro
2.14 con..y con los de mi señor David tu *p*
2.17 haberlos ya contado David su *p*, y fueron
3.1 el monte Moriah..mostrado a David su *p*
5.1 las cosas que David su *p* había dedicado
6.4 lo que prometió con su boca a David mi *p*
6.7 mi *p* tuvo en su corazón edificar casa al
6.8 mas Jehová dijo a David mi *p*: Respecto a
6.10 me levanté yo en lugar de David mi *p*, y
6.15 has guardado a tu siervo David mi *p* lo
6.16 cumple a tu siervo David mi *p* lo que le
6.25 volver a la tierra que diste..a sus *p*
6.31 de la tierra que tú diste a nuestros *p*
6.38 hacia la tierra que tú diste a sus *p*
7.17 tú anduvieres..como anduvo David tu *p*
7.18 pacté con David tu *p*, diciendo: No te
7.22 cuanto dejaron a Jehová Dios de sus *p*
8.14 conforme a lo ordenado por David su *p*
9.31 durmió Salomón con sus *p*..lo sepultaron
9.31 lo sepultaron en la ciudad de David su *p*
10.4 tu *p* agravó nuestro yugo; ahora alivia
10.4 del pesado yugo con que tu *p* nos apremió
10.6 habían estado delante de Salomón su *p*
10.9 alivia algo del yugo que tu *p* puso sobre
10.10 diciendo: Tu *p* agravó nuestro yugo, mas
10.10 dedo..más grueso que los lomos de mi *p*
10.11 mi *p* os cargó de yugo..mi *p* os castigó
10.14 mi *p* hizo pesado..mi *p* os castigó con
11.16 ofrecer sacrificios a..el Dios de sus *p*
12.16 durmió Roboam con sus *p*, y fue sepultado
13.12 no peleéis contra..Dios de vuestros *p*
13.18 se apoyaban en Jehová el Dios de sus *p*
14.1 durmió Abías con sus *p*, y fue sepultado
14.4 a Judá que buscase a..el Dios de sus *p*
15.12 que buscarían a Jehová el Dios de sus *p*
15.18 a la casa de..lo que su *p* había dedicado
16.3 alianza..como la hubo entre tu *p* y mi *p*
16.13 durmió Asa con sus *p*, y murió en el año
17.2 las ciudades..que su *p* Asa había tomado
17.3 en los primeros caminos de David su *p*, y
17.4 buscó al Dios de su *p*, y anduvo en sus
19.4 los conducía a Jehová el Dios de sus *p*
19.8 *p* de familias de Israel, para el juicio
20.6 Dios de nuestros *p*, ¿no eres tú Dios en
20.32 y anduvo en el camino de Asa su *p*, sin
20.33 enderezado su corazón al Dios de sus *p*
21.1 durmió Josafat con sus *p*..lo sepultaron
21.1 lo sepultaron con sus *p* en la ciudad de
21.3 y su *p* les había dado muchos regalos de
21.4 fue elevado, pues, Joram al reino de su *p*
21.10 había dejado a Jehová el Dios de sus *p*
21.12 el Dios de David tu *p* ha dicho así: Por
21.12 no has andado en los caminos de..tu *p*
21.13 has dado muerte a..a la familia de tu *p*
21.19 fuego..como lo habían hecho con sus *p*
22.4 después de la muerte de su *p*, ellos le
24.18 desampararon la casa de..Dios de sus *p*
24.22 misericordia que Joiada *p* de Zacarías
24.24 cuanto habían dejado a..Dios de sus *p*
25.3 mató a los..que habían matado al rey su *p*
25.4 no morirán los *p* por los hijos, ni los
25.4 no morirán los..ni los hijos por los *p*
25.28 lo trajeron..sepultaron con sus *p* en la
26.1 lo pusieron por rey en..de Amasías su *p*
26.2 después que el rey Amasías durmió con..*p*
26.4 las cosas que había hecho Amasías su *p*
26.23 y durmió Uzías con sus *p*..lo sepultaron
26.23 lo sepultaron con sus *p* en el campo de
27.2 cosas que había hecho Uzías su *p*, salvo
27.9 durmió Jotam con sus *p*, y lo sepultaron
28.1 no hizo lo recto ante..como David su *p*
28.6 por cuanto habían dejado..Dios de sus *p*
28.9 Dios de vuestros *p*, por el enojo contra
28.25 provocando así a ira..el Dios de sus *p*
28.27 durmió Acaz con sus *p*, y lo sepultaron
29.2 hizo lo recto..había hecho David su *p*
29.5 santificad la casa de Jehová el Dios..*p*
29.6 nuestros *p* se han rebelado, y han hecho
29.9 he aquí nuestros *p* han caído a espada
30.7 *p*..se rebelaron contra..el Dios de sus *p*
30.8 no endurezcáis..cerviz como vuestros *p*
30.19 a Jehová el Dios de sus *p*, aunque no
30.22 dando gracias a Jehová..Dios de sus *p*
32.13 lo que yo y mis *p* hemos hecho a todos
32.14 qué dios..naciones que destruyeron mis *p*
32.15 pudo librar a su..de las manos de mis *p*
32.33 y durmió Ezequías con sus *p*..sepultaron
33.3 altos que Ezequías su *p* había derribado
33.8 la tierra que yo entregué a vuestros *p*
33.12 oró..en la presencia del Dios de sus *p*
33.20 y durmió Manasés con sus *p*..sepultaron
33.22 lo malo..como había hecho Manasés su *p*
33.22 los ídolos que su *p* Manasés había hecho
33.23 nunca se..como se humilló Manasés su *p*
34.2 anduvo en los caminos de David su *p*, sin
34.3 comenzó a buscar al Dios de David su *p*
34.21 nuestros *p* no guardaron la palabra de
34.28 te recogeré con tus *p*, y serás recogido
34.32 conforme al pacto de..del Dios de sus *p*
34.33 no se apartaron de en..el Dios de sus *p*
35.4 según las familias de vuestros *p*, por
35.24 lo sepultaron en los sepulcros de sus *p*
36.1 a Joacaz hijo..hizo rey en lugar de su *p*
36.15 el Dios de sus *p* envió..palabra a ellos
Esd. 2.59 no pudieron demostrar..casa de sus *p*
4.15 se busque en el libro de las..de tus *p*
5.12 nuestros *p* provocaron a ira al Dios de
7.27 bendito Jehová Dios de nuestros *p*, que
8.28 ofrenda voluntaria a..Dios de nuestros *p*
9.7 desde los días de nuestro *p* hasta este
10.11 dad gloria a Jehová Dios de vuestros *p*
Neh. 1.6 sí, yo y la casa de mi *p* hemos pecado
2.3 la ciudad, casa de los sepulcros de mis *p*
2.5 a Judá..ciudad de los sepulcros de mis *p*
7.61 no pudieron mostrar la casa de sus *p*, ni
9.2 confesaron sus..y las iniquidades de sus *p*
9.9 y miraste la aflicción de nuestros *p* en
9.16 mas ellos y nuestros *p* fueron soberbios
9.23 tierra de la cual habías dicho a sus *p*
9.32 el sufrimiento que ha alcanzado a..tu *p*
9.34 nuestros *p* no pusieron por obra tu ley
9.36 siervos en la tierra..diste a nuestros *p*
10.34 según las casas de nuestros *p*, en los
13.18 ¿no hicieron así vuestros *p*, y trajo
Est. 2.7 su *p* y su madre murieron..la adoptó
4.14 porque..tú y la casa de tu *p* pereceréis
Job 8.8 disponte para inquirir a los *p* de ellas
15.10 mucho más avanzados en días que tu *p*
15.18 lo que los sabios nos contaron de sus *p*
17.14 a la corrupción he dicho: Mi *p* eres tú
29.16 a los menesterosos era *p*, y de la causa
30.1 cuyos *p*..desdeñara poner con los perros
31.18 creció conmigo como con un *p*, y desde
38.28 ¿tiene la lluvia *p*? ¿O quién engendró
42.15 les dio su *p* herencia entre sus hermanos
Sal. 22.4 en ti esperaron nuestros *p*; esperaron
27.10 aunque mi *p* y mi madre me dejaran, con
39.12 para ti, y advenedizo, como todos mis *p*
44.1 hemos oído, nuestros *p* nos han contado
45.10 olvida tu pueblo, y la casa de tu *p*
45.16 en lugar de tus *p* serán tus hijos, a
49.19 entrará en la generación de sus *p*, y
68.5 *p* de huérfanos y defensor de viudas es
78.3 hemos oído..nuestros *p* nos las contaron
78.5 mandó a nuestros *p* que la notificasen a
78.8 no sean como sus *p*, generación contumaz
78.12 delante de sus *p* hizo maravillas en la
78.57 se volvieron y se rebelaron como sus *p*
89.26 él me clamará: Mi *p* eres tú, mi Dios
95.9 me tentaron vuestros *p*, me probaron, y
103.13 como el *p* se compadece de los hijos
106.6 pecamos nosotros, como nuestros *p*

PADRE *(Continúa)*

Sal. 106.7 nuestros *p* en Egipto no entendieron tus
109.14 venga en memoria..la maldad de sus *p*
Pr. 1.8 oye, hijo mío, la instrucción de tu *p*
3.12 ama al..como el *p* al hijo a quien quiere
4.1 oíd, hijos, la enseñanza de un *p*, y estad
4.3 yo también fui hijo de mi *p*, delicado y
6.20 guarda, hijo mío, el mandamiento de tu *p*
10.1 el hijo sabio alegra al *p*, pero el hijo
13.1 hijo sabio recibe el consejo del *p*, mas
15.5 el necio menosprecia el consejo de su *p*
15.20 hijo sabio alegra al *p*; mas el hombre
17.6 corona..y la honra de los hijos, sus *p*
17.21 tristeza..el *p* del necio no se alegrará
17.25 el hijo necio es pesadumbre de su *p*
19.13 dolor es para su *p* el hijo necio, y
19.14 y las riquezas son herencia de los *p*
19.26 el que roba a su *p* y..causa vergüenza
20.20 al que maldice a su *p*..se le apagará su
22.28 los linderos antiguos que pusieron tus *p*
23.22 oye a tu *p*, a aquel que te engendró
23.24 mucho se alegrará el *p* del justo, y el
23.25 alégrense tu *p* y tu madre, y gócese la
27.10 no dejes a tu amigo..al amigo de tu *p*
28.7 compañero de glotones avergüenza a su *p*
28.24 roba a su *p* o..y dice que no es maldad
29.3 el..que ama la sabiduría alegra a su *p*
30.17 el ojo que escarnece a su *p* y..su madre
Is. 3.6 a su hermano, de la familia de su *p*, y
7.17 hará venir..sobre la casa de tu *p*, días
8.4 antes que el niño sepa decir: *P* mío, y
9.6 se llamará su..*P* eterno, Príncipe de paz
14.21 para el matadero, por la maldad de sus *p*
22.21 será *p* al morador de Jerusalén, y a la
22.23 por asiento de honra a la casa de su *p*
22.24 colgarán de él toda la honra..de su *p*
38.5 Dios de David tu *p* dice así: He oído tu
38.19 el *p* hará notoria tu verdad a los hijos
39.6 y lo que tus *p* han atesorado hasta hoy
45.10 del que dice al *p*: ¿Por qué engendraste?
51.2 mirad a Abraham vuestro *p*, y a Sara que
58.14 daré a comer la heredad de Jacob tu *p*
63.16 tú eres nuestro *p*, si bien Abraham nos
63.16 tú, oh Jehová, eres nuestro *p*; nuestro
64.8 eres nuestro *p*; nosotros barro, y tú el
64.11 en la cual te alabaron nuestros *p*, fue
65.7 las iniquidades de vuestros *p* juntamente
Jer. 2.5 ¿qué maldad hallaron en mí vuestros *p*
2.27 que dicen a un leño: Mi *p* eres tú; y a
3.4 ¿no me llamarás a mí, *P* mío, guiador de
3.18 la tierra que hice heredar a vuestros *p*
3.19 llamaréis: *P* mío, y no os apartaréis de
3.24 consumió el trabajo de nuestros *p* desde
3.25 porque pecamos..nosotros y nuestros *p*
6.21 tropiezos, y caerán en ellos los *p* y los
7.7 tierra que di a vuestros *p* para siempre
7.14 lugar que di a vosotros y a vuestros *p*
7.18 los *p* encienden el fuego, y las mujeres
7.22 no hablé yo con vuestros *p*, ni nada les
7.25 desde el día que vuestros *p* salieron de
7.26 no me oyeron..e hicieron peor que sus *p*
9.14 de los baales, según les enseñaron sus *p*
9.16 naciones que ni ellos ni sus *p* conocieron
11.4 mandé a vuestros *p* el día que los saqué
11.5 que confirme el juramento que hice a..*p*
11.7 protesté a vuestros *p* el día que les
11.10 se han vuelto a las maldades de sus..*p*
11.10 el cual había yo concertado con sus *p*
12.6 hermanos, la casa de tu *p*, aun ellos se
13.14 y los quebrantaré..los *p* con los hijos
14.20 reconocemos..la iniquidad de nuestros *p*
16.3 los *p* que los engendren en esta tierra
16.7 a beber vaso de consolaciones por su *p*
16.11 les dirás: Porque vuestros *p* me dejaron
16.12 y vosotros..hecho peor que vuestros *p*
16.13 a una tierra que..ni vuestros *p* habéis
16.15 volveré a su tierra, la cual di a sus *p*
16.19 mentira poseyeron nuestros *p*, vanidad
17.22 santificad el..como mandé a vuestros *p*
19.4 a dioses..no habían conocido..ni sus *p*
20.15 maldito..hombre que dio nuevas a mi *p*
22.11 el cual reinó en lugar de Josías su *p*
22.15 ¿no comió y bebió tu *p*, e hizo juicio
23.27 al modo que sus *p* se olvidaron de mí
23.39 y a la ciudad que di a..y a vuestros *p*
24.10 la tierra que les di a ellos y a sus *p*
25.5 tierra que os dio Jehová..a vuestros *p*
30.3 y los traeré a la tierra que di a sus *p*
31.9 porque soy a Israel por *p*, y Efraín es
31.29 los *p* comieron las uvas agrias y los
31.32 no como el pacto que hice con sus *p* el
32.18 y castigas la maldad de los *p* en sus
32.22 cual juraste a sus *p* que se la darías
34.5 así como quemaron especias por tus *p*
34.13 yo hice pacto con vuestros *p* el día que
34.14 vuestros *p* no me oyeron, ni inclinaron
35.6 de Recab nuestro *p* nos ordenó diciendo
35.8 hemos obedecido a..de nuestro *p* Jonadab
35.10 cosas que nos mandó Jonadab nuestro *p*
35.14 no..por obedecer al mandamiento de su *p*
35.15 y viviréis en la tierra que di a..*p*
35.16 firme el mandamiento que les dio su *p*
35.18 obedecisteis al..de Jonadab vuestro *p*
44.3 ellos no habían conocido..ni vuestros *p*
44.9 os habéis olvidado de las maldades de..*p*
44.10 puse delante de vosotros y..vuestros *p*
44.17 como hemos hecho nosotros y nuestros *p*
44.21 el incienso que ofrecisteis..vuestros *p*
47.3 estruendo..los *p* no cuidaron a los hijos
50.7 ellos pecaron contra Jehová..de sus *p*
Lm. 5.3 huérfanos somos sin *p*; nuestras madres
5.7 *p* pecaron, y han muerto, y..su castigo
Ez. 2.3 ellos y sus *p* se han rebelado contra mí
5.10 *p* comerán a los hijos..comerán a sus *p*
16.3 di..tu *p* fue amorreo, y tu madre hetea
16.45 madre fue hetea, y vuestro *p* amorreo
18.2 los *p* comieron las uvas agrias, y los
18.4 como el alma del *p*, así el alma del hijo
18.14 viere todos los pecados que su *p* hizo
18.17 éste no morirá por la maldad de su *p*
18.18 su *p*, por cuanto hizo agravio, despojó
18.19 el hijo no llevará el pecado de su *p*?
18.20 hijo no llevará el pecado del *p*, ni el *p*
20.4 hazles conocer..abominaciones de sus *p*
20.18 andéis en los estatutos de vuestros *p*
20.24 tras los ídolos de sus *p* se les fueron
20.27 aun en esto me afrentaron vuestros *p*
20.30 ¿no os contamináis..a la manera de..*p*
20.36 litigué con vuestros *p* en el desierto
20.42 mano jurando que la daría a vuestros *p*
22.7 al *p* y a la madre despreciaron en ti; al
22.10 la desnudez del *p* descubrieron en ti, y
22.11 violó en ti a su hermana, hija de su *p*
36.28 habitaréis..tierra que di a vuestros *p*
37.25 la cual habitaron vuestros *p*; en ella
44.25 por *p* o madre..sí podrán contaminarse
47.14 jurando..la había de dar a vuestros *p*
Dn. 2.23 a ti, oh Dios de mis *p*, te doy gracias
5.2 los vasos..su *p* había traído del templo
5.11 en los días de tu *p* se halló en él luz
5.11 al que el..tu *p*, oh rey, constituyó jefe
5.13 aquel Daniel..que mi *p* trajo de Judea?
5.18 Dios, oh rey, dio a..tu *p* el reino y la
9.6 en tu nombre hablaron..a nuestros *p* y a
9.8 de nuestros *p*; porque contra ti pecamos
9.16 por la maldad de nuestros *p*, Jerusalén
11.24 lo que no hicieron sus *p*, ni los *p* de sus *p*
11.37 del Dios de sus *p* no hará caso, ni del
11.38 al dios de las..que sus *p* no conocieron
Os. 9.10 como la fruta temprana..a vuestros *p*
Jl. 1.2 ¿ha acontecido esto..en los días de..*p*?
Am. 2.4 en pos de las cuales anduvieron sus *p*
2.7 el hijo y su *p* se llegan a la misma joven
Mi. 7.6 hijo deshonra al *p*, la hija se levanta
7.20 misericordia, que juraste a nuestros *p*
Zac. 1.2 se enojó Jehová en..contra vuestros *p*
1.4 no seáis como vuestros *p*, a los cuales
1.5 vuestros *p*, ¿dónde están? y los profetas
1.6 mis palabras..¿no alcanzaron a vuestros *p*?
8.14 pensé haceros mal..*p* me provocaron a ira
13.3 le dirán su *p* y su..que lo engendraron
13.3 su *p* y su madre que lo engendraron le
Mal. 1.6 el hijo honra al *p*, y el siervo a su
1.6 si, pues, soy yo *p*, ¿dónde está mi honra?
2.10 ¿no tenemos todos un mismo *p*? ¿No nos
2.10 qué..profanando el pacto de nuestros *p*?
3.7 los días de vuestros *p* os habéis apartado
4.6 hará volver el corazón de los *p* hacia los
4.6 y el corazón de los hijos hacia los *p*, no
Mt. 2.22 Arquelao reinaba en..en lugar de..su *p*
3.9 no penséis decir..Abraham tenemos por *p*
4.21 y Juan su..en la barca con Zebedeo su *p*
4.22 dejando..la barca y a su *p*, le siguieron
5.16 glorifiquen a vuestro *P* que está en los
5.45 que seáis hijos de vuestro *P* que está en
5.48 sed, pues..perfectos, como vuestro *P* que
6.1 no tendréis recompensa de vuestro *P* que
6.4 tu *P* que ve en lo secreto te recompensará
6.6 y cerrada la puerta, ora a tu *P* que está
6.6 tu *P* que ve en lo secreto te recompensará
6.8 vuestro *P* sabe de qué..tenéis necesidad
6.9 así: *P* nuestro que estás en los cielos
6.14 si perdonáis..os perdonará..*P* celestial
6.15 tampoco vuestro *P* os perdonará vuestras
6.18 no mostrar a los hombres..sino a tu *P*
6.18 *P* que ve en lo secreto te recompensará
6.26 aves, vuestro *P* celestial las alimenta
6.32 vuestro *P*..sabe que tenéis necesidad de
7.11 ¿cuánto más vuestro *P* que está en los
8.21 dijo..que vaya primero y entierre a mi *p*
10.20 el Espíritu de vuestro *P* que habla en
10.21 entregará a la muerte..y el *p* al hijo
10.21 y los hijos se levantarán contra los *p*
10.25 si al *p* de familia llamaron Beelzebú
10.29 ni uno de..cae a tierra sin vuestro *P*
10.32 yo también le confesaré delante de mi *P*
10.33 le negaré delante de mi *P* que está en
10.35 en disensión al hombre contra su *p*, a
10.37 el que ama a *p* o madre más que a mí, no
11.25 dijo: Te alabo, *P*, Señor del cielo y de
11.26 sí, *P*, porque así te agradó
11.27 las cosas me fueron entregadas por mi *P*
11.27 y nadie conoce al Hijo, sino el *P*, ni
11.27 ni al *P* conoce alguno, sino el Hijo, y
12.50 hace la voluntad de mi *P* que está en los
13.27 vinieron..los siervos del *p* de familia
13.43 resplandecerán como..en el reino de su *P*
13.52 todo escriba docto..es semejante a un *p*
15.4 honra a tu *p* y..El que maldiga al *p* o a
15.5 cualquiera que diga a su *p* o a su madre
15.6 ya no ha de honrar a su *p* o a su madre
15.13 toda planta que no plantó mi *P* celestial
16.17 no te lo reveló..sino mi *P* que está en
16.27 en la gloria de su *P* con sus ángeles
18.10 ven..el rostro de mi *P* que está en los
18.14 no es la voluntad de vuestro *P*..pierda
18.19 les será hecho por mi *P* que está en los
18.35 así..mi *P* celestial hará con vosotros
19.5 el hombre dejará *p* y madre, y se unirá
19.19 honra a tu *p* y a tu madre; y, Amarás a
19.29 que haya dejado..*p*, o madre, o mujer, o
20.1 el reino..es semejante a un..*p* de familia
20.11 al recibirlo, murmuraban contra el *p* de
20.23 para quienes está preparado por mi *P*
21.31 ¿cuál de..dos hizo la voluntad de su *p*?
21.33 hubo un hombre, *p* de familia, el cual
23.9 no llaméis *p* vuestro a nadie en la tierra
23.9 porque uno es vuestro *P*, el que está en
23.30 si..vivido en los días de nuestros *p*, no
23.32 ¡vosotros también llenad la medida..*p*!
24.36 día y la hora nadie sabe..sino sólo mi *P*
24.43 si el *p* de familia supiese a qué hora
25.34 el Rey dirá a..Venid, benditos de mi *P*
26.29 que lo beba nuevo..en el reino de mi *P*
26.39 *P* mío, si es posible, pase de mí esta
26.42 diciendo: *P* mío, si no puede pasar de mí
26.53 que no puedo ahora orar a mi *P*, y que
28.19 bautizándolos en el nombre del *P*, y del
Mr. 1.20 dejando a su *P* Zebedeo..le siguieron
5.40 tomó al *p* y a la madre de la niña, y a
7.10 honra a tu *p*..y: El que maldiga al *p* o a
7.11 basta que diga un hombre al *p*..Es Corbán
7.12 y no le dejáis hacer más por su *p* o por
8.38 cuando venga en la gloria de su *P* con los
9.21 preguntó al *p*: ¿Cuánto tiempo hace que
9.24 el *p* del muchacho clamó..Creo; ayuda mi
10.7 dejará el hombre a su *p* y a su madre, y
10.19 no defraudes. Honra a tu *p* y a tu madre
10.29 que haya dejado..*p*, o madre, o mujer, o
11.10 ¡bendito el reino de nuestro *p* David que
11.25 para que también vuestro *P*..os perdone
11.26 tampoco vuestro *P*..cielos os perdonará
13.12 y el *p* al hijo..los hijos contra los *p*
13.32 nadie sabe, ni..ni el Hijo, sino el *P*
14.36 abba, *P*, todas las cosas son posibles
15.21 Simón de Cirene, *p* de Alejandro y de
Lc. 1.17 hacer volver los corazones de los *p* a
1.32 Dios le dará el trono de David su *p*
1.55 de la cual habló a nuestros *p*, para con
1.59 llamaban con el nombre de su *p*, Zacarías
1.62 por señas a su *p*, cómo le quería llamar
1.67 y Zacarías su *p* fue lleno del Espíritu
1.72 para hacer misericordia con nuestros *p*
1.73 juramento que hizo a Abraham nuestro *p*
2.27 los *p* del niño..lo trajeron al templo
2.41 iban sus *p* todos los años a Jerusalén
2.48 tu *p* y yo te hemos buscado con angustia
2.49 no sabíais que en los negocios de mi *P*
3.8 tenemos a Abraham por *p*; porque os digo
6.23 porque así hacían sus *p* con los profetas
6.26 así hacían sus *p* con los falsos profetas
6.36 como también vuestro *P* es misericordioso
8.51 a Juan, y al *p* y a la madre de la niña
8.56 sus *p* estaban atónitos; pero Jesús les
9.26 y en la del *P*, y de los santos ángeles
9.42 sanó al muchacho..se lo devolvió a su *p*
9.59 déjame..primero vaya y entierre a mi *p*
10.21 te alabo, oh *P*, Señor del cielo y de la
10.21 los niños. Sí, *P*, porque así te agradó
10.22 las cosas me fueron entregadas por mi *P*
10.22 nadie conoce quién es el Hijo sino el *P*
10.22 ni quién es el *P*, sino el Hijo, y aquel
11.2 decid: *P* nuestro que estás en los cielos
11.11 ¿qué *p* de vosotros, si su hijo le pide
11.13 ¿cuánto más vuestro *P* celestial dará el
11.47 profetas a quienes mataron vuestros *p*!
11.48 testigos..de los hechos de vuestros *p*
12.30 vuestro *P* sabe que tenéis necesidad de
12.32 vuestro *P* le ha placido daros el reino
12.39 si supiese el *p*..a qué hora el ladrón
12.53 el *p* contra el hijo..hijo contra el *p*
13.25 que el *p* de familia se haya levantado
14.21 enojado el *p* de familia, dijo a..siervo
14.26 y no aborrece a su *p*, y madre, y mujer
15.12 el menor..dijo a su *p*: *P*, dame la parte
15.17 casa de mi *p* tienen abundancia de pan
15.18 e iré a mi *p*, y le diré: *P*, he pecado
15.20 levantándose, vino a su *p*. Y cuando aún
15.20 vio su *p*, y fue movido a misericordia
15.21 *p*, he pecado contra el cielo y contra
15.22 pero el *p* dijo a sus siervos: Sacad el
15.27 y tu *p* ha hecho matar el becerro gordo
15.28 salió..su *p*, y le rogaba que entrase
15.29 dijo al *p*: He aquí, tantos años te sirvo
16.24 dijo: *P* Abraham, ten misericordia de mí
16.27 pues, *p*, que le envíes a la casa de mi *p*
16.30 no, *p* Abraham; pero si alguno fuere a
18.20 testimonio; honra a tu *p* y a tu madre
18.29 que haya dejado casa, o *p*, o hermanos, o
21.16 seréis entregados aun por vuestros *p*
22.11 decid al *p* de familia de esa casa: El
22.29 un reino, como mi *P* me lo asignó a mí

PADRE *(Continúa)*

Lc. 22.42 *P*, si quieres, pasa de mí esta copa
23.34 Jesús decía: *P*, perdónalos, porque no
23.46 *P*, en tus manos encomiendo mi espíritu
24.49 he aquí, yo enviaré la promesa de mi *P*
Jn. 1.14 gloria, gloria como. .unigénito del *P*
1.18 Hijo, que está en el seno del *P*, él le
2.16 y no hagáis de la casa de mi *P* casa de
3.35 el *P* ama al Hijo, y todas las cosas ha
4.12 eres tú mayor que nuestro *p* Jacob, que
4.20 nuestros *p* adoraron en este monte, y
4.21 ni en este monte ni en. .adoraréis al *P*
4.23 adorarán al *P* en espíritu y en verdad
4.23 *P* tales adoradores busca que le adoren
4.53 el *p*. .entendió que aquella era la hora
5.17 mi *P* hasta ahora trabaja, y yo trabajo
5.18 también decía que Dios era su propio *P*
5.19 sino lo que ve hacer al *P*; porque todo
5.19 todo lo que el *P* hace. .lo hace el Hijo
5.20 porque el *P* ama al Hijo, y le muestra
5.21 como el *P* levanta a los muertos, y les
5.22 *P* a nadie juzga, sino que todo el juicio
5.23 que todos honren al Hijo como honran al *P*
5.23 el que no honra al Hijo, no honra al *P*
5.26 porque como el *P* tiene vida en sí mismo
5.30 la voluntad del que me envió, la del *P*
5.36 las obras que el *P* me dio. .que cumpliese
5.36 dan testimonio. .que el *P* me ha enviado
5.37 *P* que me envió ha dado testimonio de mí
5.43 yo he venido en nombre de mi *P*, y no me
5.45 no. .que yo voy a acusaros delante del *P*
6.27 os dará; porque a éste señaló Dios el *P*
6.31 *p* comieron el maná en el desierto, como
6.32 mi *P* os da el verdadero pan del cielo
6.37 todo lo que el *P* me da, vendrá a mí; y al
6.39 y esta es la voluntad del *P*, el que me
6.42 José, cuyo *p* y madre nosotros conocemos?
6.44 a mí, si el *P* que me envió no le trajere
6.45 todo aquel que oyó al *P*, y aprendió de él
6.46 que alguno haya visto al *P*, sino aquel
6.46 que vino de Dios; éste ha visto al *P*
6.49 vuestros *p* comieron. .maná en el desierto
6.57 como me envió el *P* viviente, y yo vivo
6.57 vivo por el *P*, asimismo el que me come
6.58 no como vuestros *p* comieron el maná, y
6.65 venir a mí, si no le fuere dado del *P*
7.22 no porque sea de Moisés, sino de los *p*
8.16 yo solo, sino yo y el que me envió, el *P*
8.18 y el *P* que me envió da testimonio de mí
8.19 le dijeron: ¿Dónde está tu *P*? Respondió
8.19 ni a mí me conocéis, ni a mi *P*; si a mí
8.19 conocieseis, también a mi *P* conoceríais
8.27 no entendieron que les hablaba del *P*
8.28 sino que según me enseñó el *P*, así hablo
8.29 no me ha dejado solo el *P*, porque yo hago
8.38 yo hablo lo que he visto cerca del *P*; y
8.38 lo que habéis oído cerca de vuestro *p*
8.39 le dijeron: Nuestro *p* es Abraham. Jesús
8.41 vosotros hacéis las obras de vuestro *p*
8.41 le dijeron. .un *p* tenemos, que es Dios
8.42 dijo: Si vuestro *p* fuese Dios. .amaríais
8.44 vosotros sois de vuestro *p* el diablo, y
8.44 y los deseos de vuestro *p* queréis hacer
8.44 porque es mentiroso, y *p* de mentira
8.49 yo no tengo demonio, antes honro a mi *P*
8.53 ¿eres tú. .mayor que nuestro *p* Abraham
8.54 mi *P* es el que me glorifica, el que
8.56 Abraham vuestro *p* se gozó de que había
9.2 ¿quién pecó, éste o sus *p*, para que haya
9.3 no es que pecó éste, ni sus *p*, sino para
9.18 llamaron a los *p* del que había recibido
9.20 sus *p* respondieron. .Sabemos que éste es
9.22 esto dijeron sus *p*, porque tenían miedo
9.23 dijeron sus *p*: Edad tiene, preguntadle
10.15 como el *P* me conoce, y yo conozco al *P*
10.17 por eso me ama el *P*, porque yo pongo mi
10.18 a tomar. Este mandamiento recibí de mi *P*
10.25 las obras que yo hago en nombre de mi *P*
10.29 el *P* que me las dio, es mayor que todos
10.29 las puede arrebatar de la mano de mi *P*
10.30 yo y el *P* uno somos
10.32 muchas. .obras os he mostrado de mi *P*
10.36 ¿al que el *P* santificó y envió al mundo
10.37 si no hago las obras de mi *P*, no me
10.38 creáis que el *P* está en mí, y yo en el *P*
11.41 dijo: *P*, gracias te doy por haberme oído
12.26 si alguno me sirviere, mi *P* le honrará
12.28 *P*, glorifica tu nombre. Entonces vino
12.49 el *P*. .me dio mandamiento de lo que he
12.50 así. .lo hablo como el *P* me lo ha dicho
13.1 su hora. .que pasase de este mundo al *P*
13.3 sabiendo Jesús que el *P* le había dado
14.2 en la casa de mi *P* muchas moradas hay
14.6 y la vida; nadie viene al *P*, sino por mí
14.7 si me conocieseis. .a mi *P* conoceríais
14.8 Señor, muéstranos el *P*, y nos basta
14.9 el que me ha visto a mí, ha visto al *P*
14.9 ¿cómo, pues, dices tú: Muéstranos el *P*?
14.10 ¿no crees. .soy en el *P*, y el *P* en mí?
14.10 el *P* que mora en mí, él hace las obras
14.11 creedme que yo soy en el *P*, y el *P* en mí
14.12 y aun mayores hará, porque yo voy al *P*
14.13 que pidiereis al *P* en mi nombre, lo haré
14.13 para que el *P* sea glorificado en el Hijo
14.16 yo rogaré al *P*, y os dará. .Consolador
14.20 vosotros conoceréis que. .estoy en mi *P*
14.21 y el que me ama, será amado por mi *P*
14.23 y mi *P* le amará, y vendremos a él, y
14.24 la palabra. .no es mía, sino del *P* que
14.26 el Espíritu Santo, a quien el *P* enviará
14.28 voy al *P*; porque el *P* mayor es que yo
14.31 que amo al *P*, y como el *P* me mandó, así
15.1 yo soy la vid. .y mi *P* es el labrador
15.8 esto es glorificado mi *P*, en que llevéis
15.9 como el *P* me ha amado, así también yo
15.10 yo he guardado los mandamientos de mi *P*
15.15 todas las cosas que oí de mi *P*, os las
15.16 lo que pidiereis al *P* en mi nombre, él
15.23 que me aborrece a mí, a mi *P* aborrece
15.24 han visto y han aborrecido a mí y a mi *P*
15.26 el Consolador, a quien. .enviaré del *P*
15.26 el Consolador. .el cual procede del *P*
16.3 harán esto porque no conocen al *P* ni a
16.10 de justicia, por cuanto voy al *P*, y no
16.15 todo lo que tiene el *P* es mío; por eso
16.16 un poco, y me veréis; porque yo voy al *P*
16.17 que es esto que nos dice. .yo voy al *P*?
16.23 cuanto pidiereis al *P* en mi nombre, os
16.25 claramente os anunciaré acerca del *P*
16.26 nombre; y no os digo que yo rogaré al *P*
16.27 el *P* mismo os ama, porque vosotros me
16.28 salí del *P*, y he venido al mundo; otra
16.28 otra vez dejo el mundo, y voy al *P*
16.32 no estoy solo, porque el *P* está conmigo
17.1 dijo: *P*, la hora ha llegado; glorifica
17.5 ahora. .*P*, glorifícame tú al lado tuyo
17.11 *P*. .a los que me has dado, guárdalos en
17.21 como tú, oh *P*, en mí, y yo en ti, que
17.24 *P*, aquellos que me has dado, quiero que
17.25 *P* justo, el mundo no te ha conocido
18.11 la copa que el *P* me ha dado, ¿no la he
20.17 no me toques. .aún no he subido a mi *P*
20.17 subo a mi *P* y a vuestro *P*, a mi Dios
20.21 como me envió el *P*, así también yo os
Hch. 1.4 sino que esperasen la promesa del *P*
1.7 saber. .que el *P* puso en su sola potestad
2.33 habiendo recibido del *P* la promesa del
3.13 el Dios de nuestros *p*, ha glorificado a
3.22 Moisés dijo a los *p*: El Señor vuestro
3.25 del pacto que Dios hizo con nuestros *p*
5.30 el Dios de nuestros *p* levantó a Jesús, a
7.2 varones. .y *p*, oíd: El Dios de la gloria
7.2 el Dios de. .apareció a nuestro *p* Abraham
7.4 de allí, muerto su *p*, Dios le trasladó a
7.11 hambre. .nuestros *p* no hallaban alimentos
7.12 cuando oyó Jacob. .envió a nuestros *p* la
7.14 enviando José, hizo venir a su *p* Jacob
7.15 a Egipto. .murió él, y también nuestros *p*
7.19 este rey. .maltrató a nuestros *p*, a fin de
7.20 fue criado tres meses en casa de su *p*
7.32 soy el Dios de tus *p*. .el Dios de Isaac
7.38 estuvo en. .con nuestros *p*, y que recibió
7.39 al cual nuestros *p* no quisieron obedecer
7.44 tuvieron nuestros *p* el tabernáculo del
7.45 el cual, recibido. .por nuestros *p*, lo
7.45 Dios arrojó de la presencia de nuestros *p*
7.51 como vuestros *p*, así también vosotros
7.52 ¿a cuál de. .no persiguieron vuestros *p*?
13.17 Dios. .escogió a nuestros *p*, y enalteció
13.32 de aquella promesa hecha a nuestros *p*
13.36 durmió, y fue reunido con sus *p*, y vio
15.10 un yugo que ni nuestros *p* ni nosotros
16.1 hijo de una mujer judía. .pero de *p* griego
16.3 porque todos sabían que su *p* era griego
22.1 hermanos y *p*, oíd ahora mi defensa ante
22.3 estrictamente conforme a la ley de. .*p*
22.14 el Dios de nuestros *p* te ha escogido
24.14 sirvo al Dios de mis *p*, creyendo todas
26.6 la promesa que hizo Dios a nuestros *p*
28.8 el *p* de Publio estaba en cama, enfermo
28.17 ni contra las costumbres de nuestros *p*
28.25 bien habló el Espíritu. .a nuestros *p*
Ro. 1.7 paz a vosotros, de Dios nuestro *P* y del
1.30 altivos. .males, desobedientes a los *p*
4.1 halló Abraham, nuestro *p* según la carne?
4.11 para que fuese *p* de todos los creyentes
4.12 *p*. .para los que. .siguen las pisadas de
4.12 las pisadas de la fe que tuvo nuestro *p*
4.16 la fe de Abraham, el cual es *p* de todos
4.17 como está escrito: Te he puesto por *p* de
4.18 para llegar a ser *p* de muchas gentes
6.4 Cristo resucitó de. .por la gloria del *P*
8.15 adopción, por el cual clamamos: ¡Abba, *P*!
9.10 Rebeca concibió de uno. .Isaac nuestro *p*
11.28 la elección. .amados por causa de los *p*
15.6 glorifiquéis. .Dios y *P* de nuestro Señor
15.8 confirmar las promesas hechas a los *p*
1 Co. 1.3 gracia y paz. .de Dios nuestro *P* y del
4.15 no tendréis muchos *p*; pues en Cristo
5.1 tanto que alguno tiene la mujer de su *p*
8.6 el *P*, del cual proceden todas las cosas
10.1 nuestros *p* todos estuvieron bajo la nube
15.24 cuando entregue el reino al Dios y *P*
2 Co. 1.2 y paz a vosotros, de Dios nuestro *P*
1.3 bendito sea el Dios y *P* de nuestro Señor
1.3 *P* de misericordias y Dios de. .consolación
6.18 seré para vosotros por *p*, y vosotros me
11.31 el Dios y *P* de nuestro Señor. .sabe que
12.14 hijos para los *p*, sino los *p* para los
Gá. 1.1 por Dios el *P* que lo resucitó de los
1.3 y paz sean a vosotros, de Dios el *P* y de
1.4 conforme a la voluntad. .nuestro Dios y *P*
1.14 más celoso de las tradiciones de mis *p*
4.2 está. .hasta el tiempo señalado por el *p*
4.6 el Espíritu de. .el cual clama: ¡Abba, *P*!
Ef. 1.2 y paz a vosotros, de Dios nuestro *P* y
1.3 bendito sea el Dios y *P* de nuestro Señor
1.17 Dios. .el *P* de gloria, os dé espíritu de
2.18 tenemos entrada. .un mismo Espíritu al *P*
3.14 doblo mis rodillas ante el *P* de nuestro
4.6 un Dios y *P* de todos, el cual es sobre
5.20 siempre gracias por todo al Dios y *P*, en
5.31 dejará el hombre a su *p* y a su madre, y
6.1 hijos, obedeced en el Señor a vuestros *p*
6.2 honra a tu *p* y a tu madre, que es el
6.4 *p*, no provoquéis a ira a vuestros hijos
6.23 paz. .de Dios *P* y del Señor Jesucristo
Fil. 1.2 paz a vosotros, de Dios nuestro *P* y
2.11 que. .es el Señor, para gloria de Dios *P*
2.22 como hijo a *p* ha servido conmigo en el
4.20 al Dios y *P* nuestro sea gloria por los
Col. 1.2 gracia y paz. .de Dios nuestro *P* y del
1.3 damos gracias a Dios, *P* de nuestro Señor
1.12 con gozo dando gracias al *P* que nos hizo
1.19 cuanto agradó al *P* que en él habitase
2.2 fin de conocer el misterio de Dios el *P*
3.17 dando gracias a Dios *P* por medio de él
3.20 hijos, obedeced a vuestros *p* en todo
3.21 *p*, no exasperéis a vuestros hijos, para
1 Ts. 1.1 la iglesia. .en Dios *P* y en el Señor
1.1 gracia y. .de Dios nuestro *P* y del Señor
1.3 sin cesar delante del Dios y *P* nuestro
2.11 como el *p* a sus hijos, exhortábamos y
3.11 mismo Dios y *P*. .dirija nuestro camino a
3.13 en santidad delante de Dios nuestro *P*
2 Ts. 1.1 a la iglesia. .en Dios nuestro *P* y en
1.2 paz a vosotros, de Dios nuestro *P* y del
2.16 y Dios nuestro *P*, el cual nos amó y nos
1 Ti. 1.2 y paz, de Dios nuestro *P* y de Cristo
5.1 no reprendas al. .sino exhórtale como a *P*
5.4 a ser piadosos. .y a recompensar a sus *p*
2 Ti. 1.2 gracia, misericordia y paz, de Dios *P*
3.2 habrá. .blasfemos, desobedientes a los *p*
Tit. 1.4 gracia, misericordia y paz, de Dios *p*
Flm. 3 gracia y. .de Dios nuestro *P* y del Señor
He. 1.1 Dios, habiendo hablado. .a los *p* por los
1.5 yo seré a él *P*, y él me será a mí hijo?
3.9 me tentaron vuestros *p*; me probaron, y
7.3 sin *p*, sin madre, sin genealogía; que ni
7.10 aún estaba en los lomos de su *p* cuando
8.9 no como el pacto que hice con sus *p* el
11.23 Moisés. .fue escondido por sus *p* por tres
12.7 ¿qué hijo es aquel. .el *p* no disciplina?
12.9 tuvimos a nuestros *p* terrenales que nos
12.9 ¿por qué no obedeceremos. .al *P* de los
Stg. 1.17 desciende de lo alto, del *P* de las
1.27 religión pura. .delante de Dios el *P* es
2.21 ¿no fue justificado. .Abraham nuestro *p*
3.9 con ella bendecimos al Dios y *P*, y con
1 P. 1.2 elegidos según la presciencia de. .*P*
1.3 el Dios y *P* de nuestro Señor Jesucristo
1.17 invocáis por *P* a aquel que sin acepción
1.18 la cual recibisteis de vuestros *p*, no
2 P. 1.17 cuando él recibió de Dios *P* honra y
3.4 desde el día en que los *p* durmieron, todas
1 Jn. 1.2 estaba con el *P*, y se nos manifestó
1.3 nuestra comunión. .es con el *P*, y con su
2.1 abogado. .con el *P*, a Jesucristo el justo
2.13 escribo a vosotros, *p*, porque conocéis
2.13 hijitos, porque habéis conocido al *P*
2.14 he escrito a vosotros, *p*, porque habéis
2.15 si alguno ama al mundo, el amor del *P*
2.16 vida, no proviene del *P*, sino del mundo
2.22 anticristo, el que niega al *P* y al Hijo
2.23 aquel que niega al. .tampoco tiene al *P*
2.23 que confiesa al Hijo, tiene también al *P*
2.24 si. .permaneceréis en el Hijo y en el *P*
3.1 mirad cuál amor nos ha dado el *P*, para
4.14 y testificamos que el *P* ha enviado al
5.7 *P*, el Verbo y el Espíritu Santo; y estos
2 Jn. 3 paz, de Dios *P* y del Señor. .Hijo del *P*
4 conforme al mandamiento. .recibimos del *P*
9 persevera en. .ése sí tiene al *P* y al Hijo
Jud. 1 a los llamados, santificados en Dios *P*
Ap. 1.6 hizo reyes y sacerdotes para Dios, su *P*
2.27 como yo también la he recibido de mi *P*
3.5 y confesaré su nombre delante de mi *P*
3.21 y me he sentado con mi *P* en su trono
14.1 el nombre de él y el de su *P* escrito en

PAFOS *Ciudad en la isla de Chipre*

Hch. 13.6 habiendo atravesado. .la isla hasta *P*
13.13 zarpado de *P*, Pablo y sus compañeros

PAGA

Dt. 23.18 no traerás la *p* de una ramera ni el
2 R. 9.26 y te daré la *p* en esta heredad, dijo
2 Cr. 6.23 juzgarás a tus. .dando la *p* al impío
Ec. 4.9 mejores son dos. .tienen mejor *p* de su
9.5 los muertos nada saben, ni tienen más *p*
Is. 40.10 viene. .y su *p* delante de su rostro
Jer. 51.56 Dios de retribuciones, dará la *p*

PAGA *(Continúa)*
Ez. 16.31 a ramera, en que menospreciaste la *p*
16.34 y tú das la *p*, en lugar de recibirla
29.18 para él ni..su ejército hubo *p* de Tiro
29.19 arrebatará..y habrá *p* para su ejército
Jl. 3.4 haré yo recaer la *p* sobre vuestra cabeza
3.7 volveré vuestra *p* sobre vuestra cabeza
Zac. 8.10 ha habido *p* de hombre ni *p* de bestia
Ro. 6.23 porque la *p* del pecado es muerte, mas

PAGAR
Gn. 31.39 arrebatado por las fieras; yo *pagaba*
Éx. 2.9 lleva..y críamelo, y yo te lo *pagaré*
21.23 hubiere muerte..*pagarás* vida por vida
21.32 *pagará* su dueño 30 siclos de plata, y
21.34 el dueño de la cisterna *pagará* el daño
21.36 *pagará* buey por buey, y el buey muerto
22.1 por aquel buey *pagará* cinco bueyes, y por
22.4 con el hurto en la mano..*pagará* el doble
22.5 de lo mejor de su campo y..viña *pagará*
22.6 que encendió el fuego *pagará* lo quemado
22.7 ladrón fuere hallado, *pagará* el doble
22.9 los jueces condenaren, *pagará* el doble
22.11 dueño lo aceptará, y el otro no *pagará*
22.13 sido arrebatado por fiera..y no *pagará*
22.14 tomado prestada bestia..deberá *pagarla*
22.15 el dueño estaba presente, no la *pagará*
Lv. 5.16 y *pagará* lo que hubiere defraudado de
25.27 *pagará* lo que quedare al varón a quien
27.8 pero si fuere muy pobre para *pagar* tu
Dt. 23.21 voto a Jehová..no tardes en *pagarlo*
23.23 *pagando* la ofrenda..que prometiste con
32.6 ¿así *pagáis* a Jehová, pueblo loco e
Jue. 1.7 como yo hice, así me ha *pagado* Dios
9.16 si le habéis *pagado* conforme a la obra
9.56 así *pagó* Dios a Abimelec el mal que hizo
1 S. 6.3 enviáis el arca..*pagadle* la expiación
6.4 qué será la expiación que le *pagaremos?*
6.8 las joyas de oro que le habéis de *pagar*
6.17 los tumores..que *pagaron* los filisteos
24.17 me has *pagado* con bien..yo *p* con mal
24.19 Jehová te *pague* con bien por lo que en
26.23 Jehová *pague* a cada uno su justicia y
2 S. 8.2 los moabitas siervos..*pagaron* tributo
12.6 debe *pagar* la cordera con cuatro tantos
15.7 *pagar* mi voto que he prometido a Jehová
1 R. 20.39 tu vida será..o *pagarás* un talento
21.2 tu viña..te *pagaré* su valor en dinero
2 R. 3.4 Mesa rey de..*pagaba* al rey de Israel
4.7 dijo: Vé y vende el aceite, y *paga* a tus
12.11 lo gastaban en *pagar* a los carpinteros
17.3 Oseas fue..su siervo, y le *pagaba* tributo
17.4 no *pagaba* tributo al rey de Asiria, como
23.35 Joacim *pagó* a Faraón la plata y el oro
2 Cr. 36.3 a *pagar* cien talentos de plata y uno
Esd. 4.13 no *pagarán* tributo, impuesto y rentas
4.20 y que se les *pagaba* tributo, impuesto y
6.4 el gasto sea *pagado* por el tesoro del rey
Job 6.22 ¿os he dicho yo: Traedme, y *pagad* por
22.27 y él te oirá; y tú *pagarás* tus votos
34.11 él *pagará* al hombre según su obra, y le
Sal. 22.25 mis votos *pagaré* delante de los que
31.23 y *paga*..al que procede con soberbia
37.21 el impío toma prestado, y no *paga*; mas
38.20 que *pagan* mal por bien me son contrarios
50.14 sacrifica..y *paga* tus votos al Altísimo
61.8 así cantaré..*pagando* mis votos cada día
62.12 tú *pagas* a cada uno conforme a su obra
65.1 tuya es la..y a ti se *pagarán* los votos
66.13 entraré en tu casa..te *pagaré* mis votos
69.4 se han..¿Y he de *pagar* lo que no robé?
76.11 prometed, y *pagad* a Jehová vuestro Dios
103.10 ni nos ha *pagado* conforme a nuestros
116.12 ¿qué *pagaré* a Jehová por todos sus
116.14 *pagaré* mis votos a Jehová delante de
116.18 a Jehová *pagaré*..mis votos delante de
Pr. 6.31 si es sorprendido, *pagará* siete veces
7.14 había prometido, hoy he *pagado* mis votos
9.12 si fueres escarnecedor, *pagarás* tú solo
12.14 será *pagado* según la obra de sus manos
19.17 el bien..hecho, se lo volverá a *pagar*
22.27 si no tuvieres para *pagar*, ¿por qué han
25.22 ascuas..cabeza, y Jehová te lo *pagará*
Is. 3.11 según las obras de sus..será *pagado*
Jer. 16.18 primero *pagaré* al doble su iniquidad
25.14 y yo les *pagaré* conforme a sus hechos
50.29 *pagadle* según su obra; conforme a todo
51.24 *pagaré* a Babilonia y a todos..de Caldea
Ez. 23.49 y *pagaréis* los pecados de..idolatría
Os. 4.9 castigaré..*pagaré* conforme a sus obras
12.2 a Jacob..le *pagará* conforme a sus obras
12.14 recaer..su Señor le *pagará* su oprobio
Jon. 1.3 *pagando* su pasaje..para irse con ellos
2.9 *pagaré* lo que prometí. La salvación es de
Mt. 5.26 no saldrás..hasta que *pagues* el último
16.27 *pagará* a cada uno conforme a sus obras
17.24 ¿vuestro Maestro no *paga* las..dracmas?
18.25 no pudo *pagar*, ordenó su señor venderle
18.25 venderle, y..que se le *pagase* la deuda
18.26,29 ten paciencia..y yo te lo *pagaré*
18.28 él, le ahogaba..*Págame* lo que me debes
18.30 en la cárcel, hasta que *pagase* la deuda
18.34 hasta que *pagase* todo lo que le debía
20.8 llama a los obreros y *págales* el jornal
21.41 labradores, que le *paguen* el fruto a su
Lc. 7.42 no teniendo..con qué *pagar*, perdonó a
10.35 de más, yo te lo *pagaré* cuando regrese
12.59 que hayas *pagado* aun la última blanca
Hch. 21.24 *paga* sus..que se rasuren la cabeza
Ro. 2.6 *pagará* a cada uno conforme a sus obras
12.17 *paguéis* a nadie mal por mal; procurad
12.19 mía es la venganza, yo *pagaré*, dice el
13.6 pues por esto *pagáis* también los tributos
13.7 *pagad* a todos lo que debéis: al que
1 Ts. 5.15 ninguno *pague* a otro mal por mal
2 Ts. 1.6 es justo..*pagar* con tribulación a los
2 Ti. 4.14 el Señor le *pague* conforme..hechos
Flm. 19 yo Pablo lo escribo de..yo lo *pagaré*
He. 7.9 así, en Abraham *pagó* el diezmo..Leví
Stg. 5.4 no les ha sido *pagado* por vosotros
Ap. 18.6 *pagadle* doble según sus obras; en el

PAGIEL *Príncipe de la tribu de Aser*,
Nm. 1.13; 2.27; 7.72,77; 10.26

PAGO
Gn. 50.15 nos aborrecerá José, y nos dará el *p*
Lv. 22.18 que ofreciere su ofrenda en *p* de sus
22.23 que tenga..en *p* de voto no será acepto
Dt. 7.10 da el *p* en persona al que le aborrece
7.10 no se demora..en persona le dará el *p*
2 S. 3.39 dé el *p* al que mal hace, conforme a su
4.10 y le maté en Siclag en *p* de la nueva
16.8 te ha dado el *p* de toda la sangre de la
2 Cr. 20.11 nos dan el *p* viniendo a arrojarnos
Job 21.19 Dios..le dará su *p*, para que conozca
21.31 de lo que él hizo, ¿quién le dará el *p?*
Sal. 7.4 si he dado mal *p* al que estaba en paz
40.15 sean asolados en *p* de su afrenta los que
41.10 mas tú..hazme levantar, y les daré el *p*
70.3 sean vueltos altrás, en *p* de su afrenta
94.2 oh Juez de la..da el *p* a los soberbios
109.4 en *p* de mi amor me han sido adversarios
109.20 sea este el *p* de parte de Jehová a los
137.8 bienaventurado el que te diere el *p* de
Pr. 24.29 no digas..daré el *p* al hombre según
Is. 35.4 nuestro Dios viene con retribución..*p*
59.18 dar el *p*..el *p* dará a los de la costa
65.6 que recompensaré, y daré el *p* en su seno
66.6 voz de Jehová que da el *p* a sus enemigos
Jer. 51.6 tiempo es de venganza..le dará su *p*
Lm. 3.64 dales el *p*, oh Jehová, según la obra
Ez. 27.15 marfil y ébano te dieron por sus *p*
He. 10.30 mía es la venganza, yo daré el *p*, dice

PAHAT-MOAB
1. *"Gobernador de Moab", cuya descendencia figura entre los que regresaron del cautiverio*

Esd. 2.6; 8.4; 10.30; Neh. 7.11 los hijos de *P*
Neh. 3.11 y Hasub hijo de *P* restauraron otro
2. *Firmante del pacto de Nehemías*, **Neh. 10.14**

PAI *Ciudad en Edom (=Pau)*, **1 Cr. 1.50**

PAÍS
Gn. 14.7 devastaron todo el *p* de los amalecitas
34.1 salió Dina la..a ver a las hijas del *p*
34.21 habitarán en el *p*, y traficarán en él
41.34 haga..ponga gobernadores sobre el *p*
41.36 aquella provisión en depósito para el *p*
41.36 Egipto, y el *p* no perecerá de hambre
41.54 hubo hambre en todos los *p*, mas en toda
41.56 el hambre..por toda la extensión del *p*
42.9,12 ver lo descubierto del *p* habéis venido
Éx. 8.16 para que se vuelva piojos por todo el *p*
8.17 se volvió piojos en todo el *p* de Egipto
8.24 vino..moscas..sobre todo el *p* de Egipto
9.9 sarpullido con úlceras en..el *p* de Egipto
9.22 la hierba del campo en el *p* de Egipto
9.25 el granizo..desgajó..los árboles del *p*
10.12 la langosta..suba sobre el *p* de Egipto
10.13 trajo un viento oriental sobre el *p* todo
10.14 la langosta..y se asentó en todo el *p*
10.15 cubrió la faz de todo el *p*..de Egipto
10.19 ni una langosta quedó en todo el *p* de
11.10 no envió a los..de Israel fuera de su *p*
12.19 leudado, así extranjero..natural del *p*
Lv. 26.6 y la espada no pasará por vuestro *p*
Nm. 13.20 esforzaos, y tomad del fruto del *p*
20.18 respondió: No pasarás por mi *p*; de otra
32.1 vieron..les pareció el *p* lugar de ganado
32.17 niños..a causa de los moradores del *p*
32.22 sea el *p* sojuzgado delante de Jehová
32.29 luego que el *p* sea sojuzgado delante de
32.33 dio a los..las ciudades del *p* alrededor
33.37 acamparon..la extremidad del *p* de Edom
33.52 echaréis..a todos los moradores del *p*
33.55 si no echareis a los moradores del *p*
Dt. 1.25 tomaron en sus manos del fruto del *p*
28.11 *p* que Jehová juró a tus padres que les
Jos. 2.9 los moradores del *p* ya han desmayado
2.24 los moradores del *p* desmayan delante de
13.6 repartirás tú..el *p* a los israelitas por
Jue. 11.21 los amorreos que habitaban en aquel *p*
1 S. 13.3 hizo Saúl tocar trompeta por todo el *p*
14.29 Jonatán: Mi padre ha turbado el *p*. Ved
23.27 ven..han hecho una irrupción en el *p*
27.9 asolaba David el *p*, y no dejaba con vida
2 S. 15.23 y todo el *p* lloró en alta voz; pasó
18.8 y la batalla se extendió por todo el *p*
19.9 rey..ha huido del *p* por miedo de Absalón
1 R. 15.12 porque quitó del *p* a los sodomitas
18.5 vé por el *p* a todas las fuentes de aguas
18.6 dividieron entre sí el *p* para recorrerlo
20.7 llamó a todos los ancianos del *p*, y les
2 R. 8.6 sus tierras desde el día que dejó el *p*
11.3 seis años; y Atalía fue reina sobre el *p*
11.14 y todo el pueblo del *p* se regocijaba
15.20 el rey de Asiria no se detuvo..en el *p*
17.5 rey de Asiria invadió todo el *p*, y sitió
17.27 vaya..y les enseñe la ley del Dios del *p*
25.19 llevaba el registro de la gente del *p*
2 Cr. 9.28 traían..caballos de..y todos los *p*
14.1 cuyos días tuvo sosiego el *p* por 10 años
22.12 entre tanto, Atalía reinaba en el *p*
23.2 recorrieron el *p* de Judá, y reunieron a
23.21 se regocijó todo el pueblo del *p*; y la
32.17 dioses de los *p* no pudieron librar a su
32.31 saber del prodigio que había..en el *p*
Neh. 9.24 y humillaste..a los moradores del *p*
Sal. 105.35 y comieron toda la hierba de su *p*
Cnt. 2.12 en nuestro *p* se ha oído la voz de la
Jer. 14.4 por no haber llovido en el *p*, están
52.16 de los pobres del *p* dejó Nabuzaradán
Ez. 34.13 en todos los lugares habitados del *p*
36.24 os recogeré de..y os traeré a vuestro *p*
39.14 que vayan por el *p* con los que viajen
39.15 y pasarán los que irán por el *p*, y el
Dn. 11.42 su mano..y no escapará el *p* de Egipto
Zac. 7.5 habla a todo el pueblo del *p*, y a los
10.9 aun en lejanos *p* se acordarán de mí; y
Lc. 19.12 un hombre noble se fue a un *p* lejano

PAJA
Gn. 24.25 hay en nuestra casa *p* y mucho forraje
24.32 les dio *p* y forraje, y agua para lavar
Éx. 5.7 no daréis *p*..vayan ellos y recojan..*p*
5.10 así ha dicho Faraón: Yo no os doy *p*
5.11 id vosotros y recoged la *p* donde la
5.12 pueblo..recoger rastrojo en lugar de *p*
5.13 la tarea de..como cuando se os daba *p*
5.16 no se da *p* a tus siervos, y con todo
5.18 no se os dará *p*, y habéis de entregar
Jue. 19.19 tenemos *p* y forraje para nuestros
1 R. 4.28 traer cebada y *p* para los caballos
Job 13.25 y a una *p* seca has de perseguir?
21.18 serán como la *p* delante del viento, y
41.27 estima como *p* el hierro, y el bronce
41.28 huir; las piedras de honda le son como *p*
Is. 5.24 como..y la llama devora la *p*, así será
11.7 juntas; y el león como el buey comerá *p*
25.10 será..como es hollada la *p* en el muladar
65.25 león comerá *p* como el buey; y el polvo
Jer. 23.28 qué tiene que ver la *p* con el trigo?
Mt. 3.12 y quemará la *p* en fuego que nunca se
7.3 ¿y por qué miras la *p* que está en el ojo
7.4 déjame sacar la *p* de tu ojo, y he aquí la
7.5 verás bien para sacar la *p* del ojo de tu
Lc. 3.17 y quemará la *p* en fuego que nunca se
6.41 ¿por qué miras la *p* que está en el ojo
6.42 déjame sacar la *p* que está en tu ojo, no
6.42 verás bien para sacar la *p* que está en

PAJARILLO
Mt. 10.29 ¿no se venden dos *p* por un cuarto?
10.31 así..más valéis vosotros que muchos *p*
Lc. 12.6 ¿no se venden cinco *p* por dos cuartos?
12.7 pues; más valéis vosotros que muchos *p*

PÁJARO
Gn. 7.14 y toda ave..y todo *p* de toda especie
Job 41.5 ¿jugarás con él como con *p*, o lo atarás
Sal. 102.7 como el *p* solitario sobre el tejado
Jer. 5.27 como jaula llena de *p*, así están sus

PAJE
1 S. 14.6 dijo..Jonatán a su *p* de armas: Ven
14.7 y su *p* de armas le respondió: Haz todo
14.12 Jonatán y a su *p*..Jonatán dijo a su *p*
14.13 tras él su *p*..su *p* de armas..los mataba
14.14 matanza que hicieron Jonatán y su *p* de
14.17 aquí faltaba Jonatán y su *p* de armas
16.21 y él le amó..y le hizo su *p* de armas

PALA
Éx. 38.3 y *p*; todos sus utensilios los hizo de
2 Cr. 4.11 *p*, y tazones; y acabó Hiram la obra
4.16 y calderos, *p* y garfios; de bronce muy
Is. 30.24 grano limpio, aventado con *p* y criba
Jer. 52.18 llevaron también los calderos, las *p*

PALABRA
Gn. 11.1 toda la tierra una sola lengua y..*p*
15.1 vino la *p* de Jehová a Abram en visión
15.4 vino a él *p* de Jehová, diciendo: No te
20.8 dijo todas estas *p* en los oídos de ellos
24.52 cuando el criado de Abraham oyó sus *p*

PALABRA ***(Continúa)***
Gn. 27.34 Esaú oyó las *p* de su padre, clamó con
27.42 y fueron dichas a Rebeca las *p* de Esaú
31.1 oía Jacob las *p* de los hijos de Labán
34.13 respondieron..a Siquem..*p* engañosas
34.18 y parecieron bien sus *p* a Hamor, y a
37.8 le aborrecieron..de sus sueños y sus *p*
39.17 le habló ella las mismas *p*, diciendo
39.19 oyó el..las *p* que su mujer le hablaba
41.40 y por tu *p* se gobernará todo mi pueblo
42.16 presos, y vuestras *p* serán probadas, si
42.20 verificadas vuestras *p*, y no moriréis
43.7 declaramos conforme a estas *p*. ¿Acaso
44.6 cuando él los alcanzó, les dijo estas *p*
44.10 dijo..ahora sea conforme a vuestras *p*
44.18 que hable tu siervo una *p* en oídos de
44.24 mi padre..le contamos las *p* de mi señor
45.27 le contaron todas las *p* de José, que
Éx. 4.10 ¡ay..nunca he sido hombre de fácil *p*
4.15 pondrás en su boca las *p*, y yo estaré
4.28 contó Moisés a Aarón..las *p* de Jehová
5.9 se ocupen..y no atiendan a *p* mentirosas
8.10 conforme a tu *p*, para que conozcas que
8.13 e hizo Jehová conforme a la *p* de Moisés
9.20 el que tuvo temor de la *p* de Jehová hizo
9.21 que no puso en su corazón la *p* de Jehová
19.6 son las *p* que dirás a los hijos de Israel
19.7 y expuso..*p* que Jehová le había mandado
19.8 Moisés refirió a Jehová las *p* del pueblo
19.9 Moisés refirió las *p* del pueblo a Jehová
20.1 y habló Dios todas estas *p*, diciendo
23.7 *p* de mentira te alejarás, y no matarás
23.8 presente..pervierte las *p* de los justos
24.3 y contó al pueblo todas las *p* de Jehová
24.3 haremos todas las *p* que Jehová ha dicho
24.4 y Moisés escribió todas las *p* de Jehová
34.1 escribiré..*p* que estaban en las tablas
34.27 escribe tú estas *p*..conforme a estas *p*
34.28 y escribió en tablas las *p* del pacto
Lv. 24.12 les fuese declarado por *p* de Jehová
Nm. 3.16 los contó conforme a la *p* de Jehová
3.39 conforme a la *p* de Jehová contaron por
3.51 dio el dinero..conforme a la *p* de Jehová
11.23 ahora verás si se cumple mi *p*, o no
11.24 y salió Moisés y dijo al pueblo las *p*
12.6 les dijo: Oíd ahora mis *p*. Cuando haya
13.3 los envió..conforme a la *p* de Jehová
15.31 por cuanto tuvo en poco la *p* de Jehová
16.31 cuando cesó él de hablar todas estas *p*
22.7 llegaron a Balaam y le dijeron las *p* de
22.18 no puedo traspasar la *p* de Jehová mi
22.35 pero la *p* que yo te diga, esa hablarás
22.38 la *p* que Dios pusiere en mi boca, esa
23.5 y Jehová puso *p* en la boca de Balaam, y
23.16 puso *p* en su boca, y le dijo: Vuelve a
23.18 Balac..escucha mis *p*, hijo de Zipor
30.2 hiciere juramento..no quebrantará su *p*
Dt. 1.1 las *p* que habló Moisés a todo Israel a
1.34 oyó Jehová la voz de vuestras *p*, y se
2.26 envié mensajeros desde el..con *p* de paz
4.2 no añadiréis a la *p* que yo os mando, ni
4.10 que yo les haga oir mis *p*, las cuales
4.12 oísteis la voz de..*p*, mas a excepción
4.36 y has oído sus *p* de en medio del fuego
5.5 yo estaba..para declararos la *p* de Jehová
5.22 estas *p* habló Jehová..en el monte, de en
5.28 oyó Jehová la voz de vuestras *p* cuando
5.28 he oído la voz de las *p* de este pueblo
6.6 y estas *p* que..estarán sobre tu corazón
9.5 y para confirmar la *p* que Jehová juró a
9.10 las *p* que os habló Jehová en el monte
10.2 *p* que estaban en las primeras tablas
11.18 pondréis estas mis *p* en vuestro corazón
12.28 escucha todas estas *p* que yo te mando
13.3 no darás oído a las *p* de tal profeta, ni
16.19 ciega..y pervierte las *p* de los justos
17.19 para guardar todas las *p* de esta ley y
18.18 pondré mis *p* en su boca, y él..hablará
18.19 a cualquiera que no oyere mis *p* que él
18.20 la presunción de hablar *p* en mi nombre
18.21 ¿cómo conoceremos la *p* que Jehová no
18.22 y no se..es *p* que Jehová no ha hablado
21.5 la *p* de ellos se decidirá toda disputa
27.3 escribirás en..todas las *p* de esta ley
27.26 el que no confirmare las *p* de esta ley
28.14 si no te apartares de todas las *p* que
28.58 poner por obra todas las *p* de esta ley
29.1 son las *p* del pacto que Jehová mandó a
29.9 guardaréis, pues, las *p* de este pacto
29.19 al oir las *p* de esta maldición, él se
29.29 que cumplamos todas las *p* de esta ley
30.14 muy cerca de ti está la *p*, en tu boca
31.1 fue Moisés y habló estas *p* a todo Israel
31.12 cuiden de cumplir..las *p* de esta ley
31.24 acabó..de escribir las *p* de esta ley
31.28 y hablaré..*p*, y llamaré por testigos
31.30 habló Moisés a..las *p* de este cántico
32.44 y recitó todas las *p* de este cántico a
32.45 acabó Moisés de recitar todas estas *p*
32.46 aplicad vuestro corazón a todas las *p*
32.46 cuiden de cumplir..las *p* de esta ley
33.9 ellos guardaron tus *p*, y cumplieron tu
Jos. 1.13 acordaos de la *p* que Moisés, siervo
1.18 no obedeciere a tus *p* en todas las cosas
3.9 y escuchad las *p* de Jehová vuestro Dios
6.10 ni saldrá *p* de vuestra boca, hasta el
8.8 haréis conforme a la *p* de Jehová; mirad
8.27 tomaron..conforme a la *p* de Jehová que
8.34 después de..leyó todas las *p* de la ley
8.35 no hubo *p* alguna..Josué no hiciese leer
11.15 Josué lo hizo, sin quitar *p* de todo lo
14.10 desde el tiempo que Jehová habló estas *p*
19.50 según la *p* de Jehová..dieron la ciudad
21.45 no faltó *p* de..las buenas promesas que
22.30 las *p* que hablaron los hijos de Rubén
23.14 no ha faltado una *p* de..las buenas *p*
23.15 así como ha venido..toda *p* buena que
23.15 traerá Jehová sobre..toda *p* mala, hasta
24.26 escribió Josué estas *p* en el libro de
24.27 esta piedra..ha oído..las *p* que Jehová
Jue. 2.4 ángel de Jehová habló estas *p* a todos
3.19 rey, una *p* secreta tengo que decirte
3.20 y Aod dijo: Tengo *p* de Dios para ti. El
8.3 ira..aplacó, luego que él habló esta *p*
8.8 subió a Peniel, y les dijo las mismas *p*
9.3 hablaron..todas estas *p*; y el corazón de
9.30 cuando Zebul..oyó las *p* de Gaal hijo de
11.11 Jefté habló..sus *p* delante de Jehová
11.35 dado *p* a Jehová, y no podré retractarme
11.36 si le has dado *p* a Jehová, haz de mí
13.12 cuando tus *p* se cumplan, ¿cómo debe ser
13.17 que cuando se cumpla tu *p* te honremos?
16.16 presionándole ella cada día con sus *p*
1 S. 1.23 solamente que cumpla Jehová su *p*
2.3 no multipliquéis *p*..cesen las *p* arrogantes
3.1 la *p* de Jehová escaseaba en aquellos días
3.7 ni la *p* de Jehová le había sido revelada
3.17 y Elí dijo: ¿Qué es la *p* que te habló?
3.17 me encubrieres *p* de todo lo que habló
3.19 no dejó caer a tierra ninguna de sus *p*
3.21 manifestó a Samuel..por la *p* de Jehová
8.6 pero no agradó a Samuel esta *p* que dijeron
8.10 refirió Samuel todas las *p* de Jehová al
8.21 oyó Samuel todas las *p* del pueblo, y las
9.27 espera tú..que te declare la *p* de Dios
11.4 dijeron estas *p* en oídos del pueblo; y
11.5 contaron las *p* de los hombres de Jabes
11.6 al oir Saúl estas *p*, el Espíritu de Dios
12.14 y no fuereis rebeldes a la *p* de Jehová
12.15 si fuereis rebeldes a las *p* de Jehová
15.1 ahora..está atento a las *p* de Jehová
15.10 y vino *p* de Jehová a Samuel, diciendo
15.11 a Saúl, porque..no ha cumplido mis *p*
15.13 bendito..yo he cumplido la *p* de Jehová
15.22 en que se obedezca a las *p* de Jehová?
15.23 por cuanto tú desechaste la *p* de Jehová
15.24 he quebrantado..tus *p*, porque temí al
15.26 desechaste la *p* de Jehová, y Jehová te
16.18 y hombre de guerra, prudente en sus *p*
17.11 oyendo Saúl y todo..estas *p* del filisteo
17.23 salió de las filas..y habló las mismas *p*
17.27 y el pueblo le respondió las mismas *p*
17.31 fueron oídas..*p* que David había dicho
18.23 hablaron estas *p* a los oídos de David
18.24 los criados de..Tales *p* ha dicho David
18.26 sus siervos declararon a David estas *p*
19.7 llamó Jonatán..le declaró todas estas *p*
21.12 David puso en su corazón estas *p*, y tuvo
24.7 así reprimió David a sus hombres con *p*
24.9 ¿por qué oyes las *p* de los que dicen
24.16 David acabó de decir estas *p* a Saúl
25.9 dijeron a Nabal..*p* en nombre de David
25.12 y vinieron y dijeron a David..estas *p*
25.24 permitas..y escucha las *p* de tu sierva
26.19 el rey..oiga ahora las *p* de su siervo
28.20 y tuvo gran temor por las *p* de Samuel
28.21 y he oído las *p* que tú me has dicho
2 S. 3.8 se enojó Abner..por las *p* de Is-boset
3.11 no pudo responder *p* a Abner..le temía
7.4 que vino *p* de Jehová a Natán, diciendo
7.7 ¿he hablado yo *p* a alguna de las tribus
7.17 conforme a todas estas *p*..habló Natán a
7.21 todas estas grandezas has hecho por tu *p*
7.25 confirma..siempre la *p* que has hablado
7.28 y tus *p* son verdad, y tú has prometido
12.9 ¿por qué, pues, tuviste en poco la *p* de
14.3 hablarás..Y puso Joab las *p* en su boca
14.12 tu sierva hable una *p* a mi señor el rey
14.13 hablando..esta *p*, se hace culpable él
14.19 él puso en boca de tu sierva..estas *p*
15.3 decía: Mira, tus *p* son buenas y justas
16.23 era como si se consultase la *p* de Dios
19.11 cuando la *p* de todo Israel ha venido al
19.29 el rey le dijo: ¿Para qué más *p*? Yo he
19.43 las *p* de..Judá fueron más violentas que
20.17 ella le dijo: Oye las *p* de tu sierva
22.1 habló David..las *p* de este cántico, el
22.31 perfecto..y acrisolada la *p* de Jehová
23.1 estas son las *p* postreras de David. Dijo
23.2 ha hablado..y su *p* estado en mi lengua
24.4 pero la *p* del rey prevaleció sobre Joab
24.11 *p* de Jehová al profeta Gad, vidente de
1 R. 2.4 que confirme Jehová la *p* que me habló
2.14 dijo: Una *p* tengo que decirte. Y ella
2.23 contra su vida ha hablado Adonías esta *p*
2.27 para que se cumpliese la *p* de Jehová que
2.38 Simei dijo al rey: La *p* es buena; como
2.42 dijiste: La *p* es buena, yo la obedezco
3.12 he hecho conforme a tus *p*..te he dado
5.7 Hiram oyó las *p* de Salomón, se alegró en
6.11 y vino *p* de Jehová a Salomón, diciendo
6.12 cumpliré contigo mi *p* que hablé a David
8.20 Jehová ha cumplido su *p* que había dicho
8.26 cúmplase la *p* que dijiste a tu siervo
8.56 ninguna *p* de todas sus promesas..faltado
8.59 estas mis *p* con..estén cerca de Jehová
12.7 y respondiéndoles buenas *p* les hablares
12.10 a este pueblo que te ha dicho estas *p*
12.15 para confirmar la *p* que Jehová había
12.16 respondió estas *p*, diciendo: ¿Qué parte
12.22 pero vino *p* de Jehová a Semaías varón de
12.24 ellos oyeron la *p* de Dios, y volvieron
12.24 y se fueron, conforme a la *p* de Jehová
13.1 un varón de Dios por *p* de Jehová vino de
13.2 clamó..por *p* de Jehová y dijo: Altar
13.4 rey Jeroboam oyó la *p* del varón de Dios
13.5 la señal que..había dado por *p* de Jehová
13.9 así me está ordenado por *p* de Jehová
13.11 le contaron..*p* que había hablado el rey
13.17 porque por *p* de Dios me ha sido dicho
13.18 un ángel me ha hablado por *p* de Jehová
13.20 vino *p* de Jehová al profeta que le había
13.26 conforme a la *p* de Jehová que..le dijo
13.32 lo que él dijo a voces por *p* de Jehová
14.18 lo endechó..conforme a la *p* de Jehová
15.29 conforme a la *p* que Jehová habló por su
16.1 vino *p* de Jehová a Jehú hijo de Hanani
16.7 la *p* de Jehová..había sido contra Baasa
16.12 la *p* que Jehová había proferido contra
16.34 la *p* que Jehová había hablado por Josué
17.1 no habrá lluvia ni rocío..sino por mi *p*
17.2,8 vino a él *p* de Jehová, diciendo
17.5 él fue e hizo conforme a la *p* de Jehová
17.16 conforme a la *p*..había dicho por Elías
17.24 que la *p* de Jehová es verdad en tu boca
18.1 vino *p* de Jehová a Elías en el tercer año
18.21 y si Baal..Y el pueblo no respondió *p*
18.31 al cual había sido dada *p* de Jehová
19.9 vino a él *p* de Jehová, el cual le dijo
20.12 y cuando él oyó esta *p*, estaba bebiendo
20.33 se apresuraron a tomar la *p* de su boca
20.35 dijo a su..por *p* de Dios: Hiéreme ahora
20.36 por cuanto no has obedecido a la *p* de
21.4 triste y enojado, por la *p* que Nabot de
21.17,28 vino *p* de Jehová a Elías tisbita
21.27 Acab oyó estas *p*, rasgó sus vestidos y
22.5 ruego que consultes hoy la *p* de Jehová
22.13 *p* de los profetas a una voz anuncian
22.13 sea ahora tu *p* conforme a la *p* de ellos
22.19 oye, pues, *p* de Jehová: Yo vi a Jehová
22.38 conforme a la *p*..Jehová había hablado
2 R. 1.7 ¿cómo era aquel varón..dijo tales *p*?
1.16 ¿no hay Dios en..para consultar en su *p*?
1.17 y murió conforme a la *p* de Jehová, que
2.22 sanas las aguas..la *p* que habló Eliseo
3.12 y Josafat dijo: Este tendrá *p* de Jehová
4.44 y les sobró, conforme a la *p* de Jehová
5.14 Jordán, conforme a la *p* del varón de Dios
6.12 el cual declara al rey de Israel las *p*
6.30 cuando el rey oyó las *p* de aquella mujer
7.1 dijo..Oíd *p* de Jehová: Así dijo Jehová
7.16 por un siclo, conforme a la *p* de Jehová
9.5 dijo: Príncipe, una *p* tengo que decirte
9.11 dijo: Vosotros conocéis al hombre y sus *p*
9.26 échalo en la..conforme a la *p* de Jehová
9.36 esta es la *p* de Dios, la cual él habló
10.10 la *p* que Jehová habló sobre la..de Acab
10.17 mató a todos..conforme a la *p* de Jehová
14.25 restauró los..conforme a la *p* de Jehová
15.12 fue la *p* de Jehová que había hablado a
18.20 tú dices (pero son *p* vacías): Consejo
18.27 decir estas *p* a ti y a tu señor, y no a
18.28 oíd la *p* del gran rey, el rey de Asiria
18.36 pero el pueblo calló, y no le respondió *p*
18.37 vinieron..le contaron las *p* del Rabsaces
19.4 oirá Jehová tu Dios las *p* del Rabsaces
19.4 para vituperar con *p*, las cuales Jehová
19.6 no temas por las *p* que has oído, con las
19.16 las *p* de Senaquerib, que ha enviado a
19.21 esta es la *p* que Jehová ha pronunciado
20.4 vino *p* de Jehová a Isaías, diciendo
20.16 Isaías dijo a Ezequías: Oye *p* de Jehová
20.19 *p* de Jehová que has hablado, es buena
22.11 rey hubo oído las *p* del libro de la ley
22.13 y preguntad a..de las *p* de este libro
22.13 no escucharon las *p* de este libro, para
22.18 al rey de Judá..por cuanto oíste las *p*
23.2 leyó..todas las *p* del libro del pacto
23.3 cumplirían las *p* del pacto..aquel libro
23.16 a la *p* de Jehová que había profetizado
23.24 cumplir las *p* de la ley..escritas en el
24.2 *p* de Jehová que había hablado por sus
1 Cr. 10.13 prevaricó..contra la *p* de Jehová
11.3 ungieron a David por rey..conforme a la *p*
11.10 para hacerle rey sobre..conforme a la *p*
12.23 el reino de Saúl, conforme a la *p* de
15.15 el arca de..conforme a la *p* de Jehová
16.15 de su pacto..la *p* que él mandó para mil
17.3 noche vino *p* de Dios a Natán, diciendo
17.6 ¿hablé una *p* a alguno de los jueces de
17.15 conforme a todas estas *p*..habló Natán
17.23 *p* que has hablado..firme para siempre

PALABRA ***(Continúa)***
1 Cr. 21.19 David subió, conforme a la *p* que Gad
22.8 vino a mí *p* de Jehová, diciendo: Tú has
23.27 conforme a las postreras *p* de David, se
2 Cr. 1.9 confírmese. . *p* dada a David mi padre
6.10 Jehová ha cumplido su *p* que había dicho
6.17 cúmplase tu *p* que dijiste a tu siervo
9.6 yo no creía las *p* de ellos, hasta que he
10.7 les agradares, y les hablares buenas *p*
10.15 Jehová cumpliera la *p* que había hablado
11.2 vino *p* de Jehová a Semaías varón de Dios
11.4 ellos oyeron la *p* de Jehová y se volvieron
12.7 vino *p* de Jehová a Semaías, diciendo: Se
15.8 cuando oyó Asa las *p* y la profecía del
18.4 ruego que consultes hoy la *p* de Jehová
18.12 las *p* de los profetas. . anuncian al rey
18.12 te ruego que tu *p* sea como la de uno de
18.18 oid, pues, *p* de Jehová: Yo he visto a
20.34 están escritos en las *p* de Jehú hijo de
29.15 entraron, conforme al. . las *p* de Jehová
29.30 que alabasen. . con las *p* de David y de
30.12 para cumplir. . conforme a la *p* de Jehová
32.8 y el pueblo tuvo confianza en las *p* de
33.18 hechos de Manasés, y. . *p* de los videntes
33.19 están escritas en las *p* de los videntes
34.19 luego que el rey oyó las *p* de la ley
34.21 de las *p* del libro que se ha hallado
34.21 nuestros padres no guardaron la *p* de
34.22 a Hulda. . le dijeron las *p* antes dichas
34.26 así: Por cuanto oíste las *p* del libro
34.27 conmovió. . al oir sus *p* sobre este lugar
34.30 leyó. . *p* del libro del pacto que había
34.31 poniendo por obra las *p* del pacto que
35.6 hagan conforme a la *p* de Jehová dada por
35.22 mas Josías. . no atendió a las *p* de Necao
36.15 Dios. . envió. . *p* a ellos por medio de sus
36.16 menospreciaban sus *p*, burlándose de sus
36.21,22 para que se cumpliese la *p* de Jehová
36.22; Esd. 1.1 Ciro rey. . hizo pregonar de *p*
Esd. 1.1 para que se cumpliese la *p* de Jehová
8.17 las *p* que habían de hablar a Iddo, y a
9.4 los que temían las *p* del Dios de Israel
10.12 alta voz: Así se haga conforme a tu *p*
Neh. 1.1 *p* de Nehemías. . Aconteció en el mes de
1.4 oí estas *p* me senté y lloré, e hice duelo
1.8 acuérdate. . de la *p* que diste a Moisés tu
2.18 declaré. . las *p* que el rey me había dicho
5.6 me enojé. . cuando oí su clamor y estas *p*
6.6 la mira, según estas *p*, de ser tú su rey
6.7 y ahora serán oídas del rey las tales *p*
6.19 las obras de él, y a él le referían mis *p*
8.9 el pueblo lloraba oyendo las *p* de la ley
8.12 habían entendido las *p* que les habían
8.13 se reunieron. . entender las *p* de la ley
9.8 pacto. . cumpliste tu *p*, porque eres justo
Est. 1.21 agradó esta *p* a los ojos del rey y de
4.9 vino Hatac y contó a. . las *p* de Mardoqueo
4.12 y dijeron a Mardoqueo las *p* de Ester
7.8 al proferir el rey esta *p*, le cubrieron
9.26 debido a las *p* de esta carta, y por lo
9.30 fueron enviadas cartas. . con *p* de paz y
Job 2.13 así se sentaron. . y ninguno le hablaba *p*
4.2 te será. . pero ¿quién podrá detener las *p*?
4.4 al que tropezaba enderezaban tus *p*, y
6.3 mar; por eso mis *p* han sido precipitadas
6.10 que yo no he escondido las *p* del Santo
6.25 ¡cuán eficaces son las *p* rectas! Pero
6.26 ¿pensáis censurar *p*, y los discursos de
8.2 y las *p* de tu boca serán como viento
8.10 te hablarán, y de su corazón sacarán *p*?
9.14 ¿cuánto menos. . yo, y con él *p* escogidas?
11.2 ¿las muchas *p* no han de tener respuesta?
12.11 el oído distingue las *p*, y el paladar
15.3 ¿disputará con *p* inútiles, y con razones
15.11 y las *p* que con dulzura se te dicen?
15.13 vuelvas. . y saques tales *p* de tu boca?
16.3 ¿tendrán fin. . *p* vacías? ¿O qué te anima
16.4 yo podría hilvanar contra vosotros *p*, y
16.5 os alentaría con mis *p*, y la consolación
18.2 ¿cuándo pondréis fin a las *p*? Entended
19.2 ¿hasta cuándo. . y me moleréis con *p*?
19.23 ¡quién diese. . que mis *p* fuesen escritas!
20.29 la heredad que Dios le señala por su *p*
21.2 oíd atentamente mi *p*, y sea. . el consuelo
22.22 de su boca, y pon sus *p* en tu corazón
23.12 guardé. . *p* de su boca más que mi comida
24.25 si no, ¿quién. . reducirá a nada mis *p*?
26.4 ¿a quién has anunciado *p*, y de quién es
29.9 los príncipes detenían sus *p*; ponían la
29.22 tras mi *p* no replicaban, y mi razón
31.40 me nazcan. . Aquí terminan las *p* de Job
32.11 he esperado. . en tanto que buscabais *p*
32.14 Job no dirigió contra mí sus *p*, ni yo
32.18 porque lleno estoy de *p*, y me apremia
33.1 Job, oye ahora. . y escucha todas mis *p*
33.5 respóndeme. . ordena tus *p*, ponte en pie
33.8 dijiste. . oí la voz de tus *p* que decían
34.2 oíd, sabios, mis *p*; y vosotros, doctos
34.3 el oído prueba las *p*, como el paladar
34.16 pues. . oye esto; escucha la voz de mis *p*
34.35 y que sus *p* no son con entendimiento
34.37 pecado. . y contra Dios multiplica sus *p*
35.15 Job abre. . y multiplica *p* sin sabiduría
36.4 porque de cierto no son mentira mis *p*
38.2 ése que oscurece. . con *p* sin sabiduría?
42.7 después que habló Jehová estas *p* a Job
Sal. 5.1 escucha, oh Jehová, mis *p*; considera
7 *tít.* acerca de. . *p* de Cus hijo de Benjamín
12.6 las *p* de Jehová son *p* limpias, como plata
17.4 por la *p* de tus labios yo me he guardado
17.6 Dios; inclina a mí tu oído, escucha mi *p*
18 *tít.* dirigió a Jehová las *p* de este cántico
18.30 acrisolada la *p* de Jehová; escudo es a
19.2 un día emite *p* a otro día, y una noche
19.3 no hay lenguaje, ni *p*, ni es oída su voz
19.4 voz, y hasta el extremo del mundo sus *p*
22.1 estás tan lejos. . de las *p* de mi clamor?
33.4 porque recta es la *p* de Jehová, y toda
33.6 la *p* de Jehová fueron hechos los cielos
35.20 contra los mansos. . piensan *p* engañosas
36.3 las *p* de su boca son iniquidad y fraude
45.1 rebosa mi corazón *p* buena; dirijo al rey
45.4 cabalga sobre *p* de verdad, de humildad
50.17 aborreces. . y echas a tu espalda mis *p*
51.4 para que seas reconocido justo en tu *p*
52.4 has amado toda suerte de *p* perniciosas
55.21 suaviza sus *p* más que el aceite, mas
56.4 en Dios alabaré su *p*; en. . he confiado
56.10 alabaré su *p*; en Jehová su *p* alabaré
59.12 la *p* de sus labios, sean ellos presos
64.3 que. . lanzan cual saeta suya, *p* amarga
68.11 el Señor daba *p*; había grande multitud
78.1 inclinad vuestro oído a las *p* de mi boca
103.20 que ejecutáis su *p*, obedeciendo a la
105.8 se acordó. . de la *p* que mandó para mil
105.19 hasta la hora que se cumplió su *p*, el
105.27 puso en ellos las *p* de sus señales, y
105.28 tinieblas. . no fueron rebeldes a su *p*
105.42 se acordó de su santa *p* dada a Abraham
106.12 creyeron a. . *p* y cantaron su alabanza
106.24 aborrecieron la. . no creyeron a su *p*
107.11 fueron rebeldes a las *p* de Jehová, y
107.20 envió su *p*, y los sanó, y los libró de
109.3 con *p* de odio me han rodeado, y pelearon
119.9 ¿con qué limpiará el. . Con guardar tu *p*
119.16 tus estatutos; no me olvidaré de tus *p*
119.25 abatida. . alma; vivifícame según tu *p*
119.28 se deshace mi. . susténtame según tu *p*
119.38 confirma tu *p* a tu siervo, que te teme
119.42 por respuesta. . que en tu *p* he confiado
119.43 no quites de mi boca. . la *p* de verdad
119.49 acuérdate de la *p* dada a tu siervo, en
119.57 es Jehová; he dicho que guardaré tus *p*
119.58 ten misericordia de mí según tu *p*
119.65 bien has hecho con tu. . conforme a tu *p*
119.67 descarriado andaba. . ahora guardo tu *p*
119.74 me verán. . porque en tu *p* he esperado
119.81 desfallece mi alma. . mas espero en tu *p*
119.82 desfallecieron. . ojos por tu *p*, diciendo
119.89 siempre. . permanece tu *p* en los cielos
119.101 contuve mis pies, para guardar tu *p*
119.103 ¡cuán dulces son a mi paladar tus *p*!
119.105 lámpara es a mis pies tu *p*, y lumbrera
119.107 vivifícame, oh Jehová, conforme a. . *p*
119.114 escudo eres tú; en tu *p* he esperado
119.116 susténtame conforme a tu *p*, y viviré
119.123 mis ojos desfallecieron. . por la *p* de
119.130 la exposición de tus *p* alumbra; hace
119.133 ordena mis pasos con tu *p*, y ninguna
119.139 mis enemigos se olvidaron de tus *p*
119.140 sumamente pura es tu *p*, y la ama tu
119.147 me anticipé al alba y. . esperé en tu *p*
119.154 defiende. . causa. . vivifícame con tu *p*
119.158 y me disgustaba. . no guardaban tus *p*
119.160 la suma de tu *p* es verdad, y eterno
119.161 pero mi corazón tuvo temor de tus *p*
119.162 regocijo en tu *p* como el que halla
119.169 dame entendimiento conforme a tu *p*
130.5 esperó mi alma; en su *p* he esperado
138.2 has engrandecido. . tu *p* sobre todas las
139.4 aún no está la *p* en mi lengua, y he aquí
141.6 serán. . y oirán mis *p*, que son verdaderas
147.15 él envía su *p*. . velozmente corre su *p*
147.18 enviará su *p*, y los derretirá. . aguas
147.19 ha manifestado sus *p* a Jacob. . a Israel
148.8 viento de tempestad que ejecuta su *p*
Pr. 1.6 *p* de sabios, y sus dichos profundos
1.23 yo derramaré mi. . y os haré saber mis *p*
2.1 si recibieres mis *p*, y mis mandamientos
2.16 extraña. . la ajena que halaga con sus *p*
4.20 hijo mío, está atento a mis *p*; inclina
6.1 hijo. . si has empeñado tu *p* a un extraño
6.2 te has enlazado con las *p* de tu boca, y
7.5 ajena, y de la extraña que ablanda sus *p*
7.21 rindió con la suavidad de sus muchas *p*
10.19 en las muchas *p* no falta pecado; mas el
12.6 las *p* de los impíos son asechanzas para
12.18 hay hombres cuyas *p* son como golpes de
12.25 lo abate; mas la buena *p* lo alegra
13.5 el justo aborrece la *p* de mentira; mas
14.23 las vanas *p* de los labios empobrecen
15.1 ira; mas la *p* áspera hace subir el furor
15.23 y la *p* a su tiempo, ¡cuán buena es!
16.20 el entendido en la *p* hallará el bien
17.27 el que ahorra sus *p* tiene sabiduría
18.4 aguas profundas son las *p* de la boca del
18.8 *p* del chismoso son como bocados suaves
18.13 al que responde *p* antes de oir, le es
19.7 alejarán. . buscará la *p*, y no la hallará
22.17 y oye las *p* de los sabios, y aplica tu
22.21 hacerte saber la certidumbre de las *p*
22.21 vuelvas a llevar *p* de verdad a los que
23.8 vomitarás la. . y perderás tus suaves *p*
23.12 aplica. . tus oídos a las *p* de sabiduría
24.26 los labios del que responde *p* rectas
25.11 de oro con. . es la *p* dicha como conviene
26.22 *p* del chismoso son como bocados suaves
29.12 un gobernante atiende la *p* mentirosa
29.19 el siervo no se corrige con *p*; porque
29.20 ¿has visto hombre ligero en sus *p*? Más
30.1 *p* de Agur, hijo de Jaqué; la profecía
30.5 toda *p* de Dios es limpia; él es escudo
30.6 no añadas a sus *p*. . que no te reprenda
30.8 vanidad y *p* mentirosa aparta de mí; no
31.1 *p* del rey Lemuel; la profecía con que
Ec. 1.1 *p* del Predicador, hijo de David, rey
5.2 ni. . se apresure a proferir *p* delante de
5.2 no te des. . por tanto, sean pocas tus *p*
5.3 de la multitud de las *p* la voz del necio
5.7 abundan las vanidades y las muchas *p*; mas
6.11 las muchas *p* multiplican la vanidad. ¿Qué
8.2 que guardes. . la *p* del juramento de Dios
8.4 la *p* del rey es con potestad, ¿y quién le
9.16 la ciencia. . y no sean escuchadas sus *p*
9.17 *p* del sabio. . son mejores que el clamor
10.12 las *p*. . del sabio son llenas de gracia
10.13 el principio de las *p* de su. . es necedad
10.14 el necio multiplica *p*, aunque no sabe
10.20 y las que tienen alas harán saber la *p*
12.10 hallar *p* agradables, y. . *p* de verdad
12.11 las *p* de los sabios son como aguijones
Is. 1.10 príncipes de Sodoma, oíd. . *p* de Jehová
2.3 de Sion saldrá la ley, y de Jerusalén la *p*
5.24 y abominaron la *p* del Santo de Israel
8.10 proferid *p*, y no será firme, porque Dios
9.8 Señor envió *p* a Jacob, y cayó en Israel
16.13 la *p* que pronunció Jehová sobre Moab
24.3 porque Jehová ha pronunciado esta *p*
28.13 *p*, pues, de Jehová les será mandamiento
28.14 varones burladores. . oíd la *p* de Jehová
29.11 y os será toda visión como *p* de libro
29.18 los sordos oirán las *p* del libro, y los
29.21 los que hacen pecar al hombre en *p*; los
30.12 desechasteis esta *p*, y confiasteis en
30.21 oídos oirán a tus espaldas *p* que diga
31.2 y traerá el mal, y no retirará sus *p*
32.7 enredar a los simples con *p* mentirosas
36.5 que tú hablas, no son más que *p* vacías
36.12 ¿acaso me envió. . a que dijese estas *p* a
36.13 oíd las *p* del gran rey, el rey de Asiria
36.21 ellos callaron, y no le respondieron *p*
36.22 vinieron a Ezequías. . le contaron las *p*
37.4 oirá Jehová tu Dios las *p* del Rabsaces
37.4 para vituperar con las *p* que oyó Jehová
37.6 no temas por las *p* que has oído, con las
37.17 oye todas las *p* de Senaquerib, que ha
37.22 estas son las *p* que Jehová habló contra
38.4 vino *p* de Jehová a Isaías, diciendo
39.5 dijo. . Oye *p* de Jehová de los ejércitos
39.8 la *p* de Jehová que has hablado es buena
40.8 mas la *p* del Dios nuestro permanece para
41.26 cierto. . no hay quien oiga vuestras *p*
41.28 miré. . les pregunté, y no respondieron *p*
44.26 el que despierta la *p* de su siervo, y
45.23 de mi boca salió *p* en justicia, y no
50.4 lengua de sabios, para saber hablar *p* al
51.16 en tu boca he puesto mis *p*, y con la
55.11 así será mi *p* que sale de mi boca; no
58.13 ni buscando. . ni hablando tus propias *p*
59.13 y proferir de corazón *p* de mentira
59.21 mis *p* que puse en tu boca, no faltarán
66.2 pobre y humilde. . y que tiembla a mi *p*
66.5 oíd *p* de Jehová. . los que tembláis a su *p*
Jer. 1.1 *p* de Jeremías hijo de Hilcías, de los
1.2 *p* de Jehová que le vino en los días de
1.4 vino, pues, *p* de Jehová a mí, diciendo
1.9 me dijo. . aquí he puesto mis *p* en tu boca
1.11 *p* de Jehová vino a mí, diciendo: ¿Qué
1.12 yo apresuro mi *p* para ponerla por obra
1.13 vino a. . la *p* de Jehová por segunda vez
2.1; 13.8; 16.1; 18.5; 24.4 vino a mí *p* de Jehová
2.4 oíd la *p* de Jehová, casa de Jacob, y todas
2.31 atended vosotros a la *p* de Jehová. ¿He
3.12 vé y clama estas *p* hacia el norte, y dí
5.13 como viento, porque no hay en ellos *p*
5.14 dijeron esta *p*, he aquí yo pongo mis *p*
6.10 la *p* de Jehová les es cosa vergonzosa
6.19 no escucharon mis *p*, y aborrecieron mi
7.1; 11.1; 14.1; 18.1; 21.1; 30.1; 32.1; 34.1,8;
35.1; 40.1; 46.1; 47.1; 49.34 *p* de Jehová
que vino a Jeremías
7.2 y proclama allí esta *p*, y dí: Oíd *p* de
7.4 no fiéis en *p*. . mentira, diciendo: Templo
7.8 he aquí, vosotros confiáis en *p* de mentira
7.27 dirás todas estas *p*, pero no te oirán
8.9 he aquí que aborrecieron la *p* de Jehová
9.20 oíd, pues, oh mujeres, *p* de Jehová, y
9.20 y vuestro oído reciba la *p* de su boca
10.1 oíd la *p* que Jehová ha hablado. . Israel
11.2 oíd las *p* de este pacto, y hablad a todo
11.3 maldito el. . que no obedeciere las *p* de
11.4 oíd mi voz, y cumplid mis *p*, conforme a

PALABRA *(Continúa)*

Jer. 11.6 pregona todas estas *p* en las ciudades de
11.6 oíd las *p* de este pacto, y ponedlas por
11.8 traeré sobre ellos todas las *p* de..pacto
11.10 los cuales no quisieron escuchar mis *p*
13.2 y compré el cinto conforme a la *p* de
13.3 a mí segunda vez *p* de Jehová, diciendo
13.10 pueblo malo, que no quiere oír mis *p*
13.12 les dirás, pues, esta *p*..Toda tinaja se
14.17 les dirás, pues, esta *p*: Derramen mis
15.16 fueron halladas tus *p*, y yo las comí
15.16 tu *p* me fue por gozo y por alegría de
17.15 me dicen: ¿Dónde está la *p* de Jehová?
17.20 y diles: Oíd la *p* de Jehová, reyes de
18.2 levántate y vete a..te haré oír mis *p*
18.18 la ley no faltará..ni la *p* al profeta
18.18 venid..y no atendamos a ninguna de sus *p*
19.2 proclamarás allí las *p* que yo te hablaré
19.3 dirás, pues: Oíd *p* de Jehová, oh reyes
19.15 han endurecido su..para no oír mis *p*
20.1 oyó a Jeremías que profetizaba estas *p*
20.8 la *p* de Jehová me ha sido para afrenta
21.11 a la casa del rey de..Oíd *p* de Jehová
22.1 a la casa del rey..y habla allí esta *p*
22.2 y dí: Oye *p* de Jehová, oh rey de Judá
22.4 si..obedeciereis esta *p*, los reyes que
22.5 si no oyereis estas *p*, por mí mismo he
22.29 ¡tierra..¡tierra! oye *p* de Jehová
23.9 delante de Jehová, y..de sus santas *p*
23.16 no escuchéis las *p* de los profetas que
23.18 ¿quién estuvo en el secreto..oyó su *p*?
23.18 ¿quién estuvo atento a su *p*, y la oyó
23.22 habrían hecho oír mis *p* a mi pueblo, y
23.28 aquel a quien fuere mi *p*, cuente mi *p*
23.29 ¿no es mi *p* como fuego..como martillo
23.30 contra los profetas..que hurtan mis *p*
23.36 la *p* de cada uno le será por profecía
23.36 pervertisteis las *p* del Dios viviente
23.38 porque dijisteis esta *p*, Profecía de
25.1 *p* que vino a Jeremías acerca de..pueblo
25.3 venido a mí *p* de Jehová, y he hablado
25.8 dicho..por cuanto no habéis oído mis *p*
25.13 y traeré sobre aquella tierra..mis *p*
25.30 profetizarás contra ellos todas estas *p*
26.1 del reinado de..vino esta *p* de Jehová
26.2 habla..*p* que yo te mandé..no retengas *p*
26.5 para atender a las *p* de mis siervos los
26.7 oyeron a Jeremías hablar estas *p* en la
26.12 envió a profetizar..*p* que habéis oído
26.15 me envió..para que dijese todas estas *p*
26.20 profetizó..conforme a..las *p* de Jeremías
26.21 oyeron sus *p* el rey Joacim y todos sus
27.12 conforme..estas *p*, diciendo: Someted
27.14 no oigáis las *p* de los profetas que os
27.16 no oigáis las *p* de vuestros profetas que
27.18 si está con ellos la *p* de Jehová, oren
28.6 confirme Jehová tus *p*, con las cuales
28.7 oye..esta *p* que yo hablo en tus oídos y
28.9 cuando se cumpla la *p* del profeta, será
29.1 *p* de la carta que el profeta Jeremías
29.10 buena *p*, para haceros volver a..lugar
29.19 no oyeron mis *p*..que les envié por mis
29.20 oíd, pues, *p* de Jehová, vosotros todos
29.23 y falsamente hablaron en mi nombre *p*
30.2 escríbete en un libro todas las *p* que te
30.4 estas, pues, son las *p* que habló Jehová
31.10 oíd *p* de Jehová, oh naciones, y..decid
31.23 aún dirán esta *p* en la tierra de Judá
27.1; 28.12; 29.30; 32.26; 33.1,19,23; 34.12; 35.12; 36.1,27; 37.6; 43.8 vino *p* de Jehová a Jeremías
32.6 dijo..*P* de Jehová vino a mí, diciendo
32.8 y vino a mí Hanameel..conforme a la *p*
32.8 vino..Entonces conocí que era *p* de Jehová
33.14 confirmaré la buena *p* que he hablado
34.4 eso, oye *p* de Jehová..No morirás a espada
34.5 porque yo he hablado la *p*, dice Jehová
34.6 habló..Jeremías..estas *p* en Jerusalén
34.18 las *p* del pacto que celebraron en mi
35.13 dí..¿No aprenderéis a obedecer mis *p*?
35.14 fue firme la *p* de Jonadab hijo de Recab
36.2 escribe..todas las *p* que te he hablado
36.4 libro, todas las *p* que Jehová le había
36.6 y lee..las *p* de Jehová a los oídos del
36.8 leyendo en el libro las *p* de Jehová en
36.10 leyó en el libro las *p* de Jeremías en
36.11 habiendo oído del libro..las *p* de Jehová
36.13 les contó..todas las *p* que había oído
36.16 oyeron..*p*..contaremos al rey..estas *p*
36.17 cuéntanos ahora cómo escribiste..estas *p*
36.18 él me dictaba..estas *p*, y yo escribía
36.20 contaron a oídos del rey todas estas *p*
36.24 rey y todos sus siervos que oyeron..*p*
36.27 quemó el rollo, las *p* que Baruc había
36.28 escribe en él todas las *p* primeras que
36.32 y escribió..las *p* del libro que quemó
36.32 y aun fueron añadidas..muchas otras *p*
37.2 no obedeció él..a las *p* de Jehová, las
37.17 y dijo: ¿Hay *p* de Jehová? Y Jeremías
38.1 *p* que Jeremías hablaba a todo el pueblo
38.4 hace desmayar las..hablándoles tales *p*
38.21 esta es la *p* que me ha mostrado Jehová
38.24 y dijo Sedequías..Nadie sepa estas *p*
39.15 y había venido *p* de Jehová a Jeremías
39.16 traigo mis *p* sobre esta ciudad para mal
42.4 todo lo..os enseñaré; no os reservaré *p*
42.7 de diez días vino *p* de Jehová a Jeremías
42.15 oíd la *p* de Jehová, remanente de Judá
43.1 hablar a todo el pueblo las *p* de Jehová
43.1 estas *p* por las cuales..había enviado
44.1 *p* que vino a Jeremías acerca de..judíos
44.16 la *p* que nos has hablado en nombre de
44.17 pondremos por obra toda *p* que ha salido
44.24 oíd *p* de Jehová, todos los de Judá que
44.26 por tanto, oíd *p* de Jehová, todo Judá
44.28 la *p* de quién ha de permanecer: si la
44.29 de cierto permanecerán mis *p* para mal
45.1 *p* que habló el profeta Jeremías a Baruc
45.1 cuando escribía..*p* de boca de Jeremías
46.13 *p* que habló Jehová al profeta Jeremías
50.1 *p* que habló Jehová contra Babilonia
51.59 *p*..envió el profeta Jeremías a Seraías
51.60 *p* que están escritas contra Babilonia
51.64 dirás..Hasta aquí son las *p* de Jeremías

Lm. 1.18 Jehová es justo..contra su *p* me rebelé
2.17 cumplido su *p*, la cual él había mandado

Ez. 1.3 vino *p* de Jehová al sacerdote Ezequiel
2.6 no les temas, ni tengas miedo de sus *p*
2.6 tengas miedo de sus *p*, ni temas delante
2.7 les hablarás..mis *p*, escuchen o dejen de
3.4 entra a la casa..habla a ellos con mis *p*
3.6 no a muchos pueblos..cuyas *p* no entiendas
3.10 toma en tu corazón todas mis *p* que yo
3.16 al cabo..vino a mí *p* de Jehová, diciendo
3.17 oirás..*p* de mi boca, y los amonestarás
6.1; 7.1; 11.14; 12.1,17,21,26; 13.1; 14.2,12; 15.1; 16.1; 17.1,11; 18.1; 20.2,45; 21.1,8,18; 22.1,17,23; 23.1; 24.15; 25.1; 26.1; 27.1; 28.1,11,20; 29.1,17; 30.1,20; 31.1; 32.1,17; 33.1,23; 34.1; 35.1; 36.16; 37.15; 38.1 vino a mí *p* de Jehová, diciendo
6.3 dirás: Montes de Israel, oíd *p* de Jehová
9.11 que el varón..respondió una *p*, diciendo
12.8 y vino a mí *p* de Jehová por la mañana
12.25 cumplirá la *p*..hablaré *p* y la cumpliré
12.28 no se tardará más ninguna de mis *p*, sino
12.28 que la *p* que yo hable se cumplirá, dice
13.2 dí a los que profetizan..Oíd *p* de Jehová
13.6 esperan que él confirme la *p* de ellos
14.9 el profeta fuere engañado y hablare *p*
16.35 por tanto, ramera, oye *p* de Jehová
20.46 sur, derrama tu *p* hacia la parte austral
20.47 oye la *p* de Jehová: Así ha dicho Jehová
21.2 rostro..derrama *p* sobre los santuarios
24.1 vino a mí *p* de Jehová en el año noveno
24.20 yo les dije: La *p* de Jehová vino a mí
25.3 Amón: Oíd *p* de Jehová..Así dice Jehová
33.7 oirás la *p* de mi boca, y los amonestarás
33.30 venid ahora..oíd qué *p* viene de Jehová
33.31 oirán tus *p*, y no las pondrán por obra
33.32 y oirán tus *p*, pero no las pondrán por
34.7,9 por tanto, pastores, oíd *p* de Jehová
35.13 multiplicasteis contra mí vuestras *p*
36.1,4 montes de Israel, oíd *p* de Jehová
37.4 y diles: Huesos secos, oíd *p* de Jehová
38.10 en aquel día subirán *p* en tu corazón

Dn. 4.31 aún estaba la *p* en la boca del rey
4.33 hora se cumplió la *p* sobre Nabucodonosor
5.10 la reina, por las *p* del rey..entró a la
7.11 a causa del sonido de las grandes *p* que
7.25 y hablará *p* contra el Altísimo, y a los
7.28 aquí fue el fin de sus *p*. En cuanto a mí
9.12 cumplido la *p* que habló contra nosotros
10.1 el año tercero..fue revelada *p* a Daniel
10.1 la *p* era verdadera..él comprendió la *p*
10.6 el sonido de sus *p* como el estruendo de
10.9 oí el sonido de sus *p*; y al oír..sus *p*
10.11 está atento a las *p* que te hablaré, y
10.12 oídas tus *p*; y a causa de tus *p* yo he
10.15 mientras me decía estas *p*, estaba yo con
12.4 cierra las *p* y sella el libro hasta el
12.9 pues estas *p* están cerradas y selladas

Os. 1.1 *p* de Jehová que vino a Oseas hijo de
1.2 el principio de la *p* de Jehová por..Oseas
4.1 oíd *p* de Jehová, hijos de Israel, porque
6.5 por esta..con las *p* de mi boca los maté
10.4 han hablado *p* jurando en vano al hacer
14.2 llevad con vosotros *p* de súplica..volved

Jl. 1.1 *p* de Jehová que vino a Joel, hijo de

Am. 1.1 *p* de Amós, que fue uno de los pastores
3.1 oíd esta *p* que ha hablado Jehová contra
4.1 oíd esta *p*, vacas de Basán, que estáis en
5.1 oíd esta *p* que yo levanto para lamentación
7.10 la tierra no puede sufrir todas sus *p*
7.16 oye *p* de Jehová. Tú dices: No profetices
8.11 sed de agua, sino de oír la *p* de Jehová
8.12 e irán errantes de..buscando *p* de Jehová

Jon. 1.1 vino *p* de Jehová a Jonás hijo de Amitai
3.1 vino *p* de Jehová por segunda vez a Jonás
3.3 y fue a Nínive conforme a la *p* de Jehová

Mi. 1.1 *p* de Jehová..vino a Miqueas de Moreset
2.7 ¿no hacen mis *p* bien al que..rectamente?
4.2 de Sion..y de Jerusalén la *p* de Jehová

Hab. 3.2 oh Jehová, he oído tu *p*, y temí. Oh
3.9 juramentos a las tribus fueron *p* segura

Sof. 1.1 *p* de Jehová que vino a Sofonías hijo
2.5 *p* de Jehová es contra vosotros..Canaán

Hag. 1.1,3 *p* de Jehová por medio del profeta
1.12 oyó Zorobabel..las *p* del profeta Hageo
2.1,10 vino *p* de Jehová por medio del profeta
2.20 vino por segunda vez *p* de Jehová a Hageo

Zac. 1.1,7 vino *p* de Jehová al profeta Zacarías
1.6 mis *p*..¿no alcanzaron vuestros padres?
1.13 respondió buenas *p*, *p* consoladoras, al
4.6 esta es *p* de Jehová a Zorobabel, que dice
4.8; 6.9 vino a mí *p* de Jehová, diciendo
7.1,8 vino *p* de Jehová a Zacarías
7.4 vino..a mí *p* de Jehová de los ejércitos
7.7 ¿no son estas las *p* que proclamó Jehová
7.12 para no oír..ni las *p* que Jehová de los
8.1,18 vino a mí *p* de Jehová de los ejércitos
8.9 los que oís..estas *p* de la boca de los
9.1 la profecía de la *p* de Jehová está contra
11.11 así conocieron los..que era *p* de Jehová
12.1 profecía..*p* de Jehová acerca de Israel

Mal. 1.1 profecía..*p* de Jehová contra Israel
2.17 habéis hecho cansar a Jehová con vuestras *p*
3.13 vuestras *p* contra mí han sido violentas

Mt. 4.4 de toda *p* que sale de la boca de Dios
7.24 cualquiera, pues, que me oye estas *p*, y
7.26 pero..que me oye estas *p* y no las hace
7.28 cuando terminó Jesús estas *p*, la gente
8.8 solamente dí la *p*, y mi criado sanará
8.16 con la *p* echó fuera a los demonios, y sanó
10.14 ni oyere vuestras *p*, salid de..ciudad
12.32 que dijere alguna *p* contra el Hijo del
12.36 de toda *p* ociosa que hablen los hombres
12.37 porque por tus *p* serás justificado, y
12.37 porque..y por tus *p* serás condenado
13.19 cuando alguno oye la *p* del reino y no la
13.20 éste es el que oye la *p*, y al momento
13.21 al venir..persecución por causa de la *p*
13.22 oye la *p*, pero el afán de..ahogan la *p*
13.23 el que oye y entiende la *p*, y da fruto
15.12 fariseos se ofendieron..oyeron esta *p*?
15.23 pero Jesús no le respondió *p*. Entonces
18.16 en boca de dos..testigos conste toda *p*
19.1 cuando Jesús terminó estas *p*, se alejó
19.22 oyendo el joven esta *p*, se fue triste
22.15 consultaron..sorprenderle en alguna *p*
22.46 y nadie le podía responder *p*; ni osó
24.35 tierra pasarán, pero mis *p* no pasarán
26.1 cuando hubo acabado Jesús todas estas *p*
26.44 oró..tercera vez, diciendo las mismas *p*
26.75 Pedro se acordó de las *p* de Jesús, que
27.14 Jesús no le respondió ni una *p*, de tal

Mr. 2.2 juntaron muchos..y les predicaba la *p*
4.14 el sembrador es el que siembra la *p*
4.15 son los de..en quienes se siembra la *p*
4.15 Satanás, y quita la *p* que se sembró en
4.16 que cuando han oído la *p*, al momento la
4.17 viene la tribulación..por causa de la *p*
4.18 sembrados entre espinos..que oyen la *p*
4.19 y ahogan la *p*, y se hace infructuosa
4.20 que oyen la *p* y la reciben, y dan fruto
4.33 con muchas parábolas..les hablaba la *p*
7.13 invalidando la *p* de Dios con..tradición
7.29 por esta *p*, vé; el demonio ha salido de
8.38 el que se avergonzare de mí y de mis *p*
9.10 guardaron la *p*..discutiendo qué sería
9.32 no entendían esta *p*, y tenían miedo de
10.22 él, afligido por esta *p*, se fue triste
10.24 los discípulos se asombraron de sus *p*
12.13 para que le sorprendiesen en alguna *p*
13.31 tierra pasarán, pero mis *p* no pasarán
14.39 otra vez..y oró, diciendo las mismas *p*
14.72 Pedro se acordó de las *p* que Jesús le
16.20 confirmando la *p* con las señales que

Lc. 1.2 lo vieron..y fueron ministros de la *p*
1.20 quedarás mudo..cuanto no creíste mis *p*
1.29 ella, cuando le vio, se turbó por sus *p*
1.38 sierva..hágase conmigo conforme a tu *p*
2.29 despides a tu siervo..conforme a tu *p*
2.50 mas ellos no entendieron las *p* que les
3.2 *p* de Dios a Juan, hijo de..en el desierto
3.4 como está escrito en el libro de las *p*
4.4 no sólo de pan..sino de toda *p* de Dios
4.22 estaban maravillados de las *p* de gracia
4.32 y se admiraban..su *p* era con autoridad
4.36 *p* es esta, que con autoridad y poder
5.1 agolpaba sobre él para oír la *p* de Dios
5.5 le dijo: Maestro..en tu *p* echaré la red
6.47 y oye mis *p* y las hace, os indicaré a
7.1 después que hubo terminado todas sus *p*
7.7 tí; pero dí la *p*, y mi siervo será sano
8.11 la parábola: La semilla es la *p* de Dios
8.12 el diablo y quita de su corazón la *p*
8.13 que habiendo oído, reciben la *p* con gozo
8.15 son los que..retienen la *p* oída, y dan
8.21 los que oyen la *p* de Dios, y la hacen
9.26 se avergonzare de mí y de mis *p*, de éste
9.28 después de estas *p*, que tomó a Pedro, a
9.44 os penetren bien en los oídos estas *p*
9.45 mas ellos no entendían estas *p*, pues les
9.45 pues..y temían preguntarle sobre esas *p*
10.39 sentándose a..pies de Jesús, oía su *p*
11.28 bienaventurados los que oyen la *p* de
11.54 procurando cazar alguna *p* de su boca
12.10 que dijere alguna *p* contra el Hijo del
18.34 *p* les era encubierta, y no entendían lo
20.20 fin de sorprenderle en alguna *p*, para
20.26 no pudieron sorprenderle en *p* alguna

PALABRA *(Continúa)*
Lc. 21.15 yo os daré p y sabiduría, la cual no
21.33 y la tierra pasarán. .mis p no pasarán
22.61 Pedro se acordó de la p del Señor, que
24.8 entonces ellas se acordaron de sus p
24.11 les parecían locura las p de ellas, y
24.19 poderoso en obra y. .p delante de Dios y
24.44 les dijo: Estas son las p que os hablé
Jn. 2.22 creyeron. .la p que Jesús había dicho
3.34 el que Dios envió, las p que Dios habla
4.39 creyeron en él por la p de la mujer, que
4.41 y creyeron muchos más por la p de él
4.50 creyó la p que Jesús le dijo, y se fue
5.24 el que oye mi p, y cree al que me envió
5.38 ni tenéis su p morando en vosotros
5.47 si no creéis a. .¿cómo creeréis a mis p?
6.60 dura es esta p; ¿quién la puede oir?
6.63 las p que yo os he hablado son espíritu
6.68 Señor, ¿a quién iremos? Tú tienes p de
7.40 oyendo estas p, decían. .es el profeta
8.20 estas p habló Jesús en el lugar de las
8.31 dijo. .Si vosotros permaneciereis en mi p
8.37 porque mi p no halla cabida en vosotros
8.43 no entendéis. .no podéis escuchar mi p
8.47 el que es de Dios, las p de Dios oye; por
8.51 el que guarda mi p, nunca verá muerte
8.52 el que guarda mi p, nunca sufrirá muerte
8.55 dijere. .pero le conozco, y guardo su p
10.19 volvió a haber disensión. .por estas p
10.21 decían. .Estas p no son de endemoniado
10.35 a aquellos a quienes vino la p de Dios
12.38 para que se cumpliese la p del profeta
12.47 al que oye mis p, y no las guarda, yo
12.48 no recibe mis p. .la p. .ella le juzgará
14.10 las p que yo os hablo, no las hablo por
14.23 que me ama, mi p guardará; y mi Padre
14.24 el que no me ama, no guarda mis p; y la
14.24 y la p que habéis oído no es mía, sino
15.3 ya vosotros estáis limpios por la p que
15.7 y mis p permanecen en vosotros, pedid
15.20 acordaos de la p que yo os he dicho: El
15.20 si han guardado mi p, también guardarán
15.25 para que se cumpla la p que está escrita
17.6 eran, y me los diste, y han guardado tu p
17.8 porque las p que me diste, les he dado
17.14 he dado tu p; y el mundo los aborreció
17.17 santifícalos en. .verdad; tu p es verdad
17.20 los que han de creer en mí por la p de
18.32 se cumpliese la p que Jesús había dicho
Hch. 2.14 esto os sea notorio, y oíd mis p
2.22 israelitas, oíd estas p: Jesús nazareno
2.40 y con otras muchas p testificaba y les
2.41 los que recibieron su p fueron bautizados
4.4 pero muchos de los que habían oído la p
4.29 concede a. .con todo denuedo hablen tu p
4.31 todos. .hablaban con denuedo la p de Dios
5.5 al oir Ananías estas p, cayó y expiró
5.20 anunciad al pueblo todas las p de esta
5.24 oyeron estas p el sumo sacerdote y el
6.2 no es justo que. .dejemos la p de Dios
6.4 persistiremos. .en el ministerio de la p
6.7 y crecía la p del Señor, y el número de
6.11 oído hablar p blasfemas contra Moisés
6.13 no cesa de hablar p blasfemas contra
7.22 Moisés. .era poderoso en sus p y obras
7.29 al oir esta p, Moisés huyó, y vivió como
7.38 aquel. .que recibió p de vida que darnos
8.14 que Samaria había recibido la p de Dios
8.25 ellos, habiendo. .hablado la p de Dios
10.22 de hacerte venir a su casa. .oir tus p
10.44 aún hablaba Pedro estas p, el Espíritu
11.1 los gentiles habían recibido la p de Dios
11.14 te hablará p por las cuales serás salvo
11.19 no hablando a nadie la p, sino sólo a
12.24 la p del Señor crecía y se multiplicaba
13.5 anunciaban la p de Dios en las sinagogas
13.7 Sergio. .deseaba oir la palabra de Dios
13.15 si tenéis alguna p de exhortación para
13.26 a vosotros es enviada la p de esta
13.27 no conociendo. .ni las p de los profetas
13.44 toda la ciudad para oir la p de Dios
13.46 que se os hablase primero la p de Dios
13.48 gentiles. .glorificaban la p del Señor
13.49 y la p del Señor se difundía por toda
14.3 cual daba testimonio a la p de su gracia
14.12 porque éste era el que llevaba la p
14.25 predicado la p en Perge, descendieron a
15.7 oyesen por mi boca la p del evangelio
15.15 esto concuerdan las p de los profetas
15.24 os han inquietado con p, perturbando
15.27 también de p os harán saber lo mismo
15.32 y confirmaron a los hermanos con. .de p
15.35 continuaron. .enseñando la p del Señor
15.36 en que hemos anunciado la p del Señor
16.6 les fue prohibido. .hablar la p en Asia
16.32 hablaron la p del Señor a él y a todos
16.36 carcelero hizo saber estas p a Pablo
16.38 hicieron saber estas p a los magistrados
17.11 pues recibieron la p con toda solicitud
17.13 era anunciada la p de Dios por Pablo
18.5 entregado por. .a la predicación de la p
18.11 y se detuvo. .enseñándoles la p de Dios
18.15 si son cuestiones de p. .vedlo vosotros
19.10 y griegos, oyeron la p del Señor Jesús
19.20 así crecía y prevalecía. .la p del Señor
20.2 exhortarles con abundancia de p, llegó
20.32 os encomiendo a. .y a la p de su gracia
20.35 y recordar las p del Señor Jesús, que
20.38 doliéndose. .por la p que dijo, de que
22.22 oyeron hasta esta p; entonces alzaron
26.25 sino que hablo p de verdad y de cordura
28.25 les dijo Pablo esta p: Bien habló el
Ro. 3.2 que les ha sido confiada la p de Dios
3.4 que seas justificado en tus p, y venzas
9.6 no que la p de Dios haya fallado; porque
9.9 porque la p de la promesa es esta: Por
10.8 cerca de ti está la p, en tu boca y en
10.8 mas. .Esta es la p de fe que predicamos
10.17 oir, y el oir, por la palabra de Dios
10.18 y hasta los fines de la tierra sus p
15.18 medio de mí. .con la p y con las obras
16.18 y con suaves p. .engañan los corazones
1 Co. 1.5 enriquecidos en. .p y en toda ciencia
1.17 no con sabiduría de p, para que no se
1.18 la p de la cruz es locura a los que se
2.1 cuando fui a. .no fui con excelencia de p
2.4 ni mi p ni mi. .fue con p persuasivas de
2.13 también hablamos, no con p enseñadas por
4.19 conoceré, no las p, sino el poder de los
4.20 el reino de Dios no consiste en p, sino
12.8 es dada por el Espíritu p de sabiduría
12.8 a otro, p de ciencia según el. .Espíritu
14.9 la lengua no diereis p bien comprensible
14.11 yo ignoro el valor de las p, seré como
14.19 en la iglesia prefiero hablar cinco p
14.19 que diez mil p en lengua desconocida
14.36 ha salido de vosotros la p de Dios, o
15.2 si retenéis la p que os he predicado, sois
15.54 cumplirá la p que está escrita: Sorbida
2 Co. 1.18 nuestra p a vosotros no es Sí y No
2.17 que medran falsificando la p de Dios
4.2 ni adulterando la p de Dios, sino por la
5.19 nos encargó. .la p de la reconciliación
6.7 en p de verdad, en poder de Dios, con
8.7 fe, en p, en ciencia, en toda solicitud
10.10 corporal débil, y la p menospreciable
10.11 que así como somos en la p por cartas
11.6 aunque sea tosco en la p, no lo soy en
12.4 donde oyó p inefables que no le es dado
Gá. 5.14 ley en esta sola p se cumple: Amarás
6.6 que es enseñado en la p, haga partícipe
Ef. 1.13 también vosotros, habiendo oído la p
4.29 ninguna p corrompida salga de vuestra
5.4 ni p deshonestas, ni. .que no convienen
5.6 nadie os engañe con p vanas, porque por
5.26 en el lavamiento del agua por la p
6.17 y la espada del Espíritu, que es la p de
6.19 dada p para dar a conocer con denuedo
Fil. 1.14 se atreven mucho más a hablar la p
2.16 asidos de la p de vida, para que en el
Col. 1.5 ya habéis oído por la p verdadera del
1.25 que anuncie cumplidamente la p de Dios
2.4 para que nadie os engañe con p persuasivas
3.8 dejad. .ira. .p deshonestas de vuestra boca
3.16 la p de Cristo more en abundancia en
3.17 todo lo que hacéis, sea de p o de hecho
4.3 que el Señor nos abra puerta para la p
4.6 sea vuestra p siempre con gracia. .con sal
1 Ts. 1.5 evangelio no llegó. .en p solamente
1.6 recibiendo la p en medio de. .tribulación
1.8 sido divulgada la p del Señor, no sólo
2.5 porque nunca usamos de p lisonjeras, como
2.13 de que cuando recibisteis la p de Dios
2.13 no como p de hombres, sino. .p de Dios
4.15 lo cual os decimos esto en p del Señor
4.18 alentaos. .unos a los otros con estas p
2 Ts. 2.2 ni por p, ni por carta como si fuera
2.15 doctrina que habéis aprendido, sea por p
2.17 y os confirme en toda buena p y obra
3.1 que la p del Señor corra y sea glorificada
1 Ti. 1.15 p fiel y digna de ser recibida por
3.1 p fiel: Si alguno anhela obispado, buena
4.5 porque por la p de Dios y por la oración
4.6 nutrido con las p de la fe y. .doctrina
4.9 p fiel es esta, y digna de ser recibida
4.12 sino sé ejemplo de los creyentes en p
6.3 y no se conforma a las sanas p de. .Señor
6.4 acerca de cuestiones y contiendas de p
2 Ti. 1.13 retén. .las sanas p que de mí oíste
2.9 sufro. .mas la p de Dios no está presa
2.11 p fiel es esta: Si somos muertos con él
2.14 que no contiendan sobre p, lo cual para
2.15 como obrero. .que usa bien la p de verdad
2.17 p carcomerá como gangrena; de los cuales
4.2 que prediques la p; que instes a tiempo
4.15 gran manera se ha opuesto a nuestras p
Tit. 1.3 y a su debido tiempo manifestó su p
1.9 retenedor de la p fiel tal como ha sido
2.5 para que la p de Dios no sea blasfemada
2.8 p sana e irreprochable, de modo que el
3.8 p fiel es esta, y en estas cosas quiero
He. 1.3 quien sustenta todas las cosas con la p
2.2 si la p dicha por medio de los ángeles fue
4.2 no les aprovechó el oir la p, por no ir
4.12 porque la p de Dios es viva y eficaz, y
5.12 enseñar. .los primeros rudimentos de las p
5.13 leche es inexperto en la p de justicia
6.5 gustaron de la buena p de Dios y. .poderes
7.28 la p del juramento, posterior a la ley
11.3 constituido el universo por la p de Dios
13.7 pastores, que os hablaron la p de Dios
13.22 que soportéis la p de exhortación, pues
Stg. 1.18 él. .nos hizo nacer por la p de verdad
1.21 recibid con mansedumbre la p implantada
1.22 sed hacedores de la p, y no tan solamente
1.23 es oidor de la p pero no hacedor de ella
3.2 no ofende en p, éste es varón perfecto
1 P. 1.23 siendo renacidos. .por la p de Dios
1.25 la p del Señor permanece para siempre
1.25 esta es la p que. .os ha sido anunciada
2.8 tropiezan en la p, siendo desobedientes
3.1 que no creen a la p, sean ganados sin p
4.11 habla, hable conforme a las p de Dios
2 P. 1.19 tenemos. .la p profética más segura
2.3 harán mercadería de vosotros. .p fingidas
2.18 hablando p infladas y vanas, seducen con
3.2 tengáis memoria de las p que antes han
3.5 hechos por la p de Dios los cielos, y
3.7 cielos. .están reservados por la misma p
1 Jn. 1.10 decimos. .y su p no está en nosotros
2.5 el que guarda su p. .el amor de Dios se ha
2.7 la p que habéis oído desde el principio
2.14 y la p de Dios permanece en vosotros, y
3.18 míos, no amemos de p ni de lengua, sino
3 Jn. 10 que hace parloteando con p malignas
Jud. 17 tened memoria de las p. .dichas por los
Ap. 1.2 que ha dado testimonio de la p de Dios
1.3 bienaventurado. .los que oyen las p de esta
1.9 isla. .Patmos, por causa de la p de Dios
3.8 has guardado mi p, y no has negado mi
3.10 has guardado la palabra de mi paciencia
6.9 sido muertos por causa de la p de Dios
12.11 le han vencido por. .la p del testimonio
17.17 dar. .hasta que se cumplan las p de Dios
19.9 me dijo: Estas son p verdaderas de Dios
20.4 los decapitados por causa. .la p de Dios
21.5; 22.6 estas p son fieles y verdaderas
22.7 bienaventurado el que guarda las p de
22.9 de los que guardan las p de este libro
22.10 no selles las p de la profecía de este
22.18 testifico a todo aquel que oye las p
22.19 si alguno quitare de las p del libro

PALABRERÍA
Mt. 6.7 que piensan que por su p serán oídos
1 Ti. 1.6 desviándose. .se apartaron a vana p
2 Ti. 2.16 mas evita profanas y vanas p, porque

PALABRERO
Hch. 17.18 decían: ¿Qué querrá decir este p?

PALACIO
1 R. 16.18 se metió en el p de la casa real, y
21.1 tenía allí una viña junto al p de Acab
2 R. 7.11 lo anunciaron dentro, en el p del rey
15.5 Jotam hijo del rey tenía el cargo del p
15.25 y lo hirió en. .en el p de la casa real
20.18 tus hijos. .serán eunucos en el p del
2 Cr. 36.19 y consumieron a fuego todos sus p
Esd. 4.14 siendo que nos mantienen del p, no
6.2 el p que está en la provincia de Media
Neh. 2.8 enmaderar las puertas del p de la casa
Est. 1.5 banquete. .en el patio del huerto del p
5.9 vio a Mardoqueo a la puerta del p del rey
7.7 el rey se levantó. .se fue al huerto del p
7.8 después el rey volvió del huerto del p
Sal. 45.8 mirra. .desde p de marfil te recrean
45.15 con alegría. .entrarán en el p del rey
48.3 en sus p Dios es conocido por refugio
48.13 considerad. .su antemuro, mirad sus p
69.25 sea su p asolado; en sus tiendas no haya
122.7 la paz. .y el descanso dentro de tu p
144.12 como esquinas labradas como las de un p
Pr. 30.28 araña que atrapas. .está en p de rey
Cnt. 8.9 edificaremos sobre él un p de plata
Is. 13.22 en sus p aullarán hienas, y chacales
23.13 edificaron sus p. .la convirtió en ruinas
32.14 los p quedarán desiertos, la multitud
39.7 tomarán, y serán eunucos en el p del rey
Jer. 6.5 y asaltemos de. .y destruyamos sus p
9.21 muerte. .ha entrado en nuestros p, para
17.27 haré descender fuego. .consumirá los p
29.2 después que salió. .la reina, los del p
Lm. 2.5 destruyó. .sus p, derribó sus fortalezas
2.7 en manos del enemigo los muros de sus p
Dn. 1.4 muchachos. .idóneos para estar en el p
4.4 estaba tranquilo. .y floreciente en mi p
4.29 doce. .paseando en el p real de Babilonia
5.5 sobre lo encalado de la pared del p real
6.18 el rey se fue a su p, y se acostó ayuno
11.45 plantará las tiendas de su p entre los
Os. 8.14 meteré fuego. .el cual consumirá sus p
Am. 1.4 fuego en. .y consumirá los p de Ben-adad
1.7,10,12 prenderé fuego. .y consumirá sus p
1.14 y consumirá sus p con estruendo en el
2.2 fuego en. .y consumirá los p de Queriot
2.5 fuego. .cual consumirá los p de Jerusalén
3.9 en los p de Asdod, y en los p. .de Egipto
3.10 atesorando rapiña y despojo en sus p
3.11 y derribará tu. .y tus p serán saqueados
4.3 saldréis por. .echadas del p, dice Jehová

PALACIO *(Continúa)*
Am. 6.8 aborrezco sus *p;* y entregaré al enemigo
Mi. 5.5 y cuando hollare nuestros *p*, entonces
Nah. 2.6 las puertas de. . y el *p* será destruido
Lc. 7.25 deleites, en los *p* de los reyes están
11.21 el hombre fuerte armado guarda su *p*, en

PALADAR
Job 6.30 ¿acaso no puede mi *p* discernir. . cosas
12.11 las palabras, y el *p* gusta las viandas
20.13 no lo dejaba, sino. . lo detenía en su *p*
29.10 apagaba, y su lengua se pegaba a su *p*
34.3 el oído. . como el *p* gusta lo que uno come
Sal. 22.15 mi lengua se pegó a mi *p*, y me has
119.103 dulces son a mi *p* tus palabras! más
137.6 mi lengua se pegue a mi *p*, si de ti no
Pr. 5.3 mujer. . su *p* es más blando que el aceite
24.13 es buena, y el panal es dulce a tu *p*
Cnt. 2.3 me senté, y su fruto fue dulce a mi *p*
5.16 su *p*, dulcísimo, y todo él codiciable
7.9 y tu *p* como el buen vino, que se entra a
Lm. 4.4 la lengua del niño de. . se pegó a su *p*
Ez. 3.26 y haré que se pegue tu lengua a tu *p*

PALADÍN
1 S. 17.4 del campamento de los filisteos un *p*
17.23 aquel *p*. . salió de entre las filas de los
17.51 cuando. . filisteos vieron a su *p* muerto

PALAL *Uno que ayudó en la restauración del muro de Jerusalén,* Neh. 3.25

PALETA
Éx. 27.3 sus *p*, sus tazones, sus garfios y sus
Nm. 4.14 pondrán. . *p*, los garfios, los braseros
1 R. 7.45 *p*, cuencos, y todos los utensilios que
2 R. 25.14 llevaron también los calderos. . las *p*

PALIDECER
Dn. 5.6 el rey *palideció*, y sus pensamientos lo
5.9 el rey Belsasar se turbó. . *palideció*, y sus
5.10 no te turben tus. . ni *palidezca* tu rostro

PÁLIDO
Is. 29.22 avergonzado Jacob, ni su rostro se. . *p*
Jer. 30.6 y se han vuelto *p* todos los rostros
Dn. 1.10 vea vuestros rostros más *p* que los de
Jl. 2.6 de él. . se pondrán *p* todos los semblantes

PALMA
Lv. 14.15,26 del aceite. . sobre la *p* de su mano
1 S. 5.4 la cabeza de Dagón y las dos *p* de sus
25.29 como de en medio de la *p* de una honda
1 R. 18.44 veo una pequeña nube como la *p* de la
2 R. 9.35 no hallaron de ella más que. . las *p* de
Job 34.37 bate *p* contra nosotros, y contra Dios
Is. 49.16 que en las *p* de las manos te tengo
Dn. 10.10 me pusiese. . sobre las *p* de mis manos
Ap. 7.9 de ropas blancas, y con *p* en las manos

PALMADA
Is. 55.12 los árboles del. . darán *p* de aplauso

PALMERA
Éx. 15.27 doce fuentes de aguas, y setenta *p*
Lv. 23.40 de *p*, ramas de árboles frondosos, y
Nm. 33.9 y vinieron a Elim, donde había. . 70 *p*
Dt. 34.3 vega de Jericó, ciudad de las *p*, hasta
Jue. 1.16 subieron de la ciudad de las *p* con los
3.13 vino e hirió. . y tomó la ciudad de las *p*
4.5 y acostumbraba sentarse. . la *p* de Débora
1 R. 6.29 esculpió. . de *p* y de botones de flores
6.32,35 y talló en ellas figuras de. . *p* y de
6.32 cubrió. . de oro los querubines y las *p*
7.36 e hizo. . entalladuras de. . leones y de *p*
2 Cr. 3.5 y hizo realzar en ella *p* y cadenas
28.15 llevaron hasta Jericó, ciudad de las *p*
Neh. 8.15 traed ramas. . de arrayán, de *p* y de
Sal. 92.12 justo florecerá como la *p;* crecerá
Cnt. 7.7 tu estatura es semejante a la *p*, y tus
7.8 yo dije: Subiré a la *p*, asiré sus ramas
Jer. 10.5 derechos están como *p*, y no hablan
Ez. 40.16 las ventanas. . en cada poste había *p*
40.22 sus *p* eran conforme a la medida de la
40.26 y tenía *p*, una de un lado, y otra del
40.31 sus arcos. . con *p* en sus postes; y sus
40.34 *p* en sus postes de un lado y de otro
40.37 *p* a cada uno de sus postes de un lado y
41.18 estaba labrada con querubines y *p*, entre
41.18 entre querubín y querubín una *p;* y cada
41.19 rostro de hombre hacia la *p* del un lado
41.19 rostro de león hacia la *p* del otro lado
41.20 había querubines labrados y *p*, por toda
41.25 labrados de querubines y *p*, así como
41.26 había ventanas. . y *p* de uno y otro lado
Jn. 12.13 ramas de *p* y salieron a recibirle, y

PALMO
Éx. 25.25 una moldura. . un *p* menor de anchura
28.16 será. . de un *p* de largo y un *p* de ancho
37.12 una moldura de un *p* menor de anchura
39.9 su longitud era de un *p*, y de un *p* su
1 S. 17.4 y tenía de altura seis codos y un *p*
1 R. 7.26 el grueso del mar era de un *p* menor
2 Cr. 4.5 y tenía de grueso un *p* menor, y el
Is. 40.12 ¿quién midió. . y los cielos con su *p*
48.13 mano derecha midió los cielos con el *p*
Ez. 40.5 la caña. . de seis codos de a codo y *p*
40.43 ganchos, de un *p* menor, dispuestos en
43.13 medidas. . (el codo de a codo y *p* menor
43.13 su remate por su borde. . de un *p*. Este

PALMOTEAR
Ez. 6.11 *palmotea* con tus manos, y golpea con

PALO
Éx. 21.20 hiriere a su siervo. . con *p*, y muriere
Nm. 13.23 racimo. . el cual trajeron dos en un *p*
22.27 Balaam se enojó y azotó al asna con. . *p*
35.18 si con instrumento de *p*. . lo hiriere y
Dt. 28.36 y allá servirás. . al *p* y a la piedra
1 S. 17.43 ¿soy yo perro. . que vengas a mí con *p?*
2 S. 23.21 pero descendió contra él con un *p*
2 R. 6.6 cortó él un *p*, y lo echó allí; e hizo
Is. 10.24 contra ti alzará su *p*, a la manera de
28.27 sino que con un *p* se sacude el eneldo
Lm. 4.8 su piel está pegada a. . seca como un *p*
Ez. 20.32 como las. . sirven al *p* y a la piedra
21.10 ha despreciado como a un *p* cualquiera
37.16 toma ahora un *p*, y escribe. . Para Judá
37.16 otro *p*, y escribe en él: Para José, *p* de
37.19 tomo el *p* de José, que está en la mano
37.19 con el *p* de Judá, y los haré un solo *p*
37.20 y los *p* sobre que escribas estarán en
Hab. 2.19 ¡ay del que dice al *p:* Despiértate
Mt. 26.47 y con él mucha gente con espadas y *p*
26.55 con espadas y con *p* para prenderme?
Mr. 14.43 y con él mucha gente con espadas y *p*
14.48 con espadas y con *p* para prenderme?
Lc. 22.52 ladrón habéis salido con espadas y *p?*

PALOMA
Gn. 8.8 envió. . una *p*, para ver si las aguas se
8.10 y volvió a enviar la *p* fuera del arca
8.11 la *p* volvió a él a la hora de la tarde
8.12 envió la *p*, la cual no volvió ya más a
2 R. 6.25 de estiércol de *p* por cinco piezas de
Sal. 55.6 dije: ¡Quién me diese alas como de *p!*
56 *tit.* La *p* silenciosa en paraje. . distante
68.13 como alas de *p* cubiertas de plata, y
Cnt. 1.15 aquí eres bella; tus ojos son como *p*
2.14 *p* mía, que estás en los agujeros de la
4.1 tus ojos entre tus guedejas como de *p*
5.2 ábreme, hermana mía. . *p* mía, perfecta mía
5.12 sus ojos, como *p* junto a los arroyos de
6.9 una es la *p* mía, la perfecta mía; es la
Is. 38.14 gemía como la *p;* alzaba en alto mis
59.11 todos. . gemimos lastimeramente como *p*
60.8 que vuelan como. . como *p* a sus ventanas?
Jer. 48.28 como la *p* que hace nido en la boca
Ez. 7.16 y estarán sobre los montes como *p* de
Os. 7.11 Efraín fue como *p*. . sin entendimiento
11.11 de la tierra de Asiria como *p;* y los
Nah. 2.7 sus criadas la llevarán gimiendo como *p*
Mt. 3.16 que descendía como *p*, y venía sobre él
10.16 sed, pues, prudentes. . sencillos como *p*
21.12 volcó. . las sillas de los que vendían *p*
Mr. 1.10 al Espíritu como *p* que descendía sobre
11.15 volcó. . las sillas de los que vendían *p*
Lc. 3.22 y descendió el Espíritu Santo. . como *p*
Jn. 1.32 vi al Espíritu que descendía. . como *p*
2.14 los que vendían bueyes, ovejas y *p*, y a
2.16 dijo a los que vendían *p:* Quitad de aquí

PALOMINO
Gn. 15.9 tráeme. . una tórtola también, y un *p*
Lv. 1.14 presentará su ofrenda de tórtolas. . *p*
5.7 dos *p*, el uno para expiación, y el otro
5.11 no tuviere lo suficiente para. . o dos *p*
12.6 traerá. . *p* o una tórtola para expiación
12.8 dos *p*, uno para holocausto y otro para
14.22 tórtolas o dos *p*, según pueda; uno será
14.30 ofrecerá. . o uno de los *p*, según pueda
15.14 dos tórtolas o dos *p*, y vendrá delante
15.29 tomará consigo dos tórtolas o dos *p*, y
Nm. 6.10 día octavo traerá. . dos *p* al sacerdote
Lc. 2.24 ofrecer. . Un par de tórtolas, o dos *p*

PALPAR
Gn. 27.12 me *palpará* mi padre, y me tendrá por
27.21 y te *palparé*. . por si eres mi hijo Esaú
27.22 acercó Jacob a su padre Isaac. . le *palpó*
Éx. 10.21 tinieblas. . que cualquiera las *palpe*
Dt. 28.29 y *palparás* a mediodía como *palpa* el
Jue. 16.26 hazme *palpar* las columnas sobre las
Sal. 115.7 manos tienen, mas no *palpan;* tienen
Is. 59.10 *palpamos* la pared como ciegos, y
Lc. 24.39 *palpad*, y ved; porque un espíritu no
Hch. 17.27 *palpando*, puedan hallarle, aunque
He. 12.18 al monte que se podía *palpar*, y que
1 Jn. 1.1 y *palparon* nuestras manos tocante al

PALTI
1. Uno de los doce espías, Nm. 13.9
2. Hijo de Lais (=Paltiel No. 2), 1 S. 25.44

PALTIEL
1. Príncipe de la tribu de Isacar, Nm. 34.26
2. Hijo de Lais (=Palti No. 2), 2 S. 3.15

PALTITA *Habitante de Bet-pelet (=Pelonita),* 2 S. 23.26

PÁMPANO
Jn. 15.2 todo *p* que en mí no lleva fruto, lo
15.4 como el *p* no puede llevar fruto por sí
15.5 yo soy la vid, vosotros los *p;* el que
15.6 será echado fuera como *p*, y se secará

PAN
Gn. 3.19 con el sudor de tu rostro comerás el *p*
14.18 entonces Melquisedec rey. . sacó *p* y vino
18.5 y traeré un bocado de *p*, y sustentad
18.6 toma. . harina, y amasa y haz *p* cocidos
19.3 hizo. . y coció *p* sin levadura, y comieron
21.14 tomó *p*, y un odre de agua, y lo dio
25.34 Jacob dio a Esaú *p* y del guisado de las
27.17 y entregó los guisados y el *p*. . Jacob
28.20 y me diere *p* para comer y vestido para
31.54 a sus hermanos a comer *p;* y comieron *p*
37.25 se sentaron a comer *p;* y alzando los
39.6 no se preocupaba de cosa. . sino del *p* que
41.54 mas en toda la tierra de Egipto había *p*
41.55 el pueblo clamó a Faraón por *p*. Y dijo
43.25 habían oído que allí habrían de comer *p*
43.31 salió, y se contuvo, y dijo: Poned *p*
43.32 no pueden comer *p* con los hebreos, lo
45.23 trigo, y *p* y comida, para su padre en
47.12 alimentaba José a su padre y a. . con *p*
47.13 no había *p* en. . la tierra, y el hambre
47.15 danos *p;* ¿por qué moriremos delante de
47.17 les sustentó de *p* por todos sus ganados
47.19 cómpranos a nosotros y a. . tierra por *p*
49.20 *p* de Aser será substancioso, y él dará
Éx. 12.8 comerán la carne. . y *p* sin levadura
12.15 siete días comeréis *p* sin levadura
12.17 y guardaréis la fiesta de los *p* sin
12.18 en el mes primero comeréis los *p* sin
12.20 habitaciones comeréis *p* sin levadura
13.6 siete días comerás *p* sin leudar, y el
13.7 siete días se comerán los *p* sin levadura
16.3 cuando comíamos *p* hasta saciarnos; pues
16.4 he aquí yo os haré llover *p* del cielo
16.8 os dará. . en la mañana *p* hasta saciaros
16.12 y por la mañana os saciaréis de *p*, y
16.15 les dijo: Es el *p* que Jehová os da para
16.29 en el sexto día os da *p* para dos días
16.32 que vean el *p* que yo os di a comer en el
23.15 fiesta de los *p* sin levadura guardarás
23.15 siete días comerás los *p* sin levadura
23.18 no ofrecerás con *p* leudo la sangre de
23.25 Jehová. . él bendecirá tu *p* y tus aguas
25.30 sobre la mesa el *p* de la proposición
29.2 y *p* sin levadura, y tortas sin levadura
29.23 una torta. . de *p*. . torta de *p* de aceite
29.23 una hojaldre del canastillo de los *p*
29.32 y el *p* que estará en el canastillo, a
29.34 si sobrare. . del *p*, quemarás al fuego
34.18 fiesta de los *p*. . siete días comerás *p*
34.28 no comió *p*, ni bebió agua; y escribió
35.13; 39.36 la mesa. . el *p* de la proposición
40.23 puso por orden los *p* delante de Jehová
Lv. 7.13 con tortas de *p* leudo presentará su
8.2 toma. . el canastillo de los *p* sin levadura
8.26 y del canastillo de los *p* sin levadura
8.26 tomó una torta. . una torta de *p* de aceite
8.31 y comedla allí con el *p* que está en el
8.32 y lo que sobre. . del *p*, lo quemaréis al
21.6 las ofrendas. . y el *p* de su Dios ofrecen
21.8 el *p* de tu Dios ofrece; santo será para
21.17 defecto, se acercará para ofrecer el *p*
21.21 no se acercará a ofrecer el *p* de. . Dios
21.22 del *p* de su Dios. . lo santo. . podrá comer
22.25 ofrecerlos como el *p* de vuestro Dios
23.6 la fiesta solemne de los *p* sin levadura
23.14 no comeréis *p*. . grano tostado, ni espiga
23.17 dos *p* para ofrenda mecida, que serán de
23.18 y ofreceréis con el *p* siete corderos
23.20 *p* de las primicias y los dos corderos
24.7 y será para el *p* como perfume, ofrenda
26.5 y comeréis vuestro *p* hasta saciaros, y
26.26 cuando. . os quebrante el sustento del *p*
26.26 cocerán diez mujeres vuestro *p* en un
26.26 y os devolverán vuestro *p* por peso; y
Nm. 4.7 la mesa. . *p* continuo estará sobre ella
6.17 con el canastillo de los *p* sin levadura
9.11 con *p* sin levadura y hierbas. . la comerán
14.9 nosotros los comeremos como *p*. . amparo
15.19 comencéis a comer del *p* de la tierra
21.5 no hay *p* ni agua. . fastidio de este *p* tan
28.2 mi *p* con mis ofrendas encendidas en olor
28.17 siete días se comerán *p* sin levadura
Dt. 8.3 que no sólo de *p* vivirá el hombre, mas
8.9 en la cual no comerás el *p* con escasez
9.9 en el monte. . sin comer *p* ni beber agua
9.18 no comí *p* ni bebí agua, a causa de todo
10.18 que ama también al extranjero dándole *p*
16.3 no comerás. . *p* con levadura; siete días
16.3 *p* sin levadura, *p* de aflicción, porque

PAN *(Continúa)*
Dt. 16.8 seis días comerás *p* sin levadura, y el
16.16 la fiesta solemne de los *p* sin levadura
23.4 no os salieron a recibir con *p* y agua al
29.6 no habéis comido *p*, ni bebisteis vino ni
Jos. 5.11 comieron del fruto de. .*p* sin levadura
9.5 todo el *p* que traían. .era seco y mohoso
9.12 nuestro *p* lo tomamos caliente de. .casas
Jue. 6.19 preparó un cabrito, y *p* sin levadura
6.20 la carne y los *p* sin levadura, y ponlos
6.21 tocó. .los *p* sin levadura; y subió fuego
6.21 consumió la carne y los *p* sin levadura
7.13 veía un *p* de cebada que rodaba hasta el
8.5 ruego que deis a la gente. .bocados de *p*
8.6 tu mano, para que demos *p* a tu ejército?
8.15 para que demos. .*p* a tus hombres cansados
13.16 aunque me detengas, no comeré de tu *p*
19.5 conforta tu corazón con un bocado de *p*
19.19 también tenemos *p* y vino para mí y para
Rt. 1.6 Jehová había visitado a. .para darles *p*
2.14 ven aquí y come del *p*, y moja tu bocado
1 S. 2.5 los saciados se alquilaron por *p*, y los
2.36 postrarse. .por. .plata y un bocado de *p*
2.36 te ruego. .que pueda comer un bocado de *p*
9.7 porque el *p*. .se ha acabado, y no tenemos
10.3 llevando. .tres tortas de *p*, y el tercero
10.4 dos *p*, los que tomarás de mano de ellos
14.24 cualquiera que coma *p* antes. .la noche
14.24 y todo el pueblo no había probado *p*
16.20 y tomó Isaí un asno cargado de *p*, una
17.17 toma. .estos diez *p*, y llévalo pronto al
20.24 nueva luna, se sentó el rey a comer *p*
20.34 y no comió *p* el segundo día de la luna
21.3 a mano?. .Dame cinco *p*, o lo que tengas
21.4 no tengo *p*. .solamente tengo *p* sagrado
21.6 el sacerdote le dio el *p* sagrado, porque
21.6 allí no había otro *p* sino los *p* de la
21.6 quitados de la. .para poner *p* calientes
22.13 diste *p* y espada, y consultaste por él
25.11 ¿he de tomar yo ahora mi *p*, mi agua y
25.18 Abigail tomó luego 200 *p*, dos cueros de
25.18 doscientos *p* de higos secos, y lo cargó
28.20 estaba sin fuerzas. .no había comido *p*
28.22 pondré. .un bocado de *p* para que comas
28.24 tomó. .y coció de ella *p* sin levadura
30.11 dieron *p*, y comió, y le dieron a beber
30.12 no había comido *p* ni bebido agua en tres
2 S. 3.29 nunca falte. .quien tenga falta de *p*
3.35 antes que se ponga el sol gustare yo *p*
6.19 repartió. .cada uno un *p*, y un pedazo de
9.10 para que el hijo de tu señor tenga *p* para
12.17 mas él no quiso, ni comió con ellos *p*
12.20 vino. .y pidió, y le pusieron *p*, y comió
12.21 muerto él, te levantaste y comiste *p*
16.1 doscientos *p*. .cien *p* de higos secos, y
16.2 *p* y las pasas para que coman los criados
1 R. 7.48 una mesa. .sobre la cual estaban los *p*
13.8 comería *p* ni bebería agua en este lugar
13.9 no comas *p*, ni bebas agua, ni regreses
13.15 le dijo: Ven conmigo a casa, y come *p*
13.16 tampoco comeré *p* ni beberé agua contigo
13.17 dicho: No comas *p* ni bebas agua allí, ni
13.18 a tu casa, para que coma *p* y beba agua
13.19 volvió con él, y comió *p* en su casa, y
13.22 volviste, y comiste *p* y bebiste agua
13.22 Jehová había dicho que no comieses *p*
13.23 cuando había comido *p* y bebido, el que
14.3 diez *p*, y tortas, y una vasija de miel
17.6 le traían *p* y carne por la mañana, y *p*
17.11 ruego que me traigas. .un bocado de *p*
17.12 vive Jehová tu. .que no tengo *p* cocido
18.4 los escondió. .los sustentó con *p* y agua
18.13 escondí a. .y los mantuve con *p* y agua?
22.27 y mantenedle con *p* de angustia y con
2 R. 4.42 *p* de primicias, veinte *p* de cebada
6.22 pon delante de ellos *p* y agua, para que
18.32 os lleve a una. .tierra de *p* y de viñas
23.9 sino que comían *p* sin levadura entre sus
25.3 hasta que no hubo *p* para el pueblo de la
1 Cr. 9.32 a su cargo los *p* de la proposición
16.3 y repartió. .a cada uno una torta de *p*
23.29 para los *p*. de la proposición, para la
2 Cr. 2.4 y para la colocación. .de los *p* de la
4.19 sobre las cuales se ponían los *p* de la
8.13 en la fiesta de los *p* sin levadura, en
13.11 ponen los *p* sobre la mesa limpia, y el
18.26 sustentadle con *p* de aflicción y agua
30.13 fiesta. .de los *p* sin levadura en el mes
30.21; 35.17; Esd. 6.22 celebraron la fiesta. .de los *p* sin levadura
Esd. 10.6 e ido allá, no comió *p* ni bebió agua
Neh. 5.14 ni yo ni. .comimos el *p* del gobernador
5.15 tomaron de ellos por el *p* y por el vino
5.18 esto nunca requerí el *p* del gobernador
9.15 les diste *p* del cielo en su hambre, y
10.33 para el *p* de la proposición y para la
13.2 no salieron a recibir a los. .con *p* y agua
Job 3.24 antes que mi *p* viene mi suspiro, y mis
15.23 vaga alrededor tras el *p*, diciendo: ¿En
22.7 no diste. .detuviste el *p* al hambriento
27.14 hijos. .sus pequeños no se saciarán de *p*
28.5 de la tierra nace el *p*, y debajo de ella
33.20 que le hace que su vida aborrezca el *p*
42.11 vinieron. .y comieron con él *p* en su casa
Sal. 14.4 devoran a. .pueblo como si comiesen *p*
37.25 visto. .su descendencia que mendigue *p*
41.9 el hombre de mi paz. .que de mi *p* comía
42.3 fueron mis lágrimas mi *p* de día y. .noche
53.4 devoran a mi pueblo como si comiesen *p*
78.20 brotaron aguas. .¿podrá dar también *p?*
78.25 *p* de nobles comió el hombre; les envió
80.5 diste a comer *p* de lágrimas, y a beber
102.4 por lo cual me olvido de comer mi *p*
102.9 lo cual yo como ceniza a manera de *p*
104.14 la hierba. .sacando el *p* de la tierra
104.15 el *p* que sustenta la vida del hombre
105.16 trajo. .quebrantó todo sustento de *p*
105.40 pidieron. .y los sació de *p* del cielo
109.10 procuren su *p* lejos de sus. .hogares
127.2 por demás. .y que comáis *p* de dolores
132.15 provisión; a sus pobres saciaré de *p*
146.7 hace justicia. .da *p* a los hambrientos
Pr. 4.17 porque comen *p* de maldad, y beben vino
6.26 el hombre es reducido a un bocado de *p*
9.5 comed mi *p*, y bebed del vino que yo he
9.17 aguas. .el *p* comido en oculto es sabroso
12.9 más. .que el que se jacta, y carece de *p*
12.11 el que labra su tierra se saciará de *p*
13.23 el barbecho de los pobres hay mucho *p*
14.4 la fuerza del buey hay abundancia de *p*
20.13 abre tus ojos, y te saciarás de *p*
20.17 sabroso es al hombre el *p* de mentira
22.9 será bendito. .dio de su *p* al indigente
23.3 no codicies sus. .porque es *p* engañoso
23.6 no comas *p* con el avaro, ni codicies sus
25.21 si tu. .tuviere hambre, dale de comer *p*
28.3 como lluvia torrencial que deja sin *p*
28.19 el que labra su tierra se saciará de *p*
28.21 por un bocado de *p* prevaricará el hombre
30.8 ni riquezas; manténme del *p* necesario
30.22 por. .por el necio cuando se sacia de *p*
31.14 es como nave de mercader; trae su *p* de
31.27 considera los. .y no come el *p* de balde
Ec. 9.7 anda, y come tu *p* con gozo, y bebe tu
9.11 de los fuertes, ni aun de los sabios el *p*
11.1 echa tu *p* sobre las aguas. .lo hallarás
Is. 3.1 todo sustento de *p* y todo socorro de
3.7 en mi casa ni hay *p*, ni qué vestir; no
4.1 nosotras comeremos de nuestro *p*, y nos
21.14 moradores. .socorred con *p* al que huye
30.20 os dará el Señor *p* de congoja y agua
30.23 dará *p* del fruto de la tierra, y será
33.16 les dará su *p*, y sus aguas serán seguras
36.17 tierra de grano y de vino, tierra de *p*
44.15 enciende también el horno, y cuece *p*
44.19 sobre sus brasas cocí *p*, asé carne, y
51.14 no. .en la mazmorra, ni le faltará su *p*
55.2 ¿por qué gastáis el dinero en. .no es *p*
55.10 da semilla al que siembra, y *p* al que
58.7 que partas tu *p* con el hambriento, y a
58.10 dieres tu *p* al hambriento, y saciares
Jer. 5.17 comerá tu mies y tu *p*, comerá a tus
16.7 ni partirán *p* por ellos en el luto para
31.12 al *p*, al vino, al aceite, y al ganado
37.21 haciéndole dar una torta de *p* al día
37.21 que todo el *p* de la ciudad se gastase
38.9 allí morirá. .no hay más *p* en la ciudad
41.1 vino Ismael. .y comieron *p* juntos allí
44.17 tuvimos abundancia de *p*, y estuvimos
52.6 hambre. .hasta no haber *p* para el pueblo
52.33 y comía *p* en la mesa del rey siempre
Lm. 1.11 todo su pueblo buscó su *p* suspirando
4.4 pequeñuelos pidieron *p*, y no hubo quien
5.6 extendimos la mano, para saciarnos de *p*
5.9 con peligro de. .vidas traíamos nuestro *p*
Ez. 4.9 hazte *p* de ellos el número de los días
4.12 comerás *p* de cebada cocido debajo de la
4.13 así comerán los. .de Israel su *p* inmundo
4.15 estiércol de bueyes en. .para cocer tu *p*
4.16 he aquí quebrantaré el sustento del *p* en
4.16 y comerán el *p* por peso y con angustia
4.17 para que al faltarles el *p* y el agua, se
5.16 quebrantaré. .vosotros el sustento del *p*
12.18 come tu *p* con temblor, y bebe tu agua
12.19 su *p* comerán con temor, y con espanto
13.19 profanarme. .por pedazos de *p*, matando
14.13 y le quebrantare el sustento del *p*, y
16.19 mi *p* también, que yo te había dado, la
16.49 la maldad de Sodoma. .saciedad de *p*, y
18.7 diere de su *p* al hambriento y cubriere
18.16 al hambriento diere de su *p*, y cubriere
24.17 no hagas luto. .ni comas *p* de enlutados
24.22 no os. .ni comeréis *p* de hombres en luto
44.3 se sentará allí para comer *p* delante de
44.7 de ofrecer mi *p*, la grosura y la sangre
45.21 siete días; se comerá *p* sin levadura
Os. 2.5 mis amantes, que me dan mi *p* y mi agua
9.4 como *p* de enlutados les serán a ellos
9.4 *p* de ellos. .ese *p* no entrará en la casa
Jl. 2.19 os envío *p*, mosto y aceite, y seréis
Am. 4.5 sacrificio de alabanza con *p* leudado
4.6 y hubo falta de *p* en. .vuestros pueblos
7.12 huye. .come allá tu *p*, y profetiza allá
8.5 semana, y abriremos los graneros del *p*
8.11 no hambre de *p*. .sino de oir la palabra
Abd. 7 comían tu *p* pusieron lazo debajo de ti
Hag. 2.12 ropa, y. .el vuelo de ella tocare *p*
Mal. 1.7 que ofrecéis sobre mi altar *p* inmundo
Mt. 4.3 dí que estas piedras se conviertan en *p*
4.4 no sólo de *p* vivirá el hombre, sino de
6.11 el *p* nuestro de cada día, dánoslo hoy
7.9 si su hijo le pide *p*, le dará una piedra?
12.4 comió los *p* de la proposición, que no les
14.17 tenemos aquí sino cinco *p* y dos peces
14.19 y tomando los cinco *p* y los dos peces
14.19 partió, y dio los *p* a los discípulos, y
15.2 no se lavan las manos cuando comen *p*
15.26 no está bien tomar el *p* de los hijos
15.33 ¿de dónde tenemos nosotros tantos *p* en
15.34 ¿cuántos *p* tenéis? Y ellos dijeron: 7, y
15.36 tomando los siete *p*. .dio gracias, los
16.5 discípulos. .habían olvidado de traer *p*
16.7 dentro. .Esto dice porque no trajimos *p*
16.8 ¿por qué pensáis dentro. .que no tenéis *p?*
16.9 acordáis de los cinco *p* entre cinco mil, y
16.10 ¿ni de los siete *p* entre cuatro mil, y
16.11 no entendéis que no fue por el *p* que os
16.12 que se guardasen de la levadura del *p*
26.17 día de la fiesta de los *p* sin levadura
26.26 tomó Jesús el *p*, y bendijo, y lo partió
Mr. 2.26 comió los *p* de la proposición, de los
3.20 de modo que ellos ni aún podían comer *p*
6.8 ni alforja, ni *p*, ni dinero en el cinto
6.36 vayan a los campos y aldeas. .compren *p*
6.37 y compremos *p* por doscientos denarios, y
6.38 les dijo: ¿Cuántos *p* tenéis? Id y vedlo
6.41 tomó los cinco *p* y los dos peces, y
6.41 partió los *p*, y dio a sus discípulos para
6.52 aún no habían entendido lo de los *p*, por
7.2 viendo a. .los discípulos de Jesús comer *p*
7.5 no. .sino que comen *p* con manos inmundas?
7.27 no está bien tomar el *p* de los hijos y
8.4 saciar de *p* a éstos aquí en el desierto
8.5 ¿cuántos *p* tenéis? Ellos dijeron: Siete
8.6 tomando los 7 *p*, habiendo dado gracias
8.14 habían olvidado de traer *p*, y no tenían
8.14 no tenían sino un *p* consigo en la barca
8.16 sí, diciendo: Es porque no trajimos *p*
8.17 ¿qué discutís, porque no tenéis *p?* ¿No
8.19 cuando partí los cinco *p* entre cinco mil
8.20 y cuando los siete *p* entre cuatro mil
14.1 era la. .y la fiesta de los *p* sin levadura
14.12 día de la fiesta de los *p* sin levadura
14.22 tomó *p* y bendijo, y lo partió y les dio
Lc. 4.3 dí a esta piedra que se convierta en *p*
4.4 no sólo de *p* vivirá el hombre, sino de
6.4 y tomó los *p* de la proposición, de los
7.33 vino Juan. .que ni comía *p* ni bebía vino
9.3 ni *p*, ni dinero; ni llevéis dos túnicas
9.13 dijeron. .No tenemos más que cinco *p* y
9.16 tomando los cinco *p* y los dos pescados
11.3 el *p* nuestro de cada día, dánoslo hoy
11.5 va a. .y le dice: Amigo, préstame tres *p*
11.11 su hijo le pide *p*, le dará una piedra?
14.15 le dijo: Bienaventurado el que coma *p* en
15.17 en casa de mi padre tienen. .de *p*, y yo
22.1 cerca la fiesta de los *p* sin levadura
22.7 llegó el día de los *p* sin levadura, en
22.19 tomó el *p* y dio gracias, y lo partió
24.30 tomó el *p* y lo bendijo, lo partió, y
24.35 le habían reconocido al partir el *p*
Jn. 6.5 ¿de dónde compraremos *p* para que coman
6.7 respondió: 200 denarios de *p* no bastarían
6.9 aquí está un muchacho que tiene cinco *p*
6.11 tomó Jesús aquellos *p*, y habiendo dado
6.13 doce cestas de. .de los cinco *p* de cebada
6.23 junto al lugar donde habían comido el *p*
6.26 me buscáis. .sino porque comisteis el *p*
6.31 está escrito: *P* del cielo les dio a comer
6.32 no os dio Moisés el *p* del cielo, mas mi
6.32 mi Padre os da el verdadero *p* del cielo
6.33 el *p* de Dios es aquel que descendió del
6.34 le dijeron: Señor, danos siempre este *p*
6.35 Jesús les dijo: Yo soy el *p* de vida; el
6.41 dicho. .soy el *p* que descendió del cielo
6.48 yo soy el *p* de vida
6.50 este es el *p* que desciende del cielo
6.51 yo soy el *p* vivo que descendió del cielo
6.51 si alguno comiere de este *p*, vivirá para
6.51 y el *p* que yo daré es mi carne, la cual
6.58 este es el *p* que descendió del cielo
6.58 el que come de este *p*, vivirá eternamente
13.18 el que come *p* conmigo, levantó contra
13.26 a quien yo diere el *p* mojado, aquél es
13.26 mojando el *p*, lo dio a Judas Iscariote
21.9 brasas. .y un pez encima de ellas, y *p*
21.13 vino, pues, Jesús, y tomó el *p* y les dio
Hch. 2.42 partimiento del *p* y en las oraciones
2.46 y partiendo el *p* en las casas, comían
12.3 entonces los días de los *p* sin levadura
20.6 pasados los días de los *p* sin levadura
20.7 reunidos los discípulos para partir el *p*
20.11 después. .partido el *p* y comido, habló
27.35 dicho esto, tomó el *p* y dio gracias a
1 Co. 5.8 con *p* sin levadura, de sinceridad y
10.16 el *p* que partimos, ¿no es la comunión
10.17 siendo uno solo el *p*, nosotros, con ser
10.17 pues todos participamos de aquel mismo *p*
11.23 que. .la noche que fue entregado, tomó *p*
11.26 todas las veces que comiereis este *p*, y

PAN *(Continúa)*

1 Co. 11.27 cualquiera que comiere este *p* o
11.28 y coma así del *p*, y beba de la copa
2 Co. 9.10 el que da..*p* al que come, proveerá
2 Ts. 3.8 ni comimos de balde el *p* de nadie
3.12 trabajando sosegadamente..su propio *p*
He. 9.2 en la primera parte..la mesa y los *p*

PANADERO

Gn. 40.1 el copero del rey..el *p* delinquieron
40.2 enojó Faraón..contra el jefe de los *p*
40.5 el copero y el *p* del rey de Egipto, que
40.16 viendo el jefe de los *p*..dijo a José
40.20 la cabeza del jefe de los *p*, entre sus
40.22 hizo ahorcar al jefe de los *p*, como lo
41.10 a la prisión..a mí y al jefe de los *p*
Jer. 37.21 de pan al día, de la calle de los *P*

PANAG *Una clase de confitura*

Ez. 27.17 con trigos de Minit y *P*..negociaban

PANAL

Jue. 14.8 en el cuerpo del león..un *p* de miel
1 S. 14.27 y la mojó en un *p* de miel, y llevó
Sal. 19.10 que miel, y que la que destila del *p*
Pr. 16.24 *p* de miel son los dichos suaves
24.13 es buena, y el *p* es dulce a tu paladar
27.7 el hombre saciado desprecia el *p* de miel
Cnt. 4.11 como *p* de miel destilan tus labios
5.1 he comido mi *p* y mi miel, mi vino y mi
Lc. 24.42 dieron parte de un pez..un *p* de miel

PANDERO

Éx. 15.20 María..tomó un *p*..las mujeres..con *p*
Jue. 11.34 su hija que salía a..con *p* y danzas
1 S. 10.5 delante de ellos salterio, *p*, flauta
18.6 mujeres..con *p*, con cánticos de alegría
2 S. 6.5 danzaban..arpas, salterios, *p*, flautas
Sal. 68.25 iban..en medio las doncellas con *p*
81.2 el *p*, el arpa deliciosa y el salterio
149.3 alaben..danza; con *p* y arpa a él canten
150.4 alabadle con *p* y danza..con cuerdas y
Is. 24.8 cesó el regocijo de los *p*, se acabó
30.32 cada golpe de..será con *p* y con arpas
Jer. 31.4 serás adornada con tus *p*, y saldrás

PANFILIA *Región de Asia Menor*

Hch. 2.10 en..*P*, en Egipto y en las regiones de
13.13 sus compañeros arribaron a Perge de *P*
14.24 pasando luego por Pisidia, vinieron a *P*
15.38 que se había apartado de ellos desde *P*
27.5 atravesado el mar frente a Cilicia y *P*

PÁNICO

1 S. 14.15 hubo *p* en el campamento..tuvieron *p*
Zac. 12.4 heriré con *p* a todo caballo, y con
14.13 habrá entre ellos gran *p* enviado por

PANTANO

Ez. 47.11 sus *p* y sus lagunas no se sanearán

PAÑAL

Lc. 2.7 y lo envolvió en *p*, y lo acostó en un
2.12 señal: Hallaréis al niño envuelto en *p*

PAÑO

Nm. 4.6 extenderán encima un *p* todo de azul, y
4.7 sobre la mesa de..extenderán un *p* azul
4.8 extenderán sobre ella un *p* carmesí, y lo
4.9 tomarán un *p* azul y cubrirán el candelero
4.11 extenderán un *p* azul, y lo cubrirán con
4.12 los pondrán en un *p* azul, y los cubrirán
4.13 y extenderán sobre él un *p* de púrpura
2 R. 8.15 tomó un *p* y lo metió en agua, y lo
Pr. 30.4 ¿quién ató las aguas en un *p*? ¿Quién
Ez. 27.20 comerciaba contigo en *p* preciosos para
Mt. 9.16; Mr. 2.21 de *p* nuevo en vestido viejo
Hch. 19.12 llevaban..los *p* o delantales de su

PAÑUELO

Lc. 19.20 la cual he tenido guardada en un *p*

PAPEL

2 Jn. 12 no he querido hacerlo por medio de *p*

PAR

Jue. 19.3 llevaba..un criado, y un *p* de asnos
19.10 llegó..con su *p* de asnos ensillados, y
1 S. 11.7 tomando un *p* de bueyes, los cortó en
2 S. 16.1 salía a recibirle con un *p* de asnos
1 R. 19.21 tomó un *p* de bueyes y los mató, y
2 R. 5.17 no se dará..carga de un *p* de mulas?
Am. 2.6 vendieron..al pobre por un *p* de zapatos
8.6 comprar..necesitados por un *p* de zapatos
Nah. 3.13 las puertas..se abrirán de *p* en *p* a
Lc. 2.24 ofrecer..un *p* de tórtolas..palominos

PARÁ *Aldea en Benjamín*, Jos. 18.23

PARÁBOLA

Nm. 23.7 él tomó su *p*, y dijo: De Aram me trajo
23.18 él tomó su *p*, y dijo: Balac, levántate
24.3,15 tomó su *p*, y dijo: Dijo Balaam hijo
24.20 y viendo a Amalec, tomó su *p* y dijo
24.21 y viendo al cineo, tomó su *p* y dijo
24.23 tomó su *p* otra vez, y dijo: ¡Ay! ¿quién
Ez. 17.2 hijo..compón una *p* a la casa de Israel
20.49 ellos dicen de mí: ¿No profiere éste *p*?
24.3 habla por *p* a la casa rebelde, y diles
Os. 12.10 y por medio de los profetas usé *p*
Mt. 13.3 les habló muchas cosas por *p*, diciendo
13.10 le dijeron: ¿Por qué les hablas por *p*?
13.13 les hablo por *p*: por que viendo no ven
13.18 oíd, pues, vosotros la *p* del sembrador
13.24 les refirió otra *p*, diciendo: El reino
13.31 otra *p* les refirió, diciendo: El reino
13.33 *p* les dijo: El reino de los cielos es
13.34 esto habló Jesús por *p*..y sin *p* no les
13.35 abriré en *p* mi boca; declararé cosas
13.36 explícanos la *p* de la cizaña del campo
13.53 cuando terminó Jesús estas *p*, se fue de
15.15 respondiendo Pedro..Explícanos esta *p*
21.33 oíd otra *p*: Hubo un hombre..una viña
21.45 oyendo sus *p* los principales sacerdotes
22.1 Jesús..volvió a hablar en *p*, diciendo
24.32 de la higuera aprended la *p*: Cuando ya
Mr. 3.23 decía en *p*: ¿Cómo puede Satanás echar
4.2 les enseñaba por *p* muchas cosas, y les
4.10 con los doce le preguntaron sobre la *p*
4.11 que están fuera, por *p* todas las cosas
4.13 ¿no sabéis esta *p*? ¿Cómo..todas las *p*?
4.30 el reino..o con qué *p* lo compararemos?
4.33 con muchas *p*..como hablaba la palabra
4.34 y sin *p* no les hablaba; aunque a sus
7.17 le preguntaron sus discípulos sobre la *p*
12.1 comenzó Jesús a decirles..*p*: Un hombre
12.12 que decía contra ellos aquella *p*; pero
13.28 de la higuera aprended la *p*: Cuando ya
Lc. 5.36 dijo..una *p*: Nadie corta un pedazo de
6.39 les decía una *p*: ¿Acaso puede un ciego
8.4 juntándose..gran multitud..les dijo por *p*
8.9 le preguntaron..¿Qué significa esta *p*?
8.10 pero a los otros por *p*, para que viendo
8.11 es, pues, la *p*: La semilla es la palabra
12.16 refirió una *p*, diciendo: La heredad de
12.41 ¿dices esta *p* a nosotros, o..todos?
13.6 dijo también esta *p*: Tenía un hombre una
14.7 la mesa, refirió a los convidados una *p*
15.3 entonces él les refirió esta *p*, diciendo
18.1 *p* sobre la necesidad de orar siempre, y
18.9 menospreciaban a los otros, dijo..esta *p*
19.11 dijo una *p*, por cuanto estaba cerca de
20.9 a decir al..esta *p*: Un hombre plantó una
20.19 que contra ellos había dicho esta *p*
21.29 les dijo una *p*: Mirad la higuera y todos

PARAÍSO

Cnt. 4.13 tus renuevos son *p* de granados, con
Is. 51.3 Jehová..cambiará su desierto en *p*, y
Lc. 23.43 cierto..hoy estarás conmigo en el *p*
2 Co. 12.4 arrebatado al *p*, donde oyó palabras
Ap. 2.7 árbol de..está en medio del *p* de Dios

PARAJE

Gn. 28.11 tomó de las piedras de aquel *p* y puso
2 Cr. 20.26 llamaron el..*p* el valle de Beraca
Sal. 56 *tít.* paloma silenciosa en *p*..distante
Cnt. 2.14 estás en..lo escondido de escarpados *p*

PARALÍTICO

Mt. 4.24 endemoniados, lunáticos y *p*..los sanó
8.6 mi criado está postrado..*p*, gravemente
9.2 le trajeron un *p*, tendido sobre una cama
9.2 dijo al *p*: Ten ánimo, hijo: tus pecados
9.6 (dice..al *p*): Levántate, toma tu cama, y
Mr. 2.3 vinieron a él unos trayendo un *p*, que
2.4 techo..bajaron el lecho en que yacía el *p*
2.5 Jesús..dijo al *p*: Hijo, tus pecados te
2.9 ¿qué es más fácil, decir al *p*..perdonados
2.10 sepáis que..tiene potestad..(dijo al *p*)
Lc. 5.18 que traían..a un hombre que estaba *p*
5.24 (dijo al *p*): A ti te digo: Levántate
Jn. 5.3 yacía..de enfermos, ciegos, cojos y *p*
Hch. 8.7 voces; y muchos *p* y cojos eran sanados
9.33 ocho años que estaba en cama, pues era *p*

PARALIZADA

He. 12.12 por lo cual, levantad..las rodillas *p*

PÁRAMO

Jer. 50.12 será la última de las naciones..y *p*

PARÁN *Desierto en la península de Sinaí*

Gn. 14.6 monte de Seir, hasta la llanura de *P*
21.21 habitó en el desierto de *P*; y su madre
Nm. 10.12 se detuvo la nube en el desierto de *P*
12.16 partió..acamparon en el desierto de *P*
13.3 Moisés los envió desde el desierto de *P*
13.26 vinieron a Moisés..en el desierto de *P*
Dt. 1.1 las palabras que habló..entre *P*, Tofel
33.2 resplandeció desde el monte de *P*, y vino
1 S. 25.1 levantó David..fue al desierto de *P*
1 R. 11.18 levantaron de Madián y vinieron a *P*
11.18 tomando consigo hombres de *P*, vinieron
Hab. 3.3 vendrá..el Santo desde el monte de *P*

PARAR

Gn. 19.17 no mires..ni *pares* en..esta llanura
41.3 se *pararon* cerca de las vacas hermosas
Nm. 9.17 donde la nube *paraba*, allí acampaban
21.15 a la corriente..que va a *parar* en Ar
Dt. 3.29 *paramos* en..valle delante de Bet-peor
Jos. 3.8 hayáis entrado..*pararéis* en el Jordán
4.10 se *pararon* en medio del Jordán hasta que
10.13 y el sol se detuvo y la luna se *paró*
10.13 el sol se *paró* en medio del cielo, y no
1 S. 3.10 vino Jehová y se *paró*, y llamó como
6.14 el carro vino..y *paró* allí donde había
17.8 se *paró* y dio voces a los escuadrones de
20.38 gritar..Corre, date prisa, no te *pares*
2 S. 2.13 y se *pararon*..a un lado del estanque
20.11 uno de los..de Joab se *paró* junto a él
20.12 el pueblo se *paraba*, apartó a Amasa del
23.12 se *paró* en medio de aquel terreno y lo
2 R. 2.7 se pararon..lejos; y ellos dos se *p*
2.13 alzó..y se *paró* a la orilla del Jordán
4.15 él la llamó, y ella se *paró* a la puerta
5.9 *paró* a las puertas de la casa de Eliseo
2 Cr. 20.17 *paraos*, estad quietos, y ved la
Job 4.16 *paróse* delante de mis ojos un fantasma
21.34 viniendo a *parar* vuestras respuestas en
38.11 y ahí *parará* el orgullo de tus olas?
Pr. 8.2 las encrucijadas de las veredas se *para*
21.16 a *parar* en la compañía de los muertos
Is. 14.4 ¿cómo *paró* el opresor, cómo acabó la
Jer. 6.16 dijo..*Paraos* en los caminos, y mirad
19.14 *paró* en el atrio de la casa de Jehová
46.21 sus soldados..huyeron todos sin *pararse*
48.19 *párate* en el camino..moradora de Aroer
48.45 a la sombra de Hesbón se *pararon* sin
Ez. 1.21 y cuando ellos se *paraban*, se *p* ellas
1.24 alas..Cuando se *paraban*, bajaban sus alas
1.25 y cuando se *paraban* y bajaban sus alas
9.2 entrados, se *pararon* junto al altar de
10.6 que..él entró y se *paró* entre las ruedas
10.17 cuando se *paraban* ellos, se *p* ellas, y
10.19 y se *pararon* a la entrada de la puerta
Dn. 8.4 ninguna bestia podía *parar* delante de
8.7 no tenía fuerzas para *pararse* delante de
Abd. 14 tampoco debiste haberte *parado* en las
Hab. 3.11 sol y la luna se *pararon* en su lugar
Lc. 17.12 diez..leprosos, los cuales se *pararon*
24.4 se *pararon* junto a ellas dos varones con
Hch. 5.24 dudaban en qué vendría a *parar* aquello
8.38 y mandó *parar* el carro; y descendieron
9.7 con Saulo se *pararon* atónitos, oyendo a
Ap. 8.3 otro ángel vino..se *paró* ante el altar
12.4 y el dragón se *paró* frente a la mujer
13.1 *paré* sobre la arena del mar, y vi subir
18.10 *parándose*..por el temor de su tormento
18.15 los mercaderes..se *pararán* lejos por el
18.17 los que trabajan en el mar, se *pararon*

PARCELA

1 Cr. 11.13 había allí una *p* de tierra llena de
11.14 se pusieron ellos en medio de la *p* y la

PARCIALIDAD

1 Ti. 5.21 prejuicios, no haciendo nada con *p*

PARECER *(s.)*

Gn. 29.17 Raquel era de lindo..y de hermoso *p*
Lv. 13.43 como el *p* de la lepra de la piel del
Nm. 13.33 éramos..a nuestro *p*, como langostas
Jue. 20.7 Israel, dad aquí vuestro *p* y consejo
1 S. 16.7 no mires a su *p*, ni a lo grande de su
16.12 era rubio, hermoso de ojos, y de buen *p*
17.42 era muchacho, y rubio, y de hermoso *p*
1 R. 1.6 era de muy hermoso *p*; y había nacido
1 Cr. 19.3 ¿a tu *p* honra David a tu padre, que
Est. 2.2 busquen..jóvenes vírgenes de buen *p*
2.3 lleven a..jóvenes vírgenes de buen *p* a Susa
2.7 joven era de hermosa figura y de buen *p*
Job 34.33 ¿ha de ser eso según tu *p*? El te
Sal. 49.14 se consumirá su buen *p*, y el Seol
55.13 tú, hombre, al *p* íntimo mío, mi guía
Is. 52.14 fue desfigurado de los hombres su *p*
53.2 seca; no hay *p* en él, ni hermosura; le
Jer. 11.16 olivo verde, hermoso en..y en su *p*
Ez. 1.28 así era el *p* del resplandor alrededor
Dn. 1.4 muchachos..de buen *p*, enseñados en toda
Hch. 28.6 cambiaron de *p* y dijeron que era un
1 Co. 1.10 perfectamente unidos..en un mismo *p*
7.25 mas doy mi *p*, como quien ha alcanzado

PARECER *(v.)*

Gn. 16.6 haz con ella lo que bien te *parezca*
19.8 haced de ellas como bien os *pareciere*
19.14 *pareció* a sus yernos..que se burlaba
20.15 tierra..habita donde bien te *parezca*
21.11 dicho *pareció* grave en gran manera a
21.12 te *parezca* grave a causa del muchacho

PARECER *(v.) (Continúa)*
Gn. 28.8 que las hijas de Canaán *parecían* mal a
29.20 le *parecieron* como pocos días, porque
34.18 *parecieron* bien sus palabras a Hamor
37.30 el joven no *parece;* y yo, ¿adónde iré
40.7 qué *parecen* hoy mal vuestros semblantes?
41.1 sueño. Le *parecía* que estaba junto al río
41.17 me *parecía* que estaba a la orilla del
41.37 el asunto *pareció* bien a Faraón y a sus
42.13 el menor está hoy con. .y otro no *parece*
42.32 uno no *parece,* y el menor está hoy con
42.36 José no *parece,* ni Simeón tampoco, y a
Éx. 2.12 viendo que no *parecía* nadie, mató al
34.3 ni *parezca* alguno en todo el monte; ni
Lv. 13.3 *pareciere* la llaga más profunda que la
13.4 mancha. .no *pareciere* más profunda que la
13.6 y si *parece* haberse oscurecido la llaga
13.20 si *pareciere* estar más profunda que la
13.25,30 *pareciere*. .mas profunda que la piel
13.31 no *pareciere* ser más profunda que la piel
13.32 la tiña no *pareciere* haberse extendido
13.32 ni *pareciere* la tiña más profunda que la
13.34 ni *pareciere* ser más profunda que la piel
13.37 le *pareciere* que la tiña está detenida
13.43 si *pareciere* la hinchazón de la llaga
13.53 mirare, y no *pareciere* que la plaga se
13.55 *pareciere* que la plaga no ha cambiado
13.56 *pareciere* que la plaga se ha oscurecido
14.37 manchas. .*parecieren* más profundas que
14.44 *pareciere* haberse extendido la plaga en
Nm. 11.10 oyó. .también le *pareció* mal a Moisés
13.33 langostas; y así. .*parecíamos* a ellos
22.34 ahora, si te *parece* mal, yo me volveré
23.37 *parecerá* bien a Dios que desde allí me
24.1 vio Balaam que *parecía* bien a Jehová
32.1 y les *pareció* el país lugar de ganado
Dt. 1.23 el dicho me *pareció* bien; y tomé doce
12.8 no haréis. .cada uno lo que bien le *parece*
13.14 si *pareciere* verdad, cosa cierta, que
15.18 no te *parezca* duro cuando le enviares
17.4 la cosa *pareciere* de verdad cierta, que
Jos. 9.25 que te *pareciere* bueno y recto. .hazlo
22.19 si os *parce* que la tierra de vuestra
22.30 oyendo Finees. .*pareció* bien todo ello
22.33 el asunto *pareció* bien a los hijos de
24.15 y si mal os *parece* servir a Jehová
Jue. 8.18 ellos; cada uno *parecía* hijo de rey
9.2 ¿qué os *parece* mejor, que os gobiernen 70
10.15 haz tú. .como bien te *parezca;* sólo te
17.6 cada uno hacía lo que bien le *parecía*
19.24 y haced con ellas como os *parezca,* y
21.25 cada uno hacía lo que bien le *parecía*
1 S. 1.23 haz lo que bien te *parezca;* quédate
3.18 Jehová es; haga lo que bien le *pareciere*
10.14 vimos que no *parecían,* fuimos a Samuel
14.36 que hagáis. .lo que bien os *pareciere*
14.36 dijeron: Haz lo que bien te *pareciere*
14.40 a Saúl: Haz lo que bien te *pareciere*
18.20 fue dicho a Saúl, y le *pareció* bien a
18.23 ¿os *parece* a vosotros que es poco ser
18.26 *pareció* bien la cosa a. .ojos de David
24.4 mano, y harás con él como te *pareciere*
29.6 que me ha *parecido* bien tu salida y tu
2 S. 3.19 decir a David. .lo que *parecía* bien
7.19 te ha *parecido* poco esto, Señor Jehová
10.3 *parece* que por honrar David a tu padre
10.12 y haga Jehová lo que bien le *pareciere*
13.2 le *parecía* a Amnón que sería difícil
15.26 haga de mí lo que bien le *pareciere*
17.4 este consejo *pareció* bien a Absalón y a
18.4 les dijo: Yo haré lo que bien os *parezca*
18.27 me *parece* el correr del primero como el
19.18 y para hacer lo que a él le *pareciera*
19.27 rey. .haz, pues, lo que bien te *parezca*
19.37 pase. .haz a él lo que bien te *pareciere*
19.38 y yo haré con él como bien te *parezca*
24.22 y ofrezca mi señor. .bien le *pareciere*
1 R. 1.40 *parecía* que la tierra se hundía con
21.2 o si mejor te *pareciere,* te pagaré su
2 R. 10.5 siervos. .haz lo que bien te *parezca*
1 Cr. 13.2 dijo David. .Si os *parece* bien y si
13.4 la cosa *parecía* bien a todo el pueblo
17.17 aun esto, oh Dios, te ha *parecido* poco
19.13 y haga Jehová lo que bien le *parezca*
21.23 haga mi señor el. .que bien le *parezca*
Esd. 5.17 si al rey *parece* bien, búsquese en la
7.18 lo que a ti y a. .os *parezca* hacer de la
Est. 1.19 *parece* bien al rey, salga un decreto
3.11 que hagas de él lo que bien te *pareciere*
8.5 y si le *parece* acertado al rey, y yo soy
8.8 escribid. .judíos como bien os *pareciere*
Job 10.3 ¿te *parece* bien que oprimas. .la obra
20.13 si le *parecía* bien, y no lo dejaba, sino
41.32 hace. .que *parece* que el abismo es cano
41.33 no hay sobre la tierra. .se le *parezca*
Sal. 74.5 *parecen* a los que levantan el hacha
Pr. 14.12 al hombre le *parece* derecho, pero su
16.25 hay camino que *parece* derecho al hombre
18.17 justo *parece* el primero que aboga por
Ec. 9.13 vi esta sabiduría. .me *parece* grande
Is. 5.28 cascos de. .*parecerán* como de pedernal
29.8 *parece* que come, pero cuando despierta
29.8 *parece* que bebe, pero cuando despierta
Jer. 18.4 la hizo otra vasija, según le *pareció*
26.14 haced de mí como mejor y. .os *parezca*
40.4 si te *parece* bien venir. .si no te *p* bien
40.4,5 donde mejor y más cómodo te *parezca*
Ez. 1.4 algo que *parecía* como bronce refulgente
1.26 un trono que *parecía* de piedra de zafiro
1.26 semejanza que *parecía* de hombre sentado
1.27 vi que *parecía* como fuego, y que tenía
1.28 como *parece* el arco iris que está en el
8.2 una figura que *parecía* de hombre; desde
8.2 sus lomos para arriba *parecía* resplandor
10.1 *parecía* como semejanza de un trono que
40.2 un edificio *parecido* a una gran ciudad
Dn. 1.15 *pareció* el rostro de ellos mejor y más
4.10 me *parecía* ver en medio de la tierra un
6.1 *pareció* bien a Darío constituir sobre el
7.20 y *parecía* más grande que sus compañeros
10.6 su rostro *parecía* un relámpago, y sus
Zac. 8.6 si esto *parecerá* maravilloso a los ojos
11.12 si os *parece* bien, dadme mi salario; y
Mt. 17.25 ¿qué te *parece,* Simón? Los reyes de
18.12 ¿qué os *parece?* Si un hombre tiene cien
21.28 os *parece?* Un hombre tenía dos hijos
22.17 qué te *parece:* ¿Es lícito dar tributo
26.66 ¿qué os *parece?* Y respondiendo ellos
Mr. 14.64 oído la blasfemia; ¿qué os *parece?*
Lc. 1.3 me ha *parecido* también a mí, después de
10.36 ¿quién. .te *parece* que fue el prójimo del
24.11 les *parecían* locura las palabras de ellas
Jn. 4.19 Señor, me *parece* que tú eres profeta
5.39 os *parece* que en ellas tenéis la vida
9.9 otros: A él se *parece.* El decía: Yo soy
11.56 ¿qué. .*parece?* ¿No vendrá a la fiesta?
Hch. 15.22 *pareció* bien a los apóstoles y a los
15.25 nos ha *parecido* bien, habiendo llegado
15.28 ha *parecido* bien al Espíritu Santo, y
15.34 a Silas le *pareció* bien el quedarse allí
17.18 *parece*. .es predicador de nuevos dioses
25.27 *parece* fuera de razón enviar un preso
27.13 del sur, *pareciéndoles* que ya tenían lo
Ro. 15.27 les *pareció* bueno, y son deudores a
1 Co. 12.22 miembros. .que *parecen* más debiles
12.23 aquellos. .que nos *parecen* menos dignos
2 Co. 10.9 no *parezca* como. .quiero amedrentar
He. 4.1 alguno de. .*parezca* no haberlo alcanzado
12.10 disciplinaban como a ellos les *parecía*
12.11 ninguna disciplina. .*parece* ser causa de
1 P. 4.4 les *parece* cosa extraña que vosotros

PARED
Éx. 30.3 oro. .sus *p* en derredor y sus cuernos
37.26 de oro. .sus *p* alrededor, y sus cuernos
Lv. 1.15 sangre será exprimida sobre la *p* del
5.9 rociará. .la sangre sobre la *p* del altar
14.37 se vieren manchas en las *p* de la casa
14.37 más profundas que la superficie de la *p*
14.39 hubiere extendido en las *p* de la casa
Nm. 22.24 senda. .que tenía *p* a un lado y *p* al
22.25 se pegó a la *p,* y apretó contra la *p*
1 S. 18.11 diciendo: Enclavaré a David a la *p*
19.10 enclavar a David con la lanza a la *p*
19.10 Saúl, el cual hirió con la lanza en la *p*
20.25 el rey se sentó. .junto a la *p,* y Jonatán
1 R. 4.33 el cedro. .el hisopo que nace en la *p*
6.5 las *p* de la casa alrededor del templo y del
6.6 no empotrar las vigas en las *p* de la casa
6.15 cubrió las *p* de la. .con tablas de cedro
6.27 el ala de. .tocaba una *p,* y. .la otra *p*
6.29 y esculpió. .las *p* de la casa alrededor
2 R. 9.33 y parte de su sangre salpicó en la *p*
20.2 volvió su rostro a la *p,* y oró a Jehová
1 Cr. 29.4 plata. .cubrir las *p* de las casas
2 Cr. 3.7 sus *p*. .con oro; y esculpió. .en las *p*
3.11,12 ala. .llegaba hasta la *p* de la casa
Esd. 5.8 ya los maderos están puestos en las *p*
6.3 y que sus *p* fuesen firmes; su altura de
Job 24.11 dentro de sus *p* exprimen el aceite
Sal. 62.3 aplastarle como *p* desplomada y como
Cnt. 2.9 está tras nuestra *p,* mirando por las
Is. 30.13 como grieta. .extendiéndose en una *p*
38.2 volvió Ezequías su rostro a la *p,* e hizo
59.10 palpamos la *p* como ciegos, y andamos
Ez. 8.7 y miré, y he aquí en la *p* un agujero
8.8 cava ahora en la *p.* Y cavé en la *p,* y he
8.10 ídolos de. .que estaban pintados en la *p*
12.5 abrirás paso por entre la *p,* y saldrás
12.7 me abrí paso por entre la *p* con mi. .mano
12.12 por la *p* abrirán paso para sacarlo por
13.10 uno edificaba la *p,* y. .la recubrían con
13.12 cuando la *p* haya caído, ¿no os dirán
13.14 así desbarataré la *p* que. .recubristeis
13.15 cumpliré así mi furor en la *p* y en los
13.15 no existe la *p,* ni. .que la recubrieron
23.14 cuando vio a hombres pintados en la *p*
33.30 tu pueblo se mofan de ti junto a las *p*
41.6 entraban modillones en la *p* de la casa
41.6 para que no estribasen en la *p* de la casa
41.9 ancho de la *p* de afuera de las cámaras
41.12 y la *p* del edificio, de cinco codos de
41.13 el edificio y sus *p,* de cien codos de
41.17 por toda la *p*. .por dentro y por fuera
41.20 querubines. .por toda la *p* del templo
41.22 su superficie y sus *p* eran de madera
41.25 así como los que había en las *p* y en la
43.8 mediando sólo una *p* entre mí y ellos, han
46.23 y había una *p* alrededor de. .los cuatro
46.23 y abajo fogones alrededor de las *p*
Dn. 5.5 sobre lo encalado de la *p* del palacio
Am. 5.19 apoyare su mano en la *p,* y le muerde
Hch. 23.3 ¡Dios te golpeará a ti, *p* blanqueada!
Ef. 2.14 hizo uno, derribando la *p* intermedia

PAREJA
Gn. 7.2 de todo animal limpio tomarás siete *p*
7.2 que no son limpios, una *p,* el macho y su
7.3 de las aves de los cielos, siete *p,* macho

PARENTELA
Gn. 12.1 a Abram: Vete de tu tierra y de tu *p*
24.4 que irás a mi tierra y a mi *p,* y tomarás
24.7 me tomó de la. .y de la tierra de mi *p*
24.38 que irás a la casa de mi padre y a mi *p*
31.3 vuélvete a. .a tu *p,* y yo estaré contigo
32.9 vuélvete a tu tierra y a tu *p,* y yo te
Nm. 10.30 que me marcharé a mi tierra y a mi *p*
Jos. 6.23 a Rahab. .sacaron a toda su *p,* y los
1 Cr. 6.61 a los hijos de Coat. .de su *p,* dieron
Est. 2.10 Ester no declaró cual era. .ni su *p*
Lc. 1.61 no hay nadie en tu *p* que se llame con
Hch. 7.3 sal de tu tierra y de tu *p,* y ven a la
7.14 hizo venir a su padre Jacob, y a. .su *p*

PARENTESCO
Dt. 25.5 tomará por su mujer, y hará con ella *p*
1 R. 3.1 Salomón hizo *p* con Faraón. .de Egipto
2 Cr. 18.1 pues, Josafat. .contrajo *p* con Acab
Ez. 11.15 los hombres de tu *p* y toda la casa

PARIDA
Gn. 32.15 treinta camellas *p* con sus crías, 40
33.13 sabe que. .que tengo ovejas y vacas *p*
Sal. 78.71 de tras las *p* lo trajo. .apacentase a
Is. 40.11 llevará; pastoreará. .a las recién *p*

PARIENTE, TA
Gn. 14.14 oyó Abram que su *p* estaba prisionero
14.16 recobró. .a Lot su *p* y sus bienes, y a
31.23 Labán tomó a sus *p* consigo, y fue tras
31.25 Labán acampó con sus *p* en el monte de
Éx. 32.27 matad cada uno. .a su amigo, y a su *p*
Lv. 18.6 ningún varón se llegue a *p* próxima
18.12 padre no descubrirás; es *p* de tu padre
18.13 no descubrirás, porque *p* de tu madre es
18.17 no tomarás la hija de. .son *p,* es maldad
20.19 porque al descubrir la desnudez de su *p*
21.2 por su *p* cercano, por su madre o por su
25.25 su *p* más próximo vendrá y rescatará lo
Nm. 5.8 no tuviere *p* al cual sea resarcido el
27.11 daréis su herencia a su *p* más cercano
Rt. 2.1 tenía Noemí un *p* de su marido. .Booz
2.20 le dijo Noemí: Nuestro *p* es aquel varón
3.2 ¿no es Booz nuestro *p,* con cuyas criadas
3.9 yo soy Rut tu. .por cuanto eres *p* cercano
3.12 que yo soy *p* cercano. .hay *p* más cercano
4.1 aquel *p* de quien Booz había hablado, y
4.3 luego dijo al *p:* Noemí, que ha vuelto del
4.6 y respondió el *p:* No puedo redimir para
4.8 el *p* dijo a Booz: Tómalo tú. Y se quitó
4.14 Jehová, que hizo que no te faltase hoy *p*
2 S. 19.42 el rey es nuestro *p.* Mas ¿por qué os
1 R. 16.11 mató. .sin dejar en ella varón, ni *p*
1 Cr. 23.22 los hijos de Cis, sus *p,* las tomaron
Job 19.14 mis *p* se detuvieron, y mis conocidos
Pr. 7.4 mi hermana, y a la inteligencia llama *p*
Am. 6.10 un *p* tomará a cada uno, y lo quemará
Mr. 6.4 profeta sin honra sino. .entre sus *p,* y
Lc. 1.36 tu *p* Elisabet. .ha concebido hijo en
1.58 oyeron los vecinos y los *p* que Dios había
2.44 le buscaban entre los *p* y los conocidos
14.12 no llames a. .tus *p,* ni a vecinos ricos
21.16 seréis entregados aun por vuestros. .*p*
Jn. 18.26 uno de los siervos. .*p* de aquel a quien
Hch. 10.24 habiendo convocado a sus *p* y amigos
Ro. 9.3 por amor a. .que son mis *p* según la carne
16.7 saludad a Andrónico y a Junias, mis *p*
16.11 saludad a Herodión, mi *p.* Saludad a
16.21 os saludan. .Jasón y Sosípater, mis *p*

PARIHUELA
Nm. 4.10 pondrán. .y lo colocarán sobre unas *p*
4.12 cubrirán. .y los colocarán sobre unas *p*

PARIR
Gn. 30.39 y *parían* borregos listados, pintados
31.8 las ovejas *parían* pintados. .*p* listados
Job 21.10 *paren*. .vacas, y no malogran su cría
39.1 ¿sabes tú el tiempo en que *paren* las
39.1 miraste. .ciervas cuando están *pariendo?*
39.2 y sabes el tiempo cuando han de *parir?*
Jer. 14.5 las ciervas. .*parían* y dejaban la cría
Ez. 31.6 debajo de su ramaje *parían*. .las bestias

PARLOTEAR
3 Jn. 10 *parloteando* con palabras malignas

PARMASTA *Hijo de Amán,* Est. 9.9

PARMENAS *Uno de los siete diáconos*, Hch. 6.5

PARNAC *Padre de Elizafán No. 2*, Nm. 34.25

PAROS
1. *Padre de una familia de los que regresaron del exilio*, Esd. 2.3; 8.7; 10.25; Neh. 7.8
2. *Firmante del pacto de Nehemías*, Neh. 10.14

PÁRPADO
Job 3.9 y no venga, ni vea los *p* de la mañana
16.16 con el lloro, y mis *p* entenebrecidos
41.18 y sus ojos son como los *p* del alba
Sal. 11.4 *p* examinan a los hijos de los hombres
132.4 a mis ojos, ni a mis *p* adormecimiento
Pr. 4.25 diríjanse tus *p* hacia lo que tienes
6.4 no des sueño..ni a tus *p* adormecimiento
30.13 hay..cuyos *p* están levantados en alto
Jer. 9.18 desháganse..*p* se destilen en aguas

PARRA
1 R. 4.25 e Israel vivían..uno debajo de su *p*
2 R. 4.39 halló una como *p* montés, y de ella
Is. 34.4 como se cae la hoja de la *p*, y como

PARRICIDA
1 Ti. 1.9 para los *p* y matricidas..homicidas

PARSANDATA *Hijo de Amán*, Est. 9.7

PARTE
Gn. 6.16 un codo de elevación..la *p* de arriba
14.5 vino..y los reyes que estaban de su *p*
14.24 la *p* de los varones que..tomarán su *p*
27.16 la *p* de su cuello donde no tenía vello
31.14 dijeron: ¿Tenemos acaso *p* o heredad en
33.19 compró una *p* del campo, donde plantó su
41.32 que la cosa es firme de *p* de Dios, y que
47.24 las cuatro *p* serán vuestras para sembrar
48.22 dado a ti una *p* más que a tus hermanos
Éx. 2.12 entonces miró a todas *p*, y viendo que
16.36 y un gomer es la décima *p* de un efa
26.12 y la *p* que sobra en las cortinas de la
27.2 esquinas; los cuernos serán *p* del mismo
28.8 su cinto..de la misma obra, *p* del mismo
28.25 los fijarás a..efod en su *p* delantera
28.27 anillos..fijarás en la *p* delantera de
28.37 por la *p* delantera de la mitra estará
29.40 con cada cordero una décima *p* de un efa
29.40 amasada con la cuarta *p* de un hin de
29.40 para la libación, la cuarta *p* de un hin
30.2 codos; y sus cuernos serán *p* del mismo
30.36 y molerás *p* de él en polvo fino, y lo
39.19 su orilla, frente a la *p* baja del efod
39.20 en la *p* delantera..cerca de su juntura
Lv. 2.16 *p* del grano desmenuzado y del aceite
5.11 traerá..la décima *p* de un efa de flor de
5.16 y añadirá a ello la quinta *p*, y lo dará
6.5 restituirá..y añadirá a ello la quinta *p*
6.20 la décima *p* de un efa de flor de harina
7.14 de toda la ofrenda presentará una *p* por
8.29 del carnero..aquella fue la *p* de Moisés
22.14 quinta *p*, y la dará al sacerdote con la
27.13,15 añadirá a tu valuación la quinta *p*
27.19 añadirá..la quinta *p* del precio de ella
27.27 añadirán..la quinta *p* de su precio; y si
27.31 añadirá la quinta *p* de su precio por ello
Nm. 8.3 Aarón lo..encendió hacia la *p* anterior
15.4 harina, amasada con la cuarta *p* de un hin
15.5 de vino..ofrecerás la cuarta *p* de un hin
15.6 amasada con la tercera *p* de un hin de
15.7 vino..ofrecerás la tercera *p* de un hin
18.20 ni entre ellos tendrás *p*. Yo soy tu *p*
18.32 cuando hubiereis ofrecido la mejor *p* de
23.10 o el número de la cuarta *p* de Israel?
28.5 la décima *p* de un efa de flor de harina
28.7 su libación, la cuarta *p* de un hin con
28.14 la tercera *p* de un hin con cada carnero
31.36 la mitad, la *p* de los que habían salido
Dt. 10.9 por lo cual Leví no tuvo *p* ni heredad
12.12 por cuanto no tiene *p* ni heredad con
14.27 levita..no tiene *p* ni heredad contigo
14.29 el levita, que no tiene *p* ni heredad
18.1 la tribu de Leví, no tendrán *p* ni heredad
18.3 derecho de los sacerdotes de *p* del pueblo
19.3 dividirás en tres *p* la tierra que Jehová
25.11 la mujer..asiere de sus *p* vergonzosas
30.4 estuvieren en las *p* más lejanas que hay
Jos. 8.20 no pudieron huir ni a una *p* ni a otra
14.4 no dieron *p* a los levitas en la tierra
15.13 mas a Caleb..dio su *p* entre los hijos de
17.5 le tocaron a Manasés diez *p* además de la
17.14 ¿por qué nos has dado una..y una sola *p*
17.17 gran pueblo, y..no tendrás una sola *p*
18.5 dividirán en siete *p*; y Judá quedará en
18.6 delinearéis la tierra en siete *p*, y me
18.7 levitas ninguna *p* tienen entre vosotros
18.9 delineándola por ciudades en siete *p* en
19.9 la *p* de los hijos de Judá era excesiva
22.25 no tenéis vosotros *p* en Jehová; y así
22.27 digan..Vosotros no tenéis *p* en Jehová
24.32 en la *p* del campo que Jacob compró a
Jue. 19.1,18 *p* más remota del monte de Efraín
19.29 la partió por sus huesos en doce *p*, y la
Rt. 2.3 aquella *p* del campo era de Booz, el cual
2.12 cumplida de *p* de Jehová Dios de Israel
4.3 dijo..Noemí..vende una *p* de las tierras
1 S. 1.4 daba..todos sus hijos..cada uno su *p*
1.5 a Ana daba una *p* escogida; porque amaba
9.8 halla en mi mano la cuarta *p* de un siclo
13.21 la tercera *p* de un siclo por afilar las
25.20 descendió por una *p* secreta del monte
26.19 que no tenga *p* en la heredad de Jehová
30.14 pues hicimos una incursión a la *p* del
30.24 conforme a la *p* del que desciende a la
30.24 la *p* del que queda..les tocará *p* igual
2 S. 18.2 tercera *p* bajo..Joab, una tercera *p*
18.2 y una tercera *p* al mando de Itai geteo
18.13 otra *p*, habría yo hecho traición contra
19.43 nosotros tenemos en el rey diez *p*, y en
20.1 dijo: No tenemos nosotros *p* en David, ni
1 R. 2.36 no salgas de allí a una *p* ni a otra
5.4 Dios me ha dado paz por todas *p*; pues ni
6.20 el lugar santísimo estaba en la *p* de
7.25 las ancas..estaban hacia la *p* de adentro
7.34 y las repisas eran *p* de la misma basa
10.19 la *p* alta era redonda por el respaldo
12.16 ¿qué *p* tenemos nosotros con David? No
16.21 Israel fue dividido en dos *p*: la mitad
2 R. 2.12 sus vestidos, los rompió en dos *p*
4.35 se paseó por la casa a una y otra *p*, y
5.25 él dijo: Tu siervo no ha ido a ninguna *p*
6.25 la cuarta *p* de un cab de estiércol de
9.33 *p* de su sangre salpicó en la pared, y en
11.5 tercera *p*..tendrá la guardia de la casa
11.6 otra tercera *p* estará a la puerta de Shur
11.6 tercera *p* a la puerta del postigo de la
11.7 las dos *p* de..que salen el día de reposo
16.14 altar..la *p* delantera de la casa, entre
22.14 moraba en..en la segunda *p* de la ciudad
1 Cr. 7.28 *p* del occidente Gezer y sus aldeas
13.2 enviaremos a todas *p* por..hermanos que
22.18 Dios, el cual os ha dado paz por todas *p*?
29.21 muchos sacrificios de *p* de todo Israel
2 Cr. 7.7 consagró la *p* central del atrio que
10.16 ¿qué *p* tenemos nosotros con David? No
14.7 Jehová..él nos ha dado paz por todas *p*
15.8 las ciudades..en la *p* montañosa de Efraín
15.15 de Judá..Jehová les dio paz por todas *p*
20.30 Josafat..su Dios le dio paz por todas *p*
23.4 una tercera *p* de vosotros..de porteros
23.5 otra tercera *p*, a la casa del rey; y la
23.5 y la otra tercera *p*, a la puerta del
23.7 los levitas rodearán al rey por todas *p*
23.10 puso en..alrededor del rey por todas *p*
Neh. 2.20 no tenéis *p* ni derecho ni memoria en
4.13 las *p* bajas del lugar, detrás del muro
5.11 les devolvéis..la centésima *p* del dinero
5.16 en la obra de este muro restauré mi *p*
9.3 leyeron el libro de..la cuarta *p* del día
9.3 y la cuarta *p* confesaron sus pecados y
10.32 contribuir..la tercera *p* de un siclo
11.1 las otras nueve *p* en las otras ciudades
12.47 los levitas consagraban *p* a los hijos de
Est. 4.14 y liberación vendrá de alguna otra *p*
Job 32.17 yo también responderé mi *p*; también
37.22 viniendo de la *p* del norte la dorada
41.23 las *p* más flojas de..están endurecidas
Sal. 31.13 miedo me asalta..todas *p*, mientras
50.18 corrías..y con los adúlteros era tu *p*
118.23 de *p* de Jehová es esto, y es cosa
136.13 que dividió el Mar Rojo en *p*, porque
140.9 cuanto a los que en todas *p* me rodean
Pr. 8.31 me regocijo en la *p* habitable de su
23.8 vomitarás la *p* que comiste, y perderás
Ec. 2.10 gozó..y ésta fue mi *p* de toda mi faena
3.22 alegrarse en su trabajo..esta es su *p*
5.18 el bien que yo he visto..esta es su *p*
5.19 da facultad para que..tome su *p*, y goce
9.6 nunca más tendrán *p* en..lo que se hace
9.9 porque esta es tu *p* en la vida, y en tu
Is. 17.14 esta es la *p* de los que nos aplastan
33.4 correrán sobre ellos como de..a otra *p*
38.7 esto te será señal de *p* de Jehová, que
42.25 le puso fuego por todas *p*..no entendió
44.16 *p* del leño quema en el fuego; con *p* de
44.19 *p* de esto quemé en el fuego, y sobre
53.12 yo le daré *p* con los grandes, y con los
57.6 en las piedras lisas del valle está tu *p*
Jer. 6.25 espada de enemigo y..hay por todas *p*
20.10 oí la murmuración de..temor de todas *p*
22.20 tu voz, y grita hacia todas *p*; porque
34.18 pacto..dividiendo en dos *p* el becerro
34.19 los..que pasaron entre las *p* del becerro
46.5 huyeron sin volver a..miedo de todas *p*
49.35 quiebro el arco de Elam, *p* principal de
51.2 contra ella de todas *p* en el día del mal
51.31 que su ciudad es tomada por todas *p*
52.4 todas *p* edificaron contra ella baluartes
52.34 se le daba una ración de *p* del rey de
Lm. 2.22 has convocado de todas *p* mis temores
Ez. 3.17 oirás..la palabra..amonestarás de mi *p*
4.11 beberás el agua..la sexta *p* de un hin
5.2 una tercera *p* quemarás a fuego en medio
5.2 tomarás..tercera *p*..tercera *p* esparcirás
5.12 una tercera *p* de ti morirá de pestilencia
5.12 tercera *p* caerá a espada..*p* esparciré a
15.4 la *p* de en medio se quemó; ¿servirá para
16.33 que de todas *p* se llegasen a ti en tus
20.46 derrama tu palabra hacia la *p* austral
36.3 asolaron y os tragaron de todas *p*, para
37.21 los recogeré de todas *p*, y los traeré a
38.12 que mora en la *p* central de la tierra
39.2 te haré subir de las *p* del norte, y te
39.17 de todas *p* a mi víctima que sacrifico
40.2 un edificio parecido a..hacia la *p* sur
45.7 la *p* del príncipe estará junto a lo que
45.11 que el bato tenga la décima *p* del homer
45.11 la décima *p* del homer el efa; la medida
45.13(2) sexta *p* de un efa por cada homer de
45.14 un bato..que es la décima *p* de un coro
46.14 ofrenda de la sexta *p* de un efa, y la
46.14 la tercera *p* de un hin de aceite para
46.16 si el príncipe diere *p* de su heredad a
46.17 diere *p* a alguno de sus siervos, será
47.13 en que repartiréis..José tendrá dos *p*
48.1 al norte, hacia Hamat, tendrá Dan una *p*
48.2 hasta el lado del mar, tendrá Aser una *p*
48.8 longitud como..de las otras *p*, esto es
48.12 tendrán como *p* santísima la porción de
48.21 delante de..*p* dichas será del príncipe
48.22 la *p* del príncipe será la comprendida
Dn. 1.2 *p* de los utensilios de la casa de Dios
2.15 que este edicto se publique de *p* del rey
2.33 sus pies, en *p* de hierro y en *p* de barro
2.41 en *p* de barro cocido..y en *p* de hierro
2.42 los dedos..*p* de hierro y en *p* de barro
2.42 el reino será en *p* fuerte, y en *p* frágil
4.15 con las bestias sea su *p* entre la hierba
4.23 y con las bestias del campo sea su *p*
6.26 de *p* mía es puesta esta ordenanza: Que
8.10 *p* del ejército..echó por tierra, y las
11.6 su hijo, y los que estaban de *p* de ella
11.31 y se levantarán de su *p*..que profanarán
12.1 Miguel..que está de *p* de los hijos de tu
Am. 4.7 sobre una *p* llovió, y la *p* sobre la cual
7.4 con fuego..y consumió una *p* de la tierra
Mi. 1.12 de *p* de Jehová el mal había descendido
Zac. 7.12 vino..gran enojo de *p* de Jehová de los
13.8 las dos terceras *p* serán cortadas en ella
13.9 meteré en el fuego a la tercera *p*, y los
Mt. 13.4 *p* de la semilla cayó junto al camino
13.5 *p* cayó en pedregales, donde no había
13.7 y *p* cayó entre espinos; y los espinos
13.8 pero *p* cayó en buena tierra, y dio fruto
24.51 y pondrá su *p* con los hipócritas; allí
Mr. 1.45 se quedaba..y venían a él de todas *p*
4.4 una *p* cayó junto al camino, y vinieron las
4.5 otra *p* cayó en pedregales, donde no tenía
4.7 otra *p* cayó entre espinos; y los espinos
4.8 pero otra *p* cayó en buena tierra, y dio
14.43 de *p* de los principales sacerdotes y de
16.20 ellos, saliendo, predicaron en todas *p*
Lc. 1.45 se cumplirá lo..dicho de *p* del Señor
2.1 promulgó un edicto de *p* de Augusto César
8.5 una *p* cayó junto al camino, y fue hollada
8.6 *p* cayó sobre la piedra; y nacida, se secó
8.7 otra *p* cayó entre espinos, y los espinos
8.8 *p* cayó en buena tierra, y nació y llevó
9.6 todas las aldeas..y sanando por todas *p*
10.42 María ha escogido la buena *p*, la cual
11.36 si..no teniendo *p* alguna de tinieblas
15.12 padre, dame la *p* de los bienes que me
19.43 sitiarán, y por todas *p* te estrecharán
24.42 le dieron *p* de un pez asado, y un panal
Jn. 10.1 que sube por otra *p*, ése es ladrón y
13.8 si no te lavare, no tendrás *p* conmigo
19.23 e hicieron cuatro *p*..para cada soldado
Hch. 1.17 contado..tenía *p* en este ministerio
1.25 para que tome la *p* de este ministerio y
5.2 trayendo sólo una *p*, la puso a los pies
8.4 iban por todas *p* anunciando el evangelio
8.21 no tienes tú *p* ni suerte en este asunto
21.28 por todas *p* enseña a..contra el pueblo
23.6 notando que una *p* era de saduceos y otra
23.9 los escribas de la *p* de los fariseos
27.44 *p* en tablas, *p* en cosas de la nave
28.22 nos es notorio que en todas *p* se habla
Ro. 11.25 endurecimiento en *p*, hasta que haya
13.1 no hay autoridad sino de *p* de Dios, y
15.15 os he escrito..en *p* con atrevimiento
1 Co. 4.17 de la manera que enseño en todas *p*
13.9 en *p* conocemos, y en *p* profetizamos
13.10 mas entonces lo que es en *p* se acabará
2 Co. 7.9 pérdida padecieseis por nuestra *p*
9.3 nuestro gloriarnos..no sea vano en esta *p*
Gá. 2.12 que viniesen algunos de *p* de Jacobo
Ef. 4.9 había descendido primero a las *p* más
He. 9.2 en la primera *p*, llamada el Lugar Santo
9.3 tras el segundo velo estaba la *p* del
9.4 arca..cubierta de oro por todas *p*, en la
9.6 en la primera *p*..entran los sacerdotes
9.7 en la segunda *p*, sólo el sumo sacerdote
9.8 que la primera *p* del..estuviese en pie
10.33 por una *p*, ciertamente, con vituperios
12.9 por otra *p*, tuvimos a nuestros padres
Stg. 1.6 arrastrada..y echada de una *p* a otra
1.13 no diga que es tentado de *p* de Dios
1 P. 4.14 *p* de ellos, él es blasfemado, pero

PARTE *(Continúa)*
Ap. 6.8 dada potestad sobre la cuarta *p* de la
8.7 la tercera *p* de los árboles se quemó, y se
8.8 tercera *p* del mar se convirtió en sangre
8.9 murió la tercera *p* de los seres vivientes
8.9 la tercera *p* de las naves fue destruida
8.10 y cayó sobre la tercera *p* de los ríos
8.11 la tercera *p* de las aguas se convirtió
8.12 tercera *p* del sol, y la tercera *p* de la
8.12 la tercera *p* de las estrellas, para que
8.12 que se oscureciese la tercera *p* de ellos
8.12 no hubiese luz en la tercera *p* del día
9.15 de matar a la tercera *p* de los hombres
9.18 fue muerta la tercera *p* de los hombres
11.13 y la décima *p* de la ciudad se derrumbó
12.4 su cola arrastraba la tercera *p* de las
16.19 la gran ciudad fue dividida en tres *p*
20.6 bienaventurado y. .el que tiene *p* en la
21.8 tendrán su *p* en el lago que arde con
22.19 Dios quitará su *p* del libro de la vida

PARTERA
Gn. 35.17 dijo la *p*. .también tendrás este hijo
38.28 la *p*. .ató a su mano un hilo de grana
Éx. 1.15 habló el rey de Egipto a las *p* de las
1.17 pero las *p* temieron a Dios, y no hicieron
1.18 y el rey de Egipto hizo llamar a las *p*
1.19 las *p* respondieron a Faraón: Porque las
1.19 dan a luz antes que la *p* venga a ellas
1.20 Dios hizo bien a las *p*; y el pueblo se
1.21 haber las *p* temido a Dios, él prosperó

PARTICIPACIÓN
Fil. 3.10 la *p* de sus padecimientos, llegando
Flm. 6 para que la *p* de tu fe sea eficaz en el

PARTICIPANTE
Ro. 11.17 has sido hecho *p* de la raíz y de la
15.27 si los gentiles han sido hechos *p* de sus
Fil. 1.7 vosotros sois *p* conmigo de la gracia
He. 3.1 hermanos. .*p* del llamamiento celestial
3.14 somos hechos *p* de Cristo, con tal que
12.8 sin disciplina, de la cual. .han sido *p*
1 P. 4.13 sino gozaos por cuanto sois *p* de los
5.1 que soy. .*p* de la gloria que será revelada
2 P. 1.4 que. .llegaseis a ser *p* de la naturaleza

PARTICIPAR
Lv. 19.17 para que no *participes* de su pecado
Ez. 27.9 a ti. .para *participar* de tus negocios
1 Co. 9.12 si otros *participan* de este derecho
9.13 los que sirven al. .del altar *participan?*
10.17 todos *participamos* de aquel mismo pan
10.21 no podéis *participar* de la mesa del
10.30 y si yo con agradecimiento *participo*
2 Co. 8.4 de *participar* en este servicio para
Gá. 2.13 en su simulación *participaban*. .otros
Ef. 5.11 *participéis* en las obras infructuosas
Fil. 4.14 bien hicisteis en *participar* conmigo
4.15 ninguna iglesia *participó* conmigo en
Col. 1.12 aptos para *participar* de la herencia
1 Ti. 4.3 *participasen* de ellos los creyentes
5.22 manos. .ni *participes* en pecados ajenos
2 Ti. 1.8 *participa* de las aflicciones por el
2.6 labrador, para *participar* de los frutos
He. 2.14 por cuanto los hijos *participaron* de
2.14 él también *participó* de lo mismo, para
5.13 y todo aquel que *participa* de la leche
12.10 para que *participemos* de su santidad
2 Jn. 11 el que le dice: ¡Bienvenido! *participa*

PARTÍCIPE
1 Co. 10.18 comen de los. .¿no son *p* del altar?
10.20 no quiero que vosotros os hagáis *p* con
Gá. 6.6 *p* de toda cosa buena al que lo instruye
Ef. 5.7 no seáis, pues, *p* con ellos
He. 6.4 y fueron hechos *p* del Espíritu Santo
Ap. 18.4 salid. .que no seáis *p* de sus pecados

PARTICULAR
1 Cr. 29.3 yo guardo en mi tesoro *p* oro y plata
Mr. 4.34 sus discípulos en *p* les declaraba todo
3 Jn. 15 saluda. .a los amigos, a cada uno en *p*

PARTIDA
Nm. 10.6 moverán. .alarma tocarán para sus *p*
Esd. 7.9 fue el principio de la *p* de Babilonia
Lc. 9.31 y hablaban de su *p*, que iba Jesús a
Hch. 20.29 que después de mi *p* entrarán. .lobos
2 Ti. 4.6 porque. .tiempo de mi *p* está cercano
2 P. 1.15 que después de mi *p* vosotros podáis

PARTIDOR
Is. 3.20 los *p* del pelo, los pomitos de olor y
Lc. 12.14 ¿quién me ha puesto. .como juez o *p?*

PARTIMIENTO
Hch. 2.42 perseveraban. .en el *p* del pan y en

PARTIR
Gn. 12.9 y Abram *partió* de allí, caminando y
15.10 los *partió* por la mitad. .no *p* las aves
20.1 *partió* Abraham a la tierra del Neguev, y
35.16 *partieron* de Bet-el; y había aún como
Éx. 12.37 *partieron* los. .de Israel de Ramesés
13.20 *partieron* de Sucot y acamparon en Etam
15.22 hizo. .que *partiese* Israel del Mar Rojo
16.1 *partió* luego de Elim. .la congregación
17.1 Israel *partió* del desierto de Sin por sus
21.35 *partirán* el dinero. .*p* el buey muerto
Lv. 2.6 la cual *partirás* en piezas, y echarás
Nm. 9.17 cuando se alzaba la nube de. .*partían*
9.18,20,23 al mandato de Jehová. .*partían*
9.19 guardaban la ordenanza de. .y no *partían*
9.21(2) la nube se levantaba. .*partían*
10.12 *partieron* los hijos de Israel. .de Sinaí
10.13 *partieron* la. .vez al mandato de Jehová
10.28 era el orden de marcha. .cuando *partían*
10.29 dijo. .Nosotros *partimos* para el lugar
10.33 *partieron* del monte de Jehová camino de
11.35 de Kibrot-hataava *partió* el pueblo a
12.16 después el pueblo *partió* de Hazerot, y
20.22 *partiendo* de Cades los hijos de Israel
21.4 *partieron* del monte de Hor, camino del
21.10 después *partieron* los hijos de Israel
21.11 *partiendo* de. .acamparon en Ije-abarim
21.12 *partieron* de allí, y acamparon en el
21.13 de allí *partieron*, y acamparon al otro
22.1 *partieron* los. .de Israel, y acamparon en
31.27 y *partirás* por mitades el botín entre
Dt. 10.7 *partieron* a Gudgoda, y de Gudgoda a
Jos. 3.1 *partieron* de Sitim y vinieron hasta el
3.14 cuando *partió* el pueblo de sus tiendas
Jue. 17.8 *partió* de la ciudad de Belén de Judá
18.21 y *partieron*, y pusieron los niños, el
19.29 echó mano de su concubina, y la *partió*
1 S. 23.28 Saúl. .y *partió* contra los filisteos
30.9 *partió*. .David, él y los 600 hombres que
2 S. 6.2 se levantó David y *partió* de Baala de
15.14 David dijo. .daos prisa a *partir*, no sea
1 R. 3.25 dijo: *Partid* por medio al niño vivo
3.26 la otra dijo: Ni a mí ni a ti; *partidlo*
19.19 *partiendo* él de allí, halló a Eliseo hijo
20.34 y yo. .te dejaré *partir* con este pacto
2 R. 4.25 *partió*, pues, y vino al varón de Dios
Esd. 8.31 *partimos* del río Ahava el doce del mes
Job 16.13 *partió* mis riñones, y no perdonó; mi
Ec. 10.9 el que *parte* leña, en ello peligra
Is. 58.7 que *partas* tu pan con el hambriento
Jer. 16.7 ni *partirán* pan por ellos en el luto
31.35 que *parte* el mar, y braman sus ondas
Ez. 12.3 prepárate enseres de marcha, y *parte*
12.11 *partiréis* al destierro, en cautividad
Jon. 1.3 halló una nave que *partía* para Tarsis
1.4 el mar. .se pensó que se *partiría* la nave
Zac. 14.4 y el monte de los Olivos se *partirá* por
Mt. 2.13 después que *partieron* ellos. .un ángel
14.19 *partió* y dio los panes a los discípulos
15.36 los *partió* y dio a sus discípulos, y los
26.26 tomó Jesús el pan. .y lo *partió*, y dio
27.35 *partieron* entre sí mis vestidos, y sobre
27.51 tierra tembló, y las rocas se *partieron*
Mr. 6.41 bendijo, y *partió* los panes, y dio a
8.6 los *partió*, y dio a sus discípulos para
8.19 cuando *partí* los cinco panes entre 5.000
14.22 y lo *partió* y les dio, diciendo: Tomad
Lc. 8.22 que entró en una barca. .Y *partieron*
9.16 los *partió*, y dio a sus discípulos para
10.35 otro día al *partir*, sacó dos denarios
12.13 dí a mi hermano que *parta* conmigo la
22.19 lo *partió* y les dio, diciendo: Esto es
24.30 tomó el pan y lo bendijo, lo *partió*, y
24.35 le habían reconocido al *partir* el pan
Jn. 19.24 no la *partamos*, sino echemos suertes
Hch. 2.46 *partiendo* el pan en las casas, comían
16.10 procuramos *partir* para Macedonia, dando
20.7 reunidos. .para *partir* el pan, Pablo les
20.11 después de haber subido. .*partido* el pan
25.4 en Cesarea, adonde él mismo *partiría* en
27.35 el pan. .y *partiéndolo*, comenzó a comer
1 Co. 10.16 el pan que *partimos*, ¿no es la
11.24 y habiendo dado gracias, lo *partió*, y
11.24 mi cuerpo que por vosotros es *partido*
2 Co. 2.13 despidiéndome. .*partí* para Macedonia
8.17 por su propia voluntad *partió* para ir a
Fil. 1.23 deseo de *partir* y estar con Cristo
4.15 del evangelio, cuando *partí* de Macedonia
1 Ts. 1.8 *partiendo* de. .ha sido divulgada la
He. 4.12 y penetra hasta *partir* el alma y el

PARTO *(n.)* ***Habitante de Partia*, Hch. 2.9**

PARTO *(s.)*
Gn. 35.16 dio a luz Raquel. .hubo trabajo en su *p*
35.17 había trabajo en su *p*, que le dijo la
Éx. 1.16 cuando asistáis a las hebreas en sus *p*
Is. 13.8 tendrán dolores como mujer de *p*; se
21.3 angustias. .como angustias de mujer de *p*
23.4 nunca estuve de *p*, ni di a luz, ni crie
26.18 tuvimos dolores. .*p*, dimos a luz viento
42.14 voces como la que está de *p*: asolaré
54.1 regocíjate, oh. .la que nunca estuvo de *p*
66.7 antes que estuviese de *p*, dio a luz
66.8 en cuanto Sion estuvo de *p*, dio a luz
Jer. 4.31 una voz como de mujer que está de *p*
6.24; 13.21; 22.23 dolor como de mujer. .de *p*
30.6 todo hombre. .como mujer que está de *p*
49.24 dolores le. .como de mujer que está de *p*
50.43 angustia le. .dolor como de mujer de *p*
Mi. 4.9 te ha tomado dolor como de mujer de *p?*
4.10 duélete. .Sion, como mujer que está de *p*
Ro. 8.22 creación gime. .está con dolores de *p*
Gá. 4.19 sufrir dolores de *p*, hasta que Cristo
4.27 y clama, tú que no tienes dolores de *p*
Ap. 12.2 encinta, clamaba con dolores de *p*, en

PARÚA ***Padre de Josafat No. 2*, 1 R. 4.17**

PARVA
Rt. 3.2 avienta esta noche la *p* de las cebadas

PARVAIM ***Región de Arabia*, 2 Cr. 3.6**

PASA
1 S. 25.18 tomó luego. .cien racimos de uvas *p*
30.12 le dieron. .higos. .y dos racimos de *p*
2 S. 6.19 un pedazo de carne y una torta de *p*
16.1 cien racimos de *p*, cien panes de higos
16.2 panes y las *p* para que coman los criados
1 Cr. 12.40 trajeron. .tortas de higos, *p*, vino
16.3 y repartió a. .a cada uno una torta de *p*
Cnt. 2.5 sustentadme con *p*, confortadme con
Os. 3.1 a dioses ajenos, y aman tortas de *p*

PASAC ***Descendiente de Aser*, 1 Cr. 7.33**

PASADIZO
2 R. 16.18 *p* de afuera, el del rey, los quitó

PASADO ***Véase Pasar***

PASAJE
Jon. 1.3 pagando su *p*, entró en ella para irse
Lc. 20.37 Moisés lo enseñó en el *p* de la zarza
Hch. 8.32 el *p*. .que leía era este: Como oveja

PASAR
Gn. 7.4 *pasados* aún siete días, yo haré llover
8.1 hizo *pasar* Dios un viento sobre la tierra
12.6 *pasó* Abram por aquella tierra hasta el
12.8 se *pasó* de allí a un monte al oriente de
15.17 y una antorcha de fuego que *pasaba* por
18.3 Señor. .ruego que no *pases* de tu siervo
18.5 y sustentad vuestro. .y después *pasaréis*
18.5 habéis *pasado* cerca de vuestro siervo
30.32 *pasaré* hoy por todo tu rebaño. .aparte
31.21 huyó. .y se levantó y *pasó* el Eufrates
31.52 ni yo *pasaré* de este. .ni tú *pasarás* de
32.10 con mi cayado *pasé* este Jordán, y ahora
32.16 *pasad* delante de mí, y poned espacio
32.21 *pasó*, pues, el presente delante de él
32.22 y se levantó. .y *pasó* el vado de Jaboc
32.23 hizo *pasar* el arroyo a ellos y a todo
32.31 cuando había *pasado* Peniel, le salió el
33.3 él *pasó* delante de ellos y se inclinó a
33.14 *pase* ahora mi señor delante de. .siervo
37.28 cuando *pasaban*. .madianitas mercaderes
38.12 *pasaron* muchos días, y murió la hija de
41.1 *pasados* dos años tuvo Faraón un sueño
43.27 y dijo: ¿Vuestro padre. .lo *pasa* bien?
47.21 al pueblo lo hizo *pasar* a las ciudades
50.4 *pasados* los días de su luto, habló José
Éx. 12.12 yo *pasaré* aquella noche por la tierra
12.13 y veré la sangre y *pasaré* de vosotros
12.23 Jehová *pasará* hiriendo a los egipcios
12.23 la sangre. .*pasará* Jehová aquella puerta
12.27 el cual *pasó* por encima de las casas de
12.41 *pasados* los 430 años, en el mismo día
15.16 haya *pasado* tu. .haya *p* este pueblo que
15.19 los hijos de Israel *pasaron* en seco por
17.5 *pasa* delante del pueblo, y toma contigo
18.8 trabajo que habían *pasado* en el camino
26.28 barra de en medio *pasará* por en medio
32.27 *pasad* y volved de puerta a puerta por
33.19 haré *pasar* todo mi bien delante de tu
33.22 y cuando *pase* mi gloria, yo te pondré
33.22 te cubriré con. .hasta que haya *pasado*
34.6 *pasando* Jehová por delante de. .proclamó
36.33 e hizo que la barra de en medio *pasase*
36.34 anillos. .por donde *pasasen* las barras
38.26 los que *pasaron* por el censo, de edad
Lv. 26.6 la espada no *pasará* por vuestro país
27.32 diezmo. .todo lo que *pasa* bajo la vara
Nm. 5.30 marido sobre el cual *pasare*. .de celos
6.5 no *pasará* navaja sobre su cabeza; hasta
8.7 *pasar* la navaja sobre todo su cuerpo, y
12.15 el pueblo no *pasó* adelante hasta que
13.32; 14.7 la tierra por donde *pasamos* para
20.17 te rogamos que *pasemos* por tu tierra
20.17 no *pasaremos* por labranza, ni por viña
20.17 hasta que hayamos *pasado* tu territorio
20.18 Edom le respondió: No *pasarás* por mí
20.19 déjame solamente *pasar* a pie, nada más
20.20 él respondió: No *pasarás*. Y salió Edom
20.21 no quiso. .Edom dejar *pasar* a Israel por

PASAR *(Continúa)*
Nm. 21.22 *pasaré* por tu tierra; no nos iremos por
21.22 camino real iremos, hasta que *pasemos*
21.23 mas Sehón no dejó *pasar* a Israel por su
22.26 el ángel. .*pasó* más allá, y se puso en
31.23 que resiste. .por fuego lo haréis *pasar*
31.23 y haréis *pasar* por agua todo lo que no
32.5 heredad, y no nos hagas *pasar* el Jordán
32.7 desanimáis. .no *pasen* a la tierra que les
32.21 todos. .*pasáis* armados el Jordán delante
32.27 tus siervos. .*pasarán* delante de Jehová
32.29 de Rubén *pasan* con vosotros el Jordán
32.30 mas si no *pasan* armados con vosotros
32.32 *pasaremos* armados delante de Jehová a
33.8 *pasaron*. .en medio del mar al desierto
33.51 hayáis *pasado* el Jordán entrando en la
34.4 irá rodeando desde. .y *pasará* hasta Zin
34.4 continuará a Hasar-adar, y *pasará* hasta
35.10 hayáis *pasado* al otro lado del Jordán
Dt. 2.4 *pasando* vosotros por el territorio de
2.13 *pasad* el arroyo de Zered. Y *pasamos* el
2.14 anduvimos. .hasta cuando *pasamos*. .Zered
2.18 *pasarás* hoy el territorio de Moab, a Ar
2.24 salid, y *pasad* el arroyo de Arnón; he
2.27 *pasaré* por tu tierra por el camino; por
2.28 el agua también. .solamente *pasaré* a pie
2.30 Sehón rey de. .no quiso que *pasásemos* por
3.21 todos los reinos a los cuales *pasarás*
3.25 *pase* yo, te ruego, y vea aquella tierra
3.27 y mira con. .porque no *pasarás* el Jordán
3.28 manda a Josué. .él ha de *pasar* delante
4.14 tierra a la cual *pasáis* a tomar posesión
4.21 y juró que yo no *pasaría* el Jordán, ni
4.22 no *pasaré* el Jordán. .vosotros *pasaréis*
4.26 la tierra hacia la cual *pasáis* el Jordán
4.32 si en los tiempos *pasados*. .se ha hecho
6.1 la tierra a la cual *pasáis*. .para tomarla
9.1 vas hoy a *pasar* el Jordán, para entrar a
9.3 Jehová. .que *pasa* delante de ti como fuego
11.8,11 tierra a la cual *pasáis* para tomarla
11.31 *pasáis* el Jordán para ir a poseer la
12.10 *pasaréis* el Jordán, y habitaréis en la
18.10 quien haga *pasar* a su hijo o a su hija
21.23 no dejaréis que su cuerpo *pase* la noche
27.2 el día que *pases* el Jordán a la tierra
27.3 hayas *pasado* para entrar en la tierra que
27.4 hayas *pasado* el Jordán, levantarás estas
27.12 hayas *pasado* el Jordán, estos estarán
29.16 cómo hemos *pasado* por en medio de las
29.16 naciones por las cuales habéis *pasado*
30.13 ¿quién *pasará* por nosotros el mar, para
30.18 *pasando* el Jordán. .entrar en posesión
31.2 Jehová me ha dicho: No *pasarás*. .Jordán
31.3 Jehová tu Dios, él *pasa* delante de ti
31.3 Josué será el que *pasará* delante de ti
31.13; 32.47 *pasando* el Jordán, para tomar
34.4 he permitido verla. .mas no *pasarás* allá
Jos. 1.2 levántate y *pasa* este Jordán, tú y todo
1.11 *pasad*. .en medio del campamento y manda
1.11 dentro de tres días *pasaréis* el Jordán
1.14 *pasaréis* armados delante de vuestros
2.23 *pasaron*, y vinieron a Josué hijo de Nun
3.1 Jordán, y reposaron allí antes de *pasarlo*
3.4 no habéis *pasado* antes de ahora por este
3.6 tomad el arca. .*pasad* delante del pueblo
3.11 el arca. .*pasará* delante de vosotros en
3.14 partió el pueblo. .para *pasar* el Jordán
3.16 el pueblo *pasó* en dirección de Jericó
3.17 de pasar el Jordán; y todo Israel *pasó*
4.1 cuando. .hubo acabado de *pasar* el Jordán
4.3 doce piedras, las cuales *pasaréis* con
4.3 el lugar donde habéis de *pasar* la noche
4.5 dijo. .*Pasad* delante del arca de Jehová
4.7 cuando ella *pasó* el Jordán, las aguas
4.8 y las *pasaron* al lugar donde acamparon
4.10 pararon. .el pueblo se dio prisa y *pasó*
4.11 el pueblo acabó de *pasar*. .*pasó* el arca
4.12 los hijos de Rubén y. .*pasaron* armados
4.13 cuarenta mil *pasaron* hacia la llanura
4.22 Israel *pasó* en seco por este Jordán
4.23 secó las aguas del. .que habíais *pasado*
4.23 el Mar Rojo, el cual secó. .que *pasamos*
5.1 había secado. .hasta que hubieron *pasado*
6.7 dijo al pueblo: *Pasad*, y rodead la ciudad
6.7 están armados *pasarán* delante del arca de
6.8 sacerdotes. .*pasaron* delante del arca de
6.11 volvieron luego. .y allí *pasaron* la noche
7.7 ¿por qué hiciste *pasar* a este pueblo el
8.10 Josué. .*pasó* revista al pueblo, y subió
9.16 *pasados* tres días después que. .alianza
10.29 de Maceda *pasó* Josué. .a Libna; y peleó
10.31 Josué, y todo Israel. .*pasó* de Libna a
10.34 de Laquis *pasó* Josué, y todo Israel con
15.3 *pasando* hasta Zin; y. .*pasaba* a Hezrón
15.4 de allí *pasaba* a Asmón, y salía al arroyo
15.6 y *pasa* al norte de Bet-arabá, y de aquí
15.7 *pasa* hasta las aguas de En-semes, y sale
15.10 *pasa* al lado del monte de Jearim hacia
15.10 desciende a Bet-semes, y *pasa* a Timna
15.11 y *pasa* por el monte de Baala, y sale a
16.2 *pasa* a lo largo del territorio de los
16.6 hasta Taanat-silo, y de aquí *pasa* a Janoa
18.13 *pasa* en dirección de Luz, al lado sur
18.18 y *pasa* al lado que. .enfrente del Arabá
18.19 y *pasa* el límite al lado. .de Bet-hogla
19.13 *pasando* de allí hacia el lado oriental
19.34 de allí *pasaba* a Hucoc, y llegaba hasta
22.19 *pasaos* a la tierra de la posesión de
24.11 *pasasteis* el Jordán, y vinisteis a
24.17 pueblos por entre los cuales *pasamos*
Jue. 1.8 y *pasaron* a sus habitantes a filo de
3.26 *pasando* los ídolos, se puso a salvo en
3.28 los vados. .y no dejaron *pasar* a ninguno
6.33 *pasando* acamparon en el valle de Jezreel
8.4 vino Gedeón. .y *pasó* él y los 300 hombres
9.25 robaban a todos los que *pasaban* junto a
9.26 Gaal. .vino con. .y se *pasaron* a Siquem
10.9 los hijos de Amón *pasaron* el Jordán para
11.17,19 ruego. .me dejes *pasar* por tu tierra
11.29 y *pasó* por Galaad. .y de allí *p* a Mizpa
11.29 y de Mizpa de. .*pasó* a los hijos de Amón
11.39 *pasados* los dos meses volvió a su padre
12.1 y *pasaron* hacia el norte, y dijeron a
12.3 arriesgué. .*pasé* contra los hijos de Amón
12.5 cuando decían. .de Efraín: Quiero *pasar*
13.5 navaja no *pasará* sobre su cabeza, porque
18.13 *pasaron* al monte de Efraín, y vinieron
19.6 te ruego que quieras *pasar* aquí la noche
19.9 ruego que *paséis* aquí la noche; he aquí
19.10 el hombre no quiso *pasar* allí la noche
19.11 ven. .para que *pasemos* en ella la noche
19.12 no iremos a. .que *pasaremos* hasta Gabaa
19.13 para *pasar* la noche en Gabaa o en Ramá
19.14 *pasando*. .caminaron, y se les puso el
19.15 entrar a *pasar* allí la noche en Gabaa
19.15 no hubo quien los acogiese. .para *pasar*
19.18 *pasamos* de Belén de Judá a la parte más
19.20 tal que no *pases* la noche en la plaza
20.4 llegué a Gabaa. .para *pasar* allí la noche
Rt. 2.8 no vayas a espigar a. .ni *pases* de aquí
3.13 *pasa* aquí la noche, y cuando sea de día
4.1 y he aquí *pasaba* aquel pariente de quien
1 S. 1.11 y no *pasará* navaja sobre su cabeza
5.8 *pásese* el arca. .y *pasaron* allá el arca
5.9 que cuando la habían *pasado*, la mano de
5.10 han *pasado* a nosotros el arca del Dios
7.2 el arca. .*pasaron* muchos días, veinte años
9.4 *pasó* el monte de Efraín. .*pasaron* luego
9.4 *pasaron* por la tierra de Benjamín, y no
13.7 algunos de los hebreos *pasaron* el Jordán
14.1 *pasemos* a la guarnición de los filisteos
14.4 por donde Jonatán procuraba *pasar* a la
14.6 ven, *pasemos* a la guarnición de estos
14.8 Jonatán: Vamos a *pasar* a esos hombres, y
14.17 *pasad* ahora revista, y. .*pasaron* revista
15.4 convocó al. .y les *pasó* revista en Telaim
15.12 Saúl. .*pasó* adelante y descendió a Gilgal
15.32 dijo. .ya *pasó* la amargura de la muerte
16.8 lo hizo *pasar* delante de Samuel, el cual
16.9 hizo luego *pasar* Isaí a Sama. .Tampoco
16.10 e hizo *pasar* Isaí siete hijos suyos
20.36 él tiraba. .que *pasara* más allá de él
25.37 a Nabal le habían *pasado* los efectos
26.13 *pasó* David al lado opuesto, y se puso
26.22 *pase* acá uno de los criados y tómela
27.2 David. .se *pasó* a Aquis hijo de Maoc, rey
29.2 cuando. .los filisteos *pasaban* revista a
29.3 desde el día que se *pasó* a mí hasta hoy
30.10 no pudieron *pasar* el torrente de Besor
2 S. 2.15 y *pasaron* en número igual, doce de
2.29 *pasando* el Jordán cruzaron por. .Bitrón
6.2 *pasar* de allí el arca de Dios, sobre la
10.17 y *pasando* el Jordán vino a Helam; y los
11.27 *pasado* el luto, envió David y la trajo
12.16 David. .*pasó* la noche acostado en tierra
13.23 aconteció *pasados* dos años, que Absalón
15.18 y todos sus siervos *pasaban* a su lado
15.22 ven, pues, y *pasa*. Y *pasó* Itai geteo
15.23 *pasó* luego toda la gente el. .*p* el rey
15.23 y todo el pueblo *pasó* al camino que va
15.33 dijo. .Si *pasares* conmigo, me serás carga
16.1 David *pasó*. .más allá de la cumbre del
16.9 me dejes *pasar*, y le quitaré la cabeza
17.8 tu padre es. .no *pasará* la noche con el
17.16 *pasa* luego el Jordán, para que no sea
17.20 ya han *pasado* el vado de las aguas
17.21 daos prisa a *pasar* las aguas, porque
17.22 *pasaron* el Jordán. .uno que no *pasase*
17.24 y Absalón *pasó* el Jordán con toda la
18.1 David, pues, *pasó* revista al pueblo que
18.9 Absalón quedó. .el mulo en que iba *pasó*
18.23 corrió, pues. .*pasó* delante del etíope
18.30 rey dijo: *Pasa*, y ponte allí. Y él *pasó*
19.15 a Gilgal. .para hacerle *pasar* el Jordán
19.17 los cuales *pasaron* el Jordán delante del
19.18 cruzaron. .para *pasar* a la familia del
19.18 postró. .cuando él hubo *pasado* el Jordán
19.31 Barzilai. .y *pasó* el Jordán con el rey
19.33 dijo. .*Pasa* conmigo, y yo te sustentaré
19.36 *pasará* tu siervo. .más allá del Jordán
19.37 Quimam; que *pase* él con mi señor el rey
19.38 *pase* conmigo Quimam, y yo haré con él
19.39 todo el pueblo *pasó* el Jordán; y luego
19.39 el rey hubo. .*pasado*. .besó a Barzilai, y
19.40 *pasó* a Gilgal, y con él *pasó* Quimam
19.41 han hecho *pasar* el Jordán al rey y a su
20.12 todo el que *pasaba*, al verle, se detenía
20.13 *pasaron* todos los que seguían a Joab
20.14 *pasó* por todas las tribus de Israel
24.5 y *pasando* el Jordán acamparon en Aroer
1 R. 2.37 día que. .*pasares* el torrente de Cedrón
2.39 *pasados* tres años, aconteció que dos
9.8 cualquiera que *pase*. .se asombrará, y se
13.25 unos que *pasaban*, y vieron el cuerpo
17.7 *pasados* algunos días, se secó el arroyo
18.1 *pasados* muchos días. .palabra de Jehová a
18.29 *pasó* el mediodía, y. .siguieron gritando
19.9 metió en una cueva, donde *pasó* la noche
19.11 Jehová que *pasaba*, y un grande. .viento
19.19 *pasando* Elías por delante de él, echó
20.15 él *pasó* revista a los siervos de los
20.15 luego *pasó* revista a todo el pueblo, a
20.22 *pasado* un año, el rey de Siria vendrá
20.26 *pasado* un año, Ben-adad *pasó* revista al
20.39 cuando el rey *pasaba*, él dio voces al
21.1 *pasadas* estas cosas, aconteció que Nabot
22.1 tres años *pasaron* sin guerra entre los
2 R. 2.8 apartaron. .*pasaron* ambos por lo seco
2.9 cuando habían *pasado*, Elías dijo a Eliseo
2.14 las aguas, se apartaron. .y *pasó* Eliseo
3.6 rey Joram, y *pasó* revista a todo Israel
4.8 un día *pasaba* Eliseo por Sunem; y había
4.8 cuando él *pasaba* por allí, venía a la casa
4.9 éste que siempre *pasa* por nuestra casa
6.9 mira que no *pases* por tal lugar, porque
6.26 *pasando* el rey. .por el muro, una mujer
6.30 rasgó sus vestidos, y *pasó*. .por el muro
7.4 *pasemos* al campamento de los sirios; si
8.3 *pasado* los siete años, la mujer volvió de
8.21 Joram. .*pasó* a Zair, y todos sus carros
14.9 y *pasaron* las fieras que. .en el Líbano
16.3 hizo *pasar* por fuego a su hijo, según las
17.17 hicieron *pasar* a sus hijos. .por fuego
21.6 y *pasó* a su hijo por fuego, y se dio a
23.10 que ninguno *pasase* su hijo. .por fuego a
25.11 a los que se habían *pasado* al rey de
1 Cr. 12.15 estos *pasaron* el Jordán en el mes
12.19 se *pasaron* a David algunos de Manasés
12.19 con peligro de. .cabezas se *pasará* a su
12.20 *pasaron* a él de los de Manasés, Adnas
13.6 *pasar* de allí el arca de Jehová Dios, que
15.3 que *pasasen* el arca de Jehová a su lugar
15.12 *pasad* el arca de Jehová. .al lugar que
29.30 tiempos que *pasaron* sobre él, y sobre
2 Cr. 7.21 será espanto a todo el que *pasare*
8.11 *pasó* Salomón a la hija de Farón, de la
15.9 muchos de Israel se habían *pasado* a él
20.1 *pasadas* estas. .vinieron contra Josafat
20.10 tierra no quisiste que *pasase* Israel
20.35 *pasadas* estas cosas, Josafat. .amistad
21.9 *pasó* Joram con sus príncipes, y todos
21.19 *pasar* muchos días. .los intestinos se le
23.15 luego que ella hubo *pasado* la entrada
25.18 fieras. .*pasaron*, y hollaron el cardo
28.3 *pasar* a sus hijos por fuego, conforme a
30.5 hacer *pasar* pregón por. .Israel, desde
30.10 *pasaron*, pues, los correos de ciudad
33.6 y *pasó* sus hijos por fuego en el valle
Esd. 6.5 sacó del templo. .los *pasó* a Babilonia
7.1 *pasadas* estas cosas, en el reinado de
Neh. 2.14 *pasé* luego a la puerta de la Fuente
2.14 pero no había lugar por donde *pasase* la
8.15 y *pasar* pregón por todas sus ciudades
9.11 dividiste el mar. .*pasaron* por medio de él
Est. 2.1 *pasadas* estas cosas, sosegada ya la ira
Job 1.5 habiendo *pasado* en. .los días del convite
4.15 al *pasar* un espíritu por delante de mí
6.15 pero. .*pasan* como corrientes impetuosas
8.8 pregunta. .a las generaciones *pasadas*, y
9.11 *pasará* delante de mí. .no lo veré; *p*, y
9.26 *pasaron* cual naves veloces; como. .águila
11.10 él *pasa*, y aprisiona, y llama a juicio
11.16 te acordarás de ella como. .que *pasaron*
14.5 pusiste límites, de los cuales no *pasará*
15.19 no *pasó* extraño por en medio de ellos
17.11 *pasaron* mis días, fueron arrancados mis
19.8 cercó. .mi camino, y no *pasaré*; y sobre
19.10 ha hecho *pasar* mi esperanza como árbol
21.13 *pasan* sus días en prosperidad, y en paz
21.29 ¿no habéis preguntado a los que *pasan*
28.4 abren minas lejos. .donde el pie no *pasa*
28.8 nunca la pisaron. .ni león *pasó* por ella
29.2 ¡quién me volviese como. .meses *pasados*!
30.15 honor, y mi prosperidad *pasó* como nube
31.32 el forastero no *pasaba* fuera la noche
33.28 redimirá su alma para que no *pase* al
34.20 y *pasarán*, y sin mano será quitado el
36.12 si no oyeren, serán *pasados* a espada
37.21 luego que *pasa* el viento y los limpia
38.11 hasta aquí llegarás, y no *pasarás*, y
39.3 hacen salir sus hijos, *pasan*. .dolores
Sal. 8.8 cuanto *pasa* por los senderos del mar
18.12 por el resplandor. .sus nubes *pasaron*
37.36 pero él *pasó*, y he aquí ya no estaba
42.7 todas tus ondas y. .han *pasado* sobre mí
48.4 los reyes. .se reunieron; *pasaron* todos
57.1 me ampararé. .que *pasen* los quebrantos
58.8 *pasen* ellos como el caracol que se deslíe
59.15 no se sacian, *pasen* la noche quejándose
66.6 por el río *pasaron* a pie; allí en él nos
66.12 *pasamos* por el fuego y por el agua, y
73.5 no *pasan* trabajos como. .otros mortales

PASAR *(Continúa)*
Sal. 78.13 dividió el mar y los hizo *pasar;* detuvo
80.12 la vendimian todos los que *pasan* por
88.5 abandonado. .como los *pasados* a espada
88.16 sobre mí han *pasado* tus iras. .terrores
89.41 lo saquean todos los que *pasan* por el
90.4 como el día de ayer, que *pasó,* y como
90.10 años. .porque pronto *pasan,* y volamos
103.16 que *pasó* el viento por ella, y pereció
124.4 sobre nuestra alma hubiera *pasado* el
124.5 *pasado* sobre nuestra alma las aguas
129.8 ni dijeron los que *pasaban:* Bendición de
136.14 hizo *pasar* a Israel por en medio de
141.10 los impíos. .mientras yo *pasaré* adelante
144.4 sus días son como la sombra que *pasa*
Pr. 4.15 no *pases* por. .apártate de ella, *pasa*
7.8 el cual *pasaba* por la calle, junto a la
9.15 para llamar a los que *pasan* por el camino
10.25 como *pasa* el torbellino, así el malo no
22.3 mas los simples *pasan* y reciben el daño
24.30 *pasé* junto al campo. .hombre perezoso
26.17 que *pasando* se deja llevar de la ira
27.12 mas los simples *pasan* y llevan el daño
Ec. 3.15 fue ya; y Dios restaura lo que *pasó*
6.9 más vale vista de ojos que deseo que *pasa*
6.12 días. .los cuales él *pasa* como sombra?
7.10 que los tiempos *pasados* fueron mejores
Cnt. 2.11 porque he aquí ha *pasado* el invierno
3.4 apenas hube *pasado*. .hallé luego al que
5.6 pero mi amado. .había ya *pasado;* y tras
Is. 8.7 ríos, y *pasará* sobre todas sus riberas
8.8 y *pasando* hasta Judá, inundará y *pasará*
8.21 y *pasarán* por la tierra fatigados y
10.28 vino hasta Ajat, *pasó* hasta Migrón; en
10.29 *pasaron* el vado; se alojaron en Geba
11.15 y hará que *pasen* por él con sandalias
13.4 Jehová de los ejércitos *pasa* revista a
14.19 vestido de muertos *pasados* a espada, que
16.8 extendieron sus plantas, *pasaron* el mar
18.5 y *pasada* la flor se maduren los frutos
21.13 en el bosque *pasaréis* la noche en Arabia
23.2 Sidón, que *pasando* el mar te abastecían
23.6 *pasaos* a Tarsis; aullad, moradores de la
23.10 *pasa* cual río de tu tierra, oh hija de
23.12 levántate para *pasar* a Quitim, y aun
26.20 entra. .en tanto que *pasa* la indignación
28.15,18 cuando *pase* el turbión del azote
28.19 que comience a *pasar,* él os arrebatará
28.19 de mañana en mañana *pasará,* de día y de
28.27 ni sobre el comino se *pasa* rueda de
29.5 multitud de. .fuertes como tamo que *pasa*
31.9 de miedo *pasará* su fortaleza, y. .dejarán
33.21 no andará. .ni por él *pasará* gran nave
34.10 asolada. .jamás *pasará* nadie por ella
40.27 mi camino. .de mi Dios *pasó* mi juicio?
41.3 los siguió, *pasó* en paz por camino por
41.22 lo que ha *pasado* desde el principio, y
43.2 *pases* por las aguas. .*p* por el fuego, no
43.18 no os acordéis de las cosas *pasadas,* ni
45.14 sabeos. .se *pasarán* a ti y serán tuyos
45.14 irán en pos de ti, *pasarán* con grillos
46.9 acordaos de las cosas *pasadas* desde los
47.2 descubre las piernas, *pasa* los ríos
48.3 lo que *pasó,* ya antes lo dije, y de mi
48.7 han sido creadas, no en días *pasados,* ni
51.9 despiértate como. .en los siglos *pasados*
51.10 del mar para que *pasaran* los redimidos
51.23 inclínate, y *pasaremos* por encima de ti
51.23 cuerpo. .como camino, para que *pasaran*
52.4 descendió a Egipto en tiempo *pasado,* para
54.9 que nunca más las aguas de Noé *pasarían*
60.15 que nadie *pasaba* por ti, haré que seas
62.10 *pasad, p*. .las puertas; barred el camino
65.4 y en lugares escondidos *pasan* la noche
Jer. 2.6 una tierra por la cual no *pasó* varón
2.10 *pasad* a las costas de Quitim y mirad
5.22 bramarán sus ondas, mas no lo *pasarán*
8.13 y lo que les he dado *pasará* de ellos
8.20 *pasó* la siega. .y. .no hemos sido salvos
9.10 desolados hasta no quedar quien *pase,* ni
9.12 desierto, hasta no haber quien *pase?*
13.24 yo los esparciré al. .como tamo que *pasa*
14.8 y como. .se retira para *pasar* la noche?
18.16; 19.8 que *pasare* por ella se asombrará
21.9 el que saliere y se *pasare* a los caldeos
22.8 *pasarán* junto a esta ciudad, y dirán
28.8 profetas que fueron. .en tiempos *pasados*
32.35 para hacer *pasar* por el fuego sus hijos
33.13 *pasarán* ganados por las manos del que
34.18 dividiendo en dos. .y *pasando* por medio
34.19 que *pasaron* entre las partes del becerro
37.13 diciendo: Tú te *pasas* a los caldeos
37.14 Jeremías dijo: Falso; no me *paso* a los
38.2 el que se *pasare* a los caldeos vivirá
38.19 judíos que se han *pasado* a los caldeos
41.10 se fue para *pasarse* a los hijos de Amón
46.17 Faraón. .dejó *pasar* el tiempo señalado
46.26 será habitado como en los días *pasados*
48.32 tus sarmientos *pasaron* el mar, llegaron
49.17 que *pasare* por ella se asombrará, y se
50.13 todo hombre que *pasare* por Babilonia se
51.43 morará nadie, ni *pasará* por ella hijo
52.15 los desertores que se habían *pasado* a
52.25 *pasaba* revista al pueblo de la tierra
Lm. 1.12 ¿no os conmueve a cuantos *pasáis* por
2.15 los que *pasaban* por el camino batieron
3.44 para que no *pasase* la oración nuestra
5.2 nuestra heredad ha *pasado* a extraños
Ez. 5.1 hazla *pasar* sobre tu cabeza y tu barba
5.17 pestilencia y sangre *pasarán* por. .de ti
9.4 *pasa* por en medio de la ciudad, por en
9.5 *pasad* por la ciudad en pos de él, y matad
12.3 *pasarás* de tu lugar a otro lugar a vista
14.15 y si hiciere *pasar* bestias feroces por
14.15 que no haya quien *pase* a causa de las
14.17 espada, *pasa* por la tierra; e hiciere
16.6 y yo *pasé* junto a ti, y te vi sucia en
16.8 *pasé* yo otra vez junto a ti, y te miré
16.15 tus fornicaciones a cuantos *pasaron*
16.25 hiciste. .te ofreciste a cuantos *pasaban*
20.26 *pasar* por el fuego a todo primogénito
20.31 haciendo *pasar*. .hijos por el fuego, os
20.37 os haré *pasar* bajo la vara, y os haré
23.37 sus hijos. .hicieron *pasar* por el fuego
29.11 no *pasará* por ella pie de hombre, ni pie
29.11 pie de animal *pasará* por ella, ni será
33.28 asolados hasta que no haya quien *pase*
36.34 asolada a ojos. .todos los que *pasaron*
37.2 me hizo *pasar* cerca de ellos por todo en
38.17 de quien hablé yo en tiempos *pasados*
39.11 el valle de los que *pasan* al oriente del
39.15 *pasarán* los que irán por el país, y el
41.3 y *pasó* al interior, y midió cada poste
47.3,4 me hizo *pasar* por las aguas hasta los
47.5 y era ya un río que yo no podía *pasar*
47.5 que el río no se podía *pasar* sino a nado
Dn. 1.18 *pasados,* pues, los días al fin de los
2.9 respuesta mentirosa. .que *pasa* el tiempo
4.16,23 *pasen* sobre él siete tiempos
4.25,32 siete tiempos *pasarán* sobre ti, hasta
7.14 dominio eterno, que nunca *pasará,* y su
11.10 e inundará, y *pasará* adelante; luego
11.20 hará *pasar* un cobrador de tributos por
11.40 entrará por las. .e inundará, y *pasará*
Os. 10.11 mas yo *pasaré* sobre su lozana cerviz
13.3 como. .rocío de la madrugada que se *pasa*
Jl. 3.17 será santa, y extraños no *pasarán* más
Am. 4.13 y *pasa* sobre las alturas de la tierra
5.5 ni *paséis* a Beerseba; porque Gilgal será
5.17 habrá llanto; porque *pasaré* en medio de
6.2 *pasad* a Calne, y mirad; y de allí id a la
8.5 ¿cuándo *pasará* el mes, y venderemos el
9.11 lo edificaré como en el tiempo *pasado*
Jon. 2.3 tus ondas y tus olas *pasaron* sobre mí
Mi. 1.11 *pásate,* oh morador de Safir, desnudo
2.8 quitasteis las capas. .a los que *pasaban*
2.13 abrirán camino y *pasarán* la puerta, y
2.13 su rey *pasará* delante de ellos, y a la
5.8 como el cachorro de león. .cual si *pasare*
7.14 busque pasto. .como en el tiempo *pasado*
Nah. 1.12 aun así serán talados, y él *pasará*
1.15 porque nunca más volverá a *pasar* por ti
3.19 ¿sobre quién no *pasó* continuamente tu
Hab. 1.11 *pasará* como el huracán, y ofenderá
3.10 montes; *pasó* la inundación de las aguas
Sof. 2.2 el día se *pase* como el tamo; antes que
2.15 cualquiera que *pasare* junto a. .se burlará
3.6 desiertas sus. .hasta no quedar quien *pase*
Zac. 8.11 ahora no lo haré. .como. .días *pasados*
9.8 y no *pasará* más sobre ellos el opresor
10.11 y la tribulación *pasará* por el mar, y
Mal. 3.4 será grata. .como en los días *pasados*
Mt. 4.21 *pasando* de allí, vio a. .dos hermanos
5.18 hasta que *pasen* el cielo y la tierra, ni
5.18 una jota ni una tilde *pasará* de la ley
8.18 viéndose Jesús rodeado. .mandó *pasar* el
8.28 que nadie podía *pasar* por aquel camino
8.33 lo que había *pasado* con los endemoniados
9.1 *pasó* al otro lado y vino a su ciudad
9.9 *pasando* Jesús de allí, vio a un hombre
9.27 *pasando* Jesús de allí, le siguieron dos
12.9 *pasando* de allí, vino a la sinagoga de
14.15 lugar es desierto, y la hora ya *pasada*
15.29 *pasó* Jesús de allí y vino junto al mar
17.20 monte: *Pásate* de aquí allá, y se *pasará*
18.31 viendo sus consiervos lo que *pasaba,* se
18.31 refirieron. .todo lo que había *pasado*
19.24 es más fácil *pasar* un camello por el
20.30 y dos ciegos. .oyeron que Jesús *pasaba*
24.34 os digo, que no *pasará* esta generación
24.35 tierra *pasarán,* pero mis palabras no *p*
26.39 mío, si es posible, *pase* de mí esta copa
26.42 si no puede *pasar* de mí esta copa sin
27.39 que *pasaban* le injuriaban, meneando la
28.1 *pasado* el día de reposo, al amanecer del
Mr. 1.19 *pasando* de allí. .vio a Jacobo hijo de
2.14 y al *pasar,* vio a Leví hijo de Alfeo
2.23 al *pasar* él por los sembrados un día de
4.35 la noche, les dijo: *Pasemos* al otro lado
5.21 *pasando* otra vez Jesús en una barca a la
7.31 vino. .*pasando* por la región de Decápolis
10.25 más fácil es *pasar* un camello por el ojo
11.20 y *pasando* por la mañana, vieron que la
13.30 os digo, que no *pasará* esta generación
13.31 y la tierra *pasarán*. .mis palabras no *p*
14.35 si fuese posible, *pasase* de él aquella
15.21 y obligaron a uno que *pasaba,* Simón de
15.29 y los que *pasaban* le injuriaban. . ¡Bah!
16.1 *pasó* el día de reposo, María Magdalena
Lc. 2.15 *pasemos*. .hasta Belén, y veamos esto
4.2 no comió. .*pasados* los cuales, tuvo hambre
4.30 él *pasó* por en medio de ellos, y se fue
6.1 que *pasando* Jesús por los sembrados, sus
6.12 al monte. .y *pasó* la noche orando a Dios
8.22 les dijo: *Pasemos* al otro lado del lago
9.6 y saliendo, *pasaban* por todas las aldeas
10.7 posad en. .No os *paséis* de casa en casa
10.31 un sacerdote. .viéndole, *pasó* de largo
10.32 un levita. .y viéndole, *pasó* de largo
11.42 *pasáis* por alto la justicia y el amor
13.22 *pasaba* Jesús por ciudades y aldeas
13.33 es necesario que. .*pasado* mañana siga mi
16.17 fácil es que *pasen* el cielo y la tierra
16.26 *pasar* de. .no pueden, ni de allá *p* acá
17.7 luego le dice: *Pasa,* siéntate a la mesa?
17.11 yendo. .*pasaba* entre Samaria y Galilea
18.25 es más fácil *pasar* un camello por el ojo
18.36 oír a la multitud que *pasaba,* preguntó
18.37 y le dijeron que *pasaba* Jesús nazareno
19.1 Jesús en Jericó. .*pasando* por la ciudad
19.4 verle; porque había de *pasar* por allí
21.32 no *pasará* esta generación hasta que todo
21.33 y la tierra *pasarán*. .mis palabras no *p*
22.42 si quieres, *pasa* de mí esta copa; pero
Jn. 4.4 y le era necesario *pasar* por Samaria
5.24 no vendrá a. .ha *pasado* de muerte a vida
9.1 al *pasar* Jesús, vio a un hombre ciego de
13.1 para que *pasase* de este mundo al Padre
Hch. 5.7 *pasado* un. .tres horas. .entró su mujer
5.15 al *pasar* Pedro. .su sombra cayese sobre
7.30 *pasados* cuarenta años, un ángel se le
8.9 magia. .haciéndose *pasar* por algún grande
8.40 *pasando,* anunciaba el evangelio en todas
9.23 *pasados*. .días, los judíos resolvieron en
11.19 *pasaron*. .Fenicia, Chipre y Antioquía
12.10 *pasado* la primera y la segunda guardia
12.10 *pasaron* una calle, y luego el ángel se
13.14 *pasando* de Perge, llegaron a Antioquía
14.16 edades *pasadas* él ha dejado a todas las
14.24 *pasando* luego por Pisidia, vinieron a
15.3 *pasaron* por Fenicia y Samaria, contando
15.29 que os abstengáis de lo. .*Pasadlo* bien
15.33 *pasando* algún tiempo allí. .despedidos
15.41 *pasó* por Siria y Cilicia, confirmando a
16.4 al *pasar* por las ciudades. .entregaban las
16.8 y *pasando* junto a Misia, descendieron a
16.9 diciendo: *Pasa* a Macedonia y ayúdanos
17.1 *pasando* por Anfípolis y. .a Tesalónica
17.23 *pasando* y. .hallé también un altar en el
17.30 pero Dios, habiendo *pasado* por alto los
18.27 queriendo él *pasar* a Acaya. .le animaron
19.21 *pasadas* estas cosas, Pablo se propuso
20.6 nosotros, *pasados* los días de los panes
20.16 había propuesto *pasar* de largo a Efeso
21.2 hallando un barco que *pasaba* a Fenicia
23.30 traten delante de ti lo que. .*Pásalo* bien
24.17 pero *pasados* algunos años, vine a hacer
25.13 *pasados* algunos días, el rey Agripa y
26.4 mi vida, pues, desde. .*pasé* en mi nación
27.9 habiendo *pasado* mucho tiempo, y siendo
27.9 por haber *pasado* ya el ayuno, Pablo les
27.28 *pasando* un. .volviendo a echar la sonda
28.11 *pasados* tres meses, nos hicimos a la
Ro. 3.25 *pasado* por alto. .los pecados *pasados*
5.12 así la muerte *pasó* a todos los hombres
15.24 porque espero veros al *pasar,* y ser
15.28 *pasaré* entre vosotros rumbo a España
1 Co. 7.31 la apariencia de este mundo se *pasa*
10.1 bajo la nube, y todos *pasaron* el mar
16.5 iré a. .cuando haya *pasado* por Macedonia
16.5 pues por Macedonia tengo que *pasar*
16.6 que me quede con. .o aun *pase* el invierno
2 Co. 1.16 y por vosotros *pasar* a Macedonia, y
1.23 que por ser indulgente con. .no he *pasado*
5.17 las cosas viejas *pasaron;* he aquí todas
8.10 también a quererlo, desde el año *pasado*
9.2 Acaya está preparada desde el año *pasado*
Gá. 1.18 *pasados* tres años, subí a Jerusalén
2.1 después, *pasados* catorce años, subí otra
Ef. 4.22 en cuanto a la *pasada* manera de vivir
Col. 4.9 todo lo que acá *pasa,* os lo harán saber
1 Ts. 3.4 íbamos a *pasar* tribulaciones, como ha
2 Ts. 2.4 el templo. .haciéndose *pasar* por Dios
Tit. 3.12 allí he determinado *pasar* el invierno
He. 10.32 traed a la memoria los días *pasados*
11.29 por la fe *pasaron* el Mar Rojo como por
12.20 tocare el monte. .será. .*pasada* con dardo
Stg. 1.10 él *pasará* como la flor de la hierba
1 P. 4.3 baste ya el tiempo *pasado* para haber
2 P. 3.10 cielos *pasarán* con grande estruendo
1 Jn. 2.8 las tinieblas van *pasando,* y la luz
2.17 y el mundo *pasa,* y sus deseos; pero el
3.14 sabemos que hemos *pasado* de muerte a
Ap. 9.12 el primer ay *pasó;* he aquí, vienen aún
11.14 el segundo ay *pasó;* he aquí, el tercer
21.1 el primer cielo y la. .tierra *pasaron,* y
21.4 dolor; porque las primeras cosas *pasaron*

PASCUA

Éx. 12.11 lo comeréis así..es la *P* de Jehová
12.21 tomaos corderos por..y sacrificad la *p*
12.27 responderéis: Es la víctima de la *p* de
12.43 es la ordenanza de la *p;* ningún extraño
12.48 extranjero..y quisiere celebrar la *p*
34.25 nada del sacrificio de la fiesta de la *p*
Lv. 23.5 entre las dos tardes, *p* es de Jehová
Nm. 9.2 de Israel celebrarán la *p* a su tiempo
9.4 habló Moisés..para que celebrasen la *p*
9.5 celebraron la *p* en el mes primero, a los
9.6 pero..no pudieron celebrar la *p* aquel día
9.10 que estuviere inmundo..celebrará la *p*
9.12 conforme a todos los ritos de la *p* la
9.13 mas el que..si dejare de celebrar la *p*
9.14 la *p* a Jehová, conforme al rito de la *p*
28.16 a los 14 días del mes..la *p* de Jehová
33.3 segundo día de la *p* salieron los hijos
Dt. 16.1 el mes de Abib, y harás *p* a Jehová tu
16.2 sacrificarás la *p* a Jehová tu Dios, de
16.5 no podrás sacrificar la *p* en cualquiera
16.6 sacrificarás la *p* por la tarde a la..sol
Jos. 5.10 los hijos de Israel..celebraron la *p*
5.11 al otro día de la *p* comieron del fruto
2 R. 23.21 haced la *p* a Jehová vuestro Dios
23.22 no había sido hecha tal *p* desde los
23.23 hecha aquella *p* a Jehová en Jerusalén
2 Cr. 30.1 para celebrar la *p* a Jehová Dios de
30.2 para celebrar la *p* en el mes segundo
30.5 viniesen a celebrar la *p* a Jehová Dios
30.15 sacrificaron la *p*, a los 14 días del
30.17 sacrificaban la *p* por todos los que no
30.18 y comieron la *p* no conforme a lo que
35.1 Josías celebró la *p*..sacrificaron la *p*
35.6 sacrificad luego la *p;* y después de
35.7 dio el rey..ovejas, corderos..para la *p*
35.8 a los sacerdotes, para celebrar la *p*
35.9 dieron a..para los sacrificios de la *p*
35.11 y sacrificaron la *p;* y esparcían los
35.13 y asaron la *p* al fuego conforme a la
35.16 para celebrar la *p* y para sacrificar
35.17 allí celebraron la *p* en aquel tiempo
35.18 nunca fue celebrada una *p* como esta en
35.18 ningún rey..celebró *p* tal como la que
35.19 esta *p* fue celebrada en el año 18 del
Esd. 6.19 los de la cautividad celebraron la *p*
6.20 sacrificaron la *p* por todos los hijos de
Is. 30.29 como de noche en que se celebra *p*, y
Ez. 45.21 tendréis la *p*, fiesta de siete días
Mt. 26.2 que dentro de dos días se celebra la *p*
26.17 ¿dónde..preparemos para que comas la *p*
26.18 está cerca; en tu casa celebraré la *p*
26.19 discípulos hicieron..y prepararon la *p*
Mr. 14.1 dos días después era la *p*, y la fiesta
14.12 cuando sacrificaban el cordero de la *p*
14.12 vayamos a preparar para que comas la *p?*
14.14 el aposento donde he de comer la *p* con
14.16 fueron sus discípulos..prepararon la *p*
Lc. 2.41 iban..Jerusalén en la fiesta de la *p*
22.1 la fiesta de los panes..que se llama la *p*
22.7 necesario sacrificar el cordero de la *p*
22.8 id, preparadnos la *p* para que la comamos
22.11 el aposento donde he de comer la *p* con
22.13 fueron..y hallaron..y prepararon la *p*
22.15 he deseado comer..*p* antes que padezca!
23.54 era día de la víspera de la *p*, y estaba
Jn. 2.13 estaba cerca la *p* de los judíos; y
2.23 en la fiesta de la *p*, muchos creyeron
6.4 estaba cerca la *p*, la fiesta de..judíos
11.55 y estaba cerca la *p* de los judíos; y
11.55 subieron de..a Jerusalén antes de la *p*
12.1 seis días antes de la *p*, vino Jesús a
13.1 antes de la fiesta..*p*, sabiendo Jesús
18.28 no contaminarse, y..poder comer la *p*
18.39 costumbre de que os suelte uno en la *p*
19.14 era la víspera de la *p*, y como la hora
19.31 por cuanto era la víspera de la *p*, a fin
19.42 causa de la preparación de la *p* de los
Hch. 12.4 sacarle al pueblo después de la *p*
1 Co. 5.7 *p*, que es Cristo, ya fue sacrificada
He. 11.28 por fe celebró la *p* y la aspersión de

PAS-DAMIN ***Lugar de una de las victorias de David,*** **1 Cr. 11.13**

PASEAH

1. ***Descendiente de Judá,*** **1 Cr. 4.12**
2. ***Jefe de una familia de sirvientes del templo,*** **Esd. 2.49; Neh. 7.51**
3. ***Padre de Joiada No. 5,*** **Neh. 3.6**

PASEAR

Gn. 3.8 Dios..se *paseaba* en el huerto, al aire
Éx. 2.5 *paseándose* sus doncellas por la ribera
2 S. 11.2 David..se *paseaba* sobre el terrado de
2 R. 4.35 *paseó* por la casa a una y otra parte
Est. 2.11 Mardoqueo se *paseaba* delante del patio
Job 22.14 por el circuito del cielo se *pasea*
Sal. 73.9 su boca..su lengua *pasea* la tierra
Pr. 30.29 hermoso..y la cuarta *pasea* muy bien
Ez. 28.14 de las piedras de fuego te *paseabas*
Dn. 3.25 cuatro varones sueltos, que se *pasean*
4.29 *paseando* en el palacio real de Babilonia

PASIÓN

Ro. 1.26 esto Dios los entregó a *p* vergonzosas
Gá. 5.24 han crucificado la carne con sus *p* y
Col. 3.5 impureza, *p* desordenadas, malos deseos
1 Ts. 4.5 no en *p* de concupiscencia, como los
2 Ti. 2.22 huye también de las *p* juveniles, y
Stg. 4.1 es de vuestras *p*, las cuales combaten
5.17 Elías era hombre sujeto a *p* semejantes

PASMAR

Lv. 26.32 *pasmarán* por ello vuestros enemigos
Is. 21.4 se *pasmó* mi corazón, el horror me ha

PASO

Gn. 33.14 al *p* del ganado..y al *p* de los niños
Dt. 33.3 por tanto, ellos siguieron en tus *p*
Jue. 11.20 no se fio de Israel para darle *p*
1 S. 13.23 los filisteos..hasta el *p* de Micmas
20.3 que apenas hay un *p* entre mí y la muerte
2 S. 6.13 habían andado seis *p*, él sacrificó un
22.37 ensanchaste mis *p* debajo de mí, y mis
2 R. 6.32 ¿no se oye..ruido de los *p* de su amo?
11.16 le abrieron, pues, *p;* y en el camino por
Neh. 2.7 me franqueen el *p* hasta que llegue a
Job 14.16 me cuentas los *p*, y no das tregua a
18.7 sus *p* vigorosos serán acortados, y su
29.6 cuando lavaba yo mis *p* con leche, y la
31.4 él mis caminos, y cuenta todos mis *p?*
31.7 si mis *p* se apartaron del camino, si mi
31.37 le contaría el número de mis *p*, y como
34.21 sus ojos están sobre..y ve todos sus *p*
Sal. 17.5 sustenta mis *p* en tus caminos, para
17.11 han cercado ahora nuestros *p;* tienen
18.36 ensanchaste mis *p* debajo de mí, y mis
37.23 Jehová son ordenados los *p* del hombre
40.2 mis pies sobre peña, y enderezó mis *p*
44.18 ni se han apartado de tu..nuestros *p*
56.6 se esconden, miran atentamente mis *p*
57.6 red han armado a mis *p;* se ha abatido
73.2 deslizaron..por poco resbalaron mis *p*
74.3 dirige tus *p* a los asolamientos eternos
85.13 de él, y sus *p* nos pondrá por camino
89.51 tus enemigos han deshonrado los *p* de
119.133 ordena..*p* con tu palabra, y ninguna
140.4 hombres..han pensado trastornar mis *p*
Pr. 4.12 anduvieres, no se estrecharán tus *p*
5.5 descienden a la..sus *p* conducen al Seol
14.15 lo cree; mas el avisado mira bien sus *p*
15.21 mas el hombre entendido endereza sus *p*
16.9 su camino; mas Jehová endereza sus *p*
20.24 de Jehová son los *p* del hombre; ¿cómo
29.5 lisonjea a..red tiende delante de sus *p*
Is. 26.6 la hollará..los *p* de los menesterosos
Jer. 10.23 ni del hombre..es el ordenar sus *p*
Lm. 4.18 cazaron nuestros *p*..no anduviésemos
Ez. 12.5 delante de sus ojos te abrirás *p* por
12.7 a la tarde me abrí *p* por entre la pared
12.12 por la pared abrirán *p* para sacarlo por
39.11 obstruirá el *p* a los transeúntes, pues
Lc. 19.36 y a su *p* tendían sus mantos por el
1 Co. 16.7 porque no quiero veros ahora de *p*

PASTAR

Éx. 22.5 alguno hiciere *pastar* en campo o viña
1 Cr. 27.29 del ganado que *pastaba* en..Sitrai
Is. 27.10 allí *pastará* el becerro, allí tendrá
Jer. 33.12 aún habrá pastores que hagan *pastar*

PASTELERÍA

Gn. 40.17 de toda clase de..de *p* para Faraón

PASTIZAL

Sal. 65.12 destilan sobre los *p* del desierto
Jer. 9.10 lloro..llanto por los *p* del desierto
23.10 desierta; los *p* del desierto se secaron

PASTO

Gn. 47.4 no hay *p* para..ovejas de tus siervos
1 R. 4.23 veinte bueyes de *p* y cien ovejas, sin
1 Cr. 4.39 valle, buscando *p* para sus ganados
4.41 por cuanto había allí *p* para sus ganados
Job 6.5 ¿acaso..¿muge el buey junto a su *p?*
24.6 en el campo siegan su *p*, y los impíos
39.4 sus hijos..crecen con el *p;* salen, y no
39.8 lo oculto de los montes es su *p*, y anda
Sal. 23.2 en lugares de delicados *p* me hará
Is. 7.25 para *p* de bueyes y para ser hollados
9.5 todo manto..serán quemados, *p* del fuego
9.19 y será el pueblo como *p* del fuego; el
49.9 y en todas las alturas tendrán sus *p*
Jer. 25.36 aullido..porque Jehová asoló sus *p*
25.37 los *p* delicados serán destruidos por el
Lm. 1.6 fueron como ciervos que no hallan *p*
Ez. 21.32 *p* del fuego, se empapará la tierra de
34.14 en buenos *p* las apacentaré, y en los
34.14 en *p* suculentos serán apacentadas sobre
34.18 es poco que comáis los buenos *p*, sino
34.18 holláis con..lo que de vuestros *p* queda
34.31 ovejas mías, ovejas de mi *p*, hombres
Os. 13.6 en sus *p* se saciaron, y repletos, se
Jl. 1.18 cuán turbados..porque no tuvieron *p!*
1.19 porque fuego consumió los *p* del desierto
2.22 porque los *p* del desierto reverdecerán
Mi. 7.14 busque *p* en Basán y Galaad, como en
Jn. 10.9 salvo..entrará, y saldrá, y hallará *p*

PASTOR, RA

Gn. 4.2 y Abel fue *p* de ovejas, y Caín fue
13.7 entre los *p*..de Abram y los *p*..de Lot
13.8 entre mis *p* y los tuyos, porque somos
26.20 *p* de Gerar riñeron con los *p* de Isaac
29.9 Raquel vino con..porque ella era la *p*
46.32 y los hombres son *p* de ovejas, porque
46.34 los egipcios es abominación todo *p* de
47.3 ellos respondieron..*P* de ovejas son tus
49.24 por el nombre del *P*, la Roca de Israel
Éx. 2.17 los *p* vinieron y las echaron de allí
2.19 egipcio nos defendió de mano de los *p*, y
Nm. 27.17 congregación..sea como ovejas sin *p*
1 S. 17.34 tu siervo era *p* de las ovejas de su
21.7 era Doeg..el principal de los *p* de Saúl
25.7 tus *p* han estado con nosotros; no les
1 R. 22.17 Israel como ovejas que no tienen *p*
2 R. 10.12 llegó a una casa de esquileo de *p*
2 Cr. 18.16 por los montes como ovejas sin *p*
Job 1.16 fuego..que quemó las ovejas y a los *p*
Sal. 23.1 Jehová es mi *p;* nada me faltará. En
80.1 *P* de Israel, escucha; tú que pastoreas
Ec. 12.11 las congregaciones, dadas por un *P*
Cnt. 1.8 ovejas junto a las cabañas de los *p*
Is. 13.14 y como oveja sin *p*, cada cual mirará
13.20 ni..el árabe, ni *p* tendrán allí majada
31.4 y si se reúne cuadrilla de *p* contra él
38.12 mi morada ha sido movida..tienda de *p*
40.11 como *p* apacentará su rebaño; en..brazo
44.28 dice de Ciro: Es mi *p*, y cumplirá todo
56.11 los *p* mismos no saben entender; todos
63.11 les hizo subir del mar con el *p* de su
Jer. 2.8 los *p* se rebelaron contra mí, y los
3.15 y os daré *p* según mi corazón, que os
6.3 contra ella vendrán *p* y sus rebaños; junto
10.21 los *p* se infatuaron, y no buscaron a
12.10 *p* han destruido mi viña; hollaron mi
22.22 a todos tus *p* pastoreará el viento, y
23.1 ¡ay de los *p* que destruyen y dispersan
23.2 ha dicho Jehová..a los *p* que apacientan
23.4 pondré sobre ellas *p* que las apacienten
25.34 aullad, *p*, y clamad; revolcaos en el
25.35 y se acabará la huida de los *p*, y el
25.36 ¡voz de la gritería de los *p*..rebaño
31.10 lo reunirá y guardará, como el *p* a su
33.12 habrá cabañas de *p* que hagan pastar sus
43.12 limpiará la..como el *p* limpia su capa
49.19 ¿quién será aquel *p* que me..resistir?
50.6 sus *p* las hicieron errar, por los montes
50.44 ¿o quién será aquel *p* que..resistirme?
51.23 quebrantaré por..ti al *p* y a su rebaño
Ez. 34.2 profetiza contra los *p*..y dí a los *p*
34.2 ¡ay de los *p*..apacientan a sí mismos!
34.2 ¿no apacientan los *p* a los rebaños?
34.5 y andan errantes por falta de *p*, y son
34.7 por tanto, *p*, oíd palabra de Jehová
34.8 ovejas fueron para ser presa de..sin *p*
34.8 ni mis *p* buscaron mis ovejas, sino que
34.8 los *p* se apacentaron a sí mismos, y no
34.9 por tanto, oh *p*, oíd palabra de Jehová
34.10 yo estoy contra los *p;* y demandaré mis
34.10 ni los *p* se apacentarán más a sí mismos
34.12 como reconoce su rebaño el *p* el día que
34.23 levantaré sobre ellas a un *p*, y él las
34.23 él las apacentará, y él les será por *p*
37.24 será rey..todos ellos tendrán un solo *p*
Os. 12.12 Jacob huyó..por adquirir mujer fue *p*
Am. 1.1 palabras de Amós, que fue uno de los *p*
1.2 y los campos de los *p* se enlutarán, y se
3.12 de la manera que el *p* libra de la boca
Mi. 5.5 levantaremos contra él siete *p*, y ocho
Nah. 3.18 durmieron tus *p*, oh rey de Asiria
Sof. 2.6 será la costa del mar praderas para *p*
Zac. 10.2 el pueblo..sufre porque no tiene *p*
10.3 contra los *p* se ha encendido mi enojo
11.3 voz de aullido de *p*, porque..es asolada
11.5 dice..ni sus *p* tienen piedad de ellas
11.8 y destruí a tres *p* en un mes; pues mi
11.15 toma aún los aperos de un *p* insensato
11.16 a un *p* que no visitará las perdidas, ni
11.17 ¡ay..*p* inútil que abandona el ganado!
13.7 levántate..espada, contra el *p*, y contra
13.7 hiere al *p*, y..dispersadas las ovejas
Mt. 9.36 dispersas como ovejas que no tienen *p*
25.32 aparta el *p* las ovejas de los cabritos
26.31 heriré al *p*, y las ovejas del rebaño
Mr. 6.34 porque eran..ovejas que no tenían *p*
14.27 heriré al *p*..ovejas serán dispersadas
Lc. 2.8 había *p* en la misma región, que velaban
2.15 los *p* se dijeron unos a otros: Pasemos
2.18 maravillaron de lo que los *p* les decían
2.20 volvieron los *p* glorificando y alabando
Jn. 10.2 el que entra por..el *p* de las ovejas
10.11 yo soy el buen *p;* el buen *p* su vida da
10.12 que no es el *p*..ve venir al lobo y huye
10.14 yo soy el buen *p;* y conozco mis ovejas
10.16 oirán mi voz; y habrá un rebaño, y un *p*
Ef. 4.11 constituyó a unos..otros, *p* y maestros
He. 13.7 acordaos de vuestros *p*..imitad su fe
13.17 obedeced a vuestros *p*, y sujetaos a

PASTOR, RA *(Continúa)*

He. 13.20 a Jesucristo, el gran *p* de las ovejas
13.24 saludad a todos vuestros *p*, y a todos
1 P. 2.25 ahora habéis vuelto al *P* y Obispo de
5.4 y cuando aparezca el Príncipe de los *p*

PASTOREAR

Nm. 14.33 vuestros hijos andarán *pastoreando*
Sal. 23.2 junto a aguas de reposo. .*pastoreará*
28.9 *pastoréales* y susténtales para siempre
49.14 la muerte los *pastoreará*, y los rectos
67.4 y *pastorearás* las naciones en la tierra
78.72 los *pastoreó* con la pericia de sus manos
80.1 tú que *pastoreas* como a ovejas a José
136.16 *pastoreó* a su pueblo por el desierto
Is. 11.6 el leopardo. .y un niño los *pastoreará*
40.11 *pastoreará* suavemente a las. .paridas
57.18 le *pastorearé*, y le daré consuelo a él
58.11 Jehová te *pastoreará* siempre, y en las
63.14 Espíritu de Jehová los *pastoreó*, como
63.14 *pastoreaste* a tu pueblo, para hacerte
Jer. 22.22 a todos tus pastores *pastoreará* el
Jn. 21.16 te amo. Le dijo: *Pastorea* mis ovejas
Ap. 7.17 el Cordero que está. .los *pastoreará*

PASTORIL

1 S. 17.40 las puso en el saco *p*, en el zurrón

PASUR

1. Príncipe bajo el rey Sedequías (posiblemente =No. 4)

1 Cr. 9.12 hijo de *P*, hijo de Malquías; Masai
Neh. 11.12 Zacarías, hijo de *P*. .de Malquías
Jer. 21.1 el rey Sedequías envió a él a *P* hijo
38.1 oyeron. .*P* hijo de Malquías. .las palabras

2. Padre de una familia de sacerdotes que regresó del exilio, Esd. 2.38; 10.22; Neh. 7.41

3. Sacerdote que firmó el pacto de Nehemías, Neh. 10.3

4. Sacerdote que persiguió al profeta Jeremías (posiblemente =No. 1)

Jer. 20.1 el sacerdote *P* hijo de Imer, que
20.2 azotó *P* al profeta Jeremías, y lo puso
20.3 *P* sacó a Jeremías del. .tu nombre *P*, sino
20.6 tú, *P*, y todos los moradores de tu casa

5. Padre de Gedalías No. 4, Jer. 38.1

PATA

Éx. 25.26 esquinas que corresponden a sus 4 *p*
37.13 anillos. .correspondían a las cuatro *p* de
Lv. 11.20 insecto alado que anduviere sobre. .*p*
11.21 insecto alado que anda sobre cuatro *p*
11.21 que tuviere piernas además de sus *p* para
11.23 todo insecto alado que tenga cuatro *p*
11.27 de. .los animales que andan en cuatro *p*
11.42 todo lo que anda sobre cuatro o más *p*

PÁTARA *Ciudad y puerto de Licia,* Hch. 21.1

PATENTE

Ez. 23.18 hizo *p* sus fornicaciones y descubrió
Fil. 1.13 mis prisiones se han hecho *p* en Cristo
1 Ti. 5.24 los pecados de algunos. .se hacen *p*

PATERNO, NA

Nm. 36.1 jefes de las casas *p* de los hijos de
36.11 así. .se casaron con hijos de sus tíos *p*
Jos. 22.14 un príncipe por cada casa *p* de todas
1 Cr. 7.7 cinco jefes de casas *p*, hombres de
7.40 hijos de Aser, cabezas de familias *p*
8.6 jefes de casas *p* que habitaron en Geba
9.9 fueron jefes de familia en sus casas *p*
9.13 jefes de sus casas *p*. .1.760, hombres
24.4 de Eleazar, 16 cabezas de casas *p*; y
24.4 los hijos de Itamar, por sus casas *p*
24.6,31 delante de. .jefes de las casas *p*
24.6 una casa *p* para Eleazar, y otra para
24.30 de los levitas conforme a sus casas *p*
26.13 echaron suertes. .según sus casas *p*, para
26.21 los jefes de las casas *p* de Laadán
26.26 rey David, y los jefes de las casas *p*
2 Cr. 17.14 número de ellos según sus casas *p*
31.17 que eran contados. .según sus casas *p*
Esd. 1.5 se levantaron los jefes de las casas *p*
2.68 algunos. .jefes de las casas *p*. .vinieron
3.12 los levitas y de los jefes de las casas *p*
4.2 vinieron a. .y a los jefes de las casas *p*
4.3 los demás jefes de las casas *p*. .dijeron
8.1 éstos son los jefes de las casas *p*, y la
8.29 delante de. .de los jefes de las casas *p*
10.16 jefes de casas *p* según sus casas *p*

PATIO

2 S. 17.18 hombre. .que tenía en su *p* un pozo
2 R. 20.4 Isaías saliese hasta la mitad del *p*
2 Cr. 23.5 pueblo estará en los *p* de la casa
24.21 lo apedrearon. .en el *p* de la casa de
Neh. 3.25 la casa del rey. .en el *p* de la cárcel
8.16 tabernáculos. .en sus *p*, en los *p* de la
Est. 1.5 banquete por 7 días en el *p* del huerto
2.11 Mardoqueo se paseaba delante del *p* de la
4.11 entra en el *p* interior para ver al rey
5.1 Ester. .entró en el *p* interior de la casa
5.2 vio a la reina Ester que estaba en el *p*
6.4 dijo el rey: ¿Quién está en el *p*? Y Amán
6.4 y Amán había venido al *p* exterior de la
6.5 he aquí Amán está en el *p*. Y el rey dijo
Is. 34.13 serán morada de chacales, y *p* para
Jer. 32.2 Jeremías estaba preso en el *p* de la
32.8 vino a mí Hanameel. .al *p* de la cárcel
32.12 los judíos que estaban en el *p* de la
33.1 estando él. .preso en el *p* de la cárcel
37.21 custodiaron a Jeremías en el *p* de la
37.21 y quedó Jeremías en el *p* de la cárcel
38.6 la cisterna. .estaba en el *p* de la cárcel
38.13,28 quedó Jeremías en el *p* de la cárcel
39.14 tomaron a Jeremías del *p* de la cárcel
39.15 venido palabra. .estando preso en el *p*
Ez. 46.21 me llevó. .en cada rincón había un *p*
46.22 los cuatro rincones del atrio había *p*
Mt. 26.3 reunieron en el *p* del sumo sacerdote
26.58 Pedro le seguía de lejos hasta el *p* del
26.69 Pedro estaba sentado fuera en el *p*
Mr. 14.54 Pedro le siguió. .hasta dentro del *p*
14.66 estando Pedro abajo, en el *p*, vino una
Lc. 22.55 ellos encendido fuego en medio del *p*
Jn. 18.15 entró con Jesús al *p*. .sumo sacerdote
Hch. 12.13 llamó Pedro a la puerta del *p*, salió
Ap. 11.2 *p* que está fuera del templo, déjalo

PATMOS *Isla en el Mar Egeo*

Ap. 1.9 yo Juan. .estaba en la isla llamada *P*

PATRIA

He. 11.14 esto. .dan a entender que buscan una *p*

PATRIARCA

Hch. 2.29 os puede decir libremente del *p* David
7.8 así Isaac a Jacob, y Jacob a los doce *p*
7.9 los *p*. .vendieron a José para Egipto; pero
Ro. 9.5 de quienes son los *p*, y de los cuales
He. 7.4 a quien aun Abraham el *p* dio diezmos

PATRIMONIO

Dt. 18.8 igual ración. .comerá, además de sus *p*

PATROBAS *Cristiano saludado por Pablo,* Ro. 16.14

PATRÓN

Jon. 1.6 *p* de la nave se le acercó y le dijo
Hch. 27.11 daba más crédito. .al *p* de la nave

PATROS *Alto Egipto*

Is. 11.11 pueblo que aún quede en Asiria. .*P*
Jer. 44.1 judíos que moraban. .en tierra de *P*
44.15 todo el pueblo que habitaba en. .en *P*
Ez. 29.14 los llevaré a la tierra de *P*, a la
30.14 asolaré a *P*, y pondré fuego a Zoán, y

PATRUSIM *Habitantes de Patros,* Gn. 10.14; 1 Cr. 1.12

PAU *Ciudad en Edom (=Pai),* Gn. 36.39

PAULO *Procónsul romano en Chipre*

Hch. 13.7 estaba con el procónsul Sergio *P*

PAVÉS

1 Cr. 12.8 valientes. .diestros con escudo y *p*
2 Cr. 9.15 hizo. .Salomón doscientos *p* de oro
23.9 los *p* y los escudos que habían sido del
Sal. 35.2 echa mano al escudo y al *p*, y. .ayuda
Jer. 46.3 preparad escudo y *p*, y venid. .guerra
Ez. 23.24 escudos, *p* y yelmos pondrán contra ti
38.4 gran multitud con *p* y escudos, teniendo
39.9 quemarán. .*p*, arcos y saetas, dardos de

PAVIMENTO

1 R. 6.15 cubrió. .el *p* con madera de ciprés
2 Cr. 7.3 se postraron sobre. .el *p* y adoraron

PAVO

1 R. 10.22; 2 Cr. 9.21 traía. .monos y *p* reales
Job 39.13 ¿diste tú hermosas alas al *p* real, o

PAVOR

2 Cr. 17.10 y cayó el *p* de Jehová sobre todos
20.29 *p* de Dios cayó sobre todos los reinos
Job 13.11 su *p* habría de caer sobre vosotros
18.20 sobre. .y *p* caerá sobre los de oriente
Sal. 53.5 se sobresaltaron de *p* donde no había
Pr. 3.25 no tendrás temor de *p* repentino, ni
Is. 31.9 y sus príncipes, con *p*, dejarán sus

PAZ

Gn. 15.15 tú vendrás a tus padres en *p*, y serás
26.29 te hemos hecho bien, y te enviamos en *p*
26.31 Isaac. .ellos se despidieron de él en *p*
28.21 y si volviere en *p* a casa de mi padre
43.23 les respondió: *P* a vosotros, no temáis
44.17 él será mi siervo; vosotros id en *p* a
Éx. 4.18 iré. .Y Jetro dijo a Moisés: Vé en *p*
18.23 todo este pueblo irá en *p* a su lugar
20.24 y sacrificarás sobre. .tus ofrendas de *p*
24.5 ofrecieron. .sacrificios de *p* a Jehová
29.28 una ofrenda de. .de sus sacrificios de *p*
32.6 y presentaron ofrendas de *p*; y se sentó
Lv. 3.1 si su ofrenda fuere sacrificio de *p*, si
3.3 ofrecerá del sacrificio de *p*. .ofrenda
3.6 ovejas. .su ofrenda para sacrificio de *p*
3.9 del sacrificio de *p* ofrecerá por ofrenda
4.10 se quita del buey del sacrificio de *p*
4.26 como la grosura del sacrificio de *p*; así
4.31,35 quitada la grosura del sacrificio de *p*
6.12 él las grosuras de los sacrificios de *p*
7.11 esta es la ley del sacrificio de *p* que
7.13 sacrificio de acciones de gracias de *p*
7.14 que rociare la. .de los sacrificios de *p*
7.15 la carne del sacrificio de *p* en acción
7.18,20,21 la carne del sacrificio de *p*
7.29 el que ofreciere sacrificio de *p* a Jehová
7.29 traerá su. .sacrificio de *p* ante Jehová
7.32 y daréis. .de vuestros sacrificios de *p*
7.33 la sangre de los sacrificios de *p*, y la
7.34 tomado de los sacrificios de *p* de los
7.37 esta es la ley del. .del sacrificio de *p*
9.4 buey y un carnero para sacrificio de *p*
9.18 degolló. .el carnero en sacrificio de *p*
9.22 de hacer. .el sacrificio de *p*, descendió
10.14 de los sacrificios de *p* de los hijos de
17.5 sacrifiquen. .sacrificios de *p* a Jehová
19.5 ofreciereis sacrificio de ofrenda de *p* a
22.21 en ofrenda de *p* a Jehová para cumplir
23.19 corderos. .en sacrificio de ofrenda de *p*
26.6 daré *p* en la tierra, y dormiréis, y no
Nm. 6.14 carnero sin defecto por ofrenda de *p*
6.17 y ofrecerá el carnero en ofrenda de *p* a
6.18 el fuego que. .debajo de la ofrenda de *p*
6.26 alce sobre ti su rostro, y ponga en ti *p*
7.17,23,29,35,41,47,53,59,65,71,77,83 y para ofrenda de *p*, dos bueyes
7.88 bueyes de la ofrenda de *p*, 24 novillos
10.10 trompetas. .sobre los sacrificios de *p*
15.8 o sacrificio, por especial voto, o de *p*
25.12 he aquí yo establezco mi pacto de *p* con
29.39 estas cosas ofreceréis. .ofrendas de *p*
Dt. 2.26 y envié mensajeros. .con palabras de *p*
20.10 cuando te acerques. .le intimarás la *p*
20.11 si te respondiere: *P*, y te abriere, todo
20.12 si no hiciere *p*. .y emprendiere guerra
23.6 no procurarás la *p* de ellos ni su bien
27.7 y sacrificarás ofrendas de *p*, y comerás
29.19 tendré *p*, aunque ande en la dureza de
Jos. 8.31 un altar. .sacrificaron ofrendas de *p*
9.15 y Josué hizo *p* con ellos, y celebró con
10.1 habían hecho *p* con los israelitas, y que
10.4 Gabaón. .ha hecho *p* con Josué y con los
11.19 no hubo ciudad que hiciese *p* con. .Israel
22.23 para ofrecer sobre él ofrendas de *p*, el
22.27 con nuestras ofrendas de *p*; y no digan
Jue. 4.17 había *p* entre Jabín. .la casa de Heber
6.23 dijo: *P* a ti; no tengas temor, no morirás
8.9 cuando yo vuelva en *p*, derribaré esta
11.13 Israel tomó mi tierra. .devuélvela en *p*
18.6 les respondió: Id en *p*; delante de Jehová
19.20 el hombre anciano dijo: *P* sea contigo
20.26; 21.4 y ofrecieron holocaustos y. .de *p*
21.13 envió luego a hablar. .los llamaron en *p*
1 S. 1.17 vé en *p*. .el Dios de Israel te otorgue
7.14 y hubo *p* entre Israel y el amorreo
10.8 descenderé yo. .sacrificar ofrendas de *p*
11.15 sacrificaron. .ofrendas de *p* delante de
13.9 Saúl: Traedme holocausto y ofrendas de *p*
20.7 si él dijere: Bien. .tendrá *p* tu siervo
20.13 y te enviare para que te vayas en *p*
20.21 vendrás, porque *p* tienes, y nada malo
20.42 vete en *p*, porque ambos hemos jurado
25.6 sea *p* a ti, y *p* a tu familia, y *p* a todo
25.35 sube en *p* a tu casa. .que he oído tu voz
29.7 vuélvete. .y vete en *p* para no desagradar
30.21 cuando David llegó. .les saludó con *p*
2 S. 3.21 despidió luego a Abner. .se fue en *p*
3.22 Abner no estaba. .él se había ido en *p*
3.23 el rey. .le ha despedido, y se fue en *p*
6.17 holocaustos y ofrendas de *p* delante de
6.18 ofrecer los holocaustos y ofrendas de *p*
10.19 hicieron *p* con Israel y le sirvieron
15.9 el rey le dijo: Vé en *p*. Y él se levantó
15.27 ¿no eres tú. .Vuelve en *p* a la ciudad
17.3 hayan vuelto, todo el pueblo estará en *p*
18.28 Ahimaas dijo en alta voz al rey: *P*. Y se
19.24 desde. .hasta el día en que volvió en *p*
19.30 señor el rey ha vuelto en *p* a su casa
24.25 sacrificó holocaustos y ofrendas de *p*
1 R. 2.5 derramando en tiempo de *p* la sangre de
2.6 no dejarás descender. .canas al Seol en *p*
2.13 le dijo: ¿Es tu venida de *p*? .Sí, de *p*
2.33 y sobre su trono habrá perpetuamente *p*
3.15 holocaustos y ofreció sacrificios de *p*
4.24 señoreaba en. .y tuvo *p* por todos lados
5.4 Dios me ha dado *p* por todas partes; pues
5.12 y hubo *p* entre Hiram y Salomón. .pacto
8.56 bendito sea Jehová, que ha dado *p* a su
8.63 y ofreció Salomón sacrificios de *p*, los
8.64 la grosura de los sacrificios de *p*, por
8.64 no cabían en él. .los sacrificios de *p*

PAZ *(Continúa)*
1 R. 9.25 ofrecía Salomón. . sacrificios de *p* sobre
20.18 si han salido por *p*, tomadlos vivos; y
22.17 vi. . vuélvase cada uno a su casa en *p*
22.27 en la cárcel. . hasta que yo vuelva en *p*
22.28 si llegas a volver en *p*, Jehová no ha
22.44 y Josafat hizo *p* con el rey de Israel
2 R. 4.23 ¿para qué vas. . Y ella respondió: *P*
5.19 y él le dijo: Vé en *p*. Se fue, pues, y
9.11 salió Jehú a los. . y le dijeron: ¿Hay *p?*
9.17 un jinete que vaya. . y les diga: ¿Hay *p?*
9.18,19 dijo: El rey dice así: ¿Hay *p?* Y Jehú
9.18,19 ¿qué tienes tú que ver con la *p?*
9.22 ¿hay *p*, Jehú? Y él respondió: ¿Qué *p*, con
16.13 sangre de sus sacrificios de *p* junto al
18.31 haced conmigo *p*, y salid a mí, y coma
20.19 habrá al menos *p* y seguridad. . mis días
22.20 serás llevado a tu sepulcro en *p*, y no
1 Cr. 12.17 si habéis venido a mí para *p* y para
12.18 *p*, *p* contigo, y *p* con tus ayudadores
16.1 el arca. . ofrecieron. . y sacrificios de *p*
16.2 acabó de ofrecer. . los sacrificios de *p*
19.19 los sirios de. . concertaron *p* con David
21.26 que ofreció. . ofrendas de *p*, e invocó a
22.9 será varón de *p*, porque yo le daré *p* de
22.9 yo daré *p* y reposo sobre Israel en sus
22.18 Dios. . os ha dado *p* por todas partes?
23.25 Dios de Israel ha dado *p* a su pueblo
2 Cr. 7.7 y la grosura de las ofrendas de *p*
14.5 y estuvo el reino en *p* bajo su reinado
14.6 había *p* en la. . Jehová le había dado *p*
14.7 Jehová. . nos ha dado *p* por todas partes
15.5 en aquellos tiempos no hubo *p*, ni para
15.15 y Jehová les dio *p* por todas partes
18.16 señor; vuélvase cada uno en *p* a su casa
18.26 en la cárcel. . hasta que yo vuelva en *p*
18.27 volvieres en *p*, Jehová no ha hablado
19.1 Josafat rey de Judá volvió en *p* a su
20.30 Josafat tuvo *p*. . Dios le dio *p* por todas
29.35 hubo. . con grosura de las ofrendas de *p*
30.22 la fiesta. . ofreciendo sacrificios de *p*
31.2 levitas para ofrecer. . las ofrendas de *p*
33.16 sacrificó sobre él. . ofrendas de *p* y de
34.28 y serás recogido en tu sepulcro en *p*, y
Esd. 4.17 rey envió esta respuesta. . Salud y *p*
5.7 así estaba escrito. . Al rey Darío toda *p*
7.12 Artajerjes rey de reyes, a Esdras. . *P*
9.12 ni procuraréis. . su *p* ni su prosperidad
Neh. 9.28 pero una vez que tenían *p*, volvían a
Est. 9.22 días en que los judíos tuvieron *p* de
9.30 cartas a. . con palabras de *p* y de verdad
10.3 Mardoqueo. . habló *p* para todo su linaje
Job 3.26 no he tenido *p*, no me aseguré, ni
5.23 las fieras del campo estarán en *p* contigo
5.24 que hay *p* en tu tienda. . nada te faltará
21.13 prosperidad, y en *p* descienden al Seol
22.21 vuelve. . en amistad con él, y tendrás *p*
25.2 están con él; él hace *p* en sus alturas
Sal. 4.8 en *p* me acostaré, y asimismo dormiré
7.4 si. . mal pago al que estaba en *p* conmigo
28.3 hablan *p* con sus prójimos, pero la maldad
29.11 Jehová bendecirá a su pueblo con *p*
34.14 y haz el bien; busca la *p*, y síguela
35.20 no hablan *p*; y contra los mansos de la
35.27 sea exaltado Jehová, que ama la *p* de su
37.11 mansos. . recrearán con abundancia de *p*
37.37 un final dichoso para el hombre de *p*
38.3 ni hay *p* en mis huesos, a causa de mi
41.9 el hombre de mi *p*, en quien yo confiaba
55.18 él redimirá en *p* mi alma de la guerra
55.20 sus manos contra los que estaban en *p*
72.3 los montes llevarán *p* al pueblo, y los
72.7 y muchedumbre de *p*, hasta que no haya
85.8 hablará *p* a su pueblo y a sus santos
85.10 verdad. . la justicia y la *p* se besaron
119.165 mucha *p* tienen los que aman tu ley
120.6 ha morado. . con los que aborrecen la *p*
122.6 pedid por la *p* de Jerusalén. . te aman
122.7 *p* dentro de tus muros, y el descanso
122.8 por amor de. . diré yo: La *p* sea contigo
125.5 Jehová los llevará. . *p* sea sobre Israel
128.6 veas a los hijos de. . *P* sea sobre Israel
147.14 él da en tu territorio la *p*; te hará
Pr. 3.2 largura de. . y vida y *p* te aumentarán
3.17 sus caminos son. . y todas sus veredas *p*
7.14 sacrificios de *p* había prometido, hoy
16.7 a sus enemigos hace estar en *p* con él
17.1 mejor es un bocado seco, y en *p*, que casa
Ec. 3.8 amar. . tiempo de guerra, y tiempo de *p*
Cnt. 8.10 desde que fui. . como la que halla *p*
Is. 9.6 llamará. . Padre eterno, Príncipe de *p*
9.7 de su imperio y la *p* no tendrán límite
14.7 toda la tierra está en reposo y en *p*; se
26.3 tú guardarás en completa *p* a aquel cuyo
26.12 tú nos darás *p*, porque también hiciste
27.5 haga conmigo *p*, sí, haga *p* conmigo
32.17 el efecto de la justicia será *p*; y la
32.18 mi pueblo habitará en morada de *p*, en
33.7 los mensajeros de *p* llorarán amargamente
36.16 haced conmigo *p*, y salid a mí; y coma
38.17 amargura grande me sobrevino en la *p*
39.8 lo menos, haya *p* y seguridad en mis días
41.3 pasó en *p* por camino por donde sus pies
45.7 que formo. . hago la *p* y creo la adversidad
48.18 fuera entonces tu *p* como un río, y tu
48.22 no hay *p* para los malos, dijo Jehová
52.7 pies del que anuncia la *p*, del que trae
53.5 el castigo de nuestra *p* fue sobre él, y
54.10 no. . ni el pacto de mi *p* se quebrantará
54.13 y se multiplicará la *p* de tus hijos
55.12 con *p* seréis vueltos; los montes y los
57.2 entrará en la *p*; descansarán en. . lechos
57.19 *p*, *p* al que está lejos y al cercano
57.21 no hay *p*, dijo mi Dios, para los impíos
59.8 no conocieron camino de *p*, ni. . justicia
59.8 cualquiera que por. . fuere, no conocerá *p*
60.17 y pondré *p* por tu tributo, y justicia
66.12 yo extiendo sobre ella *p* como un río
Jer. 4.10 has engañado. . diciendo: *P* tendréis
6.14 y curan la. . diciendo: *P*, *p*; y no hay *p*
8.11 con liviandad, diciendo: *P*, *p*; y no hay *p*
8.15 esperamos *p*, y no hubo bien. . curación, y
9.8 con su boca dice *p* a su amigo, y dentro
12.5 si en la tierra de *p* no estabas seguro
12.12 espada. . no habrá *p* para ninguna carne
14.13 que en este lugar os daré *p* verdadera
14.19 esperamos *p*, y no hubo bien; tiempo de
15.5 o quién vendrá a preguntar por tu *p?*
16.5 yo he quitado mi *p* de este pueblo, dice
23.17 dicen. . *P* tendréis; y a cualquiera que
28.9 el profeta que profetiza de *p*, cuando se
29.7 y procurad la *p* de la ciudad a la cual
29.7 rogad. . porque en su *p* tendréis vosotros *p*
29.11 pensamientos de *p*, y no de mal, para
30.5 hemos oído voz de temblor. . y no de *p*
33.6 les revelaré abundancia de *p* y de verdad
33.9 temerán y temblarán. . de toda la *p* que yo
34.5 en *p* morirás. . y te endecharán, diciendo
38.4 no busca la *p* de este pueblo, sino el
43.12 limpiará la tierra. . y saldrá de. . en *p*
Lm. 3.17 y mi alma se alejó de la *p*, me olvidé
Ez. 7.25 viene; y buscarán la *p*, y no la habrá
13.10 mi pueblo, diciendo: *P*, no habiendo *p*
13.16 ven para ella visión de *p*, no habiendo *p*
34.25 y estableceré con ellos pacto de *p*, y
37.26 y haré con ellos pacto de *p*. . perpetuo
43.27 sacrificarán. . y vuestras ofrendas de *p*
45.15 ofrendas de *p*, para expiación por ellos
45.17 él dispondrá. . las ofrendas de *p*, para
46.2 sacerdotes ofrezcan. . y sus ofrendas de *p*
46.12 hiciere. . u ofrendas de *p* a Jehová, le
46.12 ofrendas de *p*, como hace en el día de
Dn. 4.1 toda la tierra: *P* os sea multiplicada
6.25 escribió a todos. . *P* os sea multiplicada
10.19 no temas; la *p* sea contigo; esfuérzate
11.6 vendrá al rey del norte para hacer la *p*
11.24 estando la provincia en *p* y. . abundancia
Am. 5.22 no los recibiré, ni. . las ofrendas de *p*
Abd. 7 en *p* contigo prevalecieron contra ti
Mi. 3.5 claman: *P*, cuando tienen algo que comer
5.5 y éste será nuestra *p*. Cuando el asirio
Nah. 1.15 los pies del que. . del que anuncia la *p*
Hag. 2.9 y daré *p* en este lugar, dice Jehová de
Zac. 6.13 se sentará. . consejo de *p* habrá entre
8.10 ni hubo *p* para el que salía ni para el
8.12 porque habrá simiento de *p*; la vid dará
8.16 según la verdad y lo conducente a la *p*
8.19 ha dicho. . Amad, pues, la verdad y la *p*
9.10 hablará *p* a las naciones, y su señorío
Mal. 2.5 mi pacto con él fue de vida y de *p*, las
2.6 en *p* y en justicia anduvo conmigo, y a
Mt. 10.13 la casa fuere digna, vuestra *p* vendrá
10.13 si no. . vuestra *p* se volverá a vosotros
10.34 para traer *p*. . no. . traer *p*, sino espada
Mr. 5.34 fe. . vé en *p*, y queda sana de tu azote
9.50 tened sal en. . y tened *p* los unos con los
Lc. 1.79 para encaminar. . pies por camino de *p*
2.14 en la tierra *p*, buena voluntad para con
2.29 ahora, Señor, despides a tu siervo en *p*
7.50; 8.48 dijo. . tu fe te ha salvado; vé en *p*
10.5 primeramente decid: *P* sea a esta casa
10.6 hijo de *p*, vuestra *p* reposará sobre él
11.21 guarda. . palacio, en *p* está lo que tiene
12.51 ¿pensáis que he venido para dar *p* en la
14.32 una embajada y le pide condiciones de *p*
19.38 *p* en el cielo, y gloria en las alturas!
19.42 si tú conocieses. . lo que es para tu *p!*
24.36 puso en medio. . les dijo: *P* a vosotros
Jn. 14.27 la *p* os dejo, mi *p* os doy; yo no os
16.33 os he hablado para que en mí tengáis *p*
20.19 vino Jesús, y. . les dijo: *P* a vosotros
20.21 Jesús les dijo otra vez: *P* a vosotros
20.26 llegó Jesús. . y les dijo: *P* a vosotros
Hch. 7.26 y los ponía en *p*, diciendo: Varones
9.31 las iglesias tenían *p* por toda Judea
10.36 envió. . anunciando el evangelio de la *p*
12.20 *p*, porque su territorio era abastecido
15.33 fueron despedidos en *p* por los hermanos
16.36 así que ahora salid, y marchaos en *p*
24.2 debido a ti gozamos de gran *p*, y muchas
Ro. 1.7 gracia y *p* a vosotros, de Dios. . Padre
2.10 y honra y *p* a todo el que hace lo bueno
3.17 y no conocieron camino de *p*
5.1 justificados, pues, por la fe, tenemos *p*
8.6 pero el ocuparse del Espíritu es vida y *p*
10.15 son los pies de los que anuncian la *p*
12.18 si es posible. . estad en *p* con todos los
14.17 justicia, *p* y gozo en el Espíritu Santo
14.19 así. . sigamos lo que contribuye a la *p* y
15.13 os llene de todo gozo y *p* en el creer
15.33 y el Dios de *p* sea con todos vosotros
16.20 Dios de *p* aplastará en breve a Satanás
1 Co. 1.3 *p* a vosotros, de Dios nuestro Padre
7.15 sujeto a. . sino que a *p* nos llamó Dios
14.33 Dios no es Dios de confusión, sino de *p*
16.11 encaminadle en *p*, para que venga a mí
2 Co. 1.2 *p* a vosotros, de Dios nuestro Padre
13.11 vivid en *p*; y el Dios de *p* y de amor
Gá. 1.3 gracia y *p* sean a vosotros, de Dios el
5.22 gozo, *p*, paciencia, benignidad, bondad
6.16 *p* y misericordia sea a ellos, y al Israel
Ef. 1.2 gracia y *p* a vosotros, de Dios. . Padre
2.14 él es nuestra *p*, que de ambos. . hizo uno
2.15 un solo y nuevo hombre, haciendo la *p*
2.17 vino y anunció las buenas nuevas de *p* a
4.3 unidad del Espíritu en el vínculo de la *p*
6.15 pies con el apresto del evangelio de la *p*
6.23 *p* sea a los hermanos, y amor con fe, de
Fil. 1.2 *p* a vosotros, de Dios nuestro Padre
4.7 *p* de Dios, que sobrepasa. . entendimiento
4.9 haced; y el Dios de *p* estará con vosotros
Col. 1.2 gracia y *p* sean a vosotros, de Dios
1.20 haciendo la *p* mediante la sangre de su
3.15 y la *p* de Dios gobierne en. . corazones
1 Ts. 1.1 gracia y *p* sean a vosotros, de Dios
5.3 digan: *P* y seguridad, entonces vendrá
5.13 causa de su obra. Tened *p* entre vosotros
5.23 el Dios de *p* os santifique por completo
2 Ts. 1.2 *p* a vosotros, de Dios nuestro Padre
3.16 y el mismo Señor de *p* os dé siempre *p*
1 Ti. 1.2; 2 Ti. 1.2 gracia, misericordia y *p*
2.22 sigue la justicia, la fe. . y la *p*, con
Tit. 1.4 gracia, misericordia y *p*, de Dios
Flm. 3 gracia y *p* a vosotros, de Dios. . Padre
He. 7.2 cuyo nombre significa. . esto es, Rey de *p*
11.31 habiendo recibido a los espías en *p*
12.14 seguid la *p* con todos, y la santidad
13.20 el Dios de *p* que resucitó. . a nuestro
Stg. 2.16 les dice: Id en *p*, calentaos y saciaos
3.18 siembra en *p* para aquellos que hacen la *p*
1 P. 1.2 gracia y *p* os sean multiplicadas
3.11 y haga el bien; busque la *p*, y sígala
5.14 *p* sea con todos vosotros. . en Jesucristo
2 P. 1.2 gracia y *p* os sean multiplicadas, en
3.14 hallados por él. . irreprensibles, en *p*
2 Jn. 3 sea con vosotros gracia. . y *p*, de Dios
3 Jn. 15 *p* sea contigo. Los amigos te saludan
Jud. 2 misericordia y *p*. . os sean multiplicados
Ap. 1.4 gracia y *p* a vosotros, del que es y que
6.4 fue dado poder de quitar de la tierra la *p*

PECADO
Gn. 4.7 si no hicieres. . el *p* está a la puerta
18.20 el *p* de ellos se ha agravado en extremo
20.9 que has atraído sobre mí. . tan grande *p?*
26.10 y hubieras traído sobre nosotros el *p*
31.36 ¿cuál es mi *p*, para que. . hayas venido
50.17 ahora la maldad de tus hermanos y su *p*
Éx. 10.17 que perdonéis mi *p* solamente esta vez
28.43 al altar. . para que no lleven *p* y mueran
29.14 quemarás a fuego. . es ofrenda por el *p*
29.36 cada día ofrecerás. . sacrificio por el *p*
30.10 con la sangre del sacrificio por el *p*
32.21 que has traído sobre él tan gran *p?*
32.30 vosotros habéis cometido un gran *p*, pero
32.30 quizá le aplacaré acerca de vuestro *p*
32.31 pues este pueblo ha cometido un gran *p*
32.32 que perdones ahora su *p*, y si no, ráeme
32.34 en el día del. . castigaré en ellos su *p*
34.7 que perdona la iniquidad, la rebelión. . *p*
34.9 y perdona nuestra iniquidad y nuestro *p*
Lv. 4.3 el sacerdote ungido pecare según el *p*
4.3 ofrecerá a Jehová, por su *p*. . un becerro
4.14 luego que llegue a ser conocido el *p* que
4.23 conociere su *p* que cometió, presentará por
4.26 el sacerdote hará. . la expiación de su *p*
4.28 que conociere su *p* que cometió, traerá
4.28 cabra sin defecto, por su *p* que cometió
4.32 por su ofrenda por el *p* trajere cordero
4.35 expiación de su *p* que habrá cometido, y
5.1 supo, y no lo denunciare, él llevará su *p*
5.6 traerá. . por su *p*. . una cordera o una cabra
5.6 el sacerdote le hará expiación por su *p*
5.7 traerá. . en expiación por su *p* que cometió
5.10 hará expiación por el *p* de aquel que lo
5.13 en cuanto al *p* que cometió en alguna de
5.15 carnero sin defecto. . en ofrenda por el *p*
5.16 expiación. . por el *p*, y será perdonado
5.17 aun sin hacerlo a sabiendas. . llevará su *p*
6.17 como el sacrificio por el *p*, y como el
6.25 degollada la ofrenda por el *p* delante de
6.26 el sacerdote que la ofreciere por el *p*
7.7 como el sacrificio por el *p*, así es el
7.18 persona que de él comiere llevará su *p*
7.37 es la ley. . del sacrificio por el *p*, del
9.15 y lo ofreció por el *p* como el primero
14.13 se degüella el sacrificio por el *p* y el
14.13 como la víctima por el *p*, así también
14.19 ofrecerá luego. . el sacrificio por el *p*
14.22 uno será para expiación por el *p*, y el
14.31 uno en sacrificio de expiación por el *p*, y
15.15,30 hará del uno ofrenda por el *p*, y del

PECADO *(Continúa)*

Lv. 16.15 degollará el macho..expiación por el *p*
16.16 de las impurezas de..y de todos sus *p*
16.21 y confesará..rebeliones y todos sus *p*
16.25 quemará en el altar la grosura..por el *p*
16.27 y el macho cabrío inmolados por el *p*
16.30 y seréis limpios de todos vuestros *p*
16.34 hacer expiación..todos los *p* de Israel
19.17 razonarás con tu..no participes de su *p*
19.22 lo reconciliará..por su *p* que cometió
19.22 y se le perdonará su *p* que ha cometido
20.17 descubrió la desnudez de..su *p* llevará
20.20 su *p* llevarán; morirán sin hijos
22.9 para que no lleven *p* por ello, no sea
22.16 les harían llevar la iniquidad del *p*
26.18 castigaros siete veces..por vuestros *p*
26.21 siete veces más plagas según vuestros *p*
26.24 heriré aún siete veces por vuestros *p*
26.28 castigaré..siete veces por vuestros *p*
26.41 humillará su corazón..y reconocerán su *p*
Nm. 5.6 cometiere alguno de todos los *p* con que
5.7 aquella persona confesará el *p* que cometió
5.15 es ofrenda..que trae a la memoria el *p*
5.31 el hombre será libre..mujer llevará su *p*
9.13 si dejare de celebrar la..llevará su *p*
12.11 no pongas ahora sobre nosotros este *p*
15.24 el *p* fue hecho por yerro con ignorancia
16.26 para que no perezcáis en todos sus *p*
18.1 tú y tus..llevaréis el *p* del santuario
18.1 tú y..llevaréis el *p* de vuestro sacerdocio
18.9 toda expiación por el *p* de ellos, y toda
18.22 para que no lleven *p* por el cual mueran
18.32 y no llevaréis *p*..hubiereis ofrecido la
27.3 que en su propio *p* murió, y no tuvo hijos
29.11 además de la ofrenda..por el *p*, y del
30.15 los anulare..entonces él llevará el *p*
32.23 mas..sabed que vuestro *p* os alcanzará
Dt. 9.18 no comí pan..causa de todo vuestro *p*
9.21 tomé el objeto de vuestro *p*, el becerro
9.27 no mires a..ni a su impiedad ni a su *p*
15.9 él podrá clamar..y se te contará por *p*
19.15 a un solo testigo..en cualquier *p*, en
23.21 lo demandará Jehová tu..y sería *p* en ti
23.22 cuando te abstengas..no habrá en ti *p*
24.15 que no clame contra ti..y sea en ti *p*
24.16 no morirán..cada uno morirá por su *p*
Jos. 24.19 no sufrirá vuestras rebeliones y..*p*
1 S. 2.17 era..muy grande..el *p* de los jóvenes
12.19 a todos nuestros *p* hemos añadido este
14.38 y ved en qué ha consistido este *p* hoy
15.23 como *p* de adivinación es la rebelión
15.24 Saúl dijo..Perdona, pues, ahora mi *p*
20.1 o cuál mi *p* contra tu padre, para que
25.24 y dijo: Señor mío, sobre mí sea el *p*
2 S. 3.8 haces hoy cargo del *p* de esta mujer?
12.13 Jehová ha remitido tu *p*; no morirás
14.32 vea yo..rey, y si hay en mí *p*, máteme
24.10 te ruego que quites el *p* de tu siervo
1 R. 8.34 perdonarás el *p* de tu pueblo Israel
8.35 volvieren del *p*, cuando los afligieres
8.36 perdonarás el *p* de tus siervos y de tu
12.30 fue causa de *p*; porque el pueblo iba a
13.34 fue causa de *p* a la casa de Jeroboam
14.16 y él entregará a Israel por los *p* de
14.22 habían hecho en sus *p* que cometieron
15.3 anduvo en todos los *p* que su padre había
15.26 en los *p* con que hizo pecar a Israel
15.30 por los *p* que Jeroboam había cometido
15.34 y en su *p* con que hizo pecar a Israel
16.2 has hecho..provocándome a ira con tus *p*
16.13 por todos los *p* de Baasa y los *p* de Ela
16.19 *p* que había cometido, haciendo pecar
16.19 en su *p* que cometió, haciendo pecar a
16.26 en el *p* con el cual hizo pecar a Israel
16.31; 2 R. 3.3; 10.29; 13.2,11; 14.24;
15.9,18,24,28 los *p* de Jeroboam hijo de Nabat
2 R. 10.31 ni se apartó de los *p* de Jeroboam
12.16 el dinero por el *p*..no se llevaba a la
13.6 no se apartaron de los *p* de las casa de
14.6 que cada uno morirá por su propio *p*
17.21 Jeroboam hijo..les hizo cometer gran *p*
17.22 anduvieron en todos los *p* de Jeroboam
21.16 además de su *p*..que hizo pecar a Judá
21.17 hechos de Manasés..y el *p* que cometió
24.3 quitarla de su presencia, por los *p* de
1 Cr. 21.3 ¿para qué..;será para *p* a Israel?
2 Cr. 6.25 perdonarás el *p* de tu pueblo Israel
6.26 y se convirtieren de sus *p*, cuando los
6.27 perdonarás el *p* de tus siervos y de tu
7.14 y perdonaré sus *p*, y sanaré su tierra
24.18 la ira de Dios vino sobre..este su *p*
25.4 los padres; mas cada uno morirá por su *p*
28.13 *p* contra Jehová estará sobre nosotros
28.13 tratáis de añadir sobre nuestros *p* y
28.22 rey Acaz..añadió mayor *p* contra Jehová
33.19 sus *p*, y su prevaricación..escritas en
33.23 pero nunca se..antes bien aumentó el *p*
Esd. 9.2 ha sido la primera en cometer este *p*
9.7 hasta este día hemos vivido en gran *p*
9.13 causa de nuestro gran *p*, ya que tú, Dios
10.6 porque se entristeció a causa del *p* de
10.10 habéis pecado..añadiendo así sobre el *p*
10.19 y ofrecieron como ofrenda por su *p* un
Neh. 1.6 confieso los *p* de los hijos de Israel
4.5 su iniquidad, ni su *p* sea borrado delante
9.2 confesaron sus *p*, y las iniquidades de
9.3 confesaron sus *p* y adoraron a Jehová su
9.37 has puesto sobre nosotros por nuestros *p*
10.33 y los sacrificios..por el *p* de Israel
Job 8.4 pecaron..los echó en el lugar de su *p*
10.6 para que inquieras mi..y busques mi *p*
13.23 ¿cuántas iniquidades y *p* tengo yo?
13.23 hazme entender mi transgresión y mi *p*
13.26 me haces cargo de los *p* de mi juventud?
14.16 me cuentas los..no das tregua a mi *p*
31.30 ni..entregué al *p* mi lengua, pidiendo
34.37 a su *p* añadió rebeldía; bate palmas
Sal. 25.7 de los *p* de mi juventud..rebeliones
25.11 perdonarás también mi *p*, que es grande
25.18 mira mi aflicción..perdona todos mis *p*
32.1 cuya..ha sido perdonada, y cubierto su *p*
32.5 mi *p*..declaré, y no encubrí mi iniquidad
32.5 dije..y tú perdonaste la maldad de mi *p*
38.3 ni hay paz en mis huesos, a causa de..*p*
38.18 confesaré mi..me contristaré por mi *p*
39.11 castigos por el *p* corriges al hombre
51.2 lávame más y más de..y límpiame de mi *p*
51.3 porque..mi *p* está siempre delante de mí
51.5 en maldad..y en *p* me concibió mi madre
51.9 esconde tu rostro mis *p*, y borra todas
59.3 no por falta mía, ni *p* mío, oh Jehová
59.12 por el *p* de su boca, por la palabra de
68.21 la cabeza de..del que camina en sus *p*
69.5 tú conoces..y mis *p* no te son ocultos
79.9 perdona nuestros *p* por amor de..nombre
85.2 tu pueblo; todos los *p* de ellos cubriste
103.10 ni nos ha pagado conforme a nuestros *p*
109.7 salga culpable..y su oración sea para *p*
109.14 y el *p* de su madre no sea borrado
130.3 si mirares a los *p*, ¿quién, oh Señor
130.8 y él redimirá a Israel de todos sus *p*
Pr. 5.22 retenido será con las cuerdas de su *p*
10.16 vida; mas el fruto del impío es para *p*
10.19 en las muchas palabras no falta *p*; mas
11.6 los pecadores serán atrapados en su *p*
14.9 los necios se mofan del *p*; mas entre los
14.34 mas el *p* es afrenta de las naciones
16.6 con misericordia y verdad..corrige el *p*
20.9 podrá decir: Yo..limpio estoy de mi *p*?
21.4 orgullo..y pensamiento de impíos, son *p*
24.9 pensamiento..necio es *p*, y abominación
28.13 el que encubre sus *p* no prosperará; mas
Is. 1.18 si vuestros *p* fueren como la grana
3.9 porque como Sodoma publican su *p*, no lo
5.18 traen..el *p* como en coyundas de carreta
6.7 he aquí..quitada tu culpa, y limpio tu *p*
22.14 este *p* no os será perdonado hasta que
24.20 se agravará sobre ella su *p*, y caerá
27.9 será todo el fruto, la remoción de su *p*
30.1 hijos que se apartan..añadiendo *p* a *p*!
30.13 este *p* como grieta que amenaza ruina
38.17 echaste tras tus espaldas todos mis *p*
40.2 decidle a voces..que su *p* es perdonado
40.2 que doble ha recibido..por todos sus *p*
43.24 sino pusiste sobre mí la carga de tus *p*
43.25 borro tus..y no me acordaré de tus *p*
44.22 deshice..como niebla tus *p*; vuélvete a
53.5 herido fue por..molido por nuestros *p*
53.6 mas Jehová cargó en él el *p* de..nosotros
53.10 puesto su vida en expiación por el *p*
53.12 habiendo él llevado el *p* de muchos, y
58.1 su rebelión, y a la casa de Jacob su *p*
59.2 vuestros *p* han hecho ocultar..su rostro
59.12 y nuestros *p* han atestiguado contra
59.12 iniquidades, y conocemos nuestros *p*
64.5 en..*p* hemos perseverado por largo tiempo
Jer. 2.22 la mancha de tu *p* permanecerá aún
5.25 y vuestros *p* apartaron de vosotros el
14.10 se acordará..maldad, y castigará sus *p*
15.13 entregaré a la rapiña..por todos tus *p*
16.10 ¿qué maldad es la nuestra, o qué *p* es
16.18 pagaré al doble su iniquidad y su *p*
17.1 el *p* de Judá escrito está con cincel de
17.3 todos tus tesoros entregaré al..por el *p*
18.23 ni borres su *p* de delante de tu rostro
30.14 a causa de..y de la multitud de tus *p*
30.15 por..y por tus muchos *p* te he hecho esto
31.34 perdonaré..no me acordaré más de su *p*
33.8 todos sus *p* con que contra mí pecaron
36.3 se arrepienta..y yo perdonaré su..y su *p*
50.20 buscada..*p* de Judá, y no se hallarán
51.5 su tierra fue llena de *p* contra el Santo
Lm. 1.8 *p* cometió Jerusalén, por lo cual ella
2.14 y no descubrieron tu *p* para impedir tu
3.39 se lamenta..Laméntese el hombre en su *p*
4.6 la iniquidad de..más que el *p* de Sodoma
4.13 es por causa de los *p* de sus profetas
4.22 castigará tu iniquidad, oh..Edom..tus *p*
Ez. 3.20 en su *p* morirá, y sus justicias que
16.51 Samaria no cometió ni la mitad de tus *p*
16.52 tu vergüenza en los *p* que tú hiciste
18.14 cual viere todos los *p* que su padre hizo
18.19 el hijo no llevará el *p* de su padre?
18.20 el hijo no llevará el *p* del padre, ni
18.20 ni el padre llevará el *p* del hijo; la
18.21 el impío, si se apartare de todos sus *p*
18.24 por el *p* que cometió, por ello morirá
20.43 os aborreceréis a..a causa de todos..*p*
21.24 traiciones, y descubriendo vuestros *p*
23.49 y pagaréis los *p* de vuestra idolatría
29.16 haga recordar el *p* de mirar en pos de
32.27 mas sus *p* estarán sobre sus huesos, por
33.6 éste fue tomado por causa de su *p*, pero
33.8 tú no hablares..el impío morirá por su *p*
33.9 él morirá por su *p*, pero tú libraste tu
33.10 nuestros *p* están sobre nosotros, y a
33.14 si él se convirtiere de su *p*, e hiciere
33.16 no se le recordará ninguno de sus *p* que
39.23 de Israel fue llevada cautiva por su *p*
40.39 para degollar..el sacrificio por el *p*
42.13 allí pondrán las..el sacrificio por el *p*
43.10 muestra a la..y avergüéncense de sus *p*
44.29 el sacrificio por el *p* comerán, y toda
45.22 sacrificará por sí..un becerro por el *p*
45.23 y por el *p* un macho cabrío cada día
46.20 donde..cocerán la ofrenda por el *p* y la
Dn. 4.27 oh rey..tus *p* redime con justicia, y
9.16 a causa de nuestros *p*, y por la maldad
9.20 y confesando mi *p* y el *p* de mi pueblo
9.24 y poner fin al *p*, y expiar la iniquidad
Os. 4.8 *p* de mi pueblo comen, y en sus maldad
5.5 cara; Israel y Efraín tropezarán en su *p*
5.15 hasta que reconozcan su *p* y busquen mi
8.13 ahora se acordará de..y castigará su *p*
9.9 acordará de su iniquidad, castigará su *p*
10.8 de Avén serán destruidos, el *p* de Israel
12.8 nadie hallará..*p* en todos mis trabajos
13.2 añadieron a su *p*, y de su plata se han
13.12 la maldad de Efraín; su *p* está guardado
14.1 vuelve, oh Israel, a..por tu *p* has caído
Am. 1.3,6,9,11,13; 2.1,4,6 por tres *p* de..y
por el cuarto
5.12 porque yo sé de..de vuestros grandes *p*
8.14 que juran por el *p* de Samaria, y dicen
Mi. 1.5 esto..y por los *p* de la casa de Israel
1.13 fuisteis principio de *p* a la hija de Sion
3.8 para denunciar a Jacob..y a Israel su *p*
6.7 el fruto de mis entrañas por el *p* de mi
6.13 hice..hiriéndote, asolándote por tus *p*
7.18 olvida el *p* del remanente de su heredad
7.19 echará en lo profundo del mar todos..*p*
Zac. 3.4 mira que he quitado de ti tu *p*, y te
3.9 y quitaré el *p* de la tierra en un día
13.1 la purificación del *p* y de la inmundicia
14.19 esta será la pena del *p* de Egipto, y
14.19 y del *p* de..naciones que no subieren a
Mt. 1.21 porque él salvará a su pueblo de sus *p*
3.6 eran bautizados por él..confesando sus *p*
9.2 ten ánimo, hijo; tus *p* te son perdonados
9.5 decir: Los *p* te son perdonados, o decir
9.6 potestad en la tierra para perdonar *p*
12.31 todo *p* y blasfemia será perdonado a los
26.28 es derramada para remisión de los *p*
Mr. 1.4 predicaba el bautismo de..perdón de *p*
1.5 eran bautizados por él..confesando sus *p*
2.5 dijo al..Hijo, tus *p* te son perdonados
2.7 ¿quién puede perdonar *p*, sino sólo Dios?
2.9 *p* te son perdonados, o..Levántate, toma
2.10 potestad en la tierra para perdonar *p*
3.28 todos los *p* serán perdonados a los hijos
4.12 conviertan, y les sean perdonados los *p*
Lc. 1.77 dar..salvación..para perdón de sus *p*
3.3 del arrepentimiento para perdón de *p*
5.20 le dijo: Hombre, tus *p* te son perdonados
5.21 ¿quién puede perdonar *p* sino sólo Dios?
5.23 decir: Tus *p* te son perdonados, o decir
5.24 el Hijo..tiene potestad..para perdonar *p*
7.47 digo que sus muchos *p* le son perdonados
7.48 a ella le dijo: Tus *p* te son perdonados
7.49 ¿quién es éste, que también perdona *p*?
11.4 y perdónanos nuestros *p*, porque también
24.47 predicase en su nombre el perdón de *p*
Jn. 1.29 el Cordero..que quita el *p* del mundo
8.7 esté sin *p* sea el primero en arrojar la
8.21 buscaréis, pero en vuestro *p* moriréis
8.24 eso os dije que moriréis en vuestros *p*
8.34 todo aquel que hace *p*, esclavo es del *p*
8.46 ¿quién de vosotros me redarguye de *p*?
9.34 naciste del todo en *p*, ¿y nos enseñas
9.41 si fuerais ciegos, no tendríais *p*; mas
9.41 porque decís: Vemos, vuestro *p* permanece
15.22 ni les hubiera hablado, no tendrían *p*
15.22 pero ahora no tienen excusa por su *p*
15.24 si yo no hubiese hecho..no tendrían *p*
16.8 él venga, convencerá al mundo de *p*, de
16.9 de *p*, por cuanto no creen en mí
19.11 que a ti me ha entregado, mayor *p* tiene
20.23 a quienes remitiereis los *p*, les son
Hch. 2.38 bautícese cada uno..perdón de los *p*
3.19 para que sean borrados vuestros *p*; para
5.31 para dar..arrepentimiento y perdón de *p*
7.60 Señor, no les tomes en cuenta este *p*
10.43 en él creyeren, recibirán perdón de *p*
13.38 medio de él se os anuncia perdón de *p*
22.16 levántate y bautízate, y lava tus *p*
26.18 que reciban, por la fe..perdón de *p* y
Ro. 3.9 judíos y a gentiles, que..están bajo *p*
3.20 por medio de..es el conocimiento del *p*
3.25 de haber pasado por alto..los *p* pasados
4.7 son perdonadas, y cuyos *p* son cubiertos
4.8 el varón a quien el Señor no inculpa de *p*
5.12 el *p* entró en el mundo por un hombre, y

PECADO ***(Continúa)***

Ro. 5.12 por el *p* la muerte, así la muerte pasó
5.13 pues antes de la ley, había *p* en el mundo
5.13 pero donde no hay ley, no se inculpa de *p*
5.16 el juicio vino a causa de un solo *p* para
5.20 ley se introdujo para que el *p* abundase
5.20 mas cuando el *p* abundó, sobreabundó la
5.21 para que así como el *p* reinó para muerte
6.1 ¿perseveraremos en el *p*. . gracia crezca?
6.2 porque los que hemos muerto al *p*, ¿cómo
6.6 para que el cuerpo del *p* sea destruido
6.6 sea destruido. . que no sirvamos más al *p*
6.7 que ha muerto, ha sido justificado del *p*
6.10 en cuanto murió, al *p* murió una vez por
6.11 así. . consideraos muertos al *p*, pero vivos
6.12 no reine. . el *p* en vuestro cuerpo mortal
6.13 tampoco presentéis. . miembros al *p* como
6.14 el *p* no se enseñoreará de vosotros; pues
6.16 del *p* para muerte, o sea de la obediencia
6.17 erais esclavos del *p*, habéis obedecido
6.18 y libertados del *p*, vinisteis a ser
6.20 esclavos del *p*, erais libres acerca de
6.22 libertados del *p* y hechos siervos de Dios
6.23 porque la paga del *p* es muerte, mas la
7.7 ¿qué diremos, pues? ¿La ley es *p?* En
7.7 pero yo no conocí el *p* sino por la ley
7.8 el *p*, tomando ocasión por el mandamiento
7.8 porque sin la ley el *p* está muerto
7.9 pero venido el mandamiento, el *p* revivió
7.11 el *p*, tomando ocasión por el mandamiento
7.13 que el *p*, para mostrarse *p*, produjo en mí
7.13 *p* llegase a ser sobremanera pecaminoso
7.14 la ley es. . yo soy carnal, vendido al *p*
7.17 ya no soy yo quien hace. . sino el *p* que
7.20 no lo hago yo, sino el *p* que mora en mí
7.23 que me lleva cautivo a la ley del *p* que
7.25 sirvo. . mas con la carne a la ley del *p*
8.2 ha librado de la ley del *p* y de la muerte
8.3 Dios, enviando a su Hijo en. . carne de *p*
8.3 a causa del *p*, condenó al *p* en la carne
8.10 el cuerpo en. . está muerto a causa del *p*
11.27 pacto con ellos, cuando yo quite sus *p*
14.23 y todo lo que no proviene de fe, es *p*
1 Co. 6.18 cualquier otro *p*. . fuera del cuerpo
15.3 Cristo murió por nuestros *p*, conforme a
15.17 fe es vana; aún estáis en vuestros *p*
15.56 el aguijón. . es el *p*, y el poder del *p*
2 Co. 5.19 no tomándoles en cuenta a los. . sus *p*
5.21 que no conoció *p*, por nosotros lo hizo *p*
Gá. 1.4 se dio a sí mismo por nuestros *p*, para
2.17 y si. . ¿es por eso Cristo ministro de *p?*
3.22 mas la Escritura lo encerró todo bajo *p*
Ef. 1.7 el perdón de *p* según las riquezas de su
2.1 estabais muertos en vuestros delitos y *p*
2.5 estando nosotros muertos en *p*, nos dio
Col. 1.14 quien tenemos redención. . perdón de *p*
2.13 y a vosotros, estando muertos en *p* y en
2.13 os dio vida. . perdonándoos todos los *p*
1 Ts. 2.16 así colman ellos. . la medida de sus *p*
2 Ts. 2.3 se manifieste el hombre de *p*, el hijo
1 Ti. 5.22 a ninguno, ni participes en *p* ajenos
5.24 *p* de algunos hombres se hacen patentes
2 Ti. 3.6 cautivas. . mujercillas cargadas de *p*
He. 1.3 purificación de nuestros *p* por medio de
2.17 sacerdote. . para expiar los *p* del pueblo
3.13 ninguno. . endurezca por el engaño del *p*
4.15 uno que fue tentado en todo. . pero sin *p*
5.1 para que presente ofrendas y. . por los *p*
5.3 debe ofrecer por los *p*, tanto por sí mismo
7.27 ofrecer. . sacrificios por sus propios *p*
8.12 nunca más me acordaré de sus *p* y de sus
9.7 la cual ofrece por sí mismo y por los *p*
9.26 de sí mismo para quitar de en medio el *p*
9.28 fue ofrecido. . para llevar los *p* de muchos
9.28 aparecerá. . sin relación con el *p*, para
10.2 vez, no tendrían ya más conciencia de *p*
10.3 pero. . cada año se hace memoria de los *p*
10.4 la sangre de los. . no puede quitar los *p*
10.6 y expiaciones por el *p* no te agradaron
10.8 y expiaciones por el *p* no quisiste, ni
10.11 sacrificios. . nunca pueden quitar los *p*
10.12 ofrecido. . sacrificio por los *p*, se ha
10.17 añade. . nunca más me acordaré de sus *p*
10.18 remisión. . no hay más ofrenda por el *p*
10.26 ya no queda más sacrificio por los *p*
11.25 gozar de los deleites temporales del *p*
12.1 despojémonos de todo. . *p* que nos asedia
12.4 no habéis resistido hasta. . contra el *p*
13.11 sangre a causa del *p* es introducida en
Stg. 1.15 da a luz el *p*; y el *p*. . da a luz la
2.9 cometéis *p*, y quedáis convictos por la
4.17 hacer lo bueno, y no lo hace, le es *p*
5.15 hubiere cometido *p*, le serán perdonados
5.20 salvará. . alma, y cubrirá multitud de *p*
1 P. 2.22 no hizo *p*, ni se halló engaño en su
2.24 llevó él mismo nuestros *p* en su cuerpo
2.24 estando muertos a los *p*, vivamos a la
3.18 Cristo padeció una sola vez por los *p*
4.1 quien ha padecido en. . terminó con el *p*
4.8 porque el amor cubrirá multitud de *p*
2 P. 1.9 olvidado la purificación de sus. . *p*
1 Jn. 1.7 y la sangre de. . nos limpia de todo *p*
1.8 decimos que no tenemos *p* nos engañamos
1.9 si confesamos nuestros *p*, el es fiel y
1.9 es fiel y justo para perdonar nuestros *p*
2.2 y él es la propiciación por nuestros *p*
2.12 vuestros *p* os han sido perdonados por su
3.4 que comete *p*, infringe también la ley
3.4 la ley, pues el *p* es infracción de la ley
3.5 para quitar nuestros *p*, y no hay *p* en él
3.8 que practica el *p* es del diablo; porque
3.9 que es nacido de Dios, no practica el *p*
4.10 su Hijo en propiciación por nuestros *p*
5.16 alguno viere a su hermano cometer *p* que
5.16 los que cometen *p* que no sea de muerte
5.16 hay *p* de muerte, por el cual yo no digo
5.17 toda injusticia es *p*; pero hay *p* no de
5.18 nacido de Dios, no practica el *p*, pues
Ap. 1.5 y nos lavó de nuestros *p* con su sangre
18.4 para que no seáis partícipes de sus *p*
18.5 porque sus *p* han llegado hasta el cielo

PECADOR, RA

Gn. 13.13 los hombres de Sodoma eran malos y *p*
Nm. 32.14 prole de hombres *p*, para añadir aún
1 S. 15.18 destruye a los *p* de Amalec, y hazles
Job 24.19 la nieve; así también el Seol a los *p*
Sal. 1.1 no anduvo en. . ni estuvo en camino de *p*
1.5 ni los *p* en la congregación de los justos
25.8 es Jehová. . él enseñará a los *p* el camino
26.9 no arrebates con los *p* mi alma, ni mi
37.16 mejor es. . que las riquezas de muchos *p*
37.34 cuando sean destruidos los *p*, los verás
51.13 enseñaré. . y los *p* se convertirán a ti
75.10 quebrantaré todo el poderío de los *p*
104.35 sean consumidos de la tierra los *p*, y
Pr. 1.10 mío, si los *p* te quisieren engañar, no
11.3 pero destruirá a los *p* la perversidad
11.6 mas los *p* serán atrapados en su pecado
11.31 el justo. . ¡cuánto más el impío y el *p!*
13.6 guarda. . mas la impiedad trastornará al *p*
13.21 mal perseguirá a los *p*, mas los justos
13.22 la riqueza del *p* está guardada para el
23.17 no tenga tu corazón envidia de los *p*
Ec. 2.26 mas al *p* da el trabajo de recoger y
7.26 escapará. . mas el *p* quedará en ella preso
8.12 el *p* haga mal cien veces, y prolongue
9.18 mejor es. . pero un *p* destruye mucho bien
Is. 1.4 ¡oh gente *p*, pueblo cargado de maldad
1.28 rebeldes y *p* a una serán quebrantados
13.9 el día de Jehová. . raer de ella a sus *p*
31.7 sus ídolos. . han hecho vuestras manos *p*
33.14 los *p* se asombraron en Sion, espanto
53.12 contado con los *p*, habiendo él llevado
65.20 niño. . y el *p* de cien años será maldito
Am. 9.8 ojos de Jehová. . están contra el reino *p*
9.10 espada morirán todos los *p* de mi pueblo
Mt. 9.10 publicanos y *p*, que habían venido, se
9.11 ¿por qué come. . con los publicanos y *p?*
9.13 a justos, sino a *p*, al arrepentimiento
11.19 dicen: He aquí un hombre. . amigo de. . *p*
26.45 y el Hijo. . es entregado en manos de *p*
Mr. 2.15 muchos publicanos y *p* estaban también
2.16 viéndole comer. . con los *p*, dijeron a los
2.16 esto, que él come y bebe con los. . y *p?*
2.17 no. . venido a llamar a justos, sino a *p*
8.38 se avergonzare. . en esta generación. . *p*
14.41 Hijo. . es entregado en manos de los *p*
Lc. 5.8 apártate de mí, Señor. . soy hombre *p*
5.30 ¿por qué coméis y. . con publicanos y *p?*
5.32 a justos, sino a *p* al arrepentimiento. .
6.32 también los *p* aman a los que los aman
6.33 porque también los *p* hacen lo mismo
6.34 porque también los *p* prestan a los *p*
7.34 éste es un. . amigo de publicanos y de *p*
7.37 una mujer de la ciudad, que era *p*, al
7.39 conocería. . es la que le toca, que es *p*
13.2 estos. . eran más *p* que todos los galileos?
15.1 se acercaban a Jesús todos los. . *p* para
15.2 éste a los *p* recibe, y con ellos come
15.7 habrá más gozo en el cielo por un *p* que
15.10 hay gozo. . por un *p* que se arrepiente
18.13 diciendo: Dios, sé propicio a mí, *p*
19.7 había entrado a posar con un hombre *p*
24.7 que. . sea entregado en manos de hombres *p*
Jn. 9.16 ¿cómo puede un. . *p* hacer estas señales?
9.24 nosotros sabemos que ese hombre es *p*
9.25 si es *p*, no lo sé; una cosa sé, que. . veo
9.31 sabemos que Dios no oye a los *p*; pero
Ro. 3.7 si. . ¿por qué aún soy juzgado como *p?*
5.8 siendo aún *p*, Cristo murió por nosotros
5.19 los muchos fueron constituidos *p*, así
Gá. 2.15 judíos. . y no *p* de entre los gentiles
2.17 también nosotros somos hallados *p*, ¿es
1 Ti. 1.9 los impíos y *p*, para los irreverentes
1.15 Cristo Jesús vino. . para salvar a los *p*
He. 7.26 apartado de los *p*, y hecho. . sublime
12.3 sufrió tal contradicción de *p* contra sí
Stg. 4.8 *p*, limpiad las manos; y vosotros los
5.20 el que haga volver al *p* del error de su
1 P. 4.18 ¿en dónde aparecerá el impío y el *p?*
Jud. 15 las cosas duras que los *p*. . han hablado

PECAMINOSO, SA

Ro. 7.5 las pasiones *p* que eran por la ley
7.13 el pecado llegase a ser sobremanera *p*
Col. 2.11 echar de vosotros el cuerpo *p* carnal

PECAR

Gn. 20.6 también te detuve de *pecar* contra mí
20.9 ¿y en qué *pequé* yo contra ti, que has
39.9 haría yo este. . y *pecaría* contra Dios?
42.21 hemos *pecado* contra nuestro hermano
42.22 y dije: No *pequéis* contra el joven, y
Éx. 9.27 he *pecado* esta vez; Jehová es justo, y
9.34 se obstinó en *pecar*, y endurecieron su
10.16 he *pecado* contra Jehová vuestro Dios
20.20 que su temor esté. . para que no *pequéis*
23.33 que te hagan *pecar* contra mí sirviendo
32.33 al que *pecare* contra mí, a éste raeré
Lv. 4.2 cuando alguna persona *pecare* por yerro
4.3 ungido *pecare* según el pecado del pueblo
4.22 *pecare* un jefe, e hiciere por yerro algo
4.22 cosas que no se han de hacer, y *pecare*
4.27 si alguna persona del. . *pecare* por yerro
5.1 si alguno *pecare* por haber sido llamado a
5.5 *pecare* en. . confesará aquello en que *pecó*
5.11 el que *pecó* traerá como ofrenda. . harina
5.15 y *pecare* por yerro en las cosas santas
5.17 si una persona *pecare*, o hiciere alguna
6.2 una persona *pecare* e hiciere prevaricación
6.3 en. . cosas en que suele *pecar* el hombre
6.4 habiendo *pecado*. . restituirá aquello que
Nm. 5.7 y lo dará a aquel contra quien *pecó*
6.11 hará. . de lo que *pecó* a causa del muerto
12.11 locamente hemos actuado, y. . *pecado*
14.40 henos aquí para subir al. . hemos *pecado*
15.27 una persona *pecare* por yerro, ofrecerá
15.28 hará expiación por la. . que haya *pecado*
15.28 *pecare* por yerro delante de Jehová, la
16.22 ¿no es un solo hombre el que *pecó?* ¿Por
16.38 los incensarios de estos que *pecaron*
21.7 hemos *pecado* por haber hablado contra
22.34 he *pecado*, porque no sabía que tú te
32.23 habréis *pecado* ante Jehová; y sabed que
Dt. 1.41 dijisteis: Hemos *pecado* contra Jehová
9.16 y miré, y. . habíais *pecado* contra Jehová
20.18 y *pequéis* contra Jehová vuestro Dios
32.51 porque *pecasteis* contra mí en medio de
Jos. 7.11 Israel ha *pecado*, y. . han quebrantado
7.20 Acán respondió. . he *pecado* contra Jehová
Jue. 10.10 hemos *pecado*. . hemos dejado a. . Dios
10.15 hemos *pecado*; haz tú. . como. . te parezca
11.27 nada he *pecado* contra ti, mas tú haces
1 S. 2.24 pues hacéis *pecar* al pueblo de Jehová
2.25 si *pecare* el hombre contra el hombre, los
2.25 si alguno *pecare* contra Jehová, ¿quién
7.6 dijeron allí: Contra Jehová hemos *pecado*
12.10 hemos *pecado*. . hemos dejado a Jehová
12.23 lejos sea de mí que *peque* yo contra
14.33 el pueblo *peca* contra Jehová, comiendo
14.34 no *pequéis* contra Jehová comiendo la
15.24 yo he *pecado*; pues he quebrantado el
15.30 dijo: Yo he *pecado*; pero te ruego que
19.4 no *peque* el rey contra su siervo David
19.5 pues, *pecarás* contra la sangre inocente
24.11 ni he *pecado* contra ti; sin embargo, tú
26.21 he *pecado*; vuélvete, hijo mío David, que
2 S. 12.13 David a Natán: *Pequé* contra Jehová
19.20 reconozco haber *pecado*, y he venido hoy
24.10 yo he *pecado* gravemente por haber hecho
24.17 David dijo. . Yo *pequé*, yo hice la maldad
1 R. 8.31 si alguno *pecare* contra su prójimo
8.33 derrotado. . por haber *pecado* contra ti
8.35 y no lloviere, por haber ellos *pecado*
8.46 si *pecaren*. . no hay hombre que no *peque*
8.47 y dijeren: *Pecamos*, hemos hecho lo malo
8.50 perdonarás a tu pueblo que había *pecado*
14.16 cual *pecó*, y ha hecho *pecar* a Israel
15.26 pecados con que hizo *pecar* a Israel
15.30 y con los cuales hizo *pecar* a Israel
15.34 su pecado con que hizo *pecar* a Israel
16.2 y has hecho *pecar* a mi pueblo Israel
16.13 pecaron e hicieron *pecar* a Israel
16.19 que cometió, haciendo *pecar* a Israel
16.26 pecado. . el cual hizo *pecar* a Israel
18.9 ¿en qué he *pecado*, para que entregues
21.22 y con que has hecho *pecar* a Israel
22.52 de Jeroboam. . que hizo *pecar* a Israel
2 R. 3.3; 10.29,31; 13.2,6,11; 14.24; 15.9,18,24,28
Jeroboam. . que hizo *pecar* a Israel
17.7 hijos de Israel *pecaron* contra Jehová
18.14 yo he *pecado*; apártate de mí, y haré
21.11 ha hecho *pecar* a Judá con sus ídolos
21.16 su pecado con que hizo *pecar* a Judá
23.15 Jeroboam. . el que hizo *pecar* a Israel
1 Cr. 21.8 he *pecado* gravemente al hacer esto
21.17 yo. . soy el que *pequé*. . he hecho mal
2 Cr. 6.22 si alguno *pecare* contra su prójimo
6.26 cielos se cerraren. . por haber *pecado*
6.36 si pecaren. . no hay hombre que no *peque*
6.37 oraren a ti. . y dijeren: *Pecamos*, hemos
6.39 perdonarás a tu pueblo que *pecó* contra
19.10 no *pequen*. . Haciendo así, no *pecaréis*
28.10 mas ¿no habéis *pecado*. . contra Jehová
Esd. 10.2 nosotros hemos *pecado* contra nuestro
10.10 *pecado*, por cuanto tomasteis mujeres
10.13 somos muchos los que hemos *pecado* en
Neh. 1.6 yo y la casa de mi padre hemos *pecado*
1.8 si vosotros *pecareis*, yo os dispersaré
6.13 que *pecase*, y les sirviera de mal nombre
9.29 *pecaron* contra tus juicios, los cuales

PECAR *(Continúa)*
Neh. 13.26 no *pecó* por esto Salomón, rey de
13.26 aun a él le hicieron *pecar* las mujeres
Est. 1.16 no solamente contra el rey ha *pecado*
Job 1.5 decía..Quizá habrán *pecado* mis hijos
1.22 en todo esto no *pecó* Job, ni atribuyó a
2.10 en todo esto no *pecó* Job con sus labios
7.20 si he *pecado*, ¿qué puedo hacerte a ti
8.4 si tus hijos *pecaron* contra él, él los
10.14 si *pequé*, tú me has observado, y no me
33.27 y al que dijere: *Pequé*, y pervertí lo
35.3 qué provecho tendré de no haber *pecado?*
35.6 si *pecares*, ¿qué habrás logrado contra
Sal. 4.4 temblad, y no *pequéis;* meditad en
39.1 atenderé..para no *pecar* con mi lengua
41.4 sana mi alma, porque contra ti he *pecado*
51.4 contra ti solo he *pecado*, y he hecho lo
78.17 pero aún volvieron a *pecar* contra él
78.32 *pecaron* aún, y no dieron crédito a sus
106.6 *pecamos* nosotros, como nuestros padres
119.11 he guardado tus dichos, para no *pecar*
Pr. 8.36 que *peca* contra mí, defrauda su alma
14.21 *peca* el que menosprecia a su prójimo
19.2 aquel que se apresura con los pies, *peca*
20.2 el que lo enfurece *peca* contra sí mismo
29.22 levanta..el furioso muchas veces *peca*
Ec. 5.6 no dejes que tu boca te haga *pecar*, ni
7.20 no hay..que haga el bien y nunca *peque*
9.2 como al bueno, así al que *peca;* al que
Is. 29.21 que hacen *pecar* al hombre en palabra
42.24 ¿no fue Jehová, contra quien *pecamos?*
43.27 tu primer padre *pecó*, y tus enseñadores
64.5 tú te enojaste porque *pecamos;* en los
Jer. 2.35 juicio..porque dijiste: No he *pecado*
3.25 porque *pecamos* contra Jehová nuestro
8.14 aguas de hiel, porque *pecamos* contra
14.7 Jehová, actúa..contra ti hemos *pecado*
14.20 padres; porque contra ti hemos *pecado*
32.35 abominación, para hacer *pecar* a Judá
33.8 y su maldad con que *pecaron* contra mí
33.8 sus pecados con que contra mí *pecaron*
37.18 ¿en qué *pequé* contra ti, y contra tus
40.3 *pecasteis* contra Jehová, y no oísteis
44.23 incienso y *pecasteis* contra Jehová, y
50.7 no *pecaremos*, porque ellos *pecaron* contra
50.14 no escatiméis las saetas, porque *pecó*
Lm. 5.7 nuestros padres *pecaron*, y han muerto
5.16 ¡ay ahora de nosotros! porque *pecamos*
Ez. 3.21 si al justo..que no *peque*, y no *pecare*
14.13 la tierra *pecare* contra mí rebelándose
18.4,20 el alma que *pecare*, esa morirá
18.31 transgresiones con que habéis *pecado*
22.4 en tu sangre que derramaste has *pecado*
28.16 fuiste lleno de iniquidad, y *pecaste*
33.12 justo no podrá vivir..el día que *pecare*
37.23 sus rebeliones con las cuales *pecaron*
45.20 harás..para los que *pecaron* por error
Dn. 9.5 hemos *pecado*, hemos cometido iniquidad
9.8 la confusión de rostro..contra ti *pecamos*
9.11 la maldición..porque contra él *pecamos*
9.15 hemos *pecado*, hemos hecho impíamente
Os. 4.7 conforme a su..así *pecaron* contra mí
4.15 si fornicas tú..a lo menos no *peque* Judá
8.11 altares para *pecar*, tuvo altares para *p*
10.9 desde los días de Gabaa has *pecado*, oh
13.1 exaltado en..mas *pecó* en Baal, y murió
Mi. 7.9 ira..soportaré, porque *pequé* contra él
Hab. 2.10 asolaste..has *pecado* contra tu vida
Sof. 1.17 ciegos, porque *pecaron* contra Jehová
Mt. 18.15 si tu hermano *peca* contra ti, vé y
18.21 veces perdonaré a..que *peque* contra mí?
27.4 yo he *pecado* entregando sangre inocente
Lc. 15.18,21 padre, he *pecado* contra el cielo
17.3 tu hermano *pecare* contra ti, repréndelo
17.4 si siete veces al día *pecare* contra ti
Jn. 5.14 mira, has sido sanado; no *peques* más
8.11 ni yo te condeno; vete, y no *peques* más
9.2 ¿quién *pecó*, éste o sus padres, para que
9.3 no es que *pecó* éste, ni sus padres, sino
Hch. 25.8 ni contra..ni contra César he *pecado*
Ro. 2.12 todos los que sin ley han *pecado*, sin
2.12 bajo la ley han *pecado*..serán juzgados
3.23 todos *pecaron*, y están destituidos de la
5.12 así la muerte..por cuanto todos *pecaron*
5.14 aun en los que no *pecaron* a la manera de
5.16 como en el caso de aquel uno que *pecó*
6.15 ¿*pecaremos*, porque no estamos bajo la
1 Co. 6.18 que fornica, contra su..cuerpo *peca*
7.28 si te casas, no *pecas*..se casa, no *peca*
7.36 haga lo que quiera, no *peca;* que se casen
8.12 *pecando* contra los..contra Cristo *pecáis*
15.34 velad..y no *pequéis;* porque algunos no
2 Co. 11.7 ¿*pequé* yo humillándome a mí mismo
12.21 llorar por..los que antes han *pecado*
13.2 lo escribo a los que antes *pecaron*, y a
Ef. 4.26 airaos, pero no *pequéis;* no se ponga
1 Ti. 5.20 que persisten en *pecar*, repréndelos
Tit. 3.11 el tal..*peca* y está condenado por su
He. 3.17 fue con los que *pecaron*, cuyos cuerpos
10.26 si *pecáremos* voluntariamente después de
1 P. 2.20 ¿qué gloria..*pecando* sois abofeteados
2 P. 2.4 no perdonó a los ángeles que *pecaron*
2.14 no se sacian de *pecar*, seducen a las
1 Jn. 1.10 si decimos que no hemos *pecado*, le
2.1 hijitos..os escribo para que no *pequéis*
2.1 si alguno hubiere *pecado*, abogado tenemos
3.6 todo aquel que permanece en él, no *peca*
3.6 todo aquel que *peca*, no le ha visto, ni
3.8 porque el diablo *peca* desde el principio
3.9 no puede *pecar*, porque es nacido de Dios

PECECILLO
Mt. 15.34 ellos dijeron: Siete, y unos pocos *p*
Mr. 8.7 también unos pocos *p;* y los bendijo, y
Jn. 6.9 que tiene cinco panes de cebada y dos *p*

PECOD ***Tribu en Mesopotamia***
Jer. 50.21 contra..contra los moradores de *P*
Ez. 23.23 *P*, Soa y Coa, y todos los de Asiria

PECTORAL
Éx. 25.7 piedras de engaste para el efod y..*p*
28.4 son estas: el *p*, el efod, el manto, la
28.15 el *p* del juicio de obra primorosa; lo
28.22 harás..en el *p* cordones de hechura de
28.23 harás en el *p* dos anillos de oro, los
28.23,24,26 dos anillos..dos extremos del *p*
28.28 y juntarán el *p*..no se separe el *p* del
28.29 y llevará Aarón los..en el *p* del juicio
28.30 pondrás en el *p* del juicio Urim y Tumim
29.5 el *p*, y le ceñirás con el cinto del efod
35.9 piedras de engaste para el efod y..el *p*
35.27 las piedras de los engastes..efod y el *p*
39.8 hizo también el *p* de obra primorosa como
39.9 doble hicieron el *p;* su longitud era de
39.15 hicieron..sobre el *p* los cordones de
39.16,19 anillos..en los dos extremos del *p*
39.17 aquellos dos anillos a los extremos del *p*
39.21 ataron el *p* por sus anillos a los anillos
39.21 y no se separase el *p* del efod, como
Lv. 8.8 le puso encima el *p*, y puso dentro del

PECHO
Gn. 3.14 sobre tu *p* andarás, y polvo comerás
49.25 con bendiciones de los *p* y del vientre
Éx. 29.26 tomarás el *p* del carnero..lo mecerás
29.27 y apartarás el *p* de la ofrenda mecida
Lv. 7.30 traerá la grosura con el *p;* el *p* para
7.31 mas el *p* será de Aarón y de sus hijos
7.34 he tomado de los..el *p* que se mece y la
8.29 tomó Moisés el *p*, y lo meció, ofrenda
9.20 pusieron las grosuras sobre los *p*, y él
9.21 pero los *p*, con la espaldilla derecha
10.14 comeréis..el *p* mecido y la espaldilla
10.15 y el *p* que será mecido como ofrenda
11.42 todo lo que anda sobre el *p*, y todo
Nm. 6.20 del sacerdote, además del *p* mecido y
18.18 tuya; como el *p* de la ofrenda mecida
Dt. 32.25 así..niño de *p* como al hombre cano
1 S. 15.3 mata..niños, y aun los de *p*, vacas
22.19 hirió..niños hasta los de *p*, bueyes
1 R. 3.21 me levanté..para dar el *p* a mi hijo
Job 3.12 ¿por qué..qué los *p* para que mamase?
24.9 quitan el *p* a los huérfanos, y de sobre
Sal. 22.9 desde que estaba a los *p* de mi madre
Cnt. 1.13 manojito de mirra que..entre mis *p*
4.5; 7.3 tus dos *p*, como gemelos de gacela
7.7 es semejante a..y tus *p* a los racimos
7.8 deja que tus *p* sean como racimos de vid
8.1 hermano mío que mamó los *p* de mi madre!
32.12 golpeándose el *p* lamentarán..los campos
60.16 el *p* de los reyes mamarás; y conocerás
66.11 que maméis y os saciéis de los *p* de sus
Jer. 44.7 destruidos..el niño de *p* de en medio
Lm. 4.4 la lengua del niño de *p* se pegó a su
Ez. 16.7 *p* se habían formado, y tu pelo había
23.3 allí fueron apretados sus *p*, allí fueron
23.3 allí fueron estrujados sus *p* virginales
23.8 y ellos comprimieron sus *p* virginales
23.21 comprimieron tus *p*..*p* de tu juventud
23.34 y rasgarás tus *p*, porque yo he hablado
Dn. 2.32 *p* y sus brazos, de plata; su vientre
Os. 2.2 aparte..sus adulterios de entre sus *p*
9.14 dales matriz que aborte, y *p* enjutos
Nah. 2.7 llevarán gimiendo..golpeándose sus *p*
Lc. 18.13 se golpeaba el *p*, diciendo: Dios, sé
23.29 no concibieron, y los *p* que no criaron
23.48 la multitud..volvían golpeándose el *p*
Jn. 13.25 recostado cerca del *p* de Jesús, le
Ap. 1.13 ceñido por el *p* con un cinto de oro
15.6 ceñidos alrededor del *p* con cintos de

PEDAEL ***Príncipe de la tribu de Neftalí,* Nm. 34.28**

PEDAÍAS
1. ***Padre de Zebuda madre del rey Joacim,* 2 R. 23.36**
2. ***Padre (o tío) de Zorobabel,* 1 Cr. 3.18,19**
3. ***Padre de Joel No. 10,* 1 Cr. 27.20**
4. ***Uno que ayudó en la restauración del muro de Jerusalén,* Neh. 3.25**
5. ***Uno que ayudó a Esdras en la lectura de la ley,* Neh. 8.4**
6. ***Ascendiente de Salú No. 1,* Neh. 11.7**
7. ***Levita, tesorero del templo,* Neh. 13.13**

PEDASUR ***Padre de Gamaliel No. 1,* Nm. 1.10; 2.20; 7.54,59; 10.23**

PEDAZO
Éx. 29.17 cortarás el carnero en *p*, y lavarás
Lv. 6.21 los *p* cocidos de la ofrenda ofrecerás
Jue. 9.53 dejó caer un *p* de una rueda de molino
20.6 la corté en *p*, y la envié por todo el
1 S. 15.33 Samuel cortó en *p* a Agag delante de
30.12 le dieron..un *p* de masa de higos secos
2 S. 6.19 cada uno..un *p* de carne y una torta
11.21 ¿no echó..un *p* de una rueda de molino
1 R. 11.30 tomando..la capa..rompió en doce *p*
11.31 dijo..Toma para ti los diez *p;* porque
18.23 y córtenlo en *p*, y pónganlo sobre leña
18.33 cortó el buey en *p*, y lo puso sobre la
2 R. 18.4 e hizo *p* la serpiente de bronce que
24.13 rompió en *p*..los utensilios de oro que
2 Cr. 23.17 de Baal..e hicieron *p* sus imágenes
25.12 los despeñaron, y todos se hicieron *p*
34.4 e hizo *p* las imágenes del sol..de Asera
Sal. 58.7 disparen sus saetas, sean hechas *p*
147.17 echa su hielo como *p;* ante su frío
Is. 30.14 lo hacen *p;* tanto, que entre los *p* no
45.2 quebrantaré..cerrojos de hierro haré *p*
Ez. 13.19 profanarme..por *p* de pan, matando a
Dn. 2.5 seréis hechos *p*, y vuestras casas serán
Os. 8.6 será deshecho en *p* el becerro de Samaria
Am. 9.1 hazlos *p* sobre la cabeza de todos; y al
Mt. 14.20 y recogieron lo que sobró de los *p*
15.37 recogieron..de los *p*, siete canastas
Mr. 5.4 las cadenas habían sido hechas *p* por él
6.43 recogieron de los *p* doce cestas llenas
8.8 recogieron de los *p* que habían sobrado
8.19 ¿cuántas cestas..de los *p* recogisteis?
8.20 ¿cuántas canastas..de los *p* recogisteis?
Lc. 5.36 nadie corta un *p* de un vestido nuevo
9.17 recogieron..les sobró, doce cestas de *p*
Jn. 6.12 recoged los *p* que sobraron, para que
6.13 y llenaron doce cestas de *p*, que de los

PEDERNAL
Éx. 4.25 Séfora tomó un *p* afilado y cortó el
Dt. 8.15 donde..él te sacó agua de la roca del *p*
32.13 que chupase miel..y aceite del duro *p*
Job 28.9 en el *p* puso su mano, y trastornó de
Is. 5.28 los cascos de sus caballos..como de *p*
50.7 por eso puse mi rostro como un *p*, y sé
Ez. 3.9 más fuerte que *p* he hecho tu frente

PEDIR
Gn. 43.9 te respondo..a mí me *pedirás* cuenta
Éx. 3.22 *pedirá* cada mujer a su vecina y a su
10.11 id..esto es lo que vosotros *pedisteis*
11.2 cada uno *pida* a su vecino, y cada uno a
12.35 *pidiendo* de..egipcios alhajas de plata
12.36 dio gracia..y les dieron cuanto *pedían*
Dt. 4.7 nuestro Dios en todo cuanto le *pedimos?*
10.12 ¿qué *pide* Jehová tu Dios de ti, sino que
18.16 conforme a..lo que *pediste* a Jehová tu
18.19 no oyere mis palabras..le *pediré* cuenta
28.12 prestarás a..y tú no *pedirás* prestado
Jos. 15.18 él la persuadió que *pidiese*..tierras
19.50 la ciudad que él *pidió*, Timnat-sera, en
Jue. 1.14 la persuadió que *pidiese* a..un campo
5.25 el *pidió* agua, y ella le dio leche; en
8.26 el peso de los zarcillos..que él *pidió*
1 S. 1.20 Samuel..por cuanto lo *pedí* a Jehová
1.27 oraba, y Jehová me dio lo que le *pedí*
2.20 te dé hijos de..en lugar del que *pidió*
8.10 Jehová al pueblo que le había *pedido* rey
12.13 he aquí el rey que..el cual *pedisteis*
12.17 maldad que..*pidiendo* para vosotros rey
12.19 hemos añadido este mal de *pedir* rey para
20.28 David me *pidió*..le dejase ir a Belén
2 S. 3.13 te *pido:* No me vengas a ver sin que
12.20 después vino..*pidió*, y le pusieron pan
19.38 lo que tú *pidieres* de mí, yo lo haré
1 R. 2.20 *pide*, madre mía..yo no te la negaré
2.22 ¿por qué *pides* a Abisag..para Adonías?
3.5 y le dijo Dios: *Pide* lo que quieras que
3.10 agradó..Señor que Salomón *pidiese* esto
3.11 esto, y no *pediste* para ti muchos días
3.11 ni *pediste*..riquezas, ni *p* la vida de
3.13 aun te he dado las cosas que no *pediste*
10.13 a la reina de Sabá..todo lo que *pidió*
12.6 Roboam *pidió* consejo de los ancianos que
12.8 y *pidió* consejo de los jóvenes que se
13.6 te *pido* que ruegues ante la presencia de
20.8 no le obedezcas, ni hagas lo que te *pide*
2 R. 2.9 *pide* lo que quieras que haga por ti
2.10 cosa difícil has *pedido*. Si me vieres
4.3 *pide* para ti vasijas prestadas de todas
4.28 y ella dijo: ¿*Pedí* yo hijo a mi señor?
19.20 lo que me *pediste* acerca de Senaquerib
1 Cr. 4.10 Jabes..le otorgó Dios lo que *pidió*
17.18 David *pidiendo* de ti para glorificar a
2 Cr. 1.7 *pídeme* lo que quieras que yo te dé
1.11 no *pediste* riquezas, bienes o gloria, ni
1.11 ni *pediste* muchos días, sino que has
1.11 sino que has *pedido*..sabiduría y ciencia
2.14 sacar toda forma de diseño que se le *pida*
9.12 dio a la reina..todo lo que ella..*pidió*
20.4 se reunieron..para *pedir* socorro a Jehová

PEDIR *(Continúa)*

2 Cr. 20.4 de Judá vinieron a *pedir* ayuda a Jehová
28.16 envió a *pedir* el rey Acaz a los reyes
Esd. 7.6 le concedió el rey todo lo que *pidió*
7.21 todo lo que os *pida* el sacerdote Esdras
8.22 tuve vergüenza de *pedir* al rey tropa y
8.23 *pedimos* a nuestro Dios sobre esto, y él
Neh. 2.4 el rey: ¿Qué cosa *pides?* Entonces oré
5.2 hemos *pedido* prestado grano para comer
13.6 al cabo de algunos días *pedí* permiso al
Est. 2.13 todo lo que ella *pedía* se le daba, para
Job 31.30 mi lengua, *pidiendo* maldición para
Sal. 2.8 *pídeme*, y te daré por herencia las
78.18 tentaron a Dios. . *pidiendo* comida a su
105.40 *pidieron*, e hizo venir codornices, y
106.15 él les dio lo que *pidieron;* mas envió
122.6 *pedid* por la paz de Jerusalén; sean
137.3 *pedían* que cantásemos, y. . nos *p* alegría
142.1 con mi voz *pediré* a Jehová misericordia
Pr. 20.4 *pedirá*, pues, en la siega, y no hallará
Is. 7.11 *pide* para ti señal de Jehová tu Dios
7.12 y respondió Acaz: No *pediré*. . a Jehová
40.14 ¿a quién *pidió* consejo. . ser avisado?
58.2 que me buscan. . me *piden* justos juicios
Lm. 4.4 los pequeñuelos *pidieron* pan, y no hubo
Dn. 1.8 *pidió*. . al jefe de los eunucos que no se
2.16 Daniel entró y *pidió* al rey que le diese
2.18 que *pidiesen* misericordias del Dios del
2.23 me has revelado lo que te *pedimos;* pues
6.12 *pida* a cualquier dios u hombre fuera de
Mi. 6.8 qué *pide* Jehová de ti: solamente hacer
Zac. 10.1 *pedid* a Jehová lluvia en la estación
Mt. 5.42 al que te *pida*, dale; y al que quiera
6.8 Padre sabe. . antes que vosotros le *pidáis*
7.7 *pedid*, y se os dará; buscad, y hallaréis
7.8 porque todo aquel que *pide*, recibe; y el
7.9 si su hijo le *pide* pan, le dará. . piedra?
7.10 ¿o si le *pide* un pescado, le dará una
7.11 dará buenas cosas a los que le *pidan?*
14.7 le prometió. . darle todo lo que *pidiese*
16.1 le *pidieron* que les mostrase señal del
18.19 acerca de cualquier cosa que *pidieren*
20.20 postrándose ante él y *pidiéndole* algo
20.22 dijo: No sabéis lo que *pedís*. ¿Podéis
21.22 lo que *pidiereis* en oración, creyendo
27.20 persuadieron a. . que *pidiese* a Barrabás
27.58 este fue a Pilato y *pidió* el cuerpo de
Mr. 6.22 *pídeme* lo que quieras, y yo te lo daré
6.23 y le juró: Todo lo que me *pidas* te daré
6.24 dijo a su madre: Qué *pediré?* Y ella le
6.25 ella entró. . y *pidió* diciendo: Quiero que
8.11 a discutir. . *pidiéndole* señal del cielo
8.12 ¿por qué *pide* señal esta generación? De
10.35 querríamos que. . hagas lo que *pidiéremos*
10.38 no sabéis lo que *pedís*. ¿Podéis beber
11.24 *pidiereis* orando, creed. . y os vendrá
15.6 les soltaba un. . cualquiera que *pidiesen*
15.8 *pedir* que hiciese como siempre les había
15.43 José. . vino. . y *pidió* el cuerpo de Jesús
Lc. 1.63 *pidiendo* una tablilla, escribió. . Juan
6.30 a cualquiera que te *pida*, dale; y al que
6.30 que tome. . no *pidas* que te lo devuelva
11.9 yo os digo: *Pedid*, y se os dará; buscad
11.10 todo aquel que *pide*, recibe; y el que
11.11 ¿qué padre de. . si su hijo le *pide* pan
11.12 *pide* un huevo, le dará un escorpión?
11.13 Espíritu Santo a los que se lo *pidan?*
11.16 otros, para tentarle, le *pedían* señal
12.20 vienen a *pedirte* tu alma; y lo que has
12.48 se le haya confiado, más se le *pedirá*
14.32 le envía. . y le *pide* condiciones de paz
22.31 Satanás os ha *pedido* para zarandearos
23.23 voces, *pidiendo* que fuese crucificado
23.24 sentenció. . hiciese lo que ellos *pedían*
23.25 soltó a aquel. . a quien habían *pedido*
23.52 a Pilato, y *pidió* el cuerpo de Jesús
Jn. 4.9 judío, me *pides* a mí de beber, que soy
4.10 tú le *pedirías*, y él te daría agua viva
11.22 sé ahora que todo lo que *pidas* a Dios
14.13 lo que *pidiereis* al Padre en mi nombre
14.14 si algo *pidiereis* en mi nombre, yo lo
15.7 *pedid* todo lo que queréis, y. . será hecho
15.16 lo que *pidiereis* al Padre en mi nombre
16.23 cuanto *pidiereis* al Padre en mi nombre
16.24 nada habéis *pedido* en mi nombre; *pedid*
16.26 aquel día *pediréis* en mi nombre; y no
Hch. 3.2 quien ponían. . para que *pidiese* limosna
3.10 era el que se sentaba a *pedir* limosna a
3.14 y *pedisteis* que se os diese un homicida
7.46 *pidió* proveer tabernáculo para el Dios
9.2 y le *pidió* cartas para las sinagogas de
12.20 *pedían* paz, porque su territorio era
13.21 luego *pidieron* rey, y Dios les dio a
13.28 *pidieron* a Pilato que se le matase
16.29 *pidiendo* luz, se precipitó adentro, y
16.39 les *pidieron* que salieran de la ciudad
19.33 entonces Alejandro, *pedido* silencio con
25.3 *pidiendo* contra él, como gracia, que le
25.15 judíos, *pidiendo* condenación contra él
Ro. 8.26 qué hemos de *pedir* como conviene, no
1 Co. 1.22 judíos *piden* señales, y los griegos
14.13 *pida* en oración poder interpretarla
2 Co. 8.4 *pidiéndonos*. . que les concediésemos el
Gá. 2.10 nos *pidieron* que nos acordásemos de
Ef. 3.13 *pido* que no desmayéis a causa de mis
3.20 más abundantemente de lo que *pedimos* o
Fil. 1.9 y esto *pido* en oración, que vuestro
Col. 1.9 *pedir* que. . llenos del conocimiento de
Stg. 1.5 si. . tiene falta de sabiduría, *pídala*
1.6 *pida* con fe, no dudando nada; porque el
4.2 pero no tenéis lo que deseáis. . no *pedís*
4.3 *pedís*, y no recibís, porque *p* mal, para
1 Jn. 3.22 cosa que *pidiéremos* la recibiremos
5.14 que si *pedimos* alguna cosa conforme a su
5.15 nos oye en cualquiera cosa que *pidamos*
5.16 *pedirá*, y Dios le dará vida; esto es para
5.16 hay. . por el cual yo no digo que se *pida*

PEDREGAL

Mt. 13.5 parte cayó en *p*, donde no había mucha
13.20 y el que fue sembrado en *p*, éste es el
Mr. 4.5 otra parte cayó en *p*, donde no tenía
4.16 sembrados en *p:* los que cuando han oído

PEDREGOSO

Job 8.17 raíces. . enlazándose hasta un lugar *p*

PEDRERÍA

Éx. 28.17 lo llenarás de *p* en cuatro hileras

PEDRISCO

Sal. 78.48 entregó al *p* sus bestias. . ganados

PEDRO *Apóstol (=Simón No. 2 y Cefas)*

Mt. 4.18 Jesús. . vio a dos hermanos, Simón. . *P*
8.14 Jesús a casa de *P*, y vio a la suegra de
10.2 primero Simón, llamado *P*, y Andrés su
14.28 respondió *P*, y dijo: Señor, si eres tú
14.29 y descendiendo *P* de la barca, andaba
15.15 *P*, le dijo: Explícanos esta parábola
16.16 respondiendo Simón *P*, dijo: Tú eres el
16.18 yo también te digo, que tú eres *P*, y
16.22 entonces *P*, tomándolo aparte, comenzó
16.23 pero él. . dijo a *P:* ¡Quítate de delante
17.1 tomó a *P*, a Jacobo y a Juan su hermano
17.4 *P* dijo a Jesús: Señor, bueno es para
17.24 vinieron a *P* los que cobraban las dos
17.26 *P* le respondió: De los extraños. Jesús
18.21 le acercó *P* y le dijo: Señor, ¿cuántas
19.27 *P*, le dijo: He aquí, nosotros lo hemos
26.33 *P*, le dijo: Aunque. . escandalicen de ti
26.35 *P* le dijo: Aunque. . sea necesario morir
26.37 y tomando a *P*, y a los dos hijos de
26.40 a *P:* ¿Así que no habéis podido velar
26.58 *P* le seguía de lejos hasta el patio del
26.69 *P* estaba sentado fuera en el patio
26.73 dijeron a *P*. . tú eres de ellos, porque
26.75 *P* se acordó de las palabras de Jesús
Mr. 3.16 a Simón, a quien. . por sobrenombre *P*
5.37 que le siguiese nadie sino *P*, Jacobo
8.29 respondiendo *P*, le. . Tú eres el Cristo
8.32 *P* le tomó. . y comenzó a reconvenirle
8.33 reprendió a *P*, diciendo: ¡Quítate de
9.2 Jesús tomó a *P*, a Jacobo y a Juan, y los
9.5 entonces *P* dijo a Jesús: Maestro, bueno
10.28 entonces *P* comenzó a decirle: He aquí
11.21 *P*, acordándose, le dijo: Maestro, mira
13.3 *P*, Jacobo, Juan. . le preguntaron aparte
14.29 *P* le dijo: Aunque. . escandalicen, yo no
14.33 tomó consigo a *P*, a Jacobo, y a Juan
14.37 y dijo a *P:* Simón, ¿duermes? ¿No has
14.54 *P* le siguió de lejos hasta dentro del
14.66 estando *P* abajo, en el patio, vino una
14.67 a *P* que se calentaba, mirándole, dijo
14.70 dijeron. . a *P:* Verdaderamente tú eres
14.72 *P* se acordó de las palabras que Jesús
16.7 pero id, decid. . a *P*, que él va delante
Lc. 5.8 viendo esto Simón *P*, cayó de rodillas
6.14 a Simón, a quien también llamó *P*, a
8.45 dijo *P*. . Maestro, la multitud te aprieta
8.51 dejó entrar a nadie consigo, sino a *P*
9.20 respondiendo *P*, dijo: El Cristo de Dios
9.28 tomó a *P*, a Juan y a Jacobo, y subió al
9.32 *P* y los que. . estaban rendidos de sueño
9.33 *P* dijo a Jesús: Maestro, bueno es para
12.41 *P* le dijo: Señor, ¿dices esta parábola
18.28 *P* dijo. . hemos dejado. . posesiones y te
22.8 Jesús envió a *P* y a Juan, diciendo: Id
22.34 *P*, te digo que el gallo no cantará hoy
22.54 le condujeron. . Y *P* le seguía de lejos
22.55 fuego. . y *P* se sentó también entre ellos
22.58 eres de. . Y *P* dijo: Hombre, no lo soy
22.60 y *P* dijo: Hombre, no sé lo que dices
22.61 el Señor, miró a *P;* y *P* se acordó de
22.62 *P*, saliendo fuera, lloró amargamente
24.12 levantándose *P*, corrió al sepulcro
Jn. 1.40 Andrés, hermano de Simón *P*, era uno
1.42 serás llamado Cefas (que quiere decir, *P*)
1.44 de Betsaida, la ciudad de Andrés y *P*
6.8 uno. . Andrés, hermano de Simón *P*, le dijo
6.68 le respondió *P:* Señor, ¿a quién iremos?
13.6 vino a Simón *P;* y *P* le dijo: Señor, ¿tú
13.8 *P* le dijo: No me lavarás los pies jamás
13.9 dijo Simón *P:* Señor, no sólo mis pies
13.24 a éste, pues, hizo señas Simón *P*, para
13.36 le dijo Simón *P:* Señor, ¿a dónde vas?
13.37 le dijo *P:* Señor, ¿por qué no te puedo
18.10 *P*, que tenía una espada, la desenvainó
18.11 Jesús. . dijo a *P:* Mete tu espada en la
18.15 y seguían a Jesús. . *P* y otro discípulo
18.16 mas *P* estaba fuera, a la puerta. Salió
18.16 habló a la portera, e hizo entrar a *P*
18.17 criada. . dijo a *P:* ¿No eres tú también
18.18 y también con ellos estaba *P* en pie
18.25 estaba, pues, *P* en pie, calentándose
18.26 aquel a quien *P* había cortado la oreja
18.27 negó *P* otra vez; y en seguida cantó el
20.2 a Simón *P* y al otro discípulo, aquel a
20.3 salieron *P* y el otro discípulo, y fueron
20.4 otro discípulo corrió más aprisa que *P*
20.6 luego llegó Simón *P* tras él, y entró en
21.2 estaban juntos Simón *P*, Tomás llamado
21.3 Simón *P* les dijo: Voy a pescar. Ellos
21.7 a *P:* ¡Es el Señor! Simón *P*, cuando oyó
21.11 subió Simón *P*, y sacó la red a tierra
21.15 Jesús dijo a. . *P:* Simón, hijo de Jonás
21.16 *P* le respondió: Sí, Señor; tú sabes que
21.17 *P* se entristeció de que le dijese la
21.20 volviéndose *P*, vio que les seguía el
21.21 cuando *P* le vio, dijo a Jesús: Señor
Hch. 1.13 aposento. . donde moraban *P* y Jacobo
1.15 *P* se levantó en medio de los hermanos
2.14 *P*, poniéndose en pie con los once, alzó
2.37 dijeron a *P* y a los otros apóstoles
2.38 *P* les dijo: Arrepentíos, y bautícese
3.1 *P* y Juan subían juntos al templo a la
3.3 vio a *P* y a Juan que iban a entrar en el
3.4 *P*, con Juan, fijando en él los ojos, le
3.6 *P* dijo: No tengo plata ni oro, pero lo
3.11 teniendo asidos a *P* y a Juan el cojo que
3.12 viendo. . *P*, respondió al pueblo: Varones
4.8 *P*, lleno del Espíritu Santo, les dijo
4.13 viendo el denuedo de *P*. . y sabiendo que
4.19 mas *P* y Juan respondieron diciéndoles
5.3 dijo *P:* Ananías, ¿por qué llenó Satanás
5.8 *P* le dijo: Dime, ¿vendisteis en tanto la
5.9 y *P* le dijo: ¿Por qué convinisteis en
5.15 que al pasar *P*. . su sombra cayese sobre
5.29 respondiendo *P* y. . dijeron: Es necesario
8.14 apóstoles. . enviaron allá a *P* y a Juan
8.20 *P* le dijo: Tu dinero perezca contigo
9.32 que *P*, visitando a todos, vino también
9.34 y le dijo *P:* Eneas, Jesucristo te sana
9.38 oyendo que *P* estaba allí, le enviaron
9.39 levantándose entonces *P*, fue con ellos
9.40 sacando a todos, *P* se puso de rodillas
9.40 y ella abrió los ojos, y al ver a *P*, se
10.5 a Simón, el que tiene por sobrenombre *P*
10.9 *P* subió a la azotea para orar, cerca de
10.13 le vino una voz: Levántate, *P*, mata y
10.14 *P* dijo: Señor, no; porque ninguna cosa
10.17 mientras *P* estaba perplejo dentro de
10.18 un Simón que tenía por sobrenombre *P*
10.19 y mientras *P* pensaba en la visión, le
10.21 *P*, descendiendo a donde estaban los
10.25 *P* entró, salió Cornelio a recibirle, y
10.26 mas *P* le levantó, diciendo: Levántate
10.32 Simón el que tiene por sobrenombre *P*
10.34 *P*, abriendo la boca, dijo: En verdad
10.44 mientras aún hablaba *P* estas palabras
10.45 los fieles de. . que habían venido con *P*
10.47 respondió *P:* ¿Puede. . alguno impedir el
11.2 *P* subió a Jerusalén, disputaban con él
11.4 *P* a contarles por orden lo sucedido
11.7 voz que me decía: Levántate, *P*, mata y
11.13 Simón, el que tiene por sobrenombre *P*
12.3 viendo. . procedió a prender también a *P*
12.5 *P* estaba custodiado en la cárcel; pero
12.6 estaba *P* durmiendo entre dos soldados
12.7 tocando a *P* en el costado, le despertó
12.11 *P*, volviendo en sí, dijo: Ahora entiendo
12.13 cuando llamó *P* a la puerta del patio
12.14 cuando reconoció la voz de *P*, de gozo
12.14 la nueva de que *P* estaba a la puerta
12.16 mas *P* persistía en llamar; y cuando
12.18 alboroto. . sobre qué había sido de *P*
15.7 después de mucha discusión, *P* se levantó
Gá. 1.18 años, subí a Jerusalén para ver a *P*
2.7 encomendado. . a *P* el de la circuncisión
2.8 el que actuó en *P* para el apostolado de
2.11 cuando *P* vino a Antioquía, le resistí
2.14 dije a *P*. . Si tú, siendo judío, vives
1 P. 1.1 *P*, apóstol. . a los expatriados de la
2 P. 1.1 *P*, siervo y apóstol de Jesucristo, a

PEGAR

Nm. 22.25 asna. . se *pegó* a la pared, y apretó
Dt. 13.17 no se *pegará* a tu mano. . del anatema
2 S. 20.8 *pegado* a sus lomos el cinto con una
23.10 y quedó *pegada* su mano a la espada
2 R. 5.27 la lepra de Naamán se te *pegará* a ti
8.12 a sus fortalezas *pegarás* fuego, a sus
Job 19.20 y mi carne se *pegaron* a mis huesos
29.10 voz. . su lengua se *pegaba* a su paladar
31.7 mis ojos, y si algo se *pegó* a mis manos
38.38 y los terrones se han *pegado* unos con
41.17 *pegado* está el uno con el otro; están
Sal. 22.15 y mi lengua se *pegó* a mi paladar, y
77.4 no me dejabas *pegar* los ojos; estaba yo
102.5 mis huesos se han *pegado* a mi carne
137.6 mi lengua se *pegue* a mi paladar, si de

PEGAR *(Continúa)*
Lm. 4.4 la lengua del niño..*pegó* a su paladar
4.8 su piel está *pegada* a sus huesos, seca
Ez. 3.26 que se *pegue* tu lengua a tu paladar
29.4 *pegaré* los peces..a tus escamas, y te
29.4 peces de..saldrán *pegados* a tus escamas
Lc. 10.11 polvo..se ha *pegado* a nuestros pies

PEINADO
1 Ti. 2.9 con *p* ostentoso, ni oro, ni perlas
1 P. 3.3 vuestro atavío no sea..*p* ostentoso

PEKA *Rey de Israel, asesino y sucesor de Pekaía*
2 R. 15.25 conspiró contra él *P*..y lo hirió en
15.27 en el año 52..reinó *P* hijo de Remalías
15.29 en los días de *P* rey de Israel, vino
15.30 Oseas hijo..conspiró contra *P* hijo de
15.31 demás hechos de *P*..está escrito en el
15.32 el segundo año de *P*..comenzó a reinar
15.37 a enviar contra Judá a..y a *P* hijo de
16.1 el año 17 de *P*..comenzó a reinar Acaz
16.5 Rezín..y *P* hijo de Remalías..subieron
2 Cr. 28.6 *P* hijo de Remalías mató..120.000
Is. 7.1 Rezín..de Siria y *P* hijo de Remalías

PEKAÍA *Rey de Israel, hijo y sucesor de Manahem*
2 R. 15.22 durmió..reinó en su lugar *P* su hijo
15.23 el año 50 de..reinó *P* hijo de Manahem
15.26 demás hechos de *P*..está escrito en el

PELAÍA *Levita que ayudó a Esdras en la lectura de la ley,* Neh. 8.7

PELAÍAS
1. *Descendiente de David,* 1 Cr. 3.24
2. *Firmante del pacto de Nehemías,* Neh. 10.10

PELALÍAS *Sacerdote en tiempo de Esdras,* Neh. 11.12

PELATÍAS
1. *Descendiente de David,* 1 Cr. 3.21
2. *Capitán de los hijos de Simeón,* 1 Cr. 4.42
3. *Firmante del pacto de Nehemías,* Neh. 10.22
4. *"Principal del pueblo" en tiempo de Ezequiel,* Ez. 11.1,13

PELDAÑO
Ez. 40.26 sus gradas eran de siete *p*, con sus
40.31,34,37 sus gradas eran de ocho *p*

PELEA
Éx. 32.17 alarido de *p* hay en el campamento
2 S. 22.40 pues me ceñiste de fuerzas para la *p*
Sal. 18.39 pues me ceñiste de fuerzas para la *p*
Jer. 50.42 se prepararán..como hombres a la *p*

PELEAR
Éx. 1.10 se una a nuestros enemigos y *pelea*
14.14 Jehová *peleará* por vosotros..estaréis
14.25 porque Jehová *pelea* por ellos contra
17.8 vino Amalec y *peleó* contra Israel en
17.9 sal a *pelear* contra Amalec; mañana yo
17.10 e hizo Josué..*peleando* contra Amalec
Nm. 21.1 *peleó* contra Israel, y..prisioneros
21.23 y vino a Jahaza y *peleó* contra Israel
21.33 salió contra ellos Og rey..para *pelear*
22.11 quizá podré *pelear* contra él, y echarlo
31.7 *pelearon* contra Madián, como Jehová lo
31.27 partirás..botín entre los que *pelearon*
Dt. 1.30 vuestro Dios..él *peleará* por vosotros
1.41 subiremos y *pelearemos*, conforme a todo
1.42 subáis, ni *peleéis*, pues no estoy entre
2.32 nos salió Sehón..su pueblo, para *pelear*
3.1 salió al encuentro Og rey de..para *pelear*
3.22 Dios, él es el que *pelea* por vosotros
20.4 Dios va con..para *pelear* por vosotros
20.19 sities a..ciudad, *peleando* contra ella
29.7 salieron..para *pelear*, y los derrotamos
Jos. 9.2 concertaron para *pelear* contra Josué
10.5 cerca de Gabaón, y *pelearon* contra ella
10.14,42 porque Jehová *peleaba* por Israel
10.25 enemigos contra los cuales *peleáis*
10.29 Josué..a Libna; y *peleó* contra Libna
11.5 se unieron..para *pelear* contra Israel
22.12 se juntó toda la..a *pelear* contra ellos
23.3 Dios es quien ha *peleado* por vosotros
23.10 Jehová..quien *pelea* por vosotros, como
24.8 los amorreos..*pelearon* contra vosotros
24.9 Balac..*peleó* contra Israel; y envió a
24.11 los moradores de Jericó *pelearon* contra
Jue. 1.1 ¿quién..subirá primero a *pelear* contra
1.3 sube..*peleemos* contra el cananeo, y yo
1.5 y hallaron a Adoni-bezec en..y *pelearon*
1.9 de Judá..para *pelear* contra el cananeo
5.19 vinieron reyes y *pelearon*..*p* los reyes
5.20 *pelearon* las estrellas..*p* contra Sísara
9.17 mi padre *peleó* por vosotros, y expuso su
9.38 ¿no es este..Sal, pues, ahora, y *pelea*
9.39 y Gaal salió..y *peleó* contra Abimelec
9.45 y Abimelec *peleó* contra la ciudad..día
11.6 para que *peleemos* contra los..de Amón
11.8 vengas..*pelees* contra los hijos de Amón
11.9 para que *pelee* contra los hijos de Amón
11.20 Sehón..acampó..y *peleó* contra Israel
11.27 mas tú haces mal..*peleando* contra mí
11.32 y fue Jefté..para *pelear* contra ellos
12.3 habéis subido hoy..para *pelear* conmigo?
12.4 reunió Jefté a..y *peleó* contra Efraín
20.14 se juntaron..para salir a *pelear* contra
20.23 ¿volveremos a *pelear* con..de Benjamín
20.28 ¿volveremos aún a salir..para *pelear*
1 S. 4.9 oh filisteos..sed hombres, y *pelead*
4.10 *pelearon*, pues, los filisteos, e Israel
7.10 los filisteos llegaron para *pelear* con
13.5 se juntaron para *pelear* contra Israel
17.9 él pudiere *pelear* conmigo, y me venciere
17.10 dadme un hombre que *pelee* conmigo
17.19 Saúl y..*peleando* contra los filisteos
17.32 tu siervo..*peleará* contra este filisteo
17.33 no podrás tú..*pelear* con él; porque
18.17 seas..y *pelees* las batallas de Jehová
19.8 salió David y *peleó* contra los filisteos
23.5 a Keila, y *peleó* contra los filisteos, se
25.28 mi señor *pelea* las batallas de Jehová
28.1 que..reunieron sus fuerzas para *pelear*
28.15 los filisteos *pelean* contra mí, y Dios
29.8 *pelee* contra los enemigos de mi señor el
31.1 los filisteos..*pelearon* contra Israel, y
2 S. 2.28 el pueblo se detuvo, y..ni *peleó* más
8.10 había *peleado* con Hadad-ezer y le había
10.13 se acercó Joab..para *pelear* contra los
10.17 sirios..batalla contra David y *pelearon*
11.17 y saliendo luego..*pelearon* contra Joab
12.26 Joab *peleaba* contra Rabá de..de Amón
21.15 y *pelearon* con los filisteos; y David
1 R. 12.24 no vayáis, ni *peleéis* contra..Israel
20.18 han salido para *pelear*, tomadlos vivos
20.23 si *peleáremos*..en la llanura, se verá
20.25 *pelearemos* con ellos en campo raso, y
20.26 vino a Afec para *pelear* contra Israel
22.4 ¿quieres venir..a *pelear* contra Ramot de
22.15 Micaías, ¿iremos a *pelear* contra Ramot
22.31 no *peleéis* ni con grande ni con chico
22.32 vinieron contra él para *pelear* con él
2 R. 3.21 que los reyes subían a *pelear* contra
8.29 le hicieron..cuando *peleó* contra Hazael
9.15 de las heridas..*peleando* contra Hazael
10.3 y *pelead* por la casa de vuestro señor
12.17 Hazael rey..*peleó* contra Gat, y la tomó
14.15 cómo *peleó* contra Amasías rey de Judá
1 Cr. 10.1 los filisteos *pelearon* contra Israel
12.8 hombres de guerra..valientes para *pelear*
12.33 Zabulón..dispuestos a *pelear* sin doblez
12.35 los de Dan, dispuestos a *pelear*, 28.600
12.36 Aser..preparados para *pelear*, 40.000
18.10 haber *peleado* con Hadad-ezer y..vencido
19.14 se acercó Joab..para *pelear* contra los
19.17 David..*pelearon* contra él los sirios
2 Cr. 11.1 Roboam..para *pelear* contra Israel y
11.4 no subáis, ni *peleéis* contra..hermanos
13.12 no *peleéis* contra Jehová el Dios de
18.14 ¿iremos a *pelear*..Ramot de Galaad, o
18.30 no *peleéis* con chico ni con grande, sino
18.31 lo rodearon para *pelear;* mas Josafat
20.17 no habrá para qué *peleéis* vosotros en
20.29 que Jehová había *peleado* contra los
22.6 *peleando* contra Hazael rey de Siria
25.8 si..te esfuerzas para *pelear*, Dios te
26.6 y *peleó* contra los filisteos, y rompió
32.8 Dios para..y *pelear* nuestras batallas
Neh. 4.14 *pelead* por vuestros hermanos..hijos
Sal. 35.1 *pelea* contra los que me combaten
56.2 los que *pelean* contra mí con soberbia
109.3 odio..y *pelearon* contra mí sin causa
Is. 19.2 y cada uno *peleará* contra su hermano
20.1 el Tartán..*peleó* contra Asdod y la tomó
29.7 que *pelean* contra Ariel..*p* contra ella
29.8 que *pelearán* contra el monte de Sion
30.32 batalla tumultuosa *peleará* contra ellos
31.4 descenderá a *pelear* sobre el monte de
63.10 les volvió enemigo..*peleó* contra ellos
Jer. 1.19 *pelearán* contra ti..no te vencerán
15.20 *pelearán* contra ti pero no te vencerán
21.4 las armas de..con que vosotros *peleáis*
21.5 *pelearé* contra vosotros con mano alzada
32.5 si *peleareis* contra los caldeos, no os
32.24 mano de los caldeos que *pelean* contra
33.5 vinieron para *pelear* contra los caldeos
34.1 los pueblos, *peleaban* contra Jerusalén
34.7 el ejército..*peleaba* contra Jerusalén
34.22 *pelearán* contra ella y la tomarán, y
37.10 el ejército de los caldeos que *pelean*
41.12 fueron a *pelear* contra Ismael hijo de
51.30 los..de Babilonia dejaron de *pelear*, se
Dn. 10.20 *pelear* contra el príncipe de Persia
11.11 y *peleará* contra el rey del norte; y
Zac. 10.5 *pelearán*, porque Jehová estará con
14.3 saldrá Jehová y *peleará*..como *peleó* en
14.12 pueblos que *pelearon* contra Jerusalén
14.14 y Judá también *peleará* en Jerusalén
Jn. 18.36 mis servidores *pelearían* para que yo
1 Co. 9.26 *peleo*, no como quien golpea el aire
1 Ti. 6.12 *pelea* la buena batalla de la fe; echa
2 Ti. 4.7 he *peleado* la..batalla, he acabado la
Ap. 2.16 *pelearé* contra ellos con la espada de
17.14 *pelearán* contra el Cordero, y..vencerá
19.11 llamada..y con justicia juzga y *pelea*

PELEG *Hijo de Eber No. 1 y padre de Reu (Ragau),* Gn. 10.25; 11.16,17,18,19; 1 Cr. 1.19,25; Lc. 3.35

PELET
1. *Padre de On No. 2,* Nm. 16.1
2. *Descendiente de Jerameel,* 1 Cr. 2.33
3. *Descendiente de Caleb,* 1 Cr. 2.47
4. *Benjamita que se unió a David en Siclag,* 1 Cr. 12.3

PELETEOS *Grupo de filisteos que servía a David*
2 S. 8.18 Benaía hijo..sobre los cereteos y *p*
15.18 sus siervos..con todos los cereteos y *p*
20.7 salieron..los *p* y todos los valientes
20.23 Benaía hijo de..sobre los cereteos y *p*
1 R. 1.38 y descendieron..los cereteos y los *p*
1.44 el rey ha enviado..cereteos y a los *p*
1 Cr. 18.17 Benaía hijo..sobre los cereteos y *p*

PELÍCANO
Lv. 11.18 el calamón, el *p*, el buitre
Dt. 14.17 el *p*, el buitre, el somormujo
Sal. 102.6 soy semejante al *p* del desierto; soy
Is. 34.11 se adueñarán de ella el *p* y el erizo
Sof. 2.14 el *p* también y el erizo dormirán en

PELIGRAR
Ec. 10.9 el que parte leña, en ello *peligra*
Lc. 8.23 una tempestad de viento..y *peligraban*
1 Co. 15.30 por qué..*peligramos* a toda hora?

PELIGRO
Jue. 9.17 expuso su vida al *p* para libraros de
2 S. 23.17 varones que fueron con *p* de su vida?
1 R. 19.3 viendo, pues, el *p*, se levantó y se
1 Cr. 11.19 con *p* de sus vidas la han traído?
12.19 con *p* de nuestras cabezas se pasará a
Sal. 119.109 mi vida está de continuo en *p*, mas
Pr. 24.11 salva a los que están en *p* de muerte
Lm. 5.9 con *p* de nuestras vidas traíamos..pan
Hch. 19.27 *p* de que este nuestro negocio venga
19.40 porque *p* hay de que seamos acusados de
Ro. 8.35 o hambre, o desnudez, o *p*, o espada?
2 Co. 11.23 cárceles..*p* de muerte muchas veces
11.26 en caminos..*p* de ríos, *p* de ladrones
11.26 *p* de los de mi nación, *p* de..gentiles
11.26 *p* en la ciudad, *p* en el desierto
11.26 *p* en el mar, *p* entre falsos hermanos

PELIGROSO, SA
Hch. 27.9 siendo ya *p* la navegación, por haber
2 Ti. 3.1 los postreros días vendrán tiempos *p*

PELO
Éx. 25.4 púrpura, carmesí, lino..*p* de cabras
26.7 harás asimismo cortinas de *p* de cabra
35.6 azul..carmesí, lino fino, *p* de cabras
35.23 todo hombre que tenía..*p* de cabras
35.26 todas las mujeres..hilaron *p* de cabra
36.14 hizo..cortinas de *p* de cabra para una
Lv. 13.3 el *p* en la llaga se ha vuelto blanco
13.4 pero..ni el *p* se hubiere vuelto blanco
13.10 el cual haya mudado el color del *p*, y
13.20 piel, y su *p* se hubiere vuelto blanco
13.21 y no apareciere en ella *p* blanco, ni
13.25 y si el *p* se hubiere vuelto blanco en
13.26 y no apareciere en la mancha *p* blanco
13.30 y si..el *p* de ella fuere amarillento o
13.31 profunda..ni hubiere en ella *p* negro
13.32 ni hubiere en ella *p* amarillento, ni
13.36 no busque..el *p* amarillento; es inmundo
13.37 y que ha salido en ella el *p* negro, la
14.8 raerá todo su *p*, y se lavará con agua
14.9 raerá todo el *p* de su cabeza, su barba
14.9 raerá..todo su *p*, y lavará sus vestidos
Nm 31.20 purificaréis..obra de *p* de cabra, y
1 S. 19.13 acomodó..una almohada de *p* de cabra
19.16 almohada de *p* de cabra a su cabecera
2 R. 1.8 varón que tenía vestido de *p*, y ceñía
Esd. 9.3 arranqué *p* de mi cabeza y de mi barba
Job 4.15 hizo que se erizara el *p* de mi cuerpo
Is. 3.20 los partidores del *p*, los pomitos de
7.20 cabeza y *p* de los pies, y aun la barba
Ez. 16.7 tu *p* había crecido..estabas desnuda y
Dn. 4.33 su *p* creció como plumas de águila, y
7.9 y el *p* de su cabeza como lana limpia
Mt. 3.4; Mr. 1.6 Juan estaba vestido de *p* de

PELONITA *Originario de Bet-pelet,* 1 Cr. 11.27,36; 27.10

PELLIZA
Gn. 25.25 rubio, y era todo velludo como una *p*

PENA
1 S. 25.31 señor mío, no tendrás motivo de *p*
Esd. 7.26 a destierro, a *p* de multa, o prisión
Pr. 19.19 el de grande ira llevará la *p*; y si
Jer. 26.11 en *p* de muerte ha incurrido..hombre
26.16 no ha incurrido este..en *p* de muerte
Zac. 14.19 esta será la *p* del pecado de Egipto
Lc. 9.39 le sacude..a duras *p* se aparta de él
Hch. 27.7 y llegando a duras *p* frente a Gnido
2 Ts. 1.9 los cuales sufrirán *p* de..perdición

PENALIDAD
2 Ti. 2.3 tú, pues, sufre *p* como buen soldado
2.9 en el cual sufro *p*, hasta prisiones a

PENAR
Éx. 21.22 serán *penados*..lo que les impusiere

PENDENCIERO
1 Ti. 3.3; Tit. 1.7 no dado al vino, no *p*, no
Tit. 3.2 a nadie difamen, que no sean *p*, sino

PENDER
Dt. 28.66 tendrás tu vida como algo que *pende*
Pr. 26.7 las piernas del cojo *penden* inútiles

PENDIENTE
Gn. 24.22 beber, le dio el hombre un *p* de oro
24.30 cuando vio el *p* y los brazaletes en las
24.47 le puse un *p* en su nariz, y brazaletes
Cnt. 1.10 hermosas son tus mejillas entre los *p*
Is. 3.19 los collares, los *p* y los brazaletes

PENDÓN
Sal. 20.5 alzaremos *p* en el nombre de..Dios
Is. 5.26 alzará *p* a naciones lejanas, y silbará
11.10 la raíz de Isaí..estará puesta por *p*
11.12 levantará *p* a las naciones, y juntará
62.10 quitad las piedras, alzad *p* a..pueblos

PENETRANTE
Lv. 13.55 es corrosión *p*, esté lo raído en el

PENETRAR
Sal. 45.5 tus saetas..*penetrarán* en el corazón
Pr. 18.8; 26.22 y *penetran* hasta las entrañas
Jer. 4.18 amargura *penetrará* hasta tu corazón
Lc. 9.44 os *penetren* bien en los oídos estas
He. 4.12 y *penetra* hasta partir el alma y el
6.19 ancla..que *penetra* hasta dentro del velo

PENIEL
1. Lugar cerca del río Jaboc (=Penuel No. 1)
Gn. 32.30 y llamó..el nombre de aquel lugar, *P*
32.31 cuando había pasado *P*, le salió el sol
Jue. 8.8 a *P*, y les dijo las mismas palabras
8.8 y los de *P* le respondieron como habían
8.9 y él habló también a los de *P*, diciendo
8.17 derribó la torre de *P*, y mató a los de
2. Descendiente de Benjamín, 1 Cr. 8.25

PENINA *Mujer de Elcana No. 2*
1 S. 1.2 la otra, *P*. Y *P* tenía hijos, mas Ana
1.4 daba a *P* su mujer, a todos sus hijos y

PENOSO, SA
2 Cr. 21.19 muriendo así de enfermedad muy *p*
Ec. 1.13 este *p* trabajo dio Dios a los hijos

PENSAMIENTO
Gn. 6.5 todo designio de los *p* del corazón de
Dt. 15.9 de tener en tu corazón *p* perverso
1 R. 18.21 claudicaréis vosotros entre dos *p*?
1 Cr. 28.9 y entiende todo intento de los *p*
Job 5.12 frustra los *p* de los astutos, para que
17.7 mis ojos..mis *p* todos son como sombra
17.11 fueron arrancados mis *p*, los designios
20.2 por cierto mis *p* me hacen responder, y
21.27 he aquí, yo conozco vuestros *p*, y las
42.2 todo..y que no hay *p* que se esconda de ti
Sal. 10.4 malo..no hay Dios en ninguno de sus *p*
26.2 pruébame; examina mis..*p* y mi corazón
33.11 los *p* de su corazón por..generaciones
40.5 tus *p* para con nosotros, no es posible
49.3 boca..el *p* de mi corazón inteligencia
49.11 su..*p* es que sus casas serán eternas
56.5 todos los días..contra mí son todos sus *p*
64.6 íntimo *p*..como su corazón, es profundo
90.9 tu ira; acabamos nuestros años como un *p*
92.5 obras, oh Jehová! Muy profundos son tus *p*
94.11 los *p* de los hombres, que son vanidad
94.19 en la multitud de mis *p* dentro de mí
139.2 tú has..has entendido desde lejos mis *p*
139.17 ¡cuán preciosos me son, oh Dios, tus *p*!
139.23 examíname..pruébame y conoce mis *p*
140.8 no saques adelante su *p*, para que no
146.4 sale..en ese mismo día perecerán sus *p*
Pr. 6.18 el corazón que maquina *p* inicuos, los
12.2 mas él condenará al hombre de malos *p*
12.5 los *p* de los justos son rectitud; mas
15.22 *p* son frustrados donde no hay consejo
15.26 abominación..a Jehová los *p* del malo
16.3 encomienda a..y tus *p* serán afirmados
19.21 muchos *p* hay en el corazón del hombre
20.18 los *p* con el consejo se ordenan; y con
21.4 altivez de..y *p* de impíos, son pecado
21.5 *p* del diligente..tienden a la abundancia
23.7 cual es su *p* en su corazón, tal es él
24.8 piensa..le llamarán hombre de malos *p*
24.9 el *p* del necio es pecado, y abominación
Ec. 10.20 ni aun en tu *p* digas mal del rey, ni
Is. 10.7 *p* será desarraigar y cortar naciones
26.3 completa paz a..cuyo *p* en ti persevera
55.7 deje el impío..y el hombre inicuo sus *p*
55.8 *p* no son vuestros *p*, ni vuestros caminos
55.9 caminos más altos..*p* más que vuestros *p*
57.11 y no te has acordado..ni te vino al *p*?
59.7 sus pies corren..sus *p*, *p* de iniquidad
65.2 rebelde, el cual anda..en pos de sus *p*
65.17 no habrá memoria, ni más vendrá al *p*
66.18 porque yo conozco sus obras y sus *p*
Jer. 3.16 no se dirá más: Arca..ni vendrá al *p*
4.14 permitirás en medio de..*p* de iniquidad?
6.19 mal sobre este pueblo, el fruto de sus *p*
18.12 y haremos cada uno el *p* de..corazón
19.5 cosa que no les mandé..ni me vino al *p*
20.12 que ves los *p* y el corazón, vea yo tu
23.20 que haya cumplido los *p* de su corazón
29.11 yo sé los *p* que tengo acerca..*p* de paz
30.24 que haya hecho y cumplido los *p* de su
32.35 lo cual no les mandé, ni me vino al *p*
49.20 sus *p* que ha resuelto sobre..de Temán
50.45 los *p* que ha formado contra..los caldeos
51.11 porque contra Babilonia es su *p* para
51.29 contra Babilonia todo el *p* de Jehová
Lm. 3.60 has visto toda..todos sus *p* contra mí
Ez. 38.10 subirán palabras..concebirás mal *p*
Dn. 2.29 te vinieron *p* por saber lo que había
2.30 para que entiendas los *p* de tu corazón
4.19 atónito..una hora, y sus *p* lo turbaban
5.6 sus *p* lo turbaron, y se debilitaron sus
5.10 rey..no te turben tus *p*, ni palidezca tu
7.28 mis *p* me turbaron y mi rostro se demudó
Am. 4.13 el que forma..y anuncia al hombre su *p*
Mi. 4.12 ellos no conocieron los *p* de Jehová
Mt. 9.4 conociendo Jesús los *p* de ellos, dijo
12.25 sabiendo Jesús los *p* de ellos, les dijo
15.19 porque del corazón salen los malos *p*
Mr. 7.21 dentro, del corazón..salen los malos *p*
Lc. 1.51 esparció a los soberbios en el *p* de
2.35 que sean revelados los *p* de..corazones
5.22 Jesús entonces, conociendo los *p* de ellos
6.8 mas él conocía los *p* de ellos; y dijo al
9.47 percibiendo los *p* de sus corazones, tomó
11.17 él, conociendo los *p* de ellos, les djio
24.38 y vienen a vuestro corazón estos *p*?
Hch. 8.22 quizás te sea perdonado el *p* de tu
1 Co. 3.20 el Señor conoce los *p* de los sabios
2 Co. 10.5 cautivo todo *p* a la obediencia a
Ef. 2.3 haciendo la voluntad de la..de los *p*
Fil. 4.7 la paz de Dios..guardará..*p* en Cristo
He. 4.12 y discierne los *p* y las intenciones
Stg. 2.4 ¿no..venís a ser jueces con malos *p*?
1 P. 4.1 vosotros también armaos del mismo *p*

PENSAR
Gn. 20.10 ¿qué *pensabas*..que hicieses esto?
26.7 *pensando* que..los hombres..lo matarían
31.31 pues *pensé* que quizá me quitarías por
44.28 y *pienso* de cierto que fue despedazado
48.11 a José: No *pensaba* yo ver tu rostro, y
50.20 *pensasteis* mal contra mí, mas Dios lo
Éx. 2.14 ¿*piensas* matarme como..al egipcio?
Nm. 33.56 a vosotros como yo *pensé* hacerles a
Dt. 9.4 no *pienses*..diciendo: Por mi justicia
19.19 haréis a él como él *pensó* hacer a su
1 S. 18.25 Saúl *pensaba* hacer caer a David en
2 S. 14.13 ¿por qué..*pensado* tú cosa semejante
24.13 *piensa* ahora, y mira qué responderé al
Neh. 6.2 mas ellos habían *pensado* hacerme mal
6.6 que tú y los judíos *pensáis* rebelaros
9.17 *pensaron* poner caudillo para volverse a
Est. 4.13 no *pienses* que escaparás en la casa
Job 6.26 ¿*pensáis* censurar palabras..discursos
35.2 ¿*piensas* que es cosa recta lo que has
Sal. 2.1 y los pueblos *piensan* cosas vanas?
35.20 contra los mansos de..*piensen* palabras
40.17 afligido yo y..Jehová *pensará* en mí
41.1 bienaventurado el que *piensa* en el pobre
41.7 contra mí *piensan* mal, diciendo de mí
50.21 *pensabas* que de cierto sería yo como
73.16 cuando *pensé* para saber esto, fue duro
105.25 que contra sus siervos *pensasen* mal
140.4 que han *pensado* trastornar mis pasos
144.3 ¿qué es el hombre..que en él *pienses*
Pr. 6.14 anda pensando el mal en todo tiempo
12.20 engaño hay en..los que *piensan* el mal
12.20 alegría..el de los que *piensan* el bien
14.22 ¿no yerran los que *piensan* el mal?
14.22 y verdad alcanzarán los que *piensan* el
15.28 corazón del justo *piensa* para responder
16.9 el corazón del hombre *piensa* su camino
16.30 cierra sus ojos..*pensar* perversidades
24.2 su corazón *piensa* en robar, e iniquidad
24.8 al que *piensa* hacer el mal, le llamarán
30.32 si has *pensado* hacer mal, pon el dedo
Is. 3.15 ¿qué *pensáis*..que majáis mi pueblo y
10.7 él no lo *pensará* así, ni su corazón lo
14.24 se hará de la manera que lo he *pensado*
32.8 pero el generoso *pensará* generosidades
46.11 hablé, y lo haré venir; lo he *pensado*
47.7 no has *pensado* en esto, ni te acordaste
57.1 perece el justo, y no hay quien *piense*
Jer. 4.28 hablé, lo *pensé*, y no me arrepentí
18.8 arrepentiré del mal que había *pensado*
23.27 ¿no *piensan* cómo hacen que mi pueblo
26.3 y me arrepentiré yo del mal que *pienso*
36.3 oiga..el mal que yo *pienso* hacerles, y
Ez. 16.43 ni aun has *pensado* sobre..tu lujuria
18.2 ¿qué *pensáis*..los que usáis este refrán
20.32 y no ha de ser lo que habéis *pensado*
Dn. 6.3 el rey *pensó* en ponerlo sobre todo el
7.25 *pensará* en cambiar los tiempos y la ley
Os. 5.4 no *piensan* en convertirse a su Dios
7.15 yo les enseñé..contra mí *pensaron* mal
Jon. 1.4 que se *pensó* que se partiría la nave
Mi. 2.1 los que en sus camas *piensan* iniquidad
2.3 yo *pienso* contra esta familia un mal del
Nah. 1.9 ¿qué *pensáis* contra Jehová? El hará
Zac. 1.6 como Jehová..*pensó* tratarnos conforme
7.10 ninguno *piense* mal en su corazón contra
8.14 *pensé* haceros mal cuando vuestros padres
8.15 así..he *pensado* hacer bien a Jerusalén y
8.17 y ninguno de..*piense* mal en su corazón
Mal. 1.7 que *pensáis* que la mesa de Jehová es
3.16 y para los que *piensan* en su nombre
Mt. 1.20 *pensando* él en esto..ángel del Señor
3.9 y no *penséis* decir dentro de vosotros: A
5.17 no *penséis* que he venido para abrogar
6.7 que *piensan* que por su palabrería serán
9.4 qué *pensáis* mal en vuestros corazones?
10.34 no *penséis* que he venido para traer paz
16.7 *pensaban* dentro de sí, diciendo: Esto
16.8 ¿por qué *pensáis* dentro de vosotros..pan?
20.10 *pensaron* que habían de recibir más; pero
22.42 ¿qué *pensáis* del Cristo? ¿De quién es
24.44 Hijo..vendrá a la hora que no *pensáis*
26.53 ¿acaso *piensas* que no puedo ahora orar
Mr. 6.49 ellos..*pensaron* que era un fantasma
13.11 lo que habéis de decir, ni lo *penséis*
14.72 Pedro se..Y *pensando* en esto, lloraba
Lc. 1.29 y *pensaba* qué salutación sería esta
2.44 *pensando* que estaba entre la compañía
7.43 *pienso* que aquel a quien perdonó más
8.18 aun lo que *piensa* tener se le quitará
12.17 él *pensaba* dentro de sí, diciendo: ¿Qué
12.40 a la hora que no *penséis*, el Hijo del
12.51 ¿*pensáis* que he venido para dar paz en
13.2 les dijo: ¿*Pensáis* que estos galileos
13.4 ¿*pensáis* que eran más culpables que todos
17.9 gracias al siervo porque..*Pienso* que no
19.11 ellos *pensaban* que el reino de Dios se
21.14 proponed..no *pensar* antes cómo habéis
24.37 entonces..*pensaban* que veían espíritu
Jn. 5.45 *penséis* que yo voy a acusaros delante
11.13 ellos *pensaron* que hablaba del reposar
11.50 ni *pensáis* que nos conviene que..muera
13.29 algunos *pensaban*..que Jesús le decía
16.2 que os mate, *pensará* que rinde servicio
20.15 *pensando* que era el hortelano, le dijo
21.25 *peinso* que ni aun en el mundo cabrían
Hch. 4.25 y los pueblos *piensan* cosas vanas?
7.25 él *pensaba* que sus hermanos comprendían
8.20 porque has *pensado* que el don de Dios se
10.19 mientras Pedro *pensaba* en la visión, le
12.9 le seguía..*pensaba* que veía una visión
13.25 Juan..dijo: ¿Quién *pensáis* que soy?
14.19 apedrearon..*pensando* que estaba muerto
16.27 *pensando* que los presos habían huido
17.29 no debemos *pensar* que la Divinidad sea
21.29 *pensaban* que Pablo había metido en el
26.26 porque no *pienso* que ignora nada de esto
28.22 querríamos oir de ti lo que *piensas*
Ro. 2.3 ¿y *piensas* esto, oh hombre..que juzgas
8.5 los que son de la carne *piensan* en las
12.3 que *piense* de sí con cordura, conforme
14.14 para el que *piensa* que algo es inmundo
1 Co. 4.6 no *pensar* más de lo que está escrito
4.9 *pienso*, Dios nos ha exhibido a nosotros
7.36 si alguno *piensa* que es impropio para su
7.40 *pienso* que..yo tengo el Espíritu de Dios
10.12 *piensa* estar firme, mire que no caiga
13.11 *pensaba* como niño, juzgaba como niño
14.20 no seáis niños en el modo de *pensar*
14.20 sed..pero maduros en el modo de *pensar*
2 Co. 1.17 ¿o lo que *pienso* hacer, lo *p* según
3.5 para *pensar* algo como de nosotros mismos
5.14 de Cristo nos constriñe, *pensando* esto
10.7 esto también *piense* por sí mismo, que
11.5 y *pienso* que en nada he sido inferior a
12.6 nadie *piense* de mí más de lo que en mí
12.19 ¿*pensáis* aún que nos disculpamos con
Gá. 5.10 yo confío..no *pensaréis* de otro modo
Fil. 1.16 *pensando*..aflicción a mis prisiones
3.4 si alguno *piensa* que tiene de qué confiar

PENSAR *(Continúa)*
Fil. 3.19 el vientre..sólo *piensan* en lo terrenal
4.8 algo digno de alabanza, en esto *pensad*
2 Ts. 2.2 no os dejéis mover..modo de *pensar*
He. 10.29 mayor castigo *pensáis* que merecerá
11.15 si hubiesen estado *pensando* en aquella
11.19 *pensando* que Dios es poderoso para
Stg. 1.7 no *piense*, pues, quien tal haga, que
4.5 ¿o *pensáis* que la Escritura dice en vano

PENTECOSTÉS *La fiesta de las semanas*
Hch. 2.1 cuando llegó el día de *P*, estaban todos
20.16 se apresuraba por estar el día de *P*
1 Co. 16.8 pero estaré en Efeso hasta *P*

PENUEL
1. Ciudad fortificada por el rey Jeroboam I (=Peniel No. 1), 1 R. 12.25
2. Descendiente de Judá, 1 Cr. 4.4

PEÑA
Éx. 17.6 sobre la *p* en Horeb; y golpearás la *p*
33.21 junto a mí, y tú estarás sobre la *p*
33.22 yo te pondré en una hendidura de la *p*
Nm. 20.8 hablad a la *p* a vista de ellos; y ella
20.8 y les sacarás aguas de la *p*, y darás de
20.10 reunieron..delante de la *p*, y les dijo
20.10 hemos de hacer salir aguas de esta *p?*
20.11 alzó..golpeó la *p* con su vara dos veces
23.9 de la cumbre de las *p* lo veré, y desde
24.21 dijo: Fuerte es tu..pon en la *p* tu nido
Dt. 32.13 e hizo que chupase miel de la *p*, y
Jue. 6.20 y ponlos sobre esta *p*, y vierte el
6.21 subió fuego de la *p*, el cual consumió
7.25 y mataron a Oreb en la *p* de Oreb, y a
13.19 los ofreció sobre una *p* a Jehová; y el
15.8 y habitó en la cueva de la *p* de Etam
15.11 vinieron..a la cueva de la *p* de Etam
15.13 le ataron..y le hicieron venir de la *p*
20.45 huyeron..a la *p* de Rimón, y de ellos
20.47 a la *p* de Rimón..y estuvieron en la *p*
21.13 Benjamín que estaban en la *p* de Rimón
1 S. 23.19 ¿no está David escondido..en las *p*
23.25 y descendió a la *p*, y se quedó en el
1 R. 1.9 matando Adonías ovejas..junto a la *p*
19.11 quebraba las *p* delante de Jehová; pero
1 Cr. 11.15 tres de los..descendieron a la *p*
Neh. 9.15 en su sed les sacaste aguas de la *p*
Job 14.18 y las *p* son removidas de su lugar
18.4 y serán removidas de su lugar las *p?*
24.8 se mojan, y abrazan..*p* por falta de abrigo
39.28 mora en la *p*, en la cumbre del peñasco
Sal. 40.2 puso mis pies sobre *p*, y enderezó mis
78.15 hendió las *p* en el desierto, y les dio
78.16 pues sacó de la *p* corrientes, e hizo
78.20 aquí ha herido la *p*, y brotaron aguas
81.16 trigo, y con miel de la *p* les saciaría
104.18 las *p*, madrigueras para los conejos
105.41 abrió la *p*, y fluyeron aguas..un río
114.8 cambió la *p* en estanque de aguas, y en
137.9 el que..estrellare tus niños contra la *p*
Pr. 30.19 el rastro de la culebra sobre la *p*
Cnt. 2.14 que estás en los agujeros de la *p*, en
Is. 2.10 métete en la *p*, escóndete en el polvo
2.19 y se meterán en las cavernas de las *p*
10.26 como la matanza de Madián en la *p* de
22.16 que esculpe para sí morada en una *p?*
48.21 les..abrió la *p*, y corrieron las aguas
Jer. 13.4 escóndelo..en la hendidura de una *p*
49.16 tú que habitas en cavernas de *p*, que
51.25 te haré rodar de las *p*, y te reduciré
Ez. 26.4 barreré..y la dejaré como una *p* lisa
26.14 te pondré como una *p* lisa; tendedero de
Am. 6.12 ¿correrán los caballos por las *p?*
Abd. 3 tú que moras en las hendiduras de las *p*
Nah. 1.6 como fuego, y para él se hienden las *p*
Mt. 27.60 sepulcro..que había labrado en la *p*
Mr. 15.46 en un sepulcro que..cavado en una *p*
Lc. 23.53 puso en un sepulcro abierto en una *p*
Ap. 6.15 escondieron..entre las *p* de los montes
6.16 y decían..a las *p:* Caed sobre nosotros

PEÑASCO
Jue. 6.26 edifica altar..en la cumbre de este *p*
1 S. 13.6 se escondieron..en *p*, en rocas y en
14.4 un *p* agudo de un lado, y otro del otro
14.5 uno de los *p* estaba situado al norte
24.2 por las cumbres de los *p* de las cabras
2 S. 21.10 la tendió para sí sobre el *p*, desde
2 Cr. 25.12 llevaron a la cumbre de un *p*, y de
Job 28.10 los *p* cortó ríos, y sus ojos vieron
39.28 mora..en la cumbre del *p* y de la roca
Is. 32.2 sombra de gran *p* en tierra calurosa
57.5 sacrificáis los hijos..debajo de los *p*
Jer. 4.29 en las espesuras..subieron a los *p*
16.16 los cazarán..por las cavernas de los *p*
48.28 y habitad en *p*, oh moradores de Moab

PEOR *(n.)*
1. Monte en Moab, Nm. 23.28
2. Dios de los moabitas (=Baal-peor), Jos. 22.17

PEOR *(adj.)*
2 S. 19.7 esto te será *p* que todos los males
1 R. 16.25 *p* que todos los que habían reinado
Jer. 7.26 sino que..hicieron *p* que sus padres
16.12 y vosotros habéis hecho *p* que vuestros
Mt. 9.16 el remiendo tira..se hace *p* la rotura
12.45 y toma consigo otros siete espíritus *p*
12.45 el postrer estado..viene a ser *p* que el
27.64 será el postrer error *p* que el primero
Mr. 2.21 tira de lo nuevo, y..hace *p* la rotura
5.26 nada había aprovechado, antes le iba *p*
Lc. 11.26 toma otros siete espíritus *p* que él
11.26 el postrer estado..viene a ser *p* que el
Jn. 5.14 no peques..no te venga alguna cosa *p*
1 Co. 11.17 no os congregáis..sino para lo *p*
1 Ti. 5.8 negado la fe, y es *p* que un incrédulo
2 Ti. 3.13 y los engañadores irán de mal en *p*
2 P. 2.20 su postrer estado viene a ser *p* que

PEPINO
Nm. 11.5 de los *p*, los melones, los puerros

PEQUEÑEZ
Zac. 4.10 que menospreciaron el día de las *p*

PEQUEÑITO
Job 3.16 como los *p* que nunca vieron la luz?
Lm. 2.19 tus manos..implorando la vida de tus *p*
2.20 ¿han de comer..los *p* a su tierno ciudado?
Zac. 13.7 y haré volver mi mano contra los *p*
Mt. 10.42 dé a uno de estos *p* un vaso de agua
Mr. 9.42 que haga tropezar a uno de estos *p* que
Lc. 17.2 que hacer tropezar a uno de estos *p*

PEQUEÑO, ÑA
Gn. 19.20 esta ciudad está cerca..la cual es *p*
19.20 dejadme escapar..allá (¿no es ella *p?*)
44.20 y un hermano joven, *p* aún, que le nació
Éx. 12.4 si la familia fuere tan *p* que no baste
18.22 grave..y ellos juzgarán todo asunto *p*
18.26 al pueblo..ellos juzgaban todo asunto *p*
Nm. 26.56 repartida su..entre el grande y el *p*
Dt. 1.17 en el juicio..*p* como al grande oiréis
25.14 ni tendrás en tu casa efa grande y..*p*
1 S. 1.24 lo trajo a la casa..y el niño era *p*
2.19 le hacía su madre una túnica *p* y se la
9.21 de Benjamín, de la más *p* de las tribus
9.21 y mi familia ¿no es la más *p* de todas
15.17 aunque eras *p* en tus propios ojos, ¿no
20.35 salió Jonatán..y un muchacho *p* con él
2 S. 9.12 tenía Mefi-boset un hijo *p*..Micaía
23.11 había un *p* terreno lleno de lentejas
1 R. 2.20 dijo: Una *p* petición pretendo de ti
8.64 el altar de bronce..era *p*, y no cabían
11.17 huyó, y..era entonces Hadad muchacho *p*
17.13 pero hazme a mí primero..una *p* torta
1 Cr. 25.8 turnos, entrando el *p* con el grande
26.13 echaron suertes, el *p* con el grande
2 Cr. 10.10 mi dedo más *p* es más grueso que los
15.13 que no buscase a..muriese, grande o *p*
34.30 pueblo, desde el mayor hasta el más *p*
Job 8.7 y aunque tu principio haya sido *p*, tu
27.14 sus hijos..sus *p* no se saciarán de pan
Sal. 104.25 donde se mueven..seres *p* y grandes
115.13 bendecirá a los que..a *p* y a grandes
119.141 *p* soy yo, y desechado, mas no me he
Pr. 30.24 cuatro cosas son de las más *p* de la
Ec. 10.1 una *p* locura, al que es estimado como
Cnt. 2.15 cazadnos..las zorras *p*, que echan a
8.8 tenemos una *p* hermana que no tiene pechos
Is. 1.9 si..no nos hubiese dejado un resto *p*
16.14 y los sobrevivientes serán pocos, *p* y
60.22 el *p* vendrá a ser mil, el menor, un
Jer. 8.10 desde el más *p* hasta el más grande
16.6 morirán en esta tierra grandes y *p*; no
31.34 todos me conocerán, desde el más *p* de
48.4 hicieron..se oyese el clamor de sus *p*
49.15 aquí que te haré *p* entre las naciones
49.20 a los más *p* de su rebaño..arrastrarán
50.45 ciertamente a los más *p* de su rebaño
Ez. 11.16 les seré por un *p* santuario en las
Dn. 7.8 cuerno *p* salía entre ellos, y delante
8.9 de uno de ellos salió un cuerno *p*, que
Am. 7.2,5 ¿quién levantará a Jacob? porque es *p*
Abd. 2 aquí, *p* te he hecho entre las naciones
Mi. 5.2 Belén Efrata, *p* para estar entre las
Nah. 3.10 también sus *p* fueron estrellados en
Zac. 11.16 pastor..ni buscará la *p*, ni curará
Mt. 2.6 no eres la más *p* entre los príncipes de
5.19 quebrante uno de estos mandamientos..*p*
5.19 *p* será llamado en el reino de los cielos
11.11 el más *p* en el reino..mayor es que él
13.32 es la más *p* de todas las semillas; pero
18.6 que haga tropezar a alguno de estos *p*
18.10 que no menospreciéis a uno de estos *p*
18.14 la voluntad..se pierda uno de estos *p*
25.40 uno de estos mis hermanos más *p*, a mí
25.45 no lo hicisteis a uno de estos más *p*
Mr. 4.31 es la más *p* de todas las semillas que
Lc. 7.28 pero el más *p* en el reino de Dios es
9.48 el que es más *p* entre todos vosotros, ése
12.32 manada *p*..a vuestro Padre le ha placido
19.3 pero no podía..pues era *p* de estatura
Hch. 8.10 a éste oían..desde el más *p* hasta el
15.2 tuviesen una discusión..no *p* con ellos
19.23 hubo..disturbio no *p* acerca del Camino
26.22 dando testimonio a *p* y a grandes, no
27.16 sotavento de una *p* isla llamada Clauda
27.20 y acosados por una tempestad no *p*, ya
1 Co. 6.2 ¿sois indignos de juzgar cosas..*p?*
15.9 yo soy el más *p* de los apóstoles, que
Ef. 3.8 soy menos que el más *p* de todos los
Stg. 3.4 naves..gobernadas con un muy *p* timón
3.5 así también la lengua es un miembro *p*
3.5 ¡cuán grande bosque enciende un *p* fuego!
Ap. 11.18 el galardón..a los *p* a los grandes
13.16 *p* y grandes..se les pusiese una marca
19.5 alabad a nuestro Dios..*p* como grandes
19.18 comáis carnes de reyes y..*p* y grandes

PEQUEÑUELO
Nm. 16.27 y Datán y Abiram..sus hijos y sus *p*
Job 21.11 salen sus *p* como manada, y sus hijos
Sal. 17.14 a sus hijos, y aún sobra para sus *p*
Lm. 4.4 los *p* pidieron pan, y no hubo quien se

PERAZIM *=Baal-perazim,* **Is. 28.21**

PERCIBIR
Gn. 8.21 y *percibió* Jehová olor grato; y dijo
Job 4.12 mas mi oído ha *percibido* algo de ello
14.9 al *percibir* el agua reverdecerá, y hará
23.8 iré al..al occidente, y no lo *percibiré*
Ec. 1.16 corazón ha *percibido* mucha sabiduría
Is. 64.4 ni oídos *percibieron*, ni ojo ha visto
Mt. 13.14 y viendo veréis, y no *percibiréis*
Mr. 4.12 para que viendo, vean y no *perciban*
12.15 mas él, *percibiendo* la hipocresía de
Lc. 9.47 Jesús, *percibiendo* los pensamientos
Hch. 28.26 y viendo veréis, y no *percibiréis*
1 Co. 2.14 no *percibe* las cosas..del Espíritu

PERDER
Éx. 22.9 en toda clase de fraude..cosa *perdida*
Lv. 6.3 hallado lo *perdido* después lo negare
6.4 restituirá aquello..lo *perdido* que halló
Nm. 17.12 *perdidos* somos, todos..somos *p*
Dt. 22.3 harás con toda cosa de..se le *perdiere*
22.9 no sea que se *pierda* todo..la semilla
34.7 sus ojos nunca se..ni *perdió* su vigor
Jue. 18.25 y *pierdas*..tu vida y la vida de los
1 S. 9.3 y se habían *perdido* las asnas de Cis
9.20 asnas que..*perdieron*..*pierde* cuidado de
1 R. 20.25 otro ejército como el..que *perdiste*
Esd. 10.8 *perdiese* toda su hacienda..excluido
Job 4.7 ¿qué inocente se ha *perdido?*..¿en dónde
4.20 se *pierden*..sin haber quien repare en
4.21 su hermosura, ¿no se *pierde* con ellos
6.18 se apartan..van menguando, y se *pierden*
15.33 *perderá* su agraz como la vid, y..flor
29.13 la bendición del que se iba a *perder*
Sal. 137.5 si me..*pierda* mi diestra su destreza
Pr. 1.32 la prosperidad..los echará a *perder*
4.16 *pierden* el sueño si no han hecho caer a
13.23 pan, mas se *pierde* por falta de juicio
23.8 vomitarás..*perderás* tus suaves palabras
29.3 que frecuenta rameras *perderá* los bienes
Ec. 3.6 tiempo de buscar, y tiempo de *perder*
5.14 cuales se *pierden* en malas ocupaciones
12.5 será una carga, y se *perderá* el apetito
Cnt. 2.15 zorras..que echan a *perder* las viñas
Is. 9.16 son engañadores..gobernados se *pierden*
19.7 se secarán, se *perderán*, y no serán más
22.25 y la carga..se echará a *perder*; porque
24.7 *perdió* el vino, enfermó la vid, gimieron
Jer. 17.4 y *perderás* la heredad que yo te di
18.4 la vasija de barro..se echó a *perder* en
31.28 cuidado..trastornar y *perder* y afligir
Lm. 4.1 ¡cómo el buen oro ha *perdido* su brillo!
Ez. 19.5 viendo ella..que se *perdía* su esperanza
Os. 13.8 como osa que ha *perdido* los hijos los
13.9 te *perdiste*, oh..mas en mí está tu ayuda
Jl. 1.10 se secó el mosto, se *perdió* el aceite
1.11 confundíos..se *perdió* la mies del campo
Am. 5.12 hacéis *perder* su causa a los pobres
Abd. 12 alegrado..el día en que se *perdieron*
Zac. 10.11 herirá..*perderá* el cetro de Egipto
11.9 y la que se *perdiere*, que se *pierda*
13.8 serán cortadas en ella, y se *perderán*
Mt. 5.29 mejor te es que se *pierda* uno de tus
5.30 que se *pierda* uno de tus miembros, y no
9.17 vino se derrama, y los odres se *pierden*
10.39 la *perderá*; y el que *pierde* su vida por
10.42 os digo que no *perderá* su recompensa
16.25 que quiere salvar su vida, la *perderá*
16.25 el que *pierda* su vida por causa de mí
16.26 ganare..el mundo, y *perdiere* su alma?
18.11 para salvar lo que se había *perdido*
18.14 no..que se *pierda* uno de estos pequeños
Mr. 2.22 el vino se derrama..odres se *pierden*
8.35 *perderá*; y todo el que *pierda* su vida
8.36 ganare..el mundo, y *perdiere* su alma?
9.41 os digo que no *perderá* su recompensa
Lc. 5.37 se derramará, y los odres se *perderán*
9.24 que quiera salvar su vida, la *perderá*
9.24 el que *pierda* su vida por causa de mí

PERDER *(Continúa)*

Lc. 9.25 y se destruye o se *pierde* a sí mismo?
9.56 no ha venido para *perder* las almas de
15.4 teniendo cien ovejas, si *pierde* una de
15.4 tras la que se *perdió*, hasta encontrarla?
15.6 he encontrado mi oveja que se..*perdido*
15.8 si *pierde* una dracma, no enciende la
15.9 encontrado la dracma que había *perdido*
15.24,32 se había *perdido*, y es hallado
17.33 la *perderá*; y todo el que la *pierda*, la
19.10 y a salvar lo que se había *perdido*
Jn. 3.15,16 no se *pierda*, mas tenga vida eterna
6.12 que sobraron, para que no *pierda* nada
6.39 no *pierda* yo nada, sino que lo resucite
12.25 el que ama su vida, la *perderá*; y el
17.12 y ninguno de ellos se *perdió*, sino el
18.9 de los que me diste, no *perdí* ninguno
Hch. 27.20 habíamos *perdido* toda esperanza de
27.32 del esquife y lo dejaron *perderse*
Ro. 14.15 *pierda* aquel por quien Cristo murió
1 Co. 1.18 cruz es locura a los que se *pierden*
8.11 se *perderá* el hermano débil por quien
2 Co. 1.8 *perdimos* la esperanza de conservar
2.15 olor de Cristo..en los que se *pierden*
4.3 entre los que se *pierden* está encubierto
Ef. 4.19 después que *perdieron*..sensibilidad
Fil. 3.8 por amor del cual lo he *perdido* todo
2 Ts. 2.10 engaño de..para los que se *pierden*
He. 10.35 no *perdáis*, pues, vuestra confianza
Stg. 4.12 de la ley, que puede salvar y *perder*
2 Jn. 8 no *perdáis* el fruto de vuestro trabajo

PERDICIÓN

2 Cr. 22.4 después de..le aconsejaron para su *p*
Job 30.12 y prepararon contra mí caminos de *p*
Sal. 55.23 Dios, harás descender..al pozo de *p*
Jer. 18.17 les mostraré las..en el día de su *p*
Mt. 7.13 espacioso el camino que lleva a la *p*
Jn. 17.12 ninguno..se perdió, sino el hijo de *p*
Fil. 1.28 que para ellos..es indicio de *p*, mas
3.19 el fin de los cuales será *p*, cuyo dios
2 Ts. 1.9 los cuales sufrirán pena de eterna *p*
2.3 se manifieste el hombre de..el hijo de *p*
1 Ti. 6.9 lazo..que hunden a los hombres en..*p*
2 Ti. 2.14 sino que es para *p* de los oyentes
He. 10.39 no somos de los que retroceden para *p*
2 P. 2.3 la..no se tarda, y su *p* no se duerme
2.12 hablando mal..perecerán en su propia *p*
3.7 día del juicio y de la *p* de los hombres
3.16 los indoctos..tuercen..para su propia *p*
Ap. 17.8 está para subir del abismo e ir a *p*
17.11 y es de entre los siete, y va a la *p*

PÉRDIDA

Hch. 27.10 que la navegación va a ser con..*p*
27.21 sólo para recibir este perjuicio y *p*
27.22 pues no habrá ninguna *p* de vida entre
1 Co. 3.15 la obra..se quemare, él sufrirá *p*
2 Co. 7.9 que ninguna *p* padecieseis por nuestra
Fil. 3.7 he estimado como *p* por amor de Cristo
3.8 aun estimo todas las cosas como *p* por la

PERDIDAMENTE

Lc. 15.13 desperdició sus bienes viviendo *p*

PERDIDO, DA *Véase también Perder*

Sal. 107.4 anduvieron *p* por el desierto, por la
107.40 hace andar *p*, vagabundos y sin camino
Jer. 50.6 ovejas *p* fueron mi pueblo; sus pastores
Ez. 34.4 ni buscasteis la *p*, sino que os habéis
34.6 anduvieron *p* mis ovejas..todos los montes
34.16 buscaré la *p*, y haré volver al redil la
Zac. 11.16 a un pastor que no visitará las *p*, ni
Mt. 10.6 sino id antes a las ovejas *p* de..Israel
15.24 no soy enviado sino a..ovejas *p* de Israel

PERDIZ

1 S. 26.20 como quien persigue una *p* por los
Jer. 17.11 como la *p* que cubre lo que no puso

PERDÓN

Lv. 4.20 expiación por ellos, y obtendrán *p*
4.26 hará por él la expiación de..y tendrá *p*
6.7 y obtendrá *p* de cualquiera de todas las
Sal. 130.4 hay *p*, para que seas reverenciado
Mr. 1.4 predicaba el bautismo de..*p* de pecados
3.29 contra el Espíritu..no tiene jamás *p*
Lc. 1.77 salvación a su pueblo, para *p* de sus
3.3 del arrepentimiento para *p* de pecados
24.47 el arrepentimiento y el *p* de pecados
Hch. 2.38 bautícese cada uno..*p* de los pecados
5.31 para dar a Israel arrepentimiento y *p* de
10.43 recibirán *p* de pecados por su nombre
13.38 que por medio de él se os anuncia *p* de
26.18 que reciban, por la fe..*p* de pecados y
Ef. 1.7 el *p* de pecados según las riquezas de
Col. 1.14 tenemos redención..el *p* de pecados

PERDONADOR

Sal. 86.5 porque tú, Señor, eres bueno y *p*, y
99.8 les fuiste un Dios *p*, y retribuidor de

PERDONAR

Gn. 18.24 y no *perdonarás* al lugar por amor a
18.26 *perdonaré* a todo este lugar por amor de
50.17 te ruego que *perdones*..*p* la maldad de
Éx. 10.17 ruego ahora que *perdonéis* mi pecado
23.21 no *perdonará* vuestra rebelión, porque
32.32 que *perdones* ahora su pecado, y si no
34.7 que *perdona* la iniquidad, la rebelión y
34.9 *perdona* nuestra iniquidad y..pecado, y
Lv. 4.31,35; 5.10,13,16,18 hará..expiación..y
será *perdonado*
19.22 le *perdonará* su pecado que ha cometido
Nm. 14.18 que *perdona* la iniquidad y la rebelión
14.19 *perdona*..la iniquidad de este pueblo
14.19 como has *perdonado* a este pueblo desde
14.20 yo lo he *perdonado* conforme a tu dicho
15.25 y les será *perdonado*, porque yerro es
15.26 será *perdonado* a toda la congregación
15.28 la reconciliará, y le será *perdonado*
30.5 la *perdonará*, por cuanto su padre se lo
30.8 voto..será nulo; y Jehová la *perdonará*
30.12 marido los anuló, y Jehová la *perdonará*
Dt. 7.16 no los *perdonará* tu ojo, ni servirás
15.2 *perdonará* a su deudor..hizo empréstito
15.3 tu hermano tuviere tuyo, lo *perdonará* tu
21.8 *perdona*..y la sangre les será *perdonada*
25.12 le cortarás..la mano; no la *perdonarás*
28.50 gente fiera..que no..*perdonará* al niño
29.20 no querrá Jehová *perdonarlo*, sino que
1 S. 15.9 Saúl y el pueblo *perdonaron* a Agag
15.15 pueblo *perdonó* lo mejor de las ovejas
15.24 Saúl..*Perdona*, pues, ahora mi pecado
24.10 matase, pero te *perdoné*, porque dije
25.28 yo te ruego que *perdones* a tu sierva
2 S. 21.7 y *perdonó* el rey a Mefi-boset hijo
1 R. 8.30 cuando oren en..escucha y *perdona*
8.34,36 *perdonarás* el pecado de tu pueblo
8.39 tú oirás en los cielos..y *perdonarás*
8.50 *perdonarás* a tu pueblo que había pecado
2 R. 5.18 en esto *perdone* Jehová a tu siervo
5.18 tal, Jehová *perdone* en esto a tu siervo
24.4 Jehová, por tanto, no quiso *perdonar*
2 Cr. 6.21 que oigas el ruego de..y *perdones*
6.25, 27 *perdonarás* el pecado de tu pueblo
6.30 tú oirás..y *perdonarás*, y darás a cada
6.39 *perdonarás* a tu pueblo que pecó contra
7.14 oiré..y *perdonaré* sus pecados, y sanaré
36.17 *perdonar* joven ni doncella, anciano ni
Neh. 9.17 tú eres Dios que *perdonas*, clemente
13.22 acuérdate de mí, Dios mío, y *perdóname*
Job 7.21 por qué no..y *perdonas* mi iniquidad?
16.13 partió mis riñones, y no *perdonó*; mi
27.22 Dios, pues, descargará..y no *perdonará*
Sal. 25.11 *perdonarás*..mi pecado, que es grande
25.18 mi trabajo, y *perdona* todos mis pecados
32.1 cuya transgresión ha sido *perdonada*, y
32.5 y tú *perdonaste* la maldad de mi pecado
65.3 nuestras rebeliones tú las *perdonarás*
78.38 *perdonaba* la maldad, y no los destruía
79.9 *perdona* nuestros pecados por amor de tu
85.2 *perdonaste* la iniquidad de tu pueblo
103.3 es quien *perdona* todas tus iniquidades
Pr. 6.34 no *perdonará* en el día de la venganza
6.35 no aceptará..rescate, ni querrá *perdonar*
Is. 2.9 humillado; por tanto, no los *perdones*
13.18 niños..ni su ojo *perdonará* a los hijos
22.14 este pecado no os será *perdonado* hasta
27.9 será *perdonada* la iniquidad de Jacob, y
33.24 al pueblo..será *perdonada* la iniquidad
40.2 que su pecado es *perdonado*; que doble ha
55.7 al Dios..el cual será amplio en *perdonar*
Jer. 5.1 que busque verdad; y yo la *perdonaré*
5.7 ¿cómo te he de *perdonar* por esto? Sus
13.14 no *perdonaré*, ni tendré..misericordia
18.23 no *perdones* su maldad, ni borres su
21.7 no los *perdonará*, ni tendrá compasión
31.34 *perdonaré* la maldad de ellos, y no me
33.8 y *perdonaré* todos sus pecados con que
36.3 y yo *perdonaré* su maldad y su pecado
50.20 *perdonaré* a los que yo hubiere dejado
51.3 no *perdonéis* a sus jóvenes, destruid
Lm. 2.2 destruyó el Señor, y no *perdonó*
2.17 destruyó, y no *perdonó*; y ha hecho que
2.21 en el día de..degollaste, no *perdonaste*
3.42 y fuimos desleales; tú no *perdonaste*
3.43 perseguiste; mataste, y no *perdonaste*
Ez. 5.11; 7.4,9; 8.18 mi ojo no *perdonará*, ni
tendré misericordia
9.5 no *perdone* vuestro ojo, ni..misericordia
9.10 mi ojo no *perdonará*, ni..misericordia
16.63 cuando yo *perdone* todo lo que hiciste
20.17 los *perdonó* mi ojo, pues no los maté
Dn. 9.9 de Jehová nuestro Dios es..el *perdonar*
9.19 oye, Señor; oh Señor, *perdona*; presta
Jl. 2.17 *perdona*, oh Jehová, a tu pueblo, y no
2.18 Jehová, solícito..*perdonará* a su pueblo
Am. 7.2 yo dije: Señor Jehová, *perdona* ahora
Mi. 7.18 Dios como tú, que *perdona* la maldad
Mal. 3.17 *perdonaré*, como..*perdona* a su hijo
Mt. 6.12 *perdónanos*..como..*perdonamos*
6.14 si *perdonáis* a..os *perdonará* también a
6.15 no *perdonáis* a los hombres sus ofensas
6.15 tampoco vuestro Padre os *perdonará*
9.2 ten ánimo..tus pecados te son *perdonados*
9.5 decir: Los pecados te son *perdonados*, o
9.6 tiene potestad en..para *perdonar* pecados
12.31 pecado y..será *perdonado* a los hombres
12.31 blasfemia contra..no les será *perdonada*
12.32 dijere alguna palabra..será *perdonado*
12.32 contra el Espíritu..no..será *perdonado*
18.21 ¿cuántas veces *perdonaré* a mi hermano
18.27 señor..le soltó y le *perdonó* la deuda
18.32 malvado, toda aquella deuda te *perdoné*
18.35 no *perdonáis* de todo corazón cada uno
Mr. 2.5 hijo, tus pecados te son *perdonados*
2.7 ¿quién puede *perdonar* pecados, sino sólo
2.9 tus pecados te son *perdonados*, o decirle
2.10 tiene potestad en..para *perdonar* pecados
3.28 que todos los pecados serán *perdonados*
4.12 no se conviertan, y les sean *perdonados*
11.25 *perdonad*, si tenéis algo contra alguno
11.25 vuestro Padre que está en..os *perdone*
11.26 no *perdonáis*, tampoco vuestro Padre que
11.26 tampoco..os *perdonará* vuestras ofensas
Lc. 5.20 hombre, tus pecados te son *perdonados*
5.21 ¿quién puede *perdonar* pecados sino sólo
5.23 tus pecados te son *perdonados*, o decir
5.24 tiene potestad en..para *perdonar* pecados
6.37 juzguéis..*perdonad*, y seréis *perdonados*
7.42 no teniendo..qué pagar, *perdonó* a ambos
7.43 pienso que aquél a quien *perdonó* más
7.47 que sus muchos pecados le son *perdonados*
7.47 a quien se le *perdona* poco, poco ama
7.48 le dijo: Tus pecados te son *perdonados*
7.49 ¿quién es éste, que..*perdona* pecados?
11.4 *perdónanos*..nosotros *perdonamos*
12.10 contra el Hijo del..le será *perdonado*
12.10 que blasfemare..no le será *perdonado*
17.3 pecare..si se arrepintiere, *perdónale*
17.4 siete veces..Me arrepiento; *perdónale*
23.34 Padre, *perdónalos*, porque no saben lo
Hch. 8.22 sea *perdonado* el pensamiento de tu
20.29 rapaces, que no *perdonarán* al rebaño
Ro. 4.7 aquellos cuyas iniquidades..*perdonadas*
11.21 porque si Dios no *perdonó* a las ramas
11.21 naturales, a ti tampoco te *perdonará*
2 Co. 2.7 vosotros más bien debéis *perdonarle*
2.10 y al que vosotros *perdonáis*, yo también
2.10 yo lo que he *perdonado*, si algo he *p*, por
12.13 sido carga? ¡*Perdonadme* este agravio!
Ef. 4.32 *perdonándoos*..como Dios..os *perdonó*
Col. 2.13 vida..*perdonándoos* todos los pecados
3.13 y *perdonándoos* unos a otros si alguno
3.13 de la manera que Cristo os *perdonó*, así
Stg. 5.15 hubiere cometido..le serán *perdonados*
2 P. 2.4 si Dios no *perdonó* a los ángeles que
2.5 y si no *perdonó* al mundo antiguo, sino
1 Jn. 1.9 fiel y justo para *perdonar*..pecados
2.12 pecados os han sido *perdonados* por su

PERDURABLE

Dn. 9.24 para traer la justicia *p*, y sellar la
He. 10.34 una mejor y *p* herencia en los cielos

PERDURAR

Dn. 6.26 y su dominio *perdurará* hasta el fin

PERECEDERO

1 P. 1.7 el cual aunque *p* se prueba con fuego

PERECER

Gn. 19.15 *perezcas* en el castigo de la ciudad
19.17 escapa al monte, no sea que *perezcas*
41.36 depósito..el país no *perecerá* de hambre
45.11 que no *perezcas* de pobreza tú y tu casa
Lv. 26.38 *pereceréis* entre las naciones, y la
Nm. 4.18 no haréis que *perezca* la tribu de las
16.26 que no *perezcáis* en todos sus pecados
16.33 *perecieron* de en medio..congregación
17.13 morirá. ¿Acabaremos por *perecer* todos?
20.3 hubiéramos muerto cuando *perecieron*
21.29 ¡ay de ti..*Pereciste*, pueblo de Quemos
21.30 el reino de..*pereció* Hesbón hasta Dibón
24.20 Amalec..al fin *perecerá* para siempre
24.24 mas él también *perecerá* para siempre
Dt. 4.26 que pronto *pereceréis* totalmente de
4.33 ¿ha oído..la voz de Dios..sin *perecer?*
7.20 hasta que *perezcan* los que quedaren y
8.19 lo afirmo hoy..que de cierto *pereceréis*
8.20 así *pereceréis*, por cuanto no habréis
11.17 *perezcáis* pronto de la buena tierra que
26.5 arameo a punto de *perecer* fue mi padre
28.20 y *perezcas* pronto a causa de la maldad
28.22 y te perseguirán hasta que *perezcas*
28.24 descenderán sobre..hasta que *perezcas*
28.45 te alcanzarán hasta que *perezcas*; por
28.51 y comerá el fruto..hasta que *perezcas*
30.18 protesto hoy que de cierto *pereceréis*
32.36 cuando viere que la fuerza *pereció*, y
Jos. 22.20 aquel hombre no *pereció* solo en su
23.13 que *perezcáis* de esta buena tierra que
23.16 *pereceréis* prontamente de esta..tierra
Jue. 5.31 así *perezcan* todos tus enemigos, oh
1 S. 2.9 mas los impíos *perecen* en tinieblas
12.25 mal, vosotros y vuestro rey *pereceréis*
26.10 que..o descendiendo en batalla *perezca*
2 S. 1.19 ha *perecido* la gloria de Israel sobre

PERECER *(Continúa)*
2 S. 1.27 cómo. .han *perecido* las armas de guerra!
2 R. 7.13 *perecerán* como toda. .ya ha *perecido*
9.8 *perecerá*. .la casa de Acab, y destruiré de
Est. 4.14 tú y la casa de tu padre *pereceréis*
4.16 entraré a ver. .si *perezco*, que *perezca*
Job 3.3 *perezca* el día en que yo nací, y la
4.9 *perecen* por el aliento de Dios, y por el
4.11 el león viejo *perece* por falta de presa
8.13 a Dios, y la esperanza del impío *perecerá*
8.22 y la habitación de los impíos *perecerá*
14.10 *perecerá* el hombre, ¿y dónde estará él?
14.19 haces. .*perecer* la esperanza del hombre
15.30 y con el aliento de su boca *perecerá*
18.17 su memoria *perecerá* de la tierra, y no
19.10 me arruinó por todos lados, y *perezco*
20.7 como su estiércol, *perecerá* para siempre
31.19 si he visto que *pereciera* alguno sin
33.18 alma. .y su vida de que *perezca* a espada
34.15 toda carne *perecería* juntamente, y el
36.12 si no oyeren. .*perecerán* sin sabiduría
Sal. 1.6 mas la senda de los malos *perecerá*
2.12 no se enoje, y *perezcáis* en el camino
9.3 atrás; cayeron y *perecieron* delante de ti
9.6 los enemigos han *perecido*; han quedado
9.6 derribaste, su memoria *pereció* con ellas
9.18 ni la esperanza de los pobres *perecerá*
10.16 de su tierra han *perecido* las naciones
37.20 los impíos *perecerán*, y los enemigos
39.13 tomaré fuerzas, antes que. .y *perezca*
41.5 ¿cuándo morirá, y *perecerá* su nombre?
49.10 *perecen* del mismo modo que. .el necio
49.12,20 semejante a las bestias que *perecen*
68.2 así *perecerán* los impíos delante de Dios
71.13 *perezcan* los adversarios de mi alma
73.19 *perecieron*, se consumieron de terrores
73.27 los que se alejan de ti *perecerán*; tú
80.16 *perezcan* por la reprensión de tu rostro
83.10 que *perecieron* en Endor, fueron hechos
83.17 siempre; sean deshonrados, y *perezcan*
92.9 he aquí, *perecerán* tus enemigos; serán
102.26 ellos *perecerán*, mas tú permanecerás
103.16 que pasó el viento por ella, y *pereció*
112.10 el deseo de los impíos *perecerá*
119.92 ya en mi aflicción hubiera *perecido*
146.4 ese mismo día *perecen* sus pensamientos
Pr. 10.28 la esperanza de los impíos *perecerá*
11.7 muere el. .impío, *perece* su esperanza
11.7 y la expectación de los malos *perecerá*
11.10 cuando los impíos *perecen* hay fiesta
13.13 que menosprecia el precepto *perecerá*
19.9 falso. .y el que habla mentiras *perecerá*
21.28 el testigo mentiroso *perecerá*; mas el
28.28 *perecen*, los justos se multiplican
Ec. 7.15 justo hay que *perece* por su justicia
Is. 5.13 su gloria *pereció* de hambre. .se secó
14.8 que tú *pereciste*, no ha subido cortador
15.6 se marchitarán los. .todo verdor *perecerá*
29.14 *perecerá* la sabiduría de sus sabios
37.7 haré que en su tierra *perezca* a espada
41.11 *perecerán* los que contienden contigo
51.6 la misma manera *perecerán* sus moradores
51.6 para siempre, mi justicia no *perecerá*
56.5 perpetuo les daré, que nunca *perecerá*
57.1 *perece* el justo, y no hay quien piense
59.15 desagradó a. .porque *pereció* el derecho
60.12 el reino que no te sirviere *perecerá*
Jer. 6.21 el vecino y su compañero *perecerán*
7.28 *pereció* la verdad, y de la. .fue cortada
8.14 entremos en. .y *perezcamos* allí; porque
8.14 Jehová. .Dios nos ha destinado a *perecer*
9.12 ¿por qué causa la tierra ha *perecido*, ha
10.15 vana; al tiempo de su castigo *perecerán*
10.20 hijos me han abandonado y *perecieron*
27.10 y para que yo os arroje y *perezcáis*
27.15 *perezcáis* vosotros y los profetas que
31.15 acerca de sus hijos, porque *perecieron*
40.15 se dispersarán, y *perecerá* el resto de
44.27 serán consumidos. .hasta que *perezcan*
47.5 Ascalón ha *perecido*, y el resto de su
48.36 *perecieron*. .riquezas que habían hecho
48.46 ¡ay de ti, Moab! *pereció* el pueblo de
51.6 que no *perezcáis* a causa de su maldad
51.18 en el tiempo del castigo *perecerán*
Lm. 1.19 mis ancianos en la ciudad *perecieron*
3.18 *perecieron* mis fuerzas, y mi esperanza
Ez. 26.17 *pereciste* tú, poblada por gente de
37.11 secaron, y *pereció* nuestra esperanza
Dn. 2.18 a fin de que Daniel y. .no *pereciesen*
Jl. 1.12 la vid está seca, y *pereció* la higuera
Am. 1.8 el resto de los filisteos *perecerá*, ha
3.15 heriré. .y las casas de marfil *perecerán*
Abd. 8 ¿no haré que *perezcan* en aquel día, dice
Jon. 1.6 él tendrá compasión. .y no *pereceremos*
1.14 que no *perezcamos*. .por la vida de este
3.9 se apartará. .de su ira, y no *pereceremos*?
4.10 nació, y en espacio de otra noche *pereció*
Mi. 4.9 ¿*pereció*. .que te ha tomado dolor como
Nah. 1.15 nunca más volverá. .*pereció* del todo
Zac. 9.5 y *perecerá* el rey de Gaza, y Ascalón
Mt. 2.18 Raquel que llora. .porque *perecieron*
8.25 despertaron. .sálvanos, que *perecemos*!
8.32 todo el hato. .y *perecieron* en las aguas
26.52 que tomen espada, a espada *perecerán*
Mr. 4.38 Maestro, ¿no. .cuidado que *perecemos*?
Lc. 8.24 despertaron. .Maestro, que *perecemos*!
13.3,5 si no os arrepentís, todos *pereceréis*
15.17 de pan, y yo aquí *perezco* de hambre!
21.18 pero ni un cabello de. .cabeza *perecerá*
Jn. 6.27 trabajad, no por la comida que *perece*
10.28 doy vida eterna; y no *perecerán* jamás
11.50 muera. .y no que toda la nación *perezca*
Hch. 5.37 *pereció* también él, y todos los que
8.20 tu dinero *perezca* contigo, porque has
27.34 pues ni aun un cabello de la. .*perecerá*
Ro. 2.12 han pecado, sin ley también *perecerán*
1 Co. 2.6 ni de los príncipes de. .que *perecen*
10.9 de ellos le tentaron, y *perecieron* por
10.10 algunos. .*perecieron* por el destructor
15.18 los que durmieron en Cristo *perecieron*
2 Co. 3.7 la gloria. .la cual había de *perecer*
3.11 si lo que *perece* tuvo gloria, mucho más
He. 1.11 ellos *perecerán*, mas tú permaneces; y
11.31 por la fe Rahab la ramera no *pereció*
Stg. 1.11 cae, y *perece* su hermosa apariencia
2 P. 2.12 *perecerán* en su propia perdición
3.6 el mundo de entonces *pereció* anegado en
3.9 no queriendo que ninguno *perezca*, sino
Jud. 11 *perecieron* en la contradicción de Coré

PEREGRINACIÓN
Gn. 47.9 los días de los años de mi *p* son 130
47.9 vida de mis padres en los días de su *p*
Ez. 20.38 de la tierra de sus *p* los sacaré; mas
2 Co. 8.19 designado. .compañero de nuestra *p*
1 P. 1.17 conducíos en. .el tiempo de vuestra *p*

PEREGRINO, NA
Is. 49.21 porque. .estaba sola, *p* y desterrada
He. 11.13 confesando que eran extranjeros y *p*
1 P. 2.11 yo os ruego como a extranjeros y *p*

PERES
1. Descendiente de Manasés, 1 Cr. 7.16
2. Voz caldea que significa dividir
Dn. 5.28 *P*: Tu reino ha sido roto, y dado a los

PEREZA
Pr. 19.15 la *p* hace caer en profundo sueño, y
Ec. 10.18 por la *p* se cae la techumbre, y por

PEREZOSO
Jue. 18.9 no seáis *p* en poneros en marcha para
Pr. 6.6 vé a la hormiga, oh *p*, mira sus caminos
6.9 *p*, ¿hasta cuándo has de dormir? ¿Cuándo
10.26 como. .así es el *p* a los que lo envían
13.4 el alma del *p* desea, y nada alcanza; mas
15.19 el camino del *p* es como seto de espinos
19.24 el *p* mete su mano en el plato, y ni aun
20.4 el *p* no ara a causa del invierno; pedirá
21.25 deseo del *p* le mata, porque sus manos
22.13 el *p*: El león está fuera; seré muerto
24.30 pasé junto al campo del hombre *p*, y
26.13 dice el *p*: El león está en el camino
26.14 como la. .así el *p* se vuelve en su cama
26.15 mete el *p* su mano en el plato; se cansa
26.16 en su propia opinión el *p* es más sabio
Ro. 12.11 en lo que requiere diligencia, no *p*
He. 6.12 que no os hagáis *p*, sino imitadores

PÉREZ-UZA *"El quebrantamiento de Uza"*, 2 S. 6.8; 1 Cr. 13.11

PERFECCIÓN
Job 11.7 ¿llegarás tú a la *p* del Todopoderoso?
28.3 examinan todo a la *p*, las piedras que
Sal. 50.2 de Sion, *p* de hermosura, Dios ha
101.2 entenderé el camino de la *p* cuando
101.6 el que ande en el camino de la *p*, éste
119.96 a toda *p* he visto fin. .tu mandamiento
Cnt. 5.12 ojos como palomas. .a la *p* colocados
Ez. 28.12 tú eras el sello de la *p*, lleno de
2 Co. 13.9 gozamos. .aun oramos por vuestra *p*
He. 6.1 dejando ya los. .vamos adelante a la *p*
7.11 si, pues, la *p* fuere por el sacerdocio

PERFECCIONAR
Mt. 21.16 los niños. .*perfeccionaste* la alabanza?
Lc. 6.40 el que fuere *perfeccionado*, será como
2 Co. 7.1 *perfeccionando* la santidad en. .temor
12.9 mi poder se *perfecciona* en la debilidad
13.11 *perfeccionaos*. .sed de un mismo sentir
Ef. 4.12 fin de *perfeccionar* a los santos para
Fil. 1.6 que comenzó. .obra, la *perfeccionará*
He. 2.10 *perfeccionase*. .autor de la salvación
5.9 habiendo sido *perfeccionado*, vino a ser
7.19 (pues nada *perfeccionó* la ley), y de la
11.40 no fuesen ellos *perfeccionados* aparte
Stg. 2.22 que la fe se *perfeccionó* por las obras
1 P. 5.10 Dios. .él mismo os *perfeccione*, afirme
1 Jn. 2.5 el amor de Dios se ha *perfeccionado*
4.12 su amor se ha *perfeccionado* en nosotros
4.17 en esto se ha *perfeccionado* el amor en
4.18 el que teme, no ha sido *perfeccionado*

PERFECTO, TA
Gn. 6.9 Noé, varón. .era *p* en sus generaciones
17.1 yo soy el. .anda delante de mí y sé *p*
Nm. 19.2 que te traigan una vaca. .*p*, en la cual
32.11 no. .por cuanto no fueron *p* en pos de mí
32.12 excepto Caleb. .que fueron *p* en pos de
Dt. 18.13 *p* serás delante de Jehová tu Dios
32.4 él es la Roca, cuya obra es *p*, porque
1 S. 14.41 dijo Saúl a Jehová Dios. .Da suerte *p*
2 S. 22.31 en cuanto a Dios, *p* es su camino
1 R. 8.61 sea. .*p* vuestro corazón para. .Jehová
11.4 su corazón no era *p* con Jehová su Dios
15.3 no fue su corazón *p* con Jehová su Dios
15.14 Asa fue *p* para con Jehová toda su vida
1 Cr. 12.38 vinieron con corazón *p* a Hebrón
28.9 Dios. .sírvele con corazón *p* y con ánimo
29.19 da a mi hijo Salomón corazón *p*, para
2 Cr. 15.17 el corazón de Asa fue *p* en todos
16.9 favor de los que tienen corazón *p* para
25.2 lo recto ante. .aunque no de *p* corazón
Job 1.1,8; 2.3 *p* y recto, temeroso de Dios y
8.20 aquí, Dios no aborrece al *p*, ni apoya
9.20 si me dijere *p*, esto me haría inicuo
9.22 yo diga: Al *p* y impío él los consume
12.4 con todo, el justo y *p* es escarnecido
22.3 provecho de que tú hagas *p* tus caminos?
37.16 de. .las maravillas del *p* en sabiduría?
Sal. 18.30 en cuanto a Dios, *p* es su camino, y
18.32 Dios es el que. .quien hace *p* mi camino
19.7 la ley de Jehová es *p*, que convierte el
37.18 conoce Jehová los días de los *p*, y la
119.1 bienaventurados los *p* de camino, los
Pr. 2.21 tierra, y los *p* permanecerán en ella
4.18 que va en aumento hasta que el día es *p*
10.29 el camino de Jehová es fortaleza al *p*
11.5 la justicia del *p* enderezará su camino
11.20 mas los *p* de camino le son agradables
13.6 la justicia guarda al de *p* camino; mas
28.10 caerá en. .mas los *p* heredarán el bien
29.10 los hombres sanguinarios aborrecen al *p*
Cnt. 5.2 ábreme. .*p* mía, porque mi cabeza está
6.9 mas una es la paloma mía, la *p* mía; es
Is. 18.5 el fruto sea *p*, y pasada la flor se
Lm. 2.15 ¿es esta la ciudad que. .de *p* hermosura
Ez. 16.14 era *p*, a causa de mi hermosura que
27.3 Tiro. .has dicho: Yo soy de *p* hermosura
28.15 *p* eras en todos tus caminos desde el
Mt. 5.48 sed. .*p*, como vuestro Padre que. .es *p*
19.21 si quieres ser *p*, anda, vende lo que
Jn. 17.23 para que sean *p* en unidad, para que
Ro. 12.2 buena voluntad de Dios, agradable y *p*
1 Co. 13.10 cuando venga lo *p*. .que es en parte
2 Co. 10.6 para. .cuando vuestra obediencia sea *p*
Ef. 4.13 varón *p*, a la medida de la estatura
Fil. 3.12 ya, ni que ya sea *p*; sino que prosigo
3.15 los que somos *p*, esto mismo sintamos
Col. 1.28 presentar *p* en Cristo Jesús a todo
3.14 vestíos de amor, que es el vínculo *p*
4.12 para que estéis firmes, *p* y completos
2 Ti. 3.17 fin de que el hombre de Dios sea *p*
He. 7.28 constituye. .al Hijo. .*p* para siempre
9.9 presentan ofrendas. .que no pueden hacer *p*
9.11 por el más amplio y más *p* tabernáculo
10.1 nunca puede. .hacer *p* a los que se acercan
10.14 hizo *p* para siempre a los santificados
12.23 los espíritus de los justos hechos *p*
Stg. 1.4 para que seáis *p* y cabales, sin que
1.17 todo don *p* desciende de lo alto, del
1.25 el que mira atentamente en la *p* ley, la
3.2 si. .no ofende en palabra, éste es varón *p*
1 Jn. 4.18 que el *p* amor echa fuera el temor
Ap. 3.2 no he hallado tus obras *p* delante de

PÉRFIDA
Is. 10.6 mandaré contra una nación *p*, y sobre

PERFUMADOR, RA
Éx. 30.25 según el arte del *p*, será el aceite
30.35 harás. .un perfume según el arte del *p*
37.29 el incienso puro. .según el arte del *p*
1 S. 8.13 tomará también a vuestras hijas. .*p*

PERFUMAR
Pr. 7.17 *perfumado* mi cámara con mirra, áloes
Os. 14.6 sus ramas. .y *perfumará* como el Líbano

PERFUME
Éx. 30.35 un *p* según el arte del perfumador
Lv. 16.12 puños llenos del *p* aromático molido
16.13 pondrá el *p* sobre el fuego delante de
16.13 la nube del *p* cubrirá el propiciatorio
24.7 incienso puro, y será para el pan como *p*
26.31 y no oleré la fragancia de vuestro. .*p*
1 Cr. 6.49 sobre el altar. .*p* quemaban incienso
9.30 los hijos de los sacerdotes hacían los *p*
2 Cr. 9.24 traía. .armas, *p*, caballos y mulos
16.14 en un ataúd, el cual llenaron de *p* y
32.27 adquirió. .*p*, escudos, y toda clase de
Est. 2.12 mirra y seis meses con *p* aromáticos
Pr. 27.9 el ungüento y el *p* alegran el corazón
Ec. 10.1 hacen heder y dar mal olor al *p* del
Is. 3.24 y en lugar de los *p*. .vendrá hediondez
57.9 y multiplicaste tus *p*, y enviaste tus

PERFUME *(Continúa)*

Mt. 26.7 vaso de alabastro de *p* de gran precio
26.12 al derramar este *p* sobre mi cuerpo, lo
Mr. 14.3 una mujer con un vaso..de *p* de nardo
14.4 ¿para qué..hecho este desperdicio de *p*?
Lc. 7.37 trajo un frasco de alabastro con *p*
7.38 besaba sus pies, y los ungía con el *p*
7.46 no..mas ésta ha ungido con *p* mis pies
Jn. 11.2 María..fue la que ungió al Señor con *p*
12.3 entonces María tomó una libra de *p* de
12.3 nardo..la casa se llenó del olor del *p*
12.5 ¿por qué no fue este *p* vendido..y dado

PERFUMERO

Neh. 3.8 restauró también Hananías, hijo de..*p*

PERFUMISTA

2 Cr. 16.14 diversas especias..por expertos *p*
Ec. 10.1 y dar mal olor al perfume del *p*; así

PERGAMINO

2 Ti. 4.13 trae..los libros, mayormente los *p*
Ap. 6.14 el cielo se desvaneció como un *p* que

PÉRGAMO *Ciudad en la provincia de Asia*

Ap. 1.11 y envíalo a las siete iglesias que..*P*
2.12 y escribe al ángel de la iglesia en *P*

PERGE *Ciudad en la región de Panfilia*

Hch. 13.13 Pablo y..arribaron a *P* de Panfilia
13.14 pasando de *P*, llegaron a Antioquía de
14.25 y habiendo predicado la palabra en *P*

PERICIA

Sal. 78.72 los pastoreó con la *p* de sus manos

PERIDA *Padre de una familia de siervos de Salomón (=Peruda)*, Neh. 7.57

PERITO

2 Cr. 2.14 sabe trabajar en..con tus hombres *p*
Jer. 10.9 los vestirán de azul y de..obra de *p*
1 Co. 3.10 como *p* arquitecto puse el fundamento

PERJUDICAR

Dn. 6.2 para que el rey no fuese *perjudicado*

PERJUDICIAL

Esd. 4.15 es ciudad rebelde, y *p* a los reyes

PERJUICIO

Esd. 4.22 ¿por qué habrá de crecer el daño en *p*
Hch. 27.10 ves que la navegación va a ser con *p*
27.21 y no zarpar..sólo para recibir este *p*

PERJURAR

Os. 4.2 *perjurar*, mentir..adulterar prevalecen
Mt. 5.33 dicho..No *perjurarás*, sino cumplirás

PERJURO

1 Ti. 1.10 para..*p*, y para cuanto se oponga a

PERLA

Job 28.18 no se hará mención de coral ni de *p*
Ez. 27.16 con *p*, púrpura..venía a tus ferias
Mt. 7.6 ni echéis vuestras *p* delante de..cerdos
13.45 semejante..mercader que busca buenas *p*
13.46 habiendo hallado una *p* preciosa, fue y
1 Ti. 2.9 no..oro, ni *p*, ni vestidos costosos
Ap. 17.4 adornada..de *p*, y tenía en la mano un
18.12 mercadería de oro..de *p*, de lino fino
18.16 y estaba adornada de oro, de..y de *p*!
21.21 puertas eran doce *p*; cada una..una *p*

PERMANECER

Gn. 8.22 mientras la tierra *permanezca*, no
Lv. 12.4 *permanecerá* 33 días purificándose de
Nm. 9.18 nube estaba..*permanecían* acampados
9.22 nube se detenía..*permaneciendo* sobre él
31.19 *permaneced* fuera del campamento 7 días
Jos. 7.26 montón de piedras, que *permanece*..hoy
8.29 montón de piedras..*permanece* hasta hoy
10.27 grandes piedras..las cuales *permanecen*
Jue. 6.24 el cual *permanece* hasta hoy en Ofra
17.12 levita..*permaneció* en casa de Micaía
1 S. 13.7 Saúl *permanecía* aún en Gilgal, y todo
2 S. 7.29 para que *permanezca*..delante de ti
1 R. 8.11 los sacerdotes no pudieron *permanecer*
2 R. 13.6 la imagen de..*permaneció* en Samaria
1 Cr. 17.24 *permanezca*..engrandecido tu nombre
17.27 la casa de tu siervo..que *permanezca*
Neh. 4.22 cada uno con su criado *permanezca*
Job 8.15 no *permanecerá* ella en pie; se asirá
14.2 y huye como la sombra y no *permanece*
29.19 raíz..en mis ramas *permanecía* el rocío
Sal. 9.7 pero Jehová *permanecerá* para siempre
19.9 el temor de Jehová es limpio..*permanece*
33.11 el consejo de Jehová *permanecerá* para
49.12 mas el hombre no *permanecerá* en honra
55.19 el que *permanece* desde la antigüedad
102.12 tú, Jehová, *permanecerás* para siempre
102.26 ellos perecerán, mas tú *permanecerás*
111.3 y su justicia *permanece* para siempre
111.10 tienen..su loor *permanece* para siempre
112.3,9 su justicia *permanece* para siempre
119.89 *permanece* tu palabra en los cielos
125.1 no se mueve, sino que *permanece* para
Pr. 2.21 y los perfectos *permanecerán* en ella
10.25 como pasa el..así el malo no *permanece*
10.25 mas el justo *permanece* para siempre
12.7 la casa de los justos *permanecerá* firme
12.19 el labio veraz *permanecerá* para siempre
19.21 mas el consejo de Jehová *permanecerá*
21.28 el hombre que oye, *permanecerá* en su
28.2 por el hombre..sabio *permanece* estable
Ec. 1.4 viene; mas la tierra siempre *permanece*
Is. 7.9 vosotros no creyereis..no *permaneceréis*
40.8 palabra del Dios nuestro *permanece* para
46.10 mi consejo *permanecerá*, y haré todo lo
51.8 mi justicia *permanecerá* perpetuamente
66.22 nueva tierra que yo hago *permanecerán*
66.22 así *permanecerá* vuestra descendencia y
Jer. 2.22 la mancha de tu pecado *permanecerá*
33.25 si no *permanece* mi pacto con el día y
44.28 la palabra de quién ha de *permanecer*
44.29 de cierto *permanecerán* mis palabras
Lm. 5.19 tú, Jehová, *permanecerás* para siempre
Ez. 3.15 y allí *permanecí* siete días atónito
17.14 que guardando el pacto, *permaneciese*
36.34 en lugar de haber *permanecido* asolada
Dn. 2.44 el reino..él *permanecerá* para siempre
6.26 él es el Dios viviente y *permanece* por
11.6 ni *permanecerá* él, ni su brazo; porque
11.17 pero no *permanecerá*, ni tendrá éxito
Nah. 1.6 ¿quién *permanecerá* delante de su ira?
Hab. 2.5 hombre soberbio, que no *permanecerá*
Zac. 5.4 *permanecerá* en medio de su casa y la
Mt. 2:13 *permanece* allá hasta que yo te diga
11.23 habría *permanecido* hasta el día de hoy
12.25 o casa dividida contra..no *permanecerá*
12.26 si..¿cómo, pues, *permanecerá* su reino?
Mr. 3.24 dividido..tal reino no puede *permanecer*
3.25 dividida..tal casa no puede *permanecer*
3.26 y se divide, no puede *permanecer*, sino
Lc. 1.22 hablaba por señas, y *permaneció* mudo
9.32 mas *permaneciendo* despiertos, vieron la
11.18 Satanás..¿cómo *permanecerá* su reino?
22.28 los que habéis *permanecido* conmigo en
Jn. 1.32 como paloma, y *permaneció* sobre él
1.33 descender el..y que *permanece* sobre él
6.27 la comida que a vida eterna *permanece*
6.56 el que come mi carne y..en mí *permanece*
8.31 vosotros *permaneciereis* en mi palabra
8.44 no ha *permanecido* en la verdad, porque
9.41 decís: Vemos, vuestro pecado *permanece*
12.34 que el Cristo *permanece* para siempre
12.46 cree en mí no *permanezca* en tinieblas
15.4 *permaneced* en mí, y yo en vosotros. Como
15.4 llevar fruto..si no *permanece* en la vid
15.4 tampoco vosotros, si no *permanecéis* en
15.5 que *permanece* en mí..lleva mucho fruto
15.6 el que en mí no *permanece*, será echado
15.7 *permanecéis*..y mis palabras *permanecen*
15.9 yo os he amado; *permaneced* en mi amor
15.10 *permaneceréis* en mi amor; así como yo
15.10 yo he guardado..*permanezco* en su amor
15.16 y vuestro fruto *permanezca*; para que
Hch. 11.23 que..*permaneciesen* fieles al Señor
14.22 exhortándoles a que *permaneciesen* en
14.28 *permanecieron* allí mucho tiempo con los
16.15 si..venid a mi casa, y *permaneced*. Y nos
18.20 le rogaban que se quedase con ellos..
20.24 ni estimo preciosa mi vida..*permanecer*
27.31 dijo..Si éstos no *permanecen* en la nave
27.33 *permanecéis* en ayunas, sin comer nada
28.30 Pablo *permaneció* dos años enteros en
Ro. 9.11 *permaneciese*, no por las obras sino
11.22 la bondad..si *permaneces* en esa bondad
11.23 no *permanecieren* en incredulidad, serán
1 Co. 3.14 si *permaneciere* la obra de alguno
7.24 llamado, así *permanezca* para con Dios
13.13 ahora *permanecen* la fe, la esperanza y
2 Co. 3.11 más glorioso será lo que *permanece*
9.9 dio..su justicia *permanece* para siempre
Gá. 1.18 Pedro, y *permanecí* con él quince días
2.5 que la verdad del evangelio *permaneciese*
3.10 maldito todo aquel que no *permaneciere*
Fil. 1.25 sé que quedaré, que aún *permaneceré*
Col. 1.23 si en verdad *permanecéis* fundados y
1 Ti. 2.15 se salvará..si *permaneciere* en fe
4.15 ocúpate en..cosas; *permanece* en ellas
5.25 obras; y..no pueden *permanecer* ocultas
2 Ti. 2.13 si fuéremos infieles, él *permanece*
He. 1.11 ellos perecerán, mas tú *permaneces*
4.1 *permaneciendo* aún la promesa de entrar
7.3 hecho..*permanece* sacerdote para siempre
7.24 por cuanto *permanece* para siempre, tiene
8.9 ellos no *permanecieron* en mi pacto, y yo
13.1 *permanezca* el amor fraternal
1 P. 1.23 palabra de Dios que vive y *permanece*
1.25 mas la palabra del Señor *permanece* para
2 P. 3.4 las cosas *permanecen* así como desde el
1 Jn. 2.6 dice que *permanece* en él, debe andar
2.10 ama a su hermano, *permanece* en la luz
2.14 la palabra de Dios *permanece* en vosotros
2.17 que hace la voluntad de Dios *permanece*
2.19 si hubiesen sido..habrían *permanecido*
2.24 lo que habéis oído desde el..*permanezca*
2.24 si lo que..oído..*permanece* en vosotros
2.24 vosotros *permaneceréis* en el Hijo y en
2.27 pero la unción..*permanece* en vosotros
2.27 según ella os ha enseñado, *permaneced* en
2.28 ahora, hijitos, *permaneced* en él, para
3.6 todo aquel que *permanece* en él, no peca
3.9 la simiente de Dios *permanece* en él; y no
3.14 el que no ama a su..*permanece* en muerte
3.24 y el que guarda sus..*permanece* en Dios
3.24 sabemos que él *permanece* en nosotros
4.12 Dios *permanece* en nosotros, y su amor
4.13 esto conocemos que *permanecemos* en él
4.15 Hijo..Dios *permanece* en él, y él en Dios
4.16 y el que *permanece* en amor, *p* en Dios
2 Jn. 2 a causa de la verdad que *permanece* en

PERMANENTE

Dt. 28.59 plagas grandes y *p*, y enfermedades
2 S. 15.20 vuélvete..Jehová te muestre amor *p*
Is. 14.6 que hería a los pueblos..con llaga *p*
He. 13.14 porque no tenemos aquí ciudad *p*, sino
1 Jn. 3.15 ningún homicida tiene vida..*p* en él

PERMISO

Neh. 13.6 al cabo de algunos días pedí *p* al rey
Mr. 5.13 Jesús les dio *p*. Y saliendo aquellos
Lc. 8.32 dejase entrar en ellos; y les dio *p*

PERMITIR

Gn. 20.6 y así no te *permití* que la tocases
31.7 Dios no le ha *permitido* que me hiciese
44.18 que *permitas* que hable tu siervo una
47.4 que *permitas* que habiten tus siervos en
Éx. 21.8 se le *permitirá* que se rescate, y no
32.25 porque Aarón lo había *permitido*, para
Nm. 6.21 de lo que sus recursos le *permitieren*
Dt. 18.14 a ti no te ha *permitido* esto Jehová
34.4 te he *permitido* verla con tus ojos, mas
Jue. 13.15 te ruego nos *permitas* detenerte, y
1 S. 20.29 *permíteme* ir ahora para visitar a
24.7 no les *permitió* que se levantasen contra
25.24 que *permitas* que tu sierva hable a tus
2 S. 14.12 que *permitas* que tu sierva hable una
15.7 te ruego me *permitas* que vaya a Hebrón
1 Cr. 16.21 no *permitió* que nadie los oprimiese
Neh. 4.2 ¿se les *permitirá* volver a ofrecer sus
Sal. 16.10 ni *permitirás* que tu..vea corrupción
30.1 no *permitiste* que..se alegraran de mí
66.9 no *permitió* que nuestros pies resbalasen
119.122 no *permitas*..soberbios me opriman
Is. 4.1 solamente *permítenos* llevar tu nombre
Jer. 4.14 ¿hasta cuándo *permitirás* en medio de
Ez. 4.15 te *permito* usar estiércol de bueyes
Mt. 8.21 *permíteme* que vaya..y entierre a mi
8.31 *permítenos* ir a aquel hato de cerdos
19.8 os *permitió* repudiar a vuestras mujeres
Mr. 5.19 Jesús no se lo *permitió*, sino que le
5.37 no *permitió* que le siguiese nadie sino
10.4 Moisés *permitió* dar carta de divorcio
Jn. 18.31 no nos está *permitido* dar muerte a
19.38 que le *permitiese* llevarse el cuerpo de
Hch. 2.27 ni *permitirás* que tu..vea corrupción
13.35 dice..No *permitirás* que tu Santo vea
16.7 ir..pero el Espíritu no se lo *permitió*
21.37 dijo al..¿Se me *permite* decirte algo?
21.39 ruego que me *permitas* hablar al pueblo
21.40 cuando él se lo *permitió*..hizo señal
26.1 se te *permite* hablar por ti mismo. Pablo
27.3 le *permitió* que fuese a los amigos, para
28.16 pero a Pablo se le *permitió* vivir aparte
1 Co. 14.34 porque no les es *permitido* hablar
16.7 algún tiempo, si el Señor lo *permite*
1 Ti. 2.12 no *permito* a la mujer enseñar, ni
He. 6.3 haremos, si Dios en verdad lo *permite*
Ap. 11.9 y no *permitirán* que sean sepultados
13.7 se le *permitió* hacer guerra contra los
13.14 señales que se le ha *permitido* hacer
13.15 se le *permitió* infundir aliento a la

PERMUTAR

Lv. 27.10 y si se *permutare* un animal por otro
Ez. 48.14 ni lo *permutarán*, ni traspasarán las

PERNICIOSA

Sal. 52.4 has amado toda suerte de palabras *p*
Ez. 5.16 arroje yo..las *p* saetas del hambre

PERNIQUEBRADO, DA

Lv. 22.22 *p*, mutilado, verrugoso, sarnoso o
Ez. 34.4 no vendasteis la *p*, ni volvisteis al
34.16 vendaré la *p*, y fortaleceré la débil
Zac. 11.16 curará la *p*, ni llevará la cansada

PEROL

1 S. 2.14 y lo metía en el *p*, en la olla, en

PERPETUAMENTE

1 S. 2.30 tu casa y..andarían delante de mí *p*
2 S. 2.26 ¿consumirá la espada *p*? ¿No sabes tú
7.29 que permanezca *p* delante de ti, porque
2 R. 8.19 darle lámpara a él y a sus hijos *p*

PERPETUAMENTE *(Continúa)*
1 Cr. 16.15 hace memoria de su pacto *p*, y de la
17.27 que permanezca *p* delante de ti, porque
28.4 me eligió. .que *p* fuese rey sobre Israel
28.8 buena tierra. .la dejéis en herencia. .*p*
29.18 conserva *p* esta voluntad del corazón
2 Cr. 9.8 tu Dios amó a Israel para afirmarlo *p*
21.7 que le daría lámpara a él y a sus hijos *p*
33.4 Jehová: En Jerusalén estará mi nombre *p*
Sal. 9.18 ni la esperanza. .pobres perecerá *p*
74.10 de blasfemar el enemigo *p* tu nombre?
77.8 ¿ha cesado. .¿se ha acabado *p* su promesa?
84.4 que habitan en tu casa; *p* te alabarán
89.1 las misericordias de Jehová cantaré *p*
Is. 26.4 confiad en Jehová *p*, porque en Jehová
34.10 día; *p* subirá su humo; de generación en
51.8 justicia permanecerá *p*, y mi salvación
Jer. 32.39 que me teman *p*, para que tengan bien
Am. 1.11 violó todo. .*p* ha guardado el rencor
He. 7.25 salvar *p* a los que por él se acercan

PERPETUAR
Gn. 48.16 y sea *perpetuado* en ellos mi nombre
Sal. 72.17 *perpetuará* su nombre mientras dure

PERPETUIDAD
Lv. 25.23 la tierra no se venderá a *p*, porque

PERPETUO, TUA
Gn. 9.12 la señal del pacto que. .por siglos *p*
9.16 estará el arco. .me acordaré del pacto *p*
17.7 por pacto *p*, para ser tu Dios, y el de
17.8 toda la tierra de Canaán en heredad *p*
17.13 mi pacto en vuestra carne por pacto *p*
17.19 confirmaré mi pacto con él como pacto *p*
48.4 y daré esta tierra a tu. .por heredad *p*
Éx. 12.14 como fiesta solemne. .por estatuto *p*
12.17 guardaréis la fiesta. .por costumbre *p*
27.21 estatuto *p* de los hijos de Israel por
28.43 estatuto *p* para él, y. .su descendencia
29.9 y tendrán el sacerdocio por derecho *p*
29.28 como estatuto *p* para los hijos de Israel
30.8 el incienso; rito *p* delante de Jehová
30.21 y lo tendrán por estatuto *p* él y su
31.16 día de. .por sus generaciones por pacto *p*
40.15 su unción les servirá por sacerdocio *p*
Lv. 3.17 estatuto *p* será por vuestras edades
6.18 estatuto *p*. .para vuestras generaciones
6.20 ofrenda *p*, la mitad a la mañana. .tarde
6.22 estatuto *p* de Jehová. .ella será quemada
7.34 y lo he dado a Aarón. .como estatuto *p*
7.36 ungió. .estatuto *p* en sus generaciones
10.9 estatuto *p*. .para vuestras generaciones
10.15 será por derecho *p* tuyo y de tus hijos
16.29 y esto tendréis por estatuto *p*: En el
16.31 afligiréis vuestras almas. .estatuto *p*
16.34 y esto tendréis como estatuto *p*, para
17.7 tendrán esto por estatuto *p* por. .edades
23.14 estatuto *p* es por vuestras edades en
23.21 estatuto *p* en dondequiera que habitéis
23.31,41; 24.3 estatuto *p* por vuestras
generaciones
24.8 lo pondrá continuamente. .como pacto *p*
24.9 de Aarón y de sus hijos. .por derecho *p*
25.34 no se venderá. .es *p* posesión de ellos
Nm. 10.8; 15.15 estatuto *p* por. .generaciones
18.8,11 he dado. .a tus hijos, por estatuto *p*
18.19 he dado. .por estatuto *p*; pacto de sal *p*
18.23 estatuto *p* para vuestros descendientes
19.10 estatuto *p* para los hijos de Israel, y
19.21 será estatuto *p*; también el que rociare
25.13 y tendrá él. .el pacto del sacerdocio *p*
Jos. 14.9 para ti, y. .tus hijos en herencia *p*
2 S. 20.3 que quedaron encerradas. .en viudez *p*
23.5 él ha hecho conmigo pacto *p*, ordenado
2 Cr. 2.4 Dios; lo cual ha de ser *p* en Israel
Job 41.4 ¿hará pacto. .lo tomes por siervo *p*?
Sal. 25.6 acuérdate. .de tus piedades. .que son *p*
45.17 *p* la memoria de tu nombre en todas las
78.66 e hirió a sus enemigos. .dio *p* afrenta
Pr. 27.24 será la corona para *p* generaciones?
Ec. 3.14 todo lo que Dios hace será *p*; sobre
Is. 35.10; 51.11 gozo *p* será sobre sus cabezas
56.5 nombre *p* les daré, que nunca perecerá
60.19 que Jehová te será por luz *p*, y el Dios
61.7 poseerán doble honra, y tendrán *p* gozo
61.8 afirmaré. .obra, y haré con ellos pacto *p*
63.12 que los guio. .haciéndose así nombre *p*
63.16 padre; nuestro Redentor *p* es tu nombre
64.9 ni tengas *p* memoria de la iniquidad, he
Jer. 8.5 este pueblo. .rebelde con rebeldía *p*?
15.18 ¿por qué fue *p* mi dolor, y mi herida
18.16 poner su tierra en. .objeto de burla *p*
20.11 *p* confusión que jamás será olvidada
23.40 y pondré sobre vosotros afrenta *p*, y
25.9 pondré por escarnio. .y en desolación *p*
49.13 todas sus ciudades serán desolaciones *p*
51.26 *p* asolamiento serás, ha dicho Jehová
Ez. 35.5 tuviste enemistad *p*, y entregaste a
35.9 pondré en asolamiento *p*, y tus ciudades
37.26 pacto de paz, pacto *p* será con ellos
46.14 ofrenda para Jehová. .por estatuto *p*

Dn. 12.2 y otros para vergüenza y confusión *p*
12.3 los. .como las estrellas a *p* eternidad
Mi. 2.9 a sus niños quitasteis mi *p* alabanza
Sof. 2.9 Moab será como Sodoma. .asolamiento *p*

PERPLEJO, JA
Dn. 5.9 Belsasar se. .sus príncipes estaban *p*
Mr. 6.20 se quedaba muy *p*, pero le escuchaba
Lc. 9.7 estaba *p*, porque decían algunos: Juan
24.4 que estando ellas *p* por esto, he aquí se
Hch. 2.12 todos atónitos y *p*, diciéndose unos
10.17 Pedro estaba *p* dentro de sí sobre lo
Gá. 4.20 pues estoy *p* en cuanto a vosotros

PERRILLO
Mt. 15.26 tomar el pan de los. .echarlo a los *p*
15.27 los *p* comen de las migajas que caen de
Mr. 7.27 tomar el pan de los. .echarlo a los *p*
7.28 pero aun los *p*. .comen de las migajas de

PERRO
Éx. 11.7 Israel. .ni un *p* moverá su lengua, para
22.31 carne destrozada. .a los *p* la echaréis
Dt. 23.18 no traerás. .el precio de un *p* a la
Jue. 7.5 que lamiere las aguas. .como lame el *p*
1 S. 17.43 ¿soy yo *p*, para que vengas a mí con
24.14 ¿a quién persigues? ¿A un *p* muerto?
2 S. 3.8 ¿soy yo cabeza de *p* que pertenezca a
9.8 para que mires a un *p* muerto como yo?
16.9 maldice este *p* muerto a mi señor el rey
1 R. 14.11 el que muera de. .lo comerán los *p*
16.4 muerto en la ciudad, lo comerán los *p*
21.19 donde lamieron los *p* la sangre de Nabot
21.19 *p* lamerán también tu sangre, tu misma
21.23 los *p* comerán a Jezabel en el muro de
21.24 de Acab fuere muerto en. .*p* lo comerán
22.38 los *p* lamieron su sangre (y también las
2 R. 8.13 ¿qué es tu siervo, este *p*, para que
9.10 a Jezabel la comerán los *p* en el campo
9.36 en. .comerán los *p* las carnes de Jezabel
Job 30.1 padres yo desdeñara poner con los *p* de
Sal. 22.16 *p* me han rodeado; me ha cercado
22.20 libra. .alma, del poder del *p* mi vida
59.6 volverán a la tarde, ladrarán como *p*, y
59.14 vuelvan. .a la tarde, ladren como *p*
68.23 sangre. .y de ella la lengua de tus *p*
Pr. 26.11 como *p* que vuelve a su vómito, así
26.17 como el que toma al *p* por las orejas
Ec. 9.4 porque mejor es *p* vivo que león muerto
Is. 56.10 todos ellos *p* mudos, no pueden ladrar
56.11 y esos *p* comilones son insaciables; y
66.3 sacrifica oveja, como si degollase un *p*
Jer. 15.3 espada para matar, y *p*. .despedazar
Mt. 7.6 no deis lo santo a los *p*, ni echéis
Lc. 16.21 los *p* venían y le lamían las llagas
Fil. 3.2 guardaos de los *p*, guardaos de los
2 P. 2.22 el *p* vuelve a su vómito, y la puerca
Ap. 22.15 los *p* estarán fuera, y los hechiceros

PERSA *Originario de Persia*
2 Cr. 36.20 hasta que vino el reino de los *p*
36.22 mas al primer año de Ciro rey de los *p*
36.22 Jehová despertó. .de Ciro rey de los *p*
36.23 así dice Ciro, rey de los *p*: Jehová, el
Neh. 12.22 hasta el reinado de Darío el *p*
Ez. 27.10 *p*. .fueron en tu ejército tus hombres
Dn. 5.28 tu reino. .dado a los medos y a los *p*
6.28 reinado de Darío y. .reinado de Ciro el *p*

PERSECUCIÓN
Gn. 31.36 para que con. .hayas venido en mi *p*?
2 S. 20.10 fueron en *p* de Seba hijo de Bicri
Lm. 5.5 padecemos *p* sobre nosotros. .fatigamos
Mt. 5.10 bienaventurados los que padecen *p* por
13.21 al venir la aflicción o la *p* por causa
Mr. 4.17 viene. .o la *p* por causa de la palabra
10.30 que no reciba. .hijos, y tierras, con *p*
Hch. 8.1 hubo una gran *p* contra la iglesia que
11.19 habían sido esparcidos a causa de la *p*
13.50 y levantaron *p* contra Pablo y Bernabé
Ro. 8.35 o *p*, o hambre, o desnudez, o peligro
1 Co. 4.12 maldicen, y bendecimos; padecemos *p*
2 Co. 12.10 gozo. .en *p*, en angustias; porque
Gá. 5.11 hermanos. .¿por qué padezco *p* todavía?
6.12 para no padecer *p* a causa de la cruz de
2 Ts. 1.4 paciencia y fe en todas vuestras *p*
2 Ti. 3.11 *p*, padecimientos, como los que me
3.11 en Listra; *p* que he sufrido, y de todas
3.12 quieren vivir piadosamente. .padecerán *p*

PERSEGUIDO *Véase Perseguir*

PERSEGUIDOR
Jos. 2.7 fue cerrada después que salieron los *p*
Neh. 9.11 a sus *p* echaste en las profundidades
Sal. 31.15 líbrame de la mano de. .y de mis *p*
35.3 saca la lanza, cierra contra mis *p*; dí
119.157 muchos son mis *p* y mis enemigos, mas
Is. 30.16 por tanto, serán veloces vuestros *p*
Lm. 1.3 *p* la alcanzaron entre las estrechuras
1.6 y anduvieron sin fuerzas delante del *p*
4.19 ligeros fueron nuestros *p* más que las
Fil. 3.6 en cuanto a celo, *p* de la iglesia; en
1 Ti. 1.13 habiendo yo sido antes blasfemo, *p*

PERSEGUIR
Gn. 35.5 no *persiguieron* a los hijos de Jacob
Éx. 15.9 dijo: *Perseguiré*, apresaré, repartiré
Lv. 26.7 y *persiguiréis* a vuestros enemigos, y
26.8 cinco de. .*perseguirán* a ciento, y ciento
26.8 ciento de vosotros *perseguirán* a 10.000
26.17 huiréis sin que haya quien os *persiga*
26.36 el sonido de una hoja. .los *perseguirá*
26.36 hoja. .y caerán sin que nadie los *persiga*
26.37 si huyeran. .aunque nadie los *persiga*
Nm. 14.45 los derrotaron, *persiguiéndolos* hasta
Dt. 1.44 os *persiguieron* como hacen las avispas
19.6 que el vengador de. .*persiga* al homicida
28.22 y te *perseguirán* hasta que perezcas
28.45 te *perseguirán*, y te alcanzarán hasta
30.7 sobre tus enemigos. .que te *persiguieron*
32.30 ¿cómo podría *perseguir* uno a mil, y dos
Jos. 2.22 que volvieron los que los *perseguían*
2.22 los que los *persiguieron* buscaron por
8.24 desierto a donde los habían *perseguido*
23.10 un varón de vosotros *perseguirá* a mil
Jue. 8.4 cansados, mas todavía *persiguiendo*
8.5 y yo *persigo* a Zeba y Zalmuna, reyes de
9.40 mas lo *persiguió* Abimelec, y Gaal huyó
20.45 y fueron *persiguiéndolos*. .hasta Gidom
1 S. 14.22 los *persiguieron* en aquella batalla
23.28 volvió, por. .Saúl de *perseguir* a David
24.1 cuando Saúl volvió de *perseguir* a los
24.14 el rey. .¿A quién *persigues*? ¿A un perro
25.29 se haya levantado para *perseguirte* y
26.18 ¿por qué *persigue* así mi señor a su
26.20 como quien *persigue* una perdiz por los
30.8 ¿*perseguiré* a estos merodeadores? ¿Los
2 S. 2.26 vuelva de *perseguir* a sus hermanos?
2.28 el pueblo se detuvo, y no *persiguió* más
2.30 también volvió de *perseguir* a Abner, y
22.38 *perseguiré* a mis enemigos. .destruiré
24.13 ¿o que huyas. .y que ellos te *persigan*?
2 R. 3.24 *persiguieron* matando a los de Moab
14.19 pero le *persiguieron* hasta Laquis, y
2 Cr. 14.13 Asa. .los *persiguieron* hasta Gerar
Job 13.25 y a una paja seca has de *perseguir*?
19.22 ¿por qué me *perseguía* como Dios, y ni
19.28 decir: ¿Por qué le *perseguimos*? ya que
30.21 con el poder de tu mano me *persigues*
Sal. 7.1 sálvame de todos los que me *persiguen*
7.5 *persiga* el enemigo mi alma, y alcáncela
10.2 con arrogancia el malo *persigue* al pobre
10.15 *persigue* la maldad del malo hasta que
18.37 *perseguí* a mis enemigos, y los alcancé
35.6 sea. .y el ángel de Jehová los *persiga*
55.3 iniquidad, y con furor me *persiguen*
69.26 porque *persiguieron* al que tú heriste
71.11 *perseguidle* y tomadle, porque no hay
83.15 *persíguelos* así con tu tempestad, y
109.16 y *persiguió* al. .afligido y menesteroso
119.84 juicio contra los que me *persiguen*?
119.86 todos. .sin causa me *persiguen*; ayúdame
119.150 se acercaron. .los que me *persiguen*
119.161 príncipes me han *perseguido* sin causa
142.6 líbrame de los que me *persiguen*, porque
143.3 ha *perseguido* el enemigo mi alma; ha
Pr. 13.21 mal *perseguirá* a los pecadores, mas
28.1 huye el impío sin que nadie lo *persiga*
Is. 13.14 como gacela *perseguida*, y como oveja
14.6 que hería. .y las *perseguía* con crueldad
Jer. 17.18 avergüéncense los que me *persiguen*
20.11 los que me *persiguen* tropezarán, y no
29.18 los *perseguiré* con espada, con hambre
42.16 el hambre. .allá en Egipto os *perseguirá*
Lm. 3.43 desplegaste la ira y nos *perseguiste*
3.66 *persíguelos* en tu furor, y quebrántalos
4.19 sobre los montes nos *persiguieron*, en
Ez. 35.6 sangre te destinaré, y te *perseguirá*
35.6 la sangre no aborreciste. .te *perseguirá*
Os. 8.3 Israel desechó. .enemigo lo *perseguirá*
Am. 1.11 porque *persiguió* a espada a. .hermano
Nah. 1.8 tinieblas *perseguirán* a sus enemigos
Mt. 5.11 mi causa os vituperen y os *persigan*
5.12 porque así *persiguieron* a los profetas
5.44 orad por los. .ultrajan y os *persiguen*
10.23 os *persigan* en esta ciudad, huid a la
23.34 unos. .*perseguiréis* de ciudad en ciudad
Lc. 11.49 unos matarán y a otros *perseguirán*
21.12 os echarán mano, y os *perseguirán*, y
Jn. 5.16 causa los judíos *perseguían* a Jesús
15.20 a mí me han perseguido. .os *perseguirán*
Hch. 7.52 cuál de los profetas no *persiguieron*
9.4; 22.7; 26.14 Saulo, ¿por qué me *persigues*?
9.5; 22.8; 26.15 yo soy Jesús. .quien tú *persigues*
22.4 *perseguía* yo. .Camino hasta la muerte
26.11 enfurecido. .los *perseguí* hasta en las
Ro. 12.14 bendecid a los que os *persiguen*
1 Co. 15.9 porque *perseguí* a la iglesia de Dios
2 Co. 4.9 *perseguidos*, mas no desamparados
Gá. 1.13 que *perseguía*. .a la iglesia de Dios
1.23 aquel que en otro tiempo nos *perseguía*
4.29 *perseguía* al que había nacido según el
Ap. 12.13 el dragón. .*persiguió* a la mujer que

PERSEVERANCIA
Lc. 8.15 retienen la palabra. .dan fruto con *p*
Ef. 6.18 velando en ello con toda *p* y súplica

PERSEVERAR
1 S. 12.25 mas si *perseverareis* en hacer mal
Pr. 23.17 *persevera* en el temor de Jehová todo
Is. 26.3 aquel cuyo pensamiento en ti *persevera*
64.5 los pecados hemos *perseverado* por largo
Mt. 10.22; 24.13; Mr. 13.13 el que *persevere* hasta el fin, éste será salvo
Hch. 1.14 *perseveraban* unánimes en oración y
2.42 y *perseveraban* en la doctrina de los
2.46 y *perseverando*. .cada día en el templo
13.43 que *perseverasen* en la gracia de Dios
26.22 *persevero* hasta el día de hoy, dando
Ro. 2.7 vida eterna a los que, *perseverando* en
6.1 ¿*perseveraremos* en el pecado para que la
1 Co. 15.1 evangelio. .en el cual. .*perseveráis*
Col. 4.2 *perseverad* en la oración, velando en
Stg. 1.25 y *persevera* en ella, no siendo oidor
2 Jn. 9 no *persevera* en la doctrina de Cristo
9 el que *persevera* en. .ése sí tiene al Padre

PERSIA *Reino al oriente de Babilonia*
Esd. 1.1 en el primer año de Ciro rey de *P*, para
1.1 despertó. .el espíritu de Ciro rey de *P*
1.2 ha dicho Ciro rey de *P:* Jehová el Dios
1.8 los sacó, pues, Ciro rey de *P*, por mano
3.7 conforme a la voluntad de Ciro rey de *P*
4.3 como nos mandó el rey Ciro, rey de *P*
4.5 todo el tiempo de Ciro rey de *P* y hasta
4.5,24 hasta. .reinado de Darío rey de *P*
4.7 escribieron. .a Artajerjes rey de *P;* y la
4.9 los de *P*, de Erec, de Babilonia, de Susa
6.14 por mandato de. .y de Artajerjes rey de *P*
7.1 el reinado de Artajerjes rey de *P*, Esdras
9.9 su misericordia delante de los reyes de *P*
Est. 1.3 a los más poderosos de *P* y de Media
1.14 príncipes de *P* y de Media que veían la
1.18 dirán esto las señoras de *P* y de Media
1.19 escriba entre las leyes de *P* y de Media
10.2 en. .de las crónicas de los reyes. .de *P?*
Ez. 38.5 *P*, Cus y Fut con ellos; todos ellos
Dn. 6.8,12 conforme a la ley de Media y de *P*
6.15 ley de Media y de *P* que ningún edicto u
8.20 cuernos. .son los reyes de Media y de *P*
10.1 en el año tercero de Ciro rey de *P* fue
10.13 el príncipe del reino de *P* se me opuso
10.13 vino. .y quedé allí con los reyes de *P*
10.20 para pelear contra el príncipe de *P*
11.2 aún habrá tres reyes en *P*, y el cuarto

PÉRSIDA *Cristiana saludada por Pablo,* Ro. 16.12

PERSISTENTE
2 Cr. 21.15 salgan a causa de tu *p* enfermedad

PERSISTIR
Dt. 1.43 *persistiendo* con altivez subisteis al
Jos. 17.12 el cananeo *persistió* en habitar en
Jue. 1.27 y el cananeo *persistía* en habitar en
1.35 amorreo *persistió* en habitar en. .Heres
2 Cr. 26.5 y *persistió* en buscar a Dios en los
Ec. 8.3 te apresures. .ni en cosa mala *persistas*
Hch. 6.4 nosotros *persistiremos* en la oración y
12.16 *persistía* en llamar; y cuando abrieron
1 Ti. 4.16 *persiste* en ello, pues haciendo esto
5.20 los que *persisten* en pecar, repréndelos
2 Ti. 3.14 *persiste* tú en lo que has aprendido

PERSONA
Gn. 12.5 y las *p* que habían adquirido en Harán
14.21 dame las *p*, y toma para ti los bienes
17.14 aquella *p* será cortada de su pueblo; ha
36.6 Esaú tomó sus. .y todas las *p* de su casa
46.15 treinta y tres las *p* todas de sus hijos
46.18 de Zilpa. .dio a luz éstos. .dieciséis *p*
46.22 hijos de Raquel. .por todas catorce *p*
46.25 de Bilha. .dio a luz. .por todas siete *p*
46.26 las *p* que vinieron con Jacob a Egipto
46.26 sin las mujeres. .todas las *p* fueron 66
46.27 de José. .le nacieron en Egipto, dos *p*
46.27 las *p* de la casa de Jacob. .fueron 70
Éx. 1.5 todas las *p* que le nacieron a Jacob. .70
12.4 tomarán uno según el número de las *p*
16.16 conforme al número de las *p*, tomaréis
21.16 que robare una *p* y la vendiere. .morirá
21.30 dará por el rescate de su *p* cuanto le
30.12 uno dará a Jehová el rescate de su *p*
30.15,16 para hacer expiación por vuestras *p*
31.14 aquella *p* será cortada de en medio de
Lv. 2.1 alguna *p* ofreciere oblación a Jehová
4.2 alguna *p* pecare por yerro en alguno de
4.27 si alguna *p* del pueblo pecare por yerro
5.2 *p* que hubiere tocado. .cosa inmunda, sea
5.15 alguna *p* cometiere falta, y pecare por
5.17 una *p* pecare, o hiciere alguna de todas
6.2 *p* pecare e hiciere prevaricación contra
7.18 la *p* que de él comiere llevará su pecado
7.19 toda *p* limpia podrá comer la carne
7.20 la *p* que comiere la carne del sacrificio
7.20,21,27 *p* será cortada de entre su pueblo
7.21 la *p* que tocare alguna cosa inmunda
7.25 *p* que comiere será cortada de entre
11.43 no hagáis abominables vuestras *p* con
11.44 no contaminéis. .*p* con ningún animal que
13.39 es empeine que brotó. .está limpia la *p*
17.10 rostro contra la *p* que comiere sangre
17.11 la misma sangre hará expiación de la *p*
17.12 ninguna *p* de vosotros comerá sangre, ni
17.15 cualquier *p*, así de los naturales como
18.29 las *p* que las hicieren serán cortadas de
19.8 y la tal *p* será cortada de su pueblo
20.6 y la *p* que atendiere a encantadores o
20.6 yo pondré mi rostro contra la tal *p*, y
20.25 y no contaminéis vuestras *p* con. .aves
21.11 ni entrará donde haya alguna *p* muerta
22.6 la *p* que lo tocare será inmunda hasta la
23.29 *p* que no se afligiere en este mismo día
23.30 *p* que hiciere trabajo alguno. .este día
23.30 destruiré a la tal *p* de entre. .pueblo
24.17 que hiere de muerte a cualquiera *p*, que
27.2 la estimación de las *p* que se hayan de
27.29 ninguna *p* separada como anatema podrá
Nm. 5.7 *p* confesará el pecado que cometió, y
6.6 que se aparte. .no se acercará a *p* muerta
9.13 dejare de celebrar. .tal *p* será cortada
15.27 una *p* pecare por yerro, ofrecerá una
15.28 y el sacerdote hará expiación por la *p*
15.30 la *p* que hiciere algo con soberbia, así
15.30 esa *p* será cortada de en medio de su
15.31 y menospreció su. .será cortada esa *p*
19.11,13 que tocare cadáver de cualquier *p*
19.13 aquella *p* será cortada de Israel; por
19.18 y rociará. .las *p* que allí estuvieren, y
19.20 tal *p* será cortada de. .la congregación
19.22 la *p* que lo tocare será inmunda hasta
31.19 cualquiera que haya dado muerte a *p*
31.26 la cuenta. .de las *p* como de las bestias
31.28 así de las *p* como de los bueyes, de los
31.30 tomarás uno de cada cincuenta de las *p*
31.35 cuanto a *p*, de mujeres. .todas 32.000
31.40 y de las *p*, 16.000. .para Jehová, 32 *p*
31.46 y de las *p*, dieciséis mil
31.47 tomó. .así de las *p* como de los animales
35.30 un solo testigo no hará fe contra una *p*
Dt. 1.17 no hagáis distinción de *p* en el juicio
7.10 que da el pago en *p* al que le aborrece
7.10 no se demora con. .en *p* le dará el pago
10.17 no hace acepción de *p*, ni toma cohecho
10.22 con setenta *p* descendieron tus padres
16.19 hagas acepción de *p*, ni tomes soborno
20.16 las ciudades. .ninguna *p* dejarás con vida
1 S. 22.22 ocasionado la muerte a todas las *p*
28.2 yo te constituiré guarda de mi *p* durante
2 S. 17.11 y que tú en *p* vayas a la batalla
1 R. 19.2 no he puesto tu *p* como uno de ellos
2 R. 12.4 el dinero del rescate de cada *p* según
1 Cr. 5.21 y tomaron sus ganados. .y cien mil *p*
2 Cr. 19.7 nuestro Dios no hay. .acepción de *p*
Est. 2.3 ponga el rey *p* en todas las provincias
Job 13.8 ¿haréis acepción de *p* a su favor?
13.10 si solapadamente hacéis acepción de *p*
32.21 no haré ahora acepción de *p*, ni usaré
34.19 a aquel que no hace acepción de *p* de
Sal. 82.2 y aceptaréis las *p* de los impíos?
105.18 con grillos; en cárcel fue puesta su *p*
Pr. 18.5 tener respeto a la *p* del impío, para
24.23 hacer acepción de *p* en el juicio no es
28.21 hacer acepción de *p* no es bueno, hasta
Jer. 43.6 a las hijas del rey y a toda *p* que
52.29 él llevó cautivas de Jerusalén a 832 *p*
52.30 cautivas a 745 *p*. .todas las *p*. .4.600
Ez. 13.19 matando a las *p* que no deben morir
13.19 dando vida a las *p* que no deben vivir
Jon. 4.11 ciudad donde hay más de 120.000 *p* que
Mal. 2.9 como. .en la ley hacéis acepción de *p*
Lc. 20.21 que no haces acepción de *p*, sino que
Hch. 2.41 añadieron aquel día como tres mil *p*
2.43 y sobrevino temor a toda *p;* y muchas
7.14 venir. .en número de setenta y cinco *p*
10.34 comprendo. .Dios no hace acepción de *p*
27.10 y mucha pérdida. .también de nuestras *p*
27.37 y éramos todas las *p* en la nave 276
Ro. 2.11 no hay acepción de *p* para con Dios
13.1 sométase toda *p*. .autoridades superiores
16.18 *p* no sirven a nuestro Señor Jesucristo
1 Co. 16.16 que os sujetéis a *p* como ellos, y a
16.18 el vuestro; reconoced, pues, a tales *p*
2 Co. 1.11 que por muchas *p* sean dadas gracias
2.6 basta a tal *p* esta reprensión hecha por
10.11 tenga en cuenta tal *p*, que así como
Gá. 2.6 me importa; Dios no hace acepción de *p*
Ef. 6.9 y que para él no hay acepción de *p*
Col. 3.25 hiciere, porque no hay acepción de *p*
Stg. 2.1 vuestra fe en. .sea sin acepción de *p*
2.9 si hacéis acepción de *p*, cometéis pecado
1 P. 1.11 escudriñando qué *p*. .tiempo indicaba
1.17 sin acepción de *p* juzga según la obra
3.20 arca, en la cual pocas *p*. .fueron salvadas
2 P. 2.5 que guardó a Noé. .con otras siete *p*
3 Jn. 8 nosotros pues, debemos acoger a tales *p*
Jud. 16 adulando a las *p* para sacar provecho
Ap. 3.4 tienes unas pocas *p* en Sardis que no

PERSONAL
2 S. 23.23 lo puso. .como jefe de su guardia *p*
1 Cr. 11.25 a éste puso David en su guardia *p*

PERSUADIR
Jos. 15.18 la *persuadió* que pidiese a su padre
Jue. 1.14 la *persuadió* que pidiese a. .un campo
15.2 me *persuadí* de que la aborrecías, y la
2 S. 3.35 el pueblo vino para *persuadir* a David
2 Cr. 18.2 le *persuadió* que fuese. .contra Ramot
32.15 ni os *persuada* de ese modo, ni le creáis
Mt. 27.20 ancianos *persuadieron* a la multitud
28.14 oyere. .nosotros le *persuadiremos*, y os
Lc. 16.31 tampoco se *persuadirán* aunque alguno
20.6 *persuadidos* de que Juan era profeta
Hch. 13.43 les *persuadían* a que perseverasen
14.19 judíos. .*persuadieron* a la multitud, y
18.4 discutía. .*persuadía* a judíos y a griegos
18.13 *persuade* a. .honrar a Dios contra la ley
19.8 *persuadiendo* acerca del reino de Dios
21.14 como no. .pudimos *persuadir*, desistimos
26.28 por poco me *persuades* a ser cristiano
28.23 *persuadiéndoles* acerca de Jesús, tanto
2 Co. 5.11 *persuadimos* a los hombres, pero a
10.7 está *persuadido* en sí. .que es de Cristo
Fil. 1.6 estando *persuadido* de esto, que el que
2 Ti. 3.14 que has aprendido y te *persuadiste*.
He. 6.9 estamos *persuadidos* de cosas mejores

PERSUASIÓN
Hch. 19.26 ha apartado a muchas gentes con *p*
Gá. 5.8 esta *p* no procede de aquel que os llama

PERSUASIVA
1 Co. 2.4 con palabras *p* de humana sabiduría
Col. 2.4 para que nadie os engañe con palabras *p*

PERTENECER
Lv. 6.5 restituirá. .a aquel a quien *pertenece*
Nm. 1.50 sobre todas las cosas que le *pertenecen*
Dt. 29.29 cosas secretas *pertenecen* a Jehová
2 S. 3.8 ¿soy yo. .perro que *pertenezca* a Judá?
1 R. 7.48 enseres que *pertenecían* a la casa de
2 R. 14.28 Hamat, que habían *pertenecido* a Judá
Sal. 50.11 todo lo que se mueve. .me *pertenece*
Ez. 48.10 porción santa que *pertenecerá* a los
He. 6.9 que *pertenecen* a la salvación, aunque
1 P. 4.11 a quien *pertenecen* la gloria y el
2 P. 1.3 las cosas que *pertenecen* a la vida y
Ap. 7.10 la salvación *pertenece* a nuestro Dios

PERTENECIENTE
Nm. 31.30 de la mitad *p* a los hijos de Israel
1 S. 6.18 las ciudades. .*p* a los cinco príncipes

PERTRECHO
1 S. 8.12 y a que hagan. .los *p* de sus carros

PERTURBACIÓN
Stg. 3.16 donde hay celos y. .hay *p* y toda obra

PERTURBAR
Jue. 18.7 nadie. .les *perturbase* en cosa alguna
1 Cr. 2.7 fue Acán, el que *perturbó* a Israel
Job 3.17 allí los impíos dejan de *perturbar*, y
Dn. 2.1 y se *perturbó* su espíritu, y se le fue
Lc. 23.14 como un hombre que *perturba* al pueblo
Hch. 15.24 os han. .*perturbando* vuestras almas
Gá. 1.7 hay algunos que os *perturban* y quieren
5.10 el que os *perturba* llevará la sentencia
5.12 ¡ojalá se mutilasen los que. .*perturban!*

PERUDA *Padre de una familia de siervos de Salomón (=Perida),* Esd. 2.55

PERVERSAMENTE
Jer. 9.5 cada uno engaña. .ocupan de actuar *p*

PERVERSIDAD
Nm. 23.21 en Jacob, ni ha visto *p* en Israel
2 S. 22.5; Sal. 18.4 y torrentes de *p* me atemorizaron
Sal. 28.4 dales. .conforme a la *p* de sus hechos
125.5 a los que se apartan tras sus *p*, Jehová
139.24 ve si hay en mí camino de *p*, y guíame
Pr. 2.12 librarte. .de los hombres que hablan *p*
2.14 mal, que se huelgan en las *p* del vicio
4.24 aparta de ti la *p* de la boca, y aleja de
6.12 depravado, es el que anda en *p* de boca
6.14 *p* hay en su corazón; anda pensando el
10.32 justo. .la boca de los impíos habla *p*
11.3 destruirá a los pecadores la *p* de ellos
15.4 mas la *p* de ella es quebrantamiento de
16.30 cierra sus ojos para pensar *p;* mueve
23.33 cosas extrañas, y tu corazón hablará *p*
Is. 29.16 vuestra *p* ciertamente será reputada
Ez. 9.9 la ciudad está llena de *p;* porque han
11.2 estos son los hombres que maquinan *p*, y
22.9 comieron en. .hicieron en medio de ti *p*
23.48 mujeres, y no harán según vuestras *p*
23.49 y sobre vosotras pondrán vuestras *p*
Os. 9.15 por la *p* de sus obras los echaré de
Ro. 1.29 atestados de toda. .*p*, avaricia, maldad

PERVERSIÓN
Lv. 18.23 animal para ayuntarse con él; es *p*
20.12 ambos han de morir; cometieron grave *p*
Ec. 5.8 si..*p* de derecho y de justicia vieres
7.29 recto, pero ellos buscaron muchas *p*

PERVERSO, SA
Nm. 14.35 así haré a toda esta multitud *p* que
22.32 porque tu camino es *p* delante de mí
Dt. 15.9 de tener en tu corazón pensamiento *p*
32.5 de..es la mancha, generación torcida y *p*
32.20 son una generación *p*, hijos infieles
Jue. 19.22 *p*, rodearon la casa, golpeando a la
20.13 entregad, pues..a aquellos hombres *p*
1 S. 10.27 *p* dijeron: ¿Cómo nos ha de salvar
20.30 hijo de la *p* y..¿acaso no sé yo que tú
25.17 él es un hombre tan *p*, que no hay quien
25.25 no haga caso ahora mi señor de ese..*p*
30.22 malos y *p* de entre los que habían ido
2 S. 13.13 serías estimado como uno de los *p*
16.7 ¡fuera, fuera, hombre sanguinario y *p!*
20.1 un hombre *p* que se llamaba Seba hijo de
22.27 limpio, y rígido serás para con el *p*
1 R. 21.10 poned a dos hombres *p* delante de él
21.13 vinieron entonces dos hombres *p*, y se
21.13 *p* atestiguaron contra Nabot delante de
2 Cr. 13.7 se juntaron con él hombres vanos y *p*
Est. 9.25 el *p* designio que aquel trazó contra
Job 5.13 que..frustra los designios de los *p*
22.15 la senda..que pisaron los hombres *p*
34.18 ¿se dirá al rey: *P;* y a los príncipes
Sal. 3.7 los dientes de los *p* quebrantaste
18.26 limpio, y severo serás para con el *p*
71.4 líbrame de..de la mano del *p* y violento
101.4 corazón *p* se apartará de mí..malvado
Pr. 3.32 Jehová abomina al *p;* mas su comunión
8.8 boca; no hay en ellas cosa *p* ni torcida
8.13 la soberbia y..y la boca *p*, aborrezco
10.31 del justo..mas la lengua *p* será cortada
11.20 abominación son a Jehová..*p* de corazón
12.8 mas el *p* de corazón será menospreciado
14.17 locuras; y el hombre *p* será aborrecido
16.27 el hombre *p* cava en busca del mal, y en
16.28 el hombre *p* levanta contienda, y el
17.20 el *p* de corazón nunca hallará el bien
19.1 mejor es el..que el de *p* labios y fatuo
19.28 el testigo *p* se burlará del juicio, y
21.8 el camino del hombre *p* es torcido y
22.5 espinos y lazos hay en el camino del *p*
28.6 mejor es el..que el de *p* caminos y rico
28.18 mas el de *p* caminos caerá en alguno
Jer. 17.9 engañoso es el corazón..y *p;* ¿quién
Ez. 7.24 los más *p* de las naciones, los cuales
20.44 ni según vuestras *p* obras, oh..Israel
Dn. 2.9 preparáis respuesta mentirosa y *p* que
Nah. 1.11 salió el que imaginó..un consejero *p*
Sof. 3.5 pero el *p* no conoce la vergüenza
Mt. 17.17; Lc. 9.41 generación incrédula y *p!*
Hch. 2.40 sed salvos de esta *p* generación
20.30 hablen cosas *p* para arrastrar tras sí
1 Co. 5.13 quitad..a ese *p* de entre vosotros
Fil. 2.15 medio de una generación maligna y *p*
2 Ts. 3.2 seamos librados de hombres *p* malos
Stg. 3.16 donde hay celos..hay..y toda obra *p*

PERVERTIDAMENTE
Ez. 22.11 cada uno contaminó *p* a su nuera

PERVERTIR
Éx. 23.6 no *pervertirás* el derecho de..mendigo
23.8 y *pervierte* las palabras de los justos
Dt. 16.19 *pervierte* las palabras de los justos
24.4 de *pervertir* la tierra que Jehová..te da
27.19 maldito el que *pervirtiere* el derecho
1 S. 8.3 dejándose sobornar y *pervirtiendo* el
Job 8.3 *pervertirá* el Todopoderoso la justicia?
33.27 que dijere: Pequé, y *pervertí* lo recto
34.12 el Omnipotente no *pervertirá* el derecho
Sal. 56.5 todos los días..*pervierten* mi causa
Pr. 10.9 *pervierte* sus caminos será quebrantado
14.2 el de caminos *pervertidos* lo menosprecia
17.23 soborno..para *pervertir* las sendas de
18.5 *pervertir* el derecho del justo, no
31.5 *pervierten* el derecho de..los afligidos
Is. 29.21 y *pervierten* la causa del justo con
Jer. 23.36 *pervertisteis* las palabras del Dios
Mi. 3.9 abomináis..y *pervertís* todo el derecho
Lc. 23.2 *pervierte* a la nación, y que prohibe
Gá. 1.7 quieren *pervertir*..evangelio de Cristo
Tit. 3.11 sabiendo que el tal se ha *pervertido*

PESA
Lv. 19.36 balanzas justas, *p* justas y medidas
Dt. 25.13 no tendrás en tu bolsa *p* grande y *p*
25.15 *p* exacta y justa tendrás; efa cabal y
Pr. 11.1 el peso falso es..la *p* cabal le agrada
16.11 obra suya son todas las *p* de la bolsa
20.10 *p* falsa y medida falsa..son abominación
20.23 abominación son a Jehová las *p* falsas
Is. 40.12 pesó los montes..con *p* los collados?
Mi. 6.11 tiene balanza..bolsa de *p* engañosas?

PESADO, DA
Éx. 6.6 yo os sacaré de debajo de las tareas *p*
6.7 que os sacó de debajo de las tareas *p* de
9.18 haré llover granizo muy *p*, cual nunca
18.18 el trabajo es demasiado *p* para ti; no
Nm. 11.14 este pueblo, que me es *p* en demasía
1 S. 4.18 Elí cayó hacia..era hombre viejo y *p*
1 R. 12.4 y del yugo *p* que puso sobre nosotros
12.11 mi padre os cargó de *p* yugo, mas yo
2 Cr. 10.4 *p* yugo con que tu padre nos apremió
10.11 mi padre os cargó de yugo *p*, yo añadiré
10.14 mi padre hizo *p* vuestro yugo, pero yo
Sal. 38.4 como carga *p* se han agravado sobre mí
66.11 pusiste sobre nuestros lomos *p* carga
Pr. 27.3 *p* es la piedra, y la arena pesa; mas
27.3 mas la ira del necio es más *p* que ambas
Is. 9.4 quebraste su *p* yugo, y la vara de su
Lm. 3.7 me cercó..ha hecho más *p* mis cadenas
Zac. 12.3 Jerusalén por piedra *p* a todos los
Mt. 23.4 atan cargas *p* y difíciles de llevar

PESADOR
Is. 33.18 ¿qué del *p* del tributo? ¿qué del que

PESADUMBRE
Pr. 17.25 necio es *p* de su padre, y amargura

PESAR *(s.)*
2 S. 11.25 tengas *p* por esto, porque la espada
1 Cr. 13.11 David tuvo *p*, porque Jehová había
Job 16.17 *p* de no haber iniquidad en mis manos
Ec. 7.3 mejor es el *p* que la risa; porque con
Is. 47.9 a *p* de la multitud de tus hechizos y
Gá. 2.4 a *p* de los falsos hermanos introducidos

PESAR *(v.)*
Gn. 23.16 y *pesó* Abraham a Efrón el dinero que
24.22 pendiente de oro que *pesaba* medio siclo
24.22 siclo, y dos brazaletes que *pesaban* diez
45.5 ni os *pese* de haberme vendido acá; porque
Éx. 22.17 le *pesará* plata conforme a la dote de
1 S. 2.3 Dios..a él toca el *pesar* las acciones
15.11 me *pesa* haber puesto por rey a Saúl
2 S. 12.30 quitó la corona..*pesaba* un talento
14.26 *pesaba* el cabello..200 siclos de peso
18.12 aunque me *pesaras* mil siclos de plata
21.16 Isbi-benob..lanza *pesaba* 300 siclos de
24.10 hubo censado al..le *pesó* en su corazón
2 R. 25.16 las basas que..no fue posible *pesar*
Esd. 8.25 les *pesé* la plata, el oro..utensilios
8.26 *pesé*..en manos de ellos 650 talentos de
8.29 que los *peséis* delante de los príncipes
8.33 el cuarto día fue luego *pesada* la plata
Est. 3.9 y yo *pesaré* 10.000 talentos de plata
4.7 plata que Amán..*pesaría* para los tesoros
Job 6.2 ¡oh, que *pesasen* justamente mi queja y
6.3 *pesarían* ahora más que la arena del mar
31.6 *péseme* Dios en balanzas de justicia, y
Sal. 56.7 *pésalos* según su iniquidad, oh Dios
58.2 hacéis *pesar* la violencia de..manos en
62.9 *pesándolos* a todos..serán menos que nada
Pr. 16.2 los caminos..Jehová *pesa* los espíritus
21.2 opinión; pero Jehová *pesa* los corazones
24.12 lo entenderá el que *pesa* los corazones?
27.3 pesada es la piedra, y la arena *pesa*
Ec. 7.27 *pesando* las cosas una por una para
Is. 26.7 eres recto, *pesas* el camino del justo
40.12 midió..y *pesó* los montes con balanza
46.6 sacan oro de la bolsa, y *pesan* plata con
Jer. 32.9 le *pesé* el dinero; diecisiete siclos
32.10 la hice certificar con..y *pesé* el dinero
Ez. 5.1 toma..una balanza de *pesar* y divide los
Dn. 5.27 Tekel: *Pesado* has sido en balanza, y
6.14 *pesó* en gran manera, y resolvió librar
Zac. 11.12 *pesaron* por mi salario 30 piezas de
2 Co. 7.8 os contristé con la carta, no me *pesa*

PESCA
Lc. 5.9 por la *p* que habían hecho, el temor se

PESCADO
Nm. 11.5 nos acordamos del *p* que comíamos en
2 Cr. 33.14 a la entrada de la puerta del *P*, y
Neh. 3.3 de Senaa edificaron la puerta del *P*
12.39 la puerta Vieja y a la puerta del *P*
13.16 tirios que traían *p* y toda mercadería
Sof. 1.10 voz de clamor desde la puerta del *P*
Mt. 7.10 le pide un *p*, le dará una serpiente?
Lc. 9.13 no tenemos más que cinco panes y dos *p*
9.16 tomando..los dos *p*, levantando los ojos
11.11 *p*, en lugar de *p*, le dará una serpiente
Jn. 21.13 y tomó el pan y les dio, y..del *p*

PESCADOR
Job 41.7 ¿cortarás..con arpón de *p* su cabeza?
Is. 19.8 los *p* también se entristecerán; harán
Jer. 16.16 yo envío muchos *p*..y los pescarán
Ez. 47.10 y junto a él estarán los *p*, y desde
Am. 4.2 y a..descendientes con anzuelos de *p*
Mt. 4.18 echaban la red en el..porque eran *p*
4.19 venid en pos de..y os haré *p* de hombres
Mr. 1.16 echaban la red en el..porque eran *p*
1.17 venid en pos de mí, y haré que seáis *p*
Lc. 5.2 y los *p*..descendido..lavaban sus redes
5.10 temas; desde ahora serás *p* de hombres

PESCAR
Jer. 16.16 y los *pescarán*, y después enviaré
Lc. 5.4 boga..echad vuestras redes para *pescar*
5.5 estado trabajando, y nada hemos *pescado*
Jn. 21.3 Simón Pedro les dijo: Voy a *pescar*
21.3 fueron..aquella noche no *pescaron* nada
21.10 traed de..peces que acabáis de *pescar*

PESEBRE
Job 39.9 el búfalo servirte..o quedar en tu *p?*
Is. 1.3 buey conoce..el asno el *p* de su señor
Lc. 2.7 acostó en un *p*, porque no había lugar
2.12 hallaréis al niño envuelto en..en un *p*
2.16 hallaron a..y al niño acostado en el *p*
13.15 ¿no desata..su asno del *p* y lo lleva a

PESO
Gn. 43.21 costal, nuestro dinero en su justo *p*
Éx. 30.34 especias aromáticas..todo en igual *p*
Lv. 19.35 injusticia..en *p* ni en otra medida
26.26 pan..y os devolverán vuestro pan por *p*
Nm. 7.13,19,25,31,37,43,49,55,61,67,73,79 un plato de plata de 130 siclos de *p*
Jos. 7.21 un lingote de oro de *p* de 50 siclos
Jue. 8.26 fue el *p* de los zarcillos de oro que
16.29 Sansón..echó todo su *p* sobre ellas, su
1 S. 17.5 era el *p* de la cota cinco mil siclos
2 S. 14.26 pesaba el cabello..200 siclos de *p*
1 R. 7.47 no inquirió Salomón el *p* del bronce
10.14 el *p* del oro..cada año era 666 talentos
1 Cr. 20.2 la halló de *p* de un talento de oro
21.25 dio David a..el *p* de 600 siclos de oro
22.3 mucho bronce sin *p*, y madera de cedro
28.14 y dio oro en *p* para las cosas de oro
28.14 y plata en *p* para todas las cosas de
28.15 oro en *p* para los candeleros de oro, y
28.15 en *p* el oro para cada candelero y sus
28.15 plata en *p* para cada candelero y sus
28.16 asimismo dio oro en *p* para las mesas
28.17 oro; para cada taza por *p;* y para las
28.17 tazas de plata, por *p* para cada taza
28.18 además, oro puro en *p* para el altar del
2 Cr. 3.9 el *p* de los clavos era de uno hasta
4.18 enseres..no pudo saberse el *p* del bronce
9.13 *p* del oro que venía a Salomón cada año
Esd. 8.30 levitas recibieron el *p* de la plata
8.34 por cuenta y por *p* se entregó todo, y se
8.34 se apuntó todo aquel *p* en aquel tiempo
Job 28.15 oro, ni su precio será a *p* de plata
28.25 al dar *p* al viento, y poner las aguas
Pr. 11.1 *p* falso es abominación a Jehová; mas
16.11 *p* y balanzas justas son de Jehová; obra
Is. 21.15 huye, ante..ante el *p* de la batalla
Jer. 52.20 el *p* del bronce de todo esto era
Lm. 5.13 desfallecieron bajo el *p* de la leña
Ez. 4.10 la comida..será de *p* de veinte siclos
4.16 y comerán el pan por *p* y con angustia
Os. 12.7 mercader que tiene en su mano *p* falso
Hch. 21.35 era llevado en *p* por los soldados a
2 Co. 4.17 más excelente y eterno *p* de gloria
He. 12.1 despojémonos de todo *p* y del pecado
Ap. 16.21 cayó..granizo como del *p* de un talento

PESTE
Éx. 5.3 para que no venga sobre nosotros con *p*
Dt. 32.24 y devorados de fiebre..y de *p* amarga
2 S. 24.13 que tres días haya *p* en tu tierra?
24.15 y Jehová envió la *p* sobre Israel desde
1 Cr. 21.12 o por tres días..la *p* en la tierra
21.14 así Jehová envió una *p* en Israel, y
21.17 contra..y no venga la *p* sobre tu pueblo
Sal. 91.3 el te librará..de la *p* destructora
Ez. 12.16 escapen de la espada, del hambre..*p*
Mt. 24.7 y habrá *p*, y hambres, y terremotos en

PESTILENCIA
Lv. 26.25 enviaré *p* entre vosotros, y seréis
1 R. 8.37 si en la tierra hubiere..*p*, tizoncillo
2 Cr. 6.28 si hubiere *p*, si hubiere tizoncillo
7.13 si mandare..o si enviare *p* a mi pueblo
20.9 si mal..*p*, o hambre, nos presentaremos
Sal. 91.6 *p* que ande en oscuridad, ni mortandad
Jer. 14.12 que los consumiré con espada..con *p*
21.6 hombres y..bestias morirán de *p* grande
21.7 entregaré..a los que queden de la *p*, de
21.9 el que quedare en..morirá a espada..de *p*
24.10 enviaré sobre ellos espada, hambre y *p*
27.8 castigaré a tal nación con espada y..*p*
27.13 ¿Por qué moriréis tú y tu pueblo..de *p*
28.8 profetizaron..y *p* contra muchas tierras
29.17 he aquí envío yo..espada, hambre y *p*
29.18 los perseguiré con espada..y con *p*, y
32.24 a causa de la..del hambre y de la *p*
32.36 entregada será..espada, a hambre y a *p*
34.17 promulgó libertad..a la *p* y al hambre
38.2 morirá a espada, o de hambre, o de *p*
42.17 en Egipto..morirán..de hambre y de *p*
42.22 de hambre y de *p* moriréis en el lugar

PESTILENCIA *(Continúa)*
Jer. 44.13 castigaré a los que..con hambre y con *p*
Ez. 5.12 una tercera parte de ti morirá de *p*
5.17 *p* y sangre pasarán por en medio de ti
6.11 con espada y con hambre y con *p* caerán
6.12 el que esté lejos morirá de *p*, el que
7.15 de fuera espada, de dentro *p* y hambre
7.15 la ciudad lo consumirá el hambre y la *p*
14.19 o si enviare *p* sobre esa tierra y..ira
14.21 espada, hambre, fieras y *p*, para cortar
28.23 enviaré a ella *p* y sangre en sus calles
33.27 fortalezas y en..cuevas, de *p* morirán
38.22 litigaré contra él con *p* y con sangre
Lc. 21.11 y en diferentes lugares hambres y *p*

PESTILENCIAL
Sal. 41.8 cosa *p* se ha apoderado de él; y el

PESTILENTE
Ap. 16.2 vino una úlcera..*p* sobre los hombres

PETAÍAS
1. *Padre de una familia de sacerdotes,* 1 Cr. 24.16
2. *Uno de los que se casaron con mujeres extranjeras en tiempo de Esdras,* Esd. 10.23
3. *Levita que ayudó a Esdras en la lectura de la ley,* Neh. 9.5
4. *Consejero de Zorobabel,* Neh. 11.24

PETICIÓN
Jue. 8.24 les dijo Gedeón: Quiero haceros una *p*
1 S. 1.17 el Dios de Israel te otorgue la *p* que
1 R. 2.16 yo te hago una *p*; no me la niegues
2.20 una pequeña *p* pretendo de ti; no me la
2 R. 6.18 los hirió..conforme a la *p* de Eliseo
Est. 5.3 ¿qué tienes, reina..y cuál es tu *p*?
5.6 ¿cuál es tu *p*, y te será otorgada? ¿Cuál
5.7 respondió Ester y..Mi *p* y mi demanda es
5.8 y si place al rey otorgar mi *p* y conceder
7.2 ¿cuál es tu *p*, reina Ester, y te será
7.3 séame dada mi vida por mi *p*, y mi pueblo
9.12 ¿cuál..es tu *p*? y te será concedida; ¿o
Job 6.8 ¡quién me diera que viniese mi *p*, y que
Sal. 20.5 pendón..conceda Jehová todas tus *p*
21.2 deseo..no le negaste la *p* de sus labios
37.4 y él te concederá las *p* de tu corazón
Dn. 6.7 demande *p* de cualquier dios u hombre
6.13 sino que tres veces al día hace su *p*
Fil. 4.6 sean conocidas vuestras *p* delante de
1 Ti. 2.1 hagan..*p* y acciones de gracias, por
1 Jn. 5.15 tenemos las *p* que le hayamos hecho

PETOR *Ciudad en Mesopotamia*
Nm. 22.5 envió mensajeros a Balaam hijo..en *P*
Dt. 23.4 alquilaron contra ti a Balaam..de *P*

PETUEL *Padre del profeta Joel,* Jl. 1.1

PEULTAI *Portero del templo,* 1 Cr. 26.5

PEZ
Gn. 1.26 señoree en los *p* del mar, en las aves
1.28 señoread en los *p* del mar, en las aves
9.2 en todos los *p* del mar; en vuestra mano
Éx. 7.18 y los *p* que hay en el río morirán, y
7.21 los *p* que había en el río murieron; y
Nm. 11.22 ¿o se juntarán..todos los *p* del mar
Dt. 4.18 *p* alguno que haya en el agua debajo
1 R. 4.33 disertó sobre..reptiles y sobre los *p*
Job 12.8 los *p* del mar te lo declararán también
Sal. 8.8 las aves..los *p* del mar; todo cuanto
105.29 volvió..aguas en sangre, y mató sus *p*
Ec. 9.12 los *p* que son presos en la mala red
Is. 19.10 todos los que hacen viveros para *p*
50.2 *p* se pudren por falta de agua, y mueren
Ez. 29.4 pegaré los *p* de tus ríos a tus escamas
29.4 los *p* de..saldrán pegados a tus escamas
29.5 dejaré en el desierto a ti y a..los *p*
38.20 que los *p* del mar, las aves del cielo
47.9 *p* por haber entrado allá estas aguas, y
47.10 serán los *p*..como los *p* del Mar Grande
Os. 4.3 por lo cual..aun los *p* del mar morirán
Jon. 1.17 pero Jehová tenía preparado un gran *p*
1.17 y estuvo Jonás en el vientre del *p* tres
2.1 oró Jonás a..Dios desde el vientre del *p*
2.10 mandó Jehová al *p*, y vomitó a Jonás en
Hab. 1.14 sean los hombres como los *p* del mar
Sof. 1.3 destruiré..los *p* del mar, y cortaré a
Mt. 12.40 estuvo Jonás en el vientre del gran *p*
13.47 una red, que recoge de toda clase de *p*
14.17 no tenemos..sino cinco panes y dos *p*
14.19 y tomando..los dos *p*, y levantando los
15.36 y tomando..*p*, dio gracias, los partió
17.27 y el primer *p* que saques, tómalo, y al
Mr. 6.38 y al saberlo, dijeron: Cinco, y dos *p*
6.41 tomó los cinco panes y los dos *p*, y
6.41 tomó..y repartió los dos *p* entre todos
6.43 y recogieron de..lo que sobró de los *p*
Lc. 5.6 encerraron gran cantidad de *p*, y su red
24.42 dieron parte de un *p* asado, y un panal
Jn. 6.11 asimismo de los *p*, cuanto querían
21.6 podían sacar, por la gran cantidad de *p*
21.8 vinieron con..arrastrando la red de *p*
21.9 brasas puestas, y un *p* encima de ellas
21.10 traed de los *p* que acabáis de pescar
21.11 sacó la red a..llena de grandes *p*, 153
1 Co. 15.39 otra la de los *p*, y otra la de las

PEZUÑA
Éx. 10.26 nuestros ganados..no quedará ni una *p*
Lv. 11.3 todo el que tiene *p* hendida y que rumia
11.4 pero de los que rumian o que tienen *p*
11.4 porque rumia pero no tiene *p* hendida, lo
11.5 el conejo, porque rumia, pero no tiene *p*
11.6 la liebre, porque rumia, pero no tiene *p*
11.7 cerdo..tiene *p*, y es de *p* hendidas, pero
11.26 de *p*, pero que no tiene *p* hendida, ni
Dt. 14.6 todo animal de *p*, que tiene hendidura
14.7 estos no..entre los que tienen *p* hendida
14.7 porque rumian, mas no tienen *p* hendida
14.8 ni cerdo..tiene *p* hendida, mas no rumia
Sal. 69.31 buey, o becerro que tiene cuernos y *p*
Ez. 32.13 ni más..pie de hombre, ni *p* de bestia
Zac. 11.16 que comerá la carne..romperá sus *p*

PIADOSAMENTE
2 Ti. 3.12 que quieren vivir *p* en Cristo Jesús
Tit. 2.12 vivamos en..siglo sobria, justa y *p*

PIADOSO, SA
Éx. 34.6 misericordioso y *p*; tardo para la ira
Dt. 33.8 Tumim y tu Urim sean para tu varón *p*
2 Cr. 35.26 de Josías, y sus obras *p* conforme a
Neh. 9.17 Dios..clemente y *p*, tardo para la ira
Sal. 4.3 que Jehová ha escogido al *p* para sí
12.1 salva, oh Jehová..se acabaron los *p*
86.2 guarda mi alma, porque soy *p*; salva tú
Is. 57.1 los *p* mueren, y no hay quien entienda
Lm. 4.10 las manos de mujeres *p* cocieron a sus
Jon. 4.2 sabía yo que..eres Dios clemente y *p*
Lc. 2.25 y este hombre, justo y *p*, esperaba la
Hch. 2.5 varones *p*, de todas las naciones bajo
8.2 hombres *p* llevaron a enterrar a Esteban
10.2 *p* y temeroso de Dios con toda su casa
13.43 de los prosélitos *p* siguieron a Pablo
13.50 pero los judíos instigaron a mujeres *p*
17.4 de los griegos *p* gran número, y mujeres
17.17 que discutía en la..con los judíos y *p*
22.12 llamado Ananías, varón *p* según la ley
1 Ti. 5.4 aprendan éstos primero a ser *p* para
2 P. 2.9 el Señor librar de tentación a los *p*
3.11 vosotros andar en santa y *p* manera de

PIBESET *Ciudad en Egipto,* Ez. 30.17

PICO
Gn. 8.11 que traía una hoja de olivo en el *p*

PIE
Gn. 8.9 no halló la..sentar la planta de su *p*
18.4 un poco de agua, y lavad vuestros *p*; y
19.2 y os hospedéis, y lavaréis vuestros *p*
24.32 agua para lavar los *p* de él, y los *p*
35.8 Débora..y fue sepultada al *p* de Bet-el
41.44 sin ti nunguno alzará su mano ni su *p*
43.24 y lavaron sus *p*, y dio de comer a sus
49.10 ni el legislador de entre sus *p*, hasta
49.33 encogió sus *p* en la cama, y expiró, y
Éx. 3.5 quita tu calzado de tus *p*, porque el
4.25 cortó el prepucio de..y lo echó a sus *p*
12.9 asada..cabeza con sus *p* y sus entrañas
12.11 vuestro calzado en vuestros *p*..bordón
12.37 como seiscientos mil hombres de a *p*, sin
19.17 a Dios; y se detuvieron al *p* del monte
21.24 ojo por ojo, diente por diente, *p* por *p*
22.6 y al..quemare mieses amontonadas o en *p*
24.4 edificó un altar al *p* del monte, y doce
24.10 debajo de sus *p* como un embaldosado de
25.31 su *p*, su caña, sus copas, sus manzanas
29.12 derramarás toda..sangre al *p* del altar
29.20 sobre el dedo pulgar de los *p* derechos
30.19 se lavarán Aarón y..las manos y los *p*
30.21 se lavarán las manos y los *p*, para que
32.19 las tablas..las quebró al *p* del monte
33.8 cada cual estaba en *p* a la puerta de su
37.17 el candelero..su *p*, su caña, sus copas
40.31 hijos lavaban en ella sus manos y sus *p*
Lv. 4.7,18,25,30,34 el resto de la sangre al *p* del altar
5.9 que sobrare..lo exprimirá al *p* del altar
8.15 echó la demás sangre al *p* del altar, y
8.23 y sobre el dedo pulgar de su *p* derecho
8.24 y sobre los pulgares de sus *p* derechos
9.9 y derramó el resto de la sangre al *p* del
13.12 cubriere..desde la cabeza hasta sus *p*
14.14,17,25,28 el pulgar de su *p* derecho
21.19 que tenga quebradura de *p* o rotura de
Nm. 5.18 hará..estar en *p* a la mujer delante de
8.4 desde su *p* hasta..era labrado a martillo
11.21 seiscientos mil de a *p* es el pueblo en
20.19 déjame solamente pasar a *p*, nada más
22.25 apretó contra la pared el *p* de Balaam
31.5 fueron dados..doce mil en *p* de guerra
Dt. 2.5 ni aun lo que cubre la planta de un *p*
2.28 el agua también..solamente pasaré a *p*
3.17 al *p* de las laderas del Pisga al oriente
4.11 os pusisteis al *p* del monte; y el monte
4.49 del Arabá, al *p* de las laderas del Pisga
8.4 ni el *p* se te ha hinchado en estos 40 años
11.10 donde..regabas con tu *p*, como huerto
11.24 todo lugar que pisare la..de vuestro *p*
19.21 ojo por ojo, diente por diente..*p* por *p*
20.2 se pondrá en *p* el sacerdote y hablará
25.9 le quitará el calzado del *p*..escupirá
28.35 la planta de tu *p* hasta tu coronilla
28.56 que nunca la planta de su *p* intentaría
28.57 recién nacido que sale de entre sus *p*
28.65 ni la planta de tu *p* tendrá reposo; pues
29.5 calzado se ha envejecido sobre vuestro *p*
32.35 a su tiempo su *p* resbalará, porque el
33.24 bendito..sea Aser..moje en aceite su *p*
Jos. 1.3 todo lugar que pisare la planta de..*p*
3.13 las plantas de los *p* de los sacerdotes
3.15 los *p* de los sacerdotes..fueron mojados
4.3 del lugar donde están firmes los *p* de los
4.9 donde estuvieron los *p* de los sacerdotes
4.18 los *p* de los..estuvieron en lugar seco
5.15 quita el calzado de tus *p*..lugar..santo
8.33 Israel..de *p* a uno y otro lado del arca
9.5 zapatos viejos y recosidos en sus *p*, con
10.24 poned vuestros *p* sobre los cuellos de
10.24 pusieron sus *p* sobre..cuellos de ellos
11.3 y al heveo al *p* de Hermón en tierra de
12.3 el sur al *p* de las laderas del Pisga
13.5 Baal-gad al *p* del monte Hermón, hasta la
14.9 la tierra que holló tu *p* será para ti, y
Jue. 1.6 y le cortaron los pulgares..de los *p*
1.7 cortados los pulgares..manos y de sus *p*
3.24 duda él cubre sus *p* en la sala de verano
4.15 Sísara descendió del carro, y huyó a *p*
4.17 y Sísara huyó a *p* a la tienda de Jael
5.15 Isacar se precipitó a *p* en el valle
5.27 entre sus *p*..entre sus *p* cayó encorvado
15.5 y quemó las mieses amontonadas y en *p*
19.21 se lavaron los *p*, y comieron y bebieron
20.2 en la reunión del..400.000 hombres de a *p*
Rt. 3.4 descubrirás sus *p*, y te acostarás allí
3.7 ella vino..le descubrió los *p* y se acostó
3.8 aquí, una mujer estaba acostada a sus *p*
3.14 después que durmió a sus *p*..se levantó
1 S. 2.9 él guarda los *p* de sus santos, mas los
4.10 cayeron de..treinta mil hombres de a *p*
14.13 subió..trepando con sus manos y sus *p*
15.4 y les pasó revista en..200.000 de a *p*
24.3 entró Saúl en ella para cubrir sus *p*
25.24 y se echó a sus *p*, y dijo: Señor mío
25.41 para lavar los *p* de los siervos de mi
2 S. 2.18 este Asael era ligero de *p* como una
3.34 ni tus *p* ligados con grillos; caíste como
4.4 Jonatán..tenía un hijo lisiado de los *p*
4.12 les cortaron las manos y los *p*, y los
8.4 tomó David de ellos 20.000 hombres de a *p*
9.3 aún..un hijo de Jonatán, lisiado de los *p*
9.13 Mefi-boset..y estaba lisiado de ambos *p*
10.6 tomaron..veinte mil hombres de a *p*, del
11.8 Urías: Desciende a tu casa, y lava tus *p*
14.25 su *p* hasta su..no había en él defecto
15.18 hombres que habían venido a *p* desde Gat
15.30 la cabeza cubierta y los *p* descalzos
18.30 ponte allí. Y él pasó, y se quedó de *p*
19.24 no había lavado sus *p*, ni..su barba
21.20 doce dedos en..y otros doce en los *p*
22.10 descendió..tinieblas debajo de sus *p*
22.34 hace mis *p* como de ciervas, y me hace
22.37 ensanchaste..y mis *p* no han resbalado
22.39 y los herí..caerán debajo de mis *p*
1 R. 2.5 y en los zapatos que tenía en sus *p*
5.3 sus enemigos bajo las plantas de sus *p*
8.14 la congregación de Israel estaba de *p*
8.55 puesto en *p*, bendijo a..la congregación
14.6 Ahías oyó el sonido de sus *p*, al entrar
14.12 al poner tu *p* en la ciudad, morirá el
15.23 los días de su vejez enfermó de los *p*
20.29 en un solo día cien mil hombres de a *p*
2 R. 4.27 luego que llegó a..se asió de sus *p*
4.37 se echó a sus *p*, y se inclinó a tierra
5.11 en *p* invocará el nombre de Jehová..Dios
9.35 no hallaron..más que..*p*, y las palmas
10.9 en *p* dijo a todo..Vosotros sois justos
10.29 y dejó en *p* los becerros de oro..Bet-el
13.7 había quedado..diez mil hombres de a *p*
13.21 que..revivió, y se levantó sobre sus *p*
18.28 Rabsaces se puso en *p* y clamó a gran
19.24 con las plantas de mis *p* todos los ríos
21.8 el *p* de Israel sea movido de la tierra
23.3 y poniéndose el rey en *p*..hizo pacto
1 Cr. 18.4 tomó David..20.000 hombres de a *p*
19.18 y mató David de..40.000 hombres de a *p*
20.6 el cual tenía seis dedos en *p* y manos
28.2 el rey David, puesto en *p* dijo: Oídme
28.2 para el estrado de los *p* de nuestro Dios
2 Cr. 3.13 estaban en *p* con los rostros hacia
6.3 toda la congregación de Israel estaba en *p*
7.6 tocaban trompetas..Israel estaba en *p*
16.12 Asa enfermó gravemente de los *p*, y en
18.34 estuvo el rey de Israel en *p* en..carro
20.5 Josafat se puso en *p* en la asamblea de

PIE *(Continúa)*
2 Cr. 20.13 todo Judá estaba en *p* delante de
20.20 Josafat, estando en *p*, dijo: Oídme, Judá
24.20 puesto en *p*, donde estaba más alto que
30.27 los sacerdotes y levitas, puestos en *p*
33.8 nunca más quitaré el *p* de Israel de la
34.31 estando el rey en *p* en su sitio, hizo
Neh. 9.2 estando en *p*, confesaron sus pecados
9.3 y puestos de *p* en su lugar, leyeron el
9.21 sus vestidos no. . ni se hincharon sus *p*
Est. 8.3 se echó a sus *p*, llorando y rogándole
8.4 Ester se. . y se puso en *p* delante del rey
Job 2.7 una sarna. . desde la planta del *p* hasta
8.15 su casa, mas no permanecerá ella en *p*
12.5 aquel cuyos *p* van a resbalar es como una
13.27 pones. . mis *p* en el cepo, y observas
13.27 trazando un límtie para las. . de mis *p*
18.8 red será echada a sus *p*, y sobre mallas
23.11 mis *p* han seguido sus pisadas; guardé
28.4 abren minas lejos. . donde el *p* no pasa
29.8 ancianos se levantaban, y estaban de *p*
29.15 yo era ojos al ciego, y *p* al cojo
30.12 empujaron mis *p*, y prepararon contra
31.5 si anduve. . si mi *p* se apresuró a engaño
33.5 puedes; ordena tus palabras, ponte en *p*
33.11 puso mis *p* en el cepo, y vigiló todas
39.15 olvida que el *p* los puede pisar, y que
Sal. 8.6 manos; todo lo pusiste debajo de sus *p*
9.15 la red que escondieron fue tomado su *p*
17.5 mis pasos en. . para que mis *p* no resbalen
18.9 había densas tinieblas debajo de sus *p*
18.33 hace mis *p* como de ciervas, y me hace
18.36 ensanchaste. . y mis *p* no han resbalado
18.38 herí de modo. . cayeron debajo de mis *p*
20.8 nosotros nos levantamos, y estamos en *p*
22.16 malignos; horadaron mis manos y mis *p*
25.15 ojos. . porque él sacará mis *p* de la red
26.12 mi *p* ha estado en rectitud; en las
31.8 mano. . pusiste mis *p* en lugar espacioso
36.11 no venga *p* de soberbia contra mí, y
37.31 la ley. . por tanto, sus *p* no resbalarán
38.16 no se alegren de. . cuando mi *p* resbale
40.2 puso mis *p* sobre peña, y enderezó mis
47.3 él someterá. . las naciones debajo de. . *p*
56.13 has librado mi alma. . y mis *p* de caída
58.10 sus *p* lavará en la sangre del impío
66.6 por el río pasaron a *p*; allí en él nos
66.9 no permitió que nuestros *p* resbalasen
68.23 porque tu *p* se enrojecerá de sangre de
69.2 cieno profundo, donde no puedo hacer *p*
73.2 cuanto a mí, casi se deslizaron mis *p*
76.7 ¿y quién podrá estar en *p* delante de ti
91.12 para que tu *p* no tropiece en piedra
94.18 yo decía: Mi *p* resbala. . me sustentaba
99.5 postraos ante el estrado de sus *p*; él
105.18 afligieron sus *p* con grillos. . cárcel
110.1 a tus enemigos por estrado de tus *p*
115.7 tienen *p*, mas no andan; no hablan con
116.8 tú has librado mi. . mis *p* de resbalar
119.59 caminos, y volví. . *p* a tus testimonios
119.101 de todo mal camino contuve mis *p*, para
119.105 lámpara es a mis *p* tu palabra, y
121.3 no dará tu *p* al resbaladero, ni se
122.2 *p* estuvieron dentro de tus puertas, oh
132.7 postraremos ante el estrado de sus *p*
Pr. 1.15 hijo mío. . aparta tu *p* de sus veredas
1.16 porque sus *p* corren hacia el mal, y van
3.23 entonces andarás. . y tu *p* no tropezará
3.26 y él preservará tu *p* de quedar preso
4.26 examina la senda de tus *p*, y todos tus
4.27 no te desvíes a la. . aparta tu *p* del mal
5.5 sus *p* descienden a la muerte; sus pasos
6.13 que guiña los ojos, que habla con los *p*
6.18 los *p* presurosos para correr al mal
6.28 sobre brasas sin que sus *p* se quemen?
7.11 rencillosa sus *p* no pueden estar en casa
19.2 y aquel que se apresura con los *p*, peca
25.17 detén tu *p* de la casa de tu vecino, no
25.19 como diente roto y *p* descoyuntado es la
26.6 el que se corta los *p* y bebe su daño, así
Ec. 5.1 fueres a la casa de Dios, guarda tu *p*
Cnt. 5.3 lavado mis *p*; ¿cómo los he de ensuciar
7.1 hermosos son tus *p* en las sandalias, oh
Is. 1.6 desde la planta del *p* hasta la cabeza
3.13 Jehová está en *p* para litigar, y está
3.16 van danzando, y haciendo son con los *p*
6.2 con dos cubrían sus *p*, y con dos volaban
7.20 cabeza y pelo de los *p*, y aun la barba
20.2 quita. . descalza las sandalias de tus *p*
23.7 ciudad. . Sus *p* la llevarán a morar lejos
26.6 hollará *p*, los *p* del afligido, los pasos
28.3 con los *p* será pisoteada la corona de
36.13 Rabsaces se puso en *p* y gritó a gran
37.25 con las pisadas de mis *p* secaré. . ríos
41.3 pasó. . donde sus *p* nunca habían entrado
47.2 descubre tus guedejas, descalza los *p*
49.23 lamerán el polvo de tus *p*; y conocerás
52.7 ¡cuán hermosos son. . los *p* del que trae
58.13 si retrajeres del día de reposo tu *p*
59.7 sus *p* corren al mal, se apresuran para
60.13 vendrá. . y yo honraré el lugar de mis *p*
60.14 a las pisadas de tus *p* se encorvarán
66.1 mi trono, y la tierra estrado de mis *p*
Jer. 2.25 guarda tus *p* de andar descalzos, y tu
12.5 corriste con los de a *p*, y te cansaron
13.16 que vuestros *p* tropiecen en montes de
14.10 en vagar, y no dieron reposo a sus *p*
18.22 cavaron. . y a mis *p* han escondido lazos
38.22 tus amigos; hundieron en el cieno tus *p*
46.14 ponte en *p* y prepárate, porque espada
Lm. 1.13 ha extendido red a mis *p*, me volvió
2.1 no se acordó del estrado de sus *p* en el
3.34 desmenuzar bajo los *p* a. . encarcelados
Ez. 1.7 *p* de ellos eran derechos, y la planta
1.7 la planta de sus *p* como planta de *p* de
2.1 me. . Ponte sobre tus *p*, y hablaré contigo
2.2 y me afirmó sobre mis *p*, y oí al que me
3.24 me afirmó sobre mis *p*, y me habló, y me
6.11 y golpea con tu *p*, y dí: ¡Ay, por todas
17.14 guardando el pacto, permaneciese en *p*
24.17 tus zapatos en tus *p*, y no te cubras
24.23 zapatos en vuestros *p*; no endecharéis
25.6 golpeaste con tu *p*, y te gozaste en el
29.11 no pasará. . *p* de hombre, ni *p* de animal
31.4 sus ríos corrían alrededor de su *p*, y a
32.2 ríos, y enturbiabas las aguas con tus *p*
32.13 ni más las enturbiará *p* de hombre, ni
34.18 también holláis con vuestros *p* lo que
34.18 enturbiáis además con vuestros *p* las
34.19 ovejas comen lo hollado de vuestros *p*
34.19 beben lo que con. . *p* habéis enturbiado
37.10 y vivieron, y estuvieron sobre sus *p*
43.7 lugar donde posaré las plantas de mis *p*
46.2 entrará. . y estará en *p* junto al umbral
Dn. 2.31 imagen. . estaba en *p* delante de ti, y
2.33 sus *p*, en parte de hierro y en parte de
2.34 hirió a la imagen en sus *p* de hierro y
2.41 lo que viste de los *p*. . en parte de barro
2.42 por ser los dedos de los *p* en parte de
3.3 estaban en *p* delante de la estatua que
7.4 se puso enhiesta sobre los *p* a manera de
7.7 las sobras hollaba con sus *p*, y era muy
7.19 desmenuzaba. . sobras hollaba con sus *p*
8.18 caí. . y él me tocó, y me hizo estar en *p*
10.6 sus *p* como de color de bronce bruñido
10.11 y ponte en *p*. . me puse en *p* temblando
12.5 he aquí otros dos que estaban en *p*, el
Am. 2.15 ni escapará el ligero de *p*, ni el que
Nah. 1.3 marcha. . nubes son el polvo de sus *p*
1.6 ¿y quién quedará en *p* en el ardor de su
1.15 montes los *p* del que trae buenas nuevas
Hab. 2.1 y sobre la fortaleza afirmaré el *p*, y
3.5 y a sus *p* salían carbones encendidos
3.19 el cual hace mis *p* como de ciervas, y
Zac. 3.5 dijo. . Y el ángel de Jehová estaba en *p*
14.4 se afirmarán sus *p*. . sobre el monte de
14.12 corromperá estando ellos sobre sus *p*
Mal. 3.2 estar en *p* cuando él se manifieste?
4.3 ceniza bajo las plantas de vuestros *p*, en
Mt. 4.6 para que no tropieces con tu *p* en piedra
5.35 ni por la tierra. . es el estrado de sus *p*
6.5 ellos aman el orar en *p* en las sinagogas
10.14 salid. . sacudid el polvo de vuestros *p*
14.13 oyó, le siguió a *p* desde las ciudades
15.30 pusieron a los *p* de Jesús, y los sanó
18.8 si tu mano o tu *p* te es ocasión de caer
18.8 teniendo. . dos *p* ser echado en el fuego
18.29 postrándose a sus *p*, le rogaba diciendo
22.13 atadle de *p* y manos, y echadle en las
22.44 a tus enemigos por estrado de tus *p*?
27.11 Jesús. . en *p* delante del gobernador; y
28.9 ellas. . abrazaron sus *p*, y le adoraron
Mr. 5.22 y luego que le vio, se postró a sus *p*
6.11 sacudid el polvo. . debajo de vuestros *p*
6.33 muchos fueron allá a *p* desde. . ciudades
7.25 una mujer. . oyó. . vino y se postró a sus *p*
9.45 tu *p* te fuere ocasión de caer, córtalo
9.45 teniendo dos *p* ser echado en el infierno
12.36 ponga a tus enemigos por estrado de. . *p*
Lc. 1.11 un ángel. . puesto en *p* a la derecha del
1.79 encaminar nuestros *p* por camino de paz
4.11 para que no tropieces con tu *p* en piedra
6.8 la mano. . Y él, levantándose, se puso en *p*
7.38 estando detrás de él a sus *p*, llorando
7.38 comenzó a regar con lágrimas sus *p*, y
7.38 besaba sus *p*, y los ungía con el perfume
7.44 no me diste agua para mis *p*; mas ésta
7.44 mas ésta ha regado mis *p* con lágrimas
7.45 mas ésta. . no ha cesado de besar mis *p*
7.46 mas ésta ha ungido con perfume mis *p*
8.28 postrándose a sus *p* exclamó a gran voz
8.35 sentado a los *p* de Jesús, vestido, y en
8.41 postrándose a los *p* de Jesús, le rogaba
8.47 vino. . y postrándose a sus *p*, le declaró
9.5 salid. . y sacudid el polvo de vuestros *p*
10.11 el polvo. . que se ha pegado a nuestros *p*
10.39 la cual, sentándose a los *p* de Jesús, oía
15.22 poned un anillo en. . y calzado en sus *p*
17.16 y se postró. . a sus *p* dándole gracias
18.11 el fariseo, puesto en *p*, oraba consigo
19.8 Zaqueo, puesto en *p*, dijo al Señor: He
20.43 ponga a tus enemigos por estrado de. . *p*
21.36 y de estar en *p* delante del Hijo del
24.39 mis manos y mis *p*. que yo mismo soy
24.40 diciendo esto, les mostró las. . y los *p*
Jn. 7.37 se puso en *p* y alzó la voz, diciendo
11.2 fue la que. . enjugó los *p* con sus cabellos
11.32 se postró a sus *p*, diciéndole: Señor, si
11.44 atadas las manos y los *p* con vendas
12.3 ungió los *p* de Jesús, y los enjugó con
13.5 comenzó a lavar los *p* de los discípulos
13.6 Pedro. . dijo: Señor, ¿tú me lavas los *p*?
13.8 Pedro le dijo: No me lavarás los *p* jamás
13.9 Señor, no sólo mis *p*, sino también las
13.10 no necesita sino lavarse los *p*, pues
13.12 que, después que les hubo lavado los *p*
13.14 si yo, el Señor. . he lavado vuestros *p*
13.14 también debéis lavaros los *p* los unos a
18.18 estaban en *p* los siervos. . hacía frío
18.18 y también con ellos estaba Pedro en *p*
18.25 estaba, pues, Pedro en *p*, calentándose
20.12 el uno a la cabecera, y el otro a los *p*
Hch. 2.14 poniéndose en *p* con los once, alzó la
2.35 ponga a tus enemigos por estrado de. . *p*
3.7 al momento se le afirmaron los *p* y los
3.8 saltando, se puso en *p* y anduvo; y entró
4.14 viendo al hombre. . estaba en *p* con ellos
4.35 lo ponían a los *p* de los apóstoles; y se
4.37 el precio. . puso a los *p* de los apóstoles
5.2 parte, la puso a los *p* de los apóstoles
5.9 he aquí a la puerta los *p* de los que han
5.10 cayó a los *p* de él, y expiró; y cuando
5.20 en *p* en el templo, anunciad al pueblo
5.23 los guardas afuera de *p* ante las puertas
7.5 no le dio. . ni aun para asentar un *p*; pero
7.33 dijo el Señor: Quita el calzado de tus *p*
7.49 trono, y la tierra el estrado de mis *p*
7.58 pusieron sus ropas a los *p* de un. . Saulo
10.25 Cornelio. . postrándose a sus *p* adoró
11.13 un ángel, que se puso en *p* y le dijo
13.25 digno de desatar el calzado de los *p*
13.51 sacudiendo contra ellos el polvo de. . *p*
14.8 sentado, imposibilitado de los *p*, cojo
14.10 dijo a. . Levántate derecho sobre tus *p*
16.9 un varón macedonio estaba en *p*. . Pasa a
16.24 metió. . y les aseguró los *p* en el cepo
16.29 se postró a los *p* de Pablo y de Silas
17.22 puesto en *p* en medio del Areópago, dijo
21.11 atándose los *p* y las manos, dijo: Esto
21.40 Pablo. . en *p* en las gradas, hizo señal
22.3 soy judío. . instruido a los *p* de Gamaliel
26.16 levántate, y ponte sobre tus *p*; porque
27.21 Pablo. . puesto en *p* en medio de ellos
Ro. 3.15 *p* se apresuran para derramar sangre
10.15 son los *p* de los que anuncian la paz
11.20 tú por la fe estás en *p*. No. . sino teme
14.4 para su propio señor está en *p*, o cae
16.20 aplastará. . a Satanás bajo vuestros *p*
1 Co. 12.15 si dijere el *p*: Porque no soy mano
12.21 la cabeza a los *p*: No tengo necesidad
15.25 a todos sus enemigos debajo de sus *p*
15.27 las cosas las sujetó debajo de sus *p*
Ef. 1.22 sometió todas las cosas bajo sus *p*, y
6.15 calzados los *p* con. . evangelio de la paz
1 Ti. 5.10 si ha lavado los *p* de los santos; si
He. 1.13 ponga. . enemigos por estrado de tus *p*?
2.8 todo lo sujetaste bajo sus *p*. Porque en
9.8 que la primera parte del. . estuviese en *p*
10.13 enemigos sean puestos por estrado de. . *p*
12.13 haced sendas derechas para vuestros *p*
Stg. 2.3 y decís al pobre: Estate tú allí en *p*
Ap. 1.13 de una ropa que llegaba hasta los *p*
1.15 y sus *p* semejantes al bronce bruñido
1.17 cuando le vi, caí como muerto a sus *p*
2.18 y *p* semejantes al bronce bruñido, dice
3.9 yo haré que vengan y se postren a tus *p*
5.6 en medio de. . estaba en *p* un Cordero como
6.17 su ira. . ¿y quién podrá sostenerse en *p*?
7.1 a cuatro ángeles en *p* sobre los cuatro
7.11 los ángeles estaban en *p* alrededor del
8.2 vi a los siete ángeles. . en *p* ante Dios
10.1 el sol, y sus *p* como columnas de fuego
10.2 y puso su *p* derecho sobre el mar, y el
10.5 ángel que vi en *p* sobre el mar y sobre
10.8 del ángel que está en *p* sobre el mar y
11.4 dos candeleros que están en *p* delante
11.11 espíritu. . y se levantaron sobre sus *p*
12.1 una mujer. . con la luna debajo de sus *p*
13.2 *p* como de oso, y su boca como boca de
14.1 el Cordero estaba en *p* sobre el monte de
15.2 en *p* sobre el mar de vidrio, con. . arpas
19.10 me postré a sus *p* para adorarle. Y él
19.17 vi a un ángel que estaba en *p* en el sol
20.12 vi a los muertos. . de *p* ante Dios; y los
22.8 me postré para adorar a los *p* del ángel

PIEDAD
Job 22.4 viene a juicio contigo. . causa de tu *p*?
Sal. 25.6 acuérdate, oh Jehová, de tus *p* y de
51.1 ten *p* de mí, oh Dios, conforme a tu
51.1 conforme a la multitud de tus *p* borra
69.16 mírame conforme a la multitud de tus *p*
77.9 ¿ha olvidado. . encerrado con ira sus *p*?
Is. 9.19 el hombre no tendrá *p* de su hermano
14.1 Jehová tendrá *p* de Jacob, y. . escogerá a
26.10 mostrará *p* al malvado, y no aprenderá
30.18 esperará para tener *p* de vosotros, y
63.7 misericordias, y. . la multitud de sus *p*
63.15 ¿dónde está tu celo. . tus *p* para conmigo?
Jer. 13.14 no perdonaré, ni. . *p* ni misericordia
16.5 he quitado mi. . mi misericordia y mis *p*
Os. 6.4 la *p* vuestra es como nube de la mañana

PIEDAD *(Continúa)*
Am. 5.15 quizá Jehová..tendrá *p* del remanente
Jon. 4.11 ¿y no tendré yo *p* de Nínive, aquella
Hab. 1.17 y no tendrá *p* de aniquilar naciones
Zac. 1.12 Jehová..¿hasta cuándo no tendrás *p* de
7.9 haced misericordia y *p* cada cual con su
10.6 porque de ellos tendré *p*, y serán como
11.5 matan..ni sus pastores tienen *p* de ellas
11.6 no tendré ya más *p* de los moradores de
Mal. 1.9 orad por el..que tenga *p* de nosotros
Hch. 3.12 si por nuestro poder o *p* hubiésemos
1 Ti. 2.2 que vivamos..en toda *p* y honestidad
2.10 corresponde a mujeres que profesan *p*
3.16 grande es el misterio de la *p:* Dios fue
4.7 desecha..fábulas..Ejercítate para la *p*
4.8 pero la *p* para todo aprovecha, pues tiene
6.3 y a la doctrina que es conforme a la *p*
6.5 que toman la *p* como fuente de ganancia
6.6 pero gran ganancia es la *p* acompañada de
6.11 sigue la justicia, la *p*, la fe, el amor
2 Ti. 3.5 tendrán apariencia de *p*, pero negarán
Tit. 1.1 y el conocimiento..que es según la *p*
2 P. 1.3 las cosas que pertenecen a..y a la *p*
1.6 al dominio..paciencia; a la paciencia, *p*
1.7 a la *p*, afecto fraternal; y al afecto

PIEDRA
Gn. 11.3 les sirvió el ladrillo en lugar de *p*
28.11 y tomó de las *p*..y puso a su cabecera
28.18 se levantó Jacob de mañana, y tomó la *p*
28.22 esta *p* que he puesto por señal, será
29.2 había una gran *p* sobre la boca del pozo
29.3 y revolvían la *p* de la boca del pozo
29.3 y volvían la *p* sobre la boca del pozo a
29.8 remuevan la *p* de la boca del pozo, para
29.10 acercó Jacob y removió la *p*..del pozo
31.13 Dios de Bet-el, donde tú ungiste la *p*
31.45 Jacob tomó una *p*..la levantó por señal
31.46 y dijo Jacob a..Recoged *p*. Y tomaron *p*
35.14 una señal de *p*, y derramó sobre ella
Éx. 7.19 los vasos de madera como en los de *p*
15.5 descendieron a las profundidades como *p*
15.16 a la grandeza de..enmudezcan como una
17.12 tomaron una *p*, y la pusieron debajo de
20.25 me hicieres altar de *p*, no las labres
21.18 si..hiriere a su..con *p* o con el puño
24.12 sube..te daré tablas de *p*, y la ley, y
25.7 *p* de ónice, y *p* de engaste para el efod
28.9 tomarás dos *p* de ónice, y grabarás en
28.10 en una *p*, y los otros seis..la otra *p*
28.11 obra de grabador en *p*, como..de sello
28.11 grabar las dos *p* con los nombres de los
28.12 pondrás las dos *p* sobre las hombreras
28.12 para *p* memoriales a los hijos de Israel
28.17 lo llenarás de..en cuatro hileras de *p*
28.17 hilera de una *p* sárdica, un topacio
28.21 las *p* serán según los nombres de los
31.5 en artificio de *p* para engastarlas, y
31.18 tablas de *p* escritas con..dedo de Dios
34.1 dijo a Moisés: Alísate dos tablas de *p*
34.4 alisó dos tablas de *p* como las primeras
34.4 y llevó en su mano las dos tablas de *p*
35.9 *p* de ónice y *p* de engaste para el efod
35.27 trajeron *p* de ónice, y las *p* de los
35.33 en la talla de *p* de engaste, y en obra
39.6 y labraron las *p* de ónice montadas en
39.7 *p* memoriales para los hijos de Israel
39.10 engastaron en él cuatro hileras de *p*
39.14 y las *p* eran conforme a los nombres de
Lv. 14.40 arrancarán las *p* en que estuviere la
14.42 y tomarán otras *p* y..en lugar de las *p*
14.43 plaga..después que hizo arrancar las *p*
14.45 derribará..tal casa, sus *p*, sus maderos
26.1 ni pondréis..*p* pintada para inclinaros
Nm. 33.52 y destruiréis todos sus ídolos de *p*
35.17 con *p* en la mano..lo hiriere y muriere
35.23 caer sobre él alguna *p* que pudo matarlo
Dt. 4.13 su pacto..escribió en dos tablas de *p*
4.28 serviréis allí a dioses..de madera y *p*
5.22 y las escribió en dos tablas de *p*, las
8.9 cuyas *p* son hierro, y de..sacarás cobre
9.9 yo subí al..para recibir las tablas de *p*
9.10 dio Jehová las dos tablas de *p* escritas
9.11 me dio las dos tablas de *p*, las tablas
10.1 Jehová me dijo: Lábrate dos tablas de *p*
10.3 labré dos tablas de *p* como las primeras
27.2 levantarás *p* grandes, y las revocarás
27.4 levantarás estas *p* que yo os mando hoy
27.5 edificarás allí un altar a Jehová..de *p*
27.6 *p* enteras edificarás el altar de Jehová
27.8 escribirás..en las *p* todas las palabras
28.36,64 y allá servirás a..al palo y a la *p*
29.17 habéis visto..sus ídolos de madera y *p*
Jos. 4.3 tomad de..doce *p*, las cuales pasaréis
4.5 cada uno de..tome una *p* sobre su hombro
4.6,21 diciendo: ¿Qué significan estas *p?*
4.7 estas *p* servirán de monumento..a Israel
4.8 tomaron doce *p* de en medio del Jordán
4.9 levantó doce *p* en medio del Jordán, en el
4.20 en Gilgal las doce *p* que habían traído
7.26; 8.29 levantaron..un gran montón de *p*
8.31 un altar de *p* enteras sobre las cuales
8.32 escribió allí sobre las *p*..una copia de
10.11 Jehová arrojó..*p*..murieron por las *p*
10.18 grandes *p* a la entrada de la cueva, y
10.27 pusieron..*p* a la entrada de la cueva
15.6 aquí sube a la *p* de Bohán hijo de Rubén
18.17 desciende a la *p* de Bohán hijo de Rubén
24.26 y tomando una gran *p*, la levantó allí
24.27 esta *p* nos servirá de testigo, porque
Jue. 9.5 mató a sus hermanos..sobre una misma *p*
9.18 matado a..70 varones sobre una misma *p*
20.16 tiraban una *p* con la honda a un cabello
1 S. 6.14 y el carro vino al..había una gran *p*
6.15 joyas..las pusieron sobre aquella gran *p*
6.18 la gran *p* sobre la cual pusieron el arca
7.12 tomó..una *p* y la puso entre Mizpa y Sen
14.33 dijo..rodadme ahora acá una *p* grande
17.40 y escogió cinco *p* lisas del arroyo, y
17.49 tomó de allí una *p*..la *p* quedó clavada
17.50 así venció..al filisteo con honda y *p*
20.19 días..y esperarás junto a la *p* de Ezel
25.37 desmayó su corazón..quedó como una *p*
2 S. 12.30 quitó la corona..tenía *p* preciosas
16.6 y arrojando *p* contra David, y contra
16.13 Simei iba por..arrojando *p* delante de él
17.13 hasta que no se encuentre allí ni una *p*
18.17 y levantaron sobre él un montón..de *p*
20.8 estando ellos cerca de la *p*..en Gabaón
1 R. 5.17 trajesen *p* grandes, *p* costosas, para
5.17 los cimientos de la casa, y *p* labradas
6.7 fabricaron de *p* que traían ya acabadas
6.18 casa..Todo era cedro; ninguna *p* se veía
6.36 el atrio interior de tres hileras de *p*
7.9 todas aquellas obras fueron de *p* costosas
7.10 cimiento era de *p* costosas, *p* grandes
7.10 *p* de diez codos y *p* de ocho codos
7.11 allí hacia arriba eran también *p* costosas
7.12 había tres hileras de *p* labradas, y una
8.9 tablas de *p* que allí había puesto Moisés
10.2 vino a Jerusalén con un..y *p* preciosas
10.10 y dio ella al rey..oro..y *p* preciosas
10.11 traía también de Ofir..y *p* preciosas
10.27 la plata llegara a ser como *p*, y los
15.22 quitaron de Ramá la *p* y la madera con
18.31 tomando Elías 12 *p*, conforme al número
18.32 edificó con las *p* un altar..de Jehová
18.38 consumió..la leña, las *p* y el polvo, y
2 R. 3.19 destruiréis con *p* toda tierra fértil
3.25 las tierras fértiles echó cada uno su *p*
3.25 que en Kir-hareset solamente dejaron *p*
12.12 y en comprar la madera y *p* de cantería
16.17 el mar de..lo puso sobre el suelo de *p*
19.18 obra de manos de hombres, madera o *p*
22.6 madera y *p* de cantería para reparar la
1 Cr. 12.2 usaban de ambas manos para tirar *p*
20.2 la corona..y había en ella *p* preciosas
22.2 canteros que labrasen *p* para edificar
22.14 he preparado madera y *p*, a lo cual tú
29.2 y *p* de ónice, *p* preciosas, *p* negras
29.2 *p* de..colores..*p* preciosas..*p* de mármol
29.8 todo el que tenía *p* preciosas las dio
2 Cr. 1.15 acumuló el rey plata y oro..como *p*
2.14 sabe trabajar en oro..en *p* y en madera
3.6 cubrió también la casa de *p* preciosas
9.1 la reina de Sabá..vino..con..*p* preciosas
9.9 y dio al rey..aromáticas, y *p* preciosas
9.10 de Ofir, trajeron madera..y *p* preciosas
9.27 acumuló el rey plata..como *p*, y cedros
16.6 y se llevaron de Ramá la *p* y la madera
26.14 y Uzías preparó..hondas para tirar *p*
26.15 hizo..para arrojar saetas y grandes *p*
32.27 y adquirió..oro, *p* preciosas, perfumes
34.11 que comprasen *p* de cantería, y madera
Esd. 5.8 la cual se edifica con *p* grandes; y
6.4 y tres hileras de *p* grandes, y una de
Neh. 4.2 ¿resucitarán..*p* que fueron quemadas?
4.3 lo que ellos edifican del muro de *p*, si
9.11 echaste..como una *p* en profundas aguas
Job 5.23 con las *p* del campo tendrás tu pacto
6.12 es mi fuerza la de las *p*, o es mi carne
14.19 las *p* se desgastan con el agua impetuosa
18.15 *p* de azufre..esparcida sobre su morada
19.24 fuesen esculpidas en *p* para siempre!
22.24 tendrás..como *p* de arroyos oro de Ofir
28.2 el hierro se..y de la *p* se funde el cobre
28.3 las *p* que hay en oscuridad y en sombra
28.6 cuyas *p* son zafiro, y sus polvos de oro
28.18 sabiduría es mejor que las *p* preciosas
29.6 y la *p* me derramaba ríos de aceite!
38.6 ¿sobre qué..¿o quién puso su *p* angular
38.30 aguas se endurecen a manera de *p*, y se
41.24 corazón es firme como una *p*, y fuerte
41.28 saeta no..*p* de honda le son como paja
Sal. 91.12 para que tu pie no tropiece en *p*
102.14 tus siervos aman sus *p*, y del polvo
118.22 la *p* que desecharon los edificadores
Pr. 3.15 mas preciosa es que las *p* preciosas
8.11 porque mejor es la..que las *p* preciosas
17.8 *p* preciosa es el soborno para el que lo
20.15 hay oro y multitud de *p* preciosas; mas
24.31 y su cerca de *p* estaba ya destruida
26.8 como quien liga la *p* en la honda, así
26.27 que revuelve la *p*, sobre él le volverá
27.3 pesada es la *p*, y la arena pesa; mas la
30.26 conejos, pueblo..ponen su casa en la *p*
31.10 estima sobrepasa..la de las *p* preciosas
Ec. 3.5 tiempo de esparcir *p*, y..de juntar *p*
10.9 quien corta *p*, se hiere con ellas; el
Is. 7.19 en las cavernas de las *p*, y en todos
8.14 por *p* para tropezar, y por tropezadero
19.13 que son la *p* angular de sus familias
27.9 haga todas las *p* del altar como *p* de cal
28.16 yo he puesto en Sion..una *p*, *p* probada
30.30 hará oir su..tempestad y *p* de granizo
37.19 no eran dioses, sino obra..madera y *p*
48.21 les hizo brotar agua de la *p;* abrió la
51.1 mirad a la *p* de donde fuisteis cortados
54.11 yo cimentaré tus *p* sobre carbunclo, y
54.12 tus ventanas pondré de *p* preciosas, tus
54.12 *p* de carbunclo, y toda tu muralla de *p*
57.6 en las *p* lisas del valle está tu parte
60.17 en lugar de *p* hierro; y pondré paz por
62.10 quitad..*p*, alzad pendón a los pueblos
Jer. 2.27 dicen..a una *p:* Tú me has engendrado
3.9 tierra..adulteró con la *p* y con el leño
5.3 endurecieron sus rostros más que la *p*, no
18.14 ¿faltará la nieve..de la *p* del campo?
21.13 moradora del..y de la *p* de la llanura
23.29 ¿no..como martillo que quebranta la *p?*
43.9 toma con tu mano *p* grandes, y cúbrelas
43.10 y pondré su trono sobre estas *p* que he
51.26 nadie tomará de..*p* para esquina, ni *p*
51.63 le atarás una *p*, y lo echarás en medio
Lm. 3.9 cercó mis caminos con *p* labrada, torció
3.53 ataron mi vida en..pusieron *p* sobre mí
4.1 las *p* del santuario están esparcidas por
Ez. 1.26 de un trono que parecía de *p* de zafiro
10.1 como una *p* de zafiro, que parecía como
11.19 quitaré el corazón de *p* de en medio de
13.11 enviaré *p* de granizo que la hagan caer
13.13 y *p* de granizo con enojo para consumir
20.32 naciones..que sirvan al palo y a la *p*
24.7 sobre una *p* alisada la ha derramado; no
24.8 pondré su sangre sobre la dura *p*, para
26.12 pondrán tus *p* y tu madera y tu polvo en
27.22 con toda *p* preciosa, y oro, vinieron a
28.13 de toda *p* preciosa era tu vestidura
28.14 en medio de las *p* de fuego te paseabas
28.16 te arrojé de entre las *p* del fuego, oh
36.26 quitaré..el corazón de *p*, y os daré un
38.22 y haré llover sobre él..*p* de granizo
40.42 las cuatro mesas..eran de *p* labrada, de
Dn. 2.34 estabas mirando, hasta que una *p* fue
2.35 la *p* que hirió a la imagen fue hecha un
2.45 viste que del monte fue cortada una *p*
5.4 alabaron a los dioses de..madera y de *p*
5.23 diste alabanza a dioses..*p*, que ni ven
6.17 traída una *p* y puesta sobre la puerta
11.38 lo honrará..con *p* preciosas y con cosas
Am. 5.11 edificasteis casas de *p* labrada, mas
Mi. 1.6 Samaria..derramaré sus *p* por el valle
Hab. 2.11 porque la *p* clamará desde el muro, y
2.19 del que dice..a la *p* muda: Levántate!
Hag. 2.15 meditad..antes que pongan *p* sobre *p*
Zac. 3.9 he aquí aquella *p*..sobre esta única *p*
4.7 él sacará la primera *p* con aclamaciones
5.4 y la consumirá, con sus maderas y sus *p*
9.15 y hollarán las *p* de la honda, y beberán
9.16 como *p* de diadema serán enaltecidos en
10.4 saldrá la *p* angular, de él la clavija
12.3 pondré a Jerusalén por *p* pesada a todos
Mt. 3.9 levantar hijos a Abraham..de estas *p*
4.3 si..dí que estas *p* se conviertan en pan
4.6 para que no tropieces con tu pie en *p*
7.9 que si su hijo le pide pan, le dará una *p?*
18.6 le colgase al cuello una *p* de molino de
21.42 la *p* que desecharon los edificadores ha
21.44 cayere sobre esta *p* será quebrantado
24.2 no quedará aquí *p* sobre *p*, que no sea
27.60 de hacer rodar una gran *p* a la entrada
27.66 sellando la *p* y poniendo la guardia
28.2 un ángel..removió la *p*, y se sentó sobre
Mr. 5.5 andaba dando voces..e hiriéndose con *p*
9.42 se le atase una *p* de molino al cuello
12.10 la *p* que desecharon los edificadores ha
13.1 Maestro, mira qué *p*, y qué edificios
13.2 ¿ves..no quedará *p* sobre *p*, que no sea
15.46 rodar una *p* a la entrada del sepulcro
16.3 ¿quién nos removerá la *p* de la entrada
16.4 cuando miraron, vieron removida la *p*
Lc. 3.8 levantar hijos a Abraham..de estas *p*
4.3 si..dí a esta *p* que se convierta en pan
4.11 para que no tropieces con tu pie en *p*
8.6 parte cayó sobre la *p;* y nacida, se secó
8.13 los de sobre la *p* son los que habiendo
11.11 si su hijo le pide pan, le dará una *p?*
17.2 que se le atase..una *p* de molino y se le
19.40 que si éstos callaran, las *p* clamarían
19.44 ti, y no dejarán en ti *p* sobre *p*, por
20.17 la *p* que desecharon los edificadores
20.18 todo el que cayere sobre aquella *p*, será
21.5 el templo estaba adornado de hermosas *p*
21.6 días vendrán en..no quedará *p* sobre *p*
22.41 apartó..distancia como de un tiro de *p*
24.2 y hallaron removida la *p* del sepulcro
Jn. 2.6 y estaban allí seis tinajas de *p* para
8.7 sea el primero en arrojar la *p* contra ella
8.59 tomaron entonces *p* para arrojárselas
10.31 entonces los judíos volvieron a tomar *p*
11.38 una cueva, y tenía una *p* puesta encima
11.39 Jesús: Quitad la *p*. Marta, la hermana

PIEDRA *(Continúa)*
Jn. 11.41 entonces quitaron la *p* de donde había
20.1 María..y vio quitada la *p* del sepulcro
Hch. 4.11 Jesús es la *p* reprobada por vosotros
17.29 que la Divinidad sea semejante a..o *p*
Ro. 9.32 pues tropezaron en la *p* de tropiezo
9.33 pongo en Sion *p* de tropiezo y roca de
1 Co. 3.12 alguno edificare oro..*p* preciosas
2 Co. 3.3 no en tablas de *p*, sino en tablas de
3.7 si el ministerio de muerte grabado..en *p*
Ef. 2.20 la principal *p* del ángulo Jesucristo
1 P. 2.4 acercándoos a él, *p* viva, desechada
2.5 como *p* vivas, sed edificados como casa
2.6 pongo en Sion la principal *p* del ángulo
2.7 la *p* que los edificadores desecharon, ha
2.8 y: *P* de tropiezo, y roca que hace caer
Ap. 4.3 semejante a *p* de jaspe y de cornalina
9.20 ni dejaron de adorar a..imágenes de..*p*
17.4 y adornada..de *p* preciosas y de perlas
18.12 mercadería de oro..de *p* preciosas, de
18.16 adornada..de *p* preciosas y de perlas!
18.21 tomó una *p*, como una gran *p* de molino
21.11 y su fulgor era semejante al de una *p*
21.11 fulgor..como *p* de jaspe, diáfana como
21.19 y los cimientos..adornados con toda *p*

PIEDRECITA
Ap. 2.17 daré una *p* blanca, y en la *p* escrito

PIEL
Gn. 3.21 Dios hizo al hombre y..túnicas de *p*
27.16 y cubrió sus manos..con las *p* de los
Éx. 25.5 *p* de carneros teñidas..*p* de tejones
26.14 harás..la tienda una cubierta de *p* de
26.14 y una cubierta de *p* de tejones encima
29.14 pero la carne..y su *p* y su estiércol
34.29,30,35 la *p* de su rostro resplandecía
35.7 *p* de carneros teñidas de rojo, *p* de
35.23 que tenía..*p* de carneros..*p* de tejones
36.19 e hizo..una cubierta de *p* de carneros
36.19 otra cubierta de *p* de tejones encima
39.34 la cubierta de *p* de carnero teñidas de
39.34 la cubierta de *p* de tejones, el velo
Lv. 4.11 la *p* del becerro, y toda su carne, con
7.8 *p* del holocausto que ofreciere será para
8.17 su *p*, su carne y su estiércol, lo quemó
9.11 la carne y la *p* las quemó al fuego fuera
11.32 sea cosa de madera, vestido, *p*, saco
13.2 tuviere en la *p* de su cuerpo hinchazón
13.2 hubiere en la *p* de su cuerpo como llaga
13.3 mirará la llaga en la *p* del cuerpo; si
13.3,20,25,30 pareciere..más profunda que la *p*
13.4 si en la *p* de su cuerpo hubiere mancha
13.4,21,26,31,32,34 no pareciere más profunda que la *p*
13.5 llaga..no habiéndose extendido en la *p*
13.6 y si parece..que no ha cundido en la *p*
13.7 pero si se extendiere la erupción en la *p*
13.8 que la erupción se ha extendido en la *p*
13.10 si apareciere tumor blanco en la *p*, el
13.11 es lepra crónica en la *p* de su cuerpo
13.12 cundiendo por la *p*..cubriere toda la *p*
13.18 y cuando en la *p*..hubiere divieso, y se
13.22 se fuere extendiendo por la *p*, entonces
13.24 en la *p* del cuerpo quemadura de fuego
13.27,35 se hubiere ido extendiendo por la *p*
13.28 no se hubiere extendido en la *p*, sino
13.34 si la tiña no hubiere cundido en la *p*
13.36 y si la tiña hubiere cundido en la *p*
13.38 tuviere en la *p* de su cuerpo manchas
13.39 si en la *p*..aparecieren manchas blancas
13.39 empeine que brotó en la *p*; está limpia
13.43 parecer de la lepra de la *p* del cuerpo
15.17 toda *p* sobre la cual cayere la emisión
16.27 y quemarán en el fuego su *p*, su carne
Nm. 4.6 pondrán sobre ella la cubierta de *p* de
4.8,11 lo cubrirán con la cubierta de *p* de
4.10 pondrán..en una cubierta de *p* de tejones
4.12 y los cubrirán con una cubierta de *p* de
4.14 extenderán..la cubierta de *p* de tejones
4.25 llevarán..la cubierta de *p* de tejones que
31.20 purificaréis..toda prenda de *p*, y toda
Job 2.4 *p* por *p*, todo lo que el hombre tiene
7.5 mi carne está..mi *p* hendida y abominable
10.11 me vestiste de *p* y carne, y me tejiste
16.15 cilicio sobre mi *p*, y puse mi cabeza en
18.13 la enfermedad roerá su *p*, y..miembros
19.20 *p* y mi carne se pegaron a mis huesos
19.20 he escapado..con..la *p* de mis dientes
19.26 después de deshecha esta mi *p*, en mi
30.30 mi *p* se ha ennegrecido y se me cae, y
41.7 ¿cortarás tú con cuchillo su *p*, o con
Lm. 3.4 hizo envejecer mi carne y mi *p*
4.8 su *p* está pegada a sus huesos, seca como
5.10 nuestra *p* se ennegreció como un horno
Ez. 37.6 os cubriré de *p*, y pondré en vosotros
37.8 y la *p* cubrió por encima de ellos; pero
Mi. 3.2 les quitáis su *p* y su carne de sobre los
3.3 les desolláis su *p* de sobre ellos, y les
He. 11.37 cubiertos de *p* de ovejas y de cabras

PIERNA
Éx. 29.17 y lavarás sus intestinos y sus *p*, y
Lv. 1.9 lavará con agua los intestinos y las *p*
1.13 y lavará las entrañas y las *p* con agua
4.11 sus *p*, sus intestinos y su estiércol
8.21 lavó luego..las *p*, y quemó Moisés todo
9.14 luego lavó los intestinos y las *p*, y los
11.21 todo insecto..que tuviere *p*..para saltar
Dt. 28.35 herirá..con maligna pústula..en las *p*
1 S. 17.6 sobre sus *p* traía grebas de bronce
Pr. 26.7 las *p* del cojo penden inútiles; así
Cnt. 5.15 *p*, como columnas de mármol fundadas
Is. 3.20 las cofias, los atavíos de las *p*, los
47.2 los pies, descubre las *p*, pasa los ríos
Ez. 24.4 de carne..buenas piezas, *p* y espalda
Dn. 2.33 sus *p*, de hierro; sus pies, en parte
Am. 3.12 la manera que el pastor libra..dos *p*
Jn. 19.31 rogaron..que se les quebrasen las *p*
19.32 soldados, y quebraron las *p* al primero
19.33 a Jesús como le..no le quebraron las *p*

PIEZA
Gn. 37.28 le vendieron..por veinte *p* de plata
45.22 a Benjamín dio trescientas *p* de plata
Éx. 25.19 de una *p* con el propiciatorio harás
25.36 manzanas y sus brazos serán de una *p*
25.36 todo ello una *p* labrada a martillo, de
37.8 de una *p* con el propiciatorio hizo los
37.22 todo era una *p* labrada a martillo, de
37.25 el altar..y sus cuernos de la misma *p*
38.2 cuernos..los cuales eran de la misma *p*
Lv. 1.6 el holocausto, y lo dividirá en sus *p*
1.8 hijos de Aarón acomodarán las *p*..el altar
1.12 lo dividirá en sus *p*, con su cabeza y la
2.6 cual partirás en *p*, y echarás sobre ella
9.13 le presentaron el holocausto *p* por *p*, y
Dt. 22.19 le multarán en cien *p* de plata, las
22.29 dará al padre..50 *p* de plata, y ella
Jos. 24.32 Jacob compró..por cien *p* de dinero
1 R. 7.35 y en lo alto de la basa había una *p*
10.29 y el carro por seiscientas *p* de plata
2 R. 5.5 llevando consigo..seis mil *p* de oro
6.25 cabeza de un asno se vendía por 80 *p* de
6.25 cab de estiércol..por cinco *p* de plata
1 Cr. 16.3 repartió a..*p* de carne, y una torta
2 Cr. 1.17 un carro por 600 *p* de plata..caballo
Job 42.11 cada uno..le dio una *p* de dinero y un
Sal. 68.30 todos se sometan con sus *p* de plata
Ez. 24.4 junta sus *p* de carne..todas buenas *p*
24.6 por sus *p*, por sus *p* sácala, sin echar
Zac. 11.12 pesaron por mi salario treinta *p* de
11.13 y tomé las treinta *p* de plata, y las
Mt. 26.15 ellos le asignaron treinta *p* de plata
27.3 devolvió..las treinta *p* de plata a los
27.5 y arrojando las *p* de plata en el templo
27.6 tomando las *p* de plata, dijeron: Nos es
27.9 tomaron las treinta *p* de plata, precio
Hch. 19.19 la cuenta..cincuenta mil *p* de plata

PI-HAHIROT *Lugar en Egipto*
Éx. 14.2 delante de *P*, entre Migdol y el mar
14.9 los alcanzaron acampados..al lado de *P*
Nm. 33.7 salieron de Etam y volvieron sobre *P*
33.8 salieron de *P* y pasaron por en medio del

PILA
Gn. 24.20 vació su cántaro en la *p*, y corrió
Éx. 2.16 agua para llenar las *p* y dar de beber

PILAR
Gn. 35.20 levantó Jacob un *p* sobre su sepultura
Jue. 9.6 cerca de la llanura del *p*..en Siquem
16.3 dos puertas de la ciudad con sus dos *p*
1 S. 1.9 Elí estaba sentado..a un *p* del templo

PILATO *Procurador romano de Judea*
Mt. 27.2 entregaron a Poncio *P*, el gobernador
27.13 *P* entonces le dijo: ¿No oyes cuántas
27.17 dijo *P*: ¿A quién queréis que os suelte
27.22 *P* les dijo: ¿Qué, pues, haré de Jesús
27.24 viendo *P* que nada adelantaba, sino que
27.58 éste fue a *P* y pidió el cuerpo de Jesús
27.58 entonces *P* mandó..se le diese el cuerpo
27.62 se reunieron los..sacerdotes..ante *P*
27.65 *P* les dijo: Ahí tenéis una guardia; id
Mr. 15.1 llevaron a Jesús..y le entregaron a *P*
15.2 *P* le preguntó: ¿Eres tú el Rey de los
15.4 preguntó *P*, diciendo: ¿Nada respondes?
15.5 Jesús ni..de modo que *P* se maravillaba
15.9 *P* les respondió diciendo: ¿Queréis que
15.12 respondiendo *P*, les dijo otra vez: ¿Qué
15.14 *P* les decía: ¿Pues qué mal ha hecho?
15.15 *P*, queriendo satisfacer al pueblo, les
15.43 vino y entró osadamente a *P*, y pidió el
15.44 *P* se sorprendió de que..hubiese muerto
Lc. 3.1 siendo gobernador de Judea Poncio *P*, y
13.1 cuya sangre *P* había mezclado con los
23.1 la muchedumbre de..llevaron a Jesús a *P*
23.3 entonces *P* le preguntó, diciendo: ¿Eres
23.4 *P* dijo a los principales sacerdotes, y
23.6 *P*, oyendo decir, Galilea, preguntó si el
23.11 Herodes con sus..volvió a enviarle a *P*
23.12 hicieron amigos *P* y Herodes aquel día
23.13 *P*, convocando a los..sacerdotes, a los
23.20 les habló..*P*, queriendo soltar a Jesús
23.24 entonces *P* sentenció que se hiciese lo
23.52 fue a *P*, y pidió el cuerpo de Jesús
Jn. 18.29 salió *P*..y les dijo: ¿Qué acusación
18.31 dijo *P*: Tomadle vosotros, y juzgadle
18.33 *P* volvió a entrar en el pretorio, y
18.35 *P* le respondió: ¿Soy yo acaso judío?
18.37 dijo entonces *P*: ¿Luego, eres tú rey?
18.38 le dijo *P*: ¿Qué es la verdad? Y cuando
19.1 que, entonces tomó *P* a Jesús, y le azotó
19.4 *P* salió otra vez, y les dijo: Mirad, os
19.5 salió..*P* les dijo: ¡He aquí el hombre!
19.6 *P* les..Tomadle vosotros, crucificadle
19.8 cuando *P* oyó decir esto, tuvo más miedo
19.10 dijo *P*: ¿A mí no me hablas? ¿No sabes
19.12 procuraba *P* soltarle; pero los judíos
19.13 *P*, oyendo esto, llevó fuera a Jesús
19.15 *P* les dijo: ¿A vuestro Rey..crucificar?
19.19 escribió..*P* un título, que puso sobre
19.21 dijeron a *P*..No escribas: Rey de los
19.22 respondió *P*: Lo que he escrito, he
19.31 rogaron a *P* que se les quebrasen las
19.38 rogó a *P* que le permitiese llevarse el
19.38 y *P* se lo concedió. Entonces vino, y
Hch. 3.13 entregasteis y negasteis delante de *P*
4.27 se unieron en esta..Herodes y Poncio *P*
13.28 muerte, pidieron a *P* que se le matase
1 Ti. 6.13 dio testimonio..delante de Poncio *P*

PILDAS ***Hijo de Nacor*, Gn. 22.22**

PILHA ***Firmante del pacto de Nehemías*, Neh. 10.24**

PILOTO
Ez. 27.8 sabios, oh Tiro..ellos fueron tus *p*
27.27 *p*, tus calafateadores y los agentes de
27.29 los *p* del mar se quedarán en tierra
Hch. 27.11 el centurión daba más crédito al *p*
Ap. 18.17 y todo *p*, y todos los que viajan en

PILTAI ***Sacerdote en tiempo de Joiacim*, Neh. 12.17**

PILLAJE
Jer. 17.3 todos tus tesoros entregaré al *p* por
Nah. 3.1 ¡ay de ti, ciudad..sin apartarte del *p*!

PIM ***Peso y moneda =⅔ de un siclo***
1 S. 13.21 el precio era un *p* por las rejas de

PINÁCULO
Mt. 4.5; Lc. 4.9 le puso sobre el *p* del templo

PINGÜE
Is. 30.23 dará pan del fruto de..abundante y *p*

PINO
Is. 41.19 pondré en la soledad cipreses, *p* y
44.14 planta *p*, que se críe con la lluvia
60.13 la gloria del Líbano vendrá a ti..*p*
Ez. 27.6 bancos de *p* de las costas de Quitim

PINÓN ***Jefe de Edom*, Gn. 36.41; 1 Cr. 1.52**

PINTADO, DA
Gn. 30.33 la que no fuere *p* ni manchada en las
30.39 borregos listados, *p* y salpicados de
31.8 los *p* serán tu salario..ovejas parían *p*
31.10 los machos que cubrían a las hembras..*p*
31.12 todos los machos..son..*p* y abigarrados
Lv. 26.1 ni..piedra *p* para inclinarse a ellas
Ez. 8.12 cada uno en sus cámaras *p* de imágenes?
23.14 vio a..imágenes de caldeos *p* de color

PINTAR
2 R. 9.30 Jezabel lo oyó, se *pintó* los ojos con
Jer. 4.30 aunque *pintes* con antimonio tus ojos
22.14 casa..y la cubre de cedro, y la *pinta*
Ez. 8.10 ídolos..estaban *pintados* en la pared
23.14 hombres *pintados* en la pared, imágenes
23.40 *pintaste* tus ojos, y te ataviaste con

PINTURA
Is. 2.16 naves..y sobre todas las *p* apreciadas

PIOJO
Éx. 8.16 para que se vuelva *p* por todo el país
8.17 se volvió *p*, así en los hombres como en
8.17 se volvió *p* en todo el país de Egipto
8.18 sacar *p* con sus encantamientos; pero no
8.18 hubo *p* tanto en los hombres como en las
Sal. 105.31 y vinieron..*p* en todos sus términos

PIRA
Is. 30.33 cuya *p* es de fuego, y mucha leña

PIRATÓN ***Población en Efraín*, Jue. 12.15**

PIRATONITA ***Originario de Piratón*, Jue. 12.13,15; 2 S. 23.30; 1 Cr. 11.31; 27.14**

PIREAM *Rey amorreo de Jarmut,* Jos. 10.3

PISADA
Job 23.11 mis pies han seguido sus *p;* guardé
Sal. 77.19 sendas. .tus *p* no fueron conocidas
Is. 37.25 con las *p* de mis pies secaré todos
60.14 y a las *p* de tus pies se encorvarán
Ro. 4.12 las *p* de la fe que tuvo nuestro padre
2 Co. 12.18 ¿no hemos procedido. .las mismas *p?*
1 P. 2.21 dejándonos ejemplo. .que sigáis sus *p*

PISADOR
Is. 16.10 no pisará vino en los lagares el *p*
Am. 9.13 *p* de las uvas al que lleve la simiente

PISAR
Dt. 1.36 a él le daré la tierra que *pisó,* y a
11.24 lugar que *pisare* la planta de vuestro
11.25 temor de. .sobre. .la tierra que *pisareis*
Jos. 1.3 os he entregado. .todo lugar que *pisare*
Jue. 9.27 y *pisaron* la uva e hicieron fiesta
1 S. 5.5 no *pisan* el umbral de Dagón en Asdod
2 S. 22.43 como lodo de las calles los *pisé* y
Neh. 13.15 que *pisaban* en lagares en el día de
Job 22.15 senda. .*pisaron* los hombres perversos
24.11 *pisan* los lagares, y mueren de sed
28.8 nunca la *pisaron* animales fieros, ni león
39.15 y olvida que el pie los puede *pisar,* y
Sal. 91.13 el león y el áspid *pisarás;* hollarás
Is. 16.10 no *pisará* vino en. .lagares el pisador
41.25 lodo, y como *pisa* el barro el alfarero
63.2 ropas como del que ha *pisado* en lagar?
63.3 he *pisado* yo solo el lagar, y de los
63.3 los *pisé* con mi ira, y los hollé con mi
Jer. 48.33 no *pisarán* con canción; la canción
Mi. 6.15 *pisarás* aceitunas, mas no te ungirás
Nah. 3.14 lodo, *pisa* el barro, refuerza el horno
Ap. 14.20 *pisado* el lagar fuera de la ciudad
19.15 y él *pisa* el lagar del vino del furor

PISGA *Cumbre al oriente del Mar Muerto*
Nm. 21.20 a la cumbre de *P,* que mira hacia el
23.14 lo llevó. .a la cumbre de *P,* y edificó
Dt. 3.17 al pie de las laderas del *P* al oriente
3.27 sube a la cumbre del *P* y alza tus ojos
4.49 del Arabá, al pie de las laderas del *P*
34.1 subió Moisés de. .a la cumbre del Pisga
Jos. 12.3 el sur al pie de las laderas del *P*
13.20 Bet-peor. .las laderas de *P,* Bet-jesimot

PISIDIA *Región en Asia Menor*
Hch. 13.14 de Perge, llegaron a Antioquía de *P*
14.24 pasando luego. .*P,* vinieron a Panfilia

PISO
Gn. 6.16 y le harás *p* bajo, segundo y tercero
Jue. 16.27 y en el *p* alto había como tres mil
1 R. 6.30 y cubrió de oro el *p* de la casa, por
Ez. 41.6 cámaras. .30 en cada uno de los tres *p*
41.7 del *p* inferior se podía subir al de en
41.16 y las cámaras alrededor de los tres *p*
42.3 las unas enfrente de las otras en tres *p*
42.6 estaban en tres *p,* y no tenían columnas
Hch. 20.9 vencido del sueño cayó del tercer *p*

PISÓN *Río en el huerto de Edén,* Gn. 2.11

PISÓN
Pr. 27.22 aunque majes al necio en un. .con el *p*

PISOTEADO *Véase Pisotear*

PISOTEADOR
Is. 16.4 el *p* será consumido de sobre la tierra

PISOTEAR
Sal. 56.2 todo el día mis enemigos me *pisotean*
Is. 16.8 *pisotearon* sus generosos sarmientos
28.3 será *pisoteada* la corona de soberbia de
28.18 pase. .azote, seréis de él *pisoteados*
41.25 *pisoteará* príncipes como lodo, y como
42.22 este es pueblo saqueado y *pisoteado*
Dn. 8.7 lo derribó. .en tierra, y lo *pisoteó,* y
8.10 parte. .echó por tierra, y las *pisoteó*
8.13 el santuario y el. .para ser *pisoteados?*
Am. 2.7 *pisotean* en. .cabezas de los desvalidos
Mt. 7.6 no sea que las *pisoteen,* y se vuelvan
He. 10.29 merecerá el que *pisoteare* al Hijo de

PISPA *Descendiente de Aser,* 1 Cr. 7.38

PITÓN
1. Ciudad de almacenamiento en Egipto, Éx. 1.11
2. Descendiente del rey Saúl, 1 Cr. 8.35; 9.41

PLACER *(s.)*
Est. 8.17 judíos tuvieron alegría. .y día de *p*
Pr. 18.2 no toma *p* el necio en la inteligencia
Ec. 2.2 enloqueces; y al *p:* ¿De qué sirve esto?
2.10 negué. .ni aparté mi corazón de *p* alguno
10.19 por el *p* se hace el banquete, y el vino
11.9 y tome *p* tu corazón en los días de tu
Ez. 16.37 reuniré a. .con los cuales tomaste *p*
Jl. 1.16 arrebatado. .el *p* de la casa de. .Dios?
Am. 6.7 el duelo de los que se entregan a los *p*
Lc. 8.14 son ahogados por. .y los *p* de la vida
2 Co. 12.15 yo con el mayor *p* gastaré lo mío
1 Ti. 5.6 que se entrega a los *p*. .está muerta

PLACER *(v.)*
Gn. 23.13 si te *place,* te ruego que me oigas
Nm. 36.6 cásense como a ellas les *plazca,* pero
2 S. 18.11 me hubiera *placido* darte diez siclos
1 R. 5.8 lo que te *plazca* acerca de la madera
Neh. 2.5 *place* al rey, y tu siervo ha hallado
2.7 si le *place* al rey, que se me den cartas
Est. 3.9 si *place* al rey. .que sean destruidos
5.4 si *place* al rey, vengan hoy el rey y Amán
5.8 y si *place* al rey otorgar mi petición y
7.3 si al rey *place,* séame dada mi vida por
8.5 si *place* al rey, y si he hallado gracia
9.13 si *place* al rey, concédase. .que hagan
Dn. 5.21 Dios. .pone sobre él al que le *place*
Lc. 12.32 Padre le ha *placido* daros el reino

PLAGA
Gn. 12.17 Jehová hirió a Faraón. .con grandes *p*
Éx. 9.3 la mano de Jehová estará. .*p* gravísima
9.14 yo enviaré. .vez todas mis *p* a tu corazón
9.15 para herirte a ti y a tu pueblo de *p*
10.17 que quite de mí al menos esta *p* mortal
11.1 una *p* traeré aún sobre Faraón y sobre
12.13 y no habrá en vosotros *p* de mortandad
Lv. 13.47 en un vestido hubiere *p* de lepra, ya
13.49 *p* fuere verdosa, o rojiza, en vestido
13.49 *p* es de lepra, y se ha de mostrar al
13.50 el sacerdote mirará la *p,* y encerrará
13.51 mirará la *p*. .se hubiere extendido la *p*
13.51 si. .lepra maligna es la *p;* inmunda será
13.52 vestido. .en que hubiere tal *p,* porque
13.53 no pareciere que la *p* se haya extendido
13.54 mandará que laven donde está la *p,* y lo
13.55 mirará. .la *p*. .que la *p* no ha cambiado
13.55 no se haya extendido la *p,* inmunda es
13.56 que la *p* se ha oscurecido después que
13.57 al fuego aquello en que estuviere la *p*
13.58 le quitare la *p,* se lavará segunda vez
13.59 esta es la ley para la *p* de la lepra del
14.3 si ve que está sana la *p* de la lepra del
14.32 para el que hubiere tenido *p* de lepra
14.34 si pusiere yo *p* de lepra en alguna casa
14.35 algo como *p* ha aparecido en mi casa
14.36 antes que entre a mirar la *p,* para que
14.37 examinará la *p;* y si se vieren manchas
14.39 *p* se hubiere extendido en las paredes
14.40 las piedras en que estuviere la *p,* y las
14.43 la *p* volviere a brotar en aquella casa
14.44 haberse extendido la *p* en la casa, es
14.48 viere que la *p* no se ha extendido en la
14.48 limpia la casa. .la *p* ha desaparecido
14.54 es la ley acerca de toda *p* de lepra y
26.21 siete veces. .*p* según vuestros pecados
Nm. 8.19 que no haya *p* en los hijos de Israel
11.33 e hirió Jehová al pueblo con una *p* muy
14.37 que habían hablado mal. .murieron de *p*
Dt. 7.15 las malas *p* de Egipto, que tú conoces
24.8 cuanto a la *p* de la lepra, ten cuidado
28.59 Jehová aumentará. .tus *p* y las *p* de tu
28.59 aumentará. .*p* grandes y permanentes
28.61 toda *p* que no está escrita en el libro
29.22 cuando vieren las *p* de aquella tierra
1 S. 4.8 que hirieron a Egipto con toda *p* en
6.4 una misma *p* ha afligido a todos vosotros
2 S. 24.25 Jehová oyó las. .cesó la *p* en Israel
1 R. 8.37 hubiere. .cualquier *p* o enfermedad que
8.38 cualquiera sintiere la *p* en su corazón
2 Cr. 6.28 cualquiera *p* o enfermedad que sea
21.14 Jehová herirá a tu pueblo de una gran *p*
Sal. 38.11 amigos. .se mantienen lejos de mi *p*
39.10 quita de sobre mí tu *p;* estoy consumido
64.7 Dios los herirá. .de repente serán sus *p*
91.10 no te sobrevendrá. .*p* tocará tu morada
106.30 levantó Finees e hizo. .se detuvo la *p*
Jer. 14.17 es quebrantada la. .de *p* muy dolorosa
Zac. 14.12 será la *p* con que herirá Jehová a
14.15 así también será la *p* de los caballos
14.18 vendrá la *p* con que Jehová herirá las
Mr. 3.10 tocarle, cuantos tenían *p* caían sobre
Lc. 7.21 sanó a muchos de enfermedades y *p,* y
Hch. 24.5 hemos hallado que. .hombre es una *p*
Ap. 9.18 *p* fue muerta la tercera parte de los
9.20 los. .que no fueron muertos con estas *p*
11.6 poder. .para herir la tierra con toda *p*
15.1,6 siete ángeles que tenían las siete *p*
15.8 que se hubiesen cumplido las siete *p* de
16.9 de Dios, que tiene poder sobre estas *p*
16.21 blasfemaron. .Dios por la *p* del granizo
16.21 porque su *p* fue sobremanera grande
18.4 sus pecados, ni recibáis parte de sus *p*
18.8 por lo cual en un solo día vendrán sus *p*
21.9 las siete copas llenas de las siete *p*
22.18 Dios traerá sobre él las *p* que están

PLAGADA
Lv. 13.50 encerrará la cosa *p* por siete días

PLAN
Est. 9.24 había ideado. .un *p* para destruirlos

PLANA
Jer. 36.23 leído tres o cuatro *p,* lo rasgó el

PLANCHA
Nm. 16.38 harán de ellos *p* batidas para cubrir
Jue. 8.26 oro, sin las *p* y joyeles y vestidos
Ez. 4.3 tómate también una *p* de hierro, y ponla

PLANO
1 Cr. 28.11 David dio a Salomón su hijo el *p*
28.12 el *p* de. .las cosas que tenía en mente

PLANTA
Gn. 1.29 que os he dado toda *p* que da semilla
1.30 vida, toda *p* verde les será para comer
2.5 toda *p* del campo antes que fuese en la
3.18 y cardos te producirá, y comerás *p* del
8.9 no halló la paloma donde sentar la *p* de
9.3 las legumbres y *p* verdes, os lo he dado
Dt. 2.5 no os daré. .lo que cubre la *p* de un pie
11.24 todo lugar que pisare. .*p* de vuestro pie
28.35 desde la *p* de tu pie hasta tu coronilla
28.56 nunca la *p* de su pie intentaría sentar
28.65 ni la *p* de tu pie tendrá reposo; pues
Jos. 1.3 lugar que pisare la *p* de vuestro pie
3.13; 4.18 *p* de los pies de los sacerdotes
2 S. 14.25 la *p* de su pie hasta su coronilla no
1 R. 5.3 Jehová puso sus enemigos bajo las *p* de
2 R. 19.24 secado con las *p* de mis pies. .ríos
Job 2.7 sarna maligna desde la *p* del pie hasta
13.27 trazando un límite para las *p* de. .pies
14.9 reverdecerá, y hará copa como *p* nueva
Sal. 80.15 la *p* que plantó tu diestra, y el
128.3 tus hijos como *p* de olivo alrededor de
144.12 sean nuestros hijos como *p* crecidas en
Is. 1.6 desde la *p* del pie hasta la cabeza no
5.7 y los hombres de Judá *p* deliciosa suya
16.8 se extendieron sus *p,* pasaron el mar
17.10 por. .sembrarás *p* hermosas, y plantarás
Ez. 1.7 *p* de sus pies como *p* de pie de becerro
34.29 levantaré para ellos una *p* de renombre
43.7 el lugar donde posaré las *p* de mis pies
Mal. 4.3 cuales serán ceniza bajo las *p*. .pies
Mt. 15.13 *p* que no plantó mi Padre celestial

PLANTAR
Gn. 2.8 Jehová Dios *plantó* un huerto en Edén
9.20 a labrar la tierra, y *plantó* una viña
12.8 *plantó* su tienda, teniendo a Bet-el al
21.33 *plantó* Abraham un árbol tamarisco en
26.25 *plantó* allí su tienda; y abrieron allí
33.19 compró. .campo. .donde *plantó* su tienda
35.21 Israel, y *plantó* su tienda más allá de
Éx. 15.17 *plantarás* en el monte de tu heredad
Lv. 19.23 *plantéis*. .clase de árboles frutales
Nm. 24.6 río, como áloes *plantados* por Jehová
Dt. 6.11 viñas y olivares que no *plantaste,* y
16.21 no *plantarás* ningún árbol para Asera
20.6 ha *plantado* viña, y no ha disfrutado de
28.30 *plantarás* viña, y no la disfrutarás
28.39 *plantarás* viñas. .pero no beberás vino
Jos. 24.13 viñas. .que no *plantasteis,* coméis
Jue. 4.11 había *plantado*. .tiendas en el valle
2 S. 7.10 lo *plantaré,* para que habite en su
2 R. 19.29 y *plantaréis* viñas, y comeréis el
1 Cr. 17.9 he *plantado* para que habite en él
Sal. 1.3 árbol *plantado* junto a corrientes de
44.2 echaste las naciones, y los *plantaste*
80.8 echaste las naciones, y la *plantaste*
80.15 la planta que *plantó* tu diestra, y el
92.13 *plantados* en la casa de Jehová, en los
104.16 los cedros del Líbano que él *plantó*
107.37 y *plantan* viñas, y rinden abundante
Pr. 31.16 *planta* viña del fruto de sus manos
Ec. 2.4 edifiqué. .casas, *planté* para mí viñas
2.5 y *planté* en ellos árboles de todo fruto
3.2 de *plantar,* y. .de arrancar lo *plantado*
Is. 5.2 la había. .*plantado* de vides escogidas
17.10 sembrarás. .*plantarás* sarmiento extraño
17.11 día que las *plantes,* las harás crecer
37.30 *plantaréis* viñas, y comeréis su fruto
40.24 como si nunca hubieran sido *plantados*
44.14 *planta* pino, que se críe con la lluvia
65.21 *plantarán* viñas, y comerán el fruto de
65.22 ni *plantarán* para que otro coma; porque
Jer. 1.10 puesto. .para edificar y para *plantar*
2.21 te *planté* de vid escogida. .verdadera
6.3 junto a. .*plantarán* sus tiendas alrededor
11.17 Jehová. .que te *plantó* ha pronunciado
12.2 los *plantaste,* y echaron raíces. .fruto
17.8 árbol *plantado* junto a las aguas, que
18.9 en un instante hablaré de. .para *plantar*
24.6 bien. .los *plantaré* y no los arrancaré
29.5,28 *plantad* huertos, y comed del fruto
31.5 aún *plantarás* viñas en los montes de
31.5 *plantarán* los que *plantan,* y disfrutarán
31.28 tendré cuidado de ellos para. .*plantar*
32.41 los *plantaré* en esta tierra en verdad
35.7 ni *plantaréis* viña, ni la retendréis
42.10 si os quedareis quietos. .os *plantaré*

PLANTAR *(Continúa)*

Jer. 45.4 arranco a los que *planté*, y a toda esta
Ez. 17.5 la *plantó* junto a aguas abundantes, la
17.8 fue *plantada*, para que hiciese ramas y
17.10 aquí está *plantada*; ¿será prosperada?
17.22 tomaré yo del cogollo. . y lo *plantaré*
17.22 *plantaré* sobre el monte alto y sublime
17.23 en el monte alto de Israel lo *plantaré*
19.10 en medio de la viña, *plantada* junto a
19.13 y ahora está *plantada* en el desierto
25.4 y *plantarán* en ti sus tiendas. . comerán
28.26 habitarán. . *plantarán* viñas, y vivirán
36.36 que yo. . *planté* lo que estaba desolado
Dn. 11.45 *plantar* las tiendas. . entre los mares
Am. 5.11 *plantasteis*. . viñas, mas no beberéis el
9.14 *plantarán* viñas, y beberán el vino de
9.15 los *plantaré* sobre su tierra, y nunca
Mi. 1.6 de Samaria. . tierra para *plantar* viñas
Sof. 1.13 *plantarán* viñas. . no beberán el vino
Mt. 15.13 toda planta que no *plantó* mi Padre
21.33 hubo un hombre. . el cual *plantó* una viña
Mr. 12.1 un hombre *plantó* una viña, la cercó de
Lc. 13.6 tenía un hombre una higuera *plantada*
17.6 desarráigate, y *plántate* en el mar; y os
17.28 comían, bebían. . *plantaban*, edificaban
20.9 un hombre *plantó* una viña, la arrendó a
Ro. 6.5 si fuimos *plantados* juntamente con él
1 Co. 3.6 yo *planté*, Apolos regó. . crecimiento
3.7 así que ni el que *planta* es algo, ni el
3.8 que *planta* y el que riega son una misma
9.7 ¿quién *planta* viña y no come de su fruto?

PLANTÍO

1 Cr. 4.23 y moraban en medio de p y cercados
Is. 60.21 renuevos de mi p, obra de mis manos
61.3 y serán llamados árboles. . p de Jehová
Ez. 17.7 regada por ella por los surcos de su p

PLAÑIDERA

Jer. 9.17 llamad p que vengan; buscad. . hábiles

PLAÑIR

Jer. 16.4 no serán *plañidos* ni enterrados; serán
16.6 no se enterrarán, ni los *plañirán*, ni

PLATA

Gn. 13.2 Abram era riquísimo en. . en p y en oro
20.16 he dado mil monedas de p a tu hermano
23.15 la tierra vale 400 siclos de p; ¿qué es
23.16 pesó Abraham y Efrón. . 400 siclos de p
24.35 le ha dado. . p y oro, siervos y siervas
24.53 sacó el criado alhajas de p y. . de oro
37.28 le vendieron a. . por veinte piezas de p
44.2 la copa de p, en la boca del costal del
44.4 ¿por qué habéis robado mi copa de p?
44.8 de hurtar de casa de tu señor p ni oro?
45.22 a Benjamín dio. . trescientas piezas de p
Éx. 3.22 pedirá. . alhajas de p, alhajas de oro
11.2 pida. . su vecina, alhajas de p y de oro
12.35 pidiendo de los egipcios alhajas de p
20.23 no hagáis. . dioses de p, ni dioses de
21.32 pagará su dueño treinta siclos de p
22.7 alguno diere a su prójimo p. . a guardar
22.17 pesará p conforme a la dote. . vírgenes
25.3 ofrenda que tomaréis de ellos: oro, p
26.19 y harás cuarenta basas de p debajo de
26.21 y sus cuarenta basas de p; dos basas
26.25 serán ocho tablas, con sus basas de p
26.32 sus capiteles de oro, sobre basas de p
27.10,11 capiteles de las columnas y. . de p
27.17 estarán ceñidas de p. . capiteles de p
31.4 para trabajar en oro, en p y en bronce
35.5 ofrenda para. . traerá a Jehová; oro, p
35.24 todo el que ofrecía ofrenda de p o de
35.32 para trabajar en oro, en p y en bronce
36.24 cuarenta basas de p debajo de. . tablas
36.26 cuarenta basas de p; dos basas debajo
36.30 eran. . ocho tablas, y sus basas de p 16
36.36 y fundió para ellas cuatro basas de p
38.10,11,12,17,19 los capiteles. . y sus molduras, de p
38.17 las cubiertas de las cabezas de. . de p
38.17 las columnas del atrio. . molduras de p
38.19 basas de bronce y sus capiteles de p
38.25 p de. . empadronados de la congregación
38.27 cien talentos de p para fundir. . basas
Lv. 5.15 conforme a. . estimación en siclos de p
27.3 lo estimarás en cincuenta siclos de p
27.6 estimarás al varón en cinco siclos de p
27.6 estimarás. . la mujer en tres siclos de p
27.16 se valorará en cincuenta siclos de p
Nm. 7.13,19,25,31,37,43,49,55,61,67,73,79 su ofrenda fue un plato de p. . jarro de p
7.84 doce platos de p, doce jarros de p, 12
7.85 toda la p de la vajilla, 2.400 siclos
10.2 hazte dos trompetas de p; de obra de
22.18; 24.13 diese su casa llena de p y oro
31.22 oro y la p, el bronce, hierro, estaño
Dt. 7.25 no codiciarás p. . para tomarlo para ti
8.13 la p y el oro se te multipliquen, y todo
17.17 ni p ni oro amontonará. . en abundancia
22.19 le multarán en cien piezas de p, las
22.29 dará al padre de la joven 50 piezas de p
29.17 ídolos. . de p y oro, que tienen consigo
Jos. 6.19 toda la p. . sean consagrados a Jehová
6.24 pusieron en el tesoro de. . la p y el oro
7.21 vi entre los despojos. . 200 siclos de p
22.8 volved a vuestras tiendas. . con p, con oro
Jue. 9.4 dieron setenta siclos de p del templo
16.5 cada uno. . te dará mil cien siclos de p
17.2 los mil cien siclos de p que te fueron
17.3 él devolvió los mil cien siclos de p a
17.4 tomó su madre 200 siclos de p y los dio
17.10 y yo te daré diez siclos de p por año
1 S. 2.36 a postrarse. . por una moneda de p y un
9.8 he aquí. . la cuarta parte de un siclo de p
2 S. 8.10 Joram llevaba. . utensilios de p, de
8.11 dedicó a Jehová, con la p y el oro que
18.11 hubiera placido darte diez siclos de p
18.12 aunque me pesaras mil siclos de p, no
21.4 no tenemos. . querella sobre p ni sobre oro
24.24 David compró la era. . por 50 siclos de p
1 R. 7.51 metió Salomón. . p, oro y utensilios
10.21 la vajilla de. . de oro fino; nada de p
10.22 y traía oro, p, marfil, monos y pavos
10.25 todos le llevaban. . alhajas de oro y de p
10.27 que en. . la p llegara a ser como piedras
10.29 el carro por seiscientas piezas de p
15.15 metió en la casa de. . oro, p y alhajas
15.18 entonces tomando Asa toda la p y el oro
15.19 yo te envío un presente de p y de oro
16.24 Omri compró a. . por dos talentos de p
20.3 tu p y tu oro son míos, y tus mujeres
20.5 tu p y tu oro, y tus mujeres. . me darás
20.7 ha enviado a mí. . por mi p y por mi oro
20.39 por la suya, o pagarás un talento de p
2 R. 5.5 llevando consigo diez talentos de p
5.22 te ruego que les des un talento de p, y
5.23 ató dos talentos de p en dos bolsas, y
5.26 ¿es tiempo de tomar p, y de. . siervas?
6.25 cabeza de un asno. . por 80 piezas de p
6.25 de estiércol de. . por cinco piezas de p
7.8 y tomaron de allí p y oro y vestidos, y
12.13 aquel dinero. . no se hacían tazas de p
12.13 ningún otro utensilio. . de p se hacía
14.14 y tomó. . la p, y todos los utensilios
15.19 Manahem dio a Pul mil talentos de p
15.20 cada uno cincuenta siclos de p, para
16.8 tomando Acaz la p. . que se halló en la
18.14 impuso a Ezequías. . 300 talentos de p
18.15 toda la p que fue hallada en la casa
20.13 Ezequías. . mostró. . p, oro, y especias
23.33 multa de cien talentos de p, y uno de
23.35 y Joacim pagó a Faraón la p y el oro
23.35 sacando la p y el oro del pueblo de la
25.15 los que de p, en p; todo lo llevó el
1 Cr. 18.10 le envió. . utensilios de oro, de p
18.11 el rey David dedicó a Jehová, con la p
19.6 Hanún. . enviaron mil talentos de p para
22.14 un millón de talentos de p, y bronce
22.16 de la p, del bronce y. . no hay cuenta
28.14 y p en peso para todas las cosas de p
28.15 y para los candeleros de p, p en peso
28.16 del mismo modo p para las mesas de p
28.17 para las tazas de p, por peso para cada
29.2 he preparado para. . p para las cosas de p
29.3 guardo en mi tesoro particular oro y p
29.4 siete mil talentos de p refinada para
29.5 p para las cosas de p, y para toda la
29.7 diez mil talentos de p, 18.000. . bronce
2 Cr. 1.15 acumuló el rey p y oro en Jerusalén
1.17 un carro por seiscientas piezas de p, y
2.7 un hombre hábil que sepa trabajar en. . p
2.14 el cual sabe trabajar en oro, p, bronce
5.1 puso la p. . en los tesoros de la casa de
9.14 los gobernadores de la. . traían oro y p
9.20 en los días de. . la p no era apreciada
9.21 y traían oro, p, marfil, monos y pavos
9.24 éstos traía su presente, alhajas de p
9.27 y acumuló el rey p en Jerusalén como
15.18 trajo a la casa de Dios lo que. . p, oro
16.2 sacó Asa la p y el oro de los tesoros
16.3 he aquí yo te he enviado p y oro, para
17.11 traían de los filisteos. . tributos de p
21.3 padre les había dado muchos regalos. . p
24.14 e hicieron de él. . vasos de oro y de p
25.6 tomó a sueldo por cien talentos de p, a
25.24 el oro y la p, y todos los utensilios
27.5 le dieron. . de Amón cien talentos de p
32.27 adquirió tesoros de p y oro, piedras
36.3 a pagar cien talentos de p y uno de oro
Esd. 1.4 ayúdenle los hombres de su lugar con p
1.6 y todos. . les ayudaron con p y oro, con
1.9 mil tazones de p, veintinueve cuchillos
1.10 tazas de oro, otras 410 tazas de p, y
1.11 los utensilios de oro y de p eran 5.400
2.69 dieron. . cinco mil libras de p, y cien
5.14 utensilios de oro y de p de la casa de
6.5 los utensilios de oro y de p de la casa
7.15 llevar la p y el oro que el rey y sus
7.16 la p y el oro que halles en. . Babilonia
7.18 y lo que. . os parezca hacer de la otra p
7.22 hasta cien talentos de p, cien coros de
8.25 les pesé la p, el oro y los utensilios
8.26 650 talentos de p, y utensilios de p por
8.28 son santos los utensilios. . la p y el oro
8.30 los levitas recibieron el peso de la p
8.33 al cuarto día fue luego pesada la p, el
Neh. 5.15 tomaron. . más de 40 siclos de p, y aun
7.71 los cabezas. . dieron. . 2.200 libras de p
7.72 del pueblo dio. . dos mil libras de p, y
Est. 1.6 en anillos de p y columnas de mármol
1.6 los reclinatorios de oro y de p, sobre
3.9 yo pesaré diez mil talentos de p a los
3.11 p que ofreces sea para ti, y asimismo
4.7 dio noticia de la p que Amán había dicho
Job 3.15 con los. . que llenaban de p sus casas
22.25 tu defensa, y tendrás p en abundancia
27.16 amontone p como polvo, y prepare ropa
27.17 vestirá, y el inocente repartirá la p
28.1 la p tiene sus veneros, y el oro lugar
28.15 por oro, ni su precio será a peso de p
Sal. 12.6 como p refinada en horno de tierra
66.10 tú. . nos ensayaste como se afina la p
68.13 como alas de paloma cubiertas de p, y
68.30 todos se sometan con sus piezas de p
105.37 los sacó con p y oro; y no hubo en sus
115.4 los ídolos de ellos son p y oro, obra
119.72 mejor me es. . que millares de oro y p
135.15 los ídolos de las naciones son p y oro
Pr. 2.4 como a la p la buscares. . escudriñares
3.14 es mejor que la ganancia de la p, y sus
8.10 recibid mi enseñanza, y no p; y ciencia
8.19 oro. . y mi rédito mejor que la p escogida
10.20 p escogida es la lengua del justo; mas
16.16 y adquirir inteligencia. . más que la p
17.3 el crisol para la p, y la hornaza para
22.1 y la buena fama más que la p y el oro
25.4 quita las escorias de la p, y saldrá
25.11 manzana de oro con figuras de p es la
26.23 como escoria de p. . labios lisonjeros
27.21 el crisol prueba la p, y la hornaza el
Ec. 2.8 me amontoné también p y oro, y tesoros
12.6 antes que la cadena de p se quiebre, y
Cnt. 1.11 zarcillos de oro te. . tachonados de p
3.10 hizo sus columnas de p, su respaldo de
8.9 edificaremos sobre él un palacio de p; si
8.11 traer mil monedas de p por su fruto
Is. 1.22 tu p se ha convertido en escorias, tu
2.7 su tierra está llena de p y oro, sus
2.20 día arrojará el hombre. . sus ídolos de p
7.23 mil vides que valían mil siclos de p
13.17 no se ocuparán de la p, ni codiciarán
30.22 profanarás la. . de tus esculturas de p
31.7 arrojará el hombre sus ídolos de p y sus
39.2 y les mostró la casa de su tesoro, p y
40.19 el platero le. . y le funde cadenas de p
46.6 oro de la bolsa, y pesan p con balanzas
48.10 he aquí te he purificado, y no como a p
60.9 para traer tus hijos de lejos, su p y su
60.17 y por hierro p, y por madera bronce, y
Jer. 6.30 p desechada los llamarán. . los desechó
10.4 con p y oro lo adornan; con clavos y
10.9 p batida de Tarsis y oro de Ufaz; obra
32.9 pesé el dinero; diecisiete siclos de p
52.19 lo de p por p, se llevó el capitán de
Ez. 7.19 arrojarán su p en las calles, y su oro
7.19 ni su p ni su oro podrá librarlos en el
16.13 así fuiste adornada de oro y de p, y tu
16.17 tomaste. . alhajas de oro y de p que yo
22.18 ellos. . en escorias de p se convirtieron
22.20 como quien junta p y bronce y hierro y
22.22 como se funde la p en medio del horno
27.12 con p, hierro. . comerciaba en tus ferias
28.4 y has adquirido oro y p en tus tesoros
38.13 para quitar p y oro, para tomar ganados
Dn. 2.32 pecho y sus brazos, de p; su vientre
2.35 fueron desmenuzados el. . la p y el oro
2.45 la cual desmenuzó. . barro, la p y el oro
5.2 que trajesen los vasos de oro y de p que
5.4 y alabaron a los dioses. . de p, de bronce
5.23 diste alabanza a dioses de p y oro, de
11.8 y sus objetos preciosos de p y de oro
11.38 honrará con. . p, con piedras preciosas
11.43 se apoderará de los tesoros de oro y p
Os. 2.8 y que le multipliqué la p y el oro que
3.2 la compré. . para mí por quince siclos de p
8.4 de su p y de su oro hicieron ídolos para
9.6 la ortiga conquistará lo deseable de su p
13.2 y de su p se han hecho según. . imágenes
Jl. 3.5 porque habéis llevado mi p y mi oro, y
Nah. 2.9 saquead p. . no hay fin de las riquezas
Hab. 2.19 está cubierto de oro y p, y no hay
Sof. 1.18 ni su p. . podrá librarlos en el día
Hag. 2.8 mía es la p, y mío es el oro, dice
Zac. 6.11 tomarás. . p y oro, y harás coronas, y
9.3 amontonó p como polvo, y oro como lodo
11.12 pesaron por mi salario 30 piezas de p
11.13 y tomé las treinta piezas de p, y las
13.9 los fundiré como se funde la p, y los
14.14 oro y p, y ropas de vestir. . abundancia
Mal. 3.3 se sentará para afinar y limpiar la p
3.3 Leví, los afinará como a oro y como a p
Mt. 10.9 no os proveáis de oro, ni p, ni cobre
26.15 ellos le asignaron treinta piezas de p
27.3 devolvió. . las treinta piezas de p a los
27.5 arrojando las piezas de p en el templo
27.6 tomando las piezas de p, dijeron: No es
27.9 tomaron las treinta piezas de p, precio
Hch. 3.6 dijo: No tengo p ni oro, pero lo que
17.29 la Divinidad sea semejante a oro, o p

PLATA *(Continúa)*

Hch. 19.19 hallaron que era 50.000 piezas de p
19.24 que hacía de p templecillos de Diana
20.33 ni p ni oro ni vestido de..he codiciado
1 Co. 3.12 edificare oro, p, piedras preciosas
2 Ti. 2.20 no solamente hay utensilios..de p
Stg. 5.3 vuestro oro y p están enmohecidos; y
1 P. 1.18 con cosas corruptibles, como oro o p
Ap. 9.20 ni dejaron de adorar..imágenes de..p
18.12 mercadería de oro, de p, de piedras

PLATERO

Neh. 3.8 junto..restauró Uziel hijo..de los p
3.31 restauró Malquías hijo del p, hasta la
3.32 restauraron los p y los comerciantes
Is. 40.19 el p le extiende el oro y le funde
41.7 carpintero animó al p, y el que alisaba
46.6 alquilan un p para hacer un dios de ello
Hch. 19.24 un p llamado Demetrio, que hacía de

PLÁTICA

Lc. 24.17 les dijo: ¿Qué p son estas que tenéis
1 Ti. 6.20 evitando las profanas p sobre cosas

PLATILLO

Éx. 25.38; 37.23 despabiladeras y sus p, de oro
Nm. 4.9 sus p, y todos sus utensilios del aceite

PLATO

Éx. 25.29 harás también sus p, sus cucharas, sus
37.16 sus p, sus cucharas, sus cubiertos y
Nm. 7.13,19,25,31,37,43,49,55,61,67,73,79 su
ofrenda fue un p de plata de 130 siclos
7.84 doce p de plata, doce jarros de plata
7.85 cada p de 130 siclos, y cada jarro de
2 R. 21.13 limpiaré a Jerusalén..limpia un p
Pr. 19.24 el perezoso mete su mano en el p, y
26.15 mete el perezoso su mano en el p; se
Mt. 14.8 dame aquí en un p la cabeza de Juan
14.11 fue traída su cabeza en un p, y dada a
23.25 limpiéis lo de fuera del vaso y del p
23.26 limpia primero lo de dentro..y del p
26.23 el que mete la mano conmigo en el p
Mr. 6.25 me des en un p la cabeza de Juan el
6.28 trajo su cabeza en un p y la dio a la
14.20 es uno de los..que moja conmigo en el p
Lc. 11.39 limpiáis lo de fuera del vaso y del p

PLAYA

Mt. 13.2 sentó, y toda la gente estaba en la p
Jn. 21.4 se presentó Jesús en la p..no sabían
Hch. 21.5 puestos de rodillas en la p, oramos
27.39 pero veían una ensenada que tenía p, en
27.40 izada..la vela..enfilaron hacia la p

PLAZA

Nm. 13.19 si son campamentos o p fortificadas
Dt. 13.16 juntarás..su botín en medio de la p
Jue. 19.15 se sentaron en la p de la ciudad
19.17 a aquel caminante en la p de la ciudad
19.20 con tal que no pases la noche en la p
2 S. 1.20 ni déis las nuevas en..p de Ascalón
21.12 los habían hurtado de la p de Bet-sán
1 R. 20.34 y haz p en Damasco para ti, como mi
22.10 en la p junto a la entrada de..Samaria
2 Cr. 18.9 sentados..en la p junto a la entrada
29.4 los levitas..los reunió en la p oriental
32.6 y los hizo reunir en la p de la puerta
Esd. 10.9 se sentó..en la p de la casa de Dios
Neh. 8.1 se juntó todo el pueblo..en la p que
8.3 leyó en el libro delante de la p que está
8.16 en la p de la puerta de las Aguas, y en
8.16 tabernáculos..p de la puerta de Efraín
Est. 4.6 a ver a Mardoqueo a la p de la ciudad
6.9 y llévenlo en el caballo por la p de la
6.11 y lo condujo..por la p de la ciudad, e
Job 29.7 y en la p hacía preparar mi asiento
Sal. 55.11 y el engaño no se apartan de sus p
144.14 no..ni grito de alarma en nuestras p
Pr. 1.20 la sabiduría clama..su voz en las p
5.16 y tus corrientes de aguas por las p?
7.12 está en la calle, otras veces en las p
Cnt. 3.2 y rodearé..por las calles y por las p
Is. 15.3 en sus terrados y en sus p aullarán
59.14 la verdad tropezó en la p, y la equidad
Jer. 5.1 buscad en sus p a ver..halláis hombre
9.21 para exterminar..a los jóvenes de las p
44.17 en las ciudades..en las p de Jerusalén
49.26; 50.30 sus jóvenes caerán en sus p, y
Lm. 2.11 desfallecía el niño y el que..en las p
Ez. 16.24 y te hiciste altar en todas las p
16.31 y haciendo tus altares en todas las p!
Dn. 9.25 se volverá a edificar la p y el muro
Am. 5.16 todas las p habrá llanto, y en todas
Nah. 2.4 los carros se precipitarán a las p, con
Mt. 11.16 muchachos que se sientan en las p, y
20.3 otros que estaban en la p desocupados
23.7 y las salutaciones en las p, y que los
Mr. 7.4 volviendo de la p, si no se lavan, no
12.38 gustan..aman las salutaciones en las p
Lc. 7.32 a los muchachos sentados en la p, que
11.43 amáis las..y las salutaciones en las p
13.26 y bebido, y en nuestras p enseñaste
14.21 vé pronto por las p..y trae acá a los
20.46 aman las salutaciones en las p, y las
Hch. 17.17 la p cada día con los que concurrían
Ap. 11.8 y sus cadáveres estarán en la p de la

PLAZO

Éx. 9.5 y Jehová fijó p, diciendo: Mañana hará
1 S. 13.8 él esperó..conforme al p que Samuel
13.11 que tú no venías dentro del p señalado
18.26 a David..y antes que el p se cumpliese
Job 14.13 me pusieres p, y de mí te acordaras!
Sal. 102.13 porque es tiempo..el p ha llegado
Dn. 11.27 nada, porque el p aún no habrá llegado
11.35 depurados..porque aun para esto hay p

PLEBEYO

Sal. 49.2 así los p como los nobles, el rico y

PLEGARIA

1 R. 8.28 atenderás a la oración de tu..a su p
8.52 atentos tus..a la p de tu pueblo Israel

PLEITEAR

Is. 45.9 ¡ay del que *pleitea* con su Hacedor!
Jer. 2.9 con los hijos de vuestros..*pleitearé*
1 Co. 6.6 el hermano con el hermano *pleitea* en

PLEITO

Éx. 23.6 no pervertirás el derecho de..en su p
Dt. 1.12 ¿cómo llevaré yo solo..y vuestros p?
25.1 si hubiere p entre algunos, y acudieren
2 S. 15.2 a cualquiera que tenía p y venía al
15.4 que viniesen a mí todos los que tienen p
Pr. 3.30 no tengas p con nadie sin razón, si no
18.18 la suerte pone fin a los p, y decide
22.10 echa fuera..escarnecedor..cesará el p
25.8 no entres apresuradamente en p, no sea
26.17 se deja llevar de la ira en p ajeno es
Is. 34.8 año de retribuciones en el p de Sion
49.25 tu p yo lo defenderé, y yo salvaré a
Ez. 44.24 los casos de p..estarán para juzgar
Os. 12.2 p tiene Jehová con Judá para castigar
Mi. 6.2 el p de Jehová; porque Jehová tiene p
Hab. 1.3 violencia..p y contienda se levantan
Mt. 5.40 al que quiera ponerte a p y quitarte
Hch. 19.38 Demetrio y..tienen p contra alguno
1 Co. 6.7 una falta..tengáis p entre vosotros
Gá. 5.20 p, celos, iras, contiendas, disensiones
1 Ti. 6.4 nacen envidias, p, blasfemias, malas
Stg. 4.1 ¿de dónde vienen las guerras y los p

PLENITUD

Dt. 33.16 mejores dádivas de la tierra y su p
1 Cr. 16.32 resuene el mar, y su p; alégrese el
Job 26.3 p de inteligencia has dado a conocer?
Sal. 16.11 de la vida; en tu presencia hay p de
24.1 de Jehová es la tierra y su p; el mundo
50.12 no te lo diría mío es el mundo y su p
89.11 tuyos..el mundo y su p, tu lo fundaste
96.11 gócese la tierra; brame el mar y su p
98.7 brame el mar y su p, el mundo y los que
Jer. 47.2 inundarán la tierra y su p, la ciudad
Ez. 12.19 su tierra será despojada de su p, por
Jn. 1.16 de su p tomamos todos, y gracia sobre
Ro. 11.25 que haya entrado la p de los gentiles
1 Co. 10.26,28 del Señor es la tierra y su p
Ef. 1.23 p de Aquel que todo lo llena en todo
3.19 que seáis llenos de toda la p de Dios
4.13 a la medida de la estatura de la p de
Col. 1.19 agradó al..que en él habitase toda p
2.9 porque en él habita..la p de la Deidad

PLENO, NA

2 S. 12.12 secreto; mas yo haré esto..a p sol
Est. 9.29 suscribieron con p autoridad..carta
Sof. 2.4 saquearán a Asdod en p día, y Ecrón
Ro. 11.12 y si..¿cuánto más su p restauración?
Col. 2.2 todas las riquezas de p entendimiento
3.10 se va renovando hasta el conocimiento p
1 Ts. 1.5 y en p certidumbre, como bien sabéis
He. 6.11 el fin, para p certeza de la esperanza
10.22 acerquémonos..en p certidumbre de fe

PLÉYADES *Constelación celestial*

Job 9.9 hizo la Osa, el Orión y las P, y los
38.31 ¿podrás tú atar los lazos de las P, o
Am. 5.8 buscad al que hace las P y el Orión, y

PLIEGUE

Job 15.27 la gordura..hizo p sobre sus ijares

PLOMADA

2 R. 21.13 extenderé sobre Jerusalén..la p de
Am. 7.7 a plomo, y en su mano una p de albañil
7.8 dijo: ¿Qué ves, Amós?..Una p de albañil
7.8 pongo p de albañil en medio de..Israel
Zac. 1.16 y la p será tendida sobre Jerusalén
4.10 y verán la p en la mano de Zorobabel

PLOMO

Éx. 15.10 se hundieron como p en las impetuosas
Nm. 31.22 plata, el bronce, hierro, estaño y p
Job 19.24 y con p fuesen esculpidas en piedra
Jer. 6.29 por el fuego se ha consumido el p; en
Ez. 22.18 todos ellos son..p en medio del horno
22.20 como quien junta..hierro y p y estaño
27.12 con plata..p comerciaba en tus ferias
Am. 7.7 Señor estaba sobre un muro hecho a p
Zac. 5.7 levantaron la tapa de p, y una mujer
5.8 y echó la masa de p en la boca del efa

PLUMA

Lv. 1.16 le quitará el buche y las p, lo cual
Dt. 32.11 el águila que..los lleva sobre sus p
Job 39.13 ¿diste tú..o alas y p al avestruz?
Sal. 45.1 mi lengua es p de escribiente muy
68.13 de plata, y sus p con amarillez de oro
91.4 con sus p te cubrirá, y debajo de sus
Jer. 8.8 ha cambiado en mentira la p mentirosa
Ez. 17.3 gran águila..de p de diversos colores
17.7 también otra gran águila..y de muchas p
Dn. 4.33 su pelo creció como p de águila, y sus
3 Jn. 13 no quiero escribírtelas con tinta y p

POBLACIÓN

Dt. 12.12 y el levita que habite en vuestras p
12.15 podrás matar y comer carne en..tus p
12.17 ni comerás en tus p el diezmo de tu
12.18 tú, tu..y el levita que habita en tus p
14.21 extranjero que está en tus p la darás
14.27 y no desampararás al levita..en tus p
14.29 el huérfano y la..que hubiere en tus p
15.22 en..p lo comerás; el inmundo lo mismo
16.14 huérfano y la viuda que viven en tus p
Jos. 13.30 territorio de ellos fue..sesenta p
Hch. 8.25 en muchas p..anunciaron el evangelio

POBLAR

Gn. 10.5 de éstos se *poblaron* las costas, cada
Jer. 50.39 nunca más..*poblada* ni se habitará
Ez. 26.17 pereciste tú, *poblada* por gente de
26.20 haré..para que nunca más seas *poblada*
38.12 las tierras desiertas ya *pobladas*, y

POBRE

Éx. 22.25 prestares dinero..p que está contigo
23.3 ni al p distinguirás en su causa
23.11 para que coman los p de tu pueblo; y
30.15 ni..ni el p disminuirá del medio siclo
Lv. 14.21 si fuere p, y no tuviere para tanto
19.10 para el p y..el extranjero lo dejarás
19.15 ni favoreciendo al p ni complaciendo al
23.22 para el p y..el extranjero la dejarás
27.8 si fuere muy p para pagar tu estimación
Dt. 15.7 ni cerrarás tu..contra tu hermano p
15.11 abrirás tu mano al p y al menesteroso
24.12 si el hombre fuere p, no te acostarás
24.14 no oprimirás al jornalero p..ya sea de
24.15 pues es p, y con él sustenta su vida
Jue. 6.15 mi familia es p en Manasés, y yo el
Rt. 3.10 busca de los jóvenes, sean p o ricos
1 S. 2.8 levanta del polvo al p, y del muladar
18.23 yo un hombre p y de ninguna estima?
2 S. 12.1 había dos hombres..rico, y el otro p
12.3 el p no tenía más que una sola corderita
12.4 sino que tomó la oveja de aquel hombre p
2 R. 24.14 llevó..no quedó nadie, excepto los p
25.12 de los p de la tierra dejó Nabuzaradán
Est. 9.22 enviar porciones..y dádivas a los p
Job 5.15 libra de la espada al p, de la boca
20.10 sus hijos solicitarán el favor de los p
24.4 y todos los p de la tierra se esconden
24.9 quitan..y de sobre el p le toman la prenda
24.14 se levanta..mata al p y al necesitado
29.12 porque yo libraba al p que clamaba, y
31.16 si estorbé el contento de los p, e hice
34.19 que no..ni respeta más al rico que al p
34.28 venir delante de él el clamor del p
36.15 al p librará de su pobreza, y en la
Sal. 9.9 Jehová será refugio del p, refugio para
9.18 porque..ni la esperanza de los p perecerá
10.2 con arrogancia el malo persigue al p
10.9 acecha para arrebatar al p; arrebata al
10.9 oculto..arrebata al p trayéndolo a su red
10.12 alza tu mano; no te olvides de los p
12.5 la opresión de los p, por el gemido de
14.6 del consejo del p se han burlado, pero
34.6 p clamó, y le oyó Jehová, y lo libró de
35.10 que libras..al p..del que le despoja?
37.14 para derribar al p y al menesteroso
41.1 bienaventurado el que piensa en el p; en
49.2 los nobles, el rico y el p juntamente
68.10 tu bondad, oh Dios, has provisto al p
72.13 misericordia del p y..la vida de los p
107.41 levanta de la miseria al p, y hace
109.31 él se pondrá a la diestra del p, para
112.9 da a los p; su justicia permanece para
113.7 él levanta del polvo al p..menesteroso
132.15 su provisión; a sus p saciaré de pan
Pr. 10.15 y el desmayo de los p es su pobreza
13.7 hay quienes pretenden ser p, y tienen
13.8 sus riquezas; pero el p no oye censuras

POBRE *(Continúa)*

Pr. 13.23 en el barbecho de los *p* hay mucho pan
14.20 el *p* es odioso aun a su amigo; pero
14.21 el que tiene misericordia de los *p* es
14.31 el que oprime al *p* afrenta a su Hacedor
14.31 que tiene misericordia del *p*, lo honra
17.5 que escarnece al *p* afrenta a su Hacedor
18.23 el *p* habla con ruegos, mas el rico
19.1 mejor es el *p* que camina en integridad
19.4 amigos; mas el *p* es apartado de su amigo
19.7 todos los hermanos del *p* le aborrecen
19.17 a Jehová presta el que da al *p*, y el
19.22 pero mejor es el *p* que el mentiroso
21.13 el que cierra su oído al clamor del *p*
22.2 el rico y el *p* se encuentran; a ambos
22.7 el rico se enseñorea de los *p*, y el que
22.16 el que oprime al *p* para aumentar sus
22.22 no robes al *p*, porque es *p*. .afligido
28.3 el hombre *p* y robador de los *p* es como
28.6 mejor es el *p* que camina en. .integridad
28.11 rico. .mas el *p* entendido lo escudriña
28.15 es el príncipe impío sobre el pueblo *p*
28.27 el que da al *p* no tendrá pobreza; mas
29.7 conoce el justo la causa de los *p;* mas
29.13 el *p* y el usurero se encuentran; Jehová
29.14 del rey que juzga con verdad a los *p*
30.9 siendo *p*, hurte, y blasfeme el nombre
30.14 para devorar a los *p* de la tierra, y a
31.9 defiende la causa del *p* y. .menesteroso
31.20 alarga su mano al *p*, y extiende sus
Ec. 4.13 mejor es el muchacho *p* y sabio, que el
4.14 para reinar, aunque en su reino nació *p*
5.8 si opresión de *p* y perversión de derecho
6.8 ¿qué más. .el *p* que supo caminar entre los
9.15 se halla en ella un hombre *p*, sabio, el
9.15 y nadie se acordaba de aquel hombre *p*
9.16 la ciencia del *p* sea menospreciada, y no
Is. 3.14 despojo del *p* está en vuestras casas
3.15 majáis mi. .y moléis las caras de los *p?*
10.2 para apartar del juicio a los *p*, y para
11.4 sino que juzgará con justicia a los *p*
14.30 los primogénitos. .*p* serán apacentados
25.4 porque fuiste fortaleza al *p*, fortaleza
29.19 aun los más *p*. .se gozarán en el Santo
32.7 trama. .para hablar en juicio contra el *p*
40.20 el *p* escoge. .madera que no se apolille
49.13 Jehová. .de sus *p* tendrá misericordia
58.7 a los *p* errantes albergues en casa; que
66.2 pero miraré a aquel que es *p* y humilde
Jer. 2.34 aun en tus. .se halló sangre de los *p*
5.4 pero yo dije: Ciertamente éstos son *p*
5.28 prósperos. .causa de los *p* no juzgaron
20.13 ha librado el alma del *p* de mano de los
39.10 a los *p* del pueblo que no tenían nada
40.7 había encomendado. .los *p* de la tierra
52.15 hizo transportar. .a los *p* del pueblo
52.16 mas de los *p* del país dejó Nabuzaradán
Ez. 18.12 al *p* y menesteroso oprimiere. .robos
18.17 apartare su mano del *p*, interés y usura
Am. 2.6 vendieron. .al *p* por un par de zapatos
4.1 que oprimís a los *p* y quebrantáis a los
5.11 puesto que vejáis al *p* y recibís de él
5.12 sé que. .hacéis perder su causa a los *p*
8.4 los que. .arruináis a los *p* de la tierra
8.6 para comprar los *p* por dinero, y los
Hab. 3.14 regocijo era como para devorar al *p*
Sof. 3.12 dejaré en. .ti un pueblo humilde y *p*
Zac. 7.10 no oprimáis a. .al extranjero ni al *p*
11.7 apacenté, pues, las. .los *p* del rebaño
11.11 y así conocieron los *p* del rebaño que
Mt. 5.3 bienaventurados. .*p* en espíritu, porque
11.5 ven. .y a los *p* es anunciado el evangelio
19.21 vende. .dalo a los *p*, y tendrás tesoros
26.9 porque esto podía. .haberse dado a los *p*
26.11 siempre tendréis *p* con vosotros, pero
Mr. 10.21 dalo a los *p*, y tendrás tesoro en el
12.42 vino una viuda *p*, y echó dos blancas
12.43 esta viuda *p* echó más que todos los que
14.5 haberse vendido. .y haberse dado a los *p*
14.7 siempre tendréis a los *p* con vosotros, y
Lc. 4.18 ungido para dar buenas nuevas a los *p*
6.20 decía: Bienaventurados vosotros los *p*
7.22 ven. .y a los *p* es anunciado el evangelio
14.13 cuando hagas banquete, llama a los *p*
14.21 trae acá a los *p*, los mancos, los cojos
18.22 vende todo lo que tienes, y dalo a los *p*
19.8 la mitad de mis bienes doy a los *p;* y si
21.2 vio también a una viuda muy *p*, que echaba
21.3 digo, que esta viuda *p* echó más que todos
Jn. 12.5 ¿por qué no. .vendido. .y dado a los *p?*
12.6 dijo esto, no porque se cuidara de los *p*
12.8 a los *p* siempre los tendréis. .mas a mí
13.29 compra lo que. .que diese algo a los *p*
Ro. 15.26 a bien hacer una ofrenda para los *p*
1 Co. 13.3 mis bienes para dar de comer a los *p*
2 Co. 6.10 como *p*, mas enriqueciendo a muchos
8.9 que por amor a vosotros se hizo *p*, siendo
9.9 como está escrito: Repartió, dio a los *p*
Gá. 2.10 pidieron que nos acordásemos de los *p*
4.9 os volvéis de nuevo a los. .*p* rudimientos
He. 11.37 espada. .*p*, angustiados, maltratados
Stg. 2.2 si. .entre un *p* con vestido andrajoso
2.3 y decís al *p:* Estate tú allí en pie, o
2.5 ha elegido Dios a los *p* de este mundo
2.6 pero vosotros habéis afrentado al *p*. ¿No
Ap. 3.17 no sabes que tú eres un. .miserable, *p*
13.16 ricos y *p*, libres y esclavos, se les

POBRECILLA

Is. 10.30 que se oiga hacia Lais, *p* Anatot

POBRECITA

Is. 54.11 *p*, fatigada. .tempestad, sin consuelo

POBREZA

Gn. 45.11 que no perezcas de *p* tú y tu casa, y
Job 30.3 por causa de la *p* y del hambre andaban
36.15 al pobre librará de su *p*, y. .aflicción
Pr. 6.11 así vendrá. .y tu *p* como hombre armado
10.15 y el desmayo de los pobres es su *p*
11.24 hay quienes retienen. .pero vienen a *p*
13.18 *p*. .tendrá el que menosprecia el consejo
21.5 el que se apresura. .de cierto va a la *p*
24.34 así vendrá. .y tu *p* como hombre armado
28.19 que sigue a los ociosos se llenará de *p*
28.22 avaro, y no sabe que le ha de venir *p*
28.27 el que da al pobre no tendrá *p;* mas el
30.8 no me des *p* ni riquezas; manténme del
Mr. 12.44; Lc. 21.4 mas ésta, de su *p* echó todo
2 Co. 8.2 su profunda *p* abundaron en riquezas
8.9 vosotros con su *p* fueseis enriquecidos
Ap. 2.9 conozco tus. .tu *p* (pero tú eres rico)

POCO, CA

Gn. 30.30 porque *p* tenías antes de mi venida, y
47.9 *p* y malos han sido los días de los años
Éx. 16.18 no. .ni faltó al que había recogido *p*
Nm. 13.18 si es fuerte o débil, si *p* o numeroso
16.13 ¿es *p* que nos hayas hecho venir de una
Dt. 4.27 quedaréis *p*. .entre las naciones a las
7.22 Jehová. .echará a estas naciones. .*p* a *p*
33.6 viva Rubén, y. .y no sean *p* sus varones
Jos. 7.3 no fatigues a todo el pueblo. .son *p*
1 S. 2.30 que me desprecian serán tenidos en *p*
10.27 y le tuvieron en *p*, y no le trajeron
18.23 ¿os parece. .que es *p* ser yerno del rey
2 S. 12.8 y si esto fuera *p*, te habría añadido
12.9 ¿por qué, pues, tuviste en *p* la palabra
19.43 ¿por qué, pues, nos habéis tenido en *p?*
1 Cr. 16.19 eran *p* en número, *p* y forasteros en
17.17 y aun esto, oh Dios, te ha parecido *p*
Neh. 9.32 no sea tenido en *p*. .el sufrimiento que
Job 10.20 ¿no son *p* mis días? Cesa, pues, y
15.11 ¿en tan *p* tienes las consolaciones de
31.13 tenido en *p* el derecho de mi siervo y
Sal. 37.16 mejor es lo *p* del justo, que las
105.12 cuando ellos eran *p*. .y forasteros en
Pr. 6.30 no tienen en *p* al ladrón si hurta para
15.16 mejor es lo *p* con el temor de Jehová
15.32 tiene en *p* la disciplina menosprecia su
16.8 mejor es lo *p* con justicia que. .frutos
Is. 7.13 ¿os es *p* el ser molestos a los hombres
16.14 los sobrevivientes serán *p*, pequeños y
49.6 *p* es para mí que tú seas mi siervo para
Jer. 33.24 han tenido en *p* a mi pueblo, hasta
42.2 de muchos hemos quedado unos *p*, como
Lm. 4.9 porque éstos murieron *p* a *p* por falta
Ez. 5.3 tomarás también de allí. .*p* en número
16.47 si esto fuera *p* y muy *p*, te corrompiste
Hag. 1.9 buscáis. .y hallaís *p;* y encerráis en
Mt. 20.16 muchos son llamados, mas *p* escogidos
22.14 muchos son llamados, y *p* escogidos
25.23 sobre *p* has sido fiel, sobre mucho te
Lc. 13.23 dijo: Señor, ¿son *p* los que se salvan?
19.17 cuanto en lo *p* has sido fiel, tendrás
Jn. 6.7 para que cada uno de ellos tomase un *p*
12.35 aún por un *p* está la luz entre vosotros
13.33 hijitos, aún estaré con vosotros un *p*
14.19 todavía un *p*, y el mundo no me verá
16.16,17,19 un *p*, y no me veréis; y de. .un *p*
16.18 ¿qué quiere decir con: Todavía un *p?*
Hch. 26.29 por *p* o por mucho, no solamente tú
1 Co. 16.11 por tanto, nadie le tenga en *p*, sino
1 Ti. 4.12 ninguno tenga en *p* tu juventud, sino

PODADERA

Is. 18.5 podará con *p* las ramitas, y cortará y

PODAR

Lv. 25.3 seis años *podarás* tu viña y recogerás
25.4 séptimo año. .no sembrarás. .ni *podarás*
Is. 5.6 no será *podada* ni cavada, y crecerán
18.5 entonces *podará* con podaderas. .ramitas

PODER *(s.)*

Gn. 31.29 *p* hay en mi mano para haceros mal
31.32 aquel en cuyo *p* hallares tus dioses, no
35.4 los dioses ajenos que había en *p* de ellos
39.4 él. .entregó en su *p* todo lo que tenía
44.16 aquel en cuyo *p* fue hallada la copa
44.17 el varón en cuyo *p* fue hallada la copa
49.3 principal en dignidad, principal en *p*
Éx. 9.16 te he puesto para mostrar en ti mi *p*
15.6 tu diestra. .ha sido magnificada en *p;* tu
15.7 con la grandeza de tu *p* has derribado a
15.13 lo llevaste con tu *p* a tu santa morada
32.11 sacaste. .con gran *p* y con mano fuerte?
Lv. 25.28 estará en *p* del que lo compró hasta
25.30 quedará. .en *p* de aquel que la compró
Nm. 14.13 oirán. .sacaste a este pueblo con tu *p*
14.17 ruego que sea magnificado el *p* del
21.26 Sehón. .tomado de su *p* toda su tierra
31.49 de los hombres. .que están en nuestro *p*
Dt. 2.36 las entregó Jehová. .Dios en nuestro *p*
4.37 te sacó de Egipto con. .y con su gran *p*
8.17 *p* y la fuerza de mi mano me han traído
8.18 él te da el *p* para hacer las riquezas
9.29 y tu heredad, que sacaste con tu gran *p*
34.12 en el gran *p* y en los hechos grandiosos
Jos. 17.17 eres gran pueblo, y tienes grande *p*
Jue. 5.21 de Cisón. Marcha, oh alma mía, con *p*
17.2 aquí el dinero está en mi *p;* yo lo tomé
1 S. 2.1 mi *p* se exalta en Jehová; mi boca se
2.4 los fuertes. .los débiles se ciñeron de *p*
2.10 dará *p* a su Rey, y exaltará el poderío
10.6 el Espíritu. .vendrá sobre ti con *p*, y
10.10; 11.6 el Espíritu. .vino sobre él con *p*
2 R. 13.5 dio. .y salieron del *p* de los sirios
17.36 a Jehová, que os sacó. .con grande *p* y
19.26 sus moradores fueron de corto *p;* fueron
22.9 lo han entregado en *p* de los que hacen
1 Cr. 16.11 buscad a Jehová y su *p;* buscad su
16.27 alabanza y. .*p* y alegría en su morada
16.28 tributad a Jehová. .a Jehová gloria y *p*
25.5 Hemán, vidente del rey. .para exaltar su *p*
29.11 tuya es, oh Jehová. .y el *p*, la gloria
29.12 en tu mano está la fuerza y el *p*, y en
29.12 en tu mano el hacer grande y el dar *p*
29.30 todo lo relativo a su reinado, y su *p*
2 Cr. 6.41 para habitar. .tú y el arca de tu *p*
13.20 nunca más tuvo Jeroboam *p* en los días
16.9 mostrar su *p* a favor de los que tienen
20.6 ¿no está en tu mano tal fuerza y *p*, que
25.8 en Dios está el *p*, o para ayudar, o para
Esd. 4.23 les hicieron cesar con *p* y violencia
8.22 su *p* y su furor contra todos los que le
Neh. 1.10 los cuales redimiste con tu gran *p*
Est. 1.4 para mostrar. .la magnificencia de su *p*
10.2 su *p* y autoridad, y el relato sobre la
Job 5.20 te salvará de. .y del *p* de la espada
6.23 y redimidme del *p* de los violentos?
12.13 con Dios está la sabiduría y el *p;* suyo
12.16 con él está el *p* y la sabiduría; suyo
23.9 si muestra su *p* al norte, yo no lo veré
24.22 pero a los fuertes adelantó con su *p*
26.2 ¿en qué ayudaste al que no tiene *p?*
26.12 él agita el mar con su *p*, y con. .hiere
26.14 pero el trueno de su *p*, ¿quién lo puede
30.21 cruel. .con el *p* de tu mano me persigues
31.23 contra cuya majestad yo no tendría *p*
36.19 del oro, o de todas las fuerzas del *p?*
36.22 Dios es excelso en su *p;* ¿qué enseñador
37.23 él es Todopoderoso. .grande en *p;* y en
Sal.18.32 Dios es el que me ciñe de *p*, y quien
21.1 el rey se alegra en tu *p*, oh Jehová; y en
21.13 engrandécete, oh Jehová, en tu *p*
22.20 libra. .mi alma, del *p* del perro mi vida
29.1 tributad. .dad a Jehová la gloria y el *p*
29.11 Jehová dará *p* a su pueblo. .bendecirá
49.15 Dios redimirá mi vida del *p* del Seol
54.1 oh Dios, sálvame. .con tu *p* defiéndeme
59.9 a causa del *p* del enemigo esperaré en
59.11 dispérsalos con tu *p*, y abátelos, oh
59.16 pero yo cantaré de tu *p*, y alabaré de
62.11 veces he oído esto: Que de Dios es el *p*
63.2 para ver tu *p* y tu gloria, así como te
65.6 tú, el que afirma los montes con su *p*
66.3 por la grandeza de tu *p* se someterán a
66.7 él señorea con su *p* para siempre; sus
68.34 atribuid *p* a Dios; sobre Israel es su
68.34 sobre Israel. .su *p* está en los cielos
71.18 que anuncie tu *p* a la posteridad, y tu
74.13 dividiste el mar con tu *p*. .monstruos
75.5 no hagáis alarde de vuestro *p*. .cerviz
75.10 pero el *p* del justo será exaltado
77.14 tú. .hiciste notorio en los pueblos tu *p*
78.26 cielo, y trajo con su *p* el viento sur
80.2 despierta tu *p* delante de Efraín, de
84.7 irán de *p* en *p;* verán a Dios en Sion
86.16 da tu *p* a tu siervo, y guarda al hijo
89.17 por tu. .voluntad acrecentarás nuestro *p*
89.24 él, y en mi nombre será exaltado su *p*
89.48 ¿qué. .¿librará su vida del *p* del Seol?
90.11 ¿quién conoce el *p* de tu ira, y tu
93.1 Jehová se vistió, se ciñó de *p*. Afirmó
96.6 alabanza y. .*p* y gloria en su santuario
96.7 pueblos, dad a Jehová la gloria y el *p*
105.4 buscad a Jehová y su *p;* buscad. .rostro
106.8 él los salvó. .para hacer notorio su *p*
106.41 los entregó en *p* de las naciones, y
107.2 los que ha redimido del *p* del enemigo
110.2 enviará desde Sion la vara de tu *p*
110.3 se te ofrecerá. .en el día de tu *p*, en
111.6 el *p* de sus obras manifestó a su pueblo
112.9 siempre; su *p* será exaltado en gloria
132.8 levántate, oh. .tú y el arca de tu *p*
132.17 allí haré retoñar el *p* de David; he
145.6 *p* de tus hechos. .hablarán los hombres
145.11 de tu reino digan, y hablen de tu *p*

PODER *(Continúa)*
Sal. 147.5 grande. .el Señor nuestro, y de mucho *p*
Pr. 3.27 no te. .cuando tuvieres *p* para hacerlo
8.14 yo soy la inteligencia; mío es el *p*
18.21 la muerte y la vida están en *p* de la
Is. 8.7 es, al rey de Asiria con todo su *p;* él
10.13 con el *p* de mi mano lo he hecho, y con
11.2 reposará sobre él el Espíritu de. .y de *p*
11.15 Jehová. .levantará su mano con el *p* de
23.10 de Tarsis, porque no tendrás ya más *p*
33.13 vosotros. .estáis cerca, conoced mi *p*
37.27 sus moradores fueron de corto *p;* fueron
40.10 aquí que Jehová el Señor vendrá con *p*
40.26 tal es. .su fuerza, y el *p* de su dominio
47.14 no salvarán sus vidas del *p* de la llama
50.2 ¿no hay en mí *p* para librar? He aquí que
51.9 despiértate, vístete de *p*, oh brazo de
52.1 vístete de *p*, oh Sion; vístete tu ropa
63.1 éste. .que marcha en la grandeza de su *p?*
63.15 ¿dónde está tu celo, y tu *p*. .conmigo?
64.7 nos dejaste marchitar en *p* de nuestras
Jer. 10.5 ni. .mal, ni para hacer bien tienen *p*
10.12 el que hizo la tierra con su *p*, el que
16.21 haré conocer mi mano y mi *p*, y sabrán
27.5 con mi gran *p* y con mi brazo extendido
32.17 hiciste el cielo y la. .con tu gran *p*
38.10 toma en tu *p* treinta hombres de aquí
38.11 tomó Ebed-melec en su *p* a los hombres
48.25 cortado es el *p* de Moab, y su brazo
51.15 el que hizo la tierra con su *p*, el que
Lm. 2.17 y enalteció el *p* de tus adversarios
Ez. 17.9 sin gran *p* ni. .gente para arrancarla
22.6 cada uno según su *p*, se esfuerzan en
23.5 cometió fornicación aun estando en mi *p*
29.21 haré retoñar el *p* de la casa de Israel
30.18 cuando quebrante yo allí el *p* de Egipto
35.5 entregaste a. .Israel al *p* de la espada
Dn. 2.20 porque suyos son el *p* y la sabiduría
2.37 el Dios del cielo te ha dado reino, *p*
3.27 el fuego no había tenido *p* alguno sobre
4.30 que yo edifiqué. .con la fuerza de mi *p*
6.27 ha librado a Daniel del *p* de los leones
8.4 ni había quien escapase de su *p;* y hacía
8.7 no hubo quien librase al carnero de su *p*
8.24 su *p* se fortalecerá, mas no con fuerza
11.3 el cual dominará con gran *p* y hará su
11.16 la tierra gloriosa. .consumida en su *p*
11.17 para venir con el *p* de todo su reino
12.7 se acabe la dispersión del *p* del pueblo
Os. 12.3 hermano, y con su *p* venció al ángel
Am. 6.13 hemos adquirido *p* con nuestra fuerza?
Mi. 2.1 el mal. .porque tienen en su mano el *p!*
3.8 mas yo estoy lleno de *p* del Espíritu de
5.4 él estará, y apacentará con *p* de Jehová
Nah. 1.3 Jehová es tardo para la. .y grande en *p*
2.1 cíñete los lomos, refuerza mucho tu *p*
Hab. 2.9 su nido, para escaparse del *p* del mal!
3.4 de su mano, y allí estaba escondido su *p*
Mt. 6.13 tuyo es el reino, y el *p*, y la gloria
14.2 es Juan. .y por eso actúan en él estos *p*
22.29 ignorando las Escrituras y el *p* de Dios
24.30 sobre las nubes. .con *p* y gran gloria
26.64 sentado a la diestra del *p* de Dios, y
Mr. 5.30 conociendo. .*p* que había salido de él
6.14 Juan el. .por eso actúan en él estos *p*
9.1 hayan visto el reino de Dios venido con *p*
12.24 ignoráis. .Escrituras, y el *p* de Dios?
13.26 vendrá en las nubes con gran *p* y gloria
14.62 sentado a la diestra del *p* de Dios, y
Lc. 1.17 irá delante de él con el. .*p* de Elías
1.35 y el *p* del Altísimo te cubrirá con su
4.14 volvió en el *p* del Espíritu a Galilea
4.36 con. .*p* manda a los espíritus inmundos
5.17 el *p* del Señor estaba con él para sanar
6.19 porque *p* salía de él y sanaba a todos
8.46 porque yo he conocido que ha salido *p* de
9.1 *p* y autoridad sobre todos los demonios
12.5 después. .tiene *p* de echar en el infierno
20.20 para entregarle al *p* y. .del gobernador
21.27 vendrá en una nube con *p* y gran gloria
22.69 se sentará a la diestra del *p* de Dios
24.49 hasta que seáis investidos de *p* desde
Jn. 10.18 *p* para ponerla, y. .*p* para volverla a
Hch. 1.8 pero recibiréis *p*, cuando haya venido
3.12 por nuestro *p* o piedad hubiésemos hecho
4.33 gran *p* los apóstoles daban testimonio de
5.4 y vendida, ¿no estaba en tu *p?* ¿Por qué
6.8 y Esteban, lleno de gracia y de *p*, hacía
8.10 diciendo: Este es el gran *p* de Dios
8.19 diciendo: Dadme también a mí este *p*, para
10.38 Dios ungió con. .*p* a Jesús de Nazaret
20.32 la palabra de su gracia, que tiene *p*
26.10 habiendo recibido *p* de los principales
26.12 iba yo a Damasco con *p* y en comisión de
Ro. 1.4 declarado Hijo de Dios con *p*, según el
1.16 es *p* de Dios para salvación a todo aquel
1.20 cosas invisibles. .su eterno *p* y deidad
9.17 para mostrar en ti mi *p*, y para que mi
9.22 y hacer notorio su *p*, soportó con mucha
15.13 que abundéis en esperanza por el *p* del
15.19 señales. .en el *p* del Espíritu de Dios
1 Co. 1.18 pero a los que se salvan. .*p* de Dios
1.24 Cristo *p* de Dios, y sabiduría de Dios
2.4 sino con demostración del Espíritu y de *p*
2.5 no esté fundada en. .sino en el *p* de Dios
4.19 y conoceré. .sino el *p* de los que andan
4.20 el reino. .no consiste en palabras. .en *p*
5.4 con el *p* de nuestro Señor Jesucristo
6.14 también a nosotros nos levantará. .su *p*
15.43 siembra en debilidad, resucitará en *p*
15.56 es el pecado, y el *p* del pecado, la ley
2 Co. 4.7 que la excelencia del *p* sea de Dios
6.7 en *p* de Dios, con armas de justicia a
12.9 mi *p* se perfecciona en la debilidad
12.9 para que repose sobre mí el *p* de Cristo
13.4 fue. .en debilidad, vive por el *p* de Dios
13.4 pero viviremos con él por el *p* de Dios
Ef. 1.19 grandeza de su *p* para con nosotros los
1.19 según la operación del *p* de su fuerza
1.21 sobre todo. .*p* y señorío, y sobre todo
3.7 ha sido dado según la operación de su *p*
3.16 el ser fortalecidos con *p* en el hombre
3.20 es poderoso. .el *p* que actúa en nosotros
6.10 fortaleceos en el. .en el *p* de su fuerza
Fil. 3.10 conocerle, y el *p* de su resurrección
3.21 *p* con el cual puede también sujetar a
Col. 1.11 fortalecidos con todo *p*, conforme a
2.12 mediante la fe en el *p* de Dios que le
1 Ts. 1.5 también en *p*, en el Espíritu Santo
2 Ts. 1.7 manifieste. .con los ángeles de su *p*
1.9 excluidos de la. .y de la gloria de su *p*
1.11 cumpla todo. .y toda obra de fe en su *p*
2.9 gran *p* y señales y prodigios mentirosos
2.11 Dios les envía un *p* engañoso, para que
2 Ti. 1.7 sino de *p*, de amor y de dominio propio
1.8 sino participa de las. .según el *p* de Dios
He. 1.3 quien sustenta. .con la palabra de su *p*
6.5 gustaron de. .y los *p* del siglo venidero
7.16 según el *p* de una vida indestructible
1 P. 1.5 que sois guardados por el *p* de Dios
4.11 ministre conforme al *p* que Dios da, para
2 P. 1.3 nos han sido dadas por su divino *p*
1.16 hemos dado a conocer el *p* y la venida de
Ap. 4.11 Señor, digno eres de recibir. .y el *p*
5.12 el Cordero. .es digno de tomar el *p*, las
5.13 al Cordero, sea. .el *p*, por los siglos de
6.4 le fue dado *p* de quitar de la tierra la
7.2 se les había dado el *p* de hacer daño a
7.12 la honra y el *p*. .sean a nuestro Dios por
9.3 les dio *p*, como tienen *p* los escorpiones
9.10 en sus colas tenían *p* para dañar a los
9.19 el *p* de los caballos estaba en su boca
11.6 éstos tienen *p* para cerrar el cielo, a
11.6 *p* sobre las aguas para convertirlas en
11.17 has tomado tu gran *p*, y has reinado
12.10 ha venido. .el *p*, y el reino de. .Dios
13.2 y el dragón le dio su *p* y su trono, y
14.18 otro ángel, que tenía *p* sobre el fuego
15.8 y el templo se llenó de humo. .por su *p*
16.9 de Dios que tiene *p* sobre estas plagas
17.13 y entregarán su *p* y su autoridad a la
18.1 vi a otro ángel descender. .con gran *p*
19.1 gloria y *p* son del Señor Dios nuestro

PODER *(v.)*
Gn. 13.16 si alguno *puede* contar el polvo de
15.5 cuenta las estrellas. .las *puedes* contar
16.10 que no *podrá* ser contada a causa de la
19.19 no *podré* escapar al monte, no sea que
29.8 no *podemos*, hasta que se junten todos
31.35 porque no me *puedo* levantar delante de
32.12 arena del mar, que no se *puede* contar
32.25 el varón vio que no *podía* con él, tocó
34.14 no *podemos*. .esto de dar nuestra hermana
41.8 quien los *pudiese* interpretar a Faraón
43.32 egipcios no *pueden* comer pan con los
44.34 no *podré*, por no ver el mal. .mi padre
45.1 no *podía* ya José contenerse delante de
Éx. 8.18 para sacar piojos. .pero no *pudieron*
40.35 no *podía* Moisés entrar. .el tabernáculo
Lv. 10.10 para *poder* discernir entre lo santo
14.22 dos palominos, según *pueda;* uno será
14.30 o uno de los palominos, según *pueda*
25.31 *podrán* ser rescatadas, y saldrán en el
26.37 no *podréis* resistir delante. .enemigos
27.29 ninguna. .anatema *podrá* ser rescatada
Nm. 6.20 después el nazareo *podrá* beber vino
11.14 no *puedo* yo solo soportar. .este pueblo
13.30 porque más *podremos* nosotros que ellos
14.16 no *pudo* Jehová meter este pueblo en la
22.37 y Balac dijo. .¿No *puedo* yo honrarte?
22.38 mas ¿*podré* ahora hablar alguna cosa?
23.20 él dio bendición, y no *podré* revocarla
Dt. 1.9 yo os hablé. .Yo solo no *puedo* llevaros
7.17 naciones. .¿cómo las *podré* exterminar?
9.28 por cuanto no *pudo* Jehová introducirlos
17.15 no *podrás* poner sobre ti a. .extranjero
24.4 no *podrá* su primer marido. .volverla a
28.35 te herirá. .sin que *puedas* ser curado
32.39 y no hay quien *pueda* librar de mi mano
Jos. 7.13 no *podrás* hacer frente a tus enemigos
Jue. 14.14 no *pudieron* declararle el enigma en
21.18 nosotros no les *podemos* dar mujeres de
Rt. 1.11 hijos. .*puedan* ser vuestros maridos?
1 S. 6.20 ¿quién *podrá* estar delante de Jehová
17.9 *pudiere* pelear conmigo, y me venciere
17.9 si yo *pudiere* más que él, y lo venciere
2 S. 10.11 si los sirios *pudieren* más que yo, tú
10.11 si los hijos de Amón *pudieren* más que
12.23 ¿*podré* yo hacerle volver? Yo voy a él
13.14 *pudiendo* más que ella, la forzó, y se
1 R. 9.21 hijos de Israel no *pudieron* acabar
16.22 el pueblo que seguía a Omri *pudo* más
2 R. 3.26 atacar al rey de Edom. .no *pudieron*
8.1 vete tú y. .tu casa a vivir donde *puedas*
1 Cr. 21.4 la orden del rey *pudo* más que Joab
2 Cr. 5.14 no *podían* los sacerdotes estar allí
13.7 perversos, y *pudieron* más que Roboam
32.13 ¿*pudieron* los dioses de las naciones
32.14 ¿cómo podrá vuestro Dios libraros de
Esd. 10.13 y no podemos estar en la calle; ni
Job 6.30 ¿acaso no *puede* mi paladar discernir
28.16 no *puede* ser apreciada con oro de Ofir
33.5 respóndeme si *puedes;* ordena. .palabras
38.31 ¿*podrás* tú. .los lazos de las Pléyades
41.10 quién, pues, *podrá* estar delante de mí?
42.2 yo conozco que todo lo *puedes*, y que no
Sal. 76.7 quién *podrá* estar en pie delante de
Is. 29.11 dirá: No *puedo*, porque está sellado
36.9 *podrás* resistir a un capitán, al menor
57.20 tempestad, que no *puede* estarse quieto
64.5 los pecados. .¿*podremos* acaso ser salvos?
Jer. 3.5 has. .hecho cuantas maldades *pudiste*
13.23 ¿*podréis* vosotros hacer bien, estando
18.6 ¿no *podré* yo hacer de vosotros como este
19.11 una vasija. .que no se *puede* restaurar
20.9 un fuego. .traté de sufrirlo, y no *pude*
24.2 malos, que de malos no se *podían* comer
24.8 higos. .que de malos no se *pueden* comer
29.17 higos. .que de tan malos no se *pueden*
31.37 si los cielos arriba se *pueden* medir
33.20 si *pudiereis* invalidar mi pacto con el
33.21 *podrá* también invalidarse mi pacto con
38.5 el rey nada *puede* hacer contra vosotros
49.10 descubriré sus. .y no *podrá* esconderse
49.23 se derritieron en. .no *pueden* sosegarse
Lm. 1.14 en manos contra las cuales no *podré*
Ez. 7.19 ni su plata ni su oro *podrá* librarlos
Dn. 2.26 ¿*podrás* tú hacerme conocer el sueño
4.18 *puedes*, porque mora en ti el espíritu de
10.17 *podrá* el siervo de mi señor hablar con
Jon. 1.13 mas no *pudieron*, porque el mar se iba
Hab. 2.19 a la piedra muda. .¿*Podrá* él enseñar?
Mal. 3.2 quién *podrá* soportar. .de su venida?
3.2 ¿o quién *podrá* estar en pie cuando él se
Mt. 6.27 quién. .*podrá*, por mucho que se afane
9.15 *pueden* los que están de bodas tener luto
9.28 les dijo: ¿Creéis que *puedo* hacer esto?
12.29 ¿cómo *puede* alguno entrar en la casa
16.3 las señales de los tiempos no *podéis!*
19.25 diciendo: ¿Quién, pues, *podrá* ser salvo?
20.22 ¿*podéis* beber del. .le dijeron: *Podemos*
26.53 que no *puedo* ahora orar a mi padre, y
Mr. 2.19 ¿acaso *pueden* los que están de bodas
6.19 Herodías. .deseaba matarle, y no *podía*
8.4 ¿de dónde *podrá* alguien saciar de pan a
9.18 dije a. .lo echasen fuera, y no *pudieron*
9.43,45 al fuego que no *puede* ser apagado
10.26 entre sí: ¿Quién, pues, *podrá* ser salvo?
10.38 ¿*podéis* beber del vaso que yo bebo, o
10.39 ellos dijeron: *Podemos*. Jesús les dijo
14.5 porque *podía* haberse vendido por más de
14.8 ésta ha hecho lo que *podía;* porque se ha
Lc. 3.8 Dios *puede* levantar hijos a Abraham aun
9.40 rogué. .le echasen fuera, y no *pudieron*
12.25 quién de vosotros *podrá*. .añadir a su
12.26 pues si no *podéis* ni aun lo que es menos
13.24 muchos procurarán entrar, y no *podrán*
14.26 no aborrece. .no *puede* ser mi discípulo
14.27 no lleva su. .no *puede* ser mi discípulo
14.32 y si no *puede*. .le envía una embajada y
14.33 no renuncia. .no *puede* ser mi discípulo
16.2 porque ya no *podrás* más ser mayordomo
16.3 me quita la. .Cavar, no *puedo;* mendigar
16.26 pasar de aquí a. .no *pueden*, ni de allá
18.26 dijeron: ¿Quién, pues, *podrá* ser salvo?
19.3 no *podía* a causa de la multitud, pues era
20.36 porque no *pueden* ya más morir, pues son
Jn. 3.4 *puede* un hombre nacer siendo viejo?
3.4 ¿*puede* acaso entrar por segunda vez en el
3.27 no *puede* el hombre recibir nada, si no
5.19 digo: No *puede* el Hijo hacer nada por sí
5.44 ¿cómo *podéis*. .creer, pues recibís gloria
7.7 no *puede* el mundo aborreceros a vosotros
9.16 decían: ¿Cómo *puede* un hombre pecador
11.37 ¿no *podía* éste, que abrió los ojos al
Hch. 8.31 ¿y cómo *podré*, si. .no me enseñare?
8.37 si crees de todo corazón, bien *puedes*
10.47 ¿*puede* acaso alguno impedir el agua
13.39 la ley. .no *pudisteis* ser justificados
17.15 viniesen a. .lo más pronto que *pudiesen*
19.16 y dominándolos, *pudo* más que ellos, de
25.5 los que de vosotros *puedan*. .desciendan
25.16 y *pueda* defenderse de la acusación
26.32 dijo. .*Podía* este hombre ser puesto en
27.39 acordaron varar, si *pudiesen*, la nave
Ro. 8.7 no se sujetan a la ley. .tampoco *pueden*
8.8 según la carne no *pueden* agradar a Dios
1 Co. 16.6 *podrá* ser que me quede con vosotros
2 Co. 1.4 para que *podamos*. .consolar a los que
13.8 nada *podemos* contra la verdad, sino por
Gá. 4.15 si hubieseis *podido*. .hubierais sacado

PODER *(Continúa)*
Gá. 6.7 Dios no *puede* ser burlado: pues todo lo
Ef. 6.11 para que *podáis* estar firmes contra
Fil. 3.21 el poder con el cual *puede*. .sujetar
4.13 todo lo *puedo* en Cristo que me fortalece
1 Ts. 2.6 *podíamos* seros carga como apóstoles
He. 7.25 *puede* también salvar perpetuamente a
Stg. 1.13 Dios no *puede* ser tentado por el mal
2.14 no tiene obras? ¿*Podrá* la fe salvarle?
3.8 que es un mal que no *puede* ser refrenado
5.16 la oración eficaz del justo *puede* mucho
2 P. 1.15 *podáis*. .tener memoria de estas cosas
Ap. 5.3 ninguno. .*podía* abrir el libro, ni aun
6.17 ira. .¿y quién *podrá* sostenerse en pie?
9.20 imágenes. .las cuales no *pueden* ver, ni
13.4 bestia, y quién *podrá* luchar contra ella?

PODERÍO
1 S. 2.10 dará. .y exaltará el *p* de su Ungido
1 R. 15.23 y todo su *p*, y todo lo que hizo, y
16.5 su *p*, ¿no está todo escrito en el libro
2 R. 20.20 los. .hechos de Ezequías, y todo su *p*
Job 35.9 se lamentan por el *p* de los grandes
Sal. 21.13 poder; cantaremos y alabaremos tu *p*
75.10 quebrantaré todo el *p* de los pecadores
78.61 entregó a cautiverio su *p*, y su gloria
148.14 él ha exaltado el *p* de su pueblo
Is. 36.5 digo que el consejo y *p* para la guerra
Jer. 10.6 grande eres. .grande tu nombre en *p*
Lm. 2.3 cortó con. .su ira todo el *p* de Israel
Ez. 24.21 la gloria de vuestro *p*, el deseo de
30.6 la altivez de su *p* caerá; desde Migdol
30.18 y cesará en ella la soberbia de su *p*
32.29 los cuales con su *p* fueron puestos con
32.30 avergonzados de su *p*, yacen también
33.28 soledad, y cesará la soberbia de su *p*
Mi. 7.16 naciones. .se avergonzarán de todo su *p*
Zac. 9.4 y herirá en el mar su *p*, y ella será

PODEROSAMENTE
Hch. 19.20 y prevalecía *p* la palabra del Señor
Col. 1.29 potencia de él, la cual actúa *p* en mí

PODEROSO, SA
Gn. 10.8 Cus engendró a Nimrod. .el primer *p* en
26.13 y se engrandeció hasta hacerse muy *p*
26.16 mucho más *p* que nosotros te has hecho
49.24 su arco se mantuvo *p*, y los brazos de
Éx. 14.8 los. .de Israel habían salido con mano *p*
Nm. 33.3 salieron los. .de Israel con mano *p*, a
Dt. 3.24 tú has comenzado a mostrar. .tu mano *p*
4.34 con guerra, y mano *p* y brazo extendido
6.21 y Jehová nos sacó de Egipto con mano *p*
7.1 siete naciones mayores y más *p* que tú
7.8 os ha sacado Jehová con mano *p*, y os ha
7.19 la mano *p* y el brazo extendido con que
9.1 entrar a desposeer a naciones. .más *p* que
9.26 pueblo. .que sacaste de Egipto con mano *p*
10.17 Dios grande, *p* y temible, que no hace
11.2 ni visto. .mano *p*, y su brazo extendido
11.23 desposeeréis naciones grandes y más *p*
32.27 nuestra mano *p* ha hecho todo esto, y
Jos. 4.24 conozcan que la mano de Jehová es *p*
Jue. 5.13 marchó por él en contra de los *p*
1 S. 4.8 ¿quién nos librará. .estos dioses *p*?
2 S. 15.12 Absalón. .la conspiración se hizo *p*
22.18 me libró de *p* enemigo, y de los que
1 R. 19.11 un. .*p* viento que rompía los montes
2 R. 15.20 e impuso Manahem. .sobre todos los *p*
24.15 llevó cautivos. .a los *p* de la tierra
1 Cr. 1.10 Nimrod. .llegó a ser *p* en la tierra
28.1 reunió David. .los más *p* y valientes de
29.24 *p*. .prestaron homenaje al rey Salomón
2 Cr. 6.32 hubiere venido. .a causa. .tu mano *p*
13.21 Abías se hizo más *p*. Tomó 14 mujeres
14.11 ayuda al *p* o al que no tiene fuerzas!
26.8 a Uzías, y. .se había hecho altamente *p*
26.13 el ejército de. .de 307.500 guerreros *p*
26.15 porque fue ayudado. .hasta hacerse *p*
28.7 Zicri, hombre *p*. .mató a Maasías hijo de
Esd. 7.28 y de todos los príncipes *p* del rey
Neh. 1.10 los cuales redimiste. .con tu mano *p*
Est. 1.3 teniendo. .a los más *p* de Persia y de
Job 9.4 él es sabio de corazón, y *p* en fuerzas
12.19 lleva despojados. .y trastorna a los *p*
34.20 pasarán, y sin mano será quitado el *p*
36.5 es grande. .es *p* en fuerza de sabiduría
Sal. 18.17 me libró de mi *p* enemigo, y de los
22.29 adorarán todos los *p* de la tierra; se
24.8 Jehová el fuerte. .Jehová el *p* en batalla
29.1 tributad a Jehová, oh hijos de los *p*
50.3 delante de él, y tempestad *p* le rodeará
52.1 ¿por qué te jactas de maldad, oh *p*?
59.3 acechando. .se han juntado contra mí *p*
68.33 que cabalga. .he aquí dará su voz, *p* voz
69.4 se han hecho *p* mis enemigos, los que me
71.16 vendré a. .hechos *p* de Jehová el Señor
76.4 eres tú, *p* más que los montes de caza
89.8 Jehová. .¿quién como tú? *P* eres, Jehová
89.10 tu brazo *p* esparciste a tus enemigos
89.19 puesto el socorro sobre uno que es *p*
93.4 Jehová. .es más *p* que el estruendo de las
103.20 vosotros sus ángeles, *p* en fortaleza
106.2 ¿quién expresará las *p* obras de Jehová?
112.2 su descendencia será *p* en la tierra; la
135.10 destruyó a muchas. .y mató a reyes *p*
136.18 mató a reyes *p*, porque para siempre es
145.4 celebrará tus. .anunciará tus *p* hechos
145.12 hacer saber. .sus *p* hechos, y la gloria
Pr. 18.18 suerte pone fin. .decide entre los *p*
Ec. 6.10 contender con Aquel que es más *p* que
7.19 fortalece al sabio más que diez *p* que
Is. 28.2 Jehová tiene uno que es fuerte y *p*
40.23 él convierte en nada a los *p*, y a los
62.8 juró Jehová por su mano. .por su *p* brazo
Jer. 20.11 Jehová está conmigo como *p* gigante
32.18 Dios grande, *p*, Jehová de. .ejércitos
Ez. 7.24 y haré cesar la soberbia de los *p*, y
17.13 se llevó consigo a los *p* de la tierra
31.11 yo lo entregaré en manos del *p* de las
31.12 y lo destruirán. .los *p* de las naciones
32.12 todos ellos serán los *p* de las naciones
32.18 y despéñalo a él, y a. .las naciones *p*
38.15 a caballo, gran multitud y *p* ejército
Dn. 9.15 sacaste tu pueblo. .Egipto con mano *p*
11.5 y se hará *p*; su dominio será grande
Mi. 4.3 corregirá a naciones *p* hasta muy lejos
Sof. 3.17 está en medio de ti, *p*, él salvará
Mt. 3.11 es más *p* que yo; él os bautizará en
Mr. 1.7 viene tras mí el que es más *p* que yo
Lc. 1.49 porque me ha hecho grandes cosas el *P*
1.52 quitó de los tronos a los *p*, y exaltó a
1.69 y nos levantó un *p* Salvador en la casa
3.16 pero viene uno más *p* que yo, de quien
24.19 *p* en obra y en palabra delante de Dios
Hch. 7.22 Moisés. .era *p* en sus palabras y obras
18.24 varón elocuente, *p* en las Escrituras
Ro. 4.21 *p* para hacer. .lo que había prometido
11.23 pues *p* es Dios para volverlos a injertar
14.4 *p* es el Señor para hacerle estar firme
1 Co. 1.26 no sois. .muchos *p*, ni muchos nobles
2 Co. 9.8 *p* es Dios para hacer que abunde en
10.4 armas. .no son carnales, sino *p* en Dios
13.3 no es débil. .sino que es *p* en vosotros
Ef. 3.20 a Aquel que es *p* para hacer todas las
2 Ti. 1.12 estoy seguro que es *p* para guardar
He. 2.18 *p* para socorrer a los que son tentados
11.19 que Dios es *p* para levantar aun de entre
1 P. 5.6 humillaos, pues, bajo la *p* mano de Dios
Jud. 24 aquel que es *p* para guardaros sin caída
Ap. 6.15 los *p*, y todo siervo. .se escondieron
18.8 será quemada. .porque *p* es Dios el Señor
18.21 un ángel *p* tomó una piedra, como una

PODREDUMBRE
Is. 5.24 así será su raíz como *p*, y su flor se

PODRIDO, DA
Job 41.27 estima como. .el bronce como leño *p*
Is. 1.6 sana, sino herida, hinchazón y *p* llaga
Stg. 5.2 vuestras riquezas están *p*, y. .ropas

PODRIR *Véase Pudrir*

POETA
Hch. 17.28 como algunos. .*p* también han dicho

POLILLA
Job 4.19 y que serán quebrantados por la *p*!
13.28 mi cuerpo. .como vestido que roe la *p*
27.18 edificó su casa como la *p*, y. .enramada
Sal. 39.11 deshaces como *p* lo más estimado de
Is. 50.9 como ropa de. .serán comidos por la *p*
51.8 como a vestidura los comerá *p*, como a
Os. 5.12 seré como *p* a Efraín, y como carcoma
Mt. 6.19 no os hagáis tesoros en. .donde la *p*
6.20 donde ni la *p* ni el orín corrompen, y
Lc. 12.33 donde ladrón no llega ni *p* destruye
Stg. 5.2 y vuestras ropas están comidas de *p*

PÓLUX *Véase Cástor y Pólux*

POLVO
Gn. 2.7 formó al hombre del *p* de la tierra, y
3.14 sobre tu pecho andarás, y *p* comerás
3.19 vuelvas a. .pues *p* eres, y al *p* volverás
13.16 tu descendencia como el *p* de la tierra
13.16 alguno puede contar el *p* de la tierra
18.27 he comenzado a hablar a. .aunque soy *p*
28.14 tu descendencia como el *p* de la tierra
Éx. 8.16 extiende tu vara y golpea el *p* de la
8.17 y golpeó el *p* de la tierra, el cual se
8.17 el *p* de la tierra se volvió piojos en
9.9 a ser *p* sobre toda la tierra de Egipto
30.36 y molerás parte de él en *p* fino, y lo
32.20 el becerro. .molió hasta reducirlo a *p*
Nm. 5.17 tomará. .del *p* que hubiere en el suelo
23.10 ¿quién contará el *p* de Jacob, o el
Dt. 9.21 reducido a *p*; y eché el *p* de él en el
28.24 dará. .por lluvia a tu tierra *p* y ceniza
Jos. 7.6 él y los ancianos. .echaron *p* sobre sus
1 S. 2.8 levanta del *p* al pobre, y del muladar
2 S. 16.13 Simei iba. .delante. .esparciendo *p*
22.43 como *p* de la tierra los molí; como lodo
1 R. 16.2 levanté del *p* y te puse por príncipe
18.38 y consumió. .el *p*, y aun lamió el agua
20.10 *p* de Samaria no bastará a los puños de
2 R. 13.7 los había puesto como el *p* para hollar
23.6 la imagen. .convirtió en *p*, y echó el *p*
23.12 rey. .arrojó el *p* al arroyo del Cedrón
23.15 y lo hizo *p*, y puso fuego a la imagen
2 Cr. 1.9 sobre un pueblo numeroso como el *p*
34.4 y esparció el *p* sobre los sepulcros de
Neh. 4.2 ¿resucitarán de. .del *p* las piedras que
Job 2.12 esparcieron *p* sobre sus cabezas hacia
4.19 en casas. .cuyos cimientos están en el *p*
5.6 porque la aflicción no sale del *p*, ni la
7.5 mi carne está vestida. .de costras de *p*
7.21 porque ahora dormiré en el *p*, y si me
8.19 ciertamente. .del *p* mismo nacerán otros
10.9 diste forma; ¿y en *p* me has de volver?
14.8 raíz, y su tronco fuere muerto en el *p*
14.19 agua. .que se lleva el *p* de la tierra
16.15 cosí cilicio. .puse mi cabeza en el *p*
17.16 Seol. .juntamente descansarán en el *p*
19.25 vive, y al fin se levantará sobre el *p*
20.11 su juventud, mas con él en el *p* yacerán
21.26 yacerán ellos en el *p*, y gusanos los
27.16 amontone plata como *p*, y prepare ropa
28.2 el hierro se saca del *p*, y de la piedra
28.6 cuyas piedras son zafiro, y sus *p* de oro
30.19 lodo, y soy semejante al *p* y a la ceniza
34.15 perecería. .y el hombre volvería al *p*
38.38 cuando el *p* se ha convertido en dureza
39.14 sus huevos, y sobre el *p* los calienta
40.13 encúbrelos a todos en el *p*, encierra
42.6 por tanto. .me arrepiento en *p* y ceniza
Sal. 7.5 huelle en. .y mi honra ponga en el *p*
18.42 y los molí como *p* delante del viento
22.15 y me has puesto en el *p* de la muerte
22.29 se postrarán. .los que descienden al *p*
30.9 te alabará el *p*? ¿Anunciará tu verdad?
44.25 nuestra alma está agobiada hasta el *p*
72.9 ante él se. .y sus enemigos lamerán el *p*
78.27 hizo llover sobre ellos carne como *p*
102.14 aman. .y del *p* de ella tienen compasión
103.14 él conoce. .se acuerda de que somos *p*
104.29 hálito, dejan de ser, y vuelven al *p*
113.7 él levanta del *p* al pobre, y al. .alza
119.25 abatida hasta el *p* está mi alma
Pr. 8.26 ni los campos, ni el principio del *p*
Ec. 3.20 es hecho del *p*, y. .volverá al mismo *p*
12.7 el *p* vuelve a la tierra, como era, y el
Cnt. 3.6 sahumada de mirra y de. .*p* aromático?
Is. 2.10 escóndete en el *p*, de la presencia
5.24 su flor se desvanecerá como *p*; porque
17.13 serán. .como el *p* delante del torbellino
25.12 y abatirá. .echará a tierra, hasta el *p*
26.5 la humilló hasta la tierra. .hasta el *p*
26.19 ¡despertad y cantad, moradores del *p*!
29.4 saldrá del *p*, y. .susurrará desde el *p*
29.5 muchedumbre de tus enemigos será como
34.7 sangre, y su *p* se engrasará de grosura
34.9 se convertirán en brea, y su *p* en azufre
40.12 con tres dedos juntó el *p* de la tierra
40.15 como menudo *p* en las balanzas le son
40.15 que hace desaparecer las islas como *p*
41.2 de reyes; los entregó a su espada como *p*
47.1 desciende y siéntate en el *p*. .Babilonia
49.23 te adorarán. .lamerán el *p* de tus pies
52.2 sacúdete del *p*; levántate y siéntate
65.25 el *p* será el alimento de la serpiente
Jer. 17.13 escritos en el *p*, porque dejaron a
25.34 y clamad; revolcaos en el *p*, mayorales
Lm. 2.10 echaron *p* sobre sus cabezas. .cilicio
3.29 ponga su boca en el *p*, por si aún hay
Ez. 24.7 tierra para que fuese cubierta con *p*
26.4 barreré de ella hasta su *p*, y la dejaré
26.10 de sus caballos te cubrirá el *p* de ellos
26.12 y pondrán. .tu *p* en medio de las aguas
27.30 *p* sobre sus cabezas, y se revolcarán
Dn. 12.2 los que duermen en el *p* de la tierra
Am. 2.7 pisotean en el *p* de la tierra. .cabezas
Mi. 1.10 revuélcate en el *p* de Bet-le-afra
7.17 lamerán el *p* como la culebra; como las
Nah. 1.3 marcha en. .nubes son el *p* de sus pies
Sof. 1.17 la sangre de ellos. .derramada como *p*
Zac. 9.3 y amontonó plata como *p*, y oro como
Mt. 10.14 salid. .sacudid el *p* de vuestros pies
Mr. 6.11 sacudid el *p*. .de vuestros pies, para
Lc. 9.5 *p* de vuestros pies en testimonio contra
10.11 el *p*. .que se ha pegado a nuestros pies
Hch. 13.51 sacudiendo contra ellos el *p* de sus
22.23 ellos gritaban. .y lanzaban *p* al aire
Ap. 18.19 *p* sobre sus cabezas, y dieron voces

POLLINO
Gn. 49.11 atando a la vid su *p*, y a la cepa el
Job 11.12 hará entendido, cuando un *p* de asno
Zac. 9.9 cabalgando sobre. .un *p* hijo de asna
Mt. 21.2 hallaréis una asna atada. .*p* con ella
21.5 Rey. .sobre un *p*, hijo de animal de carga
21.7 y trajeron el asna y el *p*, y pusieron
Mr. 11.2 en ella, hallaréis un *p* atado, en el
11.4 hallaron el *p* atado afuera a la puerta
11.5 les dijeron: ¿Qué hacéis desatando el *p*?
11.7 trajeron el *p* a Jesús, y echaron sobre
Lc. 19.30 entrar en ella hallaréis un *p* atado
19.33 cuando desataban el *p*, sus dueños les
19.33 les dijeron: ¿Por qué desatáis el *p*?
19.35 habiendo echado sus mantos sobre el *p*
Jn. 12.15 tu Rey viene, montado sobre un *p* de

POLLO

Dt. 22.6 cuando encuentres. . algún nido. . con *p*
22.6 y la madre echada sobre los *p* o sobre
22.7 dejarás ir a la. . tomarás los *p* para ti
32.11 como el águila. . revolotea sobre sus *p*
Is. 34.13 serán. . para los *p* de los avestruces
34.15 sacará sus *p*, y los juntará debajo de
43.20 chacales y los *p* del avestruz; porque

POLLUELO

Job 38.41 cuando sus *p* claman a Dios, y andan
39.30 sus *p* chupan la sangre; y donde hubiere
Sal. 84.3 golondrina nido. . donde ponga sus *p*
Jer. 50.39 allí morarán. . en ella *p* de avestruz
Mt. 23.37 como la gallina junta sus *p* debajo de
Lc. 13.34 la gallina a sus *p* debajo de sus alas

POMITO

Is. 3.20 las cofias. . *p* de olor y los zarcillos

POMPA

Hch. 25.23 viniendo Agripa y Berenice con. . *p*

PONCIO PILATO *Véase Pilato*

PONER

Gn. 1.17 las *puso* Dios en la expansión de los
2.8 y *puso* allí al hombre que había formado
2.15 hombre, y lo *puso* en el huerto de Edén
2.20 y *puso* Adán nombre a toda bestia y ave
3.15 y *pondré* enemistad entre ti y la mujer
3.24 y *puso* al oriente. . de Edén querubines
4.15 Jehová *puso* señal en Caín, para que no
6.16 y *pondrás* la puerta del arca a su lado
9.13 mi arco he *puesto* en las nubes, el cual
9.23 y la *pusieron* sobre sus propios hombros
12.19 *poniéndome* en ocasión de tomarla para
13.12 fue *poniendo* sus tiendas hasta Sodoma
15.10 y *puso* cada mitad una enfrente de la
15.17 que *puesto* el sol, y ya oscurecido, se
16.9 vuélvete a. . y *ponte* sumisa bajo su mano
17.2 y *pondré* mi pacto entre mí y ti, y te
17.5 te he *puesto* por padre de muchedumbre de
18.8 el becerro. . y lo *puso* delante de ellos
19.16 y lo sacaron y lo *pusieron* fuera de la
21.14 dio a Agar, *poniéndolo* sobre su hombro
21.28 entonces *puso* Abraham siete corderas
21.29 siete corderas que has *puesto* aparte?
22.6 la leña. . y la *puso* sobre Isaac su hijo
22.9 Isaac. . *puso* en el altar sobre la leña
24.2 *pon* ahora tu mano debajo de mi muslo
24.9 el criado *puso* su mano debajo del muslo
24.10 *puesto* en camino, llegó. . a la ciudad
24.33 le *pusieron* delante qué comer; mas él
24.47 le *puse* un pendiente en su nariz, y
27.37 he aquí yo le he *puesto* por señor tuyo, y le he
28.11 el sol se había *puesto*; y tomó de las
28.11 y tomó de las piedras de. . y *puso* a su
28.18 piedras que había *puesto* de cabecera
28.22 y esta piedra que he *puesto* por señal
30.32 yo pasaré. . *poniendo* aparte. . las ovejas
30.35 Labán. . y las *puso* en mano de sus hijos
30.36 y *puso* tres días de camino entre sí y
30.38 y *puso* las varas. . delante del ganado
30.40 y *ponía* con su. . rebaño los listados y
30.40 y *ponía* su hato aparte, y no lo *p* con
30.41 *ponía* las varas delante de las ovejas
30.42 venían. . ovejas. . débiles, no las *ponía*
31.18 *puso* en camino todo su ganado, y todo
31.34 Raquel. . los *puso* en una albarda de un
31.37 *ponlo* aquí delante de mis hermanos y de
32.16 pasad. . y *poned* espacio entre manada y
33.2 y *puso* las siervas y sus niños delante
37.22 echadlo en esta. . no *pongáis* mano en él
37.34 *puso* cilicio sobre sus lomos, y guardó
38.14 se *puso* a la entrada de Enaim junto al
39.7 la mujer de su amo *puso* sus ojos en José
39.8 ha *puesto* en mi mano todo lo que tiene
39.16 ella *puso* junto a sí la ropa de José
39.20 y lo *puso* en la cárcel, donde estaban
40.3 *puso* en prisión en la casa del capitán
40.15 aquí por qué me *pusiesen* en la cárcel
41.33 y *póngalo* sobre la tierra de Egipto
41.34 y *ponga* gobernadores sobre el país, y
41.41 yo te he *puesto* sobre toda la tierra
41.42 quitó su anillo. . y lo *puso* en la mano
41.42 y *puso* un collar de oro en su cuello
41.43 lo *puso* sobre toda la tierra de Egipto
41.48 *poniendo* en cada ciudad el alimento del
42.17 entonces los *puso* juntos en la cárcel
42.25 el dinero. . *poniéndolo* en su saco, y les
42.26 ellos *pusieron* su trigo sobre sus asnos
43.9 si no lo *pongo* delante de ti, seré para
43.22 quién haya *puesto* nuestro dinero en
43.31 lavó. . y se contuvo, y dijo: *Poned* pan
43.32 *pusieron* para él aparte, y. . para ellos
44.1 *pon* el dinero de cada uno en la boca de
44.2 *pondrás* mi copa, la copa de plata, en
44.21 traédmelo, y *pondré* mis ojos sobre él
45.8 sino Dios, que me ha *puesto* por padre
45.9 me ha *puesto* por señor de todo Egipto
47.6 si. . *ponlos* por mayorales del ganado mío
47.26 José lo *puso* por ley hasta hoy sobre
47.29 te ruego que *pongas* tu mano debajo de
48.4 y te *pondré* por estirpe de naciones
48.14 extendió su mano derecha, y la *puso*
48.17 su padre *ponía* la mano derecha sobre
48.18 *pon* tu mano derecha sobre su cabeza
48.20 como. . *puso* a Efraín antes de Manasés
50.26 José. . fue *puesto* en un ataúd en Egipto
Éx. 1.11 *pusieron*. . comisarios de tributos que
2.3 *puso* en un carrizal a la orilla del río
2.4 una hermana suya se *puso* a lo lejos. . ver
2.10 y le *puso* por nombre Moisés, diciendo
2.14 ¿quién te ha *puesto* a ti por príncipe y
2.22 le *puso* por nombre Gersón, porque dijo
3.22 *pondréis* sobre vuestros hijos y. . hijas
4.15 *pondrás* en su boca las palabras, y yo
4.20 Moisés tomó. . y los *puso* sobre un asno
4.21 las maravillas que he *puesto* en tu mano
5.14 los capataces. . habían *puesto* sobre ellos
5.21 *poniéndoles* la espada en la mano para
7.4 *pondré* mi mano sobre Egipto, y sacaré a
7.15 y tú *ponte* a la ribera delante de él, y
8.20 dijo a Moisés. . *ponte* delante de Faraón
8.23 yo *pondré* redención entre mi pueblo y el
9.10 ceniza. . y se *pusieron* delante de Faraón
9.13 levántate de. . y *ponte* delante de Faraón
9.16 te he *puesto* para mostrar en ti mi poder
9.21 el que no *puso* en su corazón la palabra
12.7 la sangre. . *pondrán* en los dos postes y
14.19 nube. . apartó y se *puso* a sus espaldas
15.23 amargas. . le *pusieron* el nombre de Mara
16.33 *pon* en ella un gomer de maná, y *ponlo*
16.34 Aarón lo *puso* delante del Testimonio
17.12 una piedra, y la *pusieron* debajo de él
17.12 hubo. . firmeza hasta que se *puso* el sol
18.21 y *ponlos* sobre el pueblo por jefes de
18.25 *puso* por jefes sobre el pueblo, sobre
20.18 viéndolo el pueblo. . *pusieron* de lejos
21.13 no. . sino que Dios lo *puso* en sus manos
23.31 *pondré* en tus manos a los moradores de
24.6 la sangre. . *puso* en tazones, y esparció
25.12,26 anillos. . *pondrás* en sus. . esquinas
25.16 *pondrás* en el arca el testimonio que
25.21 y *pondrás* el propiciatorio encima del
25.21 en el arca *pondrás* el testimonio que
25.30 y *pondrás* sobre la mesa el pan de la
26.32 lo *pondrás* sobre 4 columnas de madera
26.33 *pondrás* el velo debajo de los corchetes
26.34 *pondrás* el propiciatorio sobre el arca
26.35 *pondrás* la mesa fuera del velo, y el
26.35 y *pondrás* la mesa al lado del norte
27.5 y la *pondrás* dentro del cerco del altar
27.21 las *pondrá* en orden Aarón y sus hijos
28.12 y *pondrás* las dos piedras sobre. . efod
28.23,26 anillos. . *pondrás* a los dos extremos
28.25 *pondrás* los dos extremos de. . cordones
28.30 *pondrás* en el pectoral. . Urim y Tumim
28.37 y la *pondrás* con un cordón de azul, y
29.3 las *pondrás* en un canastillo, y en el
29.6 y *pondrás* la mitra. . *p* la diadema santa
29.10,15,19 *pondrán*. . manos sobre la cabeza
29.12 y *pondrás* sobre los cuernos del altar
29.17 las *pondrás* sobre sus trozos y sobre su
29.20 la *pondrás* sobre el lóbulo de la oreja
29.24 lo *pondrás* todo en las manos de Aarón
30.6 y lo *pondrás* delante del velo que está
30.18 fuente de bronce. . *pondrás* en ella agua
30.33 ungüento. . *pusiere* de él sobre extraño
30.36 lo *pondrás* delante del testimonio en
31.6 he *puesto* con él. . he *p* sabiduría en el
32.26 *puso* Moisés a la puerta del campamento
32.27 *poned* cada uno. . espada sobre su muslo
33.4 vistieron luto, y ninguno se *puso* sus
33.9 la nube descendía y se *ponía* a la puerta
33.22 te *pondré* en una hendidura de la peña
34.33 Moisés. . *puso* un velo sobre su rostro
34.35 volvía Moisés a *poner* el velo sobre su
35.34 ha *puesto* en su corazón el que pueda
36.2 corazón había *puesto* Jehová sabiduría
37.13 anillos. . los *puso* a las cuatro esquinas
38.4 un enrejado. . *puso* por debajo de su cerco
39.7 y las *puso* sobre las hombreras del efod
39.16 *pusieron* dos anillos de oro en los dos
39.18 *pusieron* sobre las hombreras del efod
39.19 que *pusieron* en los dos extremos del
39.20 *pusieron*. . las dos hombreras del efod
39.25 *pusieron* campanillas entre. . granadas
39.31 y *pusieron* en ella un cordón de azul
40.3 y *pondrás* en él el arca del testimonio
40.4 meterás la mesa y la *pondrás* en orden
40.5 *pondrás* el altar de oro para. . incienso
40.5 *pondrás* la cortina delante a la entrada
40.6 *pondrás* el altar del holocausto delante
40.7 *pondrás* la fuente entre. . *p* agua en ella
40.8 *pondrás* el atrio alrededor, y la cortina
40.18 y colocó sus tablas, y *puso* sus barras
40.19 *puso* la sobrecubierta encima del mismo
40.20 el testimonio y lo *puso* dentro del arca
40.21 metió el arca. . *puso* el velo extendido
40.22 *puso* la mesa. . el tabernáculo de reunión
40.23 *puso* por orden los panes delante de
40.24 *puso* el candelero en el tabernáculo de
40.26 *puso*. . el altar de oro en el tabernáculo
40.28 *puso* asimismo la cortina a la entrada
40.30 *puso* la fuente entre. . y *p* en ella agua
40.33 *puso* la cortina a la entrada del atrio
Lv. 1.4 *pondrá* su mano. . cabeza del holocausto
1.7 hijos del sacerdote Aarón *pondrán* fuego
2.1 su ofrenda. . y *pondrá* sobre ella incienso
2.15 *pondrás* sobre ella aceite, y *p* sobre ella
3.2,8,13 *pondrá* su mano sobre la cabeza de
4.4,24,29,33 *pondrá* su mano sobre la cabeza
4.7 *pondrá* de esa sangre sobre los cuernos
4.15 los ancianos. . *pondrán* sus manos sobre la
4.18,25,30,34 sangre *pondrá* sobre los cuernos
5.11 no *pondrá*. . ella aceite, ni. . *p* incienso
6.10 y el sacerdote se *pondrá* su vestidura
6.10 las cenizas. . las *pondrá* junto al altar
6.11 *pondrá* otras ropas, y sacará las cenizas
6.12 sacerdote *pondrá* en él leña cada mañana
8.7 *puso* sobre él la túnica, y le ciñó con el
8.7 *puso* sobre él el efod, y lo ciñó con el
8.8 *puso* encima el pectoral, y *p* dentro del
8.9 *puso* la mitra sobre. . *p* la lámina de oro
8.14 y Aarón y sus hijos *pusieron* sus manos
8.15 *puso* con su dedo sobre los cuernos del
8.18,22 *pusieron* sus manos sobre la cabeza
8.23 sangre, y la *puso* sobre el lóbulo de la
8.24 *puso* Moisés de la sangre. . el lóbulo de
8.26 una hojaldre, y lo *puso* con la grosura
8.27 y lo *puso* todo en las manos de Aarón, y
9.5 vino. . la congregación y se *puso* delante
9.9 *puso* de ella sobre los cuernos del altar
9.20 *pusieron* las grosuras sobre los pechos
10.1 *pusieron* en ellos fuego. . *p* incienso, y
11.38 si se hubiere *puesto* agua en la semilla
14.14 la *pondrá* el sacerdote sobre el lóbulo
14.17 del aceite. . *pondrá* el sacerdote sobre
14.18,29 *pondrá* sobre la cabeza del que se
14.25 sangre. . y la *pondrá* sobre el lóbulo de
14.28 sacerdote *pondrá* del aceite que tiene
14.34 si *pusiere* yo plaga de lepra en alguna
14.42 y las *pondrán* en lugar de las piedras
16.13 y *pondrá* el perfume sobre el fuego
16.18 la *pondrá* sobre los cuernos del altar
16.21 y *pondrá* Aarón sus dos manos sobre la
16.21 *poniéndolos*. . sobre la cabeza del macho
16.23 quitará. . vestiduras. . las *pondrá* allí
16.24 después de *ponerse* sus vestidos saldrá
17.10 *pondré* mi rostro contra la persona que
18.4 mis ordenanzas *pondréis* por obra, y mis
18.23 ni mujer. . se *pondrá* delante de animal
19.14 delante del ciego no *pondrás* tropiezo
19.19 y no te *pondrás* vestidos con mezcla de
19.37 guardad. . *ponedlos* por obra. Yo Jehová
20.3,5 *pondré* mi rostro contra aquel varón
20.6 *pondré* mi rostro contra la tal persona
20.8,22 mis estatutos. . y *ponedlos* por obra
22.7 cuando el sol se *pusiere*, será limpio
22.22 ni de ellos *pondréis* ofrenda encendida
24.4 sobre el candelero puro *pondrá* siempre
24.6 las *pondrás* en dos hileras, seis en cada
24.7 *pondrás*. . sobre cada hilera incienso puro
24.8 lo *pondrá*. . en orden delante de Jehová
24.12 y lo *pusieron* en la cárcel, hasta que
24.14 *pongan* sus manos sobre la cabeza de él
25.18 *ponedlos* por obra, y habitaréis en la
26.1 ni *pondréis* en. . tierra piedra pintada
26.3 y guardareis. . y los *pusiereis* por obra
26.10 *pondréis* fuera lo añejo para guardar
26.11 *pondré* mi morada en medio de vosotros
26.17 *pondré* mi rostro contra vosotros, y
26.30 *pondré* vuestros cuerpos muertos sobre
27.11 animal será *puesto* delante. . sacerdote
Nm. 1.50 *pondrás* a. . levitas en el tabernáculo
4.6 y *pondrán*. . la cubierta. . y le *p* sus varas
4.7 y *pondrán* sobre ella las escudillas, las
4.8,11 lo cubrirán con. . le *pondrán* sus varas
4.10 y lo *pondrán* con todos sus utensilios
4.12 *pondrán* en un paño azul, y los cubrirán
4.14 *pondrán* sobre él todos sus instrumentos
4.14 del altar. . y le *pondrán* además las varas
4.19 Aarón. . *pondrán* a cada uno en su oficio
5.15 ni *pondrá* sobre ella incienso, porque
5.16 se acerque y se *ponga* delante de Jehová
5.18 y *pondrá* sobre sus manos la ofrenda
6.18 los cabellos. . los *pondrá* sobre el fuego
6.19 las *pondrá* sobre las manos del nazareo
6.26 Jehová alce su rostro y *ponga* en ti paz
6.27 *pondrán* mi nombre sobre los. . de Israel
8.10 *pondrán* los. . sus manos sobre los levitas
8.12 los levitas *pondrán* sus manos sobre las
11.11 *puesto* la carga. . este pueblo sobre mí
11.17 tomaré del espíritu. . y *pondré* en ellos
11.25 tomó. . y lo *puso* en los setenta varones
11.29 Jehová *pusiera* su espíritu sobre ellos
12.5 Jehová descendió. . y se *puso* a la puerta
12.11 no *pongas*. . sobre nosotros este pecado
13.16 Oseas. . *puso* Moisés el nombre de Josué
14.12 a ti te *pondré* sobre gente más grande
15.34 y lo *pusieron* en la cárcel, porque no
15.38 y *pongan* en cada franja. . un cordón de
15.39 os acordéis de. . para *ponerlos* por obra
16.7 *poned* fuego en ellos, y *p* en. . incienso
16.16 *poneos* mañana delante de Jehová; tú, y
16.17 y *poned* incienso en ellos, y acercaos
16.18 *pusieron* en ellos fuego, y echaron en
16.18 se *pusieron* a la puerta del tabernáculo
16.27 *pusieron* a las puertas de sus tiendas

PONER *(Continúa)*

Nm. 16.46 *pon* en él fuego del altar..*p* incienso
16.47 él *puso* incienso, e hizo expiación por
16.48 se *puso* entre los muertos y los vivos
17.4 las *pondrás* en el tabernáculo de reunión
17.7 Moisés *puso* las varas delante de Jehová
19.2 sobre la cual no se haya *puesto* yugo
19.9 vaca y las *pondrá* fuera del campamento
21.8 una serpiente..y *ponla* sobre una asta
21.9 una serpiente..la *puso* sobre una asta
21.29 *puestos* sus hijos en huida, y sus hijas
22.22 el ángel de Jehová se *puso* en el camino
22.24 el ángel..se *puso* en una senda de viñas
22.26 el ángel de..se *puso* en una angostura
22.34 no sabía que tú te *ponías* delante de mí
22.38 la palabra que Dios *pusiere* en mi boca
23.3 Balaam dijo..*Ponte* junto a..holocausto
23.5 *puso* palabra en la boca de Balaam, y le
23.12 decir lo que Jehová *ponga* en mi boca?
23.15 *ponte* aquí junto a tu holocausto, y yo
23.16 Jehová..*puso* palabra en su boca, y le
24.1 sino..*puso* su rostro hacia el desierto
24.21 fuerte es tu..*pon* en la peña tu nido
27.16 *ponga* Jehová, Dios..un varón sobre la
27.18 a Josué hijo..*pondrás* tu mano sobre él
27.19 *pondrás* delante del sacerdote Eleazar
27.20 *pondrás* de tu dignidad sobre él, para
27.21 *pondrá* delante del sacerdote Eleazar
27.22 lo *puso* delante del sacerdote Eleazar
27.23 y *puso* sobre él sus manos, y le dio el
32.38 y *pusieron* nombres a las ciudades que
32.41 Jair..y les *puso* por nombre Havot-jair
Dt. 1.13 que yo los *ponga* por vuestros jefes
1.15 varones sabios y..y los *puse* por jefes
2.25 comenzaré a *poner* tu temor..sobre los
4.6 guardadlos..y *ponedlos* por obra; porque
4.8 como..esta ley que yo *pongo* hoy delante
4.11 y os *pusisteis* al pie del monte; y el
4.13 pacto, el cual os mandó *poner* por obra
4.14 que los *pusieseis* por obra en la tierra
4.26 *pongo* hoy por testigos al cielo y a la
4.44 ley que Moisés *puso* delante de..Israel
5.1 oye..guardadlos, para *ponerlos* por obra
5.31 a fin de que los *pongan* ahora por obra
6.1 *pongáis* por obra en la tierra a la cual
6.3 oye..y cuida de *ponerlos* por obra, para
6.25 cuidemos de *poner* por obra todos estos
7.12 y haberlos guardado y *puesto* por obra
7.15 plagas de Egipto..no las *pondrá* sobre
7.15 *pondrá* sobre..los que te aborrecieren
8.1 *poner* por obra todo mandamiento que yo
9.14 yo te *pondré* sobre una nación fuerte y
10.2 escribiré en..y las *pondrás* en el arca
10.5 y *puse* las tablas en el arca que había
11.18 *pondréis* estas mis palabras en..corazón
11.25 miedo y temor de..*pondrá* Jehová..Dios
11.26 *pongo* hoy delante de..la bendición y la
11.29 *pondrás* la bendición sobre el monte
12.1 cuidaréis de *poner* por obra en la tierra
12.5,11,21 escogiere..*poner* allí su nombre
14.23,24; 16.11 lugar..*poner* allí su nombre
16.18 jueces y oficiales *pondrás* en todas tus
17.14 *pondré* un rey sobre mí, como todas las
17.15 *pondrás* por rey..al que Jehová tu Dios
17.15 de entre tus hermanos *pondrás* rey sobre
17.15 no podrás *poner* sobre ti a..extranjero
17.19 para guardar todas..*ponerlos* por obra
18.18 y *pondré* mis palabras en su boca, y él
19.9 estos mandamientos..*ponerlos* por obra
20.2 se *pondrá* en pie el sacerdote y hablará
23.11 cuando se hubiere *puesto* el sol, podrá
23.24 podrás comer..no *pondrás* en tu cesto
24.13 devolverás la prenda..el sol se *ponga*
24.15 no se *pondrá* el sol sin dárselo; pues
25.4 no *pondrás* bozal al buey cuando trillare
26.2 y las *pondrás* en una canasta, e irás al
26.4 y la *pondrá* delante del altar de Jehová
26.6 y *pusieron* sobre nosotros..servidumbre
26.16 cuida, pues, de *ponerlos* por obra con
27.15 escultura o imagen..*pusiere* en oculto
28.1 *poner* por obra todos sus mandamientos
28.8 y sobre todo..en que *pusieres* tu mano
28.13 te *pondrá* Jehová por cabeza, y no por
28.20 y asombro en todo cuanto *pusieres* mano
28.36 y al rey que hubieres *puesto* sobre ti
28.48 *pondrá* yugo de hierro sobre tu cuello
28.52 *pondrá* sitio..tus ciudades, hasta que
28.58 si no cuidares de *poner* por obra todas
29.9 guardaréis, pues..las *pondréis* por obra
30.7 y *pondrá* Jehová todas estas maldiciones
30.8 *pondrás* por obra todos sus mandamientos
30.15 he *puesto* delante de ti hoy la vida y
30.19 que os he *puesto* delante la vida y la
31.15 la columna de..se *puso* sobre la puerta
31.19 *ponlo* en boca de ellos, para que este
31.26 este libro..y *ponedlo* al lado del arca
33.10 *pondrán* el incienso delante de ti, y el
34.9 Moisés había *puesto* sus manos sobre él
Jos. 1.4 hasta el gran mar donde se *pone* el sol
2.6 manojos de lino que tenía *puestos* en el
6.23 y los *pusieron* fuera del campamento de
6.24 *pusieron* en el tesoro..la plata y el oro
7.23 trajeron..lo *pusieron* delante de Jehová
8.2 *pondrás*..emboscada a la ciudad detrás de
8.4 atended, *pondréis* emboscada a la ciudad
8.9 fueron..se *pusieron* entre Bet-el y Hai
8.12 como 5.000 hombres..*puso* en emboscada
8.14 *puesta* emboscada a espaldas de la ciudad
8.29 cuando el sol..se *puso*, mandó Josué que
10.13 el sol..no se apresuró a *ponerse* casi
10.18 y *poned* hombres..para que los guarden
10.24 *poned* vuestros pies sobre los cuellos
10.24 y *pusieron* sus pies sobre los cuellos
10.27 y cuando el sol se iba a *poner*, mandó
10.27 *pusieron* grandes piedras a la entrada
11.11 y mataron a..y a Hazor *pusieron* fuego
22.25 ha *puesto* por lindero el Jordán entre
22.34 de Gad *pusieron* por nombre al altar Ed
23.4 el Jordán hasta..donde se *pone* el sol
24.7 el *puso* oscuridad entre vosotros y los
Jue. 1.8 Jerusalén..*pusieron* fuego a la ciudad
1.17 en Sefat..y *pusieron* por nombre..Horma
1.23 y la casa de José *puso* espías en Bet-el
3.26 Aod escapó, y..se *puso* a salvo en Seirat
4.21 pero Jael..*poniendo* un mazo en su mano
5.2 haberse *puesto* al frente los caudillos en
6.18 saque mi ofrenda y la *ponga* delante de
6.19 y *puso* la carne en un canastillo, y el
6.20 y *ponlos* sobre esta peña, y vierte el
6.37 yo *pondré* un vellón de lana en la era
7.5 lamiere las aguas..aquél *pondrás* aparte
7.22 *puso* la espada de..contra su compañero
8.31 un hijo, y le *puso* por nombre Abimelec
9.7 fue y se *puso* en la cumbre del monte de
9.18 habéis *puesto* por rey..a Abimelec hijo
9.25 los de Siquem *pusieron*..asechadores que
9.26 de Siquem *pusieron* en él su confianza
9.32 levántate..y *pon* emboscadas en el campo
9.34 *pusieron* emboscada contra Siquem con 4
9.35 y Gaal..*puso* a la entrada de la puerta
9.43 y *puso* emboscadas en el campo; y cuando
9.48 una rama..se la *puso* sobre sus hombros
9.49 y las *pusieron* junto a la fortaleza, y
9.50 Tebes, y *puso* sitio a Tebes, y la tomó
13.24 un hijo, y le *puso* por nombre Sansón
14.18 antes que el sol se *pusiese*, los de la
15.4 fue..y *puso* una tea entre cada dos colas
16.25 a Sansón..*pusieron* entre las columnas
17.4 cual fue *puesta* en la casa de Micaías
18.9 no seáis perezosos en *poneros* en marcha
18.19 *pon* la mano sobre tu boca, y vente con
18.21 y *pusieron* los niños, el ganado y el
19.14 se les *puso* el sol junto a Gabaa, que
20.29 y *puso* Israel emboscadas alrededor de
20.33 y se *pusieron* en orden de batalla en
20.36 emboscadas que habían *puesto* detrás de
20.48 *pusieron* fuego a todas las ciudades que
21.20 id, y *poned* emboscadas en las viñas
Rt. 1.20 porque en grande amargura me ha *puesto*
3.15 midió seis medidas..se las *puso* encima
4.16 Noemí..*puso* en su regazo, y fue su aya
1 S. 1.20 le *puso* por nombre Samuel, diciendo
5.2 la metieron..y la *pusieron* junto a Dagón
6.7 a las cuales no haya sido *puesto* yugo
6.8 el arca de..y la *pondréis* sobre el carro
6.8 las joyas..*pondréis* en una caja al lado
6.11 luego *pusieron* el arca..sobre el carro
6.15 las *pusieron* sobre aquella gran piedra
6.18 piedra sobre la cual *pusieron* el arca
7.1 el arca..la *pusieron* en casa de Abinadab
7.12 tomó..una piedra y la *puso* entre Mizpa
7.12 le *puso* por nombre Eben-ezer, diciendo
8.1 envejecido, *puso* a sus hijos por jueces
8.11 vuestros hijos..los *pondrá* en sus carros
8.12 *pondrá*..a que aren sus campos y sieguen
8.22 dijo..Oye su voz, y *pon* rey sobre ellos
9.24 la *puso* delante de Saúl..ponlo delante
10.19 y habéis dicho..*pon* rey sobre nosotros
10.23 *puesto* en medio..era mas alto que todo
11.2 y *ponga* esta afrenta sobre todo Israel
12.1 he oído vuestra voz..y os he *puesto* rey
12.13 que Jehová ha *puesto* rey sobre vosotros
14.21 se *pusieron* del lado de los israelitas
14.24 de Israel..*puestos* en apuro aquel día
15.5 y viniendo..*puso* emboscada en el valle
15.11 pesa haber *puesto* por rey a Saúl, porque
15.35 se arrepentía de haber *puesto* a Saúl
17.2 se *pusieron* en orden de batalla contra
17.8 ¿para qué os habéis *puesto* en orden de
17.21 *pusieron* en orden de batalla Israel y
17.23 aquel paladín que se *ponía* en medio de
17.38 Saúl..*puso* sobre su cabeza un casco de
17.40 piedras..las *puso* en el saco pastoril
17.51 entonces corrió David y se *puso* sobre
17.54 las armas de él las *puso* en su tienda
18.5 lo *puso* Saúl sobre gente de guerra, y era
19.13 una estatua, y la *puso* sobre la cama
21.6 para *poner* panes calientes el día que
21.12 David *puso* en su corazón estas palabras
23.8 para descender a..y *poner* sitio a David
23.28 *pusieron* a..por nombre Sela-hama-lecot
24.10 Jehová te ha *puesto* hoy en mis manos
26.13 David..se *puso* en la cumbre del monte
28.8 disfrazó Saúl, y se *puso* otros vestidos
28.9 ¿por qué, pues, *pones* tropiezo a mi vida
28.22 *pondré* yo delante de ti un bocado de
30.14 una incursión..*pusimos* fuego a Siclag
31.10 y *pusieron* sus armas en el templo de
2 S. 1.9 te ruego que te *pongas* sobre mí y me
1.10 yo entonces me *puse* sobre él y le maté
2.24 *puso* el sol cuando llegaron al collado
3.35 si antes que se *ponga* el sol gustare yo
5.9 y le *puso* por nombre la Ciudad de David
6.3 *pusieron* el arca de Dios sobre un carro
6.17 la *pusieron* en..en medio de una tienda
7.11 el día en que *puse* jueces sobre..Israel
7.18 entró..David y se *puso* delante de Jehová
7.23 *ponerle* nombre, y para hacer grandezas
8.6 *puso* luego David guarnición en Siria de
8.14 y *puso* guarnición en Edom..*p* guarnición
10.8 Amón, se *pusieron* en orden de batalla a
10.9 se *puso* en orden de batalla contra los
10.17 sirios se *pusieron* en orden de batalla
11.15 poned a Urías al frente, en lo más recio
11.16 *puso* a Urías en el lugar donde sabía que
12.20 vino a su..y le *pusieron* pan, y comió
12.27 he *puesto* sitio a Rabá, y he tomado la
12.30 y fue *puesta* sobre la cabeza de David
13.11 y cuando ella se las *puso* delante para
13.19 *puesta* su mano sobre su cabeza, se fue
13.33 no *ponga* mi señor el rey en su corazón
14.3 rey..Y *puso* Joab las palabras en su boca
14.19 *puso* en boca de tu sierva todas estas
15.2 Absalón..se *ponía* a un lado del camino
15.4 ¡quien me *pusiera* por juez en la tierra
16.22 *pusieron* para Absalón una tienda sobre
17.23 después de *poner* su casa en orden, se
18.1 y *puso* sobre ellos jefes de millares y
18.4 *puso* el rey a la entrada de la puerta
18.30 rey dijo: Pasa, y *ponte* allí. Y él pasó
19.28 tú *pusiste* a tu siervo entre..tu mesa
20.3 *puso* en reclusión, y les dio alimentos
20.15 y *pusieron* baluarte contra la ciudad
22.12 *puso* tinieblas por su..alrededor de sí
23.23 lo *puso* David como jefe de su guardia
1 R. 1.7 se había *puesto* de acuerdo con Joab
1.20 los ojos de..Israel están *puestos* en ti
1.28 ella entró a..y se *puso* delante del rey
2.5 *poniendo* sangre de..en el talabarte que
2.15 todo Israel había *puesto* en mí su rostro
2.24 Jehová..me ha *puesto* sobre el trono
2.35 el rey *puso* en su lugar a Benaía hijo de
2.35 y a Sadoc *puso* el rey por sacerdote en
3.7 me has *puesto* a mí..por rey en lugar de
3.20 hijo..lo *puso* a su lado, y *p* al lado mío
5.3 hasta que Jehová *puso* sus enemigos bajo
5.5 tu hijo, a quien yo *pondré* en lugar tuyo
6.19 *poner* allí el arca del pacto de Jehová
6.27 *puso*..querubines dentro de la casa en
7.16 que fuesen *puestos* sobre las..columnas
7.17 capiteles que se habían de *poner* sobre
7.21 la columna..le *puso* por nombre Jaquín
7.22 y *puso* en las cabezas de las columnas
7.39 *puso* cinco basas a la mano derecha de
8.9 tablas..que allí había *puesto* Moisés en
8.21 y he *puesto* en ella lugar para el arca
8.22 luego se *puso* Salomón delante del altar
8.55 *puesto* en pie, bendijo a toda..Israel
9.3 para *poner* mi nombre en ella para siempre
9.6 mis estatutos que yo he *puesto* delante de
9.13 les *puso* por nombre, la tierra de Cabul
10.9 se agradó de ti para *ponerte* en el trono
10.9 *puesto* por rey, para que hagas derecho
10.17 el rey los *puso* en la casa del bosque
10.20 leones *puestos*..sobre las seis gradas
10.24 la sabiduría que Dios había *puesto* en
10.26 los..*puso* en las ciudades de los carros
11.36 ciudad..para *poner* en ella mi nombre
12.4 del yugo pesado que *puso* sobre nosotros
12.9 yugo que tu padre *puso* sobre nosotros?
12.29 y *puso* uno en Bet-el, y el otro en Dan
13.29 el cuerpo del varón..*puso* sobre el asno
13.30 y *puso* el cuerpo en su sepulcro; y le
13.31 *poned* mis huesos junto a los suyos
14.12 y al *poner* tu pie en la ciudad, morirá
14.21 eligió de..para *poner* allí su nombre
14.28 los *ponían* en la cámara de..la guardia
16.2 y te *puse* por príncipe sobre mi pueblo
16.3 *pondré* su casa como la casa de Jeroboam
16.16 *puso*..rey sobre Israel a Omri, general
16.34 a precio de Segub su hijo menor *puso*
17.19 él lo tomó de..y lo *puso* sobre su cama
18.23 y *pónganlo* sobre leña, pero no *pongan*
18.23 lo *pondré* sobre leña, y ningún fuego *p*
18.25 e invocad..mas no *pongáis* fuego debajo
18.33 cortó el buey..y lo *puso* sobre la leña
18.42 Elías..*puso* su rostro entre las rodillas
19.2 si..no he *puesto* tu persona como la de
19.11 y *ponte* en el monte delante de Jehová
19.13 salió, se *puso* a la puerta de la cueva
20.24 saca a los..y *pon* capitanes en lugar de
20.31 *pongamos*..cilicio en nuestros lomos, y
20.38 y el profeta..se *puso* delante del rey
20.38 disfrazó, *poniéndose* una venda sobre
21.9 así..*poned* a Nabot delante del pueblo
21.10 *poned* a dos hombres perversos delante
21.12 y *pusieron* a Nabot delante del pueblo
21.22 y *pondré* tu casa como la..de Jeroboam
21.27 y *puso* cilicio sobre su carne, ayunó
22.21 salió un espíritu, y se *puso* delante
22.23 Jehová ha *puesto* espíritu de mentira
22.30 y tú *ponte* tus vestidos. Y el rey de

PONER ***(Continúa)***
2 R. 1.13 se *puso* de rodillas delante de Elías
2.20 una vasija nueva, y *poned* en ella sal
3.21 juntaron. . y se *pusieron* en la frontera
4.4 y cuando una esté llena, *ponla* aparte
4.10 aposento de. . y *pongamos* allí cama, mesa
4.21 subió, y lo *puso* sobre la cama del varón
4.29 *pondrás* mi báculo sobre el rostro del
4.31 había *puesto* el báculo sobre el rostro
4.34 *poniendo* su boca sobre la boca de él
4.38 *pon* una olla grande, y haz potaje para
4.43 *pondré* esto delante de cien hombres?
4.44 lo *puso* delante de ellos, y comieron
5.15 se *puso* delante de él, y dijo: He aquí
5.23 y lo *puso* todo a cuestas a dos de sus
5.25 él entró, y se *puso* delante de su señor
6.22 *pon* delante de ellos pan y agua, para que
7.17 el rey *puso* a la puerta a aquel príncipe
8.9 Hazael. . se *puso* delante de él, y dijo: Tu
8.15 y lo *puso* sobre el rostro de Ben-adad
8.20 rebeló Edom. . y *pusieron* rey sobre ellos
9.9 yo *pondré* la casa de Acab como la casa de
9.13 lo *puso* debajo de Jehú en un trono alto
10.3 y *ponedlo* en el trono de su padre, y
10.7 *pusieron* sus cabezas en canastas, y se
10.8 *ponedlas* en dos montones a la entrada
10.16 verás. . Lo *pusieron*, pues, en su carro
10.24 Jehú *puso* fuera a 80 hombres, y les
10.24 hombres que yo he *puesto* en vuestras
11.11 los de la guardia se *pusieron* en fila
11.12 rey, le *puso* la corona y el testimonio
11.18 el sacerdote *puso* guarnición sobre la
12.9 un arca. . y la *puso* junto al altar, a la
12.9 sacerdotes. . *ponían* allí todo el dinero
13.7 había *puesto* como el polvo para hollar
13.16 *pon* tu mano sobre el arco. Y *puso* él
13.16 *puso* Eliseo sus manos sobre las manos
16.14 *puso* al lado del altar hacia el norte
16.17 él, y lo *puso* sobre el suelo de piedra
16.19 los demás hechos que *puso* por obra Acaz
17.6 y los *puso* en Halah, en Habor junto al
17.24 y los *puso* en las ciudades de Samaria
17.26 gentes que tú. . *pusiste* en. . de Samaria
17.29 y los *pusieron* en los templos de los
17.34 Jacob, al cual *puso* el nombre de Israel
17.37 cuidaréis. . de *ponerlos* por obra, y no
18.5 en Jehová. . de Israel *puso* su esperanza
18.11 y los *puso* en Halah, en Habor junto al
18.12 no las habían escuchado, ni *puesto* por
18.28 el Rabsaces se *puso* en pie y clamó a
19.7 he aquí *pondré* yo en él un espíritu, y
19.28 yo *pondré* mi garfio en tu nariz, y mi
20.7 tomándola, la *pusieron* sobre la llaga
21.4 dicho: Yo *pondré* mi nombre en Jerusalén
21.7 *puso* una imagen. . que él había hecho, en
21.7 *pondré* mi nombre. . siempre en esta casa
21.24 *puso*. . por rey en su lugar a Josías su
22.5 lo *pongan* en manos de los que hacen la
23.3 y *poniéndose* el rey en pie. . hizo pacto
23.5 quitó a. . sacerdotes. . que habían *puesto*
23.15 lo hizo polvo, y *puso* fuego a la imagen
23.30 y sus siervos lo *pusieron* en un carro
23.30 tomó a Joacaz. . y lo *pusieron* por rey en
23.33 lo *puso* preso Faraón Necao en Ribla en
23.34 Faraón Necao *puso* por rey a Eliaquim
24.17 rey. . *puso* por rey en lugar de Joaquín
25.22 *puso* por gobernador a Gedalías hijo de
25.23 el rey. . había *puesto* por gobernador a
25.28 *puso* su trono más alto que los tronos
1 Cr. 6.31 que David *puso* sobre el servicio de
6.48 los levitas fueron *puestos* sobre todo el
7.23 un hijo, al cual *puso* por nombre Bería
9.32 los panes. . los cuales *ponían* por orden
10.10 y *pusieron* sus armas en el templo de
11.14 *pusieron* ellos en medio de la parcela
11.25 éste *puso* David en su guardia personal
12.18 y David. . los *puso* entre los capitanes
12.31 Manasés. . venir a *poner* a David por rey
12.38 para *poner* a David por rey sobre todo
12.38 un mismo ánimo para *poner* a David por
14.17 y Jehová *puso* el temor de David sobre
15.22 *puesto* para dirigir el canto, porque
16.1 el arca. . *pusieron* en medio de la tienda
16.4 *puso* delante del arca de. . los levitas
17.10 y desde el tiempo que *puse* los jueces
18.6 y *puso* David guarnición en. . de Damasco
18.13 *puso* guarnición en Edom, y todos los
19.11 *puso* luego el resto de la gente en mano
20.2 y fue *puesta* sobre la cabeza de David
20.3 sacó. . al pueblo. . y lo *puso* a trabajar
22.13 *poner* por obra los estatutos y decretos
22.19 *poned*. . corazones. . en buscar a Jehová
26.10 Simri el jefe. . padre lo *puso* por jefe
27.24 el número no fue *puesto* en el registro
28.2 el rey David, *puesto* en pie dijo: Oídme
28.4 para *ponerme* por rey sobre todo Israel
28.7 si él se esforzare a *poner* por obra mis
2 Cr. 1.8 a mí me has *puesto* por rey en lugar
1.9 tú me has *puesto* por rey sobre un pueblo
1.11 a mi pueblo, sobre el cual te he *puesto*
1.14 carros. . los cuales *puso* en las ciudades
2.11 Jehová. . ha *puesto* por rey sobre ellos
3.16 cadenas. . y las *puso* sobre los capiteles
3.16 hizo cien granadas. . *puso* en las cadenas
4.6 diez fuentes, y *puso* cinco a la derecha
4.7 diez candeleros de oro. . *puso* en el templo
4.8 hizo diez mesas y las *puso* en el templo
4.19 las mesas sobre las cuales se *ponían* los
5.1 Salomón. . *puso* la plata. . en los tesoros de
5.10 las dos tablas que Moisés había *puesto*
6.11 y en ella he *puesto* el arca, en la cual
6.12 se *puso*. . Salomón delante del altar de
6.13 un estrado. . *puesto* en medio del atrio
6.13 *puso* sobre él, y se arrodilló delante
7.19 mandamientos que he *puesto* delante de
7.20 la *pondré* por burla y escarnio de todos
8.9 hijos de Israel no *puso* Salomón siervos
8.16 el día en que se *pusieron* los cimientos
9.8 para *ponerte* sobre su trono como rey para
9.8 por eso te ha *puesto* por rey sobre ellos
9.16 y los *puso* el rey en la casa del bosque
9.25 los cuales *puso* en las ciudades de los
10.9 algo del yugo que tu padre *puso* sobre
11.11 fortalezcas, y *puso* en ellas capitanes
11.12 y en todas las ciudades *puso* escudos y
11.16 que habían *puesto* su corazón en buscar
11.22 *puso* Roboam a Abías hijo de. . por jefe
12.13 en Jerusalén. . *poner* en ella su nombre
13.11 y *ponen* los panes sobre la mesa limpia
14.4 mandó a Judá. . *pusiese* por obra la ley y
16.14 *pusieron* en un ataúd, el cual llenaron
17.2 *puso* ejércitos en todas las ciudades
17.19 sin los que el rey había *puesto* en las
18.20 salió un espíritu que se *puso* delante
18.22 *puesto* espíritu de mentira en la boca
18.26 *poned* a éste en la cárcel. . con pan de
18.34 en el carro. . y murió al *ponerse* el sol
19.5 *puso* jueces en todas las ciudades. . Judá
19.8 *puso*. . Josafat en Jerusalén a algunos de
20.5 Josafat se *puso* en pie en la asamblea
20.21 pueblo, *puso* a algunos que cantasen y
20.22 Jehová *puso* contra los hijos de Amón
21.8 se rebeló Edom. . y *pusieron* rey sobre sí
23.10 *puso* en orden a todo el pueblo. . espada
23.11 hijo del rey, y le *pusieron* la corona
23.19 *puso* también porteros a las puertas de
24.5 vosotros *poned* diligencia en el asunto
24.5 pero los levitas no *pusieron* diligencia
24.8 un arca, la cual *pusieron* fuera, a la
24.11 estaba *puesto* por el sumo sacerdote, y
24.20 *puesto* en pie, donde estaba más alto
25.5 les *puso* jefes de millares y de centenas
25.5 *puso* en lista a todos los de veinte años
25.14 y los *puso* ante sí por dioses, y los
25.16 ¿te han *puesto* a ti por consejero del
26.1 lo *pusieron* por rey en lugar de Amasías
26.18 se *pusieron* contra el rey Uzías, y le
29.23 expiación, y *pusieron* sobre ellos sus
29.25 *puso*. . levitas en la casa de Jehová con
30.27 sacerdotes. . *puestos* en pie, bendijeron
32.6 *puso* capitanes de guerra sobre el pueblo
33.7 *puso* una imagen. . en la casa de Dios, de
33.7 en esta. . *pondré* mi nombre para siempre
33.12 fue *puesto* en angustias, oró a Jehová
33.14 y *puso* capitanes de ejército en todas
33.25 el pueblo. . *puso* por rey en su lugar a
34.4 imágenes del sol, que estaban *puestas*
34.31 *poniendo* por obra. . palabras del pacto
35.2 *puso*. . a los sacerdotes en sus oficios
35.3 dijo. . *Poned* el arca santa en la casa que
35.24 *pusieron* en un segundo carro que tenía
36.7 y los *puso* en su templo en Babilonia
Esd. 1.7 había *puesto* en la casa de sus dioses
3.8 y *pusieron* a los levitas de veinte años
3.10 *pusieron* a los sacerdotes vestidos de
5.8 los maderos están *puestos* en las paredes
5.14 a quien había *puesto* por gobernador
5.16 este Sesbasar vino y *puso* los cimientos
6.5 de oro. . sean *puestos* en la casa de Dios
6.12 pueblo que *pusiere* su mano para cambiar
6.18 *pusieron* a los sacerdotes en sus turnos
7.25 *pon* jueces. . gobiernen a todo el pueblo
7.27 que *puso* tal cosa en el corazón del rey
8.17 *puse* en boca de ellos las palabras que
8.20 *puso* para el ministerio de los levitas
10.4 contigo; esfuérzate. . *pon* mano a la obra
Neh. 1.9 los *pusiereis* por obra. . os recogeré
2.12 lo que Dios había *puesto* en mi corazón
4.9 *pusimos* guarda contra ellos de día y de
4.13 *puse* al pueblo por familias, con sus
6.1 no había *puesto* las hojas en las puertas
6.7 y que has *puesto* profetas que proclamen
7.5 *puso* Dios en mi corazón que reuniese a los
8.8 leían en el libro de. . y *ponían* el sentido
9.3 *puestos* de pie. . leyeron el libro de la ley
9.7 a Abram. . y le *pusiste* el nombre Abraham
9.17 pensaron *poner* caudillo para volverse a
9.34 padres no *pusieron* por obra tu ley, ni
9.37 los reyes que has *puesto* sobre nosotros
12.31 *puse* dos coros grandes que fueron en
12.44 *puestos* varones sobre las cámaras de
13.11 y los reuní y los *puse* en sus puestos
13.13 y *puse* por mayordomo de ellos al. . Sadoc
13.19 *puse* a las puertas algunos de. . criados
13.26 y Dios lo había *puesto* por rey sobre
13.30 *puse* a los sacerdotes. . por sus grupos
Est. 2.3 y *ponga* el rey personas en todas las
2.17 y *puso* la corona real en su cabeza, y
2.21 procuraban *poner* mano en el rey Asuero
3.1 honró, y *puso* su silla sobre todos los
3.6 tuvo en poco *poner* mano en Mardoqueo
4.5 que él había *puesto* al servicio de ella
6.2 procurado *poner* mano en el rey Asuero
8.2 Ester *puso* a Mardoqueo sobre la casa de
8.4 y Ester. . se *puso* en pie delante del rey
9.16 y se *pusieron* en defensa de su vida, y
Job 1.12 solamente no *pongas* tu mano sobre él
5.11 *pone* a los humildes en altura, y a los
7.12 un monstruo. . para que me *pongas* guarda?
7.17 y para que *pongas* sobre él tu corazón
7.20 si. . ¿por qué me *pones* por blanco tuyo
9.33 no hay. . árbitro que *ponga* su mano sobre
12.6 cuyas manos él ha *puesto* cuanto tienen
13.27 *pones*. . mis pies en el cepo, y observas
14.5 *pusiste* límites, de los cuales no pasará
14.13 *pusieses* plazo, y de mí te acordaras!
16.12 me despedazó, y me *puso* por blanco suyo
16.15 mi piel, y *puse* mi cabeza en el polvo
17.6 él me ha *puesto* por refrán de pueblos
17.12 *pusieron* la noche por día, y la luz se
18.2 ¿cuándo *pondréis* fin a las palabras?
20.4 desde. . que fue *puesto* el hombre sobre la
21.5 espantaos, y *poned* la mano sobre la boca
22.22 la ley. . *pon* sus palabras en tu corazón
26.10 *puso* límite a la superficie de. . aguas
28.3 a las tinieblas *ponen* término, y examinan
28.9 en el pedernal *puso* su mano, y trastornó
28.25 al viento, y *poner* las aguas por medida
29.9 palabras; *ponían* la mano sobre su boca
30.1 yo desdeñara *poner* con los perros de mi
31.24 si *puse* en el oro mi esperanza, y dije
33.5 si puedes; ordena tus palabras, *ponte*
33.11 *puso* mis pies en el cepo, y vigiló
34.13 ¿y quién *puso* en orden todo el mundo?
34.14 él *pusiese* sobre el hombre su corazón
36.7 con los reyes los *pondrá* en trono para
37.15 cómo Dios las *pone* en concierto, y hace
38.6 basas? ¿o quién *puso* su piedra angular
38.9 cuando *puse* yo nubes por vestidura suya
38.10 mi decreto, le *puse* puertas y cerrojo
38.36 quién *puso* la sabiduría en el corazón?
38.37 ¿quién *puso* por cuenta los cielos con
39.6 asno. . al cual yo *puse* casa en la soledad
39.27 se remonta el. . y *pone* en alto su nido?
40.4 yo soy vil. . Mi mano *pongo* sobre mi boca
41.2 *¿pondrás* tú soga en sus narices. . garfio
41.8 *pon* tu mano sobre él; te acordarás de la
Sal. 2.6 pero yo he *puesto* mi rey sobre Sion
3.6 de gente, que *pusieren* sitio contra mí
7.5 mi vida, y mi honra *ponga* en el polvo
8.1 has *puesto* tu gloria sobre los cielos
8.6 manos; todo lo *pusiste* debajo de sus pies
9.20 *pon*. . Jehová, temor en ellos; conozcan
12.5 *pondré* en salvo al que por ello suspira
13.2 ¿hasta cuándo *pondré* consejos en mi alma
16.8 Jehová he *puesto* siempre delante de mí
17.3 me has *puesto* a prueba, y nada inicuo
17.11 tienen *puestos* sus ojos para echarnos
18.11 *puso* tinieblas por su escondedero, por
19.4 en ellos *puso* tabernáculo para el sol
21.3 corona de. . has *puesto* sobre su cabeza
21.5 honra y majestad has *puesto* sobre él
21.9 los *pondrás* como horno de fuego en el
21.12 tú los *pondrás* en fuga; en tus cuerdas
22.15 me has *puesto* en el polvo de la muerte
27.5 él me. . sobre una roca me *pondrá* en alto
31.8 *pusiste* mis pies en lugar espacioso
31.20 los *pondrás*. . a cubierto de contención
33.7 él junta. . *pone* en depósitos los abismos
39.8 no me *pongas* por escarnio del insensato
40.2 *puso* mis pies sobre peña, y enderezó mis
40.3 *puso* luego en mi boca cántico nuevo
40.4 bienaventurado el. . que *puso* en Jehová
44.13 nos *pones* por afrenta de. . vecinos, por
44.14 nos *pusiste* por proverbio entre las
46.8 que ha *puesto* asolamientos en la tierra
50.1 el nacimiento del sol hasta donde se *pone*
50.20 contra el hijo de tu. . *ponías* infamia
50.21 pero. . las *pondré* delante de tus ojos
52.7 el. . que no *puso* a Dios por su fortaleza
53.5 los huesos del que *puso* asedio contra ti
54.3 vida; no han *puesto* a Dios delante de sí
59.1 *ponme* a salvo de los que se levantan
62.10 las riquezas, no *pongáis* el corazón en
66.2 cantad la. . *poned* gloria en su alabanza
66.11 *pusiste* sobre nuestros lomos pesada
69.11 *puse*. . cilicio por mi vestido, y vine a
69.21 me *pusieron* además hiel por comida, y
69.27 *pon* maldad sobre su maldad, y no entren
69.29 a mí. . tu salvación. . me *ponga* en alto
73.9 *ponen* su boca contra el cielo, y. . lengua
73.18 has *puesto* en deslizaderos. . harás caer
73.28 *puesto* en Jehová el Señor mi esperanza
74.4 han *puesto* sus divisas por señales
74.7 han *puesto* a fuego tu santuario, han
78.5 y *puso* ley en Israel, la cual mandó a
78.7 fin de que *pongan* en Dios su confianza
78.19 ¿podrá *poner* mesa en el desierto?
78.43 cuando *puso* en Egipto sus señales, y
80.6 nos *pusiste* por escarnio a. . vecinos, y
83.11 *pon* a sus capitanes como a Oreb. . Zeeb
83.13 *ponlos* como torbellinos. . hojarascas

PONER *(Continúa)*
Sal. 84.3 la golondrina..donde *ponga* sus polluelos
84.9 *pon* los ojos en el rostro de tu ungido
85.13 él, y sus pasos nos *pondrá* por camino
86.14 violentos..no te *pusieron* delante de sí
88.6 me has *puesto* en el hoyo profundo, en
88.8 me has *puesto* por abominación a ellos
88.18 mis conocidos has *puesto* en tinieblas
89.19 he *puesto* el socorro sobre uno que es
89.25 *pondré* su mano sobre el mar, y sobre
89.27 yo también le *pondré* por primogénito
89.29 *pondré* su descendencia para siempre, y
90.8 *pusiste* nuestras maldades delante de ti
91.9 porque has *puesto* a Jehová, que es mi
91.14 por cuanto en mí ha *puesto* su amor, yo
91.14 libraré; le *pondré* en alto, por cuanto
101.3 no *pondré* delante de mis ojos..injusta
101.6 ojos *pondré* en los fieles de la tierra
103.18 se acuerdan de..para *ponerlos* por obra
104.3 el que *pone* las nubes por su carroza
104.9 *pusiste* término el cual no traspasarán
104.20 *pones* las tinieblas, y es la noche; en
105.18 pies..en cárcel fue *puesta* su persona
105.21 lo *puso* por señor de su casa, y por
105.27 *puso* en ellos las palabras de..señales
109.6 *pon* sobre él al impío, y Satanás esté
109.31 él se *pondrá* a la diestra del pobre
110.1 que *ponga* a tus enemigos por estrado de
113.3 desde el..del sol hasta donde se *pone*
118.5 me respondió JAH, *poniéndome* en lugar
119.30 he *puesto* tus juicios delante de mí
119.110 me *pusieron* lazo los impíos, pero yo
119.166 tus mandamientos he *puesto* por obra
132.11 tu descendencia *pondré* sobre tu trono
139.5 me rodeaste, y sobre mí *pusiste* tu mano
140.5 han tendido red..me han *puesto* lazos
140.7 tú *pusiste* a cubierto mi cabeza en el
141.3 *pon* guarda a mi boca, oh Jehová; guarda
148.6 les *puso* ley que no será quebrantada
Pr. 1.11 *pongamos* asechanzas para derramar
1.18 a su propia sangre *ponen* asechanzas, y
8.29 cuando *ponía* al mar su estatuto, para
9.2 víctimas, mezcló su vino, y *puso* su mesa
18.18 suerte *pone* fin a los pleitos, y decide
22.28 los linderos..que *pusieron* tus padres
23.2 y *pon* cuchillo a tu garganta, si tienes
23.5 ¿has de *poner* tus ojos en las riquezas
24.32 miré, y lo *puse* en mi corazón; lo vi
24.33 *poniendo* mano sobre mano otro poco
29.8 escarnecedores *ponen* la ciudad en llamas
29.25 el temor del hombre *pondrá* lazo; mas el
30.26 los conejos..*ponen* su casa en la piedra
30.32 hacer mal, *pon* el dedo sobre tu boca
Ec. 1.5 se *pone* el sol, y se apresura a volver
3.11 y ha *puesto* eternidad en el corazón de
7.2 y el que vive lo *pondrá* en su corazón
8.9 he *puesto* mi corazón en todo lo que hay
8.10 *puestos* en olvido en la ciudad donde
9.5 porque su memoria es *puesta* en olvido
Cnt. 6.12 mi alma me *puso* entre los carros de
8.6 *ponme* como un sello sobre tu corazón
Is. 1.7 ciudades *puestas* a fuego, vuestra tierra
3.4 y les *pondré* jóvenes por príncipes, y
5.20 *ponen* lo amargo por dulce, y lo dulce por
7.6 *pongamos* en medio de ella por rey al hijo
8.3 dijo..*Ponle* por nombre Maher-salal-hasbaz
9.10 cortaron..en su lugar *pondremos* cedros
10.5 mi furor, en su mano he *puesto* mi ira
10.6 lo *ponga* para ser hollado como lodo de
11.10 la raíz de Isaí..*puesta* por pendón a
14.17 *puso* el mundo como un desierto..asoló
15.1 fue destruida Ar de..*puesta* en silencio
16.3 *pon* tu sombra en medio del día como la
21.5 *ponen* la mesa, extienden tapices; comen
21.6 vé, *pon* centinela que haga saber lo que
22.22 y *pondré* la llave de la casa de David
22.25 caerá, y la carga que sobre él se *puso*
23.15 Tiro será *puesta* en olvido por 70 años
26.1 salvación *puso* Dios..muros y antemuro
27.4 ¿quién *pondrá* contra mí en batalla
28.15 porque hemos *puesto* nuestro refugio en
28.16 he *puesto* en Sion por fundamento una
28.25 *pone* el trigo en hileras, y la cebada
29.2 yo *pondré* a Ariel en apretura, y será
29.7 pelean..y los que la *ponen* en apretura
29.10 *puso* velo sobre las cabezas..videntes
30.2 y *poner* su esperanza en la sombra de
31.1 esperanza *ponen* en carros..son muchos
33.18 ¿qué del que *pone* en lista las casas
34.15 *pondrá* sus huevos, y sacará sus pollos
36.13 Rabsaces se *puso* en pie y gritó a gran
37.7 yo *pondré* en él un espíritu, y oirá un
37.29 *pondré*, pues, mi garfio en tu nariz, y
38.21 masa de higos, y *pónganla* en la llaga
41.15 te he *puesto* por trillo, trillo nuevo
41.19 *pondré* en la soledad cipreses, pinos
41.22 y *pondremos* nuestro corazón en ello
42.1 siervo..he *puesto* sobre él mi Espíritu
42.6 te *pondré* por pacto al pueblo, por luz
42.22 *puestos* para despojo, y no hay quien
42.25 le *puso* fuego por todas partes, pero no
43.1 te redimí; te *puse* nombre, mío eres tú
43.24 *pusiste* sobre mí la carga de..pecados
43.28 *puse* por anatema a Jacob y por oprobio
44.7 quién..lo *pondrá* en orden delante de mí
45.3 el Dios de Israel, que te *pongo* nombre
45.4 te *puse* sobrenombre..no me conociste
45.6 hasta donde se *pone*, que no hay más que
46.1 sus imágenes fueron *puestas* sobre bestias
46.13 *pondré* salvación en Sion, y mi gloria
49.2 y *puso* mi boca como espada aguda, me
49.2 y me *puso* por saeta bruñida, me guardó
50.7 por eso *puse* mi rostro como un pedernal
51.5 esperan..en mi brazo *ponen* su esperanza
51.16 y en tu boca he *puesto* mis palabras, y
51.23 lo *pondré* en mano de tus angustiadores
51.23 *pusiste* tu cuerpo como tierra, y como
52.13 que mi siervo..será *puesto* muy en alto
53.10 cuando haya *puesto* su vida..el pecado
54.12 tus ventanas *pondré* de piedras preciosas
57.7 el monte alto y empinado *pusiste* tu cama
57.8 tras la puerta y el..*pusiste* tu recuerdo
59.14 se retiró, y la justicia se *puso* lejos
59.15 el que se apartó del mal fue *puesto* en
59.21 y mis palabras que *puse* en tu boca, no
60.17 *pondré* paz por tu tributo, y justicia
60.20 no se *pondrá* jamás tu sol, ni menguará
62.2 te será *puesto* un nombre nuevo, que la
62.6 muros, oh Jerusalén, he *puesto* guardas
62.7 que..la *ponga* por alabanza en la tierra
63.11 ¿dónde el que *puso* en medio de él su
65.11 monte, que *ponéis* mesa para la Fortuna
66.19 y *pondré* entre ellos señal, y enviaré
Jer. 1.9 he aquí he *puesto* mis palabras en tu
1.10 te he *puesto* en este día sobre naciones
1.12 yo apresuro mi palabra para *ponerla* por
1.15 y *pondrá* cada uno su campamento a la
1.18 yo te he *puesto* en este día como ciudad
3.19 ¿cómo os *pondré* por hijos, y os daré la
4.7 para *poner* tu tierra en desolación; tus
5.14 he aquí yo *pongo* mis palabras en tu boca
5.22 que *puse* arena por término al mar, por
5.26 como quien pone lazos, *pusieron* trampa
5.28 se engordaron y se *pusieron* lustrosos
6.17 *puse* también sobre vosotros atalayas
6.21 he aquí yo *pongo* a este pueblo tropiezos
6.26 *ponte* luto como por hijo único, llanto
6.27 por fortaleza te he *puesto* en mi pueblo
7.2 *ponte* a la puerta de la casa de Jehová
7.10 ¿vendréis y os *pondréis* delante de mí en
7.30 *pusieron* sus abominaciones en la casa
9.8 paz..y dentro de sí *pone* sus asechanzas
10.12 que *puso* en orden el mundo con su saber
11.6 oíd las palabras de..y *ponedlas* por obra
11.13 *pusiste* los altares de ignominia..Baal
12.11 *puesta* en asolamiento, y lloró sobre mí
13.2 compré el cinto..lo *puse* sobre mis lomos
13.21 ¿qué dirás cuando él *ponga*..sobre ti a
14.6 asnos monteses se *ponían* en las alturas
15.9 dolor..su sol se *puso* siendo aún de día
15.20 y te *pondré* en este pueblo por muro
17.5 maldito el varón que..*pone* carne por su
17.11 como..perdiz que cubre lo que no *puso*
17.19 ha dicho Jehová: Vé y *ponte* a la puerta
17.19 *ponte* en todas las puertas de Jerusalén
18.16 *poner* su tierra en desolación, objeto
18.20 acuérdate que me *puse* delante de ti para
18.21 sus maridos sean *puestos* a muerte, y sus
19.8 *pondré* a esta ciudad por espanto y burla
19.12 haré..*poniendo* esta ciudad como Tofet
20.2 azotó..al profeta..y lo *puso* en el cepo
21.8 *pongo* delante de vosotros camino de vida
21.10 mi rostro he *puesto* contra esta ciudad
23.4 y *pondré*..pastores que las apacienten
23.40 *pondré* sobre vosotros afrenta perpetua
24.1 dos cestas de higos *puestas* delante del
24.6 *pondré* mis ojos sobre ellos para bien
24.8 como los..*pondré* a Sedequías rey de Judá
25.9 destruiré, y los *pondré* por escarnio y
25.11 esta tierra será *puesta* en ruinas y en
25.18 para *ponerlos* en ruinas, en escarnio y
26.2 *ponte* en el atrio de la casa de Jehová
26.4 en mi ley, la cual *puse* ante vosotros
26.6 yo *pondré* esta casa como Silo, y esta
26.6 y esta ciudad la *pondré* por maldición a
27.2 hazte coyundas..*ponlos* sobre tu cuello
27.6 ahora yo he *puesto* todas estas tierras
27.8 a la nación y..que no *pusiere* su cuello
28.14 yugo de hierro *puse* sobre el cuello de
29.17 los *pondré* como los higos malos, que de
29.22 *póngate* Jehová como a Sedequías y como
29.26 Jehová te ha *puesto* por sacerdote en
29.26 de todo hombre loco..*poniéndolo* en el
30.8 no lo volverán..a *poner* en servidumbre
31.21 establécete señales, *ponte* majanos
32.3 Sedequías rey de..lo había *puesto* preso
32.14 *ponlas* en una vasija de barro, para que
32.25 cómprate la heredad por..y *pon* testigos
32.29 vendrán los caldeos..la *pondrán* a fuego
32.34 *pusieron* sus abominaciones en la casa
32.40 *pondré* mi temor en el corazón de ellos
32.44 y harán escritura..y *pondrán* testigos
33.25 yo no he *puesto* las leyes del cielo y
34.17 os *pondré* por afrenta ante todos los
35.5 *puse* delante de..los recabitas tazas y
37.4 porque todavía no..*puesto* en la cárcel
37.8 ciudad..la tomarán y la *pondrán* a fuego
37.10 caldeos..y *pondrán* esta ciudad a fuego
37.15 le azotaron y le *pusieron* en prisión en
37.18 ¿en qué pequé..para que me *pusieseis* en
38.7 habían *puesto* a Jeremías en la cisterna
38.12 *pon* ahora esos trapos viejos y ropas
38.17 esta ciudad no será *puesta* a fuego, y
38.18 la *pondrán* a fuego, y tu no escaparás
39.8 y los caldeos *pusieron* a fuego la casa
40.5 rey..ha *puesto* sobre todas las ciudades
40.7 el rey..había *puesto* a Gedalías hijo de
40.10 tomad..*ponedlos* en vuestros almacenes
40.11 que había *puesto* sobre ellos a Gedalías
41.2 aquel a quien el rey de..había *puesto*
41.18 había *puesto* para gobernar la tierra
43.10 *pondré* su trono sobre estas piedras que
43.12 *pondrá* fuego a los templos de..dioses
44.6 Judá..*puestas* en soledad y en destrucción
44.10 los cuales *puse* delante de vosotros y
44.17 *pondremos* por obra toda palabra que ha
44.22 vuestra tierra..*puesta* en asolamiento
44.25 confirmáis..y *ponéis*..votos por obra
46.4 y *poneos* con yelmos; limpiad las lanzas
46.14 decid: *Ponte* en pie y prepárate, porque
47.7 contra la costa del mar, allí te *puso*
48.46 tus hijos fueron *puestos* presos para
49.2 sus ciudades serán *puestas* a fuego, e
49.38 *pondré* mi trono en Elam, y destruiré
50.3 *pondrá* su tierra en asolamiento, y no
50.5 con pacto..que jamás se *ponga* en olvido
50.14 *poneos* en..contra Babilonia alrededor
50.24 *puse* lazos, y fuiste tomada..Babilonia
51.2 se *pondrán* contra ella de todas partes
51.12 reforzad la guardia, *poned* centinelas
51.12 y aun *pondrá* en efecto lo que ha dicho
51.29 para *poner* la tierra de Babilonia en
51.39 en medio de su calor..*pondré* banquetes
52.11 lo *puso* en la cárcel hasta..que murió
52.32 hizo *poner* su trono sobre los tronos de
Lm. 3.12 y me *puso* como blanco para la saeta
3.29 *ponga* su boca en el polvo, por si aún
3.53 ataron mi vida en..*pusieron* piedra sobre
4.19 en el desierto nos *pusieron* emboscadas
Ez. 2.1 *ponte* sobre tus pies, y hablaré contigo
3.17 te he *puesto* por atalaya a la casa de
3.20 si..y *pusiere* yo tropiezo delante de él
3.25 *pondrán* sobre ti cuerdas, y con ellas te
4.1 tómate un adobe, y *ponlo* delante de ti
4.2 *pondrás* contra ella sitio, y edificarás
4.2 y *pondrás* delante de ella campamento, y
4.3 *ponla* en lugar de muro de hierro entre
4.4 y *pondrás* sobre él la maldad de la casa
4.8 he aquí que he *puesto* sobre ti ataduras
4.9 *ponlos* en una vasija, y hazte pan de ellos
5.5 la *puse* en medio de las naciones y de las
6.2 *pon* tu rostro hacia los montes de Israel
6.5 *pondré* los cuerpos muertos de los hijos
7.3 *pondré* sobre ti todas tus abominaciones
7.4 antes *pondré* sobre ti tus caminos, y en
7.8 en furor..*pondré* sobre ti tus abominaciones
7.9 según tus caminos *pondré* sobre ti, y en
9.4 y *ponles* una señal en la frente a los
10.7 tomó de él y lo *puso* en las manos del que
10.18 la gloria..se *puso* sobre los querubines
11.7 vuestros muertos que habéis *puesto* en
11.19 espíritu nuevo *pondré* dentro de ellos
11.23 y se *puso* sobre el monte que está al
13.17 *pon* tu rostro contra las hijas de tu
14.3 estos hombres han *puesto* sus ídolos en
14.4,7 hubiere *puesto*..ídolos en su corazón
14.8 y *pondré* mi rostro contra aquel hombre
14.8 le *pondré* por señal y por escarmiento
15.4 *puesta* en el fuego para ser consumida
15.7 *pondré* mi rostro contra ellos; aunque
15.7 cuando *pusiere* mi rostro contra ellos
16.11 *puse* brazaletes en tus brazos y collar
16.14 a causa de mi hermosura que yo *puse*
16.18 y mi incienso *pusiste* delante de ellas
16.19 la miel..*pusiste* delante de ellas para
17.4 lo *puso* en una ciudad de comerciantes
17.5 la *puso* en un campo bueno para sembrar
17.5 la plantó junto..la *puso* como un sauce
19.5 tomó otro de sus..y lo *puso* por leoncillo
19.9 lo *pusieron* en una jaula y lo llevaron
19.9 lo *pusieron* en las fortalezas, para que
20.19 guardad mis preceptos, y *ponedlos* por
20.21 mis decretos para *ponerlos* por obra
20.24 no *pusieron* por obra mis decretos, sino
20.28 allí *pusieron*..su incienso agradable
20.46 *pon* tu rostro hacia el sur, derrama tu
21.2 hijo de..*pon* tu rostro contra Jerusalén
21.15 en todas las puertas..he *puesto* espanto
21.19 y *pon* una señal al comienzo de cada
21.22 para *poner* arietes contra las puertas
22.20 mi ira, y os *pondré* allí, y os fundiré
22.30 que se *pusiese* en la brecha delante de
23.24 paveses y yelmos *pondrán* contra ti en
23.24 y yo *pondré* delante de ellos el juicio
23.25 *pondré* mi celo contra ti, y procederán
23.31 yo, pues, *pondré* su cáliz en tu mano
23.41 y sobre ella *pusiste* mi incienso y mi
23.42 sabeos..*pusieron* pulseras en sus manos
23.49 sobre vosotras *pondrán*..perversidades
24.2 rey de Babilonia *puso* sitio a Jerusalén
24.3 *pon* una olla, *ponla*, y echa..en ella agua
24.8 yo *pondré* su sangre sobre la dura piedra

PONER *(Continúa)*
Ez. 24.17 *pon* tus zapatos en tus pies, y no te
25.2 *pon* tu rostro hacia los hijos de Amón
25.4 *pondrán* en ti sus apriscos y plantarán
25.5 *pondré* a Rabá..habitación de camellos
25.14 y *pondré* mi venganza contra Edom en
26.8 y *pondrá* contra ti torres de sitio, y
26.9 y *pondrá* contra ti arietes, contra tus
26.12 *pondrán* tus piedras y tu madera y tu
26.14 te *pondré* como una peña lisa..de redes
26.20 y te *pondré* en las profundidades de la
28.2 *puesto* tu corazón como corazón de Dios
28.6 cuanto *pusiste* tu corazón como..de Dios
28.14 yo te *puse* en el santo monte de Dios
28.17 delante de..te *pondré* para que miren
28.18 y te *puse* en ceniza sobre la tierra a
28.21 *pon* tu rostro hacia Sidón, y profetiza
29.4 yo, pues, *pondré* garfios en tus quijadas
29.10 y *pondré* la..de Egipto en desolación
29.12 *pondré* la tierra de Egipto en soledad
30.8 sabrán que..cuando *ponga* fuego a Egipto
30.13 y en la tierra de Egipto *pondré* temor
30.14 y *pondré* fuego a Zoán, y haré juicios
30.16 *pondré* fuego a Egipto; Sin tendrá gran
30.21 no ha sido vendado *poniéndole* medicinas
30.21 ni *poniéndole* faja para ligarlo, a fin
30.24 *pondré* mi espada en su mano..quebraré
30.25 cuando yo *ponga* mi espada en la mano
32.5 *pondré* tus carnes sobre los montes, y
32.8 *pondré* tinieblas sobre tu tierra, dice
32.23 sepulcros fueron *puestos* a los lados de
32.25 medio de los muertos le *pusieron* lecho
32.25 fue *puesto* su espanto en la tierra de
32.25 él fue *puesto* en medio de los muertos
32.27 espadas *puestas* debajo de sus cabezas
32.29 fueron *puestos* con los muertos a espada
32.32 porque *puse* mi terror en la tierra de
33.2 tomare un hombre..lo *pusiere* por atalaya
33.7 *puesto* por atalaya a la casa de Israel
33.31 oirán tus..y no las *pondrán* por obra
33.32 y oirán..pero no las *pondrán* por obra
35.2 *pon* tu rostro hacia el monte de Seir, y
35.9 *pondré* en asolamiento perpetuo, y tus
36.4 ciudades..que fueron *puestas* por botín
36.26 nuevo, y *pondré* espíritu nuevo dentro
36.27 *pondré* dentro de vosotros mi Espíritu
36.27 guardéis mis preceptos, y los *pongáis*
37.1 me *puso* en medio de un valle que estaba
37.6 *pondré* tendones sobre vosotros, y haré
37.6 piel, y *pondré* en vosotros espíritu, y
37.14 y *pondré* mi Espíritu en vosotros, y
37.19 los *pondré* con el palo de Judá, y los
37.24 mis..guardarán, y los *pondrán* por obra
37.26 y *pondré* mi santuario entre ellos para
38.2 *pon* tu rostro contra Gog en tierra de
38.4 y *pondré* garfios en tus quijadas, y te
38.12 para *poner* tus manos sobre las tierras
39.15 *pondrá* junto a ellos una señal, hasta
39.21 y *pondré* mi gloria entre las naciones
39.21 verán mi..mi mano que sobre ellos *puse*
40.2 me *puso* sobre un monte muy alto, sobre
40.4 y *pon* tu corazón a todas las cosas que
40.42 sobre éstas *pondrán* los utensilios con
42.13 allí *pondrán* las ofrendas santas, la
43.8 porque *poniendo* ellos su umbral junto a
43.11 todas sus reglas, y las *pongan* por obra
43.20 *pondrás* en los cuatro cuernos del altar
44.5 *pon* atención, y mira con tus ojos, y oye
44.5 *pon* atención a las entradas de la casa
44.8 habéis *puesto* extranjeros como guardas
44.14 les *pondré*..por guardas encargados de
45.19 y *pondrá* sobre los postes de la casa
Dn. 1.7 el jefe de..*puso* nombres; *p* a Daniel
1.9 *puso* Dios a Daniel en gracia y en buena
1.11 Melsar, que estaba *puesto* por el jefe
2.8 conozco..que vosotros *ponéis* dilaciones
2.21 el muda los..quita reyes, y *pone* reyes
2.24 al cual el rey había *puesto* para matar
2.49 que *pusiera* sobre los negocios de la
3.12 los cuales *pusiste* sobre los negocios
4.12 se *ponían* a la sombra las bestias del
5.12 cual el rey *puso* por nombre Beltsasar
5.21 Dios..que *pone* sobre él al que le place
5.26 contó Dios tu reino, y le ha *puesto* fin
5.29 y *poner* en su cuello un collar de oro
6.3 el rey pensó en *ponerlo* sobre..el reino
6.17 fue traída una piedra y *puesta* sobre la
6.26 de parte mía es *puesta* esta ordenanza
7.4 suelo y se *puso* enhiesta sobre los pies
7.9 que fueron *puestos* tronos, y se sentó un
8.15 se *puso* delante de mí uno con apariencia
9.10 leyes que el *puso* delante de nosotros
9.24 para..*poner* fin al pecado, y expiar la
10.10 hizo que me *pusiese* sobre mis rodillas
10.11 y *ponte* en pie; porque a ti he sido
10.11 mientras hablaba esto..me *puse* en pie
10.15 yo con los ojos *puestos* en tierra, y
11.11 y *pondrá* en campaña multitud grande
11.13 a *poner* en campaña una multitud mayor
11.31 y *pondrán* la abominación desoladora
Os. 1.4 dijo Jehová: *Ponle* por nombre Jezreel
1.6 *ponle* por nombre Lo-ruhama, porque no me
1.9 *ponle* por nombre Lo-ammi, porque vosotros
2.3 que yo..la *ponga* como el día en que nació
8.1 *pon* a tu boca trompeta. Como águila viene
11.4 yugo..y *puse* delante de ellos la comida
11.8 ¿cómo podré yo..*ponerte* como a Zeboim?
Jl. 2.6 *pondrán* pálidos todos los semblantes
2.19 y nunca más os *pondré* en oprobio entre
Am. 7.8 *pongo* plomada..en medio de mi pueblo
8.9 que haré que se *ponga* el sol a mediodía
8.10 haré *poner* cilicio sobre todo lomo, y
9.4 y *pondré* sobre ellos mis ojos para mal
Abd. 4 y entre las estrellas *pusieres* tu nido
7 comían tu pan *pusieron* lazo debajo de ti
Jon. 1.14 ni *pongas* sobre nosotros la sangre
Mi. 3.6 sobre los profetas se *pondrá* el sol, y
4.7 *pondré* a la coja como remanente, y a la
6.16 para que yo te *pusiese* en asolamiento
7.16 verán, y..*pondrán* la mano sobre su boca
Nah. 1.14 allí *pondré* tu sepulcro..fuiste vil
3.6 te afrentaré, y te *pondré* como estiércol
Hab. 1.12 Jehová, para juicio lo *pusiste;* y tú
2.9 que codicia..para *poner* en alto su nido
Sof. 2.3 los que *pusisteis* por obra su juicio
3.19 os *pondré* por alabanza y por renombre
3.20 os *pondré* para renombre y para alabanza
Hag. 1.8 y *pondré* en ella mi voluntad, y seré
2.15 antes que *pongan* piedra sobre piedra en
2.23 te *pondré* como anillo de sellar; porque
Zac. 3.5 *pongan* mitra limpia sobre su cabeza
3.5 *pusieron*..mitra limpia sobre su cabeza
3.9 aquella piedra que *puse* delante de Josué
5.11 cuando esté preparada la *pondrán* sobre
6.11 *pondrás* en la cabeza del sumo sacerdote
7.12 *pusieron* su corazón como diamante, para
8.7 salvo..de la tierra donde se *pone* el sol
9.6 *pondré* fin a la soberbia de los filisteos
9.13 Sion..te *pondré* como espada de valiente
10.3 los *pondrá* como su caballo de honor en
11.7 al uno *puse* por nombre Gracia, y al otro
12.2 yo *pongo* a Jerusalén por copa que hará
12.3 *pondré* a Jerusalén por piedra pesada a
12.6 *pondré*..capitanes de Judá como brasero
Mal. 1.11 donde el sol nace hasta donde se *pone*
Mt. 1.25 dio a luz..y le *puso* por nombre Jesús
3.10 el hacha está *puesta* a la raíz de los
4.5 y le *puso* sobre el pináculo del templo
5.15 ni..una luz y se *pone* debajo de un almud
5.25 *ponte* de acuerdo con..adversario pronto
5.40 que quiera *ponerte* a pleito y quitarte
9.16 *pone* remiendo de paño nuevo en vestido
9.18 ven y *pon* tu mano sobre ella, y vivirá
10.35 *poner* en disensión al hombre contra su
12.18 *pondré* mi Espíritu sobre él, y a los
15.30 y los *pusieron* a los pies de Jesús, y
16.23 no *pones* la mira en las cosas de Dios
18.2 y llamando..a un niño, lo *puso* en medio
18.19 que si dos de vosotros se *pusieren* de
19.13 para que *pusiese* las manos sobre ellos
19.15 habiendo *puesto* sobre ellos las manos
21.7 *pusieron* sobre ellos sus mantos; y él
22.44 que *ponga* a tus enemigos por estrado de
23.4 *ponen* sobre los hombros de los hombres
24.45 *puso* su señor sobre su casa para que
24.47 que sobre todos sus bienes le *pondrá*
24.51 y *pondrá* su parte con los hipócritas
25.21,23 sobre mucho te *pondré;* entra en
25.33 *pondrá* las ovejas a su derecha, y los
27.9 precio *puesto* por los hijos de Israel
27.29 y *pusieron* sobre su cabeza una corona
27.31 le *pusieron* sus vestidos, y le llevaron
27.37 y *pusieron* sobre su cabeza su causa
27.48 *poniéndola* en una caña, le dio a beber
27.60 lo *puso* en su sepulcro nuevo, que había
27.66 ellos..sellando..y *poniendo* la guardia
28.6 ved el lugar donde fue *puesto* el Señor
28.14 oyere..nosotros..os *pondremos* a salvo
Mr. 1.32 luego que el sol se *puso,* le trajeron
2.21 *pone* remiendo de paño nuevo en vestido
3.3 al hombre que..Levántate y *ponte* en medio
3.16 a Simón, a quien *puso* por sobrenombre
4.21 la luz para *ponerla* debajo del almud, o
4.21 ¿no es para *ponerla* en el candelero?
5.23 *pon* las manos sobre ella para que sea
6.5 que sanó..*poniendo* sobre ellos las manos
6.29 su cuerpo, y los *pusieron* en un sepulcro
6.41 dio a..para que los *pusiesen* delante; y
7.32 le rogaron que le *pusiera* la mano encima
8.6 dio a..para que los *pusiesen* delante; y
8.6 y los *pusieron* delante de la multitud
8.7 y mandó que también los *pusiesen* delante
8.23 *puso* las manos encima, y le preguntó si
8.25 *puso* otra vez las manos sobre los ojos
8.33 no *pones* la mira en las cosas de Dios
9.36 a un niño, y lo *puso* en medio de ellos
10.16 *poniendo* las manos sobre..los bendijo
12.36 que *ponga* tus enemigos por estrado de
13.14 *puesta* donde no debe estar el que lee
15.17 y *poniéndole*..corona tejida de espinas
15.19 y *puestos* de rodillas le..reverencias
15.20 y le *pusieron* sus propios vestidos, y
15.36 *poniéndola* en una caña, le dio a beber
15.46 lo *puso* en un sepulcro..cavado en una
15.47 María madre..miraban dónde lo *ponían*
16.6 mirad el lugar en donde le *pusieron*
16.18 sobre los enfermos *pondrán* sus manos
Lc. 1.1 tratado de *poner* en orden la historia
1.11 *puesto* en pie a la derecha del altar del
2.21 le *pusieron* por nombre Jesús, el cual
2.21 le había sido *puesto* por el ángel antes
2.34 he aquí, éste está *puesto* para caída y
3.9 el hacha..*puesta* a la raíz de los árboles
4.9 y le *puso* sobre el pináculo del templo
4.18 a *poner* en libertad a los oprimidos
4.40 al *ponerse* el sol, todos los que tenían
4.40 él, *poniendo* las manos sobre cada uno de
5.18 llevarle adentro y *ponerle* delante de
5.19 *poniéndole* en medio, delante de Jesús
5.36 y lo *pone* en un vestido viejo; pues si
6.8 al hombre..Levántate, y *ponte* en medio
6.8 dijo..Y él, levantándose, se *puso* en pie
6.48 cavó..*puso* el fundamento sobre la roca
7.8 yo soy hombre *puesto* bajo autoridad, y
8.16 una luz..ni la *pone* debajo de la cama
8.16 sino que la *pone* en un candelero para
9.16 dio..para que los *pusiesen* delante de
9.47 Jesús..tomó a un niño y lo *puso* junto a
9.62 ninguno..*poniendo* su mano en el arado
10.8 reciban, comed lo que os *pongan* delante
10.34 *poniéndole* en su cabalgadura, lo llevó
11.6 un amigo..no tengo qué *ponerle* delante
11.33 nadie *pone* en oculto la luz encendida
12.14 hombre, ¿quién me ha *puesto*..como juez
12.42 al cual su señor *pondrá* sobre su casa
12.44 que le *pondrá* sobre todos sus bienes
12.46 vendrá..y le *pondrá* con los infieles
13.13 puso las manos sobre ella; y ella se
14.29 que después que haya *puesto* el cimiento
15.5 la encuentra, la *pone* sobre sus hombros
15.22 *poned* un anillo en su mano, y calzado
16.26 gran sima está *puesta* entre nosotros
18.11 fariseo, *puesto* en pie, oraba consigo
18.23 oyendo esto, se *puso* muy triste, porque
19.8 Zaqueo, *puesto* en pie, dijo al Señor: He
19.21 que tomas lo que no *pusiste,* y siegas
19.22 que tomo lo que no *puse,* y que siego
19.23 no *pusiste* mi dinero en el banco, para
20.43 que *ponga* a tus enemigos por estrado de
22.41 él se apartó..y *puesto* de rodillas oró
23.26 y le *pusieron* encima la cruz para que
23.53 lo *puso* en un sepulcro abierto en una
23.53 el cual aún no se había *puesto* a nadie
23.55 vieron el..y cómo fue *puesto* su cuerpo
24.36 se *puso* en medio de ellos, y les dijo
Jn. 6.28 *poner* en práctica las obras de Dios?
7.37 se *puso* en pie y alzó la voz, diciendo
8.3 trajeron una mujer..*poniéndola* en medio
9.15 *puso* lodo sobre los ojos, y me lavé, y
10.15 Padre; y *pongo* mi vida por las ovejas
10.17 *pongo* mi vida, para volverla a tomar
10.18 quita, sino que yo de mí mismo la *pongo*
10.18 poder para *ponerla,* y tengo poder para
11.34 ¿dónde le *pusisteis?*..Señor, ven y ve
11.38 una cueva, y tenía una piedra *puesta*
11.41 de donde había sido *puesto* el muerto
13.2 el diablo ya había *puesto* en..de Judas
13.5 *puso* agua en un lebrillo, y comenzó a
13.37 no..seguir ahora? Mi vida *pondré* por ti
13.38 ¿tu vida *pondrás* por mí? De cierto, de
15.13 que uno *ponga* su vida por sus amigos
15.16 y os he *puesto* para que..llevéis fruto
19.2 una corona..la *pusieron* sobre su cabeza
19.19 un título, que *puso* sobre la cruz, el
19.29 *poniéndola* en un hisopo..la acercaron
19.41 cual aún no había sido *puesto* ninguno
19.42 porque..estaba cerca, *pusieron* a Jesús
20.2 Señor, y no sabemos dónde le han *puesto*
20.5 vio los lienzos *puestos* allí..no entró
20.6 entró en el..y vio los lienzos *puestos* allí
20.7 y el sudario..no *puesto* con los lienzos
20.12 el cuerpo de Jesús había sido *puesto*
20.13 mi Señor, y no sé dónde le han *puesto*
20.15 dime dónde lo has *puesto*..lo llevaré
20.19 Jesús..*puesto* en medio, les dijo: Paz
20.26 y se *puso* en medio y les dijo: Paz a
20.27 *pon* aquí tu dedo, y mira mis manos; y
21.9 vieron brasas *puestas,* y un pez encima
Hch. 1.7 que el Padre *puso* en su sola potestad
1.10 ellos con los ojos *puestos* en el cielo
1.10 se *pusieron* junto a ellos dos varones
2.14 Pedro, *poniéndose* en pie con los once
2.35 *ponga* a tus enemigos por estrado de tus
3.2 quien *ponían* cada día a la puerta del
3.8 saltando, se *puso* en pie y anduvo; y entró
3.12 ¿o por qué *ponéis* los ojos en nosotros
3.13 éste había resuelto *ponerle* en libertad
4.3 y los *pusieron* en la cárcel hasta el día
4.7 y *poniéndoles* en medio, les preguntaron
4.23 y *puestos* en libertad, vinieron a los
4.35 y lo *ponían* a los pies de los apóstoles
4.36 los apóstoles *pusieron* por sobrenombre
4.37; 5.2 *puso* a los pies de los apóstoles
5.4 ¿por qué *pusiste* esto en tu corazón?
5.15 los *ponían* en camas y lechos, para que
5.18 apóstoles y los *pusieron* en la cárcel
5.20 *puestos* en pie en el templo, anunciad
5.25 los varones que *pusisteis* en la cárcel
5.40 de azotarlos..los *pusieron* en libertad
6.13 y *pusieron* testigos falsos que decían
7.10 lo *puso* por gobernador sobre Egipto y
7.16 y *puestos* en el sepulcro que a precio

PONER *(Continúa)*
Hch. 7.26 y los *ponía* en paz, diciendo: Varones
7.27,35 ¿quién te ha *puesto* por gobernante
7.55 Esteban. . *puestos* los ojos en el cielo
7.58 testigos *pusieron* sus ropas a los pies
7.60 *puesto* de rodillas, clamó a gran voz
9.12 *pone* las manos encima para que recobre
9.17 Ananías. . *poniendo* sobre él las manos
9.37 después de lavada, la *pusieron* en una
9.40 todos, Pedro se *puso* de rodillas y oró
10.30 que se *puso* delante de mí un varón con
10.42 él es el que Dios ha *puesto* por Juez de
11.13 *puso* en pie y le dijo: Envía hombres a
12.4 le *puso* en la cárcel, entregándole a 4
13.29 del madero, lo *pusieron* en el sepulcro
13.47 te he *puesto* para luz de los gentiles
15.10 *poniendo* sobre la cerviz de. . discípulos
16.34 y llevándolos a su casa, les *puso* la
17.22 *puesto* en pie en medio. . Areópago, dijo
18.10 ninguno *pondrá* sobre ti la mano para
20.3 siéndole *puestas* asechanzas por. . judíos
20.36 se *puso* de rodillas, y oró con todos
21.5 *puestos* de rodillas en la playa, oramos
23.24 en que *poniendo* a Pablo, le llevasen
26.16 pero levántate, y *ponte* sobre tus pies
26.16 *ponerte* por ministro y testigo de las
26.32 podía este. . ser *puesto* en libertad, si
27.15 no pudiendo *poner* proa al viento, nos
27.21 *puesto* en pie. . dijo: Habría sido por
Ro. 3.25 quien Dios *puso* como propiciación por
4.17 te ha *puesto* por padre de muchas gentes
9.33 *pongo* en Sion piedra de tropiezo y roca
14.13 decidid no *poner* tropiezo. . al hermano
1 Co. 3.10 *puse* el fundamento, y otro edifica
3.11 nadie puede *poner* otro. . que está *puesto*
6.4 si. . *¿ponéis* para juzgar a los que son de
8.13 no. . para no *poner* tropiezo a mi hermano
9.9 está escrito: No *pondrás* bozal al buey
9.12 no *poner* ningún obstáculo al evangelio
9.27 y lo *pongo* en servidumbre, no sea que
10.27 lo que se os *ponga* delante, comed, sin
11.34 demás cosas las *pondré* en orden cuando
12.28 unos *puso* Dios en la iglesia. . apóstoles
15.25 que haya *puesto* a todos sus enemigos
16.2 cada uno de vosotros *ponga* aparte algo
2 Co. 3.13 Moisés, que *ponía* un velo sobre su
3.15 el velo está *puesto* sobre el corazón de
8.8 sino para *poner* a prueba, por medio de la
8.16 Dios que *puso* en el corazón de Tito la
Ef. 4.26 no se *ponga* el sol sobre vuestro enojo
5.13 cosas, cuando son *puestas* en evidencia
Fil. 1.17 *puesto* para la defensa del evangelio
1.23 de ambas cosas estoy *puesto* en estrecho
Col. 3.2 *poned* la mira en las cosas de arriba
1 Ts. 3.3 sabéis que para esto estamos *puestos*
5.9 no nos ha *puesto* Dios para ira, sino para
1 Ti. 1.12 por fiel, *poniéndome* en el ministerio
5.9 sea *puesta* en la lista sólo la viuda no
5.18 no *pondrás* bozal al buey que trilla
6.17 ni *pongan* la esperanza en las riquezas
Flm. 18 te dañó, o te debe, *ponlo* a mi cuenta
He. 1.13 que *ponga* a tus enemigos por estrado
2.7 le *pusiste* sobre las obras de tus manos
6.18 asirnos de la esperanza *puesta* delante
8.10 *pondré* mis leyes en la mente de ellos
10.13 sus enemigos sean *puestos* por estrado
10.16 *pondré* mis leyes en sus corazones, y en
11.26 tenía *puesta* la mirada en el galardón
11.34 *pusieron* en fuga ejércitos extranjeros
11.37 apedreados, aserrados, *puestos* a prueba
12.2 *puestos* los ojos en Jesús, el autor y
Stg. 3.3 nosotros *ponemos* freno en la boca de
3.6 la lengua está *puesta*. . nuestros miembros
1 P. 2.6 *pongo* en Sion la principal piedra del
2 P. 1.5 *poniendo*. . diligencia por esto mismo
2.6 *poniéndolas* de ejemplo a los que habían
1 Jn. 3.16 en que él *puso* su vida por nosotros
3.16 nosotros debemos *poner* nuestras vidas
Jud. 7 fueron *puestas* por ejemplo, sufriendo el
Ap. 1.17 *puso* su diestra sobre mí, diciéndome
2.14 *poner* tropiezo ante los hijos de Israel
3.8 *puesto* delante de ti una puerta abierta
6.12 sol se *puso* negro como tela de cilicio
10.2 y *puso* su pie derecho sobre el mar, y el
13.16 hacía que. . se les *pusiese* una marca en
17.17 Dios ha *puesto*. . el ejecutar lo que él
17.17 *ponerse* de acuerdo, y dar su reino a la
20.3 y lo encerró, y *puso* su sello sobre él

PONIENTE
1 Cr. 12.15 hicieron huir a. . al oriente y al *p*
Is. 9.12 del oriente los. . los filisteos del *p*
Dn. 8.4 el carnero hería con los cuernos al *p*
8.5 macho cabrío venía del lado del *p* sobre
Lc. 12.54 cuando veis la nube que sale del *p*

PONTO *Región en el norte de Asia Menor*
Hch. 2.9 Judea. . Capadocia, en el *P* y en Asia
18.2 un judío llamado Aquila, natural del *P*
1 P. 1.1 a los expatriados. . en el *P*, Galacia

PONZOÑA
Dt. 32.33 veneno de serpientes es su vino, y *p*

PONZOÑOSA
Dt. 32.32 las uvas de ellos son uvas *p*, racimos

POPA
Mr. 4.38 en la *p*, durmiendo sobre un cabezal
Hch. 27.29 echaron cuatro anclas por la *p*, y
27.41 la *p* se abría con la violencia del mar

POPULACHO
Job 30.12 a la mano derecha se levantó el *p*

POPULOSA
Lm. 1.1 ¡cómo ha quedado sola la ciudad *p!*

POQUITO
Is. 26.20 escóndete un *p*, por un momento, en
28.10 sobre línea, un *p* allí, otro *p* allá
28.13 un *p* allí, otro *p* allá; hasta que vayan
He. 10.37 aún un *p*, y el que ha de venir vendrá

POQUERT-HAZEBAIM *Padre de una familia de siervos de Salomón*, **Esd. 2.57; Neh. 7.59**

PORATA *Hijo de Amán*, **Est. 9.8**

PORCIO FESTO *Procurador romano*, **Hch. 24.27**

PORCIÓN
Gn. 43.34 *p* de Benjamín era cinco veces mayor
Éx. 16.4 y recogerá diariamente la *p* de un día
16.22 sexto día recogieron doble *p* de comida
29.26 el pecho del carnero de. . y será *p* tuya
29.28 *p* de ello elevada en ofrenda a Jehová
Lv. 6.17 la he dado. . por su *p* de mis ofrendas
7.33 recibirá la espaldilla derecha como *p*
7.35 es la *p* de Aarón y la *p* de sus hijos, de
Nm. 18.29 de todo lo mejor de. . ofreceréis la *p*
36.3 será quitada de la *p* de nuestra heredad
Dt. 32.9 la *p* de Jehová es su pueblo; Jacob la
33.21 le fue reservada la *p* del legislador
Jos. 18.10 repartió Josué la tierra. . por sus *p*
1 S. 9.23 dijo Samuel. . Trae acá la *p* que te di
2 R. 2.9 una doble *p* de tu espíritu sea sobre
1 Cr. 16.18 daré la tierra de. . *p* de tu heredad
2 Cr. 31.4 que diese la *p*. . a los sacerdotes y
31.15 dar con fidelidad a sus hermanos sus *p*
31.19 cargo de dar sus *p* a todos los varones
Neh. 8.10 y enviad *p* a los que no tienen nada
8.12 y todo el pueblo se fue. . a obsequiar *p*
12.44 *p* legales para los sacerdotes y levitas
12.47 consagraban. . sus *p* a los levitas, y los
13.10 *p* para los levitas no les habían sido
Est. 9.19, 22 enviar *p* cada uno a su vecino
Job 20.29 esta es la *p* que Dios prepara. . impío
24.18 ligeros. . su *p* es maldita en la tierra
27.13 esta es. . la *p* del hombre impío, y la
Sal. 11.6 azufre. . será la *p* del cáliz de ellos
16.5 Jehová es la *p* de mi herencia y de mi
17.14 cuya *p* la tienen en esta vida, y cuyo
63.10 los destruirán. . serán *p* de los chacales
73.26 la roca. . y mi *p* es Dios para siempre
105.11 te daré la. . como *p* de vuestra heredad
119.57 mi *p* es Jehová; he dicho que guardaré
142.5 y mi *p* en la tierra de los vivientes
Jer. 10.16 no es así la *p* de Jacob; porque él
13.25 esta es. . la *p* que yo he medido para ti
51.19 no es como ellos la *p* de Jacob; porque
Lm. 3.24 *p* es Jehová, dijo mi alma; por tanto
Ez. 45.1 apartaréis una *p* para Jehová, que le
48.8 la *p* que reservaréis de 25.000 cañas de
48.9 la *p* que reservaréis para Jehová tendrá
48.10 la *p*. . que pertenecerá a los sacerdotes
48.12 tendrán. . la *p* de la tierra reservada
48.18 lo que quedare. . delante de la *p* santa
48.18 que será lo que quedará de la *p* santa
48.20 toda la *p*. . reservaréis como *p* para el
48.21 que quedare a uno y otro lado de la *p*
48.21 la *p* hasta el límite oriental. . *p* santa
48.22 desde la *p* de los levitas y la *p* de la
48.23 el lado del mar, tendrá Benjamín una *p*
48.29 y estas son sus *p*, ha dicho Jehová el
Dn. 1.8 no contaminarse con la *p* de la comida
1.15 el de los otros. . que comían de la *p* de
1.16 Melsar se llevaba la *p* de. . de ellos y el
Mi. 2.4 ha cambiado la *p* de mi pueblo. ¡Cómo
Hab. 1.16 con ellas engordó su *p*, y engrasó su

PORFIADO
Jer. 6.28 son rebeldes, *p*, andan chismeando

PORFIAR
Gn. 19.3 él *porfió* con ellos mucho, y fueron
1 S. 28.23 *porfiaron* con él. . y él les obedeció
2 S. 13.25 y aunque *porfió* con él, no quiso ir
Jer. 2.29 qué *porfías* conmigo? Todos vosotros
Lc. 23.5 ellos *porfiaban*, diciendo: Alborota al

PÓRFIDO
Est. 1.6 plata, sobre losado de *p* y de mármol

PORTADA
1 S. 21.13 y escribía en las *p* de las puertas
2 Cr. 4.9 las *p* del atrio, y cubrió de bronce

PORTAL
Ez. 40.9 midió. . entrada del *p*, de ocho codos
40.9 la puerta del *p* estaba por el lado de
40.10 también. . una medida los *p* a cada lado
40.11 midió. . longitud del *p*, de trece codos
40.14 y midió. . cada poste del atrio y del *p*
40.16 ventanales. . en sus *p* por dentro de la
40.18 en proporción a la longitud de los *p*
40.24 midió sus *p*. . conforme a estas medidas
40.38 cámara, y su puerta con postes de *p*
41.15 el templo de dentro, y los *p* del atrio
41.25 un *p* de madera por fuera a la entrada
46.2,8 entrará por el camino del *p* de la

PORTAR
Éx. 22.25 no te *portarás* con él como logrero
Nm. 24.18 Seir. . Israel se *portará* varonilmente
1 S. 18.5 salía David. . *portaba* prudentemente
18.15 viendo. . se *portaba* tan prudentemente
Job 15.25 extendió su. . y se *portó* con soberbia
Jer. 12.1 tienen. . los que se *portan* deslealmente?
Mal. 2.10 ¿por qué. . nos *portamos* deslealmente
1 Co. 16.13 *portaos* varonilmente, y esforzaos

PORTE
Tit. 2.3 las ancianas. . sean reverentes en su *p*

PORTENTO
Jer. 32.20 tú hiciste señales y *p* en tierra de
32.21 sacaste a tu pueblo. . con señales y *p*

PORTENTOSA
2 Cr. 2.9 casa. . edificar ha de ser grande y *p*

PORTERO, RA
2 S. 4.6 la *p* de la casa había estado limpiando
18.26 y dio voces el atalaya al *p*, diciendo
2 R. 7.11 *p* gritaron, y lo anunciaron dentro
1 Cr. 9.17 los *p:* Salum, Acub, Talmón, Ahimán
9.18 han sido estos los *p* en la puerta del
9.21 Zacarías hijo de Meselemías era *p* de la
9.23 eran *p* por sus turnos a las puertas de
9.24 y estaban los *p* a los cuatro lados; al
9.26 cuatro. . de los *p* levitas estaban en el
15.18 Uni. . Micnías, Obed-edom y Jeiel, los *p*
15.23 Berequías y Elcana eran *p* del arca
15.24 Obed-edom y Jehías. . también *p* del arca
16.38 a Obed-edom hijo de. . y a Hosa como *p*
16.42 Dios; y a los hijos de Jedutún para *p*
23.5 cuatro mil *p*, y cuatro mil para alabar
26.1 también fueron distribuidos los *p:* de
26.12 éstos se hizo la distribución de los *p*
26.19 estas son las distribuciones de los *p*
2 Cr. 8.14 los *p* por su orden a cada puerta
23.4 estarán de *p* con los sacerdotes y los
23.19 también *p* a las puertas de la casa de
34.13 de los levitas había. . gobernadores y *p*
35.15 también los *p* estaban a cada puerta
Esd. 2.42 hijos de los *p:* los hijos de Salum
2.70 y habitaron. . los *p* y los sirvientes del
7.7 subieron. . *p* y sirvientes del templo, en
7.24 a todos los. . *p*, sirvientes del templo
10.24 los cantores, Eliasib; y de los *p:* Salum
Neh. 7.1 luego. . fueron señalados *p* y cantores
7.45 *p:* Los hijos de Salum, los hijos de Ater
7.73 habitaron. . los *p*, los cantores, los del
10.28 *p* y cantores, los sirvientes del templo
10.39 allí estarán. . los *p* y los cantores: y
11.19 *p*, Acub, Talmón y sus hermanos, guardas
12.25 eran *p* para la guardia a las entradas
12.45 habían cumplido. . los cantores y los *p*
12.47 y todo Israel. . daba alimentos. . a los *p*
13.5 que estaba mandado dar a los levitas. . *p*
Ez. 44.11 servirán. . como *p* a las puertas de la
Mr. 13.34 yéndose lejos. . al *p* mandó que velase
Jn. 10.3 a éste abre el *p*, y las ovejas oyen su
18.16 y habló a la *p*, e hizo entrar a Pedro
18.17 *p* dijo a Pedro: ¿No eres tú también de

PÓRTICO
1 R. 6.3 el *p*. . tenía veinte codos de largo a lo
7.6 *p* de columnas, que tenía cincuenta codos
7.6 y este *p* estaba delante de las primeras
7.7 hizo. . *p* del trono en que había de juzgar
7.7 el *p* del juicio, y lo cubrió de cedro del
7.8 la casa. . en otro atrio dentro del *p*, era
7.8 edificó. . una casa. . semejante a la del *p*
7.19 los capiteles. . en el *p*, tenían forma de
7.21 estas columnas erigió en el *p* del templo
2 R. 16.18 asimismo el *p* para. . días de reposo
1 Cr. 28.11 David dio a Salomón. . el plano del *p*
2 Cr. 3.4 el *p*. . era de veinte codos de largo
8.12 sobre el altar. . edificado delante del *p*
15.8 reparó el altar de. . estaba delante del *p*
29.7 cerraron las puertas del *p*, y apagaron
29.17 del mismo mes vinieron al *p* de Jehová
Ez. 40.48 llevó al *p*. . y midió cada poste del *p*

PÓRTICO *(Continúa)*
Ez. 40.49 la longitud del *p*, veinte codos, y el
41.26 ventanas estrechas. .a los lados del *p*
Jn. 5.2 hay. .un estanque. .el cual tiene cinco *p*
10.23 Jesús andaba en. .por el *p* de Salomón
Hch. 3.11 concurrió a ellos al *p* que se llama
5.12 estaban. .unánimes en el *p* de Salomón

PORTILLO
1 R. 11.27 cerró el *p* de la ciudad de David su
2 R. 12.5 reparen los *p* del templo dondequiera
Neh. 4.7 ya los *p* comenzaban a ser cerrados, se
6.1 y que no quedaba en él *p* (aunque hasta
Job 30.14 por *p* ancho, se revolvieron sobre mí
Is. 58.12 llamado reparador de *p*, restaurador
Ez. 26.10 cuando entre. .como por *p* de ciudad
Am. 9.11 cerraré sus *p* y levantaré sus ruinas

PORVENIR
Is. 42.23 atenderá y escuchará respecto al *p*?
Jer. 31.17 esperanza hay también para tu *p*

POSADA
Éx. 4.24 en una *p* Jehová le salió al encuentro
Hch. 28.23 vinieron a él muchos a la *p*, a los

POSAR
Gn. 24.23 ¿hay en casa de. .lugar donde *posemos?*
24.25 hay en nuestra casa. .lugar para *posar*
Nm. 11.25 cuando *posó* sobre ellos el espíritu
Jos. 2.1 en casa de una ramera. .y *posaron* allí
Jue. 18.2 hasta. .casa de Micaía, y allí *posaron*
2 S. 21.10 ninguna ave. .se *posase* sobre ellos
Ez. 8.1 se *posó* sobre mí la mano de Jehová el
32.4 haré *posar* sobre ti. .las aves del cielo
43.7 el lugar donde *posaré* las plantas de mis
Mt. 10.11 digno, y *posad* allí hasta que salgáis
21.17 salió fuera de. .a Betania, y *posó* allí
Mr. 6.10 casa, *posad* en ella hasta que salgáis
Lc. 10.7 *posad* en aquella misma casa, comiendo
19.5 hoy es necesario que *pose* yo en tu casa
19.7 entrado a *posar* con un hombre pecador
Hch. 10.6 *posa* en casa de cierto Simón curtidor
16.15 nos rogó. .entrad en mi casa, y *posad*
21.8 entrando en casa de Felipe el. .*posamos*

POSEEDOR
Pr. 1.19 codicia, la cual quita la vida. .sus *p*
Ec. 7.12 la sabiduría excede. .da vida a sus *p*
Mi. 1.15 aun os traeré nuevo *p*, oh moradores

POSEER
Gn. 22.17 *poseerá* las puertas de sus enemigos
24.60 *posean* tus. .la puerta de sus enemigos
Lv. 20.24 *poseeréis* la tierra de ellos, y yo os
20.24 la daré para que la *poseáis* por heredad
Nm. 18.23 no *poseerán* heredad entre. .de Israel
18.24 entre los hijos de. .no *poseerán* heredad
32.18 hasta que. .*posean* cada uno su heredad
36.8 los hijos de Israel *posean*. .la heredad
Dt. 1.8 y *poseed* la tierra que Jehová juró a
4.1 entréis y *poseáis* la tierra que Jehová
4.22 vosotros pasaréis, y *poseeréis*. .tierra
4.47 *poseyeron* su tierra, y la tierra de Og
5.33 días en la tierra que habéis de *poseer*
6.18 y entres y *poseas* la buena tierra que
8.1 y *poseáis* la tierra que Jehová prometió
9.4 me ha traído Jehová a *poseer* esta tierra
9.5 ni por la rectitud de tu. .entras a *poseer*
9.23 subid y *poseed* la tierra que yo os he
10.11 *posean* la tierra que juré a sus padres
11.8 *poseáis* la tierra a la cual pasáis para
11.31 pasáis. .para ir a *poseer* la tierra que
12.29 naciones adonde tú vas para *poseerlas*
19.2 Jehová tu Dios te da para que la *poseas*
19.14 en la heredad que *poseas*. .no reducirás
21.1 Jehová tu Dios te da para que la *poseas*
25.19 te da por heredad para que la *poseas*
33.23 a Neftalí. .*posee* el occidente y el sur
Jos. 1.11 a *poseer* la tierra que Jehová. .os da
1.15 *posean* la tierra que Jehová tu. .les da
12.1 cuya tierra *poseyeron* al otro lado del
13.1 años y queda aún mucha tierra por *poseer*
17.18 tú. .lo *poseerás* hasta sus límites más
18.3 seréis negligentes. .a *poseer* la tierra
21.43 dio. .la *poseyeron* y habitaron en ella
23.5 y vosotros *poseeréis* sus tierras, como
24.4 el monte de Seir, para que lo *poseyese*
24.8 y *poseísteis* su tierra, y los destruí
Jue. 2.6 cada uno a su heredad para *poseerla*
11.24 te hiciere poseer. .¿no lo *poseerías* tú?
11.24 lo que desposeyó. .Dios. .lo *poseeremos*
18.7 Lais. .ni había quien *poseyese* el reino
2 R. 17.24 *poseyeron* a Samaria, y habitaron en
1 Cr. 28.8 para que *poseáis* la buena tierra, y
Esd. 9.11 tierra a la cual entráis para *poseerla*
Neh. 9.15 que entrasen a *poseer* la tierra, por
9.22 y *poseyeron* la tierra de Sehón. .de Og
9.23 padres que habían de entrar a *poseerla*
9.24 hijos vinieron y *poseyeron* la tierra, y
Job 3.15 con los príncipes que *poseían* el oro
Sal. 69.35 Judá; y habitarán allí, y la *poseerán*
Pr. 8.22 Jehová me *poseía* en el principio, ya
16.22 manantial de vida es. .al que lo *posee*
19.8 el que *posee* entendimiento ama su alma
Ec. 8.8 ni la impiedad librará al que la *posee*
Is. 14.2 y la casa de Israel los *poseerá* por
14.21 no se levanten, ni *posean* la tierra, ni
57.13 en mí confía. .y *poseerá* mi santo monte
61.7 en sus tierras *poseerán* doble honra, y
63.18 poco tiempo lo *poseyó* tu santo pueblo
65.9 y mis escogidos *poseerán* por heredad la
Jer. 12.14 heredad que hice *poseer* a mi pueblo
16.19 mentira *poseyeron* nuestros padres, y no
32.43 *poseerán* heredad en esta tierra de la
Ez. 7.24 los más perversos. .*poseerán* las casas
33.24 Abraham era uno, y *poseyó* la tierra
33.25 diles. .y *poseeréis* vosotros la tierra?
33.26 hicisteis. .habréis de *poseer* la tierra?
46.18 de lo que él *posee* dará herencia a sus
Dn. 7.18 y *poseerán* el reino hasta el siglo
Am. 9.12 *posean* el resto de Edom, y a todas las
Abd. 19 del Neguev *poseerán* el monte de Esaú
19 *poseerán* también los campos de Efraín, y
20 cautivos de. .*poseerán* lo de los cananeos
20 Sefarad *poseerán* las ciudades del Neguev
Hab. 1.6 los caldeos. .*poseer* las moradas ajenas
Zac. 2.12 Jehová *poseerá* a Judá su heredad en
8.12 haré que el remanente. .*posea* todo esto
Lc. 11.21 guarda su. .en paz está lo que *posee*
12.15 la abundancia de los bienes que *posee*
12.33 vended lo que *poseéis*, y dad limosna
14.33 que no renuncia a todo lo que *posee*, no
Hch. 4.32 decía ser suyo propio. .lo que *poseía*
4.34 los que *poseían*. .o casas, las vendían
1 Co. 7.30 que compran, como si no *poseyesen*
2 Co. 6.10 teniendo nada, mas *poseyéndolo* todo

POSESIÓN
Gn. 13.6 sus *p* eran muchas, y no podían morar
23.9 me la dé, para *p* de sepultura en medio
23.20 como una *p* para sepultura, recibida de
34.10 y negociad en ella, y tomad en ella *p*
36.43 según sus moradas en la tierra de su *p*
47.11 José. .les dio *p* en la tierra de Egipto
47.27 y tomaron *p* de ella, y se aumentaron
Éx. 23.30 multipliques y tomes *p* de la tierra
Lv. 14.34 os doy en *p*. .la tierra de vuestra *p*
25.10,13 volveréis cada uno a vuestra *p*
25.24 en. .la tierra de vuestra *p* otorgaréis
25.25 empobreciere y vendiere algo de su *p*
25.27 pagará lo que quedare. .volverá a su *p*
25.28 al jubileo saldrá, y él volverá a su *p*
25.32 podrán rescatar. .las ciudades de su *p*
25.33 saldrá de la casa. .de la ciudad de su *p*
25.33 son la *p* de ellos entre los. .de Israel
25.34 no se venderá. .es perpetua *p* de ellos
25.41 y a la *p* de sus padres se restituirá
25.45 de los forasteros. .podréis tener por *p*
25.46 los podréis dejar. .como *p* hereditaria
27.16 si alguno dedicare de la tierra de su *p*
27.21 tierra. .la *p* de ella será del sacerdote
27.28 su *p*, todo lo consagrado será cosa de
Nm. 13.30 subamos luego, y tomemos *p* de ella
14.24 Caleb. .su descendencia la tendrá en *p*
27.7 les darás la *p* de una heredad entre los
32.29 si. .les daréis la tierra de Galaad en *p*
32.30 si no pasan. .tendrán *p* entre vosotros
32.32 y la *p* de. .será a este lado del Jordán
34.18 un príncipe, para dar la *p* de la tierra
35.2 manda a. .que den a los levitas, de la *p*
35.8 cada uno dará. .según la *p* que heredará
35.28 homicida volverá a la tierra de su *p*
36.2 por sorteo diese la tierra a los. .en *p*
36.2 que dé la *p* de Zelofehad. .a sus hijas
Dt. 1.21 y toma *p* de ella, como Jehová el Dios
2.9 no te daré *p* de su tierra; porque yo he
2.12 en la tierra que les dio Jehová por *p*
2.19 no te daré *p* de la tierra de los. .de Amón
2.24 comienza a tomar *p* de ella, y entra en
2.31 comienza a tomar *p* de ella para que la
4.5 en la cual entráis para tomar *p* de ella
4.14 la tierra a la cual pasáis a tomar *p* de
4.26 pasáis el Jordán para tomar *p* de ella
5.31 obra en la tierra que yo les doy por *p*
12.1 Dios. .ha dado para que tomes *p* de ella
15.4 tu Dios te da. .para que la tomes en *p*
17.14 tomes *p* de ella y la habites, y digas
23.20 tierra donde vas para tomar *p* de ella
26.1 entrado. .tomes *p* de ella y la habites
26.18 tú eres pueblo suyo, de su exclusiva *p*
28.21,63; 30.16 a la cual entras para tomar *p*
de ella
30.18 adonde vais. .para entrar en *p* de ella
31.13; 32.47 pasando el Jordán, para tomar *p*
Jos. 1.11 poseer la tierra que. .Dios os da en *p*
1.15 dado reposo a. .y entraréis en *p* de ella
12.6 dio aquella tierra en *p* a los rubenitas
12.7 y Josué dio la tierra en *p* a. .de Israel
18.2 siete tribus. .no habían repartido su *p*
19.47 tomaron *p* de ella y habitaron en ella
19.51 entregaron por suerte en *p* a. .de Israel
21.12 dieron a Caleb. .de Jefone, por *p* suya
21.41 ciudades. .levitas en medio de la *p* de
22.4 regresad a. .a la tierra de vuestras *p*
22.7 de Manasés había dado Moisés *p* en Basán
22.9 ir. .a la tierra de sus *p*, de la cual se
22.19 si. .la tierra de vuestra *p* es inmunda
22.19 pasaos a la tierra de la *p* de Jehová
22.19 pasaos a la. .y tomad *p* entre nosotros
24.28 envió Josué al pueblo, cada uno a su *p*
24.32 en Siquem. .y fue *p* de los hijos de José
Jue. 18.1 de Dan buscaba *p*. .no había tenido *p*
18.9 en marcha para ir a tomar *p* de la tierra
20.6 la envié por todo el territorio de la *p*
Rt. 4.5 que restaures el nombre del. .sobre su *p*
1 S. 14.47 después de haber tomado *p*. .reinado
1 R. 21.16 descender a la. .para tomar *p* de ella
21.18 a la cual ha descendido para tomar *p*
1 Cr. 9.2 los primeros. .que entraron en sus *p*
28.1 la hacienda y *p* del rey y de sus hijos
2 Cr. 11.14 los levitas dejaban sus. .y sus *p*
20.11 arrojarnos de la. .que tú nos diste en *p*
31.1 se volvieron todos los. .cada uno a su *p*
Neh. 11.3 de Judá habitaron cada uno en su *p*
Sal. 2.8 como *p* tuya los confines de la tierra
105.21 lo puso. .por gobernador de todas sus *p*
135.4 JAH ha escogido a. .a Israel por *p* suya
Pr. 4.7 y sobre. .tus *p* adquiere inteligencia
Ec. 2.7 siervos. .*p* grande de vacas y de ovejas
Is. 14.23 la convertiré en *p* de erizos, y en
Ez. 11.15; 33.24 nos es dada la tierra en *p*
35.10 tomaré *p* de ellas; estando allí Jehová
36.12 tomarán *p* de ti, y les serás por heredad
38.12 que se hace de ganado y *p*, que mora en
38.13 tomar ganados y *p*. .grandes despojos?
44.28 no les daréis *p* en Israel. .yo soy su *p*
45.5 lo cual será para los levitas. .*p* para sí
45.7 junto a la *p* de la ciudad, delante de lo
45.7 y delante de la *p* de la ciudad, desde el
45.8 esta tierra tendrá por *p* en Israel, y
46.16 parte de. .*p* de ellos será por herencia
46.18 nada de. .para no defraudarlos de su *p*
46.18 que ninguno de mi. .sea echado de su *p*
48.20 reservaréis. .y para la *p* de la ciudad
48.21 uno y otro lado de la. .*p* de la ciudad
Am. 2.10 para que entraseis en *p* de la tierra
Abd. 17 y la casa de Jacob recuperará sus *p*
Mt. 19.22; Mr. 10.22 fue triste. .tenía muchas *p*
Lc. 18.28 dejado nuestras *p* y te hemos seguido
Hch. 7.5 le prometió que se la daría en *p*, y a
7.45 con Josué al tomar *p* de la tierra de los
Ef. 1.14 hasta la redención de la *p* adquirida

POSESIONAR
Jos. 22.9 tierra. .la cual se habían *posesionado*

POSIBILIDAD
Lv. 27.8 conforme a la *p* del que hizo el voto
Neh. 5.5 no tenemos *p* de rescatarlas, porque
5.8 según nuestras *p* rescatamos a nuestros
Ez. 46.5 ofrenda conforme a sus *p*, y un hin de
46.7,11 con los corderos, conforme a sus *p*

POSIBLE
Esd. 9.15 porque no es *p* estar en tu presencia
Mt. 19.26 es imposible; mas para Dios todo es *p*
24.24 manera que engañarán, si fuere *p*, aun
26.39 si es *p*, pase de mí esta copa; pero no
Mr. 9.23 si puedes creer, al que cree todo es *p*
10.27 porque todas las cosas son *p* para Dios
13.22 engañar, si fuese *p*. .a los escogidos
14.35 si fuese *p*, pasase de él aquella hora
14.36 Padre, todas las cosas son *p* para ti
Lc. 13.33 no es *p* que un profeta muera fuera de
18.27 que es imposible para. .es *p* para Dios
Hch. 20.16 estar. .si le fuese *p*, en Jerusalén
Ro. 12.18 si es *p*. .en paz con todos los hombres

POSTE
Éx. 12.7 la sangre, y la pondrán en los dos *p*
12.22 el dintel y los dos *p* con la sangre que
12.23 cuando vea la sangre en. .en los dos *p*
21.6 le hará estar junto a la puerta o al *p*
Dt. 6.9 y las escribirás en los *p* de tu casa
1 R. 6.31 umbral y los *p* eran de cinco esquinas
6.33 hizo a. .*p* cuadrados de madera de olivo
7.5 todas las puertas y los *p* eran cuadrados
Pr. 8.34 día, aguardando a los *p* de mis puertas
Ez. 40.6 midió un *p* de la puerta. .y el otro *p*
40.7 y cada *p* de la puerta. .dentro, una caña
40.14 midió los *p*, de sesenta codos, cada *p*
40.16 las ventanas. .en cada *p* había palmeras
40.21 sus *p*. .eran como la medida de la puerta
40.26 palmeras. .otra del otro lado, en sus *p*
40.29 sus *p* y. .eran conforme a estas medidas
40.31 arcos. .al atrio, con palmeras en sus *p*
40.33 eran. .sus *p*. .conforme a estas medidas
40.34 con palmeras en sus *p* de un lado y de
40.36 sus cámaras, sus *p*. .ventanas alrededor
40.37 *p* caían afuera al atrio, con palmeras
40.37 palmeras a cada uno de sus *p* de un lado
40.38 cámara, y su puerta con *p* de portales
40.48 midió cada *p* del pórtico, cinco codos
40.49 columnas junto a los *p*, una de un lado
41.1 midió los *p*, siendo el ancho seis codos
41.3 midió cada *p* de la puerta, de dos codos
41.21 *p* del templo era cuadrado, y el frente
45.19 pondrá sobre los *p* de la casa, y sobre
45.19 y sobre los *p* de las puertas del atrio

POSTERIDAD
Gn. 45.7 para preservaros *p* sobre la tierra, y
1 R. 14.10 barreré la *p* de la casa de Jeroboam
16.3 yo barreré la *p* de Baasa, y la *p* de su
21.21 traigo mal. . y barreré tu *p* y destruiré
Sal. 22.30 la *p* le servirá; esto será contado
37.38 mas. . la *p* de los impíos será extinguida
71.18 hasta que anuncie tu poder a la *p*, y tu
109.13 su *p* sea destruida. . borrado su nombre
Jer. 33.26 no tomar. . quien sea señor sobre la *p*

POSTERIOR
Éx. 26.22 y para el lado *p*. . harás seis tablas
26.23 las esquinas del. . en los dos ángulos *p*
26.27; 36.32 cinco barras para las. . del lado *p*
He. 7.28 la palabra del juramento, *p* a la ley

POSTIGO
2 R. 11.6 otra tercera parte a la puerta del *p*

POSTRAR
Gn. 17.3 Abram se *postró*. . y Dios habló con él
17.17 Abraham se *postró* sobre su rostro, y
18.2 de su tienda a recibirlos, y se *postró*
37.10 vendremos yo y tu madre. . a *postrarnos*
44.14 se *postraron* delante de él en tierra
50.18 vinieron. . y se *postraron* delante de él
Lv. 9.24 pueblo, alabaron, y se *postraron* sobre
Nm. 14.5 Moisés y. . *postraron* sobre sus rostros
16.4 oyó. . Moisés, se *postró* sobre su rostro
16.22 y ellos se *postraron*. . y dijeron: Dios
16.45; 20.6 se *postraron* sobre sus rostros
Dt. 9.18 *postré* delante de Jehová como antes
9.25 me *postré*. . y 40 noches estuve *postrado*
Jos. 5.14 Josué, *postrándose* sobre su rostro
7.6 Josué. . *postró* en tierra sobre su rostro
7.10 por qué te *postras* así sobre tu rostro?
Jue. 13.20 los cuales se *postraron* en tierra
1 S. 2.36 vendrá a *postrarse* delante de él por
5.3 he aquí Dagón *postrado* en tierra delante
5.4 que Dagón había caído *postrado* en tierra
20.41 se inclinó. . *postrándose* hasta la tierra
25.23 se bajó. . y *postrándose* sobre su rostro
2 S. 1.2 llegando a David, se *postró* en tierra
9.6 vino Mefi-boset. . *postró* sobre su rostro
14.4 y *postrándose* en tierra sobre su rostro
14.22 y Joab se *postró* en. . e hizo reverencia
19.18 Simei hijo. . se *postró* delante del rey
1 R. 1.23 entró al. . se *postró* delante del rey
18.7 se *postró* sobre su rostro, y dijo: ¿No
18.39 viéndolo todo el pueblo, se *postraron*
18.42 *postrándose*. . puso su rostro entre las
2 R. 2.15 vinieron. . y se *postraron* delante de
1 Cr. 16.29 *postraos* delante de Jehová en la
21.16 David y. . *postraron* sobre sus rostros
21.21 Ornán. . se *postró* en tierra ante David
2 Cr. 7.3 se *postraron* sobre sus rostros en el
20.18 Judá y. . se *postraron* delante de Jehová
Esd. 9.5 me *postré* de rodillas, y extendí mis
10.1 *postrándose* delante de la casa de Dios
Job 1.20 Job se. . y se *postró* en tierra y adoró
Sal. 17.13 sal a su encuentro, *póstrales;* libra
22.29 se *postrarán* delante de él todos los
37.24 el hombre cayere, no quedará *postrado*
44.25 nuestro cuerpo está *postrado* hasta la
72.9 ante él se *postrarán* los moradores del
72.11 los reyes se *postrarán* delante de él
95.6 adoremos y *postrémonos;* arrodillémonos
97.7 los ídolos. *Póstrense* a él. . los dioses
99.5 y *postraos* ante el estrado de sus pies
99.9 y *postraos* ante su santo monte, porque
106.19 *postraron* ante una imagen de fundición
116.6 guarda. . estaba yo *postrado*, y me salvó
132.7 nos *postraremos* ante el estrado de sus
138.2 me *postraré* hacia tu santo templo, y
143.3 enemigo. . ha *postrado* en tierra mi vida
Is. 44.17 se *postra* delante de él, lo adora, y
44.19 ¿me *postraré* delante de un tronco de
46.1 se *postró* Bel, se abatió Nebo. . imágenes
46.6 alquilan un platero. . *postran* y adoran
Jer. 8.2 al sol y. . ante quienes se *postraron*
13.10 va en pos de. . para *postrarse* ante ellos
16.11 ante ellos se *postraron*, y me dejaron
Ez. 1.28 y cuando yo la vi, me *postré* sobre mi
3.23 estaba la gloria. . y me *postré* sobre mi
8.16 adoraban. . *postrándose* hacia el oriente
9.8 me *postré* sobre mi rostro, y clamé y dije
11.13 me *postré* rostro a tierra y clamé con
43.3 como una visión. . *postré* sobre mi rostro
44.4 la gloria de. . me *postré* sobre mi rostro
Dn. 2.46 rey Nabucodonosor se *postró* sobre su
3.5 al oir. . os *postréis* y adoréis la estatua
3.6 y cualquiera que no se *postre* y adore
3.7 se *postraron* y adoraron la estatua de oro
3.10 que. . se *postre* y adore la estatua de oro
3.11 el que no se *postre* y adore, sea echado
3.15 os *postréis* y adoréis la estatua que he
8.17 me asombré, y me *postré* sobre mi rostro
Sof. 1.5 que. . se *postran* al ejército del cielo
1.5 a los que se *postran* jurando por Jehová
Mt. 2.11 y al entrar. . *postrándose*, lo adoraron
4.9 todo esto te daré, si *postrado* me adorares
8.2 aquí vino un leproso y se *postró* ante él
8.6 Señor, mi criado está *postrado* en casa
8.14 vio a la suegra de éste *postrada* en cama
9.18 un hombre principal y se *postró* ante él
15.25 y se *postró* ante él, diciendo: ¡Señor
17.6 al oir. . se *postraron* sobre sus rostros
18.26 aquel siervo, *postrado*, le suplicaba
18.29 su consiervo, *postrándose* a sus pies
20.20 *postrándose* ante él y pidiéndole algo
26.39 se *postró* sobre su rostro, orando y
Mr. 3.11 al verle, se *postraban* delante de él
5.22 luego que le vio, se *postró* a sus pies
5.33 mujer. . vino y se *postró* delante de él
7.25 una mujer. . vino y se *postró* a sus pies
14.35 se *postró* en tierra, y oró que si fuese
Lc. 4.7 si tú *postrado* me adorares. . serán tuyos
5.12 se *postró* con el rostro en tierra y le
8.28 *postrándose* a sus pies exclamó a gran
8.41 Jairo. . *postrándose* a los pies de Jesús
8.47 la mujer. . y *postrándose* a sus pies, le
17.16 se *postró* rostro en tierra a sus pies
Jn. 11.32 *postró* a sus pies, diciéndole: Señor
Hch. 10.25 Cornelio. . y *postrándose* a sus pies
16.29 *postró* a los pies de Pablo y de Silas
1 Co. 10.5 quedaron *postrados* en el desierto
14.25 *postrándose* sobre el rostro, adorará a
Ap. 3.9 haré que vengan y se *postren* a tus pies
4.10 los 24 ancianos se *postran* delante del
5.8 se *postraron* delante del Cordero; todos
5.14 los 24 ancianos se *postraron* sobre sus
7.11 se *postraron* sobre sus rostros delante
11.16 ancianos. . *postraron* sobre sus rostros
19.4 se *postraron* en tierra y adoraron a Dios
19.10 yo me *postré* a sus pies para adorarle
22.8 me *postré* para adorar a los pies del

POSTRE (*m. adv.*)
Dt. 8.16 probándote, para a la *p* hacerte bien
Pr. 29.21 siervo mimado. . la *p* será su heredero

POSTRERO, RA
Gn. 47.2 y de los *p* de sus hermanos tomó cinco
Éx. 4.8 de la primera. . creerán a la voz de la *p*
Nm. 24.14 ha de hacer a tu pueblo en los *p* días
Dt. 4.30 si en los *p* días te volvieres a Jehová
24.3 hubiere muerto el *p* hombre que la tomó
31.29 y que os ha de venir mal en los *p* días
Rt. 3.10 él dijo. . has hecho mejor tu *p* bondad
2 S. 19.11,12 los *p* en hacer volver al rey?
23.1 estas son las palabras *p* de David. Dijo
1 Cr. 23.27 conforme a las *p* palabras de David
29.29 los hechos del rey David, primeros y *p*
2 Cr. 9.29 los hechos de Salomón, primeros y *p*
12.15 las cosas de Roboam, primeras y *p*, ¿no
16.11 he aquí los hechos de Asa, primeros y *p*
20.34 demás hechos de Josafat, primeros y *p*
25.26 demás hechos de Amasías, primeros y *p*
26.22 los demás hechos de Uzías, primeros y *p*
28.26 sus caminos, primeros y *p*, he aquí están
35.27 sus hechos, primeros y *p*, he aquí están
Esd. 8.13 los hijos de Adonicam, los *p*, cuyos
Job 8.7 pequeño, tu *p* estado será muy grande
42.12 bendijo Jehová el *p* estado de Job más
Sal. 22.30 será contado. . hasta la *p* generación
Is. 2.2 acontecerá en lo *p* de los tiempos, que
13.5 vienen de lejana tierra, de lo *p* de los
24.16 de lo *p* de la tierra oímos cánticos
30.8 que quede hasta el día *p*, eternamente y
41.4 yo Jehová, el primero, y yo. . con los *p*
44.6 soy el primero, y yo soy el *p*, y fuera
48.12 yo mismo. . el primero, yo también el *p*
48.20 dad. . llevadlo hasta lo *p* de la tierra
49.6 seas mi salvación hasta lo *p* de la tierra
Jer. 9.26 todos los arrinconados en el *p* rincón
10.13 subir las nubes de lo *p* de la tierra
23.20 los *p* días lo entenderéis cumplidamente
48.47 volver a los cautivos de Moab en lo *p*
Dn. 2.28 lo que ha de acontecer en los *p* días
10.14 ha de venir a tu pueblo en los *p* días
11.29 mas no será la *p* venida como la primera
Am. 9.1 *p* de ellos mataré a espada; no habrá
Mi. 4.1 los *p* tiempos que el monte de la casa
Hag. 2.9 la gloria *p*. . será mayor que la primera
Mt. 12.45 el *p* estado de aquel hombre. . peor
19.30 muchos primeros serán *p*, y *p*, primeros
20.8 comenzando desde. . *p* hasta los primeros
20.12 estos *p* han trabajado una sola hora, y
20.14 pero quiero dar a este *p*, como a ti
20.16 muchos primeros serán *p*, y. . *p*, primeros
27.64 y será el *p* error peor que el primero
Mr. 9.35 quiere ser el primero, será el *p* de
10.31 muchos primeros serán *p*, y. . *p*, primeros
Lc. 11.26 el *p* estado de aquel hombre. . peor que
13.30 hay *p* que serán primeros, y primeros. . *p*
Jn. 6.39 pierda yo nada. . resucite en el día *p*
6.40,44,54 y yo le resucitaré en el día *p*
8.9 salían uno a uno. . más viejos hasta los *p*
11.24 yo sé que resucitará en la. . en el día *p*
12.48 la palabra. . ella le juzgará en el día *p*
Hch. 2.17 en los *p* días, dice Dios, derramaré
1 Co. 4.9 Dios nos ha exhibido. . como *p*, como
15.26 y el *p* enemigo que será. . es la muerte
15.45 alma. . el *p* Adán, espíritu vivificante
1 Ti. 4.1 en los *p* tiempos algunos apostatarán
2 Ti. 3.1 los *p* días vendrán tiempos peligrosos
He. 1.2 en estos *p* días nos ha hablado por el
Stg. 5.3 habéis acumulado tesoros. . los días *p*
1 P. 1.5 para ser manifestada en el tiempo *p*
1.20 pero manifestado en los *p* tiempos por
2 P. 2.20 su *p* estado viene a ser peor que el
3.3 en los *p* días vendrán burladores, andando
Jud. 18 decían: En el *p* tiempo habrá burladores
Ap. 2.8 primero y el *p*, el que estuvo muerto y
2.19 que tus obras *p* son más que las primeras
15.1 siete ángeles que tenían las 7 plagas *p*
21.9 siete copas llenas de las siete plagas *p*

POSTRIMERÍA
Nm. 23.10 muera yo la. . y mi *p* sea como la suya
Is. 41.22 sepamos. . su *p*, y hacednos entender
47.7 no has pensado. . ni te acordaste de tu *p*
Jer. 17.11 las dejará, y en su *p* será insensato
Am. 8.10 la volveré como. . su *p* como día amargo

POTAJE
Gn. 25.29 guisó Jacob un *p;* y volviendo Esaú
Rt. 2.14 se sentó. . y él le dio del *p*, y comió
2 R. 4.38 pon una olla grande, y haz *p* para los
4.39 y volvió, y las cortó en la olla del *p*

POTENCIA
Job 9.19 si habláremos de su *p*, por cierto es
Sal. 20.6 salva. . la *p* salvadora de su diestra
29.4 voz de Jehová con *p;* voz de Jehová con
71.18 y tu *p* a todos los que han de venir
78.4 contando. . *p*, y las maravillas que hizo
89.17 porque tú eres la gloria de su *p*, y por
Mt. 24.29; Mr. 13.25; Lc. 21.26 las *p*. . de los cielos serán conmovidas
Ro. 15.19 con *p* de señales y prodigios, en el
1 Co. 15.24 haya suprimido. . toda autoridad y *p*
Col. 1.11 poder, conforme a la *p* de su gloria
1.29 según la *p* de él, la cual actúa en mí
2 P. 2.11 los ángeles, que son mayores. . y en *p*
Jud. 25 sea gloria y. . *p*, ahora y por todos los
Ap. 18.3 enriquecido de la *p* de sus deleites

POTENTADO
Sal. 89.6 semejante. . entre los hijos de los *p?*

POTENTE
Sal. 89.13 tuyo es el brazo *p;* fuerte es tu
140.7 *p* salvador mío, tú pusiste a cubierto
Is. 30.30 y Jehová hará oir *p* voz, y hará ver
Dn. 4.3 cuán *p* sus maravillas! Su reino, reino
Ap. 18.2 y clamó con voz *p*, diciendo: Ha caído

POTESTAD
Job 38.33 ¿dispondrás tú de su *p* en la tierra?
Ec. 8.4 pues la palabra del rey es con *p*, ¿y
8.8 tenga *p* sobre el espíritu para retener
8.8 retener. . ni *p* sobre el día de la muerte
Is. 22.21 entregaré en sus manos tu *p;* y será
Mt. 9.6 el Hijo del Hombre tiene *p* en la tierra
9.8 Dios, que había dado tal *p* a los hombres
20.25 que son grandes ejercen sobre ellas *p*
28.18 toda *p* me es dada en el cielo y en la
Mr. 2.10 que el Hijo del Hombre tiene *p* en la
10.42 que. . sus grandes ejercen sobre ellas *p*
Lc. 4.6 a ti te daré toda esta *p*, y la gloria
5.24 Hijo. . tiene *p* en la tierra para perdonar
10.19 *p* de hollar serpientes y escorpiones
22.53 vuestra hora, y la *p* de las tinieblas
Jn. 1.12 les dio *p* de ser hechos hijos de Dios
17.2 le has dado *p* sobre toda carne, para que
Hch. 1.7 sazones, que el Padre puso en su sola *p*
4.7 ¿con qué *p*. . habéis hecho vosotros esto?
26.18 conviertan. . de la *p* de Satanás a Dios
Ro. 8.38 ni *p*, ni lo presente, ni lo por venir
9.21 ¿no tiene *p* el alfarero sobre el barro
1 Co. 7.4 la mujer no tiene *p* sobre su. . cuerpo
7.4 tampoco tiene el marido *p* sobre su propio
Ef. 2.2 conforme al príncipe de la *p* del aire
3.10 a los principados y *p* en los lugares
6.12 sino contra *p*, contra los gobernadores de
Col. 1.13 ha librado de la *p* de las tinieblas
1.16 sean *p;* todo fue creado por medio de él
2.10 que es la cabeza de todo principado y *p*
2.15 a los principados y a las *p*, los exhibió
1 P. 3.22 a él están sujetos. . autoridades y *p*
2 P. 2.10 no temen decir mal de. . *p* superiores
Jud. 8 estos. . y blasfeman de las *p* superiores
Ap. 6.8 le fue dada *p* sobre la cuarta parte de
20.6 segunda muerte no tiene *p* sobre éstos

POTIFAR *Oficial de Faraón No. 2*
Gn. 37.36 lo vendieron en Egipto a *P*, oficial
39.1 llevado, pues, José a Egipto, *P*. . compró

POTIFERA *Suegro de José No. 1*, Gn. 41.45,50; 46.20

POZO
Gn. 14.10 Sidim estaba lleno de *p* de asfalto
16.14 llamó al *p: P* del Viviente-que-me-ve
21.25 reconvino a Abimelec a causa de un *p*
21.30 sirvan de testimonio. . yo cavé este *p*

POZO ***(Continúa)***

Gn. 24.11 fuera de la ciudad, junto a un *p* de
24.20 y corrió otra vez al *p* para sacar agua
24.62 venía Isaac del *p*. . Viviente-que-me-ve
25.11 y habitó Isaac junto al *p* del Viviente
26.15 los *p* que habían abierto los criados de
26.18 y volvió a abrir Isaac los *p* de agua
26.19 los siervos. . hallaron allí un *p* de aguas
26.20 por eso llamó el nombre del *p* Esek
26.21 y abrieron otro *p*, y también riñeron
26.22 y abrió otro *p*, y no riñeron sobre él
26.25 abrieron allí los siervos de Isaac un *p*
26.32 dieron nuevas acerca del *p* que habían
29.2 miró, y vio un *p* en el campo; y he aquí
29.2 porque de aquel *p* abrevaban los ganados
29.2 había una gran piedra sobre la boca del *p*
29.3 y revolvían la piedra de la boca del *p*
29.3 y volvían la piedra sobre la boca del *p*
29.8 y remuevan la piedra de la boca del *p*
29.10 acercó Jacob y removió la piedra. . del *p*
Éx. 2.16 sentado junto al *p*, siete hijas que
7.24 hicieron *p* alrededor del río para beber
21.33 abriere un *p*, o cavare cisterna, y no
Nm. 20.17 ni beberemos agua de *p*; por el camino
21.16 es el *p* del cual Jehová dijo a Moisés
21.17 este cántico: Sube, oh *p*; a él cantad
21.18 *p*, el cual cavaron los. . con sus báculos
21.22 no beberemos las aguas de los *p*; por el
1 S. 19.22 llegando al gran *p* que está en Secú
2 S. 3.26 lo hicieron volver desde el *p* de Sira
17.18 tenía. . un *p*, dentro del cual se metieron
17.19 manta, la extendió sobre la boca del *p*
17.21 salieron del *p* y se fueron, y dieron
23.15 ¡quién me diera. . agua del *p* de Belén
23.16 agua del *p* de Belén que estaba junto a
2 R. 10.14 degollaron junto al *p* de la casa de
18.31 coma. . y beba cada uno las aguas de su *p*
1 Cr. 11.17 diera. . de las aguas del *p* de Belén
11.18 sacaron agua del *p* de Belén, que está
Sal. 7.15 *p* ha cavado, y lo ha ahondado; y en
40.2 me hizo sacar del *p*. . del lodo cenagoso
55.23 descender aquéllos al *p* de perdición
69.15 no me. . ni el *p* cierre sobre mí su boca
Pr. 5.15 bebe el. . los raudales de tu propio *p*
23.27 porque abismo. . y *p* angosto la extraña
Ec. 12.6 fuente, y la rueda sea rota sobre el *p*
Cnt. 4.15 fuente de huertos, *p* de aguas vivas
Is. 30.14 halla tiesto. . para sacar agua del *p*
36.16 coma. . y beba cada cual las aguas de su *p*
Lc. 14.5 su buey cae en algún *p*, no lo sacará
Jn. 4.6 el *p* de Jacob. . se sentó así junto al *p*
4.11 Señor, no tienes con qué sacarla, y el *p*
4.12 que nos dio este *p*, del cual bebieron él
Ap. 9.1 y se le dio la llave del *p* del abismo
9.2 abrió el *p* del. . y subió humo del *p* como
9.2 se oscureció el sol. . por el humo del *p*

PRÁCTICA

Lv. 20.23 y no andéis en las *p* de las naciones
2 R. 16.3 las *p* abominables de las naciones que
Jn. 6.28 ¿qué. . hacer para poner en *p* las obras

PRACTICAR

Lv. 18.30 costumbres. . que *practicaron* antes de
Dt. 18.10 ni quien *practique* adivinación, ni
1 S. 17.39 no puedo andar. . nunca lo *practiqué*
Sal. 111.10 buen entendimiento. . que *practican*
Pr. 17.8 es el soborno para el que lo *practica*
Ez. 13.23 no. . ni *practicaréis* más adivinación
Jn. 3.21 el que *practica* la verdad viene a la
Hch. 19.19 los que habían *practicado* la magia
Ro. 1.32 que los que *practican* tales cosas son
1.32 se complacen con los que las *practican*
2.2 contra los que *practican* tales cosas es
12.13 los santos; *practicando* la hospitalidad
Gá. 5.21 *practican* tales cosas no heredarán el
1 Ti. 5.10 si ha *practicado* la hospitalidad; si
5.10 si ha. . si ha *practicado* toda buena obra
He. 9.9 hacer perfecto. . que *practica* ese culto
1 Jn. 1.6 mentimos, y no *practicamos* la verdad
3.8 el que *practica* el pecado es del diablo
3.9 es nacido de Dios, no *practica* el pecado
5.18 no *practica* el pecado, pues Aquel que
Ap. 22.11 que es justo, *practique* la justicia

PRADERA

Jue. 20.33 Israel salieron de su lugar, de la *p*
Is. 19.7 la *p* de junto al río, de junto a la
Jl. 1.20 y fuego consumió las *p* del desierto
Sof. 2.6 será la costa del mar *p* para pastores

PRADO

Gn. 41.2 siete vacas, hermosas. . pacían en el *p*
41.18 subían siete vacas. . que pacían en el *p*
Job 8.11 junco sin lodo? ¿Crece el *p* sin agua?
Sal. 74.1 tu furor contra las ovejas de tu *p*?
79.13 nosotros, pueblo tuyo, y ovejas de tu *p*
95.7 nosotros el pueblo de su *p*, y ovejas de
100.3 pueblo suyo somos, y ovejas de su *p*

PRECEDER

Pr. 15.33 y a la honra *precede* la humildad
Ec. 1.10 en los siglos que nos han *precedido*
1.11 no hay memoria de lo que *precedió*, ni
1 Ts. 4.15 no *precederemos* a los que durmieron

PRECEPTO

Gn. 26.5 y guardó mi *p*, mis mandamientos, mis
1 R. 2.3 los *p* de Jehová tu Dios, andando en
1 Cr. 28.8 guardad. . *p* de Jehová vuestro Dios
2 Cr. 19.10 en causas de sangre, entre ley y *p*
33.8 guarden. . la ley, los estatutos y los *p*
Neh. 1.7 no hemos guardado los. . *p* que diste a
Sal. 19.8 el *p* de Jehová es puro, que alumbra
103.20 palabra, obedeciendo a la voz de su *p*
Pr. 13.13 el que menosprecia el *p* perecerá por
Ez. 20.19 y guardad mis *p*, y ponedlos por obra
36.27 y haré que andéis en. . y guardéis mis *p*
37.24 ellos. . andarán en mis *p*, y mis estatutos
Col. 2.20 como si vivieseis en. . os sometéis a *p*

PRECIADO, DA

Esd. 8.27 dos vasos de bronce. . *p* como el oro
Job 28.10 cortó. . y sus ojos vieron todo lo *p*
Pr. 16.16 mejor es adquirir sabiduría que oro *p*
24.4 se llenarán las cámaras de todo bien *p*
Ec. 2.8 me amontoné. . plata y oro, y tesoros *p*
Is. 2.16 naves. . y sobre todas las pinturas *p*
Lm. 4.2 los hijos de Sion, *p* y estimados más que

PRECIO

Gn. 23.9 heredad; que por su justo *p* me la dé
23.13 yo daré el *p* de la heredad; tómalo de
31.15 y aun se ha comido del todo nuestro *p*?
Éx. 21.30 le fuere impuesto *p* de rescate. . dará
Lv. 25.16 cuanto mayor fuere. . aumentarás el *p*
25.16 menor fuere el número, disminuirás el *p*
25.50 apreciarse el *p* de su venta conforme al
27.8 quien fijará el *p*. . fijará *p* el sacerdote
27.19 añadirá. . la quinta parte del *p* de ella
27.23 y aquel día dará tu *p* señalado, cosa
27.27 añadirán sobre. . la quinta parte de su *p*
27.31 añadirá la quinta parte de su *p* por ello
Nm. 18.16 por el *p* de cinco siclos, conforme al
20.19 si bebiéremos tus. . daré el *p* de ellas
35.31 no tomaréis *p* por la vida del homicida
35.32 ni tampoco tomaréis *p* del que huyó a su
Dt. 23.18 no traerás. . ni el *p* de un perro a la
1 S. 13.21 y el *p* era un pim por las rejas de
2 S. 24.24 sino por *p* te lo compraré; porque no
1 R. 16.34 a *p* de la vida de Abiram. . a *p* de la
1 Cr. 21.22 la era. . dámelo por su cabal *p*, para
21.24 no, sino que. . la compraré por su justo *p*
Job 28.15 por oro, ni su *p* será a peso de plata
Sal. 44.12 has vendido a. . no exigiste ningún *p*
49.8 la redención de su vida es de gran *p*, y
Pr. 17.16 qué sirve el *p* en la mano del necio
27.26 son. . los cabritos para el *p* del campo
Is. 45.13 soltará mis cautivos, no por *p* ni por
55.1 venid, comprad sin dinero y sin *p*, vino
Jer. 15.13 entregaré a la rapiña sin ningún *p*
Lm. 5.4 dinero; compramos nuestra leña por *p*
Ez. 22.12 *p* recibieron en. . para derramar sangre
Dn. 11.38 lo honrará con. . con cosas de gran *p*
11.39 se hará de. . y por *p* repartirá la tierra
Am. 8.5 subiremos el *p*, y falsearemos. . balanza
Mi. 3.11 y sus sacerdotes enseñan por *p*, y sus
Zac. 11.13 ¡hermoso *p* con que me han apreciado
Mt. 26.7 perfume de gran *p*, y lo derramó sobre
26.9 esto podía haberse vendido a gran *p*, y
27.6 no es lícito echarlas. . es *p* de sangre
27.9 *p* del apreciado, según *p* puesto por los
Mr. 14.3; Jn. 12.3 perfume de nardo. . de mucho *p*
Hch. 4.34 vendían, y traían el *p* de lo vendido
4.37 trajo el *p* y lo puso a los pies de los
5.2 y sustrajo del *p*, sabiéndolo también su
5.3 para que mintieses. . y sustrajeses del *p*
7.16 que a *p* de dinero compró Abraham de los
19.19 hecha la cuenta de su *p*, hallaron que
1 Co. 6.20 porque habéis sido comprados por *p*
7.23 por *p* fuisteis comprados; no os hagáis

PRECIOSÍSIMA

Ap. 21.11 fulgor. . semejante al de una piedra *p*

PRECIOSO, SA

Gn. 24.53 dio cosas *p* a su hermano y a su madre
27.15 tomó Rebeca los vestidos de Esaú. . los *p*
1 S. 26.21 mi vida ha sido estimada *p* hoy a tus
26.24 como tu vida ha sido estimada *p* hoy a
2 S. 12.30 la corona de la. . y tenía piedras *p*
1 R. 10.2 vino a Jerusalén con un. . y piedras *p*
10.10 y dio ella al rey. . de oro. . y piedras *p*
10.11 también de Ofir. . sándalo, y piedras *p*
20.6 tomarán y llevarán todo lo *p* que tengas
2 R. 20.13 y Ezequías. . les mostró. . ungüentos *p*
1 Cr. 20.2 la corona. . había en ella piedras *p*
29.2 de madera; y piedras de ónice, piedras *p*
29.2 toda clase de piedras *p*, y. . de mármol en
29.8 todo el que tenía piedras *p* las dio para
2 Cr. 3.6 cubrió también la casa de piedras *p*
9.1 la reina de Sabá. . especias. . y piedras *p*
9.9 dio al rey. . piedras *p*; nunca hubo tales
9.10 trajeron madera de sándalo, y piedras *p*
20.25 hallaron. . así vestidos como alhajas *p*
21.3 padre les había dado. . plata, y cosas *p*
32.27 adquirió. . piedras *p*, perfumes, escudos
Esd. 1.6 les ayudaron con plata. . y con cosas *p*
Job 28.16 Ofir, ni con ónice *p*, ni con zafiro
28.18 la sabiduría es mejor que las piedras *p*
Sal. 36.7 ¡cuán *p*, oh Dios, es tu misericordia!
72.14 la sangre de ellos será *p* ante sus ojos
126.6 y llorando el que lleva la *p* semilla
139.17 *p* me son, oh Dios, tus pensamientos!
Pr. 3.15 más *p* es que las piedras *p*; y todo lo
6.26 pan; y la mujer caza la *p* alma del varón
8.11 mejor es la sabiduría que las piedras *p*
12.27 haber *p* del hombre es la diligencia
17.8 piedra *p* es el soborno para el que lo
20.15 hay oro y multitud de piedras *p*; mas
20.15 mas los labios prudentes son joya *p*
21.20 tesoro *p* y aceite hay en la casa del
31.10 su estima sobrepasa. . de las piedras *p*
Is. 13.12 haré más *p* que el oro fino al varón
28.16 piedra. . angular, *p*, de cimiento estable
39.2 les mostró. . ungüento *p*, toda su casa de
44.9 y lo más *p* de ellos para nada es útil
54.12 tus ventanas pondré de piedras *p*, tus
54.12 puertas. . toda tu muralla de piedras *p*
64.11 nuestras cosas *p* han sido destruidas
Jer. 12.10 convirtieron. . soledad mi heredad *p*
15.19 si entresacares lo *p* de lo vil, serás
20.5 entregaré asimismo. . y todas sus cosas *p*
25.34 seáis degollados. . caeréis como vaso *p*
31.20 ¿no es Efraín hijo *p* para mí? ¿No es
Lm. 1.10 su mano el enemigo a todas sus cosas *p*
Ez. 26.12 y tus casas *p* destruirán; y pondrán
27.20 Dedán comerciaba. . paños *p* para carros
27.22 piedra *p*, y oro, vinieron a tus ferias
27.24 ropas *p*, enlazadas con cordones, y en
28.13 de toda piedra *p* era tu vestidura; de
Dn. 11.8 aun. . sus objetos *p* de plata y de oro
11.38 lo honrará. . con piedras *p* y con cosas
11.43 se apoderará. . de todas las cosas *p* de
Os. 13.15 saqueará el tesoro. . de sus *p* alhajas
Jl. 3.5 y mis cosas *p* y hermosas metisteis en
Am. 6.6 se ungen con los ungüentos más *p*; y no
Mt. 13.46 que habiendo hallado una perla *p*, fue
Lc. 7.25 los que tienen vestidura *p* y viven en
Hch. 20.24 ni estimo *p* mi vida para mí mismo
1 Co. 3.12 alguno edificare. . piedras *p*, madera
Stg. 5.7 cómo el labrador espera el *p* fruto de
1 P. 1.7 vuestra fe, mucho más *p* que el oro, el
1.19 con la sangre *p* de Cristo, como de un
2.4 a él, piedra viva. . para Dios escogida y *p*
2.6 en Sion la principal piedra. . escogida, *p*
2.7 para vosotros, pues, los que creéis. . es *p*
2 P. 1.1 alcanzado. . una fe igualmente *p* que la
1.4 nos ha dado *p* y grandísimas promesas, para
Ap. 17.4 adornada de. . de piedras *p* y de perlas
18.12 mercadería de oro. . piedras *p*, de perlas
18.12 de todo objeto de madera *p*, de cobre, de
18.16 adornada de. . de piedras *p* y de perlas!
21.19 cimientos. . adornados con toda piedra *p*

PRECIPICIO

Mi. 1.4 como las aguas que corren por un *p*

PRECIPITADAMENTE

Sal. 106.33 espíritu, y habló *p* con sus labios
Hch. 19.36 os apacigüéis, y que nada hagáis *p*

PRECIPITADA

Job 6.3 eso mis palabras han sido *precipitadas*

PRECIPITAR

Dt. 11.4 cómo *precipitó* las aguas del Mar Rojo
Jue. 5.15 Isacar se *precipitó* a pie en el valle
Job 18.7 y su mismo consejo lo *precipitará*
Nah. 2.4 los carros se *precipitarán* a las plazas
Mt. 8.32 hato de cerdos se *precipitó* en el mar
Mr. 5.13 el hato se *precipitó* en el mar por un
Lc. 8.33 hato se *precipitó* por un despeñadero
Hch. 16.29 pidiendo luz, se *precipitó* adentro
Ap. 8.8 gran montaña. . fue *precipitada* en el mar

PRECISO

Job 37.20 ¿será *p* contarle cuando yo hablaré?
1 Co. 11.19 porque es *p* que. . haya disensiones
15.25 *p* es que él reine hasta que haya puesto
Tit. 1.11 a los cuales es *p* tapar la boca; que

PRECURSOR

He. 6.20 donde Jesús entró por nosotros como *p*

PREDECIR

1 Ts. 3.4 *predecíamos* que. . pasar tribulaciones

PREDESTINAR

Ro. 8.29 los *predestinó* para que fuesen hechos
8.30 a los que *predestinó*, a. . también llamó
1 Co. 2.7 Dios *predestinó* antes de los siglos
Ef. 1.5 en amor habiéndonos *predestinado* para
1.11 *predestinados* conforme al propósito del

PREDICACIÓN

Mt. 12.41 se arrepintieron a la *p* de Jonás, y he
Lc. 11.32 a la *p* de Jonás se arrepintieron, y he
Hch. 18.5 Pablo estaba entregado. .a la *p* de la
Ro. 16.25 confirmaros según. .evangelio y la *p*
1 Co. 1.21 salvar a los. .por la locura de la *p*
2.4 ni mi *p* fue con palabras persuasivas de
15.14 Cristo no resucitó, vana es. .nuestra *p*
Fil. 4.15 que al principio de la *p* del evangelio
2 Ti. 4.17 para que por mí fuese cumplida la *p*
Tit. 1.3 manifestó su palabra por medio de la *p*

PREDICADOR

Ec. 1.1 palabras del *P*, hijo de David, rey en
1.2 vanidad de vanidades, dijo el *P*; vanidad
1.12 el *P* fui rey sobre Israel en Jerusalén
7.27 esto he hallado, dice el *P*, pesando las
12.8 vanidad de vanidades, dijo el *P*, todo es
12.9 y cuanto más sabio fue el *P*, tanto más
12.10 procuró el *P* hallar palabras. .de verdad
Hch. 17.18 parece que es *p* de nuevos dioses
1 Ti. 2.7 yo fui constituido *p* y apóstol (digo
2 Ti. 1.11 fui constituido *p*, apóstol y maestro

PREDICAR

Is. 61.1 me ha enviado a *predicar* buenas nuevas
Lm. 2.14 *predicaron* vanas profecías y extravíos
Jon. 3.4 *predicaba* diciendo: De aquí a 40 días
Mt. 3.1 vino Juan el Bautista *predicando* en el
4.17 entonces comenzó Jesús a *predicar*, y a
4.23 y *predicando* el evangelio del reino, y
9.35 enseñando en. .y *predicando* el evangelio
10.7 yendo, *predicad*, diciendo: El reino de
11.1 se fue. .a *predicar* en las ciudades de
24.14 *predicado* este evangelio del reino en
26.13 os digo que dondequiera que se *predique*
Mr. 1.4 bautizaba Juan. .*predicaba* el bautismo
1.7 y *predicaba*, diciendo: Viene tras mí el
1.14 Jesús vino. .*predicando* el evangelio del
1.38 vamos a. .para que *predique* también allí
1.39 y *predicaba*. .en toda Galilea, y echaba
2.2 ya no cabían. .y les *predicaba* la palabra
3.14 doce, para. .y para enviarlos a *predicar*
6.12 *predicaban*. .los hombres se arrepintiesen
13.10 que el evangelio sea *predicado* antes a
14.9 os digo que dondequiera que se *predique*
16.15 id por todo. .y *predicad* el evangelio a
16.20 saliendo, *predicaron* en todas partes
Lc. 3.3 fue por toda la. .*predicando* el bautismo
4.19 a *predicar* el año agradable del Señor
4.44 y *predicaba* en las sinagogas de Galilea
8.1 iba. .*predicando*. .el evangelio del reino
9.2 y los envió a *predicar* el reino de Dios
24.47 se *predicase* en su hombre. .el perdón de
Hch. 5.42 no cesaban de. .*predicar* a Jesucristo
8.5 entonces Felipe. .les *predicaba* a Cristo
9.20 *predicaba* a Cristo en las sinagogas
10.37 después del bautismo que *predicó* Juan
10.42 nos mandó que *predicásemos* al pueblo
13.24 antes de su venida, *predicó* Juan el
14.7 y allí *predicaban* el evangelio
14.25 habiendo *predicado* la palabra en Perge
15.21 Moisés. .tiene. .quien lo *predique* en las
17.18 les *predicaba* el evangelio de Jesús, y de
19.13 conjuro por Jesús, el que *predica* Pablo
20.25 entre quienes he pasado *predicando* el
28.31 *predicando* el reino de Dios y enseñando
Ro. 2.21 que *predicas* que no se ha de hurtar
10.8 esta es la palabra de fe que *predicamos*
10.14 cómo oirán sin haber quién. .*predique?*
10.15 cómo *predicarán* si no fueren enviados?
15.20 me esforcé a *predicar* el evangelio, no
1 Co. 1.17 sino a *predicar* el evangelio; no con
1.23 nosotros *predicamos* a Cristo crucificado
9.18 que *predicando* el evangelio, presente
15.1 el evangelio que os he *predicado*, el cual
15.2 retenéis la palabra que os he *predicado*
15.11 sea. .así *predicamos*, y así habéis creído
15.12 si se *predica* de Cristo que resucitó de
2 Co. 1.19 que. .ha sido *predicado* por nosotros
2.12 cuando llegué a Troas para *predicar* el
4.5 no nos *predicamos* a nosotros mismos, sino
11.4 si viene alguno *predicando* a otro Jesús
11.4 otro Jesús que el que os hemos *predicado*
11.7 por cuanto os he *predicado* el evangelio
Gá. 1.9 alguno os *predica* diferente evangelio
1.16 que yo le *predicase* entre los gentiles
1.23 nos perseguía, ahora *predica* la fe que
2.2 expuse en. .el evangelio que *predico* entre
5.11 si aún *predico* la circuncisión, ¿por qué
Fil. 1.15 verdad, *predican* a Cristo por envidia
Col. 1.23 el cual se *predica* en toda la creación
1 Ts. 2.9 os *predicamos* el evangelio de Dios
1 Ti. 3.16 *predicado* a los gentiles, creído en
5.17 los que trabajan en *predicar* y enseñar
2 Ti. 4.2 que *prediques* la palabra; que instes
1 P. 1.12 los que os han *predicado* el evangelio
3.19 en el cual también fue y *predicó* a los
4.6 también ha sido *predicado* el evangelio a
Ap. 14.6 el evangelio eterno para *predicarlo* a

PREDOMINAR

Dn. 11.7 entrará en la fortaleza. .*predominará*

PREEMINENCIA

Col. 1.18 cabeza. .para que en todo tenga la *p*

PREFECTO

Neh. 11.9 Joel hijo de Zicri era el *p* de ellos
Hch. 28.16 el centurión entregó los presos al *p*

PREFERENCIA

Dt. 21.16 dar el. .con *p* al hijo de la aborrecida
2 S. 6.21 quien me eligió en *p* a tu padre y a

PREFERENTE

Sal. 137.6 a Jerusalén como *p* asunto de mi

PREFERIR

Jer. 40.5 si *prefieres* quedarte, vuélvete a
Ro. 12.10 *prefiriéndoos* los unos a los otros
1 Co. 9.15 porque *prefiero* morir, antes que
14.19 pero en la iglesia *prefiero* hablar cinco

PREFIJAR

Hch. 17.26 *prefijado* el orden de los tiempos

PREGÓN

1 R. 22.36 salió un *p*. .diciendo: ¡Cada uno a
2 Cr. 30.5 *p* por todo Israel, desde Beerseba
Neh. 8.15 y pasar *p* por todas sus ciudades y
Jer. 4.19 has oído, oh alma mía, *p* de guerra
Abd. 1 hemos oído el *p* de Jehová, y mensajero

PREGONAR

Gn. 41.43 y *pregonaron* delante de él: ¡Doblad
Éx. 32.5 y *pregonó* Aarón, y dijo: Mañana será
36.6 *pregonar*. .ningún hombre ni mujer haga
Lv. 13.45 el leproso en. .*pregonará*: ¡Inmundo!
25.10 y *pregonaréis* libertad en la tierra a
Dt. 15.2 es *pregonada* la remisión de Jehová
Jue. 7.3 ahora. .*pregonar* en oídos del pueblo
2 Cr. 20.3 Josafat. .hizo *pregonar* ayuno a todo
24.9 hicieron *pregonar* en Judá que trajesen
36.22 hizo *pregonar* de palabra y también por
Esd. 1.1 Ciro. .el cual hizo *pregonar* de palabra
10.7 hicieron *pregonar* en Judá. .se reuniesen
Est. 6.9 *pregonen* delante de él: Así se hará
6.11 e hizo *pregonar* delante de él: Así se
Jer. 4.5 *pregonad*, juntaos, y decid: Reuníos
11.6 *pregona* todas estas palabras en. .Judá
Jon. 1.2 y vé a Nínive. .y *pregona* contra ella
Lc. 4.18 a *pregonar* libertad a los cautivos, y
Ap. 5.2 ángel fuerte que *pregonaba* a gran voz

PREGONERO

Dn. 3.4 el *p* anunciaba en alta voz: Mándase a
2 P. 2.5 sino que guardó a Noé, *p* de justicia

PREGUNTA

1 R. 10.1 la reina de Sabá. .a probarle con *p*
10.3 Salomón le contestó todas sus *p*, y nada
2 Cr. 9.1 para probar a Salomón con *p* difíciles
9.2 pero Salomón le respondió a todas sus *p*
Jer. 38.14 haré una *p*; no me encubras ninguna
Mt. 21.24 yo también os haré una *p*, y si me la
Mr. 11.29; Lc. 20.3 os haré yo también una *p*
Lc. 23.9 le hacía muchas *p*. .nada le respondió

PREGUNTAR

Gn. 24.47 le *pregunté*, y. .¿De quién eres hija?
24.57 llamemos a la doncella y *preguntémosle*
24.65 había *preguntado* al criado: ¿Quién es
26.7 le *preguntaron* acerca de su mujer; y él
32.17 si Esaú. .te *preguntare*, diciendo: ¿De
32.29 Jacob le *preguntó*. .Declárame. .nombre
32.29 ¿por qué me *preguntas* por mi nombre?
37.15 *preguntó* aquel hombre, diciendo: ¿Qué
38.21 y *preguntó* a los hombres de aquel lugar
40.7 *preguntó* a aquellos oficiales de Faraón
43.7 *preguntó* expresamente por nosotros y por
43.27 les *preguntó* José cómo estaban, y dijo
44.19 mi señor *preguntó* a sus. .¿Tenéis padre
Éx. 3.13 si ellos me *preguntaren*: ¿Cuál es su
13.14 te *pregunte* tu hijo, diciendo: ¿Qué es
18.7 *preguntaron* el uno al otro cómo estaban
Lv. 10.16 Moisés *preguntó* por el macho cabrío
Dt. 4.32 *pregunta*. .si en los tiempos pasados
6.20 cuando te *preguntare* tu hijo, diciendo
12.30 no *preguntes*. .de sus dioses, diciendo
13.14 buscarás y *preguntarás* con diligencia
17.9 vendrás a los sacerdotes. .y *preguntarás*
32.7 *pregunta* a tu padre, y él te declarará
Jos. 4.6 cuando vuestros hijos *preguntaren* a
4.21 *preguntaren* vuestros hijos a sus padres
Jue. 4.20 y te *preguntare*, diciendo: ¿Hay aquí
8.14 tomó a un joven de los. .y le *preguntó*
12.5 los de Galaad le *preguntaban*: ¿Eres tú
13.6 y no le *pregunté* de dónde ni quién era
13.18 ¿por qué *preguntas* por mi nombre, que
18.5 *pregunta*. .a Dios, para que sepamos si
18.15 a la casa del. .levita. .y le *preguntaron*
20.27 los hijos de Israel *preguntaron* a Jehová
1 S. 6.2 *preguntaron*: ¿Qué haremos del arca de
10.22 *preguntaron*. .a Jehová si aún no había
17.22 *preguntó* por sus hermanos, si estaban
17.30 apartándose. .*preguntó* de igual manera
17.56 rey. .*Pregunta* de quién es hijo ese joven
19.22 *preguntó*. .dónde están Samuel y David?
20.12 cuando le haya *preguntado* a mi padre
25.8 *pregunta* a tus criados, y ellos te lo
28.7 vaya a ella y por medio de ella *pregunte*
28.16 dijo: ¿Y para qué me *preguntas* a mí, si
2 S. 1.3 le *preguntó* David: ¿De dónde vienes?
1.8 y me *preguntó*: ¿Quién eres tú? Y yo le
9.4 el rey le *preguntó*: ¿Dónde está? Y Siba
11.3 envió. .a *preguntar* por aquella mujer, y
11.7 David le *preguntó* por la salud de Joab
14.18 no me encubras nada. .yo te *preguntare*
20.18 quien *preguntare*, *pregunte* en Abel; y
2 R. 6.6 varón de Dios *preguntó*: ¿Dónde cayó?
8.6 *preguntando* el rey a la mujer, ella se
22.13 id y *preguntad* a Jehová por mí, y por
22.18 enviado para que *preguntaseis* a Jehová
2 Cr. 18.5 y les *preguntó*: ¿Iremos a la guerra
18.6 profeta de. .para que. .de él *preguntemos?*
18.7 por el cual podemos *preguntar* a Jehová
18.19 y Jehová *preguntó*: ¿Quién inducirá a
31.9 *preguntó* Ezequías a los sacerdotes y a
Esd. 5.4 *preguntaron*: ¿Cuáles son los nombres
5.9 *preguntamos* a los ancianos, diciéndoles
5.10 *preguntamos* sus nombres para hacértelo
Neh. 1.2 les *pregunté* por los judíos que habían
Est. 1.3 *preguntó* entonces el rey a los sabios
1.15 les *preguntó* qué se había de hacer con
3.3 siervos del rey. .*preguntaron* a Mardoqueo
Job 8.8 *pregunta*. .a las generaciones pasadas, y
12.7 *pregunta* ahora a las bestias, y ellas te
21.29 ¿no habéis *preguntado* a los que pasan
31.14 él *preguntara*, ¿qué le respondería yo?
38.3 yo te *preguntaré*, y tú me contestarás
40.7 yo te *preguntaré*, y tú me responderás
42.4 ruego. .te *preguntaré*, y tú me enseñarás
Sal. 35.11 malvados. .lo que no sé me *preguntan*
41.5 enemigos dicen mal de mí, *preguntando*
Ec. 4.8 ni se *pregunta*: ¿Para quién trabajo yo
7.10 nunca de esto *preguntarás* con sabiduría
Is. 8.19 *preguntad* a los encantadores y a los
19.3 su consejo; y *preguntarán* a sus imágenes
21.12 *preguntad* si queréis, *p*; volved, venid
30.2 apartan. .y no han *preguntado* de mi boca
41.28 *pregunté* de. .y ningún consejero hubo
41.28 les *pregunté*, y no respondieron palabra
45.11 dice. .*Preguntadme* de las cosas por venir
65.1 fui buscado por los que no *preguntaban*
Jer. 3.19 yo *preguntaba*: ¿Cómo os pondré por
6.16 *preguntad* por las sendas antiguas, cuál
8.2 sol y a la luna. .a quienes *preguntaron*
15.2 si te *preguntaren*: ¿A dónde saldremos?
15.5 o quién vendrá a *preguntar* por tu paz?
18.13 así dijo Jehová: *Preguntad* ahora a las
23.33 cuando te *preguntare* este pueblo, o el
36.17 *preguntaron*. .a Baruc. .Cuéntanos ahora
37.17 le *preguntó* el rey secretamente en su
38.27 vinieron. .a Jeremías, y le *preguntaron*
48.19 *pregunta* a la que va huyendo, y a la que
50.5 *preguntarán* por el camino de Sion, hacia
Ez. 14.7 y viniere al profeta para *preguntarle*
34.6 no hubo. .ni quien *preguntase* por ellas
37.18 y cuando te *pregunten* los hijos de tu
Dn. 2.10 ningún rey. .*preguntó* cosa semejante a
7.16 y le *pregunté* la verdad acerca de todo
8.13 otro de los santos *preguntó* a aquél que
Os. 4.12 mi pueblo a su ídolo. .*pregunta*, y el
Hag. 2.11 *pregunta*. .a los sacerdotes acerca de
Zac. 13.6 *preguntarán*: ¿Qué heridas son estas
Mt. 2.4 *preguntó* dónde había de nacer el Cristo
11.3 *preguntarle*: ¿Eres tú aquel que había de
12.10 y *preguntaron* a Jesús, para. .acusarle
16.13 *preguntó* a sus discípulos, diciendo
17.10 sus discípulos le *preguntaron*. .¿Por qué
22.23 vinieron. .los saduceos. .y le *preguntaron*
22.35 intérprete de la. .*preguntó* por tentarle
22.41 estando juntos los. .Jesús les *preguntó*
22.46 osó alguno desde aquel día *preguntarle*
27.11 éste le *preguntó*, diciendo: ¿Eres tú el
Mr. 4.10 los doce le *preguntaron*. .la parábola
5.9 le *preguntó*: ¿Cómo te llamas? Y respondió
7.5 le *preguntaron*. .los fariseos. .¿Por qué
7.17 le *preguntaron* sus discípulos sobre la
8.5 les *preguntó*: ¿Cuántos panes tenéis? Ellos
8.23 las manos encima, y le *preguntó* si veía
8.27 en el camino *preguntó* a sus discípulos
9.11 le *preguntaron*, diciendo: ¿Por qué dicen
9.16 les *preguntó*: ¿Qué disputáis con ellos?
9.21 Jesús *preguntó*. .¿Cuánto tiempo hace que
9.28 discípulos le *preguntaron* aparte: ¿Por
9.32 ellos no. .y tenían miedo de *preguntarle*
9.33 en casa, les *preguntó*: ¿Qué disputabais
10.2 le *preguntaron*. .si era lícito al marido
10.10 los discípulos a *preguntarle* de lo mismo
10.17 le *preguntó*: Maestro bueno, ¿qué haré
12.18 vinieron. .los saduceos. .y le *preguntaron*
12.28 le *preguntó*: ¿Cuál es el. .mandamiento
12.34 Dios. Y ya ninguno osaba *preguntarle*
13.3 y Pedro, Jacobo. .le *preguntaron* aparte
14.60 sacerdote. .*preguntó* a Jesús, diciendo
14.61 el sumo sacerdote le volvió a *preguntar*
15.2 Pilato le *preguntó*: ¿Eres tú el Rey de
15.4 *preguntó* Pilato. .¿Nada respondes? Mira

PREGUNTAR *(Continúa)*

Mr. 15.44 Pilato..*preguntó* si ya estaba muerto
Lc. 1.62 *preguntaron* por señas a su padre, cómo
2.46 sentado en..oyéndoles y *preguntándoles*
3.10 y la gente le *preguntaba*..¿qué haremos?
3.14 le *preguntaron* unos soldados, diciendo
3.15 *preguntándose* todos..si acaso Juan sería
6.9 os *preguntaré* una cosa: ¿Es lícito en día
7.19 envió a Jesús, para *preguntarle:* ¿Eres
7.20 para *preguntarte:* ¿Eres tú el que había
8.9 le *preguntaron*, diciendo: ¿Qué significa
8.30 y le *preguntó* Jesús, diciendo: ¿Cómo te
9.18 les *preguntó*, diciendo: ¿Quién dice la
9.45 temían *preguntarle* sobre esas palabras
15.26 llamando..le *preguntó* qué era aquello
17.20 *preguntado*..cuándo había de venir el
18.18 le *preguntó*..Maestro bueno, ¿qué haré
18.36 al oir a la multitud..*preguntó* qué era
18.40 traerle a..y cuando llegó, le *preguntó*
19.31 si alguien os *preguntare:* ¿Por qué lo
20.21 le *preguntaron*..Maestro, sabemos que
20.27 algunos de los saduceos..*preguntaron*
20.40 y no osaron *preguntarle* nada más
21.7 *preguntaron*..Maestro, ¿cuándo será esto?
22.64 y le *preguntaban*, diciendo: Profetiza
22.68 si os *preguntare*, no me responderéis
23.3 Pilato le *preguntó*..¿Eres tú el Rey de
23.6 Pilato..*preguntó* si el hombre era galileo
Jn. 1.19 que le *preguntasen:* ¿Tú, quién eres?
1.21 y le *preguntaron:* ¿Qué pues? ¿Eres tú
1.25 *preguntaron*..¿Por qué, pues, bautizas
4.27 ¿qué *preguntas?* o, ¿Qué hablas con ella?
4.52 les *preguntó* a qué hora había comenzado
5.12 le *preguntaron:* ¿Quién es el que te dijo
8.7 insistieran en *preguntarle*, se enderezó
9.2 *preguntaron* sus discípulos..¿quién pecó
9.15 a *preguntarle*..cómo había recibido la
9.19 les *preguntaron*..¿Es éste vuestro hijo
9.21,23 edad tiene, *preguntadle* a él
11.56 se *preguntaban* unos a..¿Qué os parece?
13.24 que *preguntase* quién era aquel de quien
16.5 ninguno de..me *pregunta:* ¿A dónde vas?
16.19 Jesús conoció que querían *preguntarle*
16.19 *¿preguntáis* entre vosotros acerca de
16.23 en aquel día no me *preguntaréis* nada
16.30 y no necesitas que nadie te *pregunte*
18.7 pues, a *preguntarles:* ¿A quién buscáis?
18.19 sumo sacerdote *preguntó* a Jesús acerca
18.21 por qué me *preguntas* a mí? *Pregunta* a
21.12 ninguno de los..se atrevía a *preguntarle*
Hch. 1.6 le *preguntaron*..Señor, ¿restaurarás el
4.7 les *preguntaron:* ¿Con qué potestad, o en
5.27 trajeron..el sumo sacerdote les *preguntó*
10.17 *preguntando* por la casa de..llegaron
10.18 *preguntaron* si moraba allí un Simón que
10.29 que *pregunto:* ¿Por qué causa me habéis
21.33 *preguntó* quién era y qué había hecho
23.19 le *preguntó:* ¿Qué es lo que tienes que
23.34 leída la..*preguntó* de qué provincia era
25.20 le *pregunté* si quería ir a Jerusalén y
Ro. 10.20 me manifesté a los que no *preguntaban*
1 Co. 10.25,27 comed, sin *preguntar* nada por
14.35 algo, *pregunten* en casa a sus maridos

PREJUICIO

1 Ti. 5.21 que guardes estas cosas sin *p*, no

PREMIAR

2 S. 22.21; Sal. 18.20 me ha *premiado* conforme
Pr. 13.21 justos serán *premiados* con el bien

PREMIO

2 S. 18.22 si no recibirás *p* por las nuevas?
1 Co. 9.24 corren, pero uno solo se lleva el *p?*
Fil. 3.14 al *p* del supremo llamamiento de Dios
Col. 2.18 nadie..prive de vuestro *p*, afectando
2 P. 2.15 Balaam..cual amó el *p* de la maldad

PREMURA

2 R. 7.15 los sirios habían arrojado por la *p*
Sal. 31.22 yo en mi *p:* Cortado soy de delante

PRENDA

Gn. 38.17 dijo: Dame una *p* hasta que lo envíes
38.18 entonces Judá dijo: ¿Qué *p* te daré?
38.20 para que éste recibiese la *p* de la mujer
Éx. 22.26 tomares en *p* el vestido de tu prójimo
Nm. 31.20 purificaréis todo..toda *p* de pieles
Dt. 24.6 no tomarás en *p* la muela del molino, ni
24.6 sería tomar en *p* la vida del hombre
24.10 no entrarás en su casa para tomarle *p*
24.11 hombre a quien prestaste te sacará la *p*
24.12 si..no te acostarás reteniendo aún su *p*
24.13 devolverás la *p* cuando el sol se ponga
24.17 ni tomarás en *p* la ropa de la viuda
1 S. 17.18 mira..tus hermanos..toma *p* de ellos
Job 22.6 sacaste *p* a tus hermanos sin causa, y
24.3 asno..y toman en *p* el buey de la viuda
24.9 quitan..y de sobre el pobre toman la *p*
Pr. 20.16 toma *p* del que sale fiador por los
27.13 y al que fía a la extraña, tómale *p*

Ez. 18.7 que al deudor devolviere su *p*, que no
18.12 no devolviere la *p*, o alzare sus ojos
18.16 la *p* no retuviere, ni cometiere robos
33.15 el impío restituyere la *p*, devolviere
Hab. 2.6 había de acumular sobre sí *p* tras *p?*

PRENDER *Véase también Preso*

Éx. 22.6 *prendiere* fuego, y al quemar espinos
Jos. 8.8 la hayáis tomado, le *prenderéis* fuego
8.19 ciudad..se apresuraron a *prenderle* fuego
Jue. 1.6 le *prendieron*, y le cortaron..pulgares
8.12 *prendió* a los dos reyes de Madián, Zeba
9.49 y *prendieron* fuego con..a la fortaleza
9.52 llegó hasta..torre para *prenderle* fuego
15.10 a *prender* a Sansón hemos subido, para
15.12 nosotros hemos venido para *prenderte* y
15.13 te *prenderemos*, y te entregaremos en
1 S. 19.14 cuando Saúl envió..*prender* a David
30.1 asolado a Siclag..habían *prendido* fuego
2 S. 4.10 yo le *prendí*, y le maté en Siclag en
14.30 tiene allí cebada; id y *prendedle* fuego
14.30 los siervos..*prendieron* fuego al campo
14.31 ¿por qué han *prendido* fuego..mi campo?
1 R. 13.4 desde el altar, dijo: *¡Prendedle!* Mas
16.18 *prendió* fuego a la casa consigo; y así
18.40 *prended* a los profetas..los *prendieron*
2 R. 6.13 mirad..para que yo envíe a *prenderlo*
10.14 él dijo: *Prendedlos* vivos. Y después que
24.12 y lo *prendió* el rey de Babilonia en el
Job 5.13 *prende* a los sabios en la astucia de
18.9 lazo *prenderá* su calcañar; se afirmará
36.8 y si estuvieren *prendidos* en grillos, y
Sal. 35.8 y la red que él escondió lo *prenda*
58 *tít.* los filisteos le *prendieron* en Gat
59.12 por el pecado de su..sean ellos *presos*
Pr. 3.26 él preservará tu pie de quedar *preso*
5.22 *prenderán* al impío sus..iniquidades, y
6.2 quedado *preso* en los dichos de tus labios
6.25 corazón, ni ella te *prenda* con sus ojos
Ec. 7.26 mas el pecador quedará en ella *preso*
9.12 los peces que son *presos* en la mala red
Cnt. 4.9 *prendiste* mi corazón, hermana, esposa
Is. 24.18 el que saliere..será *preso* en la red
28.13 sean quebrantados, enlazados y *presos*
Jer. 6.11 será *preso* tanto el marido como la
18.22 cavaron hoyo para *prenderme*, y a mis
36.26 que *prendiesen* a Baruc el escribiente
37.14 él no lo escuchó, sino *prendió* Irías a
48.44 el que saliere del hoyo será *preso* en
50.24 Babilonia..fuiste hallada, y aun *presa*
52.9 *prendieron* al rey, y le hicieron venir
Ez. 12.13 extenderé mi red..caerá *preso* en mi
17.20 mi red, y será *preso* en mi lazo, y lo
Am. 1.4 *prenderé* fuego..consumirá sus palacios
1.7 *prenderé* fuego en el muro de Gaza, y
1.10 *prenderé* fuego en el muro de Tiro, y
1.12 *prenderé* fuego en Temán, y consumirá sus
2.2 *prenderé* fuego en Moab, y consumirá los
2.5 *prenderé*, por tanto, fuego en Judá, el
Mt. 14.3 porque Herodes había *prendido* a Juan
26.4 *prender* con engaño a Jesús, y matarle
26.48 al que yo besare, ése es; *prendedle*
26.50 echaron mano a Jesús, y le *prendieron*
26.55 salido con espadas y..para *prenderme?*
26.55 cada día..enseñando..no me *prendisteis*
26.57 los que *prendieron* a Jesús le llevaron
Mr. 3.21 oyeron los suyos, vinieron..*prenderle*
6.17 Herodes había enviado y *prendido* a Juan
12.12 procuraban *prenderle*, porque entendían
14.1 buscaban los..cómo *prenderle* por engaño
14.44 ése..*prendedle*, y llevadle con seguridad
14.46 ellos le echaron mano, y le *prendieron*
14.48 habéis salido..con palos para *prenderme?*
14.49 cada día..enseñando..no me *prendisteis*
14.51 le seguía, cubierto el..y le *prendieron*
Lc. 22.54 y *prendiéndole*, le llevaron..a casa
Jn. 7.30 procuraban *prenderle;* pero ninguno le
7.32 y los fariseos enviaron..le *prendiesen*
7.44 algunos de ellos querían *prenderle;* pero
8.20 nadie le *prendió*, porque aún no había
10.39 procuraron otra vez *prenderle*, pero él
11.57 lo manifestase, para que le *prendiesen*
18.12 judíos, *prendieron* a Jesús y le ataron
Hch. 1.16 guía de los que *prendieron* a Jesús
2.23 *prendisteis* y matasteis por..de inicuos
9.14 tiene autoridad de..para *prender* a todos
12.3 procedió a *prender* también a Pedro. Eran
16.19 sus amos..*prendieron* a Pablo y a Silas
21.33 el tribuno, le *prendió* y le mandó atar
22.4 *prendiendo* y entregando en cárceles a
24.6 *prendiéndole*, quisimos juzgarle conforme
26.21 *prendiéndome* en el..intentaron matarme
28.3 y una víbora..se le *prendió* en la mano
1 Co. 3.19 *prende* a los sabios en la astucia de
2 Co. 11.32 guardaba la ciudad..para *prenderme*
12.16 como soy astuto, os *prendí* por engaño
Ap. 20.2 y *prendió* al dragón, la serpiente

PREÑAR

Sal. 7.14 se *preñó* de iniquidad, y dio a luz

PREÑEZ

Gn. 3.16 dijo: Multiplicaré..dolores en tus *p*
Job 39.2 ¿contaste tú los meses de su *p*, y sabes

PREOCUPACIÓN

1 S. 9.5 padre, abandonada la *p* por las asnas
2 Co. 11.28 agolpa..la *p* por todas las iglesias

PREOCUPAR

Gn. 39.6 con él no se *preocupaba* de cosa alguna
39.8 mi señor no se *preocupa* conmigo de lo que
45.20 no os *preocupéis* por vuestros enseres
Mt. 10.19 no os *preocupéis* por..o qué hablaréis
Mr. 13.11 no os *preocupéis*..qué habéis de decir
Lc. 10.40 Marta se *preocupaba* con..quehaceres
12.11 no os *preocupéis* por cómo..de responder
12.29 no os *preocupéis* por lo que habéis de
1 Co. 12.25 que los miembros todos se *preocupen*

PREPARACIÓN

Mt. 27.62 al día..después de la *p*, se reunieron
Mr. 15.42 era la *p*, es decir, la víspera del día
Jn. 19.42 por causa de la *p*..pusieron a Jesús

PREPARAR

Gn. 18.7 al criado..se dio prisa a *prepararlo*
18.8 leche, y el becerro que había *preparado*
24.31 he *preparado* la casa, y el lugar para
27.17 guisados y el pan que había *preparado*
43.16 y degüella una res y *prepárala*, pues
43.25 *prepararon* el presente entretanto que
Éx. 12.16 *preparéis* lo que cada..haya de comer
12.39 tenido tiempo ni para *prepararse* comida
15.17 en el lugar..que tú has *preparado*, oh
16.5 *prepararán* para guardar el doble de lo
19.11 y estén *preparados* para el día tercero
19.15 estad *preparados* para el tercer día; no
33.20 introduzca..lugar que yo he *preparado*
34.2 *prepárate*..y sube de mañana al monte de
Lv. 6.21 sartén se *preparará* con aceite; frita
7.9 todo lo que fuere *preparado* en sartén o
Nm. 23.1,29 *prepárame* aquí siete becerros y 7
Dt. 1.41 y os *preparasteis* para subir al monte
32.35 lo que les está *preparado* se apresura
Jos. 1.11 *preparaos* comida, porque dentro de 3
Jue. 6.19 Gedeón, *preparó* un cabrito, y panes
13.15 detenerte, y os *prepararemos* un cabrito
1 S. 7.3 y *preparad* vuestro corazón a Jehová
25.11 he de tomar..mi carne que he *preparado*
2 S. 12.4 la *preparó* para aquel que había venido
13.5 y *prepare* delante de mí alguna vianda
13.10 tomando..hojuelas que había *preparado*
1 R. 5.18 *prepararon* la madera y la cantería
17.12 *prepararlo* para mí y para mi hijo, para
18.23 yo *prepararé* el otro buey, y lo pondré
18.25 un buey, y *preparadlo* vosotros primero
18.26 ellos tomaron el buey..y lo *prepararon*
18.33 *preparó* luego la leña, y cortó el buey
2 R. 6.23 entonces se les *preparó* una..comida
1 Cr. 12.36 de Aser..y *preparados* para pelear
12.39 sus hermanos habían *preparado* para ellos
15.3 su lugar, el cual le había él *preparado*
15.12 el arca..el lugar que le he *preparado*
22.3 asimismo *preparó* David mucho hierro para
22.5 y la casa..yo le *prepararé* lo necesario
22.14 he *preparado*..cien mil talentos de oro
22.14 *preparado* madera y piedra, a lo cual tú
23.29 lo *preparado* en sartén, para lo tostado
28.2 y había ya *preparado* todo para edificar
29.2 he *preparado* para la casa de mi Dios, oro
29.3 cosas que he *preparado* para la casa del
29.16 toda esta abundancia..hemos *preparado*
2 Cr. 1.4 al lugar que él le había *preparado*
2.9 me *preparen* mucha madera, porque la casa
3.1 lugar que..había *preparado* en la era de
8.16 obra de Salomón estaba *preparada* desde
16.14 *preparadas* por expertos perfumistas
26.14 y Uzías *preparó* para todo el ejército
27.6 Jotam..*preparó* sus caminos delante de
29.19 hemos *preparado*..todos los utensilios
29.36 que Dios hubiese *preparado* el pueblo
30.18 ha *preparado* su corazón para buscar a
31.11 *preparasen* cámaras en..y las *prepararon*
35.4 *preparaos* según las familias de..padres
35.6 *preparad* a vuestros hermanos para que
35.10 *preparado*..el servicio, los sacerdotes
35.14(2) *prepararon* para ellos mismos y para
35.15 hermanos los levitas *preparaban* para
35.16 así fue *preparado* todo el servicio de
Esd. 7.10 Esdras había *preparado* su corazón para
Neh. 5.18 que se *preparaba* para cada día era
5.18 también eran *preparadas* para mí aves, y
8.10 porciones a los que no tienen..*preparado*
Est. 5.4 vengan..al banquete que he *preparado*
5.8 Amán a otro banquete que les *prepararé*
5.14 agradó esto a..e hizo *preparar* la horca
6.4 en la horca que él le tenía *preparada*
7.10 horca que él había hecho *preparar* para
8.13 judíos estuviesen *preparados*..aquel día
Job 15.23 que le está *preparado* día de tinieblas
17.1 días, y me está *preparado* el sepulcro
18.12 y a su lado..*preparado* quebrantamiento
20.29 la porción que Dios *prepara* al..impío
27.16 como polvo, y *prepare* ropa como lodo
27.17 la habrá *preparado* él, mas el justo se
28.27 él..la *preparó* y la descubrió también
29.7 en la plaza hacía *preparar* mi asiento

PREPARAR *(Continúa)*
Job 30.12 pies, y *prepararon* contra mí caminos de
36.16 y te *preparará* mesa llena de grosura
38.41 ¿quién *prepara* al cuervo su alimento
Sal. 7.12 armado. .su arco, y lo ha *preparado*
7.13 asimismo ha *preparado* armas de muerte
61.7 *prepara* misericordia y verdad para que
65.9 *preparas* el grano de ellos, cuando así
147.8 que *prepara* la lluvia para la tierra
Pr. 6.8 *prepara* en. .verano su comida, y recoge
19.29 *preparados* están juicios para los
24.27 *prepara* tus labores fuera, y disponlas
30.25 las hormigas. .en el verano *preparan* su
Is. 14.21 *preparad* sus hijos para el matadero
30.33 Tofet ya. .está. .*preparado* para el rey
40.3 voz que clama. .*Preparad* camino a Jehová
40.19 el artífice *prepara* la imagen de talla
44.16 con parte de él come. .*prepara* un asado
Jer. 22.7 *prepararé* contra ti destruidores, cada
23.19 la tempestad que está *preparada* caerá
30.23 la tempestad que se *prepara*, sobre la
46.3 *preparad* escudo y pavés, y venid a la
46.14 *prepárate*, porque espada devorará tu
50.9 se *prepararán* contra ella, y será tomada
50.42 se *prepararán* contra ti como hombres a
51.27 alzad bandera en la. .*preparad* pueblos
51.28 *preparad* contra ella naciones. .de Media
Ez. 7.14 *prepararán* todas las cosas, y no habrá
12.3 *prepárate* enseres de marcha, y parte de
21.15 dispuesta está. .*preparada* para degollar
23.41 y fue *preparada* mesa delante de él, y
28.13 flautas estuvieron *preparados* para ti
38.7 *prepárate* y apercíbete. .sé tú su guarda
Dn. 2.9 *preparáis* respuesta mentirosa. .decidme
Os. 6.11 para. .Judá, está *preparada* una siega
Am. 4.12 *prepárate* para. .encuentro de tu Dios
Jon. 1.17 Jehová tenía *preparado* un gran pez
4.6 y *preparó* Jehová Dios una calabacera, la
4.7 Dios *preparó* un gusano, el cual hirió la
4.8 *preparó* Dios un recio viento solano, y el
Nah. 2.3 el día que se *prepare*, temblarán las
2.5 se acordará. .y la defensa se *preparará*
Sof. 1.7 porque Jehová ha *preparado* sacrificio
Zac. 5.11 y cuando esté *preparada* la pondrán
Mal. 3.1 el cual *preparará* el camino delante de
Mt. 3.3 clama en. .*Preparad* el camino del Señor
11.10 el cual *preparará* tu camino delante de
20.23 aquellos para quienes está *preparado*
22.4 decid. .He aquí, he *preparado* mi comida
22.8 las bodas a la verdad están *preparadas*
24.44 por tanto. .vosotros estad *preparados*
25.10 las que estaban *preparadas* entraron con
25.34 venid. .heredad el reino *preparado* para
25.41 fuego. .*preparado* para el diablo y sus
26.12 a fin de *prepararme* para la sepultura
26.17 ¿dónde quieres que *preparemos* para que
26.19 y los discípulos. .*prepararon* la pascua
Mr. 1.2 cual *preparará* tu camino delante de ti
1.3 *preparad* el camino del Señor; enderezad
10.40 aquellos para quienes está *preparado*
14.12 que vayamos a *preparar* para que comas
14.15 aposento. .*preparado* para nosotros allí
14.16 sus discípulos. .y *prepararon* la pascua
Lc. 1.17 para *preparar* al Señor un pueblo bien
1.76 irás delante. .para *preparar* sus caminos
2.31 has *preparado* en presencia de todos los
3.4 que clama. .*Preparad* el camino del Señor
7.27 cual *preparará* tu camino delante de ti
12.40 también estad *preparados*, porque a la
12.47 no se *preparó*, ni hizo. .a su voluntad
14.17 envió a decir. .ya todo está *preparado*
17.8 *prepárame* la cena, cíñete, y sírveme
22.8 id, *preparadnos* la pascua para que la
22.9 dijeron: ¿Dónde quieres. .la *preparemos?*
22.12 un gran aposento alto. .*preparad* allí
22.13 fueron, pues. .y *prepararon* la pascua
23.56 vueltas. .*prepararon* especias aromáticas
24.1 trayendo las especias. .habían *preparado*
Jn. 14.2 voy. .a *preparar* lugar para vosotros
14.3 si me fuere y os *preparare* lugar, vendré
Hch. 10.10 pero mientras le *preparaban* algo, le
23.23 *preparasen* para la hora tercera de la
23.24 y que *preparasen* cabalgaduras en que
25.3 *preparando*. .una celada para matarle en
Ro. 9.22 soportó. .los vasos de ira *preparados*
9.23 los vasos de misericordia que él *preparó*
1 Co. 2.9 Dios ha *preparado* para los que le aman
14.8 si ¿quién se *preparará* para la batalla?
2 Co. 9.2 está *preparada* desde el año pasado
9.3 que como lo he dicho, estéis *preparados*
9.5 *preparasen* primero vuestra generosidad
10.16 para gloriarnos en lo que. .*preparado*
12.14 vez estoy *preparado* para ir a vosotros
Ef. 2.10 las cuales Dios *preparó* de antemano
2 Ti. 3.17 sea perfecto, enteramente *preparado*
Flm. 22 *prepárame* también alojamiento; porque
He. 10.5 no quisiste; mas me *preparaste* cuerpo
11.7 por la fe Noé. .con temor *preparó* el arca
11.16 Dios. .porque les ha *preparado*. .ciudad
1 P. 1.5 *preparada* para ser manifestada en el
3.15 *preparados* para presentar defensa con
3.20 mientras se *preparaba* el arca, en la cual
4.5 darán cuenta al que está *preparado* para
Ap. 9.7 a caballos *preparados* para la guerra
9.15 que estaban *preparados* para la hora, día
12.6 tiene lugar *preparado* por Dios, para que
16.12 para que estuviese *preparado* el camino
18.6 cáliz en que. .*preparó* bebida, *preparadle*
19.7 las bodas. .y su esposa se ha *preparado*

PREPARATIVO
1 Cr. 22.5 y David. .hizo *p* en gran abundancia
29.19 haga. .la casa para la cual yo he hecho *p*
Lc. 9.52 entraron en una aldea. .para hacerle *p*
Hch. 21.15 hechos ya los *p*, subimos a Jerusalén

PREPUCIO
Gn. 17.11 circuncidaréis. .la carne de vuestro *p*
17.14 que no hubiere circuncidado. .de su *p*
17.23 circuncidó la carne del *p* de ellos en
17.24 años cuando circuncidó la carne de su *p*
17.25 cuando fue circuncidada la carne de su *p*
Éx. 4.25 y cortó el *p* de su hijo, y lo echó a
Dt. 10.16 circuncidad. .el *p* de vuestro corazón
1 S. 18.25 no desea. .sino cien *p* de filisteos
18.27 trajo David los *p* de ellos y los entregó
2 S. 3.14 la cual desposé conmigo por cien *p* de
Jer. 4.4 quitad. .*p* de vuestro corazón, varones

PRESA
Gn. 49.9 cachorro de león, Judá; de la *p* subiste
49.27 Benjamín es lobo. .la mañana comerá la *p*
Nm. 14.3 mujeres y nuestros niños sean por *p?*
14.31 los cuales dijisteis que serían por *p*
23.24 no se echará hasta que devore la *p*, y
2 R. 21.14 serán para *p* y despojo de todos sus
Job 4.11 el león viejo perece por falta de *p*
9.26 como el águila que se arroja sobre la *p*
17.5 al que denuncia a sus amigos como *p*, los
29.17 y de sus dientes hacía soltar la *p*
38.39 ¿cazarás. .la *p* para el león? ¿Saciarás
39.29 acecha la *p;* sus ojos observan de muy
Sal. 17.12 son como león que desea hacer *p*, y
104.21 los leoncillos rugen tras la *p*, y para
124.6 no nos dio por *p* a los dientes de ellos
Is. 5.29 crujirá los dientes, y arrebatará la *p*
10.6 para que quite despojos, y arrebate *p*, y
31.4 el cachorro de león ruge sobre la *p*, y
Jer. 2.14 Israel. .¿por qué ha venido a ser *p?*
30.16 todos los que hicieron *p* de ti daré en *p*
Ez. 7.21 será *p* de los impíos de la tierra, y
13.21 no estarán más como *p* en vuestra mano
19.3 aprendió a arrebatar la *p*, y a devorar
19.6 y él. .aprendió a arrebatar la *p*, devoró
22.25 conjuración. .como león. .que arrebata *p*
22.27 príncipes. .como lobos que arrebatan *p*
34.5 y son *p* de todas las fieras del campo
34.8 para ser *p* de todas las fieras del campo
36.5 para que sus expulsados fuesen *p* suya
Am. 3.4 ¿rugirá el león en la selva sin haber *p?*
Nah. 2.12 llenaba de *p* sus cavernas, y de robo
3.16 mercaderes. .la langosta hizo *p*, y voló
Hab. 1.9 toda ella vendrá a la *p;* el terror va
2 P. 2.12 como. .nacidos para *p* y destrucción

PRESAGIO
Is. 8.18 yo y. .somos por señales y *p* en Israel

PRESBITERIO
1 Ti. 4.14 con la imposición de las manos del *p*

PRESCIENCIA
1 P. 1.2 elegidos según la *p* de Dios Padre en

PRESCRIBIR
Nm. 19.2 la ordenanza. .que Jehová ha *prescrito*
Dt. 10.13 sus estatutos, que yo te *prescribo*
11.8,13,22,27; 27.1 mandamientos que yo os *prescribo*
19.9; 28.1 mandamientos que yo te *prescribo*
1 R. 13.21 el mandamiento que. .había *prescrito*
2 R. 17.13 las leyes que yo *prescribí* a. .padres
17.15 los testimonios que él había *prescrito*
17.34 los mandamientos que *prescribió* Jehová
18.6 los mandamientos que Jehová *prescribió*
1 Cr. 16.40 la ley. .que él *prescribió* a Israel
Esd. 9.11 *prescribiste* por medio de. .profetas
Neh. 9.14 mano. .les *prescribiste* mandamientos
Job 36.23 ¿quién le ha *prescrito* su camino? ¿Y
Is. 10.1 ¡ay de los que. .y *prescriben* tiranía
Lc. 2.39 haber cumplido con todo lo *prescrito*

PRESENCIA
Gn. 3.8 se escondieron de la *p* de Jehová Dios
4.14 me echas hoy de. .y de tu *p* me esconderé
16.6 como Sarai la afligía, ella huyó de su *p*
23.10 a Abraham, en *p* de los hijos de Het, de
23.11 *p* de los hijos de mi pueblo te la doy
23.13 respondió a Efrón en *p* del pueblo de la
23.16 el dinero que. .en *p* de los hijos de Het
23.18 en *p* de los hijos de Het y de todos los
24.40 Jehová, en cuya *p* he andado, enviará
25.18 y murió en *p* de todos sus hermanos
27.7 te bendiga en *p* de Jehová antes que yo
39.6 era José de hermoso semblante y bella *p*
44.28 uno salió de mi *p*, y pienso de cierto
45.1 José. .clamó: Haced salir de mi *p* a todos
47.10 Jacob bendijo. .salió de la *p* de Faraón
48.15 el Dios en cuya *p* anduvieron mis padres
Éx. 5.1 entraron a la *p* de Faraón y le dijeron
5.20 vista. .cuando salían de la *p* de Faraón
7.20 golpeó las aguas. .en *p* de Faraón y de
8.1 entra a la *p* de Faraón y dile: Jehová ha
8.12 salieron Moisés y. .de la *p* de Faraón
8.29 al salir yo de tu *p*, rogaré a Jehová que
8.30 Moisés salió de la *p* de Faraón, y oró a
9.1 entra a la *p* de Faraón, y dile: Jehová
9.30 tú ni. .temeréis todavía la *p* de Jehová
9.33 salido Moisés de la *p* de Faraón, fuera
10.1 a Moisés: Entra a la *p* de Faraón; porque
10.11 servid. .Y los echaron de la *p* de Faraón
11.8 y salió muy enojado de la *p* de Faraón
16.9 acercaos a la *p* de Jehová. .él ha oído
17.6 Moisés lo hizo así en *p* de los ancianos
19.7 expuso en *p* de ellos. .estas palabras que
32.11 Moisés oró en *p* de Jehová su Dios, y
33.14 mi *p* irá contigo, y te daré descanso
33.15 si tu *p* no ha de ir conmigo, no nos
34.11 yo echo de delante de tu *p* al amorreo
34.24 yo arrojaré a las naciones de tu *p*, y
Lv. 1.5 degollará el becerro en la *p* de Jehová
4.15 en *p* de Jehová degollarán aquel becerro
10.3 en *p* de todo el pueblo seré glorificado
22.3 inmundicia sobre sí será cortado de. .*p*
Nm. 10.35 y huyan de tu *p* los que te aborrecen
16.46 el furor ha salido de la *p* de Jehová
19.3 a Eleazar. .y la hará degollar en su *p*
27.19 congregación; y le darás el cargo en *p*
Dt. 2.12 los arrojaron de su *p*, y habitaron en
4.37 de Egipto con su *p* y con su gran poder
4.38 para echar de delante de tu *p* naciones
7.19 con. .los pueblos de cuya *p* tú temieres
25.2 entonces el juez. .hará azotar en su *p*
29.10 todos estáis hoy en *p* de Jehová. .Dios
31.7 a Josué, y le dijo en *p* de todo Israel
Jos. 4.11 pasó el arca, y los. .en *p* del pueblo
8.33 Israel. .de pie. .en *p* de los sacerdotes
10.12 Josué habló a. .en *p* de los israelitas
23.5 las echará. .las arrojará de vuestra *p*
Jue. 14.16 lloró la mujer de Sansón en *p* de él
14.17 ella lloró en *p* de él los siete días que
20.26 la casa. .se sentaron allí en *p* de Jehová
21.2 estuvieron allí hasta la. .en *p* de Dios
Rt. 4.4 la compres en *p* de los que están aquí
1 S. 2.18 Samuel ministraba en la *p* de Jehová
3.1 Samuel ministraba a Jehová en *p* de Elí
17.24 los varones de Israel. .huían de su *p*
21.6 habían sido quitados de la *p* de Jehová
21.10 David. .huyó de la *p* de Saúl, y se fue
22.4 los trajo, pues, a la *p* del rey de Moab
26.19 mas. .malditos sean ellos en *p* de Jehová
2 S. 3.26 saliendo Joab de la *p* de David, envió
22.13 por el resplandor de su *p* se. .carbones
1 R. 1.28 ella entró a la *p* del rey, y se puso
1.32 Sadoc. .y ellos entraron a la *p* del rey
1.50 mas Adonías, temiendo de la *p* de Salomón
8.22 en *p* de toda la congregación de Israel
9.3 he oído tu. .ruego que has hecho en mi *p*
13.6 que ruegues ante la *p* de Jehová tu Dios
17.1 vive Jehová Dios de Israel, en cuya *p*
18.15 vive Jehová de los. .en cuya *p* estoy, que
2 R. 3.14 vive Jehová. .en cuya *p* estoy, que si
5.16 vive Jehová, en cuya *p* estoy, que no lo
13.23 no quiso. .echarlos de delante de su *p*
15.10 Salum hijo. .lo hirió en *p* de su pueblo
17.20 los entregó en. .hasta echarlos de su *p*
23.27 también quitaré de mi *p* a Judá, como
24.3 contra Judá. .para quitarla de su *p*, por
24.20 la ira de. .hasta que los echó de su *p*
25.7 degollaron a los hijos de Sedequías en *p*
1 Cr. 16.30 temed en su *p*, toda la tierra; el
24.6 escribió sus nombres en *p* del rey y de
2 Cr. 6.12 se puso luego Salomón. .en *p* de toda
7.20 y esta casa que. .yo la arrojaré de mi *p*
19.2 ha salido de la *p* de Jehová ira contra
19.11 los levitas. .oficiales en *p* de vosotros
28.3 arrojado de la *p* de los hijos de Israel
33.12 humillado. .la *p* del Dios de sus padres
34.27 lloraste en mi *p*, yo también te he oído
Esd. 9.15 no es posible estar en tu *p* a causa
Neh. 2.1 no había estado antes triste en su *p*
8.3 leyó. .*p* de hombres y mujeres y de todos
Est. 1.11 que trajesen a. .Vasti a la *p* del rey
6.1 las memorias y. .que las leyeran en su *p*
9.25 mas cuando Ester vino a la *p* del rey, él
Job 1.11; 2.5 blasfema contra ti en tu misma *p*
2.7 salió Satanás de la *p* de Jehová, e hirió
13.16 él. .porque no entrará en su *p* el impío
23.15 lo cual yo me espanto en su *p*. .tiemblo
Sal. 16.11 vida; en tu *p* hay plenitud de gozo
17.2 de tu *p* proceda mi vindicación; vean tus
18.12 por el resplandor de su *p*, sus nubes
21.6 porque. .lo llenaste de alegría con tu *p*
23.5 aderezas mesa delante de mí en *p* de mis
31.20 en lo secreto de tu *p* los esconderás
68.1 y huyan de su *p* los que le aborrecen
68.8 destilaron los cielos ante la *p* de Dios
88.2 llegue mi oración a tu *p;* inclina tu oído
95.2 ante su *p* con alabanza; aclamémosle con
100.2 servid a. .venid ante su *p* con regocijo

PRESENCIA *(Continúa)*

Sal. 114.7 a la *p* de Jehová tiembla la tierra, a
114.7 tiembla la. . a la *p* del Dios de Jacob
119.58 tu *p* supliqué de todo corazón; ten
139.7 ¿a dónde me iré. . dónde huiré de tu *p?*
140.13 tu nombre; los rectos morarán en tu *p*
Pr. 17.18 y sale por fiador en *p* de su amigo
25.5 aparta al impío de la *p* del rey, y su
Ec. 8.3 no te apresures a irte de su *p*, ni en
8.12 les irá bien a. . los que temen ante su *p*
8.13 cuanto no teme delante de la *p* de Dios
Is. 2.10 escóndete. . de la *p* temible de Jehová
2.19 se meterán en. . por la *p* temible de Jehová
2.21 por la *p* formidable de Jehová, y por el
16.4 Moab; sé para ellos escondedero de la *p*
19.16 y temerán en la *p* de la mano alta de
20.6 donde nos acogimos. . ser libres de la *p*
30.11 quitad de nuestra *p* al Santo de Israel
31.8 Asiria. . huirá de la *p* de la espada, y sus
48.19 nunca su nombre sería. . ni raído de mi *p*
64.1 oh, si. . a tu *p* se escurriesen los montes
64.2 fuego. . y las naciones temblasen a tu *p!*
Jer. 6.7 continuamente en mi *p*, enfermedad y
7.15 os echaré de mi *p*, como eché a. . Efraín
15.1 este pueblo; échalos de mi *p*, y salgan
16.17 ni su maldad se esconde de la *p* de mis
17.16 que de mi boca ha salido, fue en tu *p*
23.39 y arrancaré de mi *p* a vosotros y a la
26.19 temió a Jehová, y oró en *p* de Jehová
28.11 habló Hananías en *p* de todo el pueblo
32.31 hoy, para que la haga quitar de mi *p*
34.15 y habíais hecho pacto en mi *p*, en la
34.18 no. . del pacto que celebraron en mi *p*
35.11 de la *p*. . de los caldeos y de la *p* del
35.19 varón que esté en mi *p* todos los días
36.7 llegue la oración de. . a la *p* de Jehová
36.9 que promulgaron ayuno en la *p* de Jehová
38.14 hizo traer al profeta Jeremías a su *p*
39.6 degolló. . los hijos de Sedequías en *p* de
39.16 y sucederá esto en aquel día en *p* tuya
42.9 para presentar vuestros ruegos en su *p*
42.11 no temáis de la *p* del rey de. . de su *p*
52.3 a causa de la ira de. . a echarlos de su *p*
Lm. 2.19 derrama. . corazón ante la *p* del Señor
3.35 torcer el derecho del. . la *p* del Altísimo
4.16 no respetaron la *p* de los sacerdotes, ni
Ez. 16.41 y harán en ti juicios en *p* de muchas
38.20 los hombres que. . temblarán ante mi *p*
Dn. 2.24 llévame a la *p* del rey. . le mostraré la
2.36 la interpretación. . diremos en *p* del rey
5.1 rey Belsasar. . en *p* de los mil bebía vino
5.24 de su *p* fue enviada la mano que trazó
6.11 Daniel orando y rogando en *p* de su Dios
6.26 teman y tiemblen ante la *p* del Dios de
10.12 humillarte en la *p* de tu Dios, fueron
Jon. 1.3 se levantó para huir de la *p* de Jehová
1.3 irse. . a Tarsis, lejos de la *p* de Jehová
1.10 ellos sabían que huía de la *p* de Jehová
Nah. 1.5 tierra se conmueve a su *p*, y el mundo
Sof. 1.7 calla en la *p* de Jehová el Señor, porque
Mal. 3.14 que andemos afligidos en *p* de Jehová
Lc. 1.38 la sierva. . Y el ángel se fue de su *p*
1.76 porque irás delante de la *p* del Señor
2.31 la cual has preparado en *p* de todos los
5.25 levantándose en *p* de ellos, y tomando el
18.40 deteniéndose, mandó traerle a su *p*
Jn. 20.30 otras señales en *p* de sus discípulos
Hch. 2.28 la vida; me llenarás de gozo con tu *p*
3.16 completa sanidad en *p* de todos vosotros
3.19 que vengan de la *p* del Señor tiempos de
4.10 por. . este hombre está en vuestra *p* sano
5.41 salieron de la *p* del concilio, gozosos
7.45 Dios arrojó de la *p* de nuestros padres
9.15 llevar mi nombre en *p* de los gentiles
10.33 nosotros estamos aquí en la *p* de Dios
27.35 tomó el pan y dio gracias a Dios en *p*
1 Co. 1.29 a fin de que nadie se jacte en su *p*
2 Co. 2.10 si. . por vosotros lo he hecho en *p* de
10.10 mas la *p* corporal débil, y la palabra
Fil. 1.26 por mi *p* otra vez entre vosotros
2.12 habéis obedecido, no. . en mi *p* solamente
2 Ts. 1.9 excluidos de la *p* del Señor y de la
He. 4.13 cosa. . que no sea manifiesta en su *p*
Ap. 7.9 delante del trono y en la *p* del Cordero
8.4 subió a la *p* de Dios el humo. . incienso
13.12 ejerce toda la autoridad. . en *p* de ella
13.14 las señales que. . hacer en *p* de la bestia

PRESENTAR

Gn. 41.46 fue *presentado* delante de Faraón rey
43.15 Egipto, y se *presentaron* delante de José
47.2 tomó. . y los *presentó* delante de Faraón
47.7 a Jacob. . lo *presentó* delante de Faraón
Éx. 22.8 el dueño. . será *presentado* a los jueces
23.15 ninguno se *presentará*. . las manos vacías
23.17 *presentará* todo varón delante de Jehová
29.23 de los panes sin. . *presentado* a Jehová
32.6 ofrecieron. . *presentaron* ofrendas de paz
34.2 *preséntate* ante mí sobre la cumbre del
34.20 ninguno se *presentará*. . las manos vacías
34.23 tres veces en el año se *presentará* todo
34.24 cuando subas para *presentarte* delante
35.22 *presentaban* ofrenda de oro a Jehová
Lv. 1.14 *presentará* su ofrenda de tórtolas, o
2.8 y la *presentarás* al sacerdote, el cual la
2.13 sazonarás con sal. . ofrenda que *presentes*
4.23 *presentará* por. . ofrenda un macho cabrío
7.13 con tortas de pan. . *presentará* su ofrenda
7.14 de toda la ofrenda *presentará* una parte
9.12 los hijos de. . le *presentaron* la sangre
9.13 le *presentaron* el holocausto pieza por
9.18 los hijos de. . le *presentaron* la sangre
14.11 *presentará* delante de Jehová al que se
16.7 dos. . cabríos y los *presentará* delante de
16.10 *presentará* vivo delante de Jehová para
23.20 *presentará* como ofrenda mecida delante
Nm. 5.9 toda ofrenda. . *presentaren* al sacerdote
5.30 la *presentará*. . delante de Jehová, y el
8.13 y *presentarás* a los levitas delante de
15.4 que *presente* su ofrenda a Jehová traerá
18.9 toda expiación. . que me han de *presentar*
18.12 las primicias. . que *presentarán* a Jehová
18.26 *presentaréis* de ellos en ofrenda mecida
27.2 *presentaron* delante de Moisés y delante
28.26 *presentéis* ofrenda nueva a Jehová en
Dt. 11.32 decretos que yo *presento* hoy delante
16.16 ninguno se *presentará*. . las manos vacías
19.17 dos litigantes se *presentarán* delante
26.3 te *presentarás* al sacerdote que hubiere
31.11 viniere. . Israel a *presentarse* delante
Jos. 20.4 *presentará* a la puerta de la ciudad
24.1 llamó. . y se *presentaron* delante de Dios
Jue. 5.25 en tazón de nobles le *presentó* crema
6.19 se lo *presentó* debajo de aquella encina
9.33 tú harás. . según se *presente* la ocasión
1 S. 1.22 lo lleve y sea *presentado* delante de
4.2 filisteos *presentaron* la batalla a Israel
10.19 ahora. . *presentaos* delante de Jehová por
2 S. 10.9 viendo. . se le *presentaba* la batalla
14.2 *preséntate* como una mujer que. . de duelo
1 R. 3.15 *presentó* delante del arca del pacto
3.16 rameras, y se *presentaron* delante de él
20.33 Ben-adad entonces se *presentó* a Acab
2 Cr. 1.10 *presentarme* delante de este pueblo
20.9 nos *presentaremos* delante de esta casa
29.21 y *presentaron* siete novillos. . carneros
29.31 *presentad* sacrificios y alabanzas en
29.31 y la multitud *presentó* sacrificios y
Job 1.6 *presentarse* delante de Jehová los hijos
2.1 los hijos de. . para *presentarse* delante de
30.20 clamo a. . me *presento*, y no me atiendes
31.37 y como príncipe me *presentaría* ante él
Sal. 5.3 de mañana me *presentaré* delante de ti
42.2 ¿cuándo. . me *presentaré* delante de Dios?
88.13 mi oración se *presentará* delante de ti
Is. 1.12 cuando venís a *presentaros* delante de
41.21 *presentad* vuestras pruebas, dice el Rey
43.9 *presenten* sus testigos, y justifíquense
44.11 ellos se juntarán, se *presentarán*, se
Jer. 42.9 me enviasteis para *presentar*. . ruegos
Ez. 20.28 *presentaron* ofrendas que me irritan
44.30 toda ofrenda de todo lo que se *presente*
Dn. 1.5 al fin de ellos se *presentasen* delante
2.2 a magos. . y se *presentaron* delante del rey
Mi. 6.6 ¿con qué me *presentaré* ante Jehová, y
6.6 ¿me *presentaré* ante él con holocaustos
Zac. 6.5 salen después de *presentarse* delante
Mal. 1.8 *preséntalo*, pues, a tu príncipe; ¿acaso
1.13 trajisteis lo. . y *presentasteis* ofrenda
Mt. 5.24 y entonces ven y *presenta* tu ofrenda
8.4 y *presenta* la ofrenda que ordenó Moisés
14.11 la cabeza. . y ella la *presentó* a su madre
18.24 fue *presentado* uno que le debía 10.000
19.13 le fueron *presentados* unos niños, para
22.19 mostradme la. . le *presentaron* un denario
26.60 muchos testigos falsos se *presentaban*
Mr. 10.13 y le *presentaban* niños para que los
10.13 reprendían a los que los *presentaban*
Lc. 2.9 se les *presentó* un ángel del Señor, y
2.22 le trajeron. . para *presentarle* al Señor
2.38 *presentándose* en. . daba gracias a Dios
5.12 se *presentó* un hombre lleno de lepra, el
6.29 una mejilla, *preséntale* también la otra
22.47 él aún hablaba, se *presentó* una turba
23.14 dijo: Me habéis *presentado* a éste como
23.36 le escarnecían. . *presentándole* vinagre
Jn. 21.4 se *presentó* Jesús en la playa; mas los
Hch. 1.3 a quienes también. . se *presentó* vivo
5.27 trajeron, los *presentaron* en el concilio
6.6 *presentaron* ante los apóstoles, quienes
7.26 se *presentó* a unos de ellos que reñían
9.41 llamando a los santos. . la *presentó* viva
12.7 se *presentó* un ángel del Señor, y una
16.20 *presentándolos* a. . magistrados, dijeron
19.31 recado, rogándole que no se *presentase*
21.26 *presentarse* la ofrenda por cada uno de
22.30 sacando a Pablo, le *presentó* ante ellos
23.11 se le *presentó* el Señor y le dijo: Ten
23.33 *presentaron* también a Pablo delante de
24.17 a hacer limosnas. . y *presentar* ofrendas
25.2 se *presentaron* ante él contra Pablo, y
25.7 *presentando* contra él muchas y graves
25.15 fui. . se me *presentaron* los principales
25.18 ningún cargo *presentaron* de los que yo
Ro. 6.13 tampoco *presentéis* vuestros miembros
6.13 *presentaos* vosotros mismos a Dios como
6.19 así como. . *presentasteis* vuestros miembros
6.19 *presentad* vuestros miembros para servir
12.1 *presentéis*. . cuerpos en sacrificio vivo
1 Co. 4.6 lo he *presentado* como ejemplo en mí
9.18 *presente* gratuitamente el evangelio de
2 Co. 4.14 *presentará* juntamente con vosotros
11.2 para *presentaros* como una virgen pura
Gá. 3.1 ante cuyos ojos Jesucristo. . *presentado*
Ef. 5.27 a fin de *presentársela* a sí mismo, una
Col. 1.22 para *presentaros* santos y sin mancha
1.28 a fin de *presentar* perfecto en Cristo
2 Ti. 2.15 procura. . *presentarte* a Dios aprobado
Tit. 2.7 *presentándote*. . como ejemplo de buenas
He. 5.1 para que *presente* ofrendas y sacrificios
8.3 *presentar* ofrendas y sacrificios; por lo
8.4 aún sacerdotes que *presentan* las ofrendas
9.9 según el cual se *presentan* ofrendas y
9.24 para *presentarse*. . por nosotros ante Dios
9.26 se *presentó* una vez para siempre por el
1 P. 3.15 *presentar* defensa con mansedumbre y
Jud. 24 *presentaros* sin mancha delante de su

PRESENTE

Gn. 32.13 tomó de. . un *p* para su hermano Esaú
32.18 es un *p* de tu siervo Jacob, que envía
32.20 dijo: Apaciguaré su ira con el *p* que va
32.21 pasó. . el *p* delante de él; y él durmió
33.10 acepta mi *p*, porque he visto tu rostro
33.11 acepta, te ruego. . *p* que te he traído
43.11 tomad de. . y llevad a aquel varón un *p*
43.15 entonces tomaron aquellos varones el *p*
43.25 y ellos prepararon el *p* entretanto que
43.26 le trajeron el *p* que tenían en su mano
Éx. 22.15 si el dueño estaba *p*, no la pagará
23.8 no recibirás *p;* porque el *p* ciega a los
Nm. 18.9 todo *p*. . será cosa muy santa para ti
Dt. 29.15 sino con los que están aquí *p* hoy con
Jue. 3.15 enviaron con él un *p* a Eglón rey de
3.17 entregó el *p* a Eglón rey de Moab; y era
3.18 que hubo entregado el *p*, despidió a la
20.2 los jefes. . *p* en la reunión del pueblo de
1 S. 10.27 y no le trajeron *p;* mas él disimuló
25.27 ahora este *p* que tu sierva ha traído
30.26 he aquí un *p* para vosotros del botín
2 S. 11.8 Urías. . fue enviado *p* de la mesa real
20.4 convócame a los. . y hállate tú aquí *p*
1 R. 4.21 y traían *p*, y sirvieron a Salomón
10.25 todos le llevaban cada año sus *p*. . oro
13.7 ven conmigo a casa, y. . y yo te daré un *p*
15.19 yo te envío un *p* de plata y de oro; vé
2 R. 5.15 te ruego que recibas algún *p* de tu
8.8 toma en tu mano un *p*, y vé a recibir al
8.9 tomó. . Hazael. . un *p* de entre los bienes
16.8 la plata. . envió al rey de Asiria un *p*
20.12 envió mensajeros con. . y *p* a Ezequías
1 Cr. 18.2 moabitas fueron siervos de David. . *p*
18.6 hechos siervos de David, trayéndole *p*
2 Cr. 9.24 cada uno de éstos traía su *p*. . de oro
17.5 en su mano, y todo Judá dio a Josafat *p*
17.11 de los filisteos *p* a Josafat, y tributos
26.8 y dieron los amonitas *p* a Uzías, y se
32.23 muchos trajeron a. . *p* a Ezequías rey de
35.7 para todos los que se hallaron *p;* esto
Esd. 8.25 habían ofrecido. . todo Israel allí *p*
Sal. 45.12 y las hijas de Tiro vendrán con *p*
72.10 los reyes de Tarsis y de las. . traerán *p*
Pr. 29.4 afirma. . mas el que exige *p* la destruye
Is. 39.1 envió cartas y *p* a Ezequías. . enfermo
52.6 yo mismo que hablo, he aquí estaré *p*
57.6 ellas derramaste libación, y ofreciste *p*
Jer. 40.5 dio el capitán. . un *p*, y le despidió
44.15 todas las mujeres que estaban *p*, una
Ez. 16.33 les diste *p*, para que de todas partes
45.25 en cuanto al *p* y en cuanto al aceite
Dn. 2.46 mandó que le ofreciesen *p* e incienso
Os. 10.6 llevado a Asiria como *p* al rey Jareb
Mt. 2.11 ofrecieron *p:* oro, incienso y mirra
Lc. 19.24 a los. . *p:* Quitadle la mina, y dadla
23.48 los que estaban *p* en este espectáculo
Jn. 19.26 vio Jesús. . discípulo. . que estaba *p*
Hch. 22.20 estaba *p*, y consentía en su muerte
23.4 que estaban *p* dijeron: ¿Al sumo. . injurias?
25.18 estando *p* los acusadores, ningún cargo
Ro. 8.18 las aflicciones del tiempo *p* no son
8.38 ni potestades, ni lo *p*, ni lo por venir
1 Co. 3.22 sea lo *p*, sea lo por venir, todo es
5.3 pero *p* en espíritu, ya como *p* he juzgado
2 Co. 5.8 ausentes del cuerpo, y *p* al Señor
5.9 tanto procuramos. . o ausentes o *p*, serle
10.1 estando *p*. . soy humilde entre vosotros
10.2 ruego. . que cuando esté *p*, no tenga que
10.11 seremos también en hechos, estando *p*
13.2 ahora digo otra vez como si estuviera *p*
13.10 para no usar de severidad cuando esté *p*
Gá. 1.4 librarnos del *p* siglo malo, conforme a
4.18 siempre, y no solamente cuando estoy *p*
2 Ts. 2.7 hay quien al *p* lo detiene, hasta que
1 Ti. 4.8 tiene promesa de esta vida *p*, y de la
He. 9.9 es símbolo para el tiempo *p*, según el
9.11 estando ya *p* Cristo, sumo sacerdote de
12.11 que ninguna disciplina al *p* parece ser
2 P. 1.12 y estéis confirmados en la verdad *p*

PRESERVACIÓN

Gn. 45.5 para *p* de vida me envió Dios delante
He. 10.39 de los que tienen fe para *p* del alma

PRESERVAR

Gn. 45.7 y Dios me envió delante. .*preservaros*
Éx. 1.17 que *preservaron* la vida a los niños
1.18 habéis *preservado* la vida a los niños?
1.22 nazca, y a toda hija *preservad* la vida
1 S. 25.39 y ha *preservado* del mal a su siervo
2 S. 8.2 y un cordel entero para *preservarles* la
2 R. 23.18 y así fueron *preservados* sus huesos
Job 21.30 el malo es *preservado* en el día de la
Sal. 12.7 de esta generación los *preservarás*
19.13 *preserva*. .siervo de las soberbias; que
66.9 es quien *preservó* la vida a nuestra alma
79.11 *preserva* a los sentenciados a muerte
Pr. 2.8 el que. .*preserva* el camino de sus santos
2.11 guardará; te *preservará* la inteligencia
3.26 y él *preservará* tu pie de quedar preso
Is. 31.5 amparará Jehová. .librando, *preservando*
2 Ti. 4.18 *preservará* para su reino celestial

PRESIDIR

Jue. 5.10 los que *presidís* en juicio, y vosotros
1 S. 19.20 profetas. .y a Samuel que. .*presidía*
1 R. 8.16 David para que *presidiese* en. .Israel
2 Cr. 19.11 Amarías será el que os *presida* en
Sal. 29.10 Jehová *preside* en el diluvio, y se
Is. 32.1 rey, y príncipes *presidirán* en juicio
Jer. 20.1 el sacerdote Pasur. .que *presidía* como
Ro. 12.8 el que *preside*, con solicitud; el que
1 Ts. 5.12 *presiden* en el Señor, y os amonestan

PRESIONAR

Jue. 14.17 se lo declaró, porque le *presionaba*
16.16 que *presionándole* ella cada día con sus

PRESO *Véase también Prender*

Gn. 39.20 en la cárcel, donde estaban los *p* del
39.22 entregó. .el cuidado de todos los *p* que
40.3 en la casa. .la cárcel donde José estaba *p*
42.16 a uno de vosotros. .y vosotros quedad *p*
42.19 *p* en la casa de vuestra cárcel uno de
2 R. 23.33 y lo puso *p* Faraón Necao en Ribla en
25.6 *p*, pues, el rey, le trajeron al rey de
Sal. 79.11 llegue delante de ti el gemido de. .*p*
102.20 oír el gemido de los *p*, para soltar a
Is. 10.4 sin mí se inclinarán entre. .*p*, y entre
14.17 que puso. .a sus *p* nunca abrió la cárcel?
42.7 para que saques de la cárcel a los *p*, y
49.9 para que digas a los *p*: Salid; y a los
51.14 el *p* agobiado será libertado pronto; no
61.1 libertad. .y a los *p* apertura de la cárcel
Jer. 32.2 Jeremías estaba *p* en el patio de la
32.3 porque Sedequías rey. .lo había puesto *p*
33.1 estando él aún *p* en el patio de la cárcel
39.15 había venido palabra a. .estando *p* en el
48.46 hijos fueron puestos *p* para cautividad
Zac. 9.11 he sacado tus *p* de la cisterna en que
Mt. 4.12 Jesús oyó que Juan estaba *p*, volvió a
27.15 gobernador soltar al pueblo un *p*, el que
27.16 y tenían entonces un *p*. .llamado Barrabás
Mr. 15.6 el día de la fiesta les soltaba un *p*
15.7 Barrabás *p* con sus compañeros de motín
Hch. 9.2 si hallase. .los trajese *p* a Jerusalén
9.21 para llevarlos *p* ante los principales
12.4 y habiéndole tomado *p*, le puso en la
16.25 cantaban himnos a Dios. .los *p* los oían
16.27 matar. .pensando que los *p* habían huido
23.18 y dijo: El *p* Pablo me llamó y me rogó
24.27 Félix congraciarse con. .dejó *p* a Pablo
25.14 un hombre ha sido dejado *p* por Félix
25.27 enviar un *p*, y no informar de. .cargos
27.1 entregaron a Pablo y a algunos otros *p*
27.42 soldados acordaron matar a los *p* para
28.16 el centurión entregó los *p* al prefecto
28.17 he sido entregado *p* desde Jerusalén en
Ef. 4.1 yo pues, *p* en el Señor, os ruego que
Col. 4.3 el misterio de Cristo, por. .estoy *p*
2 Ti. 1.8 ni de mí, *p* suyo, sino participa de
2.9 sufro. .mas la palabra de Dios no está *p*
He. 10.34 de los *p* también os compadecisteis
13.3 acordaos de. .*p*, como si estuviereis *p*

PRESTADO *Véase Prestar*

PRÉSTAMO

Jer. 15.10 nunca he dado ni tomado en *p*, y

PRESTAR

Gn. 34.17 mas si no nos *prestareis* oído para
Éx. 22.14 hubiere tomado *prestada* bestia de su
22.25 *prestares* dinero a uno de mi pueblo, al
Dt. 1.45 Jehová no escuchó. .ni os *prestó* oído
13.8 no consentirás con. .ni le *prestarás* oído
15.6 *prestarás*. .mas tú no tomarás *prestado*
15.8 abrirás a él tu mano. .*prestarás* lo que
24.10 entregares a tu prójimo. .*prestada*, no
24.11 a quien *prestaste* te sacará la prenda
28.12 *prestarás* a. .y tú no pedirás *prestado*
28.44 *prestará* a ti, y tú no le *prestarás* a
1 S. 15.22 el *prestar* atención que la grosura
1 R. 11.38 si *prestares* oído a todas las cosas
2 R. 4.3 vé y pide para ti vasijas *prestadas*
6.5 diciendo: ¡Ah, señor mío, era *prestada*!
1 Cr. 29.24 *prestaron* homenaje al rey Salomón
Neh. 3.5 grandes no se *prestaron* para ayudar a
5.2 hemos pedido *prestado* grano para comer y
5.4 tomado *prestado* dinero para el tributo
5.10 y mis criados les hemos *prestado* dinero
Job 32.12 os he *prestado* atención, y he aquí que
Sal. 37.21 el impío toma *prestado*, y no paga
37.26 en todo. .tiene misericordia, y *presta*
112.5 hombre de bien. .misericordia, y *presta*
Pr. 17.18 el hombre falto de. .*presta* fianzas
19.17 a Jehová *presta* el que da al pobre, y
22.7 toma *prestado* es siervo del que *presta*
Is. 24.2 al que *presta*, al que toma *prestado*
Jer. 27.9 no *prestéis* oído a vuestros profetas
Ez. 17.13 le hizo *prestar* juramento; y se llevó
18.8 no *prestare* a interés ni tomare usura
18.13 *prestare* a interés y tomare usura
29.18 a su ejército *prestar* un arduo servicio
29.18 por el servicio que *prestó* contra ella
Mi. 6.9 *prestad* atención al castigo, y a quien
Mt. 5.42 quiera tomar de ti *prestado*, no se lo
Lc. 6.34 y si *prestáis* a aquellos de quienes
6.34 *prestan* a los pecadores, para recibir
6.35 y *prestad*, no esperando de ello nada
11.5 y le dice: Amigo, *préstame* tres panes
3 Jn. 5 *prestas* algún servicio a los hermanos

PRESTEZA

Dn. 9.21 el varón Gabriel. .volando con *p*, vino

PRESTO

Jn. 7.6 no. .mas vuestro tiempo siempre está *p*

PRESUNCIÓN

Dt. 18.20 profeta que tuviere la *p* de hablar
18.22 *p* la habló el tal profeta; no tengas
Pr. 21.24 que obra en la insolencia de su *p*

PRESUNTUOSO

Pr. 21.24 escarnecedor es el nombre del. .*p* que

PRESUROSO, SA

Pr. 1.16 pies corren. .van *p* a derramar sangre
6.18 inicuos, los pies *p* para correr al mal
Hab. 1.6 yo levanto a los caldeos, nación. .*p*

PRETENDER

Éx. 21.13 el que no *pretendía* herirlo, sino que
Jue. 11.23 así. .¿*pretendes* tú apoderarte de él?
1 R. 2.20 una pequeña petición *pretendo* de ti
Pr. 13.7 hay quienes *pretenden* ser ricos, y no
13.7 y hay quienes *pretenden* ser pobres, y
27.16 *pretender* contenerla es como refrenar
Fil. 3.13 no *pretendo* haberlo ya alcanzado, pero

PRETEXTO

Mt. 23.14 como *p* hacéis largas oraciones; por
Mr. 12.40; Lc. 20.47 por *p*. .largas oraciones
Fil. 1.18 *p* o por verdad, Cristo es anunciado
1 P. 2.16 la libertad como *p* para hacer lo malo

PRETIL

Dt. 22.8 cuando edifiques casa nueva, harás *p*

PRETORIO

Mt. 27.27 los soldados. .llevaron a Jesús al *p*
Mr. 15.16 esto es, al *p*, y convocaron a toda la
Jn. 18.28 llevaron a Jesús de. .de Caifás al *p*
18.28 no entraron en el *p*. .no contaminarse
18.33 Pilato volvió a entrar en el *p*, y llamó
19.9 entró otra vez en el *p*, y dijo a Jesús
Hch. 23.35 mandó que le custodiasen en el *p* de
Fil. 1.13 se han hecho patentes. .en todo el *p*

PREVALECER

Gn. 7.24 y *prevalecieron*. .aguas sobre la tierra
Éx. 17.11 alzaba Moisés su. .Israel *prevalecía*
17.11 él bajaba su mano, *prevalecía* Amalec
18.11 en lo que se. .*prevaleció* contra ellos
Jos. 10.8 y ninguno. .*prevalecerá* delante de ti
Jue. 3.10 y *prevaleció*. .contra Cusan-risataim
6.2 mano de Madián *prevaleció* contra Israel
1 S. 26.25 sin duda emprenderás. .*prevalecerás*
2 S. 11.23 *prevalecieron* contra nosotros los
24.4 la palabra del rey *prevaleció* sobre Joab
2 R. 25.3 los nueve días. .*prevaleció* el hambre
2 Cr. 13.18 y los hijos de Judá *prevalecieron*
14.11 Dios; no *prevalezca* contra ti el hombre
Job 36.9 y que *prevalecieron* sus rebeliones
Sal. 12.4 por nuestra lengua *prevaleceremos*
21.11 maquinaciones, mas no *prevalecerán*
65.3 las iniquidades *prevalecen* contra mí; mas
129.2 mucho. .mas no *prevalecieron* contra mí
Ec. 4.12 si alguno *prevaleciere* contra uno, dos
Jer. 5.22 no *prevalecerán*; bramarán sus ondas
20.10 se engañara. .*prevaleceremos* contra él
20.11 tropezarán, y no *prevalecerán*; serán
38.22 han *prevalecido* contra ti tus amigos
52.6 mes, *prevaleció* el hambre en la ciudad
Lm. 1.16 son destruidos. .el enemigo *prevaleció*
Dn. 11.12 derribará a muchos. .no *prevalecerá*
11.25 mas no *prevalecerá*. .le harán traición
Os. 4.2 matar, hurtar y adulterar *prevalecen*
12.4 venció al ángel, y *prevaleció*; lloró, y
Abd. 7 estaban en paz. .*prevalecieron* contra ti
Mt. 16.18 las puertas del Hades no *prevalecerán*
Lc. 23.23 las voces de ellos y. .*prevalecieron*
Jn. 1.5 tinieblas no *prevalecieron* contra ella
Hch. 19.20 así crecía y *prevalecía*. .la palabra
Ap. 12.8 no *prevalecieron*, ni se halló ya lugar

PREVARICACIÓN

Lv. 6.2 e hiciere *p* contra Jehová, y negare a
26.40 por su *p* con que prevaricaron contra
Jos. 7.1 los hijos de Israel cometieron una *p*
22.20 ¿no cometió Acán hijo. .*p* en el anatema
22.22 si fue. .*p* contra Jehová, no nos salves
2 Cr. 33.19 su *p*. .donde edificó lugares altos
Esd. 9.4 a causa de la *p* de los del cautiverio
Job 14.17 tienes sellada en saco mi *p*, y tienes
Pr. 12.13 el impío es enredado en la *p* de sus
Is. 24.16 han prevaricado con *p* de desleales
Ez. 15.8 por cuanto cometieron *p*, dice Jehová
17.20 entraré en juicio con él por su *p* con
Dn. 8.12 y a causa de la *p* le fue entregado el
8.13 ¿hasta cuándo durará. .y la *p* asoladora
9.24 para terminar la *p*, y poner fin al pecado

PREVARICADOR

Sal. 119.158 veía a los *p*, y me disgustaba
Pr. 2.22 y los *p* serán de ella desarraigados
13.2 bien; mas el alma de los *p* hallará el mal
21.18 rescate del justo. .por los rectos, el *p*
22.12 Jehová. .él trastorna las cosas de los *p*
23.28 y multiplica entre los hombres los *p*
25.19 diente roto. .es la confianza en el *p*
Is. 1.23 príncipes, *p* y compañeros de ladrones
21.2 *p* prevarica, y el destructor destruye
24.16 *p* han prevaricado; y han prevaricado
46.8 tened vergüenza; volved en vosotros, *p*
Jer. 9.2 porque todos ellos. .congregación de *p*
Sof. 3.4 sus profetas son livianos, hombres *p*

PREVARICAR

Lv. 26.40 su prevaricación con que *prevaricaron*
Nm. 5.6 los hombres *prevarican* contra Jehová y
31.16 ellas fueron causa de que. .*prevaricasen*
Jos. 22.16 transgresión es. .con que *prevaricáis*
1 S. 14.33 él dijo: Vosotros habéis *prevaricado*
1 Cr. 2.7 Acán, el que. .*prevaricó* en el anatema
10.13 por su rebelión con que *prevaricó* contra
2 Cr. 6.24 fuere derrotado. .haber *prevaricado*
26.18 sal del santuario. .has *prevaricado*, y
28.19 y había *prevaricado* gravemente contra
Neh. 13.27 de *prevaricar* contra nuestro Dios
Pr. 16.10 rey; en juicio no *prevaricará* su boca
28.21 un bocado de pan *prevaricará* el hombre
Is. 21.2 el prevaricador *prevarica*, y. .destruye
24.16 han *prevaricado*. .*p* con prevaricación
43.27 y tus enseñadores *prevaricaron* contra
59.13 el *prevaricar* y mentir contra Jehová
Jer. 2.29 todos vosotros *prevaricasteis* contra
3.13 contra Jehová tu Dios has *prevaricado*
3.20 así *prevaricasteis* contra mí, oh. .Israel
Ez. 18.24 por su rebelión con que *prevaricó*
39.26 su rebelión con que *prevaricaron* contra
Os. 5.7 contra Jehová *prevaricaron*, porque han
6.7 ellos, cual Adán. .*prevaricaron* contra mí
Am. 4.4 id a Bet-el, y *prevaricad*; aumentad en
Mal. 2.11 *prevaricó* Judá, y en. .y en Jerusalén

PREVER

Gá. 3.8 *previendo* que Dios había de justificar

PRIMERIZA

Jer. 4.31 angustia como de *p*; voz de la hija de

PRIMERO, RA

Gn. 8.5 el *p* del mes, se descubrieron las cimas
8.13 en el mes *p*, el día *p* del mes, las aguas
10.8 Nimrod, quien llegó a ser el *p* poderoso
25.25 y salió el *p* rubio, y era todo velludo
26.1 además de la *p* hambre que hubo en los
28.19 aunque Luz era el nombre de la ciudad *p*
32.17 y mandó al *p*. .Si Esaú mi hermano te
38.28 ató a su mano. .diciendo: Este salió *p*
41.20 vacas flacas. .devoraban a las siete *p*
41.50 antes que viniese el *p* año del hambre
43.18 por el dinero que fue devuelto. .*p* vez
Éx. 4.8 ni obedecieren a la voz de la *p* señal
12.2 mes. .será éste el *p* en los meses del año
12.15 el *p* día haréis que no haya levadura en
12.15 comiere leudado desde el *p* día hasta el
12.16 el *p* día habrá santa convocación, y
12.18 mes *p* comeréis los panes sin levadura
13.12 asimismo todo *p* nacido de tus animales
23.16 *p* frutos de tus labores, que hubieres
23.19 de los *p* frutos. .traerás a la casa de
26.4 de la última cortina de la *p* unión; lo
26.5 cincuenta lazadas harás en la *p* cortina
34.1 alísate dos tablas de piedra como las *p*

PRIMERO, RA ***(Continúa)***

Éx. 34.1 las palabras que estaban en las tablas *p*
34.4 alisó dos tablas de piedra como las *p*
34.19 todo *p* nacido, mío es; y de tu ganado
34.26 primicias de los *p* frutos de tu tierra
36.11 hizo lazadas..al extremo de la *p* serie
36.12 cincuenta lazadas hizo en la *p* cortina
36.17 cortina final al extremo de la *p* serie
39.10 la *p* hilera era un sardio..la *p* hilera
40.2 en el *p* día del mes *p* harás levantar el
40.17 el día *p* del *p* mes, en el segundo año
Lv. 4.21 y lo quemará como quemó el *p* becerro
5.8 cual ofrecerá *p* el que es para expiación
9.15 y lo ofreció por el pecado como el *p*
19.23 incircunciso lo *p* de su fruto; 3 años
23.5 el mes *p*, a los catorce del mes, entre
23.7 *p* día tendréis santa convocación; ningún
23.10 traeréis..por primicia de los *p* frutos
23.24 al *p* del mes tendréis día de reposo, una
23.35 *p* día habrá santa convocación; ningún
23.39 *p* día será de reposo, y el octavo día
23.40 y tomaréis el *p* día ramas con fruto de
Nm. 1.1 habló Jehová..el día *p* del mes segundo
1.18 reunieron a..en el día *p* del mes segundo
3.12 los *p* nacidos entre los hijos de Israel
6.12 y los días *p* serán anulados, por cuanto
7.12 y el que ofreció..el *p* día fue Naasón
8.16 son dedicados..en lugar de todo *p* nacido
9.1 habló Jehová a Moisés..mes *p*, diciendo
9.5 celebraron la pascua en el mes *p*, a los
10.13 partieron la *p* vez al mandato de Jehová
10.14 bandera..de Judá comenzó a marchar *p*
13.20 cómo es..Y era el tiempo de las *p* uvas
15.20 lo *p* que amaséis, ofreceréis una torta
20.1 llegaron..desierto de Zin, en el mes *p*
24.1 Balaam..no fue, como la *p* y segunda vez
28.16 en el mes *p*..será la pascua de Jehová
28.18 *p* día será santa convocación; ninguna
29.1 *p* del mes, tendréis santa convocación
33.3 de Ramesés salieron en el mes *p*, a los
33.3 salieron..a los quince días del mes *p*
33.38 el sacerdote Aarón..murió..el *p* del mes
Dt. 1.3 *p* del mes, Moisés habló a los..de Israel
10.1 lábrate dos tablas de piedra como las *p*
10.2 las palabras que estaban en las *p* tablas
10.3 labré dos tablas de..como las *p*, y subí
10.4 escribió en..conforme a la *p* escritura
10.10 yo estuve en el monte como los *p* días
16.4 carne que matares en la tarde del *p* día
17.7 la mano de los testigos caerá *p* sobre él
24.4 no podrá su *p* marido..volverla a tomar
Jos. 4.19 pueblo subió..el día diez del mes *p*
8.6 dirán: Huyen de nosotros como la *p* vez
21.10 para ellos fue la suerte en *p* lugar
Jue. 1.1 ¿quién..subirá *p* a pelear contra los
20.18 ¿quién subirá..el *p* en la guerra contra
20.18 y Jehová respondió: Judá será el *p*
20.22 lugar donde la habían ordenado el *p* día
20.39 ellos han caído..como en la *p* batalla
Rt. 3.10 mejor tu postrera bondad que la *p*, no
1 S. 2.16 quemen la grosura *p*, y después toma
14.14 la *p* matanza que hicieron Jonatán y su
14.35 este altar fue el *p* que edificó a Jehová
2 S. 3.13 no me vengas a ver..*p* traigas a Mical
18.27 parece el correr del *p* como el correr
19.20 he venido..el *p* de toda la casa de José
19.43 ¿no hablamos..los *p*, respecto de hacer
21.9 siete..muertos en los *p* días de la siega
23.19 ser su jefe; mas no igualó a los tres *p*
23.23 renombrado..pero no igualó a los tres *p*
1 R. 7.6 este pórtico estaba delante de las *p*
17.13 pero hazme a mí *p*..una pequeña torta
18.25 y preparadlo vosotros *p*, pues que sois
20.17 y los siervos de los..salieron los *p*
2 R. 1.14 y ha consumido a los dos *p* capitanes
25.18 tomó entonces..al *p* sacerdote Seraías
25.27 *p* año de su reinado, libertó a Joaquín
1 Cr. 9.2 los *p*..que entraron en sus posesiones
11.6 que *p* derrote a los jebuseos será..jefe
11.6 Joab hijo..subió el *p*, y fue hecho jefe
11.21,25 el más..pero no igualó a los tres *p*
12.9 Ezer el *p*, Obadías el segundo, Eliab el
12.15 éstos pasaron el Jordán en el mes *p*
15.13 pues por no haberlo hecho así la *p* vez
16.5 Asaf el *p*; el segundo después..Zacarías
23.8 los hijos de Laadán, tres: Jehiel el *p*
23.11 Jahat era el *p*, y Zina el segundo; pero
24.7 la *p* suerte tocó a Joiarib, la segunda a
25.9 la *p* suerte salió por Asaf, para José
27.2 sobre la *p* división del *p* mes..Jasobeam
27.3 él fue jefe de..las compañías del *p* mes
29.29 los hechos del rey David, *p* y postreros
2 Cr. 3.3 la *p*, la longitud, de sesenta codos
9.29 demás hechos de Salomón, *p* y postreros
12.15 las cosas de Roboam, *p* y postreras, ¿no
16.11 los hechos de Asa, *p* y postreros, están
17.3 porque anduvo en los *p* caminos de David
20.34 demás hechos de Josafat, *p* y postreros
25.26 hechos de Amasías, *p* y postreros, ¿no
26.22 demás hechos de Uzías, *p* y postreros
28.26 todos sus caminos, *p* y postreros, he
29.3 en el *p* año de su reinado, en el mes *p*
29.17 a santificarse el día *p* del mes *p*, y
29.17 y en el día 16 del mes *p* terminaron
35.1 la pascua a los catorce días del mes *p*
35.27 y sus hechos, *p* y postreros, he aquí
36.22 mas al *p* año de Ciro rey de los persas
Esd. 1.1 el *p* año de Ciro rey de Persia, para
3.6 desde el *p* día del mes séptimo comenzaron
3.12 muchos de..que habían visto la casa *p*
5.13 en el año *p* de Ciro rey de Babilonia, el
6.3 el año *p* del rey Ciro, el mismo rey Ciro
6.19 la pascua a los catorce días del mes *p*
7.5 de Eleazar, hijo de Aarón, *p* sacerdote
7.9 el día *p* del mes fue el principio de la
7.9 y al *p* del mes quinto llegó a Jerusalén
8.31 partimos..el doce del mes *p*, para ir a
9.2 mano..ha sido la *p* en cometer este pecado
10.16 sentaron el *p* día del mes décimo para
10.17 terminaron el juicio..*p* día del mes *p*
Neh. 5.15 los *p* gobernadores que fueron antes
8.2 trajo la ley..el *p* día del mes séptimo
8.18 y leyó..desde el *p* día hasta el último
Est. 1.14 príncipes..sentaban los *p* del reino
3.7 en el mes *p*, que es el mes de Nisán, en
3.12 escribanos del rey en el mes *p*, al día
Job 8.12 con todo, se seca *p* que toda hierba
15.7 ¿naciste tú *p* que Adán..formado antes
41.11 ¿quién me ha dado a mí *p*, para que yo
42.12 bendijo..postrer estado..más que el *p*
42.14 llamó el nombre de la *p*, Jemima, el de
Pr. 18.17 justo parece el *p* que aboga..causa
Is. 9.1 la *p* vez a la tierra de Zabulón y a la
28.4 la fruta temprana, la *p* del verano, la
41.4 yo Jehová, el *p*, y yo..con los postreros
41.27 yo soy el *p* que he enseñado estas cosas
42.9 se cumplieron las cosas *p*, y yo anuncio
43.9 ¿quién de..que nos haga oír las cosas *p*?
43.27 tu *p* padre pecó, y tus enseñadores
44.6 soy el *p*, y yo soy el postrero, y fuera
48.12 yo mismo..el *p*, yo también el postrero
61.4 levantarán los asolamientos *p*..ciudades
65.16 porque las angustias *p* serán olvidadas
65.17 yo crearé..y de lo *p* no habrá memoria
Jer. 11.10 han vuelto a las maldades de sus *p*
25.1 el cual era el año *p* de Nabucodonosor rey
34.5 como quemaron especias por..los reyes *p*
36.28 las palabras *p* que estaban en el *p* rollo
50.17 es Israel..el rey de Asiria lo devoró *p*
52.31 el año *p* de su reinado, alzó la cabeza
Ez. 10.11 lugar adonde se volvía la *p*, en pos
10.14 la *p* era rostro de querubín; la segunda
16.55 con sus hijas, volverán a su *p* estado
16.55 también..volveréis a vuestro *p* estado
23.16 se enamoró de ellos a *p* vista, y les
26.1 aconteció..el día *p* del mes, que vino
29.17 aconteció..el mes *p*, el día *p* del mes
30.20 en el mes *p*, a los siete días del mes
31.1 el día *p* del mes, que vino a mí palabra
40.21 eran como la medida de la puerta *p*; 50
44.30 y las primicias de todos los *p* frutos
45.18 el mes *p*, el día *p* del mes, tomarás de
45.21 el mes *p*, a los catorce días del mes
Dn. 1.21 y continuó Daniel hasta el año *p* del
7.1 en el *p* año de Belsasar rey de Babilonia
7.4 *p* era como león, y tenía alas de águila
7.8 fueron arrancados tres cuernos de los *p*
7.24 otro, el cual será diferente de los *p*
8.21 el cuerno grande que tenía..es el rey *p*
9.1 en el año *p* de Darío hijo de Asuero, de
9.2 en el año *p* de su reinado, yo Daniel miré
10.4 el día veinticuatro del mes *p* estaba yo
10.12 el *p* día que dispusiste tu corazón a
11.1 en el año *p* de Darío el medo, estuve para
11.13 en campaña una multitud mayor que la *p*
11.29 no será la postrera venida como la *p*
Os. 2.7 iré y me volveré a mi *p* marido; porque
Jl. 2.23 os ha dado la *p* lluvia a su tiempo, y
Mi. 4.8 hasta ti vendrá el señorío *p*, el reino
7.1 para comer; mi alma deseó los *p* frutos
Hag. 1.1 *p* día del mes, vino palabra de Jehová
2.3 que haya visto esta casa en su gloria *p*
2.9 la gloria postrera..será mayor que la *p*
Zac. 1.4 a los cuales clamaron los *p* profetas
4.7 él sacará la *p* piedra con aclamaciones de
6.2 en el *p* carro había caballos alazanes, en
7.7 proclamó Jehová por medio de..profetas *p*
7.12 enviaba por..por medio de los profetas *p*
12.7 y librará Jehová las tiendas de Judá *p*
14.10 hasta el lugar de la puerta *p*, hasta
Mt. 5.24 anda, reconcíliate *p* con tu hermano
7.5 saca *p* la viga de tu propio ojo..verás
8.21 permíteme..vaya *p* y entierre a mi padre
10.2 estos: *p* Simón, llamado Pedro, y Andrés
12.29 entrar en la casa del..si *p* no le ata?
12.45 el postrer estado..a ser peor que el *p*
13.30 diré a..Recoged *p* la cizaña, y atadla
14.8 instruida *p* por su madre, dijo: Dame aquí
17.10 dicen..es necesario que Elías venga *p*?
17.11 Elías viene *p*, y restaurará todas las
17.25 le habló *p*, diciendo: ¿Qué te parece
17.27 *p* pez que saques, tómalo, y al abrirle
19.30 muchos *p* serán postreros, y postreros, *p*
20.8 comenzando..los postreros hasta los *p*
20.10 al venir también los *p*, pensaron que
20.16 *p* serán postreros, y los postreros *p*
20.27 el que quiera ser el *p* entre vosotros
21.28 y acercándose al *p*, le dijo: Hijo, vé
21.31 hizo la voluntad de..Dijeron ellos: El *p*
21.36 de nuevo otros siervos, más que los *p*
22.25 el *p* se casó, y murió; y no teniendo
22.38 este es el *p* y grande mandamiento
23.6 y aman los *p* asientos..y las *p* sillas
23.26 limpia *p* lo de dentro del vaso y del
26.17 el *p* día de la fiesta de los panes sin
27.64 y será el postrer error peor que el *p*
28.1 día..al amanecer del *p* día de la semana
Mr. 4.28 *p* hierba, luego espiga, después grano
7.27 deja *p* que se sacien los hijos, porque
9.11 dicen..es necesario que Elías venga *p*?
9.12 Elías..vendrá *p*, y restaurará todas las
9.35 si..quiere ser el *p*, será el postrero
10.31 *p* serán postreros, y los postreros, *p*
10.44 el que..quiera ser el *p*, será siervo de
12.20 el *p* tomó esposa, y murió sin dejar
12.28 ¿cuál es el *p* mandamiento de todos?
12.29 el *p* mandamiento..es: Oye, Israel; el
12.39 las *p* sillas..y los *p* asientos en las
14.12 el *p* día de la fiesta de los panes sin
16.2 muy de mañana, el *p* día de la semana
16.9 habiendo..resucitado..*p* día de la semana
Lc. 2.2 este *p* censo se hizo siendo..gobernador
6.42 saca *p* la viga de tu..ojo, y entonces
9.59 déjame que *p* vaya y entierre a mi padre
9.61 que me despida *p* de los que están en mi
11.26 el postrer estado..ser peor que el *p*
11.43 que amáis las *p* sillas en las sinagogas
13.30 postreros que serán *p*, y *p* que serán
14.7 cómo escogían los *p* asientos a la mesa
14.8 no te sientes en el *p* lugar, no sea que
14.18 el *p* dijo: He comprado una hacienda, y
14.28 no se sienta *p* y calcula los gastos, a
14.31 rey, no se sienta *p* y considera si puede
16.5 amo, dijo al *p*: ¿Cuánto debes a mi amo?
17.25 pero *p* es necesario que padezca mucho
19.16 vino el *p*, diciendo: Señor, tu mina ha
20.29 y el *p* tomó esposa, y murió sin hijos
20.46 las *p* sillas..y los *p* asientos en las
21.9 necesario que estas cosas acontezcan *p*
24.1 el *p* día de la semana, muy de mañana
Jn. 1.15,30 antes de mí; porque era *p* que yo
1.41 éste halló *p* a su hermano Simón, y le
2.10 dijo: Todo hombre sirve *p* el buen vino
5.4 y el que *p* descendía al..quedaba sano de
6.62 viereis al Hijo..subir adonde estaba *p*?
7.51 ¿juzga..ley a un hombre si *p* no le oye
8.7 sea el *p* en arrojar la piedra contra ella
10.40 donde *p* había estado bautizando Juan
19.32 soldados, y quebraron las piernas al *p*
20.1 el *p* día de la semana, María Magdalena
20.4 corrió más aprisa..llegó *p* al sepulcro
20.8 entró el..que había venido *p* al sepulcro
20.19 de aquel mismo día, el *p* de la semana
Hch. 1.1 en el *p* tratado, oh Teófilo, hablé
7.12 trigo..envió a nuestros padres la *p* vez
11.26 se les llamó cristianos por *p* vez en
12.10 habiendo pasado la *p*..segunda guardia
13.46 que se os hablase *p* la palabra de Dios
15.14 Dios visitó por *p* vez a los gentiles
16.12 y de allí a Filipos, que es la *p* ciudad
20.7 el *p* día de la semana, reunidos los
20.18 cómo me he comportado..desde el *p* día
26.23 y ser el *p* de la resurrección de los
27.43 se echasen los *p*, y saliesen a tierra
Ro. 3.2 *p*..que les ha sido confiada la palabra
11.35 quién le dio a él *p*, para que le fuese
16.5 a Epeneto..que es el *p* fruto de Acaya
1 Co. 11.18 en *p* lugar, cuando os reunís como
14.30 le fuere revelado a otro..calle el *p*
15.45 hecho el *p* hombre Adán alma viviente
15.46 lo espiritual no es *p*, sino lo animal
15.47 el *p* hombre es de la tierra, terrenal
16.2 *p* día de la semana cada uno de vosotros
2 Co. 1.15 con esta confianza..ir *p* a vosotros
8.12 *p* hay la voluntad dispuesta, será acepta
9.5 exhortar a los hermanos que fuesen *p* a
9.5 y preparasen *p* vuestra generosidad antes
10.14 fuimos los *p* en llegar hasta vosotros
Ef. 4.9 sino que también había descendido *p* a
6.2 honra..es el *p* mandamiento con promesa
Fil. 1.5 vuestra comunión en..desde el *p* día
1 Ts. 4.16 los muertos en Cristo resucitarán *p*
1 Ti. 1.15 salvar a..de los cuales yo soy el *p*
1.16 mostrase en mí el *p* toda su clemencia
2.13 porque Adán fue formado *p*, después Eva
3.10 sean sometidos a prueba *p*, y entonces
5.4 aprendan éstos *p* a ser piadosos para con
5.12 condenación..haber quebrantado su *p* fe
2 Ti. 1.5 la cual habitó *p* en tu abuela Loida
2.6 para participar de los..debe trabajar *p*
4.16 en mi *p* defensa ninguno estuvo a mi lado
He. 4.6 aquellos a quienes *p* se les anunció la
5.12 enseñar cuáles son los *p* rudimentos de
7.27 necesidad..de ofrecer *p* sacrificios por
8.7 *p* hubiera sido sin defecto, ciertamente
8.13 nuevo pacto, ha dado por viejo al *p*
9.1 aun el *p* pacto tenía ordenanzas de culto
9.2 en la *p* parte..estaba el candelabro, la
9.6 en la *p* parte del tabernáculo entran los
9.8 *p* parte del tabernáculo estuviese en pie
9.15 de las transgresiones..bajo el *p* pacto
9.18 ni aun el *p* pacto fue instituido sin

PRIMERO, RA *(Continúa)*
He. 10.8 *p*: Sacrificio y ofrenda y holocaustos
10.9 quita lo *p*, para establecer esto último
1 P. 4.17 y si *p* comienza por nosotros, ¿cuál
2 P. 1.20 entendiendo *p*. .que ninguna profecía
2.20 su postrer estado. .a ser peor que el *p*
3.3 sabiendo *p* esto: que en los postreros días
1 Jn. 4.19 le amamos a él, porque él nos amó *p*
3 Jn. 9 Diótrefes. .le gusta tener el *p* lugar
Ap. 1.11 yo soy el Alfa y la Omega, el *p* y el
1.17 él. .No temas; yo soy el *p* y el último
2.4 tengo contra ti, que has dejado tu *p* amor
2.5 y arrepiéntete, y haz las *p* obras; pues
2.8 el *p* y el postrero, el que estuvo muerto
2.19 tus obras postreras son más que las *p*
4.1 y la *p* vez que oí, como de trompeta. .dijo
4.7 el *p* ser viviente era semejante a un león
8.7 *p* ángel tocó la trompeta, y hubo granizo
9.12 *p* ay pasó; he aquí, vienen aún dos ayes
13.12 y ejerce. .la autoridad de la *p* bestia
13.12 hace que. .adoren a la *p* bestia, cuya
16.2 el *p*, y derramó su copa sobre la tierra
20.5 mil años. Esta es la *p* resurrección
20.6 el que tiene parte en la *p* resurrección
21.1 el *p* cielo y la *p* tierra pasaron, y el
21.4 ni dolor; porque las *p* cosas pasaron
21.19 el *p* cimiento era jaspe; el segundo
22.13 yo soy el Alfa y la Omega, el *p* y el

PRIMICIA
Éx. 22.29 no demorarás la *p* de tu cosecha ni de
23.19 las *p* de los primeros frutos. .traerás
34.22 fiesta. .de las *p* de la siega del trigo
34.26 las *p* de. .llevarás a la casa de Jehová
Lv. 2.12 ofrenda de *p* las ofreceréis a Jehová
2.14 si ofrecieres a Jehová ofrenda de *p*
2.14 grano. .ofrecerás como ofrenda de tus *p*
23.10 una gavilla por *p* de los primeros frutos
23.17 dos panes. .cocidos. .como *p* para Jehová
23.20 con el pan de las *p* y los dos corderos
Nm. 15.21 las *p* de vuestra masa daréis a Jehová
18.12 las *p* de ello, que. .para ti las he dado
18.13 las *p* de todas las cosas. .serán tuyas
28.26 día de las *p*, cuando presentéis ofrenda
Dt. 12.6 llevaréis. .las *p* de vuestras vacas y
12.17 ni las *p* de tus vacas, ni de tus ovejas
14.23 las *p* de tus manadas y de tus ganados
18.4 las *p* de tu grano, de tu vino y de tu
18.4 las *p* de la lana de tus ovejas le darás
26.2 tomarás de las *p* de todos los frutos que
26.10 he traído las *p* del fruto de la tierra
1 S. 15.21 tomó. .las *p* del anatema, para ofrecer
2 R. 4.42 trajo al varón de Dios panes de *p*, 20
2 Cr. 31.5 de Israel dieron muchas *p* de grano
31.12 depositaron las *p* y los diezmos y los
Neh. 10.35 las *p* de nuestra tierra, y las *p* del
10.37 traeríamos. .las *p* de nuestras masas
12.44 cámaras. .de las ofrendas, de las *p* y
13.31 para la ofrenda de la leña. .para las *p*
Sal. 78.51 las *p* de su fuerza en las tiendas de
105.36 hirió de muerte. .*p* de toda su fuerza
Pr. 3.9 honra a. .con las *p* de todos tus frutos
Jer. 2.3 santo era Israel a Jehová, *p* de. .frutos
Ez. 20.40 demandaré. .y las *p* de vuestros dones
44.30 y las *p* de todos los primeros frutos
44.30 al sacerdote las *p* de. .vuestras masas
48.14 no. .ni traspasarán las *p* de la tierra
Ro. 8.23 nosotros. .tenemos las *p* del Espíritu
11.16 si las *p* son santas, también lo es la
1 Co. 15.20 mas. .*p* de los que durmieron es hecho
15.23 orden; Cristo, las *p*; luego los que son
16.15 que la familia de. .es las *p* de Acaya
Stg. 1.18 para que seamos *p* de sus criaturas
Ap. 14.4 redimidos de entre. .como *p* para Dios

PRIMOGÉNITO
Gn. 4.4 y Abel trajo. .de los *p* de sus ovejas
10.15 y Canaán engendró a Sidón su *p*, a Het
22.21 Uz su *p*, Buz su hermano, Kemuel padre
25.13 el *p* de Ismael, Nebaiot; luego Cedar
27.19 y Jacob dijo a su padre. .soy Esaú tu *p*
27.32 él le dijo: Yo soy tu hijo, tu *p*, Esaú
35.23 los hijos de Lea: Rubén el *p* de Jacob
36.15 hijos de Elifaz, *p* de Esaú: los jefes
38.6 después Judá tomó mujer para su *p* Er, la
38.7 Er, el *p* de Judá, fue malo ante los ojos
41.51 y llamó José el nombre del *p*, Manasés
46.8 que entraron en Egipto. .Rubén, el *p* de
48.14 colocando así. .aunque Manasés era el *p*
48.18 no así, padre mío, porque éste es el *p*
49.3 Rubén, tú eres mi *p*, mi fortaleza, y el
Éx. 4.22 Jehová ha dicho así: Israel es. .mi *p*
4.23 he aquí yo voy a matar a tu hijo, tu *p*
6.14 los hijos de Rubén, el *p* de Israel: Hanoc
11.5 morirá todo *p* en tierra de Egipto, desde
11.5 desde el *p* de Faraón. .hasta el *p* de la
11.5 y morirá todo. .y todo *p* de las bestias
12.12 heriré a todo *p* en la tierra de Egipto
12.29 hirió a todo *p* en la tierra de Egipto
12.29 el *p* de Faraón. .hasta el *p* del cautivo
12.29 Jehová hirió a. .todo *p* de los animales
13.2 conságrame todo *p*. .los hijos de Israel
13.13 *p* de asno redimirás con un cordero; y
13.13 también redimirás al *p* de tus hijos
13.15 morir en la tierra de Egipto a todo *p*
13.15 el *p* humano hasta el *p* de la bestia
13.15 yo sacrifico. .*p* macho, y redimo al *p*
22.29 tu lagar. Me darás el *p* de tus hijos
34.19 mío es. .todo *p* de vaca o de oveja, que
34.20 redimirás con cordero el *p* del asno; y
34.20 redimirás todo *p* de tus hijos; y ninguno
Lv. 27.26 pero el *p* de los animales, que por la
Nm. 1.20 los hijos de Rubén, *p* de Israel, por
3.2 son. .Nadab el *p*, Abiú, Eleazar e Itamar
3.12 a los levitas. .en lugar de todos los *p*
3.13 mío es todo *p*. .todos los *p* en Israel, así
3.13 hice morir a todos los *p* en la tierra de
3.40 cuenta todos los *p* varones de. .de Israel
3.41 levitas. .en lugar de todos los *p*. .los *p*
3.42 contó Moisés. .*p* de los hijos de Israel
3.43 y todos los *p* varones. .de un mes arriba
3.45 los levitas en lugar de todos los *p* de
3.46 para el rescate de los 273 de los *p* de
3.50 recibió de los *p* de los hijos de Israel
8.16 he tomado para mí en lugar de los *p* de
8.17 mío es todo *p*. .día que herí a todo *p* en
8.18 tomado a los levitas en lugar de. .los *p*
18.15 pero harás que se redima el *p* del hombre
18.15 harás redimir el *p* de animal inmundo
18.17 el *p* de vaca, el *p* de oveja y el *p* de
26.5 Rubén, *p* de Israel; los hijos de Rubén
33.4 mientras enterraban los egipcios a. .*p*
Dt. 15.19 consagrarás a Jehová. .todo *p* macho
15.19 no te servirás del *p* de tus vacas, ni. .el *p*
21.15 si. .el hijo *p* fuere de la aborrecida
21.16 al hijo de la aborrecida, que es el *p*
21.17 al hijo de la. .reconocerá como *p*, para
25.6 el *p* que ella diere a luz sucederá en el
33.17 como el *p* de su toro es su gloria, y sus
Jos. 6.26 sobre su *p* eche los cimientos de ella
17.1 *p* de José. Maquir, *p* de Manasés y padre
Jue. 8.20 a Jeter su *p*: Levántate, y mátalos
1 S. 8.2 el nombre de su hijo *p* fue Joel, y el
17.13 Eliab el *p*, el segundo Abinadab, y el
2 S. 3.2 su *p* fue Amnón, de Ahinoam jezreelita
1 R. 16.34 a precio de. .su *p* echó el cimiento
2 R. 3.27 arrebató a su *p* que había de reinar
1 Cr. 1.13 Canaán engendró a Sidón su *p*, y a
1.29 el *p* de Ismael, Nebaiot; después Cedar
2.3 Er, *p* de Judá, fue malo delante de Jehová
2.13 Isaí engendró a Eliab su *p*, el segundo
2.25 de Jerameel *p* de Hezrón fueron Ram su *p*
2.27 hijos de Ram *p* de Jerameel fueron Maaz
2.42 los hijos de Caleb. .Mesa su *p*, que fue
2.50 hijos de Hur *p* de Efrata: Sobal padre
3.1 estos son los hijos de David. .Amnón el *p*
3.15 y los hijos de Josías: Johanán su *p*, el
4.4 los hijos de Hur *p* de Efrata, padre de
5.1,3 los hijos de Rubén *p* de Israel
5.1 él era *p*, mas como. .no fue contado por *p*
6.28 los hijos de Samuel: el *p* Vasni, y Abías
8.1 Benjamín engendró a Bela su *p*, Asbel el
8.30 hijo *p* Abdón, y Zur, Cis, Baal, Nadab
8.39 los hijos de Esec. .Ulam su *p*, Jehús el
9.5 los silonitas, Asaías el *p*, y sus hijos
9.31 Matatías. .*p* de Salum coreíta, tenía a su
9.36 y su hijo *p* Abdón, luego Zur, Cis, Baal
26.2 los hijos de Meselemías: Zacarías el *p*
26.4 Semaías el *p*, Jozabad el segundo, Joa
26.10 no era el *p*, mas su padre lo puso por
2 Cr. 21.3 el reino a Joram, porque él era el *p*
Neh. 10.36 asimismo los *p* de nuestros hijos y
10.36 traeríamos los *p* de nuestras vacas y
Job 1.13 bebían vino en casa de su hermano el *p*
1.18 bebiendo vino en casa de su hermano el *p*
18.13 sus miembros devorará el *p* de la muerte
Sal. 78.51 hizo morir a todo *p* en Egipto, las
89.27 también le pondré por *p*, el más excelso
105.36 hirió de muerte a todos los *p* en su
135.8 es quien hizo morir a los *p* de Egipto
136.10 hirió a Egipto en sus *p*, porque para
Is. 14.30 los *p* de los pobres serán apacentados
Jer. 31.9 Israel por padre, y Efraín es mi *p*
Ez. 20.26 hacían pasar por el fuego a todo *p*
Mi. 6.7 ¿daré mi *p* por mi rebelión, el fruto de
Zac. 12.10 por él como quien se aflige por el *p*
Mt. 1.25 no la conoció hasta que dió a luz su. .*p*
Lc. 2.7 y dio a luz a su hijo *p*, y lo envolvió
Ro. 8.29 que él sea el *p* entre muchos hermanos
Col. 1.15 es la imagen. .el *p* de toda creación
1.18 el *p* de entre los muertos, para que en
He. 1.6 vez, cuando introduce al *P* en el mundo
11.28 el que destruía a los *p* no los tocase
12.23 a la congregación de los *p* que están
Ap. 1.5 el *p* de los muertos, y el soberano de

PRIMOGENITURA
Gn. 25.31 respondió: Véndeme en este día tu *p*
25.32 Esaú. .¿para qué, pues, me servirá la *p*?
25.33 dijo. .él le juró, y vendió a Jacob su *p*
25.34 comió y bebió. .menospreció Esaú la *p*
27.36 se apoderó de mi *p*, y he. .mi bendición
43.33 se sentaron. .el mayor conforme a su *p*
Lv. 27.26 el primogénito. .por la *p* es de Jehová
Dt. 21.16 no podrá dar el derecho de *p* al hijo
21.17 su vigor, y suyo es el derecho de la *p*
1 Cr. 5.1 derechos de *p* fueron dados a. .José
5.2 que Judá. .mas el derecho de *p* fue de José
He. 12.16 que por una sola comida vendió su *p*

PRIMOR
Ez. 28.13 los *p* de tus tamboriles y flautas

PRIMOROSA
Éx. 26.1 y lo harás con querubines de obra *p*
26.31 harás un velo de. .será hecho de obra *p*
28.6 harán el efod de oro, azul. .de obra *p*
28.8 su cinto de obra *p* que estará sobre él
28.15 harás. .pectoral del juicio de obra *p*
36.8 las hicieron con querubines de obra *p*
36.35 velo. .lo hizo con querubines de obra *p*
39.3 hilos para tejerlos entre. .con labor *p*
39.8 hizo también el pectoral de obra *p* como

PRINCIPADO
Pr. 8.23 eternamente tuve el *p*. .el principio
Is. 9.6 y el *p* sobre su hombro; y se llamará
Ro. 8.38 ni *p*, ni potestades, ni lo presente
Ef. 1.21 todo *p* y autoridad y poder y señorío
3.10 dada a conocer por. .la iglesia. .a los *p*
6.12 lucha. .sino contra *p*, contra potestades
Col. 1.16 *p*, sean potestades; todo fue creado
2.10 que es la cabeza de todo *p* y potestad
2.15 despojando a los *p* y a las potestades

PRINCIPAL
Gn. 49.3 Rubén, tú. .*p* en dignidad, *p* en poder
49.4 impetuoso como. .aguas, no serás el *p*
Nm. 3.32 el *p* de los jefes. .será Eleazar hijo
11.16 reúneme setenta varones de los. .sus *p*
20.19 por el camino *p* iremos; y si bebiéremos
Dt. 1.15 *p* de vuestras tribus, varones sabios
Jos. 10.24 dijo a los *p* de la gente de guerra
Jue. 8.6 y los *p* de Sucot respondieron: ¿Están
8.14 le dio por escrito los nombres de los *p*
16.18 envió a llamar a los *p* de los filisteos. .*p*
16.23 los *p* de los filisteos se juntaron para
16.27 todos los *p* de los filisteos estaban allí
16.30 cayó la casa sobre los *p*, y sobre todo
1 S. 2.29 engordándoos de lo *p* de. .las ofrendas
14.38 venid acá. .los *p* del pueblo, y sabed
21.7 era Doeg. .el *p* de los pastores de Saúl
22.9 Doeg. .era el *p* de los siervos de Saúl
2 S. 23.8 Joseb-basebet el. .*p* de los capitanes
23.18 y Abisai hermano. .el *p* de los treinta
1 R. 3.4 Gabaón. .aquél era el lugar alto *p*, y
4.5 Zabud hijo. .ministro *p* y amigo del rey
5.16 los *p* oficiales de Salomón que estaban
8.1 Salomón reunió. .los *p* de las familias de
10.15 sin lo de los. .y de los *p* de la tierra
21.8 escribió cartas. .a los *p* que moraban en
21.11 los *p* que moraban en su ciudad, hicieron
2 R. 10.1 escribió cartas. .a los *p* de Jezreel
10.6 los hijos del rey. .estaban con los *p* de
25.19 tomó. .el *p* escriba del ejército, que
1 Cr. 4.38 son los *p* entre sus familias; y las
5.6 Beera su hijo, el. .era *p* de los rubenitas
5.12 Joel fue el *p* en Basán; el segundo Safán
5.15 Ahí hijo. .fue *p* en la casa de sus padres
8.28 éstos fueron jefes *p* de familias por sus
9.26 *p* de los porteros levitas estaban en el
11.10 los *p* de los valientes que David tuvo
11.15 tres de los treinta *p* descendieron a la
12.3 *p* Ahiezer, después Joás, hijos de Semaa
12.23 el número de los *p* que estaban listos
12.28 Sadoc. .veintidós de los *p* de la casa de
12.32 de los hijos de Isacar, doscientos *p*
15.5 de Coat, Uriel el *p*, y sus hermanos, 120
15.6 de Merari, Asaías el *p*, y sus hermanos
15.7 de los hijos de Gersón, Joel el *p*, y sus
15.8 Elizafán, Semaías el *p*, y sus hermanos
15.9 Hebrón, Eliel el *p*, y sus hermanos, 80
15.10 Uziel, Aminadab el *p*, y sus hermanos
15.12 vosotros que sois los *p* padres de las
15.16 dijo David a los *p* de los levitas, que
15.22 Quenanías, *p* de los levitas en. .música
22.17 mandó David a todos los *p* de Israel que
23.2 juntando a todos los *p* de Israel, y a
24.4 había más varones *p* que de. .de Itamar
24.31 el *p* de los padres igualmente que el
26.12 alternando los *p* de los varones en la
27.1 éstos son los *p* de los hijos de Israel
28.1 reunió David. .a todos los *p* de Israel
2 Cr. 8.10 y tenía Salomón 250 gobernadores *p*
23.20 llamó. .a los *p*, a los que gobernaban
24.23 destruyeron en el pueblo a todos los *p*
28.12 se levantaron algunos varones de los *p*
29.20 rey Ezequías reunió los *p* de la ciudad
31.12 cargo de ello al levita Conanías, el *p*
36.14 *p* sacerdotes. .aumentaron la iniquidad
Esd. 7.28 yo. .reuní a los *p* de Israel para que
8.16 Mesulam, hombres *p*, asimismo a Joiarib
8.24 aparté. .doce de los *p* de los sacerdotes
Neh. 6.17 cartas de los *p* de Judá a Tobías, y
10.29 se reunieron con sus hermanos y sus *p*
11.16 de los *p* de los levitas, capataces de
11.17 el *p*, el que empezaba las alabanzas y
12.24 los *p* de los levitas: Hasabías, Serebías
Job 29.10 voz de los *p* se apagaba, y su lengua

PRINCIPAL *(Continúa)*
Sal. 4,5,6,8,9,11,12,13,14,18,19,20,21,22,31,36,
39,40,41,42,44,45,46,47,49,51,52,53,54,55,
56,57,58,59,60,61,62,64,65,66,67,68,69,70,
75,76,77,80,81,84,85,88,109,139,140 *tits.* al
músico *p*
Pr. 1.21 clama en los *p* lugares de reunión; en
Cnt. 4.14 con todas las *p* especias aromáticas
Jer. 49.35 el arco de Elam. . *p* de su fortaleza
51.59 profeta Jeremías a Seraías. . *p* camarero
52.24 tomó también. . a Seraías el *p* sacerdote
Ez. 11.1 a Jaazanías. . a Pelatías. . *p* del pueblo
17.4 arrancó el *p* de sus renuevos y lo llevó
17.22 del *p* de sus renuevos cortaré un tallo
27.22 lo *p* de toda especiería y toda piedra
Dn. 7.1 luego escribió. . relató lo *p* del asunto
10.13 he aquí Miguel, uno de los *p* príncipes
Am. 6.1 los notables y *p* entre las naciones, a
Mi. 5.5 levantaremos contra él. . ocho hombres *p*
Mt. 2.4 convocados. . los *p* sacerdotes. . preguntó
9.18 vino un hombre *p* y se postró ante él
9.23 al entrar Jesús en la casa del *p*, viendo
16.21 padecer. . de los *p* sacerdotes y de los
20.18 será entregado a los *p* sacerdotes y a
21.15 los *p* sacerdotes y los escribas, viendo
21.23 los *p* sacerdotes y. . se acercaron a él
21.45 *p* sacerdotes. . entendieron que hablaba
26.3 *p* sacerdotes, los escribas. . reunieron
26.14 llamaba Judas. . fue a los *p* sacerdotes
26.47 de parte de los *p* sacerdotes y de los
26.59 los *p* sacerdotes y los ancianos y todo
27.1 venida la mañana, todos los *p* sacerdotes
27.3 devolvió. . plata a los *p* sacerdotes y a
27.6 los *p* sacerdotes, tomando las piezas de
27.12 siendo acusado por los *p* sacerdotes y
27.20 pero los *p* sacerdotes. . persuadieron a
27.41 los *p* sacerdotes, escarneciéndole con
27.62 se reunieron los *p* sacerdotes y los
28.11 y dieron aviso a los *p* sacerdotes de
Mr. 5.22 los *p* de la sinagoga, llamado Jairo
5.35 vinieron de casa del *p* de la sinagoga
5.36 dijo al *p* de la sinagoga: No temas, cree
5.38 vino a casa del *p* de la sinagoga, y vio
6.21 Herodes. . daba una cena a. . *p* de Galilea
8.31 ser desechado por. . los *p* sacerdotes y por
10.33 será entregado a los *p* sacerdotes y a
11.18 oyeron los escribas y los *p* sacerdotes
11.27 templo, vinieron a él los *p* sacerdotes
12.30 y amarás al. . Este es el *p* mandamiento
14.1 buscaban los *p* sacerdotes. . cómo prenderle
14.10 Judas Iscariote. . fue a los *p* sacerdotes
14.43 con él mucha gente. . de parte de los *p*
14.53 se reunieron todos los *p* sacerdotes y
14.55 los *p* sacerdotes. . buscaban testimonio
15.1 tenido consejo los *p* sacerdotes con los
15.3 y los *p* sacerdotes le acusaban mucho
15.10 le habían entregado los *p* sacerdotes
15.11 los *p* sacerdotes incitaron a la multitud
15.31 también los *p* sacerdotes, escarneciendo
Lc. 8.41 vino. . Jairo, que era *p* de la sinagoga
8.49 vino uno de casa del *p* de la sinagoga
9.22 y sea desechado por. . los *p* sacerdotes y
13.14 pero el *p* de la sinagoga, enojado de que
18.18 un hombre *p* le preguntó. . Maestro bueno
19.47 los *p* sacerdotes. . procuraban matarle
19.47 y los *p* del pueblo procuraban matarle
20.1 llegaron los *p* sacerdotes y los escribas
20.19 procuraban los *p* sacerdotes y. . escribas
22.2 *p* sacerdotes y. . buscaban cómo matarle
22.4 éste fue y habló con los *p* sacerdotes
22.52 Jesús dijo a los *p* sacerdotes, a los
22.66 de día, se juntaron. . los *p* sacerdotes
23.4 Pilato dijo a los *p* sacerdotes, y a la
23.10 estaban los *p* sacerdotes y. . escribas
23.13 Pilato, convocando a los *p* sacerdotes
23.23 voces de ellos y de los *p* sacerdotes
24.20 cómo le entregaron los *p* sacerdotes y
Jn. 3.1 había. . Nicodemo, un *p* entre los judíos
7.32 los *p* sacerdotes. . enviaron alguaciles
7.45 alguaciles vinieron a los *p* sacerdotes
11.47 *p* sacerdotes y. . reunieron el concilio
11.57 los *p* sacerdotes. . habían dado orden de
12.10 los *p* sacerdotes acordaron dar muerte
18.3 tomando. . alguaciles de los *p* sacerdotes
18.35 tu nación, y los *p*. . te han entregado a
19.6 cuando le vieron los *p* sacerdotes y los
19.15 los *p* sacerdotes: No tenemos más rey que
19.21 a Pilato los *p* sacerdotes. . No escribas
Hch. 4.23 lo que los *p* sacerdotes les habían
5.24 oyeron. . y los *p* sacerdotes, dudaban en
9.14 aquí tiene autoridad de los *p* sacerdotes
9.21 vino. . para llevarlos presos ante los *p*
13.15 los *p* de la sinagoga mandaron a decirles
13.50 judíos instigaron. . a los *p* de la ciudad
15.22 a Silas, varones *p* entre los hermanos
18.8 Crispo, el *p* de la sinagoga, creyó en
18.17 griegos, apoderándose de Sóstenes, *p*
22.30 y mandó venir a los *p* sacerdotes y a
23.14 los cuales fueron a los *p* sacerdotes
25.2 los *p* sacerdotes. . se presentaron ante
25.15 se me presentaron los *p* sacerdotes y
25.23 entrando. . con los tribunos y *p* hombres
26.10 recibido poderes de los *p* sacerdotes
26.12 iba yo. . en comisión de los *p* sacerdotes
28.7 había propiedades del hombre *p* de la isla
28.17 Pablo convocó a los *p* de los judíos, a
Ef. 2.20 siendo la *p* piedra. . Jesucristo mismo
He. 8.1 el punto *p* de lo que venimos diciendo
1 P. 2.6 pongo en Sion la *p* piedra del ángulo

PRÍNCIPE
Gn. 12.15 la vieron los *p* de Faraón. . alabaron
17.20 doce *p* engendrará, y haré de él una
21.22 Abimelec, y Ficol *p* de su ejército, a
21.32 Abimelec, y Ficol *p*. . volvieron a tierra
23.6 eres un *p* de Dios entre nosotros; en lo
25.16 hijos de Ismael. . 12 *p* por sus familias
34.2 la vio Siquem. . *p* de aquella tierra, y la
Éx. 2.14 ¿quién te ha puesto a ti por *p* y juez
16.22 los *p* de la. . lo hicieron saber a Moisés
22.28 jueces, ni maldecirás al *p* de tu pueblo
24.11 no extendió su mano sobre los *p* de los
34.31 los *p* de la congregación volvieron a
35.27 los *p* trajeron piedras de ónice, y las
Nm. 1.16 *p* de. . tribus de sus padres, capitanes
1.44 los cuales contaron. . con los *p* de Israel
7.2 *p* de Israel. . *p* de las tribus. . ofrecieron
7.3 cada dos *p* un carro, y cada uno un buey
7.10 *p* trajeron ofrendas para la dedicación
7.10 ofreciendo los *p* su. . delante del altar
7.11 ofrecerán. . un *p* un día, y otro *p* otro
7.18 día ofreció Natanael hijo de Zuar, *p* de
7.24 Eliab hijo. . *p* de los hijos de Zabulón
7.30 Elisur hijo de. . *p* de los hijos de Rubén
7.36 Selumiel hijo. . *p* de los hijos de Simeón
7.42 Eliasaf hijo de. . *p* de los hijos de Gad
7.48 *p* de los hijos de Efraín, Elisama hijo
7.54 el *p* de los hijos de Manasés, Gamaliel
7.60 el *p* de los hijos de Benjamín, Abidán
7.66 el décimo día, el *p* de los hijos de Dan
7.72 el undécimo. . el *p* de los hijos de Aser
7.78 el *p* de los hijos de Neftalí, Ahira hijo
7.84 fue la ofrenda que los *p* de. . ofrecieron
10.4 congregarán ante ti los *p*, los jefes de
13.2 de cada tribu. . cada uno *p* entre ellos
13.3 todos aquellos varones eran *p*. . Israel
16.2 se levantaron contra Moisés con 250. . *p*
17.2 una vara. . de todos los *p* de ellos, doce
17.6 los *p*. . le dieron varas; cada *p* por las
21.18 pozo, el cual. . cavaron los *p* del pueblo
22.8 así los *p* de Moab se quedaron con Balaam
22.13 así Balaam se levantó. . y dijo a los *p*
22.14 *p* de Moab. . vinieron a Balac y dijeron
22.15 volvió Balac a enviar otra vez más *p*
22.21 así Balaam se. . fue con los *p* de Moab
22.35 vé. . Así Balaam fue con los *p* de Balac
22.40 hizo matar bueyes. . y envió a. . y a los *p*
23.6 junto a su holocausto, él y todos los *p*
23.17 que él estaba. . y con él los *p* de Moab
25.4 toma a. . los *p* del pueblo, y ahórcalos
25.15 de Zur, *p* de pueblos, padre de familia
25.18 lo tocante a Cozbi hija del *p* de Madián
27.2 presentaron. . delante de los *p* y de toda
30.1 habló Moisés a los *p* de las tribus de los
31.13 y salieron. . los *p* de la congregación, a
32.2 y hablaron. . a los *p* de la congregación
32.28 y a Josué hijo. . y los *p* de los padres
34.18 tomaréis también de cada tribu un *p*
34.22 de la tribu de. . Dan, el *p* Buqui hijo de
34.23 de Manasés, el *p* Haniel hijo de Efod
34.24 de Efraín, el *p* Kemuel hijo de Siftán
34.25 Zabulón, el *p* Elizafán hijo de Parnac
34.26 de Isacar, el *p* Paltiel hijo de Azán
34.27 de la. . Aser, el *p* Ahiud hijo de Selomi
34.28 de Neftalí, el *p* Pedael hijo de Amiud
36.1 llegaron los *p* de los padres. . de Galaad
36.1 hablaron delante de Moisés y de los *p*
Dt. 5.23 vinisteis a mí, todos los *p*. . tribus
33.16 de aquel que es *p* entre sus hermanos
Jos. 5.14 *P* del ejército de Jehová he venido
5.15 *P*. . de Jehová respondió a Josué: Quita
9.15 lo juraron los *p* de la congregación
9.18 los *p* de. . les habían jurado por Jehová
9.18 la congregación murmuraba contra los *p*
9.19 los *p* respondieron a. . la congregación
9.21 dijeron. . de ellos los *p*: Dejadlos vivir
9.21 vida, según les habían prometido los *p*
13.3 los cinco *p* de los filisteos, el asdodeo
13.21 derrotó a. . los *p* de Madián. . *p* de Sehón
17.4 estas vinieron delante. . los *p*, y dijeron
22.14 y a diez *p* con él: un *p* por cada casa
22.30 oyendo. . los *p* de la congregación, y los
22.32 Finees. . y los *p*, dejaron a los hijos
23.2 llamó a todo Israel. . sus *p*, sus jueces
24.1 llamó a los ancianos. . sus *p*, sus jueces
Jue. 3.3 cinco *p* de los filisteos, todos los
5.3 oíd, reyes; escuchad, oh *p*; yo cantaré a
5.14 de Maquir descendieron *p*, y de Zabulón
7.25 a dos *p* de los madianitas, Oreb y Zeeb
8.3 Dios ha entregado. . a Oreb. . *p* de Madián
10.18 los *p*. . Galaad dijeron el uno al otro
16.5 vinieron a ella los *p* de los filisteos
16.8 los *p* de los. . le trajeron siete mimbres
1 S. 2.8 para hacerle sentarse con *p* y heredar
5.8 convocaron. . todos los *p* de los filisteos
5.11 reunieron a todos los *p* de los filisteos
6.4 conforme al número de. . *p* de los filisteos
6.4 plaga ha afligido a todos. . a vuestros *p*
6.12 los *p* de los filisteos fueron tras ellas
6.16 vieron esto los cinco *p* de los filisteos
6.18 ciudades. . pertenecientes a los cinco *p*
7.7 subieron los *p*. . contra Israel; y al oír
9.16 al cual ungirás por *p* sobre mi pueblo
10.1 ¿no te ha ungido Jehová por *p* sobre su
13.14 ha designado para que sea *p* sobre su
18.30 salieron a campaña los *p* de. . filisteos
25.30 ti, y te establezca por *p* sobre Israel
29.2 los *p* de los filisteos pasaban revista
29.3 dijeron los *p*. . Aquis respondió a los *p*
29.4 los *p* de los filisteos se enojaron contra
29.6 hoy; mas a los ojos de los *p* no agradas
29.7 vete en paz, para no desagradar a los *p*
29.9 los *p* de los filisteos me han dicho: No
2 S. 3.38 ¿no sabéis que un *p* y. . ha caído hoy
5.2 Jehová te ha dicho. . serás *p* sobre Israel
6.21 para constituirme por *p* sobre el pueblo
7.8 yo te tomé del. . para que fueses *p* sobre
8.18 peleteos; y los hijos de David eran los *p*
10.3 los *p* de los hijos de Amón dijeron a
19.6 que nada te importan tus *p* y siervos
1 R. 1.35 que sea *p* sobre Israel y sobre Judá
9.22 sus *p*, sus capitanes, comandantes de sus
14.7 yo te. . te hice *p* sobre mi pueblo Israel
15.20 envió los *p* de los ejércitos que tenía
16.2 y te puse por *p* sobre mi pueblo Israel
20.14 por mano de los siervos de los *p* de las
20.15 él pasó revista a los siervos de los *p*
20.17 y los siervos de los *p*. . los primeros
20.19 salieron, pues. . los siervos de los *p*
2 R. 7.2 *p* sobre cuyo brazo el rey se apoyaba
7.17 el rey puso a la puerta a aquel *p* sobre
7.19 aquel *p* había respondido al varón de Dios
9.5 él entró, he aquí los *p*. . estaban sentados
9.5 dijo: *P*, una palabra tengo que. . A ti, *p*
10.11 mató. . de la casa de Acab. . todos sus *p*
11.14 los *p*. . junto al rey; y todo el pueblo
20.5 vuelve, y dí a Ezequías, *p* de mi pueblo
24.12 salió Joaquín rey. . sus *p* y sus oficiales
24.14 y llevó en cautiverio a. . a todos los *p*
25.9 todas las casas de los *p* quemó a fuego
25.23 oyendo todos los *p* del ejército, ellos
1 Cr. 2.10 engendró a Naasón, *p* de los. . de Judá
5.2 Judá llegó a ser el mayor sobre. . y el *p*
5.7 sus hermanos. . tenían por *p* a Jeiel y a
7.3 los hijos de Israhías. . por todos, cinco *p*
7.40 éstos fueron hijos de Aser. . jefes de *p*
9.11 hijo de Ahitob, *p* de la casa de Dios
11.2 serás *p* sobre Israel mi pueblo Israel
12.20 se pasaron a él. . *p* de millares de los
12.27 Joiada, *p* de los del linaje de Aarón
17.7 yo te tomé. . que fueses *p* sobre mi pueblo
18.17 los hijos de David eran los *p* cerca del
19.3 *p* de los hijos de Amón dijeron a Hanún
21.2 dijo David a. . y a los *p* del pueblo: Id
24.5 hubo *p* del santuario, y *p* de la casa de
24.6 escribió. . presencia del rey y de los *p*
28.21 los *p*, y todo el pueblo para ejecutar
29.6 los *p* de las tribus de Israel, jefes de
29.22 y ante Jehová le ungieron por *p*, y a
29.24 *p*. . prestaron homenaje al rey Salomón
2 Cr. 1.2 convocó. . los *p* de todo Israel, jefes
5.2 reunió. . a todos los *p* de las tribus, los
6.5 ni he escogido varón que fuese *p* sobre mi
11.22 a Abías hijo de. . por *p* de sus hermanos
12.5 Semaías a Roboam y a los *p* de Judá, que
12.6 los *p* de Israel y el rey se humillaron
17.7 al tercer año de su reinado envió sus *p*
19.11 y Zebadías. . *p* de la casa de Judá, en
21.4 Joram. . mató a espada. . de los *p* de Israel
21.9 pasó Joram con sus *p*, y todos sus carros
22.8 halló a los *p* de Judá, y a los hijos de
23.2 reunieron. . a los *p* de las familias de
23.13 los *p* y los trompeteros junto al rey
24.17 vinieron los *p* de Judá y ofrecieron
28.14 los cautivos y el botín delante de los *p*
28.21 despojó. . la casa real, y las de los *p*
29.30 Ezequías y los *p* dijeron a los levitas
30.2 y el rey había tomado consejo con sus *p*
30.6 con cartas de mano al rey y de sus *p* por
30.12 cumplir el mensaje del rey y de los *p*
30.24 los *p* dieron al pueblo mil novillos y
31.8 y los *p* vinieron y vieron los montones
31.13 rey. . y de Azarías, *p* de la casa de Dios
32.3 consejo con sus *p* y con sus. . valientes
32.31 lo referente a los mensajeros de los *p*
35.8 sus *p* dieron con liberalidad al pueblo
36.18 tesoros. . del rey y de sus *p*. . lo llevó
Esd. 1.8 dio por cuenta a Sesbasar *p* de Judá
7.28 delante del rey y de. . los *p* poderosos
8.20 a quienes David con los *p* puso para el
8.25 ofrecido el rey. . y sus *p*, y todo Israel
8.29 hasta que los peséis delante de los *p* de
9.1 los *p* vinieron a mí, diciendo: El pueblo
9.2 la mano de los *p* y de los gobernadores ha
10.5 y juramentó a los *p* de los sacerdotes
10.8 conforme al acuerdo de los *p* y de los
10.14 sean nuestros *p* los que se queden en
Neh. 9.32 el sufrimiento que ha alcanzado a. . *p*
9.34 nuestros *p*. . no pusieron por obra tu ley
9.38 firmada por nuestros *p*, por. . levitas y
11.11 hijo de Ahitob, *p* de la casa de Dios
12.7 estos eran los *p* de los sacerdotes y sus

PRÍNCIPE *(Continúa)*
Neh. 12.31 hice huego subir a los *p* de Judá sobre
12.32 iba tras. . Osaías con la mitad de los *p*
Est. 1.3 banquete a todos sus *p* y cortesanos
1.3 delante. . gobernadores y *p* de provincias
1.11 mostrar a. . pueblos y a los *p* su belleza
1.14 y estaban. . siete *p* de Persia y de Media
1.16 dijo Memucán delante del rey y de los *p*
1.16 sino contra todos los *p*, y contra todos
1.18 y entonces dirán. . a todos los *p* del rey
1.21 agradó. . a los ojos del rey y de los *p*
2.18 hizo. . banquete a todos sus *p* y siervos
3.1 honró, y puso su silla sobre todos los *p*
3.12 mandó. . a los *p* de cada pueblo, a cada
5.11 con que le había honrado sobre los *p* y
6.9 en mano de alguno de los *p* más nobles del
8.9 se escribió. . a los. . *p* de las provincias
9.3 y todos los *p* de. . apoyaban a los judíos
Job 3.15 o con los *p* que poseían el oro, que
12.19 lleva despojados a los *p*, y trastorna
12.21 él derrama menosprecio sobre los *p*, y
21.28 ¿qué hay de la casa del *p*, y qué de la
29.9 los *p* detenían sus palabras; ponían la
31.37 pasos, y como *p* me presentaría ante él
34.18 al rey: Perverso; y a los *p*: Impíos?
34.19 que no hace acepción de persona de *p*
Sal. 2.2 *p* consultarán unidos contra Jehová y
45.16 a quienes harás *p* en toda la tierra
47.9 los *p* de los pueblos se reunieron como
68.27 *p* de Judá. . *p* de Zabulón. . *p* de Neftalí
68.31 vendrán *p* de Egipto. . se apresurará a
76.12 cortará él el espíritu de. . *p*; temible
82.7 pero. . como cualquiera de los *p* caeréis
83.11 como a Zeba y Zalmuna a todos sus *p*
107.40 él esparce menosprecio sobre los *p*, y
113.8 sentar con los *p*, con los *p* de su pueblo
118.9 mejor es confiar en Jehová que. . en *p*
119.23 *p* también se sentaron y hablaron contra
119.161 *p* me han perseguido sin causa, pero
146.3 no confiéis en los *p*, ni en hijo de
148.11 los *p* y todos los jueces de la tierra
Pr. 8.15 los reyes, y los *p* determinan justicia
8.16 por mí dominan los *p*, y. . los gobernadores
14.28 la falta de pueblo la debilidad del *p*
17.7 ¡cuánto menos al *p* el labio mentiroso!
19.10 ¡cuánto menos al siervo ser señor. . *p*!
25.7 y no que seas humillado delante del *p*
25.15 con larga paciencia se aplaca el *p*, y
28.2 por la rebelión de la tierra sus *p* son
28.15 león. . el *p* impío sobre el pueblo pobre
28.16 *p* falto de entendimiento. . la extorsión
29.26 muchos buscan el favor del *p*; mas de
31.4 no es de los reyes. . de los *p* la sidra
Ec. 10.4 espíritu del *p* se exaltare contra ti
10.5 un mal. . a manera de error emanado del *p*
10.7 y *p* que andaban como siervos sobre la
10.16 tu rey. . y tus *p* banquetean de mañana!
10.17 y tus *p* comen a su hora, para reponer
Cnt. 7.1 hermosos son tus pies. . oh hija de *p*!
Is. 1.10 *p* de Sodoma, oíd la palabra de Jehová
1.23 tus *p*, prevaricadores y compañeros de
3.4 pondré jóvenes por *p*, y muchachos serán
3.6 tú serás nuestro *p*, y toma en tus manos
3.7 diciendo: No. . no me hagáis *p* del pueblo
3.14 Jehová vendrá a juicio. . y contra sus *p*
9.6 se llamará su nombre. . eterno, *P* de paz
10.8 él dice: Mis *p*, ¿no son todos reyes?
13.2 alzad. . para que entren por puertas de *p*
14.9 levantar de. . a todos los *p* de la tierra
19.11 ciertamente son necios los *p* de Zoán
19.13 los *p* de Zoán, se han engañado los *p* de
19.20 les enviará salvador y *p* que los libre
21.5 ¡levantaos, oh *p*, ungid el escudo!
22.3 todos tus *p* juntos huyeron del arco
23.8 negociantes eran *p*, cuyos mercaderes
30.4 estén sus *p* en Zoán, y sus embajadores
31.9 sus *p*, con pavor, dejarán sus banderas
32.1 reinará un rey, y *p* presidirán en juicio
34.12 llamarán a sus *p*, *p* sin reino; y todos
41.25 pisoteará *p* como lodo, y como pisa el
43.28 yo profané los *p* del santuario, y puse
49.7 verán reyes, y se levantarán *p*. . porque
Jer. 1.18 yo te he puesto. . contra los reyes. . *p*
2.26 se avergonzará la. . sus *p*, sus sacerdotes
4.9 desfallecerá. . el corazón de los *p*, y los
8.1 sacarán. . los huesos de sus *p*. . fuera de
17.25 entrarán. . sus *p*, los varones de Judá y
20.1 el sacerdote Pasur. . que presidía como *p*
24.1 de haber transportado. . a los *p* de Judá
24.8 pondré a. . sus *p* y al resto de Jerusalén
25.18 reyes, a sus *p*, para ponerlos en ruinas
25.19 a Faraón rey. . a sus siervos, a sus *p* y
26.10 y los *p* de Judá oyeron estas cosas, y
26.11 hablaron. . a los *p* y a todo el pueblo
26.12 habló Jeremías a todos los *p* y a todo
26.16 y dijeron los *p* y todo el pueblo a los
26.21 y oyeron sus palabras el rey. . sus *p*, y
29.2 después que salió el rey. . los *p* de Judá
30.21 de ella saldrá su *p*, y de en medio de
32.32 la maldad de. . sus *p*, sus sacerdotes y
34.10 oyeron todos los *p*, y todo el pueblo
34.19 los *p* de Judá y a los *p* de Jerusalén
34.21 a sus *p* los entregaré en mano de sus
35.4 estaba junto al aposento de los *p*, que
36.12 *p* estaban allí sentados. . todos los *p*
36.14 enviaron todos los *p* a Jehudí hijo de
36.19 dijeron los *p* a Baruc: Vé y escóndete
36.21 oídos de todos los *p* que junto al rey
37.14 sino prendió. . lo llevó delante de los *p*
37.15 los *p* se airaron contra Jeremías, y le
38.4 dijeron los *p* al rey: Muera ahora este
38.17 si te entregas en seguida a los *p* del
38.18 si no te entregas a los *p* del rey de
38.22 las mujeres. . serán sacadas a los *p* del
38.25 los *p* oyeren que yo he hablado contigo
38.27 vinieron luego todos los *p* a Jeremías
39.3 y entraron todos los *p* del rey. . demás *p*
39.13 el Rabmag y. . los *p* del rey de Babilonia
40.13 los *p* de la gente de guerra que estaban
41.1 algunos *p* del rey y diez hombres con él
41.11 y oyeron. . los *p* de la gente de guerra
44.17 como hemos hecho. . reyes y nuestros *p*
44.21 y vuestros *p* y el pueblo de la tierra?
48.7 en cautiverio, sus sacerdotes y sus *p*
49.3 Milcom fue llevado en cautiverio. . sus *p*
49.38 en Elam, y destruiré a su rey y a su *p*
50.35 espada contra. . *p* y contra sus sabios
51.23 a jefes y a *p* quebrantaré por medio de
51.28 de Media, sus capitanes y todos sus *p*
51.57 y embriagaré a sus *p* y a sus sabios, a
52.10 degolló en Ribla a todos los *p* de Judá
Lm. 1.5 sus enemigos han sido hechos *p*, sus
1.6 sus *p* fueron como ciervos que no hallan
2.2 por tierra. . humilló al reino y a sus *p*
2.9 su rey y sus *p* están entre las naciones
5.12 los *p* colgaron de las manos. . los viejos
Ez. 7.27 el rey se enlutará, y el *p* se vestirá
12.10 profecía se refiere al *p* en Jerusalén
12.12 *p* que está en medio de ellos llevarán
17.12 y tomó a. . a sus *p*, y los llevó consigo
19.1 levanta endecha sobre los *p* de Israel
21.12 será ella sobre todos los *p* de Israel
21.25 impío *p* de Israel, cuyo día ha llegado
22.6 los *p* de Israel. . esfuerzan en derramar
22.27 sus *p* en. . son como lobos que arrebatan
26.16 los *p* del mar descenderán de sus tronos
27.21 los *p* de Cedar traficaban contigo en
28.2 hijo de hombre, dí al *p* de Tiro: Así ha
30.13 no habrá más *p* de la tierra de Egipto
32.29 todos sus *p*, los cuales con su poderío
32.30 los *p* del norte, todos ellos, y todos
34.24 y mi siervo David *p* en medio de ellos
37.25 y mi siervo David será *p* de ellos para
38.2 de Magog, *p* soberano de Mesec y Tubal
38.3 he aquí, yo estoy contra ti, oh Gog, *p*
38.13 y todos sus *p*, te dirán: ¿Has venido a
39.1 yo estoy contra ti, oh Gog, *p* soberano
39.18 y beberéis sangre de *p* de la tierra
44.3 cuanto al *p*, por ser el *p*, él se sentará
45.7 y la parte del *p* estará junto a lo que
45.8 nunca más mis *p* oprimirán a mi pueblo
45.9 así ha dicho. . ¡Basta ya, oh *p* de Israel!
45.16 dar esta ofrenda para el *p* de Israel
45.17 *p* corresponderá el dar el holocausto
45.22 día el *p* sacrificará por sí mismo y por
46.2 y el *p* entrará por el camino del portal
46.4 el holocausto que el *p* ofrecerá a Jehová
46.8 y cuando el *p* entrare, entrará por el
46.10 el *p*, cuando. . entrará en medio de ellos
46.12 mas cuando el *p*. . hiciere holocausto u
46.16 si el *p* diere parte de su heredad a sus
46.17 hasta el año del jubileo, y volverá al *p*
46.18 y el *p* no tomará nada de la herencia
48.21 del *p* será lo que quedare a uno y otro
48.21 delante de las partes dichas será del *p*
48.22 parte del *p* será la comprendida desde
Dn. 1.3 trajese de. . del linaje real de los *p*
2.10 además. . ningún rey, *p* ni señor preguntó
5.1 rey. . hizo un gran banquete a mil de sus *p*
5.3 y bebieron en ellos el rey y sus *p*, sus
5.9 el rey Belsasar. . y sus *p* estaban perplejos
5.10 por las palabras del rey y de sus *p*, entró
6.7 *p* y capitanes han acordado por consejo
6.17 selló el rey. . y con el anillo de sus *p*
8.11 aun se engrandeció contra el *p* de los
8.25 se levantará contra el *P* de los *p*, pero
9.6 que en tu nombre hablaron a. . nuestros *p*
9.8 la confusión de rostro. . de nuestros *p* y
9.25 hasta el Mesías *P*, habrá siete semanas
9.26 pueblo de un *p* que ha de venir destruirá
10.13 mas el *p* del reino de Persia se me opuso
10.13 Miguel, uno de los principales *p*, vino
10.20 para pelear contra el *p* de Persia; y al
10.20 al terminar con. . el *p* de Grecia vendrá
10.21 ayuda contra él, sino Miguel vuestro *p*
11.5 mas uno de sus *p* será más fuerte que él
11.18 mas un *p* hará cesar su afrenta, y aun
11.22 destruidos, junto con el *p* del pacto
12.1 Miguel, el gran *p* que está de parte de
Os. 3.4 Israel sin rey, sin *p*, sin sacrificio
4.18 fornicaron. . *p* amaron lo que avergüenza
5.10 *p* de Judá fueron como los que traspasan
7.3 con su maldad alegran al rey, y a los *p*
7.5 los *p* lo hicieron enfermar con copas de
7.16 cayeron sus *p* a espada por la soberbia
8.4 constituyeron *p*, mas yo no lo supe; de su
8.10 afligidos. . la carga del rey y de los *p*
9.15 no los amaré más. . sus *p* son desleales
13.10 de los cuales dijiste: Dame rey y *p*?
Am. 1.15 su rey irá en cautiverio, él y. . sus *p*
2.3 mataré con él a todos sus *p*, dice Jehová
Mi. 3.1 oíd ahora, *p* de Jacob, y jefes de la
7.3 el *p* demanda. . juez juzga por recompensa
7.5 no creáis en amigo, ni confiéis en *p*; de
Nah. 3.17 tus *p* serán como langostas, y tus
Hab. 1.10 de los *p* hará burla; se reirá de toda
Sof. 1.8 día del sacrificio. . castigaré a los *p*
3.3 *p* en medio de ella son leones rugientes
Mal. 1.8 preséntalo, pues, a tu *p*; ¿acaso se
Mt. 2.6 no eres la más pequeña entre los *p* de
9.34 por el *p* de los demonios echa fuera los
12.24 no. . sino por Beelzebú, *p* de los demonios
Mr. 3.22 por el *p* de los demonios echaba fuera
6.21 daba una cena a sus *p* y tribunos y a los
Lc. 11.15 por Beelzebú, *p* de los demonios, echa
Jn. 12.31 el *p* de este mundo será echado fuera
14.30 porque viene el *p* de este mundo, y él
16.11 el *p* de este mundo ha sido ya juzgado
Hch. 4.26 y los *p* se juntaron en uno contra el
5.31 Dios ha exaltado con. . por *P* y Salvador
23.5 está: No maldecirás a un *p* de tu pueblo
1 Co. 2.6 de los *p* de este siglo, que perecen
2.8 ninguno de los *p* de este siglo conoció
Ef. 2.2 conforme al *p* de la potestad del aire
1 P. 5.4 cuando aparezca el *P* de los pastores

PRINCIPIO
Gn. 1.1 el *p* creó Dios los cielos y la tierra
41.21 su apariencia. . era aún mala, como al *p*
43.20 descendimos al *p* a comprar alimentos
49.3 Rubén. . mi fortaleza, y el *p* de mi vigor
Éx. 12.2 este mes os será *p* de los meses; para
Nm. 10.10 en los *p* de vuestros meses, tocaréis
Dt. 11.12 sobre ella los ojos. . Dios, desde el *p*
21.17 porque él es el *p* de su vigor, y suyo
Jue. 7.19 al *p* de la guardia de la medianoche
1 S. 3.12 contra Elí. . desde el *p* hasta el fin
2 S. 7.10 ni. . inicuos le aflijan más, como al *p*
17.9 y si al *p* cayeren algunos de los tuyos
21.10 la tendió para. . desde el *p* de la siega
1 R. 6.1 cuarto año del *p* del reino de Salomón
20.9 haré todo lo que mandaste a. . al *p*; mas
2 R. 17.25 *p*, cuando comenzaron a habitar allí
Esd. 4.6 en el *p* de su reinado, escribieron
7.9 mes fue el *p* de la partida de Babilonia
Job 8.7 aunque tu *p* haya sido pequeño. . grande
40.19 él es el *p* de los caminos de Dios; el
Sal. 77.5 consideraba los días desde el *p*, los
102.25 desde el *p* tú fundaste la tierra, y los
111.10; Pr. 1.7 el *p* de la sabiduría es el temor
de Jehová
Pr. 8.22 Jehová me poseía en el *p*. . de antiguo
8.23 tuve el principado, desde el *p*, antes de
8.26 los campos, ni el *p* del polvo del mundo
9.10 temor de Jehová es el *p* de la sabiduría
20.21 bienes que se adquieren de prisa al *p*
Ec. 3.11 a entender la obra. . el *p* hasta el fin
7.8 mejor es el fin del negocio que su *p*
10.13 el *p* de las palabras. . boca es necedad
Is. 1.26 restauraré tus jueces como al *p*, y tus
18.2,7 pueblo temible desde su *p* y después
40.21 ¿nunca os lo han dicho desde el *p*? ¿No
41.4 quién llama las generaciones desde el *p*?
41.22 dígannos lo que ha pasado desde el *p*
41.26 ¿quién lo anunció desde el *p*, para que
45.21 ¿quién hizo oir esto desde el *p*, y lo
46.10 que anuncio lo por venir desde el *p*, y
48.16 desde el *p* no hablé en secreto; desde
60.9 naves de Tarsis desde el *p*, para traer
Jer. 7.12 Silo, donde hice morar mi nombre al *p*
17.12 trono de gloria, excelso desde el *p*, es
26.1; 27.1 el *p* del reinado de Joacim hijo
28.1 en el *p* del reinado de Sedequías rey de
33.7 haré volver. . los estableceré como al *p*
33.11 los cautivos de la tierra como al *p*, ha
49.34 acerca de Elam, en el *p* del reinado de
Lm. 5.21 Jehová. . renueva. . días como al. . *p*
Ez. 21.21 ha detenido. . al *p* de los dos caminos
36.11 y os haré mayor bien que en vuestros *p*
40.1 al *p* del año, a los diez días del mes, a
Dn. 9.21 a quien había visto en la visión al *p*
9.23 al *p* de tus ruegos fue dada la orden, y
Os. 1.2 el *p* de la palabra de Jehová por. . Oseas
9.10 como la fruta. . de la higuera en su *p* vi
Jl. 2.23 lluvia temprana y tardía como al *p*
Mi. 1.13 fuisteis *p* de pecado a la hija de Sion
5.2 y sus salidas son desde el *p*, desde los
Hab. 1.12 ¿no eres tú desde el *p*, oh Jehová
Mt. 19.4 el que los hizo al *p*, varón y hembra
19.8 Moisés os permitió. . mas al *p* no fue así
24.8 y todo esto será *p* de dolores
24.21 cual no ha habido desde el *p* del mundo
Mr. 1.1 *p* del evangelio de Jesucristo, Hijo de
10.6 pero al *p*. . varón y hembra los hizo Dios
13.8 habrá hambres y alborotos; *p* de dolores
13.19 cual nunca ha habido desde el *p* de la
Lc. 1.2 que desde el *p* lo vieron con sus ojos
1.70 santos profetas que fueron desde el *p*
Jn. 1.1 en el *p* era el Verbo, y el Verbo era
1.2 éste era en el *p* con Dios
2.11 este *p* de señales hizo Jesús en Caná de
6.64 Jesús sabía desde el *p* quiénes eran los

PRINCIPIO ***(Continúa)***

Jn. 8.25 les dijo: Lo que desde el *p* os he dicho
8.44 él ha sido homicida desde el *p*, y no ha
9.32 desde el *p* no se ha oído decir..abrie..
12.16 no las entendieron sus discípulos al *p*
15.27 porque habéis estado conmigo desde el *p*
16.4 no os lo dije al *p*, porque yo estaba con
Hch. 11.15 Espíritu..como sobre nosotros al *p*
26.4 la cual desde el *p* pasé en mi nación, en
26.5 saben que yo desde el *p*..viví fariseo
Fil. 4.15 al *p* de la predicación del evangelio
Col. 1.18 que es el *p*, el primogénito de entre
2 Ts. 2.13 que Dios os haya escogido desde el *p*
Tit. 1.2 prometió desde antes del *p* de..siglos
He. 1.10 el *p* fundaste la tierra, y los cielos
3.14 hasta el fin nuestra confianza del *p*
7.3 que ni tiene *p* de días, ni fin de vida
9.26 padecer muchas veces desde el *p*..mundo
2 P. 3.4 permanecen así como desde el *p* de la
1 Jn. 1.1 lo que era desde el *p*, lo que hemos
2.7 mandamiento..que habéis tenido desde el *p*
2.7 es la palabra que habéis oído desde el *p*
2.13 porque conocéis al que es desde el *p*
2.14 habéis conocido al que es desde el *p*
2.24 que habéis oído desde el *p*, permanezca
2.24 oído desde el *p* permanece en vosotros
3.8 diablo; porque el diablo peca desde el *p*
3.11 el mensaje que habéis oído desde el *p*
2 Jn. 5 el que hemos tenido desde el *p*, que nos
6 que andéis en amor..habéis oído desde el *p*
Ap. 1.8 soy el Alfa y la Omega, *p* y fin, dice
3.14 el *p* de la creación de Dios, dice esto
13.8 del Cordero que fue inmolado desde el *p*
21.6; 22.13 yo soy el Alfa y la Omega, el *p* y

PRISA

Gn. 18.6 Abraham fue de *p* a la tienda de Sara
18.7 lo dio al criado..se dio *p* a prepararlo
19.15 al rayar el alba..ángeles daban *p* a Lot
19.22 date *p*, escápate allá..nada podré hacer
24.18 se dio *p* a bajar su cántaro sobre su
24.20 se dio *p*, y vació su cántaro en la pila
44.11 se dieron *p*, y derribando cada uno su
45.9 daos *p*, id a mi padre y decidle: Así dice
45.13 a mi padre..daos *p*, y traed a mi padre
Éx. 12.33 dándose *p* a echarlos de la tierra
Jos. 4.10 pararon..y el pueblo se dio *p* y pasó
1 S. 9.12 date *p*, pues, porque hoy ha venido a
17.48 David se dio *p*, y corrió a la línea de
20.38 a gritar..Corre, date *p*, no te pares
23.26 y se daba *p* David para escapar de Saúl
25.34 si no te hubieras dado *p* en venir a mi
2 S. 15.14 David dijo..daos *p* a partir, no sea
17.18 dos se dieron *p* a caminar, y llegaron
17.21 levantaos y daos *p* a pasar las aguas
19.16 y Simei hijo..se dio *p* y descendió con
2 Cr. 26.20 él también se dio *p* a salir, porque
Esd. 5.8 la obra se hace de *p*, y prospera en
Est. 5.5 daos *p*, llamad a Amán, para hacer lo
6.10 date *p*, toma el vestido y el caballo
6.12 Amán se dio *p* para irse a..apesadumbrado
8.14 correos..salieron a toda *p* por la orden
Pr. 20.21 los bienes que se adquieren de *p* al
Ec. 5.2 no te des *p* con tu boca, ni tu corazón
Jer. 9.18 dense *p*, y levanten llanto..lágrimas
Lc. 1.39 fue de *p* a la montaña, a una ciudad
19.5 Zaqueo, date *p*, desciende, porque hoy
Jn. 11.29 lo oyó, se levantó de *p* y vino a él
11.31 María se había levantado de *p* y había
Hch. 22.18 decía: Date *p*, y sal..de Jerusalén

PRISCA =***Priscila***, **2 Ti. 4.19**

PRISCILA ***Mujer de Aquila***

Hch. 18.2 Aquila..recién venido de Italia con *P*
18.18 mas Pablo..navegó a Siria, y con él *P*
18.26 pero cuando le oyeron *P* y..le tomaron
Ro. 16.3 saludad a *P*..colaboradores en Cristo
1 Co. 16.19 Aquila y *P*, con la iglesia que está

PRISIÓN

Gn. 39.22 de..los presos que había en aquella *p*
40.3 los puso en *p* en la casa del capitán de
40.4 les servía; y estuvieron días en la *p*
40.5 copero y..que estaban arrestados en la *p*
40.7 que estaban con él en la *p* de la casa de
41.10 nos echó a la *p* de la casa del capitán
Esd. 7.26 a muerte, a destierro, a..multa, o *p*
Sal. 107.14 los sacó de las..y rompió sus *p*
116.16 yo soy tu siervo..tú has roto mis *p*
Pr. 7.22 el necio a las *p* para ser castigado
Is. 24.22 y en *p* quedarán encerrados, y serán
42.7 casas de *p* a los que moran en tinieblas
59.15 que se apartó del mal fue puesto en *p*
Jer. 37.15 y le azotaron y le pusieron en *p* en
Hch. 8.23 en hiel..en *p* de maldad veo que estás
20.23 diciendo..me esperan *p* y tribulaciones
23.29 que ningún delito tenía digno de..o *p*
26.31 ninguna cosa digna de..ni de *p* ha hecho
Ro. 16.7 mis parientes y mis compañeros de *p*
Fil. 1.7 mis *p*, y en la defensa y confirmación
1.13 mis *p* se han hecho patentes en Cristo en
1.14 cobrando ánimo en el Señor con mis *p*, se
1.16 unos..pensando añadir aflicción a mis *p*
Col. 4.10 Aristarco..compañero de *p*, os saluda
4.18 acordaos de mis *p*. La gracia sea con
2 Ti. 2.9 sufro..hasta *p* a modo de malhechor
Flm. 10 por mi hijo..a quien engendré en mis *p*
13 en lugar tuyo me sirviese en mis *p* por el
23 te saludan Epafras, mi compañero de *p* por
He. 11.36 azotes, y a más de esto *p* y cárceles
2 P. 2.4 arrojándolos al infierno..entregó a *p*
Jud. 6 guardado bajo oscuridad, en *p* eternas
Ap. 20.7 mil años..Satanás será suelto de su *p*

PRISIONERO, RA

Gn. 14.14 oyó Abram que su pariente estaba *p*
31.26 traído a mis hijas como *p* de guerra?
Nm. 21.1 Arad..peleó contra Israel, y tomó..*p*
2 R. 25.29 le cambió los vestidos de *p*, y comió
2 Cr. 28.5 tomaron..*p* que llevaron a Damasco
Sal. 69.33 Jehová oye..no menosprecia a sus *p*
Jer. 52.33 le hizo mudar..los vestidos de *p*, y
Zac. 9.12 volveos a la..oh *p* de esperanza; hoy
Ef. 3.1 Pablo, *p* de Cristo Jesús por vosotros
Flm. 1 Pablo, *p* de Jesucristo, y..Timoteo, al
9 anciano, y ahora, además, *p* de Jesucristo

PRIVADO, DA

Gá. 2.2 en *p* a los que tenían cierta reputación
2 P. 1.20 ninguna profecía..de interpretación *p*

PRIVAR

Gn. 27.45 seré *privada* de vosotros ambos en un
42.36 les dijo: Me habéis *privado* de mis hijos
43.14 he de ser *privado* de mis hijos, séalo
Nm. 24.11 que Jehová te ha *privado* de honra
Dt. 32.28 son nación *privada* de consejos y no
1 R. 15.13 *privó* a su madre Maaca de ser reina
Job 12.20 *priva* del habla a..que dicen verdad
39.17 le *privó* Dios de sabiduría, y no le dio
Is. 38.10 yo..*privado* soy del resto de mis años
49.21 porque yo había sido *privada* de hijos
Jer. 22.30 sucederá a este hombre *privado* de
Col. 2.18 os *prive* de vuestro premio, afectando
1 Ti. 6.5 de hombres..*privados* de la verdad

PRIVILEGIO

2 Co. 8.4 les concediésemos el *p* de participar

PROA

Hch. 27.15 no pudiendo poner *p* al viento, nos
27.30 como que querían largar las anclas de *p*
27.40 timón; e izada al viento la vela de *p*
27.41 la *p*, hincada, quedó inmóvil, y la popa

PROBAR

Gn. 22.1 que *probó* Dios a Abraham, y le dijo
42.15 en esto seréis *probados:* Vive Faraón
42.16 vuestras palabras serán *probadas*, si
Éx. 15.25 les dio estatutos..y allí los *probó*
16.4 que yo lo *pruebe* si anda en mi ley, o no
20.20 para *probaros* vino Dios, y para que su
Dt. 8.2 para *probarte*, para saber lo que había
8.16 y *probándote*..a la postre hacerte bien
13.3 Jehová vuestro Dios os está *probando*
33.8 a quien *probaste* en Masah, con quien
Jue. 2.22 *probar*..a Israel, si procurarían o no
3.1 naciones que dejó..para *probar*..a Israel
3.4 y fueron para *probar* con ellos a Israel
6.39 solamente *probaré*..otra vez con el vellón
7.4 los *probaré;* y del que yo te diga: Vaya
1 S. 14.24 y todo el pueblo no había *probado*
17.39 ciñó David..*probó* a andar, porque nunca
1 R. 10.1 a *probarle* con preguntas difíciles
2 Cr. 9.1 para *probar* a Salomón con preguntas
32.31 Dios lo dejó, para *probarle*..corazón
Job 4.2 *probáremos* a hablarte, te será molesto
7.18 y lo..y todos los momentos lo *pruebes?*
23.10 conoce..me *probará*, y saldré como oro
34.3 porque el oído *prueba* las palabras, como
34.36 deseo yo..Job sea *probado* ampliamente
Sal. 7.9 el Dios..*prueba* la mente y el corazón
11.5 Jehová *prueba* al justo; pero al malo y
17.3 tú has *probado* mi corazón..has visitado
26.2 escudríñame, oh Jehová, y *pruébame*
66.10 nos *probaste*, oh Dios; nos ensayaste
81.7 te *probé* junto a las aguas de Meriba
95.9 donde..me *probaron*, y vieron mis obras
105.19 hasta la..el dicho de Jehová le *probó*
139.23 *pruébame* y conoce mis pensamientos
Pr. 17.3 oro; pero Jehová *prueba* los corazones
27.21 el crisol *prueba* la plata, y la hornaza
Ec. 2.1 ven ahora, te *probaré* con alegría, y
3.18 que Dios los *pruebe*, y para que vean que
7.23 todas estas cosas *probé* con sabiduría
Is. 28.16 piedra *probada*, angular, preciosa, de
Jer. 9.7 yo los refinaré y los *probaré;* porque
12.3 me viste, y *probaste* mi corazón para
17.10 yo Jehová, que..que *pruebo* el corazón
20.12 oh Jehová de..que *pruebas* a los justos
Ez. 21.13 está *probado.* ¿Y qué, si la espada
Dn. 1.14 consintió..*probó* con ellos diez días
Zac. 13.9 y los *probaré* como se prueba el oro
Mal. 3.10 *probadme* ahora en esto, dice Jehová
Mt. 27.34 después de haberlo *probado*, no quiso
Lc. 10.25 y dijo, para *probarle*..¿haciendo qué
14.19 de bueyes, y voy a *probarlos;* te ruego
Jn. 2.9 el maestresala *probó* el agua hecha vino
6.6 decía para *probarle;* porque él sabía lo
Hch. 24.13 ni te pueden *probar* las cosas de que
25.7 acusaciones..las cuales no podían *probar*
1 Co. 3.13 obra..cual sea, el fuego la *probará*
11.28 *pruébese* cada uno a sí mismo, y coma
2 Co. 13.5 en la fe; *probaos* a vosotros mismos
1 Ts. 2.4 Dios, que *prueba* nuestros corazones
He. 3.9 tentaron vuestros padres; me *probaron*
11.17 por la fe Abraham, cuando fue *probado*
1 P. 1.7 aunque perecedero se *prueba* con fuego
1 Jn. 4.1 *probad* los espíritus si son de Dios
Ap. 2.2 *probado* a los que se dicen apóstoles
2.10 en la cárcel, para que seáis *probados*
3.10 *probar* a los que moran sobre la tierra

PROCEDENTE

Gn. 46.26 vinieron con Jacob a..*p* de sus lomos

PROCEDER ***(s.)***

1 S. 2.23 yo oigo de..pueblo vuestros malos *p*
1 R. 8.32 haciendo recaer su *p* sobre su cabeza
2 Cr. 6.23 haciendo recaer su *p* sobre..cabeza
Sal. 37.14 derribar al..matar a los de recto *p*
Pr. 30.20 *p* de la mujer adúltera es así: come
Jer. 2.23 mira tu *p* en el valle, conoce lo que
1 Co. 4.17 el cual os recordará mi *p* en Cristo

PROCEDER ***(v.)***

Gn. 35.11 conjunto de naciones *procederán* de
Lv. 26.24 yo..*procederé* en contra de vosotros
26.27 que *procediereis* conmigo en oposición
26.28 *procederé* en contra de vosotros con ira
Dt. 17.12 el hombre que *procediere* con soberbia
Jue. 9.16,19 si con verdad y..habéis *procedido*
13.14 no tomará nada que *proceda* de la vid
2 S. 3.37 no había *procedido* del rey el matar a
7.12 uno..el cual *procederá* de tus entrañas
7.19 ¿es así como *procede* el hombre, Señor
2 R. 22.7 porque ellos *proceden* con honradez
1 Cr. 29.12 riquezas y la gloria *proceden* de
2 Cr. 19.9 *procederéis*..con temor de Jehová
29.25 aquel mandamiento *procedía* de Jehová
34.12 estos hombres *procedían* con fidelidad
Neh. 9.10 porque sabías que habían *procedido*
Job 26.4 de quién..espíritu que de ti *procede?*
41.19 su boca..centellas de fuego *proceden*
Sal. 17.2 tu presencia *proceda* mi vindicación
31.23 y paga..al que *procede* con soberbia
119.85 hoyos; mas no *proceden* según tu ley
Pr. 13.16 hombre prudente *procede*..sabiduría
Is. 23.3 provisión *procedía* de las sementeras
Jer. 9.3 de mal en mal *procedieron*, y me han
Ez. 8.18 *procederé* con furor; no perdonará mi
22.14 los días en que yo *proceda* contra ti?
23.25 celo..y *procederán* contigo con furor
23.29 los cuales *procederán* contigo con odio
35.11 conforme a tu celo con que *procediste*
Dn. 7.10 río de fuego *procedía*..delante de él
12.10 impíos *procederán* impíamente, y ninguno
Hab. 1.7 de ella misma *procede* su justicia y su
Mt. 5.37 lo que es más de esto, de mal *procede*
Jn. 7.29 yo le conozco, porque de él *procedo*
9.16 decían: Ese hombre no *procede* de Dios
15.26 Consolador..el cual *procede* del Padre
17.7 las cosas..me has dado, *proceden* de ti
Hch. 12.3 *procedió* a prender también a Pedro
1 Co. 8.6 un Dios, el Padre, del cual *proceden*
11.8 porque el varón no *procede* de la mujer
11.12 así como la mujer *procede* del varón
11.12 de la mujer; pero todo *procede* de Dios
2 Co. 10.2 con que estoy dispuesto a *proceder*
12.18 hemos *procedido* con el mismo espíritu
Gá. 5.8 esta persuasión no *procede* de aquel que
1 Ts. 2.3 exhortación no *procedió* de error ni
Stg. 3.10 de una misma boca *proceden* bendición
2 P. 3.9 que todos *procedan* al arrepentimiento
1 Jn. 2.21 ninguna mentira *procede* de la verdad

PROCESIÓN

Neh. 12.31 dos coros grandes que fueron en *p*

PROCESO

Job 31.35 mí, aunque mi adversario me forme *p*

PROCLAMAR

Éx. 33.19 haré..*proclamaré* el nombre de Jehová
34.5 estuvo..*proclamando* el nombre de Jehová
34.6 y pasando Jehová por..*proclamó:* ¡Jehová
Lv. 23.2 *proclamaréis* como santas convocaciones
Dt. 32.3 porque el nombre de Jehová *proclamaré*
1 R. 21.9 así: *Proclamad* ayuno, y poned a Nabot
1 Cr. 16.23 *proclamad* de día en..su salvación
2 Cr. 23.11 lo *proclamaron* rey; y Joiada y sus
Neh. 6.7 profetas que *proclamen* acerca de ti en
Job 36.33 la tempestad *proclama* su ira contra
Sal. 29.9 en su templo todo *proclama* su gloria
96.3 *proclamad* entre las naciones su gloria
145.7 *proclamarán* la memoria de tu..bondad
145.21 alabanza de Jehová *proclamará* mi boca
Pr. 20.6 *proclaman* cada uno su propia bondad

PROCLAMAR *(Continúa)*
Is. 44.7 ¿y quién *proclamará* lo venidero, lo
45.21 *proclamad,* y hacedlos acercarse. .entren
61.2 a *proclamar* el año de la buena voluntad
Jer. 4.5 y *proclamad* en Jerusalén, y decid
7.2 y *proclama* allí esta palabra, y dí: Oíd
19.2 y *proclamarás* allí las palabras que yo
Dn. 5.29 *proclamar* que él era el tercer señor
Jl. 1.14 *proclamad* ayuno, convocad a asamblea
2.15 tocad trompeta en Sion, *proclamad* ayuno
3.9 *proclamad*. .entre las naciones, *p* guerra
Am. 3.9 *proclamad* en los palacios de Asdod, y
4.5 *proclamad,* publicad ofrendas voluntarias
Jon. 3.2 *proclama* en ella el mensaje que yo te
3.5 y *proclamaron* ayuno, y se vistieron de
3.7 hizo *proclamar*. .por mandato del rey y de
Mi. 3.5 no les da de comer, *proclaman* guerra
Zac. 7.7 las palabras que *proclamó* Jehová por
Mt. 10.27 oído, *proclamadlo* desde las azoteas
Lc. 12.3 al oído. .se *proclamará* en las azoteas

PROCÓNSUL
Hch. 13.7 estaba con el *p* Sergio Paulo, varón
13.8 pero. .procurando apartar de la fe al *p*
13.12 *p,* viendo lo que había sucedido, creyó
18.12 siendo Galión *p* de Acaya, los judíos
19.38 y *p* hay; acúsense los unos a los otros

PRÓCORO *Uno de los siete diáconos,* **Hch. 6.5**

PROCREAR
Gn. 9.7 *procread* abundantemente en la tierra
30.38 las cuales *procreaban* cuando venían a

PROCURAR
Éx. 2.15 Faraón. .*procuró* matar a Moisés; pero
4.19 han muerto todos los que *procuraban* tu
Nm. 16.10 *¿procuráis* también el sacerdocio?
35.23 no era su enemigo, ni *procuraba* su mal
Dt. 13.10 *procuró* apartarte de Jehová tu Dios
23.6 no *procurarás* la paz de ellos ni su bien
Jue. 2.22 si *procurarían* o no seguir el camino
1 S. 14.4 por donde Jonatán *procuraba* pasar a
19.2 dio aviso. .Saúl mi padre *procura* matarte
19.10 Saúl *procuró* enclavar a David con la
24.9 dicen: Mira que David *procura* tu mal?
25.26 los que *procuran* mal contra mi señor
2 S. 3.17 *procurabais* que David fuese rey sobre
20.19 tú *procuras* destruir una ciudad que es
1 R. 11.22 ¿qué te falta. .que *procuras* irte a
11.40 Salomón *procuró* matar a Jeroboam, pero
1 Cr. 21.3 ¿para qué *procura* mi señor esto, que
2 Cr. 9.23 los reyes. .*procuraban* ver el rostro
24.6 le dijo: ¿Por qué no has *procurado* que
Esd. 9.12 ni *procuraréis* jamás su paz ni su
Neh. 2.10 viniese alguno para *procurar* el bien
Est. 2.15 ninguna cosa *procuró* sino lo que dijo
3.6 *procuró* Amán destruir a todos los judíos
9.2 sobre los que habían *procurado* su mal, y
10.3 *procuró* el bienestar de su pueblo y .paz
Sal. 38.12 *procuran* mi mal hablan iniquidades
71.24 confundidos los que mi mal *procuraban*
109.10 *procuren* su pan lejos de sus. .hogares
Pr. 11.27 el que *procura* el bien buscará favor
30.32 si. .has *procurado* enaltecerte, o si has
Ec. 12.10 *procuró*. . hallar palabras agradables
Jer. 26.21 rey *procuró* matarle. .huyó a Egipto
29.7 *procurad* la paz de la ciudad a la cual
Dn. 8.15 mientras yo. .*procuraba* comprenderla
Zac. 12.9 yo *procuraré* destruir. .las naciones
Mt. 2.20 los que *procuraban* la muerte del niño
Mr. 12.12 *procuraban* prenderle. .entendían que
Lc. 5.18 *procuraban* llevarle adentro y ponerle
6.19 toda la gente *procuraba* tocarle, porque
9.9 ¿quién, pues, es éste. .Y *procuraba* verle
11.54 *procurando* cazar alguna palabra de su
12.58 *procura* en el camino arreglarte con él
13.24 muchos *procurarán* entrar, y no podrán
17.33 todo el que *procure* salvar su vida, la
19.3 *procuraba* ver quien era Jesús; pero no
19.47 y los principales. .*procuraban* matarle
20.19 *procuraban*. .los escribas echarle mano
Jn. 5.16 *procuraban* matarle, porque hacía estas
5.18 los judíos aun más *procuraban* matarle
7.1 no. .porque los judíos *procuraban* matarle
7.4 ninguno que *procura* darse a conocer hace
7.30 *procuraban* prenderle; pero ninguno le
8.37 *procuráis* matarme, porque mi palabra no
8.40 *procuráis* matarme a mí, hombre que os he
10.39 *procuraron* otra vez prenderle, pero él
11.8 ahora *procuraban* los judíos apedrearte
19.12 *procuraba* Pilato soltarle. .daban voces
Hch. 9.29 disputaban. .estos *procuraban* matarle
13.8 *procurando* apartar de la fe al procónsul
16.10 vio. .*procuramos* partir para Macedonia
17.5 asaltando. .*procuraban* sacarlos al pueblo
21.31 *procurando* ellos matarle, se le avisó
24.16 *procuro* tener. .una conciencia sin ofensa
27.30 marineros *procuraron* huir de la nave
Ro. 11.3 yo he quedado, y *procuran* matarme?
12.17 *procurad* lo bueno delante de todos los
1 Co. 7.21 si puedes hacerte libre, *procúralo*
7.27 ligado a mujer? No *procures* soltarte
7.27 estás libre de mujer? No *procures* casarte
10.33 yo. .no *procurando* mi propio beneficio
12.31 *procurad,* pues, los dones mejores. Mas
14.1 y *procurad* los dones espirituales, pero
14.12 *procurad* abundar en. .para edificación
14.39 así que, hermanos, *procurad* profetizar
2 Co. 5.9 tanto *procuramos*. .serle agradables
8.21 *procurando* hacer las cosas honradamente
Gá. 2.10 lo cual. .*procuré* con diligencia hacer
1 Ts. 2.17 más *procuramos*. .ver vuestro rostro
4.11 y que *procuréis* tener tranquilidad, y
2 Ti. 2.15 *procura* con diligencia presentarte
4.9 *procura* venir pronto a verme
4.21 *procura* venir antes del invierno
Tit. 3.8 los que creen en Dios *procuren* ocuparse
He. 4.11 *procuremos*. .entrar en aquel reposo
8.7 no se hubiera *procurado* lugar. .el segundo
12.17 no hubo. .aunque la *procuró* con lágrimas
2 P. 1.10 más *procurad*. .firme vuestra vocación
1.15 yo *procuraré*. .que después de mi partida
3.14 *procurad*. .ser hallados por él sin mancha

PRODIGAR
Ez. 16.41 haré. . que ceses de *prodigar* tus dones

PRODIGIO
Éx. 11.10 hicieron. .estos *p* delante de Faraón
15.11 ¿quién como tú. .Jehová. .hacedor de *p?*
Dt. 13.1 profeta, o. .y te anunciare señal o *p*
13.2 y si se cumpliere. .*p* que él te anunció
34.11 señales y *p* que Jehová le envió a hacer
1 Cr. 16.12 sus *p,* y de los juicios de su boca
2 Cr. 32.31 saber del *p* que había acontecido en
Sal. 71.7 *p* he sido a muchos, y tú mi refugio
105.5 acordaos. .de sus *p* y de los juicios de
105.27 señales, y sus *p* en la tierra de Cam
135.9 señales y *p* en medio de ti, oh Egipto
Is. 29.14 excitaré yo la admiración. .con un *p*
Jl. 2.30 y daré *p* en el cielo y en la tierra
Mt. 24.24 harán grandes. .*p,* de tal manera que
Mr. 13.22 harán señales y *p,* para engañar, si
Jn. 4.48 si no viereis señales y *p,* no creeréis
Hch. 2.19 daré *p* arriba en el cielo, y señales
2.22 las maravillas, *p*. .que Dios hizo entre
4.30 que se hagan. .*p* mediante el nombre de tu
5.12 hacían muchas señales y *p* en el pueblo
6.8 Esteban. .hacía grandes *p* y señales entre
7.36 los sacó, habiendo hecho *p* y señales en
14.3 se hiciesen por las manos. .señales y *p*
Ro. 15.19 potencia de señales y *p,* en el poder
2 Co. 12.12 señales de apóstol. .*p* y milagros
2 Ts. 2.9 gran poder y señales y *p* mentirosos
He. 2.4 con señales y *p* y diversos milagros y

PRODUCIR
Gn. 1.11 dijo. .*Produzca* la tierra hierba verde
1.12 *produjo,* pues, la tierra hierba verde
1.20 *produzcan* las aguas seres vivientes, y
1.21 ser viviente que las aguas *produjeron*
1.24 *produzca* la tierra seres vivientes según
3.18 espinos y cardos te *producirá,* y comerás
41.47 siete años. .tierra *produjo* a montones
Éx. 9.9 y *producirá* sarpullido con úlceras en
9.10 y hubo sarpullido que *produjo* úlceras
Nm. 17.8 la vara. .había. .*producido* almendras
Dt. 29.18 no. .raíz que *produzca* hiel y ajenjo
29.23 *producirá,* ni crecerá en ella hierba
Job 40.20 los montes *producen* hierba para él
Sal. 104.14 él hace *producir* el heno para las
105.30 su tierra *produjo* ranas hasta en las
147.8 que hace a los montes *producir* hierba
Pr. 10.31 boca del justo *producirá* sabiduría
Is. 5.10 diez yugadas de viña *producirán* un
5.10 y un homer de semilla *producirá* un efa
34.1 oiga la. .el mundo y todo lo que *produce*
45.8 *prodúzcanse* la salvación y la justicia
55.10 hace germinar y *producir,* y da semilla
57.19 *produciré* fruto de labios: Paz, paz al
61.11 como la tierra *produce* su renuevo, y
Jer. 10.13 a su voz se *produce* muchedumbre de
51.16 su voz se *producen* tumultos de aguas
Hag. 1.11 sobre todo lo que la tierra *produce*
Mt. 13.23 y *produce* a ciento, a sesenta, y a
21.43 a gente que *produzca* los frutos de él
Mr. 4.8 creció, y *produjo* a treinta, a sesenta
Lc. 12.16 la heredad de. .había *producido* mucho
19.18 señor, tu mina ha *producido* cinco minas
Hch. 23.7 *produjo* disensión entre. .fariseos y
Ro. 4.15 la ley *produce* ira; pero donde no hay
5.3 que la tribulación *produce* paciencia
7.8 mas el pecado. .*produjo* en mí toda codicia
7.13 el pecado. .*produjo* en mí la muerte por
1 Co. 14.7 *producen* sonidos, como la flauta o
2 Co. 4.17 leve tribulación. .*produce*. .gloria
7.10 *produce* arrepentimiento para salvación
7.10 pero la tristeza del mundo *produce* muerte
7.11 ¡qué solicitud *produjo* en vosotros, qué
9.11 cual *produce*. .acción de gracias a Dios
Fil. 2.13 Dios es el que en vosotros *produce*
He. 6.7 la tierra. .*produce* hierba provechosa
6.8 la que *produce* espinos y. .es reprobada
Stg. 1.3 que la prueba de. .fe *produce* paciencia
3.12 ¿puede. .la higuera *producir* aceitunas, o
5.18 dio lluvia, y la tierra *produjo* su fruto
Ap. 22.2 el árbol de la vida, que *produce* doce

PRODUCTO
Lv. 25.12 jubileo. .el *p* de la tierra comeréis
26.4 la tierra rendirá sus *p,* y el árbol del
26.20 tierra no dará su *p,* y los árboles de
Nm. 18.27 y se os contará. .y como *p* del lagar
18.30 como *p* de la era, y como *p* del lagar
Dt. 14.22 diezmarás todo el *p* del grano que
14.28 todo el diezmo de tus *p* de aquel año
33.14 frutos del sol, con el rico *p* de la luna
Pr. 18.20 boca. .se saciará del *p* de sus labios
Is. 42.5 y el que extiende la tierra y sus *p*
Ez. 27.16 Edom traficaba. .la multitud de tus *p*
27.18 Damasco comerciaba. .por tus muchos *p*
Hab. 3.17 aunque falte el *p* del olivo, y los
Zac. 8.12 y dará su *p* la tierra, y los cielos

PROEZA
Dt. 3.24 ¿qué dios hay en. .que haga obras y *p*
2 S. 23.20 de un varón esforzado, grande en *p*
Sal. 60.12 en Dios haremos *p,* y él hollará a
108.13 haremos *p,* y él hollará a. .enemigos
118.15 los justos; la diestra de Jehová hace *p*
150.2 alabadle por sus *p;* alabadle conforme
Lc. 1.51 hizo *p* con su brazo; esparció a los

PROFANAR
Éx. 20.25 si alzares herramienta. .lo *profanarás*
31.14 de reposo. .el que lo *profanare*. .morirá
Lv. 19.8 por cuanto *profanó* lo santo de Jehová
19.12 no. .*profanando* así el nombre de tu Dios
20.3 a Moloc. .y *profanando* mi santo nombre
21.6 y no *profanarán* el nombre de su Dios
21.12 ni *profanará* el santuario de su Dios
21.15 para que no *profane* su descendencia en
21.23 que no *profane* mi santuario, porque yo
22.2 no *profanen* mi santo nombre. Yo Jehová
22.9 no sea que así mueran cuando la *profanen*
22.15 no *profanarán,* pues, las cosas santas
22.32 no *profanéis* mi santo nombre, para que
Dt. 22.30 ni *profanará* el lecho de su padre
2 R. 23.8 *profanó* los lugares altos. .incienso
23.10 *profanó* a Tofet, que está en el valle
23.13 *profanó* el rey los lugares altos que
Neh. 13.17 ¿qué. .hacéis, *profanando* así el día
13.18 vosotros. .*profanando* el día de reposo?
Sal. 74.7 han *profanado* el tabernáculo de tu
79.1 oh Dios. .han *profanado* tu santo templo
89.31 si *profanaren* mis estatutos, y no
89.39 has *profanado* su corona hasta la tierra
Is. 30.22 *profanarás* la cubierta de. .esculturas
43.28 yo *profané* los príncipes del santuario
47.6 *profané* mi heredad, y los entregué en
56.2,6 el día de reposo para no *profanarlo*
Jer. 34.16 habéis vuelto y *profanado* mi nombre
Ez. 5.11 por haber *profanado* mi santuario con
7.21 será presa de los impíos. .la *profanarán*
7.22 entrarán en él invasores y lo *profanarán*
7.24 cesar. .sus santuarios serán *profanados*
13.19 ¿y habéis de *profanarme* entre mi pueblo
20.13,16 y mis días de reposo *profanaron*
20.21,24 *profanaron* mis días de reposo
20.39 pero no *profanéis* más mi santo nombre
22.8 mis. .y mis días de reposo has *profanado*
22.26 yo he sido *profanado* en medio de ellos
23.38 día, y *profanaron* mis días de reposo
24.21 yo *profano* mi santuario, la gloria de
25.3 cuando mi santuario era *profanado,* y la
28.18 tus maldades. .*profanaste* tu santuario
36.20 *profanaron* mi santo nombre, diciéndose
36.21 dolor al ver mi santo nombre *profanado*
36.22 nombre, el cual *profanasteis* vosotros
36.23 nombre, *profanado* entre las naciones
36.23 el cual *profanasteis* vosotros en medio
39.7 y nunca más dejaré *profanar* mi. .nombre
43.7 nunca más *profanará* la casa de Israel mi
Dn. 11.31 tropas que *profanarán* el santuario y
Am. 2.7 se llegan a. .*profanando* mi santo nombre
Mi. 4.11 dicen: Sea *profanada,* y vean nuestros
Mal. 1.12 vosotros lo habéis *profanado* cuando
2.10 *profanando* el pacto de nuestros padres?
2.11 porque Judá ha *profanado* el santuario de
Mt. 12.5 en el templo *profanan* el día de reposo
Hch. 21.28 este. .ha *profanado* este santo lugar
24.6 intentó también *profanar* el templo

PROFANO, NA
Lv. 10.10 poder discernir entre lo santo y lo *p*
1 S. 21.5 aunque el viaje es *p;* ¿cuánto más no
Ez. 21.25 tú, *p* e impío príncipe de Israel, cuyo
22.26 lo santo y lo *p* no hicieron diferencia
42.20 separación. .el santuario y el lugar *p*
44.23 hacer diferencia entre lo santo y lo *p*
48.15 las cinco mil cañas. .que quedan. .serán *p*
1 Ti. 1.9 ley fue dada para. .irreverentes y *p*
4.7 desecha las fábulas *p* y de viejas
6.20 evitando. .*p* pláticas sobre cosas vanas
2 Ti. 2.16 evita *p* y vanas palabrerías, porque
He. 12.16 no sea que haya algún. .*p,* como Esaú

PROFECÍA

2 Cr. 9.29 escritos. .en la p de Ahías silonita
9.29 escritos en. .y en la p del vidente Iddo
15.8 cuando oyó Asa. .la p del profeta Azarías
32.32 escritos en la p del profeta Isaías
Esd. 6.14 conforme a la p del profeta Hageo y
Neh. 6.12 sino que hablaba aquella p contra mí
Pr. 29.18 sin p el pueblo se desenfrena; mas
30.1 la p que dijo el varón a Itiel, a Itiel
31.1 Lemuel: la p con que le enseñó su madre
Is. 13.1 p sobre Babilonia, revelada a Isaías
14.28 el año que murió el rey Acaz fue esta p
15.1 p sobre Moab. .de noche fue destruida Ar
17.1 p sobre Damasco. .Damasco dejará de ser
19.1 p sobre Egipto. He aquí que Jehová monta
21.1 p sobre el desierto del mar. .así viene
21.11 p sobre Duma. .Me dan voces de Seir
21.13 p sobre Arabia. En el bosque pasaréis
22.1 p sobre el valle de la visión. ¿Qué tienes
23.1 p sobre Tiro. Aullad, naves de Tarsis
30.6 p sobre. .bestias del Neguev: Por tierra
Jer. 15.17 senté. .ni me engreí a causa de tu p
23.33 cuál es la p de. .les dirás: Esta es la p
23.34 al pueblo que dijere: P de Jehová, yo
23.36 nunca más. .decir: P de Jehová; porque
23.36 la palabra de cada uno le será por p
23.38 si dijereis: P de Jehová. . P de Jehová
23.38 enviado a deciros: No digáis: P de Jehová
Lm. 2.14 que te predicaron vanas p y extravíos
Ez. 12.10 diles. .Esta p se refiere al príncipe
Dn. 9.24 sellar la visión y la p, y ungir al
Os. 12.10 y aumenté la p, y por medio de los
Mi. 3.6 de la p se os hará noche, y oscuridad
Nah. 1.1 p sobre Nínive. Libro de la visión de
Hab. 1.1 la p que vio el profeta Habacuc
Zac. 9.1 p de la palabra de Jehová está contra
12.1 p de. .palabra de Jehová acerca de Israel
Mal. 1.1 p de. .palabra de Jehová contra Israel
Mt. 13.14 que se cumple en ellos la p de Isaías
Ro. 12.6 si el de p, úsese conforme a la medida
1 Co. 12.10 otro, el hacer milagros; a otro, p
13.2 y si tuviese p, y entendiese todos los
13.8 p se acabarán, y cesarán las lenguas, y
14.6 si no os hablare con revelación. .o con p
14.22 la p, no a los incrédulos, sino a los
1 Ts. 5.20 no menospreciéis las p
1 Ti. 1.18 que conforme a las p que se hicieron
4.14 fue dado mediante p con la imposición de
2 P. 1.20 que ninguna p de la escritura es de
1.21 nunca la p. .traída por voluntad humana
Ap. 1.3 y los que oyen las palabras de esta p
11.6 fin de que no llueva en los días de su p
19.10 el testimonio. .es el espíritu de la p
22.7 que guarda las palabras de la p de este
22.10 no selles las palabras de la p de este
22.18 oye las palabras de la p de este libro
22.19 quitare de las palabras del. .de esta p

PROFERIR

Lv. 5.4 que el hombre *profiere* con juramento
Nm. 23.11 y he aquí has *proferido* bendiciones
Dt. 33.7 y esta bendición *profirió* para Judá
1 R. 16.12 palabra que Jehová había *proferido*
Est. 7.8 al *proferir* el rey esta palabra, le
Job 15.2 ¿*proferirá* el sabio vana sabiduría, y
Sal. 39.3 fuego, y así *proferí* con mi lengua
59.7 he aquí *proferirán* con su boca; espadas
59.12 la maldición y mentira que *profieren*
Ec. 5.2 corazón se apresure a *proferir* palabra
Is. 8.10 *proferid* palabra, y no será firme
59.13 *proferir* de corazón palabras. .mentira
Jer. 1.16 *proferiré* mis juicios contra los que
Ez. 20.49 de mí: ¿No *profiere* éste parábolas?
35.12 tus injurias que *proferiste* contra los
Jud. 9 Miguel. .no se atrevió a *proferir* juicio

PROFESAR

Ro. 1.22 *profesando*. .sabios, se hicieron necios
2 Co. 9.13 por la obediencia que *profesáis* al
1 Ti. 2.10 como corresponde a. .*profesan* piedad
6.21 *profesando* algunos, se desviaron de la
Tit. 1.16 *profesan* conocer a Dios, pero con los

PROFESIÓN

1 Ti. 6.12 habiendo hecho la buena p delante de
6.13 dio testimonio de la buena p delante de
He. 3.1 apóstol y sumo sacerdote de nuestra p
4.14 el Hijo de Dios, retengamos nuestra p
10.23 la p de nuestra esperanza, porque fiel

PROFETA *Véase también Profetisa*

Gn. 20.7 porque es p, y orará por ti, y vivirás
Éx. 7.1 he constituido dios. .y Aarón será tu p
Nm. 11.29 ojalá. .el pueblo de Jehová fuese p
12.6 cuando haya entre vosotros p de Jehová
Dt. 13.1 cuando se levantare en medio de ti p
13.3 no darás oído a las palabras de tal p
13.5 tal p o soñador. .ha de ser muerto, por
18.15 p de en medio de ti. .levantará Jehová
18.18 p les levantaré de en medio de. .como tú
18.20 p que tuviere la presunción de hablar
18.20 hablare en nombre de. .el tal p morirá
18.22 el p hablare en nombre de Jehová, y no
18.22 con presunción la habló el tal p; no
34.10 nunca más se levantó p en. .como Moisés
Jue. 6.8 envió. . un varón p, el cual les dijo
1 S. 3.20 Israel. .conoció que Samuel era fiel p
9.9 al que hoy se llama p. .llamaba vidente
10.5 entres. .encontrarás una compañía de p
10.10 aquí la compañía de los p que venía a
10.11 con los p. .¿Saúl también entre los p?
10.12 proverbio: ¿También Saúl entre los p?
19.20 mensajeros. .vieron una compañía de p
19.24 aquí se dijo: ¿También Saúl entre los p?
22.5 pero el p Gad dijo a David: No te estés
28.6 pero Jehová no le respondió. .ni por p
28.15 Dios. .no me responde más, ni por. .de p
2 S. 7.2 dijo el rey al p Natán: Mira ahora, yo
12.25 envió un mensaje por medio de Natán p
24.11 palabra de Jehová al p Gad, vidente de
1 R. 1.8 y el p Natán, Simei, Rei y todos los
1.10 pero no convidó al p Natán, ni a Benaía
1.22 mientras aún hablaba. .vino el p Natán
1.23 diciendo: He aquí el p Natán; el cual
1.32 llamadme. .al p Natán, y a Benaía hijo de
1.34 y allí lo ungirá el. .Sadoc y el p Natán
1.38 descendieron. .el p Natán, Benaía hijo de
1.44 rey ha enviado. .al p Natán, y a Benaía
1.45 Sadoc y el p Natán lo han ungido por rey
11.29 le encontró en el. .el p Ahías silonita
13.11 moraba entonces en Bet-el un viejo p
13.18 soy p como tú, y un ángel me ha hablado
13.20 vino palabra de Jehová al p que le había
13.25 lo dijeron. .donde el viejo p habitaba
13.26 oyéndolo el p. .dijo: El varón de Dios
13.29 tomó el p el cuerpo del varón de Dios
13.29 el p viejo vino a la ciudad. .enterrarle
14.2 allá está el p Ahías, el que me dijo que
14.18 había hablado por su siervo el p Ahías
16.7 la palabra de Jehová por el p Jehú hijo
16.12 proferido contra Baasa por medio del p
18.4 porque cuando Jezabel destruía a los p
18.4 Abdías tomó a cien p y los escondió de
18.13 Jezabel mataba a los p. .escondí a. .los p
18.19 los 450 p de Baal, y los 400 p de Asera
18.20 y reunió a los p en el monte Carmelo
18.22 sólo yo he quedado p de Jehová; mas de
18.22 mas de los p de Baal hay 450 hombres
18.25 Elías dijo a los p de Baal: Escogeos un
18.36 acercó el p Elías y dijo: Jehová Dios
18.40 dijo: Prended a los p de Baal, para que
19.1 y de cómo había matado a. .a todos los p
19.10,14 matado a espada a tus p; y sólo yo
19.16 a Eliseo. .ungirás para que sea p en tu
20.13 p vino a Acab rey de Israel, y le dijo
20.22 vino luego el p al rey de Israel y le
20.35 un varón de los hijos de los p dijo a
20.38 el p se fue, y se puso delante del rey
20.41 rey de Israel conoció que era de los p
22.6 el rey de. .reunió a los p. .400 hombres
22.7 ¿hay aún aquí algún p de Jehová, por el
22.10 y todos los p profetizaban delante de
22.12 los p profetizaban de la misma manera
22.13 de los p. .anuncian al rey cosas buenas
22.22 espíritu de mentira en boca de. .sus p
22.23 puesto espíritu de mentira en. .tus p
2 R. 2.3 saliendo a Eliseo los hijos de los p
2.5 se acercaron a Eliseo los hijos de los p
2.7 vinieron 50. .de los hijos de los p, y se
2.15 los hijos de los p que estaban en Jericó
3.11 dijo: ¿No hay aquí p de Jehová, para que
3.13 vé a los p de tu padre, y a los p de tu
4.1 una. .de las mujeres de los hijos de los p
4.38 los hijos de los p estaban con él, por
4.38 y haz potaje para los hijos de los p
5.3 rogase mi señor al p que está en Samaria
5.8 venga ahora a mí, y sabrá que hay p en
5.13 si el p te mandara alguna gran cosa, ¿no
5.22 vinieron. .jóvenes de los hijos de los p
6.1 los hijos de los p dijeron a Eliseo: He
6.12 que el p Eliseo está en Israel, el cual
9.1 el p Eliseo llamó a uno. .hijos de los p
9.4 fue. .el joven, el p, a Ramot de Galaad
9.7 yo vengue la sangre de mis siervos los p
10.19 llamadme, pues. .a todos los p de Baal
14.25 Jonás hijo de Amitai, p. .de Gat-hefer
17.13 amonestó. .por medio de todos los p y de
17.13 que os he enviado por medio de. .los p
19.2 y envió a Eliaquim. .al p Isaías hijo de
20.1 Ezequías cayó enfermo. .vino. .el p Isaías
20.11 p Isaías clamó a Jehová; e hizo volver
20.14 el p Isaías vino al rey Ezequías, y le
21.10 habló. .por medio de sus siervos los p
23.2 subió el rey. .con los. .p y con todo el
23.18 los huesos del p que había venido de
24.2 la palabra. .que había hablado por. .los p
1 Cr. 16.22 no toquéis. .ni hagáis mal a mis p
17.1 dijo David al p Natán. .yo habito en casa
29.29 en las crónicas del p Natán, y en las
2 Cr. 9.29 escritos en los libros del p Natán
12.5 entonces vino el p Semaías a Roboam y a
12.15 escritas en los libros del p Semaías y
13.22 están escritos en la historia de Iddo p
18.5 el rey de Israel reunió a 400 p, y les
18.6 ¿hay aún aquí algún p de Jehová, para
18.9 todos los p profetizaban delante de ellos
18.11 profetizaban todos los p, diciendo: Sube
18.12 de los p. .anuncian al rey cosas buenas
18.21,22 espíritu de mentira en la boca de. .p
20.20 creed a sus p, y seréis prosperados
21.12 y le llegó una carta del p Elías, que
24.19 envió p para que los volviesen a Jehová
25.15 envió a él un p, que le dijo: ¿Por qué
25.16 hablándole el p estas cosas. .respondió
25.16 el p dijo. .Yo sé que Dios ha decretado
26.22 fueron escritos por el p Isaías, hijo
28.9 allí un p de Jehová que se llamaba Obed
29.25 al mandamiento de David. .y del p Natán
29.25 procedía de Jehová por medio de sus p
32.20 el rey. .y el p Isaías. .oraron por esto
32.32 escritos en la profecía del p Isaías
35.18 pascua. .desde los días de Samuel el p
36.12 no se humilló delante del p Jeremías
36.16 hacían escarnio de. .burlándose de sus p
Esd. 5.1 profetizaron Hageo y. .p, a los judíos
5.2 con ellos los p de Dios que les ayudaban
6.14 conforme a la profecía del p Hageo y de
9.11 por medio de tus siervos los p, diciendo
Neh. 6.7 has puesto p que proclamen acerca de
6.14 otros p que procuraban infundirme miedo
9.26 mataron a tus p que protestaban contra
9.30 y les testificaste. .por medio de tus p
9.32 todo el sufrimiento que ha alcanzado. .p
Sal. 51 *tít.* después de. .vino a él Natán el p
74.9 no vemos ya. .señales; no hay más p, ni
105.15 no toquéis, dijo. .ni hagáis mal a mis p
Is. 3.2 el juez y el p, el adivino y el anciano
9.15 el p que enseña mentira, es la cola
28.7 el sacerdote y el p erraron con sidra
29.10 cerró los ojos de vuestros p, y puso
30.10 que dicen a. .los p: No nos profeticéis
37.2 cubiertos de cilicio, p Isaías hijo de
38.1 vino a él el p Isaías hijo de Amoz, y le
39.3 el p Isaías vino al rey Ezequías, y le
Jer. 1.5 te conocí. .te di por p a las naciones
2.8 y los p profetizaron en nombre de Baal
2.26 sus príncipes, sus sacerdotes y sus p
2.30 espada devoró a vuestros p como león
4.9 en aquel día, dice. .maravillarán los p
5.13 los p serán como viento, porque no hay
5.31 p profetizaron mentira, y. .sacerdotes
6.13 desde el p hasta el sacerdote, todos son
7.25 envié todos los p mis siervos. .sin cesar
8.1 sacarán los huesos. .los huesos de los p
8.10 el p hasta el sacerdote. .hacen engaño
13.13 lleno de embriaguez a. .sacerdotes y p
14.13 los p les dicen: No veréis espada, ni
14.14 Jehová: Falsamente profetizan los p en
14.15 tanto, así ha dicho Jehová sobre los p
14.15 con espada y. .serán consumidos esos p
14.18 porque tanto el p como el sacerdote
18.18 la ley no faltará. .ni la palabra al p
20.2 y azotó Pasur al p Jeremías, y lo puso
23.9 a causa. .p mi corazón está quebrantado
23.11 el p como el sacerdote son impíos; aun
23.13 en los p de Samaria he visto desatinos
23.14 en los p de Jerusalén he visto torpezas
23.15 ha dicho. .contra aquellos p: He aquí
23.15 de los p de Jerusalén. .la hipocresía
23.16 no escuchéis las palabras de los p que
23.21 no envié yo aquellos p. .ellos corrían
23.25 yo he oído lo que aquellos p dijeron
23.26 en el corazón de los p que profetizan
23.28 el p que tuviere un sueño, cuente el
23.30 que yo estoy contra los p, dice Jehová
23.31 contra los p que endulzan sus lenguas
23.33 cuando te preguntare. .el p. .les dirás
23.34 y al p, al sacerdote o al pueblo que
23.37 dirás al p: ¿Qué te respondió Jehová
25.2 habló el p Jeremías a todo el pueblo de
25.4 envió Jehová. .todos sus siervos los p
26.5 las palabras de mis siervos los p, que
26.7 los sacerdotes, los p y todo el pueblo
26.8 los p y todo el pueblo le echaron mano
26.11 hablaron los sacerdotes y los p a los
26.16 a los sacerdotes y p: No ha incurrido
27.9 vosotros no prestéis oído a vuestros p
27.14 no oigáis las palabras de los p que os
27.15 os arroje y perezcáis vosotros y los p
27.16 no oigáis las palabras de vuestros p
27.18 si ellos son p, y si está con ellos la
28.1 Hananías. .p que era de Gabaón, me habló
28.5 respondió el p Jeremías al p Hananías
28.6 el p Jeremías: Amén, así lo haga Jehová
28.8 los p que fueron antes de mí y antes de
28.9 el p que profetiza de paz, cuando se
28.9 cuando se cumpla la palabra del p, será
28.9 conocido como el p que Jehová en. .envió
28.10 el p Hananías quitó el yugo del. .del p
28.12 que el p Hananías rompió el yugo. .del p
28.15 dijo el p Jeremías al p Hananías. .oye
29.1 carta que el p Jeremías envió. .a los. .p
29.8 no os engañen vuestros p que están entre
29.15 Jehová nos ha levantado p en Babilonia
29.19 no oyeron mis palabras. .siervos los p
29.29 leído esta carta a oídos del p Jeremías
32.2 el p Jeremías estaba preso en el patio
32.32 reyes. .sus p, y los varones de Judá y
34.6 habló el p Jeremías a Sedequías rey de
35.15 y envié a vosotros. .mis siervos los p
36.8 hizo conforme. .que le mandó Jeremías p

PROFETA *(Continúa)*

Jer. 36.26 que prendiesen a Baruc. .y al *p* Jeremías
37.2 a las palabras. .dijo por el *p* Jeremías
37.3 que dijesen al *p* Jeremías: Ruega ahora
37.6 vino palabra de Jehová al *p* Jeremías
37.13 Irías. .apresó al *p* Jeremías, diciendo
37.19 dónde están vuestros *p* que. .diciendo
38.9 mal hicieron estos. .con el *p* Jeremías
38.10 haz sacar al *p* Jeremías de la cisterna
38.14 traer al *p* Jeremías a su presencia, en
42.2 al *p* Jeremías: Acepta. .nuestro ruego
42.4 el *p* Jeremías les dijo: He oído. He aquí
43.6 al *p* Jeremías y a Baruc hijo de Nerías
44.4 todos mis siervos los *p*, desde temprano
45.1 palabra que habló el *p* Jeremías a Baruc
46.1 palabra de Jehová que vino al *p* Jeremías
46.13 habló Jehová al *p* Jeremías acerca de la
47.1; 49.34 palabra. .que vino al *p* Jeremías
50.1 habló Jehová. .por medio del *p* Jeremías
51.59 palabra. .envió el *p* Jeremías a Seraías
Lm. 2.9 sus *p* tampoco hallaron visión de Jehová
2.14 tus *p* vieron para ti vanidad y locura
2.20 ¿han de ser muertos. .sacerdote y el *p*?
4.13 por causa de los pecados de sus *p*, y las
Ez. 2.5 siempre conocerán que hubo *p* entre ellos
7.26 buscarán respuesta del *p*, mas la ley se
13.2 hijo de hombre, profetiza contra los *p*
13.3 ¡ay de los *p* insensatos, que andan en pos
13.4 zorras en los desiertos fueron tus *p*, oh
13.9 mi mano contra los *p* que ven vanidad y
13.16 los *p* de Israel que profetizan acerca
14.4 y viniere al *p*, yo Jehová responderé al
14.7 y viniere al *p* para preguntarle por mí
14.9 y cuando el *p* fuere engañado y hablare
14.9 yo Jehová engañé al tal *p*; y extenderé
14.10 como la maldad. .será la maldad del *p*
22.25 conjuración de sus *p* en medio de ella
22.28 *p* recubrían con lodo suelto. .vanidad
33.33 viniere. .sabrán que hubo *p* entre ellos
38.17 de quien hablé yo. .por. .los *p* de Israel
Dn. 9.2 años de que habló Jehová al *p* Jeremías
9.6 no hemos obedecido a tus siervos los *p*
9.10 la voz. .por medio de sus siervos los *p*
Os. 4.5 y caerá también contigo el *p* de noche
6.5 los corté por medio de los *p*, con las
9.7 necio es el *p*, insensato es el varón de
9.8 el *p* es lazo de cazador en. .sus caminos
12.10 hablado a los *p*, y aumenté la profecía
12.10 y por medio de los *p* usé parábolas
12.13 por un *p*. .subir. .por un *p* fue guardado
Am. 2.11 levanté de vuestros hijos para *p*, y de
2.12 *p* mandasteis diciendo: No profeticéis
3.7 que revele su secreto a sus siervos los *p*
7.14 no soy *p*, ni soy hijo de *p*, sino que soy
Mi. 2.11 si. .este tal será el *p* de este pueblo
3.5 así ha dicho Jehová acerca de los *p* que
3.6 sobre los *p* se pondrá el sol, y el día
3.7 y serán avergonzados los *p*, y. .adivinos
3.11 por precio, y sus *p* adivinan por dinero
Hab. 1.1 la profecía que vio el *p* Habacuc
3.1 oración del *p* Habacuc, sobre Sigionot
Sof. 3.4 *p* son livianos, hombres prevaricadores
Hag. 1.1,3; 2.1,10 vino palabra. .por medio del *p*
1.12 oyó. .las palabras del *p* Hageo, como le
Zac. 1.1 vino palabra de Jehová al *p* Zacarías
1.4 clamaron los primeros *p*, diciendo: Así ha
1.5 y los *p*, ¿han de vivir para siempre?
1.6 ordenanzas que mandé a mis siervos los *p*
1.7 palabra de Jehová al *p* Zacarías hijo de
7.3 a los *p*, diciendo: ¿Lloraremos en el mes
7.7 que proclamó Jehová por medio de los *p*
7.12 enviaba por. .por medio de los *p* primeros
8.9 oís. .estas palabras de la boca de los *p*
13.2 haré cortar de la tierra a los *p* y al
13.4 los *p* se avergonzarán de su visión cuando
13.5 y dirá: No soy *p*; labrador. .de la tierra
Mal. 4.5 os envío el *p* Elías, antes que venga
Mt. 1.22 lo dicho. .por medio del *p*, cuando dijo
2.5 Belén. .porque así está escrito por el *p*
2.15 por medio del *p*, cuando dijo: De Egipto
2.17 lo que fue dicho por el *p* Jeremías, cuando
2.23 dicho por los *p*. .habría de ser llamado
3.3 éste es aquel de quien habló el *p* Isaías
4.14 que se cumpliese lo dicho por el *p* Isaías
5.12 persiguieron a los *p* que fueron antes de
5.17 que he venido para abrogar la ley o los *p*
7.12 haced vosotros. .esto es la ley y los *p*
7.15 guardaos de los falsos *p*, que vienen a
8.17 que se cumpliese lo dicho por el *p* Isaías
10.41 el que recibe a un *p* por cuanto es *p*
10.41 que recibe. .recompensa de *p* recibirá
11.9 ver? ¿A un *p*? Sí, os digo, y más que *p*
11.13 los *p* y la ley profetizaron hasta Juan
12.17 se cumpliese lo dicho por el *p* Isaías
12.39 no le será. .sino la señal del *p* Jonás
13.17 muchos *p*. .desearon ver lo que veis, y
13.35 para que se cumpliese lo dicho por el *p*
13.57 no hay *p* sin honra, sino en su propia
14.5 pero temía. .porque tenían a Juan por *p*
16.4 le será dada, sino la señal del *p* Jonás
16.14 y otros, Jeremías, o alguno de los *p*
21.4 para que se cumpliese lo dicho por el *p*
21.11 es Jesús el *p*, de Nazaret de Galilea
21.26 tememos al. .todos tienen a Juan por *p*
21.46 temían al pueblo. .éste le tenía por *p*
22.40 de estos. .depende toda la ley y los *p*
23.29 porque edificáis los sepulcros de los *p*
23.30 no. .sus cómplices en la sangre de los *p*
23.31 hijos de aquellos que mataron a los *p*
23.34 yo os envío *p* y sabios y escribas; y de
23.37 matas a los *p*, y apedreas a los que te
24.11 falsos *p* se levantarán, y engañarán a
24.15 abominación. .de que habló el *p* Daniel
24.24 levantarán falsos Cristos, y falsos *p*
26.56 que se cumplan las Escrituras de los *p*
27.9 se cumplió lo dicho por el *p* Jeremías
27.35 para que se cumpliese lo dicho por el *p*
Mr. 1.2 está escrito en Isaías el *p*: He aquí yo
6.4 no hay *p* sin honra sino en su. .tierra
6.15 otros decían: Es un *p*, o alguno de los *p*
8.28 otros, Elías; y otros, alguno de los *p*
11.32 todos tenían a Juan como un verdadero *p*
13.14 abominación. .de que habló el *p* Daniel
13.22 Cristos y falsos *p*, y harán señales y
Lc. 1.70 como habló por boca de sus santos *p*
1.76 tú, niño, *p* del Altísimo serás llamado
3.4 en el libro de las palabras del *p* Isaías
4.17 y se le dio el libro del *p* Isaías; y
4.24 ningún *p* es acepto en su propia tierra
4.27 muchos leprosos había. .en tiempo del *p*
6.23 porque así hacían sus padres con los *p*
6.26 así hacían sus padres con los falsos *p*
7.16 un gran *p* se ha levantado entre nosotros
7.26 ver? ¿A un *p*? Sí, os digo, y más que *p*
7.28 no hay mayor *p* que Juan el Bautista
7.39 si fuera *p*, conocería quién y qué clase
9.8 algún *p* de los antiguos ha resucitado
9.19 otros, Elías; y otros, que algún *p* de
10.24 muchos *p* y reyes desearon ver lo que
11.47 que edificáis los sepulcros de los *p*
11.49 les enviaré *p* y apóstoles; y de ellos
11.50 se demande. .la sangre de todos los *p*
13.28 cuando veáis. .todos los *p* en el reino
13.33 no. .que un *p* muera fuera de Jerusalén
13.34 ¡Jerusalén, Jerusalén. .matas a los *p*
16.16 la ley y los *p* eran hasta Juan; desde
16.29 a Moisés y a los *p* tienen; óiganlos
16.31 si no oyen a Moisés y a los *p*, tampoco
18.31 cumplirán. .las cosas escritas por los *p*
20.6 porque están persuadidos. .que Juan era *p*
24.19 de Jesús nazareno, que fue varón *p*
24.25 para creer todo lo que los *p* han dicho!
24.27 siguiendo por todos los *p*. .declaraba
24.44 lo que está escrito de mí. .en los *p* y
Jn. 1.21 no soy. ¿Eres tú el *p*? Y respondió: No
1.23 clama. .Enderezad. .como dijo el *p* Isaías
1.25 tú no eres el Cristo, ni Elías, ni el *p*?
1.45 de quien escribió Moisés. .así como los *p*
4.19 le dijo. .Señor, me parece que tú eres *p*
4.44 el *p* no tiene honra en su propia tierra
6.14 este. .es el *p* que había de venir al mundo
6.45 está en los *p*: Y serán todos enseñados
7.40 decían: Verdaderamente éste es el *p*
7.52 que de Galilea nunca se ha levantado *p*
8.52 Abraham murió; y los *p*; y tú dices: El
8.53 ¡y los *p* murieron! ¿Quién te haces a ti
9.17 ¿qué dices tú del. .Y él dijo: Que es *p*
12.38 se cumpliese la palabra del *p* Isaías
Hch. 2.16 mas esto es lo dicho por el *p* Joel
2.30 siendo *p*, y sabiendo que con juramento
3.18 anunciado por boca de todos sus *p*, que
3.21 de que habló. .por boca de sus santos *p*
3.22 Dios os levantará *p* de entre vuestros
3.23 toda alma que no oiga a aquel *p*, será
3.24 y todos los *p* desde Samuel en adelante
3.25 vosotros sois los hijos de los *p*, y del
7.37 *p* os levantará el Señor vuestro Dios de
7.42 como está escrito en el libro de los *p*
7.48 no habita en templos. .como dice el *p*
7.52 ¿a cuál de los *p* no persiguieron. .padres?
8.28 volvía sentado en. .leyendo al *p* Isaías
8.30 oyó que leía al *p* Isaías, y dijo: Pero
8.34 ¿de quién dice el *p* esto; de sí mismo, o
10.43 de éste dan testimonio todos los *p*, que
11.27 días unos *p* descendieron de Jerusalén
13.1 en la iglesia. .Antioquía, *p* y maestros
13.6 hallaron a cierto mago, falso *p*, judío
13.15 después de la lectura de la ley y de. .*p*
13.20 años, les dio jueces hasta el *p* Samuel
13.27 palabras de los *p* que se leen todos los
13.40 que no venga. .lo que está dicho en los *p*
15.15 esto concuerdan las palabras de los *p*
15.32 y Judas y Silas. .ellos también eran *p*
21.10 descendió de Judea un *p* llamado Agabo
24.14 que en la ley y en los *p* están escritas
26.22 fuera de las cosas que los *p* y Moisés
26.27 ¿crees, oh rey Agripa, a los *p*? Yo sé
28.23 por la ley de Moisés como por los *p*
28.25 bien habló el Espíritu. .por medio del *p*
Ro. 1.2 él había prometido antes por sus *p* en
3.21 Dios, testificada por la ley y por los *p*
11.3 Señor, a tus *p* han dado muerte, y tus
16.26 por las Escrituras de los *p*, según el
1 Co. 12.28 unos puso Dios. .apóstoles, luego *p*
12.29 ¿son todos apóstoles? ¿son todos *p*?
14.29 los *p* hablen dos o tres, y los demás
14.32 los espíritus de los *p*. .sujetos a los *p*
14.37 se cree *p*, o espiritual, reconozca que
Ef. 2.20 edificados sobre el fundamento de. .*p*
3.5 como ahora es revelado a sus santos. .y *p*
4.11 constituyó a. .*p*; a otros, evangelistas
1 Ts. 2.15 mataron al Señor. .y a sus propios *p*
Tit. 1.12 uno de ellos, su propio *p*, dijo: Los
He. 1.1 habiendo hablado. .los padres por los *p*
11.32 de David, así como de Samuel y de los *p*
Stg. 5.10 como ejemplo de. .de paciencia a los *p*
1 P. 1.10 los *p* que profetizaron de la gracia
2 P. 2.1 hubo también falsos *p* entre el pueblo
2.16 una muda bestia. .refrenó la locura del *p*
3.2 de las palabras. .dichas por los santos *p*
1 Jn. 4.1 porque muchos falsos *p* han salido por
Ap. 10.7 como. .lo anunció a sus siervos los *p*
11.10 estos dos *p* habían atormentado a los
11.18 de dar el galardón a tus siervos los *p*
16.6 cuanto derramaron la sangre. .de los *p*
16.13 vi salir. .de la boca del falso *p*, tres
18.20 alégrate sobre ella. .apóstoles y *p*
18.24 y en ella se halló la sangre de los *p* y
19.20 fue apresada, y con ella el falso *p* que
20.10 donde estaban la bestia y el falso *p*
22.6 el Dios de los espíritus de los *p*, ha
22.9 soy consiervo tuyo, de. .los *p*, y de los

PROFÉTICA

2 P. 1.19 tenemos. .la palabra *p* más segura, a

PROFETISA

Éx. 15.20 y María la *p*. .tomó un pandero en su
Jue. 4.4 gobernaba. .Débora, *p*, mujer de Lapidot
2 R. 22.14 a la *p* Hulda, mujer de Salum hijo de
2 Cr. 34.22 fueron a Hulda *p*, mujer de Salum
Neh. 6.14 también acuérdate de Noadías *p*, y de
Is. 8.3 me llegué a la *p*, la cual concibió, y
Lc. 2.36 estaba también. .Ana, *p*, hija de Fanuel
Ap. 2.20 que esa mujer Jezabel, que se dice *p*

PROFETIZAR

Nm. 11.25 sobre ellos el espíritu, *profetizaron*
11.26 Eldad y. .*profetizaron* en el campamento
11.27 Eldad y. .*profetizan* en el campamento
1 S. 10.5 una compañía de profetas. .*profetizando*
10.6 *profetizarás* con ellos, y serás mudado
10.10 el Espíritu de Dios vino. .y *profetizó*
10.11 vieron que *profetizaba* con los profetas
10.13 y cesó de *profetizar*, y llegó al lugar
19.20 compañía de profetas que *profetizaban*
19.20 los mensajeros de. .también *profetizaron*
19.21 otros mensajeros. .también *profetizaron*
19.21 por tercera vez. .también *profetizaron*
19.23 siguió. .*profetizando* hasta que llegó a
19.24 también. .*profetizó*. .delante de Samuel
1 R. 22.8 porque nunca me *profetiza* bien, sino
22.10 todos los profetas *profetizaban* delante
22.12 los profetas *profetizaban* de la misma
22.18 ninguna cosa buena *profetizará*. .de mí
2 R. 23.16 había *profetizado* el varón de Dios
23.17 varón de Dios. .y *profetizó* estas cosas
1 Cr. 25.1 hijos de Asaf. .para que *profetizasen*
25.2 el cual *profetizaba* bajo las órdenes del
25.3 Jedutún, el cual *profetizaba* con arpa
2 Cr. 18.7 nunca me *profetiza* cosa buena, sino
18.9 profetas *profetizaban* delante de ellos
18.11 *profetizaban*. .profetas, diciendo: Sube
18.17 que no me *profetizaría* bien, sino mal?
20.37 Eliezer hijo. .*profetizó* contra Josafat
Esd. 5.1 *profetizaron* Hageo y Zacarías hijo de
Is. 30.10 dicen: No nos *profeticéis* lo recto
30.10 cosas halagüeñas, *profetizad* mentiras
Jer. 2.8 *profetizaron* en nombre de Baal, y
5.31 los profetas *profetizaron* mentira, y los
11.21 no *profetices* en nombre de Jehová, para
14.14 falsamente *profetizan* los profetas en
14.14 y engaño de su corazón os *profetizan*
14.15 profetas que *profetizan* en mi nombre
14.16 pueblo a quien *profetizan* será echado
19.14 de Tofet, adonde le envió. .a *profetizar*
20.1 Pasur. .oyó a Jeremías que *profetizaba*
20.6 a los cuales has *profetizado* con mentira
23.13 *profetizaban* en nombre de Baal. .errar
23.16 no escuchéis las palabras. .*profetizan*
23.21 no les hablé, mas ellos *profetizaban*
23.25 *profetizando* mentira en mi nombre. .Soñé
23.26 *profetizan* mentira, y que *p* el engaño
23.32 estoy contra los que *profetizan* sueños
25.13 *profetizado* por Jeremías contra todas
25.30 *profetizarás* contra ellos todas estas
26.9 ¿por qué has *profetizado* en nombre de
26.11 porque *profetizó* contra esta ciudad
26.12 Jehová me envió a *profetizar* contra
26.18 Miqueas. .*profetizó* en tiempo de. .rey
26.20 un hombre que *profetizaba*. .Urías hijo
26.20 el cual *profetizó* contra esta ciudad
27.10 ellos. .*profetizan* mentira, para haceros
27.14 no oigáis las. .os *profetizan* mentira
27.15 ellos *profetizan* falsamente en mi nombre
27.15 perezcáis vosotros y. .que os *profetizan*
27.16 profetas que os *profetizan*. .*p* mentira
28.6 *profetizaste* que los utensilios de la
28.8 los profetas que. .*profetizaron* guerra
28.9 el profeta que *profetiza* de paz, cuando
29.9 porque falsamente os *profetizan* ellos en

PROFETIZAR ***(Continúa)***
Jer. 29.21 os *profetizan* falsamente en mi nombre
29.26 hombre loco que *profetice*, poniéndolo
29.27 Jeremías de Anatot, que os *profetiza?*
29.31 *profetizó* Semaías, y yo no lo envié, y
32.3 ¿por qué *profetizas* tú diciendo: Así ha
37.19 vuestros profetas que os *profetizaban*
Ez. 4.7 y descubierto tu brazo, *profetizarás*
6.2 tu rostro hacia los montes. . y *profetiza*
11.4 por tanto *profetiza* contra ellos; *p*, hijo
11.13 aconteció que mientras yo *profetizaba*
12.27 es. . para lejanos tiempos *profetiza* éste
13.2 *profetiza* contra los. . que *profetizan*, y
13.2 los que *profetizan* de su propio corazón
13.16 los profetas de Israel que *profetizan*
13.17 las hijas de tu pueblo que *profetizan*
13.17 pon tu rostro. . *profetiza* contra ellas
20.46 *profetiza* contra el bosque del Neguev
21.2 y *profetiza* contra la tierra de Israel
21.9 *profetiza*, y dí. . La espada está afilada
21.14 *profetiza*, y bate una mano contra otra
21.28 *profetiza*, y dí. . de los hijos de Amón
21.29 *profetizan* vanidad. . adivinan mentira
22.28 *profetizándoles* vanidad y adivinándoles
25.2 hijos de Amón, y *profetiza* contra ellos
28.21 pon tu rostro hacia Sidón, y *profetiza*
29.2 y *profetiza* contra él y contra. . Egipto
30.2 *profetiza*, y dí: Así ha dicho Jehová el
34.2 *profetiza* contra los pastores. . *p*, y dí
35.2 el monte de Seir, y *profetiza* contra él
36.1 *profetiza* a los montes de Israel, y dí
36.3 *profetiza*. . y dí: Así ha dicho Jehová el
36.6 *profetiza* sobre la tierra de Israel, y
37.4 *profetiza* sobre estos huesos, y diles
37.7 *profeticé*, pues, como me fue mandado
37.7 hubo un ruido mientras yo *profetizaba*
37.9 *profetiza* al espíritu, *p*. . Espíritu, ven
37.10 y *profeticé* como me había mandado, y
37.12 *profetiza*, y diles. . os haré subir de
38.2 pon tu rostro contra Gog. . y *profetiza*
38.14 *profetiza*, hijo de hombre, y dí a Gog
38.17 *profetizaron*. . que yo te había de traer
39.1 tú. . *profetiza* contra Gog, y dí: Así ha
Jl. 2.28 *profetizarán*. . hijos y vuestras hijas
Am. 1.1 Amós. . que *profetizó* acerca de Israel en
2.12 mandasteis diciendo: No *profeticéis*
3.8 si habla Jehová. . ¿quién no *profetizará?*
7.12 de Judá, y come allá tu pan, y *profetiza*
7.13 y no *profetices* más en Bet-el, porque es
7.15 dijo: Vé y *profetiza* a mi pueblo Israel
7.16 tú dices: No *profetices* contra Israel
Mi. 2.6 no *profeticéis*. . a los que *profetizan*
2.6 no les *profeticen*, porque no. . vergüenza
2.11 te *profetizaré* de vino y de sidra; éste
Zac. 13.3 que cuando alguno *profetizare* aún, le
13.3 padre. . le traspasarán cuando *profetizare*
13.4 se avergonzarán de. . cuando *profetizaren*
Mt. 7.22 Señor, ¿no *profetizamos* en tu nombre
11.13 los profetas y la ley *profetizaron* hasta
15.7 bien *profetizó* de vosotros Isaías. . dijo
26.68 *profetízanos*, Cristo, quién. . te golpeó
Mr. 7.6 bien *profetizó* de vosotros Isaías, como
14.65 de puñetazos, y a decirle: *Profetiza*
Lc. 1.67 Zacarías su padre. . *profetizó*, diciendo
22.64 *profetiza*, ¿quién es el que te golpeó?
Jn. 11.51 *profetizó* que Jesús había de morir
Hch. 2.17 hijos y vuestras hijas *profetizarán*
2.18 derramaré. . mi Espíritu, y *profetizarán*
19.6 y hablaban en lenguas, y *profetizaban*
21.9 cuatro hijas doncellas que *profetizaban*
1 Co. 11.4 todo varón que ora o *profetiza* con
13.9 en parte conocemos. . y en. . *profetizamos*
14.1 dones. . pero sobre todo que *profeticéis*
14.3 el que *profetiza* habla a los hombres para
14.4 el que *profetiza*, edifica a la iglesia
14.5 en lenguas, pero más que *profetizaseis*
14.5 porque mayor es el que *profetiza* que el
14.24 pero si todos *profetizan*, y entra algún
14.31 porque podéis *profetizar* todos uno por
14.39 así que, hermanos, procurad *profetizar*
1 P. 1.10 los profetas que *profetizaron* de la
Jud. 14 también *profetizó* Enoc, séptimo desde
Ap. 10.11 *profetices* otra vez sobre. . pueblos
11.3 daré a mis dos testigos que *profeticen*

PROFUNDIDAD
Éx. 15.5 los. . descendieron a las *p* como piedra
Dt. 32.22 mi ira, y arderá hasta las *p* del Seol
Neh. 9.11 a sus perseguidores echaste en las *p*
Job 12.22 él descubre las *p* de las tinieblas
17.16 a la *p* del Seol descenderán. . el polvo
36.30 su luz, y cobija con ella las *p* del mar
Sal. 68.22 dijo. . te haré volver de las *p* del mar
86.13 has librado mi alma de las *p* del Seol
95.4 en su mano están las *p* de la tierra, y
107.24 ellos han visto. . sus maravillas en las *p*
Pr. 25.3 y para la *p* de la tierra, y para el
Is. 44.23 oh. . gritad con júbilo, *p* de la tierra
44.27 dice a las *p:* Secaos, y tus. . haré secar
51.10 el que transformó en camino las *p* del
57.9 lejos, y te abatiste hasta la *p* del Seol
Ez. 26.20 te pondré en las *p* de la tierra, como
Zac. 10.11 se secarán todas las *p* del río; y la
Mt. 13.5; Mr. 4.5 brotó. . no tenía *p* de tierra
Ro. 11.33 ¡oh *p* de las riquezas de la sabiduría
Ef. 3.18 cuál sea la anchura, la longitud, la *p*
Ap. 2.24 lo que ellos llaman las *p* de Satanás

PROFUNDO, DA
Gn. 2.21 Dios hizo caer sueño *p* sobre Adán, y
Lv. 13.3,20,25,30 pareciere. . más *p* que la piel
13.4,21,26,31,34 no pareciere más *p* que la piel
13.32 ni pareciere la tiña más *p* que la piel
14.37 manchas. . las cuales parecieren más *p* que
1 S. 26.12 un *p* sueño. . había caído sobre ellos
Neh. 9.11 echaste. . como una piedra en *p* aguas
Job 11.8 más *p* que el Seol; ¿cómo la conocerás?
26.5 las sombras tiemblan en lo *p*, los mares y
41.31 hace hervir como una olla el mar *p*, y lo
Sal. 64.6 íntimo pensamiento de cada uno. . es *p*
69.2 estoy hundido en cieno *p*, donde no puedo
69.14 sea yo libertado. . de lo *p* de las aguas
88.6 me has puesto en el hoyo *p*. . en lugares *p*
92.5 tus obras. . Muy *p* son tus pensamientos
130.1 de lo *p*, oh Jehová, a ti clamo
139.15 entretejido en lo más *p* de la tierra
140.10 echados. . abismos *p* de donde no salgan
Pr. 1.6 palabras de sabios, y sus dichos *p*
9.18 que sus convidados están en lo *p* del Seol
18.4 aguas *p* son las palabras de la boca del
19.15 la pereza hace caer en *p* sueño, y el
20.5 aguas *p* es el consejo en el corazón del
20.27 la cual escudriña lo más *p* del corazón
22.14 fosa *p* es la boca de la mujer extraña
23.27 abismo *p* es la ramera, y pozo angosto
Ec. 7.24 que fue; y lo muy *p*, ¿quién lo hallará?
Is. 7.11 ya sea de abajo en lo *p*, o de arriba
30.33 Tofet. . *p* y ancho, cuya pira es de fuego
Jer. 49.8,30 habitad en lugares *p*. . moradores
Lm. 3.55 invoqué tu nombre. . desde la cárcel *p*
Ez. 3.5 no eres enviado a pueblo de habla *p* ni
3.6 a muchos pueblos de habla *p* ni de lengua
27.34 seas quebrantada. . en lo *p* de las aguas
31.14 están destinados. . a lo *p* de la tierra
31.16 fueron consolados en lo *p* de la tierra
31.18 derribado serás. . en lo *p* de la tierra
32.18 y despéñalo a él. . a lo *p* de la tierra
32.24 descendieron incircuncisos a lo más *p*
Dn. 2.22 él revela lo *p* y lo escondido; conoce
10.9 caí sobre mi rostro en un *p* sueño, con
Os. 5.2 y haciendo víctimas han bajado. . lo *p*
Am. 9.3 si se escondieren de. . en lo *p* del mar
Jon. 2.3 echaste a lo *p*, en medio de los mares
Mi. 7.19 echará en lo *p* del. . nuestros pecados
Mt. 18.6 y que se le hundiese en lo *p* del mar
Hch. 20.9 rendido de un sueño *p*, por cuanto
Ro. 8.39 ni lo *p*, ni ninguna otra cosa creada
1 Co. 2.10 todo lo escudriña, aun lo *p* de Dios
2 Co. 8.2 y su *p* pobreza abundaron en riquezas

PROFUSAMENTE
Is. 35.2 florecerá *p*, y también se alegrará y

PROGENITOR
Gn. 49.26 mayores que las bendiciones de mis *p*

PROGRESO
Fil. 1.12 han redundado más bien para el *p* del

PROHIBICIÓN
Dn. 6.9 firmó. . el rey Darío el edicto y la *p*

PROHIBIR
Dt. 2.37 lugar alguno que. . Dios había *prohibido*
4.23 imagen. . cosa que. . Dios te ha *prohibido*
17.3 inclinado a ellos. . cual yo he *prohibido*
Jer. 36.5 se me ha *prohibido* entrar en la casa
Mr. 9.38 se lo *prohibimos*, porque no nos seguía
9.39 no se lo *prohibáis;* porque ninguno hay
Lc. 9.49 se lo *prohibimos*, porque no sigue con
9.50 no se lo *prohibáis;* porque el que no es
23.2 *prohibe* dar tributo a César, diciendo que
Hch. 16.6 fue *prohibido* por el Espíritu Santo
1 Ti. 4.3 *prohibirán* casarse, y mandarán
3 Jn. 10 que quieren recibirlos se lo *prohibe*

PROHIJAR
Éx. 2.10 *prohijó*, y le puso por nombre Moisés

PRÓJIMO
Éx. 2.13 dijo al que. . ¿Por qué golpeas a tu *p?*
10.23 ninguno vio a su *p*, ni nadie se levantó
20.16 no hablarás contra. . *p* falso testimonio
20.17 no codiciarás la casa de tu *p*. . su buey
20.17 no codiciarás la mujer de tu *p*, ni su
20.17 no codiciarás. . ni cosa alguna de tu *p*
21.14 ensoberbeciere contra su *p* y lo matare
21.18 y uno hiriere a su *p* con piedra o con
21.35 si el buey de. . hiriere al buey de su *p*
22.7 diere a su *p* plata o alhajas a guardar
22.8 ha metido su mano en los bienes de su *p*
22.9 jueces condenaren, pagará el doble a. . *p*
22.10 hubiere dado a su *p* asno, o. . a guardar
22.11 no metió su mano a los bienes de su *p*
22.14 tomado prestada bestia a su *p*, y fuere
22.26 si tomares en prenda el vestido de tu *p*
Lv. 6.2 negare a su *p* lo encomendado o dejado
6.2 una persona. . robare o calumniare a su *p*
18.20 no tendrás acto. . con la mujer de tu *p*
19.13 no oprimirás a tu *p*, ni le robarás. No
19.15 el juicio. . con justicia juzgarás a tu *p*
19.16 no atentarás contra la vida de tu *p*
19.17 razonarás con tu *p*. . que no participes
19.18 no. . sino amarás a tu *p* como a ti mismo
20.10 cometiere adulterio con la mujer de. . *p*
24.19 que causare lesión en su *p*, según hizo
25.14 cuando vendiereis algo a vuestro *p*, o
25.14 o comprareis de mano de vuestro *p*, no
25.15 conforme al número. . comprarás de tu *p*
25.17 no engañe ninguno a su *p*, sino temed a
Dt. 4.42 que matase a su *p* sin intención, sin
5.20 no dirás falso testimonio contra tu *p*
5.21 la mujer de tu *p*, ni. . la casa de tu *p*, ni
5.21 no codiciarás la. . ni cosa alguna de tu *p*
15.2 obligó a su *p;* no lo demandará. . a su *p*
19.4 aquel que hiriere a su *p* sin intención
19.5 el que fuere con su *p* al monte a cortar
19.5 cabo, y diere contra su *p* y éste muriere
19.6 por cuanto no tenía enemistad con su *p*
19.11 que aborreciere a su *p* y lo acechare, y
19.14 no reducirás los límites de la. . de tu *p*
22.24 el hombre. . humilló a la mujer de su *p*
22.26 levanta contra su *p* y le quita la vida
23.24 en la viña de tu *p*, podrás comer uvas
23.25 mies de tu *p*, podrás arrancar espigas
23.25 mas no aplicarás hoz a la mies de tu *p*
24.10 entregares a tu *p* alguna cosa prestada
27.17 maldito el que redujere el límite de. . *p*
27.24 maldito. . que hiriere a su *p* ocultamente
Jos. 20.5 por cuanto hirió a su *p* por accidente
1 S. 15.28 lo ha dado a un *p* tuyo mejor que tú
2 S. 12.11 tomaré tus mujeres. . las daré a tu *p*
1 R. 8.31; 2 Cr. 6.22 alguno pecare contra su *p*
Job 16.21 disputar el hombre con. . como con su *p*
31.9 si estuve acechando a la puerta de mi *p*
Sal. 12.2 habla mentira cada uno con su *p*
15.3 el que no calumnia. . ni hace mal a su *p*
28.3 hablan paz con sus *p*, pero la maldad está
101.5 al que. . infama a su *p*, yo lo destruiré
Pr. 3.28 no digas a tu *p:* Anda, y vuelve. . daré
3.29 no intentes mal contra tu *p* que habita
6.3 ya que has caído en la mano de tu *p;* ve
6.29 es el que se llega a la mujer de su *p*
11.9 el hipócrita con la boca daña a su *p;* mas
12.26 el justo sirve de guía a su *p;* mas el
14.21 peca el que menosprecia a su *p;* mas el
16.29 hombre malo lisonjea a su *p*, y le hace
21.10 el mal; su *p* no halla favor en sus ojos
24.28 no seas sin causa testigo contra tu *p*
25.8 sepas qué hacer al fin, después que tu *p*
25.18 el hombre que habla contra su *p* falso
29.5 hombre que lisonjea a su *p*, red tiende
Ec. 4.4 despierta la envidia del. . contra su *p*
Is. 19.2 cada uno peleará contra. . contra su *p*
Jer. 5.8 cual relinchaba tras la mujer de su *p*
7.5 hiciereis justicia entre el hombre y su *p*
22.13 edifica su. . sirviéndose de su *p* de balde
29.23 cometieron adulterio con las. . de sus *p*
31.34 y no enseñará más ninguno a su *p*, ni
34.15 anunciando cada uno libertad a su *p*
Ez. 18.6 ídolos. . ni violare la mujer de su *p*
18.11 los montes, o violare la mujer de su *p*
18.15 de Israel; la mujer de su *p* no violare
22.11 hizo abominación con la mujer de su *p*
22.12 a tus *p* defraudaste con violencia; te
33.26 contaminasteis cada. . la mujer de su *p*
Hab. 2.15 ¡ay del que da de beber a su *p!* ¡Ay
Zac. 8.16 hablad verdad cada cual con su *p*. . paz
8.17 ninguno. . piense mal en su. . contra su *p*
Mt. 5.43 oísteis que fue dicho: Amarás a tu *p*
19.19; 22.39; Mr. 12.31 amarás a tu *p* como a
Mr. 12.33 amar al *p* como a uno mismo, es más
Lc. 10.27 amarás al. . y a tu *p* como a ti mismo
10.29 pero. . dijo a Jesús: ¿Y quién es mi *p?*
10.36 ¿quién, pues. . te parece que fue el *p*
Hch. 7.27 el que maltrataba a su *p* le rechazó
Ro. 13.8 el que ama al *p*, ha cumplido la ley
13.9 resume: Amarás a tu *p* como a ti mismo
13.10 el amor no hace mal al *p;* así que el
15.2 cada uno de nosotros agrade a su *p* en
Gá 5.14 la ley. . Amarás a tu *p* como a ti mismo
Ef. 4.25 hablad verdad cada uno con su *p;* porque
He. 8.11 ninguno enseñará a su *p*, ni ninguno
Stg. 2.8 amarás a tu *p* como a ti mismo, bien

PROLE
Gn. 15.3 mira que no me has dado *p*. . heredero
Lv. 22.13 no tuviere *p* y se hubiere vuelto a
Nm. 32.14 *p* de hombres pecadores, para añadir
Job 5.25 y tu *p* como la hierba de la tierra

PROLONGACIÓN
Dt. 30.20 él es vida para ti, y *p* de tus días
Jer. 15.15 no me reproches en la *p* de tu enojo
Dn. 4.27 vez será eso una *p* de tu tranquilidad

PROLONGAR
Dt. 4.40 y *prolongues* tus días sobre la tierra
5.16 para que sean *prolongados* tus días, y
6.2 vida, para que tus días sean *prolongados*
11.9 que os sean *prolongados* los días sobre
17.20 de que *prolongue* sus días en su reino
22.7 que te vaya bien, y *prolongues* tus días
25.15 que tus días sean *prolongados* sobre la
30.18 no *prolongaréis* vuestros días sobre la
32.47 haréis *prolongar* vuestros días sobre la
Pr. 28.16 que aborrece la avaricia *prolongará*
Ec. 8.12 haga mal cien veces, y *prolongue* sus
8.13 ni le serán *prolongados* los días, que
Jer. 31.3 tanto, te *prolongué* mi misericordia
Ez. 12.22 van *prolongando* los días, y..visión?
Dn. 7.12 pero les había sido *prolongada* la vida

PROMESA
Jos. 21.45 no faltó palabra de todas las..*p* que
1 R. 8.56 ninguna..de todas sus *p*..ha faltado
Esd. 10.19 en *p* de que despedirían sus mujeres
Neh. 9.38 nosotros hacemos..*p*, y la escribimos
Sal. 77.8 ¿se ha acabado perpetuamente su *p?*
Ec. 5.4 a Dios haces *p*, no tardes en cumplirla
Lc. 24.49 he aquí, yo enviaré la *p* de mi Padre
Hch. 1.4 sino que esperasen la *p* del Padre, la
2.33 y habiendo recibido del Padre la *p* del
2.39 para vosotros es la *p*, y para vuestros
7.17 pero cuando se acercaba el tiempo de la *p*
13.23 conforme a la *p*, Dios levantó a Jesús
13.32 anunciamos el evangelio de aquella *p*
23.21 y ahora están listos esperando tu *p*
26.6 por la esperanza de la *p* que hizo Dios
26.7 *p* cuyo cumplimiento esperan que han de
Ro. 4.13 no por la ley fue dada a Abraham..la *p*
4.14 si..vana resulta la fe, y anulada la *p*
4.16 a fin de que la *p* sea firme para toda su
4.20 tampoco dudó..de la *p* de Dios, sino que
9.4 de los cuales son la..el culto y las *p*
9.8 los que son hijos según la *p* son contados
9.9 porque la palabra de la *p* es esta: Por
15.8 para confirmar las *p* hechas a los padres
2 Co. 1.20 las *p* de Dios son en él Sí, y en él
7.1 que, amados, puesto que tenemos tales *p*
Gá. 3.14 la fe recibiésemos la *p* del Espíritu
3.16 a Abraham fueron hechas las *p*, y a su
3.17 ley..no lo abroga, para invalidar la *p*
3.18 si la..es por la ley, ya no es por la *p*
3.18 pero Dios la concedió a..mediante la *p*
3.19 viniese la simiente a quien fue..la *p*
3.21 la ley es contraria a las *p* de Dios?
3.22 para que la *p*..fuese dada a los creyentes
3.29 linaje de..sois, y herederos según la *p*
4.23 la carne; mas el de la libre, por la *p*
4.28 así..nosotros, como Isaac, somos..de la *p*
Ef. 1.13 sellados con el Espíritu Santo de la *p*
2.12 ajenos a los pactos de la *p*, sin..Dios
3.6 y copartícipes de la *p* en Cristo Jesús
6.2 honra a..es el primer mandamiento con *p*
1 Ti. 4.8 tiene *p* de esta vida presente, y de
2 Ti. 1.1 según la *p* de..vida que es en Cristo
He. 4.1 permaneciendo aún la *p* de entrar en su
6.12 de aquellos que por la fe..heredan las *p*
6.13 porque cuando Dios hizo la *p* a Abraham
6.15 y habiendo esperado con..alcanzó la *p*
6.17 mostrar más..a los herederos de la *p* la
7.6 los diezmos, y bendijo al que tenía las *p*
8.6 mejor pacto, establecido sobre mejores *p*
9.15 los llamados reciban la *p* de la herencia
10.36 hecho la voluntad de..obtengáis la *p*
11.9 con Isaac y..coherederos de la misma *p*
11.17 el que había recibido las *p* ofrecía su
11.33 alcanzaron *p*, taparon bocas de leones
2 P. 1.4 nos ha dado preciosas y grandísimas *p*
3.4 ¿dónde está la *p* de su advenimiento?
3.9 el Señor no retarda su *p*, según algunos
3.13 esperamos, según sus *p*, cielos nuevos y
1 Jn. 2.25 la *p* que él nos hizo, la vida eterna

PROMETER
Éx. 12.25 tierra que Jehová os..como *prometió*
Nm. 10.29 Jehová ha *prometido* el bien a Israel
32.11 la tierra que *prometí* con juramento a
Dt. 1.11 ¡Jehová..bendiga, como os ha *prometido*
8.1 y poseáis la tierra que Jehová *prometió*
9.28 no pudo Jehová..que les había *prometido*
12.11 votos que hubiereis *prometido* a Jehová
12.17 votos que *prometieres*, ni las ofrendas
19.8 y te diere toda la tierra que *prometió*
23.22 mas cuando te abstengas de *prometer*, no
23.23 lo cumplirás, conforme lo *prometiste*
23.23 pagando la ofrenda..que *prometiste* con
26.18 pueblo suyo..como te lo ha *prometido*
Jos. 9.21 les habían *prometido* los príncipes
22.4 dado reposo a..como lo había *prometido*
Jue. 11.36 de mí conforme a lo que *prometiste*
2 S. 7.28 has *prometido* este bien a tu siervo
15.7 a pagar mi voto..he *prometido* a Jehová
1 R. 8.24 que has cumplido..lo que le *prometiste*
8.25 cumple..lo que le *prometiste*, diciendo
2 R. 8.19 había *prometido* darle lámpara a él y
2 Cr. 6.4 cumplido lo que *prometió* con su boca
6.15 que has guardado..lo que le *prometiste*
6.16 cumple a tu siervo..que le has *prometido*
15.12 *prometieron*..que buscarían a Jehová el
31.6 las cosas que habían *prometido* a..Dios
Sal. 76.11 *prometed*, y pagad a Jehová vuestro
132.2 juró a..y *prometió* al Fuerte de Jacob
Pr. 7.14 sacrificios de paz había *prometido;* hoy
Ec. 5.5 mejor es que no *prometas*, y no que *p* y
Jon. 2.9 sacrificios; pagaré lo que *prometí*
Mal. 1.14 que..*promete*, y sacrifica..lo dañado
Mt. 14.7 le *prometió*..darle todo lo que pidiese
Mr. 14.11 alegraron, y *prometieron* darle dinero
Hch. 7.5 *prometió* que se la daría en posesión
Ro. 1.2 había *prometido* antes por sus profetas
4.21 para hacer todo lo que había *prometido*
2 Co. 9.5 vuestra generosidad antes *prometida*
Tit. 1.2 Dios, que no miente, *prometió* desde
He. 10.23 firme..porque fiel es el que *prometió*
11.9 como extranjero en la tierra *prometida*
11.11 que era fiel quien lo había *prometido*
11.13 sin haber recibido lo *prometido*, sino
11.39 todos éstos..no recibieron lo *prometido*
12.26 pero ahora ha *prometido*, diciendo: Aun
Stg. 1.12 Dios ha *prometido* a los que le aman
2.5 reino que ha *prometido* a los que le aman?
2 P. 2.19 *prometen* libertad, y son ellos mismos

PROMINENTE
2 Cr. 32.33 lo sepultaron en el lugar más *p* de

PROMOTOR
Hch. 24.5 y *p* de sediciones entre..los judíos

PROMOVER
Pr. 15.18 hombre iracundo *promueve* contiendas

PROMULGACIÓN
Ro. 9.4 de los cuales son..la *p* de la ley, el

PROMULGAR
1 R. 21.12 y *promulgaron* ayuno, y pusieron a
Jer. 34.8 hizo pacto..para *promulgarles* libertad
34.17 *promulgar* cada uno a..*promulgo* libertad
36.9 que *promulgaron* ayuno en la presencia de
Dn. 6.7 *promulgues* un edicto..y lo confirmes
Lc. 2.1 que se *promulgó* un edicto de parte de

PRONOSTICAR
Is. 47.13 cuentan los meses, para *pronosticar*

PRONÓSTICO
Is. 20.3 señal y *p* sobre Egipto y sobre Etiopía

PRONTITUD
Ro. 9.28 el Señor ejecutará su sentencia..con *p*

PRONTO
1 Cr. 12.33 *p* para la guerra, con toda clase de
Sal. 57.7 *p* está mi corazón, oh Dios, mi corazón
119.173 tu mano *p* para socorrerme, porque tus
Mal. 3.5 seré *p* testigo contra los hechiceros
Jn. 13.27 dijo: Lo que vas a hacer, hazlo más *p*
2 Co. 8.11 que como estuvisteis *p* a querer, así
10.6 estando *p* para castigar..desobediencia

PRONUNCIAR
Gn. 49.21 Neftalí..*pronunciará* dichos hermosos
Nm. 30.6 *pronunciare*..con que obligue su alma
30.8 lo que *pronunció*..con que ligó su alma
Dt. 5.1 oye..decretos que yo *pronuncio* hoy en
27.13 estarán..para *pronunciar* la maldición
Jue. 12.6 Sibolet, porque no podía *pronunciarlo*
1 R. 20.40 tu sentencia; tú la has *pronunciado*
2 R. 9.25 Jehová *pronunció* esta sentencia sobre
19.21 es la palabra que Jehová ha *pronunciado*
22.19 oíste lo que yo he *pronunciado* contra
25.6 el rey..*pronunciaron* contra él sentencia
Job 27.4 no..ni mi lengua *pronunciará* engaño
Sal. 58.1 oh..¿*pronunciáis* en verdad justicia?
66.14 que *pronunciaron* mis labios y habló mi
94.4 ¿hasta cuándo *pronunciarán*, hablarán
Is. 14.4 *pronunciarás* este proverbio contra el
16.13 la palabra que *pronunció* Jehová sobre
24.3 porque Jehová ha *pronunciado*..palabra
59.3 vuestros labios *pronuncian* mentira, habla
Jer. 4.12 yo *pronunciaré* juicios contra ellos
11.17 Jehová de..ha *pronunciado* mal contra ti
52.9 al rey, y..*pronunció* sentencia contra él
2 P. 2.11 no *pronuncian* juicio..contra ellas

PROPAGAR
Pr. 10.18 y el que *propaga* calumnia es necio
Hch. 7.19 la muerte..para que no se *propagasen*

PROPICIACIÓN
Ro. 3.25 a quien Dios puso como *p* por medio de
1 Jn. 2.2 él es la *p* por nuestros pecados; y no
4.10 envió a su Hijo..*p* por nuestros pecados

PROPICIATORIO
Éx. 25.17 un *p* de oro fino, cuya longitud será
25.18 labrados a..en los dos extremos del *p*
25.19 una pieza con el *p* harás los querubines
25.20 las alas, cubriendo con sus alas el *p*
25.20 mirando al *p*..rostros de los querubines
25.21 pondrás el *p* encima del arca, y en el
25.22 hablaré contigo de sobre el *p*, de entre
26.34 el *p* sobre el arca del testimonio en el
30.6 pondrás..delante del *p* que está sobre el
31.7 el *p* que está sobre ella, y todos los
35.12 el arca y sus varas, el *p*, el velo de
37.6 hizo..el *p* de oro puro, su longitud de
37.7 querubines..en los dos extremos del *p*
37.8 una pieza con el *p* hizo los querubines
37.9 querubines..cubriendo con sus alas el *p*
37.9 sus rostros el uno..miraban hacia el *p*
39.35 arca del testimonio y sus varas, el *p*
40.20 colocó las..y encima el *p* sobre el arca
Lv. 16.2 delante del *p* que está sobre el arca
16.2 porque..apareceré en la nube sobre el *p*
16.13 y la nube del perfume cubrirá el *p* que
16.14 la rociará..el *p*..hacia el *p* esparcirá
16.15 esparcirá sobre el *p* y delante del *p*
Nm. 7.89 la voz que le hablaba de encima del *p*
1 Cr. 28.11 el plano del pórtico..la casa del *p*
He. 9.5 querubines de gloria que cubrían el *p*

PROPICIO, CIA
Gn. 41.16 será el que dé respuesta *p* a Faraón
2 S. 21.14 Dios fue *p* a la tierra después de
24.23 Arauna al rey: Jehová tu Dios te sea *p*
2 Cr. 30.18 Jehová, que es bueno, sea *p* a todo
Esd. 8.23 pedimos a nuestro Dios..él nos fue *p*
Sal. 77.7 el Señor..no volverá más a sernos *p?*
85.1 fuiste *p* a tu tierra, oh Jehová; volviste
142.7 me rodearán los justos..tú me serás *p*
Lc. 18.13 diciendo: Dios, sé *p* a mí, pecador
He. 8.12 seré *p* a sus injusticias, y nunca más

PROPIEDAD
Gn. 23.4 dadme *p* para sepultura entre vosotros
23.18 como *p* de Abraham, en presencia de los
Éx. 21.21 no será castigado, porque es de su *p*
Nm. 33.53 os la he dado para que sea vuestra *p*
Dt. 19.14 no reducirás los límites de la *p* de
Ez. 45.6 *p* de la ciudad señalaréis cinco mil
Hch. 2.45 y vendían sus *p* y sus bienes, y lo
28.7 había *p* del hombre principal de la isla

PROPIETARIO
2 R. 3.4 Mesa..era *p* de ganados, y pagaba al

PROPIO, PIA
Jn. 10.4 y cuando ha sacado fuera todas las *p*
1 Co. 11.13 ¿es *p* que la mujer ore a Dios sin
16.4 y si fuere *p* que yo también vaya, irán

PROPONER
Gn. 33.8 ¿qué te *propones* con..estos grupos que
Éx. 21.1 estas son las leyes que les *propondrás*
Dt. 31.21 porque yo conozco lo que se *proponen*
Jue. 14.12 yo os *propondré* ahora un enigma, y
14.13 y ellos respondieron: *Propón* tu enigma
14.16 el enigma que *propusiste* a los hijos de
2 R. 12.17 se *propuso*..subir contra Jerusalén
1 Cr. 21.10 tres cosas te *propongo;* escoge de
2 Cr. 7.11 que Salomón se *propuso* hacer en la
Ec. 2.3 *propuse* en mi corazón agasajar mi carne
Ez. 17.2 *propón* una figura, y compón..parábola
37.18 nos enseñarás qué te *propones* con eso?
Dn. 1.8 y Daniel *propuso*..no contaminarse con
Lc. 21.14 *proponed* en vuestros corazones no
Hch. 12.4 *proponía* sacarle al pueblo después de
19.21 se *propuso* en espíritu ir a Jerusalén
20.16 había *propuesto* pasar de largo a Efeso
Ro. 1.13 que muchas veces me he *propuesto* ir a
1 Co. 2.2 *propuse* no saber entre vosotros cosa
2 Co. 1.17 al *proponerme* esto, ¿usé quizá de
9.7 cada uno dé como *propuso* en su corazón
Ef. 1.9 el cual se había *propuesto* en sí mismo

PROPORCIÓN
1 R. 7.36 entalladuras..con *p* en el espacio de
Ez. 40.18 en *p* a la longitud de los portales

PROPOSICIÓN
Éx. 25.30 pondrás sobre la mesa el pan de la *p*
35.13 la mesa y sus varas..y el pan de la *p*
39.36 mesa, todos sus vasos, y el pan de la *p*
Nm. 4.7 la mesa de la *p* extenderán un paño azul
1 S. 21.6 no había..pan sino los panes de la *p*
1 R. 7.48 sobre la..estaban los panes de la *p*
1 Cr. 9.32 tenían a su cargo los panes de la *p*
23.29 asimismo para los panes de la *p*, para
28.16 dio oro en peso para las mesas de la *p*
2 Cr. 2.4 la colocación..de los panes de la *p*
4.19 las mesas..se ponían los panes de la *p*
29.18 ya hemos limpiado..la mesa de la *p* con
Neh. 10.33 para el pan de la *p* y para la ofrenda
Mt. 12.4 y comió los panes de la *p*, que no les
Mr. 2.26 en la casa..y comió los panes de la *p*
Lc. 6.4 entró en la..y tomó los panes de la *p*
He. 9.2 en la primera parte..los panes de la *p*

PROPÓSITO
Jue. 5.16 de Rubén hubo grandes *p* del corazón
1 Cr. 28.2 yo tenía el *p* de edificar una casa
Esd. 4.5 sobornaron además. .para frustrar sus *p*
Sal. 138.8 cumplirá su *p* en mí; tu misericordia
Hch. 11.23 que con *p* de corazón permaneciesen
Ro. 8.28 los que conforme a su *p* son llamados
9.11 que el *p* de Dios conforme a la elección
Ef. 1.11 conforme al *p* del que hace todas las
3.11 conforme al *p* eterno que hizo en Cristo
2 Ts. 1.11 cumpla todo *p* de bondad y toda obra
1 Ti. 1.5 el *p* de este mandamiento es el amor
2 Ti. 1.9 según el *p* suyo y la gracia que nos
3.10 mi doctrina. .*p*, fe, longanimidad, amor
Ap. 17.13 tienen un mismo *p*, y entregarán su

PROPUESTA
Is. 33.15 sus oídos para no oir *p* sanguinarias
Hch. 6.5 agradó la *p* a. .la multitud; y eligieron

PRORRUMPIR
Is. 44.23 *prorrumpid*, montes, en alabanza
49.13 y *prorrumpid* en alabanza, oh montes
Hch. 24.21 *prorrumpí* en alta voz: Acerca de la
Gá. 4.27 *prorrumpe* en júbilo y clama, tú que no

PROSEGUIR
Jue. 18.26 *prosiguieron* los. .de Dan su camino
Job 17.9 *proseguirá* el justo su camino, y el
35.1 *prosiguió* Eliú en su razonamiento, y dijo
Os. 6.3 y *proseguiremos* en conocer a Jehová
Zac. 4.4 *proseguí* y hablé. .a aquel ángel que
Lc. 19.11 *prosiguió* Jesús y dijo una parábola
Fil. 3.12 que *prosigo*, por ver si logro asir
3.14 *prosigo* a la meta, al premio del supremo

PROSÉLITO
Mt. 23.15 recorréis mar y tierra. .hacer un *p*
Hch. 2.10 y romanos aquí. .tanto judíos como *p*
6.5 a Parmenas, y a Nicolás *p* de Antioquía
13.43 de los *p* piadosos siguieron a Pablo y a

PROSPERAR
Gn. 24.21 si Jehová había *prosperado* su viaje
24.40 ángel contigo, y *prosperará* tu camino
24.42 si tú *prosperas* ahora mi camino por el
24.56 ya que Jehová ha *prosperado* mi camino
26.13 fue *prosperado*, y se engrandeció hasta
26.22 Rehobot. .Jehová nos ha *prosperado*, y
39.3 que él hacía, Jehová lo hacía *prosperar*
39.23 lo que él hacía, Jehová lo *prosperaba*
Éx. 1.21 las parteras. .él *prosperó* sus familias
Dt. 28.29 no serás *prosperado* en tus caminos
29.9 que *prosperéis* en todo lo que hiciereis
Jos. 1.7 seas *prosperado* en todas las cosas que
1.8 entonces harás *prosperar* tu camino, y todo
Jue. 17.13 ahora sé que Jehová me *prosperará*
18.5 que sepamos si ha de *prosperar* este viaje
1 R. 2.3 que *prosperes* en todo lo que hagas y
22.12 a Ramot de Galaad, y serás *prosperado*
22.15 sube, y serás *prosperado*, y Jehová la
2 R. 18.7 y adondequiera que salía, *prosperaba*
1 Cr. 22.11 Jehová esté contigo, y. .*prosperado*
22.13 serás *prosperado*, si cuidares de poner
29.23 y fue *prosperado*; y le obedeció. .Israel
2 Cr. 7.11 Salomón se propuso. .fue *prosperado*
13.12 de Israel, no peleéis. .no *prosperaréis*
14.7 edificaron, pues, y fueron *prosperados*
18.11 sube contra Ramot. .y serás *prosperado*
18.14 subid, y seréis *prosperados*, pues serán
20.20 creed. .profetas, y seréis *prosperados*
26.5 en que buscó a Jehová, él le *prosperó*
31.21 buscó a su Dios, lo. .y fue *prosperado*
32.30 fue *prosperado* Ezequías en todo lo que
Esd. 5.8 obra se hace. .y *prospera* en sus manos
6.14 de los judíos edificaban y *prosperaban*
Neh. 2.20 Dios de los cielos, él nos *prosperará*
Job 12.6 *prosperan* las tiendas de los ladrones
15.29 no *prosperará*, ni durarán sus riquezas
Sal. 1.3 no cae, y todo lo que hace, *prosperará*
37.7 te alteres con motivo del que *prospera*
45.4 tu gloria sé *prosperado*; cabalga sobre
49.18 a su alma, y sea loado cuando *prospere*
118.25 te ruego. .nos hagas *prosperar* ahora
122.6 paz. .sean *prosperados* los que te aman
Pr. 11.25 el alma generosa será *prosperada*
13.4 alma de los diligentes será *prosperada*
28.13 que encubre sus pecados no *prosperará*
28.25 mas el que confía en Jehová *prosperará*
Is. 48.15 por tanto, será *prosperado* su camino
52.13 he aquí que mi siervo será *prosperado*
53.10 la voluntad. .será en su mano *prosperada*
54.17 ninguna arma. .contra ti *prosperará*
55.11 y será *prosperada* en aquello para que
Jer. 2.37 desechó. .y no *prosperarás* por ellos
10.21 tanto, no *prosperaron*, y todo su ganado
12.1 ¿por qué es *prosperado* el camino de los
12.16 ellos serán *prosperados* en medio de mi
20.11 serán avergonzados en. .no *prosperarán*
46.27 Jacob, y descansará y será *prosperado*
Lm. 1.5 sus aborrecedores fueron *prosperados*
Ez. 16.13 y *prosperaste* hasta llegar a reinar
17.9 así ha dicho Jehová. .¿Será *prosperada*?
17.10 aquí está plantada; ¿será *prosperada*?
17.15 ¿será *prosperado*, escapará el que estas
Dn. 6.28 Daniel *prosperó* durante el reinado de
8.12 echó. .e hizo cuanto quiso, y *prosperó*
8.24 y causará grandes ruinas, y *prosperará*
8.25 hará *prosperar* el engaño en su mano; y
11.36 y *prosperará*, hasta que sea consumada
Mal. 3.15 hacen impiedad no sólo son *prosperados*
1 Co. 16.2 aparte algo, según haya *prosperado*
3 Jn. 2 deseo que tú seas *prosperado* en todas
2 que tengas salud, así como *prospera* tu alma

PROSPERIDAD
Dt. 10.13 que guardes los. .para que tengas *p*?
Esd. 9.12 ni procuraréis jamás su paz ni su *p*
Job 15.21 en la *p* el asolador vendrá sobre él
21.13 sus días en *p*, y en paz descienden al
30.15 combatieron como. .mi *p* pasó como nube
Sal. 30.6 en mi *p* dije yo: No seré. .conmovido
68.6 Dios. .saca a los cautivos a *p*; mas los
73.3 tuve envidia. .viendo la *p* de los impíos
Pr. 1.32 la *p* de los necios los echará a perder
17.8 adondequiera que se vuelve, halla *p*
Jer. 22.21 te he hablado en tus *p*, mas dijiste

PRÓSPERO, RA
Gn. 39.2 Jehová estaba con José, y fue varón *p*
Job 8.6 ti, y hará *p* la morada de tu justicia
16.12 *p* estaba, y me desmenuzó; me arrebató
Jer. 5.28 con todo, se hicieron *p*, y la causa de
22.30 a quien nada *p* sucederá en todos los
Ro. 1.10 tenga. .un *p* viaje para ir a vosotros

PROSTITUCIÓN
2 R. 23.7 derribó los lugares de *p* idolátrica
Ez. 23.29 fornicaciones, y tu lujuria y tu *p*
Os. 2.4 ni tendré misericordia. .son hijos de *p*

PROSTITUIR
Lv. 19.29 para que no se *prostituya* la tierra
20.5 fornicaron. .*prostituyéndose* con Moloc
20.6 adivinos, para *prostituirse* tras de ellos
Nm. 15.39 en pos de los cuales os *prostituyáis*
Jue. 8.27 Israel se *prostituyó* tras de ese efod
8.33 volvieron a *prostituirse* yendo tras los
1 Cr. 5.25 *prostituyeron* siguiendo a los dioses
Sal. 106.39 y se *prostituyeron* con sus hechos
Jer. 3.2 en qué lugar no te hayas *prostituido*
Ez. 16.15 *prostituiste* a causa de tu renombre
23.7 se *prostituyó* con ellos, con todos los
Os. 2.5 porque su madre se *prostituyó*; la que
5.3 ahora, oh Efraín, te has *prostituido*, y

PROTECCIÓN
Esd. 9.9 para. .darnos *p* en Judá y en Jerusalén
Job 17.3 fianza, oh Dios; sea mi *p* cerca de ti

PROTECTOR
Ez. 28.14 querubín grande, *p*, yo te puse en el
28.16 eché del monte de Dios. .querubín *p*

PROTEGER
1 R. 8.59 que él *proteja* la causa de su siervo

PROTEGIDO
Sal. 83.3 han entrado en consejo contra tus *p*

PROTESTAR
Gn. 43.3 varón nos *protestó* con ánimo resuelto
Dt. 21.7 *protestarán* y dirán: Nuestras manos
30.18 *protestó* hoy que de cierto pereceréis
1 S. 8.9 *protesta*. .contra ellos, y muéstrales
1 R. 2.42 y te *protesté* diciendo: El día que
Neh. 9.26 tus profetas que *protestaban* contra
10.29 se reunieron. .para *protestar* y jurar
Jer. 11.7 *protesté* a vuestros padres el día que
Hch. 20.26 os *protesto* en el día de hoy, que

PROVECHO
Gn. 37.26 ¿qué *p* hay en que matemos a. .hermano
Job 5.27 aquí. .óyelo, y conócelo tú para tu *p*
15.3 ¿disputará con palabras. .razones sin *p*?
22.2 ¿traerá el hombre *p* a Dios?. .a sí mismo
22.3 o *p* de que tú hagas perfectos. .caminos?
35.3 ¿qué. .o qué *p* tendré de no haber pecado?
Sal. 30.9 ¿qué *p* hay en mi muerte. .descienda
Pr. 10.2 los tesoros de maldad no serán de *p*
Ec. 1.3 ¿qué *p* tiene el hombre de. .su trabajo
2.11 todo era vanidad. .sin *p* debajo del sol
3.9 ¿qué *p* tiene el que trabaja, de aquello
5.9 el *p* de la tierra es para todos; el rey
Is. 30.5 ni los socorre, ni les trae *p*; antes
30.6 tesoros. .un pueblo que no les será de *p*
44.10 fundió una imagen. .para nada es de *p*?
49.4 en vano y sin *p* he consumido mis fuerzas
56.11 cada uno busca su propio *p*, cada uno
Jer. 16.19 mentira poseyeron. .no hay en ellos *p*
23.32 ningún *p* hicieron a este pueblo, dice
Hch. 18.27 de gran *p* a los que. .habían creído
1 Co. 7.35 esto lo digo para vuestro *p*; no para
12.7 dada. .manifestación del Espíritu para *p*
Fil. 1.25 permaneceré. .para vuestro *p* y gozo
Tit. 3.9 evita las cuestiones. .vanas y sin *p*
Flm. 20 sí. .tenga yo algún *p* de ti en el Señor
Jud. 16 adulando a las personas para sacar *p*

PROVECHOSO, SA
Job 22.2 para sí mismo es *p* el hombre sabio
Ec. 7.11 buena es. .y *p* para los que ven el sol
10.10 pero la sabiduría es *p* para dirigir
1 Ti. 4.8 el ejercicio corporal para poco es *p*
He. 6.7 la tierra que bebe la. .produce hierba *p*
12.10 pero éste para lo que nos es *p*, para
13.17 no quejándose, porque esto no os es *p*

PROVEER
Gn. 22.8 Dios se *proveerá* de cordero para el
22.14 llamó Abraham. .lugar, Jehová *proveerá*
22.14 en el monte de Jehová será *provisto*
27.37 de trigo y de vino le he *provisto*; ¿qué
41.33 *provéase*. .Faraón de un varón prudente
1 S. 16.1 de sus hijos me he *provisto* de rey
2 S. 14.14 *provee* medios para no alejar de sí
1 R. 12.16 ¡*provee* ahora en tu casa, David!
Sal. 68.10 por tu bondad. .has *provisto* al pobre
144.13 graneros. .*provistos* de toda suerte de
Pr. 2.7 *provee* de sana sabiduría a los rectos
Ez. 20.6 la tierra que les había *provisto*, que
Nah. 3.14 *provéete* de agua para el asedio
Mt. 10.9 no os *proveáis* de oro, ni plata, ni
Lc. 12.20 lo que has *provisto*, ¿de quién será?
Hch. 7.46 *proveer* tabernáculo para el Dios de
Ro. 13.14 y no *proveáis* para los deseos de la
2 Co. 9.10 el que da semilla al que. .*proveerá*
1 Ti. 5.8 si alguno no *provee* para los suyos
He. 11.40 *proveyendo* Dios alguna cosa mejor

PROVENIR
Ro. 14.23 lo que no *proviene* de fe, es pecado
1 Co. 2.12 sino el espíritu que *proviene* de Dios
2 Co. 3.5 nuestra competencia *proviene* de Dios
5.18 y todo esto *proviene* de Dios, quien nos
Gá. 4.24 uno *proviene* del monte Sinaí, el cual
2 P. 3.5 tierra, que *proviene* del agua y por el
1 Jn. 2.16 no *proviene* del Padre, sino. .mundo

PROVERBIO
1 S. 10.12 se hizo *p*: ¿También Saúl entre los
24.13 como dice el *p* de los antiguos: De los
1 R. 4.32 compuso tres mil *p*, y sus cantares
9.7 e Israel será por *p*. .a todos los pueblos
Sal. 44.14 pusiste por *p* entre las naciones
49.4 inclinaré al *p* mi oído; declararé con
69.11 puse. .cilicio. .y vine a serles por *p*
78.2 abriré mi boca en *p*; hablaré. .escondidas
Pr. 1.1 los *p* de Salomón, hijo de David, rey
1.6 para entender *p* y declaración, palabras
10.1 los *p* de Salomón. El hijo sabio alegra
25.1 *p* de Salomón, los cuales copiaron los
26.7 cojo. .así es el *p* en la boca del necio
26.9 tal es el *p* en la boca de los necios
Ec. 12.9 enseñó sabiduría. .y compuso muchos *p*
Is. 14.4 pronunciarás este *p* contra el rey de
2 P. 2.22 les ha acontecido lo del verdadero *p*

PROVERBISTA
Nm. 21.27 por tanto dicen los *p*: Venid a Hesbón

PROVINCIA
Jos. 12.23 el rey de Dor, de la *p* de Dor, otro
17.11 Manasés en Isacar y en Aser a. .tres *p*
1 R. 4.13 tenía también la *p* de Argob. .Basán
20.14,17 siervos de los príncipes de las *p*
20.15 pasó revista a los siervos. .de las *p*
20.17 los siervos de los príncipes de las *p*
20.19 salieron. .los siervos de los. .de las *p*
2 R. 23.33 puso preso Faraón. .en la *p* de Hamat
1 Cr. 8.8 y Saharaim engendró. .en la *p* de Moab
Esd. 2.1 son los hijos de la *p* que subieron del
4.10 hizo habitar. .las demás *p* del otro lado
4.15 ciudad rebelde, y perjudicial. .a las *p*
5.8 que fuimos a la *p* de Judea, a la casa del
6.2 en el palacio que está en la *p* de Media
7.16 plata y el oro que halles en toda la *p*
Neh. 1.3 en la *p*, están en gran mal y afrenta
3.14 gobernador de la *p* de Bet-haquerem; él
7.6 estos son los hijos de la *p* que subieron
11.3 jefes de la *p* que moraron en Jerusalén
Est. 1.1 Asuero que reinó desde. .sobre 127 *p*
1.3 teniendo delante de él a. .príncipes de *p*
1.16 pueblos que hay en todas las *p* del rey
1.22 cartas a todas las *p* del rey. .a cada *p*
2.3 ponga el rey personas en todas las *p* de
2.18 y disminuyó tributos a las *p*, e hizo y
3.8 hay un pueblo esparcido. .*p* de tu reino
3.12 los capitanes que estaban sobre cada *p*
3.12 a cada *p* según su escritura, y a cada
3.13 enviadas cartas. .a todas las *p* del rey
3.14 que se dio por mandamiento en cada *p*
4.3 en cada *p*. .donde el mandamiento del rey
4.11 el pueblo de las *p* del rey, saben que
8.5 destruir a los judíos que están en. .las *p*
8.9 se escribió. .a. .los príncipes de las *p*
8.9 se escribió. .a. .127 *p*; a cada *p* según su

PROVINCIA *(Continúa)*
Est. 8.12 en todas las *p* del rey Asuero, en el día
8.13 que había de darse por decreto en cada *p*
8.17 en cada *p* y en cada ciudad donde llegó
9.2 los judíos se reunieron. .las *p* del rey
9.3 los príncipes de las *p*. .apoyaban a los
9.4 Mardoqueo. .su fama iba por todas las *p*
9.12 qué habrán hecho en las otras *p* del rey?
9.16 los otros judíos que estaban en las *p*
9.20 cartas a. .judíos que estaban en. .las *p*
9.28 celebrados por todas las. .*p* y ciudades
9.30 enviadas cartas a. .a las 127 *p* del rey
Sal. 48.2 hermosa *p*, el gozo de toda la tierra
Ec. 2.8 me amontoné. .tesoros. .de reyes y de *p*
5.8 si opresión de pobres y. .vieres en la *p*
Lm. 1.1 la señora de *p* ha sido hecha tributaria
Ez. 19.8 arremetieron. .las gentes de las *p* de
Dn. 2.48 gobernador de toda la *p* de Babilonia
2.49 que pusiera sobre los negocios de la *p*
3.1 la levantó en. .Dura, en la *p* de Babilonia
3.2 se reuniesen. .los gobernadores de las *p*
3.3 reunidos. .los gobernadores de las *p*, a
3.12 pusiste sobre los negocios de la *p* de
3.30 el rey engrandeció a Sadrac. .en la *p* de
8.2 Susa. .capital del reino en la *p* de Elam
11.24 estando la *p* en paz y en abundancia
11.41 y muchas *p* caerán; mas éstas escaparán
Mt. 3.5 salía a él. .toda la *p* de alrededor del
Mr. 1.5 salían a él toda la *p* de Judea, y todos
1.28 difundió su fama por toda la *p*. .Galilea
Lc. 3.1 Felipe tetrarca. .de la *p* de Traconite
15.13 se fue lejos a una *p* apartada; y allí
15.14 vino una gran hambre en aquella *p*, y
Hch. 13.49 la palabra. .se difundía por toda. .*p*
16.6 y atravesando Frigia y la *p* de Galacia
16.12 Filipos. .es la primera ciudad de la *p*
23.34 leída la carta, preguntó de qué *p* era
25.1 llegado, pues, Festo a la *p*, subió de
2 Co. 11.32 en Damasco, el gobernador de la *p*

PROVISIÓN
Gn. 14.11 tomaron toda la riqueza. .todas sus *p*
41.35 junten toda la *p* de estos buenos años
41.36 esté aquella *p* en depósito para el país
Jos. 9.11 nos dijeron: Tomad. .*p* para el camino
9.14 tomaron. .*p*. .y no consultaron a Jehová
Jue. 7.8 y habiendo tomado *p* para el pueblo, y
1 S. 22.10 y le dio *p*, y. .la espada de Goliat
2 S. 19.32 Barzilai. .y él había dado *p* al rey
1 R. 4.22 la *p* de Salomón. .era de 30 coros de
9.19 todas las ciudades donde Salomón tenía *p*
20.27 tomando *p* fueron al encuentro de ellos
1 Cr. 12.40 trajeron. .*p* de harina, tortas de
26.15 y a sus hijos la casa de *p* del templo
26.17 al sur. .y a la casa de *p* de dos en dos
2 Cr. 8.6 las ciudades de *p* que Salomón tenía
11.11 fortalezas, y puso en ellas. .*p*, vino y
11.23 y les dio *p* en abundancia, y. .mujeres
17.13 tuvo muchas *p* en las ciudades de Judá
31.10 comido. .quedado esta abundancia de *p*
Neh. 13.15 acerca del día en que vendían las *p*
Sal. 132.15 bendeciré abundantemente su *p*; a
Pr. 15.6 en la casa del justo hay gran *p*; pero
17.1 paz, que casa de contiendas llena de *p*
Is. 23.3 su *p* procedía de las sementeras que
Jer. 40.5 le dio el capitán de la guardia *p* y
Ez. 16.27 y disminuí tu *p*. .y te entregué a la
Dn. 1.5 señaló el rey. .*p* de la comida del rey

PROVISTO *Véase Proveer*

PROVOCACIÓN
Dt. 32.27 de no haber temido la *p* del enemigo
1 R. 15.30 por su *p* con que provocó a enojo a
2 R. 23.26 por todas las *p* con que Manasés le
He. 3.8,15 vuestros corazones, como en la *p*

PROVOCAR
Dt. 9.7 has *provocado* la ira de Jehová tu Dios
9.8 en Horeb *provocasteis* a ira a Jehová, y
9.22 en Tabera. .*provocasteis* a ira a Jehová
32.16 lo *provocaron* a ira con abominaciones
32.21 me *provocaron* a ira con sus ídolos; yo
32.21 yo. .los *provocaré* a ira con una nación
Jue. 2.12 dioses. .y *provocaron* a ira a Jehová
1 S. 17.25 se adelanta para *provocar* a Israel
17.26 que *provoque* a los escuadrones del Dios
17.36 porque ha *provocado* al ejército. .Dios
17.45 el Dios de. .a quien tu has *provocado*
1 R. 15.30 que *provocó* a enojo a Jehová Dios
16.2 has. .*provocándome* a ira con tus pecados
16.7 *provocándole* a ira con las obras de sus
16.13 *provocando* a enojo con sus vanidades a
16.26 *provocando* a ira a Jehová. .sus ídolos
16.33 para provocar la ira de Jehová Dios de
21.22 rebelión con que me *provocaste* a ira
22.53 y lo adoró, y *provocó* a ira a Jehová
2 R. 17.11 malas para *provocar* a ira a Jehová
17.17 hacer lo malo ante. .*provocándole* a ira
21.6 a hacer lo malo. .para *provocarlo* a ira
21.15 y me han *provocado* a ira, desde el día
22.17 *provocándome* a ira con toda la obra de
23.19 los lugares altos. .para *provocar* a ira
2 Cr. 25.19 ¿para qué *provocas* un mal en que
28.25 *provocando* así a ira a Jehová el Dios
34.25 *provocándome* a ira con todas las obras
Esd. 5.12 nuestros padres *provocaron* a ira al
Neh. 9.26 te *provocaron* a ira, y se rebelaron
Job 12.6 los que *provocan* a Dios viven seguros
Sal. 78.41 Dios, y *provocaban* al Santo de Israel
78.58 le *provocaron* a celo con sus imágenes
106.29 *provocaron*. .ira de Dios con sus obras
Pr. 30.33 que *provoca* la ira causará contienda
Is. 1.4 *provocaron* a ira al Santo de Israel, se
65.3 que en mi rostro me *provoca* de continuo
Jer. 7.18 ofrendas a dioses. .*provocarme* a ira
7.19 ¿me *provocarán* ellos a ira?. .¿No obran
11.17 *provocándome* a ira con incensar a Baal
25.6 ni me *provoquéis* a ira con la obra de
25.7 no me habéis oído. .*provocarme* a ira con
32.29 libaciones a dioses. .para *provocarme* a
32.30 no han hecho más que *provocarme* a ira
50.24 aun presa, porque *provocaste* a Jehová
Ez. 8.3 imagen del celo. .que *provoca* a celos
16.43 me *provocaste* a ira en todo esto, por
Os. 12.14 ha *provocado* a Dios con amarguras
Zac. 8.14 vuestros padres me *provocaron* a ira
Lc. 11.53 *provocarle* a que hablase de muchas
Ro. 10.19 os *provocaré* a celos con un pueblo
10.19 con pueblo insensato os *provocaré* a ira
11.11 los gentiles, para *provocarles* a celos
11.14 *provocar* a celos a los de mi sangre, y
1 Co. 10.22 ¿o *provocaremos* a celos al Señor?
Ef. 6.4 no *provoquéis* a ira a vuestros hijos
He. 3.16 quienes fueron los que. .*provocaron?*

PRÓXIMO, MA
Lv. 18.6 ningún varón se llegue a parienta *p*
25.25 su pariente más *p* vendrá y rescatará
Sof. 1.14 cercano está el día grande. .y muy *p*
Fil. 2.30 por la obra de. .estuvo *p* a la muerte
He. 6.8 está *p* a ser maldecida, y su fin es el
8.13 por viejo y se envejece. .*p* a desaparecer

PROYECTAR
Éx. 35.32 *proyectar* diseños, para trabajar en

PRUDENCIA
1 R. 4.29 y Dios dio a Salomón sabiduría y *p*
1 Cr. 22.12 y Jehová te dé entendimiento y *p*
Pr. 1.3 para recibir el consejo de *p*, justicia
2.2 tu oído. .si inclinares tu corazón a la *p*
2.3 si clamares a la. .y a la *p* dieres tu voz
3.5 fíate de. .y no te apoyes en tu propia *p*
23.9 porque menospreciará la *p* de. .razones
24.3 edificará la casa, y con *p* se afirmará
Is. 40.14 ¿quién. .le mostró la senda de la *p?*
Ez. 28.4 con tu *p* has acumulado riquezas, y has
Abd. 8 que perezcan. .la *p* del monte de Esaú?
Lc. 1.17 de los rebeldes a la *p* de los justos
Hch. 24.2 bien gobernadas en el pueblo por tu *p*

PRUDENTE
Gn. 41.33 provéase ahora Faraón de un varón *p*
1 S. 16.18 hombre de guerra, *p* en sus palabras
1 Cr. 27.32 Jonatán tío de David era. .varón *p*
2 Cr. 2.12 dio al rey David un hijo sabio. .y *p*
Sal. 2.10 ahora, pues, oh reyes, sed *p*; admitid
Pr. 1.2 para entender. .para conocer razones *p*
10.13 en los labios del *p* se halla sabiduría
10.19 mas el que refrena sus labios es *p*
11.12 menosprecia a su. .mas el hombre *p* calla
12.16 el que no hace caso de la injuria es *p*
13.16 hombre *p* procede con sabiduría; mas el
14.8 la ciencia del *p* está en entender su
14.18 mas los *p* se coronarán de sabiduría
14.33 en el corazón del *p* reposa la sabiduría
15.5 que guarda la corrección vendrá a ser *p*
16.21 el sabio de corazón es llamado *p*, y la
16.23 el corazón del sabio hace *p* su boca, y
17.2 el siervo *p* se enseñoreará del hijo que
17.27 de espíritu *p* es el hombre entendido
19.14 los padres; mas de Jehová la mujer *p*
20.15 oro. .mas los labios *p* son joya preciosa
23.4 no te afanes por hacerte rico; sé *p*, y
28.7 el que guarda la ley es hijo *p*; mas el
Ec. 9.11 ni de los *p* las riquezas, ni de los
Is. 5.21 los que son *p* delante de sí mismos!
10.13 y con mi sabiduría, porque he sido *p*
19.11 el consejo de los *p*. .se ha desvanecido
Os. 14.9 ¿quién es sabio. .*p* para que lo sepa?
Am. 5.13 por tanto, el *p* en tal tiempo calla
Mt. 7.24 compararé a un hombre *p*, que edificó
10.16 sed *p* como serpientes, y sencillos como
24.45 ¿quién es, pues, el siervo fiel y *p*, al
25.2 cinco de ellas eran *p* y cinco insensatas
25.4 mas las *p* tomaron aceite en sus vasijas
25.8 las insensatas dijeron a las *p*: Dadnos
25.9 mas las *p* respondieron. .Para que no nos
Lc. 12.42 ¿quién es el mayordomo fiel y *p* al
Hch. 13.7 el procónsul Sergio Paulo, varón *p*
1 Co. 4.10 mas vosotros *p* en Cristo; nosotros
1 Ti. 3.2 obispo sea. .*p*, decoroso, hospedador
Tit. 2.2 serios, *p*, sanos en la fe, en el amor
2.5 a ser *p*, castas, cuidadosas de su casa
2.6 exhorta asimismo a. .jóvenes a que sean *p*

PRUDENTEMENTE
1 S. 18.5 salía David a dondequiera. .portaba *p*
18.14 y David se conducía *p* en. .sus asuntos
18.15 viendo Saúl que se portaba tan *p*, tenía
Dn. 2.14 Daniel habló. .*p* a Arioc, capitán de

PRUEBA
Dt. 4.34 tomar para sí una nación. .con *p*, con
7.19; 29.3 las grandes *p* que vieron tus ojos
1 S. 17.39 y probó a. .nunca había hecho la *p*
Job 10.17 renuevas contra mí tus *p*, y aumentas
Sal. 17.3 has puesto a *p*, y nada inicuo hallaste
Is. 41.21 presentad vuestras *p*, dice el Rey de
Dn. 1.12 ruego que hagas la *p* con tus siervos
Lc. 8.13 creen. .en el tiempo de la *p* se apartan
22.28 que habéis permanecido conmigo en mis *p*
Hch. 1.3 se presentó vivo con. .*p* indubitables
20.19 y *p* que me han venido por. .los judíos
Ro. 5.4 y la paciencia, *p*; y la *p*, esperanza
2 Co. 2.9 la *p* de si vosotros sois obedientes
8.2 que en grande *p* de tribulación. .su gozo
8.8 no hablo. .para poner a *p*, por medio de
8.24 ante las iglesias la *p* de vuestro amor
13.3 buscáis una *p* de que habla Cristo en mí
Gá. 4.14 no. .por la *p* que tenía en mi cuerpo
6.4 así. .cada uno someta a *p* su propia obra
1 Ti. 3.10 también sean sometidos a *p* primero
He. 11.37 puestos a *p*, muertos a filo. .espada
Stg. 1.2 gozo cuando os halléis en diversas *p*
1.3 que la *p* de vuestra fe produce paciencia
1.12 cuando haya resistido la *p*, recibirá la
1 P. 1.6 tengáis que. .afligidos en diversas *p*
1.7 a *p* vuestra fe, mucho más preciosa que
4.12 no os sorprendáis del fuego de *p* que os
Ap. 3.10 te guardaré de la hora de la *p* que ha

PÚBLICAMENTE
Jn. 7.26 pues mirad, habla *p*, y no le dicen nada
18.20 yo *p* he hablado al mundo; siempre he
Hch. 16.37 azotarnos *p* sin sentencia judicial
18.28 refutaba *p* a los judíos, demostrando
20.20 rehuido de anunciaros y enseñaros, *p* y
Col. 2.15 los exhibió *p*, triunfando sobre ellos

PUBLICANO
Mt. 5.46 si. .¿no hacen también lo mismo los *p?*
9.10 *p* y. .se sentaron. .a la mesa con Jesús y
9.11 ¿por qué come vuestro Maestro con los *p*
10.3 Mateo el *p*, Jacobo hijo de Alfeo, Lebeo
11.19 he aquí un. .amigo de *p* y de pecadores
18.17 si no oyere a la. .tenle por gentil y *p*
21.31 los *p* y. .van delante. .al reino de Dios
21.32 no. .pero los *p* y las rameras le creyeron
Mr. 2.15 muchos *p*. .estaban también a la mesa
2.16 los escribas. .viéndole comer con los *p*
2.16 que él come y bebe con los *p* y pecadores?
Lc. 3.12 vinieron. .unos *p* para ser bautizados
5.27 salió, y vio a un *p* llamado Leví, sentado
5.29 y había mucha compañía de *p* y de otros
5.30 qué coméis y bebéis con *p* y pecadores?
7.29 los *p*. .lo oyeron, justificaron a Dios
7.34 es un hombre. .amigo de *p* y de pecadores
15.1 se acercaban a Jesús. .los *p* y pecadores
18.10 subieron. .uno era fariseo, y el otro *p*
18.11 doy gracias porque no soy como. .este *p*
18.13 el *p*. .no quería ni aun alzar los ojos
19.2 llamado Zaqueo, que era jefe de los *p*, y

PUBLICAR
Esd. 8.21 y *publiqué* ayuno allí junto al río
Est. 1.22 y que se *publicase* esto en la lengua
3.14 fue *publicada* a todos los pueblos, a fin
Sal. 2.7 yo *publicaré* el decreto; Jehová me ha
9.11 *publicad* entre los pueblos sus obras
40.10 *publicado* tu fidelidad y tu salvación
51.15 abre. .y *publicará* mi boca tu alabanza
71.15 boca *publicará* tu justicia y tus hechos
102.21 para que *publique* en Sion el nombre de
107.22 y *publiquen* sus obras con júbilo
145.6 tus hechos. .y yo *publicaré* tu grandeza
Pr. 12.23 el corazón de los necios *publica* la
Is. 3.9 porque como Sodoma *publican* su pecado
43.21 este pueblo he. .mis alabanzas *publicará*
48.3 lo dije. .lo *publiqué*, lo hice pronto, y
48.20 *publicadlo*, llevadlo hasta lo postrero
52.7 del que *publica* salvación, del que dice
57.12 yo *publicaré* tu justicia y tus obras
60.6 traerán. .*publicarán* alabanzas de Jehová
61.1 a *publicar* libertad a los cautivos, y a
66.19 *publicarán* mi gloria entre las naciones
Jer. 50.2 anunciad en. .*publicad*, y no encubráis
Dn. 2.13 se *publicó* el edicto de que los sabios
2.15 este edicto se *publique* de parte del rey
Am. 4.5 y *publicad* ofrendas voluntarias, pues
Mr. 1.45 ido él, comenzó a *publicarlo* mucho, y
5.20 fue, y comenzó a *publicar* en Decápolis
Lc. 8.39 se fue, *publicando* por toda la ciudad

PÚBLICO, CA
Mt. 6.4,18 tu Padre que. .te recompensará en *p*
9.9 sentado al banco de los tributos *p*, y le
Mr. 2.14; Lc. 5.27 al banco de los tributos *p*
Hch. 5.18 mano. .y los pusieron en la cárcel *p*

PUBLIO *Hombre principal de Malta*
Hch. 28.7 del hombre principal de la isla..*P*
28.8 el padre de *P* estaba en cama, enfermo

PUDENTE *Cristiano en Roma,* **2 Ti. 4.21**

PUDIENTE
Job 22.8 el hombre *p* tuvo la tierra, y habitó

PUDOR
Sof. 2.1 congregaos y meditad, oh nación sin *p*
1 Ti. 2.9 mujeres se atavíen..con *p* y modestia

PUDRICIÓN
Jl. 2.20 y subirá su *p*, porque hizo grandes
Hab. 3.16 *p* entró en mis huesos, y dentro de

PUDRIR
Pr. 10.7 mas el nombre de los impíos se *pudrirá*
Is. 10.27 y el yugo se *pudrirá* a causa de la
50.2 sus peces se *pudren* por falta de agua
Jer. 13.7 aquí que el cinto se había *podrido*
13.9 así haré *podrir* la soberbia de Judá, y
Jl. 1.17 el grano se *pudrió* debajo de..terrones

PUEBLO
Gn. 11.6 dijo Jehová: He aquí el *p* es uno, y
17.14 aquella persona será cortada de su *p*
17.16 naciones; reyes de *p* vendrán de ella
19.4 el *p* junto, desde el más joven hasta el
23.7 y se inclinó al *p* de aquella tierra, a
23.11 en presencia de los hijos de mi *p* te lo
23.12 se inclinó delante del *p* de la tierra
23.13 y respondió a..en presencia del *p* de la
25.8 y murió Abraham en..y fue unido a su *p*
25.17 Ismael, y murió, y fue unido a su *p*
25.23 dos *p* serán divididos desde tus entrañas
25.23 el un *p* será más fuerte que el otro *p*
26.10 por poco hubiera dormido alguno del *p*
26.11 Abimelec mandó a todo el *p*, diciendo
27.29 sírvante *p*, y naciones se inclinen a ti
28.3 haga..hasta llegar a ser multitud de *p*
32.7 distribuyó el *p* que tenía consigo, y las
34.16 habitaremos..vosotros, y seremos un *p*
34.22 esta condición..para que seamos un *p*
35.6 Jacob..él y todo el *p* que con él estaba
35.29 fue recogido a su *p*, viejo y lleno de
41.40 por tu palabra se gobernará todo mi *p*
41.55 el hambre..el *p* clamó a Faraón por pan
42.6 José..le vendía a todo el *p* de la tierra
47.21 y al *p* lo hizo pasar a las ciudades
47.23 dijo al *p:* He aquí os he comprado hoy
48.19 también él vendrá a ser un *p*, y será
49.10 venga Siloh..a él se congregarán los *p*
49.16 Dan juzgará a su *p*, como una de las
49.29 les dijo: Yo voy a ser reunido con mi *p*
50.20 hoy, para mantener con vida a mucho *p*
Éx. 1.8 que no conocía a José; y dijo a su *p*
1.9 el *p* de los hijos de Israel es mayor y
1.20 el *p* se multiplicó y se fortaleció en
1.22 Faraón mandó a todo su *p*..Echad al río
3.7 la aflicción de mi *p* que está en Egipto
3.10 que saques de Egipto a mi *p*, los hijos
3.12 hayas sacado de Egipto al *p*, serviréis
3.21 yo daré a este *p* gracia en los ojos de
4.16 él hablará por ti al *p;* él te será a ti
4.21 corazón, de modo que no dejará ir al *p*
4.30 hizo las señales delante de..ojos del *p*
4.31 el *p* creyó..Jehová había visitado a los
5.1 deja ir a mi *p* a celebrarme fiesta en el
5.4 por qué hacéis cesar al *p* de su trabajo?
5.5 he aquí el *p* de la tierra es ahora mucho
5.6 y mandó..a los cuadrilleros del pueblo
5.7 de aquí en adelante no daréis paja al *p*
5.10 saliendo los cuadrilleros del *p* y sus
5.10 hablaron al *p*, diciendo: Así ha dicho
5.12 el *p* se esparció por toda la tierra de
5.16 tus siervos son azotados, y el *p* tuyo es
5.22 dijo: Señor, ¿por qué afliges a este *p?*
5.23 afligido a este *p*..no has librado a tu *p*
6.7 y os tomaré por mi *p* y seré vuestro Dios
7.4 sacaré a..mi *p*, los hijos de Israel, de
7.14 endurecido, y no quiere dejar ir al *p*
7.16; 8.1,20 deja ir a mi *p*..que me sirva
8.3 río criará ranas..en tu *p*, en tus hornos
8.4 ranas subirán..sobre tu *p* y sobre todos
8.8 para que quite las ranas de mí y de mi *p*
8.8 orad..dejaré ir a tu *p* para que ofrezca
8.9 orar por..tu *p*, para que las ranas sean
8.11 las ranas se irán..de tu *p*, y solamente
8.21 porque si no dejas ir a mi *p*, he aquí
8.21 enviaré..sobre tu *p* y sobre tus casas
8.22 apartaré..Gosén, en la cual habita mi *p*
8.23 pondré redención entre mi *p* y el tuyo
8.29 moscas se vayan de Faraón..su *p* mañana
8.29 no dejando ir al *p* a dar sacrificio a
8.31 quitó todas aquellas moscas de..de su *p*
8.32 endureció..su corazón, y no dejó ir al *p*
9.1,13 así: Deja ir a mi *p*, para que me sirva
9.7 Faraón se endureció, y no dejó ir al *p*
9.14 y sobre tu *p*, para que entiendas que no
9.15 para herirte a ti y a tu *p* de plaga, y
9.17 te ensoberbeces contra mi *p*, para no
9.27 vez; Jehová es justo, y yo y mi *p* impíos
10.3 mí? Deja ir a mi *p*, para que me sirva
11.2 habla ahora al *p*, y que cada uno pida a
11.3 y Jehová dio gracia al *p* en los ojos de
11.3 tenido por gran varón..a los ojos del *p*
11.8 vete, tú y todo el *p* que está debajo de
12.6 lo inmolará toda la congregación del *p*
12.27 libró..Entonces el *p* se inclinó y adoró
12.31 salid de en medio de mi *p* vosotros y los
12.33 los egipcios apremiaban al *p*, dándose
12.34 llevó el *p* su masa antes que se leudase
12.36 y Jehová dio gracia al *p* delante de los
13.3 Moisés dijo al *p:* Tened memoria de este
13.17 dejó ir al *p*, Dios no los llevó por el
13.17 se arrepienta el *p* cuando vea la guerra
13.18 el *p* rodease por el camino del desierto
13.22 nunca se apartó de delante del *p*..nube
14.5 y fue dado aviso al rey..que el *p* huía
14.5 el corazón de Faraón..volvió contra el *p*
14.6 y unció su carro, y tomó consigo su *p*
14.13 y Moisés dijo al *p:* No temáis; estad
14.31 *p* temió a Jehová, y creyeron a Jehová
15.13 condujiste en tu misericordia a este *p*
15.14 oirán los *p*, y temblarán..los filisteos
15.16 pasado tu *p*..este *p* que tú rescataste
15.24 el *p* murmuró contra Moisés, y dijo: ¿Qué
16.4 el *p* saldrá, y recogerá diariamente la
16.27 algunos del *p* salieron en el séptimo día
16.30 así el *p* reposó el séptimo día
17.1 y no había agua para que el *p* bebiese
17.2 altercó el *p* con Moisés, y dijeron..agua
17.3 que el *p* tuvo allí sed, y murmuró contra
17.4 ¿qué haré con este *p?* De..me apedrearán
17.5 pasa delante del *p*, y toma contigo de los
17.6 y saldrán de ella aguas, y beberá el *p*
17.13 Josué deshizo a Amalec y a su *p* a filo
18.1 que Dios había hecho..y con Israel su *p*
18.10 libró al *p* de la mano de los egipcios
18.13 al día..se sentó Moisés a juzgar al *p*
18.13 el *p* estuvo delante de Moisés desde la
18.14 viendo..todo lo que él hacía con el *p*
18.14 ¿qué es esto que haces tú con el *p?*
18.14 ¿por qué..todo el *p* está delante de ti
18.15 el *p* viene a mí para consultar a Dios
18.18 desfallecerás del..tú, y también este *p*
18.19 oye..Está tú por el *p* delante de Dios
18.21 escoge tú de entre todo el *p* varones
18.21 ponlos sobre el *p* por jefes de millares
18.22 juzgarán al *p* en todo tiempo; y todo
18.23 también..este *p* irá en paz a su lugar
18.25 y los puso por jefes sobre el *p*, sobre
18.26 juzgaban al *p* en todo tiempo; el asunto
19.5 seréis mi especial tesoro sobre..los *p*
19.7 llamó a los ancianos del *p*, y expuso en
19.8 todo el *p* respondió..ha dicho, haremos
19.8 Moisés refirió a Jehová..palabras del *p*
19.9 yo vengo a ti en una nube..que el *p* oiga
19.9 y Moisés refirió las palabras del *p* a
19.10 vé al *p*, y santifícalos hoy y mañana
19.11 Jehová descenderá a ojos de todo el *p*
19.12 y señalarás término al *p* en derredor
19.14 descendió Moisés..*p*, y santificó al *p*
19.15 y dijo al *p:* Estad preparados para el
19.16 se estremeció todo el *p* que estaba en
19.17 y Moisés sacó del campamento al *p* para
19.21 ordena al *p* que no traspase los límites
19.23 *p* no podrá subir al monte Sinaí, porque
19.24 los sacerdotes y el *p* no traspasen el
19.25 entonces Moisés descendió y..dijo al *p*
20.18 todo el *p* observaba el estruendo y los
20.18 humeaba; y viéndolo el *p*, temblaron, y
20.20 y Moisés respondió al *p:* No temáis
20.21 *p* estuvo a lo lejos, y Moisés se acercó
21.8 no la podrá vender a *p* extraño cuando
22.25 cuando prestares dinero a uno de mi *p*
22.28 no..ni maldecirás al príncipe de tu *p*
23.11 dejarás libre..coman los pobres de tu *p*
23.27 consternaré a todo *p* donde entres, y te
24.2 ellos no se acerquen, ni suba el *p* con
24.3 contó al *p*..y todo el *p* respondió a una
24.7 tomó el libro..y lo leyó a oídos del *p*
24.8 tomó la sangre y roció sobre el *p*, y dijo
30.33 compusiere..será cortado de entre su *p*
30.38 para olerlo, será cortado de entre su *p*
31.14 persona será cortada de en medio de..*p*
32.1 viendo el *p* que..tardaba en descender
32.3 *p* apartó los zarcillos de oro que tenían
32.6 y se sentó el *p* a comer y a beber, y se
32.7 tu *p* que sacaste de..se ha corrompido
32.9 he visto a este *p*..es *p* de dura cerviz
32.11 se encenderá tu furor contra tu *p*, que
32.12 y arrepiéntete de este mal contra tu *p*
32.14 mal que dijo que había de hacer a su *p*
32.17 oyó Josué el clamor del *p* que gritaba
32.21 a Aarón: ¿Qué te ha hecho este *p*, que
32.22 tú conoces al *p*, que es inclinado a mal
32.25 y viendo..que el *p* estaba desenfrenado
32.28 cayeron del *p* en aquel día como 3.000
32.30 al *p:* Vosotros habéis cometido un gran
32.31 pues este *p* ha cometido un gran pecado
32.34 vé..lleva a este *p* a donde te he dicho
32.35 Jehová hirió al *p*, porque habían hecho
33.1 sube de aquí, tú y el *p* que sacaste de
33.3 pero yo no subiré..eres *p* de dura cerviz
33.4 y oyendo el *p* esta mala noticia..luto
33.5 vosotros sois *p* de dura cerviz; en un
33.8 el *p* se levantaba, y cada cual estaba
33.10 viendo todo el *p* la columna de nube que
33.12 saca este *p;* y tú no me has declarado
33.13 ojos: y mira que esta gente es *p* tuyo
33.16 hallado gracia en tus ojos, yo y tu *p*
33.16 que yo y tu *p*..apartados de todos los *p*
34.9 un *p* de dura cerviz; y perdona nuestra
34.10 hago pacto delante de todo tu *p;* haré
34.10 y verá todo el *p* en..la obra de Jehová
36.5 el *p* trae mucho más de lo..para la obra
36.6 mandó..se le impidió al *p* ofrecer más
Lv. 4.3 sacerdote ungido pecare según el..del *p*
4.13 yerro estuviere oculto a los ojos del *p*
4.27 si alguna persona del *p* pecare por yerro
7.20,21,25,27 será cortada de entre su *p*
9.7 haz la reconciliación por ti y por el *p*
9.7 haz también la ofrenda del *p*, y haz la
9.15 ofreció..ofrenda del *p*, y tomó el macho
9.15 cabrío que era para la expiación del *p*
9.18 degolló también el buey..que era del *p*
9.22 después alzó Aarón sus manos hacia el *p*
9.23 Moisés y..y salieron y bendijeron al *p*
9.23 la gloria de..se apareció a todo el *p*
9.24 fuego de..y viéndolo todo el *p*, alabaron
10.3 en presencia de..el *p* seré glorificado
16.15 cabrío en expiación por el pecado del *p*
16.24 su holocausto, y el holocausto del *p*
16.24 y hará la expiación por sí y por el *p*
16.33 expiación por el altar..por todo el *p*
17.4 será cortado el tal varón de entre su *p*
17.9 tal varón será igualmente cortado de su *p*
17.10 comiere sangre..cortaré de entre su *p*
18.29 hicieren serán cortadas de entre su *p*
19.8 y la tal persona será cortada de su *p*
19.16 no andarás chismeando entre tu *p*. No
19.18 ni guardarás rencor a los hijos de tu *p*
20.2 morirá; el *p* de la tierra lo apedreará
20.3 y lo cortaré de entre su *p*, por cuanto
20.4 si el *p* de..cerrare sus ojos respecto de
20.5 le cortaré de entre su *p*, con todos los
20.6 tal persona, y la cortaré de entre su *p*
20.17 serán muertos a ojos de..hijos de su *p*
20.18 ambos serán cortados de entre su *p*
20.24 yo Jehová..que os he apartado de los *p*
20.26 apartado de los *p* para que seáis míos
21.1 no se contaminen por un muerto en sus *p*
21.4 no se contaminará como..hombre de su *p*
21.14 sino tomará de su *p* una virgen por mujer
21.15 que no profane su descendencia en sus *p*
23.29 no se afligiere..será cortada de su *p*
23.30 yo destruiré a la tal persona de..su *p*
26.12 vuestro Dios, y vosotros seréis mi *p*
Nm. 5.21 te haga..execración en medio de tu *p*
5.27 la mujer será maldición en medio de su *p*
9.13 tal persona será cortada de entre su *p*
11.1 aconteció que el *p* se quejó a oídos de
11.2 entonces el *p* clamó a Moisés, y Moisés
11.8 *p* se esparcía y lo recogía, y lo molía
11.10 oyó Moisés al *p*, que lloraba por sus
11.11 que has puesto la carga de todo este *p*
11.12 ¿concebí yo a..este *p?* ¿Lo engendré yo
11.13 conseguiré yo carne para dar..este *p?*
11.14 no puedo yo solo soportar a todo este *p*
11.16 que tú sabes que son ancianos del *p* y
11.17 llevarán contigo la carga del *p*, y no
11.18 pero al *p* dirás: Santificaos para mañana
11.21 dijo Moisés: 600.000 de a pie es el *p*
11.24 y dijo al *p* las palabras de Jehová
11.24 reunió a los setenta..ancianos del *p*
11.29 ojalá todo..el *p* de Jehová fuese profeta
11.32 el *p* estuvo levantado todo aquel día y
11.33 ira..se encendió en el *p*, e hirió..al *p*
11.34 cuanto allí sepultaron al *p* codicioso
11.35 Kibrot-hataava partió el *p* a Hazerot
12.15 *p* no pasó..hasta que se reunió María
12.16 el *p* partió de Hazarot, y acamparon en
13.18 y observad..el *p* que la habita, si es
13.28 *p* que habita aquella tierra es fuerte
13.30 Caleb..callar al *p* delante de Moisés
13.31 mas..no podremos subir contra aquel *p*
13.32 todo el *p*..hombres de grande estatura
14.1 y dio voces; y el *p* lloró aquella noche
14.9 ni temáis al *p* de esta tierra; porque
14.11 ¿hasta cuándo me ha de irritar este *p?*
14.13 lo oirán..sacaste a este *p* con tu poder
14.14 oh Jehová, estabas en medio de este *p*
14.15 y que has hecho morir a este *p* como a
14.16 no pudo..meter este *p* en la tierra de
14.19 perdona ahora la iniquidad de este *p*
14.19 perdonado a este *p* desde Egipto hasta
14.39 dijo estas cosas..el *p* se enlutó mucho
15.26 ellos, por cuanto es yerro de todo el *p*
15.30 esa..será cortada de en medio de su *p*
16.41 vosotros habéis dado muerte al *p* de
16.47 la mortandad había comenzado en el *p*
16.47 incensario..e hizo expiación por el *p*
20.1 llegaron..acampó el *p* en Cades; y allí
20.3 y habló el *p* contra Moisés, diciendo
20.20 y salió Edom contra él con mucho *p*, y
20.24 Aarón será reunido a su *p*..no entrará
20.26 Aarón será reunido a su *p*, y..morirá

PUEBLO ***(Continúa)***
Nm. 21.2 en efecto entregares este p en mi mano
21.4 Edom; y se desanimó el p por el camino
21.5 habló el p contra Dios y contra Moisés
21.6 envió entre el p serpientes ardientes
21.6 mordían al p, y murió mucho p de Israel
21.7 el p vino a Moisés y dijo: Hemos pecado
21.7 ruega a Jehová..Y Moisés oró por el p
21.16 a Moisés: Reúne al p, y les daré agua
21.18 pozo, el cual..cavaron los príncipes del p
21.23 juntó Sehón todo su p y salió contra
21.29 ¡ay de ti, Moab! Pereciste, p de Quemos
21.33 salió..Og rey..y todo su p, para pelear
21 34 lo he entregado, a él y a todo su p, y a
22.3 y Moab tuvo gran temor a causa del p
22.5 un p ha salido de Egipto..cubre la faz
22.5 al río en la tierra de los hijos de su p
22.6,17 ven, pues, ahora..maldíceme este p
22.11 este p que ha salido de Egipto cubre la
22.12 a Balaam: No vayas..ni maldigas al p
22.41 desde allí vio a los mas cercanos del p
23.9 he aquí un p que habitará confiado, y no
23.24 he aquí el p que como león se levantará
24.14 yo me voy ahora a mi p; por tanto, ven
24.14 lo que este p ha de hacer a tu p en
25.1 el p empezó a fornicar con las hijas de
25.2 invitaban al p a los sacrificios de sus
25.2 y el p comió, y se inclinó a sus dioses
25.3 acudió el p a Baal-peor; y el furor de
25.4 todos los príncipes del p, y ahórcalos
25.15 Zur, príncipe de p, padre de familia en
26.4 contaréis el p de 20 años arriba, como
27.13 serás reunido a tu p, como fue..Aarón
31.2 venganza..después serás recogido a tu p
31.3 habló al p, diciendo: Armaos algunos de
32.15 él volverá..y destruiréis a todo este p
33.14 Refidim, donde el p no tuvo aguas para
Dt. 1.28 p es mayor y más alto que nosotros
2.4 manda al p, diciendo: Pasando vosotros
2.10,21 p grande y numeroso, y alto, como
2.16 murieron..los hombres de guerra de..el p
2.25 a poner tu temor..sobre los p debajo de
2.32 salió Sehón..él y todo su p, para pelear
2.33 y lo derrotamos a él y a..y a todo su p
3.1 salió al encuentro Og rey de..y todo su p
3.2 tu mano he entregado a él y a todo su p
3.3 en nuestra mano a Og rey..y a todo su p
3.28 él ha de pasar delante de este p, y él
4.6 ante los ojos de los p, los cuales oirán
4.6 p sabio y entendido, nación grande es esta
4.10 reúneme el p, para que yo les haga oir
4.19 tu Dios los ha concedido a todos los p
4.20 para que seáis el p de su heredad, como
4.27 os esparcirá entre los p, y quedaréis
4.33 ¿ha oído p..la voz de Dios, hablando de
5.28 he oído la voz..de este p, que ellos te
6.14 en pos de..dioses de los p que están en
7.6 tú eres p santo..para serle un p especial
7.6 más que todos los p que están sobre la
7.7 no por ser vosotros más que todos los p
7.7 erais el más insignificante de todos..p
7.14 bendito serás más que todos los p; no
7.16 consumirás..p que te da Jehová tu Dios
7.19 así hará..Dios con todos los p de cuya
9.2 un p grande y alto, hijos de los anaceos
9.6 no es por..porque p duro de cerviz eres
9.12 tu p que sacaste de..se ha corrompido
9.13 he observado a ese p..p duro de cerviz
9.26 no destruyas a tu p y a tu heredad que
9.27 no mires a la dureza de este p, ni a su
9.29 son tu p y tu heredad, que sacaste con
10.11 marches delante del p, para que entren
10.15 y escogió..de entre todos los p, como
13.7 dioses de los p que están en vuestros
13.9 tu mano..y después la mano de todo el p
14.2 eres p santo a Jehová tu Dios, y Jehová
14.2 le seas un p único de entre todos los p
14.21 véndela a un..tú eres p santo a Jehová
16.18 cuales juzgarán al p con justo juicio
17.7 testigos..y después la mano de todo el p
17.13 y todo el p oirá, y temerá, y no se
17.16 ni hará volver al p a Egipto con el fin
18.3 y este será el derecho..de parte del p
20.1 si vieres caballos..p más grande que tú
20.2 pondrá en pie el sacerdote y hablará al p
20.5 y los oficiales hablarán al p, diciendo
20.8 y volverán los oficiales a hablar al p
20.9 cuando..oficiales acaben de hablar al p
20.9 tomarán el mando a la cabeza del p
20.11 todo el p que en ella fuere hallado te
20.16 de las ciudades de estos p que Jehová
21.8 perdona a tu p Israel, al cual redimiste
21.8 y no culpes de sangre inocente a tu p
26.15 bendice a tu p Israel, y a la tierra
26.18 ha declarado hoy que tú eres p suyo, de
26.19 que seas un p santo a Jehová tu Dios
27.1 ordenó Moisés, con los ancianos..al p
27.9 hoy has venido a ser p de Jehová tu Dios
27.11 y mandó Moisés al p en..día, diciendo
27.12 el monte Gerizim para bendecir al p
27.15 y todo el p responderá y dirá: Amén
27.16,17,18,19,20,21,22,23,24,25,26 maldito
el que..Y dirá todo el p: Amén
28.9 te confirmará Jehová por p santo suyo
28.10 verán todos los p..el nombre de Jehová
28.32 y tus hijas serán entregadas a otro p
28.33 el fruto de..comerá p que no conociste
28.37 servirás de refrán y de burla a..los p
28.64 y Jehová te esparcirá por todos los p
29.13 para confirmarte hoy como su p, y para
30.3 volverá a recogerte de entre todos los p
31.7 tú entrarás con este p a la tierra que
31.12 harás congregar al p, varones y mujeres
31.16 p..fornicará tras los dioses ajenos de
32.6 así pagáis a Jehová, p loco e ignorante?
32.8 estableció los límites de los p según el
32.9 la porción de Jehová es su p; Jacob la
32.21 los moveré a celos con un p que no es p
32.36 Jehová juzgará a su p, y por amor de
32.43 alabad, naciones, a su p, porque él
32.43 hará expiación por la tierra de su p
32.44 y recitó..este cántico a oídos del p
32.50 sé unido a tu p, así como murió Aarón
32.50 como murió Aarón..y fue unido a su p
33.3 aun amó a su p; todos los consagrados
33.5 cuando se congregaron los jefes del p
33.7 oye, oh Jehová, la voz..llévalo a su p
33.17 con ellas acorneará a los p juntos hasta
33.19 llamarán a los p a su monte; allí
33.21 vino en la delantera del p; con Israel
33.29 ¿quién como tú, p salvo por Jehová
Jos. 1.2 pasa este Jordán, tú y todo este p, a
1.6 repartirás a este p por heredad la tierra
1.10 mandó a los oficiales del p, diciendo
1.11 mandad al p, diciendo: Preparaos comida
3.3 mandaron al p, diciendo: Cuando veáis el
3.5 y Josué dijo al p: Santificaos, porque
3.6 tomad el arca del..y pasad delante del p
3.6 tomaron el arca..y fueron delante del p
3.14 cuando partió el p de sus tiendas para
3.14 los sacerdotes delante del p llevando el
3.16 aguas..el p pasó en dirección de Jericó
3.17 el p hubo acabado de pasar el Jordán
4.2 tomad del p doce hombres, uno de cada
4.10 había mandado a Josué que dijese al p
4.10 se pararon..y el p se dio prisa y pasó
4.11 todo el p acabó de pasar, también pasó
4.11 el arca de Jehová..en presencia del p
4.19 el p subió del Jordán el día diez del
4.24 los p..conozcan que la mano de Jehová
5.4 p que había salido de Egipto, los varones
5.5 todos los del p..estaban circuncidados
5.5 todo el p que había nacido en el desierto
6.5 la bocina, todo el p gritará a gran voz
6.5 subirá el p..uno derecho hacia adelante
6.7 y dijo al p: Pasad, y rodead la ciudad
6.8 y así que Josué hubo hablado al p, los
6.10 Josué mandó al p..no gritaréis, ni se
6.16 Josué dijo al p: Gritad, porque Jehová
6.20 el p gritó, y los sacerdotes tocaron las
6.20 cuando el p hubo oído..la bocina, gritó
6.20 el p subió luego a la ciudad, cada uno
7.3 no suba todo el p, sino suban..dos mil
7.3 Hai; no fatigues a todo el p yendo allí
7.4 subieron allá del p como tres mil hombres
7.5 por lo cual el corazón del p desfalleció
7.7 hiciste pasar a este p el Jordán, para
7.13 santifica al p, y dí: Santificaos para
8.1 he entregado..Hai, a su p, a su ciudad
8.5 yo y todo el p..conmigo nos acercaremos
8.9 y Josué se quedó..noche en medio del p
8.10 pasó revista al p, y subió él, con los
8.10 Josué..subió..delante del p contra Hai
8.13 dispusieron al p; todo el campamento al
8.14 el rey de Hai, él y su p se apresuraron
8.16 y todo el p que estaba en Hai se juntó
8.20 el p que iba huyendo hacia el desierto
8.33 bendijesen primeramente al p de Israel
10.7 subió Josué..y todo el p de guerra con él
10.21 todo el p volvió sano y salvo a Josué
10.33 a él y a su p destruyó Josué, hasta no
14.8 hicieron desfallecer el corazón del p
17.14 siendo nosotros un p tan grande, y que
17.15 si sois p tan grande, subid al bosque
17.17 tú eres gran p, y tienes grande poder
24.2 dijo Josué a todo el p: Así dice Jehová
24.16 entonces el p respondió y dijo: Nunca
24.17 todos los p por entre los cuales pasamos
24.18 Jehová arrojó de..a todos los p, y al
24.19 Josué dijo al p: No podréis servir a
24.21 p..dijo a Josué: No, sino que a Jehová
24.22 respondió al p: Vosotros sois testigos
24.24 p respondió a Josué: A Jehová nuestro
24.25 Josué hizo pacto con el p el mismo día
24.27 Josué a todo el p: He aquí esta piedra
24.28 y envió Josué al p..uno a su posesión
Jue. 1.16 subieron..fueron y habitaron con el p
2.4 el ángel..habló..el p alzó su voz y lloró
2.6 Josué había despedido al p, y los hijos
2.7 p había servido a Jehová todo el tiempo
2.12 tras..los dioses de los p que estaban
2.20 por cuanto este p traspasa mi pacto que
4.13 y reunió Sísara..el p que con él estaba
5.2 por haberse ofrecido voluntariamente el p
5.9 para los que..os ofrecisteis entre el p
5.11 marchará hacia..puertas el p de Jehová
5.13 el p de Jehová marchó por él en contra
5.14 en pos de ti, Benjamín, entre tus p; de
5.18 p de Zabulón expuso su vida a la muerte
7.1 levantándose, pues..Gedeón, y todo el p
7.2 el p..es mucho para que yo entregue a los
7.3 ahora, pues, haz pregonar en oídos del p
7.3 y se devolvieron de los del p 22.000, y
7.4 Jehová dijo a Gedeón: Aún es mucho el p
7.5 llevó el p a las aguas; y Jehová dijo a
7.6 y todo el resto del p se dobló sobre sus
7.8 y habiendo tomado provisiones para el p
9.29 estuviera este p bajo mi mano, pues yo
9.32 levántate, pues..y el p que está contigo
9.33 cuando él y el p..salgan contra ti, tú
9.34 levantándose..Abimelec y todo el p que
9.35 Abimelec y todo el p..de la emboscada
9.36 viendo Gaal al p, dijo a Zebul: He aquí
9.38 ¿no es este el p que tenías en poco?
9.42 el p salió al campo; y fue dado aviso a
9.43 he aquí el p que salía de la ciudad; y
9.45 tomó la ciudad, y mató al p que en ella
9.48 diciendo al p que estaba con él: Lo que
9.49 todo el p cortó también cada uno su rama
10.18 y el p de Galaad dijeron el uno al otro
11.11 y el p lo eligió por su caudillo y jefe
11.21 Jehová..entregó a Sehón y a todo su p
11.23 desposeyó al amorreo delante de su p
12.2 yo y mi p teníamos una gran contienda con
14.3 ¿no hay mujer..en todo nuestro p, para
14.16 el enigma que propusiste a los..de mi p
14.17 y ella lo declaró a los hijos de su p
16.24 y viéndolo el p, alabaron a su dios
16.30 cayó la casa sobre..y sobre todo el p
18.7 vieron que el p..en ella estaba seguro
18.10 llegaréis a un p confiado y..una tierra
18.20 tomó el efod..y se fue en medio del p
18.27 llegaron a..al p tranquilo y confiado
20.2 los jefes de todo el p, de..las tribus
20.2 presentes en la reunión del p de Dios
20.8 todo el p, como..se levantó, y dijeron
20.10 hombres..que lleven víveres para el p
20.22 reanimándose el p..volvieron a ordenar
20.26 subieron..el p, y vinieron a la casa
20.31 salieron..Benjamín al encuentro del p
20.31 y comenzaron a herir a algunos del p
21.2 el p a la casa de Dios, y se estuvieron
21.4 y al día siguiente el p se levantó de
21.9 fue contado el p, y no hubo allí varón
21.15 el p tuvo compasión de Benjamín, porque
Rt. 1.6 había visitado a su p para darles pan
1.10 dijeron..nosotras iremos contigo a tu p
1.15 he aquí tu cuñada se ha vuelto a su p y
1.16 iré yo..tu p será mi p, y tu Dios mi Dios
2.11 has venido a un p que no conociste antes
3.11 la gente de mi p sabe que eres..virtuosa
4.4 compres en presencia de..ancianos de mi p
4.9 a todo el p: Vosotros sois testigos hoy
4.11 dijeron todos los del p que estaban a la
1 S. 2.13 costumbre de los sacerdotes con el p
2.23 porque yo oigo de todo este p vuestros
2.24 hijos míos..hacéis pecar al p de Jehová
2.29 engordándoos de..las ofrendas de mi p
4.3 volvió el p al campamento, los ancianos
4.4 envió el p a Silo, y trajeron de allá el
4.17 también fue hecha gran mortandad en el p
5.10 el arca del..para matarnos..a nuestro p
5.11 y no nos mate a nosotros ni a nuestro p
6.19 Dios..hizo morir del p a 50.070 hombres
6.19 lloró el p..Jehová lo había herido con
8.7 dijo Jehová..Oye la voz del p en todo lo
8.10 refirió Samuel..palabras de Jehová al p
8.19 pero el p no quiso oir la voz de Samuel
8.21 oyó Samuel todas las palabras del p, y
9.2 hijo..Saúl..sobrepasaba a cualquiera del p
9.12 el p tiene hoy un sacrificio en el lugar
9.13 el p no comerá hasta que él haya llegado
9.16 sobre mi p Israel, y salvará a mi p de
9.16 he mirado a mi p, por cuanto su clamor
9.17 varón del cual..éste gobernará a mi p
9.24 guardó, cuando dije: Yo he convidado al p
10.1 te ha ungido Jehová..sobre su p Israel?
10.11 el p decía..¿Qué le ha sucedido al hijo
10.17 Samuel convocó al p delante de Jehová
10.23 en medio del p..mas alto que todo el p
10.24 Samuel dijo a todo el p: ¿Habéis visto
10.24 que no hay semejante a él en todo el p?
10.24 el p clamó con alegría..¡Viva el rey!
10.25 recitó luego al p las leyes del reino
10.26 y envió Samuel a todo el p..a su casa
11.4 dijeron estas palabras en oídos del p
11.4 dijeron..y todo el p alzó su voz y lloró
11.5 dijo Saúl: ¿Qué tiene el p, que llora?
11.7 temor de Jehová sobre el p, y salieron
11.11 dispuso Saúl al p en tres compañías
11.12 el p..dijo a Samuel: ¿Quiénes son los
11.14 mas Samuel dijo al p: Venid, vamos a
11.15 fue todo el p a Gilgal, e invistieron
12.6 Samuel dijo al p: Jehová..es testigo
12.18 y todo el p tuvo gran temor de Jehová
12.19 dijo todo el p a Samuel: Ruega por tus
12.20 y Samuel respondió al p: No temáis
12.22 Jehová no desamparará a su p, por su
12.22 porque Jehová ha querido haceros p suyo
13.2 y envió al resto del p..a sus tiendas
13.4 se juntó el p en pos de Saúl en Gilgal
13.5 p numeroso como la arena que está a la

PUEBLO ***(Continúa)***
1 S. 13.6 estrecho (porque el *p* estaba en aprietos
13.7 Saúl..y todo el *p* iba tras él temblando
13.8 Samuel no venía..y el *p* se le desertaba
13.11 vi que el *p* se me desertaba, y que tú
13.14 ha designado..sea príncipe sobre su *p*
13.16 Saúl..y el *p* que con ellos se hallaba
13.22 ni lanza en mano de ninguno del *p* que
14.3 no sabía el *p* que Jonatán se hubiese ido
14.17 Saúl dijo al *p* que..Pasad ahora revista
14.20 juntando Saúl..el *p* que con él estaba
14.24 Saúl había juramentado al *p*, diciendo
14.24 apuro..Y todo el *p* no había probado pan
14.25 *p* llegó a un bosque, donde había miel
14.26 entró..el *p* en el bosque, y he aquí que
14.26 no hubo quien..el *p* temía el juramento
14.27 cuando su padre había juramentado al *p*
14.28 habló uno del *p*, diciendo: Tu padre ha
14.28 padre ha hecho jurar solemnemente al *p*
14.28 diciendo: Maldito sea..Y el *p* desfallecía
14.30 ¿cuánto más si el *p* hubiera comido..hoy
14.31 hirieron..pero el *p* estaba muy cansado
14.32 se lanzó el *p* sobre el botín, y tomaron
14.32 becerros..y el *p* los comió con sangre
14.33 *p* peca contra Jehová, comiendo la carne
14.34 esparcíos por el *p*, y decidles que me
14.34 trajo todo el *p* cada cual por su mano
14.38 venid acá todos los principales del *p*
14.39 no hubo en..el *p* quien le respondiese
14.40 el *p* respondió a Saúl: Haz lo que bien
14.41 cayó sobre Jonatán..y el *p* salió libre
14.45 el *p* dijo a Saúl: ¿Ha de morir Jonatán
14.45 no..Así el *p* libró de morir a Jonatán
15.1 que te ungiese por rey sobre su *p* Israel
15.4 Saúl..convocó al *p* y les pasó revista en
15.8 pero a todo el *p* mató a filo de espada
15.9 y Saúl y el *p* perdonaron a Agag, y a lo
15.15 el *p* perdonó lo mejor de las ovejas y
15.21 mas el *p* tomó del botín ovejas y vacas
15.24 yo he pecado; pues..porque temí al *p*
15.30 que me honres delante de los..de mi *p*
17.27 el *p* le respondió las mismas palabras
17.30 le dio el *p* la misma respuesta de antes
18.5 David..era acepto a los ojos de todo el *p*
18.13 jefe..y salía y entraba delante del *p*
23.8 y convocó Saúl a todo el *p* a la batalla
26.5 el *p* estaba acampado en derredor de él
26.14 dio voces David al *p*, y a Abner hijo de
26.15 uno del *p* ha entrado a matar a..el rey
27.12 se ha hecho abominable a su *p* de Israel
30.6 porque el *p* hablaba de apedrearlo, pues
30.6 el *p* estaba en amargura de alma, cada uno
30.21 salieron a recibir a David y al *p* que
31.9 que llevaran las buenas nuevas al..al *p*
2 S. 1.4 el *p* huyó de la..muchos del *p* cayeron
1.12 ayunaron..por el *p* de Jehová y por la
2.26 ¿hasta cuándo no dirás al *p* que..vuelva
2.27 el *p* hubiera dejado de seguir..hermanos
2.28 el *p* se detuvo, y no persiguió más a los
2.30 juntando a todo el *p*, faltaron de los
3.18 por la mano de mi..David libraré a mi *p*
3.31 dijo David a Joab, y a todo el *p*..Rasgad
3.32 el rey..lloró..lloró también todo el *p*
3.34 y todo el *p* volvió a llorar sobre él
3.35 todo el *p* vino para persuadir a David
3.36 todo el *p* supo esto, y le agradó; pues
3.36 todo lo que el rey hacía agradaba a..*p*
3.37 el *p*..entendió aquel día, que no había
5.2 ha dicho: Tú apacentarás a mi *p* Israel
5.12 engrandecido su reino por amor de su *p*
6.2 partió..con todo el *p* que tenía consigo
6.18 bendijo al *p* en el nombre de Jehová de
6.19 repartió a todo el *p*, y a..la multitud
6.19 y se fue todo el *p*, cada uno a su casa
6.21 me eligió..príncipe sobre el *p* de Jehová
7.7 haya mandado apacentar a mi *p* de Israel
7.8 fueses príncipe sobre mi *p*, sobre Israel
7.10 además, yo fijaré lugar a mi *p* Israel
7.11 día en que puse jueces sobre mi *p* Israel
7.23 ¿y quién como tu *p*, como Israel, nación
7.23 porque fue Dios para rescatarlo por *p*
7.23 por amor de tu *p* que rescataste para ti
7.24 estableciste a tu *p* Israel por *p* tuyo
8.15 administraba justicia y equidad a..su *p*
10.12 esforcémonos por nuestro *p*, y por las
10.13 acercó Joab, y el *p* que con él estaba
11.7 David le preguntó..y por la salud del *p*
12.28 reúne, pues..al *p* que queda, y acampa
12.29 y juntando David a..*p*, fue contra Rabá
12.31 volvió David con todo el *p* a Jerusalén
14.13 has pensado tú..contra el *p* de Dios?
14.15 porque el *p* me atemorizó; y tu sierva
15.12 y aumentaba el *p* que seguía a Absalón
15.17 salió..con todo el *p* que le seguía, y
15.23 el *p* pasó al camino que va al desierto
15.24 y subió Abiatar después que todo el *p*
15.30 todo el *p*..cubrió cada uno su cabeza
16.6 todo el *p*..estaban a su derecha y a su
16.14 el rey y todo el *p*..llegaron fatigados
16.18 de aquel que eligiere..este *p* y todos
16.21 *p*..oirá que te has hecho aborrecible a
17.2 todo el *p*..huirá, y mataré al rey solo
17.3 así haré volver a ti todo el *p* (pues tú
17.3 hayan vuelto, todo el *p* estará en paz
17.8 tu padre..no pasará la noche con el *p*
17.9 *p* que sigue a Absalón ha sido derrotado
17.16 que no sea destruido el rey y todo el *p*
17.22 David se levantó, y todo el *p* que con
17.28 trajeron a David y al *p*..camas, tazas
17.29 porque decían: El *p* está hambriento y
18.1 pasó revista al *p* que tenía consigo, y
18.2 y envió David al *p*, una tercera parte
18.2 y dijo el rey al *p*: Yo también saldré
18.3 *p* dijo: No saldrás; porque si nosotros
18.4 mientras salía todo el *p* de ciento en
18.5 y todo el *p* oyó cuando dio el rey orden
18.6 salió, pues, el *p* al campo contra Israel
18.7 allí cayó el *p* de Israel delante de los
18.16 tocó..el *p* se volvió de seguir a Israel
18.16 se volvió de..porque Joab detuvo al *p*
19.2 volvió..victoria en luto para todo el *p*
19.2 oyó decir el *p*..que el rey tenía dolor
19.3 y entró el *p* aquel día en la ciudad
19.3 entrar a escondidas el *p* avergonzado que
19.8 y fue dado aviso a todo el *p*, diciendo
19.8 y vino todo el *p* delante del rey; pero
19.9 el *p* disputaba en todas las tribus de
19.39 todo el *p* pasó el Jordán; y luego que
19.40 y todo el *p* de Judá acompañaba al rey
19.40 pasó..también la mitad del *p* de Israel
20.12 que todo el *p* se paraba, apartó a Amasa
20.15 *p*..trabajaba por derribar la muralla
20.22 la mujer fue luego a todo el *p* con su
22.28 tú salvas al *p* afligido, mas tus ojos
22.44 me has librado de las contiendas del *p*
22.44 cabeza..*p* que yo no conocía me servirá
22.48 el Dios que..y sujeta *p* debajo de mí
23.10 se volvió el *p*..para recoger el botín
23.11 *p* había huido delante de los filisteos
24.2 haz un censo del *p*, para que yo sepa el
24.3 añada..Dios al *p* cien veces tanto como
24.4 rey, para hacer el censo del *p* de Israel
24.9 dio el censo del *p* al rey; y fueron los
24.10 después que David hubo censado al *p*, le
24.15 murieron del *p*, desde..70.000 hombres
24.16 dijo al ángel que destruía al *p*: Basta
24.17 cuando vio al ángel que destruía al *p*
24.21 un altar..que cese la mortandad del *p*
1 R. 1.39 y dijo..el *p*: ¡Viva el rey Salomón!
1.40 subió todo el *p* en pos de él, y cantaba
3.2 el *p* sacrificaba en los lugares altos
3.8 tu siervo está en medio de tu *p*..*p* grande
3.9 para juzgar a tu *p*..gobernar este tu *p*
4.34 para oír la..venían de todos los *p* y de
5.7 que dio hijo sabio a David sobre este *p*
5.16 tenían a cargo el *p* que hacía la obra
6.13 habitaré en..y no dejaré a mi *p* Israel
8.16 desde el día que saqué de Egipto a mi *p*
8.16 a David..que presidiese en mi *p* Israel
8.30 oye, pues, la oración..y de tu *p* Israel
8.33 tu *p* Israel fuere derrotado delante de
8.34,36 oirás..y perdonarás el pecado de tu *p*
8.36 tierra, la cual diste a tu *p* por heredad
8.38 y toda súplica que hiciere..tu *p* Israel
8.41 el extranjero, que no es de tu *p* Israel
8.43 los *p* de la tierra conozcan tu nombre
8.43 te teman, como tu *p* Israel, y entiendan
8.44 *p* saliere en batalla contra sus enemigos
8.50 y perdonarás a tu *p* que había pecado
8.51 porque ellos son tu *p* y tu heredad, el
8.52 atentos..a la plegaria de tu *p* Israel
8.53 tú los apartaste..de entre todos los *p*
8.56 bendito..que ha dado paz a su *p* Israel
8.59 que él proteja la causa..de su *p* Israel
8.60 todos los *p*..sepan que Jehová es Dios
8.66 y al octavo día despidió al *p*..se fueron
8.66 beneficios que Jehová había hecho a..*p*
9.7 e Israel será por..refrán a todos los *p*
9.20 *p* que quedaron de los amorreos, heteos
9.23 sobre el *p* que trabajaba en aquella obra
12.5 aquí a tres días volved a mí. Y el *p* se fue
12.7 si tú fueres hoy siervo de este *p* y lo
12.9 respondamos a este *p*, que me ha hablado
12.10 así hablarás a este *p* que te ha dicho
12.12 vino Jeroboam con todo el *p* a Roboam
12.13 el rey respondió al *p* duramente, dejando
12.15 y no oyó el rey al *p*..era designio de
12.16 el *p* vio que el rey no les había oído
12.23 habla a..y a los demás del *p*, diciendo
12.27 si este *p* subiere a ofrecer sacrificios
12.27 corazón de este *p* se volverá a su señor
12.28 y dijo al *p*: Bastante habéis subido a
12.30 el *p* iba a adorar delante de uno hasta
12.31 e hizo sacerdotes de entre el *p*, que no
13.33 volvió a hacer sacerdotes..de entre el *p*
14.2 dijo que yo había de ser rey sobre este *p*
14.7 te levanté de en medio del *p*, y te hice
14.7 y te hice príncipe sobre mi *p* Israel
16.2 te puse por príncipe sobre mi *p* Israel
16.2 por cuanto..has hecho pecar a mi *p* Israel
16.15 y el *p* había acampado contra Gibetón
16.16 el *p*..oyó decir: Zimri ha conspirado
16.21 *p* de Israel fue dividido en dos partes
16.21 la mitad del *p* seguía a Tibni hijo de
16.22 el *p* que seguía a Omri pudo más que el
18.21 y acercándose Elías a todo el *p*, dijo
18.21 y si Baal..Y el *p* no respondió palabra
18.22 Elías volvió a decir al *p*: Sólo yo he
18.24 el *p* respondió, diciendo: Bien dicho
18.30 Elías a todo el *p*..el *p* se le acercó
18.37 que conozca este *p* que tú..eres el Dios
18.39 viéndolo..el *p*, se postraron y dijeron
19.21 carne, y la dio al *p* para que comiesen
20.8 el *p* le respondieron: No le obedezcas
20.10 no bastará a los puños de todo el *p* que
20.15 pasó revista a todo el *p*, a todos los
20.42 tu vida será por..y tu *p* por el suyo
21.9 cartas..y poned a Nabot delante del *p*
21.12 ayuno, y pusieron a Nabot delante del *p*
21.13 contra Nabot delante del *p*, diciendo
22.4 yo soy como tú, y mi *p* como tu *p*, y mío
22.28 dijo Micaías..En seguida dijo: Oíd, *p*
22.43 el *p* sacrificaba..y quemaba incienso
2 R. 3.7 yo soy como tú; mi *p* como tu *p*, y mis
4.13 respondió: Yo habito en medio de mi *p*
6.30 rasgó..y el *p* vio el cilicio que traía
7.16 *p* salió, y saqueó el campamento de los
7.17,20 lo atropelló el *p*..el *p* le atropelló
8.21 atacó a los de..y el *p* huyó a sus tiendas
9.6 te he ungido..sobre Israel, *p* de Jehová
10.9 dijo a todo el *p*: Vosotros sois justos
10.18 después reunió Jehú a todo el *p*, y les
11.13 oyendo..el estruendo del *p*..entró al *p*
11.14 y todo el *p* del país se regocijaba, y
11.17 hizo pacto entre Jehová y el rey y el *p*
11.17 que serían *p* de Jehová..el rey y el *p*
11.18 todo el *p*..entró en el templo de Baal
11.19 el *p* de la tierra, y llevaron al rey
11.20 el *p*..se regocijó, y la ciudad estuvo
12.3 el *p* aún sacrificaba y quemaba incienso
12.8 en no tomar más dinero del *p*, ni tener
14.4 el *p* aún sacrificaba y quemaba incienso
14.21 el *p* de Judá tomó a Azarías, que era de
15.4 el *p* sacrificaba aún y quemaba incienso
15.5 el cargo del palacio, gobernando al *p*
15.10 Salum..y lo hirió en presencia de su *p*
15.35 *p* sacrificaba aún, y quemaba incienso
16.15 el holocausto de todo el *p* de la tierra
17.32 hicieron del bajo *p* sacerdotes de los
18.26 a oídos del *p* que está sobre el muro
18.36 el *p* calló, y no le respondió palabra
20.5 y di a Ezequías, príncipe de mi *p*: Así
21.24 el *p*..mató a..los que habían conspirado
21.24 y puso el *p*..por rey..a Josías su hijo
22.4 recoja el dinero..que han recogido del *p*
22.13 preguntad a Jehová por mí, y por el *p*
23.2 subió el rey..con todo el *p*, desde el
23.3 el rey..Y todo el *p* confirmó el pacto
23.6 echó el polvo sobre los sepulcros..del *p*
23.21 mandó el rey a..el *p*..Haced la pascua
23.30 el *p*..tomó a Joacaz..pusieron por rey
23.35 sacando la plata y..del *p* de la tierra
24.14 no quedó..excepto los pobres del *p* de
25.3 que no hubo pan para el *p* de la tierra
25.11 los del *p*..llevó cautivos Nabuzaradán
25.19 tomó..y 60 varones del *p* de la tierra
25.22 al *p* que..dejó en tierra de Judá, puso
25.26 levantándose todo el *p*..fueron a Egipto
1 Cr. 4.32 aldeas fueron Etam..y Asán; cinco *p*
5.25 siguiendo a los dioses de los *p* de la
10.9 para dar las nuevas a sus ídolos y el *p*
11.2 tú apacentarás a mi *p* Israel, y tú serás
11.2 y tú serás príncipe sobre Israel mi *p*
11.13 huyendo el *p* delante de los filisteos
13.4 porque la cosa parecía bien a todo el *p*
14.2 que había exaltado su reino sobre su *p*
16.2 David..bendijo al *p*..nombre de Jehová
16.8 alabad..dad a conocer en los *p* sus obras
16.20 y andaban de..y de un reino a otro *p*
16.24 cantad..en todos los *p* sus maravillas
16.26 todos los dioses de los *p* son ídolos
16.28 tributad a..oh familias de los *p*, dad
16.36 dijo todo el *p*, Amén, y alabó a Jehová
16.43 y todo el *p* se fue cada uno a su casa
17.6 los cuales mandé que apacentasen a mi *p*
17.7 que fueses príncipe sobre mi *p* Israel
17.9 he dispuesto lugar para mi *p* Israel, y
17.10 que puse los jueces sobre mi *p* Israel
17.21 ¿y qué *p* hay en la..como tu *p* Israel
17.21 cuyo Dios fuese y..redimiese un *p*, para
17.21 echando a..naciones de delante de tu *p*
17.22 a tu *p* Israel por *p* tuyo para siempre
18.14 David..juzgaba con justicia a todo su *p*
19.13 esforcémonos por nuestro *p*, y por las
19.14 se acercó Joab y el *p* que..para pelear
19.18 mas el *p* sirio huyó delante de Israel
19.19 el *p* sirio nunca más quiso ayudar a los
20.3 y sacó también al *p* que estaba en ella
20.3 volvió David con todo el *p* a Jerusalén
21.2 dijo David a Joab y a los príncipes del *p*
21.3 añada Jehová a su *p* cien veces más, rey
21.4 dio la cuenta del número del *p* a David
21.17 ¿no soy yo el que hizo contar el *p*? Yo
21.17 tu mano..y no venga la peste sobre tu *p*
21.22 la era..que cese la mortandad en el *p*
22.18 ha sido sometida delante de..y de su *p*
23.25 Dios..ha dado paz a su *p* Israel, y él
28.2 oídme..*p* mío. Yo tenía el propósito de
28.21 el *p* para ejecutar todas tus órdenes
29.9 y se alegró el *p* por haber contribuido
29.14 ¿quién soy yo, y quién es mi *p*, para
29.17 he visto con alegría que tu *p*..ha dado

PUEBLO *(Continúa)*
1 Cr. 29.18 conserva. .esta voluntad del. .de tu p
2 Cr. 1.9 me has puesto. .sobre un p numeroso
1.10 dame. .para presentarme delante de este p
1.10 porque ¿quién podrá gobernar a este tu p
1.11 has pedido. .ciencia para gobernar a mi p
2.11 porque Jehová amó a su p, te ha puesto
2.18 por capataces para hacer trabajar al p
6.5 desde el día que saqué a mi p de. .Egipto
6.5 varón que fuese príncipe sobre mi p Israel
6.6 a David he elegido. .que esté sobre mi p
6.21 oigas el ruego de tu siervo, y de tu p
6.24 tu p Israel fuere derrotado delante del
6.25,27 perdonarás el pecado de tu p Israel
6.27 tu tierra, que diste por heredad a tu p
6.29 todo ruego que hiciere. .todo tu p Israel
6.32 extranjero que no fuere de tu p Israel
6.33 los p de la tierra conozcan tu nombre
6.33 te teman así como tu p Israel, y sepan
6.34 si tu p saliere a la guerra contra sus
6.39 y perdonarás a tu p que pecó contra ti
7.4 el rey y todo el p sacrificaron víctimas
7.5 así dedicaron la casa. .el rey y todo el p
7.10 del mes. .envió al p a sus casas, alegres
7.10 beneficios. .Jehová había hecho. .a su p
7.13 si yo. .o si enviare pestilencia a mi p
7.14 si se humillare mi p, sobre el cual mi
7.20 la pondré por. .escarnio de todos los p
8.7 todo el p que había quedado de los heteos
10.5 él les dijo: Volved a mí. .Y el p se fue
10.6 ¿cómo aconsejáis. .que responda a este p?
10.7 si te condujeres humanamente con este p
10.9 ¿qué aconsejáis. .respondamos a este p
10.10 dirás al p que te ha hablado diciendo
10.12 vino, pues, Jeroboam con todo el p a
10.15 no escuchó el rey al p; porque la causa
10.16 respondió el p al. .diciendo: ¿Qué parte
12.3 el p que venía con él de Egipto, esto es
13.9 sacerdotes a la manera de los p de otras
14.13 y Asa, y el p. .los persiguieron hasta
16.10 y oprimió Asa. .tiempo a algunos del p
17.9 recorrieron. .las ciudades enseñando al p
18.3 yo soy como tú, y mi p como tu p; iremos
18.27 Micaías dijo. .Dijo además: Oíd, p todos
19.4 Josafat. .pero daba vuelta y salía al p
20.7 ¿no echaste tú. .delante de tu p Israel
20.21 habido consejo con el p, puso a algunos
20.25 viniendo. .Josafat y su p a despojarlos
20.33 el p aún no había enderezado su corazón
21.14 Jehová herirá a tu p de una gran plaga
23.5 el p estará en los patios de la casa de
23.6 todo el p hará guardia delante de Jehová
23.10 y puso en orden a todo el p, teniendo
23.12 Atalía. .vino al p a la casa de Jehová
23.13 el p de la tierra mostraba alegría, y
23.16 hizo pacto entre sí y todo el p y el rey
23.16 Joiada hizo pacto. .serían p de Jehová
23.17 entró todo el p en el templo de Baal
23.20 llamó después. .a los que gobernaban el p
23.20 todo el p de la tierra, para conducir
23.21 se regocijó todo el p del país; y la
24.10 el p se gozaron, y trajeron ofrendas
24.20 en pie, donde estaba más alto que el p
24.23 destruyeron en el p a. .los principales
25.11 Amasías, sacó a su p, y vino al Valle
25.15 dioses. .que no libraron a su p de tus
26.1 el p de Judá tomó a Uzías, el cual tenía
26.21 Jotam su. .gobernando al p de la tierra
27.2 hizo. .pero el p continuaba corrompiéndose
29.36 alegró Ezequías con todo el p, de que
29.36 que Dios hubiese preparado el p; porque
30.3 ni el p se había reunido en Jerusalén
30.18 gran multitud del p de Efraín y Manasés
30.20 y oyó Jehová a Ezequías, y sanó al p
30.24 los príncipes dieron al p mil novillos
30.27 los sacerdotes. .en pie bendijeron al p
31.4 mandó. .al p que habitaba en Jerusalén
31.8 bendijeron a Jehová, y a su p Israel
31.10 porque Jehová ha bendecido a su p; y ha
32.4 reunió mucho p, y cegaron. .las fuentes
32.6 puso capitanes de guerra sobre el p, y
32.8 el p tuvo confianza en las palabras de
32.13 lo que. .hemos hecho a todos los p de
32.14 ¿qué dios. .que pudiese salvar a su p
32.15 si ningún dios. .pudo librar a su p de
32.17 no pudieron librar a su p de mis manos
32.18 clamaron a gran voz. .al p de Jerusalén
32.19 como contra los dioses de los p de la
33.10 habló Jehová a Manasés y a su p, mas
33.17 p aún sacrificaba en los lugares altos
33.25 el p de la tierra mató a todos los que
33.25 p de la tierra puso por rey en su lugar
34.30 todo el p, desde el mayor hasta el más
35.3 ahora servid a Jehová. .y a su p Israel
35.5 de vuestros hermanos los hijos del p, y
35.7 y dio el rey Josías a los del p ovejas
35.8 también sus príncipes dieron. .al p y a
35.12 dar conforme a. .de las familias del p
35.13 lo repartieron rápidamente a todo el p
36.1 el p de la tierra tomó a Joacaz hijo de
36.14 p, aumentaron la iniquidad, siguiendo
36.15 él tenía misericordia de su p y de su
36.16 subió la ira de Jehová contra su p, y
36.23 quien haya. .de todo su p, sea Jehová
Esd. 1.3 quien haya. .de su p, sea Dios con él
2.2 el número de los varones del p de Israel
2.70 y habitaron los. .los del p, los cantores
3.1 juntó el p como un. .hombre en Jerusalén
3.3 tenían miedo de los p de las tierras, y
3.11 el p aclamaba con gran júbilo, alabando
3.13 no podía distinguir el p el clamor de
3.13 porque clamaba el p con gran júbilo, y
4.4 el p de la tierra intimidó al p de Judá
4.10 y los demás p que el grande y glorioso
5.12 casa y llevó cautivo al p a Babilonia
6.12 destruya a todo. .p que pusiere su mano
7.13 todo aquel. .del p de Israel. .quiera ir
7.16 las ofrendas. .del p y de los sacerdotes
7.25 pon jueces y. .que gobiernen a todo el p
8.15 habiendo buscado entre el p y entre los
8.36 los cuales ayudaron al p y a la casa de
9.1 el p. .no se han separado de los p de las
9.2 ha sido mezclado con los p de las tierras
9.11 es a causa de la inmundicia de los p de
9.14 y a emparentar con p que cometen estas
10.1 se juntó a él. .lloraba el p amargamente
10.2 tomamos mujeres extranjeras de los p de
10.9 sentó todo el p en la plaza de la casa
10.11 apartaos de los p de las tierras, y de
10.13 pero el p es mucho, y el tiempo lluvioso
Neh. 1.8 pecareis, yo os dispersaré por los p
1.10 ellos, pues, son tus siervos y tu p, los
4.6 edificamos. .el p tuvo ánimo para trabajar
4.13 puse al p por familias, con sus espadas
4.14 me levanté y dije. .al resto del p: No
4.19 dije. .al resto del p: La obra es grande
4.22 entonces al p: Cada uno con su criado
5.1 hubo gran clamor del p y de sus mujeres
5.13 alabaron a. .Y el p hizo conforme a esto
5.15 abrumaron al p, y tomaron de ellos por
5.15 y aun sus criados se enseñoreaban del p
5.18 porque la servidumbre de este p. .grave
5.19 Dios. .y de todo lo que hice por este p
7.4 poco p dentro de ella, y no había casas
7.5 que reuniese a. .y al p, para que fuesen
7.7 el número de los varones del p de Israel
7.72 el resto del p dio 20.000 dracmas de oro
7.73 y habitaron. .los del p, los sirvientes
8.1 se juntó todo el p como un solo hombre en
8.3 y los oídos de todo el p estaban atentos
8.5 abrió. .Esdras el libro a ojos de todo el p
8.5 más alto que todo el p. .p estuvo atento
8.6 el p respondió: ¡Amén! ¡Amén! alzando sus
8.7 los levitas. .hacían entender al p la ley
8.7 la ley; y el p estaba atento en su lugar
8.9 y los levitas que hacían entender al p
8.9 a todo el p: Día santo es a Jehová. .Dios
8.9 p lloraba oyendo las palabras de la ley
8.11 los levitas. .hacían callar a todo el p
8.12 todo el p se fue a comer y a beber, y a
8.13 se reunieron los cabezas. .de todo el p
8.16 salió, pues, el p, y trajeron ramas e
9.10 señales. .contra todo el p de su tierra
9.22 les diste reinos y p, y los repartiste
9.24 a los p de la tierra, para que hiciesen
9.30 entregaste en mano de los p de la tierra
9.32 el sufrimiento que ha alcanzado a. .tu p
10.14 cabezas del p: Paros, Pahat-moab, Elam
10.28 resto del p, los sacerdotes, levitas
10.28 los que se habían apartado de los p de
10.30 no daríamos nuestras hijas a los p de
10.31 si los p de la tierra trajesen a vender
10.34 echamos. .suertes. .los levitas y el p
11.1 habitaron los jefes del p en Jerusalén
11.1 el resto del p echó suertes para traer
11.2 y bendijo el p a todos los varones que
11.24 servicio del rey en todo negocio del p
12.30 purificaron al p, y las puertas, y el
12.38 y yo. .con la mitad del p sobre el muro
13.1 se leyó en el libro de. .oyéndolo el p
13.24 hablaban conforme a. .lengua de cada p
Est. 1.5 otro banquete. .a todo el p que había
1.11 para mostrar a los p y a los príncipes
1.16 ha pecado. .contra todos los p que hay en
1.22 cartas. .a cada p conforme a su lenguaje
1.22 se publicase esto en la lengua de su p
2.10 no declaró cuál era su p ni su parentela
2.20 no había declarado su nación ni su p
3.6 ya le habían declarado cuál era el p de
3.6 destruir a todos los. .al p de Mardoqueo
3.8 dijo. .Hay un p esparcido. .entre los p en
3.8 sus leyes son diferentes de las de todo p
3.11 asimismo el p, para que hagas de él lo
3.12 mandó Amán. .a los príncipes de cada p
3.12 su escritura, y a cada p según su lengua
3.14 fue publicada a todos los p, a fin de que
4.8 y a interceder delante de él por su p
4.11 y el p de las provincias del rey, saben
7.3 séame dada mi vida. .mi p por mi demanda
7.4 hemos sido vendidos, yo y mi p, para ser
8.6 ¿cómo. .ver el mal que alcanzará a mi p?
8.9 cada p conforme a su lengua, a los judíos
8.11 y acabar con toda fuerza armada del p o
8.13 para que fuese conocido por todos los p
8.17 y muchos de entre los p de la tierra se
9.2 el temor. .había caído sobre todos los p
10.3 procuró el bienestar de su p y habló paz
Job 12.2 ciertamente vosotros sois el p, y con
12.24 quita el entendimiento a. .jefes del p
17.6 me ha puesto por refrán de p, y delante
18.19 no tendrá hijo ni nieto en su p, ni
34.20 se alborotarán los p, y pasarán, y sin
34.30 que no reine el. .para vejaciones del p
36.20 la noche, en que los p desaparecen de
36.31 por esos medios castiga a los p, a la
Sal. 2.1 gentes, y los p piensan cosas vanas?
3.8 la salvación es de Jehová; sobre tu p sea
7.7 rodeará congregación de p, y sobre ella
7.8 Jehová juzgará a los p; júzgame. .Jehová
9.8 juzgará al mundo. .y a los p con rectitud
9.11 cantad. .publicad entre los p sus obras
14.4 que devoran a mi p como si comiesen pan
14.7 hiciere volver a los cautivos de su p
18.43 me has librado de las contiendas del p
18.43 cabeza. .p que yo no conocía me sirvió
18.47 el Dios que. .y somete p debajo de mí
22.6 oprobio de. .hombres, y despreciado del p
22.31 a p no nacido aún, anunciarán que él
28.8 Jehová es la fortaleza de su p, y el
28.9 salva a tu p, y bendice a tu heredad
29.11 poder a su p. .bendecirá a su p con paz
33.10 y frustra las maquinaciones de los p
33.12 p que él escogió como heredad para sí
35.18 confesaré. .te alabaré entre numeroso p
42.4 entre voces. .de alabanza del p en fiesta
44.2 tú. .afligiste a los p, y los arrojaste
44.12 vendido a tu p de balde; no exigiste
45.5 saetas. .con que caerán p debajo de ti
45.10 oye. .olvida tu p, y la casa de tu padre
45.12 implorarán tu favor los ricos del p
45.17 te alabarán los p eternamente y para
47.1 p todos, batid. .manos; aclamad a Dios
47.3 él someterá a los p debajo de nosotros
47.9 los príncipes de los p se reunieron como
47.9 se reunieron como p del Dios de Abraham
49.1 oíd esto, p todos; escuchad, habitantes
50.4 convocará. .tierra, para juzgar a su p
50.7 oye, p mío, y hablaré; escucha, Israel
53.4 que devoran a mi p como si comiesen pan
53.6 hiciere volver de la cautividad a su p
56.7 pésalos. .y derriba en tu furor a los p
57.9 alabaré entre los p, oh Señor; cantaré
59.11 no los mates, para que mi p no olvide
60.3 has hecho ver a tu p cosas duras; nos
62.8 esperad en él en todo tiempo, oh p
66.8 bendecid, p, a nuestro Dios, y haced oir
67.3,5 te alaben los p, oh. .los p te alaben
67.4 porque juzgarás los p con equidad, y
67.5 te alaben los p. .todos los p te alaben
68.7 Dios, cuando tú saliste delante de tu p
68.30 la multitud de toros con los. .de los p
68.35 el Dios de Israel, él da. .vigor a su p
72.2 él juzgará a tu p con justicia, y a tus
72.3 montes llevarán paz al p, y los collados
72.4 juzgará a los afligidos del p, salvará
73.10 por eso Dios hará volver a su p aquí
74.18 y p insensato ha blasfemado tu nombre
77.14 Dios. .hiciste notorio en los p tu poder
77.15 con tu brazo redimiste a tu p, a los
77.20 condujiste a tu p como ovejas por mano
78.1 escucha, p mío, mi ley; inclinad vuestro
78.20 ¿podrá dar. .¿dispondrá carne para su p?
78.52 hizo salir a su p como ovejas, y los
78.62 entregó también su p a la espada, y se
78.71 para que apacentase a Jacob su p, y a
79.13 nosotros, p tuyo, y ovejas de tu prado
80.4 indignación contra la oración de tu p?
81.8 oye, p mío, y te amonestaré. Israel, si
81.11 mi p no oyó mi voz, e Israel no quiso
81.13 ¡oh, si me hubiera oído mi p, si en mis
83.3 contra tu p han consultado. .secretamente
85.2 perdonaste la iniquidad de tu p; todos
85.6 vida, para que tu p se regocije en ti?
85.8 hablará paz a su p y a sus santos, para
87.6 Jehová contará al inscribir a los p; éste
89.15 bienaventurado el p que sabe aclamarte
89.19 sobre. .he exaltado a un escogido de mi p
89.50 oprobio de muchos p, que llevo en mi
94.5 a tu p, oh Jehová, quebrantan, y a tu
94.8 entended, necios del p. .vosotros, fatuos
94.14 porque no abandonará Jehová a su p, ni
95.7 nosotros el p de su prado, y ovejas de
95.10 p es que divaga de corazón, y no han
96.3 proclamad entre. .los p sus maravillas
96.5 dioses de los p son ídolos; pero Jehová
96.7 tributad a Jehová, oh familias de los p
96.10 Jehová. .juzgará a los p en justicia
96.13 juzgará al mundo. .a los p con su verdad
97.6 los cielos anunciaron. .p vieron su gloria
98.9 juzgará al mundo. .a los p con rectitud
99.1 Jehová reina; temblarán los p. El está
99.2 es grande, y exaltado sobre todos los p
100.3 él. .p suyo somos, y ovejas de su prado
102.18 el p que está por nacer alabará a JAH
102.22 los p y los reinos se congreguen en uno
105.1 alabad. .dad a conocer sus obras en los p
105.13 y andaban de. .de un reino a otro p
105.20 el señor de los p, y le dejó ir libre
105.24 multiplicó su p en gran manera, y lo
105.25 cambió. .para que aborreciesen a su p
105.43 sacó a su p con gozo; con júbilo a sus
105.44 dio. .y las labores de los p heredaron

PUEBLO ***(Continúa)***

Sal. 106.4 según tu benevolencia para con tu *p*
106.27 y humillar su *p* entre las naciones, y
106.34 no destruyeron a los *p* que Jehová les
106.40 encendió. .furor de Jehová sobre su *p*
106.48 bendito Jehová. .y diga todo el *p*, Amén
107.32 exáltenlo en la congregación del *p*, y
108.3 alabaré, oh Jehová, entre los *p*; a ti
110.3 tu *p* se te ofrecerá voluntariamente en
111.6 el poder de sus obras manifestó a su *p*
111.9 redención ha enviado a su *p*. .su pacto
113.8 sentar con. .con los príncipes de su *p*
114.1 cuando salió. .la casa de Jacob del *p*
116.14,18 pagaré. .votos delante de todo su *p*
117.1 alabad a Jehová. .*p* todos, alabadle
125.2 así Jehová está alrededor de su *p* desde
135.12 dio la tierra. .heredad a Israel su *p*
135.14 porque Jehová juzgará a su *p*, y se
136.16 al que pastoreó a su *p* por el desierto
144.15 bienaventurado el *p*. .el *p* cuyo Dios es
148.11 los reyes de la tierra y todos los *p*
148.14 exaltado el poderío de su *p*; alábenle
148.14 alábenle todos sus. .el *p* a él cercano
149.4 Jehová tiene contentamiento en su *p*
149.7 venganza entre. .y castigo entre los *p*
Pr. 11.14 donde no hay dirección. .caerá el *p*
11.26 que acapara el grano, el *p* lo maldecirá
14.28 multitud del *p* está la gloria del rey
14.28 la falta de *p* la debilidad del príncipe
24.24 los *p* lo maldecirán, y le detestarán las
28.15 es el príncipe impío sobre el *p* pobre
29.2 cuando. .justos dominan, el *p* se alegra
29.2 mas cuando domina el impío, el *p* gime
29.18 sin profecía el *p* se desenfrena; mas el
30.25 hormigas, *p* no fuerte, y en el verano
30.26 los conejos, *p* nada esforzado, y ponen
Ec. 4.16 no tenía fin la muchedumbre del *p* que
12.9 más sabio fue. .más enseñó sabiduría al *p*
Is. 1.3 Israel no. .mi *p* no tiene conocimiento
1.4 ¡oh gente pecadora, *p* cargado de maldad
1.10 escuchad la ley de. .Dios, *p* de Gomorra
2.3 vendrán. .*p*, y dirán: Venid, y subamos al
2.4 y juzgará entre. .y reprenderá a muchos *p*
2.6 has dejado tu *p*, la casa de Jacob, porque
3.5 el *p* se hará violencia unos a otros, cada
3.7 ni hay pan; no me hagáis príncipe del *p*
3.12 los opresores de mi *p* son muchachos, y
3.12 *p* mío, los que te guían te engañan, y
3.13 Jehová está en pie. .para juzgar a los *p*
3.14 a juicio contra los ancianos de su *p* y
3.15 ¿qué pensáis vosotros que majáis mi *p* y
5.13 mi *p* fue llevado cautivo, porque no tuvo
5.25 se encendió el furor de. .contra su *p*, y
6.5 en medio de *p* que tiene labios inmundos
6.9 y dí a este *p*: Oíd bien, y no entendáis
6.10 engruesa el corazón de este *p*, y agrava
7.2 se le estremeció su. .y el corazón de su *p*
7.8 Efraín. .quebrantado hasta dejar de ser *p*
7.17 Jehová hará venir sobre ti, sobre tu *p*
8.6 desechó este *p* las aguas de Siloé, que
8.9 reuníos, *p*, y seréis quebrantados; oíd
8.11 que no caminase por el camino de este *p*
8.12 las cosas que este *p* llama conspiración
8.19 dijeren. .¿No consultará el *p* a su Dios?
9.2 el *p* que andaba en tinieblas vio gran luz
9.9 sabrá todo el *p*, Efraín y los moradores
9.13 el *p* no se convirtió al que lo castigaba
9.16 gobernadores de este *p* son engañadores
9.19 la ira. .será el *p* como pasto del fuego
10.2 y para quitar el derecho a los. .de mi *p*
10.6 y sobre el *p* de mi ira le enviaré, para
10.13 quité. .territorios de los *p*, y saqueé
10.14 mi mano como nido las riquezas de los *p*
10.22 porque si tu *p*, oh Israel, fuere como
10.24 así: *P* mío. .de Sion, no temas de Asiria
11.10 estará puesta por pendón a los *p*, será
11.11 para recobrar el remanente de su *p* que
11.16 habrá camino para el remanente de su *p*
12.4 célebres en los *p* sus obras, recordad
13.4 estruendo de multitud. .como de mucho *p*
13.14 cada cual mirará hacia su *p*, y cada uno
14.2 tomarán los *p*, y los traerán a su lugar
14.6 que hería a los *p* con furor, con llaga
14.20 tú destruiste tu tierra, mataste a tu *p*
14.32 ella se acogerán los afligidos de su *p*
17.12 multitud de muchos *p* que harán ruido
17.13 los *p* harán estrépito como de ruido de
18.2 andad. .al *p* temible desde su principio
18.7 del *p* de elevada estatura. .del *p* temible
19.25 bendito el *p* mío Egipto, y el asirio
21.10 *p* mío, trillado y aventado, os he dicho
22.4 de la destrucción de la hija de mi *p*
23.13 *p* no existía; Asiria la fundó para sí
24.2 y sucederá así como al *p*. .al sacerdote
24.4 se. .enfermaron los altos *p* de la tierra
24.13 así será en medio de. .los *p*, como olivo
25.3 te dará gloria el *p* fuerte, te temerá
25.6 Jehová de. .hará. .a todos los *p* banquete
25.7 con que están cubiertos todos los *p*, y
25.8 quitará la afrenta de su *p* de toda la
26.11 avergonzarán los que envidian a tu *p*
26.15 aumentaste el *p*, oh. .aumentaste el *p*
26.20 *p* mío, entra en tus aposentos, cierra
27.11 porque aquel no es *p* de entendimiento
28.5 será por corona de. .al remanente de su *p*
28.11 y en extraña lengua hablará a este *p*
28.14 que gobernáis a este *p*. .en Jerusalén
29.13 *p* se acerca a mí con su boca, y con sus
29.14 excitaré yo la admiración de este *p* con
30.5 todos se avergonzarán del *p* que no les
30.6 sus tesoros. .a un *p* que no les será de
30.9 este *p* es rebelde, hijos mentirosos
30.19 *p* morará en Sion, en Jerusalén; nunca
30.26 que vendare Jehová la herida de su *p*
30.28 freno estará en las quijadas de los *p*
32.13 sobre la tierra de. .*p* subirán espinos
32.18 y mi *p* habitará en morada de paz, en
33.3 los *p* huyeron a la voz del estruendo; las
33.12 y los *p* serán como cal quemada; como
33.19 aquel *p* orgulloso, *p* de lengua difícil
33.24 al *p* que more en ella le será perdonada
34.1 vosotros, *p*, escuchad. Oiga la tierra
34.5 descenderá. .y sobre el *p* de mi anatema
36.11 no. .lo oye el *p* que está sobre el muro
40.1 consolaos, *p* mío, dice vuestro Dios
40.7 la hierba se seca. .como hierba es el *p*
41.1 escuchadme, costas, y esfuércense los *p*
42.5 que da aliento al *p* que mora sobre ella
42.6 y te pondré por pacto al *p*, por luz de
42.22 este es *p* saqueado y pisoteado, todos
43.8 sacad al *p* ciego que tiene ojos, y a los
43.9 congréguense a. .y júntense todos los *p*
43.20 aguas. .para que beba mi *p*, mi escogido
43.21 este *p* he creado para mí; mis alabanzas
44.7 como hago yo desde que establecí el *p*
47.6 enojé contra mi *p*, profané mi heredad
49.1 oídme, costas, y escuchad, *p* lejanos
49.8 daré por pacto al *p*, para que restaures
49.13 Jehová ha consolado a su *p*, y de sus
49.22 he aquí. .a los *p* levantaré mi bandera
51.4 atentos a mí, *p* mío, y oídme, nación mía
51.4 la ley, y mi justicia para luz de los *p*
51.5 mi justicia. .mis brazos juzgarán a los *p*
51.7 oídme. .*p* en cuyo corazón está mi ley
51.16 tierra, y diciendo a Sion: *P* mío eres tú
51.22 dijo. .tu Dios, el cual aboga por su *p*
52.4 mi *p* descendió a Egipto en tiempo pasado
52.5 qué. .ya que mi *p* es llevado injustamente?
52.6 mi *p* sabrá mi nombre por esta causa en
52.9 Jehová ha consolado a su *p*, a Jerusalén
53.8 fue. .y por la rebelión de mi *p* fue herido
55.4 yo lo di por testigo a los *p*, por jefe
56.3 me apartará totalmente Jehová de su *p*
56.7 será. .casa de oración para todos los *p*
57.14 quitad los tropiezos del camino de mi *p*
58.1 anuncia a mi *p* su rebelión, y a la casa
60.21 y tu *p*, todos ellos serán justos, para
60.22 el pequeño vendrá a ser mil. .*p* fuerte
61.9 y sus renuevos en medio de los *p*; todos
62.10 barred el camino al *p*. .pendón a los *p*
62.12 llamarán *P* Santo, Redimidos de Jehová
63.3 de los *p* nadie había conmigo; los pisé
63.6 con mi ira hollé los *p*, y los embriagué
63.8 dijo. .mi *p* son, hijos que no mienten; y
63.11 acordó. .de Moisés y de su *p*, diciendo
63.14 así pastoreaste a tu *p*, para hacerte
63.18 poco tiempo lo. .tu santo *p*; nuestros
64.9 mira ahora, *p* tuyo somos todos nosotros
65.2 extendí. .manos todo el día a *p* rebelde
65.3 *p* que en mi rostro me provoca de. .a ira
65.10 majada de vacas, para mi *p* que me buscó
65.18 que yo traigo. .alegría, y a su *p* gozo
65.19 me gozaré con mi *p*; y nunca más se oirá
65.22 según los días. .serán los días de mi *p*
Jer. 1.18 te he puesto. .contra. .*p* de la tierra
2.11 mi *p* ha trocado su gloria por lo que no
2.13 dos males ha hecho mi *p*: me dejaron a mí
2.31 ¿por qué ha dicho mi *p*: Somos libres
2.32 pero mi *p* se ha olvidado de mí por. .días
4.10 en gran manera has engañado a este *p* y a
4.11 en aquel tiempo se dirá a este *p* y a
4.11 viento seco de. .vino a la hija de mi *p*
4.22 porque mi *p* es necio, no me conocieron
5.14 pongo. .este *p* por leña, y los consumirá
5.21 *p* necio y sin corazón, que tiene ojos y
5.23 este *p* tiene corazón falso y rebelde; se
5.26 porque fueron hallados en mi *p* impíos
5.31 y mi *p* así lo quiso. ¿Qué, pues, haréis
6.14 y curan la herida de mi *p* con liviandad
6.19 yo traigo mal sobre este *p*, el fruto de
6.21 yo pongo a este *p* tropiezos, y caerán en
6.22 aquí que viene *p* de la tierra del norte
6.26 hija de mi *p*, cíñete de cilicio. .ceniza
6.27 por fortaleza te he puesto en mi *p*, por
7.12 ved lo que le hice por la maldad de mi *p*
7.16 tu. .no ores por este *p*, ni levantes por
7.23 seré. .Dios, y vosotros me seréis por *p*
8.5 ¿por qué es este *p* de Jerusalén rebelde
8.7 pero mi *p* no conoce el juicio de Jehová
8.11 y curaron la herida de la hija de mi *p*
8.19 voz del clamor de la hija de mi *p*, que
8.21 quebrantado estoy por. .la hija de mi *p*
8.22 no hubo medicina para la hija de mi *p*?
9.1 que llore. .los muertos de la hija de mi *p*!
9.2 que dejase a mi *p*, y de ellos me apartase?
9.7 ¿qué más he de hacer por la hija de mi *p*?
9.15 que a este *p* yo les daré a comer ajenjo
10.3 costumbres de los *p* son vanidad; porque
10.25 derrama tu enojo sobre los *p* que no te
11.4 me seréis por *p*, y yo seré a. .por Dios
11.14 no ores por este *p*, ni levantes por ellos
12.14 heredad que hice poseer a mi *p* Israel
12.16 y si. .aprendieren los caminos de mi *p*
12.16 como enseñaron a mi *p* a jurar por Baal
12.16 ellos serán prosperados en medio de mi *p*
13.10 *p* malo, que no quiere oir mis palabras
13.11 para que me fuesen por *p* y por fama, por
14.10 acerca de este *p*: Se deleitaron en vagar
14.11 dijo. .No ruegues por este *p* para bien
14.16 y el *p* a quien profetizan será echado
14.17 es quebrantada la virgen hija de mi *p*
15.1 si. .no estaría mi voluntad con este *p*
15.7 y dejé sin hijos a mi *p* y lo desbaraté
15.20 te pondré en este *p* por muro. .de bronce
16.5 porque yo he quitado mi paz de este *p*
16.10 cuando anuncies a este *p* todas estas
17.19 ponte a la puerta de los hijos del *p*
18.7 en un instante hablaré contra *p* y contra
18.8 si esos *p* se convirtieren de su maldad
18.15 mi *p* me ha olvidado, incensando a lo que
19.1 lleva contigo de los ancianos del *p*, y de
19.11 así quebrantaré a este *p* y a esta ciudad
19.14 se paró en el atrio. .dijo a todo el *p*
21.7 entregaré a. .al *p* y a los que queden de
21.8 y a este *p* dirás: Así ha dicho Jehová
22.2 oye palabra. .tú, y tus siervos, y tu *p*
22.4 entrarán. .ellos, y sus criados y su *p*
23.2 dicho. .a los pastores que apacientan mi *p*
23.13 Baal, e hicieron errar a mi *p* de Israel
23.22 habrían hecho oir mis palabras a mi *p*
23.27 hacen que mi *p* se olvide de mi nombre
23.32 y hacen errar a mi *p* con sus mentiras
23.32 ningún provecho hicieron a este *p*, dice
23.33 te preguntare este *p*, o el profeta, o
23.34 al *p* que dijere: Profecía de Jehová, yo
24.7 me serán por *p*, y yo les seré. .por Dios
25.1 acerca de todo el *p* de Judá en el año
25.2 habló el profeta Jeremías a todo el *p* y a
25.19 a Faraón rey de Egipto. .y a todo su *p*
25.24 a todos los reyes de *p* mezclados que
26.7 profetas y todo el *p* oyeron a Jeremías
26.8 terminó de hablar. .hablase a todo el *p*
26.8 todo el *p* le echaron mano, diciendo: De
26.9 todo el *p* se juntó contra Jeremías en
26.11 hablaron. .a todo el *p*, diciendo: En pena
26.12 habló Jeremías. .a todo el *p*, diciendo
26.16 y dijeron los príncipes y todo el *p* a
26.17 hablaron a. .la reunión del *p*, diciendo
26.18 Miqueas de Moreset. .habló a todo el *p*
26.24 que no lo entregasen en las manos del *p*
27.12 Babilonia, y servidle a él y a su *p*, y
27.13 ¿por qué moriréis tú y tu *p* a espada, de
27.16 a los sacerdotes y a todo este *p* hablé
28.1 me habló. .delante. .todo el *p*, diciendo
28.5 respondió el. .delante de todo el *p* que
28.7 hablo en tus oídos y en los. .de todo el *p*
28.11 y habló Hananías en presencia de. .el *p*
28.15 has hecho confiar en mentira a este *p*
29.1 el profeta Jeremías envió. .a todo el *p*
29.16 así ha dicho. .de todo el *p* que mora en
29.25 enviaste cartas en tu nombre a. .el *p*
29.32 no tendrá varón que more entre este *p*
29.32 no. .ni verá el bien que haré yo a mi *p*
30.3 que haré volver a los cautivos de mi *p*
30.22 y me seréis por *p*, y yo. .vuestro Dios
31.1 yo seré por Dios a. .me serán a mí por *p*
31.2 *p* que escapó de la espada halló gracia
31.7 oh Jehová, salva a tu *p*, el remanente de
31.14 y mi *p* será saciado de mi bien, dice
31.33 seré. .por Dios, y ellos me serán por *p*
32.21 y sacaste a tu *p* Israel de. .Egipto con
32.38 me serán por *p*, y yo seré a. .por Dios
32.42 traje sobre este *p* todo este gran mal
33.24 que habla este *p*, diciendo: Dos familias
33.24 y han tenido en poco a mi *p*, hasta no
34.1 todos los *p*, peleaban contra Jerusalén
34.8 hizo pacto con todo el *p* en Jerusalén
34.10 el *p* que había convenido en el pacto de
34.19 y los sacerdotes y a todo el *p* de la
35.16 Recab. .pero este *p* no me ha obedecido
36.6 las palabras de Jehová a los oídos del *p*
36.7 la ira que ha expresado. .contra este *p*
36.9 el *p* de Jerusalén y. .el *p* que venía de
36.10 Baruc leyó en el libro. .a oídos del *p*
36.13 Baruc leyó en el libro a oídos del *p*
36.14 el rollo en el que leíste a oídos del *p*
37.2 no obedeció él ni. .ni el *p* de la tierra
37.4 Jeremías entraba y salía en medio del *p*
37.12 para irse. .apartarse de en medio del *p*
37.18 ¿en qué pequé contra ti. .contra este *p*
38.1 las palabras que Jeremías hablaba a. .el *p*
38.4 hace desmayar. .el *p*. .no busca la paz. .*p*
39.8 pusieron a fuego la. .y las casas del *p*
39.9 al resto del *p*. .con todo el resto del *p*
39.10 a los pobres del *p* que no tenían nada
39.14 lo sacase a casa; y vivió entre el *p*
40.5 a Gedalías. .vive con él en medio del *p*
40.6 habitó con él en medio del *p* que había
41.10 llevó Ismael cautivo a. .el resto del *p*
41.10 a las hijas del rey y a todo el *p* que
41.13 todo el *p* que estaba con Ismael vio a
41.14 el *p* que Ismael había traído cautivo de

PUEBLO *(Continúa)*

Jer. 41.16 tomaron a todo el resto del *p* que había
42.1,8 el *p* desde el menor hasta el mayor
43.1 de hablar a todo el *p* todas las palabras
43.4 no obedeció. .*p*, a la voz de Jehová para
44.15 el *p* que habitaba en tierra de Egipto
44.20 todo el *p*. .el *p* que le había respondido
44.21 vuestros príncipes y el *p* de la tierra?
44.24 dijo Jeremías a todo el *p*, y a. .mujeres
46.16 levántate y volvámonos a nuestro *p*, y
46.24 entregada será en manos del *p* del norte
48.42 y Moab. .destruido hasta dejar de ser *p*
48.46 ¡ay de ti, Moab! pereció el *p* de Quemos
49.1 su *p* se ha establecido en sus ciudades?
50.6 ovejas perdidas fueron mi *p*. .pastores
50.9 reunión de grandes *p* de la tierra del
50.16 cada uno volverá el rostro hacia su *p*
50.37 contra todo el *p* que está en medio de
50.41 aquí viene un *p* del norte, y una nación
51.7 fue Babilonia. .su vino bebieron los *p*
51.27 alzad bandera. .preparad *p* contra ella
51.45 salid de en medio de ella, *p* mío, y
51.58 vano trabajaron los *p*, y las naciones
52.6 el hambre. .hasta no haber pan para el *p*
52.15 a los pobres del *p*. .la otra gente del *p*
52.15 y a todo el resto de la multitud del *p*
52.25 pasaba revista al *p*. .60 hombres del *p*
52.28 es el *p* que Nabucodonosor llevó cautivo
Lm. 1.7 cayó su *p* en mano del enemigo y no hubo
1.11 su *p* buscó su pan suspirando; dieron por
1.18 oíd ahora, *p* todos, y ved mi dolor; mis
2.11 del quebrantamiento de la hija de mi *p*
3.14 fui escarnio a todo mi *p*, burla de ellos
3.45 volviste en oprobio y. .en medio de los *p*
3.48 el quebrantamiento de la hija de mi *p*
4.3 hija de mi *p* es cruel como los avestruces
4.6 aumentó la iniquidad de la hija de mi *p*
4.10 del quebrantamiento de la hija de mi *p*
Ez. 3.5 no eres enviado a *p* de habla profunda
3.6 muchos *p* de habla profunda ni de lengua
3.11 entra. .a los hijos de tu *p*, y háblales
7.27 las manos del *p* de la tierra temblarán
11.1 Jaazanías. .Pelatías. .principales del *p*
11.17 os recogeré de los *p*, y os congregaré
11.20 guarden mis decretos. .y me sean por *p*
12.19 al *p* de la tierra: Así ha dicho Jehová
13.9 no estarán en la congregación de mi *p*
13.10 cuanto engañaron a mi *p*, diciendo: Paz
13.17 pon tu rostro contra las hijas de tu *p*
13.18 ¿habéis de cazar las almas de mi *p*, para
13.19 ¿y habéis de profanarme entre mi *p* por
13.19 mintiendo a mi *p*. .escucha la mentira?
13.21,23 y libraré a mi *p* de vuestra mano
14.8 cortaré de en medio de mi *p*; y sabréis
14.9 lo destruiré de en medio de mi *p* Israel
14.11 y me sean por *p*, y yo les sea por Dios
18.18 e hizo en. .de su *p* lo que no es bueno
20.34 os sacaré de entre los *p*, y os reuniré
20.35 os traeré al desierto de los *p*, y allí
20.41 cuando os haya sacado de entre los *p*
21.12 porque ésta será sobre mi *p*, será ella
21.12 caerán. .a espada juntamente con mi *p*
22.29 el *p* de la tierra usaba de opresión y
23.24 vendrán contra ti carros. .multitud de *p*
24.18 hablé al *p* por la mañana, y a la tarde
24.19 y me dijo el *p*: ¿No nos enseñarás qué
25.7 cortaré de entre los *p*, y te destruiré
25.14 pondré mi venganza. .en manos de mi *p*
26.7 y carros y jinetes, y tropas y mucho *p*
26.11 a tu *p* matará a filo de espada, y tus
26.20 descender con los. .*p* de otros siglos
27.3 que trafica con los *p* de muchas costas
27.33 saciabas. .*p*; a los reyes de la tierra
27.36 mercaderes en los *p* silbarán contra ti
28.19 los que te conocieron de entre los *p* se
28.25 recoja a la casa de Israel de los *p*
29.13 años recogeré a Egipto de entre los *p*
30.11 él, y con él su *p*, los más fuertes de
31.2 dí a Faraón rey. .y a su *p*: ¿A quién te
31.12 se irán de su sombra todos los *p* de la
31.18 este es Faraón y todo su *p*, dice Jehová
32.3 sobre ti mi red con reunión de muchos *p*
32.9 y entristeceré el corazón de muchos *p*
32.10 y dejaré atónitos por ti a muchos *p*, y
32.12 con espadas de fuertes haré caer tu *p*
32.20 es entregado; traedlo a él y a. .sus *p*
33.2 hijo. .habla a los hijos de tu *p*, y diles
33.2 el *p* de la tierra tomare un hombre de su
33.3 viere. .y tocare trompeta y avisare al *p*
33.6 y el *p* no se apercibiere, y viniendo la
33.12 dí a los hijos de tu *p*: La justicia del
33.30 los hijos de tu *p* se mofan de ti junto
33.31 y vendrán. .como viene el *p*. .como *p* mío
34.13 yo las sacaré de los *p*, y las juntaré
34.30 estoy con ellos, y ellos son mi *p*, la
36.3 se os ha hecho. .ser el oprobio de los *p*
36.8 mas. .llevaréis vuestro fruto para mi *p*
36.12 y haré andar. .sobre vosotros, a mi *p*
36.15 ni más llevarás denuestos de *p*, ni harás
36.20 éstos son *p* de Jehová, y de la tierra
36.28 y vosotros me seréis por *p*, y yo seré
37.12 yo abro vuestros sepulcros, *p* mío, y os
37.13 os saque de vuestras sepulturas, *p* mío
37.18 cuando te pregunten los hijos de tu *p*
37.23 y me serán por *p*, y yo a ellos por Dios
37.27 seré. .por Dios, y ellos me serán por *p*
38.6 Gomer, y. .sus tropas. .muchos *p* contigo
38.8 recogida de muchos *p*, a los montes de
38.9 subirás tú. .tropas, y muchos *p* contigo
38.12 el *p* recogido de entre las naciones, que
38.14 cuando mi *p* Israel habite con seguridad
38.15 vendrás. .tú y muchos *p* contigo, todos
38.16 subirás contra mi *p* Israel. .te traeré
38.22 haré llover sobre. .*p* que están con él
39.4 caerás tú y. .y los *p* que fueron contigo
39.7 haré notorio mi. .en medio de mi *p* Israel
39.13 los enterrará todo el *p* de la tierra
39.27 los saque de entre los *p*, y los reúna
42.14 y así se acercarán a lo que es del *p*
44.11 el holocausto y la víctima para el *p*
44.19 cuando salgan. .al *p*, se quitarán las
44.19 no santificar al *p* con sus vestiduras
44.23 y enseñarán a mi *p* a hacer diferencia
45.8 nunca. .mis príncipes oprimirán a mi *p*
45.16 *p*. .estará obligado a dar esta ofrenda
45.22 sacrificará. .por todo el *p* de la tierra
46.3 adorará el *p* de. .delante de Jehová, a la
46.9 cuando el *p*. .entrare delante de Jehová
46.18 y el príncipe no tomará nada de. .del *p*
46.18 fin de que ninguno de mi *p* sea echado de
46.20 para no sacarla. .santificando así al *p*
46.24 servidores de. .cocerán la ofrenda del *p*
Dn. 2.44 jamás. .será el reino dejado a otro *p*
3.4 voz: Mándase a vosotros, oh *p*, naciones y
3.7 al oir todos los *p* el son de la bocina, de
3.7 todos los *p*. .se postraron y adoraron la
3.29 que todo *p*, nación. .que dijere blasfemia
4.1 Nabucodonosor rey, a todos los *p*, naciones
5.19 los *p*. .temblaban y temían delante de él
6.25 Darío escribió a todos los *p*, naciones
7.14 que todos los *p*, naciones y. .le sirvieran
7.27 que el reino. .sea dado al *p* de los santos
8.24 destruirá. .fuertes y al *p* de los santos
9.6 hablaron a. .y a todo el *p* de la tierra
9.15 sacaste tu *p* de la tierra de Egipto con
9.16 Jerusalén y tu *p* son el oprobio de todos
9.19 tu nombre es invocado sobre tu ciudad. .*p*
9.20 estaba. .confesando. .el pecado de mi *p*
9.24 semanas están determinadas sobre tu *p* y
9.26 y el *p* de un príncipe que ha de venir
10.14 saber lo que ha de venir a tu *p* en los
11.14 turbulentos de tu *p* se levantarán para
11.32 el *p* que conoce a su Dios se esforzará
11.33 y los sabios del *p* instruirán a muchos
12.1 que está de parte de los hijos de tu *p*
12.1 pero en aquel tiempo será libertado tu *p*
12.7 se acabe la dispersión del poder del *p*
Os. 1.9 no sois mi *p*, ni yo seré vuestro Dios
1.10 les fue dicho: Vosotros no sois *p* mío
2.23 diré a Lo-ammi: Tú eres *p* mío, y él dirá
4.4 *p* es como los que resisten al sacerdote
4.6 mi *p* fue destruido. .le faltó conocimiento
4.8 del pecado de mi *p* comen, y en su maldad
4.9 será el *p* como el sacerdote. .y le pagaré
4.12 mi *p* a su ídolo de madera pregunta, y el
4.14 por tanto, el *p* sin entendimiento caerá
6.11 cuando. .haga volver el cautiverio de mi *p*
7.8 Efraín se ha mezclado con los demás *p*
9.1 hasta saltar de gozo como los *p*, pues has
10.5 su *p* lamentará a causa del becerro, y sus
10.10 *p* se juntarán sobre ellos cuando sean
10.14 tanto, en tus *p* se levantará alboroto
11.7 mi *p* está adherido a la rebelión contra
Jl. 1.6 porque *p* fuerte e innumerable subió a
2.2 vendrá un *p* grande y fuerte; semejante a
2.5 como *p* fuerte dispuesto para la batalla
2.6 delante de él temerán los *p*; se pondrán
2.16 reunid al *p*, santificad. .reunión, juntad
2.17 digan: Perdona, oh Jehová, a tu *p*, y no
2.17 ¿por qué han de decir entre los *p*: Dónde
2.18 Jehová, solícito por. .perdonará a su *p*
2.19 y dirá a su *p*: He aquí yo os envío pan
2.26,27 y nunca jamás será mi *p* avergonzado
3.2 entraré en juicio. .a causa de mi *p*, y de
3.3 echaron suertes sobre mi *p*, y dieron los
3.14 muchos *p* en el valle de la decisión
3.16 Jehová será la esperanza de su *p*, y la
Am. 1.5 el *p* de Siria será transportado a Kir
1.6 llevó cautivo a todo un *p* para entregarlo
1.9 entregaron a todo un *p* cautivo a Edom, y
3.6 ¿se tocará la. .y no se alborotará el *p*?
4.6 y hubo falta de pan en todos vuestros *p*
7.8 pongo plomada de. .en medio de mi *p* Israel
7.15 y me dijo: Vé y profetiza a mi *p* Israel
8.2 ha venido el fin sobre mi *p* Israel; no lo
9.10 a espada morirán. .los pecadores de mi *p*
9.14 y traeré del cautiverio a mi *p* Israel
Abd. 1 y levantémonos contra este *p* en batalla
13 no. .haber entrado por la puerta de mi *p*
Jon. 1.8 ¿cuál es tu tierra, y de qué *p* eres?
Mi. 1.2 *p* todos; está atenta, tierra, y cuanto
1.9 su llaga. .llegó hasta la puerta de mi *p*
2.4 él ha cambiado la porción de mi *p*. ¡Cómo
2.8 que ayer era mi *p*, se ha levantado contra
2.9 a las mujeres de mi *p* echasteis fuera de
2.11 vino. .este tal será el profeta de este *p*
3.3 coméis asimismo la carne de mi *p*, y les
3.5 de los profetas que hacen errar a mi *p*
4.1 por cabecera de. .y correrán a él los *p*
4.3 y él juzgará entre muchos *p*, y corregirá
4.5 aunque todos los *p* anden cada uno en el
4.13 desmenuzarás a muchos *p*; y consagrarás
5.7 el remanente. .será en medio de muchos *p*
5.8 en medio de muchos *p*, como el león entre
6.2 Jehová tiene pleito con su *p*, y altercará
6.3 *p* mío, ¿qué te he hecho, o en qué te he
6.5 *p* mío, acuérdate. .qué aconsejó Balac rey
6.16 llevaréis, por tanto, el oprobio de mi *p*
7.14 apacienta tu *p* con tu cayado, el rebaño
Nah. 3.4 que seduce. .a los *p* con sus hechizos
3.13 tu *p* será como mujeres en medio de ti
3.18 tu *p* se derramó por los montes, y no hay
Hab. 2.5 gentes, y juntó para sí todos los *p*
2.8 tú has. .todos los otros *p* te despojarán
2.10 asolaste muchos *p*, y has pecado contra
2.13 los *p*, pues, trabajarán para el fuego
3.13 para socorrer a tu *p*, para socorrer a tu
3.16 cuando suba al *p* el que lo invadirá con
Sof. 1.11 aullad. .el *p* mercader es destruido
2.5 ¡ay de. .del *p* de los cereteos! La palabra
2.8 los denuestos. .con que deshonraron a mi *p*
2.9 el remanente de mi *p* los saqueará, y el
2.9 Moab. .el remanente de mi *p* los heredará
2.10 engrandecieron contra el *p* de Jehová
3.9 devolveré yo a los *p* pureza de labios
3.12 y dejaré en medio de ti un *p* humilde y
3.20 para alabanza entre todos los *p* de la
Hag. 1.2 *p* dice: No ha llegado aún el tiempo
1.12 y oyó Zorobabel. .y todo el resto del *p*
1.12 la voz. .y temió el *p* delante de Jehová
1.13 Hageo, enviado de Jehová, habló. .al *p*
1.14 despertó Jehová el espíritu de. .del *p*
2.2 habla ahora a. .y al resto del *p*, diciendo
2.4 cobrad ánimo, *p* todo de la tierra, dice
2.14 así es este *p* y esta gente delante de mí
Zac. 2.11 y se unirán muchas. .y me serán por *p*
7.2 el *p* de Bet-el había enviado a Sarezer
7.5 a todo el *p* del país, y a los sacerdotes
8.6 marvilloso a los ojos del remanente de. .*p*
8.7 yo salvo a mi *p* de la tierra del oriente
8.8 y me serán por *p*, y yo seré a ellos por
8.11 no lo haré con el remanente de este *p*
8.12 el remanente de este *p* posea todo esto
8.20 aún vendrán *p*, y habitantes de. .ciudades
8.22 y vendrán muchos *p* y fuertes naciones a
9.16 los salvará. .Dios como rebaño de su *p*
10.2 lo cual el *p* vaga como ovejas, y sufre
10.9 bien que los esparciré entre los *p*, aun
11.10 mi pacto que concerté con todos los *p*
12.2 a Jerusalén. .hará temblar a todos los *p*
12.3 a Jerusalén por piedra pesada a. .los *p*
12.4 todo caballo de los *p* heriré con ceguera
12.6 y consumirán a. .a todos los *p* alrededor
13.9 diré: *P* mío; y él dirá: Jehová es mi Dios
14.2 mas el resto del *p* no será cortado de la
14.12 con que herirá Jehová a todos los *p* que
Mal. 1.4 *p* contra el cual Jehová está indignado
2.7 y de su boca el *p* buscará la ley; porque
2.9 os he hecho viles y bajos ante todo el *p*
Mt. 1.21 Jesús. .salvará a su *p* de sus pecados
2.4 convocados. .escribas del *p*, les preguntó
2.6 un guiador, que apacentará a mi *p* Israel
4.16 el *p* asentado en tinieblas vio gran luz
4.23; 9.35 enfermedad y toda dolencia en el *p*
13.15 el corazón de este *p* se ha engrosado, y
14.5 Herodes quería matarle, pero temía al *p*
15.8 este *p* de labios me honra; mas su corazón
21.23 y los ancianos del *p* se acercaron a él
21.26 tememos al *p*. .tienen a Juan por profeta
21.46 temían al *p*, porque éste le tenía por
26.3 y los ancianos del *p* se reunieron en el
26.5 no. .para que no se haga alboroto en el *p*
26.47 de parte de. .y de los ancianos del *p*
27.1 los ancianos del *p* entraron en consejo
27.15 acostumbraba. .soltar al *p* un preso, el
27.24 agua y se lavó las manos delante del *p*
27.25 todo el *p*, dijo: Su sangre sea sobre
27.64 y lo hurten, y digan al *p*: Resucitó de
Mr. 7.6 *p* de labios me honra, mas su corazón
10.1 volvió el *p* a juntarse a él, y de nuevo
11.18 todo el *p* estaba admirado de su doctrina
11.32 temían al *p*, pues todos tenían a Juan
12.37 gran multitud del *p* le oía de buena gana
12.41 miraba cómo el *p* echaba dinero en el
14.2 y decían. .que no se haga alboroto del *p*
15.15 queriendo satisfacer al *p*, les soltó a
Lc. 1.10 la multitud del *p* estaba fuera orando
1.17 preparar al Señor un *p* bien dispuesto
1.21 el *p* estaba esperando a Zacarías, y se
1.68 Dios. .que ha visitado y redimido a su *p*
1.77 para dar conocimiento de salvación a su *p*
2.10 de gran gozo, que será para todo el *p*
2.31 preparado en presencia de todos los *p*
2.32 a los gentiles, y gloria de tu *p* Israel
3.15 *p* estaba en expectativa. .si acaso Juan
3.18 con. .anunciaba las buenas nuevas al *p*
3.21 todo el *p* se bautizaba, también Jesús fue
7.1 terminado. .sus palabras al *p* que le oía
7.16 un gran profeta. .Dios ha visitado a su *p*
7.29 el *p*. .cuando lo oyeron, justificaron a
8.47 le declaró delante de todo el *p* por qué
13.17 el *p* se regocijaba por todas las cosas

PUEBLO ***(Continúa)***

Lc. 18.43 *p*, cuando vio. .dio alabanza a Dios
19.47 los principales del *p* procuraban matarle
19.48 porque. .el *p* estaba suspenso oyéndole
20.1 que enseñando Jesús al *p* en el templo
20.6 todo el *p* nos apedreará; porque están
20.9 comenzó luego a decir al *p* esta parábola
20.19 los escribas echarle mano. .temieron al *p*
20.26 sorprenderle. .delante del *p*, sino que
20.45 oyéndole. .el *p*, dijo a sus discípulos
21.23 gran calamidad en. .e ira sobre este *p*
21.38 *p* venía a él por la mañana, para oírle
22.2 buscaban. .matarle; porque temían al *p*
22.6 buscaba. .entregárselo a espaldas del *p*
22.66 de día, se juntaron los ancianos del *p*
23.5 alborota al *p*, enseñando por toda Judea
23.13 convocando. .a los gobernantes, y al *p*
23.14 éste como un hombre que perturba al *p*
23.27 y le seguía gran multitud del *p*, y de
23.35 el *p* estaba mirando; y. .los gobernantes
24.19 poderoso en obra. .delante de todo el *p*
Jn. 7.12 pero otros. .No, sino que engaña al *p*
8.2 *p* vino a él; y sentado él, los enseñaba
11.50 conviene que un hombre muera por el *p*
18.14 que un solo hombre muriese por el *p*
Hch. 2.47 Dios, y teniendo favor con todo el *p*
3.9 y todo el *p* le vio andar y alabar a Dios
3.11 el *p*. .concurrió a ellos al pórtico que
3.12 al *p*: Varones israelitas, ¿por qué os
3.23 que no oiga a. .será desarraigada del *p*
4.1 hablando ellos al *p*, vinieron sobre ellos
4.2 que enseñasen al *p*, y anunciasen en Jesús
4.8 gobernantes del *p*, y ancianos de Israel
4.10 sea notorio a. .y a todo el *p* de Israel
4.17 para que no se divulgue más entre el *p*
4.21 modo de castigarles, por causa del *p*
4.25 las gentes, y los *p* piensan cosas vanas?
4.27 se unieron. .los gentiles y el *p* de Israel
5.12 se hacían. .señales y prodigios en el *p*
5.13 ellos; mas el *p* los alababa grandemente
5.20 anunciad al *p*. .las palabras de esta vida
5.25 aquí. .están en el templo, y enseñan al *p*
5.26 porque temían ser apedreados por el *p*
5.34 doctor de la ley, venerado de todo el *p*
5.37 Judas el galileo. .en pos de sí a mucho *p*
6.8 Esteban. .prodigios y señales entre el *p*
6.12 soliviantaron al *p*, a los ancianos y a
7.17 el *p* creció y se multiplicó en Egipto
7.19 este rey, usando de astucia con nuestro *p*
7.34 he visto la aflicción de mi *p* que está
10.2 que hacía muchas limosnas al *p*, y oraba
10.41 no a todo el *p*, sino a los testigos que
10.42 y nos mandó que predicásemos al *p*, y
12.4 se proponía sacarle al *p* después de la
12.11 todo lo que el *p* de los judíos esperaba
12.22 *p* aclamaba gritando: ¡Voz de Dios, y no
13.15 alguna palabra de exhortación para el *p*
13.17 el Dios de este *p* de Israel escogió a
13.17 el Dios. .enalteció al *p*, siendo ellos
13.24 predicó Juan el. .a todo el *p* de Israel
13.31 cuales ahora son sus testigos ante el *p*
15.14 para tomar de ellos *p* para su nombre
16.22 y se agolpó el *p* contra ellos; y los
17.5 asaltando la. .procuraban sacarlos al *p*
17.8 alborotaron al *p* y a las autoridades de
18.10 porque yo tengo mucho *p* en esta ciudad
19.4 diciendo al *p* que creyesen en aquel de
19.30 queriendo. .salir al *p*. .no le dejaron
19.33 quería hablar en su defensa ante el *p*
21.28 todas partes enseña a todos contra el *p*
21.30 la ciudad se conmovió, y se agolpó el *p*
21.36 del *p* venía detrás, gritando: ¡Muera!
21.39 te ruego que me permitas hablar al *p*
21.40 Pablo. .hizo señal con la mano al *p*
23.5 está: No maldecirás a un príncipe de tu *p*
24.2 cosas son bien gobernadas en el *p* por tu
26.17 librándote de tu *p*, y de los gentiles
26.23 para anunciar luz al *p* y a los gentiles
28.17 no habiendo hecho nada contra el *p*
28.26 vé a este *p*, y diles: De oído oiréis
28.27 el corazón de este *p* se ha engrosado
Ro. 9.25 llamaré *p* mío al que no era mi *p*, y
9.26 donde se les dijo: Vosotros no sois *p*
10.19 os provocaré a. .con un *p* que no es *p*
10.19 yo. .con *p* insensato os provocaré a ira
10.21 todo el día extendí mis. .a un *p* rebelde
11.1 digo, pues: ¿Ha desechado Dios a su *p?*
11.2 no ha desechado Dios a su *p*, al cual
15.10 vez dice: Alegraos, gentiles, con su *p*
15.11 los gentiles, y magnificadle todos los *p*
1 Co. 10.7 se sentó el *p* a comer y a beber, y
14.21 con otros labios hablaré a este *p*; y ni
2 Co. 6.16 y seré su Dios, y ellos serán mi *p*
Ef. 2.14 que de ambos *p* hizo uno, derribando la
Tit. 2.14 para. .purificar para sí un *p* propio
He. 2.17 sacerdote. .expiar los pecados del *p*
4.9 tanto, queda un reposo para el *p* de Dios
5.3 debe ofrecer por los pecados. .por el *p*
7.5 de tomar del *p* los diezmos según la ley
7.11 porque bajo él recibió el *p* la ley), ¿qué
7.27 propios pecados, y luego por los del *p*
8.10 seré a ellos. .ellos me serán a mí por *p*
9.7 sí. .y por los pecados de ignorancia del *p*
9.19 habiendo anunciado Moisés. .a todo el *p*
9.19 y roció el mismo libro y. .a todo el *p*
10.30 y otra vez: El Señor juzgará a su *p*
11.25 escogiendo. .ser maltratado con el *p*
13.12 Jesús, para santificar al *p* mediante
1 P. 2.9 sois. .*p* adquirido por Dios, para que
2.10 no erais *p*, pero. .ahora sois *p* de Dios
2 P. 2.1 pero hubo. .falsos profetas entre el *p*
Jud. 5 Señor, habiendo salvado al *p* sacándolo
Ap. 5.9 de todo linaje y lengua y *p* y nación
7.9 de todas naciones y tribus y *p* y lenguas
10.11 que profetices otra vez sobre muchos *p*
11.9 y los de los *p*. .verán sus cadáveres por
13.7 se le dio autoridad sobre. .*p*, lengua y
14.6 predicarlo a. .a toda nación. .lengua y *p*
17.15 las aguas que has visto donde la. .son *p*
18.4 salid de ella, *p* mío, para que no seáis
21.3 él morará con ellos; y ellos serán su *p*

PUERCO, CA

Sal. 80.13 la destroza el *p* montés, y la bestia
2 P. 2.22 la *p* lavada a revolcarse en el cieno

PUERRO

Nm. 11.5 nos acordamos. .los *p*, las cebollas y

PUERTA

Gn. 4.7 no hicieres bien, el pecado está a la *p*
6.16 y pondrás la *p* del arca a su lado; y le
7.16 macho y hembra. .y Jehová le cerró la *p*
18.1 estando él sentado a la *p* de su tienda
18.2 salió corriendo de la *p* de su tienda a
18.10 Sara escuchaba a la *p* de la tienda, que
19.1 y Lot estaba sentado a la *p* de Sodoma
19.6 Lot salió. .a la *p*, y cerró la *p* tras sí
19.9 a Lot, y se acercaron para romper la *p*
19.10 metieron a Lot en casa. .y cerraron la *p*
19.11 a los hombres que estaban a la *p* de la
19.11 manera que se fatigaban buscando la *p*
22.17 y tu descendencia poseerá las *p* de sus
23.10,18 todos los que entraban por la *p* de
24.60 y posean tus descendientes la *p* de sus
28.17 cosa que casa de Dios, y *p* del cielo
34.20 Hamor y Siquem su. .a la *p* de su ciudad
34.24 los que salían por la *p* de la ciudad
34.24 a cuantos salían por la *p* de su ciudad
Éx. 12.22 ninguno de. .salga de las *p* de su casa
12.23 pasará Jehová aquella *p*, y no dejará
20.10 tu extranjero que está dentro de tus *p*
21.6 y le hará estar junto a la *p* o al poste
26.36 para la *p* del tabernáculo una cortina
27.16 para la *p* del atrio habrá una cortina
29.4 llevarás a Aarón. .la *p* del tabernáculo
29.11 el becerro. .a la *p* del tabernáculo de
29.32 comerán la carne. .la *p* del tabernáculo
29.42 *p* del tabernáculo de reunión, delante
32.26 se puso Moisés a la *p* del campamento
32.27 y volved de *p* a *p* por el campamento, y
33.8 cual estaba en pie a la *p* de su tienda
33.9 de nube. .se ponía a la *p* del tabernáculo
33.10 la columna de nube que estaba a la *p* del
33.10 levantaba cada uno a la *p* de su tienda
35.15 la cortina de la *p* para la entrada del
35.17 sus basas, la cortina de la *p* del atrio
36.37 el velo para la *p* del tabernáculo, de
38.8 espejos de. .mujeres que velaban a la *p*
38.15 de uno y otro lado de la *p* del atrio
38.30 del cual fueron hechas las basas de la *p*
38.31 las basas de la *p* del atrio, y todas las
40.12 llevarás a Aarón. .a la *p* del tabernáculo
Lv. 1.3 lo ofrecerá a la *p* del tabernáculo de
1.5 altar, el cual está a la *p* del tabernáculo
3.2 y la degollará a la *p* del tabernáculo de
4.4 traerá el becerro a la *p* del tabernáculo
4.7,18 altar. .que está a la *p* del tabernáculo
8.3 y reúne toda la congregación a la *p* del
8.4 y se reunió la congregación a la *p* del
8.31 hervid la carne a la *p* del tabernáculo
8.33 de la *p* del tabernáculo de. .no saldréis
8.35 a la *p*. .del tabernáculo. .estaréis día y
10.7 ni saldréis de la *p* del tabernáculo de
12.6 una tórtola. .a la *p* del tabernáculo de
14.11 aquellas cosas, a la *p* del tabernáculo
14.23 estas cosas al. .a la *p* del tabernáculo
14.38 el sacerdote saldrá de la casa a la *p*
15.14 vendrá delante de. .a la *p* del tabernáculo
15.29 los traerá al. .a la *p* del tabernáculo
16.7 los presentará. .a la *p* del tabernáculo
17.4,9 no lo trajere a la *p* del tabernáculo
17.5 sus sacrificios. .a la *p* del tabernáculo
17.6 sobre el altar de. .a la *p* del tabernáculo
19.21 y él traerá. .a la *p* del tabernáculo de
Nm. 3.25 la cortina de la *p* del tabernáculo de
3.26 la cortina de la *p* del atrio, que está
4.25 la cortina de la *p* del tabernáculo de
4.26 la cortina de la *p* del atrio, que está
6.10 dos palominos. .a la *p* del tabernáculo de
6.13 nazareo. .vendrá a la *p* del tabernáculo
6.18 el nazareo raerá a la *p* del tabernáculo
10.3 reunirá ante ti a la *p* del tabernáculo
11.10 lloraba. .cada uno a la *p* de su tienda
11.16 tráelos a la *p* del tabernáculo. .contigo
12.5 la nube. .se puso a la *p* del tabernáculo
16.18 se pusieron a la *p* del tabernáculo del
16.19 había hecho juntar. .congregación a la *p*
16.27 y se pusieron a las *p* de sus tiendas
16.50 volvió Aarón a. .a la *p* del tabernáculo
20.6 y se fueron. .a la *p* del tabernáculo de
25.6 lloraban ellos a la *p* del tabernáculo
27.2 se presentaron. .a la *p* del tabernáculo
Dt. 3.5 todas estas eran ciudades. .*p* y barras
5.14 ni el extranjero que está dentro de tus *p*
6.9; 11.20 las escribirás en los. .y en tus *p*
12.21 comerás en tus *p*. .todo lo que deseares
15.17 horadarás su oreja contra la *p*, y será
17.5 sacarás a tus *p* al hombre o a la mujer
21.19 lo sacarán. .a la *p* del lugar donde viva
22.15 a los ancianos de la ciudad, en la *p*
22.21 entonces la sacarán a la *p* de la casa
22.24 sacaréis a ambos a la *p* de la ciudad
25.7 su cuñada a la *p*, a los ancianos, y dirá
31.15 la columna de nube se puso sobre la *p*
Jos. 2.5 cuando se iba a cerrar la *p*. .salieron
2.7 y la *p* fue cerrada después que salieron
2.19 que saliere fuera de las *p* de tu casa
6.26 eche. .y sobre su hijo menor asiente sus *p*
7.5 y los siguieron desde la *p* hasta Sebarim
8.29 su cuerpo. .echasen a la *p* de la ciudad
20.4 y el. .se presentará a la *p* de la ciudad
Jue. 3.23 Aod. .cerró tras sí las *p* de la sala
3.24 viendo las *p* de la sala cerrada, dijeron
3.25 él no abría las *p* de la sala, tomaron la
4.20 él le dijo: Estate a la *p* de la tienda
5.8 nuevos dioses, la guerra estaba a las *p*
5.11 entonces marchará hacia las *p* el pueblo
9.35 Gaal hijo. .se puso a la entrada de la *p*
9.40 heridos muchos hasta la entrada de la *p*
9.44 se detuvieron a la entrada de la *p* de la
9.51 y cerrando. .las *p*, se subieron al techo
9.52 la *p* de la torre para prenderle fuego
11.31 cualquiera que saliere de las *p* de mi
16.2 toda aquella noche a la *p* de la ciudad
16.3 tomando las *p* de la ciudad con sus dos
18.16 estaban armados. .a la entrada de la *p*
18.17 la entrada de la *p* con los seiscientos
19.22 que. .rodearon la casa, golpeando a la *p*
19.26 vino. .y cayó delante de la *p* de la casa
19.27 se levantó su. .y abrió las *p* de la casa
19.27 mujer. .estaba tendida delante de la *p*
Rt. 4.1 Booz subió a la *p* y se sentó allí; y he
4.10 muerto no se borre. .de la *p* de su lugar
4.11 todos los del pueblo que estaban a la *p*
1 S. 2.22 con las mujeres que velaban a la *p* del
3.15 Samuel. .abrió las *p* de la casa de Jehová
4.18 Elí cayó hacia atrás de. .al lado de la *p*
9.18 acercándose. .a Samuel en medio de la *p*
17.52 siguieron. .a los. .hasta las *p* de Ecrón
21.13 y escribía en las portadas de las *p*, y
23.7 entrando en ciudad con *p* y cerraduras
2 S. 3.27 Joab lo llevó aparte en medio de la *p*
10.8 en orden de batalla a la entrada de la *p*
11.9 Urías durmió a la *p* de la casa del rey
11.23 retroceder hasta la entrada de la *p*
13.17 échame a ésta. .y cierra tras ella la *p*
13.18 la echó fuera, y cerró la *p* tras ella
15.2 ponía a un lado del camino junto a la *p*
18.4 y se puso el rey a la entrada de la *p*
18.24 y David estaba sentado entre las dos *p*
18.24 atalaya había ido al terrado sobre la *p*
18.33 el rey. .subió a la sala de la *p*, y lloró
19.8 levantó el rey y se sentó a la *p*, y fue
19.8 dado aviso. .el rey está sentado a la *p*
23.15,16 agua del pozo de Belén. .junto a la *p*
1 R. 6.8 la *p* del aposento de. .al lado derecho
6.31 a la entrada. .hizo *p* de madera de olivo
6.32 dos *p* eran de madera de olivo; y talló
6.33 hizo a la *p*. .postes cuadrados. .de olivo
6.34 pero las dos *p* eran de madera de ciprés
6.34 dos hojas de una *p* giraban. .de la otra *p*
7.5 todas las *p* y los postes eran cuadrados
7.50 de oro. .las *p* de la casa. .*p* del templo
14.6 oyó el sonido. .al entrar ella por la *p*
14.27 quienes custodiaban la *p* de la casa
16.34 a precio de. .su hijo menor puso sus *p*
17.10 y cuando llegó a la *p* de la ciudad, he
19.13 y salió, y se puso a la *p* de la cueva
22.10 junto a la entrada de la *p* de Samaria
2 R. 4.5 y cerró la *p* encerrándose ella y sus
4.15 y él la llamó, y ella se paró a la *p*
4.21 sobre la cama. .cerrando la *p*, se salió
4.33 cerró la *p* tras ambos, y oró a Jehová
5.9 y se paró a las *p* de la casa de Eliseo
6.32 cerrad la *p*, e impedidle la entrada
7.1 y dos seahs de cebada. .a la *p* de Samaria
7.3 a la entrada de la *p* 4 hombres leprosos
7.10 y gritaron a los. .de la *p* de la ciudad
7.17 y el rey puso a la *p* a aquel príncipe
7.18 vendido por un siclo. .a la *p* de Samaria
9.3 abriendo la *p*, echa a huir, y no esperes
9.10 en seguida abrió la *p*, y echó a huir
9.31 cuando entraba Jehú por la *p*, ella dijo
10.8 dos montones a la entrada de la *p* hasta
11.6 tercera parte estará a la *p* de Shur, y
11.6 la otra tercera parte a la *p* del postigo
11.19 por el camino de la *p* de la guardia a la
12.9 que guardaban la *p* ponían allí. .el dinero
14.13 la *p* de Efraín hasta la *p* de la esquina
15.16 saqueó porque no le habían abierto las *p*
15.35 edificó él la *p* más alta de la casa de

PUERTA *(Continúa)*
2 R. 18.16 Ezequías quitó el oro de las *p*..templo
22.4 que han recogido..los guardianes de la *p*
23.4 mandó el rey..a los guardianes de la *p*
23.8 derribó los altares de las *p* que estaban
23.8 de la *p* de Josué..a la *p* de la ciudad
25.4 huyeron de noche..por el camino de la *p*
1 Cr. 9.18 han sido..porteros en la *p* del rey
9.19 guardando las *p* del tabernáculo, como
9.21 Zacarías hijo..era portero de la *p* del
9.22 escogidos para guardas en las *p*, eran
9.23 eran porteros..a las *p* de la casa de
11.17,18 del pozo de Belén, que está a la *p*
22.3 mucho hierro para la clavazón de las *p*
26.13 suertes, al pequeño con el..para cada *p*
26.15 y a Obed-edom la *p* del sur, y a sus
26.16 Hosa..la *p* de Salequet, en el camino de
2 Cr. 3.7 que cubrió la casa..y sus *p*, con oro
4.9 las portadas..cubrió de bronce las *p* de
4.22 de oro..*p* interiores..las *p* de la casa
8.5 reedificó a Bet-horón la de..con muros, *p*
8.14 porteros por su orden a cada *p*; porque
14.7 y cerquémoslas de muros con torres, *p* y
18.9 junto a la entrada de la *p* de Samaria
23.5 otra tercera parte, a la *p* del Cimiento
23.15 ella hubo pasado la entrada de la *p* de
23.19 también porteros a las *p* de la casa de
23.20 llegaron a la mitad de la *p* mayor de la
24.8 arca..fuera, a la *p* de la casa de Jehová
25.23 derribó..la *p* de Efraín hasta la *p* del
26.9 junto a la *p* del ángulo, y..*p* del valle
27.3 edificó..la *p* mayor de la casa de Jehová
28.24 cerró las *p* de la casa de Jehová, y se
29.3 abrió las *p* de la casa de Jehová, y las
29.7 cerraron las *p* del pórtico, y apagaron
31.2 alabasen dentro de las *p* de los atrios
31.14 guarda de la *p* oriental, tenía cargo de
32.6 los hizo reunir en la plaza de la *p* de la
33.14 edificó el muro..a la entrada de la *p*
34.9 los levitas que guardaban la *p* habían
35.15 también los porteros estaban a cada *p*
Neh. 1.3 derribado, y sus *p* quemadas a fuego
2.3 la ciudad..sus *p* consumidas por el fuego?
2.8 enmaderar las *p* del palacio de la casa
2.13 salí de noche por la *p*..la *p* del Muladar
2.13 *p* que estaban consumidas por el fuego
2.14 pasé..la *p* de la Fuente, y al estanque
2.15 y entré por la *p* del Valle, y me volví
2.17 y sus *p* consumidas por el fuego; venid
3.1 Eliasib..y edificaron la *p* de las Ovejas
3.1 levantaron sus *p* hasta la torre de Hamea
3.3 los hijos de Senaa edificaron la *p* del
3.3,6,13 levantaron sus *p*, con sus cerraduras
3.6 la *p* Vieja fue restaurada por Joiada hijo
3.13 y mil codos del..hasta la *p* del Muladar
3.13 la *p* del Valle la restauró Hanún con los
3.14 reedificó la *p* del Muladar Malquías hijo
3.14 y levantó sus *p*, sus cerraduras y sus
3.15 Salum hijo..restauró la *p* de la Fuente
3.15 y levantó sus *p*, sus cerraduras y sus
3.20 desde la esquina hasta la *p* de la casa
3.26 restauraron hasta enfrente de la *p* de las
3.28 desde la *p* de los Caballos restauraron
3.29 Semaías hijo de..guarda de la *p* Oriental
3.31 enfrente de la *p* del Juicio, y hasta la
3.32 entre la sala de..y la *p* de las Ovejas
6.1 hasta..no había puesto las hojas en las *p*
6.10 cerremos las *p* del templo, porque vienen
7.1 el muro fue edificado, y colocadas las *p*
7.3 no se abran las *p* de Jerusalén hasta que
7.3 no se abran..cerrad las *p* y atrancadlas
8.1 el pueblo..delante de la *p* de las Aguas
8.3 la plaza que está delante de la *p* de las
8.16 en la plaza de la *p* de las Aguas, y en
8.16 Aguas, y en la plaza de la *p* de Efraín
11.19 guardas en las *p*, ciento setenta y dos
12.25 porteros para..a las entradas de las *p*
12.30 y purificaron al pueblo..*p*, y el muro
12.31 sobre el muro, hacia la *p* del Muladar
12.37 a la *p* de la Fuente..subieron por las
12.37 casa de David hasta la *p* de las Aguas
12.39 desde la *p* de Efraín hasta la *p* Vieja
12.39 la *p* del Pescado..la *p* de las Ovejas
12.39 y se detuvieron en la *p* de la Cárcel
13.19 iba oscureciendo a las *p* de Jerusalén
13.19 se cerrasen las *p*, y ordené que no las
13.19 y puse a las *p* algunos de mis criados
13.22 levitas que viniesen a guardar las *p*
Est. 2.19 Mardoqueo estaba sentado a la *p* del
2.21 días, estando Mardoqueo sentado a la *p*
2.21 eunucos del rey, de la guardia de la *p*
3.2,3 los siervos del rey que estaban a la *p*
4.2 vino hasta delante de la *p* del rey; pues
4.6 a la plaza de la..delante de la *p* del rey
5.1 su trono..enfrente de la *p* del aposento
5.9 cuando vio a Mardoqueo a la *p* del palacio
5.13 veo al judío Mardoqueo sentado a la *p*
6.2 eunucos del rey, de la guardia de la *p*
6.10 judío Mardoqueo, que se sienta a la *p*
6.12 Mardoqueo volvió a la *p* real, y Amán se
Job 3.10 no cerró las *p* del vientre donde yo
5.4 en la *p* serán quebrantados, y no habrá
29.7 cuando yo salía a la *p* a juicio, y en
31.9 si estuve acechando a la *p* de mi prójimo
31.21 aunque viese que me ayudaran en la *p*
31.32 el forastero..mis *p* abría al caminante
31.34 atemorizó, y callé, y no salí de mi *p*
38.8 ¿quién encerró con *p* el mar, cuando de
38.10 establecí sobre él..le puse *p* y cerrojo
38.17 ¿te han sido descubiertas las *p* de la
38.17 has visto las *p* de la sombra de muerte?
41.14 ¿quién abrirá las *p* de su rostro? Las
Sal. 9.13 que me levantas de las *p* de la muerte
9.14 cuente yo..en las *p* de la hija de Sion
24.7,9 alzad..*p*, vuestras cabezas..*p* eternas
69.12 hablaban..los que se sentaban a la *p*
78.23 a las nubes..y abrió las *p* de los cielos
84.10 escogería antes estar a la *p* de la casa
87.2 ama Jehová a las *p* de Sion más que todos
100.4 entrad por sus *p* con acción de gracias
107.16 porque quebrantó las *p* de bronce, y
107.18 y llegaron hasta las *p* de la muerte
118.19 abridme las *p* de la justicia; entraré
118.20 es *p* de Jehová; por ella entrarán los
122.2 nuestros pies estuvieron dentro..tus *p*
127.5 cuando hablare con los enemigos en la *p*
141.3 oh Jehová; guarda la *p* de mis labios
147.13 porque fortificó los cerrojos de tus *p*
Pr. 1.21 las *p* de la ciudad dice sus razones
5.8 aleja de ella..y no te acerques a la *p*
8.3 el lugar de las *p*..a la entrada de las *p*
8.34 velando a mis *p*..a los postes de mis *p*
9.14 se sienta en una silla a la *p* de su casa
14.19 inclinarán..impíos a las *p* del justo
17.19 que abre demasiado la *p* busca su ruina
22.22 no..ni quebrantes en la *p* al afligido
24.7 alta está..en la *p* no abrirá él su boca
26.14 como la *p* gira sobre sus quicios, así
31.23 su marido es conocido en las *p*, cuando
31.31 dadle..y alábenla en las *p* sus hechos
Ec. 12.4 *p* de afuera se cerrarán, por lo bajo
Cnt. 7.4 estanques..junto a la *p* de Bat-rabim
7.13 a nuestras *p* hay toda suerte de..frutas
8.9 si fuere *p*, la guarneceremos con tablas
Is. 3.26 sus *p* se entristecerán y enlutarán, y
6.4 los quiciales de las *p* se estremecieron
13.2 alzad la voz..entren por *p* de príncipes
14.31 aúlla, oh *p*; clama, oh ciudad; disuelta
22.7 valles..los de a caballo acamparon a la *p*
24.12 desolada, y con ruina..derribada la *p*
26.2 abrid las *p*, y entrará la gente justa
26.20 pueblo mío, entra..cierra tras ti tus *p*
28.6 a los que rechacen la batalla en la *p*
29.21 que arman lazo al que reprendía en la *p*
38.10 mitad de mis días iré a las *p* del Seol
45.1 para abrir delante de él *p*, y las *p* no
45.2 quebrantaré *p* de bronce, y cerrojos de
54.12 tus *p* de piedras de carbunclo, y toda
57.8 tras la *p* y..umbral pusiste tu recuerdo
60.11 tus *p* estarán de continuo abiertas
60.18 a tus muros llamarás..y tus *p* Alabanza
62.10 pasad por las *p*; barred el camino al
Jer. 1.15 pondrá cada uno su campamento a..*p*
7.2 a la *p* de la casa de Jehová, y proclama
7.2 los que entráis por estas *p* para adorar
14.2 se enlutó Judá, y sus *p* se despoblaron
15.7 con aventador hasta las *p* de la tierra
17.19 ponte a la *p* de los hijos del pueblo
17.19 vé..y ponte en todas las *p* de Jerusalén
17.20 moradores de..que entráis por estas *p*
17.21 guardaos de..y de meterla por las *p* de
17.24 no metiendo carga por las *p* de..ciudad
17.25 entrarán por las *p* de esta ciudad, en
17.27 ni meterla por las *p* de Jerusalén en día
17.27 descender fuego en sus *p*, y consumiré
19.2 de Hinom, que está a la entrada de la *p*
20.2 lo puso en el cepo..en la *p* superior de
22.2 oye..y tu pueblo que entra por estas *p*
22.4 entrarán montados..por las *p* de esta casa
22.19 echándole fuera de las *p* de Jerusalén
26.10 en la entrada de la *p* nueva de la casa
31.38 desde la torre..hasta la *p* del Angulo
31.40 la esquina de la *p* de los caballos al
36.10 a la entrada de la *p* nueva de la casa
37.13 cuando fue a la *p* de Benjamín, estaba
38.7 estando sentado el rey..*p* de Benjamín
39.3 príncipes..acamparon a la *p* de en medio
39.4 la *p* entre los dos muros; y salió el rey
43.9 en el enladrillado que está a la *p* de la
49.31 una nación..que ni tiene *p* ni cerrojos
51.58 sus altas *p* serán quemadas a fuego; en
52.7 y salieron de la..por el camino de la *p*
Lm. 1.4 sus *p* están asoladas, sus sacerdotes
2.9 sus *p* fueron echadas por tierra, destruyó
4.12 que el enemigo y el..entrara por las *p*
5.14 los ancianos no se ven más en la *p*
Ez. 8.3 la entrada de la *p* de adentro que mira
8.5 al norte, junto a la *p* del altar..imagen
8.8 cava..Y cavé en la pared, y he aquí una *p*
8.14 me llevó a la entrada de la *p* de la casa
9.2 venían del camino de la *p* de arriba que
10.4 encima del querubín al umbral de la *p*
10.19 pararon a la entrada de la *p* oriental
11.1 y me llevó por la *p* oriental de la casa
11.1 la entrada de la *p* veinticinco hombres
21.15 en todas las *p*..he puesto espanto de
21.22 orden..para poner arietes contra las *p*
26.2 ea, bien; quebrantada está la que era *p*
26.10 entre por tus *p* como por portillos de
33.30 mofan..junto a las paredes y a las *p*
38.11 sin muros, y no tienen cerrojos ni *p*
40.3 tenía un cordel de..y él estaba a la *p*
40.6 vino a la *p* que mira hacia el oriente
40.6 midió un poste de la *p*, de una caña de
40.7 cada poste de la *p*..la entrada de la *p*
40.8 la entrada de la *p* por dentro, una caña
40.9 y la *p* del portal estaba por el lado de
40.10 la *p* oriental tenía tres cámaras a cada
40.11 midió el ancho de la entrada de la *p*, de
40.13 midió la *p* desde el techo de una cámara
40.13 midió la..25 codos de ancho, *p* contra *p*
40.15 desde el frente de la *p* de la entrada
40.15 hasta el frente..de la *p* interior, 50
40.16 y en sus portales por dentro de la *p*
40.18 el enlosado a los lados de las *p*, en
40.19 midió la anchura desde..la *p* de abajo
40.20 y de la *p* que estaba hacia el norte en
40.21 sus arcos eran como la medida de la *p*
40.22 eran conforme a la medida de la *p* que
40.23 *p* del atrio interior..enfrente de la *p*
40.23 del atrio..midió de *p* a *p*, cien codos
40.24 y he aquí una *p* hacia el sur; y midió
40.27 había también *p* hacia el sur del atrio
40.27 midió de *p* a *p* hacia el sur cien codos
40.28 me llevó después en el..a la *p* del sur
40.28 y midió la *p* del sur conforme a estas
40.32 y midió la *p* conforme a éstas medidas
40.35 llevó luego a la *p* del norte, y midió
40.38 cámara, y su *p* con postes de portales
40.39 en la entrada de la *p* había dos mesas
40.40 a la entrada de la *p* del norte, había
40.40 otro lado..entrada de la *p*, dos mesas
40.41 cuatro mesas a un lado, y..junto a la *p*
40.44 y fuera de la *p* interior, en el atrio
40.44 en el atrio..al lado de la *p* del norte
40.44 una estaba al lado de la *p* del oriente
40.48 anchura de la *p* tres codos de un lado
41.2 el ancho de la *p* eran de diez codos, y
41.2 y los lados de la *p*, de cinco codos de
41.3 midió cada poste de la *p*, de dos codos
41.3 y la *p*, de seis codos; y la anchura de
41.11 la *p* de cada cámara salía al espacio
41.11 una *p* hacia el norte, y otra *p* hacia el
41.17 por encima de la *p*, y hasta la casa de
41.20 hasta encima de la *p* había querubines
41.23 el templo y el santuario tenían dos *p*
41.24 en cada *p* había dos hojas..que giraban
41.24 dos hojas en una *p*, y otras dos en la otra
41.25 en las *p* del templo había labrados de
42.2 delante de la *p* del norte su longitud era
42.4 un corredor del..y sus *p* daban al norte
42.11 y todas sus salidas, conforme a sus *p* y
42.12 así también eran las *p* de las cámaras
42.12 había una *p* al comienzo del corredor que
42.15 y luego..me sacó por el camino de la *p*
43.1 me llevó luego a la *p*, a la *p* que mira
43.4 por la vía de la *p* que daba al oriente
44.1 me hizo volver hacia la *p* exterior del
44.2 esta *p* estará cerrada; no se abrirá, ni
44.3 por el vestíbulo de la *p* entrará, y por
44.4 llevó hacia la *p* del norte por delante
44.11 servirán..como porteros a las *p* de la
44.17 cuando entren por las *p* del atrio, se
44.17 y cuando ministren en las *p* del atrio
45.19 y sobre los postes de las *p* del atrio
46.1 *p* del atrio interior que mira al oriente
46.2 entrará por el..portal de la *p* exterior
46.2 estará en pie junto al umbral de la *p*
46.2 paz, y adorará junto a la entrada de la *p*
46.2 pero no se cerrará la *p* hasta la tarde
46.3 adorará el pueblo..a la entrada de la *p*
46.8 entrará por el camino del portal de la *p*
46.9 entrare por la *p* del norte saldrá por la
46.9 el que entrare..saldrá por la *p* del sur
46.9 el que entrare por la *p* del sur saldrá
46.9 que entrare..saldrá por la *p* del norte
46.9 no volverá por la *p* por donde entró, sino
46.12 le abrirán la *p* que mira al oriente, y
46.12 día..y cerrarán la *p* después que saliere
46.19 por la entrada que estaba hacia la *p*, a
47.2 me sacó por el camino de la *p* del norte
47.2 por el camino exterior, fuera de la *p*, al
48.31 *p* de la ciudad serán según los nombres
48.31 tres *p* al norte: la *p* de Rubén, una; la
48.31 la *p* de Judá, otra; la *p* de Leví, otra
48.32 al lado oriental..tres *p*: la *p* de José
48.32 *p* de Benjamín, otra; la *p* de Dan, otra
48.33 al lado del sur..tres *p*: la *p* de Simeón
48.33 la *p* de Isacar, otra; la *p* de Zabulón
48.34 al lado occidental..tres *p*: la *p* de Gad
48.34 *p* de Aser, otra; la *p* de Neftalí, otra
Dn. 3.26 Nabucodonosor se acercó..*p* del horno
6.17 una piedra y puesta sobre la *p* del foso
Os. 2.15 y el valle de Acor por *p* de esperanza
Am. 5.10 aborrecieron al reprensor en la *p* de
9.1 y estremézcanse las *p*, y hazlos pedazos
Abd. 11 extraños entraban por sus *p*, y echaban
13 haber entrado por la *p* de mi pueblo en el
Mi. 1.9 llegó hasta la *p* de mi pueblo, hasta
1.12 el mal había descendido hasta la *p* de
2.13 pasarán la *p*, y saldrán por ella; y su
Nah. 2.6 *p* de los ríos se abrirán, y el palacio

PUERTA *(Continúa)*
Nah. 3.13 las *p* de tu tierra se abrirán de par en
Sof. 1.9 castigaré. . todos los que saltan la *p*
1.10 voz de clamor desde la *p* del Pescado, y
1.10 y habrá en. . aullido desde la segunda *p*
2.14 las ventanas; habrá desolación en las *p*
Zac. 8.16 lo conducente a la paz en vuestras *p*
11.1 Líbano, abre tus *p*, y consuma el fuego
14.10 habitada. . desde la *p* de Benjamín hasta
14.10 de la *p* primera, hasta la *p* del Angulo
Mal. 1.10 ¿quién también hay. . que cierre las *p*
Mt. 6.6 cerrada la *p*, ora a tu Padre que está
7.13 entrad por la *p* estrecha. . ancha es la *p*
7.14 estrecha es la *p*, y angosto el camino
16.18 las *p* del Hades no prevalecerán contra
24.33 cosas, conoced que está cerca, a las *p*
25.10 entraron con él a las. . y se cerró la *p*
26.71 saliendo él a la *p*, le vio otra, y dijo
Mr. 1.33 y toda la ciudad se agolpó a la *p*
2.2 juntaron. . que ya no cabían ni aun a la *p*
11.4 hallaron el pollino atado afuera a la *p*
13.29 cosas, conoced que está cerca, a las *p*
Lc. 7.12 llegó cerca de la *p* de la ciudad, he
11.7 la *p* ya está cerrada, y mis niños están
13.24 esforzaos a entrar por la *p* angosta
13.25 cerrado la *p*. . llamar a la *p*, diciendo
16.20 Lázaro. . estaba echado a la *p* de aquél
Jn. 5.2 hay en Jerusalén, cerca de la *p* de las
10.1 el que no entra por la *p* en el redil de
10.2 el que entra por la *p*, el pastor de las
10.7 de cierto, de cierto os digo: Yo soy la *p*
10.9 yo soy la *p*; el que por mí entrare, será
18.16 mas Pedro estaba fuera, a la *p*. Salió
20.19 estando las *p* cerradas en. . vino Jesús
20.26 llegó Jesús, estando las *p* cerradas, y
Hch. 3.2 ponían cada día a la *p* del templo que
3.10 el que se sentaba a pedir limosna a la *p*
5.9 a la *p* los pies de los que han sepultado
5.19 abriendo de noche las *p* de la cárcel y
5.23 y los guardas afuera de pie ante las *p*
9.24 ellos guardaban las *p* de día y de noche
10.17 he aquí los hombres que. . llegaron a la *p*
12.6 los guardas delante de la *p* custodiaban
12.10 llegaron a la *p*. . que daba a la ciudad
12.13 cuando llamó Pedro a la *p* del patio
12.14 la voz de Pedro, de gozo no abrió la *p*
14.13 toros y guirnaldas delante de las *p*
14.27 abierto la *p* de la fe a los gentiles
16.13 un día de reposo salimos fuera de la *p*
16.26 y al instante se abrieron todas las *p*
16.27 y viendo abiertas las *p* de la cárcel
21.30 fuera. . e inmediatamente cerraron las *p*
1 Co. 16.9 se me ha abierto *p* grande y eficaz
2 Co. 2.12 aunque se me abrió *p* en el Señor
Col. 4.3 para que el Señor nos abra *p* para la
He. 13.12 también Jesús. . padeció fuera de la *p*
Stg. 5.9 he aquí, el juez está delante de la *p*
Ap. 3.8 he puesto delante de ti una *p* abierta
3.20 yo estoy a la *p* y llamo; si alguno oye
3.20 si. . oye mi voz y abre la *p*, entraré a él
4.1 he aquí una *p* abierta en el cielo; y la
21.12 con doce *p*; y en las *p*, doce ángeles
21.13 al oriente tres *p*; al norte tres *p*; al
21.13 al sur tres *p*; al occidente tres *p*
21.15 para medir la ciudad, sus *p* y su muro
21.21 *p* eran doce perlas. . las *p* era una perla
21.25 sus *p* nunca serán cerradas de día, pues
22.14 y para entrar por las *p* en la ciudad

PUERTO
Gn. 49.13 Zabulón en *p* de mar. . para *p* de naves
Jue. 5.17 se mantuvo Aser. . y se quedó en sus *p*
Sal. 107.30 y así los guías al *p* que deseaban
Hch. 20.15 y al otro día tomamos *p* en Samos
27.2 una nave. . que iba a tocar los *p* de Asia
27.8 llegamos a un lugar que llaman Buenos *P*
27.12 siendo incómodo el *p* para invernar, la
27.12 arribar a Fenice, *p* de Creta que mira

PUESTA
Éx. 22.26 prenda. . la *p* del sol se lo devolverás
Dt. 16.6 sacrificarás la pascua. . a la *p* del sol
1 R. 22.36 a la *p* del sol salió un pregón por
Dn. 6.14 hasta la *p* del sol trabajó. . librarle

PUESTO
Gn. 40.13 cabo de tres días. . restituirá a tu *p*
41.13 así fue: yo fui restablecido en mi *p*, y
Jue. 7.11 descendió. . hasta los *p* avanzados de
7.21 se estuvieron firmes cada uno en su *p*
1 R. 20.24 saca a los reyes cada uno de su *p*
2 Cr. 35.10 los sacerdotes se colocaron en sus *p*
35.15 los cantores. . de Asaf estaban en su *p*
Neh. 13.11 oficiales. . reuní y los puse en sus *p*
Is. 22.19 te arrojaré de tu lugar, y de tu *p* te

PUJANTE
Pr. 24.5 fuerte, y de *p* vigor el hombre docto

PUL *Rey de Asiria (=Tiglat-pileser)*
2 R. 15.19 *P* rey de Asiria a atacar la tierra
15.19 Manahem dio a *P* mil talentos de plata
1 Cr. 5.26 Dios. . excitó el espíritu de *P* rey de

PULGA
1 S. 24.14 rey. . ¿A quién persigues?. . ¿A una *p*?
26.20 salido el rey de Israel a buscar una *p*

PULGAR
Éx. 29.20 y sobre el dedo *p* de las manos derechas
29.20 y sobre el dedo *p* de los pies derechos
Lv. 8.23 sobre el dedo *p* de su mano derecha, y
8.23 y sobre el dedo *p* de su pie derecho
8.24 puso Moisés. . sobre los *p* de sus manos
8.24 puso. . sobre los *p* de sus pies derechos
14.14,17,25,28 sobre el *p* de su mano derecha
14.14,17,25,28 y sobre el *p* de su pie derecho
Jue. 1.6 le cortaron los *p* de las manos y de
1.7 reyes, cortados los *p* de sus manos y de

PULGÓN
1 R. 8.37 si en la tierra hubiere. . langosta o *p*
2 Cr. 6.28 si hubiere. . *p*; o si los sitiaren sus
Sal. 105.34 vinieron langostas, y *p* sin número
Nah. 3.15 te devorará como *p*; multiplícate como

PULIR
Ez. 21.9 espada está afilada, y también *pulida*
21.10 afilada, *pulida* está para que relumbre
21.11 y la dio a *pulir* para tenerla a mano
21.11 la espada está afilada, y está *pulida*
21.28 la espada. . está *pulida* con resplandor

PÚLPITO
Neh. 8.4 Esdras estaba sobre un *p* de madera que

PULSERA
Ez. 23.42 y pusieron *p* en sus manos, y bellas

PUNÓN *Lugar donde acampó Israel,*
Nm. 33.42,43

PUNTA
Lv. 19.27 no. . ni dañaréis la *p* de vuestra barba
21.5 tonsura. . ni raerán la *p* de su barba, ni
Dt. 22.12 te harás flecos en las cuatro *p* de tu
Jue. 6.21 tocó con la *p* la carne y los panes
1 S. 14.27 alargó la *p* de una vara que traía
14.43 un poco de miel con la *p* de la vara que
15.27 él se asió de la *p* de su manto, y éste
1 R. 6.24 desde la *p* de una ala. . *p* de la otra
Est. 5.2 entonces vino Ester y tocó la *p* del
Job 20.25 la *p* relumbrante saldrá por su hiel
Pr. 23.34 el que está en la *p* de un mastelero
Is. 17.6 dos o tres frutos en la *p* de la rama
Jer. 17.1 está con cincel. . y con *p* de diamante
Am. 3.12 el pastor libra. . o la *p* de una oreja
Lc. 16.24 que moje la *p* de su dedo en agua, y
Hch. 10.11 que atado de las cuatro *p* era bajado
11.5 por las cuatro *p* era bajado del cielo

PUNTO
Dt. 26.5 un arameo a *p* de perecer fue mi padre
Is. 37.3 hijos han llegado hasta el *p* de nacer
Jer. 49.36 los cuatro vientos de los cuatro *p*
Os. 13.13 hijo. . detenerse al *p* mismo de nacer
Lc. 7.2 siervo. . estaba enfermo y a *p* de morir
Jn. 4.47 sanase a su hijo. . estaba a *p* de morir
Fil. 2.27 verdad estuvo enfermo, a *p* de morir
He. 8.1 *p* principal de lo que venimos diciendo
Stg. 2.10 ofendiere en un *p*, se hace culpable

PUNZADA
Sal. 73.21 mi alma, y en mi corazón sentía *p*

PUÑADO
Éx. 9.8 *p* de ceniza de un horno, y la esparcirá
Lv. 6.15 tomará. . un *p* de la flor de harina de
Nm. 5.26 tomará. . un *p* de la ofrenda en memoria
1 R. 17.12 un *p* de harina tengo en la tinaja
Sal. 72.16 echado un *p* de grano en la tierra
Ez. 13.19 de profanarme entre. . por *p* de cebada

PUÑAL
Jue. 3.16 Aod se había hecho un *p* de dos filos
3.21 Aod. . tomó el *p* de su lado derecho, y se
3.22 no sacó el *p* de su vientre; y salió el

PUÑETAZO
Mt. 26.67 y le dieron de *p*, y. . le abofeteaban
Mr. 14.65 darle de *p*, y a decirle: Profetiza

PUÑO
Éx. 21.18 hiriere a su. . con piedra o con el *p*
Lv. 2.2 de ello tomará el sacerdote su *p* lleno
5.12 el sacerdote tomará de ella su *p* lleno
16.12 y sus *p* llenos del perfume aromático
1 R. 20.10 el polvo. . no bastará a los *p* de todo
Pr. 30.4 ¿quién encerró los vientos en sus *p*?
Ec. 4.6 más vale un *p*. . descanso, que ambos *p*
Is. 58.4 y para herir con el *p* inicuamente; no

PUR *"La suerte"*
Est. 3.7 echada *P*, esto es, la suerte, delante
9.24 Amán. . había echado *P*, que quiere decir
9.26 llamaron a estos días. . por el nombre *P*

PUREZA
Sof. 3.9 devolveré yo a los pueblos *p* de labios
2 Co. 6.6 en *p*, en ciencia, en longanimidad, en
1 Ti. 4.12 ejemplo de los creyentes en. . fe y *p*
5.2 jovencitas, como a hermanas, con toda *p*

PURIFICACIÓN
Lv. 12.4 cuando sean cumplidos los días de su *p*
12.6 los días de su *p* fueren cumplidos, por
13.35 extendiendo en la piel después de su *p*
14.23 octavo día de su *p* traerá estas cosas
14.32 para el que. . no tuviere más para su *p*
15.13 contará siete días desde su *p*. . lavará
Nm. 6.9 por tanto. . día de su *p* raerá su cabeza
19.9 las guardará. . Israel para el agua de *p*
19.13 el agua de la *p* no fue rociada sobre él
19.20 no fue rociada sobre él el agua de la *p*
19.21 que rociare el agua de la *p* lavará sus
19.21 que tocare el agua de la *p* será inmundo
31.23 en las aguas de *p* habrá de purificarse
1 Cr. 23.28 y en la *p* de toda cosa santificada
2 Cr. 30.19 según los ritos de *p* del santuario
Ez. 44.26 después de su *p*, le contarán 7 días
Os. 8.5 ellos, hasta que no pudieron alcanzar *p*
Zac. 13.1 un manantial. . para la *p* del pecado y
Mr. 1.44 ofrece por tu *p* lo que Moisés mandó
Lc. 2.22 cuando se cumplieron los días de la *p*
5.14 y ofrece por tu *p*, según mandó Moisés
Jn. 2.6 conforme al rito de la *p* de los judíos
3.25 discusión entre. . judíos acerca de la *p*
Hch. 21.26 el cumplimiento de los días de la *p*
He. 1.3 efectuado la *p* de nuestros pecados por
9.13 si la. . santifican para la *p* de la carne
2 P. 1.9 olvidado la *p* de sus antiguos pecados

PURIFICADO *Véase Purificar*

PURIFICADOR
Mal. 3.2 él es como fuego *p*, y como jabón de

PURIFICAR
Éx. 29.36 y *purificarás* el altar cuando hagas
Lv. 8.15 *purificó* el altar; y echó la. . sangre
12.4 ella permanecerá 33 días *purificándose*
12.5 días estará *purificándose* de su sangre
14.4 que se tomen para el que se *purifica* dos
14.7 siete veces sobre el que se *purifica* de
14.8 el que se *purifica* lavará sus vestidos
14.11 el sacerdote que le *purifica* presentará
14.14,17,25,28 sobre el lóbulo de la
oreja derecha del que se *purifica*
14.18 sobre la cabeza del que se *purifica*
14.19,31 hará. . por el que se ha de *purificar*
14.52 *purificará* la casa con la sangre de la
15.15 el sacerdote le *purificará* de su flujo
15.30 la *purificará* el sacerdote delante de
16.16 así *purificará* el santuario, a causa de
Nm. 8.7 lavarán. . vestidos, y serán *purificados*
8.15 *purificados*, y los ofrecerás en ofrenda
8.21 los levitas se *purificaron*, y lavaron sus
8.21 hizo Aarón expiación. . para *purificarlos*
19.12 tercer día se *purificará* con aquella agua
19.12 y si. . no se *purificare*, no será limpio
19.13 que tocare cadáver. . y no se *purificare*
19.19 cuando lo haya *purificado*. . lavará luego
19.20 que fuere inmundo, y no se *purificare*
31.19 y os *purificaréis* al tercer día y al
31.20 asimismo *purificaréis* todo vestido, y
31.23 en las aguas de. . habrá de *purificarse*
1 S. 20.26 dijo. . de seguro no está *purificado*
2 S. 11.4 luego ella se *purificó* de su inmundicia
2 Cr. 30.17 por. . los que no se habían *purificado*
30.18 no se habían *purificado*, y comieron la
30.19 no esté *purificado* según los ritos del
Esd. 6.20 y los levitas se habían *purificado* a
Neh. 12.30 se *purificaron* los sacerdotes y los
12.30 y *purificaron* al pueblo, y las puertas
13.22 que se *purificasen* y viniesen a guardar
Job 41.25 a causa de su. . hacen por *purificarse*
Sal. 12.6 como plata en. . *purificada* siete veces
51.7 *purifícame* con hisopo, y seré limpio
Pr. 20.30 malo, y el castigo *purifica* el corazón
Is. 25.6 banquete de vinos. . vinos *purificados*
48.10 te he *purificado*, y no como a plata; te
52.11 *purificaos* los que lleváis. . utensilios
66.17 y los que se *purifican* en los huertos
Jer. 13.27 ¿cuánto tardarás tú en *purificarte*?
Ez. 43.20 sangre. . así lo limpiarás y *purificarás*
43.22 y *purificarán* el altar. . lo *purificaron*
45.18 un becerro. . y *purificarás* el santuario
Dn. 8.14 2.300. . el santuario será *purificado*
12.10 limpios, y emblanquecidos y *purificados*
Jn. 11.55 y muchos subieron. . para *purificarse*
Hch. 15.9 *purificando* por la fe sus corazones
21.24 *purifícate* con ellos, y paga. . gastos
21.26 habiéndose *purificado* con ellos, entró
24.18 me hallaron *purificado* en el templo, no
Ef. 5.26 *purificado* en el lavamiento del agua

PURIFICAR *(Continúa)*

Tit. 2.14 y *purificar* para sí un pueblo propio
He. 9.22 casi todo es *purificado*, según la ley
9.23 las figuras de..fuesen *purificadas* así
10.22 *purificados* los..de mala conciencia
Stg. 4.8 limpiad..*purificad* vuestros corazones
1 P. 1.22 habiendo *purificado* vuestras almas
1 Jn. 3.3 se *purifica* a sí mismo, así como él

PURIM *Fiesta de los judíos*

Est. 9.26 por esto llamaron a estos días *P*, por
9.28 que estos días de *P* no dejarían de ser
9.29 con plena autoridad..carta referente a *P*
9.31 para confirmar estos días de *P* en sus
9.32 estas celebraciones acerca de *P*, y esto

PURÍSIMO

1 R. 6.20 lo cubrió de oro *p;* asimismo cubrió
7.49 cinco candeleros de oro *p* a la..derecha
7.50 asimismo los cántaros..tazas..de oro *p*
10.18 un gran trono..el cual cubrió de oro *p*

PURO, RA

Éx. 25.11 y la cubrirás de oro *p* por dentro y
25.24 la cubrirás de oro *p*, y le harás una
25.31 un candelero de oro *p;* labrado a mano
25.36 todo ello una pieza labrada..de oro *p*
25.38 también sus despabiladeras..de oro *p*
27.20 traigan aceite *p* de olivas machacadas
30.3 lo cubrirás de oro *p*, su cubierta, sus
30.34 toma especias..e incienso *p;* de todo en
30.35 harás..incienso, un perfume..*p* y santo
37.2 cubrió de oro *p* por dentro y por fuera
37.6 hizo asimismo el propiciatorio de oro *p*
37.11 cubrió de oro *p*, y le hizo una cornisa
37.17 asimismo el candelero de oro *p*, labrado
37.22 todo era una pieza labrada..de oro *p*
37.23 hizo..sus despabiladeras y..de oro *p*
37.24 un talento de oro *p* lo hizo, con todos
37.26 lo cubrió de oro *p*, su cubierta y sus
37.29 hizo..el incienso *p*, aromático, según
39.15 sobre el pectoral los cordones..oro *p*
39.25 hicieron también campanillas de oro *p*
39.30 la lámina de la diadema santa de oro *p*
39.37 el candelero *p*, sus lamparillas, las
Lv. 24.2 aceite *p* de olivas machacadas, para
24.7 pondrás..incienso *p*, y será para el pan
Dt. 28.56 la tierna..de *p* delicadeza y ternura
1 R. 5.11 daba a Hiram..20 coros de aceite *p*
6.21 que Salomón cubrió de oro *p* la casa por
1 Cr. 28.17 oro *p* para los garfios, para los
28.18 oro *p* en peso..el altar del incienso
2 Cr. 3.4 pórtico..cubrió por dentro de oro *p*
4.20 los candeleros y sus lámparas, de oro *p*
4.22 cucharas y..incensarios eran de oro *p*
9.17 un gran trono de..y lo cubrió de oro *p*
9.20 y toda la vajilla de la casa..de oro *p*
Job 11.4 tú dices: Mi doctrina es *p*, y yo soy
16.17 a pesar de..de haber sido mi oración *p*
Sal. 19.8 precepto de Jehová es *p*, que alumbra
24.4 el limpio de manos y *p* de corazón; el que
51.4 tu palabra, y tenido por *p* en tu juicio
119.127 más que el oro, y más que oro muy *p*
119.140 sumamente *p* es tu palabra, y la ama
Is. 1.25 limpiaré hasta lo más *p* tus escorias
44.20 diga: ¿No es *p* mentira lo que tengo en
Lm. 4.2 preciados y estimados más que el oro *p*
4.7 sus nobles fueron más *p* que la nieve, más
Os. 14.4 los amaré de *p* gracia; porque mi ira
Mr. 14.3 con un vaso de..de perfume de nardo *p*
Jn. 12.3 tomó una libra de perfume de nardo *p*
2 Co. 11.2 para presentaros como una virgen *p*
Ef. 1.5 hijos suyos..según el *p* afecto de su
Fil. 4.8 todo lo *p*, todo lo amable, todo lo que
1 Ti. 5.22 no impongas..las manos..Consérvate *p*
Tit. 1.15 todas las cosas son *p* para los *p*, mas
1.15 mas para los corrompidos..nada les es *p*
He. 10.22 fe..y lavados los cuerpos con agua *p*
Stg. 1.27 religión *p* y sin mácula delante de
3.17 pero la sabiduría que es de lo alto..*p*
1 P. 1.22 amaos unos a otros..de corazón *p*
1 Jn. 3.3 purifica a sí mismo, así como él es *p*
Ap. 14.10 sido vaciado *p* en el cáliz de su ira
21.18 pero la ciudad era de oro *p*, semejante
21.21 y la calle de la ciudad era de oro *p*

PÚRPURA

Éx. 25.4 *p*, carmesí, lino fino, pelo de cabras
26.1 diez cortinas de lino torcido, azul, *p*
26.31 un velo de..*p*, carmesí y lino torcido
26.36; 27.16 cortina de..azul, *p* y carmesí
28.5 tomarán..azul, *p*, carmesí y lino torcido
28.6 harán el efod de oro..*p*, carmesí y lino
28.8 y su cinto..de oro, azul, *p*, carmesí y
28.15 pectoral..de oro, azul, *p*, carmesí y
28.33 harás granadas de azul, *p* y carmesí
35.6 *p*, carmesí, lino fino, pelo de cabras
35.23 todo hombre que tenía azul, *p*, carmesí
35.25 traían..azul, *p*, carmesí o lino fino
35.35 de bordado en azul, en *p*, en carmesí
36.8 diez cortinas de lino..azul, *p* y carmesí
36.35 hizo..velo de azul, *p*, carmesí y lino
36.37 para la puerta del..de azul, *p*, carmesí
38.18 la cortina..*p*, carmesí y lino torcido
38.23 recamador en azul, *p*, carmesí y lino
39.1 *p* y carmesí hicieron las vestiduras del
39.2 hizo también el efod de oro, de azul, *p*
39.3 hilos para tejerlos entre el azul, la *p*
39.5 el cinto del efod que..azul, *p*, carmesí
39.8 el pectoral..de oro, azul, *p*, carmesí y
39.24 granadas de azul, *p*, carmesí y lino
39.29 el cinto de lino..azul, *p* y carmesí, de
Nm. 4.13 y extenderán sobre él un paño de *p*
Jue. 8.26 vestidos de *p* que traían los reyes de
2 Cr. 2.7 que sepa trabajar en..*p*, en grana y
2.14 sabe trabajar..en *p* y en azul, en lino
3.14 hizo..el velo de azul, *p*, carmesí y lino
Est. 1.6 tendido sobre cuerdas de lino y *p* en
8.15 con vestido real..y un manto de lino y *p*
Pr. 31.22 hace..de lino fino y *p* es su vestido
Cnt. 7.5 el cabello de tu cabeza como la *p* del
Jer. 10.9 los vestirán de azul y de *p*, obra de
Lm. 4.5 que se criaron entre *p* se abrazaron a
Ez. 23.6 vestidos de *p*..jóvenes codiciables
27.7 de azul y *p* de las costas de Elisa era
27.16 con..*p*, vestidos bordados, linos finos
Dn. 5.7 será vestido de *p*, y un collar de oro
5.16 serás vestido de *p*, y un collar de oro
5.29 mandó Belsasar vestir a Daniel de *p*, y
Mr. 15.17 le vistieron de *p*, y poniéndole una
15.20 le desnudaron la *p*, y le pusieron sus
Lc. 16.19 un hombre rico, que se vestía de *p* y
Jn. 19.2 corona..vistieron con un manto de *p*
19.5 y salió Jesús, llevando..el manto de *p*
Hch. 16.14 mujer llamada Lidia, vendedora de *p*
Ap. 17.4 mujer estaba vestida de *p* y escarlata
18.12 mercadería..de *p*, de seda, de escarlata
18.16 vestida de lino fino..*p* y de escarlata

PUSILÁNIME

Dt. 20.8 dirán: ¿Quién es hombre medroso y *p?*
2 Cr. 13.7 porque Roboam era joven y *p*, y no

PÚSTULA

Dt. 28.35 herirá Jehová con maligna *p* en las

PUT *=Libia*, Jer. 46.9

PUTEOLI *Puerto en Italia*, Hch. 28.13

Q

QUEBAR *Río en Mesopotamia*

Ez. 1.1 estando yo..junto al río *Q*, los cielos
1.3 la tierra de los caldeos, junto al río *Q*
3.15 que moraban junto al río *Q*, y me senté
3.23 gloria que había visto junto al río *Q*
10.15 es el ser viviente que vi en el río *Q*
10.20 vi debajo del Dios de..junto al río *Q*
10.22 de los rostros que vi junto al río *Q*
43.3 eran como la visión que vi junto al río *Q*

QUEBRADO *Véase Quebrar*

QUEBRADURA

Lv. 21.19 varón que tenga *q* de pie o rotura de
Nah. 3.19 no hay medicina para tu *q;* tu herida

QUEBRANTADO *Véase Quebrantar*

QUEBRANTAHUESOS

Lv. 11.13 no se comerán..águila, el *q*, el azor
Dt. 14.12 que no podréis comer: el águila, el *q*

QUEBRANTAMIENTO

1 S. 5.9 la mano..contra la ciudad con gran *q*
Job 18.12 serán..a su lado estará preparado *q*
30.13 desbarataron..se aprovecharon de mi *q*
31.3 ¿no hay *q* para el impío, y extrañamiento
31.29 me alegré en el *q* del que me aborrecía
Sal. 35.8 véngale el *q* sin que lo sepa, y la
35.8 la red..lo prenda; con *q* caiga en ella
Pr. 15.4 perversidad de ella es *q* de espíritu
16.18 antes del *q* es la soberbia, y antes de
18.7 la boca del necio es *q* para sí, y sus
18.12 antes del *q* se eleva el corazón del
24.22 su *q* vendrá de repente; y el *q* de ambos
Is. 15.5 levantarán grito de *q* por el camino
47.11 sobre ti *q*, el cual no podrás remediar
51.19 te han acontecido..*q*, hambre y espada
59.7 pies..destrucción y *q* hay en sus caminos
60.18 ni *q* en tu territorio, sino que a tus
65.14 dolor..por el *q* de espíritu aullaréis
Jer. 4.6 hago venir mal del norte, y *q* grande
4.20 *q* sobre *q* es anunciado; porque toda la
6.1 del norte se ha visto mal, y *q* grande
8.21 quebrantado estoy por el *q* de la hija de
10.19 ¡ay de mí, por mi *q!* mi llaga es muy
14.17 gran *q* es quebrantada la virgen hija de
17.18 día malo, y quebrántalos con doble *q*
30.12 incurable es tu *q*, y dolorosa tu llaga
30.15 ¿por qué gritas a causa de tu *q?*..dolor
46.21 porque vino sobre ellos el día de su *q*
48.3 ¡voz de clamor de..destrucción y gran *q!*
48.16 cercano está el *q* de Moab para venir
49.8 *q* de Esaú traerá sobre él en el tiempo
50.22 estruendo de guerra en la tierra, y *q*
51.54 el gran *q* de la tierra de los caldeos
Lm. 2.11 a causa del *q* de la hija de mi pueblo
2.13 grande como el mar es tu *q;* ¿quién te
3.48 ríos de aguas..por el *q* de la hija de mi
4.10 en el día del *q* de la hija de mi pueblo
Ez. 7.26 *q* vendrá sobre *q*, y habrá rumor sobre
21.6 gime con *q* de tus lomos y con amargura
Am. 6.6 beben..no se afligen por el *q* de José
Abd. 13 haber entrado por..en el día de su *q*
Sof. 1.10 aquel día..gran *q* desde los collados

QUEBRANTAR

Éx. 15.6 tu diestra..ha *quebrantado* al enemigo
Lv. 26.19 *quebrantaré* la soberbia de..orgullo
26.26 cuando yo os *quebrante* el sustento del
Nm. 14.41 ¿por qué *quebrantáis* el mandamiento
30.2 no *quebrantará* su palabra; hará..todo lo
Dt. 7.23 él las *quebrantará* con grande destrozo
28.33 serás sino..*quebrantado* todos los días
Jos. 7.11 han *quebrantado* mi pacto que yo les
7.15 ha *quebrantado* el pacto de Jehová, y ha
Jue. 4.15 y Jehová *quebrantó* a Sísara, a todos
10.8 y *quebrantaron* a los hijos de Israel en
1 S. 2.10 serán *quebrantados* sus adversarios
15.24 pues he *quebrantado* el mandamiento de
2 S. 5.20 *quebrantó* Jehová a..enemigos delante
1 R. 13.26 león, que le ha *quebrantado* y matado
2 R. 18.12 sino que habían *quebrantado* su pacto
1 Cr. 13.11 Jehová había *quebrantado* a Uza; por
15.13 Dios nos *quebrantó*, por cuanto no le
2 Cr. 24.20 ¿por qué *quebrantáis*..mandamientos
Est. 1.19 escriba..para que no sea *quebrantado*
Job 4.10 los dientes de los..son *quebrantados*
4.19 que serán *quebrantados* por la polilla!
5.4 en la puerta serán *quebrantados*, y no
6.9 y que agradara a Dios *quebrantarme;* que
9.17 porque me ha *quebrantado* con tempestad
13.25 ¿a la hoja arrebatada has de *quebrantar*
16.14 me *quebrantó* de quebranto en quebranto
20.19 *quebrantó* y desamparó a los pobres, robó
24.20 un árbol los impíos serán *quebrantados*
29.17 y *quebrantaba* los colmillos del inicuo
30.24 ¿clamarán..cuando él los *quebrantare?*
34.24 *quebrantará* a..fuertes sin indagación
34.25 los trastorne en..y sean *quebrantados*
38.15 y el brazo enaltecido es *quebrantado*
40.12 y *quebranta* a los impíos en su sitio
Sal. 2.9 los *quebrantarás* con vara de hierro
3.7 los dientes de los perversos *quebrantaste*
10.15 *quebranta* tú el brazo del inicuo, y
29.5 voz de Jehová que *quebranta* los cedros
29.5 *quebrantó* Jehová los cedros del Líbano
34.18 cercano..Jehová a los *quebrantados* de

QUEBRANTAR *(Continúa)*

Sal. 34.20 huesos; ni uno..será *quebrantado*
44.19 para que nos *quebrantases* en el lugar
51.17 de Dios son el espíritu *quebrantado;* al
55.19 Dios oirá, y los *quebrantará* luego, el
60.1 tú nos has desechado, nos *quebrantaste*
69.20 el escarnio ha *quebrantado* mi corazón
74.13 *quebrantaste* cabezas de monstruos en
75.10 *quebrantaré*..poderío de los pecadores
77.4 estaba yo *quebrantado*, y no hablaba
89.10 *quebrantaste* a Rahab como a herido de
89.22 no..ni hijo de iniquidad lo *quebrantará*
89.23 sino que *quebrantaré* delante de él a
90.3 vuelves al hombre hasta ser *quebrantado*
94.5 tu pueblo..*quebrantan*, y a tu heredad
105.16 hambre..*quebrantó* todo sustento..pan
106.42 fueron *quebrantados* debajo de su mano
107.12 por eso *quebrantó* con el trabajo sus
107.16 porque *quebrantó* las puertas de bronce
109.16 persiguió..al *quebrantado* de corazón
110.5 *quebrantará* a los reyes en el día de su
110.6 *quebrantará*..cabezas en muchas tierras
119.20 *quebrantada* está mi alma de desear tus
147.3 él sana a los *quebrantados* de corazón
148.6 les puso ley que no será *quebrantada*
Pr. 6.15 será *quebrantado*, y no habrá remedio
10.9 pervierte sus caminos será *quebrantado*
13.20 se junta con necios será *quebrantado*
22.22 ni *quebrantes* en la puerta al afligido
25.15 la lengua blanda *quebranta* los huesos
29.1 de repente será *quebrantado*, y no habrá
Is. 1.28 pero los rebeldes..serán *quebrantados*
7.8 Efraín será *quebrantado* hasta dejar de
8.9 reuníos, pueblos, y seréis *quebrantados*
8.9 ceñíos, y seréis *quebrantados*..seréis *q*
8.15 tropezarán..caerán, y serán *quebrantados*
14.5 *quebrantó* Jehová el báculo de los impíos
14.25 que *quebrantaré* al asirio en mi tierra
21.9 todos los ídolos de sus dioses *quebrantó*
24.5 falsearon el derecho, *quebrantaron* el
24.10 *quebrantada*..la ciudad por la vanidad
24.19 será *quebrantada* del todo la tierra
28.13 sean *quebrantados*, enlazados y presos
28.28 ni lo *quebranta* con los dientes de su
30.31 con la voz de Jehová será *quebrantada*
45.2 yo iré..*quebrantaré* puertas de bronce
53.10 con todo eso, Jehová quiso *quebrantarlo*
54.10 ni el pacto de mi paz se *quebrantará*
57.15 habito..con el *quebrantado* y humilde
57.15 para vivificar el corazón..*quebrantados*
58.6 y dejar ir libres a los *quebrantados*, y
61.1 a vendar a los *quebrantados* de corazón
Jer. 1.17 no te haga yo *quebrantar* delante de
2.16 de Tafnes te *quebrantaron* la coronilla
5.22 ordenación eterna la cual no *quebrantará*
8.21 *quebrantado* estoy..la hija de mi pueblo
13.14 los *quebrantaré* el uno contra el otro
14.17 de gran quebrantamiento es *quebrantada*
17.18 *quebrántalos* con doble quebrantamiento
19.11 así *quebrantará* a este pueblo y a esta
23.9 mi corazón está *quebrantado* dentro de mí
23.29 como martillo que *quebranta* la piedra?
28.2 *quebranté* el yugo del rey de Babilonia
28.4 *quebrantaré* el yugo del rey de Babilonia
48.4 Moab fue *quebrantada;* hicieron que se
48.20 avergonzó Moab, porque fue *quebrantado*
48.25 cortado es el..y su brazo *quebrantado*
48.38 *quebranté* a Moab como a vasija que no
48.39 ¡lamentad! ¡Cómo ha sido *quebrantado!*
50.36 contra sus valientes, y..*quebrantados*
51.20 por medio de ti *quebrantaré* naciones
51.21 *quebrantaré* caballos y..*q* carros y a
51.22 tu medio *quebrantaré* hombres y mujeres
51.22 por medio de ti *quebrantaré* viejos y
51.22 y por tu medio *quebrantaré* jóvenes y
51.23 *quebrantaré* por medio de ti al pastor
51.23 *quebrantaré* por tu medio a labradores
51.23 príncipes *quebrantaré* por medio de ti
Lm. 1.15 contra mí compañía para *quebrantar* a
2.9 destruyó y *quebrantó* sus cerrojos; su
3.4 hizo envejecer mi..*quebrantó* mis huesos
3.66 y *quebrántalos* de debajo de los cielos
Ez. 4.16 he aquí *quebrantaré* el sustento del pan
5.11 profanado mi santuario..te *quebrantaré*
5.16 *quebrantaré* entre vosotros el sustento
6.9 yo me *quebranté* a causa de su corazón
14.13 y le *quebrantare* el sustento del pan
17.18 menospreció el..y *quebrantó* el pacto
17.19 mi pacto que ha *quebrantado*, lo traeré
26.2 *quebrantada* está la que era puerta de
27.26 viento solano te *quebrantó* en medio de
27.34 en que seas *quebrantada* por los mares
30.8 sean *quebrantados* todos sus ayudadores
30.18 *quebrante* yo allí el poder de Egipto
32.28 serás *quebrantado* entre..incircuncisos
38.4 te *quebrantaré*, y pondré garfios en tus
39.2 te *quebrantaré*, y te conduciré y te haré
Dn. 2.40 como el hierro desmenuza..*quebrantará*
7.25 a los santos del Altísimo *quebrantará*
8.25 *quebrantado*, aunque no por mano humana
8.27 y yo Daniel quedé *quebrantado*, y estuve
11.4 reino será *quebrantado* y repartido hacia
11.20 en pocos días será *quebrantado*, aunque
11.26 aun los que coman de..le *quebrantarán*
Os. 5.11 Efraín..*quebrantado* en juicio, porque
Am. 4.1 pobres y *quebrantáis* a los menesterosos
Mi. 3.3 *quebrantáis* los huesos y los rompéis
Hab. 2.17 destrucción de..fieras te *quebrantará*
Mt. 5.19 cualquiera que *quebrante* uno de estos
15.2 *quebrantan* la tradición de los ancianos?
15.3 ¿por qué..*quebrantáis* el mandamiento de
21.44 cayere sobre..piedra será *quebrantado*
Lc. 4.18 a sanar a los *quebrantados* de corazón
20.18 el que cayere sobre..será *quebrantado*
Jn. 5.18 no sólo *quebrantaba* el día de reposo
7.23 para que la ley de..no sea *quebrantada*
10.35 la Escritura no puede ser *quebrantada*
Hch. 21.13 llorando y *quebrantándome* el corazón
23.3 *quebrantando* la ley me mandas golpear?
1 Ti. 5.12 por haber *quebrantado* su primera fe

QUEBRANTO

Dt. 28.20 Jehová enviará contra ti..*q* y asombro
2 S. 22.19 me asaltaron en el día de mi *q;* mas
Neh. 2.2 el rey..No es esto sino *q* de corazón
Job 16.14 quebrantó de *q* en *q;* corrió contra mí
21.17 es apagada, y viene sobre ellos su *q*
21.20 verán sus ojos su *q*, y beberá de la ira
Sal. 18.18 me asaltaron en el día de mi *q*, mas
57.1 alas me ampararé hasta que pasen los *q*
Is. 53.3 varón de dolores, experimentado en *q*
Jer. 48.5 a la bajada de..oyeron clamor de *q*
Lm. 3.47 temor y lazo fueron..asolamiento y *q*
Abd. 13 haber mirado su mal en el día de su *q*
Ro. 3.16 pies..*q* y desventura hay en sus caminos

QUEBRAR

Éx. 12.46 se comerá..ni *quebraréis* hueso suyo
13.13 no lo redimieres, *quebrarás* su cerviz
23.24 y *quebrarás* totalmente sus estatuas
32.19 tablas..y las *quebró* al pie del monte
34.1 sobre..las tablas primeras que *quebraste*
34.13 sus altares, y *quebraréis* sus estatuas
34.20 no lo redimieres, *quebrarás* su cerviz
Lv. 6.28 vasija de barro en que..será *quebrada*
11.33 será inmunda..y *quebraréis* la vasija
15.12 la vasija..que tocare..será *quebrada*
Nm. 9.12 no dejarán..ni *quebrarán* hueso de él
Dt. 7.5 *quebraréis* sus estatuas, y destruiréis
9.17 y las *quebré* delante de vuestros ojos
10.2 en las primeras tablas que *quebraste*
12.3 y *quebraréis* sus estatuas, y..imágenes
21.4 *quebrarán* la cerviz de la becerra allí
21.6 becerra cuya cerviz fue *quebrada* en el
Jue. 7.19 *quebraron* los cántaros que llevaban
7.20 *quebrando* los cántaros tomaron..las teas
1 S. 2.4 arcos de los fuertes fueron *quebrados*
1 R. 13.3 el altar se *quebrará*, y la ceniza que
19.11 *quebraba* las peñas delante de Jehová
2 R. 10.27 y *quebraron* la estatua de Baal, y
18.4 *quebró* las imágenes, y cortó..de Asera
23.14 y *quebró* las estatuas, y derribó las
25.13 *quebraron* los caldeos las columnas de
2 Cr. 14.3 *quebró* las imágenes, y destruyó los
28.24 los *quebró*, y cerró las puertas de la
31.1 *quebraron* las estatuas y destruyeron las
34.7 cuando hubo..*quebrado*..las esculturas
Job 22.9 brazos de..huérfanos fueron *quebrados*
31.22 mi..y el hueso de mi brazo sea *quebrado*
39.15 puede *quebrarlos* la bestia del campo
Sal. 31.12 he venido a ser como un vaso *quebrado*
37.15 espada entrará..su arco será *quebrado*
37.17 los brazos de los impíos serán *quebrados*
46.9 que *quiebra* el arco, corta la lanza, y
48.7 con viento solano *quiebras* tú las naves
58.6 *quiebra* sus dientes en sus bocas; *q*, oh
74.6 con..han *quebrado* todas sus entalladuras
76.3 *quebró* las saetas del arco, el escudo, la
105.33 y *quebró* los árboles de su territorio
Pr. 22.8 la vara de su insolencia se *quebrará*
Ec. 12.6 que la cadena de plata se *quiebre*, y
12.6 el cántaro se *quiebre* junto a la fuente
Is. 9.4 tú *quebraste* su pesado yugo, y la vara
14.29 por haberse *quebrado* la vara del que te
22.25 será *quebrado* y caerá, y la carga que
27.11 sus ramas se sequen, serán *quebradas*
28.24 ¿romperá y *quebrará* los terrones de la
30.14 se *quebrará* como se *quiebra* un vaso de
42.3 no *quebrará* la caña cascada, ni apagará
Jer. 5.5 ellos *quebraron* el yugo, rompieron las
11.16 fuego sobre él, y *quebraron* sus ramas
15.12 ¿puede alguno *quebrar* el hierro..norte
19.10 *quebrarás* la vasija ante los ojos de
19.11 como quien *quiebra* una vasija de barro
22.28 este hombre Conías..vasija..*quebrada*
28.10 quitó el yugo del cuello..y lo *quebró*
28.13 yugos de madera *quebraste*, mas en vez
30.8 día..yo *quebraré* su yugo de tu cuello
43.13 *quebrará* las estatuas de Bet-semes, que
48.17 ¡cómo se *quebró* la vara fuerte..báculo
49.35 *quiebro* el arco de Elam..su fortaleza
50.2 destruidas son..*quebrados* son sus ídolos
50.23 ¡cómo..cortado y *quebrado* el martillo
51.56 el arco de ellos fue *quebrado;* porque
52.17 los caldeos *quebraron* las columnas de
Lm. 3.16 dientes *quebró* con cascajo, me cubrió
Ez. 6.4 vuestras imágenes..sol serán *quebradas*
6.6 ídolos serán *quebrados*..imágenes del sol
19.12 sus ramas fuertes fueron *quebradas* y se
23.34 y lo agotarás, y *quebrarás* sus tiestos
29.7 cuando te tomaron..te *quebraste*, y les
29.7 cuando se apoyaron en ti, te *quebraste*
30.21 he quebrado el brazo de Faraón rey de
30.22 y *quebraré* sus brazos, el fuerte y el
30.24 mas *quebraré* los brazos de Faraón, y
31.12 por todos los arroyos de..será *quebrado*
Dn. 6.24 leones..y *quebraron* todos sus huesos
8.7 le *quebró* sus dos cuernos, y el carnero
8.8 aquel gran cuerno fue *quebrado*, y en su
8.22 y en cuanto al cuerno que fue *quebrado*
Os. 1.5 día *quebraré* yo el arco de Israel en
10.11 arará Judá, *quebrará* sus terrones Jacob
Am. 1.5 y *quebraré* los cerrojos de Damasco, y
Nah. 1.13 ahora *quebraré* su yugo de sobre ti
Zac. 9.10 los arcos de guerra serán *quebrados*
11.10 tomé..mi cayado Gracia, y lo *quebré*
11.14 *quebré* luego el otro cayado, Ataduras
Mt. 12.20 caña cascada no *quebrará*, y el pábilo
Mr. 14.3 *quebrando* el vaso..se lo derramó sobre
Jn. 19.31 que se les *quebrasen* las piernas
19.32 vinieron..y *quebraron* las piernas al
19.33 a Jesús..no le *quebraron* las piernas
19.36 Escritura: No será *quebrado* hueso suyo
Ap. 2.27 serán *quebradas* como vaso de alfarero

QUEDAR

Gn. 7.23 *quedó*..Noé, y los que con él estaban
11.31 vinieron hasta Harán, y se *quedaron* allí
19.2 que en la calle nos *quedaremos* esta noche
19.30 porque tuvo miedo de *quedarse* en Zoar
19.31 no *queda* varón en la tierra que entre
23.17 *quedó* la heredad de Efrón que estaba en
23.20 *quedó* la heredad y la cueva que en ella
27.1 ojos se oscurecieron *quedando* sin vista
29.19 mejor es que te la dé..*quédate* conmigo
30.27 yo ahora gracia en tus ojos, y *quédate*
32.24 se *quedó* Jacob solo; y luchó con él un
35.1 sube a Bet-el, y *quédate* allí; y haz allí
38.11 *quédate* viuda en casa de tu padre, hasta
42.16 enviad a uno..y vosotros *quedad* presos
42.19 *quede* preso en la casa de..cárcel uno
42.38 ha muerto, y él solo ha *quedado;* y si
44.20 él solo *quedó* de los hijos de su madre
44.33 que *quede* ahora tu siervo en lugar del
45.1 no *quedó* nadie con él, al darse a conocer
45.6 aún *quedan* cinco años en los cuales ni
45.11 pues aún *quedan* cinco años de hambre
47.18 nada..*quedado* delante de nuestro señor
Éx. 8.9 las ranas..solamente *queden* en el río
8.11 las ranas..solamente *quedarán* en el río
8.31 aquellas moscas de..sin que *quedara* una
10.5 ella comerá..lo que os *quedó* del granizo
10.15 no *quedó* cosa verde en árboles ni en
10.19 ni una langosta *quedó* en todo el país
10.24 *queden* vuestras ovejas y vuestras vacas
10.26 ganados irán..no *quedará* ni una pezuña
12.10 lo que *quedare*..quemaréis en el fuego
14.21 en seco, y las aguas *quedaron* divididas
14.28 y cubrieron..no *quedó* de ellos ni uno
23.11 de lo que *quedare* comerán las bestias
23.18 ni la grosura de..*quedará* de la noche
23.29 para que no *quede* la tierra desierta
25.15 varas *quedarán* en los anillos del arca
36.13 enlazó..*quedó* formado un tabernáculo
Lv. 7.16 que de él *quedare*, lo comerán al día
7.17 que *quedare* de la carne del sacrificio
10.12 a Aarón, y..hijos que habían *quedado*
10.12 dijo..Tomad la ofrenda que *queda* de las
10.16 los hijos que habían *quedado* de Aarón
11.32 agua, y *quedará* inmundo hasta la noche
11.32 metido en agua..entonces *quedará* limpio
14.17,18 lo que *quedare* del aceite que tiene en
19.6 lo que *quedare*..será quemado en el fuego
25.27 pagará lo que *quedare* al varón a quien
25.30 la casa..*quedará*..en poder de aquel que
25.52 y si *quedare* poco tiempo hasta el año
26.36 a los que *queden*..infundiré..cobardía
26.39 los que *queden* de vosotros decaerán en
27.14 casa..según la valorare..así *quedará*
27.17 y si..conforme a tu estimación *quedará*
27.18 conforme a los años que *quedaren* hasta
27.19 la quinta parte..se le *quedará* para él
Nm. 11.26 habían *quedado*..uno Eldad y el otro
11.35 partió el pueblo..se *quedó* en Hazerot
12.12 no *quede* ella..como el que nace muerto
14.38 Josué..y Caleb..*quedaron* con vida, de
21.35 hirieron a él..sin que le *quedara* uno
22.8 príncipes de Moab..*quedaron* con Balaam
24.19 destruirá lo que *quedare* de la ciudad
26.65 y no *quedó* varón de ellos, sino Caleb
32.6 la guerra, y vosotros os *quedaréis* aquí?
32.17 y nuestros niños *quedarán* en ciudades
36.12 la heredad de ellas *quedó* en la tribu
Dt. 3.4 no *quedó* ciudad que no les tomásemos
3.11 Og rey..había *quedado* del resto de los
3.19 hijos..*quedarán* en las ciudades que os
4.27 *quedaréis* pocos en..entre las naciones
5.31 tú *quédate* aquí conmigo, y te diré todo
7.20 hasta que perezcan los que *quedaren* y los
16.4 de la carne..no *quedará* hasta la mañana
19.20 los que *quedaren* oirán y temerán, y no

QUEDAR *(Continúa)*
Dt. 21.13 se *quedará* en tu casa; y llorará a su
24.11 te *quedarás* fuera, y el hombre a quien
28.54 al resto de sus hijos que le *quedaren*
28.55 no haberle *quedado* nada, en el asedio
28.62 y *quedaréis* pocos en número, en lugar
32.36 viere. .que no *queda* ni siervo ni libre
Jos. 1.14 mujeres. .*quedarán* en la tierra que
2.11 ha *quedado* más aliento en hombre alguno
2.17 *quedaremos* libres de este juramento con
2.20 *quedaremos* libres de este tu juramento
5.8 se *quedaron* en. .lugar en el campamento
7.7 ¡ojalá nos hubiéramos *quedado* al otro lado
8.9 Josué se *quedó* aquella noche en medio del
8.17 no *quedó* hombre en Hai. .que no saliera
8.22 no *quedó* ninguno de ellos que escapase
10.20 los que *quedaron* de ellos se metieron
10.26 *quedaron* colgados. .hasta caer la noche
11.11 mataron. .sin *quedar* nada que respirase
11.22 ninguno de. .anaceos *quedó* en la tierra
11.22 solamente *quedaron* en Gaza, en Gat y en
12.4 de Og rey de Basán, que había *quedado* de
13.1 viejo. .*queda* aún mucha tierra por poseer
13.2 esta es la tierra que *queda;* todos los
13.12 Og. .*quedado* del resto de los refaítas
15.63 y ha *quedado* el jebuseo en Jerusalén
16.10 *quedó* el cananeo en medio de Efraín
18.2 habían *quedado*. .de Israel siete tribus
18.5 y Judá *quedará* en su territorio al sur
18.11 el territorio. .*quedó* entre los hijos de
20.6 *quedará*. .hasta que comparezca en juicio
21.20 los que *quedaban* de los hijos de Coat
21.34 levitas que *quedaban,* se les dio de la
23.4 así las destruidas como las que *quedan*
23.7 naciones que han *quedado* con vosotros
23.12 os uniereis. .naciones que han *quedado*
Jue. 4.16 ejército de Sísara. .no *quedar* ni uno
5.6 *quedaron* abandonados los caminos, y los
5.7 las aldeas *quedaron* abandonadas en Israel
5.16 ¿por qué te *quedaste* entre los rediles
5.17 Galaad se *quedó* al otro lado del Jordán
5.17 se mantuvo Aser. .se *quedó* en sus puertos
5.27 cayó encorvado entre sus. .*quedó* tendido
6.37 el vellón. .*quedando* seca. .la otra tierra
6.39 que solamente el vellón *quede* seco, y el
6.40 sólo el vellón *quedó* seco, y. .la tierra
7.3 se devolvieron de. .y *quedaron* diez mil
8.10 que habían *quedado* de todo el ejército
9.5 *quedó* Jotam el hijo menor de Jerobaal
9.41 y Abimelec se *quedó* en Aruma; y Zebul
11.17 se *quedó,* por tanto, Israel en Cades
17.10 *quédate* en mi casa. .levita se *quedó*
18.24 tomasteis. .dioses. .¿qué más me *queda?*
19.4 le detuvo. .*quedó* en su casa tres días
19.20 tu necesidad toda *quede* solamente a mi
21.7,16 mujeres para los que han *quedado?*
Rt. 1.2 llegaron, pues, a. .Moab, y se *quedaron*
1.3 y murió. .y *quedó* ella con sus dos hijos
1.5 *quedando* así la mujer desamparada de sus
1.13 ¿habíais de *quedaros* sin casar por amor
1.14 Orfa besó a su suegra, mas Rut se *quedó*
1 S. 1.22 lo lleve. .se *quede* allá para siempre
1.23 *quédate* hasta que lo destetes; solamente
1.23 *quedó* la mujer, y crio a su hijo hasta
2.36 el que hubiere *quedado* en tu casa vendrá
5.4 habiéndole *quedado* a Dagón el tronco
5.7 no *quede* con nosotros el arca del Dios
11.11 los que *quedaron*. .no *q* dos de. .juntos
13.16 Saúl. .y Jonatán. .se *quedaron* en Gabaa
16.11 él respondió: *Queda* aún el menor, que
17.49 la piedra *quedó* clavada en la frente
18.1 el alma de Jonatán *quedó* ligada con la
20.25 se sentó. .lugar de David *quedó* vacío
20.27 que el asiento de David *quedó* vacío
22.23 *quédate* conmigo. .pues conmigo a salvo
23.14 David se *quedó*. .en el desierto de Zif
23.18 David se *quedó* en Hores, y Jonatán se
23.25 David. .se *quedó* en el desierto de Maón
25.34 no le hubiera *quedado* con vida a Nabal
25.37 su corazón. .se *quedó* como una piedra
30.9 el torrente. .donde se *quedaron* algunos
30.10 se *quedaron* atrás doscientos. .cansados
30.21 a los 200 hombres que habían *quedado*
30.21 hecho *quedar* en el torrente de Besor
30.24 así ha de ser la parte del que *queda*
2 S. 4.4 huyó. .se le cayó el niño y *quedó* cojo
6.20 ¡cuán honrado ha *quedado* hoy el rey de
9.1 ¿ha *quedado* alguno de la casa de Saúl, a
9.3 ¿no ha *quedado* nadie de la casa de Saúl
9.3 ha *quedado* un hijo de Jonatán, lisiado
10.5 *quedaos* en Jericó hasta que os vuelva
11.1 Rabá; pero David se *quedó* en Jerusalén
11.12 quédate aquí aún hoy. .se *quedó* Urías
12.28 reúne. .al pueblo que *queda,* y acampa
13.20 y se *quedó* Tamar desconsolada en casa
13.30 los hijos. .ninguno de ellos ha *quedado*
14.7 así apagarán el ascua que me ha *quedado*
15.19 vuélvete y *quédate* con el rey; porque
15.29 volvieron el arca. .y se *quedaron* allá
16.3 él se ha *quedado* en Jerusalén, porque
16.18 de aquel seré yo, y con él me *quedaré*
17.16 no te *quedes* esta noche en los vados del
18.9 Absalón *quedó* suspendido entre el cielo
18.30 pasa, y. .Y él pasó, y se *quedó* de pie
19.7 porque. .no *quedará* ni un hombre contigo
20.3 *quedaron* encerradas hasta que murieron
20.15 y pusieron baluarte. .y *quedó* sitiada
20.23 así *quedó* Joab sobre todo el ejército
22.16 *quedaron* al descubierto los cimientos
1 R. 7.30 venir a *quedar* debajo de la fuente
8.8 y sacaron las varas. .*quedaron* hasta hoy
9.20 los pueblos que *quedaron* de los amorreos
9.21 a sus hijos que *quedaron* en la tierra
10.5 y sus holocaustos. .se *quedó* asombrada
12.20 sin *quedar* tribu alguna que siguiese
13.6 la mano del rey. .*quedó* como era antes
15.18 tomando Asa. .el oro que había *quedado*
15.21 dejó de edificar. .y se *quedó* en Tirsa
17.17 tan grave que no *quedó* en él aliento
18.5 hierba. .que no nos *quedemos* sin bestias
18.22 sólo yo he *quedado* profeta de Jehová
19.5 echándose debajo del. .se *quedó* dormido
19.10,14 sólo yo he *quedado,* y me buscan para
19.18 yo haré que *queden* en Israel siete mil
20.30 cayó sobre 27.000. .que habían *quedado*
22.46 de los sodomitas que había *quedado* en
2 R. 2.2,4 *quédate* ahora aquí, porque Jehová
2.6 y Elías le dijo: Te ruego que te *quedes*
2.18 volvieron a Eliseo, que se había *quedado*
4.7 y tú y tus hijos vivid de lo que *quede*
4.10 que cuando él viniere. .se *quede* en él
4.11 vino él. .y se *quedó* en aquel aposento
5.14 se zambulló siete veces. .*quedó* limpio
6.31 si la cabeza de Eliseo. .*queda* sobre él
7.4 si nos *quedamos* aquí, también moriremos
7.13 cinco de los caballos que han *quedado*
7.13 los que *quedan* acá también perecerán
10.11 mató. .a todos los que habían *quedado*
10.11 la casa de Acab. .que no *quedó* ninguno
10.17 todos los que habían *quedado* de Acab
13.7 no le había *quedado* gente a Joacaz, sino
13.19 hubieras derrotado a. .hasta no *quedar*
14.10 gloríate pues, mas *quédate* en tu casa
17.18 y no *quedó* sino sólo la tribu de Judá
19.4 oración por el remanente que aún *queda*
19.30 que hubiere *quedado* de la casa de Judá
19.36 Senaquerib. .volvió a Nínive. .se *quedó*
20.13 ninguna cosa *quedó* que Ezequías no les
20.15 nada *quedó* en mis. .que no les mostrase
20.17 llevando a Babilonia, sin *quedar* nada
24.14 no *quedó* nadie, excepto los pobres del
25.11 que habían *quedado* en. .llevó cautivos
25.11 los que habían *quedado* de la gente común
1 Cr. 4.43 a los que habían *quedado* de Amalec
6.61 a los hijos de Coat que *quedaron* de su
6.70 de los hijos de Coat que habían *quedado*
6.77 los hijos de Merari que habían *quedado*
13.2 hermanos que han *quedado* en. .de Israel
24.20 los hijos de Leví que *quedaron:* Subael
2 Cr. 8.7 pueblo que había *quedado* de los heteos
8.8 los hijos de los que habían *quedado* en la
9.4 a la casa de Jehová, se *quedó* asombrada
14.13 y cayeron. .no *quedar* en ellos aliento
21.17 no le *quedó* más hijo. .Joacaz el menor
24.14 trajeron al. .lo que *quedaba* del dinero
25.19 tu corazón se. .*Quédate* ahora en tu casa
29.35 y *quedó* restablecido el servicio de la
30.6 remanente que ha *quedado* de la mano de
31.10 comido. .y ha *quedado* esta abundancia
Esd. 1.4 a todo el que haya *quedado*. .ayúdenle
9.8 hacer que nos *quedase* un remanente libre
9.14 que *quedara* remanente ni quien escape
9.15 puesto que hemos *quedado* un remanente
10.14 príncipes los que se *queden* en lugar de
Neh. 1.2 que habían *quedado* de la cautividad
1.3 los que *quedaron* de la cautividad, allí
6.1 y que no *quedaba* en él portillo (aunque
13.20 y se *quedaron* fuera de Jerusalén una y
13.21 ¿por qué os *quedáis*. .delante del muro
Est. 7.7 *quedó* Amán para suplicarle a la reina
Job 14.7 si el árbol. .aún *queda* de él esperanza
20.21 no *quedó* nada que no comiese; por tanto
20.26 devorará lo que *quede* en su tienda
22.20 fuego consumió lo que de ellos *quedó*
27.15 los que de él *quedaren,* en muerte serán
27.30 por más que el hombre razone, *quedará*
39.9 ¿querrá el búfalo. .*quedar* en tu pesebre?
Sal. 9.6 han *quedado* desolados para siempre
18.15 *quedaron* al descubierto los cimientos
37.24 el hombre cayere, no *quedará* postrado
68.12 y las que se *quedaban* en casa repartían
76.8 la tierra tuvo temor y *quedó* suspensa
106.11 sus enemigos; no *quedó* ni uno de ellos
119.116 no *quede* yo avergonzado. .esperanza
Pr. 3.26 él preservará tu pie de *quedar* preso
6.2 *quedado* preso en los dichos de tus labios
6.29 no *quedará* impune ninguno que la tocare
16.5 altivo de. .ciertamente no *quedará* impune
17.5 el que se alegra de la. .no *quedará* sin
19.5,9 testigo falso no *quedará* sin castigo
Ec. 5.14 los hijos. .nada les *queda* en la mano
7.26 mas el pecador *quedará* en ella preso
8.15 que esto le *quede* de su trabajo los días
11.3 lugar que el árbol cayere, allí *quedará*
Is. 1.8 *queda* la hija de Sion como enramada en
4.3 acontecerá que el que *quedare* en Sion, y
5.6 haré que *quede* desierta; no será podada
5.9 las muchas casas han de *quedar* asoladas
6.13 si *quedare* aún en ella la décima parte
6.13 que al ser cortados aún *queda* el tronco
7.22 miel comerá el que *quede* en medio de la
10.19 y los árboles que *queden* en su bosque
10.20 hayan *quedado*. .*q* de la casa de Jacob
11.11 para recobrar. .su pueblo que aún *quede*
11.16 habrá camino para el. .el que *quedó* de
14.30 raíz, y destruiré lo que de ti *quedare*
14.31 no *quedará* uno solo en sus asambleas
17.3 lo que *quede* de Siria será como la gloria
17.6 y *quedarán* en él rebuscos, como cuando
17.9 frutos que *quedan* en los renuevos y en
23.1 destruida en Tiro hasta no *quedar* casa
30.8 que *quede* hasta el día postrero. .siempre
30.17 que *quedéis* como mástil en la cumbre de
32.14 porque los palacios *quedarán* desiertos
37.4 oración tú por el. .que aún ha *quedado*
37.31 que hubiere *quedado* de la casa de Judá
39.6 a Babilonia todo. .ninguna cosa *quedará*
43.17 fenecen, como pábilo *quedan* apagados
47.8 no *quedaré* viuda, ni conoceré orfandad
47.14 no *quedará* brasa para calentarse, ni
65.4 *quedan* en los sepulcros, y en lugares
Jer. 4.29 y no *quedó* en ellas morador alguno
8.3 escogerá la muerte. .el resto que *quede*
8.3 arroje yo a los que *queden,* dice Jehová
8.13 no *quedarán* uvas en la vid, ni higos en
9.10 desolados hasta no *quedar* quien pase, ni
9.11 en desolación en que no *quede* morador
11.23 no *quedará* remanente de ellos, pues yo
15.9 lo que de ella *quede,* lo entregaré a la
18.21 *queden* sus mujeres sin hijos, y viudas
21.7 a los que *queden* de la pestilencia, de
21.9 el que *quedare* en esta ciudad morirá a
24.8 al resto de Jerusalén que *quedó* en esta
25.33 como estiércol *quedarán* sobre la faz
26.9 será asolada hasta no *quedar* morador?
27.18 utensilios que han *quedado* en la casa de
27.19 acerca de. .los utensilios que *quedan* en
27.21 utensilios que *quedaron* en la casa de
29.1 los ancianos que habían *quedado* de los
34.7 las ciudades de Judá que habían *quedado*
34.7 ciudades. .de Judá estas habían *quedado*
34.22 y reduciré a. .hasta no *quedar* morador
35.11 ocultémonos. .en Jerusalén nos *quedamos*
36.29 no *queden* en ella hombres ni animales?
37.10 *quedasen* de. .solamente hombres heridos
37.21 *quedó* Jeremías en el patio de la cárcel
38.2 el que se *quedare* en esta ciudad morirá
38.4 las manos de los hombres. .han *quedado*
38.13,28 y *quedó* Jeremías en el patio de la
38.22 las mujeres que han *quedado* en casa del
39.9(2) el resto del pueblo que había *quedado*
39.10 *quedar* en tierra de Judá a los pobres
40.5 si prefieres *quedarte,* vuélvete. .con él
40.6 en medio del pueblo que había *quedado*
40.10 *quedaos* en. .ciudades que habéis tomado
41.10 el pueblo que en Mizpa había *quedado*
42.2 pues de muchos hemos *quedado* unos pocos
42.10 si os *quedareis* quietos en esta tierra
42.17 no habrá de ellos quien *quede* vivo, ni
43.4 no obedeció. .*quedarse* en tierra de Judá
44.7 destruidos. .sin que os *quede* remanente
44.14 no habrá. .quien *quede* vivo para volver
44.22 hasta *quedar* sin morador, como está hoy
46.19 y será asolada hasta no *quedar* morador
47.4 para destruir. .todo aliado que les *queda*
48.9 desiertas sus ciudades hasta no *quedar*
48.11 *quedó* su sabor en él, y su olor no se
50.26 venid. .destruidla; que no le *quede* nada
51.36 mar, y haré que su corriente *quede* seca
51.62 no *quedar* en él morador, ni hombre ni
52.15 pueblo que había *quedado* en la ciudad
Lm. 1.1 ¡cómo ha *quedado*. .la ciudad populosa!
2.22 no hubo quien escapase ni *quedase* vivo
Ez. 5.10 esparciré a. .vientos. .lo que *quedare*
6.12 el que *quede* y sea asediado morirá de
7.11 ninguno *quedará* de ellos, ni. .multitud
7.13 no volverá a lo vendido, aunque *queden*
9.6 matad. .hasta que no *quede* ninguno; pero
9.8 cuando ellos iban matando y *quedé* yo solo
12.20 ciudades habitadas *quedarán* desiertas
14.15 tierra. .*quedare* desolada de modo que no
14.16 ellos solos. .la tierra *quedaría* desolada
14.22 *quedará* en ella un remanente, hijos e
17.21 los que *queden* serán esparcidos a todos
19.14 no ha *quedado* en ella vara fuerte para
23.25 y lo que te *quedare* caerá a espada
25.16 y destruiré el resto que *queda* en la
27.29 pilotos del mar se *quedarán* en tierra
29.18 toda cabeza ha *quedado* calva, y toda
34.18 holláis. .que de vuestros pastos *queda*
34.18 enturbiáis además con. .las que *quedan?*
36.36 las naciones que *queden*. .sabrán que yo
39.14 para enterrar a los que *queden* sobre
41.9 ancho. .igual al espacio que *quedaba* de
41.11 puerta. .salía al espacio que *quedaba*
41.11 el ancho del espacio que *quedaba* era de
42.1 del espacio abierto que *quedaba* enfrente
47.11 sus pantanos y. .*quedarán* para salinas
48.15 las cinco mil cañas. .que *quedan* de las
48.18 lo que *quedare* de longitud delante de
48.18 que será lo que *quedará* de la porción
48.21 del príncipe será lo que *quedare* a uno

QUEDAR *(Continúa)*
Dn. 2.35 sin que de ellos *quedara* rastro alguno
4.19 Daniel. .*quedó* atónito casi una hora, y
4.26 significa que tu reino te *quedará* firme
10.8 *quedé*, pues. .solo, y vi esta gran visión
10.8 no *quedó* fuerza en mí, antes mi fuerza
10.13 y *quedé* allí con los reyes de Persia
10.16 han sobrevenido. .y no me *queda* fuerza
10.17 faltó la fuerza, y no me *quedó* aliento
Os. 9.3 no *quedarán* en la tierra de Jehová, sino
Jl. 1.4 que *quedó* de la oruga comió el saltón
1.4 que *quedó* del saltón comió el revoltón
1.4 comió lo que del revoltón había *quedado*
1.7 la desnudó. .sus ramas *quedaron* blancas
Am. 6.9 si diez hombres *quedaren* en una casa
Abd. 14 haber entregado a los que *quedaban* en
18 ni aun resto *quedará* de la casa de Esaú
Mi. 7.1 cuando. .y no *queda* racimo para comer
Nah. 1.6 quién *quedará* en pie en el ardor de
1.14 no *quede* ni memoria de tu nombre; de la
Sof. 3.6 desiertas. .hasta no *quedar* quien pase
3.6 hasta no *quedar* hombre. .no *q* habitante
Hag. 1.6 bebéis, y no *quedáis* satisfechos; os
2.3 ¿quién ha *quedado*. .que haya visto esta
Zac. 7.14 fue. .sin *quedar* quien fuese ni viniese
9.7 *quedará*. .un remanente para nuestro Dios
11.9 las que *quedaren*, que cada una coma la
13.8 perderán; mas la tercera *quedará* en ella
Mt. 5.22 *quedará* expuesto al infierno de fuego
14.36 todos los que lo tocaron, *quedaron* sanos
17.18 y éste *quedó* sano desde aquella hora
24.2 que no *quedará* aquí piedra sobre piedra
26.38 muerte; *quedaos* aquí, y velad conmigo
28.4 los guardas. .se *quedaron* como muertos
Mr. 1.42 lepra se fue de aquél, y *quedó* limpio
1.45 *quedaba* fuera en los lugares desiertos
3.31 *quedándose* afuera, enviaron a llamarle
5.34 hija. .vé en paz, y *queda* sana de tu azote
6.20 oyéndole, se *quedaba* muy perplejo, pero
6.56 todos los que le tocaban *quedaban* sanos
9.26 *quedó* como muerto, de modo que muchos
13.2 no *quedará* piedra sobre piedra, que no
14.34 está muy triste. .*quedaos* aquí y velad
Lc. 1.20 ahora *quedarás* mudo. .hasta el día en
1.56 *quedó* María con ella como tres meses
2.43 *quedó* el niño Jesús en Jerusalén, sin
8.47 mujer vio que no había *quedado* oculta
9.4 cualquier casa. .*quedad* allí, y de allí
21.6 días vendrán en que no *quedará* piedra
24.29 *quedarse*. .*Quédate* con nosotros, porque
24.29 entró, pues, a *quedarse* con ellos
24.49 pero *quedaos* vosotros en la. .Jerusalén
Jn. 1.39 se *quedaron* con él aquel día; porque
4.40 le rogaron que se *quedase*. .y se *quedó*
5.4 *quedaba* sano de cualquier enfermedad que
7.9 y habiéndoles dicho. .se *quedó* en Galilea
8.9 *quedó* solo Jesús, y la mujer que estaba
8.35 y el esclavo no *queda* en la casa para
10.40 otro lado del Jordán. .y se *quedó* allí
11.6 se *quedó* dos días más en. .donde estaba
11.20 salió a. .pero María se *quedó* en casa
11.54 se alejó. .*quedó* allí con sus discípulos
19.31 que los cuerpos no *quedasen* en la cruz
21.22,23 *quede* hasta que yo venga, ¿qué a ti?
Hch. 5.4 ¿no se te *quedaba* a ti? y vendida, ¿no
9.43 se *quedó* muchos días en Jope en casa de
10.45 *quedaron* atónitos de que también sobre
10.48 rogaron que se *quedase* por algunos días
12.16 cuando. .le vieron, se *quedaron* atónitos
12.19 descendió de. .a Cesarea y se *quedó* allí
14.28 se *quedaron* allí mucho tiempo con los
15.34 a Silas le pareció bien el *quedarse* allí
16.15 casa, y posad. Y nos obligó a *quedarnos*
18.3 se *quedó* con ellos, y trabajaban juntos
18.20 le rogaban que se *quedase* con ellos por
19.22 él se *quedó* por algún tiempo en Asia
20.6 en Troas, donde nos *quedamos* siete días
21.4 *quedamos* allí siete días; y ellos decían
21.7 los hermanos, *quedamos* con ellos un día
27.17 arriaron. .velas y *quedaron* a la deriva
27.41 la proa, hincada, *quedó* inmóvil, y la
28.14 rogaron que nos *quedásemos* con ellos
Ro. 7.2 si el marido muere, ella *queda* libre de
11.3 sólo yo he *quedado*, y procuran matarme
11.5 *quedado* un remanente escogido por gracia
1 Co. 7.8 que bueno les fuera *quedarse* como yo
7.11 y si se separa, *quédese* sin casar, o
7.18 siendo circunciso? *Quédese* circunciso
7.20 en el. .en que fue llamado, en él se *quede*
7.26 que hará bien el hombre en *quedarse* como
7.40 pero. .más dichosa será si se *quedare* así
10.5 por lo cual *quedaron* postrados en el
14.14 pero mi entendimiento *queda* sin fruto
16.6 podrá ser que me *quede* con vosotros, o
2 Co. 3.14 *queda* el mismo velo no descubierto
Fil. 1.24 *quedar* en la carne es más necesario
1.25 y confiado en esto, sé que *quedaré*, que
3.13 hago: olvidando. .lo que *queda* atrás, y
1 Ts. 3.1 acordamos *quedarnos* solos en Atenas
4.15 que habremos *quedado* hasta la venida del
4.17 hayamos *quedado*, seremos arrebatados
1 Ti. 1.3 como. .rogué que te *quedases* en Efeso
5.5 viuda y ha *quedado* sola, espera en Dios
2 Ti. 4.20 Erasto se *quedó* en Corinto. .Trófimo
He. 4.9 *queda* un reposo para el pueblo de Dios
7.18 *queda*, pues, abrogado el mandamiento
10.26 no *queda* más sacrificio por los pecados
12.27 remoción. .que *queden* las inconmovibles
Stg. 2.9 y *quedáis* convictos por la ley como

QUEDORLAOMER *Rey de Elam No. 2*
Gn. 14.1 *Q* rey de Elam, y Tidal rey de Goim
14.4 doce años habían servido a *Q*, y en el
14.5 el año decimocuarto vino *Q*, y los reyes
14.9 esto es, contra *Q* rey de Elam, Tidal rey
14.17 cuando volvía de la derrota de *Q* y de

QUEFAR-HAAMONI *Población en Benjamín, Jos. 18.24*

QUEHACER
Lc. 10.40 pero Marta se preocupaba con muchos *q*

QUEJA
Nm. 17.5 haré cesar de delante de mí las *q* de
17.10 y harás cesar sus *q* de delante de mí
Job 6.2 ¡oh, que pesasen justamente mi *q* y mi
7.13 me consolará mi. .mi cama atenuará mis *q*
9.27 si yo dijere: Olvidaré mi *q*, dejaré mi
10.1 mi alma hastiada. .daré libre curso a mi *q*
Sal. 64.1 escucha, oh Dios, la voz de mi *q*
142.2 delante de él expondré mi *q*; delante de
Pr. 23.29 ¿para quién las *q*? ¿Para quién las
Hab. 2.1 y qué he de responder tocante a mi *q*
Col. 3.13 perdonándoos unos a otros. .tuviere *q*

QUEJAR
Éx. 5.15 vinieron a Faraón y se *quejaron* a él
Nm. 11.1 el pueblo se *quejó* a oídos de Jehová
14.2 *quejaron* contra Moisés y contra Aarón
14.27 hijos de Israel, que de mí se *quejan*?
Job 7.11 *quejaré* con la amargura de mi alma
21.4 ¿acaso me *quejo* yo de algún hombre?
Sal. 59.15 y si no. .pasen la noche *quejándose*
77.3 me *quejaba*, y desmayaba mi espíritu
Is. 38.14 como. .y como la golondrina me *quejaba*
He. 13.17 no *quejándose*, porque esto no os es
Stg. 5.9 hermanos, no os *quejéis* unos contra

QUELAL *Uno de los que se casaron con mujeres extranjeras en tiempo de Esdras,* **Esd. 10.30**

QUELIÓN *Hijo de Elimelec*
Rt. 1.2 nombres de sus hijos eran Mahlón y *Q*
1.5 y murieron también los dos, Mahlón y *Q*
4.9 adquirido. .lo que fue de *Q* y de Mahlón

QUELUB
1. Descendiente de Judá, **1 Cr. 4.11**
2. Padre de Ezri, **1 Cr. 27.26**

QUELUBAI *Hijo de Hezron (=Caleb No. 2),* **1 Cr. 2.9**

QUELUHI *Uno de los que se casaron con mujeres extranjeras en tiempo de Esdras,* **Esd. 10.35**

QUEMADO *Véase Quemar*

QUEMADURA
Éx. 21.25 *q* por *q*, herida por herida, golpe
Lv. 13.24 hubiere en la piel del. .*q* de fuego
13.25 profunda. .es lepra que salió en la *q*
13.28 es la cicatriz de la *q*; el sacerdote
13.28 es la cicatriz. .porque señal de la *q*
Is. 3.24 lugar de ropa. .*q* en vez de hermosura

QUEMAR
Gn. 38.24 y Judá dijo: Sacadla, y sea *quemada*
Éx. 3.3 veré. .qué causa la zarza no se *quema*
12.10 lo que quedare. .*quemaréis* en el fuego
22.6 cuando. .al *quemar* espinos *quemare* mieses
22.6 que encendió el fuego pagará lo *quemado*
29.13 la grosura. .lo *quemarás* sobre el altar
29.14 *quemarás* a fuego fuera del campamento
29.18 y *quemarás*. .el carnero sobre el altar
29.18 el carnero. .es ofrenda *quemada* a Jehová
29.34 *quemarás* al fuego lo. .hubiere sobrado
30.1 harás. .un altar para *quemar* el incienso
30.7 *quemará* incienso. .cuando aliste. .lo *q*
30.8 al anochecer, *quemará* el incienso; rito
30.20 para *quemar* la ofrenda encendida para
32.20 tomó el becerro. .lo *quemó* en el fuego
40.27 *quemó* sobre él incienso aromático, como
Lv. 2.3,10 de las ofrendas que se *queman* para
2.11 ninguna miel, se ha de *quemar* ofrenda
3.16 vianda es. .que se *quema* en olor grato
4.12 lo *quemará* al fuego sobre la leña; en
4.12 donde se echan las cenizas será *quemado*
4.21 lo *quemará* como *quemó* el primer becerro
4.26 *quemará* toda su grosura sobre el altar
6.12 y *quemará* sobre él las grosuras de los
6.22 es estatuto perpetuo de. .será *quemada*
6.23 toda ofrenda de sacerdote será. .*quemada*
6.30 mas no se comerá. .al fuego será *quemada*
7.17 lo que quedare. .será *quemado* en el fuego
7.19 no se comerá; al fuego será *quemada*
7.30 las ofrendas que se han de *quemar* ante
8.17 lo *quemó* al fuego fuera del campamento
8.21 *quemó* Moisés. .el carnero sobre el altar
8.32 lo que sobre de. .lo *quemaréis* al fuego
9.11 la carne. .las *quemó* al fuego fuera del
9.13 holocausto. .hizo *quemar* sobre el altar
9.14 *quemó* sobre el holocausto en el altar
9.17 ofreció. .la hizo *quemar* sobre el altar
9.20 las grosuras. .las *quemó* sobre el altar
10.2 fuego de delante de Jehová y los *quemó*
10.15 con las ofrendas. .que se han de *quemar*
10.16 se halló que había sido *quemado*; y se
13.52 será *quemado* el vestido. .al fuego será *q*
13.55 plaga, inmunda es; la *quemarás* al fuego
13.57 *quemarás*. .aquello en que estuviere la
16.25 y *quemará* en el altar la grosura del
16.27 *quemarán* en el fuego su piel, su carne
16.28 el que los *quemare* lavará sus vestidos
17.6 *quemará* la grosura. .olor grato a Jehová
19.6 lo que quedare. .será *quemado* en el fuego
20.14 *quemarán* con fuego a él y a ellas, para
21.9 hija. .a su padre deshonra; *quemada* será
Nm. 5.26 lo *quemará* sobre el altar, y después
16.39 con que los *quemados* habían ofrecido
18.17 *quemarás* la grosura de ellos, ofrenda
19.5 hará *quemar* la vaca. .su cuero. .hará *q*
19.8 el que la *quemó* lavará sus vestidos en
19.17 tomarán de la ceniza de la vaca *quemada*
Dt. 7.5 *quemaréis* sus esculturas en el fuego
7.25 las esculturas de sus dioses *quemarás*
9.21 tomé. .el becerro. .y lo *quemé* en el fuego
12.31 aun. .a sus hijas *quemaban* en el fuego
18.1 las ofrendas *quemadas* a Jehová. .comerán
Jos. 7.15 el que fuere. .anatema, será *quemado*
7.25 y los *quemaron* después de apedrearlos
8.28 *quemó* a Hai y la redujo a un montón de
11.6 caballos, y sus carros *quemarás* a fuego
11.9 desjarretó. .y sus carros *quemó* a fuego
11.13 no. .*quemó* Israel; únicamente a Hazor *q*
Jue. 12.1 nosotros *quemaremos* tu casa contigo
14.15 que no te *quememos* a ti y a la casa de
15.5 y *quemó* las mieses amontonadas y en pie
15.6 los filisteos. .*quemaron* a ella y a su padre
15.14 volvieron como lino *quemado* con fuego
18.27 hirieron a filo de. .y *quemaron* la ciudad
1 S. 2.15 antes de *quemar* la grosura, venía el
2.16 le respondía: *Quemen* la grosura primero
2.28 que. .*quemase* incienso, y llevase efod
30.3 ciudad. .estaba *quemada*, y sus mujeres y
31.12 y viniendo a Jabes, los *quemaron* allí
2 S. 5.21 sus ídolos, y David y. .los *quemaron*
23.7 arma. .y son del todo *quemados* en su lugar
1 R. 3.3 *quemaba* incienso en los lugares altos
9.16 había subido y tomado a Gezer, y. .*quemó*
9.25 y *quemaba* incienso sobre el que estaba
11.8 cuales *quemaban* incienso. .a sus dioses
12.33 subió al altar para *quemar* incienso
13.1 Jeroboam. .al altar para *quemar* incienso
13.2 que *queman* sobre ti. .*quemarán* huesos de
15.13 deshizo Asa el ídolo de su. .y lo *quemó*
22.43 el pueblo. .y *quemaba* incienso en ellos
2 R. 10.26 sacaron las estatuas. .las *quemaron*
12.3; 14.4; 15.4; 15.35 el pueblo sacrificaba. .y *quemaba* incienso en. .lugares altos
16.4 y *quemó* incienso en los lugares altos
17.11 *quemaron* allí incienso en. .lugares altos
17.31 los de Sefarvaim *quemaban* sus hijos en
18.4 le *quemaban* incienso los hijos de Israel
22.17 dejaron. .y *quemaron* incienso a dioses
23.4 para Baal. .los *quemó* fuera de Jerusalén
23.5 *quemasen* incienso en los lugares altos
23.5 los que *quemaban* incienso a Baal, al sol
23.6 la imagen. .*quemó* en el valle del Cedrón
23.8 lugares altos donde. .*quemaban* incienso
23.11 y *quemó* al fuego los carros del sol
23.15 aquel altar. .lo *quemó*, y lo hizo polvo
23.16 los huesos. .y los *quemó* sobre el altar
23.20 y *quemó* sobre ellos huesos de hombres
25.9 *quemó* la casa de Jehová, y la casa del
25.9 las casas de los príncipes *quemó* a fuego
1 Cr. 6.49 *quemaban* incienso, y ministraban en
14.12 dioses, y David dijo que los *quemasen*
23.13 sus hijos. .para que *quemasen* incienso
2 Cr. 2.4 *quemar* incienso aromático delante de
2.6 sólo para *quemar* incienso delante de él
13.11 *queman* para Jehová los holocaustos cada
15.16 la *quemó* junto al torrente de Cedrón
25.14 dioses de. .Seir. .y les *quemó* incienso
26.16 entrando en el. .para *quemar* incienso
26.18 no te corresponde a. .*quemar* incienso
26.18 Aarón. .son consagrados para *quemarlo*
28.3 *quemó*. .incienso en el valle. .de Hinom
28.4 *quemó* incienso en los lugares altos, en
28.25 para *quemar* incienso a los dioses ajenos
29.7 no *quemaron* incienso, ni sacrificaron
29.11 seáis sus ministros. .*queméis* incienso
32.12 de este solo altar. .*quemaréis* incienso?
34.5 *quemó* además. .huesos de los sacerdotes
36.19 y *quemaron* la casa de Dios, y. .a fuego
Neh. 1.3 muro. .y sus puertas *quemadas* a fuego
4.2 del polvo las piedras que fueron *quemadas*?

QUEMAR *(Continúa)*
Neh. 10.34 para *quemar* sobre el altar de Jehová
Job 1.16 que *quemó* las ovejas y a los pastores
Sal. 46.9 lanza, y *quema* los carros en el fuego
51.19 te agradarán..ofrenda del todo *quemada*
74.8 *quemado* todas las sinagogas de Dios en
80.16 *quemada* a fuego..asolada; perezcan por
83.14 fuego que *quema* el monte, como llama
102.3 mis huesos cual tizón están *quemados*
106.18 fuego en..la llama *quemó* a los impíos
Pr. 6.28 brasas sin que sus pies se *quemen?*
Is. 9.5 todo manto revolcado en..serán *quemados*
27.4 cardos? Yo los hollaré..*quemaré* a una
33.12 y los pueblos serán como cal *quemada*
33.12 como espinos cortados serán *quemados*
43.2 pases por el fuego, no te *quemarás,* ni
44.15 de él se sirve..el hombre para *quemar*
44.16 parte del leño *quema* en el fuego; con
44.19 parte de esto *quemé* en el fuego..cocí
47.14 fuego los *quemará,* no salvarán..vidas
65.3 ira..*quemando* incienso sobre ladrillos
65.7 *quemaron* incienso sobre los montes, y
66.3 que *quema* incienso, como si bendijese a
Jer. 2.15 *quemadas*..sus ciudades, sin morador
6.29 se *quemó* el fuelle, por el fuego se ha
7.31 para *quemar* al fuego a sus hijos y a sus
11.12 dioses a quienes *queman* ellos incienso
19.5 para *quemar* con fuego a sus hijos..Baal
21.10 será entregada, y la *quemará* a fuego
32.29 vendrán..pondrán a fuego y la *quemarán*
34.2 entregaré esta ciudad al..y la *quemará*
34.5 así como *quemaron*..las *quemarán* por ti
34.22 y la tomarán, y la *quemarán* con fuego
36.25 rogaron al rey que no *quemase*..rollo
36.27 después que el rey *quemó* el rollo, las
36.28 en el primer rollo que *quemó* Joacim rey
36.29 tú *quemaste* este rollo, diciendo: ¿Por
36.32 todas las palabras del libro que *quemó*
38.23 serás apresado, y a esta ciudad *quemará*
43.12 *quemará,* y a ellos los llevará cautivos
43.13 los templos de los dioses de..*quemará*
48.45 salió fuego..y *quemó* el rincón de Moab
50.32 fuego..y *quemaré* todos sus alrededores
51.25 peñas, y te reduciré a monte *quemado*
51.32 y los baluartes *quemados* a fuego, y se
51.58 altas puertas serán *quemadas* a fuego
52.13 *quemó* la casa de Jehová, y la casa del
Ez. 5.2 una tercera parte *quemarás* a fuego en
5.4 los echarás..y en el fuego los *quemarás*
15.4 la parte de en medio se *quemó;* ¿servirá
15.5 la hubiere consumido, y fuere *quemada?*
16.41 *quemarán* tus casas a fuego, y harán en
20.47 y serán *quemados* en ella..los rostros
23.37 a sus hijos..por el fuego, *quemándolos*
24.10 la salsa; y los huesos serán *quemados*
24.11 que se caldee, y se *queme* su fondo, y
39.9 *quemarán* armas, escudos, paveses, arcos
39.9 los *quemarán* en el fuego por siete años
39.10 no..sino *quemarán* las armas en el fuego
43.21 el becerro..*quemarás* conforme a la ley
Dn. 3.27 ni aun el cabello de..se había *quemado*
7.11 entregado para ser *quemado* en el fuego
Am. 2.1 *quemó* los huesos del rey de Edom hasta
6.10 lo *quemará* para sacar los huesos de casa
Abd. 18 casa de..los *quemarán* y los consumirán
Mi. 1.7 todos sus dones serán *quemados* en fuego
Mt. 3.12 *quemará* la paja en fuego que nunca se
13.6 pero salido el sol, se *quemó;* y porque
13.30 atadla en manojos para *quemarla;* pero
13.40 como se arranca..se *quema* en el fuego
22.7 oírlo el rey, se enojó..*quemó* su ciudad
Mr. 4.6 pero salido el sol, se *quemó*..se secó
Lc. 3.17 y *quemará* la paja en fuego que nunca
Hch. 19.19 trajeron los libros y los *quemaron*
1 Co. 3.15 si la obra de alguno se *quemare,* él
7.9 mejor es casarse que estarse *quemando*
13.3 si entregase mi cuerpo para ser *quemado*
He. 6.8 próxima a..y su fin es el ser *quemada*
13.11 son *quemados* fuera del campamento
2 P. 3.10 tierra y las obras..serán *quemadas*
3.12 elementos, siendo *quemados,* se fundirán
Ap. 8.7 árboles se *quemó*..se *q* toda la hierba
16.8 fue dado *quemar* a los hombres con fuego
16.9 hombres se *quemaron* con el gran calor
17.16 y devorarán sus carnes, y la *quemarán*
18.8 día vendrán sus plagas..y será *quemada*

QUEMOS *Dios de los moabitas*
Nm. 21.29 ¡ay de..Moab! Pereciste, pueblo de *Q*
Jue. 11.24 lo que te hiciere poseer *Q* tu dios
1 R. 11.7 edificó Salomón un lugar alto a *Q*
11.33 adorado..a *Q* dios de Moab, y a Moloc
2 R. 23.13 a *Q* ídolo abominable de Moab, y a
Jer. 48.7 y *Q* será llevado en cautiverio, sus
48.13 se avergonzará Moab de *Q,* como..Israel
48.46 ¡ay de..Moab! pereció el pueblo de *Q*

QUENAANA
1. ***Padre de Sedequías No. 1,* 1 R. 22.11,24; 2 Cr. 18.10,23**
2. ***Descendiente de Benjamín,* 1 Cr. 7.10**

QUENANI ***Levita que ayudó a Esdras en la lectura de la ley,* Neh. 9.4**

QUENANÍAS
1. ***Levita cantor en tiempo de David,* 1 Cr. 15.22,27**
2. ***Gobernador y juez bajo el rey David,* 1 Cr. 26.29**

QUERÁN ***Hijo de Disón,* Gn. 36.26; 1 Cr. 1.41**

QUERELLA
Nm. 14.27 las *q* de los hijos de Israel, que de
2 S. 21.4 no tenemos nosotros *q* sobre plata ni

QUERELLOSO
Jud. 16 *q,* que andan según sus propios deseos

QUERER
Gn. 24.5 la mujer no *querrá* venir en pos de mí
24.8 si la mujer no *quisiere* venir en pos de
24.39 yo..Quizás la mujer no *querrá* seguirme
27.46 dijo Rebeca..¿para qué *quiero* la vida?
39.8 él no *quiso,* y dijo a la mujer de su amo
48.19 su padre no *quiso,* y dijo: Lo sé, hijo
Éx. 4.23 dejes ir a mi hijo..mas no has *querido*
4.24 le salió al encuentro, y *quiso* matarlo
7.14 Faraón..y no *quiere* dejar ir al pueblo
7.16 he aquí que hasta ahora no has *querido*
8.2 y si no lo *quisieres* dejar ir, he aquí
9.2 no lo *quieres* dejar ir, y lo detienes
10.3 no *querrás* humillarte delante de mí?
10.27 Jehová endureció..y no *quiso* dejarlos
12.48 si algún extranjero..*quisiere* celebrar
22.17 si su padre no *quiere* dársela, él le
Lv. 26.21 no me *quisiereis* oir, yo añadiré sobre
27.19 y si el que dedicó..*quisiere* redimirla
27.31 y si alguno *quisiere* rescatar algo del
Nm. 20.21 no *quiso*..Edom dejar pasar a Israel
22.13 porque Jehová no me *quiere* dejar ir con
22.14 a Balac y dijeron: Balaam no *quiso* venir
Dt. 1.26 no *quisisteis* subir..fuisteis rebeldes
2.30 Sehón rey..no *quiso* que pasásemos por el
7.7 no por ser..os ha *querido* Jehová y os ha
7.8 y *quiso* guardar el juramento que juró a
10.10 me escuchó..no *quiso* Jehová destruirte
23.5 mas no *quiso* Jehová tu Dios oir a Balaam
25.7 el hombre no *quisiere* tomar a su cuñada
25.7 mi cuñado no *quiere* suscitar nombre en
25.7 mi cuñado..no *quiere* emparentar conmigo
25.8 levantare y dijere: No *quiero* tomarla
25.9 será hecho al..que no *quiere* edificar
29.20 no *querrá* Jehová perdonarlo, sino que
Jos. 24.10 mas yo no *quise* escuchar a Balaam
Jue. 8.24 les dijo..*Quiero* haceros una petición
11.17 al rey de Moab, el cual tampoco *quiso*
13.16 si *quieres* hacer holocausto, ofrécelo
13.23 si..nos *quisiera* matar, no aceptaría de
19.6 te ruego que *quieras* pasar aquí la noche
19.10 el hombre no *quiso* pasar allí la noche
19.25 aquellos hombres no le *quisieron* oir
20.13 Benjamín no *quisieron* oir la voz de sus
1 S. 2.16 después toma tanto como *quieras;* él
12.22 Jehová ha *querido* haceros pueblo suyo
15.9 no lo *quisieron* destruir; mas todo lo que
18.22 rey..todos sus siervos te *quieren* bien
22.17 no *quisieron* extender sus manos para
31.4 su escudero no *quería*..tenía gran temor
2 S. 1.23 Saúl y Jonatán, amados y *queridos*
2.23 y no *queriendo* él irse, lo hirió Abner
12.4 éste no *quiso* tomar de sus ovejas y de
12.17 mas él no *quiso,* ni comió con ellos pan
12.18 le hablábamos, y no *quería* oir nuestra
13.9 las sacó delante de él..él no *quiso* comer
13.14 no la *quiso* oir, sino que pudiendo más
13.16 mayor mal es este..él no la *quiso* oir
13.25 aunque porfió con él, no *quiso* ir, mas
21.4 ni *queremos* que muera hombre de Israel
23.16 mas él no la *quiso* beber, sino que la
24.13 ¿*quieres* que te vengan siete años de
1 R. 3.5 dijo..Pide lo que *quieras* que yo te dé
5.10 y madera de ciprés, toda la que *quiso*
9.11 Hiram..había traído..y cuanto oro *quiso*
10.13 a la reina de Sabá..lo que ella *quiso*
20.35 hiéreme..Mas el otro no *quiso* herirle
21.6 que si más *quería,* le daría otra viña
22.49 vayan mis siervos con..Josafat no *quiso*
2 R. 2.1 cuando *quiso* Jehová alzar a Elías en
2.9 pide lo que *quieras* que haga por ti, antes
4.13 dijo él..¿qué *quieres* que haga por ti?
5.16 que aceptara alguna cosa..él no *quiso*
24.4 por la sangre..Jehová..no *quiso* perdonar
1 Cr. 10.4 escudero no *quiso*..tenía mucho miedo
11.18 mas él no la *quiso* beber..la derramó
2 Cr. 1.7 Dios..le dijo: Pídeme lo que *quieras*
1.11 ni la vida de los que te *quieren* mal
9.12 dio a la reina de Sabá..lo que ella *quiso*
25.16 déjate de eso..*quieres* que te maten?
25.20 mas Amasías no *quiso* oir; porque era la
25.20 Dios, que los *quería* entregar en mano
Neh. 9.24 que hiciesen de ellos como *quisieran*
Est. 1.12 la reina Vasti no *quiso* comparecer a
2.14 salvo si el rey la *quería* y era llamada
9.5 hicieron con sus enemigos como *quisieron*
Job 6.28 pues, si *queréis,* miradme, y ved si
7.15 y *quiso* la muerte más que mis huesos
9.3 *quisiere* contender con él, no le podrá
13.3 yo hablaría..*querría* razonar con Dios
21.14 porque no *queremos* el conocimiento de
22.15 ¿*quieres* tú seguir la senda antigua que
39.9 ¿*querrá* el búfalo servirte..o quedar en
Sal. 40.13 *quieras,* oh Jehová, librarme; Jehová
51.16 no *quieres* sacrificio, que yo lo daría
51.16 que yo lo daría; no *quieres* holocausto
78.10 de Dios, ni *quisieron* andar en su ley
81.11 mi pueblo no oyó..e Israel no me *quiso*
105.22 para que reprimiera..como él *quisiese*
109.17 no *quiso* la bendición, y ella se alejó
111.2 buscadas de todos los que las *quieren*
115.3 Dios está..todo lo que *quiso* ha hecho
132.13 Sion; la *quiso* por habitación para sí
132.14 aquí habitaré, porque la he *querido*
135.6 todo lo que Jehová *quiere,* lo hace, en
Pr. 1.24 llamé, y no *quisisteis* oir, extendí
1.25 consejo..y mi reprensión no *quisisteis*
1.30 ni *quisieron* mi consejo, y..reprensión
3.12 como el padre al hijo a quien *quiere*
21.1 Jehová; a todo lo que *quiere* lo inclina
21.7 por cuanto no *quisieron* hacer juicio
Ec. 3.1 todo lo que se *quiere*..tiene su hora
3.1 lo que se *quiere* debajo del cielo tiene
3.17 un tiempo para todo lo que se *quiere* y
8.3 no te..porque él hará todo lo que *quiere*
8.6 para todo lo que *quisieres* hay tiempo y
Cnt. 2.7; 3.5; 8.4 ni hagáis velar al amor, hasta que *quiera*
Is. 1.5 ¿por qué *querréis* ser castigados aún?
1.11 no *quiero* sangre de bueyes..ovejas, ni
1.19 si *quisiereis* y oyereis, comeréis el bien
1.20 no *quisiereis* y fuereis rebeldes, seréis
21.12 noche; preguntad si *queréis,* preguntad
28.12 este es el reposo..mas no *quisieron* oir
30.9 que no *quisieron* oir la ley de Jehová
30.15 reposo seréis salvos..Y no *quisisteis*
44.28 Ciro..y cumplirá todo lo que yo *quiero*
55.11 sino que hará lo que yo *quiero,* y será
56.4 escojan lo que yo *quiero,* y abracen mi
58.2 que me buscan cada día, y *quieren* saber
58.2 me piden..juicios, y *quieren* acercarse
Jer. 5.31 y mi pueblo así lo quiso. ¿Qué, pues
9.24 porque estas cosas *quiero,* dice Jehová
20.4 seas un terror a..que bien te *quieren*
20.6 Pasur, y..todos los que bien te *quieren*
27.5 hice la tierra..la di a quien yo *quise*
31.15 Raquel..no *quiso* ser consolada acerca
36.25 que no quemase..rollo, no los *quiso* oir
50.33 los retuvieron; no los *quisieron* soltar
Ez. 3.7 no te *querrá* oir, porque no me *quiere*
3.27 el que no *quiera* oir, no oiga; porque
18.23 ¿*quiero* yo la muerte del impío? dice
18.32 no *quiero* la muerte del que muere, dice
33.11 no *quiero* la muerte del impío, sino que
Dn. 4.17 a quien él *quiere* lo da, y constituye
4.19 el sueño..para los que mal te *quieren*
4.25,32 el Altísimo..lo da a quien él *quiere*
5.19 a quien *quería* mataba, y a quien *q* daba
5.19 a quien *quería,* y a quién *q* humillaba
8.12 y echó..e hizo cuanto *quiso,* y prosperó
Os. 6.6 misericordia *quiero,* y no sacrificio
8.13 no los *quiso* Jehová; ahora se acordará
Am. 4.5 publicad ofrendas..que así lo *queréis*
5.18 ¿para qué *queréis* este día de Jehová?
Jon. 1.14 Jehová, has hecho como has *querido*
Zac. 7.11 pero no *quisieron* escuchar, antes
Mt. 2.18 Raquel que..y no *quiso* ser consolada
7.12 todas las cosas que *queráis* que..hagan
8.2 Señor, si *quieres,* puedes limpiarme
8.3 y le tocó, diciendo: *Quiero,* sé limpio
9.13; 12.7 misericordia *quiero,* y no sacrificio
13.28 ¿*quieres*..que vayamos y la arranquemos?
15.28 es tu fe; hágase contigo como *quieres*
15.32 enviarlos en ayunas no *quiero,* no sea
17.4 si *quieres,* hagamos aquí tres enramadas
17.12 hicieron con él todo lo que *quisieron*
18.30 él no *quiso,* sino fue y le echó en la
19.21 si *quieres* ser perfecto, anda, vende
20.15 lícito hacer lo que *quiero* con lo mío?
20.21 ¿qué *quieres?* Ella le dijo: Ordena que
20.27 y el que *quiera* ser el primero entre
20.32 y les dijo: ¿Qué *queréis* que os haga?
21.29 él, dijo: No *quiero;* pero después..fue
23.8 vosotros no *queráis* que os llamen Rabí
23.37 ¡cuántas veces *quise*..y no *quisiste!*
26.39 pero no sea como yo *quiero,* sino como
27.15 soltar al..un preso, el que *quisiesen*
27.17 dijo..¿A quién *queréis* que os suelte
27.21 ¿a cuál de los..*queréis* que os suelte?
27.43 confió en..líbrele ahora si le *quiere*
Mr. 1.40 le dijo: Si *quieres,* puedes limpiarme
1.41 y le tocó, y le dijo: *Quiero,* sé limpio
3.13 monte, y llamó a sí a los que él *quiso*
6.22 pídeme lo que *quieras,* y yo te lo daré
6.25 *quiero*..en un plato la cabeza de Juan
7.11 Corbán que *quiere* decir, mi ofrenda a
7.24 no *quiso* que nadie lo supiese; pero no
8.34 dijo: Si alguno *quiere* venir en pos de mí
8.35 todo el que *quiera* salvar su vida, la

QUERER *(Continúa)*
Mr. 9.13 le hicieron todo lo que *quisieron*, como
9.30 salido. .no *quería* que nadie lo supiese
9.35 si alguno *quiere* ser el primero, será
10.35 Maestro, *querríamos* que nos hagas lo que
10.36 él les dijo: ¿Qué *queréis* que os haga?
10.43 *quiera* hacerse grande entre vosotros
10.44 que. .*quiera* ser el primero, será siervo
10.51 ¿qué *quieres* que te haga? Y el ciego le
14.7 cuando *queráis* les podréis hacer bien
14.12 ¿dónde *quieres* que vayamos a preparar
14.36 mas no lo que yo *quiero*, sino lo que tú
15.9 ¿*queréis*. .os suelte al Rey de los judíos?
15.12 ¿qué, pues, *queréis* que haga del. .Rey
Lc. 4.6 sido entregada, y a quien *quiero* la doy
5.12 Señor, si *quieres*, puedes limpiarme
5.13 le tocó, diciendo: *Quiero;* sé limpio
5.39 beba del añejo, *quiere* luego el nuevo
6.31 como *queréis* que hagan los. .con vosotros
7.2 el siervo de. .a quien éste *quería* mucho
9.54 ¿*quieres* que mandemos. .fuego del cielo
12.49 ¿y qué *quiero*, si ya se ha encendido?
13.34 *quise* juntar a tus hijos. .no *quisiste!*
18.4 no *quiso* por algún tiempo; pero después
18.13 el publicano. .no *quería* ni aun alzar los
18.41 diciendo: ¿Qué *quieres* que te haga?
19.14 no *queremos* que. .reine sobre nosotros
19.27 enemigos que no *querían* que yo reinase
22.9 ellos. .¿Dónde *quieres* que la preparemos?
22.42 si *quieres*, pasa de mí esta copa; pero
Jn. 1.43 *quiso* Jesús ir a Galilea, y halló a
3.8 el viento sopla de donde *quiere*, y oyes
5.6 Jesús lo vio. .le dijo: ¿*Quieres* ser sano?
5.21 así. .el Hijo a los que *quiere* da vida
6.11 asimismo de los peces, cuanto *querían*
7.17 el que *quiera* hacer la voluntad de Dios
9.27 os lo he dicho, y no habéis *querido* oír
9.27 dicho. .¿por qué lo *queréis* oír otra vez?
9.27 *queréis* también. .haceros sus discípulos?
12.21 diciendo: Señor, *quisiéramos* ver a Jesús
15.7 pedid. .lo que *queréis*, y os será hecho
17.24 *quiero* que donde yo estoy. .ellos estén
18.39 ¿*queréis*, pues, que os suelte al Rey de
21.18 joven, te ceñías, e ibas donde *querías*
21.18 otro, y te llevará a donde no *quieras*
21.22,23 si *quiero* que él quede hasta que
Hch. 9.6 dijo: Señor, ¿qué *quieres* que yo haga?
13.22 David. .quien hará todo lo que yo *quiero*
15.37 Bernabé *quería* que llevasen consigo a
16.3 *quiso* Pablo que éste fuese con él; y
18.21 vez volveré a vosotros, si Dios *quiere*
19.30 *queriendo* Pablo salir al pueblo, los
20.13 allí a Pablo. .*queriendo* él ir por tierra
24.27 *queriendo* Félix congraciarse con los
26.29 ¡*quisiera* Dios que por poco o por mucho
Ro. 1.13 no *quiero*, hermanos, que ignoréis que
7.15 pues no hago lo que *quiero*, sino lo que
7.16 si lo que no *quiero*, esto hago, apruebo
7.18 el *querer* el bien está en mí, pero no el
7.19 bien que *quiero*, sino el mal que no *q*
7.20 si hago lo que no *quiero*. .no lo hago yo
7.21 *queriendo* yo hacer el bien, hallo esta
9.16 así que no depende del que *quiere*, ni del
11.25 no *quiero*, hermanos, que ignoréis este
13.3 ¿*Quieres*, pues, no temer la autoridad?
16.19 *quiero* que seáis sabios para el bien
1 Co. 4.19 pero iré pronto. .si el Señor *quiere*
4.21 ¿qué *queréis?* ¿Iré a vosotros con vara
7.7 *quisiera*. .que todos los hombres fuesen
7.32 *quisiera*. .que estuvieseis sin congoja
7.36 haga lo que *quiera*, no peca; que se case
7.39 libre es para casarse con quien *quiera*
10.1 no *quiero*. .ignoréis que nuestros padres
10.20 no *quiero* que. .os hagáis partícipes con
10.27 incrédulo os invita, y *queréis*, ir, de
11.16 eso, si alguno *quiere* ser contencioso
12.1 no *quiero*, hermanos, que ignoréis acerca
12.11 repartiendo a cada uno. .como él *quiere*
12.18 ha colocado los miembros. .como él *quiso*
14.5 *quisiera* que todos. .hablaseis en lenguas
15.38 Dios le da el cuerpo como él *quiso*, y
2 Co. 1.8 no *queremos* que ignoréis acerca de
5.8 más *quisiéramos* estar ausentes del cuerpo
8.10 no sólo a hacerlo. .también a *quererlo*
8.11 que como estuvisteis prontos a *querer*
12.20 temo que. .no os halle tales como *quiero*
12.20 y yo sea hallado de. .cual no *queréis*
Gá. 4.21 los que *queréis* estar bajo la ley: ¿no
5.17 para que no hagáis lo que *quisiereis*
6.12 todos los que *quieren* agradar en la carne
6.13 pero *quieren* que vosotros os circuncidéis
Fil. 1.12 *quiero* que sepáis. .que las cosas que
2.13 produce así el *querer* como el hacer, por
Col. 2.1 *quiero* que sepáis cuán gran lucha
4.12 y completos en todo lo que Dios *quiere*
1 Ts. 2.8 *querido* entregaros. .nuestras vidas
2.8 porque habéis llegado a sernos. .*queridos*
4.13 tampoco *queremos*. .que ignoréis acerca de
1 Ti. 1.7 *queriendo* ser doctores de la ley, sin
2.4 el cual *quiere* que todos los hombres sean
2.8 *quiero*. .que los hombres oren en todo lugar
5.11 rebelan contra Cristo, *quieren* casarse
5.14 *quiero*. .que las viudas jóvenes se casen
Tit. 3.8 y en estas cosas *quiero* que insistas
He. 6.17 *queriendo* Dios mostrar. .inmutabilidad
10.5 dice: Sacrificio y ofrenda no *quisiste*
10.8 y expiaciones por el pecado no *quisiste*
Stg. 3.4 por donde el que las gobierna *quiere*
4.4 pues, que *quiera* ser amigo del mundo, se
4.15 si el Señor *quiere*, viviremos y haremos
1 P. 3.17 si la voluntad de Dios así lo *quiere*
2 P. 3.9 no *queriendo* que ninguno perezca, sino
Ap. 11.6 herir la tierra. .cuantas veces *quieran*
17.17 ha puesto. .el ejecutar lo que él *quiso*
22.17 el que *quiera*, tome del agua de la vida

QUERIOT
1. Aldea en Judá, **Jos. 15.25**
2. Ciudad de Moab
Jer. 48.24 sobre *Q*, sobre Bosra y sobre todas
Am. 2.2 fuego. .y consumirá los palacios de *Q*

QUERIT *Arroyo en Galaad donde se escondió el profeta Elías,* 1 R. 17.3,5

QUEROS *Padre de una familia de sirvientes del templo,* **Esd. 2.44; Neh. 7.47**

QUERUB *Jefe entre los que regresaron del exilio,* **Esd. 2.59; Neh. 7.61**

QUERUBÍN
Gn. 3.24 puso al oriente del huerto de Edén *q*
Éx. 25.18 harás también dos *q* de oro; labrados
25.19 un *q* en un extremo, y un *q* en el otro
25.19 una pieza con el propiciatorio. .los *q*
25.20 los *q* extenderán por encima las alas
25.20 al propiciatorio los rostros de los *q*
25.22 hablaré. .de entre los dos *q* que están
26.1 cortinas. .harás con *q* de obra primorosa
26.31 un velo. .hecho de obra primorosa, con *q*
36.8 las hicieron con *q* de obra primorosa
36.35 el velo. .hizo con *q* de obra primorosa
37.7 los dos *q* de oro, labrados a martillo
37.8 un *q* a un extremo, y otro *q* al otro
37.8 de una pieza. .los *q* a sus dos extremos
37.9 y los *q* extendían sus alas por encima
Nm. 7.89 de entre los dos *q;* y hablaba con él
1 S. 4.4 el arca del. .que moraba entre los *q*
2 S. 6.2 Jehová de los. .que mora entre los *q*
22.11 cabalgó sobre un *q*, y voló; voló sobre
1 R. 6.23 hizo. .en el lugar santísimo dos *q* de
6.24 una ala del *q* tenía. .la otra ala del *q*
6.25 el otro *q* tenía diez codos. .ambos *q* eran
6.27 puso estos *q* dentro de la casa en el
6.28 y cubrió de oro los *q*
6.29 esculpió. .*q*, de palmeras y de botones
6.32 y talló. .figuras de *q*, de palmeras y de
6.32 oro; cubrió. .de oro los *q* y las palmeras
6.35 y talló en ellas *q* y palmeras y botones
7.29 había figuras de leones. .bueyes y de *q*
7.36 hizo. .entalladuras de *q*, de leones y de
8.6 el arca del. .debajo de las alas de los *q*
8.7 los *q* tenían. .así cubrían los *q* el arca
2 R. 19.15 Dios. .que moras entre los *q*, sólo
1 Cr. 13.6 Jehová Dios, que mora entre los *q*
28.18 oro puro. .para el carro de los *q* de oro
2 Cr. 3.7 con oro; y esculpió *q* en las paredes
3.10 dentro del lugar santísimo hizo dos *q*
3.11 la longitud de las alas de los *q* era de
3.11 una ala. .la cual tocaba el ala del otro *q*
3.12 ala del otro *q*. .tocaba el ala del otro *q*
3.13 estos *q* tenían las alas extendidas por
3.14 también el velo. .e hizo realzar *q* en él
5.7 el arca del pacto. .bajo las alas de los *q*
5.8 los *q* extendían las alas. .los *q* cubrían
Sal. 18.10 cabalgó sobre un *q*, y voló; voló
80.1 tú que. .que estás entre *q*, resplandece
99.1 está sentado sobre los *q*, se conmoverá
Is. 37.16 Dios de Israel, que moras entre los *q*
Ez. 9.3 y la gloria. .se elevó de encima del *q*
10.1 sobre. .los *q* como una piedra de zafiro
10.2 entra en medio. .ruedas debajo de los *q*
10.2 de carbones encendidos de entre los *q*
10.3 y los *q* estaban a la mano derecha de la
10.4 se elevó de encima del *q* al umbral de la
10.5 el estruendo de las alas de los *q* se oía
10.6 toma fuego de entre las. .de entre los *q*
10.7 *q* extendió su mano. .de en medio de los *q*
10.8 apareció en los *q* la figura de una mano
10.9 junto a los *q*, junto a cada *q* una rueda
10.14 la primera era rostro de *q;* la segunda
10.15 y se levantaron los *q;* este es el ser
10.16 andaban los *q*. .los *q* alzaban sus alas
10.18 gloria de Jehová. .se puso sobre los *q*
10.19 alzando los *q* sus alas, se levantaron
10.20 los mismos seres. .y conocí que eran *q*
11.22 alzaron los *q* sus alas, y las ruedas en
28.14 tú, *q* grande, protector, yo te puse en
28.16 te arrojé de entre las. .oh *q* protector
41.18 estaba labrada con *q* y palmeras, entre
41.18 entre *q* y *q* una palmera; y cada *q* tenía
41.20 encima de la puerta había *q* labrados
41.25 en las puertas del. .había labrados de *q*
He. 9.5 sobre ella los *q* de gloria que cubrían

QUESALÓN *Ciudad en la frontera de Judá,* **Jos. 15.10**

QUESED *Hijo de Nacor y Milca,* **Gn. 22.22**

QUESIL *Ciudad en el Neguev de Judá,* **Jos. 15.30**

QUESO
1 S. 17.18 estos diez *q* de leche los llevarás
2 S. 17.29 miel, manteca, ovejas, y *q* de vaca
Job 10.10 me vaciaste. .y como *q* me cuajaste?

QUESULOT *Población en la frontera de Isacar,* **Jos. 19.18**

QUEZIB *Lugar donde vivió Judá cuando nació su hijo Sela (=Aczib No. 1),* **Gn. 38.5**

QUICIAL
1 R. 7.50 oro los *q* de las puertas de la casa
2 R. 18.16 de los *q* que. .había cubierto de oro
Is. 6.4 los *q* de las puertas se estremecieron

QUICIO
Pr. 26.14 como la puerta gira sobre sus *q*, así

QUIDÓN *Nombre (o dueño) de la era donde murió Uza,* **1 Cr. 13.9**

QUIÉN
Gn. 27.18 Isaac respondió. .¿*q* eres, hijo mío?
27.32 Isaac su padre le dijo: ¿*Q* eres tú?
32.17 ¿de *q* eres. .para *q* es esto que llevas
Éx. 10.8 dijo: Andad. .¿*Q* son los que han de ir?
32.26 y dijo: ¿*Q* está por Jehová? Júntese
Jos. 9.8 ¿*q* sois vosotros, y de dónde venís?
1 S. 18.18 David. .¿*Q* soy yo, o qué es mi vida
26.14 y dijo: ¿*Q* eres tú que gritas al rey?
26.15 dijo David. .¿y *q* hay como tú en Israel?
30.13 dijo. .¿De *q* eres tú, y de dónde eres?
2 R. 6.11 ¿*q* de los nuestros es del. .de Israel?
9.32 él entonces. .dijo: ¿*Q* está conmigo? ¿*q?*
1 Cr. 17.16 ¿*q* soy yo, y cuál es mi casa, para
29.14 ¿*q* soy yo, y *q* es mi pueblo, para que
Est. 7.5 ¿*q* es. .que ha ensoberbecido su corazón
Job 9.24 cubre. .Si no es él, ¿*Q* es? ¿Dónde está?
12.3 *q* habrá que no pueda decir otro tanto?
38.2 ¿*q* es ése que oscurece el consejo con
42.3 ¿*q* es el que oscurece el consejo sin
Sal. 35.10 mis huesos dirán: Jehová, ¿*q* como tú
89.8 ¿*q* como tú? Poderosos eres, Jehová, y tu
113.5 ¿*q* como Jehová nuestro Dios, que se
Pr. 30.9 que. .te niegue, y diga: ¿*Q* es Jehová?
Cnt. 6.10 ¿*q* es ésta que se muestra como el alba
8.5 ¿*q* es ésta que sube del desierto
Mt. 16.15 dijo: Y vosotros, ¿*q* decís que soy?
19.25 diciendo: ¿*Q*, pues, podrá ser salvo?
21.10 la ciudad se conmovió, diciendo: ¿*Q* es
Mr. 8.27 Jesús. .¿*Q* dicen los hombres que soy
Lc. 9.9 ¿*q*. .éste, de quien oigo tales cosas?
22.64 profetiza, ¿*q* es el que te golpeó?
Jn. 1.22 ¿pues *q* eres? para que demos respuesta
8.53 y los profetas murieron! ¿*Q* te haces a
21.12 se atrevía a preguntarle: ¿Tú, *q* eres?
1 P. 3.13 ¿y *q* es aquel que os podrá hacer daño
Ap. 7.13 éstos. .¿*q* son, y de dónde han venido?
13.4 diciendo: ¿*Q* como la bestia, y *q* podrá

QUIETO, TA
Gn. 25.27 pero Jacob era varón *q*. .en tiendas
1 Cr. 4.40 hallaron. .tierra ancha. .*q* y reposada
2 Cr. 18.5 ¿iremos a la guerra. .o me estaré *q?*
18.14 ¿iremos a pelear contra. .me estaré *q?*
20.17 paraos, estad *q*, y ved la salvación de
Job 21.23 éste morirá en el. .todo *q* y pacífico
Sal. 46.10 estad *q*, y conoced que yo soy Dios
83.1 oh. .no calles, oh Dios, ni te estés *q*
Is. 30.7 di voces. .su fortaleza sería estarse *q*
57.20 no puede estarse *q*, y sus aguas arrojan
64.12 ¿te estarás *q*, oh Jehová, sobre estas
Jer. 42.10 si os quedareis *q* en esta tierra, os
48.11 *q* estuvo Moab desde su juventud, y sobre
Hab. 3.16 bien estaré *q* en el día de la angustia
Zac. 1.11 aquí toda la tierra está reposada y *q*

QUIETUD
Ec. 9.17 las palabras del sabio escuchadas en *q*
Is. 30.15 en *q* y en confianza será. .fortaleza
33.20 tus ojos verán a Jerusalén, morada de *q*

QUIJADA
Dt. 18.3 darán al sacerdote. .las *q* y el cuajar
Jue. 15.15 y hallando una *q* de asno fresca aún
15.16 con la *q* de un asno, un montón, dos
15.16 con la *q* de un asno maté a mil hombres
15.17 arrojó de. .la *q*, y llamó a aquel lugar
1 S. 17.35 le echaba mano de la *q*, y lo hería
Job 41.2 narices, y horadarás con garfio su *q?*
Is. 30.28 freno estará en las *q* de los pueblos
Ez. 29.4 pondré garfios en tus *q*, y pegaré los
38.4 y pondré garfios en tus *q*, te sacaré

QUILEAB *Segundo hijo de David (=Daniel No. 1)*, 2 S. 3.3

QUILMAD *Lugar en Mesopotamia*, Ez. 27.23

QUIMAM *Hijo de Barzilai galaadita*
2 S. 19.37 he aquí a tu siervo *Q;* que pase él
19.38 pues pase conmigo *Q*, y yo haré con él
19.40 y con él pasó *Q;* y todo el pueblo de

QUINCE *Véase también Quince mil*
Gn. 7.20 *q* codos más alto subieron las aguas
Éx. 16.1 vino al. . a los *q* días del segundo mes
27.14 las cortinas a un lado. . serán de *q* codos
27.15 al otro lado, *q* codos de cortinas; sus
38.14 un lado cortinas de *q* codos, sus tres
38.15 al otro lado. . cortinas de *q* codos, con
Lv. 23.6 a los *q* días de este mes es la fiesta
23.34 a los *q* días de este mes séptimo será
23.39 a los *q* días del mes séptimo, cuando
27.7 al varón lo estimarás en *q* siclos, y a
Nm. 28.17 a los *q* días. . mes, la fiesta solemne
29.12 a los *q* días del mes séptimo tendréis
33.3 salieron. . a los *q* días del mes primero
2 S. 9.10 tenía Siba *q* hijos y veinte siervos
19.17 asimismo Siba. . con sus *q* hijos y sus
1 R. 7.3 las vigas. . cada hilera tenía *q* columnas
12.32 fiesta solemne en. . a los *q* días del mes
12.33 sacrificó, pues. . a los *q* días del mes
2 R. 14.17 Amasías hijo. . vivió después. . *q* años
14.23 el año *q* de Amasías. . comenzó a reinar
20.6 añadiré a tus días *q* años, y te libraré
2 Cr. 25.25 vivió Amasías. . *q* años después de la
Est. 9.18 *q* del mismo reposaron y lo hicieron
Is. 38.5 he aquí que yo añado a tus días *q* años
Ez. 32.17 *q* días del mes, que vino a mí palabra
45.12 veinte siclos. . *q* siclos. . serán una mina
45.25 los *q* días del mes, en la fiesta, hará
Os. 3.2 compré. . para mí por *q* siclos de plata
Jn. 11.18 Betania estaba cerca de. . *q* estadios
Hch. 27.28 a echar la sonda, hallaron *q* brazas
Gá. 1.18 ver a Pedro, y permanecí con él *q* días

QUINCE MIL
Jue. 8.10 su ejército como de *15.000* hombres

QUINIENTOS *Véase también Quinientos cincuenta, etc.*
Gn. 5.32 siendo Noé de *q* años, engendró a Sem
11.11 vivió Sem. . *q* años, y engendró hijos e
Éx. 30.23 mirra excelente *q* siclos, y de canela
30.24 casia *q*, según el siclo del santuario
Nm. 31.28 de *q*, uno, así de las personas como
1 Cr. 4.42 *q* hombres. . de los hijos de Simeón
2 Cr. 35.9 dieron. . cinco mil ovejas y *q* bueyes
Est. 9.6 y destruyeron los judíos a *q* hombres
9.12 Susa. . los judíos han matado a *q* hombres
Job 1.3 hacienda. . *q* yuntas de bueyes, *q* asnas
Ez. 42.16,17,18,19 *q* cañas de la caña de medir
42.20 *q* cañas de longitud y *q* cañas de ancho
45.2 será. . *q* cañas de longitud y *q* de ancho
Lc. 7.41 el uno le debía *q* denarios, y el otro
1 Co. 15.6 apareció a más de *q* hermanos a la

QUINIENTOS CINCUENTA
1 R. 9.23 vigilantes sobre las obras eran *550*

QUINIENTOS MIL
2 S. 24.9 fueron. . los de Judá *500.000* hombres
2 Cr. 13.17 cayeron. . de Israel *500.000* hombres

QUINIENTOS NOVENTA Y CINCO
Gn. 5.30 y vivió Lamec, después que. . *595* años

QUINIENTOS TREINTA
Neh. 7.70 gobernador dio para. . *530* vestiduras

QUINTAR
Gn. 41.34 y *quinte* la tierra de Egipto en los

QUINTO, TA
Gn. 1.23 y fue la tarde y la mañana el día *q*
30.17 Lea. . concibió, y dio a luz el *q* hijo a
47.24 de los frutos daréis el *q* a Faraón, y
47.26 señalando para Faraón el *q*, excepto sólo
Lv. 5.16 añadirá a ello la *q* parte, y lo dará
6.5 restituirá. . y añadirá a ello la *q* parte
19.25 mas al *q* año comeréis el fruto de él
22.14 añadirá a ella una *q* parte, y la dará
27.13 añadirá sobre tu valuación la *q* parte
27.15 añadirá. . la *q* parte del valor de ella
27.19 añadirá. . la *q* parte del precio de ella
27.27 añadirán sobre. . la *q* parte de su precio
27.31 añadirá la *q* parte de su precio por ello
Nm. 5.7 y añadirá sobre ello la *q* parte, y lo
7.36 el *q* día, Selumiel hijo de Zurisadai
29.26 el *q* día, nueve becerros, dos carneros
33.38 el sacerdote Aarón. . allí murió. . el mes *q*
Jos. 19.24 la *q* suerte correspondió a. . de Aser
Jue. 19.8 al *q* día, levantándose de mañana para
2 S. 2.23 lo hirió Abner. . por la *q* costilla, y
3.4 Adonías hijo. . *q*, Sefatías hijo de Abital
3.27 Joab. . le hirió por la *q* costilla, y murió
20.10 éste le hirió con ella en la *q* costilla
1 R. 14.25 al *q* año del rey Roboam subió Sisac
2 R. 8.16 el *q* año de Joram hijo de Acab, rey
25.8 en el mes *q*, a los siete días del mes
1 Cr. 2.14 el cuarto Natanael, el *q* Radai
3.3 *q*, Sefatías, de Abital; el sexto, Itream
8.2 Noha el cuarto, y Rafa el *q*
12.10 Mismana el cuarto, Jeremías el *q*
24.9 la *q* a Malquías, la sexta a Mijamín
25.12 la *q* para Netanías, con sus hijos y sus
26.3 Elam el *q*, Johanán el sexto, Elioenai el
26.4 tercero, el cuarto Sacar, el *q* Natanael
27.8 *q* jefe para el *q* mes era Samhut izraíta
2 Cr. 12.2 en el *q* año del rey. . subió Sisac rey
Esd. 7.8 llegó a. . en el mes *q* del año séptimo
7.9 y al primero del mes *q* llegó a Jerusalén
Neh. 6.5 envió. . para decir lo mismo por *q* vez
Jer. 1.3 cautividad de Jerusalén en el mes *q*
28.1 en el *q* mes, que Hananías hijo de Azur
36.9 y aconteció en el año *q* de Joacim hijo
52.12 y en el mes *q*, a los diez días del mes
Ez. 1.2 en el *q* año de la deportación del rey
20.1 en el mes *q*, a los diez días del mes, que
Zac. 7.3 diciendo: ¿Lloraremos en el mes *q?*
7.5 cuando ayunasteis y llorasteis en el *q* y
8.19 el ayuno del *q*, el ayuno del séptimo, y
Ap. 6.9 cuando abrió el *q* sello, vi bajo el
9.1 el *q* ángel tocó la trompeta, y vi una
16.10 *q* ángel derramó su copa sobre el trono
21.20 el *q*, ónice; el sexto, cornalina; el

QUÍO *Isla en el Mar Egeo*, Hch. 20.15

QUIRIAT *Ciudad de Judá (=Quiriat-jearim)*, Jos. 18.28

QUIRIATAIM
1. Ciudad de Moab, posteriormente de Rubén
Nm. 32.37 y los hijos de Rubén edificaron. . *Q*
Jos. 13.19 *Q*, Sibma, Zaret-sahar en el monte
Jer. 48.1 *Q* fue tomada; fue confundida Misgab
48.23 sobre *Q*, sobre Bet-gamul. . Bet-meón
Ez. 25.9 tierras deseables de. . Baal-meón y *Q*
2. Ciudad en Neftalí, 1 Cr. 6.76

QUIRIAT-ARBA *Nombre antiguo de Hebrón*
Gn. 23.2 murió Sara en *Q*, que es Hebrón, en
Jos. 14.15 mas el nombre de Hebrón fue antes *Q*
15.13 a Caleb. . dio. . la ciudad de *Q* padre de
15.54 Humta, *Q* (la cual es Hebrón) y Sior; 9
20.7 señalaron a Cedes. . y *Q* (que es Hebrón)
21.11 dieron *Q* del padre de Anac, la cual es
Jue. 1.10 en Hebrón, la cual se llamaba antes *Q*
Neh. 11.25 de Judá habitaron en *Q* y sus aldeas

QUIRIAT-BAAL *Quiriat-jearim No. 1*, Jos. 15.60; 18.14

QUIRIAT-HUZOT *Ciudad en Moab*, Nm. 22.39

QUIRIAT-JEARIM
1. Ciudad en Judá
Jos. 9.17 sus ciudades eran Gabaón. . Beerot y *Q*
15.9 sale. . rodeando luego a Baala, que es *Q*
15.60; 18.14 Quiriat-baal (que es *Q*) y Rabá
18.15 el lado del sur es desde el extremo de *Q*
Jue. 18.12 fueron y acamparon en *Q* en Judá, por
18.12 a aquel lugar. . está al occidente de *Q*
1 S. 6.21 enviaron mensajeros a. . de *Q*, diciendo
7.1 vinieron los de *Q* y llevaron el arca de
7.2 desde el día que llegó el arca a *Q*. . años
1 Cr. 13.5 que trajesen el arca de Dios de *Q*
13.6 subió David con todo Israel a Baala de *Q*
2 Cr. 1.4 David había traído el arca. . de *Q* al
Esd. 2.25; Neh. 7.29 de *Q*, Cafira y Beerot, 743
Jer. 26.20 Urías hijo de Semaías, de *Q*, el cual
2. Descendiente de Judá
1 Cr. 2.50 los hijos de Hur. . Sobal padre de *Q*
2.52 hijos de Sobal padre de *Q* fueron Haroe
2.53 y las familias de *Q* fueron los itritas

QUIRIAT-SANA *=Quiriat-sefer*, Jos. 15.49

QUIRIAT-SEFER *Nombre antiguo de Debir*
Jos. 15.15 y el nombre de Debir era antes *Q*
15.16 que atacare a *Q*. . le daré mi hija Acsa
Jue. 1.11 fue a. . Debir, que antes se llamaba *Q*
1.12 que atacare a *Q* y la tomare, yo le daré

QUISI *Levita cantor (=Cusaías)*, 1 Cr. 6.44

QUISIÓN *Ciudad levítica en Isacar (=Cisón No. 1)*, Jos. 19.20

QUISLEU *Mes noveno en el calendario hebreo*, Neh. 1.1; Zac. 7.1

QUISLÓN *Padre de Elidad*, Nm. 34.21

QUISLOT-TABOR *Ciudad en el límite de Zabulón e Isacar (=Quesulot)*, Jos. 19.12

QUITAR
Gn. 8.13 *quitó* Noé la cubierta del arca, y miró
19.9 respondieron: *Quita* allá; y añadieron
21.25 pozo de agua, que. . le habían *quitado*
30.23 hijo, y dijo: Dios ha *quitado* mi afrenta
31.9 *quitó* Dios el ganado de vuestro padre
31.16 la riqueza que Dios ha *quitado* a. . padre
31.31 pensé. . *quitarías* por fuerza a tus hijas
35.2 *quitad* los dioses ajenos que hay entre
37.23 *quitaron* a José su túnica, la túnica de
38.7 Er. . fue malo. . y le *quitó* Jehová la vida
38.10 Jehová. . a él también le *quitó* la vida
38.14 se *quitó* ella los vestidos de su viudez
38.19 se fue, y se *quitó* el velo de sobre sí
40.19 *quitará* Faraón tu cabeza de sobre ti
41.42 Faraón *quitó* su anillo de su mano, y lo
49.10 no será *quitado* el cetro de Judá, ni el
Éx 3.5 dijo: No te acerques; *quita* tu calzado
8.8 orad a Jehová para que *quite* las ranas de
8.9 para que las ranas sean *quitadas* de ti y
8.31 y *quitó* todas aquellas moscas de Faraón
9.15 de plaga, y serás *quitado* de la tierra
10.17 *quite* de mí al menos esta plaga mortal
10.19 *quitó* la langosta y la arrojó en el Mar
14.25 y *quitó* las ruedas de sus carros, y los
21.14 de mi altar lo *quitarás* para que muera
23.25 *quitaré* toda enfermedad de en medio de
25.15 varas quedarán. . no se *quitarán* de ella
33.5 *quítate*. . tus atavíos, para que yo sepa
34.34 Moisés. . *quitaba* el velo hasta que salía
Lv. 1.15 le *quitará* la cabeza, y hará que arda
1.16 *quitará* el buche y las plumas, lo cual
3.4,10,15 con los riñones *quitará* la grosura
3.9 cola. . la cual *quitará* a raíz del espinazo
4.9 con los riñones *quitará* la grosura de sobre
4.10 de la manera que se *quita* del buey del
4.19 *quitará* toda la grosura y la hará arder
4.31,35 y le *quitará* toda su grosura, de la
4.31,35 fue *quitada* la grosura del sacrificio
6.11 *quitará* sus vestiduras y se pondrá otras
7.4 con los riñones *quitará* la grosura de sobre
13.58 que se le *quitare* la plaga, se lavará
14.42 las pondrán en lugar de las. . *quitadas*
16.23 Aarón. . *quitará* las vestiduras de lino
26.6 haré *quitar* de. . tierra las malas bestias
Nm. 4.13 *quitarán* la ceniza del altar, y. . paño
21.7 que *quite* de nosotros estas serpientes
27.4 será *quitado* el nombre de nuestro padre
36.3 la herencia de ellas será así *quitada* de
36.3 y será *quitada* de la porción de nuestra
36.4 así la heredad de ellas será *quitada* de la
Dt. 7.15 *quitará* Jehová de ti toda enfermedad
12.32 no añadirás a ello, ni de ello *quitarás*
13.5; 17.7; 19.19; 21.21; 22.21,24; 24.7
y así *quitarás* el mal de en medio de ti
17.12 y *quitarás* el mal de en medio de Israel
19.13 *quitarás* de Israel la sangre inocente
21.9 *quitarás* la culpa de la sangre inocente
21.13 se *quitará* el vestido de su cautiverio
22.22 morirán. . así *quitarás* el mal de Israel
22.26 alguno se levanta. . y le *quita* la vida
25.9 se acercará. . y le *quitará* el calzado del
27.25 soborno para *quitar* la vida al inocente
29.19 de que con la embriaguez *quite* la sed
Jos. 5.9 hoy he *quitado* de vosotros el oprobio
5.15 *quita* el calzado de tus pies, porque el
7.13 hasta que hayáis *quitado* el anatema de
8.29 mandó Josué que *quitasen* del madero su
10.27 mandó. . los *quitasen* de los maderos, y
11.15 así Josué lo hizo, sin *quitar* palabra
24.14 y *quitad* de entre vosotros los dioses
24.23 *quitad*, pues, ahora los dioses ajenos
Jue. 10.16 *quitaron* de entre sí. . dioses ajenos
15.6 Sansón. . porque le *quitó* su mujer y la dio
20.13 los matemos, y *quitemos* el mal de Israel
Rt. 3.15 *quítate* el manto que traes sobre ti
4.7 el uno se *quitaba* el zapato y lo daba a
4.8 a Booz: Tómalo tú. Y se *quitó* el zapato
1 S. 7.3 *quitad* los dioses ajenos y a Astarot
7.4 hijos de Israel *quitaron* a los baales y
17.26 que venciere. . y. . *quitare* el oprobio de
18.4 Jonatán se *quitó* el manto que llevaba
20.15 el nombre de Jonatán sea *quitado* de la
21.6 habían sido *quitados* de la presencia de
21.6 panes. . el día que aquéllos fueron *quitados*
24.11 tú andas a caza de mi vida. . *quitármela*
28.17 Jehová ha *quitado* el reino de tu mano
30.22 no les daremos del botín que. . *quitado*
31.12 *quitaron* el cuerpo de Saúl y. . del muro
2 S. 3.15 Is-boset. . *quitó* a su marido Paltiel

QUITAR *(Continúa)*
2 S. 4.11 he de demandar. .y *quitaros* de la tierra?
7.15 de Saúl, al cual *quité* de delante de ti
12.30 *quitó* la corona de la cabeza de su rey
14.14 ni Dios *quita* la vida, sino que provee
16.9 me dejes pasar, y le *quitaré* la cabeza
17.8 osa cuando le han *quitado* sus cachorros
24.10 *quites* el pecado de tu siervo, porque
1 R. 2.31 y *quita* de mí. .la sangre que Joab ha
11.34 no *quitaré* nada del reino de sus manos
11.35 *quitaré* el reino de la mano de su hijo
15.12 *quitó*. .a los sodomitas, y *q*. .los ídolos
15.14 sin embargo, los. .altos no se *quitaron*
15.22 *quitaron* de Ramá la piedra y la madera
19.4 *quítame* la vida, pues no soy yo mejor que
19.10,14 y me buscan para *quitarme* la vida
20.41 él se *quitó* de pronto la venda de sobre
22.43 los lugares altos no fueron *quitados*
2 R. 2.3,5 que Jehová te *quitará* hoy a tu señor
2.9 pide. .antes de que yo sea *quitado* de ti
2.10 si me vieres cuando fuere *quitado* de ti
3.2 *quitó* las estatuas de Baal que su padre
4.27 se acercó Giezi para *quitarla;* pero el
12.3; 15.4 los lugares altos no se *quitaron*
14.4; 15.34 lugares altos no fueron *quitados*
16.17 les *quitó* las fuentes. .*q* también el mar
16.18 *quitó* del templo de Jehová, por causa
17.18 airó. .los *quitó* de delante de su rostro
17.23 Jehová *quitó* a Israel de delante de su
18.4 él *quitó* los lugares altos, y quebró las
18.16 Ezequías *quitó* el oro de las puertas del
18.22 cuyos lugares altos y altares ha *quitado*
23.5 y *quitó* a los sacerdotes idólatras que
23.11 *quitó*. .los caballos que. .dedicado al sol
23.19 los lugares altos. .*quitó* también Josías
23.27 *quitaré* de. .a Judá, como *quité* a Israel
24.3 Judá. .para *quitarla* de su presencia, por
1 Cr. 5.25 de los pueblos. .Jehová había *quitado*
17.13 no *quitaré* de él mi misericordia, como
17.13 como la *quité* de aquel que fue antes
21.8 te ruego que *quites* la iniquidad de tu
2 Cr. 14.3 *quitó* los altares del culto extraño
14.5 *quitó*. .los lugares altos y las imágenes
15.8 oyó Asa. .*quitó* los ídolos abominables de
15.17 los lugares altos no eran *quitados* de
17.6 *quitó* los lugares altos y las imágenes
19.3 has *quitado* de la. .las imágenes de Asera
20.33 los lugares altos no fueron *quitados*
30.14 *quitaron* los altares. .*q* también todos
32.12 que ha *quitado* sus lugares altos y sus
33.8 nunca más *quitaré* el pie de Israel de la
33.15 *quitó* los dioses ajenos, y el ídolo de
34.33 *quitó* Josías todas las abominaciones de
35.23 *quitadme* de. .estoy gravemente herido
36.3 el rey de Egipto lo *quitó* de Jerusalén
Neh. 4.23 ni yo. .nos *quitamos* nuestro vestido
5.10 grano; *quitémosles* ahora este gravamen
Est. 3.10 el rey *quitó* el anillo de su mano, y
4.4 hacerle *quitar* el cilicio; mas él no los
8.2 y se *quitó* el rey el anillo que recogió de
Job 1.21 dijo. .Jehová dio, y Jehová *quitó:* sea
7.21 ¿y por qué no *quitas* mi rebelión, y
9.34 *quite* de sobre mí su vara, y su terror
12.20 priva. .y *quita* a los ancianos el consejo
12.24 *quita* el entendimiento a los jefes del
13.14 ¿por qué *quitaré* yo mi carne con mis
19.9 me ha. .*quitado* la corona de mi cabeza
24.9 *quitan* el pecho a los huérfanos, y de
24.10 a los hambrientos *quitan* las gavillas
27.2 vive Dios, que ha *quitado* mi derecho, y
27.5 muera, no *quitaré* de mí mi integridad
27.8 impío. .cuando Dios le *quitare* la vida?
33.17 *quitar* al hombre de su obra, y apartar
34.5 justo, y Dios me ha *quitado* mi derecho
34.20 y sin mano será *quitado* el poderoso
36.18 no sea que en su ira te *quite* con golpe
38.15 la luz de los impíos es *quitada* de ellos
42.10 *quitó* Jehová la aflicción de Job, cuando
Sal. 31.13 consultan. .e idean *quitarme* la vida
39.10 quita de. .mí tu plaga; estoy consumido
51.11 no. .y no *quites* de mí tu santo Espíritu
78.30 no habían *quitado* de sí su anhelo, aún
84.11 no *quitará* el bien a los que andan en
89.33 mas no *quitaré* de él mi misericordia
94.6 matan, y a los huérfanos *quitan* la vida
104.29 les *quitas* el hálito, dejan de ser
119.39 *quita* de mí el oprobio que he temido
119.43 no *quites* de mi boca. .la palabra de
Pr. 1.19 cual *quita* la vida de sus poseedores
15.1 la blanda respuesta *quita* la ira; mas
20.16 *quítale* su ropa al que salió por fiador
22.27 han de *quitar* tu cama de debajo de ti?
25.4 *quita* las escorias de la plata, y saldrá
25.20 es como el que *quita* la ropa en tiempo
27.13 *quítale* su ropa al que salió fiador por
Ec. 11.10 *quita*, pues, de tu corazón el enojo
Cnt. 5.7 me *quitaron* mi manto de encima los
Is. 1.16 *quitad* la iniquidad de vuestras obras
1.25 y limpiaré. .y *quitaré* toda tu impureza
2.18 y *quitará* totalmente los ídolos
3.1 *quita* de Jerusalén. .al sustentador y al
3.18 en aquel día *quitará* el Señor el atavío
4.1 llevar tu nombre, *quita* nuestro oprobio
5.5 le *quitaré* su vallado, y será consumida
5.23 los que. .y al justo *quitan* su derecho!
5.29 se la llevará con. .y nadie se la *quitará*
6.7 es *quitada* tu culpa, y limpio tu pecado
7.20 el pelo de. .y aun la barba también *quitará*
8.4 será *quitada* la riqueza de Damasco y los
10.2 para *quitar* el derecho a los afligidos
10.6 para que *quite* despojos, y arrebate presa
10.13 *quité* los territorios de los pueblos
10.27 su carga será *quitada* de tu hombro, y
14.25 y su carga será *quitada* de su hombro
16.10 *quitado* es el gozo y. .del campo fértil
18.5 podará con. .cortará y *quitará* las ramas
20.2 *quita* el cilicio de tus lomos, y descalza
22.25 el clavo hincado el. .firme será *quitado*
25.8 *quitará* la afrenta de su pueblo de toda
30.11 *quitad* de nuestra presencia al Santo de
30.20 maestros nunca más te serán *quitados*
32.6 vacía. .y *quitando* la bebida al sediento
36.7 aquel cuyos altares hizo *quitar* Ezequías
49.24 ¿será *quitado* el botín al valiente?
51.22 he aquí he *quitado* de tu mano el cáliz
53.8 por cárcel y por juicio fue *quitado;* y
57.1 de delante de la aflicción es *quitado* el
57.14 *quitad* los tropiezos del camino de mi
58.9 si *quitares* de en medio de ti el yugo
62.10 *quitad* las piedras, alzad pendón a los
Jer. 4.1 si *quitares* de. .mí tus abominaciones
4.4 y *quitad* el prepucio de vuestro corazón
5.10 *quitad* las almenas de sus muros, porque
16.5 he *quitado* mi paz de este pueblo, dice
27.20 no *quitó* Nabucodonosor rey. .cuando
28.10 Hananías *quitó* el yugo del cuello del
28.16 te *quito* de sobre la faz de la tierra
32.31 para que la haga *quitar* de mi presencia
48.2 venid, y *quitémosla* de entre. .naciones
51.55 y *quitará* de ella la mucha jactancia
Lm. 2.6 *quitó* su tienda como enramada de huerto
Ez. 11.18 volverán. .y *quitarán*. .sus idolatrías
11.19 y *quitaré* el corazón de piedra de en
16.50 abominación. .y cuando lo vi las *quité*
21.26 *quita* la corona; esto no será más así
23.25 te *quitarán* tu nariz y tus orejas, y lo
24.6 olla. .cuya herrumbre no ha sido *quitada!*
24.16 *quito* de golpe el deleite de tus ojos
26.16 *quitarán* sus mantos, y desnudarán sus
34.25 paz, y *quitaré* de la tierra las fieras
36.26 *quitaré*. .corazón de piedra, y os daré
38.13 *quitar* plata y oro, para tomar ganados
42.5 las galerías *quitaban* de ellas más que de
44.19 cuando salgan. .*quitarán* las vestiduras
45.9 *quitad* vuestras imposiciones de sobre mi
Dn. 2.21 él muda los. .*quita* reyes, y pone reyes
4.14 *quitadle* el follaje, y dispersad su fruto
4.31 se te dice. .reino ha sido *quitado* de ti
7.12 *quitado* a las otras bestias su dominio
7.26 y le *quitarán* su dominio para que sea
8.11 por él fue *quitado* el continuo sacrificio
9.26 *quitará* la vida al Mesías, mas no por sí
11.31 tropas. .*quitarán* el continuo sacrificio
12.11 desde. .que sea *quitado* el. .sacrificio
Os. 1.6 no me compadeceré. .los *quitaré* del todo
2.9 *quitaré* mi lana y mi lino que había dado
2.17 porque *quitaré* de su boca los nombres de
2.18 y *quitaré* de la tierra arco y espada y
4.11 fornicación. .y mosto *quitan* el juicio
9.12 si llegaren a grandes sus. .los *quitaré*
13.11 te di rey en. .y te lo *quité* en mi ira
14.2 *quita* toda iniquidad, y acepta el bien
Jl. 1.5 porque os es *quitado* de vuestra boca
1.13 *quitada* es de la casa. .la ofrenda y la
Am. 2.3 y *quitaré* el juez de en medio de él, y
5.23 *quita* a mí la multitud de tus cantares
Jon. 4.3 te ruego que me *quites* la vida; porque
Mi. 1.11 llanto de Bet-esel os *quitará* su apoyo
2.4 ¡cómo nos *quitó* nuestros campos! Los dio
2.8 *quitasteis* las capas atrevidamente a los
2.9 niños *quitasteis* mi perpetua alabanza
3.2 les *quitáis* su piel y su carne de sobre
Hab. 3.17 las ovejas sean *quitadas* de la majada
Sof. 3.11 *quitaré*. .a los que se alegran en tu
Zac. 3.4 ángel. .*Quitadle* esas vestiduras viles
3.4 dijo: Mira que he *quitado* de ti tu pecado
3.9 *quitaré* el pecado de la tierra en un día
9.7 *quitaré* la sangre de su boca. .sus dientes
13.2 *quitaré* de. .los nombres de las imágenes
Mt. 5.40 y *quitarte* la túnica, déjale. .la capa
9.15 días cuando el esposo les será *quitado*
13.12 pero. .aun lo que tiene le será *quitado*
16.23 *¡quítate* de delante de mí, Satanás!
21.21 si. .dijereis: *Quítate* y échate en el mar
21.43 el reino de. .será *quitado* de vosotros
25.28 *quitadle*, pues, el talento, y dadlo al
25.29 al que. .aun lo que tiene le será *quitado*
26.51 hiriendo a un siervo. .le *quitó* la oreja
27.31 le *quitaron* el manto, le pusieron sus
Mr. 2.20 cuando el esposo les será *quitado*, y
3.4 ¿es lícito. .salvar la vida, o *quitarla?*
4.15 y *quita* la palabra que se sembró en sus
4.25 que no tiene. .lo que tiene se le *quitará*
8.33 *¡quítate* de delante de mí, Satanás!
11.23 este monte: *Quítate* y échate en el mar
15.46 y *quitándolo*, lo envolvió en la sábana
Lc. 1.25 se dignó *quitar* mi afrenta entre los
1.52 *quitó* de los tronos a los poderosos, y
5.35 días cuando el esposo les será *quitado*
6.9 ¿es lícito en. .salvar la vida, o *quitarla?*
6.29 que te *quite* la capa, ni aun la túnica
8.12 y *quita* de su corazón la palabra, para
8.18 y a todo el que no tiene. .se le *quitará*
10.42 buena parte, la cual no le será *quitada*
11.22 le *quita* todas sus armas. .y reparte el
11.52 habéis *quitado* la llave de la ciencia
12.5 después de haber *quitado* la vida, tiene
16.3 porque mi amo me *quita* la mayordomía
16.4 que cuando me *quite* de la mayordomía, me
19.24 *quitadle* la mina, y dadla al que tiene
19.26 al que no tiene, aun lo. .se le *quitará*
23.53 *quitándolo*, lo envolvió en una sábana
Jn. 1.29 el Cordero. .*quita* el pecado del mundo
2.16 dijo. .*Quitad* de aquí esto, y no hagáis
10.18 nadie me la *quita*, sino que yo de mí
11.39 dijo Jesús: *Quitad* la piedra. Marta, la
11.41 entonces *quitaron* la piedra de donde
13.4 se *quitó* su manto, y tomando una toalla
15.2 que en mí no lleva fruto, lo *quitará*
16.22 gozará. .nadie os *quitará* vuestro gozo
17.15 no ruego que los *quites* del mundo, sino
19.31 quebrasen las. .y fuesen *quitados* de allí
20.1 María. .vio *quitada* la piedra del sepulcro
Hch. 7.33 *quita* el calzado de tus pies, porque
8.33 porque fue *quitada* de la tierra su vida
13.22 *quitado* éste. .levantó por rey a David
13.29 *quitándolo* del madero, lo pusieron en
22.22 *quita* de la tierra a tal hombre, porque
24.7 el tribuno. .le *quitó* de nuestras manos
Ro. 11.27 mi pacto. .cuando yo *quite* sus pecados
1 Co. 5.2 *quitado* de en medio de vosotros el que
5.13 *quitad*, pues, a ese perverso de entre
6.15 *¿quitaré*, pues, los miembros de Cristo
2 Co. 3.14 velo. .el cual por Cristo es *quitado*
3.16 conviertan al Señor, el velo se *quitará*
11.12 para *quitar* la ocasión a aquellos que
12.8 he rogado al Señor, que lo *quite* de mí
Gá. 5.11 se ha *quitado* el tropiezo de la cruz
Ef. 4.31 *quítense* de vosotros toda amargura
Col. 2.14 *quitándola* de en medio y clavándola
2 Ts. 2.7 hasta que el. .sea *quitado* de en medio
2 Ti. 1.10 el cual *quitó* la muerte y sacó a luz
He. 9.26 vez. .para *quitar* de en medio el pecado
10.4 sangre de. .no puede *quitar* los pecados
10.9 *quita* lo primero, para establecer esto
10.11 que nunca pueden *quitar* los pecados
1 P. 3.21 *quitando* las inmundicias de la carne
1 Jn. 3.5 apareció para *quitar* nuestros pecados
Ap. 2.5 *quitaré* tu candelero de su lugar, si no
6.4 dado poder de *quitar* de la tierra la paz
22.19 si alguno *quitare* de las palabras del
22.19 Dios *quitará* su parte del libro de la

QUITIM

1. Hijo de Javán, **Gn. 10.4; 1 Cr. 1.7**
2. La isla de Chipre

Nm. 24.24 vendrán naves de. .de *Q*. y afligirán
Is. 23.1 desde la tierra de *Q* les es revelado
23.12 levántate para pasar a *Q*, y aun allí
Jer. 2.10 pasad a las costas de *Q* y mirad; y
Ez. 27.6 tus bancos de pino de las costas de *Q*
Dn. 11.30 vendrán contra él naves de *Q*, y él

QUITLIS *Ciudad en Judá,* **Jos. 15.40**

QUITRÓN *Población en Zabulón,* **Jue. 1.30**

QUIUN *Dios de Mesopotamia,* **Am. 5.26**

R

RAAMA

1. Hijo de Cus, **Gn. 10.7; 1 Cr. 1.9(2)**

2. Tribu descendiente de No. 1, **Ez. 27.22**

RAAMÍAS *Uno que regresó del cautiverio con Zorobabel (=Reelaías),* **Neh. 7.7**

RABÁ

1. Ciudad capital de Amón

Dt. 3.11 su cama..¿no está en *R* de los hijos de
Jos. 13.25 hasta Aroer, que está enfrente de *R*
2 S. 11.1 sitiaron a *R;* pero David se quedó en
12.26 Joab peleaba contra *R* de los..de Amón
12.27 yo he puesto sitio a *R*, y he tomado la
12.29 fue contra *R*, y combatió contra ella
17.27 hijo de Nahas, de *R* de los hijos de Amón
1 Cr. 20.1 vino y sitió a *R*..y Joab batió a *R*
20.2 tomó David la corona de..del rey de *R*
Jer. 49.2 haré oir clamor de guerra en *R* de los
49.3 clamad, hijas de *R*, vestíos de cilicio
Ez. 21.20 por donde venga la espada a *R* de los
25.5 pondré a *R* por habitación de camellos
Am. 1.14 encenderé fuego en el muro de *R*, y

2. Ciudad en Judá, **Jos. 15.60**

RABÍ

Mt. 23.7 y que los hombres los llamen: *R, R*
23.8 pero vosotros no queráis que os llamen *R*
Jn. 1.38 ellos le dijeron: *R*..¿dónde moras?
1.49 *R*, tú eres el Hijo de Dios; tú eres el
3.2 *R*, sabemos que has venido de Dios como
3.26 *R*, mira que el que estaba contigo al
4.31 sus discípulos le rogaban, diciendo: *R*
6.25 le dijeron: *R*, ¿cuándo llegaste acá?
9.2 *R*, ¿quién pecó, éste o sus padres, para
11.8 *R*, ahora procuraban..judíos apedrearte

RABIT *Población en la frontera de Isacar,* **Jos. 19.20**

RABMAG *Título de un funcionario de Babilonia,* **Jer. 39.3,13**

RABONI

Jn. 20.16 dijo: ¡*R!* (que quiere decir, Maestro)

RABSACES *Título de un funcionario de Asiria o Babilonia*

2 R. 18.17 el rey de Asiria envió..al *R*, con un
18.19 les dijo el *R:* Decid ahora a Ezequías
18.26 dijo..Joa, al *R*..rogamos que hables a
18.27 el *R* les dijo: ¿Me ha enviado mi señor
18.28 el *R* se puso en pie y clamó a gran voz
18.37 vinieron..contaron las palabras del *R*
19.4 oirá Jehová tu Dios..las palabras del *R*
19.8 regresando el *R*, halló al rey de Asiria
Is. 36.2 envió al *R* con un gran ejército desde
36.4 cuales dijo el *R:* Decid ahora a Ezequías
36.11 dijeron..al *R:* Te rogamos que hables a
36.12 y dijo el *R:* ¿Acaso me envió mi señor
36.13 entonces el *R* se puso en pie y gritó a
36.22 vinieron..contaron las palabras del *R*
37.4 quizá oirá..tu Dios las palabras del *R*
37.8 *R*, halló al rey de Asiria que combatía

RABSARIS *Eunuco principal, título de un funcionario de Asiria o Babilonia,* **2 R. 18.17; Jer. 39.3,13**

RACAL *Aldea en Judá,* **1 S. 30.29**

RACAT *Ciudad fortificada en Neftalí,* **Jos. 19.35**

RACIMO

Gn. 40.10 en la vid..viniendo a madurar sus *r*
Nm. 13.23 cortaron un sarmiento con..*r* de uvas
13.24 Valle de Escol, por el *r* que cortaron
Dt. 32.32 vid..uvas ponzoñosas, *r* muy amargos
1 S. 25.18 Abigail tomó..cien *r* de uvas pasas
30.12 le dieron..higos secos y dos *r* de pasas
2 S. 16.1 cien *r* de pasas, cien panes de higos
Cnt. 1.14 *r* de flores de alheña en las viñas de
7.7 tu estatura..palmera, y tus pechos a los *r*
7.8 deja que tus pechos sean como *r* de vid
Is. 65.8 como si alguno hallase mosto en un *r*
Mi. 7.1 han rebuscado..y no queda *r* para comer
Ap. 14.18 vendimia los *r* de la tierra, porque

RACIÓN

Gn. 47.22 sacerdotes tenían *r*..comían la *r*
Dt. 18.8 igual *r* a la de los otros comerá
Pr. 31.15 y da comida a su..y *r* a sus criadas
Jer. 52.34 se le daba una *r* de parte del rey de
Dn. 1.5 y les señaló el rey *r* para cada día, de
1.13 que comen de la *r* de la comida del rey
Lc. 12.42 casa, para que a tiempo les dé su *r?*

RACIONAL

Ro. 12.1 en sacrificio..que es vuestro culto *r*

RACÓN *Aldea en Dan,* **Jos. 19.46**

RADAI *Quinto hijo de Isaí de Belén,* **1 Cr. 2.14**

RADICAR

Jue. 5.14 de Efraín vinieron los *radicados* en

RAER

Gn. 6.7 *raeré* de sobre la faz de la tierra a
7.4 *raeré*..de la tierra a todo ser viviente
7.23 y fueron *raídos* de la tierra, y quedó
Éx. 17.14 *raeré* del todo la memoria de Amalec
32.12 *raerlos* de sobre la faz de la tierra
32.32 si no, *ráema* ahora de tu libro que has
32.33 al que pecare contra mí, a éste *raeré*
Lv. 14.8 y *raerá* todo su pelo, y se lavará con
14.9 *raerá*..el pelo de su cabeza, su barba y
21.5 ni *raerán* la punta de su barba, ni en su
Nm. 6.9 día de su purificación *raerá* su cabeza
6.18 el nazareo *raerá*..su cabeza consagrada
6.19 que fuere *raída* su cabeza consagrada
Dt. 12.3 sus dioses. y *raeréis* su nombre de aquel
1 R. 13.34 *raída* de sobre la faz de la tierra
15.29 mató..la casa de Jeroboam..hasta *raerla*
2 R. 14.27 no había determinado *raer* el nombre
Sal. 69.28 sean *raídos* del libro de..vivientes
Is. 3.17 *raerá* la cabeza de las hijas de Sion
7.20 día el Señor *raerá* con navaja alquilada
13.9 la tierra..*raer* de ella a los pecadores
14.22 y *raeré* de Babilonia el nombre y el
48.19 nunca su nombre sería cortado, ni *raído*
55.13 por señal eterna que nunca será *raída*
Jer. 16.6 ni se *raerán* los cabellos por ellos
41.5 ochenta hombres, *raída* la barba y rotas
48.37 toda cabeza será rapada, y..barba *raída*
Ez. 27.31 *raerán* por ti los cabellos..cilicio
Mi. 1.16 *ráete* y trasquílate por los hijos de
Sof. 1.3 *raeré* a los hombres de sobre la faz

RAFA

1. Hijo de Benjamín, **1 Cr. 8.2**

2. Descendiente del rey Saúl (=Refaías No. 4), **1 Cr. 8.37**

RAFAEL *Portero del templo en tiempo de David,* **1 Cr. 26.7**

RAFÚ *Padre de Palti No. 1,* **Nm. 13.9**

RAGAU *Ascendiente de Jesucristo (=Reu),* **Lc. 3.35**

RAGUEL *Suegro de Moisés (=Jetro),* **Nm. 10.29**

RAHAB

1. Ramera habitante de Jericó

Jos. 2.1 entraron en casa de una ramera que..*R*
2.3 el rey de..envió a decir a *R:* Saca a los
6.17 solamente *R* la ramera vivirá, con todos
6.23 sacaron a *R*, a su padre, a su madre, a
He. 11.31 por la fe *R*..no pereció juntamente con
Stg. 2.25 *R* la..¿no fue justificada por obras

2. Voz poética que se refiere a Egipto

Sal. 87.4 yo me acordaré de *R* y de Babilonia
89.10 tú quebrantaste a *R* como a herido de
Is. 51.9 ¿no eres tú el que cortó a *R*, y el que

3. Mujer de Salmón y madre de Booz (posiblemente =No. 1), **Mt. 1.5**

RAHAM *Descendiente de Judá,* **1 Cr. 2.44**

RAÍDO, DA *Véase también Raer*

Lv. 13.55 lo *r* en el derecho o en el revés de
Jer. 38.11 tomó de allí..ropas *r* y andrajosas
38.12 pon ahora esos trapos viejos y ropas *r*

RAÍZ

Lv. 3.9 cola..la cual quitará a *r* del espinazo
Dt. 29.18 haya..*r* que produzca hiel y ajenjo
2 R. 19.30 volverá a echar *r* abajo, y llevará
Job 5.3 yo he visto al necio que echaba *r*, y en
8.17 entretejiendo sus *r* junto a una fuente
14.8 si se envejeciere en la tierra su *r*, y
18.16 abajo se secarán sus *r*, y arriba serán
19.28 ya que la *r* del asunto se halla en mí
28.9 su mano, y trastornó de *r* los montes
29.19 mi *r* estaba abierta junto a las aguas
30.4 recogían..*r* de enebro para calentarse
Sal. 80.9 hiciste arraigar sus *r*, y llenó la
Pr. 12.3 la *r* de los justos no será removida
12.12 el impío..la *r* de los justos dará fruto
Is. 5.24 será su *r* como podredumbre, y su flor
11.1 de Isaí, y un vástago retoñará de sus *r*
11.10 la *r* de Isaí, la cual estará puesta por
14.29 de la *r* de la culebra saldrá áspid, y
14.30 haré morir de hambre tu *r*, y destruiré
27.6 días vendrán cuando Jacob echará *r*
37.31 volverá a echar *r* abajo, y dará fruto
40.24 como si nunca..hubiera tenido *r* en la
53.2 subirá cual renuevo..y *r* de tierra seca
Jer. 12.2 plantaste, y echaron *r;* crecieron y
12.17 arrancaré esa nación, sacándola de *r* y
17.8 junto a la corriente echará sus *r*, y no
Ez. 17.6 sus *r* estaban debajo de ella; así que
17.7 que esta vid juntó cerca de ella sus *r*
17.9 arrancará sus *r*, y destruirá su fruto
17.9 ni mucha gente para arrancarla de sus *r*
31.7 porque su *r* estaba junto a muchas aguas
Dn. 4.15,23 cepa de sus *r* dejaréis en la tierra
4.26 orden de dejar..cepa de las *r* del árbol
11.7 un renuevo de sus *r* se levantará sobre
Os. 9.16 Efraín fue herido, su *r* está seca, no
14.5 Israel..extenderá sus *r* como el Líbano
Am. 2.9 destruí su fruto arriba y sus *r* abajo
Zac. 6.12 el Renuevo, el cual brotará de sus *r*
Mal. 4.1 abrasará..no les dejará ni *r* ni rama
Mt. 3.10 también el hacha está puesta a la *r* de
13.6 se quemó; y porque no tenía *r*, se secó
13.21 pero no tiene *r*..es de corta duración
Mr. 4.6 se quemó; y porque no tenía *r*, se secó
4.17 pero no tienen *r* en sí, sino que son de
11.20 la higuera se había secado desde las *r*
Lc. 3.9 hacha está puesta a la *r* de los árboles
8.13 no tienen *r;* creen por algún tiempo, y
Ro. 11.16 y si la *r* es santa..lo son las ramas
11.17 has sido hecho participante de la *r* y
11.18 no sustentas tú a la *r*, sino la *r* a ti
15.12 dice Isaías: Estará la *r* de Isaí, y el
1 Ti. 6.10 *r* de..los males es el amor al dinero
He. 12.15 que brotando alguna *r* de amargura, os
Ap. 5.5 el León de..la *r* de David, ha vencido
22.16 yo soy la *r* y el linaje de David, la

RAM

1. Ascendiente del rey David (=Aram No. 1), **Rt. 4.19; 1 Cr. 2.9,10**

2. Hijo de Jerameel, **1 Cr. 2.25,27**

3. Ascendiente de Eliú No. 5, **Job 32.2**

RAMÁ

1. Ciudad en Benjamín, **Jos. 18.25; Esd. 2.26; Neh. 7.30; 11.33**

Jue. 4.5 la palmera de Débora, entre *R* y Bet-el
19.13 ven..para pasar la noche en Gabaa o en *R*
1 R. 15.17 edificó a *R*, para no dejar a ninguno
15.21 oyendo esto Baasa, dejó de edificar a *R*
15.22 y quitaron de *R* la piedra y la madera
2 Cr. 16.1 subió Baasa rey de..y fortificó a *R*
16.5 oyendo..Baasa, cesó de edificar a *R*, y
16.6 se llevaron de *R* la piedra y la madera
Is. 10.29 Geba, *R* tembló; Gabaa de Saúl huyó
Jer. 40.1 capitán de..guardia le envió desde *R*
Os. 5.8 tocad..trompeta en *R:* sonad alarma en
Mt. 2.18 voz fue oída en *R*..Raquel que llora a

2. Ciudad en la frontera de Aser, **Jos. 19.29**

3. Ciudad en Neftalí, **Jos. 19.36**

4. Ciudad en Efraín

1 S. 1.19 y volvieron y fueron a su casa en *R*
2.11 Elcana se volvió a su casa en *R;* y el
7.17 volvía a *R*, porque allí estaba su casa
8.4 ancianos..vinieron a *R* para ver a Samuel
15.34 se fue luego Samuel a *R*, y Saúl subió
16.13 levantó luego Samuel, y se volvió a *R*

RAMÁ *(Continúa)*
1 S. 19.18 vino a Samuel en R, y le dijo todo lo
19.19 he aquí que David está en Naiot en R
19.22 él mismo fue a R; y llegando al..pozo
19.22 respondió: He aquí están en Naiot en R
19.23 y fue a Naiot en R..llegó a Naiot en R
20.1 después David huyó de Naiot en R, y vino
25.1 Samuel..y lo sepultaron en su casa en R
28.3 y le habían sepultado en R, su ciudad
Jer. 31.15 voz fue oída en R, llanto y lloro

RAMA
Gn. 49.22 r fructífera es José, r..junto a una
Lv. 23.40 tomaréis el primer día r con fruto de
23.40 r de palmeras, r de árboles frondosos
Dt. 24.20 no recorrerás las r que hayas dejado
Jue. 9.48 Abimelec..cortó una r de los árboles
9.49 el pueblo cortó también cada uno su r
2 S. 18.9 y el mulo entró por debajo de las r
Neh. 8.15 salid al monte, y traed r de olivo
8.16 trajeron r e hicieron tabernáculos, cada
Job 15.30 no escapara..la llama secará sus r
18.16 raíces, y arriba serán cortadas sus r
29.19 aguas, y en mis r permanecía el rocío
Sal. 104.12 las aves de los..cantan entre las r
Pr. 11.28 mas los justos reverdecerán como r
Cnt. 7.8 dije: Subiré a la palmera, asiré sus r
Is. 9.14 cortará de..r y caña en un mismo día
17.6 en la punta de la r..r más fructíferas
17.9 como los frutos que quedan en..en las r
18.5 entonces podará..cortará y quitará las r
19.15 cosa que haga la cabeza o la cola, la r
27.10 allí tendrá su majada, y acabará sus r
27.11 r se sequen, serán quebradas; mujeres
Jer. 11.16 hizo encender fuego..quebraron sus r
Ez. 17.6 sus r miraban al águila, y sus raíces
17.7 y extendió hacia ella sus r, para ser
17.8 hiciese r y diese fruto, y..fuese vid
17.23 lo plantaré, y alzará r, y dará fruto, y
17.23 las aves..a la sombra de sus r habitarán
19.11 se elevó su estatura por..entre las r
19.12 r fuertes fueron quebradas y se secaron
19.14 y ha salido fuego de la vara de sus r
31.3 era..de hermosas r, de frondoso ramaje
31.3 el asirio..su copa estaba entre densas r
31.5 se multiplicaron sus r, y a causa de las
31.6 en sus r hacían nido todas las aves del
31.7 hermoso en su..con la extensión de sus r
31.8 las hayas no fueron semejantes a sus r
31.9 lo hice hermoso con la multitud de sus r
31.10 levantado..entre densas r, su corazón
31.12 sus r caerán sobre los montes..valles
31.13 sobre sus r estarán todas las bestias
36.8 daréis vuestras r, y llevaréis vuestro
Dn. 4.12 sus r hacían morada las aves del cielo
4.14 y cortad sus r, quitadle el follaje, y
4.14 váyanse las bestias..y las aves de sus r
4.21 en cuyas r anidaban las aves del cielo
Os. 14.6 se extenderán sus r, y será su gloria
Jl. 1.7 asoló mi vid, y..sus r quedaron blancas
Zac. 4.12 ¿qué significan las dos r de olivo que
Mal. 4.1 abrasará..no les dejará ni raíz ni r
Mt. 13.32 aves del cielo y hacen nidos en sus r
21.8 otros cortaban r de los árboles, y las
24.32 ya su r está tierna, y brotan las hojas
Mr. 4.32 echa grandes r, de tal manera que las
11.8 otros cortaban r de los árboles, y las
13.28 ya su r está tierna, y brotan las hojas
Lc. 13.19 las aves del cielo anidaron en sus r
Jn. 12.13 tomaron r de..y salieron a recibirle
Hch. 28.3 habiendo recogido Pablo algunas r
Ro. 11.16 y si la raíz es santa..lo son las r
11.17 si algunas de las r fueron desgajadas
11.18 no te jactes contra las r: y si..jactas
11.19 las r, dirás, fueron desgajadas para que
11.21 si Dios no perdonó a las r naturales, a
11.24 éstos, que son las r naturales, serán

RAMAJE
Is. 10.33 desgajará el r con violencia, y los
Ez. 17.6 y brotó, y se hizo una vid de mucho r
31.3 el asirio frondoso r y de grande altura
31.5 tanto..se alargó su r que había echado
31.6 debajo de su r parían todas las bestias
31.8 ni los castaños fueron semejantes a su r
31.12 todos los arroyos..y será quebrado su r

RAMATAIM *Población en Efraín (=Ramá No. 4),* 1 S. 1.1

RAMAT DEL NEGUEV *Población en Judá (=Baalat-beer),* Jos. 19.8

RAMATITA *Originario de Ramá,* 1 Cr. 27.27

RAMAT-LEHI *Lugar donde Sansón mató a mil filisteos (=Lehi),* Jue. 15.17

RAMAT-MIZPA *Población en Gad,* Jos. 13.26

RAMERA
Gn. 34.31 tratar a nuestra hermana como a..r?
38.15 la vio Judá, y la tuvo por r, porque
38.21 ¿dónde está la r..No ha estado aquí r
38.22 también..dijeron: Aquí no ha estado r
Lv. 21.7 con mujer r o infame no se casarán, ni
21.14 no tomará viuda..ni r, sino tomará de
Dt. 23.17 no haya r..entre las hijas de Israel
23.18 no traerás la paga de una r ni..perro
Jos. 2.1 fueron, y entraron en casa de una r
6.17 solamente Rahab la r vivirá, con todos
6.22 entrad en casa de la..r, y haced salir de
6.25 Josué salvó la vida de Rahab la r, y a
Jue. 11.1 Jefté..era hijo de una mujer r, y el
16.1 fue Sansón a..y vio allí a una mujer r
1 R. 3.16 vinieron al rey dos mujeres r, y se
22.38 las r se lavaban allí), conforme a la
Pr. 6.26 a causa de la..r el hombre es reducido
7.10 sale..con atavío de r y astuta de corazón
23.27 porque abismo profundo es la r, y pozo
29.3 el que frecuenta r perderá los bienes
Is. 1.21 ¿cómo te has convertido en r..ciudad
23.15 años, cantará Tiro canción como de r
23.16 y rodea la ciudad, oh r olvidada; haz
Jer. 2.20 debajo de todo árbol..echabas como r
3.3 y has tenido frente de r, y no quisiste
5.7 y en casa de r se juntaron en compañías
Ez. 16.30 cosas, obras de una r desvergonzada
16.31 no fuiste semejante a r, en que..paga
16.33 todas las r les dan dones; mas tú diste
16.35 por tanto, r, oye palabra de Jehová
16.41 haré que dejes de ser r, y que ceses de
23.44 han venido..como quien viene a mujer r
Os. 4.14 porque ellos mismos se van con r, y
9.1 amaste salario de r en todas las eras de
Jl. 3.3 niños por una r, y vendieron las niñas
Am. 7.17 tu mujer será r en medio de la ciudad
Mi. 1.7 de dones de r los juntó, y a dones de r
Nah. 3.4 a causa..de las fornicaciones de la r
Mt. 21.31 las r van delante..al reino de Dios
21.32 pero los publicanos y las r le creyeron
Lc. 15.30 tu hijo..ha consumido tus bienes con r
1 Co. 6.15 ¿quitaré..los haré miembros de una r?
6.16 ¿o no sabéis que el que se une con una r
He. 11.31 Rahab la r no pereció juntamente con
Stg. 2.25 Rahab la r, ¿no fue justificada por
Ap. 17.1 la sentencia contra la gran r, la que
17.5 BABILONIA..LA MADRE DE LAS r, Y DE LAS
17.15 las aguas..donde la r se sienta, son
17.16 éstos aborrecerán a la r, y la dejarán
19.2 juzgado a la gran r que ha corrompido a

RAMESÉS
1. La tierra de Gosén
Gn. 47.11 les dio posesión..en la tierra de R
Éx. 12.37 partieron los hijos de Israel de R
Nm. 33.3 de R salieron en el mes primero, a los
33.5 salieron..los hijos de Israel de R, y
2. Ciudad real en No. 1, Éx. 1.11

RAMÍA *Uno de los que se casaron con mujeres extranjeras en tiempo de Esdras,* Esd. 10.25

RAMITA
Is. 18.5 entonces podará con podaderas las r

RAMO
Ez. 8.17 aquí que aplican el r a sus narices

RAMOT
1. Ciudad fortificada en Galaad
Dt. 4.43 R en Galaad para los gaditas, y Golán
Jos. 20.8 Rubén, R en Galaad de la tribu de Gad
21.38 de la tribu de Gad, R de Galaad con sus
1 R. 4.13 el hijo de Geber en R de Galaad; éste
22.3 ¿no sabéis que R de Galaad es nuestra
22.4 ¿quieres..a pelear contra R de Galaad?
22.6 ¿iré a la guerra contra R de Galaad, o
22.12 profetizaban de la..Sube a R de Galaad
22.15 ¿iremos a pelear contra R de Galaad, o
22.20 para que suba y caiga en R de Galaad?
22.29 subió..el rey de Israel..R de Galaad
2 R. 8.28 a la guerra con Joram..R de Galaad
8.29 los sirios le hicieron frente a R, cuando
9.1 toma esta redoma en..y vé a R de Galaad
9.4 fue..el joven, el profeta, a R de Galaad
9.14 Joram guardando a R de Galaad con todo
1 Cr. 6.80 de Gad, R de Galaad con sus ejidos
2 Cr. 18.2 que fuese con él contra R de Galaad
18.3 ¿quieres..conmigo contra R de Galaad?
18.5 ¿iremos a la guerra contra R de Galaad
18.11 diciendo: Sube contra R de Galaad, y
18.14 ¿iremos a pelear contra R de Galaad, o
18.19 para que suba y caiga en R de Galaad
18.28 subieron, pues, el rey de..a R de Galaad
22.5 fue a la guerra con Joram..a R de Galaad
22.6 de las heridas que le habían hecho en R
2. Ciudad en el Neguev (=Ramat del Neguev), 1 S. 30.27
3. Ciudad levítica en Isacar (=Jarmut No. 2), 1 Cr. 6.73
4. Uno de los que se casaron con mujeres extranjeras en tiempo de Esdras, Esd. 10.29

RANA
Éx. 8.2 castigaré con r todos tus territorios
8.3 y el río criará r, las cuales subirán y
8.4 las r subirán sobre ti, sobre tu pueblo
8.5 haga subir r sobre la tierra de Egipto
8.6 y subieron r que cubrieron la tierra de
8.7 hicieron venir r sobre la tierra de Egipto
8.8 que quite las r de mí y de mi pueblo, y
8.9 para que las r sean quitadas de ti y de
8.11 las r se irán de ti, y de tus casas, de
8.12 clamó..tocante a las r que había mandado
8.13 murieron las r de las casas..los campos
Lv. 11.29 por inmundos..la r según su especie
Sal. 78.45 envió..moscas..r que los destruían
105.30 tierra produjo r hasta en las cámaras
Ap. 16.13 tres espíritus inmundos a manera de r

RAPACIDAD
Lc. 11.39 pero por dentro estáis llenos de r y

RAPAR
Dt. 14.1 no..ni os *raparéis* a causa de muerto
21.12 y ella *rapará* su cabeza, y cortará sus
Jue. 16.17 fuere *rapado*, mi fuerza se apartará
16.19 le *rapó* las siete guedejas de su cabeza
16.22 comenzó a crecer, después que..*rapado*
2 S. 10.4 les *rapó* la mitad de la barba..cortó
1 Cr. 19.4 Hanún tomó los siervos..y los *rapó*
Is. 3.24 *rapada* en lugar de la compostura del
15.2 toda cabeza de ella será *rapada*, y toda
22.12 a *raparse* el cabello y a vestir cilicio
Jer. 25.23 a todos los que se *rapan* las sienes
47.5 Gaza fue *rapada*, Ascalón ha perecido, y
48.37 toda cabeza será *rapada*, y toda barba
Ez. 7.18 y todas sus cabezas estarán *rapadas*
44.20 y no se *raparán* su cabeza, ni dejarán
Am. 8.10 haré poner..y que se *rape* toda cabeza
Hch. 18.18 *rapado* la cabeza en Cencrea, porque
1 Co. 11.5 lo mismo es que si se hubiese *rapado*
11.6 si le es vergonzoso a la mujer *raparse*

RAPAZ
Mt. 7.15 de ovejas, pero por dentro son lobos r
Hch. 20.29 en medio de vosotros lobos r, que no

RÁPIDAMENTE
2 Cr. 29.36 alegró..porque la cosa fue hecha r
35.13 pascua..repartieron r a todo el pueblo
Is. 32.4 la lengua de los tartamudos hablará r

RAPIÑA
Gn. 15.11 descendían aves de r sobre..cuerpos
Sal. 62.10 no confiéis en la violencia, ni..r
Pr. 21.7 la r de los impíos los destruirá, por
Is. 59.6 son obras de iniquidad, y obra de r
Jer. 12.9 ¿es mi heredad para mí como ave de r
12.9 están contra ella aves de r en derredor?
15.13 entregaré a la r sin ningún precio, por
Ez. 23.46 yo..las entregaré a turbación y a r
34.22 mis ovejas, y nunca más serán para r
39.4 a aves de r de toda..he dado por comida
45.9 ¡basta ya, oh..Dejad la violencia y la r
Am. 3.10 atesorando r y despojo en..palacios
Jon. 3.8 camino, de la r que hay en sus manos
Mi. 6.12 sus ricos se colmaron de r, y..mentira
Nah. 3.1 ¡ay de ti, ciudad..toda llena..de r
Hab. 2.17 la r del Líbano caerá sobre ti, y la

RAQUEL *Mujer de Jacob*
Gn. 29.6 he aquí R su hija viene con las ovejas
29.9 ellos, R vino con el rebaño de su padre
29.10 que cuando Jacob vio a R, hija de Labán
29.11 Jacob besó a R, y alzó su voz y lloró
29.12 y Jacob dijo a R que él era hermano de
29.16 mayor Lea, y el nombre de la menor, R
29.17 R era de lindo semblante y de hermoso
29.18 y Jacob amó a R, y dijo: Yo te serviré
29.18 yo te serviré siete años por R tu hija
29.20 así sirvió Jacob por R siete años; y le
29.25 Jacob dijo a..¿No te he servido por R?
29.28 hizo Jacob así..y él le dio a R su hija
29.29 dio Labán a R su hija su sierva Bilha
29.30 y se llegó también a R, y la amó..más
29.31 Lea..le dio hijos; pero R era estéril
30.1 viendo R que no daba hijos a Jacob, tuvo
30.2 Jacob se enojó contra R, y dijo: ¿Soy yo
30.6 dijo entonces R: Me juzgó Dios, y..oyó
30.7 concibió otra vez Bilha la sierva de R
30.8 dijo R: Con luchas..he contendido con mi
30.14 dijo R a Lea: Te ruego que me des de las
30.15 R: Pues dormirá contigo esta noche por
30.22 y se acordó Dios de R, y la oyó Dios
30.25 cuando R hubo dado a luz a José, que
31.4 envió, pues, Jacob, y llamó a R y a Lea
31.14 respondieron R y Lea, y le dijeron
31.19 ido..y R hurtó los ídolos de su padre
31.32 Jacob no sabía que R los había hurtado
31.33 salió de la..y entró en la tienda de R
31.34 pero tomó R los ídolos y los puso en una
33.1 repartió él los niños entre Lea y R y
33.2 luego a Lea..y a R y a José los últimos
33.7 después llegó José y R, y..se inclinaron

RAQUEL *(Continúa)*
Gn. 35.16 dio a luz *R*, y hubo trabajo en su parto
35.19 murió *R*, y fue sepultada en el camino
35.20 esta es la señal de la sepultura de *R*
35.24 los hijos de *R:* José y Benjamín
35.25 los hijos de Bilha, sierva de *R:* Dan y
46.19 los hijos de *R*, mujer de Jacob: José y
46.22 los hijos de *R*, que nacieron a Jacob
46.25 los hijos de Bilha, la que dio Labán a *R*
48.7 cuando yo venía de. . se me murió *R* en la
Rt. 4.11 Jehová haga a la mujer. . como a *R* y a
1 S. 10.2 dos hombres junto al sepulcro de *R*
Jer. 31.15 *R* que lamenta por sus hijos, y no
Mt. 2.18 *R* que llora a sus hijos, y no quiso

RASCAR
Job 2.8 y tomaba Job un tiesto para *rascarse*

RASGAR
Gn. 37.29 no halló a José. . y *rasgó* sus vestidos
37.34 Jacob *rasgó* sus vestidos, y puso cilicio
44.13 *rasgaron* sus vestidos, y cargó cada uno
Lv. 10.6 ni *rasguéis* vuestros vestidos en señal
13.45 el leproso. . llevará vestidos *rasgados*
21.10 sumo sacerdote. . ni *rasgará* sus vestidos
22.24 con testículos. . magullados, *rasgados* o
1 S. 15.27 asió de. . su manto, y éste se *rasgó*
15.28 Jehová ha *rasgado* hoy de ti el reino
2 S. 1.11 asiendo de sus vestidos, los *rasgó*
3.31 dijo David a. . *Rasgad* vuestros vestidos
13.19 *rasgó* la ropa. . de que estaba vestida
13.31 David, *rasgó* sus vestidos, y se echó en
13.31 criados. . también *rasgaron* sus vestidos
15.32 salió. . *rasgados* sus vestidos, y tierra
1 R. 21.27 *rasgó* sus vestidos y puso cilicio
2 R. 5.7 *rasgó* sus vestidos, y dijo: ¿Soy. . Dios
5.8 que el rey de. . había *rasgado* sus vestidos
5.8 rey: ¿Por qué has *rasgado* tus vestidos?
6.30 rey. . *rasgó* sus vestidos, y pasó así por
11.14 Atalía, *rasgando* sus vestidos, clamó a
18.37 y Joa. . vinieron a Ezequías, *rasgados* sus
19.1 Ezequías lo oyó, *rasgó* sus vestidos y se
22.11 el rey hubo oído las. . *rasgó* sus vestidos
22.19 *rasgaste* tus vestidos, y lloraste en mi
2 Cr. 23.13 Atalía *rasgó* sus vestidos, y dijo
34.19 el rey oyó. . la ley, *rasgó* sus vestidos
34.27 *rasgaste* tus vestidos y lloraste en mi
Esd. 9.3 cuando oí esto, *rasgué* mi vestido y mi
9.5 y habiendo *rasgado* mi vestido y mi manto
Est. 4.1 que supo Mardoqueo. . *rasgó* sus vestidos
Job 1.20 Job se levantó, y *rasgó* su manto, y
2.12 cada uno de ellos *rasgó* su manto, y los
Is. 36.22 Sebna. . vinieron a Ezequías, *rasgados*
37.1 Ezequías oyó esto, *rasgó* sus vestidos
Jer. 16.6 se *rasgarán* ni se raerán los cabellos
36.23 lo *rasgó* el rey con un cortaplumas de
36.24 temor ni *rasgaron* sus vestidos el rey
Ez. 23.34 *rasgarás* tus pechos. . he hablado, dice
Jl. 2.13 *rasgad* vuestro corazón, y no vuestros
Mt. 26.65 *rasgó* sus vestiduras, diciendo: ¡Ha
27.51 el velo del templo se *rasgó* en dos, de
Mr. 14.63 *rasgando* su vestidura, dijo: ¿Qué más
15.38 el velo del templo se *rasgó* en dos, de
Lc. 23.45 velo del templo se *rasgó* por la mitad
Hch. 14.14 *rasgaron* sus ropas, y se lanzaron
16.22 los magistrados, *rasgándoles* las ropas

RASGUÑADO
Jer. 41.5 raída la barba y rotas las ropas, y *r*

RASGUÑO
Lv. 19.28 no haréis *r* en vuestro cuerpo por un
21.5 ni. . de su barba, ni en su carne harán *r*
Jer. 48.37 sobre toda mano habrá *r*, y cilicio

RASO
1 R. 20.25 pelearemos con ellos en campo *r*, y

RASPAR
Lv. 14.41 y hará *raspar* la casa. . y derramarán
14.41 derramarán fuera. . el barro que *rasparen*
14.43 casa, después que hizo. . *raspar* la casa

RASTRO
Pr. 30.19 el *r* del águila. . el *r* de la culebra
30.19 el *r* de la nave. . y el *r* del hombre en
Dn. 2.35 el viento sin que de ellos quedara *r*

RASTROJO
Éx. 5.12 el pueblo se esparció. . para recoger *r*
Is. 5.24 como la lengua del fuego consume el *r*
33.11 concebisteis hojarascas, *r* daréis a luz

RASURAR
Lv. 13.33 que se *rasure*, pero no *rasurará* el
Job 1.20 Job se levantó. . *rasuró* su cabeza, y se
Is. 15.2 ella será rapada, y toda barba *rasurada*
Hch. 21.24 paga. . para que se *rasuren* la cabeza

RATIFICAR
Sal. 119.106 juré y *ratifiqué* que guardaré tus
Gá. 3.15 un pacto. . una vez *ratificado*, nadie lo
3.17 el pacto. . *ratificado* por Dios para con

RATÓN
Lv. 11.29 tendréis por inmundos. . el *r*, la rana
1 S. 6.4 cinco *r* de oro, porque una misma plaga
6.5 y de vuestros *r* que destruyen la tierra
6.11 la caja con los *r* de oro y las figuras
6.18 los *r* de oro fueron conforme al número
Is. 66.17 que comen carne de. . abominación y *r*

RAUDAL
Pr. 5.15 bebe el agua de. . *r* de tu propio pozo

RAYADO
Gn. 30.35 Labán apartó aquel día los machos. . *r*

RAYAR
Gn. 19.15 al *rayar* el alba, los ángeles daban
32.24 luchó con él. . hasta que *rayaba* el alba
32.26 déjame, porque *raya* el alba. Y Jacob
Lc. 23.54 y estaba para *rayar* el día de reposo

RAYO
1 R. 7.33 *r*, sus cubos. . todo era de fundición
Sal. 77.17 tronaron los. . y discurrieron tus *r*
78.48 sus bestias, y sus ganados a los *r*
Hab. 3.4 *r* brillantes salían de su mano, y allí
Lc. 10.18 veía a Satanás. . del cielo como un *r*

RAZA
Nm. 13.33 hijos de Anac, *r* de los gigantes, y

RAZÓN
Nm. 31.49 han tomado *r* de los hombres de guerra
Dt. 1.22 a su regreso nos traigan *r* del camino
23.10 por *r* de alguna impureza acontecida de
Jos. 20.4 expondrá sus *r* en oídos de. . ancianos
Jue. 11.28 el rey. . de Amón no atendió a las *r*
2 S. 13.16 ella le respondió: No hay *r*; mayor
1 R. 1.14 yo entraré tras ti y reafirmaré tus *r*
9.15 *r* de la leva que el rey Salomón impuso
Job 15.3 ¿disputará con. . y con *r* sin provecho?
29.22 mi palabra. . y mi *r* destilaba sobre ellos
32.11 he esperado a vuestras *r*, he escuchado
32.12 quien redarguya a. . y responda a sus *r*
32.14 Job. . ni yo le responderé con vuestras *r*
33.1 Job, oye ahora mis *r*, y escucha todas mis
33.3 mis *r* declararán la rectitud. . corazón
33.13 él no da cuenta de ninguna de sus *r*
33.32 si tienes *r*, respóndeme; habla, porque
34.6 ¿he de mentir yo contra mi *r?* Dolorosa
35.4 yo te responderé *r*, y a tus compañeros
36.2 porque todavía tengo *r*. . defensa de Dios
Sal. 44.16 por *r* del enemigo y del vengativo
54.2 oh Dios, oye. . escucha las *r* de mi boca
68.29 *r* de tu templo en Jerusalén los reyes
Pr. 1.2 para entender. . para conocer *r* prudentes
1.21 de las puertas de la ciudad dice sus *r*
3.30 no tengas pleito con nadie sin *r*, si no
4.4 decía: Retenga tu corazón mis *r*; guarda
4.5 te olvides ni te apartes de. . *r* de mi boca
4.10 oye, hijo mío, y recibe mis *r*, y se te
4.20 a mis palabras; inclina tu oído a mis *r*
5.7 pues. . no os apartéis de las *r* de mi boca
7.1 hijo mío, guarda mis *r*, y atesora contigo
7.24 hijos. . estad atentos a las *r* de mi boca
8.8 justas son todas las *r* de mi boca; no hay
11.22 es la mujer hermosa y apartada de *r*
19.27 te hacen divagar de las *r* de sabiduría
23.9 porque menospreciará la prudencia de. . *r*
Ec. 7.25 fijé mi corazón para. . inquirir. . la *r*
7.27 las cosas una por una para hallar la *r*
Cnt. 1.4 nos acordaremos de tus. . con *r* te aman
Is. 32.9 mi voz; hijas confiadas, escuchad mi *r*
52.4 descendió. . y el asirio lo cautivó sin *r*
Dn. 4.34 y mi *r* me fue devuelta; y bendije al
4.36 mi *r* me fue devuelta; y la majestad de
Hch. 19.40 causa por lo cual podamos dar *r* de
25.27 me parece fuera de *r* enviar un preso y
Ro. 13.5 no solamente por *r* del castigo, sino
1 Co. 5.12 ¿qué *r* tendría yo para juzgar a los
Fil. 4.15 ninguna iglesia participó. . en *r* de
1 P. 3.15 os demande *r* de la esperanza que hay

RAZONABLE
Pr. 8.9 son. . *r* a los que han hallado sabiduría

RAZONAMIENTO
Dt. 32.2 destilará como el rocío mi *r*; como la
1 S. 25.33 bendito sea tu *r*, y bendita tú, que
Job 13.6 oíd ahora mi *r*, y estad atentos a los
13.17 oíd. . mi *r*, y mi declaración entre en
32.15 no respondieron. . se les fueron los *r*
35.1 prosiguió Eliú en su *r*, y dijo
Ro. 1.21 se envanecieron en sus *r*, y su necio
2.15 y acusándoles o defendiéndoles sus *r*

RAZONAR
Lv. 19.17 *razonarás* con tu prójimo, para que
Job 13.3 hablaría. . y querría *razonar* con Dios
23.7 el justo *razonaría* con él; y yo escaparía
37.20 por más que el hombre *razone*, quedará

REAFIRMAR
1 R. 1.14 yo entraré. . y *reafirmaré* tus razones

REAÍA
1. *Descendiente de Judá (=Haroe)*, 1 Cr. 4.2
2. *Descendiente de Rubén*, 1 Cr. 5.5
3. *Jefe de una familia de sirvientes del templo*, Esd. 2.47; Neh. 7.50

REAL
Nm. 20.17 el camino *r* iremos, sin apartarnos a
21.22 el camino *r* iremos, hasta que pasemos
Jos. 10.2 Gabaón era. . como una de las ciudades *r*
1 S. 27.5 ha de morar tu siervo. . la ciudad *r?*
2 S. 11.2 paseaba sobre el terrado de la casa *r*
11.8 Urías. . fue enviado presente de la mesa *r*
12.26 Joab peleaba contra. . tomó la ciudad *r*
14.26 pesaba. . cabello. . 200 siclos de peso *r*
1 R. 9.1 acabado. . casa de Jehová, y la casa *r*
9.10 edificado. . casa de Jehová y la casa *r*
10.12 balaustres para la. . para las casas *r*
10.22 y traía oro. . marfil, monos y pavos *r*
11.14 Hadad edomita, de sangre *r*, el. . en Edom
14.26 tomó los tesoros. . tesoros de la casa *r*
14.27 custodiaban la puerta de la casa *r*
16.18 se metió en el palacio de la casa *r*
22.10 vestidos de sus ropas *r*, en la plaza
2 R. 11.1 Atalía. . destruyó. . la descendencia *r*
15.25 lo hirió. . en el palacio de la casa *r*
16.8 en los tesoros de la casa *r*, envió al
18.15 la plata. . en los tesoros de la casa *r*
24.13 sacó de allí. . los tesoros de la casa *r*
25.25 vino Ismael. . de la estirpe *r*, y con él
2 Cr. 9.11 el rey hizo gradas. . en las casas *r*
9.21 traían plata, marfil, monos y pavos *r*
16.2 sacó Asa la plata y el oro. . de la casa *r*
18.9 en su trono, vestidos con sus ropas *r*
18.29 dijo el rey de. . tú vístete tus ropas *r*
22.10 Atalía. . exterminó. . la descendencia *r*
26.21 Jotam su hijo tuvo cargo de la casa *r*
26.23 Uzías. . en el campo de los sepulcros *r*
28.21 despojó Acaz. . la casa *r*, y las de los
Est. 1.5 en el patio del huerto del palacio *r*
1.7 daban a beber. . mucho vino *r*, de acuerdo
1.9 hizo banquete. . en la casa *r* del rey Asuero
1.19 salga un decreto *r* de vuestra majestad
2.3 jóvenes vírgenes. . a Susa, residencia *r*
2.5 había en Susa residencia *r* un. . Mardoqueo
2.8 reunido. . doncellas en Susa residencia *r*
2.16 fue. . Ester llevada al rey. . a su casa *r*
2.17 y puso la corona *r* en su cabeza, y la
2.18 dio mercedes conforme a la generosidad *r*
5.1 vistió Ester su vestido *r*, y entró en el
5.1 estaba el rey sentado. . en el aposento *r*
6.4 Amán había venido al patio. . de la casa *r*
6.8 y traigan el vestido *r* de que el rey se
6.8 la corona *r* que está puesta en su cabeza
6.10 Mardoqueo, que se sienta a la puerta *r*
6.12 Mardoqueo volvió a la puerta *r*, y Amán
8.10 en caballos veloces. . de los repastos *r*
8.15 salió Mardoqueo. . con vestido *r* de azul
9.11 de los muertos en Susa, residencia *r*
Jer. 38.7 y oyendo Ebed-melec. . de la casa *r*, que
41.1 vino Ismael hijo de. . de la descendencia *r*
Ez. 17.13 también a uno de la descendencia *r*
Dn. 1.3 trajese. . del linaje *r* de los príncipes
4.29 paseando en el palacio *r* de Babilonia
4.30 yo edifiqué para casa *r* con la fuerza de
5.5 escribía. . sobre. . la pared del palacio *r*
6.7 que promulgues un edicto *r* y lo confirmes
6.12 fueron luego. . le hablaron del edicto *r*
Hch. 12.21 Herodes, vestido de ropas *r*, se sentó
Stg. 2.8 en verdad cumplís la ley *r*, conforme
1 P. 2.9 vosotros sois. . *r* sacerdocio, nación

REALIDAD
Gn. 43.20 ay, señor nuestro, nosotros en *r* de
Is. 48.3 lo publiqué, lo hice pronto, y fue *r*

REALIZAR
Is. 41.4 ¿quién hizo y *realizó* esto?. . Yo Jehová

REALZAR
2 Cr. 3.5 *realzar* en ella palmeras y cadenas
3.14 el velo. . hizo *realzar* querubines en él

REANIMAR
Jue. 15.19 recobró su espíritu, y se *reanimó*
20.22 *reanimándose*. . volvieron a ordenar la
Sal. 68.9 tu heredad exhausta tú la *reanimaste*

REANUDAR
Job 29.1 volvió Job a *reanudar* su discurso, y

REASUMIR

Job 27.1 *reasumió* Job su discurso, y dijo

REBA *Uno de los cinco príncipes de Madián derrotados por Moisés,* **Nm. 31.8; Jos. 13.21**

REBAJAR

Lv. 27.18 años. . y se *rebajará* de tu estimación

REBAÑO

Gn. 21.28 puso Abraham 7 corderas del *r* aparte
29.2 tres *r* de ovejas que yacían cerca de él
29.3 juntaban allí todos los *r;* y revolvían
29.8 no podemos, hasta que se junten. . los *r*
29.9 ellos, Raquel vino con el *r* de su padre
29.10 y abrevó el *r* de Labán hermano de su
30.32 yo pasaré hoy por todo tu *r*, poniendo
30.40 y ponía con su propio *r* los listados y
Lv. 1.10 su ofrenda. . fuere del *r*, de las ovejas
5.6 traerá. . una hembra de los *r*, una cordera
5.15,18; 6.6 un carnero sin defecto de los *r*
Dt. 7.13 bendecirá. . los *r* de tus ovejas, en la
28.4 bendito el fruto de. . los *r* de tus ovejas
28.18 maldito el fruto. . y los *r* de tus ovejas
28.51 y no te dejará. . ni los *r* de tus ovejas
Jos. 14.4 ejidos de ellas para sus ganados y *r*
Jue. 5.16 quedaste. . oir los balidos de los *r?*
1 S. 8.17 diezmará también vuestros *r*, y seréis
2 Cr. 35.7 dio el rey Josías. . cabritos de los *r*
Esd. 10.19 por su pecado un carnero de los *r*
Sal. 49.14 como a *r* que son conducidos al Seol
78.52 y los llevó por el desierto como un *r*
107.41 hace multiplicar las familias como *r*
Pr. 27.23 diligente. . mira con cuidado por tus *r*
Cnt. 1.7 yo como errante junto a los *r* de tus
1.8 vé, sigue las huellas del *r*, y apacienta
Is. 40.11 como pastor apacentará su *r;* en su
63.11 les hizo subir. . con el pastor de su *r?*
Jer. 6.3 contra ella vendrán pastores y sus *r*
13.17 porque el *r* de Jehová fue hecho cautivo
13.20 alzad. . ¿Dónde está el *r* que te fue dado
23.1 ¡ay de los. . dispersan las ovejas de mi *r*
25.34 revolcaos en el polvo, mayorales del *r*
25.35 se acabará la. . el escape de los. . del *r*
25.36 aullido de los mayorales del *r!* porque
31.10 lo. . y guardará, como el pastor a su *r*
31.24 habitará allí Judá. . y los que van con *r*
49.20 más pequeños de su *r* los arrastrarán
50.8 los machos cabríos que van delante del *r*
50.17 *r* descarriado es Israel. . lo dispersaron
50.45 más pequeños de su *r* los arrastrarán
51.23 quebrantaré por. . ti al pastor y a su *r*
Ez. 34.2 ¿no apacientan los pastores a los *r?*
34.8 mi *r* fue para ser robado, y mis ovejas
34.12 como reconoce su *r* el pastor el día que
36.37 multiplicaré los hombres como se. . los *r*
36.38 ciudades. . serán llenas de *r* de hombres
43.25 sacrificarán. . carnero sin tacha del *r*
45.15 una cordera del *r* de doscientas, de las
Jl. 1.18 fueron asolados los *r* de las ovejas
Am. 6.4 comen los corderos del *r*, y. . novillos
Mi. 2.12 lo reuniré. . *r* en medio de su aprisco
4.8 oh torre del *r*, fortaleza de la hija de
7.14 apacienta tu pueblo. . el *r* de tu heredad
Sof. 2.14 *r* de ganado harán en ella majada
Zac. 9.16 los salvará. . Jehová su Dios como *r* de
10.3 pero Jehová. . visitará su *r*, la casa de
11.7 apacenté. . esto es, a los pobres del *r*
11.11 y así conocieron los pobres del *r* que
Mal. 1.14 teniendo machos en su *r*, promete, y
Mt. 26.31 las ovejas del *r* serán dispersadas
Lc. 2.8 guardaban las vigilias de. . sobre su *r*
Jn. 10.16 traer, y oirán mi voz; y habrá un *r*
Hch. 20.28 mirad por vosotros, y por todo el *r*
20.29 lobos rapaces, que no perdonarán al *r*
1 Co. 9.7 apacienta el *r* y no toma de la. . del *r?*

REBAÑUELO

1 R. 20.27 acamparon. . como dos *r* de cabras, y

REBATIR

Hch. 13.45 judíos. . *rebatían* lo que Pablo decía

REBECA *Mujer de Isaac*

Gn. 22.23 y Betuel fue el padre de *R*. Estos son
24.15 he aquí *R*. . salía con su cántaro sobre
24.29 *R* tenía un hermano. . se llamaba Labán
24.45 aquí *R*, que salía con su cántaro sobre
24.51 he ahí *R* delante de ti; tómala y vete
24.53 sacó. . alhajas. . y vestidos, y dio a *R*
24.58 y llamaron a *R*, y le dijeron: ¿Irás tú
24.59 entonces dejaron ir a *R* su hermana, y
24.60 bendijeron a *R*, y le dijeron: Hermana
24.61 se levantó *R*. . y el criado tomó a *R*, y
24.64 *R* también alzó sus ojos, y vio a Isaac
24.67 la trajo Isaac. . y tomó a *R* por mujer, y
25.20 cuarenta años cuando tomó por mujer a *R*
25.21 y oró Isaac a. . y concibió *R* su mujer
25.28 amó Isaac a Esaú. . mas *R* amaba a Jacob
26.7 pensando que. . lo matarían por causa de *R*
26.8 vio a Isaac que acariciaba a *R* su mujer
26.35 y fueron amargura de espíritu. . y para *R*
27.5 y *R* estaba oyendo, cuando hablaba Isaac
27.6 *R* habló a Jacob su hijo, diciendo: He
27.11 Jacob dijo a *R* su madre: He aquí, Esaú
27.15 y tomó *R* los vestidos de Esaú su hijo
27.42 fueron dichas a *R* las palabras de Esaú
27.46 y dijo *R* a Isaac: Fastidio tengo de mi
28.5 a Labán. . hermano de *R* madre de Jacob y
29.12 dijo a Raquel que él era. . era hijo de *R*
35.8 entonces murió Débora, ama de *R*, y fue
49.31 allí sepultaron a Isaac y a *R* su mujer
Ro. 9.10 cuando *R* concibió de uno, de Isaac

REBELAR

Gn. 14.4 años en el decimotercero se *rebelaron*
Nm. 26.9 que se *rebelaron* contra Moisés y Aarón
26.9 Coré, cuando se *rebelaron* contra Jehová
Jos. 22.18 vosotros os *rebeláis*. . contra Jehová
22.19 pero no os *rebeléis* contra Jehová, ni
22.19 pasaos. . ni os *rebeléis* contra nosotros
22.29 que nos *rebelemos* contra Jehová, o que
1 R. 1.5 Adonías hijo de. . se *rebeló*, diciendo
8.50 infracciones con que se hayan *rebelado*
2 R. 1.1 de la muerte de Acab, se *rebeló* Moab
3.5 pero muerto Acab, el rey de Moab se *rebeló*
3.7 el rey de Moab se ha *rebelado* contra mí
8.20 en el tiempo de él se *rebeló* Edom contra
8.22 también se *rebeló* Libna. . el mismo tiempo
18.7 él se *rebeló* contra el rey de Asiria, y
18.20 ¿en qué confías, que te has *rebelado*
24.1 pero luego volvió y se *rebeló* contra él
24.20 y Sedequías se *rebeló* contra el rey de
1 Cr. 5.25 pero se *rebelaron* contra el Dios de
2 Cr. 12.2 se habían *rebelado* contra Jehová, en
13.6 Jeroboam hijo de. . *rebeló* contra su señor
21.8 los días de éste se *rebeló* Edom contra el
26.16 porque se *rebeló* contra Jehová su Dios
29.6 nuestros padres se han *rebelado*, y han
30.7 padres. . que se *rebelaron* contra Jehová
36.13 *rebeló*. . contra Nabucodonosor, al cual
Esd. 4.19 *rebela*, y se forma en ella sedición
Neh. 2.19 ¿qué es. . ¿Os *rebeláis* contra el rey?
6.6 he oído. . tú y los judíos pensáis *rebelaros*
9.26 te provocaron. . y se *rebelaron* contra ti
9.29 *rebelaron*, endurecieron su cerviz, y no
Sal. 5.10 fuera, porque se *rebelaron* contra ti
25.3 serán avergonzados los que se *rebelan*
59.5 todos los que se *rebelan* con iniquidad
78.17 *rebelándose* contra el Altísimo en el
78.40 ¡cuántas veces se *rebelaron* contra él
78.57 sino que. . se *rebelaron* como sus padres
106.7 se *rebelaron* junto al mar, el Mar Rojo
106.33 porque hicieron *rebelar* a su espíritu
106.43 ellos se *rebelaron* contra su consejo
Is. 1.2 crie hijos, y. . se *rebelaron* contra mí
1.5 ¿todavía os *rebelaréis?* Toda cabeza está
31.6 contra quien se *rebelaron* profundamente
36.5 ¿en quién confías para que te *rebeles*
66.24 los hombres que se *rebelaron* contra mí
Jer. 2.8 y los pastores se *rebelaron* contra mí
4.17 porque se *rebeló* contra mí, dice Jehová
5.11 resueltamente se *rebelaron* contra mí la
33.8 sus pecados con. . contra mí se *rebelaron*
52.3 y se *rebeló* Sedequías contra el rey de
Lm. 1.18 Jehová es. . contra su palabra me *rebelé*
3.42 nos hemos *rebelado*, y fuimos desleales
Ez. 2.3 a gentes. . que se *rebelaron* contra mí
2.3 y sus padres se han *rebelado* contra mí
14.13 la tierra pecare contra mí *rebelándose*
17.15 *rebeló* contra él, enviando embajadores
17.20 prevaricación con que. . se ha *rebelado*
20.8 mas ellos se *rebelaron* contra mí, y no
20.13 se *rebeló* contra mí la casa de Israel
20.21 mas los hijos se *rebelaron* contra mí; no
20.38 apartaré de entre. . los que se *rebelaron*
33.12 no lo librará el día que se *rebelare*
39.23 cuanto se *rebelaron* contra mí, y yo los
Dn. 9.7 rebelión con que se *rebelaron* contra ti
9.9 Dios. . aunque contra él nos hemos *rebelado*
Os. 7.13 ¡ay de. . porque contra mí se *rebelaron*
7.14 no clamaron a mí. . se *rebelaron* contra mí
8.1 traspasaron. . pacto, y se *rebelaron* contra
13.16 será asolada. . se *rebeló* contra su Dios
Sof. 3.11 obras con que te *rebelaste* contra mí
Ro. 7.23 otra ley. . que se *rebela* contra la ley
1 Ti. 5.11 se *rebelan* contra. . quieren casarse

REBELDE

Éx. 23.21 no le seas *r;* porque él no perdonará
Nm. 14.9 no seáis *r* contra Jehová, ni temáis al
17.10 que se guarde por señal a los hijos *r*
20.10 ¡oíd ahora, *r!* ¿Os hemos de hacer salir
20.24 por cuanto fuisteis *r* a mi mandamiento
27.14 fuisteis *r* a mi mandato en el. . de Zin
Dt. 1.26,43 fuisteis *r* al mandato de Jehová
9.7 desde el día que. . habéis sido *r* a Jehová
9.23 fuisteis *r* al mandato de Jehová, y no le
9.24 *r* habéis sido a Jehová desde el día que
21.18 si alguno tuviere un hijo contumaz y *r*
21.20 este nuestro hijo es. . *r*, no obedece a
31.27 que aun viviendo yo. . sois *r* a Jehová
Jos. 1.18 que fuere *r* a tu mandamiento, y no
22.16 edificándoos altar para ser *r* contra
1 S. 12.14 no fuereis *r* a la palabra de Jehová
12.15 si fuereis *r* a las palabras de Jehová
20.30 hijo de la. . *r*, ¿acaso no sé yo que tú
1 R. 13.21 has sido *r* al mandato de Jehová, y
13.26 el varón de Dios. . que fue *r* al mandato
Esd. 4.12 y edifican la ciudad *r* y mala. . muros
4.15 y sabrás que esta ciudad es ciudad *r*, y
Job 24.13 ellos son los que, *r* a la luz, nunca
Sal. 66.7 naciones; los *r* no serán enaltecidos
68.6 saca. . mas los *r* habitan en tierra seca
68.18 tomaste dones para los hombres. . los *r*
78.8 generación contumaz y *r;* generación que
105.28 oscurecieron. . no fueron *r* a su palabra
107.11 por cuanto fueron *r* a las palabras de
Pr. 17.11 *r* no busca sino el mal, y mensajero
Is. 1.20 si no quisiereis y fuereis *r*, seréis
1.28 pero los *r*. . serán quebrantados, y los que
30.9 pueblo es *r*, hijos mentirosos, hijos que
48.8 por tanto te llamé *r* desde el vientre
50.5 oído, y yo no fui *r*, ni me volví atrás
57.4 ¿no sois vosotros hijos *r*, generación
57.17 siguió *r* por el camino de su corazón
63.10 ellos fueron *r*, e hicieron enojar su
65.2 extendí. . manos todo el día a pueblo *r*
Jer. 3.6 has visto lo que ha hecho la *r* Israel?
3.7 no se volvió. . vio su hermana la *r* Judá
3.8 vio que por haber fornicado la *r* Israel
3.8 pero no tuvo temor la *r* Judá su hermana
3.10 su hermana la *r* Judá no se volvió a mí
3.11 me dijo. . Ha resultado justa la *r* Israel
3.12 vuélvete, oh *r* Israel, dice Jehová; no
3.14 convertíos, hijos *r*, dice Jehová; porque
3.22 convertíos, hijos *r*, y sanaré vuestras
5.23 este pueblo tiene corazón falso y *r;* se
6.28 son *r*, porfiados, andan chismeando; son
8.5 ¿por qué es este pueblo de Jerusalén *r*
Ez. 2.3 te envío. . a gentes *r* que se rebelaron
2.5 si no escucharen, porque son una casa *r*
2.6 ni temas delante de ellos, porque son. . *r*
2.7 o dejen de escuchar; porque son muy *r*
2.8 no seas *r* como la casa *r;* abre tu boca
3.9 ni tengas miedo. . ellos, porque son casa *r*
3.26 varón que reprende; porque son casa *r*
3.27 no quiera oir, no oiga; porque casa *r*
12.2 habitas en medio de casa *r*, los cuales
12.2 y no ven. . y no oyen, porque son casa *r*
12.3 si tal vez atienden, porque son casa *r*
12.9 ¿no te ha dicho la. . casa *r:* ¿Qué haces?
12.25 en vuestros días, oh casa *r*, hablaré
17.12 a la casa *r:* ¿No habéis entendido qué
20.38 apartaré de entre vosotros a los *r*, y
24.3 habla por parábola a la casa *r*, y diles
44.6 dirás a los *r*, a la casa de Israel: Así
Dn. 9.5 hemos sido *r*, y nos hemos apartado de
Os. 14.9 son rectos. . mas los *r* caerán en ellos
Sof. 3.1 ¡ay de la ciudad *r* y contaminada y
Lc. 1.17 de los *r* a la prudencia de los justos
Hch. 26.19 rey. . no fui *r* a la visión celestial
Ro. 10.21 día extendí mis manos a un pueblo *r*
15.31 que sea librado de los *r* que están en
Tit. 1.16 siendo abominables y *r*, reprobados
3.3 nosotros también éramos. . *r*, extraviados

REBELDÍA

Nm. 14.33 ellos llevarán vuestras *r*, hasta que
Job 34.37 porque a. . pecado añadió *r;* bate palmas
Jer. 2.19 y tus *r* te condenarán; sabe, pues, y
8.5 ¿por qué es este. . rebelde con *r* perpetua?
Tit. 1.6 no estén acusados de disolución ni. . *r*

REBELIÓN

Éx. 23.21 él no perdonará vuestra *r*, porque mi
34.7 perdona la iniquidad, la *r* y el pecado
Lv. 16.16 así purificará el santuario. . sus *r*
16.21 confesará. . sus *r* y todos sus pecados
Nm. 14.18 Jehová. . perdona la iniquidad y la *r*
16.49 14.700, sin los muertos por la *r* de
Dt. 13.5 aconsejó *r* contra Jehová vuestro Dios
31.27 yo conozco tu *r*, y tu dura cerviz; he
Jos. 22.22 si fue por *r*. . contra Jehová, no nos
24.19 santo. . no sufrirá vuestras *r* y. . pecados
1 S. 15.23 como pecado de adivinación es la *r*
1 R. 21.22 por la *r* con que me provocaste a ira
1 Cr. 9.1 transportados a Babilonia por su *r*
10.13 murió Saúl por su *r* con que prevaricó
Esd. 4.15 forman en medio de ella *r*, por lo que
Neh. 9.17 en su *r* pensaron poner caudillo para
Job 7.21 y por qué no quitas mi *r*, y perdonas
35.6 si tus *r* se multiplicaren, ¿qué le harás
36.9 obra de ellos, y que prevalecieron sus *r*
Sal. 19.13 íntegro, y estaré limpio de gran *r*
25.7 pecados de. . y de mis *r*, no te acuerdes
51.1 ten piedad de mí, oh Dios. . borra mis *r*
51.3 porque yo reconozco mis *r*, y mi pecado
65.3 contra mí. . nuestras *r* tú las perdonarás
89.32 castigaré con vara su *r*, y con azotes
103.12 hizo alejar de nosotros nuestras *r*
107.17 a causa del camino de su *r*, y a causa
Pr. 28.2 por la *r* de. . sus príncipes son muchos
Is. 43.25 yo soy el que borro tus *r* por amor de
44.22 yo deshice como una nube tus *r*, y como
50.1 y por vuestras *r* fue repudiada vuestra
53.5 él herido fue por nuestras *r*, molido por
53.8 porque. . por la *r* de mi pueblo fue herido
58.1 y anuncia a mi pueblo su *r*, y a la casa
59.12 porque nuestras *r* se han multiplicado
59.13 el prevaricar y. . hablar calumnia y *r*

REBELIÓN *(Continúa)*
Jer. 3.22 convertíos, hijos..sanaré vuestras *r*
5.6 porque sus *r* se han multiplicado, se han
14.7 nuestras *r* se han multiplicado, contra
28.16 morirás en este año, porque hablaste *r*
29.32 a Semaías..contra Jehová ha hablado *r*
Lm. 1.5 la afligió por la multitud de sus *r*; sus
1.7 se acordó de los días de su..y de sus *r*
1.14 el yugo de mis *r* ha sido atado por su
1.22 haz..como hiciste conmigo por todas mis *r*
Ez. 14.11 ni se contamine más en todas sus *r*
18.24 por su *r* con que prevaricó, y por el
20.27 en esto..cuando cometieron *r* contra mí
33.10 nuestras *r*..están sobre nosotros, y a
37.23 con sus abominaciones y con todas sus *r*
37.23 salvaré de todas sus *r* con las cuales
39.24 conforme a sus *r* hice con ellos, y de
39.26 toda su *r* con que prevaricaron contra
Dn. 9.7 los has echado a causa de su *r* con que
Os. 11.7 mi pueblo está adherido a la *r* contra
14.4 yo sanaré su *r*, los amaré de pura gracia
Am. 3.14 que castigue las *r* de Israel, castigaré
4.4 y prevaricad; aumentad en Gilgal la *r*, y
5.12 porque yo sé de vuestras muchas *r*, y de
Mi. 1.5 la *r* de Jacob..¿Cuál es la *r* de Jacob
1.13 en vosotros se hallaron las *r* de Israel
3.8 para denunciar a Jacob su *r*, y a Israel
6.7 ¿daré mi primogénito por mi *r*, el fruto

REBOSAR
Sal. 23.5 mi cabeza con..mi copa está *rebosando*
45.1 *rebosa* mi corazón palabra buena; dirijo
96.12 los árboles del..*rebosarán* de contento
119.171 mis labios *rebosarán* alabanza cuando
Pr. 3.10 graneros..lagares *rebosarán* de mosto
18.4 aguas..arroyo que *rebosa*..la sabiduría
Is. 10.22 la destrucción..*rebosará* justicia
Jl. 2.24 los lagares *rebosarán* de vino y aceite
3.13 el lagar está lleno, *rebosan* las cubas
Zac. 1.17 dice..Aún *rebosarán* mis ciudades con
Lc. 6.38 medida..remecida y *rebosando* darán en

REBOZO
Ez. 24.17 no te cubras con *r*, ni comas pan de
24.22 no os cubriréis con *r*, ni comeréis pan

REBUSCAR
Lv. 19.10 no *rebuscarás* tu viña, ni recogerás
Dt. 24.21 vendimies tu viña, no *rebuscarás* tras
Jer. 6.9 *rebuscarán* como a..el resto de Israel
Mi. 7.1 como cuando han *rebuscado* después de la

REBUSCO
Jue. 8.2 el *r* de Efraín mejor que la vendimia
Is. 17.6 quedarán en él *r*, como cuando sacuden
24.13 sacudido, como *r* después de la vendimia
Jer. 49.9 ¿no habrían dejado *r*? Si ladrones de
Abd. 5 si..vendimiadores, ¿no dejarían algún *r*?

RECA *Lugar en Judá,* 1 Cr. 4.12

RECAB
1. Uno de los dos asesinos de Is-boset
2 S. 4.2 el nombre de uno era..el del otro, *R*
4.5 *R* y Baana, fueron y entraron en..Is-boset
4.6 fue así como *R* y..se introdujeron en la
4.9 David respondió a *R* y a su hermano Baana
2. Padre de Jonadab No. 2
2 R. 10.15 se encontró con Jonadab hijo de *R*
10.23 y entró Jehú con Jonadab hijo de *R* en
1 Cr. 2.55 los..de Hamat padre de la casa de *R*
Neh. 3.14 Malquías hijo de *R*, gobernador de la
Jer. 35.6 Jonadab hijo de *R*..ordenó diciendo
35.8 hemos obedecido a la voz de..hijo de *R*
35.14 palabra de Jonadab hijo de *R*, el cual
35.16 Jonadab hijo de *R* tuvieron por firme
35.19 no faltará de Jonadab hijo de *R*..varón

RECABITA *Descendiente de Recab No. 2*
Jer. 35.2 vé a casa de los *r* y habla con ellos
35.3 sus hijos, y a toda la familia de los *r*
35.5 puse delante de los hijos de..los *r* tazas
35.18 y dijo Jeremías a la familia de los *r*

RECADO
Pr. 26.6 el que envía *r* por mano de un necio
Hch. 19.31 le enviaron *r*, rogándole que no se

RECAER
Jue. 9.24 la sangre..*recayera* sobre Abimelec su
1 R. 2.33 sangre..de ellos *recaerá* sobre..Joab
8.32 y haciendo *recaer* su proceder sobre su
2 Cr. 6.23 haciendo *recaer* su proceder sobre su
Est. 9.25 designio..*recayera* sobre su cabeza
Job 19.4 haya errado, sobre mí *recaería* mi error
Ez. 9.10 haré *recaer* el camino de ellos sobre
Os. 12.14 hará *recaer* sobre él la sangre que ha
Jl. 3.4 haré yo *recaer* la paga sobre vuestra
He. 6.6 y *recayeron*, sean otra vez renovados

RECAMADO *Véase Recamar*

RECAMADOR
Éx. 26.36 una cortina..lino torcido, obra de *r*
27.16 cortina de..lino torcido, de obra de *r*
28.39 harás también un cinto de obra de *r*
36.37 hizo..el velo..lino torcido, obra de *r*
38.18 la cortina de la entrada..de obra de *r*
38.23 Aholiab..*r* en azul, púrpura, carmesí y
39.29 el cinto de lino torcido..de obra de *r*

RECAMAR
Pr. 7.16 *recamadas* con cordoncillo de Egipto
Cnt. 3.10 *recamado* de amor por las doncellas

RECAPACITAR
Job 4.7 *recapacita*..qué inocente se ha perdido?
Lm. 3.21 esto *recapacitaré* en mi corazón, por

RECIBIR
Gn. 4.11 para *recibir* de tu mano la sangre de
14.17 salió el rey de Sodoma a *recibirlo* al
18.2 salió corriendo de..a *recibirlos*, y se
19.1 viéndolos Lot, se levantó a *recibirlos*
19.21 *recibido* también tu súplica sobre esto
23.20 posesión..*recibida* de los hijos de Het
29.13 Labán..corrió a *recibirlo*, y lo abrazó
32.6 viene a *recibirte*, y 400 hombres con él
33.10 pues que con tanto favor me has *recibido*
37.35 mas él no quiso *recibir* consuelo, y dijo
38.20 para que éste *recibiese* la prenda de la
43.23 paz a vosotros..*recibí* vuestro dinero
46.29 a *recibir* a Israel su padre en Gosén
Éx. 4.14 él saldrá a *recibirte*, y al verte se
4.27 vé a *recibir* a Moisés al desierto. Y él
18.7 Moisés salió a *recibir* a su suegro, y se
19.17 sacó del..al pueblo para *recibir* a Dios
22.15 alquilada, *reciba* el dueño el alquiler
23.8 no *recibirás* presente..el presente ciega
Lv. 7.33 el que..*recibirá* la espaldilla derecha
Nm. 3.50 y *recibió* de los primogénitos de los
7.6 Moisés *recibió* los carros y los bueyes
18.28 todos vuestros diezmos que *recibáis* de
22.36 salió a *recibirlo* a la ciudad de Moab
23.20 he aquí, he *recibido* orden de bendecir
31.13 salieron Moisés y..a *recibirlos* fuera
31.51 Moisés y el..*recibieron* el oro de ellos
31.54 *recibieron*, pues..el oro de los jefes
Dt. 9.9 yo subí..*recibir* las tablas de piedra
23.4 no os salieron a *recibir* con pan y agua
27.25 maldito el que *recibiere* soborno para
33.3 en tus pasos, *recibiendo* dirección de ti
33.11 *recibe* con agrado la obra de sus manos
Jos. 13.8 rubenitas..*recibieron* ya su heredad
16.4 *recibieron*..su heredad los hijos de José
18.7 Gad..y Rubén.. han *recibido* su heredad
20.4 le *recibirán* consigo dentro de la ciudad
21.20 Coat, *recibieron* por suerte ciudades de
Jue. 4.18 saliendo Jael a *recibir* a Sísara, le
4.22 Jael salió a *recibirlo*, y le dijo: Ven
11.31 cualquiera que saliere de..a *recibirme*
11.34 volvió..su hija que salía a *recibirle*
19.4 el padre de la joven, salió a *recibirle*
19.18 voy..y no hay quien me *reciba* en casa
1 S. 13.10 y Saúl salió a *recibirle*..saludarle
16.4 los ancianos..salieron a *recibirle* con
18.6 para *recibir* al rey Saúl, con panderos
25.35 *recibió* David..lo que le había traído
25.39 Jehová, que juzgó..mi afrenta *recibida*
30.21 ellos salieron a *recibir* a David y al
2 S. 6.20 y saliendo Mical a *recibir* a David
16.1 Siba..que salía a *recibirle* con un par de
18.22 si no *recibirás* premio por las nuevas?
18.31 y dijo: *Reciba* nuevas mi señor el rey
19.15 Judá vino a Gilgal para *recibir* al rey
19.16 descendió con..a *recibir* al rey David
19.20 he venido..a *recibir* a mi señor el rey
19.24 Mefi-boset..descendió a *recibir* al rey
19.25 vino él a Jerusalén a *recibir* al rey
19.42 ¿hemos *recibido* de él algún regalo?
1 R. 2.8 descendió a *recibirme* al Jordán, y yo
2.19 rey se levantó a *recibirla*, y se inclinó
2 R. 2.15 vinieron a *recibirle*, y se postraron
4.26 que vayas ahora corriendo a *recibirla*
5.15 te ruego que *recibas* algún presente de
5.21 se bajó del carro para *recibirle*, y dijo
5.26 cuando el hombre volvió de..a *recibirte?*
8.8 presente, y vé a *recibir* al varón de Dios
12.5 *recíbanlo* los sacerdotes, cada uno de
1 Cr. 12.18 David los *recibió*, y los puso entre
19.5 envió a *recibirles*, porque estaban muy
29.14 y de lo *recibido* de tu mano te damos
2 Cr. 29.22 los sacerdotes *recibieron* la sangre
30.16 esparcían la sangre que *recibían* de
35.11 sangre *recibida* de mano de los levitas
Esd. 8.30 *recibieron* el peso de la plata y del
Neh. 10.37 los levitas *recibirían* las décimas
10.38 cuando..levitas *recibiesen* el diezmo
13.2 cuanto no salieron a *recibir* a los hijos
Job 2.10 ¿qué? ¿*Recibiremos* de Dios el bien, y
2.10 bien, y el mal no lo *recibiremos?* En
3.12 ¿por qué me *recibieron* las rodillas?
7.3 he *recibido* meses de calamidad, y noches
27.13 herencia que..violentos han de *recibir*
35.7 darás a él? ¿O qué *recibirá* de tu mano?
Sal. 6.9 ha oído..ha *recibido* Jehová mi oración
24.5 *recibirá* bendición de Jehová, y justicia
73.24 me has..después me *recibirás* en gloria
Pr. 1.3 para *recibir* el consejo de prudencia
2.1 hijo mío, si *recibieres* mis palabras, y
4.10 oye, hijo mío, y *recibe* mis razones, y
8.10 *recibid* mi enseñanza, y no plata; y
10.8 el sabio de..*recibirá* los mandamientos
13.1 hijo sabio *recibe* el consejo del padre
13.18 que guarda la corrección *recibirá* honra
19.20 escucha..y *recibe* la corrección, para
22.3 mas los simples pasan y *reciben* el daño
Is. 14.9 que en tu venida saliesen a *recibirte*
24.2 al que da a logro, así al que lo *recibe*
33.15 el que sacude sus manos para no *recibir*
40.2 doble ha *recibido* de la mano de Jehová
Jer. 2.30 azotado..no han *recibido* corrección
5.3 no les..no quisieron *recibir* corrección
9.20 y vuestro oído *reciba* la palabra de su
17.23 oído..para no oir, ni *recibir* corrección
32.33 no escucharon para *recibir* corrección
Ez. 16.32 lugar de su marido *recibe* a ajenos
16.34 tú das la paga, en lugar de *recibirla*
16.61 *recibas* a tus hermanas, las mayores que
18.17 interés y usura no *recibiere;* guardare
22.12 precio *recibieron* en ti para derramar
36.30 nunca más *recibáis* oprobio de hambre
47.8 en el mar, *recibirán* sanidad las aguas
47.9 y *recibirán* sanidad; y vivirá todo lo
Dn. 2.6 me mostrareis..*recibiréis* de mí dones
7.18 después *recibirán* el reino los santos del
7.22 llegó..y los santos *recibieron* el reino
12.13 te levantarás para *recibir* tu heredad
Am. 5.11 vejáis..*recibís* de él carga de trigo
5.12 que afligís al justo, y *recibís* cohecho
5.22 y si me ofreciereis..no los *recibiré*, ni
Sof. 3.2 ni *recibió* la corrección; no confió en
3.7 me temerá; *recibirá* corrección, y no será
Hag. 1.6 a jornal *recibe* su jornal en saco roto
Mt. 1.20 José hijo de..no temas *recibir* a María
1.24 despertando José del..*recibió* a su mujer
5.4 los que lloran..ellos *recibirán* consolación
5.5 porque ellos *recibirán* la tierra..heredad
7.8 porque todo aquel que pide, *recibe;* y el
10.8 de gracia *recibisteis*, dad de gracia
10.14 y si alguno no os *recibiere*, ni oyere
10.40 el que a vosotros *recibe*, a mí me *r;* y
10.40 que me *recibe* a mí, *r* al que me envió
10.41 *recibe*..recompensa de profeta *recibirá*
10.41 y el que *recibe* a un justo por cuanto
10.41 es justo, recompensa de justo *recibirá*
11.14 si queréis *recibirlo*, él es aquel Elías
13.20 oye la palabra, y..la *recibe* con gozo
18.5 *reciba*..a un niño como este..me *recibe*
19.11 no todos son capaces de *recibir* esto
19.12 sea capaz de *recibir* esto, que lo *reciba*
19.29 *recibirá* cien veces más, y heredará la
20.7 la viña, y *recibiréis* lo que sea justo
20.9 los que..*recibieron* cada uno un denario
20.10 pensaron que habían de *recibir* más; pero
20.10 ellos *recibieron* cada uno un denario
20.11 y al *recibirlo*, murmuraban contra el
20.34 ojos, y en seguida *recibieron* la vista
21.22 que pidiereis..creyendo, lo *recibiréis*
21.34 envió..para que *recibiesen* sus frutos
23.14 por esto *recibiréis* mayor condenación
25.1 vírgenes..salieron a *recibir* al esposo
25.6 clamor: ¡Aquí viene..salid a *recibirle!*
25.16,20 que había *recibido* cinco talentos
25.17 que había *recibido* dos, ganó..otros dos
25.18 el que había *recibido* uno fue y cavó en
25.22 que había *recibido* dos talentos, dijo
25.24 el que había *recibido* un talento, dijo
25.27 hubiera *recibido* lo que es mío con los
Mr. 4.16 la palabra, al momento la *reciben* con
4.20 que oyen la palabra y la *reciben*, y dan
6.11 si en algún lugar no os *recibieren* ni os
9.37 el que *reciba*..a un niño..me *recibe* a mí
9.37 el que a mí me *recibe*, no me *r* a mí sino
10.15 el que no *reciba* el reino de Dios como
10.30 no *reciba* cien veces más ahora en este
11.24 creed que lo *recibiréis*, y os vendrá
12.2 para que *recibiese* de éstos del fruto de
12.40 devoran..*recibirán* mayor condenación
16.19 fue *recibido* arriba en el cielo, y se
Lc. 6.34 prestáis a..quienes esperáis *recibir*
6.34 prestan a los..para *recibir* otro tanto
8.13 los que habiendo oído, *reciben* la palabra
8.40 le *recibió* la multitud con gozo; porque
9.5 no os *recibieren*, salid de aquella ciudad
9.11 él les *recibió*, y les hablaba del reino
9.48 que *reciba* a este niño..a mí me *recibe*
9.48 que me *recibe* a mí, *r* al que me envió
9.51 en que él había de ser *recibido* arriba
9.53 no le *recibieron*, porque su aspecto era
10.8 donde entréis, y os *reciban*, comed lo que
10.10 ciudad donde entréis, y no os *reciban*
10.38 una mujer..Marta le *recibió* en su casa
11.10 porque todo aquel que pide, *recibe;* y
12.47 no se preparó..*recibirá* muchos azotes
15.2 éste a los pecadores *recibe*, y con ellos
15.27 padre..por haberle *recibido* bueno y sano

RECIBIR *(Continúa)*
Lc. 16.4 haré para que..me *reciban* en sus casas
16.9 que..os *reciban* en las moradas eternas
16.25 acuérdate que *recibiste* tus bienes en
18.17 no *recibe* el reino de Dios como un niño
18.30 que no haya de *recibir* mucho más en este
18.41 y él dijo: Señor, que *reciba* la vista
18.42 le dijo: *Recíbela,* tu fe te ha salvado
19.6 él descendió aprisa, y le *recibió* gozoso
19.12 se fue..para *recibir* un reino y volver
19.15 vuelto él, después de *recibir* el reino
19.23 lo hubiera *recibido* con los intereses?
20.47 devoran..*recibirán* mayor condenación
23.41 *recibimos* lo que merecieron nuestros
Jn. 1.11 a lo suyo..los suyos no le *recibieron*
1.12 todos los que le *recibieron,* a los que
3.11 testificamos; y no *recibís*..testimonio
3.27 no puede el hombre *recibir* nada, si no
3.32 testifica; y nadie *recibe* su testimonio
3.33 que *recibe* su testimonio, éste atestigua
4.36 y el que siega *recibe* salario, y recoge
4.45 cuando vino a Galilea, los..le *recibieron*
4.51 sus siervos salieron a *recibirle,* y le
5.34 pero yo no *recibo* testimonio de hombre
5.41 gloria de los hombres no *recibo*
5.43 no me *recibís;* si otro..ése *recibiréis*
5.44 *recibís* gloria los unos de los otros, y
6.21 con gusto le *recibieron* en la barca, la
7.23 si *recibe* el hombre la circuncisión en
7.39 del Espíritu que habían de *recibir* los
9.11 vé al..fui, y me lavé, y *recibí* la vista
9.15 a preguntarle..había *recibido* la vista
9.18 no creían..que había *recibido* la vista
9.18 padres del que había *recibido* la vista
10.18 este mandamiento *recibí* de mi Padre
12.13 tomaron ramas..y salieron a *recibirle*
12.18 la gente a *recibirle,* porque había oído
12.48 no *recibe* mis palabras, tiene quien le
13.20 que *recibe* al que yo enviare, me *r* a mí
13.20 el que me *recibe* a mí, *r* al que me envió
14.17 al cual el mundo no puede *recibir,* porque
16.24 pedid, y *recibiréis,* para que vuestro
17.8 y ellos las *recibieron,* y han conocido
19.27 hora el discípulo la *recibió* en su casa
20.22 y les dijo: *Recibid* el Espíritu Santo
Hch. 1.2 hasta el día en que fue *recibido* arriba
1.8 pero *recibiréis* poder, cuando haya venido
1.9 le *recibió* una nube que le ocultó de sus
1.22 hasta el día en que..fue *recibido* arriba
2.33 habiendo *recibido* del Padre la promesa
2.38 y *recibiréis* el don del Espíritu Santo
2.41 así..los que *recibieron* su palabra fueron
3.5 atento, esperando *recibir* de ellos algo
3.21 es necesario que el cielo *reciba* hasta
7.38 que *recibió* palabras de vida que darnos
7.45 el cual, *recibido*..por nuestros padres
7.53 que *recibisteis* la ley por..de ángeles
7.59 decía: Señor Jesús, *recibe* mi espíritu
8.14 que Samaria había *recibido* la palabra
8.15 oraron..que *recibiesen* el Espíritu Santo
8.17 las manos, y *recibían* el Espíritu Santo
8.19 a quien yo impusiere las manos *reciba* el
9.17 para que *recibas* la vista y seas lleno del
9.18 los ojos..y *recibió* al instante la vista
10.22 ha *recibido* instrucciones de un santo
10.25 salió Cornelio a *recibirle,* y..adoró
10.43 *recibirán* perdón de pecados..su nombre
10.47 que han *recibido* el Espíritu Santo
11.1 los gentiles habían *recibido* la palabra
15.4 *recibidos* por la iglesia y los apóstoles
16.21 que no nos es lícito *recibir* ni hacer
16.24 *recibido* este mandato, los metió en el
17.7 a los cuales Jasón ha *recibido;* y todos
17.11 *recibieron* la palabra..toda solicitud
17.15 y habiendo *recibido* orden para Silas y
18.27 y escribieron a los..que le *recibiesen*
19.2 *¿recibisteis* el Espíritu Santo cuando
20.24 ministerio que *recibí* del Señor Jesús
20.35 más bienaventurado es dar que *recibir*
21.17 los hermanos nos *recibieron* con gozo
22.5 de quienes también *recibí* cartas para
22.13 dijo: Hermano Saulo, *recibe* la vista
22.18 no *recibirán* tu testimonio acerca de
24.3 lo *recibimos* en todo tiempo y en todo
24.27 *recibió* Félix..sucesor a Porcio Festo
26.10 *recibido* poderes de los..sacerdotes
26.18 *reciban,* por la fe..perdón de pecados
27.21 sólo para *recibir* este perjuicio y daño
28.2 nos *recibieron* a..a causa de la lluvia
28.7 llamado Publio..nos *recibió* y hospedó
28.15 salieron a *recibirnos* hasta el Foro de
28.21 ni hemos *recibido* de Judea cartas acerca
28.30 y *recibía* a todos los que a él venían
Ro. 1.5 *recibimos* la gracia y el apostolado
1.27 *recibiendo* en sí mismos la retribución
4.11 *recibió* la circuncisión como señal, como
5.11 hemos *recibido* ahora la reconciliación
5.17 que *reciben* la abundancia de la gracia
8.15 no..*recibido* el espíritu de esclavitud
8.15 habéis *recibido* el espíritu de adopción
14.1 *recibid* al débil en la fe, pero no para
14.3 no juzgue..porque Dios le ha *recibido*
15.7 *recibíos* los..también Cristo nos *recibió*
16.2 la *recibáis* en el Señor, como es digno
1 Co. 2.12 no hemos *recibido* el espíritu del
3.8 cada uno *recibirá* su recompensa conforme
3.14 si permaneciere la..*recibirá* recompensa
4.5 y entonces cada uno *recibirá* su alabanza
4.7 qué tienes que no hayas *recibido?* Y si
4.7 y si lo *recibiste,* ¿por qué te glorías
4.7 glorías como si no lo hubieras *recibido?*
9.10 el que trilla, con esperanza de *recibir*
9.25 para *recibir* una corona corruptible, pero
11.23 *recibí*..lo que también os he enseñado
12.26 si un miembro *recibe* honra, todos los
14.5 para que la iglesia *reciba* edificación
15.1 el evangelio..el cual también *recibisteis*
15.3 os he enseñado lo que asimismo *recibí*
2 Co. 4.1 según la misericordia..hemos *recibido*
5.10 cada uno *reciba* según lo que haya hecho
6.1 que no *recibáis* en vano la gracia de Dios
6.17 no toquéis lo inmundo; y yo os *recibiré*
7.15 cómo lo *recibisteis* con temor y temblor
8.17 pues a la verdad *recibió* la exhortación
11.4 *recibís* otro espíritu que el que..*recibido*
11.8 otras iglesias, *recibiendo* salario para
11.16 o de otra manera, *recibidme* como a loco
11.24 cinco veces he *recibido* cuarenta azotes
Gá. 1.9 diferente evangelio del..habéis *recibido*
1.12 yo ni lo *recibí* ni lo aprendí de hombre
3.2 *¿recibisteis* el Espíritu por las obras de
3.14 fe *recibiésemos* la promesa del Espíritu
4.5 de que *recibiésemos* la adopción de hijos
4.14 me *recibisteis* como a un ángel de Dios
Ef. 4.16 *recibe* su crecimiento..ir edificándose
6.8 ése *recibirá* del Señor, sea siervo o sea
Fil. 2.29 *recibidle,* pues, en el Señor, con todo
4.9 lo que..*recibisteis* y oísteis y visteis
4.15 en razón de dar y *recibir,* sino vosotros
4.18 todo lo he *recibido,* y tengo abundancia
4.18 habiendo *recibido* de Epafrodito lo que
Col. 2.6 la manera que habéis *recibido* al Señor
3.24 que del Señor *recibiréis* la recompensa
3.25 el que..*recibirá* la injusticia que hiciere
4.10 acerca del..habéis *recibido* mandamientos
4.10 Marcos..si fuere a vosotros, *recibidle*
4.17 cumplas el ministerio que *recibiste* en
1 Ts. 1.6 *recibiendo* la palabra en medio de gran
1.9 la manera en que nos *recibisteis,* y cómo
2.13 cuando *recibisteis* la palabra de Dios que
2.13 *recibisteis* no como palabra de hombres
4.17 nubes para *recibir* al Señor en el aire
2 Ts. 2.10 no *recibieron* el amor de la verdad
3.6 no según la enseñanza que *recibisteis* de
1 Ti. 1.13 fui *recibido* a misericordia porque
1.15 palabra fiel y digna de ser *recibida* por
1.16 pero por esto fui *recibido* a misericordia
3.16 en el mundo, *recibido* arriba en gloria
4.9 palabra fiel es..y digna de ser *recibida*
Flm. 12 tú, pues, *recíbele* como a mí mismo
15 quizás para que le *recibieses* para siempre
17 por compañero, *recíbele* como a mí mismo
He. 2.2 desobediencia *recibió* justa retribución
6.7 produce hierba..*recibe* bendición de Dios
7.1 salió a *recibir* a Abraham que volvía de
7.5 los que de..de Leví *reciben* el sacerdocio
7.8 ciertamente *reciben* los diezmos hombres
7.9 pagó el diezmo también Leví, que *recibe*
7.11 porque bajo él *recibió* el pueblo la ley
9.15 los llamados *reciban* la promesa de la
10.26 si pecáremos..después de haber *recibido*
11.8 para salir al lugar que había de *recibir*
11.11 Sara..*recibió* fuerza para concebir; y
11.13 murieron todos..sin haber *recibido* lo
11.17 había *recibido* las promesas ofrecía su
11.19 figurado, también le volvió a *recibir*
11.31 habiendo *recibido* a los espías en paz
11.35 mujeres *recibieron* sus muertos mediante
11.39 aunque..fe, no *recibieron* lo prometido
12.6 y azota a todo el que *recibe* por hijo
12.28 así que, *recibiendo* nosotros un reino
Stg. 1.7 no piense..que *recibirá* cosa alguna
1.12 *recibirá* la corona de vida, que Dios ha
1.21 *recibid* con mansedumbre la palabra
2.25 *recibió* a los mensajeros y los envió por
3.1 sabiendo que *recibiremos*..condenación
4.3 pedís, y no *recibís,* porque pedís mal
5.7 con paciencia hasta que *reciba* la lluvia
1 P. 1.18 cual *recibisteis* de vuestros padres
4.10 cada uno según el don que ha *recibido*
5.4 *recibiréis* la corona incorruptible de
2 P. 1.17 cuando él *recibió* de Dios Padre honra
2.13 *recibiendo* el galardón de su injusticia
1 Jn. 2.27 la unción que vosotros *recibisteis*
3.22 cosa que pidiéremos la *recibiremos* de él
5.9 si *recibimos* el testimonio de los hombres
2 Jn. 4 conforme al mandamiento que *recibimos*
8 que no..sino que *recibáis* galardón completo
10 no trae esta doctrina, no lo *recibáis* en
3 Jn. 9 escrito..pero Diótrefes..no nos *recibe*
10 no *recibe* a los hermanos, y a los que
10 a los que quieren *recibirlos* se lo prohíbe
Ap. 2.17 ninguno conoce sino aquel..lo *recibe*
2.27 yo también la he *recibido* de mi Padre
3.3 acuérdate, pues, de lo que has *recibido*
4.11 Señor, digno eres de *recibir* la gloria y
14.9 y *recibe* la marca en su frente o en su
14.11 no tienen reposo..que *reciba* la marca
17.12 diez reyes, que aún no han *recibido* reino
17.12 por una hora *recibirán* autoridad como
18.4 que no..ni *recibáis* parte de sus plagas
19.20 engañado a los que *recibieron* la marca
20.4 los que *recibieron* facultad de juzgar
20.4 que no *recibieron* la marca en sus frentes

RECIÉN
Dt. 24.5 fuere *r* casado, no saldrá a la guerra
28.57 al *r* nacido que sale de entre sus pies
Is. 40.11 como pastor..pastoreará..*r* paridas
Hch. 18.2 halló a un judío..*r* venido de Italia
1 P. 2.2 desead, como niños *r* nacidos, la leche

RECINTO
2 R. 11.15 dijo: Sacadla fuera del *r* del templo
2 Cr. 23.14 dijo: Sacadla fuera del *r,* y al que
Ez. 43.12 el *r* entero, todo en..será santísimo
45.4 y servirá..*r* sagrado para el santuario

RECIO, CIA
Éx. 14.21 que el mar se retirase por *r* viento
2 S. 11.15 a Urías..en lo más *r* de la batalla
Sal. 93.4 más poderoso..que las *r* ondas del mar
Pr. 30.33 el que *r* se suena las narices sacará
Is. 27.8 él los remueve con su *r* viento en el
Jer. 11.16 la voz de *r* estrépito hizo encender
Jon. 4.8 preparó Dios un *r* viento solano, y el
Hch. 2.2 un viento *r* que soplaba, el cual llenó

RECIPIENTE
Nm. 19.17 sobre ella agua corriente en un *r*

RECITAR
Dt. 32.44 *recitó*..las palabras de este cántico
32.45 acabó..*recitar* todas estas palabras a
1 S. 10.25 Samuel *recitó*..al pueblo las leyes
2 Cr. 35.25 cantoras *recitan* esas lamentaciones

RECLINATORIO
Est. 1.6 los *r* de oro y de plata, sobre losado
Cnt. 1.12 mientras el rey estaba en su *r,* mi

RECLUIR
Lc. 1.24 y se *recluyó* en casa por cinco meses

RECLUSIÓN
2 S. 20.3 y las puso en *r,* y les dio alimentos

RECOBRAR
Gn. 14.16 *recobró* todos los bienes, y también
Jue. 11.26 ¿por qué no las habéis *recobrado* en
2 R. 16.6 rey de Edom *recobró* Elat para Edom
Is. 11.11 Jehová alzará..su mano para *recobrar*
Jer. 41.16 que había *recobrado* de Ismael hijo
Dn. 10.19 *recobré* las fuerzas, y dije: Hable
Mr. 10.51 dijo: Maestro, que *recobre* la vista
10.52 en seguida *recobró* la vista, y seguía
Hch. 9.12 pone las manos..para que *recobre* la
9.19 habiendo tomado alimento, *recobró* fuerzas
22.13 en aquella misma hora *recobré* la vista

RECODO
Mr. 11.4 el pollino atado afuera..en el *r* del

RECOGER
Gn. 29.7 no es tiempo..de *recoger* el ganado
31.46 *recoged* piedras. Y tomaron piedras e
35.29 fue *recogido* a su pueblo, viejo y lleno
41.35 *recojan* el trigo bajo la mano..Faraón
41.49 *recogió* José trigo como arena del mar
47.14 *recogió* José todo el dinero que había
Éx. 5.7 vayan..y *recojan* por sí mismos la paja
5.11 id vosotros y *recoged* la paja donde la
5.12 para *recoger* rastrojo en lugar de paja
9.19 envía..*recoger* tu ganado, y todo lo que
9.19 no sea *recogido* a casa, el granizo caerá
16.4 *recogerá*..la porción de un día, para que
16.5 doble de lo que suelen *recoger* cada día
16.16 *recoged* de él cada uno según lo..comer
16.17 así; y *recogieron* unos más, otros menos
16.18 y no sobró al que había *recogido* mucho
16.18 ni faltó al que había *recogido* poco; cada
16.18 cada uno *recogió* conforme a..de comer
16.21 *recogían* cada mañana, cada uno según lo
16.22 el sexto día *recogieron* doble porción
16.26 seis días lo *recogeréis;* mas el séptimo
16.27 salieron en el séptimo día a *recoger*
23.10 años sembrarás tu tierra, y *recogerás*
23.16 hayas *recogido*..frutos de tus labores
27.3 harás..calderos para *recoger* la ceniza
Lv. 11.36 donde se *recogen* aguas serán limpias
19.10 ni *recogerás* el fruto caído de tu viña
23.39 cuando hayáis *recogido* el fruto de la
25.3 podarás tu viña y *recogerás* sus frutos
25.20 no..ni hemos de *recoger* nuestros frutos
Nm. 11.8 el pueblo se esparcía y lo *recogía,* y
11.32 y *recogieron* codornices; el que menos
11.32 el que menos, *recogió* diez montones
15.32 hallaron a un hombre que *recogía* leña
15.33 los que le hallaron *recogiendo* leña, lo
19.9 un hombre limpio *recogerá* las cenizas de

RECOGER *(Continúa)*

Nm. 19.10 el que *recogió* las cenizas de la vaca
31.2 haz. .después serás *recogido* a tu pueblo
Dt. 11.14 y *recogerás* tu grano, tu vino y tu
22.2 *recogerás* en tu casa, y estará contigo
24.19 no volverás para *recogerla;* será para
28.38 sacarás mucha semilla. .*recogerás* poco
28.39 y labrarás, pero no. .ni *recogerás* uvas
30.3 volverá a *recogerte* de entre todos los
30.4 de allí te *recogerá* Jehová tu Dios, y
Jue. 1.7 setenta reyes. .*recogían* las migajas
Rt. 2.2 ir. .y *recogeré* espigas en pos de aquel
2.7 que me dejes *recoger*. .tras los segadores
2.15 que *recoja*. .espigas entre las gavillas
2.16 lo dejaréis para que lo *recoja*, y no la
2.17 y desgranó lo que había *recogido*, y fue
2.18 y su suegra vio lo que había *recogido*
1 S. 20.38 el muchacho de. .*recogió* las saetas
2 S. 14.14 aguas. .no pueden volver a *recogerse*
21.13 *recogieron*. .los huesos de los ahorcados
23.10 volvió el pueblo. .para *recoger* el botín
1 R. 17.10 una mujer viuda. .allí *recogiendo* leña
17.12 ahora *recogía* dos leños, para entrar y
2 R. 4.39 salió uno. .*recoger* hierbas, y halló
22.4 sacerdote. .y dile que *recoja* el dinero
22.4 el dinero. .que han *recogido* del pueblo
22.9 tus siervos han *recogido* el dinero que
22.20 yo te *recogeré* con tus padres. .en paz
1 Cr. 16.35 *recógenos*, y líbranos de. .naciones
2 Cr. 20.25 tres días. .*recogiendo* el botín
24.5 y *recoged* dinero de todo Israel, para
24.11 así lo hacían. .y *recogían* mucho dinero
28.24 *recogió* Acaz los utensilios de la casa
34.9 los levitas. .habían *recogido* de mano de
34.28 yo te *recogeré* con tus. .y serás *recogido*
Neh. 1.9 os *recogeré*, y os traeré al lugar que
12.44 para *recoger* en ellas, de los ejidos de
Est. 8.2 se quitó el rey el anillo que *recogió*
Job 5.26 como. .trigo que se *recoge* a su tiempo
30.4 *recogían* malvas entre los arbustos, y
34.14 *recogiese* así su espíritu y su aliento
39.12 para que *recoja* tu semilla, y la junte
Sal 27.10 dejaran, con todo, Jehová me *recogerá*
39.6 riquezas, y no sabe quién las *recogerá*
41.6 su corazón *recoge* para sí iniquidad, y
104.22 se *recogen*, y se echan en sus cuevas
104.28 les das, *recogen;* abres tu mano, se
106.47 y *recógenos* de entre las naciones, para
147.2 a los desterrados de Israel *recogerá*
Pr. 6.8 y *recoge* en el tiempo de la siega su
10.5 *recoge* en el verano es hombre entendido
13.11 *recoge* con mano laboriosa las aumenta
Ec. 2.26 el pecador da el trabajo de *recoger* y
Cnt. 5.1 he *recogido* mi mirra y mis aromas; he
6.2 descendió a su. .para *recoger* los lirios
Is. 10.14 se *recogen* los huevos abandonados, así
17.5 como cuando el segador *recoge* la mies
17.5 será. .como el que *recoge* espigas en el
22.9 *recogisteis* las aguas del estanque de
33.4 despojos serán *recogidos*. .*recogen* orugas
43.5 del oriente. .del occidente te *recogeré*
54.7 te *recogeré* con grandes misericordias
Jer. 7.18 los hijos *recogen* la leña, los padres
8.2 no serán *recogidos* ni enterrados; serán
9.22 como manojo. .que no hay quien lo *recoja*
10.17 *recoge* de las tierras tus mercaderías
23.3 *recogeré* el remanente de mis ovejas de
25.33 yacerán. .se endecharán ni se *recogerán*
40.12 y *recogieron* vino y abundantes frutos
49.5 y no habrá quien *recoja* a los fugitivos
Ez. 11.17 yo os *recogeré* de los pueblos, y os
28.25 cuando *recoja* a la casa de Israel de los
29.5 te. .no serás *recogido*, ni serás juntado
29.13 *recogeré* a Egipto de entre los pueblos
29.19 y *recogerá* sus despojos, y arrebatará
36.24 os *recogeré* de todas las tierras, y os
37.21 y los *recogeré* de todas partes, y los
38.8 vendrás a la. .*recogida* de muchos pueblos
38.12 sobre el pueblo *recogido* de entre las
Os. 9.6 Egipto los *recogerá*, Menfis. .enterrará
Am. 7.14 soy boyero, y *recojo* higos silvestres
Mi. 2.12 *recogeré*. .resto de Israel; lo reuniré
4.6 la que cojea, y *recogeré* la descarriada
6.14 comerás, y no. .*recogerás*, mas no salvarás
7.1 como cuando han *recogido* los frutos del
Nah. 2.11 donde se *recogía* el león y la leona
Hab. 1.9 vendrá. .*recogerá* cautivos como arena
1.15 los *recogerá* con su red, y los juntará
Sof. 3.19 que cojea, y *recogeré* la descarriada
Hag. 1.6 sembráis mucho, y *recogéis* poco
Zac. 10.10 *recogeré* de Asiria; y los traeré a
Mt. 3.12 y *recogerá* su trigo en el granero, y
6.26 aves. .ni siegan, ni *recogen* en graneros
7.16 ¿acaso se *recogen* uvas de los espinos, o
12.30 y el que conmigo no *recoge*, desparrama
13.30 *recoged* primero la cizaña, y atadla en
13.30 la cizaña. .pero *recoged* el trigo en mi
13.41 *recogerán*. .los que sirven de tropiezo
13.47 red, que. .*recoge* de toda clase de peces
13.48 *recogen* lo bueno en cestas, y lo malo
14.20 *recogieron* lo que. .doce cestas llenas
15.37 *recogieron* lo que sobró. .siete canastas
16.9 os acordáis. .cuántas cestas *recogisteis?*
16.10 panes. .cuántas canastas *recogisteis?*
25.24 siegas. .y *recoges* donde no esparciste
25.26 sabías. .y que *recojo* donde no esparcí
25.35 tuve sed. .forastero, y me *recogisteis*
25.38 ¿y cuándo te. .forastero, y te *recogimos*
25.43 forastero, y no me *recogisteis;* estuve
Mr. 6.43 *recogieron* de los pedazos doce cestas
8.8 y *recogieron* de los pedazos. .7 canastas
8.19 ¿cuántas cestas llenas de. .*recogisteis?*
8.20 ¿cuántas canastas llenas de. .*recogisteis?*
Lc. 3.17 y *recogerá* el trigo en su granero, y
9.17 saciaron; y *recogieron* lo que les sobró
11.23 el que conmigo no *recoge*, desparrama
Jn. 4.36 y *recoge* fruto para vida eterna, para
6.12 *recoged* los pedazos que sobraron, para
6.13 *recogieron*, pues, y llenaron doce cestas
15.6 y los *recogen*, y los echan en el fuego
Hch. 7.21 hija de Faraón le *recogió* y le crio
10.16 aquel lienzo volvió a ser *recogido* en
20.13 Asón para *recoger* allí a Pablo, ya que
27.16 dificultad pudimos *recoger* el esquife
28.3 habiendo *recogido* Pablo algunas ramas
1 Co. 16.2 que cuando yo llegue no se *recojan*
2 Co. 8.15 el que *recogió* mucho, no tuvo más

RECOMENDACIÓN

2 Co. 3.1 ¿o tenemos necesidad. .de cartas de *r*
3.1 tenemos necesidad de. .de *r* de vosotros?

RECOMENDAR

Sal. 119.138 testimonios, que has *recomendado*
Ro. 16.1 os *recomiendo*. .nuestra hermana Febe
2 Co. 3.1 a *recomendarnos* a nosotros mismos?
4.2 *recomendándonos* a toda conciencia humana
5.12 no nos *recomendamos*. .otra vez a vosotros
6.4 nos *recomendamos*. .como ministros de Dios

RECOMPENSA

Gn. 30.18 dijo Lea: Dios me ha dado mi *r*, por
2 S. 19.36 por qué me ha de dar. .tan grande *r?*
2 Cr. 15.7 esforzaos. .hay *r* para vuestra obra
Job 15.31 no confíe el. .porque ella será su *r*
Sal. 10.14 para dar la *r* con tu mano; a ti se
91.8 ojos mirarás y verás la *r* de los impíos
Pr. 24.14 si la hallares tendrás *r*, y al fin tu
Is. 1.23 aman el soborno, y van tras las *r;* no
40.10 he aquí que su *r* viene con él, y su paga
49.4 mi causa está delante. .mi *r* con mi Dios
62.11 he aquí su *r* con él, y delante de él su
Dn. 5.17 da tus *r* a otros. Leeré la escritura
Abd. 15 contigo; tu *r* volverá sobre tu cabeza
Mi. 7.3 el juez juzga por *r;* y el grande habla
Mt. 5.46 si amáis a los que. .¿qué *r* tendréis?
6.1 no tendréis *r* de vuestro Padre que está
6.2,5,16 cierto os digo que ya tienen su *r*
10.41 es profeta, *r* de profeta recibirá; y el
10.41 y el que recibe a. .*r* de justo recibirá
10.42 de cierto os digo que no perderá su *r*
16.26 ¿o qué *r* dará el hombre por su alma?
Mr. 8.37 ¿o qué *r* dará el hombre por su alma?
9.41 de cierto os digo que no perderá su *r*
1 Co. 3.8 cada uno recibirá su *r* conforme a su
3.14 si permaneciere la obra de. .recibirá *r*
9.17 si lo hago de buena voluntad, *r* tendré
Col. 3.24 del Señor recibiréis la *r*, porque a

RECOMPENSAR

Rt. 2.12 Jehová *recompense* tu obra. .cumplida
2 S. 22.21 a la limpieza. .me ha *recompensado*
22.25 me ha *recompensado* Jehová conforme a
Sal. 18.20 conforme a la limpieza. .*recompensado*
18.24 me ha *recompensado* Jehová conforme a
Pr. 11.31 justo será *recompensado* en la tierra
13.13 teme el mandamiento será *recompensado*
Is. 65.6 que *recompensaré*, y daré el pago en su
Mt. 6.4,6,18 Padre. .te *recompensará* en público
Lc. 14.12 vuelvan a convidar, y. .*recompensado*
14.14 ellos no te pueden *recompensar*, pero te
14.14 te será *recompensado* en la resurrección
Ro. 11.35 dio. .para que le fuese *recompensado?*
1 Ti. 5.4 y a *recompensar* a sus padres; porque
Ap. 22.12 para *recompensar*. .según sea su obra

RECONCILIACIÓN

Lv. 9.7 haz la *r* por ti. .y haz la *r* por ellos
16.6 Aarón. .hará la *r* por sí y por su casa
16.10 para hacer la *r* sobre él, para enviarlo
16.11 Aarón. .y hará la *r* por sí y por su casa
Ro. 5.11 por quien hemos recibido ahora la *r*
11.15 si su exclusión es la *r* del mundo, ¿qué
2 Co. 5.18 Dios. .nos dio el ministerio de la *r*
5.19 nos encargó a nosotros la palabra de la *r*

RECONCILIAR

Lv. 8.15 lo santificó para *reconciliar* sobre él
10.17 la dio él. .para que sean *reconciliados*
14.21 para ser ofrecido. .para *reconciliarse*
14.29 para *reconciliarlo* delante de Jehová
19.22 lo *reconciliará* el sacerdote delante de
23.28 *reconciliaros* delante de Jehová. .Dios
Nm. 8.19 *reconcilien* a los hijos de Israel, para
15.28 la *reconciliará*, y le será perdonado
28.22; 29.5 macho cabrío. .para *reconciliaros*
2 Cr. 29.24 ofrenda. .*reconciliar* a todo Israel
Mt. 5.24 *reconcíliate* primero con tu hermano
Ro. 5.10 fuimos *reconciliados* con Dios por la
5.10 *reconciliados*, seremos salvos por su vida
1 Co. 7.11 o *reconcíliese* con su marido; y que
2 Co. 5.18 de Dios, quien nos *reconcilió* consigo
5.19 estaba en Cristo *reconciliando* consigo al
5.20 os rogamos en nombre de. .*Reconciliaos*
Ef. 2.16 mediante la cruz *reconciliar* con Dios
Col. 1.20 por medio de él *reconciliar* consigo
1.21 y a vosotros. .ahora os ha *reconciliado*

RECONOCER

Gn. 30.33 cuando vengas a *reconocer* mi salario
31.32 delante. .*reconoce* lo que yo tenga tuyo
37.32 *reconoce*. .es la túnica de tu hijo, o no
37.33 y él la *reconoció*, y dijo: La túnica de
38.26 Judá los *reconoció*, y dijo: Más justa
Éx. 2.25 miró Dios a. .Israel, y los *reconoció*
Lv. 13.3 sacerdote le *reconocerá*, y le declarará
13.6 día el sacerdote le *reconocerá* de nuevo
13.8 si *reconociéndolo* el sacerdote ve que
13.13 le *reconocerá;* y si la lepra hubiere
13.27 el sacerdote la *reconocerá*. .es llaga de
26.41 se humillará. .y *reconocerán* su pecado
Nm. 13.2 tú hombres que *reconozcan* la tierra de
13.16 que Moisés envió a *reconocer* la tierra
13.17 los envió. .Moisés a *reconocer* la tierra
13.21 y *reconocieron* la tierra. .hasta Rehob
13.25 y volvieron de *reconocer* la tierra al
13.32 mal. .de la tierra que habían *reconocido*
13.32 por donde pasamos para *reconocerla*, es
14.6 de los que habían *reconocido* la tierra
14.7 tierra. .donde pasamos para *reconocerla*
14.34 los días. .en que *reconocisteis* la tierra
14.36 que Moisés envió a *reconocer* la tierra
14.38 que habían ido a *reconocer* la tierra
21.32 también envió Moisés a *reconocer* a Jazer
Dt. 1.22 varones. .que nos *reconozcan* la tierra
1.24 llegaron hasta. .*reconocieron* la tierra
1.33 iba delante de. .para *reconoceros* el lugar
8.5 *reconoce*. .que como castiga el hombre a su
21.17 al hijo de. .*reconocerá* como primogénito
33.9 y no *reconoció* a sus hermanos, ni a sus
Jos. 2.1 dos espías. .Andad, *reconoced* la tierra
6.22 a los. .que habían *reconocido* la tierra
6.25 Josué había enviado a *reconocer* a Jericó
7.2 *reconoced* la tierra. .y *reconocieron* a Hai
14.7 Moisés. .me envió. .a *reconocer* la tierra
23.14 *reconoced*, pues. .que no ha faltado una
Jue. 18.2 que *reconociesen* y explorasen bien la
18.2 y les dijeron: Id y *reconoced* la tierra
18.3 *reconocieron* la voz del joven levita
18.14,17 que habían ido a *reconocer* la tierra
Rt. 2.10 he hallado gracia. .que me *reconozcas*
2.19 dijo. .Bendito sea el que te ha *reconocido*
3.14 que. .pudieran *reconocerse* unos a otros
2 S. 10.3 ¿no ha enviado David. .para *reconocer*
19.20 *reconozco* haber pecado, y he venido hoy
1 R. 18.7 cuando lo *reconoció*, se postró sobre
2 R. 9.17 a un jinete que vaya a *reconocerlos*
9.18 fue. .el jinete a *reconocerlos*, y dijo
1 Cr. 19.3 e inquirir, y *reconocer* la tierra?
28.9 hijo mío, *reconoce* al Dios de tu padre
2 Cr. 33.13 *reconoció* Manasés que Jehová era
Job 37.7 los hombres todos *reconozcan* su obra
Sal. 51.3 porque yo *reconozco* mis rebeliones
51.4 seas *reconocido* justo en tu palabra, y
88.12 ¿serán *reconocidas* en las tinieblas tus
100.3 *reconoced* que Jehová es Dios; él nos
Pr. 3.6 *reconócelo* en todos tus caminos; y él
Is. 61.9 todos los que los vieren, *reconocerán*
Jer. 3.13 *reconoce*. .tu maldad, porque contra
14.20 *reconocemos*. .Jehová, nuestra impiedad
31.19 y después que *reconocí* mi falta, herí
Ez. 34.11 buscar mis ovejas, y las *reconoceré*
34.12 *reconoce* su rebaño el pastor el día que
34.12 así *reconoceré* mis ovejas, y las libraré
Dn. 4.26 que *reconozcas* que el cielo gobierna
4.32 que *reconozcas* que el Altísimo tiene el
5.21 hasta que *reconoció* que el Altísimo Dios
11.39 honores a los que le *reconozcan*, y por
Os. 2.8 y ella no *reconoció* que yo le daba el
5.15 *reconozcan* su pecado y busquen mi rostro
Mr. 6.33 muchos. .vieron ir, y le *reconocieron*
Lc. 24.31 abiertos los ojos, y le *reconocieron*
24.35 le habían *reconocido* al partir el pan
Jn. 7.26 ¿habrán *reconocido*. .éste es el Cristo?
Hch. 3.10 *reconocían* que era el que se sentaba
4.13 *reconocían* que habían estado con Jesús
12.14 cuando *reconoció* la voz de Pedro, de
27.39 no *reconocían* la tierra, pero veían una
1 Co. 14.37 *reconozca* que lo que os escribo son
16.18 *reconoced*, pues, a tales personas
Gá. 2.9 y *reconociendo* la gracia que me había
1 Ts. 5.12 que *reconozcáis* a los que trabajan
Ap. 3.9 vengan. .*reconozcan* que yo te he amado

RECONOCIMIENTO

Ez. 39.14 al cabo de siete meses harán el *r*

RECONSTRUIR

Is. 44.26 las ciudades. .*reconstruidas* serán, y

RECONVENCIÓN
Pr. 15.10 la *r* es molesta al que deja el camino

RECONVENIR
Gn. 21.25 Abraham *reconvino* a Abimelec a causa
Jue. 8.1 hombres de Efraín. .le *reconvinieron*
Mt. 11.20 comenzó a *reconvenir* a las ciudades
16.22 Pedro. .aparte, comenzó a *reconvenirle*
Mr. 8.32 tomó aparte, y comenzó a *reconvenirle*

RECORDAR
Nm. 10.9 y seréis *recordados* por Jehová. .Dios
Dt. 31.21 pues será *recordado* por la boca de sus
1 Cr. 16.4 *recordasen* y confesasen y loasen a
Est. 9.28 días serían *recordados* y celebrados
9.28 y que su. .jamás dejaría de *recordarles*
Sal. 38 *tít.* salmo de David, para *recordar*
79.8 no *recuerdes* contra. .las iniquidades de
89.47 *recuerda* cuán breve es mi tiempo; ¿por
137.7 *recuerda* contra los hijos de Edom el día
Is. 12.4 *recordad* que su nombre es engrandecido
23.16 reitera la canción. .que seas *recordada*
43.26 hazme *recordar*, entremos en juicio
Ez. 18.22 no. .serán *recordadas;* en su justicia
29.16 haga *recordar* el pecado de mirar en pos
33.13 todas sus justicias no serán *recordadas*
33.16 no se le *recordará*. .de sus pecados que
Zac. 13.2 quitaré. .nunca más serán *recordados*
Mr. 8.18 ¿teniendo ojos no. .¿Y no *recordáis?*
Jn. 14.26 *recordará* todo lo que yo os he dicho
Hch. 10.31 y tus limosnas han sido *recordadas*
20.35 *recordar* las palabras del Señor Jesús
Ro. 15.15 para haceros *recordar*, por la gracia
1 Co. 4.17 os *recordará* mi proceder en Cristo
2 Ti. 2.14 *recuérdales* esto. .que no contiendan
Tit. 3.1 *recuérdales*. .sujeten a los gobernantes
2 P. 1.12 no dejaré de *recordaros*. .estas cosas
3 Jn. 10 *recordaré*. .obras que hace parloteando
Jud. 5 quiero *recordaros*, ya. .lo habéis sabido
Ap. 2.5 *recuerda*. .de dónde has caído. .y haz las

RECORDATIVA
Nm. 5.15 es. .ofrenda *r*, que trae a la memoria el
5.18 la ofrenda *r*, que es la ofrenda de celos

RECORRER
Gn. 41.46 y *recorrió* toda la tierra de Egipto
Dt. 24.20 no *recorrerás* las ramas. .dejado tras
Jos. 3.2 los oficiales *recorrieron* el campamento
18.4 envíe. .*recorran* la tierra, y la describan
18.8 id, *recorred* la tierra y delineadla, y
18.9 fueron, pues. .y *recorrieron* la tierra
2 S. 24.2 dijo el rey. .*Recorre* ahora todas las
24.8 que hubieron *recorrido* toda la tierra
1 R. 18.6 dividieron. .el país para *recorrerlo*
1 Cr. 21.4 salió. .Joab, y *recorrió* todo Israel
2 Cr. 17.9 y *recorrieron*. .las ciudades de Judá
23.2 los cuales *recorrieron* el país de Judá
Jer. 5.1 *recorred* las calles de Jerusalén, y
Zac. 1.10 que Jehová ha enviado a *recorrer* la
1.11 hemos *recorrido* la tierra, y he aquí toda
4.10 los ojos de. .que *recorren* toda la tierra
6.7 se afanaron por ir a *recorrer* la tierra
6.7 id, *recorred* la. .Y *recorrieron* la tierra
Mt. 4.23 *recorrió* Jesús toda Galilea, enseñando
9.35 *recorría* Jesús. .las ciudades y aldeas
10.23 que no acabaréis de *recorrer* todas las
23.15 *recorréis* mar y tierra para hacer un
Mr. 6.6 y *recorría* las. .de alrededor, enseñando
6.55 *recorriendo* toda la tierra. .comenzaron
Hch. 18.23 *recorriendo*. .la región de Galacia y
19.1 Pablo, después de *recorrer* las regiones
19.21 después de *recorrer* Macedonia y Acaya
20.2 después de *recorrer* aquellas regiones

RECORTAR
Ez. 44.20 su cabello. .lo *recortarán* solamente

RECOSIDO
Jos. 9.5 y zapatos viejos y *r* en sus pies, con

RECOSTAR
Gn. 18.4 agua. .y *recostaos* debajo de un árbol
49.14 Isacar, asno fuerte que se *recuesta*
Cnt. 4.1; 6.5 manada de cabras que se *recuestan*
8.5 ésta que sube. .*recostada* sobre su amado?
Mt. 8.20 el Hijo del. .no tiene dónde *recostar* su
14.19 mandó a la gente *recostarse* sobre la
15.35 mandó a la multitud que se *recostase*
Mr. 6.39 mandó que hiciesen *recostar* a todos
6.40 se *recostaron* por grupos, de ciento en
8.6 mandó a la multitud que se *recostase* en
Lc. 9.58 el Hijo del. .no tiene dónde *recostar* la
Jn. 6.10 haced *recostar* la gente. .*recostaron*
6.11 los discípulos entre los que. .*recostados*
13.23 uno. .estaba *recostado* al lado de Jesús
13.25 *recostado* cerca del pecho de Jesús, le
21.20 en la cena se había *recostado* al lado

RECREAR
Neh. 12.43 Dios los había *recreado* con grande
Sal. 37.11 se *recrearán* con abundancia de paz
45.8 desde palacios de marfil te *recrean*
51.8 se *recrearán* los huesos que has abatido
Pr. 5.19 te satisfagan. .y en su amor *recréate*
10.23 mas la sabiduría *recrea* al hombre de
Is. 56.7 y los *recrearé* en mi casa de oración
Ro. 15.32 sea *recreado* juntamente con vosotros
2 P. 2.13 comen con vosotros, se *recrean* en sus

RECREO
Is. 32.18 en habitaciones seguras, y en *r* de

RECTAMENTE
Nm. 36.5 la tribu de los hijos de José habla *r*
Neh. 9.33 *r* has hecho, mas nosotros hemos hecho
Sal. 58.1 ¿juzgáis *r*, hijos de los hombres?
75.2 al tiempo que señalaré yo juzgaré *r*
Pr. 2.7 provee. .es escudo a los que caminan *r*
Ec. 12.10 procuró. .escribir *r* palabras de verdad
Jer. 8.6 oí; no hablan *r*, no hay hombre que se
Ez. 18.9 y guardare mis decretos para hacer *r*
Mi. 2.7 ¿no hacen mis. .bien al que camina *r?*
Lc. 7.43 aquél a quien perdonó. .*R* has juzgado
20.21 Maestro, sabemos que dices y enseñas *r*
Gá. 2.14 pero cuando vi que no andaban *r*. .dije

RECTITUD
Dt. 9.5 ni por la *r* de. .corazón entras a poseer
32.4 todos sus caminos son *r;* Dios de verdad
1 R. 3.6 anduvo. .con *r* de corazón para contigo
1 Cr. 29.17 yo sé, Dios mío. .que la *r* te agrada
29.17 con *r* de mi corazón. .te he ofrecido todo
Job 29.14 me cubría. .manto y diadema era mi *r*
33.3 mis razones declararán la *r* de mi corazón
42.8 no habéis hablado de mí con *r*, como mi
Sal. 9.8 juzgará al mundo. .a los pueblos con *r*
17.2 proceda. .vindicación; vean tus ojos la *r*
25.21 integridad y *r* me guarden, porque en ti
26.12 pie ha estado en *r*. .bendeciré a Jehová
27.11 guíame por senda de *r*. .a causa de mis
37.28 Jehová ama la *r*, y no desampara a sus
98.9 juzgará al mundo. .a los pueblos con *r*
99.4 confirmas la *r;* tú has hecho en Jacob
111.8 para siempre, hechos en verdad y en *r*
119.7 te alabaré con *r* de corazón cuando
143.10 buen espíritu me guíe a tierra de *r*
Pr. 12.5 los pensamientos de los justos son *r*
14.2 el que camina en su *r* teme a Jehová; mas
Ec. 2.21 ¡que el hombre trabaje. .con *r*, y que
8.10 en la ciudad donde habían actuado con *r*
Is. 26.7 camino del justo es *r;* tú, que eres
26.10 justicia; en tierra de *r* hará iniquidad
45.19 yo soy Jehová que hablo. .que anuncio *r*
59.9 por esto se alejó. .no nos alcanzó la *r*

RECTO, TA
Éx. 15.26 e hicieres lo *r* delante de sus ojos
Nm. 23.10 muera yo la muerte de los *r*, y mi
Dt. 6.18 lo *r* y bueno ante los ojos de Jehová
12.25 hicieres lo *r* ante los ojos de Jehová
12.28 haciendo. .lo *r* ante los ojos de Jehová
13.18 para hacer lo *r* ante. .Jehová tu Dios
21.9 hicieres lo que es *r* ante los ojos de
32.4 es la Roca. .Dios de verdad. .es justo y *r*
Jos. 9.25 lo que te pareciere bueno y *r*. .hazlo
1 S. 6.12 las vacas. .seguían camino *r*, andando
12.23 os instruiré en el camino bueno y *r*
29.6 vive Jehová, que tu has sido *r*, y que me
2 S. 22.24 fui *r* para con él, y me he guardado
22.26 con el. .y *r* para con el hombre íntegro
1 R. 11.33 para hacer lo *r* delante de mis ojos
11.38 y si. .hicieres lo *r* delante de mis ojos
14.8 tú no. .solamente lo *r* delante de mis ojos
15.5 David había hecho lo *r* ante los ojos de
15.11 Asa hizo lo *r* ante los ojos de Jehová
22.43 haciendo lo *r* ante los ojos de Jehová
2 R. 10.3 escoged al mejor y al más *r* de los
10.15 ¿es *r* tu corazón, como el mío es *r* con
10.30 cuanto has hecho bien ejecutando lo *r*
12.2 y Joás hizo lo *r* ante los ojos de Jehová
14.3; 15.3,34 lo *r* ante los ojos de Jehová
16.2 y no hizo lo *r* ante los ojos de Jehová
17.9 hicieron. .cosas no *r* contra Jehová su
18.3; 22.2 hizo lo *r* ante los ojos de Jehová
2 Cr. 14.2; 24.2; 25.2; 26.4; 27.2; 29.2; 34.2
hizo. .lo *r* ante los ojos de Jehová
20.32 haciendo lo *r* ante los ojos de Jehová
28.1 mas no hizo lo *r* ante los ojos de Jehová
29.34 los levitas fueron más *r* de corazón para
31.20 ejecutó lo bueno, *r* y verdadero delante
Neh. 9.13 les diste juicios *r*, leyes verdaderas
Job 1.1,8; 2.3 perfecto y *r*, temeroso de Dios
4.7 y ¿en dónde han sido destruidos los *r?*
6.25 ¡cuán eficaces son las palabras *r!* Pero
8.6 si fueres limpio y *r*, ciertamente luego
17.8 *r* se maravillarán de esto, y el inocente
33.27 al que dijere: Pequé, y pervertí lo *r*
35.2 ¿piensas que es cosa *r* lo que has dicho
42.7 porque no habéis hablado de mí lo *r*, como
Sal. 7.10 en Dios, que salva a los *r* de corazón
11.2 asaetear en oculto a los *r* de corazón
11.7 justicia; el hombre *r* mirará su rostro
18.23 fui *r* para con él, y me he guardado de
18.25 con el. .y *r* para con el hombre íntegro
19.8 los mandamientos de Jehová son *r*, que
25.8 bueno y *r* es Jehová. .él enseñará a los
32.11 y cantad con júbilo. .los *r* de corazón
33.4 porque *r* es la palabra de Jehová, y toda
36.10 extiende. .tu justicia a los *r* de corazón
37.14 su arco. .para matar a los de *r* proceder
49.14 los *r* se enseñorearán de ellos por la
51.10 y renueva un espíritu *r* dentro de mí
64.10 y se gloriarán todos los *r* de corazón
78.37 pues sus corazones no eran *r* con él, ni
92.15 anunciar que Jehová mi fortaleza es *r*
94.15 y en pos de ella irán todos los *r* de
97.11 justo, y alegría para los *r* de corazón
107.42 véanlo los *r*, y alégrense, y todos los
111.1 alabaré a. .en la compañía y. .de los *r*
112.2 la generación de los *r* será bendita
112.4 resplandeció en. .tinieblas luz a los *r*
119.128 eso estimé *r* todos tus mandamientos
119.137 justo eres. .Jehová, y *r* tus juicios
119.138 tus testimonios. .son *r* y muy fieles
125.4 haz bien. .los que son *r* en su corazón
140.13 los justos. .*r* morarán en tu presencia
Pr. 2.7 él provee de sana sabiduría a los *r;* es
2.21 *r* habitarán la tierra, y. .perfectos
4.25 tus ojos miren lo *r*, y diríjanse tus
4.26 de tus pies, y todos tus caminos sean *r*
8.6 hablaré. .y abriré mis labios para cosas *r*
8.9 son *r* al que entiende, y razonables a los
11.3 la integridad de los *r* los encaminará
11.6 la justicia de los *r* los librará; mas los
11.11 por la bendición de los *r* la ciudad será
12.6 impíos. .mas la boca de los *r* los librará
14.9 necios. .entre los *r* hay buena voluntad
14.11 casa. .pero florecerá la tienda de los *r*
15.8 mas la oración de los *r* es su gozo
15.19 la vereda de los *r*, como una calzada
16.13 de los reyes. .aman al que habla lo *r*
16.17 el camino de los *r* se aparta del mal
17.26 ni herir a los nobles que hacen lo *r*
20.11 muchacho. .su conducta fuere limpia y *r*
21.2 camino del hombre es *r* en su. .opinión
21.8 es torcido. .los hechos del limpio son *r*
21.18 el impío, y por los *r*, el prevaricador
21.29 su rostro; mas el *r* ordena sus caminos
23.16 cuando tus labios hablaren cosas *r*
24.26 los labios del que responde palabras *r*
28.10 que hace errar a los *r* por el mal camino
29.10 mas los *r* buscan su contentamiento
29.27 abominación es al impío el de caminos *r*
Ec. 7.29 que Dios hizo al hombre *r*, pero ellos
Is. 26.7 oh *r*, pesas el camino del justo
28.26 su Dios le instruye, y le enseña lo *r*
30.10 los profetas: No nos profeticéis lo *r*
33.15 el que camina en justicia y habla lo *r*
Jer. 23.10 carrera. .mala, y su valentía no es *r*
26.14 haced de mí como. .y más *r* os parezca
34.15 habíais. .hecho lo *r* delante de mis ojos
Ez. 18.25 dijereis: No es *r* el camino del Señor
18.25 ¿no es *r* mi camino? ¿no son vuestros
18.29 aún dijere: No es *r* el camino del Señor
18.29 ¿no son *r* mis caminos, casa de Israel?
18.29 ciertamente, vuestros caminos no son *r*
33.17 tu pueblo: No es *r* el camino del Señor
33.17 el camino de ellos es el que no es *r*
33.20 dijisteis: No es *r* el camino del Señor
Os. 14.9 porque los caminos de Jehová son *r*, y
Am. 3.10 no saben hacer lo *r*, dice Jehová
5.10 ellos. .y al que hablaba lo *r* abominaron
Mi. 7.2 ninguno hay *r* entre los hombres; todos
7.4 es como el espino; es más *r*, como zarzal
Hab. 2.4 aquel cuya alma no es *r*, se enorgullece
Lc. 8.15 que con corazón bueno y *r* retienen la
Hch. 8.21 tu corazón no es *r* delante de Dios
13.10 de trastornar los caminos *r* del Señor?
Col. 4.1 amos, haced lo que es justo y *r* con
2 P. 2.15 han dejado el camino *r*, y. .extraviado

RECUBRIDOR
Ez. 13.11 a los *r* con lodo suelto, que caerá

RECUBRIR
Lv. 14.42 tomarán. .barro y *recubrirán* la casa
14.43 brotar en. .después que fue *recubierta*
14.48 extendido. .después que fue *recubierta*
Ez. 13.10 los otros la *recubrían* con lodo suelto
13.12 ¿dónde está. .con que la *recubristeis?*
13.14 la pared. .*recubristeis* con lodo suelto
13.15 cumpliré. .y en los que la *recubrieron*
13.15 no. .la pared, ni los que la *recubrieron*
22.28 sus profetas *recubrían* con lodo suelto

RECUERDO
Nm. 16.40 en *r* para los hijos de Israel, de que
Is. 26.14 y destruiste y deshiciste todo su *r*
57.8 tras la puerta y el umbral pusiste tu *r*

RECUPERAR
1 S. 30.19 todas las cosas. .lo *recuperó* David
2 S. 8.3 al ir éste a *recuperar* su territorio
Abd. 17 casa de Jacob *recuperará* sus posesiones

RECURRIR

Dt. 17.8 *recurrirás* al lugar que..Dios escogiere
Sal. 71.3 una roca de refugio, adonde *recurra*

RECURSO

Nm. 6.21 además de lo que sus *r* le permitieren

RECHAZAR

2 Cr. 6.42 no *rechaces* a tu ungido; acuérdate
Is. 28.6 fuerzas a los que *rechacen* la batalla
Jn. 12.48 me *rechaza*, y no recibe mis palabras
Hch. 7.27 el que maltrataba a su..le *rechazó*
7.35 este Moisés, a quien habían *rechazado*
Jud. 8 *rechazan* la autoridad y blasfeman de las

RED

1 R. 7.17 había trenzas a manera de *r*, y unos
7.18 hileras de granadas alrededor de la *r*
7.20 globo, el cual estaba rodeado por la *r*
7.41 y dos *r* que cubrían los dos capiteles
7.42 granadas para las dos *r*, dos..en cada *r*
2 R. 25.17 y sobre el capitel..una *r* y granadas
25.17 igual labor..la otra columna con su *r*
2 Cr. 4.12 dos *r* para cubrir las dos esferas de
4.13 dos *r*, dos hileras de granadas en cada *r*
Job 18.8 *r* será echada a..pies, y sobre mallas
19.6 sabed ahora que Dios..envuelto en su *r*
Sal. 9.15 en la *r* que escondieron fue tomado
10.9 arrebata al pobre trayéndolo a su *r*
25.15 ojos..porque él sacará mis pies de la *r*
31.4 sácame de la *r* que han escondido para mí
35.7 sin causa escondieron para mí su *r* en un
35.8 sepa, y la *r* que él escondió lo prenda
57.6 *r* han armado a mis pasos; se ha abatido
66.11 nos metiste en la *r*; pusiste sobre
140.5 han tendido *r* junto a la senda; me han
141.10 caigan los impíos a una en..*r*, mientras
Pr. 1.17 en vano se tenderá la *r* ante los ojos
7.23 como el ave que se apresura a la *r*, y no
12.12 codicia el impío la *r* de los malvados
29.5 el hombre que lisonjea..*r* tiende delante
Ec. 7.26 a la mujer cuyo corazón es lazos y *r*
9.12 los peces que son presos en la mala *r*
Is. 8.14 lazo y por *r* al morador de Jerusalén
19.8 desfallecerán los que extienden *r* sobre
19.9 lino..los que tejen *r* serán confundidos
19.10 porque todas sus *r* serán rotas; y se
24.17 y *r* sobre ti, oh morador de la tierra
24.18 el que saliere de..será preso en la *r*
51.20 estuvieron..como antílope en la *r*..de
Jer. 52.22 con una *r* y granadas alrededor del
52.23 ellas eran ciento sobre la *r* alrededor
Lm. 1.13 ha extendido *r* a mis pies, me volvió
Ez. 12.13 yo extenderé mi *r* sobre él, y caerá
19.8 extendieron sobre él su *r*, y en el foso
26.5 tendedero de *r* será en medio del mar
26.14 una peña lisa; tendedero de *r* serás, y
32.3 yo extenderé sobre ti mi *r* con reunión
32.3 así ha dicho..te harán subir con mi *r*
47.10 hasta En-eglaim será su tendedero de *r*
Os. 5.1 habéis sido lazo en Mizpa, y *r* tendida
7.12 cuando fueren, tenderé sobre ellos mi *r*
Mi. 7.2 sangre; cada cual arma *r* a su hermano
Hab. 1.15 los recogerá con su *r*, y los juntará
1.16 esto hará sacrificios a su *r*, y ofrecerá
1.17 ¿vaciará por eso..*r*, y no tendrá piedad
Mt. 4.18 y Andrés su hermano, que echaban la *r*
4.20 dejando al instante las *r*, le siguieron
4.21 vio a otros dos..que remendaban sus *r*
13.47 el reino de los..es semejante a una *r*
Mr. 1.16 vio a Simón y..echaban la *r* en el mar
1.18 y dejando luego sus *r*, le siguieron
1.19 vio a Jacobo hijo..que remendaban las *r*
Lc. 5.2 barcas..los pescadores..lavaban sus *r*
5.4 adentro, y echad vuestras *r* para pescar
5.5 Maestro..mas en tu palabra echaré la *r*
5.6 gran cantidad de peces, y su *r* se rompía
Jn. 21.6 echad la *r* a la derecha de la barca
21.8 vinieron con..arrastrando la *r* de peces
21.11 y sacó la *r* a tierra..la *r* no se rompió
Ro. 11.9 sea vuelto su convite en trampa y en *r*

REDARGÜIR

Job 32.12 no hay de vosotros..*redarguya* a Job
Jn. 8.46 de vosotros me *redarguye* de pecado?
2 Ti. 3.16 útil..para *redargüir*, para corregir
4.2 *redarguye*, reprende, exhorta con toda

REDECILLA

Is. 3.18 aquel día quitará el Señor el..las *r*

REDENCIÓN

Éx. 8.23 yo pondré *r* entre mi pueblo y el tuyo
Rt. 4.7 esta costumbre en Israel tocante a la *r*
Job 33.24 que lo libró de descender al..halló *r*
Sal. 49.8 la *r* de su vida es de gran precio, y
111.9 *r* ha enviado a su pueblo..ha ordenado
130.7 hay misericordia, y abundante *r* con él
Lc. 2.38 hablaba del niño..que esperaban la *r*
21.28 levantad..cabeza..vuestra *r* está cerca
Ro. 3.24 mediante la *r* que es en Cristo Jesús
8.23 esperando la..la *r* de nuestro cuerpo
1 Co. 1.30 justificación, santificación y *r*
Ef. 1.7 en quien tenemos *r* por su sangre, el
1.14 hasta la *r* de la posesión adquirida, para
4.30 cual fuisteis sellados para el día de la *r*
Col. 1.14 en quien tenemos *r* por su sangre, el
He. 9.12 una vez..habiendo obtenido eterna *r*

REDENTOR

Job 19.25 que mi *R* vive, y al fin se levantará
Sal. 19.14 boca..oh Jehová, roca mía, y *r* mío
78.35 era su refugio, y el Dios Altísimo su *r*
Is. 41.14 yo soy..y el Santo de Israel es tu *R*
43.14 Jehová, *R* vuestro, el Santo de Israel
44.6 así dice Jehová Rey de Israel, y su *R*
44.24 dice Jehová, tu *R*, que te formó desde
47.4 nuestro *R*, Jehová de los..es su nombre
48.17 así ha dicho Jehová, *R* tuyo, el Santo
49.7 ha dicho Jehová, *R* de Israel, el Santo
49.26 y conocerá todo hombre que yo..*R* tuyo
54.5 tu *R*, el Santo de Israel; Dios de toda
54.8 tendré compasión de ti, dijo Jehová tu *R*
59.20 y vendrá el *R* a Sion, y a los que se
60.16 yo Jehová soy el Salvador tuyo y *R* tuyo
63.16 Jehová..nuestro *R* perpetuo es tu nombre
Jer. 50.34 el *R* de ellos es el Fuerte; Jehová

REDIL

Jue. 5.16 te quedaste entre los *r*, para oir los
1 S. 24.3 llegó a un *r* de ovejas en el camino
2 S. 7.8; 1 Cr. 17.7 te tomé del *r*, de detrás
Jer. 50.6 anduvieron..y se olvidaron de sus *r*
Ez. 34.4 ni volvisteis al *r* la descarriada, ni
34.14 allí dormirán en buen *r*, y en pastos
34.16 haré volver al *r* la descarriada, vendaré
Jn. 10.1 el que no entra..en el *r* de las ovejas
10.16 tengo otras ovejas que no son de este *r*

REDIMIR

Éx. 6.6 os *redimiré* con brazo extendido, y con
13.13 todo primogénito de asno *redimirás* con
13.13 no lo *redimieres*, quebrarás su cerviz
13.13 *redimirás* al primogénito de tus hijos
13.15 yo..*redimo* al primogénito de mis hijos
15.13 condujiste..este pueblo que *redimiste*
34.20 *redimirás* con cordero el primogénito del
34.20 no lo *redimieres*, quebrarás su cerviz
34.20 *redimirás* todo primogénito de tus hijos
Lv. 25.29 tendrá facultad de *redimirla* hasta el
25.29 año será el término de poderse *redimir*
27.2 de las personas que se hayan de *redimir*
27.19 si el que dedicó la..quisiere *redimirla*
Nm. 3.49 que excedían el número de los *redimidos*
18.15 harás que se *redima* el primogénito del
18.15 harás *redimir* el primogénito de animal
18.17 el primogénito de cabra, no *redimirás*
Dt. 9.26 y a tu heredad que has *redimido* con tu
21.8 perdona a tu pueblo..el cual *redimiste*
Rt. 2.20 es..uno de los que pueden *redimirnos*
3.13 si él te *redimiere*, bien, *redimate;* mas
3.13 no te quisiere *redimir*, yo te *redimiré*
4.4 si tú quieres *redimir*, *redime;* y si no
4.4 si no quieres *redimir*, decláramelo para
4.4 no hay otro que *redima* sino..Yo *redimiré*
4.6 respondió..No puedo *redimir* para mí, no
4.6 *redime* tú..porque yo no podré *redimir*
2 S. 4.9 vive Jehová que ha *redimido* mi alma
1 R. 1.29 vive Jehová, que ha *redimido* mi alma
1 Cr. 17.21 cuyo Dios fuese y se *redimiese* un
Neh. 1.10 los cuales *redimiste* con tu gran poder
Job 6.23 dicho *redimidme* del poder..violentos?
33.28 Dios *redimirá* su alma para que no pase
Sal. 25.22 *redime*, oh Dios, a Israel de todas
26.11 mas..*redimeme*, y ten misericordia de mí
31.5 tú me has *redimido*, oh Jehová, Dios de
34.22 Jehová *redime* el alma de sus siervos
44.26 *redímenos* por causa de tu misericordia
49.7 en manera alguna *redimir* al hermano, ni
49.15 Dios *redimirá*..vida del poder del Seol
55.18 él *redimirá* en paz mi alma de la guerra
69.18 acércate a mi alma, *redímela;* líbrame
71.23 alegrarán..mi alma, la cual *redimiste*
72.14 de engaño y de violencia *redimirá* sus
74.2 la que *redimiste* para hacerla la tribu
77.15 con tu brazo *redimiste* a tu pueblo, a
78.42 del día que los *redimió* de la angustia
107.2 díganlo los *redimidos* de Jehová, los que
107.2 que ha *redimido* del poder del enemigo
119.154 defiende mi causa, y *redímeme*
130.8 *redimirá* a Israel de todos sus pecados
144.7 *redímeme*, y sácame de las muchas aguas
Is. 29.22 Jehová, que *redimió* a Abraham, dice
35.9 ni fiera..para que caminen los *redimidos*
35.10 y los *redimidos* de Jehová volverán, y
43.1 no temas, porque yo te *redimí;* te puse
44.22 yo..vuélvete a mí, porque yo te *redimí*
44.23 Jehová *redimió* a Jacob, y en Israel será
48.20 *redimió* Jehová a Jacob su siervo
50.2 se ha acortado mi mano para no *redimir?*
51.10 del mar para que pasaran los *redimidos?*
51.11 ciertamente volverán los *redimidos* de
52.9 ha consolado a..a Jerusalén ha *redimido*
62.12 les llamarán..*Redimidos* de Jehová; y a
63.4 día..el año de mis *redimidos* ha llegado
63.9 en su amor y en su clemencia los *redimió*
Jer. 15.21 *redimiré* de la mano de los fuertes
31.11 Jehová *redimió* a Jacob, lo *r* de mano
Lm. 3.58 abogaste..la causa..*redimiste* mi vida
Dn. 4.27 tus pecados *redime* con justicia, y tus
Os. 7.13 los *redimí*, y ellos hablaron mentiras
13.14 de la mano del Seol los *redimiré*, los
Mi. 4.10 te *redimirá* Jehová de la mano de tus
6.4 yo..de la casa de servidumbre te *redimí*
Zac. 10.8 los reuniré, porque los he *redimido*
Lc. 1.68 que ha visitado y *redimido* a su pueblo
24.21 él era el que había de *redimir* a Israel
Gá. 3.13 Cristo nos *redimió* de la maldición de
4.5 *redimiese* a los que estaban bajo la ley
Col. 4.5 con los de afuera, *redimiendo* el tiempo
Tit. 2.14 se dio..*redimirnos* de toda iniquidad
Ap. 5.9 y con tu sangre nos has *redimido* para
14.3 aquellos..que fueron *redimidos* de entre
14.4 estos fueron *redimidos*..como primicias

RÉDITO

Pr. 8.19 y mi *r* mejor que la plata escogida

REDOMA

1 S. 10.1 tomando..Samuel una *r* de aceite, la
2 R. 9.1 toma esta *r* de aceite en tu mano, y vé
9.3 toma luego la *r* de aceite, y derrámala
Sal. 56.8 pon mis lágrimas en tu *r;* ¿no están

REDONDO, DA

Éx. 16.14 cosa menuda, *r*..como una escarcha
1 R. 7.23 hizo fundir..un mar..perfectamente *r*
7.31 la boca era *r*, de la misma hechura del
7.31 con sus tableros..eran cuadrados, no *r*
7.35 en lo alto de la basa..una pieza *r* de
7.41 los capiteles *r* que estaban en lo alto
7.41 redes..cubrían los dos capiteles *r* que
7.42 cubrir los dos capiteles *r* que estaban
10.19 y la parte alta era *r* por el respaldo
2 Cr. 4.2 un mar de fundición..enteramente *r*
Cnt. 7.2 tu ombligo como una taza *r* que no le

REDUCIR

Éx. 32.20 y lo molió hasta *reducirlo* a polvo
Lv. 26.22 y os *reduzcan* en número, y vuestros
Dt. 9.21 moliéndolo muy bien..*reducido* a polvo
19.14 en la heredad..no *reducirás* los límites
27.17 maldito el que *redujere* el límite de su
Jos. 8.28 y la *redujo* a un montón de escombros
Jue. 16.16 alma fue *reducida* a mortal angustia
2 R. 19.25 *reducir* las ciudades fortificadas a
2 Cr. 28.20 los asirios..lo *redujo* a estrechez
Job 24.25 ¿quién..*reducirá* a nada mis palabras?
Sal. 79.1 han..*redujeron* a Jerusalén a escombros
Pr. 6.26 el hombre es *reducido* a un bocado de
24.10 fueres flojo..tu fuerza será *reducida*
Is. 15.1 fue destruida Kir..*reducida* a silencio
21.17 de los..hijos de Cedar, serán *reducidos*
37.26 para *reducir* las ciudades fortificadas a
41.15 los molerás, y collados *reducirás* a tamo
Jer. 9.11 *reduciré* a Jerusalén a un montón de
27.7 *reduzcan* a servidumbre muchas naciones
34.22 *reduciré* a soledad las ciudades de Judá
51.25 haré rodar..te *reduciré* a monte quemado
Ez. 21.27 a ruina, a ruina, a ruina lo *reduciré*
Os. 2.12 *reduciré* a un matorral, y las comerán
Nah. 2.13 *reduciré* a humo tus carros, y espada
Zac. 4.7 serás *reducido* a llanura; él sacará la
Hch. 5.36 fueron dispersados y *reducidos* a nada
7.6 y que los *reducirían* a servidumbre y los
Gá. 2.4 libertad..para *reducirnos* a esclavitud
2 P. 2.6 *reduciéndolas* a ceniza y poniéndolas

REDUNDAR

Fil. 1.12 *redundado* más bien para el progreso

REEDIFICAR

Jos. 6.26 hombre que..*reedificare* esta ciudad
19.50 él *reedificó* la ciudad y habitó en ella
Jue. 18.28 *reedificaron* la ciudad, y habitaron
21.23 *reedificaron* las ciudades, y habitaron
1 R. 12.25 *reedificó* Jeroboam a Siquem en el
12.25 saliendo de allí, *reedificó* a Penuel
16.34 en su..Hiel de Bet-el *reedificó* a Jericó
2 R. 14.22 *reedificó* él a Elat, y la restituyó
2 Cr. 8.2 *reedificó*..las ciudades que Hiram de
8.5 *reedificó* a Bet-horón la de arriba..abajo
33.3 porque él *reedificó* los lugares altos que
Esd. 2.68 hicieron ofrendas..para *reedificarla*
4.13 que si aquella ciudad fuere *reedificada*
4.16 que si esta ciudad fuere *reedificada*, y
4.21 no sea esa ciudad *reedificada* hasta que
5.2 comenzaron a *reedificar* la casa de Dios
5.11 *reedificamos* la casa que ya muchos años
5.13 que esta casa de Dios fuese *reedificada*
5.15 y sea *reedificada* la casa de Dios en su
5.17 orden para *reedificar* esta casa de Dios
6.3 fuese la casa *reedificada* como lugar para
6.7 *reedifiquen* esa casa de Dios en su lugar
6.8 es dada orden..para *reedificar* esa casa
Neh. 2.5 envíame a Judá, a la..y la *reedificaré*
3.13 ellos la *reedificaron*, y levantaron sus
3.14 *reedificó* la puerta del..Malquías hijo

REEDIFICAR *(Continúa)*
Neh. 3.14 él la *reedificó*, y levantó sus puertas
3.15 él la *reedificó*, la enmaderó y levantó
7.4 poco pueblo..no había casas *reedificadas*
Job 3.14 reyes..que *reedifican* para sí ruinas
Sal. 69.35 Dios..*reedificará*..ciudades de Judá
Is. 25.2 no sea ciudad, ni nunca..*reedificado*
44.26 a las ciudades..sus ruinas *reedificaré*
61.4 *reedificarán* las ruinas antiguas, y
Ez. 36.33 ciudades..ruinas serán *reedificadas*
36.36 yo *reedifiqué* lo que estaba derribado
Hag. 1.2 que la casa de Jehová sea *reedificada*
1.8 y traed madera, y *reedificad* la casa; y
Mt. 26.61 derribar..en tres días *reedificarlo*
27.40 y en tres días lo *reedificas*, sálvate
Mr. 15.29 derribas..en tres días lo *reedificas*
Hch. 15.16 *reedificaré* el tabernáculo de David

REELAÍAS ***Uno que regresó del exilio con Zorobabel*, Esd. 2.2**

REFA ***Descendiente de Efraín*, 1 Cr. 7.25**

REFAÍAS
1. ***Descendiente de David*, 1 Cr. 3.21**
2. ***Descendiente de Simeón*, 1 Cr. 4.42**
3. ***Guerrero de la tribu de Isacar*, 1 Cr. 7.2**
4. ***Descendiente del rey Saúl*, 1 Cr. 9.43**
5. ***Uno que ayudó en la restauración del muro de Jerusalén*, Neh. 3.9**

REFAIM ***Valle cerca de Jerusalén***
Jos. 15.8 cual está al extremo del valle de *R*
18.16 Hinom..está al norte en el valle de *R*
2 S. 5.18,22 se extendieron por el valle de *R*
23.13 el campamento..estaba en el valle de *R*
1 Cr. 11.15 de los filisteos en el valle de *R*
14.9 vinieron los filisteos..por el valle de *R*
Is. 17.5 el que recoge espigas en el valle de *R*

REFAÍTAS ***Antigua tribu de Palestina***
Gn. 14.5 derrotaron a los *r* en Astarot Karnaim
15.20 los heteos, los ferezeos, los *r*
Jos. 12.4 Og rey de..que había quedado de los *r*
13.12 Og..había quedado del resto de los *r*
17.15 desmontes allí en la tierra de los..*r*

REFERIR
Éx. 19.8 Moisés *refirió* a Jehová las palabras
19.9 y Moisés *refirió* las palabras del pueblo
1 S. 8.10 *refirió* Samuel..las palabras de Jehová
8.21 oyó Samuel..*refirió* en oídos de Jehová
17.31 palabras..las *refirieron* delante de Saúl
25.37 a Nabal..*refirió* su mujer estas cosas
2 Cr. 34.28 ellos *refirieron* al rey la respuesta
Neh. 6.19 él, y a él le *referían* mis palabras
Est. 5.11 y les *refirió* Amán la gloria de sus
Ez. 12.10 esta profecía se *refiere* al príncipe
Dn. 8.26 la visión..se ha *referido* es verdadera
Mt. 13.24 les *refirió* otra parábola..El reino
13.31 otra parábola les *refirió*, diciendo: El
18.31 fueron y *refirieron* a su señor todo lo
Lc. 12.16 les *refirió* una parábola, diciendo
14.7 *refirió* a los convidados una parábola
15.3 él les *refirió* esta parábola, diciendo
18.1 les *refirió* Jesús una parábola sobre la
Hch. 14.27 *refirieron* cuán grandes cosas había
15.4 *refirieron*..cosas que Dios había hecho
Ro. 15.17 gloriarme..lo que a Dios se *refiere*
Col. 4.7 que a mí se *refiere*, os lo hará saber
4.8 que conozca lo que a vosotros se *refiere*
He. 2.17 sacerdote en lo que a Dios se *refiere*
5.1 a favor de..en lo que a Dios se *refiere*

REFIDIM ***Lugar donde acampó Israel***
Éx. 17.1 acamparon en *R*; y no había agua para
17.8 vino Amalec y peleó contra Israel en *R*
19.2 salido de *R*, y llegaron al desierto de
Nm. 33.14 y acamparon en *R*, donde el pueblo no
33.15 salieron de *R* y acamparon en el..Sinaí

REFINAR
1 Cr. 29.4 y 7.000 talentos de plata *refinada*
Job 28.1 plata..y el oro lugar donde se *refina*
Sal. 12.6 son..como plata *refinada* en horno de
Pr. 8.19 mejor es mi fruto que..el oro *refinado*
Is. 25.6 hará..banquete de vinos *refinados*, de
Jer. 9.7 yo los *refinaré* y los probaré; porque
Ap. 3.18 que de mí compres oro *refinado* en fuego

REFLEXIONAR
Dt. 4.39 y *reflexiona* en tu corazón que Jehová
1 S. 25.17 *reflexiona* y ve lo que has de hacer
Sal. 143.5 *reflexionaba* en..obras de tus manos
Pr. 20.25 voto..después de hacerlo, *reflexionar*
Jer. 12.11 porque no hubo hombre..*reflexionase*

REFORMAR
He. 9.10 hasta el tiempo de *reformar* las cosas

REFORZAR
2 S. 11.25 *refuerza* tu ataque contra la ciudad
2 Cr. 11.11 *reforzó* también las fortalezas, y
Is. 54.2 tus cuerdas, y *refuerza* tus estacas
Jer. 51.12 *reforzad*..guardia, poned centinelas
Nah. 2.1 cíñete los lomos, *refuerza* mucho tu
3.14 *refuerza* tus fortalezas; entra en el lodo
3.14 lodo, pisa el barro, *refuerza* el horno

REFRÁN
Dt. 28.37 servirás de *r* y de burla a todos los
1 R. 9.7 Israel será por..*r* a todos los pueblos
Job 13.12 vuestras máximas son *r* de ceniza, y
17.6 me ha puesto por *r* de pueblos, y delante
30.9 soy objeto de su burla, y les sirvo de *r*
Jer. 24.9 por infamia, por ejemplo, por *r* y por
Ez. 12.22 ¿qué *r* es este que tenéis vosotros
12.23 haré cesar este *r*, y no repetirán más..*r*
16.44 el que usa de *r* te aplicará a ti el *r*
18.2 los que usáis este *r* sobre la tierra de
18.3 nunca más tendréis por qué usar este *r*
Mi. 2.4 levantarán sobre vosotros *r*, y se hará
Hab. 2.6 ¿no han de levantar..éstos *r* sobre él
Lc. 4.23 me diréis este *r*: Médico, cúrate a ti

REFRENAR
Est. 5.10 pero se *refrenó* Amán y vino a su casa
Job 7.11 tanto, no *refrenaré* mi boca; hablaré
Sal. 40.9 no *refrené* mis labios, Jehová, tú lo
Pr. 10.19 el que *refrena* sus labios es prudente
27.16 es como *refrenar* el viento, o sujetar
Stg. 1.26 cree religioso..no *refrena* su lengua
3.2 varón..capaz..de *refrenar* todo el cuerpo
3.8 que es un mal que no puede ser *refrenado*
1 P. 3.10 *refrene* su lengua de mal, y..labios
2 P. 2.16 voz de..*refrenó* la locura del profeta

REFRESCAR
Lc. 16.24 moje..su dedo..y *refresque* mi lengua

REFRIGERIO
Éx. 23.12 y tome *r* el hijo de tu sierva, y el
Pr. 3.8 será medicina a..y *r* para tus huesos
25.13 el mensajero..al alma de su señor da *r*
Is. 28.12 y este es el *r*; mas no quisieron oir
Hch. 3.19 la presencia del Señor tiempos de *r*

REFUERZO
Hch. 27.17 usaron de *r* para ceñir la nave; y

REFUGIAR
Nm. 35.6 para que el homicida se *refugie* allá
35.12 os serán..para *refugiarse* del vengador
35.25 ciudad..en la cual se había *refugiado*
35.26 de su ciudad de..en la cual se *refugió*
Dt. 32.37 ¿dónde..la roca en que se *refugiaban*
Rt. 2.12 bajo cuyas alas has venido a *refugiarte*
2 S. 10.14 huyeron..se *refugiaron* en la ciudad
17.13 si se *refugiare* en alguna ciudad, todos
Sal. 17.7 tú que salvas a los que se *refugian*
71.1 en ti, oh Jehová, me he *refugiado*; no
143.9 líbrame..oh Jehová; en ti me *refugio*

REFUGIO
Lv. 26.25 si buscareis *r* en vuestras ciudades
Nm. 35.6 seis ciudades serán de *r*, las cuales
35.11 ciudades de *r* tendréis, donde huya el
35.13 que daréis, tendréis seis ciudades de *r*
35.14 y tres..las cuales serán ciudades de *r*
35.15 serán de *r* para los hijos de Israel, y
35.25 lo hará volver a su ciudad de *r*, en la
35.26 fuera de los límites de su ciudad de *r*
35.27 fuera del límite de la ciudad de su *r*
35.28 en su ciudad de *r* deberá aquél habitar
35.32 precio del que huyó a su ciudad de *r*
Dt. 33.27 el eterno Dios es tu *r*, y acá abajo
Jos. 20.2 y diles: Señalaos las ciudades de *r*
20.3 os servirán de *r* contra el vengador de
21.13 dieron Hebrón con..como ciudad de *r*
21.21 Siquem con sus ejidos como ciudad de *r*
21.27 a Golán en Basán como ciudad de *r* para
21.32 Cedes..ciudad de *r* para los homicidas
21.38 Ramot de Galaad..ciudad de *r* para
1 S. 2.2 de ti, y no hay *r* como el Dios nuestro
2 S. 22.3 el fuerte de mi salvación, mi alto *r*
1 Cr. 6.57 de Judá dieron..ciudad de *r*..Hebrón
6.67 les dieron la ciudad de *r*, Siquem con sus
Job 11.20 y no tendrán *r*; y su esperanza será
Sal. 9.9 será *r* del pobre, *r* para el tiempo de
18.2 Jehová, roca mía y castillo..mi alto *r*
28.8 Jehová es la..el *r* salvador de su ungido
31.4 sácame de la red que..pues tú eres mi *r*
32.7 eres mi *r*; me guardarás de la angustia
46.7,11 Jehová..nuestro *r* es el Dios de Jacob
48.3 en sus palacios Dios es conocido por *r*
59.16 mi amparo y *r* en el día de mi angustia
59.17 porque eres, oh Dios, mi *r*, el Dios de
61.3 tú has sido mi *r*, y torre fuerte delante
62.2 es mi roca y..mi *r*, no resbalaré mucho
62.6 él solamente es..es mi *r*, no resbalaré
62.7 en Dios está mi roca fuerte, y mi *r*
62.8 esperad en él en todo..Dios es nuestro *r*
71.3 sé para mí una roca de *r*, donde recurra
71.7 como prodigio he sido..y tú mi *r* fuerte
78.35 se acordaban de que Dios era su *r*, y el
90.1 Señor, tú nos has sido *r* de generación en
94.22 Jehová me ha sido por *r*, y mi Dios por
142.4 no tengo *r*, ni hay quien cuide de..vida
Is. 4.6 para *r* y escondedero contra el turbión
17.10 y no te acordaste de la roca de tu *r*
25.4 *r* contra el turbión, sombra contra el
28.15 hemos puesto nuestro *r* en la mentira
28.17 y granizo barrerá el *r* de la mentira
32.2 escondedero contra el viento, y como *r*
33.16 fortaleza de rocas será su lugar de *r*
Jer. 16.19 *r* mío en el tiempo de la aflicción
17.17 no me..pues mi *r* eres tú en el día malo
Nah. 3.11 serás..buscarás *r* a causa del enemigo

REFULGENTE
Ez. 1.4 fuego algo que parecía como bronce *r*
1.27 vi apariencia como de bronce *r*..fuego
8.2 y desde sus lomos..aspecto de bronce *r*
Ap. 1.15 pies semejantes al bronce bruñido, *r*

REFUTAR
Hch. 18.28 *refutaba* públicamente a los judíos

REGALO
Gn. 24.10 criado..fue, tomando toda clase de *r*
2 S. 19.42 rey? ¿Hemos recibido de él algún *r*?
2 Cr. 21.3 les había dado muchos *r* de oro y de
Ap. 11.10 y se enviarán *r* unos a otros; porque

REGAR
Gn. 2.6 vapor, el cual *regaba* toda..la tierra
2.10 salía de Edén un río para *regar* el huerto
Dt. 11.10 y *regabas* con tu pie, como huerto de
Job 21.24 sus huesos serán *regados* de tuétano
37.11 *regando*..llega a disipar la densa nube
Sal. 6.6 lecho, *riego* mi cama con mis lágrimas
65.9 visitas la tierra, y la *riegas*; en gran
104.13 *riega* los montes desde sus aposentos
Ec. 2.6 hice estanques..*regar* de ellos el bosque
Is. 16.9 te *regaré* con mis lágrimas, oh Hesbón
27.3 cada momento la *regaré*; la guardaré de
55.10 no vuelve allá, sino que *riega* la tierra
Ez. 17.7 ser *regada* por ella por los surcos de
32.6 y *regaré* de tu sangre la tierra donde
Jl. 3.18 una fuente..y *regará* el valle de Sitim
Lc. 7.38 comenzó a *regar* con lágrimas sus pies
7.44 mas ésta ha *regado* mis pies con lágrimas
1 Co. 3.6 Apolos *regó*; pero el crecimiento lo
3.7 ni..es algo, ni el que *riega*, sino Dios
3.8 planta y el que *riega* son una misma cosa

REGATÓN
2 S. 2.23 lo hirió Abner con el *r* de la lanza

REGAZO
Dt. 27.20 por cuanto descubrió el *r* de su padre
Rt. 4.16 Noemí..lo puso en su *r*, y fue su aya
1 R. 17.19 tomó de su *r*, y lo llevó al aposento
Pr. 16.33 suerte se echa en el *r*; mas de Jehová
Lm. 2.12 derramando sus almas en el *r* de sus
Lc. 6.38 medida..remecida..darán en vuestro *r*

REGEM ***Descendiente de Caleb*, 1 Cr. 2.47**

REGEM-MELEC ***Un enviado del pueblo de Bet-el para consultar a los sacerdotes*, Zac. 7.2**

REGENERACIÓN
Mt. 19.28 de cierto os digo que en la *r*, cuando
Tit. 3.5 por el lavamiento de la *r* y por la

REGIA
Est. 1.11 trajesen a..Vasti..con la corona *r*

RÉGIMEN
Ro. 7.6 bajo el *r* nuevo..y no bajo el *r* viejo

REGIO ***Pueblo en el sur de Italia*, Hch. 28.13**

REGIÓN
Gn. 10.30 de Sefar, hasta la *r* montañosa del
Éx. 7.19 y haya sangre por toda la *r* de Egipto
Jos. 10.40 hirió..toda la *r* de las montañas, del
11.2 los reyes que estaban en la *r* del norte
11.2 los reyes..en las *r* de Dor al occidente
Jue. 18.7 nadie en aquella *r* les perturbase en
18.9 hemos explorado la *r*, y hemos visto que
1 S. 13.18 tercer escuadrón marchaba hacia la *r*
1 R. 4.24 señoreaba en toda la *r* al oeste del
1 Cr. 5.10 habitaron..la *r* oriental de Galaad
Esd. 4.16 la *r* de más allá del río no será tuya
9.11 inmundicia de los pueblos de aquella *r*
Neh. 3.9,12,16 gobernador de la mitad de la *r*
3.15 gobernador de la *r* de Mizpa, restauró la
3.17 gobernador de..la *r* de Keila, por su *r*
3.18 gobernador de la mitad de la *r* de Keila
12.28 la *r* alrededor de Jerusalén como de las
Ez. 38.15 vendrás de tu lugar..las *r* del norte
47.8 estas aguas salen a la *r* del oriente, y

REGIÓN *(Continúa)*

Sof. 3.10 la *r* más allá de los ríos de Etiopía
Mt. 2.22 pero avisado por. . fue a la *r* de Galilea
4.13 Capernaum. . la *r* de Zabulón y de Neftalí
4.16 los asentados en *r* de sombra de muerte
15.21 saliendo. . fue a la *r* de Tiro y de Sidón
15.22 una mujer. . que había salido de aquella *r*
15.39 en la barca, y vino a la *r* de Magdala
16.13 viniendo. . a la *r* de Cesarea de Filipo
19.1 y fue a las *r* de Judea al otro lado del
Mr. 5.1 lado del mar, a la *r* de los gadarenos
5.10 que no los enviase fuera de aquella *r*
7.24 allí, se fue a la *r* de Tiro y de Sidón
7.31 a salir de la *r* de Tiro, vino por Sidón
7.31 Galilea, pasando por la *r* de Decápolis
8.10 en la barca. . vino a la *r* de Dalmanuta
10.1 vino a la *r* de Judea y al otro lado del
Lc. 2.8 pastores en la misma *r*, que velaban y
3.3 él fue por toda la *r* contigua al Jordán
7.17 se extendió la fama de él por toda la *r*
8.37 la multitud de la *r*. . gadarenos le rogó
Jn. 11.54 se alejó de allí a la *r* contigua al
11.55 subieron de aquella *r* a Jerusalén antes
Hch. 2.10 en las *r* de Africa más allá de Cirene
14.6 huyeron a Listra. . toda la *r* circunvecina
18.23 recorriendo por orden la *r* de Galacia
19.1 Pablo, después de recorrer las *r*. . vino
20.2 de recorrer aquellas *r*, y de exhortarles
Ro. 15.23 no teniendo más campo en estas *r*, y
2 Co. 11.10 esta mi gloria en las *r* de Acaya
Gá. 1.21 después fui a las *r* de Siria. . Cilicia
Ef. 6.12 huestes. . de maldad en las *r* celestes

REGIR

Sal. 22.28 de Jehová. . y el *regirá* las naciones
Ro. 15.12 que se levantará a *regir* los gentiles
Ap. 2.27 las *regirá* con vara de hierro, y serán
12.5 un hijo. . que *regirá* con vara de hierro
19.15 él las *regirá* con vara de hierro; y él

REGISTRAR

1 R. 20.6 mis siervos. . *registrarán* tu casa, y
1 Cr. 26.31 se *registraron*, y fueron hallados
Est. 9.32 y esto fue *registrado* en un libro
Is. 4.3 los que en Jerusalén estén *registrados*
30.8 escribe. . y *regístrala* en un libro, para

REGISTRO

2 R. 25.19 que llevaba el *r* de la gente del país
1 Cr. 4.22 volvieron a Lehem, según *r* antiguos
27.24 no fue puesto en el *r* de las crónicas
2 Cr. 12.15 ¿no están. . en el *r* de las familas?
Esd. 2.62; Neh. 7.64 buscaron. . *r* de genealogías

REGLA

Is. 44.13 el carpintero tiende la *r*, lo señala
Ez. 43.11 para que guarden toda. . y todas sus *r*
2 Co. 10.13 conforme a la *r* que Dios nos ha dado
10.15 muy engrandecidos. . conforme a nuestra *r*
Gá. 6.16 todos los que anden conforme a esta *r*
Fil. 3.16 sigamos una misma *r*, sintamos una

REGOCIJAR

Éx. 32.6 a beber, y se levantó a *regocijarse*
Lv. 23.40 y os *regocijaréis* delante de Jehová
1 S. 2.1 mi corazón se *regocija* en Jehová, mi
6.13 vieron el arca y se *regocijaron* cuando
2 R. 11.14 el pueblo. . se *regocijaba*, y tocaban
11.20 el pueblo de la tierra se *regocijó*, y
1 Cr. 13.8 se *regocijaban* delante de Dios con
2 Cr. 6.41 tus santos se *regocijen* en tu bondad
23.21 y se *regocijó* todo el pueblo del país
Neh. 12.43 sacrificaron aquel día. . *regocijaron*
Est. 8.15 ciudad de Susa. . se alegró y *regocijó*
Job 21.12 y se *regocijan* al son de la flauta
31.29 si. . me *regocijé* cuando le halló el mal
38.7 se *regocijaban* todos los hijos de Dios?
Sal. 5.11 se *regocijen* los que aman tu nombre
9.2 alegraré y me *regocijaré* en ti; cantaré
35.9 entonces. . se *regocijará* en su salvación
60.8 mi calzado; me *regocijaré* sobre Filistea
63.7 en la sombra de tus alas me *regocijaré*
85.6 no. . para que tu pueblo se *regocije* en ti?
96.12 *regocíjese* el campo, y todo lo que en
97.1 Jehová reina; *regocíjese* la tierra
104.34 dulce será mi. . me *regocijaré* en Jehová
108.9 calzado; me *regocijaré* sobre Filistea
109.28 avergonzado, y *regocíjese* tu siervo
119.16 me *regocijaré* en tus estatutos; no me
119.47 y me *regocijaré* en tus mandamientos
119.70 sebo, mas yo en tu ley me he *regocijado*
119.117 *regocijaré* siempre en tus estatutos
119.162 me *regocijo* en tu palabra como el que
132.9 de justicia, y se *regocijen* tus santos
149.5 *regocíjense* los santos por su gloria, y
Pr. 8.31 me *regocijo* en la parte. . de su tierra
13.19 el deseo cumplido *regocija* el alma; pero
24.17 cayere tu enemigo, no te *regocijes*, y
Is. 5.14 fausto, y el que en él se *regocijaba*
8.6 y se *regocijó* con Rezín y con el hijo de
12.6 *regocíjate* y canta, oh moradora de Sion
14.8 aun los cipreses se *regocijaron*. . de ti
16.10 viñas no cantarán, ni se *regocijarán*
39.2 y se *regocijó* con ellos Ezequías, y les
41.16 te *regocijarás* en Jehová, te gloriarás
54.1 *regocíjate*, oh estéril, la que no daba
Jer. 31.7 *regocijaos* en Jacob con alegría, y dad
Ez. 35.14 para que toda la tierra se *regocije*
Os. 10.5 sacerdotes que en él se *regocijaban*
Hab. 1.15 lo cual se alegrará y se *regocijará*
Sof. 3.14 gózate y *regocíjate* de todo corazón
3.17 amor, se *regocijará* sobre ti con cánticos
Mt. 2.10 al ver. . *regocijaron* con muy grande gozo
18.13 os digo que se *regocija* más por aquella
Lc. 1.14 muchos se *regocijarán* de su nacimiento
1.47 espíritu se *regocija* en Dios mi Salvador
1.58 oyeron los vecinos. . *regocijaron* con ella
10.20 no os *regocijéis* de que los espíritus se
10.20 sino *regocijaos*. . nombres están escritos
10.21 hora Jesús se *regocijó* en el Espíritu
12.19 años; repósate, come, bebe, *regocíjate*
13.17 pero todo el pueblo se *regocijaba* por
15.24 es hallado. Y comenzaron a *regocijarse*
15.32 necesario hacer fiesta y *regocijarnos*
Jn. 5.35 quisisteis *regocijaros* por un tiempo
14.28 si me amarais, os habríais *regocijado*
20.20 y los. . se *regocijaron* viendo al Señor
Hch. 7.41 y en las obras de sus. . se *regocijaron*
11.23 *regocijó*, y exhortó a todos a que con
13.48 gentiles, oyendo esto, se *regocijaban*
15.31 leído. . *regocijaron* por la consolación
16.34 se *regocijó* con. . de haber creído a Dios
1 Co. 16.17 *regocijo* con la venida de Estéfanas
2 Co. 7.7 mí, de manera que me *regocijé* aún más
Gá. 4.27 *regocíjate*, oh estéril, tú que no das
Fil. 2.17 me gozo y *regocijo* con todos vosotros
2.18 gozaos y *regocijaos*. . vosotros conmigo
4.4 *regocijaos* en el Señor siempre. . digo: ¡*R*!
2 Jn. 4 mucho me *regocijé* porque he hallado a
3 Jn. 3 *regocijé* cuando vinieron los hermanos
Ap. 11.10 los moradores. . tierra se *regocijarán*

REGOCIJO

2 Cr. 30.26 hubo entonces gran *r* en Jerusalén
Esd. 6.22 celebraron con *r* la fiesta solemne de
Est. 9.18 y lo hicieron día de banquete y de *r*
9.19 día de *r*, y para enviar porciones cada
Sal. 98.8 los ríos. . los montes todos hagan *r*
100.2 servid. . venid ante su presencia con *r*
126.5 sembraron con lágrimas, con *r* segarán
126.6 mas volverá a venir con *r*, trayendo sus
Is. 24.8 cesó el *r* de los panderos, se acabó el
Jer. 30.19 saldrá. . voz de nación que está en *r*
48.33 será cortada la alegría y el *r* de los
Hab. 3.14 cuyo *r* era como para devorar al pobre

REGRESAR

Gn. 31.55 Labán. . *regresó* y se volvió a su lugar
Dt. 16.7 por la mañana *regresarás* y volverás a
Jos. 22.4 volved, *regresad* a vuestras tiendas
22.32 *regresaron* de la tierra de Galaad a los
Jue. 11.31 saliere. . a recibirme, cuando *regrese*
18.26 y Micaía. . volvió y *regresó* a su casa
Rt. 1.6 levantó. . y *regresó* de los campos de Moab
1 S. 27.9 asolaba David el país. . y *regresaba* a
2 S. 8.13 *regresaba* de derrotar a los sirios
1 R. 13.9 ni *regreses* por el camino que fueres
13.10 *regresó*. . por otro camino, y no volvió
13.12 el camino por donde había *regresado* el
13.17 ni *regreses*. . el camino por donde fueres
2 R. 4.22 yo vaya. . al varón de Dios, y *regrese*
19.8 *regresando* el Rabsaces, halló al rey de
2 Cr. 20.27 para *regresar* a Jerusalén gozosos
Jer. 32.44 yo haré *regresar* sus cautivos, dice
40.12 estos judíos *regresaron*. . de todos los
42.12 tendrá misericordia. . y os hará *regresar*
Mt. 2.12 *regresaron* a su tierra por otro camino
Lc. 2.43 al *regresar* ellos, acabada la fiesta
7.10 al *regresar* a casa los que habían sido
10.35 gastes. . yo te lo pagaré cuando *regrese*
12.36 aguardan a que su señor *regrese* de las
Jn. 9.7 fue entonces. . se lavó, y *regresó* viendo

REGRESO

Dt. 1.22 y a su *r* nos traigan razón del camino

REHABÍAS ***Hijo de Eliezer y nieto de Moisés*, 1 Cr. 23.17; 26.25**

1 Cr. 23.17 mas los hijos de *R* fueron muchos
24.21 y de los hijos de *R*, Isías el jefe

REHÉN

2 R. 14.14 a los hijos tomó en *r*, y volvió a
18.23 te ruego que des *r* a mi señor, el rey
Is. 36.8 te ruego que des *r* al rey de Asiria

REHOB

1. ***Ciudad en el límite norte de Canaán (=Bet-rehob)***

Nm. 13.21 el desierto de Zin hasta *R*, entrando
2 S. 10.8 los sirios de Soba, de *R*, de Is-tob

2. ***Ciudad en la frontera de Aser*, Jos. 19.28,30; 21.31; Jue. 1.31; 1 Cr. 6.75**

3. ***Padre de Hadad-ezer, rey de Soba*, 2 S. 8.3,12**

4. ***Firmante del pacto de Nehemías*, Neh. 10.11**

REHOBOT

1. ***Ciudad edomita*, Gn. 10.11; 36.37; 1 Cr. 1.48**
2. ***Pozo que abrió Isaac*, Gn. 26.22**

REHUIR

Hch. 20.20 cómo nada que fuese útil he *rehuido*
20.27 no he *rehuido* anunciaros. . el consejo de

REHUM

1. ***Uno que regresó de Babilonia con Zorobabel (=Nehum)*, Esd. 2.2; Neh. 12.3**
2. ***Oficial del gobierno de Persia***

Esd. 4.8 *R* canciller y Simsai. . escribieron una
4.9 escribieron *R* canciller y Simsai. . y los
4.17 a *R* canciller, a Simsai. . Salud y paz
4.23 la carta del rey. . fue leída delante de *R*

3. ***Levita que ayudó a restaurar el muro de Jerusalén*, Neh. 3.17**
4. ***Firmante del pacto de Nehemías*, Neh. 10.25**

REHUSAR

Gn. 22.12 por cuanto no me *rehusaste* tu hijo
22.16 no me has *rehusado* tu hijo, tu único
Éx. 10.4 y si aún *rehúsas* dejarlo ir, he aquí
Rt. 2.20 pues no ha *rehusado* a los vivos la
1 S. 28.23 él *rehusó* diciendo: No comeré. Pero
Job 34.33 él te retribuirá, ora *rehúses*, ora
Sal. 77.2 descanso; mi alma *rehusaba* consuelo
Pr. 23.13 *rehúses* corregir al muchacho; porque
Mt. 5.42 tomar de ti prestado, no. . lo *rehúses*
Hch. 25.11 digno de muerte he. . no *rehúso* morir
He. 11.24 por la fe. . *rehusó* llamarse hijo de

REI ***Oficial entre "los grandes de David"*, 1 R. 1.8**

REINA

1 R. 10.1 oyendo la *r* de Sabá la fama. . Salomón
10.4 la *r* de Sabá vió toda la sabiduría de
10.10 especias, como la *r* de Sabá dio al rey
10.13 Salomón dio a la *r*. . lo que ella quiso
11.3 setecientas mujeres *r* y 300 concubinas
11.19 por mujer. . la hermana de la *r* Tahpenes
15.13 privó a su madre Maaca de ser *r* madre
2 R. 10.13 saludar a los. . a los hijos de la *r*
11.3 escondido en. . seis años; y Atalía fue *r*
2 Cr. 9.1 oyendo la *r* de. . la fama de Salomón
9.3 y viendo la *r* de Sabá la sabiduría de
9.9 nunca. . como las que dio la *r* de Sabá al
9.12 rey Salomón dio a la *r*. . lo que ella quiso
Neh. 2.6 el rey me dijo (y la *r* estaba sentada
Est. 1.9 *r* Vasti hizo banquete para las mujeres
1.11 a la *r* Vasti a la presencia del rey con
1.12 mas la *r* Vasti no quiso comparecer a la
1.15 se había de hacer con la *r* Vasti según
1.16 contra el rey ha pecado la *r* Vasti, sino
1.17 porque este hecho de la *r* llegará a oídos
1.17 el rey Asuero mandó traer. . a la *r* Vasti
1.18 las señoras. . que oigan el hecho de la *r*
1.19 rey haga *r* a otra que sea mejor que ella
2.17 el rey amó. . la hizo *r* en lugar de Vasti
2.22 Mardoqueo. . lo denunció a la *r* Ester, y
4.4 *r* tuvo gran dolor, y envió vestidos para
5.2 vio a la *r* Ester que estaba en el patio
5.3 dijo el rey: ¿Qué tienes, *r* Ester, y cuál
5.12 la *r* Ester a ninguno hizo venir con el
7.1 fue. . el rey con Amán al banquete de la *r*
7.2 ¿cuál es tu petición, *r* Ester, y te será
7.3 la *r* Ester respondió y dijo: Oh rey, si
7.5 el rey. . dijo a la *r* Ester: ¿Quién es, y
7.6 se turbó Amán delante del rey y de la *r*
7.7 quedó Amán para suplicarle a la *r* Ester
7.8 ¿querrás también violar a la *r* en. . casa?
8.1 el rey Asuero dio a la *r* Ester la casa de
8.7 respondió el rey Asuero a la *r* Ester y a
9.12 el rey a la *r* Ester: En Susa capital del
9.29 y la *r* Ester. . y Mardoqueo. . suscribieron
9.31 según les había ordenado. . y la *r* Ester
Sal. 45.9 está la *r* a tu diestra con oro de Ofir
Cnt. 6.8 sesenta son las *r*, y 80 las concubinas
6.9 vieron. . *r* y las concubinas, y la alabaron
Is. 49.23 reyes serán tus ayos. . *r* tus nodrizas
Jer. 7.18 para hacer tortas a la *r* del cielo y
13.18 dí al rey y a la *r*: Humillaos, sentaos
29.2 después que salió el rey Jeconías, la *r*
44.17,18 ofrecer incienso a la *r* del cielo
44.19 ofrecimos incienso a la *r* del cielo, y le
44.25 de ofrecer incienso a la *r* del cielo
Dn. 5.10 la *r*, por las palabras del rey. . entró
Nah. 2.7 la *r* será cautiva; mandarán que suba
Mt. 12.42; Lc. 11.31 la *r* del Sur se levantará
Hch. 8.27 un etíope, funcionario de Candace *r*
Ap. 18.7 estoy sentada como *r*, y no soy viuda

REINADO

1 S. 14.47 después de..tomado posesión del *r*
2 R. 24.12 prendió..en el octavo año de su *r*
25.1 aconteció a los nueve años de su *r*, en
25.27 primer año de su *r*, libertó a Joaquín
1 Cr. 4.31 estas fueron sus ciudades hasta el *r*
26.31 en el año cuarenta del *r* de David se
29.30 con todo lo relativo a su *r*, y su poder
2 Cr. 3.2 a edificar..en el cuarto año de su *r*
14.5 altos..y estuvo el reino en paz bajo su *r*
15.10 en el mes tercero del año..del *r* de Asa
15.19 guerra hasta los 35 años del *r* de Asa
16.1 en el año 36 del *r* de Asa, subió Baasa
16.12 el año 39 de su *r*, Asa enfermó..los pies
16.13 durmió Asa con sus..en el año 41 de su *r*
17.7 al tercer año de su *r* envió sus príncipes
29.3 el primer año de su *r*, en el mes primero
34.3 ocho años de su *r*, siendo aún muchacho
34.8 los 18 años de su *r*..envió a Safán hijo
Esd. 4.5 y hasta el *r* de Darío rey de Persia
4.6 en el *r* de Asuero..el principio de su *r*
4.24 hasta el año segundo del *r* de Darío rey
6.15 que era el sexto año del *r* del rey Darío
7.1 el *r* de Artajerjes rey de Persia, Esdras
Neh. 12.22 los sacerdotes, hasta el *r* de Darío
Est. 1.3 el tercer año de su *r* hizo banquete a
2.16 llevada al rey..el año séptimo de su *r*
Jer. 1.2 vino en..el año decimotercero de su *r*
26.1; 27.1 el principio del *r* de Joacim hijo
28.1; 49.34 el principio del *r* de Sedequías
51.59 con Sedequías..en el cuarto año de su *r*
52.4 a los 9 años de su *r*, en el mes décimo
52.12 el año 19 del *r* de Nabucodonosor rey de
52.31 año primero de su *r*, alzó la cabeza de
Dn. 1.1 en el año tercero del *r* de Joacim rey
2.1 en el segundo año del *r* de Nabucodonosor
6.28 durante el *r* de Darío y..el *r* de Ciro el
8.1 en el año tercero del *r* del rey Belsasar
8.23 al fin del *r* de éstos..los transgresores
9.2 el año primero de su *r*, yo Daniel miré

REINAR

Gn. 36.31 los reyes que *reinaron* en..de Edom
36.31 antes que *reinase* rey sobre..de Israel
36.32 Bela hijo de Beor *reinó* en Edom; y el
36.33 murió Bela, y *reinó* en su lugar Jobab
36.34 murió Jobab, y en su lugar *reinó* Husam
36.35 murió Husam, y *reinó* en su lugar Hadad
36.36 murió Hadad, y..*reinó* Samla de Masreca
36.37 murió Samla, y *reinó* en su lugar Saúl
36.38 murió..en lugar suyo *reinó* Baal-hanán
36.39 y murió..y *reinó* Hadad en lugar suyo
37.8 *¿reinarás*..o señorearás sobre nosotros
Éx. 15.18 Jehová *reinará* eternamente y..siempre
Jos. 13.10 Sehón rey..el cual *reinó* en Hesbón
13.12 todo el reino de Og..*reinó* en Astarot
13.21 el reino de Sehón..que *reinó* en Hesbón
Jue. 4.2 Jabín rey de..el cual *reinó* en Hazor
9.8 dijeron al olivo: *Reina* sobre nosotros
9.10,14 a la..Anda tú, *reina* sobre nosotros
9.12 vid: Pues ven tú, *reina* sobre nosotros
1 S. 8.7 han desechado para que no *reine* sobre
8.9 cómo les tratará el rey que *reinará* sobre
8.11 hará el rey que *reinará* sobre vosotros
11.12 que decían: ¿Ha de *reinar* Saúl sobre
12.12 que ha de *reinar* sobre nosotros un rey
12.14 como el rey que *reina*..servís a Jehová
13.1 *reinado* Saúl un año; y cuando hubo *r* dos
16.1 yo desechado..que no *reine* sobre Israel?
23.17 y tú *reinarás* sobre Israel, y yo seré
24.20 como yo entiendo que tú has de *reinar*
2 S. 2.10 Is-boset..comenzó a *reinar*..y *reinó*
2.11 David *reinó* en Hebrón sobre la casa de
3.21 y tú *reines* como lo desea tu corazón
5.2 cuando Saúl *reinaba*..sacabas a Israel a
5.4 cuando comenzó a *reinar*, y *reinó* 40 años
5.5 en Hebrón *reinó* sobre Judá siete años y
5.5 y en Jerusalén *reinó* treinta y tres años
8.15 *reinó* David sobre todo Israel; y David
10.1 Amón, y *reinó* en lugar suyo Hanún su hijo
15.10 oigáis..trompeta diréis: Absalón *reina*
16.8 Saúl, en lugar del cual tú has *reinado*
1 R. 1.5 Adonías..rebeló, diciendo: Yo *reinaré*
1.11 ¿no has oído que *reina* Adonías hijo de
1.13,17 Salomón tu hijo *reinará* después de
1.13 juraste..¿Por qué, pues, *reina* Adonías?
1.18 Adonías *reina*, y tú..ahora..no lo sabes
1.24 ¿has dicho..Adonías *reinará* después de
1.30 tu hijo Salomón *reinará* después de mí
1.35 sentará en mi trono, y él *reinará* por mí
2.11 los días que *reinó* David sobre Israel
2.11 siete años *reinó* en Hebrón, y 33 años *r*
2.15 para que yo *reinara;* mas el reino fue
4.1 *reinó*, pues..Salomón sobre todo Israel
11.25 aborreció a Israel, y *reinó* sobre Siria
11.37 y tú *reinarás* en todas las cosas que
11.42 que Salomón *reinó* en Jerusalén..40 años
11.43 sepultado..y *reinó* en su lugar Roboam
12.17 *reinó* Roboam sobre los hijos de Israel
14.19 cómo *reinó*..está escrito en el libro de
14.20 tiempo que *reinó* Jeroboam fue de 22 años
14.20 Jeroboam..*reinó* en su lugar Nadab su
14.21 Roboam hijo de Salomón *reinó* en Judá
14.21 41 años era Roboam..comenzó a *reinar*
14.21 y diecisiete años *reinó* en Jerusalén
14.31 Roboam..*reinó* en su lugar Abiam su hijo
15.1 año..Abiam comenzó a *reinar* sobre Judá
15.2 *reinó* tres años en..su madre fue Maaca
15.8 durmió Abiam..y *reinó* Asa su hijo en su
15.9 año 20..Asa comenzó a *reinar* sobre Judá
15.10 *reinó* cuarenta y un años en Jerusalén
15.24 Asa..*reinó* en su lugar Josafat su hijo
15.25 Nadab..comenzó a *reinar* sobre Israel en
15.25 Nadab hijo..*reinó* sobre Israel dos años
15.28 lo mató..Baasa..y *reinó* en lugar suyo
15.33 comenzó a reinar Baasa..*reinó* 24 años
16.6 y durmió Baasa..y *reinó* en su lugar Ela
16.8 comenzó a *reinar* Ela..y *reinó* dos años
16.10 Zimri..lo mató..y *reinó* en lugar suyo
16.11 que llegó a *reinar* y estuvo sentado en
16.15 comenzó a *reinar* Zimri, y *reinó* 7 días
16.23 año..comenzó a *reinar* Omri sobre Israel
16.23 *reinó* 12 años; en Tirsa *reinó* seis años
16.25 peor que todos los que habían *reinado*
16.28 Omri..*reinó* en lugar suyo Acab su hijo
16.29 comenzó a *reinar* Acab..el año 38 de Asa
16.30 *reinó* Acab hijo..sobre Israel..22 años
16.30 más que todos los que *reinaron* antes de
16.33 más que todos los reyes..que *reinaron*
22.40 Acab..*reinó* en su lugar Ocozías su hijo
22.41 Josafat..comenzó a *reinar* sobre Judá en
22.42 Josafat..comenzó a *reinar*, y *reinó* 25
22.50 Josafat..y en su lugar *reinó* Joram su
22.51 Ocozías hijo de Acab comenzó a *reinar*
22.51 Ocozías..y *reinó* dos años sobre Israel
2 R. 1.17 *reinó* en su lugar Joram..segundo año
3.1 Joram..comenzó a *reinar*..y *reinó* 12 años
3.27 a su primogénito que había de *reinar* en
8.15 de Ben-adad..y *reinó* Hazael en su lugar
8.16 comenzó a *reinar* Joram hijo de Josafat
8.17 comenzó a *reinar*, y ocho años *reinó* en
8.24 y *reinó* en lugar suyo Ocozías, su hijo
8.25 comenzó a *reinar* Ocozías hijo de Joram
8.26 de 22 años..comenzó a *reinar*, y *reinó*
9.29 año..comenzó a *reinar* Ocozías sobre Judá
10.35 durmió Jehú..*reinó* en su lugar Joacaz
10.36 *reinó* Jehú sobre Israel..fue de 28 años
11.21 era Joás de siete años..comenzó a *reinar*
12.1 comenzó a *reinar* Joás..y *reinó* 40 años
12.21 sepultaron..y *reinó* en su lugar Amasías
13.1 comenzó a *reinar* Joacaz..*reinó* 17 años
13.9 Joacaz..*reinó* en su lugar Joás su hijo
13.10 comenzó a *reinar* Joás..y *reinó* 16 años
13.24 Hazael rey..y *reinó* en su lugar Ben-adad
14.1 comenzó a *reinar* Amasías hijo de Joás
14.2 cuando comenzó a *reinar*..y 29 años *reinó*
14.16 durmió Joás..*reinó* en su lugar Jeroboam
14.23 *reinar* Jeroboam hijo..y *reinó* 41 años
14.29 Jeroboam..y *reinó* en su lugar Zacarías
15.1 año 27..comenzó a *reinar* Azarías hijo de
15.2 comenzó a *reinar* Azarías..52 años *reinó*
15.7 durmió..*reinó* en su lugar Jotam su hijo
15.8 en el año 38 de Azarías..*reinó* Zacarías
15.10 lo hirió..lo mató, y *reinó* en su lugar
15.13 Salum..comenzó a *reinar*..y *reinó* un mes
15.14 a Salum..lo mató, y *reinó* en su lugar
15.17 el año 39..*reinó* Manahem hijo de Gadi
15.22 Manahem..y *reinó* en su lugar Pekaía su
15.23 año 50 de Azarías..*reinó* Pekaía hijo
15.25 conspiró contra él Peka..*reinó* en su
15.27 *reinó* Peka..en Samaria; y *r* veinte años
15.30 y *reinó* en su lugar, a los 20 años de
15.32 comenzó a *reinar* Jotam hijo de Uzías
15.33 cuando comenzó a *reinar*..*reinó* 16 años
15.38 durmió Jotam..y *reinó* en su lugar Acaz
16.1 el año 17..comenzó a *reinar* Acaz hijo de
16.2 cuando comenzó a *reinar*..*reinó*..16 años
16.20 Acaz..*reinó* en su lugar su hijo Ezequías
17.1 comenzó a *reinar* Oseas..y *reinó* 9 años
18.1 comenzó a *reinar* Ezequías hijo de Acaz
18.2 cuando comenzó a *reinar*..*reinó*..29 años
19.37 y *reinó* en su lugar Esar-hadón su hijo
20.21 Ezequías..*reinó* en su lugar Manasés su
21.1 Manasés..comenzó a *reinar*, y *reinó*..55
21.18 durmió Manasés..*reinó* en su lugar Amón
21.19 Amón..comenzó a *reinar*, y *reinó* 2 años
21.26 sepultado..y *reinó* en su lugar Josías
22.1 Josías comenzó a *reinar*..*reinó*..31 años
23.31 Joacaz..a *reinar*, y *reinó* tres meses en
23.33 puso preso Faraón..para que no *reinase*
23.36 Joacim..a *reinar*..y once años *reinó* en
24.6 Joacim..y *reinó* en su lugar Joaquín su
24.8 Joaquín..a *reinar*, y *reinó*..tres meses
24.18 Sedequías..*reinar*, y *reinó*..once años
1 Cr. 1.43 son los reyes que *reinaron* en..Edom
1.43 antes que *reinase* rey sobre..de Israel
1.44 muerto Bela, *reinó* en su lugar Jobab
1.45 muerto Jobab, *reinó* en su lugar Husam
1.46 muerto Husam, *reinó* en su lugar Hadad
1.47 muerto Hadad, *reinó*..Samla de Masreca
1.48 muerto también Samla, *reinó* en..Saúl de
1.49 y muerto Saúl, *reinó*..Baal-hanán hijo de
1.50 muerto Baal-hanán, *reinó* en su..Hadad
3.4 *reinó* siete años..en Jerusalén *r* 33 años
11.2 mientras Saúl *reinaba*, tú eras quien
16.31 y digan en las naciones: Jehová *reina*
18.14 *reinó* David sobre todo Israel..juzgaba
19.1 murió Nahas..y *reinó* en su lugar su hijo
29.26 *reinó* David hijo de..sobre todo Israel
29.27 el tiempo que *reinó*..Israel fue 40 años
29.27 *reinó* en Hebrón, y 33 *r* en Jerusalén
29.28 murió..y *reinó* en su lugar Salomón su
2 Cr. 1.13 volvió Salomón..y *reinó* sobre Israel
9.30 *reinó* Salomón..en..Israel cuarenta años
9.31 Salomón..y *reinó* en su lugar Roboam su
10.17 *reinó* Roboam sobre los hijos de..Judá
12.13 fortalecido..Roboam, *reinó* en Jerusalén
12.13 de 41 años..a *reinar*, y 17 años *reinó*
12.16 Roboam..*reinó* en su lugar Abías su hijo
13.1 del rey Jeroboam, *reinó* Abías sobre Judá
13.2 *reinó* tres años en Jerusalén. El nombre
14.1 Abías..y *reinó* en su lugar su hijo Asa
17.1 *reinó* en su lugar Josafat su hijo, el cual
20.31 *reinó* Josafat sobre Judá; de 35 años
20.31 comenzó a *reinar*, y *reinó* 25 años en
21.1 Josafat..y *reinó* en su lugar Joram su
21.5,20 comenzó a *reinar*..y *reinó* ocho años
22.1 *reinó* Ocozías, hijo de Joram rey de Judá
22.2 Ocozías comenzó a *reinar*..*reinó* un año
22.12 entre tanto, Atalía *reinaba* en el país
23.3 *reinará*, como Jehová ha dicho respecto de
24.1 Joás..comenzó a *reinar*, y 40 años *reinó*
24.27 Joás..*reinó* en su lugar Amasías su hijo
25.1 cuando comenzó a *reinar*, y 29 años *reinó*
26.3 Uzías..comenzó a *reinar*, y 52 años *reinó*
26.23 durmió Uzías..y *reinó* Jotam su hijo en
27.1,8 comenzó a *reinar*, y 16 años *reinó* en
27.9 Jotam..y *reinó* en su lugar Acaz su hijo
28.1 Acaz..comenzó a *reinar*, y 16 años *reinó*
28.27 y *reinó* en su lugar Ezequías su hijo
29.1 a *reinar* Ezequías..y *reinó* 29 años en
29.19 desechado el rey Acaz, cuando *reinaba*
32.33 Ezequías..y *reinó* en su lugar Manasés
33.1 Manasés..comenzó a *reinar*, y..*reinó* en
33.20 Manasés..*reinó* en su lugar Amón su hijo
33.21 Amón..comenzó a *reinar*..dos años *reinó*
34.1 Josías..comenzó a *reinar*..31 años *reinó*
36.2 Joacaz..comenzó a *reinar*, y tres..*reinó*
36.5 comenzó a *reinar* Joacim..y *reinó* 11 años
36.8 Joacim..y *reinó* en su lugar Joaquín su
36.9 Joaquín..comenzó a *reinar*, y *reinó* tres
36.11 Sedequías..comenzó a *reinar*, y..*reinó*
Esd. 8.1 Babilonia, *reinando* el rey Artajerjes
Est. 1.1 Asuero que *reinó* desde la India hasta
2.4 la doncella que agrade..*reine* en lugar de
Job 34.30 haciendo que no *reine* el hombre impío
Sal. 47.8 *reinó* Dios sobre las naciones..sentó
93.1 Jehová *reina;* se vistió..ciñó de poder
96.10 decid entre las naciones: Jehová *reina*
97.1 Jehová *reina;* regocíjese la tierra
99.1 Jehová *reina;* temblarán los pueblos
146.10 *reinará* Jehová para siempre; tu Dios
Pr. 8.15 por mí *reinan* los reyes, y..príncipes
30.22 por el siervo cuando *reina;* por el necio
Ec. 4.14 porque de la cárcel salió para *reinar*
Is. 24.23 Jehová..*reine* en el monte de Sion y
32.1 en justicia *reinará* un rey, y príncipes
33.6 *reinarán* en..la sabiduría y la ciencia
37.38 y *reinó* en su lugar Esar-hadón su hijo
52.7 del que dice a Sion: ¡Tu Dios *reina!*
Jer. 22.11 el cual *reinó* en lugar de Josías su
22.15 *¿reinarás*, porque te rodeas de cedro?
22.30 el trono de David, ni *reinar* sobre Judá
23.5 levantaré..renuevo..y *reinará* como Rey
33.21 tener hijo que *reine* sobre su trono
37.1 lugar de Conías..*reinó* el rey Sedequías
52.1 cuando comenzó a *reinar*, y *reinó* 11 años
Ez. 16.13 prosperaste hasta llegar a *reinar*
17.16 donde habita el rey que le hizo *reinar*
20.33 con mano..he de *reinar* sobre vosotros
Mi. 4.7 Jehová *reinará* sobre ellos en el monte
Mt. 2.22 oyendo que Arquelao *reinaba* en Judea
Lc. 1.33 y *reinará* sobre la casa de Jacob para
19.14 diciendo: No queremos que éste *reine*
19.27 no querían que yo *reinase* sobre ellos
Ro. 5.14 *reinó* la muerte..Adán hasta Moisés
5.17 si por la transgresión..*reinó* la muerte
5.17 mucho más *reinarán* en vida por uno solo
5.21 así como el pecado *reinó*..la gracia *reine*
6.12 no *reine*..el pecado en vuestro cuerpo
1 Co. 4.8 ya estáis ricos, sin nosotros *reináis*
4.8 ¡y ojalá *reinaseis*, para que..*reinásemos*
15.25 preciso es que él *reine* hasta que haya
2 Ti. 2.12 sufrimos, también *reinaremos* con él
Ap. 5.10 reyes..y *reinaremos* sobre la tierra
11.15 él *reinará* por los siglos de los siglos
11.17 has tomado tu gran poder, y has *reinado*
17.18 la mujer..es la gran ciudad que *reina*
19.6 Señor nuestro Dios Todopoderoso *reina!*
20.4 vivieron y *reinaron* con Cristo mil años
20.6 sacerdotes..y *reinarán* con él mil años
22.5 *reinarán* por los siglos de los siglos

REINO

Gn. 10.10 fue el comienzo de su *r* Babel, Erec
20.9 atraído..sobre mi *r* tan grande pecado?
Éx. 19.6 vosotros me seréis un *r* de sacerdotes
Nm. 21.30 mas devastamos el *r* de ellos; pereció
24.7 enaltecerá su rey..*r* será engrandecido
32.33 Moisés dio..el *r* de Sehón..el *r* de Og
Dt. 3.4 tierra de Argob, del *r* de Og en Basán

REINO ***(Continúa)***

Dt. 3.10 y Edrei, ciudades del *r* de Og en Basán
3.13 todo Basán, del *r* de Og, toda la tierra
3.21 hará Jehová a todos los *r* a los cuales
17.18 cuando se siente sobre el trono de su *r*
17.20 fin de que prolongue sus días en su *r*
28.25 serás vejado..todos los *r* de la tierra
Jos. 11.10 Hazor había sido antes cabeza de..*r*
13.12 el *r* de Og en Basán, el cual reinó en
13.21 las ciudades..todo el *r* de Sehón rey de
13.27 Bet-aram..del *r* de Sehón rey de Hesbón
13.30 todo el *r* de Og rey de Basán, y todas
13.31 ciudades del *r* de Og en Basán, para los
Jue. 18.7 Lais..ni había quien poseyese el *r*
1 S. 10.16 asunto del *r*..no le descubrió nada
10.18 os libré..de mano de todos los *r* que os
10.25 recitó luego al pueblo las leyes del *r*
11.14 a Gilgal para que renovemos allí el *r*
13.13 ahora Jehová hubiera confirmado tu *r*
13.14 ahora tu *r* no será duradero. Jehová se
15.28 ha rasgado hoy de ti el *r* de Israel, y
18.8 y a mí miles; no le falta más que el *r*
20.31 el hijo de..ni tú estarás firme, ni tu *r*
24.20 *r* de Israel ha de ser en tu mano firme
28.17 Jehová ha quitado el *r* de tu mano, y lo
2 S. 3.10 trasladando el *r* de la casa de Saúl
3.28 dijo: Inocente soy yo y mi *r*, delante de
5.12 había engrandecido su *r* por amor de su
7.12 ti a uno de tu linaje..y afirmaré su *r*
7.13 afirmaré para siempre el trono de su *r*
7.16 será afirmada tu casa y tu *r* para siempre
16.3 devolverá la..de Israel el *r* de mi padre
16.8 ha entregado el *r* en mano de tu..Absalón
1 R. 1.46 Salomón..ha sentado en el trono del *r*
2.12 Salomón..su *r* fue firme en gran manera
2.15 dijo: Tú sabes que el *r* era mío, y que
2.15 el *r* fue traspasado, y vino a ser de mi
2.22 demanda también para él el *r*; porque él
2.46 *r* fue confirmado en la mano de Salomón
4.21 y Salomón señoreaba sobre todos los *r*
6.1 principio del *r* de Salomón sobre Israel
9.5 afirmaré el trono de tu *r* sobre Israel
10.20 en ningún otro *r* se había hecho trono
11.11 romperé de ti el *r*, y lo entregaré a
11.13 no romperé todo el *r*, sino que daré una
11.31 que yo rompo el *r* de la mano de Salomón
11.34 pero no quitaré nada del *r* de sus manos
11.35 quitaré el *r* de la mano de su hijo, y
12.21 y hacer volver el *r* a Roboam hijo de
12.26 ahora se volverá el *r* a la casa de David
14.8 rompí el *r* de la casa de David y te lo
15.29 y cuando él vino al *r*, mató a toda la
18.10 no ha habido..*r* adonde mi señor no haya
18.10 a *r* y a naciones él ha hecho jurar que
2 R. 14.5 cuando hubo afirmado..el *r*, mató a los
15.19 que le ayudara a confirmarse en el *r*
19.15 sólo tú eres Dios de todos los *r* de la
19.19 sepan todos los *r*..sólo tu..eres Dios
1 Cr. 10.14 traspasó el *r* a David hijo de Isaí
11.10 los que le ayudaron en su *r*, con todo
12.23 vinieron a David..traspasarle el *r* de
14.2 y que había exaltado su *r* sobre..Israel
16.20 y andaban de..y de un *r* a otro pueblo
17.11 uno de entre tus hijos, y afirmaré su *r*
17.14 que lo confirmaré en mi casa y en mi *r*
22.10 afirmaré el trono de su *r* sobre Israel
28.5 que se siente en el trono del *r* de Jehová
28.7 confirmaré su *r* para siempre, si él se
29.11 tuyo, oh Jehová, es el *r*..eres excelso
29.22 dieron..la investidura del *r* a Salomón
29.25 dio tal gloria en su *r*, cual ningún rey
29.30 sobre todos los *r* de aquellas tierras
2 Cr. 1.1 Salomón hijo de..fue afirmado en su *r*
2.1 Salomón edificar casa..y casa para su *r*
2.12 que edifique casa a..y casa para su *r*
7.18 confirmaré el trono de tu *r*, como pacté
9.19 jamás fue..trono semejante en *r* alguno
11.1 para pelear..hacer volver el *r* a Roboam
11.17 fortalecieron el *r* de Judá, y..Roboam
12.1 Roboam había consolidado el *r*, dejó la ley
12.8 y qué es servir a los *r* de las naciones
13.5 Jehová Dios de Israel dio el *r* a David
13.8 tratáis de resistir al *r* de Jehová en
14.5 Judá..estuvo el *r* en paz bajo su reinado
17.5 Jehová, por tanto, confirmó el *r* en su
17.10 pavor de Jehová sobre todos los *r* de las
20.6 tienes dominio sobre todos los *r* de las
20.29 el pavor de Dios cayó sobre todos los *r*
20.30 y el *r* de Josafat tuvo paz, porque su
21.3 había dado el *r* a Joram, porque él era
21.4 fue elevado, pues, Joram al *r* de su padre
22.9 Ocozías no tenía fuerzas..retener el *r*
23.20 sentaron al rey sobre el trono del *r*
25.3 confirmado en el *r*, mató a los siervos
29.21 expiación por el *r*, por el..y por Judá
32.15 si ningún dios de..*r* pudo librar a su
33.13 oyó su oración y lo restauró a..a su *r*
36.20 cautivos..hasta que..el *r* de los persas
36.22 Ciro..hizo pregonar de..por todo su *r*
36.23 Dios..me ha dado todos los *r* de la tierra
Esd. 1.1 Ciro..hizo pregonar de..por todo su *r*
1.2 Dios..me ha dado todos los *r* de la tierra
7.13 todo aquel en mi *r*, del pueblo de Israel
7.23 ira contra el *r* del rey y de sus hijos?
Neh. 1.1 año..estando yo en Susa, capital del *r*
9.22 les diste *r* y pueblos, y los repartiste
9.35 ellos en su *r* y en tu mucho bien que les
Est. 1.2 fue afirmado..sobre el trono de su *r*
1.2 el trono..estaba en Susa capital del *r*
1.4 para mostrar..gloria de su *r*, el brillo
1.5 el pueblo que había en Susa capital del *r*
1.14 del rey, y se sentaban los primeros del *r*
1.20 y el decreto que..será oído en todo su *r*
2.3 todas las provincias de su *r*, que lleven
3.6 destruir a..los judíos que había en el *r*
3.8 distribuido entre..las provincias de tu *r*
3.15 el edicto fue dado en Susa capital del *r*
4.14 sabe si para esta hora has llegado al *r*?
5.3 dijo el..Hasta la mitad del *r* se te dará
5.6; 7.2 la mitad del *r*, te será concedida
8.14 el edicto fue dado en Susa capital del *r*
9.6 en Susa capital del *r* mataron los..a 500
9.12 Susa capital del *r* los judíos han matado
Sal. 22.28 de Jehová es el *r*, y él regirá las
45.6 cetro de justicia es el cetro de tu *r*
46.6 naciones, titubearon los *r*; dio él su voz
68.32 *r* de la tierra, cantad a Dios, cantad
79.6 y sobre los *r* que no invocan tu nombre
102.22 pueblos y los *r* se congreguen en uno
103.19 su trono, y su *r* domina sobre todos
105.13 y andaban de..de un *r* a otro pueblo
145.11 la gloria de tu *r* digan, y hablen de
145.12 para hacer saber..la gloria..de su *r*
145.13 tu *r* es *r* de todos los siglos, y tu
Ec. 4.14 para reinar, aunque en su *r* nació pobre
Is. 9.7 sobre el trono de David y sobre su *r*
10.10 como halló mi mano los *r* de los ídolos
13.4 estruendo de ruido de *r*, de naciones
13.19 Babilonia, hermosura de *r* y ornamento
14.16 ¿es éste aquel..que trastornaba los *r*
17.3 cesará el socorro de..y el *r* de Damasco
19.2 uno..ciudad contra ciudad, y *r* contra *r*
23.11 extendió su mano..hizo temblar los *r*
23.17 vez fornicará con todos los *r* del mundo
34.12 llamarán a..príncipes, príncipes sin *r*
37.16 eres Dios de todos los *r* de la tierra
37.20 que todos los *r*..conozcan que sólo tú
47.5 porque nunca..te llamarán señora de *r*
60.12 o el *r* que no te sirviere perecerá, y
62.3 diadema de *r* en la mano del Dios tuyo
Jer. 1.10 que te he puesto en este día sobre..*r*
1.15 convoco a todas las familias de los *r* del
10.7 y en todos sus *r*, no hay semejante a ti
15.4 para terror a todos los *r* de la tierra
18.7 hablaré contra pueblos y contra *r*, para
18.9 en un instante hablaré de..y del *r*, para
24.9 los daré por escarnio..a todos los *r* de
25.26 a todos los *r* del mundo que están sobre
27.8 al *r* que no sirviere a Nabucodonosor rey
28.8 profetizaron..contra muchas tierras..*r*
29.18 los daré por escarnio a todos los *r* de
34.1 su ejército, y todos los *r* de la tierra
34.17 os pondré por afrenta ante todos los *r*
49.28 y de los *r* de Hazor, los cuales asoló
51.20 quebrantaré..medio de ti destruiré *r*
51.27 juntad contra ella los *r* de Ararat, de
Lm. 2.2 echó por tierra..humilló al *r* y a sus
Ez. 17.14 para que el *r* fuese abatido y no se
29.14 Egipto..y allí serán un *r* despreciable
29.15 en comparación con los..*r* será humilde
37.22 ni nunca más serán divididos en dos *r*
Dn. 1.20 mejores que..los magos..en todo su *r*
2.37 el Dios del cielo te ha dado *r*, poder
2.39 ti se levantará otro *r* inferior al tuyo
2.39 y luego un tercer *r* de bronce, el cual
2.40 y el cuarto *r* será fuerte como hierro
2.41 en parte de hierro, será un *r* dividido
2.42 el *r* será en parte fuerte, y en parte
2.44 levantará un *r* que no será..destruido, ni
2.44 jamás..ni será el *r* dejado a otro pueblo
2.44 desmenuzará y consumirá a todos estos *r*
4.3 señales..Su *r*, *r* sempiterno, y su señorío
4.17 Altísimo gobierna el *r* de los hombres
4.18 todos los sabios de mi *r* no han podido
4.25 que el Altísimo tiene dominio en el *r* de
4.26 cepa..significa que tu *r* te quedará firme
4.31 se te dice..El *r* ha sido quitado de ti
4.32 tiene el dominio en el *r* de los hombres
4.34 dominio es..y su *r* por todas las edades
4.36 la majestad de mi *r*, mi dignidad y mi
4.36 restablecido en mi *r*, y mayor grandeza
5.7 lea esta..y será el tercer señor en el *r*
5.11 en tu *r* hay un hombre en el cual mora el
5.16 vestido..serás el tercer señor en el *r*
5.18 dio a..tu padre el *r* y la grandeza, la
5.20 orgullo, fue depuesto del trono de su *r*
5.21 tiene dominio sobre el *r* de los hombres
5.26 Mene: Contó Dios tu *r*, y le ha puesto
5.28 Peres: Tu *r* ha sido roto, y dado a los
5.29 y proclamar..era el tercer señor del *r*
5.31 Darío de Media tomó el *r*, siendo de 62
6.1 constituir sobre el *r* 120 sátrapas, que
6.1 sátrapas, que gobernasen en todo el *r*
6.3 el rey pensó en ponerlo sobre todo el *r*
6.4 acusar a Daniel en lo relacionado al *r*
6.7 los gobernadores del *r*..han acordado por
6.26 en todo el dominio de mi *r* todos teman
6.26 *r* no será jamás destruido, y su dominio
7.14 y le fue dado dominio, gloria y *r*, para
7.14 eterno..y su *r* uno que no será destruido
7.18 los santos..poseerán el *r* hasta el siglo
7.22 llegó el..y los santos recibieron el *r*
7.23 un cuarto *r*..diferente de..los otros *r*
7.24 significan que de aquel *r* se levantarán
7.27 el *r*..y la majestad de los *r* debajo de
7.27 *r* es *r* eterno, y todos los dominios le
8.2 en Susa..la capital del *r* en la provincia
8.22 que cuatro *r* se levantarán de esa nación
9.1 Darío..que vino a ser rey sobre el *r* de
10.13 mas el príncipe del *r* de Persia se me
11.2 levantará a todos contra el *r* de Grecia
11.4 su *r* será quebrantado y repartido hacia
11.4 porque su *r* será arrancado, y será para
11.9 así entrará en el *r* el rey del sur, y
11.17 para venir con el poder de todo su *r*
11.20 pasar..de tributos por la gloria del *r*
11.21 al cual no darán la honra del *r*; pero
11.21 pero vendrá sin aviso y tomará el *r* con
Os. 1.4 y haré cesar el *r* de la casa de Israel
Am. 6.2 si son aquellos *r* mejores que estos *r*
7.13 no profetices..en Bet-el..capital del *r*
9.8 los ojos de Jehová..contra el *r* pecador
Abd. 21 subirán salvadores..el *r* será de Jehová
Mi. 4.8 vendrá el..el *r* de la hija de Jerusalén
Nah. 3.5 mostraré a las..y a los *r* tu vergüenza
Sof. 3.8 juntar los *r*, para derramar sobre ellos
Hag. 2.22 y trastornaré el trono de los *r*, y
2.22 y destruiré la fuerza de los *r* de las
Mt. 3.2 porque el *r* de los cielos..ha acercado
4.8 mostró todos los *r* del mundo y la gloria
4.17 arrepentíos, porque el *r* de los cielos
4.23 ellos, y predicando el evangelio del *r*
5.3,10 porque de ellos es el *r* de los cielos
5.19 muy pequeño será llamado en el *r* de los
5.19 éste será llamado grande en el *r* de los
5.20 si..no entraréis en el *r* de los cielos
6.10 venga tu *r*. Hágase tu voluntad, como en
6.13 tuyo es el *r*, y el poder, y la gloria
6.33 buscad primeramente el *r* de Dios y su
7.21 no todo..entrará en el *r* de los cielos
8.11 se sentarán con..en el *r* de los cielos
8.12 mas los hijos del *r* serán echados a las
9.35 ellos, y predicando el evangelio del *r*
10.17 yendo..El *r* de los cielos se ha acercado
11.11 el más pequeño en el *r*..mayor es que él
11.12 el *r* de los cielos sufre violencia, y
12.25 *r* dividido contra sí mismo, es asolado
12.26 fuera..¿cómo, pues, permanecerá su *r*?
12.28 si..ha llegado a vosotros el *r* de Dios
13.11 os es dado saber los misterios del *r*
13.19 cuando alguno oye la palabra del *r*, y
13.24 el *r* de los cielos es semejante a un
13.31 *r* de los cielos es semejante al grano
13.33 el *r* de los cielos es semejante a la
13.38 la buena semilla son los hijos del *r*
13.41 recogerán de su *r*..los que sirven de
13.43 los justos resplandecerán..en el *r* de
13.44 *r*..es semejante a un tesoro escondido
13.45 el *r* de los..es semejante a un mercader
13.47 asimismo el *r*..es semejante a una red
13.52 escriba docto en el *r*..es semejante a
16.19 te daré las llaves del *r* de los cielos
16.28 al Hijo del Hombre viniendo en su *r*
18.1 ¿quién es el mayor en el *r* de..cielos?
18.3 si no..no entraréis en el *r* de los cielos
18.4 ése es el mayor en el *r* de los cielos
18.23 *r* de los cielos es semejante a un rey
19.12 se hicieron eunucos por causa del *r* de
19.14 porque de..tales es el *r* de los cielos
19.23 difícilmente entrará un rico en el *r* de
19.24 de una aguja, que entrar un rico en el *r*
20.1 porque el *r* de los cielos es semejante a
20.21 que en tu *r* se sienten estos dos hijos
21.31 van delante de vosotros al *r* de Dios
21.43 el *r* de Dios será quitado de vosotros
22.2 el *r* de los cielos es semejante a un rey
23.13 cerráis el *r* de los cielos delante de
24.7 se levantará nación contra..y *r* contra *r*
24.14 será predicado este evangelio del *r* en
25.1 el *r* de los cielos será semejante a diez
25.14 el *r* de los cielos es como un hombre que
25.34 heredad el *r* preparado para vosotros
26.29 día en que lo beba..en el *r* de mi Padre
Mr. 1.14 predicando el evangelio del *r* de Dios
1.15 diciendo..y el *r* de Dios se ha acercado
3.24 si un *r* está dividido contra..*r* no puede
4.11 es dado saber el misterio del *r* de Dios
4.26 es el *r* de Dios, como cuando un hombre
4.30 ¿a qué haremos semejante el *r* de Dios
6.23 pidas te daré, hasta la mitad de mi *r*
9.1 que hayan visto el *r* de Dios venido con
9.47 entrar en el *r* de Dios con un ojo, que
10.14 dejad a..de los tales es el *r* de Dios
10.15 que no reciba el *r* de Dios como un niño
10.23 ¡cuán difícilmente entrarán en el *r* de
10.24 difícil les es entrar en el *r* de Dios
10.25 de una aguja, que entrar un rico en el *r*
11.10 ¡bendito el *r* de nuestro padre David
12.34 le dijo: No estás lejos del *r* de Dios
13.8 se levantará nación contra..y *r* contra *r*
14.25 día en que lo beba nuevo en el *r* de Dios
15.43 José..que también esperaba el *r* de Dios

REINO *(Continúa)*
Lc. 1.33 reinará sobre la. . y su *r* no tendrá fin
4.5 en un momento todos los *r* de la tierra
4.43 que. . anuncie el evangelio del *r* de Dios
6.20 pobres. . porque vuestro es el *r* de Dios
7.28 el más pequeño en el *r* de Dios es mayor
8.1 anunciando el evangelio del *r* de Dios, y
8.10 dado conocer los misterios del *r* de Dios
9.2 envió a predicar el *r* de Dios, y a sanar
9.11 les hablaba del *r* de Dios, y sanaba a los
9.27 no gustarán la muerte. . vean el *r* de Dios
9.60 deja que. . tú vé, y anuncia el *r* de Dios
9.62 hacia atrás, es apto para el *r* de Dios
10.9 se ha acercado a vosotros el *r* de Dios
10.11 sabed que el *r* de Dios se ha acercado
11.2 venga tu *r*. Hágase tu voluntad, como en
11.17 *r* dividido contra sí mismo, es asolado
11.18 ¿cómo permanecerá su *r*? ya que decís
11.20 ciertamente el *r* de Dios ha llegado a
12.31 mas buscad el *r* de Dios, y todas estas
12.32 vuestro Padre le ha placido daros el *r*
13.18 ¿a qué es semejante el *r* de Dios, y con
13.20 decir: ¿A qué compararé el *r* de Dios?
13.28 cuando veáis a Abraham. . en el *r* de Dios
13.29 se sentarán a la mesa en el *r* de Dios
14.15 dijo. . el que coma pan en el *r* de Dios
16.16 desde entonces el *r* de. . es anunciado
17.20 cuándo había de venir el *r* de Dios, les
17.20 el *r* de Dios no vendrá con advertencia
17.21 aquí el *r* de Dios está entre vosotros
18.16 no. . porque de los tales es el *r* de Dios
18.17 que no recibe el *r* de Dios como un niño
18.24 difícilmente entrarán en el *r* de Dios
18.25 de una aguja, que entrar un rico en el *r*
18.29 haya dejado casa, o. . por el *r* de Dios
19.11 pensaban que el *r* de. . se manifestaría
19.12 fue a un país. . recibir un *r* y volver
19.15 después de recibir el *r*, mandó llamar
21.10 levantará nación contra. . y *r* contra *r*
21.31 así. . sabed que está cerca el *r* de Dios
22.16 no. . hasta que se cumpla en el *r* de Dios
22.18 de la vid, hasta que el *r* de Dios venga
22.29 yo, pues, os asigno un *r*, como mi Padre
22.30 que comáis y bebáis a mi mesa en mi *r*
23.42 acuérdate de mí cuando vengas en tu *r*
23.51 éste, que también esperaba el *r* de Dios
Jn. 3.3 no naciere. . no puede ver el *r* de Dios
3.5 que no. . no puede entrar en el *r* de Dios
18.36 *r* no es de este mundo; si mi *r* fuera
18.36 a los judíos; pero mi *r* no es de aquí
Hch. 1.3 y hablándoles acerca del *r* de Dios
1.6 Señor, ¿restaurarás el *r* a Israel en este
8.12 que anunciaba el evangelio del *r* de Dios
14.22 a través de. . entremos en el *r* de Dios
19.8 habló. . persuadiendo acerca del *r* de Dios
20.25 entre quienes he pasado predicando el *r*
28.23 les testificaba el *r* de Dios desde la
28.31 predicando el *r* de Dios y enseñando
Ro. 14.17 el *r* de Dios no es comida ni bebida
1 Co. 4.20 *r* de Dios no consiste en palabras
6.9 los injustos no heredarán el *r* de Dios?
6.10 ni los ladrones. . heredarán el *r* de Dios
15.24 el fin, cuando entregue el *r* al Dios y
15.50 sangre no pueden heredar el *r* de Dios
Gá. 5.21 tales cosas no heredarán el *r* de Dios
Ef. 5.5 tiene herencia en el *r* de Cristo y de
Col. 1.13 y trasladado al *r* de su amado Hijo
4.11 me ayudan en el *r* de Dios, y han sido
1 Ts. 2.12 Dios, que os llamó a su *r* y gloria
2 Ts. 1.5 que seáis tenidos por dignos del *r* de
2 Ti. 4.1 juzgará. . en su manifestación y. . su *r*
4.18 el Señor. . preservará para su *r* celestial
He. 1.8 cetro de equidad es el cetro de tu *r*
11.33 que por fe conquistaron *r*, hicieron
12.28 recibiendo nosotros un *r* inconmovible
Stg. 2.5 y herederos del *r* que ha prometido a
2 P. 1.11 será otorgada amplia. . entrada en el *r*
Ap. 1.9 copartícipe. . en el *r* y en la paciencia
11.15 los *r* del mundo han venido a ser de
12.10 ahora ha venido. . el *r* de nuestro Dios
16.10 su *r* se cubrió de tinieblas, y mordían
17.12 diez reyes, que aún no han recibido *r*
17.17 y dar su *r* a la bestia, hasta que se

REINTEGRO
Dt. 15.3 del extranjero demandarás el *r*; pero

REIR
Gn. 17.17 Abraham se postró. . y se *rio*, y dijo
18.12 se *rio*, pues, Sara entre sí, diciendo
18.13 ¿por qué se ha *reído* Sara diciendo
18.15 Sara negó. . No me *reí*. . que te has *reído*
21.6 entonces dijo. . Dios me ha hecho *reír*
21.6 cualquiera. . lo oyere, se *reirá* conmigo
2 Cr. 30.10 correos. . mas se *reían* y burlaban de
Job 5.22 de la destrucción y. . hambre te *reirás*
9.23 se *ríe* del sufrimiento de los inocentes
29.24 si me *reía* con ellos, no lo creían; y no
30.1 ahora se *ríen* de mí los más jóvenes que
Sal. 2.4 el que mora en los cielos se *reirá*; el
37.13 el Señor se *reirá* de él; porque ve que
52.6 verán los justos. . *reirán* de él, diciendo
59.8 mas tú, Jehová, te *reirás* de ellos; te
Pr. 1.26 yo me *reiré* en vuestra calamidad, y
29.9 se enoje o que se *ría*, no tendrá reposo
31.25 su vestidura, y se *ríe* de lo por venir
Ec. 3.4 y tiempo de *reír*; tiempo de endechar
Ez. 22.5 y las que están lejos se *reirán* de ti
Hab. 1.10 se *reirá* de toda fortaleza. . y pasará
Lc. 6.21 los que ahora lloráis, porque *reiréis*
6.25 ¡ay de vosotros, los que ahora *reís*!

REITERAR
Is. 23.16 *reitera* la canción. . seas recordada

REJA
1 S. 13.20 afilar cada uno la *r* de su arado, su
13.21 era un pim por las *r* de arado y por los
Is. 2.4 volverán sus espadas en *r* de arado, y

REJILLA
Éx. 27.4 un enrejado. . obra de *r*, y sobre la *r*
27.5 llegará la *r* hasta la mitad del altar
38.4 hizo. . enrejado de bronce de obra de *r*

REJUVENECER
Sal. 103.5 que te *rejuvenezcas* como el águila

RELACIÓN
Dt. 19.15 en *r* con cualquiera ofensa cometida
1 R. 6.12 con *r* a esta casa. . si anduvieres en
Dn. 6.5 si no la hallamos. . en *r* con la ley de
He. 9.28 aparecerá. . sin *r* con el pecado, para

RELACIONADO
Nm. 18.7 en todo lo *r* con el altar, y del velo
Dn. 6.4 para acusar a Daniel en lo *r* al reino

RELÁMPAGO
Éx. 19.16 al tercer día. . vinieron truenos y *r*
20.18 todo el pueblo observaba el. . y los *r*
2 S. 22.15 dispersó; y lanzó *r*, y los destruyó
Job 28.26 lluvia, y camino al *r* de los truenos
38.25 al turbión, y camino a los *r* y truenos
38.35 ¿enviarás. . los *r*, para que ellos vayan?
Sal. 18.14 los dispersó; lanzó *r*, y los destruyó
77.18 torbellino; tus *r* alumbraron el mundo
97.4 sus *r* alumbraron el mundo; la tierra
135.7 hace los *r* para la lluvia; saca de sus
144.6 despide *r* y disípalos, envía tus saetas
Jer. 10.13 los *r* con la lluvia, y saca el viento
51.16 hace *r* con la lluvia, y saca el viento
Ez. 1.13 resplandecía, y del fuego salían *r*
1.14 seres. . corrían y volvían a semejanza de *r*
Dn. 10.6 y su rostro parecía un *r*, y sus ojos
Nah. 2.4 los carros. . rodarán. . correrán como *r*
Zac. 9.14 su dardo saldrá como *r*; y Jehová el
10.1 pedid. . Jehová hará *r*, y os dará lluvia
Mt. 24.27 como el *r* que sale del oriente y se
28.3 su aspecto era como un *r*, y su vestido
Lc. 17.24 como el *r* que al fulgurar resplandece
Ap. 4.5 y del trono salían *r* y truenos y voces
8.5 hubo truenos, y voces, y *r*, y un terremoto
11.19 y hubo *r*, voces, truenos, un terremoto
16.18 *r* y voces y truenos, y un gran temblor

RELATAR
2 R. 5.4 le *relató* diciendo: Así y así ha dicho
Dn. 7.1 luego. . *relató* lo principal del asunto

RELATIVO
1 Cr. 29.30 todo lo *r* a su reinado, y su poder

RELATO
Jue. 7.15 cuando Gedeón oyó el *r* del sueño y su
Est. 10.2 el *r* sobre la grandeza de Mardoqueo

RELEVO
Job 10.17 aumentas. . tu furor como tropas de *r*

RELIEVE
1 R. 7.29 tableros. . unas añadiduras de bajo *r*

RELIGIÓN
Hch. 25.19 ciertas cuestiones acerca de su *r*
26.5 conforme a. . de nuestra *r*, viví fariseo
Stg. 1.26 no refrena su. . la *r* del tal es vana
1.27 la *r* pura y sin mácula delante de Dios

RELIGIOSO
Hch. 17.22 atenienses. . observo que sois muy *r*
Stg. 1.26 si alguno se cree *r* entre vosotros

RELINCHAR
Jer. 5.8 cada cual *relinchaba* tras la mujer de
50.11 llenasteis. . *relinchasteis* como caballos

RELINCHO
Jer. 8.16 oyó. . sonido de los *r* de sus corceles
13.27 *r*, la maldad de tu fornicación sobre

RELIQUIA
2 S. 14.7 no dejando a mi marido nombre ni *r*

RELOJ
2 R. 20.11 volver la sombra. . en el *r* de Acaz
Is. 38.8 el sol, en el *r* de Acaz, diez grados

RELUCIENTE
Dt. 32.41 afilare mi *r* espada, y echare mano a

RELUMBRANTE
Job 20.25 saeta. . la punta *r* saldrá por su hiel

RELUMBRAR
Ez. 21.10 afilada, pulida. . para que *relumbre*
21.15 ¡ah! dispuesta está para que *relumbre*

RELLENAR
Lc. 3.5 todo valle se *rellenará*, y se bajará

REMALÍAS *Padre de Peka rey de Israel*
2 R. 15.25 y conspiró contra él Peka hijo de *R*
15.27 en el año 52 de. . reinó Peka hijo de *R*
15.30 y Oseas. . conspiró contra Peka hijo de *R*
15.32 en el segundo año de Peka hijo de *R* rey
15.37 a enviar contra Judá. . a Peka hijo de *R*
16.1 en el año 17 de Peka hijo de *R*, comenzó
16.5 y Peka hijo de *R*. . subieron a Jerusalén
2 Cr. 28.6 porque Peka hijo de *R* mató en Judá
Is. 7.1 Siria y Peka hijo de *R*, rey de Israel
7.4 por el ardor de la ira. . y del hijo de *R*
7.5 con Efraín y con el hijo de *R*, diciendo
7.9 y la cabeza de Samaria el hijo de *R*. Si
8.6 se regocijó con Rezín y con el hijo de *R*

REMANENTE
2 R. 19.4 eleva oración por el *r* que aún queda
19.31 saldrá de Jerusalén *r*, y del monte de
2 Cr. 30.6 él se volverá al *r* que ha quedado de
34.9 recogido de mano. . de todo el *r* de Israel
34.21 consultad a Jehová. . por el *r* de Israel
Esd. 9.8 para hacer que nos quedase un *r* libre
9.13 Dios nuestro. . nos diste un *r* como este
9.14 ¿no. . sin que quedara *r* ni quien escape?
9.15 un *r* que ha escapado, como en este día
Neh. 1.3 *r*, los que quedaron de la cautividad
Is. 10.21 el *r* volverá, el *r* de Jacob volverá
10.22 las arenas del mar, el *r* de él volverá
11.11 otra vez su mano para recobrar el *r* de
11.16 y habrá camino para el *r* de su pueblo
14.22 y raeré de Babilonia el nombre y el *r*
28.5 por corona de gloria. . al *r* de su pueblo
37.4 eleva, pues, oración tú por el *r* que aún
37.32 de Jerusalén saldrá un *r*. . monte de Sion
49.6 restaures el *r* de Israel; también te di
Jer. 11.23 y no quedará *r* de ellos. . traeré mal
23.3 y yo mismo recogeré el *r* de mis ovejas
25.20 a Ascalón, a Gaza, a. . y al *r* de Asdod
31.7 decid: Oh Jehová, salva. . el *r* de Israel
42.15 oíd la palabra de Jehová, *r* de Judá
42.19 Jehová habló. . oh *r* de Judá: No vayáis
43.5 tomó Johanán hijo. . a todo el *r* de Judá
44.7 ser destruidos el. . sin que os quede *r*
Ez. 9.8 ¡ah. . ¿destruirás a todo el *r* de Israel
11.13 ¿destruirás del todo al *r* de Israel?
14.22 quedará en ella un *r*, hijos e hijas, que
23.25 y tu *r* será consumido por el fuego
Jl. 2.32 salvación. . *r* al cual él habrá llamado
Am. 5.15 quizá Jehová. . tendrá piedad del *r* de
Abd. 17 monte de Sion habrá un *r* que se salve
Mi. 4.7 pondré a la coja como *r*, y. . como nación
5.7 el *r* de Jacob será en medio de. . pueblos
5.8 el *r* de Jacob será entre las naciones, en
7.18 y olvida el pecado del *r* de su heredad?
Sof. 2.7 lugar para el *r* de la casa de Judá
2.9 el *r* de mi pueblo los saqueará, y el *r* de
3.13 *r* de Israel no hará injusticia ni dirá
Zac. 8.6 parecerá maravilloso a los ojos del *r*
8.11 no lo haré con el *r* de este pueblo como
8.12 haré que el *r* de este pueblo posea todo
9.7 quedará también un *r* para nuestro Dios
Ro. 9.27 la arena del mar. . sólo el *r* será salvo
11.5 así ha quedado un *r* escogido por gracia

REMAR
Mr. 6.48 viéndoles *remar* con gran fatiga. . vino
Jn. 6.19 habían *remado* como 25 ó 30 estadios

REMATE
Nm. 34.5 este límite. . sus *r* serán al occidente
1 R. 7.9 obras. . de piedras costosas. . hasta los *r*
7.31 la boca de la. . entraba un codo en el *r*
7.31 la boca era. . de la misma hechura del *r*
Ez. 43.13 *r* por su borde alrededor, de un palmo

REMECER
Lc. 6.38 medida. . *remecida* y rebosando darán en

REMEDIAR
Is. 47.11 quebrantamiento. . no podrás *remediar*

REMEDIO
2 Cr. 36.16 que subió la ira de..y no hubo ya *r*
Pr. 6.15 de repente..quebrantado, y no habrá *r*
17.22 el corazón alegre constituye buen *r*
Is. 57.10 cansaste, pero no dijiste: No hay *r*
Jer. 2.25 no hay *r*..porque a extraños he amado
14.19 qué nos hiciste herir sin que haya *r*?

REMENDAR
Jos. 9.4 cueros viejos de vino..y *remendados*
Mt. 4.21 que *remendaban* sus redes; y los llamó
Mr. 1.19 vio a Jacobo..que *remendaban* las redes

REMERO
Ez. 27.8 los moradores de Sidón..fueron tus *r*
27.9 las naves del mar y los *r*..fueron a ti
27.26 en muchas aguas te engolfaron tus *r*
27.27 tus *r*, tus pilotos, tus calafateadores
27.29 *r* y..los pilotos del mar se quedarán en

REMET *Población en la frontera de Isacar,* **Jos. 19.21**

REMIENDO
Mt. 9.16 nadie pone *r* de paño nuevo en vestido
9.16 tal *r* tira del vestido, y se hace peor
Mr. 2.21 nadie pone *r* de paño nuevo en vestido
2.21 el mismo *r* nuevo tira de lo viejo, y
Lc. 5.36 sino que el *r* sacado de él no armoniza

REMISIÓN
Dt. 15.1 cada siete años harás *r*
15.2 y esta es la manera de la *r*: perdonará
15.2 perdonará..es pregonada la *r* de Jehová
15.9 cerca está el año séptimo, el de la *r*
31.10 en el año de la *r*, en la fiesta de los
Mt. 26.28 es derramada para *r* de los pecados
He. 9.15 la *r* de las transgresiones que había
9.22 sin derramamiento de sangre no..hace *r*
10.18 hay *r* de éstos, no hay más ofrenda por

REMITIR
2 S. 12.13 ha *remitido* tu pecado; no morirás
Neh. 10.31 año séptimo..*remitiríamos* toda deuda
Lc. 23.7 le *remitió* a Herodes, que en aquellos
23.15 ni aun Herodes, porque os *remití* a él
Jn. 20.23 *remitiereis* los pecados..*remitidos*

REMO
Is. 33.21 por el cual no andará galera de *r*, ni
Ez. 27.6 de encinas de Basán hicieron tus *r*; tus
27.29 descenderán de sus naves..que toman *r*

REMOCIÓN
Is. 27.9 este será todo el fruto, la *r* de su
He. 12.27 indica la *r* de las cosas movibles

REMOLINO
Is. 9.18 bosque, y serán alzados como *r* de humo

REMONTAR
Job 39.27 ¿se *remonta* el águila..pone en alto
Abd. 4 si te *remontares* como águila, y aunque

REMORDIMIENTO
1 S. 25.31 no tendrás motivo de pena ni *r* por

REMOTO, TA
Jue. 19.1 moraba..en la parte más *r* del monte
19.18 a la parte más *r* del monte de Efraín
2 R. 19.23 me alojaré en sus más *r* lugares, en
Sal. 65.5 esperanza..de los más *r* confines del

REMOVER
Gn. 13.18 Abram..*removiendo* su tienda, vino y
29.8 *remuevan* la piedra de la boca del pozo
29.10 se acercó Jacob y *removió* la piedra de
2 S. 7.10 en su lugar y nunca más sea *removido*
1 Cr. 17.9 habite en él y no sea más *removido*
Job 9.6 *remueve* la tierra de su lugar, y hace
14.18 y las peñas son *removidas* de su lugar
18.4 serán *removidas* de su lugar las peñas?
Sal. 46.2 no temeremos..la tierra sea *removida*
104.5 fundó la tierra..no será jamás *removida*
Pr. 10.30 el justo no será *removido* jamás; pero
12.3 la raíz de los justos no será *removida*
Is. 24.20 ebrio, y será *removida* como una choza
27.8 el los *remueve* con su recio viento en el
Lm. 1.8 pecado cometió..ella ha sido *removida*
Mt. 28.2 llegando, *removió* la piedra, y se sentó
Mr. 16.3 ¿quién nos *removerá* la piedra de la
16.4 vieron *removida* la piedra..muy grande
Lc. 24.2 y hallaron *removida* la piedra del
Ap. 6.14 monte y..isla se *removió* de su lugar

REMUNERACIÓN
Nm. 18.31 es vuestra *r* por vuestro ministerio
Rt. 2.12 tu *r* sea cumplida de parte de Jehová
Pr. 22.4 honra y vida son la *r* de la humildad

RENACER
1 P. 1.3 nos hizo *renacer* para una esperanza
1.23 *renacidos*, no de simiente corruptible

RENCILLA
Éx. 17.7 llamó..por la *r* de los hijos de Israel
Nm. 20.13 estas son las aguas de la *r*, por las
20.24 fuisteis rebeldes..en las aguas de la *r*
27.14 rebeldes a..en la *r* de la congregación
27.14 estas son las aguas de la *r* de Cades en
Sal. 55.9 he visto violencia y *r* en la ciudad
Pr. 10.12 el odio despierta *r*..el amor cubrirá
15.18 el que tarda en airarse apacigua la *r*
23.29 para quién el dolor? ¿Para quién las *r*?
Ez. 47.19 desde Tamar hasta las aguas de las *r*
48.28 límite desde..hasta las aguas de las *r*

RENCILLOSO, SA
Pr. 7.11 alborotadora y *r*, sus pies no pueden
21.9 vivir..que con mujer *r* en casa espaciosa
21.19 mejor..que con la mujer *r* e iracunda
25.24 en..que con mujer *r* en casa espaciosa
26.21 y el hombre *r* para encender contienda
27.15 gotera..y la mujer *r*, son semejantes

RENCOR
Lv. 19.18 no te vengarás, ni guardarás *r* a los
Am. 1.11 violó..perpetuamente ha guardado el *r*
1 Co. 13.5 no busca..no se irrita, no guarda *r*

RENDIR
Lv. 26.4 la tierra *rendirá* sus productos, y el
Dt. 14.22 diezmarás todo el..grano que *rindiere*
2 S. 11.25 refuerza tu ataque..que la *rindas*
2 R. 21.3 una imagen de Asera..y *rindió* culto a
1 Cr. 5.20 agarenos..se *rindieron* en sus manos
2 Cr. 33.3 hizo imágenes de..y les *rindió* culto
Sal. 107.37 siembran..y *rinden* abundante fruto
Pr. 7.21 *rindió* con la suavidad de sus palabras
Jer. 50.15 se *rindió*; han caído sus cimientos
51.64 se hundirá Babilonia..y serán *rendidos*
Lc. 9.32 Pedro y los..estaban *rendidos* de sueño
Jn. 16.2 mate, pensará que *rinde* servicio a Dios
Hch. 7.42 los entregó a que *rindiesen* culto al
20.9 un joven..*rendido* de un sueño profundo

RENFÁN *Dios de los caldeos,* **Hch. 7.43**

RENGLÓN
Is. 28.10,13 *r* tras *r*, línea sobre línea, un

RENOMBRADO
2 S. 23.19 era el más *r* de los treinta, y llegó
23.23 fue *r* entre los treinta, pero no igualó

RENOMBRE
Gn. 6.4 desde la antigüedad fueron varones de *r*
Nm. 16.2 príncipes..del consejo, varones de *r*
Rt. 4.11 tú seas ilustre..y seas de *r* en Belén
2 S. 23.18 a quienes mató, y ganó *r* con los tres
23.22 Benaía..ganó *r* con los tres valientes
1 Cr. 11.20 Abisai..jefe..ganó *r* con los tres
22.5 la casa..*r* y honra en todas las tierras
Ez. 16.14 tu *r* entre las naciones a causa de tu
16.15 pero..y te prostituiste a causa de tu *r*
23.23 y varones de *r*, que montan a caballo
34.29 levantaré para ellos una planta de *r*
Dn. 9.15 hiciste *r* cual lo tienes hoy; hemos
Sof. 3.19 y os pondré por..*r* en toda la tierra
3.20 os pondré para *r* y para alabanza entre

RENOVACIÓN
Ro. 12.2 sino transformaos por medio de la *r* de
Tit. 3.5 salvó..por la *r* en el Espíritu Santo

RENOVAR
Jue. 7.19 acababan de *renovar* los centinelas
1 S. 11.14 vamos..que *renovemos* allí el reino
Job 10.17 *renuevas* contra mí tus pruebas, y
29.20 mi honra se *renovaba* en mí, y mi arco
Sal. 51.10 y *renueva* un espíritu recto dentro
104.30 son creados, y *renuevas* la faz de la
Lm. 5.21 *renueva* nuestros días como..principio
2 Co. 4.16 el interior..*renueva* de día en día
Ef. 4.23 y *renovaos* en el espíritu de vuestra
Col. 3.10 va *renovando* hasta el conocimiento
He. 6.6 otra vez *renovados* para arrepentimiento

RENTA
1 R. 10.14 oro que Salomón tenía de *r* cada año
2 Cr. 24.27 la multiplicación que hizo de las *r*
32.28 hizo depósitos para las *r* del grano, del
Esd. 4.13 no pagarán tributo, impuesto y *r*, y
4.20 que se les pagaba tributo, impuesto y *r*
7.24 ninguno podrá imponerles tributo..ni *r*

RENUEVO
Nm. 17.8 la vara de Aarón..había..arrojado *r*
Job 8.16 árbol..y sus *r* salen sobre su huerto
14.7 el árbol..retoñará..y sus *r* no faltarán
15.32 será cortado..y sus *r* no reverdecerán
20.28 los *r* de su casa serán transportados
21.8 su vista, y sus *r* están delante de sus
Sal. 65.10 ablandas con lluvias, bendices sus *r*
80.11 sus vástagos hasta..hasta el río sus *r*
80.15 la planta..el *r* que para ti afirmaste
Cnt. 4.13 tus *r* son paraíso de granados, con
Is. 4.2 el *r* de Jehová será para hermosura y
17.9 como los frutos que quedan en los *r* y en
25.5 harás marchitar el *r* de los robustos
27.6 Jacob echará..florecerá y echará *r* Israel
44.3 derramaré..y mi bendición sobre tus *r*
48.19 los *r* de tus entrañas como los granos
53.2 subirá cual *r* delante de él, y como raíz
60.21 *r* de mi plantío, obra de mis manos, para
61.9 y sus *r* en medio de los pueblos; todos
61.11 porque como la tierra produce su *r*, y
Jer. 23.5 levantaré a David *r* justo, y reinará
33.15 haré brotar a David un *R* de justicia
Ez. 17.4 arrancó el principal de sus *r* y lo llevó
17.22 del principal de sus *r* cortaré un tallo
Dn. 11.7 un *r* de sus raíces se levantará sobre
Zac. 3.8 he aquí, yo traigo a mi siervo el *R*
6.12 he aquí el varón cuyo nombre es el *R*, el

RENUNCIAR
Lc. 14.33 cualquiera..que no *renuncia* a todo
2 Co. 4.2 *renunciamos* a lo oculto y vergonzoso
Tit. 2.12 que, *renunciando* a la impiedad y a los

REÑIDA
2 S. 2.17 batalla fue muy *r* aquel día, y Abner

REÑIR
Gn. 26.20 los pastores de Gerar *riñeron* con los
26.21 abrieron otro pozo, y también *riñeron*
26.22 abrió otro pozo, y no *riñeron* sobre él
31.36 Jacob se enojó, y *riñó* con Labán..¿Qué
45.24 y él les dijo: No *riñáis* por el camino
Éx. 2.13 salió y vio a dos hebreos que *reñían*
21.18 si algunos *riñeren*, y uno hiriere a su
21.22 si algunos *riñeren*, e hirieren a mujer
Lv. 24.10 el hijo de..*riñeron* en el campamento
Dt. 25.11 si algunos *riñeren* uno con otro, y
2 S. 14.6 tu sierva tenía dos hijos, y..*riñeron*
Neh. 13.25 *reñí* con ellos, y los maldije, y herí
Is. 54.9 no me enojaré contra ti, ni te *reñiré*
Hch. 7.26 presentó a unos de ellos que *reñían*

REO
Éx. 22.3 autor de la muerte será *r* de homicidio
Mt. 26.66 ¿qué os parece? Y..¡Es *r* de muerte!
Mr. 3.29 no tiene jamás perdón, sino que es *r*

REPARADO *Véase Reparar*

REPARADOR
Is. 58.12 llamado *r* de portillos, restaurador de

REPARAR
Nm. 21.27 venid..y *repárese* la ciudad de Sehón
2 R. 12.5 y *reparen* los portillos del templo
12.6 en el año 23..aún no habían *reparado* los
12.7 qué no *reparáis* las grietas del templo?
12.7 no..sino dadlo para *reparar* las grietas
12.8 ni tener el cargo de *reparar* las grietas
12.11 en pagar a los..que *reparaban* la casa
12.12 y piedra de..para *reparar* las grietas
12.12 que se gastaba en la casa para *repararla*
12.14 y con él *reparaban* la casa de Jehová
22.5 la obra..*reparar* las grietas de la casa
22.6 piedra de cantería para *reparar* la casa
1 Cr. 11.8 y Joab *reparó* el resto de la ciudad
26.27 consagrado..*reparar* la casa de Jehová
2 Cr. 15.8 Asa..*reparó* el altar de Jehová que
24.5 para que cada año sea *reparada* la casa
24.12 y carpinteros que *reparasen* la casa de
29.3 abrió las puertas de la casa..las *reparó*
33.16 *reparó*..el altar de Jehová, y sacrificó
34.8 Joa..para que *reparasen* la casa de Jehová
34.10 la obra..*reparar* y restaurar el templo
35.20 luego de haber *reparado* Josías la casa
Esd. 4.12 levantan..y *reparan* los fundamentos
Neh. 3.8 dejaron *reparada* a Jerusalén hasta el
4.7 oyendo..que los muros de..eran *reparados*
Job 4.20 se pierden..sin haber quien *repare* en
Pr. 25.10 no sea..tu infamia no pueda *repararse*
Cnt. 1.6 no *reparéis* en que soy morena, porque
Hch. 15.16 *repararé* sus ruinas, y lo volveré a

REPARTICIÓN
Nm. 34.29 hiciesen la *r* de las heredades a los

REPARTIDO *Véase Repartir*

REPARTIMIENTO
Jos. 14.5 así lo hicieron..en el *r* de la tierra
2 Cr. 35.12 dar conforme a los *r* de las familias
Neh. 11.36 los levitas, en los *r* de Judá y de
Pr. 21.1 como los *r* de las aguas, así está el
He. 2.4 *r* del Espíritu Santo según su voluntad

REPARTIR
Gn. 2.10 de allí se *repartía* en cuatro brazos
10.25 en sus días fue *repartida* la tierra; y el
33.1 *repartió* él los niños entre Lea y Raquel
49.27 lobo. . a la tarde *repartirá* los despojos
Éx. 15.9 apresaré, *repartiré* despojos; mi alma
Nm. 26.53 entre éstos se *repartirá* la tierra en
26.55 pero la tierra será *repartida* por suerte
26.56 conforme a la suerte será *repartida* su
34.13 esta es la tierra que se os *repartirá*
34.17 los varones que os *repartirán* la tierra
Jos. 1.6 *repartirás* a este pueblo por heredad
13.6 *repartirás* tú. .el país a los israelitas
13.7 *reparte*, pues, ahora esta tierra. .a las
13.32 es lo que Moisés *repartió* en heredad en
14.1 *repartieron* el sacerdote Eleazar, Josué
18.2 tribus. .no habían *repartido* su posesión
18.10 y allí *repartió* Josué la tierra a los
19.49 que acabaron de *repartir* la tierra en
19.51 en Silo. .acabaron de *repartir* la tierra
23.4 os he *repartido* por suerte, en herencia
Jue. 5.30 han hallado. .y lo están *repartiendo?*
7.16 y *repartiendo* los 300 hombres en tres
9.43 la *repartió* en tres compañías, y puso
2 S. 6.19 *repartió* a todo el pueblo, y a toda
1 Cr. 6.60 ciudades, *repartidas* por sus linajes
16.3 *repartió* a. .a cada uno una torta de pan
23.6 los *repartió* David en grupos conforme a
24.3 David. .los *repartió* por sus turnos en el
24.4 *repartieron* así: de los hijos de Eleazar
24.5 *repartieron*, pues, por suerte los unos
26.31 jefe de los hebronitas *repartidos* en su
2 Cr. 35.13 y lo *repartieron*. .a todo el pueblo
Neh. 9.22 diste. .y los *repartiste* por distritos
13.13 ellos tenían que *repartir* a sus hermanos
Job 21.17 Dios en su ira les *reparte* dolores!
27.17 justo. .y el inocente *repartirá* la plata
38.24 ¿por qué camino se *reparte* la luz, y se
38.25 *repartió* conducto al turbión, y camino
41.6 ¿lo *repartirán* entre los mercaderes?
Sal. 22.18 *repartieron* entre sí mis vestidos
60.6 *repartiré* a Siquem, y mediré el valle de
68.12 que se quedaban. .*repartían* los despojos
78.55 *repartió* sus tierras en heredad, e hizo
108.7 *repartiré* a Siquem, y mediré el valle
112.9 *reparte*, da a los pobres; su justicia
Pr. 11.24 quienes *reparten*, y les es añadido
16.19 *repartir* despojos con los soberbios
Ec. 11.2 *reparte* a siete, y aun a ocho; porque
Is. 7.6 vamos. .y *repartámosla* entre nosotros
9.3 como se gozan cuando *reparten* despojos
23.8 esto sobre Tiro, la que *repartía* coronas
33.23 se *repartirá*. .botín de muchos despojos
34.17 su mano les *repartió* con cordel; para
53.12 y con los fuertes *repartirá* despojos
Lm. 4.4 pidieron pan, y no hubo. .lo *repartiese*
Ez. 45.1 cuando *repartáis* por suertes la tierra
47.13 los límites en que *repartiréis* la tierra
47.21 *repartiréis*. .esta tierra entre vosotros
48.29 esta es la tierra que *repartiréis* por
Dn. 11.4 reino será quebrantando y *repartido*
11.24 botín, despojos y riquezas *repartirá* a
11.39 hará. .y por precio *repartirá* la tierra
Jl. 3.2 esparcieron. .y *repartieron* mi tierra
Am. 7.17 tu tierra será *repartida* por suertes
Mi. 2.4 nos quitó. .dio y los *repartió* a otros
2.5 no habrá quien. .*reparta* heredades en la
Zac. 14.1 de ti serán *repartidos* tus despojos
Mt. 27.35 *repartieron* entre sí sus vestidos
Mr. 6.41 y *repartió* los dos peces entre todos
15.24 *repartieron* entre sí sus vestidos
Lc. 11.22 quita todas sus. .y *reparte* el botín
15.12 padre, dame. .y les *repartió* los bienes
22.17 tomad esto, y *repartidlo* entre vosotros
23.34 y *repartieron* entre sí sus vestidos
Jn. 6.11 habiendo dado gracias, los *repartió*
19.24 *repartieron* entre sí mis vestidos, y
Hch. 2.3 se les aparecieron lenguas *repartidas*
2.45 y vendían sus. .y lo *repartían* a todos
4.35 *repartía* a cada uno según su necesidad
Ro. 12.3 medida de fe que Dios *repartió* a cada
12.8 el que *reparte*, con liberalidad; el que
1 Co. 7.17 cada uno como el Señor le *repartió*
12.11 *repartiendo* a cada uno en particular
13.3 si *repartiese* todos mis bienes para dar
2 Co. 9.9 escrito: *Repartió*, dio a los pobres

REPASTO
Est. 8.10 veloces procedentes de los *r* reales

REPENTE *(m. adv.)*
1 S. 4.19 le sobrevinieron sus dolores de *r*
Sal. 6.10 volverán y serán avergonzados de *r*
64.4 íntegro; de *r* lo asaetean, y no temen
64.7 Dios los herirá. .de *r* serán sus plagas
73.19 han sido asolados de *r*! Perecieron, se
Pr. 6.15 por tanto, su calamidad vendrá de *r*
24.22 porque su quebrantamiento vendrá de *r*
29.1 de *r* será quebrantado, y no habrá para
Ec. 9.12 el tiempo malo, cuando cae de *r* sobre
Is. 47.9 dos cosas te vendrán de *r* en un. .día
Hab. 2.7 ¿no se levantarán de *r* tus deudores, y
Mr. 13.36 que cuando venga de *r*, no os halle
Lc. 21.34 venga de *r* sobre vosotros aquel día
Hch. 2.2 de *r* vino del cielo un estruendo como
16.26 sobrevino de *r* un gran terremoto, de
22.6 yendo. .de *r* me rodeó mucha luz del cielo
28.6 esperando que él. .o cayese muerto de *r*

REPENTINO, NA
Dt. 28.22 Jehová te herirá. .con calamidad *r* y
Job 22.10 lazos alrededor. .te turba espanto *r*
Pr. 3.25 no tendrás temor de pavor *r*, ni de la
1 Ts. 5.3 vendrá sobre ellos destrucción *r*, como
2 P. 2.1 atrayendo sobre. .mismos destrucción *r*

REPETICIÓN
Mt. 6.7 no uséis vanas *r*, como los gentiles

REPETIDA
2 Co. 8.22 diligencia hemos comprobado *r* veces

REPETIR
Dt. 6.7 las *repetirás* a tus hijos, y hablarás
Jue. 5.11 allí *repetirán* los triunfos de Jehová
Pr. 26.11 así es el necio que *repite* su necedad
Ez. 12.23 no *repetirán*. .este refrán en Israel
Gá. 1.9 ahora lo *repito:* Si alguno os predica

REPISA
1 R. 7.30 cuatro esquinas había *r* de fundición
7.34 las cuatro *r* de las cuatro esquinas de
7.34 basa. .las *r* eran parte de la misma basa

REPLETO
Os. 13.6 y *r*, se ensoberbeció su corazón; por

REPLICAR
Gn. 18.27 Abraham *replicó* y dijo: He aquí ahora
Rt. 4.5 *replicó* Booz: El mismo día que compres
Job 29.22 tras mi palabra no *replicaban*, y mi
Lc. 14.6 y no le podían *replicar* a estas cosas
Hch. 10.29 al ser llamado, vine sin *replicar*

REPONER
Ec. 10.17 *reponer* sus fuerzas y no para beber!

REPOSADAMENTE
1 Ti. 2.2 para que vivamos quieta y *r* en toda

REPOSADO, DA
1 Cr. 4.40 hallaron. .tierra ancha. .quieta y *r*
Job 3.26 no he. .no me aseguré, ni estuve *r*
Jer. 48.11 quieto estuvo Moab desde. .estado *r*
Am. 6.1 ¡ay de. .*r* en Sion, y de los confiados
Zac. 1.11 aquí toda la tierra está *r* y quieta
1.15 estoy muy airado contra. .que están *r*

REPOSAR
Gn. 2.2 Dios. .*reposó* el día séptimo de toda la
2.3 porque en él *reposó* de toda la obra que
8.4 *reposó* el arca en el mes séptimo, a los
Éx. 16.30 así el pueblo *reposó* el séptimo día
20.11 *reposó* en el séptimo día; por tanto
23.12 y al séptimo día *reposarás*, para que
24.16 gloria de Jehová *reposó* sobre el monte
31.17 seis. .y en el séptimo día cesó y *reposó*
Lv. 26.35 descansará por lo que no *reposó* en los
Nm. 11.26 sobre los cuales. .*reposó* el espíritu
22.8 les dijo: *Reposad* aquí esta noche, y yo
22.19 os ruego. .que *reposéis* aquí esta noche
Dt. 33.20 como león *reposa*, y arrebata brazo y
Jos. 3.1 vinieron hasta el Jordán, y *reposaron*
Jue. 3.11 y *reposó* la tierra cuarenta años
3.30 Israel; y *reposó* la tierra ochenta años
5.31 fuerza. Y la tierra *reposó* cuarenta años
8.28 y *reposó* la tierra cuarenta años en los
2 R. 2.15 espíritu de Elías *reposó* sobre Eliseo
1 Cr. 28.2 la cual *reposara* el arca del pacto
2 Cr. 36.21 el tiempo de su asolamiento *reposó*
Esd. 8.32 llegamos. .y *reposamos* allí tres días
Est. 9.17 *reposaron* en el día catorce del mismo
9.18 el 15 del mismo *reposaron* y lo hicieron
Job 3.5 *repose* sobre él nublado que lo haga
3.13 ahora estaría yo muerto, y *reposaría*
3.18 también *reposan* los cautivos; no oyen la
30.17 y los dolores que me roen no *reposan*
30.27 mis entrañas se agitan, y no *reposan*
Sal. 16.9 carne también *reposará* confiadamente
62.5 en Dios solamente *reposa*, porque de él
88.7 sobre mí *reposa* tu ira. .me has afligido
125.3 no *reposará* la vara de la impiedad sobre
127.2 por demás es. .y vayáis tarde a *reposar*
Pr. 14.33 el corazón del. .*reposa* la sabiduría
Ec. 2.23 de noche su corazón no *reposa*. Esto
7.9 el enojo *reposa* en el seno de los necios
11.6 y a la tarde no dejes *reposar* tu mano
Cnt. 1.13 de mirra, que *reposa* entre mis pechos
Is. 7.4 dile: Guarda, y *repósate;* no temas, ni
10.32 aún vendrá día cuando *reposará* en Nob
11.2 *reposará* sobre él el Espíritu de Jehová
14.1 lo hará *reposar* en su tierra; y a ello
25.10 mano de Jehová *reposará* en este monte
62.6 que os acordáis de Jehová, no *reposéis*
Jer. 30.23 sobre la cabeza de. .impíos *reposará*
47.6 ¿hasta cuándo *reposarás?* Vuelve. .*reposa*
47.7 ¿cómo *reposarás*. .Jehová te ha enviado
50.34 abogará. .para hacer *reposar* la tierra
Ez. 21.17 y haré *reposar* mi ira. Yo Jehová he
37.14 y os haré *reposar* sobre vuestra tierra
44.30 *repose* la bendición en vuestras casas
Dn. 12.13 y tú irás hasta el fin, y *reposarás*
Am. 6.4 duermen en. .*reposan* sobre sus lechos
Nah. 3.18 *reposaron* tus valientes; tu pueblo
Sof. 1.12 castigaré a los hombres que *reposan*
Zac. 6.8 mira. .hicieron *reposar* mi Espíritu en
Lc. 10.6 vuestra paz *reposará* sobre él; y si no
12.19 años; *repósate*, come, bebe, regocíjate
Jn. 11.13 pensaron que hablaba del *reposar* del
2 Co. 12.9 *repose* sobre mí el poder de Cristo
He. 4.4 *reposó* Dios de todas sus obras en el
4.10 ha *reposado* de sus obras, como Dios de
1 P. 4.14 el glorioso Espíritu de Dios *reposa*

REPOSO
Éx. 8.15 pero viendo Faraón que le habían dado *r*
16.23 es el santo día de *r*, el *r* consagrado a
16.25 comedlo hoy. .hoy es día de *r* para Jehová
16.26 el séptimo día es día de *r;* en él no se
16.29 mirad que Jehová os dio el día de *r*
20.8 acuérdate del día de *r* para santificarlo
20.10 el séptimo día es *r* para Jehová tu Dios
20.11 Jehová bendijo el día de *r*. .santificó
31.13 guardaréis. .días de *r;* porque es señal
31.14 guardaréis el día de *r*, porque santo es
31.15 el día. .es día de *r* consagrado a Jehová
31.15 cualquiera que trabaje en el día de *r*
31.16 guardarán. .día de *r* los hijos de Israel
35.2 el día séptimo os será santo, día de *r*
35.3 no encenderéis fuego en. .en el día de *r*
Lv. 16.31 de *r* es para vosotros, y afligiréis
19.3 temerá a su. .y mis días de *r* guardaréis
19.30 mis días de *r* guardaréis, y mi santuario
23.3 trabajará, mas el séptimo día será de *r*
23.3 día de *r* es de Jehová en dondequiera
23.11 el día siguiente del día de *r* la mecerá
23.15 el día que sigue al día de *r*, desde el
23.16 el día siguiente del séptimo día de *r*
23.24 primero del mes tendréis día de *r*, una
23.32 día de *r* será a vosotros, y afligiréis
23.32 de tarde a tarde guardaréis vuestro *r*
23.38 además de los días de *r* de Jehová, de
23.39 siete días; el primer día será de *r*, y el
23.39 y el octavo día será también día de *r*
24.8 día de *r* lo pondrá. .delante de Jehová
25.2 os doy, la tierra guardará *r* para Jehová
25.4 la tierra tendrá descanso, *r* para Jehová
25.5 tu viñedo. .año de *r* será para la tierra
26.2 mis días de *r*, y tened en reverencia mi
26.34 entonces la tierra gozará sus días de *r*
26.35 en los días de *r* cuando habitabais en
26.43 gozará sus días de *r*, estando desierta
Nm. 15.32 hombre que recogía leña en día de *r*
28.9 mas el día de *r*, dos corderos de un año
28.10 el holocausto de cada día de *r*, además
Dt. 3.20 que Jehová dé *r* a vuestros hermanos, así
5.12 guardarás el día de *r* para santificarlo
5.14 mas el séptimo día es *r* a Jehová tu Dios
5.15 te ha mandado que guardes el día de *r*
12.9 no habéis entrado al *r* y a la heredad que
12.10 él os dará *r* de todos vuestros enemigos
28.65 ni la planta de tu pie tendrá *r;* pues
Jos. 1.13 Jehová vuestro Dios os ha dado *r*, y
1.15 Jehová haya dado *r* a vuestros hermanos
21.44 Jehová les dio *r* alrededor, conforme a
22.4 Dios ha dado *r* a vuestros hermanos, como
23.1 que Jehová diera *r* a Israel de todos sus
2 S. 7.1 le había dado *r* de todos sus enemigos
2 R. 4.23 hoy? No es nueva luna, ni día de *r*
11.5 tendrá la guardia. .del rey el día de *r*
11.7 las dos partes de. .que salen el día de *r*
11.9 los que entraban el día de *r* y los que
11.9 y los que salían el día de *r*, vinieron al
11.20 y la ciudad estuvo en *r*, habiendo sido
16.18 asimismo el pórtico para los días de *r*
1 Cr. 6.31 la casa. .después que el arca tuvo *r*
9.32 panes. .ponían por orden cada día de *r*
22.9 yo daré paz y *r* sobre Israel en sus días
23.31 los holocaustos a Jehová los días de *r*
2 Cr. 2.4 y para holocaustos. .en los días de *r*
6.41 levántate ahora para habitar en tu *r*, tú
8.13 ofreciesen cada cosa. .en los días de *r*
23.4 los que entran el día de *r*, estarán de
23.8 entraban el día de *r*. .salían el. .de *r*
31.3 para los holocaustos de los días de *r*
32.22 salvó Jehová a. .dio *r* por todos lados
36.21 hasta que la tierra hubo gozado de *r*
Neh. 9.14 ordenaste el día de *r* santo para ti
10.31 a vender mercaderías. .en día de *r*, nada
10.33 ofrenda. .los días de *r*, las nuevas lunas
13.15 que pisaban en lagares en el día de *r*
13.15 traían a Jerusalén en día de *r;* y los
13.16 pescado. .y vendían en día de *r* a. .Judá
13.17 qué. .hacéis, profanando así el día de *r?*
13.18 ira sobre Israel profanando el día de *r?*
13.19 antes del día de *r*, dije. .se cerrasen
13.19 hasta después del día de *r;* y puse a las
13.19 que en día de *r* no introdujeran carga
13.21 desde entonces no vinieron en día de *r*

REPOSO *(Continúa)*
Neh. 13.22 viniesen. .para santificar el día del *r*
Job 7.2 el jornalero espera el *r* de su trabajo
34.29 si él diere *r*, ¿quién inquietará? Si
Sal. 22.2 clamo. .de noche, y no hay para mí *r*
23.2 pastos. .junto a aguas de *r* me pastoreará
92 *tít.* cántico para el día de *r*
95.11 en mi furor que no entrarían en mi *r*
116.7 vuelve. .alma mía, a tu *r*, porque Jehová
132.8 levántate, oh Jehová, al lugar de tu *r*
132.14 este es para siempre el lugar de mi *r*
139.3 has escudriñado mi andar y mi *r*, y todos
Pr. 6.10 cruzar por un poco las manos para *r*
19.23 y con él vivirá lleno de *r* el hombre
29.9 que se enoje o que se ría, no tendrá *r*
Ec. 6.5 no ha visto. .más *r* tiene éste que aquél
Is. 1.13 luna. .y día de *r*. .no lo puedo sufrir
14.3 el día que Jehová te dé *r* de tu trabajo
14.7 toda la tierra está en *r* y en paz; se
23.12 pasar a Quitim, y aun allí no tendrás *r*
28.12 este es el *r*; dad *r* al cansado; y este
30.15 dijo. .En decanso y en *r* seréis salvos
32.17 la labor de la justicia, *r* y seguridad
32.18 mi pueblo habitará. .y en recreos de *r*
34.14 la lechuza también. .hallará para sí *r*
56.2 que guarda el día de *r* para no profanarlo
56.4 a los eunucos que guarden mis días de *r*
56.6 todos los que guarden el día de *r* para
58.13 si retrajeres del día de *r* tu pie, de
66.1 ¿dónde está. .y dónde el lugar de mi *r*?
66.23 de día de *r* en día de *r*, vendrán todos
Jer. 14.10 deleitaron. .no dieron *r* a sus pies
17.21 guardaos. .de llevar carga en el día de *r*
17.22 ni saquéis carga de. .en el día de *r*, ni
17.22 sino santificad el día de *r*, como mandé
17.24 no metiendo carga por. .en el día de *r*
17.24 sino que santificareis el día de *r*, no
17.27 no me oyereis. .santificar el día de *r*
17.27 no traer carga ni meterla. .en día de *r*
31.2 halló gracia. .Israel iba en busca de *r*
Lm. 1.16 alejó. .consolador que dé *r* a mi alma
2.6 ha hecho olvidar. .los días de *r* en Sion
5.5 nos fatigamos, y no hay para nosotros *r*
Ez. 20.12 les di también mis días de *r*, para
20.13 mis días de *r* profanaron en gran manera
20.16 mis días de *r* profanaron, porque tras
20.20 santificad mis días de *r*, y sean por
20.21 se rebelaron. .profanaron mis días de *r*
20.24 y profanaron mis días de *r*, y tras los
22.8 santuarios. .mis días de *r* has profanado
22.26 de mis días de *r* apartaron sus ojos, y
23.38 aun esto más. .profanaron mis días de *r*
44.24 fiestas. .y santificarán mis días de *r*
45.17 dar el holocausto. .en los días de *r* y
46.1 el día de *r* se abrirá; se abrirá también
46.3 adorará el pueblo. .en los días de *r* y en
46.4 ofrecerá a Jehová en el día de *r* será 6
46.12 su holocausto. .como hace en el día de *r*
Os. 2.11 haré cesar todo su gozo. .sus días de *r*
Mi. 2.10 porque no es este el lugar de *r*, pues
Nah. 1.12 aunque *r* tengan, y. .así serán talados
Mt. 12.1 Jesús por los sembrados en un día de *r*
12.2 lo que no es lícito hacer en el día de *r*
12.5 cómo en el día de *r* los sacerdotes en el
12.5 profanan el día de *r*, y son sin culpa?
12.8 Hijo del Hombre es Señor del día de *r*
12.10 a Jesús. .¿Es lícito sanar en el día de *r*?
12.11 si ésta cayere en un hoyo en día de *r*
12.12 lícito hacer el bien en los días de *r*
12.43 anda por lugares secos, buscando *r*, y
24.20 que vuestra huida no sea. .en día de *r*
28.1 pasado el día de *r*. .a ver el sepulcro
Mr. 1.21 los días de *r*, entrando en la sinagoga
2.23 los sembrados un día de *r*, sus discípulos
2.24 ¿por qué hacen en el día de *r* lo que no
2.27 día de *r* fue hecho por causa del hombre
2.27 y no el hombre por causa del día de *r*
2.28 el Hijo del. .es Señor aun del día de *r*
3.2 ver si en el día de *r* le sanaría, a fin
3.4 ¿es lícito en los días de *r* hacer bien, o
6.2 llegado el día de *r*, comenzó a enseñar en
15.42 la preparación. .la víspera del día de *r*
16.1 pasó el día de *r*. .compraron especias
Lc. 4.16 y en el día de *r* entró en la sinagoga
4.31 Jesús. .y les enseñaba en los días de *r*
6.1 un día de *r*, que pasando Jesús por los
6.2 que no es lícito hacer en los días de *r*?
6.5 Hijo del Hombre es Señor aun del día de *r*
6.6 en otro día de *r*. .él entró en la sinagoga
6.7 para ver si en el día de *r* lo sanaría, a
6.9 ¿es lícito en día de *r* hacer bien, o. .mal?
11.24 anda por lugares secos, buscando *r*; y
13.10 enseñaba Jesús en una. .en el día de *r*
13.14 que Jesús hubiese sanado en el día de *r*
13.14 en éstos, pues, venid. .y no en día de *r*
13.15 ¿no desata en el día de *r* su buey o su
13.16 ¿no se le debía desatar. .el día de *r*?
14.1 un día de *r*. .habiendo entrado para comer
14.3 habló a. .¿Es lícito sanar en el día de *r*
14.5 no lo sacará. .aunque sea en día de *r*?
23.54 pascua. .estaba para rayar el día de *r*
23.56 y descansaron el día de *r*, conforme al
Jn. 5.9 tomó su lecho. .era día de *r* aquel día
5.10 día de *r*; no te es lícito llevar tu lecho
5.16 porque hacía estas cosas en el día de *r*
5.18 porque no sólo quebrantaba el día de *r*
7.22 y en el día de *r* circuncidáis al hombre
7.23 si recibe. .la circuncisión en el día de *r*
7.23 porque en el día de *r* sané. .un hombre?
9.14 y era día de *r* cuando Jesús había hecho
9.16 no. .de Dios, porque no guarda el día de *r*
19.31 no quedasen en la cruz en el día de *r*
19.31 aquel día de *r* era de gran solemnidad
Hch. 1.12 está cerca de. .camino de un día de *r*
7.49 ¿qué casa. .¿o cuál es el lugar de mi *r*?
13.14 entraron en la sinagoga un día de *r* y
13.27 profetas que se leen todos los días de *r*
13.42 el siguiente día de *r* les hablasen de
13.44 siguiente día de *r* se juntó casi toda
15.21 Moisés. .donde es leído cada día de *r*
16.13 un día de *r* salimos fuera de la puerta
17.2 y por tres días de *r* discutió con ellos
18.4 discutía en la sinagoga. .los días de *r*
2 Co. 2.13 no tuve *r* en mi espíritu, por. .Tito
7.5 ningún *r* tuvo nuestro cuerpo, sino que en
Col. 2.16 días de fiesta, luna nueva o días de *r*
2 Ts. 1.7 y a vosotros, daros *r* con nosotros
He. 3.11 juré en mi ira: No entrarán en mi *r*
3.18 juró que no entrarían en su *r*, sino a
4.1 la promesa de entrar en su *r*, alguno de
4.3 pero los que hemos creído entramos en el *r*
4.3 tanto, juré en mi ira, No entrarán en mi *r*
4.5 y otra vez aquí: No entrarán en mi *r*
4.8 porque si Josué les hubiera dado el *r*, no
4.9 tanto, queda un *r* para el pueblo de Dios
4.10 porque el que ha entrado en su *r*, también
4.11 procuremos, pues, entrar en aquel *r*, para
Ap. 14.11 y no tienen *r* de día ni de noche los

REPRENDER

Gn. 31.42 pero Dios vio. .y te *reprendió* anoche
37.10 su padre le *reprendió*, y le dijo: ¿Qué
Rt. 2.16 para que lo recoja, y no la *reprendáis*
Neh. 5.7 *reprendí* a los nobles y a. .oficiales
13.11 entonces *reprendí* a los oficiales, y
13.17 y *reprendí* a los señores de Judá y les
Job 6.25 pero ¿qué *reprende* la censura vuestra?
Sal. 6.1 Jehová, no me *reprendas* en tu enojo
9.5 *reprendiste* a las naciones, destruiste al
38.1 Jehová, no me *reprendas* en tu furor, ni
50.8 no te *reprenderé* por tus sacrificios, ni
50.21 te *reprenderé*, y las pondré delante de
94.10 el que castiga a las. .¿no *reprenderá*?
106.9 *reprendió* al Mar Rojo y lo secó, y les
119.21 *reprendiste* a los soberbios. .malditos
141.5 que me *reprenda* será un. .bálsamo que no
Pr. 9.7 que *reprende* al impío, se atrae mancha
9.8 no *reprendas* al escarnecedor, para que no
15.12 escarnecedor no ama al que le *reprende*
24.25 que lo *reprendieren* tendrán felicidad
25.12 es el que *reprende* al sabio que tiene
28.23 que *reprende* al hombre, hallará después
29.1 hombre que *reprendido* endurece la cerviz
30.6 no añadas a sus. .para que no te *reprenda*
Is. 2.4 juzgará. .y *reprenderá* a muchos pueblos
17.13 pero Dios los *reprenderá*, y huirán lejos
29.21 que arman lazo al que *reprendía* en la
Jer. 29.27 no has *reprendido* ahora a Jeremías
Ez. 3.26 y no serás a ellos varón que *reprende*
Os. 4.4 contienda ni *reprenda* a hombre, porque
Zac. 3.2 dijo. .Jehová te *reprenda*, oh Satanás
3.2 que ha escogido a Jerusalén te *reprenda*
Mal. 3.11 *reprenderé* también. .al devorador, y
Mt. 8.26 *reprendió* a los vientos y al mar; y
17.18 y *reprendió* Jesús al demonio, el cual
18.15 ve y *repréndele* estando tú y él solos
19.13 niños, los discípulos les *reprendieron*
20.31 gente les *reprendió* para que callasen
Mr. 1.25 Jesús le *reprendió*, diciendo: ¡Cállate
3.12 mas él les *reprendía* mucho para que no le
4.39 levantándose, *reprendió* al viento. .al mar
8.33 *reprendió* a Pedro, diciendo: ¡Quítate de
9.25 *reprendió* al espíritu inmundo, diciendo
10.13 y los discípulos *reprendían* a los que
10.48 muchos le *reprendían* para que callase
Lc. 3.19 Herodes el. .siendo *reprendido* por Juan
4.35 Jesús le *reprendió*, diciendo: Cállate, y
4.39 inclinándose. .*reprendió* a la fiebre; y la
4.41 él los *reprendía* y no les dejaba hablar
8.24 él, *reprendió* al viento y a las olas; y
9.42 pero Jesús *reprendió* al espíritu inmundo
9.55 *reprendió*, diciendo: Vosotros no sabéis
17.3 tu hermano pecare contra ti, *repréndele*
18.15 viendo los discípulos, les *reprendieron*
18.39 le *reprendían* para que callase; pero él
19.39 le. .Maestro, *reprende* a tus discípulos
23.40 el otro, le *reprendió*, diciendo: ¿Ni aun
Jn. 3.20 para que sus obras no sean *reprendidas*
Ef. 5.11 tinieblas, sino más bien *reprendedlas*
1 Ti. 5.1 no *reprendas* al anciano. .exhórtale
5.20 *repréndelos* delante de todos, para que
2 Ti. 4.2 *reprende*, exhorta con toda paciencia
Tit. 1.13 *repréndelos* duramente, para que sean
2.15 exhorta y *reprende* con toda autoridad
He. 8.8 *reprendiéndolos* dice: He aquí vienen
12.5 ni desmayes cuando eres *reprendido* por
2 P. 2.16 fue *reprendido* por su iniquidad; pues
1 Jn. 3.20 pues si nuestro corazón nos *reprende*
3.21 si nuestro corazón no nos *reprende*
Jud. 9 él, sino que dijo: El Señor te *reprenda*
Ap. 3.19 yo *reprendo* y castigo a todos los que

REPRENSIÓN

2 S. 22.16 a la *r* de Jehová, por el soplo del
2 R. 19.3 este día es día de angustia, de *r* y
Job 20.3 la *r* de mi censura he oído, y me hace
26.11 columnas del cielo. .se espantan a su *r*
Sal. 18.15 a tu *r*, oh Jehová, por el soplo del
38.14 un hombre que no. .en cuya boca no hay *r*
76.6 a tu *r*, oh Dios de Jacob, el carro y el
80.16 fuego. .perezcan por la *r* de tu rostro
104.7 a tu *r* huyeron; al sonido de tu trueno
Pr. 1.23 volveos a mi *r*. .derramaré mi espíritu
1.25 que desechasteis. .y mi *r* no quisisteis
1.30 mi consejo, y menospreciaron toda *r* mía
5.12 consejo, y mi corazón menospreció la *r*
6.23 y camino de vida las *r* que te instruyen
10.17 la vida. .pero quien desecha la *r*, yerra
12.1 mas el que aborrece la *r* es ignorante
13.1 hijo sabio. .el burlador no escucha las *r*
17.10 *r* aprovecha al entendido, más que cien
27.5 mejor es *r* manifiesta que amor oculto
Ec. 7.5 mejor es. .la *r* del sabio que la canción
Is. 37.3 día de angustia, de *r* y de blasfemia
50.2 he aquí que con mi *r* hago secar el mar
66.15 ira con furor, y su *r* con llama de fuego
Ez. 5.15 cuando yo haga en ti juicios. .*r* de ira
25.17 haré en ellos. .venganzas con *r* de ira
2 Co. 2.6 basta a tal persona esta *r* hecha por
1 Ti. 6.14 que guardes el mandamiento sin. .ni *r*

REPRENSOR

Am. 5.10 ellos aborrecieron al *r* en la puerta

REPRIMIR

1 S. 24.7 así *reprimió* David a sus hombres con
Sal. 68.30 *reprime* la reunión de gentes armadas
76.10 la ira. .*reprimirás* el resto de las iras
85.3 *reprimiste* todo tu enojo; te apartaste
105.22 que *reprimiera* a sus grandes como él
Is. 48.9 para alabanza mía la *reprimiré* para
Jer. 31.16 *reprime* del llanto tu voz, y de las
Ez. 24.17 *reprime* el suspirar, no hagas luto de

REPROBADO, DA

Ro. 1.28 los entregó a una mente *r*, para hacer
2 Co. 13.5 está en vosotros, a menos que estéis *r*
13.6 que conoceréis que nosotros no estamos *r*
13.7 lo bueno, aunque nosotros seamos como *r*
Tit. 1.16 rebeldes, *r* en cuanto a toda buena obra

REPROBAR

Hch. 4.11 es la piedra *reprobada* por vosotros
He. 6.8 la que produce espinos y. .es *reprobada*

RÉPROBO

2 Ti. 3.8 corruptos de. .*r* en cuanto a la fe

REPROCHAR

Job 13.10 él os *reprochará*. .hacéis acepción de
27.6 no me *reprochará* mi corazón en. .mis días
Jer. 15.15 no me *reproches* en la prolongación
Mr. 16.14 *reprochó* su incredulidad y dureza de

REPROCHE

Job 33.10 buscó *r* contra mí, y me tiene por su
Sal. 15.3 ni admite *r* alguno contra su vecino
Stg. 1.5 cual da a todos abundantemente y sin *r*

REPTIL

Gn. 6.7 raeré. .hasta el *r* y las aves del cielo
6.20 de todo *r* de la tierra según su especie
7.14 todo *r* que se arrastra sobre la tierra
7.21 murió. .todo *r* que se arrastra sobre la
7.23 destruido. .desde el hombre hasta. .los *r*
8.17 los animales. .de todo *r*. .sacarás contigo
8.19 y todo *r* y toda ave. .salieron del arca
Lv. 5.2 hubiere tocado. .cadáver de *r* inmundo
11.41 todo *r* que se arrastra sobre la tierra
22.5 cualquier *r* por el cual será inmundo
1 R. 4.33 disertó. .sobre los *r* y sobre. .peces
Sal. 148.10 bestia y todo animal, *r* y volátiles
Ez. 8.10 toda forma de *r* y bestias abominables
Hab. 1.14 *r* que no tienen quien los gobierne?
Hch. 10.12; 11.6 cuadrúpedos. .*r* y aves del cielo
Ro. 1.23 de hombre corruptible, de aves. .y de *r*

REPUDIADA

Lv. 21.14 no tomará viuda, ni *r*, ni infame ni
22.13 la hija del sacerdote fuere viuda o *r*
Nm. 30.9 pero todo voto de viuda o *r*, con que
Ez. 44.22 ni viuda ni *r* tomará por mujer, sino
Mt. 5.32 que se casa con la *r*, comete adulterio
19.9 y el que se casa con la *r*, adultera

REPUDIAR

Lv. 21.7 ni con mujer *repudiada* de su marido
Is. 50.1 la carta de. .con la cual yo la *repudié*?
50.1 y por vuestras rebeliones fue *repudiada*

REPUDIAR ***(Continúa)***
Is. 54.6 como a la esposa de la. .que es *repudiada*
Mt. 5.31 cualquiera que *repudie* a su mujer, dele
5.32 el que *repudia* a su mujer, a no ser por
19.3 ¿es lícito al hombre *repudiar* a su mujer
19.7 mandó. .carta de divorcio, y *repudiarla?*
19.8 os permitió *repudiar* a vuestras mujeres
19.9 cualquiera que *repudia* a su mujer, salvo
Mr. 10.2 lícito al marido *repudiar* a su mujer
10.4 Moisés permitió dar carta. .y *repudiarla*
10.11 *repudia* a su mujer y se casa con otra
10.12 y si la mujer *repudia* a su marido y se
Lc. 16.18 el que *repudia* a su mujer, y se casa
16.18 que se casa con la *repudiada* del marido

REPUDIO
Is. 50.1 ¿qué es de la carta de *r* de vuestra
Jer. 3.8 la había despedido y dado carta de *r*
Mal. 2.16 Dios. .ha dicho que él aborrece el *r*

REPUGNANTE
Ez. 7.20 ídolos, por eso. .lo convertí en cosa *r*

REPUTACIÓN
Gá. 2.2 en privado a los que tenían cierta *r*
2.6 de los que tenían *r* de ser algo (lo que
2.6 pues, los de *r* nada nuevo me comunicaron
Col. 2.23 cosas tienen. .cierta *r* de sabiduría

REPUTAR
Is. 29.16 *reputada* como el barro del alfarero

REQUEM
1. Uno de los cinco reyes de Madián derrotados por Moisés, **Nm. 31.8; Jos. 13.21**
2. Ciudad en Benjamín, **Jos. 18.27**
3. Dos descendientes de Caleb, **1 Cr. 2.43,44**
4. Nieto de Manasés No. 1, **1 Cr. 7.16**

REQUERIR
1 S. 20.16 *requiéralo* Jehová de la mano de los
Esd. 7.20 lo que se *requiere* para la casa de tu
Neh. 5.18 nunca *requerí* el pan del gobernador
Hch. 23.15 *requerid* al tribuno que le traiga
Ro. 12.11 que *requiere* diligencia, no perezosos
1 Co. 4.2 *requiere*. .cada uno sea hallado fiel
Ef. 4.17 esto, pues, digo y *requiero* en el Señor

RES
Gn. 43.16 y degüella una *r* y prepárala, pues

RESA ***Ascendiente de Jesucristo,*** **Lc. 3.27**

RESALTAR
Ro. 3.5 hace *resaltar* la justicia de Dios, ¿qué

RESARCIR
Éx. 21.34 pagará. .daño, *resarciendo* a su dueño
22.12 si. .sido hurtado, *resarcirá* a su dueño
Nm. 5.8 pariente al cual sea *resarcido* el daño

RESBALADERO
Sal. 121.3 no dará su pie al *r*, ni se dormirá
Jer. 23.12 su camino será como *r* en oscuridad

RESBALADIZO
Sal. 35.6 su camino tenebroso y *r*, y el ángel

RESBALAR
Dt. 32.35 a su tiempo su pie *resbalará*, porque
2 S. 22.37 pasos. .y mis pies no han *resbalado*
Job 12.5 cuyos pies van a *resbalar* es como una
Sal. 13.4 mis enemigos se. .si yo *resbalara*
15.5 el que hace estas cosas, no *resbalará*
17.5 sustenta mis. .que mis pies no *resbalen*
18.36 mis pasos. .y mis pies no han *resbalado*
37.31 ley. .por tanto, sus pies no *resbalarán*
38.16 *resbale*, no se engrandezcan sobre mí
62.2 salvación; es mi refugio, no *resbalaré*
62.6 es mi roca y. .mi refugio, no *resbalaré*
66.9 y no permitió. .nuestros pies *resbalasen*
73.2 casi se. .por poco *resbalaron* mis pasos
94.18 decía: Mi pie *resbala*, tu. .me sustentaba
112.6 no *resbalará* jamás; en memoria eterna
116.8 tú has librado mi. .mis pies de *resbalar*
Pr. 26.28 y la boca lisonjera hace *resbalar*

RESCATADO ***Véase Rescatar***

RESCATADOR
Lv. 25.26 el hombre no tuviere *r*, y consiguiere

RESCATAR
Éx. 15.16 pasado este pueblo que tú *rescataste*
21.8 permitirá que se *rescate*, y no la podrá
Lv. 19.20 yaciere con. .no estuviere *rescatada*
25.25 vendrá y *rescatará* lo que su hermano
25.30 si no fuere *rescatada* dentro de un año
25.31 podrán ser *rescatadas*, y saldrán en el
25.32 podrán *rescatar*. .casas en las ciudades
25.48 podrá ser *rescatado;* uno. .lo *rescatará*
25.49 tío lo *rescatará*, o un pariente. .lo *r*
25.49 si. .alcanzaren, él mismo se *rescatará*
25.54 si no se *rescatare* en esos años, en el
27.13 si lo quisiere *rescatar*, añadirá sobre
27.15 si el que dedicó su. .deseare *rescatarla*
27.20 si él no *rescatare*. .no la *rescatará* más
27.27 lo *rescatarán* conforme a tu estimación
27.27 no lo *rescataren*, se venderá conforme a
27.28 ni se *rescatará*. .cosa consagrada, que
27.29 ninguna. .anatema podrá ser *rescatada*
27.31 si. .quisiere *rescatar* algo del diezmo
27.33 el que se dio. .no podrán ser *rescatados*
Dt. 7.8 os ha *rescatado* de servidumbre, de la
13.5 y te *rescató* de casa de servidumbre, y
15.15 Jehová tu Dios te *rescató;* por tanto yo
24.18 que de allí te *rescató* Jehová tu Dios
28.31 ovejas. .no tendrás quien te las *rescate*
2 S. 7.23 fue Dios para *rescatarlo* por pueblo
7.23 de tu pueblo que *rescataste* para ti de
1 Cr. 17.21 pueblo, que tú *rescataste* de Egipto
Neh. 5.5 no tenemos posibilidad de *rescatarlas*
5.8 según nuestras posibilidades *rescatamos*
Sal. 35.17 *rescata* mi alma de sus destrucciones
103.4 el que *rescata* del hoyo tu vida, el que
106.10 y los *rescató* de mano del adversario
136.24 y nos *rescató* de nuestros enemigos
144.10 que *rescata* de maligna espada a David
144.11 *rescátame*. .de la mano de los hombres
Is. 1.27 Sion será *rescatada* con juicio, y los
49.24 ¿será *rescatado* el cautivo de un tirano?
49.25 el cautivo será *rescatado* del valiente
52.3 por tanto, sin dinero seréis *rescatados*
1 P. 1.18 fuisteis *rescatados*. .manera de vivir
2 P. 2.1 y aun negarán al Señor que los *rescató*

RESCATE
Éx. 21.30 le fuere impuesto precio de *r*. .dará
21.30 dará por el *r* de su persona cuanto le
30.12 cada. .dará a Jehová el *r* de su persona
Lv. 25.24 en toda la. .otorgaréis *r* a la tierra
25.26 y consiguiere lo suficiente para el *r*
25.51 devolverá para su *r*, del dinero por el
25.52 y devolverá su *r* conforme a sus años
Nm. 3.46 y para el *r* de los 273 de. .que exceden
3.48 darás a Aarón y. .el dinero del *r* de los
3.49 tomó, pues, Moisés el dinero del *r* de los
3.51 y Moisés dio el dinero de los *r* a Aarón
18.16 de un mes harás efectuar el *r* de ellos
2 R. 12.4 el dinero del *r* de cada persona según
Job 36.18 no puedas apartar de ti con gran *r*
Sal. 49.7 podrá. .redimir al. .ni dar a Dios su *r*
Pr. 6.35 no aceptará ningún *r*, ni. .perdonar
13.8 el *r* de la vida del. .está en sus riquezas
21.18 *r* del justo es el impío, y por los
Is. 43.3 a Egipto he dado por tu *r*, a Etiopía
Jer. 32.8 a ti corresponde el *r;* cómprala para
Mt. 20.28; Mr. 10.45 dar su vida en *r* por muchos
1 Ti. 2.6 se dio a sí mismo en *r* por todos, de
He. 11.35 no aceptando el *r*, a fin de obtener

RESCOLDO
Gn. 18.6 toma. .haz panes cocidos debajo del *r*

RESEF
1. Ciudad conquistada por los asirios
2 R. 19.12 *R*, y los hijos de Edén que estaban
Is. 37.12 acaso libraron sus dioses. .Harán, *R*
2. Descendiente de Efraín, **1 Cr. 7.25**

RESÉN ***Ciudad en Asiria,*** **Gn. 10.12**

RESENTIDO
Hch. 4.2 *r* de que enseñasen al pueblo. .en Jesús

RESERVAR
Gn. 12.12 matarán. .a ti te *reservarán* la vida
39.9 ninguna cosa me ha *reservado* sino a ti
Nm. 18.9 las cosas santas, *reservadas* del fuego
Dt. 33.21 allí le fue *reservada* la porción del
1 S. 9.24 aquí lo que estaba *reservado;* ponlo
1 R. 3.6 has *reservado* esta gran misericordia
Job 38.23 *reservados* para el tiempo de angustia
Sal. 27.5 me ocultará en lo *reservado* de su
Is. 15.7 riquezas. .y las que habrán *reservado*
Jer. 42.4 os enseñaré; no os *reservaré* palabra
Ez. 48.8 la porción que *reservaréis* de 25.000
48.9 la porción que *reservaréis* para Jehová
48.12 porción de la tierra *reservada*, junto
48.20 la porción *reservada* de 25.000 cañas
48.20 *reservaréis*. .porción para el santuario
Jn. 2.10 has *reservado* el buen vino hasta ahora
Hch. 25.21 apeló para que se le *reservase* para
Ro. 11.4 he *reservado* siete mil hombres, que no
1 P. 1.4 una herencia. .*reservada* en los cielos
2 P. 2.4 los entregó. .ser *reservados* al juicio
2.9 y *reservar* a los injustos. .ser castigados
2.17 la más densa oscuridad está *reservada*
3.7 *reservados*. .para el fuego en el día del
Jud. 13 para las cuales. .*reservada*. .oscuridad

RESIDENCIA
Est. 2.3 lleven a. .las jóvenes. .a Susa, *r* real
2.5 había en Susa *r* real un varón judío cuyo
2.8 habían reunido. .doncellas en Susa *r* real

RESIDENTE
Hch. 2.10 y romanos aquí *r*, tanto judíos como
17.21 los. .*r* allí, en ninguna otra cosa se

RESIDIR
Lv. 16.16 el cual *reside* entre ellos en medio
1 R. 15.18 Ben-adad. .cual *residía* en Damasco

RESINA
Ez. 27.17 aceite y *r* negociaban en tus mercados

RESISTENCIA
Stg. 5.6 dado muerte al justo, y él no os hace *r*

RESISTIR
Lv. 26.37 ante la espada. .no podréis *resistir*
Nm. 22.32 he salido para *resistirte*, porque tu
31.23 lo que *resiste* el fuego, por fuego lo
31.23 pasar por agua. .que no *resiste* el fuego
Jos. 11.20 que *resistiesen* con guerra a Israel
23.9 hoy nadie ha podido *resistir* delante de
2 R. 10.4 aquí, dos reyes no pudieron *resistirle*
10.4 he aquí. .¿cómo le *resistiremos* nosotros?
18.24 ¿cómo. .podrás *resistir* a un capitán, al
2 Cr. 13.8 vosotros tratáis de *resistir* al reino
20.6 y poder, que no hay quien te *resista?*
32.10 ¿en quién confiáis. .*resistir* el sitio
Est. 9.2 y nadie los pudo *resistir*, porque el
Job 8.15 él. .se asirá de ella, mas no *resistirá*
Sal. 147.17 ante su frío, ¿quién *resistirá?*
Pr. 30.31 y el rey, a quien nadie *resiste*
Ec. 4.12 alguno prevaleciere. .dos le *resistirán*
Is. 36.9 ¿cómo. .podrás *resistir* a un capitán, al
Jer. 49.19 aquel pastor que me podrá *resistir?*
50.44 será aquel pastor que podrá *resistirme?*
Ez. 13.5 para que *resista* firme en la batalla
Dn. 11.15 porque no habrá fuerzas para *resistir*
Os. 4.4 tu pueblo es como los que *resisten* al
Am. 2.15 el que maneja el arco no *resistirá*, ni
Mt. 5.39 os digo: No *resistáis* al que es malo
Lc. 21.15 cual no podrán *resisitir* ni contradecir
Hch. 6.10 no podían *resisitir* a la sabiduría y
7.51 *resistís* siempre al Espíritu Santo; como
13.8 les *resistía* Elimas, el mago (pues así
23.9 ha hablado. .ángel, no *resistamos* a Dios
Ro. 9.19 ¿quién ha *resistido* a su voluntad?
13.2 a lo establecido por Dios *resiste;* y los
13.2 los que *resisten*, acarrean condenación
1 Co. 10.13 tentados más de lo. .podéis *resistir*
Gá. 2.11 Pedro vino a. .le *resistí* cara a cara
Ef. 6.13 para que podáis *resistir* en el día malo
2 Ti. 3.8 Janes y Jambres *resistieron* a Moisés
3.8 así también éstos *resisten* a la verdad
He. 12.4 porque aún no habéis *resistido* hasta
Stg. 1.12 haya *resistido* la prueba, recibirá
4.6 Dios *resiste* a los soberbios, y da gracia
4.7 *resistid* al diablo, y huirá de vosotros
1 P. 5.5 porque: Dios *resiste* a los soberbios
5.9 *resistid* firmes en la fe, sabiendo que

RESOLUCIÓN
Jue. 5.15 de Rubén hubo grandes *r* del corazón
Dn. 4.17 y por dicho de los santos la *r*, para

RESOLVER
Dt. 1.5 *resolvió*. .declarar esta ley, diciendo
Rt. 1.18 viendo Noemí que estaba tan *resuelta*
3.18 hasta. .sepas cómo se *resuelve* el asunto
1 S. 2.25 Jehová había *resuelto* hacerlos morir
20.33 padre estaba *resuelto* a matar a David
25.17 mal está ya *resuelto* contra nuestro amo
Est. 7.7 que estaba *resuelto* para él el mal de
Sal. 17.3 *resuelto*. .boca no haga transgresión
Jer. 49.20 pensamientos que ha *resuelto* sobre
Dn. 5.12 y descifrar enigmas y *resolver* dudas
5.16 he oído. .puedes. .*resolver* dificultades
6.14 y *resolvió* librar a Daniel; y hasta la
Hch. 3.13 había *resuelto* ponerle en libertad
9.23 los judíos *resolvieron* en consejo matarle
1 Co. 7.37 *resuelto*. .guardar a su hija virgen

RESONANTE
2 Cr. 30.21 cantando. .instrumentos *r* a Jehová
Sal. 150.5 alabadle con címbalos *r;* alabadle con

RESONAR
Jue. 5.22 *resonaron* los cascos de los caballos
1 Cr. 15.16 que *resonasen* y alzasen la voz con
16.32 *resuene* el mar, y su. .alégrese el campo
Jer. 48.36 mi corazón *resonará* como flautas por
Lm. 2.7 hicieron *resonar* su voz en la casa de
1 Co. 13.1 vengo a ser como metal que *resuena*

RESOPLIDO
Job 39.20 el *r* de su nariz es formidable

RESPALDO
1 R. 10.19 la parte alta era redonda por el *r*
Cnt. 3.10 su *r* de oro, su asiento de grana, su

RESPETAR
Job 34.19 ni *respeta* más al rico que al pobre
Lm. 4.16 no *respetaron* la presencia..sacerdotes
5.12 no *respetaron* el rostro de los viejos
Dn. 3.12 varones, oh rey, no te han *respetado*
6.13 Daniel..no te *respeta* a ti, oh rey, ni
11.37 ni *respetará* a dios alguno, porque sobre
Lc. 18.2 ni temía a Dios, ni *respetaba* a hombre
Ef. 5.33 ame a..y la mujer *respete* a su marido

RESPETO
Dt. 28.50 fiera de..que no tendrá *r* al anciano
1 S. 25.35 que he oído tu voz, y te he tenido *r*
2 R. 3.14 si no tuviese *r* al rostro de Josafat
Pr. 18.5 tener *r* a la persona del impío, para
Is. 3.3 capitán..el hombre de *r*, el consejero
22.11 aguas..y no tuvisteis *r* al que lo hizo
Mt. 21.37; Mr. 12.6 diciendo: Tendrán *r* a..hijo
Lc. 18.4 ni temo a Dios, ni tengo *r* a hombre
20.13 quizás cuando le vean a él..tendrán *r*
Ro. 13.7 pagad..al que *r*, *r*; al que honra, honra
1 P. 2.18 sujetos con todo *r* a vuestros amos

RESPETUOSA
1 P. 3.2 considerando vuestra conducta..y *r*

RESPIRACIÓN
Ec. 3.19 y una misma *r* tienen todos; ni tiene

RESPIRADERO
Job 32.19 está como el vino que no tiene *r*, y

RESPIRAR
Jos. 11.11 sin quedar nada que *respirase;* y a
Job 32.20 hablaré, pues, y *respiraré;* abriré
Sal. 27.12 falsos, y los que *respiran* crueldad
150.6 todo lo que *respira* alabe a JAH. Aleluya
Hch. 9.1 Saulo, *respirando*..amenazas y muerte

RESPIRO
Est. 4.14 *r* y liberación vendrá de alguna otra

RESPLANDECER
Éx. 34.29 que la piel de su rostro *resplandecía*
Nm. 6.25 haga *resplandecer* su rostro sobre ti
Dt. 33.2 *resplandeció* desde el monte de Parán
Job 3.4 día..ni claridad sobre él *resplandezca*
18.5 no *resplandecerá* la centella de su fuego
22.28 y sobre tus caminos *resplandecerá* luz
29.3 hacía *resplandecer* sobre mi cabeza su
31.26 si he mirado al sol cuando *resplandecía*
37.15 y hace *resplandecer* la luz de su nube?
41.32 hace *resplandecer* la senda, que parece
50.2 de Sion, perfección de..ha *resplandecido*
Sal. 31.16 haz *resplandecer* tu rostro sobre tu
67.1 *resplandecer* su rostro sobre nosotros
80.1 que estás entre querubines, *resplandece*
80.3,7,19 haz *resplandecer* tu rostro, y
112.4 *resplandeció* en las tinieblas luz a los
119.135 haz que tu rostro *resplandezca* sobre
139.11 aun la noche *resplandecerá* alrededor
139.12 ti, y la noche *resplandece* como el día
Pr. 23.31 cuando *resplandece* su color en la copa
Is. 9.2 de muerte, luz *resplandeció* sobre ellos
60.1 *resplandece;* porque ha venido tu luz, y
60.5 verás, y *resplandecerás;* se maravillará
Ez. 1.13 y el fuego *resplandecía*, y del fuego
32.7 y la luna no hará *resplandecer* su luz
32.10 *resplandecer* mi espada delante de sus
43.2 y la tierra *resplandecía* a causa de su
Dn. 9.17 haz que tu rostro *resplandezca* sobre
12.3 *resplandecerán* como el..del firmamento
Mt. 4.16 a los asentados..luz les *resplandeció*
13.43 los justos *resplandecerán* como el sol
17.2 y *resplandeció* su rostro como el sol, y
Lc. 17.24 que al fulgurar *resplandece* desde un
Jn. 1.5 la luz en las tinieblas *resplandece*, y
Hch. 12.7 y una luz *resplandeció* en la cárcel
2 Co. 4.4 para que no le *resplandezca* la luz
4.6 de las tinieblas *resplandeciese* la luz
4.6 que *resplandeció* en nuestros corazones
Fil. 2.15 medio de la cual *resplandecéis* como
Ap. 1.16 rostro..como el sol cuando *resplandece*

RESPLANDECIENTE
Éx. 34.30 y he aquí la piel de su rostro era *r*
34.35 veían que la piel de su rostro era *r*
Job 25.5 he aquí que ni aun la misma luna será *r*
Mr. 9.3 sus vestidos se volvieron *r*, muy blancos
Lc. 9.29 rostro se hizo..su vestido blanco y *r*
24.4 se pararon..dos varones con vestiduras *r*
Hch. 10.30 delante de mí un varón con vestido *r*
Ap. 15.6 ángeles..vestidos de lino limpio y *r*
19.8 se vista de lino fino, limpio y *r;* porque
22.1 me mostró un río limpio..*r* como cristal
22.16 soy la raíz..la estrella *r* de la mañana

RESPLANDOR
2 S. 22.13 el *r* de su presencia se encendieron
23.4 como el *r* del sol en una mañana sin nubes
Sal. 18.12 por el *r* de su presencia, sus nubes
78.14 les guio..toda la noche con *r* de fuego
Is. 2.10 escóndete en el..del *r* de su majestad
2.19,21 por el *r* de su majestad..se levante
4.5 nube y oscuridad de día, y de noche *r* de
13.10 se oscurecerá..y la luna no dará su *r*
59.9 esperamos luz..*r*, y andamos en oscuridad
60.3 luz, y los reyes al *r* de tu nacimiento
60.19 ni el *r* de la luna te alumbrará, sino
62.1 hasta que salga como *r* su justicia, y
66.11 y os deleitéis con el *r* de su gloria
Ez. 1.4 y alrededor de él un *r*, y en medio del
1.27 parecía como fuego, y..tenía *r* alrededor
1.28 el arco iris..el parecer del *r* alrededor
8.2 y desde sus lomos para arriba parecía *r*
10.4 el atrio se llenó del *r* de la gloria de
21.28 dirás..para consumir está pulida con *r*
Dn. 12.3 resplandecerán como..*r* del firmamento
Jl. 2.10; 3.15 y las estrellas retraerán su *r*
Am. 5.20 y no luz; oscuridad, que no tiene *r?*
Nah. 3.3 *r* de espada, y *r* de lanza; y multitud
Hab. 3.4 el *r* fue como la luz; rayos brillantes
3.11 a la luz de..y al *r* de tu fulgente lanza
Mt. 24.29 no dará su *r*, y las estrellas caerán
Mr. 13.24 se oscurecerá, y la luna no dará su *r*
Lc. 2.9 y la gloria del Señor los rodeó de *r*
11.36 cuando una lámpara te alumbra con su *r*
Hch. 9.3 yendo..le rodeó un *r* de luz del cielo
26.13 una luz..que sobrepasaba el *r* del sol
2 Ts. 2.8 y destruirá con el *r* de su venida
He. 1.3 siendo el *r* de su gloria, y la imagen

RESPONDER
Gn. 3.2 la mujer *respondió* a la serpiente: Del
3.10 y él *respondió:* Oí tu voz en el huerto
3.12 *respondió:* La mujer que me diste..me dio
4.9 *respondió:* No sé. ¿Soy yo acaso guarda de
4.15 y le *respondió* Jehová..que mate a Caín
14.22 y *respondió* Abram al rey de Sodoma: He
15.2 *respondió* Abram: Señor Jehová, ¿qué me
15.8 y él *respondió:* Señor Jehová, ¿en qué
16.6 y *respondió* Abram a Sarai: He aquí, tu
16.8 *respondió:* Huyo de delante de Sarai mi
17.19 *respondió* Dios..tu mujer te dará a luz
18.9 está Sara..*respondió:* Aquí en la tienda
18.26 *respondió* Jehová: Si hallare..50 justos
18.29 *respondió:* No lo haré por amor a los 40
18.30 *respondió:* No lo haré si hallare allí
18.31,32 no la destruiré, *respondió*, por amor
19.2 ellos *respondieron:* No, que en la calle
19.9 *respondieron:* Quita allá; y añadieron
19.21 *respondió:* He aquí he recibido también
20.11 Abraham *respondió:* Porque dije para mí
21.24 y *respondió* Abraham: Yo juraré
21.26 *respondió* Abimelec: No sé quién haya
21.30 él *respondió:* Que estas siete corderas
22.1 dijo: Abraham. Y él *respondió:* Heme aquí
22.7 mío. Y él *respondió:* Heme aquí, mi hijo
22.8 *respondió* Abraham: Dios se proveerá de
22.11 Abraham, Abraham..él *respondió:* Heme
23.5 *respondieron* los hijos de Het a Abraham
23.10 y *respondió* Efrón heteo a Abraham, en
23.13 y *respondió* a Efrón en presencia del
23.14 *respondió* Efrón a Abraham, diciéndole
24.5 el criado le *respondió:* Quizá la mujer
24.14 ella *respondiere:* Bebe, y también daré
24.18 ella *respondió:* Bebe, señor mío; y se
24.24 ella *respondió:* Soy hija de Betuel hijo
24.40 me *respondió:* Jehová, en cuya presencia
24.44 *respondiere:* Bebe tú, y también para
24.47 y ella *respondió:* Hija de Betuel hijo
24.50 Labán y Betuel *respondieron* y dijeron
24.55 *respondieron* su hermano y su madre
24.57 *respondieron*..Llamemos a la doncella y
24.58 ¿irás tú con..ella *respondió:* Sí, iré
24.65 y el criado había *respondido:* Este es
25.23 *respondió* Jehová: Dos naciones hay en
25.31 Jacob *respondió:* Véndeme en este día tu
26.7 *respondió:* Es mi hermana..tuvo miedo de
26.9 e Isaac le *respondió*..dije: Quizá moriré
26.28 y ellos *respondieron:* Hemos visto que
27.1 le dijo: Hijo mío. Y él *respondió:* Heme
27.13 su madre *respondió:* Hijo mío, sea sobre
27.18 e Isaac *respondió:* Heme aquí; ¿quién
27.20 y él *respondió:* Porque Jehová tu Dios
27.24 ¿eres tú mi..Esaú? Y Jacob *respondió*
27.36 Esaú *respondió:* Bien llamaron su..Jacob
27.37 Isaac *respondió* y dijo a Esaú: He aquí
27.38 Esaú *respondió* a su padre: ¿No tienes
29.4 y ellos *respondieron:* De Harán somos
29.8 *respondieron:* No podemos, hasta que se
29.19 Labán *respondió:* Mejor es que te la dé
29.26 y Labán *respondió:* No se hace así en
30.15 *respondió:* ¿Es poco que hayas tomado mi
30.27 y Labán le *respondió:* Halle yo ahora
30.29 *respondió:* Tú sabes cómo te he servido
30.31 y *respondió* Jacob: No me des nada; si
30.33 *responderá* por mí mi honradez mañana
31.14 *respondieron* Raquel y Lea, y le dijeron
31.31 *respondió* Jacob y dijo a Labán: Porque
31.36 y *respondió* Jacob y dijo a Labán: ¿Qué
31.43 *respondió* Labán y dijo a Jacob: Las
32.26 Jacob le *respondió:* No te dejaré, si no
32.27 es tu nombre? Y él *respondió:* Jacob
32.29 varón *respondió:* ¿Por qué me preguntas
33.5 y él *respondió:* Son los niños que Dios
33.8 y Jacob *respondió:* El hallar gracia en
34.13 pero *respondieron* los hijos de Jacob a
34.31 pero ellos *respondieron:* ¿Había él de
35.3 haré allí altar al Dios que me *respondió*
37.8 *respondieron* sus hermanos: ¿Reinarás tú
37.13 te enviaré..Y él *respondió:* Heme aquí
37.16 José *respondió:* Busco a mis hermanos
37.17 aquel hombre *respondió:* Ya se han ido
38.17 él *respondió:* Yo te enviaré del ganado
38.18 ella *respondió:* Tu sello, tu cordón, y
40.18 *respondió* José..Los tres canastillos 3
41.16 *respondió* José a Faraón, diciendo: No
41.25 *respondió* José a Faraón: El sueño de
41.28 lo que *respondo* a Faraón. Lo que Dios
42.7 *respondieron:* De la tierra de Canaán
42.10 *respondieron:* No, señor nuestro, sino
42.13 *respondieron:* Tus siervos somos doce
42.22 Rubén les *respondió*, diciendo: ¿No os
43.3 *respondió* Judá, diciendo: Aquel varón
43.7 *respondieron:* Aquel varón nos preguntó
43.9 yo te *respondo* por él; a mí me pedirás
43.11 Israel..les *respondió:* Pues que así es
43.23 *respondió:* Paz a vosotros, no temáis
43.28 ellos *respondieron:* Bien va a tu siervo
44.7 le *respondieron:* ¿Por qué dice nuestro
44.17 José *respondió:* Nunca yo tal haga. El
44.20 y *respondimos* a mi señor: Tenemos un
44.26 nosotros *respondimos:* No podemos ir; si
45.3 y sus hermanos no pudieron *responderle*
46.2 Jacob, Jacob. Y él *respondió:* Heme aquí
47.3 ellos *respondieron* a Faraón: Pastores de
47.9 Jacob *respondió*..Los días de los años de
47.25 y ellos *respondieron:* La vida nos has
47.30 y José *respondió:* Haré como tú dices
48.9 y *respondió* José a su padre: Son mis
50.19 les *respondió* José: No temáis; ¿acaso
Éx. 1.19 y las parteras *respondieron* a Faraón
2.8 la hija de Faraón *respondió:* Vé..fue la
2.14 él *respondió:* ¿Quién te ha puesto a ti
2.19 ellas *respondieron:* Un varón egipcio
3.4 lo llamó Dios..Y él *respondió:* Heme aquí
3.11 Moisés *respondió* a Dios: ¿Quién soy yo
3.12 *respondió:* Ve, porque yo estaré contigo
3.13 si..me preguntaren..¿qué les *responderé?*
3.14 *respondió* Dios a Moisés: YO SOY EL QUE
4.1 Moisés *respondió*..que ellos no me creerán
4.2 ¿qué es eso que..Y él *respondió:* Una vara
4.11 Jehová le *respondió:* ¿Quién dio la boca
5.2 Faraón *respondió:* ¿Quién es Jehová, para
5.17 *respondió:* Estáis ociosos, sí, ociosos
6.1 Jehová *respondió* a Moisés: Ahora verás lo
6.12 *respondió* Moisés delante de Jehová: He
6.30 Moisés *respondió*..Jehová..soy torpe de
7.9 Faraón os *respondiere* diciendo: Mostrad
8.10 y Moisés *respondió:* Se hará conforme a
8.26 Moisés *respondió:* No conviene que..así
8.29 *respondió* Moisés: He aquí, al salir yo
9.29 y le *respondió* Moisés: Tan pronto salga
10.9 Moisés *respondió:* Hemos de ir..niños y
10.25 Moisés *respondió*..nos darás sacrificios
10.29 y Moisés *respondió:* Bien has dicho; no
12.27 *responderéis:* Es la víctima..la pascua
15.21 María les *respondía:* Cantad a Jehová
18.15 Moisés *respondió* a su suegro: Porque
19.8 pueblo *respondió* a una, y dijeron: Todo
19.19 Moisés hablaba, y Dios le *respondía* con
20.20 Moisés *respondió* al pueblo: No temáis
23.2 ni *responderás* en litigio inclinándote
24.3 el pueblo *respondió* a una voz, y dijo
32.18 él *respondió:* No es voz de alaridos de
32.22 *respondió* Aarón: No se enoje mi señor
32.24 y yo les *respondí:* ¿Quién tiene oro?
32.33 *respondió* a Moisés: Al que pecare contra
33.15 Moisés *respondió:* Si tu presencia no ha
33.19 *respondió:* Yo haré pasar todo mi bien
Lv. 10.19 *respondió* Aarón a Moisés: He aquí hoy
Nm. 9.8 Moisés les *respondió:* Esperad, y oiré
10.30 y él le *respondió:* Yo no iré, sino que
11.23 Jehová *respondió* a Moisés: ¿Acaso se
11.28 *respondió* Josué..ayudante de Moisés
11.29 Moisés le *respondió:* ¿Tienes tú celos
12.14 *respondió* Jehová a Moisés: Pues si su
14.13 pero Moisés *respondió* a Jehová: Lo oirán
16.12 mas ellos *respondieron:* No iremos allá
20.18 Edom le *respondió:* No pasarás por mi
20.20 él *respondió:* No pasarás. Y salió Edom
22.10 Balaam *respondió* a Dios: Balac hijo de
22.18 Balaam *respondió* y dijo a los siervos
22.29 Ballaam *respondió* al asna: Porque te has
22.30 ¿he acostumbrado..Y él *respondió:* No
22.38 Balaam *respondió* a Balac..yo he venido
23.12 *respondió* y dijo: ¿No cuidaré de decir
23.26 Balaam *respondió* y dijo a Balac: ¿No
24.12 Balaam le *respondió:* ¿No lo declaré yo
27.6 y Jehová *respondió* a Moisés, diciendo
27.15 *respondió* Moisés a Jehová, diciendo
32.6 *respondió* Moisés a los hijos de Gad y
32.20 *respondió* Moisés: Si lo hacéis así, si
32.31 los hijos de Gad..Rubén *respondieron*

RESPONDER *(Continúa)*

Dt. 1.14 *respondisteis* y dijisteis: Bueno es
1.41 entonces *respondisteis* y. .Hemos pecado
20.11 si *respondiere:* Paz, y te abriere, todo
27.15 todo el pueblo *responderá* y dirá: Amén
29.25 y *responderán:* Por cuanto dejaron el
31.21 este cántico *responderá* en su cara como
Jos. 1.16 *respondieron* a Josué. .haremos todas
2.14 le *respondieron:* Nuestra vida responderá
2.21 ella *respondió:* Sea así como habéis dicho
4.7 *responderéis:* Que las aguas del Jordán
5.14 él *respondió:* No; mas como Príncipe del
5.15 el Príncipe. .*respondió* a Josué: Quita
7.20 y Acán *respondió* a Josué. .yo he pecado
9.7 los de Israel *respondieron* a los heveos
9.8 *respondieron* a Josué. .somos tus siervos
9.9 *respondieron:* Tus siervos han venido de
9.19 los príncipes *respondieron*. .hemos jurado
9.24 y ellos *respondieron* a Josué y dijeron
15.19 *respondió:* Concédeme un don; puesto
17.15 y Josué les *respondió:* Si sois pueblo
17.17 Josué *respondió* a la casa de José, a
22.21 los hijos de Rubén y. .Gad. .*respondieron*
22.28 *responderemos:* Mirad el símil del altar
24.16 el pueblo *respondió* y dijo: Nunca tal
24.22 y Josué *respondió* al pueblo: Vosotros
24.22 y ellos *respondieron:* Testigos somos
24.24 pueblo *respondió*. .A Jehová. .serviremos
Jue. 1.2 y Jehová *respondió:* Judá subirá; he
1.15 ella. .le *respondió:* Concédeme un don
4.8 Barac le *respondió:* Si tú fueres. .yo iré
4.20 ¿hay aquí alguno? tú *responderás* que no
5.29 sus damas le *respondían*, y aún ella se
5.29 damas. .aun ella se *respondía* a sí misma
6.13 Gedeón le *respondió:* Ah, señor mío, si
6.15 le *respondió:* Ah, señor mío, ¿con qué
6.17 *respondió:* Yo te ruego que si he hallado
6.18 y él *respondió:* Yo esperaré hasta que
6.31 Joás *respondió* a todos los que estaban
7.14 su compañero *respondió*. .Esto no es otra
8.2 los cuales él *respondió:* ¿Qué he hecho yo
8.6 de Sucot *respondieron:* ¿Están ya Zeba y
8.8 *respondieron* como habían respondido los
8.18 ellos *respondieron:* Como tú, así eran
8.23 Gedeón *respondió:* No seré señor sobre
8.25 ellos *respondieron:* De buena gana te los
9.9 olivo *respondió:* ¿He de dejar mi aceite
9.11 *respondió* la higuera: ¿He de dejar mi
9.13 la vid les *respondió:* ¿He de dejar mi
9.15 y la zarza *respondió*. .Si en verdad me
9.36 y Zebul le *respondió:* Tú ves la sombra
9.38 Zebul le *respondió* ¿Dónde está. .tu boca
10.11 Jehová *respondió* a los hijos de Israel
10.15 hijos de Israel *respondieron* a Jehová
11.7 Jefté *respondió* a los ancianos de Galaad
11.8,10 los ancianos. .*respondieron* a Jefté
11.13 rey. .*respondió* a los mensajeros de Jefté
11.36 ella. .le *respondió:* Padre mío, si le has
12.2 y Jefté les *respondió:* Yo y mi pueblo
12.5 ¿eres tú efrateo? Si él *respondía:* No
13.13 el ángel. .*respondió* a Manoa: La mujer
13.16 y el ángel de Jehová *respondió* a Manoa
13.18 el ángel. .*respondió:* ¿Por qué preguntas
13.23 y su mujer le *respondió:* Si Jehová nos
14.3 Sansón *respondió*. .Tómame ésta por mujer
14.13 y ellos *respondieron:* Propón tu enigma
14.16 él *respondió:* He aquí que ni a mi padre
14.18 y él les *respondió:* Si no araseis con
15.10 ellos *respondieron:* A prender a Sansón
15.11 él les *respondió:* Yo les he hecho como
15.12 y Sansón les *respondió:* Juradme que
15.13 ellos le *respondieron*. .No; solamente te
16.7 le *respondió* Sansón: Si me ataren con
17.9 el levita le *respondió:* Soy de Belén de
18.4 les *respondió:* De esta y esta manera ha
18.6 y el sacerdote les *respondió:* Id en paz
18.8 dijeron: ¿Qué hay? Y ellos *respondieron*
18.19 y ellos le *respondieron:* Calla, pon la
18.24 *respondió:* Tomasteis mis dioses que yo
19.12 señor le *respondió:* No iremos a ninguna
19.18 *respondió:* Pasamos de Belén de Judá a
19.28 dijo: Levántate. .pero ella no *respondió*
20.4 el varón. .*respondió* y dijo: Yo llegué a
20.18 Jehová *respondió:* Judá será el primero
20.23 Jehová. .*respondió:* Subid contra ellos
Rt. 1.11 Noemí *respondió:* Volveos, hijas mías
1.16 *respondió* Rut: No me ruegues que te deje
1.20 ella les *respondía:* No me llaméis Noemí
2.2 me dejes ir. .le *respondió:* Vé, hija mía
2.4 y ellos *respondieron:* Jehová te bendiga
2.6 el criado. .*respondió* y dijo: Es la joven
2.11 y *respondiendo* Booz, le dijo: He sabido
2.22 Noemí *respondió*. .Mejor es, hija mía, que
3.5 *respondió:* Haré todo lo que tú me mandes
3.9 él dijo: ¿Quién eres? Y ella *respondió*
4.4 no hay otro. .Y él *respondió:* Yo redimiré
4.6 *respondió* el pariente: No puedo redimir
1 S. 1.15 Ana le *respondió* diciendo: No, señor
1.17 Elí *respondió*. .Vé en paz, y el Dios de
1.23 Elcana. .le *respondió:* Haz lo que bien te
2.16 y si el hombre le *respondía:* Quemen la
2.16 él *respondía:* No, sino dámela ahora; de
3.4 Jehová llamó a Samuel; y él *respondió*
3.16 llamando. .Elí. .él *respondió:* Heme aquí
4.17 y el mensajero *respondió*. .Israel huyó
4.20 no *respondió*, ni se dio por entendida
5.8 *respondieron:* Pásese el arca del Dios de
6.4 ellos *respondieron:* Conforme al número de
8.18 mas Jehová no os *responderá* en aquel día
9.6 le *respondió:* He aquí ahora hay en esta
9.7 *respondió* Saúl a su criado: Vamos ahora
9.8 volvió el criado a *responder* a Saúl. .He
9.12 *respondiéndoles*, dijeron: Sí; helo allí
9.19 Samuel *respondió* a Saúl, diciendo: Yo soy
9.21 *respondió*. .¿No soy yo hijo de Benjamín
10.12 alguno de allí *respondió*. .¿Y quién es el
10.14 *respondió:* A buscar las asnas; y como
10.16 y Saúl *respondió* a su tío: Nos declaró
10.22 *respondió* Jehová: He aquí que él está
11.2 Nahas. .les *respondió:* Con esta condición
11.9 *respondieron* a los mensajeros. .diréis a
12.5 no habéis hallado. .*respondieron:* Así es
12.20 Samuel *respondió* al pueblo: No temáis
13.11 Saúl *respondió:* Porque vi que el pueblo
14.7 su paje. .le *respondió:* Haz todo lo que
14.12 los hombres. .*respondieron* a Jonatán y
14.29 *respondió* Jonatán: Mi padre ha turbado
14.39 no hubo en todo. .quien le *respondiese*
14.40 el pueblo *respondió*. .Haz lo que bien te
14.44 Saúl *respondió:* Así me haga Dios y aun
15.15 Saúl *respondió:* De Amalec. .han traído
15.16 déjame declararte. .él le *respondió:* Dí
15.20 y Saúl *respondió* a Samuel: Antes bien
15.26 Samuel *respondió*. .No volveré contigo
16.2 Jehová *respondió:* Toma. .una becerra de
16.5 él *respondió:* Sí. .a ofrecer sacrificio
16.7 Jehová *respondió* a Samuel: No mires a su
16.11 él *respondió:* Queda aún el menor, que
16.17 Saúl *respondió*. .Buscadme, pues, ahora
16.18 uno de. .*respondió* diciendo: He aquí yo
17.27 el pueblo le *respondió* las. .palabras
17.29 David *respondió:* ¿Qué he hecho. .ahora?
17.34 David *respondió* a Saúl: Tu siervo era
17.55 ¿de quién es hijo. .Y Abner *respondió*
17.58 David *respondió:* Yo soy hijo de. .Isaí
18.18 David *respondió*. .¿Quién soy yo, o qué
19.14 Saúl envió. .ella *respondió:* Está enfermo
19.17 y Mical *respondió* a Saúl: Porque él me
19.22 uno *respondió:* He aquí están en Naiot
20.5 *respondió*. .que mañana será nueva luna
20.10 si tu padre te *respondiere* ásperamente?
20.28 y Jonatán *respondió* a. .David me pidió
20.32 Jonatán *respondió* a su padre Saúl y le
21.2 *respondió* David al sacerdote. .El rey me
21.4 sacerdote *respondió*. .No tengo pan común
21.5 David *respondió* al sacerdote, y le dijo
21.9 y el sacerdote *respondió:* La espada de
22.9 Doeg. .*respondió*. .Yo vi al hijo de Isaí
22.14 entonces Ahimelec *respondió* al rey, y
23.2 y Jehová *respondió* a David: Vé, ataca a
23.4 Jehová le *respondió* y dijo: Levántate
23.12 ¿me. .Y Jehová *respondió:* Os entregarán
25.10 Nabal *respondió* a los. .¿Quién es David
26.9 David *respondió* a Abisai: No le mates
26.14 ¿no *respondes*, Abner? Entonces Abner
26.14 Abner *respondió* y dijo: ¿Quién eres tú
26.17 David *respondió:* Mi voz es, rey señor
26.22 David *respondió*. .He aquí la lanza del
28.2 David *respondió* a. .Muy bien, tú sabrás
28.6 Jehová no le *respondió* ni por sueños, ni
28.7 criados le *respondieron*. .hay una mujer
28.11 y él *respondió:* Hazme venir a Samuel
28.13 la mujer *respondió*. .He visto dioses que
28.14 ella *respondió:* Un hombre anciano viene
28.15 y Saúl *respondió:* Estoy muy angustiado
28.15 Dios se ha apartado. .y no me *responde*
29.3 Aquis *respondió*. .¿No es éste David, el
29.8 David *respondió* a Aquis: ¿Qué he hecho?
29.9 Aquis *respondió* a David. .sé que tú eres
30.13 *respondió* el joven. .Yo soy siervo de un
30.22 todos los malos. .*respondieron* y dijeron
2 S. 1.3 *respondió:* Me he escapado. .de Israel
1.4 *respondió:* El pueblo huyó de la batalla
1.6 el joven. .*respondió:* Casualmente vine al
1.8 ¿quién eres tú?. .*respondí:* Soy amalecita
1.13 *respondió:* Yo soy hijo de un extranjero
2.1 ¿subiré a. .Y Jehová le *respondió:* Sube
2.14 dijo Abner. .Joab *respondió:* Levántense
2.20 ¿no eres tú Asael? Y él *respondió:* Sí
2.27 y Joab *respondió:* Vive Dios, que si no
3.11 y él no pudo *responder* palabra a Abner
4.9 David *respondió* a Recab y a. .Vive Jehová
5.19 ¿iré contra. .Jehová *respondió* a David: Vé
5.23 le *respondió:* No subas, . .no rodéalos
6.21 David *respondió* a Mical. .Fue delante de
9.2 ¿eres tú Siba? Y él *respondió:* Tu siervo
9.3 y Siba *respondió* al rey: Aún ha quedado
9.4 Siba *respondió* al rey: He aquí, está en
9.6 Mefi-boset. .*respondió:* He aquí tu siervo
9.11 *respondió* Siba al rey: Conforme a todo
11.11 y Urías *respondió*. .El arca e Israel y
12.19 niño? Y ellos *respondieron:* Ha muerto
12.22 él *respondió:* Viviendo aún el niño, yo
13.4 y Amnón le *respondió:* Yo amo a Tamar la
13.12 ella. .*respondió:* No, hermano mío, no me
13.16 ella le *respondió:* No hay razón; mayor
13.25 *respondió* el rey a Absalón: No, hijo mío
13.26 el rey le *respondió:* ¿Para qué ha de ir
14.5 ella *respondió:* Yo a la verdad soy. .viuda
14.11 *respondió:* Vive Jehová, que no caerá ni
14.18 David *respondió*. .no me encubras nada
14.19 la mujer *respondió*. .Vive tu alma, rey
14.32 Absalón *respondió*. .yo he enviado por ti
15.2 él *respondía:* Tu siervo es de una de las
15.21 *respondió* Itai al rey, diciendo: Vive
16.2 Siba *respondió:* Los asnos son para que
16.3 Siba *respondió* al rey. .él se ha quedado
16.4 *respondió* Siba inclinándose: Rey señor
16.10 y el rey *respondió:* ¿Qué tengo yo con
16.18 Husai *respondió* a Absalón: No, sino que
17.20 la mujer les *respondió:* Ya han pasado
18.11 Joab *respondió* al hombre. .Y viéndolo tú
18.14 *respondió* Joab: No malgastaré mi tiempo
18.20 *respondió* Joab. .no llevarás las nuevas
18.23 *respondió:* Sea como fuere, yo correré
18.27 y *respondió* el rey. .es hombre de bien
18.29 Ahimaas *respondió;* Vi yo un. .alboroto
18.32 el etíope *respondió:* Como aquel joven
19.21 *respondió* Abisai. .¿No ha de morir por
19.26 él *respondió:* Rey señor mío, mi siervo
19.42 Judá *respondieron* a todos los de Israel
19.43 *respondieron* los. .de Israel, y dijeron
20.17 ¿eres tú Joab? Y él *respondió:* Yo soy
20.17 ella le dijo: Oye. .él *respondió:* Oigo
20.20 Joab *respondió*. .Nunca tal, nunca tal
21.4 gabaonitas le *respondieron:* No tenemos
21.5 *respondieron* al rey: De aquel hombre que
24.3 Joab *respondió* al rey: Añada Jehová tu
24.13 qué *responderé* al que me ha enviado
24.21 David *respondió:* Para comprar. .la era
1 R. 1.17 le *respondió:* Señor mío, tú juraste
1.28 rey David *respondió*. .Llamadme a Betsabé
1.36 Benaía. .*respondió* al rey y dijo: Amén
1.43 Jonatán *respondió*. .David ha hecho rey a
2.13 venida de paz? El *respondió:* Sí, de paz
2.22 el rey Salomón *respondió*. .¿Por qué pides
2.30 al rey. .Así dijo Joab, y así me *respondió*
3.27 el rey *respondió*. .Dad a aquélla el hijo
11.22 Faraón le *respondió:* ¿Por qué? ¿Qué te
11.22 él *respondió:* Nada; con todo, te ruego
12.6 ¿cómo aconsejáis. .que *responda* a este
12.7 y *respondiéndoles* buenas palabras les
12.9 que *respondamos* a este pueblo, que me
12.10 los jóvenes. .le *respondieron* diciendo
12.13 y el rey *respondió* al pueblo duramente
12.16 le *respondió* estas palabras, diciendo
13.6 *respondiendo* el rey, dijo al varón de
13.16 él *respondió:* No podré volver contigo
14.5 y así le *responderás*, pues cuando ella
17.12 y ella *respondió:* Vive Jehová tu Dios
18.8 *respondió:* Yo soy; vé, dí a tu amo: Aquí
18.10 han *respondido:* No está aquí; y a reinos
18.18 él *respondió:* Yo no he turbado a Israel
18.21 Baal. .Y el pueblo no *respondió* palabra
18.24 el Dios que *respondiere* por. .fuego, ése
18.24 y todo el pueblo *respondió*. .Bien dicho
18.26 diciendo: ¡Baal, *respóndenos!* Pero no
18.26 pero no había voz, ni quien *respondiese*
18.29 hubo ninguna voz, ni quién *respondiese*
18.37 *respóndeme*, Jehová, *r*, para que conozca
19.10,14 *respondió:* He sentido un vivo celo
20.4 rey de Israel *respondió* y dijo: Como tú
20.8 pueblo le *respondieron:* No le obedezcas
20.9 él *respondió* a los embajadores. .Decid al
20.11 rey. .*respondió* y dijo: Decidle que no
20.14 y *respondió* Acab: ¿Por mano de quién?
20.14 ¿quién comenzará la. .Y él *respondió:* Tú
20.32 *respondió:* Si él vive aún, mi hermano
21.3 y Nabot *respondió*. .Guárdeme Jehová de
21.4 palabra que Nabot. .le había *respondido*
21.6 él *respondió:* Porque hablé con Nabot de
21.6 y él *respondió:* Yo no te daré mi viña
21.20 *respondió:* Te he encontrado, porque te
22.4 Josafat *respondió* al rey. .Yo soy como
22.8 rey de Israel *respondió* a Josafat: Aún
22.14 Micaías *respondió:* Vive Jehová, que lo
22.15 le *respondió:* Sube, y serás prosperado
22.25 Micaías *respondió*. .tú lo verás en aquel
2 R. 1.6 *respondieron:* Encontramos a un varón
1.8 *respondieron:* Un varón que tenía vestido
1.10,12 *respondió*. .Si yo soy varón de Dios
2.5 ¿sabes. .*respondió:* Sí, yo lo sé; callad
3.7 *respondió:* Iré, porque yo soy como tú; mi
3.8 él *respondió:* Por el camino del desierto
3.11 y uno de los siervos. .*respondió* y dijo
3.13 rey de Israel le *respondió:* No; porque
4.13 ella *respondió:* Yo habito en medio de mi
4.14 Giezi *respondió*. .que ella no tiene hijo
4.23 ¿para qué vas a. .Y ella *respondió:* Paz
4.29 si alguno te saludare, no le *respondas*
4.43 y *respondió* su sirviente: ¿Cómo pondré
6.3 que vengas con. .Y él *respondió:* Yo iré
6.22 él le *respondió:* No los mates. ¿Matarías
6.28 ella *respondió:* Esta mujer me dijo: Da
7.2 un príncipe. .*respondió* al varón de Dios
7.13 entonces *respondió* uno de sus siervos y
7.19 había *respondido* al. .Si Jehová hiciese
8.12 *respondió:* Porque sé el mal que harás a
8.13 *respondió* Eliseo: Jehová me ha mostrado
8.14 y él *respondió:* Me dijo que. .sanarás
9.19 y Jehú *respondió:* Qué tienes tú que ver
9.22 él *respondió:* ¿Qué paz, con. .de Jezabel

RESPONDER *(Continúa)*
2 R. 18.36 pero el pueblo. .no le *respondió* palabra
18.36 del rey. .había dicho: No le *respondáis*
19.6 Isaías. .*respondió:* Así diréis a vuestro
20.9 *respondió* Isaías: Esta señal tendrás de
20.10 Ezequías *respondió:* Fácil cosa es que
20.14 Ezequías le *respondió:* De. .Babilonia
20.15 Ezequías *respondió:* Vieron todo lo que
23.17 *respondieron:* Este es el sepulcro del
1 Cr. 21.12 qué *responderé* al que me ha enviado
21.23 Ornán *respondió* a David: Tómala para ti
21.26 quien le *respondió* por fuego desde los
2 Cr. 2.11 Hiram. .de Tiro *respondió* por escrito
7.22 *responderá:* Por cuanto dejaron a Jehová
9.2 pero Salomón le *respondió*. .sus preguntas
10.6 dijo: ¿Cómo aconsejáis. .que *responda* a
10.9 qué aconsejáis vosotros que *respondamos*
10.13 el rey les *respondió* ásperamente; pues
10.16 *respondió* el pueblo al rey, diciendo
18.3 *respondió:* Yo soy como tú, y mi pueblo
18.7 el rey. .*respondió* a Josafat: Aún hay aquí
18.7 *respondió* Josafat: No hable así el rey
18.14 *respondió:* Subid, y seréis prosperados
18.24 Micaías *respondió*. .tú lo verás aquel día
25.9 el varón. .*respondió:* Jehová puede darte
25.16 él le *respondió:* ¿Te han puesto a ti por
29.31 *respondiendo* Ezequías, dijo: Vosotros
32.24 oró a Jehová, quien le *respondió*, y le
34.23 ella *respondió:* Jehová Dios de Israel
Esd. 5.5 entonces *respondieron* por carta sobre
5.11 *respondieron*. .Nosotros somos siervos del
10.2 *respondió* Secanías hijo. .y dijo a Esdras
10.12 y *respondió* toda la asamblea, y dijeron
Neh. 5.8 callaron. .no tuvieron qué *responder*
5.13 *respondió* toda la congregación: ¡Amén!
6.4 enviaron. .les *respondí* de la misma manera
8.6 todo el pueblo *respondió:* ¡Amén! ¡Amén!
Est. 4.13 Mardoqueo que *respondiesen* a Ester
4.15 Ester dijo que *respondiesen* a Mardoqueo
5.5 *respondió* el rey: Daos prisa, llamad a
5.7 *respondió* Ester y dijo: Mi petición y mi
6.3 *respondieron* los servidores del rey, sus
6.5 y los servidores del rey le *respondieron*
6.7 *respondió* Amán al rey: Para el varón cuya
7.3 Ester *respondió* y. .Oh rey, si he hallado
7.5 *respondió* el rey. .¿Quién es, y dónde está
8.7 *respondió* el rey Asuero. .he dado a Ester
9.13 y *respondió* Ester: Si place al rey
Job 1.7 *respondiendo* Satanás. .dijo: De rodear
1.9 *respondiendo* Satanás. .dijo: ¿Acaso teme
2.2 *respondió* Satanás. .De rodear la tierra, y
2.4 *respondiendo* Satanás, dijo. .Piel por piel
4.1; 15.1; 22.1 *respondió* Elifaz temanita, y
5.1 pues, da voces; ¿habrá quién te *responda?*
6.1; 12.1 *respondió* entonces Job, y dijo
8.1; 18.1; 25.1 *respondió* Bildad suhita, y
9.1; 16.1; 19.1; 21.1; 23.1; 26.1; 42.1
respondió Job, y dijo
9.3 no le podrá *responder* a una cosa entre
9.14 ¿cuánto menos le *responderé*. .y hablaré
9.15 aunque fuese yo justo, no *respondería*
9.16 si yo le invocara, y él me *respondiese*
9.32 no es hombre. .para que yo le *responda*
11.1; 20.1 *respondió* Zofar naamatita, y dijo
12.4 uno. .que invoca a Dios, y él le *responde*
13.22 llama luego, y yo *responderé;* o yo
13.22 llama. .o yo hablaré, y *respóndeme* tú
14.15 entonces llamarás, y yo te *responderé*
16.3 palabras. .¿O qué te anima a *responder?*
17.3 porque ¿quién querría *responder* por mí?
19.16 llamé a mi siervo, y no *respondió;* de
20.2 mis pensamientos me hacen *responder*, y
20.3 hace *responder* el. .de mi inteligencia
23.5 yo sabría lo que él me *respondiese*, y
31.14 él preguntara, ¿qué le *respondería* yo?
32.1 cesaron estos tres. .de *responder* a Job
32.3 en ira. .porque no hallaban qué *responder*
32.6 *respondió* Eliú hijo. .dijo: Yo soy joven
32.12 redarguya a. .y *responda* a sus razones
32.14 ni yo. .*responderé* con vuestras razones
32.15 se espantaron, no *respondieron* más; se
32.16 más bien callaron y no *respondieron*
32.17 por eso yo también *responderé* mi parte
32.20 pues. .abriré mis labios, *y responderé*
33.5 *respóndeme* si puedes; ordena. .palabras
33.12 te *responderé* que mayor es Dios que el
33.32 si tienes razones, *respóndeme;* habla
35.4 yo te *responderé* razones, y a. .contigo
38.1; 40.1 *respondió* Jehová a Job. .y dijo
40.2 el que disputa con Dios, *responda* a esto
40.3; 42.1 *respondió* Job a Jehová, y dijo
40.4 aquí que yo soy vil; ¿qué te *responderé?*
40.5 una vez hablé, mas no *responderé;* aun dos
40.6 *respondió* Jehová a Job desde el. .y dijo
40.7 yo te preguntaré, y tú me *responderás*
Sal. 3.4 él me *respondió* desde su monte santo
4.1 *respóndeme* cuando clamo, oh Dios de mi
13.3 *respóndeme*, oh Jehová Dios mío; alumbra
22.2 Dios mío, clamo de día, y no *respondes*
27.7 oye. .ten misericordia de mí, y *respóndeme*
38.15 porque. .tú *responderás*, Jehová Dios mío
55.2 está atento, y *respóndeme;* clamo en mi
65.5 *responderás* tú en justicia, oh Dios de
69.16 *respóndeme*, Jehová, porque benigna es
81.7 te *respondí* en lo secreto del trueno
86.7 en. .te llamaré, porque tú me *respondes*
91.15 me invocará, y yo le *responderé;* con él
99.6 invocaban a Jehová, y él les *respondía*
99.8 Jehová Dios nuestro, tú les *respondías*
102.2 apresúrate a *responderme* el día que te
108.6 para. .salva con tu diestra y *respóndeme*
118.5 angustia invoqué a Jah, y me *respondió*
119.26 te he manifestado. .y me has *respondido*
119.145 clamé con todo mi corazón; *respóndeme*
120.1 estando en angustia, y él me *respondió*
138.3 el día que clamé, me *respondiste;* me
143.1 mis ruegos; *respóndeme* por tu verdad
143.7 *respóndeme* pronto, oh Jehová, porque
Pr. 1.28 entonces me llamarán, y no *responderé*
15.28 el corazón del. .piensa para *responder*
18.13 al que *responde* palabra antes de oir, le
18.23 con ruegos, mas el rico *responde* durezas
24.26 labios del que *responde* palabras rectas
26.4 nunca *respondas* al necio de acuerdo con
26.5 *responde* al necio como merece su necedad
27.11 tendré que *responder* al que me agravie
Cnt. 5.6 lo busqué. .lo llamé, y no me *respondió*
Is. 6.8 *respondí* yo: Heme aquí, envíame a mí
6.11 y *respondió* él: Hasta que las ciudades
7.12 *respondió* Acaz: No pediré, y no tentaré
8.19 *responded:* ¿No consultará el pueblo a
14.32 y qué se *responderá* a los mensajeros de
21.12 el guarda *respondió:* La mañana viene, y
30.19 oir la voz de tu clamor te *responderá*
36.21 y no le *respondieron*. .No le *respondáis*
39.3 y Ezequías *respondió:* De. .de Babilonia
40.6 *respondí:* ¿Qué tengo que decir a voces?
41.28 les pregunté, y no *respondieron* palabra
46.7 le gritan, y tampoco *responde*, ni libra
50.2 nadie, y cuando llamé, nadie *respondió?*
65.12 por cuanto llamé, y no *respondisteis*
65.24 antes que clamen, *responderé* yo. .oído
66.4 porque llamé, y nadie *respondió;* hablé
Jer. 7.13 sin cesar. .llamé, y no *respondisteis*
7.27 dirás. .los llamarás, y no te *responderán*
11.5 y *respondí* y dije: Amén, oh Jehová
22.9 y se les *responderá:* Porque dejaron el
23.35 así diréis. .¿Qué ha *respondido* Jehová
23.37 ¿qué te *respondió* Jehová, y qué habló
28.5 entonces respondió el profeta Jeremías
33.3 clama a mí, y yo te *responderé*. .enseñaré
35.17 hablé. .los llamé, y no han *respondido*
38.27 les *respondió* conforme a. .lo que el rey
42.4 todo lo que Jehová os *respondiere*, os lo
44.15 las mujeres que. .*respondieron* a Jeremías
44.20 el pueblo que le había *respondido* esto
Ez. 4.15 *respondió*. .te permito usar estiércol
9.11 varón. .*respondió* una palabra, diciendo
14.4 *responderé* al que viniere conforme a la
14.7 yo Jehová le *responderé* por mí mismo
20.3 vivo yo, que yo no os *responderé*, dice
20.31 he de *responderos* yo. .no os *responderé*
Dn. 2.5 *respondió* el rey y dijo a los caldeos
2.7 *respondieron* por segunda vez. .diga el rey
2.8 rey *respondió*. .ponéis dilaciones, porque
2.10 caldeos *respondieron* delante del rey, y
2.26 *respondió* el rey y dijo a Daniel, al cual
2.27 Daniel *respondió*. .El misterio que el rey
3.16 Mesac y Abed-nego *respondieron* al rey
3.16 no es necesario. .*respondamos* sobre este
3.24 *respondieron* al rey: Es verdad, oh rey
4.19 Beltsasar *respondió* y dijo: Señor mío, el
5.17 Daniel *respondió* y dijo. .Tus dones sean
6.12 *respondió* el rey. .Verdad es, conforme a
6.13 *respondieron*. .Daniel. .de los hijos de los
6.21 entonces Daniel *respondió* al rey: Oh rey
12.9 él *respondió:* Anda, Daniel, pues estas
Os. 2.21 aquel tiempo *responderé*, dice Jehová
2.21 yo *responderé* a los. .ellos responderán
2.22 la tierra *responderá* al trigo, al vino
2.22 al aceite, y ellos *responderán* a Jezreel
4.12 madera pregunta, y el leño le *responde*
Jl. 2.19 *responderá*. .He aquí yo os envío pan
Am. 7.14 *respondió* Amós. .No soy profeta, ni soy
8.2 ¿qué ves, Amos? Y *respondí:* Un canastillo
Jon. 1.9 él les *respondió:* Soy hebreo, y temo
1.12 él les *respondió:* Tomadme y echadme al
4.9 y él *respondió:* Mucho me enojo, hasta la
Mi. 3.4 clamaréis a Jehová, y no os *responderá*
6.3 qué te he molestado? *Responde* contra mí
6.5 y qué le *respondió* Balaam hijo de Beor
Hab. 2.1 qué he de *responder* tocante a mi queja
2.2 Jehová me *respondió*. .Escribe la visión
2.11 la tabla del enmaderado le *responderá*
Hag. 2.12 *respondieron*. .sacerdotes y dijeron
2.13 y *respondieron* los sacerdotes. .Inmunda
2.14 *respondió* Hageo. .Así es este pueblo y
Zac. 1.10 aquel varón. .*respondió*. .Estos son los
1.12 *respondió* el ángel de Jehová y dijo: Oh
1.13 Jehová *respondió* buenas palabras. .ángel
1.19 me *respondió:* Estos son los cuernos que
1.21 me *respondió*, diciendo: Aquéllos son los
2.2 me *respondió:* A medir a Jerusalén, para
4.2 *respondí:* He mirado. .aquí un candelabro
4.5 ángel. .*respondió*. .¿No sabes qué es esto?
4.6 *respondió*. .Esta es palabra de Jehová a
4.13 y me *respondió*. .¿No sabes qué es esto?
5.2 ves? Y *respondí:* Veo un rollo que vuela
5.11 me *respondió:* Para que le sea edificada
6.4 *respondí*. .dije. .Señor mío, ¿qué es esto
6.5 y el ángel me *respondió*. .Estos son los
13.6 él *responderá:* Con ellas fui herido en
Mal. 2.12 al que vela y al que *responde*, y al que
Mt. 3.15 le *respondió:* Deja ahora, porque así
4.4 *respondió*. .Escrito está: No sólo de pan
8.8 *respondió* el centurión y dijo: Señor, no
11.4 *respondiendo*. .dijo: Id, y haced saber a
11.25 *respondiendo* Jesús. .Te alabo, Padre
12.38 *respondieron* algunos de los escribas y
12.39 él *respondió* y les dijo: La generación
12.48 *respondiendo*. .dijo: ¿Quién es mi madre
13.11 *respondiendo*. .dijo: Porque a vosotros
13.37 *respondiendo*. .dijo: El que siembra la
13.51 ¿habéis. .Ellos *respondieron:* Sí, Señor
14.28 le *respondió* Pedro. .Señor, si eres tú
15.3 *respondiendo* él. .dijo: ¿Por qué también
15.13 *respondiendo* él, dijo: Toda planta que
15.15 *respondiendo* Pedro. .dijo: Explícanos
15.23 Jesús no le *respondió* palabra. Entonces
15.24 él *respondiendo*, dijo: No soy enviado
15.26 *respondiendo* él. .No está bien tomar el
15.28 *respondiendo*. .dijo: Oh mujer, grande es
16.2 *respondiendo*, les dijo: Cuando anochece
16.16 *respondiendo*. .Pedro, dijo: Tú eres el
16.17 *respondió* Jesús: Bienaventurado eres
17.11 *respondiendo* Jesús. .dijo: A la verdad
17.17 *respondiendo*. .¡Oh generación incrédula
17.26 Pedro le *respondió:* De los extraños
19.4 él, *respondiendo*, les dijo: ¿No habéis
19.27 *respondiendo* Pedro. .hemos dejado todo
20.13 *respondiendo*, dijo. .Amigo, no te hago
20.22 Jesús *respondiendo*, dijo: No sabéis lo
21.21 *respondiendo*. .dijo. .que si tuviereis fe
21.24 *respondiendo* Jesús. .haré una pregunta
21.27 y *respondiendo* a. .dijeron: No sabemos
21.29 *respondiendo* él, dijo: No quiero; pero
21.30 *respondiendo* él, dijo: Sí, señor, voy
22.1 *respondiendo* Jesús, les volvió a hablar
22.29 *respondiendo* Jesús, les dijo: Erráis
22.46 y nadie le podía *responder* palabra; ni
24.2 *respondiendo* él, les dijo: ¿Veis todo
24.4 *respondiendo* Jesús, les dijo: Mirad que
25.9 las prudentes *respondieron*. .Para que no
25.12 *respondiendo*, dijo. .que no os conozco
25.26 *respondiendo* su señor, le dijo: Siervo
25.37 justos le *responderán* diciendo: Señor
25.40 *respondiendo* el Rey. .dirá: De cierto os
25.44 *responderán*, diciendo: Señor, ¿cuándo
25.45 les *responderá*. .De cierto os digo que
26.23 él *respondiendo*, dijo: El que mete la
26.25 *respondiendo* Judas, el. .dijo: ¿Soy yo
26.33 *respondiendo* Pedro, le dijo. .yo nunca
26.62 dijo: ¿No *respondes* nada? ¿Qué testifican
26.66 *respondiendo* ellos, dijeron: ¡Es reo de
27.12 siendo acusado por los. .nada *respondió*
27.14 Jesús no le *respondió* ni una palabra
27.21 y *respondiendo* el gobernador, les dijo
27.25 *respondiendo* todo el pueblo, dijo: Su
28.5 el ángel, *respondiendo*, dijo. .No temáis
Mr. 3.33 él les *respondió*. .¿Quién es mi madre
5.9 y *respondió* diciendo: Legión me llamo
6.37 *respondiendo*. .dijo: Dadles vosotros de
7.6 *respondiendo* él, les dijo: Hipócritas
7.28 *respondió* ella y le dijo: Sí, Señor; pero
8.4 le *respondieron:* ¿De dónde podrá alguien
8.28 *respondieron:* Unos, Juan el Bautista
8.29 *respondiendo* Pedro, le dijo: Tú eres el
9.12 *respondiendo* él, les dijo: Elías a la
9.17 *respondiendo* uno. .dijo: Maestro, traje a
9.19 *respondiendo* él. .dijo: ¡Oh generación
9.38 *respondió* diciendo: Maestro, hemos visto
10.3 *respondiendo*, les dijo: ¿Qué os mandó
10.5 *respondiendo* Jesús. .dijo: Por la dureza
10.20 *respondiendo*. .dijo: Maestro, todo esto
10.24 *respondiendo*, volvió a decirles: Hijos
10.29 *respondió* Jesús y dijo: De cierto os
10.51 *respondiendo*. .le dijo: ¿Qué quieres que
11.22 *respondiendo* Jesús, les dijo: Tened fe
11.29 Jesús *respondiendo*, les dijo: Os haré
11.29 una pregunta; *respondedme*, y os diré
11.30 ¿era del cielo, o de los. .*Respondedme*
11.33 que, *respondiendo*, dijeron. .No sabemos
11.33 *respondiendo* Jesús, les dijo: Tampoco
12.17 *respondiendo* Jesús. .dijo: Dad a César
12.24 *respondiendo*. .les dijo: ¿No erráis por
12.28 sabía que les había *respondido* bien, le
12.29 le *respondió:* El primer mandamiento de
12.34 viendo que había *respondido* sabiamente
13.2 Jesús, *respondiendo*, le dijo: ¿Ves estos
13.5 Jesús, *respondiéndoles*, comenzó a decir
14.20 *respondiendo*, les dijo: Es uno de los
14.40 durmiendo. .y no sabían qué *responderle*
14.48 y *respondiendo* Jesús, les dijo: ¿Como
14.60 ¿no *respondes* nada? ¿Qué testifican
14.61 él callaba, y nada *respondía*. El sumo
15.2 *respondiendo* él, le dijo: Tú lo dices
15.4 ¿nada *respondes?* Mira de cuántas cosas
15.5 Jesús ni aun con eso *respondió:* de modo
15.9 Pilato les *respondió*. .¿Queréis que os
15.12 *respondiendo* Pilato, les dijo otra vez
Lc. 1.19 *respondiendo* el ángel, le dijo: Yo soy
1.35 *respondiendo*. .dijo: El Espíritu Santo

RESPONDER *(Continúa)*

Lc. 1.60 pero *respondiendo* su madre, dijo: No; se
3.11 *respondiendo,* les dijo: El que tiene dos
3.16 *respondió* Juan..a todos: Yo a la verdad
4.4 Jesús, *respondiéndole,* dijo: Escrito está
4.8 *respondiendo* Jesús, le dijo: Vete de mí
4.12 *respondiendo* Jesús, le dijo: Dicho está
5.5 *respondiendo* Simón..y nada hemos pescado
5.22 *respondiendo* les dijo: ¿Qué caviláis en
5.31 *respondiendo* Jesús, les dijo: Los que
6.3 *respondiendo*..dijo: ¿Ni aun esto habéis
7.22 *respondiendo*..Id, haced saber a Juan lo
7.40 *respondiendo*..le dijo: Simón, una cosa
7.43 *respondiendo* Simón, dijo: Pienso que
8.21 *respondiendo,* les dijo: Mi madre y mis
8.50 le *respondió:* No temas; cree solamente
9.19 *respondieron:* Unos, Juan el Bautista
9.20 *respondiendo* Pedro, dijo: El Cristo de
9.41 *respondiendo* Jesús..¿Hasta cuándo he de
9.49 *respondiendo* Juan, dijo: Maestro, hemos
10.27 *respondiendo,* dijo: Amarás al Señor tu
10.28 le dijo: Bien has *respondido;* haz esto
10.30 *respondiendo*..dijo..hombre descendía
10.41 *respondiendo* Jesús..dijo: Marta, Marta
11.7 y aquél, *respondiendo* desde adentro, le
11.45 *respondiendo* uno de los intérpretes de
12.11 cómo o qué habréis de *responder,* o qué
13.2 *respondiendo* Jesús..dijo: ¿Pensáis que
13.8 él..*respondiendo,* le dijo: Señor, déjala
13.15 el Señor le *respondió*..Hipócrita, cada
13.25 él *respondiendo* os dirá: No sé de dónde
15.29 él, *respondiendo,* dijo al padre: He aquí
17.17 *respondiendo* Jesús, dijo: ¿No son diez
17.20 *respondió*..El reino de Dios no vendrá
17.37 *respondiendo,* le dijeron: ¿Dónde, Señor?
18.7 día y noche? ¿Se tardará en *responderles?*
19.31 *responderéis* así..el Señor lo necesita
19.40 *respondiendo,* les dijo: Os digo que si
20.3 *respondiendo* Jesús, les dijo: Os haré yo
20.3 os haré yo..una pregunta; *respondedme*
20.7 y *respondieron* que no sabían de dónde
20.24 quién..Y *respondiendo* dijeron: De César
20.34 *respondiendo*..les dijo: Los hijos de
20.39 *respondiéndole* algunos de los escribas
21.14 habéis de *responder* en vuestra defensa
22.51 *respondiendo* Jesús, dijo: Basta ya
22.68 si os preguntare, no me *responderéis*
23.3 y *respondiéndole* él, dijo: Tú lo dices
23.9 preguntas, pero él nada le *respondió*
23.40 *respondiendo* el otro..¿Ni aun temes tú
24.18 *respondiendo* uno de ellos..Cleofas, le
Jn. 1.21 eres tú el profeta? Y *respondió:* No
1.26 Juan les *respondió*..Yo bautizo con agua
1.48 *respondió* Jesús y..Antes que Felipe te
1.49 *respondió* Natanael y le dijo: Rabí, tú
1.50 *respondió* Jesús..¿Porque te dije: Te vi
2.18 *respondieron*..¿Qué señal nos muestras
2.19 *respondió* Jesús y les dijo: Destruid
3.3 *respondió* Jesús..que no naciere de nuevo
3.5 *respondió* Jesús..que no naciere de agua
3.9 *respondió* Nicodemo..¿Cómo puede hacerse
3.10 *respondió* Jesús y le..¿Eres tú maestro de
3.27 *respondió*..No puede el hombre recibir
4.10 *respondió* Jesús..Si conocieras el don
4.13 *respondió* Jesús..Cualquiera que bebiere
4.17 *respondió* la mujer y..No tengo marido
5.7 le *respondió* el enfermo, no tengo quien
5.11 les *respondió:* El que me sanó, él mismo
5.17 y Jesús les *respondió:* Mi Padre hasta
5.19 *respondió*..No puede el Hijo hacer nada
6.7 *respondió:* Doscientos denarios de pan no
6.26 *respondió* Jesús..me buscáis, no porque
6.29 *respondió*..Esta es la obra de Dios, que
6.43 *respondió*..No murmuréis entre vosotros
6.68 *respondió* Simón Pedro: Señor, ¿a quién
6.70 les *respondió:* ¿No os he escogido yo a
7.16 *respondió*..Mi doctrina no es mía, sino
7.20 *respondió* la multitud..Demonio tienes
7.21 Jesús *respondió*..Una obra hice, y todos
7.46 alguaciles *respondieron:* ¡Jamás hombre
7.47 *respondieron:* ¿También vosotros habéis
7.52 *respondieron*..¿Eres tú también galileo?
8.14 *respondió*..Aunque yo doy testimonio de
8.19 *respondió* Jesús: Ni a mí me conocéis, ni
8.33 *respondieron:* Linaje de Abraham somos
8.34 *respondió*..aquel que hace pecado, esclavo
8.39 *respondieron*..Nuestro padre es Abraham
8.48 *respondieron*..dijeron..eres samaritano
8.49 *respondió* Jesús: Yo no tengo demonio
8.54 *respondió* Jesús: Si yo me glorifico a mí
9.3 *respondió* Jesús: No es que pecó éste, ni
9.11 *respondió* él y dijo: Aquel hombre que se
9.20 padres *respondieron*..Sabemos que éste es
9.25 *respondió*..Si es pecador, no lo sé; una
9.27 él les *respondió:* Ya os lo he dicho, y no
9.30 *respondió*..Pues esto es lo maravilloso
9.34 *respondieron*..naciste del todo en pecado
9.36 *respondió* él y dijo: ¿Quién es, Señor
9.41 Jesús les *respondió:* Si fuerais ciegos
10.25 Jesús les *respondió:* Os lo he dicho, y
10.32 les *respondió:* Muchas buenas obras os he
10.33 *respondieron* los judíos, diciendo: Por
10.34 Jesús les *respondió:* ¿No está escrito en
11.9 *respondió* Jesús: ¿No tiene el día doce
12.23 *respondió*..Ha llegado la hora para que
12.30 *respondió* Jesús..No ha venido esta voz
12.34 *respondió* la gente: Nosotros hemos oído
13.7 *respondió* Jesús..Lo que yo hago, tú no lo
13.8 Jesús le *respondió:* Si no te lavare, no
13.26 *respondió* Jesús: A quien yo diere el pan
13.36 Jesús le *respondió:* A donde yo voy, no
13.38 Jesús le *respondió:* ¿Tu vida pondrás por
14.23 *respondió* Jesús y..dijo: El que me ama
16.31 Jesús les *respondió:* ¿Ahora creéis?
18.5 *respondieron:* A Jesús nazareno. Jesús
18.8 *respondió* Jesús: Os he dicho que yo soy
18.20 Jesús le *respondió:* Yo públicamente he
18.22 le dio..¿Así *respondes* al sumo sacerdote?
18.23 Jesús le *respondió:* Si he hablado mal
18.30 *respondieron* y le dijeron: Si éste no
18.34 Jesús le *respondió:* ¿Dices tú esto por
18.35 le *respondió:* ¿Soy yo acaso judío? Tu
18.36 *respondió* Jesús: Mi reino no es de este
18.37 *respondió* Jesús: Tú dices que yo soy
19.7 *respondieron:* Nosotros tenemos una ley
19.11 *respondió*..Ninguna autoridad tendrías
19.15 *respondieron*..No tenemos más rey que
19.22 *respondió* Pilato: Lo que he escrito, he
20.28 Tomás *respondió* y..¡Señor mío, y Dios
21.5 ¿tenéis algo de comer? Le *respondieron*
21.15,16 le *respondió:* Sí, Señor; tú sabes
21.17 le *respondió:* Señor, tú lo sabes todo
Hch. 3.12 Pedro, *respondió* al pueblo: Varones
4.19 Juan *respondieron*..Juzgad si es justo
5.29 *respondiendo*..Es necesario obedecer a
8.24 *respondiendo*..Simón, dijo: Rogad..por
8.34 *respondiendo* el eunuco, dijo a Felipe
8.37 *respondiendo,* dijo: Creo que Jesucristo
9.10 Ananías..él *respondió:* Heme aquí, Señor
9.13 Ananías *respondió:* Señor, he oído de
10.47 *respondió* Pedro: ¿Puede acaso alguno
11.9 la voz me *respondió* del..por segunda vez
15.13 Jacobo *respondió*..Varones hermanos
19.15 *respondiendo* el espíritu malo, dijo: A
21.13 Pablo *respondió:* ¿Qué hacéis llorando
22.8 *respondí:* ¿Quién eres, Señor? Y me dijo
22.28 *respondió* el tribuno: Yo con una gran
24.10 Pablo..*respondió:* Porque sé que desde
25.4 *respondió* que Pablo estaba custodiado
25.9 *respondiendo* a Pablo dijo: ¿Quieres subir
25.12 Festo..*respondió:* A César has apelado
25.16 a éstos *respondí* que no es costumbre de
2 Co. 5.12 tengáis con qué *responder* a los que
Col. 4.6 para que sepáis cómo debéis *responder*
1 P. 2.23 no *respondía* con maldición; cuando

RESPONDONES

Tit. 2.9 siervos..que agraden..que no sean *r*

RESPUESTA

Gn. 37.14 cómo están las ovejas, y tráeme la *r*
41.16 Dios será el que dé *r* propicia a Faraón
Nm. 22.8 yo os daré *r* según Jehová me hablare
Jos. 22.32 de Israel, a los cuales dieron la *r*
1 S. 14.37 Saúl..Jehová no le dio *r* aquel día
17.30 preguntó..le dio el pueblo la misma *r*
18.24 los criados..le dieron la *r,* diciendo
2 S. 14.7 de consuelo la *r* de mi señor el rey
15.28 yo me detendré en..hasta que venga *r* de
1 R. 2.30 volvió con la *r* al rey, diciendo: Así
20.9 los embajadores fueron, y le dieron la *r*
2 R. 14.9 Joás..envió a..esta *r:* El cardo que
22.20 yo traigo..Y ellos dieron al rey la *r*
2 Cr. 34.28 yo te..ellos refirieron al rey la *r*
Esd. 4.17 rey envió esta *r:* A Rehum canciller
Neh. 2.20 en *r* les dije: El Dios de los cielos
Job 11.2 las muchas palabras no han de tener *r?*
21.29 preguntado..y no habéis conocido su *r*
21.34 viniendo a parar vuestras *r* en falacia?
32.5 viendo Eliú que no había *r* en la boca de
34.36 causa de sus *r* semejantes a las de los
Sal. 119.42 y daré por *r*..que en tu palabra he
Pr. 15.1 blanda *r* quita la ira; mas la palabra
15.23 el hombre se alegra con la *r* de su boca
16.1 son..mas de Jehová es la *r* de la lengua
Ez. 7.26 y buscarán *r* del profeta, mas la ley
Dn. 2.9 preparáis *r* mentirosa y perversa que
Mi. 3.7 cerrarán sus labios..no hay *r* de Dios
Lc. 2.47 y todos los..se maravillaban..de sus *r*
20.26 sino que maravillados de su *r,* callaron
Jn. 1.22 para que demos *r* a los que nos enviaron
19.9 ¿de dónde eres tú?..Jesús no le dio *r*
Ro. 11.4 pero ¿qué le dice la divina *r?* Me he

RESQUEBRAJAR

Jer. 14.4 *resquebrajó* la..por no haber llovido

RESTABLECER

Gn. 41.13 yo fui *restablecido* a mi puesto, y el
2 Cr. 29.35 quedó *restablecido* el servicio de
Is. 38.16 tú me *restablecerás,* y harás que viva
62.7 deis..hasta que *restablezca* a Jerusalén
Jer. 33.7 y los *restableceré* como al principio
Dn. 4.36 fui *restablecido* en mi reino, y mayor
Mr. 8.25 y fue *restablecido,* y vio..claramente

RESTAR

Lv. 2.3,10 *resta* de la ofrenda será de Aarón
Jos. 21.40 *restaban* de..familias de los levitas
23.12 y os uniereis a lo que *resta* de estas
1 R. 19.7 come, porque largo camino te *resta*
Job 9.22 cosa *resta* que yo diga: Al perfecto y
1 Co. 7.29 *resta,* pues..los que tienen esposa
1 P. 4.2 vivir el tiempo que *resta* en la carne

RESTAURACIÓN

2 Cr. 24.27 la *r* de la casa de Jehová, he aquí
Hch. 3.21 el cielo reciba hasta..la *r* de todas
Ro. 11.12 la riqueza..¿cuánto más su plena *r?*

RESTAURADO *Véase Restaurar*

RESTAURADOR

Rt. 4.15 *r* de tu alma, y sustentará tu vejez
Is. 58.12 llamado..*r* de calzadas para habitar

RESTAURAR

Rt. 4.5 *restaures* el nombre del muerto sobre
4.10 por mi mujer a Rut..*restaurar* el nombre
1 R. 9.17 *restauró,* pues, Salomón a Gezer y a
13.6 mano me sea *restaurada*..se le *restauró*
2 R. 5.10 lávate..y tu carne se te *restaurará*
14.25 *restauró* los límites de Israel desde la
2 Cr. 24.4 decidió *restaurar* la casa de Jehová
24.13 y por sus manos la obra fue *restaurada*
33.13 Dios oyó su..y lo *restauró* a Jerusalén
34.10 obra..para reparar y *restaurar* el templo
Esd. 9.9 para..*restaurar* sus ruinas, y darnos
Neh. 3.4 junto a ellos *restauró* Meremot hijo de
3.4 al lado de ellos *restauró* Mesulam hijo de
3.4 junto a..*restauró* Sadoc hijo de Baana
3.5 e inmediato a..*restauraron* los tecoítas
3.6 la puerta Vieja fue *restaurada* por Joiada
3.7 junto a ellos *restauró* Melatías gabaonita
3.8 *restauró* Uziel hijo de Harhaía, de los
3.8 cual *restauró* también Hananías, hijo de
3.9 junto a ellos *restauró* también Refaías
3.10 *restauró* junto a ellos..Jedaías hijo de
3.10 junto..*restauró* Hatús hijo de Hasabnías
3.11 *restauraron* otro tramo, y la torre de los
3.12 junto a..*restauró* Salum hijo de Halohes
3.13 puerta del Valle la *restauró* Hanún con
3.15 Salum..*restauró* la puerta de la Fuente
3.16 después de él *restauró* Nehemías hijo de
3.17 tras él *restauraron* los levitas; Rehum
3.17 junto a él *restauró* Hasabías, gobernador
3.18 después de él *restauraron* sus hermanos
3.19 *restauró* Ezer hijo de Jesúa, gobernador
3.20 Baruc hijo..*restauró* otro tramo, desde
3.21 tras él *restauró* Meremot hijo de Urías
3.22 *restauraron* los sacerdotes, los varones
3.23 después de..*restauraron* Benjamín y Hasub
3.23 después de éstos *restauró* Azarías hijo
3.24 después *restauró* Binúi hijo de Henadad
3.26 *restauraron* hasta enfrente de la puerta
3.27 después..*restauraron* los tecoítas otro
3.28 la puerta de los Caballos *restauraron* los
3.29 después de ellos *restauró* Sadoc hijo de
3.29 después de él *restauró* Semaías hijo de
3.30 Hanún hijo sexto..*restauraron* otro tramo
3.30 después de ellos *restauró* Mesulam hijo
3.31 después de él *restauró* Malquías hijo del
3.32 la puerta..*restauraron* los plateros y los
5.16 la obra de este muro *restauré* mi parte
Job 33.26 y *restaurará* al hombre su justicia
Sal. 80.3 Dios, *restáuranos;* haz resplandecer
80.7,19 Dios de los ejércitos, *restáuranos*
85.4 *restáuranos*..Dios de nuestra salvación
Ec. 3.15 fue ya; y Dios *restaura* lo que pasó
Is. 1.26 *restauraré*..jueces como al principio
49.6 para que *restaures* el remanente de Israel
49.8 por pacto..para que *restaures* la tierra
61.4 *restaurarán* las ciudades arruinadas, los
Jer. 15.19 si te convirtieres, yo te *restauraré*
19.11 una vasija..que no se puede *restaurar*
27.22 después los traeré y los *restauraré* a
Ez. 35.9 tus ciudades nunca más se *restaurarán*
Dn. 9.25 la orden para *restaurar*..a Jerusalén
Nah. 2.2 Jehová *restaurará* la gloria de Jacob
Zac. 8.3 yo he restaurado a Sion, y moraré en
9.12 os anuncio que os *restauraré* el doble
Mt. 12.13 le fue *restaurada* sana como la otra
17.11 Elías viene primero, y *restaurará* todas
Mr. 3.5 extendió, y la mano le fue *restaurada*
9.12 Elías viene primero, *restaurará* todas
Lc. 6.10 lo hizo así, y su mano fue *restaurada*
Hch. 1.6 Señor, ¿*restaurarás* el reino a Israel
Gá. 6.1 que sois espirituales, *restauradle* con

RESTITUCIÓN

Éx. 22.3 ladrón hará completa *r;* si no tuviere

RESTITUIR

Gn. 40.13 te *restituirá* a tu puesto, y darás la
Lv. 6.4 habiendo pecado y..*restituirá* aquello
6.5 lo *restituirá* por entero..añadirá a ello
24.18,21 que hiere..animal ha de *restituirlo*
25.41 y a la posesión de sus..se *restituirá*
1 S. 7.14 *restituidas* a Israel las ciudades que

RESTITUIR *(Continúa)*
1 S. 12.3 atestiguad contra mí. .os lo *restituiré*
2 S. 3.14 *restitúyeme* mi mujer Mical, la cual
1 R. 20.34 las ciudades que. .yo las *restituiré*
2 R. 13.25 y *restituyó* las ciudades a Israel
14.22 a Elat, y la *restituyó* a Judá, después
14.28 y cómo *restituyó* al dominio de Israel
2 Cr. 24.13 *restituyeron* la casa de Dios a su
26.2 Elot, y la *restituyó* a Judá después que
Esd. 7.19 los *restituirás* delante de Dios en
Job 9.12 ¿quién le hará *restituir?* ¿Quién le
20.18 *restituirá* el trabajo conforme a los
41.11 ¿quién me ha dado a. .que yo *restituya?*
Is. 1.17 *restituid* al agraviado, haced justicia
42.22 despojo. .no hay quien diga: *Restituid*
Ez. 33.15 impío *restituyere* la prenda. .vivirá
Jl. 2.25 os *restituiré* los años que comió la
He. 13.19 que yo os sea *restituido* más pronto

RESTO
Lv. 4.7,18,25,30,34; 9.9 el *r* de la sangre al pie del altar
Nm. 31.32 el botín, el *r* del botín que tomaron
Dt. 3.11 había quedado del *r* de los gigantes
3.13 el *r* de Galaad. .lo di a la media tribu
28.54 y al *r* de sus hijos que le quedaren
Jos. 13.12 había quedado del *r* de los refaítas
21.26 ciudades para el *r* de las familias de
Jue. 5.13 entonces marchó el *r* de los nobles
7.6 *r* del pueblo se dobló sobre sus rodillas
1 S. 13.2 y envió al *r*. .cada uno a sus tiendas
2 S. 10.10 entregó. .el *r* del ejército en mano
21.2 los gabaonitas. .del *r* de los amorreos
1 R. 16.20 el *r* de los hechos de Zimri, y la
22.39 el *r* de los hechos de Acab, y todo lo
22.46 barrió. .*r* de los sodomitas que había
2 R. 13.8 el *r* de los hechos de Joacaz, y todo
21.14 desampararé el *r* de mi heredad, y lo
1 Cr. 19.11 luego el *r* de la gente en mano de
Neh. 4.14 dije a. .y al *r* del pueblo: No temáis
4.19 y al *r* del pueblo: La obra es grande y
7.72 el *r* del pueblo dio veinte mil dracmas
10.28 *r* del pueblo, los sacerdotes, levitas
11.1 el *r* del pueblo echó suertes para traer
11.20 y el *r* de Israel, de los sacerdotes y
Sal. 76.10 alabará; tú reprimirás el *r* de las
Is. 1.9 si. .no nos hubiese dejado un *r* pequeño
38.10 yo dije. .privado soy del *r* de mis años
44.19 ¿haré del *r* de él una abominación? ¿Me
46.3 oídme, oh casa de Jacob, y todo el *r* de
Jer. 6.9 rebuscarán como a vid el *r* de Israel
8.3 escogerá la muerte. .todo el *r* que quede
24.8 pondré a Sedequías. .y al *r* de Jerusalén
27.19 del *r* de los utensilios que quedan en
39.9 al *r* del pueblo. .con todo el *r* del pueblo
40.15 dispersarán, y perecerá el *r* de Judá?
41.10 llevó Ismael cautivo. .el *r* del pueblo
41.16 tomaron a todo el *r* del pueblo que había
42.2 ruego. .por todo este *r* (pues de muchos
44.12 tomaré el *r* de Judá que volvieron sus
44.14 del *r* de los de Judá que entraron en la
44.28 sabrá. .el *r* de Judá que ha entrado en
47.4 destruirá. .al *r* de la costa de Caftor
47.5 Ascalón ha perecido, y el *r* de su valle
52.15 a todo el *r* de la multitud del pueblo
Ez. 6.8 dejaré un *r*, de modo que tengáis entre
25.16 destruiré el *r* que queda en la costa
Am. 1.8 *r* de los filisteos perecerá, ha dicho
9.12 para que aquellos. .posean el *r* de Edom
Abd. 18 ni aun *r* quedará de la casa de Esaú
Mi. 2.12 recogeré ciertamente el *r* de Israel
5.3 el *r*. .se volverá con los hijos de Israel
Sof. 1.4 exterminaré. .*r* de Baal, y el nombre de
Hag. 1.12 y oyó. .todo el *r* del pueblo, la voz
1.14 despertó. .espíritu de. .el *r* del pueblo
2.2 habla ahora. .al *r* del pueblo, diciendo
Zac. 14.2 el *r* del pueblo no será cortado de la
Hch. 15.17 el *r* de los hombres busque al Señor
Ap. 12.17 fue a hacer guerra contra el *r* de la

RESTREGAR
Lc. 6.1 espigas. .*restregándolas* con las manos

RESUCITAR
Neh. 4.2 ¿*resucitarán* de los montones del polvo
Is. 26.14 han fallecido, no *resucitarán;* porque
26.19 tus muertos. .sus cadáveres *resucitarán*
Os. 6.2 tercer día nos *resucitará*, y viviremos
Mt. 10.8 *resucitad* muertos, echad. .demonios; de
11.5 sordos oyen, los muertos son *resucitados*
14.2 Juan el Bautista; ha *resucitado* de los
16.21 ser muerto, y *resucitar* al tercer día
17.9 hasta que el. .*resucite* de los muertos
17.23 mas al tercer día *resucitará*. Y ellos
20.19 crucifiquen. .al tercer día *resucitará*
26.32 pero después que haya *resucitado*, iré
27.63 dijo. .Después de tres días *resucitaré*
27.64 y digan. .*Resucitó* de entre los muertos
28.6 no está aquí. .ha *resucitado*, como dijo
28.7 decid. .que ha *resucitado* de los muertos
Mr. 6.14 dijo: Juan el Bautista ha *resucitado*
6.16 Juan. .que ha *resucitado* de los muertos
8.31 muerto, y *resucitar* después de tres días
9.9 cuando. .hubiese *resucitado* de los muertos
9.10 qué sería aquello de *resucitar* de los
9.31 pero después. .*resucitará* al tercer día
10.34 matarán; mas al tercer día *resucitará*
12.23 cuando *resuciten*, ¿de cuál de ellos será
12.25 cuando *resuciten* de los muertos, ni se
12.26 que los muertos *resucitan*, ¿no habéis
14.28 pero después que haya *resucitado*, iré
16.6 ha *resucitado*, no está aquí; mirad el
16.9 habiendo, pues, *resucitado* Jesús por la
16.14 a los que le habían visto *resucitado*
Lc. 7.22 los muertos son *resucitados*, y a los
9.7 decían. .Juan ha *resucitado* de los muertos
9.8,19 algún profeta de los. .ha *resucitado*
9.22 que sea muerto, y *resucite* al tercer día
18.33 matarán; mas al tercer día *resucitará*
20.37 que los muertos han de *resucitar*, aun
24.6 no está aquí, sino que ha *resucitado*
24.7 crucificado, y *resucite* al tercer día
24.34 que decían: Ha *resucitado* el Señor
24.46 *resucitase* de los muertos al tercer día
Jn. 2.22 cuando *resucitó*. .acordaron que había
6.39 sino que lo *resucite* en el día postrero
6.40,44,54 le *resucitaré* en el día postrero
11.23 Jesús le dijo: Tu hermano *resucitará*
11.24 yo sé que *resucitará* en la resurrección
12.1 a quien había *resucitado* de los muertos
12.9 ver a Lázaro, a quien había *resucitado*
12.17 a Lázaro. .y le *resucitó* de los muertos
20.9 que era necesario que él *resucitase* de
21.14 tercera vez. .después de haber *resucitado*
Hch. 2.32 este Jesús *resucitó* Dios, de lo cual
3.15 al Autor de. .a quien Dios ha *resucitado*
4.10 y a quien Dios *resucitó* de los muertos
10.41 y bebimos con él después que *resucitó*
13.33 Dios ha cumplido. .*resucitando* a Jesús
17.3 padeciese, y *resucitase* de los muertos
26.8 cosa increíble que Dios *resucite* a los
Ro. 4.25 *resucitado* para nuestra justificación
6.4 como Cristo *resucitó* de los muertos por
6.9 Cristo, habiendo *resucitado*. .ya no muere
7.4 de otro, del que *resucitó* de los muertos
8.34 el que también *resucitó*, el que además
14.9 para esto murió y *resucitó*, y volvió a
1 Co. 15.4 *resucitó* al tercer día, conforme a
15.12 si se predica de Cristo que *resucitó*
15.13 porque si no. .tampoco Cristo *resucitó*
15.14 si Cristo no *resucitó*, vana. .vuestra fe
15.15 hemos testificado. .él *resucitó* a Cristo
15.15 al cual no *resucitó*, si en verdad los
15.15 si en verdad los muertos no *resucitan*
15.16 no *resucitan*, tampoco Cristo *resucitó*
15.17 y si Cristo no *resucitó*, vuestra fe es
15.20 mas. .Cristo ha *resucitado* de los muertos
15.29 ninguna manera los muertos *resucitan?*
15.32 si los muertos no *resucitan*, comamos y
15.35 alguno: ¿Cómo *resucitarán* los muertos?
15.42 se siembra. .*resucitará* en incorrupción
15.43 se siembra en deshonra, *resucitará* en
15.43 se siembra en debilidad, *resucitará* en
15.44 animal, *resucitará* cuerpo espiritual
15.52 muertos serán *resucitados* incorruptibles
2 Co. 1.9 en Dios que *resucita* a los muertos
4.14 sabiendo que el que *resucitó* al Señor
4.14 a nosotros. .*resucitará* con Jesús, y nos
5.15 para aquel que murió y *resucitó* por ellos
Gá. 1.1 por Dios el Padre que lo *resucitó* de
Ef. 1.20 operó en Cristo, *resucitándole* de los
2.6 y juntamente con él nos *resucitó*. .sentar
Col. 2.12 fuisteis también *resucitados* con él
3.1 si, pues, habéis *resucitado* con Cristo
1 Ts. 1.10 al cual *resucitó* de los muertos, a
4.14 si creemos que Jesús murió y *resucitó*
4.16 muertos en Cristo *resucitarán* primero
2 Ti. 2.8 *resucitado* de los muertos conforme
He. 13.20 el Dios de paz, que *resucitó*. .Señor
1 P. 1.21 quien le *resucitó* de los muertos y le

RESUELTO *Véase también Resolver*
Gn. 43.3 aquel varón nos protestó con ánimo *r*
2 Cr. 32.5 con ánimo *r* edificó Ezequías todos

RESULTADO
He. 13.7 cuál haya sido el *r* de su conducta

RESULTAR
Dt. 19.18 y si aquel testigo *resultare* falso
22.20 si *resultare*. .no se halló virginidad en
1 S. 20.12 si *resultare* bien. .enviaré a ti para
1 Cr. 7.9 jefes de familias *resultaron* 20.200
Jer. 3.11 ha *resultado* justa la rebelde Israel
Ro. 4.14 si. .vana *resulta* la fe, y anulada la
7.10 mandamiento que. .me *resultó* para muerte
2 Co. 7.14 gloriarnos con Tito *resultó* verdad
Fil. 1.19 que. .esto *resultará* en mi liberación
1.22 si el vivir. .*resulta*. .en beneficio de la
1 Ts. 2.1 que *nuestra* visita a. .no *resultó* vana
3.5 y que nuestro trabajo *resultase* en vano

RESUMIR
Ro. 13.9 otro mandamiento, en esta. .se *resume*

RESURRECCIÓN
Mt. 22.23 los saduceos, que dicen que no hay *r*
22.28 en la *r*, pues, ¿de cuál de los siete
22.30 porque en la *r* ni se casarán ni se darán
22.31 pero respecto a la *r* de los muertos, ¿no
27.53 después de la *r* de él, vinieron a la
Mr. 12.18 los saduceos, que dicen que no hay *r*
12.23 en la *r*, pues. .¿de cuál de ellos será
Lc. 14.14 pero te será recompensado en la *r* de
20.27 los saduceos, los cuales niegan haber *r*
20.33 en la *r*, pues, ¿de cuál de ellos será
20.35 por dignos de alcanzar. .la *r* de entre
20.36 son hijos de Dios, al ser hijos de la *r*
Jn. 5.29 saldrán a *r* de vida. .*r* de condenación
11.24 sé que resucitará en la *r*, en el día
11.25 le dijo Jesús: Yo soy la *r* y la vida
Hch. 1.22 hecho testigo con nosotros, de su *r*
2.31 habló de la *r* de Cristo, que su alma no
4.2 y anunciasen. .la *r* de entre los muertos
4.33 daban testimonio de la *r* del Señor Jesús
17.18 les predicaba el evangelio. .y de la *r*
17.32 cuando oyeron lo de la *r* de los muertos
23.6 acerca. .la *r* de los muertos se me juzga
23.8 porque los saduceos dicen que no hay *r*
24.15 que ha de haber *r* de los muertos, así
24.21 acerca de la *r* de los. .soy juzgado hoy
26.23 ser el primero de la *r* de los muertos
Ro. 1.4 declarado Hijo. .con poder. .por la *r* de
6.5 si. .así también lo seremos en la de su *r*
1 Co. 15.12 ¿cómo dicen. .no hay *r* de muertos?
15.13 si no hay *r* de muertos, tampoco Cristo
15.21 también por un hombre la *r* de. .muertos
15.42 así también es la *r* de los muertos. Se
Fil. 3.10 fin de conocerle, y el poder de su *r*
3.11 si en alguna manera llegase a la *r* de
2 Ti. 2.18 diciendo que la *r* ya se efectuó, y
He. 6.2 doctrina. .de la *r* de los muertos y del
11.35 recibieron sus muertos mediante *r;* mas
11.35 no aceptando. .a fin de obtener mejor *r*
1 P. 1.3 por la *r* de Jesucristo de los muertos
3.21 ahora nos salva. .por la *r* de Jesucristo
Ap. 20.5 hasta. .mil años. Esta es la primera *r*
20.6 el que tiene parte en la primera *r;* la

RETAGUARDIA
Nm. 10.25 de los hijos de Dan. .a *r* de todos los
Dt. 25.18 desbarató la *r* de todos los débiles
Jos. 6.9 la *r* iba tras el arca, mientras las
6.13 *r* iba tras el arca de Jehová, mientras
10.19 seguid a. .enemigos, y heridles la *r*
1 S. 29.2 David y sus hombres iban en la *r* con
2 S. 10.9 se le presentaba la batalla. .a la *r*
1 Cr. 19.10 el ataque. .sido dispuesto. .por la *r*
Is. 58.8 de ti, y la gloria de Jehová será tu *r*

RETAMA
Jer. 17.6 será como la *r* en el desierto, y no
48.6 salvad vuestra vida, y sed como *r* en el

RETARDAR
Sal. 119.60 apresuré y no me *retardé* en guardar
2 P. 3.9 el Señor no *retarda* su promesa, según

RETENCIÓN
Ec. 2.3 *r* de la necedad, hasta ver cuál fuese

RETENEDOR
Tit. 1.9 *r* de la palabra fiel tal como ha sido

RETENER
Lv. 19.13 no *retendrás* el salario del jornalero
Dt. 24.12 no te acostarás *reteniendo*. .su prenda
Jue. 7.8 *retuvo* a aquellos trescientos hombres
1 R. 11.34 lo *retendré* por rey todos los días
2 Cr. 22.9 fuerzas para poder *retener* el reino
Job 2.3 que todavía *retiene* su integridad, aun
2.9 *retienes* tu integridad? Maldice a Dios, y
Sal. 40.11 no *retengas* de mí tus misericordias
Pr. 3.18 bienaventurados. .los que la *retienen*
4.4 *retenga* tu corazón mis razones, guarda
4.13 *retén* el consejo, no lo dejes; guárdalo
5.22 *retenido*. .con las cuerdas de su pecado
11.24 hay quienes *retienen* más de lo que es
Ec. 8.8 tenga potestad. .para *retener* el espíritu
Jer. 2.13 cisternas rotas que no *retienen* agua
26.2 te mandé hablarles; no *retengas* palabra
35.7 ni plantaréis viña, ni la *retendréis*
50.33 que los tomaron cautivos los *retuvieron*
Ez. 18.16 la prenda no *retuviere*, ni cometiere
Dn. 11.6 ella no podrá *retener* la fuerza de su
Mi. 7.18 no *retuvo*. .siempre su enojo, porque
Lc. 8.15 son los que. .*retienen* la palabra oída
Jn. 20.23 los *retuviereis*, les son *retenidos*
Hch. 2.24 era imposible que fuese *retenido* por
5.4 *reteniéndola*, ¿no se te quedaba a ti? y
1 Co. 11.2 *retenéis* las instrucciones tal como
15.2 *retenéis* la palabra que os he predicado
1 Ts. 5.21 examinadlo todo; *retened* lo bueno
2 Ts. 2.15 estad firmes, y *retened* la doctrina
2 Ti. 1.13 *retén* la forma de las sanas palabras
Flm. 13 yo quisiera *retenerle* conmigo, para que
He. 3.6 si *retenemos* firme. .la confianza y el
3.14 que *retengamos* firme. .nuestra confianza

RETENER *(Continúa)*
He. 4.14 teniendo. . *retengamos* nuestra profesión
Ap. 2.13 *retienes* mi nombre, y no has negado mi
2.14 los que *retienen* la doctrina de Balaam
2.15 *retienen* la doctrina de los nicolaítas
2.25 pero lo que tenéis, *retenedlo* hasta que
3.11 vengo pronto; *retén* lo que tienes, para
19.10 tus. . que *retienen* el testimonio de Jesús

RETIÑIR
1 S. 3.11; 2 R. 21.12 le *retiñirán* ambos oídos
Jer. 19.3 que lo oyere, le *retiñan* los oídos
1 Co. 13.1 vengo a ser como. . címbalo que *retiñe*

RETIRAR
Gn. 8.3 se *retiraron* las aguas al cabo de 150
8.8 para ver si las aguas se habían *retirado*
8.11 Noé que las aguas se habían *retirado* de
Éx. 10.28 *retírate* de mí; guárdate que no veas
14.21 hizo Jehová que el mar se *retirase* por
Jos. 8.26 Josué no *retiró* su mano. . con la lanza
Jue. 9.51 a la cual se *retiraron*. . los hombres
Rt. 3.7 Booz. . se *retiró* a dormir a un lado del
2 S. 11.15 a Urías al frente. . y *retiraos* de él
20.22 se *retiraron* de la ciudad, cada uno a su
2 R. 12.18 a Hazael. . él se *retiró* de Jerusalén
2 Cr. 16.3 Baasa. . a fin de que se *retire* de mí
35.22 mas Josías no se *retiró*, sino que se
Neh. 9.20 y no *retiraste* tu maná de su boca, y
Job 37.7 así hace *retirarse* a todo hombre, para
Is. 31.2 traerá el mal. . no *retirará* sus palabras
59.14 y el derecho se *retiró*, y la justicia
Jer. 14.8 y como caminante que se *retira* para
37.5 los caldeos. . se *retiraron* de Jerusalén
37.11 el ejército de los caldeos se *retiró* de
Lm. 2.3 *retiró*. . su diestra frente al enemigo
Mr. 3.7 Jesús se *retiró* al mar con. . discípulos
Lc. 9.10 se *retiró* aparte, a un lugar desierto
Jn. 6.15 volvió a *retirarse* al monte él solo
Hch. 23.19 y *retirándose* aparte, le preguntó
26.31 y cuando se *retiraron*. . hablaban entre
28.25 al *retirarse*. . dijo Pablo esta palabra

RETOÑAR
Job 14.7 *retoñará*. . y sus renuevos no faltarán
Sal. 132.17 allí haré *retoñar* el poder de David
Is. 11.1 y un vástago *retoñará* de sus raíces
Ez. 29.21 haré *retoñar* el poder de la casa de

RETOÑO
Is. 15.6 se marchitarán los *r*. . verdor perecerá

RETOZAR
Job 40.20 toda bestia del campo *retoza* allá

RETRACTAR
Jue. 11.35 dado palabra. . y no podré *retractarme*
Sal. 132.11 Jehová a David, y no se *retractará*

RETRAER
Sal. 74.11 ¿por qué *retraes* tu mano? ¿Por qué
Is. 58.13 *retrajeres* del día de reposo tu pie
Lm. 2.8 no *retrajo* su mano de la destrucción
Ez. 18.8 que de la maldad *retrajere* su mano, e
20.22 *retraje* mi mano a causa de mi nombre
Jl. 2.10,15 estrellas *retraerán* su resplandor
Gá. 2.12 pero después. . se *retraía* y se apartaba

RETRIBUCIÓN
Dt. 32.35 mía es la venganza y la *r*; a su
32.41 yo. . daré la *r* a los que me aborrecen
Is. 34.8 día de. . año de *r* en el pleito de Sion
35.4 que vuestro Dios viene con *r*, con pago
47.3 haré *r*, y no se librará hombre alguno
Jer. 46.10 será para Jehová Dios de. . día de *r*
50.28 para dar en Sion las nuevas de la *r* de
51.56 porque Jehová, Dios de *r*, dará la paga
Os. 9.7 vinieron los días de la *r*; e Israel lo
Lc. 21.22 son días de *r*, para que se cumplan
Ro. 1.27 recibiendo en sí mismos la *r* debida a
11.9 dice: Sea vuelto. . en tropezadero y en *r*
2 Ts. 1.8 dar *r* a los que no conocieron a Dios
He. 2.2 y toda transgresión y. . recibió justa *r*

RETRIBUIDOR
Sal. 99.8 les fuiste un Dios. . y *r* de sus obras

RETRIBUIR
Job 34.11 le *retribuirá* conforme a su camino
34.33 te *retribuirá*, ora rehúses, ora aceptes
Is. 59.18 *retribuir* con ira a sus enemigos, y

RETROCEDER
Jue. 20.39 Israel *retrocedieron* en la batalla
2 S. 11.23 hicimos *retroceder* hasta la entrada
2 R. 20.9 ¿avanzará la sombra. . o *retrocederá* 10
Sal. 44.10 nos hiciste *retroceder* delante del
Is. 14.27 su mano. . ¿quién la hará *retroceder*?
Jer. 46.5 ¿por qué. . vi medrosos, *retrocediendo*?
Jn. 18.6 cuando les dijo: Yo soy, *retrocedieron*
He. 10.38 *retrocediere*, no agradará a mi alma
10.39 nosotros no somos de los que *retroceden*

REU ***Hijo de Peleg y padre de Serug (=Ragau)*, Gn. 11.18,19,20,21; 1 Cr. 1.25**

REUEL
1. ***Hijo de Esaú y Basemat*,**
Gn. 36.4,10,13,17(2); 1 Cr. 1.35,37
2. ***Suegro de Moisés (=Jetro)*, Éx. 2.18**
3. ***Padre de Eliasaf No. 1 (=Deuel)*, Nm. 2.14**
4. ***Descendiente de Benjamín*, 1 Cr. 9.8**

REÚMA ***Concubina de Nacor*, Gn. 22.24**

REUNIDO ***Véase también Reunir***
Hch. 1.15 y los *r* eran como 120 en número

REUNIÓN
Gn. 1.10 Dios. . a la *r* de las aguas llamó Mares
Éx. 27.21 el tabernáculo de *r*, afuera del velo
28.43 cuando entren en el tabernáculo de *r*
29.4 y llevarás a Aarón y a. . tabernáculo de *r*
29.10 becerro delante del tabernáculo de *r*
29.11 y matarás al becerro. . tabernáculo de *r*
29.30 venga al tabernáculo de *r* para servir
29.32 comerán. . la puerta del tabernáculo de *r*
29.42 será. . a la puerta del tabernáculo de *r*
29.44 y santificaré el tabernáculo de *r* y el
30.16 para el servicio del tabernáculo de *r*
30.18 entre el tabernáculo de *r* y el altar
30.20 entren en el tabernáculo de *r*. . lavarán
30.26 con él ungirás el tabernáculo de *r*, el
30.36 y lo pondrás. . en el tabernáculo de *r*
31.7 tabernáculo de *r*, el arca del testimonio
33.7 levantó. . y lo llamó el Tabernáculo de *R*
33.7 al tabernáculo de *r* que estaba fuera del
35.21 ofrenda. . la obra del tabernáculo de *r*
38.8 mujeres que velaban a la puerta del. . de *r*
38.30 hechas las basas. . del tabernáculo de *r*
39.32 acabada. . la obra. . del tabernáculo de *r*
39.40 todos los utensilios. . tabernáculo de *r*
40.2 harás levantar el. . el tabernáculo de *r*
40.6 el altar. . entrada del tabernáculo de *r*
40.7 la fuente entre el tabernáculo de *r* y el
40.12 llevarás a Aarón y a. . tabernáculo de *r*
40.22 puso la mesa en el tabernáculo de *r*, al
40.24 puso el candelero en. . tabernáculo de *r*
40.26 el altar de oro en el tabernáculo de *r*
40.29 altar. . a la entrada. . tabernáculo de *r*
40.30 la fuente entre el tabernáculo de *r* y
40.32 cuando entraban en el tabernáculo de *r*
40.34 una nube cubrió el tabernáculo de *r*, y
40.35 y no podía Moisés entrar en el. . de *r*
Lv. 1.1 habló con él desde el tabernáculo de *r*
1.3 ofrecerá a la puerta del tabernáculo de *r*
1.5 cual está a la puerta del tabernáculo de *r*
3.2 la degollará a la. . del tabernáculo de *r*
3.8,13 la degollará delante. . tabernáculo de *r*
4.4 traerá el becerro a. . del tabernáculo de *r*
4.5 sangre. . y la traerá al tabernáculo de *r*
4.7,18 altar. . que está en el tabernáculo de *r*
4.7,18 altar. . la puerta del tabernáculo de *r*
4.14 lo traerán delante del tabernáculo de *r*
4.16 meterá de la sangre. . el tabernáculo de *r*
6.16 el atrio del tabernáculo de *r* lo comerán
6.26 será comida. . atrio del tabernáculo de *r*
6.30 de cuya sangre se metiere en el. . de *r*
8.3 reúne. . a la puerta del tabernáculo de *r*
8.4 reunió. . a la puerta del tabernáculo de *r*
8.31 carne a la puerta del tabernáculo de *r*
8.33 de la puerta del. . de *r* no saldréis en
8.35 a la puerta. . de *r* estaréis día y noche
9.5 llevaron lo. . delante del tabernáculo de *r*
9.23 Moisés y Aarón en el tabernáculo de *r*
10.7 ni saldréis de la. . del tabernáculo de *r*
10.9 no beberéis vino. . en el tabernáculo de *r*
12.6 una tórtola para. . a la puerta del. . de *r*
14.11,23; 15.14,29 puerta del tabernáculo de *r*
16.7 cabríos. . la puerta del tabernáculo de *r*
16.16 misma manera hará. . al tabernáculo de *r*
16.17 ningún hombre. . en el tabernáculo de *r*
16.20 expiar. . el tabernáculo de *r* y el altar
16.23 vendrá Aarón al tabernáculo de *r*, y se
16.33 hará la expiación por. . tabernáculo de *r*
17.4,9 no lo trajere a. . del tabernáculo de *r*
17.5,6 a la puerta del tabernáculo de *r* al
19.21 traerá. . a la puerta del tabernáculo de *r*
23.37 a las que convocaréis santas *r*, para
24.3 en el tabernáculo de *r*, las dispondrá
Nm. 1.1 habló Jehová a. . en el tabernáculo de *r*
2.2 alrededor del tabernáculo de *r* acamparán
2.17 luego irá el tabernáculo de *r*, con el
3.7 delante del tabernáculo de *r* para servir
3.8 utensilios del tabernáculo de *r*, y todo
3.25 a cargo. . Gersón, en el tabernáculo de *r*
3.25 la cortina de la. . del tabernáculo de *r*
3.38 al oriente, delante del tabernáculo de *r*
4.3,23,30 para servir en el tabernáculo de *r*
4.4 oficio de. . Coat en el tabernáculo de *r*
4.15 cargas. . de Coat en el tabernáculo de *r*
4.25 llevarán las cortinas. . tabernáculo de *r*
4.25 la cortina de la. . del tabernáculo de *r*
4.28 es el servicio de. . en el tabernáculo de *r*
4.31 todo su servicio en el tabernáculo de *r*
4.33 ministerio en el tabernáculo de *r*, bajo
4.35,39,43 ministrar en el tabernáculo de *r*
4.37,41 que ministran en el tabernáculo de *r*
4.47 cargo de obra en el tabernáculo de *r*
6.10 tórtolas. . la puerta del tabernáculo de *r*
6.13 nazareo. . la puerta del tabernáculo de *r*
6.18 raerá a la puerta del tabernáculo de *r*
7.5 serán para el servicio. . tabernáculo de *r*
7.89 cuando entraba. . en el tabernáculo de *r*
8.9 se acerquen delante del tabernáculo de *r*
8.15 ministrar en el tabernáculo de *r*; serán
8.19 que ejerzan el. . en el tabernáculo de *r*
8.22 para ejercer su. . en el tabernáculo de *r*
8.24 ministerio en el. . del tabernáculo de *r*
8.26 servirán. . en el tabernáculo de *r*, para
10.3 se reunirá. . puerta del tabernáculo de *r*
11.16 setenta. . la puerta del tabernáculo de *r*
12.4 salid vosotros tres al tabernáculo de *r*
14.10 gloria. . mostró en el tabernáculo de *r*
16.18 pusieron a la puerta. . tabernáculo de *r*
16.19 Coré. . a la puerta del tabernáculo de *r*
16.42 miraron hacia el tabernáculo de *r*, y he
16.43 vinieron. . delante del tabernáculo de *r*
16.50 volvió. . a la puerta del tabernáculo de *r*
17.4 pondrás en el tabernáculo de *r* delante
18.4 y tendrán el cargo del tabernáculo de *r*
18.6 en el ministerio del tabernáculo de *r*
18.21 ellos sirven en el. . del tabernáculo de *r*
18.22 y no se acercarán. . al tabernáculo de *r*
18.23 harán el servicio del tabernáculo de *r*
18.31 vuestro ministerio en. . tabernáculo de *r*
19.4 rociará hacia la. . del tabernáculo de *r*
20.6 fueron. . a la puerta del tabernáculo de *r*
25.6 lloraban. . la puerta del tabernáculo de *r*
27.2 puerta del tabernáculo de *r*, y dijeron
31.54 oro. . y lo trajeron al tabernáculo de *r*
Dt. 31.14 esperad en el tabernáculo de *r* para
31.14 y esperaron en el tabernáculo de *r*
Jos. 18.1 y erigieron allí el tabernáculo de *r*
19.51 Silo. . a la entrada del tabernáculo de *r*
Jue. 20.2 jefes. . presentes en la *r* del pueblo
21.5 ¿quién de todas. . Israel no subió a la *r*
21.8 que ninguno de. . había venido al. . a la *r*
1 S. 2.22 que velaban a. . del tabernáculo de *r*
1 R. 8.4 llevaron el arca. . y el tabernáculo de *r*
1 Cr. 6.32 servían delante de. . tabernáculo de *r*
9.21 era portero de la. . del tabernáculo de *r*
23.32 tuviesen la guarda del tabernáculo de *r*
2 Cr. 1.3 allí estaba el tabernáculo de *r* de
1.6 altar de bronce. . en el tabernáculo de *r*
1.13 en Gabaón, delante del tabernáculo de *r*
5.5 llevaron el arca, y el tabernáculo de *r*
20.14 vino el Espíritu de. . en medio de la *r*
30.13 y se reunió en Jerusalén. . una vasta *r*
Sal. 26.5 aborrecí la *r* de los malignos, y con
68.30 reprime la *r* de gentes armadas. . toros
82.1 Dios está en la *r* de los dioses. . juzga
107.32 exáltenlo. . la *r* de ancianos lo alaben
Pr. 1.21 clama en los principales lugares de *r*
Cnt. 6.13 algo como la *r* de dos campamentos
Jer. 6.11 sobre la *r* de los jóvenes igualmente
26.17 de los ancianos. . hablaron a toda la *r*
50.9 y hago subir. . *r* de grandes pueblos de la
Ez. 32.3 yo extenderé sobre ti mi red con *r* de
Jl. 2.16 reunid al pueblo, santificad la *r*
2 Ts. 2.1 la venida de. . Jesucristo, y nuestra *r*

REUNIR
Gn. 41.48 *reunió* todo el alimento de los siete
49.29 dijo: Yo voy a ser *reunido* con mi pueblo
49.33 y expiró, y fue *reunido* con sus padres
Éx. 3.16 vé, y *reúne* a los ancianos de Israel
4.29 y *reunieron* a todos los ancianos de los
29.42 me *reuniré* con vosotros, para hablaros
29.43 allí me *reuniré* con los hijos de Israel
Lv. 8.3 *reúne*. . la congregación a la puerta del
8.4 y se *reunió* la congregación a la puerta
Nm. 1.18 y *reunieron* a toda la congregación en
8.9 *reunirás* a toda la congregación de. . Israel
10.3 la congregación se *reunirá* ante ti a la
10.7 para *reunir* la congregación tocaréis, mas
11.16 *reúneme* 70 varones de los ancianos de
11.24 Moisés. . *reunió* a los setenta varones de
12.15 no pasó. . hasta que se *reunió* María con
20.8 *reúne* la congregación, tú y Aarón tu
20.10 *reunieron*. . a la congregación delante de
20.24,26 Aarón será *reunido* a su pueblo
21.16 dijo. . Reúne al pueblo, y les daré agua
27.13 serás *reunido* a tu. . como fue *r*. . Aarón
Dt. 4.10 me dijo: *Reúneme* el pueblo, para que
Jos. 2.18 *reunirás* en tu casa a tu padre y a tu
18.1 toda la congregación. . se *reunió* en Silo
24.1 *reunió* Josué a. . las tribus de Israel en
Jue. 2.10 aquella generación. . *reunida* a. . padres
4.13 y *reunió* Sísara todos sus carros, 900
6.34 Gedeón. . abiezeritas se *reunieron* con él
9.47 que estaban *reunidos* todos los hombres
11.20 *reuniendo* Sehón toda su gente, acampó
12.1 se *reunieron* los varones de Efraín, y
12.4 *reunió* Jefté a. . los varones de Galaad
20.1 se *reunió* la congregación como un solo
1 S. 5.11 y *reunieron* a todos los príncipes de
7.5 *reunid* a todo Israel en Mizpa, y yo oraré
7.6 y se *reunieron* en Mizpa, y sacaron agua
7.7 oyeron los filisteos. . *reunidos* en Mizpa

REUNIR ***(Continúa)***

1 S. 13.11 que los filisteos estaban *reunidos* en
14.48 *reunió* un ejército y derrotó a Amalec
28.1 que los filisteos *reunieron* sus fuerzas
2 S. 6.1 David volvió a *reunir*..los escogidos
10.15 pero los sirios..se volvieron a *reunir*
10.17 David, *reunió* a todo Israel, y pasando
12.28 *reúne*..al pueblo que queda, y acampa
23.9 se habían *reunido* allí para la batalla
23.11 los filisteos se habían *reunido* en Lehi
1 R. 8.1 Salomón *reunió* ante sí..a los ancianos
8.2 se *reunieron*..todos los varones de Israel
8.5 toda la congregación..que se había *reunido*
12.21 Roboam..*reunió* a toda la casa de Judá
18.20 y *reunió* a los profetas en el..Carmelo
22.6 el rey de Israel *reunió* a los profetas
2 R. 3.13 Jehová ha *reunido* a estos tres reyes
6.24 Ben-adad rey de..*reunió* todo su ejército
10.18 después *reunió* Jehú a todo el pueblo, y
23.1 el rey mandó *reunir*..todos los ancianos
1 Cr. 13.2 enviaremos..se *reúnan* con nosotros
13.5 David *reunió* a..Israel, desde Sihor de
15.4 *reunió*..David a los hijos de Aarón y a
19.17 *reunió* a..Israel, y cruzando el Jordán
22.2 mandó David..*reuniese* a los extranjeros
28.1 *reunió* David en..principales de Israel
29.17 tu pueblo, *reunido* aquí..ha dado para
2 Cr. 5.2 Salomón *reunió*..los ancianos de Israel
5.6 la congregación de..que se había *reunido*
10.1 en Siquem se había *reunido* todo Israel
11.1 Roboam..*reunió* de la casa de Judá y de
12.5 *reunidos* en Jerusalén por..Sisac, y les
15.9 después *reunió* a todo Judá y Benjamín
15.10 se *reunieron*..en Jerusalén, en el mes
18.5 el rey de Israel *reunió* a 400 profetas
20.4 y se *reunieron* los de Judá para pedir
23.2 y *reunieron* a los levitas de todas las
24.5 y *reunió* a los sacerdotes y los levitas
25.5 *reunió*..Amasías a Judá..les puso jefes
29.4 levitas..los *reunió* en la plaza oriental
29.15 éstos *reunieron* a sus hermanos, y se
29.20 *reunió* los principales de la ciudad
30.3 ni el pueblo se..*reunido* en Jerusalén
30.13 y se *reunió* en Jerusalén mucha gente
32.4 *reunió* mucho pueblo, y cegaron todas las
32.6 hizo *reunir* en la plaza de la puerta
34.17 han *reunido* el dinero que se halló en
34.29 *reunió* a todos los ancianos de Judá y
Esd. 7.28 yo..*reuní* a los principales de Israel
8.15 los *reuní* junto al río que viene a Ahava
10.7 todos los hijos..*reuniesen* en Jerusalén
10.9 los hombres..se *reunieron* en Jerusalén
Neh. 4.20 donde oyereis..la trompeta, *reuníos*
6.2 *reunámonos* en alguna de las aldeas en el
6.10 me dijo: *Reunámonos* en la casa de Dios
7.5 puso Dios en mi corazón que *reuniese* a
8.13 se *reunieron* los cabezas de las familias
9.1 el día 24 del mismo mes se *reunieron* los
10.29 se *reunieron* con sus hermanos y sus
12.28 *reunidos* los hijos de los cantores, así
13.11 y los *reuní* y los puse en sus puestos
Est. 2.8 habían *reunido* a muchas doncellas en
2.19 vírgenes eran *reunidas* la segunda vez
4.16 *reúne* a todos los judíos que se hallan
8.11 rey daba facultad..para que se *reuniesen*
9.2 los judíos se *reunieron* en sus ciudades
Job 12.23 las naciones, y las vuelve a *reunir*
30.7 entre las matas, y se *reunían* debajo de
Sal. 41.7 *reunidos* murmuran contra mí todos los
47.9 los príncipes de los pueblos se *reunieron*
48.4 aquí los reyes de la tierra se *reunieron*
56.6 se *reúnen*, se esconden, miran..mis pasos
Is. 8.9 *reuníos* pueblos, y seréis quebrantados
11.12 y *reunirá* los esparcidos de Judá de los
13.4 de ruido de reinos, de naciones *reunidas*
16.3 *reúne* consejo, haz juicio; pon tu sombra
27.12 hijos de Israel, seréis *reunidos* uno a
31.4 si se *reúne* cuadrilla de pastores contra
34.16 mandó, y los *reunió* su mismo Espíritu
45.20 *reuníos*, y venid; juntaos todos los
49.18 todos éstos se han *reunido*, han venido
56.8 el que *reúne* a los dispersos de Israel
Jer. 4.5 *reuníos*..en las ciudades fortificadas
8.14 *reuníos*, y entremos en las..fortificadas
12.9 *reuníos*, vosotras..las fieras del campo
21.4 yo los *reuniré* en medio de esta ciudad
29.14 os *reuniré* de todas las naciones y de
31.8 y los *reuniré* de los fines de la tierra
31.10 el que esparció a Israel lo *reunirá* y
32.37 yo los *reuniré* de todas las tierras a
40.15 los judíos que se han *reunido* a ti se
Ez. 16.37 que yo *reuniré* a todos tus enamorados
16.37 y los *reuniré* alrededor de ti y les
20.34 os *reuniré* de las tierras en que estáis
22.19 que yo os *reuniré* en medio de Jerusalén
38.7 tú y toda tu multitud que se ha *reunido*
38.13 *reunido* tu multitud para tomar botín
39.17 *reuníos* de todas partes a mi víctima
39.27 los *reúna* de la tierra de sus enemigos
39.28 *reúna* sobre su tierra, sin dejar allí a
Dn. 3.2 envió..a que se *reuniesen* los sátrapas
3.3 fueron..*reunidos* los sátrapas..capitanes
11.10 *reunirán*..grandes ejércitos; y vendrá
Jl. 2.16 *reunid* al pueblo..juntad a los ancianos
3.2 *reuniré* a todas las naciones, y las haré
Am. 3.9 *reuníos* sobre los montes de Samaria, y
Mi. 2.12 lo *reuniré* como ovejas de Bosra, como
Hab. 2.5 antes *reunió* para sí todas las gentes
Sof. 3.8 determinación es *reunir* las naciones
3.18 *reuniré* a los fastidiados por causa del
3.20 en aquel tiempo os *reuniré* yo; pues os
Zac. 10.8 los *reuniré*, porque los he redimido
14.2 yo *reuniré* a..las naciones para combatir
14.14 serán *reunidas* las riquezas de todas las
Mt. 25.32 y serán *reunidas*..todas las naciones
26.3 los ancianos..se *reunieron* en el patio
26.57 adonde estaban *reunidos* los escribas y
27.17 *reunidos*, pues..dijo Pilato: ¿A quién
27.27 *reunieron* alrededor de él..la compañía
27.62 se *reunieron* los principales sacerdotes
28.12 y *reunidos* con los ancianos, y habido
Mr. 4.1 se *reunió* alrededor de él mucha gente
5.21 se *reunió* alrededor..una gran multitud
14.53 y se *reunieron* todos los principales
Lc. 5.15 y se *reunía* mucha gente para oirle, y
9.1 habiendo *reunido* a sus doce discípulos
15.6 *reúne* a..amigos y vecinos, diciéndoles
15.9 *reúne* a sus amigas y..diciendo: Gozaos
24.33 hallaron a los once *reunidos*, y a los
Jn. 11.47 y los fariseos *reunieron* el concilio
18.2 muchas veces..se había *reunido* allí con
18.20 donde se *reúnen* todos los judíos, y nada
20.19 donde los discípulos estaban *reunidos*
Hch. 1.6 que se habían *reunido* le preguntaron
4.5 se *reunieron* en Jerusalén..los ancianos y
4.26 se *reunieron* las reyes de la tierra, y
10.27 y halló a muchos que se habían *reunido*
12.12 donde muchos estaban *reunidos* orando
13.36 David..fue *reunido* con sus padres, y vio
14.27 habiendo llegado, y *reunido* a la iglesia
15.6 *reunieron* los apóstoles y los ancianos
15.30 y *reuniendo* a la..entregaron la carta
16.13 hablamos a las..que se habían *reunido*
19.25 a los cuales, *reunidos* con los obreros
19.32 más no sabían por qué se habían *reunido*
20.6 y en cinco días nos *reunimos* con ellos
20.7 *reunidos* los discípulos para partir el
20.8 lámparas en el..donde estaban *reunidos*
20.14 cuando se *reunió* con nosotros en Asón
21.18 se hallaban *reunidos* todos los ancianos
21.22 multitud se *reunirá* de cierto, porque
28.17 luego que estuvieron *reunidos*, les dijo
1 Co. 5.4 *reunidos* vosotros y mi espíritu, con
11.18 cuando os *reunís* como iglesia, oigo que
11.20 cuando..os *reunís*..no es comer la cena
11.33 cuando os *reunís* a comer, esperaos unos
11.34 casa, para que no os *reunáis* para juicio
14.23 si..la iglesia se *reúne* en un solo lugar
14.26 cuando os *reunís*, cada uno..tiene salmo
Ef. 1.10 de *reunir* todas las cosas en Cristo
Ap. 16.14 *reunirlos* a la batalla de aquel día
16.16 los *reunió* en el lugar que en hebreo se
19.19 vi..los reyes..*reunidos* para guerrear
20.8 a fin de *reunirlos* para la batalla; el

REVELACIÓN

1 R. 14.6 aquí yo soy enviado a ti con *r* dura
Mt. 2.12 siendo avisados por *r* en sueños que no
2.22 pero avisado por *r* en sueños, se fue a
Lc. 2.32 luz para *r* a los gentiles, y gloria de
Ro. 2.5 ira y de la *r* del justo juicio de Dios
16.25 la *r* del misterio que se ha mantenido
1 Co. 14.6 no os hablare con *r*, o con ciencia
14.26 lengua, tiene *r*, tiene interpretación
2 Co. 12.1 pero vendré a las..a las *r* del Señor
12.7 que la grandeza de las *r* no me exaltase
Gá. 1.12 ni lo recibí..sino por *r* de Jesucristo
2.2 pero subí según una *r*, y para no correr
Ef. 1.17 Padre de gloria, os dé espíritu..de *r*
3.3 por *r* me fue declarado el misterio, como
1 P. 4.13 en la *r* de su gloria os gocéis con
Ap. 1.1 *r* de Jesucristo, que Dios le dio, para

REVELAR

Dt. 29.29 mas las *reveladas* son para nosotros
1 S. 3.7 ni la palabra..le había sido *revelada*
9.15 Jehová había *revelado* al oído de Samuel
2 S. 7.27 tú..*revelaste* al oído de tu siervo
1 R. 4.27 Jehová me ha..y no me lo ha *revelado*
1 Cr. 17.25 tú, Dios mío, *revelaste* al oído de
Job 33.16 *revela* al oído de los hombres, y les
Is. 13.1 profecía sobre Babilonia, *revelada* a
22.14 esto fue *revelado* a mis oídos de parte
23.1 desde la tierra de Quitim..es *revelado*
Jer. 33.6 les *revelaré* abundancia de paz y de
Dn. 2.19 el secreto fue *revelado* a Daniel en
2.22 él *revela* lo profundo y lo escondido
2.23 ahora me has *revelado* lo que te pedimos
2.27 ni magos ni adivinos lo pueden *revelar*
2.28 pero hay un Dios..*revela* los misterios
2.29 el que *revela* los misterios te mostró lo
2.30 a mí me ha sido *revelado* este misterio
2.47 es Dios..y el que *revela* los misterios
2.47 Dios..pues pudiste *revelar* este misterio
10.1 fue *revelada* palabra a Daniel, llamado
Am. 3.7 sin que *revele* su secreto a sus siervos
Mt. 11.25 sabios..y las *revelaste* a los niños
11.27 aquel a quien el Hijo lo quiera *revelar*
16.17 porque no te lo *reveló* carne ni sangre
Lc. 2.26 sido *revelado* por el Espíritu Santo
2.35 que sean *revelados* los pensamientos de
10.21 las has *revelado* a los niños. Sí, Padre
10.22 aquel a quien el Hijo lo quiera *revelar*
Jn. 12.38 a quién se ha *revelado* el brazo del
Ro. 1.17 la justicia de Dios se *revela* por fe
1.18 la ira de Dios se *revela* desde el cielo
1 Co. 2.10 *reveló* a nosotros por el Espíritu
3.13 por el fuego será *revelada*; y la obra de
14.30 y si algo le fuere *revelado* a otro que
Gá. 1.16 *revelar* a su Hijo en mí, para que yo
3.23 para aquella fe que iba a ser *revelada*
Ef. 3.5 es *revelado* a sus santos apóstoles y
Fil. 3.15 su..esto también os lo *revelará* Dios
1 P. 1.12 se les *reveló* que no para sí mismos
5.1 participante..gloria que será *revelada*

REVENTAR

Hch. 1.18 se *reventó* por la mitad, y todas sus

REVERDECER

Nm. 17.8 la vara de Aarón..había *reverdecido*
Job 14.9 percibir el agua *reverdecerá*, y hará
15.32 cortado..sus renuevos no *reverdecerán*
Pr. 11.28 los justos *reverdecerán* como ramas
Is. 66.14 y vuestros huesos *reverdecerán* como
Ez. 7.10 ha florecido la vara, ha *reverdecido*
17.24 verde, e hice *reverdecer* el árbol seco
Jl. 2.22 los pastos del desierto *reverdecerán*
He. 9.4 la vara de Aarón que *reverdeció*, y las

REVERENCIA

Gn. 43.28 vive. Y se inclinaron, e hicieron *r*
Lv. 19.30 mi santuario tendréis en *r*. Yo Jehová
26.2 y tened en *r* mi santuario. Yo Jehová
Nm. 22.31 y Balaam hizo *r*, y se inclinó sobre
1 S. 24.8 inclinó su rostro a tierra, e hizo *r*
28.14 y humillando el rostro a tierra hizo..*r*
2 S. 1.2 llegando..se postró en tierra e hizo *r*
9.6 y vino Mefi-boset..e hizo *r*. Y dijo David
14.4 postrándose en..hizo *r*, y dijo: ¡Socorro
14.22 Joab..hizo *r*, y después que bendijo al
18.21 y el etíope hizo *r* ante Joab, y corrió
1 R. 1.16 Betsabé se inclinó, e hizo *r* al rey
1.31 Betsabé..haciendo *r* al rey, dijo: Viva
Is. 45.14 te harán *r* y te suplicarán diciendo
Mr. 15.19 escupían, y..de rodillas le hacían *r*
He. 12.28 sirvamos a Dios agradándole con..y *r*
1 P. 3.15 presentar defensa con..*r* ante todo el

REVERENCIAR

Neh. 1.11 quienes desean *reverenciar* tu nombre
Sal. 130.4 perdón, para que seas *reverenciado*

REVERENTE

Tit. 2.3 las ancianas..sean *r* en su porte; no
He. 5.7 Cristo..fue oído a causa de su temor *r*

REVÉS

Lv. 13.55 esté lo raído en el derecho o en el *r*

REVESTIR

1 R. 6.15 *revistiéndola* de madera por dentro
2 Co. 5.2 deseando ser *revestidos* de aquella
5.4 no..ser desnudados, sino *revestidos*, para
Gá. 3.27 en Cristo, de Cristo estáis *revestidos*
Col. 3.10 *revestido* del nuevo, el cual conforme
1 P. 5.5 todos, sumisos..*revestíos* de humildad

REVISTA

Jos. 8.10 Josué..pasó *r* al pueblo, y subió él
1 S. 14.17 pasad ahora *r*, y ved..pasaron *r*, y
15.4 les pasó *r* en Telaim, 200.000 de a pie
29.2 filisteos pasaban *r* a sus compañías de
2 S. 18.1 David..pasó *r* al pueblo que tenía
1 R. 20.15 pasó *r*..los siervos de los príncipes
20.15 luego pasó *r* a todo el pueblo, a todos
20.26 Ben-adad pasó *r* al ejército de..sirios
2 R. 3.6 salió..Joram, y pasó *r* a todo Israel
Is. 13.4 Jehová de los ejércitos pasa *r* a las
Jer. 52.25 que pasaba *r* al pueblo de la tierra

REVIVIR

Gn. 45.27 viendo Jacob los..su espíritu *revivió*
1 R. 17.22 alma del niño volvió a él, y *revivió*
2 R. 13.21 *revivió*, y se levantó sobre sus pies
Lc. 15.24 este mi hijo muerto era, y ha *revivido*
15.32 tu hermano era muerto, y ha *revivido*
Ro. 7.9 venido el..el pecado *revivió* y yo morí
Fil. 4.10 habéis *revivido* vuestro cuidado de mí

REVOCAR

Nm. 23.20 dio bendición, y no podré *revocarla*
Dt. 27.2 piedras grandes..las *revocarás* con cal
27.4 estas piedras..y las *revocarás* con cal
Est. 8.5 orden escrita para *revocar* las cartas
8.8 edicto..se sella..no puede ser *revocado*
Is. 45.23 no será *revocada*..doblará toda rodilla
Ez. 7.13 porque la visión..no se *revocará*, y a
Dn. 6.8 que no pueda ser *revocado*, conforme a
Am. 1.3,6,9,11,13; 2.1,4,6 por tres pecados de..no
revocaré su castigo

REVOLCAR

2 S. 20.12 y Amasa. .*revolcándose* en su sangre
Is. 9.5 y todo manto *revolcado* en sangre, serán
Jer. 6.26 *revuélcate* en ceniza; ponte luto como
25.34 *revolcaos* en el polvo, mayorales del
48.26 *revuélquese* Moab sobre su vómito, y sea
Ez. 27.30 echarán polvo. .se *revolcarán* en ceniza
Mi. 1.10 *revuélcate* en el polvo de Bet-le-afra
Mr. 9.20 quien cayendo en tierra se *revolcaba*
2 P. 2.22 y la puerca. .a *revolcarse* en el cieno

REVOLOTEAR

Dn. 32.11 el águila. .*revolotea* sobre sus pollos

REVOLTÓN

Jl. 1.4 y lo que quedó del saltón comió el *r*
1.4 langosta comió lo que del *r* había quedado
2.25 los años que comió. .el *r* y la langosta

REVOLTOSO

Jer. 48.45 Moab, y la coronilla de los hijos *r*

REVOLVER

Gn. 3.24 espada. .que se *revolvía* por todos lados
29.3 *revolvían* la piedra de la boca del pozo
Job 30.14 se *revolvieron* sobre mi calamidad
30.15 se han *revuleto* turbaciones sobre mí
37.12 por sus designios se *revuelven* las nubes
Pr. 17.20 que *revuelve* con su lengua caerá en
26.27 y al que *revuelve* la piedra, sobre él
Lm. 3.3 contra mí volvió y *revolvió* su mano

REVUELTA

Mr. 15.7 que habían cometido homicidio en una *r*

REY

Gn. 14.1 días de Amrafel *r* de Sinar, Arioc *r*
14.1 Quedorlaomer *r* de Elam, y Tidal *r* de
14.2 éstos. .guerra contra Bera *r* de Sodoma
14.2 Birsa *r* de Gomorra, contra Sinab *r* de
14.2 Semeber *r* de Zeboim, y contra el *r* de
14.5 vino. .y los *r* que estaban de su parte
14.8 el *r* de Sodoma, el *r* de Gomorra, el *r*
14.8 de Adma, el *r* de Zeboim y el *r* de Bela
14.9 esto es, contra Quedorlaomer *r* de Elam
14.9 Tidal *r* de Goim, Amrafel *r* de Sinar, y
14.9 Arioc *r* de Elasar; cuatro *r* contra cinco
14.10 huyeron el *r* de Sodoma y el de Gomorra
14.17 volvía de la derrota de. .y de los *r* que
14.17 salió. .*r* de Sodoma a recibirlo al valle
14.17 al valle de Save, que es el Valle del *R*
14.18 Melquisedec, *r* de Salem y sacerdote del
14.21 el *r* de Sodoma dijo a Abram: Dame las
14.22 y respondió Abram al *r* de Sodoma: He
17.6 haré naciones de ti, y *r* saldrán de ti
17.16 ser madre. .*r* de pueblos vendrán de ella
20.2 Abimelec *r* de Gerar envió y tomó a Sara
26.1 a Abimelec *r* de los filisteos, en Gerar
26.8 Abimelec, *r* de los filisteos, mirando por
35.11 una nación y. .y *r* saldrán de tus lomos
36.31 los *r* que reinaron en la tierra de Edom
36.31 que reinase *r* sobre los hijos de Israel
39.20 cárcel, donde estaban los presos del *r*
40.1 el copero del *r* y. .contra su señor el *r*
40.5 el copero y el panadero del *r* de Egipto
40.20 *r* hizo banquete a todos sus sirvientes
41.46 fue presentado delante de Faraón *r* de
49.20 el pan de Aser. .él dará deleites al *r*
Éx. 1.8 se levantó sobre Egipto un nuevo *r* que
1.15 habló el *r* de Egipto a las parteras de
1.17 y no hicieron como les mandó el *r*, sino
1.18 *r* de Egipto hizo llamar a las parteras
2.23 después de. .días murió el *r* de Egipto
3.18 irás tú, y los ancianos de Israel, al *r*
3.19 yo sé que el *r* de Egipto no os dejará ir
5.4 *r* de Egipto les dijo: Moisés y Aarón, ¿por
6.11 y habla a Faraón *r* de Egipto, que deje
6.13 mandamiento. .y para Faraón *r* de Egipto
6.27 estos son los que hablaron a Faraón *r* de
6.29 dí a Faraón *r* de Egipto todas las cosas
14.5 dado aviso al *r* de Egipto, que el pueblo
14.8 endureció Jehová el corazón de Faraón *r*
Nm. 20.14 embajadores al *r* de Edom desde Cades
21.1 cananeo, el *r* de Arad, que habitaba en
21.21 embajadores a Sehón *r* de los amorreos
21.26 Hesbón era la ciudad de Sehón *r* de los
21.26 tenido guerra antes con el *r* de Moab
21.29 en huida. .por Sehón *r* de los amorreos
21 33 salió contra ellos Og *r* de Basán, él y
21.34 harás de él como hiciste de Sehón *r* de
22.4 Balac hijo de. .era entonces *r* de Moab
22.10 Balac. .*r* de Moab, ha enviado a decirme
23.7 dijo: De Aram me trajo Balac, *r* de Moab
23.21 Dios está con él, y júbilo de *r* en él
24.7 enaltecerá su *r* más que Agag, y su reino
31.8 mataron. .los *r* de Madián, Evi, Requem
31.8 mataron. .cinco *r* de Madián; también a
32.33 el reino de Sehón *r* amorreo. .de Og *r* de
33.40 el cananeo, *r* de Arad, que habitaba en
Dt. 1.4 que derrotó a Sehón *r* de los amorreos
1.4 a Og *r* de Basán que habitaba en Astarot
2.24 aquí he entregado en tu mano a Sehón *r*
2.26 y envié mensajeros. .a Sehón *r* de Hesbón
2.30 Sehón *r* de Hesbón no quiso. .pasásemos
3.1 nos salió al encuentro Og *r* de Basán para
3.2 y harás con él como hiciste con Sehón *r*
3.6 las destruimos, como. .a Sehón *r* de Hesbón
3.8 tomamos. .de manos de los dos *r* amorreos
3.11 Og *r* de Basán había quedado del resto de
3.21 lo que. .Dios ha hecho a aquellos dos *r*
4.46 en la tierra de Sehón *r* de los amorreos
4.47 poseyeron su tierra, y la tierra de Og *r*
4.47 dos *r*. .estaban de este lado del Jordán
7.8 y os ha rescatado. .de Faraón *r* de Egipto
7.24 entregará sus *r* en tu mano. .destruirás
11.3 obras que hizo en. .a Faraón *r* de Egipto
17.14 pondré un *r* sobre mí, como todas las
17.15 pondrás por *r*. .que Jehová. .escogiere
17.15 de entre tus hermanos pondrás *r* sobre
28.36 te llevará a ti, y al *r* que hubieres
29.7 y salieron Sehón *r* de Hesbón y Og *r* de
31.4 con Sehón y con Og, *r* de los amorreos
33.5 fue *r* en Jesurún. .las tribus de Israel
Jos. 2.2 dado aviso al *r* de Jericó, diciendo
2.3 el *r*. .envió a decir a Rahab: Saca a los
2.10 lo que habéis hecho a los dos *r* de los
5.1 todos los *r* de los amorreos. .oyeron cómo
5.1 *r* de los cananeos que estaban cerca del
6.2 entregado en tu mano a Jericó y a su *r*
8.1 he entregado en tu mano al *r* de Hai, a su
8.2 a Hai y a su *r*. .hiciste a Jericó y a su *r*
8.14 viéndolo el *r* de Hai, él y su pueblo se
8.23 tomaron vivo al *r* de Hai, y lo trajeron
8.29 al *r* de Hai lo colgó de un madero hasta
9.1 cuando oyeron. .*r* que estaban a este lado
9.10 lo que hizo a los dos *r* de los amorreos
9.10 a Sehón *r* de Hesbón, y a Og *r* de Basán
10.1 cuando Adonisedec *r* de Jerusalén oyó que
10.1 Jericó y a su *r*, así hizo a Hai y a su *r*
10.3 Adonisedec *r* de Jerusalén envió a Hoham
10.3 envió a Hoham *r* de Hebrón, a Piream *r* de
10.3 Jafía *r* de Laquis y a Debir *r* de Eglón
10.5 y 5 *r* de los amorreos, el *r* de Jerusalén
10.5 el *r* de Hebrón, el *r* de Jarmut, el *r* de
10.5 y el *r* de Eglón, se juntaron y subieron
10.6 todos los *r* de los amorreos. .han unido
10.16 los cinco *r* huyeron, y se escondieron
10.17 cinco *r* habían sido hallados escondidos
10.22 abrid. .cueva, y sacad. .a esos cinco *r*
10.23 cinco *r*. .*r* de Jerusalén. .*r* de Hebrón
10.23 *r* de Jarmut. .*r* de Laquis. .*r* de Eglón
10.24 poned vuestros pies sobre. .de estos *r*
10.28 día tomó Josué a Maceda. .y mató a su *r*
10.28 hizo al *r* de Maceda como. .*r* de Jericó
10.30 Jehová la entregó. .y a su *r* en manos de
10.30 e hizo a su *r* de. .como. .al *r* de Jericó
10.33 *r* de Gezer subió en ayuda de Laquis; mas
10.37 la hirieron a filo de espada, a su *r* y a
10.39 tomó, y a su *r*, y a todas sus ciudades
10.39 Libna y a su *r*, así. .a Debir y a su *r*
10.40 hirió. .y a todos sus *r*, sin dejar nada
10.42 todos estos *r* y. .tomó Josué de una vez
11.1 cuando oyó esto Jabín *r* de Hazor, envió
11.1 Jabín. .envió mensaje a Jobab *r* de Madón
11.1 mensaje. .al *r* de Simrón, al *r* de Acsaf
11.2 y a los *r* que estaban en la región del
11.5 todos estos *r* se reunieron, y vinieron
11.10 tomó. .a Hazor, y mató a espada a su *r*
11.12 las ciudades de aquellos *r*, y a. .los *r*
11.17 tomó. .todos sus *r*, y los hirió y mató
11.18 mucho tiempo tuvo guerra Josué con. .*r*
12.1 estos son los *r*. .que. .Israel derrotaron
12.2 Sehón *r* de los. .que habitaba en Hesbón
12.4 el territorio de Og *r* de Basán, que había
12.5 mitad de Galaad, territorio de Sehón *r*
12.7 *r* de la tierra que derrotaron Josué y los
12.9 *r* de Jericó, uno; el *r* de Hai, que está
12.10 el *r* de Jerusalén, otro; el *r* de Hebrón
12.11 *r* de Jarmut, otro; el *r* de Laquis, otro
12.12 el *r* de Eglón, otro; el *r* de Gezer, otro
12.13 *r* de Debir, otro; el *r* de Geder, otro
12.14 el *r* de Horma, otro; el *r* de Arad, otro
12.15 *r* de Libna, otro; el *r* de Adulam, otro
12.16 *r* de Maceda, otro; el *r* de Bet-el, otro
12.17 el *r* de Tapúa, otro; el *r* de Hefer, otro
12.18 el *r* de Afec, otro; el *r* de Sarón, otro
12.19 el *r* de Madón, otro; el *r* de Hazor, otro
12.20 *r* de Simron-merón. .el *r* de Acsaf, otro
12.21 el *r* de Taanac, otro; el *r* de Meguido
12.22 *r* de Cedes, otro; el *r* de Jocneam, otro
12.23 *r* de Dor. .otro; el *r* de Goim en Gilgal
12.24 el *r* de Tirsa, otro; treinta y un *r* por
13.10 las ciudades de Sehón *r* de los amorreos
13.21 todo el reino de Sehón *r* de los amorreos
13.27 resto del reino de Sehón *r* de Hesbón
13.30 el reino de Og *r* de Basán, y todas las
24.9 se levantó Balac. .*r* de los moabitas, y
24.12 arrojaron. .a los dos *r* de los amorreos
Jue. 1.7 setenta *r*, cortados los pulgares de
3.8 los vendió en manos de. .*r* de Mesopotamia
3.10 entregó en. .a Cusan-risataim *r* de Siria
3.12 y Jehová fortaleció a Eglón *r* de Moab
3.14 sirvieron. .a Eglón *r* de los moabitas 18
3.15 enviaron con él un presente a Eglón *r* de
3.17 y entregó el presente a Eglón *r* de Moab
3.19 dijo: *R*, una palabra secreta tengo que
3.24 vinieron los siervos del *r*, los cuales
4.2 los vendió en mano de Jabín *r* de Canaán
4.17 había paz entre Jabín *r* de Hazor y la
4.23 así abatió Dios. .a Jabín, *r* de Canaán
4.24 fue endureciéndose. .contra Jabín *r* de
5.3 oíd, *r*; escuchad, oh príncipes; yo cantaré
5.19 vinieron *r* y pelearon. .pelearon los *r* de
8.5 yo persigo a Zeba y Zalmuna, *r* de Madián
8.12 y prendió a los dos *r* de Madián, Zeba y
8.18 eran ellos; cada uno parecía hijo de *r*
8.26 de púrpura que traían los *r* de Madián
9.6 y fueron y eligieron a Abimelec por *r*
9.8 fueron una vez los árboles a elegir *r*
9.15 si en. .me elegís por *r* sobre vosotros
9.16 habéis procedido en hacer *r* a Abimelec
9.18 habéis puesto por *r*. .Abimelec hijo de
11.12 Jefté mensajeros al *r* de los amonitas
11.13 el *r* de los amonitas respondió a los
11.14 volvió a enviar otros mensajeros al *r*
11.17 Israel envió mensajeros al *r* de Edom
11.17 pasar. .pero el *r* de Edom no los escuchó
11.17 también al *r* de Moab, el cual tampoco
11.19 a Sehón *r* de los amorreos, *r* de Hesbón
11.25 tú. .que Balac hijo de Zipor, *r* de Moab?
11.28 el *r* de. .Amón no atendió a las razones
17.6; 18.1 aquellos días no había *r* en Israel
19.1 en aquellos días, cuando no había *r* en
21.25 no había *r* en Israel; cada uno hacía lo
1 S. 2.10 poder a su *R*, y exaltará el poderío
8.5 constitúyenos ahora un *r* que nos juzgue
8.6 no agradó a Samuel. .dijeron: Danos un *r*
8.9 y muéstrales cómo les tratará el *r* que
8.10 Jehová al pueblo que le había pedido *r*
8.11 así hará el *r* que reinará sobre vosotros
8.18 clamaréis. .a causa de vuestro *r* que os
8.19 dijo: No, sino. .habrá *r* sobre nosotros
8.20 naciones, y nuestro *r* nos gobernará, y
8.22 dijo a. .Oye su voz, y pon *r* sobre ellos
10.19 habéis dicho. .sino pon *r* sobre nosotros
10.24 el pueblo clamó. .diciendo: ¡Viva el *r*!
11.15 invistieron allí a Saúl por *r* delante
12.1 yo he oído vuestra voz. .y os he puesto *r*
12.2 aquí, vuestro *r* va delante de vosotros
12.9 y él los vendió. .en mano del *r* de Moab
12.12 que Nahas *r* de los hijos de Amón venía
12.12 que ha de reinar sobre nosotros un *r*
12.12 que Jehová vuestro Dios era vuestro *r*
12.13 aquí el *r*. .veis que Jehová ha puesto *r*
12.14 si tanto vosotros como el *r*. .servís a
12.17 maldad que. .pidiendo para vosotros *r*
12.19 hemos añadido este mal de pedir *r* para
12.25 mal, vosotros y vuestro *r* pereceréis
14.47 Saúl hizo guerra. .contra los *r* de Soba
15.1 Jehová me envió a que te ungiese por *r*
15.8 y tomó vivo a Agag *r* de Amalec, pero a
15.11 pesa haber puesto por *r* a Saúl, porque
15.17 Jehová te ha ungido por *r* sobre Israel?
15.20 y fui a. .y he traído a Agag *r* de Amalec
15.23,26 te ha desechado para que no seas *r*
15.32 traedme a Agag *r* de Amalec. Y Agag vino
15.35 haber puesto a Saúl por *r* sobre Israel
16.1 a Isaí. .de sus hijos me he provisto de *r*
17.25 al que le venciere, el *r* le enriquecerá
17.56 tu alma, oh *r*, que no lo sé. Y el *r* dijo
18.6 para recibir al *r* Saúl, con cánticos de
18.18 ¿quién soy yo. .que yo sea yerno del *r*?
18.22 el *r* te ama, y. .sé, pues, yerno del *r*
18.23 ¿os parece. .que es poco ser yerno del *r*
18.25 así a David: El *r* no desea la dote, sino
18.25 tomada venganza de los enemigos del *r*
18.26 pareció bien la. .para ser yerno del *r*
18.27 entregó todos al *r*. .hacerse yerno del *r*
19.4 dijo: No peque el *r* contra. .siervo David
20.5 yo acostumbro sentarme con el *r* a comer
20.24 nueva luna, se sentó el *r* a comer pan
20.25 el *r* que se sentó en su silla, como solía
20.29 por esto. .no ha venido a la mesa del *r*
21.2 el *r* me encomendó un asunto, y me dijo
21.8 por cuanto la orden del *r* era apremiante
21.10 David. .huyó. .y se fue a Aquis *r* de Gat
21.11 ¿no es éste David, el *r* de la tierra?
21.12 y David. .tuvo gran temor de Aquis *r* de
22.3 y se fue David de. .y dijo al *r* de Moab
22.4 los trajo, pues, a la presencia del *r*
22.11 el *r* envió por. .y todos vinieron al *r*
22.14 entonces Ahimelec respondió al *r*, y
22.14 yerno también del *r*, que sirve a tus
22.15 culpe el *r* de cosa alguna a su siervo
22.16 el *r* dijo: Sin duda morirás, Ahimelec
22.17 dijo el *r* a la gente de su guardia que
22.17 los siervos del *r* no quisieron. .matar
22.18 *r* a Doeg: Vuelve tú, y arremete contra
23.20 por tanto, *r*, desciende pronto ahora
23.20 nosotros lo entregaremos en la. .del *r*
24.8 ¡mi señor el *r*!. .Saúl miró hacia atrás
24.14 ¿tras quién ha salido el *r* de Israel?
25.36 Nabal. .en su casa como banquete de *r*
26.14 dijo: ¿Quién eres tú que gritas al *r*?
26.15 ¿por qué, pues, no has guardado al *r*
26.15 uno. .ha entrado a matar a tu señor el *r*
26.16 mira pues. .dónde está la lanza del *r*
26.17 y David respondió: Mi voz es, *r* señor
26.19 ruego. .el *r* mi señor oiga ahora las
26.20 ha salido el *r* de. .a buscar una pulga
26.22 he aquí la lanza del *r*; pase acá uno de

REY *(Continúa)*

1 S. 27.2 se pasó a Aquis hijo de Maoc, *r* de Gat
27.6 Siclag vino a ser de los *r* de Judá hasta
28.13 el *r* le dijo: No temas. ¿Qué has visto?
29.3 ¿no es éste David, el siervo de Saúl *r*
29.8 contra los enemigos de mi señor el *r?*
2 S. 2.4 ungieron allí a David por *r* sobre la
2.7 de Judá me han ungido por *r* sobre ellos
2.9 y lo hizo *r* sobre Galaad, sobre Gesuri
3.3 Absalón hijo de Maaca, hija de Talmai *r*
3.17 ya tiempo procurabais que David fuese *r*
3.21 y juntaré a mi señor el *r* a todo Israel
3.23 Abner hijo de Ner ha venido al *r*, y él
3.24 vino al *r*, y le dijo: ¿Qué has hecho?
3.31 y el *r* David iba detrás del féretro
3.32 y alzando el *r* su voz, lloró junto al
3.33 y endechando el *r* al mismo Abner, decía
3.36 todo lo que el *r* hacía agradaba a todo
3.37 que no había procedido del *r* el matar a
3.38 dijo el *r* a sus siervos: ¿No sabéis que
3.39 y yo soy débil hoy, aunque ungido *r;* y
4.8 al *r:* He aquí la cabeza de Is-boset hijo
4.8 Jehová ha vengado hoy a mi señor el *r*, de
5.3 vinieron..al *r*..el *r* David hizo pacto con
5.3 y ungieron a David por *r* sobre Israel
5.6 marchó el *r* con sus hombres a Jerusalén
5.11 Hiram *r*..Tiro envió embajadores a David
5.12 Jehová le había confirmado por *r* sobre
5.17 David había sido ungido..*r* sobre Israel
6.12 dado aviso al *r* David, diciendo: Jehová
6.16 que Mical..vio al *r* David que saltaba
6.20 ¡cuán honrado ha quedado..el *r* de Israel
7.1 que cuando ya el *r* habitaba en su casa
7.2 dijo el *r* al profeta Natán: Mira ahora
7.3 y Natán dijo al *r:* Anda, y haz todo lo
7.18 entró el *r*..se puso delante de Jehová
8.3 derrotó..a Hadad-ezer..*r* de Soba, al ir
8.5 para dar ayuda a Hadad-ezer *r* de Soba
8.8 de Beta..tomó el *r*..cantidad de bronce
8.9 oyendo Toi *r* de Hamat, que David había
8.10 envió Toi a Joram su hijo al *r* David
8.11 los cuales el *r* David dedicó a Jehová
8.12 del botín de Hadad-ezer hijo..*r* de Soba
9.2 el *r* le dijo: ¿Eres tú Siba?..Tu siervo
9.3 el *r* le dijo: ¿No ha quedado nadie de la
9.3 y Siba respondió al *r:* Aún ha quedado un
9.4 entonces el *r* le preguntó: ¿Dónde está?
9.4 y Siba respondió al *r:* He aquí, está en
9.5 entonces envió el *r* David, y le trajo de
9.9 el *r* llamó a Siba..y le dijo: Todo lo que
9.11 respondió Siba al *r:* Conforme a todo lo
9.11 todo lo que ha mandado..el *r* a su siervo
9.11 Mefi-boset, dijo el *r*, comerá a mi mesa
9.11 a mi mesa, como uno de los hijos del *r*
9.13 moraba Mefi-boset..comía..la mesa del *r*
10.1 que murió el *r* de los hijos de Amón, y
10.5 el *r* mandó..Quedaos en Jericó hasta que
10.6 tomaron..del *r* de Maaca mil hombres, y
10.19 todos los *r* que ayudaban a Hadad-ezer
11.1 el tiempo que salen los *r* a la guerra
11.8 saliendo Urías de la casa del *r*, le fue
11.9 durmió a la puerta de la casa del *r* con
11.19 acabes de contar al *r*..los asuntos de
11.20 el *r* comenzare a enojarse, y te dijere
11.24 murieron algunos de los siervos del *r*
12.7 te ungí por *r* sobre Israel, y te libré
12.30 quitó la corona de la cabeza de su *r*
13.4 hijo del *r*, ¿por qué de día en día vas
13.6 se acostó..Amnón..y vino el *r* a visitarle
13.6 dijo Amnón al *r:* Yo te ruego que venga
13.13 hables al *r*, que él no me negará a ti
13.18 que vestían las hijas vírgenes de los *r*
13.21 luego que el *r* David oyó todo esto, se
13.23 convidó Absalón a todos los hijos del *r*
13.24 vino Absalón al *r*, y dijo: He aquí, tu
13.25 respondió el *r* a Absalón: No, hijo mío
13.26 el *r* le respondió: ¿Para qué ha de ir
13.27 dejó ir con él..a todos los hijos del *r*
13.29 se levantaron todos los hijos del *r*, y
13.30 ha dado muerte a todos los hijos del *r*
13.32 no diga..han dado muerte a..hijos del *r*
13.33 no ponga mi señor el *r* en su corazón
13.33 todos los hijos del *r* han sido muertos
13.35 dijo..al *r:* He allí los hijos del *r* que
13.36 he aquí los hijos del *r* que vinieron
13.36 el mismo *r* y todos sus siervos lloraron
13.37 Absalón huyó..fue a Talmai..*r* de Gesur
13.39 el *r* David deseaba ver a Absalón; pues
14.1 corazón del *r* se inclinaba por Absalón
14.3 y entrarás al *r*, y le hablarás de esta
14.4 entró..al *r*, y postrándose en tierra
14.4 y postrándose en..dijo: ¡Socorro, oh *r!*
14.5 el *r* le dijo: ¿Qué tienes? Y..respondió
14.8 el *r* dijo a la mujer: Vete a tu casa, y
14.9 mujer..dijo al *r:* *R* señor mío, la maldad
14.9 sea..mas el *r* y su trono sean sin culpa
14.10 y el *r* dijo: Al que hablare contra ti
14.11 oh *r*, que te acuerdes de Jehová tu Dios
14.12 que tu sierva hable..a mi señor el *r*
14.13 porque hablando el *r* esta palabra, se
14.13 el *r* no hace volver a su desterrado
14.15 yo he venido ahora para decir esto al *r* mi
14.15 hablaré ahora al *r*, quizá él hará lo que
14.16 el *r* oirá, para librar a su sierva de
14.17 consuelo la respuesta de mi señor el *r*
14.17 mi señor el *r* es como un ángel de Dios
14.18 y la mujer dijo: Hable mi señor el *r*
14.19 y el *r* dijo: ¿No anda la mano de Joab
14.19 vive tu alma, *r* señor mío, que no hay
14.19 de todo lo que mi señor el *r* ha hablado
14.21 el *r* dijo a Joab: He aquí yo hago esto
14.22 después que bendijo al *r*, dijo: Hoy ha
14.22 *r* señor mío, pues ha hecho el *r* lo que
14.24 *r* dijo: Váyase a su casa, y no vea mi
14.24,28 Absalón..no vio el rostro del *r*
14.29 mandó Absalón por Joab..enviarlo al *r*
14.32 el fin de enviarte al *r* para decirle
14.32 vea yo ahora el rostro del *r;* y si hay
14.33 vino, pues, Joab al *r*, y..lo hizo saber
14.33 llamó a Absalón, el cual vino al *r*, e
14.33 se inclinó..delante del *r;* y el *r* besó a
15.2 pleito y venía al *r* a juicio..le llamaba
15.3 no tienes quien te oiga de parte del *r*
15.6 hacía con..los israelitas que venían al *r*
15.7 Absalón dijo al *r*..me permitas que vaya
15.9 el *r* le dijo: Vé en paz. Y él se levantó
15.15 los siervos del *r* dijeron al *r:* He aquí
15.15 a todo lo que nuestro señor el *r* decida
15.16 el *r* entonces salió, con toda su familia
15.16 dejó el *r* diez mujeres concubinas, para
15.17 y salió, pues, el *r* con todo el pueblo
15.18 y todos los geteos..iban delante del *r*
15.19 el *r* a Itai geteo: ¿Para qué vienes tú
15.19 vuélvete y quédate con el *r;* porque tú
15.21 respondió Itai al *r*..Vive Dios, y vive
15.21 y vive mi señor el *r*, que o para muerte
15.21 mi señor el *r* estuviere, allí estará
15.23 asimismo pasó el *r*, y todo el pueblo al
15.25 el *r* a Sadoc: Vuelve el arca de Dios a
15.27 además el *r*..¿No eres tú el vidente?
15.34 y dijeres..*R*, yo seré tu siervo; como
15.35 lo que oyeres en la casa del *r*, se lo
16.2 dijo el *r* a Siba: ¿Qué es esto? Y Siba
16.2 asnos..para que monte la familia del *r*
16.3 dijo el *r:* ¿Dónde..Siba respondió al *r*
16.4 el *r* dijo a Siba: He aquí, sea tuyo todo
16.4 *r* señor mío, halle yo gracia delante de
16.5 vino el *r* David hasta Bahurim; y he aquí
16.6 piedras contra..los siervos del *r* David
16.9 dijo al *r:* ¿Por qué maldice este perro
16.9 maldice..perro muerto a mi señor el *r?*
16.10 *r* respondió: ¿Qué tengo yo con vosotros
16.14 el *r* y..el pueblo..llegaron fatigados
16.16 vino..dijo Husai: Viva el *r*, viva el *r!*
17.2 todo el pueblo..huirá, y mataré al *r* solo
17.16 no sea destruido el *r* y todo el pueblo
17.17 fueron y..lo hicieron saber al *r* David
17.21 y dieron aviso al *r* David, diciéndole
18.2 dijo el *r* al pueblo: Yo también saldré
18.4 el *r* les dijo: Yo haré lo que bien os
18.4 se puso el *r* a la entrada de la puerta
18.5 y el *r* mandó a Joab, a Abisai y a Itai
18.5 pueblo oyó cuando dio el *r* orden acerca
18.12 no extendería yo..contra el hijo del *r*
18.12 cuando el *r* te mandó..diciendo: Mirad
18.13 que al *r* nada se le esconde, y tú mismo
18.18 erigido una columna..en el valle del *r*
18.19 ¿correré..y daré al *r* las nuevas de que
18.20 nueva, porque el hijo del *r* ha muerto
18.21 vé tú, y dí al *r* lo que has visto. Y el
18.25 atalaya dio..voces..lo hizo saber al *r*
18.25 el *r* dijo: Si viene solo, buenas nuevas
18.26 y el *r* dijo: Este también es mensajero
18.27 respondió el *r:* Ese es hombre de bien
18.28 Ahimaas dijo en alta voz al *r:* Paz
18.28 inclinó a tierra delante del *r*, y dijo
18.28 habían levantado sus manos contra..el *r*
18.29 el *r* dijo: ¿El joven Absalón está bien?
18.29 cuando envió Joab al siervo del *r* y a
18.30 el *r* dijo: Pasa, y ponte allí. Y él pasó
18.31 reciba nuevas mi señor el *r*, que hoy
18.32 el *r*..dijo al etíope: ¿El joven Absalón
18.32 como aquel..sean los enemigos de..el *r*
18.33 el *r* se turbó, y subió a la sala de la
19.1 que el *r* llora, y hace duelo por Absalón
19.2 oyó decir..el *r* tenía dolor por su hijo
19.4 *r*, cubierto el rostro, clamaba en alta
19.5 Joab vino al *r* en la casa, y dijo: Hoy
19.8 se levantó el *r* y se sentó a la puerta
19.8 he aquí el *r* está sentado a la puerta
19.8 vino todo el pueblo delante del *r;* pero
19.9 el *r* nos ha librado de mano de..enemigos
19.10 estáis callados..de hacer volver al *r?*
19.11 el *r* David envió a los sacerdotes Sadoc
19.11 los postreros en hacer volver el *r* a su
19.11 ha venido al *r* para hacerle volver a su
19.12 seréis..postreros en hacer volver al *r?*
19.14 para que enviasen a decir al *r:* Vuelve
19.15 volvió..el *r*, y vino hasta el Jordán
19.15 y Judá vino a Gilgal para recibir al *r*
19.16 y descendió con..a recibir al *r* David
19.17 cuales pasaron el Jordán delante del *r*
19.18 para pasar a la familia del *r*, y para
19.18 Simei hijo de..se postró delante del *r*
19.19 al *r:* No me culpe mi señor de iniquidad
19.19 en que mi señor el *r* salió de Jerusalén
19.19 males..no los guarde el *r* en su corazón
19.20 y he venido..a recibir a mi señor el *r*
19.23 dijo el *r*..No morirás. Y el *r* se lo juró
19.24 Mefi-boset..descendió a recibir al *r*
19.24 desde el día en que el *r* salió hasta el
19.25 vino él..a recibir al *r*, el *r* le dijo
19.26 *r* señor mío, mi siervo me engañó; pues
19.26 un asno, y montaré en él, e iré al *r*
19.27 calumniado a tu siervo delante de..el *r*
19.27 mi señor el *r* es como un ángel de Dios
19.28 era digna de muerte delante de..el *r*
19.28 ¿qué derecho..aún para clamar más al *r?*
19.29 el *r* le dijo: ¿Para qué más palabras?
19.30 Mefi-boset dijo al *r:* Deja que él las
19.30 pues que mi señor el *r* ha vuelto en paz
19.31 Barzilai..pasó el Jordán con el *r*, para
19.32 él había dado provisiones al *r* cuando
19.33 el *r* dijo a Barzilai: Pasa conmigo, y
19.34 Barzilai dijo al *r:* ¿Cuántos años más
19.34 para que yo suba con el *r* a Jerusalén?
19.35 de ser..una carga para mi señor el *r?*
19.36 un poco más allá del Jordán con el *r*
19.36 por qué me ha de dar el *r*..recompensa?
19.37 que pase él con mi señor el *r*, y haz
19.38 y el *r* dijo: Pues pase conmigo Quimam
19.39 el *r* hubo..pasado, el *r* besó a Barzilai
19.40 *r*..pasó a Gilgal, y con él pasó Quimam
19.40 todo el pueblo de Judá acompañaba al *r*
19.41 los hombres de Israel vinieron al *r*
19.41 han hecho pasar el Jordán al *r* y a su
19.42 Israel: Porque el *r* es nuestro pariente
19.42 mas..¿hemos nosotros comido algo del *r?*
19.43 tenemos en el *r* diez partes, y en el
19.43 respecto de hacer volver a nuestro *r?*
20.2 mas los de Judá siguieron a su *r* desde
20.3 tomó el *r* las diez mujeres concubinas
20.4 después dijo el *r* a Amasa: Convócame a
20.21 ha levantado su mano contra el *r* David
20.22 tocó..Y Joab se volvió al *r* a Jerusalén
21.2 el *r* llamó a los gabaonitas, y les habló
21.5 respondieron al *r:* De aquel hombre que
21.6 los ahorquemos..el *r* dijo: Yo los daré
21.7 perdonó el *r* a Mefi-boset..de Jonatán
21.8 tomó el *r* a dos hijos de Rizpa hija de
21.14 hicieron todo lo que el *r* había mandado
22.51 él salva gloriosamente a su *r*, y usa
24.2 dijo el *r* a Joab..Recorre ahora todas
24.3 Joab respondió al *r:* Añada Jehová tu
24.3 cien veces..y que lo vea mi señor el *r*
24.3 ¿por qué se complace en esto mi..el *r?*
24.4 la palabra del *r* prevaleció sobre Joab
24.4 salió, pues, Joab, con..de delante del *r*
24.9 y Joab dio el censo del pueblo al *r*
24.20 Arauna..vio al *r* y a sus siervos que
24.20 inclinó delante del *r* rostro a tierra
24.21 dijo: ¿Por qué viene..el *r* a su siervo?
24.22 ofrezca..el *r* lo que bien le pareciere
24.23 todo esto, oh *r*, Arauna lo da al *r*
24.23 dijo Arauna al *r:* Jehová tu Dios te sea
24.24 el *r* dijo a Arauna: No, sino por precio
1 R. 1.1 *r* David era viejo y avanzado en días
1.2 busquen para mi señor el *r*..joven virgen
1.2 para que esté delante del *r* y lo abrigue
1.2 abrigue..entrará en calor mi señor el *r*
1.3 a Abisag sunamita, y la trajeron al *r*
1.4 ella abrigaba al *r*..el *r* nunca la conoció
1.9 convidó a..hijos del *r*, y..siervos del *r*
1.13 y entra al *r* David, y dile: *R* señor mío
1.14 y estando tú aún hablando con el *r*, yo
1.15 a la cámara del *r;* y el *r* era muy viejo
1.16 hizo reverencia al *r*. Y el *r* dijo: ¿Qué
1.18 Adonías reina, y tú..señor *r*..no lo sabes
1.19,25 convidado a todos los hijos del *r*
1.20 *r* señor mío, los ojos de todo Israel
1.20,27 sentar en el trono de mi señor el *r*
1.21 cuando mi señor el *r* duerma con..padres
1.22 mientras aún hablaba ella con el *r*, he
1.23 dieron aviso al *r*, diciendo: He aquí el
1.23 Natán..entró al *r*..postró delante del *r*
1.24 y dijo Natán: *R* señor mío, ¿has dicho tú
1.25 y ha convidado a todos los hijos del *r*
1.25 de él, y han dicho: ¡Viva el *r* Adonías!
1.27 ¿es este..ordenado por mi señor el *r*, sin
1.28 entonces el *r*..dijo: Llamadme a Betsabé
1.28 ella entró..*r*, y se puso delante del *r*
1.29 el *r* juró diciendo: Vive Jehová, que ha
1.31 ante el *r*..haciendo reverencia al *r*, dijo
1.31 viva mi señor el *r* David para siempre
1.32 el *r* David dijo: Llamadme al sacerdote
1.32 y ellos entraron a la presencia del *r*
1.33 y el *r* les dijo: Tomad con vosotros los
1.34 y allí lo ungirán..como *r* sobre Israel
1.34 trompeta, diciendo: ¡Viva el *r* Salomón!
1.36 Benaía hijo..respondió al *r* y dijo: Amén
1.36 así lo diga Jehová, Dios de mi señor el *r*
1.37 que Jehová ha estado con mi señor el *r*
1.37 mayor su..de mi señor el *r*
1.38 montaron a Salomón en la mula del *r*, y lo
1.39 dijo todo el pueblo: ¡Viva el *r* Salomón!
1.43 y dijo..el *r* David ha hecho *r* a Salomón
1.44 *r* ha enviado con él a..en la mula del *r*
1.45 Sadoc y el..lo han ungido por *r* en Gihón
1.47 siervos del *r* han venido a bendecir..*r*
1.47 haga mayor su..Y el *r* adoró en la cama
1.48 *r* ha dicho así: Bendito sea Jehová Dios
1.51 Adonías tiene miedo del *r* Salomón, pues
1.53 envió el *r*..vino, y se inclinó ante el *r*

REY ***(Continúa)***
1 R. 2.17 dijo: Yo te ruego que hables al r Salomón
2.18 Betsabé dijo: Bien..hablaré por ti al r
2.19 vino Betsabé al r..Y el r se levantó a
2.20 r le dijo: Pide, madre mía, que yo no te
2.22 el r Salomón respondió..¿Por qué pides
2.23 el r Salomón juró por Jehová, diciendo
2.25 el r..envió por mano de Benaía hijo de
2.26 el r dijo al sacerdote Abiatar: Vete a
2.30 el r ha dicho que salgas. Y él dijo: No
2.30 y Benaía volvió con esta respuesta al r
2.31 r le dijo: Haz como él ha dicho; mátale
2.35 el r puso en su lugar a Benaía hijo de
2.35 a Sadoc puso el r por sacerdote en lugar
2.36 después envió el r e hizo venir a Simei
2.38 y Simei dijo al r: La palabra es buena
2.38 como el r..dicho, así lo hará tu siervo
2.39 dos siervos..huyeron a Aquis..r de Gat
2.42 r envió e hizo venir a Simei, y le dijo
2.44 dijo..el r a Simei: Tú sabes todo el mal
2.45 y el r Salomón será bendito, y el trono
2.46 el r mandó a Benaía..el cual salió y lo
3.1 Salomón hizo parentesco con Faraón r de
3.4 e iba el r a Gabaón..aquél era el lugar
3.7 me has puesto..por r en lugar de David
3.13 que entre los r ninguno haya como tú en
3.16 vinieron al r dos mujeres rameras, y se
3.22 otra mujer..Así hablaban delante del r
3.23 el r entonces dijo: Esta dice: Mi hijo
3.24 el r: Traedme una espada. Y trajeron al r
3.25 el r dijo: Partid por medio al niño vivo
3.26 habló al r..y dijo: ¡Ah, señor mío! dad
3.27 el r respondió y dijo: Dad a aquélla el
3.28 Israel oyó..juicio que había dado el r
3.28 y temieron al r..había en él sabiduría
4.1 reinó, pues, el r Salomón sobre..Israel
4.5 Zabud..ministro principal y amigo del r
4.7 gobernadores..mantenían al r y a su casa
4.19 la tierra de Sehón r de los amorreos y
4.19 y de Og r de Basán; éste era el único
4.24 señoreaba..sobre todos los r al oeste
4.27 gobernadores mantenían al r Salomón, y
4.27 todos los que a la mesa del r..venían
4.34 venían de..de todos los r de la tierra
5.1 Hiram r de Tiro envió también sus siervos
5.1 oyó que lo habían ungido por r en lugar
5.13 el r..decretó leva en todo Israel, y la
5.17 mandó el r que trajesen piedras grandes
6.2 casa que el r Salomón edificó a Jehová
7.13 envió el r..hizo venir de Tiro a Hiram
7.14 vino al r Salomón, e hizo toda su obra
7.45 utensilios que Hiram hizo al r Salomón
7.46 todo lo hizo fundir el r en la llanura
7.51 la obra que dispuso hacer el r Salomón
8.2 se reunieron con el r Salomón todos los
8.5 el r Salomón..estaban..delante del arca
8.14 volviendo el r su rostro, bendijo a toda
8.62 r, y todo Israel..sacrificaron víctimas
8.63 así dedicaron el r y..Israel la casa de
8.64 día santificó el r el medio del atrio, el
8.66 y ellos, bendiciendo al r, se fueron a
9.11 Hiram r de Tiro había traído a Salomón
9.11 el r Salomón dio a Hiram veinte ciudades
9.14 había enviado al r 120 talentos de oro
9.15 es la razón de la leva que el r..impuso
9.16 Faraón el r de Egipto había subido y
9.26 hizo..el r Salomón naves en Ezión-geber
9.28 tomaron..oro..lo trajeron al r Salomón
10.3 y nada hubo que el r no le contestase
10.6 al r: Verdad es lo que oí en mi tierra
10.9 puesto por r, para que hagas derecho y
10.10 y dio ella al r 120 talentos de oro, y
10.10 como la reina de Sabá dio al r Salomón
10.12 hizo el r balaustres para la casa de
10.13 y el r Salomón dio a la reina de Sabá
10.15 lo de todos los r de Arabia, y de los
10.16 hizo..el r Salomón 200 escudos grandes
10.17 y el r los puso en la casa del bosque
10.18 hizo..el r un gran trono de marfil, el
10.21 los vasos de beber del r..eran de oro
10.22 el r tenía en el mar una flota de naves
10.23 excedía el r Salomón a todos los r de
10.26 en las ciudades..con el r en Jerusalén
10.27 e hizo el r que en Jerusalén la plata
10.28 los mercaderes del r compraba caballos
10.29 así los adquirían..los r de los heteos
11.1 el r Salomón amó..mujeres extranjeras
11.18 vinieron..a Faraón r de Egipto, el cual
11.23 huido de su amo Hadad-ezer, r de Soba
11.24 a Damasco..y le hicieron r en Damasco
11.26 Jeroboam hijo..alzó su mano contra el r
11.27 la causa..éste alzó su mano contra el r
11.34 lo retendré por r todos los días de su
11.37 y tú reinarás..y serás r sobre Israel
11.40 Jeroboam..huyó a..a Sisac r de Egipto
12.1 había venido a Siquem para hacerle r
12.2 huido delante del r Salomón, y habitaba
12.6 el r..pidió consejo de los ancianos que
12.12 a Roboam, según el r lo había mandado
12.13 y el r respondió al pueblo duramente
12.15 y no oyó el r al pueblo; porque era
12.16 pueblo vio que el r no les había oído
12.18 el r Roboam se apresuró a subirse en
12.20 y le hicieron r sobre todo Israel, sin
12.23 habla a Roboam..r de Judá, y a toda la
12.27 volverán a su señor Roboam r de Judá
12.27 a mí, y se volverán a Roboam r de Judá
12.28 hizo el r dos becerros de oro, y dijo
13.4 el r Jeroboam oyó la palabra del varón
13.6 respondiendo el r, dijo al varón de Dios
13.6 oró a..y la mano del r se le restauró
13.7 el r dijo al varón de Dios: Ven conmigo
13.8 pero el varón de Dios dijo al r: Aunque
13.11 las palabras que había hablado al r
14.2 que yo había de ser r sobre este pueblo
14.14 y Jehová levantará..un r sobre Israel
14.19 en el libro de las historias de los r
14.25 quinto año del r Roboam subió Sisac r
14.27 hizo el r Roboam escudos de bronce, y
14.28 cuando el r entraba en la casa de Jehová
15.1 el año 18 del r Jeroboam hijo de Nabat
15.9 el año 20 de Jeroboam r de Israel, Asa
15.16,32 guerra entre Asa y Baasa r de Israel
15.17 y subió Baasa r de Israel contra Judá
15.17 para no dejar..salir ni entrar a Asa r
15.18 envió el r Asa a Ben-adad..r de Siria
14.29; 15.7,23,31; 16.5,14,20,27; 22.39,45
en el libro de las crónicas de los r
15.19 rompe tu pacto con Baasa r de Israel
15.20 y Ben-adad consintió con el r Asa, y
15.22 entonces el r Asa convocó a todo Judá
15.22 y edificó el r Asa con ello a Geba de
15.25 en el segundo año de Asa r de Judá; y
15.28 lo mató..el tercer año de Asa r de Judá
15.33 tercer año de Asa r de Judá, comenzó a
16.8 en el año 26 de Asa r de Judá comenzó a
16.10 lo mató, en el año 27 de Asa r de Judá
16.15 el año 27 de Asa r de Judá, comenzó a
16.16 oyó decir: Zimri..ha dado muerte al r
16.16 puso aquel mismo día por r sobre Israel
16.21 seguía a Tibni hijo de..para hacerlo r
16.22 pudo más..y Tibni murió, y Omri fue r
16.23 el año 31 de Asa r de Judá, comenzó a
16.29 a reinar Acab..año 38 de Asa r de Judá
16.31 por mujer a Jezabel, hija de Et-baal r
16.33 haciendo así Acab más que todos los r
19.15 vé..y ungirás a Hazael por r de Siria
19.16 a Jehú hijo..ungirás por r sobre Israel
20.1 Ben-adad r de Siria juntó con él..32 r
20.2 y envió mensajeros..a Acab r de Israel
20.4 el r de Israel..dijo: Como tú dices, r
20.7 r de Israel llamó a todos los ancianos
20.9 decid al r..Haré todo lo que mandaste
20.11 el r de Israel respondió..no se alabe
20.12 oyó esta..estando bebiendo con los r
20.13 un profeta vino a Acab r de Israel, y
20.16 Ben-adad bebiendo..y los r, los 32 a
20.20 el r de Siria..se escapó en un caballo
20.21 el r de Israel, e hirió la gente de a
20.22 vino luego el profeta al r de Israel
20.22 pasado un año, el r de Siria vendrá
20.23 los siervos del r de Siria le dijeron
20.24 saca a los r cada uno de su puesto, y
20.28 vino..el varón de Dios al r de Israel
20.31 hemos oído de los r..son r clementes
20.31 salgamos al r de Israel, a ver si por
20.32 vinieron al r de Israel y le dijeron
20.38 y se puso delante del r en el camino
20.39 cuando el r pasaba, él dio voces al r
20.40 el r..le dijo: Esa será tu sentencia
20.41 el r..conoció que era de los profetas
20.43 el r de Israel se fue a su casa triste
21.1 junto al palacio de Acab r de Samaria
21.7 le dijo: ¿Eres tú ahora r sobre Israel?
21.10 digan: Tú has blasfemado a Dios y al r
21.13 diciendo..ha blasfemado a Dios y al r
21.18 encontrarte con Acab r de Israel, que
22.2 que Josafat r de Judá descendió al r de
22.3 el r de Israel dijo a sus siervos: ¿No
22.3 para tomarla de mano del r de Siria?
22.4 y Josafat respondió al r de Israel: Yo
22.5 Josafat al r de Israel: Yo te ruego que
22.6 r de Israel reunió a los profetas, como
22.6,12,15 Jehová la entregará en mano del r
22.8 r de Israel respondió..Aún hay un varón
22.8 mal. Y Josafat dijo: No hable el r así
22.9 el r de..llamó a un oficial, y le dijo
22.10 el r de Israel y Josafat r..sentados
22.13 a una voz anuncian al r cosas buenas
22.15 al r, y el r le dijo: Micaías, ¿iremos
22.16 el r le dijo: ¿Hasta cuántas veces he
22.18 el r de Israel dijo a Josafat: ¿No te
22.26 el r de Israel dijo: Toma a Micaías, y
22.26 a Micaías..llévalo..a Joás hijo del r
22.27 así ha dicho el r: Echad a éste en la
22.29 subió..el r de Israel con Josafat r de
22.30 y el r de Israel dijo a Josafat: Yo me
22.30 y el r de Israel se disfrazó, y entró
22.31 el r de Siria había mandado a sus 32
22.31 chico, sino sólo contra el r de Israel
22.32 es el r de Israel..el r Josafat gritó
22.33 viendo..que no era el r de Israel, se
22.34 e hirió al r..por entre las junturas de
22.35 el r estuvo en su carro delante de los
22.37 murió, pues, el r..y sepultaron al r
22.41 en el cuarto año de Acab r de Israel
22.44 y Josafat hizo paz con el r de Israel
22.47 no había..r en Edom; había gobernador
22.47 Edom; había gobernador en lugar de r
22.51 a reinar sobre..el año 17 de Josafat r
2 R. 1.3 encontrarte con los mensajeros del r
1.5 cuando los mensajeros se volvieron al r
1.6 y volveos al r que os envió, y decidle
1.9,11 dijo: Varón de Dios, el r ha dicho
1.11 volvió el r a enviar a él otro capitán
1.15 él se levantó, y descendió con él al r
1.17 año de Joram hijo de Josafat, r de Judá
1.18; 8.23; 10.34; 12.19; 13.8,12; 14.15,18,28;
15.6,11,15,21,26,31,36; 16.19; 20.20; 21.17,25;
23.28; 24.5 en el libro de las crónicas de
los reyes
3.1 Joram..comenzó..el año 18 de Josafat r
3.4 entonces Mesa r de Moab era propietario
3.4 pagaba al r de Israel cien mil corderos
3.5 r de Moab se rebeló contra el r de Israel
3.6 salió entonces de Samaria el r Joram, y
3.7 decir a Josafat r de Judá: El r de Moab
3.9 salieron..el r de Israel, el r de Judá
3.9 salieron..el r de Edom..por el desierto
3.10 el r de Israel dijo: ¡Ah! que ha llamado
3.10 ha llamado Jehová a estos tres r para
3.11 y uno de los siervos del r..respondió
3.12 descendieron..el r de Israel..r de Edom
3.13 Eliseo dijo al r de Israel: ¿Qué tengo
3.13 el r..le respondió: No; porque Jehová
3.13 reunido a estos tres r para entregarlos
3.14 no tuviese respeto al rostro..r de Judá
3.21 oyeron..r subían a pelear contra ellos
3.23 los r se han vuelto uno contra otro, y
3.26 el r de Moab vio que era vencido en la
3.26 atacar al r de Edom; mas no pudieron
4.13 ¿necesitas que hable por ti al r, o al
5.1 Naamán, general..ejército del r de Siria
5.5 le dijo el r..yo enviaré cartas al r de
5.6 cartas para el r de Israel, que decían
5.7 que el r de Israel leyó las cartas, rasgó
5.8 r de Israel había rasgado sus vestidos
5.8 Eliseo..envió a decir al r: ¿Por qué has
5.18 que cuando..el r entrare en el templo
6.8 tenía el r de Siria guerra contra Israel
6.9 el varón de Dios..a decir al r de Israel
6.10 el r de Israel envió a aquel lugar que
6.11 el corazón del r de Siria se turbó por
6.11 quién de..nuestros es del r de Israel?
6.12 no, r..sino que el profeta Eliseo está
6.12 declara al r..las palabras que tú hablas
6.14 envió el r allá gente de a caballo, y
6.21 cuando el r de Israel..hubo visto, dijo
6.24 que Ben-adad r de Siria reunió todo su
6.26 pasando el r..por el muro, una mujer le
6.26 una mujer le..dijo: Salva, r señor mío
6.28 dijo el r: ¿Qué tienes? Ella respondió
6.30 el r oyó las palabras de aquella mujer
6.32 el r envió a él un hombre. Mas antes que
7.2 y un príncipe..cuyo brazo el r se apoyaba
7.6 el r de Israel ha tomado a sueldo contra
7.6 a los r de los heteos y a los r de los
7.9 entremos y demos la nueva en casa del r
7.11 anunciaron dentro, en el palacio del r
7.12 se levantó el r de noche, y dijo a sus
7.14 envió el r al campamento de los sirios
7.15 volvieron los..y lo hicieron saber al r
7.17 el r puso a la puerta a aquel príncipe
7.17 había dicho..cuando el r descendió a él
7.18 había hablado al r, diciendo: Dos seahs
8.3,5 para implorar al r por su casa y por
8.4 había el r hablado con Giezi, criado del
8.5 contando al r cómo había hecho vivir a
8.5 dijo Giezi: R señor mío, esta es la mujer
8.6 preguntando el r a la..ella se lo contó
8.6 el r ordenó a un oficial, al cual dijo
8.7 y Ben-adad r de Siria estaba enfermo, al
8.8 y el r dijo a Hazael: Toma en tu mano un
8.9 tu hijo Ben-adad r de Siria me ha enviado
8.13 me ha mostrado que tú serás r de Siria
8.16 año de Joram hijo de Acab, r de Israel
8.16 y siendo Josafat r de Judá, comenzó a
8.16 reinar Joram hijo de Josafat, r de Judá
8.18 anduvo en el camino de los r de Israel
8.20 se rebeló Edom..y pusieron r sobre ellos
8.25 doce de Joram hijo de Acab, r de Israel
8.25 reinar Ocozías hijo de Joram, r de Judá
8.26 su madre fue Atalía, hija de Omri r de
8.28 a la guerra..contra Hazael r de Siria
8.29 y el r Joram se volvió a Jezreel para
8.29 cuando peleó contra Hazael r de Siria
8.29 y descendió Ocozías hijo de Joram r de
9.3,6,12 yo te he ungido por r sobre Israel
9.13 y tocaron corneta, y dijeron: Jehú es r
9.14 Ramot..por causa de Hazael r de Siria
9.15 se había vuelto el r Joram a Jezreel
9.15 Joram..peleando contra Hazael r de Siria
9.16 Ocozías r de Judá, que había descendido
9.18,19 dijo: El r dice así: ¿Hay paz? Y Jehú
9.21 salieron Joram r de Israel y Ocozías r
9.27 viendo esto Ocozías r de Judá, huyó por
9.34 id ahora..sepultadla, pues es hija de r
10.4 he aquí, dos r no pudieron resistirle
10.5 no elegiremos por r a ninguno, haz lo que
10.6 hijos del r..estaban con los principales
10.7 tomaron a los hijos del r, y degollaron
10.8 traído las cabezas de los hijos del r

REY ***(Continúa)***

2 R. 10.13 halló..hermanos de Ocozías *r* de Judá
10.13 hemos venido a saludar a..hijos del *r*
11.2 Josaba hija del *r* Joram..tomó a Joás
11.2 y los sacó..de entre los hijos del *r* a
11.4 los metió..y les mostró el hijo del *r*
11.5 tendrá la guardia de la casa del *r* el
11.7 guardia de la casa de Jehová junto al *r*
11.8 estaréis alrededor del *r*..todos lados
11.8 con el *r* cuando salga, y cuando entre
11.10 los escudos que habían sido del *r* David
11.11 se pusieron en fila..en derredor del *r*
11.12 al hijo del *r*..le hicieron *r* ungiéndole
11.12 batiendo las manos dijeron: ¡Viva el *r*!
11.14 *r* estaba junto a la columna, conforme
11.14 príncipes y los trompeteros junto al *r*
11.16 donde entran los de a..a la casa del *r*
11.17 pacto entre Jehová y el *r* y el pueblo
11.17 pacto..asimismo entre el *r* y el pueblo
11.19 llevaron al *r* desde la casa de Jehová
11.19 vinieron por el..a la casa del *r*; y se
11.19 y se sentó el *r* en el trono de los *r*
11.20 Atalía muerta a..junto a la casa del *r*
12.6 en el año 23 del *r* Joás aún no habían
12.7 llamó..*r* Joás al sumo sacerdote Joiada
12.10 venía el secretario del *r*..y contaban
12.17 Hazael *r* de Siria, y peleó contra Gat
12.18 tomó Joás *r* de Judá..las ofrendas que
12.18 Josafat y Joram y Ocozías..*r* de Judá
12.18 el oro que se halló..en la casa del *r*
12.18 el oro..y lo envió a Hazael *r* de Siria
13.1 en el año 23 de Joás hijo de Ocozías, *r*
13.3 los entregó en mano de Hazael *r* de Siria
13.4 Joacaz oró en..el *r* de Siria los afligía
13.7 pues el *r* de Siria los había destruido
13.10 el año 37 de Joás *r* de Judá, comenzó a
13.12 que guerreó contra Amasías *r* de Judá
13.13 fue sepultado en..con los *r* de Israel
13.14 y descendió a él Joás *r* de Israel, y
13.16 dijo Eliseo al *r*..Pon tu mano sobre el
13.16 puso..sus manos sobre las manos del *r*
13.18 el *r* de Israel las hubo tomado, le dijo
13.22 Hazael..*r* de Siria, afligió a Israel
13.24 murió Hazael *r* de Siria, y reinó en su
14.1 el año segundo de Joás hijo de Joacaz *r*
14.1 a reinar Amasías hijo de Joás *r* de Judá
14.5 siervos que habían dado muerte al *r* su
14.8 mensajeros a Joás..hijo de *r* de Israel
14.9 Joás *r* de..envió a Amasías *r*..respuesta
14.11 por lo cual subió Joás *r* de Israel, y
14.11 se vieron las caras él y..*r* de Judá, en
14.13 Joás *r* de Israel tomó a Amasías *r* de
14.14 tomó todo..los tesoros de la casa del *r*
14.15 y cómo peleó contra Amasías *r* de Judá
14.16 fue sepultado en..con los *r* de Israel
14.17 hijo de Joás, *r* de Judá, vivió después
14.17 muerte de Joás hijo de Joacaz, *r* de
14.21 y lo hicieron *r* en lugar de Amasías su
14.22 después que el *r* durmió con sus padres
14.23 el año 15 de Amasías hijo de Joás *r* de
14.29 durmió Jeroboam con..los *r* de Israel
15.1 año 27 de Jeroboam *r* de Israel, comenzó
15.1 a reinar Azarías hijo de Amasías, *r* de
15.5 hirió al *r* con lepra, y estuvo leproso
15.5 Jotam hijo del *r* tenía el cargo..palacio
15.8 en el año 38 de Azarías *r* de Judá, reinó
15.13 reinar en el año 39 de Uzías *r* de Judá
15.17 el año 39 de Azarías *r* de Judá, reinó
15.19 vino Pul *r* de Asiria a atacar la tierra
15.20 para dar al *r* de..*r* de Asiria se volvió
15.23 el año 50 de Azarías *r* de Judá, reinó
15.27 el año 52 de Azarías *r* de Judá, reinó
15.29 en los días de Peka *r* de Israel, vino
15.29 vino Tiglat-pileser *r* de los asirios
15.32 demás hechos de Peka hijo de Remalías *r*
15.32 a reinar Jotam hijo de Uzías *r* de Judá
15.37 enviar contra Judá a Rezín *r* de Siria
16.1 comenzó a reinar Acaz hijo de Jotam *r* de
16.3 anduvo en el camino de los *r* de Israel
16.5 Rezín *r* de Siria y Peka hijo..*r* de Israel
16.6 el *r* de Edom recobró Elat para Edom, y
16.7 Acaz envió embajadores a..*r* de Asiria
16.7 defiéndeme de mano del *r* de Siria, y de
16.7 defiéndeme de..y de mano del *r* de Israel
16.8 Acaz..envió al *r* de Asiria un presente
16.9 atendió al *r* de Asiria; pues subió el *r*
16.10 fue el *r* Acaz a encontrar..*r* de Asiria
16.10 vio el *r* Acaz el altar que estaba en
16.11 a todo lo que el *r* Acaz había enviado
16.11 entre tanto..el *r* Acaz venía de Damasco
16.12 *r* vino..y vio el altar, se acercó el *r*
16.15 el *r* Acaz..diciendo: En el gran altar
16.15 y el holocausto del *r* y su ofrenda, y
16.16 todas las cosas que el *r* Acaz le mandó
16.17 cortó el *r*..los tableros de las basas
16.18 pasadizo..del *r*, los quitó del templo
16.18 los quitó del..por causa del *r* de Asiria
16.20 durmió el *r* Acaz con sus padres, y fue
17.1 año..de Acaz *r* de Judá, comenzó a reinar
17.2 lo malo..aunque no como los *r* de Israel
17.3 contra éste subió Salmanasar *r* de los
17.4 el *r* de..descubrió que Oseas conspiraba
17.4 porque había enviado embajadores a So, *r*
17.4 y no pagaba tributo al *r* de Asiria, como
17.4 por lo que el *r* de Asiria le detuvo, y
17.5 y el *r* de Asiria invadió todo el país, y
17.6 el *r* de Asiria tomó Samaria, y llevó a
17.7 sacó..bajo la mano de Faraón *r* de Egipto
17.8 los estatutos que hicieron los *r* de Israel
17.21 ellos hicieron *r* a Jeroboam hijo de Nabat
17.24 trajo el *r* de Asiria gente de..Cuta, de
17.26 dijeron..al *r* de Asiria: Las gentes que
17.27 el *r* de Asiria mandó, diciendo: Llevad
18.1 en el tercer año de Oseas..*r* de Israel
18.1 a reinar Ezequías hijo de Acaz *r* de Judá
18.5 ni antes de él..entre todos los *r* de Judá
18.7 se rebeló contra el *r* de Asiria, y no le
18.9 el cuarto año del *r* Ezequías, que era el
18.9 el año séptimo de Oseas hijo de Ela, *r* de
18.9 subió Salmanasar *r* de los asirios contra
18.10 era el año noveno de Oseas *r* de Israel
18.11 el *r* de Asiria llevó cautivo a Israel
18.13 los catorce años del *r* Ezequías, subió
18.13 Senaquerib *r* de Asiria contra todas las
18.14 Ezequías *r* de Judá envió a decir al *r*
18.14 y el *r* de Asiria impuso a Ezequías *r* de
18.16 los quiciales que el mismo *r*..cubierto
18.16 quitó el oro de..y lo dio al *r* de Asiria
18.17 el *r* de..envió contra el *r* Ezequías al
18.18 llamaron luego al *r*, y salió a ellos
18.19 a Ezequías: Así dice el gran *r* de Asiria
18.21 tal es Faraón *r* de Egipto para todos que
18.23 ruego que des rehenes a..el *r* de Asiria
18.28 la palabra del gran *r*, el *r* de Asiria
18.29 así ha dicho el *r*: No os engañe Ezequías
18.30 ciudad no será entregada en mano del *r*
18.31 dice el *r* de Asiria: Haced conmigo paz
18.33 ha librado su tierra..del *r* de Asiria?
18.36 había mandamiento del *r*..había dicho
19.1 cuando el *r* Ezequías lo oyó, rasgó sus
19.4 a quien el *r* de los asirios su señor ha
19.5 vinieron..los siervos del *r* Ezequías a
19.6 me han blasfemado los siervos del *r* de
19.8 halló al *r* de Asiria combatiendo contra
19.9 Tirhaca *r* de Etiopía había salido para
19.10 así diréis a Ezequías *r* de Judá: No te
19.10 Jerusalén no será entregada en..del *r*
19.11 han hecho los *r* de Asiria a todas las
19.13 ¿dónde está el *r* de Hamat, el *r* de..Iva?
19.13 ¿dónde..el *r* de la ciudad de Sefarvaim
19.17 que los *r* de Asiria han destruido las
19.20 que me pediste acerca de Senaquerib *r*
19.32 así dice Jehová acerca del *r* de Asiria
19.36 Senaquerib *r* de Asiria se fue..a Nínive
20.6 te libraré a ti..de mano del *r* de Asiria
20.12 *r* de Babilonia, envió mensajeros con
20.14 Isaías vino al *r* Ezequías, y le dijo
20.18 y serán eunucos en el palacio del *r* de
21.3 una imagen de..como había hecho Acab *r*
21.11 por cuanto Manasés *r* de Judá ha hecho
21.23 los siervos de Amón..mataron al *r* en
21.24 mató a todos los..conspirado contra el *r*
21.24 puso el pueblo..*r* en su lugar a Josías
22.3 los 18 años del *r* Josías, envió el *r* a
22.9 viniendo..Safán al *r*, dio cuenta al *r*
22.10 escriba Safán declaró al *r*, diciendo
22.10 libro. Y lo leyó Safán delante del *r*
22.11 cuando el *r* hubo oído las palabras del
22.12 el *r* dio orden..a Asaías siervo del *r*
22.16 este libro que ha leído el *r* de Judá
22.18 al *r* de Judá..diréis..ha dicho Jehová
22.20 y ellos dieron al *r* la respuesta
23.1 el *r* mandó reunir..a todos los ancianos
23.2 subió el *r* a la casa de Jehová con todos
23.3 y poniéndose el *r* en pie..hizo pacto
23.4 mandó el *r* al sumo sacerdote Hilcías, a
23.5 sacerdotes idólatras que..puesto los *r*
23.11 los caballos que los *r*..dedicado al sol
23.12 derribó..el *r* los altares que estaban
23.12 altares..que los *r* de Judá habían hecho
23.13 profanó el *r* de los lugares altos que
23.13 Salomón *r* de..había edificado a Astoret
23.19 lugares altos que..habían hecho los *r*
23.21 mandó el *r*..Haced la pascua a Jehová
23.22 tiempos de los *r* de Israel..*r* de Judá
23.23 a los 18 años del *r* Josías fue hecha
23.25 no hubo otro *r* antes de él..ni después
23.29 Necao *r* de Egipto subió contra el *r* de
23.29 Faraón..y salió contra él el *r* Josías
23.30 tomó a Joacaz..y lo pusieron por *r* en
23.34 Faraón..puso por *r* a Eliaquim hijo de
24.1 subió en..Nabucodonosor *r* de Babilonia
24.7 y nunca más el *r* de Egipto salió de su
24.7 el *r* de Babilonia le tomó todo lo..suyo
24.10 subieron..los siervos de..*r* de Babilonia
24.11 vino..*r* de Babilonia contra la ciudad
24.12 salió..*r* de Judá al *r* de Babilonia, él
24.12 y lo prendió el *r* de Babilonia en el
24.13 que había hecho Salomón *r* de Israel en
24.15 cautivos a..madre del *r*..mujeres del *r*
24.16 los..llevó cautivos el *r* de Babilonia
24.17 el *r*..puso por *r* en lugar de Joaquín a
24.20 y Sedequías se rebeló contra el *r* de
25.1 Nabucodonosor *r* de Babilonia vino con
25.2 hasta el año undécimo del *r* Sedequías
25.4 los dos muros, junto a los huertos del *r*
25.4 y el *r* se fue por el camino del Arabá
25.5 el ejército de los caldeos siguió al *r*
25.6 preso, pues, el *r*, le trajeron al *r* de
25.8 siendo el año 19 de Nabucodonosor *r* de
25.8 vino a Jerusalén Nabuzaradán..del *r* de
25.9 quemó..la casa del *r*, y todas las casas
25.11 que se habían pasado al *r* de Babilonia
25.19 cinco varones de los consejeros del *r*
25.20 y los llevó a Ribla al *r* de Babilonia
25.21 el *r* de..los hirió y mató en Ribla, en
25.22 al pueblo que..*r* de Babilonia dejó en
25.23 que el *r*..había puesto por gobernador
25.24 servid al *r* de Babilonia, y os irá bien
25.27 del cautiverio de Joaquín *r* de Judá, en
25.27 *r* de Babilonia..libertó a Joaquín *r* de
25.28 trono más alto que los tronos de los *r*
25.30 le fue dada su comida de parte del *r*

1 Cr. 1.43 éstos son los *r* que reinaron..Edom
1.43 antes que reinase *r* sobre los..Israel
3.2 Absalón hijo de Maaca, hija de Talmai *r*
4.23 moraban allá con el *r*, ocupados en su
4.41 vinieron en días de Ezequías *r* de Judá
5.6 fue transportado por Tiglat-pileser *r* de
5.17 fueron contados por..en días de Jotam *r*
5.17 contados..días de Jeroboam *r* de Israel
5.26 el Dios de..excitó el espíritu de Pul *r*
5.26 y el espíritu de Tiglat-pileser *r* de los
9.1 escritos en el libro de los *r* de Israel
9.18 han sido..porteros en la puerta del *r*
11.3 vinieron..los ancianos..al *r* en Hebrón
11.3 y ungieron a David por *r* sobre Israel
11.10 hacerle *r* sobre Israel, conforme a la
12.31 lista para venir a poner a David por *r*
12.38 poner a David por *r* sobre todo Israel
12.38 mismo ánimo para poner a David por *r*
14.1 Hiram *r* de..envió a David embajadores
14.2 Jehová lo había confirmado como *r* sobre
14.8 filisteos que David había sido ungido *r*
15.29 Mical, hija..vio al *r* David que saltaba
16.21 antes por amor de ellos castigó a los *r*
17.16 y entró el *r* David..delante de Jehová
18.3 derrotó David a Hadad-ezer *r* de Soba, en
18.5 los sirios de..en ayuda de Hadad-ezer *r*
18.9 y oyendo Toi *r* de Hamat que David había
18.9 deshecho todo el ejército de..*r* de Soba
18.10 envió a Adoram su hijo al *r* David, para
18.11 los cuales el *r* David dedicó a Jehová
18.17 hijos..eran los príncipes cerca del *r*
19.1 que murió Nahas *r* de los hijos de Amón
19.5 el *r* mandó que les dijeran: Estaos en
19.7 tomaron a sueldo..al *r* de Maaca y a su
19.9 los *r* que habían venido estaban aparte en
20.1 que suelen los *r* salir a la guerra, que
20.2 tomó David la corona de..del *r* de Rabá
21.3 añada Jehová a su pueblo..*r* señor mío
21.4 la orden del *r* pudo más que Joab. Salió
21.6 la orden del *r* era abominable a Joab
21.23 mi señor el *r* lo que bien le parezca
21.24 el *r* David dijo a Ornán: No, sino que
23.1 hizo a Salomón su hijo *r* sobre Israel
24.6 escribió sus nombres en presencia del *r*
24.31 echaron suertes..delante del *r* David
25.2 cual profetizaba bajo las órdenes del *r*
25.5 Hemán, vidente del *r* en las cosas de Dios
25.6 y Hemán estaban por disposición del *r*
26.26 que había consagrado el *r* David, y los
26.30 obra de Jehová, y en el servicio del *r*
26.32 los cuales el *r* David constituyó sobre
26.32 las cosas de Dios y los negocios del *r*
27.1 que servían al *r* en todos los negocios
27.24 no fue puesto en..crónicas del *r* David
27.25 Azmavet..a su cargo los tesoros del *r*
27.31 eran administradores de la..del *r* David
27.32 Jehiel hijo..estaba con los hijos del *r*
27.33 consejero del *r*, y Husai..amigo del *r*
27.34 Joab era el general del ejército del *r*
28.1 reunió David..jefes..que servían al *r*
28.1 toda la hacienda y posesión del *r* y de
28.2 y levantándose el *r* David..dijo: Oídme
28.4 Dios de Israel me eligió..*r* sobre Israel
28.4 se agradó de mí para ponerme por *r* sobre
29.1 después dijo el *r* David a..la asamblea
29.6 administradores de la hacienda del *r*
29.10 alegró mucho el *r* David, y bendijo a
29.20 adoraron delante de Jehová y del *r*
29.23 se sentó Salomón por *r* en el trono de
29.24 los hijos del *r*..homenaje al *r* Salomón
29.25 dio tal gloria..cual ningún *r* la tuvo
29.29 hechos del *r* David..están escritos en

2 Cr. 1.8 mí me has puesto por *r* en lugar suyo
1.9 tú me has puesto por *r* sobre un pueblo
1.11 pueblo, sobre el cual te he puesto por *r*
1.12 y gloria, como nunca tuvieron los *r* que
1.14 los cuales puso..con el *r* en Jerusalén
1.15 y acumuló el *r* plata y oro en Jerusalén
1.16 mercaderes del *r* compraban por contrato
1.17 así compraban..los *r*..heteos..*r* de Siria
2.3 envió a decir Salomón a Hiram *r* de Tiro
2.11 Hiram *r* de Tiro respondió por escrito
2.11 Jehová..te ha puesto por *r* sobre ellos
2.12 dio al *r* David un hijo sabio, entendido
4.11 y acabó Hiram la obra que hacía al *r*
4.16 hizo..sus enseres Hiram-abi al *r* Salomón
4.17 los fundió el *r* en los llanos del Jordán
5.3 se congregaron con el *r*..los varones de
5.6 y el *r*..y toda la congregación de Israel

REY ***(Continúa)***

2 Cr. 6.3 volviendo el r su rostro, bendijo a toda
7.4 r y todo el pueblo sacrificaron víctimas
7.5 y ofreció el r Salomón en. .22.000 bueyes
7.5 dedicaron la casa de Dios el r y todo el
7.6 los instrumentos. .había hecho el r David
7.11 terminó, pues, Salomón. .la casa del r
8.11 mujer no morará en la casa de David r
8.15 no se apartaron del mandamiento del r
8.18 talentos de oro, y los trajeron al r
9.5 y dijo al r: Verdad es lo que había oído
9.8 para ponerte sobre. .como r para Jehová
9.9 y dio al r 120 talentos de oro, y gran
9.9 como las que dio la reina de Sabá al r
9.11 de la madera de sándalo el r hizo gradas
9.12 el r Salomón dio a la reina de Sabá todo
9.12 dio. .más de lo que ella había traído al r
9.14 los r de Arabia. .oro y plata a Salomón
9.15 el r Salomón 200 paveses de oro batido
9.16 los puso el r en la casa del bosque del
9.17 hizo además el r un gran trono de marfil
9.20 la vajilla del r. .era de oro, y toda la
9.21 porque la flota del r iba a Tarsis con
9.22 excedió el r Salomón a todos los r de la
9.23 r. .procuraban ver el rostro de Salomón
9.25 jinetes. .puso en. .con el r en Jerusalén
9.26 y tuvo dominio sobre todos los r desde
9.27 y acumuló el r plata en. .como piedras, y
10.1 se había reunido. .Israel para hacerlo r
10.2 Jeroboam. .huido a causa del r Salomón
10.6 el r. .tomó consejo con los ancianos que
10.12 según el r les había mandado diciendo
10.13 el r les respondió ásperamente; pues
10.13 pues dejó el r Roboam el consejo de los
10.15 y no escuchó el r al pueblo; porque la
10.16 viendo todo. .que el r no les había oído
10.16 respondió el pueblo al r. .¿Qué parte
10.18 envió luego el r Roboam a Adoram, que
10.18 se apresuró el r. .y. .huyó a Jerusalén
11.3 habla a Roboam hijo de Salomón, r de
11.22 puso Roboam a Abías. .quería hacerle r
12.2 el quinto año del r. .subió Sisac r de
12.6 los príncipes de. .y el r se humillaron
12.9 subió. .Sisac r de Egipto a Jerusalén, y
12.9 y tomó. .y los tesoros de la casa del r
12.10 hizo el r Roboam escudos de bronce, y
12.10 custodiaban la entrada de la casa del r
12.11 el r iba a la casa de Jehová, venían los
13.1 a los 18 años del r. .reinó Abías sobre
15.16 aun a Maaca madre del r Asa. .la depuso
16.1 subió Baasa r de Israel contra Judá, y
16.1 salir ni entrar a ninguno al r Asa, r de
16.2 sacó Asa. .y envió a Ben-adad r de Siria
16.3 alianza que tienes con Baasa r de Israel
16.4 consintió Ben-adad con el r Asa, y envió
16.6 el r Asa tomó a todo Judá, y se llevaron
16.7 vino el vidente Hanani a Asa r de Judá
16.7 cuanto te has apoyado en el r de Siria
16.7 el ejército del r de Siria ha escapado
16.11 escritos en el libro de los r de Judá
17.19 éstos eran siervos del r, sin los que
17.19 que el r había puesto en las ciudades
18.3 dijo Acab r de Israel a Josafat r de Judá
18.4 dijo Josafat al r de Israel: Te ruego
18.5 el r de Israel reunió a 400 profetas, y
18.5 porque Dios los entregará en mano del r
18.7 el r de Israel respondió a Josafat: Aún
18.7 y respondió Josafat: No hable así el r
18.8 el r de Israel llamó a un oficial, y le
18.9 el r de Israel y Josafat r de. .sentados
18.11 Jehová la entregará en mano del r
18.12 a una voz anuncian al r cosas buenas
18.13 mi Dios me dijere. .hablaré. Y vino al r
18.14 el r le dijo: Micaías, ¿iremos a pelear
18.15 el r le dijo: ¿Hasta cuántas veces te
18.17 el r de Israel dijo a Josafat: ¿No te
18.19 ¿quién inducirá a Acab r de Israel, para
18.25 el r de Israel dijo: Tomad a Micaías
18.25 y llevadlo a Amón. .y a Joás hijo del r
18.26 el r ha dicho así: Poned a éste en la
18.28 subieron. .el r de Israel, y Josafat r
18.29 dijo el r de Israel a Josafat: Yo me
18.29 y se disfrazó el r de Israel, y entró
18.30 el r de Siria mandado a los capitanes
18.30 con grande, sino sólo con el r de Israel
18.31 dijeron: Este es el r de Israel. Y lo
18.32 viendo los. .que no era el r de Israel
18.33 hirió al r de. .entre las junturas y el
18.34 que estuvo el r de Israel en pie en el
19.1 Josafat r de Judá volvió en paz a su casa
19.11 Zebadías. .en todos los negocios del r
20.15 oíd, Judá. .y tú, r Josafat. Jehová os
20.34 se hace mención en el libro de los r
20.35 Josafat r. .trabó amistad con Ocozías r
21.2 estos fueron hijos de Josafat r de Judá
21.6 anduvo en el camino de los r de Israel
21.8 rebeló Edom contra. .y pusieron r sobre sí
21.12 no. .ni en los caminos de Asa r de Judá
21.13 has andado el camino de los r de Israel
21.17 todos los bienes que. .en la casa del r
21.20 sepultaron. .no en los sepulcros de. .r
22.1 hicieron r en lugar de Joram a Ocozías
22.1 reinó Ocozías, hijo de Joram r de Judá
22.5 fue a la guerra con Joram. .r de Israel
22.5 fue a la guerra. .contra Hazael r de Siria
22.6 en Ramot, peleando contra Hazael r de
22.6 descendió Ocozías hijo de Joram, r de
22.11 Josabet, hija del r, tomó a Joás hijo
22.11 tomó. .de entre los demás hijos del r
22.11 así lo escondió Josabet, hija del r
23.3 pacto con el r. .He aquí el hijo del r
23.5 otra tercera parte, a la casa del r; y
23.7 rodearán al r por. .y estaréis con el r
23.9 escudos que habían sido del r David, y
23.10 puso. .alrededor del r por todas partes
23.11 sacaron al hijo del r. .lo proclamaron r
23.11 lo ungieron, diciendo luego: ¡Viva el r!
23.12 estruendo. .de los que aclamaban al r
23.13 vio al r. .y los trompeteros junto al r
23.15 pasado la entrada de. .de la casa del r
23.16 pacto entre sí y todo el pueblo y el r
23.20 conducir al r desde la casa de Jehová
23.20 la casa del r, sentaron al r sobre el
24.6 el r llamó al sumo sacerdote Joiada y
24.8 mandó, pues, el r que hiciesen un arca
24.11 llevar el arca al secretario del r por
24.11 venía el escriba del r. .y llevaban el
24.12 el r y Joiada lo daban a los que hacían
24.14 trajeron al r. .que quedaba del dinero
24.16 y lo sepultaron. .con los r, por cuanto
24.17 los príncipes de. .al r; y el r los oyó
24.21 por mandato del r lo apedrearon hasta
24.22 así el r Joás no se acordó de. .Joiada
24.23 enviaron todo el botín al r a Damasco
24.25 David, pero no en los sepulcros de los r
24.27 escrito en la historia del. .de los r
25.3 mató a los. .que habían matado al r su
25.7 dijo: R, no vaya contigo el ejército de
25.16 te han puesto a ti por consejero del r?
25.17 Amasías r de. .envió a decir a Joás. .r
25.18 Joás r de. .envió a decir a Amasías r
25.21 Joás r de. .se vieron. .él y Amasías r
25.23 y Joás r de Israel apresó. .a Amasías r
25.24 tomó. .los tesoros de la casa del r, y
25.25 vivió Amasías. .r. .la muerte de Joás. .r
25.26; 27.7; 32.32; 35.27; 36.8 escritos
en el libro de los r
26.1 y lo pusieron por r en lugar de Amasías
26.2 y la restituyó a Judá después que el r
26.11 y de Hananías, uno de los jefes del r
26.13 para ayudar al r contra los enemigos
26.18 y se pusieron contra el r Uzías, y le
26.21 el r Uzías fue leproso hasta el día de
27.5 él guerra con el r de los hijos de Amón
28.2 anduvo en los caminos de los r de Israel
28.5 lo entregó en manos del r de los sirios
28.5 entregado en manos del r de Israel, el
28.7 además Zicri. .mató a Maasías hijo del r
28.7 mató. .y a Elcana, segundo después del r
28.16 a pedir el r Acaz a los r de Asiria que
28.19 humillado a Judá por causa de Acaz r de
28.20 vino contra él Tiglat-pileser r de los
28.21 despojó. .para dar al r de los asirios
28.22 además el r Acaz. .añadió mayor pecado
28.23 los dioses de los r de Siria les ayudan
28.26 escritos en el libro de los r de Judá
28.27 Acaz. .no. .en los sepulcros de los r
29.15 conforme al mandamiento del r y las
29.18 vinieron al r Ezequías y le dijeron
29.19 todos los. .había desechado el r Acaz
29.20 el r Ezequías reunió los principales
29.23 acercar delante del r. .machos cabríos
29.24 mandó el r hacer el holocausto y la
29.25 al mandamiento. .de Gad vidente del r
29.27 los instrumentos de David r de Israel
29.29 se inclinó el r, y todos los que con
29.30 el r Ezequías y los príncipes dijeron
30.2 y el r había tomado consejo. .príncipes
30.4 esto agradó al r y a toda la multitud
30.6 correos con cartas de mano del r y de
30.6 con cartas. .como el r lo había mandado
30.6 quedado de la mano de los r de Asiria
30.12 para cumplir el mensaje del r y de
30.24 porque Ezequías r de Judá había dado
30.26 de Salomón hijo de David r de Israel
31.3 el r contribuyó de su propia hacienda
31.13 por mandamiento del r Ezequías y de
32.1 Senaquerib r de los asirios e invadió
32.4 ¿por qué han de hallar los r. .aguas
32.7 ni tengáis miedo del r de Asiria, ni de
32.8 confianza en las palabras de Ezequías r
32.9 Senaquerib r de. .para decir a Ezequías r
32.10 así ha dicho Senaquerib r de los asirios
32.11 nos librará de la mano del r de Asiria?
32.20 mas el r Ezequías y el. .oraron por esto
32.21 destruyó. .el campamento del r de Asiria
32.22 salvó Jehová. .de las manos. .r de Asiria
33.11 contra él los generales. .del r de los
33.18 está escrito en las actas de los r de
33.25 mató a todos los. .conspirado contra el r
33.25 el pueblo. .por r en su lugar a Josías
34.11 edificios que habían destruido los r de
34.16 y Safán lo llevó al r, y le contó el
34.18 Safán al r. .El sacerdote Hilcías me dio un
34.18 libro. Y leyó Safán en él delante del r
34.19 luego que el r oyó las palabras de la
34.20 mandó. .a Asaías siervo del r, diciendo
34.22 y los del r fueron a Hulda profetisa
34.24 en el libro que leyeron delante del r
34.26 mas al r de Judá, que os ha enviado a
34.28 y ellos refirieron al r la respuesta
34.29 el r envió y reunió a todos los ancianos
34.30 subió el r a la casa de Jehová, y con él
34.31 estando el r en pie en su sitio, hizo
35.3 la casa que edificó Salomón. .r de Israel
35.4 lo ordenaron David r de Israel y Salomón
35.7 dio el r Josías a. .de la hacienda del r
35.10 turnos, conforme al mandamiento del r
35.15 al mandamiento. .Jedutún vidente del r
35.18 ni ningún r. .como la que celebró el r
35.19 fue celebrada en el año 18 del r Josías
35.20 r de Egipto subió para hacer guerra en
35.21 ¿qué tengo yo contigo, r de Judá? Yo no
35.23 los flecheros tiraron contra el r Josías
35.23 dijo el r a sus siervos: Quitadme de
36.1 a Joacaz hijo de Josías, y lo hizo r en
36.3 y el r de Egipto lo quitó de Jerusalén
36.4 y estableció el r de. .a Eliaquim. .por r
36.6 contra él Nabucodonosor r de Babilonia
36.10 constituyó a Sedequías. .r sobre Judá
36.17 trajo contra ellos al r de los caldeos
36.18 los tesoros de la casa del r. .lo llevó
36.22 el primer año de Ciro r de los persas
36.22 Jehová despertó el espíritu de Ciro r
36.23 así dice Ciro, r de los persas: Jehová
Esd. 1.1 en el primer año de Ciro r de Persia
1.1 despertó Jehová el espíritu de Ciro r de
1.2 así ha dicho Ciro r de Persia: Jehová el
1.7 el r Ciro sacó los utensilios de la casa
1.8 los sacó. .Ciro r de Persia, por mano de
2.1 que Nabucodonosor r de. .llevado cautivos
3.7 conforme a. .voluntad de Ciro r de Persia
3.10 según la ordenanza de David r de Israel
4.2 a él ofrecemos. .desde los días de. .r de
4.3 como nos mandó el r Ciro, r de Persia
4.5 sobornaron. .el tiempo de Ciro r de Persia
4.5 y hasta el reinado de Darío r de Persia
4.7 escribieron. .a Artajerjes r de Persia; y
4.8 escribieron una carta. .al r Artajerjes
4.11 al r Artajerjes: Tus siervos. .saludan
4.12 sea notorio al r, que los judíos que
4.13 sea notorio al r, que si aquella ciudad
4.13 y el erario de los r será menoscabado
4.14 no nos es justo ver. .menosprecio del r
4.14 cual hemos enviado a hacerlo saber al r
4.15 es ciudad rebelde, y perjudicial a los r
4.16 hacemos saber al r que si esta ciudad
4.17 r envió esta respuesta: A Rehum. .Salud
4.19 se levanta contra los r y se rebela, y
4.20 hubo. .r fuertes que dominaron en todo lo
4.22 de crecer el daño en perjuicio de los r?
4.23 copia la carta del r Artajerjes fue leída
4.24 el año segundo del reinado de Darío r
5.6 la carta que Tatnai. .enviaron al r Darío
5.7 estaba escrito en ella: Al r Darío. .paz
5.8 sea notorio al r, que fuimos a la. .casa
5.11 edificó y terminó el gran r de Israel
5.12 los entregó en mano de. .r de Babilonia
5.13 el año primero de Ciro r de Babilonia
5.13 r Ciro dio orden para que esta casa de
5.14 r Ciro los sacó del templo de Babilonia
5.17 y ahora, si al r parece bien, búsquese
5.17 la casa de los tesoros del r que está en
5.17 por el r Ciro había sido dada la orden
5.17 se nos envíe a decir la voluntad del r
6.1 el r Darío dio la orden de buscar en la
6.3 en el año primero del r Ciro, el mismo r
6.4 el gasto sea pagado por el tesoro del r
6.8 que de la hacienda del r, que. .sean dados
6.10 oren por la vida del r y por sus hijos
6.12 destruya a todo r y pueblo que pusiere
6.13 hicieron. .según el r Darío había ordenado
6.14 por mandato. .de Artajerjes r de Persia
6.15 era el sexto año del reinado del r Darío
6.22 había vuelto el corazón del r de Asiria
7.1 en el reinado de Artajerjes r de Persia
7.6 concedió el r todo lo que pidió, porque
7.7 Jerusalén. .séptimo año del r Artajerjes
7.8 en el mes quinto del año séptimo del r
7.11 copia de la carta que dio el r Artajerjes
7.12 Artajerjes r de r, a Esdras, sacerdote
7.14 de parte del r y de sus siete consejeros
7.15 llevar. .el oro que el r y sus consejeros
7.20 lo darás de la casa de los tesoros del r
7.21 y por mí, Artajerjes r, es dada orden a
7.23 contra el reinado del r y de sus hijos?
7.26 que no cumpliere la ley. .y la ley del r
7.27 que puso tal cosa en el corazón del r
7.28 delante del r y de sus consejeros, y de
7.28 de todos los príncipes poderosos del r
8.1 de Babilonia, reinando el r Artajerjes
8.22 vergüenza de pedir al r tropa y gente
8.22 porque habíamos hablado al r, diciendo
8.25 ofrenda que. .habían ofrecido el r y sus
8.36 y entregaron los despachos del r a sus
9.7 nuestros r y nuestros sacerdotes hemos
9.7 hemos sido entregados en manos de los r
9.9 misericordia delante de los r de Persia
Neh. 1.11 tu siervo. .yo servía de copero al r
2.1 Nisán, en el año veinte del r Artajerjes
2.1 en el mes. .tomé el vino y los serví al r
2.2 dijo el r: ¿Por qué está triste tu rostro?
2.3 dije al r: Para siempre viva el r. ¿Cómo

REY *(Continúa)*

Neh. 2.4 me dijo el *r:* ¿Qué cosa pides? Entonces
2.5 dije al *r:* Si le place al *r,* y tu siervo
2.6 el *r* me dijo (y la reina estaba sentada
2.6 agradó al *r* enviarme, después que yo le
2.7 dije al *r:* Si le place al *r,* que se me den
2.8 carta para Asaf guarda del bosque del *r*
2.8 lo concedió el *r,* según la..mano de Jehová
2.9 vine luego a..y les di las cartas del *r*
2.9 y el *r* envió..capitanes del ejército y
2.14 pasé..al estanque del *R;* pero no había
2.18 declaré..las palabras que el *r* me había
2.19 ¿qué es esto..¿Os rebeláis contra el *r?*
3.15 estanque de Siloé hacia el huerto del *r*
3.25 y la torre..que sale de la casa del *r*
5.4 tomado prestado dinero..el tributo del *r*
5.14 mandó el *r* que fuese gobernador de ellos
5.14 el año veinte del *r* Artajerjes hasta el
6.6 edificas tú..con la mira..de ser tú su *r*
6.7 ¡hay *r* en Judá! Y ahora serán oídas del *r*
7.6 de los que llevó cautivos Nabucodonosor *r*
9.22 y poseyeron..la tierra del *r* de Hesbón
9.22 poseyeron..la tierra de Og *r* de Basán
9.24 y a sus *r,* y a los pueblos de la tierra
9.32 el sufrimiento que ha alcanzado a..*r,* a
9.32 días de los *r* de Asiria hasta este día
9.34 nuestros *r*..no pusieron por obra tu ley
9.37 y se multiplica su fruto para los *r* que
11.23 porque había mandamiento del *r* acerca
11.24 y Petaías..estaba al servicio del *r* en
13.6 en el año 32 de Artajerjes *r* de..fui al *r*
13.6 cabo de algunos días pedí permiso al *r*
13.26 ¿no pecó por esto Salomón, *r* de Israel?
13.26 en muchas naciones no hubo *r* como él
13.26 Dios lo había puesto por *r* sobre todo

Est. 1.2 cuando fue afirmado el *r* Asuero sobre
1.5 hizo el *r* otro banquete por siete días en
1.7 vino..de acuerdo con la generosidad del *r*
1.8 porque así lo había mandado el *r* a todos
1.9 banquete..en la casa real del *r* Asuero
1.10 estando el corazón del *r* alegre del vino
1.10 siete eunucos que servían delante del *r*
1.11 trajesen a..Vasti a la presencia del *r*
1.12 Vasti no quiso comparecer a la orden..
1.12 *r* se enojó mucho, y se encendió en ira
1.13 preguntó entonces el *r* a los sabios que
1.13 así acostumbraba el *r* con todos los que
1.14 siete príncipes..que veían la cara del *r*
1.15 no había cumplido la orden del *r* Asuero
1.16 y dijo Memucán delante del *r* y de los
1.16 no solamente contra el *r* ha pecado la
1.16 pueblos..en todas las provincias del *r*
1.17 el *r* Asuero mandó traer delante de sí a
1.18 dirán esto..a todos los príncipes del *r*
1.19 si parece bien al *r,* salga un decreto
1.19 Vasti no venga más delante del *r* Asuero
1.19 y el *r* haga reina a otra que sea mejor
1.20 el decreto que dicte el *r* será oído en
1.21 agradó..a los ojos del *r* y..los príncipes
1.21 hizo el *r* conforme al dicho de Memucán
1.22 envió cartas a todas las provincias del *r*
2.1 sosegada..ira del *r* Asuero, se acordó de
2.2 y dijeron los criados del *r*..cortesanos
2.2 busquen para el *r* jóvenes vírgenes de
2.3 ponga el *r* personas en..las provincias de
2.3 al cuidado de Hegai eunuco del *r,* guarda
2.4 la doncella que agrade a los ojos del *r*
2.4 esto agradó a los ojos del *r,* y lo hizo
2.6 fueron llevados con Jeconías *r* de Judá, a
2.6 a quien hizo transportar Nabucodonosor *r*
2.8 cuando se divulgó el mandamiento..del *r*
2.8 Ester también fue llevada a la casa del *r*
2.9 le dio..siete doncellas..de la casa del *r*
2.12 tiempo de cada..para venir al *r* Asuero
2.13 la doncella venía así al *r.* Todo lo que
2.13 ataviada con ello..hasta la casa del *r*
2.14 casa..al cargo de Saasgaz eunuco del *r*
2.14 no venía..al *r,* salvo si el *r* la quería
2.15 llegó a Ester..el tiempo de venir al *r*
2.15 lo que dijo Hegai eunuco del *r,* guarda
2.16 fue, pues, Ester llevada al *r* Asuero a
2.17 *r* amó a Ester más que a todas las otras
2.18 hizo..el *r* un gran banquete a todos sus
2.19,21 Mardoqueo..sentado a la puerta del *r*
2.21 se enojaron..dos eunucos del *r,* de la
2.21 y procuraban poner mano en el *r* Asuero
2.22 lo dijo al *r* en nombre de Mardoqueo
2.23 caso en el libro de las crónicas del *r*
3.1 el *r* Asuero engrandeció a Amán hijo de
3.2 los siervos del *r*..a la puerta del *r* se
3.2 así lo había mandado el *r;* pero Mardoqueo
3.3 los siervos del *r* que estaban a la puerta
3.3 ¿por qué traspasas el mandamiento del *r?*
3.7 el año duodécimo del *r* Asuero, fue echada
3.8 y dijo Amán al *r* Asuero: Hay un pueblo
3.8 no guardan las leyes del *r,* y al *r* nada
3.9 place al *r,* decrete que sean destruidos
3.9 para que sean traídos a los tesoros del *r*
3.10 el *r* quitó el anillo de su mano, y lo dio
3.12 fueron llamados los escribanos del *r* en
3.12 lo que mandó Amán, a los sátrapas del *r*
3.12 en nombre del *r* Asuero fue escrito, y
3.12 escrito, y sellado con el anillo del *r*
3.13 de correos a todas las provincias del *r*
3.15 salieron los correos..por mandato del *r*
3.15 y el *r* y Amán se sentaron a beber; pero
4.2 y vino hasta delante de la puerta del *r*
4.2 no era lícito pasar..de la puerta del *r*
4.3 donde el mandamiento del *r* y su decreto
4.5 llamó a Hatac, uno de los eunucos del *r*
4.6 a la plaza de..delante de la puerta del *r*
4.7 la plata que Amán..para los tesoros del *r*
4.8 fuese ante el *r* a suplicarle..interceder
4.11 todos los siervos del *r,* y el pueblo de
4.11 pueblo de las provincias del *r,* saben que
4.11 en el patio interior para ver al *r,* sin
4.11 aquel a quien el *r* extendiere el cetro de
4.11 no he sido llamada para ver al *r* estos
4.13 que escaparás en la casa del *r* más que
4.16 entonces entraré a ver al *r,* aunque no
5.1 entró..el patio interior de la casa del *r*
5.1 del aposento del *r;* y estaba el *r* sentado
5.2 y el *r* extendió a Ester el cetro de oro
5.3 dijo el *r:* ¿Qué tienes, reina Ester, y
5.4 si place al *r,* vengan hoy el *r* y Amán al
5.4 al banquete que he preparado para el *r*
5.5 respondió el *r:* Daos prisa, llamad a Amán
5.5 vino, pues, el *r* con Amán al banquete que
5.6 dijo el *r* a Ester..¿Cuál es tu petición
5.8 si he hallado gracia ante los ojos del *r*
5.8 si place al *r*..que venga el *r* con Amán a
5.8 haré conforme a lo que el *r* ha mandado
5.9 vio a Mardoqueo a la puerta del..del *r*
5.11 con que el *r* le había engrandecido, y
5.11 había honrado sobre los..siervos del *r*
5.12 Ester a ninguno hizo venir con el *r* al
5.12 mañana estoy convidado por ella con el *r*
5.13 veo..Mardoqueo sentado a la puerta del *r*
5.14 al *r* que cuelguen a Mardoqueo en ella
5.14 y entra alegre con el *r* al banquete
6.1 se le fue el sueño al *r,* y dijo que le
6.2 el complot de..dos eunucos del *r,* de la
6.2 que habían procurado poner mano en el *r*
6.3 dijo el *r:* ¿Qué honra o qué distinción
6.3 respondieron los servidores del *r,* sus
6.4 el *r:* ¿Quién está en el patio? Y Amán
6.4 hablarle al *r* para que hiciese colgar a
6.5 y los servidores del *r* le respondieron
6.5 Amán está en el..Y el *r* dijo: Que entre
6.6 el *r* le dijo: ¿Qué se hará al hombre cuya
6.6 se hará al hombre cuya honra desea el *r?*
6.6 a quién deseará el *r* honrar más que a mí?
6.7 al *r:* Para el varón cuya honra desea el *r*
6.8 traigan el vestido..de que el *r* se viste
6.8 caballo en que el *r* cabalga, y la corona
6.9 alguno de los príncipes más nobles del *r*
6.9 vistan a aquel varón cuya honra desea el *r*
6.9,11 se hará al varón cuya honra desea el *r*
6.10 entonces el *r* dijo a Amán: Date prisa
6.14 los eunucos del *r* llegaron apresurados
7.1 fue, pues, el *r* con Amán al banquete de
7.2 dijo el *r* a Ester: ¿Cuál es tu petición
7.3 oh *r,* si he hallado gracia en tus ojos
7.3 y si al *r* place, séame dada mi vida por
7.4 nuestra muerte sería para el *r* un daño
7.5 respondió el *r* Asuero, y dijo..¿Quién es
7.6 turbó Amán delante del *r* y de la reina
7.7 *r* se levantó del banquete, encendido en
7.7 estaba resuelto..el mal de parte del *r*
7.8 después el *r* volvió del huerto del palacio
7.8 dijo el *r:* ¿Querrás también violar a la
7.8 al proferir el *r* esta palabra..cubrieron
7.9 dijo uno de los eunucos que servían al *r*
7.9 Mardoqueo..había hablado bien por el *r*
7.9 entonces el *r* dijo: Colgadlo en ella
7.10 colgaron a..y se apaciguó la ira del *r*
8.1 el *r* Asuero dio a la reina Ester la casa
8.1 y Mardoqueo vino delante del *r,* porque
8.2 se quitó el *r* el anillo que recogió de
8.3 volvió..Ester a hablar delante del *r,* y
8.4 el *r* extendió a Ester el cetro de oro
8.4 levantó, y se puso en pie delante del *r*
8.5 si place al *r,* y si he hallado gracia
8.5 y si le parece acertado al *r,* y yo soy
8.5 los judíos..en todas las provincias del *r*
8.7 respondió el *r* Asuero a la reina Ester y
8.8 escribid..en nombre del *r,* y selladlo con
8.8 y selladlo con el anillo del *r,* porque un
8.8 del *r,* y se sella con el anillo del *r,* no
8.9 fueron llamados los escribanos del *r* en
8.10 y escribió en nombre del *r* Asuero, y lo
8.10 y lo selló con el anillo del *r,* y envió
8.11 que el *r* daba facultad a los judíos que
8.12 día en todas las provincias del *r* Asuero
8.14 correos..salieron..por la orden del *r*
8.15 y salió Mardoqueo de delante del *r* con
8.17 ciudad donde llegó el mandamiento del *r*
9.1 debía ser ejecutado el mandamiento del *r*
9.2 judíos se reunieron en..provincias del *r*
9.3 y oficiales del *r,* apoyaban a los judíos
9.4 Mardoqueo era grande en la casa del *r*
9.11 le dio cuenta al *r* acerca del número de
9.12 y dijo el *r* a la reina Ester: En Susa
9.12 ¿qué habrán hecho en..provincias del *r?*
9.13 si place al *r,* concédase..a los judíos
9.14 y mandó el *r* que se hiciese así. Se dio
9.16 los otros judíos..en las provincias del *r*
9.20 que estaban en todas las provincias del *r*
9.25 cuando Ester vino a la presencia del *r*
9.30 cartas..a las 127 provincias del *r,* con
10.1 *r* Asuero impuso tributo sobre la tierra
10.2 la grandeza..con que el *r* le engrandeció
10.2 en el libro de las crónicas de los *r* de
10.3 Mardoqueo..fue el segundo después del *r*

Job 3.14 con los *r* y con los consejeros de la
15.24 esforzarán..como un *r* dispuesto para la
18.14 y al *r* de los espantos será conducido
29.25 el jefe, y moraba como *r* en el ejército
34.18 dirá al *r:* Perverso; y a los príncipes
36.7 bien con los *r* los pondrá en trono para
41.34 alta; es *r* sobre todos los soberbios

Sal. 2.2 se levantarán los *r* de la tierra, y
2.6 yo he puesto mi *r* sobre Sion, mi santo
2.10 ahora, pues, oh *r,* sed prudentes; admitid
5.2 está atento a la voz..*R* mío y Dios mío
10.16 Jehová es *R* eternamente y para siempre
18.50 triunfos da a su *r,* y hace misericordia
20.9 salva, Jehová; que el *R* nos oiga en el día
21.1 el *r* se alegra en tu poder, oh Jehová
21.7 por cuanto el *r* confía en Jehová, y en
24.7,9 oh puertas..y entrará el *R* de gloria
24.8,10 ¿quién es este *R* de gloria? Jehová
24.10 Jehová de los..él es el *R* de la gloria
29.10 y se sienta Jehová como *r* para siempre
33.16 el *r* no se salva por la..del ejército
44.4 tú oh Dios, eres mi *r;* manda salvación
45.1 dirijo al *r* mi canto; mi lengua es pluma
45.5 tus saetas..penetrarán..enemigos del *r*
45.9 hijas de *r* están entre tus ilustres; está
45.11 deseará el *r* tu hermosura; e inclínate
45.13 toda gloriosa es la hija del *r* en su
45.14 con vestidos bordados será llevada al *r*
45.15 y gozo; entrarán en el palacio del *r*
47.2 temible; *R* grande sobre toda la tierra
47.6 cantad a Dios, cantad; cantad a nuestro *R*
47.7 porque Dios es el *R* de toda la tierra
48.2 el monte de Sion..la ciudad del gran *R*
48.4 he aquí los *r* de la tierra se reunieron
61.6 días sobre días añadirás al *r;* sus años
63.11 el *r* se alegrará en Dios; será alabado
68.12 huyeron, huyeron *r* de ejércitos, y las
68.14 cuando esparció..los *r* allí, fue como
68.24 los caminos de mi Dios, de mi *R,* en el
68.29 por razón de..los *r* te ofrecerán dones
72.1 da tus juicios al *r,* y..al hijo del *r*
72.10 los *r* de Tarsis y de..traerán presentes
72.10 los *r* de Sabá y de Seba ofrecerán dones
72.11 todos los *r* se postrarán delante de él
74.12 pero Dios es mi *r* desde tiempo antiguo
76.12 cortará él..temible es a los *r* de la
84.3 cerca de tus altares, oh Jehová..*R* mío
89.18 Jehová es nuestro escudo, y nuestro *r*
89.27 el más excelso de los *r* de la tierra
95.3 Jehová..*R* grande sobre todos los dioses
98.6 sonidos de bocina, delante del *r* Jehová
99.4 la gloria del *r* ama el juicio..rectitud
102.15 y todos los *r* de la tierra tu gloria
105.14 y por causa de ellos castigó a los *r*
105.20 envió el *r,* y le soltó; el señor de los
105.30 ranas hasta en las cámaras de sus *r*
110.5 quebrantará a los *r* en el día de su ira
119.46 hablaré de..delante de los *r,* y no me
135.10 destruyó a muchas..mató a *r* poderosos
135.11 a Sehón *r* amorreo, a Og *r* de Basán
135.11 de Basán, y a todos los *r* de Canaán
136.17 al que hirió a grandes *r,* porque para
136.18 a *r* poderosos, porque para siempre es
136.19 a Sehón *r* amorreo, porque para siempre
136.20 y a Og *r* de Basán, porque para siempre
138.4 te alabarán..todos los *r* de la tierra
144.10 tú, el que da victoria a los *r,* el que
145.1 te exaltaré, mi Dios, mi *R,* y bendeciré
148.11 los *r* de la tierra y todos los pueblos
149.2 Israel..hijos de Sion se gocen en su *R*
149.8 para aprisionar a sus *r* con grillos, y

Pr. 1.1 de Salomón, hijo de David, *r* de Israel
8.15 por mí reinan los *r,* y los príncipes
14.28 en la multitud de..está la gloria del *r*
14.35 benevolencia del *r* es para..entendido
16.10 oráculo hay en los labios del *r*..juicio
16.12 abominación es a los *r* hacer impiedad
16.13 labios justos..contentamiento de los *r*
16.14 la ira del *r* es mensajero de muerte, mas
16.15 en la alegría del..del *r* está la vida
19.12 como rugido de..de león es la ira del *r*
20.2 como rugido..de león es el terror del *r*
20.8 el *r* que..con su mirar disipa todo mal
20.26 *r* sabio avienta a los impíos, y sobre
20.28 misericordia y verdad guardan al *r,* y
21.1 así está el corazón del *r* en la mano de
22.11 por la gracia..tendrá la amistad del *r*
22.29 visto hombre..Delante de los *r* estará
24.21 teme a Jehová, hijo mío, y al *r;* no te
25.1 copiaron los varones de Ezequías, *r* de
25.2 Dios..pero honra del *r* es escudriñarlo
25.3 corazón de los *r,* no hay investigación
25.5 aparta al impío de la presencia del *r*
25.6 no te alabes delante del *r,* ni estés en
29.4 el *r* con el juicio afirma la tierra; mas
29.14 del *r* que juzga con verdad a los pobres
30.27 las langostas, que no tienen *r,* y salen
30.28 la araña que..y está en palacios de *r*

REY ***(Continúa)***

Pr. 30.31 cabrío, y el *r*, a quien nadie resiste
31.1 palabras del *r* Lemuel; la profecía con
31.3 ni tus caminos a lo que destruye a los *r*
31.4 no es de los *r*, oh. .de los *r* beber vino
Ec. 1.1 palabras del Predicador. .de David, *r* en
1.12 yo el Predicador fui *r* sobre Israel en
2.8 me amontoné. .tesoros preciados de *r* y de
2.12 podrá hacer el. .que venga después del *r*?
4.13 muchacho pobre. .que el *r* viejo y necio
5.9 todos; el *r* mismo está sujeto a los campos
8.2 aconsejo. .guardes el mandamiento del *r*
8.4 pues la palabra del *r* es con potestad
9.14 viene contra ella un gran *r*, y la asedia
10.16 ¡ay de ti, tierra. .tu *r* es muchacho, y
10.17 ¡bienaventurada. .tu *r* es hijo de nobles
10.20 ni aun en. .pensamiento digas mal del *r*
Cnt. 1.4 el *r* me ha metido en sus cámaras; nos
1.12 mientras el *r* estaba en su reclinatorio
3.9 *r* Salomón se hizo una carroza de madera
3.11 ved al *r* Salomón con la corona con que
7.5 como la púrpura del *r* suspendida en los
Is. 1.1 de Uzías, Jotam, Acaz y Ezequías, *r* de
6.1 en el año que murió el *r* Uzías vi yo al
6.5 porque han visto mis ojos al *R*, Jehová de
7.1 aconteció en los días de Acaz. .*r* de Judá
7.1 que Rezín *r* de Siria y Peka. .*r* de Israel
7.6 en medio de ella por *r* al hijo de Tabeel
7.16 la tierra de los dos *r* que tú temes será
7.17 Jehová hará venir sobre. .al *r* de Asiria
7.20 con el *r* de Asiria, cabeza y pelo de los
8.4 los despojos de Samaria delante del *r* de
8.7 esto es, al *r* de Asiria con todo su poder
8.21 se enojarán y maldecirán a su *r* y a su
10.8 dice: Mis príncipes, ¿no son todos *r*?
10.12 la soberbia del corazón del *r* de Asiria
14.4 pronunciarás este proverbio contra el *r*
14.9 hizo levantar de. .*r* de las naciones
14.18 todos los *r* de las naciones. .yacen con
14.28 en el año que murió el *r* Acaz fue esta
19.4 *r* violento se enseñoreará de ellos, dice
19.11 yo soy hijo de los sabios. .*r* antiguos?
20.1 cuando lo envió Sargón *r* de Asiria, y
20.4 llevará el *r* de Asiria a los cautivos de
20.6 libres de la presencia del *r* de Asiria
23.15 Tiro será puesta en. .como días de un *r*
24.21 castigará. .a los *r* de la tierra sobre
30.33 Tofet ya de. .está dispuesto. .para el *r*
32.1 para justicia reinará un *r*, y príncipes
33.17 tus ojos verán al *R* en su hermosura
33.22 porque. .Jehová es nuestro *R*; él mismo
36.1 el año catorce del *r*. .*r* de Asiria subió
36.2 *r* de Asiria envió. .contra el *r* Ezequías
36.4 gran *r*, el *r* de Asiria, dice así: ¿Qué
36.6 tal es Faraón *r* de Egipto para con todos
36.8 te ruego que des rehenes al *r* de Asiria
36.13 palabras del gran rey, el *r* de Asiria
36.14 el *r* dice así: No os engañe Ezequías
36.15 esta ciudad en manos del *r* de Asiria
36.16 así dice el *r* de Asiria: Haced conmigo
36.18 su tierra de la mano del *r* de Asiria?
36.21 *r* así lo había mandado, diciendo: No le
37.1 cuando el *r* Ezequías oyó esto, rasgó su
37.4 al cual el *r* de Asiria su señor envió
37.6 blasfemado los siervos del *r* de Asiria
37.8 al *r* de Asiria que combatía contra Libna
37.9 mas oyendo decir de Tirhaca *r* de Etiopía
37.10 no será entregada en mano del *r* de Asiria
37.11 oíste lo que han hecho los *r* de Asiria
37.13 el *r* de Hamat, el *r* de Arfad, y el *r* de
37.18 los *r* de Asiria destruyeron. .comarcas
37.21 me rogaste sobre Senaquerib *r* de Asiria
37.33 así dice Jehová acerca del *r* de Asiria
37.37 entonces Senaquerib *r* de Asiria se fue
38.6 y te libraré a. .de mano del *r* de Asiria
39.1 Merodac-baladán hijo. .*r*. .envió cartas y
39.3 el profeta Isaías vino al *r* Ezequías, y
39.7 y serán eunucos en el palacio del *r* de
41.2 le hizo enseñorear de *r*; los entregó a
41.21 presentad. .pruebas, dice el *r* de Jacob
43.15 Jehová. .Creador de Israel, vuestro *R*
44.6 dice Jehová *R* de Israel, y su Redentor
45.1 sujetar naciones. .y desatar lomos de *r*
49.7 verán *r*, y se levantarán príncipes, y
49.23 *r* serán tus ayos, y. .reinas tus nodrizas
52.15 los *r* cerrarán ante él la boca, porque
57.9 al *r* con ungüento, y multiplicaste tus
60.3 y los *r* al resplandor de tu nacimiento
60.10 extranjeros edificarán. .*r* te servirán
60.11 a ti sean traídas. .y conducidos. .sus *r*
60.16 el pecho de los *r* mamarás; y conocerás
62.2 entonces verán. .todos los *r* tu gloria
Jer. 1.2 vino en los días de Josías. .*r* de Judá
1.3 le vino también en días de Joacim. .*r* de
1.3 de Sedequías hijo de Josías, *r* de Judá
1.18 yo te he puesto. .contra los *r* de Judá
2.26 se avergonzará la. .sus *r*, sus príncipes
3.6 dijo Jehová en días del *r* Josías: ¿Has
4.9 aquel día. .desfallecerá el corazón del *r*
8.1 sacarán los huesos de los *r* de Judá, y los
8.19 no está Jehová en Sion?. .en ella su *R*?
10.7 ¿quién no te temerá, oh *R* de. .naciones?
10.10 él es Dios vivo y *R* eterno; a su ira
13.13 a los *r* de la estirpe de David que se
13.18 al *r* y a la reina: Humillaos, sentaos
15.4 a causa de Manasés hijo de. .*r* de Judá
17.19 por la cual entran y salen los *r* de Judá
17.20 oíd la palabra de Jehová, *r* de Judá, y
17.25 entrarán. .los *r* y los príncipes que se
19.3 dirás, pues: Oíd palabra de Jehová, oh *r*
19.4 a dioses. .no habían conocido. .ni los *r*
19.13 las casas de los *r* de. .serán como. .Tofet
20.4 a todo Judá entregaré en manos del *r* de
20.5 daré todos los tesoros de los *r* de Judá
21.1 el *r* Sedequías envió a él a Pasur hijo
21.2 Nabucodonosor *r* de. .hace guerra contra
21.4 las armas. .con que peleáis contra el *r*
21.7 Sedequías *r*. .en mano de. .*r* de Babilonia
21.10 esta ciudad. .en mano del *r* de Babilonia
21.11 y a la casa del *r* de Judá dirás: Oíd
22.1 dijo. .Desciende a la casa del *r* de Judá
22.2 dí: Oye palabra de Jehová, oh *r* de Judá
22.4 si. .obedeciereis esta palabra, los *r* que
22.6 dicho. .acerca de la casa del *r* de Judá
22.11 acerca de Salum hijo de Josías, *r* de
22.18 acerca de Joacim hijo de Josías, *r* de
22.24 Conías hijo de Joacim *r* de Judá fuera
22.25 te entregaré en mano de. .*r* de Babilonia
23.5 levantaré a. .renuevo. .y reinará como *R*
24.1 *r* de Babilonia a Jeconías. .*r* de Judá
24.8 así. .pondré a Sedequías *r* de Judá, a sus
25.1 el año cuarto de Joacim hijo. .*r* de Judá
25.1 era el año primero de Nabucodonosor *r* de
25.3 el año trece de Josías. .*r* de Judá, hasta
25.9 tomaré a. .*r* de Babilonia, mi siervo, y
25.11 servirán. .naciones al *r* de Babilonia
25.12 castigaré al *r* de Babilonia y. .nación
25.14 ellas serán sojuzgadas por. .grandes *r*
25.18 a las ciudades de Judá y a sus *r*, y a
25.19 a Faraón *r* de Egipto, a sus siervos, a
25.20 todos los *r*. .de Uz, y a todos los *r* de
25.22 todos los *r* de Tiro, a. .los *r* de Sidón
25.22 *r* de las costas que están de ese lado
25.24 *r* de Arabia, a todos los *r* de pueblos
25.25 los *r* de Zimri. .*r* de Elam. .*r* de Media
25.26 los *r* del. .y el *r* de Babilonia beberá
26.1 reinado de Joacim hijo de Josías, *r* de
26.10 subieron de la casa del *r* a la casa de
26.18 profetizó en tiempo de Ezequías *r* de
26.19 ¿acaso lo mataron Ezequías *r* de Judá
26.21 oyeron. .el *r* Joacim. .*r* procuró matarle
26.22 el *r* Joacim envió hombres a Egipto, a
26.23 trajeron al *r* Joacim, el cual lo mató a
27.1 reinado de Joacim hijo de Josías, *r* de
27.3 enviarás al *r* de Edom, y al *r* de Moab, y
27.3 *r* de los hijos de Amón, y al *r* de Tiro
27.3 y al *r* de Sidón. .vienen. .a Sedequías *r*
27.6 he puesto. .en mano de Nabucodonosor *r*
27.7 y la reduzcan a servidumbre. .grandes *r*
27.8 reino que no sirviere a Nabucodonosor *r*
27.8 no. .debajo del yugo del *r* de Babilonia
27.9,14 os hablan diciendo: No serviréis al *r*
27.11 que sometiere su cuello al yugo del *r*
27.12 hablé. .a Sedequías *r* de Judá conforme
27.12 cuellos al yugo del *r* de Babilonia, y
27.13 dicho. .de la nación que no sirviere al *r*
27.17 servid al *r* de Babilonia y vivid; ¿por
27.18 los utensilios. .en la casa del *r* de Judá
27.20 no quitó Nabucodonosor *r* de Babilonia
27.20 transportó. .a Jeconías hijo. .*r* de Judá
27.21 que quedaron. .en la casa del *r* de Judá
28.1 de Sedequías *r* de Judá, en el año cuarto
28.2 quebranté el yugo del *r* de Babilonia
28.3 los utensilios. .*r* de Babilonia tomó de
28.4 y yo haré volver. .a Jeconías. .*r* de Judá
28.4 quebrantaré el yugo del *r* de Babilonia
28.11 romperé el yugo de Nabucodonosor *r* de
28.14 que sirvan a. .*r* de Babilonia, y han de
29.2 que salió el *r* Jeconías, la reina, los
29.3 a quienes envió Sedequías *r* de Judá a
29.3 envió. .a Nabucodonosor *r* de Babilonia
29.16 ha dicho Jehová acerca del *r* que está
29.21 los entrego yo en mano. .*r* de Babilonia
29.22 a Acab, a quienes asó al fuego el *r* de
30.9 servirán a Jehová. .Dios y a David su *r*
32.1 año décimo de Sedequías *r* de Judá, que
32.2 entonces el ejército del *r* de Babilonia
32.2 de la cárcel que estaba en la casa del *r*
32.3 Sedequías *r*. .Judá lo había puesto preso
32.3 yo entrego. .en mano del *r* de Babilonia
32.4 Sedequías *r* de Judá no escapará de la
32.4 será entregado en mano. .*r* de Babilonia
32.28 ciudad. .en mano de Nabucodonosor *r* de
32.32 sus *r*, sus príncipes, sus sacerdotes y
32.36 entregada. .en mano del *r* de Babilonia
33.4 las casas de los *r* de Judá, derribadas
34.1 Nabucodonosor *r* de Babilonia y todo su
34.2 vé y habla a Sedequías *r* de Judá, y dile
34.2 yo entregaré. .ciudad al *r* de Babilonia
34.3 ojos verán los ojos del *r* de Babilonia
34.4 palabra de Jehová, Sedequías *r* de Judá
34.5 como quemaron especias por. .*r* primeros
34.6 habló. .Jeremías a Sedequías *r* de Judá
34.7 el ejército del *r* de Babilonia peleaba
34.21 Sedequías *r* de Judá. .los entregaré en
34.21 en mano del ejército del *r* de Babilonia
35.1 en días de Joacim hijo de Josías, *r* de
35.11 que cuando. .*r* de Babilonia subió a la
36.1 cuarto año de Joacim hijo de Josías, *r*
36.9 el año quinto de Joacim hijo. .*r* de Judá
36.12 descendió a la casa del *r*, al aposento
36.16 sin duda contaremos al *r* todas estas
36.20 entraron a. .*r*. .contaron a oídos del *r*
36.21 y envió el *r* a Jehudí a que tomase el
36.21 a oídos del *r*. .que junto al *r* estaban
36.22 el *r* estaba en la casa de invierno en
36.23 lo rasgó el *r* con un cortaplumas de
36.24 *r* y todos sus siervos que oyeron todas
36.25 rogaron al *r*. .no quemase aquel rollo
36.26 mandó el *r*. .que prendiesen a Baruc el
36.27 y vino palabra. .después que el *r* quemó
36.28 en el primer rollo que quemó Joacim *r*
36.29 dirás a. .*r* de Judá. .quemaste este rollo
36.29 vendrá el *r* de Babilonia, y destruirá
36.30 acerca de Joacim *r* de Judá: No tendrá
36.32 libro que quemó en el fuego Joacim *r*
37.1 reinó el *r* Sedequías hijo de Josías, al
37.1 Nabucodonosor *r*. .constituyó por *r* en la
37.3 y envió el *r* Sedequías a Jucal hijo de
37.7 diréis así al *r* de Judá, que os envió a
37.17 *r* envió y le sacó; y le preguntó el *r*
37.17 y dijo más: En mano del *r* de Babilonia
37.18 Jeremías al *r* Sedequías: ¿En qué pequé
37.19 diciendo: No vendrá el *r* de Babilonia
37.20 ahora pues, oye, te ruego, oh *r* mi señor
37.21 dio orden el *r* Sedequías, y custodiaron
38.3 esta ciudad en manos del ejército del *r*
38.4 dijeron. .al *r*: Muera ahora este hombre
38.5 dijo el *r*. .el *r* nada puede hacer contra
38.7 y estando sentado el *r* a la puerta de
38.8 Ebed-melec. .de la casa del *r* y habló al *r*
38.9 señor el *r*, mal hicieron estos varones
38.10 mandó el *r* al mismo etíope Ebed-melec
38.11 y entró a la casa del *r* debajo de la
38.14 envió el *r*. .Y dijo el *r* a Jeremías: Te
38.16 el *r* Sedequías en secreto a Jeremías
38.17 si te entregas. .a los príncipes del *r*
38.18 no te entregas a los príncipes del *r*
38.19 y dijo el *r* Sedequías. .Tengo temor de
38.22 que han quedado en casa del *r* de Judá
38.22 serán sacadas a los príncipes del *r* de
38.23 que por mano del *r* de Babilonia serás
38.25 qué hablaste con el *r*. .qué te dijo el *r*
38.26 supliqué al *r* que no me hiciese volver
38.27 respondió conforme a todo lo que el *r*
39.1 en el noveno año de Sedequías *r* de Judá
39.1 vino Nabucodonosor *r* de Babilonia con
39.3 y entraron. .príncipes del *r* de Babilonia
39.3 los demás príncipes del *r* de Babilonia
39.4 Sedequías *r* de. .huyeron. .huerto del *r*
39.4 y salió el *r* por el camino del Arabá
39.5 estaba Nabucodonosor *r*. .y le sentenció
39.6 degolló el *r*. .a los hijos de Sedequías
39.6 degollar el *r* de Babilonia a todos los
39.7 y sacó los ojos del *r* Sedequías, y le
39.8 caldeos pusieron a fuego la casa del *r*
39.13 envió. .los príncipes del *r* de Babilonia
40.5 al cual el *r*. .ha puesto sobre todas las
40.7 que el *r*. .había puesto a Gedalías hijo de
40.9 servid al *r* de Babilonia, y os irá bien
40.11 *r* de Babilonia había dejado a algunos
40.14 ¿no sabes que Baalis *r* de los hijos de
41.1 algunos príncipes del *r* y diez hombres
41.2,18 el *r* de Babilonia había puesto para
41.9 había hecho el *r* Asa a causa de Baasa *r*
41.10 llevó Ismael cautivo. .las hijas del *r*
42.11 no temáis de la presencia del *r* de
43.6 a las hijas del *r* y a toda persona que
43.10 tomaré a Nabucodonosor *r* de Babilonia
44.9 de las maldades de los *r* de Judá, de las
44.17 nuestros *r* y nuestros príncipes, en las
44.21 incienso que ofrecisteis. .vuestros *r*
44.30 entrego a. .*r* de Egipto en mano de sus
44.30 a Sedequías *r*. .en mano. .*r* de Babilonia
45.1 el año cuarto de Joacim hijo de Josías *r*
46.2 contra el ejército de Faraón Necao *r* de
46.2 destruyó Nabucodonosor *r* de Babilonia
46.2 en el año cuarto de Joacim. .*r* de Judá
46.13 habló. .de la venida de. .*r* de Babilonia
46.17 Faraón *r* de Egipto es destruido; dejó
46.18 dice el *R*, cuyo nombre es Jehová de los
46.25 yo castigo. .a Egipto. .dioses y a sus *r*
46.26 entregaré. .en mano de Nabucodonosor *r*
48.15 destruido fue Moab. .ha dicho el *R*, cuyo
49.28 Hazor, los cuales asoló Nabucodonosor *r*
49.30 porque tomó consejo. .Nabucodonosor *r*
49.34 en el. .reinado de Sedequías *r* de Judá
49.38 destruiré a su *r* y a su príncipe, dice
50.17 Israel. .*r* de Asiria lo devoró primero
50.17 Nabucodonosor *r* de. .lo deshuesó después
50.18 yo castigo al *r*. .como castigué al *r* de
50.41 viene un. .una nación grande y muchos *r*
50.43 oyó la noticia el *r* de Babilonia, y sus
51.11 ha despertado. .el espíritu de los *r* de
51.28 los *r* de Media, sus capitanes y todos
51.31 para anunciar al *r* de Babilonia que su
51.34 devoró, me desmenuzó Nabucodonosor *r*
51.57 dice el *R*, cuyo nombre es Jehová de los
51.59 iba con Sedequías *r* de Judá a Babilonia
52.3 y se rebeló Sedequías contra el *r* de
52.4 vino. .*r* de Babilonia, él y. .su ejército
52.5 hasta el undécimo año del *r* Sedequías

REY *(Continúa)*

Jer. 52.7 muros que había cerca del jardín del *r*
52.8 el ejército..siguió al *r*, y alcanzaron a
52.9 prendieron al *r*..hicieron venir al *r* de
52.10 degolló el *r* de Babilonia a los hijos
52.11 el *r* de..le sacó los ojos a Sedequías
52.12 el año diecinueve..de Nabucodonosor *r*
52.12 solía estar delante del *r* de Babilonia
52.13 quemó..la casa del *r*, y todas las casas
52.15 que se habían pasado al *r* de Babilonia
52.20 había hecho el *r* Salomón en la casa de
52.25 siete hombres de los consejeros..del *r*
52.26 y los llevó al *r* de Babilonia en Ribla
52.27 el *r* de Babilonia los hirió, y los mató
52.31 del cautiverio de Joaquín *r* de Judá, en
52.31 Evil-merodac *r* de..lo sacó de la cárcel
52.31 alzó la cabeza de Joaquín *r* de Judá y lo
52.32 sobre los tronos de los *r* que estaban
52.33 y comía pan en la mesa del *r* siempre
52.34 una ración de parte del *r* de Babilonia
Lm. 2.6 en el ardor de su ira ha desechado al *r*
2.9 su *r* y sus príncipes..entre las naciones
4.12 nunca los *r* de la tierra, ni todos los
Ez. 1.2 año de la deportación del *r* Joaquín, a
7.27 se enlutará, y el príncipe se vestirá de
17.12 que el *r* de Babilonia vino a Jerusalén
17.12 y tomó a tu *r* y a sus príncipes, y los
17.16 donde habita el *r* que le hizo reinar
19.9 llevaron al *r* de Babilonia; lo pusieron
19.11 ella tuvo varas fuertes para cetros de *r*
19.14 y no ha quedado..vara..para cetro de *r*
21.19 donde venga la espada del *r* de Babilonia
21.21 el *r* de Babilonia se ha detenido en una
24.2 el *r* de Babilonia puso sitio a Jerusalén
26.7 contra Tiro a..*r* de Babilonia, *r* de *r*
27.33 a los *r* de la tierra enriqueciste con la
27.35 sus *r* temblarán de espanto; demudarán
28.12 levanta endechas sobre el *r* de Tiro, y
28.17 delante de los *r* te pondré..miren en ti
29.2 pon tu rostro contra Faraón *r* de Egipto
29.3 yo estoy contra ti, Faraón *r* de Egipto
29.18 Nabucodonosor *r* de Babilonia hizo a su
29.19 yo doy a..*r* de Babilonia, la tierra de
30.10 de Egipto por mano de Nabucodonosor *r*
30.21 he quebrado el brazo de..*r* de Egipto
30.22 heme aquí contra Faraón *r* de Egipto, y
30.24,25 fortaleceré los brazos del *r* de
30.25 yo ponga mi espada en la mano del *r* de
31.2 di a Faraón *r* de Egipto, y a su pueblo
32.2 levanta endechas sobre..*r* de Egipto, y
32.10 sus *r* tendrán horror grande a causa de
32.11 espada del *r* de Babilonia vendrá sobre
32.29 allí Edom, sus *r* y todos sus príncipes
37.22 un *r* será a todos ellos por *r*; y nunca
37.24 mi siervo David será *r* sobre ellos, y
43.7 nunca más profanará..ni ellos ni sus *r*
43.7 ni con los cuerpos muertos de sus *r* en
43.9 arrojarán..los cuerpos muertos de sus *r*
Dn. 1.1 el año tercero del reinado de Joacim *r*
1.1 vino Nabucodonosor *r* de Babilonia..sitió
1.2 el Señor entregó en sus manos a Joacim *r*
1.3 dijo el *r* a Aspenaz, jefe de sus eunucos
1.4 e idóneos para estar en el palacio del *r*
1.5 les señaló el *r* ración..de la comida del *r*
1.5 al fin de..se presentasen delante del *r*
1.8 no contaminarse con..de la comida del *r*
1.10 temo a mi señor el *r*, que señaló vuestra
1.10 pues..condenaréis para con el *r* mi cabeza
1.13 muchachos que comen..de la comida del *r*
1.15 de los..que comían de la..comida del *r*
1.18 días..había dicho el *r* que los trajesen
1.19 *r* habló con ellos, y no fueron hallados
1.19 así, pues, estuvieron delante del *r*
1.20 en todo asunto de..que el *r* les consultó
1.21 Daniel hasta el año primero del *r* Ciro
2.2 llamar el *r* a magos, astrólogos..caldeos
2.2 vinieron..y se presentaron delante del *r*
2.3 el *r* les dijo: He tenido un sueño, y mi
2.4 hablaron..caldeos al *r* en lengua aramea
2.4 *r*, para siempre vive; di el sueño a tus
2.5 respondió el *r*..El asunto lo olvidé; si
2.7 diga el *r* el sueño a sus siervos, y le
2.8 *r* respondió..Yo conozco ciertamente que
2.10 respondieron delante del *r*, y dijeron
2.10 no hay..pueda declarar el asunto del *r*
2.10 ningún *r*..señor preguntó cosa semejante
2.11 el asunto que el *r* demanda es difícil, y
2.11 y no hay quien lo pueda declarar al *r*
2.12 el *r* con ira..mandó que matasen a todos
2.14 Arioc, capitán de la guardia del *r*, que
2.15 dijo a Arioc capitán del *r*: ¿Cuál es la
2.15 este edicto se publique de parte del *r*
2.16 y pidió al *r* que le diese tiempo, y que
2.16 que él mostraría la interpretación al *r*
2.21 él..quita *r*, y pone *r*; da la sabiduría
2.23 nos has dado a conocer el asunto del *r*
2.24 al cual el *r* había puesto para matar a
2.24 llévame a la presencia del *r*, y yo le
2.25 llevó prontamente a Daniel ante el *r*, y
2.25 he hallado..dará al *r* la interpretación
2.26 respondió el *r* y dijo a Daniel, al cual
2.27 Daniel respondió delante del *r*, diciendo
2.27 el misterio que el *r* demanda, ni sabios
2.27 magos ni adivinos lo pueden revelar al *r*
2.28 y él ha hecho saber al *r* Nabucodonosor
2.29 estando..oh *r*, en tu cama, te vinieron
2.30 sino para que se dé a conocer al *r* la
2.31 oh *r*, veías, y he aquí una gran imagen
2.36 interpretación de él..en presencia del *r*
2.37 tú, oh *r*, eres *r* de *r*; porque el Dios del
2.44 en los días de estos *r* el Dios del cielo
2.45 el gran Dios ha mostrado al *r* lo que ha
2.46 el *r* Nabucodonosor se postró sobre su
2.47 el *r* habló a Daniel, y dijo: Ciertamente
2.47 y Señor de los *r*, y el que revela los
2.48 entonces el *r* engrandeció a Daniel, y le
2.49 Daniel solicitó del *r*..que pusiera sobre
2.49 y Daniel estaba en la corte del *r*
3.1 *r* Nabucodonosor hizo una estatua de oro
3.2 envió el *r*..que se reuniesen los sátrapas
3.2,3(2),5,7 la estatua que el *r*..levantado
3.9 al *r* Nabucodonosor: *R*, para siempre vive
3.10 oh *r*, has dado una ley que todo hombre
3.12 estos varones, oh *r*, no te han respetado
3.13 traídos estos varones delante del *r*
3.16 respondieron al *r*..No es necesario que
3.17 Dios..y de tu mano, oh *r*, nos librará
3.18 y si no, sepas, oh *r*, que no serviremos a
3.22 como la orden del *r* era apremiante, y lo
3.24 entonces el *r*..se espantó, y se levantó
3.24 ellos respondieron al *r*: Es verdad, oh *r*
3.27 se juntaron..los consejeros del *r*, para
3.28 y que no cumplieron el edicto del *r*, y
3.30 el *r* engrandeció a Sadrac..y Abed-nego
4.1 Nabucodonosor *r*, a todos los pueblos..Paz
4.18 el *r* Nabucodonosor he visto este sueño
4.19 *r* habló y dijo: Beltsasar, no te turbes
4.22 tú mismo eres, oh *r*, que creciste y te
4.23 a lo que vio el *r*, un vigilante y santo
4.24 esta es la interpretación, oh *r*, y la
4.24 la sentencia..venido sobre mi señor el *r*
4.27 *r*, acepta mi consejo: tus pecados redime
4.28 todo esto vino sobre el *r* Nabucodonosor
4.30 habló el *r* y dijo: ¿No es ésta la gran
4.31 aún estaba la palabra en la boca del *r*
4.31 se te dice, *r*..El reino ha sido quitado
4.37 y glorifico al *R* del cielo, porque todas
5.1 el *r* Belsasar hizo un gran banquete a mil
5.2 que bebiesen en ellos el *r* y sus grandes
5.3 y bebieron en ellos el *r* y sus príncipes
5.5 una mano..el *r* veía la mano que escribía
5.6 el *r* palideció, y sus pensamientos lo
5.7 el *r* gritó en alta voz que hiciesen venir
5.7 dijo el *r* a los sabios de..Cualquiera que
5.8 introducidos todos los sabios del *r*; pero
5.8 leer..ni mostrar al *r* su interpretación
5.9 *r* Belsasar se turbó..y palideció, y sus
5.10 la reina, por las palabras del *r* y de sus
5.10 *r*, vive para siempre; no te turben tus
5.11 el *r*..tu padre, oh *r*, constituyó jefe
5.12 al cual el *r* puso por nombre Beltsasar
5.13 Daniel fue..delante del *r*. Y dijo el *r* a
5.17 Daniel..dijo delante del *r*: Tus dones
5.17 leeré la escritura al *r*, y le daré la
5.18 Dios, oh *r*, dio a Nabucodonosor tu padre
5.30 la misma noche fue muerto Belsasar *r* de
6.2 diesen cuenta..el *r* no fuese perjudicado
6.3 el *r* pensó en ponerlo sobre todo el reino
6.6 se juntaron delante del *r*, y le dijeron
6.6 le dijeron..¡*R* Darío, para siempre vive!
6.7,12 de cualquier..hombre fuera de ti, oh *r*
6.8 oh *r*, confirma el edicto y fírmalo, para
6.9 firmó, pues, el *r* Darío el edicto y la
6.12 fueron luego ante el *r* y le hablaron del
6.12 respondió el *r*..Verdad es, conforme a la
6.13 dijeron delante del *r*: Daniel, que es de
6.13 no te respeta a ti, oh *r*, ni acata el
6.14 cuando el *r* oyó el asunto, le pesó en
6.15 rodearon al *r* y le dijeron: Sepas, oh *r*
6.15 ningún edicto..que el *r* confirme puede
6.16 el *r* mandó, y trajeron a Daniel, y le
6.16 *r* dijo a Daniel: El Dios tuyo, a quien
6.17 la cual selló el *r* con su anillo y con
6.18 *r* se fue a su palacio, y se acostó ayuno
6.19 el *r*..se levantó muy de mañana, y fue
6.21 respondió al *r*: Oh *r*, vive para siempre
6.22 aun delante de ti, oh *r*, yo no he hecho
6.24 dio orden el *r*, y fueron traídos aquellos
6.25 el *r* Darío escribió a todos los pueblos
7.1 el primer año de Belsasar *r* de Babilonia
7.17 cuatro grandes bestias son cuatro *r* que
7.24 los diez cuernos..se levantarán diez *r*
7.24 se levantará otro..y a tres *r* derribará
8.1 el año tercero del reinado del *r* Belsasar
8.20 cuernos..son los *r* de Media y de Persia
8.21 el macho cabrío es el *r* de Grecia, y el
8.21 y el cuerno grande que..es el *r* primero
8.23 se levantará un *r* altivo de rostro y
8.27 atendí los negocios del *r*; pero estaba
9.1 que vino a ser *r* sobre el reino de los
9.6 que en tu nombre hablaron a nuestros *r*, a
9.8 de nuestros *r*, de nuestros príncipes y de
10.1 el año tercero de Ciro *r* de Persia fue
10.13 vino..y quedé allí con los *r* de Persia
11.2 aún habrá tres *r* en Persia, y el cuarto
11.3 se levantará luego un *r* valiente, el cual
11.5 se hará fuerte el *r* del sur; mas uno de
11.6 y la hija del *r* del sur vendrá al *r* del
11.7 con ejército contra el *r* del norte, y
11.8 por años se mantendrá él contra el *r* del
11.9 así entrará en el reino el *r* del sur, y
11.11 por lo cual se enfurecerá el *r* del sur, y
11.11 saldrá y peleará contra el *r* del norte
11.13 *r* del norte volverá a poner en campaña
11.14 levantarán muchos contra el *r* del sur
11.15 el *r* del norte, y levantará baluartes
11.25 fuerzas y su ardor contra el *r* del sur
11.25 y el *r* del sur se empeñará en la guerra
11.27 corazón de estos dos *r* será para hacer
11.36 *r* hará su voluntad, y se ensoberbecerá
11.40 el *r* del sur contenderá con él; y el *r*
Os. 1.1 en días de Uzías..Ezequías, *r* de Judá
1.1 en días de Jeroboam hijo de..*r* de Israel
3.4 muchos días estarán los hijos de..sin *r*
3.5 buscarán a Jehová su Dios, y a David su *r*
5.1 y estad atentos..y casa del *r*, escuchad
5.13 enviará al *r* Jareb; mas él no os podrá
7.3 su maldad alegran al *r*, y a los príncipes
7.5 en el día de nuestro *r* los príncipes lo
7.7 cayeron todos sus *r*; no hay entre ellos
8.4 ellos establecieron *r*, pero no escogidos
8.10 serán afligidos..por la carga del *r* y de
10.3 no tenemos *r*, porque no temimos a Jehová
10.3 dirán..¿y qué haría el *r* por nosotros?
10.6 será él llevado a..presente al *r* Jareb
10.7 de Samaria fue cortado su *r* como espuma
10.15 a la mañana será del todo cortado el *r*
11.5 el asirio mismo será su *r*, porque no se
13.10 ¿dónde está tu *r*, para que te guarde
13.11 te di *r* en mi furor, y te lo quité en
Am. 1.1 profetizó..en días de Uzías *r* de Judá
1.1 y en días de Jeroboam hijo de Joás, *r* de
1.15 su *r* irá en cautiverio, él y todos sus
2.1 porque quemó los huesos del *r* de Edom
7.1 heno tardío después de las siegas del *r*
7.10 a decir a Jeroboam *r* de Israel: Amós se
7.13 no profetices más en..es santuario del *r*
Jon. 3.6 llegó la noticia hasta el *r* de Nínive
3.7 e hizo proclamar..por mandato del *r* y de
Mi. 1.1 a Miqueas..en días de Jotam..*r* de Judá
1.14 las casas de Aczib..para engaño a los *r*
2.13 y su *r* pasará delante de ellos, y a la
4.9 ¿no hay *r* en ti? ¿Pereció tu consejero
6.5 acuérdate..qué aconsejó Balac *r* de Moab
Nah. 3.18 durmieron..pastores, oh *r* de Asiria
Hab. 1.10 escarnecerá a los *r*, y de..príncipes
Sof. 1.1 en días de Josías hijo de Amón, *r* de
1.8 castigaré..a los hijos del *r*, y a todos
3.15 Jehová es *R* de Israel en medio de ti
Hag. 1.1 el año segundo del *r* Darío, en el mes
1.15 del mes sexto..segundo año del *r* Darío
Zac. 7.1 el año cuarto del *r* Darío vino palabra
9.5 perecerá el *r* de Gaza, y Ascalón no será
9.9 aquí tu *r* vendrá a ti, justo y salvador
11.6 entregaré los hombres..en mano de su *r*
14.5 del terremoto en los días de Uzías *r* de
14.9 Jehová será *r* sobre toda la tierra. En
14.10 desde la torre..hasta los lagares del *r*
14.16 subirán de año en año para adorar al *R*
14.17 no subieren..para adorar al *R*, Jehová
Mal. 1.14 porque yo soy Gran *R*, dice Jehová de
Mt. 1.6 Isaí engendró al *r* David, y el *r* David
2.1 cuando Jesús nació..en días del *r* Herodes
2.2 ¿dónde está el *r* de los judíos..nacido?
2.3 oyendo esto, el *r* Herodes se turbó, y toda
2.9 habiendo oído al *r*, se fueron; y he aquí
5.35 ni por Jerusalén..la ciudad del gran *R*
10.18 ante gobernadores y *r* seréis llevados
11.8 delicadas, en las casas de los *r* están
14.9 el *r* se entristeció; pero a causa del
17.25 los *r* de la tierra, ¿de quiénes cobran
18.23 reino de los cielos es semejante a un *r*
21.5 la hija de Sion: He aquí, tu *R* viene a ti
22.2 reino de los cielos es semejante a un *r*
22.7 al oírlo el *r*, se enojó; y enviando sus
22.11 y entró el *r* para ver a los convidados
22.13 el *r* dijo a los que servían: Atadle de
25.34 el *R* dirá a los de su derecha: Venid
25.40 el *R*, les dirá: De cierto os digo que
27.11 ¿eres tú el *R* de los judíos? Y Jesús
27.29 escarnecían..¡Salve, *R* de los judíos!
27.37 ESTE ES JESUS, EL *R* DE LOS JUDIOS
27.42 si es el *R* de Israel, descienda ahora
Mr. 6.14 oyó el *r* Herodes la fama de Jesús
6.22 el *r* dijo a la muchacha: Pídeme lo que
6.25 entró..al *r*, y pidió diciendo: Quiero que
6.26 el *r* se entristeció mucho; pero a causa
6.27 *r*, enviando a uno de la guardia, mandó
13.9 y delante de gobernadores y de *r* os
15.2 preguntó: ¿Eres tú el *R* de los judíos?
15.9 ¿queréis..os suelte al *R* de los judíos?
15.12 haga del que llamáis *R* de los judíos?
15.18 a saludarle: ¡Salve, *R* de los judíos!
15.26 de su causa era: EL *R* DE LOS JUDIOS
15.32 el Cristo, *R* de Israel, descienda ahora
Lc. 1.5 en los días de Herodes, *r* de Judea, un
7.25 los que..en los palacios de los *r* están
10.24 muchos profetas y *r* desearon ver lo que
14.31 ¿o qué *r*, al marchar a..contra otro *r*
19.38 ¡bendito el *r* que viene en el nombre del
21.12 seréis llevados ante *r* y..gobernadores
22.25 los *r* de las naciones se enseñorean de

REY *(Continúa)*
Lc. 23.2 diciendo que él mismo es el Cristo..*r*
23.3 preguntó..¿Eres tú el *R* de los judíos?
23.37 si tú eres el *R* de los judíos, sálvate
23.38 un título..ESTE ES EL *R* DE LOS JUDIOS
Jn. 1.49 eres el Hijo de Dios; tú eres el *R* de
4.46 en Capernaum un oficial del *r*, cuyo hijo
4.49 oficial del *r* le dijo: Señor, desciende
6.15 venir para apoderarse de él y hacerle *r*
12.13 ¡bendito el que viene..el *R* de Israel!
12.15 tu *R* viene, montado sobre un pollino de
18.33 le dijo: ¿Eres tú el *r* de los judíos?
18.37 le dijo..Pilato: ¿Luego, eres tú *r*?
18.37 respondió Jesús: Tú dices que yo soy *r*
18.39 pues, que os suelte al *R* de los judíos?
19.3 y le decían: ¡Salve, *R* de los judíos!
19.12 todo el que se hace *r*, a César se opone
19.14 dijo a los judíos: He aquí vuestro *R!*
19.15 les dijo: ¿A vuestro *R* he de crucificar?
19.15 sacerdotes: No tenemos más *r* que César
19.19 decía: Jesús nazareno, *R* de los judíos
19.21 no escribas: *R* de los judíos; sino, que
19.21 sino, que él dijo: Soy *R* de los judíos
Hch. 4.26 se reunieron los *r* de la tierra, y los
7.10 gracia y..delante de Faraón *r* de Egipto
7.18 que se levantó en Egipto otro *r* que no
9.15 llevar mi nombre en presencia de..de *r*
12.1 el *r* Herodes echó mano a algunos de la
12.20 Blasto, que era camarero mayor del *r*
12.20 territorio era abastecido por..del *r*
13.21 pidieron *r*, y Dios les dio a Saúl hijo
13.22 les levantó por *r* a David, de quien dio
17.7 de César, diciendo que hay otro *r*, Jesús
25.13 días, el *r* Agripa y Berenice vinieron
25.14 Festo expuso al *r* la causa de Pablo
25.24 dijo: *R* Agripa, y todos los varones que
25.26 he traído ante..ti, oh *r* Agripa, para
26.2 me tengo por dichoso, oh *r* Agripa, de que
26.7 por esta esperanza, oh *r*..soy acusado
26.13 oh *r*, yendo por el camino, vi una luz
26.19 por lo cual, oh *r*..no fui rebelde a la
26.26 pues el *r* sabe estas cosas, delante de
26.27 ¿crees, oh *r* Agripa, a los profetas?
26.30 se levantó el *r*, y el gobernador, y
2 Co. 11.32 el gobernador de la provincia del *r*
1 Ti. 1.17 *R* de los siglos, inmortal, invisible
2.2 por los *r* y por todos los que están en
6.15 Soberano, *R* de *r*, y Señor de señores
He. 7.1 Melquisedec, *r* de Salem, sacerdote del
7.1 que volvía de la derrota de los *r*, y le
7.2 cuyo nombre significa..*R* de justicia, y
7.2 y también *R* de Salem, esto es, *R* de paz
11.23 vieron..y no temieron el decreto del *r*
11.27 dejó a Egipto no temiendo la ira del *r*
1 P. 2.13 someteos..sea el *r*, como a superior
2.17 amad a los..Temed a Dios. Honrad al *r*
Ap. 1.5 y el soberano de los *r* de la tierra
1.6 y nos hizo *r* y sacerdotes para Dios, su
5.10 nos has hecho para..Dios *r* y sacerdotes
6.15 y los *r* de la tierra..se escondieron en
9.11 tienen por *r*..al ángel del abismo, cuyo
10.11 profetices otra vez sobre muchos..y *r*
15.3 justos y..tus caminos, *R* de los santos
16.12 preparado el camino a los *r* del oriente
16.14 y van a los *r* de la tierra en todo el
17.2 con la cual han fornicado los *r* de la
17.10 y son siete *r*. Cinco de ellos han caído
17.12 y los diez cuernos..son diez *r*, que aún
17.12 por una hora recibirán autoridad como *r*
17.14 los vencerá, porque él es Señor..*R* de *r*
17.18 es la gran ciudad que reina sobre los *r*
18.3,9 *r* de la tierra han fornicado con ella
19.16 escrito este nombre: *R* DE *r* Y SEÑOR DE
19.18 que comáis carnes de *r* y de capitanes
19.19 vi a la bestia, a los *r* de la tierra y a
21.24 y los *r* de la tierra traerán su gloria

REZIA *Guerrero de la tribu de Aser*, 1 Cr. 7.39

REZÍN
1. Rey de Damasco en tiempo de Ahaz y Peka
2 R. 15.37 enviar contra Judá a *R* rey de Siria
16.5 *R* rey de..y Peka..subieron a Jerusalén
16.9 la tomó, y llevó cautivos a..y mató a *R*
Is. 7.1 *R* rey de Siria y Peka hijo de Remalías
7.4 el ardor de la ira de *R* y de Siria, y del
7.8 y la cabeza de Damasco, *R;* y dentro de 65
8.6 regocijó con *R* y con el hijo de Remalías
9.11 pero Jehová levantará los enemigos de *R*
2. Padre de una familia de sirvientes del templo, Esd. 2.48; Neh. 7.50

REZÓN *Príncipe arameo, adversario de Salomón,* 1 R. 11.23

RIBAI *Padre de Itai No. 2,* 2 S. 23.29; 1 Cr. 11.31

RIBERA
Éx. 2.5 paseándose sus doncellas por la *r* del
7.15 ponte a la *r* delante de él, y toma en tu
Nm. 13.29 el cananeo habita..a la *r* del Jordán
Dt. 2.36; 4.48 Aroer, que está junto a la *r* del
Jue. 5.17 se mantuvo Aser a la *r* del mar, y se
7.12 como la arena que está a la *r* del mar en
1 R. 9.26 está junto a Elot en la *r* del Mar Rojo
1 Cr. 12.15 se había desbordado por todas sus *r*
Is. 8.7 hace subir..y pasará sobre todas sus *r*
19.7 la pradera de junto al..a la *r* del río, y
44.4 como sauces junto a las *r* de las aguas
Jer. 46.6 junto a la *r* del Eufrates tropezaron
Ez. 32.2 enturbiabas las aguas..hollabas sus *r*
34.13 las apacentaré..por las *r*, y en todos
47.6 me llevó, y me hizo volver por la *r* del
47.7 en la *r* del río había muchísimos árboles
47.12 junto al río, en la *r*..toda clase de
Dn. 8.6 el carnero..que yo había visto en la *r*
8.16 una voz de hombre entre las *r* del Ulai
Mt. 14.22 hizo..ir delante de él a la otra *r*
Mr. 6.45 ir delante..a Betsaida, en la otra *r*
8.13 dejándolos, volvió..se fue a la otra *r*
Lc. 8.26 gadarenos..en la *r* opuesta a Galilea

RIBLA *Ciudad en Siria*
Nm. 34.11 bajará este límite desde Sefam a *R*
2 R. 23.33 lo puso preso Faraón Necao en *R* en
25.6 le trajeron al rey de Babilonia en *R*, y
25.20 y los llevó a *R* al rey de Babilonia
25.21 y el rey de Babilonia los..mató en *R*
Jer. 39.5 le tomaron, y le hicieron subir a *R*
39.6 degolló el..en presencia de éste en *R*
52.9 a *R* en tierra de Hamat, donde pronunció
52.26 y los llevó al rey de Babilonia en *R*
52.27 rey..los mató en *R* en tierra de Hamat

RICO, CA
Éx. 30.15 ni el *r* aumentará..pobre disminuirá
Dt. 33.14 del sol, con el *r* producto de la luna
Rt. 2.1 tenía Noemí un pariente de su..hombre *r*
3.10 en busca de los jóvenes, sean pobres o *r*
1 S. 25.2 era muy *r*, y tenía tres mil ovejas y
2 S. 12.1 dos hombres en una ciudad, el uno *r*
12.2 el *r* tenía numerosas ovejas y vacas
12.4 vino uno de camino al hombre *r;* y éste
19.32 era Barzilai muy anciano..hombre muy *r*
2 Cr. 32.23 trajeron a..*r* presentes a Ezequías
Job 27.19 *r* se acuesta, pero por última vez
34.19 hace..ni respeta más al *r* que al pobre
Sal. 45.12 implorarán tu favor los *r* del pueblo
49.2 los nobles, el *r* y el pobre juntamente
Pr. 10.15 las riquezas del *r* son su ciudad
13.7 hay quienes pretenden ser *r*, y no tienen
14.20 pobre es..muchos son los que aman al *r*
18.11 las riquezas del *r* son su..como un muro
18.23 con ruegos, mas el *r* responde durezas
22.2 el *r* y el pobre se encuentran; a ambos
22.7 el *r* se enseñorea de los pobres, y el que
22.16 que da al *r*, ciertamente se empobrecerá
23.4 no te afanes por hacerte *r;* sé prudente
28.6 mejor..que el de perversos caminos y *r*
28.11 hombre *r* es sabio en su propia opinión
28.22 se apresura a ser *r* el avaro, y no sabe
Ec. 5.12 al *r* no le deja dormir la abundancia
10.6 los *r* están sentados en lugar bajo
10.20 ni en lo secreto de tu..digas mal del *r*
Is. 5.17 devorarán los campos desolados de..*r*
53.9 mas con los *r* fue en su muerte; aunque
Jer. 3.19 os daré..*r* heredad de las naciones?
5.27 de engaño; así se hicieron grandes y *r*
9.23 sabio..ni el *r* se alabe en sus riquezas
51.13 la que moras entre aguas..*r* en tesoros
Mi. 6.12 sus *r* se colmaron de rapiña, y sus
Mt. 19.23 difícilmente entrará un *r* en el reino
19.24 ojo..que entrar un *r* en el reino de Dios
27.57 vino un hombre *r* de Arimatea, llamado
Mr. 10.25 que entrar un *r* en el reino de Dios
12.41 miraba cómo..muchos *r* echaban mucho
Lc. 1.53 colmó de bienes..a los *r* envió vacíos
6.24 mas ¡ay de vosotros, *r!* porque ya tenéis
12.16 la heredad de..*r* había producido mucho
12.21 hace..tesoro, y no es *r* para con Dios
16.1 había un hombre *r* que tenía un mayordomo
16.19 un hombre *r*, que se vestía de púrpura
16.21 las migajas que caían de la mesa del *r*
16.22 y murió también el *r*, y fue sepultado
18.23 se puso muy triste, porque era muy *r*
18.25 ojo..que entrar un *r* en el reino de Dios
19.2 Zaqueo..era jefe de los publicanos, y *r*
21.1 vio a los *r* que echaban sus ofrendas en
Ro. 10.12 *r* para con todos los que le invocan
11.17 participante..de la *r* savia del olivo
1 Co. 4.8 ya estáis saciados, ya estáis *r*, sin
2 Co. 8.9 por amor a..se hizo pobre, siendo *r*
Ef. 2.4 Dios, que es *r* en misericordia, por su
1 Ti. 6.17 a los *r*..manda que no sean altivos
6.18 hagan bien, que sean *r* en buenas obras
Stg. 1.10 pero el que es *r*, en su humillación
1.11 también se marchitará el *r* en todas sus
2.5 Dios a los pobres..para que sean *r* en fe
2.6 ¿no os oprimen los *r*, y no son ellos los
5.1 ¡vamos ahora, *r!* Llorad y aullad por las
Ap. 2.9 yo conozco..tu pobreza (pero tú eres *r*)
3.17 tú dices: Yo soy *r*, y me he enriquecido
3.18 que de mí compres oro..para que seas *r*
6.15 los *r*, los capitanes..se escondieron en
13.16 *r* y pobres..se les pusiese una marca en

RIEGO
Gn. 13.10 la llanura del Jordán..era de *r*, como
Is. 58.11 dará vigor..y serás como huerto de *r*
Jer. 31.12 y su alma será como huerto de *r*, y

RIENDA
2 R. 9.23 Joram volvió las *r* y huyó, y dijo a
2 Cr. 18.33 vuelve las *r*, y sácame del campo
Pr. 25.28 el hombre cuyo espíritu no tiene *r*
29.11 el necio da *r* suelta a toda su ira, mas

RIFAT *Hijo de Gomer y nieto de Jafet,* Gn. 10.3; 1 Cr. 1.6

RÍGIDO
2 S. 22.27 el limpio, y *r* serás..con el perverso

RIGOR
Éx. 1.14 todo su servicio..los obligaban con *r*
Lv. 25.53 no se enseñoreará..con *r* delante de
Job 35.15 su ira no castiga, ni inquiere con *r*

RIGUROSA
Hch. 26.5 a la más *r* secta de nuestra religión

RIGUROSAMENTE
Mt. 9.30 Jesús les encargó *r*, diciendo: Mirad
12.16 les encargaba *r* que no le descubriesen
Mr. 1.43 entonces le encargó *r*, y le despidió
Lc. 9.21 nadie dijesen esto, encargándoselo *r*

RIMÓN
1. Población en el Neguev de Judá, Jos. 15.32; 19.7; 1 Cr. 4.32 *(=En-rimón);* Zac. 14.10
2. Población en Zabulón, Jos. 19.13; 1 Cr. 6.77
3. Peña cerca de Gabaa
Jue. 20.45 huyeron hacia el..la peña de *R;* y de
20.47 peña de *R*..estuvieron en la peña de *R*
21.13 de Benjamín que estaban en la peña de *R*
4. Padre de Baana y Recab, asesinos de Is-boset, 2 S. 4.2,5,9
5. Dios de los sirios
2 R. 5.18 rey entrare en el templo de *R* para
5.18 si yo..me inclinare en el templo de *R*

RIMÓN-PERES *Lugar donde acampó Israel,* Nm. 33.19,20

RINA *Descendiente de Judá,* 1 Cr. 4.20

RINCÓN
Lv. 19.9; 23.22 no segaréis hasta el último *r*
1 S. 24.3 estaban sentados en los *r* de la cueva
2 Cr. 23.10 desde el *r* derecho del templo hasta
28.24 Acaz..se hizo altares..en todos los *r*
Pr. 21.9 mejor es vivir en un *r* del terrado que
25.24 mejor es estar en un *r* del terrado que
Jer. 9.26 a..los arrinconados en el postrer *r*
48.45 y quemó el *r* de Moab, y la coronilla de
49.32 los vientos, arrojados hasta el último *r*
Ez. 46.21 cuatro *r*..y en cada *r* había un patio
46.22 en los cuatro *r* del atrio había patios
Am. 3.12 así escaparán los..que moran..en el *r*
6.10 dirá al que estará en los *r* de la casa
Hch. 26.26 pues no se ha hecho esto en algún *r*

RIÑÓN
Éx. 29.13,22; Lv. 3.4,10,15 los dos *r* y la grosura
Lv. 3.4,10,15 y con los *r* quitará la grosura de
4.9; 7.4 los dos *r*..y con los *r*..la grosura
8.16,25 tomó..los dos *r*, y la grosura de ellos
9.10 hizo arder..altar la grosura con los *r*
9.19 la grosura..*r*, y la grosura del hígado
Job 16.13 partió mis *r*, y no perdonó; mi hiel
Is. 34.6 engrasada..grosura de *r* de carneros

RÍO
Gn. 2.10 salía de Edén un *r*..regar el huerto
2.13 nombre del segundo *r* es Gihón; éste es
2.14 el nombre del tercer *r* es Hidekel; éste
2.14 es Hidekel..y el cuarto *r* es el Eufrates
15.18 daré esta tierra, desde el *r* de Egipto
15.18 daré..hasta el *r* grande, el *r* Eufrates
41.1 Faraón..parecía que estaba junto al *r*
41.2 que del *r* subían siete vacas, hermosas
41.3 que tras ellas subían del *r* otras siete
41.3 se pararon cerca de..a la orilla del *r*
41.17 me parecía que estaba a la orilla del *r*
41.18 que del *r* subían siete vacas de gruesas
Éx. 1.22 echad al *r* a todo hijo que nazca, y a
2.3 lo puso en un carrizal a la orilla del *r*
2.5 hija de Faraón descendió a lavarse al *r*
2.5 paseándose sus..por la ribera del *r*, vio
4.9 las aguas del *r*..aguas que tomarás del *r*
7.15 vé por la mañana a Faraón..él sale al *r*
7.17 golpearé con..el agua que está en el *r*
7.18 y los peces que hay en el *r* morirán, y
7.18 hederá el *r*..asco de beber el agua del *r*
7.19 tu vara..sobre sus *r*, sobre sus arroyos
7.20 golpeó las aguas que había en el *r*, en

RÍO *(Continúa)*

Éx. 7.20 las aguas..r se convirtieron en sangre
7.21 los peces que había en el r murieron; y
7.21 r se corrompió..no pudieron beber de él
7.24 hicieron pozos alrededor..r para beber
7.24 porque no podían beber..las aguas del r
7.25 siete días después que Jehová hirió el r
8.3 y el r criará ranas, las cuales subirán y
8.5 extiende tu mano..sobre los r, arroyos y
8.9 las ranas..que solamente queden en el r
8.11 y las ranas..solamente quedarán en el r
8.20 sale al r; y dile: Jehová ha dicho así
17.5 toma..vara con que golpeaste el r, y vete
Lv. 11.9 todos los que tienen aletas..en los r
11.10 no tienen aletas..en el mar y en los r
Nm. 22.5 junto al r en la tierra de..su pueblo
24.6 huertos junto al r, como áloes plantados
Dt. 1.7 Líbano, hasta el gran r, el r Eufrates
11.24 el r Eufrates hasta el mar occidental
Jos. 1.4 desde el desierto y..hasta el gran r
15.47 hasta el r de Egipto, y el Mar Grande
24.2 padres habitaron..otro lado del r, esto
24.3 y yo tomé a..Abraham del otro lado del r
24.14,15 vuestros padres..al otro lado del r
2 S. 8.3 recuperar su territorio al r Eufrates
1 R. 8.65 entr: n en Hamat hasta el r de Egipto
2 R. 5.12 Farfar, r de Damasco, ¿no son mejores
17.6 los puso en..junto al r Gozán, y en las
18.11 los puso..en Habor junto al r Gozán, y
19.24 he secado con las..todos los r de Egipto
23.29 Necao rey de Egipto subió..r Eufrates
24.7 le tomó..desde el r de Egipto hasta el r
1 Cr. 5.9 habitó también..desde el r Eufrates
5.26 y los llevó..a Hara y al r Gozán, hasta
11.32 Hurai del r Gaas, Abiel arbatita
18.3 asegurar su dominio junto al r Eufrates
Esd. 4.10 demás provincias del otro lado del r
4.11 siervos del otro lado del r te saludan
4.16 la región de más allá del r no será tuya
4.17 a los..del otro lado del r: Salud y paz
4.20 dominaron en..lo que hay más allá del r
5.3,6 Tatnai gobernador del otro lado del r
5.6 los gobernadores que..al otro lado del r
6.6,13 Tatnai gobernador del otro lado del r
6.6 que estáis al otro lado del r, alejaos de
6.8 la hacienda..tributo del otro lado del r
7.21 tesoreros que están al otro lado del r
7.25 el pueblo que está al otro lado del r
8.15 los reuní junto al r que viene a Ahava
8.21 y publiqué ayuno allí junto al r Ahava
8.31 y partimos del r Ahava el doce del mes
8.36 del rey a..capitanes del otro lado del r
Neh. 2.7,9 los gobernadores al otro lado del r
3.7 bajo..del gobernador del otro lado del r
Job 14.11 las aguas..y el r se agota y se seca
20.17 no verá..los r, los torrentes de miel
22.16 fundamento fue como un r derramado?
28.10 de los peñascos cortó r, y..ojos vieron
28.11 detuvo los r en su nacimiento, e hizo
29.6 y la piedra me derramaba r de aceite!
40.23 sale de madre el r, pero él no se inmuta
Sal. 24.2 él la fundó..y la afirmó sobre los r
46.4 del r sus corrientes alegran la ciudad
65.9 el r de Dios, lleno de aguas, preparas
66.6 el mar en seco; por el r pasaron a pie
72.8 dominará..desde el r hasta los confines
74.15 abriste la fuente y el r; secaste r
78.16 la peña..e hizo descender aguas como r
78.44 volvió sus r en sangre, y..corrientes
80.11 sus vástagos..hasta el r sus renuevos
89.25 su mano sobre..sobre los r su diestra
93.3 alzaron los r..los r alzaron su sonido
93.3 oh Jehová..alzaron los r sus ondas
98.8 los r batan las manos, los montes todos
105.41 corrieron por los sequedales como un r
107.33 él convierte los r en desierto, y los
119.136 r de agua descendieron de mis ojos
137.1 junto a los r de Babilonia..sentábamos
Ec. 1.7 los r todos van al mar, y el mar no se
1.7 de donde los r vinieron, allí vuelven de
Cnt. 8.7 apagar el amor, ni lo ahogarán los r
Is. 7.18 en el fin de los r de Egipto, y a la
7.20 con los que habitan al otro lado del r
8.7 Señor hace subir sobre ellos aguas de r
8.7 subirá sobre todos sus r, y pasará sobre
11.15 y levantará su mano con el..sobre el r
18.1 ¡ay de la tierra..tras los r de Etiopía
18.2,7 gente..cuya tierra es surcada por r
19.5 mar faltarán, y el r se agotará y secará
19.6 se alejarán los r, se agotarán y secarán
19.7 junto al r, de junto a la ribera del r
19.7 y toda sementera del r, se secarán, se
19.8 harán duelo..que echan anzuelo en el r
23.3 su provisión procedía..de la mies del r
23.10 cual r de tu tierra, oh hija de Tarsis
27.12 que trillará Jehová desde el r Eufrates
30.25 habrá r y corrientes de aguas el día de
33.21 lugar de r, de arroyos muy anchos, por
37.25 mis pies secaré todos los r de Egipto
41.18 en las alturas abriré r, y fuentes en
42.15 los r tornaré en islas, y secaré los
43.2 cuando pases..por los r, no te anegarán
43.19 abriré camino en el..y r en la soledad
43.20 daré..r en la soledad, para que beba mi
44.3 yo derramaré..y r sobre la tierra árida
44.27 que dice a..Secaos, y tus r haré secar
47.2 pies, descubre las piernas, pasa los r
48.18 fuera entonces tu paz como un r, y tu
50.2 convierto los r en desierto; sus peces
59.19 porque vendrá el enemigo como r, mas el
66.12 yo extiendo sobre ella paz como un r
Jer. 46.2 cerca del r Eufrates en Carquemis, a
46.7 como r, y cuyas aguas se mueven como r?
46.8 como r se ensancha, y..se mueven como r
46.10 porque sacrificio..junto al r Eufrates
Lm. 3.48 r de aguas echan mis ojos por..pueblo
Ez. 1.1 estando yo en medio..junto al r Quebar
1.3 en la tierra de los caldeos, junto al r
3.15 cautivos..que moraban junto al r Quebar
3.23 como la gloria que había visto junto al r
10.15 el ser viviente que vi en el r Quebar
10.20 vi debajo del Dios..junto al r Quebar
10.22 de los rostros que vi junto al r Quebar
29.3 gran dragón que yace en medio de sus r
29.4 pegaré los peces de tus r a tus escamas
29.4 los peces de tus r saldrán pegados a tus
29.5 en el desierto a ti y a..peces de tus r
29.10 aquí yo estoy contra ti, y contra tus r
30.12 secaré los r, y entregaré la tierra en
31.4 aguas..sus r corrían alrededor de su pie
31.15 hice cubrir por él el..y detuve sus r
32.2 secabas tus r, y enturbiabas las aguas
32.14 y haré correr sus r como aceite, dice
43.3 como la visión que vi junto al r Quebar
47.5 era ya un r que yo no podía pasar, porque
47.5 que el r no se podía pasar sino a nado
47.6 y me hizo volver por la ribera del r
47.7 que en la ribera del r había..árboles a
47.9 por dondequiera que entraren estos dos r
47.9 y vivirá todo lo que entrare en este r
47.12 junto al r, en la ribera..crecerá toda
Dn. 7.10 un r de fuego..salía de delante de él
8.2 pues, en visión, estando junto al r Ulai
8.3 aquí un carnero que estaba delante del r
8.6 que yo había visto en la ribera del r, y
10.4 estaba yo a la orilla del gran r Hidekel
12.5 a este lado del r, y..al otro lado del r
12.6,7 al..que estaba sobre las aguas del r
Am. 8.8 subirá como un r, y crecerá y mermará
8.8 y crecerá y mermará como el r de Egipto
9.5 y crecerá toda como un r..el r de Egipto
Mi. 7.12 las ciudades fortificadas hasta el R
Nah. 1.4 amenaza al mar..y agosta todos los r
2.6 puertas de los r se abrirán, y el palacio
Hab. 3.8 ¿te airaste, oh Jehová, contra los r?
3.8 ¿contra los r te airaste? ¿Fue tu ira
3.9 se descubrió..hendiste la tierra con r
Sof. 3.10 región más allá de los r de Etiopía
Zac. 9.10 desde el r hasta..fines de la tierra
10.11 y se secarán..las profundidades del r
Mt. 7.25,27 y vinieron r, y soplaron vientos
Mr. 1.5 eran bautizados por él en el r Jordán
Lc. 6.48 r dio con ímpetu contra aquella casa
6.49 contra la cual el r dio con ímpetu, y
Jn. 7.38 de su interior correrán r de agua viva
Hch. 16.13 salimos fuera..la puerta, junto al r
2 Co. 11.26 peligros de r, peligros de ladrones
Ap. 8.10 cayó sobre la tercera parte de los r
9.14 que están atados junto al gran r Eufrates
12.15 y la serpiente arrojó..agua como un r
12.15 para que fuese arrastrada por el r
12.16 tragó el r que el dragón había echado
16.4 derramó su copa sobre los r, y sobre las
16.12 derramó..copa sobre el gran r Eufrates
22.1 me mostró un r limpio de agua de vida
22.2 uno y otro lado del r, estaba el árbol

RIQUEZA

Gn. 14.11 tomaron..la r de Sodoma..Gomorra
15.14 y después de esto saldrán con gran r
31.1 que era de nuestro padre ha adquirido..r
31.16 r que Dios ha quitado a nuestro padre
45.20 r de la tierra de Egipto será vuestra
Dt. 8.17 digas..Mi poder..me han traído esta r
8.18 da el poder para hacer las r, a fin de
Jos. 22.8 a vuestras tiendas con grandes r, con
1 S. 17.25 el rey le enriquecerá con grandes r
1 R. 3.11 ni pediste para ti r, ni pediste la
3.13 te he dado..que no pediste, r y gloria
10.23 así excedía el rey..en r y en sabiduría
1 Cr. 29.12 las r y la gloria proceden de ti, y
29.28 murió..lleno de días, de r y de gloria
2 Cr. 1.11 y no pediste r, bienes o gloria, ni
1.12 te daré r, bienes y gloria, como nunca
9.22 y excedió..los reyes de la tierra en r y
17.5 Josafat..tuvo r y gloria en abundancia
18.1 tenía, pues, Josafat r y..en abundancia
20.25 hallaron..muchas r, así vestidos como
32.27 y tuvo Ezequías r y gloria, muchas en
32.29 adquirió..Dios le había dado muchas r
Est. 1.4 para mostrar él las r de la gloria de
5.11 y les refirió Amán la gloria de sus r
Job 11.6 los secretos..de doble valor que las r!
15.29 ni durarán sus r, ni extenderá por la
20.15 devoró r, pero las vomitará; de su
21.7 impíos..se envejecen, y aun crecen en r?
31.25 si me alegré..mis r se multiplicasen
36.19 ¿hará él estima de tus r, del oro, o de
Sal. 37.16 poco..que las r de muchos pecadores
39.6 amontona r, y no sabe quién las recogerá
49.6 y de la muchedumbre de sus r se jactan
49.10 sabios..perecen..y dejan a otros sus r
52.7 sino que confió en la multitud de sus r
62.10 aumentan las r, no pongáis el corazón
73.12 impíos, sin ser turbados..alcanzaron r
112.3 bienes y r hay en su casa..su justicia
119.14 me he gozado en el..mas que de toda r
Pr. 1.13 hallaremos r de toda clase..despojos
3.16 en su mano derecha; en su izquierda, r y
8.18 r y la honra están conmigo; r duraderas
10.15 las r del rico son su ciudad fortificada
11.4 no aprovecharán las r en el día de la ira
11.16 tendrá honra, y los fuertes tendrán r
11.28 el que confía en sus r caerá; mas los
13.7 pretenden ser pobres, y tienen muchas r
13.8 el rescate de la vida del..está en sus r
13.11 las r de vanidad disminuirán; pero el
13.22 la r del pecador esta guardada para el
14.24 las r de los sabios son su corona; pero
18.11 las r del rico son su ciudad fortificada
19.4 las r traen muchos amigos; mas el pobre
19.14 las r son herencia de los padres; mas
22.1 de más estima es el buen nombre que..r
22.4 r..son la remuneración de la humildad y
23.5 ¿has de poner tus ojos en las r, siendo
27.24 las r no duran para siempre; ¿y será la
28.8 el que aumenta sus r con usura y crecido
30.8 no me des pobreza ni r; manténme del pan
Ec. 4.8 ni sus ojos se sacian de sus r, ni se
5.13 r guardadas por sus dueños para su mal
5.19; 6.2 hombre a quien Dios da r y bienes
9.11 sabios el pan, ni de los prudentes las r
Is. 8.4 quitada la r de Damasco y los despojos
10.14 y halló mi mano..las r de los pueblos
15.7 por tanto, las r que habrán adquirido
30.6 llevan sobre lomos de..r, y sus tesoros
60.5 las r de las naciones hayan venido a ti
60.11 a ti sean traídas las r de las naciones
61.6 comeréis las r de las naciones, y con su
Jer. 9.23 el valiente, ni el rico se alabe en..r
15.13 r y tus tesoros entregaré a la rapiña
17.11 es el que injustamente amontona r; en
20.5 entregaré..la r de esta ciudad; todo su
48.36 porque perecieron las r que habían hecho
Ez. 26.12 robarán tus r y saquearán tus..casas
27.12 por la abundancia de todas tus r; con
27.18 comerciaba..la abundancia de toda tu r
27.27 tus r, tus mercaderías, tu tráfico, tus
27.33 la multitud de tus r y de tu comercio
28.4 con tu prudencia has acumulado r, y has
28.5 contrataciones has multiplicado tus r
28.5 y a causa de tus r se ha enaltecido tu
29.19 tomará sus r, y recogerá sus despojos
30.4 tomarán sus r, y serán destruidos sus
30.10 destruiré las r de Egipto por mano de
Dn. 11.2 y el cuarto se hará de grandes r más
11.2 al hacerse fuerte con sus r, levantará
11.13 vendrá apresuradamente..con muchas r
11.24 despojos y r repartirá a sus soldados
11.28 volverá a su tierra con gran r, y su
Os. 12.8 he enriquecido, he hallado r para mí
Mi. 4.13 consagrarás a Jehová su botín, y sus r
Nah. 2.9 no hay fin de las r y suntuosidad de
Zac. 14.14 serán reunidas las r de..las naciones
Mt. 6.24 no podéis servir a Dios y a las r
13.22 y el engaño de las r ahogan la palabra
Mr. 4.19 pero los afanes..y el engaño de las r
10.23 difícilmente entrarán..los que tienen r!
10.24 cuán difícil..los que confían en las r!
Lc. 8.14 son ahogados por los afanes y las r y
16.9 ganad amigos por medio de las r injustas
16.11 si en las r injustas no fuisteis fieles
16.13 otro. No podéis servir a Dios y a las r
18.24 ¡cuán difícilmente entrarán..tienen r!
Hch. 19.25 de este oficio obtenemos nuestra r
Ro. 2.4 ¿o menosprecias las r de su benignidad
9.23 para hacer notorias las r de su gloria
11.12 y si su transgresión es la r del mundo
11.12 si..su defección la r de los gentiles
11.33 profundidad de las r de la sabiduría y
2 Co. 8.2 que..abundaron en r de su generosidad
Ef. 1.7 perdón de pecados..las r de su gracia
1.18 las r de la gloria de su herencia en los
2.7 mostrar en..las abundantes r de su gracia
3.8 anunciar..las inescrutables r de Cristo
3.16 que os dé, conforme a las r de su gloria
Fil. 4.19 conforme a sus r en gloria en Cristo
Col. 1.27 Dios quiso dar a conocer las r de su
2.2 todas las r de pleno conocimiento, a fin
1 Ti. 6.17 ni pongan la esperanza en las r, las
He. 11.26 teniendo por mayores r el vituperio
Stg. 5.2 vuestras r están podridas, y..ropas
Ap. 5.12 es digno de tomar el poder, las r, la
18.17 una hora han sido consumidas tantas r
18.19 todos..se habían enriquecido de sus r

RIQUÍSIMO

Gn. 13.2 Abram era r en ganado, en plata y en

RISA

Job 8.21 llenará tu boca de r, y tus labios de
Sal. 126.2 entonces nuestra boca..llenará de r

RISA *(Continúa)*
Pr. 14.13 aun en la *r* tendrá dolor el corazón
Ec. 2.2 a la *r* dijo: Enloqueces; y al placer
7.3 mejor es el pesar que la *r;* porque con
7.6 la *r* del necio es como el estrépito de
Stg. 4.9 vuestra *r* se convierta en lloro, y

RISSA *Lugar donde acampó Israel,*
Nm. 33.21,22

RITMA *Lugar donde acampó Israel,*
Nm. 33.18,19

RITO
Éx. 12.25 cuando entréis en..guardaréis este *r*
12.26 os dijeren vuestros hijos: ¿Qué es..*r*
13.10 guardarás este *r* en su tiempo de año en
30.8 quemará el incienso; *r* perpetuo delante
Lv. 5.10 hará holocausto conforme al *r;* así el
9.16 ofreció el holocausto, e hizo según el *r*
Nm. 9.3 conforme a todos sus *r*..la celebraréis
9.12 conforme a todos los *r* de la pascua la
9.14 conforme al *r* de la pascua..la celebrará
9.14 mismo *r* tendréis, tanto el extranjero
1 Cr. 23.31 según su número..acuerdo con su *r*
2 Cr. 30.19 no esté purificado según los *r* de
Esd. 3.4 holocaustos cada día..conforme al *r*
Neh. 8.18 el octavo día..asamblea, según el *r*
Lc. 2.27 hacer por él conforme al *r* de la ley
Jn. 2.6 al *r* de la purificación de los judíos
Hch. 15.1 si no os circuncidáis conforme al *r*

RIVAL
Lv. 18.18 con su hermana, para hacerla su *r*
1 S. 1.6 su *r* la irritaba, enojándola..porque

RIZPA *Concubina del rey Saúl*
2 S. 3.7 una concubina que se llamaba *R,* hija
21.8 pero tomó el rey a dos hijos de *R* hija
21.10 *R*..tomó..tela de cilicio y la tendió
21.11 fue dicho a David lo que hacía *R* hija

ROBADOR
Jue. 2.14 los entregó en manos de *r* que los
Pr. 23.28 ella, como *r,* acecha, y multiplica
28.3 hombre pobre y *r* de los pobres es como
Abd. 5 vinieran..*r* de noche..¿no hurtarían lo

ROBAR
Gn. 34.29 y *robaron* todo lo que había en casa
44.4 ¿por qué habéis *robado* mi copa de plata?
Éx. 21.16 que *robare* una persona y la vendiere
Lv. 6.2 bien *robare* o calumniare a su prójimo
6.4 restituirá aquello que *robó,* o el daño de
19.13 no oprimirás a..prójimo, ni le *robarás*
Dt. 28.29 no serás sino..*robado* todos los días
Jue. 9.25 asechadores que *robaban* a todos los
21.23 tomaron mujeres..*robándolas* de entre
1 S. 23.1 filisteos combaten..y *roban* las eras
2 S. 15.6 *robaba* Absalón el corazón de los de
Job 20.10 sus manos devolverán lo que él *robó*
20.19 cuanto..*robó* casas, y no las edificó
24.2 traspasan los linderos, *roban* los ganados
24.5 salen a su obra madrugando para *robar*
27.8 del impío, por mucho que hubiere *robado*
Sal. 69.4 se han..¿Y he de pagar lo que no *robé?*
Pr. 17.12 a la cual han *robado* sus cachorros
19.26 el que *roba* a su padre y ahuyenta a su
22.22 no *robes* al pobre, porque es pobre, ni
24.2 su corazón piensa en *robar,* e iniquidad
28.24 el que *roba* a su padre o a su madre, y
Is. 10.2 despojar a..y *robar* a los huérfanos!
Jer. 22.3 ni *robéis* al extranjero..al huérfano
Ez. 26.12 *robarán* tus riquezas y saquearán tus
33.15 si el..devolviere lo que hubiere *robado*
34.8 cuanto mi rebaño fue para ser *robado,* y
39.10 y *robarán* a los que les *robaron,* dice
Am. 1.11 y en su furor le ha *robado* siempre, y
Mi. 2.2 codician las heredades, y las *roban;* y
Mal. 3.8 *¿robará* el hombre a..me habéis *robado*
3.8 y dijisteis: ¿En qué te hemos *robado?* En
3.9 vosotros..nación toda, me habéis *robado*

ROBLE
Is. 6.13 pero como el *r* y la encina, que al ser

ROBO
1 S. 30.19 del *r* , y de todas las cosas que les
Esd. 9.7 hemos sido entregados..a espada..a *r*
Pr. 4.17 comen pan de maldad, y beben vino de *r*
Jer. 6.7 maldad; injusticia y *r* se oyen en ella
Ez. 18.7 no cometiere *r,* y que diere de su pan
18.12 cometiere *r,* no devolviere la prenda, o
18.16 ni cometiere *r;* al hambriento diere de
22.29 el pueblo de..cometía *r,* al afligido y
Nah. 2.12 llenaba de presa..y de *r* sus guaridas
2.13 cortaré de la tierra tu *r,* y nunca más
Hab. 2.8,17 a causa de..de los *r* de la tierra
Sof. 1.9 que llenan las casas..de *r* y de engaño
Mt. 23.25 pero por dentro estáis llenos de *r* y

ROBOAM ***Rey de Judá, hijo y sucesor de Salomón***
1 R. 11.43 durmió..reinó en su lugar *R* su hijo
12.1 *R* fue a Siquem..todo Israel había venido
12.3 vino..Jeroboam..y hablaron a *R,* diciendo
12.6 el rey *R* pidió consejo de los ancianos
12.12 vino Jeroboam con todo el pueblo a *R*
12.17 reinó *R* sobre los hijos de Israel que
12.18 *R* envió a Adoram, que estaba sobre los
12.18 *R* se apresuró a subirse en un carro y
12.21 y cuando *R* vino a Jerusalén, reunió a
12.21 volver el reino a *R* hijo de Salomón
12.23 habla a *R* hijo de Salomón, rey de Judá
12.27 volverá a su señor *R*..se volverán a *R*
14.21 *R* hijo de Salomón reinó en Judá. De 40
14.21 años era *R* cuando comenzó a reinar, y
14.25 al quinto año del rey *R* subió Sisac rey
14.27 hizo el rey *R* escudos de bronce, y los
14.29 demás hechos de *R,* y todo lo que hizo
14.30; 15.6 y hubo guerra entre *R* y Jeroboam
14.31 durmió *R* con sus padres..fue sepultado
1 Cr. 3.10 hijo de Salomón fue *R,* cuyo hijo fue
2 Cr. 9.31 durmió Salomón..reinó en su lugar *R*
10.1 *R* fue a Siquem, porque en Siquem se había
10.3 Jeroboam, y todo Israel, y hablaron a *R*
10.6 el rey *R* tomó consejo con los ancianos
10.12 vino..todo el pueblo a *R* al tercer día
10.13 dejó el..*R* el consejo de los ancianos
10.17 reinó *R* sobre los hijos de Israel que
10.18 envió..*R* a Adoram, que tenía cargo de
10.18 se apresuró el rey *R,* y subiendo en su
11.1 cuando vino *R* a Jerusalén, reunió de la
11.1 para pelear..hacer volver el reino a *R*
11.3 habla a *R* hijo de Salomón, rey de Judá
11.5 habitó *R*..Jerusalén, y edificó ciudades
11.17 y confirmaron a *R* hijo de Salomón, por
11.18 y tomó *R* por mujer a Mahalat hija de
11.21 *R* amó a Maaca..sobre todas sus mujeres
11.22 puso *R* a Abías hijo de Maaca por jefe
12.1 *R* había consolidado el reino, dejó la ley
12.2 en el quinto año del rey *R* subió Sisac
12.5 entonces vino el profeta Semaías a *R* y a
12.10 hizo el rey *R* escudos de bronce, y los
12.13 *R,* reinó..*R* de 41 años cuando comenzó a
12.13 y el nombre de la madre de *R* fue Naama
12.15 las cosas de *R*..¿no están escritas en
12.15 y entre *R* y Jeroboam..guerra constante
12.16 durmió *R* con sus padres..fue sepultado
13.7 pudieron más que *R*..porque *R* era joven
Mt. 1.7 Salomón engendró a *R, R* a Abías..a Asa

ROBUSTECER
Job 21.8 descendencia se *robustece* a su vista

ROBUSTO, TA
Éx. 1.19 no son como las egipcias; pues son *r*
1 Cr. 26.8 hombres *r* y fuertes para el servicio
Sal. 78.31 hizo morir a los más *r* de ellos, y
90.10 si en los más *r* son ochenta años, con
Is. 10.16 Jehová..enviará debilidad sobre sus *r*
25.3 te dará..te temerá la ciudad de gentes *r*
25.5 así..harás marchitar el renuevo de los *r*
Jer. 5.15 gente *r,* gente antigua, gente cuya
48.14 somos..valientes, y *r* para la guerra?
49.19 como león subirá..contra la bella y *r*
Ez. 17.8 y diese fruto, y para que fuese vid *r*
Dn. 1.15 el rostro de ellos mejor y más *r* que
Mi. 4.7 pondré..la descarriada como nación *r*

ROCA
Gn. 49.24 el nombre del Pastor, la *R* de Israel
Dt. 8.15 él te sacó agua de la *r* del pedernal
32.4 es la *R,* cuya obra es perfecta, porque
32.15 hizo, y menospreció la *R* de su salvación
32.18 de la *R* que te creó te olvidaste; te has
32.30 su *R* no los hubiese vendido, y Jehová
32.31 la *r* de ellos no es como nuestra *R,* y
32.37 sus dioses, la *r* en que se refugiaban
1 S. 13.6 se escondieron..en *r* y en cisternas
2 S. 22.2 Jehová es mi *r* y mi fortaleza, y mi
22.32 ¿y qué *r* hay fuera de nuestro Dios?
22.47 viva Jehová, y bendita sea mi *r*..Dios
23.3 me habló la *R* de Israel: Habrá un justo
Job 30.6 habitaban en las cavernas..y en las *r*
39.28 mora..la cumbre del peñasco y de la *r*
Sal. 18.2 *r* mía y castillo mío, y mi libertador
18.31 ¿y qué *r* hay fuera de nuestro Dios?
18.46 bendita sea mi *r,* y enaltecido sea el
19.14 de ti, oh Jehová, *r* mía, y redentor mío
27.5 su morada; sobre una *r* me pondrá en alto
28.1 a ti clamaré, oh Jehová, *R* mía, no te
31.2 mi *r* fuerte, y fortaleza para salvarme
31.3 porque tú eres mi *r* y mi castillo; por
42.9 *R* mía, ¿por qué te has olvidado de mí?
61.2 llévame a la *r* que es más alta que yo
62.2,6 él solamente es mi *r* y mi salvación
62.7 en Dios está mi *r* fuerte, y mi refugio
71.3 sé para mí una *r* de refugio..recurra yo
71.3 has..porque tú eres mi *r* y mi fortaleza
73.26 *r* de mi corazón..es Dios para siempre
89.26 eres..mi Dios, y la *r* de mi salvación
94.22 me ha sido..Dios por *r* de mi confianza
95.1 cantemos con júbilo a la *r* de nuestra
114.8 cual cambió..en fuente de aguas la *r*
144.1 bendito..Jehová, mi *r,* quien adiestra
Is. 2.21 se meterá en las hendiduras de las *r*
17.10 no te acordaste de la *r* de tu refugio
33.16 fortaleza de *r* será su lugar de refugio
Hab. 1.12 tú, oh *R,* lo fundaste para castigar
3.13 descubriendo el cimiento hasta la *r*
Mt. 7.24 prudente..edificó su casa sobre la *r*
7.25 y no cayó..estaba fundada sobre la *r*
16.18 y sobre esta *r* edificaré mi iglesia
27.51 la tierra tembló, y las *r* se partieron
Lc. 6.48 cavó..puso el fundamento sobre la *r*
6.48 mover, porque estaba fundada sobre la *r*
Ro. 9.33 pongo en Sion piedra de..y *r* de caída
1 Co. 10.4 bebían de la *r*..y la *r* era Cristo
1 P. 2.8 piedra de tropiezo, y *r* que hace caer

ROCIAR
Éx. 24.8 tomó la sangre y *roció*..el pueblo, y
29.16 con su sangre *rociarás* sobre el altar
29.20 y *rociarás* la sangre sobre el altar
29.21 *rociarás* sobre Aarón, sobre..vestiduras
Lv. 1.5 y la *rociarán* alrededor sobre el altar
1.11; 3.2,8,13 hijos de Aarón *rociarán* su sangre sobre el altar
4.6 y *rociará* de aquella sangre siete veces
4.17 y *rociará* siete veces delante de Jehová
5.9 *rociará* de la sangre..la pared del altar
7.2 y *rociará* su sangre alrededor..el altar
7.14 del sacerdote que *rociare* la sangre de
8.11 *roció* de él sobre el altar siete veces
8.19,24 y *roció* Moisés la sangre..el altar
8.30 *roció* sobre Aarón, y..sobre sus hijos
9.12,18 sangre, la cual *roció*..sobre el altar
14.7 *rociará*..sobre el que se purifica de la
14.27 su dedo..*rociará* del aceite que tiene
14.51 mojará..y *rociará* la casa siete veces
16.14 de la sangre..y la *rociará* con su dedo
Nm. 8.7 *rocía* sobre ellos el agua de..expiación
18.17 la sangre de..*rociarás* sobre el altar
19.4 tomará..sangre..*rociará* hacia la parte
19.13 el agua de la..no fue *rociada* sobre él
19.18 mojará en el..y *rociará* sobre la tienda
19.19 el limpio *rociará* sobre el inmundo al
19.20 no fue *rociada* sobre él el agua de la
19.21 el que *rociare* el..lavará sus vestidos
Is. 45.8 *rociad,* cielos, de arriba..destilen
Ez. 22.24 ni *rociada* con lluvia en el día del
He. 9.13 si la sangre..*rociadas* a los inmundos
9.19 *roció* el mismo libro y también a todo
9.21 *roció*..con la sangre el tabernáculo y
12.24 a la sangre *rociada* que habla mejor
1 P. 1.2 obedecer y ser *rociados* con la sangre

ROCÍO
Gn. 27.28 Dios, pues, te dé del *r* del cielo, y
27.39 será..y del *r* de los cielos de arriba
Éx. 16.13 por la mañana descendió *r* en derredor
16.14 cuando el *r* cesó de descender, he aquí
Nm. 11.9 cuando descendía el *r*..maná descendía
Dt. 32.2 destilará como el *r* mi razonamiento
33.13 bendita de Jehová sea..con el *r,* y con
33.28 vino; también sus cielos destilarán *r*
Jue. 6.37 el *r* estuviere en el vellón solamente
6.38 exprimió el vellón y sacó de él el *r,* un
6.39 el vellón quede..y el *r* sobre la tierra
6.40 vellón quedó seco, y en..la tierra hubo *r*
2 S. 1.21 ni *r* ni lluvia caiga sobre vosotros
17.12 como cuando el *r* cae sobre la tierra
1 R. 17.1 no habrá lluvia ni *r* en estos años
Job 29.19 aguas, y en..ramas permanecía el *r*
38.28 ¿o quién engendró las gotas del *r?*
Sal. 72.6 como el *r* que destila sobre la tierra
110.3 la aurora tienes tú el *r* de tu juventud
133.3 el *r* de Hermón, que desciende sobre los
Pr. 3.20 con su ciencia..destilan *r* los cielos
19.12 y su favor como el *r* sobre la hierba
Cnt. 5.2 ábreme..mi cabeza está llena de *r,* mis
Is. 18.4 como nube de *r* en el calor de la tierra
26.19 porque tu *r* es cual *r* de hortalizas, y
Dn. 4.15,23 sea mojado con el *r* del cielo, y
4.25 con el *r* del cielo serás bañado; y siete
4.33 su cuerpo se mojaba con el *r* del cielo
5.21 su cuerpo fue mojado con el *r* del cielo
Os. 6.4 la piedad..es como el *r* de la madrugada
13.3 como el *r* de la madrugada que se pasa
14.5 yo seré a Israel como *r;* él florecerá
Mi. 5.7 el remanente..será..como el *r* de Jehová
Zac. 8.12 y los cielos darán su *r;* y haré que

RODADO
Zac. 6.3 cuarto carro caballos overos rucios *r*

RODAR
Nm. 36.9 ande la heredad *rodando* de una tribu
Jos. 10.18 *rodad* grandes piedras a la entrada
Jue. 7.13 un pan de cebada que *rodaba* hasta el
1 S. 14.33 *rodadme* ahora acá una piedra grande
Pr. 20.26 rey..sobre ellos hace *rodar* la rueda
Is. 22.18 te echará a *rodar* con ímpetu, como a
Jer. 51.25 estoy contra ti, y te haré *rodar* de
Nah. 2.4 con estruendo *rodarán* por las calles
Mt. 27.60 *rodar* una gran piedra a la entrada
Mr. 15.46 e hizo *rodar* una piedra a la entrada

RODAS ***Isla en el Mar Egeo,* Hch. 21.1**

RODE ***Muchacha en la casa de María No 8,* Hch. 12.13**

RODEAR
Gn. 2.11 el que *rodea* toda la tierra de Havila
2.13 es el que *rodea* toda la tierra de Cus
19.4 *rodearon* la casa los hombres de..Sodoma
Éx. 13.18 el pueblo *rodease* por el camino del
Nm. 21.4 partieron..*rodear* la tierra de Edom
34.4 este límite os irá *rodeando* desde el sur
34.5 *rodeará* este límite desde Asmón hasta el
Dt. 2.1 *rodeamos* el monte de Seir por..tiempo
2.3 habéis *rodeado*..monte; volveos al norte
Jos. 6.3 *rodearéis*..la ciudad todos los hombres
6.7 dijo al pueblo: Pasad, y *rodead* la ciudad
7.9 nos *rodearán*, y borrarán nuestro nombre
15.9 y *rodea* este límite desde la cumbre del
15.9 límite..*rodeando* luego a Baala, que es
15.11 *rodea* a Sicrón, y pasa por el monte de
19.13 pasando de allí..a Rimón *rodeando* a Nea
Jue. 11.18 *rodeó* la tierra de Edom y..de Moab
16.2 y lo *rodearon*, y acecharon toda..noche
19.22 hombres..*rodearon* la casa, golpeando a
20.5 *rodearon* contra mí la casa por la noche
2 S. 5.23 no subas, sino *rodéalos*, y vendrás a
18.15 de Joab *rodearon* e hirieron a Absalón
22.5 me *rodearon* ondas de muerte, y torrentes
22.6 ligaduras del Seol me *rodearon*..muerte
1 R. 5.3 por las guerras que le *rodearon*, hasta
7.15 y *rodeaba* a una y otra un hilo de doce
7.20 globo, el cual estaba *rodeado* por la red
7.24 *rodeaban* aquel mar..unas bolas como
2 R. 3.9 anduvieron *rodeando* por el desierto
3.25 los honderos la *rodearon* y la destruyeron
1 Cr. 14.14 no subas tras ellos, sino *rodéalos*
2 Cr. 18.31 *rodearon* para pelear; mas Josafat
23.7 levitas *rodearán* al rey por todas partes
Job 1.7; 2.2 de *rodear* la tierra y de andar por
16.13 me *rodearon* sus flecheros, partió mis
22.14 las nubes le *rodearon*, y no ve; y por
40.22 árboles..los sauces del arroyo lo *rodean*
Sal. 5.12 como con un escudo lo *rodearás* de tu
7.7 *rodeará* congregación de pueblos, y sobre
18.4 *rodearon* ligaduras de muerte, y torrentes
18.5 ligaduras del Seol me *rodearon*..lazos
22.12 me han *rodeado* muchos toros; fuertes
22.16 perros me han *rodeado*; me ha cercado
32.7 con cánticos de liberación me *rodearás*
32.10 mas al que espera en Jehová, le *rodea*
40.12 me han *rodeado* males sin número; me
44.13 por..y por burla de los que nos *rodean*
48.12 andad alrededor de Sion, y *rodeadla*
49.5 la iniquidad de mis opresores me *rodeare?*
50.3 fuego..y tempestad poderosa le *rodeará*
55.10 día y noche la *rodean* sobre sus muros
59.6 volverán a la tarde..*rodearán* la ciudad
59.14 vuelvan..a la tarde, y *rodeen* la ciudad
88.17 han *rodeado* como aguas continuamente
89.8 poderoso eres..y tu fidelidad te *rodea*
109.3 con palabras de odio me han *rodeado*, y
116.3 me *rodearon* ligaduras de muerte..Seol
118.10 todas las naciones me *rodearon*; mas en
118.11 me *rodearon* y me asediaron; mas en el
118.12 me *rodearon* como abejas..como fuego
119.61 compañías de impíos me han *rodeado*
139.5 detrás y delante me *rodeaste*, y sobre
140.9 a los que en todas partes me *rodean*, la
142.7 *rodearán* los justos, porque tú me serás
Ec. 1.6 el viento tira hacia..y *rodea* al norte
Cnt. 3.2 me levantaré ahora, y *rodearé* por la
3.7 sesenta valientes la *rodean*, y..fuertes
Is. 15.8 el llanto *rodeó* los límites de Moab
23.16 y *rodea* la ciudad, oh ramera olvidada
50.11 encendéis fuego, y os *rodeáis* de teas
61.10 me *rodeó* de manto de justicia, como a
Jer. 22.15 ¿reinarás..te *rodeas* de cedro? ¿No
31.22 cosa nueva..la mujer *rodeará* al varón
31.39 saldrá..el cordel de..y *rodeará* a Goa
49.3 de Rabá..endechad, y *rodead* los vallados
52.21 columna..cordón de 12 codos la *rodeaba*
Lm. 3.5 mí, y me *rodeó* de amargura y de trabajo
Ez. 11.12 según..de las naciones que os *rodean*
26.17 infundían terror..los que la *rodeaban?*
28.24 aguijón..en medio de cuantos la *rodean*
42.19 *rodeó* al lado del occidente, y midió
Dn. 6.15 *rodearon* al rey y le dijeron: Sepas, oh
Os. 2.6 yo *rodearé* de espinos su camino, y la
7.2 ahora les *rodearán* sus obras; delante de
11.12 me *rodeó* Efraín de mentira, y la casa
Jon. 2.3 me echaste a..y me *rodeó* la corriente
2.5 las aguas me *rodearon*..*rodeóme* el abismo
Mi. 5.1 *rodéate*..de muros, hija de guerreros
Nah. 3.8 *rodeada* de aguas, cuyo baluarte era el
Mt. 8.18 viéndose Jesús *rodeado* de mucha gente
Lc. 2.9 he aquí..la gloria del Señor los *rodeó*
9.31 quienes aparecieron *rodeados* de gloria
19.43 tus enemigos te *rodearán* con vallado
21.20 cuando viereis a Jerusalén *rodeada* de
Jn. 10.24 le *rodearon* los judíos y le dijeron
Hch. 9.3 *rodeó* un resplandor de luz del cielo
9.39 le *rodearon* todas las viudas, llorando
14.20 *rodeándole* los discípulos, se levantó
22.6 de repente me *rodeó* mucha luz del cielo
25.7 lo *rodearon* los judíos que habían venido
26.13 me *rodeó* a mí y a los que iban conmigo
He. 5.2 él también está *rodeado* de debilidad
11.30 de Jericó después de *rodearlos* 7 días
Ap. 20.9 *rodearon* el campamento de los santos

RODILLA
Gn. 30.3 dará a luz sobre mis *r*, y yo también
41.43 pregonaron..de él: ¡Doblad la *r*!; y lo
48.12 entonces José los sacó de entre sus *r*
50.23 los hijos..criados sobre las *r* de José
Dt. 28.35 herirá Jehová con..pústula en las *r*
Jue. 7.5 que se doblare sobre sus *r* para beber
7.6 el resto del pueblo se dobló sobre sus *r*
16.19 hizo que él se durmiese sobre sus *r*, y
1 R. 8.54 se levantó de estar de *r* delante del
18.42 Elías subió..puso su rostro entre las *r*
19.18 siete mil *r* no se doblaron ante Baal
2 R. 1.13 puso de *r* delante de Elías y le rogó
4.20 sentado en..*r* hasta el mediodía, y murió
Esd. 9.5 me postré de *r*, y extendí mis manos a
Job 3.12 ¿por qué me recibieron las *r*? ¿Y a qué
4.4 enseñabas..y esforzabas las *r* que decaían
Sal. 109.24 mis *r* están debilitadas a causa del
Is. 35.3 manos cansadas, afirmad las *r* endebles
45.23 a mí se doblará toda *r*, y jurará toda
66.12 traídos, y sobre las *r* seréis mimados
Ez. 7.17; 21.7 toda *r* será débil como el agua
47.4 me hizo pasar por las aguas hasta las *r*
Dn. 5.6 rey..sus *r* daban la una contra la otra
10.10 que me pusiese sobre mis *r* y sobre las
Nah. 2.10 temblor de *r*, dolor en las entrañas
Mt. 27.29 hincando la *r* delante de él..¡Salve
Mr. 1.40 e hincada la *r*, le dijo: Si quieres
10.17 e hincando la *r*..le preguntó: Maestro
15.19 y puestos de *r* le hacían reverencias
Lc. 5.8 Pedro, cayó de *r* ante Jesús, diciendo
22.41 se apartó de ellos..y puesto de *r* oró
Hch. 7.60 puesto de *r*, clamó a gran voz: Señor
9.40 sacando a todos, Pedro..puso de *r* y oró
20.36 se puso de *r*, y oró con todos ellos
21.5 todos..puestos de *r* en la playa, oramos
Ro. 11.4 no han doblado la *r* delante de Baal
14.11 que ante mí se doblará toda *r*, y toda
Ef. 3.14 esta causa doblo mis *r* ante el Padre
Fil. 2.10 en el nombre de Jesús se doble toda *r*
He. 12.12 levantad las manos..las *r* paralizadas

RODILLO
1 S. 17.7 el asta de su lanza era como un *r* de
2 S. 21.19 el asta..era como el *r* de un telar
1 Cr. 11.23 traía una lanza como un *r* de tejedor
20.5 el asta de cuya..era como un *r* de telar

ROER
Job 13.28 carcoma..vestido que *roe* la polilla
18.13 la enfermedad *roerá* su piel, y a sus
30.17 y los dolores que me *roen* no reposan

ROGAR
Gn. 13.9 yo te *ruego* que te apartes de mí. Si
16.2 *ruego*, pues, que te llegues a mi sierva
18.3 si..te *ruego* que no pases de tu siervo
19.2 os *ruego* que vengáis a casa de vuestro
19.7 *ruego*, hermanos míos, que no hagáis tal
19.18 les dijo: No, yo os *ruego*, señores míos
23.13 *ruego* que me oigas. Yo daré el precio
24.12 te *ruego*, el tener hoy buen encuentro
24.14 baja tu cántaro, te *ruego*, para que yo
24.17 te *ruego* que me des a beber un poco de
24.23 te *ruego* que me digas: ¿hay en casa de
24.43 dame..te *ruego*, un poco de agua de tu
24.45 le dije: Te *ruego* que me des de beber
25.30 *ruego* que me des a comer de ese guiso
30.14 te *ruego* que me des de las mandrágoras
33.10 te *ruego*; si he hallado ahora gracia en
33.11 acepta, te *ruego*, mi presente que te he
34.8 hija; os *ruego* que se la deis por mujer
37.16 te *ruego* que me muestres dónde están
40.14 *ruego* que uses conmigo de misericordia
42.21 vimos la angustia de..cuando nos *rogaba*
44.18 *ruego* que permitas que hable tu siervo
44.33 te *ruego*..que quede ahora tu siervo en
47.4 *rogamos* ahora que permitas que habiten
47.29 te *ruego* que pongas tu mano debajo de
47.29 te *ruego* que no me entierres en Egipto
50.4 os *ruego* que habléis en oídos de Faraón
50.5 *ruego*..que vaya yo ahora y sepulte a mi
50.17 te *ruego* que perdones ahora la maldad
50.17 te *rogamos* que perdones la maldad de los
Éx. 4.13 envía, te *ruego*, por medio del que
8.29 *rogaré* a Jehová que las..moscas se vayan
10.17 os *ruego* ahora que perdonéis mi pecado
32.31 te *ruego*, pues este pueblo ha cometido
33.13 *ruego* que me muestres ahora tu camino
33.18 te *ruego* que me muestres tu gloria
Nm. 10.31 él le dijo: Te *ruego* que no nos dejes
11.15 si así lo..te *ruego* que me des muerte
12.13 te *ruego*, oh Dios, que la sanes ahora
14.17 te *ruego* que sea magnificado el poder
20.17 te *rogamos* que pasemos por tu tierra
21.7 *ruega* a Jehová que quite..estas serpientes
22.6 ahora, te *ruego*, maldíceme este pueblo
22.16 Balac..Te *ruego* que no dejes de venir a
22.19 os *ruego*..que reposéis aquí esta noche
23.13 te *ruego* que vengas conmigo a otro lugar
23.27 dijo..Te *ruego* que vengas, te llevaré a
Dt. 3.25 te *ruego*, y vea aquella tierra buena
Jos. 2.12 *ruego* pues..que me juréis por Jehová
Jue. 4.19 *ruego* me des de beber un poco de agua
6.17 te *ruego* que si he hallado gracia..de ti
6.18 *ruego* que no te vayas de aquí hasta que
6.39 te *ruego* que..el vellón quede seco, y el
8.5 *ruego* que deis a la gente..bocados de pan
9.2 os *ruego* que digáis en oídos de todos los
10.15 te *rogamos* que nos libres en este día
11.17,19 te *ruego* que me dejes pasar por tu
13.8 yo te *ruego* que aquel varón de Dios que
13.15 te *ruego* nos permitas detenerte, y te
14.2 una mujer..os *ruego* que me la toméis por
16.6 te *ruego*..me declares en qué consiste tu
16.10 descúbreme..te *ruego*, cómo podrás ser
16.28 fortaléceme..*ruego*..esta vez, oh Dios
19.6 dijo..te *ruego* que quieras pasar aquí la
19.9 *ruego* que paséis aquí la noche; he aquí
19.23 *ruego* que no cometáis este mal; ya que
Rt. 1.16 respondió Rut: No me *ruegues*..te deje
2.2 dijo..Te *ruego* que me dejes ir al campo
2.7 *ruego* que me dejes recoger y juntar tras
1 S. 2.25 contra Jehová, ¿quién *rogará* por él?
2.36 te *ruego* que me agregues a alguno de los
3.17 Elí dijo..Te *ruego* que no me la encubras
9.18 *ruego* que me enseñes dónde está la casa
10.15 te *ruego* me declares qué os dijo Samuel
12.19 *ruega* por tus siervos a Jehová tu Dios
12.23 peque yo..cesando de *rogar* por vosotros
15.30 te *ruego* que me honres delante de los
16.22 yo te *ruego* que esté David conmigo, pues
20.6 *rogó* mucho que lo dejase ir corriendo a
20.29 *ruego* que me dejes ir, porque nuestra
22.3 te *ruego* que mi padre y mi madre estén
23.11 te *ruego* que lo declares a tu siervo
25.8 *ruego* que des lo que tuvieres a mano a
25.24 *ruego* que permitas que tu sierva hable
25.28 te *ruego* que perdones a tu sierva esta
26.19 *ruego*..que el rey mi señor oiga ahora
28.8 *ruego* que me adivines por el espíritu de
28.22 te *ruego*..que tú también oigas la voz
30.7 dijo..te *ruego* que me acerques el efod
2 S. 1.4 David le dijo..Te *ruego* que me lo digas
1.9 *ruego* que te pongas sobre mí y me mates
12.16 David *rogó* a Dios por el niño; y ayunó
13.5,6 te *ruego* que venga mi hermana Tamar
13.13 *ruego*..que hables al rey, que él no me
13.24 yo *ruego* que venga el rey y sus siervos
13.26 *ruego* que venga..Amnón mi hermano
13.28 os *ruego* que miréis cuando el corazón
14.2 te *ruego* que finjas estar de duelo, y te
14.11 ella..Te *ruego*, oh rey, que te acuerdes
14.12 *ruego* que permitas que tu sierva hable
14.18 yo te *ruego* que no me encubras nada de
15.7 te *ruego* me permitas que vaya a Hebrón
16.9 *ruego* que me dejes pasar, y le quitaré
19.37 yo te *ruego* que dejes volver a tu siervo
20.16 *ruego* que digáis a Joab que venga acá
24.10 *ruego* que quites el pecado de tu siervo
24.17 te *ruego* que tu mano se vuelva contra mí
1 R. 2.17 yo te *ruego* que hables al rey Salomón
8.33 y te *rogaren* y suplicaren en esta casa
8.35 *rogaren* en este..y confesaren tu nombre
11.22 nada; con todo, te *ruego* que me dejes ir
13.6 que *ruegues* ante la presencia de Jehová
17.10 te *ruego* que me traigas un poco de agua
17.11 *ruego* que me traigas..un bocado de pan
17.21 *ruego* que hagas volver el alma de este
19.20 te *ruego* que me dejes besar a mi padre y
20.32 Ben-adad dice..*ruego* que viva mi alma
22.5 te *ruego* que consultes hoy la palabra de
2 R. 1.13 le *rogó*, diciendo: Varón de Dios, te
1.13 te *ruego* que sea de valor delante de tus
2.6 y Elías le dijo: Te *ruego* que te quedes
2.9 te *ruego*..una doble porción de tu espíritu
4.10 yo te *ruego* que hagamos un..aposento de
4.22 *ruego* que envíes conmigo a alguno de los
4.26 *ruego* que vayas ahora..a recibirla, y le
5.3 si *rogase* mi señor al profeta que está en
5.15 te *ruego* que recibas algún presente de tu
5.17 *ruego*, pues, ¿de esta tierra no se dará
5.22 te *ruego* que les des un talento de plata
5.23 dijo..Te *ruego* que tomes dos talentos
6.3 uno: Te *rogamos* que vengas con tus siervos
6.17 te *ruego*, oh Jehová, que abras sus ojos
6.18 te *ruego* que hieras con ceguera a esta
8.4 *ruego* que me cuentes todas las maravillas
18.23 yo te *ruego* que des rehenes a mi señor
18.26 te *rogamos* que hables a tus siervos en
19.19 sálvanos, te *ruego*, de su mano, para que
20.3 te *ruego*..te *r* que hagas memoria de que
1 Cr. 21.8 *ruego* que quites la iniquidad de tu
21.13 *ruego* que..caiga en la mano de Jehová
2 Cr. 6.24 y *rogare* delante de ti en esta casa
6.40 te *ruego* que estén abiertos tus ojos y
18.4 te *ruego* que consultes hoy la palabra de
18.12 te *ruego* que tu palabra sea como la de
Neh. 1.5 te *ruego*, oh Jehová, Dios de los cielos
1.11 te *ruego*, oh Jehová, esté ahora atento

ROGAR *(Continúa)*
Neh. 5.11 *ruego* que les devolváis hoy sus tierras
Est. 8.3 *rogándole* que hicese nula la maldad de
Job 8.5 buscares a..y *rogares* al Todopoderoso
9.15 fuese..antes habría de *rogar* a mi juez
19.17 por los hijos de..entrañas le *rogaba*
42.4 oye, te *ruego*, y hablaré; te preguntaré
Sal. 118.25 sálvanos..te *ruego;* te *r*, oh Jehová
119.108 te *ruego*..que te sean agradables los
Is. 36.8 *ruego* que des rehenes al rey de Asiria
36.11 te *rogamos* que hables a tus siervos en
37.21 lo que me *rogaste* sobre Senaquerib rey
38.3 Jehová, te *ruego* que te acuerdes ahora
44.17 lo adora, y le *ruega* diciendo: Líbrame
45.20 los que *ruegan* a un dios que no salva
Jer. 7.16 tú..ni me *ruegues;* porque no te oiré
14.11 no *ruegues* por este pueblo para bien
15.11 si no te he *rogado* por su bien, si no he
29.7 y *rogad* por ella a Jehová; porque en su
36.25 *rogaron* al rey..no quemase aquel rollo
37.3 *ruega* ahora por nosotros a Jehová..Dios
37.20 te *ruego*, oh rey mi señor; caiga ahora
42.2 *ruega* por nosotros a Jehová tu Dios por
Dn. 1.12 te *ruego* que hagas la prueba con tus
6.11 y hallaron a Daniel orando y *rogando* en
Os. 12.4 lloró, y le *rogó;* en Bet-el le halló, y allí
Jon. 1.14 te *rogamos*..Jehová, que no perezcamos
4.3 oh Jehová, te *ruego* que me quites la vida
Mt. 8.5 Jesús..vino a él un centurión, *rogándole*
8.31 y los demonios le *rogaron* diciendo: Si
8.34 le *rogaron* que se fuera de sus contornos
9.38 *rogad*..al Señor de la mies, que envíe
14.36 *rogaban* que les dejase tocar..su manto
15.23 le *rogaron*, diciendo: Despídela, pues
18.29 *rogaba* diciendo: Ten paciencia conmigo
18.32 toda aquella deuda te perdoné..*rogaste*
Mr. 1.40 vino a él un leproso, *rogándole*..dijo
5.10 le *rogaba*..que no los enviase fuera de
5.12 le *rogaron* todos los demonios, diciendo
5.17 y comenzaron a *rogarle* que se fuera de
5.18 le *rogaba* que le dejase estar con él
5.23 le *rogaba* mucho, diciendo: Mi hija está
6.56 *rogaban* que les dejase tocar siquiera el
7.26 *rogaba* que echase fuera de..al demonio
7.32 le *rogaron* que le pusiera la mano encima
8.22 le trajeron un ciego, y le *rogaron* que le
Lc. 4.38 una gran fiebre; y le *rogaron* por ella
5.3 le *rogó* que la apartase de tierra un poco
5.12 y le *rogó*, diciendo: Señor, si quieres
7.3 le envió..*rogándole* que viniese y sanase
7.4 y le *rogaron* con solicitud, diciéndole: Es
7.36 uno de..*rogó* a Jesús que comiese con él
8.28 exclamó..Te *ruego* que no me atormentes
8.31 *rogaban* que no los mandase ir al abismo
8.32 le *rogaron* que los dejase entrar en ellos
8.37 toda la multitud..le *rogó* que se marchase
8.38 hombre..*rogaba* que le dejase estar con él
8.41 Jairo..le *rogaba* que entrase en su casa
9.38 te *ruego* que veas a mi hijo, pues es el
9.40 *rogué* a tus discípulos que le echasen
10.2 *rogad* al Señor de la mies..envíe obreros
11.37 le *rogó* un fariseo que comiese con él
14.18 necesito ir a..te *ruego* que me excuses
14.19 y voy a probarlos..*ruego* que me excuses
15.28 salió..su padre, y le *rogaba* que entrase
16.27 te *ruego*..padre, que le envíes a la casa
22.32 yo he *rogado* por ti, que tu fe no falte
Jn. 4.31 discípulos le *rogaban*, diciendo: Rabí
4.40 samaritanos..y le *rogaron* que se quedase
4.47 *rogó* que descendiese y sanase a su hijo
12.21 *rogaron*..Señor, quisiéramos ver a Jesús
14.16 y yo *rogaré* al Padre, y os dará otro
16.26 y no os digo que yo *rogaré* al Padre por
17.9 *ruego* por ellos; no *r* por el mundo, sino
17.15 no *ruego* que los quites del mundo, sino
17.20 mas no *ruego* solamente por éstos, sino
19.31 *rogaron* a..se les quebrasen las piernas
19.38 José..*rogó* a Pilato que le permitiese
Hch. 3.3 vio..les *rogaba* que le diesen limosna
8.22 *ruega* a Dios, si quizás te sea perdonado
8.24 *rogad* vosotros por mí al Señor, para que
8.31 *rogó* a Felipe que subiese y se sentara
8.34 te *ruego* que me digas: ¿de quién dice el
9.38 *rogarle:* No tardes en venir a nosotros
10.48 le *rogaron* que se quedase..algunos días
13.42 gentiles les *rogaron* que..les hablasen
16.9 un varón macedonio..en pie, *rogándole* y
16.15 *rogó* diciendo: Si habéis juzgado que yo
16.39 viniendo, les *rogaron;* y sacándolos, les
18.20 le *rogaban* que se quedase con ellos por
19.31 recado, *rogándole* que no se presentase
21.12 le *rogamos*..que no subiese a Jerusalén
21.39 pero te *ruego* que me permitas hablar al
23.18 *rogó* que trajese ante ti a este joven
23.20 *rogarte* que mañana lleves a Pablo ante
24.4 pero..te *ruego* que nos oigas brevemente
25.2 presentaron..contra Pablo, y le *rogaron*
26.3 cual te *ruego* que me oigas con paciencia
27.34 os *ruego* que comáis por vuestra salud
28.14 nos *rogaron* que nos quedásemos con ellos
Ro. 1.10 *rogando* que..tenga..un próspero viaje
12.1 os *ruego* por las misericordias de Dios
15.30 os *ruego*..que me ayudéis orando por mí
16.17 *ruego*, hermanos, que os fijéis en los
1 Co. 1.10 *ruego*..habléis todos una misma cosa
4.13 nos difaman, y *rogamos;* hemos venido a
4.16 por tanto, os *ruego* que me imitéis
16.12 le *rogué* que fuese a vosotros con los
16.16 *ruego* que os sujetéis a personas como
2 Co. 2.8 os *ruego* que confirméis el amor para
5.20 como si Dios *rogase*..*rogamos* en nombre
10.1 yo Pablo os *ruego* por la mansedumbre y
10.2 *ruego*..que cuando esté presente, no tenga
12.8 tres veces he *rogado* al Señor, que lo
12.18 *rogué* a Tito, y envié con él al hermano
Gá. 4.12 *ruego*, hermanos, que os hagáis como yo
Ef. 4.1 os *ruego* que andéis como es digno de la
Fil. 1.4 *rogando* con gozo por todos vosotros
4.2 *ruego* a Erodia y a..que sean de un mismo
4.3 te *ruego* también a ti, compañero fiel, que
Col. 4.12 os saluda Epafras..siempre *rogando*
1 Ts. 4.1 os *rogamos*..en el Señor Jesús, que de
4.10 *rogamos*..que abundéis en ello más y más
5.12 os *rogamos*..que reconozcáis a los que
5.14 os *rogamos*..que amonestéis a los ociosos
2 Ts. 2.1 con respecto a la venida..os *rogamos*
1 Ti. 1.3 como te *rogué*..te quedases en Efeso
Flm. 9 más bien te *ruego* por amor, siendo como
10 te *ruego* por..Onésimo, a quien engendré en
He. 12.19 oyeron *rogaron* que no se les hablase
13.19 os *ruego* que lo hagáis así, para que yo
13.22 os *ruego*, hermanos, que soportéis la
1 P. 2.11 amados, yo os *ruego* como a extranjeros
5.1 *ruego* a los ancianos..entre vosotros, yo
2 Jn. 5 te *ruego*, señora..que no amemos unos

ROGATIVA
1 Ti. 2.1 exhorto ante todo, a que se hagan *r*

ROGEL *Manantial cerca de Jerusalén*
Jos. 15.7 y pasa hasta..y sale a la fuente de *R*
18.16 y de allí desciende a la fuente de *R*
2 S. 17.17 estaban junto a la fuente de *R*, y fue
1 R. 1.9 peña..cerca de la fuente de *R*, convidó

ROGELIM *Ciudad en Galaad,* 2 S. 17.27; 19.31

ROHGA *Descendiente de Aser,* 1 Cr. 7.34

ROJEAR
Pr. 23.31 no mires al vino cuando *rojea*, cuando

ROJIZA
Lv. 13.19 una hinchazón, o una mancha blanca *r*
13.24 hubiere..mancha blanquecina, *r* o blanca
13.42 cuando..hubiere llaga blanca *r*, lepra
13.43 si pareciere la hinchazón de..blanca *r*
13.49 la plaga fuere..*r*, en vestido o en cuero
14.37 si se vieren..manchas verdosas o *r*, las

ROJO, JA
Gn. 25.30 te ruego que me des a comer..guiso *r*
49.12 ojos, *r* del vino, y sus dientes blancos
Éx. 25.5; 26.14; 35.7,23; 36.19; 39.34
pieles de carneros teñidas de *r*
2 R. 3.22 vieron los de Moab..las aguas *r* como
Is. 1.18 si fueren *r* como el carmesí, vendrán a
27.2 día cantad acerca de la viña del vino *r*
63.1 ¿quién es este que viene..con vestidos *r?*
63.2 ¿por qué es *r* tu vestido, y tus ropas

ROLLO
Sal. 40.7 en el *r* del libro está escrito de mí
Jer. 36.2 toma un *r* de libro, y escribe en él
36.4 escribió Baruc..en un *r* de libro, todas
36.6 entra tú..y lee de este *r* que escribiste
36.14 toma el *r*..tomó el *r* en su mano y vino
36.20 atrio..depositado el *r* en el aposento
36.21 a que tomase el *r*, el cual lo tomó del
36.23 el *r* se consumió sobre el fuego que en
36.25 rogaron al rey que no quemase aquel *r*
36.27 palabra..después que el rey quemó el *r*
36.28 otro *r*..el primer *r* que quemó Joacim
36.29 tú quemaste este *r*, diciendo: ¿Por qué
36.32 tomó..otro *r* y lo dio a Baruc hijo de
Ez. 2.9 una mano..y en ella había un *r* de libro
3.1 este *r*, y vé y habla a la casa de Israel
3.3 llena tus entrañas de este *r* que yo te doy
Zac. 5.1 alcé mis ojos..he aquí un *r* que volaba
5.2 un *r* que vuela, de veinte codos de largo
5.3 que hurta (como está de un lado del *r*)
5.3 que jura..(como está del otro lado del *r*)
He. 10.7 en el *r* del libro está escrito de mí

ROMA *Ciudad capital del imperio romano*
Hch. 18.2 que todos los judíos saliesen de *R*
19.21 allí, me será necesario ver también a *R*
23.11 así es necesario que testifiques..en *R*
28.14 con ellos siete días; y luego fuimos a *R*
28.16 llegamos a *R*, el centurión entregó los
Ro. 1.7 a..los que estáis en *R*, amados de Dios
1.15 así..también a vosotros que estáis en *R*
2 Ti. 1.17 cuando estuvo en *R*, me buscó..halló

ROMANO *Ciudadano del imperio romano*
Jn. 11.48 vendrán los *r*, y destruirán nuestro
Hch. 2.10 *r* aquí residentes, tanto judíos como
16.21 no nos es lícito..hacer, pues somos *r*
16.37 siendo ciudadanos *r*, nos echaron en la
16.38 los magistrados..miedo al oir que eran *r*
22.25 ¿os es lícito azotar a un ciudadano *r*
22.26 qué..Porque este hombre es ciudadano *r*
22.27 dime, ¿eres tú ciudadano *r?* El dijo: Sí
22.29 el tribuno, al saber que era ciudadano *r*
23.27 yo..habiendo sabido que era ciudadano *r*
25.16 que no es costumbre de los *r* entregar
28.17 he sido entregado..en manos de los *r*

ROMANTI-EZER *Levita, músico en tiempo del rey David,* 1 Cr. 25.4,31

ROMPER
Gn. 7.11 *rotas* todas las fuentes del..abismo
19.9 y se acercaron para *romper* la puerta
Éx. 28.32 de obra tejida..para que no se *rompa*
39.23 con un borde..para que no se *rompiese*
Lv. 26.13 y *rompí* las coyundas de vuestro yugo
Nm. 14.6 Jesús..Caleb..*rompieron* sus vestidos
Jos. 7.6 entonces Josué *rompió* sus vestidos, y
Jue. 9.53 dejó caer un..y le *rompió* el cráneo
11.35 cuando él la vio, *rompió* sus vestidos
16.9 y él *rompió* los mimbres, como se *rompe*
16.12 él las *rompió* de sus brazos como un hilo
1 R. 11.11 *romperé* de ti el reino..lo entregaré
11.12 no lo..lo *romperé* de la mano de tu hijo
11.13 no *romperé* todo el reino, sino que daré
11.30 la capa nueva..*rompió* en doce pedazos
11.31 yo *rompo* el reino de la mano de Salomón
13.5 altar se *rompió*, y se derramó la ceniza
14.8 y *rompí* el reino de la casa de David y
15.19 *rompe* tu pacto con Baasa rey de Israel
19.11 poderoso viento que *rompía* los montes
22.48 mas no fueron, porque se *rompieron* en
2 R. 2.12 sus vestidos..*rompió* en dos partes
14.13 y *rompió* el muro de Jerusalén desde la
24.13 *rompió*..todos los utensilios de oro que
1 Cr. 11.18 *rompieron* por el campamento de los
14.11 Dios *rompió*..como se *rompen* las aguas
2 Cr. 20.37 naves se *rompieron*, y no pudieron ir
26.6 y *rompió* el muro de Gat, y el muro de
36.19 *rompieron* el muro de Jerusalén..fuego
Job 12.18 él *rompe* las cadenas de los tiranos
26.8 las nubes no se *rompen* debajo de ellas
32.19 mi corazón..se *rompe* como odres nuevos
Sal. 2.3 *rompamos* sus ligaduras, y echemos de
89.39 *rompiste* el pacto de tu siervo..corona
107.14 los sacó de las..y *rompió* sus prisiones
116.16 siervo tuyo soy..has *roto* mis prisiones
124.7 se *rompió* el lazo, y escapamos nosotros
141.7 como quien hiende y *rompe* la tierra
Ec. 3.7 tiempo de *romper*, y tiempo de coser
4.12 y cordón de tres dobleces no se *rompe*
12.6 se *rompa* el cuenco de oro, y el cántaro
12.6 la fuente, y la rueda sea *rota* sobre el
Is. 5.27 ni se le *romperá* la correa..sandalias
19.10 porque todas sus redes serán *rotas;* y se
28.24 ¿*romperá* y..los terrones de la tierra?
33.20 no..ni ninguna de sus cuerdas será *rota*
58.6 dejar ir libres..y que *rompáis* todo yugo?
64.1 si *rompieses* los cielos, y descendieras
Jer. 2.20 desde muy atrás *rompiste* tu yugo y
5.5 quebraron el yugo, *rompieron* las coyundas
28.11 de esta manera *romperé* el yugo de..rey
28.12 Hananías *rompió* el yugo del cuello del
30.8 *romperé* tus coyundas, y extranjeros no
48.12 vaciarán sus vasijas, y *romperán* sus
Ez. 13.11 dí..y viento tempestuoso la *romperá*
13.13 haré que la *rompa* viento tempestuoso
13.21 *romperé* asimismo vuestros velos mágicos
17.15 el que *rompió* el pacto, ¿podrá escapar?
17.16 el rey..cuyo pacto hecho con él *rompió*
29.7 quebraste, y les *rompiste* todo el hombro
29.7 y les *rompiste* sus lomos enteramente
34.27 cuando *rompa* las coyundas de su yugo
Dn. 2.40 como el hierro..*rompe* todas las cosas
5.28 PERES: Tu reino ha sido *roto*, y dado a
Mi. 3.3 y los *rompéis* como para el caldero, y
Nah. 1.13 quebraré su..y *romperé* tus coyundas
Zac. 11.10 para *romper* mi pacto..con..pueblos
11.14 para *romper* la hermandad entre Judá y
11.16 comerá la carne..y *romperá* sus pezuñas
Mt. 9.17 odres se *rompen*, y el vino se derrama
Mr. 2.22 vino nuevo *rompe* los odres, y el vino
Lc. 5.6 cantidad de peces, y su red se *rompía*
5.36 no solamente *rompe* el nuevo, sino que el
5.37 manera, el vino nuevo *romperá* los odres
8.29 *rompiendo* las cadenas, era impelido por
Jn. 21.11 siendo tantos, la red no se *rompió*

RONDAR
Cnt. 3.3; 5.7 los guardas que *rondan* la ciudad

ROÑOSO
Lv. 22.22 *r*, no ofreceréis estos a Jehová, ni

ROPA
Gn. 9.23 y Jafet tomaron la *r*, y la pusieron
38.19 se fue..y se vistió las *r* de su viudez
39.12 asió por su *r*, diciendo: Duerme conmigo
39.12 dejó su *r* en las manos de ella, y huyó
39.13 que le había dejado su *r* en sus manos
39.15 dejó junto a mí su *r*, y huyó y salió
39.16 ella puso junto a sí la *r* de José, hasta
39.18 y grité, él dejó su *r* junto a mí y huyó
41.42 lo hizo vestir de *r* de lino finísimo, y
Lv. 6.11 pondrá otras *r*, y sacará las cenizas
Dt. 22.5 traje..ni el hombre vestirá *r* de mujer
22.11 no vestirás *r* de lana y lino juntamente
24.13 que pueda dormir en su *r*, y te bendiga
24.17 ni tomarás en prenda la *r* de la viuda
Jue. 5.30 la *r* de color bordada de ambos lados
1 S. 17.38 Saúl vistió a David con sus *r*, y puso
18.4 el manto..dio a David, y otras *r* suyas
19.13 tomó luego Mical..y la cubrió con la *r*
27.9 se llevaba..las *r*, y regresaba a Aquis
2 S. 1.24 adornaba vuestras *r* con ornamentos
12.20 David..cambió sus *r*, y entró a la casa
13.19 rasgó la *r* de..de que estaba vestida
14.2 te vistas *r* de luto, y no te unjas con
20.8 Joab estaba ceñido de su *r*, y sobre ella
1 R. 1.1 le cubrían de *r*, pero no se calentaba
22.10 vestidos de sus *r* reales, en la plaza
2 Cr. 18.9 su trono, vestidos con sus *r* reales
18.29 me disfrazaré..tú vístete tus *r* reales
Esd. 3.10 vestidos de sus *r* y con trompetas, y
Job 22.6 y despojaste de sus *r* a los desnudos
24.7 al desnudo hacen dormir sin *r*, sin tener
27.16 amontone plata..y prepare *r* como lodo
Sal. 22.18 mis vestidos..mi *r* echaron suertes
Pr. 20.16 quítale su *r* al que salió por fiador
25.20 como el que quita la *r* en tiempo de frío
27.13 quítale su *r* al que salió fiador por el
31.21 toda su familia está vestida de *r* dobles
Cnt. 5.3 me he desnudado de mi *r*; ¿cómo me he
Is. 3.22 las *r* de gala, los mantoncillos, los
3.24 lugar de *r* de gala ceñimiento de cilicio
4.1 nosotras..y nos vestiremos de nuestras *r*
50.9 ellos se envejecerán como *r* de vestir
51.6 la tierra se envejecerá como *r* de vestir
52.1 Sion; vístete tu *r* hermosa, oh Jerusalén
59.17 tomó *r* de venganza por vestidura, y se
63.2 tus *r* como del que ha pisado en lagar?
63.3 su sangre salpicó..y manché todas mis *r*
Jer. 38.11 tomó..allí trapos viejos y *r* raídas
38.12 pon ahora esos trapos viejos y *r* raídas
41.5 ochenta..raída la barba y rotas las *r*
Ez. 16.39 te despojarán de tus *r*, se llevarán
23.12 de los asirios..vestidos de *r* y armas
26.16 desnudarán sus *r* bordadas; de espanto
27.24 en cajas de *r* preciosas, enlazadas con
Dn. 3.27 sus *r* estaban intactas, y ni siquiera
Am. 2.8 las *r* empeñadas se acuestan junto a
Hag. 2.12 llevare carne..en la falda de su *r*
Zac. 3.4 mira..te he hecho vestir de *r* de gala
3.5 pusieron mitra limpia..le vistieron las *r*
14.14 oro..y *r* de vestir, en gran abundancia
Mt. 27.35 mis vestidos, y sobre mi *r* echaron
Mr. 12.38 que gustan de andar con largas *r*, y
16.5 joven..cubierto de una larga *r* blanca
Lc. 8.27 no vestía *r*, ni moraba en casa, sino
20.46 gustan de andar con *r* largas, y aman
23.11 vistiéndole de una *r* espléndida; y
Jn. 19.24 y sobre mi *r* echaron suertes. Y así
21.7 oyó que era el Señor, se ciñó la *r*
Hch. 7.58 pusieron sus *r* a los pies de..Saulo
12.21 Herodes, vestido de *r* reales, se sentó
14.14 cuando lo oyeron..rasgaron sus *r*, y se
16.22 rasgándoles las *r*, ordenaron azotarles
22.20 guardaba las *r* de los que le mataban
22.23 gritaban y arrojaban sus *r* y lanzaban
1 Ti. 2.9 las mujeres se atavíen de *r* decorosa
Stg. 2.2 entra un hombre con..con *r* espléndida
2.3 miráis con..al que trae la *r* espléndida
5.2 y vuestras *r* están comidas de polilla
Jud. 23 aborreciendo aun la *r* contaminada por
Ap. 1.13 vestido de una *r* que llegaba hasta
4.4 vi..24 ancianos, vestidos de *r* blancas
7.9 vestidos de *r* blancas, y con palmas en
7.13 éstos que están vestidos de *r* blancas
7.14 lavado sus *r*, y las han emblanquecido
16.15 bienaventurado el que..y guarda sus *r*
19.13 vestido de una *r* teñida en sangre; y
22.14 bienaventurados los que lavan sus *r*

ROS *Hijo de Benjamín*, Gn. 46.21

ROSA
Cnt. 2.1 yo soy la *r* de Sarón, y el lirio de
Is. 35.1 yermo se gozará y florecerá como la *r*

ROSTRO
Gn. 3.19 con el sudor de tu *r* comerás el pan
9.23 vueltos sus *r*..no vieron la desnudez de
17.3 entonces Abram se postró sobre su *r*, y
17.17 Abraham se postró sobre su *r*, y se rio
32.20 apaciguaré su ira..después veré su *r*
33.10 he visto tu *r*, como si..el *r* de Dios
38.15 Judá..porque ella había cubierto su *r*
42.6 José, y se inclinaron a él *r* a tierra
43.3,5 no veréis mi *r* si no traéis a vuestro
43.31 lavó su *r* y salió, y se contuvo, y dijo
44.23 no desciende con..no veréis más mi *r*
44.26 no podremos ver el *r* del varón, si no
46.30 que he visto tu *r*, y sé que aún vives
48.11 no pensaba yo ver tu *r*, y he aquí Dios
50.1 se echó José sobre el *r* de su padre, y
Éx. 3.6 Moisés cubrió su *r*, porque tuvo miedo
10.10 ¡mirad..el mal..delante de vuestro *r*!
10.28 guárdate que no veas más mi *r*, porque
10.28 cualquier día que vieres mi *r*, morirás
10.29 bien has dicho; no veré más tu *r*
25.20 *r* el uno en frente del otro, mirando
25.20 mirando al propiciatorio los *r* de los
33.19 pasar todo mi bien delante de tu *r*, y
33.20 no podrás ver mi *r*; porque no me verá
33.23 verás mis espaldas..no se verá mi *r*
34.29 Moisés..la piel de su *r* resplandecía
34.30,35 piel de su *r* era resplandeciente
34.33 acabó Moisés..puso un velo sobre su *r*
34.35 al mirar los hijos de..el *r* de Moisés
34.35 y volvía Moisés a poner el velo..su *r*
37.9 querubines..*r* el uno enfrente del otro
Lv. 9.24 alabaron, y se postraron sobre sus *r*
17.10 yo pondré mi *r* contra la persona que
19.32 las canas..y honrarás el *r* del anciano
20.3,5 yo pondré mi *r* contra el tal varón
20.6 yo pondré mi *r* contra la tal persona
26.13 y os he hecho andar con el *r* erguido
26.17 pondré mi *r* contra vosotros, y seréis
Nm. 6.25 Jehová haga resplandecer su *r* sobre
6.26 Jehová alce sobre ti su *r*, y ponga en
12.14 si su padre hubiera escupido en su *r*
14.5 se postraron sobre sus *r* delante de
16.4 oyó esto Moisés, se postró sobre su *r*
16.22,45 y ellos se postraron sobre sus *r*
20.6 se postraron sobre sus *r*; y la gloria
22.31 Balaam hizo..y se inclinó sobre su *r*
24.1 sino que puso su *r* hacia el desierto
Dt. 25.9 le escupirá en el *r*, y hablará y dirá
28.50 gente fiera de *r*..no tendrá respeto al
31.17 y esconderé de ellos mi *r*..consumidos
31.18 esconderé mi *r* en aquel día, por todo
32.20 y dijo: Esconderé de ellos mi *r*, veré
Jos. 5.14 Josué, postrándose sobre su *r*..adoró
7.6 se postró..sobre su *r* delante del arca
7.10 ¿por qué te postras así sobre tu *r*?
8.20 los..de Hai volvieron el *r*, y al mirar
23.9 podido resistir delante de vuestro *r*
Jue. 18.23 volvieron sus *r*, y dijeron a Micaía
Rt. 2.10 bajando su *r* se inclinó a tierra
1 S. 17.49 filisteo..cayó sobre su *r* en tierra
24.8 David inclinó su *r* a tierra, e hizo
25.23 y postrándose sobre su *r*..se inclinó a
25.41 se levantó e inclinó su *r* a tierra, y
28.14 Saúl..humillando el *r* a tierra, hizo
2 S. 2.22 ¿cómo levantaré..*r* delante de Joab
7.16 será afirmada tu casa..delante de tu *r*
9.6 se postró sobre su *r* e hizo reverencia
14.4 postrándose en tierra sobre su *r*, hizo
14.22 Joab se postró en tierra sobre su *r*
14.24 y no vea mi *r*..y no vio el *r* del rey
14.28 estuvo Absalón..y no vio el *r* del rey
14.32 vea yo ahora el *r* del rey; y si hay en
14.33 inclinó su *r* a tierra delante del *r*
19.4 mas el rey, cubierto el *r*, clamaba en
19.5 hoy has avergonzado el *r* de todos tus
24.20 Arauna, se inclinó..rey, *r* a tierra
1 R. 1.23 se postró..inclinando su *r* a tierra
1.31 Betsabé se inclinó..con su *r* a tierra
2.15 que todo Israel había puesto en mí su *r*
8.14 volviendo el rey su *r*, bendijo a toda
8.44 oraren a..con el *r* hacia la ciudad que
8.48 y oraren a ti con el *r* hacia su tierra
18.7 postró sobre su *r* y dijo: ¿No eres tú
18.42 y Elías..puso su *r* entre las rodillas
19.13 cubrió su *r* con su manto, y salió, y
21.4 y se acostó..y volvió su *r*, y no comió
2 R. 3.14 no tuviese respeto al *r* de Josafat
4.29 pondrás mi báculo sobre el *r* del niño
4.31 había puesto el báculo sobre el *r* del
8.15 un paño..lo puso sobre el *r* de Ben-adad
9.32 alzando él..su *r* hacia la ventana, dijo
17.18 Jehová..los quitó de delante de su *r*
17.23 quitó a Israel de delante de su *r*, como
20.2 volvió su *r* a la pared, y oró a Jehová
1 Cr. 12.8 sus *r* eran como *r* de leones, y eran
16.11 a Jehová y..buscad su *r* continuamente
21.16 David y los..se postraron sobre sus *r*
2 Cr. 3.13 querubines..con los *r* hacia la casa
6.3 volviendo el rey su *r*, bendijo a toda la
7.3 se postraron sobre sus *r* en..y adoraron
7.14 buscaren mi *r*, y se convirtieren de sus
9.23 reyes..procuraban ver el *r* de Salomón
20.3 humilló su *r* para consultar a Jehová
20.18 entonces Josafat se inclinó *r* a tierra
29.6 y apartaron sus *r* del tabernáculo de
30.9 Jehová..no apartará de vosotros su *r*
Esd. 9.6 confuso..estoy para levantar..*r* a ti
9.7 y a vergüenza que cubre nuestro *r*, como
Neh. 2.2 me dijo..¿Por qué está triste tu *r*?
2.3 ¿cómo no estará triste mi *r*, cuando la
Est. 7.8 al proferir..le cubrieron el *r* a Amán
Job 4.16 ojos un fantasma, cuyo *r* yo no conocí
9.24 cubre el *r* de sus jueces. Si no es él
11.15 levantarás tu *r* limpio de mancha, y
13.20 no..entonces no me esconderé de tu *r*
13.24 ¿por qué escondes tu *r*, y me cuentas
14.20 se va; demudarás su *r*, y le despedirás
15.27 gordura cubrió su *r*, e hizo pliegues
16.8 que se levanta..para testificar en mi *r*
16.16 mi *r* está inflamado con el lloro, y
22.26 te deleitarás..y alzarás a Dios tu *r*
23.17 ni fue cubierto con oscuridad mi *r*?
24.15 diciendo: No me verá..y esconde su *r*
29.24 lo creían; y no abatían la luz de mi *r*
30.10 y aun de mi *r* no detuvieron su saliva
30.11 eso se desenfrenaron delante de mi *r*
34.29 si escondiere el *r*, ¿quién lo mirará?
39.22 ni vuelve el *r* delante de la espada
40.13 polvo, encierra sus *r* en la oscuridad
41.14 ¿quién abrirá las puertas de su *r*?
Sal. 4.6 alza sobre nosotros..la luz de tu *r*
10.4 por la altivez de su *r*, no busca a Dios
10.11 Dios..encubierto su *r*; nunca lo verá
11.7 es justo..el hombre recto mirará su *r*
13.1 ¿hasta cuándo esconderás tu *r* de mí?
17.15 en cuanto a mí, veré tu *r* en justicia
21.12 en tus..dispondrás saetas contra sus *r*
22.24 del afligido, ni de él escondió su *r*
24.6 los que buscan tu *r*, oh Dios de Jacob
27.8 dicho de ti: Buscad mi *r*. Tu *r* buscaré
27.9 no escondas tu *r* de mí. No apartes con
30.7 Jehová..escondiste tu *r*, fui turbado
31.16 haz resplandecer tu *r* sobre tu siervo
34.5 miraron..sus *r* no fueron avergonzados
44.3 los libró..tu brazo, y la luz de tu *r*
44.15 cada día..confusión de mi *r* me cubre
44.24 ¿por qué escondes tu *r*, y te olvidas
51.9 esconde tu *r* de mis pecados, y borra
67.1 haga resplandecer su *r* sobre nosotros
69.7 he sufrido..confusión ha cubierto mi *r*
69.17 no escondas de tu siervo tu *r*, porque
80.3,7 resplandecer tu *r*, y seremos salvos
80.16 perezcan por la reprensión de tu *r*
80.19 resplandecer tu *r*, y seremos salvos
83.16 llena sus *r* de vergüenza, y busquen
84.9 y pon los ojos en el *r* de tu ungido
88.14 Jehová..¿Por qué escondes de mí tu *r*?
89.14 juicio..y verdad van delante de tu *r*
89.15 andará, oh Jehová, a la luz de tu *r*
90.8 de ti, nuestros yerros a la luz de tu *r*
102.2 no escondas de mí tu *r* en el día de mi
104.15 el aceite que hace brillar el *r*, y el
104.29 escondes tu *r*, se turban; les quitas
105.4 buscad a Jehová..buscad siempre su *r*
119.135 haz que tu *r* resplandezca sobre tu
132.10 siervo no vuelvas de tu ungido el *r*
143.7 no escondas de mí tu *r*, no venga yo a
Pr. 7.15 buscando diligentemente tu *r*, y te he
15.13 el corazón alegre hermosea el *r*; mas
16.15 la alegría del *r* del rey está la vida
17.24 en el *r* del entendido..la sabiduría
21.29 el hombre impío endurece su *r*; mas el
25.23 y el *r* airado la lengua detractora
27.17 así el hombre aguza el *r* de su amigo
27.19 como en el agua el *r* corresponde al *r*
Ec. 7.3 con la tristeza del *r* se enmendará el
8.1 la sabiduría del hombre ilumina su *r*, y
Cnt. 2.14 muéstrame tu *r*, hazme oir tu voz
Is. 3.9 apariencia de sus *r* testifica contra
6.2 con dos cubrían sus *r*, con dos cubrían
8.17 escondió su *r* de la casa de Jacob, y
8.21 y maldecirán..levantando el *r* en alto
9.15 anciano y venerable de *r* es la cabeza
13.8 asombrará cada cual..sus *r*, *r* de llama
22.17 que Jehová..de cierto te cubrirá el *r*
25.8 y enjugará..toda lágrima de todos los *r*
29.22 avergonzado..ni su *r* se pondrá pálido
30.27 su *r* encendido, y con llamas de fuego
30.30 hará ver..furor de *r* y llama de fuego
38.2 volvió Ezequías su *r* a la pared, e hizo
40.10 recompensa..su paga delante de su *r*
49.23 el *r* inclinado a tierra te adorarán
50.6 no escondí mi *r* de injurias..esputos
50.7 por eso puse mi *r* como un pedernal, y
53.3 y como que escondimos de él el *r*, fue
54.8 con un poco de ira escondí mi *r* de ti
57.17 y le herí, escondí mi *r* y me indigné
59.2 ocultar de vosotros su *r* para no oir
64.7 por lo cual escondiste de nosotros tu *r*
65.3 en mi *r* me provoca de continuo a ira
Jer. 2.27 me volvieron la cerviz, y no el *r*
5.3 endurecieron sus *r* más que la piedra, no
13.26 descubriré..tus faldas delante de tu *r*
18.17 les mostraré las espaldas y no el *r*
18.23 ni borres su pecado de delante de tu *r*
21.10 mi *r* he puesto contra esta ciudad para
30.6 y se han vuelto pálidos todos los *r*
32.33 y me volvieron la cerviz, y no el *r*
33.5 escondí mi *r* de esta ciudad a causa de
42.15 volviereis vuestros *r* para entrar en
42.17 volvieron sus *r* para entrar en Egipto
44.11 vuelvo mi *r* contra vosotros para mal
44.12 volvieron sus *r* para ir a tierra de
50.5 de Sion, hacia donde volverán sus *r*
50.16 cada uno volverá el *r* hacia su pueblo
51.51 la confusión cubrió nuestros *r*, porque
Lm. 5.12 no respetaron el *r* de los viejos

ROSTRO *(Continúa)*

Ez. 1.28 cuando yo la vi, me postré sobre mi r
2.4 hijos de duro r y de empedernido corazón
3.8 hecho tu r fuerte contra los r de ellos
3.23 estaba la gloria..me postré sobre mi r
4.3 afirmarás luego tu r contra ella, y será
4.7 al asedio de Jerusalén afirmarás tu r, y
6.2 pon tu r hacia los montes de Israel, y
7.18 en todo r habrá vergüenza, y..rapadas
7.22 apartaré de ellos mi r, y será violado
8.16 r hacia el oriente, y adoraban al sol
9.8 postré sobre mi r, y clamé y dije: ¡Ah
10.14 cuatro..La primera era r de querubín
10.22 la semejanza de sus r era la de los r
11.13 me postré r a tierra y clamé con gran
12.6 cubrirás tu r, y no mirarás la tierra
12.12 cubrirá su r para no ver con sus ojos
13.17 pon tu r contra las hijas de tu pueblo
14.3,4 tropiezo de su maldad delante..r
14.6 y apartad vuestro r de..abominaciones
14.7 establecido delante de su r el tropiezo
14.8 y pondré mi r contra aquel hombre, y le
15.7 y pondré mi r contra ellos; aunque del
15.7 y sabréis..cuando pusiere mi r contra
20.46 tu r hacia el sur, derrama tu palabra
20.47 y serán quemados en ella todos los r
21.2 pon tu r contra Jerusalén..y profetiza
25.2 pon tu r hacia los hijos de Amón, y
27.35 sus reyes temblarán..demudarán sus r
28.21 hijo de hombre, pon tu r hacia Sidón
29.2 pon tu r contra Faraón rey de Egipto, y
32.10 resplandecer mi espada delante de..r
35.2 hombre, pon tu r hacia el monte de Seir
38.2 pon tu r contra Gog en tierra de Magog
39.23 escondí de ellos mi r, y los entregué
39.24 conforme a su..de ellos escondí mi r
39.29 ni esconderé más de ellos mi r; porque
41.18 labrada..y cada querubín tenía dos r
41.19 un r de hombre..un r de león hacia la
43.3 como la visión..y me postré sobre mi r
44.4 miré..la gloria..me postré sobre mi r
Dn. 1.10 vea vuestros r más pálidos que los
1.13 compara luego nuestros r con los r de
1.15 el r de ellos mejor y más robusto que
2.46 rey Nabucodonosor se postró sobre su r
3.19 y se demudó el aspecto de su r contra
5.10 rey..no te turben..ni palidezca tu r
7.28 y mi r se demudó; pero guardé el asunto
8.17 me asombré, y me postré sobre mi r
8.18 caí dormido en tierra sobre mi r; y él
8.23 rey altivo de r y entendido en enigmas
9.3 volví mi r a Dios el Señor, buscándole
9.7 y nuestra la confusión de r, como en el
9.8 oh Jehová, nuestra es la confusión de r
9.17 tu r resplandezca sobre tu santuario
10.6 su r parecía un relámpago, y sus ojos
10.9 caí sobre mi r en..con mi r en tierra
11.17 afirmará luego su r para venir con el
11.18 volverá después su r a las costas, y
11.19 volverá su r a las fortalezas de su
Os. 2.2 aparte, pues..fornicaciones de su r
5.15 que reconozcan su pecado y busquen mi r
Mi. 3.4 antes esconderá..su r en aquel tiempo
Nah. 2.10 dolor en las entrañas, r demudados
3.5 contra ti..descubriré tus faldas en tu r
Hab. 3.5 delante de su r iba mortandad, y a
Mal. 2.3 he aquí..os echaré al r el estiércol
Mt. 6.16 ellos demudan sus r para mostrar a los
6.17 tú..ayunes, unge tu cabeza y lava tu r
17.2 resplandeció su r como el sol, y sus
17.6 postraron sobre sus r, y tuvieron gran
18.10 ven siempre el r de mi Padre que está
26.39 postró sobre su r, orando y diciendo
26.67 le escupieron en el r, y le dieron de
Mr. 14.65 cubrirle el r y a darle de puñetazos
Lc. 5.12 postró con el r en tierra y le rogó
9.29 la apariencia de su r se hizo otra, y
9.51 arriba, afirmó su r para ir a Jerusalén
17.16 postró r en tierra..dándole gracias
22.64 le golpeaban el r, y le preguntaban
24.5 tuvieron temor, y bajaron el r a tierra
Jn. 11.44 atadas..el r envuelto en un sudario
Hch. 6.15 vieron su r como el r de un ángel
20.25 yo sé que ninguno de..verá más mi r
20.38 que dijo, de que no verían más su r
1 Co. 14.25 postrándose sobre el r, adorará
2 Co. 3.7 no pudieron fijar la vista en el r
3.7 a causa de la gloria de su r, la cual
3.13 Moisés, que ponía un velo sobre su r
Col. 2.1 por todos los que nunca han visto mi r
1 Ts. 2.17 procuramos con..deseo ver vuestro r
3.10 orando de..para que veamos vuestro r, y
Stg. 1.23 considera en un espejo su r natural
1 P. 3.12 el r del Señor está contra aquellos
Ap. 1.16 r era como el sol cuando resplandece
4.7 el tercero tenía r como de hombre; y el
5.14 los..ancianos se postraron sobre sus r
6.16 y escondednos del r de aquel que está
7.11 y se postraron sobre sus r delante del
10.1 su r era como el sol, y sus pies como
11.16 se postraron sobre sus r, y adoraron
22.4 verán su r, y su nombre estará en sus

ROTO, TA *Véase también Romper*

Jos. 9.4 cueros viejos de vino, r y remendados
9.13 estos cueros de vino..helos aquí ya r
1 S. 4.12 llegó..r sus vestidos y tierra sobre
2 S. 1.2 vino uno..r sus vestidos, y tierra
Pr. 23.21 y el sueño hará vestir vestidos r
25.19 como diente r y pie descoyuntado es la
Jer. 2.13 cisternas r que no retienen agua
10.20 destruida, y todas mis cuerdas están r
41.5 venían..raída la barba y r las ropas
51.30 incendiadas..sus casas, r sus cerrojos
Hag. 1.6 trabaja..recibe su jornal en saco r

ROTURA

Lv. 21.19 tenga quebradura de pie o r de mano
24.20 r por r, ojo por ojo, diente por diente
Sal. 60.2 hendido; sana sus r, porque titubea
Mt. 9.16 tal remiendo tira..se hace peor la r
Mr. 2.21 tira de lo viejo, y se hace peor la r

RUBÉN *Primogénito de Jacob y la tribu que formó su posteridad*

Gn. 29.32 a luz un hijo, y llamó su nombre R
30.14 fue R..y halló mandrágoras en el campo
35.22 fue R y durmió con Bilha la concubina
35.23 Lea: R el primogénito de Jacob; Simeón
37.21 cuando R oyó esto, lo libró de sus
37.22 dijo R: No derraméis sangre; echadlo
37.29 R volvió a la cisterna, y no halló a
42.22 entonces R les respondió, diciendo
42.37 R habló a su padre, diciendo: Harás
46.8 en Egipto..R el primogénito de Jacob
46.9 los hijos de R: Hanoc, Falú, Hezrón
48.5 míos son; como R y Simeón, serán míos
49.3 R..eres mi primogénito, mi fortaleza
Éx. 1.2 R, Simeón, Leví, Judá
6.14 hijos de R, el primogénito de Israel
6.14 y Carmi; estas son las familias de R
Nm. 1.5 la tribu de R, Elisur hijo de Sedeur
1.20 los hijos de R, primogénito de Israel
1.21 los contados de la tribu de R fueron
2.10 campamento de R estará al sur, por sus
2.10 el jefe de los hijos de R, Elisur hijo
2.16 el campamento de R, 151.450, por sus
7.30 cuarto día, Elisur..de los hijos de R
10.18 luego..la bandera del campamento de R
13.4 de la tribu de R, Samúa hijo de Zacur
16.1 On..de los hijos de R, tomaron gente
26.5 R, primogénito de Israel..hijos de R
32.1 los hijos de R..tenían una muy inmensa
32.2 vinieron..los hijos de R, y hablaron a
32.6 respondió Moisés a..y a los hijos de R
32.25 hablaron los..los hijos de R a Moisés
32.29 si..los hijos de R pasan con vosotros
32.31 los hijos de R respondieron diciendo
32.33 a los hijos de R, y a la media tribu
32.37 hijos de R edificaron Hesbón, Eleale
34.14 los hijos de R..han tomado su heredad
Dt. 11.6 con Datán..hijos de Eliab hijo de R
27.13 estos estarán..R, Gad, Aser, Zabulón
29.8 y la dimos por heredad a R y a Gad y
33.6 viva R, y no muera; y no sean pocos
Jos. 4.12 los hijos de R y..pasaron armados
13.15 Moisés a la tribu de los hijos de R
13.23 límite del territorio de..hijos de R
13.23 esta fue la heredad de los hijos de R
15.6 sube a la piedra de Bohán hijo de R
18.7 R..han recibido su heredad al otro lado
18.17 desciende..piedra de Bohán hijo de R
20.8 a Beser..en la llanura de la tribu de R
21.7 de la tribu de R, de las doce ciudades
21.36 de la tribu de R, Beser con sus ejidos
22.9 los hijos de R y..de Gad..se volvieron
22.10 hijos de R..edificaron allí un altar
22.11 que los hijos de R..habían edificado
22.13 enviaron..a los hijos de R y a..Gad
22.15 los cuales fueron a los hijos de R y
22.21 hijos de R y..respondieron y dijeron
22.25 ha puesto por lindero..oh hijos de R
22.30 palabras que hablaron los hijos de R
22.31 dijo Finees..a los hijos de R, a los
22.32 dejaron a los hijos de R..y regresaron
22.33 en que habitaban los hijos de R y los
22.34 hijos de R..pusieron por nombre..Ed
Jue. 5.15,16 las familias de R hubo grandes
2 R. 10.33 la tierra de..Gad, de R y de Manasés
1 Cr. 2.1 son los hijos de Israel: R, Simeón
5.1 los hijos de R primogénito de Israel
5.3 los hijos de R..Hanoc, Falú, Hezrón y
5.18 los hijos de R y de..hombres valientes
6.63 los hijos de Merari..de la tribu de R
6.78 de la tribu de R, Beser en el desierto
Ez. 48.6 desde..hasta el lado del mar, R, otra
48.7 junto al límite de R, desde el lado del
48.31 la puerta de R, una; la puerta de Judá
Ap. 7.5 de la tribu de R, doce mil sellados

RUBENITA *Descendiente de Rubén*

Nm. 26.7 familias de los r; y fueron contados
Dt. 3.12 tierra..la di a los r y a los gaditas
3.16 y a los r..di de Galaad hasta el arroyo
4.43 Beser en el desierto..para los r; Ramot
Jos. 1.12 habló Jesús a los r y gaditas y a la
12.6 dio aquella tierra en posesión a los r
13.8 porque los r..recibieron ya su heredad
22.1 Josué llamó a los r, a los gaditas, y a
1 Cr. 5.6 Beera su hijo..era principal de los r
5.26 el cual transportó a los r y gaditas y
11.42 Adina hijo de..r, príncipe de los r, y
12.37 de los r y gaditas y..Manasés, 120.000
26.32 el rey David constituyó sobre los r
27.16 el jefe de los r era Eliezer hijo de

RUBÍES

Ez. 27.16 con..corales y r venía a tus ferias

RUBIO

Gn. 25.25 salió el primero r, y era..velludo
1 S. 16.12 era r, hermoso..y de buen parecer
17.42 era muchacho, r, y de hermoso parecer
Cnt. 5.10 mi amado es blanco y r, señalado
Lm. 4.7 más r eran sus cuerpos que el coral

RUBORIZAR

2 R. 8.11 le miró..hasta hacerlo *ruborizarse*

RUCIO

Zac. 6.3 el cuarto..caballos overos r rodados

RUDA

Lc. 11.42 diezmáis..la r, y toda hortaliza, y

RUDIMENTO

Gá. 4.3 en esclavitud bajo los r del mundo
4.9 volvéis de nuevo a los..pobres r, a los
Col. 2.8 a los r del mundo, y no según Cristo
2.20 habéis muerto..cuanto a los r del mundo
He. 5.12 a enseñar cuáles son los primeros r
6.1 dejando ya..r de la doctrina de Cristo

RUDO

Pr. 30.2 más r soy yo que ninguno, ni tengo

RUECA

Pr. 31.19 aplica su mano..y sus manos a la r

RUEDA

Éx. 14.25 quitó las r de sus carros..transtornó
Jue. 5.28 qué las r de sus carros se detienen?
9.53 dejó caer un pedazo de una r de molino
2 S. 11.21 ¿no echó..pedazo de una r de molino
1 R. 7.30 cada basa tenía cuatro r de bronce
7.32 las cuatro r..los ejes de las r nacían
7.32 altura de cada r era de un codo y medio
7.33 forma de las r era como..r de un carro
Pr. 20.26 el rey..sobre ellos hace rodar la r
Ec. 12.6 antes que..la r sea rota sobre el pozo
Is. 5.28 y las r de sus carros como torbellino
28.27 sobre el comino se pasa r de carreta
28.28 ni lo comprime con la r de su carreta
Jer. 18.3 del alfarero..trabajaba sobre la r
47.3 por el estruendo de sus r, los padres
Ez. 1.15 r sobre la tierra junto a los seres
1.16 el aspecto de las r y..era semejante al
1.16 apariencia..eran como r en medio de r
1.19 cuando..seres vivientes andaban, las r
1.19 cuando los seres..se levantaban..las r
1.20,21 las r..se levantaban tras ellos
1.20,21 el espíritu de los seres..en las r
3.13 el sonido de las r delante de ellos, y
10.2 entra en medio de las r debajo de los
10.6 diciendo: Toma fuego de entre las r
10.6 fuego..él entró y se paró entre las r
10.9 cuatro r..junto a cada querubín una r
10.9 el aspecto de las r era como..crisólito
10.12 las r..llenos de ojos..en sus cuatro r
10.13 las r, oyéndolo yo, se les gritaba: ¡R!
10.16 andaban las r..r tampoco se apartaban
10.19 las r se alzaron al lado de ellos; y
11.22 alzaron..querubines sus alas, y las r
23.24 vendrán contra ti carros, carretas y r
26.10 el estruendo..de las r y de los carros
Dn. 7.9 trono..las r del mismo, fuego ardiente
Nah. 3.2 fragor de r, caballo atropellador, y
Stg. 3.6 lengua..inflama la r de la creación

RUEGO

Gn. 16.2 te ruego..atendió Abram al r de Sarai
1 R. 9.3 oído tu oración y tu r que has hecho
2 Cr. 6.19 tú mirarás a la oración de..a su r
6.21 oigas el r de tu siervo, y de tu pueblo
6.29 y todo r que hiciere cualquier hombre
6.35,39 tú oirás desde..su oración y su r
Job 41.3 ¿multiplicará él r para contigo?
Sal. 6.9 ha oído mi r; ha recibido Jehová mi
28.2 oye la voz de mis r cuando clamo a ti
28.6 bendito sea..que oyó la voz de mis r
31.22 tú oíste la voz de mis r cuando a ti
86.6 escucha..está atento a la voz de mis r
102.17 y no habrá desechado el r de ellos
140.6 escucha, oh Jehová, la voz de mis r
143.1 Jehová, oye mi oración, escucha mis r
Pr. 18.23 el pobre habla con r, mas el rico
Jer. 3.21 llanto..r de los hijos de Israel
42.2 acepta ahora nuestro r delante de ti, y
42.9 me enviasteis para presentar vuestros r

RUEGO *(Continúa)*
Dn. 9.3 buscándole en oración y *r*, en ayuno
9.17 oye la oración de tu siervo, y sus *r*
9.18 no elevamos nuestros *r*..confiados en
9.20 y derramaba mi *r* delante de Jehová mi
9.23 al principio de tus *r* fue dada la orden
Hch. 1.14 perseveraban unánimes en oración y *r*
2 Co. 8.4 con muchos *r* que les concediésemos
Fil. 4.6 delante de Dios en toda oración y *r*
He. 5.7 ofreciendo *r* y súplicas con..clamor y

RUFIÁN
Ez. 23.20 y se enamoró de sus *r*, cuya lujuria

RUFO
1. Hijo de Simeón de Cirene, Mr. 15.21
2. Cristiano saludado por Pablo, Ro. 16.13

RUGIDO
Job 4.10 los *r* del león, y los..son quebrantados
Pr. 19.12 como *r* de cachorro..la ira del rey
20.2 como *r* de cachorro..el terror del rey
Jer. 12.8 contra mí dio su *r;* por..la aborrecí
Ez. 19.7 fue desolada..al estruendo de sus *r*
Am. 3.4 leoncillo su *r* desde su guarida, si
Zac. 11.3 estruendo de *r* de cachorros de leones

RUGIENTE
Job 4.10 los bramidos del *r*, y los dientes de
Sal. 22.13 abrieron..boca como león rapaz y *r*
Pr. 28.15 león *r*..es el príncipe impío sobre
Ez. 22.25 ella, como león *r* que arrebata presa
Sof. 3.3 sus príncipes en medio..son leones *r*
1 P. 5.8 adversario el diablo, como león *r*

RUGIR
Jue. 14.5 un león..que venía *rugiendo* hacia él
Sal. 83.2 que *rugen* tus enemigos, y los que te
104.21 los leoncillos *rugen* tras la presa, y
Is. 5.29 *rugirá* a manera de leoncillo, crujirá
31.4 como el león y el..*ruge* sobre la presa
51.15 agito el mar y hago *rugir* sus ondas
Jer. 2.15 cachorros del león *rugieron* contra
25.30 Jehová *rugirá* desde lo..*r* fuertemente
50.42 su voz *rugirá* como el mar, y montarán
51.38 todos a una *rugirán* como leones; como
Os. 11.10 él *rugirá* como león; *r*, y los hijos
Jl. 3.16 Jehová *rugirá* desde Sion, y dará su
Am. 1.2 Jehová *rugirá* desde Sion, y dará su voz
3.4 ¿*rugirá* el león en la..sin haber presa?
3.8 si el león *ruge*, ¿quién no temerá? Si
Ap. 10.3 y clamó a gran voz, como *ruge* un león

RUHAMA *"Compadecida", voz poética*, Os. 2.1

RUIDO
Jue. 5.11 lejos del *r* de los arqueros, en los
2 S. 5.24 oigas *r* como de marcha por las copas
2 R. 6.32 ¿no se oye tras él el *r* de los pasos
7.6 se oyese..*r* de caballos, y estrépito de
Esd. 3.13 júbilo, y se oía el *r* hasta de lejos
Sal. 72.16 su fruto hará *r* como el Líbano, y
Ec. 12.4 por lo bajo del *r* de la muela; cuando
Is. 13.4 de *r* de reinos, de naciones reunidas
17.12 que harán *r* como estruendo del mar, y
17.13 estrépito como de *r* de muchas aguas
29.6 por Jehová..serás visitada..con gran *r*
Jer. 25.10 que desaparezca..*r* de molino y luz
Ez. 1.24 *r* de muchedumbre, como *r* de un ejército
37.7 hubo un *r* mientras yo profetizaba, y he
Ap. 9.9 el *r* de sus alas era como el estruendo
18.22 en ti, ni *r* de molino se oirá más en ti

RUIN
Is. 32.5 el *r* nunca más será llamado generoso
32.6 el *r* hablará ruindades, y su corazón

RUINA
Dt. 13.16 ciudad..llegará a ser un montón de *r*
2 Cr. 26.16 su corazón se enalteció para su *r*
28.23 fueron éstos su *r*, y la de todo Israel
Esd. 9.9 restaurar sus *r*, y darnos protección
Job 3.14 los reyes..que reedifican para sí *r*
15.28 habitó las ciudades..que estaban en *r*
Sal. 54.7 ojos han visto la *r* de mis enemigos
106.36 a sus ídolos..fueron causa de su *r*
107.20 envió..los sanó, y los libró de su *r*
Pr. 3.25 de la *r* de los impíos cuando viniere
17.19 el que abre demasiado la..busca su *r*
29.16 mas los justos verán la *r* de ellos
Ec. 10.12 labios del necio causan su propia *r*
Is. 3.6 príncipe, y toma en tus manos esta *r*
17.1 Damasco dejará de..y será montón de *r*
23.13 sus palacios; él la convirtió en *r*
24.12 ciudad..con *r* fue derribada la puerta
25.2 convertiste..la ciudad fortificada en *r*
30.13 grieta que amenaza *r*, extendiéndose en
44.26 serás habitada..y sus *r* reedificaré
58.12 y los tuyos edificarán las *r* antiguas
61.4 reedificarán..*r* antiguas, y levantarán
Jer. 9.11 reduciré a Jerusalén a un montón de *r*
25.11 toda esta tierra será puesta en *r* y en
25.18 para ponerlos en *r*, en escarnio y en
26.18 Jerusalén vendrá a ser montones de *r*
49.2 será convertida en..*r*, y sus ciudades
49.32 de todos lados les traeré su *r*, dice
50.26 convertidla en..*r*, y destruidla; que
51.37 será Babilonia montones de *r*, morada
Ez. 18.30 y no os será la iniquidad causa de *r*
21.27 a *r*, a *r*, a *r* lo reduciré, y esto no
31.13 sobre su *r* habitarán..aves del cielo
36.4 ha dicho Jehová..a las *r* y asolamientos
36.10 serán habitadas, y edificadas las *r*
36.33 ciudades, y las *r* serán reedificadas
Dn. 8.24 y causará grandes *r*, y prosperará, y
Am. 9.11 levantaré sus *r*, y lo edificaré como
Mi. 1.6 haré, pues, de Samaria montones de *r*
3.12 y Jerusalén vendrá a ser montones de *r*
Mt. 7.27 aquella casa..cayó, y fue grande su *r*
Lc. 6.49 cayó, y fue grande la *r* de aquella
Hch. 15.16 y repararé sus *r*, y lo volveré a

RUINDAD
Is. 32.6 el ruin hablará *r*, y su corazón

RUMA *Pueblo de Zebuda, madre del rey Joacim*, 2 R. 23.36

RUMBO
Job 6.18 se apartan de la senda de su *r*, van
Jl. 2.7 cada cual marchará..y no torcerá su *r*
Hch. 16.11 vinimos con *r* directo a Samotracia
21.1 zarpamos y fuimos con *r* directo a Cos
Ro. 15.28 pasaré entre vosotros *r* a España

RUMIAR
Lv. 11.3 el que..y que *rumia*, éste comeréis
11.4 de los que *rumian* o que tienen pezuña
11.4,5,6 porque *rumia* pero no tiene pezuña
11.7 el cerdo..tiene pezuñas..pero no *rumia*
11.26 que no tiene pezuña hendida, ni *rumia*
Dt. 14.6 y que *rumiare* entre los animales, ese
14.7 *rumian* o entre los que tienen pezuña
14.7 no comeréis..conejo; porque *rumian*, mas
14.8 cerdo..tiene pezuña hendida..no *rumia*

RUMOR
Éx. 23.1 no admitirás falso *r*..testigo falso
1 S. 4.19 el *r* que el arca de Dios había sido
2 S. 13.30 a David el *r* que decía: Absalón ha
13.33 no ponga..el rey en su corazón ese *r*
2 R. 19.7; Is. 37.7 oirá *r*, y volverá a su
Jer. 10.22 voz de *r* viene, y alboroto grande
51.46 ni temáis a causa del *r* que se oirá
51.46 vendrá el *r*, y después en otro año *r*
Ez. 7.26 habrá *r* sobre *r;* y buscarán respuesta
Mt. 24.6 y oiréis de guerras y *r* de guerras
Mr. 13.7 oigáis de guerras y de *r* de guerras

RUT *Mujer moabita, ascendiente del rey David*
Rt. 1.4 el nombre de la otra, *R;* y habitaron
1.14 Orfa besó a su suegra, mas *R* se quedó
1.16 respondió *R:* No me ruegues que te deje
1.22 volvió Noemí, y *R* la moabita..con ella
2.2 *R*..dijo a Noemí: Te ruego que me dejes
2.8 Booz dijo a *R:* Oye, hija mía, no vayas
2.21 y *R*..dijo: Además de esto me ha dicho
2.22 y Noemí respondió a *R*..Mejor es, hija
3.9 respondió: Yo soy *R* tu sierva; extiende
4.5 tomar también a *R* la moabita, mujer del
4.10 y que también tomo por mi mujer a *R* la
4.13 Booz..tomó a *R*, y ella fue su mujer
Mt. 1.5 Booz engendró de *R* a Obed, y Obed a

S

SAAF *Nombre de dos descendientes de Caleb*, 1 Cr. 2.47,49

SAALABÍN *=Saalbim*, Jos. 19.42

SAALBIM *Ciudad amorrea en Dan (=Saalabín)*, Jue. 1.35; 1 R. 4.9

SAALBONITA *Originario de Saalbim*, 2 S. 23.32; 1 Cr. 11.33

SAALIM *Región en Benjamín*, 1 S. 9.4

SAARAIM
1. Ciudad en Judá, Jos. 15.36; 1 S. 17.52
2. Ciudad en Simeón (=Saruhén), 1 Cr. 4.31

SAASGAZ *Eunuco del rey Asuero*, Est. 2.14

SABÁ *Región en Arabia*
1 R. 10.1 la reina de *S* la fama que Salomón
10.4 la reina de *S* vio toda la sabiduría de
10.10 como la reina de *S* dio al rey Salomón
10.13 a la reina de *S* todo lo que ella quiso
2 Cr. 9.1 oyendo la..de *S* la fama de Salomón
9.3 la reina de *S* la sabiduría de Salomón
9.9 como las que dio la reina de *S* al rey
9.12 Salomón dio a la reina de *S* todo lo que
Job 6.19 caminantes de *S* esperaron en ellas
Sal. 72.10 los reyes de *S* y de Seba ofrecerán
72.15 vivirá, y se le dará del oro de *S*, y
Is. 60.6 vendrán todos los de *S;* traerán oro e
Jer. 6.20 ¿para qué a mí este incienso de *S*, y
Ez. 27.22 mercaderes de *S*..fueron también tus
27.23 y los mercaderes de *S*, de Asiria y de
38.13 *S* y Dedán, y los mercaderes de Tarsis

SABACTANI *Palabra aramea*
Mt. 27.46 diciendo: Elí, Elí, ¿lama *s?*
Mr. 15.34 diciendo: Eloi, Eloi, ¿lama *s?*

SÁBADO *Véase Reposo*

SÁBANA
Éx. 12.34 sus masas envueltas en sus *s* sobre
Mt. 27.59 cuerpo, lo envolvió en una *s* limpia
Mr. 14.51 cubierto el cuerpo con una *s;* y le
14.52 mas él, dejando la *s*, huyó desnudo
15.46 compró una *s*, y..lo envolvió en la *s*
Lc. 23.53 lo envolvió en una *s*, y lo puso en

SABEOS *Tribu en Arabia*
Job 1.15 y acometieron los *s* y los tomaron, y
Is. 45.14 los *s*, hombres de elevada estatura
Ez. 23.42 fueron traídos los *s* del desierto, y
Jl. 3.8 los venderán a los *s*, nación lejana

SABER *(s.)*
1 S. 2.3 porque el Dios de todo *s* es Jehová, y
Job 36.3 tomaré mi *s* desde lejos, y atribuiré
Pr. 1.5 oirá el sabio, y aumentará el *s*, y el
9.9 sabio; enseña al justo, y aumentará su *s*
12.23 el hombre cuerdo encubre su *s;* mas el
16.21 y la dulzura de labios aumenta el *s*
Jer. 10.12 que puso en orden el mundo con su *s*

SABER *(v.)*
Gn. 3.5 sino que *sabe* Dios..seréis como Dios
3.5 seréis como Dios, *sabiendo* el bien y el
3.22 como uno de nosotros, *sabiendo* el bien
4.9 respondió: No *sé*. ¿Soy yo acaso guarda
9.24 Noé..*supo* lo que le había hecho su hijo
18.19 *sé* que mandará a sus hijos y a su casa
18.21 si han consumado su..y si no, lo *sabré*
20.6 *sé* que con integridad de tu corazón has
20.7 *sabe* que de cierto morirás tú, y todos
21.26 Abimelec: No *sé* quién haya hecho esto
21.26 tampoco tú me lo hiciste *saber*, ni yo
24.21 *saber* si Jehová había prosperado su
24.28 hizo *saber* en casa de su madre estas
27.2 ya soy viejo, no *sé* el día de mi muerte
28.16 Jehová está en este..y yo no lo *sabía*
30.26 *sabes* los servicios que te he hecho
30.29 tú *sabes* cómo te he servido, y cómo
31.6 *sabéis* que con..mis fuerzas he servido
31.20 engañó a Labán..no haciéndole *saber*

SABER *(Continúa)*
Gn. 31.32 Jacob no *sabía* que Raquel los había
33.13 señor *sabe* que los niños son tiernos
34.7 vinieron del campo cuando lo *supieron*
35.22 fue Rubén. . lo cual llegó a *saber* Israel
38.9 y *sabiendo* Onán que la descendencia no
38.16 pues no *sabía* que era su nuera; y ella
41.39 que Dios te ha hecho *saber* todo esto
42.23 ellos no *sabían* que los entendía José
42.34 para que yo *sepa* que no sois espías
43.7 ¿acaso podíamos *saber* que él nos diría
43.22 no *sabemos* quién haya puesto. . dinero
44.15 *sabéis* que un hombre. . *sabe* adivinar?
44.27 vosotros *sabéis* que dos hijos me dio
45.13 haréis. . *saber* a mi padre. . mi gloria
46.30 he visto tu rostro, y *sé* que aún vives
46.31 y lo haré *saber* a Faraón, y le diré
47.1 vino José y lo hizo *saber* a Faraón, y
48.2 y se le hizo *saber* a Jacob, diciendo
48.19 *sé,* hijo mío, lo *s;* también él vendrá
Éx. 3.19 *sé* que el rey de Egipto no os dejará
6.7 *sabréis* que yo soy Jehová vuestro Dios
7.5 y *sabrán* los egipcios que yo soy Jehová
8.22 a fin de que *sepas* que yo soy Jehová en
9.29 para que *sepas* que de Jehová es la tierra
9.30 yo *sé* que ni tú ni tus siervos temeréis
10.2 señales. . que *sepáis* que yo soy Jehová
10.7 no *sabes*. . que Egipto está ya destruido?
10.26 y no *sabemos* con qué hemos de servir a
11.7 *sepáis* que Jehová hace diferencia entre
14.4,18 *sabrán* los egipcios que yo soy Jehová
16.6 la tarde *sabréis* que Jehová os ha sacado
16.12 saciaréis. . y *sabréis* que yo soy Jehová
16.15 ¿qué es esto? porque no *sabían* qué era
16.22 vinieron y. . lo hicieron *saber* a Moisés
23.9 *sabéis* cómo es el alma del extranjero
31.13 es señal. . que *sepáis* que yo soy Jehová
32.1,23 no *sabemos* qué le haya acontecido
33.5 para que yo *sepa* lo que te he de hacer
34.29 no *sabía* Moisés. . su rostro resplandecía
Lv. 5.1 testigo que. . *supo,* y no lo denunciare
5.2 que no lo *supiere,* será inmunda y habrá
5.3 después llegare a *saberlo,* será culpable
23.43 *sepan*. . en tabernáculos hice yo habitar
Nm. 11.16 tú *sabes* que son ancianos del pueblo
20.14 tú has *sabido* todo el trabajo que nos
22.6 *sé* que el que tú bendigas será bendito
22.19 para que yo *sepa* qué me vuelve a decir
22.34 no *sabía* que tú te ponías delante de mí
24.16 y el que *sabe* la ciencia del Altísimo
32.23 y *sabed* que vuestro pecado os alcanzará
Dt. 1.39 hijos que no *saben*. . bueno ni lo malo
2.7 él *sabe* que andas por este gran desierto
3.19 ganados (yo *sé* que tenéis mucho ganado)
4.35 para que *supieses* que Jehová es Dios, y
8.2 para *saber* lo que había en tu corazón, si
8.3 hacerte *saber* que no sólo de pan vivirá
9.6 *sabe* que no es por tu justicia que. . te da
11.2 con vuestros hijos que no han *sabido* ni
13.3 para *saber* si amáis a Jehová. . Dios con
20.20 el árbol que *sepas* que no lleva fruto
21.1 muerto. . y no se *supiere* quién lo mató
29.6 *supierais* que yo soy Jehová vuestro Dios
29.16 *sabéis* cómo habitamos en la tierra de
31.13 los hijos de ellos que no *supieron,* oigan
31.29 porque yo *sé* que después de mi muerte
Jos. 2.4 vinieron. . pero no *supe* de dónde eran
2.5 hombres se salieron, y no *sé* a dónde han
2.9 *sé* que Jehová os ha dado esta tierra
3.4 *sepáis* el camino por donde habéis de ir
8.14 no *sabiendo* que estaba puesta emboscada
14.6 *sabes* lo que Jehová dijo a Moisés, varón
22.22 Jehová. . él *sabe,* y hace *saber* a Israel
23.13 *sabed* que Jehová. . Dios no arrojará más
24.31 *sabían*. . obras que Jehová había hecho
Jue. 3.4 probar con ellos a Israel, para *saber*
13.16 no *sabía* Manoa que aquél fuese ángel
14.4 mas. . no *sabían* que esto venía de Jehová
15.11 ¿no *sabes* tú que los filisteos dominan
16.9 y no se *supo* el secreto de su fuerza
16.20 él no *sabía* que Jehová. . apartado de él
17.13 *sé* que Jehová me prosperará, porque
18.5 pregunta. . a Dios, para que *sepamos* si
18.14 ¿no *sabéis* que en estas casas hay efod
20.34 no *sabían*. . ya el desastre se acercaba
Rt. 2.11 he *sabido* todo lo que has hecho con
3.14 dijo: No se *sepa* que vino mujer a la
3.18 que *sepas* cómo se resuelve el asunto
4.4 y yo decidí hacértelo *saber,* y decirte
4.4 si no. . decláramelo para que yo lo *sepa*
1 S. 3.13 yo juzgaré. . la iniquidad que él *sabe*
4.6 *supieron* que el arca. . había sido traída
6.2 hacednos *saber* de qué manera la hemos
6.9 *sabremos* que. . esto ocurrió por accidente
14.1 pasemos. . y no lo hizo *saber* a su padre
14.3 no *sabía* el pueblo que Jonatán se había
14.12 subid a. . y os haremos *saber* una cosa
14.38 *sabed*. . qué ha consistido este pecado
16.2 dijo. . Si Saúl lo *supiera,* me mataría
17.46 la tierra *sabrá* que hay Dios en Israel
17.47 *sabrá*. . esta congregación que Jehová no
17.56 vive tu alma, oh rey, que no lo *sé*
19.3 hablaré a. . y te haré *saber* lo que haya
19.21 lo *supo* Saúl, envió otros mensajeros
20.3 padre *sabe*. . dirá: No *sepa* esto Jonatán
20.7 *sabe* que la maldad está determinada de
20.9 yo *supiere* que mi padre ha determinado
20.12 si. . enviaré a ti para hacértelo *saber*
20.13 si no te lo hiciere *saber* y te enviare
20.30 no *sé* yo que tú has elegido al hijo de
21.2 nadie *sepa*. . del asunto a que te envío
22.1 cuando. . lo *supieron,* vinieron allí a él
22.3 hasta que *sepa* lo que Dios hará de mí
22.6 oyó Saúl que se *sabía* de David y de los
22.15 porque tu siervo ninguna cosa *sabe* de
22.17 *sabiendo*. . huía, no me lo descubrieron
22.22 *sabía* que estando allí aquel día Doeg
22.22 Doeg. . él lo había de hacer *saber* a Saúl
23.17 tú reinarás. . Saúl mi padre así lo *sabe*
25.7 he *sabido* que tienes esquiladores. Ahora
25.11 darla a hombres que no *sé* de dónde son?
26.4 David. . *supo* con certeza que Saúl había
28.2 bien, tú *sabrás* lo que hará tu siervo
28.9 tú *sabes* lo que Saúl ha hecho, cómo ha
29.9 *sé* que tú eres bueno ante mis ojos, como
2 S. 1.5 dijo. . ¿Cómo *sabes* que han muerto Saúl
1.10 *sabía* que no podía vivir después de su
2.26 no *sabes* tú que el final será amargura?
3.25 venido. . para *saber* todo lo que tú haces
3.26 tras Abner. . sin que David lo *supiera*
3.28 cuando David *supo*. . dijo: Inocente soy yo
3.36 todo el pueblo *supo* esto, y le agradó
3.38 ¿no *sabéis* que un príncipe y. . ha caído
7.11 Jehová te hace *saber* que él te hará casa
7.21 has hecho. . haciéndolas *saber* a tu siervo
10.5 se le hizo *saber* esto a David, envió a
11.5 a hacerlo *saber* a David. . Estoy encinta
11.10 hicieron *saber* esto a David, diciendo
11.16 puso a Urías. . donde *sabía* que estaban
11.18 envió Joab e hizo *saber* a David todos
11.20 ¿no *sabíais* lo que suelen arrojar desde
12.18 hacerle *saber* que el niño había muerto
12.22 ¿quién *sabe* si Dios tendrá compasión de
14.33 vino. . Joab al rey, y se lo hizo *saber*
15.11 iban en su sencillez, sin *saber* nada
17.8 *sabes* que tu padre y. . hombres valientes
17.10 todo Israel *sabe* que tu padre. . valiente
17.17 y se lo hicieron *saber* al rey David
17.18 joven, el cual lo hizo *saber* a Absalón
17.19 boca del pozo. . y nada se *supo* del asunto
18.25 atalaya dio voces. . lo hizo *saber* al rey
18.29 vi yo un gran alboroto. . no *sé* qué era
19.22 no *sé* yo que hoy soy rey sobre Israel?
24.2 haz un censo. . que yo *sepa* el número de
24.13 vino. . Gad a David, y se lo hizo *saber*
1 R. 1.11 que reina Adonías. . sin *saberlo* David
1.18 ahora Adonías reina, y tú. . no lo *sabes*
1.51 se lo hicieron *saber* a Salomón, diciendo
2.5 ya *sabes* tú lo que me ha hecho Joab hijo de
2.9 y *sabes* cómo debes hacer con él; y harás
2.15 él dijo: Tú *sabes* que el reino era mío
2.29 le hizo *saber* a Salomón que Joab había
2.32 mató a. . sin que mi padre David *supiese*
2.37 *sabe* de cierto que el día que salieres y
2.42 que salieres. . *sabe* de cierto que morirás?
2.44 *sabes* todo el mal. . tu corazón bien *sabe*
3.7 yo soy joven, y no *sé* cómo entrar ni salir
5.3 tú *sabes* que mi padre. . no pudo edificar
5.6 tú *sabes*. . que ninguno hay entre nosotros
8.60 los pueblos de. . *sepan* que Jehová es Dios
18.12 de Jehová te llevará adonde yo no *sepa*
22.3 dijo a. . ¿No *sabéis* que Ramot de Galaad
2 R. 2.3,5 ¿*sabes* que Jehová te quitará. . lo *sé*
4.1 tú *sabes* que tu siervo era temeroso de
4.39 cortó en la olla. . no *sabía* lo que era
5.6 *sabe*. . yo envío a ti a mi siervo Naamán
5.8 a mí, y *sabrá* que hay profeta en Israel
7.12 *saben* que tenemos hambre, y han salido
7.15 volvieron los. . y lo hicieron *saber* al rey
8.12 porque *sé* el mal que harás a. . de Israel
10.10 *sabed*. . palabra que Jehová habló sobre
19.19 que *sepan* todos los reinos. . eres Dios
1 Cr. 12.32 *sabían* lo que Israel debía hacer
17.10 te hago *saber*. . Jehová te edificará casa
21.2 haced censo. . el número. . que yo lo *sepa*
29.17 *sé*. . que tú escudriñas los corazones, y
2 Cr. 4.18 no pudo *saberse* el peso del bronce
6.33 y *sepan* que tu nombre es invocado sobre
12.8 que *sepan* lo que es servirme a mí, y qué
13.5 *sabéis*. . que Jehová. . dio el reino a David
20.12 no *sabemos* qué hacer, y a ti volvemos
25.16 yo *sé* que Dios ha decretado destruirte
32.13 ¿no habéis *sabido* lo que yo y mis padres
32.31 enviaron a él para *saber* del prodigio
Esd. 4.14 hemos enviado a hacerlo *saber* al rey
4.15 *sabrás* que esta ciudad es ciudad rebelde
4.16 hacemos *saber* al rey que si esta ciudad
5.10 para hacértelo *saber,* para escribirte los
7.24 os hacemos *saber* que a. . los sacerdotes
Neh. 2.16 no *sabían*. . a dónde yo había ido, ni
4.11 no *sepan,* ni vean, hasta que entremos en
8.15 que hiciesen *saber,* y pasar pregón por
9.10 porque *sabías* que habían procedido con
13.7 *supe* del mal que había hecho Eliasib por
13.24 porque no *sabían* hablar judaico, sino
Est. 1.13 con todos los que *sabían* la ley y el
2.11 para *saber* cómo le iba a Ester, y cómo
4.1 luego que *supo*. . todo lo que se había hecho
4.5 mandó a. . con orden de *saber* qué sucedía
4.11 *saben* que cualquier hombre o mujer que
4.14 quién *sabe* si para esta hora has llegado
Job 3.23 vida al hombre que no *sabe* por donde
5.24 *sabrás*. . hay paz en tu tienda; visitarás
8.9 nosotros somos de ayer, y nada *sabemos*
9.2 yo *sé* que es así: ¿y cómo se justificará
9.5 arranca. . y no *saben* quién los trastornó
9.28 turban. . *sé* que no me tendrás por inocente
10.7 aunque tú *sabes* que no soy impío, y que
10.13 estas cosas. . *sé* que están cerca de ti
13.2 como vosotros lo *sabéis,* lo *sé* yo; no soy
13.18 yo expusiere. . *sé* que seré justificado
14.21 tendrán honores, pero él no lo *sabrá*
15.9 ¿qué *sabes* tú que no sepamos?. . entiendes
15.23 *sabe*. . está preparado día de tinieblas
19.6 *sabed* ahora que Dios me ha derribado, y
19.25 yo *sé* que mi Redentor vive, y al fin se
19.29 furor. . para que *sepáis* que hay un juicio
20.4 ¿no *sabes*. . que así fue siempre, desde
22.13 ¿y dirás tú: ¿Qué *sabe* Dios? ¿Cómo
23.3 me diera el *saber* dónde hallar a Dios!
23.5 yo *sabría* lo que él me respondiese, y
30.23 *sé* que me conduces a la muerte, y a la
33.3 y lo que *saben* mis labios, lo hablarán
34.33 retribuirá. . dí, si no, lo que tú *sabes*
37.15 ¿*sabes* tú. . Dios las pone en concierto
38.4 házmelo *saber,* si tienes inteligencia
38.5 ¿quién ordenó sus medidas, si lo *sabes?*
38.18 ¿has considerado tú. . Declara si *sabes*
38.21 ¡tú lo *sabes!* Pues entonces ya habías
38.33 ¿*supiste* tú las ordenanzas de. . cielos
39.1 ¿*sabes* tú el tiempo en que paren las
39.2 y *sabes* el tiempo cuando han de parir?
Sal. 4.3 *sabed*. . Jehová ha escogido al piadoso
35.8 el quebrantamiento sin que lo *sepa,* y la
35.11 malvados; de lo que no *sé* me preguntan
39.4 hazme *saber,* Jehová, mi fin, y cuánta sea
39.4 de mis días; *sepa* yo cuán frágil soy
39.6 amontona. . y no *sabe* quien las recogerá
40.9 aquí, no refrené mis labios. . tú lo *sabes*
56.9 vueltos. . esto *sé,* que Dios está por mí
59.13 *sépase* que Dios gobierna en Jacob hasta
69.19 tú *sabes* mi afrenta, mi confusión y mi
71.15 boca publicará. . aunque no *sé* su número
73.11 ¿cómo *sabe* Dios? ¿Y hay conocimiento
73.16 cuando pensé para *saber* esto, fue duro
74.9 ni entre nosotros hay quien *sepa* hasta
78.6 para que lo *sepa* la generación venidera
82.5 no *saben,* no entienden. . tiemblan todos
89.15 bienaventurado el que *sabe* aclamarte
92.6 el hombre necio no *sabe,* y el insensato
94.10 ¿no *sabrá* el que enseña al hombre la
135.5 yo *sé* que Jehová es grande, y el Señor
139.4 y he aquí, oh Jehová, tú la *sabes* toda
139.14 estoy maravillado, y mi alma lo *sabe*
140.12 yo *sé* que Jehová tomará a su cargo la
143.8 hazme *saber* el camino por donde ande
145.12 para hacer *saber*. . sus poderosos hechos
Pr. 1.23 volveos. . y os haré *saber* mis palabras
4.19 la oscuridad; no *saben* en qué tropiezan
7.23 y no *sabe* que es contra su vida, hasta
9.18 no *saben* que allí están los muertos; que
22.19 te las he hecho *saber* hoy a ti también
22.21 para hacerte *saber* la certidumbre de las
24.12 si dijeres: Ciertamente no lo *supimos*
25.8 no sea que no *sepas* qué hacer al fin
26.16 más sabio que siete que *sepan* aconsejar
27.1 porque no *sabes* qué dará de sí el día
28.22 y no *sabe* que le ha de venir pobreza
30.4 ¿cuál es su nombre, y. . hijo, si *sabes?*
30.18 son ocultas; aun tampoco *sé* la cuarta
Ec. 2.19 ¿quién *sabe* si será sabio o necio el
3.21 ¿quién *sabe* que el espíritu de. . hombres
5.1 los necios; porque no *saben* que hacen mal
6.8 pobre que *supo* caminar entre los vivos?
6.10 y se *sabe* que es hombre y que no puede
6.12 ¿quién *sabe* cuál es el bien del hombre
7.22 corazón *sabe* que tú también dijiste mal
7.25 fijé mi corazón para *saber* y examinar
8.1 ¿y quién como el que *sabe* la declaración
8.7 pues no *sabe* lo que ha de ser; y el cuándo
8.12 *sé*. . les irá bien a los que a Dios temen
9.1 que sea amor o. . no lo *saben* los hombres
9.5 los que viven *saben*. . los muertos nada *s*
10.14 aunque no *sabe* nadie lo que ha de ser
10.14 ¿y quién le hará *saber* lo que después
10.15 los necios. . no *saben* por dónde ir a la
10.20 que tienen alas harán *saber* la palabra
11.2 porque no *sabes* el mal que vendrá sobre
11.5 tú no *sabes* cuál es el camino del viento
11.6 porque no *sabes* cuál es lo mejor, si esto
11.9 pero *sabe,* que sobre todas estas cosas
Cnt. 1.7 hazme *saber*. . dónde apacientas, dónde
1.8 si tú no lo *sabes,* oh hermosa. . vé, sigue
5.8 que le hagáis *saber* que estoy enferma de
6.12 antes que lo *supiera,* mi alma me puso
Is. 5.19 venga el consejo. . para que lo *sepamos*
9.9 y la *sabrá* todo el pueblo, Efraín y los
12.5 hecho. . sea *sabido* esto por toda la tierra
19.12 o te hagan *saber* qué es lo que Jehová
21.6 pon centinela que haga *saber* lo que vea
29.12 al que no *sabe* leer. . dirá: No *sé* leer
32.4 corazón de. . necios entenderá para *saber*
39.1 porque *supo* que había estado enfermo, y

SABER *(Continúa)*
Is. 40.21 ¿no *sabéis?* ¿No habéis oído? ¿Nunca os
40.28 ¿no has *sabido*..que el Dios eterno es
41.22 dígannos..*sepamos* también..postrimería
41.23 que *sepamos* que vosotros sois dioses
41.26 desde el principio, para que *sepamos*
42.16 a los ciegos por camino que no *sabían*
44.18 no *saben* ni entienden; porque cerrados
45.3 que *sepas* que yo soy Jehová, el Dios de
45.6 que se *sepa* desde el nacimiento del sol
47.11 vendrá..mal, cuyo nacimiento no *sabrás*
47.11 y destrucción que no *sepas* vendrá de
48.6 te he hecho oír cosas..que tú no *sabías*
48.7 que no digas: He aquí que yo lo *sabía*
48.8 porque *sabía* que siendo desleal habías
50.7 pedernal, y *sé* que no seré avergonzado
52.6 pueblo *sabrá* mi nombre por esta causa en
58.2 me buscan..y quieren *saber* mis caminos
Jer. 2.19 *sabe*, pues, y ve cuán malo y amargo
4.22 el mal, pero hacer el bien no *supieron*
11.18 y Jehová me lo hizo *saber*, y lo conocí
13.12 ¿no *sabemos* que toda tinaja se llenará
15.15 tú lo *sabes*..*s* que por amor de ti sufro
16.21 y mi poder, y *sabrán* que mi nombre es
17.16 ni deseé día de calamidad, tú lo *sabes*
26.15 mas *sabed* de cierto que si me matáis
29.11 *sé* los pensamientos que tengo acerca de
29.23 lo cual yo *sé* y testifico, dice Jehová
31.10 haced*lo* *saber* en las costas que están
36.19 vé y escóndete..nadie *sepa* dónde estáis
38.24 a Jeremías: Nadie *sepa* estas palabras
40.14 ¿no *sabes* que Baalis rey de los hijos
40.15 mataré a Ismael hijo..ningún..lo *sabrá*
41.4 día después..cuando nadie lo *sabía* aún
42.19 no vayáis a Egipto; *sabed* ciertamente
42.20 haznos *saber* todas las cosas..dijere
42.22 *sabed* de cierto que a espada, de hambre
44.15 *sabían* que sus mujeres habían ofrecido
44.28 *sabrá*..el resto de Judá que ha entrado
44.29 *sepáis* que de cierto permanecerán mis
46.14 haced *saber* en Migdol; haced *s*..Menfis
48.17 todos los que *sabéis* su nombre, decid
50.2 anunciad en las naciones, y haced *saber*
50.24 fuiste tomada, oh..y tú no lo *supiste*
Ez. 5.13 y *sabrán* que yo Jehová he hablado en
6.7 los muertos caerán..y *sabréis* que yo soy
6.10 y *sabrán* que yo soy Jehová; no en vano
6.13 y *sabréis* que yo soy Jehová, cuando sus
7.4 ojo no te perdonará..*sabréis* que yo soy
7.9 *sabréis* que yo Jehová soy el que castiga
7.27 los juzgaré; y *sabrán* que yo soy Jehová
11.10 os juzgaré, y *sabréis* que yo soy Jehová
11.12 y *sabréis* que yo soy Jehová; porque no
12.15 y *sabrán* que yo soy Jehová, cuando los
12.16 escapen de..y *sabrán* que yo soy Jehová
12.20 será asolada; y *sabréis* que..soy Jehová
13.9 ni..volverán; *sabréis* que yo soy Jehová
13.14 consumidos..y *sabréis* que yo soy Jehová
13.21 libraré a mi pueblo..y *sabréis* que yo
13.23 libraré mi..*sabréis* que yo soy Jehová
14.8 lo cortaré..y *sabréis* que yo soy Jehová
15.7 mi rostro..y *sabréis* que yo soy Jehová
16.62 por mi pacto..y *sabrás* que yo soy Jehová
17.21 y *sabréis* que yo Jehová he hablado
17.24 y *sabrán*..que yo Jehová abatí el árbol
20.12 para que *supiesen* que yo soy Jehová que
20.20 *sepáis* que yo soy Jehová vuestro Dios
20.26 desolarlos y hacerles *saber* que yo soy
20.38 entrarán; y *sabréis* que yo soy Jehová
20.42 y *sabréis* que yo soy Jehová, cuando os
20.44 *sabréis* que yo soy Jehová, cuando haga
21.5 y *sabrá* toda carne que yo Jehová saqué
22.16 degradada..y *sabrás* que yo soy Jehová
22.22 y *sabréis* que yo Jehová habré derramado
23.49 idolatría; y *sabréis* que yo soy Jehová
24.24 esto ocurra, *sabréis* que yo soy Jehová
24.27 por señal, y *sabrán* que yo soy Jehová
25.5 pondré a Rabá por..y *sabréis* que yo soy
25.7 te cortaré..y *sabrás* que yo soy Jehová
25.11 Moab haré juicios, y *sabrán* que yo soy
25.17 *sabrán* que yo soy Jehová, cuando haga
26.6 serán muertas..*sabrán* que yo soy Jehová
28.22 *sabrán* que yo soy Jehová, cuando haga
28.23 con espada..y *sabrán* que yo soy Jehová
28.24 nunca más..y *sabrán* que yo soy Jehová
28.26 haga..*sabrán* que yo soy Jehová su Dios
29.6 y *sabrán*..de Egipto que yo soy Jehová
29.9 y *sabrán* que yo soy Jehová; por cuanto
29.16 haga recordar..*sabrán* que yo soy Jehová
29.21 y abriré tu boca..y *sabrán* que yo soy
30.8 *sabrán* que yo soy Jehová, cuando ponga
30.19 en Egipto, y *sabrán* que yo soy Jehová
30.25 y *sabrán* que yo soy Jehová, cuando yo
30.26 dispersaré..y *sabrán* que yo soy Jehová
32.15 cuando mate..*sabrán* que yo soy Jehová
33.29 y *sabrán* que yo soy Jehová..convierta
33.33 *sabrán* que hubo profeta entre ellos
34.27 seguridad; y *sabrán* que yo soy Jehová
34.30 *sabrán* que yo Jehová..estoy con ellos
35.4 serás asolado..*sabrás* que yo soy Jehová
35.9 te pondré..y *sabréis* que yo soy Jehová
35.12 *sabrás* que..he oído todas tus injurias
35.15 asolado será..*sabrán* que yo soy Jehová
36.11 haré morar..*sabréis* que yo soy Jehová
36.23 *sabrán* las naciones que yo soy Jehová
36.32 no lo hago por vosotros..*sabedlo* bien
36.36 *sabrán* que yo reedifiqué lo que estaba
36.38 de hombres; y *sabrán* que yo soy Jehová
37.3 ¿vivirán estos..Señor Jehová, tú lo *sabes*
37.6 y viviréis; y *sabréis* que yo soy Jehová
37.13 *sabréis* que yo soy Jehová, cuando abra
37.14 *sabréis* que yo Jehová hablé, y lo hice
37.28 y *sabrán*..yo Jehová santifico a Israel
38.14 habite con seguridad, ¿no lo *sabrás* tú?
38.23 seré conocido..*sabrán* que yo soy Jehová
39.6 enviaré fuego..*sabrán* que yo soy Jehová
39.7 *sabrán*..que yo soy Jehová, el Santo en
39.22 *sabrá* la casa de Israel que yo..su Dios
39.23 *sabrán* las..que la casa de Israel fue
39.28 y *sabrán* que yo soy..su Dios, cuando
Dn. 2.3 mi espíritu se ha turbado por *saber* el
2.9 *sepa* que me podéis dar su interpretación
2.15 Arioc hizo *saber* a Daniel lo que había
2.17 fue..e hizo *saber* lo que había a Ananías
2.28 él ha hecho *saber* al rey Nabucodonosor
2.29 oh rey..por *saber* lo que había de ser
3.18 *sepas*, oh rey, que no serviremos a tus
5.22 no has humillado tu..*sabiendo* todo esto
5.23 ni ven, ni oyen, ni *saben*; y al Dios en
6.10 *supo* que el edicto había sido firmado
6.15 *sepas*, oh rey, que es ley de Media y de
7.19 tuve deseo de *saber* la verdad acerca de
9.25 *sabe*..y entiende, que desde la salida de
10.14 para hacerte *saber* lo que ha de venir
10.20 me dijo: ¿*Sabes* por qué he venido a ti?
Os. 7.9 canas le han cubierto, y él no lo *supo*
7.9 devoraron extraños su fuerza..no lo *supo*
8.4 constituyeron príncipes..yo no lo *supe*
14.9 ¿quién es..y prudente para que lo *sepa?*
Jl. 2.14 ¿quién *sabe* si volverá y..arrepentirá
Am. 3.10 no *saben* hacer lo recto, dice Jehová
5.12 yo *sé* de vuestras muchas rebeliones, y
5.12 yo..*sé* que afligís al justo, y recibís
5.16 y a endecha a los que *sepan* endechar
Jon. 1.7 que *sepamos* por causa de quién nos ha
1.10 *sabían* que huía..la presencia de Jehová
1.12 *sé* que por mi causa ha venido esta gran
3.9 ¿quién *sabe* si se volverá y..arrepentirá
4.2 porque *sabía* yo que tú eres Dios clemente
4.11 personas que no *saben* discernir entre su
Mi. 3.1 ¿no concierne a vosotros *saber* lo que
Zac. 2.9 *sabréis* que Jehová de los..me envió
4.5 me dijo: ¿No *sabes* qué es esto? Y dije
4.13 ¿no *sabes* qué es esto? Y dije: Señor mío
Mal. 2.4 *sabréis* que yo os envié..mandamiento
Mt. 2.8 y cuando le halléis, hacédmelo *saber*
6.3 des limosna, no *sepa* tu izquierda lo que
6.8 Padre *sabe* de qué cosas tenéis necesidad
6.32 vuestro Padre celestial *sabe* que tenéis
7.11 si vosotros..*sabéis* dar buenas dádivas
9.6 que *sepáis* que el Hijo del Hombre tiene
9.30 les encargó..Mirad que nadie lo *sepa*
10.26 nada..ni oculto, que no haya de *saberse*
11.4 y haced *saber* a Juan las cosas que oís
12.7 si *supieseis* qué significa: Misericordia
12.15 *sabiendo* esto Jesús, se apartó de allí
12.25 *sabiendo* Jesús los pensamientos de ellos
13.11 es dado *saber* los misterios del reino
15.12 ¿*sabes* que los fariseos se ofendieron
16.3 *sabéis* distinguir el aspecto del cielo
20.22 no *sabéis* lo que pedís. ¿Podéis beber
20.25 dijo: *Sabéis* que los gobernantes de las
21.27 y respondiendo a..dijeron: No *sabemos*
22.16 *sabemos* que eres amante de la verdad
24.32 brotan..*sabéis* que el verano está cerca
24.36 del día y la hora nadie *sabe*, ni aun los
24.42 porque no *sabéis* a qué hora ha de venir
24.43 *sabed* esto, que si el padre de familia
24.43 *supiese* a qué hora el ladrón habría de
24.50 vendrá el señor..a la hora que no *sabe*
25.13 no *sabéis* el día ni la hora en que el
25.26 *sabías* que siego donde no sembré, y que
26.2 *sabéis* que dentro de dos días se celebra
26.70 él negó..diciendo: No *sé* lo que dices
27.18 *sabía*..por envidia le habían entregado
27.65 les dijo..id, aseguradlo como *sabéis*
28.5 porque yo *sé* que buscáis a Jesús, el que
Mr. 1.24 tienes..Jesús nazareno?..*Sé* quién eres
2.10 para que *sepáis* que el Hijo del Hombre
4.11 os es dado *saber* el misterio del reino
4.13 y les dijo: ¿No *sabéis* esta parábola?
4.27 la semilla..crece sin que él *sepa* cómo
5.33 la mujer..*sabiendo* lo que en ella había
5.43 les mandó mucho que nadie lo *supiese*, y
6.20 *sabiendo* que era varón justo y santo, y
6.38 al *saberlo*, dijeron: Cinco, y dos peces
7.24 no quiso que nadie lo *supiese;* pero no
9.6 no *sabía* lo que hablaba, pues estaban
9.30 salido..no quería que nadie lo *supiese*
10.19 los mandamientos *sabes:* No adulteres
10.38 no *sabéis* lo que pedís. ¿Podéis beber
10.42 les dijo: *Sabéis* que los que son tenidos
11.33 dijeron a Jesús: No *sabemos*. Entonces
12.14 Maestro, *sabemos* que eres hombre veraz
12.28 y *sabía* que les había respondido bien
13.28 brotan las hojas, *sabéis* que el verano
13.32 de aquel día y de la hora nadie *sabe*, ni
13.33 porque no *sabéis* cuándo será el tiempo
13.35 no *sabéis* cuándo vendrá el señor de la
14.40 durmiendo..y no *sabían* qué responderle
14.68 negó..No le conozco, ni *sé* lo que dices
16.10 lo hizo *saber* a los que habían estado
16.13 ellos fueron y lo hicieron *saber* a los
Lc. 2.43 se quedó..sin que lo *supiesen* José y
2.49 ¿no *sabíais* que en los negocios de mi
4.41 demonios..*sabían* que él era el Cristo
5.24 para que *sepáis* que el Hijo del Hombre
7.22 haced *saber* a Juan lo que habéis visto
7.37 al *saber* que Jesús estaba a la mesa en
8.53 se burlaban..*sabiendo* que estaba muerta
9.11 cuando la gente lo *supo*, le siguió; y él
9.33 Pedro dijo a..no *sabiendo* lo que decía
9.55 vosotros no *sabéis* de qué espíritu sois
10.11 pero esto *sabed*, que el reino de Dios
11.13 si vosotros..*sabéis* dar buenas dádivas
11.44 hombres que andan encima no lo *saben*
12.2 nada..ni oculto, que no haya de *saberse*
12.30 Padre *sabe* que tenéis necesidad de estas
12.39 *sabed* esto, que si *supiese* el padre de
12.46 vendrá el señor..a la hora que no *sabe*
12.56 *sabéis* distinguir el aspecto del cielo
13.25 respondiendo..dirá: No *sé* de dónde sois
13.27 dirá: Os digo que no *sé* de dónde sois
14.21 el siervo, hizo *saber* estas cosas a su
16.4 ya *sé* lo que haré para que cuando se me
18.20 los mandamientos *sabes*..no matarás; no
19.15 *saber* lo que había negociado cada uno
19.22 juzgo. *Sabías* que yo era hombre severo
20.7 respondieron que no *sabían* de dónde fuese
20.21 *sabemos* que dices y enseñas rectamente
21.20 *sabed*..que su destrucción ha llegado
21.30 *sabéis* por..que el verano está ya cerca
21.31 *sabed* que está cerca el reino de Dios
22.60 Pedro dijo: Hombre, no *sé* lo que dices
23.7 al *saber* que era de la jurisdicción de
23.34 Padre, perdónalos..no *saben* lo que hacen
24.18 no has *sabido* las cosas que en ella han
Jn. 2.9 sin saber él..lo *sabían* los sirvientes
2.25 pues él *sabía* lo que había en el hombre
3.2 Rabí, *sabemos* que has venido de Dios como
3.8 mas ni *sabes* de dónde viene, ni a dónde
3.10 ¿eres tú maestro de..y no *sabes* esto?
3.11 lo que *sabemos* hablamos, y lo que hemos
4.22 adoráis lo que no *sabéis;* nosotros
4.22 nosotros adoramos lo que *sabemos;* porque
4.25 *sé* que ha de venir el Mesías, llamado el
4.32 yo tengo una comida..vosotros no *sabéis*
4.42 *sabemos*..éste es el Salvador del mundo
5.6 *supo* que llevaba ya mucho tiempo así, le
5.13 el que había sido sanado no *sabía* quién
5.32 y *sé* que el testimonio que da de mí es
6.6 porque él *sabía* lo que había de hacer
6.61 *sabiendo*..discípulos murmuraban de esto
6.64 *sabía*..quiénes eran los que no creían, y
7.15 *sabe* éste letras, sin haber estudiado?
7.27 éste, *sabemos* de dónde es; mas cuando
7.27 venga el Cristo, nadie *sabrá* de dónde
7.28 a mí me conocéis, y *sabéis* de dónde soy
7.49 esta gente que no *sabe* la ley, maldita
7.51 si..no le oye, y *sabe* lo que ha hecho?
8.14 porque *sé* de dónde he venido y a dónde
8.14 no *sabéis* de dónde vengo, ni a dónde voy
8.37 *sé* que sois descendientes de Abraham
9.12 dijeron: ¿Dónde está él? El dijo: No *sé*
9.20 *sabemos* que éste es nuestro hijo, y que
9.21 cómo vea ahora, no lo *sabemos;* o quién
9.21 nosotros tampoco lo *sabemos;* edad tiene
9.24 nosotros *sabemos*..ese hombre es pecador
9.25 no lo *sé;* una cosa *sé*, que habiendo yo
9.29 *sabemos* que Dios ha hablado a Moisés
9.29 respecto a ése, no *sabemos* de dónde sea
9.30 que..no *sepáis* de dónde sea, y a mí me
9.31 *sabemos* que Dios no oye a los pecadores
11.22 *sé* ahora que todo lo que pidas a Dios
11.24 yo *sé* que resucitará en la resurrección
11.42 yo *sabía* que siempre me oyes; pero lo
11.49 Caifás..dijo: Vosotros no *sabéis* nada
11.57 de que si alguno *supiese* dónde estaba
12.9 los judíos *supieron*..que él estaba allí
12.35 anda en tinieblas, no *sabe* a dónde va
12.50 y *sé* que su mandamiento es vida eterna
13.1 *sabiendo* Jesús que su hora había llegado
13.3 *sabiendo* Jesús que el Padre le había dado
13.11 *sabía* quién le iba a entregar; por eso
13.12 y les dijo: ¿*Sabéis* lo que os he hecho?
13.17 si *sabéis* estas cosas, bienaventurados
13.18 yo *sé* a quienes he elegido; mas para que
14.4 y *sabéis* a dónde voy, y *s* el camino
14.5 dijo Tomás: Señor, no *sabemos* a dónde vas
14.5 cómo, pues, podemos *saber* el camino?
15.18 *sabed* que a mí me ha aborrecido antes
16.13 os hará *saber* las cosas que..de venir
16.14,15 tomará de lo mío, y os lo hará *saber*
16.30 entendemos que *sabes* todas las cosas
18.4 Jesús, *sabiendo* todas las cosas que le
18.21 he aquí, ellos *saben* lo que yo he dicho
19.10 hablas? ¿No *sabes* que tengo autoridad
19.28 *sabiendo* Jesús..todo estaba consumado
19.35 y él *sabe* que dice verdad, para que
20.2 llevado..no *sabemos* dónde le han puesto
20.13 han llevado..no *sé* dónde le han puesto
20.14 y vio a Jesús..no *sabía* que era Jesús
21.4 los discípulos no *sabían* que era Jesús
21.12 quién eres? *sabiendo* que era el Señor

SABER ***(Continúa)***
Jn. 21.15,16,17 ¿me amas?..tú *sabes* que te amo
21.24 *sabemos* que su testimonio es verdadero
Hch. 1.7 no os toca a vosotros *saber*..tiempos
2.22 Dios hizo..como vosotros mismos *sabéis*
2.30 *sabiendo* que con juramento Dios le había
2.36 *sepa*..toda la casa de Israel, que a este
3.17 *sé* que por ignorancia lo habéis hecho
4.13 *sabiendo* que eran hombres sin letras, y
5.2 sustrajo del precio, *sabiéndolo* también
5.7 entró..no *sabiendo* lo que había acontecido
7.40 este..no *sabemos* qué le haya acontecido
9.30 *supieron* esto los hermanos, le llevaron
10.28 vosotros *sabéis* cuán abominable es para
10.37 *sabéis* lo que se divulgó por toda Judea
12.9 no *sabía* que era verdad lo que hacía el
12.17 y dijo: Haced *saber* esto a Jacobo y a
13.38 *sabed*, pues, esto, varones hermanos; que
14.6 habiéndolo *sabido*, huyeron a Listra y
15.7 *sabéis* cómo..Dios escogió que..gentiles
15.27 Silas, los cuales..harán *saber* lo mismo
16.3 todos *sabían* que su padre era griego
16.36 el carcelero hizo *saber* estas..a Pablo
16.38 *saber* estas palabras a los magistrados
17.13 *supieron* que..en Berea era anunciada la
17.19 ¿podremos *saber* qué es..de que hablas?
17.20 queremos..*saber* qué quiere decir esto
19.15 a Jesús conozco, y *sé* quién es Pablo
19.25 *sabéis* que de este oficio obtenemos
19.32 más no *sabían* por qué se habían reunido
19.35 no *sabe* que la ciudad de los efesios es
20.18 vosotros *sabéis* cómo me he comportado
20.22 sin *saber* lo que allá me ha de acontecer
20.25 *sé* que ninguno de..verá más mi rostro
20.29 *sé* que después de mi partida entrarán
20.34 *sabéis* que para lo que..sido necesario
21.37 me permite..Y el dijo: *¿Sabes* griego?
22.19 Señor, ellos *saben* que yo encarcelaba y
22.24 para *saber* por qué causa clamaban así
22.29 el tribuno, al *saber* que era ciudadano
22.30 *saber* de cierto la causa por la cual le
23.5 dijo: No *sabía*..era el sumo sacerdote
23.27 yo..habiendo *sabido* que era ciudadano
23.28 y queriendo *saber* la causa por qué le
24.10 *sé* que desde hace muchos años eres juez
25.10 he hecho ningún agravio, como tú *sabes*
26.5 también *saben* que yo desde el principio
26.26 pues el rey *sabe* estas cosas, delante
26.27 ¿crees, oh rey Agripa..Yo *sé* que crees
28.1 ya..*supimos* que la isla se llamaba Malta
28.28 *sabed*..a los gentiles es enviada esta
Ro. 2.2 *sabemos* que el juicio de Dios contra los
3.19 *sabemos* que todo lo que la ley dice, lo
5.3 *sabiendo*..tribulación produce paciencia
6.3 ¿o no *sabéis* que todos los que hemos sido
6.9 *sabiendo* que Cristo, habiendo resucitado
6.16 ¿no *sabéis* que si os sometéis a alguien
7.14 *sabemos* que la ley es espiritual; mas yo
7.18 y yo *sé* que en mí, esto es, en mi carne
8.22 *sabemos* que toda la creación gime a una
8.26 pues qué hemos de pedir..no lo *sabemos*
8.27 *sabe* cuál es la intención del Espíritu
8.28 *sabemos* que a los que aman a Dios, todas
11.2 no *sabéis* qué dice de Elías la Escritura
11.18 *sabe* que no sustentas tú a la raíz, sino
15.29 *sé* que cuando vaya a vosotros, llegaré
1 Co. 1.16 no *sé* si he bautizado a algún otro
2.2 me propuse no *saber*..cosa alguna sino a
2.11 ¿quién de los..*sabe* las cosas del hombre
2.12 que *sepamos* lo que Dios nos ha concedido
3.16 ¿no *sabéis* que sois templo de Dios, y que
5.6 ¿no *sabéis* que un poco de levadura leuda
6.2 no *sabéis* que los santos han de juzgar al
6.3 ¿o no *sabéis* que hemos de juzgar a los
6.9 ¿no *sabéis* que los injustos no heredarán
6.15 ¿no *sabéis* que vuestros cuerpos son
6.16 ¿o no *sabéis* que el que se une con una
7.16(2) ¿qué *sabes* tú..si quizá harás salvo
8.1 *sabemos* que todos tenemos conocimiento
8.2 si alguno se imagina que *sabe* algo, aún
8.2 si..aún no *sabe* nada como debe *saberlo*
8.4 *sabemos* que un ídolo nada es en el mundo
9.13 ¿no *sabéis* que los que trabajan en las
9.24 *sabéis* que los que corren en el estadio
11.3 quiero que *sepáis* que Cristo es la cabeza
12.2 *sabéis* que cuando erais gentiles, se os
12.3 os hago *saber* que nadie que hable por el
14.7 si no..¿cómo se *sabrá* lo que se toca con
14.16 ¿cómo dirá el..no *sabe* lo que has dicho
15.58 *sabiendo*..vuestro trabajo..no es en vano
16.15 *sabéis* que la familia de Estéfanas es
2 Co. 1.7 *sabemos* que así como sois compañeros
2.4 que *supieseis* cuán grande es el amor que
4.14 *sabiendo* que el que resucitó al Señor
5.1 *sabemos* que si nuestra morada terrestre
5.6 *sabiendo* que entre tanto que estamos en
7.7 haciéndonos *saber* vuestro gran afecto
8.1 os hacemos *saber* la gracia de Dios que se
11.11 qué? ¿Porque no os amo? Dios lo *sabe*
11.31 el Dios y Padre de..*sabe* que no miento
12.2 si en el cuerpo, no lo *sé;* si fuera del
12.2 fuera del cuerpo, no lo *sé;* Dios lo *sabe*
12.3 si en el cuerpo..no lo *sé;* Dios lo *sabe*
Gá. 1.11 mas os hago *saber*, hermanos, que el
2.16 *sabiendo* que el hombre no es justificado
3.2 quiero *saber* de vosotros: ¿Recibisteis el
3.7 *sabed*..que los que son de fe, éstos son
4.13 *sabéis* que a causa de una enfermedad del
Ef. 1.18 para que *sepáis* cuál es la esperanza
5.5 *sabéis*..que ningún fornicario, o inmundo
6.8 *sabiendo* que el bien que cada uno hiciere
6.9 *sabiendo* que el Señor de ellos y vuestro
6.21 que..*sepáis* mis asuntos, y lo que hago
6.21 que hago, todo os lo hará *saber* Tíquico
6.22 para que *sepáis* lo tocante a nosotros
Fil. 1.12 que *sepáis*..que las cosas que me han
1.17 *sabiendo* que estoy..para la defensa del
1.19 *sé* que por vuestra oración..resultará en
1.25 y confiado en esto, *sé* que quedaré, que
2.19 de buen ánimo al *saber* de vuestro estado
4.12 *sé* vivir humildemente, y *s*..abundancia
4.15 *sabéis* también..que al principio de la
Col. 2.1 que *sepáis* cuán gran lucha sostengo por
3.24 *sabiendo* que del Señor recibiréis la
4.1 *sabiendo* que..tenéis un Amo en los cielos
4.6 para que *sepáis* cómo debéis responder a
4.7 os lo hará *saber* Tíquico, amado hermano
4.9 todo lo que acá pasa, os lo harán *saber*
1 Ts. 1.5 *sabéis* cuáles fuimos entre vosotros
2.1 *sabéis*, hermanos, que nuestra visita a
2.2 *sabéis*, tuvimos denuedo en nuestro Dios
2.5 de palabras lisonjeras, como *sabéis*, ni
2.11 *sabéis* de qué modo, como..exhortábamos
3.3 *sabéis* que para esto estamos puestos
3.4 que íbamos a..como ha acontecido y *sabéis*
4.2 *sabéis* qué instrucciones os dimos por el
5.2 *sabéis*..que el día del Señor vendrá así
2 Ts. 2.6 *sabéis* lo que lo detiene, a fin de que
3.7 *sabéis* de qué manera debéis imitarnos
1 Ti. 1.8 *sabemos* que la ley es buena, si uno
3.5 el que no *sabe* gobernar su propia casa
3.15 *sepas* cómo debes conducirte en la casa
6.4 envanecido, nada *sabe*, y delira acerca de
2 Ti. 1.12 *sé* a quién he creído, y estoy seguro
1.15 ya *sabes*..que me abandonaron todos los
1.18 cuánto nos ayudó en Efeso, tú lo *sabes*
2.23 pero..*sabiendo* que engendran contiendas
3.1 debes *saber*..que en los postreros días
3.14 persiste..*sabiendo* de quién has aprendido
3.15 desde la niñez has *sabido* las Sagradas
Tit. 3.11 *sabiendo* que el tal se ha pervertido
Flm. 21 *sabiendo* que harás aun más de lo que te
He. 10.34 *sabiendo* que tenéis..herencia en los
11.8 fe Abraham..salió sin *saber* a dónde iba
12.17 *sabéis* que..después, deseando heredar
13.2 algunos, sin *saberlo*, hospedaron ángeles
13.23 *sabed* que está en libertad..Timoteo, con
Stg. 1.3 *sabiendo* que la prueba de vuestra fe
2.20 quieres *saber*..la fe sin obras es muerta
3.1 *sabiendo*..recibiremos mayor condenación
4.4 ¿no *sabéis* que la amistad del mundo es
4.14 no *sabéis* lo que será mañana. Porque
5.20 *sepa* que el que haga volver al pecador
1 P. 1.18 *sabiendo* que fuisteis rescatados de
3.9 *sabiendo* que fuisteis llamados para que
5.9 *sabiendo* que los mismos padecimientos se
2 P. 1.12 recordaros siempre..aunque..las *sepáis*
1.14 *sabiendo* que..debo abandonar el cuerpo
2.9 *sabe* el Señor librar de tentación a los
3.3 *sabiendo*..en los postreros días vendrán
3.17 *sabiéndolo* de antemano, guardaos, no sea
1 Jn. 2.3 y en esto *sabemos* que..le conocemos
2.5 amor..por esto *sabemos* que estamos en él
2.11 y no *sabe* a dónde va, porque..tinieblas
2.29 si *sabéis* que él es justo, *sabed* también
3.2 pero *sabemos* que cuando él se manifieste
3.5 y *sabéis* que él apareció para quitar
3.14 *sabemos*..hemos pasado de muerte a vida
3.15 y *sabéis* que ningún homicida tiene vida
3.20 mayor..es Dios, y él *sabe* todas las cosas
3.24 *sabemos* que él permanece en nosotros, por
5.13 para que *sepáis* que tenéis vida eterna
5.15 si *sabemos* que él nos oye..*s* que tenemos
5.18 *sabemos* que todo aquel que ha nacido de
5.19 *sabemos* que somos de Dios, y el mundo
5.20 *sabemos* que el Hijo de Dios ha venido
3 Jn. 12 *sabéis* que..testimonio es verdadero
Jud. 5 una vez lo habéis *sabido*, que el Señor
Ap. 2.23 *sabrán* que yo soy el que escudriña la
3.3 y no *sabrás* a qué hora vendré sobre ti
3.17 y no *sabes* que tú eres un desventurado
7.14 dije: Señor, tú lo *sabes*. Y él me dijo
12.12 gran ira, *sabiendo* que tiene poco tiempo

SABETAI ***Levita principal en tiempo de Esdras y Nehemías*, Esd. 10.15; Neh. 8.7; 11.16**

SABIAMENTE
Dn. 2.14 Daniel habló *s* y prudentemente a Arioc
Mr. 12.34 viendo que había respondido *s*, le dijo
Col. 4.5 andad *s* para con..redimiendo el tiempo
1 P. 3.7 vosotros, maridos..vivid con ellas *s*

SABIDURÍA
Gn. 3.6 y árbol codiciable para alcanzar la *s*
Ex. 28.3 quienes yo he llenado de espíritu de *s*
31.3 lo he llenado del Espíritu de Dios, en *s*
31.6 he puesto *s* en el ánimo de todo sabio de
35.26 cuyo corazón las impulsó en *s* hilaron
35.31 en *s*, en inteligencia, en ciencia y en
35.35 los ha llenado de *s* de corazón, para que
36.1 a quien Jehová dio *s* e inteligencia para
36.2 en cuyo corazón había puesto Jehová *s*
Dt. 4.6 esta es vuestra *s* y vuestra inteligencia
34.9 Josué hijo..fue lleno de espíritu de *s*
2 S. 14.20 es sabio conforme a la *s* de un ángel
20.22 la..fue luego a todo el pueblo con su *s*
1 R. 2.6 tú..harás conforme a tu *s;* no dejarás
3.28 porque vieron que había en él *s* de Dios
4.29 dio a Salomón *s* y prudencia muy grandes
4.30 era mayor la *s* de Salomón que..*s* de los
4.34 para oir la *s* de Salomón venían de todos
4.34 de..adonde había llegado la fama de su *s*
5.12 pues, dio a Salomón *s* como le había dicho
7.14 e Hiram era lleno de *s*, inteligencia y
10.4 cuando la reina de Sabá vio toda la *s* de
10.6 es lo que oí en..de tus cosas y de tu *s*
10.7 es mayor tu *s* y bien, que la fama que yo
10.8 continuamente delante de ti, y oyen tu *s*
10.23 así excedía el rey..en riquezas y en *s*
10.24 para oir la *s* que Dios había puesto en
11.41 su *s*, ¿no está escrito en el libro de los
2 Cr. 1.10 dame ahora *s* y ciencia, para..gobernar
1.11 pedido para ti *s* y ciencia para gobernar
1.12 *s* y ciencia te son dadas; y también te
9.3 viendo la reina de Sabá la *s* de Salomón
9.5 había oído en mi tierra acerca de..tu *s*
9.6 ni aun la mitad de..*s* me había sido dicha
9.7 y dichosos estos siervos que..oyen tu *s*
9.22 excedió..reyes de la tierra..en..y en *s*
9.23 para oir la *s* que Dios le había dado
Esd. 7.25 tú, Esdras, conforme a la *s* que tienes
Job 4.21 pierde..mueren sin haber adquirido *s*
11.6 te declarara los secretos de la *s*, que
12.2 sois el pueblo, y con vosotros morirá la *s*
12.13 con Dios está la *s* y el poder; suyo es
12.16 con él está el poder y la *s;* suyo es el
13.5 ojalá callarais..porque esto os fuera *s*
15.2 ¿proferirá el sabio vana *s*, y llenará su
15.8 ¿oíste tú el..y está limitada a ti la *s?*
21.22 ¿enseñará alguien a Dios *s*, juzgando él
28.12 ¿dónde se hallará la *s?* ¿Dónde está el
28.18 la *s* es mejor que las piedras preciosas
28.20 ¿de dónde, pues, vendrá la *s?* ¿Y dónde
28.28 he aquí que el temor del Señor es la *s*
32.7 y la muchedumbre de años declarará *s*
32.10 escuchadme; declararé yo también mi *s*
32.13 que no digáis: Nosotros hemos hallado *s*
33.33 óyeme tú a mí; calla, y te enseñaré *s*
34.35 Job no habla con *s*, y que sus palabras
35.16 por eso Job..multiplica palabras sin *s*
36.5 Dios es grande..poderoso en fuerza de *s*
36.12 pasados a espada, y perecerán sin *s*
37.16 ¿has..las maravillas del Perfecto en *s?*
38.2 oscurece el consejo con palabras sin *s?*
38.36 ¿quién puso la *s* en el corazón?..quién
38.37 ¿quién puso por cuenta los cielos con *s?*
39.17 porque le privó Dios de *s*, y no le dio
39.26 ¿vuela el gavilán por tu *s*, y extiende
40.2 ¿es *s* contender con el Omnipotente? El
Sal. 19.2 y una noche a otra noche declara *s*
37.30 la boca del justo habla *s*, y su lengua
49.3 mi boca hablará *s*, y el pensamiento de
51.6 en lo secreto me has hecho comprender *s*
90.12 enséñanos..que traigamos al corazón *s*
104.24 hiciste todas ellas con *s;* la tierra está
105.22 para que..y a sus ancianos enseñara *s*
111.10 principio de la *s* es el temor de Jehová
119.66 enséñame buen sentido y *s*, porque tus
Pr. 1.2 para entender *s* y doctrina, para conocer
1.7 el principio de la *s* es el temor de Jehová
1.7 insensatos desprecian la *s* y la enseñanza
1.20 la *s* clama en las calles, alza su voz en
1.29 cuanto aborrecieron la *s*, y no escogieron
2.2 haciendo estar atento tu oído a la *s;* si
2.6 porque Jehová da la *s*, y de su boca viene
2.7 provee de sana *s* a los rectos; es escudo
2.10 cuando la *s* entrare en tu corazón, y la
3.13 bienaventurado el hombre que halla la *s*
3.19 Jehová con *s* fundó la tierra; afirmó los
4.5 adquiere *s*, adquiere inteligencia; no te
4.7 *s* ante todo; adquiere *s;* y sobre todas tus
4.11 por el camino de la *s* te he encaminado
5.1 hijo mío, está atento a mi *s*, y..tu oído
7.4 dí a la *s:* Tú eres mi hermana, y a la
8.1 clama la *s*, y da su voz la inteligencia?
8.9 son..razonables a los que han hallado *s*
8.11 mejor es la *s* que las piedras preciosas
8.12 la *s*, habito con la cordura, y hallo la
9.1 la *s* edificó su casa, labró sus..columnas
9.10 temor de Jehová es el principio de la *s*
10.13 en los labios del prudente se halla *s*
10.14 los sabios guardan la *s;* mas la boca del
10.23 la *s* recrea al hombre de entendimiento
10.31 la boca del justo producirá *s;* mas la
11.2 soberbia..mas con los humildes está la *s*
11.9 daña..mas los justos son librados con la *s*
12.1 el que ama la instrucción ama la *s;* mas
12.8 según su *s* es alabado el hombre; mas el
13.10 contienda; mas con..avisados está la *s*
13.16 todo hombre prudente procede con *s;* mas
14.6 busca el escarnecedor la *s* y no la halla
14.6 mas al hombre entendido la *s* le es fácil

SABIDURÍA *(Continúa)*

Pr. 14.18 mas los prudentes se coronarán de *s*
14.33 en el corazón del prudente reposa la *s*
15.2 la lengua de los sabios adornará la *s*
15.7 la boca de los sabios esparce *s;* no así
15.14 el corazón entendido busca la *s;* mas la
15.33 el temor de Jehová es enseñanza de *s*
16.16 mejor es adquirir *s* que oro preciado
17.16 precio en la mano del. .para comprar *s*
17.24 el rostro del entendido aparece la *s*
17.27 el que ahorra sus palabras tiene *s;* de
18.4 y arroyo que rebosa, la fuente de la *s*
18.15 el corazón del entendido adquiere *s;* y el
19.27 que te hacen divagar de las razones de *s*
21.16 hombre que se aparta del camino de la *s*
21.30 no hay *s* ni. .ni consejo, contra Jehová
22.17 inclina tu. .y aplica tu corazón a mi *s*
23.12 aplica. .tus oídos a las palabras de *s*
23.23 compra la verdad, y. .la *s*, la enseñanza
24.3 *s* se edificará la casa, y con prudencia
24.7 alta está para el insensato la *s;* en la
24.14 será a tu alma el conocimiento de la *s*
28.26 mas el que camina en *s* será librado
29.3 el hombre que ama la *s* alegra a su padre
29.7 conoce el justo. .el impío no entiende *s*
29.15 la vara y la corrección dan *s;* mas el
30.3 yo ni aprendí *s*, ni conozco la ciencia
31.26 abre su boca con *s*, y la ley de. .está
Ec. 1.13 y di mi corazón. .a buscar con *s* sobre
1.16 yo. .he crecido en *s* sobre todos los que
1.16 corazón ha percibido mucha *s* y ciencia
1.17 y dediqué mi corazón a conocer la *s*, y
1.18 porque en la mucha *s* hay mucha molestia
2.3 anduviese mi corazón en *s*, con retención
2.9 fui. .a más de esto, conservé conmigo mi *s*
2.12 después volví yo a mirar para ver la *s* y
2.13 que la *s* sobrepasa a la necedad, como la
2.19 de todo mi trabajo. .en que ocupé. .mi *s?*
2.20 el trabajo. .en que había ocupado. .mi *s*
2.21 el hombre trabaje con *s*, y con ciencia
2.26 al hombre que le agrada, Dios le da *s*
7.10 porque nunca de esto preguntarás con *s*
7.12 *s* excede, en que da vida a sus poseedores
7.19 la *s* fortalece al sabio más que diez
7.23 cosas probé con *s*. .la *s* se alejó de mí
7.25 fijé mi corazón para saber e inquirir la *s*
8.1 la *s* del hombre ilumina su rostro, y la
8.16 dediqué mi corazón a conocer *s*, y a ver
9.10 en el Seol. .no hay obra. .ni ciencia, ni *s*
9.13 también vi esta *s* debajo del sol, la cual
9.15 sabio, el cual libra a la ciudad con su *s*
9.16 mejor es la *s* que la fuerza, aunque la
9.18 mejor es la *s* que las armas de guerra
10.10 pero la *s* es provechosa para dirigir
12.9 más sabio fue el. .más enseñó *s* al pueblo
Is. 10.13 con. .mi mano lo he hecho, y con mi *s*
11.2 espíritu de *s* y de inteligencia. .poder
28.29 hacer maravilloso. .y engrandecer la *s*
29.14 porque perecerá la *s* de sus sabios, y
33.6 reinarán en tus tiempos la *s* y. .ciencia
44.25 hago volver atrás a. .y desvanezco su *s*
47.10 tu *s* y tu misma ciencia te engañaron
Jer. 8.9 que aborrecieron la. .y qué *s* tienen?
9.23 no se alabe el sabio en su *s*, ni en su
10.12 el que. .y extendió los cielos con su *s*
49.7 ¿no hay más *s* en Temán? ¿Se ha acabado
49.7 consejo en los sabios?. .corrompió su *s?*
51.15 poder, el que afirmó el mundo con su *s*
Ez. 28.4 con tu *s* y con. .has acumulado riquezas
28.5 con. .tu *s*. .has multiplicado tus riquezas
28.7 sus espadas contra la hermosura de tu *s*
28.12 tú. .lleno de *s*, y acabado de hermosura
28.17 corrompiste tu *s* a causa de. .esplendor
Dn. 1.4 muchachos. .enseñados en toda *s*, sabios
1.20 en todo asunto de *s*. .el rey les consultó
2.20 sea bendito el. .suyos son el poder y la *s*
2.21 da la *s* a los sabios, y la ciencia a los
2.23 porque me has dado *s* y fuerza, y ahora
2.30 no porque en mí haya más *s* que en todos
5.11 se halló en él. .*s*, como *s* de los dioses
5.14 he oído. .que en ti se halló. .y mayor *s*
9.22 he salido para darte *s* y entendimiento
Mal. 2.7 porque los labios. .han de guardar la *s*
Mt. 11.19 pero la *s* es justificada por sus hijos
12.42 ella vino de. .para oir la *s* de Salomón
13.54 ¿de dónde tiene éste esta *s* y. .milagros?
Mr. 6.2 decían. .¿Y qué *s* es esta que le es dada
Lc. 2.40 el niño crecía y. .y se llenaba de *s*
2.52 Jesús crecía en *s* y en estatura, y en
7.35 la *s* es justificada por todos sus hijos
11.31 ella vino de. .para oir la *s* de Salomón
11.49 por eso la *s* de Dios también dijo: Les
21.15 porque yo os daré palabra y *s*, la cual
Hch. 6.3 llenos. .de *s*, a quienes encarguemos de
6.10 no podían resistir a la *s* y al Espíritu
7.10 le dio. .*s* delante de Faraón rey de Egipto
7.22 fue enseñado Moisés en toda la *s* de los
Ro. 11.33 las riquezas de la *s* y de la ciencia
1 Co. 1.17 a predicar el. .no con *s* de palabras
1.19 escrito: Destruiré la *s* de los sabios, y
1.20 ¿no ha enloquecido Dios la *s* del mundo?
1.21 pues ya que en la *s* de Dios, el mundo no
1.21 el mundo no conoció a Dios mediante la *s*
1.22 piden señales, y los griegos buscan *s*
1.24 para. .Cristo poder de Dios, y *s* de Dios
1.30 el cual nos ha sido hecho por Dios *s*
2.1 no fui con excelencia de palabras o de *s*
2.4 fue con palabras persuasivas de humana *s*
2.5 vuestra fe no esté fundada en la *s* de los
2.6 hablamos *s*. .*s*, no de este siglo, ni de los
2.7 mas hablamos *s* de Dios. .*s* oculta, la cual
2.13 no con palabras enseñadas por *s* humana
3.19 la *s* de este mundo es insensatez para con
12.8 éste es dada por el Espíritu palabra de *s*
2 Co. 1.12 no con *s* humana, sino con la gracia de
Ef. 1.8 sobreabundar. .en toda *s* e inteligencia
1.17 el Padre de gloria, os dé espíritu de *s*
3.10 la multiforme *s* de Dios sea ahora dada
Col. 1.9 conocimiento de su voluntad en toda *s*
1.28 y enseñando a todo hombre en toda *s*, a
2.3 están escondidos todos los tesoros de la *s*
2.23 tienen a la verdad cierta reputación de *s*
3.16 y exhortándoos unos a otros en toda *s*
Stg. 1.5 si alguno de. .tiene falta de *s*, pídala
3.15 porque esta *s* no es la que desciende de
3.17 la *s* que es de lo alto es. .pura, después
2 P. 3.15 hermano Pablo, según la *s* que le ha
Ap. 5.12 la *s*, la fortaleza, la honra, la gloria
7.12 la gloria y la *s* y la acción de gracias
13.18 hay *s*. .cuente el número de la bestia
17.9 para la mente que tenga *s*. Las siete

SABIENDAS *(m. adv.)*

Lv. 5.17 sin hacerlo a *s*, es culpable, y llevará
Jos. 20.3 que matare a. .por accidente y no a *s*

SABIO, BIA

Gn. 41.8 hizo llamar a. .y a todos sus *s;* y les
41.33 provéase ahora. .un varón prudente y *s*
41.39 todo esto, no hay entendido ni *s* como tú
Éx. 1.10 seamos *s* para con él, para que no se
7.11 llamó también Faraón *s* y hechiceros, e
28.3 y tú hablarás a todos los *s* de corazón
31.6 puesto sabiduría en el ánimo de todo *s*
35.10 todo *s* de corazón. .vendrá y hará todas
35.25 las mujeres *s* de. .hilaban con sus manos
36.1 hombre *s* de corazón a quien Jehová dio
36.2 Moisés llamó. .a todo varón *s* de corazón
36.8 *s* de corazón de entre los que hacían la
Dt. 1.13 dadme de entre. .varones *s* y entendidos
1.15 tomé a. .varones *s* y expertos, y los puse
4.6 pueblo *s* y entendido, nación grande es esta
16.19 porque el soborno ciega los ojos de los *s*
32.29 fueran *s*, que comprendieran esto, y se
2 S. 14.20 es *s* conforme a la sabiduría de un
20.16 mujer *s* dio voces en la ciudad, diciendo
1 R. 2.9 hombre *s* eres, y sabes cómo debes hacer
3.12 te he dado corazón *s* y entendido, tanto
4.31 fue más *s* que todos los hombres, más que
5.7 bendito sea hoy. .que dio hijo *s* a David
2 Cr. 2.12 Jehová. .dio al rey David un hijo *s*
Est. 1.13 preguntó. .el rey a los *s* que conocían
6.13 le dijeron sus *s*, y Zeres su mujer: Si
Job 5.13 prende a los *s* en la astucia de ellos
9.4 él es *s* de corazón, y poderoso en fuerzas
15.2 ¿proferirá el *s* vana sabiduría. .viento
15.18 lo que los *s* nos contaron de sus padres
17.10 y venid. .y no hallaré entre vosotros *s*
22.2 para sí mismo es provechoso el hombre *s*
32.9 no son los *s* los de mucha edad, ni los
34.2 oíd, *s*, mis palabras, y. .estadme atentos
34.34 inteligentes. .y el hombre *s* que me oiga
35.11 nos hace *s* más que a las aves del cielo?
37.24 que cree en su propio corazón ser *s*
Sal. 19.7 el testimonio de. .hace *s* al sencillo
49.10 verá que aun los *s* mueren; que perecen
94.8 y vosotros, fatuos, ¿cuándo seréis *s?*
107.43 ¿quién es *s* y guardará estas cosas, y
119.98 me has hecho más *s* que mis enemigos
Pr. 1.5 oirá el *s*, y aumentará el saber, y el
1.6 palabras de *s*, y sus dichos profundos
3.7 no seas *s* en tu propia opinión; teme a
3.35 los *s* heredarán honra, mas los necios
6.6 vé a la hormiga. .mira sus caminos, y sé *s*
8.33 atended el consejo, y sed *s*, y no lo
9.9 da al *s*, y será más *s;* enseña al justo, y
9.12 fueres *s*, para ti lo serás; y si fueres
10.1 el hijo *s* alegra al padre, pero el hijo
10.8 el *s*. .recibirá los mandamientos; mas el
10.14 los *s* guardan la sabiduría; mas la boca
11.14 no hay dirección *s*, caerá el pueblo
11.29 y el necio será siervo del *s* de corazón
11.30 árbol de vida; y el que gana almas es *s*
12.15 necio. .el que obedece al consejo es *s*
12.18 mas la lengua de los *s* es medicina
13.1 el hijo *s* recibe el consejo del padre
13.14 la ley del *s* es manantial de vida para
13.20 el que anda con *s*, *s* será; mas el que
14.1 la mujer *s* edifica su casa; mas la necia
14.3 mas los labios de los *s* los guardarán
14.16 el *s* teme y se aparta del mal; mas el
14.24 riquezas de los *s* son su corona; pero
15.2 la lengua de los *s* adornará la sabiduría
15.7 la boca de los *s* esparce sabiduría; no así
15.12 escarnecedor no. .ni se junta con los *s*
15.20 hijo *s* alegra al padre; mas el hombre
15.31 el oído que escucha. .entre los *s* morará
16.14 la ira del rey. .el hombre *s* la evitará
16.21 el *s* de corazón es llamado prudente, y
16.23 el corazón del *s* hace prudente su boca
17.28 necio, cuando calla, es contado por *s*
18.15 y el oído de los *s* busca la ciencia
19.20 escucha el. .para que seas *s* en tu vejez
20.1 cualquiera que por ellos yerra no es *s*
20.18 y con dirección *s* se hace la guerra
20.26 el rey *s* avienta a los impíos, y sobre
21.11 es castigado, el simple se hace *s*
21.11 y cuando se le amonesta al *s*, aprende
21.20 tesoro precioso. .hay en la casa del *s*
21.22 tomó el *s* la ciudad de los fuertes, y
22.17 oye las palabras de los *s*, y aplica tu
23.15 si tu corazón fuere *s*, también a mí se
23.19 sé *s*, y endereza tu corazón al camino
23.24 y el que engendra *s* se gozará con él
24.5 hombre *s* es fuerte, y de pujante vigor
24.23 también estos son dichos de los *s*
25.12 que reprende al *s* que tiene oído dócil
26.5 que no se estime *s* en su propia opinión
26.12 has visto hombre *s* en su propia opinión?
26.16 en su. .opinión el perezoso es más *s* que
27.11 sé *s*, hijo mío, y alegra mi corazón, y
28.2 mas por el hombre. .*s* permanece estable
28.11 el hombre rico es *s* en su propia opinión
29.8 en llamas; mas los *s* apartan la ira
29.9 si el hombre *s* contendiere con el necio
29.11 toda su ira, mas el *s* al fin la sosiega
30.24 cuatro cosas son. .son más *s* que los *s*
Ec. 2.14 el *s* tiene sus ojos en su cabeza, mas
2.15 he trabajado hasta. .por hacerme más *s?*
2.16 ni del *s* ni del necio habrá memoria para
2.16 pues. .también morirá el *s* como el necio
2.19 ¿quién sabe si será *s* o necio el que se
4.13 mejor es el muchacho pobre y *s*, que el
6.8 porque ¿qué más tiene el *s* que el necio?
7.4 el corazón de los *s*. .en la casa del luto
7.5 mejor es oir la reprensión del *s* que la
7.7 la opresión hace entontecer al *s*, y las
7.16 ni seas *s* con exceso; ¿por qué habrás de
7.19 la sabiduría fortalece al *s* más que diez
7.23 seré *s;* pero la sabiduría se alejó de mí
8.1 ¿quién como el *s?* ¿y quién como el que
8.5 el corazón del *s* discierne el tiempo y el
8.17 aunque diga el *s* que la conoce, no por
9.1 los justos, y los *s*, y sus obras, están
9.11 ni aun de los *s* el pan, ni de. .prudentes
9.15 se halla en ella un hombre pobre, *s*, el
9.17 palabras del *s*. .mejores que el clamor del
10.1 al que es estimado como *s* y honorable
10.2 el corazón del *s* está a su mano derecha
10.12 las palabras. .del *s* son llenas de gracia
12.9 y cuanto más *s* fue el Predicador, tanto
12.11 las palabras de los *s* son como aguijones
Is. 5.21 ¡ay de los *s* en sus propios ojos, y de
19.11 soy hijo de los *s*, e hijo de los reyes
19.12 ¿dónde están ahora aquellos tus *s?* Que
29.14 porque perecerá la sabiduría de sus *s*
31.2 pero él también es *s*, y traerá el mal
40.20 se busca un maestro *s*, que le haga una
44.25 deshago. .que hago volver atrás a los *s*
50.4 el Señor me dio lengua de *s*, para saber
50.4 despertará mi oído. .que oiga como los *s*
Jer. 4.22 son *s* para hacer el mal, pero hacer
8.8 ¿cómo decís: Nosotros somos *s*, y la ley
8.9 los *s* se avergonzaron, se espantaron y
9.12 ¿quién es varón *s* que entiende esto? ¿y a
9.23 no se alabe el *s* en su sabiduría, ni en
10.7 entre todos los *s* de las naciones y en
18.18 la ley no faltará. .ni el consejo al *s*
49.7 ¿se ha acabado el consejo en los *s?* ¿Se
50.35 espada. .contra sus príncipes y. .sus *s*
Ez. 27.8 tus *s*, oh Tiro, estaban en ti; ellos
28.3 he aquí que tú eres más *s* que Daniel; no
Dn. 1.4 *s* en ciencia y de buen entendimiento
2.12 que matasen a todos los *s* de Babilonia
2.13 de que los *s* fueran llevados a la muerte
2.14 que había salido para matar a los *s* de
2.18 pereciesen con los otros *s* de Babilonia
2.21 da la sabiduría a los *s*, y la ciencia a
2.24 el rey había puesto para matar a los *s*
2.24 dijo así: No mates a los *s* de Babilonia
2.27 el misterio. .ni *s*. .lo pueden revelar al
2.48 jefe supremo de todos los *s* de Babilonia
4.6 mandé que vinieran. .los *s* de Babilonia
4.18 todos los *s* de mi reino no han podido
5.7 dijo el rey a los *s*. .Cualquiera que lea
5.8 fueron introducidos todos los *s* del rey
5.15 ahora fueron traídos delante de mí *s* y
11.33 los *s* del pueblo instruirán a muchos
11.35 también algunos de los *s* caerán para
Os. 13.13 un hijo no *s*, porque ya hace tiempo
14.9 ¿quién es *s* para que entienda esto, y
Abd. 8 ¿no haré que perezcan en. .los *s* de Edom
Mi. 6.9 Jehová clama. .es *s* temer a tu nombre
Zac. 9.2 éste: Tiro y Sidón, aunque sean muy *s*
Mt. 11.25 escondiste estas cosas de los *s* y de
23.34 yo os envío. .*s* y escribas; y de ellos
Lc. 10.21 porque escondiste estas cosas de los *s*
Ro. 1.14 a griegos y. .a *s* y a no *s* soy deudor
1.22 profesando ser *s*, se hicieron necios
12.16 no seáis *s* en vuestra propia opinión
16.19 pero quiero que seáis *s* para el bien
16.27 al único y *s* Dios, sea gloria mediante
1 Co. 1.19 destruiré la sabiduría de los *s*, y

SABIO, BIA ***(Continúa)***
1 Co. 1.20 ¿dónde está el *s*? ¿Dónde está el
1.25 porque lo insensato de Dios es más *s* que
1.26 que no sois muchos *s* según la carne; ni
1.27 que lo necio del. . para avergonzar a los *s*
3.18 si alguno de vosotros se cree *s* en este
3.18 hágase ignorante, para que llegue a ser *s*
3.19 él prende a los *s* en la astucia de ellos
3.20 el Señor conoce los pensamientos de los *s*
6.5 no hay entre vosotros *s*, ni aun uno, que
Ef. 5.15 cómo andéis, no como necios sino como *s*
1 Ti. 1.17 único y *s* Dios, sea honor y gloria
2 Ti. 3.15 las cuales te pueden hacer *s* para la
Stg. 3.13 ¿quién es *s* y entendido. . vosotros?
3.13 muestre por. . sus obras en *s* mansedumbre
Jud. 25 único y *s* Dios. . sea gloria y majestad

SABOR
Éx. 16.31 Maná. . su *s* como de hojuelas con miel
Nm. 11.8 molía. . su *s* era como *s* de aceite nuevo
Jer. 48.11 quedó su *s* en él, y su olor no se ha

SABROSO
Pr. 9.17 dulces, y el pan comido en oculto es *s*
20.17 *s* es al hombre el pan de mentira; pero

SABTA ***Hijo de Cus***, **Gn. 10.7; 1 Cr. 1.9**

SABTECA ***Hijo de Cus***, **Gn. 10.7; 1 Cr. 1.9**

SACAR ***(n.)***
1. ***Hijo de Ahiam (=Sarar)***, **1 Cr. 11.35**
2. ***Levita, portero del templo***, **1 Cr. 26.4**

SACAR ***(v.)***
Gn. 3.23 y lo *sacó* Jehová del huerto del Edén
8.17 los animales. . *sacarás* contigo; y vayan
14.18 Melquisedec. . sacerdote. . *sacó* pan y vino
15.7 yo soy Jehová, que te *saqué* de Ur de los
19.5 a Lot. . *Sácalos*, para que los conozcamos
19.8 las *sacaré* fuera, y haced de ellas como
19.12 todo lo que tienes. . *sácalo* de este lugar
19.16 y lo *sacaron* y lo pusieron fuera de la
24.19 para tus camellos *sacaré* agua, hasta que
24.20 y corrió. . para *sacar* agua, y sacó para
24.44 también para tus camellos *sacaré* agua
24.45 descendió a la fuente, y *sacó* agua; y le
24.53 *sacó* el criado alhajas de plata y. . oro
37.28 *sacaron* ellos a José de la cisterna, y
38.24 y Judá dijo: *Sacadla*, y sea quemada
38.25 cuando la *sacaban*, envió a decir a su
38.28 que *sacó* la mano el uno, y la partera
40.14 hagas mención. . y me *saques* de esta casa
41.14 lo *sacaron*. . de la cárcel, y se afeitó
43.23 paz a vosotros. . Y *sacó* a Simeón a ellos
48.12 José los *sacó* de entre sus rodillas
Éx. 2.10 Moisés. . Porque de las aguas lo *saqué*
2.16 vinieron a *sacar* agua para llenar las
2.19 *sacó* el agua, y dio de beber a las ovejas
3.8 y *sacarlos* de aquella tierra a una tierra
3.10 para que *saques* de Egipto a mi pueblo
3.11 *saque* de Egipto a los hijos de Israel?
3.12 cuando hayas *sacado* de Egipto al pueblo
3.17 yo os *sacaré* de la aflicción de Egipto
4.6 cuando la *sacó*. . que su mano estaba leprosa
4.7 al *sacarla* de nuevo. . como la otra carne
6.6 os *sacaré* de debajo de las tareas pesadas
6.7 yo soy Jehová. . que os *sacó* de. . de Egipto
6.13 que *sacasen* a los hijos de Israel de la
6.26 dijo: *Sacad* a los hijos de Israel de la
6.27 hablaron a Faraón. . para *sacar* de Egipto
7.4 *sacaré* a mis ejércitos. . hijos de Israel
7.5 *saque* a los hijos de Israel de en medio
8.18 para *sacar* piojos con sus encantamientos
12.17 *saqué* vuestras huestes de la tierra de
12.21 *sacad* y tomaos corderos por. . familias
12.39 de la masa que habían *sacado* de Egipto
12.42 haberlos *sacado* en ella de la tierra de
12.51 *sacó* Jehová a los hijos de Israel de la
13.3 Jehová os ha *sacado* de. . con mano fuerte
13.8 hizo conmigo cuando me *sacó* de Egipto
13.9 con mano fuerte te *sacó* Jehová de Egipto
13.14 dirás: Jehová nos *sacó* con mano fuerte
13.16 por cuanto Jehová nos *sacó* de Egipto con
14.11 nos has *sacado* para que muramos en el
14.11 ¿por qué has. . nos has *sacado* de Egipto?
15.9 *sacaré* mi espada, los destruirá mi mano
16.3 nos habéis *sacado* a este desierto para
16.6 que Jehová os ha *sacado* de la tierra de
16.32 a comer. . cuando yo os *saqué* de. . Egipto
18.1 Jehová había *sacado* a Israel de Egipto
19.17 y Moisés *sacó* del campamento al pueblo
20.2 yo soy. . te *saqué* de la tierra de Egipto
29.46 yo soy Jehová. . que los *saqué* de. . Egipto
32.1,23 Moisés, el varón que nos *sacó* de la
32.4 tus dioses, que te *sacaron* de la tierra
32.7 que *sacaste* de. . Egipto se ha corrompido
32.8 estos son tus dioses, que te *sacaron* de la
32.11 tu pueblo, que tú *sacaste* de la tierra
32.12 para mal los *sacó*, para matarlos en los
33.1 sube. . tú y el pueblo que *sacaste* de la
33.12 me dices a mí: *Saca* este pueblo; y tú
33.15 no ha de ir conmigo, no nos *saques* de
Lv. 4.12 el becerro *sacará* fuera del campamento
4.21 *sacará* el becerro fuera del campamento
6.11 *sacará* las cenizas fuera del campamento
10.4 acercaos y *sacad* a vuestros hermanos de
10.5 y los *sacaron* con sus túnicas fuera del
11.40 el que *sacare* el cuerpo muerto, lavará
14.45 *sacarán* todo fuera de la ciudad a lugar
16.27 *sacarán* fuera del campamento el becerro
19.36; 22.33 os *saqué* de la tierra de Egipto
23.43 cuando los *saqué* de la tierra de Egipto
24.14 *saca* el blasfemo fuera del campamento
24.23 *sacaron* del campamento al blasfemo y
25.38 os *saqué* de la tierra de Egipto, para
25.42 mis siervos, los cuales *saqué* yo de la
25.55 siervos míos, a los cuales *saqué* de la
26.13 os *saqué* de la tierra de Egipto, para
26.45 cuando los *saqué* de la tierra de Egipto
Nm. 14.13 medio de ellos *sacaste* a este pueblo
15.36 entonces lo *sacó* la congregación fuera
15.41 yo. . que os *saqué* de la tierra de Egipto
16.14 ¿*sacarás* los ojos de estos hombres? No
17.9 entonces *sacó* Moisés todas las varas de
19.3 él la *sacará* fuera del campamento, y la
20.8 les *sacarás* aguas de la peña, y darás a
20.16 y envió un ángel, y nos *sacó* de Egipto
23.22 los ha *sacado* de Egipto; tiene fuerzas
24.8 Dios lo *sacó* de Egipto; tiene fuerzas
27.17 los *saque* y los introduzca, para que la
Dt. 1.27 nos ha *sacado* de tierra de Egipto, para
4.20 y os ha *sacado* del horno de hierro, de
4.37 te *sacó* de Egipto con su presencia y con
5.6 yo soy Jehová tu Dios, que te *saqué*. . Egipto
5.15 tu Dios te *sacó* de allá con mano fuerte
6.12 que te *sacó* de la tierra de Egipto, de
6.21 y Jehová nos *sacó* de. . con mano poderosa
6.23 y nos *sacó* de allá, para traernos y darnos la
7.8 os ha *sacado* Jehová con mano poderosa, y
7.19 el brazo. . con que Jehová tu Dios te *sacó*
8.9 tierra. . y de cuyos montes *sacarás* cobre
8.14 olvides de. . te *sacó* de tierra de Egipto
8.15 él te *sacó* agua de la roca del pedernal
9.12 que *sacaste* de Egipto se ha corrompido
9.26 que *sacaste* de Egipto con mano poderosa
9.28 digan los de la tierra de donde. . *sacaste*
9.28 los *sacó* para matarlos en el desierto
9.29 ellos son tu pueblo. . que *sacaste* con tu
13.5 Dios que te *sacó* de tierra de Egipto y
13.10 te *sacó* de tierra de Egipto, de casa de
14.28 *sacarás*. . el diezmo de tus productos de
16.1 en el mes de Abib te *sacó* Jehová tu Dios
17.5 *sacarás*. . al hombre o. . que hubiere hecho
19.12 los ancianos. . lo *sacarán* de allí, y lo
20.1 está contigo, el cual te *sacó* de tierra
21.19 *sacarán* ante los ancianos de su ciudad
22.15 *sacarán* las señales de la virginidad de
22.21 la *sacarán* a la puerta de la casa de su
22.24 los *sacaréis*. . a la puerta de la ciudad
24.11 a quien prestaste te *sacará* la prenda
26.2 primicias de. . los frutos que *sacares* de
26.8 nos *sacó* de Egipto con mano fuerte, con
26.13 he *sacado* lo consagrado de mi casa, y
28.38 *sacarás* mucha semilla. . recogerás poco
29.11 el que corta. . hasta el que *saca* tu agua
29.25 cuando los *sacó* de la tierra de Egipto
Jos. 2.3 *saca* a los hombres que han venido a ti
6.23 y los espías entraron y *sacaron* a Rahab
6.23 y también *sacaron* a toda su parentela
9.23 y *saque* el agua para la casa de mi Dios
10.22 abrid la. . y *sacad*. . a esos cinco reyes
10.23 y *sacaron* de la cueva a aquellos cinco
18.11 *sacó* la suerte de la tribu de. . Benjamín
19.9 fue *sacada* la heredad de los. . de Simeón
24.5 envié. . herí a Egipto. . y después os *saqué*
24.6 *saqué* a vuestros padres de Egipto. . mar
24.17 Jehová. . es el que nos *sacó* a nosotros
Jue. 2.1 yo os *saqué* de Egipto, y os introduje
2.12 los había *sacado* de la tierra de Egipto
3.22 no *sacó* el puñal de su vientre; y salió
6.8 hice. . y os *saqué* de la casa de servidumbre
6.13 ¿no nos *sacó* Jehová de Egipto? Y ahora
6.18 *saque* mi ofrenda y la ponga delante de
6.19 en una olla, y *sacándolo* se lo presentó
6.30 *saca* a tu hijo para que muera, porque ha
6.38 exprimió el vellón y *sacó*. . un tazón lleno
8.10 habían caído 120.000. . que *sacaban* espada
9.54 *saca* tu espada y mátame, para que no se
16.21 mas los filisteos. . le *sacaron* los ojos
19.22 *saca* al hombre que ha entrado en tu casa
19.24 he aquí mi hija virgen. . las *sacaré* ahora
19.25 tomando aquel. . a su concubina, la *sacó*
20.2,17 de Israel. . 400.000. . *sacaban* espada
20.15 Benjamín. . 26.000. . que *sacaban* espada
20.25 otros 18.000 hombres de. . *sacaban* espada
20.35 mataron. . todos los cuales *sacaban* espada
20.46 murieron. . 25.000. . que *sacaban* espada
Rt. 2.9 y bebe del agua que *sacan* los criados
2.18 *sacó* también. . lo que le había sobrado
1 S. 2.14 metía. . todo lo que *sacaba* el garfio
7.6 y se reunieron en Mizpa, y *sacaron* agua
8.8 el día que los *saqué* de Egipto hasta hoy
10.18 yo *saqué* a Israel de Egipto, y os libré
11.2 que a cada uno de. . *saque* el ojo derecho
12.6 *sacó* a vuestros padres de la. . de Egipto
12.8 los cuales *sacaron* a vuestros padres de
17.51 *sacándola*. . acabó de matar, y le cortó
31.4 dijo Saúl. . *Saca* tu espada, y traspásame
2 S. 5.2 tú quien *sacabas* a Israel a la guerra
7.6 el día en que *saqué* a los hijos de Israel
12.30 y *sacó* muy grande botín de la ciudad
12.31 *sacó* además a la gente que estaba en ella
13.9 las *sacó* delante de él; mas él no quiso
22.17 me tomó; me *sacó* de las muchas aguas
22.20 y me *sacó* a lugar espacioso; me libró
23.16 los tres. . *sacaron* agua del pozo de Belén
24.9 hombres fuertes que *sacaban* espada, y los
1 R. 8.8 *sacaron* las varas, de manera que sus
8.16 el día que *saqué* de Egipto a mi pueblo
8.21 el pacto. . cuando los *sacó* de. . de Egipto
8.51 tu pueblo. . el cual tú *sacaste* de Egipto
8.53 *sacaste* a nuestros padres de Egipto, oh
9.9 dejaron a Jehová su. . que había *sacado* a
20.24 *saca* a los reyes cada uno de su puesto
21.10 y entonces *sacadlo*, y apedreadlo para
22.34 y *sácame* del campo, pues estoy herido
2 R. 10.22 *saca* vestiduras. . les *sacó* vestiduras
10.26 *sacaron* las estatuas del templo de Baal
11.2 tomó a Joás hijo. . y lo *sacó* furtivamente
11.12 *sacando* luego Joiada al hijo del rey, le
11.15 *sacadla* fuera del recinto del templo, y
17.7 Dios, que los *sacó* de tierra de Egipto
17.36 mas a Jehová, que os *sacó* de. . de Egipto
23.4 mandó el rey. . que *sacasen* del templo de
23.6 hizo. . *sacar* la imagen de Asera fuera de
23.16 envió y *sacó* los huesos de. . sepulcros
23.35 *sacando* la plata y el oro del pueblo de
24.13 *sacó*. . los tesoros de la casa de Jehová
25.7 a Sedequías le *sacaron* los ojos, y atado
25.27 a Joaquín rey. . *sacándolo* de la cárcel
1 Cr. 9.28 por cuenta, y por cuenta se *sacaban*
10.4 *saca* tu espada y traspásame con ella, no
11.2 tú eras quien *sacaba* a la guerra a Israel
11.18 y *sacaron* agua del pozo de Belén, que
17.5 el día que *saqué* a los hijos de Israel
20.1 que Joab *sacó* las fuerzas del ejército
20.2 este *sacó* de la ciudad muy grande botín
20.3 *sacó*. . al pueblo que estaba en ella, y lo
21.5 todo Israel 1.100.000 que *sacaban* espada
21.5 y de Judá 470.000. . que *sacaban* espada
2 Cr. 2.14 y *sacar* toda forma de diseño que se
6.5 desde el día. . *saqué* a mi pueblo de Egipto
7.22 que los *sacó* de la tierra de Egipto, y
16.2 *sacó* Asa la plata y el oro de. . la casa
18.33 *sácame* del campo, porque estoy. . herido
23.11 entonces *sacaron* al hijo del rey, y le
23.14 *sacadla* fuera del recinto, y al que la
25.11 *sacó* a su pueblo, y vino al Valle de la
29.5 casa. . y *sacad* del santuario la inmundicia
29.16 *sacaron*. . inmundicia que hallaron en el
34.14 *sacar* el dinero que había sido traído
35.24 sus siervos lo *sacaron* de aquel carro
Esd. 1.7 Ciro *sacó* los utensilios de la casa de
1.7 Nabucodonosor había *sacado* de Jerusalén
1.8 los *sacó*. . Ciro rey de Persia, por mano de
5.14 Nabucodonosor había *sacado* del templo
5.14 rey Ciro los *sacó* del templo de Babilonia
6.5 los cuales Nabucodonosor *sacó* del templo
Neh. 9.7 lo *sacaste* de Ur de los caldeos, y le
9.15 en su sed les *sacaste* aguas de la peña
Job 5.5 su mies. . *sacarán* de entre los espinos
8.10 ellos. . de su corazón *sacarán* palabras?
10.18 ¿por qué me *sacaste* de la matriz?
12.22 él. . *saca* a luz la sombra de muerte
15.13 que. . *saques* tales palabras de tu boca?
20.15 devoró. . de su vientre las *sacará* Dios
22.6 *sacaste* prenda a tus hermanos sin causa
28.2 hierro se *saca* del polvo, y de la piedra
35.3 dijiste: ¿Qué ventaja *sacaré* de ello?
38.32 ¿*sacarás* tú. . las constelaciones de los
41.1 ¿*sacarás* tú al leviatán con anzuelo, o con
Sal. 18.16 me tomó, me *sacó* de las muchas aguas
18.19 me *sacó* a lugar espacioso; me libró
22.9 pero tú eres el que me *sacó* del vientre
25.15 porque él *sacará* mis pies de la red
25.17 han aumentado; *sácame* de mis congojas
31.4 *sácame* de la red que han escondido para
35.3 *saca* la lanza. . contra mis perseguidores
40.2 hizo *sacar* del pozo de la desesperación
66.12 pasamos por. . y nos *sacaste* a abundancia
68.6 *saca* a los cautivos a prosperidad; mas
69.14 *sácame* del lodo, y no sea yo sumergido
71.6 de las entrañas. . fuiste el que me *sacó*
78.16 pues *sacó* de la peña corrientes, e hizo
104.14 la hierba. . *sacando* el pan de la tierra
105.37 los *sacó* con plata y oro; y no hubo en
105.43 *sacó* a su pueblo con gozo; con júbilo
107.14 *sacó* de las tinieblas y de la sombra de
135.7 hace. . *saca* de sus depósitos los vientos
136.11 que *sacó* a Israel de en medio de ellos
140.8 no *saques* adelante su pensamiento, para
142.7 *saca* mi alma de la cárcel. . que alabe tu
143.11 tu justicia *sacarás* mi alma de angustia
144.7 redímeme, y *sácame* de las muchas aguas
Pr. 30.17 los cuervos. . lo *saquen*, y lo devoren
30.33 el que bate la leche *sacará* mantequilla
30.33 recio se suena las narices *sacará* sangre
Ec. 5.10 el que ama el mucho tener, no *sacará*
Is. 12.3 *sacaréis* con gozo aguas de las fuentes
22.6 Elam tomó aljaba. . y Kir *sacó* el escudo
30.14 no se halla tiesto. . o para *sacar* agua
34.15 allí. . *sacará* sus pollos, y los juntará

SACAR ***(Continúa)***
Is. 40.26 él *saca* y cuenta su ejército; a todas
42.7 que *saques* de la cárcel a los presos, y
43.8 *sacad* al pueblo ciego que tiene ojos, y a
43.17 el que *saca* carro y caballo, ejército y
46.6 *sacan* oro de la bolsa, y pesan plata con
54.16 y que *saca* la herramienta para su obra
65.9 *sacaré* descendencia de Jacob, y de Judá
Jer. 7.22 nada les mandé. .el día que los *saqué*
8.1 *sacarán* los huesos de los reyes de Judá
10.13 hace. .*saca* el viento de sus depósitos
11.4 mandé a. .padres el día que los *saqué* de
12.17 arrancaré esa nación, *sacándola* de raíz
17.22 ni *saquéis* carga de vuestras casas en
20.3 y el día siguiente Pasur *sacó* a Jeremías
26.23 *sacaron* a Urías de Egipto y lo trajeron
31.32 el día que tomé su mano para *sacarlos* de
32.21 *sacaste* a tu pueblo Israel de la tierra
34.13 pacto. .el día que los *saqué* de. .Egipto
37.17 Sedequías envió y le *sacó*. .preguntó el
38.10 y haz *sacar* al profeta. .de la cisterna
38.13 este modo *sacaron* a Jeremías con sogas
38.22 mujeres. .serán *sacadas* a los príncipes
38.23 *sacarán*. .tus mujeres y tus hijos a los
39.7 y *sacó* los ojos del rey Sedequías, y le
39.14 *sacase* a casa; y vivió entre el pueblo
50.25 y *sacó* los instrumentos de su furor
51.10 Jehová *sacó* a luz nuestras justicias
51.16 hace. .y *saca* el viento de sus depósitos
51.44 *sacaré* de su boca lo que se ha tragado
52.11 le *sacó* los ojos a Sedequías, y le ató
52.31 alzó la cabeza. .y lo *sacó* de la cárcel
Ez. 4.2 sitio. .y *sacarás* contra ella baluarte
11.7 os *sacaré* a vosotros de en medio de ella
11.9 y os *sacaré* de en medio de ella, y os
12.4 *sacarás* tus enseres de día delante de sus
12.6 delante de sus ojos. .de noche los *sacarás*
12.7 *saqué* mis enseres de día, como enseres
12.12 por la pared abrirán paso para *sacarlo*
20.6 que los *sacaría* de la tierra de Egipto
20.9 actué. .*sacarlos* de la tierra de Egipto
20.10 los *saqué* de la. .de Egipto, y los traje
20.14,22 ante cuyos ojos los había *sacado*
20.34 y os *sacaré* de entre los pueblos, y os
20.38 de la tierra de sus. .los *sacaré*, mas a
20.41 os haya *sacado* de entre los pueblos, y os
21.3 *sacaré* mi espada de su vaina, y cortaré
21.5 que yo Jehová *saqué* mi espada de su vaina
24.6 por sus piezas *sácala*, sin echar suerte
28.18 yo, pues, *saqué* fuego de en medio de ti
29.4 y te *sacaré* de en medio de tus ríos, y
34.13 y yo las *sacaré* de los pueblos, y las
37.13 abra. .y os *saque* de vuestras sepulturas
38.4 y te *sacaré* a ti y a todo tu ejército
38.8 fue *sacada* de las naciones, y todos ellos
39.3 y *sacaré* tu arco de tu mano izquierda
39.27 cuando los *saque* de entre los pueblos
42.15 me *sacó* por el camino de la puerta que
46.20 allí cocerán. .para no *sacarla* al atrio
46.21 luego me *sacó* al atrio exterior, y me
47.2 me *sacó* por el camino de la puerta del
Dn. 6.23 *sacar* a Daniel del. .fue Daniel *sacado*
9.15 Dios. .que *sacaste* tu pueblo de. .Egipto
Os. 9.13 Efraín *sacará* sus hijos a la matanza
Am. 6.10 y lo quemará para *sacar* los huesos de
Jon. 2.6 mas tú *sacaste* mi vida de la sepultura
Mi. 2.3 del cual no *sacaréis* vuestros cuellos
7.9 Jehová. .me *sacará* a luz; veré su justicia
Hab. 1.15 *sacará* a todos con anzuelo. .recogerá
Sof. 3.5 de mañana *sacará* a luz su juicio, nunca
Hag. 2.16 venían al lagar para *sacar* cincuenta
Zac. 4.7 él *sacará* la. .piedra con aclamaciones
9.11 yo he *sacado* tus presos de la cisterna
Mt. 5.29 *sácalo*, y échalo de ti; pues mejor te
7.4 dirás a. .Déjame *sacar* la paja de tu ojo
7.5 *saca* primero la viga de tu propio ojo, y
7.5 y entonces verás bien para *sacar* la paja
12.20 hasta que *saque* a victoria el juicio
12.35 del buen tesoro del. .*saca* buenas cosas
12.35 malo, del mal tesoro *saca* malas cosas
13.48 y una vez llena, la *sacan* a la orilla
13.52 *saca* de su tesoro cosas nuevas y cosas
17.27 el primer pez que *saques*, tómalo, y al
18.9 ocasión de caer, *sácalo* y échalo de ti
26.51 *sacó* su espada, e hiriendo a un siervo
Mr. 8.23 tomando la mano del ciego, le *sacó*
9.47 tu ojo te fuere ocasión de caer, *sácalo*
14.47 *sacando* la espada, hirió al siervo del
15.20 después. .le *sacaron* para crucificarle
Lc. 5.36 el remiendo *sacado* de él no armoniza
6.42 déjame *sacar* la paja que está en tu ojo
6.42 *saca* primero la viga de tu propio ojo, y
6.42 verás bien para *sacar* la paja que está
6.45 bueno, del buen tesoro de. .*saca* lo bueno
6.45 del mal tesoro. .*saca* lo malo; porque de
10.35 *sacó* dos denarios, y los dio al mesonero
14.5 no lo *sacará* inmediatamente, aunque sea
15.22 el padre dijo. .*Sacad* el mejor vestido
24.50 los *sacó* fuera hasta Betania, y alzando
Jn. 2.8 *sacad* ahora, y llevadlo al maestresala
2.9 los sirvientes que habían *sacado* el agua
4.7 vino una mujer de Samaria a *sacar* agua
4.11 le dijo: Señor, no tienes con qué *sacarla*
4.15 no tenga yo sed, ni venga aquí a *sacarla*
10.3 sus ovejas llama por nombre, y las *saca*
10.4 cuando ha *sacado* fuera todas las propias
21.6 la echaron, y ya no la podían *sacar*, por
21.11 *sacó* la red a tierra, llena de. .peces
Hch. 5.6 los jóvenes. .*sacándolo*, lo sepultaron
5.9 los pies de los que. .y te *sacarán* a ti
5.10 la *sacaron*, y la sepultaron junto a su
5.15 *sacaban* los enfermos a las calles, y los
5.19 ángel del Señor, abriendo. .y *sacándolos*
5.34 mandó que *sacasen* fuera. .los apóstoles
7.36 éste los *sacó*, habiendo hecho prodigios
7.40 este Moisés, que nos *sacó* de la tierra
9.40 *sacando* a todos. .puso de rodillas y oró
12.4 se proponía *sacarle* al pueblo después de
12.6 cuando Herodes le iba a *sacar*, aquella
12.17 el Señor le había *sacado* de la cárcel
13.17 y con brazo levantado los *sacó* de ella
16.27 viendo. .*sacó* la espada y se iba a matar
16.30 y *sacándolos*, les dijo: Señores, ¿qué
16.37 no. .sino vengan ellos mismos a *sacarnos*
16.39 *sacándolos*, les pidieron que salieran
17.5 los judíos. .procuraban *sacarlos* al pueblo
19.33 y *sacaron* de. .la multitud a Alejandro
21.38 y *sacó* al desierto los 4.000 sicarios?
22.30 *sacando* a Pablo, le presentó ante ellos
Gá. 4.15 hubierais *sacado* vuestros propios ojos
1 Ti. 6.7 nada. .y sin duda nada podremos *sacar*
2 Ti. 1.10 quitó la muerte y *sacó* a luz la vida
He. 8.9 para *sacarlos* de la tierra de Egipto
11.34 evitaron. .*sacaron* fuerzas de debilidad
Jud. 5 *sacándolo* de Egipto, después destruyó a
16 adulando a. .personas para *sacar* provecho

SACERDOCIO
Éx. 29.9 y tendrán el *s* por derecho perpetuo
31.10 las vestiduras de. .para que ejerzan el *s*
35.19 las vestiduras de. .para servir en el *s*
39.41 las vestiduras. .para ministrar en el *s*
40.15 y su unción les servirá por *s* perpetuo
Nm. 3.3 los cuales consagró para ejercer el *s*
3.4 Itamar ejercieron el *s* delante de Aarón
3.10 y constituirás a. .para que ejerzan su *s*
16.10 hizo acercar. .¿Procuráis también el *s*?
18.1 tú y. .llevaréis el pecado de vuestro *s*
18.7 tus hijos contigo guardaréis vuestro *s*
18.7 he dado en don el servicio de vuestro *s*
25.13 tendrá él, y su. .el pacto del *s* perpetuo
Dt. 10.6 en lugar suyo tuvo el *s* su hijo Eleazar
Jos. 18.7 el *s* de Jehová es la heredad de ellos
1 R. 2.27 así echó Salomón a Abiatar del *s* de
1 Cr. 6.10 Azarías, el que tuvo el *s* en la casa
24.2 hijos, Eleazar e Itamar ejercieron el *s*
Esd. 2.62; Neh. 7.64 fueron excluidos del *s*
13.29 que contaminan el *s*, y el pacto del *s*
Os. 4.6 yo te echaré del *s*; y porque olvidaste
Lc. 1.8 aconteció que ejerciendo Zacarías el *s*
1.9 conforme a la costumbre del *s*, le tocó en
He. 7.5 de entre los hijos de Leví reciben el *s*
7.11 si, pues, la perfección fuera por el *s*
7.12 porque cambiado el *s*, necesario es que
7.14 la cual nada habló Moisés tocante al *s*
7.24 cuanto permanece. .tiene un *s* inmutable
1 P. 2.5 sed edificados como casa. .y *s* santo
2.9 mas vosotros sois linaje escogido, real *s*

SACERDOTAL
Esd. 2.69 dieron al tesorero. .cien túnicas *s*
Neh. 7.70 el gobernador dio. .530 vestiduras *s*
7.72 el resto del pueblo dio. .67 vestiduras *s*

SACERDOTE
Gn. 14.18 Melquisedec, rey de Salem y *s* del
41.45,50; 46.20 Asenat, hija de Potifera *s*
47.22 tierra de los *s* no compró, por cuanto
47.22 cuanto los *s* tenían ración de Faraón
47.26 excepto sólo la tierra de los *s*, que no
Éx. 2.16 siete hijas que tenía el *s* de Madián
3.1 las ovejas de Jetro su suegro, *s* de Madián
18.1 oyó Jetro *s* de Madián, suegro de Moisés
19.6 me seréis un reino de *s*, y gente santa
19.22 se santifiquen los *s* que se acercan a
19.24 los *s* y el pueblo no traspasen el límite
28.1 Aarón. .y a sus hijos. .para que sean mis *s*
28.4 y para sus hijos, para que sean mis *s*
28.41 y los. .santificarás, para que sean mis *s*
29.1 para consagrarlos, para que sean mis *s*
29.30 que de sus hijos tome su lugar como *s*
29.44 santificaré. .a Aarón y. .que sean mis *s*
30.30 y los consagrarás para que sean mis *s*
31.10 las vestiduras santas para Aarón el *s*
35.19 las sagradas vestiduras de Aarón el *s*
38.21 la dirección de Itamar hijo del *s* Aarón
39.41 las sagradas vestiduras para Aarón el *s*
40.13 a Aarón. .consagrarás, para que sea mi *s*
40.15 los ungirás. .serán mis *s*, y su unción
Lv. 1.5 y los *s* hijos de. .ofrecerán la sangre
1.7 los hijos del *s* Aarón pondrán fuego sobre
1.8 los *s*. .acomodarán las piezas, la cabeza y
1.9 y el *s* hará arder todo sobre el altar
1.11 los *s*. .rociarán su sangre sobre el altar
1.12 y el *s* las acomodará sobre la leña que
1.13 el *s* lo ofrecerá todo, y lo hará arder
1.15 y el *s* la ofrecerá sobre el altar, y le
1.17 el *s* la hará arder sobre el altar, sobre
2.2 la traerá a los *s*, hijos de Aarón; y de
2.2 tomará el *s* su puño lleno de la flor de
2.8 traerás. .ofrenda. .y la presentarás al *s*
2.9 tomará el *s* de aquella ofrenda lo que sea
2.16 el *s* hará arder el memorial de él, parte
3.2 los *s*. .rociarán su sangre sobre el altar
3.11,16 el *s* hará arder esto sobre el altar
4.3 si el *s* ungido pecare según el pecado del
4.5 y el *s*. .tomará de la sangre del becerro
4.6,17 y mojará el *s* su dedo en la sangre
4.7 *s* pondrá de esa sangre sobre los cuernos
4.10,31 y el *s* la hará arder sobre el altar
4.16 el *s*. .meterá de la sangre del becerro en
4.20 de él; así hará el *s* expiación por ellos
4.25,30,34 su dedo el *s* tomará de la sangre
4.26 así el *s* hará por él la expiación de su
4.31 así hará el *s* expiación por él, y será
4.35 el *s* la hará arder en el altar sobre la
4.35 le hará el *s* expiación de su pecado que
5.6 y el *s* le hará expiación por su pecado
5.8 los traerá al *s*, el cual ofrecerá primero
5.10 así el *s* le hará expiación por el pecado de
5.12 la traerá, pues al *s*, y el *s* tomará de
5.13 y hará el *s* expiación por él en cuanto
5.13 el sobrante será del *s*, como la ofrenda
5.16 añadirá. .la quinta parte y lo dará al *s*
5.16 el *s* hará expiación por él con el carnero
5.18 traerá. .al *s* para expiación, según tú lo
5.18 el *s* le hará expiación por el yerro que
6.6 traerá. .un carnero. .lo dará al *s* para la
6.7 y el *s* hará expiación por él delante de
6.10 y el *s* se pondrá su vestidura de lino
6.12 que el *s* pondrá en él leña cada mañana
6.22 *s* que. .fuere ungido. .hará igual ofrenda
6.23 toda ofrenda de *s* será. .quemada; no se
6.26 el *s* que la ofreciere por el pecado, la
6.29 todo varón de entre los *s* la comerá; es
7.5 *s* lo hará arder sobre el altar, ofrenda
7.6 todo varón de entre los *s* la comerá; será
7.7 será del *s* que hiciere la expiación con
7.8 el *s* que ofreciere holocausto de alguno
7.9 toda ofrenda. .será del *s* que lo ofreciere
7.14 será del *s* que rociare la sangre de los
7.31 la grosura la hará arder el *s* en el altar
7.32 daréis al *s* para ser elevada en ofrenda
7.34 y lo he dado a Aarón el *s* y a sus hijos
7.35 que él los consagró para ser *s* de Jehová
12.6 traerá un cordero de un año para. .al *s*
12.8 y el *s* hará expiación por ella, y será
13.2 a Aarón el *s* o a uno de sus hijos los *s*
13.3 *s* mirará la llaga en la piel del cuerpo
13.3 *s* le reconocerá, y le declarará inmundo
13.4 el *s* encerrará al llagado por siete días
13.5 y al séptimo día el *s* lo mirará; y si la
13.5 *s* le volverá a encerrar por otros siete
13.6 el *s* le reconocerá de nuevo; y si parece
13.6 el *s* lo declarará limpio; era erupción
13.7 después que él se mostró al *s* para ser
13.7 limpio, deberá mostrarse otra vez al *s*
13.8 si reconociéndolo el *s* ve que la erupción
13.9 hubiere llaga de lepra. .será traído al *s*
13.11 y le declarará inmundo el *s*, y no le
13.12 si brotare. .hasta donde pueda ver el *s*
13.15 *s* mirará la carne viva, y lo declarará
13.16 la carne viva cambiare y. .vendrá al *s*
13.17 el *s* mirará; y. .el *s* declarará limpio al
13.19 una mancha blanca. .será mostrado al *s*
13.20 el *s* mirará. .el *s* lo declarará inmundo
13.21 el *s* la considerare. .el *s* le encerrará
13.22 si. .el *s* lo declarará inmundo; es llaga
13.23 cicatriz del. .y el *s* lo declarará limpio
13.25 el *s* la mirará. .*s* lo declarará inmundo
13.26 mas si el *s* la mirare, y no apareciere
13.26 sino. .le encerrará el *s* por siete días
13.27 el *s* la reconocerá. . el *s* lo declarará
13.28 el *s* lo declarará limpio, porque señal
13.30 el *s* mirará la llaga. .el *s* le declarará
13.31 cuando el *s* hubiere mirado la llaga de
13.31 *s* encerrará. .días al llagado de la tiña
13.32 el *s* mirará la llaga; y si la tiña no
13.33 y el *s* encerrará por otros siete días al
13.34 mirará el *s* la tiña. .el *s* lo declarará
13.36 el *s* la mirará; y si la tiña hubiere
13.36 no busque el *s* el pelo amarillento; es
13.37 está limpio, y limpio lo declarará el *s*
13.39 *s* mirará, y si en la piel de su cuerpo
13.43 el *s* lo mirará, y si pareciere. .la llaga
13.44 leproso es, es inmundo. .el *s* lo declarará
13.49 es de lepra, y se ha de mostrar al *s*
13.50 *s* mirará la plaga, y encerrará la cosa
13.53 y si el *s* mirare, y no pareciere que la
13.54 *s* mandará que laven donde está la plaga
13.55 el *s* mirará después que la plaga fuere
13.56 mas si el *s* la viere, y pareciere que
14.2 la ley para el leproso. .Será traído al *s*
14.4 el *s* mandará luego que se tomen para él
14.5 y mandará el *s* matar una avecilla en un
14.11 el *s* que le purifica presentará delante
14.12 y tomará el *s* un cordero y lo ofrecerá
14.13 así. .la víctima por la culpa es del *s*
14.14 el *s* tomará de la sangre de la víctima
14.14 pondrá el *s* sobre el lóbulo de la oreja
14.15 *s* tomará del log de aceite, y lo echará
14.17 aceite. .pondrá el *s* sobre el lóbulo de

SACERDOTE ***(Continúa)***

Lv. 14.18 hará el *s* expiación por él delante de
14.19 ofrecerá luego el *s* el sacrificio por el
14.20 y hará subir el *s* el holocausto y la
14.20 así hará el *s* expiación por él, y será
14.23 traerá estas cosas al *s*, a la puerta del
14.24 el *s* tomará el cordero de la expiación
14.24 y los mecerá el *s* como ofrenda mecida
14.25 y el *s* tomará de la sangre de la culpa
14.26 el *s* echará del aceite sobre la palma de
14.27 el *s* rociará del aceite que tiene en su
14.28 el *s* pondrá del aceite que tiene en su
14.29 lo que sobre del aceite que el *s* tiene
14.31 y hará el *s* expiación por el que se ha
14.35 y dará aviso al *s*, diciendo: Algo como
14.36 el *s* mandará desocupar la casa antes que
14.36 y después el *s* entrará a examinarla
14.38 el *s* saldrá de la casa a la puerta de
14.39 volverá el *s*, y la examinará; y si la
14.40 mandará el *s*, y arrancarán las piedras
14.44 entonces el *s* entrará y la examinará
14.48 mas si entrare el *s* y la examinare, y
14.48 el *s* declarará limpia la casa, porque
15.14 vendrá delante de Jehová..los dará al *s*
15.15 el *s* hará..ofrenda..el *s* le purificará
15.29 tomará..y los traerá al *s*, a la puerta
15.30 el *s* hará del uno ofrenda por el pecado
15.30 la purificará el *s* delante de Jehová del
16.32 hará la expiación el *s* que fuere ungido
16.32 y consagrado para ser *s* en lugar de su
16.33 hará expiación..por los *s* y por todo el
17.5 que los traigan..al *s*, y sacrifiquen ellos
17.6 el *s* esparcirá la sangre sobre el altar
19.22 lo reconciliará el *s* delante de Jehová
21.1 habla a los *s* hijos de Aarón, y diles que
21.7 ni con..porque el *s* es santo a su Dios
21.9 la hija del *s*, si comenzare a fornicar
21.10 el sumo *s*..no descubrirá su cabeza, ni
21.21 varón de la descendencia del *s* Aarón, en
22.10 huésped del *s*..no comerán cosa sagrada
22.11 cuando el *s* comprare algún esclavo por
22.12 la hija del *s*, si se casare con varón
22.13 si la hija del *s* fuere viuda o repudiada
22.14 yerro..la dará al *s* con la cosa sagrada
23.10 traeréis al *s* una gavilla por primicia
23.11 *s* mecerá la gavilla delante de Jehová
23.20 el *s* los presentará como ofrenda mecida
23.20 serán cosa sagrada a Jehová para el *s*
27.8 llevado ante el *s*..le fijará precio el *s*
27.11 el animal será puesto delante del *s*
27.12 el *s* lo valorará, sea bueno o sea malo
27.12 conforme a la estimación del *s*, así será
27.14 la valorará el *s*, sea buena o sea mala
27.14 según la valorare el *s*, así quedará
27.18 el *s* hará la cuenta del dinero conforme
27.21 tierra..la posesión de ella será del *s*
27.23 entonces el *s* calculará con él la suma
Nm. 3.3 *s* ungidos, a los cuales consagró para
3.6 hazla estar delante del *s* Aarón, para que
3.32 será Eleazar hijo del *s* Aarón, jefe de
4.16 pero a cargo de Eleazar hijo del *s* Aarón
4.28,33 bajo la dirección de Itamar hijo del *s*
5.8 dará la indemnización..entregándola al *s*
5.9 ofrenda de..presentaren al *s*, suya será
5.10 lo que cualquier..diere al *s*, suyo será
5.15 marido traerá su mujer al *s*, y con ella
5.16 el *s* hará que ella se acerque y se ponga
5.17 tomará el *s* del agua santa en un vaso de
5.17 tomará..el *s* del polvo que hubiere en el
5.18 y hará el *s* estar en pie a la mujer
5.18 el *s* tendrá en la mano las aguas amargas
5.19 el *s* la conjurará y le dirá: Si ninguno
5.21 el *s* conjurará a la mujer con..maldición
5.23 el *s* escribirá estas maldiciones en un
5.25 el *s* tomará de..la ofrenda de los celos
5.26 tomará el *s* un puñado de la ofrenda en
5.30 y el *s* ejecutará en ella toda esta ley
6.10 y día octavo traerá..dos palominos al *s*
6.11 el *s* ofrecerá el uno en expiación, y el
6.16 *s* lo ofrecerá delante de Jehová, y hará
6.17 ofrecerá asimismo el *s* su ofrenda y sus
6.19 después tomará el *s* la espaldilla cocida
6.20 el *s* mecerá aquello como ofrenda mecida
6.20 será cosa santa del *s*, además del pecho
7.8 bajo la mano de Itamar hijo del *s* Aarón
10.8 de Aarón, los *s*, tocarán las trompetas
15.25 *s* hará expiación por..la congregación
15.28 el *s* hará expiación por la persona que
16.37 dí a Eleazar hijo del *s* Aarón, que tome
16.39 y el *s* Eleazar tomó los incensarios de
18.28 daréis..la ofrenda de Jehová al *s* Aarón
19.3 la daréis a Eleazar el *s*, y él la sacará
19.4 Eleazar el *s* tomará de la sangre con su
19.6 tomará el *s* madera de cedro, e hisopo
19.7 el *s* lavará luego sus vestidos, lavará
19.7 y será inmundo el *s* hasta la noche
25.7 Eleazar, hijo del *s* Aarón, y se levantó
25.11 Finees hijo de Eleazar, hijo..*s* Aarón
26.1 a Moisés y a Eleazar hijo del *s* Aarón
26.3 el *s* Eleazar hablaron con ellos en los
26.63 los contados por Moisés y el *s* Eleazar
26.64 ninguno hubo..contados por..el *s* Aarón
27.2 se presentaron..y delante del *s* Eleazar
27.19 y lo pondrás delante del *s* Eleazar, y
27.21 él se pondrá delante del *s* Eleazar, y le
27.22 puso delante del *s* Eleazar, y de toda
31.6 Finees hijo del *s*..fue a la guerra con
31.12 trajeron a..y al *s* Eleazar..los cautivos
31.13 y salieron Moisés y el *s*..a recibirlos
31.21 el *s*..dijo a los hombres de guerra que
31.26 la cuenta del botín..tú y el *s* Eleazar
31.29 darás al *s* Eleazar la ofrenda de Jehová
31.31 e hicieron Moisés y el *s* Eleazar como
31.41 y dio Moisés el tributo..al *s* Eleazar
31.51 el *s* Eleazar recibieron el oro de ellos
31.54 recibieron, pues, Moisés y el *s*..el oro
32.2 de Gad..hablaron a Moisés y al *s* Eleazar
32.28 les encomendó Moisés al *s* Eleazar, y a
33.38 y subió el *s* Aarón al monte de Hor
34.17 os repartirán la tierra: El *s* Eleazar
35.25 y morará en ella hasta que muera el..*s*
35.28 aquél habitar hasta que muera el sumo *s*
35.28 que haya muerto el sumo *s*..volverá a la
35.32 a vivir en..hasta que muera el sumo *s*
Dt. 17.9 y vendrás a los *s* levitas, y al juez
17.12 con soberbia, no obedeciendo al *s* que
17.18 que está al cuidado de los *s* levitas
18.1 los *s* levitas, es decir, toda la tribu de
18.3 el derecho de los *s* de parte del pueblo
18.3 darán al *s* la espaldilla, las quijadas y
19.17 se presentarán..delante de los *s* y de
20.2 pondrá en pie el *s* y hablará al pueblo
21.5 entonces vendrán los *s* hijos de Leví
24.8 todo lo que os enseñaren los *s* levitas
26.3 presentarás al *s* que hubiere en aquellos
26.4 el *s* tomará la canasta de tu mano, y la
27.9 Moisés, con los *s* levitas, habló a todo
31.9 esta ley, y la dio a los *s* hijos de Leví
Jos. 3.3 el arca..y los levitas *s* que la llevan
3.6 y habló Josué a los *s*..Tomad el arca del
3.8 mandarás a los *s* que llevan el arca del
3.13 cuando las plantas de los pies de los *s*
3.14 los *s* delante del pueblo llevando el arca
3.15 los pies de los *s*..fueron mojados a la
3.17 mas los *s*..estuvieron en seco, firmes en
4.3 lugar donde están firmes los pies de los *s*
4.9 lugar donde estuvieron los pies de los *s*
4.10 *s*..se pararon en medio del Jordán hasta
4.11 también pasó el arca de Jehová, y los *s*
4.16 los *s* que llevan el arca del testimonio
4.17 Josué mandó a los *s*, diciendo: Subid del
4.18 que cuando los *s* que llevaban el arca del
4.18 pies de los *s* estuvieron en lugar seco
6.4 siete *s* llevarán siete bocinas de cuernos
6.4 al séptimo día..los *s* tocarán las bocinas
6.6 llamando, pues, Josué..a los *s*, les dijo
6.6 arca..y siete *s* lleven bocinas de cuerno
6.8 los siete *s*, llevando las siete bocinas
6.9 los hombres armados iban delante de los *s*
6.12 Josué..y los *s* tomaron el arca de Jehová
6.13 los siete *s*, llevando las siete bocinas
6.16 los *s* tocaron las bocinas la séptima vez
6.20 y los *s* tocaron las bocinas; y aconteció
8.33 Israel.. en presencia de los *s* levitas que
14.1 les repartieron el *s* Eleazar, Josué hijo
17.4 éstas vinieron delante del *s* Eleazar y de
19.51 las heredades que el *s* Eleazar y Josué
20.6 hasta la muerte del que fuere sumo *s* en
21.1 levitas vinieron al *s* Eleazar, a Josué
21.4 los hijos de Aarón el *s*, que eran de los
21.13 y a los hijos del *s* Aarón dieron Hebrón
21.19 todas las ciudades de los *s*..son trece
22.13 y enviaron..a Finees hijo del *s* Eleazar
22.30 oyendo Finees el *s* y los príncipes de
22.31 y dijo Finees hijo del *s* Eleazar a los
Jue. 17.5 consagró a uno de sus hijos para..*s*
17.10 quédate en..y serás para mí padre y *s*
17.12 al levita, y aquel joven le servía de *s*
17.13 me prosperará..tengo un levita por *s*
18.4 Micaía..me ha tomado para que sea su *s*
18.6 el *s* les respondió: Id en paz; delante de
18.17 estaba el *s* a la entrada de la puerta
18.18 y el *s* les dijo: ¿Qué hacéis vosotros?
18.19 que seas nuestro padre y *s*. ¿Es mejor
18.19 ¿es mejor que seas tú *s* en casa de un
18.20 alegró el corazón del *s*, el cual tomó
18.24 tomasteis mis dioses que yo hice y al *s*
18.27 con el *s* que tenía, llegaron a Lais, al
18.30 Jonatán hijo de..él y sus hijos fueron *s*
1 S. 1.3 estaban..Ofni y Finees, *s* de Jehová
1.9 mientras el *s* Elí estaba sentado en una
2.11 el niño ministraba a..delante del *s* Elí
2.13 era costumbre de los *s* con el pueblo, que
2.13 venía el criado del *s* mientras se cocía
2.14 lo que sacaba el garfio, el *s* lo tomaba
2.15 venía el criado del *s*, y decía al que
2.15 da carne que asar para el *s*; porque no
2.28 le escogí por mi *s* entre todas las tribus
2.35 suscitaré un *s* fiel, que haga conforme a
5.5 los *s*..que entran en el templo de Dagón
6.2 los filisteos, llamando a los *s* y adivinos
14.3 *s* de Jehová en Silo, llevaba el efod
14.19 hablaba Saúl con el *s*..dijo Saúl al *s*
14.36 dijo..el *s*: Acerquémonos aquí a Dios
21.1 vino David a Nob, al *s* Ahimelec; y se
21.2 respondió David al *s* Ahimelec: El rey me
21.4 *s* respondió a David..No tengo pan común
21.5 y David respondió al *s*, y le dijo: En
21.6 el *s* le dio el pan sagrado, porque allí
21.9 el *s* respondió: La espada de Goliat el
22.11 el rey envió por el *s* Ahimelec hijo de
22.11 rey envió por..los *s* que estaban en Nob
22.17 dijo..Volveos y matad a los *s* de Jehová
22.17 no quisieron..matar a los *s* de Jehová
22.18 arremete contra..*s*..acometió a los *s*
22.19 a Nob, ciudad de los *s*, hirió a filo
22.21 como Saúl había dado muerte a los *s* de
23.9 David..dijo a Abiatar *s*: Trae el efod
30.7 dijo David al *s* Abiatar..Yo te ruego que
2 S. 8.17 Sadoc hijo..y Ahimelec hijo..eran *s*
15.27 dijo..el rey al *s* Sadoc: ¿No eres tú el
15.35 ¿no estarán allí..los *s* Sadoc y Abiatar?
15.35 lo comunicarás a los *s* Sadoc y Abiatar
17.15 dijo..Husai a los *s* Sadoc y Abiatar: Así
19.11 David envió a los *s*.. diciendo: Hablad a
20.25 Seva era escriba, y Sadoc y Abiatar, *s*
20.26 e Ira jaireo fue también *s* de David
1 R. 1.7 había puesto de acuerdo..el *s* Abiatar
1.8 pero el *s* Sadoc, y Benaía hijo de Joiada
1.19 y ha convidado..al *s* Abiatar, y a Joab
1.25 y ha convidado a..y también al *s* Abiatar
1.26 pero ni a mí..ni al *s* Sadoc, ni a Benaía
1.32 llamadme al *s* Sadoc, al profeta Natán, y
1.34 lo ungirán el *s* Sadoc y el profeta Natán
1.38 y descendieron el *s* Sadoc, el profeta
1.39 tomando el *s*..el cuerno del aceite del
1.42 he aquí vino Jonatán hijo del *s* Abiatar
1.44 el rey ha enviado con él al *s* Sadoc y al
1.45 *s* Sadoc y..Natán lo han ungido por rey
2.22 ya tiene también al *s* Abiatar, y a Joab
2.26 el rey dijo al *s* Abiatar: Vete a Anatot
2.35 y a Sadoc puso el rey por *s* en lugar de
4.2 jefes que tuvo: Azarías hijo del *s* Sadoc
4.4 Benaía..ejército; Sadoc y Abiatar, los *s*
8.3 vinieron todos..y los *s* tomaron el arca
8.4 los utensilios..los cuales llevaban los *s*
8.6 los *s* metieron el arca del..en su lugar
8.10 cuando los *s* salieron del santuario, la
8.11 *s* no pudieron permanecer para ministrar
12.31 hizo *s* de entre el pueblo, que no eran
12.32 en Bet-el *s* para los lugares altos que él
13.2 el cual sacrificará sobre ti a los *s* de
13.33 volvió a hacer *s* de los lugares altos
13.33 que fuese de los *s* de los lugares altos
2 R. 10.11 mató entonces Jehú..a sus *s*, hasta
10.19 los profetas de Baal..y a todos sus *s*
11.9 hicieron todo como el *s* Joiada les mandó
11.9 los que entraban..vinieron al *s* Joiada
11.10 el *s* dio a los jefes..las lanzas y los
11.15 *s* Joiada mandó a los jefes de centenas
11.15 *s* dijo que no la matasen en el templo
11.18 el templo..y mataron a Matán *s* de Baal
11.18 el *s* puso guarnición sobre la casa de
12.2 todo el tiempo que le dirigió el *s* Joiada
12.4 dijo a los *s*: Todo el dinero consagrado
12.5 recíbanlo los *s*, cada uno de mano de sus
12.6 no habían reparado los *s* las grietas del
12.7 llamó..Joás al sumo *s* Joiada y a los *s*
12.8 los *s* consintieron en no tomar más dinero
12.9 el sumo *s* Joiada tomó un arca e hizo en
12.9 los *s*..ponían allí todo el dinero que se
12.10 venía el secretario del rey y el sumo *s*
12.16 el dinero por el pecado..era de los *s*
16.10 al *s* Urías el diseño y la descripción
16.11 el *s* Urías edificó el altar; conforme
16.11 lo hizo el *s* Urías, entre tanto que el
16.15 mandó el rey Acaz al *s* Urías, diciendo
16.16 e hizo el *s* Urías conforme a todas las
17.27 llevad allí a alguno de los *s*..de allá
17.28 uno de los *s* que habían llevado cautivo
17.32 e hicieron del pueblo..*s* de los lugares
19.2 envió..los ancianos de los *s*, cubiertos
22.4 al sumo *s*..y dile que recoja el dinero
22.8 el sumo *s* Hilcías al escriba Safán: He
22.10 el *s* Hilcías me ha dado un libro..leyó
22.12 el rey dio orden al *s* Hilcías, a Ahicam
22.14 fueron el *s* Hilcías, y..a la profetisa
23.2 subió el rey a..con los *s* y profetas y
23.4 mandó el rey al sumo *s* Hilcías, a los *s*
23.5 quitó a los *s* idólatras..lugares altos
23.8 e hizo venir..*s* de las ciudades de Judá
23.8 profanó..donde los *s* quemaban incienso
23.9 los *s* de..no subían al altar de Jehová
23.24 en el libro que el *s*..había hallado en
25.18 tomó entonces el..al primer *s* Seraías
25.18 al segundo *s* Sofonías, y tres guardas
1 Cr. 9.2 los primeros moradores..israelitas, *s*
9.10 de los *s*: Jedaías, Joiarib, Jaquín
9.30 los hijos de los *s* hacían los perfumes
13.2 enviaremos..por los *s* y levitas que han
15.11 y llamó David a los *s* Sadoc y Abiatar
15.14 *s*..se santificaron para traer el arca
15.24 y Eliezer, *s*, tocaban las trompetas
16.6 también los *s* Benaía..sonaban..trompetas
16.39 al *s* Sadoc, y a los *s* sus hermanos
18.16 Sadoc hijo de..y Abimelec hijo..eran *s*
23.2 juntando a todos los..a los *s* y levitas
24.6 escribió..nombres..delante de Sadoc el *s*
24.6,31 jefes de las casas paternas de los *s*
28.13 los grupos de los *s* y de los levitas
28.21 he aquí los grupos de los *s* y de los
29.22 ungieron por príncipe, y a Sadoc por *s*
2 Cr. 4.6 el mar era para que los *s* se lavaran
4.9 hizo el atrio de los *s*, y el gran atrio

SACERDOTE *(Continúa)*

2 Cr. 5.5 el arca. .los *s* y los levitas los llevaron
5.7 los *s* metieron el arca del. .en su lugar
5.11 y cuando los *s* salieron del santuario
5.11 todos los *s*. .habían sido santificados
5.12 cantores. .y con ellos 120 *s* que tocaban
5.14 y no podían los *s* estar. .para ministrar
6.41 sean vestidos de salvación tus *s*, y tus
7.2 y no podían entrar los *s* en la casa de
7.6 los *s* desempeñaban. .*s* tocaban trompetas
8.14 y constituyó los turnos de los *s* en sus
8.14 levitas en sus cargos. .delante de los *s*
8.15 no se apartaron del. .en cuanto a los *s*
11.13 los *s* y levitas que. .se juntaron a él
11.15 designó sus. .*s* para los lugares altos
13.9 ¿no habéis arrojado vosotros a los *s* de
13.9 y os habéis designado *s* a la manera de
13.9 y así sea *s* de los que no son dioses?
13.10 *s* que ministran. .son los hijos de Aarón
13.12 sus *s* con las trompetas del júbilo para
13.14 clamaron. .y los *s* tocaron las trompetas
15.3 muchos días ha estado Israel sin. .sin *s*
17.8 y con ellos a los *s* Elisama y Joram
19.8 puso también Josafat. .de los levitas y *s*
19.11 el *s* Amarías será el que os presida en
22.11 lo escondió Josabet. .mujer del *s* Joiada
23.4 estarán de porteros con los *s* y. .levitas
23.6 los *s* y. .que ministran; éstos entrarán
23.8 todo como lo había mandado el *s* Joiada
23.8 porque el *s* Joiada no dio licencia a las
23.9 dio también el *s* Joiada a los jefes de
23.14 *s* Joiada mandó que salieran los jefes
23.14 el *s* había mandado que no la matasen en
23.17 mataron delante de. .a Matán, *s* de Baal
23.18 bajo la mano de los *s* y levitas, según
24.2 hizo Joás lo recto. .días de Joiada el *s*
24.5 reunió a los *s* y los levitas, y les dijo
24.6 el rey llamó al sumo *s* Joiada y le dijo
24.11 y el que estaba puesto por el sumo *s*
24.20 el Espíritu. .sobre Zacarías hijo del *s*
24.25 la sangre de los hijos de Joiada el *s*
26.17 entró tras el *s* Azarías, y con él 80 *s*
26.18 corresponde. .sino a los *s* hijos de Aarón
26.19 y en su ira contra los *s*, la lepra le
26.19 le brotó en la frente, delante de los *s*
26.20 le miró el sumo *s*. .y todos los *s*, y he
29.4 e hizo venir a los *s* y levitas, y los
29.16 y entrando los *s* dentro de la casa de
29.21 y dijo a los *s* hijos de Aarón que los
29.22 y los *s* recibieron la sangre, y la
29.24 los *s* los mataron, e hicieron ofrenda
29.26 los instrumentos. .y los *s* con trompetas
29.34 los *s* eran pocos, y no bastaban para
29.34 hasta que los demás *s* se santificaron
29.34 más rectos. .para santificarse que los *s*
30.3 no había suficientes *s* santificados, ni
30.15 y los *s* y los levitas. .se santificaron
30.16 los *s* esparcían la sangre que recibían
30.21 glorificaban a Jehová. .levitas y los *s*
30.24 y muchos *s* ya se habían santificado
30.25 alegró, pues. .Judá, como también los *s*
30.27 *s* y levitas, puestos en pie, bendijeron
31.2 arregló. .la distribución de los *s* y de
31.2 los *s* y los. .para ofrecer el holocausto
31.4 al pueblo. .que diese la porción. .a los *s*
31.9 preguntó Ezequías a. .*s* y a los levitas
31.10 y el sumo *s* Azarías. .le contestó: Desde
31.15 en las ciudades de los *s*, para dar con
31.17 los que eran contados entre los *s* según
31.19 los *s*, que estaban en los ejidos de sus
31.19 porciones a. .los varones de entre los *s*
34.5 quemó además los huesos de los *s* sobre
34.9 al sumo *s* Hilcías, y dieron el dinero
34.14 el *s* Hilcías halló el libro de la ley
34.18 diciendo: El *s* Hilcías me dio un libro
34.30 *s*, los levitas y todo el pueblo, desde
35.2 puso también a los *s* en sus oficios, y
35.8 también sus príncipes dieron. .a los *s*
35.8 dieron a los *s*, para celebrar la pascua
35.10 los *s* se colocaron en sus puestos, y
35.11 la pascua; y esparcían los *s* la sangre
35.14(2) prepararon para ellos. .para los *s*
35.14 porque los *s*. .estuvieron ocupados hasta
35.18 la que celebró el rey Josías, con los *s*
36.14 todos los. .*s*, y el pueblo, aumentaron
Esd. 1.5 se levantaron. .los *s* y levitas, todos
2.36 los *s*: Los hijos de. .de la casa de Jesúa
2.61 los hijos de los *s*: los hijos de Habaía
2.63 que hubiese *s* para consultar con Urim y
2.70 habitaron los *s*, los levitas. .ciudades
3.2 se levantaron Jesúa. .y sus hermanos los *s*
3.8 *s* y los levitas, y todos los que habían
3.10 pusieron a los *s* vestidos de sus ropas
3.12 y muchos de los *s*, de los levitas y de
6.9 aceite, conforme a lo que dijeren los *s*
6.16 los *s*, los levitas y los demás que habían
6.18 pusieron a los *s* en sus turnos, y a los
6.20 los *s* y los levitas se habían purificado
6.20 la pascua. .por sus hermanos los *s*, y por
7.5 hijo de Eleazar, hijo de Aarón, primer *s*
7.7 y con él subieron. .*s*, levitas, cantores
7.11 de la carta que dio el rey. .al *s* Esdras
7.12 a Esdras, *s* y escriba erudito en la ley
7.13 sus *s* y levitas, que quiera ir contigo
7.16 las ofrendas voluntarias del. .y de los *s*
7.21 lo que os pida el *s* Esdras. .le conceda
7.24 que a todos los *s* y levitas, cantores
8.15 habiendo buscado entre. .y entre los *s*
8.24 aparté. .doce de los principales de los *s*
8.29 los peséis delante. .príncipes de los *s*
8.30 los *s* y los levitas recibieron el peso
8.33 pesada la plata. .por mano del *s* Meremot
9.1 y los *s* y levitas no se han separado de
9.7 nuestros *s* hemos sido entregados en mano
10.5 juramentó a los príncipes de los *s* y de
10.10 y se levantó el *s* Esdras y les dijo
10.16 fueron apartados el *s* Esdras, y ciertos
10.18 de los hijos de los *s* que habían tomado
Neh. 2.16 a los judíos y *s*, ni a los nobles y
3.1 entonces se levantó el sumo *s* Eliasib con
3.1 sus hermanos los *s*, y edificaron la puerta
3.20 la puerta de la casa de Eliasib sumo *s*
3.22 después. .restauraron los *s*, los varones
3.28 desde la puerta de los. .restauraron los *s*
5.12 convoqué a los *s*, y les hice jurar que
7.39 *s*: los hijos de Jedaía, de la casa de
7.63 los *s*: los hijos de Habaía, los hijos de
7.65 hasta que hubiese *s* con Urim y Tumim
7.73 habitaron los *s*, los levitas. .ciudades
8.2 el *s* Esdras trajo la ley delante de la
8.9 y el *s* Esdras. .dijeron a todo el pueblo
8.13 se reunieron. .*s* y levitas, a Esdras el
9.32 todo el sufrimiento que ha alcanzado. .*s*
9.34 nuestros *s*. .no pusieron por obra tu ley
9.38 firmada. .nuestros levitas y nuestros *s*
10.8 Maazías, Bilgai y Semaías; éstos eran *s*
10.28 los *s*, levitas, porteros y cantores, los
10.34 echamos. .suertes los *s*, los levitas y el
10.36 los *s* que ministran en la casa de. .Dios
10.37 traeríamos. .para los *s*, a las cámaras
10.38 que estaría el *s* hijo de Aarón con los
10.39 allí estarán los. .los *s* que ministran
11.3 *s* y levitas, los sirvientes del templo
11.10 los *s*: Jedaías hijo de Joiarib, Jaquín
11.20 y el resto. .de los *s* y de los levitas
12.1 *s* y levitas que subieron con Zorobabel
12.7 estos eran los príncipes de los *s* y sus
12.12 *s* jefes de familias fueron: de Seraías
12.22 fueron inscritos. .también los *s*, hasta
12.26 en los días del. .del *s* Esdras, escriba
12.30 y se purificaron los *s* y los levitas
12.35 los hijos de los *s* iban con trompetas
12.41 y los *s* Eliacim, Maaseías, Miniamín
12.44 recoger. .porciones legales para los *s*
12.44 gozo. .con respecto a los *s* y levitas
13.4 el *s* Eliasib, siendo jefe de la cámara
13.5 guardaban antes. .y la ofrenda de los *s*
13.13 puse por mayordomos de. .al *s* Selemías
13.28 hijo del sumo *s* Eliasib era yerno de
13.30 puse a los *s* y levitas por sus grupos
Sal. 78.64 *s* cayeron a espada, y sus viudas no
99.6 Moisés y Aarón entre sus *s*, y Samuel
110.4 eres *s* para siempre según el orden de
132.9 tus *s* se vistan de justicia. .tus santos
132.16 vestiré de salvación a sus *s*, y sus
Is. 8.2 junté conmigo por testigos. .al *s* Urías
24.2 sucederá. .como al pueblo, también al *s*
28.7 *s* y el profeta erraron con sidra, fueron
37.2 envió. .los ancianos de los *s*, cubiertos
61.6 y vosotros seréis llamados *s* de Jehová
66.21 tomaré también de ellos. .*s* y levitas
Jer. 1.1 Jeremías. .de los *s* que estuvieron en
1.18 te he puesto. .contra los reyes. .sus *s*
2.8 los *s* no dijeron: ¿Dónde está Jehová?
2.26 ellos, sus reyes, sus príncipes, sus *s* y
4.9 los *s* estarán atónitos, y se maravillarán
5.31 los *s* dirigían por manos de ellos; y mi
6.13 desde el profeta hasta el *s*, todos son
8.1 sacarán los huesos. .los huesos de los *s*
8.10 desde el. .hasta el *s* todos hacen engaño
13.13 lleno de embriaguez. .los *s* y profetas
14.18 tanto el profeta como el *s* anduvieron
18.18 la ley no faltará al *s*, ni el consejo
19.1 lleva contigo. .de los ancianos de los *s*
20.1 el *s* Pasur hijo de Imer, que presidía
21.1 envió. .a Pasur hijo de Malquías y al *s*
23.11 el profeta como el *s* son impíos; aun en
23.33 cuando te preguntare este pueblo. .el *s*
23.34 al *s* o al pueblo que dijere: Profecía
26.7 *s*, los profetas y todo el pueblo oyeron
26.8 los *s* y los profetas y. .le echaron mano
26.11 entonces hablaron los *s* y los profetas
26.16 dijeron. .el pueblo a los *s* y profetas
27.16 *s* y a todo este pueblo hablé diciendo
28.1 me habló en. .delante de los *s* y de todo
28.5 respondió el. .Jeremías. .delante de los *s*
29.1 de la carta que. .Jeremías envió. .a los *s*
29.25 cartas. .al *s* Sofonías. .y a todos los *s*
29.26 ha puesto por *s* en lugar del *s* Joiada
29.29 el *s* Sofonías había leído esta carta a
31.14 el alma del *s* satisfaré con abundancia
32.32 toda la maldad de. .sus *s* y sus profetas
33.18 ni a los *s* y levitas faltará varón que
33.21 David. .y mi pacto con los levitas y *s*
34.19 los *s* y a todo el pueblo de la tierra
37.3 envió el rey Sedequías a. .al *s* Sofonías
48.7 Quemos será llevado en cautiverio, sus *s*
49.3 Milcom fue llevado en cautiverio, sus *s*
52.24 también. .el principal *s*. .el segundo *s*
Lm. 1.4 sus puertas están asoladas, sus *s* gimen
1.19 *s* y mis ancianos en la ciudad perecieron
2.6 en. .de su ira ha desechado al rey y al *s*
2.20 ¿han de ser muertos. .el *s* y el profeta?
4.13 maldades de sus *s*, quienes derramaron en
4.16 no respetaron la presencia de los *s*, ni
Ez. 1.3 palabra de Jehová al *s* Ezequiel hijo de
7.26 ley se alejará del *s*, y de los ancianos
22.26 sus *s* violaron mi ley, y contaminaron
40.45,46 cámara. .los *s* que hacen la guardia
42.13 cámaras santas en las cuales los *s* que
42.14 *s* entren, no saldrán del lugar santo
43.19 *s* levitas que son del linaje de Sadoc
43.24 y los *s* echarán sal sobre ellos, y los
43.27 *s* sacrificarán sobre el altar vuestros
44.13 no se acercarán. .para servirme como *s*
44.15 mas los *s* levitas hijos de Sadoc, que
44.21 ninguno de los *s* beberá vino cuando haya
44.22 por mujer. .viuda que fuere viuda de *s*
44.30 y toda ofrenda de todo. .será de los *s*
44.30 asimismo daréis al *s* las primicias de
44.31 ninguna cosa mortecina. .comerán los *s*
45.4 lo consagrado de esta. .será para los *s*
45.19 *s* tomará de la sangre de la expiación
46.2 estará en pie. .mientras los *s* ofrezcan
46.19 trajo. .a las cámaras santas de los *s*
46.20 donde los *s* cocerán la ofrenda por el
48.10 porción santa que pertenecerá a los *s*
48.11 los *s* santificados. .guardaron fidelidad
48.13 al lado de los límites de la de los *s*
Os. 4.4 tu pueblo es como los que resisten al *s*
4.9 y será el pueblo como el *s*; le castigaré
5.1 *s*, oíd esto, y estad atentos, casa de
6.9 una compañía de *s* mata en el camino hacia
10.5 *s* que en él se regocijaban por su gloria
Jl. 1.9 *s* ministros de Jehová están de duelo
1.13 ceñíos y lamentad, *s*; gemid, ministros
2.17 altar lloren los *s* ministros de Jehová
Am. 7.10 el *s* Amasías de Bet-el envió a decir
Mi. 3.11 *s* enseñan por precio, y sus profetas
Sof. 1.4 de los ministros idólatras con sus *s*
3.4 *s* contaminaron el santuario, falsearon la
Hag. 1.1 vino. .a Josué hijo de Josadac, sumo *s*
1.12 oyó. .Josué. .sumo *s*, y todo el resto del
1.14 despertó. .espíritu de Josué hijo. .sumo *s*
2.2 habla. .y a Josué hijo de Josadac, sumo *s*
2.4 esfuérzate. .Josué hijo de Josadac, sumo *s*
2.11 pregunta ahora a los *s* acerca de la ley
2.12 si. .Y respondieron los *s* y dijeron: No
2.13 respondieron los *s*, y dijeron: Inmunda
Zac. 3.1 me mostró el sumo *s* Josué, el cual
3.8 escucha. .Josué sumo *s*, tú y tus amigos
6.11 pondrás en la cabeza del sumo *s* Josué
6.13 y habrá *s* a su lado; y consejo de paz
7.3 a hablar a los *s* que estaban en la casa
7.5 a los *s*, diciendo: Cuando ayunasteis y
Mal. 1.6 dice Jehová de los. .a vosotros, oh *s*
2.1 oh *s*, para vosotros es este mandamiento
2.7 porque los labios del *s* han de guardar
Mt. 2.4 y convocados todos los principales *s*
8.4 vé, muéstrate al *s*, y presenta la ofrenda
12.4 no les era lícito. .solamente a los *s*?
12.5 los *s* en el templo profanan el día de
16.21 y padecer mucho de. .los principales *s*
20.18 será entregado a los principales *s* y a
21.15 pero los principales *s* y los escribas
21.23 los principales *s* y. .se acercaron a él
21.45 los. .*s* y los fariseos, entendieron que
26.3 los. .*s*, los escribas, y. .se reunieron en
26.3 en el patio del sumo *s* llamado Caifás
26.14 llamaba Judas. .fue a los principales *s*
26.47 de parte de los principales *s* y de los
26.51 e hiriendo a un siervo del sumo *s*, le
26.57 a Jesús le llevaron al sumo *s* Caifás
26.58 le seguía. .hasta el patio del sumo *s*
26.59 y los principales *s*. .falso testimonio
26.62 el sumo *s*, le dijo: ¿No respondes nada?
26.63 sumo *s* le dijo: Te conjuro por el Dios
26.65 sumo *s* rasgó sus vestiduras, diciendo
27.1 los principales *s*. .entraron en consejo
27.3 las treinta piezas de plata a los. .*s* y
27.6 *s*, tomando las piezas de plata, dijeron
27.12 y siendo acusado por los principales *s*
27.20 los. .*s* y los ancianos persuadieron a la
27.41 los principales *s*, escarneciéndole con
27.62 se reunieron los. .*s* y los fariseos ante
28.11 y dieron aviso a los principales *s* de
Mr. 1.44 sino vé, muéstrate al *s*, y ofrece por
2.26 cómo entró en la. .siendo Abiatar sumo *s*
2.26 no es lícito comer sino a los *s*, y aun
8.31 ser desechado. .por los principales *s* y
10.33 entregado a los principales *s* y a los
11.18 oyeron los escribas y los principales *s*
11.27 templo, vinieron a él los principales *s*
14.1 buscaban los. .*s* y. .prenderle por engaño
14.10 Judas. .fue a los. .*s* para entregárselo
14.43 con él mucha gente. .de parte de los. .*s*
14.47 hirió al siervo del sumo *s*, cortándole
14.53 trajeron, pues, a Jesús al sumo *s*; y se
14.53 reunieron todos los principales *s* y los
14.54 lejos hasta dentro del patio del sumo *s*
14.55 *s* y. .buscaban testimonio contra Jesús
14.60 sumo *s*, levantándose. .preguntó a Jesús
14.61 sumo *s* le volvió a preguntar, y le dijo

SACERDOTE *(Continúa)*
Mr. 14.63 sumo *s*, rasgando su vestidura, dijo
14.66 vino una de las criadas del sumo *s*
15.1 tenido consejo los principales *s* con los
15.3 y los principales *s* le acusaban mucho
15.10 por envidia le habían entregado los..*s*
15.11 los..*s* incitaron a la multitud para que
15.31 principales *s*, escarneciendo, se decían
Lc. 1.5 un *s* llamado Zacarías, de la clase de
3.2 y siendo..*s* Anás y Caifás, vino palabra
5.14 dijo, muéstrate al *s*, y ofrece por tu
6.4 no es lícito comer sino sólo a los *s*, y
9.22 sea desechado por..los principales *s* y
10.31 que descendió un *s* por aquel camino
17.14 los vio, les dijo: Id, mostraos a los *s*
19.47 los principales *s*..procuraban matarle
20.1 llegaron los principales *s* y..escribas
20.19 procuraban..*s* y los escribas echarle
22.2 principales *s* y..buscaban cómo matarle
22.4 éste fue y habló con los principales *s*
22.50 de ellos hirió a un siervo del sumo *s*
22.52 Jesús dijo a los..*s*, a los jefes de la
22.54 condujeron a casa del sumo *s*. Y Pedro
22.66 se juntaron..los principales *s* y los
23.4 y Pilato dijo a los principales *s*, y a
23.10 *s* y los escribas acusándole con gran
23.13 Pilato, convocando a los principales *s*
23.23 las voces de..de los..*s* prevalecieron
24.20 y cómo le entregaron los principales *s*
Jn. 1.19 los judíos enviaron..*s* y levitas para
7.32 los principales *s*..enviaron alguaciles
7.45 alguaciles vinieron a los principales *s*
11.47 *s* y los fariseos reunieron el concilio
11.49 Caifás, uno de ellos, sumo *s* aquel año
11.51 como era el sumo *s* aquel año, profetizó
11.57 *s* y los fariseos habían dado orden de
12.10 los principales *s* acordaron dar muerte
18.3 compañía de soldados, y alguaciles de..*s*
18.10 hirió al siervo del sumo *s*, y le cortó
18.13 suegro de Caifás, que era sumo *s* aquel
18.15 este discípulo era conocido del sumo *s*
18.15 y entró con Jesús al patio del sumo *s*
18.16 salió, pues, el..era conocido del sumo *s*
18.19 el sumo *s* preguntó a Jesús acerca de sus
18.22 diciendo: ¿Así respondes al sumo *s?*
18.24 Anás..le envió atado a Caifás, el sumo *s*
18.26 de los siervos del sumo *s*..¿No te vi yo
18.35 y los principales *s*, te han entregado a
19.6 cuando le vieron los..*s* y los alguaciles
19.15 respondieron los..*s:* No tenemos más rey
19.21 dijeron a Pilato los principales *s* de los
Hch. 4.1 vinieron..*s* con el jefe de la guardia
4.6 sumo *s* Anás, y Caifás y Juan y Alejandro
4.6 los que eran de la familia de los sumos *s*
4.23 contaron todo lo que los principales *s*
5.17 levantándose el sumo *s* y todos los que
5.21 vinieron el sumo *s* y los..y convocaron
5.24 oyeron..el sumo *s*..y los principales *s*
5.27 los trajeron..y el sumo *s* les preguntó
6.7 también muchos de los *s* obedecían a la
7.1 el sumo *s* dijo entonces: ¿Es esto así?
9.1 respirando aún amenazas..vino al sumo *s*
9.14 aquí tiene autoridad de los principales *s*
9.21 acá, para llevarlos presos ante los..*s?*
14.13 *s* de Júpiter..trajo toros y guirnaldas
19.14 hijos de un tal Esceva..jefe de los *s*
22.5 el sumo *s*..me es testigo, y todos los
22.30 mandó venir a los principales *s* y a todo
23.2 el sumo *s* Ananías ordenó..le golpeasen
23.4 dijeron: ¿Al sumo *s* de Dios injurias?
23.5 no sabía, hermanos, que era el sumo *s*
23.14 los cuales fueron a los principales *s*
24.1 descendió el sumo *s* Ananías con algunos
25.2 *s* y los más influyentes de los judíos se
25.15 se me presentaron los principales *s* y
26.10 recibido poderes de los principales *s*
26.12 iba yo..en comisión de los principales *s*
He. 2.17 a ser misericordioso y fiel sumo *s* en
3.1 tanto..considerad al apóstol y sumo *s* de
4.14 teniendo un gran sumo *s* que traspasó los
4.15 un sumo *s* que no pueda compadecerse de
5.1 todo sumo *s* tomado de entre los hombres
5.5 a sí mismo haciéndose sumo *s*, sino el que
5.6 tú eres *s* para siempre, según el orden de
5.10 fue declarado por Dios sumo *s* según el
6.20 Jesús entró por nosotros..hecho sumo *s*
7.1 Melquisedec, rey de..*s* del Dios Altísimo
7.3 hecho semejante al Hijo de..permanece *s*
7.11 se levantase otro *s*, según el orden de
7.15 a semejanza de..se levanta un *s* distinto
7.17,21 eres *s* para siempre, según el orden
7.21 los otros..sin juramento fueron hechos *s*
7.23 otros *s* llegaron a ser muchos, debido a
7.26 porque tal sumo *s* nos convenía: santo
7.27 tiene necesidad..como aquellos sumos *s*
7.28 les constituye sumos *s* a débiles hombres
8.1 que tenemos tal sumo *s*, el cual se sentó a
8.3 porque todo sumo *s* está constituido para
8.4 ni siquiera sería *s*, habiendo aún *s* que
9.6 entran los *s*..para cumplir los oficios
9.7 el sumo *s* una vez al año, no sin sangre
9.11 pero estando ya presente Cristo, sumo *s*
9.25 entra el sumo *s* en el Lugar Santísimo
10.11 todo *s* está día tras día ministrando
10.21 y teniendo un gran *s* sobre la casa de
13.11 sangre..es introducida..por el sumo *s*
Ap. 1.6 nos hizo reyes y *s* para Dios, su Padre
5.10 has hecho para nuestro Dios reyes y *s*
20.6 serán *s* de Dios y de Cristo, y reinarán

SACIAR
Éx. 15.9 mi alma se *saciará* de ellos; sacaré
16.3 comíamos pan hasta *saciarnos;* pues nos
16.8 dará..y en la mañana pan hasta *saciaros*
16.12 y por la mañana os *saciaréis* de pan, y
Lv. 25.19 comeréis hasta *saciaros*, y habitaréis
26.5 y comeréis vuestro pan hasta *saciaros*
26.26 por peso..comeréis, y no os *saciaréis*
Dt. 6.11 viñas..y luego que comas y te *sacies*
8.10 y comerás y te *saciarás*, y bendecirás a
8.12 te *sacies*, y edifiques buenas casas en
11.15 daré también..y comerás, y te *saciarás*
14.29 el levita..y comerán y serán *saciados*
23.24 podrás comer uvas hasta *saciarte;* mas
31.20 y comerán y se *saciarán*, y engordarán
33.23 Neftalí, *saciado* de favores, y lleno de
Rt. 2.14 comió hasta que se *sació*, y le sobró
2.18 que le había sobrado después de..*saciada*
1 S. 2.5 los *saciados* se alquilaron por pan, y
2 Cr. 31.10 hemos comido y nos hemos *saciado*
Neh. 9.25 *saciaron*, y se deleitaron en tu gran
Job 19.22 y ni aun de mi carne os *saciáis?*
27.14 sus pequeñuelos no se *saciarán* de pan
31.31 ¿quién no se ha *saciado* de su carne?
38.27 *saciar* la tierra desierta e inculta, y
38.39 *¿saciarás* el hambre de los leoncillos?
Sal. 17.14 *sacian* a sus hijos, y aun sobra para
22.26 comerán los humildes, y serán *saciados*
36.8 *saciados* de la grosura de tu casa, y tú
37.19 en los días de hambre serán *saciados*
59.15 y si no se *sacian*, pasen..quejándose
63.5 como de meollo y..será *saciada* mi alma
65.4 seremos *saciados* del bien de tu casa
78.25 pan..les envió comida hasta *saciarles*
78.29 comieron, y se *saciaron;* les cumplió
81.16 Dios..con miel de la peña les *saciaría*
90.14 de mañana *sácianos* de tu misericordia
91.16 lo *saciaré* de larga vida, y le mostraré
103.5 el que *sacia* de bien tu boca, de modo
104.13 del fruto de sus..se *sacia* la tierra
104.28 das..abres tu mano, se *sacian* de bien
105.40 pidieron..los *sació* de pan del cielo
107.9 *sacia* al alma menesterosa, y llena de
132.15 provisión; a sus pobres *saciaré* de pan
147.14 te hará *saciar* con lo mejor del trigo
Pr. 5.10 que extraños se *sacien* de tu fuerza
6.30 *saciar* su apetito cuando tiene hambre
11.25 el que *saciare*, él también será *saciado*
12.11 que labra su tierra se *saciará* de pan
12.14 hombre será *saciado* de bien del fruto
13.25 el justo come hasta *saciar* su alma; mas
18.20 se *saciará* del producto de sus labios
20.13 abre tus ojos, y te *saciarás* de pan
27.7 el..*saciado* desprecia el panal de miel
27.20 el Seol y el Abadón nunca se *sacian*
28.19 que labra su tierra se *saciará* de pan
30.9 no sea que me *sacie*, y te niegue, y diga
30.15 tres cosas hay que nunca se *sacian;* aun
30.16 la tierra que no se *sacia* de aguas, y
30.22 por el necio cuando se *sacia* de pan
Ec. 1.8 nunca se *sacia* el ojo de ver, ni el oído
4.8 ni sus ojos se *sacian* de sus riquezas, ni
5.10 el que ama el dinero, no se *saciará* de
6.3 su alma no se *sació* del bien, y también
6.7 boca, y con todo eso su deseo no se *sacia*
Is. 9.20 comerá a la izquierda, y no se *saciará*
23.18 para que coman hasta *saciarse*, y vistan
43.24 ni me *saciaste* con..de tus sacrificios
44.16 prepara un asado, y se *sacia;* después
55.2 gastáis el dinero..en lo que no *sacia?*
58.10 hambriento, y *saciares* al alma afligida
58.11 en las sequías *saciará* tu alma, y dará
66.11 que maméis y os *saciéis* de los pechos
Jer. 5.7 los *sacié*, y adulteraron, y en casa de
31.14 mi pueblo será *saciado* de mi bien, dice
31.25 y *saciaré* a toda alma entristecida
46.10 la espada devorará y se *saciará*, y se
50.10 todos los que la saquearen se *saciarán*
50.19 Efraín y en Galaad se *saciará* su alma
Lm. 5.6 extendimos la mano, para *saciarnos* de
Ez. 5.13 *saciaré* en ellos mi enojo, y tomaré
7.19 el día..no *saciarán* su alma, ni llenarán
16.28 con los asirios, por no haberte *saciado*
16.28 fornicaste con..y tampoco te *saciaste*
16.29 caldeos, y tampoco con esto te *saciaste*
16.42 *saciaré* mi ira sobre ti, y se apartará
24.13 hasta que yo *sacie* mi ira sobre ti
27.33 *saciabas* a muchos pueblos; a los reyes
32.4 y *saciaré* de ti a las fieras de..tierra
39.19 comeréis grosura hasta *saciaros*, y
39.20 *saciaréis* sobre mi mesa, de caballos
Os. 4.10 comerán..no se *saciarán;* fornicarán
13.6 en sus pastos se *saciaron*, y repletos
Jl. 2.19 y seréis *saciados* de ellos; y nunca
2.26 comeréis hasta *saciaros*, y alabaréis el
Am. 4.8 venían..beber agua, y no se *saciaban*
Mi. 6.14 comerás, y no te *saciarás*..no salvarás
Hab. 2.5 es como la muerte, que no se *saciará*
Hag. 1.6 coméis, y no os *saciáis;* bebéis, y no
Mt. 5.6 que tienen hambre y sed..serán *saciados*
14.20 comieron..y se *saciaron;* y recogieron
15.33 para *saciar* a una multitud tan grande?
15.37 comieron..*saciaron;* y recogieron lo que
Mr. 6.42 y comieron todos, y se *saciaron*
7.27 primero que se *sacien* los hijos, porque
8.4 *saciar* de pan a éstos aquí en el desierto?
8.8 comieron, y se *saciaron;* y recogieron de
Lc. 6.21 bienaventurados los..seréis *saciados*
6.25 ¡ay de..los que ahora estáis *saciados!*
9.17 comieron..y se *saciaron;* y recogieron lo
16.21 y ansiaba *saciarse* de las migajas que
Jn. 6.12 y cuando se hubieron *saciado*, dijo a
6.26 porque comisteis el pan y os *saciasteis*
1 Co. 4.8 ya estáis *saciados*, ya estáis ricos
Fil. 4.12 estar *saciado* como para tener hambre
Stg. 2.16 id en paz, calentaos y *saciaos*, pero
2 P. 2.14 no se *sacian* de pecar, seducen a las
Ap. 19.21 las aves se *saciaron* de las carnes

SACIEDAD
Ez. 16.49 fue la maldad de Sodoma..*s* de pan

SACO
Gn. 42.25 mandó José que llenaran..*s* de trigo
42.25 dinero de cada uno..poniéndolo en su *s*
42.27 abriendo uno de ellos su *s* para dar de
42.28 mi dinero se me ha..helo aquí en mi *s*
42.35 vaciando ellos sus *s*..el *s* de cada uno
43.11 de lo mejor de la tierra en vuestros *s*
Lv. 11.32 piel, *s*, sea cualquier instrumento
Jos. 9.4 y tomaron *s* viejos sobre sus asnos, y
1 S. 17.40 piedras..las puso en el *s* pastoril
Job 14.17 tienes sellada en *s* mi prevaricación
Hag. 1.6 a jornal recibe su jornal en *s* roto

SACRIFICAR
Éx. 8.26 si *sacrificáramos* la..de los egipcios
10.25 nos darás..holocaustos que *sacrifiquemos*
12.21 tomaos corderos..*sacrificad* la pascua
13.15 por esta causa yo *sacrifico* para Jehová
20.24 *sacrificarás* sobre él tus holocaustos
40.29 el altar..*sacrificó* sobre él holocausto
Lv. 17.5 traigan..los que *sacrifican* en medio
17.5 y *sacrifiquen* ellos sacrificios de paz
17.7 nunca más *sacrificarán*..a los demonios
22.29 *sacrificaréis* de manera..sea aceptable
Nm. 9.12 no dejarán del animal *sacrificado* para
Dt. 15.21 hubiere..defecto..no lo *sacrificarás*
16.2 *sacrificarás* la pascua a Jehová tu Dios
16.5 *sacrificar* la pascua en cualquiera de las
16.6 *sacrificarás* la pascua por la tarde a la
27.7 *sacrificarás* ofrendas de paz, y comerás
32.17 *sacrificaron* a los demonios, y no a Dios
33.19 allí *sacrificarán* sacrificios de justicia
Jos. 8.31 altar..y *sacrificaron* ofrendas de paz
22.23 o para *sacrificar* holocausto u ofrenda
Jue. 6.26 tomando el segundo toro, *sacrifícalo*
1 S. 2.15 y decía al que *sacrificaba:* Da carne
6.15 de Bet-semes *sacrificaron* holocaustos y
7.9 Samuel tomó un cordero de..y lo *sacrificó*
7.10 Samuel *sacrificaba* el holocausto, los
10.8 descenderé yo a..*sacrificar* ofrendas de
11.15 y *sacrificaron* allí ofrendas de paz
15.15 lo mejor de para *sacrificarlas* a Jehová
2 S. 6.13 él *sacrificó* un buey y un carnero
6.17 *sacrificó* David holocaustos y ofrendas
24.25 y *sacrificó* holocaustos y ofrendas de
1 R. 3.2 el pueblo *sacrificaba* en los lugares
3.3 solamente *sacrificaba* y quemaba incienso
3.4 y *sacrificaba*..mil holocaustos *s* Salomón
3.15 y *sacrificó* holocaustos y..sacrificios
8.5 *sacrificando* ovejas y bueyes, que por la
8.62 *sacrificaron* víctimas delante de Jehová
12.32 Jeroboam..y *sacrificó* sobre un altar
12.33 *sacrificó*, pues, sobre el altar que él
13.2 *sacrificará* sobre ti a los sacerdotes de
22.43 el pueblo *sacrificaba* aún, y quemaba
2 R. 3.27 lo *sacrificó* en holocausto sobre el
5.17 tu siervo no *sacrificará*..a otros dioses
12.3; 14.4; 15.4,35 el pueblo aún *sacrificaba*
y quemaba incienso
16.4 *sacrificó* y quemó incienso en los lugares
17.32 sacerdotes..*sacrificaban* para ellos en
1 Cr. 15.26 *sacrificaron* siete novillos y siete
16.40 que *sacrificasen*..holocaustos a Jehová
21.24 ni *sacrificaré* holocausto que nada me
29.21 y *sacrificaron* víctimas a Jehová, y
2 Cr. 5.6 *sacrificaron* ovejas y bueyes, que por
7.4 *sacrificaron* víctimas delante de Jehová
15.11 *sacrificaron* para Jehová, del botín que
24.14 *sacrificaban* holocaustos..en la casa de
28.4 *sacrificó* y quemó..en los lugares altos
29.7 ni *sacrificaron* holocausto en..al Dios
29.27 entonces mandó Ezequías *sacrificar* el
30.15 *sacrificaron* la pascua, a los 14 días
30.17 *sacrificaban* la pascua por todos los que
30.22 de lo *sacrificado* en la fiesta solemne
33.16 *sacrificó* sobre él sacrificios..de paz
33.17 el pueblo aún *sacrificaba* en los..altos
35.1 *sacrificaron* la pascua a los 14 días del
35.6 *sacrificad* luego la pascua; y después de
35.11 *sacrificaron* la pascua; y esparcían la

SACRIFICAR *(Continúa)*
2 Cr. 35.16 para *sacrificar* los holocaustos sobre
Esd. 6.20 *sacrificaron* la pascua por todos los
Neh. 12.43 *sacrificaron*..día numerosas víctimas
Sal. 27.6 y yo *sacrificaré* en su tabernáculo
50.14 *sacrifica* a Dios alabanza, y paga tus
50.23 el que *sacrifica* alabanza me honrará
54.6 *sacrificaré* a ti; alabaré tu nombre, oh
106.37 *sacrificaron* sus hijos y sus hijas a
Ec. 9.2 al que *sacrifica*, y al que no *s*; como
Is. 57.5 que *sacrificáis* los hijos en los valles
65.3 ira, *sacrificando* en huertos, y quemando
66.3 el que *sacrifica* buey es como si matase
66.3 el que *sacrifica* oveja, como si..perro
Jer. 48.35 quien *sacrifique* sobre los lugares
Ez. 16.20 tus hijos..los *sacrificaste* a ellas
20.28 allí *sacrificaron* sus víctimas, y allí
23.39 habiendo *sacrificado* sus hijos a sus
39.17 *sacrifico*..sacrificio grande sobre los
39.19 víctimas que para vosotros *sacrifiqué*
43.25 *sacrificarán* un macho cabrío cada día
43.25 *sacrificarán* el becerro de la vacada y
43.27 sacerdotes *sacrificarán* sobre el altar
45.22 el príncipe *sacrificará* por sí mismo y
46.13 un cordero..cada mañana lo *sacrificarás*
Os. 4.13 las cimas de los montes *sacrificaron*
4.14 se van..y con malas mujeres *sacrifican*
8.13 en los sacrificios..*sacrificaron* carne
11.2 los baales *sacrificaban*, y a los ídolos
12.11 en Gilgal *sacrificaron* bueyes, y sus
13.2 dicen a los hombres que *sacrifican*, que
Zac. 14.21 todos los que *sacrificaren* vendrán
Mal. 1.14 el que..*sacrifica* a Jehová lo dañado
2.3 el estiércol de..animales *sacrificados*
Mr. 14.12 cuando *sacrificaban* el cordero de la
Lc. 22.7 era necesario *sacrificar* el cordero de
Hch. 15.29 abstengáis de lo *sacrificado* a los
21.25 que se abstengan de lo *sacrificado* a los
1 Co. 5.7 nuestra pascua..ya fue *sacrificada* por
8.1 en cuanto a lo *sacrificado* a los ídolos
8.4 las viandas que se *sacrifican* a los ídolos
8.7 comen como *sacrificado* a ídolos, y su
8.10 a comer de lo *sacrificado* a los ídolos?
10.19 o que sea algo lo que se *sacrifica* a los
10.20 lo que los gentiles *sacrifican*, a los
10.20 gentiles..a los demonios lo *sacrifican*
10.28 esto fue *sacrificado* a los ídolos; no
2 Ti. 4.6 yo ya estoy para ser *sacrificado*, y
Ap. 2.14 a comer de cosas *sacrificadas* a los
2.20 a comer cosas *sacrificadas* a los ídolos

SACRIFICIO
Gn. 46.1 ofreció *s* al Dios de su padre Isaac
Éx. 3.18 y ofrezcamos *s* a Jehová nuestro Dios
5.3 ofreceremos *s* a Jehová nuestro Dios, para
5.8 diciendo: Vamos y ofrezcamos *s* a..Dios
5.17 eso decís: Vamos y ofrezcamos *s* a Jehová
8.8 dejare ir a..para que ofrezca *s* a Jehová
8.25 ofreced *s* a vuestro Dios en la tierra
8.27 y ofreceremos *s* a Jehová nuestro Dios
8.28 ir para que ofrezcáis *s* a Jehová..Dios
8.29 dejando ir al pueblo a dar *s* a Jehová
10.25 también nos darás *s* y holocaustos que
18.12 tomó Jetro..holocaustos y *s* para Dios
22.20 que ofreciere *s* a dioses..será muerto
23.18 con pan leudo la sangre de mi *s*, ni la
24.5 ofrecieron holocaustos y..como *s* de paz
29.28 *s* de paz, porción de ellos elevada en
29.36 cada día ofrecerás el becerro del *s* por
30.10 expiación..con la sangre del *s* por el
32.8 le han ofrecido *s*, y han dicho: Israel
34.15 ofrecerán *s* a sus..y comerás de sus *s*
34.25 leudada junto con la sangre de mi *s*, ni
34.25 ni se dejará hasta la mañana nada del *s*
Lv. 3.1 si su ofrenda fuere *s* de paz..de ganado
3.3 luego ofrecerá del *s* de paz..encendida a
3.6 de ovejas fuere su ofrenda para *s* de paz
3.9 *s* de paz ofrecerá por ofrenda encendida
4.10 que se quita del buey del *s* de paz; y el
4.26 el altar, como la grosura del *s* de paz
4.31,35 fue quitada la grosura del *s* de paz
5.16 expiación por él con el carnero del *s* por
6.12 y quemará..las grosuras de los *s* de paz
6.17 como el *s* por el pecado, y como el *s* por
6.25 esta es la ley del *s* expiatorio; en el
7.1 esta es la ley del *s* por la culpa; es cosa
7.7 como el *s* por el pecado..es el *s* por la
7.11 es la ley del *s* de paz que se ofrecerá
7.12 por *s* de acción de gracias tortas sin
7.13 ofrenda en el *s* de acciones de gracias
7.14 que rociare la sangre de los *s* de paz
7.15 la carne del *s* de..se comerá en el día
7.16 mas si el *s* de su ofrenda fuere voto, o
7.16 será comido en el día que ofreciere su *s*
7.17 que quedare..del *s* hasta el tercer día
7.18 si se comiere de la carne del *s* de paz
7.20 la persona que comiere la..del *s* de paz
7.21 tocare..y comiere la carne del *s* de paz
7.29 ofreciere *s* de paz a Jehová, traerá su
7.29 su ofrenda del *s* de paz ante Jehová
7.30 mecido como *s* mecido delante de Jehová
7.32 al sacerdote..la espaldilla..*s* de paz
7.33 ofreciere la sangre de los *s* de paz, y
7.34 he tomado de los *s* de paz de los hijos
7.37 esta es la ley del..del *s* por el pecado
7.37 ley..del *s* por la culpa..y del *s* de paz
9.4 un buey y un carnero para *s* de paz, que
9.18 degolló..buey y el carnero en *s* de paz
9.22 después de hacer..el *s* de paz, descendió
10.14 dados de los *s* de paz de los hijos de
10.19 y si hubiera yo comido hoy del *s* de
14.13 donde se degüella el *s* por el pecado
14.17 encima de la sangre del *s* por la culpa
14.19 ofrecerá luego el..el *s* por el pecado
14.31 uno en *s* de expiación por el pecado, y
16.25 y quemará..grosura del *s* por el pecado
17.5 fin de que traigan los hijos de..sus *s*
17.5 y sacrifiquen ellos *s* de paz a Jehová
17.7 nunca más sacrificarán sus *s*..demonios
17.8 varón de..que ofreciere holocausto o *s*
19.5 cuando ofreciereis *s* de ofrenda de paz
22.21 alguno ofreciere *s* en ofrenda de paz
22.27 acepto para ofrenda de *s* encendido a
22.29 ofreciereis *s* de acción de gracias a
23.19 dos corderos..en *s* de ofrenda de paz
23.37 *s* y libaciones, cada cosa en su tiempo
Nm. 10.10 trompetas..sobre los *s* de paz, y os
15.3 holocausto, o *s*, por especial voto, o
15.5 vino..además..del *s*, por cada cordero
15.8 ofrecieres novillo en holocausto o *s* por
25.2 invitaban al pueblo a los *s* de..dioses
Dt. 12.6,11 allí llevaréis..vuestros *s*..diezmos
12.27 la sangre de tus *s* será derramada sobre
17.1 no ofrecerás en *s*..buey o cordero en el
18.3 los que ofrecieren en *s* buey o cordero
32.38 comían la grosura de sus *s*, y bebían el
33.19 allí sacrificarán *s* de justicia, por lo
Jos. 13.14 *s* de Jehová Dios de..son su heredad
22.26 un altar, no para holocausto, ni para *s*
22.27 el servicio de Jehová..con nuestros *s*
22.28 hicieron..no para..o *s*, sino para que
22.29 edificando..o para *s*, además del altar
Jue. 2.5 Boquim, y ofrecieron allí *s* a Jehová
16.23 se juntaron para ofrecer *s* a Dagón su
1 S. 1.3 varón subía..para ofrecer *s* a Jehová
1.4 llegaba el día en que Elcana ofrecía *s*
1.21 para ofrecer a Jehová el *s* acostumbrado
2.13 era costumbre..cuando alguno ofrecía *s*
2.19 subía con su marido para ofrecer el *s*
2.29 habéis hollado mis *s* y mis ofrendas, que
3.14 la casa de Elí no será expiada..ni con *s*
9.12 pueblo tiene hoy un *s* en el lugar alto
9.13 no..por cuanto él es el que bendice el *s*
15.21 tomó..para ofrecer *s* a Jehová tu Dios
15.22 el obedecer es mejor que los *s*, y el
16.2 y dí: A ofrecer *s* a Jehová he venido
16.3 llama a Isaí al *s*, y yo te enseñaré lo
16.5 vengo a ofrecer *s*..venid conmigo al *s*
16.5 santificando él a Isaí..los llamó al *s*
20.6 de su familia celebran allá el *s* anual
20.29 nuestra familia celebra *s* en la ciudad
2 S. 15.12 y mientras Absalón ofrecía los *s*
1 R. 3.15 sacrificó holocaustos y ofreció *s* de
8.63 y ofreció Salomón *s* de paz, los cuales
8.64 ofreció allí..la grosura de los *s* de paz
8.64 y no cabían..la grosura de los *s* de paz
9.25 ofrecía..*s* de paz sobre el altar que él
11.8 sus mujeres..ofrecían *s* a sus dioses
12.27 pueblo subiere a ofrecer *s* en la casa
12.32 así hizo en Bet-el, ofreciendo *s* a los
18.29 hasta la hora de ofrecerse el *s*, pero
2 R. 3.20 por la mañana, cuando se ofrece el *s*
5.17 no..ni ofrecerá *s* a otros dioses, sino
10.19 uno; porque tengo un gran *s* para Baal
10.24 cuando ellos entraron para hacer *s* y
16.12 acercó el rey a él, y ofreció *s* en él
16.13 y esparció la sangre de sus *s* de paz
16.15 esparcirás sobre él..la sangre del *s*
17.35 no..ni les serviréis, ni les haréis *s*
17.36 a Jehová..temeréis..y a éste haréis *s*
1 Cr. 6.49 Aarón y..ofrecían *s* sobre el altar
16.1 trajeron el arca..ofrecieron..*s* de paz
16.2 y cuando David acabó de ofrecer..los *s*
21.28 Jehová le había oído en..ofreció *s* allí
23.29 la flor de harina para el *s*, para las
29.21 ofrecieron..*s* de parte de todo Israel
2 Cr. 7.5 ofreció el rey Salomón en *s*..bueyes
7.12 y he elegido..este lugar por casa de *s*
11.16 vinieron a Jerusalén para ofrecer *s* a
28.23 ofreció *s* a los dioses de Damasco que
28.23 yo también ofreceré *s* a ellos para que
29.31 presentad *s* y alabanzas en la casa de
29.31 y la multitud presentó *s* y alabanzas
30.22 ofreciendo *s* de paz, y dando gracias a
33.16 y sacrificó sobre él *s* de ofrendas de
33.22 ofreció *s* y sirvió a todos los ídolos
34.4 los sepulcros de los que les habían..*s*
34.25 han dejado, y han ofrecido *s* a dioses
35.9 a los levitas para los *s* de la pascua
35.14 ocupados hasta la noche en el *s* de los
Esd. 3.5 las nuevas lunas..y todo *s* espontáneo
4.2 a él ofrecemos *s* desde los días de..rey
6.3 casa reedifica como lugar para ofrecer *s*
6.10 ofrezcan *s* agradables al Dios del cielo
9.4 muy angustiado hasta la hora del *s* de la
9.5 a la hora del *s* de la tarde me levanté de
Neh. 4.2 les permitirá volver a ofrecer sus *s*?
10.33 *s* de expiación por el pecado de Israel
Sal. 4.5 ofreced *s* de justicia, y confiad en
27.6 yo sacrificaré en su tabernáculo *s* de
40.6 *s* y ofrenda no te agrada; has abierto
50.5 los que hicieron conmigo pacto con *s*
50.8 no te reprenderé por tus *s*, ni por tus
51.16 porque no quieres *s*, que yo lo daría
51.17 *s* de Dios son el espíritu quebrantado
51.19 entonces te agradarán los *s* de justicia
66.15 ofreceré en *s* bueyes y machos cabríos
69.31 agradará a Jehová más que *s* de buey, o
106.28 se..y comieron los *s* de los muertos
106.38 ofrecieron en *s* a los ídolos de Canaán
107.22 ofrezcan *s* de alabanza, y publiquen sus
116.17 te ofreceré *s* de alabanza, e invocaré
119.108 te sean agradables los *s*..de mi boca
Pr. 7.14 *s* de paz había prometido..he pagado
15.8 *s* de los impíos es abominación a Jehová
21.3 juicio es a Jehová más agradable que *s*
21.27 el *s* de los impíos es abominación
Ec. 5.1 más para oír que para ofrecer el *s* de
Is. 1.11 ¿para qué me sirve, dice..vuestros *s*?
19.21 y los de Egipto..harán *s* y oblación
34.6 Jehová tiene *s* en Bosra, y..matanza en
40.16 fuego, ni todos sus animales para el *s*
43.23 ni a mí me honraste con tus *s*; no te
43.24 ni me saciaste con la grosura de tus *s*
56.7 y sus *s* serán aceptos sobre mi altar
57.7 tu cama; allí también subiste a hacer *s*
Jer. 6.20 aceptables, ni vuestros *s* me agradan
7.21 holocaustos sobre vuestros *s*, y comed la
11.15 ¿crees que los *s*..evitarte el castigo?
17.26 trayendo holocausto y *s*, y ofrenda e
17.26 trayendo *s* de alabanza a la..de Jehová
33.18 ofrenda, y que haga *s* todos los días
46.10 *s* será para Jehová..en tierra del norte
Ez. 39.17 *s* grande sobre los montes de Israel
40.39 degollar sobre ellas..*s* por el pecado
40.42 los utensilios con que degollarán..el *s*
42.13 allí pondrán las..y el *s* por el pecado
44.29 el *s* por el pecado comerán, y toda cosa
45.15 una cordera del rebaño..para *s*, y para
45.17 dar..el *s* y la libación en las fiestas
46.13 y ofrecerás en *s* a Jehová..un cordero
Dn. 8.11 y por él fue quitado el continuo *s*, y
8.12 el ejército junto con el continuo *s*; y
8.13 ¿hasta cuándo durará la visión del..*s*
9.21 a mí como a la hora del *s* de la tarde
9.27 la semana hará cesar el *s* y la ofrenda
11.31 profanarán..y quitarán el continuo *s*
12.11 el tiempo que sea quitado el continuo *s*
Os. 3.4 estarán..sin *s*, sin estatua, sin efod
4.19 los ató..y de sus *s* serán avergonzados
6.6 porque misericordia quiero, y no *s*, y
8.13 en los *s* de mis ofrendas sacrificaron
9.4 a Jehová, ni sus *s* le serán gratos; como
Am. 4.4 a Bet-el..y traed de mañana vuestros *s*
4.5 y ofreced *s* de alabanza con pan leudado
5.25 ¿me ofrecisteis *s* y..en el desierto en
Jon. 1.16 y ofrecieron *s* a Jehová, e hicieron
2.9 mas yo con voz de alabanza te ofreceré *s*
Hab. 1.16 por esto hará *s* a su red, y ofrecerá
Sof. 1.7 Jehová ha preparado *s*, y ha dispuesto
1.8 en el día del *s* de Jehová castigaré a los
Mal. 1.8 ofrecéis el animal ciego para el *s*, ¿no
Mt. 9.13; 12.7 misericordia quiero, y no *s*
Mr. 9.49 con fuego, y todo *s* será salado con sal
12.33 el amarle..es más que todos los..y *s*
Lc. 13.1 sangre Pilato había mezclado con los *s*
Hch. 7.41 un becerro, y ofrecieron *s* al ídolo
7.42 ¿acaso me ofrecisteis víctimas y *s* en el
14.13 sacerdote de Júpiter..quería ofrecer *s*
14.18 impedir que la multitud les ofreciese *s*
Ro. 12.1 presentéis vuestros cuerpos en *s* vivo
1 Co. 10.18 los que comen de los *s*, ¿no son
Ef. 5.2 ofrenda y *s* a Dios en olor fragante
Fil. 2.17 sea derramado..sobre el *s* y servicio
4.18 olor fragante, *s* acepto, agradable a Dios
He. 5.1 presente ofrendas y *s* por los pecados
7.27 de ofrecer primero *s* por sus propios
8.3 constituido para presentar ofrendas y *s*
9.9 se presentan ofrendas y *s* que no pueden
9.23 celestiales mismas, con mejores *s* que
9.26 se presentó una vez..el *s* de sí mismo
10.1 por los mismos *s* que se ofrecen..cada año
10.3 en estos *s* cada año se hace memoria de
10.5 dice: *S* y ofrenda no quisiste; mas me
10.8 *s* y ofrenda y holocaustos y expiaciones
10.11 y ofreciendo muchas veces los mismos *s*
10.12 Cristo, habiendo ofrecido..un solo *s* por
10.26 si..ya no queda más *s* por los pecados
11.4 Abel ofreció..más excelente *s* que Caín
13.15 ofrezcamos..*s* de alabanza, es decir
13.16 hacer bien..de tales *s* se agrada Dios
1 P. 2.5 para ofrecer *s* espirituales aceptables

SACRILEGIO
Ro. 2.22 que abominas de los ídolos, ¿cometes *s*?

SACRÍLEGO
Hch. 19.37 traído a estos hombres, sin ser *s* ni

SACUDIR
Dt. 24.20 *sacudas* tus olivos, no recorrerás las
Jue. 6.11 Gedeón estaba *sacudiendo* el trigo en
1 R. 14.15 Jehová *sacudirá* a Israel al modo que

SACUDIR *(Continúa)*
Neh. 5.13 además *sacudí* mi vestido, y dije: Así
5.13 así *sacuda* Dios de..sea *sacudido* y vacío
Job 38.13 que sean *sacudidos* de ella los impíos?
Sal. 44.5 por medio de ti *sacudiremos*..enemigos
109.23 voy como..soy *sacudido* como langosta
Is. 17.6 cuando *sacuden* el olivo; dos o tres en
24.13 olivo *sacudido*, como rebuscos después
28.27 sino que con un palo se *sacude* el eneldo
33.9 y Basán y el Carmelo fueron *sacudidos*
33.15 el que *sacude* sus manos para no recibir
52.2 *sacúdete* del polvo..Jerusalén; suelta las
Ez. 21.21 ha *sacudido* las saetas, consultó a sus
Nah. 3.12 higueras con brevas..si las *sacuden*
Sof. 2.15 que pasare..burlará y *sacudirá* su mano
Mt. 10.14 y *sacudid* el polvo de vuestros pies
11.7 a ver..¿Una caña *sacudida* por el viento?
Mr. 1.26 el espíritu inmundo, *sacudiéndole* con
6.11 allí, y *sacudid* el polvo que está debajo
9.18 cual, dondequiera que le toma, le *sacude*
9.20 vio..*sacudió* con violencia al muchacho
9.26 *sacudiéndole* con violencia, salió; y él
Lc. 7.24 ver..¿Una caña *sacudida* por el viento?
9.5 y *sacudid* el polvo de vuestros pies en
9.39 que un espíritu..le *sacude* con violencia
9.42 el demonio..y le *sacudió* con violencia
10.11 el polvo..lo *sacudimos* contra vosotros
Hch. 13.51 *sacudiendo* contra ellos el polvo de
16.26 los cimientos de la cárcel se *sacudían*
18.6 dijo, *sacudiéndose* los vestidos: Vuestra
28.5 *sacudiendo* la víbora en el fuego, ningún
Ap. 6.13 cuando..*sacudida* por un fuerte viento

SADOC
1. Sacerdote en tiempo del rey David
2 S. 8.17 *S* hijo..y Ahimelec..eran sacerdotes
15.24 iba *S*, y con él todos los levitas que
15.25 pero dijo el rey a *S:* Vuelve el arca de
15.27 dijo..el rey al sacerdote *S:* ¿No eres
15.29 *S* y Abiatar volvieron el arca de Dios a
15.35 ¿no estarán..los sacerdotes *S* y Abiatar?
15.35 se lo comunicarás a los sacerdotes *S* y
15.36 están..Ahimaas el de *S*, y Jonatán el de
17.15 dijo luego Husai a los..*S* y Abiatar: Así
18.19 Ahimaas hijo de *S* dijo: ¿Correré ahora
18.22 Ahimaas hijo de *S* volvió a decir a Joab
18.27 parece..el correr de Ahimaas hijo de *S*
19.11 y el rey David envió a los..*S* y Abiatar
20.25 era escriba, y *S* y Abiatar, sacerdotes
1 R. 1.8 sacerdote *S*, y Benaía hijo de Joiada
1.26 ni al sacerdote *S*, ni a Benaía hijo de
1.32 David dijo: Llamadme al sacerdote *S*, al
1.34 lo ungirán el sacerdote *S* y el profeta
1.38 y descendieron el sacerdote *S*, el..Natán
1.39 y tomando el..*S* el cuerno del aceite del
1.44 el rey ha enviado con él al sacerdote *S* y
1.45 el sacerdote *S* y..Natán lo han ungido por
2.35 a *S* puso el rey por sacerdote en lugar de
4.2 los jefes..Azarías hijo del sacerdote *S*
4.4 el ejército; *S* y Abiatar, los sacerdotes
1 Cr. 6.8 Ahitob engendró a *S*, *S*..a Ahimaas
6.53 *S* su hijo, Ahimaas su hijo
15.11 llamó David a..sacerdotes *S* y Abiatar
16.39 al sacerdote *S*, y a los..sus hermanos
18.16 *S* hijo de..y Abimelec..eran sacerdotes
24.3 *S* de los hijos de Eleazar..los repartió
24.6 sus nombres..delante de *S* el sacerdote
24.31 echaron suertes..delante del rey..y de *S*
27.17 de los levitas, Hasabías..de Aarón, *S*
29.22 le ungieron por..y a *S* por sacerdote
2 Cr. 31.10 Azarías, de la casa de *S*..contestó
Esd. 7.2 de Salum, hijo de *S*, hijo de Ahitob
Ez. 40.46 estos son los hijos de *S*, los cuales
43.19 levitas que son del linaje de *S*, que se
44.15 los..levitas hijos de *S*, que guardaron
48.11 los sacerdotes..de los hijos de *S* que
2. Abuelo del rey Jotam, **2 R. 15.33; 2 Cr. 27.1**
3. Descendiente de No. 1, **1 Cr. 6.12; 9.11; Neh. 11.11**
4. "Joven valiente" que se unió a David en Hebrón, **1 Cr. 12.28**
5. Nombre de dos que ayudaron en la restauración del muro de Jerusalén, **Neh. 3.4,29**
6. Firmante del pacto de Nehemías, **Neh. 10.21**
7. Escriba en tiempo de Nehemías, **Neh. 13.13**
8. Ascendiente de Jesucristo, **Mt. 1.14**

SADRAC *Compañero de Daniel (=Ananías No. 4)*
Dn. 1.7 jefe de los eunucos puso..a Ananías, *S*
2.49 pusiera sobre los negocios..a *S*, Mesac
3.12 varones judíos..*S*, Mesac y Abed-nego
3.13 ira..que trajesen a *S*, Mesac y Abed-nego
3.14 *S*, Mesac y Abed-nego, que vosotros no
3.16 *S*, Mesac y Abed-nego respondieron al rey
3.19 demudó el..de su rostro contra *S*, Mesac
3.20 mandó..atasen a *S*, Mesac y Abed-nego
3.22 a aquellos que habían alzado a *S*, Mesac
3.23 *S*, Mesac y Abed-nego, cayeron atados
3.26 *S*..siervos del Dios Altísimo, salid y
3.26 entonces *S*, Mesac y Abed-nego salieron
3.28 bendito sea el Dios de ellos..*S*, Mesac
3.29 que dijere blasfemia contra el Dios de *S*
3.30 rey engrandeció a *S*, Mesac y Abed-nego

SADUCEOS *Secta de los judíos*
Mt. 3.7 al ver él que..*s* venían a su bautismo
16.1 vinieron los fariseos..*s* para tentarle
16.6 mirad, guardaos de la levadura..de los *s*
16.11 os guardaseis de la levadura de..los *s?*
16.12 se guardasen..de la doctrina..de los *s*
22.23 vinieron a él los *s*, que dicen que no
22.34 oyendo que había hecho callar a los *s*
Mr. 12.18 vinieron a él los *s*, que dicen que no
Lc. 20.27 llegando entonces algunos de los *s*, los
Hch. 4.1 jefe de la guardia del templo, y los *s*
5.17 la secta de los *s*, se llenaron de celos
23.6 notando que una parte era de *s* y otra de
23.7 disensión entre los fariseos y los *s*, y la
23.8 los *s* dicen que no hay resurrección, ni

SAETA
Nm. 24.8 sus huesos, y las traspasará con sus *s*
Dt. 32.23 sobre ellos; emplearé en ellos mis *s*
32.42 embriagaré de sangre mis *s*, y mi espada
1 S. 20.20 y yo tiraré tres *s* hacia aquel lado
20.21 busca las *s*. Y si dijere al criado: He
20.21 he allí las *s* más acá de ti, tómalas
20.22 yo dijere..He allí las *s* más allá de ti
20.36 dijo..Corre y busca las *s* que yo tirare
20.36 tiraba la *s* de modo que pasara..allá
20.37 llegando..muchacho adonde estaba la *s*
20.37 dio voces..¿No está la *s* más allá de ti?
20.38 el muchacho..recogió las *s*, y vino a su
2 S. 22.15 envió sus *s*, y los dispersó; y lanzó
2 R. 9.24 la *s* salió por su corazón, y él cayó
13.15 toma un arco y unas *s*. Tomó él..unas *s*
13.17 *s* de salvación de..y *s* de..contra Siria
13.18 volvió a decir: Toma las *s*. Y luego que
19.32 no entrará en esta..ni echará *s* en ella
1 Cr. 12.2 ambas manos para tirar..*s* con arco
2 Cr. 26.15 para arrojar *s* y grandes piedras
Job 6.4 las *s* del Todopoderoso están en mí, cuyo
20.25 *s* le traspasará y saldrá de su cuerpo
41.28 *s* no le hace huir; las piedras de honda
Sal. 7.13 ha preparado..ha labrado *s* ardientes
11.2 los malos..disponen sus *s* sobre la cuerda
18.14 envió sus *s*, y los dispersó..destruyó
21.12 en tus cuerdas dispondrás *s* contra sus
38.2 tus *s* cayeron sobre mí, y sobre mí ha
45.5 *s* agudas, con que caerán pueblos debajo
57.4 sus dientes son lanzas y *s*, y su lengua
58.7 cuando disparen..*s*, sean hechas pedazos
64.3 lanzan cual *s* suya, palabra amarga
64.7 Dios los herirá con *s*; de repente serán
76.3 allí quebró las *s* del arco, el escudo, la
91.5 no temerás el..ni *s* que vuele de día
120.4 agudas *s* de valiente..brasas de enebro
127.4 como *s* en mano del valiente, así son
144.6 y disípalos, envía tus *s* y túrbalos
Pr. 7.23 no..hasta que la *s* traspasa su corazón
25.18 *s* aguda es el hombre que habla contra
26.18 enloquece, y echa llamas y *s* y muerte
Is. 5.28 *s* estarán afiladas, y todos sus arcos
7.24 con *s* y arco irán allá, porque toda la
37.33 no entrará en esta..ni arrojará *s* en ella
49.2 me puso por *s* bruñida, me guardó en su
Jer. 9.8 *s* afilada es la lengua de ellos; engaño
50.14 tirad contra ella, no escatiméis las *s*
51.11 limpiad las *s*, embrazad los escudos; ha
Lm. 3.12 arco, y me puso como blanco para la *s*
3.13 hizo entrar en mis entrañas las *s* de su
Ez. 5.16 arroje yo las perniciosas *s* del hambre
21.21 sacudido las *s*, consultó a sus ídolos
39.3 arco..derribaré tus *s* de tu mano derecha
39.9 y quemarán..*s*, dardos de mano y lanzas
Hab. 3.11 a la luz de tus *s* anduvieron, y al

SAF *Gigante matado por Sibecai*, **2 S. 21.18**

SAFÁN
1. Oficial bajo el rey Josías
2 R. 22.3 envió el rey a *S*..la casa de Jehová
22.8 dijo..Hilcías al escriba *S:* He hallado
22.8 e Hilcías dio el libro a *S*, y lo leyó
22.9 viniendo luego..*S* al rey, dio cuenta al
22.10 el escriba *S* declaró al rey, diciendo
22.10 un libro. Y lo leyó *S* delante del rey
22.12 rey dio orden..al escriba *S* y a Asaías
22.14 fueron..*S* y Asaías, a la profetisa Hulda
2 Cr. 34.8 envió a *S* hijo de Azalía, a Maasías
34.15 dijo al escriba *S*..y dio..el libro a *S*
34.16 y *S* lo llevó al rey..contó el asunto
34.18 declaró el..*S* al rey..Y leyó *S* en él
34.20 y mandó a Hilcías..y a *S* escriba, y a
Jer. 36.10 el aposento de Gemarías hijo de *S*
36.11 Micaías hijo de Gemarías, hijo de *S*
36.12 Gemarías hijo de *S*, Sedequías hijo de
2. Padre de Ahicam y de Elasa No. 4. Posiblemente =No. 1, **2 R. 22.12; 25.22; 2 Cr. 34.20; Jer. 26.24; 29.3; 39.14; 40.5,9,11; 41.2; 43.6**
3. Jefe de la tribu de Gad, **1 Cr. 5.12**
4. Padre de Jaazanías No. 3, **Ez. 8.11**

SAFAT
1. Uno de los doce espías de Josué, **Nm. 13.5**
2. Padre del profeta Eliseo, **1 R. 19.16,19; 2 R. 3.11; 6.31**
3. Descendiente del rey David, **1 Cr. 3.22**
4. Jefe de la tribu de Gad en Basán, **1 Cr.5.12**
5. Ganadero del rey David, **1 Cr. 27.29**

SAFIR *Lugar no identificado*, **Mi. 1.11**

SAFIRA *Mujer de Ananías No. 5*, **Hch. 5.1**

SAGACIDAD
Pr. 1.4 dar *s* a los simples, y a los jóvenes
Dn. 8.25 con su *s* hará prosperar el engaño en

SAGAZ
Lc. 16.8 los hijos de este siglo son más *s* en

SAGAZMENTE
2 Cr. 11.23 obró *s*, y esparció a..sus hijos por
Lc. 16.8 alabó el amo al..por haber hecho *s*

SAGE *Padre de Jonatán No. 5*, **1 Cr. 11.34**

SAGRADO, DA
Éx. 28.2 harás vestiduras *s* a Aarón tu hermano
28.4 hagan, pues, las vestiduras *s* para Aarón
30.37 este incienso..será cosa *s* para Jehová
35.19 las *s* vestiduras de Aarón el sacerdote
35.21 con ofrenda a..y para las *s* vestiduras
39.1 asimismo hicieron las vestiduras *s* para
39.41 las *s* vestiduras para Aarón el sacerdote
40.13 harás vestir a Aarón las vestiduras *s*
Lv. 14.13 también..del sacerdote; es cosa muy *s*
16.32 se vestirá..de lino, las vestiduras *s*
22.3 todo varón..que se acercare a las cosas *s*
22.4 no comerá de las cosas *s* hasta que esté
22.6 no comerá de las cosas *s* antes que haya
22.7 después podrá comer las cosas *s*, porque
22.10 ningún extraño comerá cosa *s*..huésped
22.10 huésped..jornalero, no comerán cosa *s*
22.12 si se casare..no comerá..de las cosas *s*
22.14 que por yerro comiere cosa *s*, añadirá
22.14 y la dará al sacerdote con la cosa *s*
23.20 serán cosa *s* a Jehová para el sacerdote
27.10 él y el dado en cambio de él serán *s*
27.33 el que se dio en cambio serán cosas *s*
1 S. 21.4 pan..a la mano, solamente tengo pan *s*
21.6 el sacerdote le dio el pan *s*, porque allí
1 R. 8.4 llevaron..los utensilios *s* que estaban
2 Cr. 8.11 ha entrado el arca de Jehová, son *s*
20.21 que cantasen..vestidos de ornamentos *s*
Ez. 45.4 servirá..recinto *s* para el santuario
1 Co. 9.13 que los que trabajan en las cosas *s*
2 Ti. 3.15 la niñez has sabido las *S* Escrituras

SAHADUTA *Véase Jegar Sahaduta*

SAHARAIM *Descendiente de Benjamín*, **1 Cr. 8.8**

SAHAZIMA *Población en la frontera de Isacar*, **Jos. 19.22**

SAHUMAR
Cnt. 3.6 ¿quién es ésta..*sahumada* de mirra y de

SAHUMERIO
Sal. 66.15 holocaustos de..con *s* de carneros
Os. 11.2 a los baales..a los ídolos ofrecían *s*
Hab. 1.16 ofrecerá *s* a sus mallas; porque con

SAJAR
Dt. 14.1 no os *sajaréis*, ni os raparéis a causa
1 R. 18.28 ellos clamaban..voces, y se *sajaban*
Jer. 47.5 su valle; ¿hasta cuándo te *sajarás?*

SAL
Gn. 19.26 mujer de Lot..se volvió estatua de *s*
Lv. 2.13 y sazonarás con *s* toda ofrenda que
2.13 la *s*..en toda ofrenda tuya ofrecerás *s*
Nm. 18.19 pacto de *s* perpetuo es delante de
Dt. 29.23 azufre y *s*, abrasada toda su tierra
Jue. 9.45 y asoló la ciudad, y la sembró de *s*
2 S. 8.13 David..destrozó..en el Valle de la *S*
2 R. 2.20 una vasija nueva, y poned en ella *s*
2.21 saliendo él a..echó dentro la *s*, y dijo
14.7 a diez mil edomitas en el valle de la *S*
1 Cr. 18.12 destrozó en el valle de la *S* a diez
2 Cr. 13.5 dio el reino a David..bajo pacto de *s?*
25.11 y vino al Valle de la *S*, y mató de los
Esd. 6.9 *s*, vino y aceite, conforme a..dijeren
7.22 y cien batos de aceite; y *s* sin medida
Job 6.6 ¿se comerá lo desabrido sin *s*? ¿Habrá
Sal. 60 *tít.* a doce mil..en el valle de la *S*

SAL *(Continúa)*
Ez. 16.4 ni salada con *s*, ni fuiste envuelta con
43.24 y los sacerdotes echarán *s* sobre ellos
Sof. 2.9 que Moab será como Sodoma..mina de *s*
Mt. 5.13 sois la *s* de..si la *s* de desvaneciere
Mr. 9.49 y todo sacrificio será salado con *s*
9.50 es la *s*; mas si la *s* se hace insípida
9.50 tened *s* en vosotros mismos; y tened paz
Lc. 14.34 buena es la *s*; mas si la *s* se hiciere
Col. 4.6 sea vuestra palabra..sazonada con *s*

SALA *(n.)* ***Hijo de Arfaxad y padre de Heber,*** **Gn. 10.24; 11.12,13,14,15; Lc. 3.35**

SALA *(s.)*
Jue. 3.20 estando él sentado..en su *s* de verano
3.23 Aod..cerró tras sí las puertas de la *s*
3.24 viendo las puertas de la *s* cerradas
3.24 duda él cubre sus pies en la *s* de verano
3.25 porque él no abría las puertas de la *s*
1 S. 9.22 Samuel tomó..y los introdujo a la *s*
2 S. 18.33 subió a la *s* de la puerta, y lloró
2 R. 1.2 Ocozías cayó por la ventana de una *s*
23.12 los altares..sobre la azotea de la *s* de
Neh. 3.31 restauró..y hasta la *s* de la esquina
3.32 entre la *s* de la esquina y la puerta de
Jer. 22.13 edifica su casa..sus *s* sin equidad
22.14 dice: Edificaré para mí..y *s* airosas
Dn. 5.10 la reina..entró a la *s* del banquete
Hch. 9.37 después de lavada..pusieron en una *s*
9.39 le llevaron a la *s*, donde le rodearon

SALADA *Véase también Mar Salado y Salar*
Stg. 3.12 así..ninguna fuente puede dar agua *s*

SALAF ***Padre de Hanún No. 2,*** **Neh. 3.30**

SALAI
1. ***Benjamita en Jerusalén en tiempo de Nehemías,*** **Neh. 11.8**
2. ***Familia levítica (=Salú No. 2),*** **Neh. 12.20**

SALAMINA *Ciudad de Chipre*
Hch. 13.5 llegados a *S*, anunciaban la palabra

SALAR
Ez. 16.4 ni *salada* con sal, ni fuiste envuelta
Mt. 5.13 se desvaneciere, ¿con qué será *salada?*
Mr. 9.49 serán *salados* con fuego..*s* con sal

SALARIO
Gn. 29.15 Labán a Jacob: Dime cuál será tu *s*
30.28 y dijo: Señálame tu *s*, y yo lo daré
30.32 las ovejas manchadas..y esto será mi *s*
30.33 cuando vengas a reconocer mi *s*; toda la
31.7 ha cambiado el *s* diez veces; pero Dios
31.8 los pintados serán tu *s*..listados..tu *s*
31.41 te serví..has cambiado mi *s* diez veces
Lv. 19.13 no retendrás el *s* del jornalero en tu
25.53 como con el tomado a *s*..hará con él; no
1 R. 5.6 y yo te daré por tus siervos el *s* que
Jer. 22.13 ¡ay..no dándole el *s* de su trabajo!
31.16 *s* hay para tu trabajo, dice Jehová, y
Os. 2.12 *s* son, *s* que me han dado mis amantes
8.9 subieron a..Efraín con *s* alquiló amantes
9.1 amaste *s* de ramera en todas las eras de
Zac. 11.12 dadme mi *s*..Y pesaron por mi *s* 30
Mal. 3.5 testigo contra..que defraudan en su *s*
Lc. 3.14 les dijo..y contentaos con vuestro *s*
10.7 den; porque el obrero es digno de su *s*
Jn. 4.36 el que siega recibe *s*, y recoge fruto
Hch. 1.18 con el *s* de su iniquidad adquirió un
Ro. 4.4 al que obra, no se le cuenta el *s* como
2 Co. 11.8 a otras iglesias, recibiendo *s* para
1 Ti. 5.18 al buey..Digno es el obrero de su *s*

SALATIEL ***Padre de Zorobabel,*** **1 Cr. 3.17; Esd. 3.2,8; 5.2; Neh. 12.1; Hag. 1.1,12,14; 2.2,23; Mt. 1.12; Lc. 3.27**

SALCA ***Ciudad amorrea (posteriormente de Gad) en Basán,*** **Dt. 3.10; Jos. 12.5; 13.11; 1 Cr. 5.11**

SALEM ***Ciudad del rey Melquisedec (probablemente =Jerusalén)***
Gn. 14.18 Melquisedec, rey de *S* y sacerdote del
Sal. 76.2 en *S* está su tabernáculo, y..en Sion
He. 7.1 este Melquisedec, rey de *S*, sacerdote
7.2 cuyo nombre significa..también Rey de *S*

SALEQUET ***Puerta del atrio del templo en Jerusalén,*** **1 Cr. 26.16**

SALIDA
Éx. 19.1 el mes tercero de la *s* de los hijos de
23.16; 34.22 la fiesta de la..a la *s* del año
Nm. 1.1; 9.1 el segundo año de su *s* de..Egipto
33.2 escribió sus *s* conforme a sus jornadas
33.2 son sus jornadas con arreglo a sus *s*
33.38 a los 40 años de la *s* de los hijos de
Jos. 17.9 límite de Manasés..sus *s* son al mar
1 S. 29.6 me ha parecido bien tu *s* y tu entrada
2 S. 3.25 para enterarse de tu *s* y de tu entrada
2 R. 19.27 he conocido..tu *s* y tu entrada, y tu
Sal. 19.6 de un extremo de los cielos es su *s*
65.8 tú haces alegrar las *s* de la mañana y de
121.8 guardará tu *s* y tu entrada desde ahora
144.14 no tengamos asalto, ni que hacer *s*, ni
Is. 37.28 he conocido tu condición, tu *s* y tu
Ez. 42.11 todas sus *s*, conforme a sus puertas
43.11 sus *s* y sus entradas, y todas sus formas
44.5 pon atención..todas las *s* del santuario
48.30 estas son las *s* de la ciudad: al lado
Dn. 9.25 desde la *s* de la orden para restaurar
Os. 6.3 como el alba está dispuesta su *s*, y
Mi. 5.2 sus *s* son desde el principio, desde los
Mt. 22.9 id..a las *s* de los caminos, y llamad
1 Co. 10.13 juntamente con la tentación la *s*
He. 11.22 mencionó la *s* de los hijos de Israel

SALIM ***Lugar de manantiales cerca de Enón,*** **Jn. 3.23**

SALINA
Ez. 47.11 pantanos y..lagunas..quedarán para *s*

SALIR
Gn. 2.10 y *salía* de Edén un río para regar el
4.8 dijo Caín a su..Abel: *Salgamos* al campo
4.16 *salió*, pues, Caín de delante de Jehová
8.7 envió un cuervo, el cual *salió*, y estuvo
8.16 *sal* del arca tú, y tu mujer, y tus hijos
8.18 *salió* Noé, y sus hijos, su mujer, y las
8.19 según sus especies, *salieron* del arca
9.10 todos los que *salieron* del arca hasta
9.18 los hijos de Noé que *salieron* del arca
10.11 de esta tierra *salió* para Asiria, y
10.14 de donde *salieron* los filisteos, y a
11.2 cuando *salieron* de oriente, hallaron una
11.31 tomó Taré a Abram su hijo..y *salió* con
12.4 y era Abram de..cuando *salió* de Harán
12.5 y *salieron* para ir a tierra de Canaán
14.8 y *salieron* el rey de Sodoma, el rey de
14.17 *salió* el rey de Sodoma a recibirlo al
15.14 después de..*saldrán* con gran riqueza
17.6 haré naciones de ti, y reyes *saldrán* de
19.6 Lot *salió* a ellos a la puerta, y cerró
19.14 *salió* Lot y habló a sus yernos, los que
19.14 levantaos, *salid* de este lugar; porque
19.23 el sol *salía*..cuando Lot llegó a Zoar
20.13 cuando Dios me hizo *salir* errante de la
21.14 *salió* y anduvo errante por el desierto
24.5 tu hijo a la tierra de donde *saliste?*
24.11 hora en que *salen* las doncellas por agua
24.13 hijas de los varones de..*salen* por agua
24.15 *salía* con su cántaro sobre su hombro
24.43 doncella que *saliere* por agua, a la cual
24.45 aquí Rebeca, que *salía* con su cántaro
24.50 de Jehová ha *salido* esto; no podemos
24.63 había *salido* Isaac a meditar al campo
25.25 *salió* el primero rubio, y era..velludo
25.26 *salió* su hermano, trabada su mano al
27.3 toma..arco..*sal* al campo y tráeme caza
27.30 apenas había *salido* Jacob de delante
28.10 *salió*, pues, Jacob de Beerseba, y fue
30.16 *salió* Lea a él, y le dijo: Llégate a
31.13 levántate ahora y *sal* de esta tierra
31.33 *salió* de la tienda de Lea, y entró en
32.1 le *salieron* al encuentro ángeles de Dios
32.31 había pasado Peniel, le *salió* el sol
34.1 *salió* Dina la hija de Lea, la cual ésta
34.24 obedecieron..todos los que *salían* por
34.24 a cuantos *salían* por la puerta de su
35.5 y *salieron*, y el terror de Dios estuvo
35.11 procederán de ti, y reyes *saldrán* de
35.18 al *salírsele* el alma..llamó su nombre
35.21 y *salió* Israel, y plantó su tienda más
36.18 jefes que *salieron* de Aholibama mujer
38.28 un hilo..diciendo: Este *salió* primero
38.29 he aquí *salió* su hermano; y ella dijo
38.30 después *salió* su hermano, el que tenía
39.12 dejó su ropa en las manos de..y *salió*
39.15 dejó junto a mí su ropa, y huyó y *salió*
41.6 que después de ellas *salían* otras siete
41.45 *salió* José por toda la tierra de Egipto
41.46 y *salió* José de delante de Faraón, y
42.15 vive Faraón, que no *saldréis* de aquí
43.31 *salió*, y se contuvo, y dijo: Poned pan
44.4 habiendo ellos *salido* de la ciudad, de
44.28 el uno *salió* de mi presencia, y pienso
44.32 tu siervo *salió* por fiador del joven con
45.1 y clamó: Haced *salir* de mi presencia a
46.1 *salió* Israel con todo lo que tenía, y vino
47.10 Jacob..*salió* de la presencia de Faraón
Éx. 2.11 *salió* a sus hermanos, y los vio en sus
2.13 día..*salió* y vio a dos hebreos que reñían
3.21 para que cuando *salgáis*, no vayáis con
4.14 que él *saldrá* a recibirte, y al verte se
4.24 le *salió* al encuentro, y quiso matarlo
5.10 *saliendo* los cuadrilleros del pueblo y
5.20 estaban a la vista..cuando *salían* de la
7.15 vé..a Faraón, he aquí que él *sale* al río
8.12 *salieron* Moisés y Aarón de la presencia
8.20 Faraón; he aquí él *sale* al río; y dile
8.29 aquí, al *salir* yo de tu presencia, rogaré
8.30 Moisés *salió* de la presencia de Faraón
9.29 tan pronto *salga*..y los truenos cesarán
9.33 *salido* Moisés de la presencia de Faraón
10.6 se volvió y *salió* de delante de Faraón
10.18 *salió* Moisés de delante de Faraón, y oró
11.4 a la medianoche yo *saldré* por en medio
11.8 después..yo *saldré*. Y *salió* muy enojado
12.22 ninguno de..*salga* de las puertas de su
12.31 les dijo: *Salid* de en medio de mi pueblo
12.41 el mismo día..*salieron* de la tierra de
13.3 día, en el cual habéis *salido* de Egipto
13.4 vosotros *salís* hoy en el mes de Abib
14.8 Israel habían *salido* con mano poderosa
15.20 *salieron* en pos de ella con panderos y
15.22 Israel..y *salieron* al desierto de Shur
16.1 mes después que *salieron* de..de Egipto
16.4 el pueblo *saldrá*, y recogerá diariamente
16.27 *salieron* en el séptimo día a recoger
16.29 y nadie *salga* de él en el séptimo día
17.6 golpearás la peña, y *saldrán* de..aguas
17.9 y *sal* a pelear contra Amalec; mañana yo
18.7 Moisés *salió* a recibir a su suegro, y se
19.2 habían *salido* de Refidim, y llegaron al
21.2 siervo hebreo..al séptimo *saldrá* libre
21.3 entró solo, solo *saldrá*; si tenía mujer
21.3 tenía mujer, *saldrá* él y su mujer con él
21.4 sus hijos serán de su amo, y él *saldrá*
21.5 dijere..amo a mi señor..no *saldré* libre
21.7 su hija..no *saldrá* ella como suelen salir
21.11 y si..ella *saldrá* de gracia, sin dinero
23.15 mes de Abib..en él *saliste* de Egipto
25.32 *saldrán* seis brazos de sus lados; tres
25.33,35 seis brazos que *salen* del candelero
28.35 se oirá su sonido cuando..*salga*, para
32.24 eché en el fuego, y *salió* este becerro
33.7 buscaba a Jehová, *salía* al tabernáculo
33.8 que cuando *salía* Moisés al tabernáculo
34.18 en el mes de Abib *saliste* de Egipto
34.34 él, se quitaba el velo hasta que *salía*
34.34 *saliendo*, decía a los hijos de Israel
35.20 *salió* toda la congregación de..Israel
37.18 de sus lados *salían* seis brazos; tres
37.19 los seis brazos que *salían* del candelero
37.21 conforme a los seis brazos que *salían*
Lv. 8.33 la puerta del tabernáculo..no *saldréis*
9.23 y *salieron* y bendijeron al pueblo; y la
9.24 y *salió* fuego de delante de Jehová, y
10.2 *salió* fuego de..y los quemó, y murieron
10.7 ni *saldréis*..del tabernáculo de reunión
13.25 piel, es lepra que *salió* en la quemadura
13.29 que le *saliere* llaga en la cabeza, o en
13.37 y que ha *salido* en ella el pelo negro
14.3 y éste *saldrá* fuera del campamento y lo
14.38 sacerdote *saldrá* de la casa a la puerta
16.17 en el tabernáculo..hasta que él *salga*
16.18 *saldrá* al altar que..delante de Jehová
16.24 después..*saldrá*, y hará su holocausto
21.12 ni *saldrá* del santuario, ni profanará
24.10 hijo..*salió* entre los hijos de Israel
25.28 y al jubileo *saldrá*, y él volverá a su
25.30 poder de aquel..no *saldrá* en el jubileo
25.31 ser rescatadas, y *saldrán* en el jubileo
25.33 comprare de..*saldrá* de la casa vendida
25.41 *saldrá* libre de tu casa; él y sus hijos
25.54 en el año del jubileo *saldrá*, él y sus
27.21 sino que cuando *saliere* en el jubileo
Nm. 1.3 que pueden *salir* a la guerra en Israel
1.20,22,24,26,28,30,32,34,36,38,40,42,45 los que podían *salir* a la guerra
10.9 *saliereis* a la guerra en vuestra tierra
10.34 nube..sobre ellos..desde que *salieron*
11.20 hasta que os *salga* por las narices, y la
11.20 diciendo: ¿Para qué *salimos*..de Egipto?
11.24 y *salió* Moisés y dijo al pueblo las
12.4 *salid* vosotros tres..*salieron* ellos tres
12.5 Jehová..llamó a Aarón..y *salieron* ambos
12.12 al *salir* del vientre de su madre, tiene
14.25 volveos mañana y *salid* al desierto
14.41 ¿Por qué..Esto tampoco os *saldrá* bien
16.27 *salieron* y se pusieron a las puertas de
16.35 también *salió* fuego de delante de Jehová
16.46 el furor ha *salido* de la presencia de
20.10 ¿os hemos de hacer *salir* aguas de esta
20.11 golpeó la peña..*salieron* muchas aguas
20.18 de otra manera, *saldré* contra ti armado
20.20 *salió* Edom contra él con mucho pueblo
21.13 y que *sale* del territorio del amorreo
21.23 y *salió* contra Israel en el desierto
21.28 porque fuego *salió* de Hesbón, y llama
21.33 *salió* contra ellos Og rey de Basán, él
22.5 diciendo: Un pueblo ha *salido* de Egipto
22.11 pueblo que ha *salido* de Egipto cubre la
22.32 yo he *salido* para resistirte, porque tu
22.36 oyendo Balac que..*salió* a recibirlo a
23.16 y Jehová *salió* al encuentro de Balaam
24.17 *saldrá* Estrella de Jacob, y..cetro de
24.19 Jacob *saldrá* el dominador, y destruirá
26.2 censo de..que pueden *salir* a la guerra
26.4 que habían *salido* de tierra de Egipto
27.17 que *salga*..y que entre delante de ellos
27.21 el dicho de él *saldrán*, y por el dicho
30.2 hará conforme..lo que *salió* de su boca
30.12 lo que *salió* de sus labios..será nulo
31.13 *salieron* Moisés y..a recibirlos fuera
31.27 entre..los que *salieron* a la guerra, y

SALIR *(Continúa)*

Nm. 31.28 tributo de los hombres..que *salieron* a
31.36 de los que habían *salido* a la guerra, fue
33.1 jornadas de los..que *salieron* de..Egipto
33.3 de Ramesés *salieron* en el mes primero, a
33.3 el segundo día de la pascua *salieron* los
33.5 *salieron*..hijos de Israel de Ramesés, y
33.6 *salieron* de Sucot y acamparon en Etam
33.7 *salieron* de Etam y..sobre Pi-hahirot, que
33.8 *salieron* de Pi-hahirot y pasaron por en
33.9 *salieron* de Mara y vinieron a Elim, donde
33.10 *salieron* de Elim y acamparon junto al
33.11 *salieron* del Mar Rojo y acamparon en el
33.12 *salieron* del desierto..y acamparon en
33.13 *salieron* de Dofca y acamparon en Alús
33.14 *salieron* de Alús y acamparon en Refidim
33.15 *salieron* de Refidim y acamparon en el
33.16 *salieron* del..de Sinai y acamparon en
33.17 *salieron* de Kibrot-hataava y acamparon
33.18 *salieron* de Hazerot y acamparon..Ritma
33.19 *salieron* de Ritma y acamparon en Rimón
33.20 *salieron* de Rimón-peres y acamparon en
33.21 *salieron* de Libna y acamparon en Rissa
33.22 *salieron*..Rissa y acamparon en Ceelata
33.23 *salieron* de Ceelata y acamparon en el
33.24 *salieron* del monte de Sefer y acamparon
33.25 *salieron* de..y acamparon en Macelot
33.26 *salieron* de Macelot y acamparon..Tahat
33.27 *salieron* de Tahat y acamparon en Tara
33.28 *salieron* de Tara y acamparon en Mitca
33.29 *salieron*..Mitca y acamparon..Hasmona
33.30 *salieron* de..y acamparon en Moserot
33.31 *salieron* de..y acamparon en Bene-jaacán
33.32 *salieron* de Bene-jaacán y acamparon en
33.33 *salieron* del monte de Gidgad..Jotbata
33.34 *salieron* de Jotbata y acamparon..Abrona
33.35 *salieron* de..y acamparon en Ezión-geber
33.36 *salieron* de Ezión-geber y acamparon en
33.37 y *salieron* de Cades y acamparon en el
33.41 *salieron* del monte de Hor y acamparon
33.42 *salieron* de Zalmona y acamparon..Punón
33.43 *salieron* de Punón y acamparon en Obot
33.44 *salieron* de..y acamparon en Ije-abarim
33.45 *salieron* de Ije-abarim y acamparon en
33.46 *salieron* de Dibón-gad y acamparon en
33.47 *salieron* de Almón-diblataim y acamparon
33.48 *salieron* de los montes de Abarim..Moab
35.26 mas si el homicida *saliere* fuera de los
Dt. 1.19 *salidos* de Horeb, anduvimos todo aquel
1.44 *salió* a vuestro encuentro el amorreo, que
2.1 *salimos* al desierto, camino del Mar Rojo
2.23 los caftoreos que *salieron* de Caftor los
2.24 *salid*, y pasad el arroyo de Arnón; he
2.32 nos *salió* Sehón al encuentro, él y todo
3.1 y nos *salió* al encuentro Og rey de Basán
4.45 habló Moisés..cuando *salieron* de Egipto
4.46 cual derrotó..cuando *salieron* de Egipto
8.3 de todo lo que *sale* de la boca de Jehová
9.7 desde..que *saliste* de la tierra de Egipto
10.6 después *salieron* los hijos de Israel de
11.10 no es como la..de donde habéis *salido*
13.13 han *salido*..medio de ti hombres impíos
16.3 porque aprisa *saliste* de tierra de Egipto
16.3 te acuerdes del día en que *saliste* de la
16.6 pascua..a la hora que *saliste* de Egipto
18.6 cuando *saliere* un levita de alguna de tus
20.1 *salgas* a la guerra contra tus enemigos
21.2 *saldrán* y medirán la distancia hasta las
21.10 cuando *salieres* a la guerra contra tus
23.4 no os *salieron* a recibir con pan y agua
23.4 recibir con..cuando *salisteis* de Egipto
23.9 cuando *salieres* a campaña..te guardarás
23.10 si hubiere..*saldrá* fuera del campamento
23.12 tendrás un lugar fuera..adonde *salgas*
23.23 lo que hubiere *salido* de tus labios, lo
24.2 y *salida* de su casa, podrá ir y casarse
24.5 recién casado, no *saldrá* a la guerra, ni
24.9 hizo..a María..después que *salisteis* de
25.17 que hizo Amalec..cuando *salías* de Egipto
25.18 te *salió* al encuentro en el camino, y
28.6 serás en tu entrar, y bendito en tu *salir*
28.7 por un camino *saldrán* contra ti, y por
28.19 maldito serás en tu entrar, y..tu *salir*
28.25 por un camino *saldrás* contra ellos, y
28.57 al recién nacido que *sale* de entre sus
29.7 *salieron* Sehón rey de Hesbón y Og rey de
31.2 de 120 años; no puedo más *salir* ni entrar
33.18 alégrate, Zabulón, cuando *salieres*; y tú
Jos. 1.8 harás prosperar..todo te *saldrá* bien
2.5 esos hombres se *salieron*, y no sé a dónde
2.7 puerta fue cerrada después que *salieron*
2.10 hizo secar las aguas..cuando *salisteis*
2.19 *saliere* fuera de las puertas de tu casa
3.3 *saldréis* de vuestro lugar y marcharéis en
5.4 todo el pueblo que había *salido* de Egipto
5.4 muerto en..después que *salieron* de Egipto
5.5 todos los del pueblo que habían *salido*
5.5 había nacido..después que hubieron *salido*
5.6 los hombres..que habían *salido* de Egipto
6.1 estaba cerrada..nadie entraba ni *salía*
6.10 voz, ni *saldrá* palabra de vuestra boca
6.22 entrad..haced *salir* de allí a la mujer
8.5 cuando *salgan*..huiremos delante de ellos
8.6 y ellos *saldrán* tras nosotros, hasta que
8.14 ciudad *salieron* al encuentro de Israel
8.17 no quedó hombre en Hai..que no *saliera*
8.22 *salieron* de la ciudad a su encuentro; y
9.12 pan lo tomamos..el día que *salimos* para
9.17 *salieron* los hijos de Israel, y al tercer
11.4 estos *salieron*, y..todos sus ejércitos
13.5 todo el Líbano hacia donde *sale* el sol
14.11 es mi fuerza..para *salir* y para entrar
15.3 y *salía* hacia el sur de la subida de
15.4 a Asmón, y *salía* al arroyo de Egipto, y
15.7 pasa hasta..y *sale* a la fuente de Rogel
15.9 *sale* a las ciudades del monte de Efrón
15.11 *sale*..al lado de Ecrón..y *s* a Jabneel
16.2 de Bet-el *sale* a Luz, y pasa a lo largo
16.3 Bet-horón..y hasta Gezer; y *sale* al mar
16.7 de Janoa..toca Jericó y *sale* a Jordán
16.8 se vuelve hacia el mar, al..y *sale* al mar
18.12 viene a *salir* al desierto de Bet-avén
18.14 tuerce..y viene a *salir* a Quiriat-baal
18.15 y *sale* al occidente, a la fuente de las
18.17 se inclina..el norte y *sale* a En-semes
19.12 y gira..*sale* a Daberat, y sube a Jafía
19.13 pasando..*sale* a Rimón rodeando a Nea
19.14 viniendo a *salir* al valle de Jefte-el
19.27 llega a Zabulón, al valle..*sale* a Cabul
19.29 *sale* al mar desde el territorio de Aczib
19.33 abarcó..hasta Lacum, y *sale* al Jordán
Jue. 1.24 a un hombre que *salía* de la ciudad
2.15 por dondequiera que *salían*, la mano de
3.10 *salió* a batalla, y Jehová entregó en su
3.19 *salieron* de delante de él todos los que
3.22 no sacó el puñal..y *salió* el estiércol
3.23 y *salió* Aod al corredor, y cerró tras sí
3.24 hubo *salido*, vinieron los siervos del rey
4.14 dijo..¿No ha *salido* Jehová delante de ti?
4.18 y *saliendo* Jael a recibir a Sísara, le
4.22 Jael *salió* a recibirlo, y le dijo: Ven
5.4 cuando *saliste* de Seir, oh Jehová, cuando
5.31 sean como el sol cuando *sale* en su fuerza
6.8 os hice *salir* de Egipto, y os saqué de la
6.35 Aser..los cuales *salieron* a encontrarles
9.15 *salga* fuego de la zarza y devore a los
9.20 fuego *salga* de Abimelec..*s* de..Siquem
9.27 *saliendo* al campo, vendimiaron..viñedos
9.29 y diría a..Aumenta tus ejércitos, y *sal*
9.33 la mañana al *salir* el sol madruga y cae
9.33 cuando él y el pueblo..*salgan* contra ti
9.35 Gaal..*salió*, y se puso a la entrada de
9.38 ¿no es..*Sal* pues, ahora, y pelea con él
9.39 y Gaal *salió* delante de los de Siquem
9.42 pueblo *salió* al campo; y fue dado aviso
9.43 el pueblo que *salía* de la ciudad; y se
11.3 hombres ociosos, los cuales *salían* con él
11.31 cualquiera que *saliere* de las puertas de
11.34 y he aquí su hija que *salía* a recibirle
14.14 les dijo: Del devorador *salió* comida
14.14 y del fuerte *salió* dulzura. Y ellos no
15.14 Lehi, los filisteos *salieron* gritando a
15.19 en Lehi..*salió* de allí agua, y él bebió
16.20 se dijo: Esta vez *saldré* como las otras
18.7 aquellos 5 hombres *salieron*, y vinieron
18.11 *salieron* de allí, de Zora y de Estaol
19.4 el padre de la joven, *salió* a recibirle
19.23 *salió*..el dueño de la casa y les dijo
19.27 abrió las..y *salió* para seguir su camino
20.1 *salieron* todos los hijos de Israel, y se
20.20 y *salieron*..a combatir contra Benjamín
20.21 *saliendo*..Gabaa los hijos de Benjamín
20.25 *saliendo* Benjamín de Gabaa contra ellos
20.28 ¿volveremos..a *salir* contra..Benjamín
20.31 *salieron* los..de Benjamín al encuentro
20.33 las emboscadas de..*salieron* de su lugar
20.42 los que *salían* de las..los destruían en
21.21 cuando veáis *salir*..*salid*..y arrebatad
21.24 *saliendo* de allí cada uno a su heredad
Rt. 1.7 *salió*..del lugar donde había estado
1.13 la mano de Jehová ha *salido* contra mí
2.22 mejor..que *salgas* con sus criadas, y que
1 S. 4.1 *salió* Israel a encontrar en batalla a
7.11 y *saliendo* los hijos de Israel de Mizpa
8.20 rey nos gobernará, y *saldrá* delante de
9.11 unas doncellas que *salían* por agua, a las
9.26 se levantó Saúl, y *salieron*..él y Samuel
10.3 te *saldrán* al encuentro tres hombres que
11.3 nadie que nos defienda, *saldremos* a ti
11.7 bueyes del que no *saliere* en pos de Saúl
11.7 cayó temor..*salieron* como un solo hombre
11.10 mañana *saldremos* a vosotros, para que
13.10 Saúl *salió* a recibirle, para saludarle
13.17 y *salieron* merodeadores del campamento
14.11 hebreos, que *salen* de las cavernas en
14.41 sobre Jonatán..y el pueblo *salió* libre
15.6 *salid* de entre los de Amalec, para que
16.4 los ancianos..*salieron* a recibirle con
17.4 *salió*..de los filisteos un paladín, el
17.20 llegó al..cuando el ejército *salía* en
17.23 Goliat..*salió* de entre las filas de los
17.25 no habéis visto..hombre que ha *salido*?
17.35 *salía* yo tras él, y lo hería, y..libraba
17.55 vio a David que *salía* a encontrarse con
18.5 y *salía* David a dondequiera que Saúl le
18.6 David volvió de..*salieron* las mujeres de
18.13 y *salía* y entraba delante del pueblo
18.16 porque..*salía* y entraba delante de ellos
18.30 *salieron* a campaña los príncipes de los
18.30 vez que *salían*, David tenía más éxito
19.3 yo *saldré* y estaré junto a mi padre en
19.8 *salió* David y peleó contra los filisteos
20.11 salgamos al..Y *salieron* ambos al campo
20.35 al otro día..*salió* Jonatán al campo, al
21.5 *salí*, ya los vasos de los jóvenes eran
23.13 *salieron* de Keila, y anduvieron de un
23.13 escapado de Keila, y desistió de *salir*
23.15 Saúl había *salido* en busca de su vida
24.7 *saliendo* de la cueva, siguió su camino
24.8 David..y *saliendo* de la cueva dio voces
24.14 ¿tras quién ha *salido* el rey de Israel?
25.20 venían..y ella les *salió* al encuentro
26.20 ha *salido* el rey de Israel a buscar una
28.1 que has de *salir* conmigo a campaña, tú
30.21 *salieron* a recibir a David y al pueblo
2 S. 2.12 Abner..*salió* de Mahanaim a Gabaón
2.13 Joab..*salieron* y los encontraron junto al
2.23 le *salió* la lanza por la espalda, y cayó
3.26 *saliendo* Joab de la presencia de David
5.24 Jehová *saldrá* delante de ti a herir el
6.20 *saliendo* Mical..dijo: ¡Cuán honrado ha
10.8 *saliendo* los hijos de Amón, se pusieron
10.16 hizo *salir* a los sirios que estaban al
11.1 tiempo que *salen* los reyes a la guerra
11.8 y *saliendo* Urías de la casa del rey, le
11.13 y *salió* a la tarde a dormir en su cama
11.17 *saliendo* luego..de la ciudad, pelearon
11.23 prevalecieron..los hombres que *salieron*
13.9 echad fuera de..Y todos *salieron* de allí
15.16 el rey..*salió*, con toda su familia en
15.17 *salió*, pues, el rey con todo el pueblo
15.24 que todo el pueblo hubo acabado de *salir*
15.32 aquí Husai..que le *salió* al encuentro
16.1 Siba..que *salía* a recibirle con un par de
16.5 *salía* uno de..de Saúl..y *s* maldiciendo
16.11 mi hijo que ha *salido* de mis entrañas
17.21 aquellos *salieron* del pozo y se fueron
18.2 el rey..Yo también *saldré* con vosotros
18.3 el pueblo dijo: No *saldrás*; porque si
18.4 mientras *salía*..el pueblo de ciento en
18.6 *salió*, pues, el pueblo al campo contra
19.7 que si no *sales*, no quedará ni un hombre
19.19 día en que..el rey *salió* de Jerusalén
19.24 el día en que el rey *salió* hasta el día
20.7 *salieron* en pos de él..*s* de Jerusalén
20.8 en Gabaón, les *salió* Amasa al encuentro
21.17 nunca más..*saldrás* con nosotros a la
22.46 y *saldrán* temblando de sus encierros
24.4 *salió*, pues, Joab, con los capitanes del
24.7 *salieron* al Neguev de Judá en Beerseba
24.20 *saliendo* entonces Arauna, se inclinó
1 R. 2.30 le dijo: El rey ha dicho que *salgas*
2.36 no *salgas* de allí a una parte ni a otra
2.37 que el día que *salieres*..sin duda morirás
2.42 el día que *salieres* y fueres acá o allá
2.46 Benaía hijo de..*salió* y lo hirió, y murió
3.7 soy joven, y no sé cómo entrar ni *salir*
6.1 después que..de Israel *salieron* de Egipto
7.31 en el remate que *salía* para arriba de la
7.35 molduras y tableros, los cuales *salían*
8.9 hizo pacto..cuando *salieron* de..de Egipto
8.10 los sacerdotes *salieron* del santuario
8.19 no..sino tu hijo que *saldrá* de tus lomos
8.44 si tu pueblo *saliere* en batalla contra
9.12 *salió* Hiram..para ver las ciudades que
10.29 venía y *salía* de Egipto, el carro por
11.29 que *saliendo* Jeroboam de Jerusalén, le
12.25 y *saliendo* de allí, reedificó a Penuel
15.17 para no dejar a..*salir* ni entrar a Asa
19.11 le dijo: *Sal* fuera, y ponte en el monte
19.13 Elías..*salió*, y se puso a la puerta de
20.16 *salieron* a..Y estaba Ben-adad bebiendo
20.17 los siervos de..*salieron* los primeros
20.17 aviso..Han *salido* hombres de Samaria
20.18 si han *salido* por paz..*s* para pelear
20.19 *salieron*..de la ciudad los siervos de
20.21 y *salió* el rey de Israel, e hirió la
20.31 y *salgamos* al rey de Israel, a ver si
20.39 tu siervo *salió* en medio de la batalla
22.21 y *salió* un espíritu y se puso delante
22.22 *saldré*, y seré espíritu de mentira en
22.36 *salió* un pregón..¡Cada uno a su ciudad
2 R. 2.3 *saliendo* a Eliseo los hijos..profetas
2.21 y *saliendo*..echó dentro la sal, y dijo
2.23 *salieron* unos muchachos de la ciudad, y
2.24 *salieron* dos osos..despedazaron de ellos
3.6 *salió* entonces de Samaria el rey Joram
3.9 *salieron*, pues, el rey de Israel, el rey
4.21 lo puso..y cerrando la puerta, se *salió*
4.37 entró..después tomó a su hijo, y *salió*
4.39 y *salió* uno al campo a recoger hierbas
5.2 y de Siria habían *salido* bandas armadas
5.5 *salió*..llevando consigo diez talentos de
5.11 *saldrá*..invocará el nombre de Jehová su
5.27 *salió* de delante de él leproso, blanco
6.15 y *salió* el que servía al varón de Dios
7.12 ellos..han *salido* de las tiendas y se han
7.12 cuando hayan *salido*..los tomaremos vivos
7.16 el pueblo *salió*, y saqueó el campamento
8.3 *salió* para implorar al rey por su casa y
9.11 *salió* Jehú a los siervos de su señor
9.21 *salieron* Joram..y Ocozías rey de Judá

SALIR *(Continúa)*
2 R. 9.21 y *salieron* a encontrar a Jehú, al cual
9.24 saeta *salió* por su corazón, y él cayó
10.9 *salió* él, y estando en pie dijo a todo
11.7 dos partes. .que *salen* el día de reposo
11.8 y estaréis con el rey cuando *salga*, y
11.9 que *salían* el día de reposo, vinieron
13.5 dio. .y *salieron* del poder de los sirios
18.7 él, y adondequiera que *salía*, prosperaba
18.18 y *salió* a ellos Eliaquim. .de Hilcías
18.31 haced conmigo paz, y *salid* a mí, y coma
19.9 Tirhaca. .había *salido* para hacerle guerra
19.31 porque *saldrá* de Jerusalén remanente
19.35 aquella misma noche *salió* el ángel de
20.4 antes que Isaías *saliese*. .vino palabra
20.18 de tus hijos que *saldrán* de ti. .tomarán
21.15 día que sus padres *salieron* de Egipto
23.29 Necao. .y *salió* contra él el rey Josías
24.7 nunca más el rey de Egipto *salió* de su
24.12 *salió* Joaquín rey. .al rey de Babilonia
1 Cr. 1.12 de éstos *salieron* los filisteos y los
2.53 de los cuales *salieron* los zoratitas y
5.16 habitaron. .ejidos de Sarón hasta *salir*
5.18 en la guerra eran 44.760 que *salían* a
7.11 jefes. .17.200 que *salían* a combatir en
12.17 David *salió* a ellos. .les habló diciendo
12.33 de Zabulón 50.000, que *salían* a campaña
14.8 cuando David lo oyó, *salió* contra ellos
14.15 *sal*. .porque Dios *saldrá* delante de ti
19.9 los hijos de Amón *salieron*, y ordenaron
20.1 que suelen los reyes *salir* a la guerra
21.4 *salió*. .Joab, y recorrió todo Israel, y
21.21 *saliendo* de la era, se postró en tierra
25.9 la primera suerte *salió* por Asaf, para
26.14 *salió* la suerte suya para la del norte
27.1 las divisiones que entraban y *salían* cada
2 Cr. 5.9 hicieron *salir* las barras, de modo que
5.10 hecho pacto. .cuando *salieron* de Egipto
5.11 los sacerdotes *salieron* del santuario
6.9 sino tu hijo que *saldrá* de tus lomos, él
14.9 y *salió* contra ellos Zera etíope con un
14.10 *salió* Asa contra él, y ordenaron la
15.2 y *salió* al encuentro de Asa, y le dijo
15.5 no hubo paz, ni para. .para el que *salía*
16.1 no dejar *salir* ni entrar a. .al rey Asa
18.20 *salió* un espíritu que se puso. .y dijo
18.21 *saldré* y seré espíritu de mentira en la
19.2 y le *salió* al encuentro el vidente Jehú
19.2 ha *salido* de la presencia de Jehová ira
19.4 pero daba vuelta y *salía* al pueblo, desde
20.17 no temáis ni. .*salid* mañana contra ellos
20.20 por la mañana, *salieron* al desierto de
20.20 mientras ellos *salían*, Josafat. .dijo
20.21 mientras *salía* la gente armada, y que
21.15 intestinos, hasta que se te *salgan* a
21.19 los intestinos se le *salieron* por la
22.7 venido, *salió* con Joram contra Jehú hijo
23.7 estaréis con el rey. .entre y cuando *salga*
23.8 los que *salían* el día de reposo; porque
23.14 Joiada mandó que *salieran* los jefes de
24.5 les dijo: *Salid* por las ciudades de Judá
25.5 trescientos mil. .para *salir* a la guerra
26.6 y *salió* y peleó contra los filisteos, y
26.11 cuales *salían* a la guerra en divisiones
26.18 oh Uzías. .*Sal* del santuario, porque has
26.20 le hicieron *salir*. .se dio prisa a *s*
28.9 Obed, el cual *salió* delante del ejército
31.1 todos *salieron* por las ciudades de Judá
35.20 Necao rey de. .y *salió* Josías contra él
Neh. 2.13 *salí* de noche por la puerta del Valle
3.25 torre alta que *sale* de la casa del rey
4.21 del alba hasta que *salían* las estrellas
8.15 *salid* al monte, y traed ramas de olivo
8.16 *salió*, pues, el pueblo, y trajeron ramas
13.2 cuanto no *salieron* a recibir a los hijos
Est. 1.19 si parece bien. .*salga* un decreto real
3.7 y *salió* el mes duodécimo, que es el mes
3.15 *salieron* los correos. .por mandato del rey
4.6 *salió*, pues, Hatac a ver a Mardoqueo, a
5.9 *salió* Amán aquel día contento y alegre de
8.14 los correos. .*salieron* a toda prisa por
8.15 *salió* Mardoqueo de delante del rey con
Job 1.12 y *salió* Satanás de delante de Jehová
1.21 desnudo *salí* del vientre de mi madre, y
2.7 *salió* Satanás de la presencia de Jehová
3.11 ¿por qué no morí. .o expiré al *salir* del
5.6 porque la aflicción no *sale* del polvo, ni
8.16 sol, y sus renuevos *salen* sobre su huerto
9.7 él manda al sol, y no *sale*; y sella las
14.2 *sale* como una flor y es cortado, y huye
20.25 le traspasará y *saldrá* de su cuerpo
20.25 la punta relumbrante *saldrá* por su hiel
21.11 *salen* sus pequeñuelos como manada, y
23.10 mas él. .me probará, y *saldré* como oro
24.5 *salen* a su obra madrugando para robar
28.11 detuvo. .hizo *salir* a luz lo escondido
29.7 cuando yo *salía* a la puerta a juicio, y
31.34 temor. .y callé, y no *salí* de mi puerta
37.2 su voz, y el sonido que *sale* de su boca
38.8 el mar, cuando se derramaba *saliéndose* de
38.29 ¿de qué vientre *salió* el hielo? Y la
39.3 hacen *salir* sus hijos, pasan sus dolores
39.4 sus hijos. .*salen*, y no vuelven a ellas
39.21 fuerza, *sale* al encuentro de las armas
40.23 he aquí, *sale* de madre el río, pero él
41.19 de su boca *salen* hachones de fuego
41.20 de sus narices *sale* humo, como de una
41.21 enciende los. .y de su boca *sale* llama
Sal. 14.7 que de Sion *saliera* la salvación de
17.13 *sal* a su encuentro, póstrales; libra mi
18.45 y *salieron* temblando de sus encierros
19.4 por toda la tierra *salió* su voz, y hasta
19.5 y éste, como esposo que *sale* de su tálamo
21.3 le has *salido*. .con bendiciones de bien
41.6 iniquidad, y al *salir* fuera la divulgan
44.9 nos has. .no *sales* con nuestros ejércitos
53.6 ¡oh, si *saliera* de Sion la salvación de
60.10 no *salías*, oh. .con nuestros ejércitos?
68.7 cuando tú *saliste* delante de tu pueblo
78.52 hizo *salir* a su pueblo como ovejas, y
81.5 cuando *salió* por la tierra de Egipto
88.8 has. .encerrado estoy, y no puedo *salir*
89.34 ni mudaré lo que ha *salido* de. .labios
104.22 *sale* el sol, se recogen, y se echan
104.23 *sale* el hombre a su labor, y a su
105.38 Egipto se alegró de que *salieran*
108.11 y no *salías*. .con nuestros ejércitos?
109.7 cuando fuere juzgado, *salga* culpable
114.1 cuando *salió* Israel de Egipto, la casa
140.10 abismos profundos de donde no *salgan*
146.4 *sale* su aliento, y vuelve a la tierra
Pr. 6.1 si *salieres* fiador por tu amigo, si has
7.10 mujer le *sale* al encuentro, con atavío
7.15 tanto, he *salido* a encontrarte, buscando
11.15 será afligido el que *sale* por fiador de
12.13 mas el justo *saldrá* de la tribulación
17.18 y *sale* por fiador en presencia de su
20.16 quítale su ropa al que *salió* por fiador
20.16 y toma prenda del que *sale* fiador por
22.10 echa fuera al escarnecedor, y *saldrá* la
22.26 los que *salen* por fiadores de deudas
25.4 quita las escorias. .y *saldrá* alhaja al
27.13 quítale su ropa al que *salió* fiador por
27.25 *saldrá* la grama, aparecerá la hierba
30.27 langostas. .*salen* todas por cuadrillas
Ec. 1.5 *sale* el sol, y se pone el sol. .a volver
4.14 de la cárcel *salió* para reinar, aunque
5.15 *salió* del vientre de su madre, desnudo
7.18 aquel que a Dios teme, *saldrá* bien en
Cnt. 3.11 *salid*, oh doncellas de Sion, y ved al
5.6 y tras su hablar *salió* mi alma. Lo busqué
7.11 ven. .*salgamos* al campo, moremos en las
Is. 2.3 de Sion *saldrá* la ley, y de Jerusalén
7.3 a Isaías: *Sal* ahora al encuentro de Acaz
11.1 *saldrá* una vara del tronco de Isaí, y un
14.9 que en tu venida *saliesen* a recibirte
14.29 de la raíz de la culebra *saldrá* áspid
21.14 *salid* a encontrar al sediento; llevadle
24.18 el que *saliere* de en medio del foso será
26.21 Jehová *sale* de su lugar para castigar
28.29 esto *salió* de Jehová de los ejércitos
29.4 y tu habla *saldrá* del polvo; y será tu
30.6 de donde *salen* la leona y el león, la
30.22 apartarás como. .¡*Sal* fuera! les dirás
36.3 y *salió* a él Eliaquim hijo de Hilcías
36.16 haced conmigo paz, y *salid* a mí; y coma
37.9 ha *salido* para hacerte guerra; al oírlo
37.32 de Jerusalén *saldrá* un remanente, y del
37.36 y *salió* el ángel de Jehová y mató a
39.7 de tus hijos que *saldrán* de ti, y que
42.9 antes que *salgan* a luz, yo os las haré
42.13 Jehová *saldrá* como gigante. .de guerra
43.19 hago cosa nueva; pronto *saldrá* a luz
45.23 de mi boca *salió* palabra en justicia
48.1 los que *salieron* de las aguas de Judá
48.3 lo que pasó. .dije, y de mi boca *salió*
48.20 *salid* de Babilonia, huid de entre los
49.9 para que digas a los presos: *Salid;* y
49.17 destruidores y tus asoladores *saldrán*
51.4 de mí *saldrá* la ley, y mi justicia para
51.5 ha *salido* mi salvación, y mis. .juzgarán
52.11 *salid* de ahí, no. .*s* de en medio de ella
52.12 porque no *saldréis* apresurados, ni iréis
55.11 así será mi palabra que *sale* de mi boca
55.12 porque con alegría *saldréis*, y con paz
59.5 que. .si los apretaren, *saldrán* víboras
62.1 que *salga* como resplandor su justicia
64.5 *saliste* al encuentro del que con alegría
66.24 *saldrán*, y verán los cadáveres de los
Jer. 2.37 de allí *saldrás* con tus manos sobre
4.4 no sea que mi ira *salga* como fuego, y se
4.7 el destruidor de. .ha *salido* de su lugar
5.6 cualquiera que. .*saliere* será arrebatado
6.25 no *salgas* al campo, ni andes por. .camino
7.25 desde el día que. .*salieron*. .de Egipto
11.11 yo traigo. .mal del que no podrán *salir*
14.18 si *salgo* al campo, he aquí muertos a
15.1 dijo. .échalos de mi presencia, y *salgan*
15.2 si te preguntaren: ¿A dónde *saldremos?*
17.16 lo que de mi boca ha *salido*, fue en tu
17.19 por la cual entran y *salen* los reyes de
19.2 *saldrás* al valle del hijo de Hinom, que
20.18 ¿para qué *salí* del vientre? ¿Para ver
21.9 el que *saliere* y se pasare a los caldeos
21.12 para que mi ira no *salga* como fuego, y
22.11 de Salum. .que *salió* de este lugar: No
23.15 de los profetas de. .*salió* la hipocresía
23.19 la tempestad de Jehová *saldrá* con furor
29.2 después que *salió* el rey Jeconías, la
29.16 vuestros hermanos que no *salieron* con
30.19 y *saldrá* de ellos acción de gracias, y
30.21 *saldrá* su príncipe, y. .*s* su señoreador
30.23 la tempestad de Jehová *sale* con furor
31.4 adornada con. .*saldrás* en alegres danzas
31.39 *saldrá* más allá el cordel de la medida
37.4 y Jeremías entraba y *salía* en medio del
37.5 el ejército de Faraón había *salido* de
37.7 el ejército de Faraón que había *salido*
37.12 *salía* Jeremías de Jerusalén para irse a
38.8 Ebed-melec *salió* de la casa del rey y
39.4 y *salieron* de noche de la ciudad por el
39.4 y *salió* el rey por el camino del Arabá
41.6 de Mizpa les *salió* al encuentro. .Ismael
43.12 limpiará la tierra de Egipto. .y *saldrá*
44.17 palabra que ha *salido* de nuestra boca
46.9 *salgan* los valientes; los etíopes y los
46.22 voz *saldrá* como de serpiente; porque
48.44 el que *saliere* del hoyo será preso en
48.45 mas *salió* fuego de Hesbón, y llama de
50.8 y *salid* de la tierra de los caldeos, y
51.45 *salid* de en medio de ella, pueblo mío
52.7 y *salieron* de la ciudad de noche por el
Lm. 3.7 cercó por todos lados, y no puedo *salir*
3.38 la boca del Altísimo no *sale* lo malo y lo
Ez. 1.13 resplandecía, y del. .*salían* relámpagos
3.22 levántate, y *sal* al campo, y allí hablaré
3.23 me levanté y *salí* al campo; y he aquí que
3.25 con ellas te ligarán, y no *saldrás* entre
5.4 de allí *saldrá* el fuego a toda la casa de
7.10 *salido* la mañana; ha florecido la vara
9.7 *salid*. Y *salieron*, y mataron en la ciudad
10.7 en manos del que. .el cual lo tomó y *salió*
10.19 ellos *salieron*. .las ruedas se alzaron
12.4 *saldrás* por la tarde. .como quien *sale* en
12.5 te abrirás paso por entre la. .y *saldrás*
12.7 *salí* de noche, y. .llevé sobre los hombros
12.12 príncipe. .llevarán a cuestas. .y *saldrán*
16.14 *salió* tu renombre entre las naciones a
19.14 ha *salido* fuego de la vara de sus ramas
21.4 mi espada *saldrá* de su vaina contra toda
21.19 de una misma tierra *salgan* ambos; y pon
24.12 y no *salió* de ella su mucho herrumbre
27.33 cuando tus mercaderías *salían* de las
29.4 peces de. .*saldrán* pegados a tus escamas
30.9 *saldrán* mensajeros de delante de mí en
36.20 éstos son. .de la tierra de él han *salido*
39.9 los moradores de las. .de Israel *saldrán*
41.11 puerta de cada cámara *salía* al espacio
42.14 no *saldrán* del lugar santo al atrio
44.3 vestíbulo. .y por ese mismo camino *saldrá*
44.19 *salgan* al atrio exterior, al atrio de
46.2 y el príncipe entrará por. .después *saldrá*
46.8 el príncipe. .por el mismo camino *saldrá*
46.9 que entrare. .*saldrá* por la puerta del sur
46.9 del sur *saldrá* por la puerta del norte
46.9 sino que *saldrá* por la de enfrente de ella
46.10 ellos; y cuando ellos *salieren*, él *saldrá*
46.12 *saldrá*, y cerrarán. .después que *saliere*
47.1 he aquí aguas que *salían* de debajo del
47.2 vi que las aguas *salían* del lado derecho
47.3 *salió* el varón hacia el oriente, llevando
47.8 estas aguas *salen* a la región del oriente
47.12 porque sus aguas *salen* del santuario
Dn. 2.14 había *salido* para matar a los sabios
3.26 siervos del Dios Altísimo, *salid* y venid
3.26 Sadrac. .*salieron* de en medio del fuego
7.8 otro cuerno pequeño *salía* entre ellos, y
7.10 un río de fuego. .*salía* de delante de él en
7.20 del otro que le había *salido*, delante del
8.8 en su lugar *salieron* otros cuatro cuernos
8.9 de uno de ellos *salió* un cuerno pequeño
9.22 Daniel. .he *salido* para darte sabiduría
11.11 *saldrá* y peleará contra el rey del norte
11.44 y *saldrá* con gran ira para destruir y
Os. 6.5 y tus juicios serán como luz que *sale*
13.3 y como el humo que *sale* de la chimenea
Jl. 2.16 *salga* de su cámara el novio, y de su
3.18 *saldrá* una fuente de la casa de Jehová
Am. 4.3 *saldréis* por las brechas una tras otra
5.3 la ciudad que *salga* con mil, volverá con
5.3 la que *salga* con ciento volverá con diez
Jon. 4.5 y *salió* Jonás de la ciudad, y acampó
4.8 al *salir* el sol, preparó Dios un. .viento
Mi. 1.3 Jehová *sale* de su lugar, y descenderá
1.11 el morador de Zaanán no *sale*; el llanto
2.13 y pasarán la puerta, y *saldrán* por ella
4.2 de Sion *saldrá* la ley, y de Jerusalén la
4.10 ahora *saldrás* de la ciudad y morarás en
5.2 Belén. .de ti me *saldrá* el que será Señor
7.15 maravillas como el día que *saliste* de
Nah. 1.11 de ti *salió* el que imaginó mal contra
3.17 *salido* el sol se van, y no se conoce el
Hab. 1.4 el juicio no *sale* según la verdad; por
1.4 al justo, por eso *sale* torcida la justicia
3.4 rayos brillantes *salían* de su mano, y allí
3.5 y a sus pies *salían* carbones encendidos
3.13 *saliste* para socorrer a tu pueblo, para
Hag. 2.5 pacto que. .cuando *salisteis* de Egipto
Zac. 2.3 *salía* aquel ángel. .otro ángel le *salió*
5.3 es la maldición que *sale* sobre la faz de
5.4 yo la he hecho *salir*, dice Jehová de los
5.5 *salió* aquel ángel que hablaba conmigo, y

SALIR ***(Continúa)***
Zac. 5.5 tus ojos, y mira qué es esto que *sale*
5.6 él dijo: Este es un efa que *sale*. Además
5.9 dos mujeres que *salían*, y traían viento
6.1 he aquí cuatro carros que *salían* de entre
6.5 estos son los cuatro vientos..que *salen*
6.6 el carro..*salía* hacia la tierra del norte
6.6 y los blancos *salieron* tras ellos, y los
6.6 overos *salieron* hacia la tierra del sur
6.7 los alazanes *salieron* y se afanaron por
6.8 los que *salieron* hacia la tierra del norte
8.10 ni hubo paz para el que *salía* ni para el
9.14 ellos, y su dardo *saldrá* como relámpago
10.4 de él *saldrá* la piedra angular, de él la
14.3 *saldrá* Jehová y peleará con aquellas
14.8 que *saldrán* de Jerusalén aguas vivas, la
Mal. 4.2 *saldréis*, y saltaréis como becerros de
Mt. 2.6 de ti *saldrá* un guiador, que apacentará
3.5 y *salía* a él Jerusalén, y toda Judea, y
4.4 toda palabra que *sale* de la boca de Dios
5.26 no *saldrás*..hasta que pagues el último
5.45 hace *salir* su sol sobre malos y buenos
8.28 endemoniados que *salían* de los sepulcros
8.32 *salieron*, y se fueron a aquel hato de
8.34 la ciudad *salió* al encuentro de Jesús
9.31 pero *salidos* ellos, divulgaron la fama
9.32 mientras *salían* ellos..le trajeron un
10.11 entréis..posad allí hasta que *salgáis*
10.14 ni oyere..*salid* de aquella casa o ciudad
11.7 ¿qué *salisteis* a ver al desierto? ¿Una
11.8 ¿o qué *salisteis* a ver? ¿A un hombre
11.9 ¿qué *salisteis* a ver? ¿A un profeta? Sí
12.14 *salidos* los fariseos, tuvieron consejo
12.43 cuando el espíritu inmundo *sale* del
12.44 dice: Volveré a mi casa de donde *salí*
13.1 aquel día *salió* Jesús de la casa y se
13.3 he aquí, el sembrador *salió* a sembrar
13.6 pero *salido* el sol, se quemó; y porque no
13.26 y cuando *salió* la hierba y dio fruto
13.49 *saldrán* los ángeles, y apartarán a los
14.14 *saliendo* Jesús, vio una gran multitud
15.11 lo que *sale* de la boca, esto contamina
15.18 lo que *sale* de la boca, del corazón *s*
15.19 corazón *salen* los malos pensamientos
15.21 *saliendo* Jesús..se fue a la región de
15.22 una mujer cananea que había *salido* de
17.18 reprendió..al demonio, el cual *salió*
17.21 este género no *sale* sino con oración y
18.28 *saliendo* aquel siervo, halló a uno de
20.1 *salió* por la mañana a contratar obreros
20.3 *saliendo*..vio a otros que estaban en la
20.5 *salió* otra vez cerca de las horas sexta
20.6 *saliendo* cerca de la hora undécima, halló
20.29 al *salir* ellos de Jericó, le seguía una
21.17 *salió* fuera de la ciudad, a Betania, y
22.10 y *saliendo* los siervos por los caminos
24.1 cuando Jesús *salió* del templo y se iba
24.26 mirad, está en el desierto, no *salgáis*
24.27 como el relámpago que *sale* del oriente
25.1 vírgenes..*salieron* a recibir al esposo
25.6 aquí viene el esposo; *salid* a recibirle!
26.30 himno, *salieron* al monte de los Olivos
26.55 habéis *salido* con espadas y con palos
26.71 *saliendo* él a la puerta, le vio otra, y
26.75 y *saliendo* fuera, lloró amargamente
27.5 arrojando las..*salió*, y fue y se ahorcó
27.32 *salían*, hallaron a un hombre de Cirene
27.53 *saliendo* de los sepulcros, después de
28.8 ellas, *saliendo* del sepulcro con temor
28.9 Jesús les *salió* al encuentro, diciendo
Mr. 1.5 *salían* a él toda la provincia de Judea
1.25 Jesús..diciendo: ¡Cállate, y *sal* de él!
1.26 y el..clamando a gran voz, *salió* de él
1.29 al *salir* de la sinagoga, vinieron a casa
1.35 *salió* y se fue a un lugar desierto, y allí
2.12 tomando su lecho, *salió*..de manera que
2.13 volvió a *salir* al mar; y toda la gente
3.6 *salidos* los fariseos, tomaron consejo con
4.3 oíd: He aquí, el sembrador *salió* a sembrar
4.6 *salido* el sol, se quemó; y porque no tenía
4.22 ni escondido, que no haya de *salir* a luz
5.2 y cuando *salió* él de la barca.. vino a su
5.8 le decía: *Sal* de este hombre, espíritu
5.13 y *saliendo* aquellos espíritus inmundos
5.14 *salieron* a ver qué era aquello que había
5.30 conociendo en sí..poder que había *salido*
6.1 *salió* Jesús de allí y vino a su tierra, y
6.10 en ella hasta que *salgáis* de aquel lugar
6.11 *salid* de allí, y sacudid el polvo que está
6.12 *saliendo*, predicaban que los hombres se
6.24 *saliendo*..dijo a su madre: ¿Qué pediré
6.34 y *salió* Jesús y vio una gran multitud
6.54 y *saliendo* ellos de la barca..le conoció
7.15 lo que *sale* de él..contamina al hombre
7.19 no entra..sino en el vientre, y *sale* a
7.20 lo que del hombre *sale*, eso contamina al
7.21 del corazón..*salen* los malos pensamientos
7.23 todas estas maldades de dentro *salen*, y
7.29 dijo..vé; el demonio ha *salido* de tu hija
7.30 que el demonio había *salido*, y a la hija
7.31 volviendo a *salir* de la región de Tiro
8.27 *salieron* Jesús y sus discípulos por las
9.25 mando, *sal* de él, y no entres más en él
9.26 sacudiéndole con violencia, *salió*; y él
9.29 este género con nada puede *salir*, sino
9.30 habiendo *salido*..caminaron por Galilea
10.17 al *salir* él para seguir su camino, vino
10.46 al *salir* de Jericó él y sus discípulos
11.12 cuando *salieron* de Betania, tuvo hambre
11.19 al llegar la noche, Jesús *salió* de la
13.1 *saliendo* Jesús del templo, le dijo uno
14.13 y os *saldrá* al encuentro un hombre que
14.26 himno, *salieron* al monte de los Olivos
14.48 ¿como contra un ladrón habéis *salido*
14.68 y *salió* a la entrada; y cantó el gallo
16.2 vinieron al sepulcro, ya *salido* el sol
16.20 *saliendo*, predicaron en todas partes
Lc. 1.22 pero cuando *salió*, no les podía hablar
3.7 y decía a las multitudes que *salían* para
4.22 de las palabras de..que *salían* de su boca
4.35 reprendió, diciendo: Cállate, y *sal* de él
4.35 el demonio, derribándole en..*salió* de él
4.36 y poder manda a los espíritus..y *salen?*
4.38 Jesús..*salió* de la sinagoga, y entró en
4.41 *salían* demonios de muchos, dando voces
4.42 *salió* y se fue a un lugar desierto; y
5.27 después de..*salió*, y vio a un publicano
6.19 poder *salía* de él y sanaba a todos
7.24 ¿qué *salisteis* a ver al desierto? ¿Una
7.25 mas ¿qué *salisteis* a ver? ¿A un hombre
7.26 ¿qué *salisteis* a ver? ¿A un profeta? Sí
8.2 de la que habían *salido* siete demonios
8.5 el sembrador *salió* a sembrar su semilla
8.17 escondido, que no haya de..*salir* a luz
8.29 porque mandaba..que *saliese* del hombre
8.33 demonios, *salidos* del hombre, entraron
8.35 y *salieron* a ver lo que había sucedido
8.35,38 de quien habían *salido* los demonios
8.46 he conocido que ha *salido* poder de mí
9.4 entréis, quedad allí, y de allí *salid*
9.5 que no os recibieren, *salid* de aquella
9.6 *saliendo*, pasaban por todas las aldeas
9.37 una gran multitud les *salió* al encuentro
10.10 ciudad..*saliendo* por sus calles, decid
11.14 *salido* el demonio, el mudo habló; y la
11.24 cuando el espíritu inmundo *sale*..hombre
11.24 dice: Volveré a mi casa de donde *salí*
12.54 nube que *sale* del poniente, decís: Agua
12.59 digo que no *saldrás* de allí, hasta que
13.31 *sal*, y vete de aquí, porque Herodes te
15.28 *salió*..su padre, y le rogaba que entrase
17.12 le *salieron* al..diez hombres leprosos
17.29 mas el día en que Lot *salió* de Sodoma
21.37 *saliendo*, se estaba en el monte que se
22.10 *saldrá* al encuentro un hombre que lleva
22.39 *saliendo*, se fue, como solía, al monte
22.52 como..habéis *salido* con espadas y palos?
22.62 y Pedro, *saliendo*..lloró amargamente
Jn. 1.46 ¿de Nazaret puede *salir* algo de bueno?
4.3 *salió* de Judea..se fue otra vez a Galilea
4.30 *salieron* de la ciudad, y vinieron a él
4.43 después, *salió* de allí y fue a Galilea
4.51 sus siervos *salieron* a recibirle, y le
5.29 *saldrán* a resurrección de vida; mas los
7.3 le dijeron..*Sal* de aquí, y vete a Judea
8.9 acusados por su conciencia, *salían* uno
8.42 yo de Dios he *salido*, y he venido; pues
8.59 pero Jesús se escondió y *salió* del templo
10.9 y entrará, y *saldrá*, y hallará pastos
11.20 Marta, cuando oyó..*salió* a encontrarle
11.31 que María..había *salido*, la siguieron
11.44 el que había muerto *salió*, atadas las
12.13 tomaron ramas de palmera y *salieron* a
13.3 que había *salido* de Dios, y a Dios iba
13.30 él..hubo tomado el bocado, luego *salió*
13.31 cuando hubo *salido*, dijo Jesús: Ahora
16.27 y habéis creído que yo *salí* de Dios
16.28 *salí* del Padre, y he venido al mundo
16.30 por esto creemos que has *salido* de Dios
18.1 *salió* con sus discípulos al otro lado del
18.16 *salió*..el discípulo que era conocido del
18.29 *salió* Pilato a ellos, y les dijo: ¿Qué
18.38 *salió* otra vez a los judíos, y les dijo
19.4 *salió*..y les dijo: Mirad, os lo traigo
19.5 y *salió* Jesús, llevando la corona de
19.17 y él, cargando su cruz, *salió* al lugar
19.34 abrió..al instante *salió* sangre y agua
20.3 y *salieron* Pedro y el otro discípulo
Hch. 1.21 el Señor Jesús entraba y *salía* entre
4.15 les ordenaron que *saliesen* del concilio
5.41 *salieron*..gozosos de haber sido tenidos
7.3 dijo: *Sal* de tu tierra y de tu parentela
7.4 *salió* de la tierra..caldeos y habitó en
7.7 y después de esto *saldrán* y me servirán
8.7 tenían espíritus inmundos, *salían* éstos
9.28 y estaba con ellos..y entraba y *salía*
10.25 *salió* Cornelio a recibirle, y..adoró
12.9 *saliendo*, le seguía; pero no sabía que
12.10 y *salidos*, pasaron una calle, y luego el
12.13 *salió* a escuchar una muchacha llamada
12.17 y dijo..Y *salió*, y se fue a otro lugar
13.42 cuando *salieron* ellos de la sinagoga
14.20 al día siguiente *salió* con Bernabé para
15.24 que algunos que han *salido* de nosotros
15.40 *salió* encomendado por los hermanos a la
16.13 y un día de reposo *salimos* fuera de la
16.16 nos *salió* al encuentro una muchacha que
16.18 te mando..que *salgas* de ella. Y *salió*
16.19 pero viendo sus amos que había *salido*
16.36 así que ahora *salid*, y marchaos en paz
16.39 les pidieron que *salieran* de la ciudad
16.40 *saliendo* de la cárcel, entraron en casa
17.15 viniesen a él lo más pronto..*salieron*
17.33 y así Pablo *salió* de en medio de ellos
18.1 Pablo *salió* de Atenas y fue a Corinto
18.2 que todos los judíos *saliesen* de Roma
18.7 y *saliendo* de allí, se fue a la casa de
18.23 *salió*, recorriendo..región de Galacia
19.12 de ellos, y los espíritus malos *salían*
19.30 y queriendo Pablo *salir* al pueblo, los
20.1 se despidió y *salió* para ir a Macedonia
20.7 Pablo..habiendo de *salir* al día siguiente
20.11 largamente hasta el alba; y así *salió*
21.5 *salimos*, acompañándoles todos, con sus
21.7 *saliendo* de Tiro y arribando a Tolemaida
21.8 otro día, *saliendo* Pablo y los que con él
22.18 me decía..*sal* prontamente de Jerusalén
27.43 que pudiesen nadar..*saliesen* a tierra
27.44 así todos se salvaron *saliendo* a tierra
28.15 *salieron* a recibirnos hasta el Foro de
Ro. 10.18 por toda la tierra ha *salido* la voz
1 Co. 5.10 os sería necesario *salir* del mundo
14.36 ¿acaso ha *salido* de vosotros la palabra
15.37 no es el cuerpo que ha de *salir*, sino
2 Co. 6.17 lo cual, *salid* de en medio de ellos
Ef. 4.29 ninguna palabra corrompida *salga*..boca
He. 3.16 ¿no fueron todos los que *salieron* de
7.1 Melquisedec..*salió* a recibir a Abraham
7.5 hayan *salido* de los lomos de Abraham
7.10 cuando Melquisedec le *salió* al encuentro
11.8 Abraham..obedeció para *salir* al lugar que
11.8 fe Abraham..*salió* sin saber a dónde iba
11.12 de uno..*salieron* como las estrellas del
11.15 pensando en aquella de donde *salieron*
12.13 lo cojo no se *salga* del camino, sino que
13.13 *salgamos*..a él, fuera del campamento
Stg. 1.11 porque cuando *sale* el sol con calor
2 P. 1.19 lucero de la mañana *salga* en vuestros
1 Jn. 2.19 *salieron* de nosotros, pero no eran de
2.19 *salieron* para que se manifestase que no
4.1 falsos profetas han *salido* por el mundo
2 Jn. 7 engañadores han *salido* por el mundo, que
3 Jn. 7 ellos *salieron* por amor del nombre de
Ap. 1.16 de su boca *salía* una espada aguda de
3.12 columna en..y nunca más *saldrá* de allí
4.5 y del trono *salían* relámpagos y truenos
6.2 un arco..y *salió* venciendo, y para vencer
6.4 y *salió* otro caballo, bermejo; y al que
7.2 que subía de donde *sale* el sol, y tenía
7.14 estos son los que han *salido* de la gran
9.3 y del humo *salieron* langostas sobre la
9.17 de su boca *salían* fuego, humo y azufre
9.18 humo y el azufre que *salían* de su boca
11.5 si alguno quiere dañarlos, *sale* fuego de
14.15 del templo *salió* otro ángel, clamando
14.17 *salió* otro ángel del templo que está en
14.18 *salió* del altar otro ángel, que tenía
14.20 del lagar *salió* sangre hasta los frenos
15.6 del templo *salieron* los siete ángeles que
16.13 vi *salir* de la boca del dragón, y de la
16.17 *salió* una gran voz del templo del cielo
18.4 oí otra voz..*Salid* de ella, pueblo mío
19.5 y *salió* del trono una voz que decía
19.15 de su boca *sale* una espada aguda, para
19.21 fueron muertos con la espada que *salía*
20.8 y *saldrá* a engañar a las naciones que
22.1 un río..que *salía* del trono de Dios y del

SALISA ***Región de Efraín o de Benjamín*, 1 S. 9.4**

SALIVA
1 S. 21.13 y dejaba correr la *s* por su barba
Job 7.19 no me soltarás..hasta que trague mi *s?*
30.10 y aun de mi rostro no detuvieron su *s*
Jn. 9.6 hizo lodo con la *s*, y untó con el lodo

SALMA ***Descendiente de Caleb*, 1 Cr. 2.51,54**

SALMAI ***Padre de una familia de sirvientes del templo*, Esd. 2.46; Neh. 7.48**

SALMÁN **=*Salmanasar*, Os. 10.14**

SALMANASAR ***Rey de Asiria*, 2 R. 17.3; 18.9**

SALMO
Jue. 5.3 cantaré *s* a Jehová, el Dios de Israel
1 Cr. 16.9 cantad a él, cantadle *s*; hablad de
Sal. 3, 4, 5, 6, 8, 9, 11, 12, 13, 14, 15, 18, 19, 20, 21, 22, 23, 24, 25, 26, 27, 28, 29, 30, 31, 32, 34, 35, 36, 37, 38, 39, 40, 41, 51, 61, 62, 63, 64, 68, 69, 70, 101, 103, 108, 109, 110, 138, 139, 140, 141, 143, 144 *tits. s* de David
30 *tít. s* cantado en la dedicación de la Casa
46. *tít.* de los hijos de Coré. *S* sobre Alamot
47, 48, 49 *tits. s* de los hijos de Coré
50, 73, 75, 76, 77, 79, 80, 81, 82, 83 *tits. s* de Asaf
57.7 mi corazón está..cantaré, y trovaré *s*
65 *tít.* al músico principal. *S*..de David

SALMO *(Continúa)*
Sal. 66 *tít.* al músico principal. Cántico. *S*
67 *tít.* al músico principal; en Neginot. *S*
68.4 cantad..cantad *s* a su nombre; exaltad al
84, 85, 88 *títs. s* para los hijos de Coré
87 *tít.* a los hijos de Coré. *S*, Cántico
92 *tít. s.* Cántico para el día de reposo
92.1 bueno..cantar *s* a tu nombre, oh Altísimo
98.4 levantad la voz, y aplaudid, y cantad *s*
98 *tít. s*
98.5 cantad *s* a Jehová con arpa; con arpa y
100, 145 *títs. s* de alabanza
104.33 a mi Dios cantaré *s* mientras viva
105.2 cantadle, cantadle *s;* hablad de todas
108.1 cantaré y entonaré *s;* esta es mi gloria
108.3 te..a ti cantaré *s* entre las naciones
135.3 cantad *s* a su nombre..él es benigno
138.1 delante de los dioses te cantaré *s*
146.2 vida; cantaré *s* a mi Dios mientras viva
147.1 porque es bueno cantar *s* a nuestro Dios
Is. 12.5 cantad *s* a Jehová, porque ha hecho
Lc. 20.42 David dice en..los *S:* Dijo el Señor
24.44 todo lo que está escrito de..en los *s*
Hch. 1.20 está escrito en el libro de los *S*
13.33 está escrito también en el *s* segundo
13.35 en otro *s:* No permitirás que tu Santo
1 Co. 14.26 cada uno de vosotros tiene *s*, tiene
Ef. 5.19 hablando entre vosotros con *s*..himnos
Col. 3.16 cantando..al Señor con *s* e himnos y

SALMODIA
Am. 5.23 no escucharé las *s* de..instrumentos

SALMÓN
1. Monte cerca de Siquem
Jue. 9.48 entonces subió Abimelec al monte de *S*
Sal. 68.14 como si hubiese nevado en el monte *S*
2. Hijo de Naasón y padre de Booz, Rt. 4.20,21; 1 Cr. 2.11; Mt. 1.4,5; Lc. 3.32
3. Uno de los 30 valientes de David, 2 S. 23.28
4. Cabo oriental de la isla de Creta, Hch. 27.7

SALOMÉ *Discípula de Jesucristo*
Mr. 15.40 mujeres..entre las cuales estaban..*S*
16.1 María Magdalena..*S*, compraron especias

SALOMÓN *Rey de Israel, hijo y sucesor de David*
2 S. 5.14 le nacieron..Samúa, Sobab, Natán, *S*
12.24 llamó su nombre *S*, al cual amó Jehová
1 R. 1.10 pero no convidó al..ni a *S* su hermano
1.11 a Betsabé madre de *S*, diciendo: ¿No has
1.12 que conserves tu vida, y la de tu hijo *S*
1.13,17 *S* tu hijo reinará después de mí, y él
1.19 Joab..mas a *S* tu siervo no ha convidado
1.21 yo y mi hijo *S*..tenidos por culpables
1.26 ni a mí..ni a *S* tu siervo, ha convidado
1.30 tu hijo *S* reinará después de mí, y él se
1.33 a *S* mi hijo en mi mula, y llevadlo a
1.34 y tocaréis..diciendo: ¡Viva el rey *S!*
1.37 esté con *S*, y haga mayor su trono que el
1.38 y montaron a *S* en la mula del rey David
1.39 ungió a *S;* y tocaron trompeta, y dijo
1.39 y dijo todo el pueblo: ¡Viva el rey *S!*
1.43 nuestro señor..David ha hecho rey a *S*
1.46 también *S* se ha sentado en el trono del
1.47 Dios haga bueno el nombre de *S* más que
1.50 Adonías, temiendo de la presencia de *S*
1.51 se lo hicieron saber a *S*, diciendo: He
1.51 Adonías tiene miedo del rey *S*, pues se
1.51 júreme hoy el rey *S* que no matará a su
1.52 *S* dijo: Si él fuere hombre de bien, ni
1.53 envió el rey *S*, y lo trajeron del altar
1.53 se inclinó ante el rey *S*. Y *S* le dijo
2.1 que David..ordenó a *S* su hijo, diciendo
2.12 se sentó *S* en el trono de David su padre
2.13 Adonías hijo..vino a Betsabé madre de *S*
2.17 dijo: Yo te ruego que hables al rey *S*
2.19 Betsabé al rey *S*..hablarle por Adonías
2.22 rey *S* respondió..¿Por qué pides a Abisag
2.23 el rey *S* juró por Jehová, diciendo: Así
2.25 el rey *S* envió por mano de Benaía hijo
2.27 así echó *S* a Abiatar del sacerdocio de
2.29 y se le hizo saber a *S* que Joab había
2.29 envió *S* a Benaía hijo..diciendo: Vé, y
2.41 luego fue dicho a *S* que Simei había ido
2.45 rey *S* será bendito, y el trono de David
2.46 el reino fue confirmado en la mano de *S*
3.1 *S*..parentesco con Faraón rey de Egipto
3.3 *S* amó a Jehová, andando en los estatutos
3.4 mil holocaustos sacrificaba *S* sobre aquel
3.5 se le apareció Jehová a *S* en Gabaón una
3.6 *S* dijo: Tú hiciste gran misericordia a tu
3.10 agradó delante del Señor que *S* pidiese
3.15 cuando *S* despertó, vio que era sueño
4.1 reinó, pues, el rey *S* sobre todo Israel
4.7 *S* doce gobernadores sobre todo Israel, los
4.11 éste tenía por mujer a Tafat hija de *S*
4.15 también por mujer a Basemat hija de *S*
4.21 *S* señoreaba sobre todos los reinos desde
4.21 sirvieron a *S* todos los días que vivió
4.22 la provisión de *S* para..era de 30 coros
4.25 Judá e Israel vivían seguros..días de *S*
4.26 además de esto, *S* tenía 40.000 caballos
4.27 y estos gobernadores mantenían al rey *S*
4.27 todos los que a la mesa del rey *S* venían
4.29 Dios dio a *S* sabiduría y prudencia muy
4.30 mayor la sabiduría de *S* que la de todos
4.34 y para oir la sabiduría de *S* venían de
5.1 Hiram rey..envió también sus siervos a *S*
5.2 entonces *S* envió a decir a Hiram
5.7 Hiram oyó las palabras de *S*, se alegró en
5.8 envió Hiram a decir a *S:* He oído lo que
5.10 dio, pues, Hiram a *S* madera de cedro y
5.11 y *S* daba a Hiram 20.000 coros de trigo
5.11 de aceite puro..daba *S* a Hiram cada año
5.12 Jehová, pues, dio a *S* sabiduría como le
5.12 paz entre Hiram y *S*, e hicieron pacto
5.13 el rey *S* decretó leva en todo Israel, y
5.15 tenía..*S* 70.000 que llevaban las cargas
5.16 sin los principales oficiales de *S* que
5.18 los albañiles de *S*..prepararon la madera
6.1 del principio del reino de *S* sobre Israel
6.2 casa que el rey *S* edificó a Jehová tenía
6.11 y vino palabra de Jehová a *S*, diciendo
6.14 así, pues, *S* labró la casa y la terminó
6.21 *S* cubrió de oro puro la casa por dentro
7.1 edificó *S* su propia casa en trece años
7.8 edificó también *S* para la hija de Faraón
7.13 el rey *S*, e hizo venir de Tiro a Hiram
7.14 pues, vino al rey *S*, e hizo toda su obra
7.40 terminó toda la obra que hizo a *S* para
7.45 los utensilios que Hiram hizo al rey *S*
7.47 y no inquirió *S* el peso del bronce de
7.48 hizo *S*..los enseres que pertenecían a la
7.51 la obra que dispuso hacer el rey *S* para
7.51 metió *S* lo que David su..había dedicado
8.1 *S* reunió ante sí..los ancianos de Israel
8.2 reunieron con el rey *S* todos los varones
8.5 rey *S*, y toda..Israel..delante del arca
8.12 dijo *S:* Jehová ha dicho..habitaría en la
8.22 se puso *S* delante del altar de Jehová, en
8.54 cuando acabó *S* de hacer toda esta oración
8.63 ofreció *S* sacrificios de paz, los cuales
8.65 en aquel tiempo *S* hizo fiesta, y con él
9.1 cuando *S* hubo acabado..que *S* quiso hacer
9.2 Jehová apareció a *S* la segunda vez, como
9.10 *S* ya había edificado las dos casas, la
9.11 Hiram rey de..había traído a *S* madera de
9.11 que el rey *S* dio a Hiram veinte ciudades
9.12 para ver las ciudades que *S* le había dado
9.15 la razón de la leva que el rey *S* impuso
9.16 la dio en dote a su hija la mujer de *S*
9.17 restauró..*S* a Gezer y a la..Bet-horón
9.19 las ciudades donde *S* tenía provisiones
9.19 todo lo que *S* quiso edificar en Jerusalén
9.21 hizo *S* que sirviesen con tributo hasta
9.22 a ninguno de..Israel impuso *S* servicio
9.23 los que *S* había hecho jefes..eran 550
9.24 la hija de Faraón..a su casa que *S* le
9.26 también el rey *S* naves en Ezión-geber
9.27 y envió Hiram en..con los siervos de *S*
9.28 tomaron de allí oro..trajeron al rey *S*
10.1 oyendo la reina de Sabá la fama que *S*
10.2 cuando vino a *S*, le expuso todo lo que
10.3 y *S* le contestó todas sus preguntas, y
10.4 la reina de..vio toda la sabiduría de *S*
10.10 especias..la reina de Sabá dio al rey *S*
10.13 el rey *S* dio a la reina..que ella quiso
10.13 a la reina..además de lo que *S* le dio
10.14 del oro que *S* tenía de renta cada año
10.16 hizo..rey *S* 200 escudos grandes de oro
10.21 los vasos de beber del rey *S* eran de oro
10.21 plata..en tiempo de *S* no era apreciada
10.23 excedía el rey *S* a todos los reyes de la
10.24 la tierra procuraba ver la cara de *S*
10.26 y juntó *S* carros y gente de a caballo
10.28 traían de Egipto caballos y lienzos a *S*
11.1 rey *S* amó, además de la hija de Faraón
11.2 a éstas, pues, se juntó *S* con amor
11.4 *S* era ya viejo, sus mujeres inclinaron
11.5 porque *S* siguió a Astoret, diosa de los
11.6 hizo *S* lo malo ante los ojos de Jehová
11.7 edificó *S* un lugar alto a Quemos, ídolo
11.9 y se enojó Jehová contra *S*, por cuanto
11.11 dijo Jehová a *S:* Por cuanto ha habido
11.14 Jehová suscitó..adversario a *S:* Hadad
11.23 por adversario contra *S* a Rezón hijo de
11.25 y fue adversario..todos los días de *S*
11.26 Jeroboam..siervo de *S*, cuya madre se
11.27 esta: *S*, edificando a Milo, cerró el
11.28 y viendo *S*..que era hombre activo, le
11.31 yo rompo el reino de la mano de *S*, y
11.40 por esto *S* procuró matar a Jeroboam
11.40 estuvo en Egipto hasta la muerte de *S*
11.41 los demás hechos de *S*, y todo lo que
11.41 ¿no está..el libro de los hechos de *S?*
11.42 los días que *S* reinó..fueron 40 años
11.43 durmió *S* con sus padres, y..sepultado
12.2 en Egipto, adonde había huido..del rey *S*
12.6 ancianos que habían estado delante de *S*
12.21 volver el reino a Roboam hijo de *S*
12.23 habla a Roboam hijo de *S*, rey de Judá
14.21 Roboam hijo de *S* reinó en Judá. De 41
14.26 los escudos de oro que *S* había hecho
2 R. 21.7 Jehová había dicho a David y a *S* su
23.13 *S* rey..había edificado a Astoret ídolo
24.13 los utensilios de oro que había hecho *S*
25.16 basas que *S* había hecho para la casa de
1 Cr. 3.5 cuatro le nacieron en Jerusalén..y *S*
3.10 hijo de *S* fue Roboam, cuyo hijo..Abías
6.10 el sacerdocio en la casa que *S* edificó
6.32 hasta que *S* edificó la casa de Jehová
14.4 que le nacieron en Jerusalén..Natán, *S*
18.8 con el que *S* hizo el mar de bronce, las
22.5 y dijo David: *S* mi hijo es muchacho y de
22.6 llamó entonces David a *S* su hijo, y le
22.7 David a *S:* Hijo mío, en mi corazón tuve
22.9 nombre será *S*, y yo daré paz y reposo
22.17 mandó David..que ayudasen a *S* su hijo
23.1 David ya viejo y..hizo a *S* su hijo rey
28.5 eligió a mi hijo *S* para que se siente
28.6 *S* tu hijo, él edificará mi casa y mis
28.9 y tú, *S*..reconoce al Dios de tu padre
28.11 dio a *S* su hijo el plano del pórtico
28.20 dijo además David a *S* su hijo: Anímate
29.1 *S* mi hijo ha elegido Dios; él es joven
29.19 da a mi hijo *S* corazón perfecto, para
29.22 dieron..la investidura del reino a *S*
29.23 sentó *S* por rey en el trono de Jehová
29.24 todos los..prestaron homenaje al rey *S*
29.25 Jehová engrandeció..a *S* a ojos de todo
29.28 y murió..y reinó en su lugar *S* su hijo
2 Cr. 1.1 *S* hijo de..fue afirmado en su reino
1.2 y convocó *S* a todo Israel, a jefes de
1.3 fue *S*..al lugar alto que había en Gabaón
1.5 tabernáculo de..al cual fue a consultar *S*
1.6 subió, pues, *S* allá delante de Jehová, al
1.7 apareció Dios a *S* y le dijo: Pídeme lo que
1.8 *S* dijo a Dios: Tú has tenido con David mi
1.11 dijo Dios a *S:* Por cuanto hubo esto en
1.13 volvió *S* a Jerusalén, y reinó..Israel
1.14 y juntó *S* carros y gente de a caballo
1.16 compraban..caballos y lienzos..para *S*
2.1 determinó..*S* edificar casa al nombre de
2.2 designó *S* 70.000 hombres que llevasen
2.3 y envió a decir *S* a Hiram rey de Tiro
2.11 Hiram rey..respondió por escrito..a *S*
2.17 contó *S* todos los hombres extranjeros
3.1 comenzó *S* a edificar la casa de Jehová
3.3 medidas que dio *S* a los cimientos de la
4.11 acabó Hiram la obra que hacía al rey *S*
4.16 hizo..enseres Hiram-abi al rey *S* para la
4.18 *S* hizo..enseres en número tan grande que
4.19 hizo *S*..los utensilios para la casa de
5.1 acabada toda la obra que hizo *S* para la
5.1 metió *S* las cosas..padre había dedicado
5.2 *S* reunió en Jerusalén a los ancianos de
5.6 rey *S*, y toda la congregación de Israel
6.1 dijo *S:* Jehová ha dicho que él habitaría
6.12 puso..*S* delante del altar de Jehová, en
6.13 *S* había hecho un estrado de bronce de
7.1 *S* acabó de orar, descendió fuego de los
7.5 y ofreció el rey *S* en sacrificio 22.000
7.7 *S* consagró la parte central del atrio que
7.7 en el altar de bronce que *S* había hecho
7.8 hizo *S* fiesta siete días, y con él todo
7.10 beneficios que Jehová había hecho..a *S*
7.11 terminó, pues, *S* la casa de Jehová, y la
7.11 lo que *S* se propuso hacer en la casa de
7.12 apareció Jehová a *S* de noche, y le dijo
8.1 *S* había edificado la casa de Jehová y su
8.2 reedificó *S* las ciudades que Hiram..dado
8.3 después vino *S* a Hamat de Soba y la tomó
8.6 las ciudades de provisiones que *S* tenía
8.6 lo que *S* quiso edificar en Jerusalén, en
8.8 los hijos..hizo *S* tributarios hasta hoy
8.9 de Israel no puso *S* siervos en su obra
8.10 y tenía *S* 250 gobernadores principales
8.11 pasó *S* a la hija de Faraón, de la ciudad
8.12 ofreció *S* holocaustos a Jehová sobre el
8.16 la obra de *S* estaba preparada desde el
8.17 entonces *S* fue a Ezión-geber y a Elot, a
8.18 cuales fueron con los siervos de *S* a Ofir
8.18 talentos de oro, y los trajeron al rey *S*
9.1 oyendo la reina de Sabá la fama de *S*, vino
9.1 la reina de Sabá..vino..para probar a *S*
9.1 luego que vino a *S*, habló con él todo lo
9.2 *S* le respondió a todas sus preguntas, y
9.2 y nada hubo que *S* no le contestase
9.3 viendo la reina..la sabiduría de *S*, y la
9.9 como las que dio la reina de Sabá al rey *S*
9.10 siervos de *S*, que había traído el oro de
9.12 *S* dio a la reina de..lo que ella quiso
9.13 el peso del oro que venía a *S* cada año
9.14 los gobernadores..traían oro y plata a *S*
9.15 hizo..el rey *S* doscientos paveses de oro
9.20 la vajilla del rey *S* era de oro, y toda la
9.20 los días de *S* la plata no era apreciada
9.22 excedió el rey *S* a todos los reyes de la
9.23 los reyes..procuraban ver el rostro de *S*
9.25 tuvo..*S* cuatro mil caballerizas para sus
9.28 traían..caballos para *S*, de Egipto y de
9.29 los demás hechos de *S*..¿no están todos
9.30 reinó *S* en Jerusalén..todo Israel 40
9.31 durmió *S* con sus padres, y lo sepultaron
10.2 Jeroboam..había huido a causa del rey *S*
10.6 ancianos que habían estado delante de *S*
11.3 habla a Roboam hijo de *S*, rey de Judá
11.17 y confirmaron a Roboam hijo de *S*, por
11.17 años anduvieron en el camino de..de *S*

SALOMÓN *(Continúa)*
2 Cr. 12.9 tomó los escudos de..que *S* había
13.6 pero Jeroboam..siervo de *S*..se levantó
13.7 y pudieron más que Roboam hijo de *S*
30.26 desde los días de *S* hijo de David rey
33.7 había dicho Dios a David y a *S* su hijo
35.3 el arca santa en la casa que edificó *S*
35.4 como lo ordenaron David rey..y *S* su hijo
Esd. 2.55 hijos de los siervos de *S:* los hijos
2.58 todos los..hijos de los siervos de *S*, 392
Neh. 7.57 hijos de los siervos de *S:* los hijos
7.60 todos los..hijos de los siervos de *S*, 392
11.3 templo y los hijos de los siervos de *S*
12.45 conforme al estatuto de David y de *S*
13.26 ¿no pecó por esto *S*, rey de Israel?
Sal. 72,127 *tits.* para *S*
Pr. 1.1 proverbios de *S*, hijo de David, rey de
10.1 proverbios de *S*. El hijo sabio alegra al
25.1 también estos son proverbios de *S*, los
Cnt. 1.1 cantar de los cantares, el cual es de *S*
1.5 pero codiciable..como las cortinas de *S*
3.7 es la litera de *S;* sesenta valientes la
3.9 el rey *S* se hizo una carroza de madera del
3.11 y ved al rey *S* con la corona con que le
8.11 *S* tuvo una viña en Baal-hamón, la cual
8.12 las mil serán tuyas, oh *S*, y doscientas
Jer. 52.20 había hecho el rey *S* en la casa de
Mt. 1.6 David engendró a *S* de la que fue mujer
1.7 *S* engendró a Roboam, Roboam a Abías, y
6.29 ni aun *S* con toda su gloria se vistió
12.42 oir la sabiduría de *S*..aquí más que *S*
Lc. 11.31 sabiduría de *S*, y he aquí más que *S*
12.27 ni aun *S* con toda su gloria se vistió
Jn. 10.23 Jesús andaba en..por el pórtico de *S*
Hch. 3.11 concurrió a ellos al pórtico..de *S*
5.12 y estaban..unánimes en el pórtico de *S*
7.47 mas *S* le edificó casa

SALPICADO, DA
Gn. 30.32 aparte..las ovejas manchadas y *s* de
30.35 todas las cabras manchadas y *s* de color
30.39 parían borregos..*s* de diversos colores

SALPICAR
Lv. 6.27 *salpicare* su sangre sobre el vestido
2 R. 9.33 y parte de su sangre *salpicó* en la
Is. 63.3 sangre *salpicó* mis vestidos, y manché

SALSA
Ez. 24.10 para consumir la carne y hacer la *s*

SALTAR
Éx 21.27 hiciere *saltar* un diente de su siervo
Lv. 11.21 piernas..para *saltar* con ellas sobre
Dt. 19.5 *saltare* el hierro del cabo, y diere
33.22 cachorro de león que *salta* desde Basán
2 S. 1.20 que no *salten* de gozo las hijas de los
6.16 que Mical..vio al rey David que *saltaba*
1 R. 18.26 andaban *saltando* cerca del altar que
1 Cr. 15.29 Mical..vio al rey David que *saltaba*
Job 21.11 manada, y sus hijos andan *saltando*
37.1 se estremece mi corazón, y *salta* de su
Sal. 29.6 hizo *saltar* como becerros; al Líbano
68.3 justos se alegrarán..*saltarán* de alegría
73.7 ojos se les *saltan* de gordura; logran con
114.4 los montes *saltaron* como carneros, los
114.6 oh..¿por qué *saltasteis* como carneros
Cnt. 2.8 aquí él viene *saltando* sobre los montes
Is. 13.21 y allí *saltarán* las cabras salvajes
35.6 entonces el cojo *saltará* como un ciervo
Os. 9.1 no te alegres, oh Israel, hasta *saltar*
Jl. 2.5 *saltarán* sobre las cumbres de..montes
Nah. 3.2 y fragor de ruedas..y carro que *salta*
Sof. 1.9 castigaré..a todos los que *saltan* la
Mal. 4.2 *saltaréis* como becerros de la manada
Lc. 1.41 oyó..la criatura *saltó* en su vientre
1.44 criatura *saltó* de alegría en mi vientre
Jn. 4.14 fuente de agua que *salte*..vida eterna
Hch. 3.8 y *saltando*, se puso en pie y anduvo
3.8 entró con..*saltando*, y alabando a Dios
14.10 dijo..Levántate..Y él *saltó*, y anduvo
19.16 *saltando* sobre ellos y dominándolos

SALTEADOR
Os. 7.1 y entra el ladrón, y el *s* despoja por
Jn. 10.1 sube por otra parte, ése es ladrón y *s*
10.8 antes de mí vinieron, ladrones son y *s*

SALTERIO
1 S. 10.5 profetas..y delante de ellos *s*, arpa
2 S. 6.5 danzaban..con..*s*, panderos, flautas y
1 R. 10.12 hizo..arpas..y *s* para los cantores
1 Cr. 13.8 se regocijaban..arpas, *s*, tamboriles
15.16 que designasen de sus..a cantores con..*s*
15.20 Maasías y Benaía, con *s* sobre Alamot
15.28 llevaba..el arca..al son de *s* y arpas
16.5 con sus instrumentos de *s* y arpas; pero
25.1 que profetizasen con arpas, *s* y címbalos
25.6 con..*s* y arpas, para el ministerio del
2 Cr. 5.12 los levitas cantores..con..*s* y arpas
9.11 el rey hizo..arpas y *s* para los cantores
20.28 y vinieron a Jerusalén con *s*, arpas y
29.25 puso..levitas en la casa de Jehová..*s*
Neh. 12.27 para hacer la dedicación..con..*s* y
Sal. 33.2 aclamad..cantadle con *s* y decacordio
57.8 despierta, alma mía; despierta, *s* y arpa
71.22 yo te alabaré con instrumento de *s*, oh
81.2 entonad canción, y tañed el pandero..*s*
92.3 el decacordio y en el *s*, en tono suave
108.2 despiértate, *s* y arpa; despertaré al
144.9 Dios..con *s*, con decacordio cantaré a ti
150.3 a son de bocina; alabadle con *s* y arpa
Dn. 3.5,7,10,15 oir el son de la bocina..del *s*

SALTÓN
Jl. 1.4 comió el *s*, y lo que quedó del *s* comió
2.25 los años que comió la oruga, el *s*, el

SALÚ
1. ***Benjamita de entre los que regresaron de Babilonia*, 1 Cr. 9.7; Neh. 11.7**
2. ***Familia levítica (=Salai No. 2)*, Neh. 12.7**

SALU ***Padre de Zimri No. 1*, Nm. 25.14**

SALUD
2 S. 11.7 la *s* de Joab, y por la *s* del pueblo
Esd. 4.17 a Rehum canciller, a Simsai..*S* y paz
Pr. 13.17 mal..mas el mensajero fiel acarrea *s*
Hch. 15.23 los hermanos de entre los gentiles..*s*
23.26 Claudio Lisias al..gobernador Félix: *S*
27.34 os ruego que comáis por vuestra *s;* pues
Stg. 1.1 a las doce tribus que están en la..*S*
3 Jn. 2 que tengas *s*, así como prospera tu alma

SALUDAR
1 S. 10.4 los cuales luego que te hayan *saludado*
13.10 Saúl salió a recibirle, para *saludarle*
25.5 e id a Nabal, y *saludadle* en mi nombre
25.14 David envió..*saludasen* a nuestro amo
30.21 cuando David llegó..les *saludó* con paz
2 S. 8.10 envió Toi a Joram su..para *saludarle*
2 R. 4.29 no lo *saludes*..si alguno te *saludare*
10.13 a *saludar* a los hijos del rey, y a los
10.15 después que lo hubo *saludado*, le dijo
1 Cr. 18.10 envió a Adoram su..para *saludarle*
Esd. 4.11 tus siervos del otro lado..te *saludan*
Mt. 5.47 y si *saludáis* a..hermanos solamente
10.12 y al entrar en la casa, *saludadla*
Mr. 9.15 la gente..corriendo a él, le *saludaron*
15.18 comenzaron luego a *saludarle:* ¡Salve
Lc. 1.40 y entró en casa..y *saludó* a Elisabet
10.4 alforja, ni calzado; y a nadie *saludéis*
Hch. 18.22 subió para *saludar* a la iglesia, y
21.7 y habiendo *saludado* a los hermanos, nos
21.19 después de haberles *saludado*, les contó
25.13 el rey Agripa y..para *saludar* a Festo
Ro. 16.3 *saludad* a Priscila y a Aquila, mis
16.5 *saludad*..a la iglesia de..*S* a Epeneto
16.6 *saludad* a María, la cual ha trabajado
16.7 *saludad* a Andrónico y a Junias, mis
16.8 *saludad* a Amplias, amado mío en el Señor
16.9 *saludad* a Urbano, nuestro colaborador en
16.10 *saludad* a Apeles..*S* a los de la casa de
16.11 *saludad* a Herodión..*S* a los de la casa
16.12 *saludad* a Trifena y a..*S* a la..Pérsida
16.13 *saludad* a Rufo, escogido en el Señor, y
16.14 *saludad* a Asíncrito, a Flegonte, a
16.15 *saludad* a Filólogo, a Julia, a Nereo
16.16 *saludaos* los unos..Os *saludan* todas las
16.21 os *saludan* Timoteo mi colaborador, y
16.22 yo Tercio, que..os *saludo* en el Señor
16.23 os *saluda* Gayo..Os *s* Erasto, tesorero
1 Co. 16.19 las iglesias de Asia os *saludan*
16.19 Aquila y Priscila..os *saludan* mucho en
16.20 os *saludan*..los hermanos..*Saludaos* los
2 Co. 13.12 *saludaos* unos a..con ósculo santo
13.13 todos los santos os *saludan*
Fil. 4.21 *saludad* a todos los santos en Cristo
4.21 los hermanos que están conmigo os *saludan*
4.22 los santos os *saludan*, y especialmente
Col. 4.10 Aristarco, mi compañero de..os *saluda*
4.12 os *saluda* Epafras, el cual es uno de
4.14 os *saluda* Lucas el médico amado, y Demas
4.15 *saludad* a los hermanos que..en Laodicea
1 Ts. 5.26 *saludad* a..los hermanos con ósculo
2 Ti. 4.19 *saluda* a Prisca y a Aquila, y a la
4.21 Eubulo te *saluda*, y Pudente..Claudia
Tit. 3.15 todos los que están conmigo te *saludan*
3.15 *saluda* a los que nos aman en la fe
Flm. 23 te *saludan* Epafras, mi compañero de
He. 11.13 y *saludándolo*, y confesando que eran
13.24 *saludad* a..Los de Italia os *saludan*
1 P. 5.13 iglesia..Marcos mi hijo, os *saludan*
5.14 *saludaos* unos a otros con ósculo de amor
2 Jn. 13 los hijos de tu hermana..te *saludan*
3 Jn. 15 los amigos te *saludan*. *Saluda* tú a los

SALUM
1. ***Rey de Israel, asesino y sucesor de Zacarías***
2 R. 15.10 contra él conspiró *S* hijo de Jabes
15.13 *S* hijo..comenzó a reinar en el año 39
15.14 Manahem hijo..hirió a *S* hijo de Jabes
15.15 demás hechos de *S*..están escritos en
2. ***Marido de la profetisa Hulda*, 2 R. 22.14; 2 Cr. 34.22**
3. ***Descendiente de Jerameel*, 1 Cr. 2.40,41**
4. ***Rey de Judá, hijo y sucesor del rey Josías (=Joacaz)***
1 Cr. 3.15 el tercero Sedequías, el cuarto *S*
Jer. 22.11 ha dicho Jehová acerca de *S* hijo de
5. ***Descendiente de Simeón*, 1 Cr. 4.25**
6. ***Sumo sacerdote, hijo de Sadoc y padre de Hilcías*, 1 Cr. 6.12,13; Esd. 7.2**
7. ***Hijo de Neftalí*, 1 Cr. 7.13**
8. ***Padre de una familia de porteros del templo*, 1 Cr. 9.17,19,31; Esd. 2.42; Neh. 7.45**
9. ***Hombre principal de Efraín en tiempo del rey Peka*, 2 Cr. 28.12**
10. ***Nombre de dos de los que se casaron con mujeres extranjeras en tiempo de Esdras*, Esd. 10.24,42**
11. ***Nombre de dos que ayudaron en la restauración del muro de Jerusalén*, Neh. 3.12,15**
12. ***Tío del profeta Jeremías*, Jer. 32.7**
13. ***Padre de Maasías No. 17*, Jer. 35.4**

SALUTACIÓN
Mt. 23.7 las *s* en las plazas, y que los hombres
Mr. 12.38 los escribas..aman las *s* en las plazas
Lc. 1.29 se turbó..y pensaba qué *s* sería esta
1.41 que cuando oyó Elizabet la *s* de María
1.44 tan pronto como llegó la voz de tu *s* a
11.43 que amáis las..y las *s* en las plazas
20.46 escribas, que..aman las *s* en las plazas
1 Co. 16.21 yo, Pablo, os escribo esta *s* de mi
Col. 4.18 la *s* de mi propia mano, de Pablo
2 Ts. 3.17 la *s* es de mi propia mano, de Pablo

SALVACIÓN
Gn. 49.18 tu *s* esperé, oh Jehová
Éx. 14.13 no temáis; estad firmes, y ved la *s*
15.2 Jehová es mi..mi cántico, y ha sido mi *s*
Dt. 32.15 al Dios..menospreció la Roca de su *s*
Jue. 15.18 tú has dado esta grande *s* por mano de
1 S. 2.1 mi boca..por cuanto me alegré en tu *s*
11.13 porque hoy Jehová ha dado *s* en Israel
12.7 los hechos de *s* que Jehová ha hecho con
14.45 que ha hecho esta grande *s* en Israel?
19.5 y Jehová dio gran *s* a todo Israel. Tú lo
2 S. 22.3 y el fuerte de mi *s*, mi alto refugio
22.36 me diste asimismo el escudo de tu *s*, y
22.47 viva..y engrandecido sea el Dios de mi *s*
23.5 no haga él florecer toda mi *s* y mi deseo
2 R. 13.17 saeta de *s* de..de *s* contra Siria
1 Cr. 16.23 cantad a..proclamad de día..su *s*
16.35 y decid: Sálvanos, oh Dios, a nuestra
2 Cr. 6.41 sean vestidos de *s* tus sacerdotes
20.17 estad quietos, y ved la *s* de Jehová con
Job 13.16 él..será mi *s*, porque no entrará en
Sal. 3.2 dicen de mí: No hay para él *s* en Dios
3.8 la *s* es de Jehová; sobre tu pueblo sea tu
9.14 que cuente yo todas tus..me goce en tu *s*
13.5 mas yo..mi corazón se alegrará en tu *s*
14.7 ¡oh, que de Sion saliera la *s* de Israel!
18.2 mi..y la fuerza de mi *s*, mi alto refugio
18.35 me diste asimismo el escudo de tu *s;* tu
18.46 roca, y enaltecido sea el Dios de mi *s*
20.5 alegraremos en tu *s*, y alzaremos pendón
21.1 rey se alegra..y en tu *s*, ¡cómo se goza!
21.5 grande es su gloria en tu *s;* honra y
22.1 ¿por qué estás tan lejos de mi *s*, y de
24.5 él recibirá..y justicia del Dios de *s*
25.5 porque tú eres el Dios de mi *s;* en ti
27.1 Jehová es mi..y mi *s;* ¿de quién temeré?
27.9 no me..ni me desampares, Dios de mi *s*
35.3 saca la lanza..dí a mi alma: Yo soy tu *s*
35.9 entonces mi alma..se regocijará en su *s*
37.39 pero la *s* de los justos es de Jehová
38.22 apresúrate a ayudarme, oh Señor, mi *s*
40.10 he publicado tu fidelidad y tu *s;* no
40.16 digan..los que aman tu *s:* Jehová sea
42.5,11; 43.5 de alabarle, *s* mía y Dios mío
44.4 oh Dios, eres mi rey; manda *s* a Jacob
50.23 ordenare su..le mostraré la *s* de Dios
51.12 vuélveme el gozo de tu *s*, y espíritu
51.14 líbrame de homicidios, oh..Dios de mi *s*
53.6 ¡oh, si saliera de Sion la *s* de Israel!
62.1 en Dios solamente está..de él viene mi *s*
62.2,6 él solamente es mi roca y mi *s;* es mi
62.7 en Dios está mi *s* y mi gloria; en Dios
65.5 Dios de nuestra *s*, esperanza de todos
67.2 sea conocido..en todas las naciones tu *s*
68.19 bendito el Señor..el Dios de nuestra *s*
69.13 Dios..por la verdad de tu *s*, escúchame
69.29 a mí..tu *s*, oh Dios, me ponga en alto
70.4 y digan siempre los que aman tu *s*..Dios
71.15 publicará..tus hechos de *s* todo el día
74.12 es..el que obra *s* en medio de la tierra
78.22 por cuanto..ni habían confiado en su *s*
79.9 ayúdanos, oh Dios de nuestra *s*, por la
85.4 restáuranos, oh Dios de nuestra *s*, y haz
85.7 oh Jehová, tu misericordia, y danos tu *s*
85.9 cercana está su *s* a los que le temen, para
88.1 Jehová, Dios de mi *s*, día y noche clamo

SALVACIÓN *(Continúa)*
Sal. 89.26 mi. .eres tú, mi Dios, y la roca de mi *s*
91.16 lo saciaré de. .vida, y le mostraré mi *s*
95.1 cantemos. .júbilo a la roca de nuestra *s*
96.2 cantad a. .anunciad de día en día su *s*
98.2 Jehová ha hecho notoria su *s;* a vista de
98.3 la tierra han visto la *s* de nuestro Dios
106.4 acuérdate de mí, oh. .visítame con tu *s*
106.21 olvidaron al Dios de su *s*, que había
116.13 tomaré la copa de la *s*, e invocaré el
118.14 cántico es JAH, y él me ha sido por *s*
118.15 de júbilo y de *s* hay en las tiendas de
118.21 porque me has oído, y me fuiste por *s*
119.41 venga a mí. .tu *s*, conforme a tu dicho
119.81 desfallece mi alma por tu *s*, mas espero
119.123 mis ojos desfallecieron por tu *s*, y
119.155 lejos está de los impíos la *s*, porque
119.166 tu *s* he esperado, oh Jehová, y tus
119.174 he deseado tu *s*, oh Jehová, y tu ley
132.16 vestiré de *s* a sus sacerdotes, y sus
146.3 no confiéis en. .porque no hay en él *s*
149.4 hermoseará a los humildes con la *s*
Is. 12.2 he aquí Dios es *s* mía; me aseguraré y
12.2 es JAH Jehová, quien ha sido *s* para mí
12.3 sacaréis. .aguas de las fuentes de la *s*
17.10 porque te olvidaste del Dios de tu *s*
25.9 nos gozaremos y nos alegraremos en su *s*
26.1 ciudad. .*s* puso Dios por muros y antemuro
33.2 sé también nuestra *s* en tiempo de la
33.6 y abundancia de *s;* el temor de Jehová
45.8 rociad. .prodúzcanse la *s* y la justicia
45.17 será salvo en Jehová con *s* eterna; no
46.13 no se alejará, y mi *s* no se detendrá
46.13 pondré *s* en Sion, y mi gloria en Israel
49.6 seas mi *s* hasta lo postrero de la tierra
49.8 y en el día de *s* te ayudé; y te guardaré
51.5 ha salido mi *s*, y mis brazos juzgarán a
51.6 mi *s* será para siempre, mi justicia no
51.8 permanecerá. .mi *s* por siglos de siglos
52.7 del que publica *s*, del que dice a Sion
52.10 los confines de la tierra verán la *s* del
54.17 y su *s* de mí vendrá, dijo Jehová
56.1 porque cercana está mi *s* para venir, y
58.8 nacerá tu luz. .tu *s* se dejará ver pronto
59.11 esperamos. .*s*, y se alejó de nosotros
59.17 una coraza, con yelmo de *s* en su cabeza
60.18 sino que a tus muros llamarás *S*, y a
61.10 me vistió con vestiduras de *s*, me rodeó
62.1 y su *s* se encienda como una antorcha
Jer. 3.23 en Jehová. .Dios está la *s* de Israel
Lm. 3.26 bueno es esperar en silencio la *s* de
Jl. 2.32 porque en el monte de Sion. .habrá *s*
Jon. 2.9 pagaré lo. .prometí. La *s* es de Jehová
Mi. 7.7 esperaré al Dios de mi *s;* el Dios mío
Hab. 3.18 yo. .y me gozaré en el Dios de mi *s*
Mal. 4.2 de justicia, y en sus alas traerá *s*
Lc. 1.71 *s* de nuestros enemigos, y de la mano
1.77 para dar conocimiento de *s* a su pueblo
2.30 porque han visto mis ojos tu *s*
3.6 y verá toda carne la *s* de Dios
19.9 le dijo: Hoy ha venido la *s* a esta casa
Jn. 4.22 adoráis lo que. .*s* viene de los judíos
Hch. 4.12 y en ningún otro hay *s;* porque no hay
13.26 a vosotros es enviada la palabra de. .*s*
13.47 seas para *s* hasta lo último de la tierra
16.17 son. .quienes os anuncian el camino de *s*
28.28 que a los gentiles es enviada esta *s* de
Ro. 1.16 es poder de Dios para *s* a todo aquel
10.1 mi oración a Dios por Israel, es para *s*
10.10 pero con la boca se confiesa para *s*
11.11 la *s* a los gentiles, para provocarles
13.11 está más cerca de nosotros nuestra *s*
2 Co. 1.6 si. .atribulados, es para vuestra. .*s*
1.6 si somos consolados, es para vuestra. .*s*
6.2 he oído, y en día de *s* te he socorrido
6.2 he aquí ahora el tiempo. .ahora el día de *s*
7.10 produce arrepentimiento para *s*, de que
Ef. 1.13 habiendo oído. .evangelio de vuestra *s*
6.17 tomad el yelmo de la *s*, y la espada del
Fil. 1.28 de perdición, mas para vosotros de *s*
2.12 ocupaos en vuestra *s* con temor y temblor
1 Ts. 5.8 y con la esperanza de *s* como yelmo
5.9 *s* por medio de nuestro Señor Jesucristo
2 Ts. 2.13 os haya escogido. .para *s*, mediante
2 Ti. 2.10 que ellos también obtengan la *s* que
3.15 hacer sabio para la *s* por la fe que es
Tit. 2.11 la gracia. .se ha manifestado para *s*
He. 1.14 de los que serán herederos de la *s?*
2.3 ¿cómo. .si descuidamos una *s* tan grande?
2.10 perfeccionase. .al autor de la *s* de ellos
5.9 ser autor de eterna *s* para todos los que
6.9 cosas mejores, y que pertenecen a la *s*
1 P. 1.5 para alcanzar la *s* que está preparada
1.9 fin de vuestra fe, que es la *s* de. .almas
1.10 y diligentemente indagaron acerca de. .*s*
2.2 leche. .para que por ella crezcáis para *s*
2 P. 3.15 paciencia de nuestro Señor es para *s*
Jud. 3 de escribiros acerca de nuestra común *s*
Ap. 7.10 la *s* pertenece a nuestro Dios que está
12.10 ha venido la *s*, el poder, y el reino de
19.1 ¡aleluya! *S* y honra y gloria y poder son

SALVADOR, RA
2 S. 22.3 mi. .*S* mío; de violencia me libraste
2 R. 13.5 dio Jehová *s* a Israel, y salieron del
Sal. 20.6 oirá. .con la potencia *s* de su diestra
28.8 Jehová es. .y el refugio *s* de su ungido
140.7 Jehová Señor, potente *s*. .tú pusiste a
Is. 19.20 les enviará *s* y príncipe que los libre
43.3 porque yo Jehová, Dios tuyo. .soy tu *S*
45.21 Dios justo y *S;* ningún otro fuera de
49.26 conocerá. .que yo Jehová soy *S* tuyo y
60.16 conocerás que yo Jehová soy el *S* tuyo
62.11 a la hija de Sion: He aquí viene tu *S*
63.8 ciertamente mi pueblo son. .y fue su *s*
Os. 13.4 no conocerás, pues. .otro *s* sino a mí
Abd. 21 subirán *s* al monte de Sion para juzgar
Zac. 9.9 tu rey vendrá a ti, justo y *s*, humilde
Lc. 1.47 mi espíritu se regocija en Dios mi *S*
1.69 y nos levantó un poderoso *S* en la casa
2.11 ha nacido. .un *S*, que es Cristo el Señor
Jn. 4.42 y sabemos que. .éste es el *S* del mundo
Hch. 5.31 ha exaltado con su. .por Príncipe y *S*
13.23 Dios levantó a Jesús por *S* a Israel
Ef. 5.23 Cristo es cabeza de la. .y él es su *S*
Fil. 3.20 de donde también esperamos al *S*, al
1 Ti. 1.1 Pablo. .por mandato de Dios nuestro *S*
2.3 esto es bueno. .delante de Dios nuestro *S*
4.10 esperamos en el Dios viviente. .es el *S*
2 Ti. 1.10 manifestada por la aparición de. .*S*
Tit. 1.3 encomendada por mandato de. .nuestro *S*
1.4 y paz, de. .del Señor Jesucristo nuestro *S*
2.10 adornen la doctrina de Dios nuestro *S*
2.13 la manifestación gloriosa de nuestro. .*S*
3.4 bondad de Dios nuestro *S*, y su amor para
3.6 el cual derramó. .por Jesucristo nuestro *S*
2 P. 1.1 por la justicia de nuestro Dios y *S*
2.20 escapado de. .por el conocimiento del. .*S*
3.2 tengáis memoria. .del mandamiento del. .*S*
3.18 creced en. .el conocimiento de nuestro. .*S*
1 Jn. 4.14 ha enviado al Hijo, el *S* del mundo
Jud. 25 al único y sabio Dios, nuestro *S*, sea

SALVAJE
Is. 13.21 habitarán. .allí saltarán las cabras *s*
34.14 la cabra *s* gritará a su compañero; la

SALVAR
Gn. 19.20 dejadme escapar. .y *salvaré* mi vida
Éx. 14.30 así *salvó* Jehová aquel día a Israel
Nm. 10.9 y seréis *salvos* de vuestros enemigos
Dt. 4.42 huyendo a. .ciudades *salvase* su vida
20.4 vuestro Dios va con vosotros. .*salvaros*
28.29 oprimido y. .y no habrá quien te *salve*
33.29 pueblo *salvo* por Jehová, escudo de tu
Jos. 2.13 *salvaréis* la vida a mi padre y a mi
6.25 Josué *salvó* la vida a Rahab la ramera
22.22 si fue. .prevaricación. .no nos *salves*
Jue. 3.31 Samgar hijo. .también *salvó* a Israel
6.14 y *salvarás* a Israel de. .los madianitas
6.15 ah, señor. .¿con qué *salvaré* yo a Israel?
6.36 si has de *salvar* a Israel por mi mano
6.37 entenderé que *salvarás* a Israel por mi
7.2 Israel se alabe. .Mi mano me ha *salvado*
7.7 con estos 300 hombres que. .os *salvaré*
13.5 comenzará a *salvar* a Israel de mano de
1 S. 4.3 el arca. .entre nosotros nos *salve* de
9.16 y *salvará* a mi pueblo de. .los filisteos
10.27 dijeron: ¿Cómo nos ha de *salvar* éste?
14.6 pues no es difícil para Jehová *salvar* con
14.23 así *salvó* Jehová a Israel aquel día
14.39 porque vive Jehová que *salva* a Israel
17.47 Jehová no *salva* con espada y con lanza
19.11 su mujer avisó a David. .Si no *salvas* tu
2 S. 19.9 ha *salvado* de mano de los filisteos
22.4 invocaré a. .y seré *salvo* de mis enemigos
22.28 tú *salvas* al pueblo afligido, mas tus
22.42 clamaron, y no hubo quien los *salvase*
22.51 él *salva* gloriosamente a su rey, y usa
1 R. 19.3 levantó y se fue para *salvar* su vida
20.31 a ver si por ventura te *salva* la vida
2 R. 6.26 mujer. .y dijo: *Salva*, rey señor mío
6.27 dijo: Si no te *salva* Jehová, ¿de dónde
6.27 te puedo *salvar* yo? ¿Del granero, o del
7.7 así. .habían huido para *salvar* sus vidas
14.27 los *salvó* por mano de Jeroboam hijo de
19.19 oh Jehová Dios. .*sálvanos*, te ruego, de
19.31 saldrá de. .de Sion los que se *salven*
19.34 yo ampararé esta ciudad para *salvarla*
1 Cr. 16.35 y decid: *Sálvanos*, oh. .recógenos
2 Cr. 12.7 antes los *salvaré* en breve, y no se
20.9 clamaremos a ti, y. .nos oirás y *salvarás*
32.14 ¿qué dios. .pudiese *salvar* a su pueblo
32.22 así *salvó* Jehová a Ezequías y a los
Neh. 6.11 entraría al templo para *salvarse* la
9.27 los *salvasen* de mano de sus enemigos
Job 5.20 en el hambre te *salvará* de la muerte
20.20 ni *salvará* nada de lo que codiciaba
22.29 dirás. .Dios *salvará* al humilde de ojos
40.14 confesaré. .podrá *salvarte* tu diestra
Sal. 3.7 levántate, Jehová; *sálvame*, Dios mío
6.4 oh Jehová, libra mi alma; *sálvame* por tu
7.1 *sálvame* de todos los que me persiguen, y
7.10 mi escudo está en Dios, que *salva* a los
12.1 *salva*, oh Jehová, porque se acabaron los
17.7 *salvas* a los que se refugian a tu diestra
18.3 invocaré a. .y seré *salvo* de mis enemigos
18.27 porque tú *salvarás* al pueblo afligido
18.41 clamaron, y no hubo quien *salvase;* aun
20.6 conozco que Jehová *salva* a su ungido
20.9 *salva*, Jehová; que el Rey nos oiga en el
22.8 *sálvele*, puesto que en él se complacía
22.21 *sálvame* de la boca del león, y líbrame
28.9 *salva* a tu pueblo, y bendice a. .heredad
31.2 sé tu mi roca. .fortaleza para *salvarme*
31.16 tu siervo: *sálvame* por tu misericordia
33.16 el rey no se *salva* por la multitud del
33.17 vano para *salvarse* es el caballo; la
34.18 y *salva* a los contritos de espíritu
37.40 los libertará de los impíos. .*salvará*
54.1 oh Dios, *sálvame* por tu nombre, y con
55.16 mí a Dios clamaré; y Jehová me *salvará*
57.3 y me *salvará* de la infamia del que me
59.2 líbrame. .*sálvame* de hombres sanguinarios
60.5 se libren. .*salva* con tu diestra, y óyeme
68.20 Dios, nuestro Dios ha de *salvarnos*, y
69.1 *sálvame*, oh Dios, porque las aguas han
69.35 Dios *salvará* a Sion, y reedificará las
71.2 socórreme y. .inclina tu oído y *sálvame*
71.3 tú has dado mandamiento para *salvarme*
72.4 *salvará* a los hijos del menesteroso, y
72.13 tendrá. .*salvará* la vida de los pobres
76.9 *salvar* a todos los mansos de la tierra
80.2 despierta tu poder. .y ven a *salvarnos*
80.3,7,19 haz resplandecer. .seremos *salvos*
86.2 *salva* tú. .a tu siervo que en ti confía
98.1 diestra lo ha *salvado*, y su santo brazo
106.8 los *salvó* por amor de su nombre, para
106.10 los *salvó* de mano del enemigo, y los
106.47 *sálvanos*, Jehová. .recógenos de entre
108.6 *salva* con tu diestra y respóndeme
109.26 *sálvame* conforme a tu misericordia
116.6 guarda. .estaba yo postrado, y me *salvó*
118.25 oh Jehová, *sálvanos* ahora, te ruego
119.94 tuyo soy yo, *sálvame*, porque he buscado
119.117 sosténme, y seré *salvo*. .regocijaré
119.146 *sálvame*, y guardaré tus testimonios
138.7 contra la ira. .me *salvará* tu diestra
145.19 oirá. .clamor de ellos, y los *salvará*
Pr. 24.11 *salva* a los que están en peligro de
28.18 el que en integridad camina será *salvo*
Is. 25.9 Dios, le hemos esperado, y. .*salvará*
30.15 en descanso y en reposo seréis *salvos*
31.5 amparará Jehová. .preservando y *salvando*
33.22 porque Jehová es. .él mismo nos *salvará*
35.4 que vuestro Dios. .vendrá, y os *salvará*
37.32 y del monte de Sion los que se *salven*
37.35 ampararé a esta ciudad para *salvarla*
38.20 Jehová me *salvará;* por tanto cantaremos
43.11 yo. .y fuera de mí no hay quien *salve*
43.12 yo anuncié, y *salvé*, e hice oir, y no
45.15 encubres, Dios de Israel, que *salvas*
45.17 *salvo* en Jehová con salvación eterna
45.20 los que ruegan a un dios que no *salva*
45.22 mirad a mí, y sed *salvos*, todos los
47.14 no *salvarán* sus vidas del poder de la
47.15 cada uno irá. .no habrá quién te *salve*
49.25 lo defenderé, y yo *salvaré* a tus hijos
50.8 cercano está de mí el que me *salva*
59.1 no se ha acortado la mano. .para *salvar*
59.16 y lo *salvó* su brazo, y le afirmó su
63.1 hablo en justicia, grande para *salvar*
63.5 me *salvó* mi brazo, y me sostuvo mi ira
63.9 y el ángel de su faz los *salvó;* en su
64.5 los pecados. .¿podremos acaso ser *salvos?*
Jer. 4.14 lava tu corazón. .para que seas *salva*
8.20 siega. .y nosotros no hemos sido *salvos*
11.12 clamarán a los dioses. .podrán *salvar*
17.14 *sálvame*, y seré *salvo;* porque tú eres
23.6 en sus días serás *salvo* Judá, e Israel
30.10 soy el que te *salvo* de lejos a ti y a
30.11 yo estoy contigo para *salvarte*, dice
31.7 y decid: Oh Jehová, *salva* a tu pueblo
33.16 Judá será *salvo*, y Jerusalén habitará
42.11 estoy yo para *salvaros* y libraros de
46.27 porque he aquí yo te *salvaré* de lejos
48.6 *salvad* vuestra vida, y sed como retama
51.45 *salvad* cada uno su vida del ardor de la
Lm. 4.17 aguardamos a una. .que no puede *salvar*
Ez. 34.22 yo *salvaré* a mis ovejas, y nunca más
37.23 y los *salvaré* de todas sus rebeliones
38.8 la tierra *salvada* de la espada, recogida
Dn. 6.27 él *salva* y libra, y hace señales y
Os. 1.7 *salvaré* por Jehová. .no los *s* con arco
Jl. 2.32 que invocare el nombre de. .será *salvo*
Am. 2.15 ni el que cabalga en. .*salvará* su vida
Abd. 17 de Sion habrá un remanente que se *salve*
Mi. 6.14 mas no *salvarás*, y lo que *salvares*, lo
Hab. 1.2 voces a ti a causa de. .y no *salvarás?*
Sof. 3.17 Jehová está en medio de. .él *salvará*
3.19 y *salvaré* a la que cojea, y recogeré la
Zac. 8.7 yo *salvo* a mi pueblo de la tierra del
8.13 Israel. .os *salvaré* y seréis bendición
9.11 por la sangre de tu pacto serás *salva*
9.16 los *salvará* en aquel día Jehová su Dios
Mt. 1.21 él *salvará* a su pueblo de sus pecados
8.25 sus discípulos. .*sálvanos*, que perecemos!
9.21 si tocare solamente su manto, seré *salva*
9.22 ten ánimo, hija; tu fe te ha *salvado*
9.22 y la mujer fue *salva* desde aquella hora
10.22 el que persevere hasta el. .será *salvo*
14.30 dio voces, diciendo: ¡Señor, *sálvame!*

SALVAR *(Continúa)*
Mt. 16.25 que quiera *salvar* su vida, la perderá
18.11 ha venido para *salvar* lo que..perdido
19.25 diciendo: ¿Quién, pues, podrá ser *salvo?*
24.13 que persevere hasta el fin será *salvo*
24.22 no fuesen acortados, nadie sería *salvo*
27.40 tú que derribas el..*sálvate* a ti mismo
27.42 a otros *salvó*, a sí..no se puede *salvar*
Mr. 3.4 ¿es lícito..*salvar* la vida, o quitarla?
5.23 las manos sobre ella para que sea *salva*
5.28 decía: Si tocare..su manto, seré *salva*
5.34 tu fe te ha hecho *salva;* vé en paz, y
8.35 que quiera *salvar* su vida, la perderá
8.35 pierda su vida por..causa..la *salvará*
10.26 se asombraban..¿Quién..podrá ser *salvo*
10.52 Jesús le dijo: Vete, tu fe te ha *salvado*
13.13 mas el que persevere hasta..será *salvo*
13.20 no hubiese acortado..nadie sería *salvo*
15.30 *sálvate* a ti mismo, y desciende de la
15.31 otros *salvó*, a sí..no se puede *salvar*
16.16 creyere y fuere bautizado, será *salvo*
Lc. 6.9 ¿es lícito..¿*salvar* la vida, o quitarla?
7.50 él dijo..Tu fe te ha *salvado*, vé en paz
8.12 y quita..para que no crean y se *salven*
8.36 les contaron cómo había sido *salvado* el
8.48 él..Hija, tu fe te ha *salvado;* vé en paz
8.50 no temas; cree solamente, y será *salva*
9.24 el que quiera *salvar* su vida, la perderá
9.24 su vida por causa de mí, éste la *salvará*
9.56 perder las almas de..sino para *salvarlas*
13.23 Señor, ¿son pocos los que se *salvan?*
17.19 levántate, vete; tu fe te ha *salvado*
17.33 que procure *salvar* su vida, la perderá
17.33 y todo el que la pierda, la *salvará*
18.26 esto dijeron: ¿quién..podrá ser *salvo?*
18.42 le dijo: Recíbela, tu fe te ha *salvado*
19.10 vino..a *salvar* lo que se había perdido
23.35 a otros *salvó; sálvese* a sí mismo, si
23.37 si tú eres el Rey..*sálvate* a ti mismo
23.39 tú eres el Cristo, *sálvate* a ti mismo
Jn. 3.17 sino para que el mundo sea *salvo* por
5.34 mas digo esto, para que..seáis *salvos*
10.9 yo soy..el que por mí entrare, será *salvo*
12.27 qué diré? ¿Padre, *sálvame* de esta hora?
12.47 no he venido a..sino a *salvar* al mundo
Hch. 2.21 todo aquel que invocare..será *salvo*
2.40 sed *salvos* de esta perversa generación
2.47 cada día a..los que habían de ser *salvos*
4.12 otro nombre..en que podamos ser *salvos*
11.14 palabras por las cuales serás *salvo* tú
15.1 no os circuncidáis..no podéis ser *salvos*
15.11 que por la gracia del..seremos *salvos*
16.30 dijo..¿qué debo hacer para ser *salvo?*
16.31 cree en el..y serás *salvo*, tú y tu casa
27.20 ya..perdido toda esperanza de *salvarnos*
27.31 si éstos..vosotros no podéis *salvaros*
27.43 queriendo *salvar* a Pablo, les impidió
27.44 que todos se *salvaron* saliendo a tierra
Ro. 5.9 en su sangre, por él seremos *salvos* de
5.10 estando reconciliados, seremos *salvos* por
8.24 porque en esperanza fuimos *salvos;* pero
9.27 mar, tan sólo el remanente será *salvo*
10.9 creyeres en tu corazón que..serás *salvo*
10.13 que invocare el nombre del..será *salvo*
11.14 por si..hacer *salvos* a algunos de ellos
11.26 Israel será *salvo*, como está escrito
1 Co. 1.18 a los que se *salvan*..poder de Dios
1.21 *salvar* a los creyentes por la locura de
3.15 si bien él mismo será *salvo*, aunque así
5.5 que el espíritu sea *salvo* en el día del
7.16 sabes..si quizá harás *salvo* a tu marido?
7.16 ¿o qué..si quizá harás *salva* a tu mujer?
9.22 para que de todos modos *salve* a algunos
10.33 sino el de muchos, para que sean *salvos*
15.2 por el cual asimismo..sois *salvos*, si no
2 Co. 2.15 olor de Cristo en los que se *salvan*
Ef. 2.5 nos dio vida..(por gracia sois *salvos*)
2.8 por gracia sois *salvos* por medio de la fe
1 Ts. 2.16 hablar a..para que éstos se *salven*
2 Ts. 2.10 no recibieron..verdad para ser *salvos*
1 Ti. 1.15 Cristo..vino al mundo para *salvar* a
2.4 el cual quiere..los hombres sean *salvos*
2.15 pero se *salvará* engendrando hijos, si
4.16 persiste en ello, pues..te *salvarás* a ti
2 Ti. 1.9 *salvó* y llamó con llamamiento santo
Tit. 3.5 nos *salvó*, no por obras de justicia
He. 7.25 *salvar*..a los que por él se acercan a
9.28 vez..para *salvar* a los que le esperan
11.7 preparó el arca en que su..se *salvase*
Stg. 1.21 la cual puede *salvar* vuestras almas
2.14 si alguno dice..¿Podrá la fe *salvarle?*
4.12 el dador de la ley, que puede *salvar* y
5.15 y la oración de fe *salvará* al enfermo
5.20 *salvará* de muerte un alma, y cubrirá
1 P. 3.20 cual pocas personas..fueron *salvadas*
3.21 el bautismo que corresponde..nos *salva*
4.18 si el justo con dificultad se *salva*, ¿en
Jud. 5 que el Señor, habiendo *salvado* al pueblo
23 a otros *salvad*, arrebatándolos del fuego
Ap. 21.24 las naciones que hubieren sido *salvas*

SALVE
Mt. 26.49 acercó a Jesús y dijo: ¡*S*, Maestro!
27.29 le escarnecían..¡*S*, Rey de los judíos!
28.9 les salió al encuentro, diciendo: ¡*S!*
Mr. 15.18 a saludarle: ¡*S*, Rey de los judíos!
Lc. 1.28 entrando el..dijo: ¡*S*, muy favorecida!
Jn. 19.3 le decían: ¡*S*, Rey de los judíos! y le

SALVO *Véase también Salvar*
Gn. 33.18 Jacob llegó sano y *s* a la..de Siquem
Jos. 10.21 el pueblo volvió sano y *s* a Josué
Jue. 3.26 Aod escapó, y..se puso a *s* en Seirat
1 S. 22.23 quédate..pues conmigo estarás a *s*
24.19 a su enemigo, y lo dejará ir sano y *s?*
Job 21.9 sus casas están a *s* de temor, ni viene
Sal. 12.5 pondré en *s* al que por ello suspira
59.1 ponme a *s* de los que se levantan contra
Mt. 28.14 si esto lo oyere..os pondremos a *s*
Mr. 6.20 Herodes..le guardaba a *s;* y oyéndole
Hch. 23.24 llevasen en *s* a Félix el gobernador
28.1 estando ya a *s*, supimos que la isla se

SAMA
***1. Jefe edomita*, Gn. 36.13,17; 1 Cr. 1.37**
***2. Tercer hijo de Isaí de Belén*, 1 S. 16.9; 17.13**
***3. Uno de los tres primeros valientes de David*, 2 S. 23.11**
***4. Nombre de tres de los 30 valientes de David*, 2 S. 23.25,33; 1 Cr. 11.44**
***5. Descendiente de Aser*, 1 Cr. 7.37**

SAMAI
***1. Descendiente de Jerameel*, 1 Cr. 2.28(2), 32**
***2. Descendiente de Caleb*, 1 Cr. 2.44,45**
***3. Descendiente de Judá*, 1 Cr. 4.17**

SAMAQUÍAS ***Portero del templo*, 1 Cr. 26.7**

SAMARIA
1. Ciudad capital del reino de Israel
1 R. 13.32 lugares altos..en las ciudades de *S*
16.24 Omri compró a Semer el monte de *S* por
16.24 el nombre de la ciudad que edificó, *S*
16.28 Omri durmió con..y fue sepultado en *S*
16.30 reinó Acab hijo de..sobre Israel en *S*
16.32 el templo de Baal que él edificó en *S*
18.2 fue, pues, Elías..hambre era grave en *S*
20.1 Ben-adad rey..sitió a *S*, y la combatió
20.10 el polvo de *S* no bastará a los puños de
20.17 le dio aviso..Han salido hombres de *S*
20.34 plazas en..como mi padre las hizo en *S*
20.43 el rey de Israel se fue a..y llegó a *S*
21.1 viña junto al palacio de Acab rey de *S*
21.18 a encontrarte con Acab rey..está en *S*
22.10 junto a la entrada de la puerta de *S*
22.37 traído a *S;* y sepultaron al rey en *S*
22.38 y lavaron el carro en el estanque de *S*
22.51 Ocozías hijo de..comenzó a reinar..en *S*
2 R. 1.2 Ocozías cayó..la casa que tenía en *S*
1.3 sube a encontrarte con los..del rey de *S*
2.25 al monte Carmelo, y de allí volvió a *S*
3.1 Joram hijo..comenzó a reinar en *S* sobre
3.6 salió entonces de *S* el rey Joram, y pasó
5.3 si rogase..al profeta que está en *S*, él
6.19 seguidme, y yo os guiaré..los guio a *S*
6.20 cuando llegaron a *S*, dijo Eliseo..abre
6.20 y miraron, y se hallaban en medio de *S*
6.24 Ben-adad rey de Siria reunió..sitió a *S*
6.25 gran hambre en *S*, a consecuencia..sitio
7.1 y dos seahs de cebada..a la puerta de *S*
7.18 vendido por un siclo..a la puerta de *S*
10.1 tenía Acab en *S* setenta hijos; y Jehú
10.1 Jehú escribió cartas y las envió a *S* a
10.12 luego se levantó de allí para ir a *S*
10.17 luego que Jehú hubo llegado a *S*, mató
10.17 mató..que habían quedado de Acab en *S*
10.35 durmió Jehú con..y lo sepultaron en *S*
10.36 reinó Jehú sobre Israel en *S*..28 años
13.1 comenzó a reinar Joacaz hijo de..en *S*
13.6 la imagen de Asera permaneció en *S*
13.9 durmió Joacaz con..y lo sepultaron en *S*
13.10 comenzó a reinar Joás..en *S;* y reinó
13.13 Joás fue sepultado en *S* con los reyes
14.14 los hijos tomó en rehenes, y volvió a *S*
14.16 sepultado en *S* con los reyes de Israel
14.23 comenzó a reinar Jeroboam hijo de..en *S*
15.13 Salum hijo de Jabes..reinó un mes en *S*
15.14 vino a *S*, e hirió a Salum hijo de..en *S*
15.17 reinó Manahem hijo..sobre Israel..en *S*
15.23 reinó Pekaía hijo de..sobre Israel en *S*
15.25 lo hirió en *S*, en el palacio de la casa
15.27 en el año 52 de..reinó Peka hijo..en *S*
17.1 comenzó a reinar Oseas hijo de Ela en *S*
17.5 el rey de Asiria invadió..y sitió a *S*, y
17.6 rey de Asiria tomó *S*, y llevó a Israel
17.24 los puso en las ciudades de *S*, en lugar
17.24 y poseyeron a *S*, y habitaron en sus
17.26 que tú..pusiste en las ciudades de *S*
17.28 vino uno de los sacerdotes..cautivo de *S*
17.29 templos de..que habían hecho los de *S*
18.9 Salmanasar rey de los asirios contra *S*
18.10 el año noveno de Oseas..fue tomada *S*
18.34 ¿pudieron éstos librar a *S* de mi mano?
21.13 y extenderé..Jerusalén el cordel de *S*
23.18 los huesos del profeta que..venido de *S*
23.19 los lugares altos..en las ciudades de *S*
2 Cr. 18.2 descendió a *S* para visitar a Acab
22.9 buscando a Ocozías..había escondido en *S*
25.13 invadieron las..desde *S* hasta Bet-horón
25.24 el oro y la plata..después volvió a *S*
28.8 tomado de ellos..botín que llevaron a *S*
28.9 salió delante del..cuando entraba en *S*
28.15 los llevaron hasta..y ellos volvieron a *S*
Esd. 4.10 e hizo habitar en las ciudades de *S*
4.17 a los demás..que habitan en *S*, y a los
Neh. 4.2 habló delante de..y del ejército de *S*
Is. 7.9 cabeza de Efraín es *S*, y la cabeza de *S*
8.4 despojos de *S* delante del rey de Asiria
9.9 y la sabrá..Efraín y los moradores de *S*
10.9 ¿no es Calno como..y *S* como Damasco?
10.10 siendo sus imágenes más que las de..*S*
10.11 como hice a *S* y a sus ídolos, ¿no haré
36.19 el dios de..¿Libraron a *S* de mi mano?
Jer. 23.13 los profetas de *S* he visto desatino
31.5 aún plantarás viñas en los montes de *S*
41.5 venían unos hombres de..de Silo y de *S*
Ez. 16.46 hermana mayor es *S*, ella y sus hijas
16.51 *S* no cometió ni la mitad de tus pecados
16.53 volver..los cautivos de *S* y de sus hijas
16.55 *S* con sus hijas, volverán a su primer
23.4 llamaron: *S*, Ahola; y Jerusalén, Aholiba
23.33 de dolor..por el cáliz de tu hermana *S*
Os. 7.1 se descubrió la..y las maldades de *S*
8.5 tu becerro, oh *S*, te hizo alejarte; se
8.6 será deshecho en pedazos el becerro de *S*
10.5 serán atemorizados los moradores de *S*
10.7 *S* fue cortado su rey como espuma sobre
13.16 *S* será asolada, porque se rebeló contra
Am. 3.9 reuníos sobre los montes de *S*, y ved
3.12 así escaparán los..que moran en *S* en el
4.1 vacas de Basán..estáis en el monte de *S*
6.1 ¡ay..de los confiados en el monte de *S*
8.14 que juran por el pecado de *S*, y dicen
Abd. 19 poseerán..de Efraín, y los campos de *S*
Mi. 1.1 Miqueas..que vio sobre *S* y Jerusalén
1.5 ¿cuál es la rebelión de Jacob? ¿No es *S?*
1.6 haré, pues, de *S* montones de ruinas, y
Hch. 8.5 Felipe, descendiendo a la ciudad de *S*
8.9 ciudad, y había engañado a la gente de *S*
8.14 oyeron que *S* había recibido la palabra
2. Provincia romana entre Galilea y Judea
Lc. 17.11 yendo Jesús..pasaba entre *S* y Galilea
Jn. 4.4 y le era necesario pasar por *S*
4.5 vino..a una ciudad de *S* llamada Sicar
4.7 una mujer de *S* a sacar agua; y Jesús le
Hch. 1.8 me seréis testigos en Jerusalén..en *S*
8.1 esparcidos por las tierras de Judea y..*S*
9.31 las iglesias tenían paz por..Galilea y *S*
15.3 pasaron por..*S*, contando la conversión

SAMARITANO, NA ***Habitante de Samaria No. 2***
Mt. 10.5 no vayáis, y en ciudad de *s* no entréis
Lc. 9.52 y entraron en una aldea de los *s* para
10.33 pero un *s*, que iba de camino, vino cerca
17.16 postró..dándole gracias; y éste era *s*
Jn. 4.9 la mujer *s* le dijo: ¿Cómo tú, siendo
4.9 que soy mujer *s*..judíos y *s* no se tratan
4.39 muchos de los *s*..creyeron en él por la
4.40 vinieron los *s* a él y le rogaron que se
8.48 ¿no decimos bien nosotros que tú eres *s*
Hch. 8.25 en..poblaciones de los *s* anunciaron

SAMGAR ***Juez de Israel***
Jue. 3.31 *S* hijo de Anat, el cual mató a 600
5.6 los días de *S* hijo de Anat, en los días

SAMGAR-NEBO ***Príncipe del rey de Babilonia*, Jer. 39.3**

SAMHUT ***Oficial del rey David*, 1 Cr. 27.8**

SAMIR
***1. Aldea en Judá*, Jos. 15.48**
2. Aldea en Efraín
Jue. 10.1 Tola..habitaba en *S* en el monte de
10.2 juzgó..y murió, y fue sepultado en *S*
***3. Levita en tiempo del rey David*, 1 Cr. 24.24**

SAMLA ***Rey edomita*, Gn. 36.36,37; 1 Cr. 1.47,48**

SAMOS ***Isla en el Mar Egeo*, Hch. 20.15**

SAMOT ***Uno de los 30 valientes de David*, 1 Cr. 11.27**

SAMOTRACIA ***Isla en el Mar Egeo*, Hch. 16.11**

SAMSERAI ***Descendiente de Benjamín*, 1 Cr. 8.26**

SAMÚA
***1. Uno de los doce espías*, Nm. 13.4**
***2. Hijo del rey David (=Simea No. 2)*, 2 S. 5.14; 1 Cr. 14.4**

SAMÚA *(Continúa)*
3. *Padre de Abda No. 2,* Neh. 11.17
4. *Sacerdote que regresó de Babilonia con Zorobabel,* Neh. 12.18

SAMUEL *Profeta y último juez de Israel*
1 S. 1.20 puso por nombre S, diciendo. .lo pedí
2.18 S ministraba en la presencia de Jehová
2.21 y el joven S crecía delante de Jehová
2.26 el joven S iba creciendo, y era acepto
3.1 S ministraba a Jehová en presencia de Elí
3.3 S estaba durmiendo en el templo de Jehová
3.4 Jehová llamó a S; y él respondió: Heme
3.6 a llamar otra vez a S. Y levantándose S
3.7 y S no había conocido aún a Jehová, ni
3.8 Jehová, pues, llamó la tercera vez a S
3.9 Elí a S: Vé y acuéstate; y si te llamare
3.9 así se fue S, y se acostó en su lugar
3.10 y llamó. .¡S, S! Entonces S dijo: Habla
3.11 a S: He aquí haré yo una cosa en Israel
3.15 y S estuvo acostado hasta la mañana, y
3.15 y S temía descubrir la visión a Elí
3.16 llamando. .Elí a S, le dijo: Hijo mío, S
3.18 S se lo manifestó todo, sin encubrirle
3.19 S creció, y Jehová estaba con él, y no
3.20 Israel. .conoció que S era fiel profeta
3.21 Jehová se manifestó a S en Silo por la
4.1 S habló a todo Israel. Por aquel tiempo
7.3 habló S a. .la casa de Israel, diciendo
7.5 y S dijo: Reunid a todo Israel en Mizpa
7.6 y juzgó S a los hijos de Israel en Mizpa
7.8 dijeron. .Israel a S: No ceses de clamar
7.9 S tomó un cordero. .clamó S a Jehová por
7.10 que mientras S sacrificaba el holocausto
7.12 tomó luego S una piedra y la puso entre
7.13 contra los filisteos todos los días de S
7.15 juzgó S a Israel. .el tiempo que vivió
8.1 habiendo S envejecido, puso a sus hijos
8.4 ancianos. .vinieron a Ramá para ver a S
8.6 pero no agradó a S esta. .S oró a Jehová
8.7 dijo Jehová a S: Oye la voz del pueblo
8.10 refirió S todas las palabras de Jehová
8.19 pero el pueblo no quiso oír la voz de S
8.21 y oyó S todas las palabras del pueblo
8.22 Jehová dijo a S: Oye su voz, y pon rey
8.22 dijo S. .Idos cada uno a vuestra ciudad
9.14 he aquí S venía hacia ellos para subir
9.15 había revelado al oído de S, diciendo
9.17 luego que S vio a Saúl, Jehová le dijo
9.18 acercándose, pues, Saúl a S en medio de
9.19 y S respondió a Saúl, diciendo: Yo soy
9.22 entonces S tomó a Saúl y a su criado, los
9.23 dijo S al cocinero: Trae acá la porción
9.24 S dijo. .come. .y Saúl comió. .día con S
9.26 S llamó a Saúl. .salieron ambos, él y S
9.27 S a Saúl: Dí al criado que se adelante
10.1 tomando entonces S una redoma de aceite
10.9 volver él la espalda para apartarse de S
10.14 como vimos que no parecían, fuimos a S
10.15 yo te ruego me declares qué os dijo S
10.16 del reino, de que S le había hablado
10.17 S convocó al pueblo delante. .en Mizpa
10.20 haciendo S que se acercasen todas las
10.24 S dijo a todo el pueblo: ¿Habéis visto
10.25 S recitó luego al pueblo las leyes del
10.26 envió S. .el pueblo cada uno a su casa
11.7 del que no saliere en pos de Saúl y. .S
11.12 el pueblo. .dijo a S: ¿Quiénes son los
11.14 S dijo al pueblo: Venid, vamos a Gilgal
12.1 dijo S. .He aquí, yo he oído vuestra voz
12.6 S dijo al pueblo: Jehová que designó a
12.11 envió a Jerobaal, a Barac, a Jefté y a S
12.18 S clamó a Jehová, y Jehová dio truenos
12.18 y todo el pueblo tuvo gran temor de. .S
12.19 dijo todo el pueblo a S: Ruega por tus
12.20 y S respondió al pueblo: No temáis
13.8 al plazo que S había dicho. .S no venía
13.10 cuando él acababa de ofrecer el. .aquí S
13.11 entonces S dijo: ¿Qué has hecho?
13.13 S dijo a Saúl: Locamente has hecho; no
13.15 y levantándose S, subió de Gilgal a
15.1 S dijo a Saúl: Jehová me envió a que te
15.10 y vino palabra de Jehová a S, diciendo
15.11 y se apesadumbró S, y clamó a Jehová
15.12 madrugó. .S para ir. .fue dado aviso a S
15.13 vino, pues, S a Saúl, y Saúl le dijo
15.14 S. .dijo: ¿Pues qué balido de ovejas y
15.16 dijo S a Saúl: Déjame declararte lo que
15.17 y dijo S: Aunque eras pequeño en tus
15.20 respondió a S: Antes bien he obedecido
15.22 S dijo: ¿Se complace Jehová tanto en
15.24 Saúl dijo a S: Yo he pecado; pues he
15.26 S respondió a Saúl: No volveré contigo
15.27 volviéndose S para irse, él se asió de
15.28 S le dijo: Jehová ha rasgado hoy de ti
15.31 y volvió S tras Saúl, y adoró Saúl a
15.32 dijo S: Traedme a Agag rey de Amalec
15.33 S dijo: Como tu espada dejó. .sin hijos
15.33 S cortó en pedazos a Agag delante de
15.34 se fue luego S a Ramá, y Saúl subió a
15.35 y nunca después vio S a Saúl en toda
15.35 su vida; y S lloraba a Saúl; y Jehová
16.1 dijo Jehová a S: ¿Hasta cuándo llorarás
16.2 y dijo S: ¿Cómo iré? Si Saúl lo supiera
16.4 hizo. .S como le dijo Jehová; y luego que
16.7 y Jehová respondió a S: No mires a su
16.8 lo hizo pasar delante de S, el cual dijo
16.10 hijos suyos delante de S; pero S dijo
16.11 S a Isaí: ¿Son estos todos tus hijos?
16.11 dijo S a Isaí: Envía por él; porque no
16.13 S tomó el cuerno del aceite, y lo ungió
16.13 se levantó luego S, y se volvió a Ramá
19.18 y vino a S en Ramá, y le dijo todo lo
19.18 y él y S se fueron y moraron en Naiot
19.20 y a S que estaba allí y los presidía
19.22 diciendo: ¿Dónde están S y David? Y uno
19.24 él profetizó igualmente delante de S
25.1 murió S, y se juntó todo Israel, y lo
28.3 S había muerto, y todo Israel lo había
28.11 dijo: Y él respondió: Hazme venir a S
28.12 viendo la mujer a S, clamó en alta voz
28.14 Saúl entonces entendió que era S, y
28.15 S dijo a Saúl: ¿Por qué. .has inquietado
28.16 S dijo: ¿Y para qué me preguntas a mí
28.20 tuvo gran temor por las palabras de S
1 Cr. 6.28 los hijos de S: el primogénito Vasni
6.33 el cantor Hemán hijo de Joel, hijo de S
9.22 cuales constituyó en su oficio David y S
11.3 y la palabra de Jehová por medio de S
26.28 había consagrado el vidente S, y Saúl
29.29 están escritos en. .las crónicas de S
2 Cr. 35.18 una pascua. .desde los días de S el
Sal. 99.6 S entre los que invocaron su nombre
Jer. 15.1 si Moisés y S se pusieran delante de
Hch. 3.24 los profetas desde S. .han anunciado
13.20 años, les dio jueces hasta el profeta S
He. 11.32 el tiempo me faltaría contando. .de S

SANADOR
Éx. 15.26 ninguna enfermedad. .soy Jehová tu s

SANAR *Véase también Sano*
Gn. 20.17 Abraham oró. .y Dios sanó a Abimelec
Lv. 13.18 cuando. .hubiere divieso, y se sanare
13.24 hubiere en lo sanado del fuego mancha
13.37 la tiña está sanada; él está limpio, y
Nm. 12.13 te ruego, oh Dios, que la sanes ahora
Dt. 32.39 yo hiero, y yo sano; y no hay quien
Jos. 5.8 gente, se quedaron. .hasta que sanaron
2 R. 1.2 consultad a Baal-zebub. .si he de sanar
2.21 yo sané estas aguas, y no habrá más en
5.3 si rogase mi señor. .sanaría de su lepra
5.6 mi siervo Naamán, para que lo sanes de su
5.7 envíe. .a que sane un hombre de su lepra?
5.11 y tocará el lugar, y sanará la lepra
8.8 y consulta. .¿Sanaré de esta enfermedad?
8.9 ti, diciendo: ¿Sanaré de esta enfermedad?
8.10 le dijo: Vé, dile: Seguramente sanarás
8.14 ¿qué. .Me dijo que seguramente sanarás
20.5 yo te sano; al tercer día subirás a la
20.7 higos. .pusieron sobre la llaga, y sanó
20.8 ¿qué señal tendré de que. .me sanará, y
2 Cr. 7.14 perdonaré sus. .y sanaré su tierra
30.20 oyó Jehová a Ezequías, y sanó al pueblo
Sal. 6.2 sáname, oh Jehová, porque mis huesos
30.2 Jehová Dios. .a ti clamé, y me sanaste
41.4 dije. .sana mi alma. .contra ti he pecado
60.2 temblar la tierra, la. .sana sus roturas
103.3 es quien. .que sana todas tus dolencias
107.20 envió su palabra, y los sanó, y los
147.3 él sana a los quebrantados de corazón
Is. 19.22 y sanará. .les será clemente y los s
38.9 escritura de Ezequías. .enfermó y sanó
38.21 higos. .pónganla en la llaga, y sanará
57.18 he visto sus caminos; pero le sanaré
57.19 Paz, paz al. .dijo Jehová; y lo sanaré
Jer. 3.22 convertíos, hijos rebeldes, y sanaré
17.14 sáname, oh Jehová, y seré sano. .salvo
30.13 no hay quien juzgue tu. .para sanarte
30.17 mas yo. .sanaré tus heridas, dice Jehová
51.8 tomad bálsamo para su dolor, quizá sane
51.9 curamos a Babilonia, y no ha sanado
Lm. 2.13 tu quebrantamiento; ¿quién te sanará?
Os. 5.13 él no os podrá sanar, ni os curará la
14.4 sanaré su rebelión, los amaré de pura
Mt. 4.23 sanando toda enfermedad y. .dolencia en
4.24 le trajeron. .los afligidos. .y los sanó
8.7 y Jesús le dijo: Yo iré y le sanaré
8.8 solamente di la palabra, y. .criado sanará
8.13 y su criado fue sanado en aquella. .hora
8.16 echó fuera. .y sanó a todos los enfermos
9.35 sanando toda enfermedad y toda dolencia
10.1 autoridad. .para sanar toda enfermedad
10.8 sanad enfermos, limpiad leprosos. .echad
12.10 ¿es lícito sanar en el día de reposo?
12.15 le siguió mucha gente, y sanaba a todos
12.22 y le sanó, de tal manera que el ciego
13.15 oigan. .y se conviertan, y yo los sane
14.14 y sanó a los que de. .estaban enfermos
15.28 su hija fue sanada desde aquella hora
15.30 traía. .a los pies de Jesús, y los sanó
15.31 los mancos sanados, a los cojos andar
17.16 tus discípulos. .no le han podido sanar
19.2 siguieron grandes multitudes, y los sanó
21.14 vinieron a él en el templo. .y los sanó
Mr. 1.34 y sanó a muchos que estaban enfermos
3.2 para ver si en día de reposo le sanaría
3.10 había sanado a muchos; de manera que por
3.15 y que tuviesen autoridad para sanar
6.5 no. .salvo que sanó a unos pocos enfermos
6.13 ungían. .muchos enfermos, y los sanaban
16.18 enfermos pondrán sus manos, y sanarán
Lc. 4.18 enviado a sanar a los quebrantados de
4.40 él, poniendo las manos sobre. .los sanaba
5.15 para que les sanase de sus enfermedades
5.17 el poder del. .estaba con él para sanar
6.7 para ver si en el día de reposo lo sanaría
6.17 y para ser sanados de sus enfermedades
6.18 atormentados de espíritus. .eran sanados
6.19 porque poder salía de él y sanaba a todos
7.3 envió. .que viniese y sanase a su siervo
7.21 sanó a muchos de enfermedades y plagas
8.2 algunas mujeres que habían sido sanadas
8.47 y cómo al instante había sido sanada
9.1 les dio poder. .y para sanar enfermedades
9.2 envió a predicar. .a sanar a los enfermos
9.6 el evangelio y sanando por todas partes
9.11 sanaba a los que necesitaban ser curados
9.42 sanó al muchacho, y se lo devolvió a su
10.9 y sanad a los enfermos que en ella haya
13.14 enojado de que Jesús hubiese sanado en
13.14 en éstos, pues, venid y sed sanados, y
14.3 ¿es lícito sanar en el día de reposo?
14.4 y él, tomándole, le sanó, y le despidió
17.15 viendo que había sido sanado, volvió
22.51 ya; dejad. Y tocando su oreja, le sanó
Jn. 4.47 le rogó que descendiese y sanase a su
5.9 aquel hombre fue sanado, y tomó su lecho
5.10 dijeron a aquel que había sido sanado: Es
5.11 el que me sanó, él. .dijo: Toma tu lecho
5.13 el que había sido sanado no sabía quién
5.14 has sido sanado; no peques más, para que
5.15 aviso. .Jesús era el que le había sanado
7.23 en el día de reposo sané. .a un hombre?
11.12 dijeron entonces sus. .si duerme, sanará
12.40 no vean. .y se conviertan, y yo los sane
Hch. 3.11 el cojo que había sido sanado, todo
4.9 de qué manera éste haya sido sanado
4.14 viendo al. .que había sido sanado, que
5.16 muchos venían a. .y todos eran sanados
8.7 muchos paralíticos y cojos eran sanados
9.34 Eneas, Jesucristo te sana; levántate y
10.38 sanando a todos los oprimidos por el
14.9 y viendo que tenía fe para ser sanado
28.8 Pablo. .le impuso las manos, y le sanó
28.9 los otros que. .venían, y eran sanados
28.27 corazón, y se conviertan, y yo. .sane
1 Co. 12.28 los que sanan, los que ayudan, los
He. 12.13 cojo no se salga. .sino que sea sanado
Stg. 5.16 y orad unos. .para que seáis sanados
1 P. 2.24 y por cuya herida fuisteis sanados
Ap. 13.3 pero su herida mortal fue sanada; y se
13.12 bestia, cuya herida mortal fue sanada

SANBALAT *Enemigo de Nehemías*
Neh. 2.10 pero oyéndolo S horonita y Tobías el
2.19 cuando lo oyeron S horonita, Tobías el
4.1 oyó S que nosotros edificábamos el muro
4.7 que oyendo S y Tobías, y los árabes, los
6.1 cuando oyeron S y Tobías y Gesem el árabe
6.2 S y Gesem enviaron a decirme: Ven. .campo
6.5 S envió. .su criado para decir lo mismo
6.12 porque Tobías y S lo habían sobornado
6.14 acuérdate, Dios mío, de Tobías y de S
13.28 era yerno de S horonita; por tanto, lo

SANDALIA
Cnt. 7.1 ¡cuán hermosos son tus pies en las s
Is. 5.27 ni se le romperá la correa de sus s
11.15 el río. .y hará que pasen por él con s
20.2 vé y quita. .descalza las s de tus pies
Mr. 6.9 calzasen s, y no vistiesen dos túnicas
Hch. 12.8 cíñete, y átate las s. Y lo hizo así

SANDALO
1 R. 10.11 traía. .de Ofir mucha madera de s, y
10.12 la madera de s hizo el rey balaustres
10.12 nunca vino semejante madera de s, ni se
2 Cr. 2.8 también madera del Líbano. .ciprés y s
9.10 Ofir, trajeron madera de s, y piedras
9.11 de la madera de s el rey hizo gradas en

SANDEZ
Pr. 15.2 mas la boca de los necios hablará s

SANEAR
Ez. 47.11 sus pantanos y sus. .no se sanearán

SANGRE
Gn. 4.10 voz de la s de tu hermano clama a mí
4.11 recibir de tu mano la s de tu hermano
9.4 pero carne con su vida, que es su s, no
9.5 demandaré la s de vuestras vidas; de mano
9.6 el que derramare s. .su s será derramada
37.22 dijo Rubén: No derraméis s; echadlo en
37.31 la túnica. .tiñeron la túnica con la s
42.22 he aquí también se nos demanda su s
49.11 lavó en el. .y en la s de uvas su manto
Éx. 4.9 cambiarán aquellas aguas. .y se harán s
4.25 a la verdad tú me eres un esposo de s
4.26 ella dijo: Esposo de s, a causa de la

SANGRE ***(Continúa)***
Éx. 7.17 golpearé..el río, y se convertirá en *s*
7.19 se conviertan en *s*, y haya *s* por toda la
7.20 las aguas..el río se convirtieron en *s*
7.21 y hubo *s* por toda la tierra de Egipto
12.7 tomarán de la *s*, y la pondrán en..postes
12.13 la *s* os será por señal..y veré la *s* y
12.22 hisopo, y mojadlo en la *s* que estará en
12.22 y untad..la *s* que estará en el lebrillo
12.23 cuando vea la *s* en el dintel y en los
23.18 no ofrecerás con pan leudo la *s* de mi
24.6 Moisés tomó la mitad de la *s*, y la puso
24.6 esparció..mitad de la *s* sobre el altar
24.8 Moisés tomó la *s* y roció sobre el pueblo
24.8 la *s* del pacto que Jehová ha hecho con
29.12 de la *s* del becerro tomarás y pondrás
29.12 derramarás..la demás *s* al pie del altar
29.20 matarás el carnero, y tomarás de su *s*
29.20 rociarás la *s* sobre el altar alrededor
29.21 con la *s* que estará sobre el altar, y
30.10 con la *s* del sacrificio por el pecado
34.25 no ofrecerás cosa leudada..con la *s* de
Lv. 1.5 y los sacerdotes hijos..ofrecerán la *s*
1.11 los..hijos de Aarón rociarán su *s* sobre
1.15 su *s* será exprimida sobre la pared del
3.2,8,13 Aarón rociarán su *s* sobre el altar
3.17 ninguna grosura ni ninguna *s* comeréis
4.5 el sacerdote..tomará de la *s* del becerro
4.6,17 mojará el sacerdote su dedo en la *s*
4.6 rociará de aquella *s* siete veces delante
4.7,18,25,30,34 *s* sobre los cuernos del altar
4.7,18,25,30,34 de la *s*..al pie del altar
4.16 meterá de la *s* del..en el tabernáculo de
5.9 rociará de la *s* de la..la pared del altar
5.9 y lo que sobrare de la *s* lo exprimirá al
6.27 salpicare su *s* sobre el vestido, lavarás
6.30 no se comerá ninguna ofrenda de cuya *s*
7.2 y rociará su *s* alrededor sobre el altar
7.14 será del sacerdote que rociare la *s* de
7.26 ninguna *s* comeréis en ningún lugar en
7.27 persona que comiere..*s*, la tal persona
7.33 que..ofreciere la *s* de los sacrificios
8.15 y Moisés tomó la *s*, y puso con su dedo
8.15 echó la demás *s* al pie del altar, y lo
8.19,24 y roció Moisés la *s* sobre el altar
8.23 tomó..de la *s*, y la puso sobre el lóbulo
8.24 puso Moisés de la *s* sobre el lóbulo de
8.30 tomó..de la *s* que estaba sobre el altar
9.9 los hijos de Aarón le trajeron la *s*; y él
9.9 él mojó su dedo en la *s*, y puso de ella
9.9 derramó el resto de la *s* al pie del altar
9.12,18 los hijos de Aarón le presentaron la *s*
10.18 *s* no fue llevada dentro del santuario
12.4 ella permanecerá..purificándose de su *s*
12.5 y 66 días estará purificándose de su *s*
12.7 ella, y será limpia del flujo de su *s*
14.6,51 en la *s* de la avecilla muerta..aguas
14.14,25 el sacerdote tomará de la *s* de la
14.17 pondrá el..encima de la *s* del sacrificio
14.28 aceite..en el lugar de la *s* de la culpa
14.52 y purificará la casa con la *s* de la
15.19 cuando la mujer tuviere flujo de *s*, y
15.25 mujer, cuando siguiere el flujo de su *s*
15.25 tuviere flujo de *s* más de su costumbre
16.14 tomará luego de la *s* del becerro, y la
16.14 esparcirá con..siete veces de aquella *s*
16.15 y llevará la *s* detrás del velo adentro
16.15 de la *s* como hizo con la *s* del becerro
16.18 de la *s* del becerro y de la *s* del macho
16.19 esparcirá sobre él de la *s* con su dedo
16.27 cuya *s* fue llevada al santuario para
17.4 culpado de *s* el tal varón; *s* derramó
17.6 esparcirá la *s* sobre el altar de Jehová
17.10 varón..comiere alguna *s*, yo pondré mi
17.10 rostro contra la persona que comiere *s*
17.11 la vida de la carne en la *s* está, y yo
17.11 la misma *s* hará expiación de la persona
17.12 ninguna persona de vosotros comerá *s*
17.12 ni el extranjero que mora..comerá *s*
17.13 derramará su *s* y la cubrirá con tierra
17.14 porque la vida de toda carne es su *s*
17.14 no comeréis la *s*..porque la vida..su *s*
19.26 no comeréis cosa alguna con *s*. No seréis
20.9 a su madre maldijo; su *s* será sobre él
20.11,13 ser muertos; su *s* será sobre ellos
20.12 ambos han de morir..*s* será sobre ellos
20.16 ayuntarse con él..su *s* será sobre ellos
20.18 ella descubrió la fuente de su *s*; ambos
20.27 serán apedreados; su *s* será sobre ellos
Nm. 18.17 la *s* de ellos rociarás sobre el altar
19.4 el sacerdote tomará de la *s* con su dedo
19.4 y rociará..con la *s* de ella siete veces
19.5 y su *s*, con su estiércol, hará quemar
23.24 hasta que..y beba la *s* de los muertos
35.19 el vengador de la *s*, él dará muerte al
35.21 el vengador de la *s* matará al homicida
35.24 juzgará entre el..y el vengador de la *s*
35.25 librará..de mano del vengador de la *s*
35.27 y el vengador de la *s* le hallare fuera
35.27 el vengador de la *s* matare al homicida
35.33 porque esta *s* amancillará la tierra, y
35.33 no será expiada..*s*..sino por la *s* del
Dt. 12.16 solamente que *s* no comeréis; sobre la
12.23 en no comer *s*; porque la *s* es la vida
12.27 carne y la *s*, sobre el altar de Jehová
12.27 la *s*..será derramada sobre el altar de
15.23 que no comas su *s*; sobre la tierra la
19.6 sea que el vengador de la *s*, enfurecido
19.10 para que no sea derramada *s* inocente en
19.10 no seas culpado de derramamiento de *s*
19.12 entregarán en mano del vengador de la *s*
19.13 quitarás de Israel la *s* inocente, y te
21.7 nuestras manos no han derramado esta *s*
21.8 y no culpes de *s* inocente a tu pueblo
21.8 a tu pueblo..Y la *s* les será perdonada
21.9 quitarás la culpa de la *s* inocente de en
22.8 no eches culpa de *s* sobre tu casa, si de
32.14 trigo; y de la *s* de la uva bebiste vino
32.42 embriagaré de *s* mis saetas, y mi espada
32.42 la *s* de los muertos y de los cautivos
32.43 porque él vengará la *s* de sus siervos
Jos. 2.19 su *s* será sobre su cabeza, y nosotros
2.19 *s* será sobre nuestra cabeza, si mano le
20.3 de refugio contra el vengador de la *s*
20.5 si el vengador de la *s* le siguiere, no
20.9 no muriese por mano del vengador de la *s*
Jue. 9.24 *s* de ellos, recayera sobre Abimelec
1 S. 14.32 ovejas..el pueblo los comió con *s*
14.33 comiendo la carne con la *s*. Y él dijo
14.34 no pequéis..comiendo la carne con la *s*
19.5 ¿por qué..pecarás contra la *s* inocente
25.26 te ha impedido el venir a derramar *s* y
25.31 por haber derramado *s* sin causa, o por
25.33 me has estorbado hoy de ir a derramar *s*
26.20 no caiga, pues, ahora mi *s* en tierra
2 S. 1.16 dijo: Tu *s* sea sobre tu cabeza, pues
1.22 sin *s* de los muertos, sin grosura de los
3.28 inocente soy yo..de la *s* de Abner hijo
4.11 ahora, pues, ¿no he de demandar yo su *s*
14.11 el vengador de la *s* no aumente el daño
16.8 Jehová te ha dado el pago de toda la *s*
20.12 y Amasa yacía revolcándose en su *s* en
21.1 causa de Saúl, y por aquella casa de *s*
23.17 ¿he de beber yo la *s* de los varones que
1 R. 2.5 derramando..*s* de guerra, y poniendo *s*
2.9 harás descender sus canas con *s* al Seol
2.31 y quita de mí..*s* que Joab ha derramado
2.32 Jehová hará volver su *s* sobre su cabeza
2.33 la *s*, pues, de ellos recaerá sobre..Joab
2.37 morirás, y tu *s* será sobre tu cabeza
11.14 Hadad edomita, de *s* real, el..en Edom
18.28 y se sajaban con..hasta chorrear la *s*
21.19 donde lamieron los perros la *s* de Nabot
21.19 los perros lamerán..tu *s*, tu misma *s*
22.35 la *s* de la herida corría por el fondo
22.38 el estanque..los perros lamieron su *s*
2 R. 3.22 vieron los de Moab..rojas como *s*
3.23 dijeron: ¡Esto es *s* de espada! Los reyes
9.7 vengue la *s* de mis siervos los profetas
9.7 y la *s* de todos los siervos de Jehová, de
9.26 ayer la *s* de Nabot, y la *s* de sus hijos
9.33 y parte de su *s* salpicó en la pared, y
16.13 y esparció la *s* de sus sacrificios de
16.15 sobre él toda la *s* del holocausto, y
16.15 y esparcirás..toda la *s* del sacrificio
21.16 esto, derramó Manasés mucha *s* inocente
24.4 *s* inocente que..llenó a Jerusalén de *s*
1 Cr. 11.19 ¿había yo de beber la *s* y la vida
22.8 tú has derramado mucha *s*, y has hecho
22.8 tú..has derramado mucha *s* en la tierra
28.3 tú no edificarás..has derramado mucha *s*
2 Cr. 19.10 causas de *s*, entre ley y precepto
24.25 conspiraron contra él..a causa de la *s*
29.22 y los sacerdotes recibieron la *s*, y la
29.22(2) y esparcieron la *s* sobre el altar
29.24 hicieron ofrenda de expiación con la *s*
30.16 esparcían la *s* que recibían de manos de
35.11 y esparcían..la *s* recibida de mano de
Job 16.18 no cubras mi *s*, y no haya lugar para
39.30 polluelos chupan la *s*; y donde hubiere
Sal. 9.12 porque el que demanda la *s* se acordó
16.4 no ofreceré yo sus libaciones de *s*, ni
50.13 ¿he de..de beber *s* de machos cabríos?
58.10 justo..sus pies lavará en la *s* del impío
68.23 pie se enrojecerá de *s* de tus enemigos
72.14 y la *s* de ellos será preciosa ante sus
78.44 volvió sus ríos en *s*, y sus corrientes
79.3 derramaron su *s* como agua en..Jerusalén
79.10 la venganza de la *s* de tus siervos que
94.21 juntan contra..condenan la *s* inocente
105.29 volvió sus aguas en *s*, y mató..peces
106.38 y derramaron la *s*..la *s* de sus hijos
106.38 y la tierra fue contaminada con *s*
Pr. 1.11 pongamos asechanzas para derramar *s*
1.16 sus pies..van presurosos a derramar *s*
1.18 ellos a su propia *s* ponen asechanzas, y
6.17 las manos derramadoras de *s* inocente
12.6 son asechanzas para derramar *s*; mas la
28.17 hombre cargado de la *s* de alguno huirá
30.33 y el que recio se suena las..sacará *s*
Is. 1.11 no quiero *s* de bueyes, ni de ovejas
1.15 oiré; llenas están de *s* vuestras manos
4.4 limpie la *s* de Jerusalén de en medio de
9.5 todo manto revolcado en *s*, serán quemados
15.9 y las aguas de Dimón se llenarán de *s*
26.21 y la tierra descubrirá la *s* derramada
34.3 montes se disolverán por la *s* de ellos
34.6 llena está de *s*..de *s* de corderos y de
34.7 tierra se embriagará de *s*, y su polvo
49.26 y con su *s* serán embriagados como con
59.3 vuestras manos están contaminadas de *s*
59.7 apresuran para derramar la *s* inocente
63.3 y su *s* salpicó mis vestidos, y manché
63.6 los embriagué..derramé en tierra su *s*
66.3 ofrenda, como si ofreciese *s* de cerdo
Jer. 2.34 en tus faldas se halló la *s* de los
7.6 ni en este lugar derramareis..*s* inocente
19.4 y llenaron este lugar de *s* de inocentes
22.3 ni derraméis *s* inocente en este lugar
22.17 mas tus ojos..para derramar *s* inocente
26.15 que si me matáis, *s* inocente echaréis
46.10 espada..se embriagará de la *s* de ellos
48.10 y maldito el que detuviere de la *s* su
51.35 *s* caiga sobre los moradores de Caldea
Lm. 4.13 derramaron en medio de ella la *s* de
4.14 fueron contaminados con *s*, de modo que
Ez. 3.18,20 morirá..su *s* demandaré de tu mano
5.17 pestilencia y *s* pasarán por en medio de
7.23 la tierra está llena de delitos de *s*, y
9.9 pues la tierra está llena de *s*, y la ciudad
14.19 derramare mi ira sobre ella en *s*, para
16.6 te vi sucia en tus *s*, y cuando estabas
16.6(2) estabas en tus *s* te dije: ¡Vive!
16.9 y lavé tus *s* de encima de ti, y te ungí
16.22 días..cuando estabas envuelta en tu *s*
16.36 la *s* de tus hijos, los cuales les diste
16.38 por las leyes de..de las que derraman *s*
16.38 y traeré sobre ti *s* de ira y de celos
18.10 si engendrare hijo..o derramador de *s*
18.13 de cierto morirá, su *s* será sobre él
21.32 se empapará la tierra de tu *s*; no habrá
22.2 ¿no juzgarás..la ciudad derramadora de *s*
22.3 ¡ciudad derramadora de *s* en medio de sí
22.4 en tu *s* que derramaste has pecado, y te
22.6 príncipes..se esfuerzan en derramar *s*
22.9 calumniadores hubo en..para derramar *s*
22.12 precio recibieron en..para derramar *s*
22.13 causa de la *s* que derramaste en medio
22.27 derramando *s*, para destruir las almas
23.37 y hay *s* en sus manos, y han fornicado
23.45 por la ley de las que derraman *s*; porque
23.45 son adúlteras, y *s* hay en sus manos
24.6,9 dicho Jehová..¡Ay de la ciudad de *s*
24.7 porque su *s* está en medio de ella; sobre
24.8 pondré su *s* sobre la dura piedra, para
28.23 enviaré a ella pestilencia y *s* en sus
32.6 y regaré de tu *s* la tierra donde nadas
33.4 lo hiriere, su *s* será sobre su cabeza
33.5 no se apercibió; su *s* será sobre él; mas
33.6 pero demandaré su *s* de mano del atalaya
33.8 morirá..su *s* yo la demandaré de tu mano
33.25 ¿comeréis con *s*, y..derramaréis *s*, y
35.6 que a *s* te destinaré, y *s* te perseguirá
35.6 la *s* no aborreciste, *s* te perseguirá
36.18 y derramaré mi ira sobre ellos por la *s*
38.22 litigaré contra él con pestilencia y..*s*
39.17 y venid..y comeréis carne y beberéis *s*
39.18 y beberéis *s* de príncipes de la tierra
39.19 beberéis hasta embriagaros de *s* de las
43.18 holocausto..y para esparcir sobre él *s*
43.20 y tomarás de su *s*, y pondrás en los 4
44.7 de ofrecer mi pan, la grosura y la *s*, y
44.15 para ofrecerme la..y la *s*, dice Jehová
45.19 y el sacerdote tomará de la *s* de la
Os. 1.4 castigaré a..causa de la *s* de Jezreel
6.8 de hacedores de iniquidad, manchada de *s*
12.14 tanto, hará recaer sobre él la *s* que ha
Jl. 2.30 daré..*s*, y fuego, y columnas de humo
2.31 luna en *s*, antes que venga el día grande
3.19 porque derramaron en..tierra *s* inocente
3.21 limpiaré la *s* de..que no había limpiado
Jon. 1.14 ni pongas sobre nosotros la *s* inocente
Mi. 3.10 edificáis a Sion con *s*, y a Jerusalén
7.2 todos acechan por *s*; cada cual arma red
Hab. 2.8 te despojarán, a causa de la *s* de los
2.12 ¡ay del que edifica la ciudad con *s*, y
2.17 a causa de la *s* de los hombres, y del
Sof. 1.17 *s* de ellos será derramada como polvo
Zac. 9.7 quitaré la *s* de su boca..sus dientes
9.11 y tú..por la *s* de tu pacto serás salva
Mt. 9.20 aquí una mujer enferma de flujo de *s*
16.17 porque no te lo reveló carne ni *s*, sino
23.30 sus cómplices en la *s* de los profetas
23.35 venga sobre vosotros toda la *s* justa
23.35 la *s* de Abel..hasta la *s* de Zacarías
26.28 esto es mi *s* del nuevo pacto, que por
27.4 yo he pecado entregando *s* inocente. Mas
27.6 en el tesoro de..porque es precio de *s*
27.8 aquel campo se llama..hoy: Campo de *s*
27.24 inocente soy yo de la *s* de este justo
27.25 dijo: Su *s* sea sobre nosotros, y sobre
Mr. 5.25 una mujer que..padecía de flujo de *s*
5.29 y en seguida la fuente de su *s* se secó
14.24 esto es mi *s* del nuevo pacto, que por
Lc. 8.43 que padecía de flujo de *s* desde hacía
8.44 al instante se detuvo el flujo de su *s*
11.50 se demande..la *s* de todos los profetas
11.51 la *s* de Abel hasta la *s* de Zacarías, que
13.1 galileos cuya *s* Pilato había mezclado
22.20 esta copa es el nuevo pacto en mi *s*
22.44 y era su sudor como grandes gotas de *s*
Jn. 1.13 los cuales no son engendrados de *s*, ni

SANGRE *(Continúa)*
Jn. 6.53 si no..bebéis su s, no tenéis vida en
6.54 el que..bebe mi s, tiene vida eterna
6.55 mi carne es..mi s es verdadera bebida
6.56 bebe mi s, en mí permanece, y yo en él
19.34 una lanza, y al instante salió s y agua
Hch. 1.19 Acéldama..quiere decir, Campo de s
2.19 prodigios..s y fuego y vapor de humo
2.20 y la luna en s, antes que venga el día
5.28 y queréis echar sobre nosotros la s de
15.20 que se aparten de..de ahogado y de s
15.29 que os abstengáis..de s, de ahogado y
17.26 y de una s ha hecho todo el linaje de
18.6 vuestra s..sobre vuestra propia cabeza
20.26 hoy, que estoy limpio de la s de todos
20.28 iglesia..cual él ganó por su propia s
21.25 que se abstengan de..de s, de ahogado
22.20 y cuando se derramaba la s de Esteban
Ro. 3.15 sus pies se apresuran para derramar s
3.25 propiciación por medio de la fe en su s
5.9 estando ya justificados en su s, por él
11.14 pueda provocar a celos a los de mi s
1 Co. 10.16 ¿no es la comunión..s de Cristo?
11.25 esta copa es el nuevo pacto en mi s
11.27 será culpado del..y de la s del Señor
15.50 s pueden heredar el reino de Dios
Gá. 1.16 no consulté enseguida con carne y s
Ef. 1.7 en quien tenemos redención por su s, el
2.13 habéis sido hechos cercanos por la s de
6.12 no tenemos lucha contra s y carne, sino
Col. 1.14 en quien tenemos redención por su s
1.20 haciendo la paz mediante la s de su cruz
He. 2.14 los hijos participaron de carne y s
9.7 no sin s, la cual ofrece por sí mismo y
9.12 no por s..sino por su propia s, entró
9.13 si la s de los toros..santifican para
9.14 ¿cuánto más la s de Cristo..ofreció a sí
9.18 ni..primer pacto fue instituido sin s
9.19 tomó la s de los becerros..y roció el
9.20 esta es la s del pacto que Dios os ha
9.21 roció también con la s el tabernáculo
9.22 casi todo es purificado..con s; y sin
9.22 derramamiento de s no se hace remisión
9.25 como entra el..sacerdote..con s ajena
10.4 la s de los toros..no puede quitar los
10.19 libertad para entrar en..por la s de
10.29 y tuviere por inmunda la s del pacto
11.28 por la fe celebró..aspersión de la s
12.4 porque..no habéis resistido hasta la s
12.24 la s rociada que habla mejor que la de
13.11 cuya s..es introducida en el santuario
13.12 para santificar..mediante su propia s
13.20 gran pastor..por la s del pacto eterno
1 P. 1.2 para obedecer y ser rociados con la s
1.19 sino con la s preciosa de Cristo, como
1 Jn. 1.7 y la s de Jesucristo..nos limpia de
5.6 Jesucristo, que vino mediante agua y s
5.6 no mediante agua..sino mediante agua y s
5.8 el Espíritu, el agua y la s; y estos tres
Ap. 1.5 nos lavó de nuestros pecados con su s
5.9 con tu s nos has redimido para Dios, de
6.10 y vengas nuestra s en los que moran en
6.12 el sol..la luna se volvió toda como s
7.14 han emblanquecido en la s del Cordero
8.7 y hubo granizo y fuego mezclados con s
8.8 tercera parte del mar se convirtió en s
11.6 sobre las aguas para convertirlas en s
12.11 vencido por medio de la s del Cordero
14.20 salió s hasta..frenos de los caballos
16.3 sobre el mar, y éste se convirtió en s
16.4 sobre los ríos..y se convirtieron en s
16.6 derramaron la s de los santos y de los
16.6 les has dado a beber s; pues lo merecen
17.6 ebria de la s..de la s de los mártires
18.24 en ella se halló la s de los profetas
19.2 y ha vengado la s de sus siervos de la
19.13 estaba vestido de una ropa teñida en s

SANGUIJUELA
Pr. 30.15 s tiene dos hijas que dicen: ¡Dame!

SANGUINARIO, RIA
2 S. 16.7 ¡fuera, fuera, hombre s y perverso!
16.8 aquí..en tu maldad, porque eres hombre s
Sal. 5.6 hombre s y engañador abominará Jehová
26.9 no arrebates..ni mi vida con hombres s
55.23 hombres s..no llegarán a la mitad de
59.2 líbrame de los..y sálvame de hombres s
139.19 Dios..apartaos, pues, de mí, hombres s
Pr. 29.10 los hombres s aborrecen al perfecto
Is. 33.15 sus oídos para no oir propuestas s
Nah. 3.1 ¡ay de ti, ciudad s..llena de mentira

SANIDAD
Is. 6.10 no..ni se convierta, y haya para él s
Jer. 30.17 haré venir s para ti, y sanaré tus
33.6 les traeré s y medicina; y los curaré
Ez. 47.8 y entradas en el mar, recibirán s las
47.9 aguas, y recibirán s; y vivirá todo lo
Hch. 3.16 él ha dado a éste esta completa s en
4.22 en quien se había hecho..milagro de s
4.30 extiendes tu mano para que se hagan s
1 Co. 12.9 y a otro, dones de s por el mismo
12.30 tienen todos dones de s? ¿hablan todos
Ap. 22.2 las hojas del árbol eran para la s de

SANO, NA *Véase también Sanar*
Gn. 33.18 Jacob llegó s y salvo a la ciudad de
Lv. 14.3 si ve que está s la plaga de la lepra
Jos. 10.21 el pueblo volvió s y salvo a Josué
1 S. 6.3 seréis s, y conoceréis por qué no se
24.19 a su enemigo, y lo dejará ir s y salvo?
2 R. 2.22 s las aguas hasta hoy, conforme a la
Sal. 38.3 nada hay s en mi carne, a causa de
38.7 lomos..ardor, y nada hay s en mi carne
Pr. 2.7 él provee de s sabiduría a los rectos
Is. 1.6 desde..no hay en él cosa s, sino herida
Jer. 17.14 sáname, oh Jehová, y seré s..salvo
Mt. 9.12 los s no tienen necesidad de médico
12.13 y la extendió; y le fue restaurada s
14.36 todos los que lo tocaron, quedaron s
17.18 muchacho..quedó s desde aquella hora
Mr. 2.17 los s no tienen necesidad de médico
3.5 extendió, y la mano le fue restaurada s
5.29 y sintió en el cuerpo que estaba s de
5.34 hija..vé en paz, y queda s de tu azote
6.56 y todos los que le tocaban quedaban s
Lc. 5.31 los que están s no tienen necesidad
7.7 pero dí la palabra, y mi siervo será s
7.10 hallaron s al siervo que había estado
15.27 gordo, por haberle recibido bueno y s
Jn. 5.4 quedaba s de cualquier enfermedad que
5.6 cuando Jesús lo vio..dijo: ¿Quieres ser s?
Hch. 4.10 por él este hombre está..presencia s
1 Ti. 1.10 cuanto se oponga a la s doctrina
6.3 otra..y no se conforma a las s palabras
2 Ti. 1.13 retén la forma de las s palabras que
4.3 cuando no sufrirán la s doctrina, sino
Tit. 1.9 que..pueda exhortar con s enseñanza
1.13 repréndelos..para que sean s en la fe
2.1 tú habla..de acuerdo con la s doctrina
2.2 s en la fe, en el amor, en la paciencia
2.8 palabra s e irreprochable, de modo que

SANSANA *Ciudad en Judá cerca de Siclag, Jos. 15.31*

SANSÓN *Juez de Israel*
Jue. 13.24 a luz un hijo, y le puso por nombre S
14.1 descendió S a Timnat, y vio..una mujer
14.3 S respondió a su padre: Tómame ésta por
14.5 S descendió con su padre y con su madre
14.6 Espíritu de Jehová vino sobre S, quien
14.7 y habló a la mujer; y ella agradó a S
14.10 S hizo allí banquete; porque así hacían
14.12 y S les dijo: Yo os propondré ahora un
14.15 al séptimo día dijeron a la mujer de S
14.16 lloró la mujer de S en presencia de él
14.20 la mujer de S fue dada a su compañero
15.1 S visitó a su mujer con un cabrito
15.3 entonces le dijo S: Sin culpa seré esta
15.4 y fue S y cazó 300 zorras, y tomó teas
15.6 contestaron: S, el yerno del timnateo
15.7 entonces S les dijo: Ya que así habéis
15.10 prender a S hemos subido, para hacerle
15.11 vinieron..y dijeron a S: ¿No sabes tú
15.12 S..respondió: Juradme..no me mataréis
15.16 S dijo: Con la quijada de un asno, un
16.1 S a Gaza, y vio allí a una mujer ramera
16.2 fue dicho a los de Gaza: S ha venido acá
16.3 mas S durmió hasta la medianoche; y a
16.6 dijo a S: Yo te ruego que me declares
16.7 le respondió S: Si me ataren con siete
16.9,12,14,20 ¡S, los filisteos contra ti!
16.10 dijo a S: He aquí tú me has engañado, y
16.13 Dalila dijo a S: Hasta ahora me engañas
16.23 entregó en nuestras manos a S nuestro
16.25 que..Llamad a S, para que nos divierta
16.25 llamaron a S de la cárcel, y sirvió de
16.26 S dijo al joven..le guiaba de la mano
16.27 que estaban mirando el escarnio de S
16.28 clamó S a Jehová, y dijo: Señor Jehová
16.29 asió..S las dos columnas de en medio
16.30 y dijo S: Muera yo con los filisteos
He. 11.32 el tiempo me faltaría contando de..S

SANTAMENTE
1 Ts. 2.10 sois testigos..de cuán s, justa e

SANTIAGO *=Jacobo No. 5, Stg. 1.1*

SANTIDAD
Éx. 15.11 como tú, magnífico en s, terrible en
28.36 y grabarás en ella como..S a Jehová
39.30 como grabadura de sello: S a Jehová
1 Cr. 16.29 postraos..en la hermosura de la s
Sal. 29.2 adorad a..en la hermosura de la s
30.4 cantad..y celebrad la memoria de su s
89.35 jurado por mi s, y no mentiré a David
93.5 la s conviene a tu casa, oh Jehová, por
96.9 adorad a Jehová en la hermosura de la s
97.12 alegraos..y alabad la memoria de su s
110.3 tu pueblo se..en la hermosura de la s
Is. 35.8 y camino, y será llamado Camino de S
57.15 yo habito en la altura y la s, y con el
Am. 4.2 Jehová..juró por su s: He aquí, vienen
Zac. 8.3 se llamará..el monte de..Monte de S
14.20 estará grabado sobre las..S a Jehová
Lc. 1.75 s..delante de él, todos nuestros días
Ro. 1.4 Hijo de Dios..según el Espíritu de s
2 Co. 7.1 perfeccionando la s en el temor de
Ef. 4.24 creado según Dios en..s de la verdad
1 Ts. 3.13 irreprensibles en s delante de Dios
4.4 sepa tener su propia esposa en s y honor
He. 12.10 éste..para que participemos de su s
12.14 seguid la paz con todos, y la s, sin

SANTIFICACIÓN
Ro. 6.19 así ahora para s presentad..miembros
6.22 tenéis por vuestro fruto la s, y como
1 Co. 1.30 cual nos ha sido hecho por Dios..s
1 Ts. 4.3 pues la voluntad de Dios es vuestra s
4.7 pues no nos ha llamado Dios a..sino a s
2 Ts. 2.13 mediante la s por el Espíritu y la
1 Ti. 2.15 si permaneciere en fe, amor y s, con
1 P. 1.2 elegidos según la..en s del Espíritu

SANTIFICAR
Gn. 2.3 bendijo..día séptimo, y lo *santificó*
Éx. 19.10 y *santifícalos* hoy y mañana; y laven
19.14 descendió Moisés..*santificó* al pueblo
19.22 se *santifiquen* los sacerdotes que se
19.23 señala límites al monte, y *santifícalo*
20.8 acuérdate del día de..para *santificarlo*
20.11 bendijo el día de reposo y lo *santificó*
28.41 los consagrarás y *santificarás*, para
29.21 él será *santificado*, y sus vestiduras
29.36 el altar..lo ungirás para *santificarlo*
29.37 que tocare el altar, será *santificada*
29.37 *santificarás*, y será un altar santísimo
29.43 lugar será *santificado* con mi gloria
29.44 *santificaré* el tabernáculo..s..a Aarón
30.29 que tocare en ellos, será *santificado*
31.13 sepáis..yo soy Jehová que os *santifico*
40.9 lo *santificarás* con todos sus utensilios
40.10 *santificarás* el altar, y será un altar
40.11 ungirás la fuente y..y la *santificarás*
Lv. 6.18 que tocare en ellas será *santificada*
6.27 lo que tocare su carne, será *santificado*
8.10 ungió el tabernáculo y..y las *santificó*
8.11 la fuente y su base, para *santificarlos*
8.12 del aceite..lo ungió para *santificarlo*
8.15 lo *santificó* para reconciliar sobre él
8.30 *santificó* a Aarón y sus vestiduras, y a
10.3 los que a mí se acercan me *santificaré*
11.44 *santificaréis*, y seréis santos, porque
16.19 lo *santificará* de las inmundicias de los
20.7 *santificaos*, pues, y sed santos, porque
20.8 guardad mis..Yo Jehová que os *santifico*
21.8 le *santificarás*, por tanto..santo será
21.8 santo soy yo Jehová que os *santifico*
21.15,23 yo Jehová soy el que los *santifico*
21.22 de las cosas *santificadas*, podrá comer
22.9,16 yo Jehová..que los *santifico*
22.32 sea *santificado* en medio de los hijos
22.32 no profanéis..Jehová que os *santifico*
25.10 y *santificaréis* el año cincuenta, y
Nm. 3.13 *santifiqué* para mí..los primogénitos
5.10 lo *santificado* de cualquiera será suyo
6.11 y *santificará* su cabeza en aquel día
7.1 y *santificado*, con todos sus utensilios
7.1 y asimismo ungido y *santificado* el altar
8.17 porque míos es..los *santifiqué* para mí
11.18 *santificaos* para mañana, y comeréis
16.37 los incensarios..porque son *santificados*
16.38 son *santificados*, y serán como señal a
18.17 primogénito de vaca..*santificados* son
20.12 no creísteis en mí, para *santificarme*
20.13 contendieron..él se *santificó* en ellos
27.14 no *santificándome* en las aguas a ojos
Dt. 5.12 guardarás el día de..para *santificarlo*
32.51 no me *santificasteis* en medio de los
Jos. 3.5 dijo al pueblo: *Santificaos*, porque
7.13 *santifica* al pueblo, y dí: *Santificaos*
1 S. 7.1 y *santificaron* a Eleazar su hijo para
16.5 sí..*santificaos*, y venid..al sacrificio
16.5 *santificando* él a Isaí y a sus hijos, los
1 R. 8.64 *santificó* el rey el medio del atrio
9.3 yo he *santificado* esta casa que tú has
9.7 casa que he *santificado*..yo la echaré de
2 R. 10.20 *santificad* un día solemne a Baal
1 Cr. 15.12 levitas, *santificaos*, vosotros y
15.14 los levitas se *santificaron* para traer
23.28 purificación de toda cosa *santificada*
26.20,26 tesoros de las cosas *santificadas*
28.12 tesorerías de las cosas *santificadas*
2 Cr. 5.11 todos los sacerdotes..*santificados*
7.16 he elegido y *santificado* esta casa, para
7.20 casa que he *santificado* a mi nombre, yo
29.5 *santificaos* ahora, y *santificad* la casa
29.15 se *santificaron*, y entraron, conforme
29.17 a *santificarse* el día primero del mes
29.17 *santificaron* la casa de Jehová en ocho
29.19 *santificado*..todos los utensilios que en su
29.34 hasta que los demás..se *santificaron*
29.34 fueron más rectos..para *santificarse*
30.3 cuanto no había..sacerdotes *santificados*
30.8 su santuario, el cual él ha *santificado*
30.15 los sacerdotes y los..se *santificaron*
30.17 muchos en..que no estaban *santificados*
30.17 la pascua..para *santificarlos* a Jehová

SANTIFICAR *(Continúa)*

2 Cr. 30.24 sacerdotes ya se habían *santificado*
31.6 trajeron los diezmos de lo *santificado*
35.6 y después de *santificaros*, preparad a
35.13 había sido *santificado* lo cocieron en
36.14 la casa..la cual él había *santificado*
Neh. 10.31 ese día ni en otro día *santificado*
10.33 y para las cosas *santificadas* y los
13.22 las puertas, para *santificar* el día del
Job 1.5 convite, Job enviaba y los *santificaba*
Is. 5.16 y el Dios Santo será *santificado* con
8.13 Jehová de los ejércitos, a él *santificad*
29.23 *santificarán* mi nombre; y *s* al Santo de
66.17 los que se *santifican*..en los huertos
Jer. 1.5 antes que naciese te *santifiqué*, te
11.15 las carnes *santificadas* de las víctimas
17.22 sino *santificad* el día de reposo, como
17.24 que *santificareis* el día de reposo, no
17.27 pero si no me oyereis para *santificar*
Ez. 20.12 que yo soy Jehová que los *santifico*
20.20 *santificad* mis días de reposo, y sean
20.41 *santificaré* en vosotros a los ojos de
28.22 ella juicios, y en ella me *santifique*
28.25 me *santificaré* en ellos ante los ojos
36.23 *santificaré* mi grande nombre, profanado
36.23 sea *santificado* en vosotros delante de
37.28 y sabrán..yo Jehová *santifico* a Israel
38.16 cuando sea *santificado* en ti, oh Gog
38.23 seré..*santificado*, y seré conocido ante
39.27 sea *santificado* en ellos ante los ojos
44.19 para no *santificar* al pueblo con sus
44.24 leyes..y *santificarán* mis días de reposo
45.1 será *santificado* en todo su territorio
46.20 al atrio..*santificando* así al pueblo
48.11 sacerdotes *santificados* de los hijos de
Jl. 2.16 *santificad* la reunión, juntad a los
2.12 tocare pan..comida, ¿será *santificada*?
Hag. 2.12 carne *santificada* en la falda de su
Mt. 6.9 así: Padre..*santificado* sea tu nombre
23.17 oro, o el templo que *santifica* al oro?
23.19 o el altar que *santifica* la ofrenda?
Lc. 11.2 Padre nuestro..cielo, *santificado* sea
Jn. 10.36 ¿al que el Padre *santificó* y envió al
17.17 *santifícalos* en tu verdad, tu palabra
17.19 me *santifico*..ellos sean *santificados*
Hch. 20.32 herencia con todos los *santificados*
26.18 la fe..herencia entre los *santificados*
Ro. 15.16 ofrenda..*santificada* por el Espíritu
1 Co. 1.2 a los *santificados* en Cristo Jesús
6.11 ya habéis sido *santificados*, ya habéis
7.14 el marido..es *santificado* en la mujer
Ef. 5.26 para *santificarla*..en el lavamiento del
1 Ts. 5.23 Dios de..os *santifique* por completo
1 Ti. 4.5 porque por la palabra..es *santificado*
2 Ti. 2.21 será..*santificado*, útil al Señor, y
He. 2.11 porque el que *santifica* y los que son
2.11 que son *santificados*, de uno son todos
9.13 si la sangre de los toros y..*santifican*
10.10 somos *santificados* mediante la ofrenda
10.14 hizo perfectos para..a los *santificados*
10.29 la sangre..en la cual fue *santificado*
13.12 para *santificar* al pueblo mediante su
1 P. 3.15 sino *santificad* a Dios el Señor en
Jud. 1 los llamados, *santificados* en Dios Padre
Ap. 22.11 el que es santo, *santifíquese* todavía

SANTISIMO, MA

Éx. 26.33 hará separación..lugar santo y el *s*
26.34 pondrás el propiciatorio..el lugar *s*
29.37 y lo santificarás, y será un altar *s*
30.29 así los consagrarás, y serán cosas *s*
30.36 donde yo me mostraré..Os será cosa *s*
40.10 y santificarás el altar, y será un..*s*
Lv. 2.3,10 es cosa *s* de las ofrendas que se
6.17 cosa *s*, como el sacrificio por el pecado
6.25 degollada la ofrenda por el..es cosa *s*
27.28 lo cansagrado será cosa *s* para Jehová
Nm. 4.4 el oficio de..en el lugar *s*, será este
4.19 que cuando se acerquen al lugar *s* vivan
1 R. 6.5 contra las paredes de..y del lugar *s*
6.16 al final..un aposento que es el lugar *s*
6.19 y adornó el lugar *s* por dentro en medio
6.20 el lugar *s* estaba en la parte de adentro
6.22 el altar que estaba frente al lugar *s*
6.23 también en el lugar *s* dos querubines de
6.27 estos querubines dentro..en el lugar *s*
7.49 cinco candeleros de..frente al lugar *s*
7.50 de oro los quiciales de las..del lugar *s*
8.6 metieron el arca..en el lugar *s*, debajo
8.8 el lugar..que está delante del lugar *s*
1 Cr. 6.49 ministraban en..la obra del lugar *s*
2 Cr. 3.8 el lugar *s*, cuya longitud era de 20
3.10 dentro del lugar *s* hizo dos querubines
4.20 que las encendiesen delante del lugar *s*
4.22 de oro también..puertas..para el lugar *s*
5.7 metieron el arca del pacto..en el lugar *s*
5.9 las barras del arca delante del lugar *s*
31.14 de la distribución de..de las cosas *s*
Pr. 9.10 conocimiento del *S* es la inteligencia
Ez. 41.4 midió..y me dijo: Este es el lugar *s*
43.12 el recinto entero..en derredor, será *s*
44.13 ni se acercarán a..a mis cosas *s*, sino
45.3 en lo cual estará el santuario y el..*s*
48.12 tendrán como parte *s* la porción de la
He. 9.3 estaba la parte..llamada el Lugar *S*
9.8 había manifestado el camino al Lugar *S*
9.12 entró una..para siempre en el Lugar *S*
9.25 como entra el..en el Lugar *S* cada año
10.19 libertad para entrar en el Lugar *S* por
Jud. 20 vosotros, edificándoos..vuestra *s* fe

SANTO, TA

Éx. 3.5 el lugar en que tú estás, tierra *s* es
12.16 el primer día habrá *s* convocación, y
12.16 séptimo día tendréis una *s* convocación
16.23 les dijo..Mañana es el *s* día de reposo
19.6 seréis un reino de sacerdotes, y gente *s*
22.31 me seréis varones *s*. No comeréis carne
26.33 os hará separación entre el lugar *s* y
28.38 faltas cometidas en todas las cosas *s*
28.38 consagrado en todas sus *s* ofrendas
29.6 y sobre la mitra pondrás la diadema *s*
29.29 y las vestiduras *s*, que son de Aarón
29.31 carnero..y cocerás su carne en lugar *s*
29.33 el extraño no las comerá, porque son *s*
29.34 sobrare..no se comerá, porque es cosa *s*
30.10 hará expiación..será muy *s* a Jehová
30.25 harás de ello el aceite de la *s* unción
30.25 del perfumador..aceite de la unción *s*
30.31 este será mi aceite de la *s* unción por
30.32 *s* es, y por *s* lo tendréis vosotros
30.35 el incienso, un perfume según..puro y *s*
31.10 vestiduras *s* para Aarón el sacerdote
31.14 guardaréis el día de..*s* es a vosotros
35.2 el día séptimo os será *s*, día de reposo
37.29 aceite *s* de la unción, y el incienso
39.30 la lámina de la diadema *s* de oro puro
40.9 lo santificarás con todos sus..y será *s*
Lv. 5.15 y pecare por yerro en las cosas *s* de
5.16 que hubiere defraudado de las cosas *s*
6.16 sin levadura se comerá en lugar *s*; en
6.26 en lugar *s* será comida, en el atrio del
6.27 salpicare..lavarás aquello..en lugar *s*
7.1 es la ley del sacrificio..es cosa muy *s*
7.6 será comida en lugar *s*; es cosa muy *s*
8.9 sobre la mitra..diadema *s*, como Jehová
10.10 para poder discernir entre lo *s* y lo
10.12 tomad la ofrenda..porque es cosa muy *s*
10.13 la comeréis, pues, en lugar *s*; porque
10.17 no comisteis la expiación en lugar *s*?
10.17 es muy *s*, y la dio él a vosotros para
10.18 debíais comer la ofrenda en el lugar *s*
11.44 soy Jehová..seréis *s*, porque yo soy *s*
11.45 Dios; seréis, pues, *s*, porque yo soy *s*
12.4 purificándose..ninguna cosa *s* tocará, ni
16.4 se vestirá la túnica *s* de lino, y sobre
16.4 son las *s* vestiduras; con ellas se ha de
16.33 y hará la expiación por el santuario *s*
19.2 *s* seréis..*s* soy yo Jehová vuestro Dios
19.8 por cuanto profanó lo *s* de Jehová; y la
20.3 contaminando..y profanando mi *s* nombre
20.7 santificaos, pues, y sed *s*, porque yo
20.26 serme *s*, porque yo Jehová soy *s*, y os
21.6 *s* serán a su Dios, y no profanarán el
21.6 las ofrendas..ofrecen; por tanto, serán *s*
21.7 ni..porque el sacerdote es *s* a su Dios
21.8 *s* será para ti, porque *s* soy yo Jehová
21.22 de lo muy *s* y de las cosas santificadas
22.2 que se abstengan de las cosas *s* que los
22.2 se abstengan..y no profanen mi *s* nombre
22.15 no profanarán, pues, las cosas *s* de los
22.16 pecado, comiendo las cosas *s* de ellos
22.32 no profanéis mi *s* nombre, para que yo
23.2 las..proclamaréis como *s* convocaciones
23.3 séptimo..será de reposo, *s* convocación
23.4 fiestas..convocaciones *s*, a las cuales
23.7 el primer día tendréis *s* convocación
23.8 séptimo día será *s* convocación; ningún
23.21 convocaréis en este..día *s* convocación
23.24 en el mes séptimo..una *s* convocación
23.27 tendréis *s* convocación, y afligiréis
23.35 primer día habrá *s* convocación; ningún
23.36 el octavo día tendréis *s* convocación
23.37 a las que convocaréis *s* reuniones, para
24.9 comerán en lugar *s*..es cosa muy *s* para
25.12 porque es jubileo; *s* será a vosotros
27.9 todo lo que..se diere a Jehová será *s*
27.21 jubileo, la tierra será *s* para Jehová
Nm. 4.15 no tocarán cosa *s*, no sea que mueran
4.20 ver cuando cubran las cosas *s*, porque
5.9 toda ofrenda de todas las cosas *s* que los
5.17 tomará..del agua *s* en un vaso de barro
6.5,8 todo el tiempo..de su nazareato..será *s*
6.20 cosa *s* del sacerdote, además del pecho
15.40 os acordéis..y seáis *s* a vuestro Dios
16.3 son *s*, y en medio de ellos está Jehová
16.5 mostrará Jehová quién es..y quién es *s*
16.7 quien Jehová escogiere, aquel será el *s*
18.3 no se acercarán a los utensilios *s* ni al
18.9 será tuyo de la ofrenda de las cosas *s*
18.9 todo presente..será cosa muy *s* para ti
18.10 en el santuario la..cosa *s* será para ti
18.19 las ofrendas elevadas de las cosas *s*
18.32 y no contaminaréis las cosas *s* de los
28.18 primer día será *s* convocación; ninguna
28.25 el séptimo día tendréis *s* convocación
28.26 el día de las..tendréis *s* convocación
29.1 primero del mes, tendréis *s* convocación
29.7 este mes séptimo tendréis *s* convocación
29.12 a los quince..tendréis *s* convocación
35.25 el cual fue ungido con el aceite *s*
Dt. 7.6; 14.2,21 eres pueblo *s* para Jehová tu
23.14 por tanto, tu campamento ha de ser *s*
26.15 mira desde tu morada *s*, desde el cielo
26.19 que seas un pueblo *s* a Jehová tu Dios
28.9 te confirmará Jehová por pueblo *s* suyo
33.2 y vino de entre diez millares de *s*, con
Jos. 5.15 quita el calzado..donde estás es *s*
24.19 él es Dios *s*, y Dios celoso; no sufrirá
1 S. 2.2 no hay *s* como Jehová; porque no hay
2.9 guarda los pies de sus *s*, mas los impíos
6.20 podrá estar delante de Jehová el Dios *s*?
21.5 los vasos de los jóvenes eran *s*, aunque
21.5 ¿cuánto más no serán *s* hoy sus vasos?
1 R. 8.8 se dejaban ver desde el lugar *s*, que
2 R. 4.9 que siempre pasa..es varón *s* de Dios
10.25 fueron hasta el lugar *s*..templo de Baal
19.22 has vituperado y..Contra el *S* de Israel
1 Cr. 16.10 gloriaos en su *s* nombre; alégrese
16.35 para que confesemos tu *s* nombre, y nos
23.13 para ser dedicado a las cosas más *s*, él
29.16 para edificar casa a tu *s* nombre, de tu
2 Cr. 6.41 y tus *s* se regocijan en tu bondad
31.18 fidelidad se consagraban a las cosas *s*
35.3 poned el arca *s* en la casa que edificó
Esd. 2.63 no comiesen de las cosas más *s*, hasta
8.28 son *s* los utensilios, y la plata y el oro
9.2 linaje *s* ha sido mezclado con los pueblos
Neh. 7.65 no comiesen de las cosas más *s*, hasta
8.9 el pueblo: Día *s* es a Jehová nuestro Dios
8.10 porque día *s* es a nuestro Señor; no os
8.11 diciendo: Callad, porque es día *s*, y no
9.14 les ordenaste el día de reposo *s* para
11.1 para que morase en Jerusalén, ciudad *s*
11.18 los levitas en la *s* ciudad eran 284
Job 5.1 voces..¿Y a cuál de los *s* te volverás?
6.10 yo no he escondido las palabras del *S*
15.15 he aquí, en sus *s* no confía, y ni aun
Sal. 2.6 puesto mi rey sobre Sion, mi *s* monte
3.4 clamé..él me respondió desde su monte *s*
5.7 adoraré hacia tu *s* templo en tu temor
11.4 Jehová está en su *s* templo..en el cielo
15.1 ¿quién habitará..morará en tu monte *s*?
16.3 para los *s* que están en la tierra, y para
16.10 ni permitirás que tu *s* vea corrupción
20.6 oirá desde sus *s* cielos con la potencia
22.3 pero tú eres *s*, tú que habitas entre las
24.3 subirá al..y quién estará en su lugar *s*?
28.2 cuando alzo mis manos hacia tu *s* templo
30.4 cantad a Jehová..sus *s*, y celebrad la
31.23 amad a Jehová, todos vosotros sus *s*
32.6 orará a ti todo *s* en el tiempo en que
33.21 porque en su *s* nombre hemos confiado
34.9 temed a Jehová, vosotros sus *s*, pues
37.28 Jehová ama la..y no desampara a sus *s*
43.3 me conducirán a tu *s* monte, y..moradas
47.8 reinó..se sentó Dios sobre su *s* trono
48.1 digno de ser..alabado en..en su monte *s*
50.5 mis *s*, los que hicieron conmigo pacto
51.11 no me..y no quites de mí tu *s* Espíritu
52.9 en tu..porque es bueno, delante de tus *s*
65.4 del bien de tu casa, de tu *s* templo
68.5 y defensor de..es Dios en su *s* morada
71.22 tu verdad cantaré a ti..oh *S* de Israel
77.13 oh Dios, *s* es tu camino; ¿qué dios es
78.41 tentaban a..y provocaban al *S* de Israel
78.54 los trajo después a las..de su tierra *s*
79.1 las naciones..han profanado tu *s* templo
79.2 la carne de tus *s* a las bestias de la
85.8 hablará paz a su pueblo y a sus *s*, para
87.1 su cimiento está en el monte *s*
89.5 tu verdad..en la congregación de los *s*
89.7 Dios temible en..congregación de los *s*
89.18 escudo, y nuestro rey es el *S* de Israel
89.19 hablaste en visión a tu *s*, y dijiste
89.20 hallé a David..lo ungí con mi *s* unción
97.10 él guarda las almas de sus *s*; de mano
98.1 su diestra lo ha salvado, y su *s* brazo
99.3 alaben tu nombre grande y temible..es *s*
99.5 postraos ante el..de sus pies; él es *s*
99.9 postraos ante su *s* monte, porque Jehová
99.9 postraos ante..Jehová nuestro Dios es *s*
103.1 alma..y bendiga todo mi ser su *s* nombre
105.3 gloriaos en su *s* nombre; alégrese el
105.42 porque se acordó de su *s* palabra dada
106.16 tuvieron envidia..contra Aarón, el *s*
106.47 para que alabemos tu *s* nombre, para
111.9 para siempre..*s* y temible es su nombre
116.15 los ojos de Jehová la muerte de sus *s*
132.9 se vistan de justicia..regocijen tus *s*
132.16 sus sacerdotes..*s* darán voces de júbilo
138.2 postraré hacia tu *s* templo, y alabaré
145.10 te alaben..obras, y tus *s* te bendigan
145.21 bendigan su *s* nombre eternamente y para
148.14 alábenle todos sus *s*..hijos de Israel
149.1 alabanza..en la congregación de los *s*
149.5 regocíjense..*s* por su gloria, y canten
149.9 gloria será..para todos sus *s*. Aleluya
Pr. 2.8 es el que..preserva el camino de sus *s*
30.3 ni aprendí..ni conozco la ciencia del *S*
Ec. 8.10 los que frecuentaban el lugar *s* fueron
Is. 1.4 dejaron..provocaron a ira al *S* de Israel

SANTO, TA ***(Continúa)***

Is. 4.3 y el que fuere dejado en. . será llamado *s*
5.16 el Dios *S* será santificado con justicia
5.19 venga el consejo del *S* de Israel, para
5.24 y abominaron la palabra del *S* de Israel
6.3 voces, diciendo: *S, s, s*, Jehová de los
6.13 tronco, así será el tronco, la simiente *s*
10.17 su *S* por llama, que abrase y consuma en
10.20 se apoyarán con verdad en Jehová, el *S*
11.9 ni dañarán en todo mi *s* monte; porque la
12.6 grande es en medio de ti el *S* de Israel
17.7 y sus ojos contemplarán al *S* de Israel
27.13 y adorarán a Jehová en el monte *s*, en
29.19 los hombres se gozarán en el *S* de Israel
29.23 santificarán al *S* de Jacob, y temerán
30.11 y quitad de nuestra presencia al *S* de
30.12 tanto, el *S* de Israel dice así: Porque
30.15 dijo Jehová el Señor, el *S* de Israel
31.1 y no miran al *S* de Israel, ni buscan a
37.23 ¿contra quién. . Contra el *S* de Israel
40.25 ¿a qué, pues. . compararéis? dice el *S*
41.14 yo soy. . y el *S* de Israel es tu Redentor
41.16 pero tú te gloriarás en el *S* de Israel
41.20 la mano de Jehová. . *S* de Israel lo creó
43.3 Jehová. . el *S* de Israel, soy tu Salvador
43.14 dice Jehová, Redentor vuestro, el *S* de
43.15 yo Jehová, *S* vuestro, Creador de Israel
45.11 Jehová, el *S* de Israel, y su Formador
47.4 Jehová de. . es su nombre, el *S* de Israel
48.2 porque de la *s* ciudad se nombran, y en
48.17 dicho. . el *S* de Israel: Yo soy Jehová
49.7 ha dicho. . el *S* suyo, al menospreciado
49.7 fiel. . el *S* de Israel, el cual te escogió
52.1 vístete de poder. . Jerusalén, ciudad *s*
52.10 su *s* brazo ante los ojos de todas las
54.5 tu Hacedor. . tu Redentor, el *S* de Israel
55.5 Dios, y del *S* de Israel que te ha honrado
56.7 llevaré a mi *s* monte, y los recrearé en
57.13 tendrá la tierra. . y poseerá mi *s* monte
57.15 así dijo el Alto. . cuyo nombre es el *S*
58.13 de hacer tu voluntad en mi día *s*, y lo
58.13 y lo llamares delicia, *s*, glorioso de
60.9 al nombre de Jehová tu Dios, y al *S* de
60.14 llamarán Ciudad. . Sion del *S* de Israel
62.12 y les llamarán Pueblo *S*, Redimidos de
63.10 mas ellos. . hicieron enojar su *s* espíritu
63.11 que puso en medio de ellos su *s* espíritu
63.15 contempla desde tu *s* y gloriosa morada
63.18 por poco tiempo lo poseyó tu *s* pueblo
64.10 tus *s* ciudades están desiertas, Sion es
65.5 no te acerques a mí. . soy más *s* que tú
65.11 que dejáis a. . que olvidáis mi *s* monte
65.25 ni harán mal en todo mi *s* monte, dijo
66.20 traerán. . en camellos, a mi *s* monte de
Jer. 2.3 *s* era Israel a Jehová, primicias de sus
23.9 delante de Jehová, y. . de sus *s* palabras
25.30 Jehová. . desde su morada *s* dará su voz
31.23 te bendiga, oh morada de. . oh monte *s*
31.40 hasta la esquina de la. . será *s* a Jehová
50.29 se ensoberbeció, contra el *S* de Israel
51.5 fue llena de pecado contra el *S* de Israel
Ez. 20.39 pero no profanéis más mi *s* nombre con
20.40 en mi *s* monte. . servirá toda la casa de
22.26 *s* y lo profano no hicieron diferencia
28.14 yo te puse en el *s* monte de Dios, allí
36.20 profanaron mi *s* nombre, diciéndose de
36.21 dolor al ver mi *s* nombre profanado por
36.22 sino por causa de mi *s* nombre, el cual
39.7 y haré notorio mi *s* nombre en medio de
39.7 y nunca más dejaré profanar mi *s* nombre
39.7 sabrán las. . yo soy Jehová, el *S* en Israel
39.25 y me mostraré celoso por mi *s* nombre
42.13 cámaras *s* en las. . comerán las *s* ofrendas
42.13 pondrán las ofrendas *s*. . el lugar es *s*
42.14 entren, no saldrán del lugar *s* al atrio
42.14 que allí dejarán sus vestiduras. . son *s*
43.7 nunca más profanará la casa. . mi *s* nombre
43.8 y ellos, han contaminado mi *s* nombre con
44.8 establecido acerca de mis cosas *s*, sino
44.13 ni se acercarán a. . mis cosas *s*, a mis
44.23 diferencia entre lo *s* y lo profano, y
46.19 a las cámaras *s* de los sacerdotes, las
48.18 lo que quedare. . delante de la porción *s*
48.18 que será lo que quedará de la porción *s*
48.21 a uno y otro lado de la porción *s* y de
48.21 *s* será, y el santuario de la casa estará
Dn. 4.8 quien mora el espíritu de los dioses *s*
4.9 que hay en ti espíritu de los dioses *s*
4.13 aquí un vigilante y *s* descendía del cielo
4.17 por dicho de los *s* la resolución, para
4.18 mora en ti el espíritu de los dioses *s*
4.23 un vigilante y *s* que descendía del cielo
5.11 el cual mora el espíritu de los dioses *s*
5.14 el espíritu de los dioses *s* está en ti
7.18 recibirán el reino los *s* del Altísimo
7.21 hacía guerra contra los *s*, y los vencía
7.22 y se dio el juicio a los *s* del Altísimo
7.22 el tiempo, y los *s* recibieron el reino
7.25 *s* del Altísimo quebrantará, y pensará en
7.27 sea dado al pueblo de los *s* del Altísimo
8.13 *s* que hablaba, y otro de los *s* preguntó
8.24 destruirá. . fuertes y al pueblo de los *s*
9.16 apártese. . tu furor de sobre. . tu *s* monte
9.20 derramaba mi ruego. . por el monte *s* de mi
9.24 están determinadas. . y sobre tu *s* ciudad
9.24 sellar la visión. . y ungir al *S* de los *s*
11.28 su corazón será contra el pacto *s*; hará
11.30 y se enojará contra el pacto *s*, y hará
11.30 y se. . con los que abandonen el *s* pacto
11.45 entre los mares y el monte glorioso y *s*
12.7 la dispersión del poder del pueblo *s*
Os. 11.9 el *S* en medio de ti; y no entraré en
11.12 Judá aún gobierna. . y es fiel con los *s*
Jl. 2.1 y dad alarma en mi *s* monte; tiemblen
3.17 en Sion, mi *s* monte; y Jerusalén será *s*
Am. 2.7 pisotean en el. . profanando mi *s* nombre
Abd. 16 de la manera. . bebisteis en mi *s* monte
17 será *s*, y la casa de Jacob recuperará sus
Jon. 2.4 desechado soy de. . aún veré tu *s* templo
2.7 mi oración llegó hasta ti en tu *s* templo
Mi. 1.2 el Señor desde su *s* templo, sea testigo
Hab. 1.12 ¿no eres tú desde el principio. . *S* mío?
2.20 mas Jehová está en su *s* templo; calle
3.3 Dios vendrá. . el *S* desde el monte de Parán
Sof. 3.11 nunca. . ensoberbecerás en mi *s* monte
Zac. 2.12 Jehová poseerá a Judá. . en la tierra *s*
2.13 porque él se ha levantado de su *s* morada
14.5 vendrá. . mi Dios, y con él todos los *s*
Mt. 1.18 María. . había concebido del Espíritu *S*
3.11 él os bautizará en Espíritu *S* y fuego
4.5 diablo le llevó a la *s* ciudad, y le puso
7.6 no deis lo *s* a los perros, ni. . los cerdos
12.32 al que hable contra el Espíritu *S*, no
24.15 veáis en el lugar *s* la abominación
25.31 todos los *s* ángeles con él, entonces se
27.52 de *s* que habían dormido, se levantaron
27.53 vinieron a la *s* ciudad, y aparecieron
28.19 del Padre, y del Hijo, y del Espíritu *S*
Mr. 1.8 pero él os bautizará con Espíritu *S*
1.24 para destruirnos? Sé quien eres, el *S* de
3.29 blasfeme contra el Espíritu *S*, no tiene
6.20 Juan, sabiendo que era varón justo y *s*
8.38 venga en la gloria. . con los *s* ángeles
12.36 el mismo David dijo por el Espíritu *S*
13.11 no sois vosotros. . sino el Espíritu *S*
Lc. 1.15 será lleno del Espíritu *S*, aun desde
1.35 dijo: El Espíritu *S* vendrá sobre ti, y
1.35 el *S* Ser que nacerá, será llamado Hijo
1.41 y Elisabet fue llena del Espíritu *S*
1.49 ha hecho grandes cosas. . *s* es su nombre
1.67 Zacarías su padre. . lleno del Espíritu *S*
1.70 como habló por boca de sus *s* profetas
1.72 misericordia. . y acordarse de su *s* pacto
2.23 que abriere la matriz será llamado *s* a!
2.25 Simeón. . y el Espíritu *S* estaba sobre él
2.26 había sido revelado por el Espíritu *S*
3.16 él os bautizará en Espíritu *S* y fuego
3.22 y descendió el Espíritu *S* sobre él en
4.1 Jesús, lleno del Espíritu *S*, volvió del
4.34 yo te conozco quién eres, el *S* de Dios
9.26 y en la del Padre, y de los *s* ángeles
11.13 ¿cuánto más. . dará el Espíritu *S* a los
12.10 blasfemare contra el Espíritu *S*, no le
12.12 porque el Espíritu *S* os enseñará en la
Jn. 1.33 es el que bautiza con el Espíritu *S*
7.39 pues aún no había venido el Espíritu *S*
11.48 y destruirán nuestro lugar *s* y nuestra
14.26 el Espíritu *S*, a quien el Padre enviará
17.11 Padre *s*. . que me has dado, guárdalos en
20.22 sopló, y les dijo: Recibid el Espíritu *S*
Hch. 1.2 dado mandamiento por el Espíritu *S* a
1.5 bautizados con el Espíritu *S* dentro de no
1.8 haya venido sobre vosotros el Espíritu *S*
1.16 que el Espíritu *S* habló antes por boca
2.4 y fueron todos llenos del Espíritu *S*, y
2.27 ni permitirás que tu *S* vea corrupción
2.33 recibido. . la promesa del Espíritu *S*, ha
2.38 dijo. . recibiréis el don del Espíritu *S*
3.14 mas vosotros negasteis al *S* y al Justo
3.21 que habló Dios por boca de sus *s* profetas
4.8 entonces Pedro, lleno del Espíritu *S*, les
4.27 se unieron en. . contra tu *s* Hijo Jesús
4.30 mediante el nombre de tu *s* Hijo Jesús
4.31 fueron llenos del Espíritu *S*, y hablaban
5.3 mintieses al Espíritu *S*, y sustrajeses del
5.32 también el Espíritu *S*, el cual ha dado
6.3 a siete varones de. . llenos del Espíritu *S*
6.5 a Esteban, varón lleno. . del Espíritu *S*
6.13 de hablar. . contra este lugar *s* y contra
7.33 porque el lugar en que estás es tierra *s*
7.51 vosotros resistís siempre al Espíritu *S*
7.55 Esteban, lleno del Espíritu *S*, puestos
8.15 oraron. . para que recibiesen el Espíritu *S*
8.17 les imponían. . y recibían el Espíritu *S*
8.18 daba el Espíritu *S*, les ofreció dinero
8.19 impusiere las manos reciba el Espíritu *S*
9.13 males ha hecho a tus *s* en Jerusalén
9.17 la vista y seas lleno del Espíritu *S*
9.31 iglesias. . fortalecidas por el Espíritu *S*
9.32 también a los *s* que habitaban en Lida
9.41 él, llamando a los *s*. . la presentó viva
10.22 ha recibido instrucciones de un *s* ángel
10.38 cómo Dios ungió con el Espíritu *S* y con
10.44 el Espíritu *S* cayó sobre todos los que
10.45 los gentiles se derramase el. . Espíritu *S*
10.47 han recibido el Espíritu *S* también como
11.15 cayó el Espíritu *S* sobre ellos también
11.16 seréis bautizados con el Espíritu *S*
11.24 era varón bueno, y lleno del Espíritu *S*
13.2 el Espíritu *S*: Apartadme a Bernabé y a
13.4 enviados por el Espíritu *S*, descendieron
13.9 Pablo, lleno del Espíritu *S*, fijando en
13.35 no permitirás que tu *S* vea corrupción
13.52 estaban llenos de gozo y del Espíritu *S*
15.8 dándoles el Espíritu *S* lo mismo que a
15.28 porque ha parecido bien al Espíritu *S*
16.6 fue prohibido por el Espíritu *S* hablar la
19.2 dijo: ¿Recibisteis el Espíritu *S* cuando
19.2 ni siquiera hemos oído si hay Espíritu *S*
19.6 sobre ellos el Espíritu *S*; y hablaban en
20.23 salvo que el Espíritu *S*. . da testimonio
20.28 el rebaño en que el Espíritu *S* os ha
21.11 esto dice el Espíritu *S*: Así atarán los
21.28 a griegos. . y ha profanado este *s* lugar
26.10 encerré en cárceles a muchos de los *s*
28.25 bien habló el Espíritu *S* por medio del
Ro. 1.2 él había prometido. . en las *s* Escrituras
1.7 los que estáis en Roma. . llamados a ser *s*
5.5 ha sido derramado en. . por el Espíritu *S*
7.12 la ley. . es *s*, y el mandamiento *s*, justo
8.27 la voluntad de Dios intercede por los *s*
9.1 digo. . me da testimonio en el Espíritu *S*
11.16 si las primicias son *s*. . si la raíz es *s*
12.1 en sacrificio vivo, *s*, agradable a Dios
12.13 compartiendo. . las necesidades de los *s*
14.17 justicia, paz y gozo en el Espíritu *S*
15.13 llene de. . por el poder del Espíritu *S*
15.16 ofrenda. . santificada por el Espíritu *S*
15.25 voy a Jerusalén para ministrar a los *s*
15.26 para los pobres que hay entre los *s* que
15.31 y que la ofrenda. . a los *s* en Jerusalén
16.2 la recibáis en. . como es digno de los *s*
16.15 saludad. . a Olimpas y a todos los *s* que
16.16 saludaos los unos a los. . con ósculo *s*
1 Co. 1.2 llamados a ser *s* con todos los que
3.17 el templo. . el cual sois vosotros, *s* es
6.1 de los injustos, y no delante de los *s*?
6.2 ¿o no sabéis que los *s* han de juzgar al
6.19 vuestro cuerpo es templo del Espíritu *S*
7.14 hijos serían inmundos. . que ahora son *s*
7.34 ser *s* así en cuerpo como en espíritu
12.3 a Jesús Señor, sino por el Espíritu *S*
14.33 como en todas las iglesias de los *s*
16.1 cuanto a la ofrenda para los *s*, haced
16.15 se han dedicado al servicio de los *s*
16.20 saludaos los unos a los. . con ósculo *s*
2 Co. 1.1 todos los *s* que están en toda Acaya
6.6 longanimidad, en bondad, en el Espíritu *S*
8.4 participar en este servicio para los *s*
9.1 cuanto a la ministración para los *s*, es
9.12 no solamente suple lo que a los *s* falta
13.12 saludaos unos a otros con ósculo *s*
13.13 todos los *s* os saludan
13.14 y la comunión del Espíritu *S* sean con
Ef. 1.1 *s* y fieles en Cristo Jesús que están en
1.4 que fuésemos *s* y sin mancha delante de él
1.13 fuisteis sellados con el Espíritu *S* de
1.15 y de vuestro amor para con todos los *s*
1.18 las riquezas de. . de su herencia en los *s*
2.19 conciudadanos de los *s*, y miembros de la
2.21 va creciendo para ser un templo *s* en el
3.5 como ahora es revelado a sus *s* apóstoles
3.8 menos que el más pequeño de todos los *s*
3.18 capaces de comprender con todos los *s*
4.12 a fin de perfeccionar a los *s* para la
4.30 y no contristéis al Espíritu *S* de Dios
5.3 ni aun se nombre entre. . como conviene a *s*
5.27 una iglesia. . que fuese *s* y sin mancha
6.18 con toda perseverancia. . por todos los *s*
Fil. 1.1 Pablo. . a todos los *s* en Cristo Jesús
4.21 saludad a todos los *s* en Cristo Jesús
4.22 todos los *s* os saludan, y especialmente
Col. 1.2 los *s* y fieles hermanos en Cristo que
1.4 oído. . del amor que tenéis a todos los *s*
1.12 para participar de la herencia de los *s*
1.22 para presentaros *s* y. . e irreprensibles
1.26 que ahora ha sido manifestado a sus *s*
3.12 como escogidos de Dios, *s* y amados, de
1 Ts. 1.5 en poder, en el Espíritu *S* y en plena
1.6 gran tribulación, con gozo del Espíritu *S*
2.10 vosotros sois testigos. . cuan *s*, justa
3.13 la venida de. . Jesucristo con todos sus *s*
4.8 Dios, que también nos dio su Espíritu *S*
5.26 saludad a todos los hermanos. . ósculo *s*
5.27 esta carta se lea a todos los *s* hermanos
2 Ts. 1.10 para ser glorificado en sus *s* y ser
1 Ti. 2.8 en todo lugar, levantando manos *s*
5.10 si ha lavado los pies de los *s*; si ha
2 Ti. 1.9 nos salvó y llamó con llamamiento *s*
1.14 guarda el. . depósito por el Espíritu *S*
Tit. 1.8 sobrio, justo, *s*, dueño de sí mismo
3.5 y por la renovación en el Espíritu *S*
Flm. 5 oigo del amor y. . para con todos los *s*
7 han sido confortados los corazones de los *s*
He. 2.4 y repartimientos del Espíritu *S* según
3.1 por tanto, hermanos *s*, participantes del
3.7 como dice el Espíritu *S*: Si oyereis hoy
6.4 fueron hechos partícipes del Espíritu *S*
6.10 habiendo servido a los *s* y sirviéndoles
7.26 *s*, inocente, sin mancha, apartado de los
9.2 en la primera parte, llamada el Lugar *S*
9.8 dando el Espíritu *S* a entender con esto

SANTO, TA *(Continúa)*
He. 10.15 y nos atestigua lo mismo el Espíritu *S*
13.24 saludad a vuestros pastores, y a. .los *s*
1 P. 1.12 os han predicado. .por el Espíritu *S*
1.15 aquel que os llamó es *s*, sed también. .*s*
1.16 escrito está: Sed *s*, porque yo soy *s*
2.5 sed edificados como casa. .y sacerdocio *s*
2.9 sois. .nación *s*, pueblo adquirido por Dios
3.5 se ataviaban en otro tiempo. .*s* mujeres
2 P. 1.18 oímos esta voz. .con él en el monte *s*
1.21 los *s* hombres de Dios hablaron siendo
1.21 hablaron. .inspirados por el Espíritu *S*
2.21 volverse atrás del *s* mandamiento que les
3.2 las palabras. .dichas por los *s* profetas
3.11 no. .andar en *s* y piadosa manera de vivir
1 Jn. 2.20 tenéis la unción del *S*, y conocéis
5.7 tres. .el Padre, el Verbo y el Espíritu *S*
Jud. 3 la fe que ha sido una vez dada a los *s*
14 vino el Señor con. .*s* decenas de millares
20 santísima fe, orando en el Espíritu *S*
Ap. 3.7 esto dice el *S*, el Verdadero, el que
4.8 noche de decir: *S*, *s*, *s* es el Señor Dios
5.8 incienso, que son las oraciones de los *s*
6.10 ¿hasta cuándo, Señor, *s* y verdadero, no
8.3 para añadirlo a las oraciones de. .los *s*
8.4 el humo del. .con las oraciones de los *s*
11.2 y ellos hollarán la ciudad *s* 42 meses
11.18 de dar el galardón a. .los *s*, y a los
13.7 le permitió hacer guerra contra los *s*
13.10 aquí está la paciencia y la fe de los *s*
14.10 atormentado. .delante de los *s* ángeles
14.12 aquí está la paciencia de los *s*, los
15.3 verdaderos. .tus caminos, Rey de los *s*
15.4 sólo tú eres *s*; por lo cual todas las
16.5 el *S*, porque has juzgado estas cosas
16.6 derramaron la sangre de los *s* y de los
17.6 a la mujer ebria de la sangre de los *s*
18.20 alégrate sobre. .cielo, y vosotros, *s*
18.24 en ella se halló la sangre. .de los *s*
19.8 el lino fino es las acciones. .de los *s*
20.6 bienaventurado y *s* el que tiene parte
21.2 y yo Juan vi la *s* ciudad, la. .Jerusalén
21.10 mostró la gran ciudad *s* de Jerusalén
22.11 y el que es *s*, santifíquese todavía
22.19 de la *s* ciudad y de las cosas que están

SANTUARIO
Éx. 15.17 en el *s* que tus manos. .han afirmado
25.8 harán un *s* para mí, y habitaré en medio
28.29 llevará Aarón los. .cuando entre en el *s*
28.35 y se oirá su. .cuando él entre en el *s*
28.43 acerquen al altar para servir en el *s*
29.30 cuando venga al. .para servir en el *s*
30.13 medio siclo, conforme al siclo del *s*
30.24 casia quinientos, según el siclo del *s*
31.11 aceite. .el incienso aromático para el *s*
35.19 las vestiduras. .para ministrar en el *s*
36.1 hacer toda la obra del servicio del *s*
36.3 para la obra del servicio del *s*, a fin
36.4 maestros que hacían toda la obra del *s*
36.6 ni mujer haga más para la ofrenda del *s*
38.24 el oro empleado en. .toda la obra del *s*
38.24 oro. .730 siclos, según el siclo del *s*
38.25 la plata. .1.775 siclos. .el siclo del *s*
38.26 medio siclo por. .según el siclo del *s*
38.27 fundir las basas del *s* y las basas del
39.1,41 vestiduras. .para ministrar en el *s*
Lv. 4.6 rociará de. .sangre. .hacia el velo del *s*
5.15 en siclos de plata del siclo del *s*, en
6.30 metiere. .para hacer expiación en el *s*
10.4 sacad a vuestros hermanos de delante. .*s*
10.18 la sangre no fue llevada dentro del *s*
12.4 ni vendrá al *s*, hasta. .cumplidos los días
14.13 donde se degüella el. .en el lugar del *s*
16.2 no en todo tiempo entre en el *s* detrás
16.3 con esto entrará Aarón en el *s*: con un
16.16 así purificará el *s*, a causa de las
16.17 él entre a hacer la expiación en el *s*
16.20 cuando hubiere acabado de expiar el *s*
16.23 que había vestido para entrar en el *s*
16.24 lavará luego su cuerpo. .el lugar del *s*
16.27 sangre fue llevada al *s* para hacer la
16.33 hará la expiación por el *s* santo, y el
19.30 mi *s* tendréis en reverencia. Yo Jehová
20.3 contaminando mi *s* y profanando mi santo
21.12 ni saldrá del *s*, ni profanará el *s* de
21.23 no profane mi *s*, porque yo Jehová soy
26.2 y tened en reverencia mi *s*. Yo Jehová
26.31 asolaré vuestros *s*, y no oleré. .perfume
27.3 lo estimarás en. .según el siclo del *s*
27.25 y todo. .será conforme al siclo del *s*
Nm. 3.28 varones. .que tenían la guarda del *s*
3.31 los utensilios del *s* con que ministran
3.32 jefe de los que tienen la guarda del *s*
3.38 teniendo la guarda del *s* en lugar de los
3.47 conforme al siclo del *s* los tomarás
3.50 recibió de los. .conforme al siclo del *s*
4.12 los utensilios. .de que hacen uso en el *s*
4.15 de cubrir el *s* y. .los utensilios del *s*
4.16 el cargo de. .del *s* y de sus utensilios
7.9 llevaban sobre sí en. .el servicio del *s*
7.13,19,25,31,37,43,49,55,61,67,73,79
jarro. .de 70 siclos, al siclo del *s*
7.85 la plata. .2.400 siclos, al siclo del *s*
7.86 las doce cucharas de oro. .al siclo del *s*
8.19 al acercarse los hijos de Israel al *s*
10.21 a marchar los coatitas llevando el *s*
18.1 tú y tus hijos. .llevaréis el pecado del *s*
18.5 tendréis el cuidado del *s*, y el cuidado
18.10 en el *s* la comerás; todo varón comerá
18.16 conforme al siclo del *s*, que es de 20
28.7 libación de vino superior ante. .en el *s*
31.6 fue a la guerra con los vasos del *s*, y
Jos. 24.26 debajo de la encina. .junto al *s* de
1 R. 6.21 y cerró la entrada del *s* con cadenas
6.31 entrada del *s* hizo puertas de madera de
8.6 metieron el arca. .en el *s* de la casa, en
8.10 cuando los sacerdotes salieron del *s*, la
1 Cr. 9.29 tenían el cargo de. .utensilios del *s*
22.19 y levantaos, y edificad el *s* de Jehová
23.32 para que tuviesen. .y la guarda del *s*
24.5 príncipes del *s*, y. .de la casa de Dios
28.10 edifiques casa para el *s*; esfuérzate
29.3 cosas. .he preparado para la casa del *s*
2 Cr. 3.16 hizo. .cadenas en el *s*, y las puso
5.5 llevaron. .y todos los utensilio del *s*
5.7 metieron el arca. .en el *s* de la casa, en
5.11 y cuando los sacerdotes salieron del *s*
20.8 y te han edificado en ella *s* a tu nombre
26.18 sal del *s*, porque has prevaricado, y no
27.2 salvo que no entró en el *s* de Jehová
29.5 santificad. .y sacad del *s* la inmundicia
29.7 ni sacrificaron holocausto en el *s* al
29.21 expiación por el. .por el *s* y por Judá
30.8 someteos a Jehová, y venid a su *s*, el
30.19 según los ritos de purificación del *s*
30.27 oración llegó a la habitación de su *s*
35.5 estad en el *s* según la distribución de
36.17 mató a. .sus jóvenes en la casa de su *s*
Esd. 9.8 para darnos un lugar seguro en su *s*
Neh. 10.39 allí estarán los utensilios del *s*
Sal. 20.2 envíe ayuda desde el *s*, y desde Sion
46.4 Dios, el *s* de las moradas del Altísimo
60.6 Dios ha dicho en su *s*: Yo me alegraré
63.2 para ver tu. .como te he mirado en el *s*
68.17 carros. .el Señor viene del Sinaí a su *s*
68.24 vieron tus caminos, oh Dios. .en el *s*
68.35 temible eres, oh Dios, desde tus *s*; el
73.17 entrando en el *s* de Dios comprendí el
74.3 el mal que el enemigo ha hecho en el *s*
74.7 han puesto a fuego tu *s*, han profanado
78.69 edificó. .*s* a manera de eminencia, como
96.6 delante de él; poder y gloria en su *s*
102.19 miró desde lo alto de su *s*; Jehová
108.7 Dios ha dicho en su *s*: Yo me alegraré
114.2 vino a ser su *s*, e Israel su señorío
134.2 alzad vuestras manos al *s*, y bendecid
150.1 alabad a Dios en su *s*; alabadle en la
Is. 8.14 él será por *s*: pero a las dos casas de
16.12 cuando. .Moab. .venga a su *s* a orar, no
43.28 yo profané los príncipes del *s*, y puse
60.13 decorar el lugar de mi *s*; y yo honraré
62.9 sino. .lo beberán en los atrios de mi *s*
63.18 nuestros enemigos han hollado tu *s*
64.11 casa de nuestro *s* y de nuestra gloria
Jer. 17.12 trono de gloria. .lugar de nuestro *s*
51.51 vinieron extranjeros contra los *s* de
Lm. 1.10 visto entrar en su *s* a las naciones
2.7 desechó el Señor. .altar, menospreció su *s*
2.20 ¿han de ser muertos en el *s* del Señor
4.1 las piedras del *s* están esparcidas por
Ez. 5.11 por haber profanado mi *s* con todas tus
7.24 haré cesar la. .sus *s* serán profanados
8.6 Israel hace aquí para alejarme de mi *s*?
9.6 matad a viejos. .y comenzaréis por mi *s*
11.16 seré. .*s* en las tierras adonde lleguen
21.2 palabra sobre los *s*, y profetiza contra
22.8 *s* menospreciaste, y mis días de reposo
22.26 sacerdotes. .contaminaron mis *s*; entre
23.38 aun esto. .hicieron: contaminaron mi *s*
23.39 en mi *s* el mismo día para contaminarlo
24.21 yo profano mi *s*, la gloria de vuestro
25.3 cuando mi *s* era profanado, y la tierra
28.18 y con la iniquidad de. .profanaste tu *s*
37.26 pondré mi *s* entre ellos para siempre
37.28 estando mi *s* en medio de ellos para
41.21 el frente del *s* era como el otro frente
41.23 el templo y el *s* tenían dos puertas
42.20 para hacer separación entre el *s* y el
43.21 y lo quemarás conforme a. .fuera del *s*
44.1 me hizo volver hacia la puerta. .del *s*
44.5 pon atención. .todas las salidas del *s*
44.7 traer extranjeros. .para estar en mi *s*
44.8 como guardas de las ordenanzas en mi *s*
44.9 ningún hijo de extranjero. .entrará en. .*s*
44.11 servirán en mi *s* como porteros a las
44.15 guardaron el ordenamiento del *s* cuando
44.16 entrarán en mi *s*, y se acercarán a mi
44.19 las dejarán en las cámaras del *s*, y se
44.27 día que entre al *s*, al atrio interior
44.27 día que entre. .para ministrar en el *s*
45.2 para el *s* quinientas cañas de longitud
45.3 lo cual estará el *s* y el lugar santísimo
45.4 para los sacerdotes, ministros del *s*
45.4 casas, y como recinto sagrado para el *s*
45.6,7 delante de lo que se apartó para el *s*
45.7 junto a lo que se apartó para el *s*, de
45.18 tomarás. .un becerro. .purificarás el *s*
47.12 sus aguas salen del *s*; y su fruto será
48.8 del mar; y el *s* estará en medio de ella
48.10 el *s* de Jehová estará en medio de ella
48.20 reservaréis como porción para el *s*, y
48.21 el *s* de la casa estará en medio de ella
Dn. 8.11 el lugar de su *s* fue echado por tierra
8.13 entregando el *s* y el ejército para ser
8.14 hasta 2.300. .luego el *s* será purificado
9.17 rostro resplandezca sobre tu *s* asolado
9.26 ha de venir destruirá la ciudad y el *s*
11.31 tropas. .profanarán el *s* y la fortaleza
Am. 7.9 y los *s* de Israel serán asolados, y me
7.13 Bet-el, porque es *s* del rey, y capital
Sof. 3.4 sacerdotes contaminaron el *s*. .la ley
Mal. 2.11 Judá ha profanado el *s* de Jehová que
Lc. 1.9 el incienso, entrando en el *s* del Señor
1.21 extrañaba de que él se demorase en el *s*
1.22 comprendieron que. .visto visión en el *s*
Hch. 17.23 mirando vuestros *s*, hallé. .un altar
He. 8.2 ministro del *s*, y de. .tabernáculo que
9.1 aun el primer pacto tenía. .un *s* terrenal
9.24 no entró Cristo en el *s* hecho de mano
13.11 cuya sangre. .es introducida en el *s* por

SAÑA
Jer. 25.38 asolada fue. .por el furor de su *s*

SAQUEADO *Véase Saquear*

SAQUEADOR
2 R. 17.20 y los entregó en manos de *s*, hasta
Is. 42.24 ¿quién dio a. .entregó a Israel a *s*?
Nah. 2.2 porque *s* los saquearon, y estropearon

SAQUEAR
Gn. 34.27 y *saquearon* la ciudad, por cuanto
1 S. 14.36 los *saquearemos* hasta la mañana, y
14.48 libró. .de mano de los que lo *saqueaban*
17.53 y volvieron. .y *saquearon* su campamento
1 R. 14.26 tomó los tesoros. .y lo *saqueó* todo
2 R. 7.16 pueblo salió, y *saqueó* el campamento
15.16 Manahem *saqueó* a Tifsa. .la *s* porque no
2 Cr. 14.14 *saquearon* todas las ciudades. .botín
Sal. 44.10 nos *saquean*. .los que nos aborrecen
89.41 lo *saquean* todos los que pasan por el
109.11 apodere. .extraños *saqueen* su trabajo
Pr. 24.15 no aceches a la. .no *saquees* su cámara
Is. 10.13 y *saqueé* sus tesoros, y derribé como
11.14 *saquearán*. .los de oriente: Edom y Moab
13.16 sus casas serán *saqueadas*, y violadas
17.14 es. .la suerte de los que nos *saquean*
24.3 la tierra será. .completamente *saqueada*
33.1 ti, que *saqueas*, y nunca fuiste *saqueado*
33.1 acabes de *saquear*, serás tú *saqueado*
42.22 mas este es pueblo *saqueado* y pisoteado
Jer. 20.5 *saquearán*. .y los llevarán a Babilonia
50.10 todos los que la *saquearen* se saciarán
50.37 contra sus tesoros, y serán *saqueados*
Ez. 7.21 la entregué para ser *saqueada*, y será
19.7 *saqueó* fortalezas, y asoló ciudades; y la
25.7 y te entregaré a las. .para ser *saqueada*
26.5 dice. .y será *saqueada* por las naciones
26.12 *saquearán* tus mercaderías; arruinarán
Os. 13.15 *saqueará* el tesoro de todas. .alhajas
Am. 3.11 vendrá. .tus palacios serán *saqueados*
Nah. 2.2 porque saqueadores los *saquearon*, y
2.9 *saquead* plata, *s* oro; no hay fin de las
Sof. 1.13 serán *saqueados* sus bienes, y. .casas
2.4 *saquearán* a Asdod en pleno día, y Ecrón
2.9 el remanente de mi pueblo los *saqueará*
Zac. 14.2 *saqueadas* las casas, y violadas las
Mt. 12.29 ¿cómo puede. .y *saquear* sus bienes, si
12.29 ata? Y entonces podrá *saquear* su casa
Mr. 3.27 puede entrar en. .y *saquear* sus bienes
3.27 le ata, y entonces podrá *saquear* su casa

SAQUÍAS *Descendiente de Benjamín,*
1 Cr. 8.10

SARA *Mujer de Abraham (=Sarai)*
Gn. 17.15 a Sarai tu mujer. .*S* será su nombre
17.17 ¿y *S*, ya de 90 años, ha de concebir?
17.19 *S* tu mujer te dará a luz un hijo. .Isaac
17.21 el que *S* te dará a luz por este tiempo
18.6 Abraham fue de prisa a la tienda a *S*, y
18.9 y le dijeron: ¿Dónde está *S* tu mujer?
18.10 he aquí que *S* tu mujer tendrá un hijo
18.10 *S* escuchaba a la puerta de la tienda
18.11 y Abraham y *S* eran. .de edad avanzada
18.11 *S* le había cesado ya la costumbre de
18.12 se rio, pues, *S* entre sí, diciendo
18.13 ¿por qué se ha reído *S* diciendo: ¿Será
18.14 y según el tiempo de. .*S* tendrá un hijo
18.15 entonces *S* negó, diciendo: No me reí
20.2 y dijo Abraham de *S* su. .Es mi hermana
20.2 Abimelec rey de Gerar envió y tomó a *S*
20.14 a Abraham, y le devolvió a *S* su mujer
20.16 a *S* dijo: He aquí he dado mil monedas
20.18 de la casa de Abimelec, a causa de *S*
21.1 visitó Jehová a *S*, como había dicho, e
21.1 e hizo Jehová con *S* como había hablado
21.2 *S* concibió y dio a Abraham un hijo en
21.3 de su hijo. .que le dio a luz *S*, Isaac
21.6 entonces dijo *S*: Dios me ha hecho reír

SARA ***(Continúa)***
Gn. 21.7 que *S* habría de dar de mamar a hijos?
21.9 y vio *S* que el hijo de Agar la egipcia
21.12 en todo lo que te dijere *S*, oye su voz
23.1 la vida de *S* 127 años. .de la vida de *S*
23.2 murió *S* en Quiriat-arba, que es Hebrón
23.2 y vino Abraham a hacer duelo por *S*, y a
23.19 después. .sepultó Abraham a *S* su mujer
24.36 y *S*, mujer de mi amo, dio a luz en su
24.67 y la trajo Isaac a la tienda de su. .*S*
25.10 fue sepultado Abraham, y *S* su mujer
25.12 le dio a luz Agar egipcia, sierva de *S*
49.31 sepultaron a Abraham, y a *S* su mujer
Is. 51.2 mirad a Abraham. .*S* que os dio a luz
Ro. 4.19 o la esterilidad de la matriz de *S*
9.9 este tiempo vendré, y *S* tendrá un hijo
He. 11.11 por la fe también. .*S*, siendo estéril
1 P. 3.6 como *S* obedecía a Abraham, llamándole

SARAF ***Descendiente de Judá*, 1 Cr. 4.22**

SARAI
1. Mujer de Abraham (=Sara)
Gn. 11.29 nombre de la mujer de Abram era *S*
11.30 mas *S* era estéril, y no tenía hijo
11.31 y a *S* su nuera, mujer de Abram su hijo
12.5 tomó. .Abram a *S* su mujer, y a Lot hijo
12.11 a *S* su mujer: He aquí, ahora conozco
12.17 Jehová hirió a Faraón. .por causa de *S*
16.1 *S* mujer de Abram no le daba hijos; y
16.2 entonces *S* a Abram: Ya ves que Jehová
16.2 te ruego. .Y atendió Abram al ruego de *S*
16.3 *S* mujer de Abram tomó a Agar su sierva
16.5 entonces *S* dijo a Abram: Mi afrenta sea
16.6 respondió Abram a *S*. .tu sierva está en
16.6 *S* la afligía, ella huyó de su presencia
16.8 Agar, sierva de *S*, ¿de dónde vienes tú
16.8 y ella. .Huyo de delante de *S* mi señora
17.15 a *S* tu mujer no la llamarás *S*, mas Sara
***2. Uno de los que se casaron con mujeres extranjeras en tiempo de Esdras*, Esd. 10.40**

SARAR ***Padre de Ahíam*, 2 S. 23.33**

SARCASMO
Hab. 2.6 ¿no han de levantar. .y *s* contra él?

SÁRDICA
Éx. 28.17 hilera de una piedra *s*, un topacio

SARDIO
Éx. 39.10 la primera hilera era un *s*, un topacio

SARDIS ***Ciudad en la provincia romana de Asia***
Ap. 1.11 envíalo a. .*S*, Filadelfia y Laodicea
3.1 escribe al ángel de la iglesia en *S*: El
3.4 tienes unas pocas personas en *S* que no

SAREPTA ***Ciudad fenecia cerca de Sidón***
1 R. 17.9 vete a *S* de Sidón, y mora allí; he
17.10 entonces él se levantó y se fue a *S*
Abd. 20 cautivos. .de Israel poseerán. .hasta *S*
Lc. 4.26 sino a una mujer viuda en *S* de Sidón

SARETÁN ***Ciudad en el valle del Jordán***
Jos. 3.16 la ciudad de Adam. .está al lado de *S*
1 R. 4.12 toda Bet-seán, que está cerca de *S*
7.46 lo hizo fundir el rey. .entre Sucot y *S*

SAREZER
***1. Hijo y asesino de Senaquerib*, 2 R. 19.37; Is. 37.38**
***2. Uno enviado de parte del pueblo de Bet-el*, Zac. 7.2**

SARGÓN ***Sargón II, rey de Asiria y Babilonia*, Is. 20.1**

SARID ***Población en la frontera de Zabulón*, Jos. 19.10,12**

SARMIENTO
Gn. 40.10 y en la vid tres *s*; y ella. .brotaba
40.12 le dijo José. .los tres *s* son tres días
Nm. 13.23 cortaron un *s* con un racimo de uvas
Sal. 80.10 su sombra, y con sus *s* los cedros
Is. 16.8 naciones pisotearon sus generosos *s*
17.10 sembrarás plantas. .plantarás *s* extraño
Jer. 2.21 te me has vuelto *s* de vid extraña?
6.9 vuelve tu. .como vendimiador entre los *s*
48.32 tus *s* pasaron el mar, llegaron hasta
Ez. 15.2 es el *s* entre los árboles del bosque?
17.6 que se hizo una vid, y arrojó *s* y echó
19.11 vista por causa de. .multitud de sus *s*

SARNA
Lv. 21.20 tenga nube. .que tenga *s*, o empeine
Dt. 28.27 Jehová te herirá. .*s*, y con comezón
Job 2.7 hirió a Job con una *s* maligna desde la

SARNOSO
Lv. 22.22 *s* o roñoso, no ofreceréis. .a Jehová

SARÓN ***Llanura feraz en el occidente de Palestina***
Jos. 12.18 rey de Afec, otro; el rey de *S*, otro
1 Cr. 5.16 habitaron. .en todos los ejidos de *S*
27.29 del ganado que pastaba en *S*, Sitrai
Cnt. 2.1 yo soy la rosa de *S*, y el lirio de los
Is. 33.9 *S* se ha vuelto como desierto, y Basán
35.2 dada, la hermosura del Carmelo y de *S*
65.10 será *S* para habitación de ovejas, y el
Hch. 9.35 vieron todos los que habitaban. .en *S*

SARONITA ***Originario de Sarón*, 1 Cr. 27.29**

SARPULLIDO
Éx. 9.9 producirá *s* con úlceras en los hombres
9.10 hubo *s* que produjo úlceras tanto en los
9.11 estar delante de Moisés a causa del *s*
9.11 hubo *s* en los hechiceros y en todos los

SARSEQUIM ***Nombre o título de un príncipe caldeo*, Jer. 39.3**

SARTÉN
Lv. 2.5 mas si ofrecieres ofrenda de *s*, será
6.21 en *s* se preparará con aceite; frita la
7.9 lo que fuere preparado en *s* o en cazuela
2 S. 13.9 tomó. .la *s*, y las sacó delante de él
1 Cr. 9.31 cargo las cosas que se hacían en *s*
23.29 lo preparado en *s*, para lo tostado, y
2 Cr. 35.13 cocieron en ollas, en calderos y *s*

SARUHÉN ***Ciudad en Simeón*, Jos. 19.6**

SARVIA ***Hermana de David***
1 S. 26.6 David dijo a. .y a Abisai hijo de *S*
2 S. 2.13 Joab hijo de *S* y los siervos de David
2.18 estaban allí los tres hijos de *S*: Joab
3.39 los hijos de *S*, son muy duros para mí
8.16 Joab. .de *S* era general de su ejército
14.1 conociendo Joab hijo de *S* que el. .rey
16.9 Abisai hijo de *S* dijo al rey: ¿Por qué
16.10 ¿qué tengo yo con vosotros, hijos de *S*?
17.25 a Abigail. .hermana de *S* madre de Joab
18.2 el mando de Abisai hijo de *S*, hermano
19.21 respondió Abisai hijo de *S* y dijo: ¿No
19.22 ¿qué tengo yo con. .hijos de *S*, para que
21.17 Abisai hijo de *S* llegó en su ayuda, e
23.18 Abisai hermano de Joab, hijo de *S*, fue
23.37 Naharai. .escudero de Joab hijo de *S*
1 R. 1.7 puesto de acuerdo con Joab hijo de *S*
2.22 ya tiene también al. .y a Joab hijo de *S*
1 Cr. 2.16 cuales *S* y Abigail fueron hermanas
2.16 hijos de *S* fueron tres: Abisai, Joab y
11.6 Joab hijo de *S* subió el primero, y fue
11.39 Naharai. .escudero de Joab hijo de *S*
18.12 Abisai hijo de *S* destrozó en el valle
18.15 Joab hijo de *S* era general del ejército
26.28 que había consagrado. .Joab hijo de *S*
27.24 Joab hijo de *S* había comenzado a contar

SASAC ***Descendiente de Benjamín*, 1 Cr. 8.14,25**

SASAI ***Uno de los que se casaron con mujeres extranjeras en tiempo de Esdras*, Esd. 10.40**

SATANÁS ***(Véase Belial)***
1 Cr. 21.1 pero *S* se levantó contra Israel, e
Job 1.6 hijos. .entre los cuales vino también *S*
1.7 y dijo Jehová a *S*: ¿De dónde vienes?
1.7 respondiendo *S* a Jehová, dijo: De rodear
1.8 Jehová dijo a *S*: ¿No has considerado a
1.9 respondiendo *S* a Jehová, dijo: ¿Acaso
1.12 Jehová a *S*: He aquí, todo lo que tiene
1.12 no pongas. .salió *S* de delante de Jehová
2.1 de Jehová, y *S* vino también entre ellos
2.2 y dijo Jehová a *S*: ¿De dónde vienes?
2.2 respondió *S* a Jehová, y dijo: De rodear
2.3 Jehová dijo a *S*: ¿No has considerado a
2.4 *S*, dijo a Dios: Piel por piel, todo lo que
2.6 Jehová dijo a *S*: He aquí, él está en tu
2.7 salió *S* de. .e hirió a Job con una sarna
Sal. 109.6 pon sobre él. .y *S* esté a su diestra
Zac. 3.1 *S* estaba a su. .derecha para acusarle
3.2 dijo Jehová a *S*: Jehová te reprenda. .*S*
Mt. 4.10 dijo: Vete, *S*. .escrito está: Al Señor
12.26 si *S* echa fuera a *S*, contra sí mismo
16.23 a Pedro: ¡Quítate de delante de mí, *S*!
Mr. 1.13 estuvo. .40 días, y era tentado por *S*
3.23 decía. .¿Cómo puede *S* echar fuera a *S*?
3.26 si *S* se levanta contra sí. .y se divide
4.15 en seguida viene *S*, y quita la palabra
8.33 diciendo: ¡Quítate de delante de mí, *S*!
Lc. 4.8 Jesús, le dijo: Vete de mí, *S*, porque
10.18 veía a *S* caer del cielo como un rayo
11.18 si también *S* está dividido contra sí
13.16 esta hija. .que *S* había atado 18 años
22.3 entró *S* en Judas. .era uno. .de los doce
22.31 *S* os ha pedido para zarandearos como
Jn. 13.27 y después del bocado, *S* entró en él
Hch. 5.3 ¿por qué llenó *S* tu corazón para que
26.18 la luz, y de la potestad de *S* a Dios
Ro. 16.20 Dios de paz aplastará en breve a *S*
1 Co. 5.5 entregado a *S* para destrucción de la
7.5 juntaros en uno, para que no os tiente *S*
2 Co. 2.11 que *S* no gane ventaja alguna sobre
11.14 mismo *S* se disfraza como ángel de luz
12.7 dado un mensajero de *S* que me abofetee
1 Ts. 2.18 quisimos ir a. .pero *S* nos estorbó
2 Ts. 2.9 inicuo cuyo advenimiento. .obra de *S*
1 Ti. 1.20 entregué a *S* para que aprendan a no
5.15 ya algunas se han apartado en pos de *S*
Ap. 2.9 dicen. .y no lo son, sino sinagoga de *S*
2.13 dónde moras, donde está el trono de *S*
2.13 que Antipas. .fue muerto. .donde mora *S*
2.24 no han conocido. .las profundidades de *S*
3.9 yo entrego de la sinagoga de *S* a los que
12.9 la serpiente. .que se llama diablo y *S*
20.2 y prendió al. .*S*, y lo ató por mil años
20.7 los mil años se cumplan, *S* será suelto

SATISFACCIÓN
2 S. 21.3 ¿qué *s* os daré, para que bendigáis la
Is. 1.24 tomaré *s* de mis enemigos, me vengaré
Ez. 5.13 saciaré en ellos mi enojo, y tomaré *s*
Gá. 4.15 ¿dónde, pues. .*s* que experimentabais?

SATISFACER
Éx. 21.19 le *satisfará* por lo que estuvo sin
Pr. 5.19 caricias te *satisfagan* en todo tiempo
Jer. 31.14 el alma del sacerdote *satisfaré* con
31.25 *satisfaré* al alma cansada, y saciaré a
Mr. 15.15 queriendo *satisfacer* al pueblo, les
Gá. 5.16 no *satisfagáis* los deseos de la carne

SATISFECHO
Lv. 10.20 cuando Moisés oyó esto, se dio por *s*
Sal. 17.15 *s* cuando despierte a tu semejanza
Pr. 27.20 así los ojos del hombre nunca están *s*
Is. 53.11 verá. .fruto de su alma, y quedará *s*
Hag. 1.6 bebéis, y no quedáis *s*; os vestís, y
Hch. 27.38 y ya *s*, aligeraron la nave, echando

SÁTRAPA ***Gobernador de una provincia persa***
Esd. 8.36 y entregaron los despachos. .a sus *s*
Est. 3.12 lo que mandó Amán, a los *s* del rey
8.9 se escribió. .a los *s*, los capitanes, los
9.3 los *s*, capitanes. .apoyaban a los judíos
Dn. 3.2 envió el rey. .que se reuniesen los *s*
3.3 reunidos los *s*, magistrados, capitanes
3.27 y se juntaron los *s*, los gobernadores
6.1 pareció bien a Darío constituir. .120 *s*
6.2 a quienes estos *s* diesen cuenta, para que
6.3 pero Daniel mismo era superior a estos *s*
6.4 *s* buscaban ocasión para acusar a Daniel
6.6 entonces. .*s* se juntaron delante del rey
6.7 *s*, príncipes y capitanes han acordado por

SAUCE
Lv. 23.40 *s* de los arroyos, y os regocijaréis
Job 40.22 su sombra; los *s* del arroyo lo rodean
Sal. 137.2 los *s* en. .colgamos nuestras arpas
Is. 15.7 las riquezas que. .al torrente de los *s*
44.4 y brotarán entre hierba, como *s* junto a
Ez. 17.5 la plantó junto a. .la puso como un *s*

SAÚL
***1. Rey de Edom*, Gn. 36.37,38; 1 Cr. 1.48,49**
***2. Descendiente de Simeón*, Gn. 46.10; Éx. 6.15; Nm. 26.13; 1 Cr. 4.24**
3. Rey de Israel
1 S. 9.2 y tenía él un hijo que se llamaba *S*
9.3 asnas de Cis, padre de *S*. .dijo Cis a *S*
9.5 vinieron. .*S* dijo a su criado que tenía
9.7 respondió *S* a su criado: Vamos ahora
9.8 criado a responder a *S*. .He aquí se halla
9.10 dijo. .*S* a su criado: Dices bien; anda
9.15 día antes que *S* viniese, Jehová había
9.17 y luego que Samuel vio a *S*, Jehová le
9.18 acercándose. .*S* a Samuel en medio de la
9.19 Samuel respondió a *S*, diciendo: Yo soy
9.21 respondió. .¡No soy yo hijo de Benjamín
9.22 entonces Samuel tomó a *S* y a su criado
9.24 puso delante de *S*. .y *S* comió aquel día
9.25 descendido. .habló con *S* en el terrado
9.26 el alba, Samuel llamó a *S*. .se levantó *S*
9.27 dijo Samuel a *S*: Dí al criado que se
10.11,12 ¿*S* también entre los profetas?
10.14 un tío de *S* dijo a él y a su criado
10.15 el tío de *S*: Yo te ruego me declares
10.16 y *S* respondió a su tío: Nos declaró
10.21 de ella fue tomado *S* hijo de Cis. Y le
10.26 *S* también se fue a su casa en Gabaa
11.4 llegando. .a Gabaa de *S*, dijeron estas
11.5 he aquí *S* que venía del campo tras los
11.5 dijo *S*: ¿Qué tiene el pueblo, que llora?
11.6 al oir *S*. .él se encendió en ira en gran
11.7 que no saliere en pos de *S* y. .de Samuel
11.11 dispuso *S* al pueblo en tres compañías
11.12 los que decían: ¿Ha de reinar *S* sobre
11.13 *S* dijo: No morirá hoy ninguno, porque
11.15 invistieron allí a *S* por rey delante de

SAÚL *(Continúa)*
1 S. 11.15 se alegraron. .S y todos los de Israel
13.1 había ya reinado S un año; y cuando hubo
13.2 de los cuales estaban con S dos mil en
13.3 hizo S tocar trompeta por todo el país
13.4 que decía: S ha atacado a la guarnición
13.4 juntó el pueblo en pos de S en Gilgal
13.7 S permanecía aún en Gilgal, y todo el
13.9 entonces dijo S: Traedme holocausto y
13.10 y S salió a recibirle, para saludarle
13.11 S respondió: Porque vi que el pueblo
13.13 Samuel dijo a S: Locamente has hecho
13.15 S contó la gente que se hallaba con él
13.16 S, pues, y Jonatán. .quedaron en Gabaa
13.22 en mano. .del pueblo que estaba con S
13.22 excepto S y Jonatán su. .que las tenían
14.1 que Jonatán hijo de S dijo a su criado
14.2 S se hallaba al extremo de Gabaa, debajo
14.16 centinelas de S vieron desde Gabaa de
14.17 S dijo al pueblo. .Pasad ahora revista
14.18 S dijo a Ahías: Trae el arca de Dios
14.19 hablaba S con él. .dijo S al sacerdote
14.20 y juntando S a todo el pueblo que con
14.21 de los israelitas que estaban con S y
14.24 porque S había juramentado al pueblo
14.33 dieron aviso a S, diciendo: El pueblo
14.34 S: Esparcíos por el pueblo, y decidles
14.35 y edificó S altar a Jehová; este altar
14.36 y dijo S: Descendamos de noche contra
14.37 S consultó a Dios: ¿Descenderé tras los
14.38 dijo S: Venid acá. .los principales del
14.40 pueblo respondió a S: Haz lo que bien
14.41 S a Jehová. .Y la suerte cayó sobre. .S
14.42 y S. .Echad suertes entre mí y Jonatán
14.43 S dijo a Jonatán: Declárame lo que has
14.44 S respondió: Así me haga Dios y aun me
14.45 pueblo dijo a S: ¿Ha de morir Jonatán
14.46 S dejó de seguir a los filisteos; y los
14.47 S hizo guerra a todos sus enemigos en
14.49 los hijos de S fueron Jonatán, Isúi y
14.50 el nombre de la mujer de S era Ahinoam
14.50 del general. .Abner, hijo de Ner tío de S
14.51 Cis padre de S, y Ner. .fueron hijos de
14.52 guerra. .filisteos todo el tiempo de S
14.52 todo el que S veía que era. .esforzado
15.1 Samuel dijo a S: Jehová me envió a que
15.4 S, pues, convocó al pueblo y les pasó
15.5 viniendo S a la ciudad de Amalec, puso
15.6 y dijo S a los ceneos: Idos, apartaos
15.7 S derrotó a los amalecitas desde Havila
15.9 S y el pueblo perdonaron a Agag, y a lo
15.11 pesa haber puesto por rey a S, porque
15.12 madrugó luego. .para ir a encontrar a S
15.12 a Samuel, diciendo: S ha venido a Carmel
15.13 vino, pues, Samuel a S, y S le dijo
15.15 S respondió: De Amalec los han traído
15.16 dijo Samuel a S: Déjame declararte lo
15.20 y S respondió a Samuel: Antes bien he
15.24 S dijo a Samuel: Yo he pecado; pues he
15.26 y Samuel respondió a S: No volveré
15.31 y volvió Samuel tras S, y adoró S a
15.34 fue. .y S subió a su casa en Gabaa de S
15.35 nunca después vio. .a S en toda su vida
15.35 lloraba a S; y Jehová se arrepentía de
15.35 haber puesto a S por rey sobre Israel
16.1 ¿hasta cuándo llorarás a S. .yo desechado
16.2 y dijo Samuel. .S lo supiera, me mataría
16.14 el Espíritu de Jehová se apartó de S
16.15 y los criados de S le dijeron: He aquí
16.17 y S respondió a sus criados: Buscadme
16.19 y S envió mensajeros a Isaí, diciendo
16.20 Isaí. .lo envió a S por medio de David
16.21 viniendo David a S, estuvo delante de
16.22 S envió a decir a Isaí: Yo te ruego que
16.23 espíritu malo de parte. .venía sobre S
16.23 David tomaba el arpa. .y S tenía alivio
17.2 S y los hombres de Israel se juntaron
17.8 ¿no soy yo. .y vosotros los siervos de S?
17.11 oyendo S. .estas palabras del filisteo
17.12 en el tiempo de S este hombre era viejo
17.13 habían ido para seguir a S a la guerra
17.14 siguieron, pues, los tres mayores a S
17.15 David había ido y vuelto, dejando a S
17.19 S y ellos. .estaban en el valle de Ela
17.31 y las refirieron delante de S; y él lo
17.32 y dijo David a S: No desmaye. .ninguno
17.33 dijo S a David: No podrás tú ir contra
17.34 respondió a S: Tu siervo era pastor de
17.37 S a David: Vé, y Jehová esté contigo
17.38 S vistió a David con sus ropas, y puso
17.39 dijo David a S: Yo no puedo andar con
17.55 S vio a David que salía a. .el filisteo
17.57 Abner lo tomó y lo llevó delante de S
17.58 dijo S: Muchacho, ¿de quién eres hijo?
18.1 hubo acabado de hablar con S, el alma de
18.2 S le tomó aquel día, y no le dejó volver
18.5 y salía. .a dondequiera que S le enviaba
18.5 lo puso S sobre gente de guerra, y era
18.5 acepto. .a los ojos de los siervos de S
18.6 y danzando para recibir al rey S, con
18.7 decían: S hirió a sus miles, y David a
18.8 se enojó S en gran manera. .le desagradó
18.9 día S no miró con buenos ojos a David
18.10 al otro día. .un espíritu malo. .tomó a S
18.10 tocaba. .y tenía S la lanza en la mano
18.11 arrojó S la lanza. .Enclavaré a David
18.12 S estaba temeroso de David, por cuanto
18.12 cuanto Jehová. .se había apartado de S
18.13 S lo alejó de sí, y le hizo jefe de mil
18.15 viendo S. .se portaba tan prudentemente
18.17 dijo S a David. .te daré Merab mi hija
18.17 mas S decía: No será mi mano contra él
18.18 David respondió a S: ¿Quién soy yo, o
18.19 que Merab hija de S se había de dar a
18.20 Mical la otra hija de S amaba a David
18.20 fue dicho a S, y le pareció bien a sus
18.21 S dijo: Yo se la daré, para que le sea
18.21 dijo, pues, S a David por segunda vez
18.22 S a sus siervos: Hablad en secreto a
18.23 criados de S hablaron estas palabras a
18.24 los criados de S le dieron la respuesta
18.25 y S dijo: Decid así a David: El rey no
18.25 S pensaba hacer caer a David en manos
18.27 y S le dio su hija Mical por mujer
18.28 S, viendo. .que Jehová estaba con David
18.29 fue S enemigo de David todos los días
18.30 más éxito que todos los siervos de S
19.1 habló S a Jonatán su hijo, y a todos sus
19.1 pero Jonatán hijo de S amaba a David en
19.2 S mi padre procura matarte; por tanto
19.4 Jonatán habló bien de David a S. .padre
19.6 y escuchó S la voz de Jonatán, y juró S
19.7 le declaró. .él mismo trajo a David a S
19.9 espíritu malo de parte de. .vino sobre S
19.10 S procuró enclavar a David. .a la pared
19.10 él se apartó de delante de S, el cual
19.11 S envió. .mensajeros a casa de David
19.14 y cuando S envió. .para prender a David
19.15 volvió S a enviar mensajeros para que
19.17 entonces S dijo a Mical: ¿Por qué me
19.17 Mical respondió a S: Porque él me dijo
19.18 dijo todo lo que S había hecho con él
19.19 dado aviso a S, diciendo. .David está en
19.20 S envió mensajeros para que trajeran
19.20 el Espíritu. .sobre los mensajeros de S
19.21 lo supo S, envió otros mensajeros, los
19.21 S volvió a enviar mensajeros por. .vez
19.24 se dijo: ¿También S entre los profetas?
20.25 se sentó Abner al lado de S, y el lugar
20.26 mas aquel día S no dijo nada, porque
20.27 S dijo a Jonatán su hijo: ¿Por qué no
20.28 Jonatán respondió a S: David me pidió
20.30 se encendió la ira de S contra Jonatán
20.32 y Jonatán respondió a su padre S y le
20.33 S le arrojó una lanza para herirlo
21.7 y estaba allí. .uno de los siervos de S
21.7 Doeg. .el principal de los pastores de S
21.10 David. .huyó de la presencia de S, y se
21.11 hirió S a sus miles, y David a sus diez
22.6 oyó S que se sabía de David y de los que
22.6 y S estaba sentado en Gabaa, debajo de
22.7 dijo S a sus siervos. .Oíd ahora, hijos
22.9 Doeg. .el principal de los siervos de S
22.12 y S le dijo: Oye ahora, hijo de Ahitob
22.13 le dijo S: ¿Por qué habéis conspirado
22.21 y Abiatar dio aviso a David de cómo S
22.22 Doeg. .él lo había de hacer saber a S
23.7 dado aviso a S que David había venido a
23.7 dijo S: Dios lo ha entregado en mi mano
23.8 convocó S a todo el pueblo a la batalla
23.9 entendiendo David que S ideaba el mal
23.10 que S trata de venir contra Keila, a
23.11 descenderá S, como ha oído tu siervo?
23.12 dijo. .¿Me entregarán. .en manos de S?
23.13 vino a S la nueva de que David se había
23.14 lo buscaba S todos los días, pero Dios
23.15 viendo, pues, David que S había salido
23.16 se levantó Jonatán hijo de S y vino a
23.17 no te hallará la mano de S mi padre, y
23.17 reinarás. .aun S mi padre así lo sabe
23.19 subieron los de Zif para decirle a S
23.21 y S dijo: Benditos seáis vosotros de
23.24 fueron a Zif delante de S. Pero David
23.25 se fue S con su gente a buscarlo; pero
23.25 cuando S oyó esto, siguió a David al
23.26 S iba por un lado del monte, y David
23.26 se daba prisa David para escapar de S
23.26 S y sus. .habían encerrado a David y a
23.27 vino un mensajero a S, diciendo: Ven
23.28 volvió, por. .S de perseguir a David, y
24.1 S volvió de perseguir a los filisteos, le
24.2 tomando S tres mil hombres escogidos de
24.3 entró S en ella para cubrir sus pies
24.4 David. .cortó la orilla del manto de S
24.5 había cortado la orilla del manto de S
24.7 así reprimió. .que se levantasen contra S
24.7 y S, saliendo de la cueva, siguió su
24.8 David. .dio voces detrás de S, diciendo
24.8 cuando S miró hacia atrás, David inclinó
24.9 David a S: ¿Por qué oyes las palabras
24.16 David acabó de decir estas palabras a S
24.16 S dijo: ¿No es esta la voz tuya, hijo
24.16 hijo mío David? Y alzó S su voz y lloró
24.22 David juró a S. Y se fue S a su casa
25.44 S había dado a su hija Mical. .a Palti
26.1 vinieron los zifeos a S. .diciendo: ¿No
26.2 S. .se levantó y descendió al desierto de
26.3 acampó S en el collado de Haquila, que
26.3 entendió que S le seguía en el desierto
26.4 y supo con certeza que S había venido
26.5 y vino al sitio donde S había acampado
26.5 miró David el lugar donde dormían S y
26.5 estaba S durmiendo en el campamento, y
26.6 dijo. .¿Quién descenderá conmigo a S en
26.7 he aquí que S estaba tendido durmiendo
26.12 la vasija de agua de la cabecera de S
26.17 y conociendo S la voz de David, dijo
26.21 dijo S: He pecado; vuélvete, hijo mío
26.25 S dijo a David: Bendito eres tú, hijo
26.25 David se fue. .S se volvió a su lugar
27.1 al fin seré muerto. .por la mano de S
27.1 fugarme. .para que S no se ocupe de mí
27.4 a S la nueva de que David había huido
28.3 S había arrojado. .a los encantadores y
28.4 S juntó a todo Israel, y acamparon en
28.5 cuando vio S el campamento de. .filisteos
28.6 consultó S a Jehová; pero Jehová no le
28.7 S dijo a sus criados: Buscadme. .mujer
28.8 se disfrazó S, y se puso otros vestidos
28.9 he aquí tú sabes lo que S ha hecho, cómo
28.10 S le juró por Jehová, diciendo: Vive
28.12 voz, y habló aquella mujer a S, diciendo
28.13 ¿por qué me has engañado?. .tú eres S
28.13 mujer respondió a S: He visto dioses
28.14 S entonces entendió que era Samuel, y
28.15 dijo a S: ¿Por qué me has inquietado
28.15 S respondió: Estoy muy angustiado, pues
28.20 entonces S cayó en tierra cuan grande
28.21 la mujer vino a S, y viéndole turbado
28.25 lo trajo delante de S y de sus siervos
29.3 ¿no es este David, el siervo de S rey de
29.5 S hirió a sus miles, y David a sus diez
31.2 y siguiendo los filisteos a S y a sus
31.2 filisteos. .mataron a Jonatán. .hijos de S
31.3 y arreció la batalla contra S, y le
31.4 dijo S a su escudero: Saca tu espada, y
31.4 tomó S su propia espada y se echó sobre
31.5 viendo. .a S muerto, él también se echó
31.6 así murió S en aquel día. .sus tres hijos
31.7 que S y sus hijos habían sido muertos
31.8 hallaron a S y a sus tres hijos tendidos
31.11 oyendo los de. .esto que. .hicieron a S
31.12 quitaron el cuerpo de S y. .de Bet-sán
2 S. 1.1 aconteció después de la muerte de S
1.2 sucedió que vino uno del campamento de S
1.4 pueblo huyó. .S y Jonatán su hijo murieron
1.5 ¿cómo sabes que han muerto S y Jonatán su
1.6 hallé a S que se apoyaba sobre su lanza
1.12 y ayunaron. .por S y por Jonatán su hijo
1.17 y endechó David a S y a Jonatán su hijo
1.21 el escudo de S, como si no hubiera sido
1.22 el arco. .ni la espada de S volvió vacía
1.23 S y Jonatán. .inseparables en su vida
1.24 hijas de Israel, llorad por S, quien os
2.4 los de Jabes de Galaad. .sepultaron a S
2.5 que habéis hecho esta misericordia. .con S
2.7 muerto S. .los de la casa de Judá me han
2.8 Abner. .general del ejército de S, tomó a
2.8 tomó a Is-boset hijo de S, y lo llevó a
2.10 de cuarenta años era Is-boset hijo de S
2.12 con los siervos de Is-boset hijo de S
2.15 doce. .de Is-boset hijo de S, y doce de
3.1 hubo larga guerra entre la casa de S y la
3.1 David. .y la casa de S se iba debilitando
3.6 como había guerra entre la casa de S y la
3.6 que Abner se esforzaba por la casa de S
3.7 había tenido S una concubina que. .Rizpa
3.8 misericordia con la casa de S tu padre
3.10 trasladando el reino de la casa de S
3.13 sin que. .traigas a Mical la hija de S
3.14 envió. .mensajeros a Is-boset hijo de S
4.1 que oyó el hijo de S que Abner había sido
4.2 hijo de S tenía dos hombres, capitanes
4.4 Jonatán hijo de S tenía un hijo lisiado
4.4 llegó. .la noticia de la muerte de S y de
4.8 he aquí la cabeza de Is-boset hijo de S
4.8 ha vengado hoy a mi señor el rey, de S
4.10 diciendo. .S ha muerto, imaginándose que
5.2 cuando S reinaba. .eras tú quien sacabas
6.16 Mical hija de S miró desde una ventana
6.23 Mical hija de S nunca tuvo hijos hasta
7.15 como la aparté de S, al cual quité de
9.1 David; ¿Ha quedado alguno de la casa de S
9.2 y había un siervo de la casa de S. .Siba
9.3 ¿no ha quedado nadie de la casa de S, a
9.6 Mefi-boset, hijo de Jonatán hijo de S, a
9.7 devolveré todas las tierras de S tu padre
9.9 rey llamó a Siba siervo de S, y le dijo
9.9 todo lo que fue de S. .lo he dado al hijo
12.7 yo te ungí. .y te libré de la mano de S
16.5 salía uno. .de la casa de S, el cual se
16.8 pago de toda la sangre de la casa de S
19.17 venían. .Siba, criado de la casa de S
19.24 Mefi-boset. .de S descendió a recibir al
21.1 es por causa de S, y por aquella casa
21.2 S había procurado matarlos en su celo
21.4 no tenemos nosotros querella. .con S y
21.6 para que los ahorquemos. .en Gabaa de S
21.7 de Jonatán, hijo de S, por el juramento
21.7 hubo. .entre David y Jonatán hijo de S
21.8 de Rizpa. .cuales ella había tenido de S
21.8 tomó. .a cinco hijos de Mical hija de S
21.11 lo que hacía Rizpa hija. .concubina de S

SAÚL ***(Continúa)***

2 S. 21.12 David fue y tomó los huesos de *S* y los
21.12 los filisteos mataron a *S* en Gilboa
21.13 e hizo llevar de allí los huesos de *S*
21.14 sepultaron los huesos de *S* y los de su
22.1 le había librado de. .y de la mano de *S*
1 Cr. 5.10 y en los días de *S* hicieron guerra
8.33; 9.39 Cis engendró a *S*, y *S*. .a Jonatán
10.2 los filisteos siguieron a *S* y a sus hijos
10.2 y mataron los filisteos a. .hijos de *S*
10.3 y arreciando la batalla contra *S*, le
10.4 dijo *S* a su escudero: Saca tu espada y
10.4 *S* tomó la espada, y se echó sobre ella
10.5 su escudero vio a *S* muerto, él. .se mató
10.6 así murieron *S* y sus tres hijos. .con él
10.7 viendo. .que *S* y sus hijos eran muertos
10.8 hallaron a *S* y a sus hijos tendidos en el
10.11 lo que los filisteos habían hecho de *S*
10.12 tomaron el cuerpo de *S* y. .de sus hijos
10.13 murió *S* por su rebelión. .contra Jehová
11.2 antes de ahora, mientras *S* reinaba, tú
12.1 estando él aún encerrado por causa de *S*
12.2 armados de arcos. .De los hermanos de *S*
12.19 con los filisteos a la batalla contra *S*
12.19 con peligro de. .se pasará a su señor *S*
12.23 traspasarle el reino de *S*, conforme a
12.29 hijos de Benjamín hermanos de *S*, 3.000
12.29 ellos se mantenían fieles a la casa de *S*
13.3 el tiempo de *S* no hemos hecho caso de
15.29 Mical, hija de *S*. .vió al rey David que
26.28 había consagrado. .*S* hijo de Cis, Abner
Sal. 18 *tít.* el día que le libró. .de mano de *S*
52 *tít.* y dio cuenta a *S* diciéndole: David ha
54 *tít.* vinieron los zifeos y dijeron a *S*
57 *tít.* cuando huyó. .delante de *S* a la cueva
59 *tít.* cuando envió *S*, y vigilaron la casa
Is. 10.29 Ramá tembló; Gabaa de Saúl huyó
Hch. 13.21 pidieron rey, y. .les dio a *S* hijo de

***4. Levita de los hijos de Coat*, 1 Cr. 6.24**

SAULITA ***Descendiente de Saúl No. 2*, Nm. 26.13**

SAULO ***=Pablo el apóstol***

Hch. 7.58 pusieron sus ropas a los pies de. .*S*
8.1 *S* consentía en su muerte. En aquel día
8.3 y *S* asolaba la iglesia, y entrando casa
9.1 *S*, respirando. .amenazas y muerte contra
9.4 le decía: *S*, *S*, ¿por qué me persigues?
9.7 y los hombres que iban con *S* se pararon
9.8 *S* se levantó de tierra, y abriendo los
9.11 busca en casa de Judas a uno llamado *S*
9.17 hermano *S*, el Señor Jesús, que se te
9.19 y estuvo *S* por. .días con los discípulos
9.22 *S* mucho más se esforzaba, y confundía
9.24 asechanzas llegaron a conocimiento de *S*
9.27 *S* había visto en el camino al Señor, el
11.25 fue Bernabé a Tarso para buscar a *S*
11.30 enviándolo. .por mano de Bernabé y de *S*
12.25 y Bernabé y *S*, cumplido su servicio
13.1 Bernabé, Simón el que se llamaba. .y *S*
13.2 apartadme a Bernabé y a *S* para la obra
13.7 llamando a Bernabé y a *S*, deseaba oir
13.9 entonces *S*, que también es Pablo, lleno
22.7 oí una voz que me decía: *S*, *S*, ¿por qué
22.13 dijo: Hermano *S*, recibe la vista. Y yo
26.14 y decía. .*S*, *S*, ¿por qué me persigues?

SAVE ***=Valle de Cedrón*, Gn. 14.17**

SAVE-QUIRIATAIM ***Llanura cerca de Quiriataim*, Gn. 14.5**

SAVIA

Sal. 104.16 llenan de *s* los árboles de Jehová
Ro. 11.17 de la raíz y de la rica *s* del olivo

SAVSA ***Secretario del rey David*, 1 Cr. 18.16**

SAZÓN

Is. 37.27 como hierba. .que antes de *s* se seca
Os. 2.9 mi vino a su *s*, y quitaré mi lana y mi
Hch. 1.7 no os toca a vosotros saber. .o las *s*

SAZONAR

Lv. 2.13 y *sazonarás* con sal toda ofrenda que
Mr. 9.50 sal se hace. .¿con qué la *sazonaréis?*
Lc. 14.34 si la sal se. .¿con qué se *sazonará?*
Col. 4.6 sea vuestra palabra. .*sazonada* con sal

SEAH

2 R. 7.1,16 el *s* de flor de. .y dos *s* de cebada
7.18 dos *s* de cebada por un siclo, y el *s* de

SEAL ***Uno de los que se casaron con mujeres extranjeras en tiempo de Esdras*, Esd. 10.29**

SEARIAS ***Descendiente de Benjamín*, 1 Cr. 8.38; 9.44**

SEAR-JASUB ***Primogénito del profeta Isaías*, Is. 7.3**

SEBA

***1. Hijo de Cus*, Gn. 10.7; 1 Cr. 1.9**
***2. Hijo de Raama y nieto de Cus*, Gn. 10.7**
***3. Hijo de Joctán*, Gn. 10.28; 1 Cr. 1.22**
***4. Hijo de Jocsán y nieto de Abraham*, Gn. 25.3; 1 Cr. 1.32**
***5. Pozo cavado por los siervos de Isaac*, Gn. 26.33**
***6. Ciudad en Simeón*, Jos. 19.2**
7. Benjaminita que se rebeló contra David

2 S. 20.1 un hombre. .se llamaba *S* hijo de Bicri
20.2 abandonaron a David, siguiendo a *S* hijo
20.6 *S* hijo de Bicri nos hará. .más daño que
20.7 salieron. .para ir tras *S* hijo de Bicri
20.10 fueron en persecución de *S*. .de Bicri
20.13 pasaron. .para ir tras *S* hijo de Bicri
20.21 hombre. .que se llama *S* hijo de Bicri

***8. Progenitor de una familia de Gad*, 1 Cr. 5.13**
9. Posiblemente una región de África

Sal. 72.10 los reyes de Sabá y de *S* ofrecerán
Is. 43.3 dado por tu rescate, a Etiopía y a *S*

SEBAM ***Ciudad en Rubén (=Sibma)*, Nm. 32.3**

SEBANÍAS

***1. Sacerdote, músico en tiempo de David*, 1 Cr. 15.24**
***2. Levita que ayudó a Esdras en la lectura de la ley*, Neh. 9.4,5**
***3. Nombre de tres firmantes del pacto de Nehemías (probablemente uno de ellos =No. 2)*, Neh. 10.4,10,12**
***4. Jefe de una familia de sacerdotes*, Neh. 10.12**

SEBARIM ***Lugar entre Hai y Jericó*, Jos. 7.5**

SEBAT ***Mes undécimo en el calendario de los hebreos*, Zac. 1.7**

SEBER ***Hijo de Caleb*, 1 Cr. 2.48**

SEBNA ***Secretario del rey Ezequías***

2 R. 18.18 y salió a ellos. .*S* escriba, y Joa
18.26 dijo Eliaquim. .y *S* y Joa, al Rabsaces
18.37 *S* escriba, y Joa. .vinieron a Ezequías
19.2 envió. .a *S* escriba. .al profeta Isaías
Is. 22.15 vé, entra a este tesorero, a *S*. .y dile
36.3 y salió. .*S*, escriba, y Joa hijo de Asaf
36.11 dijeron Eliaquim, *S* y Joa al Rabsaces
36.22 *S* escriba, y Joa. .vinieron a Ezequías
37.2 envió a. .*S* escriba y a los ancianos de

SEBO

Sal. 119.70 engrosó el corazón de ellos como *s*
Is. 1.11 de holocaustos de carneros y de *s* de

SEBOIM ***Ciudad cerca de Lida*, Neh. 11.34**

SEBUEL

***1. Hijo de Gersón No. 2 y nieto de Moisés*, 1 Cr. 23.16; 26.24**
***2. Levita, hijo de Hemán*, 1 Cr. 25.4**

SECACA ***Ciudad en el desierto de Judá*, Jos. 15.61**

SECANÍAS

***1. Descendiente del rey David*, 1 Cr. 3.21,22; Esd. 8.3**
***2. Sacerdote que regresó de Babilonia con Zorobabel*, 1 Cr. 24.11; Neh. 12.3**
***3. Sacerdote en tiempo del rey Ezequías*, 2 Cr. 31.15**
***4. Uno que regresó de Babilonia con Esdras*, Esd. 8.5**
***5. Uno de los que se casaron con mujeres extranjeras en tiempo de Esdras*, Esd. 10.2**
***6. Padre de Semaías No. 18*, Neh. 3.29**
***7. Suegro de Tobías amonita*, Neh. 6.18**

SECAR

Gn. 8.7,13 las aguas se *secaron* sobre la tierra
8.14 los 27 días del mes, se *secó* la tierra
Nm. 11.6 nuestra alma se *seca;* pues nada sino
Jos. 2.10 Jehová hizo *secar* las aguas del Mar
4.23 Dios *secó* las aguas del Jordán delante
4.23 el Mar Rojo, el cual *secó*. .que pasamos
5.1 cómo. .había *secado* las aguas del Jordán
1 R. 13.4 mano que había extendido. .se le *secó*
17.7 *secó* el arroyo, porque no había llovido
2 R. 19.24 *secado* con las plantas de mis pies
Job 8.12 aun. .se *seca* primero que toda hierba
12.15 si él detiene las aguas, todo se *seca*
14.11 las aguas. .y el río se agota y se *seca*
15.30 la llama *secará* sus ramas, y con el
18.16 abajo se *secarán* sus raíces, y arriba
Sal. 22.15 como un tiesto se *secó* mi vigor, y
37.2 como. .y como la hierba verde se *secarán*
74.15 abriste la. .*secaste* ríos impetuosos
90.6 crece; a la tarde es cortada, y se *seca*
102.11 se va, y me he *secado* como la hierba
106.9 reprendió al Mar Rojo y lo *secó*, y les
129.6 la hierba. .que se *seca* antes que crezca
Pr. 17.22 el espíritu triste *seca* los huesos
Is. 5.13 gloria. .y su multitud se *secó* de sed
11.15 y *secará* Jehová la lengua del mar de
15.6 y se *secará* la hierba, se marchitarán
19.5 las aguas. .y el río se agotará y *secará*
19.6 se agotarán y *secarán* las corrientes de
19.7 se *secarán*, se perderán, y no serán más
27.11 sus ramas se *sequen*, serán quebradas
37.25 las pisadas de mis pies *secaré*. .ríos
37.27 como heno. .que antes de sazón se *seca*
40.7 hierba se *seca*, y la flor se marchita
40.8 *sécase* la hierba, marchítase la flor
40.24 tan pronto como sopla en ellos. .*secan*
42.15 haré *secar* toda su hierba. .y *secaré* los
44.27 que dice. .*Secaos*, y tus ríos haré *secar*
50.2 que con mi reprensión hago *secar* el mar
51.10 ¿no eres tú el que *secó* el mar. .aguas
Jer. 23.10 pastizales del desierto se *secaron*
50.38 sequedad sobre sus aguas, y se *secarán*
51.36 *secaré* su mar. .su corriente quede seca
Ez. 17.9 ¿no. .destruirá su fruto, y se *secará?*
17.9 sus hojas lozanas se *secarán*, y eso sin
17.10 se *secará*. .cuando el viento. .la toque?
17.10 en los surcos de su verdor se *secará*
17.24 yo Jehová. .hice *secar* el árbol verde
19.12 y el viento solano *secó* su fruto; sus
19.12 ramas fuertes. .quebradas y se *secaron*
30.12 *secaré* los ríos, y entregaré la tierra
32.2 *secabas*. .ríos, y enturbiabas las aguas
37.11 nuestros huesos se *secaron*, y pereció
Os. 13.15 se *secará* su manantial, y se agotará
Jl. 1.10 se *secó* el mosto, se perdió el aceite
1.12 todos los árboles del campo se *secaron*
1.17 los alfolíes destruidos. .se *secó* el trigo
1.20 se *secaron* los arroyos de las aguas, y
Am. 1.2 voz. .y se *secará* la cumbre del Carmelo
4.7 parte sobre la cual no llovió, se *secó*
Jon. 4.7 cual hirió la calabacera, y se *secó*
Nah. 1.4 él amenaza al mar, y lo hace *secar*, y
Zac. 10.11 se *secarán* todas las profundidades
11.17 del todo se *secará* su brazo, y su ojo
Mt. 13.6 sol. .y porque no tenía raíz, se *secó*
21.19 y le dijo. .Y luego se *secó* la higuera
21.20 ¿cómo. .se *secó* en seguida la higuera?
Mr. 4.6 quemó; y porque no tenía raíz, se *secó*
5.29 seguida la fuente de su sangre se *secó*
9.18 y cruje los dientes, y se va *secando;* y
11.20 vieron que la higuera se había *secado*
11.21 la higuera que maldijiste se ha *secado*
Lc. 8.6 parte. .*secó*, porque no tenía humedad
Jn. 15.6 el que en mí no permanece. .se *secará*
Stg. 1.11 la hierba se *seca*, su flor se cae, y
1 P. 1.24 la hierba se *seca*, y la flor se cae
Ap. 16.12 y el agua de éste se *secó*, para que

SECO, CA

Gn. 1.9 dijo. .Dios: Júntense. .descúbrase lo *s*
1.10 llamó Dios a lo *s* Tierra, y a la. .Mares
8.13 he aquí que la faz de la tierra estaba *s*
Éx. 14.16,22,29 por en medio del mar, en *s*
14.21 hizo Jehová que. .y volvió el mar en *s*
15.19 mas los hijos de Israel pasaron en *s*
Lv. 7.10 toda ofrenda amasada con aceite, o *s*
Nm. 6.3 ni tampoco comerá uvas frescas ni *s*
Jos. 3.17 sacerdotes. .estuvieron en *s*, firmes
3.17 pasar el Jordán; y todo Israel pasó en *s*
4.18 de los sacerdotes estuvieron en lugar *s*
4.22 diciendo: Israel pasó en *s*. .este Jordán
9.5 y todo el pan que traían. .era *s* y mohoso
9.12 nuestro pan. .helo aquí. .ya *s* y mohoso
Jue. 6.37 en el vellón. .*s* toda la otra tierra
6.39 ruego que. .el vellón quede *s*, y el rocío
6.40 el vellón quedó *s*, y en toda la tierra
1 S. 25.18 Abigail tomó. .200 panes de higos *s*
30.12 le dieron. .pedazo de masa de higos *s*
2 S. 16.1 cien panes de higos *s*, y un cuero de
2 R. 2.8 se apartaron. .pasaron ambos por lo *s*
Neh. 9.11 y pasaron por medio de él en *s;* y a
Job 13.25 hoja. .a una paja *s* has de perseguir?
Sal. 63.1 tierra *s* y árida donde no hay aguas
66.6 volvió el mar en *s;* por el río pasaron
68.6 mas los rebeldes habitan en tierra *s*
95.5 hizo; y sus manos formaron la tierra *s*
102.4 mi corazón está herido, y *s* como la
107.35 aguas, y la tierra *s* en manantiales
Pr. 17.1 mejor es un bocado *s*, y en paz, que
Is. 25.5 como el calor en. .*s*, así humillarás
35.7 el lugar *s* se convertirá en estanque, y
41 17 *s* está de sed su lengua; yo Jehová los
41.18 y manantiales de aguas en la tierra *s*
53.2 cual renuevo. .y como raíz de tierra *s*
56.3 ni diga el eunuco: He aquí yo. .árbol *s*
Jer. 2.6 nos condujo. .por tierra *s* y de sombra
4.11 viento *s* de las alturas del desierto vino
48.18 siéntate en tierra *s*, moradora hija de
51.36 su mar, y haré que su corriente quede *s*

SECO, CA *(Continúa)*
Jer. 51.43 la tierra *s* y desierta, tierra en que
Lm. 4.8 su piel está pegada a. . *s* como un palo
Ez. 17.24 verde, e hice reverdecer el árbol *s*
20.47 el cual consumirá en ti. . *s* todo árbol
37.2 que eran muchísimos. . *s* en gran manera
37.4 diles: Huesos *s*, oíd palabra de Jehová
Os. 2.3 la deje como tierra *s*, y la mate de sed
9.16 Efraín fue herido, su raíz está *s*, no
13.5 yo te conocí en el desierto, en tierra *s*
Jl. 1.12 la vid está *s*, y pereció la higuera
2.20 y lo echaré en tierra *s* y desierta; su
Nah. 1.10 serán consumidos como hojarasca. . *s*
Hag. 2.6 yo haré temblar. . el mar y la tierra *s*
Mt. 12.10 había allí uno que tenía *s* una mano
12.43 anda por lugares *s*, buscando reposo, y
Mr. 3.1 había. . un hombre que tenía *s* una mano
3.3 dijo al. . que tenía la mano *s*: Levántate
Lc. 6.6 un hombre que tenía *s* la mano derecha
6.8 él. . dijo al hombre que tenía la mano *s*
11.24 anda por lugares *s*, buscando reposo
23.31 árbol verde. . ¿en el *s*, qué no se hará?
Hch. 28.3 habiendo recogido. . algunas ramas *s*
He. 11.29 pasaron. . Mar Rojo como por tierra *s*

SECRETAMENTE
Jos. 2.1 Josué. . envió desde Sitim dos espías *s*
Jue. 9.31 envió *s* mensajeros a Abimelec. . Gaal
2 R. 17.9 de Israel hicieron *s* cosas no rectas
Sal. 83.3 contra tu pueblo han consultado. . y *s*
Jer. 37.17 le preguntó el rey *s* en su casa, y
Mt. 1.19 su marido, como era. . quiso dejarla *s*
Jn. 19.38 José. . era discípulo de Jesús, pero *s*

SECRETARIO
1 R. 4.3 Elihoref y Ahías, hijos de Sisa, *s*
2 R. 12.10 el *s* del rey y. . y contaban el dinero
1 Cr. 18.16 Sadoc. . eran sacerdotes, y Savsa, *s*
2 Cr. 24.11 para llevar el arca al *s* del rey por
Esd. 4.8 Simsai *s* escribieron una carta contra
4.9 y Simsai *s*, y los demás compañeros suyos
4.17 Simsai *s*, a los demás compañeros suyos
4.23 la carta. . fue leída delante de. . Simsai *s*
Jer. 36.12 al aposento del *s*. . Elisama *s*, Delaía
36.20 el rollo en el aposento de Elisama *s*
36.21 cual lo tomó del aposento de Elisama *s*
52.25 tomó. . y el principal *s* de la milicia

SECRETO, TA
Dt. 13.6 te incitare tu hermano. . diciendo en *s*
29.29 las cosas *s* pertenecen a Jehová. . Dios
Jue. 3.19 rey, una palabra *s* tengo que decirte
16.9 rompió. . y no se supo el *s* de su fuerza
1 S. 18.22 hablad en *s* a David, diciéndole: He
25.20 descendió por una parte *s* del monte
2 S. 3.27 llevó aparte. . para hablar con él en *s*
12.12 porque tú lo hiciste en *s*; mas yo haré
2 R. 5.24 así que llegó a un lugar *s*, él lo tomó
6.12 las. . que tú hablas en tu cámara más *s*
Job 9.9 él hizo la Osa. . los lugares *s* del sur
11.6 te declarara los *s* de la sabiduría; que
11.7 ¿descubrirás. . los *s* de Dios? ¿Llegarás
15.8 ¿oíste tú el *s* de Dios, y está limitada
31.27 y mi corazón se engañó en *s*, y mi boca
Sal. 31.20 en lo *s* de tu. . los esconderás de la
44.21 porque él conoce los *s* del corazón
51.6 lo *s* me has hecho comprender sabiduría
55.14 juntos comunicábamos dulcemente los *s*
64.2 escóndeme del consejo *s* de los malignos
81.7 te respondí en lo *s* del trueno; te probé
Pr. 11.13; 20.19 anda en chismes descubre el *s*
21.14 la dádiva en *s* calma el furor, y el don
25.9 tu causa con. . y no descubras el *s* a otro
Ec. 10.20 ni en lo *s* de tu. . digas mal del rico
Is. 45.3 te daré. . y los *s* muy guardados, para
45.19 no hablé en *s*, en un lugar oscuro de la
48.16 oíd. . desde el principio no hablé en *s*
Jer. 13.17 si no oyereis esto, en *s* llorará mi
23.18 ¿quién estuvo en el *s* de Jehová, y vio
23.22 pero si ellos hubieran estado en mi *s*
38.16 juró el rey Sedequías en *s* a Jeremías
40.15 Johanán hijo de. . habló a Gedalías en *s*
Ez. 7.22 mi rostro, y será violado mi lugar *s*
28.3 más sabio. . no hay *s* que te sea oculto
Dn. 2.19 el *s* fue revelado a Daniel en visión
Am. 3.7 sin que revele su *s* a sus siervos los
Mt. 2.7 Herodes, llamando en *s* a los magos
6.4 para que sea tu limosna en *s*; y tu Padre
6.4,6,18 Padre que ve en lo *s* te recompensará
6.6 ora a tu Padre que está en *s*; y tu Padre
6.18 mostrar. . sino a tu Padre que está en *s*
Jn. 7.4 procura darse a conocer hace algo en *s*
7.10 él también subió a la fiesta. . como en *s*
11.28 diciéndole en *s*: El Maestro está aquí
Ro. 2.16 que Dios juzgará. . los *s* de los hombres
Ef. 5.12 vergonzoso es aun hablar. . hacen en *s*

SECTA
Hch. 5.17 la *s* de los saduceos, se llenaron de
15.5 pero algunos de la *s* de los fariseos, que
24.5 es. . cabecilla de la *s* de los nazarenos
26.5 a la más rigurosa *s* de nuestra religión
28.22 esta *s*. . en todas partes se habla contra

SECÚ *Lugar entre Rama y Gabaá*, **1 S. 19.22**

SECUESTRADOR
1 Ti. 1.10 para los *s*, para los mentirosos y

SED
Éx. 17.3 tuvo allí *s*, y murmuró contra Moisés
17.3 de Egipto para matarnos de *s* a nosotros
Dt. 8.15 un desierto. . de *s*, donde no había agua
28.48 con *s* y con desnudez, y con falta de
29.19 fin de que con la embriaguez quite la *s*
Jue. 4.19 te ruego me des. . agua, pues tengo *s*
15.18 y teniendo gran *s*, clamó luego a Jehová
15.18 moriré yo ahora de *s*, y caeré en mano
Rt. 2.9 cuando tengas *s*, vé a las vasijas, y
2 Cr. 32.11 para entregaros a. . a hambre y a *s*
Neh. 9.15 en su *s* les sacaste aguas de la peña
9.20 tu maná de. . y agua les diste para su *s*
Job 24.11 pisan los lagares, y mueren de *s*
Sal. 42.2 alma tiene *s* de Dios, del Dios vivo
63.1 alma tiene *s* de ti, mi carne te anhela
69.21 y en mi *s* me dieron a beber vinagre
104.11 dan. . mitigan su *s* los asnos monteses
Pr. 25.21 y si tuviere *s*, dale de beber agua
Is. 5.13 pereció de. . su multitud se secó de *s*
29.8 el que tiene *s* y sueña, y le parece que
41.17 seca está de *s* su lengua; yo Jehová los
48.21 no tuvieron *s* cuando los llevó por los
49.10 no tendrán hambre ni *s*, ni el calor ni
50.2 pudren por falta de agua, y mueren de *s*
65.13 siervos beberán, y vosotros tendréis *s*
Jer. 2.25 guarda tus pies. . tu garganta de la *s*
Lm. 4.4 lengua. . se pegó a su paladar por la *s*
Os. 2.3 deje como tierra seca, y la mate de *s*
Am. 8.11 ni *s* de agua, sino de oír la palabra
8.13 doncellas. . los jóvenes desmayarán de *s*
Mt. 5.6 los que tienen hambre y *s* de justicia
25.35 porque. . tuve *s*, y me disteis de beber
25.42 comer; tuve *s*, y no me disteis de beber
Jn. 4.13 bebiere de. . agua, volverá a tener *s*
4.14 agua que yo le daré, no tendrá *s* jamás
4.15 dame. . agua, para que no tenga yo *s*, ni
6.35 y el que en mí cree, no tendrá *s* jamás
7.37 si alguno tiene *s*, venga a mí y beba
19.28 que la Escritura se cumpliese: Tengo *s*
Ro. 12.20 enemigo. . si tuviere *s*, dale de beber
1 Co. 4.11 tenemos *s*, estamos desnudos, somos
2 Co. 11.27 en hambre y *s*, en muchos ayunos, en
Ap. 7.16 no tendrán hambre ni *s*, y el sol no
21.6 tuviere *s*, yo le daré. . agua de la vida
22.17 el que tiene *s*, venga; y el que quiera

SEDA
Ez. 16.10 vestí. . ceñí de lino y te cubrí de *s*
16.13 vestido era de lino fino, *s* y bordado
Ap. 18.12 mercadería de oro. . *s*, de escarlata

SEDEQUÍAS
1. Falso profeta en tiempo del rey Acab
1 R. 22.11 *S* hijo de Quenaana se había hecho
22.24 se acercó *S*. . y golpeó a Micaías en la
2 Cr. 18.10 *S*. . había hecho cuernos de hierro
18.23 *S*. . se le acercó y golpeó a Micaías en
2. Ultimo rey de Judá (=Matanías No. 1)
2 R. 24.17 y le cambió el nombre por el de *S*
24.18 era *S*. . y reinó en Jerusalén once años
24.20 *S* se rebeló contra el rey de Babilonia
25.2 sitiada hasta el año undécimo del rey *S*
25.7 degollaron a los hijos de *S* en presencia
25.7 y a *S* le sacaron los ojos, y atado con
1 Cr. 3.15 los hijos. . tercero *S*, el cuarto Salum
2 Cr. 36.10 constituyó a *S* su hermano por rey
36.11 de 21 años. . *S* cuando comenzó a reinar
Jer. 1.3 el fin del año undécimo de *S* hijo de
21.1 cuando el rey *S* envió a él a Pasur hijo
21.3 y Jeremías les dijo: Diréis así a *S*
21.7 entregaré a *S*. . mano de Nabucodonosor
24.8 como los higos malos. . pondré a *S* rey de
27.3 mensajeros que vienen. . a *S* rey de Judá
27.12 hablé. . *S* rey de Judá conforme a todas
28.1 en el principio del reinado de *S* rey de
29.3 mano de. . a quienes envió *S* rey de Judá
32.1 el año décimo de *S* rey de Judá, que fue
32.3 *S* rey de Judá lo había puesto preso
32.4 *S* rey de. . no escapará de la mano de los
32.5 y hará llevar a *S* a Babilonia, y allá
34.2 vé y habla a *S* rey de Judá, y dile: Así
34.4 oye palabra de Jehová, *S* rey de Judá
34.6 habló. . a *S* rey de Judá. . estas palabras
34.8 que *S* hizo pacto con todo el pueblo de
34.21 a *S* rey de Judá y a sus príncipes los
37.1 reinó el rey *S* hijo de Josías, al cual
37.3 y envió el rey *S*. . al profeta Jeremías
37.17 rey *S* envió y le sacó; y le preguntó
37.18 dijo. . Jeremías al rey *S*: ¿En qué pequé
37.21 dio orden el rey *S*, y custodiaron a
38.5 dijo el rey *S*. . está en vuestras manos
38.14 después envió el rey *S*, e hizo traer
38.15 Jeremías dijo a *S*: Si te lo declarare
38.16 y juró el rey *S* en secreto a Jeremías
38.17 dijo Jeremías a *S*. . Si te entregas en
38.19 el rey *S*. . Tengo temor de los judíos que
38.24 y dijo *S* a Jeremías: Nadie sepa estas
39.1 en el noveno año de *S* rey de Judá, en
39.2 el undécimo año de *S*, en el mes cuarto
39.4 y viéndolos *S* rey de Judá y todos los
39.5 alcanzaron a *S* en los llanos de Jericó
39.6 y degolló el rey. . a los hijos de *S* en
39.7 sacó los ojos del rey *S*, y le aprisionó
44.30 como entregué a *S* rey de Judá en mano
49.34 en el principio del reinado de *S* rey de
51.59 iba con *S* rey de Judá a Babilonia, en
52.1 era *S* de edad de veintiún años cuando
52.3 se rebeló *S* contra el rey de Babilonia
52.5 ciudad hasta el undécimo año del rey *S*
52.8 alcanzaron a *S* en los llanos de Jericó
52.10 degolló. . a los hijos de *S* delante de sus
52.11 sólo le sacó los ojos a *S*, y le ató con
3. Hijo del rey Jeconías, **1 Cr. 3.16**
4. Firmante del pacto de Nehemías, **Neh. 10.1**
5. Falso profeta en tiempo del profeta Jeremías, **Jer. 29.21,22**
6. Príncipe de Judá en tiempo del rey Joacim, **Jer. 36.12**

SEDEUR *Padre de Elisur*, **Nm. 1.5; 2.10; 7.30,35; 10.18**

SEDICIÓN
Esd. 4.19 ciudad. . rebela, y se forma en ella *s*
Lc. 21.9 y cuando oigáis de guerras y de *s*, no
23.19,25 había sido echado en la cárcel por *s*
Hch. 19.40 que seamos acusados de *s* por esto de
21.38 aquel egipcio que levantó una *s* antes
24.5 y promotor de *s* entre todos los judíos

SEDIENTO, TA
2 S. 17.29 el pueblo está. . y *s* en el desierto
Job 5.5 espinos, y los *s* beberán su hacienda
Sal. 107.5 hambrientos y *s*, su alma desfallecía
143.6 extendí. . mi alma a ti como la tierra *s*
Pr. 25.25 como el agua fría al alma *s*, así son
Is. 21.14 salid a encontrar al *s*; llevadle agua
29.8 cuando despierta, se halla cansado y *s*
32.6 vacía el alma. . quitando la bebida al *s*
55.1 a todos los *s*: Venid a las aguas; y los
Mt. 25.37,44 ¿cuándo te vimos hambriento. . *s*

SEDIMENTO
Is. 51.17 el cáliz de su. . bebiste hasta los *s*
51.22 he quitado de tu mano. . los *s* del cáliz
Jer. 48.11 y sobre su *s* ha estado reposado, y

SEDUCIR
Jer. 20.7 *sedujiste*, oh Jehová, y fui *seducido*
Dn. 11.32 *seducirá* a los violadores del pacto
Nah. 3.4 la ramera. . que *seduce* a las naciones
Stg. 1.14 su propia concupiscencia es. . *seducido*
2 P. 2.14 *seducen* a las almas inconstantes
2.18 *seducen* con concupiscencias de la carne
Ap. 2.20 mujer Jezabel. . *seduzca* a mis siervos

SEERA *Hija de Efraín (o de Bería)*, **1 Cr. 7.24**

SEFAM *Lugar en la frontera noreste de Canaán*, **Nm. 34.10,11**

SEFAR *Lugar en el límite de los joctanitas*, **Gn. 10.30**

SEFARAD *Probablemente =Sardis*, **Abd. 20**

SEFARVAIM *Ciudad en Siria o Mesopotamia*
2 R. 17.24 gente de. . Hamat y de *S*, y los puso
17.31 los de *S* quemaban sus hijos en el fuego
17.31 para adorar a Adramelec. . dioses de *S*
18.34 ¿dónde está el dios de *S*, de Hena, y de
19.13 el rey de la ciudad de *S*, de Hena, y de
Is. 36.19 de Arfad? ¿Dónde está el dios de *S*?
37.13 ¿dónde está el rey de. . *S*, de Hena y de

SEFAT *Ciudad en Judá*, **Jue. 1.17**

SEFATA *Valle cerca de Sefat*, **2 Cr. 14.10**

SEFATÍAS
1. Hijo de David nacido en Hebrón, **2 S. 3.4; 1 Cr. 3.3**
2. Descendiente de Benjamín, **1 Cr. 9.8**
3. Guerrero que se unió a David en Siclag, **1 Cr. 12.5**
4. Jefe de la tribu de Simeón en tiempo de David, **1 Cr. 27.16**
5. Hijo del rey Josafat, **2 Cr. 21.2**
6. Padre de una familia que regresó de Babilonia, **Esd. 2.4; 8.8; Neh. 7.9**
7. Padre de una familia de sirvientes de Salomón, **Esd. 2.57; Neh. 7.59**
8. Padre de una familia de Benjamín, **Neh. 11.4**
9. Príncipe de Judá que se opuso al profeta Jeremías, **Jer. 38.1**

SEFELA *Región entre los montes de Judá y la llanura filistea*
1 R. 10.27 como cabrahigos. .la *S* en abundancia
1 Cr. 27.28 los olivares. .de la *S*, Baal-hanán
2 Cr. 1.15 y cedro como cabrahigos de la *S* en
9.27 cedros como los cabrahigos de la *S* en
26.10 ganados, así en la *S* como en las vegas
28.18 extendido por las ciudades de la *S* y del
Jer. 17.26 de la *S*, de los. .trayendo holocausto
32.44 en las ciudades de la *S*, y. .del Neguev
33.13 las montañas, en las ciudades de la *S*
Abd. 19 los de la *S* a los filisteos; poseerán
Zac. 7.7 el Neguev y la *S* estaban. .habitados?

SEFER *Monte donde acampó Israel,* **Nm. 33.23,24**

SEFO *Descendiente de Seir horeo,* **Gn. 36.23; 1 Cr. 1.40**

SÉFORA *Mujer de Moisés*
Éx. 2.21 él dio su hija *S* por mujer a Moisés
4.25 entonces *S* tomó un pedernal afilado y
18.2 y tomó Jetro. .a *S* la mujer de Moisés

SEFUFÁN *Descendiente de Benjamín,* **1 Cr. 8.5**

SEGADA
Lv. 19.9 no segarás. .ni espigarás tu tierra *s*
25.5 lo que de suyo nace en tu tierra *s*, no

SEGADOR
Rt. 2.3 fue. .espigó en el campo en pos de los *s*
2.4 que Booz vino de Belén, y dijo a los *s*
2.5 dijo a su criado el mayordomo de los *s*
2.6 el criado, mayordomo de los *s*, respondió
2.7 recoger y. .tras los *s* entre las gavillas
2.14 ella se sentó junto a los *s*, y él le dio
2 R. 4.18 vino a su padre, que estaba con los *s*
Sal. 129.7 de la cual no llenó el *s* su mano, ni
Is. 17.5 será como cuando el *s* recoge la mies
Jer. 9.22 caerán como. .como manojo tras el *s*
Am. 9.13 días. .que el que ara alcanzará al *s*
Mt. 13.30 tiempo de la siega yo diré a los *s*
13.39 la siega es el. .y los *s* son los ángeles

SEGAR
Lv. 19.9 *siegues* la mies de. .no *segarás*. .rincón
23.22 cuando *segareis*. .no *segaréis* hasta el
25.5 lo que de suyo naciere en. .no lo *segarás*
25.11 ni *segaréis* lo que naciere de suyo en
Dt. 24.19 cuando *siegues* tu mies en tu campo
Rt. 2.9 bien el campo que *sieguen*, y síguelas
1 S. 6.13 los de Bet-semes *segaban* el trigo en
8.12 y *sieguen* sus mieses, y a que hagan sus
2 R. 19.29 el tercer año sembraréis, y *segaréis*
Job 4.8 que aran. .y siembran injuria, la *siegan*
24.6 el campo *siegan* su pasto, y los impíos
Sal. 126.5 con lágrimas, con regocijo *segarán*
Pr. 22.8 el que sembrare. .iniquidad *segará*, y
27.25 se *segarán* las hierbas de los montes
Ec. 11.4 y el que mira a las nubes, no *segará*
Is. 17.5 como. .con su brazo *siega* las espigas
37.30 el año tercero sembraréis y *segaréis*
Jer. 12.13 sembraron trigo, y *segaron* espinos
Os. 8.7 sembraron viento, y torbellino *segarán*
10.12 *segad* para vosotros en misericordia
10.13 arado impiedad, y *segasteis* iniquidad
Mi. 6.15 sembrarás, mas no *segarás;* pisarás
Mt. 6.26 las aves del. .no siembran, ni *siegan*
25.24 duro, que *siegas* donde no sembraste y
25.26 sabías que *siego* donde no sembré, y que
Lc. 12.24 cuervos, que ni siembran, ni *siegan*
19.21 pusiste, y *siegas* lo que no sembraste
19.22 no puse, y que *siego* lo que no sembré
Jn. 4.36 el que *siega* recibe salario, y recoge
4.36 el que siembra goce. .con el que *siega*
4.37 el que siembra, y otro es el que *siega*
4.38 a *segar* lo que vosotros no labrasteis
1 Co. 9.11 gran cosa si *segáremos* de vosotros
2 Co. 9.6 el que siembra escasamente. .*segará*
9.6 siembra generosamente. .también *segará*
Gá. 6.7 lo que el hombre sembrare, eso. .*segará*
6.8 que siembra para su carne, de la. .*segará*
6.8 siembra. .del Espíritu *segará* vida eterna
6.9 a su tiempo *segaremos*, si no desmayamos
Stg. 5.4 los clamores de los que habían *segado*
Ap. 14.15 mete tu hoz, y *siega*. .hora de *segar*
14.16 metió su hoz. .y la tierra fue *segada*

SEGUB
1. *Hijo menor de Hiel de Bet-el,* **1 R. 16.34**
2. *Descendiente de Judá,* **1 Cr. 2.21,22**

SEGUIR
Gn. 14.14 armó a sus criados. .*siguió* hasta Dan
14.15 les fue *siguiendo* hasta Hoba al norte
19.2 la mañana os levantaréis, y *seguiréis*
24.39 dije: Quizá la mujer no querrá *seguirme*
24.61 en los camellos, y *siguieron* al hombre
29.1 *siguió* luego Jacob su camino, y fue a la
32.1 Jacob *siguió* su camino, y le salieron al
41.30 *seguirán* siete años de hambre; y toda
44.4 dijo. .Levántate y *sigue* a esos hombres
Éx. 14.4 endureceré. .Faraón para que los *siga*
14.8 *siguió* a los hijos de Israel; pero los
14.9 *siguiéndolos*. .los egipcios, con toda la
14.17 endureceré el corazón. .que los *sigan*
14.23 y *siguiéndolos* los egipcios, entraron
23.2 no *seguirás* a los muchos para hacer mal
Lv. 15.25 *siguiere* el flujo de su sangre por
Nm. 14.43 os habéis negado a *seguir* a Jehová
16.29 *siguen* la suerte de todos los hombres
34.8 Hor. .*seguirá* aquel límite hasta Zedad
34.9 y *seguirá* este límite hasta Zifrón, y
Dt. 1.36 porque ha *seguido* fielmente a Jehová
4.4 vosotros que *seguisteis* a Jehová. .Dios
10.20 a Jehová tu Dios temerás. .*seguirás*, y
11.22 andando en. .caminos, y *siguiéndole* a él
13.4 Dios. .a él serviréis, y a él *seguiréis*
16.20 la justicia *seguirás*, para que vivas y
30.20 amando a Jehová tu. .y *siguiéndole* a él
33.3 por tanto, ellos *siguieron* en tus pasos
Jos. 2.5 *seguidlos* aprisa, y los alcanzaréis
2.16 hasta que los que os *siguen* hayan vuelto
6.8 y el arca del pacto de Jehová los *seguía*
7.5 los de Hai. .los *siguieron*. .hasta Sebarim
8.16 pueblo. .en Hai se juntó para *seguirles*
8.16 *siguieron* a Josué, siendo así alejados de
8.17 y por *seguir* a Israel dejaron la ciudad
8.20 se volvió contra los que les *seguían*
10.10 y los *siguió* por el camino que sube a
10.19 *seguid* a vuestros enemigos, y heridlos
11.8 *siguieron* hasta Sidón la grande y hasta
14.8 yo cumplí *siguiendo* a Jehová mi Dios
14.14 por cuanto había *seguido*. .a Jehová Dios
20.5 si el vengador de la sangre le *siguiere*
22.5 y le *sigáis* a él, y le sirváis de todo
22.16 para apartaros hoy de *seguir* a Jehová
22.18 que. .os apartéis hoy de *seguir* a Jehová?
22.29 nos apartemos hoy de *seguir* a Jehová
23.8 a Jehová vuestro Dios *seguiréis*, como
24.6 los egipcios *siguieron* a vuestros padres
Jue. 1.6 mas Adoni-bezec huyó; y le *siguieron*
2.19 se corrompían. .*siguiendo* a dioses ajenos
2.22 si procurarían o no *seguir* el camino de
2.22 andando en él, como lo *siguieron*. .padres
3.28 *seguidme*, porque Jehová ha entregado a
4.16 Barac *siguió* los carros y el ejército
4.22 *siguiendo* Barac a Sísara, Jael salió a
7.23 juntándose. .*siguieron* a los madianitas
7.25 después que *siguieron* a los madianitas
8.5 os ruego que deis a la gente que me *sigue*
8.12 y huyendo Zeba y Zalmuna, él los *siguió*
9.4 Abimelec alquiló hombres. .le *siguieron*
9.49 y *siguieron* a Abimelec, y las pusieron
13.11 se levantó Manoa, y *siguió* a su mujer
18.22 se juntaron y *siguieron* a los. .de Dan
19.3 se levantó su marido y la *siguió*, para
19.13 ven, *sigamos* hasta uno de esos lugares
19.27 la casa, y salió para *seguir* su camino
Rt. 2.9 bien el campo que sieguen, y *síguelas*
1 S. 6.12 las vacas se. .*seguían* camino recto
7.11 *siguieron* a los filisteos, hiriéndolos
10.3 que de allí *sigas* más adelante, y llegas a
14.46 y Saúl dejó de *seguir* a los filisteos
17.13 mayores habían ido para *seguir* a Saúl
17.14 *siguieron*, pues, los tres mayores a Saúl
17.52 *siguieron* a los filisteos hasta llegar
17.53 volvieron. .de *seguir* tras los filisteos
19.23 y *siguió* andando y profetizando hasta
23.6 cuando Abiatar. .huyó *siguiendo* a David
23.25 Saúl oyó. .*siguió* a David al desierto
24.7 Saúl, saliendo de la. .*siguió* su camino
25.19 id delante de mí, y yo os *seguiré* luego
25.27 dado a. .hombres que *siguen* a mi señor
25.42 Abigail con. .*siguió* a los mensajeros
26.3 David. .entendió que Saúl le *seguía* en
28.22 que cobres fuerzas, y *sigas* tu camino
30.2 los habían llevado al *seguir* su camino
30.8 *síguelos*, porque. .los alcanzarás, y de
30.10 David *siguió* adelante con 400 hombres
30.21 que. .no habían podido *seguir* a David
31.2 *siguiendo* los filisteos a Saúl y a sus
2 S. 2.10 de la casa de Judá *siguieron* a David
2.19 *siguió* Asael. .Abner, sin apartarse ni
2.24 Joab y Abisai *siguieron* a Abner; y se
2.27 el pueblo hubiera dejado de *seguir* a sus
3.16 su marido fue. .*siguiéndola* y llorando
15.12 y aumentaba el pueblo que *seguía* a
15.17 rey con todo el pueblo que le *seguía*
17.1 levantaré y *seguiré* a David esta noche
17.6 así. .¿*seguiremos* su consejo, o no? Dí tú
17.9 que *sigue* a Absalón ha sido derrotado
17.23 viendo. .no se había *seguido* su consejo
18.16 el pueblo se volvió de *seguir* a Israel
20.2 Israel. .*siguiendo* a Seba hijo de Bicri
20.2 los de Judá *siguieron* a su rey desde el
20.13 pasaron todos los que *seguían* a Joab
20.14 y se juntaron, y lo *siguieron* también
1 R. 1.8 los grandes de. .no *seguían* a Adonías
2.2 yo *sigo* el camino de todos en la tierra
11.5 Salomón *siguió* a Astoret, diosa de los
11.6 no *siguió*. .a Jehová como David su padre
11.10 que no *siguiese* a dioses ajenos; mas él
12.20 sin quedar tribu alguna que *siguiese* la
16.21 mitad. .*seguía* a Tibni. .mitad *s* a Omri
16.22 el pueblo que *seguía* a Omri pudo más que
16.22 más que el que *seguía* a Tibni hijo de
18.18 tú y la casa de. .*siguiendo* a los baales
18.21 si Jehová es Dios, *seguidle;* y si Baal
19.20 besar a mi padre. .y luego te *seguiré*
20.10 a los puños de. .el pueblo que me *sigue*
20.20 y huyeron. .*siguiéndoles* los de Israel
2 R. 3.9 agua para. .las bestias que los *seguían*
4.31 entonces se levantó y la *siguió*. Y Giezi
5.21 y *siguió* Giezi a Naamán; y cuando vio
6.19 *seguidme*, y yo os guiaré al hombre que
7.15 fueron, y los *siguieron* hasta el Jordán
9.27 huyó. .Y lo *siguió* Jehú, diciendo: Herid
11.15 al que la *siguiere*, matadlo a espada
13.2 *siguió* en los pecados de Jeroboam hijo
17.15 y *siguieron* la vanidad, y se hicieron
18.6 porque *siguió* a Jehová, y no se apartó
25.5 el ejército de los caldeos *siguió* al rey
1 Cr. 5.25 se prostituyeron *siguiendo*. .dioses
10.2 los filisteos *siguieron* a Saúl y a sus
12.32 cuyo dicho *seguían* todos sus hermanos
2 Cr. 13.19 *siguió* Abías a Jeroboam, y le tomó
23.14 al que la *siguiere*, matadlo a filo de
36.14 *siguiendo* todas las abominaciones de
Neh. 4.23 y ni yo. .ni la gente. .que me *seguía*
Job 22.15 ¿quieres tú *seguir* la senda antigua
23.11 pies han *seguido* sus pisadas; guardé
36.26 ni se puede *seguir* la huella de sus años
Sal. 23.6 el bien. .me *seguirán* todos los días
34.14 haz el bien; busca la paz, y *síguela*
38.20 son contrarios, por *seguir* yo lo bueno
Pr. 2.19 ni *seguirán*. .los senderos de la vida
2.20 así. .*seguirás* las veredas de los justos
11.19 que *sigue* el mal lo hace para su muerte
12.11 que *sigue* a los vagabundos es falto de
15.9 impío; mas él ama al que *sigue* justicia
21.21 que *sigue* la justicia. .hallará la vida
28.19 que *sigue* a los ociosos se llenará de
Ec. 4.16 muchedumbre del pueblo que le *seguía*
Cnt. 1.8 vé, *sigue* las huellas del rebaño, y
Is. 5.11 de mañana para *seguir* la embriaguez
29.1 añadid un año. .fiestas *sigan* su curso
41.2 al justo, lo llamó para que le *siguiese*
41.3 los *siguió*, pasó en paz por camino por
48.17 encamina. .el camino que debes *seguir*
51.1 oídme, los que *seguís* la justicia, los
56.3 extranjero que *sigue* a Jehová no hable
56.6 que *sigan* a Jehová para servirle, y que
56.11 todos ellos *siguen* sus propios caminos
57.17 él *siguió* rebelde por el camino de su
Jer. 6.13; 8.10 cada uno *sigue* la avaricia
28.11 el yugo de. .Y *siguió* Jeremías su camino
39.5 el ejército de los caldeos los *siguió*
52.8 el ejército de los caldeos *siguió* al rey
Dn. 11.43 los de Libia y de Etiopía le *seguirán*
Os. 2.7 *seguirá* a sus amantes, y no. .alcanzará
12.1 Efraín se apacienta de. .*sigue* al solano
Jon. 2.8 los que *siguen* vanidades ilusorias, su
Mt. 4.20 ellos. .dejando. .redes, le *siguieron*
4.22 dejando. .la barca y a su. .le *siguieron*
4.25 y le *siguió* mucha gente de Galilea, de
8.1 cuando descendió. .le *seguía* mucha gente
8.10 maravilló, y dijo a los que le *seguían*
8.19 dijo: Maestro, te *seguiré* adondequiera
8.22 le dijo: *Sígueme;* deja que los muertos
8.23 la barca, sus discípulos le *siguieron*
9.9 Mateo. .y le dijo: Sígueme. .y le *siguió*
9.19 se levantó Jesús, y le *siguió* con sus
9.27 le *siguieron* dos ciegos, dando voces y
10.38 que no toma su cruz y *sigue* en pos de
12.15 *siguió* mucha gente, y sanaba a todos
14.13 la gente lo oyó, le *siguió* a pie desde
16.24 niéguese a sí. .tome su cruz, y *sígame*
19.2 le *siguieron* grandes multitudes, y los
19.21 vende lo que tienes. .y ven y *sígueme*
19.27 hemos dejado todo, y te hemos *seguido*
19.28 me habéis *seguido*. .os sentaréis sobre
20.29 al salir. .le *seguía* una gran multitud
20.34 recibieron la vista; y le *siguieron*
26.58 mas Pedro le *seguía* de lejos hasta el
27.55 habían *seguido* a Jesús desde Galilea
Mr. 1.18 dejando luego sus redes, le *siguieron*
1.20 dejando a su padre Zebedeo. .le *siguieron*
2.14 vio a Leví. .le dijo: Sígueme. .le *siguió*
2.15 porque había muchos. .le habían *seguido*
3.7 retiró al mar. .le *siguió* gran multitud
5.24 fue, pues. .le *seguía* una gran multitud
5.37 que le *siguiese* nadie sino Pedro, Jacobo
6.1 salió Jesús. .y le *seguían* sus discípulos
8.34 niéguese a sí. .y tome su cruz, y *sígame*
9.38 echa fuera demonios, pero él no nos *sigue*
9.38 y se lo prohibimos, porque no nos *seguía*
10.17 al salir él para *seguir* su camino, vino
10.21 vende. .y ven, *sígueme*, tomando tu cruz
10.28 hemos dejado todo, y te hemos *seguido*
10.32 se asombraban, y le *seguían* con miedo
10.52 recobró la vista, y *seguía* a Jesús en el
14.13 un hombre que lleva un cántaro. .*seguidle*
14.51 joven le *seguía*, cubierto el cuerpo con
14.54 Pedro le *siguió* de lejos hasta dentro
15.41 en Galilea, le *seguían* y le servían
16.17 estas señales *seguirán* a los que creen
16.20 confirmando. .las señales que la *seguían*

SEGUIR *(Continúa)*
Lc. 5.11 barcas, dejándolo todo, le *siguieron*
5.27 vio a un publicano..y le dijo: *Sígueme*
5.28 dejándolo todo, se levantó y le *siguió*
7.9 dijo a la gente que le *seguía:* Os digo
9.11 cuando la gente lo supo, le *siguió;* y él
9.23 mismo, tome su cruz cada día, y *sígame*
9.49 y se lo prohibimos, porque no *sigue* con
9.57 Señor, te *seguiré* adondequiera que vayas
9.59 a otro: *Sígueme*..Señor, déjame primero
9.61 te *seguiré* Señor; pero déjame que me
13.33 es necesario que hoy..*siga* mi camino
17.23 helo aquí, o..No vayáis, ni lo *sigáis*
18.22 vende todo lo que tienes..ven, *sígueme*
18.28 nosotros hemos dejado..te hemos *seguido*
18.43 vio, y le *seguía,* glorificando a Dios
22.10 *seguidle* hasta la casa donde entrare
22.39 y sus discípulos también le *siguieron*
22.54 le llevaron..Y Pedro le *seguía* de lejos
23.27 le *seguía* gran multitud del pueblo, y de
23.49 las mujeres que le habían *seguido* desde
23.55 *siguieron*..vieron el sepulcro, y cómo
24.27 *siguiendo* por todos los profetas, les
Jn. 1.37 le oyeron hablar..y *siguieron* a Jesús
1.38 que le *seguían,* les dijo: ¿Qué buscáis?
1.40 oído a Juan, y habían *seguido* a Jesús
1.43 Jesús..halló a Felipe, y le dijo: *Sígueme*
6.2 le *seguía* gran multitud, porque veían las
8.12 el que me *sigue,* no andará en tinieblas
10.4 y las ovejas le *siguen,* porque conocen
10.5 extraño no *seguirán,* sino huirán de él
10.27 mi voz, y yo las conozco, y me *siguen*
11.31 la *siguieron,* diciendo: Va al sepulcro
12.26 si alguno me sirve, *sígame;* y donde yo
13.36 no me puedes *seguir*..*seguirás* después
13.37 ¿por qué no te puedo *seguir* ahora? Mi
18.15 y *seguían* a Jesús Simón Pedro y otro
21.19 a Dios. Y dicho esto, añadió: *Sígueme*
21.20 les *seguía* el discípulo a quien amaba
21.22 si quiero que..¿qué a ti? *Sígueme* tú
Hch. 8.39 el eunuco..*siguió* gozoso su camino
12.9 saliendo, le *seguía;* pero no sabía que
13.43 y de los prosélitos..*siguieron* a Pablo
16.17 ésta, *siguiendo* a Pablo y..daba voces
Ro. 4.12 *siguen* las pisadas de la fe que tuvo
12.9 amor..Aborreced lo malo, *seguid* lo bueno
14.19 *sigamos* lo que contribuye a la paz y a
1 Co. 10.4 bebían de la roca..que los *seguía*
11.17 pero al anunciaros esto que *sigue,* no
14.1 *seguid* el amor; y procurad los dones
Gá. 1.6 os..para *seguir* un evangelio diferente
Ef. 2.2 *siguiendo* la corriente de este mundo
4.15 *siguiendo* la verdad en amor, crezcamos
Fil. 3.16 *sigamos* una misma regla, sintamos una
1 Ts. 5.15 *seguid* siempre lo bueno unos para
1 Ti. 4.6 de la buena doctrina que has *seguido*
6.11 *sigue* la justicia, la piedad, la fe, el
2 Ti. 2.22 y *sigue* la justicia, la fe, el amor
3.10 tú has *seguido* mi doctrina, conducta..fe
He. 12.14 *seguid* la paz con todos, y..santidad
1 P. 2.21 ejemplo, para que *sigáis* sus pisadas
3.11 y haga el bien; busque la paz, y *sígala*
3.13 os podrá hacer daño, si..*seguís* el bien?
2 P. 1.16 no os..*siguiendo* fábulas artificiosas
2.2 y muchos *seguirán* sus disoluciones, por
2.10 aquellos que, *siguiendo* la carne, andan
2.15 *siguiendo* el camino de Balaam hijo de
Jud. 11 porque han *seguido* el camino de Caín
Ap. 6.8 caballo amarillo..y el Hades le *seguía*
14.4 estos son los que *siguen* al Cordero por
14.8 otro ángel le *siguió,* diciendo: Ha caído
14.9 el tercer ángel los *siguió,* diciendo a
14.13 sí..porque sus obras con ellos *siguen*
19.14 ejércitos..*seguían* en caballos blancos

SEGUNDO ***Cristiano de Tesalónica, compañero del apóstol Pablo,* Hch. 20.4**

SEGUNDO, DA
Gn. 1.8 y fue la tarde y la mañana el día *s*
2.13 el nombre del *s* río es Gihón; este es el
6.16 al arca..le harás piso bajo, *s* y tercero
7.11 el mes *s,* a los diecisiete días del mes
8.14 el mes *s,* a los 27 días del mes, se secó
22.15 llamó el ángel..a Abraham *s* vez desde
30.7 concibió..y dio a luz un *s* hijo a Jacob
32.19 mandó también al *s,* y al tercero, y a
41.5 se durmió de nuevo, y soñó la *s* vez: Que
41.43 su *s* carro, y pregonaron delante de él
41.52 llamó el nombre del *s,* Efraín; porque
47.18 acabado aquel año, vinieron a él el *s*
Éx. 16.1 vino al..a los quince días del *s* mes
26.4,5,10 orilla de la cortina de la *s* unión
28.18 la *s* hilera, una esmeralda, un zafiro
36.11,12,17 orilla de la cortina..la *s* serie
39.11 la *s* hilera, una esmeralda, un zafiro
40.17 en el *s* año, el tabernáculo fue erigido
Lv. 13.58 lavará *s* vez, y entonces será limpia
Nm. 1.1 el día primero del mes *s,* en el *s* año
1.18 reunieron..en el día primero del mes *s*
2.16 de Rubén..sus ejércitos, marcharán los *s*
7.18 el *s* día ofreció Natanael hijo de Zuar
9.1 *s* año de su salida de..tierra de Egipto
9.11 en el mes *s,* a los catorce días del mes
10.6 tocareis alarma la *s* vez..moverán los
10.11 año *s,* en el mes *s,* a los veinte días
24.1 no fue, como la primera y *s* vez, en busca
28.8 ofrecerás el *s* cordero a la caída de la
29.17 el *s* día, doce becerros de la vacada
33.3 el *s* día de la pascua salieron los hijos
Jos. 5.2 a circuncidar la *s* vez a los hijos de
6.14 dieron otra vuelta a la ciudad el *s* día
19.1 la *s* suerte tocó a Simeón, para la tribu
Jue. 6.25 toma un toro..el *s* toro de siete años
6.26 el *s* toro, sacrifícalo en holocausto con
6.28 el *s* toro había sido ofrecido sobre el
20.24 acercaron los hijos de Israel..el *s* día
20.25 aquel *s* día, saliendo Benjamín de Gabaa
1 S. 8.2 el nombre del *s,* Abías; y eran jueces
17.13 Eliab el primogénito, el *s* Abinadab, y
18.21 dijo, pues, Saúl a David por *s* vez: Tú
20.27 el *s* día de la nueva luna, aconteció
20.34 no comió pan el *s* día de la nueva luna
23.17 tú reinarás..y yo seré *s* después de ti
26.8 lo enclavaré en la..y no le daré *s* golpe
2 S. 3.3 su *s* Quileab, de Abigail la mujer de
14.29 envió aun por *s* vez, y no quiso venir
20.10 Amasa..cayó muerto sin darle un *s* golpe
21.18 *s* guerra hubo después en Gob contra los
1 R. 6.1 mes de Zif, que es el mes *s,* comenzó
9.2 Jehová apareció a Salomón la *s* vez, como
15.25 Nadab hijo..comenzó a reinar..el *s* año
19.7 volviendo el ángel de..la *s* vez, lo tocó
2 R. 1.17 reinó..en el *s* año de Joram hijo de
10.6 les escribió la *s* vez, diciendo: Si sois
14.1 el año *s* de Joás hijo..comenzó a reinar
15.32 en el *s* año de Peka..comenzó a reinar
19.29 este año comeréis..*s* año lo que nacerá
22.14 la cual moraba..la *s* parte de la ciudad
23.4 mandó el rey..los sacerdotes de *s* orden
25.18 tomó..al *s* sacerdote Sofonías, y tres
1 Cr. 2.13 Isaí engendró a Eliab..el *s* Abinadab
3.1 hijos..*s,* Daniel, de Abigail la de Carmel
3.15 el *s* Joacim, el tercero Sedequías, el
5.12 el principal en Basán; el *s* Safán, luego
7.15 Maaca; y el nombre del *s* fue Zelofehad
8.1 Benjamín engendró a Bela su..Asbel el *s*
8.39 y los hijos de Esec..Ulam..Jehús el *s*
12.9 primero, Obadías el *s,* Eliab el tercero
15.18 con ellos a sus hermanos del *s* orden
16.5 Asaf el primero; el *s*..Zacarías; Jeiel
23.11 Jahat era el primero, y Zina el *s;* pero
23.19 hijos de Hebrón; Jerías..Amarías el *s*
23.20 hijos de Uziel: Micaía..e Isías el *s*
24.7 la primera suerte tocó..la *s* a Jedaías
24.23 el *s* Amarías, el tercero Jahaziel, el
25.9 por Asaf, para José; la *s* para Gedalías
26.2 los hijos de Meselemías..Jediael el *s*
26.4 hijos de Obed-edom..Jozabad el *s,* Joa
26.11 el *s* Hilcías, el tercero Tebalías, el
27.4 división del *s* mes estaba Dodai ahohita
29.22 por *s* vez la investidura del reino a
2 Cr. 3.2 edificar en el mes *s,* a los dos días
27.5 y lo mismo en el *s* año y en el tercero
28.7 mató a..y a Elcana, *s* después del rey
30.2 rey..para celebrar la pascua en el mes *s*
30.13 la fiesta solemne de los..en el mes *s*
30.15 la pascua, a los catorce días del mes *s*
31.12 principal, y Simei su hermano fue el *s*
34.22 Hulda..la cual moraba..en el *s* barrio
35.24 y lo pusieron en un *s* carro que tenía
Esd. 3.8 año *s* de su venida a la casa de Dios
3.8 en el mes *s,* comenzaron Zorobabel hijo
4.24 suspendida hasta el año *s* del reinado de
Neh. 11.9 Judá hijo de Senúa el *s* en la ciudad
11.17 Bacbuquías el *s* de entre sus hermanos
12.38 el *s* coro iba del lado opuesto, y yo en
Est. 2.14 volvía a la casa *s* de las mujeres, al
2.19 la *s* vez, Mardoqueo estaba sentado a la
7.2 el *s* día, mientras bebían vino, dijo el
9.29 suscribieron..esta *s* carta referente a
10.3 Mardoqueo el..fue el *s* después del rey
Job 42.14 llamó el nombre..el de la *s,* Cesia
Sal. 109.13 en la *s* generación sea borrado su
Ec. 4.10 porque cuando cayere, no habrá *s* que
Is. 37.30 comeréis..año *s* lo que nace de suyo
Jer. 1.13 vino..por *s* vez, diciendo: ¿Qué ves
13.3 a mí *s* vez palabra de Jehová, diciendo
33.1 palabra de Jehová a Jeremías la *s* vez
52.22 y lo mismo era lo de la *s* columna con
52.24 tomó..Sofonías el *s* sacerdote, y tres
Ez. 4.6 acostarás..*s* vez, y llevarás la maldad
10.14 la *s,* de hombre; la tercera, cara de
43.22 al *s* día ofrecerás un macho cabrío sin
Dn. 2.1 el *s* año del reinado de Nabucodonosor
2.7 respondieron por *s* vez..Diga el rey el
7.5 he aquí otra *s* bestia, semejante a un oso
Jon. 3.1 palabra de Jehová por *s* vez a Jonás
Sof. 1.10 habrá..aullido desde la *s* puerta, y
Hag. 1.1 en el año *s* del rey Darío, en el mes
1.15 del mes sexto, en el *s* año del rey Darío
2.10 en el *s* año de Darío, vino palabra de
2.20 por *s* vez palabra de Jehová a Hageo, a
Zac. 1.1 en el octavo mes del año *s* de Darío
1.7 el año *s* de Darío, vino palabra de Jehová
6.2 alazanes, en el *s* carro caballos negros
Mt. 22.26 de la misma manera también el *s,* y el
22.39 el *s* es semejante: Amarás a tu prójimo
26.42 oró por *s* vez, diciendo: Padre mío, si
Mr. 12.21 y el *s* se casó con ella, y murió, y
12.31 el *s* es semejante: Amarás a tu prójimo
14.72 el gallo cantó la *s* vez. Entonces Pedro
Lc. 12.38 venga a la *s* vigilia, y aunque venga
20.30 y la tomó el *s,* el cual también murió
Jn. 3.4 acaso entrar por *s* vez en el vientre de
4.54 esta *s* señal hizo Jesús, cuando fue de
21.16 volvió a decirle la *s* vez: Simón, hijo
Hch. 7.13 en la *s,* José se dio a conocer a sus
10.15 volvió la voz a él la *s* vez: Lo que Dios
11.9 la voz me respondió del cielo por *s* vez
12.10 habiendo pasado la primera..*s* guardia
13.33 está escrito..el salmo *s:* Mi hijo eres
28.13 otro día..llegamos al *s* día a Puteoli
1 Co. 15.47 el *s* hombre, que es el Señor, es del
2 Co. 1.15 ir..para que tuvieseis una *s* gracia
He. 8.7 no se hubiera procurado lugar para el *s*
9.3 tras el *s* velo estaba..el Lugar Santísimo
9.7 *s* parte, sólo el sumo sacerdote una vez
9.28 y aparecerá por *s* vez, sin relación con
2 P. 3.1 esta es la *s* carta que os escribo, y
Ap. 2.11 venciere, no sufrirá..de la *s* muerte
4.7 un león; el *s* era semejante a un becerro
6.3 abrió el *s* sello, oí al *s* ser viviente
8.8 el *s* ángel tocó la trompeta, y como una
11.14 *s* ay pasó; he aquí, el tercer ay viene
16.3 el *s* ángel derramó su copa sobre el mar
20.6 *s* muerte no tiene potestad sobre éstos
20.14 al lago de fuego. Esta es la muerte *s*
21.8 en el lago que arde..que es la muerte *s*
21.19 el primer cimiento era..el *s,* zafiro

SEGURIDAD
Lv. 25.19 la tierra..habitaréis en ella con *s*
Dt. 28.66 temeroso..y no tendrás *s* de tu vida
2 R. 20.19 habrá al menos paz y *s* en mis días
Job 5.4 sus hijos estarán lejos de la *s;* en la
5.11 que pone..y a los enlutados levanta a *s*
24.23 él les da *s* y confianza; sus ojos están
Sal. 71.5 mi esperanza, *s* mía desde mi juventud
78.53 los guio con *s,* de modo que no tuvieran
Pr. 11.14 en la multitud de consejeros hay *s*
Is. 5.29 llevará con *s,* y nadie se la quitará
32.17 y la labor de la justicia, reposo y *s*
39.8 a lo menos, haya paz y *s* en mis días
Ez. 34.25 paz..habitarán en el desierto con *s*
34.27 fruto, y estarán sobre su tierra con *s*
34.28 habitarán con *s,* y no habrá quien las
38.14 cuando mi pueblo Israel habite con *s*
39.6 sobre los que moran con *s* en las costas
39.26 cuando habiten en su tierra con *s,* y
Mr. 14.44 besare..prendedle, y llevadle con *s*
Hch. 5.23 hemos hallado cerrada con toda *s,* y
Ef. 3.12 tenemos *s* y acceso con confianza por
1 Ts. 5.3 que cuando digan: Paz y *s,* entonces

SEGURO, RA
Lv. 26.5 pan..y habitaréis *s* en vuestra tierra
Dt. 12.10 él os dará reposo de..y habitaréis *s*
Jos. 2.12 así..de lo cual me daréis una señal *s*
Jue. 18.7 pueblo que habitaba en ella estaba *s*
1 S. 12.11 libró de..enemigos..y habitasteis *s*
20.26 no está limpio..de *s* no está purificado
23.23 volved a mí con información *s,* y yo iré
1 R. 4.25 y Judá e Israel vivían *s,* cada uno
2 Cr. 20.20 creed en..Dios, y estaréis *s;* creed
Esd. 9.8 para darnos un lugar *s* en su santuario
Job 11.18 mirarás alrededor, y dormirás *s*
12.6 y los que provocan a Dios viven *s,* en
13.10 él os reprochará de *s*..hacéis acepción
24.22 se levante, ninguno está *s* de la vida
34.31 de *s* conviene que se diga a Dios: He
Sal. 61.4 estará *s* bajo la cubierta de tus alas
91.4 cubrirá, y debajo de sus alas estarás *s*
102.28 los hijos de tus siervos habitarán *s*
Pr. 11.15 que aborreciere las fianzas vivirá *s*
Is. 32.18 en morada de paz, en habitaciones *s*
33.16 se le dará su pan, y sus aguas serán *s*
Jer. 12.5 si en la tierra de paz no estabas *s*
33.16 Jerusalén habitará *s,* y se le llamará
Ez. 28.26 y habitarán en ella *s,* y edificarán
Os. 2.18 quitaré..y guerra, y te haré dormir *s*
Mi. 5.4 apacentará con poder de..y morarán *s*
Hab. 3.9 los juramentos a las tribus..palabra *s*
Ro. 8.38 estoy *s* de que ni la muerte, ni la vida
15.14 estoy *s* de vosotros, hermanos míos, de
Fil. 3.1 no me es molesto..para vosotros es *s*
2 Ti. 1.12 estoy *s* que es poderoso para guardar
He. 6.19 tenemos como *s* y firme ancla del alma
2 P. 1.19 tenemos..la palabra profética más *s*

SEHARÍAS ***Jefe de la tribu de Benjamín,* 1 Cr. 8.26**

SEHÓN ***Rey amorreo***
Nm. 21.21 envió Israel embajadores a *S* rey de
21.23 *S* no dejó pasar a..juntó *S*..su pueblo
21.26 Hesbón era la ciudad de *S* rey de los
21.27 edifíquese y repárese la ciudad de *S*
21.28 llama de la ciudad de *S,* y consumió a
21.29 cautividad, por *S* rey de los amorreos
21.34 y harás de él como hiciste de *S* rey de
32.33 Moisés dio..el reino de *S* rey amorreo
Dt. 1.4 que derrotó a *S,* rey de los amorreos

SEHÓN *(Continúa)*

Dt. 2.24 entregado en tu mano a S rey de Hesbón
2.26 mensajeros desde el..de Cademot a S rey
2.30 S rey de Hesbón no quiso que pasásemos
2.31 yo he comenzado a entregar..a S y a su
2.32 nos salió S al encuentro, él y todo su
3.2 con él como hiciste con S rey amorreo
3.6 las destruimos, como hicimos a S rey de
4.46 en la tierra de S rey de los amorreos
29.7 y salieron S rey de Hesbón y Og rey de
31.4 hará Jehová..como hizo con S y con Og
Jos. 2.10 y lo que habéis hecho..a S y a Og, a
9.10 lo que hizo a los dos..S rey de Hesbón
12.2 S rey de los amorreos, que habitaba en
12.5 Galaad, territorio de S rey de Hesbón
13.10 las ciudades de S rey de los amorreos
13.21 todo el reino de S rey de los amorreos
13.21 príncipes de S que habitaban en aquella
13.27 del reino de S rey de Hesbón; el Jordán
Jue. 11.19 envió Israel mensajeros a S rey de
11.20 S no se fio de Israel para darle paso
11.20 que reuniendo S toda su gente, acampó
11.21 Dios..entregó a S y a todo su pueblo
1 R. 4.19 la tierra de S rey de los amorreos
Neh. 9.22 poseyeron la tierra de S, la tierra
Sal. 135.11 S rey amorreo, a Og rey de Basán
136.19 a S rey amorreo, porque para siempre
Jer. 48.45 salió fuego..llama de en medio de S

SEIR

1. Cordillera principal de Edom; a veces =Edom

Gn. 14.6 a los horeos en el monte de S, hasta
32.3 a Esaú..a la tierra de S, campo de Edom
33.14 me iré..hasta que llegue a mi señor a S
33.16 así volvió Esaú aquel día..camino a S
36.8 y Esaú habitó en el monte de S; Esaú es
36.9 son los linajes de Esaú..el monte de S
36.30 jefes de los horeos..en la tierra de S
Nm. 24.18 también tomada S por sus enemigos
Dt. 1.2 once jornadas..camino del monte de S
2.1 rodeamos el monte de S por mucho tiempo
2.4 hijos de Esaú, que habitan en S, ellos
2.5 he dado por heredad a Esaú el monte de S
2.8 de nuestros hermanos..que habitaban en S
2.12 en S habitaron antes los horeos, a los
2.22,29 los hijos de Esaú que habitaban en S
33.2 Jehová vino de Sinaí, y de S..esclareció
Jos. 11.17 desde el monte Halac..sube hacia S
12.7 hasta el monte..Halac que sube hacia S
24.4 di el monte de S, para que lo poseyese
Jue. 5.4 cuando saliste de S, oh Jehová, cuando
1 Cr. 4.42 monte de S, llevando por capitanes
2 Cr. 20.10 los del monte de S, a cuya tierra
20.22 puso contra los..del monte de S, las
20.23 levantaron contra los del monte de S
20.23 acabado con los del monte de S, cada
25.11 Sal, y mató de los hijos de S diez mil
25.14 consigo los dioses de los hijos de S
Is. 21.11 me dan voces de S: Guarda, ¿qué de
Ez. 25.8 por cuanto dijo Moab y S: He aquí la
35.2 hijo..pon tu rostro hacia el monte de S
35.3 dile..yo estoy contra ti, oh monte de S
35.7 y convertiré al monte de S en desierto
35.15 haré a ti; asolado será el monte de S

2. Progenitor de los horeos, antiguos moradores de la tierra de Seir, Gn. 36.20,21; 1 Cr. 1.38

3. Monte en el límite norte de Judá

Dt. 1.44 salió..os derrotaron en S, hasta Horma
Jos. 15.10 hacia el occidente al monte de S

SEIRAT *Lugar en Efraín*

Jue. 3.26 Aod escapó, y..se puso a salvo en S

SEIS *Véanse también Seiscientos, Seis mil, etc.*

Gn. 30.20 le he dado a luz s hijos; y llamó su
31.41 y s años por tu ganado, y has cambiado
Éx. 16.26 s días lo recogeréis; mas el séptimo
20.9 s días trabajarás, y harás toda..obra
20.11 en s días hizo Jehová los cielos y la
21.2 comprares siervo hebreo, s años servirá
23.10 s años sembrarás tu tierra..tu cosecha
23.12 s días trabajarás, y al séptimo día
24.16 y la nube lo cubrió por s días; y al
25.32 y saldrán s brazos de sus lados; tres
25.33,35 los s brazos que salen del candelero
26.9 y unirás..y las otras s cortinas aparte
26.22 para el lado posterior..harás s tablas
28.10 s de sus nombres en una..los otros s en
31.15 s días se trabajará..séptimo es día de
31.17 en s días hizo Jehová los cielos y la
34.21 s días trabajarás, mas en el séptimo
35.2 s días se trabajará, mas el día séptimo
36.16 aparte, y las otras s cortinas aparte
36.27 para el lado occidental del..s tablas
37.18 sus lados salían s brazos; tres brazos
37.19 los s brazos que salían del candelero
37.21 conforme a los s brazos que salían de
Lv. 23.3 s días se trabajará, mas el séptimo
24.6 s en cada hilera, sobre la mesa limpia
25.3 s años sembrarás..y s años podarás tu
Nm. 7.3 s carros cubiertos y doce bueyes; por
35.6 s ciudades serán de refugio, las cuales
35.13 daréis, tendréis s ciudades de refugio
35.15 estas s ciudades serán de refugio para
Dt. 5.13 s días trabajarás, y harás toda..obra
15.12 te hubiere servido s años, al séptimo
15.18 por la mitad del costo..sirvió s años
16.8 s días comerás pan sin levadura..fiesta
Jos. 6.3 la ciudad..esto haréis durante s días
6.14 de esta manera hicieron durante s días
15.59 y Eltecón; s ciudades con sus aldeas
15.62 y En-gadi; s ciudades con sus aldeas
Jue. 12.7 Jefté juzgó a Israel s años; y murió
Rt. 3.15 él midió s medidas de cebada, y se las
3.17 dijo: Estas s medidas de cebada me dio
1 S. 17.4 y tenía de altura s codos y un palmo
2 S. 2.11 David reinó en..siete años y s meses
5.5 en Hebrón reinó..siete años y s meses, y
6.13 habían andado s pasos, él sacrificó un
1 R. 6.6 el de en medio de s codos de ancho, y
10.19 s gradas tenía el trono, y la parte alta
10.20 también doce leones..sobre las s gradas
11.16 s meses habitó allí Joab, y todo Israel
16.23 y reinó 12 años; en Tirsa reinó s años
2 R. 11.3 con ella escondido en la casa..s años
13.19 al dar..s golpes, hubieras derrotado a
15.8 el año 38..reinó Zacarías hijo..s meses
1 Cr. 3.4 estos s le nacieron en Hebrón, donde
3.4 Hebrón, donde reinó siete años y s meses
3.22 los hijos de Semaías: Hatús..Safat, s
4.27 los hijos de Simei fueron 16, y s hijas
8.38 hijos de Azel fueron s, cuyos nombres
9.44 Azel tuvo s hijos, los nombres de los
20.6 el cual tenía s dedos en pies y manos
25.3 s, bajo la dirección de..padre Jedutún
26.17 al oriente s levitas, al norte cuatro
2 Cr. 9.18 trono tenía s gradas, y un estrado
9.19 doce leones sobre las s gradas, a uno y
22.12 escondido en la casa de Dios s años
Neh. 5.18 se preparaba..era un buey y s ovejas
Est. 2.12 s meses con óleo de mirra y s meses
Job 5.19 en s tribulaciones te librará, y en la
Pr. 6.16 s cosas aborrece Jehová, y aun siete
Is. 6.2 había serafines; cada uno tenía s alas
Jer. 34.14 servirá s años, y lo enviarás libre
Ez. 9.2 aquí s varones venían del camino de la
40.5 caña..era de s codos de a codo y palmo
40.12 s codos por un lado, y s codos por el
41.1 s codos de un lado, y s codos de otro
41.3 y la puerta, de s codos; y la anchura
41.5 midió el muro de la casa, de s codos
41.8 cimientos..una caña entera de s codos
46.1 puerta del..estará cerrada los s días
46.4 el holocausto..s corderos sin defecto
46.6 s corderos, y un carnero; deberán ser
Dn. 3.1 su anchura de s codos; la levantó en
Mt. 17.1; Mr. 9.2 s días..Jesús tomó a Pedro
Lc. 4.25 fue cerrado por tres años y s meses
13.14 s días hay en que se debe trabajar; en
Jn. 2.6 estaban..s tinajas de piedra para agua
12.1 s días antes de la pascua, vino Jesús a
Hch. 11.12 fueron..conmigo estos s hermanos, y
18.11 allí un año y s meses, enseñándoles la
Stg. 5.17 y no llovió..por tres años y s meses
Ap. 4.8 tenían cada uno s alas, y alrededor y
6.6 decía..s libras de cebada por un denario

SEISCIENTOS *Véase también Seiscientos Cincuenta, etc.*

Gn. 7.6 era Noé de s años cuando el diluvio de
7.11 el año s de la vida de Noé, en el mes
Éx. 14.7 tomó s carros escogidos, y todos los
Jue. 3.31 a s hombres de los filisteos con una
18.11 salieron de allí..de Estaol, s hombres
18.16 los s hombres..armados de sus armas de
18.17 el sacerdote..con los s hombres armados
20.47 huyeron..a la peña de Rimón s hombres
1 S. 13.15 Saúl contó la gente que..s hombres
17.7 y tenía el hierro de su lanza s siclos
23.13 se levantó con sus hombres, que eran..s
27.2 se levantó..David, y con los s hombres
30.9 partió..David, él y los s hombres que
2 S. 15.18 y todos los geteos, s hombres que
1 R. 10.16 s siclos de oro gastó en cada escudo
10.29 el carro por s piezas de plata, y el
1 Cr. 21.25 dio David a Ornán..s siclos de oro
2 Cr. 1.17 en Egipto un carro por s piezas de
3.8 cubrió de oro..que ascendía a s talentos
9.15 cada uno de los..tenía s siclos de oro
29.33 las ofrendas fueron s bueyes y 3.000

SEISCIENTOS CINCUENTA

Esd. 8.26 pesé, pues..*650* talentos de plata

SEISCIENTOS CINCUENTA Y CINCO

Neh. 7.20 los hijos de Adín, *655*

SEISCIENTOS CINCUENTA Y DOS

Esd. 2.60 los hijos de Necoda, *652*
Neh. 7.10 los hijos de Ara, *652*

SEISCIENTOS CUARENTA Y DOS

Esd. 2.10 los hijos de Bani, *642*
Neh. 7.62 y los hijos de Necoda, *642*

SEISCIENTOS CUARENTA Y OCHO

Neh. 7.15 los hijos de Binúi, *648*

SEISCIENTOS MIL

Éx. 12.37 partieron..*600.000* hombres de a pie
Nm. 11.21 dijo..*600.000* de a pie es el pueblo

SEISCIENTOS NOVENTA

1 Cr. 9.6 de Zera, Jeuel y sus hermanos, *690*

SEISCIENTOS SESENTA Y SEIS

1 R. 10.14 de renta cada año..*666* talentos de
2 Cr. 9.13 el peso del oro..era *666* talentos
Esd. 2.13 los hijos de Adonicam, *666*
Ap. 13.18 el número de la..y su número es *666*

SEISCIENTOS SESENTA Y SIETE

Neh. 7.18 los hijos de Adonicam, *667*

SEISCIENTOS SETENTA Y CINCO

Nm. 31.37 y el tributo de las ovejas..fue *675*

SEISCIENTOS SETENTA Y CINCO MIL

Nm. 31.32 botín que tomaron..*675.000* ovejas

SEISCIENTOS TRES MIL QUINIENTOS CINCUENTA

Éx. 38.26 de edad de veinte..fueron *603.550*
Nm. 1.46 fueron todos los contados *603.550*
2.32 contados..por sus ejércitos, *603.550*

SEISCIENTOS UN MIL SETECIENTOS TREINTA

Nm. 26.51 son los contados de..Israel, *601.730*

SEISCIENTOS UNO

Gn. 8.13 el año *601* de Noé, en el mes primero

SEISCIENTOS VEINTIOCHO

Neh. 7.16 los hijos de Bebai, *628*

SEISCIENTOS VEINTITRÉS

Esd. 2.11 los hijos de Bebai, *623*

SEISCIENTOS VEINTIUNO

Esd. 2.26; Neh. 7.30 de Ramá y de Geba, *621*

SEIS MIL

1 S. 13.5 filisteos se juntaron..*6.000* hombres
2 R. 5.5 llevando consigo..*6.000* piezas de oro
1 Cr. 23.4 y *6.000* para gobernadores y jueces
Job 42.12 tuvo..*6.000* camellos, mil yuntas de

SEIS MIL DOSCIENTOS

Nm. 3.34 varones de un mes arriba fueron *6.200*

SEIS MIL OCHOCIENTOS

1 Cr. 12.24 los hijos de Judá..*6.800*, listos

SEIS MIL SETECIENTOS VEINTE

Esd. 2.67; Neh. 7.69 camellos..asnos, *6.720*

SELA

1. Hijo de Judá

Gn. 38.5 dio a luz un hijo, y llamó su nombre S
38.11 quédate viuda en..hasta que crezca S
38.14 había crecido S, y ella no era dada a
38.26 por cuanto no la he dado a S mi hijo
46.12; 1 Cr. 2.3 hijos de Judá..Onán y S
Nm. 26.20 de S, la familia de los selaítas; de
1 Cr. 4.21 los hijos de S hijo de Judá: Er

2. Ciudad fortificada de Edom (=Jocteel)

Jue. 1.36 el límite..fue..desde S hacia arriba
2 R. 14.7 Valle de la Sal, y tomó a S en batalla
Is. 16.1 enviad cordero..desde S del desierto
42.11 canten los moradores de S, y desde la

3. Hijo de Arfaxad y padre de Heber (=Sala), 1 Cr. 1.18,24

SELAH *Término musical que probablemente quiere decir "pausa",* Sal. 3.2,4,8; 4.2,4; 7.5; 9.16,20; 20.3; 21.2; 24.6,10; 32.4,5,7; 39.5,11; 44.8; 46.3,7,11; 47.4; 48.8; 49.13,15; 50.6; 52.3,5; 54.3; 55.7,19; 57.3,6; 59.5,13; 60.4; 61.4; 62.4,8; 66.4,7,15; 67.1,4; 68.7,19,32; 75.3; 76.3,9; 77.3,9,15; 81.7; 82.2; 83.8; 84.4,8; 85.2; 87.3,6; 88.7,10; 89.4,37,45,48; 140.3,5,8; 143.6; Hab. 3.3,9,13

SELA-HAMA-LECOT *"Peña de las divisiones"*

1 S. 23.28 pusieron a aquel lugar por nombre S

SELAÍTA *Descendiente de Sela No. 1,* Nm. 26.20

SELEC *Amonita, uno de los 30 valientes de David,* 2 S. 23.37; 1 Cr. 11.39

SELED *Descendiente de Judá,* 1 Cr. 2.30 (2)

SELEF *Hijo de Joctán,* **Gn. 10.26; 1 Cr. 1.20**

SELEMÍAS

1. ***Levita, portero del templo (=Meselemías),*** **1 Cr. 26.14**
2. ***Nombre de dos de los que se casaron con mujeres extranjeras en tiempo de Esdras,*** **Esd. 10.39,41**
3. ***Padre de Hananías No. 6,*** **Neh. 3.30**
4. ***Sacerdote que Nehemías puso por mayordomo,*** **Neh. 13.13**
5. ***Ascendiente de Jehudí,*** **Jer. 36.14**
6. ***Uno de los que el rey Joacim envió para prender a Baruc,*** **Jer. 36.26**
7. ***Padre de Jucal,*** **Jer. 37.3; 38.1**
8. ***Padre de Irías,*** **Jer. 37.13**

SELES ***Jefe de una familia de Aser,*** **1 Cr. 7.35**

SELEUCIA ***Puerto en Siria cerca de Antioquía,*** **Hch. 13.4**

SELOMI *Padre de Ahiud No. 1,* Nm. 34.27

SELOMIT

1. ***Hija de Dibri, de la tribu de Dan,*** **Lv. 24.11**
2. ***Hija de Zorobabel,*** **1 Cr. 3.19**
3. ***Levita descendiente de Gersón,*** **1 Cr. 23.9**
4. ***Levita, hijo de Izhar (=Selomot),*** **1 Cr. 23.18**
5. ***Levita tesorero en tiempo de David,*** **1 Cr. 26.25,26,28**
6. ***Hijo (o hija) del rey Roboam,*** **2 Cr. 11.20**
7. ***Jefe de una familia que regresó de Babilonia con Esdras,*** **Esd. 8.10**

SELOMOT ***Levita (=Selomit No. 4),*** **1 Cr. 24.22**

SELSA ***Lugar cerca de Belén,*** **1 S. 10.2**

SELUMIEL ***Príncipe de la tribu de Simeón,*** **Nm. 1.6; 2.12; 7.36,41; 10.19**

SELVA

Sal. 104.20 corretean todas las bestias de la *s*
Jer. 5.6 por tanto, el león de la *s* los matará
12.8 mi heredad fue para mí como león en la *s*
Am. 3.4 ¿rugirá. .león en la *s* sin haber presa?
Mi. 5.8 como el león entre las bestias de la *s*

SELLADO, DA

Job 14.17 tienes *s* en saco mi prevaricación, y
Cnt. 4.12 esposa mía; fuente cerrada, fuente *s*
Is. 29.11 toda visión como palabras de libro *s*
29.11 lee ahora. .dirá: No puedo, porque está *s*
Jer. 32.11 tomé luego la carta de venta, *s* según
32.14 toma estas cartas, esta carta de venta *s*
Dn. 12.9 estas palabras están cerradas y *s* hasta
Ap. 5.1 un libro escrito por. .*s* con siete sellos
7.4 oí el número de los *s;* 144.000 *s* de todas
7.5 de la tribu de Judá, doce mil *s*. .Rubén, doce mil *s*. .Gad, doce mil *s*
7.6 de la tribu de Aser, doce mil *s*. .Neftalí, doce mil *s*. .Manasés, doce mil *s*
7.7 de la tribu de Simeón, doce mil *s*. .Leví doce mil *s*. .Isacar, doce mil *s*
7.8 de la tribu de Zabulón, doce mil *s*. .José, doce mil *s*. .Benjamín, doce mil *s*

SELLAR

Dt. 32.34 ¿no tengo. .*sellado* en mis tesoros?
1 R. 21.8 escribió cartas. .y las *selló* con su
Est. 3.12 fue escrito, y *sellado* con el anillo
8.8 *selladlo* con el anillo del rey; porque un
8.8 edicto que. .se *sella* con el anillo del rey
8.10 lo *selló* con el anillo del rey, y envió
Job 9.7 él manda al sol. .y *sella* las estrellas
Is. 8.16 ata el testimonio, *sella* la ley entre
Jer. 32.10 y escribí la carta y la *sellé,* y la
32.44 harán escritura y la *sellarán* y pondrán
Dn. 6.17 la cual *selló* el rey con su anillo y con
9.24 *sellar* la visión y la profecía, y ungir
12.4 pero tú, Daniel. .*sella* el libro hasta el
Hag. 2.23 y te pondré como anillo de *sellar*
Mt. 27.66 aseguraron el sepulcro, *sellando* la
2 Co. 1.22 el cual también nos ha *sellado,* y
Ef. 1.13 fuisteis *sellados* con el Espíritu Santo
4.30 con el cual fuisteis *sellados* para el
Ap. 7.3 que hayamos *sellado* en sus frentes a
10.4 *sella* las cosas que los siete truenos
22.10 no *selles* las palabras de la profecía

SELLO

Gn. 38.18 ella respondió: Tu *s,* tu cordón, y
38.25 son estas cosas, el *s,* el cordón y el
Éx. 28.11 como grabaduras de *s,* harás grabar
28.21 grabaduras de *s* cada una con su nombre
28.36 y grabarás en ella como grabadura de *s*
39.6 con grabaduras de *s* con los nombres de
39.14 como grabaduras de *s,* cada una con su
39.30 escribieron en ella como grabado de *s*
Job 38.14 muda. .aspecto como barro bajo el *s*
Cnt. 8.6 como un *s* sobre tu corazón, como una
Ez. 28.12 tú eras el *s* de la perfección, lleno
Ro. 4.11 como *s* de la justicia de la fe que tuvo
1 Co. 9.2 el *s* de mi apostolado sois vosotros
2 Ti. 2.19 teniendo este *s:* Conoce el Señor a
Ap. 5.1 un libro escrito. .sellado con siete *s*
5.2 ¿quién es digno de abrir. .desatar sus *s?*
5.5 ha vencido para. .y desatar sus siete *s*
5.9 digno eres de tomar el. .y de abrir sus *s*
6.1 vi cuando el Cordero abrió uno de los *s*
6.3 cuando abrió el segundo *s,* oí al segundo
6.5 cuando abrió el tercer *s,* oí al tercer ser
6.7 cuando abrió el cuarto *s,* oí la voz del
6.9 abrió el quinto *s,* vi bajo el altar las
6.12 miré cuando abrió el sexto *s,* y he aquí
7.2 tenía el *s* del Dios vivo; y clamó a gran
8.1 abrió el séptimo *s,* se hizo silencio en
9.4 los hombres que no tuviesen el *s* de Dios
20.3 lo encerró, y puso su *s* sobre él, para

SEM ***Hijo de Noé,*** **Gn. 5.32; 6.10; 10.1,21,22,31; 11.10(2),11; 1 Cr. 1.4,17,24; Lc. 3.36**

7.13 entraron Noé, y *S,* Cam y Jafet hijos de
9.18 que salieron del arca. .*S,* Cam y Jafet
9.23 entonces *S* y Jafet tomaron la ropa, y
9.26 bendito por Jehová mi Dios sea *S,* y sea
9.27 a Jafet, y habite en las tiendas de *S*

SEMA

1. ***Ciudad en Judá,*** **Jos. 15.26**
2. ***Hijo de Hebrón No. 4,*** **1 Cr. 2.43,44**
3. ***Descendiente de Rubén,*** **1 Cr. 5.8**
4. ***Jefe de una familia de Benjamín (=Simei No. 10),*** **1 Cr. 8.13**
5. ***Uno que ayudó a Esdras en la lectura de la ley,*** **Neh. 8.4**

SEMAA ***Padre de Ahiezer y Joás, guerreros de David,*** **1 Cr. 12.3**

SEMAÍAS

1. ***Profeta en tiempo del rey Roboam***

1 R. 12.22; 2 Cr. 11.2 palabra de Jehová a *S*
2 Cr. 12.5 vino el profeta *S* a Roboam y a
12.7 vino palabra de Jehová a *S,* diciendo: Se
12.15 escritas en los libros del profeta *S* y

2. ***Descendiente del rey David,*** **1 Cr. 3.22**
3. ***Jefe de la tribu de Simeón,*** **1 Cr. 4.37**
4. ***Descendiente de Rubén,*** **1 Cr. 5.4**
5. ***Levita descendiente de Merari que regresó del exilio,*** **1 Cr. 9.14; Neh. 11.15**
6. ***Padre de Obadías No. 3,*** **1 Cr. 9.16**
7. ***Jefe de una casa levítica en tiempo de David,*** **1 Cr. 15.8,11**
8. ***Levita, escriba en tiempo de David,*** **1 Cr. 24.6**
9. ***Levita, primogénito de Obed-edom,*** **1 Cr. 26.4,6,7**
10. ***Levita comisionado por el rey Josafat para instruir al pueblo,*** **2 Cr. 17.8**
11. ***Levita en tiempo del rey Ezequías,*** **2 Cr. 29.14**
12. ***Funcionario del rey Ezequías,*** **2 Cr. 31.15**
13. ***Levita principal en tiempo del rey Josías,*** **2 Cr. 35.9**
14. ***Jefe de una familia que regresó con Esdras de Babilonia,*** **Esd. 8.13**
15. ***Mensajero despachado por Esdras,*** **Esd. 8.16**
16. ***Uno de los sacerdotes que se casaron con mujeres extranjeras en tiempo de Esdras,*** **Esd. 10.21**
17. ***Uno de los que se casaron con mujeres extranjeras en tiempo de Esdras,*** **Esd. 10.31**
18. ***Uno que ayudó en la restauración del muro de Jerusalén,*** **Neh. 3.29**
19. ***Profeta (o sacerdote) que maquinó contra Nehemías,*** **Neh. 6.10**
20. ***Sacerdote que firmó el pacto de Nehemías,*** **Neh. 10.8; 12.6,18**
21. ***Nombre de cuatro levitas o sacerdotes que ayudaron en la dedicación del muro de Jerusalén,*** **Neh. 12.34,35,36,42**
22. ***Padre del profeta Urías,*** **Jer. 26.20**
23. ***Falso profeta en tiempo de Jeremías***

Jer. 29.24 y a *S* de Nehelam hablarás, diciendo
29.31 ha dicho. .de *S*. .Porque os profetizó *S*
29.32 yo castigaré a *S*. .y a su descendencia

24. ***Padre de Delaía No. 4,*** **Jer. 36-12**

SEMANA

Gn. 29.27 cumple la *s* de ésta, y se te dará
29.28 hizo Jacob. .y cumplió la *s* de aquélla
Éx. 34.22 celebrarás la fiesta de las *s,* la de
Lv. 12.5 diere a luz hija, será inmunda dos *s*
23.15 y contaréis. .siete *s* cumplidas serán
25.8 y contarás siete *s* de años, siete veces
25.8 de las siete *s* de años vendrán a serte
Nm. 28.26 presentareis ofrenda. .en vuestras *s*
Dt. 16.9 siete *s* contarás; desde. .en las mieses
16.9 mieses comenzarás a contar las siete *s*
16.10 y harás la fiesta solemne de las *s* a
16.16 y en la fiesta solemne de las *s,* y en
2 Cr. 8.13 la fiesta de las *s* y en la fiesta
Dn. 9.24 setenta *s* están determinadas sobre tu
9.25 hasta. .habrá siete *s,* y sesenta y dos *s*
9.26 después de las 62 *s* se quitará la vida
9.27 por otra *s* confirmará. .la mitad de la *s*
10.2 yo. .estuve afligido por espacio de tres *s*
10.3 vino. .hasta que se cumplieron las tres *s*
Am. 8.5 pasará. .la *s,* y abriremos los graneros
Mt. 28.1 al amanecer del primer día de la *s*
Mr. 16.2 muy de mañana, el primer día de la *s*
16.9 resucitado Jesús. .el primer día de la *s*
Lc. 18.12 ayuno dos veces a la *s,* doy diezmos
24.1 el primer día de la *s,* muy de mañana
Jn. 20.1 primer día de la *s,* María Magdalena
20.19 de aquel mismo día, el primero de la *s*
Hch. 20.7 el primer día de la *s,* reunidos los
1 Co. 16.2 cada primer día de la *s* cada uno de

SEMARÍAS

1. ***Guerrero que se unió a David en Siclag,*** **1 Cr. 12.5**
2. ***Hijo del rey Roboam,*** **2 Cr. 11.19**
3. ***Nombre de dos de los que se casaron con mujeres extranjeras en tiempo de Esdras,*** **Esd. 10.32,41**

SEMBLANTE

Gn. 4.5 se ensañó Caín en gran. .y decayó su *s*
4.6 dijo a Caín. .y por qué ha decaído tu *s?*
29.17 pero Raquel era de lindo *s* y de hermoso
31.2 miraba también Jacob el *s* de Labán, y
31.5 veo que el *s* de vuestro padre no es para
39.6 era José de hermoso *s* y bella presencia
40.7 él. .¿Por qué parecen hoy mal vuestros *s?*
2 S. 14.27 llamó Tamar. .era mujer de hermoso *s*
Job 9.27 si. .dejaré mi triste *s,* y me esforzaré
Sal. 34 *tít.* cuando mudó su *s* delante de Abimelec
Pr. 7.13 él, y le besó. Con *s* descarado le dijo
Ec. 8.1 ilumina. .la tosquedad de su *s* se mudará
Jl. 2.6 temerán. .se pondrán pálidos todos los *s*

SEMBRADO ***Véase también Sembrar***

Nm. 21.22 no nos iremos por los *s,* ni por las
Jue. 15.5 soltó las zorras en los *s*. .filisteos
Mt. 12.1 iba Jesús por los *s* en un día de reposo
Mr. 2.23 al pasar él por los *s* un día de reposo
Lc. 6.1 aconteció. .que pasando Jesús por los *s*

SEMBRADOR

Mt. 13.3 diciendo: He aquí el *s* salió a sembrar
13.18 oíd, pues, vosotros la parábola del *s*
Mr. 4.3 oíd: He aquí, el *s* salió a sembrar
4.14 el *s* es el que siembra la palabra
Lc. 8.5 el *s* salió a sembrar su semilla. .cayó

SEMBRAR

Gn. 26.12 y *sembró* Isaac en aquella tierra, y
47.23 ved aquí semilla, y *sembraréis* la tierra
47.24 partes serán vuestras para *sembrar* las
Éx. 23.10 seis años *sembrarás*. .y recogerás tu
23.16 primeros frutos de. .hubieres *sembrado*
Lv. 11.37 semilla que se haya de *sembrar,* será
19.19 no *sembrarás* con mezcla de semillas, y no
25.3 seis años *sembrarás* tu tierra, y seis
25.4 no *sembrarás* tu tierra, ni podarás tu
25.11 jubileo; no *sembraréis,* ni segaréis lo
25.20 he aquí no hemos de *sembrar,* ni hemos
25.22 y *sembraréis* el año octavo, y comeréis
26.16 y *sembraréis* en vano vuestra semilla
Dt. 11.10 donde *sembrabas*. .regabas con tu pie
21.4 un valle. .que nunca haya sido. .*sembrado*
22.9 no *sembrarás* tu. .con semillas diversas
22.9 se pierda todo. .la semilla que *sembraste*
29.23 tierra; no será *sembrada,* ni producirá
Jue. 6.3 cuando Israel había *sembrado,* subían
9.45 y asoló la ciudad, y la *sembró* de sal
2 R. 19.29 al tercer año *sembraréis,* y segaréis
Job 4.8 que aran iniquidad y *siembran* injuria
31.8 *siembre* yo, y otro coma, y. .mi siembra
Sal. 97.11 luz está *sembrada* para el justo, y
107.37 *siembran* campos, y plantan viñas, y
126.5 que *sembraron* con lágrimas, con regocijo
Pr. 6.14 perversidades. .*siembra* las discordias
6.19 el que *siembra* discordia entre hermanos
11.18 el que *siembra* justicia tendrá galardón
22.8 que *sembrare* iniquidad, iniquidad segará
Ec. 11.4 el que al viento observa, no *sembrará*
11.6 por la mañana *siembra* tu semilla, y a la
Is. 17.10 por tanto, *sembrarás* plantas hermosas
28.24 ara para *sembrar,* ¿arará todo el día?
28.25 eneldo, *siembra* el comino, pone el trigo
30.23 dará el Señor lluvia. .cuando *siembres*

SEMBRAR *(Continúa)*
Is. 32.20 que *sembráis* junto a todas las aguas
37.30 y el año tercero *sembraréis* y segaréis
40.24 como si nunca hubieran sido *sembrados*
55.10 y da semilla al que *siembra*, y pan al
Jer. 2.2 cuando andabas. .en tierra no *sembrada*
4.3 arad campo. .y no *sembréis* entre espinos
12.13 *sembraron* trigo, y segaron espinos
31.27 *sembraré* la casa de Israel y la casa
35.7 ni *sembraréis* sementera, ni plantaréis
50.16 destruid en Babilonia al que *siembra*
Ez. 17.5 la puso en un campo bueno para *sembrar*
32.23,24 *sembraron*. .terror en la tierra de
32.26 habían *sembrado* su terror en la tierra
36.9 volveré, y seréis labrados y *sembrados*
48.18 será para *sembrar* para los que sirven
Os. 2.23 y la *sembraré* para mí en la tierra
8.7 *sembraron* viento, y torbellino segarán
10.12 *sembrad* para vosotros. .justicia; segad
Mi. 6.15 *sembrarás*, mas no segarás; pisarás
Hag. 1.6 *sembráis* mucho, y recogéis poco
Mt. 6.26 las aves del cielo, que no *siembran*
13.3 he aquí, el *sembrador* salió a sembrar
13.4 mientras *sembraba*, parte de la semilla
13.19 viene. .y arrebata lo que fue *sembrado*
13.19 es el que fue *sembrado* junto al camino
13.20 el que fue *sembrado* en pedregales, éste
13.22 el que fue *sembrado* entre espinos, éste
13.23 mas el que fue *sembrado* en buena tierra
13.24 semejante a un hombre que *sembró* buena
13.25 vino su enemigo y *sembró* cizaña entre
13.27 señor, ¿no *sembraste* buena semilla en
13.31 grano. .un hombre tomó y *sembró* en su
13.37 el que *siembra* la buena semilla es el
13.39 el enemigo que la *sembró* es el diablo
25.24 que siegas donde no *sembraste* y recoges
25.26 sabías que siego donde no *sembré*, y que
Mr. 4.3 he aquí, el sembrador salió a *sembrar*
4.4 al *sembrar*, aconteció que una parte cayó
4.14 sembrador es el que *siembra* la palabra
4.15 en quienes se *siembra* la palabra, pero
4.15 quita la palabra que se *sembró* en sus
4.16 los que fueron *sembrados* en pedregales
4.18 los que fueron *sembrados* entre espinos
4.20 los que fueron *sembrados* en buena tierra
4.31 cuando se *siembra* en tierra, es la más
4.32 después de *sembrado*, crece, y se hace la
Lc. 8.5 sembrador salió a *sembrar* su semilla
8.5 mientras *sembraba*, una parte cayó junto
12.24 los cuervos, que ni *siembran*, ni siegan
13.19 un hombre tomó y *sembró* en su huerto
19.21 pusiste, y siegas lo que no *sembraste*
19.22 no puse, y que siego lo que no *sembré*
Jn. 4.36 el que *siembra* goce juntamente con el
4.37 uno es el que *siembra*, y otro es el que
1 Co. 9.11 nosotros *sembramos* entre vosotros lo
15.36 lo que tú *siembras* no se vivifica, si
15.37 y lo que *siembras* no es el cuerpo que
15.42 se *siembra* en corrupción, resucitará en
15.43 se *siembra* en deshonra, resucitará en
15.43 se *siembra* en debilidad, resucitará en
15.44 se *siembra* cuerpo animal, resucitará
2 Co. 9.6 el que *siembra* escasamente. .segará
9.6 que *siembra* generosamente. .también segará
9.10 el que da semilla al que *siembra*, y pan
Gá. 6.7 todo lo que el hombre *sembrare*. .segará
6.8 *siembra* para su carne, de la carne segará
6.8 que *siembra* para el Espíritu, del Espíritu
Stg. 3.18 fruto de justicia se *siembra* en paz

SEMEBER ***Rey de Zeboim*, Gn. 14.2**

SEMED ***Jefe de una familia de Benjamín*, 1 Cr. 8.12**

SEMEI ***Ascendiente de Jesucristo*, Lc. 3.26**

SEMEJANTE
Gn. 41.19 extenuadas, que no he visto otras *s*
Éx. 30.32 no será derramado, ni haréis otro *s*
Dt. 4.32 pregunta ahora si. .se ha hecho cosa *s*
13.11 no vuelva a hacer en medio de ti cosa *s*
19.20 no volverán a hacer más una maldad *s* en
1 S. 2.23 y les dijo: ¿Por qué hacéis cosas *s?*
9.21 yo. .¿Por qué, pues, me has dicho cosa *s?*
10.24 que no hay *s* a él en todo el pueblo?
2 S. 14.13 pensado tú cosa *s* contra el pueblo
1 R. 7.8 casa en que él moraba. .era de obra *s*
7.8 una casa de hechura *s* a la del pórtico
10.12 nunca vino *s* madera de sándalo, ni se
10.20 en ningún otro reino se. .hecho trono *s*
1 Cr. 17.20 no hay *s* a ti, ni hay Dios sino tú
29.14 para que pudiésemos ofrecer. .cosas *s?*
2 Cr. 6.14 no hay Dios *s* a ti en el cielo ni en
9.11 nunca en. .Judá se había visto madera *s*
9.19 jamás fue hecho trono *s* en reino alguno
30.26 no había habido cosa *s* en Jerusalén
Job 34.36 a causa de sus respuestas *s* a las de
36.22 Dios es excelso. .¿qué enseñador *s* a él?
Sal. 28.1 que no sea. .*s* a los que descienden al
49.12,20 hombre. .*s* a las bestias que perecen
89.6 ¿quién será *s* a Jehová entre los hijos
102.6 *s* al pelícano del desierto; soy como el
135.18 *s* a ellos son los que los hacen, y todos
143.7 *s* a los que descienden a la sepultura
144.4 el hombre es *s* a la vanidad; sus días
Pr. 27.15 gotera. .y la mujer rencillosa, son *s*
Ec. 3.18 que ellos mismos son *s* a las bestias
Cnt. 2.9 mi amado es *s* al corzo, o al cervatillo
2.17 *s* al corzo, o como el cervatillo sobre
7.7 estatura es *s* a la palmera, y tus pechos
8.14 sé *s* al corzo, o al cervatillo, sobre
Is. 1.9 como Sodoma fuéramos, y *s* a Gomorra
14.14 las nubes subiré, y seré *s* al Altísimo
21.16 de aquí a un año, *s* a años de jornalero
40.18 ¿a qué, pues, haréis *s* a Dios, o qué
40.25 ¿a qué. .me haréis *s* o me compararéis
46.5 ¿a quién. .comparáis, para que seamos *s*
46.9 y no hay otro Dios, y nada hay *s* a mí
Jer. 2.10 y ved si se ha hecho cosa *s* a esta
10.6 no hay *s* a ti, oh Jehová; grande eres
10.7 y en todos sus reinos, no hay *s* a ti
18.13 preguntad ahora. .quien ha oído cosa *s*
30.7 grande es aquel día. .no hay otro *s* a él
49.19; 50.44 es *s* a mí, quién me emplazará?
Lm. 2.13 a quién te haré *s*, hija de Jerusalén?
Ez. 1.16 su obra era *s* al color del crisólito
5.9 jamás haré cosa *s*, a causa de todas tus
16.16 cosa *s* nunca había sucedido, ni sucederá
16.31 no fuiste *s* a ramera, en que. .la paga
31.8 las hayas no fueron *s* a sus ramas, ni los
31.8 ni los castaños fueron *s* a su ramaje
31.8 ningún árbol. .fue *s* a él en su hermosura
32.2 a leoncillo de naciones eres *s*, y eres
42.11 y el corredor. .era *s* al de las cámaras
Dn. 1.10 de los muchachos que son *s* a vosotros
2.10 ni señor preguntó cosa *s* a ningún mago
3.25 el aspecto del. .es *s* a hijo de los dioses
5.21 su mente se hizo *s* a la de las bestias
9.12 nunca fue hecho. .nada *s* a lo que se ha
Os. 9.13 Efraín. .es *s* a Tiro, situado en lugar
Jl. 2.2 *s* a él no lo hubo jamás, ni después de
Mt. 6.8 no os hagáis, pues, *s* a ellos; porque
9.33 decía: Nunca se ha visto cosa *s* en Israel
11.16 es *s* a los muchachos que se sientan en
13.24 el reino. .es *s* a un hombre que sembró
13.31 el reino de los cielos es *s* al grano de
13.33 el reino. .es *s* a la levadura que tomó
13.44 el reino de. .es *s* a un tesoro escondido
13.45 el reino. .es *s* a un mercader que busca
13.47 el reino. .es *s* a una red, que echada en
13.52 todo escriba docto. .es *s* a un padre de
18.23 el reino de los cielos es *s* a un rey que
20.1 el reino de. .es *s* a un hombre, padre de
22.2 el reino. .es *s* a un rey que hizo fiesta
22.39 el segundo es *s:* Amarás a tu prójimo
23.27 porque sois *s* a sepulcros blanqueados
25.1 el reino de. .será *s* a diez vírgenes que
Mr. 4.30 ¿a qué haremos *s* el reino de Dios, o
7.8 aferráis. .y hacéis otras muchas cosas *s*
7.13 la tradición. .Y muchas cosas hacéis *s*
12.31 el segundo es *s:* Amarás a tu prójimo
14.70 tu manera de hablar es *s* a la de ellos
Lc. 6.47 y las hace, os indicaré a quién es *s*
6.48 *s* es al hombre que al edificar una casa
6.49 *s* es al hombre que edificó su casa sobre
7.31 compararé los hombres de. .a qué son *s?*
7.32 *s* son a. .muchachos sentados en la plaza
12.36 sed *s* a hombres que aguardan a que su
13.18 ¿a qué es *s* el reino de Dios, y con qué
13.19 es *s* al grano de mostaza, que un hombre
13.21 es *s* a la levadura, que una mujer tomó
16.8 más sagaces en el trato con sus *s* que
Hch. 10.11 que descendía algo *s* a un gran lienzo
11.5 vi. .algo *s* a un gran lienzo que descendía
14.15 nosotros. .somos hombres *s* a vosotros
17.29 que la Divinidad sea *s* a oro, o plata
25.20 dudando en cuestión *s*, le pregunté si
Ro. 9.29 como Sodoma. .y a Gomorra seríamos *s*
2 Co. 11.12 a fin. .sean hallados *s* a nosotros
Fil. 3.10 llegando a ser *s* a él en su muerte
He. 2.17 debía ser en todo *s* a sus hermanos
4.11 para que ninguno caiga en *s* ejemplo de
7.3 sino hecho *s* al Hijo de Dios, permanece
10.33 de los que estaban en una situación *s*
Stg. 1.6 porque el que duda es *s* a la onda del
1.23 éste es *s* al hombre que considera en un
4.16 os jactáis en. .Toda jactancia *s* es mala
5.17 Elías era hombre sujeto a pasiones *s* a
1 Jn. 3.2 seremos *s* a él, porque le veremos tal
Ap. 1.13 en medio. .a uno *s* al Hijo del Hombre
1.15 sus pies *s* al bronce bruñido, refulgente
2.18 tiene. .y pies *s* al bronce bruñido, dice
4.3 era *s* a piedra de jaspe y de cornalina
4.3 un arco iris, *s* en aspecto a la esmeralda
4.6 había como un mar de vidrio *s* al cristal
4.7 el primer ser viviente era *s* a un león
4.7 el segundo era *s* a un becerro; el tercero
4.7 y el cuarto era *s* a un águila volando
9.7 aspecto de las langostas era *s* a caballos
9.19 colas, *s* a serpientes, tenían cabezas
11.1 fue dada una caña *s* a una vara de medir
13.2 y la bestia que vi era *s* a un leopardo
13.11 tenía dos cuernos *s* a los de un cordero
14.14 y sobre la nube uno sentado *s* al Hijo
18.18 ¿qué ciudad era *s* a esta gran ciudad?
21.11 *s* al de una piedra preciosísima, como
21.18 la ciudad era de oro puro, *s* al vidrio

SEMEJANZA
Gn. 1.26 dijo. .Hagamos al hombre a. .nuestra *s*
5.1 que creó Dios al hombre, a *s* de Dios lo
5.3 y vivió Adán. .y engendró un hijo a su *s*
Éx. 20.4 ninguna *s* de lo que esté arriba en el
Sal. 17.15 satisfecho cuando despierte a tu *s*
Is. 44.13 y lo hace en forma de varón, a *s* de
Ez. 1.5 apariencia; había en ellos *s* de hombre
1.13 cuanto a la *s* de los seres vivientes, su
1.14 los. .corrían y volvían a *s* de relámpagos
1.16 las cuatro tenían una misma *s*. .su obra
1.26 y sobre. .trono había una *s* que parecía
1.28 esta fue la visión de la *s* de la gloria
10.1 *s* de un trono que se mostró sobre ellos
10.22 *s* de sus rostros era la de los rostros
Dn. 10.16 uno con *s* de hijo de hombre tocó mis
10.18 y aquel que tenía *s* de hombre me tocó
Hch. 14.11 la voz. .Dioses bajo la *s* de hombres
Ro. 1.23 en *s* de imagen de hombre corruptible
6.5 si fuimos plantados. .en la *s* de su muerte
8.3 Dios, enviando a su Hijo en *s* de carne de
He. 4.15 fue tentado en todo según nuestra *s*
7.15 si a *s* de Melquisedec se. .un sacerdote
Stg. 3.9 hombres. .están hechos a la *s* de Dios

SEMEN
Lv. 15.2 varón, cuando tuviere flujo de *s*, será
15.16 cuando el hombre tuviere emisión de *s*
15.17 sobre la cual cayere la emisión del *s*
15.18 tuviere emisión de *s*, ambos se lavarán
15.32 la ley. .para el que tiene emisión de *s*
22.4 que hubiere tenido derramamiento de *s*
Nm. 5.2 a todos los que padecen flujo de *s*, y a

SEMENTERA
Gn. 8.22 no cesarán la *s* y la siega, el frío y
Lv. 26.5 vendimia alcanzará a la *s*, y comeréis
Nm. 20.5 lugar de *s*, de higueras, de viñas ni
Is. 19.7 *s* del río, se secarán, se perderán
23.3 provisión procedía de las *s* que crecen
30.23 dará. .lluvia a tu *s*, cuando siembres la
Jer. 35.7 ni sembraréis *s*, ni plantaréis viña
Ez. 25.4 ellos comerán tus *s*, y beberán tu leche
Mal. 2.3 os dañaré la *s*, y os echaré al rostro
2 Co. 9.10 proveerá y multiplicará vuestra *s*

SEMER
1. ***Dueño del monte donde Omri edificó Samaria***
1 R. 16.24 compró a *S* el monte de Samaria por
16.24 y llamó el. .Samaria, del nombre de *S*
2. ***Ascendiente de Etán No. 4*, 1 Cr. 6.46**
3. ***Descendiente de Aser*, 1 Cr. 7.34**

SEMIDA ***Descendiente de Aser*, Nm. 26.32; Jos. 17.2; 1 Cr. 7.19**

SEMIDAITA ***Descendiente de Semida*, Nm. 26.32**

SEMILLA
Gn. 1.11 produzca la tierra hierba verde. .dé *s*
1.11 árbol de fruto que. .que su *s* esté en él
1.12 hierba que da *s* según su naturaleza, y
1.12 y árbol que da fruto, cuya *s* está en él
1.29 os he dado toda planta que da *s*, y todo
1.29 todo árbol en que hay fruto y que da *s*
47.19 danos *s* para que vivamos, y no muramos
47.23 hoy. .ved aquí *s*, y sembraréis la tierra
Éx. 16.31 llamó Maná; y era como *s* de culantro
Lv. 11.37 algo de los cadáveres sobre alguna *s*
11.38 mas si se hubiere puesto agua en la *s*
19.19 tu campo no sembrarás con mezcla de *s*
26.16 y sembraréis en vano vuestra *s*, porque
Nm. 11.7 era el maná como *s* de culantro, y su
Dt. 11.10 donde sembrabas tu *s*, y regabas con
22.9 no sembrarás tu viña con *s* diversas, no
22.9 pierda todo, tanto la *s*. .como el fruto
28.38 sacarás mucha *s* al campo, y recogerás
Job 39.12 ¿fiarás de él para que recoja tu *s*
Sal. 126.6 llorando el que lleva la preciosa *s*
Ec. 11.6 la mañana siembra tu *s*, y a la tarde
Is. 5.10 un bato, y un homer de *s* producirá un
55.10 da *s* al que siembra, y pan al que come
61.11 y como el huerto hace brotar su *s*, así
Mt. 13.4 parte de la *s* cayó junto al camino, y
13.24 hombre que sembró buena *s* en su campo
13.27 ¿no sembraste buena *s* en tu campo? ¿De
13.32 es la más pequeña de todas las *s;* pero
13.37 el que siembra la buena *s* es el Hijo del
13.38 la buena *s* son los hijos del reino, y la
Mr. 4.26 cuando un hombre echa *s* en la tierra
4.27 la *s* brota y crece sin que él sepa cómo
4.31 mostaza. .la más pequeña de todas las *s*
Lc. 8.5 el sembrador salió a sembrar su *s;* y
8.11 la parábola: La *s* es la palabra de Dios
1 Co. 15.38 le da. .y a cada *s* su propio cuerpo
2 Co. 9.10 el que da *s* al que siembra, y pan al

SEMINIT ***Tonada musical*, Sal. 6, 12, *tits.***

SEMIRAMOT
1. ***Músico levita en tiempo del rey David*, 1 Cr. 15.18,20; 16.5**

SEMIRAMOT ***(Continúa)***

2. Levita comisionado por el rey Josafat para instruir al pueblo, **2 Cr. 17.8**

SEMPITERNO

1 Cr. 16.17 confirmó a..y a Israel por pacto *s*
Sal. 105.10 la estableció..Israel por pacto *s*
Is. 24.5 falsearon el..quebrantaron el pacto *s*
Ez. 16.60 antes..estableceré contigo un pacto *s*
Dn. 4.3 reino *s*, y su señorío de generación en
4.34 dominio es *s*, y su reino por todas las
1 Ti. 6.16 al cual sea la honra y el imperio *s*

SEMUEL

1. Jefe de la tribu de Simeón, **Nm. 23.20**
2. Jefe de una familia de Isacar, **1 Cr. 7.2**

SEN ***Ciudad en Benjamín (=Jesana),*** **1 S. 7.12**

SENAA ***Jefe de una familia que regresó de Babilonia y ayudó en la restauración del muro de Jerusalén,*** **Esd. 2.35; Neh. 3.3; 7.38**

SENAQUERIB ***Rey de Asiria y Babilonia***

2 R. 18.13 a los catorce años del rey..subió *S*
19.9 oyó las palabras de *S*, que ha enviado
19.20 lo que me pediste acerca de *S*..he oído
19.36 *S* rey de Asiria..fue, y volvió a Nínive
2 Cr. 32.1 vino *S* rey de los asirios e invadió
32.2 viendo, pues, Ezequías la venida de *S*
32.9 *S* rey de los asirios..sitiaba a Laquis
32.10 ha dicho *S* rey de los asirios: ¿En qué
32.22 salvó..de las manos de *S* rey de Asiria
Is. 36.1 *S* rey..subió contra todas las ciudades
37.17 oh Jehová..oye todas las palabras de *S*
37.21 lo que me rogaste sobre *S* rey de Asiria
37.37 entonces *S* rey de Asiria se fue, e hizo

SENAZAR ***Hijo del rey Joaquín,*** **1 Cr. 3.18**

SENCILLEZ

Gn. 20.5 con *s* de mi corazón y..he hecho esto
2 S. 15.11 los cuales iban en su *s*, sin saber
Hch. 2.46 comían..con alegría y *s* de corazón
2 Co. 1.12 *s*..nos hemos conducido en el mundo
Ef. 6.5 obedeced a..con *s* de vuestro corazón

SENCILLO

Sal. 19.7 el testimonio..que hace sabio al *s*
116.6 guarda a los *s;* estaba yo postrado, y me
Mt. 10.16 sed..prudentes como..*s* como palomas
Fil. 2.15 que seáis irreprensibles y *s*, hijos

SENDA

Gn. 49.17 Dan serpiente..víbora junto a la *s*
Nm. 22.24 el ángel de Jehová se puso en una *s*
Jue. 5.6 los que andaban por las *s* se apartaban
Job 6.18 se apartan de la *s* de su rumbo, van
18.10 cuerda..una trampa le aguarda en la *s*
22.15 ¿quieres tú seguir la *s* antigua que
28.7 *s* que nunca la conoció ave, ni ojo..vio
30.13 mi *s* desbarataron, se aprovecharon de
33.11 pies en el cepo, y vigiló todas mis *s*
38.20 lleves..y entiendas las *s* de su casa?
41.32 pos de sí hace resplandecer la *s*, que
Sal. 1.6 conoce el..la *s* de los malos perecerá
16.11 me mostrarás la *s* de la vida; en tu
17.4 he guardado de las *s* de los violentos
23.3 guiará por *s* de justicia por amor de tu
25.4 oh Jehová, tus caminos; enséñame tus *s*
25.10 *s* de Jehová son misericordia y verdad
27.11 y guíame por *s* de rectitud a causa de
77.19 tu camino, y tus *s* en las muchas aguas
119.35 guíame por la *s* de tus mandamientos
140.5 han tendido red junto a la *s;* me han
142.3 espíritu se angustiaba..conociste mi *s*
Pr. 1.19 *s* de todo el que es dado a la codicia
2.13 derechos, para andar por *s* tenebrosas
4.18 la *s* de los justos es como la luz de la
4.26 examina la *s* de tus pies, y todos tus
8.20 por vereda..por en medio de *s* de juicio
17.23 soborno..pervertir las *s* de la justicia
Is. 2.3 y subamos al..y caminaremos por sus *s*
30.11 apartaos de la *s*, quitad..al Santo de
40.14 ¿quién..le mostró la *s* de la prudencia?
42.16 haré andar por *s* que no habían conocido
43.16 que abre camino en el mar, y *s* en las
Jer. 6.16 y preguntad por las *s* antiguas, cuál
18.15 ha tropezado en sus..en las *s* antiguas
18.15 para que camine por *s* y no por camino
Mt. 3.3; Mr. 1.3; Lc. 3.4 preparad el camino
del Señor; enderezad sus *s*
He. 12.13 haced *s* derechas para vuestros pies

SENDERO

Jue. 5.6 andaban..se apartaban por *s* torcidos
Sal. 8.8 peces..cuanto pasa por los *s* del mar
Pr. 2.19 ni seguirán otra vez los *s* de la vida
Lm. 3.9 cercó mis caminos con..torció mis *s*

SENE ***Peñasco junto al paso de Micmas,*** **1 S. 14.4**

SENIR ***Nombre amorreo del monte Hermón***

Dt. 3.9 sidonios llaman a Hermón..amorreos, *S*
1 Cr. 5.23 habitaron en..hasta Baal-hermón y *S*
Cnt. 4.8 mira desde..la cumbre de *S* y de Hermón
Ez. 27.5 hayas del monte *S* te fabricaron todo

SENO

Gn. 25.23 dos naciones hay en tu *s*, y..pueblos
38.27 dar a luz, he aquí había gemelos en su *s*
Éx. 4.6 tu mano en tu *s*. Y él metió la..en su *s*
4.7 tu mano en tu *s*..volvió a meter..en su *s*
4.7 al sacarla de nuevo del *s*, he aquí que se
Nm. 11.12 digas: Llévalo en tu *s*, como lleva la
Dt. 28.54 con malos ojos a..a la mujer de su *s*
28.56 con malos ojos al marido de su *s*, a su
2 S. 12.3 durmiendo en su *s;* y la tenía como a
12.8 te di..las mujeres de tu señor en tu *s*
Job 24.20 los olvidará el *s* materno; de ellos
31.33 como..escondiendo en mi *s* mi iniquidad
38.8 cuando se derramaba saliéndose de su *s*
Sal. 35.13 alma, y mi oración se volvía a mi *s*
74.11 ¿por qué escondes tu diestra en tu *s?*
79.12 y devuelve a nuestros vecinos en su *s*
89.50 de muchos pueblos, que llevo en mi *s*
110.3 desde el *s* de la aurora tienes tú el
Pr. 5.20 ajena, y abrazarás el *s* de la extraña?
6.27 ¿tomará el hombre fuego en su *s* sin que
17.23 toma soborno del *s* para pervertir las
21.14 furor, y el don en el *s*, la fuerte ira
Ec. 7.9 el enojo reposa en el *s* de los necios
Is. 40.11 los corderos, y en su *s* los llevará
65.6 que recompensaré, y daré el pago en su *s*
65.7 yo les mediré su obra antigua en su *s*
Os. 12.3 en el *s* materno tomó por el calcañar
Jon. 2.2 desde el *s* del Seol clamé, y mi voz
Lc. 11.27 bienaventurado..y los *s* que mamaste
16.22 y fue llevado por los ángeles al *s* de
16.23 de lejos a Abraham, y a Lázaro en su *s*
Jn. 1.18 el unigénito..está en el *s* del Padre

SENSATO

1 Co. 10.15 como a *s* os hablo; juzgad vosotros

SENSIBILIDAD

Ef. 4.19 cuales, después que perdieron toda *s*

SENSUAL

Jud. 19 son..los *s*, que no tienen al Espíritu

SENTAR

Gn. 8.9 no halló la paloma donde *sentar*..su pie
18.1 *sentado* a la puerta de su tienda en el
19.1 Lot estaba *sentado* a la puerta de Sodoma
21.16 fue y se *sentó* enfrente, a distancia de
21.16 y cuando ella se *sentó* enfrente..lloró
27.19 *siéntate*, y come de mi caza, para que
31.34 los puso en una..y se *sentó* sobre ellos
37.25 se *sentaron* a comer pan; y alzando los
43.33 y se *sentaron* delante de él, el mayor
48.2 se esforzó Israel, y se *sentó* sobre la
Éx. 2.16 *estando* sentado junto al pozo, siete
11.5 el primogénito de Faraón que se *sienta*
12.29 desde..que se *sentaba* sobre su trono
16.3 *sentábamos* a las ollas de carne, cuando
17.12 tomaron una piedra..se *sentó* sobre ella
18.13 día siguiente se *sentó* Moisés a juzgar
18.14 ¿por qué te *sientas* tú solo, y todo el
32.6 se *sentó* el pueblo a comer y a beber, y
Lv. 15.4 sobre que se *sentare*, inmunda será
15.6 que se *sentare*..que se hubiere *sentado*
15.20 todo aquello sobre que se *sentare* será
15.22 mueble sobre que ella se hubiere *sentado*
15.23 la silla en que ella se hubiere *sentado*
15.26 todo mueble sobre que se *sentare*, será
Dt. 11.19 hablando de ellas cuando te *sientes*
17.18 cuando se *siente* sobre el trono de su
28.56 la planta..intentaría *sentar* sobre la
Jue. 3.20 se le acercó Aod, estando él *sentado*
4.5 y acostumbraba *sentarse* bajo la palmera
6.11 vino el ángel..y se *sentó* debajo de la
19.6 se *sentaron* ellos..comieron y bebieron
19.15 se *sentaron* en la plaza de la ciudad
20.26 se *sentaron* allí en presencia de Jehová
Rt. 2.14 y ella se *sentó* junto a los segadores
4.1 Booz subió a la puerta y se *sentó* allí
4.1 ven acá y *siéntate*..y él vino y se *sentó*
4.2 dijo: *Sentaos* aquí. Y ellos se *sentaron*
4.4 presencia de los que están aquí *sentados*
1 S. 1.9 Elí estaba *sentado* en una silla junto
2.8 hacerle *sentarse* con príncipes y heredar
4.13 llegó..Elí estaba *sentado* en una silla
16.11 no nos *sentaremos*..hasta que él venga
19.9 *sentado* en su casa tenía una lanza a mano
20.5 acostumbro *sentarme* con el rey a comer
20.24 nueva luna, se *sentó* el rey a comer pan
20.25 el rey se *sentó* en su silla, como solía
20.25 y se *sentó* Abner al lado de Saúl, y el
22.6 Saúl estaba *sentado* en Gabaa, debajo de
24.3 estaban *sentados* en los rincones de la
28.23 se levantó..y se *sentó* sobre una cama
2 S. 18.24 David estaba *sentado* entre las dos
19.8 se levantó el rey y se *sentó* a la puerta
19.8 he aquí el rey está *sentado* a la puerta

1 R. 1.13 él se *sentará* en mi trono? ¿Por qué
1.17 Salomón tu hijo..se *sentará* en mi trono
1.20 se ha de *sentar* en el trono de mi señor
1.24 dicho tú: Adonías..*sentará* en mi trono?
1.27 quién se había de *sentar* en el trono de
1.30 él se *sentará* en mi trono en lugar mío
1.35 y vendrá y se *sentará* en mi trono, y él
1.46 Salomón se ha *sentado* en el trono del
1.48 ha dado hoy quien se *siente* en mi trono
2.12 se *sentó* Salomón en el trono de David
2.19 y el rey..volvió a *sentarse* en su trono
2.19 Betsabé..la cual se *sentó* a su diestra
3.6 le diste hijo que se *sentase* en su trono
8.20 y me he *sentado* en el trono de Israel
8.25 varón..se *siente* en el trono de Israel
13.14 le halló *sentado* debajo de una encina
16.11 estuvo *sentado* en su trono, mató a toda
19.4 él se fue..y se *sentó* debajo de un enebro
21.13 vinieron..y se *sentaron* delante de él
22.10 el rey..estaban *sentados* cada uno en su
22.19 vi a Jehová *sentado* en su trono, y todo
2 R. 1.9 estaba *sentado* en la cumbre del monte
4.20 estuvo *sentado* en sus rodillas hasta el
6.32 Eliseo estaba *sentado* en su casa, y con
6.32 y con él estaban *sentados* los ancianos
9.5 príncipes del ejército..estaban *sentados*
10.30 tus hijos se *sentarán* sobre el trono
11.19 y se *sentó* el rey en el trono de los
13.13 se *sentó* Jeroboam sobre su trono; y Joás
15.12 tus hijos..se *sentarán* en el trono de
1 Cr. 28.5 eligió..Salomón para que se *siente*
29.23 se *sentó* Salomón por rey en el trono de
2 Cr. 6.10 me he *sentado* en el trono de Israel
6.16 varón..se *siente* en el trono de Israel
18.9 estaban *sentados* cada uno en su trono
18.18 he visto a Jehová *sentado* en su trono
23.20 *sentaron*..rey sobre el trono del reino
Esd. 9.3 oí..y me *senté* angustiado en extremo
10.9 se *sentó* todo el pueblo en la plaza de
10.16 *sentaron* el primer día del mes décimo
Neh. 1.4 cuando oí estas palabras me *senté* y
2.6 dijo (y la reina estaba *sentada* junto a él
Est. 1.14 y se *sentaban* los primeros del reino
2.19 Mardoqueo estaba *sentado* a la puerta del
2.21 Mardoqueo *sentado* a la puerta del rey
3.15 el rey y Amán se *sentaron* a beber; pero
5.1 estaba el rey *sentado* en su trono en el
5.13 vez que veo al judío Mardoqueo *sentado*
6.10 con el judío Mardoqueo, que se *sienta* a
Job 2.8 Job..estaba *sentado* en medio de ceniza
2.13 así se *sentaron* con él..por siete días
29.25 y me *sentaba* entre ellos como el jefe
Sal. 1.1 ni en silla de escarnecedores..*sentado*
7.7 y sobre ella vuélvete a *sentar* en alto
9.4 te has *sentado* en el trono juzgando con
10.8 se *sienta* en acecho cerca de las aldeas
26.4 no me he *sentado* con hombres hipócritas
26.5 malignos, y con..impíos nunca me *senté*
29.10 se *sienta* Jehová como rey para siempre
47.8 reinó..se *sentó* Dios sobre su santo trono
69.12 hablaban..que se *sentaban* a la puerta
99.1 él está *sentado* sobre los querubines, se
110.1 dijo a mi Señor: *Siéntate* a mi diestra
113.5 nuestro Dios, que se *sienta* en..alturas
113.8 hacerlos *sentar* con los príncipes, con
119.23 también se *sentaron* y hablaron contra
132.12 sus hijos..se *sentarán* sobre tu trono
137.1 allí nos *sentábamos*, y aun llorábamos
139.2 conocido mi *sentarme* y mi levantarme
Pr. 9.14 se *sienta* en una silla a la puerta de
20.8 rey que se *sienta* en el trono de juicio
23.1 cuando..*sientes* a comer con algún señor
31.23 su marido es conocido..cuando se *sienta*
Ec. 10.6 los ricos están *sentados* en lugar bajo
Cnt. 2.3 bajo la sombra del deseado me *senté*
Is. 3.26 ella, desamparada, se *sentará* en tierra
6.1 vi..al Señor *sentado* sobre un trono alto
10.13 y derribé..a los que estaban *sentados*
14.13 en el monte del testimonio me *sentaré*
16.5 y sobre él se *sentará* firmemente, en el
28.6 espíritu de juicio al que se *sienta* en
40.22 *sentado* sobre el círculo de la tierra
47.1 desciende y *siéntate* en..*S* en la tierra
47.5 *siéntate*, calla, y entra en tinieblas
47.8 tú que estás *sentada* confiadamente, tú
47.14 brasa..ni lumbre a la cual se *sienten*
52.2 levántate y *siéntate*, Jerusalén; suelta
Jer. 3.2 junto a los caminos te *sentabas* para
8.14 ¿por qué nos estamos *sentados?* Reuníos
13.13 de David que se *sientan* sobre su trono
13.18 humillaos, *sentaos* en tierra; porque la
14.2 se *sentaron* tristes en tierra, y subió
15.17 no me *senté* en compañía de burladores
15.17 me *senté* solo, porque me llenaste de
16.8 en casa de banquete, para *sentarte* con
17.25 los reyes y los príncipes que se *sientan*
22.2 oh rey de Judá que estás *sentado* sobre
22.4 los reyes que..se *sientan* sobre su trono
22.30 ninguno de su..logrará *sentarse* sobre
26.10 se *sentaron* en la entrada de la puerta
29.16 acerca del rey que está *sentado* sobre
33.17 no faltará a David varón que se *siente*
36.12 todos los príncipes estaban allí *sentados*
36.15 y le dijeron: *Siéntate* ahora, y léelo

SENTAR *(Continúa)*
Jer. 36.30 no tendrá quien. .*siente* sobre el trono
38.7 y estando *sentado* el rey a la puerta de
48.18 desciende de. .*siéntate* en tierra seca
Lm. 2.10 se *sentaron* en tierra, callaron los
3.28 que se *siente* solo y calle, porque es
3.63 su *sentarse* y su levantarse mira; yo soy
Ez. 1.26 que parecía de hombre *sentado* sobre él
3.15 y me *senté* donde ellos estaban *sentados*
8.1 yo *sentado* en mi casa, y los ancianos de
8.1 y los ancianos de Judá estaban *sentados*
8.14 estaban allí *sentadas* endechando a Tamuz
14.1 vinieron. .de los ancianos. .se *sentaron*
20.1 que vinieron. .se *sentaron* delante de mí
23.41 te *sentaste* sobre suntuoso estrado, y
26.16 se *sentarán* sobre la tierra. .atónitos
28.2 y en el trono de Dios estoy *sentado* en
44.3 se *sentará* allí para comer pan delante
Dn. 7.10 el Juez se *sentó*, y los libros fueron
7.26 pero se *sentará* el Juez, y le quitarán
Os. 14.7 volverán y se *sentarán* bajo su sombra
Jl. 3.12 me *sentaré* para juzgar. .las naciones
Jon. 3.6 y se cubrió. .y se *sentó* sobre ceniza
4.5 Jonás. .*sentó* debajo de ella a la sombra
Mi. 4.4 se *sentará* cada uno debajo de su vid y
Nah. 3.17 langostas que se *sientan* en vallados
Zac. 3.8 tus amigos que se *sientan* delante de
5.7 y una mujer estaba *sentada* en medio de
6.13 y se *sentará* y dominará en su trono, y
Mal. 3.3 y se *sentará* para. .y limpiar la plata
Mt. 5.1 y *sentándose*, vinieron. .sus discípulos
8.11 y se *sentarán* con Abraham. .en el reino
9.9 estaba *sentado* al banco de los tributos
9.10 que estando él *sentado* a la mesa en la
9.10 se *sentaron*. .a la mesa con Jesús y sus
11.16 muchachos que se *sientan* en las plazas
13.1 salió Jesús de. .y se *sentó* junto al mar
13.2 se *sentó*, y toda la gente estaba en la
13.48 y *sentados*, recogen lo bueno en cestas
15.29 vino. .subiendo al monte, se *sentó* allí
19.28 cuando el Hijo. .se *siente* en el trono
19.28 también os *sentaréis* sobre doce tronos
20.21 en tu reino se *sienten* estos dos hijos
20.23 *sentaros* a mi derecha y a mi izquierda
20.30 y dos ciegos. .*sentados* junto al camino
21.5 manso, y *sentado* sobre una asna, sobre
21.7 pusieron. .mantos; y él se *sentó* encima
22.44 *siéntate* a mi derecha, hasta que ponga
23.2 en la cátedra de Moisés se *sientan* los
23.22 jura. .por aquel que está *sentado* en él
24.3 y estando él *sentado* en el monte de los
25.31 venga. .se *sentará* en su trono de gloria
26.7 y lo derramó. .estando *sentado* a la mesa
26.20 noche, se *sentó* a la mesa con los doce
26.36 *sentaos* aquí, entre tanto que voy allí
26.55 me *sentaba* con vosotros enseñando en el
26.58 y entrando, se *sentó* con los alguaciles
26.64 al Hijo. .*sentado* a la diestra del poder
26.69 Pedro estaba *sentado* fuera en el patio
27.19 estando él *sentado* en el tribunal, su
27.36 y *sentados* le guardaban allí
27.61 estaban. .*sentadas* delante del sepulcro
28.2 llegando, removió la piedra, y se *sentó*
Mr. 2.6 allí *sentados* algunos de los escribas
2.14 al pasar, vio a Leví. .*sentado* al banco
3.32 la gente que estaba *sentada*. .le dijo: Tu
3.34 y mirando a los que estaban *sentados*
4.1 en una barca, se *sentó* en ella en el mar
5.15 *sentado*, vestido y en su juicio cabal
9.35 se *sentó* y llamó a los doce, y les dijo
10.37 en tu gloria nos *sentemos* el uno a tu
10.40 *sentaros* a mi derecha y a mi izquierda
10.46 Bartimeo el. .*sentado* junto al camino
11.7 trajeron el pollino. .y se *sentó* sobre él
12.36 *siéntate* a mi diestra, hasta que ponga
12.41 estando Jesús *sentado* delante del arca
13.3 *sentó* en el monte de los Olivos, frente
14.3 estando él. .*sentado* a la mesa, vino una
14.18 cuando se *sentaron* a la mesa, mientras
14.32 *sentaos* aquí, entre tanto que yo oro
14.54 y estaba *sentado* con los alguaciles
14.62 y veréis al Hijo. .*sentado* a la diestra
16.5 vieron a un joven *sentado*. .lado derecho
16.14 se apareció a. .estando ellos *sentados*
16.19 cielo, y se *sentó* a la diestra de Dios
Lc. 2.46 *sentado* en medio de los doctores de la
4.20 enrollando el libro, lo dio. .y se *sentó*
5.3 y *sentándose*, enseñaba desde la barca a
5.17 un día. .y estaban *sentados* los fariseos
5.27 Leví, *sentado* al banco de los tributos
7.32 semejantes son a los muchachos *sentados*
7.36 en casa del fariseo, se *sentó* a la mesa
7.49 y los que estaban. .*sentados* a la mesa
8.35 *sentado* a los pies de Jesús, vestido, y
9.14 hacedlos *sentar* en grupos, de 50 en 50
9.15 lo hicieron, haciéndolos *sentar* a todos
10.13 que *sentadas* en. .se habrían arrepentido
10.39 *sentándose* a los pies de Jesús, oía su
11.37 entrando Jesús en la casa, se *sentó* a
12.37 que se *sienten* a la mesa, y vendrá a
13.29 y se *sentarán* a la mesa en el reino de
14.8 bodas, no te *sientes* en el primer lugar
14.10 mas. .vé y *siéntate* en el último lugar
14.10 gloria delante de los que se *sientan*
14.15 uno de los que estaban *sentados* con él
14.28 se *sienta*. .y calcula los gastos, a ver
14.31 se *sienta*. .y considera si puede hacer
16.6 *siéntate* pronto, y escribe cincuenta
17.7 al volver él. .Pasa, *siéntate* a la mesa?
18.35 un ciego estaba *sentado* junto al camino
20.42 dijo el Señor a. .*Siéntate* a mi diestra
22.14 *sentó* a la mesa, y con él los apóstoles
22.27 ¿cuál es mayor, el que se *sienta* a la
22.27 ¿no es el que se *sienta* a la mesa? Mas
22.30 y os *sentéis* en tronos juzgando a las
22.55 se *sentaron* alrededor; y Pedro se *sentó*
22.56 al verle *sentado* al fuego, se fijó en
22.69 *sentará* a la diestra del poder de Dios
24.30 que estando *sentado* con ellos a la mesa
Jn. 2.14 halló. .a los cambistas allí *sentados*
4.6 Jesús, cansado. .*sentó* así junto al pozo
6.3 Jesús. .se *sentó* allí con sus discípulos
8.2 pueblo vino. .y *sentado* él, les enseñaba
9.8 ¿no es. .el que se *sentaba* y mendigaba?
12.2 Lázaro era uno de. .*sentados* a la mesa
19.13 y se *sentó* en el tribunal en el lugar
Hch. 2.2 llenó. .la casa donde estaban *sentados*
2.30 Cristo para que se *sentase* en su trono
2.34 *siéntate* a mi diestra, hasta que ponga
3.10 era el que se *sentaba* a pedir limosna a
6.15 los que estaban *sentados* en el concilio
8.28 volvía *sentado* en su carro, y leyendo al
8.31 rogó a Felipe que. .y se *sentara* con él
12.21 Herodes. .se *sentó* en el tribunal y les
13.14 entraron en la sinagoga. .y se *sentaron*
14.8 cierto hombre de Listra estaba *sentado*
16.13 y *sentándonos*, hablamos a las mujeres
20.9 y un joven. .estaba *sentado* en la ventana
23.3 le dijo. .¿Estás tú *sentado* para juzgarme
25.6 al siguiente día se *sentó* en el tribunal
25.17 *sentado* en el tribunal, mandé traer al
26.30 y los que se habían *sentado* con ellos
1 Co. 8.10 alguno te ve. .*sentado* a la mesa en
10.7 se *sentó* el pueblo a comer y a beber, y
14.30 a otro que estuviere *sentado*, calle el
Ef. 1.20 *sentándole* a su diestra en los lugares
2.6 nos hizo *sentar* en los lugares celestiales
Col. 3.1 donde está Cristo *sentado* a la diestra
2 Ts. 2.4 tanto que se *sienta* en el templo de
He. 1.3 se *sentó* a la diestra de la Majestad en
1.13 *siéntate* a mi diestra, hasta que ponga a
8.1 el cual se *sentó* a la diestra del trono
10.12 vez. .se ha *sentado* a la diestra de Dios
12.2 se *sentó* a la diestra del trono de Dios
Stg. 2.3 y le decís: *Siéntate* tú aquí en buen
2.3 en pie, o *siéntate* aquí bajo mi estrado
Ap. 3.21 daré que se *siente* conmigo en mi trono
3.21 me he *sentado* con mi Padre en su trono
4.2 aquí un trono. .en el trono, uno *sentado*
4.3 y el aspecto del que estaba *sentado* era
4.4 vi *sentados* en los tronos a 24 ancianos
4.10 postran delante del que está *sentado* en
5.1 y vi en la mano. .del que estaba *sentado*
5.7 y tomó el libro. .del que estaba *sentado*
5.13 oí decir: Al que está *sentado* en el trono
6.16 de aquel que está *sentado* sobre el trono
7.10 Dios que está *sentado* en el trono, y al
7.15 el que está *sentado*. .trono extenderá su
11.16 los 24 ancianos que estaban *sentados*
14.14 y sobre la nube uno *sentado* semejante
14.15 clamando. .al que estaba *sentado* sobre
14.16 estaba *sentado* sobre la nube metió su
17.1 la que está *sentada* sobre muchas aguas
17.3 vi a una mujer *sentada* sobre una bestia
17.9 montes, sobre los cuales se *sienta* la
17.15 las aguas. .donde la ramera se *sienta*
18.7 yo estoy *sentada* como reina, y no soy
19.4 adoraron a Dios, que estaba *sentado* en
20.4 vi tronos, y se *sentaron* sobre ellos los
20.11 trono blanco y al que estaba *sentado*
21.5 el que estaba *sentado* en el trono dijo

SENTENCIA
Dt. 17.9 y ellos te enseñarán la *s* del juicio
17.10 harás según la *s* que te indiquen los
17.11 no te apartarás. .la *s* que te declaren
1 R. 20.40 el rey de Israel le. .Esa será tu *s*
2 R. 9.25 pronunció esta *s* sobre él, diciendo
25.6 en Ribla, y pronunciaron contra él *s*
Est. 2.1 se acordó de Vasti. .la *s* contra ella
Ec. 8.11 no se ejecuta. .*s* sobre la mala obra
Jer. 52.9 rey de Babilonia. .pronunció *s* contra
Dn. 2.9 si no me. .una sola *s* hay para vosotros
4.17 la *s* es por decreto de los vigilantes
4.24 la *s* del Altísimo, que ha venido sobre
Lc. 24.20 y cómo le entregaron. .a *s* de muerte
Hch. 16.37 de azotarnos públicamente sin *s*
Ro. 9.28 Señor ejecutará su *s* sobre la tierra
13.9 esta *s* se resume: Amarás a tu prójimo
2 Co. 1.9 en nosotros mismos *s* de muerte, para
Gá. 5.10 mas el que os perturba llevará la *s*
Ap. 17.1 te mostraré la *s* contra la gran ramera

SENTENCIAR
Sal. 79.11 preserva a. .*sentenciados* a muerte
102.20 oír. .soltar a los *sentenciados* a muerte
Jer. 39.5 estaba. .rey de Babilonia. .*sentenció*
Ez. 21.29 emplees sobre. .*sentenciados* a muerte
Lc. 23.24 Pilato *sentenció* que se hiciese lo
1 Co. 4.9 nos ha exhibido. .como a *sentenciados*

SENTIDO
2 R. 4.31 pero no tenía voz ni *s*, y así se había
Neh. 8.8 ponían el *s*, de modo que entendiesen la
Sal. 119.66 enséñame buen *s* y sabiduría, porque
Is. 44.19 consigo, no tiene *s* ni entendimiento
2 Co. 11.3 vuestros *s* sean. .extraviados de la
2 Ts. 2.2 en el *s* de que el día del Señor está
He. 5.14 que por el uso tienen los *s* ejercitados
11.19 *s* figurado, también le volvió a recibir

SENTIR
Gn. 19.33 él no *sintió* cuándo se acostó ella, ni
34.25 día, cuando *sentían* ellos el mayor dolor
41.55 cuando se *sintió* el hambre en toda la
Dt. 25.3 sea. .se *sienta* tu hermano envilecido
Jos. 14.7 traje. .como lo *sentía* en mi corazón
Jue. 1.28 cuando Israel se *sintió* fuerte hizo
16.25 cuando *sintieron* alegría en su corazón
1 R. 8.38 *sintiere* la plaga en su corazón, y
19.10,14 he *sentido* un vivo celo por Jehová de
Neh. 6.16 se *sintieron* humillados, y conocieron
Job 24.20 de ellos *sentirán* los gusanos dulzura
Sal. 58.9 antes que vuestras ollas *sientan* la
73.21 alma, y en mi corazón *sentía* punzadas
Pr. 23.35 me azotaron, mas no lo *sentí;* cuando
Jer. 10.18 y los afligiré, para que lo *sientan*
Ez. 39.26 ellos *sentirán* su vergüenza, y toda
Mr. 2.25 y *sintió* hambre, él y los que con él
5.29 y *sintió* en el cuerpo que estaba sana
Ro. 15.5 un mismo *sentir* según Cristo Jesús
2 Co. 13.11 consolaos, sed de un mismo *sentir*
Fil. 1.7 es justo *sentir* esto de todos vosotros
2.2 *sintiendo* lo mismo, teniendo el mismo
2.2 gozo. .unánimes, *sintiendo* una misma cosa
2.5 haya, pues, en vosotros este *sentir* que
3.15 mismo *sintamos;* y si otra cosa *sentís*
3.16 misma regla, *sintamos* una misma cosa
4.2 que sean de un mismo *sentir* en el Señor
1 P. 3.8 todos de un mismo *sentir*, compasivos

SENÚA *Padre de Judá No. 4*, Neh. 11.9

SEÑA
Pr. 6.13 guiña los ojos. .hace *s* con los dedos
Lc. 1.22 les hablaba por *s*, y permaneció mudo
1.62 entonces preguntaron por *s* a su padre
5.7 hicieron *s* a los compañeros que estaban
Jn. 13.24 pues, hizo *s* Simón Pedro, para que

SEÑAL
Gn. 1.14 sirvan de *s* para las estaciones, para
4.15 puso *s* en Caín, para que no lo matase
9.12 dijo Dios: Esta es la *s* del pacto que
9.13 mi arco. .será por *s* del pacto entre mí
9.17 la *s* del pacto que he establecido entre
17.11 por *s* del pacto entre mí y vosotros
28.18 la alzó por *s*, y derramó aceite encima
28.22 esta piedra que he puesto por *s*, será
31.45 tomó una piedra, y la levantó por *s*
31.51 he aquí este majano, y he aquí esta *s*
31.52 sea este majano, y testigo sea esta *s*
31.52 ni tú pasarás. .ni de esta *s* contra mí
35.14 Jacob erigió una *s* en. .una *s* de piedra
35.20 *s* de la sepultura de Raquel hasta hoy
Éx. 3.12 estaré contigo; y esto te será por *s*
4.8 ni obedecieren a la voz de la primera *s*
4.9 y si aún no creyeren a estas dos *s*, ni
4.17 mano esta vara, con la cual harás las *s*
4.28 a Aarón. .todas las *s* que le había dado
4.30 hizo. .*s* delante de los ojos del pueblo
7.3 multiplicaré en la. .de Egipto mis *s* y mis
8.23 yo pondré redención. .Mañana será esta *s*
10.1 yo. .para mostrar entre ellos estas mis *s*
10.2 y mis *s* que hice entre ellos; para que
12.13 y la sangre os será por *s* en las casas
13.9 será como una *s* sobre tu mano, y como
13.16 será, pues, como una *s* sobre tu mano
31.13 es *s* entre mí y vosotros por vuestras
31.17 *s* es. .entre mí y los hijos de Israel
Lv. 10.6 ni rasguéis. .vestidos en *s* de duelo
13.28 es la cicatriz de. .*s* de la quemadura es
19.28 no. .ni imprimiréis en vosotros *s* alguna
Nm. 14.11 no me creerán, con todas las *s* que
14.22 vieron. .mis *s* que he hecho en Egipto
16.38 y serán como *s* a los hijos de Israel
17.10 se guarde por *s* a los hijos rebeldes
Dt. 4.34 *s*, con milagros y con guerra, y mano
6.8 atarás como una *s* en tu mano, y estarán
6.22 hizo *s* y milagros. .terribles en Egipto
7.19 las grandes pruebas. .de las *s* y milagros
11.3 sus *s*, y sus obras que hizo en. .Egipto
11.18 las ataréis como *s* en vuestra mano, y
13.1 en ti profeta. .anunciare *s* o prodigios
13.2 se cumpliere la *s* o. .que él te anunció
22.15 sacarán las *s* de la virginidad de la
22.17 pero ved aquí las *s* de la virginidad
26.8 Jehová nos sacó. .con *s* y con milagros
28.46 serán en ti por *s* y por maravilla, y
29.3 vieron. .las *s* y las grandes maravillas
34.11 nadie como él en. .las *s* y prodigios que

SEÑAL ***(Continúa)***
Jos. 2.12 de lo cual me daréis una *s* segura
4.6 que esto sea *s* entre vosotros; y cuando
24.17 Dios. .el que ha hecho estas grandes *s*
Jue. 6.17 des *s* de que tú has hablado conmigo
20.38 la *s*. .hiciesen subir una gran humareda
1 S. 2.34 te será por *s* esto que acontecerá a
10.7 cuando te hayan sucedido estas *s*, haz lo
10.9 todas estas *s* acontecieron en aquel día
14.10 los ha entregado. .esto nos será por *s*
1 R. 13.3 dio una *s*, diciendo: Esta es la *s* de
13.5 y se derramó la ceniza. .conforme a la *s*
2 R. 19.29 y esto te daré por *s*, oh Ezequías
20.8 ¿qué *s* tendré de que Jehová me sanará
20.9 esta *s* tendrás de Jehová, de que hará
Neh. 9.10 hiciste *s* y maravillas contra Faraón
Sal. 74.4 enemigos. .puesto sus divisas por *s*
74.9 no vemos ya nuestras *s*; no hay. .profeta
78.43 puso en Egipto sus *s*, y sus maravillas
86.17 haz conmigo *s* para bien, y véanla los
105.27 puso en ellos las palabras de sus *s*
135.9 envió *s* y prodigios en medio de ti, oh
Is. 7.11 pide para ti *s* de Jehová. .en lo alto
7.14 el Señor mismo os dará *s*: He aquí que la
8.18 yo y. .somos por *s* y presagios en Israel
19.20 será por *s* por testimonio a Jehová de
20.3 por *s* y pronóstico sobre Egipto y sobre
37.30 esto te será por *s*: Comeréis este año
38.7 esto te será *s* de parte de Jehová, que
38.22 ¿qué *s* tendré de que subiré a la casa
44.25 deshago las *s* de los adivinos. .sabios
55.13 será. .por *s* eterna que nunca será raída
66.19 pondré entre ellos *s*, y enviaré de los
Jer. 6.1 alzad por *s* humo sobre Bet-haquerem
10.2 no. .ni de las *s* del cielo tengáis temor
31.21 establécete *s*, ponte majanos altos
32.20 tú hiciste *s* y portentos en tierra de
32.21 y sacaste a. .Israel. .con *s* y portentos
44.29 y esto tendréis por *s*, dice Jehová, de
Ez. 4.3 la sitiarás. Es *s* a la casa de Israel
9.4 ponles una *s* en la frente a los hombres
9.6 a todo aquel sobre el cual hubiere *s*, no
12.6 por *s* te he dado a la casa de Israel
12.11 yo soy vuestra *s*; como yo hice, así se
14.8 le pondré por *s* y por escarmiento, y lo
20.12 para que fuesen por *s* entre mí y ellos
20.20 y sean por *s* entre mí y vosotros, para
21.19 y pon una *s* al comienzo de cada camino
24.24 Ezequiel, pues, os será por *s*; según
24.27 y les serás por *s*, y sabrán que yo soy
39.15 que vea los huesos. .junto a ellos una *s*
Dn. 4.2 que yo declare las *s* y milagros que el
4.3 ¡cuán grandes son sus *s*, y cuán potentes
6.27 hace *s* y maravillas en el cielo y en la
Mt. 12.38 diciendo: Maestro, deseamos. .de ti *s*
12.39 la generación mala y adúltera demanda *s*
12.39 *s* no le será dada, sino la *s* del. .Jonás
16.1 le pidieron que les mostrase *s* del cielo
16.3 ¡mas las *s* de los tiempos no podéis!
16.4 la generación mala y adúltera demanda *s*
16.4 *s* no le será dada, sino la *s* del. .Jonás
24.3 qué *s* habrá de tu venida, y del fin del
24.24 y harán grandes *s* y prodigios, de tal
24.30 aparecerá la *s* del Hijo del Hombre en
26.48 les había dado *s*, diciendo: Al que yo
Mr. 8.11 pidiéndole *s* del cielo, para tentarle
8.12 pide *s* esta generación?. .no se dará *s*
13.4 que *s* habrá. .cosas hayan de cumplirse?
13.22 harán *s* y prodigios, para engañar, si
14.44 el que le entregaba les había dado *s*
16.17 y estas *s* seguirán a los que creen: En
16.20 confirmando la palabra con las *s* que la
Lc. 2.12 esto os servirá de *s*: Hallaréis al niño
2.34 en Israel, y para *s* que será contradicha
11.16 para tentarle, le pedían *s* del cielo
11.29 esta generación es mala; demanda *s*, pero
11.29 *s* no le será dada, sino la *s* de Jonás
11.30 así como Jonás fue *s* a los ninivitas
21.7 qué *s* habrá cuando. .estén para suceder?
21.11 y habrá terror y grandes *s* del cielo
21.25 habrá *s* en el sol, en la luna y en las
23.8 verle. .y esperaba verle hacer alguna *s*
Jn. 2.11 principio de *s* hizo Jesús en Caná de
2.18 ¿qué *s* nos muestras, ya que haces esto?
2.23 creyeron en su. .viendo las *s* que hacía
3.2 nadie puede hacer estas *s* que tú haces
4.48 le dijo: Si no viereis *s* y. .no creeréis
4.54 esta segunda *s* hizo Jesús, cuando fue de
6.2 veían las *s* que hacía en los enfermos
6.14 viendo la *s* que. .había hecho, dijeron
6.26 me buscáis, no porque habéis visto las *s*
6.30 ¿qué *s*. .para que veamos, y te creamos?
7.31 ¿hará más *s* que las que éste hace?
9.16 ¿cómo puede un. .pecador hacer estas *s*?
10.41 Juan, a la verdad, ninguna *s* hizo; pero
11.47 ¿qué. .Porque este hombre hace muchas *s*
12.18 había oído que él había hecho esta *s*
12.37 a pesar de que había hecho tantas *s*
20.25 si no viere en sus. .la *s* de los clavos
20.30 hizo. .muchas otras *s* en presencia de
Hch. 2.19 daré. .y *s* abajo en la tierra, sangre
2.22 *s* que Dios hizo entre vosotros por medio
2.43 y muchas maravillas y *s* eran hechas por
4.16 *s* manifiesta ha sido hecha por ellos
4.30 que se hagan. .*s* y prodigios mediante el
5.12 apóstoles se hacían muchas *s* y prodigios
6.8 Esteban. .prodigios y *s* entre el pueblo
7.36 habiendo hecho prodigios y *s* en tierra
8.6 la gente. .oyendo y viendo las *s* que hacía
8.13 viendo las *s* y. .milagros que se hacían
12.17 pero él, haciéndoles. .*s* de que callasen
13.16 hecha *s* de silencio con la mano, dijo
14.3 se hiciesen por las manos de ellos *s* y
15.12 grandes *s* y maravillas había hecho Dios
21.40 Pablo. .hizo *s* con la mano al pueblo
24.10 hecho *s* el gobernador a Pablo para que
Ro. 4.11 recibió la circuncisión como *s*, como
15.19 potencia de *s* y prodigios, en el poder
1 Co. 1.22 los judíos piden *s*, y los griegos
11.10 mujer debe tener *s* de autoridad sobre
14.22 así que las lenguas son por *s*, no a los
2 Co. 12.12 *s* de apóstol han sido hechas entre
12.12 entre vosotros. .*s*, prodigios y milagros
Gá. 2.9 dieron. .la diestra en *s* de compañerismo
2 Ts. 2.9 gran poder y *s* y prodigios mentirosos
He. 2.4 testificando Dios. .con *s* y prodigios y
Ap. 12.1 apareció en el cielo una gran *s*: una
12.3 también apareció otra *s* en el cielo: he
13.13 hace grandes *s*, de tal manera que aun
13.14 y engaña a los moradores de. .con las *s*
15.1 en el cielo otra *s*, grande y admirable
16.14 son espíritus de demonios, que hacen *s*
19.20 el falso profeta que había hecho. .las *s*

SEÑALAR
Gn. 18.14 al tiempo *señalado* volveré a ti, y
30.28 dijo: *Señálame* tu salario, y yo lo daré
47.26 José. .*señalando* para Faraón el quinto
Éx. 19.12 y *señalarás* término al pueblo en
19.23 *señala* límites al monte, y santifícalo
21.13 yo te *señalaré* lugar al cual ha de huir
34.18 comerás. .en el tiempo *señalado* del mes
Lv. 27.23 y aquel día dará tu precio *señalado*
Nm. 35.11 os *señalaréis*. .ciudades de refugio
Jos. 8.14 al tiempo *señaldo*, los hombres de la
18.4 *señalad* tres varones de cada tribu, para
20.2 *señalaos* las ciudades de refugio, de las
20.7 entonces *señalaron* a Cedes en Galilea
20.8 *señalaron* a Beser en el desierto, en la
20.9 las ciudades *señaladas* para todo Israel
1 S. 13.11 no venías dentro del plazo *señalado*
20.35 salió Jonatán. .al tiempo *señalado* con
21.2 les *señalé* a los criados un cierto lugar
29.4 que se vuelva al lugar que le *señalaste*
2 S. 20.5 se detuvo más del tiempo. .*señalado*
24.15 envió la peste. .hasta el tiempo *señalado*
1 R. 5.9 mar hasta el lugar que tú me *señales*
11.18 Faraón. .les *señaló* alimentos, y aun les
1 Cr. 22.2 y *señaló* de. .canteros que labrasen
2 Cr. 2.18 *señaló*. .70.000 para llevar cargas
Neh. 2.6 rey. .después que yo le *señalé* tiempo
7.1 y fueron *señalados* porteros y cantores
7.3 *señalé* guardas de los moradores. .turno
13.31 la ofrenda. .en los tiempos *señalados*
Est. 9.31 de Purim en sus tiempos *señalados*
Job 20.29 la heredad que Dios le *señala* por su
24.16 las casas que de día para sí *señalaron*
33.16 revela al oído. .les *señala* su consejo
Sal. 75.2 al tiempo que *señalaré* yo juzgaré
81.3 tocad. .en el día *señalado*, en el día de
Pr. 7.20 el día *señalado* volverá a su casa
Cnt. 5.10 mi amado es. .*señalado* entre diez mil
Is. 28.25 pone. .la cebada en el lugar *señalado*
44.13 tiende la regla, lo *señala* con almagre
Jer. 12.3 *señálalos* para el día de la matanza
46.17 Faraón. .dejó pasar el tiempo *señalado*
51.27 *señalad* contra ella capitán. .caballos
Ez. 21.20 *señalarás* por donde venga la espada
21.22 la adivinación *señaló* a su mano derecha
45.6 para propiedad de. .*señalaréis* cinco mil
Dn. 1.5 les *señaló* el rey ración para cada día
1.10 *señaló* vuestra comida y vuestra bebida
11.29 al tiempo *señalado* volverá al sur; mas
Jn. 6.27 porque a éste *señaló* Dios el Padre
Hch. 1.23 *señalaron* a dos: a José. .y a Matías
12.21 un día *señalado*, Herodes, vestido de
28.23 habiéndole *señalado* un día, vinieron a
Gá. 4.2 hasta el tiempo *señalado* por el padre
2 Ts. 3.14 si alguno no obedece. .*señaladlo*, y

SEÑOR, RA
Gn. 15.2 *S* Jehová, ¿qué me darás, siendo así
15.8 *S* Jehová, ¿en qué conoceré que la he de
16.4 cuando vio. .miraba con desprecio a su *s*
16.8 respondió: Huyo de delante de Sarai mi *s*
16.9 vuélvete a tu *s*, y ponte sumisa bajo su
18.3 dijo: *S*, si ahora he hallado gracia en
18.12 tendré deleite, siendo. .mi *s* ya viejo?
18.27 he comenzado a hablar a mi *S*, aunque
18.30,32 no se enoje ahora mi *S*, si hablare
18.31 he emprendido el hablar a mi *S*: quizá
19.2 mis *s*, os ruego que vengáis a casa de
19.18 Lot les dijo: No, yo os ruego, *s* míos
20.4 dijo: *S*, ¿matarás también al inocente?
23.6 óyenos, *s* nuestro; eres un príncipe de
23.11 *s* mío, óyeme; te doy la heredad, y te
23.15 *s* mío, escúchame: la tierra vale 400
24.9 puso su mano debajo del muslo de. .su *s*
24.10 tomó diez. .de los camellos de su *s*, y
24.10 tomando. .de regalos escogidos de su *s*
24.12 Dios de mi *s* Abraham, dame, te ruego
24.12 y haz misericordia con mi *s* Abraham
24.14 que habrás hecho misericordia con mi *s*
24.18 bebe, *s* mío; y se dio prisa a bajar su
24.36 dio a luz en su vejez un hijo a mi *s*
24.42 Dios de mi *s* Abraham, si tú prosperas
24.44 que destinó Jehová para el hijo de mi *s*
24.48 y bendije a Jehová Dios de mi *s* Abraham
24.48 para tomar la hija del hermano de mi *s*
24.49 hacéis misericordia y verdad con mi *s*
24.51 sea mujer del hijo de tu *s*, como lo ha
24.54 levantándose de. .dijo: Enviadme a mi *s*
24.56 despachadme para que me vaya a mi *s*
24.65 criado había respondido: Este es mi *s*
27.29 *s* de tus hermanos, y se inclinen ante ti
27.37 le he puesto por *s* tuyo, y le he dado
31.35 ella dijo. .No se enoje mi *s*, porque no
32.4 así diréis a mi *s* Esaú: Así dice. .Jacob
32.5 y envío a decirlo a mi *s*, para hallar
32.18 es un presente. .que envía a mi *s* Esaú
33.8 el hallar gracia en los ojos de mi *s*
33.13 mi *s* sabe que los niños son tiernos, y
33.14 pase ahora mi *s* delante de su siervo
33.14 me iré. .hasta que llegue a mi *s* a Seir
33.15 halle yo gracia en los ojos de mi *s*
39.8 mi *s* no se preocupa conmigo de lo que
39.16 la ropa de José, hasta que vino su *s*
40.1 y el panadero delinquieron contra su *s*
40.7 con él en la prisión de la casa de su *s*
42.6 José era el *s* de la tierra. .le vendía a
42.10 respondieron: No, *s* nuestro, sino que
42.30 *s* de la tierra, nos habló ásperamente
42.33 entonces aquel varón, el *s* de la tierra
43.20 ay, *s* nuestro, nosotros en realidad de
44.5 ¿no es esta en la que bebe mi *s*, y por
44.7 ¿por qué dice nuestro *s* tales cosas?
44.8 habíamos de hurtar de casa de tu *s* plata
44.9 y aun nosotros seremos siervos de mi *s*
44.16 dijo Judá: ¿Qué diremos a mi *s*? ¿Qué
44.16 aquí, nosotros somos siervos de mi *s*
44.18 ay, *s* mío. .una palabra en oídos de mi *s*
44.19 *s* preguntó. .¿Tenéis padre o hermano?
44.20 respondimos a mi *s*: Tenemos un padre
44.22 y nosotros dijimos a mi *s*: El joven no
44.24 que. .le contamos las palabras de mi *s*
44.33 en lugar del joven por siervo de mi *s*
45.8 me ha puesto. .por *s* de toda su casa, y
45.9 Dios me ha puesto por *s* de todo Egipto
45.26 José vive aún; y él es *s* en. .de Egipto
47.18 y dijeron: No encubriremos a nuestro *s*
47.18 el ganado es ya de nuestro *s*; nada ha
47.18 nada ha quedado delante de nuestro *s*
47.25 hallemos gracia en ojos de nuestro *s*
Éx. 4.10 ¡ay, *S*! nunca he sido hombre de fácil
4.13 ¡ay, *S*! envía, te ruego, por medio del
5.22 dijo: *S*, ¿por qué afliges a este pueblo?
21.5 amo a mi *s*, a mi mujer y a mis hijos
21.8 si no agradare a su *s*, por lo cual no
23.17 se presentará todo varón delante del *S*
32.22 no se enoje mi *s*; tú conoces al pueblo
34.9 si ahora, *S*, he hallado gracia en tus
34.9 vaya ahora el *S* en medio de nosotros
34.23 se presentará. .delante de Jehová el *S*
Nm. 11.28 Josué. .dijo: *S* mío Moisés, impídelos
12.11 y dijo Aarón a. .*s* mío, no pongas ahora
14.17 sea magnificado el poder del *S*, como lo
21.18 el cual cavaron los *s*. .con sus báculos
21.28 a Ar. .a los *s* de las alturas de Arnón
32.25 tus siervos harán como mi *s* ha mandado
32.27 la guerra, de la manera que mi *s* dice
36.2 a mi *s* que por sorteo diese la tierra a
36.2 también ha mandado Jehová a mi *s*, que
Dt. 3.24 *S* Jehová, tú has comenzado a mostrar
9.26 oh *S* Jehová, no destruyas a tu pueblo
10.17 vuestro Dios es. .*S* de *s*, Dios grande
23.15 no entregarás a su *s* el siervo que se
Jos. 3.11 el arca del pacto del *S* de. .la tierra
3.13 el arca de Jehová, *S* de toda la tierra
5.14 y le dijo: ¿Qué dice mi *S* a su siervo?
7.7 ¡ah, *S* Jehová! ¿Por qué hiciste pasar a
7.8 *S*! ¿qué diré, ya que Israel ha vuelto la
Jue. 3.25 he aquí su *s* caído en tierra, muerto
4.18 ven, *s* mío, ven a mí, no tengas temor
6.13 ah, *s* mío, si Jehová está con nosotros
6.15 ah, *s* mío, con qué salvaré yo a Israel?
6.22 *S* Jehová. .he visto al ángel de Jehová
8.22 sé nuestro *s*, tú y tu hijo, y tu nieto
8.23 mas Gedeón respondió: No seré *s* sobre
9.51 a la cual se retiraron. .*s* de la ciudad
13.8 ah, *S* mío, yo te ruego que aquel varón
16.28 dijo: *S* Jehová, acuérdate ahora de mí
19.11 y dijo el criado a su *s*: Ven ahora, y
19.12 su *s* le respondió: No iremos a ninguna
19.26 delante de. .la casa. .donde su *s* estaba
19.27 se levantó. .su *s*, y abrió las puertas
Rt. 2.13 dijo: *S* mío, halle yo gracia delante
1 S. 1.15 *s* mío; yo soy una mujer atribulada
1.26 ¡oh, *s* mío! Vive tu alma, *s* mío, yo soy
16.16 diga, pues, nuestro *s* a tus siervos que
20.38 y el. .recogió las saetas, y vino a su *s*
22.12 oye ahora. .Y él dijo: Heme aquí, *s* mío
24.6 me guarde de hacer tal cosa contra mi *s*

SEÑOR, RA *(Continúa)*

1 S. 24.8 David..Mi *s* el rey! Y cuando Saúl miró
24.10 dije: No extenderé mi mano contra mi *s*
25.10 muchos siervos hay..que huyen de sus *s*
25.24 y dijo: *S* mío, sobre mí sea el pecado
25.25 no haga caso ahora mi *s* de ese hombre
25.26 *s* mío, vive Jehová, y vive tu alma, que
25.26 todos los que procuran mal contra mi *s*
25.27 presente que tu sierva ha traído a mi *s*
25.27 dado a los hombres que siguen a mi *s*
25.28 pues Jehová..hará casa estable a mi *s*
25.28 mi *s* pelea las batallas de Jehová, y
25.29 la vida de mi *s* será ligada en el haz
25.30 haga con mi *s* conforme a todo el bien
25.31 entonces, *s* mío, no tendrás motivo de
25.31 guárdese, pues, mi *s*, y cuando Jehová
25.31 pues..cuando Jehová haga bien a mi *s*
25.41 lavar los pies de los siervos de mi *s*
26.15 ¿por qué..no has guardado al rey tu *s?*
26.15 uno..ha entrado a matar a tu *s* el rey
26.16 porque no habéis guardado a vuestro *s*
26.17 David respondió: Mi voz es, rey *s* mío
26.18 por qué persigue así mi *s* a su siervo?
26.19 ruego, pues, que el rey mi *s* oiga ahora
29.4 ¿con qué cosa volvería..gracia de su *s*
29.8 y pelee contra los enemigos de mi *s* el
29.10 levántate..tú y los siervos de tu *s* que
2 S. 1.10 tomé la..y las he traído acá a mi *s*
2.5 habéis hecho..misericordia con vuestro *s*
2.7 muerto Saúl vuestro *s*..han ungido por rey
3.21 y juntaré a mi *s* el rey a todo Israel
4.8 Jehová ha vengado hoy a mi *s* el rey, de
7.18 dijo: *S* Jehová, ¿quién soy yo, y qué es
7.19 aun te ha parecido poco esto, *S* Jehová
7.19 así como procede el hombre, *S* Jehová?
7.20 pues tú conoces a tu siervo, *S* Jehová
9.9 de Saúl..yo lo he dado al hijo de tu *s*
9.10 que el hijo de tu *s* tenga pan para comer
9.10 pero Mefi-boset el hijo de tu *s* comerá
9.11 que ha mandado mi *s* el rey a su siervo
10.3 los príncipes de..dijeron a Hanún su *s*
11.9 durmió..con todos los siervos de su *s*
11.11 mi *s* Joab, y los siervos de mi *s*, en el
11.13 a dormir en su..con los siervos de su *s*
12.8 y te di la casa de tu *s*, y las mujeres
12.8 y te di..las mujeres de tu *s* en tu seno
13.32 no diga mi *s* que han dado muerte a todos
13.33 no ponga mi *s* el rey en su corazón ese
14.9 dijo..Rey *s* mío, la maldad sea sobre mí
14.12 que tu sierva hable una palabra a mi *s*
14.15 yo venido..para decir esto al rey mi *s*
14.17 sea..de consuelo la respuesta de mi *s*
14.17 mi *s* el rey es como un ángel de Dios
14.18 y la mujer dijo: Hable mi *s* el rey
14.19 vive tu alma, rey *s* mío, que no hay que
14.19 de todo lo que mi *s* el rey ha hablado
14.20 mi *s* es sabio conforme a la sabiduría
14.22 hallado gracia en tus ojos, rey *s* mío
15.15 a todo lo que nuestro *s* el rey decida
15.21 vive mi *s* el rey, que o para muerte o
15.21 que donde mi *s* el rey estuviere..estará
16.3 dijo el rey: ¿Dónde está el hijo de tu *s?*
16.4 rey *s* mío, halle yo gracia delante de ti
16.9 ¿por qué maldice este..a mi *s* el rey?
18.28 levantado sus manos contra mi *s* el rey
18.31 y dijo: Reciba nuevas mi *s* el rey, que
18.32 como aquel..sean los enemigos de mi *s*
19.19 y dijo..No me culpe mi *s* de iniquidad
19.19 en que mi *s* el rey salió de Jerusalén
19.20 he venido hoy..a recibir a mi *s* el rey
19.26 rey *s* mío, mi siervo me engañó, pues tu
19.27 ha calumniado..delante de mi *s* el rey
19.27 mi *s* el rey es como un ángel de Dios
19.28 digna de muerte delante de mi *s* el rey
19.30 pues que mi *s* el rey ha vuelto en paz
19.35 ha de ser..una carga para mi *s* el rey?
19.37 pase él con mi *s* el rey, y haz con él
20.6 toma..los siervos de tu *s*, y vé tras él
24.3 añada Jehová..y que lo vea mi *s* el rey
24.3 ¿por qué se complace en esto mi *s* el rey?
24.21 ¿por qué viene mi *s* el rey a su siervo?
24.22 ofrezca mi *s*..lo que bien le pareciere
1 R. 1.2 busquen para mi *s* el rey..joven virgen
1.2 abrigue..y entrará en calor mi *s* el rey
1.11 que reina..sin saberlo David nuestro *s?*
1.13 *s* mío, ¿no juraste a tu sierva, diciendo
1.17 *s* mío, tú juraste a..por Jehová tu Dios
1.18 Adonías reina, y tú, mi *s*..no lo sabes
1.20 rey *s* mío, los ojos de todo Israel están
1.20 se ha de sentar en el trono de mi *s* el
1.21 que cuando mi *s*..duerma con sus padres
1.24 rey *s* mío, ¿has dicho tú: Adonías reinará
1.27 ¿es este negocio ordenado por mi *s*, sin
1.31 viva mi *s* el rey David para siempre
1.33 dijo: Tomad..los siervos de vuestro *s*
1.36 así lo diga Jehová, Dios de mi *s* el rey
1.37 la manera que Jehová ha estado con mi *s*
1.37 haga mayor su trono que el trono de mi *s*
1.43 nuestro *s* el rey..ha hecho rey a Salomón
1.47 han venido a bendecir a nuestro *s* el rey
2.26 llevado el arca de Jehová el *S* delante
2.38 como el rey mi *s* ha dicho, así lo hará
3.10 agradó delante del *S* que..pidiese esto
3.17 ¡ah, *s* mío! Yo y esta mujer morábamos
3.26 *s* mío! dad a ésta el niño vivo, y no lo
12.27 este pueblo se volverá a su *s* Roboam
18.7 Abdías..dijo: ¿No eres tú mi *s* Elías?
18.10 adonde mi *s* no haya enviado a buscarte
18.13 ¿no ha sido dicho a mi *s* lo que hice
20.4 como tú dices, rey *s* mío, yo soy tuyo
20.9 al rey mi *s*: Haré todo lo que mandaste
22.17 estos no tienen *s*; vuélvase cada uno a
2 R. 2.3,5 que Jehová te quitará hoy a tu *s* de
2.16 siervos..vayan ahora y busquen a tu *s*
2.19 he aquí, el lugar..es bueno, como mi *s* ve
4.16 no, *s* mío, varón de Dios, no hagas burla
4.28 y ella dijo: ¿Pedí yo hijo a mi *s?* ¿No
5.1 Naamán..era varón grande delante de su *s*
5.3 dijo a su *s*: Si rogase mi *s* al profeta
5.4 entrando Naamán a su *s*, le relató..Así y
5.18 cuando mi *s* el rey entrare en el templo
5.20 he aquí mi *s* estorbó a este sirio Naamán
5.22 él dijo: Bien. Mi *s* me envía a decirte
5.25 y él entró, y se puso delante de su *s*
6.5 gritó diciendo: ¡Ah, *s* mío, era prestada!
6.12 no..*s* mío, sino que el profeta Eliseo
6.15 criado le dijo: ¡Ah, *s* mío! ¿qué haremos?
6.22 que coman y beban, y vuelvan a sus *s*
6.23 los envió, y ellos se volvieron a su *s*
6.26 mujer le gritó, y dijo: Salva, rey *s* mío
8.5 rey *s* mío, esta es la mujer, y este es su
8.12 dijo Hazael: ¿Por qué llora mi *s?* Y él
8.14 y Hazael..vino a su *s*, el cual le dijo
9.7 herirás la casa de Acab tu *s*, para que
9.11 salió Jehú a los siervos de su *s*, y le
9.31 ¿sucedió bien a Zimri, que mató a su *s?*
10.2 que tenéis a los hijos de vuestro *s*, y
10.3 al más recto de los hijos de vuestro *s*
10.3 trono..y pelead por la casa de vuestro *s*
10.6 las cabezas de los hijos..de vuestro *s*
10.9 he conspirado contra mi *s*, y le he dado
18.23 yo te ruego que des rehenes a mi *s*, el
18.24 ¿cómo..al menor de los siervos de mi *s*
18.27 ¿me ha enviado mi *s* para decir estas
18.27 a ti y a tu *s*, y no a los hombres que
19.4 el rey..su *s* ha enviado para blasfemar
19.6 diréis a vuestro *s*: Así ha dicho Jehová
1 Cr. 12.19 con peligro de..pasará a su *s* Saúl
21.3 añada Jehová a su pueblo cien..rey *s* mío
21.3 ¿no son todos éstos siervos de mi *s?*
21.3 ¿para qué procura mi *s* esto, que será
21.23 haga mi *s* el rey..que bien le parezca
26.6 hijos que fueron *s* sobre la casa de sus
2 Cr. 2.14 trabajar..con los de mi *s* David tu
2.15 envíe mi *s*..el trigo y cebada, y aceite
13.6 Jeroboam hijo de..se rebeló contra su *s*
18.16 no tienen *s*; vuélvase cada uno en paz
Esd. 10.3 consejo de mi *s* y de los que temen el
Neh. 3.5 no se prestaron para..la obra de su *S*
4.14 acordaos..*S*, grande y temible, y pelead
8.10 porque día santo es a nuestro *S*; no os
10.29 cumplirían..y estatutos de..nuestro *S*
13.17 y reprendí a los *s* de Judá y les dije
Est. 1.18 las *s* de Persia y de Media que oigan
Job 3.19 allí están..y el siervo libre de su *s*
28.28 que el temor del *S* es la sabiduría, y
Sal. 2.4 el que mora..el *S* se burlará de ellos
8.1 ¡oh Jehová, *S* nuestro, cuán glorioso es
8.9 ¡oh Jehová, *S* nuestro, cuán grande es tu
12.4 que han dicho..¿quién es *s* de nosotros?
16.2 eres mi *S*; no hay para mí bien fuera de
30.8 a ti, oh Jehová, clamaré..al *S* suplicaré
35.17 *S*, ¿hasta cuándo verás esto? Rescata
35.22 tú lo has visto..*S*, no te alejes de mí
35.23 Dios..y *S* mío, para defender mi causa
37.13 el *S* se reirá de él..que viene su día
38.9 *S*, delante de ti están todos mis deseos
38.22 apresúrate a ayudarme..*S*, mi salvación
39.7 y ahora, *S*, ¿qué esperaré? Mi esperanza
44.23 ¿por qué duermes, *S?* Despierta, no te
45.11 rey..inclínate a él, porque él es tu *s*
51.15 *S*, abre mis labios, y publicará mi boca
54.4 el *S* está con los que sostienen mi vida
55.9 destrúyelos, oh *S*; confunde la lengua de
57.9 alabaré entre los pueblos oh *S*; cantaré
62.12 tuya, oh *S*, es la misericordia; porque
66.18 iniquidad, el *S* no me habría escuchado
68.11 el *S* daba palabra..grande multitud de
68.17 el *S* viene del Sinaí a su santuario
68.19 el *S*; cada día nos colma de beneficios
68.20 y de..el *S* es el librar de la muerte
68.22 el *S* dijo: De Basán te haré volver; te
68.26 bendecid..al *S*, vosotros de la estirpe
68.32 reinos de la tierra, cantad a Dios..*S*
69.6 no sean avergonzados por..oh *S* Jehová
71.5 tú, oh *S*..eres mi esperanza, seguridad
71.16 vendré a los hechos poderosos de..el *S*
73.20 *S*, cuando despertares, menospreciarás
73.28 he puesto en Jehová el *S* mi esperanza
77.2 al *S* busqué en el día de mi angustia
77.7 ¿desechará el *S*..siempre, y no volverá a
78.65 despertó el *S* como quien duerme, como
86.4 alegra el..a ti, oh *S*, levanto mi alma
86.5 porque tú, *S*, eres bueno y perdonador
86.8 *S*, ninguno hay como tú entre los dioses
86.9 las naciones que hiciste vendrán..ti, *S*
86.15 tú, *S*, Dios misericordioso y clemente
89.49 *S*, ¿dónde están tus..misericordias, que
89.50 *S*, acuérdate del oprobio..tus siervos
90.1 *S*, tú nos has sido refugio de generación
97.5 los montes se derritieron..delante del *S*
105.20 *s* de los pueblos, y le dejó ir libre
105.21 lo puso por *s* de su casa..gobernador
109.21 Jehová, *S* mío, favoréceme por amor de
110.1 Jehová dijo a..*S*: Siéntate a mi diestra
110.5 el *S* está a tu diestra; quebrantará a
123.2 los ojos de..miran a la mano de sus *s*
123.2 los ojos de la sierva a la mano de su *s*
130.2 *S*, oye mi voz; estén atentos tus oídos
130.3 JAH..¿quién, oh *S*, podrá mantenerse?
135.5 *S* nuestro, mayor que todos los dioses
136.3 al *S* de los *s*, porque para siempre es
140.7 Jehová *S*..salvador mío, tú pusiste a
141.8 por tanto, a ti, oh Jehová, *S*, miran
147.5 grande..el *S* nuestro, y de mucho poder
Pr. 6.7 no teniendo capitán..gobernador, ni *s*
19.10 ¡cuánto menos al siervo ser *s* de los
23.1 cuando te sientes a comer con algún *s*
25.13 pues al alma de su *s* da refrigerio
27.18 el que mira por los intereses de su *s*
30.10 no acuses al siervo ante su *s*, no sea
30.23 y por la sierva cuando hereda a su *s*
Ec. 9.17 son mejores que el clamor del *s* entre
Is. 1.3 su dueño, y el asno el pesebre de su *s*
1.24 dice el *S*, Jehová..el Fuerte de Israel
3.1 aquí que el *S* Jehová..quita de Jerusalén
3.4 pondré jóvenes..y muchachos serán sus *s*
3.15 ¿qué pensáis vosotros..dice el *S*, Jehová
3.17 *S* raerá la cabeza de las hijas de Sion
3.18 quitará el *S* el atavío del calzado, las
4.4 cuando el *S* lave las inmundicias de las
6.1 vi yo al *S* sentado sobre un trono alto y
6.8 la voz del *S*, que decía: ¿A quién enviaré
6.11 yo dije: ¿Hasta cuándo, *S?* Y respondió
7.7 Jehová el *S* dice así: No subsistirá, ni
7.14 el *S* mismo os dará señal: He aquí que la
7.20 el *S* raerá con navaja alquilada, con los
8.7 el *S* hace subir sobre ellos aguas de ríos
9.8 el *S* envió palabra de Jacob, y cayó en
9.17 tanto, el *S* no tomará contentamiento en
10.12 que el *S* haya acabado toda su obra en
10.16 el *S*, Jehová..enviará debilidad sobre
10.23 el *S*, Jehová de los..hará consumación
10.24 el *S*, Jehová de..dice así: Pueblo mío
10.33 el *S*..desgajará el ramaje con violencia
14.5 quebrantó Jehová el..el cetro de los *s*
16.1 enviad cordero al *s* de la tierra, desde
16.8 *s* de naciones pisotearon sus..sarmientos
19.4 y entregaré a Egipto en manos de *s* duro
19.4 enseñoreará de ellos, dice el *S*, Jehová
21.6 el *S* me dijo así: Vé, pon centinela que
21.8 como un león: *S*, sobre la atalaya estoy
22.5 de parte del *S*, Jehová de los ejércitos
22.12 el *S*, Jehová de los..llamó en este día
22.14 hasta que muráis, dice el *S*, Jehová de
22.18 a rodar..vergüenza de la casa de tu *s*
25.8 y enjugará Jehová el *S* toda lágrima de
26.4 en Jehová el *S* está la fortaleza de los
26.13 *s* fuera de ti han enseñoreado..nosotros
28.16 Jehová el *S* dice así: He aquí que yo he
28.22 destrucción..he oído del *S*, Jehová de
29.13 dice, pues, el *S*: Porque este pueblo se
30.15 así dijo Jehová el *S*..En descanso y en
30.20 os dará el *S* pan de congoja y agua de
30.23 dará el *S* lluvia a tu sementera, cuando
36.8 yo te ruego que des rehenes al rey..mi *s*
36.9 resistir..menor de los siervos de mi *s*
36.12 envió mi *s* a que dijese..a tu *s*, y no
37.4 rey de Asiria su *s* envió para blasfemar
37.6 les dijo Isaías: Diréis así a vuestro *s*
37.24 has vituperado al *S*, y dijiste: Con la
38.16 oh *S*, por todas estas cosas los hombres
40.10 he aquí..Jehová el *S* vendrá con poder
47.5 porque nunca más..llamarán *s* de reinos
47.7 dijiste: Para siempre seré *s*; y no has
48.16 me envió Jehová el *S*, y su Espíritu
49.14 me dejó Jehová, y el *S* se olvidó de mí
49.22 dijo Jehová el *S*: He aquí, yo tenderé
50.4 el *S* me dio lengua de sabios, para saber
50.5 Jehová el *S* me abrió el oído, y yo no fui
50.7 Jehová el *S* me ayudará, por tanto no me
50.9 Jehová el *S* me ayudará; ¿quién hay que
51.22 Jehová tu *S*, y tu Dios, el cual aboga
52.4 dijo Jehová el *S*: Mi pueblo descendió a
56.8 dice Jehová el *S*, el que reúne..Israel
61.1 el Espíritu de Jehová el *S* está sobre mí
61.11 así Jehová el *S* hará brotar justicia y
65.13 así dijo Jehová el *S*: He aquí que mis
65.15 Jehová el *S* te matará, y a sus siervos
Jer. 1.6 ¡ah, *S* Jehová! He aquí, no sé hablar
2.19 malo..faltar mi temor en ti, dice el *S*
2.22 tu pecado permanecerá..dijo Jehová el *S*
7.20 ha dicho Jehová el *S*..mi furor y mi ira
10.23 el hombre no es *s* de su camino, ni del
14.13 *S* Jehová: He aquí que los profetas les
22.18 lamentarán..¡Ay, *s!* ¡Ay, su grandeza!
27.4 les mandarás que digan a sus *s*: Así ha
27.4 ha dicho..habéis de decir a vuestros *s*
32.17 ¡oh *S* Jehová! he aquí que tú hiciste el
32.25 ¡oh *S* Jehová..me has dicho: Cómprate la
33.26 no tomar de su descendencia quien sea *s*
34.5 te endecharán, diciendo, ¡Ay, *s!* Porque
37.20 oye, te ruego, oh rey mi *s*..mi súplica

SEÑOR, RA *(Continúa)*

Jer. 38.9 mi s el rey, mal hicieron estos varones
44.26 no será invocado..diciendo: Vive..el S
49.5 yo traigo sobre ti espanto, dice el S
50.31 estoy contra ti, oh soberbio, dice el S
Lm. 1.1 la s de provincias ha sido..tributaria
1.14 me ha entregado el S en manos contra las
1.15 el S ha hollado a..mis hombres fuertes
1.15 ha hollado el S a la virgen hija de Judá
2.1 ¡cómo oscureció el S en..furor a la hija
2.2 destruyó el S, y no perdonó; destruyó en
2.5 el S llegó a ser como enemigo, destruyó
2.7 desechó el S su altar, menospreció su
2.18 corazón de ellos clamaba al S; oh hija
2.19 derrama como agua tu corazón ante..el S
2.20 en el santuario del S el sacerdote y el
3.31 porque el S no desecha para siempre
3.36 trastornar al hombre..el S no lo aprueba
3.37 diga que sucedió algo que el S no mandó?
3.58 abogaste, S, la causa de mi alma..vida
Ez. 2.4 envío..dirás: Así ha dicho Jehová el S
3.11 ha dicho Jehová el S; escuchen, o dejen
3.27 ha dicho Jehová el S: El que oye, oiga
4.14 ¡ah, S Jehová..que mi alma no es inmunda
5.5 ha dicho Jehová el S: Esta es Jerusalén
5.8 ha dicho Jehová el S..yo estoy contra ti
5.11 vivo yo, dice Jehová el S..quebrantaré
6.3 montes..oíd palabra de Jehová el S: Así
6.3 ha dicho Jehová el S a los montes y a los
6.11 ha dicho Jehová el S: Palmotea con tus
7.2 dicho Jehová el S a la tierra de Israel
7.5 dicho Jehová el S: Un mal..viene un mal
8.1 se posó sobre mí la mano de Jehová el S
9.8 dije: ¡Ah, S Jehová! ¿destruirás a todo
11.7 ha dicho Jehová el S: Vuestros muertos
11.8 espada traeré sobre..dice Jehová el S
11.13 ¡ah, S Jehová! ¿Destruirás del todo al
11.16 así ha dicho Jehová el S: Aunque les he
11.17 ha dicho Jehová el S: Yo os recogeré de
11.21 yo traigo su camino..dice Jehová el S
12.10 ha dicho Jehová el S: Esta profecía se
12.19 ha dicho Jehová el S sobre..Jerusalén
12.23 ha dicho Jehová el S: Haré cesar este
12.25 hablaré palabra y la cumpliré, dice..S
12.28 dicho Jehová el S: No se tardará más
12.28 palabra..se cumplirá, dice Jehová el S
13.3 dicho Jehová el S: ¡Ay de los profetas
13.8 Jehová el S: Por cuanto vosotros habéis
13.8 estoy contra vosotros, dice Jehová el S
13.9 mano..y sabréis que yo soy Jehová el S
13.13 Jehová el S: Haré que la rompa viento
13.16 y ven..visión de paz..dice Jehová el S
13.18 Jehová el S: ¡Ay de aquellas que cosen
13.20 ha dicho Jehová el S..vendas mágicas
14.4 dicho Jehová el S: Cualquier hombre de
14.6 dice Jehová el S: Convertíos, y volveos
14.11 yo les sea por Dios, dice Jehová el S
14.14 si..Noé, Daniel y Job..dice Jehová el S
14.16 dice Jehová el S, ni a sus hijos ni a
14.18,20 dice Jehová el S, no librarían a
14.21 dicho Jehová el S: ¿Cuánto más cuando
14.23 que no sin causa hice..dice Jehová el S
15.6 dicho Jehová el S: Como la madera de la
15.8 cometieron prevaricación, dice..el S
16.3 Jehová el S sobre Jerusalén: Tu origen
16.8 entré en pacto contigo, dice Jehová el S
16.14 de mi hermosura que yo puse..dice..el S
16.19 para olor agradable..dice Jehová el S
16.23 maldad (ay, ay de ti! dice Jehová el S
16.30 ¡cuán inconstante es..dice Jehová el S
16.36 dicho Jehová el S: Por cuanto han sido
16.43 tu camino sobre tu cabeza, dice..el S
16.48 dice Jehová el S..Sodoma tu hermana y
16.59 ha dicho Jehová el S: ¿Haré yo contigo
16.63 cuando yo perdone..dice Jehová el S
17.3 ha dicho Jehová el S: Una gran águila
17.9 ha dicho Jehová el S: ¿Será prosperada?
17.16 dice..el S, que morirá en..de Babilonia
17.19 ha dicho Jehová el S: Vivo yo, que el
17.22 ha dicho..el S: Tomaré yo del cogollo
18.3 vivo yo, dice Jehová el S, que nunca más
18.9 es justo; éste vivirá, dice Jehová el S
18.23 la muerte del impío? dice Jehová el S
18.25 dijereis: No es recto el camino del S
18.29 dijere la..No es recto el camino del S
18.30 os juzgaré a cada uno..dice Jehová el S
18.32 no quiero la muerte..dice Jehová el S
20.3 dicho Jehová el S: ¿A consultarme venís
20.3 que no os responderé, dice Jehová el S
20.5 dicho Jehová el S: El día que escogí a
20.27 Jehová el S: Aun en esto me afrentaron
20.30 dicho Jehová el S: ¿No os contamináis
20.31 dice Jehová el S, que no os responderé
20.33 dice Jehová el S, que con mano fuerte
20.36 así litigaré con vosotros, dice..el S
20.39 dicho Jehová el S: Andad cada uno tras
20.40 dice Jehová el S, allí me servirá toda
20.44 sabréis que yo soy..dice Jehová el S
20.47 ha dicho Jehová el S..yo enciendo en ti
20.49 dije: ¡Ah, S Jehová! ellos dicen de mí
21.7 que viene, y se hará, dice Jehová el S
21.9 ha dicho Jehová el S: Dí: La espada, la
21.13 cetro? él no será más, dice Jehová el S
21.24 ha dicho Jehová el S: Por cuanto habéis
21.26 ha dicho Jehová el S: Depón la tiara
21.28 dicho Jehová el S acerca de los hijos
22.3 ha dicho Jehová el S: ¡Ciudad..de sangre
22.12 interés y..tomaste..dice Jehová el S
22.19 dicho..el S: Por cuanto todos vosotros
22.28 así ha dicho Jehová el S; y Jehová no
22.31 sobre ellos mi ira..dice Jehová el S
23.22 Aholiba..así ha dicho Jehová el S: He
23.28 ha dicho Jehová el S..entrego en mano
23.32 dicho Jehová el S: Beberás el hondo y
23.34 porque yo he hablado, dice Jehová el S
23.35 ha dicho..el S..cuanto te has olvidado
23.46 Jehová el S: Yo haré subir contra ellas
23.49 idolatría; y sabréis que yo soy..el S
24.3 así ha dicho Jehová el S: Pon una olla
24.6,9 dicho Jehová el S: ¡Ay de la ciudad
24.14 tus obras te juzgarán, dice Jehová el S
24.21 dicho Jehová el S: He aquí yo profano
24.24 entonces sabréis..yo soy Jehová el S
25.3 oíd palabra de..el S: Así dice..el S
25.6 dicho Jehová el S: Por cuanto batiste
25.8 ha dicho..el S: Por cuanto dijo Moab
25.12 ha dicho..el S: Por lo que hizo Edom
25.13 así ha dicho Jehová el S..sobre Edom
25.14 y conocerán mi venganza, dice..el S
25.15 ha dicho..el S..hicieron los filisteos
26.3 ha dicho..el S..estoy contra ti, oh Tiro
26.5 dice Jehová el S; y será saqueada por
26.7 dicho Jehová el S..traigo contra Tiro a
26.14 yo Jehová he hablado, dice Jehová el S
26.15 así ha dicho Jehová el S a Tiro: ¿No se
26.19 dicho Jehová el S: Yo te convertiré en
26.21 y nunca más serás hallada, dice..el S
27.3 ha dicho Jehová el S: Tiro, tú has dicho
28.2 dí al..de Tiro: Así ha dicho Jehová el S
28.6 dicho Jehová el S: Por cuanto pusiste tu
28.10 porque yo he hablado, dice Jehová el S
28.12 dicho Jehová el S: Tú eras el sello de
28.22 dicho..el S..estoy contra ti, oh Sidón
28.25 ha dicho Jehová el S: Cuando recoja a
29.3 ha dicho Jehová el S..contra ti, Faraón
29.8 ha dicho Jehová el S..contra ti espada
29.13 ha dicho Jehová el S: Al fin de 40 años
29.16 ellos; y sabrán que yo soy Jehová el S
29.19 ha dicho..el S..yo doy a Nabucodonosor
29.20 trabajaron para mí, dice Jehová el S
30.2 ha dicho Jehová el S: Lamentad: ¡Ay de
30.6 caerán en él..espada, dice Jehová el S
30.10 dicho..el S: Destruiré las riquezas de
30.13 ha dicho..el S: Destruiré..las imágenes
30.22 dicho..el S: Heme aquí contra Faraón
31.10 dijo..el S: Ya que por ser encumbrado
31.15 ha dicho..el S: El día que descendió al
31.18 es Faraón y todo su..dice Jehová el S
32.3 dicho..el S..extenderé sobre ti mi red
32.8 pondré tinieblas sobre..dice Jehová el S
32.11 dicho Jehová el S: La espada del rey de
32.14 sus ríos como aceite, dice Jehová el S
32.16 endecharán sobre Egipto y..dice..el S
32.31 Faraón muerto a espada, y..dice..el S
32.32 su multitud yacerán..dice Jehová el S
33.11 dice..el S, que no quiero la muerte del
33.17 dirán los..No es recto el camino del S
33.20 dijisteis: No es recto el camino del S
33.25 ha dicho..el S: ¿Comeréis con sangre
33.27 ha dicho Jehová el S..caerán a espada
34.8 dicho Jehová el S..por cuanto mi rebaño
34.10 dicho..el S..estoy contra los pastores
34.11 ha dicho Jehová el S..iré a buscar mis
34.15 yo les daré aprisco, dice Jehová el S
34.17 ha dicho..el S..yo juzgo entre oveja y
34.20 les dice Jehová el S..yo juzgaré entre
34.30 ellos son mi pueblo..dice Jehová el S
34.31 y yo vuestro Dios, dice Jehová el S
35.3 dicho..el S: He aquí yo estoy contra ti
35.6 dice Jehová el S..a sangre te destinaré
35.14 ha dicho Jehová el S: Para que toda la
36.2 ha dicho Jehová el S..el enemigo dijo de
36.3 ha dicho..el S: Por cuanto os asolaron
36.4 oíd palabra de..el S: Así ha dicho..el S
36.5 dicho Jehová el S: He hablado..mi celo
36.6 dicho Jehová el S: He aquí, en mi celo
36.7 dicho Jehová el S: Yo he alzado mi mano
36.13 dicho Jehová el S: Por cuanto dicen de
36.14 nunca más matarás a..dice Jehová el S
36.15 ni harás más morir..dice Jehová el S
36.22 Jehová el S: No lo hago por vosotros
36.23 sabrán las naciones..dice Jehová el S
36.32 no lo hago por vosotros, dice..el S
36.33 ha dicho..el S: El día que os limpie de
36.37 dicho Jehová el S: Aún seré solicitado
37.3 huesos? Y dije: S Jehová, tú lo sabes
37.5 así ha dicho Jehová el S a estos huesos
37.9 ha dicho Jehová el S: Espíritu, ven de
37.12 ha dicho Jehová el S: He aquí yo abro
37.19 dicho Jehová el S..tomo el palo de José
37.21 dicho Jehová el S..tomo a los hijos de
38.3 dicho Jehová el S..estoy contra ti, oh
38.10 ha dicho..el S: En aquel día subirán
38.14 dicho Jehová el S..¿no lo sabrás tú?
38.17 dicho Jehová el S: ¿No eres tú aquel
38.18 Jehová el S, subirá mi ira y mi enojo
38.21 contra él la espada, dice Jehová el S
39.1 ha dicho Jehová el S..contra ti, oh Gog
39.5 caerás..yo he hablado, dice Jehová el S
39.8 viene, y se cumplirá, dice Jehová el S
39.10 y robarán a los que..dice Jehová el S
39.13 célebre el día en que..dice Jehová el S
39.17 ha dicho Jehová el S: Dí a las aves de
39.20 y os saciaréis sobre..dice Jehová el S
39.25 ha dicho Jehová el S: Ahora volveré la
39.29 derramado de mi Espíritu..dice..el S
43.18 ha dicho Jehová el S..las ordenanzas
43.19 que se acerquen a mí, dice Jehová el S
43.27 y me seréis aceptos, dice Jehová el S
44.6 ha dicho Jehová el S: Basta ya de todas
44.9 Jehová el S: Ningún hijo de extranjero
44.12 he alzado mi mano y..dice Jehová el S
44.15 para ofrecerme la grosura..dice..el S
44.27 ofrecerá su expiación, dice Jehová el S
45.9 ha dicho..el S: ¡Basta ya, oh príncipes
45.9 dejad la violencia y..dice Jehová el S
45.15 expiación por ellos, dice Jehová el S
45.18 ha dicho Jehová el S: El mes primero
46.1 así ha dicho Jehová el S: La puerta del
46.16 dicho Jehová el S: Si el príncipe diere
47.13 dicho..el S: Estos son los límites en
47.23 daréis su heredad, ha dicho Jehová el S
48.29 son sus porciones, ha dicho Jehová el S
Dn. 1.2 el S entregó en sus manos a Joacim rey
1.10 temo a mi s el rey, que señaló vuestra
2.47 Dios vuestro es Dios..y S de los reyes
4.19 s mío, el sueño sea para tus enemigos
4.24 sentencia..ha venido sobre mi s el rey
5.7 me muestre..será el tercer s en el reino
5.16 vestido..serás el tercer s en el reino
5.23 sino que contra el S..has ensoberbecido
5.29 mandó..proclamar que él era el tercer s
9.3 volví mi rostro a Dios el S, buscándole
9.4 S, Dios grande, digno de ser temido, que
9.7 tuya es, S, la justicia, y nuestra la
9.15 S Dios nuestro, que sacaste tu pueblo de
9.16 oh S, conforme a..tus actos de justicia
9.17 Dios..oye la oración de..por amor del S
9.19 oye, S; oh S, perdona; presta oído, S
10.16 s..con la visión me han sobrevenido
10.17 podrá el siervo de..s hablar con mi s?
10.19 hable mi s, porque me has fortalecido
12.8 s mío, ¿cuál será el fin..estas cosas?
Os. 12.14 recaer..y su S le pagará su oprobio
Am. 1.8 resto..perecerá, ha dicho Jehová el S
3.7 no hará nada Jehová el S, sin que revele
3.8 habla Jehová el S, ¿quién no profetizará?
3.11 Jehová el S ha dicho..Un enemigo vendrá
4.1 decís a vuestros s: Traed, y beberemos
4.2 Jehová el S juró..He aquí, vienen sobre
4.5 así lo queréis..Israel, dice Jehová el S
5.3 ha dicho..el S: La ciudad que salga con
6.8 Jehová el S juró por sí mismo..Abomino
7.1 me ha mostrado..el S: He aquí, él criaba
7.2,5 S Jehová..¿quién levantará a Jacob?
7.4 Jehová el S me mostró así..el S llamaba
7.6 no será esto tampoco, dijo Jehová el S
7.7 el S estaba sobre un muro hecho a plomo
7.8 el S dijo: He aquí, yo pongo plomada de
8.1 me ha mostrado Jehová el S..un canastillo
8.3 los cantores..gemirán..dice Jehová el S
8.9 dice..el S, que haré que se ponga el sol
8.11 días, dice Jehová el S..enviaré hambre
9.1 vi al S que estaba sobre el altar, y dijo
9.5 el S, Jehová de..es el que toca la tierra
9.8 los ojos de..el S están contra el reino
Abd. 1 el S ha dicho así..Hemos oído el pregón
Mi. 1.2 Jehová el S, el S desde..sea testigo
4.13 consagrarás..sus riquezas al S de toda
5.2 de ti me saldrá el que será S en Israel
Hab. 3.19 Jehová el S es mi fortaleza, el cual
Sof. 1.7 calla en la presencia de Jehová el S
1.9 que llenan las casas de sus s de robo y
Zac. 1.9 entonces dije: ¿Qué son éstos, s mío?
4.4 y hablé, diciendo..¿Qué es esto, s mío?
4.5,13 ¿no sabes qué es esto? Y dije: No, s
4.14 dos ungidos que están delante del S de
6.4 dije al ángel que..S mío, ¿qué es esto?
6.5 después de presentarse delante del S de
9.4 el S la empobrecerá, y herirá en el mar
9.14 y Jehová el S tocará trompeta, e irá
Mal. 1.6 el hijo honra al..y el siervo a su s
1.6 y si soy s, ¿dónde está mi temor? dice
3.1 y vendrá súbitamente a su templo el S a
Mt. 1.20 un ángel del S le apareció en sueños
1.22 para que se cumpliese lo dicho por el S
1.24 como el ángel del S le había mandado
2.13 ángel del S apareció en sueños a José
2.15 lo que dijo el S por medio del profeta
2.19 ángel del S apareció en sueños a José
3.3 preparad el camino del S, enderezad sus
4.7 escrito está..No tentarás al S tu Dios
4.10 escrito está: Al S tu Dios adorarás, y
5.33 no..sino cumplirás al S tus juramentos
6.24 ninguno puede servir a dos s; porque o
7.21 no todo el que me dice: S, S, entrará en
7.22 S, S, ¿no profetizamos en tu nombre, y
8.2 leproso..S, si quieres, puedes limpiarme
8.6 S, mi criado está postrado en..paralítico
8.8 dijo: S, no soy digno de que entres bajo
8.21 S, permíteme que vaya..y entierre a mi
8.25 diciendo: ¡S, sálvanos, que perecemos!

SEÑOR, RA *(Continúa)*

Mt. 9.28 ¿creéis que puedo. . Ellos dijeron: Sí, S
9.38 al S de la mies, que envíe obreros a su
10.24 no es más que. . ni el siervo más que su s
10.25 como su maestro, y al siervo como su s
11.25 dijo: Te alabo, Padre, S del cielo y de
12.8 Hijo del Hombre es S del día de reposo
13.27 S, ¿no sembraste buena semilla en tu
13.51 habéis entendido. . respondieron: Sí, S
14.28 S, si eres tú, manda que yo vaya a ti
14.30 tuvo miedo; y. . dio voces. . ¡S, sálvame!
15.22 ¡S, Hijo de David, ten misericordia de
15.25 y se postró. . diciendo: ¡S, socórreme:
15.27 sí, S; pero aun los perrillos comen de
16.22 diciendo: S, ten compasión de ti; en
17.4 S, bueno es para nosotros que estemos
17.15 S, ten misericordia de mi hijo, que es
18.21 le dijo: S, ¿cuántas veces perdonaré a
18.25 ordenó su s venderle, y a su mujer e
18.26 S, ten paciencia conmigo, y yo te lo
18.27 el s. . movido a misericordia, le soltó
18.31 refirieron a su s. . lo que había pasado
18.32 llamándole su s. . dijo: Siervo malvado
18.34 s, enojado, le entregó a los verdugos
20.8 llegó la noche, el s de la viña dijo a su
20.30,31 ¡S, Hijo de David, ten misericordia
20.33 S, que sean abiertos nuestros ojos
21.3 el S los necesita; y luego los enviará
21.30 respondiendo él, dijo: Sí, s. . Y no fue
21.40 cuando venga. . s de la viña, ¿qué hará
21.42 S ha hecho esto, y es cosa maravillosa
22.37 amarás al S. . Dios con todo tu corazón
22.43 cómo David en el Espíritu le llama S
22.44 dijo el S a mi S: Siéntate a mi derecha
22.45 si David le llama S, ¿cómo es su hijo?
23.39 bendito el que viene en. . nombre del S
24.42 no. . a qué hora ha de venir vuestro S
24.45 al cual puso su s sobre su casa para
24.46 cuando su s venga, le halle haciendo
24.50 vendrá el s de aquel siervo en día que
25.11 las otras. . diciendo: ¡S, s, ábrenos!
25.18 cavó en. . y escondió el dinero de su s
25.19 vino el s. . y arregló cuentas con ellos
25.20 s, cinco talentos me entregaste; aquí
25.21,23 s le dijo: Bien, buen siervo y fiel
25.21,23 siervo. . entra en el gozo de tu s
25.22 s, dos talentos me entregaste; aquí
25.24 s, te conocía que eres hombre duro, que
25.26 su s, le dijo: Siervo malo y negligente
25.37,44 S, ¿cuándo te vimos hambriento, y
26.22 comenzó cada uno. . decirle: ¿Soy yo, S?
27.10 y las dieron para. . como me ordenó el S
27.63 s, nos acordamos que aquel engañador
28.2 un ángel del S, descendiendo del cielo
28.6 venid, ved. . lugar donde fue puesto el S
Mr. 1.3 preparad el camino del S; enderezad sus
2.28 el Hijo del. . es S aun del día de reposo
5.19 y cuéntales cuán grandes cosas el S ha
7.28 le dijo: Sí, S; pero aun los perrillos
11.3 decid que el S lo necesita, y que luego
11.9 ¡bendito el. . viene en el nombre del S!
12.9 ¿qué. . hará el s de la viña? Vendrá, y
12.11 S ha hecho esto, y es cosa maravillosa
12.29 Israel: el S nuestro Dios, el S uno es
12.30 amarás al S tu Dios con todo. . corazón
12.36 dijo el S a mi S: Siéntate a mi diestra
12.37 David mismo le llama S; ¿cómo, pues
13.20 y si el S no hubiese acortado aquellos
13.35 porque no sabéis cuándo vendrá el s de
14.14 decid al s de la casa: El Maestro dice
16.19 y el S, después que les habló. . arriba
16.20 ayudándoles el S y confirmando. . palabra
Lc. 1.6 los mandamientos y ordenanzas del S
1.9 ofrecer. . entrando en el santuario del S
1.11 apareció un ángel del S puesto en pie
1.16 hará que muchos de. . se conviertan al S
1.17 preparar al S un pueblo bien dispuesto
1.25 así ha hecho conmigo el S en los días en
1.28 el S es contigo; bendita tú entre las
1.32 el S Dios le dará el trono de David su
1.38 he aquí la sierva del S; hágase conmigo
1.43 a mí, que la madre de mi S venga a mí?
1.45 se cumplirá. . le fue dicho de parte del S
1.46 María dijo: Engrandece mi alma al S
1.66 ¿quién. . Y la mano del S estaba con él
1.68 el S Dios de Israel, que ha visitado a
1.76 tú. . irás delante de la presencia del S
2.9 he aquí, se les presentó un ángel del S
2.9 la gloria del S los rodeó de resplandor
2.11 nacido. . un Salvador, que es Cristo el S
2.15 y veamos esto. . el S nos ha manifestado
2.22 trajeron a Jerusalén. . presentarle al S
2.23 como está escrito en la ley del S: Todo
2.23 abriere la matriz. . llamado santo al S
2.24 conforme. . que se dice en la ley del S
2.26 muerte antes que viese al Ungido del S
2.29 ahora, S, despides a tu siervo en paz
2.39 haber cumplido con todo. . la ley del S
3.4 preparad el camino del S; enderezad sus
4.8 S tu Dios adorarás, y a él solo servirás
4.12 Jesús, le dijo. . No tentarás al S tu Dios
4.18 el Espíritu del S está sobre mí, por
4.19 a predicar el año agradable del S
5.8 apártate de mí, S, porque soy. . pecador
5.12 le rogó. . S, si quieres, puedes limpiarme
5.17 el poder del S estaba con él para sanar
6.5 el Hijo del. . es S aun del día de reposo
6.46 ¿por qué me llamáis, S, S, y no hacéis
7.6 S, no te molestes, pues no soy digno de
7.13 cuando el S la vio, se compadeció de ella
7.31 dijo el S: ¿A qué, pues, compararé los
9.54 S, ¿quieres que mandemos que descienda
9.57 S, te seguiré adondequiera que vayas
9.59 S. . primero vaya y entierre a mi padre
9.61 seguiré, S; pero déjame que me despida
10.1 designó el S también a otros setenta, a
10.2 rogad al S de la mies que envíe obreros
10.17 S, aun los demonios se nos sujetan en
10.21 yo te alabo, oh Padre, S del cielo y de
10.27 amarás al S tu Dios con todo. . corazón
10.40 S, ¿no te da cuidado que mi hermana me
11.1 S, enséñanos a orar, como también Juan
11.39 el S le dijo: Ahora bien, vosotros los
12.36 hombres que aguardan. . que su s regrese
12.37 a los cuales su s, cuando venga, halle
12.41 S, ¿dices esta parábola a nosotros, o
12.42 dijo el S: ¿Quién es el mayordomo fiel
12.42 su s pondrá sobre su casa, para que a
12.43 cuando su s venga, le halle haciendo así
12.45 si. . Mi s tarda en venir; y comenzare a
12.46 vendrá el s de aquel siervo en día que
12.47 que conociendo la voluntad de su s, no
13.8 s, déjala todavía este año, hasta que yo
13.15 el S le respondió. . Hipócrita, cada uno
13.23 dijo: S, ¿son pocos los que se salvan?
13.25 diciendo: S, s, ábrenos, él. . os dirá
13.35 bendito el que viene en nombre del S
14.21 siervo, hizo saber estas cosas a su s
14.22 s, se ha hecho como mandaste, y aún hay
14.23 dijo el s al siervo: Vé por los caminos
16.13 ningún siervo puede servir a dos s
17.5 dijeron los apóstoles al S: Auméntanos
17.6 el S dijo: Si tuvierais fe como un grano
17.37 dijeron: ¿Dónde, S? El les dijo: Donde
18.6 el S: Oíd lo que dijo el juez injusto
18.41 ¿qué. . él dijo: S, que reciba la vista
19.8 dijo al S: He aquí, S, la mitad de mis
19.16 diciendo: S, tu mina ha ganado diez
19.18 s, tu mina ha producido cinco minas
19.20 s, aquí está tu mina, la cual he tenido
19.25 ellos le dijeron: S, tiene diez minas
19.31 responderéis. . Porque el S lo necesita
19.34 ellos dijeron: Porque el S lo necesita
19.38 bendito. . que viene en el nombre del S
20.13 entonces el s de la viña dijo: ¿Qué
20.15 ¿qué, pues, les hará el s de la viña?
20.37 llama al S, Dios de Abraham, Dios de
20.42 dijo el S a mi S: Siéntate a mi diestra
20.44 David. . le llama S; ¿cómo entonces es
22.31 dijo también el S: Simón, Simón, he
22.33 S, dispuesto estoy a ir. . a la muerte
22.38 ellos dijeron: S, aquí hay dos espadas
22.49 le dijeron: S, ¿heriremos a espada?
22.61 vuelto el S, miró a Pedro; y Pedro se
22.61 y Pedro se acordó de la palabra del S
24.3 y entrando, no hallaron el cuerpo del S
24.34 ha resucitado el S verdaderamente, y
Jn. 1.23 enderezad el camino del S, como dijo
4.1 S entendió que los fariseos habían oído
4.11 S, no tienes con qué sacarla, y el pozo
4.15 S, dame de esa agua, para que no tenga
4.19 dijo. . S, me parece que tú eres profeta
4.49 S, desciende antes que mi hijo muera
5.7 S. . no tengo quien me meta en el estanque
6.23 pan después de haber dado gracias el S
6.34 le dijeron: S, danos siempre este pan
6.68 respondió. . Pedro: S, ¿a quién iremos?
8.11 ella dijo: Ninguno, S. Entonces Jesús
9.36 dijo: ¿Quién es, S, para que crea en él?
9.38 y él dijo: Creo, S; y le adoró
11.2 María. . fue la que ungió al S con perfume
11.3 S, he aquí el que amas está enfermo
11.12 los discípulos: S, si duerme, sanará
11.21,32 S, si hubieses estado aquí. . hermano
11.27 S; yo he creído que tú eres el Cristo
11.34 le pusisteis? Le dijeron: S, ven y ve
11.39 S, hiede ya, porque es de cuatro días
12.13 ¡bendito el. . viene en el nombre del S
12.21 le rogaron. . S, quisiéramos ver a Jesús
12.38 S, ¿quién ha creído a nuestro anuncio?
12.38 a quién se ha revelado el brazo del S?
13.6 Pedro le dijo: S, ¿tú me lavas los pies?
13.9 S, no sólo mis pies, sino también las
13.13 me llamáis Maestro, y S; y decís bien
13.14 si yo, el S y. . he lavado vuestros pies
13.16 os digo: El siervo no es mayor que su s
13.25 cerca del pecho de Jesús. . S, ¿quién es?
13.36 le dijo Simón Pedro: S, ¿a dónde vas?
13.37 S, ¿por qué no te puedo seguir ahora?
14.5 dijo Tomás: S, no sabemos a dónde vas
14.8 S, muéstranos el Padre, y nos basta
14.22 dijo. . S, ¿cómo es que te manifestarás
15.15 el siervo no sabe lo que hace su s; pero
15.20 dicho: El siervo no es mayor que su s
20.2 dijo: Se han llevado del sepulcro al S
20.13 se han llevado a mi S, y no sé dónde le
20.15 s, si tú lo has llevado, dime dónde lo
20.18 las nuevas de que había visto al S
20.20 discípulos se regocijaron viendo al S
20.25 le dijeron. . Al S hemos visto. El les
20.28 Tomás respondió y. . S mío, y Dios mío!
21.7 aquel discípulo. . dijo a Pedro: ¡Es el S!
21.7 Pedro, cuando oyó que era el S, se ciñó
21.12 se atrevía a. . sabiendo que era el S
21.15,16 Pedro. . Sí, S; tú sabes que te amo
21.17 le respondió: S, tú lo sabes todo; tú
21.20 S, ¿quién es el que te ha de entregar?
21.21 vio, dijo a Jesús: S, ¿y qué de éste?
Hch. 1.6 S, ¿restaurarás el reino a Israel en
1.21 el tiempo que el S Jesús entraba y salía
1.24 S, que conoces los corazones de todos
2.20 antes que venga el día del S, grande y
2.21 todo aquel que invocare el nombre del S
2.25 dice. . Veía al S siempre delante de mí
2.34 dijo el S a mi S: Siéntate a mi diestra
2.36 este Jesús. . Dios le ha hecho S y Cristo
2.39 para cuantos el S nuestro Dios llamare
2.47 el S añadía cada día a la iglesia los
3.19 vengan de la presencia del S tiempos de
3.22 el S vuestro Dios os levantará profeta
4.24 S, tú eres el Dios que hiciste el cielo
4.26 se juntaron en uno contra el S, y contra
4.29 ahora, S, mira sus amenazas, y concede
4.33 testimonio de la resurrección del S
5.9 ¿por qué. . en tentar al Espíritu del S?
5.14 los que creían en el S aumentaban más
5.19 un ángel del S, abriendo de noche las
6.7 crecía la palabra del S, y el número de
7.31 y acercándose. . vino a él la voz del S
7.33 le dijo el S: Quita el calzado de tus
7.37 profeta os levantará el S vuestro Dios
7.49 ¿qué casa me edificaréis? dice el S
7.59 y decía: S Jesús, recibe mi espíritu
7.60 S, no les tomes en cuenta este pecado
8.24 dijo: Rogad vosotros por mí al S, para
8.26 un ángel del S habló a Felipe, diciendo
8.39 el Espíritu del S arrebató a Felipe
9.1 muerte contra los discípulos del S, vino
9.5 él dijo: ¿Quién eres, S? . . Yo soy Jesús
9.6 él. . dijo: S, ¿qué quieres que yo haga?
9.6 y el S le dijo: Levántate y entra en la
9.10 a quien el S dijo en visión: Ananías
9.10 Ananías. . Y él respondió: Heme aquí, S
9.11 S le dijo: Levántate, y vé a la calle
9.13 respondió: S, he oído de muchos acerca
9.15 el S le dijo: Vé, porque instrumento
9.17 Saulo, el S Jesús, que se te apareció en
9.27 Saulo había visto en el camino al S, el
9.29 hablaba. . el nombre del S, y disputaba
9.31 edificadas, andando en el temor del S
9.35 Sarón, los cuales se convirtieron al S
9.42 fue notorio. . y muchos creyeron en el S
10.4 y atemorizado, dijo: ¿Qué es, S? Y le
10.14 Pedro dijo: S, no; porque ninguna cosa
10.36 por medio de Jesucristo; éste es S de
10.48 bautizarles en el nombre del S Jesús
11.8 dije: S, no; porque ninguna cosa común
11.16 me acordé de lo dicho por el S, cuando
11.17 que a nosotros que hemos creído en el S
11.20 anunciando el evangelio del S Jesús
11.21 la mano del S estaba con ellos, y gran
11.21 gran número creyó y se convirtió al S
11.23 a que con. . permaneciesen fieles al S
11.24 y una gran multitud fue agregada al S
12.7 se presentó un ángel del S, y una luz
12.11 que el S ha enviado su ángel, y me ha
12.17 cómo el S le había sacado de la cárcel
12.23 al momento un ángel del S le hirió, por
12.24 palabra del S crecía y se multiplicaba
13.2 ministrando éstos al S, y ayunando, dijo
13.10 trastornar los caminos rectos del S?
13.11 la mano del S está contra ti, y serás
13.12 creyó, maravillado de la doctrina del S
13.47 así nos ha mandado el S, diciendo: Te
13.48 oyendo. . glorificaban la palabra del S
13.49 la palabra del S se difundía por toda
14.3 con denuedo, confiados en el S, el cual
14.23 los encomendaron al S en quien habían
15.11 que por la gracia del S Jesús. . salvos
15.17 que el resto de los hombres busque al S
15.18 dice el S, que hace conocer todo esto
15.26 han expuesto su vida por el nombre. . S
15.35 Antioquía, enseñando la palabra del S
15.36 que hemos anunciado la palabra del S
15.40 salió encomendado. . a la gracia del S
16.14 y el S abrió el corazón de ella para
16.15 si habéis juzgado que yo sea fiel al S
16.30 dijo: S, ¿qué debo hacer para ser salvo?
16.31 cree en el S Jesucristo, y serás salvo
16.32 le hablaron la palabra del S a él y a
17.24 S del cielo y de la tierra, no habita
18.8 Crispo. . creyó en el S con toda su casa
18.9 el S dijo a Pablo en visión. . No temas
18.25 había sido instruido en el camino del S
18.25 enseñaba. . lo concerniente al S, aunque
19.5 fueron bautizados en el nombre del S
19.13 invocar el nombre del S Jesús sobre los
19.17 era magnificado el nombre del S Jesús
19.20 crecía. . poderosamente la palabra del S
20.19 sirviendo al S con toda humildad, y con
20.21 arrepentimiento. . y de la fe en nuestro S
20.24 y el ministerio que recibí del S Jesús

SEÑOR, RA *(Continúa)*
Hch. 20.28 apacentar la iglesia del S, la cual él
20.35 recordar las palabras del S Jesús, que
21.13 a morir en..por el nombre del S Jesús
21.14 diciendo: Hágase la voluntad del S
22.8 ¿quién eres, S?..soy Jesús de Nazaret
22.10 y dije: ¿Qué haré, S? Y el S me dijo
22.19 dije: S, ellos saben que yo encarcelaba
23.11 le presentó el S y le dijo: Ten ánimo
25.26 no tengo cosa cierta..escribir a mi s
26.15 dije: ¿Quién eres, S? Y el S dijo: Yo
28.31 y enseñando acerca del S Jesucristo
Ro. 1.3 de su Hijo, nuestro S Jesucristo, que
1.7 gracia y paz..de Dios..del S Jesucristo
4.8 varón a quien el S no inculpa de pecado
4.24 en el que levantó..a Jesús, S nuestro
5.1 paz..por medio de nuestro S Jesucristo
5.11 nos gloriamos en Dios por el S nuestro
5.21 vida eterna mediante Jesucristo, S
6.11 vivos para Dios en Cristo..S nuestro
6.23 vida eterna en Cristo Jesús S nuestro
7.25 gracias doy..por Jesucristo S nuestro
8.39 amor..que es en Cristo Jesús S nuestro
9.28 el S ejecutará su sentencia sobre la
9.29 S..no nos hubiera dejado descendencia
10.9 si confesares con tu..que Jesús es el S
10.12 mismo que es S de todos, es rico para
10.13 invocare el nombre del S, será salvo
10.16 S, ¿quién ha creído a nuestro anuncio?
11.3 S, a tus profetas han dado muerte, y tus
11.34 porque ¿quién entendió la mente del S?
12.11 fervientes en espíritu, sirviendo al S
12.19 mía es la venganza..pagaré, dice el S
13.14 vestíos del S Jesucristo, y no proveáis
14.4 para su propio s está en pie, o cae; pero
14.4 poderoso es el S..hacerle estar firme
14.6 que hace caso del día, lo hace para el S
14.6 que no hace caso..para el S no lo hace
14.6 el que come, para el S come, porque da
14.6 el que no come, para el S no come, y da
14.8 pues si vivimos, para el S vivimos; y si
14.8 pues..y si morimos, para el S morimos
14.8 que vivamos, o que muramos, del S somos
14.9 ser S así de los muertos como de los que
14.11 yo, dice el S, que ante mí se doblará
14.14 y confío en el S..que nada es inmundo
15.6 glorifiquéis al..y Padre de nuestro S
15.11 y otra vez: Alabad al S..los gentiles
15.30 ruego..por nuestro S Jesucristo y el
16.2 que la recibáis en el S, como es digno
16.8 saludad a Amplias, amado mío en el S
16.12 a Trifosa, las cuales trabajan en el S
16.12 la cual ha trabajado mucho en el S
16.13 saludad a Rufo, escogido en el S, y a
16.18 tales personas no sirven a nuestro S
16.20 la gracia de nuestro S Jesucristo sea
16.22 Tercio, que escribí..os saludo en el S
16.24 la gracia de nuestro S Jesucristo sea
1 Co. 1.2 lugar invocan el nombre de nuestro S
1.3 y paz a vosotros, de..y del S Jesucristo
1.7 la manifestación de nuestro S Jesucristo
1.8 irreprensibles en el día de nuestro S
1.9 la comunión con su Hijo Jesucristo..S
1.10 ruego, pues..por el nombre de nuestro S
1.31 que..el que se gloría, gloríese en el S
2.8 nunca habrían crucificado al S de gloria
2.16 porque ¿quién conoció la mente del S?
3.5 eso según lo que a cada uno concedió el S
3.20 otra vez: El S conoce los pensamientos
4.4 de nada..pero el que me juzga es el S
4.5 no juzguéis nada..hasta que venga el S
4.17 mi hijo amado y fiel en el S, el cual os
4.19 iré pronto a vosotros, si el S quiere
5.4 en el nombre de..S Jesucristo, reunidos
5.4 con el poder de nuestro S Jesucristo
5.5 que el espíritu sea salvo en el día del S
6.11 justificados en el nombre del S Jesús
6.13 cuerpo no..sino para el S, y el S para
6.14 que levantó al S, también a nosotros
6.17 que se une al S, un espíritu es con él
7.10 mando, no yo, sino el S: Que la mujer
7.12 a los demás yo digo, no el S: Si algún
7.17 pero cada uno como el S le repartió, y
7.22 que en el S fue llamado siendo esclavo
7.22 que..siendo esclavo, liberto es del S
7.25 las vírgenes no tengo mandamiento del S
7.25 alcanzado misericordia del S para ser
7.32 el soltero tiene cuidado de las..del S
7.32 tiene cuidado..de cómo agradar al S
7.34 la doncella tiene cuidado de las..del S
7.35 que sin impedimento os acerquéis al S
7.39 para casarse..con tal que sea en el S
8.5 haya..como hay muchos dioses y muchos s
8.6 y un S, Jesucristo, por medio del cual
9.1 ¿no..¿No he visto a Jesús el S nuestro?
9.1 soy..¿No sois vosotros mi obra en el S?
9.2 el sello de mi apostolado sois..en el S
9.5 los otros..los hermanos del S, y Cefas?
9.14 así..ordenó el S a los que anuncian el
10.9 ni tentemos al S, como algunos de ellos
10.21 no podéis beber la copa del S, y la copa
10.21 no podéis participar de la mesa del S
10.22 ¿o provocaremos a celos al S? ¿Somos
10.26,28 del S es la tierra y su plenitud
11.11 en el S, ni el varón es sin la mujer
11.20 reunís..esto no es comer la cena del S
11.23 yo recibí del S lo que..os he enseñado
11.23 el S Jesús, la noche que fue entregado
11.26 la muerte del S anunciáis hasta que él
11.27 o bebiere esta copa del S indignamente
11.27 será culpado del cuerpo y de la..del S
11.29 sin discernir el cuerpo del S, juicio
11.32 somos castigados por el S, para que no
12.3 nadie puede llamar a Jesús S, sino por
12.5 y hay diversidad de..el S es el mismo
14.21 escrito..ni aun así me oirán, dice el S
14.37 que os escribo son mandamientos del S
15.31 por la gloria que..tengo en nuestro S
15.47 el segundo hombre, que es el S, es del
15.57 da la victoria por medio de nuestro S
15.58 creciendo en la obra del S siempre
15.58 vuestro trabajo en el S no es en vano
16.7 estar con vosotros..si el S lo permite
16.10 porque él hace la obra del S así como
16.19 y Priscila..os saludan mucho en el S
16.22 no amare al S..sea anatema. El S viene
16.23 la gracia del S Jesucristo esté con
2 Co. 1.2 gracia y paz a vosotros, de..y del S
1.3 bendito sea el Dios y Padre de nuestro S
1.14 que somos vuestra gloria..el día del S
2.12 Troas..aunque se me abrió puerta en el S
3.16 cuando se conviertan al S, el velo se
3.17 porque el S es Espíritu; y donde está
3.17 donde está el Espíritu del S, allí hay
3.18 mirando..en un espejo la gloria del S
3.18 transformados de..por el Espíritu del S
4.5 no..predicamos..sino a Jesucristo como S
4.14 el que resucitó al S Jesús, a nosotros
5.6 en el cuerpo, estamos ausentes del S
5.8 ausentes del cuerpo, y presentes al S
5.11 conociendo..el temor del S, persuadimos
6.17 salid de..de ellos, apartaos, dice el S
6.18 vosotros me seréis hijos e..dice el S
8.5 se dieron primeramente al S, y luego a
8.9 ya conocéis la gracia de nuestro S, que
8.19 que es administrado..para gloria del S
8.21 honradamente, no sólo delante del S sino
10.8 nuestra autoridad, la cual el S nos dio
10.17 mas el que se gloría, gloríese en el S
11.17 lo que hablo, no lo hablo según el S
11.31 el Dios y Padre de nuestro S..sabe que
12.1 pero vendré..a las revelaciones del S
12.8 veces he rogado al S, que lo quite de
13.10 la autoridad que el S me ha dado para
13.14 la gracia del S Jesucristo, el amor de
Gá. 1.3 y paz sean a vosotros, de..nuestro S
1.19 no vi..sino a Jacobo el hermano del S
4.1 en nada difiere del esclavo, aunque es s
5.10 yo confío..de vosotros, en el S que no
6.14 gloriarme, sino en la cruz de nuestro S
6.17 yo traigo en mi cuerpo las marcas del S
6.18 la gracia de nuestro S Jesucristo sea
Ef. 1.2 paz a vosotros, de Dios..Padre y del S
1.3 bendito sea el Dios y Padre de nuestro S
1.15 yo, habiendo oído de vuestra fe en el S
1.17 el Dios de nuestro S Jesucristo..os dé
2.21 creciendo para..un templo santo en el S
3.11 propósito eterno que hizo en..nuestro S
3.14 mis rodillas ante el Padre de nuestro S
4.1 preso en el S, os ruego que andéis como
4.5 un S, una fe, un bautismo
4.17 esto, pues, digo y requiero en el S: que
5.8 mas ahora sois luz en el S; andad como
5.10 comprobando lo que es agradable al S
5.17 sino entendidos de..la voluntad del S
5.19 y alabando al S en vuestros corazones
5.20 gracias por..en el nombre de nuestro S
5.22 las casadas estén sujetas a..como al S
6.1 hijos, obedeced en el S..padres, porque
6.4 sino criadlos en..y amonestación del S
6.7 voluntad, como al S y no a los hombres
6.8 recibirá del S, sea siervo o sea libre
6.9 sabiendo que el S de..está en los cielos
6.10 fortaleceos en el S, y en el poder de
6.21 Tíquico..amado y fiel ministro en el S
6.23 amor con fe, de Dios..del S Jesucristo
6.24 gracia sea con..los que aman a nuestro S
Fil. 1.2 paz a vosotros, de..del S Jesucristo
1.14 cobrando ánimo en el S con..prisiones
2.11 lengua confiese que Jesucristo es el S
2.19 espero en el S Jesús enviaros pronto a
2.24 y confío en el S que yo..iré pronto a
2.29 recibidle, pues, en el S, con todo gozo
3.1 por lo demás, hermanos, gozaos en el S
3.8 del conocimiento de Cristo Jesús, mi S
3.20 de donde..esperamos al..al S Jesucristo
4.1 hermanos míos..estad así firmes en el S
4.2 ruego..sean de un mismo sentir en el S
4.4 regocijaos en el S siempre. Otra vez digo
4 5 gentileza sea conocida..El S está cerca
4.10 me gocé en el S de que ya al fin habéis
4.23 la gracia de nuestro S..sea con todos
Col. 1.2 gracia y paz sean a vosotros..del S
1.3 damos gracias a Dios, Padre de nuestro S
1.10 andéis como es digno del S, agradándole
2.6 de la manera que habéis recibido al S
3.16 cantando con..al S con salmos e himnos
3.17 hacedlo todo en el nombre del S Jesús
3.18 estad sujetas a..como conviene en el S
3.20 obedeced a vuestros padres..agrada al S
3.23 hacedlo de corazón, como para el S y no
3.24 que del S recibiréis la recompensa de la
3.24 la herencia, porque a Cristo el S servís
4.3 que el S nos abra puerta para la palabra
4.7 lo hará saber Tíquico..consiervo en el S
4.17 cumplas el ministerio..recibiste en el S
1 Ts. 1.1 a la iglesia de..en el S Jesucristo
1.1 gracia y paz sean a..y del S Jesucristo
1.3 en la esperanza en nuestro S Jesucristo
1.6 vinisteis a ser imitadores de..y del S
1.8 divulgada la palabra del S, no sólo en
2.15 los cuales mataron al S Jesús y a sus
2.19 lo sois vosotros, delante de nuestro S
3.8 ahora vivimos, si..estáis firmes en el S
3.11 S Jesucristo, dirijan nuestro camino a
3.12 y el S os haga crecer y abundar en amor
3.13 en la venida de nuestro S Jesucristo con
4.1 rogamos y exhortamos en el S Jesús, que
4.2 qué instrucciones os dimos por el S Jesús
4.6 el S es vengador de todo esto, como ya
4.15 os decimos esto en palabra del S: que
4.15 habremos quedado hasta la venida del S
4.16 el S mismo con voz de mando, con voz de
4.17 para recibir al S en..siempre con el S
5.2 que el día del S vendrá así como ladrón
5.9 para alcanzar salvación por..nuestro S
5.12 y os presiden en el S, y os amonestan
5.23 guardado..para la venida de nuestro S
5.27 os conjuro por el S, que esta carta sea
5.28 la gracia de nuestro S sea con vosotros
2 Ts. 1.1 a la iglesia de..en el S Jesucristo
1.2 paz a vosotros, de..y del S Jesucristo
1.7 se manifieste el S Jesús desde el cielo
1.8 no..ni obedecen al evangelio de nuestro S
1.9 excluidos de la presencia del S y de la
1.12 de nuestro S Jesucristo sea glorificado
1.12 por la gracia de nuestro Dios y del S
2.1 con respecto a la venida de nuestro S
2.2 el sentido de que el día del S está cerca
2.8 aquel inicuo, a quien el S matará con el
2.13 hermanos amados por el S, de que Dios
2.14 para alcanzar la gloria de nuestro S
2.16 Jesucristo S nuestro..el cual nos amó
3.1 la palabra del S corra y sea glorificada
3.3 fiel es el S, que os afirmará y guardará
3.4 tenemos confianza..de vosotros en el S
3.5 el S encamine vuestros corazones al amor
3.6 os ordenamos..en el nombre de nuestro S
3.12 y exhortamos por nuestro S Jesucristo
3.16 el mismo S de paz os dé siempre paz en
3.16 toda manera. El S sea con todos vosotros
3.18 la gracia de nuestro S Jesucristo sea
1 Ti. 1.1 del S Jesucristo nuestra esperanza
1.2 y paz, de..y de Cristo Jesús nuestro S
1.12 doy gracias..a Cristo Jesús nuestro S
1.14 gracia de nuestro S fue más abundante
5.21 te encarezco delante de Dios y del S
6.3 no se conforma a..sanas palabras de..S
6.14 la aparición de nuestro S Jesucristo
6.15 solo Soberano, Rey de reyes, y S de s
2 Ti. 1.2 de Dios..y de Jesucristo nuestro S
1.8 de dar testimonio de nuestro S, ni de mí
1.16 tenga el S misericordia de la casa de
1.18 concédale el S que halle misericordia
1.18 misericordia cerca del S en aquel día
2.7 lo que digo, y el S te dé entendimiento
2.14 esto, exhortándoles delante del S a que
2.19 sello: Conoce el S a los que son suyos
2.21 será instrumento para honra..útil al S
2.22 los que de corazón limpio invocan al S
2.24 el siervo del S no debe ser contencioso
3.11 sufrido, y de todas me ha librado el S
4.1 te encarezco delante de Dios y del S
4.8 me dará el S, juez justo, en aquel día
4.14 el S le pague conforme a sus hechos
4.17 el S estuvo a mi lado, y me dio fuerzas
4.18 el S me librará de toda obra mala, y me
4.22 el S Jesucristo esté con tu espíritu
Tit. 1.4 paz, de Dios Padre y del S Jesucristo
Flm. 3 gracia y paz a vosotros..S Jesucristo
5 oigo del amor y de..que tienes hacia el S
16 para ti, tanto en la carne como en el S
20 sí..tenga yo algún provecho de ti en el S
20 sí, hermano..conforta mi corazón en el S
25 la gracia de nuestro S Jesucristo sea con
He. 1.10 tú, oh S, en el principio fundaste la
2.3 habiendo sido anunciada..por el S, nos
7.14 que nuestro S vino de la tribu de Judá
7.21 juró el S, y no se arrepentirá: Tú eres
8.2 de aquel..tabernáculo que levantó el S
8.8 he aquí vienen días, dice el S, en que
8.9 y yo me desentendí de ellos, dice el S
8.10 dice el S: Pondré mis leyes en la mente
8.11 ninguno enseñará..diciendo: Conoce al S
10.16 días, dice el S: Pondré mis leyes en
10.30 venganza, yo daré el pago, dice el S
10.30 y otra vez: El S juzgará a su pueblo
12.5 no menosprecies la disciplina del S, ni
12.6 el S al que ama, disciplina, y azota a
12.14 santidad, sin la cual nadie verá al S
13.6 el S es mi ayudador; no temeré lo que
13.20 resucitó de los..a nuestro S Jesucristo

SEÑOR, RA *(Continúa)*
Stg. 1.1 siervo de Dios y del *S* Jesucristo, a
1.7 no piense. .que recibirá cosa alguna del *S*
2.1 fe en nuestro glorioso *S* Jesucristo sea
4.10 humillaos delante del *S*. .el os exaltará
4.15 lo cual deberíais decir: Si el *S* quiere
5.4 clamores. .han entrado en los oídos del *S*
5.7 tened paciencia hasta la venida del *S*
5.8 afirmad. .porque la venida del *S* se acerca
5.10 profetas que hablaron en nombre del *S*
5.11 habéis visto el fin del *S*, que el *S* es
5.14 ungiéndole. .aceite en el nombre del *S*
5.15 salvará al enfermo, y el *S* lo levantará
1 P. 1.3 bendito el Dios y Padre de nuestro *S*
1.25 la palabra del *S* permanece para siempre
2.3 es que habéis gustado la benignidad del *S*
2.13 por causa del *S* someteos a. .institución
3.6 Sara obedecía a Abraham, llamándole *s*
3.12 los ojos del *S* están sobre los justos
3.12 el rostro del *S* está contra aquellos que
3.15 sino santificad a Dios el *S* en vuestros
2 P. 1.2 el conocimiento de. .nuestro *S* Jesús
1.8 en cuanto al conocimiento de nuestro *S*
1.11 entrada en el reino eterno de nuestro *S*
1.14 nuestro *S* Jesucristo me ha declarado
1.16 a conocer el. .y la venida de nuestro *S*
2.1 negarán al *S* que los rescató, atrayendo
2.9 el *S* librar de tentación a los piadosos
2.11 no pronuncian juicio de. .delante del *S*
2.20 escapado de. .por el conocimiento del *S*
3.2 tengáis memoria. .del mandamiento del *S*
3.8 que para con el *S* un día es como mil años
3.9 *S* no retarda su promesa, según algunos la
3.10 pero el día del *S* vendrá como ladrón en
3.15 que la paciencia de nuestro *S* es para
3.18 creced en. .el conocimiento de nuestro *S*
2 Jn. 1 el anciano a la *s* elegida y a sus hijos
3 gracia. .del *S* Jesucristo, Hijo del Padre
5 te ruego, *s*. .que nos amemos unos a otros
Jud. 4 niegan a Dios. .y a nuestro *S* Jesucristo
5 *S*, habiendo salvado al pueblo sacándolo de
9 Miguel contendía. .dijo: El *S* te reprenda
14 el *S* con sus santas decenas de millares
17 por los apóstoles de nuestro *S* Jesucristo
21 esperando la misericordia de nuestro *S*
Ap. 1.8 yo soy el. .principio y fin, dice el *S*
1.10 estaba en el Espíritu en el día del *S*
4.8 santo es el *S* Dios Todopoderoso, el que
4.11 *S*, digno eres de recibir la gloria y la
6.10 ¿hasta cuándo, *S*, santo y verdadero, no
7.14 le dije: *S*, tú lo sabes. Y él me dijo
11.8 donde también nuestro *S* fue crucificado
11.15 reinos. .han venido a ser de nuestro *S*
11.17 te damos gracias, *S* Dios Todopoderoso
14.13 bienaventurados de. .que mueren en el *S*
15.3 grandes y maravillosas son tus obras, *S*
15.4 ¿quién no te temerá. .*S*, y glorificará
16.5 justo eres tú, oh *S*, el que eres y que
16.7 *S*. .tus juicios son verdaderos y justos
17.14 vencerá, porque él es *S* de *s* y Rey de
18.8 porque poderoso es Dios el *S*, que la
19.1 gloria y poder son del *S* Dios nuestro
19.6 el *S* nuestro Dios Todopoderoso reina!
19.16 tiene escrito. .Rey de Reyes y *S* de *s*
21.22 el *S* Dios. .es el templo de ella, y el
22.5 Dios el *S* los iluminará; y reinarán por
22.6 el *S*. .ha enviado su ángel, para mostrar
22.20 vengo en breve. Amén; sí, ven, *S* Jesús
22.21 la gracia de nuestro *S*. .sea con todos

SEÑOREADOR
Sal. 68.27 allí estaba el joven Benjamín, *s* de
Jer. 30.21 de en medio de ella saldrá su *s*; y

SEÑOREAR
Gn. 1.16 *señorease* en el día. .que *s* en la noche
1.18 para *señorear* en el día y en la noche
1.26 y *señoree* en los peces del mar, en las
1.28 y *señoread* en los peces del mar, en las
37.8 ¿reinarás. .o *señorearás* sobre nosotros?
Jos. 12.2 Sehón rey de. .*señoreaba* desde Aroer
Jue. 8.23 no. .ni mi hijo os *señoreará*: Jehová *s*
1 R. 4.21 Salomón *señoreaba* sobre. .los reinos
4.24 él *señoreaba* en toda la región al oeste
Sal. 8.6 le hiciste *señorear* sobre las obras de
66.7 *señorea* con su poder para siempre; sus
136.8 el sol para que *señorease* en el día
136.9 la luna y. .que *señoreasen* en la noche
Pr. 12.24 la mano de los diligentes *señoreará*
Is. 14.2 *señorearán* sobre los que. .oprimieron
40.10 vendrá con poder, y su brazo *señoreará*
Lm. 1.20 espada; por dentro *señoreó* la muerte

SEÑORIO
1 R. 9.19 edificar. .en toda la tierra de su *s*
Job 25.2 el *s* y el temor están con él; él hace
Sal. 103.22 todos los lugares de su *s*. Bendice
114.2 vino a ser su santuario, e Israel su *s*
145.13 reino. .tu *s* en todas las generaciones
Jer. 34.1 los reinos de. .bajo el *s* de su mano
Dn. 4.3 reino. .su *s* de generación en generación
Mi. 4.8 hasta ti vendrá el *s* primero, el reino
Zac. 9.10 y su *s* será de mar a mar, y desde el
Ef. 1.21 y autoridad y poder y *s*, y sobre todo
1 P. 5.3 no como teniendo *s* sobre los que están
2 P. 2.10 siguiendo la carne. .desprecian el *s*

SEOL ***Morada de los muertos***
Gn. 37.35 descenderé enlutado a mi hijo. .el *S*
42.38; 44.29 descender. .canas con dolor al *S*
44.31 descender las canas de. .con dolor al *S*
Nm. 16.30 y descendieren vivos al *S*, entonces
16.33 descendieron vivos al *S*, y los cubrió
Dt. 32.22 arderá hasta las profundidades del *S*
1 S. 2.6 él hace descender al *S*, y hace subir
2 S. 22.6 ligaduras del *S* me rodearon. .muerte
1 R. 2.6 no dejarás descender sus canas al *S*
2.9 harás descender. .canas con sangre al *S*
Job 7.9 así el que desciende al *S* no subirá
11.8 es más profunda que el *S*. .la conocerás?
14.13 diera que me escondiese en el *S*, que
17.13 si yo espero, el *S* es mi casa; haré mi
17.16 a la profundidad del *S* descenderán
21.13 prosperidad, y en paz descienden al *S*
24.19 así también el *S* a los pecadores
26.6 *S* está descubierto delante de él, y el
Sal. 6.5 porque en. .en el *S*, ¿quién te alabará?
9.17 malos serán trasladados al *S*, todas las
16.10 porque no dejarás mi alma en el *S*, ni
18.5 ligaduras del *S* me rodearon. .de muerte
30.3 hiciste subir mi alma del *S*, me diste
31.17 sean avergonzados. .estén mudos en el *S*
49.14 se consumirá. .y el *S* será su morada
49.15 Dios redimirá mi vida del poder del *S*
55.15 les sorprenda; desciendan vivos al *S*
86.13 y has librado mi alma de las. .del *S*
88.3 porque mi alma. .y mi vida cercana al *S*
89.48 ¿qué. .librará su vida del poder del *S*?
116.3 encontraron las angustias del *S*. .dolor
139.8 si en el *S* hiciere mi estrado, he aquí
141.7 son esparcidos. .huesos a la boca del *S*
Pr. 1.12 tragaremos vivos como el *S*, y enteros
5.5 sus pies descienden. .pasos conducen al *S*
7.27 camino al *S* es su casa, que conduce a
9.18 convidados están en lo profundo del *S*
15.11 *S* y el Abadón están delante de Jehová
15.24 entendido, para apartarse del *S* abajo
23.14 con vara, y librarás su alma del *S*
27.20 el *S* y el Abadón nunca se sacian; así
30.16 el *S*, la matriz estéril, la tierra que
Ec. 9.10 en el *S*, adonde vas, no hay obra, ni
Cnt. 8.6 fuerte es. .duros como el *S* los celos
Is. 5.14 por eso ensanchó su interior el *S*
14.9 el *S* abajo se espantó de ti; despertó
14.11 descendió al *S* tu soberbia. .tus arpas
14.15 mas tú derribado eres hasta el *S*, a los
28.15 la muerte, e hicimos convenio con el *S*
28.18 y vuestro convenio con el *S* no. .firme
38.10 la mitad de mis días iré a las. .del *S*
38.18 el *S* no te exaltará, ni te alabará la
57.9 te abatiste hasta la profundidad del *S*
Ez. 31.15 día que descendió al *S*, hice. .luto
31.16 las hice descender al *S* con todos los
31.17 también ellos descendieron con él al *S*
32.21 medio del *S* hablarán a él los fuertes
32.27 cuales descendieron al *S* con sus armas
Os. 13.14 de la mano del *S* los redimiré, los
13.14 tu muerte; y seré tu destrucción, oh *S*
Am. 9.2 aunque cavasen hasta el *S*, de allá los
Jon. 2.2 desde el seno del *S* clamé, y mi voz
Hab. 2.5 ensanchó como el *S* su alma, y es como

SEORIM ***Sacerdote en tiempo del rey David*, 1 Cr. 24.8**

SEPARACIÓN
Éx. 9.4 hará *s* entre los ganados de Israel y
26.33 velo os hará *s* entre el lugar santo y
Lv. 12.5 inmunda dos semanas, conforme a su *s*
Rt. 1.17 sólo la muerte hará *s* entre nosotras
Ez. 42.20 para hacer *s* entre el santuario y el
Ef. 2.14 derribando la pared intermedia de *s*

SEPARADAMENTE
1 R. 18.6 un camino, y Abdías fue *s* por otro

SEPARAR
Gn. 1.4 y *separó* Dios la luz de las tinieblas
1.6 expansión. .*separe* las aguas de las aguas
1.7 *separó* las aguas que estaban debajo de la
1.14 cielos para *separar* el día de la noche
1.18 y para *separar* la luz de las tinieblas
36.6 se fue. .*separándose* de Jacob su hermano
Éx. 28.28 y no se *separe* el pectoral del efod
39.21 y no se *separase* el pectoral del efod
Lv. 5.8 la cabeza. .no la *separará* por completo
15.20 se acostare mientras estuviere *separada*
27.29 ninguna persona *separada* como anatema
Nm. 6.20 del pecho. .de la espaldilla *separada*
Dt. 19.7 yo te mando. .*Separarás* tres ciudades
Jos. 22.9 *separándose* de los hijos de Israel
2 S. 1.23 tampoco en. .muerte fueron *separados*
14.6 no habiendo quien los *separase*, hirió el
2 R. 15.5 leproso. .y habitó en casa *separada*
17.21 *separó* a Israel de la casa de David, y
Esd. 9.1 no se han *separado* de los pueblos de
Neh. 13.3 *separaron*. .a todos los mezclados con
Job 23.12 del mandamiento de. .nunca me *separé*
Mt. 19.6; Mr. 10.9 que Dios juntó, no lo *separe*
Lc. 24.51 *separó* de ellos, y fue llevado arriba
Jn. 15.5 *separados* de mí nada podéis hacer
Hch. 15.39 *separaron* el uno del otro; Bernabé
19.9 apartó Pablo. .y *separó* a los discípulos
21.1 después de *separarnos*. .zarpamos. .a Cos
Ro. 8.35 ¿quién nos *separará*. .amor de Cristo?
8.39 nos podrá *separar* del amor de Dios, que
9.3 anatema, *separado* de Cristo, por amor a
1 Co. 7.10 que la mujer no se *separe* del marido
7.11 y si se *separa*, quédese sin casar, o
7.15 pero si el incrédulo se *separa, sepárese*
1 Ts. 2.17 *separados* de vosotros por un poco

SÉPTIMO, MA
Gn. 2.2 y acabó Dios en el día *s* la obra que
2.2 Dios. .reposó el día *s* de toda la obra que
2.3 y bendijo Dios al día *s*, y lo santificó
7.10 al *s* día las aguas del diluvio vinieron
8.4 reposó el arca en el mes *s*, a los 17 días
Éx. 12.15 desde el primer día hasta el *s*, será
12.16 el *s* día tendréis una santa convocación
13.6 pan. .y el *s* día será fiesta para Jehová
16.26 mas el *s* día es día de reposo; en él no
16.27 algunos. .salieron en el *s* día a recoger
16.29 lugar y nadie salga de él en el *s* día
16.30 así el pueblo reposó el *s* día
20.10 el *s* día es reposo para Jehová tu Dios
20.11 en el *s* día; por tanto, Jehová bendijo
21.2 seis años servirá; mas al *s* saldrá libre
23.11 *s* año la dejarás libre, para que coman
23.12 al *s* día reposarás, para que descanse
24.16 al *s* día llamó a Moisés de en medio de
31.15 el día *s* es día de reposo consagrado a
31.17 la tierra, y en el *s* día cesó y reposó
34.21 mas en el *s* día descansarás; aun en la
35.2 el día *s* os será santo, día de reposo
Lv. 13.5 al *s* día el sacerdote lo mirará; y si
13.6,27 el *s* día el sacerdote le reconocerá
13.32 al *s* día el sacerdote mirará la llaga
13.34 al *s* día mirará el sacerdote la tiña
13.51 *s* día mirará la plaga; y si se hubiere
14.9 el *s* día raerá todo el pelo de su cabeza
14.39 y al *s* día volverá el sacerdote, y la
16.29 en el mes *s*, a los diez días del mes
23.3 trabajará, mas el *s* día será de reposo
23.8 el *s* día será santa convocación; ningún
23.16 el día siguiente del *s* día de reposo
23.24 el mes *s*, al primero del mes tendréis
23.27 a los diez días de este mes *s* será el
23.34 a los quince días de este mes *s* será la
23.39 pero a los quince días del mes *s*, cuando
23.41 le haréis fiesta. .en el mes *s* la haréis
25.4 pero el *s* año la tierra tendrá descanso
25.9 harás tocar. .la trompeta en el mes *s* a
25.20 si dijereis: ¿Qué comeremos el *s* año?
Nm. 6.9 día. .raerá su cabeza; al *s* día la raerá
7.48 el *s* día, el príncipe de los. .de Efraín
19.12 y al *s* día será limpio; y si al tercer
19.12 si al tercer. .no será limpio al *s* día
19.19 rociará sobre. .al tercero y al *s* día
19.19 cuando lo haya purificado al día *s*, él
28.25 y el *s* día tendréis santa convocación
29.1 en el *s* mes. .tendréis santa convocación
29.7 en el diez de este mes *s* tendréis santa
29.12 a los quince días del mes *s* tendréis
29.32 el *s* día, siete becerros, dos carneros
31.19 y os purificaréis al tercer día y al *s*
31.24 además lavaréis vuestros vestidos el *s*
Dt. 5.14 el *s* día es reposo a Jehová tu Dios
15.9 cerca está el año *s*, el de la remisión
15.12 servido seis años, al *s* le despedirás
16.8 el *s* día será fiesta solemne a Jehová
Jos. 6.4 y al *s* día daréis siete vueltas a la
6.15 al *s* día se levantaron al despuntar el
6.16 sacerdotes tocaron las bocinas la *s* vez
19.40 *s* suerte correspondió a. .hijos de Dan
Jue. 14.15 *s* día dijeron a la mujer de Sansón
14.17 al *s* día él se lo declaró, porque le
14.18 al *s* día, antes que el sol se pusiese
2 S. 12.18 y al *s* día murió el niño; y temían
1 R. 8.2 Etanim, que es el mes *s*, en el día de
18.44 la *s* vez dijo: Yo veo una pequeña nube
20.29 *s* día se dio la batalla; y los hijos de
2 R. 11.4 al *s* año envió Joiada y tomó jefes de
12.1 el *s* año de Jehú comenzó a reinar Joás
18.9 era el año *s* de Oseas hijo de Ela, rey de
25.25 el mes *s* vino Ismael hijo de Netanías
1 Cr. 2.15 el sexto Ozem, el *s* David
12.11 Atai el sexto, Eliel el *s*
24.10 la *s* a Cos, la octava a Abías
25.14 la *s* para Jesarela, con sus hijos y sus
26.3 quinto, Johanán el sexto, Elioenai el *s*
26.5 Amiel, el *s* Isacar, el octavo Peultai
27.10 el *s* para el *s* mes era Heles pelonita
2 Cr. 5.3 el rey. .la fiesta solemne del mes *s*
7.10 los 23 días del mes *s* envió al pueblo
23.1 *s* año se animó Joiada, y tomó consigo
31.7 aquellos montones, y terminaron. .mes *s*
Esd. 3.1 cuando llegó el mes *s*, y estando los
3.6 desde el primer día del mes *s* comenzaron
7.7 subieron. .en el *s* año del rey Artajerjes

SÉPTIMO, MA *(Continúa)*
Esd. 7.8 llegó..en el mes quinto del año *s* del rey
Neh. 7.73 venido el mes *s*, los hijos de Israel
8.2 trajo la ley..el primer día del mes *s*
8.14 en tabernáculos en la fiesta..del mes *s*
10.31 el año *s* dejaríamos descansar la tierra
Est. 1.10 el *s* día, estando el corazón del rey
2.16 llevada al rey..el año *s* de su reinado
Job 5.19 te librará, y en la *s* no te tocará el
Jer. 28.17 en el mismo año murió..en el mes *s*
41.1 aconteció en el mes *s* que vino Ismael
52.28 en el año *s*, a 3.023 hombres de Judá
Ez. 20.1 aconteció en el año *s*..que vinieron
45.20 así harás el *s* día del mes para los que
45.25 en el mes *s*, a los quince días del mes
Hag. 2.1 el mes *s*, a los veintiún días del mes
Zac. 7.5 cuando ayunasteis..en el *s* mes estos
8.19 el ayuno del *s*, y el ayuno del décimo
Mt. 22.26 la misma manera también..hasta el *s*
He. 4.4 porque en cierto lugar dijo..del *s* día
4.4 y reposó Dios de..sus obras en el *s* día
Jud. 14 de éstos..profetizó Enoc, *s* desde Adán
Ap. 8.1 abrió el *s* sello, se hizo silencio en
10.7 que en los días de la voz del *s* ángel
11.15 el *s* ángel tocó la trompeta, y hubo
16.17 el *s* ángel derramó su copa por el aire
21.20 el *s*, crisólito; el octavo, berilo; el

SEPULCRO
Gn. 23.6 en lo mejor de nuestros *s* sepulta a
23.6 ninguno de nosotros te negará su *s*, ni
47.30 me llevarás..me sepultarás en el *s* de
50.5 en el *s* que cavé para mí en..de Canaán
Éx. 14.11 ¿no había *s* en Egipto, que nos has
Nm. 19.16 tocare..*s*, siete días será inmundo
19.18 sobre aquel que hubiere tocado el..*s*
Jue. 8.32 sepultado en el *s* de su padre Joás
16.31 sepultaron..en el *s* de su padre Manoa
1 S. 10.2 hallarás dos hombres junto al *s* de
2 S. 2.32 y lo sepultaron en el *s* de su padre
3.32 rey..lloró junto al *s* de Abner; y lloró
4.12 la cabeza..enterraron en el *s* de Abner
17.23 así murió, y fue sepultado en el *s* de su
19.37 que muera en..junto al *s* de mi padre
21.14 los huesos de..en el *s* de Cis su padre
1 R. 13.22 no entrará tu cuerpo en el *s* de tus
13.30 puso el cuerpo en el *s*; y le endecharon
13.31 cuando yo muera, enterradme en el *s* en
2 R. 9.28 le sepultaron..en su *s* en la ciudad
13.21 arrojaron el cadáver en el *s* de Eliseo
21.26 fue sepultado en su *s* en el huerto de
22.20 serás llevado a tu *s* en paz, y no verán
23.6 y echó el polvo sobre los *s*..del pueblo
23.16 se volvió Josías, y viendo los *s* que
23.16 sacó los huesos de los *s*, y los quemó
23.17 es el *s* del varón de Dios que vino de
23.30 a Jerusalén, y lo sepultaron en su *s*
2 Cr. 16.14 sepultaron en los *s* que él había
21.20 lo sepultaron..no en los *s* de los reyes
24.25 de David, pero no en los *s* de los reyes
26.23 lo sepultaron con..en el campo de los *s*
28.27 no lo metieron en los *s* de los reyes
32.33 en el lugar más prominente de los *s* de
34.4 y esparció el polvo sobre los *s* de los
34.28 y serás recogido en tu *s* en paz, y tus
35.24 y lo sepultaron en los *s* de sus padres
Neh. 2.3 la ciudad, casa de los *s* de mis padres
2.5 envíame a Judá, a la ciudad de los *s* de
3.16 hasta delante de los *s* de David, y hasta
Job 3.22 se alegran..gozan cuando hallan el *s*?
17.1 se acortan mis..me está preparado el *s*
21.32 porque llevado será a los *s*, y sobre
30.24 mas él no extenderá la mano contra el *s*
33.18 detendrá su alma del *s*, y su vida de
33.22 su alma se acerca al *s*, y su vida a los
33.24 lo libró de descender al *s*, que halló
33.28 redimirá su alma para que no pase al *s*
33.30 para apartar su alma del *s*, y para..luz
Sal. 5.9 *s* abierto es su garganta..su lengua
28.1 yo..semejante a los que descienden al *s*
88.4 contado entre los que descienden al *s*
88.5 los pasados a espada que yacen en el *s*
88.11 ¿será contada en el *s* tu misericordia
Pr. 28.17 hombre cargado de..huirá hasta el *s*
Is. 14.19 tú echado eres de tu *s* como vástago
22.16 labraste aquí *s* para ti, como el que
38.18 ni los que descienden al *s* esperarán
65.4 que se quedan en los *s*, y en lugares
Jer. 5.16 su aljaba..*s* abierto, todos valientes
8.1 sacarán los huesos de los reyes..de sus *s*
20.17 y mi madre me hubiera sido mi *s*, y su
26.23 mató..echó su cuerpo en los *s* del vulgo
Ez. 26.20(2),24,25,29,30 los que descienden al *s*
28.8 al *s* te harán descender, y morirás con
32.22 en derredor de él están sus *s*; todos
32.23 sus *s* fueron puestos a los lados de la
32.23,24,25,26 por los alrededores de su *s*
37.12 he aquí yo abro vuestros *s*, pueblo mío
37.13 y sabréis que..cuando abra vuestros *s*
Nah. 1.14 allí pondré tu *s*, porque fuiste vil
Mt. 8.28 dos endemoniados que salían de los *s*
23.27 porque sois semejantes a *s* blanqueados
23.29 porque edificáis los *s* de los profetas
27.52 y se abrieron los *s*, y muchos cuerpos
27.53 y saliendo de los *s*..a la santa ciudad
27.60 puso en su *s* nuevo, que había labrado
27.60 rodar una..piedra a la entrada del *s*
27.61 y estaban allí..sentadas delante del *s*
27.64 manda, pues, que se asegure el *s* hasta
27.66 aseguraron el *s*, sellando la piedra y
28.1 vinieron María..otra María, a ver el *s*
28.8 saliendo del *s* con temor y gran gozo
Mr. 5.2 *s*, un hombre con un espíritu inmundo
5.3 tenía su morada en los *s*, y nadie podía
5.5 dando voces en los montes y en los *s*
6.29 tomaron su cuerpo, y lo pusieron en un *s*
15.46 y lo puso en un *s*..cavado en una peña
15.46 hizo rodar..piedra a la entrada del *s*
16.2 primer día de la semana, vinieron al *s*
16.3 removerá la piedra de la entrada del *s*?
16.5 y cuando entraron en el *s*, vieron a un
16.8 y ellas se fueron huyendo del *s*, porque
Lc. 8.27 ropa, ni moraba en casa, sino en los *s*
11.44 como *s* que no se ven, y los hombres que
11.47 que edificáis los *s* de los profetas a
11.48 los mataron, y vosotros edificáis sus *s*
23.53 y lo puso en un *s* abierto en una peña
23.55 y vieron el *s*, y cómo fue puesto su
24.1 al *s*, trayendo las especias aromáticas
24.2 y hallaron removida la piedra del *s*
24.9 volviendo del *s*, dieron nuevas de todas
24.12 pero levantándose Pedro, corrió al *s*
24.22 mujeres..que antes del día fueron al *s*
24.24 fueron..al *s*, y hallaron así como las
Jn. 5.28 los que están en los *s* oirán su voz
11.17 cuatro días que Lázaro estaba en el *s*
11.31 siguieron, diciendo: Va al *s* a llorar
11.38 Jesús..conmovido otra vez, vino al *s*
12.17 estaba con él cuando llamó a Lázaro..*s*
19.41 un huerto, y en el huerto un *s* nuevo
19.42 porque aquel *s* estaba cerca, pusieron
20.1 fue de mañana, siendo aún oscuro, al *s*
20.1 de mañana..y vio quitada la piedra del *s*
20.2 les dijo: Se han llevado del *s* al Señor
20.3 salieron Pedro y el otro..fueron al *s*
20.4 corrió más aprisa..llegó primero al *s*
20.6 Pedro..entró en el *s*, y vio los lienzos
20.8 el otro..que había venido primero al *s*
20.11 María estaba fuera llorando junto al *s*
20.11 María..inclinó para mirar dentro del *s*
Hch. 2.29 su *s* está con nosotros hasta el día
7.16 puestos en el *s* que a precio de dinero
13.29 quitándolo..madero lo pusieron en el *s*
Ro. 3.13 *s* abierto es su garganta; con su lengua
1 Co. 15.55 muerte..¿Dónde, oh *s*, tu victoria?

SEPULTAR
Gn. 15.15 paz, y serás *sepultado* en buena vejez
23.4 y *sepultaré* mi muerta de delante de mí
23.6 en lo mejor de..sepulcros *sepulta* a tu
23.8 voluntad de que yo *sepulte* mi muerta de
23.11 la cueva..te la doy; *sepulta* tu muerta
23.13 tómalo..y *sepultaré* en ella mi muerta
23.19 *sepultó* Abraham a Sara su mujer en la
25.9 lo *sepultaron* Isaac e Ismael sus hijos
25.10 allí fue *sepultado* Abraham, y Sara su
35.8 murió Débora..y fue *sepultada* al pie de
35.19 y fue *sepultada* en el camino de Efrata
35.29 y lo *sepultaron* Esaú y Jacob sus hijos
47.30 me *sepultarás* en el sepulcro de ellos
48.7 la *sepulté* allí en el camino de Efrata
49.29 *sepultadme* con mis padres en la cueva
49.31 allí *sepultaron* a Abraham..s a Isaac y
49.31 a Rebeca..allí también *sepulté* yo a Lea
50.5 me *sepultarás*; ruego, pues, que vaya yo
50.5 que vaya yo ahora y *sepulte* a mi padre
50.6 *sepulta* a tu padre, como él te hizo jurar
50.7 José subió para *sepultar* a su padre
50.13 lo *sepultaron* en la cueva del campo de
50.14 los que subieron con él a *sepultar* a su
50.14 volvió..después que lo hubo *sepultado*
Nm. 11.34 allí *sepultaron* al pueblo codicioso
20.1 allí murió María, y allí fue *sepultada*
Dt. 10.6 murió Aarón, y allí fue *sepultado*, y
Jos. 24.30 y le *sepultaron* en su heredad en
Jue. 2.9 *sepultaron* en su heredad..Timnat-sera
8.32 fue *sepultado* en el sepulcro de su padre
10.2 juzgó..murió, y fue *sepultado* en Samir
10.5 y murió Jair y fue *sepultado* en Camón
12.7 y fue *sepultado* en una de las ciudades
12.10 murió Ibzán, y fue *sepultado* en Belén
12.12 murió Elón..y fue *sepultado* en Ajalón
12.15 murió Abdón..fue *sepultado* en Piratón
16.31 le *sepultaron* entre Zora y Estaol, en
Rt. 1.17 donde tú murieres..allí seré *sepultada*
1 S. 25.1 Samuel..lo *sepultaron* en su casa en
28.3 le habían *sepultado* en Ramá, su ciudad
31.13 *sepultaron* debajo de un árbol en Jabes
2 S. 2.4 de Jabes de Galaad..*sepultaron* a Saúl
2.32 a Asael, y lo *sepultaron* en el sepulcro
3.32 *sepultaron* a Abner en Hebrón; y..lloró
17.23 *sepultado* en el sepulcro de su padre
21.14 y *sepultaron* los huesos de Saúl y los de
1 R. 2.10 durmió David con sus..y fue *sepultado*
2.34 fue *sepultado* en su casa en el desierto
11.43 fue *sepultado* en la ciudad de su padre
13.31 sepulcro en que está *sepultado* el varón
14.13 los de Jeroboam, sólo él será *sepultado*
14.31 *sepultado* con sus padres en la ciudad
15.8 y lo *sepultaron* en la ciudad de David
15.24 y fue *sepultado*..en la ciudad de David
16.6 fue *sepultado* en Tirsa, y reinó en..Ela
16.28 Omri durmió..fue *sepultado* en Samaria
22.37 murió..y *sepultaron* al rey en Samaria
22.50 y fue *sepultado*..en la ciudad de David
2 R. 8.24 fue *sepultado*..en la ciudad de David
9.10 la comerán..y no habrá quien la *sepulte*
9.28 y allá le *sepultaron* con sus padres, en
9.34 ahora..*sepultadla*, pues es hija de rey
9.35 pero cuando fueron para *sepultarla*, no
10.35 durmió Jehú..lo *sepultaron* en Samaria
12.21 *sepultaron* con sus padres en la ciudad
13.9 durmió Joacaz..lo *sepultaron* en Samaria
13.13 Joás fue *sepultado* en Samaria con los
13.20 murió Eliseo, y lo *sepultaron*. Entrado
13.21 que al *sepultar* unos a un hombre..vieron
14.16 durmió Joás..y fue *sepultado* en Samaria
14.20 *sepultaron* en Jerusalén con sus padres
15.7 y lo *sepultaron*..en la ciudad de David
15.38; 16.20 *sepultado*..en la ciudad de David
21.18 durmió Manasés..y fue *sepultado* en el
21.26 *sepultado* en su sepulcro en el huerto
23.30 carro..y lo *sepultaron* en su sepulcro
2 Cr. 9.31; 21.1,20; 24.16,25; 27.9 lo *sepultaron* en la ciudad de David
12.16; 14.1 *sepultado* en la ciudad de David
16.14 y lo *sepultaron* en los sepulcros que él
25.28; 26.23 y lo *sepultaron* con sus padres
28.27 lo *sepultaron* en la ciudad de Jerusalén
32.33 Ezequías..lo *sepultaron* en el lugar más
33.20 durmió Manasés..*sepultaron* en su casa
35.24 lo *sepultaron* en los sepulcros de sus
Job 27.15 quedaren, en muerte serán *sepultados*
30.24 clamarán los *sepultados*..quebrantaré?
Ec. 8.10 visto..inicuos *sepultados* con honra
Is. 50.11 vendrá..en dolor seréis *sepultados*
Mi. 7.19 él..*sepultará* nuestras iniquidades, y
Lc. 16.22 también el rico, y fue *sepultado*
Jn. 19.40 costumbre *sepultar* entre los judíos
Hch. 2.29 murió y fue *sepultado*, y su sepulcro
5.6 envolvieron, y sacándolo, lo *sepultaron*
5.9 los pies de los que han *sepultado* a tu
5.10 la sacaron, y la *sepultaron* junto a su
Ro. 6.4 *sepultados*..con él para muerte por el
1 Co. 15.4 que fue *sepultado*, y que resucitó al
Col. 2.12 *sepultados* con él en el bautismo, en
Ap. 11.9 y no permitirán que sean *sepultados*

SEPULTURA
Gn. 23.4 dadme propiedad para *s* entre vosotros
23.9 para posesión de *s* en medio de vosotros
23.20 como una posesión para *s*, recibida de
35.20 un pilar sobre su *s*..la señal de la *s*
49.30 compró Abraham con..para heredad de *s*
50.13 que había comprado..para heredad de *s*
Dt. 34.6 ninguno conoce el lugar de su *s* hasta
2 S. 2.5 esta misericordia..con Saúl, dándole *s*
2 Cr. 22.9 le dieron *s*, porque dijeron: Es hijo
Job 5.26 en la vejez a la *s*, como la gavilla de
10.19 fuera como..llevado del vientre a la *s*
Sal. 30.3 vida, para que no descendiese a la *s*
30.9 ¿qué provecho..cuando descienda a la *s*?
143.7 semejante a los que descienden a la *s*
Ec. 6.3 si su alma no se sació del..careció de *s*
Is. 14.19 descendieron al fondo de la *s*; como
14.20 no serás contado con ellos en la *s*
22.16 como el que en lugar alto labra su *s*, o
53.9 se dispuso con los impíos su *s*, mas con
Jer. 22.19 en *s* de asno será enterrado..fuera
Ez. 31.16 con todos los que descienden a la *s*
32.18 tierra, con los que descienden a la *s*
37.12 haré subir de vuestras *s*, y os traeré
37.13 y os saque de vuestras *s*, pueblo mío
39.11 daré a Gog lugar para *s* allí en Israel
Jon. 2.6 tú sacaste mi vida de la *s*, oh Jehová
Mt. 26.12 hecho a fin de prepararme para la *s*
27.7 el campo del..para *s* de los extranjeros
Mr. 14.8 anticipado a ungir mi cuerpo para la *s*
Jn. 12.7 para el día de mi *s* ha guardado esto

SEPULTURERO
Ez. 39.15 hasta que los entierren los *s* en el

SEQUEDAD
Sal. 32.4 se volvió mi verdor en *s* de verano
Is. 32.2 como arroyos de aguas en tierra de *s*
Jer. 50.38 *s* sobre sus aguas, y se secarán
Ez. 19.13 plantada..en tierra de *s* y de aridez

SEQUEDAL
Sal. 105.41 corrieron por los *s* como un río
107.33 y los manantiales de las aguas en *s*
Is. 35.7 *s* en manaderos de aguas; en la morada
44.3 yo derramaré aguas sobre el *s*, y ríos
Jer. 17.6 que morará en los *s* en el desierto
50.12 la última de las naciones; desierto, *s*
Sof. 2.13 y convertirá a Nínive en..*s* como un

SEQUÍA
Dt. 28.22 Jehová te herirá..*s*, con calamidad
Job 24.19 la *s* y el calor arrebatan las aguas

SEQUÍA *(Continúa)*
Is. 58.11 y en las *s* saciará tu alma, y dará
Jer. 14.1 palabra..que vino..con motivo de la *s*
17.8 en el año de *s* no se fatigará, ni dejará
Hag. 1.11 llamé la *s* sobre esta tierra, y sobre

SÉQUITO
Nm. 16.5 habló a Coré y a todo su *s*, diciendo
16.6 tomaos incensarios, Coré y todo su *s*
16.11 tú y todo tu *s* sois los que os juntáis
16.16 tú y todo tu *s*, poneos mañana delante
16.40 para que no sea como Coré y como su *s*
1 R. 10.2 vino a Jerusalén con un *s* muy grande
2 Cr. 9.1 la reina de Sabá..con un *s* muy grande

SER *(s.)*
Gn. 1.20 produzcan las aguas *s* vivientes, y aves
1.21 creó Dios..todo *s* viviente que se mueve
1.24 produzca la tierra *s* vivientes según su
2.7 de vida, y fue el hombre un *s* viviente
6.13 he decidido el fin de todo *s*, porque la
7.4 raeré..de la tierra todo *s* viviente que
7.23 fue destruido todo *s* que vivía sobre la
8.21 ni volveré más a destruir..*s* viviente
9.10 todo *s* viviente que está con vosotros
9.12,15 entre mí y vosotros y todo *s* viviente
9.16 perpetuo entre Dios y todo *s* viviente
Lv. 11.46 la ley acerca de..todo *s* viviente que
Sal. 103.1 y bendiga todo mi *s* su santo nombre
104.25 *s* innumerables, *s* pequeños y grandes
136.25 el que da alimento a todo *s* viviente
143.2 se justificará delante de ti ningún *s*
145.16 colmas de bendición a todo *s* viviente
Ez. 1.5 en medio de ella la figura de cuatro *s*
1.13 semejanza de los *s* vivientes, su aspecto
1.13 fuego..que andaba entre los *s* vivientes
1.14 y los *s* vivientes corrían y volvían a
1.15 mientras yo miraba los *s* vivientes, he
1.15 una rueda sobre..junto a los *s* vivientes
1.19 y cuando los *s* vivientes andaban, las
1.19 y cuando los *s* vivientes se levantaban
1.20,21 espíritu de los *s* vivientes estaba
1.22 y sobre las cabezas de los *s* vivientes
3.13 el sonido de las alas de los *s* vivientes
10.15 este es el *s* viviente que vi en el río
10.17 el espíritu de los *s* vivientes estaba
10.20 estos eran los mismos *s* vivientes que
10.22 semejanza..su misma apariencia y su *s*
Lc. 1.35 el Santo *S* que nacerá, será llamado
Ro. 2.9 sobre todo *s* humano que hace lo malo
1 Ts. 5.23 todo vuestro *s*, espíritu..guardado
Stg. 3.7 toda naturaleza..*s* del mar, se doma
Ap. 4.6 y junto al trono..cuatro *s* vivientes
4.7 el primer *s*..era semejante a un león; el
4.8 y los cuatro *s* vivientes tenían cada uno
4.9 y siempre que aquellos *s*..dan gloria y
5.6 en medio del..y de los cuatro *s* vivientes
5.8 los cuatro *s* vivientes y los 24 ancianos
5.11 alrededor..de los *s* vivientes, y de los
5.14 los cuatro *s* vivientes decían: Amén; y
6.1 oí a uno de los cuatro *s* vivientes decir
6.3 oí al segundo *s* viviente, que decía: Ven
6.5 oí al tercer *s* viviente, que decía: Ven
6.6 y oí una voz de en medio de los cuatro *s*
6.7 la voz del cuarto *s* viviente, que decía
7.11 en pie alrededor..los cuatro *s* vivientes
8.9 tercera parte de..*s* vivientes..en el mar
14.3 cantaban..delante de los 4 *s* vivientes
15.7 uno de los cuatro *s* vivientes dio a los
16.3 y murió todo *s* vivo que había en el mar
19.4 los cuatro *s* vivientes se postraron en

SER *(v.)*
Éx. 3.14 Yo SOY EL QUE *s*..dirás..Yo *s* me envió
Dt. 32.39 ved ahora que yo, yo *soy*, y no hay
Jue. 13.11 dijo: ¿*Eres* tú..él le dijo: Yo *soy*
Ec. 1.9 ¿qué es lo que *fue*? Lo mismo que *será*
3.15 aquello que *fue*, ya *es*..ha de *ser*, *f* ya
Is. 43.13 antes que hubiera día, yo *era*; y no
Jn. 8.58 digo: Antes que Abraham *fuese*, yo *soy*
9.9 unos decían: El *es*; y..El decía: Yo *soy*
18.5 Jesús nazareno. Jesús les dijo: Yo *soy*
18.8 he dicho que yo *soy*; pues si me buscáis
18.17 ¿no *eres* tú..de este hombre?..No lo *soy*
18.25 ¿no *eres* tú de sus..y dijo: No lo *soy*
Hch. 17.28 en él vivimos..nos movemos, y *somos*
Ro. 4.17 las cosas que no *son*, como si *fuesen*
Ap. 1.4,8 que *es* y que *era* y que ha de venir
16.5 Señor, el que *eres* y que *eras*, el Santo
17.8 la bestia que has visto, *era*, y no *es*

SERA *Hija de Aser*, **Gn. 46.17; Nm. 26.46; 1 Cr. 7.30**

SERAFÍN
Is. 6.2 encima de él había *s*; cada uno tenía
6.6 y voló hacia mí uno de los *s*, teniendo

SERAÍAS
1. Secretario del rey David (=Seva No. 1, Savsa y Sisa), 2 S. 8.17
2. Sumo sacerdote cuando Jerusalén fue destruida por Nabucodonosor
2 R. 25.18 tomó entonces..primer sacerdote *S*
1 Cr. 6.14 Azarías engendró a *S*, y *S* engendró
Esd. 7.1 Esdras hijo de *S*, hijo de Azarías, hijo
Jer. 52.24 tomó..y a *S* el principal sacerdote
3. Capitán militar entre el remanente que quedó en Judá después de la destrucción de Jerusalén, **2 R. 25.23; Jer. 40.8**
4. Segundo hijo de Cenaz, **1 Cr. 4.13,14**
5. Príncipe de la tribu de Simeón, **1 Cr. 4.35**
6. Uno que regresó de Babilonia con Zorobabel, **Esd. 2.2**
7. Firmante del pacto de Nehemías, **Neh. 10.2**
8. Sacerdote que regresó de Babilonia con Zorobabel, **Neh. 11.11; 12.1,12**
9. Oficial del rey Joacim, **Jer. 36.26**
10. "Principal camarero" del rey Sedequías, **Jer. 51.59(2),61**

SEREBÍAS
1. Levita, "varón entendido", ayudante de Esdras, **Esd. 8.18,24**
2. Levita que ayudó a Esdras en la lectura de la ley, **Neh. 8.7; 9.4,5; 10.12**
3. Levita que regresó de Babilonia con Zorobabel, **Neh. 12.8,24**

SERED *Primogénito de Zabulón*, **Gn. 46.14; Nm. 26.26**

SEREDA *Pueblo de Jeroboam No. 1*, **1 R. 11.26**

SEREDATA *Ciudad en el valle del Jordán*, **2 Cr. 4.17**

SEREDITA *Descendiente de Sered*, **Nm. 26.26**

SERENO
Éx. 24.10 semejante al cielo cuando está *s*

SERES *Descendiente de Manasés*, **1 Cr. 7.16**

SERGIO PAULO *Procónsul de Chipre*, **Hch. 13.7**

SERIE
Éx. 36.11 que estaba al extremo de la primera *s*
36.11 de la cortina final de la segunda *s*
36.12 orilla de la cortina de la segunda *s*
36.17 extremo de la primera *s*..la segunda *s*

SERIEDAD
Tit. 2.7 ejemplo..en la enseñanza mostrando..*s*

SERIO
Tit. 2.2 los ancianos sean sobrios, *s*, prudentes

SERPIENTE
Gn. 1.24 luego dijo Dios: Produzca la tierra..*s*
3.1 pero la *s* era astuta, más que todos los
3.2 la mujer respondió a la *s*: Del fruto de
3.4 entonces la *s* dijo a la mujer: No moriréis
3.13 y dijo la mujer: La *s* me engañó, y comí
3.14 a la *s*: Por cuanto esto hiciste, maldita
49.17 Dan *s* junto al camino, víbora junto a
Nm. 21.6 envió entre el pueblo *s* ardientes, que
21.7 a Jehová que quite de nosotros estas *s*
21.8 hazte una *s* ardiente, y ponla sobre una
21.9 Moisés hizo una *s* de bronce, y la puso
21.9 y cuando alguna *s* mordía..miraba a la *s*
Dt. 8.15 por un desierto..lleno de *s* ardientes
32.24 de peste..con veneno de *s* de la tierra
32.33 veneno de *s* es su vino, y..de áspides
2 R. 18.4 hizo pedazos la *s* de bronce que había
Job 26.13 los cielos; su mano creó la *s* tortuosa
Sal. 58.4 veneno tienen como veneno de *s*; son
140.3 aguzaron su lengua como la *s*; veneno
Pr. 23.32 al fin como *s* morderá, y como áspid
Ec. 10.8 aportillare vallado, le morderá la *s*
10.11 si muerde la *s* antes de ser encantada
Is. 14.29 saldrá áspid, y su fruto, *s* voladora
27.1 al leviatán *s* veloz, y al..*s* tortuosa
30.6 donde salen..la víbora y la *s* que vuela
65.25 león..el polvo será el alimento de la *s*
Jer. 8.17 yo envío sobre vosotros *s*, áspides
46.22 su voz saldrá como de *s*; porque vendrán
Ez. 38.20 *s* que se arrastra sobre la tierra
Os. 2.18 haré..pacto..con las *s* de la tierra
Am. 9.3 buscaré..mandaré a la *s* y los morderá
Mi. 7.17 como las *s* de la tierra, temblarán en
Mt. 7.10 si le pide un pescado, le dará una *s*?
10.16 sed..prudentes como *s*, y sencillos como
23.33 ¡*s*, generación de víboras!..escaparéis
Mr. 16.18 tomarán en las manos *s*, y si bebieren
Lc. 10.19 potestad de hollar *s* y escorpiones
11.11 si en lugar de pescado, le dará una *s*?
Jn. 3.14 Moisés levantó la *s* en el desierto
1 Co. 10.9 le tentaron, y perecieron por las *s*
2 Co. 11.3 como la *s* con su astucia engañó a
Stg. 3.7 naturaleza de bestias..de *s*..se doma
Ap. 9.19 colas, semejantes a *s*, tenían cabezas
12.9 *s* antigua, que se llama diablo y Satanás
12.14 para que volase de delante de la *s* al
12.15 la *s* arrojó de su boca..agua como un
20.2 prendió..la *s* antigua, que es el diablo

SERUG *Hijo de Reu y padre de Nacor*, **Gn. 11.20,21,22,23; 1 Cr. 1.26; Lc. 3.35**

SERVICIO
Gn. 29.27 *s* que hagas conmigo otros siete años
30.26 servido..tú sabes los *s* que te he hecho
Éx. 1.14 toda labor del campo y en todo su *s*
27.19 todos los utensilios del..en todo su *s*
30.16 y lo darás para el *s* del tabernáculo
31.10 vestidos del *s*, las vestiduras santas
35.19 las vestiduras del *s* para ministrar en
35.24 todo el..traía para toda la obra del *s*
36.1 para saber hacer toda la obra del *s* del
36.3 traído para la obra del *s* del santuario
39.40 los utensilios del *s* del tabernáculo
39.41 las vestiduras del *s* para ministrar en
Nm. 3.8 y ministren en el *s* del tabernáculo
3.26 las cortinas..sus cuerdas para todo su *s*
3.31 a cargo de ellos..el velo con todo su *s*
3.36 sus basas..sus enseres, con todo su *s*
4.12 los utensilios del *s* de que hacen uso
4.26 todos los instrumentos de su *s* y todo lo
4.27 todos sus cargos, y en todo su *s*; y les
4.28 es el *s* de las familias de los hijos de
4.31 todo su *s* en el tabernáculo de reunión
4.32 con todos sus instrumentos y todo su *s*
4.33 el *s* de las familias de los..de Merari
4.47 para ministrar en el *s* y tener cargo de
7.5 tómalos..serán para el *s* del tabernáculo
7.9 sobre sí en los hombros el *s* del santuario
8.24 su ministerio en el *s* del tabernáculo de
16.9 que ministréis en el *s* del tabernáculo
18.4 el cargo..en todo el *s* del tabernáculo
18.7 os he dado..el *s* de vuestro sacerdocio
18.23 los levitas harán el *s* del tabernáculo
Jos. 22.27 de que podemos hacer el *s* de Jehová
1 R. 9.22 a ninguno..de Israel impuso Salomón *s*
1 Cr. 4.23 moraban allá con el rey..en su *s*
6.31 los que David puso sobre el *s* de canto
9.33 exentos de otros *s*, porque de día y de
26.8 hombres robustos y fuertes para el *s*; 62
26.30 la obra de Jehová, y en el *s* del rey
28.14(2) para todos los utensilios de cada *s*
28.15 oro..conforme al *s* de cada candelero
28.20 acabes..la obra para el *s* de la casa
28.21 e inteligentes para toda forma de *s*
29.7 y dieron para el *s* de la casa de Dios
2 Cr. 10.8 tomó consejo con los jóvenes..a su *s*
24.12 los que hacían el trabajo del *s* de la
24.14 hicieron de él..utensilios para el *s*
29.35 quedó restablecido el *s* de la casa de
30.22 buena inteligencia en el *s* de Jehová
31.13 los mayordomos al *s* de Conanías y de
31.15 a su *s* estaban Edén, Miniamín, Jesúa
31.21 en todo cuanto emprendió en el *s* de la
35.10 preparado así el *s*, los sacerdotes se
35.16 así fue preparado todo el *s* de Jehová
Esd. 6.18 pusieron..levitas..para el *s* de Dios
7.19 utensilios..el *s* de la casa de tu Dios
Neh. 10.33 para todo el *s* de la casa de..Dios
11.24 Petaías..al *s* del rey en todo negocio
12.45 cumplido el *s* de su Dios, y el *s* de la
13.10 los levitas y cantores que hacían el *s*
13.13 y al *s* de ellos a Hanán hijo de Zacur
13.14 mis misericordias que hice en..en su *s*
13.30 y puse a..levitas..a cada uno en su *s*
Est. 4.5 de los eunucos..puesto al *s* de ella
Sal. 104.14 y la hierba para el *s* del hombre
Ez. 29.18 hizo..prestar un arduo *s* contra Tiro
29.18 ni para..hubo paga de Tiro, por el *s*
44.14 guardas..casa, para todo el *s* de ella
Jn. 16.2 os mate, pensará que rinde *s* a Dios
Hch. 12.25 y Saulo, cumplido su *s*, volvieron de
Ro. 12.7 de *s*, en servir; o el que enseña, en
15.31 y que la ofrenda de mi *s* a..sea acepta
2 Co. 8.4 el privilegio de participar en este *s*
9.12 la ministración de este *s*..suple lo que
Fil. 2.17 sobre el sacrificio y *s* de vuestra fe
2.30 suplir lo que faltaba en vuestro *s* por
1 Ti. 6.2 los que se benefician de su buen *s*
He. 1.14 espíritus..enviados para *s* a favor de
3 Jn. 5 cuando prestas algún *s* a los hermanos
6 encaminarlos como es digno de su *s* a Dios
Ap. 2.19 conozco tus obras, y amor, y fe, y *s*

SERVIDOR
Gn. 40.20 alzó la cabeza del jefe..entre sus *s*
Éx. 24.13 y se levantó Moisés con Josué su *s*
33.11 Josué hijo..su *s*, nunca se apartaba de
Jos. 1.1 habló a Josué hijo de Nun, *s* de Moisés
2 S. 4.12 David ordenó a sus *s*, y..los mataron
Est. 6.3 respondieron los *s* del rey..Nada se ha
6.5 y los *s* del rey le respondieron: He aquí
Pr. 12.9 más vale el despreciado que tiene *s*
14.35 benevolencia del rey es para con el *s*
29.12 atiende la..todos sus *s* serán impíos
Ez. 46.24 son las cocinas, donde los *s*..cocerán
Mt. 20.26 que quiera hacerse grande..vuestro *s*
Mr. 9.35 primero, será el postrero..*s* de todos

SERVIDOR *(Continúa)*
Mr. 10.43 quiera hacerse grande..será vuestro *s*
Jn. 18.36 mis *s* pelearían para que yo no fuera
Ro. 13.4 es *s* de Dios para tu bien. Pero si
13.4 es *s* de Dios, vengador para castigar al
13.6 porque son *s* de Dios que atienden..esto
1 Co. 3.5 *s* por medio de..cuales habéis creído
4.1 ténganos los hombres por *s* de Cristo
1 Ts. 3.2 a Timoteo..*s* de Dios y colaborador

SERVIDUMBRE
Éx. 1.14 amargaron su vida con dura *s*, en hacer
2.23 hijos de Israel gemían a causa de la *s*
2.23 y subió a Dios el..con motivo de su *s*
5.9 agrávese la *s* sobre ellos, para que se
6.6 y yo os sacaré de..y os libraré de su *s*
6.9 la congoja de espíritu, y de la dura *s*
13.3 en el cual habéis salido de..casa de *s*
13.14 nos sacó con mano fuerte..de casa de *s*
20.2 te saqué de la..de Egipto, de casa de *s*
Dt. 6.12; 8.14; 13.5,10 te sacó de tierra de
Egipto, de casa de *s*
7.8 ha rescatado de *s*, de la mano de Faraón
26.6 egipcios..pusieron sobre nosotros dura *s*
Jos. 24.17 es el que nos sacó..de la casa de *s*
Jue. 6.8 os hice salir..saqué de la casa de *s*
1 R. 12.4 disminuye..de la dura *s* de tu padre
2 Cr. 10.4 ahora alivia algo de la dura *s* y del
Esd. 9.8 darnos un poco de vida en nuestra *s*
9.9 en..*s* no nos ha desamparado..Dios, sino
Neh. 5.5 nosotros dimos nuestros hijos y..a *s*
5.18 porque la *s* de este pueblo era grave
9.17 pensaron poner caudillo..volverse a su *s*
Is. 14.3 te dé reposo..de la dura *s* en que te
Jer. 27.7 reduzcan a *s* muchas naciones..reyes
30.8 extranjeros no lo volverán..a poner en *s*
34.13 el día que los saqué de..de casa de *s*
Lm. 1.3 a causa de la aflicción y de la dura *s*
Mi. 6.4 de Egipto, y de la casa de *s* te redimí
Hch. 7.6 los reducirían a *s* y los maltratarían
1 Co. 7.15 no está..sujeto a *s* en semejante caso
9.27 que golpeo mi cuerpo, y lo pongo en *s*
He. 2.15 estaban durante..la vida sujetos a *s*

SERVIR
Gn. 1.14 *sirvan* de señales para las estaciones
6.21 *servirá* de sustento para ti y para ellos
11.3 les *sirvió* el ladrillo en lugar de piedra
14.4 doce años habían *servido* a Quedorlaomer
15.14 la nación a la cual *servirán*, juzgaré
21.30 me *sirvan* de testimonio de que yo cavé
25.23 un pueblo..y el mayor *servirá* al menor
25.32 ¿para qué..me *servirá* la primogenitura?
27.29 *sírvante* pueblos, y..se inclinen a ti
27.40 por tu espada..y a tu hermano *servirás*
29.15 tú mi hermano, me *servirás* de balde?
29.18 *serviré* siete años por Raquel tu hija
29.20 así *sirvió* Jacob por Raquel siete años
29.25 ¿no te he *servido* por Raquel? ¿Por qué
29.30 y *sirvió* a Labán aún otros siete años
30.26 mis mujeres..por las cuales he *servido*
30.29 tú sabes cómo te he *servido*, y cómo ha
31.6 sabéis que..he *servido* a vuestro padre
31.41 catorce años te *serví* por tus dos hijas
39.4 halló José gracia en..ojos, y le *servía*
40.4 encargó de ellos a José, y él les *servía*
49.15 y bajó su hombro..y *sirvió* en tributo
Éx. 1.13 los egipcios hicieron *servir*..Israel
3.12 vé..*serviréis* a Dios sobre este monte
4.23 dejes ir a mi hijo, para que me *sirva*
6.5 a quienes hacen *servir* los egipcios, y
7.16; 8.1,20; 9.1,13; 10.3 deja ir a mi
pueblo, para que me *sirva*
10.7 deja ir a..que *sirvan* a Jehová su Dios
10.8 les dijo: Andad, *servid* a Jehová vuestro
10.11 id ahora vosotros..y *servid* a Jehová
10.24 id, *servid* a Jehová; solamente queden
10.26 de ellos hemos de tomar para *servir* a
10.26 no sabemos con qué hemos de *servir* a
12.31 id, *servid* a Jehová, como habéis dicho
14.5 haber dejado ir..para que no nos *sirva?*
14.12 déjanos *servir* a los egipcios? Porque
14.12 mejor nos fuera *servir* a los egipcios
21.2 si comprares siervo..seis años *servirá*
23.24 no te..a sus dioses, ni los *servirás*, ni
23.25 a Jehová vuestro Dios *serviréis*, y él
23.33 te hagan pecar..*sirviendo* a sus dioses
28.43 se acerquen al altar para *servir* en el
29.30 venga al..para *servir* en el santuario
35.19 vestiduras de sus hijos para *servir* en
40.15 su unción les *servirá* por sacerdocio
Lv. 25.39 ti, no le harás *servir* como esclavo
25.40 hasta el año del jubileo te *servirá*
25.46 para siempre os *serviréis* de ellos; pero
Nm. 1.50 y ellos *servirán* en él, y acamparán
3.6 delante del..Aarón, para que le *sirvan*
3.7 *servir* en el ministerio del tabernáculo
4.3,23,30 entran en compañía para *servir*
4.9 utensilios del aceite con que se *sirve*
4.14 pondrán..instrumentos de que se *sirve*
4.26 y todo lo que será hecho..así *servirán*
8.11 y *servirán* en el ministerio de Jehová
8.26 *servirán*..en el tabernáculo de reunión
8.26 pero no *servirán* en el ministerio. Así
10.2 *servirán* para convocar la congregación
15.39 os *servirá* de franja, para que cuando
18.2 que..se junten contigo, y te *servirán*
18.2 *serviréis* delante del tabernáculo del
18.6 *sirvan* en el ministerio del tabernáculo
18.21 cuanto ellos *sirven* en el ministerio
26.10 cuando consumió..*servir* de escarmiento
Dt. 1.38 Josué..el cual te *sirve*, él entrará
1.39 niños..dijisteis que *servirían* de botín
4.19 viendo..te inclines a ellos y les *sirvas*
4.28 *serviréis* allí a dioses hechos de manos
5.9 no te inclinarás a ellas ni las *servirás*
6.13 tu Dios temerás, y a él solo *servirás*
7.4 desviará a tu..y *servirán* a dioses ajenos
7.16 ni *servirás* a sus dioses, porque te será
8.19 y les *sirvieres* y a ellos te inclinares
10.8 delante de Jehová para *servirle*, y para
10.12 y *sirvas* a Jehová tu Dios con todo tu
10.20 él solo *servirás*, a él seguirás, y por
11.13 *sirviéndole* con todo vuestro corazón
11.16 os apartéis y *sirváis* a dioses ajenos
12.2 las naciones que..*sirvieron* a sus dioses
12.30 servían..a sus dioses, yo..les *serviré*
13.2 en pos de dioses ajenos..y *sirvámosles*
13.4 Jehová..él *serviréis*, y a él seguiréis
13.6 vamos y *sirvamos* a dioses ajenos, que ni
13.13 *sirvamos* a dioses ajenos, que vosotros
15.12 hubiere *servido* seis años, al séptimo
15.18 por la mitad del..te *sirvió* seis años
15.19 no te *servirás* del primogénito de tus
17.3 que hubiere ido y *servido* a dioses ajenos
20.11 que en ella fuere hallado..te *servirá*
21.5 a ellos escogió..para que le *sirvan*, y
28.14 para ir tras dioses ajenos y *servirles*
28.26 y tus cadáveres *servirán* de comida a
28.36 allá *servirás* a dioses ajenos, al palo
28.37 *servirás* de refrán y de burla a todos
28.47 no *serviste* a..Dios con alegría y con
28.48 *servirás*, por tanto, a tus enemigos que
28.64 y allí *servirás* a dioses..no conociste
29.18 para ir a *servir* a los dioses de esas
29.26 y fueron y *sirvieron* a dioses ajenos
30.17 te inclinares a dioses..les *sirvieres*
31.20 se volverán a dioses..y les *servirán*
Jos. 4.7 estas piedras *servirán* de monumento
20.3 *servirán* de refugio contra el vengador
22.5 le *sirváis* de todo vuestro corazón y de
23.7 ni los *sirváis*, ni os inclinéis a ellos
24.2 Taré..Nacor..*servían* a dioses extraños
24.14 a Jehová, y *servidle* con integridad y
24.14 quitad..dioses a los cuales *sirvieron*
24.14 al otro lado del río..y *servid* a Jehová
24.15 y si mal os parece *servir* a Jehová
24.15 escogeos hoy a quién *sirváis*; si a los
24.15 los dioses a quienes *sirvieron*..padres
24.15 pero yo y mi casa *serviremos* a Jehová
24.16 dejemos a Jehová para *servir* a otros
24.18 *serviremos* a Jehová..es nuestro Dios
24.19 no podréis *servir* a Jehová, porque él
24.20 si dejareis..*sirviereis* a dioses ajenos
24.21 dijo a Josué: No..a Jehová *serviremos*
24.22 habéis elegido a Jehová para *servirle*
24.24 a Jehová..*serviremos*, y..obedeceremos
24.27 piedra nos *servirá* de testigo, porque
24.31 *sirvió* Israel a Jehová todo el tiempo
Jue. 2.7 el pueblo había *servido* a Jehová todo
2.11 hijos de Israel..*sirvieron* a los baales
2.19 siguiendo a dioses ajenos para *servirles*
3.6 dieron..hijas..y *sirvieron* a sus dioses
3.7 *sirvieron* a los baales y a las imágenes
3.8 *sirvieron* los..a Cusan-risataim ocho años
3.14 y *sirvieron* los hijos de Israel a Eglón
9.28 y qué es Siquem, para que..le *sirvamos?*
9.28 *servid* a los varones de Hamor padre de
9.28 pero ¿por qué le hemos de *servir* a él?
9.38 ¿quién es Abimelec para que..*sirvamos?*
10.6 y *sirvieron* a los baales y a Astarot, a
10.6 y dejaron a Jehová, y no le *sirvieron*
10.10 hemos dejado..y *servido* a los baales
10.13 y habéis *servido* a dioses ajenos; por
10.16 quitaron..dioses..y *sirvieron* a Jehová
16.25 Sansón..*sirvió* de juguete delante de
17.12 aquel joven le *servía* de sacerdote, y
Rt. 4.7 y esto *servía* de testimonio en Israel
1 S. 4.9 no sirváis..como ellos os han *servido*
7.3 corazón a Jehová, y sólo a él *servid*, y
7.4 a los baales..y *sirvieron* sólo a Jehová
8.8 dejándome..y *sirviendo* a dioses ajenos
11.1 alianza con nosotros, y te *serviremos*
12.10 servido a los baales..y te *serviremos*
12.14 si temiereis a Jehová y le *sirviereis*
12.14 y si tanto vosotros..*servís* a Jehová
12.20 sino *servidle* con todo vuestro corazón
12.24 *servidle* de..con todo vuestro corazón
17.9 seréis nuestros siervos y nos *serviréis*
22.14 que *sirve* a tus órdenes y es ilustre en
25.40 con 5 doncellas que le *servían*, montó
26.19 diciendo: Vé y *sirve* a dioses ajenos
2 S. 10.19 hicieron paz con Israel y le *sirvieron*
13.17 llamando a su criado que le *servía*, le
15.8 si..me hiciere volver..*serviré* a Jehová
16.19 ¿y a quién había yo de *servir?* ¿No es
16.19 como he *servido* delante de tu padre, así
22.44 pueblo que yo no conocía me *servirá*
1 R. 1.4 y ella abrigaba al rey, y le *servía*
1.15 muy viejo, y Abisag sunamita le *servía*
4.21 *sirvieron* a Salomón todos los días que
9.6 sino que fuereis y *sirviereis* a dioses
9.9 los *sirvieron*; por eso ha traído Jehová
9.21 hizo..*sirviesen* con tributo hasta hoy
10.5 los vestidos de los que le *servían*, sus
12.4 disminuye tú algo de la..y te *serviremos*
12.7 si tú..les *sirvieres*..ellos te *servirán*
16.31 Jeroboam hijo..*sirvió* a Baal, y lo adoró
19.21 levantó y fue tras Elías, y le *servía*
22.53 *sirvió* a Baal, y lo adoró, y provocó a
2 R. 3.11 aquí está Eliseo..que *servía* a Elías
4.40 *sirvió* para que comieran los hombres
5.2 una..la cual *servía* a la mujer de Naamán
6.15 y salió el que *servía* al varón de Dios
10.18 *sirvió* poco a Baal, mas Jehú lo *servirá*
17.12 y *servían* a los ídolos, de los cuales
17.16 hicieron imágenes..y *sirvieron* a Baal
17.35 a otros dioses..ni les *serviréis*, ni
17.41 *sirvieron* a sus ídolos; y también sus
18.7 rebeló contra..Asiria, y no le *sirvió*
21.21 *sirvió* a los ídolos a los cuales había
21.21 a los cuales había *servido* su padre, y
25.24 y *servid* al rey de Babilonia, y os irá
1 Cr. 6.32 cuales *servían* delante de la tienda
15.2 ha elegido Jehová para que..y le *sirvan*
25.8 echaron suertes para *servir* por turnos
26.12 alternando los..para *servir* en la casa
27.1 que *servían* al rey en todos los negocios
28.1 reunió..a todos los..que *servían* al rey
28.9 al Dios..y *sírvele* con corazón perfecto
2 Cr. 7.19 y *sirviereis* a dioses ajenos, y los
7.22 y los adoraron y *sirvieron*; por eso él
10.4 ahora alivia algo de la..te *serviremos*
10.7 les agradares..ellos te *servirán* siempre
12.8 para que sepan lo que es *servirme* a mí
12.8 es *servir* a los reinos de las naciones
22.8 los..que *servían* a Ocozías, y los mató
24.18 *sirvieron* a los símbolos de Asera y a
29.11 le *sirváis*, y seáis sus ministros, y le
30.8 *servid* a Jehová vuestro Dios, y el ardor
33.16 y mandó a Judá que *sirviesen* a Jehová
33.22 *sirvió* a todos los ídolos que su padre
34.33 hizo que todos los..*sirviesen* a Jehová
35.3 ahora *servid* a Jehová vuestro Dios, y a
Neh. 1.11 porque yo *servía* de copero al rey
2.1 sucedió..tomé el vino y lo *serví* al rey
4.22 de noche *sirvan* de centinela y de día en
6.13 *sirviera* del mal nombre con que fuera
9.35 no te *sirvieron*, ni se convirtieron de
12.44 con respecto a..y levitas que *servían*
Est. 1.10 que *servían* delante del rey Asuero
5.13 esto de nada me *sirve* cada vez que veo
7.9 uno de los eunucos que *servían* al rey
Job 21.15 ¿quién es el..para que le *sirvamos?*
30.2 ¿y de qué me *serviría* ni aun la fuerza
30.9 soy objeto de su..les *sirvo* de refrán
34.9 ha dicho: De nada *servirá* al hombre el
36.11 y le *sirvieron*, acabarán sus días en
39.9 ¿querrá el búfalo *servirte* a ti, o
Sal. 2.11 *servid* a Jehová con temor..temblor
16.4 dolores de aquellos que *sirven*..dioses
18.43 pueblo que yo no conocía me *sirvió*
22.30 la posteridad le *servirá*..será contado
72.11 se postrarán..las naciones le *servirán*
83.8 *sirven* de brazo a los hijos de Lot
97.7 los que *sirven* a las imágenes de talla
100.2 *servid* a Jehová con alegría..regocijo
101.6 el que ande en el camino..me *servirá*
102.22 se congreguen en uno para *servir* a
106.36 y *sirvieron* a sus ídolos, los cuales
119.91 subsisten todas las cosas..te *sirven*
Pr. 12.26 el justo *sirve* de guía a su prójimo
17.16 ¿de qué *sirve* el precio en la mano del
Ec. 2.2 dije..al placer: ¿De qué *sirve* esto?
10.11 si muerde..de nada *sirve* el encantador
10.19 los vivos; y el dinero *sirve* para todo
Is. 1.11 ¿para qué me *sirve*, dice Jehová, la
11.14 Edom y Moab les *servirán*, y los hijos
14.3 servidumbre en que te hicieron *servir*
19.23 los egipcios *servirán* con los asirios
43.23 no te hice *servir* con ofrenda, ni te
44.15 de él se *sirve*..el hombre para quemar
56.6 que sigan a Jehová para *servirle*, y que
59.6 sus telas no *servirán* para vestir, ni
60.7 carneros de Nebaiot te serán *servidos*
60.10 extranjeros..y sus reyes te *servirán*
60.19 el sol nunca más te *servirá* de luz para
Jer. 2.20 desde muy atrás..dijiste: No *serviré*
5.19 y *servisteis* a dioses..así *serviréis* a
8.2 ejército del cielo, a quienes..*sirvieron*
11.10 se fueron tras dioses..para *servirles*
13.10 en pos de dioses ajenos para *servirles*
15.14 te haré *servir* a tus enemigos en tierra
16.4 y sus cuerpos *servirán* de comida a las
16.11 anduvieron en pos de..y los *sirvieron*
16.13 *serviréis* a dioses ajenos de día y de
17.4 te haré *servir* a tus enemigos en tierra
22.9 adoraron dioses ajenos y les *sirvieron*
22.13 *sirviéndose* de su prójimo de balde, y
25.6 de dioses..*sirviéndoles* y adorándoles, ni
25.11 y *servirán* estas naciones al..70 años
27.6 las bestias..he dado para que le *sirvan*
27.7 todas las naciones le *servirán* a él, a

SERVIR *(Continúa)*
Jer. 27.8 a la nación..que no *sirviere* a..rey de
27.9,14 hablan diciendo: No *serviréis* al rey
27.11 sometiere su cuello al..y le *sirviere*
27.12 someted..y *servidle* a él y a su pueblo
27.13 de la nación que no *sirviere* al rey de
27.17 no los oigáis; *servid* al rey..y vivid
28.14 para que *sirvan* a..y han de *servirle*
30.9 *servirán* a Jehová su Dios y a David su
33.22 multiplicaré la..levitas que me *sirven*
34.14 *servirá* seis años, y lo enviará libre
35.15 tras dioses ajenos para *servirles*, y
40.9 de *servir* a los caldeos..*servid* al rey
Lm. 4.10 propios hijos les *sirvieron* de comida
Ez. 15.4 se quemó; ¿*servirá* para obra alguna?
15.5 que cuando estaba entera no *servía* para
15.5 quemada? ¿*Servirá* más para obra alguna?
19.14 endecha es esta, y de endecha *servirá*
20.32 las..que *sirven* al palo y a la piedra
20.39 andad..y *servidles*, si es que a mí no
20.40 allí me *servirá* toda la casa de Israel
27.7 para que te *sirviese* de vela; de azul y
29.20 su trabajo con que *sirvió* contra ella
34.27 libré de mano de los que se *sirven* de
44.11 *servirán* en mi santuario como porteros
44.11 ellos..estarán ante él para *servirle*
44.12 les *sirvieron* delante de sus ídolos
44.13 no se acercarán a mí para *servirme* como
44.16 se acercarán a mi mesa para *servirme*
45.4 *servirá* de lugar para sus casas, y como
48.18 será..para los que *sirven* a la ciudad
48.19 y los que *sirvan* a la ciudad serán de
Dn. 3.17 Dios a quien *servimos* puede librarnos
3.18 no *serviremos* a tus dioses, ni tampoco
3.28 antes que *servir* y adorar a otro dios
6.16 Dios tuyo, a quien..*sirves*, él te libre
6.20 a quien tú continuamente *sirves*, ¿te ha
7.10 de él; millares de millares le *servían*
7.14 para que todos los pueblos..le *sirvieran*
7.27 los dominios le *servirán* y obedecerán
11.27 no *servirá* de nada, porque el plazo aún
Os. 4.10 no..porque dejaron de *servir* a Jehová
12.12 Jacob *sirvió* para adquirir mujer, y por
Hab. 2.18 ¿de qué *sirve* la escultura..esculpió
Sof. 3.9 que le *sirvan* de común consentimiento
Zac. 6.14 coronas *servirán* a Helem, a Tobías
Mal. 3.14 habéis dicho: Por demás es *servir* a
3.17 el..que perdona a su hijo que le *sirve*
3.18 entre el que *sirve* a Dios y el que no le *s*
Mt. 4.10 tu Dios adorarás, y a él solo *servirás*
4.11 y he aquí vinieron ángeles y le *servían*
5.13 no *sirve* más para nada, sino para ser
6.24 ninguno puede *servir* a dos señores
6.24 no podéis *servir* a Dios y a las riquezas
8.15 la dejó; y ella se levantó, y les *servía*
13.41 recogerán..los que *sirven* de tropiezo
20.28 no..para ser *servido*, sino para *servir*
22.13 dijo a los que *servían*: Atadle de pies
25.44 ¿cuándo..la cárcel, y no te *servimos*?
27.55 las cuales habían seguido a..*sirviéndole*
Mr. 1.13 era tentado..y los ángeles le *servían*
1.31 le dejó la fiebre, y ella les *servía*
10.45 para ser *servido*, sino para *servir*, y
15.41 en Galilea, le seguían y le *servían*
Lc. 1.74 librados de..sin temor le *serviríamos*
2.12 esto os *servirá* de señal: Hallaréis al
2.37 *sirviendo* de noche y de día con ayunos
4.8 tu Dios adorarás, y a él solo *servirás*
4.39 levantándose..al instante, les *servía*
8.3 otras muchas..le *servían* de sus bienes
10.40 mi hermana me deje *servir* sola? Dile
12.37 que se sienten..y vendrá a *servirles*
15.29 tantos años te *sirvo*, no habiéndote
16.13 ningún siervo puede *servir* a 2 señores
16.13 no podéis *servir* a Dios y a..riquezas
17.8 *sírveme* hasta que haya comido y bebido
22.26 sino..el que dirige, como el que *sirve*
22.27 se sienta a la mesa, o el que *sirve*?
22.27 estoy entre vosotros como el que *sirve*
Jn. 2.5 dijo a los que *servían*: Haced todo lo
2.10 todo hombre *sirve* primero el buen vino
12.2 Marta *servía*, y Lázaro era uno de los
12.26 si alguno me *sirve*, sígame, y donde yo
12.26 si..me *sirviere*, mi Padre le honrará
Hch. 6.2 dejemos la..para *servir* a las mesas
7.7 después de esto saldrán y me *servirán* en
13.36 habiendo *servido* a su propia generación
20.19 *sirviendo* al Señor con toda humildad
20.34 sabéis que..estas manos me han *servido*
24.14 llaman herejía, así *sirvo* al Dios de
24.23 no impidiese a..*servirle* o venir a él
26.7 *sirviendo* constantemente a Dios de día y
27.23 del Dios de quien soy y a quien *sirvo*
Ro. 1.9 testigo me es Dios, a quien *sirvo* en
6.6 a fin de que no *sirvamos* más al pecado
6.19 miembros para *servir* a la inmundicia y
6.19 presentad vuestros miembros para *servir*
7.6 *sirvamos* bajo el régimen..del Espíritu
7.25 yo..con la mente *sirvo* a la ley de Dios
9.12 se le dijo: El mayor *servirá* al menor
12.7 o si de servicio, en *servir*; o el que
12.11 fervientes en espíritu, *sirviendo* al
14.18 el que en esto *sirve* a Cristo, agrada
16.18 no *sirven* a nuestro Señor Jesucristo
1 Co. 9.13 los que *sirven* al altar, del altar
13.3 si..y no tengo amor, de nada me *sirve*
2 Co. 11.8 recibiendo salario para *serviros* a
Gá. 3.19 ¿para qué *sirve* la ley? Fue añadida a
4.8 *servíais* a los que por naturaleza no son
5.13 *servíos* por amor los unos a los otros
Ef. 6.6 no *sirviendo* al ojo..sino..de corazón
6.7 *sirviendo*..buena voluntad, como al Señor
Fil. 2.22 como hijo..ha *servido* conmigo en el
3.3 que en espíritu *servimos* a Dios, y nos
Col. 3.22 no *sirviendo* al ojo, como los que
3.24 la recompensa..a Cristo el Señor *servís*
1 Ts. 1.9 para *servir* al Dios vivo y verdadero
1 Ti. 6.2 sino *sírvanles* mejor, por cuanto son
2 Ti. 1.3 al cual *sirvo*..con limpia conciencia
Flm. 13 para que en lugar tuyo me *sirviese* en
He. 6.10 *servido* a los santos y *sirviéndoles* aún
7.13 tribu, de la cual nadie *sirvió* al altar
8.5 *sirven* a lo que es figura y sombra de las
9.14 limpiará..para que *sirváis* al Dios vivo?
12.28 *sirvamos* a Dios agradándole con temor
13.10 tienen derecho de comer los que *sirven*
Ap. 7.15 y le *sirven* día y noche en su templo
22.3 estará en ella, y sus siervos le *servirán*

SESAI *Uno de los tres hijos de Anac en Hebrón*, **Nm. 13.22; Jos. 15.14; Jue. 1.10**

SESÁN *Descendiente de Jerameel*
1 Cr. 2.31 *S* hijo de Isi, e hijo de *S*, Ahlai
2.34 *S* no tuvo hijos..pero tenía *S* un siervo
2.34 a éste *S* dio su hija por mujer, y ella

SESBASAR *Príncipe de Judá en tiempo del rey Ciro*
Esd. 1.8 Ciro..los dio..a *S* príncipe de Judá
1.11 los hizo llevar *S* con los que subieron
5.14 y fueron entregados a *S*, a quien había
5.16 *S* vino y puso los cimientos de la casa

SESENTA *Véase también Sesenta y uno, Sesenta mil, etc.*
Gn. 25.26 y era Isaac de edad de *s* años cuando
Lv. 27.3 al varón de..hasta *s*, lo estimarás en
27.7 de *s* años o más, al varón lo estimarás
Nm. 7.88 *s* los carneros, *s* los machos cabríos
7.88 *s* los corderos de un año..fue la ofrenda
Dt. 3.4 *s* ciudades, toda la tierra de Argob
Jos. 13.30 territorio de ellos..*s* poblaciones
1 R. 4.13 tenía..*s* grandes ciudades con muro y
4.22 la provisión..era de..*s* coros de harina
6.2 la casa..tenía *s* codos de largo y veinte
2 R. 25.19 tomó..y *s* varones del pueblo de la
1 Cr. 2.21 la cual tomó siendo él de *s* años, y
2.23 pero Gesur y Aram tomaron las..*s* lugares
2 Cr. 3.3 casa de Dios..la longitud, de *s* codos
11.21 tomó dieciocho mujeres y *s* concubinas
11.21 Roboam..y engendró 28 hijos y *s* hijas
Esd. 6.3 su altura de *s* codos, y de *s* codos su
8.13 hijos de Adonicam..con ellos *s* varones
8.14 hijos de Bigvai..y con ellos *s* varones
Cnt. 3.7 *s* valientes la rodean, de los fuertes
6.8 *s* son las reinas, y 80 las concubinas, y
Jer. 52.25 tomó a..*s* hombres del pueblo que se
Ez. 40.14 y midió los postes, de *s* codos, cada
Dn. 3.1 estatua de..cuya altura era de *s* codos
Mt. 13.8 dio fruto, cuál a *s*, y cuál a treinta
13.23 produce a ciento, a *s*, y a treinta por
Mr. 4.8 produjo a treinta, a *s*, y a ciento por
4.20 y dan fruto a treinta, a *s*, y a ciento
Lc. 24.13 una aldea..a *s* estadios de Jerusalén
1 Ti. 5.9 la viuda no menor de *s* años, que haya

SESENTA MIL
2 Cr. 12. 3 con *60.000* hombres de a caballo; mas

SESENTA MIL QUINIENTOS
Nm. 26.27 y fueron contados de ellas *60.500*

SESENTA Y CINCO
Gn. 5.15 vivió Mahalaleel *65* años, y engendró
5.21 vivió Enoc *65*..y engendró a Matusalén
Is. 7.8 dentro de *65* años Efraín..quebrantado

SESENTA Y CUATRO MIL CUATROCIENTOS
Nm. 26.43 los suhamitas fueron contados *64.400*

SESENTA Y CUATRO MIL TRESCIENTOS
Nm. 26.25 y fueron contados de ellas *64.300*

SESENTA Y DOS
1 Cr. 26.8 para el servicio; *62*, de Obed-edom
Dn. 5.31 y Darío..tomó el reino, siendo de *62*
9.25 hasta..habrá siete semanas, y *62* semanas
9.26 después de las *62* semanas se quitará la

SESENTA Y DOS MIL SETECIENTOS
Nm. 1.39 los contados de..de Dan fueron *62.700*
2.26 de ejército, con sus contados, *62.700*

SESENTA Y OCHO
1 Cr. 16.38 y a Obed-edom y a sus *68* hermanos

SESENTA Y SEIS
Gn. 46.26 Jacob, todas las personas fueron *66*
Lv. 12.5 y *66* días estará purificándose de su

SESENTA Y SIETE
Neh. 7.72 plata, y *67* vestiduras sacerdotales

SESENTA Y UN MIL
Nm. 31.34 y *61.000* asnos
Esd. 2.69 dieron al tesorero..*61.000* dracmas

SESENTA Y UNO
Nm. 31.39 de ellos el tributo para Jehová, *61*

SESTEAR
Cnt. 1.7 saber, oh..dónde *sesteas* al mediodía

SET
1. ***Tercer hijo de Adán y padre de Enós***, **Gn. 4.25,26; 5.3,4,6,7,8; 1 Cr. 1.1; Lc. 3.38**
2. ***Voz poética, "Hijos de Set" =Moab***
Nm. 24.17 y destruirá a todos los hijos de *S*

SETAR *Uno de los consejeros del rey Asuero*, **Est. 1.14**

SETAR-BOZNAI *Oficial del rey de Persia*, **Esd. 5.3,6; 6.6,13**

SETECIENTOS *Véase también Setecientos Vientiuno, etc.*
Jue. 20.15 Gabaa..cuenta *s* hombres escogidos
20.16 *s* hombres escogidos, que eran zurdos
2 S. 10.18 David mató..a la gente de *s* carros
1 R. 11.3 *s* mujeres reinas y 300 concubinas
2 R. 3.26 tomó..*s* hombres que manejaban espada

SETECIENTOS CUARENTA Y CINCO
Jer. 52.30 llevó cautivas a *745* personas de los

SETECIENTOS CUARENTA Y TRES
Esd. 2.25; Neh. 7.29 de Quiriat-jearim..*743*

SETECIENTOS OCHENTA Y DOS
Gn. 5.26 vivió Matusalén, después..*782* años

SETECIENTOS SESENTA
Esd. 2.9; Neh. 7.14 los hijos de Zacai, *760*

SETECIENTOS SETENTA Y CINCO
Esd. 2.5 los hijos de Ara, *775*

SETECIENTOS SETENTA Y SIETE
Gn. 5.31 los días de Lamec *777* años; y murió

SETECIENTOS TREINTA
Éx. 38.24 oro de la..29 talentos y *730* siclos

SETECIENTOS TREINTA Y SEIS
Esd. 2.66; Neh. 7.68 sus caballos eran *736*; sus

SETECIENTOS VEINTICINCO
Esd. 2.33 los hijos de Lod, Hadid y Ono, *725*

SETECIENTOS VEINTIUNO
Neh. 7.37 los hijos de Lod, Hadid y Ono, *721*

SETENTA
Gn. 4.24 Lamec en verdad *s* veces siete lo será
5.12 Cainán *s* años, y engendró a Mahalaleel
11.26 Taré vivió *s* años, y engendró a Abram
46.27 Jacob, que entraron en Egipto, fueron *s*
50.3 así..y lo lloraron los egipcios *s* días
Éx. 1.5 personas..le nacieron a Jacob fueron *s*
15.27 doce fuentes de aguas, y *s* palmeras
24.1 sube..*s* de los ancianos de Israel; y os
24.9 subieron..*s* de los ancianos de Israel
38.29 el bronce ofrendado fue *s* talentos y
Nm. 7.13,19,25,31,37,43,49,55,61,67,73,79 un jarro de plata de *s* siclos
7.85 jarro de *s*; toda la plata de la vajilla
11.16 reúneme *s* varones de los ancianos de
11.24 reunió a los *s* varones de los ancianos
11.25 del espíritu..lo puso en los *s* varones
33.9 Elim, donde había..aguas, y *s* palmeras
Dt. 10.22 *s* personas descendieron tus padres a
Jue. 1.7 *s* reyes, cortados los pulgares de sus
8.30 tuvo Gedeón *s* hijos que constituyeron su
9.2 os gobiernen *s* hombres, todos los hijos
9.4 le dieron *s* ciclos de plata del templo de
9.5 mató a sus hermanos..*s* varones sobre una
9.18 y habéis matado a sus hijos, *s* varones
9.24 la violencia..a los *s* hijos de Jerobaal
9.56 mal que hizo..matando a sus *s* hermanos
12.14 treinta nietos, que cabalgaban sobre *s*
2 R. 10.1 tenía Acab en Samaria *s* hijos; y Jehú
10.6 y los hijos del rey, *s* varones, estaban
10.7 degollaron a los *s* varones, y pusieron
2 Cr. 29.32 los holocaustos que trajo..*s* bueyes
36.21 hasta que los *s* años fueron cumplidos
Esd. 8.7 Jesaías hijo de Atalías, y con él *s*

SETENTA ***(Continúa)***
Sal. 90.10 los días de nuestra edad son *s* años
Is. 23.15 Tiro será puesta en olvido por *s* años
23.15 después de los *s* años, cantará Tiro
23.17 al fin de los *s* años visitará Jehová a
Jer. 25.11 servirán. .al rey de Babilonia *s* años
25.12 cumplidos los *s* años, castigaré al rey
29.10 en Babilonia se cumplan los *s* años, yo
Ez. 8.11 estaban *s* varones de los ancianos de
41.12 el edificio. .era de *s* codos; y la pared
Dn. 9.2 las desolaciones de Jerusalén en *s* años
9.24 *s* semanas están determinadas sobre tu
Zac. 1.12 estado airado por espacio de *s* años?
7.5 llorasteis. .el séptimo mes estos *s* años
Mt. 18.22 siete, sino aun hasta *s* veces siete
Lc. 10.1 designó el Señor también a otros *s*, a
10.17 volvieron los *s* con gozo, diciendo
Hch. 23.23 preparasen. .*s* jinetes y doscientos

SETENTA MIL
2 S. 24.15 murieron del pueblo, desde. .*70.000*
1 R. 5.15 tenía. .Salomón *70.000* que llevaban
1 Cr. 21.14 murieron de Israel *70.000* hombres
2 Cr. 2.2 designó Salomón *70.000* hombres que
2.18 y señaló de. .*70.000* para llevar cargas

SETENTA Y CINCO
Gn. 12.4 y era Abram de edad de *75* años cuando
Hch. 7.14 parentela, en número de *75* personas

SETENTA Y CINCO MIL
Est. 9.16 mataron de sus contrarios a *75.000*

SETENTA Y CUATRO
Esd. 2.40; Neh. 7.43 los hijos de Hodavías, *74*

SETENTA Y CUATRO MIL SEISCIENTOS
Nm. 1.27 los contados. .de Judá fueron *74.600*
2.4 de ejército, con sus contados, *74.600*

SETENTA Y DOS
Nm. 31.38 de ellos el tributo para Jehová, *72*

SETENTA Y DOS MIL
Nm. 31.33 *72.000* bueyes

SETENTA Y SEIS MIL QUINIENTOS
Nm. 26.22 y fueron contados de ellas *76.500*

SETENTA Y SIETE
Jue. 8.14 le dio. .los nombres de. .*77* varones
Esd. 8.35 carneros, *77* corderos, y doce machos

SETO
Pr. 15.19 el camino del perezoso es como *s* de
Os. 2.6 y la cercaré con *s*, y no hallará sus

SETUR ***Uno de los doce espías*, Nm. 13.13**

SEVA
1. ***Secretario del rey David (=Seraías No. 1, Savsa y Sisa)*, 2 S. 20.25**
2. ***Descendiente de Caleb*, 1 Cr. 2.49**

SEVENE ***Población en el sur de Egipto*, Ez. 29.10; 30.6**

SEVERIDAD
Ro. 11.22 mira, pues, la bondad y la *s* de Dios
11.22 la *s*. .para con los que cayeron, pero la
2 Co. 13.10 no usar de *s* cuando esté presente

SEVERO
Sal. 18.26 limpio. .*s* serás para con el perverso
Lc. 19.21 tuve miedo. .por cuanto eres hombre *s*
19.22 sabías que yo era hombre *s*, que tomo lo

SEXO
Éx. 1.16 veáis el *s*, si es hijo, matadlo; y si
1 R. 11.16 acabado con todo el *s* masculino en

SEXTO, TA
Gn. 1.31 y fue la tarde y la mañana el día *s*
30.19 concibió. .dio a luz el *s* hijo a Jacob
Éx. 16.5 en el *s* día prepararán para guardar
16.22 en el *s* día recogieron doble porción
16.29 eso en el *s* día os da pan para dos días
26.9 doblarás la *s* cortina en el frente del
Lv. 25.21 yo os enviaré mi bendición el *s* año
Nm. 7.42 el *s* día, Eliasaf hijo. .príncipe de
29.29 el *s* día, ocho becerros, dos carneros
Jos. 19.32 la *s* suerte correspondió a. .Neftalí
2 S. 3.5 el *s* Itream, de Egla mujer de David
2 R. 18.10 en el año *s* de Ezequías, el cual era
1 Cr. 2.15 el *s* Ozem, el séptimo David
3.3 quinto. .el *s*, Itream, de Egla su mujer
12.11 Atai el *s*, Eliel el séptimo
24.9 la quinta a Malquías, la *s* a Mijamín
25.13 la *s* para Buquías, con sus hijos y sus
26.3 Elam el quinto, Johanán el *s*, Elioenai
26.5 *s* Amiel, el séptimo Isacar, el octavo
27.9 *s* para el *s* mes era Ira hijo de Iques
Esd. 6.15 el *s* año del reinado del rey Darío
Neh. 3.30 y Hanún hijo *s* de Salaf restauraron
Ez. 4.11 beberás el agua. .la *s* parte de un hin
8.1 el *s* año, en el mes *s*, a los cinco días
45.13(2) la *s* parte de un efa por cada homer
46.14 ofrenda de la *s* parte de un efa, y la
Hag. 1.1 en el mes *s*, en el primer día del mes
1.15 en el día veinticuatro del mes *s*, en el
Mt. 20.5 salió. .cerca de las horas *s* y novena
27.45 la hora *s* hubo tinieblas sobre toda la
Mr. 15.33 vino la hora *s*, hubo tinieblas sobre
Lc. 1.26 al *s* mes el ángel Gabriel fue enviado
1.36 es el *s* mes para ella, la que llamaban
23.44 cuando era. .la hora *s*, hubo tinieblas
Jn. 4.6 así junto al pozo. .Era como la hora *s*
19.14 era la víspera de la. .como la hora *s*
Hch. 10.9 subió a la azotea. .cerca de la hora *s*
Ap. 6.12 miré cuando abrió el *s* sello, y he aquí
9.13 *s* ángel tocó la trompeta, y oí una voz
9.14 *s* ángel que tenía la trompeta: Desata a
16.12 el *s* ángel derramó su copa sobre el gran
21.20 el *s*, cornalina; el séptimo, crisólito

SHIBOLET
Jue. 12.6 le decían. .dí *S*. Y él decía Sibolet

SHUR ***Lugar en la frontera nordeste de Egipto***
Gn. 16.7 la fuente que está en el camino de *S*
20.1 acampó entre Cades y *S*, y habitó como
25.18 y habitaron desde Havila hasta *S*, que
Éx. 15.22 Mar Rojo, y. .salieron al desierto. .*S*
1 S. 15.7 derrotó a. .Havila hasta llegar a *S*
27.8 quien va a *S* hasta la tierra de Egipto
2 R. 11.6 parte estará a la puerta de *S*, y la

SÍ
1 S. 9.12 respondiéndoles, dijeron: *S*; helo allí
Mt. 5.37 pero sea vuestro hablar: *S*, *s*; no, no
2 Co. 1.17 pienso. .para que haya en mí *S* y No?
1.18 nuestra palabra a vosotros no es *S* y No
1.19 no ha sido *S* y No; mas ha sido *S* en él
1.20 las promesas de Dios son en él *S*, y en
Stg. 5.12 vuestro *s* sea *s*, y vuestro no sea no

SIAHA ***Padre de una familia de sirvientes del templo*, Esd. 2.44; Neh. 7.47**

SIBA ***Siervo del rey Saúl***
2 S. 9.2 había un siervo de. .que se llamaba *S*
9.2 ¿eres tú *S*? Y él respondió: Tu siervo
9.3 y *S* respondió al rey: Aún ha quedado un
9.4 y *S* respondió al rey: He aquí, está en
9.9 rey llamó a *S* siervo de Saúl, y le dijo
9.10 y tenía *S* quince hijos y veinte siervos
9.11 respondió *S* al rey: Conforme a todo lo
9.12 la casa de *S* eran siervos de Mefi-boset
16.1 *S* el criado de Mefi-boset, que salía a
16.2 el rey a *S*: ¿Qué es esto? Y *S* respondió
16.3 *S* respondió al rey. .él se ha quedado en
16.4 el rey dijo a *S*: He aquí, sea tuyo todo
16.4 y respondió *S*. .Rey señor mío, halle yo
19.17 venían. .*S*, criado de la casa de Saúl
19.29 he determinado que tú y *S* os dividáis

SIBECAI ***Uno de los 30 valientes de David (=Mebunai)*, 2 S. 21.18; 1 Cr. 11.29; 20.4; 27.11**

SIBIA
1. ***Madre de Joás rey de Judá*, 2 R. 12.1; 2 Cr. 24.1**
2. ***Descendiente de Benjamín*, 1 Cr. 8.9**

SIBMA ***Ciudad en Rubén***
Nm. 32.38 *S*; y pusieron nombres a las ciudades
Jos. 13.19 Quiriataim, *S*, Zaret-sahar en el
Is. 16.8 Hesbón fueron talados, y. .vides de *S*
16.9 con lloro de Jazer por la viña de *S*; te
Jer. 48.32 con llanto. .lloraré por. .vid de *S*

SIBOLET
Jue. 12.6 y él decía *S*. .no podía pronunciarlo

SIBRAIM ***Lugar en el norte de Canaán*, Ez. 47.16**

SICAR ***Ciudad de Samaria*, Jn. 4.5**

SICARIO
Hch. 21.38 sacó al desierto los cuatro mil *s*?

SICLAG ***Ciudad en Judá***
Jos. 15.31 *S*, Madmana, Sansana
19.5 *S*, Bet-marcabot, Hazar-susa
1 S. 27.6 Aquis le dio. .a *S*. .*S* vino a ser de
30.1 David y sus. .vinieron a *S* al tercer día
30.1 el Neguev y a *S*, y habían asolado a *S*
30.14 una incursión a. .y pusimos fuego a *S*
30.26 David llegó a *S*, envió del botín a los
2 S. 1.1 vuelto David de. .estuvo dos días en *S*
4.10 yo. .le maté en *S* en pago de la nueva
1 Cr. 4.30 Betuel, Horma, *S*
12.1 estos son los que vinieron a David en *S*
12.20 viniendo él a *S*, se pasaron a él de los
Neh. 11.28 en *S*, en Mecona y sus aldeas

SICLO
Gn. 23.15 la tierra vale 400 *s* de plata; ¿qué
23.16 cuatrocientos *s* de plata, de buena ley
24.22 un pendiente de oro que pesaba medio *s*
Éx. 21.32 pagará su dueño treinta *s* de plata
30.13 medio *s*, conforme al *s* del santuario
30.13 el *s* es de veinte geras. La mitad de un
30.13 mitad de un *s* será la ofrenda a Jehová
30.15 ni. .ni el pobre disminuirá del medio *s*
30.23 de mirra excelente quinientos *s*, y de
30.24 de casia 500, según el *s* del santuario
38.24 oro. .730 *s*, según el *s* del santuario
38.25 plata. .1.775 *s*, según el *s* del santuario
38.26 medio *s* por cabeza. .el *s* del santuario
38.28 de los 1.775 *s* hizo los capiteles de
38.29 el bronce. .fue 70 talentos y 2.400 *s*
Lv. 5.15 en *s* de plata del *s* del santuario, en
27.3 en cincuenta *s*. .según el *s* del santuario
27.4 fuere mujer, la estimarás en treinta *s*
27.5 al varón. .veinte *s*, y la mujer en diez *s*
27.6 al varón en cinco *s*. .la mujer en tres *s*
27.7 varón. .quince *s*, y a la mujer en diez *s*
27.16 de cebada se valorará en 50 *s* de plata
27.25 conforme al *s*. .el *s* tiene veinte geras
Nm. 3.47 cinco *s* por cabeza; conforme al *s* del
3.47 los tomarás. El *s* tiene veinte geras
3.50 recibió de. .1.365 *s*, conforme al *s* del
7.13,19,25,31,37,43,49,55,61,67,73,79 un plato. .de ciento treinta *s* de peso
7.13,19,25,31,37,43,49,55,61,67,73,79 un jarro de plata de setenta *s*, al *s* del
7.14,20,26,32,38,44,50,56,62,68,74,80 una cuchara de oro de diez *s*, llena de
7.85 cada plato de 130 *s*, y cada jarro de 70
7.85 la plata de. .2.400 *s*, al *s* del santuario
7.86 diez *s* cada. .al *s* del santuario. .120 *s*
18.16 de cinco *s*, conforme al *s* del santuario
31.52 todo el oro de la ofrenda. .fue 16.750 *s*
Jos. 7.21 los despojos. .doscientos *s* de plata
7.21 lingote de oro de peso de cincuenta *s*
Jue. 8.26 fue el peso de. .1.700 *s* de oro, sin
9.4 le dieron setenta *s* de plata del templo
16.5 cada uno. .te dará mil cien *s* de plata
17.2 los mil cien *s* de plata que te fueron
17.3 él devolvió los mil cien *s* de plata a
17.4 doscientos *s* de. .y los dio al fundidor
17.10 daré diez *s* de plata por año, vestidos
1 S. 9.8 mi mano la cuarta parte de un *s*; esto
13.21 la tercera parte de un *s* por afilar las
17.5 era el peso de la cota 5.000 *s* de bronce
17.7 y tenía el hierro de su lanza 600 *s* de
2 S. 14.26 pesaba el cabello de. .200 *s* de peso
18.11 hubiera placido darte diez *s* de plata
18.12 aunque me pesaras mil *s* de plata, no
21.16 lanza pesaba trescientos *s* de bronce
24.24 compró la era. .por cincuenta *s* de plata
1 R. 10.16 seiscientos *s* de oro gastó en cada
2 R. 7.1 valdrá el seah de flor de harina un *s*
7.1 dos seahs de cebada un *s*, a la puerta de
7.16 por un *s*, y dos seahs de cebada por un *s*
7.18 por un *s*, y el seah. .de harina. .por un *s*
15.20 de cada uno 50 *s* de plata, para dar al
1 Cr. 21.25 dio David. .el peso de 600 *s* de oro
2 Cr. 3.9 clavos era de uno hasta 50 *s* de oro
9.15 doscientos paveses. .cada uno. .600 *s* de
9.16 teniendo cada escudo 300 *s* de oro; y los
Neh. 5.15 tomaron de ellos. .más de cuarenta *s*
10.32 con la tercera parte de un *s* para la
Is. 7.23 mil vides que valían mil *s* de plata
Jer. 32.9 y le pesé el dinero; diecisiete *s* de
Ez. 4.10 la comida. .de peso de veinte *s* al día
45.12 y el *s* será de veinte geras. Veinte *s*
45.12 veinticinco *s*, quince *s*, os serán una
Os. 3.2 compré. .para mí por quince *s* de plata

SICÓMORO
Lc. 17.6 podríais decir a este *s*: Desarráigate
19.4 corriendo delante, subió a un árbol *s*

SICRÓN ***Aldea en la frontera de Judá*, Jos. 15.11**

SIDIM
1. ***Valle al sur del Mar Muerto, después inundado por el mismo mar***

Gn. 14.3 se juntaron en el valle de *S*, que es
14.8 y ordenaron. .batalla en el valle de *S*
14.10 de *S* estaba lleno de pozos de asfalto

2. ***Ciudad fortificada en Neftalí*, Jos. 19.35**

SIDÓN
1. ***Primogénito de Canaán*, Gn. 10.15; 1 Cr. 1.13**
2. ***Ciudad y puerto al norte de Tiro***

Gn. 10.19 el territorio de los cananeos desde *S*
49.13 será para puerto. .y su límite hasta *S*
Jos. 11.8 y los siguieron hasta *S* la grande y

SIDÓN *(Continúa)*

Jos. 19.28 abarca a Hebrón..hasta la gran *S*
Jue. 1.31 a los que habitaban en *S*, en Ahlab
10.6 sirvieron a..Astarot, a los dioses de *S*
10.12 de *S*, de Amalec y de Maón, y clamando
18.7 conforme a la costumbre de los de *S*
18.28 lejos de *S*, y no tenían negocios con
2 S. 24.6 de allí a..y a los alrededores de *S*
1 R. 11.1 Salomón..a las de Edom, a las de *S*
17.9 levántate, vete a Sarepta de *S*, y mora
Is. 23.2 callad..mercaderes de *S*, que pasando
23.4 avergüénzate, *S*, porque el mar..habló
23.12 no te alegrarás más, oh..virgen..de *S*
Jer. 25.22 a todos los reyes de *S*, a los reyes
27.3 al rey de *S*, por mano de los mensajeros
47.4 para destruir a Tiro y a *S* todo aliado
Ez. 27.8 moradores de *S*..fueron tus remeros
28.21 tu rostro hacia *S*, y profetiza contra
28.22 he aquí yo estoy contra ti, oh *S*, y en
Jl. 3.4 ¿qué tengo yo con vosotras, Tiro y *S*
Zac. 9.2 éste; Tiro y *S*, aunque sean muy sabias
Mt. 11.21 en *S* se hubieran hecho los milagros
11.22 será más tolerable el castigo..para *S*
15.21 Jesús..fue a la región de Tiro y de *S*
Mr. 3.8 los alrededores de Tiro y de *S*, oyendo
7.24 a la región de Tiro y de *S*; y entrando
7.31 vino por *S* al mar de Galilea, pasando
Lc. 4.26 sino a..mujer viuda en Sarepta de *S*
6.17 multitud de..de la costa de Tiro y de *S*
10.13 y en *S* se hubieran hecho los milagros
10.14 será más tolerable el..para Tiro y *S*
Hch. 12.20 Herodes estaba enojado contra..*S*
27.3 al otro día llegamos a *S*; y Julio

SIDONIO *Habitante de Sidón*

Dt. 3.9 los *s* llaman a Hermón, Sirión; y los
Jos. 13.4 Mehara, que es de los *s*, hasta Afec
13.6 los que habitan en las montañas..los *s*
Jue. 3.3 los *s*, y los heveos que habitaban en
18.7 lejos de los *s*, y no tenían negocios con
1 R. 5.6 hay..que sepa labrar madera como los *s*
11.5 a Astoret, diosa de los *s*, y a Milcom
11.33 han adorado a Astoret diosa de los *s*
16.31 Jezabel, hija de Et-baal rey de los *s*
2 R. 23.13 Astoret ídolo abominable de los *s*
1 Cr. 22.4 *s*..habían traído..madera de cedro
Esd. 3.7 comida, bebida y aceite a..*s* y tirios
Ez. 32.30 los *s*, que con su terror descendieron

SIDRA

Lv. 10.9 no beberéis vino ni *s* cuando entréis
Nm. 6.3 se abstendrá de vino y de *s*; no beberá
6.3 vinagre de *s*, ni beberá ningún licor de
Dt. 14.26 darás el dinero..por vino, por *s*, o
29.6 no habéis comido..ni bebisteis vino ni *s*
Jue. 13.4,7 no bebas vino ni *s*, ni comas cosa
13.14 no beberá vino ni *s*, y no comerá cosa
1 S. 1.15 no he bebido vino ni *s*, sino que he
Pr. 20.1 vino..escarnecedor, la *s* alborotadora
31.4 no es de los..ni de los príncipes la *s*
31.6 dad la *s* al desfallecido, y el vino a
Is. 24.9 vino..la *s* les será amarga a los que
28.7 con el vino, y con *s* se entontecieron
28.7 sacerdote y el profeta erraron con *s*
28.7 se aturdieron con la *s*, erraron en la
29.9 embriagaos..vino; tambalead, y no de *s*
56.12 dicen, tomemos..embriaguémonos de *s*
Mi. 2.11 yo te profetizaré de vino y de *s*; este
Lc. 1.15 no beberá vino ni *s*, y será lleno del

SIEGA

Gn. 8.22 no cesarán la sementera y la *s*..frío
30.14 Rubén en tiempo de la *s* de los trigos
45.6 años en los cuales ni habrá arada ni *s*
Éx. 23.16 fiesta de la *s*, los primeros frutos
34.21 aun en la arada y en la *s*, descansarás
34.22 fiesta..las primicias de la *s* del trigo
Lv. 23.10 de los primeros frutos de vuestra *s*
23.22 ni espigarás tu *s*; para el pobre y para
Jos. 3.15 suele desbordarse..el tiempo de la *s*
Jue. 15.1 en los días de la *s* del trigo Sansón
Rt. 1.22 llegaron a Belén al comienzo de la *s*
2.21 con..hasta que hayan acabado toda mi *s*
2.23 espigando, hasta que se acabó la *s* de la
1 S. 12.17 ¿no es ahora la *s* del trigo?..lluvias
2 S. 21.9 días de la *s*, al comenzar la *s* de la
21.10 desde el principio de la *s* hasta que
23.13 vinieron en tiempo de la *s* a David en
Pr. 6.8 en el tiempo de la *s* su mantenimiento
10.5 el que duerme en el tiempo de la *s* es
20.4 pedirá, pues, en la *s*, y no hallará
26.1 como no conviene..ni la lluvia en la *s*
Is. 9.3 se alegrarán..como se alegran en la *s*
16.9 y sobre tu *s* caerá el grito de guerra
18.5 porque antes de la *s*, cuando el fruto
Jer. 5.24 Dios..nos guarda los tiempos..la *s*
8.20 la *s*..y nosotros no hemos sido salvos
50.16 y al que mete hoz en tiempo de la *s*
51.33 aquí a poco le vendrá el tiempo de la *s*
Os. 6.11 para ti..Judá, está preparada una *s*
Am. 4.7 detuve la lluvia 3 meses antes de la *s*
7.1 el heno tardío después de las *s* del rey
Mt. 13.30 hasta la *s*; y al tiempo de la *s* yo
13.39 es el diablo; la *s* es el fin del siglo
Mr. 4.29 mete la hoz, porque la *s* ha llegado
Jn. 4.35 faltan 4 meses para que llegue la *s*?
4.35 los campos..ya están blancos para la *s*

SIEMBRA

Lv. 27.16 tu estimación será conforme a su *s*
27.16 un homer de *s* de cebada se valorará en
Job 31.8 siembre yo, y..y sea arrancada mi *s*

SIEMPRE

Gn. 3.22 que no..tome..y coma, y viva para *s*
6.3 no contenderá ni..con el hombre para *s*
43.9 si no..seré para ti el culpable para *s*
44.32 yo seré culpable ante mi padre para *s*
Éx. 12.24 guardaréis esto por estatuto..para *s*
31.17 señal es para *s* entre mí y los hijos de
32.13 esta tierra..tomarán por heredad para *s*
Nm. 24.20 Amalec..mas al fin perecerá para *s*
24.24 Asiria..mas él también perecerá para *s*
Dt. 4.40 la tierra que Jehová tu Dios te da..*s*
15.17 horadarás su..y será tu siervo para *s*
32.40 alzaré..mi mano y diré: Vivo yo para *s*
33.12 habitará confiado cerca..lo cubrirá *s*
Jos. 4.7 monumento..los hijos de Israel para *s*
1 S. 1.22 que lo lleve..y se quede allá para *s*
3.13 mostraré que yo juzgaré su casa para *s*
13.13 Jehová hubiera confirmado tu reino..*s*
20.15 no apartarás tu misericordia..para *s*
20.23 esté Jehová entre nosotros dos para *s*
20.42 diciendo: Jehová esté entre tú y yo..*s*
2 S. 7.13 afirmaré para *s* el trono de su reino
7.16 será afirmada tu casa..para *s* delante de
7.24 tu pueblo Israel por pueblo tuyo para *s*
7.26 que sea engrandecido tu nombre para *s*
7.29 será bendita la casa de tu siervo para *s*
19.13 si no fueres general..para *s*, en lugar
1 R. 9.3 casa..poner mi nombre en ella para *s*
9.5 yo afirmaré el trono de tu reino..para *s*
11.39 afligiré a la descendencia..no para *s*
2 R. 21.7 pondré mi nombre para *s* en esta casa
1 Cr. 17.22 constituido a..pueblo tuyo para *s*
17.24 engrandecido tu nombre para *s*, a fin de
17.27 casa de tu siervo..será bendita para *s*
22.10 afirmaré..su reino sobre Israel para *s*
28.7 yo confirmaré su reino para *s*, si él se
2 Cr. 5.13 es bueno..su misericordia es para *s*
6.2 ti, y una habitación en que mores para *s*
7.3 él es bueno, y su misericordia es para *s*
7.6 Jehová porque su misericordia es para *s*
7.16 para que esté en ella mi nombre para *s*
7.16 mis ojos y mi corazón estarán ahí para *s*
10.7 hablares buenas palabras..te servirán *s*
13.5 el reino a David sobre Israel para *s*
20.7 diste a la..de Abraham tu amigo para *s*?
20.21 Jehová, porque su misericordia es..*s*
Esd. 3.11 es bueno..para *s* es su misericordia
9.12 la dejéis por..a vuestros hijos para *s*
Job 7.16 no he de vivir para *s*; déjame, pues
14.20 para *s* serás más fuerte que él, y él
19.24 fuesen esculpidas en piedra para *s*!
20.4 ¿no sabes esto, que así fue *s*, desde el
20.7 como su estiércol, perecerá para *s*; los
23.7 con él; y yo escaparía para *s* de mi juez
36.7 con los reyes los pondrá en trono para *s*
Sal. 5.11 den voces de júbilo para *s*, porque
9.5 borraste el nombre de ellos..y para *s*
9.6 enemigos..han quedado desolados para *s*
9.7 Jehová permanecerá para *s*; ha dispuesto
9.18 no para *s* será olvidado el menesteroso
10.16 Jehová es Rey eternamente y para *s*; de
13.1 ¿hasta cuándo, Jehová olvidarás para *s*?
16.11 de gozo; delicias a tu diestra para *s*
19.9 el temor de Jehová es..permanece para *s*
21.6 lo has bendecido para *s*; lo llenaste de
22.26 buscan; vivirá vuestro corazón para *s*
30.12 cantaré..Dios mío, te alabaré para *s*
33.11 el consejo de Jehová permanecerá para *s*
37.27 apártate del mal, y..y vivirás para *s*
37.28 a sus santos. Para *s* serán guardados
37.29 los justos..vivirán para *s* sobre ella
41.12 has hecho estar delante de ti para *s*
44.23 Señor? Despierta, no te alejes para *s*
45.2 por tanto, Dios te ha bendecido para *s*
45.6 tu trono, oh Dios, es eterno y para *s*
45.17 cual te alabarán los pueblos..para *s*
48.8 la ciudad de..la afirmará Dios para *s*
48.14 es Dios nuestro eternamente y para *s*
49.9 que viva en adelante para *s*, y nunca vea
52.5 Dios te destruirá para *s*; te asolará y
52.8 la misericordia de Dios confío..para *s*
52.9 te alabaré para *s*, porque lo has hecho
55.22 él te..no dejará para *s* caído al justo
61.7 estará para *s* delante de Dios; prepara
61.8 cantaré tu nombre para *s*, pagando mis
66.7 él señorea con su poder para *s*; sus ojos
68.16 morada?..Jehová habitará en él para *s*
72.17 será su nombre para *s*; se perpetuará su
77.7 ¿desechará el Señor para *s*, y no..más
79.5 ¿estarás airado para *s*? ¿Arderá como
89.28 para *s* le conservaré mi misericordia
89.29 pondré su descendencia para *s*, y su
89.36 descendencia será para *s*, y su trono
89.46 ¿te esconderás para *s*? ¿Arderá tu ira
89.52 bendito..Jehová para *s*. Amén, y Amén
92.8 mas tú, Jehová, para *s* eres Altísimo
93.5 la santidad conviene a tu casa..para *s*
100.5 para *s* es su misericordia, y su verdad
102.12 tú, Jehová, permanecerás para *s*, y tu
103.9 no contenderá para *s*, ni para *s*..enojo
104.31 la gloria de Jehová para *s*; alégrese
106.1 él es bueno..para *s* es su misericordia
106.31 fue contado..de generación en..para *s*
107.1 él es bueno..para *s* es su misericordia
110.4 eres sacerdote para *s* según el orden de
111.5 ha dado..para *s* se acordará de su pacto
111.10 de Jehová..su loor permanece para *s*
113.2 el nombre..bendito desde ahora y para *s*
115.18 bendeciremos a JAH desde ahora y..*s*
117.2 fidelidad de Jehová es para *s*. Aleluya
118.1,2,3,4,29 para *s* es su misericordia
119.44 guardaré tu..*s*, para *s* y eternamente
119.89 para *s*, oh..permanece tu palabra en
121.8 guardará tu salida y..ahora y para *s*
131.3 espera, oh Israel, en Jehová..para *s*
136.1-26(26) para *s* es su misericordia
138.8 tu misericordia, oh Jehová, es para *s*
145.1 te exaltaré..y bendeciré tu nombre..*s*
146.6 hizo los cielos..guarda verdad para *s*
146.10 reinará Jehová para *s*; tu Dios..Sion
Pr. 10.25 malo..mas el justo permanece para *s*
27.24 las riquezas no duran para *s*; ¿y será
Is. 9.7 confirmándolo en..desde ahora y para *s*
40.8 la palabra del Dios..permanece para *s*
51.6 mi salvación será para *s*, mi justicia
57.16 no contenderé para *s*, ni..*s* me enojaré
Jer. 31.40 arrancada ni destruida más para *s*
Lm. 3.31 el Señor no desecha para *s*; antes si
Mi. 4.7 Jehová reinará sobre ellos en..para *s*
7.18 no retuvo para *s* su enojo, porque se
Mr. 14.7 *s* tendréis a los pobres..a mí no *s* me
Jn. 6.51 si..comiere de este pan, vivirá para *s*
12.34 la ley, que el Cristo permanece para *s*
14.16 dará otro Consolador, para que esté..*s*
1 Ts. 4.17 aire, y así estaremos *s* con el Señor
He. 5.6 otro lugar: Tú eres sacerdote para *s*
7.3 sin padre..permanece sacerdote para *s*
7.17,21 sacerdote para *s*, según el orden de
7.24 por cuanto permanece para *s*, tiene un
7.25 viviendo *s* para interceder por ellos
7.27 lo hizo una vez para *s*, ofreciéndose a
7.28 constituye..al Hijo, hecho perfecto para *s*
9.26 una vez para *s* por el sacrificio de sí
10.10 la ofrenda del cuerpo..una vez para *s*
10.12 una vez para *s* un solo sacrificio por
10.14 hizo perfectos para *s* a..santificados
1 P. 1.23 la palabra de Dios que vive..para *s*
1.25 la palabra del Señor permanece para *s*
1 Jn. 2.17 hace la voluntad..permanece para *s*

SIEN

Nm. 24.17 herirá las *s* de Moab, y destruirá a
Jue. 4.21 y le metió la estaca por las *s*, y la
4.22 Sísara..muerto con la estaca por la *s*
5.26 a Sísara..le horadó, y atravesó sus *s*
Jer. 25.23 a Tema y a Buz..que se rapan las *s*

SIERRA

2 S. 12.31 la gente..los puso a trabajar con *s*
1 R. 7.9 y ajustadas con *s* según las medidas
1 Cr. 20.3 puso a trabajar con *s*, con trillos
Is. 10.15 ¿se ensoberbecerá la *s* contra el que

SIERVA

Gn. 16.1 ella tenía una *s*..que se llamaba Agar
16.2 te ruego, pues, que te llegues a mi *s*
16.3 a Agar su *s*..la dio por mujer a Abram
16.5 di mi *s* por mujer, y viéndose encinta
16.6 tu *s* está en tu mano; haz con ella lo
16.8 Agar, *s* de Sarai, ¿de dónde vienes tú
20.14 y siervos y *s*, y se los dio a Abraham
20.17 Dios sanó..a sus *s*, y tuvieron hijos
21.10 echa a esta *s* y a su hijo, porque el
21.10 el hijo de esta *s* no ha de heredar con
21.12 grave a causa del muchacho y de tu *s*
21.13 hijo de la *s* haré una nación, porque
24.35 ha dado..siervos y *s*, camellos y asnos
25.12 le dio a luz Agar egipcia, *s* de Sara
29.24 dio Labán su *s* Zilpa a su hija Lea por
29.29 dio Labán a Raquel..*s* Bilha por criada
30.3 mi *s* Bilha; llégate a ella, y dará a luz
30.4 le dio a Bilha su *s* por mujer; y Jacob
30.7 concibió otra vez Bilha la *s* de Raquel
30.9 tomó a Zilpa su *s*, y la dio a Jacob por
30.10 y Zilpa *s* de Lea dio a luz un hijo a
30.12 Zilpa la *s* de Lea dio a luz otro hijo
30.18 por cuanto di mi *s* a mi marido; por eso
30.43 y tuvo muchas ovejas, y *s* y siervos, y
31.33 entró Labán..en la tienda de las dos *s*
32.5 y tengo..asnos, ovejas, y siervos y *s*
32.22 tomó..sus dos *s*, y sus once hijos, y
33.1 los niños entre Lea y Raquel y las dos *s*
33.2 y puso las *s* y sus niños delante, luego
33.6 vinieron las *s*, ellas y sus niños, y se
35.25 los hijos de Bilha, *s* de Raquel: Dan y
35.26 hijos de Zilpa, *s* de Lea; Gad y Aser
Éx. 11.5 morirá..hasta el primogénito de la *s*

SIERVA *(Continúa)*

Éx. 21.7 cuando alguno vendiere su hija por s, no
21.20 si alguno hiriere a su siervo o a su s
21.26 hiriere el ojo de su siervo, o..de su s
21.27 saltar un diente de su siervo, o..su s
21.32 el buey acorneare a un siervo o a una s
23.12 tome refrigerio el hijo de tu s, y el
Lv. 19.20 con una mujer que fuere s desposada
25.6 te dará para comer a ti..a tu s, a tu
Dt. 5.14 ninguna obra harás tú..ni tu s, ni tu
5.14 que descanse tu siervo y tu s como tú
5.21 ni desearás..su siervo, ni su s, ni su
12.12 os alegraréis..vuestros siervos y..s
12.18 tu siervo, tu s, y el levita que habita
16.11,14 alegrarás..tu siervo, tu s, el levita
Jue. 19.19 tenemos pan y..para mí y para tu s
Rt. 2.13 porque has hablado al corazón de tu s
3.9 respondió: Yo soy Rut tu s; extiende el
3.9 extiende el borde de tu capa sobre tu s
1 S. 1.11 dignares mirar a la aflicción de tu s
1.11 si..no te olvidares de tu s, sino que
1.11 que dieres a tu s un hijo varón, yo lo
1.16 no tengas a tu s por una mujer impía
1.18 halle tu s gracia delante de tus ojos
8.16 tomará vuestros siervos y vuestras s
25.24 que tu s hable a..las palabras de tu s
25.25 mas yo tu s no vi a los jóvenes que tú
25.27 este presente que tu s ha traído a mi
25.28 ruego que perdones a tu s esta ofensa
25.31 Jehová haga bien a..acuérdate de tu s
25.41 tu s..será una s para lavar los pies de
28.21 he aquí que tu s ha obedecido a tu voz
28.22 ruego, pues, que..oigas la voz de tu s
2 S. 14.6 s tenía dos hijos, y los dos riñeron
14.7 la familia se ha levantado contra tu s
14.12 permitas que tu s hable una palabra a
14.15 tu s dijo: Hablaré ahora al rey; quizá
14.15 el rey; quizá él hará lo que su s diga
14.16 pues el rey oirá, para librar a su s de
14.17 tu s..dice: Sea ahora de consuelo la
14.19 en boca de tu s todas estas palabras
20.17 ella le dijo: Oye las palabras de tu s
1 R. 1.13 rey señor mío, ¿no juraste a tu s
1.17 señor mío, tú juraste a tu s por Jehová
3.20 a mi hijo de..estando yo tu s durmiendo
2 R. 4.2 tu s ninguna cosa tiene en casa, sino
4.16 no, señor mío..no hagas burla de tu s
5.26 tiempo de tomar..bueyes, siervos y s?
2 Cr. 28.10 sujetar a vosotros a..siervos y s
Esd. 2.65 contar sus siervos y s, los cuales
Neh. 7.67 sin sus siervos y s, que eran 7.337
Est. 7.4 si para siervos y s fuéramos vendidos
Job 31.13 tenido en poco el derecho..de mi s
Sal. 86.16 da tu poder..guarda al hijo de tu s
116.16 siervo tuyo soy, hijo de tu s; tú has
123.2 como los ojos de la s a..de su señora
Pr. 30.23 y por la s cuando hereda a su señora
Ec. 2.7 siervos y s, y tuve siervos nacidos en
Jer. 34.9 cada uno dejase libre a su..y a su s
34.10 pacto de dejar libre..cada uno a su s
34.11 hicieron volver a los siervos y a las s
34.11 libres..los sujetaron como siervos y s
34.16 habéis vuelto a tomar cada uno a su..s
34.16 sujetado para que os sean siervos y s
Jl. 2.29 sobre los siervos y..las s derramaré
Lc. 1.38 dijo: He aquí la s del Señor; hágase
1.48 porque ha mirado la bajeza de su s; pues
Hch. 2.18 sobre mis siervos y sobre mis s en

SIERVO *Véase también Sierva*

Gn. 9.25 maldito sea Canaán; s de s será a sus
9.26 bendito por..sea Sem, y sea Canaán su s
9.27 engrandezca..a Jafet..sea Canaán su s
12.16 tuvo ovejas..asnos, s, criadas, asnas
14.15 cayó sobre ellos de noche, él y sus s
17.23 a todos los s nacidos en su casa, y a
17.27 el s nacido en casa, y el comprado del
18.3 dijo: Señor..ruego que no pases de tu s
18.5 por eso habéis pasado cerca de vuestro s
19.2 os ruego que vengáis a casa de vuestro s
19.19 ha hallado vuestro s gracia en..ojos
20.8 Abimelec..llamó a todos sus s, y dijo
20.14 s y siervas, y se los dio a Abraham
21.25 que los s de Abimelec le habían quitado
22.3 consigo dos s suyos, y a Isaac su hijo
22.5 dijo Abraham a sus s: Esperad aquí con
22.19 volvió Abraham a sus s, y..y se fueron
24.14 que tú has destinado para tu s Isaac
24.35 ha dado..s y siervas, camellos y asnos
26.19 los s de Isaac cavaron en el valle, y
26.24 te bendeciré..por amor de Abraham mi s
26.25 abrieron allí los s de Isaac un pozo
27.37 le he dado por s a todos sus hermanos
30.43 y tuvo muchas ovejas, y siervas y s, y
32.4 dice tu s Jacob: Con Labán he morado
32.5 y tengo vacas, asnos, ovejas, y s y
32.10 la verdad que has usado para con tu s
32.16 entregó a sus s, cada manada de por sí
32.16 y dijo a sus s: Pasad delante de mí, y
32.18 dirás: Es un presente de tu s Jacob
32.20 he aquí tu s Jacob viene tras nosotros
33.5 son los niños que Dios ha dado a tu s
33.14 pase ahora mi señor delante de su s
39.17 el s hebreo que nos trajiste, vino a
39.19 diciendo: Así me ha tratado tu s, se
41.10 Faraón se enojó contra sus s, nos echó
41.12 un joven..s del capitán de la guardia
41.37 pareció bien a Faraón y a sus s
41.38 y dijo Faraón a sus s: ¿Acaso..a otro
42.10 tus s han venido a comprar alimentos
42.11 honrados; tus s nunca fueron espías
42.13 tus s somos doce hermanos, hijos de un
43.18 atacarnos..tomarnos por s a nosotros
43.28 bien va a tu s nuestro padre; aún vive
44.7 ¿por qué dice..Nunca tal hagan tus s
44.9 aquel de tus s en quien fuere hallada la
44.9 y aun nosotros seremos s de mi señor
44.10 aquel en quien se hallare será mi s, y
44.16 Dios ha hallado la maldad de tus s; he
44.16 he aquí, nosotros somos s de mi señor
44.17 en cuyo poder..la copa, él será mi s
44.18 permitas que hable tu s una palabra en
44.18 y no se encienda tu enojo contra tu s
44.19 mi señor preguntó a sus s, diciendo
44.21 tú dijiste a tus s: Traédmelo, y pondré
44.23 y dijiste a tus s: Si vuestro hermano
44.24 llegamos a mi padre tu s, le contamos
44.27 s mi padre nos dijo: Vosotros sabéis
44.30 cuando vuelva yo a tu s mi padre, si
44.31 tus s harán descender..tu s..al Seol
44.32 como tu s salió por fiador del joven
44.33 quede ahora tu s en..por s de mi señor
45.16 agradó en los ojos de Faraón y de sus s
46.34 hombres de ganadería han sido tus s
47.3 pastores de ovejas son tus s, así como
47.4 no hay pasto para las ovejas de tus s
47.4 que habiten tus s en la tierra de Gosén
47.19 cómpranos a nosotros..y seremos..s de
47.25 hallemos gracia..y seamos s de Faraón
50.2 y mandó José a sus s los médicos que
50.7 y subieron con él todos los s de Faraón
50.17 perdones la maldad de los s del Dios
50.18 él, y dijeron: Henos aquí por s tuyos
Éx. 4.10 ni desde que tú hablas a tu s; porque
5.15 Israel..¿Por qué lo haces así con tus s?
5.16 no se da paja a tus s, y con todo nos
5.16 he aquí tus s son azotados, y el pueblo
5.21 nos habéis..delante de Faraón y de sus s
7.10 echó Aarón su vara..Faraón y de sus s
7.20 golpeó las aguas..en presencia de..sus s
8.3 en las casas de tus s, en tu pueblo, en
8.4 sobre ti..tu pueblo, y sobre todos tus s
8.9 cuándo debo orar por ti, por tus s y por
8.11 y las ranas se irán..de tu s y de tus
8.21 yo enviaré sobre ti, sobre tus s..moscas
8.24 toda clase de moscas..las casas de sus s
8.29 moscas se vayan de Faraón, y de sus s
8.31 quitó todas aquellas moscas..de sus s
9.14 enviaré..sobre tus s y sobre tu pueblo
9.20 de los s de Faraón, el que tuvo temor de
9.30 que ni tú ni tus s temeréis todavía la
9.34 y endurecieron su corazón él y sus s
10.1 he endurecido su..y el corazón de sus s
10.6 llenará tus..y las casas de todos tus s
10.7 s de Faraón le dijeron: ¿Hasta cuándo
11.3 por gran varón en..a los ojos de los s
11.8 y descenderán a mí todos estos tus s
12.30 se levantó..Faraón, él y todos sus s
12.44 s humano comprado por dinero comerá de
14.5 corazón de Faraón y de sus s se volvió
14.31 y creyeron a Jehová y a Moisés su s
20.10 no hagas en él obra alguna, tú..ni tu s
20.17 no codiciarás la..ni su s, ni su criada
21.2 comprares s hebreo, seis años servirá
21.5 y si el s dijere: Yo amo a mi señor, a
21.6 le horadará..y será su siervo..siempre
21.7 no saldrá ella como suelen salir los s
21.20 si alguno hiriere a su s o a su sierva
21.26 hiriere el ojo de su s, o el ojo de su
21.27 y si hiciere saltar un diente de su s
21.32 el buey acorneare a un s o a una sierva
32.13 Isaac..tus s, a los cuales has jurado
Lv. 23.7,8,21,25,35,36 ningún trabajo de s haréis
25.6 tierra te dará para comer a ti, a tu s
25.42 son mis s, los cuales saqué yo de la
25.55 mis s son los hijos de Israel..s míos
26.13 os saqué de..para que no fueseis sus s
Nm. 11.11 dijo..¿Por qué has hecho mal a tu s?
12.7 no así a mi s Moisés, que es fiel en toda
12.8 no..temor de hablar contra mi s Moisés?
14.24 mi s Caleb, por cuanto hubo en él otro
22.18 Balaam..dijo a los s de Balac: Aunque
28.18,25,26; 29.1,12,35 ninguna obra de s haréis
31.49 tus s han tomado razón de los hombres
32.4 tierra de ganado, y tus s tienen ganado
32.5 dése esta tierra a tus s en heredad, y
32.25 tus s harán como mi señor ha mandado
32.27 tus s..pasarán delante de Jehová a la
32.31 haremos lo que Jehová ha dicho a tus s
Dt. 3.24 tú has comenzado a mostrar a tu s tu
5.14 ninguna obra harás tú..ni tu s, ni tu
5.14 que descanse tu s y tu sierva como tú
5.15 acuérdate..fuiste s en tierra de Egipto
5.21 ni desearás..su s, ni su sierva, ni su
6.21 nosotros éramos s de Faraón en Egipto
9.27 acuérdate de..s Abraham, Isaac y Jacob
12.12 os alegraréis..vuestros s y..siervas
12.18 s, tu sierva, y el levita que habita
15.15 y te acordarás de que fuiste s en la
15.17 horadarás su oreja..y será tu s para
16.11 te alegrarás..tu hija, tu s, tu sierva
16.12 y acuérdate de que fuiste s en Egipto
16.14 tu hija, tu s, tu sierva, y el levita
23.15 no entregarás a..s que se huyere a ti
24.18 que te acordarás que fuiste s en Egipto
24.22 acuérdate que fuiste s en..de Egipto
29.2 ha hecho..a Faraón y a todos sus s, y
32.36 y por amor de sus s se arrepentirá
32.36 viere que..que no queda ni s ni libre
32.43 porque él vengará la sangre de sus s
34.5 y murió allí Moisés s de Jehová, en la
34.11 a Faraón y a todos sus s y a toda su
Jos. 1.1 después de la muerte de Moisés s de
1.2 mi s Moisés ha muerto..pues, levántate
1.7 hacer..la ley que mi s Moisés te mandó
1.13 la palabra que Moisés, s de Jehová, os
1.15 la cual Moisés s de Jehová os ha dado
5.14 y le dijo: ¿Qué dice mi Señor a su s?
8.31,33 Moisés s de Jehová lo había mandado
9.8 ellos respondieron a Josué..somos tus s
9.9 tus s han venido de tierra muy lejana
9.11 y decidles: Nosotros somos vuestros s
9.23 no dejará de haber de entre vosotros s
9.24 fue dado a entender a tus s que Jehová
9.24 mandado a Moisés su s que os había de
10.6 a Josué..No niegues ayuda a tus s; sube
11.12 Moisés s de Jehová lo había mandado
11.15 Jehová lo había mandado a Moisés su s
12.6 a éstos derrotaron Moisés s de Jehová
12.6 Moisés s de Jehová dio aquella tierra
13.8 dio..según se la dio Moisés s de Jehová
14.7 cuando Moisés s de Jehová me envió de
18.7 su heredad..la cual les dio Moisés s de
22.2 habéis guardado todo lo que Moisés s de
22.4 tierra..que Moisés s de Jehová os dio
22.5 la ley que Moisés s de Jehová os ordenó
24.29; Jue. 2.8 murió Josué hijo de Nun, s
Jue. 3.24 vinieron los s del rey, los cuales
6.27 Gedeón tomó diez hombres de..s, e hizo
15.18 has dado..salvación por mano de tu s
19.19 pan..para el criado que está con tu s
1 S. 3.9 dirás: Habla, Jehová, porque tu s oye
3.10 Samuel dijo: Habla, porque tu s oye
8.14 tomará lo mejor de..y los dará a sus s
8.15 diezmará vuestro grano y..dar a sus..s
8.16 tomará vuestros s y vuestras siervas
8.17 diezmará..vuestros rebaños, y seréis..s
12.19 ruega por tus s a Jehová tu Dios, para
16.16 diga..a tus s que están delante de ti
17.8 ¿no soy yo el..y vosotros los s de Saúl?
17.9 venciere, nosotros seremos vuestros s
17.9 lo venciere, vosotros seréis nuestros s
17.32 tu s irá y peleará contra este filisteo
17.34 s era pastor de las ovejas de su padre
17.36 fuese león, fuese oso, tu s lo mataba
17.58 David..soy hijo de tu s Isaí de Belén
18.5 era acepto..a los ojos de los s de Saúl
18.22 mandó Saúl a sus s: Hablad en secreto
18.22 el rey..y todos sus s te quieren bien
18.26 cuando sus s declararon a David estas
18.30 tenía más éxito que todos los s de Saúl
19.1 Saúl a Jonatán su hijo, y a todos sus s
19.4 dijo: No peque el rey contra su s David
20.7 si él dijere: Bien está..tendrá paz tu s
20.8 harás..misericordia con tu s, ya que has
20.8 que has hecho entrar a tu s en pacto de
21.7 de los s de Saúl, cuyo nombre era Doeg
21.11 los s de Aquis le dijeron: ¿No es éste
21.14 dijo Aquis a sus s: He aquí, veis que
22.6 y todos sus s estaban alrededor de él
22.7 dijo Saúl a sus s..Oíd ahora, hijos de
22.8 mi hijo ha levantado a mi s contra mí
22.9 Doeg..era el principal de los s de Saúl
22.14 ¿y quién entre todos tus s es tan fiel
22.15 no culpe el rey..a su s, ni a toda la
22.15 tu s ninguna cosa sabe de este asunto
22.17 los s del rey no quisieron extender sus
23.10 tu s tiene entendido que Saúl trata de
23.11 ¿descenderá Saúl, como ha oído tu s?
23.11 Jehová..ruego que lo declares a tu s
25.8 que des lo que tuvieres a mano a tus s
25.10 muchos s hay..que huyen de sus señores
25.39 Jehová..ha preservado del mal a su s
25.40 y los s de David vinieron a Abigail en
25.41 para lavar los pies de los s de mi señor
26.18 ¿por qué persigue así mi señor a su s?
26.19 señor oiga ahora las palabras de su s
27.5 morar tu s contigo en la ciudad real?
27.12 y Aquis..decía: el..será siempre mi s
28.2 muy bien, tú sabrás lo que hará tu s
28.23 porfiaron con él sus s..con la mujer
28.25 lo trajo delante de Saúl y de sus s
29.3 ¿no es éste David, el s de Saúl rey de
29.8 ¿qué has hallado en tu s desde el día
29.10 levántate..tú y los s de tu señor que
30.13 yo soy s de un amalecita, y me dejó mi
2 S. 2.12 Abner..salió..con los s de Is-boset
2.13 y Joab hijo de Sarvia y los s de David
2.15 de Benjamín..y doce de los s de David
2.17 de Israel..vencidos por los s de David
2.30 faltaron de los s de David 19 hombres

SIERVO *(Continúa)*
2 S. 2.31 los *s* de David hirieron de. .de Benjamín
3.18 la mano de mi *s* David libraré a Israel
3.22 los *s* de David y Joab venían del campo
3.38 dijo el rey a sus *s:* ¿No sabéis que un
6.20 delante de las criadas de sus *s*, como
7.5 y dí a mi *s* David: Así ha dicho Jehová
7.8 así a mi *s* David: Así ha dicho Jehová de
7.19 también has hablado de la casa de tu *s*
7.20 pues tú conoces a tu *s*, Señor Jehová
7.21 todas estas. .haciéndolas saber a tu *s*
7.25 la palabra que has hablado sobre tu *s*
7.26 y que la casa de tu *s* David sea firme
7.27 revelaste al oído de tu *s*, diciendo: Yo
7.27 tu *s* ha hallado en su corazón valor para
7.28 Dios. .tú has prometido este bien a tu *s*
7.29 ahora a bien bendecir la casa de tu *s*
7.29 será bendita la casa de tu *s*. .siempre
8.2 fueron los moabitas *s* de David. .tributo
8.6 y los sirios fueron hechos *s* de David
8.7 los escudos de oro que traían los *s* de
8.14 y todos los edomitas fueron *s* de David
9.2 había un *s* de la casa de Saúl. .Siba, al
9.2 dijo: ¿Eres tú Siba? Y él respondió: Tu *s*
9.6 Mefi-boset. .Y el respondió: He aquí tu *s*
9.8 ¿quién es tu *s*. .mires a un perro muerto
9.9 el rey llamó a Siba *s* de Saúl, y le dijo
9.10 labrarás las. .tú con tus hijos y tus *s*
9.10 y tenía Siba quince hijos y veinte *s*
9.11 que ha mandado. .a su *s*, así lo hará tu *s*
9.12 de la casa de Siba eran *s* de Mefi-boset
10.2 envió. .*s* para consolarlo por su padre
10.2 llegados los *s* de David a la tierra de
10.3 ¿no ha enviado David sus *s*. .reconocer
10.4 tomó los *s* de David. .rapó la mitad de
11.1 David envió a Joab, y con él a sus *s* y
11.9 durmió. .con todos los *s* de su señor, y
11.11 Joab, y los *s* de mi señor, en el campo
11.13 salió. .a dormir. .con los *s* de su señor
11.17 y cayeron algunos. .de los *s* de David
11.21 le dirás. .tu *s* Urías heteo es muerto
11.24 pero los flecheros tiraron contra tus *s*
11.24 y murieron algunos de los *s* del rey
11.24 rey; y murió también tu *s* Urías heteo
12.18 y temían los *s*. .hacerle saber que el
12.19 David, viendo a sus *s* hablar entre sí
12.19 dijo David a sus *s:* ¿Ha muerto el niño?
12.21 y le dijeron sus *s:* ¿Qué es esto que has
13.24 he aquí, tu *s* tiene ahora esquiladores
13.24 ruego que venga el rey y sus *s* con tu *s*
13.35 que vienen; es así como tu *s* ha dicho
13.36 el mismo rey y todos sus *s* lloraron con
14.19 tu *s* Joab, él me mandó, y él puso en
14.20 para mudar el. .Joab tu *s* ha hecho esto
14.22 hoy ha entendido tu *s* que he hallado
14.22 ha hecho el rey lo que su *s* ha dicho
14.30 dijo a sus *s:* Mirad, el campo de Joab
14.30 y los *s* de Absalón prendieron fuego al
14.31 han prendido fuego tus *s* a mi campo?
15.2 tu *s* es de una de las tribus de Israel
15.8 tu *s* hizo voto cuando estaba en Gesur
15.14 David dijo a. .sus *s* que estaban con él
15.15 los *s* del rey dijeron al rey: He aquí
15.15 aquí, tus *s* están listos a todo lo que
15.18 sus *s* pasaban a su lado. .los cereteos
15.21 el rey estuviere. .estará también tu *s*
15.34 sido *s* de tu padre. .seré ahora *s* tuyo
16.6 arrojando piedras contra. .los *s* del rey
16.11 y dijo David a Abisai y a todos sus *s*
18.7 cayó. .Israel delante de los *s* de David
18.9 se encontró Absalón con los *s* de David
18.29 cuando envió. .al *s* del rey y a mí tu *s*
19.5 hoy has avergonzado el rostro de. .tus *s*
19.6 que nada te importan tus príncipes y *s*
19.7 vé afuera y habla. .a tus *s;* porque juro
19.14 decir al rey: Vuelve tú, y todos tus *s*
19.17 venían. .Siba, criado de. .y sus veinte *s*
19.19 memoria de los males que tu *s* hizo el
19.20 porque yo tu *s* reconozco haber pecado
19.26 mi *s* me engañó; pues tu *s* había dicho
19.26 y montaré en él. .porque tu *s* es cojo
19.27 él ha calumniado a tu *s* delante de mi
19.28 pusiste a tu *s* entre los convidados a
19.35 ¿tomará gusto ahora tu *s* en lo que coma
19.35 ¿para qué. .de ser tu *s* una carga para
19.36 pasará tu *s* un poco. .allá del Jordán
19.37 te ruego que dejes volver a tu *s*, y que
19.37 he aquí a tu *s* Quimam; que pase él con
19.41 pasar. .a todos los *s* de David con él?
20.6 toma. .tú los *s* de tu señor, y vé tras él
21.15 guerra. .descendió David y sus *s* con él
21.22 por mano de David y por mano de sus *s*
24.10 te ruego que quites el pecado de tu *s*
24.20 y Arauna miró, y vio al rey y a sus *s*
24.21 ¿por qué viene mi señor el rey a su *s*?
1 R. 1.2 le dijeron. .*s:* Busquen para mi señor
1.9 convidó. .los varones de Judá, *s* del rey
1.19 Joab. .mas a Salomón tu *s* no ha convidado
1.26 ni a mí tu *s*, ni al sacerdote Sadoc, ni
1.26 ni al. .ni a Salomón tu *s*, ha convidado
1.27 haber declarado a tus *s* quién se había
1.33 tomad. .los *s* de vuestro señor, y montad
1.47 aun los *s* del rey han venido a bendecir
1.51 júreme. .que no matará a espada a su *s*
2.38 mi señor ha dicho, así lo hará tu *s*
2.39 dos *s* de Simei huyeron a Aquis hijo de
2.39 diciendo: He aquí que tus *s* están en Gat
2.40 para buscar a sus *s*. .y trajo sus *s* de Gat
3.6 tú hiciste gran misericordia a tu *s* David
3.7 has puesto a mí tu *s* por rey en lugar de
3.8 tu *s* está en medio de tu pueblo al cual
3.9 da, pues, a tu *s* corazón entendido para
3.15 e hizo también banquete a todos sus *s*
5.1 Hiram rey de Tiro envió. .sus *s* a Salomón
5.6 del Líbano; y mis *s* estarán con los tuyos
5.6 yo te daré por tus *s* el salario que tú
5.9 mis *s* la llevarán desde el Líbano al mar
8.23 que guardas. .y la misericordia a tus *s*
8.24 que has cumplido a tu *s* David mi padre
8.25 cumple a tu *s* David. .que le prometiste
8.26 la palabra que dijiste a tu *s* David mi
8.28 tú atenderás a la oración de tu *s*, y a
8.28 oyendo. .y la oración que tu *s* hace hoy
8.29 oigas la oración que tu *s* haga en este
8.30 oye, pues, la oración de tu *s*, y de tu
8.32 juzgarás a tus *s*, condenando al impío
8.36 oirás. .y perdonarás el pecado de tus *s*
8.52 atentos tus ojos a la oración de tu *s*
8.53 como lo dijiste por medio de Moisés tu *s*
8.59 que él proteja la causa de su *s* y de su
8.66 beneficios que. .había hecho a David su *s*
9.27 envió Hiram en ellas a sus *s*. .con los *s*
10.8 dichosos estos tus *s*, que. .delante de ti
11.11 de ti el reino, y lo entregaré a tu *s*
11.13 daré una tribu. .por amor a David mi *s*
11.17 con él algunos varones. .*s* de su padre
11.26 Jeroboam. .*s* de Salomón, cuya madre se
11.32 tendrá una tribu por amor a David mi *s*
11.34 lo retendré por rey. .amor a David mi *s*
11.36 que mi *s* David tenga lámpara. .delante
11.38 como. .David mi *s*, yo estaré contigo y
12.7 si tú fueres hoy *s* de este pueblo y lo
14.8 no has sido como David mi *s*, que guardó
14.10 y destruiré. .así el *s* como el libre en
14.18 la cual él había hablado por su *s*. .Ahías
15.18 y los tesoros de. .los entregó a sus *s*
15.29 la palabra que Jehová habló por su *s*
16.9 conspiró. .su *s* Zimri, comandante de la
18.9 entregues a tu *s* en mano de Acab para
18.12 y tu *s* teme a Jehová desde su juventud
18.36 que tú eres Dios en. .y que yo soy tu *s*
20.6 mis *s*. .registrarán. .las casas de tus *s*
20.9 decid. .Haré todo lo que mandaste a tu *s*
20.12 dijo a sus *s:* Disponeos. Y ellos se
20.14 por mano de los *s* de los príncipes de
20.15 pasó revista a los *s* de los príncipes
20.17 los *s* de los príncipes. .salieron los
20.19 salieron, pues. .los *s* de los príncipes
20.23 los *s* del rey de Siria le dijeron: Sus
20.31 sus *s* le dijeron: He aquí, hemos oído
20.32 tu *s* Ben-adad dice: Te ruego que viva
20.39 tu *s* salió en medio de la batalla; y
20.40 mientras tu *s* estaba ocupado en una y
21.21 barreré. .el *s* como el libre en Israel
22.3 rey de Israel dijo a sus *s:* ¿No sabéis
22.49 vayan mis *s* con los tuyos en las naves
2 R. 1.13 y la vida de estos tus cincuenta *s*
2.16 he aquí hay con tus *s* 50 varones fuertes
3.11 y uno de los *s* del rey de Israel. .dijo
4.1 tu *s* mi marido ha muerto; y tú sabes que
4.1 tú sabes que tu *s* era temeroso de Jehová
4.1 acreedor para tomarse dos hijos. .por *s*
5.6 yo envío a ti mi *s* Naamán, para que lo
5.15 ruego que recibas algún presente de tu *s*
5.17 no se dará a tu *s* la carga de un par de
5.17 tu *s* no sacrificará. .a otros dioses, sino
5.18 esto perdone Jehová a tu *s;* que cuando
5.18 haga tal, Jehová perdone en esto a tu *s*
5.25 él dijo: Tu *s* no ha ido a ninguna parte
5.26 ¿es tiempo de tomar plata. .bueyes, *s* y
6.3 y dijo. .Te rogamos que vengas con tus *s*
6.8 consultando con sus *s*, dijo: En tal y tal
6.11 rey. .llamando a sus *s*, les dijo: ¿No me
6.12 de los *s* dijo: No, rey señor mío, sino
7.12 levantó el rey de noche, y dijo a sus *s*
7.13 entonces respondió uno de sus *s* y dijo
8.13 ¿qué es tu *s*, este perro, para que haga
8.19 Jehová no quiso. .por amor a David su *s*
9.7 yo vengue la sangre de mis *s* los profetas
9.7 y la sangre de todos los *s* de Jehová, de
9.8 y destruiré de Acab. .al *s* como al libre
9.11 salió Jehú a los *s*. .dijeron: ¿Hay paz?
9.28 sus *s* le llevaron. .a Jerusalén, y allá
9.36 él habló por medio de su *s* Elías tisbita
10.5 *s* tuyos somos, y haremos todo lo que nos
10.10 Jehová ha hecho lo que dijo por su *s*
10.19 llamadme. .los profetas de Baal. .sus *s*
10.21 y vinieron todos los *s* de Baal, de tal
10.22 saca vestiduras para todos. .*s* de Baal
10.23 dijo a los *s* de Baal: Mirad y ved que
10.23 de los *s* de Jehová. .sólo los *s* de Baal
12.20 se levantaron sus *s*, y conspiraron en
12.21 y Jozabad. .sus *s*, le hirieron, y murió
14.5 mató a los *s* que habían dado muerte al
14.25 había hablado por su *s* Jonás hijo de
14.26 había *s* ni libre, ni quien diese ayuda
16.7 diciendo: Yo soy tu *s* y tu hijo; sube
17.3 Oseas. .hecho su *s*, y le pagaba tributo
17.13 que os he enviado por medio de mis *s*
17.23 había dicho por medio de todos sus *s*
18.12 que Moisés *s* de Jehová había mandado
18.24 podrás resistir. .al menor de los *s* de
18.26 te rogamos que hables a tus *s* en arameo
19.5 vinieron, pues, los *s* del rey. .a Isaías
19.6 han blasfemado los *s* del rey de Asiria
19.34 para salvarla. .y por amor a David mi *s*
20.6 y ampararé esta. .por amor a David mi *s*
21.8 a toda la ley que mi *s* Moisés les mandó
21.10 habló, pues, Jehová por medio de sus *s*
21.23 y los *s* de Amón conspiraron contra él
22.9 dijo: Tus *s* han recogido el dinero que
22.12 dio orden. .a Asaías *s* del rey, diciendo
23.30 sus *s* lo pusieron en un carro. .muerto
24.1 Joacim vino a ser su *s* por tres años
24.2 la palabra. .que había hablado por sus *s*
24.10 subieron. .los *s* de Nabucodonosor rey
24.11 vino. .cuando sus *s* la tenían sitiada
24.12 salió Joaquín rey. .sus *s*, sus príncipes
25.8 vino Nabuzaradán. .*s* del rey de Babilonia
25.24 dijo: No temáis de ser *s* de los caldeos
1 Cr. 2.34 tenía Sesán un *s* egipcio llamado
6.49 lo que Moisés *s* de Dios había mandado
16.13 vosotros, hijos de Israel su *s*, hijos
17.4 y dí a David mi *s:* Así ha dicho Jehová
17.7 ahora dirás a mi *s* David: Así ha dicho
17.17 pues que has hablado de la casa de tu *s*
17.18 glorificar a tu *s*. .tú conoces a tu *s*
17.19 por amor de tu *s*. .has hecho toda esta
17.23 palabra. .acerca de tu *s* y de su casa
17.24 casa de tu *s* David firme delante de ti
17.25 revelaste al oído a tu *s* que le has de
17.25 hallado tu *s* motivo para orar delante
17.26 eres el Dios que has hablado de tu *s*
17.27 has querido bendecir la casa de tu *s*
18.2 Moab, y los moabitas fueron *s* de David
18.6 y los sirios fueron hechos *s* de David
18.7 los escudos de oro que llevaban los *s*
18.13 todos los edomitas fueron *s* de David
19.2 llegaron los *s* de David a la tierra de
19.3 ¿no vienen más. .sus *s* a ti para espiar
19.4 Hanún tomó los *s* de David y los rapó, y
19.19 sirios. .paz con David, y fueron sus
20.8 cayeron por mano de David y de sus *s*
21.3 ¿no son todos. .*s* de mi señor? ¿Para qué
21.8 ruego que quites la iniquidad de tu *s*
2 Cr. 1.3 que Moisés *s* de Jehová había hecho
2.8 tus *s* saben cortar. .mis *s* irán con los
2.10 para. .tus *s*, cortadores de madera, he
2.15 pues, envíe mi señor a sus *s* el trigo
6.14 que guardas el pacto y. .con tus *s* que
6.15 guardado a tu *s* David mi padre lo que
6.16 cumple a tu *s* David mi padre lo que le
6.17 cúmplase tu palabra que dijiste a tu *s*
6.19 la oración de tu *s*. .con que tu *s* ora
6.20 oigas la oración con que tu *s* ora en
6.21 oigas el ruego de tu *s*, y de tu pueblo
6.23 y juzgarás a tus *s*, dando la paga al
6.27 perdonarás el pecado de tus *s* y de tu
6.42 acuérdate de tus. .para con David tu *s*
8.9 de Israel no puso Salomón a *s* en su obra
8.18 había enviado naves por mano de sus *s*
8.18 fueron con los *s* de Salomón a Ofir, y
9.7 y dichosos estos *s* tuyos. .delante de ti
9.10 los *s* de Hiram y los *s* de Salomón, que
9.12 la reina de Sabá. .a su tierra con sus *s*
9.21 la flota del rey iba a Tarsis con los *s*
12.8 serán sus *s*, para que sepan lo que es
13.6 Jeroboam. .*s* de Salomón. .rebeló contra
17.19 éstos eran *s* del rey, sin los que el
24.6 ofrenda que Moisés *s* de Jehová impuso
24.9 la ofrenda que Moisés *s* de Dios había
24.25 conspiraron contra él sus *s* a causa de
25.3 mató a los *s* que habían matado al rey
28.10 sujetar a vosotros a Judá y a. .como *s*
32.9 sus *s* a Jerusalén para decir a Ezequías
32.16 otras cosas más hablaron sus *s* contra
32.16 contra. .Dios, y contra su *s* Ezequías
33.24 y conspiraron contra él sus *s*, y lo
34.16 tus *s* han cumplido todo lo que les fue
34.20 mandó. .a Safán. .y a Asaías *s* del rey
35.23 dijo el rey a sus *s:* Quitadme de aquí
35.24 sus *s* lo sacaron de aquel carro, y lo
36.20 cautivos a Babilonia, y fueron *s* de él
Esd. 2.55 hijos de los *s* de Salomón: los hijos
2.58 todos. .e hijos de los *s* de Salomón, 392
2.65 sin contar sus *s* y siervas, los cuales
4.11 tus *s* del otro lado del río te saludan
5.11 nosotros somos *s* del Dios del cielo y de
9.9 *s* somos; mas en nuestra servidumbre no
9.11 que prescribiste por medio de tus *s* los
Neh. 1.6 para oir la oración de tu *s*, que hago
1.6 la oración. .por los hijos de Israel tus *s*
1.7 los. .y preceptos que diste a Moisés tu *s*
1.8 palabra que diste a Moisés tu *s*, diciendo
1.10 ellos, pues, son tus *s* y tu pueblo, los
1.11 a la oración de tu *s*, y a la. .de tus *s*
1.11 concede. .buen éxito a tu *s*, y dale gracia
2.5 y tu *s* ha hallado gracia delante de ti
2.10 pero oyéndolo. .Tobías el *s* amonita, les
2.19 cuando lo oyeron. .Tobías el *s* amonita
2.20 sus *s* nos levantaremos y edificaremos
4.16 la mitad de mis *s* trabajaba en la obra

SIERVO *(Continúa)*

Neh. 7.57 los hijos de los s de Salomón: los hijos
7.60 todos..e hijos de los s de Salomón, 392
7.67 sus s y siervas, que eran 7.337; y entre
9.10 e hiciste señales..contra todos sus s
9.14 por mano de Moisés tu s les prescribiste
9.36 hoy somos s; henos aquí s en la tierra
10.29 que fue dada por Moisés s de Dios, y
11.3 templo y los hijos de los s de Salomón
Est. 2.18 hizo..gran banquete a todos sus..s
3.2 todos los s del rey que..se arrodillaban
3.3 y los s del rey que estaban a la puerta
4.11 los s del rey, y..saben que cualquier
5.11 le había honrado sobre los..s del rey
7.4 si para s y siervas fuéramos vendidos
Job 1.8; 2.3 ¿no has considerado a mi s Job
3.19 allí están el..y el s libre de su señor
4.18 en sus s no confía, y notó necedad en
7.2 como el s suspira por la sombra, y como
19.16 llamé a mi s, y no respondió; de mi
31.13 tenido en poco el derecho de mi s y de
31.31 si mis s no decían: ¿Quién no se ha
41.4 ¿hará pacto..lo tomes por s perpetuo?
42.7,8 no habéis hablado de..como mi s Job
42.8 id a mi s Job, y ofreced holocausto por
42.8 mi s Job orará por vosotros; porque de
Sal. 18, 36, *tits.* salmo de David, s de Jehová
19.11 tu s es además amonestado con ellos; en
19.13 preserva..a tu s de las soberbias, que
27.9 no apartes con ira a tu s; mi ayuda has
31.16 haz resplandecer tu rostro sobre tu s
34.22 Jehová redime el alma de sus s, y no
35.27 digan..Jehová, que ama la paz de su s
69.17 no escondas de tu s tu rostro, porque
69.36 la descendencia de sus s la heredará
78.70 eligió a David su s, y lo tomó de las
79.2 cuerpos de tus s por comida a las aves
79.10 la venganza de la sangre de tus s que
86.2 salva..Dios mío, a tu s que en ti confía
86.4 alegra el alma de tu s, porque a ti, oh
86.16 da tu poder a tu s, y guarda al hijo
89.3 pacto con..juré a David mi s, diciendo
89.20 hallé a David mi s; lo ungí con..unción
89.39 rompiste el pacto de tu s..profanado
89.50 Señor, acuérdate del oprobio de tus s
90.13 vuélvete, oh..aplácate para con tus s
90.16 aparezca en tus s tu obra, y tu gloria
102.14 porque tus s aman sus piedras, y del
102.28 los hijos de tus s habitarán seguros
105.6 descendencia de Abraham su s, hijos de
105.17 envió..a José, que fue vendido por s
105.25 para que contra sus s pensasen mal
105.26 envió a su s Moisés, y a Aarón, al cual
105.42 su santa palabra dada a Abraham su s
109.28 sean avergonzados, y regocíjese tu s
113.1 alabad, s de Jehová, alabad el nombre
116.16 yo soy tu s, s tuyo soy, hijo de tu
119.17 haz bien a tu s; que viva, y guarde
119.23 mas tu s meditaba en tus estatutos
119.38 confirma tu palabra a tu s..te teme
119.49 acuérdate de la palabra dada a tu s
119.65 bien has hecho con tu s, oh Jehová
119.76 sea..conforme a lo que has dicho a tu s
119.84 ¿cuántos son los días de tu s? ¿Cuándo
119.122 afianza a tu s para bien; no permitas
119.124 haz con tu s según tu misericordia
119.125 tu s soy yo, dame entendimiento para
119.135 que tu rostro resplandezca sobre tu s
119.140 pura es tu palabra, y la ama tu s
119.176 busca..s, porque no me he olvidado de
123.2 como los ojos de los s miran a la mano
132.10 por amor de David tu s no vuelvas de
134.1 mirad, bendecid a Jehová..s de Jehová
135.1 alabad el nombre..alabadle, s de Jehová
135.9 señales..contra Faraón, y..todos sus s
135.14 juzgará a..y se compadecerá de sus s
136.22 en heredad a Israel su s, porque para
143.2 no entres en juicio con tu s; porque
143.12 destruirás a todos mis..yo soy tu s
144.10 que rescata de..espada a David su s
Pr. 11.29 el necio será s del sabio de corazón
17.2 el s prudente se enseñoreará del hijo
19.10 menos al s ser señor de los príncipes!
22.7 el que toma prestado es s del que presta
29.19 el s no se corrige con palabras; porque
29.21 el s mimado desde la niñez por su amo
30.10 no acuses al s ante su señor, no sea
30.22 por el s cuando reina; por el necio
Ec. 2.7 compré s y siervas, y tuve s nacidos
7.21 no oigas a tu s cuando dice mal de ti
10.7 vi s a caballo, y príncipes que..como s
Is. 14.2 y la casa de Israel los poseerá por s
20.3 la manera que anduvo mi s Isaías desnudo
22.20 aquel día llamaré a mi s Eliaquim hijo
24.2 y sucederá así..como al s, así a su amo
36.9 podrás resistir al..al menor de los s de
36.11 te rogamos que hables a tus s en arameo
37.5 vinieron..los s de Ezequías a Isaías
37.6 han blasfemado los s del rey de Asiria
37.24 mano de tus s has vituperado al Señor
37.35 yo ampararé a..por amor de David mi s
41.8 pero tú, Israel, s mío eres; tú, Jacob
41.9 te dije: Mi s eres tú; te escogí, y no
42.1 mi s, yo le sostendré, mi escogido, en
42.19 ¿quién es ciego, sino mi s? ¿Quién es
42.19 ¿quién es sordo..como el s de Jehová
43.10 sois mis testigos..mi s que yo escogí
44.1 Jacob, s mío, y tú, Israel, a quien yo
44.2 no temas, s mío Jacob, y tú, Jesurún, a
44.21 mi s eres. Yo te formé, s mío eres tú
44.26 el que despierta la palabra de su s, y
45.4 por amor de mi s Jacob, y de Israel mi
48.20 decid: Redimió Jehová a Jacob su s
49.3 mi s eres, oh Israel, porque en ti me
49.5 formó desde el vientre para ser..u s
49.6 seas mi s para levantar las tribus de
49.7 así ha dicho Jehová..al s de los tiranos
50.10 que teme a Jehová, y oye la voz de su s?
52.13 he aquí que mi s será prosperado, será
53.11 por su..justificará mi s justo a muchos
54.17 esta es la herencia de los s de Jehová
56.6 amen el nombre de Jehová para ser sus s
63.17 oh Jehová..vuélvete por amor de tus s
65.8 haré yo por mis s, que no lo destruiré
65.9 y mis escogidos..y mis s habitarán allí
65.13 que mis s comerán..que mis s beberán, y
65.13 mis s se alegrarán, y vosotros seréis
65.14 mis s cantarán por júbilo del corazón
65.15 matará, y a sus s llamará..otro nombre
66.14 la mano de Jehová para con sus s será
Jer. 2.14 ¿es Israel s? ¿es esclavo? ¿Por qué
7.25 y os envié todos los profetas mis s
22.2 oye palabra..tú, y tus s, y tu pueblo
25.4 y envió Jehová a vosotros todos sus s
25.9 y a Nabucodonosor..mi s, y los traeré
25.19 a Faraón rey..sus s, a sus príncipes
26.5 las palabras de mis s los profetas, que
27.6 tierras en mano de Nabucodonosor..mi s
29.19 palabras..que les envié por mis s los
30.10 tú..s mío Jacob, no temas, dice Jehová
33.21 invalidarse mi pacto con mi s David
33.22 la descendencia de David mi s, y los
33.26 descendencia de Jacob, y de David mi s
34.9 libre a su s y..ninguno usase a..como s
34.10 dejar libre cada uno a su s..su sierva
34.10 ninguno los usase más como s..dejaron
34.11 e hicieron volver a los s y a..siervas
34.11 libres, y los sujetaron como s y siervas
34.16 habéis vuelto a tomar cada uno a su s
35.15;44.4 y envié a vosotros..mis s los profetas
36.24 rey y todos sus s que oyeron..palabras
36.31 castigaré su maldad en él..y en sus s
37.2 no obedeció él ni sus s ni el pueblo de
37.18 ¿en qué pequé contra ti, y contra tus s
43.10 y tomaré a Nabucodonosor rey de..mi s
46.26 los entregaré..en mano de sus s; pero
46.27 tú no temas, s mío Jacob, ni desmayes
46.28 tú, s mío Jacob, no temas, dice Jehová
Lm. 5.8 s se enseñorearon de nosotros; no hubo
Ez. 28.25 su tierra, la cual di a mi s Jacob
34.23 a mi s David, él las apacentará, y él
34.24 mi s David príncipe en medio de ellos
37.24 s David será rey sobre ellos, y todos
37.25 habitarán en la tierra que di a mi s
37.25 mi s David será príncipe de ellos para
38.17 de quien hablé..por mis s los profetas
46.17 diere parte a alguno de sus s, será de
Dn. 1.12 hagas la prueba con tus s por 10 días
1.13 rey, y haz después con tus s según veas
2.4,7 el sueño a tus s, y te mostraremos la
3.26 y Abed-nego, s del Dios Altísimo, salid
3.28 libró a sus s que confiaron en él, y no
6.20 Daniel, s del Dios viviente, el Dios tuyo
9.6 no hemos obedecido a tus s los profetas
9.10 leyes que él puso..por medio de sus s
9.11 y el juramento..en la ley de Moisés, s
9.17 oye la oración de tu s, y sus ruegos
10.17 ¿cómo..podrá el s de mi señor hablar
Jl. 2.29 sobre los s y..las siervas derramaré
Am. 3.7 sin que revele su secreto a sus s los
Hag. 2.23 te tomaré, oh Zorobabel hijo..s mío
Zac. 1.6 mis ordenanzas que mandé a mis s los
2.9 y serán despojo a sus s, y sabréis que
3.8 he aquí, yo traigo a mi s el Renuevo
Mal. 1.6 hijo honra al padre, y el s a su señor
4.4 acordaos de la ley de Moisés mi s, al cual
Mt. 8.9 digo a..y a mi s: Haz esto, y lo hace
10.24 el discípulo..ni el s más que su señor
10.25 al discípulo ser..y al s como su señor
12.18 he aquí mi s, a quien he escogido; mi
13.27 vinieron..los s del padre de familia
13.28 los s le dijeron: ¿Quieres, pues, que
18.23 rey que quiso hacer cuentas con sus s
18.26 aquel s, postrado..suplicaba, diciendo
18.27 el señor de..s, movido a misericordia
18.28 pero saliendo aquel s, halló a uno de sus
18.32 le dijo: S malvado, toda aquella deuda
20.27 el que quiera ser el primero..será..s
21.34 envió sus s a los labradores, para que
21.35 tomando a los s, a uno golpearon, a otro
21.36 envió de nuevo otros s, más que los
22.3 envió a sus s a llamar a los convidados
22.4 a enviar otros s, diciendo: Decid a los
22.6 otros, tomando a los s, los afrentaron
22.8 a sus s: Las bodas a la verdad están
22.10 saliendo los s por..caminos, juntaron
23.11 el..mayor de vosotros, sea vuestro s
24.45 ¿quién es, pues, el s fiel y prudente
24.46 bienaventurado aquel s al cual, cuando
24.48 si aquel s malo dijere en su corazón
24.50 vendrá el señor de aquel s en día que
25.14 llamó a sus s y les entregó sus bienes
25.19 vino el señor de aquellos s, y arregló
25.21,23 buen s y fiel; sobre poco has sido
25.26 s malo y negligente, sabías que siego
25.30 y al s inútil echadle en las tinieblas
26.51 hiriendo a un s del sumo sacerdote, le
Mr. 10.44 quiera ser..primero, será s de todos
12.2 a su tiempo envió un s a los labradores
12.4 volvió a enviarles otro s..le hirieron
13.34 y dio autoridad a sus s, y a cada uno
14.47 uno de..hirió al s del sumo sacerdote
Lc. 1.54 socorrió a Israel su s, acordándose de
1.69 un..Salvador en la casa de David su s
2.29 ahora, Señor, despides a tu s en paz
7.2 y el s de un centurión..estaba enfermo
7.3 rogándole que viniese y sanase a su s
7.7 aun..pero dí la palabra, y mi s será sano
7.8 digo..vé..y a mi s: Haz esto, y lo hace
7.10 hallaron sano al s que había..enfermo
12.37 bienaventurados aquellos s a los cuales
12.38 hallare..bienaventurados son aquellos s
12.43 bienaventurado aquel s al cual..halle
12.45 mas si aquel s dijere en su corazón: Mi
12.46 vendrá el señor de aquel s en día que
12.47 aquel s que conociendo la voluntad de
14.17 envió a su s a decir a los convidados
14.21 vuelto el s, hizo saber estas cosas a
14.21 dijo a su s: Vé pronto por las plazas
14.22 y dijo el s: Señor, se ha hecho como
14.23 dijo el señor al s: Vé por los caminos
15.22 el padre dijo a sus s: Sacad el mejor
16.13 ningún s puede servir a dos señores
17.7 ¿quién de vosotros, teniendo un s que
17.9 ¿acaso da gracias al s porque hizo lo
17.10 decid: S inútiles somos, pues lo que
19.13 llamando a diez s suyos, les dio diez
19.15 mandó llamar..aquellos s a los cuales
19.17 dijo: Está bien, buen s; por cuanto en
19.22 él..Mal s, por tu propia boca te juzgo
20.10 envió un s a los labradores, para que
20.11 volvió a enviar otro s; mas ellos a éste
20.12 volvió a enviar un tercer s; mas ellos
22.50 uno..hirió a un s del sumo sacerdote
Jn. 4.51 s salieron a recibirle, y le dieron
13.16 os digo: El s no es mayor que su señor
15.15 ya no os llamaré s..el s no sabe lo que
15.20 he dicho: El s no es mayor que su señor
18.10 e hirió al s del sumo sacerdote, y le
18.18 estaban en pie los s y los alguaciles
18.26 uno de los s del sumo sacerdote..dijo
Hch. 2.18 sobre mis s y..siervas..mi Espíritu
4.25 por boca de David tu s dijiste: ¿Por qué
4.29 y concede a tus s que con todo denuedo
7.7 juzgaré..a la nación de la cual serán s
16.17 estos hombres son s del Dios Altísimo
Ro. 1.1 Pablo, s de Jesucristo, llamado a ser
6.18 pecado, vinisteis a ser s de la justicia
6.22 libertados del pecado y hechos s de Dios
15.8 Cristo..vino a ser s de la circuncisión
1 Co. 9.19 siendo libre de todos, me he hecho s
2 Co. 4.5 a nosotros como vuestros s por amor
Gá. 1.10 agradara a los hombres, no sería s de
Ef. 6.5 s, obedeced a vuestros amos terrenales
6.6 como s de Cristo, de corazón haciendo la
6.8 ése recibirá del Señor, sea s o sea libre
Fil. 1.1 Pablo y Timoteo, s de Jesucristo, a
2.7 tomando forma de s, hecho semejante a los
Col. 3.11 donde no hay..s ni libre, sino que
3.22 s, obedeced en todo a vuestros amos
4.1 lo que es justo y recto con vuestros s
4.12 Epafras..s de Cristo, siempre rogando
2 Ti. 2.24 s del Señor no debe ser contencioso
Tit. 1.1 s de Dios y apóstol de Jesucristo
2.9 exhorta a los s a que se sujeten a sus
He. 3.5 Moisés a la verdad fue fiel en..como s
Stg. 1.1 Santiago, s de Dios y del..Jesucristo
1 P. 2.16 no como los que..sino como s de Dios
2 P. 1.1 Simón Pedro, s..de Jesucristo, a los
Jud. 1 Judas, s de Jesucristo, y hermano de
Ap. 1.1 para manifestar a sus s las cosas que
1.1 declaró..medio de su ángel a su s Juan
2.20 Jezabel..seduzca a mis s a fornicar y
6.15 todo s y todo libre, se escondieron en
7.3 hayamos sellado..a los s de nuestro Dios
10.7 como él lo anunció a sus s los profetas
11.18 dar el galardón a tus s los profetas
15.3 cantan el cántico de Moisés s de Dios
19.2 y ha vengado la sangre de sus s de la
19.5 alabad a nuestro Dios todos sus s, y los
22.3 Dios..estará en ella, y sus s le servirán
22.6 a sus s..cosas que deben suceder pronto

SIESTA

2 S. 4.5 Is-boset..estaba durmiendo la s en su

SIETE

Gn. 4.15 matare a Caín, s veces será castigado
4.24 si s veces será vengado Caín, Lamec en
4.24 Lamec en verdad setenta veces s lo será
7.2 de todo animal limpio tomarás s parejas
7.3 las aves de los cielos, s parejas, macho

SIETE *(Continúa)*
Gn. 7.4 pasados aún *s* días, yo haré llover sobre
8.10 aún otros *s* días, y volvió a enviar la
8.12 aún otros *s* días, y envió la paloma, la
21.28 puso Abraham *s* corderas. .rebaño aparte
21.29 ¿qué significan esas *s* corderas que has
21.30 estas *s* corderas tomarás de mi mano
29.18 yo te serviré *s* años por Raquel tu hija
29.20 así sirvió Jacob por Raquel *s* años
29.27 por el servicio. .conmigo otros *s* años
29.30 Lea; y sirvió a Labán aún otros *s* años
31.23 Labán. .fue tras Jacob camino de *s* días
33.3 él pasó. .y se inclinó a tierra *s* veces
41.2 y que del río subían *s* vacas, hermosas
41.3 del río otras *s* vacas de feo aspecto y
41.4 devoraban a las *s* vacas hermosas y muy
41.5 que *s* espigas llenas y hermosas crecían
41.6 después de ellas salían otras *s* espigas
41.7 las *s* espigas menudas devoraban a las *s*
41.18 que del río subían *s* vacas de gruesas
41.19 otras *s* vacas subían después de ellas
41.20 feas devoraban a las *s* primeras vacas
41.22 vi. .soñando, que *s* espigas crecían en
41.23 que otras *s* espigas menudas, marchitas
41.24 devoraban a las *s* espigas hermosas; y lo
41.26 *s* vacas hermosas *s* años son. .son *s* años
41.27 las *s* vacas flacas. .son *s* años; y las
41.27 las *s* espigas. .*s* años serán de hambre
41.29 aquí vienen *s* años de gran abundancia
41.30 y tras ellos seguirán *s* años de hambre
41.34 quinte. .en los *s* años de la abundancia
41.36 en depósito. .para los *s* años de hambre
41.47 *s* años de abundancia la tierra produjo
41.48 reunió todo el alimento de los *s* años
41.53 se cumplieron los *s* años de abundancia
41.54 comenzaron a venir. .*s* años del hambre
46.25 y dio a luz éstos a Jacob; por todas *s*
50.10 José hizo a su padre duelo por *s* días
Éx. 2.16 pozo, *s* hijas que tenía el sacerdote
7.25 cumplieron *s* días después. .hirió el río
12.15 *s* días comeréis panes sin levadura
12.19 *s* días no se hallará levadura en. .casas
13.6 *s* días comerás pan sin leudar, y. .fiesta
13.7 por los *s* días se comerán los panes sin
22.30 de tu oveja; *s* días estará con su madre
23.15 *s* días comerás los panes sin levadura
25.37 y le harás *s* lamparillas, las cuales
29.30 por *s* días las vestirá el que de sus
29.35 a Aarón y. .por *s* días los consagrarás
29.37 por *s* días harás expiación por el altar
34.18 *s* días comerás pan sin levadura, según
37.23 hizo asimismo sus *s* lamparillas, sus
Lv. 4.6 rociará de. .*s* veces delante de Jehová
4.17 rociará *s* veces delante de Jehová hacia
8.11 y roció de él sobre el altar *s* veces, y
8.33 de la puerta del. .no saldréis en *s* días
8.33 porque por *s* días seréis consagrados
8.35 puerta. .estaréis día y noche por *s* días
12.2 y dé a luz varón, será inmunda *s* días
13.4,31 encerrará al llagado por *s* días
13.5 le volverá a encerrar por otros *s* días
13.21,26 el sacerdote le encerrará por *s* días
13.33 encerrará. .*s* días al que tiene la tiña
13.50 encerrará la cosa plagada por *s* días
13.54 laven. .lo encerrará otra vez por *s* días
14.7 rociará *s* veces sobre el que se purifica
14.8 raerá. .morará fuera de su tienda *s* días
14.16,27 aceite. .*s* veces delante de Jehová
14.38 sacerdote. .cerrará la casa por *s* días
14.51 los mojará. .y rociará la casa *s* veces
15.13 contará *s* días desde su purificación
15.19 tuviere flujo. .*s* días estará apartada
15.24 durmiere con ella. .inmundo por *s* días
15.28 contará *s* días, y después será limpia
16.14 con su dedo *s* veces de aquella sangre
16.19 esparcirá sobre él. .la sangre. .*s* veces
22.27 *s* días estará mamando de su madre; mas
23.6 mes. .*s* días comeréis panes sin levadura
23.8 y ofreceréis. .*s* días ofrenda encendida
23.15 y contaréis. .*s* semanas cumplidas serán
23.18 ofreceréis con el pan *s* corderos de un
23.34 la fiesta solemne. .a Jehová por *s* días
23.36 *s* días ofreceréis ofrenda encendida a
23.39,41 haréis fiesta a Jehová por *s* días
23.40 tomaréis. .y os regocijaréis. .por *s* días
23.42 en tabernáculos habitaréis *s* días; todo
25.8 *s* semanas de años, *s* veces *s* años, de
25.8 que los días de las *s* semanas de años
26.18,24,28 *s* veces más por vuestros pecados
26.21 yo añadiré. .*s* veces más plagas según
Nm. 8.2 *s* lámparas alumbrarán hacia adelante
12.14 rostro, ¿no se avergonzaría por *s* días?
12.14 sea echada. .del campamento por *s* días
12.15 María fue echada del campamento *s* días
13.22 Hebrón fue edificada *s* años antes de
19.4 rociará. .con la sangre de ella *s* veces
19.11 el que tocare cadáver. .inmundo *s* días
19.14 que esté en ella, será inmundo *s* días
19.16 que tocare. .muerto. .*s* días será inmundo
23.1 edifícame aquí *s* altares, y prepárame
23.1 prepárame aquí *s* becerros y *s* carneros
23.4 *s* altares he ordenado, y en cada altar
23.14 edificó *s* altares, y ofreció. .becerro
23.29 Balaam dijo. .Edifícame aquí *s* altares
23.29 prepárame aquí *s* becerros y *s* carneros
28.11,19,27 ofreceréis. .*s* corderos de un año
28.17 *s* días se comerán panes sin levadura
28.21,29 y con cada uno de los *s* corderos
28.24 esto ofreceréis cada uno de los *s* días
29.2,8 y ofreceréis. .*s* corderos de un año
29.4,10 con cada uno de los *s* corderos, una
29.12 celebraréis fiesta solemne. .por *s* días
29.32 séptimo día, *s* becerros, dos carneros
29.36 ofreceréis. .*s* corderos de un año sin
31.19 permaneced fuera del campamento *s* días
Dt. 7.1 *s* naciones mayores y más poderosas que
15.1 cada *s* años harás remisión
16.3 *s* días comerás. .pan sin levadura, pan
16.4 no se verá levadura contigo en. .*s* días
16.9 *s* semanas contarás desde que comenzare
16.9 desde. .comenzarás a contar las *s* semanas
16.13 la fiesta solemne de. .harás por *s* días
16.15 *s* días celebrarás fiesta solemne. .Dios
28.7 por *s* caminos huirán de delante de ti
28.25 y por *s* caminos huirás delante de ellos
31.10 al fin de cada *s* años, en el año de la
Jos. 6.4 y *s* sacerdotes llevarán *s* bocinas de
6.4 y al séptimo día daréis *s* vueltas a la
6.6 *s* sacerdotes lleven bocinas de cuerno de
6.8,13 *s* sacerdotes, llevando las *s* bocinas
6.15 y dieron vuelta a la ciudad de. .*s* veces
6.15 dieron vuelta alrededor de ella *s* veces
18.2 habían quedado. .*s* tribus a las cuales
18.5 la dividirán en *s* partes; y Judá quedará
18.6 delinearéis la tierra en *s* partes, y me
18.9 delineándola por. .en *s* partes en un libro
Jue. 6.1 Jehová los entregó. .Madián por *s* años
6.25 toma un toro. .el segundo toro de *s* años
14.12 y si en los *s* días del banquete me lo
14.17 y ella lloró en. .los *s* días. .banquete
16.7 si me ataren con *s* mimbres verdes que
16.8 le trajeron *s* mimbres. .le ató con ellos
16.13 si tejieres *s* guedejas de mi cabeza con
16.19 le rapó las *s* guedejas de su cabeza
Rt. 4.15 es de más valor para ti que *s* hijos
1 S. 2.5 hasta la estéril ha dado a luz *s*, y
6.1 el arca de Jehová en. .filisteos *s* meses
10.8 espera *s* días, hasta que yo venga a ti
11.3 danos *s* días. .que enviemos mensajeros
13.8 y él esperó *s* días, conforme al plazo
16.10 hizo pasar Isaí *s* hijos suyos delante
31.13 sepultaron. .Jabes, y ayunaron *s* días
2 S. 2.11 David reinó en Hebrón. .*s* años y seis
5.5 en Hebrón reinó. .*s* años y seis meses, y
21.6 dénsenos *s* varones de sus hijos, para
21.9 y así murieron juntos aquellos *s*, los
24.13 ¿quieres. .te vengan *s* años de hambre
1 R. 2.11 reinó David. .*s* años reinó en Hebrón
6.6 el tercero de *s* codos de ancho; porque
6.38 fue acabada. .la edificó, pues, en *s* años
7.17 y unos cordones a. .*s* para cada capitel
8.65 *s* días y aun por otros *s* días, esto es
16.15 reinar Zimri, y reinó *s* días en Tirsa
18.43 él le volvió a decir: Vuelve *s* veces
20.29 *s* días estuvieron acampados los unos
2 R. 3.9 y como anduvieron. .*s* días de camino
4.35 el niño estornudó *s* veces, y abrió sus
5.10 vé y lávate *s* veces en el Jordán, y tu
5.14 descendió, y se zambulló *s* veces en el
8.1 el hambre, la cual sobre la tierra. .*s* años
8.2 vivió en tierra de los filisteos *s* años
8.3 pasado los *s* años, la mujer volvió de la
11.21 Joás de *s* años cuando comenzó a reinar
25.8 a los *s* días del mes, siendo el año 19
1 Cr. 3.4 en Hebrón, donde reinó *s* años y seis
3.24 los hijos de Elioenai fueron estos *s*
5.13 sus hermanos. .Zía y Heber; por todos *s*
9.25 venían cada *s* días según su turno para
10.12 enterraron sus huesos. .ayunaron *s* días
15.26 el arca. .sacrificaron *s* novillos y *s*
29.27 *s* años reinó en Hebrón, y 33 reinó en
2 Cr. 7.8 entonces hizo Salomón fiesta *s* días
7.9 hecho la dedicación del altar en *s* días
7.9 habían celebrado la fiesta. .por *s* días
13.9 consagrarse con un becerro y *s* carneros
24.1 *s* años era Joás cuando comenzó a reinar
29.21 y presentaron *s* novillos, *s* carneros
29.21 *s* corderos y *s* machos cabríos para
30.21 celebraron la fiesta. .por *s* días con
30.22 comieron de lo sacrificado en. .*s* días
30.23 celebrasen la fiesta por otros *s* días
30.23 la celebraron otros *s* días con alegría
35.17 allí celebraron la pascua. .por *s* días
Esd. 6.22 celebraron. .fiesta solemne. .*s* días
7.14 rey y de sus *s* consejeros eres enviado
Neh. 8.18 e hicieron la fiesta solemne por *s*
Est. 1.5 hizo el rey otro banquete por *s* días
1.10 mandó a. .*s* eunucos que servían delante
1.14 junto a él. .*s* príncipes de Persia y de
2.9 y le dio también *s* doncellas especiales
Job 1.2 y le nacieron *s* hijos y tres hijas
2.13 se sentaron con. .por *s* días y *s* noches
42.8 tomaos *s* becerros y *s* carneros, e id a
42.13 y tuvo *s* hijos y tres hijas
Sal. 12.6 plata refinada. .purificada *s* veces
79.12 devuelve. .*s* tantos de su infamia, con
119.164 *s* veces al día te alabo a causa de
Pr. 6.16 aborrece Jehová, y aun *s* abomina su
6.31 pero si es sorprendido, pagará *s* veces
9.1 sabiduría edificó. .labró sus *s* columnas
24.16 porque *s* veces cae el justo, y vuelve
26.16 es más sabio que *s* que sepan aconsejar
26.25 porque *s* abominaciones. .en su corazón
Ec. 11.2 reparte a *s*, y aun a ocho; porque no
Is. 4.1 echarán mano de un hombre *s* mujeres en
11.15 lo herirá en sus *s* brazos, y hará que
30.26 *s* veces mayor, como la luz de *s* días
Jer. 15.9 languideció la que dio a luz *s*. .dolor
34.14 al cabo de *s* años dejará cada uno a su
52.25 a *s* hombres de los consejeros íntimos
Ez. 3.15 y allí permanecí *s* días atónito entre
3.16 al cabo de los *s* días vino a mí palabra
30.20 *s* días del mes, que vino a mí palabra
39.9 y los quemarán en el fuego por *s* años
39.12 los estará enterrando por *s* meses, para
39.14 al cabo de *s* meses. .el reconocimiento
40.22 subía a ella por *s* gradas, y delante de
40.26 sus gradas eran de *s* peldaños, con sus
41.3 y la anchura de la entrada, de *s* codos
43.25 *s* días sacrificarán un macho cabrío en
43.26 por *s* días harán expiación por el altar
44.26 de su purificación, le contarán *s* días
45.21 tendréis la pascua, fiesta de *s* días
45.23 y en los *s* días de la fiesta. .ofrecerá
45.23 *s* becerros y *s* carneros sin defecto
45.23 ofrecerá. .cada día de los *s* días; y por
45.25 hará como en estos *s* días en cuanto a
Dn. 3.19 que el horno se calentase *s* veces más
4.16 sea cambiado. .pasen sobre él *s* tiempos
4.23 las bestias. .pasen sobre él *s* tiempos
4.25,32 *s* tiempos pasarán sobre ti, hasta
9.25 la salida de la orden. .habrá *s* semanas
Mi. 5.5 levantaremos contra él *s* pastores, y
Zac. 3.9 sobre esta única piedra hay *s* ojos; he
4.2 *s* lámparas. .y *s* tubos para las lámparas
4.10 *s* son los ojos de Jehová, que recorren
Mt. 12.45 va y toma. .otros *s* espíritus peores
15.34 ellos dijeron: *S*, y unos pocos pececillos
15.36 tomando los *s* panes. .dio gracias, los
16.10 ¿ni de los *s* panes entre cuatro mil, y
18.21 ¿cuántas veces perdonaré a. .¿Hasta *s*?
18.22 no. .*s*, sino aun hasta setenta veces *s*
22.25 hubo, pues, entre nosotros *s* hermanos
22.28 ¿de cuál de los *s* será ella mujer, ya
Mr. 8.5 preguntó: ¿Cuántos panes tenéis?. .*S*
8.6 tomando. .*s* panes, habiendo dado gracias
8.8 y recogieron de los pedazos. .*s* canastas
8.20 y cuando los *s* panes entre cuatro mil
8.20 ¿cuántas canastas. .Y ellos dijeron: *S*
12.20 *s* hermanos; el primero tomó esposa, y
12.22 y así los *s*, y no dejaron descendencia
12.23 ya que los *s* la tuvieron por mujer?
16.9 María. .de quien había echado *s* demonios
Lc. 2.36 vivido con su marido *s* años desde su
8.2 María. .de la que habían salido *s* demonios
11.26 toma otros *s* espíritus peores que él
17.4 si *s* veces al día pecare. .y *s* veces al
20.29 hubo, pues, *s* hermanos; y el primero
20.31 la tomó el tercero, y así todos los *s*
20.33 ya que los *s* la tuvieron por mujer?
Jn. 4.52 le dijeron: Ayer a las *s* le dejó la
Hch. 6.3 buscad. .*s* varones de buen testimonio
13.19 y habiendo destruido *s* naciones en la
19.14 había *s* hijos de un tal Esceva, judío
20.6 con ellos en Troas, donde nos quedamos *s*
21.4 quedamos allí *s* días; y ellos decían a
21.8 y entrando en casa de Felipe. .de los *s*
21.27 estaban para cumplirse los *s* días, unos
28.14 que nos quedásemos con ellos *s* días; y
He. 11.30 cayeron. .después de rodearlos *s* días
2 P. 2.5 que guardó a Noé. .con otras *s* personas
Ap. 1.4 Juan, a las *s* iglesias que están en
1.4 de los *s* espíritus que están delante de
1.11 y envíalo a las *s* iglesias que están en
1.12 volví. .y vuelto, vi *s* candeleros de oro
1.13 y en medio de los *s* candeleros, a uno
1.20 el misterio de las *s* estrellas que has
1.20 el misterio. .de los *s* candeleros de oro
1.20 *s* estrellas. .ángeles de las *s* iglesias
1.20 y los *s* candeleros. .son las *s* iglesias
2.1 que tiene las *s* estrellas en su diestra
2.1 el que anda en medio de los *s* candeleros
3.1 tiene los *s* espíritus. .y las *s* estrellas
4.5 delante del trono ardían *s* lámparas de
4.5 las cuales son los *s* espíritus de Dios
5.1 vi. .un libro escrito. .sellado con *s* sellos
5.5 ha vencido para. .y desatar sus *s* sellos
5.6 Cordero. .que tenía *s* cuernos, y *s* ojos
5.6 los cuales son los *s* espíritus de Dios
8.2 a los *s* ángeles. .les dieron *s* trompetas
8.6 los *s* ángeles que tenían las *s* trompetas
10.3 gran voz. .*s* truenos emitieron sus voces
10.4 cuando los *s* truenos hubieron emitido
10.4 sella las cosas que los *s* truenos han
12.3 un gran dragón. .*s* cabezas. .*s* diademas
13.1 vi subir. .una bestia que tenía *s* cabezas
15.1,6 vi. .*s* ángeles que tenían las *s* plagas
15.7 a los *s* ángeles *s* copas de oro, llenas
15.8 cumplido las *s* plagas de los *s* ángeles
16.1 una gran voz que decía. .a los *s* ángeles
16.1 y derramad sobre la tierra las *s* copas
17.1 de los *s* ángeles que tenían las *s* copas

SIETE *(Continúa)*
Ap. 17.3 bestia..tenía *s* cabezas y diez cuernos
17.7 la cual tiene las *s* cabezas y los diez
17.9 las *s* cabezas son *s* montes, sobre los
17.10 son *s* reyes. Cinco de ellos han caído
17.11 es de entre los *s*, y va a la perdición
21.9 vino..uno de los *s* ángeles que tenían
21.9 las *s* copas..de las *s* plagas postreras

SIETE MIL *Véase también Siete Mil Cien, etc.*
1 R. 19.18 yo haré que queden en Israel *7.000*
20.15 los hijos de Israel, que fueron *7.000*
2 R. 24.16 los hombres de guerra..fueron *7.000*
1 Cr. 18.4 le tomó David..*7.000* de a caballo
19.18 y mató David de los sirios a *7.000*
29.4 y *7.000* talentos de plata refinada para
2 Cr. 15.11 sacrificaron para..*7.000* ovejas
30.24 Ezequías rey..había dado..*7.000* ovejas
Job 1.3 su hacienda era *7.000* ovejas..camellos
Ro. 11.4 me he reservado *7.000* hombres, que no
Ap. 11.13 el terremoto murieron..*7.000* hombres

SIETE MIL CIEN
1 Cr. 12.25 los hijos de Simeón, *7.100* hombres

SIETE MIL QUINIENTOS
Nm. 3.22 los varones..contados..fueron *7.500*

SIETE MIL SETECIENTOS
2 Cr. 17.11 trajeron..*7.700* carneros y *7.700*

SIETE MIL TRESCIENTOS TREINTA Y SIETE
Esd. 2.65; Neh. 7.67 sus siervos..eran *7.337*

SIFI ***Descendiente de Simeón*, 1 Cr. 4.37**

SIFMITA ***Originario de Sifmot*, 1 Cr. 27.27**

SIFMOT ***Aldea en Judá*, 1 S. 30.28**

SIFRA ***Partera de las hebreas en Egipto*, Éx. 1.15**

SIFTÁN ***Padre de Kemuel*, Nm. 34.24**

SIGAIÓN, SIGIONOT ***Poema apasionado*, Sal. 7 *tít.*; Hab. 3.1**

SIGLO
Gn. 9.12 la señal del pacto..por *s* perpetuos
Éx. 3.15 con él se me recordará por todos los *s*
1 Cr. 29.10 bendito..desde el *s* y hasta el *s*
Sal. 41.13 bendito sea Jehová..los *s* de los *s*
77.5 consideraba los días..los años de los *s*
90.2 desde el *s* y hasta el *s*, tú eres Dios
93.5 la santidad conviene a tu..por los *s* y
145.13 tu reino es reino de todos los *s*, y tu
Ec. 1.10 ya fue en los *s* que nos han precedido
Is. 26.4 en Jehová..está la fortaleza de los *s*
42.14 el *s* he callado, he guardado silencio
45.17 no..ni os afrentaréis, por todos los *s*
51.8 permanecerá..y mi salvación por *s* de *s*
51.9 despiértate como en..en los *s* pasados
60.15 haré que seas..el gozo de todos los *s*
Ez. 26.20 sepulcro, con los pueblos de otros *s*
Dn. 2.20 bendito el nombre de Dios de *s* en *s*
6.26 es el Dios..y permanece por todos los *s*
7.18 los santos..poseerán el reino hasta el *s*
12.7 juró por el que vive por los *s*, que será
Mt. 6.13 tuyo es el reino, y..por todos los *s*
12.32 no le será perdonado, ni en este *s* ni
13.22 pero el afán de este *s* y el engaño de
13.39 siega es el fin del *s;* y los segadores
13.40 el fuego, así será en el fin de este *s*
13.49 será el fin del *s:* saldrán los ángeles
24.3 qué señal habrá de tu..y del fin del *s?*
Mr. 4.19 los afanes de este *s*, y el engaño de
10.30 reciba..en el *s* venidero la vida eterna
Lc. 16.8 los hijos de este *s* son más sagaces
18.30 recibir..en el *s* venidero la vida eterna
20.34 hijos de este *s* se casan, y se dan en
20.35 tenidos por dignos de alcanzar aquel *s*
Ro. 1.25 Creador, el cual es bendito por los *s*
9.5 el cual es Dios..bendito por los *s*. Amén
11.36 a él sea la gloria por los *s*. Amén
12.2 no os conforméis..*s*, sino transformaos
1 Co. 1.20 ¿dónde está el disputador de este *s?*
2.6 de este *s*, ni de los príncipes de este *s*
2.7 la cual Dios predestinó antes de los *s*
2.8 la que ninguno de los..de este *s* conoció
3.18 si alguno entre..se cree sabio en este *s*
10.11 a quienes han alcanzado los..de los *s*
2 Co. 4.4 dios de este *s* cegó el entendimiento
11.31 Dios y Padre..bendito por los *s*, sabe
Gá. 1.4 se dio..librarnos del presente *s* malo
1.5 quien sea la gloria por los *s* de los *s*
Ef. 1.21 no sólo en este *s*, sino..el venidero
2.7 para mostrar en los *s* venideros..gracia
3.9 misterio escondido desde los *s* en Dios
3.21 a él sea gloria en..por los *s* de los *s*
6.12 gobernadores de las tinieblas de este *s*
Fil. 4.20 sea gloria por los *s* de los *s*. Amén
Col. 1.26 misterio..estado oculto desde los *s*
1 Ti. 1.17 al Rey de los *s*..único y sabio Dios
1.17 sea honor y gloria por los *s* de los *s*
6.17 los ricos de este *s* manda que no sean
2 Ti. 1.9 dada..antes de los tiempos de los *s*
4.18 él sea gloria por los *s* de los *s*. Amén
Tit. 1.2 prometió..antes del principio de los *s*
2.12 en este *s* sobria, justa y piadosamente
He. 1.8 trono, oh Dios, por el *s* del *s;* cetro
6.5 gustaron de..los poderes del *s* venidero
9.26 en la consumación de los *s*, se presentó
13.8 es el mismo ayer, y hoy, y por los *s*
13.21 cual sea la gloria por los *s* de los *s*
1 P. 4.11 a quien pertenecen..los *s* de los *s*
5.11 a él sea la gloria..por los *s* de los *s*
Jud. 25 sea gloria y..ahora y por todos los *s*
Ap. 1.6 a él sea..imperio por los *s* de los *s*
1.18 aquí que vivo por los *s* de los *s*, amén
4.9 y honra..al que vive por los *s* de los *s*
4.10 adoran al que vive por los *s* de los *s*
5.13 al Cordero, sea la alabanza..*s* de los *s*
5.14 adoraron al que vive por los *s* de los *s*
7.12 sean a nuestro Dios por los *s* de los *s*
10.6 juró por el que vive por los *s* de los *s*
11.15 Señor..y él reinará por los *s* de los *s*
14.11 el humo de su..sube por los *s* de los *s*
15.7 ira de Dios, que vive por los *s* de los *s*
19.3 el humo de ella sube por los *s* de los *s*
20.10 atormentados día y..por los *s* de los *s*
22.5 el Señor..y reinarán por los *s* de los *s*

SIGNIFICADO
Gn. 40.5 propio sueño..cada uno con su propio *s*
41.11 un sueño..cada sueño tenía su propio *s*
1 Co. 14.10 hay..y ninguno de ellos carece de *s*

SIGNIFICAR
Gn. 21.29 ¿qué *significan* esas siete corderas
41.32 veces, *significa* que la cosa es firme
Dt. 6.20 hijo..¿Qué *significan* los testimonios
29.24 ¿qué *significa* el ardor de esta..ira?
Jos. 4.6,21 ¿qué *significan* estas piedras?
Ez. 17.12 ¿no habéis entendido qué *significan*
24.19 qué *significan*..estas cosas que haces?
Dn. 4.26 *significa*..tu reino te quedará firme
7.24 los diez cuernos *significan* que de aquel
8.22 *significa* que cuatro..se levantarán de
Zac. 4.11 ¿qué *significan* estos dos olivos a
4.12 ¿qué *significan* las dos ramas de olivo
Mt. 9.13; 12.7 *significa:* Misericordia quiero
27.33 lugar..*significa:* Lugar de la Calavera
Lc. 8.9 diciendo: ¿Qué *significa* esta parábola?
Jn. 7.36 ¿qué *significa* esto..Me buscaréis, y
Hch. 10.17 sobre lo que *significaría* la visión
He. 7.2 cuyo nombre *significa*..Rey de Salem

SIGNO
2 R. 23.5 incienso a Baal..a los *s* del zodíaco
2 Ts. 3.17 de Pablo, que es el *s* en toda carta

SIHÓN ***Población en la frontera de Isacar*, Jos. 19.19**

SIHOR ***Estanque de agua en Egipto***
Jos. 13.3 desde *S*..hasta el límite de Ecrón al
1 Cr. 13.5 David reunió a..desde *S* de Egipto

SIHOR-LIBNAT ***Lugar en la frontera de Aser*, Jos. 19.26**

SILA ***Barrio de Jerusalén*, 2 R. 12.20**

SILAS ***"Varón principal" de la iglesia de Jerusalén y compañero de Pablo (=Silvano)***
Hch. 15.22 a *S*, varones principales entre los
15.27 que enviamos a Judas y a *S*, los cuales
15.32 Judas y *S*..consolaron y confirmaron a
15.34 a *S* le pareció bien el quedarse allí
15.40 escogiendo a *S*, salió encomendado por
16.19 su ganancia, prendieron a Pablo y a *S*
16.25 medianoche, orando Pablo y *S*, cantaban
16.29 se postró a los pies de Pablo y de *S*
17.4 creyeron, y se juntaron con Pablo y..*S*
17.10 enviaron..a Pablo y a *S* hasta Berea
17.14 el mar; y *S* y Timoteo se quedaron allí
17.15 Pablo..y habiendo recibido orden para *S*
18.5 *S* y Timoteo vinieron de Macedonia, Pablo

SILBAR
Job 27.23 batirán..desde su lugar le *silbarán*
Is. 5.26 *silbará* al que está en el extremo de
7.18 *silbará* Jehová a la mosca que está en
Lm. 2.15 *silbaron*, y movieron despectivamente
Ez. 27.36 los mercaderes..*silbarán* contra ti

SILBIDO
Zac. 10.8 los llamaré con un *s*, y los reuniré

SILBO
1 R. 19.12 fuego..tras el fuego un *s* apacible

SILEM ***Hijo de Neftalí*, Gn. 46.24; Nm. 26.49**

SILEMITA ***Descendiente de Silem*, Nm. 26.49**

SILENCIO
Dt. 27.9 guarda *s* y escucha, oh Israel; hoy has
Job 41.12 no guardaré *s* sobre sus miembros, ni
Sal. 37.7 guarda *s* ante Jehová, y espera en él
39.2 enmudecí con *s*, me callé aun respecto de
83.1 Dios, no guardes *s;* no calles, oh Dios
94.17 si no..pronto moraría mi alma en el *s*
115.17 no alabarán..cuantos descienden al *s*
Is. 15.1 de noche fue destruida Ar..puesta en *s*
15.1 fue destruida Kir de Moab, reducida a *s*
42.14 he guardado *s*, y me he detenido; daré
57.11 he guardado *s* desde tiempos antiguos
Lm. 3.26 bueno es esperar en *s* la salvación de
Am. 8.3 en todo lugar los echarán fuera en *s*
Hch. 13.16 hecha señal de *s* con la mano, dijo
19.33 pedido *s* con la mano, quería hablar en
21.40 hecho gran *s*, habló en lengua hebrea
22.2 al oir..lengua hebrea, guardaron más *s*
1 Ti. 2.11 la mujer aprenda en *s*, con..sujeción
2.12 no permito a la mujer..sino estar en *s*
Ap. 8.1 abrió el séptimo sello, se hizo *s* en

SILENCIOSA
Sal. 56 *tít.* paloma *s* en paraje muy distante

SILHI ***Padre de Azuba*, 1 R. 22.42; 2 Cr. 20.31**

SILHIM ***Ciudad en Judá cerca de Siclag*, Jos. 15.32**

SILO ***Ciudad en Efraín***
Jos. 18.1 toda la congregación..se reunió en *S*
18.8 os eche suertes..delante de Jehová en *S*
18.9 volvieron a Josué al campamento en *S*
18.10 Josué les echó suertes delante de..en *S*
19.51 en posesión a..en *S*, delante de Jehová
21.2 les hablaron en *S* en la tierra de Canaán
22.9 separándose de los..de Israel desde *S*
22.12 juntó..en *S*, para subir a pelear contra
Jue. 18.31 tiempo..la casa de Dios estuvo en *S*
21.12 y las trajeron al campamento en *S*, que
21.19 aquí cada año hay fiesta..Jehová en *S*
21.21 cuando veáis salir a las hijas de *S* a
21.21 salid..y arrebatad..de las hijas de *S*
1 S. 1.3 subía..para ofrecer sacrificios..en *S*
1.9 y se levantó Ana..que hubo comido..en *S*
1.24 lo trajo a la casa de Jehová en *S;* y el
2.14 hacían con todo israelita que venía a *S*
3.21 y Jehová volvió a aparecer en *S;* porque
3.21 Jehová se manifestó a Samuel en *S* por la
4.3 traigamos..*S* el arca del pacto de Jehová
4.4 envió el pueblo a *S*, y trajeron de allá
4.12 un hombre..el mismo día a *S*, rotos sus
14.3 sacerdote de Jehová en *S*, llevaba el efod
1 R. 2.27 había dicho sobre la casa de Elí en *S*
14.2 dijo Jeroboam..Levántate ahora..vé a *S*
14.4 la mujer..se levantó y fue a *S*, y vino a
Sal. 78.60 dejó, por tanto..tabernáculo de *S*
Jer. 7.12 andad ahora a mi lugar en *S*, donde
7.14 haré también a esta casa..como hice a *S*
26.6 pondré esta casa como *S*, y esta ciudad
26.9 diciendo: Esta casa será como *S*, y esta
41.5 venían unos hombres..de *S* y de Samaria

SILOÉ ***Estanque en Jerusalén***
Neh. 3.15 el muro del estanque de *S* hacia el
Is. 8.6 desechó este pueblo las aguas de *S*, que
Lc. 13.4 cuales cayó la torre en *S*, y los mató
Jn. 9.7 dijo: Vé a lavarte en el estanque de *S*
9.11 y me djo: Vé al *S*, y lávate; y fui, y

SILOH ***Título que posiblemente se refiere al Mesías***
Gn. 49.10 no será quitado..hasta que venga *S*

SILONI ***Ascendiente de Maasías No. 11*, Neh. 11.5**

SILONITA ***Originario de Silo***
1 R. 11.29 le encontró en..el profeta Ahías *s*
12.15 había hablado por medio de Ahías *s* a
15.29 palabra que Jehová habló por..Ahías *s*
1 Cr. 9.5 y de los *s*, Asaías el primogénito, y
2 Cr. 9.29 escritos..en la profecía de Ahías *s*
10.15 había hablado por Ahías *s* a Jeroboam

SILSA ***Descendiente de Aser*, 1 Cr. 7.37**

SILVANO ***Compañero de Pablo y Pedro (=Silas)***
2 Co. 1.19 ha sido predicado..mí, *S* y Timoteo
1 Ts. 1.1; 2 Ts. 1.1 Pablo, *S* y Timoteo, a la
1 P. 5.12 por conducto de *S*, a quien tengo por

SILVESTRE
Gn. 7.14 ellos, y todos los animales *s* según
1 R. 6.18 tenía entalladuras de calabazas *s* y
2 R. 4.39 de ella llenó su falda de calabazas *s*
Neh. 8.15 traed ramas de olivo, de olivo *s*, de
Cnt. 2.3 como el manzano entre los árboles *s*
Is. 5.2 esperaba que diese uvas, y dio uvas *s*

SILVESTRE *(Continúa)*
Is. 5.4 esperando yo..diese uvas, ha dado uvas *s?*
Am. 7.14 sino que soy boyero, y recojo higos *s*
Mt. 3.4 Juan..su comida era langostas y miel *s*
Mr. 1.6 Juan estaba..comía langostas y miel *s*
Ro. 11.17 siendo olivo *s*, has sido injertado en
11.24 tú fuiste cortado del que..es olivo *s*

SILLA
Lv. 15.23 lo que estuviere..sobre la *s* en que
Jue. 3.20 Aod..El entonces se levantó de la *s*
1 S. 1.9; 4.13 Elí estaba sentado en una *s*
4.18 Elí cayó..de la *s* al lado de la puerta
20.25 y el rey se sentó en su *s*, como solía
1 R. 2.19 e hizo traer una *s* para su madre, la
22.10 sentados cada uno en su *s*, vestidos de
2 R. 4.10 y pongamos allí cama..*s* y candelero
Est. 3.1 y puso su *s* sobre todos los príncipes
Job 23.3 hallar a Dios! Yo iría hasta su *s*
Sal. 1.1 ni en *s* de escarnecedores..ha sentado
122.5 están las *s* del juicio, los tronos de
Pr. 9.14 se sienta en una *s* a la puerta de su
Is. 14.9 hizo levantar de sus *s* a..príncipes de
Am. 6.3 dilatáis..y acercáis la *s* de iniquidad
Jon. 3.6 se levantó de su *s*, se despojó de su
Mt. 21.12 y las *s* de los que vendían palomas
23.6 aman..las primeras *s* en las sinagogas
Mr. 11.15 y las *s* de los que vendían palomas
12.39 las primeras *s* en las sinagogas, y los
Lc. 11.43 amáis las primeras *s* en las sinagogas
20.46 aman..las primeras *s* en las sinagogas

SIMA
Lc. 16.26 una gran *s* está puesta entre nosotros

SIMBÓLICO
Zac. 3.8 tú y tus amigos..porque son varones *s*

SÍMBOLO
2 R. 18.4 cortó los *s* de Asera, e hizo pedazos
2 Cr. 14.3 imágenes, y destruyó los *s* de Asera
24.18 y sirvieron a los *s* de Asera y a las
Is. 17.8 ni mirará..a los *s* de Asera, ni a las
27.9 y no se levanten los *s* de Asera ni las
He. 9.9 lo cual es *s* para el tiempo presente

SIMEA
1. Tercer hijo de Isaí de Belén, **2 S. 13.3,32; 21.21; 1 Cr. 2.13; 20.7**
2. Hijo de David, **1 Cr. 3.5**
3. Levita descendiente de Merari, **1 Cr. 6.30**
4. Levita descendiente de Gersón, **1 Cr. 6.39**
5. Descendiente de Benjamín (=Simeam), **1 Cr. 8.32**

SIMEAM *Descendiente de Benjamín (=Simea No. 5)*, **1 Cr. 9.38**

SIMEAT *Padre (o madre) del asesino del rey Joás de Judá*, **2 R. 12.21; 2 Cr. 24.26**

SIMEATEOS *Familia de escribas ceneos*, **1 Cr. 2.55**

SIMEI
1. Hijo de Gersón No. 1, **Éx. 6.17; Nm. 3.18,21; 1 Cr. 6.17,42; 23.7,10(2)**
2. Hijo de Gera, pariente del rey Saúl
2 S. 16.5 *S* hijo de Gera; y salía maldiciendo
16.7 decía *S*, maldiciéndole: ¡Fuera, fuera
16.13 *S* iba por el lado del monte delante de
19.16 *S* hijo de Gera, hijo de Benjamín, que
19.18 entonces *S*..se postró delante del rey
19.21 ¿no ha de morir por esto *S*, que maldijo
19.23 dijo el rey a *S:* No morirás. Y el rey
1 R. 2.8 tienes contigo a *S* hijo de Gera, hijo
2.36 envió el rey e hizo venir a *S*, y le dijo
2.38 *S* dijo al rey: La palabra es buena; como
2.38 así..Y habitó *S* en Jerusalén muchos días
2.39 dos siervos de *S* huyeron a Aquis hijo de
2.39 dieron aviso a *S*, diciendo: He aquí que
2.40 *S* se levantó y..Fue, pues, *S*, y trajo
2.41 fue dicho a Salomón que *S* había ido de
2.42 el rey envió e hizo venir a *S*, y le dijo
2.44 dijo..el rey a *S:* Tú sabes todo el mal
3. Funcionario del rey David (posiblemente =No. 4.), **1 R. 1.8**
4. Funcionario del rey Salomón (posiblemente =No. 3), **1 R. 4.18**
5. Hermano de Zorobabel, **1 Cr. 3.19**
6. Padre de una familia de Simeón, **1 Cr. 4.26,27**
7. Descendiente de Rubén, **1 Cr. 5.4**
8. Levita descendiente de Merari, **1 Cr. 6.29**
9. Levita descendiente de Gersón, **1 Cr. 6.42; 23.7,9,10**
10. Descendiente de Benjamín, **1 Cr. 8.21; Zac. 12.13**
11. Levita, padre de una familia de cantores después del exilio, **1 Cr. 25.3,17**
12. Oficial del rey David, encargado de las viñas, **1 Cr. 27.27**
13. Levita en tiempo del rey Ezequías, **2 Cr. 29.14**
14. Levita mayordomo del rey Ezequías, **2 Cr. 31.12,13**
15. Nombre de tres de los que se casaron con mujeres extranjeras en tiempo de Esdras, **Esd. 10.23,33,38**
16. Ascendiente de Mardoqueo, **Est. 2.5**

SIMEÓN
1. Segundo hijo de Jacob y la tribu que formó su posteridad
Gn. 29.33 dio a luz un hijo..llamó su nombre *S*
34.25 *S* y Leví..tomaron cada uno su espada
34.30 Jacob a *S* y a Leví: Me habéis turbado
35.23 Lea..*S*, Leví, Judá, Isacar y Zabulón
42.24 tomó de entre ellos a *S*, y lo aprisionó
42.36 mis hijos; José no parece, ni *S* tampoco
43.23 paz a vosotros, no..Y sacó a *S* a ellos
46.10 los hijos de *S:* Jemuel, Jamín, Ohad
48.5 míos son; como Rubén y *S*, serán míos
49.5 *S* y..son hermanos; armas de iniquidad
Éx. 1.2 Rubén, *S*, Leví, Judá
6.15 los hijos de *S:* Jemuel, Jamín, Ohad
6.15 Saúl hijo..Estas son las familias de *S*
Nm. 1.6 de *S*, Selumiel hijo de Zurisadai
1.22 de los hijos de *S*, por su descendencia
1.23 los contados de la tribu de *S*..59.300
2.12 acamparán junto a él..de la tribu de *S*
2.12 jefe de los hijos de *S*, Selumiel hijo
7.36 quinto día, Selumiel..de los hijos de *S*
10.19 sobre..los hijos de *S*, Selumiel hijo de
13.5 de la tribu de *S*, Safat hijo de Horí
25.14 jefe de una familia de la tribu de *S*
26.12 hijos de *S* por sus familias: de Nemuel
34.20 de la tribu de los hijos de *S*, Semuel
Dt. 27.12 Gerizim..*S*, Leví, Judá, Isacar, José
Jos. 19.1 segunda suerte..*S*, para..hijos de *S*
19.8 esta es la heredad de..los hijos de *S*
19.9 fue sacada la heredad de los hijos de *S*
19.9 hijos de *S* tuvieron su heredad en medio
21.4 obtuvieron por suerte..de la tribu de *S*
21.9 de la tribu de..*S*, dieron estas ciudades
Jue. 1.3 Judá dijo a *S*..Sube..Y *S* fue con él
1.17 fue Judá con..*S*, y derrotaron al cananeo
1 Cr. 2.1 los hijos de Israel: Rubén, *S*, Leví
4.24 los hijos de *S:* Nemuel, Jamín, Jarib
4.42 de los hijos de *S*, fueron al monte de
6.65 dieron..de la tribu de los hijos de *S*
12.25 los hijos de *S*, 7.100 hombres valientes
2 Cr. 15.9 y con ellos los forasteros..y de *S*
34.6 lo mismo hizo en las ciudades de..*S* y
Ez. 48.24 desde el lado del oriente..*S*, otra
48.25 junto al límite de *S*, desde el lado del
48.33 puerta de *S*, una; la puerta de Isacar
Ap. 7.7 de la tribu de *S*, doce mil sellados
2. Uno de los que se casaron con mujeres extranjeras en tiempo de Esdras, **Esd. 10.31**
3. Aquel que bendijo a Dios al ver al niño Jesús
Lc. 2.25 aquí había en Jerusalén un hombre..*S*
2.34 los bendijo *S*, y dijo a su madre María
4. Ascendiente de Jesucristo, **Lc. 3.30**

SIMEONITA *Descendiente de Simeón No. 1*, **Nm. 26.14; 1 Cr. 27.16**

SIMIENTE
Gn. 3.15 enemistad entre ti..tu *s* y la *s* suya
22.18 tu *s* serán benditas todas las naciones
26.4 las naciones de..serán benditas en tu *s*
28.14 las familias..benditas en ti y en tu *s*
Lv. 27.30 el diezmo..así de la *s* de la tierra
Is. 6.13 roble..así será el tronco, la *s* santa
17.11 y harás que su *s* brote de mañana; pero
Jer. 2.21 vid escogida, *s* verdadera toda ella
31.27 sembraré..*s* de hombre y de *s* de animal
Ez. 17.5 tomó también de la *s* de la tierra, y
Am. 9.13 pisador de las uvas al que lleve la *s*
Hag. 2.19 ¿no está aún la *s* en el granero? Ni
Zac. 8.12 habrá *s* de paz; la vid dará su fruto
Hch. 3.25 en tu *s* serán benditas..las familias
Gá. 3.16 a Abraham fueron..promesas, y a su *s*
3.16 no dice: Y a las *s*..sino..Y a tu *s*, la
3.19 hasta que viniese la *s* a quien fue hecha
1 P. 1.23 renacidos, no de *s* corruptible, sino
1 Jn. 3.9 porque la *s* de Dios permanece en él

SIMIL
Jos. 22.28 mirad el *s* del altar de Jehová, el

SIMÓN
1. Descendiente de Judá, **1 Cr. 4.20**
2. Simón Pedro, el apóstol. Véase también Pedro y Cefas
Mt. 4.18 vio a dos hermanos, *S*, llamado Pedro
10.2 primero *S*, llamado Pedro, y Andrés su
16.16 *S* Pedro, dijo: Tú eres el Cristo, el
16.17 bienaventurado eres, *S*, hijo de Jonás
17.25 te parece, *S?* Los reyes de la tierra
Mr. 1.16 andando junto al..vio a *S* y a Andrés
1.29 de la sinagoga, vinieron a casa de *S* y
1.30 y la suegra de *S* estaba..con fiebre; y
1.36 y le buscó *S*, y los que con él estaban
3.16 *S*, a quien puso por sobrenombre Pedro
14.37 *S*, ¿duermes? ¿No has podido velar una
Lc. 4.38 en casa de *S*. La suegra de *S* tenía
5.3 y entrando en una..la cual era de *S*, le
5.4 a *S:* Boga mar adentro, y echad..redes
5.5 *S*, le dijo: Maestro, toda la noche hemos
5.8 viendo esto *S* Pedro, cayó de rodillas
5.10 Jacobo y Juan..que eran compañeros de *S*
5.10 Jesús dijo a *S:* No temas; desde ahora
6.14 *S*, a quien también llamó Pedro, a Andrés
22.31 *S*, *S*, he aquí Satanás os ha pedido para
24.34 ha resucitado el..y ha aparecido a *S*
Jn. 1.40 Andrés, hermano de *S* Pedro, era uno
1.41 éste halló..a su hermano *S*, y le dijo
1.42 Jesús, dijo: Tú eres *S*, hijo de Jonás
6.8 uno..Andrés, hermano de *S* Pedro, le dijo
6.68 le respondió *S*..Señor, ¿a quién iremos?
13.6 vino a *S* Pedro; y Pedro le dijo: Señor
13.9 le dijo *S* Pedro: Señor, no sólo mis pies
13.24 a éste, pues, hizo señas *S* Pedro, para
13.36 le dijo *S* Pedro: Señor, ¿a dónde vas?
18.10 entonces *S* Pedro, que tenía una espada
18.15 y seguían a Jesús *S* Pedro y..discípulo
20.2 fue a *S* Pedro y al otro discípulo, aquel
20.6 luego llegó *S* Pedro tras él, y entró en
21.2 estaban juntos *S* Pedro, Tomás llamado
21.3 *S* Pedro les dijo: Voy a pescar. Ellos
21.7 *S* Pedro, cuando oyó que era el Señor, se
21.11 subió *S* Pedro, y sacó la red a tierra
21.15,16,17 *S*, hijo de Jonás, ¿me amas?
Hch. 10.5 envía, pues..a Jope, y haz venir a *S*
10.18 preguntaron si moraba allí un *S* que
10.32 venir a *S* el que tiene por sobrenombre
11.13 envía hombres a Jope, y haz venir a *S*
15.14 *S* ha contado cómo Dios visitó por..vez
2 P. 1.1 *S* Pedro, siervo..de Jesucristo, a los
3. El cananita o Zelote, uno de los doce apóstoles, **Mt. 10.4; Mr. 3.18; Lc. 6.15; Hch. 1.13**
4. Hermano del Señor, **Mt. 13.55; Mr. 6.3**
5. Simón el leproso, **Mt. 26.6; Mr. 14.3**
6. Simón de Cirene, **Mt. 27.32; Mr. 15.21; Lc. 23.26**
7. Fariseo
Lc. 7.40 *S*, una cosa tengo que decirte. Y él
7.43 *S*, dijo: Pienso que aquel a quien..más
7.44 dijo a *S:* ¿Ves esta mujer? Entré en tu
8. Padre de Judas Iscariote, **Jn. 6.71; 12.4; 13.2,26**
9. Mago, de Samaria
Hch. 8.9 había un hombre llamado *S*, que antes
8.13 creyó *S* mismo, y habiéndose bautizado
8.18 vio *S* que por la imposición de las manos
8.24 *S*, dijo: Rogad vosotros por mí al Señor
10. Curtidor, de Jope
Hch. 9.43 se quedó..en casa de un..*S*, curtidor
10.6 éste posa en casa de cierto *S* curtidor
10.17 preguntando por la casa de *S*, llegaron
10.32 el cual mora en casa de *S*, un curtidor
11. Simón Niger, de Antioquía, **Hch. 13.1**

SIMPLE
Sal. 119.130 palabras..hace entender a los *s*
Pr. 1.4 dar sagacidad a los *s*, y a los jóvenes
1.22 ¿hasta cuándo..*s*, amaréis la simpleza
7.7 entre los *s*, consideré entre los jóvenes
8.5 entended, oh *s*, discreción; y vosotros
9.4,16 dice a cualquier *s:* Ven acá. A los
9.13 la mujer insensata es..es *s* e ignorante
14.15 el *s* todo lo cree; mas el avisado mira
14.18 *s* heredarán necedad; mas los prudentes
19.25 hiere al escarnecedor, y el *s* se hará
21.11 cuando..castigado, el *s* se hace sabio
22.3; 27.12 mas los *s* pasan y llevan el daño
Is. 32.7 trama intrigas..para enredar a los *s*

SIMPLEZA
Pr. 1.22 ¿hasta cuándo..simples, amaréis la *s*
9.6 dejad las *s*, y vivid, y andad..el camino

SIMRAT *Descendiente de Benjamín*, **1 Cr. 8.21**

SIMRI
1. Descendiente de Simeón, **1 Cr. 4.37**
2. Padre de dos valientes de David, **1 Cr. 11.45**
3. Jefe de un grupo de porteros del templo, **1 Cr. 26.10**
4. Levita en tiempo del rey Ezequías, **2 Cr. 29.13**

SIMRIT ***Moabita, madre de Jozabad No. 1,* 2 Cr. 24.26**

SIMRÓN

1. ***Hijo de Isacar,* Gn. 46.13; Nm. 26.24; 1 Cr. 7.1**
2. ***Ciudad de los cananeos, posteriormente de Zabulón,* Jos. 11.1; 19.15**

SIMRONITA ***Descendiente de Simrón No. 1,* Nm. 26.24**

SIMRON-MERÓN ***Ciudad cananea,* Jos. 12.20**

SIMSAI ***Oficial persa***

Esd. 4.8 y *S* secretario escribieron una carta
4.9 escribieron. . *S* secretario, y los demás
4.17 a *S* secretario, a los demás compañeros
4.23 copia de la carta. . leída delante de *S*

SIMULACIÓN

Gá. 2.13 en su *s* participaban. . los otros judíos

SIMULADAMENTE

Sal. 26.4 no. . ni he entrado con los que andan *s*

SIMULAR

Lc. 20.20 espías que se *simulasen* justos, a fin

SIN

1. ***Desierto en la península de Sinaí,* Éx. 16.1; 17.1; Nm. 33.11,12**
2. ***Ciudad fortificada de Egipto***

Ez. 30.15 derramaré mi ira sobre *S*, fortaleza
30.16 pondré fuego a Egipto; *S* tendrá. . dolor

SINAB ***Rey de Adma,* Gn. 14.2**

SINAGOGA

Sal. 74.8 han quemado todas las *s* de Dios en la
Mt. 4.23 recorrió. . Galilea, enseñando en las *s*
6.2 como hacen los hipócritas en las *s* y en
6.5 ellos aman el orar en pie en las *s* y en
9.35 y aldeas, enseñando en las *s* de ellos, y
10.17 os entregarán. . y en sus *s* os azotarán
12.9 pasando de allí, vino a la *s* de ellos
13.54 a su tierra, les enseñaba en la *s* de
23.6 aman los. . las primeras sillas en las *s*
23.34 y a otros azotaréis en vuestras *s*, y
Mr. 1.21 días de reposo, entrando en la *s*
1.23 había en la *s*. . un hombre con espíritu
1.29 salir de la *s*, vinieron a casa de Simón
1.39 predicaba en las *s* de. . en toda Galilea
3.1 vez entró Jesús en la *s;* y había allí un
5.22 y vino uno de los principales de la *s*
5.35 vinieron de casa del principal de la *s*
5.36 dijo al principal de la *s:* No temas; cree
5.38 vino a casa del principal de la *s*, y vio
6.2 día de reposo, comenzó a enseñar en la *s*
12.39 y las primeras sillas en las *s*, y los
13.9 os entregarán a. . y en las *s* os azotarán
Lc. 4.15 enseñaba en las *s*. . y era glorificado
4.16 el día de reposo entró en la *s*, conforme
4.20 los ojos de todos en la *s* estaban fijos
4.28 al oir estas cosas, todos en la *s* se
4.33 en la *s* un hombre que tenía un espíritu
4.38 Jesús. . salió de la *s*, y entró en casa de
4.44 y predicaba en las *s* de Galilea
6.6 entró en la *s* y enseñaba; y estaba allí
7.5 ama a nuestra nación, y. . edificó una *s*
8.41 vino. . Jairo, que era principal de la *s*
8.49 vino uno de casa del principal de la *s*
11.43 amáis las primeras sillas en las *s*, y
12.11 cuando os trajeren a las *s*, y ante los
13.10 enseñaba Jesús en una *s* en el día de
13.14 pero el principal de la *s*, enojado de
20.46 y aman. . las primeras sillas en las *s*
21.12 os entregarán a las *s* y a las cárceles
Jn. 6.59 estas cosas dijo en la *s*, enseñando
9.22 era el Mesías, fuera expulsado de la *s*
12.42 pero. . para no ser expulsados de la *s*
16.2 os expulsarán de las *s;* y aun viene la
18.20 yo. . siempre he enseñado en la *s* y en el
Hch. 6.9 unos de la *s* llamada de los libertos
9.2 y le pidió cartas para las *s* de Damasco
9.20 en seguida predicaba a Cristo en las *s*
13.5 anunciaban la palabra de Dios en las *s*
13.14 y entraron en la *s* un día de reposo y
13.15 principales de la *s* mandaron a decirles
13.42 cuando salieron. . de la *s* de los judíos
14.1 entraron juntos en la *s* de los judíos
15.21 cada ciudad quien lo predique en las *s*
17.1 a Tesalónica, donde había una *s* de los
17.10 ellos. . entraron en la *s* de los judíos
17.17 que discutía en la *s* con los judíos y
18.4 y discutía en la *s*. . los días de reposo
18.7 a la casa. . la cual estaba junto a la *s*
18.8 Crispo, el principal de la *s*, creyó en
18.17 apoderándose de. . principal de la *s*, le
18.19 y entrando en la *s*, discutía con los
18.26 comenzó a hablar con denuedo en la *s*
19.8 y entrando Pablo en la *s*, habló con
22.19 saben que yo. . azotaba en todas las *s*
24.12 el templo, ni en las *s* ni en la ciudad
26.11 castigándolos en. . las *s*, los forcé a
Ap. 2.9 dicen. . y no lo son, sino *s* de Satanás
3.9 yo entrego de la *s* de Satanás a los que

SINAÍ ***Monte, y región contigua a él, en el sur de la península de Sinaí (=Horeb)***

Éx. 16.1 desierto de Sin. . está entre Elim y *S*
19.1 el mismo día llegaron al desierto de *S*
19.2 llegaron al desierto de *S*, y acamparon
19.11 Jehová descenderá. . sobre el monte de *S*
19.18 todo el monte *S* humeaba, porque Jehová
19.20 y descendió Jehová sobre el monte *S*
19.23 el pueblo no podrá subir al monte *S*
24.16 la gloria de Jehová. . sobre el monte *S*
31.18 a Moisés. . en el monte de *S*, dos tablas
34.2 y sube de mañana al monte de *S*. . ante mí
34.29 descendiendo Moisés del monte *S* con las
34.32 que Jehová le había dicho en el monte *S*
Lv. 7.38 mandó Jehová a Moisés en el monte. . *S*
7.38 que ofreciesen sus. . en el desierto de *S*
25.1 Jehová habló a Moisés en el monte de *S*
26.46 que estableció Jehová. . en el monte de *S*
27.34 que ordenó Jehová a. . en el monte de *S*
Nm. 1.1 habló Jehová a Moisés. . el desierto de *S*
1.19 a Moisés, los contó en el desierto de *S*
3.1,14; 9.1 Jehová habló. . en el monte de *S*
3.4 ofrecieron fuego extraño. . desierto de *S*
9.5 celebraron la pascua. . en el desierto de *S*
10.12 partieron. . del desierto de *S* según el
26.64 contaron a. . Israel en el desierto de *S*
28.6 holocausto. . ordenado en el monte *S* para
33.15 salieron. . acamparon en el desierto de *S*
33.16 salieron del desierto de *S* y acamparon
Dt. 33.2 dijo: Jehová vino de *S*, y de Seir les
Jue. 5.5 temblaron. . aquel *S*, delante de Jehová
Neh. 9.13 y sobre el monte de *S* descendiste, y
Sal. 68.8 *S* tembló delante de Dios, del Dios
68.17 el Señor viene del *S* a su santuario
Hch. 7.30 se le apareció en el desierto del. . *S*
7.38 el ángel que le hablaba en el monte *S*
Gá. 4.24 el uno proviene del monte *S*, el cual
4.25 porque Agar es el monte *S* en Arabia, y

SINAR ***La tierra de Babilonia.***

Gn. 10.10 Erec, Acad y Calne, en la tierra de *S*
11.2 hallaron una llanura en la tierra de *S*
14.1 aconteció en. . días de Amrafel rey de *S*
14.9 de Goim, Amrafel rey de *S*, y Arioc rey
Is. 11.11 su pueblo que aún quede en Asiria. . *S*
Dn. 1.2 los trajo a tierra de *S*, a la casa de
Zac. 5.11 le sea edificada casa en tierra de *S*

SINCERAMENTE

Fil. 1.16 unos anuncian. . por contención, no *s*
2.20 y que tan *s* se interese por vosotros

SINCERIDAD

Job 33.3 lo que saben mis. . lo hablarán con *s*
Sal. 5.9 porque no hay en la boca de ellos no hay *s*
1 Co. 5.8 panes sin levadura, de *s* y de verdad
2 Co. 1.12 y *s* de Dios. . nos hemos conducido en
2.17 que con *s*, como de. . hablamos en Cristo
8.8 para poner a prueba. . *s* del amor vuestro

SINCERO, RA

2 Co. 6.6 en el Espírtu Santo, en amor *s*
11.3 extraviados de la *s* fidelidad a Cristo
Fil. 1.10 fin de que seáis *s* e irreprensibles
Col. 3.22 sino con corazón *s*, temiendo a Dios
He. 10.22 acerquémonos con corazón *s*, en plena

SINEOS ***Tribu cananea,* Gn. 10.17; 1 Cr. 1.15**

SINGULAR

2 S. 7.23 como Israel, nación *s* en la tierra?

SINIESTRA

Gn. 24.49 si no. . me iré a la diestra o a la *s*
Nm. 20.17 apartarnos a diestra ni a *s*, hasta
Dt. 2.27 iré, sin apartarme ni a diestra ni a *s*
5.32 mirad. . no os apartéis a diestra ni a *s*
17.11 no te apartarás ni a diestra ni a *s* de
17.20 ni se aparte del. . a diestra ni a *s;* a fin
28.14 si no te apartares. . ni a diestra ni a *s*
Jos. 1.7 te apartes de ella ni a diestra ni a *s*
23.6 sin apartaros de ello ni a diestra ni a *s*
Dn. 12.7 alzó su diestra y su *s*. . y juró por el
Zac. 12.6 y consumirán a diestra y a *s* a todos
2 Co. 6.7 con armas de justicia a diestra y a *s*

SINIM ***Pueblo en el sur de Egipto (=Sevene),* Is. 49.12**

SINSABOR

Job 14.1 el hombre. . corto de. . y hastiado de *s*

SINTIQUE ***Cristiana en Filipos***

Fil. 4.2 a Evodia y a *S*, que sean de un sentir

SION

1. ***El monte Hermón (=Sirión),* Dt. 4.48**
2. ***La fortaleza de Jerusalén; a veces se refiere al área del templo o a la ciudad misma***

2 S. 5.7 David tomó la fortaleza de *S*, la cual
1 R. 8.1 de la ciudad de David, la cual es *S*
2 R. 19.21 la virgen hija de *S* te menosprecia
19.31 saldrá. . monte de *S* los que se salven
1 Cr. 11.5 David tomó la fortaleza de *S*, que es
2 Cr. 5.2 el arca. . ciudad de David, que es *S*
Sal. 2.6 puesto mi rey sobre *S*, mi santo monte
9.11 cantad a Jehová. . habita en *S;* publicad
9.14 las puertas de la hija de *S*, y me goce
14.7 que de *S* saliera la salvación de Israel!
20.2 te envíe ayuda. . y desde *S* te sostenga
48.2 es el monte de *S*, a los lados del norte
48.11 se alegrará el monte de *S;* se gozarán
48.12 andad alrededor de *S*, y rodeadla; contad
50.2 de *S*, perfección de hermosura, Dios ha
51.18 bien con tu benevolencia a *S;* edifica
53.6 si saliera de *S* la salvación de Israel!
65.1 tuya es la alabanza en *S*, oh Dios, y a ti
69.35 porque Dios salvará a *S*, y reedificará
74.2 acuérdate de. . de *S*, donde has habitado
76.2 en Salem está su. . y su habitación en *S*
78.68 que escogió. . el monte de *S*, al cual amó
84.7 irán de poder en poder; verán a Dios en *S*
87.2 ama Jehová las puertas de *S* más que todas
87.5 de *S* se dirá: Este y aquél han nacido
97.8 oyó *S*, y se alegró; y las hijas de Judá
99.2 Jehová en *S* es grande, y exaltado sobre
102.13 levantarás y tendrás misericordia de *S*
102.16 por cuanto Jehová habrá edificado a *S*
102.21 que publique en *S* el nombre de Jehová
110.2 Jehová enviará desde *S* la vara de tu
125.1 los que confían. . son como el monte de *S*
126.1 Jehová hiciere volver. . cautividad de *S*
128.5 bendígate Jehová desde *S*, y veas el bien
129.5 y vueltos atrás. . los que aborrecen a *S*
132.13 Jehová ha elegido a *S;* la quiso por
133.3 como el rocío. . sobre los montes de *S*
134.3 desde *S* te bendiga Jehová, el cual ha
135.21 desde *S* sea bendecido Jehová, quien
137.1 allí. . aun llorábamos, acordándonos de *S*
137.3 cantadnos algunos de los cánticos de *S*
146.10 reinará. . Dios, oh *S*, de generación en
147.12 alaba a Jehová. . alaba a tu Dios, oh *S*
149.2 Israel. . hijos de *S* se gocen en su Rey
Cnt. 3.11 salid, oh doncellas de *S*, y ved al
Is. 1.8 y queda la hija de *S* como enramada en
1.27 *S* será rescatada con juicio, y. . justicia
2.3 porque de *S* saldrá la ley, y de Jerusalén
3.16 las hijas de *S* se ensoberbecen, y andan
3.17 Señor raerá la cabeza de las hijas de *S*
4.3 acontecerá que el que quedare en *S*, y el
4.4 lave las inmundicias de las hijas de *S*
4.5 sobre toda la morada del monte de *S*, y
8.18 Jehová de los. . que mora en el monte de *S*
10.12 acabado toda su obra en el monte de *S*
10.24 pueblo mío, morador de *S*, no temas de
10.32 alzará. . mano al monte de la hija de *S*
12.6 regocíjate y canta, oh moradora de *S*
14.32 que Jehová fundó a *S*, y que a ella se
16.1 enviad cordero. . monte de la hija de *S*
18.7 al lugar del nombre de. . al monte de *S*
24.23 Jehová de los. . reine en el monte de *S*
28.16 puesto en *S* por fundamento una piedra
29.8 las. . que pelearán contra el monte de *S*
30.19 el pueblo morará en *S*, en Jerusalén
31.4 descenderá a pelear sobre el monte de *S*
31.9 Jehová, cuyo fuego está en *S*, y su horno
33.5 mora. . llenó a *S* de juicio y de justicia
33.14 pecadores se asombraron en *S*, espanto
33.20 mira a *S*, ciudad de nuestras fiestas
34.8 año de retribuciones en el pleito de *S*
35.10 volverán, y vendrán a *S* con alegría; y
37.22 la virgen hija de *S* te menosprecia, te
37.32 un. . y del monte de *S* los que se salven
40.9 sobre un monte alto, anunciadora de *S*
41.27 yo soy. . que he enseñado estas cosas a *S*
46.13 pondré salvación en *S*, y mi gloria en
49.14 *S* dijo: Me dejó Jehová, y el Señor se
51.3 consolará Jehová a *S;* consolará todas
51.11 volverán a *S* cantando, y gozo perpetuo
51.16 y diciendo a *S:* Pueblo mío eres tú
52.1 vístete de poder, oh *S;* vístete tu ropa
52.2 suelta las ataduras. . cautiva hija de *S*
52.7 pies. . del que dice a *S:* ¡Tu Dios reina!
52.8 ojo verán que Jehová vuelve a traer a *S*
59.20 y vendrá el Redentor a *S*, y a los que
60.14 y te llamarán. . *S* del Santo de Israel
61.3 a ordenar que a los afligidos de *S*. . dé
62.1 por amor de *S* no callaré, y por amor de
62.11 decid a la hija de *S:* He aquí viene tu
64.10 *S* es. . desierto, Jerusalén una soledad
66.8 en cuanto *S* estuvo de parto, dio a luz
Jer. 3.14 cada familia, y os introduciré en *S*
4.6 alzad bandera en *S*, huid, no os detengáis
4.31 oí una voz. . de la hija de *S* que lamenta
6.2 destruiré a la bella y delicada hija de *S*
6.23 para la guerra contra ti, oh hija de *S*
8.19 ¿no está Jehová en *S*. . en ella su Rey?
9.19 *S* fue oída voz de endecha: ¡Cómo hemos

SION *(Continúa)*

Jer. 14.19 ¿ha aborrecido tu alma a S? ¿Por qué
26.18 S será arada como campo, y Jerusalén
30.17 esta es S, de la que nadie se acuerda
31.6 levantaos, y subamos a S, a Jehová..Dios
31.12 vendrán con gritos de..en lo alto de S
50.5 preguntarán por el camino de S, hacia
50.28 dar en S las nuevas de la retribución
51.10 venid, y contemos en S la obra de..Dios
51.24 el mal que ellos hicieron en S delante
51.35 la violencia hecha a..la moradora de S
Lm. 1.4 las calzadas de S tienen luto, porque
1.6 desapareció de la hija de S..hermosura
1.17 S extendió sus manos; no tienen quien la
2.1 ¡cómo oscureció el Señor..la hija de S!
2.4 en la tienda de la hija de S derramó como
2.6 ha hecho olvidar..los días de reposo en S
2.8 determinó destruir..muro de la hija de S
2.10 callaron los ancianos de la hija de S
2.13 para consolarte, oh virgen hija de S?
2.18 oh hija de S, echa lágrimas cual arroyo
4.2 hijos de S, preciados y estimados más que
4.11 encendió en S fuego que consumió hasta
4.22 se ha cumplido tu castigo, oh hija de S
5.11 violaron a..mujeres en S, a las vírgenes
5.18 el monte de S que está asolado; zorras
Jl. 2.1 tocad trompeta en S, y dad alarma en
2.15 tocad trompeta en S, proclamad ayuno
2.23 hijos de S, alegraos y gozaos en Jehová
2.32 en..de S y en Jerusalén habrá salvación
3.16 y Jehová rugirá desde S, y dará su voz
3.17 que yo soy Jehová..Dios, que habito en S
3.21 limpiaré la sangre..Jehová morará en S
Am. 1.2 Jehová rugirá desde S, y dará su voz
6.1 ¡ay de los reposados en S, y..confiados
Abd. 7 en el monte de S habrá un remanente que
21 y subirán salvadores al monte de S para
Mi. 1.13 principio de pecado a la hija de S
3.10 edificáis a S con sangre, y a Jerusalén
3.12 a causa de vosotros S será arada como
4.2 de S saldrá la ley, y de Jerusalén la
4.7 Jehová reinará..en el monte de S desde
4.8 tú, oh torre..fortaleza de la hija de S
4.10 gime, hija de S, como mujer que está de
4.11 dicen..vean nuestros ojos su deseo en S
4.13 levántate y trilla, hija de S, porque
Sof. 3.14 oh hija de S; da voces de júbilo, oh
3.16 no temas; S, no se debiliten tus manos
Zac. 1.14 celé con gran celo a Jerusalén y a S
1.17 y aún consolará Jehová a S, y escogerá
2.7 S, la que moras con la hija de Babilonia
2.10 canta y alégrate, hija de S; porque he
8.2 celé a S con gran celo, y con gran ira
8.3 yo he restaurado a S, y moraré en medio
9.9 alégrate mucho, hija de S; da voces de
9.13 despertaré a tus hijos, oh S, contra tus
Mt. 21.5 a la hija de S: He aquí, tu Rey viene
Jn. 12.15 no temas, hija de S; he aquí tu Rey
Ro. 9.33 he aquí pongo en S piedra de tropiezo
11.26 vendrá de S el Libertador, que apartará
He. 12.22 os habéis acercado al monte de S, a
1 P. 2.6 aquí, pongo en S la principal piedra
Ap. 14.1 Cordero..en pie sobre el monte de S

SIOR *Ciudad en Judá,* **Jos. 15.54**

SIPAI *Gigante matado por Sibecai,* **1 Cr. 20.4**

SIQUEM

1. Ciudad antigua en Manasés

Gn. 12.6 pasó Abram por..hasta el lugar de S
33.18 después Jacob llegó..a la ciudad de S
35.4 debajo de..encina, que estaba junto a S
37.12 apacentar las ovejas de su padre en S
37.13 hermanos apacientan las ovejas en S
37.14 y lo envió del valle de..y llegó a S
Jos. 17.7 hasta Micmetat..está enfrente de S
20.7 señalaron a..S en el monte de Efraín
21.21 dieron S, con sus ejidos, en el monte
24.1 reunió Josué a todas las tribus..en S
24.25 Josué..les dio estatutos y leyes en S
24.32 y enterraron en S los huesos de José
Jue. 8.31 su concubina que estaba en S le dio
9.1 Abimelec..fue a S, a los hermanos de su
9.2 ruego..digáis en oídos de todos los de S
9.3 y hablaron..en oídos de todos los de S
9.6 se juntaron todos los de S con..Milo, y
9.6 cerca de la llanura del..que estaba en S
9.7 oídme, varones de S, y así os oiga Dios
9.18 y habéis puesto por rey..S a Abimelec
9.20 consuma a los de S..salga de los de S
9.23 mal espíritu entre Abimelec y los..de S
9.23 los de S se levantaron contra Abimelec
9.24 recayera..y sobre los hombres de S que
9.25 los de S pusieron en..asechadores que
9.26 Gaal hijo de Ebed vino..se pasaron a S
9.26 y los de S pusieron en él su confianza
9.28 qué es S, para que nosotros le sirvamos?
9.31 Gaal hijo de Ebed y..han venido a S, y
9.34 pusieron emboscada contra S con cuatro
9.39 Gaal salió delante de los de S, y peleó
9.41 echó fuera a..para que no morasen en S
9.46 oyeron..los que estaban en la torre de S
9.47 reunidos..los hombres de la torre de S
9.49 que todos los de la torre de S murieron
9.57 el mal..de S lo hizo Dios volver sobre
21.19 lado..del camino que sube de Bet-el a S
1 R. 12.1 fue a S..todo Israel había venido a S
12.25 reedificó Jeroboam a S en el monte de
1 Cr. 6.67 dieron la ciudad..S con sus ejidos
7.28 S con sus aldeas, hasta Gaza y..aldeas
2 Cr. 10.1 Roboam fue a S..S se había reunido
Sal. 60.6; 108.7 repartiré a S, y mediré..valle
Jer. 41.5 venían unos hombres de S, de Silo y
Os. 6.9 sacerdotes mata en el camino hacia S
Hch. 7.16 fueron trasladados a S, y puestos en
7.16 el sepulcro que..compró Abraham..en S

2. Hijo de Hamor, habitante de No. 1

Gn. 33.19 parte del campo..de Hamor padre de S
34.2 la vio S hijo de Hamor heveo..y la tomó
34.4 y habló S a Hamor su padre, diciendo
34.5 pero oyó Jacob que S había amancillado
34.6 y se dirigió Hamor padre de S a Jacob
34.8 alma de mi hijo S se ha apegado a..hija
34.11 S también dijo al padre de Dina y a los
34.13 respondieron los hijos de Jacob a S y
34.18 parecieron bien..a Hamor, y a S hijo de
34.20 Hamor y S..vinieron a la puerta de su
34.24 obedecieron a..y a S su hijo todos los
34.26 a Hamor y a S..los mataron a filo de
34.26 y tomaron a Dina de casa de S..fueron
Jos. 24.32 Jacob compró..de Hamor padre de S
Jue. 9.28 servid..varones de Hamor padre de S

3. Jefe de una familia de Manasés, **Nm. 26.31; Jos. 17.2**

4. Hijo de Semida, **1 Cr. 7.19**

SIQUEMITA *Descendiente de Siquem No. 3,* **Nm. 26.31**

SIRA *Pozo cerca de Hebrón* **2 S. 3.26**

SIRACUSA *Ciudad y puerto de Sicilia,* **Hch. 28.12**

SIRIA *Región habitada por los sirios (arameos), principalmente el reino cuya capital era Damasco. Véase también Aram No. 3*

Jue. 3.10 entregó..a Cusan-risataim rey de S
10.6 sirvieron..Astarot, a los dioses de S
2 S. 8.6 puso luego David guarnición en S de
15.8 hizo voto cuando estaba en Gesur en S
1 R. 10.29 así los adquirían..los reyes de..S
11.25 porque aborreció a Israel, y reinó..S
15.18 de Tabrimón, hijo de Hezión, rey de S
19.15 dijo..y ungirás a Hazael por rey de S
20.1 Ben-adad rey de S juntó a..su ejército
20.20 el rey de S..se escapó en un caballo
20.22 un año, el rey de S vendrá contra ti
20.23 y los siervos del rey de S le dijeron
22.3 nada para tomarla de mano del rey de S?
22.31 mas el rey de S había mandado a sus 32
2 R 5.1 Naamán..del ejército del rey de S, era
5.1 por..él había dado Jehová salvación a S
5.2 y de S habían salido bandas armadas, y
5.5 dijo el rey de S: Anda, vé, y yo enviaré
6.8 tenía el rey de S guerra contra Israel
6.11 y el corazón del rey de S se turbó por
6.23 nunca más vinieron bandas armadas de S
6.24 Ben-adad rey de S reunió..su ejército
8.7 y Ben-adad rey de S estaba enfermo, al
8.9 tu hijo Ben-adad rey de S me ha enviado
8.13 me ha mostrado que tú serás rey de S
8.28 fue a la guerra..contra Hazael rey de S
8.29 rey..cuando peleó contra Hazael rey de S
9.14 a Ramot..por causa de Hazael rey de S
9.15 hecho, peleando contra Hazael rey de S
12.17 subió Hazael rey de S, y peleó contra
12.18 todo el oro..lo envió a Hazael rey de S
13.3 los entregó en mano de Hazael rey de S
13.4 la aflicción..el rey de S los afligía
13.7 el rey de S los había destruido, y los
13.17 y saeta de salvación contra S; porque
13.19 o seis golpes, hubieras derrotado a S
13.19 ahora sólo tres veces derrotarás a S
13.22 Hazael..de S, afligió a Israel todo el
13.24 murió Hazael rey de S, y reinó en su
15.37 a enviar contra Judá a Rezín rey de S
16.5 Rezín rey de S y..subieron a Jerusalén
16.7 defiéndeme de mano del rey de S, y de
1 Cr. 18.6 y puso..guarnición en S de Damasco
19.6 carros y gente de a caballo..de S, de
2 Cr. 1.17 así compraban..para los reyes de S
16.2 sacó Asa..y envió a Ben-adad rey de S
16.7 te has apoyado en el rey de S, y no te
16.7 el ejército del rey de S ha escapado de
18.30 el rey de S mandado a los capitanes de
20.2 contra ti viene una gran multitud..de S
22.5 la guerra con..contra Hazael rey de S
22.6 Ramot, peleando contra Hazael rey de S
24.23 año subió contra él el ejército de S
24.24 aunque el ejército de S había venido
28.23 los dioses de los reyes de S les ayudan
Is. 7.1 Rezín rey de S y Peka hijo de Remalías
7.2 S se ha confederado con Efraín. Y se le
7.4 por el ardor de la ira de Rezín y de S
7.8 la cabeza de S es Damasco, y la cabeza
17.3 que quede de S será como la gloria de
Jer. 35.11 presencia del ejército de los de S
Ez. 16.57 llevas tú la afrenta de..hijas de S
Am. 1.5 el pueblo de S será transportado a Kir
Mt. 4.24 se difundió su fama por toda S; y le
Lc. 2.2 se hizo siendo Cirenio gobernador de S
Hch. 15.23 a los hermanos..que están en..S y en
15.41 y pasó por S y Cilicia, confirmando
18.18 después se despidió de..y navegó a S
20.3 judíos para cuando se embarcase para S
21.3 navegamos a S, y arribamos a Tiro, porque
Gá. 1.21 después fui a las regiones de S y de

SIRIO, RIA *Habitante de Siria (=arameo)*

2 S. 8.5 vineron los s..David hirió de los s
8.6 y los s fueron hechos siervos de David
8.12 los s, de los moabitas, de los amonitas
8.13 regresaba de derrotar a los s, destrozó
10.6 tomaron a sueldo a los s de Bet-rehob
10.6 a los s de Soba, veinte mil hombres de
10.8 pero los s..estaban aparte en el campo
10.9 puso en orden de batalla contra los s
10.11 dijo: Si los s pudieren más que yo, tú
10.13 pelear contra los s; mas ellos huyeron
10.14 viendo que los s habían huido, huyeron
10.15 los s, viendo que habían sido derrotados
10.16 hizo salir a los s que estaban al otro
10.17 los s se pusieron en orden de batalla
10.18 los s huyeron delante de Israel; y David
10.18 David mató de los s a la gente de 700
10.19 s temieron ayudar más a los..de Amón
1 R. 20.20 huyeron los s, siguiéndoles los de
20.21 Israel..y deshizo a los s causándoles
20.26 revista al ejército de los s, y vino a
20.27 de Israel..y los s llenaban la tierra
20.28 por cuanto los s han dicho: Jehová es
20.29 mataron de los s..cien mil hombres de
22.1 años pasaron sin guerra entre los s e
22.11 éstos acornearás a los s hasta acabarlos
22.35 rey estuvo en su carro delante de los s
2 R. 5.20 aquí mi señor estorbó a este s Naamán
6.9 no pases por tal lugar..los s van allí
6.18 luego que los s descendieron a él, oró
7.4 vamos..y pasemos al campamento de los s
7.5 ir al campamento de los s; y llegando a
7.5 a la entrada del campamento de los s, no
7.6 que en el campamento de los s se oyese
7.10 nosotros fuimos al campamento de los s
7.12 os declararé lo que nos han hecho los s
7.14 y envió el rey al campamento de los s
7.15 enseres que los s habían arrojado por la
7.16 salió, y saqueó el campamento de los s
8.28 fue a la guerra..los s hirieron a Joram
8.29 heridas que los s le hicieron frente a
9.15 las heridas que los s le habían hecho
13.5 a Israel, y salieron del poder de los s
13.17 porque herirás a los s en Afec hasta
24.2 envió contra Joacim tropas..tropas de s
1 Cr. 7.14 Asriel, al cual dio a luz..la s, la
18.5 y viniendo los s de Damasco en ayuda de
18.6 y los s fueron hechos siervos de David
19.10 ellos ordenó su ejército contra los s
19.12 si los s fueren más fuertes que yo, tú
19.14 acercó Joab..para pelear contra los s
19.15 de Amón, viendo que los s habían huido
19.16 viendo los s que habían caído delante
19.16 trajeron a los s que estaban al otro
19.17 David hubo..pelearon contra él los s
19.18 mas el pueblo s huyó delante de Israel
19.18 mató David de los s a 7.000 hombres de
19.19 viendo los s..que habían caído delante
19.19 el pueblo s nunca más quiso ayudar a los
2 Cr. 18.10 con éstos acornearás a los s hasta
18.34 en el carro enfrente de los s hasta la
22.5 a Ramot de..donde los s hirieron a Joram
24.25 y cuando se fueron los s, lo dejaron
28.5 Dios lo entregó en manos del rey de los s
Is. 7.5 ha acordado maligno consejo..el s, con
9.12 del oriente los s, y los filisteos del
Lc. 4.27 ninguno..fue limpiado, sino Naamán el s

SIRIÓN *El monte Hermón (=Sion No. 1)*

Dt. 3.9 los sidonios llaman a Hermón, S; y los
Sal. 29.6 saltar..al S como hijos de búfalos

SIROFENICIA *De Fenicia, que en tiempo neotestamentario se incluía en la provincia de Siria*

Mr. 7.26 la mujer era griega, y s de nación

SIRTE *Lugar peligroso, por razón de su poca profundidad, en el Mar Mediterráneo,* **Hch. 27.17**

SIRVIENTE

Gn. 40.20 el rey hizo banquete a todos sus s
2 R. 4.43 y respondió su s: ¿Cómo pondré esto
1 Cr. 9.2 los primeros..fueron..s del templo
Esd. 2.43 los s del templo: los hijos de Ziha
2.58 todos los s del templo, e hijos de los
2.70 habitaron..s del templo en sus ciudades
7.7 subieron..y s del templo, en el séptimo
7.24 a todos los..s del templo y ministros

SIRVIENTE *(Continúa)*
Esd. 8.17 hablar a Iddo, y a sus hermanos los *s*
8.20 y de los *s* del templo, a quienes David
8.20 puso 220 *s* del templo. . designados por
Neh. 3.26 *s* del templo que habitaban en Ofel
3.31 hasta la casa de los *s* del templo y de
7.46 *s* del templo: los hijos de Ziha. . Hasufa
7.60 todos los *s* del templo e hijos de los
7.73 habitaron. . *s* del templo y todo Israel
10.28 los *s* del templo, y todos los que se
11.3 levitas, los *s* del templo y los hijos
11.21 *s* del templo habitaban en Ofel; y Ziha
11.21 tenían autoridad sobre. . *s* del templo
Ez. 44.11 y servirán en mi santuario como. . *s*
Jn. 2.9 sabían los *s* que habían sacado el agua

SIS ***Garganta en las montañas de Judá,* 2 Cr. 20.16**

SISA ***Padre de Elihoref y Ahías, secretarios del rey Salomón (=Seraías No. 1 y Savsa),* 1 R. 4.3**

SISAC ***Rey de Egipto***
1 R. 11.40 Jeroboam. . huyó. . a *S* rey de Egipto
2 Cr. 12.2 subió. . *S* de Egipto contra Jerusalén
12.5 a Roboam y a. . reunidos. . por causa de *S*
12.5 yo también os he dejado en manos de *S*
12.7 no se derramará mi ira. . por mano de *S*
12.9 subió. . *S* rey de Egipto a Jerusalén, y

SISARA
1. General del ejército del rey Jabín
Jue. 4.2 capitán de su ejército se llamaba *S*
4.7 atraeré hacia ti al arroyo de Cisón a *S*
4.9 porque en mano. . mujer venderá Jehová a *S*
4.12 vinieron. . a *S* las nuevas de que Barac
4.13 y reunió *S*. . novecientos carros herrados
4.14 día en que Jehová ha entregado a *S* en
4.15 Jehová quebrantó a *S*. . y *S*. . huyó a pie
4.16 el ejército de *S* cayó a filo de espada
4.17 *S* huyó a pie a la tienda de Jael mujer
4.18 saliendo Jael a recibir a *S*, le dijo: Ven
4.22 siguiendo Barac a *S*. . salió a recibirlo
4.22 *S* yacía muerto con la estaca por la sien
5.20 desde sus órbitas pelearon contra *S*
5.26 al mazo. . y golpeó a *S;* hirió su cabeza
5.28 la madre de *S* se asoma a la ventana, y
5.30 las vestiduras de colores para *S*, las
1 S. 12.9 él los vendió en mano de *S* jefe del
Sal. 83.9 hazles como. . a *S*, como a Jabín en el

***2. Padre de una familia de sirvientes del templo,* Esd. 2.53; Neh. 7.55**

SISMAI ***Descendiente de Judá,* 1 Cr. 2.40**

SITIAR
Dt. 20.12 no hiciere paz contigo. . la *sitiarás*
20.19 *sities* a. . ciudad, peleando contra ella
28.52 *sitiará*, pues, tus ciudades y toda la
2 S. 11.1 *sitiaron* a Rabá; pero David se quedó
11.16 Joab *sitió* la ciudad, puso a Urías en
20.15 vinieron y. . *sitiaron* en Abel-bet-maaca
20.15 pusieron baluarte contra. . quedó *sitiada*
1 R. 8.37 sus enemigos los *sitiaren* en la tierra
15.27 y todo Israel tenían *sitiado* a Gibetón
16.17 y subió Omri de Gibetón, y *sitiaron* a
20.1 Ben-adad rey de Siria. . *sitió* a Samaria
2 R. 6.14 vinieron de noche y *sitiaron* la ciudad
6.15 el ejército que tenía *sitiada* la ciudad
6.24 Ben-adad rey de Siria. . *sitió* a Samaria
8.21 los de Edom, los cuales le habían *sitiado*
16.5 para hacer guerra y *sitiar* a Acaz; mas
17.5 y el rey de Asiria. . *sitió* a Samaria, y
18.9 los asirios contra Samaria, y la *sitió*
24.10 contra Jerusalén. . ciudad fue *sitiada*
25.1 vino con. . contra Jerusalén, y la *sitió*
25.2 estuvo la ciudad *sitiada* hasta el año
1 Cr. 20.1 Joab sacó las. . y vino y *sitió* a Rabá
2 Cr. 6.28 si los *sitiaren* sus enemigos en la
21.9 a los edomitas que le habían *sitiado*
32.9 Senaquerib rey de. . *sitiaba* a Laquis con
Is. 21.2 sube, oh Elam; *sitia*, oh Media. Todo
29.3 te *sitiaré* con campamentos, y levantaré
Jer. 21.4,9 los caldeos que. . os tienen *sitiados*
32.2 tenía *sitiada* a Jerusalén, y el profeta
37.5 caldeos que tenían *sitiada* a Jerusalén
39.1 su ejército contra Jerusalén. . *sitiaron*
52.5 *sitiada* la ciudad hasta el undécimo año
Ez. 4.3 será en lugar de cerco, y la *sitiarás*
Dn. 1.1 de Babilonia a Jerusalén, y la *sitió*
Mi. 5.1 nos han *sitiado;* con vara herirán en la
Lc. 19.43 *sitiarán*, y por todas. . te estrecharán

SITIM
1. Lugar en Moab (=Abel-sitim)
Nm. 25.1 en *S;* y el pueblo empezó a fornicar
Jos. 2.1 Josué hijo. . envió desde *S* dos espías
3.1 partieron de *S* y vinieron hasta. . Jordán
Mi. 6.5 *S* hasta Gilgal, para que conozcas las
***2. Parte del valle del Cedrón,* Jl. 3.18**

SITIO
Gn. 32.25 tocó en el *s* del encaje de su muslo
32.32 tocó a Jacob este *s* de su muslo en el
Dt. 20.19 no es. . para venir contra ti en el *s*
28.52 pondrá *s* a todas tus ciudades, hasta
28.53 el *s* y el apuro con que te angustiará tu
Jue. 9.50 Abimelec. . puso *s* a Tebes, y la tomó
1 S. 2.8 para hacerle. . heredar un *s* de honor
23.8 descender a Keila, y poner *s* a David y
26.5 y vino al *s* donde Saúl había acampado
2 S. 2.23 cayó allí, y murió en aquel mismo *s*
12.27 yo he puesto *s* a Rabá, y he tomado la
1 R. 8.13 morada para ti, *s* en que tú habites
2 R. 6.25 hambre en. . a consecuencia de aquel *s*
2 Cr. 32.10 ¿en quién confiáis. . resistir el *s*
33.19 *s* donde edificó lugares altos y erigió
34.31 y estando el rey en pie en su *s*, hizo
Esd. 2.68 ofrendas. . para reedificarla en su *s*
Neh. 4.13 y en los *s* abiertos, puse el pueblo
Job 40.12 mira. . quebranta a los impíos en su *s*
Sal. 3.6 no temeré a. . que pusieren *s* contra mí
63.9 pero. . caerán en los *s* bajos de la tierra
80.9 limpiaste *s* delante de ella, e hiciste
Is. 25.10 pero Moab será hollado en su mismo *s*
46.7 allí se está, y no se mueve de su *s*. Le
54.2 ensancha el *s* de tu tienda, y. . cortinas
Ez. 4.2 y pondrás contra ella *s*, y edificarás
21.22 para levantar. . y edificar torres de *s*
24.2 rey. . puso *s* a Jerusalén este mismo día
26.8 pondrá contra ti torres de *s*. . y escudo
Zac. 12.2 hará temblar. . el *s* contra Jerusalén

SITNA ***Pozo que cavaron los siervos de Isaac,* Gn. 26.21**

SITRAI ***Mayordomo de David sobre el ganado en Sarón,* 1 Cr. 27.29**

SITRI ***Descendiente de Leví,* Éx. 6.22**

SITUACIÓN
2 R. 19.27 he conocido tu *s*, tu salida y tu
Fil. 4.11 contentarme, cualquiera que sea mi *s*
He. 10.33 de los que estaban en una *s* semejante

SIVÁN ***Tercer mes en el calendario de los hebreos,* Est. 8.9**

SIZA ***Padre de Adina,* 1 Cr. 11.42**

SO ***Rey de Egipto,* 2 R. 17.4**

SOA ***Tribu del oriente del río Tigris,* Ez. 23.23**

SOBA ***Reino arameo al norte de Palestina***
1 S. 14.47 hizo guerra. . contra los reyes de *S*
2 S. 8.3 derrotó David a Hadad-ezer. . rey de *S*
8.5 sirios. . dar ayuda a Hadad-ezer rey de *S*
8.12 del botín de Hadad-ezer hijo. . rey de *S*
10.6 tomaron a sueldo a. . y a los sirios de *S*
10.8 pero los sirios de *S*. . estaban aparte en
23.36 Igal hijo de Natán, de *S*, Bani gadita
1 R. 11.23 huido de su amo Hadad-ezer rey de *S*
11.24 capitán de. . cuando David deshizo a. . *S*
1 Cr. 18.3 derrotó David a Hadad-ezer rey de *S*
18.5 viniendo los sirios. . en ayuda. . rey de *S*
19.6 carros y gente de a caballo de. . y de *S*
2 Cr. 8.3 después vino Salomón a Hamat de *S*
Sal. 60 *tít.* contra Aram de *S*, y volvió Joab

SOBAB
***1. Hijo de David,* 2 S. 5.14; 1 Cr. 3.5; 14.4**
***2. Hijo de Caleb,* 1 Cr. 2.18**

SOBAC ***General del ejército del rey Hadad-ezer (=Sofac),* 2 S. 10.16,18**

SOBACO
Jer. 38.12 pon ahora esos trapos. . bajo los *s*

SOBAI ***Padre de una familia de porteros del templo,* Esd. 2.42; Neh. 7.45**

SOBAL
***1. Hijo de Seir,* Gn. 36.20,23,29; 1 Cr. 1.38,40**
***2. Descendiente de Caleb,* 1 Cr. 2.50,52**
***3 Hijo de Judá,* 1 Cr. 4.1,2**

SOBEC ***Firmante del pacto de Nehemías,* Neh. 10.24**

SOBERANO
Job 31.28 sería maldad. . habría negado al Dios *s*
Ez. 38.2 de Magog, príncipe *s* de Mesec y Tubal
39.1 contra ti. . príncipe *s* de Mesec y Tubal
Hch. 4.24 *s* Señor, tú eres el Dios que hiciste
1 Ti. 6.15 y solo *s*, Rey de Reyes, y Señor de
Jud. 4. niegan a Dios el único *s*, y. . Jesucristo
Ap. 1.5 Jesucristo. . *s* de los reyes de la tierra

SOBERBIA
Lv. 26.19 quebrantaré la *s* de vuestro orgullo
Nm. 15.30 mas la persona que hiciere algo con *s*
Dt. 17.12 hombre que procediere con *s*. . morirá
1 S. 17.28 yo conozco tu *s* y la malicia de tu
Neh. 9.10 sabías que habían procedido con *s*
9.29 ellos se llenaron de *s*, y no oyeron tus
Job 15.25 se portó con *s* contra el Todopoderoso
33.17 para quitar. . y apartar del varón la *s*
35.12 allí. . él no oirá, por la *s* de los malos
Sal. 19.13 preserva. . a tu siervo de las *s;* que
31.18 que hablan. . duras con *s* y menosprecio
31.23 Jehová, y paga. . al que procede con *s*
36.11 no venga pie de *s* contra mí, y mano de
56.2 muchos son. . que pelean contra mí con *s*
59.12 sean ellos presos en su *s*, y por la
73.6 por tanto, la *s* los corona; se cubren de
Pr. 8.13 la *s* y la arrogancia, el mal camino
11.2 viene la *s*, viene también la deshonra
13.10 la *s* concebirá contienda; mas con los
14.3 la boca del necio está la vara de la *s*
16.18 antes del quebrantamiento es la *s*, y
29.23 *s* del hombre le abate; pero al humilde
Is. 2.11,17 la *s* de los hombres será humillada
9.9 moradores de Samaria, que con *s*. . dicen
10.12 castigará el fruto de la *s*. . de Asiria
14.11 descendió al Seol tu *s*, y el sonido de
16.6 oído la *s* de Moab; muy grandes son su *s*
23.9 para envilecer la *s* de toda gloria, y
25.11 abatirá su *s* y la destreza de sus manos
28.1 ¡ay de la corona de *s* de los ebrios de
28.3 pisoteada la corona de *s* de los ebrios
Jer. 13.9 podrir la *s* de Judá, y la mucha *s* de
13.17 llorará mi alma a causa de vuestra *s*
48.29 oído la *s* de Moab, que es muy soberbio
49.16 tu arrogancia te engañó, y la *s* de tu
Ez. 7.10 ha florecido la. . ha reverdecido la *s*
7.20 cuanto convirtieron la gloria de. . en *s*
7.24 haré cesar la *s* de los poderosos, y sus
16.50 llenaron de *s*, e hicieron abominación
16.56 no era. . digna de. . en el tiempo de tus *s*
30.18 poder de Egipto, y cesará en ella la *s*
32.12 destruirán la *s* de Egipto, y toda su
33.28 en soledad, y cesará la *s* de su poderío
Dn. 4.37 puede humillar a los que andan con *s*
Os. 5.5 *s* de Israel le desmentirá en su cara
7.10 la *s* de Israel testificará contra él en
7.16 cayeron sus príncipes a. . por la *s* de su
Abd. 3 la *s* de tu corazón te ha engañado, tú
Sof. 2.10 esto les vendrá por su *s*. . afrentaron
3.11 quitaré. . a los que se alegran en tu *s*
Zac. 9.6 y pondré fin a la *s* de los filisteos
10.11 y la *s* de Asiria será derribada, y se
Mr. 7.22 la maledicencia, la *s*, la insensatez
2 Co. 12.20 haya. . murmuraciones, *s*, desórdenes
Stg. 4.16 pero ahora os jactáis en vuestras *s*

SOBERBIO
Neh. 9.16 mas ellos y nuestros padres fueron *s*
Job 9.13 debajo. . abaten los que ayudan a los *s*
40.12 mira a. . *s*, y humíllalo, y quebranta a
41.34 menosprecia. . es rey sobre todos los *s*
Sal. 40.4 y no mira a los *s*, ni a los que se
86.14 oh Dios, los *s* se levantaron contra mí
94.2 Juez de la tierra; da el pago a los *s*
119.51 los *s* se burlaron mucho de mí, mas no
119.69 contra mí forjaron mentira los *s*, mas
119.78 avergonzados los *s*, porque sin causa
119.85 los *s* me han cavado hoyos; mas no
119.122 para bien; no permitas. . *s* me opriman
123.4 muy hastiada. . del menosprecio de los *s*
140.5 me han escondido lazo y cuerdas los *s*
Pr. 15.25 Jehová asolará la casa de los *s;* pero
16.19 mejor. . que repartir despojos con los *s*
21.24 escarnecedor es el nombre del *s* y
Is. 2.12 día de Jehová. . vendrá sobre todo *s* y
13.11 y haré que cese la arrogancia de los *s*
Jer. 43.2 los varones *s* dijeron a Jeremías
48.29 Moab, que es. . *s*, arrogante, orgulloso
50.31 estoy contra ti, oh *s*. . porque tu día
50.32 y el *s* tropezará y caerá, y no tendrá
Ez. 16.49 que esta fue la maldad de Sodoma. . *s*
Hab. 2.5 dado al vino es traicionero, hombre *s*
Mal. 3.15 decimos. . bienaventurados son los *s*
4.1 un horno, y todos los *s* y. . serán estopa
Lc. 1.51 esparció a los *s* en el pensamiento de
Ro. 1.30 injuriosos, *s*, altivos, inventores de
2 Ti. 3.2 porque habrá hombres. . *s*, blasfemos
Tit. 1.7 no *s*, no iracundo, no dado al vino, no
Stg. 4.6; 1 P. 5.5 Dios resiste a los *s*, y da

SOBI ***Príncipe amonita que socorrió al rey David,* 2 S. 17.27**

SOBORNAR
1 S. 8.3 dejándose *sobornar* y pervirtiendo el
Esd. 4.5 *sobornaron* además. . a los consejeros
Neh. 6.12 Tobías y Sanbalat. . habían *sobornado*
6.13 porque fue *sobornado* para hacerme temer
Hch. 6.11 *sobornaron* a unos para que dijesen

SOBORNO
Dt. 16.19 tomes *s;* porque el *s* ciega los ojos
27.25 el que recibiere *s* para quitar la vida
Job 15.34 y fuego consumirá las tiendas de *s*
Sal. 26.10 mal, y su diestra está llena de *s*

SOBORNO *(Continúa)*

Pr. 15.27 mas el que aborrece el *s* vivirá
17.8 piedra preciosa es el *s* para el que lo
17.23 impío toma *s* del seno para pervertir
Is. 1.23 aman el *s*, y van tras las recompensas

SOBRA

Dn. 7.7,19 bestia. .las *s* hollaba con sus pies

SOBRADO

Lv. 21.18 varón ciego, o cojo, o mutilado, o *s*

SOBRANTE

Lv. 5.13 *s* será del sacerdote, como la ofrenda
6.16 *s* de ella lo comerán Aarón y sus hijos
Is. 44.17 y hace del *s* un dios, un ídolo suyo

SOBRAR

Éx. 16.18 no *sobró* al que había recogido mucho
16.23 que os *sobrare*, guardadlo para mañana
26.12 la parte que *sobra*. .de la cortina que *s*
26.13 y otro codo del otro lado, que *sobra*
29.34 si *sobrare* hasta la mañana algo de la
29.34 quemarás al fuego lo. .hubiere *sobrado*
36.7 material. .para toda la obra, y *sobraba*
Lv. 5.9 que *sobrare* de la sangre lo exprimirá
8.32 lo que *sobre* de la carne. .lo quemaréis
14.29 que *sobre* del aceite. .lo pondrá sobre
Rt. 2.14 comió hasta que se sació, y le *sobró*
2.18 sacó también. .lo que le había *sobrado*
2 R. 4.43 ha dicho Jehová: Comerán, y *sobrará*
4.44 y comieron, y les *sobró*, conforme a la
2 Cr. 31.10 ha *sobrado* mucho, porque Jehová ha
Sal. 17.14 hijos, y. .*sobra* para sus pequeñuelos
Mt. 14.20 que *sobró* de los pedazos, doce cestas
15.37 recogieron lo que *sobró* de los pedazos
Mr. 6.43 recogieron. .lo que *sobró* de los peces
8.8 de los pedazos que habían *sobrado*, siete
12.44 todos han echado de lo que les *sobra*
Lc. 9.17 y recogieron lo que les *sobró*, doce
21.4 aquéllos echaron. .de lo que les *sobra*
Jn. 6.12 recoged los pedazos que *sobraron*, para
6.13 que. .*sobraron* a los que habían comido

SOBREABUNDAR

Dt. 28.11 te hará Jehová *sobreabundar* en bienes
Mal. 3.10 derramaré. .bendición. .*sobreabunde*
Ro. 5.20 pecado abundó, *sobreabundó* la gracia
2 Co. 4.15 acción de gracias *sobreabunde* para
7.4 *sobreabundó* de gozo en. .tribulaciones
Ef. 1.8 hizo *sobreabundar*. .en toda sabiduría

SOBRECOGER

Gn. 15.12 del sol *sobrecogió* el sueño a Abram
Éx. 15.15 valientes. .les *sobrecogerá* temblor
Job 30.27 días de aflicción me han *sobrecogido*
Is. 33.14 espanto *sobrecogió* a los hipócritas
Lc. 1.12 se turbó Zacarías. .le *sobrecogió* temor
5.26 *sobrecogidos* de asombro, glorificaban a

SOBRECUBIERTA

Éx. 40.19 y puso la *s* encima del mismo, como

SOBREEDIFICAR

Hch. 20.32 tiene poder para *sobreedificaros* y
1 Co. 3.10 pero cada uno mire cómo *sobreedifica*
3.14 permaneciere la obra. .que *sobreedificó*
Col. 2.7 arraigados y *sobreedificados* en él

SOBRELLEVAR

Jn. 16.12 pero ahora no las podéis *sobrellevar*
Gá. 6.2 *sobrellevad* los unos las cargas de los

SOBRENOMBRE

Is. 45.4 llamé. .puse *s*, aunque no me conociste
Mt. 10.3 Jacobo hijo de Alfeo, Lebeo. .*s* Tadeo
Mr. 3.16 a Simón, a quien puso por *s* Pedro
Lc. 22.3 Judas, por *s* Iscariote, el cual era
Hch. 1.23 José. .tenía por *s* Justo, y a Matías
4.36 José, a quien. .pusieron por *s* Bernabé
10.5,32 a Simón, el que tiene por *s* Pedro
12.12,25 Juan, el que tenía por *s* Marcos
15.22 a Judas que tenía por *s* Barsabás, y a
15.37 consigo a Juan. .que tenía por *s* Marcos
Ro. 2.17 tienes el *s* de judío, y te apoyas en

SOBREPASAR

1 S. 9.2 *sobrepasaba* a cualquiera del pueblo
Pr. 31.10 su estima *sobrepasa* largamente a la
31.29 muchas mujeres. .tú *sobrepasas* a todas
Ec. 2.13 la sabiduría *sobrepasa* a la necedad
Jer. 5.28 y *sobrepasaron* los hechos del malo
Hch. 26.13 una luz del cielo que *sobrepasaba*
Fil. 4.7 y la paz de Dios, que *sobrepasa* todo

SOBREPONER

Ez. 41.6 cámaras. .estaban *sobrepuestas* unas a

SOBRESALIR

1 R. 7.30 repisas de fundición que *sobresalían*
Neh. 3.26 restauraron. .la torre que *sobresalía*
3.27 enfrente de la gran torre que *sobresale*

SOBRESALTAR

Gn. 42.28 entonces se les *sobresaltó* el corazón
Sal. 53.5 allí se *sobresaltaron* de pavor donde
Ez. 32.10 todos se *sobresaltarán* en sus ánimos

SOBREVENIR

Gn. 44.34 por no ver el mal que *sobrevendrá* a
Jue. 6.13 ¿por qué nos ha *sobrevenido*. .esto?
1 S. 4.19 porque le *sobrevinieron* sus dolores
2 S. 19.7 males que te han *sobrevenido* desde
Esd. 9.13 lo que nos ha *sobrevenido* a causa de
Job 2.11 todo este mal que le había *sobrevenido*
4.14 *sobrevino* un espanto y un temblor, que
19.29 *sobreviene* el. .de la espada a causa de
Sal. 91.10 no te *sobrevendrá* mal, ni plaga
109.17 amó la maldición, y ésta le *sobrevino*
Is. 38.17 amargura grande me *sobrevino* en la
Jer. 13.22 ¿por qué me ha *sobrevenido* esto?
Dn. 10.16 me han *sobrevenido* dolores, y no me
Lc. 21.26 cosas que *sobrevendrán* en la tierra
Jn. 18.4 las cosas que le habían de *sobrevenir*
Hch. 2.43 y *sobrevino* temor a toda persona; y
10.10 mientras le. .le *sobrevino* un éxtasis
16.26 *sobrevino*. .un gran terremoto, de tal
22.17 en el templo me *sobrevino* un éxtasis
1 Co. 10.13 no os ha *sobrevenido*. .tentación que
2 Co. 1.8 tribulación. .nos *sobrevino* en Asia
2 Ti. 3.11 los que me *sobrevinieron* en. .Listra
1 P. 4.12 fuego de prueba que os ha *sobrevenido*

SOBREVIVIENTE

Is. 4.2 grandeza y honra, a los *s* de Israel
15.9 traeré sobre Dimón. .los *s* de la tierra
16.14 los *s* serán pocos, pequeños y débiles
21.17 *s* del número de los valientes flecheros
45.20 juntaos. .los *s* de entre las naciones

SOBREVIVIR

Éx. 21.21 se *sobreviviere* por un día o dos, no
Jos. 24.31; Jue. 2.7 que *sobrevivieron* a Josué
Zac. 14.16 todos los que *sobrevivieren*. .subirán

SOBRINO

Col. 4.10 Marcos el *s* de Bernabé, acerca del

SOBRIO, RIA

1 Ts. 5.6 no durmamos. .sino velemos y seamos *s*
5.8 nosotros, que somos del día, seamos *s*
1 Ti. 3.2 el obispo sea. .*s*, prudente, decoroso
3.11 las mujeres asimismo. .*s*, fieles en todo
2 Ti. 4.5 *s* en todo, soporta las aflicciones
Tit. 1.8 *s*, justo, santo, dueño de sí mismo
2.2 los ancianos sean *s*, serios, prudentes
2.12 en este siglo *s*, justa y piadosamente
1 P. 1.13 sed *s*, y esperad. .en la gracia que
4.7 acerca; sed, pues, *s*, y velad en oración
5.8 *s*, y velad; porque. .adversario el diablo

SOCIEDAD

Pr. 5.14 en medio de la *s* y de la congregación

SOCO

1. Ciudad en la Sefela de Judá, **Jos. 15.35; 2 Cr. 11.7**

1 S. 17.1 congregaron en *S*. .acamparon entre *S*
1 R. 4.10 tenía. .a *S* y toda la tierra de Hefer
28.18 y habían tomado. .*S* con sus aldeas, y

2. Población en las montañas de Judá, **Jos. 15.48**

3. Descendiente de Judá, **1 Cr. 4.18**

SOCORRER

Sal. 22.19 tú, Jehová. .apresúrate a *socorrerme*
40.13 quieras, oh. .apresúrate a *socorrerme*
70.1 Dios. .apresúrate, oh Dios, a *socorrerme*
71.2 *socórreme* y líbrame en tu justicia
72.12 y al. .que no tuviere quien le *socorra*
119.173 esté tu mano pronta para *socorrerme*
Is. 21.14 Tema, *socorred* con pan al que huye
30.5 que no les aprovecha, ni los *socorre*, ni
Hab. 3.13 *socorrer* a tu pueblo. .*s* a tu ungido
Mt. 15.25 postró. .diciendo: ¡Señor, *socórreme!*
Lc. 1.54 *socorrió* a Israel. .acordándose de su
2 Co. 6.2 en día de salvación te he *socorrido*
1 Ti. 5.10 si ha *socorrido* a los afligidos; si
He. 2.16 ciertamente no *socorrió* a los ángeles
2.16 *socorrió* a la descendencia de Abraham
2.18 es poderoso para *socorrer* a los que son

SOCORRO

Dt. 33.29 salvo por Jehová, escudo de tu *s*, y
Jue. 5.23 no vinieron al *s* de Jehová, al *s* de
2 S. 14.4 entró. .postrándose. .dijo: ¡*S*, oh rey!
2 Cr. 20.4 reunieron los de Judá para pedir *s*
Sal. 60.11 danos *s* contra el enemigo, porque
63.7 has sido mi *s*, y así en la sombra de tus
71.12 de mí; Dios mío, acude pronto en mi *s*
89.19 puesto el *s* sobre uno que es poderoso
108.12 danos *s* contra el adversario, porque
121.1 a los montes; ¿de dónde vendrá mi *s?*
121.2 *s* viene de Jehová, que hizo los cielos
124.8 nuestro *s* está en el nombre de Jehová

Is. 3.1 todo sustento de pan y todo *s* de agua
17.3 y cesará el *s* de Efraín, y el reino de
20.6 nos acogimos por *s* para ser libres de
41.14 yo soy tu *s*, dice Jehová; el Santo de
Jer. 37.7 el ejército. .que había salido en. .*s*
Lm. 4.17 nuestros ojos esperando en vano. .*s*
Dn. 11.34 su caída serán ayudados de pequeño *s*
Hch. 11.29 determinaron enviar *s* a los hermanos
He. 4.16 para. .hallar gracia para el oportuno *s*

SODI *Padre de Gadiel,* **Nm. 13.10**

SODOMA *Ciudad que Jehová destruyó*

Gn. 10.19 y en dirección de *S*, Gomorra, Adma y
13.10 que destruyese Jehová a *S* y a Gomorra
13.12 Lot. .fue poniendo sus tiendas hasta *S*
13.13 los hombres de *S* eran malos y pecadores
14.2 hicieron guerra contra Bera rey de *S*
14.8 salieron el rey de *S*, el rey de Gomorra
14.10 huyeron el rey de *S* y el de Gomorra
14.11 tomaron toda la riqueza de *S*. .Gomorra
14.12 tomaron también a Lot. .que moraba en *S*
14.17 salió el rey de *S* a recibirlo al valle
14.21 rey de *S* dijo a Abram: Dame. .personas
14.22 respondió Abram al rey de *S:* He alzado
18.16 se levantaron de allí y miraron hacia *S*
18.20 clamor contra *S*. .se aumenta más y más
18.22 se apartaron de allí. .y fueron hacia *S*
18.26 si hallare en *S* cincuenta justos dentro
19.1 llegaron, pues, los dos ángeles a *S* a la
19.1 y Lot estaba sentado a la puerta de *S*
19.4 rodearon la casa los. .los varones de *S*
19.24 hizo llover sobre *S* y. .Gomorra azufre
19.28 miró hacia *S* y Gomorra, y hacia toda
Dt. 29.23 como sucedió en la destrucción de *S*
32.32 de la vid de *S* es la vid de ellos, y de
Is. 1.9 no. .un resto pequeño, como *S* fuéramos
1.10 príncipes de *S*, oíd la palabra de Jehová
3.9 porque como *S* publican su pecado, no lo
13.19 y Babilonia. .será como *S* y Gomorra, a
Jer. 23.14 me fueron todos ellos como *S*, y sus
49.18 como sucedió en la destrucción de *S* y
50.40 la destrucción que Dios hizo de *S* y de
Lm. 4.6 se aumentó la. .más que el pecado de *S*
Ez. 16.46 tu hermana menor es *S* con sus hijas
16.48 *S* tu hermana y sus hijas no han hecho
16.49 que esta fue la maldad de *S* tu hermana
16.53 los cautivos de *S* y de sus hijas, y los
16.55 *S* con sus hijas. .volverán a su primer
16.56 no era tu hermana *S* digna de mención en
Am. 4.11 cuando Dios trastornó a *S* y a Gomorra
Sof. 2.9 que Moab será como *S*, y los hijos de
Mt. 10.15 será más tolerable el castigo para. .*S*
11.23 si en *S* se hubieran hecho los milagros
11.24 será más tolerable el castigo para. .*S*
Mr. 6.11 más tolerable el castigo para los de *S*
Lc. 10.12 será más tolerable el castigo para *S*
17.29 día en que Lot salió de *S*, llovió del
Ro. 9.29 *S* habríamos venido a ser, y a Gomorra
2 P. 2.6 si condenó. .a las ciudades de *S* y de
Jud. 7 como *S* y Gomorra y las ciudades vecinas
Ap. 11.8 que en sentido espiritual se llama *S*

SODOMITA

Dt. 23.17 ni haya *s* de entre. .hijos de Israel
1 R. 14.24 también *s* en la tierra, e hicieron
15.12 quitó del país a los *s*, y. .los ídolos
22.46 barrió también. .el resto de los *s* que
Job 36.14 fallecerá el. .y su vida entre los *s*
1 Ti. 1.10 para los *s*, para los secuestradores

SOFAC *General del ejército del rey Hadad-ezer (=Sobac),* **1 Cr. 19.16,18**

SOFERET *Padre de una familia de sirvientes de Salomón,* **Esd. 2.55; Neh. 7.57**

SOFONIAS

1. Sacerdote en tiempo del profeta Jeremías

2 R. 25.18 tomó entonces. .segundo sacerdote *S*
Jer. 21.1 envió. .al sacerdote *S* hijo de Maasías
29.25 cartas. .al sacerdote *S* hijo de Maasías
29.29 el sacerdote *S* había leído esta carta
37.3 y envió. .al sacerdote *S* hijo de Maasías
52.24 tomó. .a *S* el segundo sacerdote, y tres

2. Ascendiente del cantor Hemán, **1 Cr. 6.36**

3. Profeta, **Sof. 1.1**

4. Padre de Josías No. 3 y de Hen

Zac. 6.10 entrarás en casa de Josías hijo de *S*
6.14 las coronas servirán. .a Hen hijo de *S*

SOGA

2 S. 17.13 Israel llevarán *s* a aquella ciudad
1 R. 20.31 pongamos. .*s* en nuestros cuellos, y
20.32 y *s* a sus cuellos, y vinieron al rey
Job 12.18 él rompe. .y les ata una *s* a sus lomos
41.2 ¿pondrás tú *s* en sus narices, y. .garfio
Jer. 38.6 cisterna. .metieron a Jeremías con *s*
38.11 trapos. .y los echó a Jeremías con *s* en
38.12 esos trapos viejos y. .debajo de las *s*
38.13 de este modo sacaron a Jeremías con *s*

SOHAM ***Levita, descendiente de Merari,* 1 Cr. 24.27**

SOJUZGAR

Gn. 1.28 dijo. .llenad la tierra, y *sojuzgadla*
Nm. 32.22 y sea el país *sojuzgado* delante de
32.29 que el país sea *sojuzgado* delante de
Dt. 20.20 contra la ciudad. .hasta *sojuzgarla*
Jer. 25.14 ellas serán *sojuzgadas* por muchas

SOL

Gn. 15.12 a la caída del *s* sobrecogió el sueño
15.17 puesto el *s*, y ya oscurecido, se veía
19.23 *s* salía sobre. .cuando Lot llegó a Zoar
28.11 ya el *s* se había puesto; y tomó de las
32.31 pasado Peniel, le salió el *s;* y cojeaba
37.9 que el *s* y la luna. .se inclinaban a mí
Éx. 16.21 luego que el *s* calentaba, se derretía
17.12 hubo en. .firmeza hasta que se puso el *s*
22.26 si. .a la puesta del *s* se lo devolverás
Lv. 22.7 cuando el *s* se pusiere, será limpio
Nm. 21.11 en el desierto. .al nacimiento del *s*
25.4 y ahórcalos ante Jehová delante del *s*
34.15 Jericó al oriente, al nacimiento del *s*
Dt. 4.19 viendo el *s* y la luna y las estrellas
4.41 apartó tres ciudades. .nacimiento del *s*
16.6 sacrificarás la pascua. .la puesta del *s*
17.3 hubiere inclinado a ellos, ya sea al *s*
23.11 hubiere puesto el *s*, podrá entrar en el
24.13 le devolverás la prenda. .el *s* se ponga
24.15 y no se pondrá el *s* sin dárselo; pues
33.14 los más escogidos frutos del *s*, con el
Jos. 1.4 hasta el gran mar donde se pone el *s*
1.15 a este lado del Jordán. .donde nace el *s*
8.29 y cuando el *s* se puso, mandó Josué que
10.12 *s*, detente en Gabaón; y tú, luna, en el
10.13 el *s* se detuvo y la luna se paró, hasta
10.13 el *s* se paró en medio del cielo, y no
10.27 cuando el *s* se iba a poner, mandó Josué
12.1 otro lado del Jordán. .donde nace el *s*
13.5 y todo el Líbano hacia donde sale el *s*
19.12 y gira de Sarid. .hacia donde nace el *s*
19.34 por el Jordán hacia donce nace el *s*
23.4 Jordán hasta. .hacia donde se pone el *s*
Jue. 5.31 mas los que te aman, sean como el *s*
8.13 Gedeón. .volvió. .antes que el *s* subiese
9.33 por la mañana al salir el *s* madruga y
14.18 antes que el *s* se pusiese, los de la
20.43 hasta. .de Gabaa hacia donde nace el *s*
1 S. 11.9 mañana al calentar el *s*. .librados
2 S. 2.24 puso el *s* cuando llegaron al collado
3.35 si antes que se ponga el *s* gustare yo
12.11 el cual yacerá con tus mujeres a. .del *s*
12.12 haré esto delante de todo. .y a pleno *s*
23.4 el resplandor del *s* en una mañana sin
1 R. 22.36 a la puesta del *s* salió un pregón
2 R. 3.22 cuando. .brilló el *s* sobre las aguas
10.33 el Jordán al nacimiento del *s*, toda la
23.5 los que quemaban incienso. .al *s* y a la
23.11 los caballos que. .habían dedicado al *s*
23.11 quitó. .quemó al fuego los carros del *s*
2 Cr. 18.34 el carro. .y murió al ponerse el *s*
34.4 e hizo pedazos las imágenes del *s*, que
Neh. 7.3 no se abran. .hasta que caliente el *s*
Job 8.16 de un árbol está verde delante del *s*
9.7 él manda al *s*, y no sale; y sella las
30.28 ando ennegrecido, y no por el *s;* me he
31.26 si he mirado al *s* cuando resplandecía
Sal. 19.4 en ellos puso tabernáculo para el *s*
50.1 desde el nacimiento del *s* hasta donde
58.8 como el que nace muerto, no vean el *s*
72.5 temerán mientras duren el *s* y la luna
72.17 se perpetuará su. .mientras dure el *s*
74.16 noche; tú estableciste la luna y el *s*
84.11 *s* y escudo es Jehová Dios; gracia y
89.36 será. .su trono como el *s* delante de mí
104.19 hizo la luna. .y el *s* conoce su ocaso
104.22 sale el *s*, se recogen, y se echan en
113.3 desde el nacimiento del *s* hasta donde
121.6 el *s* no te fatigará de día, ni la luna
136.8 *s* para que señorease en el día, porque
148.3 alabadle, *s* y luna; alabadle vosotras
Ec. 1.3 trabajo con que se afana debajo del *s*
1.5 sale el *s*, y se pone el *s*, y se apresura
1.9 lo mismo. .y nada hay nuevo debajo del *s*
1.14 miré. .obras que se hacen debajo del *s*
2.11 era vanidad. .sin provecho debajo del *s*
2.17 la obra que se hace debajo del *s* me era
2.18 aborrecí todo mi trabajo. .debajo del *s*
2.19 en que ocupé debajo del *s* mi sabiduría?
2.20 y en que había ocupado debajo del *s* mi
2.22 fatiga. .con que se afana debajo del *s?*
3.16 vi más debajo del *s:* en lugar del juicio
4.1 las violencias que se hacen debajo del *s*
4.3 las malas obras que debajo del *s* se hacen
4.7 yo me volví. .y vi vanidad debajo del *s*
4.15 a. .los que viven debajo del *s* caminando
5.13 hay un mal. .que he visto debajo del *s*
5.18 trabajo con que se fatiga debajo del *s*
6.5 no ha visto el *s*, ni lo ha conocido; más
6.12 qué será después de él debajo del *s?*
7.11 buena. .provechosa para los que ven el *s*
8.9 en todo lo que debajo del *s* se hace; hay
8.15 que no tiene el hombre bien debajo del *s*
8.15 días. .que Dios le concede debajo del *s*
8.17 la obra que debajo del *s* se hace; por
9.3 entre todo lo que se hace debajo del *s*
9.6 parte en todo lo que se hace debajo del *s*
9.9 los días. .que te son dados debajo del *s*
9.9 trabajo con que te afanas debajo del *s*
9.11 debajo del *s*, que ni es de los ligeros
9.13 vi esta sabiduría debajo del *s*, la cual
10.5 hay un mal que he visto debajo del *s*, a
11.7 la luz, y agradable a los ojos ver el *s*
12.2 antes que se oscurezca el *s*, y la luz
Cnt. 1.6 que soy morena, porque el *s* me miró
6.10 esclarecida como el *s*, imponente como
Is. 13.10 *s* se oscurecerá al nacer, y la luna
17.8 no mirará a los altares. .imágenes del *s*
18.4 los miraré desde mi morada, como *s* claro
24.23 y el *s* se confundirá, cuando Jehová de
27.9 no se levanten. .ni las imágenes del *s*
30.26 luz de la luna será como la luz del *s*
30.26 y la luz del *s* siete veces mayor, como
38.8 los grados que ha descendido con el *s*
38.8 volvió el *s* diez grados atrás, por los
41.25 el nacimiento del *s* invocará mi nombre
45.6 sepa desde el nacimiento del *s*, y hasta
49.10 sed, ni el calor ni el *s* los afligirá
59.19 Jehová, y desde el nacimiento del *s* su
60.19 el *s* nunca más te servirá de luz para
60.20 no se pondrá jamás tu *s*, ni menguará tu
Jer. 8.2 y los esparcirán *s* y a la luna y a
15.9 se llenó de dolor su alma, su *s* se puso
31.35 dicho Jehová, que da el *s* para luz del
Ez. 6.4 imágenes del *s* serán quebradas; y haré
6.6 vuestras imágenes del *s* serán destruidas
8.16 y adoraban al *s*, postrándose hacia el
32.7 el *s* cubriré con nublado, y la luna no
Dn. 6.14 y hasta la puesta del *s* trabajó para
Jl. 2.10 el *s* y la luna se oscurecerán, y las
2.31 el *s* se convertirá en tinieblas, y la
3.15 el *s* y la luna se oscurecerán. .estrellas
Am. 8.9 que haré que se ponga el *s* a mediodía
Jon. 4.8 al salir el *s*, preparó Dios un. .viento
4.8 y el *s* hirió a Jonás en la cabeza, y se
Mi. 3.6 sobre los profetas se pondrá el *s*, y
Nah. 3.17 salido el *s* se van, y no se conoce
Hab. 3.11 el *s* y la luna se pararon en su lugar
Zac. 8.7 salvo. .la tierra donde se pone el *s*
Mal. 1.11 donde el *s* nace. .es grande mi nombre
4.2 mas a vosotros. .nacerá el *S* de justicia
Mt. 5.45 hace salir su *s* sobre malos y buenos
13.6 pero salido el *s*, se quemó; y porque no
13.43 resplandecerán como el *s* en el reino de
17.2 resplandeció su rostro como el *s*, y sus
24.29 el *s* se oscurecerá, y la luna no dará
Mr. 1.32 luego que el *s* se puso, le trajeron
4.6 salido el *s*, se quemó; y porque no tenía
13.24 el *s* se oscurecerá, y la luna no dará
16.2 vinieron al sepulcro, ya salido el *s*
Lc. 4.40 al ponerse el *s*, todos los que tenían
21.25 habrá señales en el *s*, en la luna y en
23.45 el *s* se oscureció, y el velo del templo
Hch. 2.20 el *s* se convertirá en tinieblas, y la
13.11 serás ciego, y no verás el *s* por algún
26.13 luz. .que sobrepasaba el resplandor del *s*
27.20 y no apareciendo ni *s* ni estrellas por
1 Co. 15.41 una es la gloria del *s*, otra. .luna
Ef. 4.26 no se ponga el *s* sobre vuestro enojo
Stg. 1.11 cuando sale el *s* con calor abrasador
Ap. 1.16 era como el *s* cuando resplandece en
6.12 el *s* se puso negro como tela de cilicio
7.2 que subía de donde sale el *s*, y tenía el
7.16 ni sed, y el *s* no caerá más sobre ellos
8.12 fue herida la tercera parte del *s*, y la
9.2 se oscureció el *s* y el aire por el humo
10.1 y su rostro era como el *s*, y sus pies
12.1 una gran señal, una mujer vestida del *s*
16.8 cuarto ángel derramó su copa sobre el *s*
19.17 vi a un ángel que estaba en pie en el *s*
21.23 la ciudad no tiene necesidad de *s* ni de
22.5 y no tienen necesidad. .ni de luz del *s*

SOLANO

Gn. 41.6,23,27 espigas. .abatidas del viento *s*
Job 15.2 vana. .llenará su vientre de viento *s?*
27.21 le eleva el *s*, y se va; y tempestad lo
38.24 se esparce el viento *s* sobre la tierra?
Sal. 48.7 con viento *s* quiebras tú las naves de
78.26 movió el *s* en el cielo, y trajo con su
Is. 27.8 él los remueve. .en el día del aire *s*
Jer. 18.17 como viento *s* los esparciré delante
Ez. 17.10 ¿no se secará. .el viento *s* la toque?
19.12 y el viento *s* secó su fruto; sus ramas
27.26 viento *s* te quebrantó en medio de los
Os. 12.1 Efraín se apacienta de. .y sigue al *s*
13.15 aunque. .vendrá el *s*, viento de Jehová
Am. 4.9 os herí con viento *s* y con oruga; la
Jon. 4.8 preparó Dios un recio viento *s*, y el
Hag. 2.17 os herí con viento *s*, con tizoncillo

SOLAPADAMENTE

Sal. 101.5 al que *s* infama a su prójimo, yo lo

SOLAZ

Pr. 8.30 día en día, teniendo *s* delante de él

SOLAZAR

Ez. 23.42 se oyó en ella voz. .que se *solazaba*

SOLDADO

1 R. 20.39 se acercó un *s* y me trajo un hombre
Jer. 41.3 asimismo mató Ismael. .los *s* caldeos
46.21 *s* mercenarios también en medio de ella
Dn. 11.24 despojo y riquezas repartirá a sus *s*
Mt. 8.9 y tengo bajo mis órdenes *s;* y digo
27.27 los *s* del. .llevaron a Jesús al pretorio
28.12 consejo, dieron mucho dinero a los *s*
Mr. 15.16 los *s* le llevaron dentro del atrio
Lc. 3.14 le preguntaron unos *s*, diciendo: ¿Y
7.8 tengo *s* bajo mis órdenes; y digo a éste
23.11 con sus *s* le menospreció y escarneció
23.36 *s* también le escarnecían, acercándose
Jn. 18.3 Judas, pues, tomando una compañía de *s*
18.12 la compañía de *s*. .prendieron a Jesús
19.2 *s* entretejieron una corona de espinas
19.23 cuando. .*s* hubieron crucificado a Jesús
19.23 e hicieron cuatro partes. .para cada *s*
19.24 repartieron. .Y así lo hicieron los *s*
19.32 vinieron. .*s*, y quebraron las piernas al
19.34 pero uno de los *s* le abrió el costado
Hch. 10.7 a un devoto *s* de los que le asistían
12.4 entregándole a 4 grupos de 4 *s* cada uno
12.6 Pedro durmiendo entre dos *s*, sujeto con
12.18 no poco alboroto entre los *s* sobre qué
21.32 éste, tomando luego *s*. .corrió a ellos
21.32 vieron al tribuno y a los *s*, dejaron de
21.35 era llevado en peso por los *s* a causa
23.10 mandó que bajasen *s* y le arrebatasen
23.23 preparasen. .doscientos *s*, 70 jinetes
23.31 y los *s*, tomando a Pablo como se les
27.31 Pablo dijo al centurión y a los *s:* Si
27.32 *s* cortaron las amarras del esquife y
27.42 *s* acordaron matar a los presos, para
28.16 vivir aparte, con un *s*. .le custodiase
1 Co. 9.7 ¿quién fue jamás *s* a sus. .expensas?
2 Ti. 2.3 pues, sufre penalidades como buen *s*
2.4 fin de agradar a aquel que lo tomó por *s*

SOLDADURA

Is. 41.7 buena. .la *s;* y lo afirmó con clavos

SOLEDAD

Dt. 32.10 y en yermo de horrible *s;* lo trajo
Job 30.3 a la *s*, a lugar tenebroso, asolado y
39.6 yo puse casa en la *s*, y sus moradas en
Sal. 102.6 semejante al. .como el buho de las *s*
106.14 el desierto; y tentaron a Dios en la *s*
107.4 por el desierto, por la *s* sin camino
Is. 13.9 de ira, para convertir la tierra en *s*
35.1 alegrarán el desierto y la *s;* el yermo
35.6 aguas serán cavadas. .torrentes en la *s*
40.3 enderezad calzada en la *s* a nuestro Dios
41.19 pondré en la *s* cipreses, pinos y bojes
42.15 convertiré en *s* montes y collados, haré
43.19 camino en el desierto, y ríos en la *s*
43.20 ríos en la *s*, para que beba mi pueblo
51.3 Sion; consolará todas sus *s*, y cambiará
51.3 cambiará. .su *s* en huerto de Jehová; se
52.9 alegraos juntamente, *s* de Jerusalén
64.10 Sion es un desierto, Jerusalén una *s*
Jer. 10.22 convertir en *s* todas las ciudades
12.10 convirtieron en desierto y *s* mi heredad
22.6 sin embargo, te convertiré en *s*, y como
34.22 y reduciré a *s* las ciudades de Judá
44.6 y fueron puestas en *s* y en destrucción
49.13 oprobio, *s* y maldición será Bosra, y
49.33 Hazor será morada de chacales, *s* para
51.29 para poner la tierra de Babilonia en *s*
Ez. 5.14 te convertiré en *s* y en oprobio entre
23.33 llena de. .y de dolor por el cáliz de *s*
29.10 tierra de Egipto. .en la *s* del desierto
29.12 pondré. .Egipto en *s* entre las tierras
33.28 y convertiré la tierra en desierto. .*s*
33.29 convierta la tierra en *s* y desierto, por
35.3 Seir. .te convertiré en desierto y en *s*
35.7 y convertiré al monte de Seir en. .*s*, y

SOLEMNE

Éx. 10.9 porque es nuestra fiesta *s* para Jehová
12.14 celebraréis como fiesta *s* para Jehová
Lv. 23.2 las fiestas *s* de Jehová. .serán estas
23.4,37 estas son las fiestas *s* de Jehová
23.6 la fiesta *s* de los panes sin levadura
23.34 será la fiesta *s* de los tabernáculos
23.44 habló Moisés. .sobre las fiestas *s* de
Nm. 15.3 o para ofrecer en vuestras fiestas *s*
29.12 celebraréis fiesta *s* a Jehová. .7 días
29.39 cosas ofreceréis a Jehová en. .fiestas *s*
Dt. 16.8 el séptimo día será fiesta *s* a Jehová
16.10 la fiesta *s* de las semanas a Jehová tu
16.13 la fiesta *s* de los tabernáculos harás
16.14 te alegrarás en tus fiestas *s*, tú, tu
16.15 celebrarás fiesta *s* a Jehová tu Dios
16.16 la fiesta *s* de los panes sin levadura
16.16 y en la fiesta *s* de las semanas, y en
16.16 y en la fiesta *s* de los tabernáculos
Jue. 21.19 ahí hay fiesta *s* de Jehová en Silo
1 R. 8.2 se reunieron. .el día de la fiesta *s*
12.32 fiesta *s*. .conforme a la fiesta *s* que se

SOLEMNE *(Continúa)*
2 R. 10.20 dijo Jehú: Santificad un día *s* a Baal
1 Cr. 23.31 días de reposo, lunas..y fiestas *s*
2 Cr. 5.3 se congregaron..para la fiesta *s* del
7.9 al octavo día hicieron *s* asamblea, porque
7.9 habían celebrado la fiesta *s* por 7 días
8.13 ofreciesen cada cosa..en las fiestas *s*
30.13 la fiesta *s* de los panes sin levadura
30.21 celebraron la fiesta *s* de los panes sin
30.22 de lo sacrificado en la fiesta *s* por
31.3 lunas y fiestas *s*, como está escrito en
35.17 celebraron..la fiesta *s* de los panes
Esd. 3.4 la fiesta *s* de los tabernáculos, como
3.5 las nuevas lunas, y todas las fiestas *s*
6.22 y celebraron..la fiesta *s* de los panes
Neh. 8.14 tabernáculos en la fiesta *s* del mes
8.18 e hicieron la fiesta *s* por siete días
8.18 el octavo día fue de *s* asamblea, según
Sal. 81.3 tocad..en el día de nuestra fiesta *s*
Is. 1.13 vana..son iniquidad vuestras fiestas *s*
1.14 fiestas *s* las tiene aborrecidas mi alma
33.20 a Sion, ciudad de nuestras fiestas *s*
Lm. 1.4 luto..no hay quien venga a las fiestas *s*
2.6 Jehová ha hecho olvidar las fiestas *s* y
Ez. 21.23 que les ha hecho *s* juramentos; pero
36.38 ovejas de Jerusalén en sus fiestas *s*
44.24 y mis leyes..guardarán en..fiestas *s*
45.17 el dar..la libación en las fiestas *s*
45.23 en los..días de la fiesta *s* ofrecerá
46.11 y en las asambleas *s* será la ofrenda

SOLEMNIDAD
Nm. 10.10 el día de vuestra alegría, y en..*s*
29.35 el octavo día tendréis *s;* ninguna obra
Lm. 2.22 has convocado de..como en un día de *s*
Os. 9.5 ¿qué haréis en el día de la *s*, y en el
Am. 5.21 aborrecí, abominé vuestras *s*, y no me
Zac. 8.19 el ayuno..convertirán..en festivas *s*
Jn. 19.31 aquel día de reposo era de gran *s*

SOLICITAR
Esd. 8.21 para *solicitar* de él camino derecho
Job 20.10 *solicitarán* el favor de los pobres
Ez. 16.34 ninguno te ha *solicitado*..fornicar
36.37 seré *solicitado* por la casa de Israel
Dn. 2.49 Daniel *solicitó* del rey, y obtuvo que

SOLÍCITO, TA
2 R. 4.13 he aquí tú has estado *s* por nosotros
Sal. 78.34 entonces se volvían *s* en busca suya
Pr. 22.29 ¿has visto hombre *s* en su trabajo?
Jl. 2.18 Jehová, *s* por su tierra, perdonará a
2 Co. 8.17 estando..muy *s*..para ir a vosotros
Ef. 4.3 *s* en guardar la unidad del Espíritu en
Fil. 4.10 de lo cual también estabais *s*, pero

SOLICITUD
Lc. 7.4 le rogaron con *s*, diciéndole: Es digno
Hch. 17.11 pues recibieron la palabra con toda *s*
Ro. 12.8 el que preside, con *s;* el que hace
2 Co. 7.7 vuestra *s* por mí, de manera que me
7.11 ¡qué *s* produjo en vosotros..qué temor
7.12 que se os hiciese manifiesta nuestra *s*
8.7 en ciencia, en toda *s*, y en vuestro amor
8.16 puso en..Tito la misma *s* por vosotros
Fil. 2.28 así que le envío con mayor *s*, para
Col. 4.13 doy testimonio de que tiene gran *s*
Tit. 3.13 encamínales con *s*, de modo que nada
He. 6.11 cada uno de..muestre la misma *s* hasta
Jud. 3 por la gran *s* que tenía de escribiros

SÓLIDO
He. 5.12 necesidad de leche, y no de alimento *s*
5.14 pero el alimento *s* es para los que han

SOLITARIO, RIA
Job 3.7 ¡oh, que fuera aquella noche *s*, que no
Sal. 102.7 soy como el pájaro *s* sobre el tejado
Jer. 49.31 contra una nación pacífica..vive *s*

SOLIVIANTAR
Hch. 6.12 *soliviantaron* al pueblo, a..ancianos

SOLO, LA
Gn. 2.18 no es bueno que el hombre esté *s;* le
Jue. 3.20 estando él sentado *s* en su sala de
1 S. 21.1 ¿cómo vienes tú *s*, y nadie contigo?
1 R. 11.29 y estaban ellos dos *s* en el campo
Ec. 4.10 pero ¡ay del *s!* que cuando cayere, no
Is. 5.8 ¿habitaréis..*s* en medio de la tierra?
49.21 yo..estaba *s*..yo había sido dejada *s*
Lm. 1.1 ¡cómo ha quedado *s* la ciudad populosa!
Mt. 18.15 vé y repréndele estando tú y él *s;* si
Mr. 4.10 estuvo *s*, los que estaban cerca de él
Lc. 9.36 y cuando cesó la voz..fue hallado *s*
Jn. 16.32 dejaréis *s;* mas no estoy *s*, porque

SOLTAR
Gn. 43.14 y os *suelte* al otro vuestro hermano
Lv. 14.7 *soltará* la avecilla viva en el campo
14.53 luego *soltará* la avecilla viva fuera de
Jue. 15.5 *soltó* las zorras en los sembrados de
1 R. 20.42 *soltaste*..el hombre de mi anatema
Job 6.9 que *soltara* su mano, y acabara conmigo!
7.19 y no me *soltarás*..hasta que trague mi
29.17 y de sus dientes hacía *soltar* la presa
39.5 quién echó libre al..*soltó* sus ataduras?
Sal. 102.20 *soltar* a los sentenciados a muerte
105.20 envió el rey, y le *soltó;* el señor de
Pr. 17.14 es como quien *suelta* las aguas; deja
Is. 45.13 *soltará* mis cautivos, no por precio
52.2 *suelta*..ataduras de tu cuello, cautiva
58.6 *soltar* las cargas de opresión, y dejar
Jer.1.14 norte se *soltará* el mal sobre todos
40.4 yo te he *soltado* hoy de las cadenas que
50.33 los retuvieron; no los quisieron *soltar*
Ez. 13.20 y *soltaré* para que vuelen como aves
Mt. 18.27 señor..le *soltó* y le perdonó la deuda
27.15 el gobernador *soltar* al pueblo un preso
27.17 Pilato: ¿A quién queréis que os *suelte*
27.21 cuál de los dos queréis que os *suelte?*
27.26 *soltó* a Barrabás; y habiendo azotado
Mr. 15.6 en el día de la fiesta les *soltaba* un
15.9 ¿queréis..*suelte* al Rey de los judíos?
15.11 para que les *soltase* más bien a Barrabás
15.15 Pilato..*soltó* a Barrabás, y entregó a
Lc. 1.64 *suelta* su lengua, y habló bendiciendo
22.68 si..no me responderéis, ni me *soltaréis*
23.16 le *soltaré*, pues, después de castigarle
23.17 y tenía necesidad de *soltarles* uno en
23.18 ¡fuera..éste, y *suéltanos* a Barrabás!
23.20 habló..Pilato, queriendo *soltar* a Jesús
23.22 en él; le castigaré, pues, y le *soltaré*
23.25 *soltó* a aquel que había sido echado en
Jn. 18.39 la costumbre de que os *suelte* uno en
18.39 ¿queréis..*suelte* al Rey de los judíos?
19.10 y que tengo autoridad para *soltarte?*
19.12 procuraba Pilato *soltarle;* pero los
19.12 éste *sueltas*, no eres amigo de César
Hch. 2.24 *sueltos* los dolores de la muerte, por
4.21 les *soltaron*, no hallando ningún modo
16.26 y las cadenas de todos se *soltaron*
16.35 alguaciles a decir: *Suelta* a aquellos
16.36 han mandado a decir que se os *suelte*
17.9 obtenida fianza de Jasón..los *soltaron*
22.30 le *soltó* de las cadenas, y mandó venir
24.26 le diera dinero para que le *soltase*
28.18 me querían *soltar*, por no haber en mí
1 Co. 7.27 ¿estás ligado..No procures *soltarte*
Ap. 20.7 años..Satanás será *suelto* de su prisión

SOLTERO
1 Co. 7.8 los *s*..que bueno les fuera quedarse
7.32 *s* tiene cuidado de las cosas del Señor

SOMBRA
Gn. 19.8 pues que vinieron a la *s* de mi tejado
Jue. 9.15 venid, abrigaos bajo de mi *s;* y si no
9.36 tú ves la *s* de los montes como si fueran
2 R. 20.9 ha dicho: ¿Avanzará la *s* diez grados
20.10 fácil cosa es que la *s* decline 10 grados
20.10 no que la *s* vuelva atrás diez grados
20.11 e hizo volver la *s* por los grados que
1 Cr. 29.15 nuestros días..cual *s* que no dura
Job 3.5 aféenlo tinieblas y *s* de muerte; repose
7.2 como el siervo suspira por la *s*, y como
8.9 nuestros días sobre la tierra como *s* que
10.21 la tierra de tinieblas y de *s* de muerte
10.22 *s* de muerte y sin orden, y cuya luz es
12.22 descubre..y saca a luz la *s* de muerte
14.2 sale..y huye como la *s* y no permanece
17.7 ojos..mis pensamientos todos son como *s*
24.17 mañana es para..ellos como *s* de muerte
24.17 si..terrores de *s* de muerte los toman
26.5 *s* tiemblan en lo profundo, los mares y
28.3 las piedras que hay en..en *s* de muerte
34.22 no hay tinieblas ni *s* de muerte donde
38.17 visto las puertas de la *s* de muerte?
40.21 echará debajo de las *s*, en lo oculto
40.22 los árboles sombríos lo cubren con su *s*
Sal. 17.8 ojos; escóndeme bajo la *s* de tus alas
23.4 aunque ande en valle de *s* de muerte, no
36.7 los hombres se amparan bajo la *s* de tus
39.6 como una *s* es el hombre..vano se afana
44.19 nos..y nos cubrieses con *s* de muerte
57.1 y en la *s* de tus alas me ampararé hasta
63.7 y así en la *s* de tus alas me regocijaré
80.10 los montes fueron cubiertos de su *s*
91.1 el que habita..bajo la *s* del Omnipotente
102.11 mis días son como *s* que se va, y me he
107.10 moraban en tinieblas y *s* de muerte
107.14 los sacó..de la *s* de muerte, y rompió
109.23 me voy como la *s* cuando declina; soy
121.5 Jehová es tu..es tu *s* a tu mano derecha
144.4 el hombre..sus días son como la *s* que
Ec. 6.12 los días..los cuales él pasa como *s?*
8.13 ni..prolongados los días, que son como *s*
Cnt. 2.3 bajo la *s* del deseado me senté, y su
2.17; 4.6 hasta que apunte el día y huyan..*s*
Is. 4.6 habrá un abrigo para *s* contra el calor
9.2 los que moraban en tierra de *s* de muerte
16.3 pon tu *s* en medio del día como la noche
18.1 ¡ay de la tierra que hace *s* con las alas
25.4 *s* contra el calor; porque el ímpetu de
30.2 y poner su esperanza en la *s* de Egipto
30.3 el amparo en la *s* de Egipto en confusión
32.2 será..como *s* de gran peñasco en tierra
38.8 haré volver la *s* por los grados que ha
49.2 me cubrió con la *s* de su mano; y me puso
51.16 la *s* de mi mano te cubrí, extendiendo
Jer. 2.6 condujo..tierra seca y de *s* de muerte
6.4 que las *s* de la tarde se han extendido
13.16 os la vuelva en *s* de muerte y tinieblas
48.45 a la *s* de Hesbón se pararon sin fuerzas
Lm. 4.20 habíamos dicho: A su *s* tendremos vida
Ez. 17.23 aves..a la *s* de sus ramas habitarán
31.6 aves..y a su *s* habitaban muchas naciones
31.12 se irán de su *s*..pueblos de la tierra
31.17 los que estuvieron a su *s* en medio de
Dn. 4.12 se ponían a la *s* las bestias del campo
Os. 4.13 debajo de..olmos que tuviesen buena *s*
14.7 volverán y se sentarán bajo su *s;* serán
Jl. 2.2 día de nube y de *s*, que sobre los montes
Jon. 4.5 se sentó debajo de ella a la *s*, hasta
4.6 calabacera..que hiciese *s* sobre su cabeza
Mt. 4.16 los asentados en región de *s* de muerte
Mr. 4.32 que las aves..pueden morar bajo su *s*
9.7 vino una nube que les hizo *s*, y desde la
Lc. 1.35 poder del Altísimo te cubrirá con su *s*
1.79 luz a los que habitan en..*s* de muerte
Hch. 5.15 lo menos su *s* cayese sobre alguno de
Col. 2.17 lo cual es *s* de lo que ha de venir
He. 8.5 sirven a lo que es figura y *s* de las
10.1 teniendo la *s* de los bienes venideros
Stg. 1.17 en el cual no hay..ni *s* de variación

SOMBRIO
Job 3.4 sea aquel día *s*, y no cuide de él Dios
40.22 los árboles *s* lo cubren con su sombra

SOMER
1. Madre de Jozabad No. 1, 2 R. 12.21
2. Descendiente de Aser, 1 Cr. 7.32

SOMETER
Éx. 18.19 Dios, y *somete* tú los asuntos a Dios
Lv. 26.43 entonces se *someterán* al castigo de
Jos. 18.1 después que la tierra..fue *sometida*
Jue. 11.33 así fueron *sometidos* los amonitas por
1 S. 7.13 fueron *sometidos* los filisteos, y no
2 S. 8.1 derrotó a los filisteos y los *sometió*
8.11 de todas las naciones que había *sometido*
22.45 los hijos de extraños se *someterán* a mí
1 Cr. 22.18 la tierra ha sido *sometida* delante
2 Cr. 30.8 no endurezcáis..*someteos* a Jehová
Sal. 18.44 los hijos de extraños se *sometieron*
18.47 Dios que..*somete* pueblos debajo de mí
47.3 *someterá* a..pueblos debajo de nosotros
66.3 tu poder se *someterán* a ti tus enemigos
68.30 que todos se *sometan* con sus piezas de
81.15 los que aborrecen a..habrían *sometido*
Jer. 27.11 a la nación que *sometiere* su cuello
27.12 *someted* vuestros cuellos al yugo del rey
Ro. 6.16 si os *sometéis* a alguien como esclavos
13.1 *sométase* toda persona a las autoridades
Gá. 2.5 ni..un momento accedimos a *someternos*
6.4 cada uno *someta* a prueba su propia obra
Ef. 1.22 *sometió* todas las cosas bajo sus pies
5.21 *someteos* unos a otros en..temor de Dios
Col. 2.20 en el mundo, os *sometéis* a preceptos
1 Ti. 3.10 sean *sometidos* a prueba primero, y
Stg. 4.7 *someteos*..a Dios; resistid al diablo
1 P. 1.7 para que *sometida* a prueba vuestra fe
2.13 *someteos* a toda institución humana, ya

SOMORMUJO
Lv. 11.17 el buho, el *s*, el ibis
Dt. 14.17 el pelícano, el buitre, el *s*

SON
Lv. 23.24 una conmemoración al *s* de trompetas
1 Cr. 15.28 llevaba..el arca..al *s* de salterios
2 Cr. 15.14 juraron a..al *s* de trompetas y de
Job 21.12 al *s* de tamboril..se regocijan al *s*
Sal. 150.3 alabadle a *s* de bocina; alabadle con
Is. 3.16 danzando, y haciendo *s* con los pies
Ez. 26.13 y no se oirá más el *s* de tus cítaras
Dn. 3.5,7,10,15 al oir el *s* de la bocina, de la

SONAR
Éx. 19.13 *suene* largamente la bocina, subirán
Nm. 29.1 os será día de *sonar* las trompetas
Jos. 6.9 el arca, mientras las bocinas *sonaban*
1 Cr. 15.19 Asaf y..*sonaban* címbalos de bronce
16.5 y arpas; pero Asaf *sonaba* los címbalos
16.6 *sonaban*..las trompetas delante del arca
2 Cr. 5.13 *sonaban*..las trompetas, y cantaban
13.12 las trompetas..para que *suenen* contra
23.13 y *sonaba* bocinas, y los cantores con
29.28 los trompeteros *sonaban* las trompetas
Job 39.23 contra él *suenan* la aljaba..lanza
Pr. 30.33 y el que recio se *suena* las narices
Os. 5.8 *sonad* alarma en Bet-avén; tiembla, oh
Ap. 8.13 los otros toques..que están para *sonar*

SONDA
Hch. 27.28 echando la *s*, hallaron veinte brazas
27.28 volviendo a echar la *s*, hallaron quince

SONIDO
Éx. 19.16 truenos y..y *s* de bocina muy fuerte
19.19 *s* de la bocina..aumentando en extremo
20.18 *s* de la bocina, y el monte que humeaba
28.35 y se oirá su *s* cuando él entre en el
Lv. 26.36 tal cobardía..que el *s* de una hoja
Nm. 10.7 para reunir..tocaréis, mas no con *s*
Jos. 6.5 que oigáis el *s* de la bocina, todo el
6.20 el pueblo hubo oído el *s* de la bocina
2 S. 6.15 el arca con júbilo y *s* de trompeta
15.10 *s* de la trompeta diréis: Absalón reina
1 R. 1.41 Joab el *s* de la trompeta, dijo: ¿Por
14.6 cuando Ahías oyó el *s* de sus pies, al
1 Cr. 15.28 el arca del pacto..con júbilo y *s*
Neh. 4.20 oyereis el *s* de la trompeta, reuníos
Job 36.29 nubes..el *s* estrepitoso de su morada?
37.2 oíd..su voz, y el *s* que sale de su boca
37.4 después..brama el *s*, truena él con voz
39.24 él..sin importarle el *s* de la trompeta
Sal. 47.5 con júbilo, Jehová con *s* de trompeta
93.3 ríos, oh Jehová, los ríos alzaron su *s*
98.6 aclamad con..*s* de bocina, delante del
104.7 huyeron..*s* de tu trueno se apresuraron
Is. 14.11 descendió al Seol..el *s* de tus arpas
Jer. 4.19 *s* de trompeta has oído, oh alma mía
4.21 ¿hasta cuándo he de..oir *s* de trompeta?
6.17 dijesen: Escuchad al *s* de la trompeta
8.16 al *s* de los relinchos de sus corceles
42.14 Egipto, en..ni oiremos *s* de trompeta
47.3 por el *s* de los cascos de sus caballos
51.55 como *s* de muchas aguas será la voz de
Ez. 1.24 oí el *s* de sus alas..como *s* de..aguas
3.13 el *s* de las alas de los seres vivientes
3.13 *s* de las ruedas..y *s* de gran estruendo
33.4 cualquiera..oyere el *s* de la trompeta
33.5 *s* de la trompeta oyó, y no se apercibió
43.2 y su *s* era como el *s* de muchas aguas
Dn. 7.11 a causa del *s* de las grandes palabras
10.6 el *s* de sus palabras como el estruendo
10.9 oí el *s* de sus palabras; y al oir el *s*
Jl. 2.5 como *s* de llama de fuego que consume
Am. 2.2 morirá..con estrépito y *s* de trompeta
Jn. 3.8 el viento sopla de donde..y oyes su *s*
1 Co. 14.7 las cosas inanimadas que producen *s*
14.8 si la trompeta diere *s* incierto, ¿quién
He. 12.19 al *s* de la trompeta, y a la voz que
Ap. 14.2 oí una voz..como *s* de un gran trueno

SOÑADOR
Gn. 37.19 y dijeron el uno al otro..viene el *s*
Dt. 13.1 levantare en medio de ti *s* de sueños
13.3 no darás oído ..ni al tal *s* de sueños
13.5 profeta o *s* de sueños ha de ser muerto
Jer. 27.9 a vuestros *s*, ni a vuestros agoreros
Jud. 8 estos *s* mancillan la carne, rechazan la

SOÑAR
Gn. 28.12 y *soñó:* y he aquí una escalera que
37.5 y *soñó* José..y lo contó a sus hermanos
37.6 les dijo: Oíd..este sueño que he *soñado*
37.9 *soñó* aun otro sueño..*soñado* otro sueño
37.10 dijo: ¿Qué sueño es este que *soñaste?*
40.9 *soñaba* que veía una vid delante de mí
40.16 *soñé* que veía tres canastillos blancos
41.5 durmió de nuevo, y *soñó* la segunda vez
41.22 *soñando,* que siete espigas crecían en
Jue. 7.13 *soñé* un sueño: Veía un pan de cebada
Sal. 126.1 de Sion, seremos como los que *sueñan*
Is. 29.8 y *sueña,* y le parece que come, pero
29.8 que tiene sed y *sueña,* y le parece que
Jer. 23.25 aquellos profetas dijeron..*Soñé, s*
29.8 no..ni atendáis a los sueños que *soñáis*
Jl. 2.28; Hch. 2.17 ancianos *soñarán* sueños, y

SOÑOLIENTO
Is. 56.10 perros..*s*, echados, aman el dormir

SÓPATER *Cristiano de Berea,* **Hch. 20.4**

SOPLAR
Gn. 2.7 y *sopló* en su nariz aliento de vida, y
Éx. 15.10 *soplaste* con tu viento; los cubrió el
Sal. 147.18 *soplará* su viento, y fluirán las
Cnt. 4.16 *soplad* en mi huerto, despréndanse sus
Is. 40.7 porque..viento de Jehová *sopló* en ella
40.24 tan pronto como *sopla* en ellos se secan
54.16 yo hice al herrero que *sopla* las ascuas
Ez. 22.21 y *soplaré* sobre vosotros en el fuego
37.9 y *sopla* sobre estos muertos, y vivirán
Mt. 7.25 *soplaron* vientos, y golpearon contra
7.27 *soplaron* vientos, y dieron con ímpetu
Lc. 12.55 *sopla* el viento del sur..Hará calor
Jn. 3.8 el viento *sopla* de donde quiere, y oyes
6.18 se levantaba el mar..viento que *soplaba*
20.22 *sopló,* y les dijo: Recibid el Espíritu
Hch. 2.2 como de un viento recio que *soplaba*
27.13 y *soplando* una brisa del sur..levaron
28.13 día..*soplando* el viento sur, llegamos
Ap. 7.1 no *soplase* viento..sobre la tierra, ni

SOPLO
Éx. 15.8 al *s* de tu aliento se amontonaron las
2 S. 22.16 por el *s* del aliento de su nariz
Job 4.9 y por el *s* de su ira son consumidos
7.7 acuérdate que mi vida es un *s*, y que mis
32.8 *s* del Omnipotente le hace que entienda
33.4 me hizo, y el *s* del Omnipotente me dio
37.10 por el *s* de Dios se da el hielo, y las
Sal. 18.15 por el *s* del aliento de tu nariz
78.39 que eran carne, *s* que va y no vuelve
Is. 30.33 *s* de Jehová, como torrente de azufre
33.11 luz; el *s* de vuestro fuego os consumirá
57.13 llevará el viento, un *s* los arrebatará
Hag. 1.9 encerráis..y yo lo disiparé en un *s*

SOPORTAR
Gn. 4.13 grande es..castigo para ser *soportado*
Nm. 11.14 no puedo yo solo *soportar* a todo este
Neh. 9.30 les *soportaste* por muchos años, y les
Sal. 55.12 un enemigo, lo cual habría *soportado*
Pr. 18.14 ánimo del..*soportará* su enfermedad
18.14 ¿quién *soportará* al ánimo angustiado?
Is. 1.14 fiestas..cansado estoy de *soportarlas*
46.4 y hasta las canas os *soportaré* yo; yo
46.4 hice, yo llevaré..*soportaré* y guardaré
Jl. 2.11 muy terrible; ¿quién podrá *soportarlo?*
Mi. 7.9 ira de Jehová *soportaré,* porque pequé
Mal. 3.2 ¿y quién podrá *soportar* el tiempo de
Mt. 17.17 ¡oh..hasta cuándo os he de *soportar?*
20.12 que hemos *soportado*..el calor del día
Mr. 9.19; Lc. 9.41 cuándo os he de *soportar?*
Hch. 13.18 tiempo..los *soportó* en el desierto
Ro. 9.22 *soportó* con mucha paciencia los vasos
15.1 debemos *soportar* las flaquezas de los
1 Co. 4.12 padecemos persecución..*soportamos*
9.12 lo *soportamos* todo, por no poner ningún
10.13 dará..salida, para que podáis *soportar*
13.7 cree, todo lo espera, todo lo *soporta*
Ef. 4.2 *soportándoos* con paciencia los unos a
Col. 3.13 *soportándoos*..y perdonándoos unos a
1 Ts. 3.1 por lo cual, no pudiendo *soportarlo*
3.5 yo, no pudiendo *soportar* más, envié para
2 Ts. 1.4 vuestras persecuciones..que *soportáis*
2 Ti. 2.10 lo *soporto* por amor de los escogidos
4.5 sobrio en todo, *soporta* las aflicciones
He. 12.7 si *soportáis* la disciplina, Dios os
12.20 no podían *soportar* lo que se ordenaba
13.22 que *soportéis* la palabra de exhortación
Stg. 1.12 bienaventurado el varón que *soporta*
1 P. 2.18 también a los difíciles de *soportar*
2.20 si..y sois abofeteados, y lo *soportáis?*
2.20 si..sufrís, y lo *soportáis*..es aprobado
Ap. 2.2 y que no puedes *soportar* a los malos

SORBER
1 Co. 15.54 *sorbida* es la muerte en victoria

SORDO
Éx. 4.11 al mudo y al *s*, al que ve y al ciego?
Lv. 19.14 no maldecirás al *s*, y delante..ciego
Sal. 38.13 yo, como si fuera *s*, no oigo; y soy
58.4 son como el áspid *s* que cierra su oído
Is. 29.18 los *s* oirán las palabras del libro
35.5 entonces..los oídos de los *s* se abrirán
42.18 *s*, oíd, y vosotros, ciegos, mirad para
42.19 ¿quién..*s*, como mi mensajero que envié?
43.8 sacad al pueblo..los *s* que tienen oídos
Mt. 11.5 *s* oyen, los muertos son resucitados
Mr. 7.32 y le trajeron un *s* y tartamudo, y le
7.37 hace a los *s* oir, y a los mudos hablar
9.25 espíritu mudo y *s*, yo te mando, sal de
Lc. 7.22 *s* oyen, los muertos son resucitados

SOREC *Valle en Dan,* **Jue. 16.4**

SORPRENDER
Nm. 5.13 hubiere sido *sorprendida* en el acto
Dt. 22.22 si fuere *sorprendido* alguno acostado
Jos. 7.15 que fuere *sorprendido* en el anatema
1 S. 21.1 *sorprendió* Ahimelec de su encuentro
2 S. 16.8 y hete aquí *sorprendido* en tu maldad
Sal. 55.15 la muerte les *sorprenda;* desciendan
89.22 no lo *sorprenderá* el enemigo, ni hijo
Pr. 6.31 si es *sorprendido,* pagará siete veces
Mt. 22.15 cómo *sorprenderle* en alguna palabra
Mr. 12.13 que le *sorprendiesen* en alguna palabra
15.44 se *sorprendió* de que ya hubiese muerto
Lc. 2.48 cuando le vieron, se *sorprendieron;* y
20.20 fin de *sorprenderle* en alguna palabra
20.26 y no pudieron *sorprenderle* en palabra
Jn. 8.3 le trajeron una mujer *sorprendida* en
8.4 ha sido *sorprendida* en el acto mismo de
12.35 no os *sorprendan* las tinieblas; porque
Gá. 6.1 si alguno fuere *sorprendido* en alguna
1 Ts. 5.4 para que aquel día os *sorprenda* como
1 P. 4.12 amados, no os *sorprendáis* del fuego

SORTEO
Nm. 33.54 la tierra por *s* por vuestras familias
34.13 que se os repartirá en heredades por *s*
36.2 mandó..que por *s* diese la tierra a los
Jue. 20.9 a Gabaa: contra ella subiremos por *s*

SORTÍLEGO
Dt. 18.10 no sea hallado en ti..*s*, ni hechicero

SOSEGADAMENTE
1 Co. 7.5 no ser..para ocuparos *s* en la oración
2 Ts. 3.12 trabajando *s*, coman su propio pan

SOSEGAR
Est. 2.1 *sosegada* ya la ira del rey Asuero, se
Job 37.17 *sosiega* la tierra con el viento del
Sal. 65.7 que *sosiega* el estruendo de los mares
89.9 se levantan sus ondas, tú las *sosiegas*
Pr. 29.11 ira, mas el sabio al fin la *sosiega*
Jer. 47.6 vuelve a tu vaina, reposa y *sosiégate*
49.23 aguas de desmayo, no pueden *sosegarse*

SOSIEGO
2 Cr. 14.1 Asa, en cuyos días tuvo *s* el país
Job 20.20 por tanto, no tendrá *s* en su vientre
Sal. 107.29 cambia la tempestad en *s*, y..ondas

SOSÍPATER *Cristiano, pariente de Pablo,* **Ro. 16.21**

SOSPECHA
1 Ti. 6.4 de las cuales nacen envidias..malas *s*

SOSPECHAR
Hch. 25.18 ningún cargo..los que yo *sospechaba*
27.27 *sospecharon* que estaban cerca de tierra

SOSTENER
Gn. 21.18 al muchacho, y *sostenlo* con tu mano
36.7 juntos, ni la tierra..los podía *sostener*
Éx. 17.12 Aarón y Hur *sostenían* sus manos, el
18.23 podrás *sostenerte,* y..todo este pueblo
Dt. 9.2 ¿quién se *sostendrá* delante de..Anac?
11.25 nadie se *sostendrá* delante de vosotros
2 S. 6.6 extendió su mano al arca..la *sostuvo*
1 R. 15.4 levantando..*sosteniendo* a Jerusalén
1 Cr. 13.9 extendió su mano al..para *sostenerla*
Sal. 20.2 envíe ayuda..desde Sion te *sostenga*
37.17 el que *sostiene* a los justos es Jehová
37.24 hombre cayere..Jehová *sostiene* su mano
54.4 el Señor está con los que *sostienen* mi
63.8 está mi alma..diestra me ha *sostenido*
75.3 sus moradores; yo *sostengo* sus columnas
119.117 *sosténme,* y seré salvo..regocijaré
145.14 *sostiene* Jehová a todos los que caen
146.9 guarda..huérfano y a la viuda *sostiene*
Pr. 27.4 ¿quién podrá *sostenerse* delante de la
Is. 41.13 soy tu Dios, quien te *sostiene* de tu
42.1 he aquí mi siervo, yo le *sostendré;* mi
42.6 y te *sostendré* por la mano; te guardaré
63.5 me salvó mi brazo, y me *sostuvo* mi ira
Ez. 30.6 caerán los que *sostienen* a Egipto, y
30.21 a fin de..que pueda *sostener* la espada
Dn. 11.15 fuerzas del sur no podrán *sostenerse*
Mt. 4.6; Lc. 4.11 en sus manos te *sostendrán*
Col. 2.1 cuán gran lucha *sostengo* por vosotros
1 Ts. 5.14 que *sostengáis* a los débiles, que
He. 10.32 iluminados, *sostuvisteis* gran combate
11.27 se *sostuvo* como viendo al Invisible
Ap. 6.17 ira..y quién podrá *sostenerse* en pie?

SÓSTENES
1. *Principal de la sinagoga de Corinto,* **Hch. 18.17**
2. *Compañero de Pablo,* **1 Co. 1.1**

SOTAI *Padre de una familia de sirvientes de Salomón,* **Esd. 2.55; Neh. 7.57**

SOTAVENTO
Hch. 27.4 navegamos a *s* de Chipre, porque los
27.7 navegamos a *s* de Creta, frente a Salmón
27.16 corrido a *s* de una pequeña isla..Clauda

SÚA
1. *Hijo de Abraham y Cetura,* **Gn. 25.2; 1 Cr. 1.32**
2. *Suegro de Judá*
Gn. 38.2 hombre cananeo, el cual se llamaba *S*
38.12 y murió la hija de *S*, mujer de Judá
1 Cr. 2.3 le nacieron de la hija de *S*, cananea
3. *Descendiente de Judá,* **1 Cr. 4.11**
4. *Hija de Heber de la tribu de Aser,* **1 Cr. 7.32**
5. *Descendiente de Aser,* **1 Cr. 7.36**

SUAL
1. *Región en Efraín,* **1 S. 13.17**
2. *Descendiente de Aser,* **1 Cr. 7.36**

SUAVE
Lv. 26.31 no oleré la fragancia de..*s* perfume
Job 33.20 vida aborrezca el pan..la comida *s*
Sal. 92.3 el salterio, en tono *s* con el arpa
147.1 salmos a..*s* y hermosa es la alabanza
Pr. 16.24 panal de miel son los dichos *s*
18.8 palabras del chismoso..como bocados *s*
23.8 vomitarás la..y perderás tus *s* palabras
26.22 palabras del chismoso..como bocados *s*

SUAVE *(Continúa)*
Ec. 11.7 *s*. .es la luz, y agradable a los ojos
Cnt. 1.3 a más del olor de tus *s* ungüentos, tu
4.13 tus renuevos son paraíso. .con frutos *s*
7.6 hermosa es, y cuán *s*, oh amor deleitoso!
Ro. 16.18 con *s* palabras y lisonjas engañan las

SUAVIDAD
Pr. 7.21 lo rindió con la *s* de sus. .palabras
16.24 *s* al alma y medicina para los huesos

SUAVIZAR
Sal. 55.21 *suaviza* sus palabras más que. .aceite
Is. 1.6 ni vendadas, ni *suavizadas* con aceite

SUBAEL *Levita, descendiente de Moisés (=Sebuel No. 1)*, 1 Cr. 24.20(2); 25.20

SUBIDA
Nm. 34.4 desde el sur hasta la *s* de Acrabim
Jos. 15.3 salía hacia el sur de la *s* de Acrabim
15.7 Gilgal. .enfrente de la *s* de Adumín, que
18.17 Gelilot. .está delante de la *s* de Adumín
Jue. 1.36 el límite. .fue desde la *s* de Acrabim
2 R. 9.27 y le hirieron a la *s* de Gur, junto a
1 Cr. 26.16 de Salequet, en el camino de la *s*
Neh. 3.19 tramo frente a la *s* de la armería de
4.21 tenían lanzas desde la *s* del alba hasta
12.37 la *s* del muro, desde la casa de David
Jer. 48.5 a la *s* de Luhit con llanto subirá el
Os. 2.15 el día de su *s* de la tierra de Egipto

SUBIR
Gn. 2.6 que *subía* de la tierra un vapor, el cual
7.18 *subieron* las aguas y crecieron en gran
7.19 las aguas *subieron* mucho sobre la tierra
7.20 quince codos más alto *subieron* las aguas
13.1 *subió*. .Abram de Egipto hacia el Neguev
17.22 él, y *subió* Dios de estar con Abraham
19.13 clamor contra ellos ha *subido* de punto
19.27 y *subió* Abraham por la mañana al lugar
19.28 el humo *subía* de la tierra como el humo
19.30 Lot *subió* de Zoar y moró en el monte
26.23 y de allí *subió* a Beerseba
28.12 y he aquí ángeles de Dios que *subían* y
31.17 y *subió* sus hijos y sus mujeres sobre
35.1 levántate y *sube* a Bet-el, y quédate allí
35.3 *subamos* a Bet-el; y haré allí altar al
38.12 Judá. .*subía* a los trasquiladores de sus
38.13 tu suegro *sube* a Timnat a trasquilar
41.2 del río *subían* siete vacas, hermosas a
41.3 que tras ellas *subían* del río otras siete
41.18 *subían* siete vacas de gruesas carnes
41.19 y que otras siete vacas *subían* después
41.27 las siete vacas. .que *subían* tras ellas
41.43 y lo hizo *subir* en su segundo carro, y
45.25 y *subieron* de Egipto, y llegaron a la
46.31 *subiré* y lo haré saber a Faraón, y le
49.4 por cuanto *subiste* al lecho de tu padre
49.4 te envileciste, *subiendo* a mi estrado
49.9 de león, Judá; de la presa *subiste*, hijo
50.7 José *subió* para sepultar a su padre
50.7 y *subieron* con él todos los siervos de
50.9 *subieron* también con él carros y gente
50.14 volvió José. .y todos los que *subieron*
50.24 Dios. .os hará *subir* de esta tierra a
Éx. 2.23 *subió* a Dios el clamor de ellos con
8.3 ranas, las cuales *subirán* y entrarán en
8.4 y las ranas *subirán* sobre ti. .tu pueblo
8.5 que haga *subir* ranas sobre la tierra de
8.6 y *subieron* ranas que cubrieron la tierra
10.12 langosta. .*suba* sobre el país de Egipto
10.14 *subió* la langosta sobre toda la tierra
12.38 *subió* con ellos grande multitud de toda
13.18 *subieron* los hijos de Israel de Egipto
13.19 y haréis *subir* mis huesos de aquí con
16.13 *subieron* codornices que cubrieron el
17.3 ¿por qué nos hiciste *subir* de Egipto
17.10 y Hur *subieron* a la cumbre del collado
19.3 Moisés *subió* a Dios; y Jehová lo llamó
19.12 no *subáis* al. .ni toquéis sus límites
19.13 suene largamente la bocina, *subirán* al
19.18 el humo *subía* como el humo de un horno
19.20 llamó Jehová a. .monte, y Moisés *subió*
19.23 el pueblo no podrá *subir* al monte Sinaí
19.24 y *subirás* tú, y Aarón contigo; mas los
19.24 no traspasen el. .para *subir* a Jehová
20.26 no *subirás* por gradas a mi altar, para
24.1 *sube* ante Jehová, tú, y Aarón, Nadab, y
24.2 ellos no se acerquen, ni *suba* el pueblo
24.9 y *subieron* Moisés y Aarón, Nadab y Abiú
24.12 *sube* a mí al monte, y espera allá, y te
24.13 Josué. .y Moisés *subió* al monte de Dios
24.15 entonces Moisés *subió* al monte, y una
24.18 y entró Moisés. .nube, y *subió* al monte
32.30 yo *subiré*. .a Jehová; quizá le aplacaré
33.1 *sube*. .tú y el pueblo que sacaste de la
33.3 no *subiré* en medio de ti. .dura cerviz
33.5 en un momento *subiré* en medio de ti, y
34.2 *sube* de mañana al monte. .preséntate ante
34.3 y no *suba* hombre contigo, ni parezca
34.4 se levantó de mañana y *subió* al monte
34.24 cuando *subas* para. .tres veces en el año
Lv. 2.12 mas no *subirán*. .altar en olor grato
11.45 Jehová, que os hago *subir* de. .Egipto
14.20 hará *subir* el sacerdote el holocausto
Nm. 13.17 *subid* de aquí al Neguev, y subid al
13.21 ellos *subieron*, y reconocieron la tierra
13.22 y *subieron* al Neguev y vinieron hasta
13.30 *subamos* luego, y tomemos posesión de
13.31 varones que *subieron* con él, dijeron
13.31 no podremos *subir* contra aquel pueblo
14.40 se levantaron. .y *subieron* a la cumbre
14.40 henos aquí para *subir* al lugar del cual
14.42 no *subáis*. .Jehová no está en medio de
14.44 se obstinaron en *subir* a la cima del
16.14 tampoco nos has metido. .No *subiremos*
20.5 ¿y por qué nos has hecho *subir* de Egipto
20.25 toma a Aarón. .y hazlos *subir* al monte
20.27 *subieron* al monte de Hor y a la vista
21.5 ¿por qué nos hiciste *subir* de Egipto
21.17 cántico: *Sube*, oh pozo; a él cantad
21.33 *subieron* camino de Basán; y salió. .Og
22.41 Balac tomó a Balaam y lo hizo *subir* a
27.12 Jehová dijo. .*Sube* a este monte Abarim
32.9 *subieron* hasta el torrente de Escol, y
32.11 no verán los varones que *subieron* de
33.38 *subió* el sacerdote Aarón al monte de
Dt. 1.21 *sube* y toma posesión. .como. .ha dicho
1.22 razón del camino. .donde hemos de *subir*
1.24 *subieron* al monte, y llegaron hasta el
1.26 no quisisteis *subir*. .fuisteis rebeldes
1.28 ¿a dónde *subiremos?* Nuestros hermanos
1.41 *subiremos* y pelearemos, conforme a todo
1.41 y os preparasteis para *subir* al monte
1.42 me dijo: Diles: No *subáis*, ni peleéis
1.43 y persistiendo con altivez *subisteis* al
3.1 volvimos. .*subimos* camino de Basán, y nos
3.27 *sube* a la cumbre del Pisga y alza tus
5.5 tuvisteis temor. .y no *subisteis* al monte
9.9 cuando yo *subí*. .para recibir las tablas
9.23 *subid* y poseed la tierra que yo os he dado
10.1 *sube* a mí al monte, y hazte un arca de
10.3 *subí* al monte con las dos tablas en mi
30.12 ¿quién *subirá* por nosotros al cielo, y
32.13 lo hizo *subir* sobre las alturas de la
32.49 *sube* a este monte de Abarim, al. .Nebo
32.50 muere en el monte al cual *subes*, y sé
34.1 *subió* Moisés de los campos de Moab al
Jos. 2.6 ella los había hecho *subir* al terrado
2.8 que se durmiesen, ella *subió* al terrado
4.16 a los sacerdotes. .que *suban* del Jordán
4.17 mandó a los. .diciendo: *Subid* del Jordán
4.18 *subieron* de en medio del Jordán, y las
4.19 el pueblo *subió* del Jordán el día diez
6.5 entonces *subirá*. .derecho hacia adelante
6.20 el pueblo *subió* luego a la ciudad, cada
7.2 *subid* y reconoced la. .y ellos *subieron*
7.3 no *suba* todo el pueblo, sino *suban* como
7.4 y *subieron* allá. .como tres mil hombres
8.1 levántate y *sube* a Hai. .yo he entregado
8.10 y *subió*. .delante del pueblo contra Hai
8.11 la gente de guerra. .*subió* y se acercó
8.20 el humo de la ciudad *subía* al cielo, y
8.21 viendo. .que el humo de la ciudad *subía*
10.4 *subid* a mí y ayudadme, y combatamos a
10.5 cinco reyes. .*subieron*, ellos con todos
10.6 decir. .*sube*. .a nosotros para defendernos
10.7 y *subió* Josué de Gilgal, él y todo el
10.9 habiendo *subido*. .la noche desde Gilgal
10.10 y los siguió por el camino que *sube* a
10.33 rey de Gezer *subió* en ayuda de Laquis
10.36 *subió* luego Josué. .de Eglón a Hebrón
11.17 el monte Halac, que *sube* hacia Seir
14.8 hermanos, los que habían *subido* conmigo
15.3 *subiendo* por el sur. .y *s* por Adar daba
15.6 *sube* este límite por Bet-hogla, y pasa
15.6 de aquí *sube* a la piedra de Bohán hijo
15.7 *sube* a Debir desde el valle de Acor; y al
15.8 *sube* este límite por el valle del hijo
15.8 luego *sube* por la cumbre del monte que
15.15 *subió* contra los que moraban en Debir
16.1 el desierto que *sube* de Jericó por las
17.15 *subid* al bosque, y haceos desmontes allí
18.12 y *sube* hacia. .*s* después al monte hacia
19.11 y su límite *sube* hacia el occidente a
19.12 gira. .sale a Daberat, y *sube* a Jafía
19.47 y *subieron*. .Dan y combatieron a Lesem
22.12 se juntó. .en Silo, para *subir* a pelear
22.33 no hablaron más de *subir* contra ellos
Jue. 1.1 ¿quién. .*subirá* primero a pelear contra
1.2 Judá *subirá;* he aquí. .yo he entregado la
1.3 *sube* conmigo al territorio que se me ha
1.4 y *subió* Judá, y Jehová entregó en sus
1.16 *subieron* de la ciudad de las palmeras
1.22 la casa de José *subió* contra Bet-el; y
2.1 el ángel de Jehová *subió* de. .a Boquim
4.5 hijos de Israel *subían* a ella a juicio
4.10 Barac. .*subió* con. .y Débora *s* con él
4.12 Barac. .había *subido* al monte de Tabor
6.3 *subían* los madianitas. .*s* y los atacaban
6.5 *subían* ellos. .y venían con sus tiendas
6.21 tocó. .*subió* fuego de la peña, el cual
8.8 de allí *subió* a Peniel, y les dijo las
8.11 *subiendo*. .Gedeón por el camino de los
8.13 de la batalla antes que el sol *subiese*
9.48 *subió* Abimelec al monte de Salmón, él y
9.51 cerrando. .puertas, se *subieron* al techo
11.13 tomó mi tierra, cuando *subió* de Egipto
11.16 cuando Israel *subió* de Egipto, anduvo
12.3 ¿por qué. .habéis *subido* hoy contra mí
13.20 cuando la llama *subía* del altar hacia
13.20 el ángel. .*subió* en la llama del altar
14.2 *subió*, y lo declaró a su padre y a su
15.9 filisteos *subieron* y acamparon en Judá
15.10 ¿por qué habéis *subido* contra nosotros
15.10 a prender a Sansón hemos *subido*, para
16.3 y las *subió* a la cumbre del monte que
18.9 levantaos, *subamos* contra ellos, porque
18.17 y *subiendo* los cinco hombres. .entraron
19.30 desde. .que los hijos de Israel *subieron*
20.3 oyeron que. .Israel habían *subido* a Mizpa
20.9 Gabaa: contra ella *subiremos* por sorteo
20.18 de Israel, y *subieron* a la casa de Dios
20.18 ¿quién *subirá*. .el primero en la guerra
20.23 los hijos de Israel *subieron* y lloraron
20.23 Jehová. .respondió: *Subid* contra ellos
20.26 *subieron*. .y vinieron a la casa de Dios
20.28 *subid*, porque mañana. .os los entregaré
20.30 *subiendo* entonces los hijos de Israel
20.31 los caminos, uno. .*sube* a Bet-el, y el
20.38 hiciesen *subir* una gran humareda de la
20.40 de humo comenzó a *subir* de la ciudad
20.40 que el humo de la ciudad *subía* al cielo
21.5 ¿quién. .de Israel no *subió* a la reunión
21.5 gran juramento contra el que no *subiese*
21.8 que no haya *subido* a Jehová en Mizpa?
21.19 oriental del camino que *sube* de Bet-el
Rt. 4.1 Booz *subió* a la puerta y se sentó allí
1 S. 1.3 varón *subía* de su ciudad para adorar
1.7 hacía. .cuando *subía* a la casa de Jehová
1.21 *subió* el varón Elcana con. .su familia
1.22 Ana no *subió*, sino dijo a su marido: Yo
1.22 *subiré* hasta que el niño sea destetado
2.6 él hace descender al Seol, y hace *subir*
2.19 la traía cada año, cuando *subía* con su
5.12 el clamor de la ciudad *subía* al cielo
6.9 si *sube*. .camino de su tierra a Bet-semes
6.20 Dios. .¿A quién *subirá* desde nosotros?
7.7 *subieron*. .de los filisteos contra Israel
9.11 cuando *subían*. .la cuesta de la ciudad
9.13 antes que *suba* al lugar alto a comer
9.13 *subid*, pues, ahora. .ahora le hallaréis
9.14 ellos entonces *subieron* a la ciudad; y
9.14 Samuel venía. .para *subir* al lugar alto
9.19 el vidente; *sube* delante de mí al lugar
10.3 tres hombres que *suben* a Dios en Bet-el
11.1 *subió* Nahas. .y acampó contra Jabes de
13.5 mar; y *subieron* y acamparon en Micmas
13.15 levantándose Samuel, *subió* de Gilgal
14.9 nos estaremos. .y no *subiremos* a ellos
14.10 dijeren así: *Subid*. .*subiremos*, porque
14.12 *subid* a nosotros, y os. .*Sube* tras mí
14.13 y *subió* Jonatán trepando con sus manos
15.2 al oponérsele. .cuando *subía* de Egipto
15.6 misericordia. .cuando *subían* de Egipto
15.34 Saúl *subió* a su casa en Gabaa de Saúl
23.19 *subieron*. .de Zif para decirle a Saúl
23.29 entonces David *subió* de allí y habitó
24.22 David y sus. .*subieron* al lugar fuerte
25.5 les dijo: *Subid* a Carmel e id a Nabal
25.13 y *subieron* tras David como 400 hombres
25.35 *sube* en paz a tu casa. .he oído tu voz
27.8 *subía* David con sus hombres, y hacían
28.8 y me hagas *subir* a quien yo te dijere
28.13 he visto dioses que *suben* de la tierra
2 S. 2.1 *¿subiré*. .Y Jehová le respondió: *Sube*
2.1 ¿a dónde *subiré?* Y él le dijo: A Hebrón
2.2 David *subió* allá, y con él sus dos mujeres
5.8 *suba* por el canal y hiera a los cojos y
5.17 *subieron*. .filisteos para buscar a David
5.23 no *subas*, sino rodéalos, y vendrás a ellos
15.24 *subió* Abiatar después que. .el pueblo
15.30 David *subió* la cuesta. .y la *s* llorando
15.30 pueblo. .iban llorando mientras *subían*
18.33 el rey. .*subió* a la sala de la puerta
19.34 para que yo *suba* con el rey a Jerusalén?
22.9 humo *subió* de su nariz, y de su boca
24.18 *sube*, y levanta un altar a Jehová en
24.19 *subió* David, conforme al dicho de Gad
1 R. 1.40 después *subió* todo el pueblo en pos
1.45 y de allí han *subido* con alegrías, y la
2.34 Benaía. .*subió* y arremetió contra él, y
6.8 y se *subía* por una escalera de caracol
9.16 Faraón. .había *subido* y tomado a Gezer
9.24 *subió* la hija de Faraón de. .a su casa
11.15 *subió* Joab el general del ejército a
12.18 apresuró a *subirse* en un carro y huir
12.27 pueblo *subiere* a ofrecer sacrificios
12.28 bastante habéis *subido* a Jerusalén; he
12.28 dioses. .los cuales te hicieron *subir*
12.33 y *subió* al altar para quemar incienso
14.25 al quinto año del. .*subió* Sisac rey de
15.17 *subió* Baasa. .contra Judá, y edificó a
16.17 *subió* Omri de Gibetón, y. .todo Israel
18.41 *sube*, come y bebe; porque una lluvia
18.42 Acab *subió* a comer y a beber. Y Elías
18.42 y Elías *subió* a la cumbre del Carmelo
18.43 *sube*. .y mira hacia el mar. Y él *subió*
18.44 veo una pequeña nube. .que *sube* del mar
18.45 lluvia. Y *subiendo* Acab, vino a Jezreel
20.1 *subió* y sitió a Samaria, y la combatió
20.33 a Acab, y él le hizo *subir* en un carro

SUBIR *(Continúa)*
1 R. 22.6 *sube*, porque Jehová la entregará..rey
22.12 profetizaban..*Sube* a Ramot de Galaad
22.15 *sube*, y serás prosperado, y Jehová la
22.20 que *suba* y caiga en Ramot de Galaad?
22.29 *subió*..el rey de Israel con Josafat rey
2 R. 1.3 levántate, y *sube* a encontrarte con
1.9 capitán..el cual *subió* a donde él estaba
1.13 *subiendo*..tercer capitán de cincuenta
2.11 Elías *subió* al cielo en un torbellino
2.23 *subió* de allí a Bet-el; y *subiendo* por
2.23 diciendo: ¡Calvo, *sube!* ¡calvo, *s!*
3.21 los reyes *subían* a pelear contra ellos
4.21 ella..*subió*, y lo puso sobre la cama del
4.34 después *subió* y se tendió sobre el niño
4.35 *subió*, y se tendió sobre él nuevamente
6.24 Ben-adad rey de..*subió* y sitió a Samaria
10.15 luego lo hizo *subir* consigo en el carro
12.17 *subió* Hazael rey..y peleó contra Gat
12.17 y se propuso..*subir* contra Jerusalén
14.11 *subió* Joás..y se vieron las caras él y
15.14 Manahem hijo de Gadi *subió* de Tirsa
16.5 Rezín rey..y Peka..*subieron* a Jerusalén
16.7 *sube*, y defiéndeme de mano del rey de
16.9 *subió* el rey de Asiria contra Damasco
17.3 contra éste *subió* Salmanasar rey de los
18.9 el cuarto año del rey..*subió* Salmanasar
18.13 *subió* Senaquerib rey..contra todas las
18.17 contra Jerusalén, y *subieron* y vinieron
18.17 y habiendo *subido*, vinieron y acamparon
18.25 Jehová me ha dicho: *Sube* a esta tierra
19.14 hubo leído, *subió* a la casa de Jehová
19.23 he *subido* a las alturas de los montes
19.28 tu arrogancia ha *subido* a mis oídos
20.5 tercer día *subirás* a la casa de Jehová
20.8 que Jehová me sanará, y que *subiré* a la
23.2 y *subió* el rey a la casa de Jehová con
23.9 los sacerdotes de..no *subían* al altar
23.29 rey de Egipto *subió* contra el rey de
24.1 *subió* en campaña Nabucodonosor rey de
24.10 *subieron* contra Jerusalén..Babilonia
1 Cr. 11.6 Joab..*subió* el primero, y fue hecho
13.6 *subió* David con todo Israel a Baala
14.8 *subieron*..filisteos en busca de David
14.10 David..¿*Subiré* contra los filisteos?
14.10 dijo: *Sube*..los entregaré en tus manos
14.11 *subieron*..a Baal-perazim..los derrotó
14.14 Dios le dijo: No *subas* tras ellos, sino
21.18 que *subiese* y construyese un altar a
21.19 David *subió*, conforme a la palabra que
2 Cr. 1.6 *subió*..Salomón allá delante de Jehová
1.17 *subían* y compraban en Egipto un carro
9.4 la escalinata por donde *subía* a la casa
10.18 Roboam, y *subiendo* en su carro huyó a
11.4 no *subáis*, ni..contra vuestros hermanos
12.2 en el quinto año del..*subió* Sisac rey de
12.9 *subió*..Sisac rey de Egipto a Jerusalén
16.1 el año 36 del..*subió* Baasa rey de Israel
18.5 *sube*, porque Dios los entregará en mano
18.11 *sube* contra Ramot de Galaad, y serás
18.14 *subid*, y seréis prosperados, pues serán
18.19 que *suba* y caiga en Ramot de Galaad?
18.28 *subieron*..el rey de Israel, y Josafat
20.16 ellos *subirán* por la cuesta de Sis, y
21.17 y *subieron* contra Judá, e invadieron
24.23 *subió* contra él el ejército de Siria
25.21 *subió*, pues, Joás rey de Israel, y se
29.20 Ezequías..y *subió* a la casa de Jehová
34.30 *subió* el rey a la casa de Jehová, y con
35.20 Necao rey de..*subió* para hacer guerra
36.6 y *subió* contra él Nabucodonosor rey de
36.16 que *subió* la ira de Jehová contra su
36.23 haya..sea Jehová su Dios con él, y *suba*
Esd. 1.3 y *suba* a Jerusalén que está en Judá
1.5 para *subir* a edificar la casa de Jehová
1.11 hizo llevar..con los que *subieron* del
2.1 los hijos..que *subieron* del cautiverio
2.59 los que *subieron* de Tel-mela, Tel-harsa
4.12 los judíos que *subieron* de ti a nosotros
7.6 Esdras *subió* de Babilonia. Era escriba
7.7 con él *subieron*..algunos de los hijos de
7.28 reuní a los..para que *subiesen* conmigo
8.1 la genealogía de aquellos que *subieron*
Neh. 2.15 *subí* de noche por..y observé el muro
4.3 muro..si *subiere* una zorra lo derribará
7.5 la genealogía de los que habían *subido*
7.6 estos son los..que *subieron* del cautiverio
7.61 estos son los que *subieron* de Tel-mela
9.18 es tu Dios que te hizo *subir* de Egipto
12.1 levitas que *subieron* con Zorobabel hijo
12.31 *subir* a los príncipes de Judá sobre el
12.37 *subieron* por las gradas de la ciudad
Job 7.9 así el que desciende al Seol no *subirá*
20.6 *subiere* su altivez hasta el cielo, y su
Sal. 18.8 humo *subió* de su nariz, y de su boca
24.3 ¿quién *subirá* al monte de Jehová?..quién
30.3 Jehová, hiciste *subir* mi alma del Seol
47.5 *subió* Dios con júbilo..con sonido de
68.18 *subiste*..alto, cautivaste la cautividad
74.23 el alboroto de los..*sube* continuamente
78.21 el furor *subió* también contra Israel
81.10 te hice *subir* de la tierra de Egipto
104.8 *subieron* los montes, descendieron los
107.26 *suben* a los cielos, descienden a los
122.4 *subieron* las tribus, las tribus de JAH
132.3 ni *subiré* sobre el lecho de mi estrado
135.7 hace *subir* las nubes de los extremos de
139.8 si *subiere* a los cielos, allí estás tú
141.2 *suba* mi oración delante de ti como el
Pr. 15.1 la palabra áspera hace *subir* el furor
25.7 mejor es que se te diga: *Sube* acá, y no
30.4 ¿quién *subió* al cielo, y descendió?
Ec. 3.21 espíritu de los..hombres *sube* arriba
Cnt. 3.6 ¿quién es ésta que *sube* del desierto
4.2; 6.6 como..ovejas..que *suben* del lavadero
7.8 yo dije: *Subiré* a la palmera, asiré sus
8.5 ¿quién es ésta que *sube* del desierto
Is. 2.3 venid, y *subamos* al monte de Jehová, a
7.1 *subieron* contra Jerusalén para combatirla
8.7 el Señor hace *subir* sobre ellos aguas de
8.7 el cual *subirá* sobre todos sus ríos, y
11.16 el día que *subió* de la tierra de Egipto
14.8 no ha *subido* cortador contra nosotros
14.13 *subiré* al cielo; en lo alto, junto a
14.14 sobre las alturas de las nubes *subiré*
15.2 *subió* a Bayit y a Dibón, lugares altos
15.5 por la cuesta de Luhit *subirán* llorando
21.2 *sube*, oh Elam; sitia, oh Media. Todo
22.1 que con todos los tuyos has *subido* sobre
32.13 sobre la tierra de mi pueblo *subirán*
34.10 perpetuamente *subirá* su humo..asolada
35.9 ni fiera *subirá* por él, ni..se hallará
36.1 rey de Asiria *subió* contra..las ciudades
36.10 dijo: *Sube* a esta tierra y destrúyela
37.14 las leyó; y *subió* a la casa de Jehová
37.24 con la multitud de mis carros *subiré* a
37.29 y tu arrogancia ha *subido* a mis oídos
38.22 ¿qué señal tendré de que *subiré* a la
40.9 *súbete* sobre un monte alto, anunciadora
53.2 *subirá* cual renuevo delante de él, y como
57.7 allí también *subiste* a hacer sacrificio
57.8 a otro..*subiste*, y ensanchaste tu cama
58.14 yo te haré *subir* sobre las alturas de
63.11 ¿dónde está el que les hizo *subir* del
Jer. 2.6 ¿dónde está Jehová..nos hizo *subir* de
4.7 el león *sube* de la espesura..destruidor
4.13 que *subirá* como nube, y su carro como
4.29 entraron en las espesuras..y *subieron* a
7.31 yo no les mandé, ni *subió* en mi corazón
9.21 muerte ha *subido* por nuestras ventanas
10.13 hace *subir* las nubes de lo postrero de
11.7 día que les hice *subir* de la tierra de
14.2 enlutó..y *subió* el clamor de Jerusalén
16.14,15 vive Jehová, que hizo *subir*..Israel
21.13 ¿quién *subirá* contra nosotros, y quién
22.20 *sube* al Líbano y clama, y en Basán da
23.7 vive Jehová que hizo *subir* a..de Egipto
23.8 vive Jehová que hizo *subir* y trajo la
26.10 *subieron* de la casa del rey a la casa
31.6 levantaos, y *subamos* a Sion, a Jehová
35.11 Nabucodonosor rey..*subió* a la tierra
38.13 lo *subieron* de la cisterna; y quedó
39.5 le tomaron, y le hicieron *subir* a Ribla
46.4 uncid caballos y *subid*, vosotros los
46.7 éste que *sube* como río, y cuyas aguas
46.8 *subiré*, cubriré la tierra, destruiré a
46.9 *subid*, caballos, y alborotaos, carros
46.11 *sube* a Galaad, y toma bálsamo, virgen
47.2 *suben* aguas del norte, y..harán torrente
48.5 a la subida de Luhit con llanto *subirá*
48.18 el destruidor de Moab *subió* contra ti
49.14 venid contra ella, y *subid* a la batalla
49.19 león *subirá* de la espesura del Jordán
49.22 he aquí que como águila *subirá* y volará
49.28 *subid* contra Cedar, y destruid a los
49.31 *subid* contra una nación pacífica que
50.3 *subió* contra ella una nación del norte
50.9 hago *subir* contra Babilonia reunión de
50.21 *sube* contra la tierra de Merataim
50.44 león *subirá* de la espesura del Jordán
51.16 hace *subir* las nubes de lo último de la
51.21 quebrantaré carros y a los que..*suben*
51.27 *subir* caballos como langostas erizadas
51.42 *subió* el mar sobre Babilonia..cubierta
51.53 aunque *suba* Babilonia hasta el cielo
Ez. 8.11 y *subía* una nube espesa de incienso
11.5 las cosas que *suben* a vuestro espíritu
13.5 no habéis *subido* a las brechas, ni..muro
16.40 y harán *subir* contra ti muchedumbre de
19.3 hizo *subir* uno de sus cachorros; vino a
23.46 yo haré *subir* contra ellas tropas, las
24.8 habiendo, pues, hecho *subir* la ira para
26.3 y haré *subir* contra ti muchas naciones
26.3 naciones, como el mar hace *subir*..olas
26.19 haré *subir* sobre ti el abismo, y las
32.3 reunión de..y te harán *subir* con mi red
37.6 y haré *subir* sobre vosotros carne, y os
37.8 y la carne *subió*, y la piel cubrió por
37.12 os haré *subir* de vuestras sepulturas
38.9 *subirás*..y vendrás como tempestad; como
38.10 en..día *subirán* palabras en tu corazón
38.11 *subiré* contra una tierra indefensa, iré
38.16 y *subirás* contra mi pueblo Israel como
38.18 dijo Jehová..*subirá* mi ira y mi enojo
39.2 y te haré *subir* de las partes del norte
40.6 *subió* por sus gradas, y midió un poste
40.22 y se *subía* a ella por siete gradas, y
40.49 del pórtico..al cual *subían* por gradas
41.7 la escalera..*subía* muy alto alrededor
41.7 del piso inferior se podía *subir* al de
Dn. 7.3 y cuatro bestias grandes..*subían* del
11.23 engañará y *subirá*, y saldrá vencedor
Os. 1.11 y *subirán* de la tierra; porque el día
4.15 ni *subáis* a Bet-avén, ni juréis: Vive
8.9 *subieron* a Asiria, como asno montés para
12.13 Jehová hizo *subir* a Israel de Egipto
Jl. 1.6 pueblo fuerte..*subió* a mi tierra; sus
2.7 como hombres de guerra *subirán* el muro
2.9 *subirán* por las casas, entrarán por las
2.20 su hedor, y *subirá* su pudrición, porque
3.12 naciones, y *suban* al valle de Josafat
Am. 2.10 a vosotros os hice *subir* de la tierra
3.1 contra toda la familia que hice *subir* de
4.10 *subir* el hedor de vuestros campamentos
8.5 *subiremos* el precio, y falsearemos con
8.8 *subirá*..como un río, y crecerá y mermará
9.2 aunque *subieren* hasta el cielo, de allá
9.7 ¿no hice yo *subir* a Israel de..Egipto, y
Abd. 21 y *subirán* salvadores al monte de Sion
Jon. 1.2 porque ha *subido* su maldad delante de
Mi. 2.13 *subirá* el que abre caminos delante de
4.2 venid, y *subamos* al monte de Jehová, y a
6.4 yo te hice *subir* de la tierra de Egipto
Nah. 2.1 *subió* destruidor contra ti; guarda la
2.7 mandarán que *suba*..criadas la llevarán
Hab. 3.16 *suba* al pueblo el que lo invadirá con
Hag. 1.8 *subid*..traed madera, y reedificad la
2.22 trastornaré los carros y los que..*suben*
Zac. 14.16 *subirán* de año en año para adorar al
14.17 que los de..que no *subieren* a Jerusalén
14.18 y si la familia de Egipto no *subiere* y
14.18 herirá las naciones que no *subieren* a
14.19 no *subieren* para celebrar la fiesta de
Mt. 3.16 después que fue bautizado, *subió* luego
5.1 *subió* al monte; y sentándose, vinieron
14.23 *subió* al monte a orar aparte; y cuando
14.32 ellos *subieron* en la barca, se calmó el
15.29 Galilea; y *subiendo* al monte, se sentó
20.17 *subiendo* Jesús a Jerusalén, tomó a sus
20.18 he aquí *subimos* a Jerusalén, y el Hijo
Mr. 1.10 cuando *subía* del agua, vio abrirse los
3.13 *subió* al monte, y llamó a sí a los que
6.51 *subió* a ellos en la barca, y se calmó el
10.32 iban por el camino *subiendo* a Jerusalén
10.33 he aquí *subimos* a Jerusalén, y el Hijo
15.41 otras muchas que habían *subido* con él
Lc. 2.4 José *subió* a Galilea, de la ciudad de
2.42 *subieron* a Jerusalén conforme a..fiesta
5.19 *subieron* encima de la casa..con el lecho
9.28 tomó a Pedro..y *subió* al monte a orar
14.10 diga: Amigo, *sube* más arriba; entonces
18.10 dos hombres *subieron* al templo a orar
18.31 les dijo: He aquí *subimos* a Jerusalén
19.4 *subió* a un árbol sicómoro para verle
19.28 esto, iba delante *subiendo* a Jerusalén
19.35 y lo trajeron..*subieron* a Jesús encima
Jn. 1.51 ángeles de Dios que *suben* y descienden
2.13 la pascua de..y *subió* Jesús a Jerusalén
3.13 nadie *subió* al cielo, sino..el Hijo del
5.1 una fiesta..y *subió* Jesús a Jerusalén
6.3 *subió* Jesús a un monte, y se sentó allí
6.62 qué, si viereis al Hijo del Hombre *subir*
7.8 *subid* vosotros a la fiesta; yo no *subo*
7.10 habían *subido* a la fiesta..también *subió*
7.14 mas..*subió* Jesús al templo, y enseñaba
10.1 que *sube* por otra parte, ése es ladrón
11.55 *subieron* de aquella región a Jerusalén
12.20 entre los que habían *subido* a adorar
20.17 no me toques..no he *subido* a mi Padre
20.17 *subo* a mi Padre y a vuestro Padre, a
21.11 *subió* Simón..y sacó la red a tierra
Hch. 1.13 entrados, *subieron* al aposento alto
2.34 porque David no *subió* a los cielos; pero
3.1 Pedro y Juan *subían* juntos al templo a
8.31 rogó a Felipe que *subiese* y se sentara
8.39 cuando *subieron* del agua, el Espíritu
10.4 han *subido* para memoria delante de Dios
10.9 *subió* a la azotea para orar, cerca de
11.2 Pedro *subió* a Jerusalén, disputaban con
13.31 que habían *subido*..con él de Galilea
15.2 se dispuso que *subiesen* Pablo y Bernabé
18.22 *subió* para saludar a la iglesia, y luego
20.11 después de haber *subido*, y partido el
21.4 ellos decían a Pablo..que no *subiese* a
21.6 *subimos* al barco, y ellos se volvieron
21.12 le rogamos..que no *subiese* a Jerusalén
21.15 después de esos..*subimos* a Jerusalén
24.11 más de doce días que *subí* a adorar a
25.1 *subió* de Cesarea a Jerusalén tres días
25.9 ¿quieres *subir* a Jerusalén, y allá ser
27.17 *subido* a bordo, usaron de refuerzos
Ro. 10.6 no digas en..¿Quién *subirá* al cielo?
10.7 para hacer *subir* a Cristo de entre los
1 Co. 2.9 ni han *subido* en corazón de hombre
Gá. 1.17 ni *subí* a Jerusalén a los que eran
1.18 años, *subí* a Jerusalén para ver a Pedro
2.1 después..*subí* otra vez a Jerusalén con
2.2 pero *subí* según una revelación, y para
Ef. 4.8 *subiendo* a lo alto, llevó cautiva la
4.9 de que *subió*, ¿qué es, sino que también
4.10 el que descendió..*subió* por encima de
1 P. 3.22 quien habiendo *subido* al cielo está

SUBIR *(Continúa)*
Ap. 4.1 *sube* acá, y yo te mostraré las cosas
7.2 a otro ángel que *subía* de donde sale el
8.4 *subió* a la presencia de Dios el humo del
9.2 *subió* humo del pozo como humo de un gran
11.7 bestia que *sube* del abismo hará guerra
11.12 *subid* acá. Y *subieron* al cielo en una
13.1 vi *subir* del mar una bestia que tenía
13.11 vi otra bestia que *subía* de la tierra
14.11 y el humo de su tormento *sube* por los
17.8 la bestia. . y está para *subir* del abismo
19.3 el humo de ella *sube* por los siglos de
20.9 *subieron* sobre la anchura de la tierra

SUBLEVAR
Jue. 9.31 están *sublevando* la ciudad contra ti

SUBLIME
Sal. 118.16 diestra de Jehová es *s;* la diestra
131.1 ojos. . ni en cosas demasiado *s* para mí
Is. 6.1 Señor sentado sobre un trono alto y *s*
26.5 derribó a los que moraban en lugar *s*
57.15 así dijo el Alto y *S*, el que habita la
61.6 las naciones, y con su gloria seréis *s*
Ez. 17.22 lo plantaré sobre el monte alto y *s*
17.24 sabrán. . que yo Jehová abatí el árbol *s*
Dn. 2.31 cuya gloria era muy *s*, estaba en pie
Lc. 16.15 los hombres tienen por *s*, delante de
He. 7.26 inocente. . hecho más *s* que los cielos

SUBSISTIR
Sal. 119.90 tú afirmaste la tierra, y *subsiste*
119.91 por tu ordenación *subsisten* todas las
Is. 7.7 Jehová. . dice. . No *subsistirá*, ni será
Col. 1.17 y todas las cosas en él *subsisten*
He. 2.10 y por quien todas las cosas *subsisten*
2 P. 3.5 proviene del agua y por el. . *subsiste*

SUBSTANCIOSO
Gn. 49.20 el pan de Aser será *s*. . dará deleites

SUBYUGAR
Jue. 3.30 fue *subyugado* Moab aquel día bajo la
8.28 así fue *subyugado* Madián delante de los

SUCATEOS ***Familia de escribas en Jabes de Judá,* 1 Cr. 2.55**

SUCEDER
Gn. 4.14 y *sucederá* que cualquiera. . me matará
7.10 y *sucedió* que al séptimo día las aguas
8.6 *sucedió* que al cabo de 40 días abrió Noé
8.13 *sucedió* que en el año 601 de Noé, en el
9.14 y *sucederá* que cuando haga venir nubes
15.17 *sucedió* que puesto el sol. . oscurecido
25.11 y *sucedió*, después de muerto Abraham
26.8 *sucedió* que después que él estuvo allí
26.32 día *sucedió* que vinieron los criados de
27.40 *sucederá*. . que descargarás su yugo de
29.10 *sucedió* que cuando Jacob vio a Raquel
29.23 *sucedió* que a la noche tomó a Lea su
30.41 *sucedía* que cuántas veces se. . en celo
31.10 *sucedió* que al tiempo que las ovejas
34.25 pero *sucedió* que al tercer día, cuando
37.23 *sucedió*, pues, que cuando llegó José
38.9 *sucedía* que cuando se llegaba a la mujer
38.24 *sucedió* que al cabo de unos tres meses
38.28 *sucedió* cuando daba a luz, que sacó la
39.19 *sucedió* que cuando oyó el amo de José
41.8 *sucedió* que. . estaba agitado su espíritu
41.32 el *suceder* el sueño a Faraón dos veces
44.31 *sucederá*. . cuando no vea al joven, morirá
48.1 *sucedió*. . dijeron a José. . está enfermo
Éx. 2.11 *sucedió* que crecido ya Moisés, salió
17.11 y *sucedía*. . cuando alzaba Moisés su mano
33.8 y *sucedía*. . salía Moisés al tabernáculo
Lv. 10.19 a mí me han *sucedido* estas cosas, y
Nm. 32.14 habéis *sucedido* en lugar de vuestros
33.55 *sucederá* que los que dejareis de ellos
Dt. 2.21 *sucedieron* a aquéllos, y habitaron en
2.22 y ellos *sucedieron* a éstos, y habitaron
8.12 no *suceda* que comas y te sacies. . casas
9.11 *sucedió*. . Jehová me dio las dos tablas
25.6 el primogénito. . *sucederá* en el nombre de
29.19 *suceda* que al oir las palabras de esta
29.23 *sucedió* en la destrucción de Sodoma y
30.1 *sucederá* que. . bendición y la maldición
Jos. 5.7 los hijos. . que él había hecho *suceder*
Jue. 6.3 *sucedía*. . cuando Israel había sembrado
21.3 ¿por qué ha *sucedido* esto en Israel, que
1 S. 10.7 te hayan *sucedido* estas señales, haz
10.11 ¿qué le ha *sucedido* al hijo de Cis?
20.9 y Jonatán le dijo: Nunca tal te *suceda*
2 S. 1.2 *sucedió* que vino uno del campamento
11.2 *sucedió* un día, al caer la tarde, que
1 R. 1.21 *sucederá* que cuando mi señor el rey
3.6 se sentase en. . como *sucede* en este día
8.24 has cumplido, como *sucede* en este día
21.27 *sucedió* que cuando Acab oyó. . rasgó sus
2 R. 4.40 *sucedió* que comiendo. . aquel guisado
7.19 hiciese ventanas. . ¿pudiera *suceder* esto?
7.20 le *sucedió* así. . el pueblo le atropelló
9.31 *¿sucedió* bien a Zimri. . mató a su señor?
1 Cr. 1.51 muerto Hadad, *sucedieron* en Edom los
10.8 *sucedió*. . que al venir los filisteos a
Neh. 2.1 *sucedió* en el mes de Nisán, en el año
4.12 *sucedió* que cuando venían los judíos que
13.19 *sucedió*. . que cuando iba oscureciendo
Est. 2.8 *sucedió*, pues, que cuando se divulgó
4.5 lo mandó. . con orden de saber qué *sucedía*
9.1 *sucedió* lo contrario; porque los judíos
Job 18.19 no tendrá hijo. . ni quien le *suceda*
Ec. 1.11 ni. . de lo que *sucederá* habrá memoria
2.15 como *sucederá* al necio, me *s* también a
3.19 *sucede* a los. . hombres. . *s* a las bestias
8.14 que hay justos a quienes *sucede* como si
Is. 24.2 *sucederá* así como al pueblo, también
29.8 les *sucederá* como el que tiene hambre
48.5 antes que *sucediera* te lo advertí, para
Jer. 3.9 *sucedió* que por juzgar ella. . liviana
6.18 naciones, y entended. . lo que *sucederá*
13.6 *sucedió* que después de muchos días me
22.30 escribid lo que *sucederá* a este hombre
22.30 hombre a quien nada próspero *sucederá*
32.24 ha venido. . a *suceder* lo que tú dijiste
35.11 *sucedió*. . cuando Nabucodonosor rey de
39.16 *sucederá*. . aquel día en presencia tuya
41.4 *sucedió*. . día después que mató a Gedalías
42.16 *sucederá* que la espada que teméis, os
49.18 *sucedió* en la destrucción de Sodoma y
52.31 *sucedió* que en el año treinta y siete
Lm. 3.37 *sucedió* algo que el Señor no mandó?
5.1 acuérdate, oh. . de lo que nos ha *sucedido*
Ez. 16.16 nunca había *sucedido*, ni *sucederá*
16.23 *sucedió* que después de toda tu maldad
16.34 y ha *sucedido* contigo. . lo contrario de
Dn. 8.22 cuerno. . *sucedieron* cuatro en su lugar
11.21 *sucederá* en su. . un hombre despreciable
Os. 4.2 y homicidio tras homicidio se *suceden*
Jl. 3.18 *sucederá*. . los montes destilarán mosto
Hag. 2.16 antes que *sucediesen*. . cosas, venían
Zac. 6.15 esto *sucederá* si oyereis obedientes
8.13 y *sucederá* que como fuisteis maldición
13.4 y *sucederá*. . que todos los profetas se
14.7 *sucederá* que al caer la tarde habrá luz
Mt. 9.2 *sucedió* que le trajeron un paralítico
26.56 todo esto *sucede*, para que se cumplan
Mr. 5.14 y salieron a ver qué. . había *sucedido*
9.21 ¿cuánto tiempo hace que le *sucede* esto?
13.7 es necesario que *suceda* así; pero aún
13.29 cuando veáis que *suceden* estas cosas
Lc. 2.15 *sucedió*. . cuando los ángeles se fueron
2.15 pasemos. . y veamos esto que ha *sucedido*
5.12 *sucedió* que estando él en una de las
5.18 *sucedió* que unos hombres que traían en
8.35 y salieron a ver lo que había *sucedido*
8.56 a nadie dijesen lo que había *sucedido*
9.33 y *sucedió* que apartándose ellos de él
9.39 y *sucede* que un espíritu le toma, y de
11.35 no *suceda* que la luz que en ti hay, sea
12.54 luego decís: Agua viene; y así *sucede*
17.28 como *sucedió* en los días de Lot; comían
19.2 y *sucedió* que un varón llamado Zaqueo
20.1 *sucedió* un día, que enseñando Jesús al
21.7 cuando estas cosas estén para *suceder?*
21.28 cuando. . comiencen a *suceder*, erguíos y
21.31 veáis que *suceden* estas cosas, sabed
24.12 a casa maravillándose de lo. . *sucedido*
24.15 *sucedió*. . hablaban y discutían entre sí
Jn. 1.28 estas cosas *sucedieron* en Betábara, al
13.19 os lo digo antes que *suceda*, para que
13.19 para que cuando *suceda*, creáis que yo
14.29 ahora os lo he dicho antes que *suceda*
14.29 dicho. . para que cuando *suceda*, creáis
19.36 cosas *sucedieron* para que se cumpliese
Hch. 3.10 de asombro. . lo que le había *sucedido*
4.28 habían antes determinado que *sucediera*
5.7 *sucedió* que entró su mujer, no sabiendo
8.27 *sucedió* que un etíope. . funcionario de
11.4 Pedro a contarles por orden lo *sucedido*
11.28 la cual *sucedió* en tiempo de Claudio
13.12 el procónsul, viendo lo que. . *sucedido*
26.22 Moisés dijeron que habían de *suceder*
Ro. 5.16 con el don no *sucede* como en el caso
1 Co. 10.6 cosas *sucedieron* como ejemplos para
Fil. 1.12 que las cosas que me han *sucedido*
Ap. 1.1 manifestar. . cosas que deben *suceder*
4.1 yo te mostraré las cosas que *sucederán*
22.6 para mostrar. . cosas que deben *suceder*

SUCESO
Ec. 2.14 un mismo *s* acontecerá al uno como al
3.19 lo que sucede a las bestias, un mismo *s*
9.2 un mismo *s* ocurre al justo y al impío; al
9.3 un mismo *s* acontece a todos, y también

SUCESOR
Ec. 4.8 un hombre solo y sin *s*, que no tiene
4.15 vi a todos. . caminando con el muchacho *s*
Hch. 24.27 recibió Félix por *s* a Porcio Festo

SUCIEDAD
Is. 28.8 toda mesa está llena de vómito y *s*
64.6 si bien todos nosotros somos como *s*, y
Ez. 24.11 se funda en ella su *s*, y se consuma

SUCIA
Ez. 16.6 junto a ti, y te vi *s* en tus sangres

SUCOT
1. Lugar donde Jacob edificó casa (=No. 3)
Gn. 33.17 Jacob fue a *S*, y edificó allí casa
33.17 Jacob. . llamó el nombre de aquel lugar *S*
***2. Lugar en Egipto donde acampó Israel,* Éx. 12.37; 13.20; Nm. 33.5,6**
3. Ciudad en Gad (=No. 1)
Jos. 13.27 y en el valle. . *S* y Zafón, resto del
Jue. 8.5 dijo a los de *S:* Yo os ruego que deis
8.6 principales de *S* respondieron: ¿Están ya
8.8 Peniel. . como habían respondido los de *S*
8.14 tomó a un joven de los hombres de *S*, y
8.14 dio. . los nombres. . de los ancianos de *S*
8.15 entrando a los hombres de *S*, dijo: He
8.16 y tomó. . y castigó con ellos a los de *S*
1 R. 7.46 lo hizo fundir el. . entre *S* y Saretán
2 Cr. 4.17 fundió el rey. . entre *S* y Seredata
Sal. 60.6; 108.7 repartiré a Siquem, y mediré. . *S*

SUCOT-BENOT ***Dios de los babilonios,* 2 R. 17.30**

SUCULENTO
Is. 25.6 Jehová. . hará. . banquete de manjares *s*
Ez. 34.14 en pastos *s* serán apacentadas sobre

SUDAR
Ez. 44.18 no se ceñirán cosa que. . haga *sudar*

SUDARIO
Jn. 11.44 salió. . y el rostro envuelto en un *s*
20.7 el *s*, que había estado sobre la cabeza

SUDESTE
Hch. 27.12 puerto de. . que mira al nordeste y *s*

SUDOR
Gn. 3.19 con el *s* de tu rostro comerás el pan
Lc. 22.44 *s* como grandes gotas de sangre que

SUEGRO, GRA
Gn. 38.13 diciendo: He aquí tu *s* sube a Timnat
38.25 ella. . envió a decir a su *s:* Del varón
Éx. 3.1 apacentando. . las ovejas de Jetro su *s*
4.18 y volviendo a su *s* Jetro, le dijo: Iré
18.1 oyó Jetro. . *s* de Moisés, todas las cosas
18.2 y tomó Jetro *s* de Moisés a Séfora la
18.5 Jetro el *s* de Moisés, con los hijos y la
18.6 yo tu *s* Jetro vengo a ti, con tu mujer
18.7 y Moisés salió a recibir a su *s*, y se
18.8 Moisés contó a su *s* todas las cosas que
18.12 tomó Jetro, *s* de Moisés, holocaustos y
18.12 y vino. . para comer con el *s* de Moisés
18.14 viendo el *s* de Moisés. . lo que él hacía
18.15 Moisés respondió a su *s*. . pueblo viene
18.17 el *s* de Moisés le dijo: No está bien lo
18.24 oyó Moisés la voz de su *s*, e hizo todo
18.27 despidió Moisés a su *s*, y éste se fue
Nm. 10.29 dijo Moisés a Hobab, hijo de. . su *s*
Dt. 27.23 maldito el que se acostare con su *s*
Jue. 1.16 y los hijos del ceneo, *s* de Moisés
4.11 Heber ceneo, de los hijos. . *s* de Moisés
19.4 y le detuvo su *s*, el padre de la joven
19.7 insistió su *s*, y volvió a pasar allí la
19.9 su *s*, el padre de la joven, le dijo: He
Rt. 1.14 y Orfa besó a su *s*, mas Rut se quedó
2.11 sabido todo lo que has hecho con tu *s*
2.18 tomó. . y su *s* vio lo que había recogido
2.19 dijo su *s:* ¿Dónde. . Y contó ella a su *s*
2.23 estuvo, pues. . espigando. . vivía con su *s*
3.1 le dijo su *s* Noemí: Hija mía, ¿no he de
3.6 hizo todo lo que su *s* le había mandado
3.16 cuando llegó a donde estaba su *s*, ésta
3.17 que no vayas a tu *s* con las manos vacías
1 S. 4.19 oyendo. . y muertos su *s* y su marido
4.21 y por la muerte de su *s* y de su marido
Mi. 7.6 la nuera contra su *s*, y los enemigos
Mt. 8.14 vio a la *s* de éste postrada en cama
10.35 en disensión. . a la nuera contra su *s*
Mr. 1.30 *s* de Simón estaba acostada con fiebre
Lc. 4.38 la *s* de Simón tenía una gran fiebre
12.53 *s* contra su nuera. . nuera contra su *s*
Jn. 18.13 a Anás; porque era *s* de Caifás, que

SUELDO
2 S. 10.6 tomaron a *s* a. . sirios de Bet-rehob
2 R. 7.6 tomado a *s*. . los reyes de los heteos
1 Cr. 19.6 plata para tomar a *s* carros y gente
19.7 tomaron a *s* 32.000 carros, y al rey de
2 Cr. 25.6 tomó a *s* por cien talentos de plata
Pr. 26.10 que toma a *s* insensatos y vagabundos

SUELO
Gn. 19.1 viéndolos Lot. . se inclinó hacia el *s*
Éx. 34.8 Moisés. . bajó la cabeza hacia el *s* y
Nm. 5.17 tomará. . del polvo que hubiere en el *s*
1 S. 14.32 los degollaron en el *s;* y el pueblo
28.23 levantó, pues, del *s*, y se sentó sobre

SUELO *(Continúa)*
1 R. 6.15 el s de la casa hasta las vigas de la
6.16 de tablas de cedro desde el s hasta lo
7.7 el pórtico..cubrió de cedro del s al techo
2 R. 16.17 el mar..puso sobre el s de piedra
Job 41.30 conchas; imprime su agudez en el s
Ez. 41.16 cubierto de madera desde el s hasta
41.20 desde el s..había querubines labrados
42.6 más estrechas que las..desde el s
43.14 sobre el s, hasta el lugar de abajo
Dn. 7.4 fue levantada del s y se puso enhiesta
Jn. 8.6 Jesús, inclinado hacia el s, escribía
8.8 inclinándose..el s, siguió escribiendo
Hch. 22.7 caí al s, y oí una voz que me decía

SUELTO *Véase también Soltar*
Gn. 49.21 Neftalí, cierva s, que pronunciará
Pr. 20.19 no te entremetas..con el s de lengua
29.11 el necio da rienda s a toda su ira, mas
Ez. 13.10 pared..otros la recubrían con lodo s
13.11 dí a los recubridores con lodo s, que
13.14 la pared que..recubristeis con lodo s
13.15 en los que la recubrieron con lodo s
22.28 y sus profetas recubrían con lodo s
Dn. 3.25 veo cuatro varones s, que se pasean en

SUEÑO
Gn. 2.21 Dios hizo caer s profundo sobre Adán
15.12 caída del sol sobrecogió el s a Abram
20.3 Dios vino a Abimelec en s de noche, y le
20.6 le dijo Dios en s: Yo también sé que con
28.16 despertó Jacob de su s..Jehová está en
31.10 vi en s..los machos..listados, pintados
31.11 me dijo el ángel de Dios en s: Jacob
31.24 vino Dios a Labán..en s aquella noche
31.40 de noche la helada, y el s huía de mis
37.5 soñó José un s y lo contó a..hermanos
37.6 les dijo: Oíd ahora este s que he soñado
37.8 aborrecieron aun más a causa de sus s
37.9 soñó aun otro s..que he soñado otro s
37.10 le dijo: ¿Qué s es este que soñaste?
37.20 lo devoró; y veremos qué será de sus s
40.5 tuvieron un s, cada uno su propio s en
40.8 hemos tenido un s, y no hay quien lo
40.9 el jefe de los coperos contó su s a José
41.1 que pasados dos años tuvo Faraón un s
41.7 y despertó Faraón, y he aquí que era s
41.8 y les contó Faraón sus s, mas no había
41.11 tuvimos un s..y cada s tenía su propio
41.12 nos interpretó nuestros s, y declaró..s
41.15 yo he tenido un s, y no hay quien lo
41.15 he oído..que oyes s para interpretarlos
41.17 mi s me parecía que estaba a la orilla
41.25 el s de Faraón es uno mismo; Dios ha
41.26 las espigas hermosas son..el s es uno
41.32 y el suceder el s a Faraón dos veces
42.9 acordó José de los s que había tenido
Nm. 12.6 le apareceré en visión, en s hablaré
Dt. 13.1 cuando se levantare..soñador de s, y
13.3 no darás oído..ni al tal soñador de s
13.5 profeta o soñador de s ha de ser muerto
Jue. 4.21 pues él estaba cargado de s y cansado
7.13 contando..un s, diciendo..yo soñé un s
7.15 cuando Gedeón oyó el relato del s y su
16.14 mas despertando él de su s, arrancó la
16.20 luego que despertó él de su s, se dijo
1 S. 26.12 profundo s enviado de Jehová había
28.6 Jehová no le respondió ni por s, ni por
1 R. 3.5 se le apareció Jehová..una noche en s
3.15 cuando Salomón despertó, vio que era s
Est. 6.1 aquella..noche se le fue el s al rey
Job 4.13 nocturnas, cuando el s cae sobre los
7.14 entonces me asustas con s, y me aterras
14.12 despertarán, ni se levantarán de su s
20.8 como s volará, y no será hallado, y se
33.15 por s, en visión nocturna, cuando el
33.15 el s cae sobre los hombres, cuando se
Sal. 73.20 como s del que despierta, así, Señor
76.5 fueron despojados, durmieron su s; no
90.5 son como s, como la hierba que crece en
127.2 pues que a su amado dará Dios el s
132.4 no daré s a mis ojos, ni a mis párpados
Pr. 3.24 que te acostarás, y tu s será grato
4.16 y pierden el s si no han hecho caer a
6.4 no des s a tus ojos, ni a tus párpados
6.9 perezoso..cuándo te levantarás de tu s?
6.10 un poco de s, un poco de dormitar, y
19.15 la pereza hace caer en profundo s, y el
20.13 no ames el s, para que no..empobrezcas
23.21 y el s hará vestir vestidos rotos
24.33 un poco de s, cabeceando otro poco
Ec. 5.3 de la mucha ocupación viene el s, y de
5.7 donde abundan los s, también abundan las
5.12 dulce es el s del trabajador..rico no
8.16 ni de noche ni de día ve s en sus ojos
Is. 5.27 ninguno se dormirá, ni le tomará s
29.7 como s de visión nocturna la multitud
29.10 derramó sobre vosotros espíritu de s
Jer. 23.27 olvide de mi nombre con sus s que
23.28 profeta que tuviere un s, cuente el s
23.32 profetizan s mentirosos, y los cuentan
29.8 no os engañen..ni atendáis a los s que
31.26 en esto me desperté, y vi, y mi s me
51.39 duerman eterno s y no despierten, dice
51.57 y dormirán s eterno y no despertarán
Dn. 1.17 Daniel tuvo entendimiento..visión y s
2.1 tuvo Nabucodonosor s, y se perturbó su
2.1 perturbó su espíritu, y se le fue el s
2.2 el rey a magos..que le explicasen sus s
2.3 tenido un s, y mi espíritu se ha turbado
2.3 mi espíritu se ha turbado por saber el s
2.4 dí el s a tus siervos, y te mostraremos
2.5 no me mostráis el s y su interpretación
2.6 me mostrareis el s y su interpretación
2.6 decidme, pues, el s y su interpretación
2.7 dijeron: Diga el rey el s a sus siervos
2.9 si no me mostráis el s, una..sentencia
2.9 decidme..el s, para que yo sepa que me
2.26 ¿podrás tú hacerme conocer el s que vi
2.28 he aquí tu s, y las visiones que has
2.36 este es el s..la interpretación de él
2.45 Dios ha mostrado al rey..s es verdadero
4.5 un s que me espantó, y tendido en cama
4.6 que me mostrasen la interpretación del s
4.7 dije el s, pero no me pudieron mostrar
4.8 entró..Daniel..Conté delante de él el s
4.9 declárame..visiones de mi s que he visto
4.18 yo el rey Nabucodonosor he visto este s
4.19 te turben ni el s ni su interpretación
4.19 señor mío, el s sea para tus enemigos
5.12 en él mayor espíritu..para interpretar s
6.18 se fue a su palacio..y se le fue el s
7.1 tuvo Daniel un s, y visiones de su cabeza
7.1 escribió el s, y relató lo principal del
10.9 caí..en un profundo s, con mi rostro en
Jl. 2.28 vuestros ancianos soñarán s..visiones
Zac. 4.1 como un hombre..es despertado de su s
10.2 y los adivinos..han hablado s vanos, y
Mt. 1.20 un ángel..le apareció en s y le dijo
1.24 y despertando José del s, hizo como el
2.12 siendo avisados por revelación en s que
2.13,19 un ángel del..apareció en s a José
2.22 avisado por revelación en s, se fue a
26.43 los ojos de ellos estaban cargados de s
27.19 he padecido mucho en s por causa de él
Mr. 14.40 ojos de ellos estaban cargados de s
Lc. 9.32 y Pedro y los..estaban rendidos de s
Jn. 11.13 y ellos pensaron que hablaba..del s
Hch. 2.17 verán..vuestros ancianos soñarán s
20.9 Eutico, que..rendido de un s profundo
20.9 vencido del s cayó del tercer piso abajo
Ro. 13.11 que es ya hora de levantarnos del s

SUERTE
Lv. 16.8 echará s Aarón sobre los dos machos
16.8 una s por Jehová, y otra s por Azazel
16.9 macho cabrío sobre el cual cayere la s
16.10 cayere la s por Azazel, lo presentará
Nm. 16.29 si..siguen la s de todos los hombres
26.55 la tierra será repartida por s; y por
26.56 conforme..s será repartida su heredad
33.54 donde le cayere la s..tendrá cada uno
Jos. 13.6 solamente repartirás tú por s el país
14.2 por s..les dio su heredad, como Jehová
15.1 tocó en s a la tribu de los hijos de Judá
16.1 tocó en s a los hijos de José desde el
17.1 se echaron..s para la tribu de Manasés
17.2 echaron también s para los otros hijos
17.14 ¿por qué nos has dado por..una sola s
18.6 yo os echaré s aquí delante de Jehová
18.8 volved a mí, para que yo os eche s aquí
18.10 Josué les echó s delante de Jehová en
18.11 se sacó la s de la tribu de..Benjamín
19.1 segunda s tocó a Simeón, para la tribu
19.9 de la s de los hijos de Judá fue sacada
19.10 tercera s tocó a los hijos de Zabulón
19.17 la cuarta s correspondió a Isacar, a
19.24 la quinta s correspondió..hijos de Aser
19.32 la sexta s correspondió a..de Neftalí
19.40 la séptima s correspondió..hijos de Dan
19.51 las heredades que..entregaron por s en
21.4 la s cayó sobre las familias..coatitas
21.4 obtuvieron por s de la tribu de Judá, de
21.5 obtuvieron por s de las familias de la
21.6 de Gersón obtuvieron por s..13 ciudades
21.8 dieron, pues..por s, como había mandado
21.10 para ellos fue la s en primer lugar
21.20 recibieron por s ciudades de..Efraín
21.40 Merari..fueron por sus s doce ciudades
23.4 os he repartido por s, en herencia para
1 S. 14.41 da s..la s cayó sobre Jonatán y Saúl
14.42 echad s entre..Y la s cayó sobre Jonatán
1 Cr. 6.54 los coatitas..a ellos les tocó en s
6.61 los hijos de Coat..por s diez ciudades
6.63 los hijos de Merari..por s doce ciudades
6.65 por s de la tribu de los hijos de Judá
24.5 los repartieron..por s los unos con los
24.6 designando por s una casa paterna para
24.7 la primera s tocó a Joiarib, la segunda
24.31 también echaron s, como sus hermanos
25.8 s para servir por turnos, entrando el
25.9 la primera s salió por Asaf, para José
26.13 echaron s, el pequeño con el grande
26.14 s para la de oriente cayó a Selemías
26.14 metieron en las s a Zacarías su hijo
26.14 y salió la s suya para la del norte
Neh. 10.34 echamos..s los sacerdotes, los levitas
11.1 s para traer uno de cada diez para que
13.15 y cargaban asnos con..toda s de carga
Est. 3.7 s, delante de Amán, s para cada día y
9.24 y había echado Pur, que quiere decir s
Sal. 16.5 es la porción de..tú sustentas mi s
22.18 repartieron..sobre mi ropa echaron s
52.4 has amado toda s de palabras perniciosas
144.13 graneros llenos, provistos de toda s
Pr. 1.14 echa tu s entre nosotros; tengamos
16.33 s se echa en el regazo; mas de Jehová
18.18 la s pone fin a los pleitos, y decide
Cnt. 7.13 nuestras puertas hay toda s..frutas
Is. 17.14 la parte..la s de los que nos saquean
34.17 les echó s, y su mano les repartió con
57.6 las piedras lisas del valle..son tu s
Jer. 13.25 esta es tu s, la porción que yo he
Ez. 24.6 sus piezas sácala, sin echar s sobre
45.1 repartáis por s la tierra en heredad
47.22 echaréis sobre ella s por heredad para
47.22 echarán s..para tener heredad entre las
48.29 es la tierra que repartiréis por s en
Jl. 3.3 y echaron s sobre mi pueblo, y dieron
Am. 7.17 tu tierra será repartida por s; y tú
Abd. 11 echaban s sobre Jerusalén, tú también
Jon. 1.7 echemos s..sepamos por causa de quién
1.7 y echaron s, y la s cayó sobre Jonás
Mi. 2.5 no habrá quien a s reparta heredades
Nah. 3.10 sobre sus varones echaron s, y todos
Mt. 27.35 echando s, para que se cumpliese lo
27.35 partieron..y sobre mi ropa echaron s
Mr. 15.24 echando s sobre ellos para ver qué
Lc. 1.9 tocó en s ofrecer el incienso entrando
23.34 repartieron..sus vestidos, echando s
Jn. 19.24 echemos s sobre ella, a ver de quién
19.24 mis vestidos, y sobre mi ropa echaron s
Hch. 1.26 echaron s, y la s cayó sobre Matías
8.21 no tienes tú parte ni s en este asunto

SUFAM *Hijo de Benjamín,* **Nm. 26.39**

SUFAMITA *Descendiente de Sufam,* **Nm. 26.39**

SUFICIENTE
Gn. 13.6 la tierra no era s para que habitasen
33.9 dijo Esaú: S tengo yo, hermano mío; sea
Lv. 5.7 y si no tuviere lo s para un cordero
5.11 mas si no tuviere lo s para dos tórtolas
12.8 no tiene lo s para un cordero, tomará
25.26 y consiguiere lo s para el rescate
25.28 si no consiguiere lo s para que se la
2 S. 8.4 desjarretó..dejó s para cien carros
2 R. 12.11 daban el dinero s a los que hacían
2 Cr. 30.3 no había s sacerdotes santificados
2 Co. 2.16 y para estas cosas, ¿quién es s?
9.8 teniendo..todo lo s, abundéis para toda
1 Ti. 5.16 haya lo s para las que en verdad son

SUFRIDO
Ec. 7.8 mejor es el s de espíritu que el altivo
Ro. 12.12 s en la tribulación; constantes en
1 Co. 13.4 el amor es s, es benigno; el amor
2 Ti. 2.24 sino amable..apto para enseñar, s

SUFRIMIENTO
Neh. 9.32 no sea tenido en poco..todo el s que
Job 9.23 azote..se ríe del s de los inocentes
1 P. 1.11 anunciaba..s de Cristo, y las glorias

SUFRIR
Lv. 24.17 el hombre que hiere..*sufra* la muerte
Jos. 24.19 Dios..no *sufrirá* vuestras rebeliones
Jue. 21.5 el que no subiese..*Sufrirá* la muerte
Sal. 6.7 mis ojos están gastados de *sufrir;* se
60 *tít.* oración del que *sufre,* cuando está
69.7 porque por amor de ti he *sufrido* afrenta
101.5 no *sufriré* al de ojos altaneros y de
Pr. 30.21 tres..la cuarta ella no puede *sufrir*
Is. 1.13 día de reposo, el..no lo puedo *sufrir*
53.4 *sufrió* nuestros dolores; y nosotros le
Jer. 10.10 y las naciones no pueden *sufrir* su
10.19 enfermedad mía es esta, y debo *sufrirla*
15.15 Jehová..por amor de ti *sufro* afrenta
20.9 un fuego..traté de *sufrirlo,* y no pude
44.22 no pudo *sufrirlo* más Jehová, a causa de
Ez. 16.58 *sufre* tú el castigo de tu lujuria y
Dn. 3.25 que se pasean..sin *sufrir* ningún daño
Am. 7.10 tierra no puede *sufrir*..sus palabras
Zac. 10.2 pueblo..*sufre* porque no tiene pastor
Mt. 11.12 reino de los cielos *sufre* violencia
Mr. 5.26 y había *sufrido*..de muchos médicos, y
Jn. 8.52 que guarda mi..nunca *sufrirá* muerte
1 Co. 3.15 *sufrirá* pérdida, si bien él mismo
6.7 ¿por qué no *sufrís* más bien el agravio?
6.7 ¿por qué no *sufrís*..el ser defraudados?
13.7 lo *sufre,* todo lo cree, todo lo soporta
2 Co. 1.6 en el *sufrir* las mismas aflicciones
Gá. 4.19 hijitos..por quienes vuelvo a *sufrir*
2 Ts. 1.9 *sufrirán* pena de eterna perdición
1 Ti. 4.10 por esto mismo..*sufrimos* oprobios
2 Ti. 2.3 *sufre* penalidades como buen soldado
2.9 cual *sufro* penalidades, hasta prisiones
2.12 si *sufrimos,* también reinaremos con él
3.11 en Listra; persecuciones que he *sufrido*
4.3 no *sufrirán* la sana doctrina, sino que

SUFRIR *(Continúa)*
He. 10.34 despojo de vuestros bienes *sufristeis*
12.2 *sufrió* la cruz, menospreciando..oprobio
12.3 a aquel que *sufrió* tal contradicción de
Stg. 5.11 por bienaventurados a los que *sufren*
1 P. 2.19 si alguno..*sufre* molestias padeciendo
2.20 mas si haciendo lo bueno *sufrís*, y lo
Jud. 7 *sufriendo* el castigo del fuego eterno
Ap. 2.3 y has *sufrido*, y has tenido paciencia
2.11 el que venciere, no *sufrirá* daño de la

SÚHAM ***Hijo de Dan*, Nm. 26.42**

SUHAMITA ***Descendiente de Súham* Nm. 26.42,43**

SUHITA ***Descendiente de Súa No. 1*, Job 2.11; 8.1; 18.1; 25.1; 42.9**

SUJECIÓN
1 Ti. 2.11 mujer aprenda en silencio, con..*s*
3.4 que tenga..hijos en *s* con toda honestidad

SUJETAR
2 S. 8.6 los sirios fueron..*sujetos* a tributo
22.48 Dios..que *sujeta* pueblos debajo de mí
2 Cr. 11.12 las fortificó..le estaban *sujetos*
28.10 determinado *sujetar* a..como siervos y
Sal. 32.9 que han de ser *sujetados* con cabestro
144.2 el que *sujeta* a mi pueblo debajo de mí
Pr. 27.16 como..*sujetar* el aceite en la mano
Ec. 5.9 el rey mismo está *sujeto* a los campos
Is. 45.1 para *sujetar* naciones delante de él
53.10 Jehová quiso quebrantarlo, *sujetándole*
Jer. 34.11 hicieron volver a..y los *sujetaron*
34.16 los habéis *sujetado*..que os sean siervos
Lc. 2.51 volvió a Nazaret, y estaba *sujeto* a
10.17 aun los demonios se nos *sujetan* en tu
10.20 no..de que los espíritus se os *sujetan*
Hch. 12.6 estaba Pedro..*sujeto* con dos cadenas
28.20 por la esperanza de Israel estoy *sujeto*
Ro. 7.2 la mujer casada está *sujeta* por la ley
7.6 para aquella en que estábamos *sujetos*
8.7 porque no se *sujetan* a la ley de Dios, ni
8.20 la creación fue *sujetada* a vanidad, no
8.20 causa del que la *sujetó* en esperanza
10.3 no se han *sujetado* a la justicia de Dios
11.32 Dios *sujetó* a todos en desobediencia
13.5 por lo cual es necesario estarle *sujetos*
1 Co. 7.15 no está el..*sujeto* a servidumbre en
9.20 a los que están *sujetos*..como *sujeto* a
9.20 aunque yo no esté *sujeto* a la ley como
9.20 ganar a los que están *sujetos* a la ley
14.32 los espíritus..profetas están *sujetos*
14.34 *sujetas*, como también la ley lo dice
15.27 todas las cosas las *sujetó* debajo de
15.27 que todas las cosas han sido *sujetadas*
15.27 aquel que *sujetó* a él todas las cosas
15.28 que todas las cosas le estén *sujetas*
15.28 el Hijo..se *sujetará* al que le *sujetó*
16.16 que os *sujetéis* a personas como ellos
Gá. 5.1 no estéis otra vez *sujetos* al yugo de
Ef. 5.22 estén *sujetas* a sus propios maridos
5.24 como la iglesia está *sujeta* a Cristo
Fil. 3.21 también *sujetar* a sí mismo todas las
Col. 3.18 casadas, estad *sujetas* a vuestros
Tit. 2.5 buenas, *sujetas* a sus maridos, para
2.9 los siervos a que se *sujeten* a sus amos
3.1 *sujeten* a los gobernantes y autoridades
He. 2.5 no *sujetó* a..ángeles el mundo venidero
2.8 todo lo *sujetaste* bajo sus pies. Porque
2.8 cuanto le *sujetó* todas las cosas, nada
2.8 nada dejó que no sea *sujeto* a él; pero
2.8 no vemos que..las cosas le sean *sujetas*
2.15 durante..la vida *sujetos* a servidumbre
13.17 obedeced..pastores y *sujetaos* a ellos
Stg. 5.17 Elías era hombre *sujeto* a pasiones
1 P. 2.18 estad *sujetos* con..a vuestros amos
3.1 mujeres, estad *sujetas* a vuestros maridos
3.5 mujeres..estando *sujetas* a sus maridos
3.22 a él están *sujetos* ángeles, autoridades
5.5 jóvenes, estad *sujetos* a los ancianos

SULAMITA ***Posiblemente =Sunamita*, Cnt. 6.13(2)**

SUMA
Lv. 27.23 el sacerdote calculará con él la *s*
Sal. 119.160 la *s* de tu palabra es verdad,
139.17 me son..cuán grande es la *s* de ellos!
Hch. 22.28 una gran *s* adquirí esta ciudadanía

SUMATITAS ***Familia de Quiriat-jearim*, 1 Cr. 2.53**

SUMERGIR
Sal. 69.14 sácame del..y no sea yo *sumergido*

SUMINISTRACIÓN
Fil. 1.19 por..la *s* del Espíritu de Jesucristo

SUMINISTRAR
Gn. 45.21 les *suministró* víveres para el camino
Is. 65.11 *suministráis* libaciones..el Destino
Gá. 3.5 aquel..que os *suministra* el Espíritu

SUMIR
Is. 8.22 y angustia..*sumidos* en las tinieblas

SUMISO, SA
Gn. 16.9 vuélvete a tu señora, y ponte *s* bajo
1 P. 5.5 *s* unos a otros, revestíos de humildad

SUMO
Lv. 21.10 y el *s* sacerdote entre sus hermanos
Nm. 35.25 hasta que muera el *s* sacerdote, el
35.28 que muera el *s* sacerdote; y después que
35.28 después que haya muerto el *s* sacerdote
35.32 vuelva..hasta que muera el *s* sacerdote
Jos. 20.6 la muerte del que fuere *s* sacerdote
2 R. 12.7 llamó..rey Joás al *s* sacerdote Joiada
12.9 *s* sacerdote Joiada tomó un arca e hizo
12.10 venía el..y el *s* sacerdote, y contaban
22.4 vé al *s* sacerdote Hilcías, y dile que
22.8 dijo el *s* sacerdote..al escriba Safán
23.4 mandó el rey al *s* sacerdote Hilcías, a
1 Cr. 27.5 Benaía, hijo del *s* sacerdote Joiada
2 Cr. 24.6 el rey llamó al *s* sacerdote Joiada
24.11 que estaba puesto por el *s* sacerdote
26.20 miró el *s* sacerdote Azarías, y todos
31.10 y el *s* sacerdote Azarías..le contestó
34.9 vinieron éstos al *s* sacerdote Hilcías
Neh. 3.1 se levantó el *s* sacerdote Eliasib con
3.20 hasta..la casa de Eliasib *s* sacerdote
Hag. 1.1 a Josué hijo de Josadac, *s* sacerdote
1.12 y oyó Zorobabel..y Josué..*s* sacerdote
1.14 el espíritu de Josué hijo..*s* sacerdote
2.2 habla ahora..a Josué hijo..*s* sacerdote
2.4 esfuérzate..Josué hijo de..*s* sacerdote
Zac. 3.8 escucha pues..Josué *s* sacerdote, tú
6.11 las pondrás en la cabeza del *s* sacerdote
Mt. 26.3 reunieron en el patio del *s* sacerdote
26.51 hiriendo a un siervo del *s* sacerdote
26.57 a Jesús..llevaron al *s* sacerdote, adonde
26.58 seguía..hasta el patio del *s* sacerdote
26.62 el *s* sacerdote, le dijo: ¿No respondes
26.63 *s* sacerdote le dijo: Te conjuro por el
26.65 el *s* sacerdote rasgó sus vestiduras
Mr. 2.26 cómo entró..siendo Abiatar *s* sacerdote
14.47 uno de..hirió al siervo del *s* sacerdote
14.53 trajeron, pues, a Jesús al *s* sacerdote
14.54 de lejos hasta..patio del *s* sacerdote
14.60 el *s* sacerdote, levantándose en medio
14.61 el *s* sacerdote le volvió a preguntar
14.63 el *s* sacerdote, rasgando su vestidura
14.66 vino una de las criadas del *s* sacerdote
Lc. 3.2 y siendo *s* sacerdotes Anás y Caifás
22.50 uno de ellos hirió a un siervo del *s*
22.54 le condujeron a casa del *s* sacerdote
Jn. 11.49 Caifás..*s* sacerdote aquel año, les
11.51 que como era el *s* sacerdote aquel año
18.10 Pedro..hirió al siervo del *s* sacerdote
18.13 Caifás, que era *s* sacerdote aquel año
18.15 discípulo era conocido del *s* sacerdote
18.15 y entró con Jesús al..del *s* sacerdote
18.16 salió, pues..conocido del *s* sacerdote
18.19 el *s* sacerdote preguntó a Jesús acerca
18.22 diciendo: ¿Así respondes..*s* sacerdote?
18.24 le envió atado a Caifás, el *s* sacerdote
18.26 uno de los siervos del *s* sacerdote..dijo
Hch. 4.6 el *s* sacerdote Anás, y Caifás y Juan
4.6 eran de la familia de los *s* sacerdotes
5.17 levantándose el *s* sacerdote y todos los
5.21 vinieron el *s* sacerdote y..y convocaron
5.24 oyeron estas palabras el *s* sacerdote y
5.27 trajeron..y el *s* sacerdote les preguntó
7.1 *s* sacerdote dijo entonces: ¿Es esto así?
9.1 Saulo, respirando..vino al *s* sacerdote
22.5 el *s* sacerdote también me es testigo, y
23.2 el *s* sacerdote Ananías ordenó entonces
23.4 los..¿Al *s* sacerdote de Dios injurias?
23.5 no sabía..que era el *s* sacerdote; pues
24.1 después, descendió el *s* sacerdote Ananías
Fil. 2.9 Dios..le exaltó hasta lo *s*, y le dio
He. 3.1 considerad al apóstol y *s* sacerdote de
4.14 gran *s* sacerdote que traspasó los cielos
4.15 no tenemos un *s* sacerdote que no pueda
5.1 porque todo *s* sacerdote tomado de entre
5.5 haciéndose *s* sacerdote, sino el que le
5.10 fue declarado por Dios *s* sacerdote según
6.20 Jesús entró..*s* sacerdote para siempre
7.26 porque tal *s* sacerdote..convenía: santo
7.27 necesidad..como aquellos *s* sacerdotes
7.28 porque la ley constituye *s* sacerdotes a
8.1 que tenemos tal *s* sacerdote, el cual se
8.3 todo *s* sacerdote está constituido para
9.7 sólo el *s* sacerdote una vez al año, no
9.11 ya presente Cristo, *s* sacerdote de los
9.25 como entra el *s* sacerdote en el Lugar
13.11 es introducida en..por el *s* sacerdote
Stg. 1.2 tened por *s* gozo cuando os halléis en

SUNAMITA ***Originaria de Sunem***
1 R. 1.3 hallaron a Abisag *s*, y la trajeron al
1.15 rey era muy viejo, y Abisag *s* le servía
2.17 hables al rey..me dé Abisag *s* por mujer
2.21 dese Abisag *s* por mujer a tu hermano
2.22 ¿por qué pides a Abisag *s* para Adonías?
2 R. 4.12 llama a esta *s*. Y cuando la llamó
4.25 dijo a su criado Giezi: He aquí la *s*
4.36 le dijo: Llama a esta *s*. Y él la llamó

SUNEM ***Población en Isacar***
Jos. 19.18 y fue su territorio..Quesulot, *S*
1 S. 28.4 filisteos..vinieron y acamparon en *S*
2 R. 4.8 un día pasaba Eliseo por *S*; y había

SUNI ***Hijo de Gad*, Gn. 46.16; Nm. 26.15**

SUNITA ***Descendiente de Suni*, Nm. 26.15**

SUNTUOSIDAD
Nah. 2.9 no hay fin de las riquezas y *s* de toda

SUNTUOSO
Ez. 23.41 y te sentaste sobre *s* estrado..mesa

SUPERAR
2 Cr. 9.6 tú *superas* la fama que yo había oído

SUPEREMINENTE
Ef. 1.19 cuál la *s* grandeza de su poder para

SUPERFICIE
Gn. 7.18 flotaba el arca sobre la *s* de..aguas
Lv. 14.37 manchas..más profundas que la *s* de
1 S. 14.25 donde había miel en la *s* del campo
Job 26.10 límite a la *s* de las aguas, hasta el
Is. 28.25 cuando ha igualado su *s*..el eneldo
Ez. 41.22 su *s* y sus paredes eran de madera
Os. 10.7 cortado su rey como espuma sobre la *s*

SUPERIOR
Éx. 30.25 *s* ungüento..el arte del perfumador
Nm. 28.7 derramarás libación de vino *s* ante
Jer. 20.2 lo puso en el cepo..en la puerta *s* de
Ez. 41.7 del piso inferior se..y de éste al *s*
Dn. 6.3 Daniel mismo era *s* a estos sátrapas y
6.3 había en él un espíritu *s*; y el rey pensó
Lc. 6.40 el discípulo no es *s* a su maestro; mas
Hch. 19.1 después de recorrer las regiones *s*
Ro. 13.1 sométase toda persona..autoridades *s*
Fil. 2.3 estimando cada uno a los demás como *s*
He. 1.4 tanto *s* a los ángeles, cuanto heredó
1 P. 2.13 someteos a..ya sea al rey, como a *s*
2 P. 2.10 no temen decir mal de..potestades *s*
Jud. 8 rechazan..blasfeman de las potestades *s*

SUPIM
1. ***Descendiente de Benjamín*, 1 Cr. 7.12,15**
2. ***Portero de Jerusalén*, 1 Cr. 26.16**

SUPLANTAR
Gn. 27.36 pues ya me ha *suplantado* dos veces

SÚPLICA
Gn. 19.21 he recibido también tu *s* sobre esto
2 S. 7.27 valor para hacer delante de ti esta *s*
24.25 Jehová oyó las *s* de la tierra, y cesó
1 R. 8.38 toda *s* que hiciere cualquier hombre
8.45,49 oirás..su *s*, y les harás justicia
8.54 de hacer a Jehová toda esta oración y *s*
Sal. 55.1 escucha, oh..no te escondas de mi *s*
66.19 me escuchó..atendió a la voz de mi *s*
116.1 amo a Jehová..ha oído mi voz y mis *s*
130.2 estén atentos tus oídos a la..de mi *s*
Jer. 37.20 caiga ahora mi *s* delante de ti, y
Os. 14.2 llevad con vosotros palabras de *s*, y
Ef. 6.18 orando en todo..con toda oración y *s*
6.18 velando en ello..*s* por todos los santos
1 Ti. 5.5 es diligente en *s* y oraciones noche
He. 5.7 ofreciendo ruegos y *s* con gran clamor

SUPLICAR
1 R. 8.33 te rogaren y *suplicaren* en esta casa
Est. 4.8 que fuese..a *suplicarle* y a interceder
7.7 se quedó Amán para *suplicarle* a la reina
Job 11.19 espante; y muchos *suplicarán* tu favor
19.16 llamé..de mi propia boca le *suplicaba*
Sal. 30.8 a ti..clamaré, y al Señor *suplicaré*
119.58 tu presencia *supliqué* de todo corazón
Is. 45.14 te harán reverencia y te *suplicarán*
Jer. 15.11 si no he *suplicado* ante ti en favor
38.26 les dirás: *Supliqué* al rey que no me
Sof. 3.10 más allá de..Etiopía me *suplicarán*
Mt. 18.26 le *suplicaba*, diciendo: Señor, ten

SUPLIR
1 Co. 16.17 ellos han *suplido* vuestra ausencia
2 Co. 8.14 abundancia vuestra *supla* la escasez
9.12 no solamente *suple* lo que a los..falta
11.9 lo *suplieron* los hermanos..de Macedonia
Fil. 2.30 exponiendo su vida para *suplir* lo que
4.19 mi Dios..*suplirá* todo lo que os falta

SUPONER
Hch. 2.15 no..ebrios, como vosotros *suponéis*

SUPREMO, MA
1 Cr. 16.25 y digno de *s* alabanza, y de ser
Sal. 96.4; 145.3 grande..y digno de *s* alabanza
Dn. 2.48 y jefe *s* de..los sabios de Babilonia
Fil. 3.14 prosigo..al premio del *s* llamamiento

SUPRIMIR
1 Co. 15.24 cuando haya *suprimido* todo dominio

SUPURAR
Sal. 38.5 hieden y *supuran* mis llagas, a causa

SUQUIENO ***Soldado de Libia, 2 Cr. 12.3***

SUR
Gn. 13.14 y mira desde..hacia el norte y el *s*
28.14 te extenderás..oriente, al norte y al *s*
Éx. 26.18 veinte tablas al..del mediodía, al *s*
26.35 el candelero..al lado *s* del tabernáculo
27.9 al *s*, tendrá el atrio cortinas de lino
36.23 veinte tablas al..del *s*, al mediodía
38.9 del lado *s*, al mediodía, las cortinas del
40.24 el candelero..al lado *s* de la cortina
Nm. 2.10 la bandera del..de Rubén estará al *s*
3.29 las familias..de Coat acamparán..al *s*
10.6 moverán..los que están acampados al *s*
34.3 al lado del *s* desde el desierto de Zin
34.3 límite del *s* al extremo del Mar Salado
34.4 este límite os irá rodeando desde el *s*
34.4 y se extenderá del *s* a Cades-barnea
35.5 al lado del *s* dos mil codos, al lado del
Dt. 3.27 alza tus ojos..*s*, y al este, y mira
33.23 a Neftalí..posee el occidente y el *s*
Jos. 11.2 reyes..en el Arabá al *s* de Cineret
12.3 y desde el *s* al pie de las laderas del
13.4 al *s* toda la tierra de los cananeos, y
15.1 teniendo el desierto de Zin al *s* como
15.2 su límite por el lado del *s* fue desde
15.2 Mar..desde la bahía que mira hacia el *s*
15.3 hacia el *s* de..el *s* hasta Cades-barnea
15.4 este, pues, os será el límite del *s*
15.7 la subida de Adumín, que está al *s* del
15.8 y sube este límite..lado *s* del jebuseo
15.21 las ciudades..de Judá en el extremo *s*
17.7 va al *s*, hasta los que habitan en Tapúa
17.9 al arroyo de Caná, hacia el *s* del arroyo
17.10 Efraín al *s*, y Manasés al norte, y el
18.5 y Judá quedará en su territorio al *s*, y
18.13 pasa..lado *s* de Luz..al *s* de Bet-horón
18.14 y tuerce..por el lado *s* del monte que
18.14 monte..está delante de Bet-horón al *s*
18.15 el lado del *s* es desde el extremo de
18.16 desciende luego..al lado *s* del jebuseo
18.19 a la extremidad *s* del Jordán..límite *s*
19.34 el límite..llegaba hasta Zabulón al *s*
Jue. 21.19 hay fiesta..en Silo..al *s* de Lebona
1 S. 14.5 uno..al norte..otro al *s*, hacia Gabaa
20.41 se levantó David del lado del *s*, y se
23.19 las peñas de Hores..al *s* del desierto?
23.24 de Maón, en el Arabá al *s* del desierto
2 S. 24.5 al *s* de la ciudad que está en medio
1 R. 7.25 tres miraban al *s*, y tres miraban al
7.39 y colocó el mar..al oriente, hacia el *s*
1 Cr. 9.24 estaban los porteros..norte y al *s*
26.15 y para Obed-edom la puerta del *s*, y a
26.17 norte cuatro de día; al *s* cuatro de día
2 Cr. 4.4 bueyes..tres al *s*, y tres al oriente
Job 9.9 él hizo la Osa..lugares secretos del *s*
23.9 no lo..al *s* se esconderá, y no lo veré
37.9 del *s* viene el torbellino, y el frío de
37.17 sosiega la tierra con el viento del *s*?
39.26 ¿vuela..extiende hacia el *s* sus alas?
Sal. 78.26 y trajo con su poder el viento *s*
89.12 norte y el *s*, tú los creaste; el Tabor
107.3 los ha congregado..del norte y del *s*
Ec. 1.6 el viento tira hacia el *s*, y rodea al
11.3 si el árbol cayere al *s*, o..allí quedará
Is. 43.6 al *s*: No detengas; trae de lejos mis
Ez. 16.46 con sus hijas, la cual habita al *s*
20.46 pon tu rostro hacia el *s*, derrama tu
20.47 quemados en ella..rostros, desde el *s*
21.4 contra toda carne, desde el *s* hasta el
40.2 edificio parecido a..hacia la parte *s*
40.24 hacia el *s*, y..una puerta hacia el *s*
40.27 puerta hacia el *s* del atrio interior
40.27 puerta a puerta hacia el *s* cien codos
40.28 el atrio de adentro a la puerta del *s*
40.28 midió la puerta del *s* conforme a estas
40.44 cámaras..las cuales miraban hacia el *s*
40.45 la cámara que mira hacia el *s* es de los
41.11 otra puerta hacia el *s*; y el ancho del
42.12 las puertas de las cámaras..hacia el *s*
42.13 las cámaras del norte y las del *s*, que
42.18 midió al lado del *s*, quinientas cañas
46.9 del norte saldrá por la puerta del *s*, y
46.9 que entrare por la puerta del *s* saldrá
47.1 las aguas descendían de..al *s* del altar
47.19 del lado meridional, hacia el *s*, desde
47.19 y esto será el lado meridional, al *s*
48.10 y de veinticinco mil de longitud al *s*
48.16 lado del *s* cuatro mil quinientas cañas
48.17 *s* de doscientas cincuenta, al oriente
48.28 al lado meridional al *s*, será el límite
48.33 lado del *s*, cuatro mil quinientas cañas
Dn. 8.4 que el carnero hería..al norte y al *s*
8.9 un cuerno pequeño, que creció mucho al *s*
11.5 se hará fuerte el rey del *s*; mas uno de
11.6 la hija del rey del *s* vendrá al rey del
11.9 así entrará en el reino el rey del *s*, y
11.11 por lo cual se enfurecerá el rey del *s*
11.14 levantarán muchos contra el rey del *s*
11.15 las fuerzas del *s* no podrán sostenerse
11.25 contra el rey del *s* con gran ejército
11.25 el rey del *s* se empeñará en la guerra
11.29 al tiempo señalado volverá al *s*; mas no
11.40 el rey del *s* contenderá con él; y el rey
Zac. 6.6 overos salieron hacia la tierra del *s*
14.4 se apartará..y la otra mitad hacia el *s*
14.10 llanura desde Geba hasta Rimón al *s* de
Mt. 12.42; Lc. 11.31 reina del *S* se levantará
12.55 y cuando sopla el viento del *s*, decís
13.29 vendrán..norte y del *s*, y se sentarán
Hch. 8.26 y vé hacia el *s*, por el camino que
27.13 soplando..brisa del *s*, pareciéndoles
28.13 día..soplando el viento *s*, llegamos al
Ap. 21.13 al *s* tres puertas; al occidente tres

SURCAR
Is. 18.2,7 cuya tierra es *surcada* por ríos

SURCO
Job 31.38 mi tierra clama..lloran todos sus *s*
39.10 ¿atarás tú al búfalo con..para el *s*?
Sal. 65.10 haces que se empapen sus *s*, haces
129.3 araron los aradores..hicieron largos *s*
Ez. 17.7 para ser regada por ella por los *s* de
17.10 aquí..en los *s* de su verdor se secará
Os. 10.4 juicio florecerá..en los *s* del campo
12.11 sus altares son como montones en los *s*

SURESTE
2 Cr. 4.10 colocó el mar..hacia el *s* de la casa

SURGIR
1 Jn. 2.18 han *surgido* muchos anticristos; por

SUSA ***Capital de Persia antigua***
Esd. 4.9 de Erec..de *S*, esto es, los elamitas
Neh. 1.1 mes..estando yo en *S*, capital del reino
Est. 1.2 el cual estaba en *S* capital del reino
1.5 banquete..todo el pueblo que había en *S*
2.3 que lleven a..las jóvenes vírgenes..a *S*
2.5 había en *S* residencia real un varón judío
2.8 habían reunido a muchas doncellas en *S*
3.15 y el edicto fue dado en *S* capital del
3.15 pero la ciudad de *S* estaba conmovida
4.8 del decreto que había sido dado en *S* para
4.16 reúne a..los judíos que se hallan en *S*
8.14 edicto fue dado en *S* capital del reino
8.15 la ciudad de *S*..se alegró y regocijó
9.6 en *S* capital del reino mataron..a 500
9.11 acerca del número de los muertos en *S*
9.12 en *S* capital del reino los judíos han
9.13 concédase..mañana a los judíos en *S*, que
9.14 se dio la orden en *S*, y colgaron a los
9.15 los judíos que estaban en *S* se juntaron
9.15 mataron en *S* a trescientos hombres; pero
9.18 los judíos..en *S* se juntaron el día 13
Dn. 8.2 cuando la vi, yo estaba en *S*, que es

SUSANA ***Mujer que servía a Jesucristo, Lc. 8.3***

SUSCITAR
Dt. 25.7 mi cuñado no quiere *suscitar* nombre
1 S. 2.35 y yo me *suscitaré* un sacerdote fiel
1 R. 11.14 y Jehová *suscitó* un adversario a
Pr. 28.25 el altivo de ánimo *suscita* contiendas
Ez. 23.22 yo *suscitaré* contra ti a tus amantes

SUSCRIBIR
Est. 9.29 *suscribieron* con..esta segunda carta
Jer. 32.12 los testigos que habían *suscrito* la

SUSI ***Padre de Gadi No. 1, Nm. 13.11***

SUSPENDER
2 S. 18.9 *suspendido* entre el cielo y la tierra
Esd. 4.24 *suspendida* hasta el año segundo del
Job 28.4 son *suspendidos* y balanceados, lejos
Cnt. 7.5 la púrpura del rey *suspendida* en los

SUSPENSO
Sal. 76.8 juicio..tierra tuvo temor y quedó *s*
Lc. 19.48 porque..el pueblo estaba *s* oyéndole

SUSPIRAR
Job 7.2 como el siervo *suspira* por la sombra
Sal. 12.5 pondré en salvo al..por ello *suspira*
31.10 y mis años de *suspirar*; se agotan mis
119.131 boca abrí y *suspiré*, porque deseaba
Jer. 44.14 por volver a la cual *suspiran* ellos
Lm. 1.8 Jerusalén..*suspira*, y se vuelve atrás
1.11 todo su pueblo buscó su pan *suspirando*
Ez. 24.17 reprime el *suspirar*, no hagas luto

SUSPIRO
Job 3.24 pues antes que mi pan viene mi *s*, y
11.20 y su esperanza será dar su último *s*
Sal. 38.9 mis deseos, y mi *s* no te es oculto
Lm. 1.22 muchos son mis *s*, y mi corazón está
3.56 no escondas tu oído al clamor de mis *s*

SUSTANCIA
Job 30.22 me hiciste cabalgar..disolviste mi *s*
31.39 si comí su *s* sin dinero, o afligí el
He. 1.3 imagen misma de su *s*, y quien sustenta

SUSTENTADOR
Is. 3.1 quita de Jerusalén y de Judá al *s* y al

SUSTENTAR
Gn. 18.5 un bocado..*sustentad* vuestro corazón
47.17 *sustentó* de pan por todos sus ganados
50.21 os *sustentaré* a vosotros y a vuestros
Dt. 8.3 y te *sustentó* con maná, comida que no
8.16 que te *sustentó* con maná en el desierto
24.15 es pobre, y con él *sustenta* su vida
Rt. 4.15 el cual será..y *sustentará* tu vejez
1 S. 24.15 Jehová..él vea y *sustente* mi causa
2 S. 19.33 pasa conmigo, y yo te *sustentaré*
1 R. 17.9 allá a una mujer viuda que te *sustente*
18.4 escondió..y los *sustentó* con pan y agua
2 Cr. 18.26 y *sustentadle* con pan de aflicción
Neh. 9.21 *sustentaste* 40 años en el desierto
Job 36.17 en vez de *sustentar* el juicio y la
Sal. 3.5 desperté, porque Jehová me *sustentaba*
16.5 Jehová es la..tú *sustentas* mi suerte
17.5 *sustenta* mis pasos en tus caminos, para
18.35 tu salvación; tu diestra me *sustentó*
28.9 pastoréales y *susténtales* para siempre
41.3 lo *sustentará* sobre el lecho del dolor
41.12 en mi integridad me has *sustentado*, y
51.12 el gozo..y espíritu noble me *sustente*
55.22 Jehová tu carga, y él te *sustentará*
71.6 ti he sido *sustentado* desde el vientre
81.16 les *sustentaría* Dios con lo mejor del
94.18 resbala, tu misericordia..*sustentaba*
104.15 pan que *sustenta* la vida del hombre
119.28 deshace..*susténtame* según tu palabra
119.116 *susténtame* conforme a tu palabra, y
Pr. 20.28 y con clemencia se *sustenta* su trono
29.23 humilde de espíritu *sustenta* la honra
Cnt. 2.5 *sustentadme* con pasas, confortadme con
Is. 41.10 siempre te *sustentaré* con la diestra
63.5 que no hubiera quien *sustentase*; y me
Mt. 25.37 ¿cuándo te vimos..y te *sustentamos*
Ro. 11.18 sabe que no *sustentas* tú a la raíz
Ef. 5.29 la *sustenta* y la cuida, como..Cristo
He. 1.3 quien *sustenta* todas las cosas con la
Ap. 12.6 que allí la *sustenten* por 1260 días
12.14 donde es *sustentada* por un tiempo, y

SUSTENTO
Gn. 6.21 y servirá de *s* para ti y para ellos
Lv. 26.26 cuando yo os quebrante el *s* del pan
1 R. 5.11 daba..trigo para el *s* de su familia
Job 36.31 a los pueblos, a la multitud él da *s*
Sal. 105.16 hambre..y quebrantó todo *s* de pan
Pr. 27.27 leche de las..para *s* de tus criadas
Is. 3.1 el Señor Jehová..quita..todo *s* de pan
Ez. 4.16 quebrantaré el *s* del pan en Jerusalén
5.16 quebrantaré entre vosotros el *s* del pan
14.13 le quebrantare el *s* del pan, y enviare
Mr. 12.44 de su pobreza echó todo lo..todo su *s*
Lc. 21.4 de su pobreza echó todo el *s* que tenía
Hch. 14.17 llenando de *s* y de alegría nuestros
1 Ti. 6.8 que, teniendo *s* y..estemos contentos

SUSTITUIR
Gn. 4.25 Dios..me ha *sustituido* otro hijo en

SUSTRAER
Jn. 12.6 *sustraía* de lo que se echaba en ella
Hch. 5.2 y *sustrajo* del precio, sabiéndolo..su
5.3 y *sustrajeses* del precio de la heredad?

SUSURRAR
Is. 8.19 a los adivinos, que *susurran* hablando
29.4 voz..y tu habla *susurrará* desde el polvo

SUSURRO
Job 26.14 cuán leve es el *s* que hemos oído de

SUTELA
1. ***Primogénito de Efraín, Nm. 26.35,36; 1 Cr. 7.20***
2. ***Descendiente de No. 1,*** 1 Cr. 7.21

SUTELAITA ***Descendiente de Sutela No. 1, Nm. 26.35***

SUTILEZA
Col. 2.8 nadie os engañe por medio de..huecas *s*

SUYO, YA
Jn. 1.11 a lo *s* vino, y los *s* no le recibieron
Hch. 4.32 ninguno decía ser *s* propio nada de
24.23 no impidiese a..los *s* servirle o venir
Ro. 10.3 procurando establecer la *s* propia, no
Fil. 2.4 no mirando cada uno por lo *s* propio
2 Ti. 2.19 conoce el Señor a los que son *s*; y

T

TAANAC ***Ciudad cananea, posteriormente de los levitas en Manasés***

Jos. 12.21 rey de *T*, otro; el rey de Meguido
17.11 a los moradores de *T* y sus aldeas, y a
21.25 *T* con sus ejidos y Gat-rimón con sus
Jue. 1.27 ni a los de *T* y sus aldeas, ni a los
5.19 pelearon los . . en *T*, junto a las aguas de
1 R. 4.12 Baana hijo de Ahilud en *T* y Meguido
1 Cr. 7.29 *T* con sus aldeas, Meguido con sus

TAANAT-SILO ***Aldea en la frontera de Efraín,*** **Jos. 16.6**

TÁBANO

Jos. 24.12 y envié delante de vosotros *t*, los

TABAOT ***Padre de una familia de sirvientes del templo,*** **Esd. 2.43; Neh. 7.46**

TABAT ***Lugar en las montañas de Galaad,*** **Jue. 7.22**

TABEEL

1. ***Arameo en Samaria que se opuso a la reedificación de Jerusalén,*** **Esd. 4.7**
2. ***Padre de aquel que Rezín y Peka propusieron hacer rey de Judá,*** **Is. 7.6**

TABERA ***Lugar donde acampó Israel***

Nm. 11.3 lugar *T*, porque el fuego de Jehová
Dt. 9.22 en *T*. . y. . provocasteis a ira a Jehová

TABERNA

Hch. 28.15 salieron a recibirnos hasta . . Tres *T*

TABERNÁCULO

Éx. 25.9 el diseño del *t*, y el diseño de todos
26.1 el *t* de diez cortinas de lino torcido
26.6 enlazarás las cortinas . . se formará un *t*
26.7 cortinas . . para una cubierta sobre el *t*
26.9 doblarás la . . cortina en el frente del *t*
26.12 la mitad de . . colgará a espaldas del *t*
26.13 colgará sobre los lados del *t* a un lado
26.15 para el *t* tablas de madera de acacia
26.17 otra; así harás todas las tablas del *t*
26.18 harás, pues, las tablas del *t*; veinte
26.20 al otro lado del *t*, al lado del norte
26.22 el lado posterior del *t*, al occidente
26.23 dos tablas para las esquinas del *t* en
26.26 cinco barras . . tablas de un lado del *t*
26.27 otro lado del *t* . . lado posterior del *t*
26.30 y alzarás el *t* conforme al modelo que
26.35 candelero enfrente . . al lado sur del *t*
26.36 harás para la puerta del *t* una cortina
27.9 asimismo harás el atrio del *t*. Al lado
27.19 los utensilios del *t* . . serán de bronce
27.21 en el *t* de reunión, afuera del velo que
28.43 sobre Aarón . . cuando entren en el *t* de
29.4 llevarás a Aarón . . a la puerta del *t* de
29.10 llevarás el becerro delante del *t* de
29.11 matarás . . a la puerta del *t* de reunión
29.30 venga al *t* de reunión para servir en
29.32 comerán . . a la puerta del *t* de reunión
29.42 el holocausto . . puerta del *t* de reunión
29.44 santificaré el *t* de reunión y el altar
30.16 dinero . . darás para el servicio del *t*
30.18 la colocarás entre el *t* de . . y el altar
30.20 entren en el *t* de reunión, se lavarán
30.26 con él ungirás el *t* de reunión, el arca
30.36 pondrás delante del testimonio en el *t*
31.7 el *t* de reunión, el arca del testimonio
31.7 el arca . . y todos los utensilios del *t*
33.7 y Moisés tomó el *t*, y lo levantó lejos
33.7 levantó lejos . . lo llamó el *T* de Reunión
33.7 buscaba a Jehová, salía al *t* de reunión
33.8 cuando salía Moisés al *t* . . el pueblo se
33.8 miraban . . hasta que él entraba en el *t*
33.9 Moisés entraba en el *t*, la columna de
33.9 descendía y se ponía a la puerta del *t*
33.10 de nube que estaba a la puerta del *t*
33.11 nunca se apartaba de en medio del *t*
35.11 el *t*, su tienda, su cubierta . . tablas
35.15 cortina de la puerta de . . entrada del *t*
35.18 las estacas del *t*, y las estacas del
35.21 ofrenda a Jehová para la obra del *t* de
36.8 hicieron el *t* de diez cortinas de lino
36.13 las cortinas . . y así quedó formado un *t*
36.14 cortinas . . para una tienda sobre el *t*
36.20 hizo para el *t* las tablas de madera de
36.22 espigas . . así hizo todas las tablas del *t*
36.23 hizo, pues, las tablas para el *t*; veinte
36.25 el otro lado del *t*, al lado norte, hizo
36.27 para el lado occidental del *t* hizo seis
36.28 para las esquinas del *t* en los dos lados
36.31 cinco para las tablas de un lado del *t*
36.32 las tablas del otro lado del *t*, y cinco
36.32 tablas del lado posterior del *t* hacia
36.37 también el velo para la puerta del *t*, de
38.8 las mujeres que velaban a la puerta del *t*
38.20 las estacas del *t* y del atrio . . bronce
38.21 las cuentas del *t*, del *t* del testimonio
38.30 hechas las basas de la puerta del *t* de
38.31 todas las estacas del *t* y . . del atrio
39.32 toda la obra del *t*, del *t* de reunión
39.33 trajeron el *t* a Moisés, el *t* y todos
39.38 el altar . . cortina para la entrada del *t*
39.40 los utensilios . . del *t*, del *t* de reunión
40.2 día . . harás levantar el *t*, el *t* de reunión
40.5 la cortina delante a la entrada del *t*
40.6 altar . . entrada del *t*, del *t* de reunión
40.7 pondrás la fuente entre el *t* de reunión
40.9 tomarás el aceite de la . . y ungirás el *t*
40.12 y llevarás a Aarón . . a la puerta del *t*
40.17 así . . en el segundo año, el *t* fue erigido
40.18 Moisés hizo levantar el *t*, y asentó sus
40.19 levantó la tienda sobre el *t*, y puso la
40.21 metió el arca en el *t*, y puso el velo
40.22 puso la mesa en el *t* de reunión, al lado
40.24 puso el candelero en el *t* de reunión
40.26 puso también el altar de oro en el *t*
40.28 asimismo la cortina a la entrada del *t*
40.29 el altar . . a la entrada del *t*, del *t* de
40.30 puso la fuente entre el *t* de reunión y
40.32 entraban en el *t* de reunión . . se lavaban
40.33 erigió el atrio alrededor del *t* y del
40.34 una nube cubrió el *t* de reunión, y la
40.34 nube . . la gloria de Jehová llenó el *t*
40.35 y no podía Moisés entrar en el *t* de
40.36 y cuando la nube se alzaba del *t*, los
40.38 la nube de . . estaba de día sobre el *t*
Lv. 1.1 llamó Jehová a Moisés . . desde el *t* de
1.3 lo ofrecerá a la puerta del *t* de reunión
1.5 el cual está a la puerta del *t* de reunión
3.2 la degollará a la puerta del *t* de reunión
3.8,13 la degollará delante del *t* de reunión
4.4 traerá el becerro a la puerta del *t* de
4.5 de la sangre . . la traerá al *t* de reunión
4.7 altar del incienso . . en el *t* de reunión
4.7,18 del altar . . que está a la puerta del *t*
4.14 y lo traerán delante del *t* de reunión
4.16 meterá de la sangre . . en el *t* de reunión
4.18 del altar que está . . en el *t* de reunión
6.16 en el atrio del *t* de reunión lo comerán
6.26 comida, en el atrio del *t* de reunión
6.30 ofrenda . . cuya sangre se metiere en el *t*
8.3 reúne toda . . a la puerta del *t* de reunión
8.4 reunió la congregación a la puerta del *t*
8.10 Moisés . . y ungió el *t* y todas las cosas
8.31 hervid la carne a la puerta del *t* de
8.33 de la puerta del *t* de . . no saldréis en
8.35 a la puerta . . del *t* de reunión estaréis
9.5 y llevaron lo que mandó . . delante del *t*
10.7 ni saldréis de la puerta . . *t* de reunión
10.9 no beberéis . . cuando entréis en el *t* de
12.6 una tórtola . . a la puerta del *t* de reunión
14.11 presentará delante . . a la puerta del *t*
14.23; 15.14,29 el octavo día . . a la puerta del *t* de reunión
15.31 contaminado mi *t* que está entre ellos
16.7 presentará . . a la puerta del *t* de reunión
16.16 la misma manera hará . . al *t* de reunión
16.17 ningún hombre estará en el *t* de reunión
16.20 cuando hubiere acabado de expiar . . el *t*
16.23 después vendrá Aarón al *t* de reunión
16.33 hará la expiación por el . . *t* de reunión
17.4,9 y no lo trajere a la puerta del *t* de
17.4 ofrecer ofrenda a Jehová delante del *t*
17.5 traigan . . a la puerta del *t* de reunión
17.6 esparcirá la sangre . . a la puerta del *t*
19.21 traerá . . a la puerta del *t* de reunión
23.34 mes séptimo . . fiesta solemne de los *t*
23.42 *t* habitaréis siete días; todo natural
23.42 todo natural de Israel habitará en *t*
23.43 en *t* hice yo habitar a los . . de Israel
24.3 fuera del velo del . . en el *t* de reunión
Nm. 1.1 habló Jehová . . en el *t* de reunión, en el
1.50 sino que pondrás a los levitas en el *t*
1.50 ellos llevarán el *t* y todos sus enseres
1.50 servirán . . y acamparán alrededor del *t*
1.51 y cuando el *t* haya de trasladarse, los
1.51 el *t* haya de detenerse, los levitas lo
1.53 los levitas acamparán alrededor del *t*
1.53 y los levitas tendrán la guarda del *t*
2.2 alrededor del *t* de reunión acamparán
2.17 irá el *t* de reunión, con el campamento
3.7 delante del *t* de . . en el ministerio del *t*
3.8 y guarden todos los utensilios del *t* de
3.8 guarden . . ministren en el servicio del *t*
3.23 de Gersón acamparán a espaldas del *t*, al
3.25 a cargo de los . . en el *t* . . estarán el *t*
3.25 la cortina de la puerta del *t* de reunión
3.26 del atrio, que está junto al *t* y junto
3.29 de Coat acamparán al lado del *t*, al sur
3.35 y el jefe de . . acamparán al lado del *t*
3.36 estará la custodia de las tablas del *t*
3.38 que acamparán delante del *t* al oriente
3.38 delante del *t* de reunión al este, serán
4.3,23,30,35,39,43 todos los que entran en compañía . . en el *t*
4.4 el oficio de los hijos de Coat en el *t*
4.15 cargas de los hijos de Coat en el *t* de
4.16 el cargo de todo el *t* y de todo lo que
4.25 llevarán las cortinas del *t*, el *t* de
4.25 la cortina de la puerta del *t* de reunión
4.26 cortina de la puerta . . está cerca del *t*
4.28 servicio . . de Gersón en el *t* de reunión
4.31 su cargo para todo su servicio en el *t*
4.31 tablas del *t*, sus barras, sus columnas
4.33 todo su ministerio en el *t* de reunión
4.37,41 los que ministran en el *t* de reunión
4.47 tener cargo de obra en el *t* de reunión
5.17 polvo que hubiere en el suelo del *t*, y
6.10 traerá dos tórtolas . . a la puerta del *t*
6.13 del nazareo . . Vendrá a la puerta del *t* de
6.18 raerá a la puerta del *t* de reunión su
7.1 Moisés hubo acabado de levantar el *t*, y
7.3 carros . . y los ofrecieron delante del *t*
7.5 serán para el servicio del *t* de reunión
7.89 cuando entraba Moisés . . el *t* de reunión
8.9 los levitas se acerquen delante del *t* de
8.15 vendrán . . a ministrar en el *t* de reunión
8.19 para que ejerzan el ministerio . . en el *t*
8.22,24 para ejercer su ministerio en el *t*
8.26 con sus hermanos en el *t* de reunión, para
9.15 el *t* fue erigido, la nube cubrió el *t*
9.15 a la tarde había sobre el *t* como . . fuego
9.17 cuando se alzaba la nube del *t* . . partían
9.18 los días que la nube estaba sobre el *t*
9.19 nube se detenía sobre el *t* muchos días
9.20 la nube estaba sobre el *t* pocos días, al
9.22 mientras la nube se detenía sobre el *t*
10.3 se reunirá ante ti a la puerta del *t* de
10.11 la nube se alzó del *t* del testimonio
10.17 estaba ya desarmado el *t*, se movieron
10.21 entretanto . . otros acondicionaron el *t*
11.16 tráelos a la puerta del *t* de reunión
11.24 ancianos . . hizo estar alrededor del *t*
11.26 Eldad y . . Medad . . no habían venido al *t*
12.4 dijo Jehová . . Salid vosotros tres al *t*
12.5 Jehová descendió en . . a la puerta del *t*
12.10 se apartó del *t*, y he aquí que María
14.10 gloria de Jehová se mostró en el *t* de
16.9 que ministréis en el servicio del *t* de
16.18 pusieron a la puerta del *t* de reunión
16.19 juntar contra ellos . . a la puerta del *t*
16.42 miraron hacia el *t* de reunión, y he aquí
16.43 y vinieron . . delante del *t* de reunión
16.50 volvió . . a la puerta del *t* de reunión
17.4 las pondrás en el *t* de reunión delante
17.7 Moisés puso las varas delante . . en el *t*
17.8 el día siguiente vino Moisés al *t* del
17.13 el que viniere al *t* de Jehová, morirá
18.2 serviréis delante del *t* del testimonio
18.3 guardarán . . el cargo de todo el *t*; mas no
18.4 tendrán el cargo del *t* . . servicio del *t*
18.6 para que sirvan en el . . del *t* de reunión
18.21 ellos sirven en el ministerio del *t* de
18.22 y no se acercarán más . . al *t* de reunión
18.23 los levitas harán el servicio del *t* de
18.31 vuestro ministerio en el *t* de reunión
19.4 rociará hacia la parte delantera del *t*
19.13 el *t* de Jehová contaminó . . será cortada
19.20 por cuanto contaminó el *t* de Jehová; no
20.6 se fueron . . a la puerta del *t* de reunión
25.6 lloraban . . a la puerta del *t* de reunión

TABERNÁCULO *(Continúa)*

Nm. 27.2 a la puerta del *t* de reunión, y dijeron
31.30 que tienen la guarda del *t* de Jehová
31.47 que tenían la guarda del *t* de Jehová
31.54 trajeron el *t* de reunión, por memoria
Dt. 16.13 la fiesta solemne de los *t* harás por
16.16 tres veces. . la fiesta solemne de los *t*
31.10 cada siete años. . en la fiesta de los *t*
31.14 esperad en el *t* de reunión para que yo
31.14 fueron. . y esperaron en el *t* de reunión
31.15 apareció Jehová en el *t*, en la. . nube
31.15 de nube se puso sobre la puerta del *t*
Jos. 18.1 reunió en Silo, y erigieron allí el *t*
19.51 las heredades que. . a la entrada del *t*
22.19 tierra. . en la cual está el *t* de Jehová
22.29 además del altar. . está delante de su *t*
1 S. 2.22 las. . que velaban a la puerta del *t*
2.29 ofrendas, que yo mandé ofrecer en el *t*
2 S. 7.6 sino que he andado en tienda y en *t*
15.25 que vuelva, y me dejará verla y a su *t*
1 R. 1.39 tomando. . el cuerno del aceite del *t*
2.28 y huyó Joab al *t* de Jehová, y se asió de
2.29 que Joab había huido al *t* de Jehová, y
2.30 entró Benaía al *t* de Jehová, y le dijo
8.4 y llevaron el arca de. . y el *t* de reunión
8.4 y todos los utensilios. . estaban en el *t*
1 Cr. 6.32 servían delante. . del *t* de reunión
6.48 puestos sobre todo el ministerio del *t*
9.19 guardando las puertas del *t*, como sus
9.23 de la casa de Jehová, y de la casa del *t*
16.39 los sacerdotes. . delante del *t*. . en Gabaón
17.5 estuve de tienda en tienda, y de *t* en *t*
21.29 el *t* de Jehová que Moisés había hecho
23.26 levitas no tendrán que llevar. . el *t* y
23.32 para que tuviesen la guarda del *t* de
2 Cr. 1.3 porque allí estaba el *t* de reunión
1.5 el altar de bronce. . allí delante del *t*
1.6 al altar. . que estaba en el *t* de reunión
5.5 llevaron. . el *t*. . los utensilios. . en el *t*
8.13 de los panes. . y en la fiesta de los *t*
24.6 la ofrenda. . para el *t* del testimonio?
29.6 apartaron sus rostros del *t* de Jehová
Esd. 3.4 celebraron. . fiesta solemne de los *t*
Neh. 8.14 habitasen los hijos de Israel en *t*
8.15 y traed ramas. . para hacer *t*, como está
8.16 trajeron ramas e hicieron *t*, cada uno
8.17 hizo *t*, y en *t* habitó; porque desde los
Sal. 15.1 Jehová, ¿quién habitará en tu *t*?
19.4 el extremo. . En ellos puso *t* para el sol
27.5 me esconderá en su *t* en el día del mal
27.6 yo sacrificaré en su *t* sacrificios de
31.20 pondrás en un *t* a cubierto. . contención
61.4 habitaré en tu *t* para siempre; estaré
74.7 profanado el *t* de tu nombre, echándolo
76.2 en Salem está su *t*, y su habitación en
78.60 dejó, por tanto, el *t* de Silo, la tienda
132.7 entraremos en su *t*; nos postraremos
Is. 16.5 sobre él se sentará. . en el *t* de David
Ez. 37.27 en medio de ellos mi *t*, y seré a ellos
41.1 seis codos de. . que era el ancho del *t*
Am. 5.26 antes bien, llevabais el *t* de. . Moloc
9.11 en aquel día yo levantaré el *t* caído de
Zac. 14.16 adorar. . celebrar la fiesta de los *t*
14.18,19 no subieren a. . la fiesta de los *t*
Jn. 7.2 y estaba cerca la fiesta de. . de los *t*
Hch. 7.43 antes bien llevasteis el *t* de Moloc
7.44 tuvieron. . padres el *t* del testimonio en
7.46 pidió proveer *t* para el Dios de Jacob
15.16 y reedificaré el *t* de David, que está
2 Co. 5.1 si. . este *t*, se deshiciere, tenemos
5.4 los que estamos en este *t* gemimos con
He. 8.2 aquel verdadero *t* que levantó el Señor
8.5 se le advirtió. . cuando iba a erigir el *t*
9.2 el *t* estaba dispuesto así: en la primera
9.3 tras el segundo velo estaba. . parte del *t*
9.6 así. . en la primera parte del *t* entran los
9.8 la primera parte del *t* estuviese en pie
9.11 más amplio y más perfecto *t*, no hecho
9.21 roció. . con la sangre el *t* y todos los
13.10 derecho de comer los que sirven al *t*
Ap. 7.15 que está. . extenderá su *t* sobre ellos
13.6 para blasfemar de su nombre, de su *t*, y
15.5 fue abierto en el cielo el templo del *t*
21.3 he aquí el *t* de Dios con los hombres, y

TABITA *Cristiana en Jope (=Dorcas)*

Hch. 9.36 discípula llamada *T*, que traducido
9.40 dijo: *T*, levántate. Y ella abrió los ojos

TABLA

Éx. 24.12 sube. . te daré *t* de piedra, y la ley
26.15 harás para el tabernáculo *t* de madera
26.16 longitud de cada *t* será de diez codos
26.17 tendrá cada *t*. . así harás todas las *t*
26.18 las *t* del tabernáculo; veinte *t* al lado
26.19 cuarenta basas. . debajo de las veinte *t*
26.19,21,25 basas debajo de una *t*. . otra *t*
26.20 al otro lado del tabernáculo. . veinte *t*
26.22 posterior. . al occidente, harás seis *t*
26.23 harás además dos *t* para las esquinas
26.25 suerte que serán ocho *t*, con sus basas
26.26 para las *t* de un lado del tabernáculo
26.27 *t* del otro lado. . *t* del lado posterior
26.28 la barra. . pasará por en medio de las *t*
26.29 y cubrirás de oro las *t*, y harás sus
27.8 lo harás hueco, de *t*; de la manera que
31.18 *t* de testimonio, *t* de piedra escritas
32.15 dos *t*. . las *t* escritas por ambos lados
32.16 *t* eran obra de Dios, y la escritura
32.16 escritura de Dios grabada sobre las *t*
32.19 arrojó las *t* de sus manos, y las quebró
34.1 *t* de piedra. . y escribiré sobre esas *t*
34.1 palabras que estaban en las *t* primeras
34.4 Moisés alisó dos *t*. . como las primeras
34.4 y llevó en su mano las dos *t* de piedra
34.28 y escribió en *t* las palabras del pacto
34.29 descendiendo Moisés. . con las dos *t* del
35.11 sus *t*, sus barras, sus columnas y sus
36.20 además hizo para el tabernáculo las *t*
36.21 longitud de cada *t* era de diez codos
36.22 *t* tenía dos espigas, para unirlas una
36.22 así hizo todas las *t* del tabernáculo
36.23 hizo. . las *t*. . veinte *t* al lado del sur
36.24 cuarenta basas de. . debajo de las 20 *t*
36.24,26 dos basas debajo de una *t*. . otra *t*
36.25 para el otro lado del. . hizo otras 20 *t*
36.27 y para el lado occidental. . hizo seis *t*
36.28 esquinas. . en los dos lados hizo dos *t*
36.30 ocho *t*, y. . dos basas debajo de cada *t*
36.31 las barras. . para las *t* de un lado del
36.32 para las *t*. . las *t* del lado posterior
36.33 la barra. . pasase por en medio de las *t*
36.34 cubrió de oro las *t*, e hizo de oro los
38.7 los lados del altar. . hueco lo hizo, de *t*
39.33 sus *t*, sus barras, sus columnas, sus
40.18 y colocó sus *t*, y puso sus barras, e
Nm. 3.36 a cargo. . estará la custodia de las *t*
4.31 será el deber de. . las *t* del tabernáculo
Dt. 4.13; 5.22 los escribió en dos *t* de piedra
9.9 *t* de piedra, las *t* del pacto que Jehová
9.10 y me dio. . dos *t* de piedra escritas con
9.11 me dio las dos *t* de piedra. . *t* del pacto
9.15 y descendí. . con las *t* del pacto en mis
9.17 tomé las. . *t* y las arrojé de mis. . manos
10.1 Jehová me dijo: Lábrate dos *t* de piedra
10.2 y escribiré en aquellas *t* las palabras
10.2 estaban en las primeras *t* que quebraste
10.3 labré dos *t*. . subí al monte con las dos *t*
10.4 escribió en las *t* conforme a la primera
10.5 y puse las *t* en el arca que había hecho
1 R. 6.15 y cubrió las paredes. . con *t* de cedro
6.16 hizo. . un edificio. . de *t* de cedro desde
7.3 y estaba cubierta de *t* de cedro arriba
7.36 hizo en las *t*. . entalladuras. . de leones
8.9 ninguna cosa. . sino las dos *t* de piedra
2 Cr. 5.10 las dos *t* que Moisés había puesto
Pr. 3.3 átalas a tu cuello, escríbelas en la *t*
7.3 dedos; escríbelos en la *t* de tu corazón
Cnt. 8.9 si. . la guarneceremos con *t* de cedro
Is. 8.1 toma una *t* grande, y escribe en ella
30.8 vé, pues. . escribe esta visión en una *t*
Jer. 17.1 esculpido está en la *t* de su corazón
Hab. 2.2 escribe la visión, y declárala en *t*
2.11 y la *t* del enmaderado le responderá
Hch. 27.44 parte en *t*, parte. . cosas de la nave
2 Co. 3.3 no en *t* de piedra, sino en *t* de carne
He. 9.4 estaba una urna de. . y las *t* del pacto

TABLERO

1 R. 7.28 las basas. . tenían unos *t*, los cuales
7.29 y sobre aquellos *t*. . figuras de leones
7.31 había también. . entalladuras con sus *t*
7.32 cuatro ruedas estaban debajo de los *t*
7.35 y encima de la basa sus molduras y *t*
7.36 y en los *t*, entalladuras de querubines
2 R. 16.17 cortó. . Acaz los *t* de las basas, y

TABLILLA

Lc. 1.63 pidiendo una *t*, escribió. . Juan es su

TABOR

1. Monte en el valle de Jezreel

Jos. 19.22 llega este límite hasta *T*, Sahazima
Jue. 4.6 vé, junta a tu gente en el monte de *T*
4.12 que Barac. . había subido al monte de *T*
4.14 Barac descendió del monte de *T*, y diez
8.18 aquellos hombres que matasteis en *T*?
Sal. 89.12 *T* y el Hermón cantarán en tu nombre
Jer. 46.18 como *T* entre los montes. . así vendrá
Os. 5.1 habéis sido lazo. . red tendida sobre *T*

2. Lugar no identificado, 1 S. 10.3

3. Ciudad levítica en Zabulón, 1 Cr. 6.77

TABRIMÓN *Padre de Ben-adad No. 1*, 1 R. 15.18

TACMONITA *Sobrenombre de Joseb-basebet*, 2 S. 23.8

TACHA

Lv. 14.10 una cordera de un año sin *t*, y tres
Nm. 6.14 ofrecerá. . un cordero de un año sin *t*
28.3 dos corderos sin *t* de un año, cada día
Ez. 43.23 ofrecerás. . y un carnero sin *t* de la
43.25 sacrificarán. . y un carnero sin *t* del
46.4 el holocausto. . será. . un carnero sin *t*
46.6 el día. . un becerro sin *t* de la vacada
Dn. 1.4 muchachos en quienes no hubiese *t*

TACHONAR

Cnt. 1.11 zarcillos. . te haremos, *tachonados* de

TADEO *Apóstol (=Lebeo y Judas No. 3)*, Mt. 10.3; Mr. 3.18

TADMOR *Ciudad que Salomón edificó en el desierto*, 1 R. 9.18; 2 Cr. 8.4

TAFAT *Hija de Salomón*, 1 R. 4.11

TAFNES *Ciudad de Egipto*

Jer. 2.16 y de *T* te quebrantaron la coronilla
43.7 entraron en. . Egipto. . y llegaron hasta *T*
43.8 vino palabra de Jehová a Jeremías en *T*
43.9 a la puerta de la casa de Faraón en *T*
44.1 de todos los judíos que moraban. . en *T*
46.14 haced saber también en Menfis y en *T*
Ez. 30.18 y en *T* se oscurecerá el día, cuando

TAHÁN

1. Hijo de Efraín, Nm. 26.35

2. Descendiente de Efraín, 1 Cr. 7.25

TAHANITA *Descendiente de Tahán No. 1*, Nm. 26.35

TAHAS *Hijo de Nacor y Reúma*, Gn. 22.24

TAHAT

1. Lugar donde acampó Israel, Nm. 33.26,27

2. Descendiente de Coat, 1 Cr. 6.24,37

3. Nombre de dos descendientes de Efraín, 1 Cr. 7.20(2)

TAHPENES *Reina egipcia en tiempo de Salomón*

1 R. 11.19 por mujer. . la hermana de la reina *T*
11.20 la hermana de *T* le dio a luz su hijo
11.20 al cual destetó *T* en casa de Faraón

TALABARTE

1 S. 18.4 dio a David. . espada, su arco y su *t*
2 S. 18.11 darte diez siclos de plata, y un *t*
1 R. 2.5 poniendo sangre de guerra en el *t* que
Is. 22.21 lo ceñiré de tu *t*, y entregaré en sus
Ez. 23.15 ceñidos por sus lomos con *t*, y tiaras

TALADRAR

Job 30.17 la noche *taladra* mis huesos, y los

TÁLAMO

Sal. 19.5 éste, como esposo que sale de su *t*
Jl. 2.16 salga de su cámara. . de su *t* la novia

TALAR

Dt. 20.19 no los *talarás*, porque el árbol del
20.20 *talarlo*, para construir baluarte contra
2 R. 3.19 y *talaréis* todo buen árbol, cegaréis
Is. 16.8 los campos de Hesbón fueron *talados*, y
66.17 juntamente serán *talados*, dice Jehová
Os. 2.12 haré *talar* sus vides y sus higueras
Nah. 1.12 aunque reposo tengan. . serán *talados*
3.15 te *talará* la espada, te devorará como

TALENTO

Éx. 25.39 de un *t* de oro. . lo harás, con todos
37.24 de un *t* de oro puro lo hizo, con todos
38.24 el oro. . fue veintinueve *t* y 730 siclos
38.25 la plata de. . fue cien *t* y 1.775 siclos
38.27 cien *t* de plata para fundir las basas
38.27 en cien basas, cien *t*, a *t* por basa
38.29 el bronce ofrendado fue setenta *t* y
2 S. 12.30 quitó la corona. . pesaba un *t* de oro
1 R. 9.14 e Hiram había enviado. . 120 *t* de oro
9.28 a Ofir y tomaron de allí oro, 420 *t*, y
10.10 dio ella al rey 120 *t* de oro, y mucha
16.24 y Omri compró a. . Samaria por dos *t* de
20.39 tu vida será. . o pagarás un *t* de plata
2 R. 5.5 salió. . llevando consigo 10 *t* de plata
5.22 ruego que les des un *t* de plata, y dos
5.23 dijo Naamán: Te ruego que tomes dos *t*
5.23 ató dos *t* de plata en dos bolsas, y dos
15.19 Manahem dio a Pul mil *t* de plata para
18.14 impuso. . 300 *t* de plata, y 30 *t* de oro
23.33 impuso. . una multa de cien *t* de plata
1 Cr. 19.6 Amón enviaron mil *t* de plata para
20.2 corona. . la halló de peso de un *t* de oro
22.14 he preparado. . cien mil *t* de oro, y un
22.14 un millón de *t* de plata, y bronce sin
29.4 3.000 *t* de oro, de oro de Ofir, y 7.000
29.4 siete mil *t* de plata refinada para las
29.7 cinco mil *t* de oro. . diez mil *t* de plata
29.7 18.000 *t* de bronce, y 5.000 *t* de hierro
2 Cr. 3.8 lo cubrió de oro. . ascendía a 600 *t*
8.18 a Ofir, y tomaron de allá 450 *t* de oro
9.9 y dio al rey 120 *t* de oro. . de especias
9.13 el peso del oro que. . era 666 *t* de oro

TALENTO *(Continúa)*
2 Cr. 25.6 a sueldo por cien *t* de plata, a 100.000
25.9 ¿qué, pues, se hará de los cien *t* que
27.5 le dieron. . en aquel año cien *t* de plata
36.3 condenó. . a pagar cien *t* de plata y uno
Esd. 7.22 hasta cien *t* de plata, cien coros de
8.26 pesé. . 650 *t* de plata, y utensilios de
8.26 utensilios. . por cien *t*, y cien *t* de oro
Est. 3.9 pesaré diez mil *t* de plata a los que
Mt. 18.24 fue presentado. . le debía diez mil *t*
25.15 a uno dio cinco *t*, y a otro dos, y a
25.16 recibido cinco *t*. . ganó otros cinco *t*
25.20 recibido cinco *t*, trajo otros cinco *t*
25.20 cinco *t* me entregaste. . otros cinco *t*
25.22 que había recibido dos *t*, dijo: Señor
25.22 dos *t* me entregaste. . otros dos *t* sobre
25.24 pero. . el que había recibido un *t*, dijo
25.25 fui y escondí tu *t* en la tierra; aquí
25.28 quitadle. . el *t*, y dadlo al que. . diez *t*
Ap. 16.21 cayó. . granizo como del peso de un *t*

TALITA CUMI *Voz aramea*
Mr. 5.41 le dijo: *T c;* que traducido es: Niña

TALMAI
1. Uno de los "hijos de Anac" en Hebrón, Nm. 13.22; Jos. 15.14; Jue. 1.10
2. Rey de Gesur y abuelo de Absalón
2 S. 3.3 Absalón hijo de Maaca, hija de *T* rey
13.37 Absalón. . se fue a *T* hijo de Amiud, rey
1 Cr. 3.2 Absalón hijo de Maaca, hija de *T* rey

TALMÓN *Padre de una familia de porteros del templo,* 1 Cr. 9.17; Esd. 2.42; Neh. 7.45; 11.19; 12.25

TALÓN
Gn. 49.17 que muerde los *t* del caballo, y hace

TALLA
Éx. 35.33 en la *talla* de piedras de engaste
Jue. 17.3 para hacer una imagen de *t* y una de
17.4 hizo de ellos una imagen de *t* y una de
18.14 efod. . imagen de *t* y una de fundición?
18.17 entraron allá y tomaron la imagen de *t*
18.18 entrando. . tomaron la imagen de *t*, el
18.30 Dan levantaron para sí la imagen de *t*
18.31 así tuvieron levantada. . la imagen de *t*
Sal. 78.58 provocaron a. . con sus imágenes de *t*
97.7 los que sirven a las imágenes de *t*, los
Is. 40.19 el artífice prepara la imagen de *t*
40.20 que le haga una imagen de *t* que no se
44.9 los formadores de imágenes de *t*, todos
Jer. 8.19 hicieron airar con sus imágenes de *t*

TALLADURA
1 R. 6.35 y las cubrió de oro ajustado a las *t*

TALLAR
1 R. 6.32 *talló* en ellas figuras de querubines
6.35 *talló* en ellas querubines y palmeras y
7.22 puso en las. . *tallado* en forma de lirios

TALLE
Lm. 4.7 coral, su *t* más hermoso que el zafiro

TALLO
Ez. 17.22 de sus renuevos cortaré un *t*, y lo

TAMAÑO
1 R. 6.25 ambos querubines eran de un mismo *t*

TAMAR
1. Nuera de Judá
Gn. 38.6 Judá tomó mujer para. . Er. . llamaba *T*
38.11 Judá dijo a *T* su nuera: Quédate viuda
38.11 se fue *T*, y estuvo en casa de su padre
38.13 fue dado aviso a *T*, diciendo: He aquí
38.24 diciendo: *T* tu nuera ha fornicado, y
Rt. 4.12 de Fares, el que *T* dio a luz a Judá
1 Cr. 2.4 y *T* su nuera dio a luz a Fares y a
Mt. 1.3 Judá engendró de *T* a Fares y a Zara
2. Hermana de Absalón
2 S. 13.1 una hermana hermosa que se llamaba *T*
13.2 Amnón angustiado hasta enfermarse por *T*
13.4 le respondió: Yo amo a *T* la hermana de
13.5,6 te ruego que venga mi hermana *T*
13.7 y David envió a *T* a su casa, diciendo
13.8 y fue *T* a casa de su hermano Amnón, el
13.10 dijo a *T*: Trae la comida a la alcoba
13.10 tomando *T* las hojuelas. . las llevó a su
13.19 *T* tomó ceniza y la esparció sobre su
13.20 y se quedó *T* desconsolada en casa de
13.22 porque había forzado a *T* su hermana
13.32 desde el día en que Amnón forzó a *T* su
1 Cr. 3.9 de David. . y *T* fue hermana de ellos
3. Hija de Absalón, 2 S. 14.27
4. Ciudad en el sur de Judá, Ez. 47.19; 48.28

TAMARISCO
Gn. 21.33 y plantó Abraham un. . *t* en Beerseba
1 S. 22.6 Saúl estaba sentado. . debajo de un *t*

TAMBALEAR
Is. 19.14 a Egipto. . como *tambalea* el ebrio en su
29.9 embriagaos, y no de vino; *tambalead*, y

TAMBORIL
1 Cr. 13.8 Israel se regocijaban. . *t*, címbalos
Job 17.6 y delante de ellos he sido como *t*
21.12 al son de *t* y de cítara saltan, y se
Is. 5.12 y en sus banquetes hay. . *t*, flautas y
Ez. 28.13 primores de tus *t* y. . estuvieron en ti
Dn. 3.5,7,10,15 al oir el son. . del *t*, del arpa

TAMBORÍN
Gn. 31.27 que yo te despidiera. . con *t* y arpa?

TAMO
Job 21.18 como el *t* que arrebata el torbellino
Sal. 1.4 son como el *t* que arrebata el viento
35.5 sean como el *t* delante del viento, y el
Is. 17.13 serán ahuyentados como el *t* de los
29.5 multitud de los fuertes como *t* que pasa
41.15 los molerás, y collados reducirás a *t*
47.14 que serán como *t*; fuego los quemará, no
Jer. 13.24 yo los esparciré al viento. . como *t*
Dn. 2.35 fueron como *t* de las eras del verano
Os. 13.3 como el *t* que la tempestad arroja de
Sof. 2.2 y el día se pase como el *t*; antes que

TAMUZ *Dios de Fenicia,* Ez. 8.14

TANHUMET *Padre de Seraías No. 3,* 2 R. 25.23; Jer. 40.8

TANTO
2 S. 12.6 y debe pagar la cordera con cuatro *t*
Sal. 79.12 y devuelve a. . siete *t* de su infamia
Hch. 5.8 ¿vendisteis en *t* la heredad?. . Sí, en *t*
Ap. 18.7 cuanto. . *t* dadle de tormento y llanto

TAÑEDOR
2 R. 3.15 mas ahora traedme un *t*. . el *t* tocaba
Sal. 87.7 y *t* en ella dirán: Todas mis fuentes

TAÑER
Sal. 33.3 hacedlo bien, *tañendo* con júbilo
81.2 *tañed* el pandero, el arpa deliciosa y

TAPA
Nm. 19.15 vasija. . cuya *t* no está bien ajustada
2 R. 12.9 Joiada tomó un arca e hizo en la *t*
Zac. 5.7 levantaron la *t* de plomo, y una mujer

TAPAR
Is. 33.15 *tapa*. . oídos para no oir propuestas
Zac. 7.11 antes. . *taparon* sus oídos para no oir
Hch. 7.57 se *taparon* los oídos, y arremetieron
Tit. 1.11 los cuales es preciso *tapar* la boca
He. 11.33 que por fe. . *taparon* bocas de leones

TAPIZ
Pr. 31.22 hace *t*; de lino fino y púrpura es su
Is. 21.5 ponen. . mesa, extienden *t*; comen, beben

TAPÚA
1. Ciudad en la frontera de Efraín y Manasés, Jos. 12.17; 16.8; 17.7,8(2)
2. Ciudad en la Sefela de Judá, Jos. 15.34
3. Descendiente de Hebrón, 1 Cr. 2.43

TARA *Lugar donde acampó Israel,* Nm. 33.27,28

TARALA *Población en Benjamín,* Jos. 18.27

TARDANZA
2 P. 3.9 no retarda. . algunos la tienen por *t*

TARDAR
Gn. 34.19 y no *tardó* el joven en hacer aquello
Éx. 32.1 viendo el pueblo que Moisés *tardaba* en
Dt. 23.21 haces voto a. . no *tardes* en pagarlo
Jue. 5.28 voces dice: ¿Por qué *tarda* su carro
Sal. 40.17 libertador. . Dios mío, no te *tardes*
Pr. 14.29 el que *tarda* en airarse es grande de
15.18 mas el que *tarda* en airarse apacigua la
16.32 mejor es el que *tarda* en airarse que el
Ec. 5.4 haces promesa, no *tardes* en cumplirla
Jer. 13.27 ¿cuánto *tardarás* tú en purificarte?
Ez. 12.25 no se *tardará* más, sino. . la cumpliré
12.28 no se *tardará* más. . mis palabras, sino
Dn. 9.19 no *tardes*, por amor de ti mismo, Dios
Hab. 2.3 la visión *tardará* aún por un tiempo
2.3 aunque *tardare*, espéralo. . no *tardará*
Mt. 24.48 malo dijere. . Mi señor *tarda* en venir
25.5 *tardándose* el esposo, cabecearon todas
Lc. 12.45 si. . dijere. . Mi señor *tarda* en venir
18.7 claman a. . ¿Se *tardará* en responderles?
Hch. 9.38 a rogarle: No *tardes* en. . a nosotros
1 Tim. 3.15 *tardo*, sepas cómo debes conducirte
He. 10.37 que ha de venir vendrá, y no *tardará*
2 P. 2.3 los tales. . la condenación no se *tarda*

TARDE
Gn. 1.5 Noche. Y fue la *t* y la mañana un día
1.8 y fue la *t* y la mañana el día segundo
1.13 y fue la *t* y la mañana el día tercero
1.19 y fue la *t* y la mañana el día cuarto
1.23 y fue la *t* y la mañana el día quinto
1.31 y fue la *t* y la mañana el día sexto
8.11 paloma volvió a él y a la hora de la *t*
19.1 dos ángeles a Sodoma a la caída de la *t*
24.11 la hora de la *t*, la hora en que salen
24.63 había salido Isaac. . a la hora de la *t*
30.16 Jacob volvía del campo a la *t*, salió
49.27 presa, y a la *t* repartirá los despojos
Éx. 12.6 la inmolará. . Israel entre las dos *t*
12.18 día 14. . por la *t* hasta el 21. . por la *t*
16.6 en la *t* sabréis que Jehová os ha sacado
16.8 Jehová os dará en la *t* carne para comer
16.12 al caer la *t* comeréis carne, y por la
16.13 venida la *t*, subieron codornices que
18.13 delante de Moisés desde la. . hasta la *t*
18.14 el pueblo. . desde la mañana hasta la *t*?
27.21 que ardan. . desde la *t* hasta la mañana
29.39 el otro. . ofrecerás a la caída de la *t*
29.41 ofrecerás. . cordero a la caída de la *t*
Lv. 6.20 la mitad a la mañana y la mitad a la *t*
23.5 entre las dos *t*, pascua es de Jehová
23.32 comenzando a los nueve días. . en la *t*
23.32 día. . de *t* a *t* guardaréis vuestro reposo
24.3 dispondrá. . desde la *t* hasta la mañana
Nm. 9.3 entre las dos *t*, la celebraréis a su
9.5 celebraron la pascua en. . entre las dos *t*
9.11 el mes. . entre las dos *t*, la celebrarán
9.15 a la *t* había. . una apariencia de fuego
9.21 la nube se detenía desde la *t* hasta la
28.4 un cordero ofrecerás a la caída de la *t*
28.8 el segundo cordero a la caída de la *t*
Dt. 16.4 y de la carne que matares en la *t* del
16.6 la pascua por la *t* a la puesta del sol
28.67 dirás: ¡Quién diera que fuese la *t*! y
28.67 y a la *t* dirás: ¡Quién diera que fuese
Jos. 5.10 pascua a los catorce días. . por la *t*
7.6 Josué. . se postró. . hasta caer la *t*, él y
1 S. 17.16 filisteo por la mañana y por la *t*, y
20.5 que me esconda en el campo hasta la *t*
30.17 los hirió. . hasta la *t* del día siguiente
2 S. 11.2 sucedió. . al caer la *t*, que se levantó
11.13 y él salió a la *t* a dormir en su cama
1 R. 17.6 y pan y carne por la *t*; y bebía del
22.35 el rey estuvo en su carro. . a la *t* murió
2 R. 16.15 en el gran altar. . la ofrenda de la *t*
1 Cr. 16.40 para que sacrificasen. . mañana y *t*
23.30 días a dar gracias. . asimismo por la *t*
2 Cr. 2.4 y para holocaustos a mañana y *t*, en
13.11 queman. . los holocaustos cada mañana. . *t*
13.11 con sus lámparas para que ardan cada *t*
18.34 el rey. . en pie en el carro. . hasta la *t*
31.3 rey. . para los holocaustos a mañana y *t*
Esd. 3.3 holocaustos por la mañana y por la *t*
9.4 yo. . hasta la hora del sacrificio de la *t*
9.5 la hora del sacrificio de la *t* me levanté
Est. 2.14 ella venía por la *t*, y a la mañana
Job 4.20 de la mañana a la *t* son destruidos
Sal. 55.17 *t* y mañana y a mediodía oraré y
59.6 volverán a la *t*, ladrarán como perros
59.14 vuelvan. . a la *t*, y ladren como perros
65.8 tú haces alegrar las salidas. . de la *t*
90.6 y crece; a la *t* es cortada, y se seca
104.23 el hombre. . a su labranza hasta la *t*
127.2 por demás es que. . vayáis *t* a reposar
141.2 de mis manos como la ofrenda de la *t*
Pr. 7.9 la *t* del día, cuando ya oscurecía, en
11.21 *t* o temprano, el malo será castigado
Ec. 11.6 la *t* no dejes reposar tu mano; porque
Is. 17.14 tiempo de la *t*, he aquí la turbación
Jer. 6.4 las sombras de la *t* se han extendido
Ez. 12.4 tú saldrás por la *t* a vista de ellos
12.7 a la *t* me abrí paso por entre la pared
24.18 por la mañana, y a la *t* murió mi mujer
33.22 la mano de Jehová. . sobre mí la *t* antes
46.2 pero no se cerrará la puerta hasta la *t*
Dn. 8.14 dijo: Hasta 2.300 *t* y mañanas; luego
8.26 la visión de las *t* y mañanas que se ha
9.21 vino. . a la hora del sacrificio de la *t*
Zac. 14.7 sucederá que al caer la *t* habrá luz
Lc. 24.29 quédate. . porque se hace *t*, y el día
Hch. 4.3 la cárcel hasta el día. . porque era ya *t*
28.23 les testificaba el reino de. . hasta la *t*

TARDÍO, A
Éx. 9.32 no fueron destrozados, porque eran *t*
Dt. 11.14 yo daré la lluvia. . la temprana y la *t*
Job 29.23 y abrían su boca como a la lluvia *t*
Pr. 16.15 benevolencia es como nube de lluvia *t*
Jer. 3.3 han sido detenidas, y faltó la lluvia *t*
5.24 que da lluvia temprana y *t* en su tiempo
Os. 6.3 como la lluvia *t* y temprana a la tierra
Jl. 2.23 y hará descender. . lluvia temprana y *t*
Am. 7.1 cuando comenzaba a crecer el heno *t*
7.1 el heno *t* después de las siegas del rey

TARDÍO *(Continúa)*
Zac. 10.1 pedid a Jehová lluvia. .la estación *t*
Stg. 5.7 que reciba la lluvia temprana y la *t*

TARDO
Éx. 4.10 soy *t* en el habla y torpe de lengua
34.6 *t* para la ira, y grande en misericordia
Nm. 14.18 Jehová, *t* para la ira y. .que perdona
Neh. 9.17; Jl. 2.13 clemente. .*t* para la ira y
Jon. 4.2 eres Dios. .*t* en enojarte, y de grande
Nah. 1.3 Jehová es *t* para la ira y grande en
Lc. 24.25 *t* de corazón para creer todo lo que
He. 5.11 por cuanto os habéis hecho *t* para oir
Stg. 1.19 sea. .*t* para hablar, *t* para airarse

TARÉ ***Hijo de Nacor y padre de Abraham,* Gn. 11.24,25,27; Jos. 24.2; 1 Cr. 1.26; Lc. 3.34**
Gn. 11.28 y murió Harán antes que su padre *T*
11.31 tomó *T* a Abram su hijo, y a Lot hijo
11.32 los días de *T* 205 años; y murió *T* en

TAREA ***Descendiente del rey Saúl,* 1 Cr. 8.35; 9.41**

TAREA *(s.)*
Éx. 2.11 salió a sus. .y los vio en sus duras *t*
5.4 por qué hacéis cesar. .Volved a vuestras *t*
5.5 ahora. .vosotros les hacéis cesar de sus *t*
5.8 y les impondréis la misma *t* de ladrillo
5.11 id. .pero nada se disminuirá de vuestra *t*
5.13 acabad. .obra, la *t* de cada día en su día
5.14 ¿por qué no habéis cumplido vuestra *t*
5.18 y habéis de entregar la. .*t* de ladrillo
5.19 no se disminuirá nada. .la *t* de cada día
6.6 os sacaré de debajo de las *t* pesadas de
6.7 que os sacó de debajo de las *t*. .Egipto
Neh. 4.15 nos volvimos todos. .cada uno a su *t*

TARSIS
1. ***Hijo de Javán,* Gn. 10.4; 1 Cr. 1.7**
2. ***Puerto lejano, de incierta identificación "Nave de Tarsis" =barco de gran calado***
1 R. 10.22 rey tenía. .una flota de naves de *T*
10.22 vez cada tres años venía la flota de *T*
22.48 Josafat había hecho naves de *T*. .a Ofir
2 Cr. 9.21 porque la flota del rey iba a *T* con
9.21 solían venir las naves de *T*, y traían
20.36 para construir naves que fuesen a *T*
20.37 y las naves se. .y no pudieron ir a *T*
Sal. 48.7 viento. .quiebras tú las naves de *T*
72.10 los reyes de *T* y de. .traerán presentes
Is. 2.16 sobre todas las naves de *T*, y sobre
23.1,14 aullad, naves de *T*, porque destruida
23.6 pasaos a *T*; aullad, moradores de la costa
23.10 pasa cual río de tu tierra. .hija de *T*
60.9 las naves de *T* desde el principio, para
66.19 enviaré de los escapados de ellos. .a *T*
Jer. 10.9 traerán plata batida de *T* y oro de
Ez. 27.12 *T* comerciaba. .por la abundancia de
27.25 las naves de *T* eran como tus caravanas
38.13 mercaderes de *T* y todos sus príncipes
Jon. 1.3 y Jonás se levantó para huir de. .a *T*
1.3 Jope, y halló una nave que partía para *T*
1.3 entró en ella para irse con ellos a *T*
4.2 por eso me apresuré a huir a *T*; porque
3. ***Descendiente de Benjamín,* 1 Cr. 7.10**
4. ***Uno de los príncipes del rey Asuero,* Est. 1.14**

TARSO ***Ciudad principal de Cilicia***
Hch. 9.11 busca en. .a uno llamado Saulo, de *T*
9.30 le llevaron hasta. .y le enviaron a *T*
11.25 fue Bernabé a *T* para buscar a Saulo
21.39 soy hombre judío de *T*, ciudadano de una
22.3 yo. .soy judío, nacido en *T* de Cilicia

TARTAC ***Dios de los aveos,* 2 R. 17.31**

TARTAMUDO, DA
Is. 28.11 porque en lengua de *t*. .a este pueblo
32.4 y la lengua de los *t* hablará rápida y
33.19 pueblo de. .lengua *t* que no comprendas
Mr. 7.32 trajeron un sordo y *t*, y le rogaron

TARTÁN ***Oficial del ejército de Asiria***
2 R. 18.17 el rey de Asiria envió contra. .al *T*
Is. 20.1 el año que vino el *T* a Asdod, cuando

TATNAI ***Funcionario del rey Artajerjes***
Esd. 5.3 vino a ellos *T* gobernador del otro lado
5.6 copia de la carta que *T* gobernador del
6.6 ahora. .*T* gobernador del. .alejaos de allí
6.13 *T* gobernador del. .hicieron puntualmente

TAZA
2 S. 17.28 trajeron a David. .camas, *t*, vasijas
1 R. 7.50 *t*, cucharillas e incensarios, de oro
2 R. 12.13 dinero. .no se hacían *t* de plata, ni
1 Cr. 28.17 oro. .para las *t* de oro; para cada *t*
28.17 las *t* de plata, por peso para cada *t*
Esd. 1.10 treinta *t* de oro. .410 *t* de plata, y
Cnt. 7.2 tu ombligo como una *t* redonda que no
Is. 22.24 colgarán. .las *t* hasta toda clase de
Jer. 35.5 recabitas *t* y copas llenas de vino
52.19 candeleros, escudillas y *t*; lo de oro

TAZÓN
Éx. 24.6 la puso en *t*, y esparció la otra mitad
25.29 harás. .sus *t*, con que se libará; de oro
27.3 harás. .sus *t*, sus garfios y sus braseros
37.16 sus *t* con que se había de libar, de oro
38.3 calderos, tenazas, *t*, garfios y palas
Nm. 4.7 pondrán. .las copas y los *t* para libar
4.14 los *t*, todos los utensilios del altar
Jue. 5.25 ella. .*t* de nobles le presentó crema
6.38 exprimió el vellón. .un *t* lleno de agua
2 Cr. 4.8 hizo diez mesas. .hizo cien *t* de oro
4.11 palas, y *t*; y acabó Hiram la obra que
Esd. 1.9 treinta *t* de oro, mil *t* de plata, 29
8.27 además, veinte *t* de oro de mil dracmas
Neh. 7.70 gobernador. .50 *t*, y 530 vestiduras
Jer. 52.18 se llevaron también los calderos. .*t*
52.19 incensarios, *t*, copas, ollas. .se llevó
Am. 6.6 beben vino en *t*, y se ungen con los
Zac. 9.15 llenarán como *t*, o como cuernos del
14.20 las ollas. .serán como los *t* del altar

TEA
Jue. 7.16 con *t* ardiendo dentro de los cántaros
7.20 tomaron en la mano izquierda las *t*, y en
15.4 tomó *t*. .puso una *t* entre cada dos colas
15.5 encendiendo las *t*, soltó las zorras en
Is. 50.11 encendéis fuego, y os rodeáis de *t*
50.11 andad a la luz de. .*t* que encendisteis

TEATRO
Hch. 19.29 a una se lanzaron al *t*, arrebatando
19.31 rogándole que no se presentase en el *t*

TEBA ***Hijo de Nacor y Reúma,* Gn. 22.24**

TEBALÍAS ***Portero del templo en tiempo del rey David,* 1 Cr. 26.11**

TEBAS ***Ciudad de Egipto***
Jer. 46.25 castigo a Amón dios de *T*, a Faraón
Ez. 30.14 pondré fuego a Zoán, y. .juicios en *T*
30.15 ira. .y exterminaré a la multitud de *T*
30.16 *T* será destrozada, y Menfis. .angustias
Nah. 3.8 ¿eres tú mejor que *T*. .junto al Nilo

TEBES ***Ciudad cerca de Siquem***
Jue. 9.50 Abimelec se fue a *T*, y puso sitio a *T*
2 S. 11.21 hirió a Abimelec hijo. .murió en *T*?

TEBET ***Mes décimo en el calendario de los hebreos,* Est. 2.16**

TECOA
1. ***Ciudad en las montañas de Judá***
2 S. 14.2 envió Joab a *T*, y tomó de allá una
14.4 entró, pues, aquella mujer de *T* al rey
14.9 mujer de *T* dijo al rey: Rey señor mío
1 Cr. 27.9 sexto. .era Ira hijo de Iques, de *T*
2 Cr. 11.6 edificó Belén, Etam, *T*
20.20 la mañana, salieron al desierto de *T*
Jer. 6.1 tocad bocina en *T*, y alzad por señal
Am. 1.1 palabras de Amós. .de los pastores de *T*
2. ***Descendiente de Judá,* 1 Cr. 2.24; 4.5**

TECOÍTA ***Originario de Tecoa***
2 S. 23.26; 1 Cr. 11.28 Ira hijo de Iques *t*
Neh. 3.5 e inmediato a ellos restauraron los *t*
3.27 restauraron los *t* otro tramo, enfrente

TECHAR
2 Cr. 3.5 *techó* el cuerpo mayor del edificio

TECHO
Jue. 9.51 cerrando. .puertas, se subieron al *t*
1 R. 7.7 y lo cubrió de cedro del suelo al *t*
Ez. 40.13 desde el *t* de una cámara hasta el *t*
Mt. 8.8 no soy digno de que entres bajo mi *t*
Mr. 2.4 descubrieron el *t* de donde estaba, y
Lc. 7.6 no soy digno de que entres bajo mi *t*

TECHUMBRE
1 R. 6.15 desde el suelo. .hasta. .vigas de la *t*
Ec. 10.18 por la pereza se cae la *t*, y por la

TEHINA ***Descendiente de Judá,* 1 Cr. 4.12**

TEJADO
Gn. 19.8 pues que vinieron a la sombra de mi *t*
Sal. 102.7 como el pájaro solitario sobre el *t*
129.6 serán como la hierba de los *t*, que se
Jer. 19.13 sobre cuyos *t* ofrecieron incienso a
Lc. 5.19 y por el *t* le bajaron con el lecho

TEJEDOR
Éx. 39.22 el manto. .de obra de *t*, todo de azul
39.27 las túnicas de lino fino de obra de *t*
1 Cr. 11.23 una lanza como un rodillo de *t*, mas
Job 7.6 más veloces que la lanzadera del *t*, y
Is. 38.12 como *t* corté mi vida; me cortará con

TEJER
Éx. 28.32 borde alrededor de obra *tejida*, como
39.3 para *tejerlos* entre el azul, la púrpura
Jue. 16.13 si *tejieres* 7 guedejas de mi cabeza
2 R. 23.7 las cuales *tejían*. .tiendas para Asera
Job 10.11 y me *tejiste* con huesos y nervios
Is. 19.9 los que *tejen* redes serán confundidos
59.5 incuban huevos. .y *tejen* telas de araña
Mt. 27.29 y pusieron. .corona *tejida* de espinas
Mr. 15.17 poniéndole. .corona *tejida* de espinas

TEJIDO
Jn. 19.23 túnica. .de un solo *t* de arriba abajo

TEJÓN
Éx. 25.5 de rojo, pieles de *t*, madera de acacia
26.14 y una cubierta de pieles de *t* encima
35.7 pieles de carneros teñidas. .pieles de *t*
35.23 que tenía azul. .pieles de *t*, lo traía
36.19 y otra cubierta de pieles de *t* encima
39.34 la cubierta de pieles de *t*, el velo del
Nm. 4.6 pondrán. .la cubierta de pieles de *t*, y
4.8,11,12 con la cubierta de pieles de *t*
4.10 pondrán. .en una cubierta de pieles de *t*
4.14 extenderán. .la cubierta de pieles de *t*
4.25 llevarán. .la cubierta de pieles de *t* que
Ez. 16.10 te calcé de *t*, te ceñí de lino y te

TEKEL ***Voz aramea***
Dn. 5.25 escritura. .MENE, MENE, *T*, UPARSIN
5.27 *T*: Pesado has sido en balanza, y fuiste

TELA
Jue. 16.13 tejieres. .siete guedejas. .con la *t*
16.14 arrancó la estaca del telar con la *t*
2 S. 21.10 tomó una *t* de cilicio y la tendió
Job 8.14 cortada, y su confianza es *t* de araña
Pr. 31.24 hace *t*, y vende, y da. .al mercader
Is. 59.5 incuban huevos de áspides, y tejen *t*
59.6 sus *t* no servirán para vestir, ni de
Ap. 6.12 sol se puso negro como *t* de cilicio

TEL-ABIB ***Ciudad en Babilonia,* Ez. 3.15**

TELAH ***Descendiente de Efraín,* 1 Cr. 7.25**

TELAIM ***Ciudad en Judá (=Telem No. 1),* 1 S. 15.4**

TELAR
Éx. 35.35 y en *t*, para que hagan toda labor, e
Jue. 16.14 arrancó la estaca del *t* con la tela
1 S. 17.7; 2 S. 21.19; 1 Cr. 20.5 el asta de. .lanza era como un rodillo de *t*

TELASAR ***Lugar en el norte de Mesopotamia,* 2 R. 19.12**

TELEM
1. ***Ciudad en Judá (=Telaim),* Jos. 15.24**
2. ***Uno de los que se casaron con mujeres extranjeras en tiempo de Esdras,* Esd. 10.24**

TEL-HARSA ***Lugar en Babilonia,* Esd. 2.59; Neh. 7.61**

TEL-MELA ***Lugar en Babilonia,* Esd. 2.59; Neh. 7.61**

TEMA
1. ***Hijo de Ismael,* Gn. 25.15; 1 Cr. 1.30**
2. ***Padre de una familia de sirvientes del templo,* Esd. 2.53; Neh. 7.55**
3. ***Descendientes de No. 1, y su territorio***
Is. 21.14 moradores de tierra de *T*, socorred
Jer. 25.23 Dedán, a *T* y a Buz, y a todos los

TEMÁN
1. ***Descendiente de Esaú,* Gn. 36.11,15,42; 1 Cr. 1.36,53**
2. ***Descendientes de No. 1, y su territorio***
Gn. 36.34 lugar reinó Husam, de tierra de *T*
Jer. 49.7 ¿no hay más sabiduría en *T*? ¿Se ha
49.20 ha resuelto sobre los moradores de *T*
Ez. 25.13 desde *T* hasta Dedán caerán a espada
Am. 1.12 prenderé fuego en *T*, y consumirá los
Abd. 9 tus valientes, oh *T*, serán amedrentados
Hab. 3.3 Dios vendrá de *T*, y el Santo desde el
3. ***=Tema No. 2,* Job 6.19**

TEMANITA ***Originario de Tema No. 2 o de Temán No. 2***
1 Cr. 1.45 reinó. .Husam, de la tierra de los *t*
Job 2.11; 4.1; 15.1; 22.1; 42.7,9 Elifaz *t*

TEMBLAR
Éx. 15.14 oirán los pueblos, y *temblarán;* se
20.18 pueblo, *temblaron,* y se pusieron. . lejos
Dt. 2.25 pueblos. . oirán tu fama, y *temblarán*
Jue. 5.4 la tierra *tembló*. . cielos destilaron
5.5 los montes *temblaron* delante de Jehová
1 S. 4.5 todo Israel gritó. . la tierra *tembló*
4.13 su corazón estaba *temblando* por. . arca
13.7 Saúl. . el pueblo iba tras él *temblando*
14.15 tuvieron pánico, y la tierra *tembló*
2 S. 22.8 la tierra fue conmovida, y *tembló*
22.46 y saldrán *temblando* de sus encierros
Esd. 10.9 *temblando* con motivo de aquel asunto
Job 9.6 remueve. . y hace *temblar* sus columnas
23.15 cuando lo considero, *tiemblo* a. . de él
26.5 las sombras *tiemblan* en lo profundo, los
26.11 las columnas del cielo *tiemblan,* y se
Sal. 4.4 *temblad,* y no pequéis; meditad en
14.5 ellos *temblaron* de espanto; porque Dios
18.7 la tierra fue conmovida y *tembló;* se
18.45 y salieron *temblando* de sus encierros
29.8 de Jehová que hace *temblar* el desierto
29.8 hace *temblar* Jehová el desierto de Cades
46.3 *tiemblen*. . montes a causa de su braveza
60.2 hiciste *temblar* la tierra. . hendido; sana
68.8 la tierra *tembló*. . aquel Sinaí *t* delante
69.23 y haz *temblar* continuamente sus lomos
77.18 trueno. . estremeció y *tembló* la tierra
82.5 *tiemblan* todos. . cimientos de la tierra
99.1 Jehová reina; *temblarán* los pueblos
104.32 él mira a la tierra, y ella *tiembla*
107.27 *tiemblan* y titubean como ebrios, y
114.7 presencia de Jehová *tiembla* la tierra
Ec. 12.3 *temblarán* los guardas de la casa, y
Is. 10.29 en Geba; Ramá *tembló;* Gabaa de Saúl
14.16 ¿es éste aquel varón que hacía *temblar*
19.1 los ídolos de Egipto *temblarán* delante
23.11 hizo *temblar* los reinos; Jehová mandó
24.18 *temblarán* los cimientos de la tierra
24.20 *temblará* la tierra como un ebrio, y
32.11 *temblad,* oh indolentes; turbaos, oh
54.10 los montes. . y los collados *temblarán*
64.2 las naciones *temblasen* a tu presencia!
66.2 humilde de. . y que *tiembla* a mi palabra
66.5 oíd palabra. . vosotros los que *tembláis*
Jer. 4.24 miré a los montes, y. . que *temblaban*
8.16 al sonido. . de sus corceles *tembló* toda
10.10 Rey eterno; a su ira *tiembla* la tierra
23.9 todos mis huesos *tiemblan;* estoy como
25.16 y beberán, y *temblarán* y enloquecerán
33.9 *temblarán* de todo el bien y de toda la
49.21 del estruendo de. . la tierra *temblará*
50.46 la tierra *tembló,* y el clamor se oyó
51.29 *temblará* la tierra, y se afligirá
Ez. 7.27 y las manos del pueblo de. . *temblarán*
26.10 con el estruendo. . *temblarán* tus muros
26.16 y *temblarán* a cada momento, y estarán
27.28 al estrépito de. . *temblarán* las costas
27.35 reyes *temblarán* de espanto; demudarán
31.16 su caída hice *temblar* a las naciones
38.20 todos los hombres. . *temblarán* ante mi
Dn. 5.19 todos los pueblos. . *temblaban* y temían
6.26 *tiemblen* ante la presencia del Dios de
10.11 hablaba esto. . me puse en pie *temblando*
Os. 5.8 bocina en Gabaa. . *tiembla,* oh Benjamín
11.10 rugirá, y los hijos vendrán *temblando*
Jl. 2.1 *tiemblen*. . los moradores de la tierra
2.10 delante de él *temblará* la tierra, se
3.16 *temblarán* los cielos y la tierra; pero
Mi. 7.17 como las serpientes. . *temblarán* en sus
Nah. 1.5 los montes *tiemblan* delante de él, y
2.3 día que se prepare, *temblarán* las hayas
Hab. 2.7 despertarán los que te harán *temblar*
3.6 miró, e hizo *temblar*. . gentes; los montes
3.7 las tiendas de la. . de Madián *temblaron*
3.16 oí, y se. . a la voz *temblaron* mis labios
Hag. 2.6 haré *temblar* los cielos y la tierra
2.7 y haré *temblar* a todas las naciones, y
2.21 yo haré *temblar* los cielos y la tierra
Zac. 1.21 venido para hacerlos *temblar,* para
12.2 que hará *temblar* a todos los pueblos de
Mt. 27.51 y la tierra *tembló,* y las rocas se
28.4 y de miedo de él los guardas *temblaron*
Mr. 5.33 la mujer, temiendo y *temblando*. . vino
Lc. 8.47 cuando la mujer vio. . vino *temblando*
Hch. 4.31 el lugar en que estaban. . *tembló;* y
7.32 y Moisés, *temblando,* no se atrevía a
9.6 *temblando* y. . dijo: Señor, ¿qué quieres
16.29 y *temblando,* se postró a los pies de
He. 12.21 que Moisés dijo: Estoy. . y *temblando*
Stg. 2.19 también. . demonios creen, y *tiemblan*

TEMBLOR
Éx. 15.15 valientes de Moab les sobrecogerá *t*
15.16 caiga sobre ellos *t* y espanto; a la
Job 4.14 me sobrevino un espanto y un *t,* que
21.6 me asombro, y el *t* estremece mi carne
Sal. 2.11 servid. . con temor, y alegraos con *t*
48.6 les tomó allí *t;* dolor como de mujer
55.5 temor y *t* vinieron sobre mí, y terror
Jer. 30.5 hemos oído voz de *t;* de espanto, y
49.24 y le tomó *t* y angustia, y dolores le
Ez. 12.18 come tu pan con *t,* y bebe tu agua con
37.7 profeticé, pues. . y he aquí un *t;* y los
38.19 en aquel tiempo habrá gran *t* sobre la
Nah. 2.10 *t* de rodillas, dolor en las entrañas
Mr. 16.8 porque les había tomado *t* y espanto
1 Co. 2.3 y estuve entre vosotros. . temor y *t*
2 Co. 7.15 cómo lo recibisteis con temor y *t*
Ef. 6.5 obedeced a vuestros amos. . con temor y *t*
Fil. 2.12 ocupaos en. . salvación con temor y *t*
Ap. 16.18 hubo relámpagos. . un gran *t* de tierra

TEMENI *Descendiente de Judá,* 1 Cr. 4.6

TEMER
Gn. 15.1 de Jehová a Abram en visión. . No *temas*
20.8 y *temieron* los hombres en gran manera
21.17 no *temas;* porque Dios ha oído la voz
22.12 conozco que *temes* a Dios, por cuanto
26.24 no *temas,* porque yo estoy contigo, y
31.53 Jacob juró por. . a quien *temía* Isaac su
32.11 líbrame ahora. . de Esaú, porque le *temo*
35.17 no *temas,* que también tendrás este hijo
42.18 haced esto, y vivid: Yo *temo* a Dios
43.23 respondió: Paz a vosotros, no *temáis*
46.3 no *temas* de descender a Egipto, porque
50.19 no *temáis:* ¿acaso estoy yo en lugar de
Éx. 1.12 egipcios *temían* a los hijos de Israel
1.17 parteras *temieron* a Dios, y no hicieron
1.21 y por haber las parteras *temido* a Dios
9.30 ni tú ni tus siervos *temeréis* todavía la
14.10 por lo que los hijos de Israel *temieron*
14.13 Moisés dijo al pueblo: No *temáis;* estad
14.31 y el pueblo *temió* a Jehová, y creyeron
20.20 no *temáis*. . para probaros vino Dios, y
Lv. 19.3 *temerá* a su madre y a su padre, y mis
25.17 sino *temed* a vuestro Dios; porque yo
Nm. 14.9 no. . ni *temáis* al pueblo de esta tierra
14.9 con nosotros está Jehová; no los *temáis*
Dt. 1.21 toma posesión. . no *temas* ni desmayes
1.29 os dije: No *temáis,* ni tengáis miedo de
3.22 no los *temáis;* porque Jehová vuestro
4.10 aprenderán, para *temerme* todos los días
5.29 ¡quién diera. . me *temiesen* y guardasen
6.2 para que *temas* a Jehová tu Dios, guardando
6.13 a Jehová tu Dios *temerás,* y a él solo
6.24 que *temamos* a Jehová nuestro Dios, para
7.19 pueblos de cuya presencia tú *temieres*
8.6 Dios, andando en sus caminos, y *temiéndole*
9.19 *temí* a causa del furor. . con que Jehová
10.12 sino que *temas* a Jehová tu Dios, que
10.20 a Jehová. . *temerás,* a él solo servirás
13.4 Jehová. . a él *temeréis,* guardaréis sus
13.11 todo Israel oiga, y *tema,* y no vuelva
14.23 que aprendas a *temer* a Jehová tu Dios
17.13 y todo el pueblo oirá, y *temerá,* y no
17.19 que aprenda a *temer* a Jehová su Dios
19.20 los que quedaren oirán y *temerán,* y no
20.3 no *temáis,* ni os azoréis, ni tampoco os
21.21 quitarás el mal. . Israel oirá, y *temerá*
28.10 verán todos los pueblos. . y te *temerán*
28.58 *temiendo*. . nombre glorioso y temible
28.60 todos los males. . de los cuales *temiste*
31.6 no *temáis,* ni tengáis miedo de ellos
31.8 no te dejará. . no *temas,* ni te intimides
31.12 para que oigan. . y *teman* a Jehová. . Dios
31.13 los hijos de ellos. . aprendan a *temer* a
32.17 a nuevos dioses. . que no habían *temido*
32.27 de no haber *temido* la provocación del
Jos. 1.9 no *temas* ni desmayes, porque Jehová
4.14 *temieron,* como habían *temido* a Moisés
4.24 para que *temáis* a Jehová vuestro Dios
8.1 no *temas* ni desmayes; toma contigo toda
9.24 *temimos* en. . manera por nuestras vidas
10.25 no *temáis,* ni. . sed fuertes y valientes
22.25 harían que. . dejasen de *temer* a Jehová
24.14 ahora. . *temed* a Jehová, y servidle con
Jue. 6.10 no *temáis* a los dioses de. . amorreos
6.27 *temiendo* hacerlo de día. . hizo de noche
7.3 quien *tema* y se estremezca, madrugue y
Rt. 3.11 no *temas,* hija. . haré contigo lo que
1 S. 3.15 y Samuel *temía* descubrir la visión a
12.14 si *temiereis* a Jehová y le sirviereis
12.20 no *temáis;* vosotros habéis hecho todo
12.24 *temed* a Jehová y servidle de verdad con
14.26 porque el pueblo *temía* el juramento
15.24 *temí* al pueblo y consentí a la voz de
22.23 no *temas*. . pues conmigo estarás a salvo
23.17 le dijo: No *temas,* pues no te hallará
28.13 no *temas.* ¿Qué has visto? Y la mujer
2 S. 3.11 no pudo responder palabra. . le *temía*
6.9 *temiendo* David a Jehová aquel día, dijo
10.19 los sirios *temieron* ayudar más a los
12.18 *temían* los. . hacerle saber que el niño
13.28 y no *temáis,* pues yo os lo he mandado
1 R. 1.50 Adonías, *temiendo* de la. . de Salomón
3.28 y *temieron* al rey, porque vieron que
5.4 pues ni hay adversarios, ni mal que *temer*
8.40 que te *teman* todos los días que vivan
8.43 todos. . te *teman,* como tu pueblo Israel
18.12 me matará; y tu siervo *teme* a Jehová
2 R. 17.7 pecaron. . y *temieron* a dioses ajenos
17.25 no *temiendo*. . a Jehová, envió Jehová
17.28 enseñó cómo habían de *temer* a Jehová
17.32 *temían* a Jehová, e hicieron del bajo
17.33 *temían* a Jehová, y honraban. . dioses
17.34 hacen. . ni *temen* a Jehová, ni guardan
17.35 diciendo: No *temeréis* a otros dioses
17.36 mas a Jehová. . éste *temeréis,* y a éste
17.37 por obra, y no *temeréis* a dioses ajenos
17.38 el pacto. . ni *temeréis* a dioses ajenos
17.39 mas *temed* a Jehová vuestro Dios, y él
17.41 así *temieron* a Jehová aquellas gentes
19.6 no *temas* por las palabras que has oído
25.24 no *temáis* de ser siervos de. . caldeos
1 Cr. 13.12 y David *temió* a Dios aquel día, y
16.25 de ser *temido* sobre todos los dioses
16.30 *temed* en su presencia, toda la tierra
22.13 esfuérzate. . y cobra ánimo; no *temas,* ni
28.20 no *temas,* ni desmayes, porque Jehová
2 Cr. 6.31 que te *teman* y anden en tus caminos
6.33 tierra conozcan tu nombre, y te *teman*
20.15 no *temáis* ni os amedrentéis delante
20.17 no *temáis* ni desmayéis; salid mañana
32.7 no *temáis,* ni tengáis miedo del rey de
Esd. 9.4 se me juntaron todos los que *temían*
10.3 y de los que *temen* el mandamiento de
Neh. 2.2 dijo el rey: ¿Por qué. . Entonces *temí*
4.14 no *temáis* delante de ellos; acordaos del
6.13 pues fue sobornado para hacerme *temer*
6.16 lo oyeron. . *temieron* todas las naciones
Job 1.9 dijo: ¿Acaso *teme* Job a Dios de balde?
3.25 temor. . me ha acontecido lo que yo *temía*
5.21 encubierto; no *temerás* la destrucción
5.22 y no *temerás* de las fieras del campo
6.21 pues habéis visto el tormento, y *teméis*
9.35 hablaré, y no le *temeré;* porque en este
11.15 limpio. . y serás fuerte, y nada *temerás*
19.29 *temed* vosotros delante de la espada
31.23 porque *temí* el castigo de Dios, contra
32.6 he. . y he *temido* declararos mi opinión
36.18 *teme,* no sea que en su ira te quite con
37.24 *temerán* por tanto los hombres; él no
39.16 no *temiendo* que su trabajo haya sido
39.22 y no *teme,* ni vuelve el rostro delante
Sal. 3.6 no *temeré* a diez millares de gente que
15.4 vil. . pero honra a los que *temen* a Jehová
22.23 los que *teméis* a Jehová, alabadle
22.23 y *temedle*. . descendencia toda de Israel
22.25 mis votos. . delante de los que le *temen*
23.4 no *temeré* mal alguno, porque tú estarás
25.12 ¿quién es el hombre que *teme* a Jehová?
25.14 la comunión. . es con los que le *temen*
27.1 Jehová es mi luz y. . ¿de quién *temeré?*
27.3 no *temerá* mi corazón; aunque contra mí
31.19 tu bondad, que. . para los que te *temen*
33.8 *tema* a Jehová toda la tierra; *teman*
33.18 el ojo de Jehová sobre los que le *temen*
34.7 acampa alrededor de los que le *temen*
34.9 *temed* a Jehová, vosotros. . santos, pues
34.9 pues nada falta a los que le *temen*
40.3 verán. . *temerán,* y confiarán en Jehová
46.2 tanto, no *temeremos,* aunque la tierra
49.5 ¿por qué he de *temer* en los días de
49.16 no *temas* cuando se enriquece alguno
52.6 verán los justos, y *temerán;* se reirán
55.19 por cuanto no cambian, ni *temen* a Dios
56.3 en el día que *temo,* yo en ti confío
56.4,11 en Dios he confiado; no *temeré;* ¿qué
60.4 has dado a los que te *temen* bandera que
61.5 la heredad de los que *temen* tu nombre
64.4 de repente lo asaetean, y no *temen*
64.9 entonces *temerán* todos los hombres, y
65.8 habitantes de. . *temen* de tus maravillas
66.16 venid, oíd. . los que *teméis* a Dios, y
67.7 *témanlo* todos los términos de la tierra
72.5 te *temerán* mientras duren el sol y la
77.16 las aguas te vieron, y *temieron;* los
85.9 está su salvación a los que le *temen*
86.11 afirma mi corazón. . que *tema* tu nombre
90.11 tu indignación. . que debes ser *temido?*
91.5 no *temerás* el terror nocturno, ni saeta
96.9 *temed* delante de él, toda la tierra
102.15 naciones *temerán* el nombre de Jehová
103.11,17 su misericordia. . los que le *temen*
103.13 compadece Jehová de los que le *temen*
111.5 ha dado alimento a los que le *temen*
112.1 bienaventurado el. . que *teme* a Jehová
112.8 asegurado está su corazón; no *temerá*
115.11 los que *teméis* a Jehová, confiad en
115.13 bendecirá a los que *temen* a Jehová, a
118.4 digan ahora los que *temen* a Jehová, que
118.6 Jehová está conmigo; no *temeré* lo que
119.38 confirma. . a tu siervo, que te *teme*
119.39 quita de mí el oprobio que he *temido*
119.63 compañero. . de todos los que te *temen*
119.74 que te *temen* me verán, y se alegrarán
119.79 vuélvanse a mí los que te *temen* y
128.1 bienaventurado todo aquel que *teme* a
128.4 así será bendecido el hombre que *teme*
135.20 los que *teméis* a Jehová, bendecid a
145.19 cumplirá el deseo de los que le *temen*
147.11 complace Jehová en los que le *temen*
Pr. 1.26 me burlaré. . os viniere lo que *teméis*
1.27 cuando viniere como una. . lo que *teméis*
3.7 seas. . *teme* a Jehová, y apártate del mal
10.24 lo que el impío *teme,* eso le vendrá
13.13 mas el que *teme* el mandamiento será
14.2 que camina en su rectitud *teme* a Jehová
14.16 el sabio *teme* y se aparta del mal; mas
24.21 *teme* a Jehová, hijo mío, y al rey; no
28.14 bienaventurado el hombre. . *teme* a Dios

TEMER *(Continúa)*
Pr. 31.30 la mujer que *teme* a Jehová, ésa será
Ec. 3.14 lo hace. .para que delante de él *teman*
5.7 las muchas palabras; mas tú, *teme* a Dios
7.18 aquel que a Dios *teme*, saldrá bien en
8.12 que les irá bien a los que a Dios *temen*
8.12 los que *temen* delante de su presencia
8.13 no *teme* delante de la presencia de Dios
9.2 que jura, como al que *teme* el juramento
12.5 cuando también *temerán* de lo que es alto
12.13 *teme* a Dios, y guarda sus mandamientos
Is. 7.4 dile: Guarda, y repósate; no *temas*, ni
7.16 la tierra. .que tú *temes* será abandonada
8.12 ni temáis lo que ellos *temen*, ni tengáis
10.24 pueblo mío. .de Sion, no *temas* de Asiria
12.2 salvación mía; me aseguraré y no *temeré*
19.16 asombrarán y *temerán* en la presencia
19.17 acordare *temerá* por causa del consejo
25.3 te *temerá* la ciudad de gentes robustas
29.23 santificarán al. .y *temerán* al Dios de
35.4 no *temáis*. .que vuestro Dios viene con
37.6 no *temas* por las palabras que has oído
40.9 levántala, no *temas;* dí a las ciudades
41.10 no *temas*, porque yo estoy contigo; no
41.13 Dios. .te dice: No *temas*, yo te ayudo
41.14 no *temas*, gusano de Jacob, oh vosotros
43.1 no *temas*, porque yo te redimí; te puse
43.5 no *temas*, porque yo estoy contigo; del
44.2 *temas*, siervo mío Jacob, y tú, Jesurún
44.8 no *temáis*, ni os amedrentéis; ¿no te lo
50.10 ¿quién hay. .que *teme* a Jehová, y oye la
51.7 oídme. .no *temáis* afrenta de hombre, ni
51.13 todo el día *temiste* continuamente del
54.4 no *temas*, pues no serás confundida; y no
54.14 estarás lejos de opresión. .no *temerás*
57.11 y de quién te asustaste y *temiste*, que
57.11 ¿no he guardado silencio. .has *temido?*
59.19 *temerán* desde el. .el nombre de Jehová
66.4 yo. .traeré sobre ellos lo que *temieron*
Jer. 1.8 no *temas* delante. .contigo estoy para
1.17 no *temas* delante de ellos, para que no
5.22 ¿a mí no me *temeréis?* dice Jehová. ¿No
5.24 y no dijeron en. .*Temamos* ahora a Jehová
10.2 señales. .aunque las naciones las *teman*
10.7 ¿quién no te *temerá*, oh Rey. .naciones?
22.25 en mano de aquellos cuya vista *temes*
23.4 no *temerán* más, ni se amedrentarán, ni
26.19 ¿no *temió* a Jehová, y oró en presencia
30.10 tú. .Jacob, no *temas*. .ni te atemorices
32.39 para que me *teman* perpetuamente, para
33.9 y *temerán* y temblarán de todo el bien
39.17 manos de aquellos a quienes tú *temes*
41.18 *temían*, por haber dado muerte Ismael
42.11 no *temáis* de la. .no *t* de su presencia
42.16 espada que *teméis*, os alcanzará allí
46.27 y tú no *temas*, siervo mío Jacob, ni
46.28 tú. .Jacob, no *temas*. .yo estoy contigo
51.46 ni *temáis* a causa del rumor que se oirá
Lm. 3.57 acercaste el día. .dijiste: No *temas*
Ez. 2.6 tú. .no les *temas*, ni tengas miedo de
2.6 ni *temas* delante de ellos, porque son
3.9 no los *temas*, ni tengas miedo delante de
11.8 espada habéis *temido*, y espada traeré
Dn. 1.10 *temo* a mi señor el rey, que señaló
5.19 todos los pueblos. .*temían* delante de él
6.26 *teman*. .la presencia del Dios de Daniel
9.4 Señor, Dios grande, digno de ser *temido*
10.12 Daniel, no *temas*. .desde el primer día
10.19 amado, no *temas;* la paz sea contigo
Os. 3.5 y *temerán* a Jehová y a su bondad en el
10.3 no tenemos rey. .no *temimos* a Jehová
Jl. 2.6 delante de él *temerán* los pueblos; se
2.21 tierra, no *temas;* alégrate y gózate
2.22 animales del campo, no *temáis;* porque
Am. 3.8 si el león ruge, ¿quién no *temerá?* Si
Jon. 1.9 les respondió: Soy hebreo, y *temo* a
1.10 aquellos hombres *temieron*. .y le dijeron
1.16 *temieron* aquellos hombres a Jehová con
Mi. 6.9 la voz de Jehová clama. .es sabio *temer*
7.17 amedrentados. .y *temerán* a causa de ti
Hab. 3.2 oh Jehová, he oído tu palabra, y *temí*
Sof. 3.7 me *temerá;* recibirá corrección, y no
3.16 no *temas;* Sion, no se debiliten tus manos
Hag. 1.12 *temió* el pueblo delante de Jehová
2.5 mi Espíritu estará en medio. .no *temáis*
Zac. 8.13 no *temáis*, mas esfuércense vuestras
8.15 hacer bien a. .en estos días; no *temáis*
9.5 verá Ascalón, y *temerá;* Gaza también, y
Mal. 2.5 las cuales. .le di para que me *temiera*
3.16 los que *temían* a Jehová hablaron cada
3.16 fue escrito. .para los que *temen* a Jehová
4.2 mas a vosotros los que *teméis* mi nombre
Mt. 1.20 José. .no *temas* recibir a María tu mujer
8.26 ¿por qué *teméis*, hombres de poca fe?
10.26 que, no los *temáis*. .nada hay encubierto
10.28 y no *temáis* a los que matan el cuerpo
10.28 *temed* más bien a. .que puede destruir el
10.31 así que, no *temáis;* más valéis vosotros
14.5 y Herodes quería matarle, pero *temía* al
14.27 habló. .¡Tened ánimo; yo soy, no *temáis!*
17.7 los tocó, y dijo: Levantaos, y no *temáis*
21.26 y si decimos, de los hombres, *tememos*
21.46 *temían* al pueblo, porque éste le tenía
27.54 el centurión. .*temieron* en gran manera
28.5 mas el ángel. .dijo. .No *temáis* vosotras
28.10 dijo: No *temáis;* id, dad las nuevas a
Mr. 4.41 entonces *temieron* con gran temor, y
5.33 la mujer, *temiendo* y. .vino y se postró
5.36 Jesús. .dijo. .No *temas*, cree solamente
6.20 Herodes *temía* a Juan. .guardaba a salvo
6.50 dijo: ¡Tened ánimo; yo soy, no *temáis!*
11.32 *temían* al pueblo, pues todos tenían a
12.12 *temían* a la multitud, y dejándole, se
Lc. 1.13 Zacarías, no *temas;* porque tu oración
1.30 no *temas*. .has hallado gracia delante de
1.50 su misericordia es. .a los que le *temen*
2.10 el ángel les dijo: No *temáis;* porque he
5.10 no *temas;* desde ahora serás pescador de
8.50 le respondió: No *temas;* cree solamente
9.45 *temían* preguntarle sobre esas palabras
12.4 no *temáis* a los que matan el cuerpo, y
12.5 pero os enseñaré a quién debéis *temer*
12.5 *temed* a aquel que. .tiene poder de echar
12.5 el infierno; sí, os digo, a éste *temed*
12.7 no *temáis*, pues; más valéis vosotros que
12.32 no *temáis*, manada pequeña, porque a
18.2 había. .un juez, que ni *temía* a Dios, ni
18.4 aunque ni *temo* a Dios, ni tengo respeto
20.19 echarle mano. .pero *temieron* al pueblo
22.2 cómo matarle; porque *temían* al pueblo
23.40 ¿ni aun *temes* tú a Dios, estando en la
Jn. 6.20 mas él les dijo: Yo soy; no *temáis*
12.15 no *temas*, hija de Sión; he aquí tu Rey
Hch. 5.26 *temían* ser apedreados por el pueblo
10.35 agrada del que le *teme* y hace justicia
13.16 israelitas, y los que *teméis* a Dios, oíd
13.26 los que. .*teméis* a Dios, a vosotros es
18.9 visión de noche. .No *temas*, sino habla
27.24 diciendo: Pablo, no *temas;* es necesario
27.29 y *temiendo* dar en escollos, echaron
Ro. 11.20 bien. .No te ensoberbezcas, sino *teme*
13.3 ¿quieres, pues, no *temer* la autoridad?
13.4 pero si haces lo malo, *teme;* porque no
2 Co. 11.3 *temo* que como la serpiente con su
12.20 me *temo*. .no os halle tales como quiero
Gá. 4.11 *temo*. .que haya trabajado en vano con
Col. 3.22 con corazón sincero, *temiendo* a Dios
1 Ti. 5.20 para que los demás también *teman*
He. 4.1 *temamos*, pues, no sea que permaneciendo
11.23 fue escondido. .y no *temieron* el decreto
11.27 fe dejó a. .no *temiendo* la ira del rey
13.6 no *temeré* lo que. .pueda hacer el hombre
1 P. 2.17 amad a. .*Temed* a Dios. Honrad al rey
3.6 si hacéis el bien, sin *temer*. .amenaza
2 P. 2.10 no *temen* decir mal de las potestades
1 Jn. 4.18 que *teme*, no ha sido perfeccionado
Ap. 1.17 no *temas*. .soy el primero y el último
2.10 no *temas* en nada lo que vas a padecer
11.18 el galardón. .a los que *temen* tu nombre
14.7 *temed* a Dios, y dadle gloria, porque la
15.4 ¿quién no te *temerá*. . y glorificará tu
19.5 alabad a. .Dios todos. .los que le *teméis*

TEMERARIO
Ez. 21.31 y te entregaré en mano de hombres *t*

TEMERIDAD
Gn. 49.6 furor. .y en su *t* desjarretaron toros
2 S. 6.7 y lo hirió allí Dios por aquella *t*, y

TEMEROSO
Éx. 18.21 escoge. .varones de virtud, *t* de Dios
Dt. 28.65 pues allí te dará Jehová corazón *t*
28.66 y estarás *t* de noche y de día, y no
1 S. 18.12 Saúl estaba *t* de David, por cuanto
1 R. 18.3 Abdías. .en gran manera *t* de Jehová
2 R. 4.1 sabes que tu siervo era *t* de Jehová
Neh. 7.2 éste era varón de verdad y *t* de Dios
Job 1.1,8; 2.3 *t* de Dios y apartado del mal
Jn. 9.31 pero si alguno es *t* de Dios, y hace
Hch. 9.6 y *t*, dijo: Señor, ¿qué quieres que yo
10.2 piadoso y *t* de Dios con toda su casa, y
10.22 Cornelio el centurión, varón justo y *t*
18.7 la casa de uno llamado Justo, *t* de Dios

TEMIBLE
Dt. 7.21 está en medio de ti, Dios grande y *t*
10.17 Dios grande, poderoso y *t*, que no hace
28.58 nombre glorioso y *t:* JEHOVA TU DIOS
Jue. 13.6 un ángel de Dios, *t* en gran manera
Neh. 1.5 Dios de los cielos, fuerte, grande y *t*
4.14 acordaos del Señor, grande y *t;* y pelead
9.32 Dios. .fuerte, *t*, que guardas el pacto y
Sal. 47.2 porque Jehová el Altísimo es *t;* Rey
66.5 Dios, *t* en hechos sobre los hijos de los
68.35 *t* eres, oh Dios, desde tus santuarios
76.7 tú, *t* eres tú; ¿y quién podrá estar en
76.11 todos los que. .traigan ofrendas al *T*
76.12 cortará. .*t* es a los reyes de la tierra
89.7 Dios *t* en la gran congregación de los
96.4 porque grande. .*t* sobre todos los dioses
99.3 alaben tu nombre grande y *t*. .es santo
111.9 ha ordenado su. .santo y *t* es su nombre
Is. 2.10 escóndete. .la presencia *t* de Jehová
2.19 cavernas. .por la presencia *t* de Jehová
18.2,7 pueblo *t* desde su principio y después
Mal. 1.14 y mi nombre es *t* entre las naciones

TEMOR
Gn. 9.2 *t* y el miedo de vosotros estarán sobre
15.12 *t* de una grande oscuridad cayó sobre
20.11 dije. .no hay *t* de Dios en este lugar
31.42 si el Dios de mi padre. .y *t* de Isaac
32.7 entonces Jacob tuvo. .*t*, y se angustió
42.35 y viendo ellos. .su dinero, tuvieron *t*
43.18 entonces aquellos hombres tuvieron *t*
Éx. 9.20 el que tuvo *t* de la palabra de Jehová
20.20 para que su *t* esté delante de vosotros
Lv. 19.14 que tendrás *t* de tu Dios. Yo Jehová
19.32 honrarás el. .y de tu Dios tendrás *t*
25.36 ni ganancia, sino tendrás *t* de tu Dios
25.43 con dureza, sino tendrás *t* de tu Dios
Nm. 12.8 pues, no tuvisteis *t* de hablar contra
22.3 y Moab tuvo gran *t* a causa del pueblo
Dt. 1.17 no tendréis *t* de ninguno, porque el
2.25 hoy comenzaré a poner tu *t* y tu espanto
3.2 no tengas *t* de él, porque en tu mano he
5.5 tuvisteis *t* del fuego, y no subisteis al
7.18 no tengas *t* de ellas; acuérdate bien de
11.25 miedo y *t* de vosotros pondrá Jehová
18.22 presunción la habló. .no tengas *t* de él
20.1 no tengas *t* de ellos, porque Jehová tu
25.18 desbarató. .y no tuvo ningún *t* de Dios
Jos 2.9 *t* de vosotros ha caído sobre nosotros
10.2 tuvo gran *t*. .Gabaón era una gran ciudad
10.8 no tengas *t* de ellos; porque yo los he
11.6 no tengas *t* de ellos, porque mañana a
22.24 lo hicimos más bien por *t* de que mañana
Jue. 4.18 Jael. .dijo: Ven, señor. .no tengas *t*
6.23 le dijo: Paz. .no tengas *t*, no morirás
7.10 si tienes *t* de descender, baja tú con
8.20 porque tenía *t*, pues era aún muchacho
20.41 los de Benjamín se llenaron de *t*, porque
1 S. 4.20 no tengas *t*. .has dado a luz un hijo
7.7 al oir esto. .tuvieron *t* de los filisteos
11.7 y cayó *t* de Jehová sobre el pueblo, y
12.18 el pueblo tuvo gran *t* de Jehová y de
17.24 los varones de Israel. .y tenían gran *t*
18.15 y viendo Saúl que se portaba. .tenía *t*
18.29 más *t* de David; y fue Saúl enemigo de
21.12 David. .tuvo gran *t* de Aquis rey de Gat
28.20 tuvo gran *t* por las palabras de Samuel
31.3 los flecheros, y tuvo gran *t* de ellos
31.4 escudero no quería, porque tenía gran *t*
2 S. 1.14 no tuviste *t* de extender tu mano para
9.7 no tengas *t*, porque yo a la verdad haré
23.3 un justo. .que gobierne en el *t* de Dios
1 R. 17.13 no tengas *t;* vé, haz como has dicho
2 R. 10.4 tuvieron gran *t*, y dijeron: He aquí
25.26 fueron a Egipto, por *t* de los caldeos
1 Cr. 14.17 puso el *t* de David sobre. .naciones
2 Cr. 19.7 sea. .con vosotros el *t* de Jehová
19.9 procederéis asimismo con *t* de Jehová
20.3 él tuvo *t;* y Josafat humilló su rostro
Neh. 5.9 ¿no andaréis en el *t* de nuestro Dios
5.15 yo no hice así, a causa del *t* de Dios
Est. 8.17 el *t* de los judíos había caído sobre
9.2 el *t* de ellos había caído sobre todos los
9.3 *t* de Mardoqueo había caído sobre ellos
Job 3.25 el *t* que me espantaba me ha venido, y
4.6 ¿no es tu *t* a Dios tu confianza? ¿No es
6.14 aquel que abandona el *t* del Omnipotente
15.4 disipas el *t*, y menoscabas la oración
18.11 de todas partes lo asombrarán *t*, y le
21.9 sus casas están a salvo de *t*, ni viene
25.2 el señorío y el *t* están con él; él hace
28.28 que el *t* del Señor es la sabiduría, y
31.34 porque tuve *t* de la gran multitud, y
41.25 de su grandeza tienen *t* los fuertes, y
41.33 le parezca; animal hecho exento de *t*
Sal. 2.11 servid a Jehová con *t*, y alegraos con
5.7 adoraré hacia tu santo templo en tu *t*
9.20 pon. .*t* en ellos; conozcan las naciones
19.9 el *t* de Jehová es limpio, que permanece
34.4 busqué a Jehová. .y me libró de. .mis *t*
34.11 venid, hijos. .*t* de Jehová os enseñaré
36.1 no hay *t* de Dios delante de sus ojos
55.5 *t* y temblor vinieron sobre mí, y terror
64.1 Dios. .guarda mi vida del *t* del enemigo
76.8 juicio; la tierra tuvo *t* y quedó suspensa
78.53 guio con seguridad. .que no tuvieran *t*
111.10 principio de la sabiduría es el *t* de
112.7 no tendrá *t* de malas noticias. .firme
119.120 mi carne se ha estremecido por *t* de
119.161 mi corazón tuvo *t* de tus palabras
Pr. 1.7 principio de la sabiduría es el *t* de
1.29 cuanto. .y no escogieron el *t* de Jehová
1.33 y vivirá tranquilo, sin temor del mal
2.5 entenderás el *t* de Jehová, y hallarás el
3.24 cuando te acuestes, no tendrás *t*, sino
3.25 no tendrás *t* de pavor repentino, ni de
8.13 el *t* de Jehová es aborrecer el mal; la
9.10 el *t* de Jehová es el principio de la
10.27 el *t* de Jehová aumentará los días; mas
14.26 *t* de Jehová está la fuerte confianza
14.27 *t* de Jehová es manantial de vida para
15.16 mejor es lo poco con el *t* de Jehová que
15.33 *t* de Jehová es enseñanza de sabiduría
16.6 con el *t* de Jehová. .se apartan del mal
19.23 el *t* de Jehová es para vida, y con él
22.4 son la remuneración. .y del *t* de Jehová
23.17 antes persevera en el *t* de Jehová todo

TEMOR *(Continúa)*
Pr. 29.25 el t del hombre pondrá lazo; mas el que
31.21 no tiene t de la nieve por su familia
Cnt. 3.8 con su espada. .por los t de la noche
Is. 7.25 no llegarán. .por el t de los espinos
8.13 sea él vuestro t, y él sea vuestro miedo
11.2 espíritu de conocimiento y. .t de Jehová
11.3 y le hará entender diligente en el t de
14.3 el día que Jehová te dé reposo. .de tu t
29.13 t de mí no es más que un mandamiento
33.6 ciencia. .el t de Jehová será su tesoro
41.5 las costas vieron, y tuvieron t; los
51.12 ¿quién eres tú para que tengas t del
54.14 estarás lejos de opresión. .de t, porque
63.17 y endureciste nuestro corazón a tu t?
Jer. 2.19 y faltar mi t en ti, dice. .Jehová de
3.8 pero no tuvo t la rebelde Judá su hermana
6.25 porque espada de enemigo y t hay por
10.2 ni de las señales del cielo tengáis t
10.5 no tengáis t de ellos, porque ni pueden
10.7 ¿quién no te temerá. .ti es debido el t
20.10 la murmuración de muchos, t de todas
26.21 rey procuró matarle. .tuvo t, y huyó a
32.40 y pondré mi t en el corazón de ellos
36.24 no tuvieron t ni rasgaron sus vestidos
38.19 tengo t de. .judíos que se han pasado a
40.9 no tengáis t de servir a los caldeos
42.11 presencia del rey. .del cual tenéis t
42.16 y el hambre de que tenéis t, allá en
44.10 ni han tenido t, ni han caminado en
Lm. 2.22 has convocado de todas partes mis t
3.47 t y lazo fueron. .nosotros, asolamiento
Ez. 12.19 su pan comerán con t, y con espanto
30.13 no. .y en la tierra de Egipto pondré t
Dn. 10.7 que se apoderó de ellos un gran t, y
Os. 13.1 Efraín hablaba, hubo t; fue exaltado
Jon. 1.16 temieron aquellos hombres con gran t
Hab. 3.10 te vieron y tuvieron t los montes
Mal. 1.6 si soy señor, ¿dónde está mi t? dice
2.5 y tuvo t de mí, y delante de mi nombre
3.5 no teniendo t de mí, dice Jehová de los
Mt. 2.22 tuvo t de ir allá; pero avisado por
17.6 se postraron sobre. .y tuvieron gran t
28.8 saliendo del sepulcro con t y. .fueron
Mr. 4.41 temieron con gran t, y se decían el
Lc. 1.12 se turbó Zacarías. .y le sobrecogió t
1.65 se llenaron de t todos sus vecinos; y
1.74 que, librados de. .sin t le serviríamos
2.9 la gloria. .los rodeó. .y tuvieron gran t
5.9 t se había apoderado de él, y de todos
5.26 y llenos de t, decían: Hoy hemos visto
8.37 que se marchase de ellos. .tenían gran t
9.34 nube. .y tuvieron t al entrar en la nube
21.26 desfalleciendo los hombres por el t y
24.5 como tuvieron t, y bajaron el rostro a
Hch. 2.43 sobrevino t a toda persona; y muchas
5.5 un gran t sobre todos los que lo oyeron
5.11 y vino gran t sobre toda la iglesia, y
9.31 tenían paz. .andando en el t del Señor
19.17 tuvieron t. .ellos, y era magnificado el
22.29 el tribuno. .tuvo t por haberle atado
23.10 t de que Pablo fuese despedazado por
27.17 t de dar en la Sirte, arriaron. .velas
Ro. 3.18 no hay t de Dios delante de sus ojos
8.15 de esclavitud para estar otra vez en t
13.3 magistrados no están para infundir t al
1 Co. 2.3 con debilidad, y mucho t y temblor
2 Co. 5.11 conociendo, pues, el t del Señor
7.1 perfeccionando la santidad en el t de
7.5 sino. .de fuera, conflictos; de dentro, t
7.11 qué t, qué ardiente afecto, qué celo, y
7.15 de cómo lo recibisteis con t y temblor
Ef. 5.21 someteos unos a otros en el t de Dios
6.5 siervos, obedeced a vuestros amos. .con t
Fil. 1.14 se atreven. .hablar la palabra sin t
2.12 ocupaos en vuestra salvación con t y
He. 2.15 todos los que por el t de la muerte
5.7 Cristo. .oído a causa de su t reverente
11.7 con t preparó el arca en que su casa se
12.28 a Dios agradándole con t y reverencia
1 P. 1.17 conducíos en t todo el tiempo de
3.14 no os amedrentéis por t de ellos, ni os
1 Jn. 4.18 en el amor no hay t, sino que. .echa
4.18 echa fuera el t. .t lleva en sí castigo
Jud. 23 y de otros tened misericordia con t
Ap. 11.11 cayó gran t sobre los que los vieron
18.10,15 lejos por el t de su tormento

TEMPESTAD
Job 9.17 porque me ha quebrantado con t, y ha
27.21 y se va; y t lo arrebatará de su lugar
36.33 t proclama su ira contra la iniquidad
Sal. 50.3 vendrá. .Dios. .t poderosa le rodeará
55.8 escapar del viento borrascoso, de la t
58.9 así airados, los arrebatará él con t
83.15 persíguelos así con tu t, y atérralos
107.29 cambia la t en sosiego, y. .sus ondas
148.8 el viento de t que ejecuta su palabra
Is. 29.6 serás visitada con. .torbellino y t, y
30.30 con torbellino, t y piedra de granizo
54.11 pobrecita, fatigada con t, sin consuelo
57.20 pero los impíos son como el mar en t
Jer. 5.22 se levantarán t, mas no prevalecerán
23.19 la t de Jehová saldrá con furor; y la
23.19 la t que está preparada caerá sobre la
25.32 grande t se levantará de los fines de
30.23 la t de Jehová sale con furor; la t que
Ez. 38.9 subirás tú, y vendrás como t. .nublado
Dn. 11.40 levantará contra él como una t, con
Os. 13.3 el tamo que la t arroja de la era, y
Am. 1.14 consumirá. .con t en día tempestuoso
Jon. 1.4 hubo en el mar una t tan grande que
1.12 que por mi causa ha venido esta gran t
Nah. 1.3 Jehová marcha en la t y el torbellino
Hab. 3.14 como t acometieron para dispersarme
Mt. 8.24 se levantó en el mar una t tan grande
16.3 y por la mañana: Hoy habrá t; porque
Mr. 4.37 pero se levantó una gran t de viento
Lc. 8.23 se desencadenó una t de viento en el
Hch. 27.18 siendo combatidos por una furiosa t
27.20 días, y acosados por una t no pequeña
He. 12.18 al monte. .que ardía en fuego. .a la t

TEMPESTUOSO
Sal. 107.25 habló, e hizo levantar un viento t
Ez. 1.4 del norte un viento t, y una gran nube
13.11 enviaré piedras. .y viento t la romperá
13.13 haré que la rompa viento t con mi ira
Am. 1.14 consumirá sus. .con tempestad en día t

TEMPLANZA
Gá. 5.23 mansedumbre, t; contra tales cosas no

TEMPLECILLO
Hch. 19.24 Demetrio. .hacía de plata t de Diana

TEMPLO
Jue. 9.4 setenta siclos. .del t de Baal-berit
9.27 entrando en el t. .comieron y bebieron
9.46 se metieron en la fortaleza del t del
1 S. 1.9 Elí estaba. .junto a un pilar del t de
3.3 Samuel estaba durmiendo en. .t de Jehová
5.5 y todos los que entran en el t de Dagón
31.9 llevaran las. .nuevas al t de sus ídolos
31.10 pusieron sus armas en el t de Astarot
2 S. 22.7 él oyó mi voz desde su t, y mi clamor
1 R. 6.3 el pórtico delante del t. .veinte codos
6.5 contra las paredes de. .alrededor del t
6.17 la casa, esto es, el t. .tenía 40 codos
6.33 a la puerta del t postes cuadrados de
7.21 estas columnas erigió en el pórtico del t
7.50 de oro los. .y los de las puertas del t
16.32 e hizo altar a Baal, en el t de Baal
2 R. 5.18 cuando. .rey entrare en el t de Rimón
5.18 también me inclinare en el t de Rimón
10.21 el t de Baal, y el t de Baal se llenó
10.23 y entró Jehú con Jonadab. .el t de Baal
10.25 y fueron hasta el lugar santo del t de
10.26 sacaron las estatuas del t de Baal, y
10.27 derribaron el t de Baal, y lo. .letrinas
11.11 junto al altar y el t, en derredor del
11.13 oyendo Atalía. .entró al pueblo en el t
11.15 dijo: Sacadla fuera del recinto del t
11.15 que no la matasen en el t de Jehová
11.18 todo el pueblo. .entró en el t de Baal
12.5 recíbanlo. .reparen los portillos del t
12.6 aún no habían reparado. .las grietas del t
12.7 ¿Por qué no reparáis las grietas del t?
12.7 sino dadlo para reparar. .grietas del t
12.8 el cargo de reparar las grietas del t
12.9 mano derecha así que se entra en el t
12.10 contaban el dinero que hallaban en el t
12.13 ni ningún otro utensilio de. .para el t
16.14 entre el altar y el t de Jehová, y lo
16.18 los quitó del t de Jehová, por causa
17.29 pusieron en los t de los lugares altos
17.32 sacrificaban para ellos en los t de los
18.16 quitó el oro de las puertas del t de
19.37 mientras él adoraba en el t de Nisroc
22.9 han recogido el dinero que se. .en el t
23.4 que sacasen del t de Jehová todos los
23.11 los caballos que. .a la entrada del t
1 Cr. 9.2 primeros. .fueron. .sirvientes del t
9.33 cantores. .moraban en las cámaras del t
10.10 y pusieron sus armas en el t de sus
10.10 y colgaron la cabeza en el t de Dagón
22.7 mío, en mi corazón tuve el edificar t
25.6 para el ministerio del t de Dios. Asaf
26.15 sus hijos la casa de provisiones del t
28.11 David dio a. .plano del pórtico del t
2 Cr. 3.17 colocó las columnas delante del t
4.7 candeleros de oro. .cuales puso en el t
4.8 diez mesas y las puso en el t, cinco a
4.22 y de oro. .las puertas de la casa del t
23.10 desde el rincón derecho del t hasta el
23.17 entró todo el pueblo en el t de Baal
26.16 el t de Jehová para quemar incienso
29.16 sacaron toda la inmundicia. .en el t
32.21 y entrando en el t de su dios, allí lo
34.10 la obra. .para reparar y restaurar el t
36.7 llevó. .y los puso en su t en Babilonia
Esd. 2.43 sirvientes del t; los hijos de Ziha
2.58 todos los sirvientes del t, e hijos de
2.70 habitaron. .los sirvientes del t en sus
3.6 los cimientos del t. .no se habían echado
3.10 albañiles del t. .echaban los cimientos
4.1 edificaban el t de Jehová Dios de Israel
5.14 que Nabucodonosor había sacado del t que
5.14 los había llevado al t de Babilonia, el
5.14 el rey Ciro los sacó del t de Babilonia
5.15 y llévalos al t que está en Jerusalén
6.5 Nabucodonosor sacó del t que estaba en
6.5 sean devueltos y vayan a su lugar, al t
7.7 con él subieron. .sirvientes del t, en el
7.24 a todos los. .porteros, sirvientes del t
8.17 habían de hablar a. .los sirvientes del t
8.20 de los sirvientes del t, a quienes David
8.20 220 sirvientes del t, todos los cuales
Neh. 3.26 y los sirvientes del t que habitaban
3.31 hasta la casa de los sirvientes del t y
6.10 reunámonos en la casa de. .dentro del t
6.10 y cerremos las puertas del t, porque
6.11 entraría al t para salvarse la vida?
7.46 sirvientes del t: los hijos de Ziha, los
7.60 todos los sirvientes del t e hijos de
7.73 habitaron. .los sirvientes del t y todo
10.28 los sirvientes del t, y todos los que
11.3 los sirvientes del t y los hijos de los
11.21 los sirvientes del t habitaban en Ofel
11.21 autoridad sobre los sirvientes del t
Sal. 5.7 adoraré hacia tu santo t en tu temor
11.4 Jehová está en su santo t; Jehová tiene
18.6 oyó mi voz desde su t, y mi clamor llegó
27.4 contemplar la. .y para inquirir en su t
28.2 cuando alzo mis manos hacia tu santo t
29.9 voz de. .en su t todo proclama su gloria
48.9 nos acordamos. .Dios, en medio de tu t
65.4 seremos saciados del bien. .de tu santo t
68.29 razón de tu t en Jerusalén los reyes
79.1 las naciones. .han profanado tu santo t
138.2 postraré hacia tu santo t, y alabaré
Is. 6.1 trono alto. .y sus faldas llenaban el t
37.38 mientras adoraba en el t de Nisroc su
44.28 decir a Jerusalén. .al t: Serás fundado
66.6 voz del t, voz de Jehová que da el pago
Jer. 7.4 t de Jehová, t de Jehová, t de Jehová
24.1 cestas de higos puestas delante del t
30.18 y el t será asentado según su forma
43.12 pondrá fuego a los t de los dioses de
43.13 los t de los dioses de Egipto quemará
50.28 las nuevas de. .de la venganza de su t
51.11 venganza es de Jehová, y venganza. .t
Ez. 8.16 a la entrada del t de Jehová, entre
8.16 sus espaldas vueltas al t de Jehová y
9.6 varones ancianos. .estaban delante del t
40.45 es de los. .que hacen la guardia del t
40.48 y me llevó al pórtico del t, y midió
41.1 me introdujo luego en el t, y midió los
41.4 anchura de veinte codos, delante del t
41.15 t de dentro, y los portales del atrio.
41.20 había querubines. .toda la pared del t
41.21 poste del t era cuadrado, y el frente
41.23 el t y el santuario tenían dos puertas
41.25 en las puertas del t había labrados de
42.8 delante de la fachada del t. .cien codos
Dan. 5.2 los vasos. .traído del t de Jerusalén
5.3 en los vasos. .que habían traído del t de
Os. 8.14 Israel. .edificó t, y Judá multiplicó
Jl. 3.5 y mis cosas. .metisteis en vuestros t
Am. 8.3 los cantores del t gemirán en aquel día
Jon. 2.4 desechado soy de. .aún veré tu santo t
2.7 mi oración llegó hasta ti en tu santo t
Mi. 1.2 el Señor desde su santo t, sea testigo
Hab. 2.20 mas Jehová está en su santo t; calle
Hag. 2.15 pongan piedra sobre piedra en el t
2.18 el día que se echó el cimiento del t de
Zac. 6.12 el Renuevo. .edificará el t de Jehová
6.13 él edificará el t de Jehová, y. .gloria
6.14 coronas servirán. .como memoria en el t
6.15 vendrán y ayudarán a edificar el t de
8.9 se echó el cimiento. .para edificar el t
Mal. 3.1 y vendrá súbitamente a su t el Señor
Mt. 4.5 diablo. .puso sobre el pináculo del t
12.5 cómo. .en el t profanan el día de reposo
12.6 digo que uno mayor que el t está aquí
21.12 y entró Jesús en el t de Dios, y echó
21.12 echó fuera. .los que vendían. .en el t
21.14 y vinieron a él en el t ciegos y cojos
21.15 y a los muchachos aclamando en el t y
21.23 vino al t, los principales sacerdotes
23.16 si alguno jura por el t, no es nada
23.16 si. .jura por el oro del t, es deudor
23.17 porque ¿cuál es mayor, el oro, o el t
23.21 y el que jura por el t, jura por él, y
23.35 quien matasteis entre el t y el altar
24.1 cuando Jesús salió del t, y se iba, se
24.1 Jesús. .para mostrarle los edificios del t
26.55 cada día me sentaba. .enseñando en el t
26.61 puedo derribar el t de Dios, y en tres
27.5 y arrojando las piezas de plata en el t
27.40 tú que derribas el t, y en tres días
27.51 velo del t se rasgó en dos, de arriba
Mr. 11.11 y entró Jesús. .y en el t; y habiendo
11.15 y entrando Jesús en el t, comenzó a
11.15 a echar. .a los que. .compraban en el t
11.16 que nadie atravesase el t. .utensilio
11.27 andando él por el t, vinieron a él los
12.35 enseñando Jesús en el t, decía: ¿Cómo
13.1 saliendo Jesús del t, le dijo uno de sus
13.3 y se sentó en el monte de. .frente al t
14.49 estaba con vosotros enseñando en el t
14.58 yo derribaré este t hecho a mano, y en
15.29 derribas el t de Dios, y en tres días

TEMPLO *(Continúa)*

Mr. 15.38 velo del *t* se rasgó en dos, de arriba
Lc. 2.27 y movido por el Espíritu, vino al *t*
2.27 padres del niño Jesús lo trajeron al *t*
2.37 viuda..no se apartaba del *t*, sirviendo
2.46 le hallaron en el *t*, sentado en medio de
4.9 y le puso sobre el pináculo del *t*, y le
11.51 Zacarías..murió entre el altar y el *t*
18.10 dos hombres subieron al *t* a orar: uno
19.45 entrando en el *t*, comenzó a echar fuera
19.47 y enseñaba cada día en el *t*; pero los
20.1 que enseñando Jesús al pueblo en el *t*
21.5 hablaban de que el *t* estaba adornado de
21.37 y enseñando de día en el *t*; y de noche
21.38 pueblo venía a él..para oirle en el *t*
22.52 dijo..a los jefes de la guardia del *t*
22.53 estado con vosotros cada día en el *t*
23.45 y el velo del *t* se rasgó por la mitad
24.53 y estaban siempre en el *t*, alabando y
Jn. 2.14 halló en el *t* a..que vendían bueyes
2.15 echó fuera del *t* a todos, y las ovejas
2.19 dijo: Destruid este *t*, y en tres días
2.20 en 46 años fue edificado este *t*, ¿y tú
2.21 mas él hablaba del *t* de su cuerpo
5.14 le halló Jesús en el *t*, y le dijo: Mira
7.14 la mitad de la fiesta subió Jesús al *t*
7.28 entonces enseñando en el *t*, alzó la voz
8.2 la mañana volvió al *t*, y todo el pueblo
8.20 palabras habló Jesús..enseñando en el *t*
8.59 pero Jesús se escondió y salió del *t*
10.23 Jesús andaba en el *t* por el pórtico de
11.56 estando ellos en el *t*, se preguntaban
18.20 he enseñado en la sinagoga y en el *t*
Hch. 2.46 cada día en el *t*, y partiendo el pan
3.1 Pedro y Juan subían juntos al *t* a la hora
3.2 la puerta del *t* que se llama la Hermosa
3.2 pidiese limosna de..que entraban en el *t*
3.3 vio..y a Juan que iban a entrar en el *t*
3.8 en pie..entró con ellos en el *t*, andando
3.10 a pedir limosna a la puerta del *t*, la
4.1 vinieron..con el jefe de la guardia del *t*
5.20 id, y puestos en pie en el *t*, anunciad
5.21 entraron de mañana en el *t*, y enseñaban
5.24 sacerdote y el jefe de la guardia del *t*
5.25 los varones..están en el *t*, y enseñan al
5.42 en el *t* y por las..no cesaban de enseñar
7.48 Altísimo no habita en *t* hechos de mano
14.13 de Júpiter, cuyo *t* estaba frente a la
17.24 Dios..no habita en *t* hechos por manos
19.27 también que el *t* de la gran diosa Diana
19.35 es guardiana del *t* de la..diosa Diana
21.26 Pablo..entró en el *t*, para anunciar el
21.27 al verle en el *t*, alborotaron a toda la
21.28 además de..ha metido a griegos en el *t*
21.29 pensaban..Pablo había metido en el *t*
21.30 arrastraron fuera del *t*..cerraron las
22.17 orando en el *t* me sobrevino un éxtasis
24.6 también profanar el *t*; y prendiéndole
24.12 ni amotinando a..ni en el *t*, ni en las
24.18 me hallaron purificado en el *t*, no con
25.8 ni contra..*t*, ni contra César he pecado
26.21 prendiéndome en..*t*, intentaron matarme
1 Co. 3.16 ¿no sabéis que sois *t* de Dios, y que
3.17 si alguno destruyere el *t* de Dios, Dios
3.17 porque el *t* de Dios, el cual sois..santo
6.19 vuestro cuerpo es *t* del Espíritu Santo
9.13 comen del *t*, y que los que sirven al
2 Co. 6.16 qué acuerdo hay entre el *t* de Dios
6.16 vosotros sois el *t* del Dios viviente
Ef. 2.21 va creciendo para ser un *t* santo en
2 Ts. 2.4 se sienta en el *t* de Dios como Dios
Ap. 3.12 lo haré columna en el *t* de mi Dios
7.15 y le sirven día y noche en su *t*; y el
11.1 mide el *t* de Dios, y el altar, y a los
11.2 el patio que está fuera del *t* déjalo
11.19 y el *t* de Dios fue abierto en el cielo
11.19 y el arca de su pacto se veía en el *t*
14.15 del *t* salió otro ángel, clamando a gran
14.17 salió otro ángel del *t* que está en el
15.5 fue abierto..el *t* del tabernáculo del
15.6 y del *t* salieron los siete ángeles que
15.8 el *t* se llenó de humo por la gloria de
15.8 y nadie podía entrar en el *t* hasta que
16.1 oí una gran voz que decía desde el *t* a
16.17 y salió una gran voz del *t* del cielo
21.22 y no vi en ella *t*..el Señor..es el *t*

TEMPORAL

2 Co. 4.18 porque las cosas que se ven son *t*
He. 11.25 gozar de los deleites *t* del pecado

TEMPRANO, NA

Dt. 11.14 yo daré la lluvia..la *t* y la tardía
Jue. 19.9 os levantaréis *t* a vuestro camino y
Pr. 8.17 amo..y me hallan los que *t* me buscan
11.21 tarde o *t*, el malo será castigado, mas
13.24 mas el que lo ama, desde *t* lo corrige
Is. 28.4 la fruta *t*, la primera del verano, la
Jer. 5.24 da lluvia *t* y tardía en su tiempo, y
7.13 os hablé desde *t* y sin cesar, no oísteis
7.25 envié..enviándolos desde *t* y sin cesar
11.7 amonestándoles desde *t* y sin cesar hasta
25.3 y he hablado desde *t* y sin cesar; pero
25.4 enviándoles desde *t* y sin cesar; pero no
26.5 profetas, que yo os envío desde *t* y sin
32.33 cuando los enseñaba desde *t* y sin cesar
35.14 yo os he hablado..desde *t* y sin cesar
35.15; 44.4 los profetas, desde *t* y sin cesar
Os. 6.3 como la lluvia tardía y *t* a la tierra
9.10 la fruta *t* de la higuera en su principio
Jl. 2.23 y hará descender..lluvia *t* y tardía
Stg. 5.7 hasta..reciba la lluvia *t* y la tardía

TENAZ

Pr. 18.19 el hermano ofendido es más *t* que una

TENAZA

Éx. 38.3 hizo..calderos, *t*, tazones, garfios
1 R. 7.40 hizo Hiram fuentes, y *t*, y cuencas
7.49 con las flores, las lámparas y *t* de oro
2 Cr. 4.21 las flores..y *t* se hicieron de oro
Is. 6.6 un carbón..tomado del altar con unas *t*
44.12 el herrero toma la *t*, trabaja en las

TENDEDERO

Ez. 26.5 *t* de redes será en medio del mar
26.14 *t* de redes serás, y nunca..edificada
47.10 hasta En-eglaim será su *t* de redes; y

TENDER

Gn. 43.18 han traído aquí, para *tendernos* lazo
Nm. 11.32 y las *tendieron* para sí a lo largo
Dt. 21.1 alguien muerto, *tendido* en el campo
Jue. 5.26 *tendió* su mano a la estaca..diestra
5.27 encorvado entre sus pies, quedó *tendido*
7.12 y los madianitas..*tendidos* en el valle
8.25 *tendiendo* un manto, echó..los zarcillos
19.27 la mujer..*tendida* delante de la puerta
1 S. 26.7 Saúl estaba *tendido* durmiendo en el
26.7 Saúl estaba..ejército estaban *tendidos*
31.8 hallaron a Saúl y..*tendidos* en el monte
2 S. 8.2 cordel, haciéndolos *tender* por tierra
17.19 y *tendió* sobre ella el grano trillado
21.10 tomó una tela de cilicio y la *tendió* para
22.6 Seol..*tendieron* sobre mí lazos de muerte
1 R. 13.28 halló el cuerpo *tendido* en el camino
17.21 y se *tendió* sobre el niño tres veces, y
2 R. 4.32 el niño estaba muerto *tendido* sobre
4.34 después subió y se *tendió* sobre el niño
4.34 así se *tendió* sobre él..entró en calor
4.35 subió, y se *tendió* sobre él nuevamente
10.25 los dejaron *tendidos* los de la guardia
1 Cr. 10.8 a Saúl y a sus hijos *tendidos* en el
2 Cr. 13.13 Jeroboam hizo *tender* una emboscada
Est. 1.6 azul, *tendido* sobre cuerdas de lino
Sal. 11.2 los malos *tienden* el arco, disponen
18.5 rodearon, me *tendieron* lazos de muerte
140.5 han *tendido* red junto a la senda; me
141.9 de los lazos que me han *tendido*, y de
Pr. 1.17 porque en vano se *tenderá* la red ante
1.18 asechanzas, y a sus almas *tienden* lazo
12.5 pensamientos..*tienden* a la abundancia
29.5 el..que lisonjea a su prójimo red *tiende*
Is. 44.13 carpintero *tiende* la regla, lo señala
49.22 aquí, yo *tenderé* mi mano a las naciones
51.20 hijos..*tendidos* en..todos los caminos
Dn. 4.5 y *tendido* en cama, las imaginaciones
Os. 5.1 habéis sido..red *tendida* sobre Tabor
7.12 fueren, *tenderé* sobre ellos mi red; les
Zac. 1.16 plomada será *tendida* sobre Jerusalén
Mt. 9.2 trajeron un paralítico, *tendido* sobre
21.8 y la multitud..*tendía* sus mantos en el
21.8 cortaban ramas..las *tendían* en el camino
Mr. 11.8 muchos *tendían*..mantos por el camino
11.8 cortaban ramas..*tendían* por el camino
Lc. 19.36 a su paso *tendían* sus mantos por el
Hch. 23.30 que los judíos habían *tendido* contra
1 Co. 7.35 no para *tenderos* lazo, sino para lo

TENDÓN

Gn. 32.32 por esto no comen..*t* que se contrajo
32.32 tocó a Jacob..en el *t* que se contrajo
Ez. 37.6 pondré *t* sobre vosotros, y haré subir
37.8 y miré, y he aquí *t* sobre ellos, y la

TENEBROSO, SA

Job 30.3 huían..a lugar *t*, asolado y desierto
Sal. 35.6 sea su camino *t* y resbaladizo, y el
74.20 lugares *t* de la tierra están llenos de
Pr. 2.13 dejan los..para andar por sendas *t*
20.20 le apagará su lámpara en oscuridad *t*

TENER

Gn. 3.10 oí tu voz en el huerto, y *tuve* miedo
6.19 el arca, para que *tengan* vida contigo
6.20 entrarán contigo, para que *tengan* vida
7.22 todo lo que *tenía* aliento de espíritu
11.1 *tenía*..toda la tierra una sola lengua y
11.6 y todos éstos *tienen* un solo lenguaje
11.30 mas Sarai era estéril, y no *tenía* hijo
12.8 *teniendo* a Bet-el al occidente y Hai al
12.16 él *tuvo* ovejas, vacas, asnos, siervos
12.20 le acompañaron..con todo lo que *tenía*
13.1 él y su mujer, con todo lo que *tenía*, y
13.5 Lot, que..*tenía* ovejas, vacas y tiendas
15.13 *ten* por cierto..tu descendencia morará
16.1 *tenía* una sierva egipcia, que se llamaba
16.2 a mi sierva; quizá *tendré* hijos de ella
18.10 aquí que Sara tu mujer *tendrá* un hijo
18.12 ¿después..he envejecido *tendré* deleite
18.14 según el tiempo de..Sara *tendrá* un hijo
18.15 diciendo: No me reí; porque *tuvo* miedo
19.8 yo *tengo* dos hijas que no han conocido
19.12 *¿tienes* aquí alguno más? Yernos, y tus
19.12 lo que *tienes* en la ciudad, sácalo de
19.30 porque *tuvo* miedo de quedarse en Zoar
20.17 Dios sanó a..siervas, y *tuvieron* hijos
21.17 el ángel..le dijo: ¿Qué *tienes*, Agar?
23.8 si *tenéis* voluntad de que yo sepulte mi
23.9 que *tiene* al extremo de su heredad, que
24.2 el que gobernaba en todo lo que *tenía*
24.12 te ruego, el *tener* hoy buen encuentro
24.29 Rebeca *tenía* un hermano que se..Labán
24.36 quien..ha dado a él todo cuanto *tiene*
25.5 Abraham dio todo cuanto *tenía* a Isaac
26.7 porque *tuvo* miedo de decir: Es mi mujer
26.14 y *tuvo* hato de ovejas, y hato de vacas
26.14 y los filisteos le *tuvieron* envidia
27.12 me palpará..y me *tendrá* por burlador
27.15 vestidos de Esaú..ella *tenía* en casa
27.16 de su cuello donde no *tenía* vello, con
27.38 ¿no *tienes* más que una sola bendición
27.46 fastidio *tengo* de mi vida, a causa de
28.17 *tuvo* miedo, y dijo: ¡Cuán terrible es
29.16 y Labán *tenía* dos hijas: el nombre de
30.1 *tuvo* envidia de su hermana, y decía a
30.3 Bilha..yo también *tendré* hijos de ella
30.30 porque poco *tenías* antes de mi venida
30.33 toda..se me ha de *tener* como de hurto
30.35 aquella que *tenía* en sí algo de blanco
30.43 y se enriqueció..y *tuvo* muchas ovejas
31.14 *¿tenemos* acaso parte o heredad en la
31.15 ¿no nos *tiene* ya como por extrañas, pues
31.21 huyó, pues, con todo lo que *tenía*; y se
31.30 porque *tenías* deseo de la casa de tu
31.32 delante..reconoce lo que yo *tenga* tuyo
32.5 *tengo* vacas, asnos, ovejas, y siervos
32.7 Jacob *tuvo* gran temor, y se angustió
32.7 disbribuyó el pueblo que *tenía* consigo
32.23 pasar el arroyo a..a todo lo que *tenía*
33.9 suficiente *tengo* yo, hermano mío; sea
33.13 que *tengo* ovejas y vacas paridas; y si
34.30 *teniendo* yo pocos hombres, se juntarán
35.17 no temas, que también *tendrás* este hijo
37.3 José..porque lo había *tenido* en su vejez
37.11 y sus hermanos le *tenían* envidia, mas
37.23 túnica de colores que *tenía* sobre sí
38.15 y la vio Judá, y la *tuvo* por ramera
38.18 tu cordón, y tu báculo que *tienes* en
38.30 después salió..el que *tenía*..el hilo
39.4 entregó en su poder todo lo que *tenía*
39.5 le dio el encargo..de todo lo que *tenía*
39.5 bendición de Jehová..todo lo que *tenía*
39.6 dejó todo lo que *tenía* en mano de José
39.8 ha puesto en mi mano todo lo que *tiene*
40.5 *tuvieron* un sueño, cada uno su propio
40.8 hemos *tenido* un sueño, y no hay quien lo
40.14 acuérdate..de mí cuando *tengas* ese bien
41.1 pasados dos años *tuvo* Faraón un sueño
41.11 *tuvimos* un sueño en la misma noche, y
41.11 cada sueño *tenía* su propio significado
41.15 he *tenido* un sueño, y no hay quien lo
41.49 poderse contar, porque no *tenía* número
42.9 acordó..de los sueños que había *tenido*
42.35 viendo ellos..su dinero, *tuvieron* temor
43.6 declarando al..que *teníais* otro hermano?
43.7 nos preguntó..*¿Tenéis* otro hermano?
43.18 *tuvieron* temor, cuando fueron llevados
43.26 le trajeron el presente que *tenían* en
43.29 Dios *tenga* misericordia de ti, hijo mío
44.19 preguntó a..*¿Tenéis* padre o hermano?
44.20 respondimos: *Tenemos* un padre anciano
45.10 tú y tus hijos..y todo lo que *tienes*
45.11 que no perezcas..y todo lo que *tienes*
46.1 salió Israel con todo lo que *tenía*, y
46.32 han traído sus..y todo lo que *tenían*
47.1 mi padre y mis..con todo lo que *tienen*
47.22 los sacerdotes *tenían* ración de Faraón
50.21 no *tengáis* miedo; yo os sustentaré a
Éx. 2.2 hermoso, le *tuvo* escondido tres meses
2.6 *teniendo* compasión de él, dijo: De los
2.14 Moisés *tuvo* miedo, y dijo: Ciertamente
2.16 siete hijas que *tenía* el sacerdote de
3.6 Moisés cubrió su rostro..*tuvo* miedo de
4.2 ¿qué es eso que *tienes* en tu mano? Y él
5.6 los cuadrilleros..que lo *tenían* a su cargo
7.17 yo golpearé con la vara que *tengo* en mi
7.18 egipcios *tendrán* asco de beber el agua
9.19 recoger..todo lo que *tienes* en el campo
9.20 que *tuvo* temor de la palabra de Jehová
10.23 los hijos de Israel *tenían* luz en sus
11.3 Moisés era *tenido* por gran varón en la
12.16 séptimo día *tendréis* una..convocación
12.39 *tenido* tiempo..para prepararse comida
13.3 *tened* memoria de este día, en el cual
14.22 entraron..*teniendo* las aguas como muro
14.29 fueron..*teniendo* las aguas por muro a
17.3 pueblo *tuvo* allí sed, y murmuró contra
17.16 dijo..Jehová *tendrá* guerra con Amalec
20.3 no *tendrás* dioses ajenos delante de mí
21.3 *tenía* mujer, saldrá él y su mujer con él
22.3 si no *tuviere* con qué, será vendido por

TENER *(Continúa)*

Éx. 24.14 el que *tuviere* asuntos, acuda a ellos
26.2 las cortinas *tendrán* una misma medida
26.8 misma medida *tendrán* las once cortinas
26.17 dos espigas *tendrá* cada tabla, para
27.9 al sur, *tendrá* el atrio cortinas de lino
27.12 el ancho. . *tendrá* cortinas de 50 codos
28.7 *tendrá* dos hombreras que se junten a sus
28.32 *tendrá* un borde. . de obra tejida, como
29.9 y *tendrán* el sacerdocio por derecho
30.21 lo *tendrán* por estatuto perpetuo él y
30.32 santo. . por santo lo *tendréis* vosotros
32.3 apartó los zarcillos de oro que *tenían*
32.24 ¿quién *tiene* oro? Apartadlo. Y me lo
33.19 *tendré* misericordia del que *t*. . y seré
34.7 de ningún modo *tendrá* por inocente al
34.30 su rostro. . *tuvieron* miedo de acercarse
35.23 todo hombre que *tenía* azul, púrpura
35.24 el que *tenía* madera de acacia la traía
35.29 que *tuvieron* corazón voluntario para
36.7 *tenían* material abundante para hacer toda
36.15 las once cortinas *tenían* una. . medida
36.22 tabla *tenía* dos espigas, para unirlas
38.17 las columnas del atrio *tenían* molduras
Lv. 4.26 por él la expiación. . y *tendrá* perdón
5.7,11 si no *tuviere* lo suficiente. . traerá
7.7 una misma ley *tendrán*; será del sacerdote
11.3 todo el que *tiene* pezuña hendida y que
11.4,5,6 pero no *tiene* pezuña. . lo *tendréis* por inmundo
11.7 el cerdo. . *tiene* pezuñas, y es de pezuñas
11.7 pero no rumia, lo *tendréis* por inmundo
11.8 no comeréis. . los *tendréis* por inmundos
11.9 los que *tienen* aletas y escamas en las
11.10 no *tienen*. . los *tendréis* en abominación
11.12 no *tuviere*. . lo *tendréis* en abominación
11.13 las aves, éstas *tendréis* en abominación
11.20 insecto alado. . *tendréis* en abominación
11.21 insecto. . *tuviere* piernas. . para saltar
11.23 insecto alado que *tenga* cuatro patas
11.23 todo insecto. . *tendréis* en abominación
11.26 no *tiene* pezuña. . *tendréis* por inmundo
11.27 *tendréis* por inmundo a cualquiera que
11.28 que llevare. . los *tendréis* por inmundos
11.29 *tendréis* por inmundos a estos animales
11.31 éstos *tendréis* por inmundos de entre
11.35 inmundos, y por inmundos los *tendréis*
11.38 cayere algo. . la *tendréis* por inmunda
11.39 animal que *tuviereis* para comer muriere
12.8 no *tiene* lo suficiente para un cordero
13.2 cuando el hombre *tuviere* en la piel de
13.17 declarará limpio al que *tenía* la llaga
13.33 encerrará. . 7 días al que *tiene* la tiña
13.38 mujer *tuviere* en la piel de su cuerpo
14.21 fuere pobre, y no *tuviere* para tanto
14.32 ley para el que hubiere *tenido* plaga
14.32 y no *tuviere* más para su purificación
15.2 cualquier varón, cuando *tuviere* flujo de
15.4 en que se acostare el que *tuviere* flujo
15.7 que tocare el cuerpo del que *tiene* flujo
15.8 si el que *tiene* flujo escupiere sobre el
15.9 sobre que cabalgare el que *tuviere* flujo
15.12 vasija. . que tocare el que *tiene* flujo
15.16 *tuviere* emisión de semen, lavará en agua
15.18 hombre yaciere con. . y *tuviere* emisión
15.19 la mujer *tuviere* flujo de sangre, y su
15.25 o cuando *tuviere* flujo de sangre más de
15.32 esta es la ley para el que *tiene* flujo
15.32 y para el que *tiene* emisión de semen
15.33 y para el que *tuviere* flujo, sea varón
16.4 sobre su cuerpo *tendrá* calzoncillos de
16.29,34 esto *tendréis* por estatuto perpetuo
17.7 *tendrán* esto por estatuto perpetuo por
18.20 no *tendrás* acto carnal con la mujer de
18.23 con ningún animal *tendrás* ayuntamiento
19.14 sino que *tendrás* temor de tu Dios. Yo
19.30 y mi santuario *tendréis* en reverencia
19.32 y de tu Dios *tendrás* temor. Yo Jehová
19.34 como. . natural. . *tendréis* al extranjero
19.36 pesas justas y medidas justas *tendréis*
20.15 que *tuviere* cópula con bestia, ha de ser
20.23 ellos hicieron. . los *tuve* en abominación
21.3 hermana. . la cual no haya *tenido* marido
21.17 tus descendientes. . *tenga* algún defecto
21.19 o varón que *tenga* quebradura de pie o
21.20 que *tenga* nube en el ojo, o que *t* sarna
22.3 acercare. . *teniendo* inmundicia sobre sí
22.4 hubiere *tenido* derramamiento de semen
22.13 no *tuviere* prole y se hubiere vuelto a
22.23 o carnero que *tenga* de más o de menos
23.7 el primer día *tendréis* santa convocación
23.24 primero del mes *tendréis* día de reposo
23.27 expiación; *tendréis* santa convocación
23.36 octavo día *tendréis* santa convocación
24.22 estatuto *tendréis* para el extranjero
25.4 el séptimo año la tierra *tendrá* descanso
25.26 cuando el hombre no *tuviere* rescatador
25.29 *tendrá* facultad de redimirla hasta el
25.36 usura ni. . sino *tendrás* temor de tu Dios
25.43 dureza, sino *tendrás* temor de tu Dios
25.44 tu esclavo. . que *tuvieres*, serán de las
25.45 los cuales podréis *tener* por posesión
26.2 y *tened* en reverencia mi santuario. Yo
27.25 conforme al siclo. . *tiene* veinte geras
27.28 de todo lo que *tuviere*, de hombres y
Nm. 1.53 y los levitas *tendrán* la guarda del
3.4 Nadab y Abiú murieron. . no *tuvieron* hijos
3.28 número. . era 8.600, que *tenían* la guarda
3.32 Aarón, jefe de los que *tienen* la guarda
3.38 hijos, *teniendo* la guarda del santuario
3.47 cinco siclos. . siclo *tiene* veinte geras
4.47 *tener* cargo de obra en el tabernáculo
5.8 aquel hombre no *tuviere* pariente al cual
5.14 y *tuviere* celos de su mujer, habiéndose
5.14,30 celos, y *tuviere* celos de su mujer
5.18 el sacerdote *tendrá* en la mano las aguas
6.7 la consagración. . *tiene* sobre su cabeza
6.25 su rostro. . y *tenga* de ti misericordia
9.14 un. . rito *tendréis*, tanto el extranjero
10.8 las *tendréis* por estatuto perpetuo por
10.32 cuando *tengamos* el bien que Jehová nos
11.4 la gente extranjera. . *tuvo* un vivo deseo
11.22 peces del mar para que *tengan* abasto?
11.29 le respondió: *¿Tienes* tú celos por mí?
12.8 ¿por qué. . no *tuvisteis* temor de hablar
12.12 al salir del vientre. . *tiene* ya medio
14.18 de ningún modo *tendrá* por inocente al
14.24 su descendencia la *tendrá* en posesión
15.15 un mismo estatuto *tendréis* vosotros de
15.16 misma ley y un mismo decreto *tendréis*
15.29 una. . ley *tendréis* para el que hiciere
15.31 *tuvo* en poco la palabra de Jehová, y
16.33 con todo lo que *tenían*, descendieron
17.3 cada jefe de familia. . *tendrá* una vara
18.4 y *tendrán* el cargo del tabernáculo de
18.5 *tendréis* el cuidado del santuario, y el
18.20 de la tierra de. . no *tendrás* heredad, ni
18.20 heredad, ni entre ellos *tendrás* parte
21.26 había *tenido* guerra antes con el rey de
21.34 no le *tengas* miedo, porque en tu mano
22.3 Moab *tuvo* gran temor a causa del pueblo
22.24 se puso en una senda. . que *tenía* pared
22.29 ¡ojalá *tuviera* espada en mi mano, que
22.30 desde que tú me *tienes* hasta este día
22.31 ángel. . *tenía* su espada desnuda en su
23.22 sacado. . *tiene* fuerzas como de búfalo
23.26 Jehová me diga, eso *tengo* que hacer?
24.8 *tiene* fuerzas como de búfalo. Devorará
25.13 y *tendrá* él. . el pacto del sacerdocio
25.13 *tuvo* celo por su Dios e hizo expiación
26.33 y Zelofehad. . no *tuvo* hijos sino hijas
27.3 que en su. . pecado murió, y no *tuvo* hijos
27.4 será quitado. . por no haber *tenido* hijo?
27.9 si no *tuviere* hija, daréis su herencia
27.10 y si no *tuviere* hermanos, daréis su
27.11 su padre no *tuviere* hermanos, daréis
28.25 séptimo día *tendréis* santa convocación
28.26 el día de. . *tendréis* santa convocación
29.1 primero del mes, *tendréis*. . convocación
29.7 mes séptimo *tendréis* santa convocación
29.12 quince días del mes séptimo *tendréis*
29.35 el octavo día *tendréis* solemnidad. . obra
31.30 los levitas, que *tienen* la guarda del
31.47 los levitas, que *tenían* la guarda del
32.1 *tenían*. . inmensa muchedumbre de ganado
32.4 de ganado, y tus siervos *tienen* ganado
32.19 cuanto *tendremos* ya nuestra heredad a
32.30 si no pasan armados. . *tendrán* posesión
33.14 Refidim, donde el pueblo no *tuvo* aguas
33.54 donde le cayere la suerte. . la *tendrá*
34.3 *tendréis* al lado del sur. . Zin hasta la
35.3 *tendrán* ellos las ciudades para habitar
35.5 *tendrán* por los ejidos de las ciudades
35.8 del que *tiene* mucho tomaréis mucho, y
35.8 del que *tiene* poco tomaréis poco; cada
35.11 ciudades de refugio *tendréis*, donde
35.13 pues. . *tendréis* seis ciudades de refugio
36.8 hija que *tenga* heredad en las tribus de
Dt. 1.17 no *tendréis* temor de ninguno, porque
1.29 no temáis, ni *tengáis* miedo de ellos
2.4 hijos de Esaú. . *tendrán* miedo de vosotros
2.11 por gigantes eran ellos *tenidos* también
2.20 por tierra de gigantes fue. . ella *tenida*
3.2 no *tengas* temor de él, porque en tu mano
3.16 *teniendo* por límite el medio del valle
3.19 ganados (yo sé que *tenéis* mucho ganado)
4.7 ¿qué nación grande hay que *tenga* dioses
4.8 ¿qué nación. . hay que *tenga* estatutos y
4.42 matase. . sin haber *tenido* enemistad con
5.5 vosotros *tuvisteis* temor del fuego, y no
5.7 no *tendrás* dioses ajenos delante de mí
5.29 *tuviesen* tal corazón, que me temiesen
5.33 y *tengáis* largos días en la tierra que
6.25 y *tendremos* justicia cuando cuidemos de
7.2 alianza, ni *tendrás* de ellas misericordia
7.18 no *tengas* temor de ellas; acuérdate bien
8.3 te hizo *tener* hambre, y te sustentó con
8.13 vacas. . todo lo que *tuvieres* se aumente
9.2 de los cuales *tienes* tú conocimiento, y
10.6 suyo *tuvo* el sacerdocio su hijo Eleazar
10.9 Leví no *tuvo* parte ni heredad con sus
10.13 guardes. . para que *tengas* prosperidad?
12.12 no *tiene* parte ni heredad con vosotros
13.8 consentirás. . ni le *tendrás* misericordia
13.17 que Jehová. . *tenga* de ti misericordia
14.6 animal. . que *tiene* hendidura de dos uñas
14.7 o entre los que *tienen* pezuña hendida
14.7 rumian, mas no *tienen* pezuña hendida
14.8 ni cerdo. . *tiene* pezuña hendida, mas no
14.9 podréis comer: todo lo que *tiene* aleta
14.10 lo que no *tiene* aleta y. . no comeréis
14.27,29 levita. . no *tiene* parte ni heredad
15.3 que. . *tuviere* tuyo, lo perdonará tu ojo
15.6 *tendrás* dominio. . sobre ti no *tendrán*
15.9 guárdate de *tener*. . pensamiento perverso
17.19 lo *tendrá* consigo, y leerá en él todos
18.1 toda la tribu de Leví, no *tendrán* parte
18.2 no *tendrán*. . heredad entre sus hermanos
18.20 el profeta que *tuviere* la presunción de
18.22 con presunción. . no *tengas* temor de él
19.4 que hiriere. . sin haber *tenido* enemistad
19.6 que. . no *tenía* enemistad con su prójimo
20.1 si vieres caballos. . no *tengas* temor de
21.15 un hombre *tuviere* dos mujeres, la una
21.16 que hiciere heredar a. . lo que *tuviere*
21.18 si alguno *tuviere* un hijo contumaz y
22.19 le multarán en. . y la *tendrá* por mujer
23.12 *tendrás* un lugar fuera. . adonde salgas
23.13 *tendrás*. . entre tus armas una estaca; y
23.16 morará contigo. . donde a bien *tuviere*
24.8 *ten* cuidado de observar diligentemente
25.5 y muriere. . y no *tuviere* hijo, la mujer
25.13 no *tendrás* en tu bolsa pesa grande y
25.14 ni *tendrás* en tu casa efa grande y efa
25.15 pesa exacta y justa *tendrás*; efa cabal
25.15 efa cabal y justo *tendrás*, para que tus
25.18 salió. . y no *tuvo* ningún temor de Dios
28.31 dadas. . no *tendrás* quien te las rescate
28.40 *tendrás* olivos. . mas no te ungirás con
28.50 fiera. . que no *tendrá* respeto al anciano
28.65 ni la planta de tu pie *tendrá* reposo
28.66 y *tendrás* tu vida como algo que pende
28.66 pende. . no *tendrás* seguridad de tu vida
29.17 visto. . sus ídolos. . que *tienen* consigo
29.19 *tendré* paz, aunque ande en la dureza
30.3 y *tendrá* misericordia de ti, y volverá
31.6 no *temáis*, ni tengáis miedo de ellos
32.32 las uvas. . racimos muy amargos *tienen*
32.34 ¿no *tengo* yo esto guardado conmigo
Jos. 5.12 Israel nunca más *tuvieron* maná, sino
5.13 el cual *tenía* una espada. . en su mano
8.18 extiende la lanza que *tienes* en tu mano
8.18 extendió. . la lanza que en su mano *tenía*
10.2 *tuvo* gran temor; porque Gabaón era una
10.8 dijo a Josué: No *tengas* temor de ellos
10.28,30,32,35,37(2) todo lo que en ella *tenía*
10.39 todo lo que allí dentro *tenía* vida
10.40 todo lo que *tenía* vida lo mató, como
11.6 Jehová dijo. . No tengas temor de ellos
11.11 y mataron. . cuanto en ella *tenía* vida
11.18 por mucho tiempo *tuvo* guerra Josué con
15.1 de Edom, *teniendo* el desierto de Zin al
15.18 se bajó. . Y Caleb le dijo: ¿Qué *tienes?*
17.1 Maquir. . hombre de guerra, *tuvo* Galaad
17.3 pero Zelofehad. . no *tuvo* hijos sino hijas
17.6 *tuvieron* heredad entre sus hijos; y la
17.11 *tuvo* también Manasés. . Bet-seán y sus
17.16 los cananeos. . *tienen* carros herrados
17.17 tú eres gran pueblo, y *tienes* grande
17.17 gran pueblo. . no *tendrás* una sola parte
17.18 tú arrojarás al cananeo, aunque *tenga*
18.7 los levitas ninguna parte *tienen* entre
19.2 *tuvieron* en su heredad a Beerseba, Seba
19.9 hijos de Simeón *tuvieron* su heredad en
20.5 no *tuvo* con él ninguna enemistad antes
22.24 ¿qué *tenéis* vosotros con Jehová Dios
22.25,27 no *tenéis* vosotros parte en Jehová
Jue. 1.14 bajó. . y Caleb le dijo: ¿Qué *tienes?*
1.19 en los llanos. . *tenían* carros herrados
2.15 contra ellos. . y *tuvieron* gran aflicción
3.19 una palabra secreta *tengo* que decirte
3.20 Aod dijo: *Tengo* palabra de Dios para ti
4.3 aquél *tenía* novecientos carros herrados
4.18 dijo: Ven, señor mío. . no *tengas* temor
4.19 te ruego me des de beber. . pues *tengo* sed
5.14 de Zabulón los que *tenían* vara de mando
6.21 extendiendo. . el báculo que *tenía* en su
6.23 dijo: Paz. . no *tengas* temor, no morirás
6.25 derriba el altar de Baal. . padre *tiene*
7.1 tenía el campamento de los madianitas al
7.8 *tenía* el campamento de Madián abajo en
7.10 si *tienes* temor de descender, baja tú
8.20 porque *tenía* temor. . era aún muchacho
8.30 *tuvo* Gedeón 70 hijos. . *t* muchas mujeres
9.38 ¿no es. . el pueblo que *tenías* en poco?
10.4 éste *tuvo* treinta hijos, que cabalgaban
11.12 ¿qué *tienes* tú conmigo. . hacer guerra
11.25 *¿tuvo* él cuestión contra Israel, o hizo
11.34 hija única; no *tenía* fuera de ella hijo
12.2 *teníamos* una gran contienda con. . Amón
12.9 *tuvo* treinta hijos y treinta hijas, las
12.14 *tuvo* cuarenta hijos y treinta nietos
13.2 su mujer era. . nunca había *tenido* hijos
13.3 nunca has *tenido* hijos; pero concebirás
14.6 despedazó al. . sin *tener* nada en su mano
14.17 lloró. . 7 días que. . *tuvieron* banquete
15.18 y *teniendo* gran sed, clamó. . a Jehová
16.9 *tenía* hombres en acecho en el aposento
17.5 este hombre Micaía *tuvo* casa de dioses
17.13 porque *tengo* un levita por sacerdote
18.1 no había *tenido* posesión entre. . tribus
18.3 le dijeron. . ¿y qué *tienes* tú por aquí?
18.7 lejos. . y no *tenían* negocios con nadie

TENER *(Continúa)*
Jue. 18.23 ¿qué *tienes*, que has juntado gente?
18.24 ¿por qué, pues, me decís: ¿Qué *tienes?*
18.27 juntamente con el sacerdote que *tenía*
19.19 *tenemos* paja y forraje. .*t* pan y vino
21.15 el pueblo *tuvo* compasión de Benjamín
21.17 *tenga* Benjamín herencia en los que han
Rt. 1.11 ¿*tengo* yo más hijos en el vientre, que
1.12 porque. .ya soy vieja para *tener* marido
1.12 aunque dijese: Esperanza *tengo*, y esta
1.13 mayor amargura *tengo* yo que vosotras
2.1 *tenía* Noemí un pariente de su marido
2.9 cuando *tengas* sed, vé a las vasijas, y
2.20 la benevolencia que *tuvo* para con los
3.15 quítate el manto que. .sobre ti, y *tenlo*
3.15 *teniéndolo* ella, él midió seis medidas de
4.3 vende una parte de las tierras que *tuvo*
1 S. 1.2 *tenía* él dos mujeres; el nombre de una
1.2 y Penina *tenía* hijos, mas Ana no los *t*
1.5,6 no le había concedido *tener* hijos
1.13 voz no se oía; y Elí la tuvo por ebria
1.16 no *tengas* a tu sierva por. .mujer impía
2.5 los hambrientos dejaron de *tener* hambre
2.5 y la que *tenía* muchos hijos languidece
2.12 hijos. .no *tenían* conocimiento de Jehová
2.30 los que me desprecian. .*tenidos* en poco
4.7 y los filisteos *tuvieron* miedo. .decían
4.20 no *tengas* temor. .has dado a luz un hijo
7.7 al oir. .*tuvieron* temor de los filisteos
8.5 un rey. .como *tienen* todas las naciones
9.2 y *tenía* él un hijo que se llamaba Saúl
9.5 dijo a su criado que *tenía* consigo: Ven
9.7 y no *tenemos* qué ofrecerle al. .¿Qué *t?*
9.12 que el pueblo *tiene* hoy un sacrificio
10.27 le *tuvieron* en poco, y no le trajeron
11.5 Saúl: ¿Qué *tiene* el pueblo, que llora?
12.18 *tuvo* gran temor de Jehová y de Samuel
13.22 excepto Saúl y Jonatán. .que las *tenían*
14.7 haz todo lo que *tienes* en tu corazón; vé
15.3 y destruye todo lo que *tiene*, y no te
16.16 él toque con su mano, y *tengas* alivio
16.23 tocaba. .y Saúl *tenía* alivio y estaba
17.4 *tenía* de altura seis codos y un palmo
17.7 *tenía* el hierro de su lanza 600 siclos
17.11 oyendo. .se turbaron y *tuvieron*. .miedo
17.12 Isaí, el cual *tenía* ocho hijos; y en el
17.24 varones de Israel. .*tenían* gran temor
17.42 cuando. .vio a David, le *tuvo* en poco
17.50 lo mató, sin *tener* David espada en su
17.57 *teniendo* David la cabeza del filisteo
18.10 David tocaba. .*tenía* Saúl la lanza en
18.15 viendo Saúl que se. .*tenía* temor de él
18.29 *tuvo* más temor de David; y fue Saúl
18.30 salían, David *tenía* más éxito que todos
19.9 *tenía* una lanza a mano, mientras David
20.7 si dijere: Bien. .*tendrá* paz tu siervo
20.21 tú vendrás, porque paz *tienes*, y nada
20.34 porque *tenía* dolor a causa de David
21.3 ¿qué *tienes* a mano? Dame. .lo que tengas
21.4 no *tengo* pan común a la. .*t* pan sagrado
21.8 ¿no *tienes* aquí a mano lanza o espada?
21.12 y *tuvo* gran temor de Aquis rey de Gat
22.2 y *tuvo* consigo. .cuatrocientos hombres
22.6 *tenía* su lanza en su mano, y todos sus
23.10 siervo *tiene* entendido que Saúl trata
23.21 benditos. .que habéis *tenido* compasión
25.2 había un hombre que *tenía* su hacienda
25.2 y *tenía* tres mil ovejas y mil cabras
25.6 sea paz a ti. .paz a todo cuanto *tienes*
25.7 he sabido que *tienes* esquiladores. Ahora
25.8 te ruego que des lo que *tuvieres* a mano
25.21 todo lo que éste *tiene* en el desierto
25.31 señor mío, no *tendrás* motivo de pena
25.35 he oído tu voz, y te he *tenido* respeto
25.36 él *tenía* banquete en su casa como. .rey
26.19 para que no *tenga* parte en la heredad
27.2 con los 600 hombres que *tenía*. .se pasó
28.1 *ten* entendido que has de salir conmigo
28.5 vio Saúl el campamento de. .*tuvo* miedo
28.7 buscadme una mujer que *tenga* espíritu de
28.7 una mujer en Endor que *tiene* espíritu de
28.20 y *tuvo* gran temor por las palabras de
28.24 *tenía* en su casa un ternero engordado
31.3 flecheros, y *tuvo* gran temor de ellos
31.4 su escudero no quería. .*tenía* gran temor
2 S. 1.10 y tomé la corona. .*tenía* en su cabeza
1.14 ¿cómo no *tuviste* temor de extender tu
1.26 angustia *tengo* por ti, hermano. .Jonatán
3.7 había *tenido* Saúl una concubina que se
3.29 nunca falte. .quien *tenga* falta de pan
4.2 y el hijo de Saúl *tenía* dos. .capitanes
4.4 Jonatán hijo de. .*tenía* un hijo lisiado
4.4 *tenía* cinco años de edad cuando llegó
6.2 y partió. .con todo el pueblo que *tenía*
6.12 Jehová ha bendecido. .todo lo que *tiene*
6.23 y Mical. .nunca *tuvo* hijos hasta el día
7.29 *ten* ahora a bien bendecir la casa de tu
9.7 no *tengas* temor, porque yo a la verdad
9.10 para que el hijo de tu señor *tenga* pan
9.10 y *tenía* Siba quince hijos y 20 siervos
9.12 *tenía* Mefi-boset un hijo pequeño, que
11.25 dirás a Joab: No *tengas* pesar por esto
12.2 el rico *tenía* numerosas ovejas y vacas
12.3 pero el pobre no *tenía* más que una sola
12.3 corderita. .y la *tenía* como a una hija
12.6 hizo tal cosa, y no *tuvo* misericordia
12.9 *tuviste* en poco la palabra de Jehová
12.22 Dios *tendrá* compasión de mí, y vivirá
12.30 la corona de. .*tenía* piedras preciosas
13.1 *teniendo* Absalón. .una hermana hermosa
13.3 Amnón *tenía* un amigo. .Jonadab, hijo de
13.23 años, que Absalón *tenía* esquiladores
13.24 tu siervo *tiene* ahora esquiladores; yo
14.5 le dijo: ¿Qué *tienes?* Y ella respondió
14.6 tu sierva *tenía* dos hijos, y. .riñeron
14.30 y *tiene* allí cebada. .prendedle fuego
15.2 cualquiera que *tenía* pleito y venía al
15.3 no *tienes* quien te oiga de parte del rey
15.4 que viniesen a mí todos los que *tienen*
15.30 todo el pueblo que *tenía* consigo cubrió
16.4 sea tuyo todo lo que *tiene* Mefi-boset
16.10 ¿qué *tengo* yo con vosotros, hijos de
17.18 *tenía* en su patio un pozo, dentro del
18.1 David. .pasó revista al pueblo que *tenía*
18.18 no *tengo* hijo que conserve. .mi nombre
19.2 oyó decir. .el rey *tenía* dolor por su hijo
19.19 ni *tengas* memoria de los males que tu
19.22 ¿qué *tengo* yo con vosotros, hijos de
19.28 ¿qué derecho. .*tengo* aún para clamar al
19.43 *tenemos* en el rey diez partes, y en el
19.43 ¿por qué. .nos habéis *tenido* en poco?
20.1 no *tenemos* nosotros parte en David, ni
20.8 *tenía* pegado a sus lomos el cinto con
21.4 no *tenemos*. .querella sobre plata. .Saúl
21.8 a dos hijos. .ella había *tenido* de Saúl
21.8 los cuales ella había *tenido* de Adriel
21.20 hombre. .*tenía* doce dedos en las manos
23.21 *tenía* el egipcio una lanza en su mano
1 R. 1.16 inclinó. .Y el rey dijo: ¿Qué *tienes?*
1.21 mi hijo. .seremos *tenidos* por culpables
1.51 que Adonías *tiene* miedo del rey Salomón
2.5 en el talabarte que *tenía*. .zapatos que *t*
2.8 también *tienes* contigo a Simei hijo de
2.14 una palabra *tengo* que decirte. Y ella
2.22 ya *tiene* también al sacerdote Abiatar
4.2 fueron los jefes que *tuvo:* Azarías hijo
4.7 *tenía* Salomón doce gobernadores sobre
4.10 éste *tenía*. .a Soco y. .la tierra de Hefer
4.11 *tenía* por mujer a Tafat hija de Salomón
4.13 éste *tenía*. .las ciudades de Jair hijo
4.13 *tenía*. .la provincia a Argob. .en Basán
4.24 y *tuvo* paz por todos lados alrededor
4.26 Salomón *tenía* 40.000 caballos en sus
4.28 cada uno conforme al turno que *tenía*
5.15 *tenía*. .Salomón 70.000 que llevaban las
5.16 los cuales *tenían* a cargo el pueblo que
6.2 la casa. .*tenía* sesenta codos de largo y
6.3 el pórtico. .*tenía* veinte codos de largo
6.17 la casa. .templo. .*tenía* cuarenta codos
6.18 casa. .*tenía* entalladuras de calabazas
6.20 el lugar santísimo. .*tenía* veinte codos
6.24 una ala del querubín *tenía* cinco codos
6.25 otro querubín *tenía* diez codos; porque
7.2 la cual *tenía* cien codos de longitud, 50
7.3 vigas. .cada hilera *tenía* quince columnas
7.6 un pórtico. .que *tenía* 50 codos de largo
7.19 los capiteles. .*tenían* forma de lirios
7.20 *tenían*. .los capiteles. .200 granadas en
7.28 *tenían* unos tableros, los cuales estaban
7.30 cada basa *tenía* cuatro ruedas de bronce
8.7 los querubines *tenían* extendidas las alas
8.17 padre *tuvo* en su corazón edificar casa
8.18 a haber *tenido* en tu corazón edificar
8.18 casa. .bien has hecho en *tener* tal deseo
8.50 harás que *tengan* de ellos misericordia
9.13 tierra de Cabul, nombre que *tiene* hasta
9.19 las ciudades donde. .*tenía* provisiones
10.2 expuso todo lo que en su corazón *tenía*
10.14 el peso del oro que Salomón *tenía* de
10.19 seis gradas *tenía* el trono, y la parte
10.19 *tenía* brazos cerca del asiento, junto
10.22 rey *tenía* en el mar una flota de naves
10.26 *tenía* 1.400 carros, y 12.000 jinetes
11.3 *tuvo* 700. .reinas y 300 concubinas; y sus
11.30 tomando Ahías la capa nueva que *tenía*
11.32 él *tendrá* una tribu por amor a David
11.36 para que mi siervo David *tenga* lámpara
12.16 ¿qué parte *tenemos*. .No *t* heredad en el
12.28 y habiendo *tenido* consejo, hizo el rey
15.20 los príncipes de los ejércitos que *tenía*
17.12 vive Jehová. .que no *tengo* pan cocido
17.12 un puñado de harina *tengo* en la tinaja
17.13 no *tengas* temor; vé, haz como has dicho
17.18 ¿qué *tengo* yo contigo, varón de Dios?
18.27 o *tiene* algún trabajo, o va de camino
19.19 con doce yuntas. .y él *tenía* la última
20.4 el rey. .yo soy tuyo, y todo lo que *tengo*
20.6 y llevarán todo lo precioso que *tengas*
21.1 que Nabot. .*tenía* allí una viña junto al
22.17 vi. .como ovejas que no *tienen* pastor
22.17 éstos no *tienen* señor; vuélvase cada
2 R. 1.2 sala de la casa que *tenía* en Samaria
1.8 varón que *tenía* vestido de pelo, y ceñía
1.15 desciende con él; no *tengas* miedo de él
1.17 reinó en. .porque Ocozías no *tenía* hijo
3.12 Josafat. .Este *tendrá* palabra de Jehová
3.13 Eliseo dijo al. .¿Qué *tengo* yo contigo?
3.14 que si no *tuviese* respeto al rostro de
4.2 le dijo. .Declárame qué *tienes* en casa
4.2 sierva ninguna cosa *tienes* en casa, sino
4.14 que ella no *tiene* hijo, y su marido es
4.31 pero no *tenía* voz ni sentido, y así se
5.1 lo *tenía* en alta estima, porque por medio
6.8 *tenía* el. .de Siria guerra contra Israel
6.15 el ejército que *tenía* sitiada la ciudad
6.16 dijo: No *tengas* miedo, porque más son
6.28 y le dijo el rey: ¿Qué *tienes?* Ella
7.12 saben que *tenemos* hambre, y han salido
9.18,19 ¿qué *tienes* tú que ver con la paz?
10.1 *tenía* Acab en Samaria 70 hijos; y Jehú
10.2 los que *tenéis* a los hijos de vuestro
10.2 que *tienen* carros y gente de a caballo
10.4 *tuvieron* gran temor, y dijeron: He aquí
10.19 pues. .*tengo* un gran sacrificio para Baal
10.22 al que *tenía* el cargo de las vestiduras
11.5 *tendrá* la guardia de la casa del rey el
11.7 *tendréis* la guardia de la casa de Jehová
11.8,11 *teniendo* cada uno sus armas en las
12.8 *tener* el cargo de reparar las grietas
12.11 a los que *tenían* a su cargo la casa de
13.23 mas Jehová *tuvo* misericordia de ellos
15.5 Jotam hijo. .*tenía* el cargo del palacio
18.20 consejo *tengo* y fuerzas para la guerra
19.3 día. .y la que da a luz no *tiene* fuerzas
19.25 desde. .la antigüedad lo *tengo* ideado?
20.8 ¿qué señal *tendré*. .que Jehová me sanará
20.9 señal *tendrás* de Jehová, de que Jehová
22.5,9 que *tienen* a su cargo el arreglo de la
23.11 el cual *tenía* a su cargo los ejidos
24.11 cuando sus siervos la *tenían* sitiada
25.17 *tenía* encima un capitel de bronce; la
25.19 tomó un oficial que *tenía* a su cargo
1 Cr. 2.22 Jair, el cual *tuvo* 23 ciudades en
2.26 *tuvo* Jerameel otra mujer. .Atara, que
2.34 Sesán no *tuvo* hijos, sino hijas; pero
2.34 *tenía* Sesán un siervo egipcio llamado
4.5 padre de Tecoa *tuvo* dos mujeres, Hela y
4.27 sus hermanos no *tuvieron* muchos hijos
5.7 y sus hermanos por. .*tenían* por príncipes
5.9 porque *tenía* mucho ganado en la tierra
5.19 *tuvieron* guerra contra los agarenos, y
6.10 a Azarías, el que *tuvo* el sacerdocio en
6.31 la casa. .después que el arca *tuvo* reposo
7.4 porque *tuvieron* muchas mujeres e hijos
7.15 cuya hermana *tuvo* por nombre Maaca; y
7.15 fue Zelofehad. Y Zelofehad *tuvo* hijas
8.40 cuales *tuvieron* muchos hijos y nietos
9.19 coreítas. .*tuvieron* a su cargo la obra
9.26 y *tenían* a su cargo las cámaras y los
9.27 porque *tenían* el cargo de guardarla, y
9.28 *tenían* a su cargo los utensilios para el
9.29 de ellos *tenían* el cargo de la vajilla
9.31 Matatías. .*tenía* a su cargo las cosas que
9.32 de Coat. .*tenían* a su cargo los panes de
9.44 y Azel *tuvo* seis hijos, los nombres de
10.4 su escudero no quiso, porque *tenía* mucho
11.10 son los. .los valientes que David *tuvo*
11.11 número de los valientes que David *tuvo*
12.14 el menor *tenía* cargo de cien hombres
13.11 David *tuvo* pesar, porque Jehová había
13.14 bendijo Jehová la. .y todo lo que *tenía*
15.21 *tenían* arpas afinadas en la octava para
18.10 Toi *tenía* guerra contra Hadad-ezer
19.14 se acercó Joab y el pueblo que *tenía*
20.6 un hombre. .*tenía* seis dedos en pies y
22.7 en mi corazón *tuve* el edificar templo
22.15 tú *tienes*. .muchos obreros, canteros
23.11 no *tuvieron* muchos hijos, por lo cual
23.17 Eliezer no *tuvo* otros hijos; mas los
23.22 y murió Eleazar sin hijos; pero *tuvo*
23.26 los levitas no *tendrán* que llevar más
23.32 *tuviesen* la guarda del tabernáculo de
24.2 Nadab y. .murieron. .y no *tuvieron* hijos
24.28 de Mahli, Eleazar, quien no *tuvo* hijos
26.20 Ahías *tenía* cargo de los tesoros de la
26.22 *tuvieron* cargo de los tesoros de la
26.26 *tenían* a su cargo todos los tesoros de
27.25 *tenía* a su cargo los tesoros del rey
28.2 *tenía* el propósito de edificar una casa
28.12 plano de. .las cosas que *tenía* en mente
29.3 *tengo* mi afecto en la casa de mi Dios
29.8 el que *tenía* piedras preciosas las dio
29.25 tal gloria en. .cual ningún rey la *tuvo*
2 Cr. 1.8 has *tenido* con David. .misericordia
1.12 como nunca *tuvieron* los reyes que han
1.12 antes de ti, ni *tendrán* los que vengan
1.14 *tuvo* 1.400 carros y 12.000 jinetes, los
2.5,9 y la casa que *tengo* que edificar, ha
3.13 querubines *tenían* las alas extendidas por
4.2 un mar. .*tenía* diez codos de un borde a
4.5 y *tenía* de grueso un palmo menor, y el
4.5 el borde *tenía* la forma. .de un cáliz, o
6.7 David. .*tuvo* en su corazón edificar casa
6.8 a haber *tenido*. .deseo de edificar casa
6.8 bien has hecho en haber *tenido* esto en
8.6 a todas las ciudades. .que Salomón *tenía*
8.10 y *tenía*. .250 gobernadores principales
9.1 habló con él. .lo que en su corazón *tenía*
9.16 *teniendo* cada escudo 300 siclos de oro
9.18 trono *tenía* seis gradas, y un estrado
9.25 *tuvo*. .Salomón 4.000 caballerizas para
9.26 *tuvo* dominio sobre todos los reyes desde

TENER ***(Continúa)***

2 Cr. 10.16 ¿qué parte *tenemos*..no *t* herencia en
10.18 a Adoram..*tenía* cargo de los tributos
12.3 pueblo que venía con el..no *tenía* número
13.8 *tenéis*..los becerros de oro..por dioses
13.20 y nunca más *tuvo* Jeroboam poder en los
14.1 Asa, en cuyos días *tuvo* sosiego el país
14.8 *tuvo*..Asa ejército que traía escudos y
14.11 al poderoso o al que no *tiene* fuerzas!
14.15 las cabañas de los que *tenían* ganado
16.3 vengas y deshagas la alianza que *tienes*
16.9 de los que *tienen* corazón perfecto para
17.5 y *tuvo* riquezas y gloria en abundancia
17.9 enseñaron..*teniendo*..el libro de la ley
17.13 *tuvo* muchas provisiones en las ciudades
18.1 *tenía*, pues, Josafat riquezas y gloria
18.16 y dijo Jehová: Estos no *tienen* señor
18.30 los capitanes de los carros que *tenía*
20.3 *tuvo* temor; y Josafat humilló su rostro
20.6 y *tienes* dominio sobre todos los reinos
20.30 el reino de Josafat *tuvo* paz, porque su
21.2 *tuvo* por hermanos, hijos de Josafat, a
21.6 porque *tenía* por mujer a la hija de Acab
21.14 Jehová herirá a..y a todo cuanto *tienes*
22.9 y la casa de Ocozías no *tenía* fuerzas
23.7 y cada uno *tendrá* sus armas en la mano
23.10 *teniendo* cada uno su espada en la mano
25.5 escogidos..que *tenían* lanza y escudo
26.1 a Uzías, el cual *tenía* 16 años de edad
26.10 *tuvo* muchos ganados, así en la Sefela
26.11 *tuvo*..Uzías un ejército de guerreros
26.19 *teniendo* en la mano un incensario para
26.21 y Jotam su hijo *tuvo* cargo de la casa
27.5 *tuvo* él guerra con el rey de..de Amón
30.9 delante de los que los *tienen* cautivos
30.22 levitas que *tenían* buena inteligencia
31.14 Coré hijo..*tenía* cargo de las ofrendas
31.19 varones nombrados *tenían* cargo de dar
32.3 *tuvo* consejo con sus príncipes y con sus
32.7 ni *tengáis* miedo del rey de Asiria, ni
32.8 el pueblo *tuvo* confianza en..de Ezequías
32.27 *tuvo* Ezequías riquezas y gloria..oro
35.21 ¿qué *tengo* yo contigo, rey de Judá? Yo
35.24 pusieron en un segundo carro que *tenía*
36.15 él *tenía* misericordia de su pueblo y de

Esd. 2.65 y *tenían* 200 cantores y cantoras
3.3 porque *tenían* miedo de los pueblos de las
6.8 tiene del tributo del otro lado del río
7.25 conforme a la sabiduría que *tienes* de
8.22 *tuve* vergüenza de pedir al rey tropa y

Neh. 2.20 vosotros no *tenéis* parte ni derecho
4.6 porque..pueblo *tuvo* ánimo para trabajar
4.16 y la otra mitad *tenía* lanzas, escudos
4.17 cargaban..y en la otra *tenían* la espada
4.18 cada uno *tenía* su espada ceñida a sus
4.21 y la mitad de ellos *tenían* lanzas desde
5.5 y no *tenemos* posibilidad de rescatarlas
5.8 callaron, pues no *tuvieron* qué responder
8.10 y enviad porciones a los que no *tienen*
9.21 de ninguna cosa *tuvieron* necesidad; sus
9.28 pero una vez que *tenían* paz, volvían a
9.32 no sea *tenido* en poco delante de ti todo
10.28 hijas, todo el que *tenía* comprensión y
11.21 y Ziha y Gispa *tenían* autoridad sobre
13.13 *tenidos* por fieles..*tenían* que repartir

Est. 1.3 *teniendo* delante de él a los..poderosos
1.17 *tendrán* en poca estima a sus maridos
3.6 *tuvo* en poco poner mano en Mardoqueo
4.3 *tenían* los judíos..luto, ayuno, lloro y
4.4 reina *tuvo* gran dolor, y envió vestidos
5.2 extendió a Ester el cetro..que *tenía* en
5.3 dijo el rey: ¿Qué *tienes*, reina Ester, y
6.4 a Mardoqueo en la horca que él le *tenía*
8.16,17 los judíos *tuvieron* alegría y gozo
9.22 días en que los judíos *tuvieron* paz de

Job 1.10 cercado..casa y a todo lo que *tiene?*
1.11 y toca todo lo que *tiene*, y verás si no
1.12 aquí, todo lo que *tiene* está en tu mano
2.4 lo que el hombre *tiene* dará por su vida
3.13 dormiría, y entonces *tendría* descanso
3.26 no he *tenido* paz, no..ni estuve reposado
5.23 aun con las piedras..*tendrás* tu pacto
6.11 cuál mi fin para que *tenga*..paciencia?
7.15 alma *tuvo* por mejor la estrangulación
9.28 me turban..no me *tendrás* por inocente
10.4 ¿*tienes* tú acaso ojos de carne? ¿Ves tú
10.13 estas cosas *tienes*..en tu corazón; yo
10.14 y no me *tendrás* por limpio..iniquidad
11.2 las..palabras no han de *tener* respuesta?
11.18 *tendrás* confianza, porque hay esperanza
11.20 no *tendrán* refugio; y su esperanza será
12.3 *tengo* yo entendimiento como vosotros; no
12.6 cuyas manos él ha puesto cuanto *tienen*
13.23 ¿cuántas iniquidades..*tengo* yo? Hazme
14.15 *tendrás* afecto..hechura de tus manos
14.17 *tienes* sellada en saco..prevaricación
14.17 en saco..y *tienes* cosida mi iniquidad
14.21 *tendrán* honores, pero él no lo sabrá
15.11 ¿en tan poco *tienes* las consolaciones
16.3 ¿*tendrán* fin las palabras vacías? ¿O qué
18.3 ¿por qué somos *tenidos* por bestias, y a
18.17 y no *tendrá* nombre por las calles
18.19 no *tendrá* hijo ni nieto en su pueblo
19.15 y mis criadas me *tuvieron* por extraño
19.21 *tened* compasión de mí, *t* compasión de
20.20 tanto, no *tendrá* sosiego en su vientre
21.21 porque ¿qué deleite *tendrá* él de..casa
22.3 ¿*tiene* contentamiento el Omnipotente en
22.5 por cierto..tus maldades no *tienen* fin
22.8 pero el hombre pudiente *tuvo* la tierra
22.21 vuelve..amistad con él, y *tendrás* paz
22.24 *tendrás* más oro que tierra, y..de Ofir
22.25 defensa, y *tendrás* plata en abundancia
24.7 ropa, sin *tener* cobertura contra el frío
25.3 ¿*tienen* sus ejércitos número? ¿Sobre
26.2 ¿en qué ayudaste al que no *tiene* poder?
26.3 qué aconsejaste al que no *tiene* ciencia
26.6 el Seol..y el Abadón no *tiene* cobertura
27.6 mi justicia *tengo* asida, y no la cederé
27.19 pero..abrirá sus ojos, y nada *tendrá*
28.1 ciertamente la plata *tiene* sus veneros
30.2 me serviría ni..No *tienen* fuerza alguna
31.13 si hubiera *tenido* en poco el derecho de
31.23 Dios, contra cuya..yo no *tendría* poder
31.34 porque *tuve* temor de la gran multitud
32.6 he *tenido* miedo, y he temido declararos
32.19 como el vino que no *tiene* respiradero
33.10 contra mí, y me *tiene* por su enemigo
33.23 si *tuviese* cerca de él algún elocuente
33.24 diga que Dios *tuvo* de él misericordia
33.32 si *tienes* razones, respóndeme; habla
35.3 qué provecho *tendré* de no haber pecado?
36.2 todavía *tengo* razones en defensa de Dios
38.4 házmelo saber, si *tienes* inteligencia
38.23 que *tengo* reservados para el tiempo de
38.28 ¿*tiene* la lluvia padre..gotas de rocío?
40.9 ¿*tienes* tú un brazo como el de Dios?
41.25 de su grandeza *tienen* temor los fuertes
41.29 *tiene* toda arma por hojarasca, y del
41.30 debajo *tiene* agudas conchas; imprime
42.12 *tuvo* 14.000 ovejas, seis mil camellos
42.13 y *tuvo* siete hijos y tres hijas

Sal. 4.1 *ten* misericordia de..y oye mi oración
6.2 *ten* misericordia de mí, oh Jehová, porque
7.12 armado *tiene* ya su arco..lo ha preparado
8.4 ¿qué es el hombre, para que *tengas* de él
9.13 *ten* misericordia de mí, Jehová; mira mi
10.5 juicios los *tiene* muy lejos de su vista
11.4 Jehová *tiene* en el cielo su trono; sus
14.4 ¿no *tienen* discernimiento todos los que
17.11 *tienen* puestos sus ojos para echarnos
17.14 cuya porción la *tienen* en esta vida
20.7 del nombre..Dios *tendremos* memoria
27.7 *ten* misericordia de mí, y respóndeme
31.9 *ten* misericordia de mí..Jehová, porque
34.10 leoncillos necesitan, y *tienen* hambre
34.10 pero..no *tendrán* falta de ningún bien
37.1 ni *tengas* envidia..que hacen iniquidad
37.21 mas el justo *tiene* misericordia, y da
37.26 en todo tiempo *tiene* misericordia, y
50.12 yo *tuviese* hambre, no te lo diría a ti
50.16 ¿qué *tienes* tú que hablar de mis leyes
51.1 *ten* piedad de mí, oh Dios, conforme a tu
51.4 justo..y *tenido* por puro en tu juicio
53.4 ¿no *tienen* conocimiento todos los que
56.1 *ten* misericordia de mí, oh Dios, porque
57.1 *ten* misericordia de mí, oh Dios, *t*..mí
58.4 veneno *tienen* como..de serpiente; son
59.5 no *tengas* misericordia de..los que se
60 *tít.* de David..cuando *tuvo* guerra contra
63.1 mi alma *tiene* sed de ti, mi carne te
67.1 Dios *tenga* misericordia de nosotros, y
69.4 los que me destruyen sin *tener* por qué
69.31 o becerro que *tiene* cuernos y pezuñas
72.12 y al afligido que no *tuviere* quien le
72.13 *tendrá* misericordia del pobre y del
73.3 porque *tuve* envidia de los arrogantes
73.4 no *tienen* congojas por su muerte, pues
73.25 ¿a quién *tengo* yo en los cielos sino
76.8 la tierra *tuvo* temor y quedó suspensa
77.9 ha olvidado Dios el *tener* misericordia?
78.53 guio con seguridad..no *tuvieran* temor
84.5 bienaventurado el..que *tiene* en ti sus
86.3 *ten* misericordia de mí..Jehová; porque
86.16 mírame, y *ten* misericordia de mí; da
89.9 tú *tienes* dominio sobre la braveza del
102.13 *tendrás* misericordia de Sion, porque
102.14 y del polvo de ella *tienen* compasión
106.16 *tuvieron* envidia de Moisés en el
106.46 *tuviesen* de ellos misericordia todos
106.46 todos los que los *tenían* cautivos
109.11 acreedor se apodere de..lo que *tiene*
109.12 no *tenga* quien le haga misericordia
109.12 ni haya quien *tenga* compasión de sus
110.3 desde..*tienes* tú el rocío de tu juventud
112.5 el hombre de bien *tiene* misericordia
112.7 no *tendrá* temor de malas noticias; su
114.5 ¿qué *tuviste*, oh mar, que huiste? ¿Y
115.5 *tienen* boca, mas no hablan; *t* ojos, mas
115.6 orejas *tienen*, mas no oyen; *t* narices
115.7 manos *tienen*, mas no palpan; *t* pies
119.35 la senda..en ella *tengo* mi voluntad
119.56 estas bendiciones *tuve* porque guardé
119.58 *ten* misericordia de..según tu palabra
119.120 de ti, y de tus juicios *tengo* miedo
119.132 mírame, y *ten* misericordia de mí, como
119.161 corazón *tuvo* temor de tus palabras
119.165 paz *tienen* los que aman tu ley, y no
123.2 que *tenga* misericordia de nosotros
123.3 *ten* misericordia de..*t* misericordia de
135.16 *tienen* boca, y no hablan; *t* ojos, y no
135.17 *tienen* orejas, y no oyen; tampoco hay
139.22 los aborrezco..los *tengo* por enemigos
142.4 no *tengo* refugio, ni hay quien cuide
144.14 no *tengamos* asalto, ni..hacer salida
144.15 bienaventurado el pueblo..*tiene* esto
149.4 porque Jehová *tiene* contentamiento en

Pr. 1.14 tu suerte..*tengamos* todos una bolsa
3.24 cuando te acuestes, no *tendrás* temor
3.25 no *tendrás* temor de pavor repentino, ni
3.27 bien..cuando *tuvieres* poder para hacerlo
3.28 digas..cuando *tienes* contigo qué darle
3.30 no *tengas* pleito con nadie sin razón, si
4.25 tus párpados hacia lo que *tienes* delante
6.7 la cual no *teniendo* capitán, ni..señor
6.30 no *tienen* en poco al ladrón si hurta para
6.30 saciar su apetito cuando *tiene* hambre
8.21 que los que me aman *tengan* su heredad
8.23 eternamente *tuve* el principado, desde
8.30 *teniendo* solaz delante..en todo tiempo
11.16 la mujer agraciada *tendrá* honra, y los
11.16 honra, y los fuertes *tendrán* riquezas
11.18 que siembra justicia *tendrá* galardón
12.9 más vale el..que *tiene* servidores, que
13.3 mucho abre sus labios *tendrá* calamidad
13.7 pretenden ser ricos, y no *tienen* nada
13.7 pretenden ser pobres, y *tienen* muchas
13.18 pobreza..*tendrá* el que menosprecia el
13.25 vientre de los impíos *tendrá* necesidad
14.13 aun en la risa *tendrá* dolor el corazón
14.21 que *tiene* misericordia de los pobres
14.26 Jehová..y esperanza *tendrán* sus hijos
14.31 el que *tiene* misericordia del pobre, lo
14.32 el justo en su muerte *tiene* esperanza
15.15 de corazón contento *tiene* un banquete
15.32 el que *tiene* en poco la disciplina
15.32 el que escucha la..*tiene* entendimiento
17.16 qué sirve..no *teniendo* entendimiento?
17.27 que ahorra sus palabras *tiene* sabiduría
18.5 *tener* respeto a la persona del impío
18.24 que *tiene* amigos ha de mostrarse amigo
22.11 de sus labios *tendrá* la amistad del rey
22.27 si no *tuvieres* para pagar, ¿por qué han
23.2 pon cuchillo a..si *tienes* gran apetito
23.17 no *tenga* tu..envidia de los pecadores
24.1 no *tengas* envidia de los hombres malos
24.14 si la hallares *tendrás* recompensa, y al
24.19 no te..ni *tengas* envidia de los impíos
24.25 que lo reprendieren *tendrán* felicidad
25.12 reprende al sabio que *tiene* oído dócil
25.21 si el..*tuviere* hambre, dale de comer
25.21 y si *tuviere* sed, dale de beber agua
25.28 el hombre cuyo espíritu no *tiene* rienda
27.11 *tendré* qué responder al que me agravie
27.18 mira por los intereses de..*tendrá* honra
28.20 el hombre de verdad *tendrá*..bendiciones
28.27 el que da al pobre no *tendrá* pobreza
28.27 que aparta sus ojos *tendrá*..maldiciones
29.9 se enoje o que se ría, no *tendrá* reposo
30.2 rudo..ni *tengo* entendimiento de hombre
30.15 sanguijuela *tiene* dos hijas que dicen
30.27 langostas, que no *tienen* rey, y salen
31.21 no *tiene* temor de la..por su familia

Ec. 1.3 ¿qué provecho *tiene* el hombre de todo
2.7 siervas, y *tuve* siervos nacidos en casa
2.7 también *tuve* posesión grande de vacas y
2.14 sabio *tiene* sus ojos en su cabeza, mas
2.18 cual *tendré* que dejar a otro que vendrá
2.22 ¿qué *tiene* el hombre de todo su trabajo
3.1 todo *tiene* su tiempo, y todo..*t* su hora
3.9 ¿qué provecho *tiene* el que trabaja, de
3.19 una misma respiración *tienen* todos; ni
3.19 ni *tiene* más el hombre que la bestia
4.1 oprimidos, sin *tener* quien los consuele
4.3 y *tuve* por más feliz..al que no ha sido
4.8 un hombre..que no *tiene* hijo ni hermano
4.9 porque *tienen* mejor paga de su trabajo
4.16 no *tenía* fin la muchedumbre del pueblo
5.10 y el que ama el mucho *tener*, no sacará
5.11 ¿qué bien..*tendrá* su dueño, sino verlos
5.15 y nada *tiene* de su trabajo para llevar
6.5 además..más reposo *tiene* éste que aquél
6.8 ¿qué más *tiene* el sabio que el necio?
6.8 ¿qué más *tiene* el pobre que supo caminar
6.10 ya ha mucho que *tiene* nombre, y se sabe
6.11 la vanidad. ¿Qué más *tiene* el hombre?
8.8 no hay hombre que *tenga* potestad sobre el
8.15 no *tiene* el hombre bien debajo del sol
9.5 muertos nada saben, ni *tienen* más paga
9.6 nunca más *tendrán* parte en..que se hace
10.20 que *tienen* alas harán saber la palabra
11.8 y en todos ellos *tenga* gozo, acuérdese
12.1 digas: No *tengo* en ellos contentamiento

Cnt. 3.8 todos ellos *tienen* espadas, diestros
7.10 soy..y conmigo *tiene* su contentamiento
8.5 *tuvo* tu madre dolores, allí *t* dolores la
8.8 *tenemos* una pequeña hermana, que no
8.8 no *tiene* pechos; ¿qué haremos a nuestra
8.11 Salomón *tuvo* una viña en Baal-hamón, la

Is. 1.3 Israel..pueblo no *tiene* conocimiento
1.14 fiestas..las *tiene* aborrecidas mi alma
2.7 plata y oro, sus tesoros no *tienen* fin
3.6 le dijere: Tú *tienes* vestido, tú serás
5.1 *tenía* mi amado una viña en una ladera

TENER *(Continúa)*

Is. 5.13 cautivo, porque no *tuvo* conocimiento
6.2 había serafines; cada uno *tenía* seis alas
6.5 en medio de..que *tiene* labios inmundos
6.6 *teniendo* en su mano un carbón encendido
8.12 temáis lo que ellos..ni *tengáis* miedo
8.21 y acontecerá que *teniendo* hambre, se
9.7 de su imperio y la paz no *tendrán* límite
9.17 ni de sus..y viudas *tendrá* misericordia
9.19 hombre no *tendrá* piedad de su hermano
9.20 *tendrá* hambre, y comerá a la izquierda
11.13 Efraín no *tendrá* envidia de Judá, ni
13.8 *tendrán* dolores como mujer de parto; se
13.18 no *tendrán* misericordia del fruto del
13.20 árabe, ni pastores *tendrán* allí majada
14.1 porque Jehová *tendrá* piedad de Jacob, y
16.4 el devastador *tendrá* fin, el pisoteador
18.6 sobre ellos *tendrán* el verano las aves
22.1 ¿qué *tienes* ahora, que con todos los
22.11 y no *tuvisteis* respeto al que lo hizo
22.16 ¿qué *tienes* tú aquí, o a quién *t* aquí
23.5 cuando llegue la noticia..*tendrán* dolor
23.10 Tarsis, porque no *tendrás* ya más poder
23.12 a Quitim, y aun allí no *tendrás* reposo
26.1 fuerte ciudad *tenemos;* salvación puso
26.18 *tuvimos* dolores de parto, dimos a luz
27.10 allí *tendrá* su majada, y acabará sus
27.11 su Hacedor no *tendrá* de él misericordia
28.2 Jehová *tiene* uno..es fuerte y poderoso
28.4 la traga tan luego como la *tiene* a mano
29.8 y les sucederá como el que *tiene* hambre
29.8 que *tiene* sed y sueña, y le parece que
30.18 Jehová esperará para *tener* piedad de
30.18 será exaltado *teniendo*..misericordia
30.19 el que *tiene* misericordia se apiadará
30.29 *tendréis* cántico como de noche en que
32.10 de aquí a..de un año *tendréis* espanto
33.2 oh Jehová, *ten* misericordia de nosotros
33.8 aborreció las ciudades, *tuvo* en nada a
34.6 Jehová *tiene* sacrificios en Bosra, y
34.14 la lechuza también *tendrá* allí morada
34.17 para siempre la *tendrán* por heredad; de
35.10 y *tendrán* gozo y alegría, y huirán la
37.3 que..la que da a luz no *tiene* fuerzas
37.26 desde..la antigüedad lo *tengo* ideado?
38.22 ¿qué señal *tendré* de que subiré a la
40.24 como si nunca..hubiera *tenido* raíz en
40.29 multiplica las fuerzas al que no *tiene*
40.31 pero los que esperan a Jehová *tendrán*
41.5 las costas vieron, y *tuvieron* temor; los
41.12 buscarás a los que *tienen* contienda
41.23 haced bien, o mal..*tengamos* qué contar
42.1 en quien mi alma *tiene* contentamiento
43.8 sacad al pueblo ciego que *tiene* ojos, y
43.8 sacad..y a los sordos que *tienen* oídos
44.12 *tiene* hambre, y le faltan las fuerzas
44.13 forma de varón..para *tenerlo* en casa
44.19 no *tiene* sentido ni entendimiento para
44.20 pura mentira lo que *tengo* en mi mano
45.9 ¿qué haces? o tu obra: No *tiene* manos?
45.20 no *tienen* conocimiento..que erigen el
46.2 *tuvieron* ellos..que ir en cautiverio
46.8 acordaos de esto, y *tened* vergüenza
47.6 los entregué..no les *tuviste* compasión
48.21 no *tuvieron* sed cuando los llevó por
49.1 llamó desde..*tuvo* mi nombre en memoria
49.9 en todas las alturas *tendrán* sus pastos
49.10 no *tendrán* hambre ni sed, ni el calor
49.10 el que *tiene* de ellos misericordia los
49.13 y de sus pobres *tendrá* misericordia
49.16 palmas de las manos te *tengo* esculpida
51.11 *tendrán* gozo y alegría, y el dolor y el
51.12 ¿quién eres tú para que *tengas* temor
53.4 y nosotros le *tuvimos* por azotado, por
54.4 y de la afrenta de..no *tendrás*..memoria
54.8 con misericordia eterna *tendré* compasión
54.10 dijo Jehová, el que *tiene* misericordia
55.1 que no *tienen* dinero, venid, comprad y
55.7 vuélvase a Jehová, el cual *tendrá* de él
57.13 el que en mí confía *tendrá* la tierra
61.7 doble honra, y *tendrán* perpetuo gozo
64.9 Jehová, ni *tengas* perpetua memoria de
65.13 comerán, y vosotros *tendréis* hambre
65.13 mis..beberán, y vosotros *tendréis* sed

Jer. 2.8 los que *tenían* la ley no me conocieron
2.18 ¿qué *tienes* tú en el camino de Egipto
2.18 ¿y qué *tienes* tú en el camino de Asiria
3.3 *tenido* frente de ramera, y no quisiste
3.3 de ramera, y no quisiste *tener* vergüenza
4.10 has engañado a..diciendo: Paz *tendréis*
5.21 que *tiene* ojos y no ve, que *t* oídos y no
5.23 pueblo *tiene* corazón falso y rebelde; se
6.15 ni aun saben *tener* vergüenza; por tanto
6.23 crueles son, y no *tendrán* misericordia
8.9 los sabios se..¿y qué sabiduría *tienen?*
9.4 en ningún hermano *tenga* confianza; porque
10.2 ni de..señales del cielo *tengáis* temor
10.5 ni..mal, ni para hacer bien *tienen* poder
11.15 ¿qué derecho *tiene* mi amada en mi casa
12.1 y *tienen* bien todos los que se portan
12.13 *tuvieron* la heredad..no aprovecharon
12.15 volveré y *tendré* misericordia de ellos
13.14 no..ni *tendré* piedad ni misericordia
15.5 *tendrá* compasión de ti, oh Jerusalén?
16.2 ni *tendrás* hijos ni hijas en este lugar
20.11 *tendrán* perpetua confusión que jamás
21.4,9 los caldeos que..os *tienen* sitiados
21.7 ni *tendrá* compasión de ellos, ni *t* de
23.17 dicen..Jehová dijo: Paz *tendréis;* y a
23.28 profeta que *tuviere* un sueño, cuente
24.2 *tenía* higos muy buenos..*t* higos..malos
25.31 porque Jehová *tiene* juicio contra las
26.21 entendiendo lo cual Urías, *tuvo* temor
29.6 maridos..para que *tengan* hijos e hijas
29.7 rogad..en su paz *tendréis* vosotros paz
29.11 los pensamientos que *tengo* acerca de
29.32 no *tendrá* varón que more entre este
30.6 todo hombre *tenía* las manos sobre sus
30.18 de sus tiendas *tendré* misericordia, y
31.12 su alma será..nunca más *tendrán* dolor
31.19 que me aparté *tuve* arrepentimiento, y
31.20 ciertamente *tendré* de él misericordia
31.28 así como *tuve* cuidado..*tendré* cuidado
31.29 uvas agrias y..hijos *tienen* la dentera
31.30 comiere las uvas..*tendrán* la dentera
32.7 tú *tienes* derecho a ella para comprarla
32.39 *tengan* bien ellos, y sus hijos después
33.21 para que deje de *tener* hijo que reine
33.24 han *tenido* en poco..hasta no *tenerlo*
33.26 haré volver sus cautivos, y *tendré* de
35.9 no *tener* viña, ni heredad, ni sementera
35.16 hijos de Jonadab..*tuvieron* por firme el
36.24 y no *tuvieron* temor ni rasgaron sus
36.30 no *tendrá* quien se siente sobre el trono
38.19 *tengo* temor de los judíos que se han
39.10 pobres del pueblo que no *tenían* nada
39.18 *tuviste* confianza en mí, dice Jehová
40.4 de las cadenas que *tenías* en tus manos
40.9 no *tengáis* temor de servir a..caldeos
41.8 *tenemos* en el campo tesoros de trigos y
42.11 la presencia del rey..del cual *tenéis*
42.12 *tendré* de..misericordia, y él *tendrá*
42.16 y el hambre de que *tenéis* temor, allá
44.10 ni han *tenido* temor, ni han caminado en
44.17 *tuvimos* abundancia de pan, y estuvimos
44.29 esto *tendréis* por señal..en este lugar
46.23 más numerosos que..no *tendrán* número
48.30 conozco..su cólera..no *tendrá* efecto
49.1 ¿no *tiene* hijos Israel? ¿No *t* heredero?
49.16 habitas en..*tienes* la altura del monte
49.31 nación..ni *tiene* puertas ni cerrojos
50.32 y caerá, y no *tendrá* quien lo levante
50.42 serán crueles, y no *tendrán* compasión
51.17 hombre..infatuado, y no *tiene* ciencia

Lm. 1.2 no *tiene* quien la consuele de todos sus
1.4 las calzadas de Sion *tienen* luto, porque
1.4 están afligidas, y ella *tiene* amargura
1.7 las cosas agradables que *tuvo* desde los
1.9 descendido..no *tiene* quien la consuele
1.17 sus manos; no *tiene* quien la consuele
2.17 ha hecho lo que *tenía* determinado; ha
3.20 *tendré* aún en memoria, porque mi alma
4.2 ¡cómo son *tenidos* por vasijas de barro
4.16 no..ni *tuvieron* compasión de los viejos
4.20 dicho: A su sombra *tendremos* vida entre

Ez. 1.6 cada uno *tenía* cuatro caras y cuatro
1.8 sus cuatro lados, *tenían* manos de hombre
1.11 *tenían* sus alas extendidas por encima
1.16 las cuatro *tenían* una misma semejanza
1.23 cada uno *tenía* dos alas que cubrían su
1.27 fuego, y que *tenía* resplandor alrededor
2.6(2) no *tengas* miedo de sus palabras
3.9 temas, ni *tengas* miedo delante de ellos
5.11 perdonará, ni..*tendré* yo misericordia
6.8 *tengáis* entre las naciones algunos que
7.4,9; 8.18 mi ojo no..perdonará, ni *tendré*
9.3 llamó Jehová al..que *tenía* a su cintura
9.5 no perdone..ojo, ni *tengáis* misericordia
9.10 ojo no perdonará, ni *tendré* misericordia
9.11 el varón..*tenía* el tintero a su cintura
10.14 cada uno *tenía* cuatro caras..querubín
10.21 cada uno *tenía* cuatro caras y cada uno
12.2 *tienen* ojos..y no ven, *t* oídos..no oyen
12.22 refrán es este que *tenéis* vosotros en
16.5 *teniendo* de ti misericordia; sino que
16.49 abundancia de ociosidad *tuvieron* ella
16.60 antes yo *tendré* memoria de mi pacto que
18.2 dientes de los hijos *tienen* la dentera
18.3 nunca más *tendréis* por qué..este refrán
18.24 ninguna de las..serán *tenidas* en cuenta
19.11 ella *tuvo* varas fuertes para cetros de
21.11 y la dio a pulir para *tenerla* a mano
23.15 *teniendo*..ellos apariencia de capitanes
24.14 volveré atrás, ni *tendré* misericordia
29.15 no vuelvan a *tener* dominio sobre las
30.9 *tendrán* espanto como en el día de Egipto
30.16 Egipto: Sin *tendrá* gran dolor, y Tebas
30.16 y Menfis *tendrá* continuas angustias
31.9 los árboles del..*tuvieron* de él envidia
32.10 sus reyes *tendrán* horror..causa de ti
35.5 por cuanto *tuviste* enemistad perpetua
36.21 he *tenido* dolor al ver mi santo nombre
37.24 y todos ellos *tendrán* un solo pastor
38.4 y escudos, *teniendo* todos ellos espadas
38.11 muros, y no *tienen* cerrojos ni puertas
39.25 y *tendré* misericordia de toda..Israel
40.3 y *tenía* un cordel de lino en su mano, y
40.5 la caña de medir que..*tenía* en la mano
40.7 cada cámara *tenía* una caña de largo, y
40.10 la puerta oriental *tenía* tres cámaras
40.12 y cada cámara *tenía* seis codos por un
40.25,29,33 *tenía* sus ventanas y sus arcos
40.26 *tenía* palmeras, una de un lado, y otra
41.7 subía..la casa *tenía* más anchura arriba
41.18 y cada querubín *tenía* dos rostros
41.23 el templo y el santuario *tenían* dos
42.6 no *tenían* columnas como..de los atrios
42.7 el muro..*tenía* cincuenta codos de largo
42.20 cuatro lados lo midió; *tenía* un muro
43.16 el altar *tenía* doce codos de largo, y
44.18 turbantes de lino *tendrán*..sus cabezas
44.25 hermana que no haya *tenido* marido, sí
45.8 *tendrá* por posesión en Israel, y nunca
45.10 balanzas..efa..y bato justo *tendréis*
45.11 que el bato *tenga* la décima parte del
45.21 *tendréis* la pascua, fiesta de siete
46.22 patios..misma medida *tenían* los cuatro
47.13 repartiréis la..José *tendrá* dos partes
47.22 los *tendréis* como naturales entre los
47.22 suertes..para *tener* heredad entre los
48.1 Hamat, *tendrá* Dan una parte, desde el
48.2 el lado del mar, *tendrá* Aser una parte
48.9 *tendrá* de longitud veinticinco mil cañas
48.12 ellos *tendrán* como parte santísima la
48.23 lado del..*tendrá* Benjamín una porción
48.35 en derredor *tendrá* 18.000 cañas. Y el

Dn. 1.17 Daniel *tuvo* entendimiento en..visión
2.1 *tuvo* Nabucodonosor sueños, y se perturbó
2.3 he *tenido* un sueño, y mi espíritu se ha
2.28 tu sueño, y las visiones que has *tenido*
3.20 mandó a hombres..*tenía* en su ejército
3.27 el fuego no había *tenido* poder alguno
3.27 cómo..ni siquiera olor de fuego *tenían*
4.25,32 que el Altísimo *tiene* dominio en el
5.21 Dios *tiene* dominio sobre el reino de los
7.1 *tuvo* Daniel un sueño, y visiones de su
7.4 era como león, y *tenía* alas de águila
7.5 y *tenía* en su boca tres costillas entre
7.6 *tenía* también esta bestia cuatro cabezas
7.7 cual *tenía* unos dientes grandes de hierro
7.7 diferente de todas..y *tenía* diez cuernos
7.8 este cuerno *tenía* ojos como de hombre, y
7.19 *tuve* deseo de saber la verdad acerca de
7.19 *tenía* dientes de hierro y uñas de bronce
7.20 los diez cuernos que *tenía* en su cabeza
7.20 y este mismo cuerno *tenía* ojos, y boca
8.3 *tenía* dos cuernos; y aunque los cuernos
8.5 *tenía* un cuerno notable entre sus ojos
8.7 el carnero no *tenía* fuerza para pararse
8.20 *tenía* dos cuernos, éstos son los reyes
8.21 y el cuerno..que *tenía* entre sus ojos
9.9 de Jehová..Dios es el *tener* misericordia
9.15 te hiciste renombre cual lo *tienes* hoy
10.1 pero él..*tuvo* inteligencia en la visión
10.8 no quedó fuerza..no *tuve* vigor alguno
10.18 y aquel que *tenía* semejanza de hombre
10.20 *tengo* que volver para pelear contra el
11.17 pero no permanecerá, ni *tendrá* éxito
11.45 a su fin, y no *tendrá* quien le ayude

Os. 1.7 de la casa de Judá *tendré* misericordia
2.4 ni *tendré* misericordia de..hijos, porque
2.23 *tendré* misericordia de Lo-ruhama, y diré
7.2 *tengo* en memoria toda su maldad; ahora
8.7 no *tendrán* mies, ni su espiga hará harina
8.11 porque..Efraín..*tuvo* altares para pecar
8.12 ley, y fueron *tenidas* por cosa extraña
10.3 no *tenemos* rey, porque no temimos a
12.2 pleito *tiene*..con Judá para castigar a
12.7 mercader que *tiene* en su mano peso falso
14.8 ¿qué más *tendré* ya con los ídolos? Yo

Jl. 1.18 turbados..porque no *tuvieron* pastos!
3.4 ¿qué *tengo* yo con vosotras, Tiro y Sidón

Am. 5.15 quizá Jehová Dios de..*tendrá* piedad
5.20 luz; oscuridad, que no *tiene* resplandor?

Jon. 1.5 los marineros *tuvieron* miedo, y cada
1.6 dijo: ¿Qué *tienes*, dormilón? Levántate
1.8 ¿qué oficio *tienes*, y de dónde vienes?
1.17 Jehová *tenía* preparado un gran pez que
4.10 *tuviste* tú lástima de la calabacera, en
4.11 no *tendré* yo piedad de Nínive..ciudad

Mi. 2.1 lo ejecutan..*tienen* en su mano el poder
3.5 y claman: Paz, cuando *tienen*..que comer
6.2 porque Jehová *tiene* pleito con su pueblo
6.11 por inocente al que *tiene* balanza falsa
7.19 volverá a *tener* misericordia de nosotros

Nah. 1.3 y no *tendrá* por inocente al culpable
1.12 aunque reposo *tengan*..serán talados, y

Hab. 1.14 como reptiles que no *tienen* quien los
1.17 no *tendrá* piedad de aniquilar naciones
3.10 te vieron y *tuvieron* temor los montes

Sof. 2.2 antes que *tenga* efecto el decreto, y

Zac. 1.12 ¿hasta cuándo no *tendrás* piedad de
2.1 un varón que *tenía* en su mano un cordel
5.9 *tenían* alas como de cigüeña, y alzaron
10.2 el pueblo..sufre porque no *tiene* pastor
10.6 porque de ellos *tendré* piedad, y serán
11.5 matan sus..y no se *tienen* por culpables
11.5 ni sus pastores *tienen* piedad de ellas
11.6 no *tendré* ya..piedad de los moradores
12.5 dirán..*Tienen* fuerza los habitantes de

Mal. 1.9 orad por..que *tenga* piedad de nosotros
1.10 no *tengo* complacencia en vosotros, dice

TENER ***(Continúa)***

Mal. 1.14 *teniendo* machos en su rebaño, promete
2.5 *tuvo* temor de mí, y delante de mi nombre
2.10 ¿no *tenemos* todos un mismo padre? ¿No
3.5 no *teniendo* temor de mí, dice Jehová de
Mt. 2.22 *tuvo* temor de ir allá; pero avisado
3.4 *tenía* un cinto de cuero alrededor de sus
3.9 Abraham *tenemos* por padre; porque yo os
3.17 es mi Hijo. . en quien *tengo* complacencia
4.2 y después de haber ayunado. . *tuvo* hambre
4.24 trajeron todos los que *tenían* dolencias
5.6 bienaventurados los que *tienen* hambre y
5.23 de que tu hermano *tiene* algo contra ti
5.46 si amáis a. . ¿qué recompensa *tendréis?*
6.1 no *tendréis* recompensa de vuestro Padre
6.2,5,16 digo que ya *tienen* su recompensa
6.8 Padre sabe de qué cosas *tenéis* necesidad
6.32 sabe que *tenéis* necesidad de. . estas cosas
7.29 les enseñaba como quien *tiene* autoridad
8.9 *tengo* bajo mis órdenes soldados; y digo
8.20 las zorras *tienen* guaridas, y las aves
8.29 ¿qué *tienes* con nosotros, Jesús, Hijo
9.6 el Hijo del Hombre *tiene* potestad en la
9.12 los sanos no *tienen* necesidad de médico
9.15 ¿acaso pueden los. . de bodas *tener* luto
9.22 *ten* ánimo, hija; tu fe te ha salvado
9.27 *¡ten* misericordia de nosotros, Hijo de
9.36 dispersas. . ovejas que no *tienen* pastor
11.15 el que *tiene* oídos para oir, oiga
11.18 vino Juan, que. . y dicen: Demonio *tiene*
12.1 día de. . sus discípulos *tuvieron* hambre
12.3 David, cuando él y los. . *tuvieron* hambre
12.10 había allí uno que *tenía* seca una mano
12.11 ¿qué hombre. . que *tenga* una oveja, y si
12.14 fariseos, *tuvieron* consejo contra Jesús
13.5 brotó. . no *tenía* profundidad de tierra
13.6 se quemó. . porque no *tenía* raíz, se secó
13.9 el que *tiene* oídos para oir, oiga
13.12 *tiene,* se le dará, y *tendrá* más; pero
13.12 al que no *tiene,* aun lo que *t* le será
13.21 no *tiene* raíz en. . es de corta duración
13.27 señor. . ¿De dónde, pues, *tiene* cizaña?
13.43 el que *tiene* oídos para oir, oiga
13.44 gozoso. . va y vende todo lo que *tiene*
13.46 vendió todo lo que *tenía,* y la compró
13.54 ¿de dónde *tiene* éste esta sabiduría y
13.56 dónde. . *tiene* éste todas estas cosas?
14.4 Juan le decía: No te es lícito *tenerla*
14.5 pero temía. . *tenían* a Juan por profeta
14.14 saliendo Jesús. . *tuvo* compasión. . y sanó
14.16 les dijo: No *tienen* necesidad de irse
14.17 no *tenemos* aquí sino cinco panes y dos
14.27 habló. . *Tened* ánimo; yo soy, no temáis!
14.30 *tuvo* miedo; y comenzando a hundirse, dio
15.22 Hijo de David, *ten* misericordia de mí!
15.32 *tengo* compasión de la gente, porque ya
15.32 y no *tienen* qué comer; y enviarlos en
15.33 ¿de dónde *tenemos*. . tantos panes en el
15.34 ¿cuántos panes *tenéis?* Y ellos dijeron
16.2 buen tiempo. . el cielo *tiene* arreboles
16.3 habrá tempestad. . *tiene* arreboles el cielo
16.8 qué pensáis dentro. . que no *tenéis* pan?
16.22 diciendo: Señor, *ten* compasión de ti
17.5 es mi Hijo. . en quien *tengo* complacencia
17.6 postraron sobre. . y *tuvieron* gran temor
17.15 Señor, *ten* misericordia de mi hijo, que
17.20 *tuviereis* fe como un grano de mostaza
18.8 que *teniendo* dos manos. . ser echado en
18.9 que *teniendo* dos ojos ser echado en el
18.12 si un hombre *tiene* cien ovejas, y se
18.17 y si no oyere a la iglesia, *tenle* por
18.25 venderle. . y todo lo que *tenía,* para
18.26,29 *ten* paciencia conmigo. . lo pagaré
18.33 *tener* misericordia de tu. . como yo *tuve*
19.16 bien haré para *tener* la vida eterna?
19.21 vende lo que *tienes,* y dalo a. . pobres
19.21 y *tendrás* tesoro en el cielo; y ven y
19.22 se fue triste. . *tenía* muchas posesiones
19.27 lo hemos dejado todo. . ¿qué. . *tendremos?*
20.15 *tienes* tú envidia, porque. . soy bueno?
20.30,31 Hijo de David, *ten* misericordia de
21.18 volviendo a la ciudad, *tuvo* hambre
21.21 que si *tuviereis* fe, y no dudareis, no
21.26 porque todos *tienen* a Juan por profeta
21.28 hombre *tenía* dos hijos, y acercándose
21.37 diciendo: *Tendrán* respeto a mi hijo
21.46 temían al pueblo. . le *tenía* por profeta
22.25 y no *teniendo* descendencia, dejó su
22.28 ¿de cuál de. . ya que todos la *tuvieron?*
25.20 *tienes,* he ganado otros cinco talentos
25.22 aquí *tienes,* he ganado. . dos talentos
25.25 *tuve* miedo, y fui y escondí tu talento
25.25 tu talento. . aquí *tienes* lo que es tuyo
25.28 y dadlo al que *tiene* diez talentos
25.29 al que *tiene,* le será dado, y *tendrá*
25.29 al que no *tiene,* aun lo que *t* le será
25.35 *tuve* hambre, y me disteis de comer
25.35 *tuve* sed, y me disteis de beber; fui
25.42 *tuve* hambre, y no me disteis de comer
25.42 *tuve* sed, y no me disteis de beber
26.4 *tuvieron* consejo para prender. . a Jesús
26.11 siempre *tendréis* pobres con vosotros
26.11 pobres. . a mí no siempre me *tendréis*
26.65 ¿qué. . necesidad *tenemos* de testigos?
27.16 *tenían*. . preso famoso llamado Barrabás
27.19 no *tengas* nada que ver con ese justo
27.65 ahí *tenéis* una guardia; id, aseguradlo
Mr. 1.6 *tenía* un cinto de cuero alrededor de
1.11 mi Hijo amado; en ti *tengo* complacencia
1.22 enseñaba como quien *tiene* autoridad, y
1.24 qué *tienes* con nosotros, Jesús nazareno?
1.32 le trajeron. . los que *tenían* enfermedades
1.41 *teniendo* misericordia de él, extendió la
2.10 que el Hijo del Hombre *tiene* potestad
2.17 los sanos no *tienen* necesidad de médico
2.19 entre tanto que *tienen* consigo al esposo
2.25 lo que hizo David cuando *tuvo* necesidad
3.1 había. . un hombre que *tenía* seca una mano
3.3 entonces dijo al. . que *tenía* la mano seca
3.9 que le *tuviesen* siempre lista la barca
3.10 cuantos *tenían* plagas caían sobre él
3.22 escribas. . decían que *tenía* a Beelzebú
3.29 no *tiene* jamás perdón, sino que es reo
3.30 habían dicho: *Tiene* espíritu inmundo
4.5 cayó en. . donde no *tenía* mucha tierra; y
4.5 porque no *tenía* profundidad de tierra
4.6 quemó; y porque no *tenía* raíz, se secó
4.9 dijo: El que *tiene* oídos para oir, oiga
4.17 pero no *tienen* raíz en sí, sino que son
4.23 si alguno *tiene* oídos para oir, oiga
4.25 porque al que *tiene,* se le dará; y al que
4.25 que no *tiene,* aun lo que *t* se le quitará
4.38 Maestro, ¿no *tienes* cuidado. . perecemos?
4.40 les dijo: ¿Por qué. . ¿Cómo no *tenéis* fe?
5.3 que *tenía* su morada en los sepulcros, y
5.7 dijo: ¿Qué *tienes* conmigo, Jesús, Hijo
5.15 y que había *tenido* la legión, sentado
5.15 y ven al. . atormentado. . y *tuvieron* miedo
5.16 al que había *tenido* el demonio, y lo de
5.19 el Señor. . y cómo ha *tenido* misericordia
5.26 había sufrido. . gastado todo lo que *tenía*
5.42 la niña se levantó y. . *tenía* doce años
6.2 decían: ¿De dónde *tiene* éste estas cosas?
6.18 decía. . No te es lícito *tener* la mujer de
6.31 porque. . ni aun *tenían* tiempo para comer
6.34 y *tuvo* compasión de ellos, porque eran
6.34 eran como ovejas que no *tenían* pastor
6.36 compren pan, pues no *tienen* qué comer
6.38 ¿cuántos panes *tenéis?* Id y vedlo. Y al
6.50 dijo: *¡Tened* ánimo; yo soy, no temáis!
7.16 si alguno *tiene* oídos para oir, oiga
7.25 cuya hija *tenía* un espíritu inmundo
8.1 no *tenían* qué comer, Jesús llamó a sus
8.2 *tengo* compasión de la gente, porque ya
8.2 ya hace tres días. . no *tienen* qué comer
8.5 ¿cuántos panes *tenéis?*. . dijeron: Siete
8.7 *tenían* tambi4n unos pocos pececillos; y
8.14 *tenían* sino un pan consigo en la barca
8.17 ¿qué discutís, porque no *tenéis* pan?
8.17 aún *tenéis* endurecido vuestro corazón?
8.18 *¿teniendo* ojos no veis, y *t* oídos no oís?
9.12 que padezca mucho y sea *tenido* en nada?
9.17 a ti mi hijo, que *tiene* un espíritu mudo
9.32 ellos no. . y *tenían* miedo de preguntarle
9.43 que *teniendo* dos manos ir al infierno
9.45 que *teniendo* dos pies ser echado en el
9.47 ojo, que *teniendo* dos ojos ser echado
9.50 *tened* sal en vosotros. . y *t* paz los unos
10.21 vende todo lo que *tienes,* y dalo a los
10.21 los pobres, y *tendrás* tesoro en el cielo
10.22 se fue triste. . *tenía* muchas posesiones
10.23 difícilmente. . los que *tienen* riquezas!
10.42 los que son *tenidos* por gobernantes de
10.47 ¡Jesús, Hijo. . *ten* misericordia de mí!
10.48 clamaba. . más. . *ten* misericordia de mí!
10.49 *ten* confianza; levántate, te llama
11.12 cuando salieron de Betania, *tuvo* hambre
11.13 y viendo. . una higuera que *tenía* hojas
11.18 *tenían* miedo, por cuanto todo el pueblo
11.22 respondiendo. . dijo: *Tened* fe en Dios
11.25 perdonad, si *tenéis* algo contra alguno
11.32 *tenían* a Juan como. . verdadero profeta
12.6 *teniendo* aún un hijo. . amado, lo envió
12.6 hijo. . diciendo: *Tendrán* respeto a mi hijo
12.23 ya que los siete la *tuvieron* por mujer?
12.44 ésta. . echó todo lo que *tenía,* todo su
14.7 *tendréis* a los pobres con vosotros, y
14.7 bien; pero a mí no siempre me *tendréis*
14.63 ¿qué. . necesidad *tenemos* de testigos?
15.1 habiendo *tenido* consejo los principales
16.8 ni decían. . a nadie, porque *tenían* miedo
Lc. 1.7 no *tenían* hijo. . Elisabet era estéril
1.14 y *tendrás* gozo y alegría, y muchos se
1.33 reinará sobre. . y su reino no *tendrá* fin
2.9 gloria. . los rodeó. . *tuvieron* gran temor
3.8 *tenemos* a Abraham por padre; porque os
3.11 que *tiene* dos túnicas, dé al que no *t*
3.11 y el que *tiene* qué comer, haga lo mismo
3.22 mi Hijo amado; en ti *tengo* complacencia
4.2 días, pasados los cuales, *tuvo* hambre
4.33 hombre que *tenía* un espíritu de demonio
4.34 qué *tienes* con nosotros, Jesús nazareno?
4.38 suegra de Simón *tenía* una gran fiebre
4.40 todos los que *tenían* enfermos. . traían
5.24 que el Hijo del Hombre *tiene* potestad
5.31 los sanos no *tienen* necesidad de médico
6.6 un hombre que *tenía* seca la mano derecha
6.8 dijo al hombre que *tenía* la mano seca
6.21 que ahora *tenéis* hambre, porque seréis
6.24 ¡ay. . porque ya *tenéis* vuestro consuelo
6.25 ¡ay de vosotros, los. . *tendréis* hambre!
6.32,33,34 si. . ¿qué mérito *tenéis?* Porque
7.7 ni aun me *tuve* por digno de venir a ti
7.8 *tengo* soldados bajo mis órdenes; y digo
7.16 *tuvieron* miedo, y glorificaban a Dios
7.25 que *tienen* vestidura preciosa y viven
7.33 ni bebía vino, y decís: Demonio *tiene*
7.40 Simón, una cosa *tengo* que decirte. Y él
7.41 un acreedor *tenía* dos deudores: el uno
7.42 no *teniendo*. . con qué pagar, perdonó a
8.6 nacida, se secó, porque no *tenía* humedad
8.8 decía. . El que *tiene* oídos para oir, oiga
8.13 pero éstos no *tienen* raíces; creen por
8.18 porque a todo el que *tiene,* se le dará
8.18 que no *tiene,* aun lo que piensa *tener*
8.28 ¿qué *tienes* conmigo, Jesús, Hijo del
8.35 y hallaron al hombre. . y *tuvieron* miedo
8.37 se marchase de. . pues *tenían* gran temor
8.42 *tenía* una hija. . que se estaba muriendo
8.43 gastado en médicos todo cuanto *tenía,* y
9.13 no *tenemos* más que cinco panes y dos
9.34 y *tuvieron* temor al entrar en la nube
9.38 veas a mi hijo. . es el único que *tengo*
9.58 las zorras *tienen* guaridas, y las aves
9.58 mas el Hijo del Hombre no *tiene* dónde
10.39 *tenía* una hermana que se llamaba María
11.5 ¿quién de. . que *tenga* un amigo, va a él
11.6 venido. . y no *tengo* qué ponerle delante
11.36 no *teniendo* parte alguna de tinieblas
11.41 pero dad limosna de lo que *tenéis,* y
12.5 *tiene* poder de echar en el infierno: sí
12.17 porque no *tengo* dónde guardar. . frutos?
12.24 que ni *tienen* despensa, ni granero, y
12.30 que *tenéis* necesidad de estas cosas
13.6 *tenía* un hombre una higuera plantada en
14.10 entonces *tendrás* gloria delante de los
14.28 gastos, a ver si *tiene* lo que necesita
14.35 el que *tiene* oídos para oir, oiga
15.4 *teniendo* cien ovejas, si pierde una de
15.8 o qué mujer que *tiene* diez dracmas, si
15.11 también dijo: Un hombre *tenía* 2 hijos
15.17 en casa de mi padre *tienen* abundancia
16.1 un hombre rico que *tenía* un mayordomo
16.15 lo que los hombres *tienen* por sublime
16.24 padre Abraham, *ten* misericordia de mí
16.28 porque *tengo* cinco hermanos, para que
16.29 dijo: A Moisés y a los profetas *tienen*
17.6 dijo: Si *tuvierais* fe como un grano de
17.7 *teniendo* un siervo que ara o apacienta
17.13 ¡Jesús. . *ten* misericordia de nosotros!
18.4 ni temo a. . ni *tengo* respeto a hombre
18.22 vende todo lo que *tienes,* y dalo a los
18.22 y *tendrás* tesoro en el cielo; y ven
18.24 difícilmente entrarán. . los que *tienen*
18.38,39 ¡Hijo de David, *ten* misericordia de
19.17 *tendrás* autoridad sobre diez ciudades
19.20 cual he *tenido* guardada en un pañuelo
19.21 porque *tuve* miedo de ti, por cuanto eres
19.24 y dadla al que *tiene* las diez minas
19.25 ellos le dijeron: Señor, *tiene* diez minas
19.26 a todo el que *tiene,* se le dará; mas al
19.26 no *tiene,* aun lo que *t* se le quitará
20.13 cuando le vean a él, le *tendrán* respeto
20.24 ¿de quién *tiene* la. . y la inscripción?
20.28 muriere *teniendo* mujer, y no dejare
20.33 ya que los siete la *tuvieron* por mujer?
20.35 mas los que fueren *tenidos* por dignos
21.4 ésta. . echó todo el sustento que *tènia*
21.36 seáis *tenidos* por dignos de escapar de
22.25 y los que sobre ellas *tienen* autoridad
22.36 el que *tiene* bolsa, tómela, y también
22.36 el que no *tiene* espada, venda su capa
22.37 lo. . escrito de mí, *tiene* cumplimiento
23.17 y *tenía* necesidad de soltarles uno en
24.5 *tuvieron* temor, y bajaron el rostro a
24.17 ¿qué pláticas son estas que *tenéis* entre
24.39 no *tiene* carne. . como veis que yo *tengo*
24.41 les dijo: *¿Tenéis* aquí algo de comer?
Jn. 2.3 madre de Jesús le dijo: No *tienen* vino
2.4 dijo: ¿Qué *tienes* conmigo, mujer? Aún no
2.25 no *tenía* necesidad de. . diese testimonio
3.15,16 no se pierda, mas *tenga* vida eterna
3.29 el que *tiene* la esposa, es el esposo
3.36 el que cree en el Hijo *tiene* vida eterna
4.11 no *tienes* con qué sacarla, y el pozo es
4.11 ¿de dónde, pues, *tienes* el agua viva?
4.13 bebiere de. . agua, volverá a *tener* sed
4.14 el que bebiere del agua. . no *tendrá* sed
4.15 dame esa agua, para que no *tenga* yo sed
4.17 respondió la mujer y. . No *tengo* marido
4.17 le dijo: Bien has dicho: No *tengo* marido
4.18 porque cinco maridos has *tenido,* y el
4.18 y el que ahora *tienes* no es tu marido
4.32 les dijo: Yo *tengo* una comida que comer
4.44 el profeta no *tiene* honra en su propia
5.2 un estanque. . el cual *tiene* cinco pórticos
5.4 sano de cualquier enfermedad que *tuviese*
5.7 no *tengo* quien me meta en el estanque
5.24 cree al que me envió, *tiene* vida eterna
5.26 como el Padre *tiene* vida en sí mismo
5.26 también ha dado al Hijo el *tener* vida
5.36 *tengo* mayor testimonio que el de Juan

TENER *(Continúa)*
Jn. 5.38 *tenéis* su palabra morando en vosotros
5.39 os parece que en ellas *tenéis* la vida
5.40 y no queréis venir a..que *tengáis* vida
5.42 que no *tenéis* amor de Dios en vosotros
5.45 quien os acusa, Moisés, en quien *tenéis*
6.9 está un muchacho, que *tiene* cinco panes
6.19 Jesús que andaba sobre.. y *tuvieron* miedo
6.35 el que a mí viene, nunca *tendrá* hambre
6.35 el que en mí cree, no *tendrá* sed jamás
6.40 aquel que ve al Hijo..*tenga* vida eterna
6.47 el que cree en mí, *tiene* vida eterna
6.53 y bebéis su sangre, no *tenéis* vida en
6.54 *tiene* vida eterna; y yo le resucitaré
6.68 Señor..tú *tienes* palabras de vida eterna
7.20 demonio *tienes*; ¿quién procura matarte?
7.37 si alguno *tiene* sed, venga a mí y beba
8.12 no..sino que *tendrá* la luz de la vida
8.26 muchas cosas *tengo* que decir y juzgar
8.41 dijeron..un padre *tenemos*, que es Dios
8.48 eres samaritano, y que *tienes* demonio?
8.49 yo no *tengo* demonio, antes honro a mi
8.52 conocemos que *tienes* demonio. Abraham
8.57 no *tienes* cincuenta años, ¿y has visto
9.21 sabemos; edad *tiene*, preguntadle a él
9.22 *tenían* miedo de los judíos, por cuanto
9.23 dijeron..Edad *tiene*, preguntadle a él
10.10 yo he venido para que *tengan* vida, y
10.10 y para que la *tengan* en abundancia
10.16 *tengo* otras ovejas que no son de este
10.18 *tengo* poder para ponerla, y *t* poder
10.20 decían: Demonio *tiene*, y está fuera de
11.9 respondió..¿No *tiene* el día doce horas?
11.38 una cueva, y *tenía* una piedra puesta
12.6 y *teniendo* la bolsa, sustraía de lo que
12.8 a los pobres siempre los *tendréis* con
12.8 los pobres..a mí no siempre me *tendréis*
12.35 andad entre tanto que *tenéis* luz, para
12.36 entre tanto que *tenéis* la luz, creed en
12.48 y no recibe mis..*tiene* quien le juzgue
13.8 no te lavare, no *tendrás* parte conmigo
13.29 puesto que Judas *tenía* la bolsa, que
13.35 *tuviereis* amor los unos con los otros
14.21 el que *tiene* mis mandamientos, y los
14.27 no se turbe..corazón, ni *tenga* miedo
14.30 viene el príncipe..él nada *tiene* en mí
15.13 nadie *tiene* mayor amor que este, que
15.22 no hubiera venido..no *tendrían* pecado
15.22 ahora no *tienen* excusa por su pecado
15.24 si yo no hubiese..no *tendrían* pecado
16.1 he hablado, para que no *tengáis* tropiezo
16.12 *tengo* muchas cosas que deciros, pero
16.15 todo lo que *tiene* el Padre es mío; por
16.21 la mujer cuando da a luz, *tiene* dolor
16.22 también vosotros ahora *tenéis* tristeza
16.33 he hablado para que en mí *tengáis* paz
16.33 en el mundo *tendréis* aflicción; pero
17.5 aquella gloria que *tuve* contigo antes
17.13 *tengan* mi gozo cumplido en sí mismos
18.39 *tenéis* la costumbre de que os suelte
19.7 *tenemos* una ley, y según..debe morir
19.8 Pilato oyó decir esto, *tuvo* más miedo
19.10 que *tengo* autoridad para crucificarte
19.10 y que *tengo* autoridad para soltarte?
19.11 ninguna autoridad *tendrías* contra mí
19.11 me ha entregado, mayor pecado *tiene*
19.15 respondieron..No *tenemos* más rey que
19.28 la Escritura se cumpliese: *Tengo* sed
20.31 creyendo, *tengáis* vida en su nombre
21.5 dijo: Hijitos, *¿tenéis* algo de comer?
Hch. 1.17 era..y *tenía* parte en este ministerio
1.23 José..que *tenía* por sobrenombre Justo
2.44 todos..*tenían* en común todas las cosas
2.47 y *teniendo* favor con todo el pueblo
3.6 no *tengo* plata ni oro..lo que *t* te doy
4.22 el hombre..*tenía* más de cuarenta años
4.32 sino que *tenían* todas las cosas en común
4.37 *tenía* una heredad, la vendió y trajo el
5.41 *tenidos* por dignos de padecer afrenta
7.5 le prometió..cuando él aún no *tenía* hijo
7.44 *tuvieron* nuestros padres el tabernáculo
8.7 de muchos que *tenían* espíritus inmundos
8.21 no *tienes* tú parte ni..en este asunto
9.14 aquí *tiene* autoridad de los principales
9.26 todos le *tenían* miedo, no creyendo que
9.31 las iglesias *tenían* paz por toda Judea
10.5,32 el que *tiene* por sobrenombre Pedro
10.6 que *tiene* su casa junto al mar; él te
10.10 *tuvo* gran hambre, y quiso comer; pero
10.18 Simón que *tenía* por sobrenombre Pedro
10.22 que *tiene* buen testimonio en toda la
11.13 a Simón, el que *tiene* por sobrenombre
11.29 cada uno conforme a lo que *tenía*..enviar
12.12,25 el que *tenía* por sobrenombre Marcos
13.5 *tenían* también a Juan de ayudante
13.15 hermanos, si *tenéis* alguna palabra de
14.9 y viendo que *tenía* fe para ser sanado
15.2 Pablo y Bernabé *tuviesen* una discusión
15.21 Moisés..*tiene* en cada ciudad quien lo
15.22 Judas..*tenía* por sobrenombre Barsabás
15.37 a Juan, el que *tenía* por sobrenombre
16.16 que *tenía* espíritu de adivinación, la
16.38 *tuvieron* miedo al oír que eran romanos
17.5 los judíos que no creían, *teniendo* celos
18.10 yo *tengo* mucho pueblo en esta ciudad
18.18 rapado la cabeza en..*tenía* hecho voto
19.13 sobre los que *tenían* espíritus malos
19.17 notorio..y *tuvieron* temor todos ellos
19.38 Demetrio..tienen pleito contra alguno
21.9 éste *tenía* cuatro hijas doncellas que
21.23 que *tienen* obligación de cumplir voto
22.12 que *tenía* buen testimonio de todos los
22.29 también *tuvo* temor por haberle atado
23.10 el tribuno, *teniendo* temor de que Pablo
23.11 *ten* ánimo..como has testificado de mí
23.17 porque *tiene* cierto aviso que darle
23.18 este joven, que *tiene* algo que hablarte
23.19 le..¿Qué es lo que *tienes* que decirme?
23.29 ningún delito *tenía* digno de muerte o
23.30 traten delante de ti lo que *tengan*
24.15 *teniendo* esperanza en Dios, la cual
24.16 procuro *tener*..conciencia sin ofensa
24.19 y acusarme, si contra mí *tienen* algo
24.25 cuando *tenga* oportunidad te llamaré
25.16 antes que el acusado *tenga* delante a
25.19 que *tenían* contra él ciertas cuestiones
25.24 aquí *tenéis* a este hombre, respecto del
25.26 como no *tengo* cosa cierta que escribir
25.26 que después de..*tenga* yo qué escribir
26.2 me *tengo* por dichoso, oh rey Agripa, de
27.13 que ya *tenían* lo que deseaban, levaron
27.17 y *teniendo* temor de dar en la Sirte
27.22 os exhorto a *tener* buen ánimo, pues no
27.25 tened buen ánimo; porque yo confío en
27.36 todos, *teniendo* ya mejor ánimo, comieron
27.39 veían una ensenada que *tenía* playa, en
28.9 otros que..*tenían* enfermedades, venían
28.11 cual *tenía* por enseña a Cástor y Pólux
28.19 porque *tenga* de qué acusar a mi nación
28.29 fueron, *teniendo* gran discusión entre
Ro. 1.10 *tenga* al fin..próspero viaje para ir
1.13 para *tener*..entre vosotros algún fruto
1.20 visibles..de modo que no *tienen* excusa
1.28 ellos no aprobaron *tener* en cuenta a Dios
2.14 los gentiles que no *tienen* ley, hacen
2.14 aunque no *tengan* ley, son ley para sí
2.17 tú *tienes* el sobrenombre de judío, y te
2.20 *tienes* en la ley la forma de la ciencia
2.26 ¿no será *tenida* su incircuncisión como
3.1 ¿qué ventaja *tiene*, pues, el judío? ¿o de
4.2 *tiene* de qué gloriarse, pero no para con
4.11 la fe que *tuvo* estando aún incircunciso
4.12 de la fe que *tuvo* nuestro padre Abraham
5.1 *tenemos* paz para con Dios por medio de
5.2 *tenemos* entrada por la fe a esta gracia
6.21 qué fruto *teníais* de aquellas cosas de
6.22 *tenéis* por..fruto la santificación, y
8.9 si alguno no *tiene* el Espíritu de Cristo
8.18 *tengo* por cierto que las aflicciones del
8.23 que *tenemos* las primicias del Espíritu
9.2 *tengo* gran tristeza y continuo dolor en
9.9 este tiempo vendré, y Sara *tendrá* un hijo
9.15 *tendré* misericordia del que yo *tenga*
9.16 no..sino de Dios que *tiene* misericordia
9.18 de quien quiere, *tiene* misericordia, y
9.21 no *tiene* potestad el alfarero sobre el
10.2 les doy testimonio de que *tienen* celo de
11.32 sujetó a todos..para *tener* misericordia
12.3 cada cual..que no *tenga* más alto concepto
12.3 concepto de sí que el que debe *tener*
12.4 en un cuerpo *tenemos* muchos miembros
12.4 no todos los miembros *tienen* la misma
12.6 que *teniendo* diferentes dones, según la
12.20 si tu enemigo *tuviere* hambre, dale de
12.20 tu enemigo..*tuviere* sed, dale de beber
13.3 haz lo bueno, y *tendrás* alabanza de ella
14.22 *¿tienes* tú fe? *Tenla*..delante de Dios
15.4 por la paciencia y..*tengamos* esperanza
15.17 *tengo*, pues, de qué gloriarme en Cristo
15.23 ahora, no *teniendo* más campo en estas
15.26 *tuvieron* a bien hacer una ofrenda para
1 Co. 2.16 nosotros *tenemos* la mente de Cristo
4.1 *ténganos* los hombres por servidores de
4.3 yo en muy poco *tengo* el ser juzgado por
4.4 aunque de nada *tengo* mala conciencia, no
4.7 qué *tienes* que no hayas recibido? Y si
4.11 hambre, *tenemos* sed..y no *t* morada fija
4.15 aunque *tengáis* diez mil ayos en Cristo
4.15 no *tendréis* muchos padres..os engendré
5.1 que alguno *tiene* la mujer de su padre
5.12 ¿qué razón *tendría* yo para juzgar a los
6.1 vosotros, cuando *tiene* algo contra otro
6.4 *tenéis* juicios sobre cosas de esta vida
6.7 es ya una falta en..que *tengáis* pleitos
6.19 el cual *tenéis* de Dios, y que no sois
7.2 uno *tenga* su propia mujer..*t* su..marido
7.4 mujer no *tiene* potestad sobre su propio
7.4 tampoco *tiene* el marido potestad sobre
7.7 pero cada uno *tiene* su propio don de Dios
7.9 si no *tienen* don de continencia, cásense
7.12 hermano *tiene* mujer que no sea creyente
7.13 mujer *tiene* marido que no sea creyente
7.25 a las vírgenes no *tengo* mandamiento del
7.26 *tengo*, pues, esto por bueno a causa de
7.28 tales *tendrán* aflicción de la carne, y
7.29 *tienen* esposa..como si no la *tuviesen*
7.32,34 *tiene* cuidado de las cosas del Señor
7.33,34 *tiene* cuidado de las cosas del mundo
7.37 el que está firme..sin *tener* necesidad
7.40 que también yo *tengo* el Espíritu de Dios
8.1 sabemos que todos *tenemos* conocimiento
8.10 a ti, que *tienes* conocimiento, sentado
9.4 no *tenemos* derecho de comer y beber?
9.5 ¿no *tenemos* derecho de traer..por mujer
9.6 ¿o sólo yo y Bernabé no *tenemos* derecho
9.9 la ley..*¿Tiene* Dios cuidado de los bueyes
9.16 no *tengo* por qué gloriarme; porque me es
9.17 si lo hago de..recompensa *tendré;* pero
11.10 la mujer debe *tener* señal de autoridad
11.16 nosotros no *tenemos* tal costumbre, ni
11.21 y uno *tiene* hambre, y otro se embriaga
11.22 qué, ¿no *tenéis* casas en que comáis y
11.22 avergonzáis a los que no *tienen* nada?
11.34 alguno *tuviere* hambre, coma en su casa
12.12 cuerpo es uno, y *tiene* muchos miembros
12.21 cabeza a los pies: No *tengo* necesidad
12.24 son más decorosos, no *tienen* necesidad
12.28 los que ayudan..*tienen* don de lenguas
12.30 *¿tienen* todos dones de sanidad? ¿hablan
13.1 si..y no *tengo* amor, vengo a ser como
13.2 si *tuviese* profecía, y entendiese todos
13.2 si tuviese toda la fe..y no *tengo* amor
13.3 ser quemado, y no *tengo* amor, de nada
13.4 el amor no *tiene* envidia, el amor no es
14.26 cada uno de..*tiene* salmo, *t* doctrina
14.26 de vosotros..*tiene* lengua, *t* revelación
14.26 *tiene* interpretación. Hágase todo para
15.31 por la gloria que de vosotros *tengo* en
16.5 iré..pues por Macedonia *tengo* que pasar
16.11 por tanto, nadie le *tenga* en poco, sino
16.12 de ninguna manera *tuvo* voluntad de ir
16.12 ahora; pero irá cuando *tenga* oportunidad
2 Co. 1.9 *tuvimos* en nosotros mismos sentencia
1.15 para que *tuvieseis* una segunda gracia
2.3 no *tenga* tristeza de parte de aquellos
2.4 supieseis cuán grande..amor que os *tengo*
2.9 para *tener* la prueba de si vosotros sois
2.13 no *tuve* reposo en mi espíritu, por no
3.1 ¿o *tenemos* necesidad, como algunos, de
3.4 y tal confianza *tenemos* mediante Cristo
3.11 si lo que perece *tuvo* gloria, mucho más
3.12 que, *teniendo* tal esperanza, usamos de
4.1 *teniendo* nosotros este ministerio según
4.7 *tenemos* este tesoro en vasos de barro
4.13 pero *teniendo* el mismo espíritu de fe
5.1 *tenemos* de Dios un edificio, una casa no
5.12 para que *tengáis* con qué responder a los
6.10 no *teniendo* nada, mas poseyéndolo todo
6.14 ¿qué compañerismo *tiene* la justicia con
7.1 que *tenemos* tales promesas, limpiémonos
7.4 franqueza *tengo* con vosotros..me glorío
7.5 ningún reposo *tuvo* nuestro cuerpo, sino
7.12 nuestra solicitud..*tenemos* por vosotros
7.16 me gozo de que en todo *tengo* confianza
8.11 en cumplir conforme a lo que *tengáis*
8.12 será acepta según lo que uno *tiene*, no
8.12 será acepta..no según lo que no *tiene*
8.15 el que recogió mucho, no *tuvo* más, y el
8.15 que recogió..el que poco, no *tuvo* menos
8.22 mucha confianza que *tiene* en vosotros
9.5 por tanto, *tuve* por necesario exhortar a
9.8 que, *teniendo*..en todas las cosas todo lo
10.2 no *tenga* que usar de aquella osadía con
10.2 nos *tienen* como si anduviésemos según la
10.11 esto *tenga* en cuenta tal persona, que
11.9 y *tuve* necesidad, a ninguno fui carga
11.16 vez digo: Que nadie me *tenga* por loco
11.21 que otro *tenga* osadía..yo *tengo* osadía
12.21 quizá *tenga* que llorar por muchos de
13.11 por lo demás, hermanos, *tened* gozo
Gá. 2.2 en privado a los que *tenían*..reputación
2.4 espiar nuestra libertad que *tenemos* en
2.6 de los que *tenían* reputación de ser algo
2.12 *tenía* miedo de los de la circuncisión
4.14 no..por la prueba que *tenía* en mi cuerpo
4.17 *tienen* celo por vosotros, pero no para
4.17 para que vosotros *tengáis* celo por ellos
4.22 está escrito que Abraham *tuvo* dos hijos
4.27 clama, tú que no *tienes* dolores de parto
4.27 más son los..que de la que *tiene* marido
6.4 *tendrá* motivo de gloriarse sólo respecto
6.10 *tengamos* oportunidad, hagamos bien a
Ef. 1.7 quien *tenemos* redención por su sangre
1.11 en él..*tuvimos* herencia, habiendo sido
2.18 *tenemos* entrada por un mismo Espíritu
3.12 en quien *tenemos* seguridad y acceso con
4.18 *teniendo* el entendimiento entenebrecido
4.28 para que *tenga* qué compartir con el que
5.5 ningún fornicario..*tiene* herencia en el
5.27 que no *tuviese* mancha ni arruga ni cosa
6.12 no *tenemos* lucha contra sangre y carne
Fil. 1.7 por cuanto os *tengo* en el corazón
1.23 *teniendo* deseo de partir y estar con
1.30 *teniendo* el mismo conflicto que..visto
2.2 gozo..*teniendo* el mismo amor, unánimes
2.20 a ninguno *tengo* del mismo ánimo, y que
2.25 *tuve* por necesario enviaros a..hermano
2.26 porque él *tenía* gran deseo de veros a
2.27 pero Dios *tuvo* misericordia de él, y no
2.27 para que yo no *tuviese* tristeza sobre
2.29 *tened* en estima a los que son como él
3.3 nos gloriamos..no *teniendo* confianza en
3.4 aunque yo *tengo* también de qué confiar en

TENER ***(Continúa)***

Fil. 3.4 si alguno piensa que *tiene* de qué confiar
3.8 lo *tengo* por basura, para ganar a Cristo
3.9 no *teniendo* mi propia justicia, que es
3.17 según el ejemplo que *tenéis* en nosotros
4.11 no lo digo porque *tenga* escasez, pues
4.12 humildemente, y sé *tener* abundancia; en
4.12 *tener* hambre, así para *t* abundancia
4.18 todo lo he recibido, y *tengo* abundancia
Col. 1.4 oído. .amor que *tenéis* a. .los santos
1.14 quien *tenemos* redención por su sangre
1.18 para que en todo *tenga* la preeminencia
2.23 tales cosas *tienen*. .cierta reputación
2.23 no *tienen* valor. .contra los apetitos de
3.13 perdonándoos. .si alguno *tuviere* queja
4.1 sabiendo que. .*tenéis* un Amo en los cielos
4.13 que *tiene* gran solicitud por vosotros
1 Ts. 1.8 no *tenemos* necesidad de hablar nada
2.2 padecido. .*tuvimos* denuedo en nuestro Dios
4.4 cada uno de. .sepa *tener* su propia esposa
4.9 no *tenéis* necesidad de que os escriba
4.11 y que procuréis *tener* tranquilidad, y
4.12 afuera, y no *tengáis* necesidad de nada
4.13 os entristezcáis. .no *tienen* esperanza
5.1 no *tenéis* necesidad. .que yo os escriba
5.13 los *tengáis* en mucha estima y amor por
5.13 de su obra. *Tened* paz entre vosotros
2 Ts. 1.5 seáis *tenidos* por dignos del reino
1.11 nuestro Dios os *tenga* por dignos de su
3.4 y *tenemos* confianza respecto a vosotros
3.9 no porque no *tuviésemos* derecho, sino por
3.15 no lo *tengáis* por enemigo. .amonestadlo
1 Ti. 1.12 me *tuvo* por fiel, poniéndome en el
3.4 *tenga* a sus hijos en sujeción con toda
3.7 *tenga* buen testimonio de los de afuera
3.14 aunque *tengo* la esperanza de ir. .verte
4.2 que, *teniendo* cauterizada la conciencia
4.8 *tiene* promesa de esta vida presente, y
4.12 ninguno *tenga* en poco tu juventud, sino
4.16 *ten* cuidado de ti. .y de la doctrina
5.4 pero si alguna viuda *tiene* hijos, o nietos
5.10 *tenga* testimonio de buenas obras; si ha
5.16 *tiene* viudas, que las mantenga, y no sea
5.17 sean *tenidos* por dignos de doble honor
6.1 *tengan* a sus amos por dignos de. .honor
6.2 y los que *tienen* amos creyentes, no los
6.2 no los *tengan* en menos por ser hermanos
6.8 que, *teniendo* sustento y abrigo, estemos
6.16 el único que *tiene* inmortalidad, que
2 Ti. 1.16 *tenga* el Señor misericordia de la casa
2.15 obrero que no *tiene* de qué avergonzarse
2.19 *teniendo* este sello: Conoce el Señor a
3.5 que *tendrán* apariencia de piedad, pero
4.3 sino que *teniendo* comezón de oír, se
Tit. 1.6 y *tenga* hijos creyentes que no estén
2.8 no *tenga* nada malo que decir de vosotros
Flm. 5 oigo del amor y. .*tienes* hacia el Señor
7 porque *tenemos* gran gozo y consolación en
8 *tengo*. .libertad en Cristo para mandarte lo
17 si me *tienes* por compañero, recíbele como
20 *tenga* yo algún provecho de ti en el Señor
He. 2.14 destruir. .al que *tenía* el imperio de
3.3 *tiene* mayor honra que la casa el que la
4.13 ojos de aquel a quien *tenemos* que dar
4.14 tanto, *teniendo* un gran sumo sacerdote
4.15 porque no *tenemos* un sumo sacerdote que
5.11 acerca de esto *tenemos* mucho que decir
5.12 *tenéis* necesidad de que se os vuelva a
5.12 que *tenéis* necesidad de leche, y no de
5.14 los que por el uso *tienen* los sentidos
6.18 *tengamos* un fortísimo consuelo los que
6.19 la cual *tenemos* como segura. .ancla del
7.3 que ni *tiene* principio de días, ni fin de
7.5 *tienen* mandamiento de tomar del pueblo
7.6 tomó. .y bendijo al que *tenía* las promesas
7.24 mas éste. .*tiene* un sacerdocio inmutable
7.27 que no *tiene* necesidad cada día, como
8.1 que *tenemos* tal sumo sacerdote, el cual
8.3 es necesario que. .*tenga* algo que ofrecer
9.1 el primer pacto *tenía* ordenanzas de culto
9.4 el cual *tenía* un incensario de oro y el
10.1 la ley, *teniendo* la sombra de los bienes
10.2 no *tendrían* ya más conciencia de pecado
10.19 así que. .*teniendo* libertad para entrar
10.21 y *teniendo* un gran sacerdote sobre la
10.25 congregarnos, como algunos *tienen* por
10.29 y *tuviere* por inmunda la sangre del
10.34 que *tenéis* en. .herencia en los cielos
10.35 confianza, que *tiene* grande galardón
10.39 *tienen* fe para preservación del alma
11.5 *tuvo* testimonio. .haber agradado a Dios
11.10 la ciudad que *tiene* fundamentos, cuyo
11.15 ciertamente *tenían* tiempo de volver
11.26 *teniendo* por. .riquezas el vituperio de
11.26 *tenía* puesta la mirada en el galardón
12.1 *teniendo*. .tan grande nube de testigos
12.1 y corramos. .la carrera que *tenemos* por
12.9 *tuvimos* a nuestros padres terrenales que
12.28 así. .*tengamos* gratitud, y mediante ella
13.5 avaricia, contentos con lo que *tenéis*
13.10 *tenemos* un altar, del cual no *tienen*
13.14 porque no *tenemos*. .ciudad permanente
13.18 confiamos en que *tenemos*. .conciencia
Stg. 1.2 *tened* por sumo gozo cuando os halléis
1.4 mas *tenga* la paciencia su obra completa
1.5 y si alguno de. .*tiene* falta de sabiduría
2.14 alguno dice que *tiene* fe, y no *t* obras?
2.15 y *tienen* necesidad del mantenimiento de
2.17 la fe, si no *tiene* obras, es muerta en
2.18 dirá: Tú *tienes* fe, y yo *tengo* obras
3.14 si *tenéis* celos amargos y contención en
4.2 codiciáis, y no *tenéis;* matáis y ardéis
4.2 lucháis, pero no *tenéis* lo que deseáis
5.7 *tened* paciencia hasta. .venida del Señor
5.8 *tened*. .paciencia, y afirmad. .corazones
5.11 *tenemos* por bienaventurados a los que
1 P. 1.6 *tengáis* que ser afligidos en. .pruebas
1.14 los deseos que antes *teníais* estando en
2.16 *tienen* la libertad como pretexto para
3.7 que vuestras oraciones no *tengan* estorbo
3.16 *teniendo* buena conciencia, para que en
4.8 todo, *tened* entre vosotros ferviente amor
5.3 no como *teniendo* señorío sobre los que
5.7 él, porque él *tiene* cuidado de vosotros
5.12 de Silvano, a quien *tengo* por hermano
2 P. 1.9 no *tiene* estas cosas *t* la vista muy
1.13 *tengo* por justo, en tanto. .despertaros
1.15 podáis en. .*tener* memoria de estas cosas
1.17 mi Hijo. .en el cual *tengo* complacencia
1.19 *tenemos* también la palabra profética
2.13 *tienen* por delicia el gozar de deleites
2.14 *tienen* los ojos llenos de adulterio, no
2.14 *tienen* el corazón habituado a. .codicia
3.2 que *tengáis* memoria de las palabras que
3.9 no. .según algunos la *tienen* por tardanza
3.15 y *tened* entendido que la paciencia de
1 Jn. 1.3 que. .*tengáis* comunión con nosotros
1.6 si decimos que *tenemos* comunión con él
1.7 pero si. .*tenemos* comunión unos con otros
1.8 si decimos que no *tenemos* pecado, nos
2.1 y si. .abogado *tenemos* para con el Padre
2.7 sino el mandamiento. .que habéis *tenido*
2.20 vosotros *tenéis* la unción del Santo, y
2.23 niega al Hijo, tampoco *tiene* al Padre
2.23 que confiesa al Hijo, *tiene*. .al Padre
2.27 no *tenéis* necesidad de. .nadie os enseñe
2.28 se manifieste, *tengamos* confianza, para
3.3 todo aquel que *tiene* esta esperanza en él
3.15 que ningún homicida *tiene* vida eterna
3.17 el que *tiene* bienes de este mundo y ve
3.17 a su hermano *tener* necesidad, y cierra
3.21 no nos reprende, confianza *tenemos* en
4.16 creído el amor que Dios *tiene* para con
4.17 para que *tengamos* confianza en el día
4.21 *tenemos* este mandamiento de él: El que
5.10 el que cree. .*tiene* el testimonio en sí
5.12 el que *tiene* al Hijo, *t* la vida; el que
5.12 el que no *tiene* al Hijo. .no *t* la vida
5.13 para que sepáis que *tenéis* vida eterna
5.14 esta es la confianza que *tenemos* en él
5.15 sabemos que *tenemos* las peticiones que
2 Jn. 5 el que hemos *tenido* desde el principio
9 no persevera en la. .no *tiene* a Dios; el que
9 que persevera. .sí *tiene* al Padre y al Hijo
12 *tengo* muchas cosas que escribiros, pero
3 Jn. 2 y que *tengas* salud, así como prospera
4 no *tengo* yo mayor gozo que este, el oír que
9 le gusta *tener* el primer lugar entre ellos
13 yo *tenía* muchas cosas que escribirte, pero
Jud. 3 gran solicitud que *tenía* de escribiros
17 *tened* memoria de las palabras que antes
19 los sensuales, que no *tienen* al Espíritu
23 y de otros *tened* misericordia con temor
Ap. 1.16 *tenía* en su diestra siete estrellas
1.18 y *tengo* las llaves de la muerte y. .Hades
2.1 el que *tiene* las siete estrellas en su
2.3 y has *tenido* paciencia, y has trabajado
2.4 pero *tengo* contra ti, que has dejado tu
2.6 *tienes* esto, que aborreces las obras de
2.7,11,17,29 el que *tiene* oído, oiga lo que
2.10 *tendréis* tribulación por diez días. Sé
2.12 el que *tiene* la espada aguda. .dice esto
2.14,20 pero *tengo* unas pocas cosas contra ti
2.14,15 *tienes*. .los que retienen la doctrina
2.18 el que *tiene* ojos como llama de fuego
2.24 a cuantos no *tienen* esa doctrina, y no
2.25 pero lo que *tenéis*, retenedlo hasta que
3.1 el que *tiene* los siete espíritus de Dios
3.1 que *tienes* nombre de que vives, y estás
3.4 *tienes* unas pocas personas en Sardis que
3.6,13,22 el que *tiene* oído, oiga lo que el
3.7 esto dice. .el que *tiene* la llave de David
3.8 aunque *tienes* poca fuerza, has guardado
3.11 retén lo que *tienes*, para que ninguno
3.17 y de ninguna cosa *tengo* necesidad; y no
4.7 el tercero *tenía* rostro como de hombre
4.8 seres vivientes *tenían* cada uno seis alas
5.6 un Cordero como. .que *tenía* siete cuernos
5.8 *tenían* arpas, y copas de oro llenas de
6.2 y el que lo montaba *tenía* un arco; y le
6.5 el que lo montaba *tenía* una balanza en
6.8 que lo montaba *tenía* por nombre Muerte
6.9 muertos. .y por el testimonio que *tenían*
7.2 y *tenía* el sello del Dios vivo; y clamó
7.16 ya no *tendrán* hambre ni sed, y el sol no
8.6 siete ángeles que *tenían* las 7 trompetas
9.3 como *tienen* poder los escorpiones de la
9.4 los hombres que no *tuviesen* el sello de
9.7 en las cabezas *tenían* como coronas de oro
9.8 *tenían* cabello como cabello de mujer; sus
9.9 *tenían* corazas como corazas de hierro; el
9.10 *tenían* colas como. .en sus colas *t* poder
9.11 y *tienen* por rey. .al ángel del abismo
9.14 al sexto ángel que *tenía* la trompeta
9.17 los cuales *tenían* corazas de fuego, de
9.19 sus colas. .*tenían* cabezas, y con ellas
10.2 *tenía* en su mano un librito abierto; y
11.6 éstos *tienen* poder para cerrar el cielo
11.6 y *tienen* poder sobre las aguas para
12.3 gran dragón. .que *tenía* siete cabezas y
12.6 *tiene* lugar preparado por Dios, para que
12.12 ira, sabiendo que *tiene* poco tiempo
12.17 y *tienen* el testimonio de Jesucristo
13.1 vi. .una bestia que *tenía* siete cabezas
13.9 si alguno *tiene* oído, oiga
13.11 *tenía* dos cuernos semejantes a los de
13.17 el que *tuviese* la marca o el nombre de
13.18 el que *tiene* entendimiento, cuente el
14.1 que *tenían* el nombre de él y el de su
14.6 vi. .otro ángel, que *tenía* el evangelio
14.11 y no *tienen* reposo de día ni de noche
14.14 *tenía* en la cabeza una corona de oro
14.17 ángel. .*teniendo* también una hoz aguda
14.18 ángel, que *tenía* poder sobre el fuego
14.18 y llamó a. .al que *tenía* la hoz aguda
15.1,6 ángeles que *tenían* las siete plagas
16.2 sobre los hombres que *tenían* la marca
16.9 que *tiene* poder sobre estas plagas, y
17.1 uno de los. .que *tenían* las siete copas
17.3 que *tenía* siete cabezas y diez cuernos
17.4 *tenía* en la mano un cáliz de oro lleno
17.7 la cual *tiene* las siete cabezas y los
17.9 esto, para la mente que *tenga* sabiduría
17.13 *tienen*. .mismo propósito, y entregarán
18.19 todos los que *tenían* naves en el mar
19.12 y *tenían* un nombre escrito que ninguno
19.16 muslo *tiene* escrito este nombre: Rey
20.6 bienaventurado. .el que *tiene* parte en la
20.6 segunda muerte no *tiene* potestad sobre
21.8 *tendrán* su parte en el lago que arde con
21.9 que *tenían* las siete copas llenas de las
21.11 *teniendo* la gloria de Dios. Y su fulgor
21.12 *tenía* un muro grande. .con doce puertas
21.14 muro de la ciudad *tenía* doce cimientos
21.15 el que hablaba conmigo *tenía* una caña
21.23 la ciudad no *tiene* necesidad de sol ni
22.5 no *tienen* necesidad de luz de lámpara
22.14 para *tener* derecho al árbol de la vida
22.17 que *tiene* sed, venga; y el que quiera

TENTACIÓN

Mt. 6.13 no nos metas en *t*, mas líbranos del
26.41 velad y orad, para que no entréis en *t*
Mr. 14.38 y orad, para que no entréis en *t;* el
Lc. 4.13 cuando el diablo hubo acabado toda *t*
11.4 y no nos metas en *t*, mas líbranos del
22.40,46 les dijo: Orad que no entréis en *t*
1 Co. 10.13 no os ha sobrevenido ninguna *t* que
10.13 también juntamente con la *t* la salida
1 Ti. 6.9 que quieren enriquecerse caen en *t* y
He. 3.8 como. .en el día de la *t* en el desierto
Stg. 1.12 bienaventurado el. .que soporta la *t*
2 P. 2.9 el Señor librar de *t* a los piadosos

TENTADO ***Véase Tentar***

TENTADOR

Mt. 4.3 y vino a él el *t*, y le dijo: Si eres
1 Ts. 3.5 no sea que os hubiese tentado el *t*

TENTAR

Éx. 17.2 les dijo. .¿Por qué *tentáis* a Jehová?
17.7 *tentaron* a Jehová, diciendo: ¿Está, pues
Nm. 14.22 han *tentado* ya diez veces, y no han
Dt. 6.16 no *tentaréis* a Jehová vuestro Dios
6.16 a Jehová. .como lo *tentasteis* en Masah
Sal. 78.18 pues *tentaron* a Dios en su corazón
78.41 *tentaban* a Dios, y provocaban al Santo
78.56 pero ellos *tentaron*. .al Dios Altísimo
95.9 donde me *tentaron* vuestros padres, me
106.14 en el desierto, y *tentaron* a Dios en
Is. 7.12 Acaz: No pediré, y no *tentaré* a Jehová
Mal. 3.15 sino que *tentaron* a Dios y escaparon
Mt. 4.1 Jesús fue llevado. .para ser *tentado* por
4.7 Jesús le. .No *tentarás* al Señor tu Dios
16.1 vinieron los fariseos y. .para *tentarle*
19.3 *tentándole* y diciéndole: ¿Es lícito al
22.18 dijo: ¿Por qué me *tentáis*, hipócritas?
22.35 y uno. .preguntó por *tentarle*, diciendo
Mr. 1.13 era *tentado* por Satanás, y estaba con
8.11 pidiéndole señal. .cielo, para *tentarle*
10.2 para *tentarle*, si era lícito. .repudiar
12.15 ¿por qué me *tentáis?* Traedme la moneda
Lc. 4.2 era *tentado* por el diablo. Y no comió
4.12 le dijo. .No *tentarás* al Señor tu Dios
11.16 otros, para *tentarle*, le pedían señal
20.23 mas él. .les dijo: ¿Por qué me *tentáis?*
Jn. 8.6 decían *tentándole*, para poder acusarle
Hch. 5.9 qué convinisteis en *tentar* al Espíritu
15.10 ahora, pues, ¿por qué *tentáis* a Dios
1 Co. 7.5 que no os *tiente* Satanás a causa de
10.9 ni *tentemos* al Señor. .ellos le *tentaron*
10.13 es Dios, que no os dejará ser *tentados*

TENTAR *(Continúa)*
Gá. 6.1 ti mismo. . que tú también seas *tentado*
1 Ts. 3.5 que os hubiese *tentado* el tentador
He. 2.18 cuanto él mismo padeció siendo *tentado*
2.18 para socorrer a los que son *tentados*
3.9 me *tentaron* vuestros padres; me probaron
4.15 sino uno que fue *tentado* en todo según
Stg. 1.13 *tentado*, no diga que es *t* de. . Dios
1.13 no puede ser *tentado*. . ni él *tienta* a
1.14 es *tentado*. . de su propia concupiscencia

TEÑIR
Gn. 37.31 y *tiñeron* la túnica con la sangre
Éx. 25.5; 26.14; 35.7,23; 36.19; 39.34 pieles de carneros *teñidas* de rojo
Ap. 19.13 vestido de una ropa *teñida* en sangre

TEÓFILO *Personaje a quien Lucas dedicó su Evangelio y el libro de Hechos*
Lc. 1.3 escribírtelas por. . oh excelentísimo *T*
Hch. 1.1 en el primer tratado, oh *T*. . acerca de

TERAFÍN *Ídolo tutelar. En Gn. 31.30, "dioses"*
Jue. 17.5 tuvo casa de dioses, e hizo efod y *t*
18.14 hay efod y *t*, y una imagen de talla y
18.17 tomaron. . los *t* y la imagen de fundición
18.18 tomaron. . el efod, los *t* y la imagen de
18.20 el cual tomó el efod y los *t* y la imagen
2 R. 23.24 barrió Josías a los. . adivinos y *t*
Os. 3.4 estarán. . sin estatua, sin efod y sin *t*
Zac. 10.2 porque los *t* han dado vanos oráculos

TERCERO, RA
Gn. 1.13 y fue la tarde y la mañana el día *t*
2.14 el nombre del *t* río es Hidekel; éste es
6.16 arca. . y le harás piso bajo, segundo y *t*
22.4 al *t* día alzó Abraham sus ojos, y vio el
31.22 y al *t* día fue dicho a Labán que Jacob
32.19 mandó. . al *t*, y a todos los que iban tras
34.25 al *t* día, cuando sentían ellos. . dolor
40.20 *t* día, que era el día del cumpleaños de
42.18 al *t* día les dijo José: Haced esto, y
50.23 y vio José los. . hasta la *t* generación
Éx. 19.1 en el mes *t* de la salida de. . de Israel
19.11 estén preparados para el día *t*, porque
19.11 *t* día Jehová descenderá a ojos de todo
19.15 dijo. . Estad preparados para el *t* día
19.16 al *t* día. . vinieron truenos y relámpagos
20.5 hasta la *t* y cuarta generación de los
28.19 *t* hilera, un jacinto, una ágata y una
34.7 visita. . hasta la *t* y cuarta generación
39.12 *t* hilera, un jacinto, una ágata y una
Lv. 7.17 quedare. . hasta el *t* día, será quemado
7.18 si se comiere de la carne del. . al *t* día
19.6 que quedare para el *t* día, será quemado
19.7 si se comiere el día *t*, será abominación
Nm. 2.24 de Efraín. . por sus ejércitos. . los *t*
7.24 el *t* día, Eliab hijo de Helón, príncipe
14.18 visita la maldad de. . hasta los *t* y hasta
15.6 de harina, amasada con la *t* parte de un
15.7 de vino. . ofrecerás la *t* parte de un hin
19.12 al *t* día se purificará con. . agua, y al
19.12 si al *t* día no se purificare, no será
19.19 rociará sobre el. . al *t* y al séptimo día
28.14 la *t* parte de un hin con cada carnero
29.20 el día *t*, once becerros, dos carneros
31.19 os purificaréis el *t* día y al séptimo
Dt. 5.9 visito la maldad. . hasta la *t* y cuarta
23.8 hijos. . en la *t* generación entrarán en
26.12 cuando acabes de diezmar. . en el año *t*
Jos. 9.17 al *t* día llegaron a las ciudades de
19.10 la *t* suerte tocó a los hijos de Zabulón
Jue. 20.30 subiendo. . Israel. . *t* día, ordenaron
1 S. 3.8 Jehová, pues, llamó la *t* vez a Samuel
10.3 llevando uno. . y el *t* una vasija de vino
13.18 el *t* escuadrón marchaba hacia la región
13.21 la *t* parte de un siclo por afilar las
17.13 eran. . el segundo Abinadab, y el *t* Sama
19.21 volvió a enviar mensajeros por *t* vez
20.5 me. . en el campo hasta la tarde del *t* día
20.12 haya preguntado a mi padre a. . el día *t*
30.1 David y sus. . vinieron a Siclag al *t* día
2 S. 1.2 *t* día, sucedió que vino uno. . de Saúl
3.3 *t*, Absalón hijo de Maaca, hija de Talmai
18.2 una *t* parte. . Joab, una *t* parte. . Abisai
18.2 envió. . una *t* parte al mando de Itai geteo
1 R. 3.18 al *t* día después de dar yo a luz, que
6.6 aposento. . y el *t* de siete codos de ancho
6.8 subía. . y del aposento de en medio al *t*
12.12 *t* día vino Jeroboam con todo el pueblo
12.12 rey había mandado. . Volved a mí al *t* día
15.28 lo mató. . Baasa en el *t* año de Asa rey
15.33 el *t* año de Asa rey de Judá, comenzó
18.1 palabra de Jehová a Elías en el *t* año
18.34 hacedlo la *t* vez; y lo hicieron la *t*
22.2 aconteció al *t* año, que Josafat rey de
2 R. 1.13 volvió a enviar al *t* capitán de 50
1.13 subiendo aquel *t* capitán de cincuenta
11.5 la *t* parte. . tendrá la guardia de la casa
11.6 otra *t* parte estará a la puerta de Shur
11.6 la otra *t* parte a la puerta del postigo
18.1 en el *t* año de Oseas. . comenzó a reinar
19.29 y el *t* año sembraréis, y segaréis, y
20.5 te sano; al *t* día subirás a la casa de
20.8 que subiré a la casa de Jehová al *t* día?
1 Cr. 2.13 e Isaí engendró a Eliab. . Simea el *t*
3.2 *t*, Absalón hijo de Maaca, hija de Talmai
3.15 hijos de Josías. . *t* Sedequías, el cuarto
8.1 Benjamín engendró a Bela su. . Ahara el *t*
8.39 los hijos de Esec. . Jehús. . Elifelet el *t*
12.9 Ezer el. . Obadías el segundo, Eliab el *t*
23.19 hijos de Hebrón: Jerías. . Jahaziel el *t*
24.8 la *t* a Harim, la cuarta a Seorim
24.23 el segundo Amarías, el *t* Jahaziel, el
25.10 la *t* para Zacur, con sus hijos y sus
26.2 los hijos de Meselemías. . Zebadías el *t*
26.4 de Obed-edom. . Joa el *t*, el cuarto Sacar
26.11 *t* Tebalías, el cuarto Zacarías; todos
27.5 el jefe de la *t* división para el *t* mes
2 Cr. 10.12 vino. . el pueblo a Roboam al *t* día
15.10 reunieron, pues. . en el mes *t* del año
17.7 al *t* año de su reinado envió. . príncipes
23.4 una *t* parte de vosotros. . de porteros con
23.5 otra *t* parte, a la casa del rey; y la
23.5 otra *t* parte, a la puerta del Cimiento
27.5 y lo mismo en el segundo año y en el *t*
31.7 el mes *t* comenzaron a formar aquellos
Esd. 6.15 terminada el *t* día del mes de Adar
Neh. 10.32 contribuir. . la *t* parte de un siclo
Est. 1.3 el *t* año de su reinado hizo banquete
5.1 que al *t* día se vistió Ester su vestido
8.9 llamados los escribanos. . en el mes *t*, que
Job 42.14 llamó el nombre. . la *t*, Keren-hapuc
Is. 19.24 en aquel tiempo Israel. . *t* con Egipto
37.30 año *t* sembraréis y segaréis. . su fruto
Jer. 38.14 a su presencia, en la *t* entrada de
Ez. 5.2 una *t* parte quemarás a fuego en medio
5.2 tomarás una *t* parte. . *t* parte esparcirás
5.12 una *t* parte de ti morirá de pestilencia
5.12 una *t* parte caerá a. . *t* parte esparciré
10.14 la *t*, cara de león; la cuarta. . águila
31.1 mes *t*, el día primero del mes, que vino
46.14 y la *t* parte de un hin de aceite para
Dn. 1.1 en el año *t* del reinado de Joacim rey
2.39 y luego un *t* reino de bronce, el cual
5.7 que lea esta. . será el *t* señor en el reino
5.16 vestido. . y serás el *t* señor en el reino
5.29 proclamar que. . era el *t* señor del reino
8.1 en el año *t* del reinado del rey Belsasar
10.1 en el año *t* de Ciro rey de Persia fue
Os. 6.2 el *t* día nos resucitará, y viviremos
Zac. 6.3 en el *t* carro caballos blancos, y en
13.8 que las dos *t* partes serán cortadas en
13.8 y se perderán; mas la *t* quedará en ella
13.9 meteré en el fuego a la *t* parte, y los
Mt. 16.21 y ser muerto, y resucitar al *t* día
17.23 y le matarán; mas al *t* día resucitará
20.3 cerca de la hora *t* del día, vio a otros
20.19 le crucifiquen; mas al *t* día resucitará
22.26 de la misma manera. . y el *t*, hasta el
26.44 y oró por *t* vez, diciendo las mismas
27.64 se asegure el sepulcro hasta el *t* día
Mr. 9.31 después de muerto, resucitará al *t* día
10.34 y le matarán; mas al *t* día resucitará
12.21 el segundo. . y el *t*, de la misma manera
14.41 vino la *t* vez, y les dijo: Dormid ya, y
15.25 era la hora *t* cuando le crucificaron
Lc. 9.22 y que sea muerto, y resucite al *t* día
12.38 y aunque venga a la *t* vigilia, si los
13.32 y mañana, y al *t* día termino mi obra
18.33 y le matarán; mas al *t* día resucitará
20.12 volvió a enviar un *t* siervo; mas ellos
20.31 la tomó el *t*, y así todos los siete, y
23.22 por *t* vez: ¿Pues qué mal ha hecho éste?
24.7 que sea crucificado, y resucite al *t* día
24.21 es ya el *t* día que esto ha acontecido
24.46 y resucitase de los muertos al *t* día
Jn. 2.1 al *t* día se hicieron unas bodas en Caná
21.14 ya la *t* vez que Jesús se manifestaba a
21.17 le dijo la *t* vez: Simón, hijo de Jonás
21.17 de que le dijese la *t* vez: ¿Me amas?
Hch. 2.15 no están ebrios. . es la hora *t* del día
10.40 éste levantó Dios al *t* día, e hizo que
20.9 cayó del *t* piso abajo, y fue levantado
23.23 preparasen para la hora *t* de la noche
27.19 y al *t* día. . arrojamos los aparejos de
1 Co. 12.28 lo *t* maestros, luego los que hacen
15.4 y que resucitó al *t* día, conforme a las
2 Co. 12.2 si. . fue arrebatado hasta el *t* cielo
12.14 aquí, por *t* vez estoy preparado para ir
13.1 esta es la *t* vez que voy a vosotros. Por
Ap. 4.7 el *t* tenía rostro como de hombre; y el
6.5 abrió el *t* sello, oí al *t* ser viviente
8.7 y la *t* parte de los árboles se quemó, y
8.8 la *t* parte del mar se convirtió en sangre
8.9 murió la *t* parte de los seres vivientes
8.9 y la *t* parte de las naves fue destruida
8.10 el *t* ángel tocó la trompeta, y cayó del
8.10 y cayó sobre la *t* parte de los ríos, y
8.11 y la *t* parte de las aguas se convirtió
8.12 y fue herida la *t* parte del sol, y la
8.12 la *t* parte de la luna, y la *t* parte de
8.12 que se oscureciese la *t* parte de ellos
8.12 y no hubiese luz en la *t* parte del día
9.15 fin de matar a la *t* parte de los hombres
9.18 por estas. . fue muerta la *t* parte de los
11.14 ay pasó; he aquí, el *t* ay viene pronto
12.4 y su cola arrastraba la *t* parte de las
14.9 el *t* ángel los siguió, diciendo a gran
16.4 *t* ángel derramó su copa sobre los ríos
21.19 era. . el *t*, ágata; el cuarto, esmeralda

TERCIO *Amanuense del apóstol Pablo*, Ro. 16.22

TERES *Eunuco del rey Asuero*
Est. 2.21 se enojaron Bigtán y *T*, dos eunucos
6.2 había denunciado el complot de. . y de *T*

TERMINAR
Nm. 34.9 este límite. . *terminará* en Hazar-enán
34.12 límite. . y *terminará* en el Mar Salado
Jos. 15.4 pasaba a Asmón. . *terminaba* en el mar
15.11 y sale a Jabneel y *termina* en el mar
18.19 Bet-hogla, y *termina* en la bahía norte
19.22 *termina* en el Jordán; 16 ciudades con
1 R. 6.9 labró, pues, la casa, y la *terminó*
6.14 así. . Salomón labró la casa y la *terminó*
7.1 edificó Salomón su propia casa. . *terminó*
7.40 *terminó* toda la obra que hizo a Salomón
7.51 *terminó* toda la obra que dispuso hacer
9.25 altar. . después que la casa fue *terminada*
2 Cr. 7.11 *terminó*. . Salomón la casa de Jehová
8.16 casa de Jehová hasta que fue *terminada*
24.14 cuando *terminaron*, trajeron al rey y a
25.16 cuando *terminó* de hablar, el profeta
29.17 y el día 16 del mes primero *terminaron*
31.7 formar. . y *terminaron* en el mes séptimo
Esd. 5.11 la cual edificó y *terminó* el gran rey
6.14 y *terminaron*, por orden. . Dios de Israel
6.15 casa fue *terminada* el tercer día del mes
10.17 *terminaron* el juicio de. . aquellos que
Neh. 4.6 la muralla fue *terminada* hasta. . de su
6.9 se debilitarán. . obra, y no será *terminada*
6.15 fue *terminado*, pues, el muro, el 25 del
Job 31.40 aquí *terminan* las palabras de Job
Sal. 72.20 aquí *terminan* las oraciones de David
Jer. 8.20 pasó la siega, *terminó* el verano, y
26.8 cuando *terminó* de hablar Jeremías todo
Dn. 9.24 para *terminar* la prevaricación, y. . fin
10.20 y al *terminar* con él, el príncipe de
Mt. 7.28 cuando *terminó* Jesús estas palabras
11.1 cuando. . *terminó* de dar instrucciones a
13.53 cuando *terminó* Jesús estas parábolas
14.34 y *terminada* la travesía, vinieron a
19.1 cuando Jesús *terminó* estas palabras, se
Mr. 6.53 *terminada* la travesía, vinieron a
Lc. 5.4 cuando *terminó* de hablar, dijo a Simón
7.1 después que hubo *terminado*. . palabras al
11.1 cuando *terminó*, uno de sus discípulos
13.32 decid. . y al tercer día *termino* mi obra
Hch. 13.25 cuando Juan *terminaba* su carrera
1 P. 4.1 ha padecido en. . *terminó* con el pecado

TÉRMINO
Gn. 49.26 hasta el *t* de los collados eternos
Éx. 19.12 y señalarás *t* al pueblo en derredor
Lv. 25.29 el *t* de un año. . un año será el *t* de
1 Cr. 6.54 conforme a sus domicilios y sus *t*
21.12 destrucción en todos los *t* de Israel
Job 28.3 a las tinieblas ponen *t*, y examinan todo
Sal. 19.6 su curso hasta el *t* de ellos; y nada
39.5 diste a mis días *t* corto, y mi edad es
65.5 esperanza de todos los *t* de la tierra
67.7 bendíganos Dios, y témanlo todos los *t*
74.17 tú fijaste todos los *t* de la tierra, el
98.3 *t* de la tierra han visto la salvación de
104.9 les pusiste *t*, el cual no traspasarán
105.31 de moscas, y piojos en todos sus *t*
Pr. 14.13 risa. . y el *t* de la alegría es congoja
30.4 ¿quién afirmó todos los *t* de la tierra?
Is. 45.22 sed salvos, todos los *t* de la tierra
Jer. 5.22 ante mí, que puse arena por *t* al mar
Ez. 22.4 tu día, y has llegado al *t* de tus años
Hch. 23.25 y escribió una carta en estos *t*
Gá. 3.15 hablo en *t* humanos: Un pacto, aunque

TERNERO
1 S. 28.24 aquella mujer tenía en su casa un *t*

TERNURA
Dt. 28.56 la tierna y la delicada. . de pura. . *t*
2 Co. 10.1 yo Pablo os ruego por. . *t* de Cristo
1 Ts. 2.7 como la nodriza que cuida con *t* a sus

TERRADO
Dt. 22.8 casa nueva, harás pretil a tu *t*, para
Jos. 2.6 mas ella los había hecho subir al *t*
2.6 los manojos. . que tenía puestos en el *t*
2.8 antes que ellos durmiesen, ella subió al *t*
1 S. 9.25 descendido. . él habló con Saúl en el *t*
9.26 Samuel llamó a Saúl, que estaba en el *t*
2 S. 11.2 paseaba sobre el *t* de la casa real
11.2 David. . vio desde el *t* a una mujer que
16.22 pusieron. . una tienda sobre el *t*, y se
18.24 y el atalaya había ido al *t* sobre la
2 R. 19.26 vinieron a ser. . como heno de los *t*
Neh. 8.16 tabernáculos, cada uno sobre su *t*, en
Pr. 21.9 mejor es vivir en un rincón del *t*, que

TERRADO *(Continúa)*

Pr. 25.24 mejor es estar en un rincón del *t*, que
Is. 15.3 sus *t* y en sus plazas aullarán todos
22.1 con todos los. .has subido sobre los *t*?
37.27 fueron como. .heno de los *t*, que. .seca
Jer. 48.38 sobre todos los *t* de Moab, y en sus
Sof. 1.5 y a los que sobre los *t* se postran al

TERRAPLÉN

Hab. 1.10 se reirá. .y levantará *t* y la tomará

TERREMOTO

1 R. 19.11 un *t*; pero Jehová no estaba en el *t*
19.12 y tras el *t* un fuego; pero Jehová no
Is. 29.6 serás visitada con truenos, con *t* y
Am. 1.1 palabras de Amós. .dos años antes del *t*
Zac. 14.5 huisteis por causa del *t* en los días
Mt. 24.7 habrá pestes. .*t* en diferentes lugares
27.54 visto el *t*. .y temieron en gran manera
28.2 hubo un gran *t*; porque un ángel del Señor
Mr. 13.8 *t* en muchos lugares, y habrá hambres
Lc. 21.11 grandes *t*, y. .hambres y pestilencias
Hch. 16.26 sobrevino de repente un gran *t*, de
Ap. 6.12 abrió el sexto sello. .hubo un gran *t*
8.5 truenos, y voces, y relámpagos, y un *t*
11.13 en aquella hora hubo un gran *t*, y la
11.13 y por el *t* murieron. .siete mil hombres
11.19 y hubo. .truenos, un *t* y grande granizo
16.18 un *t* tan grande, cual no lo hubo jamás

TERRENAL

Jn. 3.12 si os he dicho cosas *t*, y no creéis
3.31 es de la tierra, es *t*, y cosas *t* habla
1 Co. 15.40 y hay. .cuerpos *t*; pero una es la
15.40 una es la gloria. .y otra la de los *t*
15.47 el primer hombre es de la tierra, *t*; el
15.48 cual el *t*, tales también los *t*; y cual
15.49 así como hemos traído la imagen del *t*
Ef. 6.5 obedeced a vuestros amos *t* con temor
Fil. 3.19 dios es el vientre. .piensan en lo *t*
Col. 3.5 haced morir, pues, lo *t* en vosotros
3.22 siervos, obedeced en. .a vuestros amos *t*
He. 9.1 aun el primer pacto tenía. .santuario *t*
12.9 nuestros padres *t* que nos disciplinaban
Stg. 3.15 esta sabiduría no es la que. .sino *t*

TERRENO

Lv. 25.31 serán estimadas como los *t* del campo
Nm. 13.20 cómo es el *t*, si es fértil o estéril
2 S. 23.11 había un pequeño *t* lleno de lentejas
23.12 paró en medio de aquel *t* y lo defendió

TERRESTRE

Hch. 10.12 había de todos los cuadrúpedos *t* y
11.6 vi cuadrúpedos *t*, y fieras, y reptiles
2 Co. 5.1 si nuestra morada *t*. .se deshiciere

TERRIBLE

Gn. 28.17 tuvo miedo. .¡Cuán *t* es este lugar!
Éx. 15.11 *t* en maravillosas hazañas, hacedor
Dt. 1.19 anduvimos todo aquel. .*t* desierto que
6.22 Jehová hizo señales. .*t* en Egipto, sobre
10.21 cosas grandes y *t* que tus ojos han visto
34.12 hechos. .*t* que Moisés hizo a la vista de
2 S. 7.23 para hacer. .obras *t* a tu tierra, por
Job 37.22 claridad. En Dios hay una majestad *t*
Sal. 45.4 verdad. .diestra te enseñará cosas *t*
Is. 13.9 he aquí el día de Jehová viene, *t*, y
64.3 cuando, haciendo cosas *t* cuales nunca
Ez. 14.21 mis cuatro juicios *t*, espada, hambre
Dn. 2.31 he aquí una gran imagen. .aspecto era *t*
7.7 he aquí la cuarta bestia, espantosa y *t*
Jl. 2.11 grande es el día de Jehová, y muy *t*
Hab. 1.7 formidable es y *t*; de ella. .procede su
Sof. 2.11 *t* será Jehová contra ellos, porque
Mal. 4.5 antes que venga el día de Jehová. .y *t*
He. 12.21 tan *t* era lo que se veía, que Moisés

TERRITORIO

Gn. 10.19 fue el *t* de los cananeos desde Sidón
47.21 desde un extremo al. .del *t* de Egipto
Éx. 8.2 yo castigaré con ranas todos tus *t*
10.4 mañana yo traeré sobre tu *t* la langosta
13.7 nada leudado, ni levadura, en todo tu *t*
34.24 ensancharé tu *t*; y ninguno codiciará tu
Nm. 20.17 real. .hasta que hayamos pasado tu *t*
20.21 no quiso. .Edom dejar pasar a. .por su *t*
21.13 de Arnón. .y que sale del *t* del amorreo
21.22 por el camino. .hasta que pasemos tu *t*
21.23 Sehón no dejó pasar a Israel por su *t*
22.36 la ciudad de Moab. .al extremo de su *t*
32.33 dio a. .tierra con sus ciudades y sus *t*
Dt. 2.4 pasando. .por el *t* de vuestros hermanos
2.8 nos alejamos del *t* de nuestros hermanos
2.18 tú pasarás hoy el *t* de Moab, a Ar
2.30 Sehón. .no quiso que pasásemos por el *t*
11.24 hasta el mar occidental será vuestro *t*
12.20 cuando Jehová tu Dios ensanchare tu *t*
16.4 no se verá levadura contigo en todo tu *t*
19.8 si Jehová. .ensanchare tu *t*, como lo juró
28.40 tendrás olivos en todo tu *t*, mas no te
Jos. 1.4 desde el desierto y. .será vuestro *t*
12.4 y el *t* de Og rey de Basán, que había
12.5 y la mitad de Galaad, *t* de Sehón rey de
13.2 que queda: todos los *t* de los filisteos
13.11 y Galaad, y los *t* de los gesureos y de
13.16 fue el *t* de ellos desde Aroer, que está
13.23 el Jordán fue el límite del *t*. .de Rubén
13.25 el *t* de ellos fue Jazer, y todas las
13.30 el *t* de ellos fue desde Mahanaim, todo
16.2 y pasa a lo largo del *t* de los arquitas
16.3 y baja. .al *t* de los jafletitas, hasta
16.5 en cuanto al *t* de los hijos de Efraín
17.7 y fue el *t* de Manasés desde Aser hasta
18.5 Judá quedará en su *t* al sur, y los de la
18.11 el *t* adjudicado a ellos quedó entre los
19.10 y el *t* de su heredad fue hasta Sarid
19.18 y fue su *t* Jezreel, Quesulot, Sunem
19.25 su *t* abarcó Helcat, Halí, Betén, Acsaf
19.29 gira. .sale al mar desde el *t* de Aczib
19.33 abarcó su *t* desde Helef. .hasta Lacum
19.41 y fue el *t* de su heredad, Zora, Estaol
19.46 Racón, con el *t* que está delante de Jope
19.47 faltó *t* a los hijos de Dan; y subieron
19.49 repartir la tierra en heredad por sus *t*
Jue. 1.3 conmigo al *t* que se me ha adjudicado
1.18 también Judá a Gaza con su *t*, Ascalón
1.18 tomó Ascalón con su *t* y Ecrón con su *t*
11.18 y no entró en *t* de Moab. .es *t* de Moab
11.20 no se fio de. .para darle paso por su *t*
11.22 se apoderaron. .todo el *t* del amorreo
11.26 las ciudades que están en el *t* de Arnón
19.29 en doce partes, y la envió por todo el *t*
20.6 la corté. .y la envié por todo el *t* de la
1 S. 5.6 con tumores en Asdod y en todo su *t*
7.13 y no volvieron más a entrar en el *t* de
7.14 Israel libró su *t* de. .de los filisteos
10.2 hallarás. .en el *t* de Benjamín, en Selsa
11.3 mensajeros por todo el *t* de Israel; y si
11.7 y los envió por todo el *t* de Israel por
27.1 no me ande buscando más por todo el *t*
2 S. 8.3 ir éste a recuperar su *t* al. .Eufrates
21.5 sin dejar nada. .en todo el *t* de Israel
1 R. 4.11 el hijo de Abinadab en. .los *t* de Dor
2 R. 10.32 comenzó. .a cercenar el *t* de Israel
1 Cr. 4.10 ensancharas mi *t*. .y me libraras de
6.56 el *t* de. .y sus aldeas se dieron a Caleb
7.29 y junto al *t* de los hijos de Manasés
2 Cr. 32.4 el arroyo que corría a través del *t*
Sal. 105.33 viñas. .quebró los árboles de su *t*
147.14 él da en tu *t* la paz; te hará saciar
Is. 10.13 quité los *t* de los pueblos, y saqueé
60.18 nunca. .se oirá. .quebrantamiento en tu *t*
Jer. 15.13 entregaré a la rapiña. .en todo tu *t*
17.3 al pillaje por el pecado. .en todo tu *t*
51.28 sus príncipes, y todo *t* de su dominio
Ez. 33.2 el pueblo. .tomare un hombre de su *t*
45.1 será santificado en todo su *t* alrededor
Jl. 3.4 ¿qué tengo yo con. .el *t* de Filistea?
Sof. 2.8 he oído. .se engrandecieron sobre su *t*
Zac. 9.2 también Hamat. .comprendida en el *t* de
Mal. 1.4 les llamarán *t* de impiedad, y pueblo
Hch. 12.20 su *t* era abastecido por el del rey
13.19 siete naciones. .dio en herencia su *t*

TERRÓN

Job 21.33 *t* del valle le serán dulces; tras él
38.38 y los *t* se han pegado unos con otros?
Is. 28.24 ara. .¿romperá y. .los *t* de la tierra?
Os. 10.11 arará Judá, quebrará sus *t* Jacob
Jl. 1.17 el grano se pudrió debajo de los *t*, los

TERROR

Gn. 35.5 *t* de Dios estuvo sobre las ciudades
Éx. 23.27 enviaré mi *t* delante. .y consternaré
Lv. 26.16 enviaré sobre vosotros *t*, extenuación
2 Cr. 14.14 el *t* de Jehová cayó sobre ellas; y
Job 6.4 porque. .saetas. .*t* de Dios me combaten
9.34 quite de sobre mí. .su *t* no me espante
13.21 aparta de mí tu. .y no me asombre tu *t*
20.25 saeta le traspasará. .sobre él vendrán *t*
24.17 si son conocidos, *t*. .muerte los toman
27.20 se apoderarán de él *t*. .lo arrebatará
33.7 aquí, mi *t* no te espantará, ni mi mano
Sal. 55.4 mí, y *t* de muerte sobre mí han caído
55.5 vinieron sobre mí, y *t* me ha cubierto
73.19 cómo. .perecieron, se consumieron de *t*
88.15 he llevado tus *t*, he estado medroso
88.16 han pasado tus iras, y me oprimen tus *t*
91.5 no temerás el *t* nocturno, ni saeta que
105.38 porque su *t* había caído sobre ellos
Pr. 20.2 como rugido. .de león es el *t* del rey
Ec. 12.5 temerán de lo. .habrá *t* en el camino
Is. 13.8 llenarán de *t*; angustias y dolores se
24.17 *t*, foso y red sobre ti, oh morador de
24.18 el que huyere de la voz del *t* caerá en
Jer. 15.4 entregaré para *t* a todos los reinos
15.8 hice que de repente cayesen *t* sobre la
20.4 que seas un *t* a ti mismo y a todos los
32.21 sacaste. .con mano fuerte. .con *t* grande
Ez. 7.18 ceñirán. .de cilicio, y les cubrirá *t*
26.17 que infundían *t*. .los que la rodeaban?
32.23,24,26 sembraron su *t* en la tierra de
32.27 fueron *t* de fuertes en la tierra de los
32.30 con su *t* descendieron con los muertos
32.32 puse mi *t* en la tierra de los vivientes
Hab. 1.9 el *t* va delante de ella, y recogerá
Lc. 21.11 habrá *t* y grandes señales del cielo

TÉRTULO *Orador que arguyó ante Félix contra Pablo*

Hch. 24.1 los ancianos y un. .orador llamado *T*
24.2 llamado, *T* comenzó a acusarle, diciendo

TESALÓNICA *Ciudad en Macedonia*

Hch. 17.1 llegaron a *T*, donde había. .sinagoga
17.11 éstos eran más nobles que los que. .en *T*
17.13 los judíos de *T* supieron que. .en Berea
20.4 le acompañaron. .Segundo de *T*, Gayo de
27.2 con nosotros Aristarco, macedonio de *T*
Fil. 4.16 aun a *T* me enviasteis una y otra vez
2 Ti. 4.10 Demas me ha desamparado. .ha ido a *T*

TESALONICENSES *Habitantes de Tesalónica,* 1 Ts. 1.1; 2 Ts. 1.1

TESORERÍA

1 R. 7.51 depositó todo en las *t* de la casa de
1 Cr. 28.11 dio a Salomón. .el plano del. .sus *t*
28.12 el plano. .para las *t* de la casa de Dios
28.12 y para las *t* de las cosas santificadas
Jer. 38.11 entró a la casa del. .debajo de la *t*

TESORERO

Esd. 1.8 sacó. .Ciro. .por mano de Mitrídates *t*
2.69 según sus fuerzas dieron al *t* de la obra
7.21 es dada orden a todos los *t* que están al
Is. 22.15 entra a este *t*, a Sebna el mayordomo
Dn. 3.2 reuniesen los sátrapas. .*t*, consejeros
3.3 reunidos. .oidores, *t*, consejeros, jueces
Ro. 16.23 os saluda Erasto, *t* de la ciudad, y el

TESORO

Gn. 43.23 Dios. .dio el *t* en vuestros costales
Éx. 19.5 seréis mi especial *t* sobre todos los
Dt. 28.12 te abrirá Jehová su buen *t*, el cielo
32.34 ¿no tengo yo esto guardado. .en mis *t*?
33.19 mares, y los *t* escondidos de la arena
Jos. 6.19 la plata. .entren en el *t* de Jehová
6.24 pusieron en el *t*. .la plata y el oro, y
1 R. 14.26 tomó los *t* de la casa de Jehová, y
14.26 y los *t* de la casa real, y lo saqueó
15.18 el oro que había quedado en los *t* de la
15.18 y los *t* de la casa real, los entregó a
2 R. 12.18 los *t* de la casa. .lo envió a Hazael
14.14 hallados. .en los *t* de la casa del rey
16.8 que se halló. .en los *t* de la casa real
18.15 toda la plata. .en los *t* de la casa real
20.13 Ezequías les. .mostró. .la casa de sus *t*
20.13 sus armas, y todo lo que había en sus *t*
20.15 vieron. .nada quedó en mis *t* que no les
24.13 sacó. .todos los *t* de la casa de Jehová
24.13 sacó. .los *t* de la casa real, y rompió
1 Cr. 9.26 tenían a su cargo. .los *t* de la casa
26.20 Ahías tenía cargo de los *t* de la casa
26.20 y de los *t* de las cosas santificadas
26.22 tuvieron cargo de los *t* de la casa de
26.24 Sebuel hijo de. .era jefe sobre los *t*
26.26 su cargo todos los *t* de todas las cosas
27.25 Azmavet. .tenía a su cargo los *t* del rey
27.25 y Jonatán hijo de. .los *t* de los campos
29.3 guardo en mi *t* particular oro y plata
29.8 piedras preciosas las dio para el *t* de
2 Cr. 5.1 y puso la plata. .en los *t* de la casa
8.15 mandamiento del rey, en cuanto a. .los *t*
12.9 tomó los *t* de la casa de Jehová, y los
12.9 los *t* de la casa del rey; todo lo llevó
16.2 sacó Asa. .el oro de los *t* de la casa de
25.24 tomó todo. .y los *t* de la casa del rey
32.27 y adquirió *t* de plata y oro, piedras
36.18 los *t* de la casa de Jehová, y los *t* de
Esd. 5.17 búsquese en la casa de los *t* del rey
6.1 de los archivos, donde guardaban los *t*
6.4 que el gasto sea pagado por el *t* del rey
7.20 dar, lo darás de la casa de los *t* del rey
Neh. 7.70 gobernador dio para el *t* mil dracmas
7.71 dieron para el *t* de la obra veinte mil
10.38 diezmo. .a las cámaras de la casa del *t*
10.39 a las cámaras del *t* han de llevar los
12.44 varones sobre las cámaras de los *t*, de
Est. 3.9 para que sean traídos a los *t* del rey
4.7 la plata. .que pesaría para los *t* del rey
Job 3.21 la muerte. .aunque la buscan más que *t*
20.26 tinieblas están reservadas para sus *t*
38.22 ¿has entrado tú en los *t* de la nieve, o
38.22 la nieve, o has visto los *t* del granizo
Sal. 17.14 y cuyo vientre está lleno de tu *t*
Pr. 2.4 buscares, y la escudriñares como a *t*
8.21 los que me aman. .y que yo llene sus *t*
10.2 los *t* de maldad no serán de provecho
15.16 poco. .que el gran *t* donde hay turbación
21.6 amontonar *t* con lengua mentirosa es
21.20 *t*. .y aceite hay en la casa del sabio
Ec. 2.8 me amontoné. .*t* preciados de reyes y de
Is. 2.7 llena de plata y oro. .*t* no tienen fin
10.13 quité los territorios. .y saqueé sus *t*
30.6 llevan. .sus *t* sobre jorobas de camellos
33.6 reinarán. .el temor de Jehová será su *t*

TESORO *(Continúa)*

Is. 39.2 les mostró la casa de su t, plata y oro
39.2 todo lo que se hallaba en sus t; no hubo
39.4 cosa. . en mis t que no les haya mostrado
45.3 te daré los t escondidos, y los secretos
Jer. 15.13 y tus t entregaré a la rapiña sin
17.3 todos tus t entregaré al pillaje por el
20.5 daré todos los t de los reyes de Judá en
41.8 porque tenemos en el campo t de trigos
48.7 confiaste en tus bienes y en tus t, tú
49.4 oh hija contumaz, la que confía en sus t
50.25 abrió Jehová su t, y sacó. . de su furor
50.37 espada contra sus t, y serán saqueados
51.13 que moras entre muchas aguas, rica en t
Ez. 28.4 y has adquirido oro y plata en tus t
Dn. 1.2 utensilios en la casa del t de su dios
11.43 se apoderará de los t de oro y plata
Os. 13.15 saqueará el t de todas sus. . alhajas
Abd. 6 Esaú! Sus t escondidos fueron buscados
Mi. 6.10 aún en casa del impío t de impiedad
Zac. 11.13 dijo Jehová: Echalo al t; ¡hermoso
11.13 y las eché en la casa de Jehová al t
Mal. 3.17 y serán para mí especial t, ha dicho
Mt. 2.11 abriendo. . t, le ofrecieron presentes
6.19 no os hagáis t en la tierra, donde la
6.20 sino haceos t en el cielo, donde ni la
6.21 vuestro t, allí estará. . vuestro corazón
12.35 el hombre bueno, del buen t del corazón
12.35 y el. . malo, del mal t saca malas cosas
13.44 el reino. . es semejante a un t escondido
13.52 que saca de su t cosas nuevas. . viejas
19.21 a los pobres, y tendrás t en el cielo
27.6 dijeron: No es lícito echarlas en el t
Mr. 10.21 los pobres, y tendrás t en el cielo
Lc. 6.45 del buen t de su corazón saca lo bueno
6.45 del mal t de su corazón saca lo malo
12.21 así es el que hace para sí t, y no es
12.33 t en los cielos que no se agote, donde
12.34 vuestro t, allí estará. . vuestro corazón
18.22 tendrás t en el cielo; y ven, sígueme
Hch. 8.27 el cual estaba sobre todos sus t, y
2 Co. 4.7 pero tenemos este t en vasos de barro
Col. 2.3 en quien están escondidos todos los t
He. 11.26 el vituperio de Cristo que los t de
Stg. 5.3 acumulado t para los días postreros

TESTA

Dt. 33.20 como. . reposa, y arrebata brazo y t
Sal. 68.21 la t cabelluda del que camina en

TESTADOR

He. 9.16 necesario que intervenga muerte del t
9.17 no es válido entre tanto que el t vive

TESTAMENTO

He. 9.16 porque donde hay t, es necesario que
9.17 el t con la muerte se confirma; pues no

TESTÍCULO

Lv. 21.20 o que tenga. . empeine, o t magullado
22.24 no ofreceréis a. . animal con t heridos
Dt. 23.1 no entrará en. . tenga magullados los t

TESTIFICAR

Lv. 5.1 por haber sido llamado a *testificar*, y
Dt. 19.16 testigo falso. . *testificar* contra él
32.46 todas las palabras que yo os *testifico*
Neh. 9.30 les *testificaste* con tu Espíritu por
Job 15.6 y tus labios *testificarán* contra ti
16.8 se levanta contra mí para *testificar* en
31.35 que el Omnipotente *testificará* por mí
Sal. 50.7 escucha, Israel, y *testificaré* contra
Is. 3.9 la apariencia. . *testifica* contra ellos
Jer. 14.7 nuestras iniquidades *testifican* contra
29.23 lo cual yo sé y *testifico*, dice Jehová
Os. 7.10 *testificará* contra él en su cara; y no
Am. 3.13 y *testificad* contra la casa de Jacob
Mt. 26.62 dijo. . ¿Qué *testifican* éstos contra ti?
27.13 ¿no oyes. . cosas *testifican* contra ti?
Mr. 14.60 nada? ¿Qué *testifican* éstos contra ti?
Lc. 16.28 que les *testifique*, a fin de que no
Jn. 3.11 lo que hemos visto, *testificamos*, y no
3.32 y lo que vio y oyó, esto *testifica*; y
7.7 me aborrece, porque yo *testifico* de él
18.23 mal, *testifica* en qué está el mal; y si
Hch. 2.40 *testificaba*. . diciendo: Sed salvos de
8.25 ellos, habiendo *testificado*. . se volvieron
10.42 *testificásemos* que él es el que Dios ha
18.5 *testificando* a. . que Jesús era el Cristo
20.21 *testificando* a judíos y a gentiles acerca
23.11 ánimo, Pablo, pues como has *testificado*
23.11 es necesario que *testifiques*. . en Roma
26.5 saben que yo. . si quieren *testificarlo*
28.23 *testificaba* el reino de Dios desde la
Ro. 3.21 *testificada* por la ley. . los profetas
1 Co. 15.15 hemos *testificado* de Dios que él
Ga. 5.3 *testifico* a. . hombre que se circuncida
1 Ts. 4.6 como ya os hemos dicho y *testificado*
He. 2.4 *testificando* Dios juntamente con ellos
2.6 alguien *testificó*. . diciendo: ¿Qué es el
Stg. 5.3 y su moho *testificará* contra vosotros
1 P. 5.12 *testificando* que esta es la. . gracia de
1 Jn. 1.2 la hemos visto, y *testificamos*, y os
4.14 y *testificamos* que el Padre ha enviado
5.9 el testimonio con que Dios ha *testificado*
Ap. 22.18 yo *testifico* a todo aquel que oye las

TESTIGO

Gn. 31.48 porque Labán dijo: Este majano es t
31.50 si. . mira, Dios es t entre nosotros dos
31.52 t sea este majano, y t sea esta señal
Éx. 23.1 no te. . con el impío para ser t falso
Lv. 5.1 t que vio, o supo, y no lo denunciare
Nm. 5.13 visto. . ni hubiere t contra ella, ni ella
35.30 dicho de t morirá. . un solo t no hará fe
Dt. 4.26 pongo hoy por t al cielo y a la tierra
17.6 por dicho de dos o de tres t morirá el
17.6 dos. . no morirá por el dicho de un solo t
17.7 la mano de los t caerá primero sobre él
19.15 no. . tomará en cuenta a un solo t contra
19.15 sólo por el testimonio de dos o tres t
19.16 levantare t falso contra alguno, para
19.18 si aquel t resultare falso, y hubiere
30.19 a los cielos y a la tierra llamo por t
31.19 este cántico me sea por t contra los
31.21 cántico responderá en su cara como t
31.26 este libro. . esté allí por t contra ti
31.28 y llamaré por t. . a los cielos y a la
Jos. 24.22 sois t. . ellos respondieron: T somos
24.27 he aquí esta piedra nos servirá de t
24.27 piedra. . será, pues, t contra vosotros
Jue. 11.10 Jehová sea t entre nosotros, si no
Rt. 4.9 t hoy, de que he adquirido de mano de
4.10 tomo por mi mujer a Rut la. . sois t hoy
4.11 y dijeron todos. . T somos. Jehová haga
1 S. 12.5 Jehová es t. . su ungido también es t
12.6 Jehová que designó a Moisés y a. . es t
20.12 dijo. . ¡Jehová Dios de Israel, sea t!
Job 16.8 t es mi flacura. . se levanta contra mí
16.19 he aquí que en los cielos está mi t, y
Sal. 27.12 se han levantado contra mí t falsos
35.11 se levantan t malvados; de lo que no sé
89.37 siempre, y como un t fiel en el cielo
Pr. 6.19 t falso que habla mentiras, y el que
12.17 justicia; mas el t mentiroso, engaño
14.5 t verdadero no mentirá; mas el t falso
14.25 el t verdadero libra las almas; mas el
19.5,9 el t falso no quedará sin castigo, y el
19.28 el t perverso se burlará del juicio, y
21.28 el t mentiroso perecerá; mas el hombre
24.28 no seas sin causa t contra tu prójimo
Is. 8.2 junté conmigo por t fieles al sacerdote
43.9 presenten sus t, y justifíquense; oigan
43.10 vosotros sois mis t, dice Jehová, y mi
43.12 vosotros, pues, sois mis t, dice Jehová
44.8 luego vosotros sois mis t. No hay Dios
44.9 y ellos mismos son t para su confusión
55.4 yo lo di por t a los pueblos, por jefe
Jer. 32.10 la hice certificar con t, y pesé el
32.12 di la carta de venta. . delante de los t
32.25 has dicho: Cómprate la heredad. . pon t
32.44 escritura y la sellarán y pondrán t
42.5 sea entre nosotros t de la verdad y de
Lm. 2.13 ¿qué t te traeré. . hija de Jerusalén?
Mi. 1.2 Jehová el Señor. . sea t contra vosotros
Mal. 3.5 seré pronto t contra los hechiceros y
Mt. 18.16 en boca de dos o tres t conste toda
26.60 aunque muchos t falsos se presentaban
26.60 no. . Pero al fin vinieron dos t falsos
26.65 ¿qué más necesidad tenemos de t? He
Mr. 14.63 dijo: ¿Qué. . necesidad tenemos de t?
Lc. 11.48 sois t y consentidores de los hechos
24.48 y vosotros sois t de estas cosas
Jn. 3.28 me sois t de que dije: Yo no soy el
Hch. 1.8 seréis t en Jerusalén, en toda Judea
1.22 sea. . t con nosotros, de su resurrección
2.32 resucitó. . de lo cual. . nosotros somos t
3.15 resucitado. . de lo cual nosotros somos t
5.32 y nosotros somos t suyos de estas cosas
6.13 y pusieron t falsos que decían: Este
7.58 los t pusieron sus ropas a los pies de
10.39 nosotros somos t de todas las cosas que
10.41 sino a los t que Dios había ordenado
13.31 cuales ahora son sus t ante el pueblo
22.5 como el sumo sacerdote también me es t
22.15 serás t suyo a todos los hombres, de
22.20 se derramaba la sangre de Esteban tu t
26.16 para ponerte por. . t de las cosas que
Ro. 1.9 porque t me es Dios, a quien sirvo en
1 Co. 15.15 y somos hallados falsos t de Dios
2 Co. 1.23 invoco a Dios por t sobre mi alma
13.1 por boca de dos o de tres t se decidirá
Fil. 1.8 Dios me es t de cómo os amo a todos
1 Ts. 2.5 ni encubrimos avaricia; Dios es t
2.10 vosotros sois t, y Dios. . de cuán santa
1 Ti. 5.19 no admitas. . sino con dos o tres t
6.12 la buena profesión delante de muchos t
2 Ti. 2.2 lo que has oído de mí ante muchos t
He. 10.28 por el testimonio de dos o de tres t
12.1 en derredor nuestro tan grande nube de t
1 P. 5.1 yo. . t de los padecimientos de Cristo
Ap. 1.5 Jesucristo el t fiel, el primogénito de
2.13 en los días en que Antipas mi t fiel fue
3.14 el t fiel y verdadero, el principio de
11.3 y daré a mis dos t que profeticen por
11.4 estos t son los dos olivos, y los dos

TESTIMONIO

Gn. 21.30 sirvan de t de que yo cavé este pozo
31.44 pacto. . y sea por t entre nosotros dos
Éx. 16.34 y Aarón lo puso delante del T para
20.16 no hablarás contra tu prójimo falso t
22.13 le traerá t, y no pagará lo arrebatado
25.16 pondrás en el arca el t que yo te daré
25.21 en el arca pondrás el t que yo te daré
25.22 querubines. . están sobre el arca del t
26.33 meterás. . del velo adentro, el arca del t
26.34 el propiciatorio sobre el arca del t en
27.21 afuera del velo que está delante del t
30.6 del velo que está junto al arca del t
30.6 sobre el t, donde me encontraré contigo
30.26 ungirás el tabernáculo. . el arca del t
30.36 lo pondrás delante del t. . tabernáculo
31.7 el arca del t, el propiciatorio que está
31.18 tablas del t, tablas de piedra escritas
32.15 trayendo en su mano. . dos tablas del t
34.29 descendiendo. . con las dos tablas del t
38.21 son las cuentas. . del tabernáculo del t
39.35 arca del t y sus varas, el propiciatorio
40.3 pondrás en él el arca del t. . la cubrirás
40.5 el altar de oro. . delante del arca del t
40.20 tomó el t y lo puso dentro del arca, y
40.21 ocultó el arca del t, como Jehová había
Lv. 16.13 el propiciatorio que está sobre el t
24.3 fuera del velo del t, en el tabernáculo
Nm. 1.50 a los levitas en el tabernáculo del t
1.53 alrededor del tabernáculo del t, para que
1.53 tendrán la guarda del tabernáculo del t
4.5 el velo. . y cubrirán con él el arca del t
7.89 estaba sobre el arca del t, de entre los
9.15 la nube cubrió el. . sobre la tienda del t
10.11 la nube se alzó del tabernáculo del t
17.4 y las pondrás. . delante del t, donde yo
17.7 puso las varas. . en el tabernáculo del t
17.8 al día. . vino Moisés al tabernáculo del t
17.10 vuelve la vara de Aarón delante del t
18.2 serviréis delante del tabernáculo del t
Dt. 4.45 estos son los t. . que habló Moisés a
5.20 no dirás falso t contra tu prójimo
6.17 guardad cuidadosamente. . y sus t y sus
6.20 ¿qué significan los t. . Jehová. . mandó?
19.15 por el t de dos o tres. . se mantendrá la
Jos. 4.16 sacerdotes que llevan el arca del t
22.27 sino para que sea un t entre nosotros
22.28 cual hicieron. . para que fuese t entre
22.34 t es entre nosotros que Jehová es Dios
Rt. 1.21 ya que Jehová ha dado t contra mí, y
4.7 quitaba el zapato. . servía de t en Israel
1 R. 2.3 guarda los. . sus decretos y sus t, de
2 R. 11.12 la corona y el t, y le hicieron rey
17.15 y los t que él había prescrito a ellos
23.3 y guardarían sus mandamientos, sus t y
1 Cr. 29.19 que guarde. . tus t y tus estatutos
2 Cr. 24.6 impuso. . para el tabernáculo del t?
34.31 de guardar sus. . sus t y sus estatutos
Neh. 9.34 ni atendieron a. . tus t con que les
Job 16.19 está mi testigo, y mi t en las alturas
29.11 oían. . los ojos que me veían me daban t
Sal. 19.7 t de Jehová es fiel, que hace sabio
25.10 para los que guardan su pacto y sus t
60, 80 *tits.* al músico principal; sobre. . T
78.5 él estableció t en Jacob, y puso ley en
78.56 ellos tentaron y. . y no guardaron sus t
81.5 constituyó como t en José cuando salió
93.5 t son muy firmes; la santidad conviene
99.7 guardaban sus t, y el estatuto que les
119.2 bienaventurados los que guardan sus t
119.14 he gozado en el camino de tus t más que
119.22 aparta de mí. . porque tus t he guardado
119.24 tus t son mis delicias y. . consejeros
119.31 me he apegado a tus t; oh Jehová, no
119.36 inclina mi corazón a tus t, y no a la
119.46 hablaré de tus t delante de los reyes
119.59 consideré mis. . volví mis pies a tus t
119.79 vuélvanse a mí los que. . conocen tus t
119.88 vivifícame. . guardaré los t de tu boca
119.95 destruirme; mas yo consideraré tus t
119.99 más. . porque tus t son mi meditación
119.111 por heredad he tomado tus t. . siempre
119.119 tierra; por tanto, yo he amado tus t
119.125 dame entendimiento para conocer. . t
119.129 maravillosos son tus t; por tanto, los
119.138 tus t, que. . son rectos y muy fieles
119.144 justicia eterna son tus t. . y viviré
119.146 ti clamé; sálvame, y guardaré tus t
119.152 hace ya mucho que he entendido tus t
119.157 enemigos. . de tus t no me he apartado
119.167 mi alma ha guardado tus t, y los he
119.168 he guardado. . tus t, porque todos mis
122.4 las tribus de JAH, conforme al t dado a
132.12 tus hijos guardaren mi pacto, y mi t
Pr. 25.18 que habla contra su prójimo falso t
Is. 8.16 ata el t, sella la ley. . mis discípulos
8.20 ¡a la ley y al t! Si no dijeren conforme
14.13 y en el monte del t me sentaré, a los
19.20 será por señal y por t a Jehová de los
Jer. 44.23 ni anduvisteis en su ley. . en sus t
Mt. 8.4 y presenta la ofrenda. . para t a ellos
10.18 aun ante. . reyes seréis llevados. . para t
15.19 porque del corazón salen. . los falsos t
19.18 cuales?. . No hurtarás. No dirás falso t

TESTIMONIO *(Continúa)*
Mt. 23.31 así que dais *t* contra vosotros mismos
24.14 será predicado. . *t* a todas las naciones
26.59 concilio, buscaban falso *t* contra Jesús
Mr. 1.44 lo que Moisés mandó, para *t* a ellos
6.11 sacudid el polvo que está. . para *t* a ellos
10.19 no mates. No hurtes. No digas falso *t*
13.9 delante. . de reyes os llevarán. . para *t* a
14.55 todo el concilio buscaban *t* contra Jesús
14.56 decían falso *t*. . sus *t* no concordaban
14.57 unos, dieron falso *t* contra él, diciendo
14.59 pero ni aun así concordaban en el *t*
Lc. 4.22 todos daban buen *t* de él, y estaban
5.14 y ofrece por tu purificación. . *t* a ellos
9.5 sacudid el polvo de. . en *t* contra ellos
18.20 no dirás falso *t*; honra a tu padre y a
21.13 y esto os será ocasión para dar *t*
22.71 ellos dijeron: ¿Qué más *t* necesitamos?
Jn. 1.7 vino por *t*, para que diese *t* de la luz
1.8 la luz, sino para que diese *t* de la luz
1.15 dio *t* de él, y clamó diciendo: Este es
1.19 este es el *t* de Juan, cuando los judíos
1.32 dio Juan *t*, diciendo: Vi al Espíritu que
1.34 vi, y he dado *t* de que éste es el Hijo
2.25 tenía necesidad de que nadie le diese *t*
3.11 testificamos; y no recibís nuestro *t*
3.26 de quién tú diste *t*, bautiza, y todos
3.32 oyó, esto testifica; y nadie recibe su *t*
3.33 el que recibe su *t*, éste atestigua que
4.39 daba *t* diciendo: Me dijo todo lo que he
4.44 dio *t* de que el profeta no tiene honra
5.31 si yo doy *t* acerca de. . *t* no es verdadero
5.32 otro es el que da *t* acerca de mí, y sé
5.32 y sé que el *t* que da de mí es verdadero
5.33 vosotros enviasteis. . a Juan, y él dio *t*
5.34 no recibo *t* de hombre alguno; mas digo
5.36 yo tengo mayor *t* que el de Juan; porque
5.36 dan *t* de mí, que el Padre me ha enviado
5.37 el Padre que me envió ha dado *t* de mí
5.39 las Escrituras. . son las que dan *t* de mí
8.13 dijeron: Tú das *t*. . tu *t* no es verdadero
8.14 aunque yo doy *t* acerca de mí mismo, mi *t*
8.17 que el *t* de dos hombres es verdadero
8.18 que doy *t* de mí mismo, y el Padre. . da *t*
10.25 las obras que yo hago. . ellas dan *t* de mí
12.17 y daba *t* la gente que estaba con él
15.26 el Espíritu de. . él dará *t* acerca de mí
15.27 daréis *t* también, porque habéis estado
18.37 he venido al mundo. . dar *t* a la verdad
19.35 el que lo vio da *t*, y su *t* es verdadero
21.24 da *t*. . y sabemos que su *t* es verdadero
Hch. 4.33 daban *t* de la resurrección del Señor
6.3 buscad, pues. . a siete varones de buen *t*
7.44 tuvieron. . padres el tabernáculo del *t*
10.22 que tiene buen *t* en toda la nación de
10.43 de éste dan *t* todos los profetas, que
13.22 de quien dio. . *t* diciendo: He hallado a
14.3 el Señor, el cual daba *t* a la palabra de
14.17 si bien no se dejó a sí mismo sin *t*
15.8 Dios. . dio *t*, dándoles el Espíritu Santo
16.2 y daban buen *t* de él los hermanos que
20.23 salvo que el Espíritu Santo. . me da *t*
20.24 para dar *t* del evangelio de la gracia
22.12 que tenía buen *t* de todos los judíos
22.18 porque no recibirán tu *t* acerca de mí
26.22 persevero hasta. . dando *t* a pequeños y
Ro. 2.15 sus corazones, dando *t* su conciencia
8.16 el Espíritu. . da *t* a nuestro espíritu, de
9.1 conciencia me da *t* en el Espíritu Santo
10.2 yo les doy *t* de que tienen celo de Dios
13.9 porque. . no dirás falso *t*, no codiciarás
1 Co. 1.6 como el *t* acerca de Cristo ha sido
2.1 cuando fui. . para anunciaros el *t* de Dios
2 Co. 1.12 el *t* de nuestra conciencia, que con
8.3 *t* de que con agrado han dado conforme a
Gá. 4.15 os doy *t* de que si hubieseis podido
Col. 4.13 doy *t* de que tiene gran solicitud por
2 Ts. 1.10 por cuanto nuestro *t* ha sido creído
1 Ti. 2.6 lo cual se dio *t* a su debido tiempo
3.7 es necesario que tenga buen *t* de los de
5.10 que tenga *t* de buenas obras; si ha criado
6.13 y de Jesucristo, que dio *t* de la buena
2 Ti. 1.8 no te avergüences de dar *t* de. . Señor
Tit. 1.13 este *t* es verdadero; por. . repréndelos
He. 3.5 fiel. . para *t* de lo que se iba a decir
7.8 pero allí, uno de quien da *t* de que vive
7.17 pues se da *t* de él: Tú eres sacerdote
10.28 por el *t* de dos o de tres testigos muere
11.2 por ella alcanzaron buen *t* los antiguos
11.4 *t* de que era justo, dando Dios *t* de sus
11.5 la fe. . tuvo *t* de haber agradado a Dios
11.39 aunque alcanzaron buen *t* mediante la fe
1 Jn. 5.6 y el Espíritu es el que da *t*; porque
5.7 porque tres son los que dan *t* en el cielo
5.8 y tres son los que dan *t* en la tierra: el
5.9 si recibimos el *t* de los hombres, mayor
5.9 es el *t* de Dios, porque este es el *t* con
5.10 el que cree en. . tiene el *t* en sí mismo
5.10 no ha creído en el *t* que Dios ha dado
5.11 este es el *t*: que Dios nos ha dado vida
3 Jn. 3 y dieron *t* de tu verdad, de cómo andas
6 han dado ante la iglesia *t* de tu amor; y
12 todos dan *t* de Demetrio, y aun la verdad
12 y también nosotros damos *t*, y vosotros
12 y vosotros sabéis. . nuestro *t* es verdadero
Ap. 1.2 dado *t* de la palabra de Dios, y del *t*
1.9 Patmos, por causa de. . el *t* de Jesucristo
6.9 habían sido muertos. . por el *t* que tenían
11.7 hayan acabado su *t*, la bestia que sube
12.11 vencido por. . la palabra del *t* de ellos
12.17 que guardan. . y tienen el *t* de Jesucristo
15.5 abierto. . el templo del tabernáculo del *t*
19.10 tus hermanos que retienen el *t* de Jesús
19.10 porque el *t* de Jesús es el espíritu de
20.4 vi. . los decapitados por causa del *t* de
22.16 enviado mi ángel para daros *t* de estas
22.20 el que da *t* de estas cosas dice. . vengo

TETA
Lm. 4.3 aun los chacales dan la *t*, y amamantan

TETRARCA
Mt. 14.1 Herodes el *t* oyó la fama de Jesús
Lc. 3.1 Herodes *t* de Galilea. . hermano Felipe *t*
3.1 de Traconite, y Lisanias *t* de Abilinia
3.19 Herodes el *t*, siendo reprendido por Juan
9.7 Herodes el *t* oyó. . cosas que hacía Jesús
Hch. 13.1 que se había criado. . con Herodes el *t*

TEUDAS ***Judío que se rebeló contra la autoridad imperial*, Hch. 5.36**

TEZ
Is. 18.2 a la nación. . de *t* brillante, al pueblo
18.7 pueblo de elevada estatura y *t* brillante

TÍA ***Véase también Tío***
Éx. 6.20 Amram tomó por mujer a Jocabed su *t*

TIARA
Éx. 28.40 les harás *t* para honra y hermosura
29.9 atarás las *t*, y tendrán el sacerdocio
39.28 y los adornos de las *t* de lino fino, y
Lv. 8.13 las *t*, como Jehová lo había mandado
Ez. 21.26 depón la *t*, quita la corona; esto no
23.15 *t* de colores en sus cabezas, teniendo

TIATIRA ***Ciudad en la provincia de Asia***
Hch. 16.14 una mujer. . de la ciudad de *T*, que
Ap. 1.11 envíalo. . Efeso, Esmirna, Pérgamo, *T*
2.18 y escribe al ángel de la iglesia en *T*
2.24 y a los demás que están en *T*. . os digo

TIBERIAS ***Ciudad en Galilea***
Jn. 6.1 Jesús fue al otro lado del mar. . de *T*
6.23 pero otras barcas habían arribado de *T*
21.1 Jesús se manifestó. . junto al mar de *T*

TIBERIO ***Emperador romano*, Lc. 3.1**

TIBHAT ***Ciudad de Hadad-ezer conquistada por David (=Beta)*, 1 Cr. 18.8**

TIBIO
Ap. 3.16 por cuanto eres *t*. . vomitaré de mi boca

TIBNI ***Militar de Israel derrotado por Omri***
1 R. 16.21 la mitad. . seguía a *T* hijo de Ginat
16.22 pudo más que el que seguía a *T* hijo
16.22 de Ginat; y *T* murió, y Omri fue rey

TICVA
1. ***Suegro de la profetisa Hulda*, 2 R. 22.14; 2 Cr. 34.22**
2. ***Padre de Jahazías*, Esd. 10.15**

TIDAL ***Rey de Goim*, Gn. 14.1,9**

TIEMPO
Gn. 4.3 andando el *t*, que Caín trajo del fruto
17.21 el que Sara te dará a luz por este *t* el
18.10 según el *t* de la vida, he aquí que Sara
18.14 al *t* señalado volveré a ti, y según el
18.14 según el *t* de la vida, Sara tendrá un
21.2 y Sara. . en el *t* que Dios le había dicho
21.22 en aquel mismo *t* que habló Abimelec
29.7 día; no es *t* todavía de recoger el ganado
29.21 mi mujer, porque mi *t* se ha cumplido
30.14 fue Rubén en *t* de la siega de los trigos
31.10 que al *t* que las ovejas estaban en celo
38.1 aconteció en aquel *t*. . Judá se apartó de
38.27 al *t* de dar a luz. . gemelos en su seno
Éx. 2.3 no pudiendo ocultarle más *t*, tomó un
12.39 no. . tenido *t* ni para prepararse comida
12.40 el *t* que los hijos de Israel habitaron
13.10 guardarás este rito en su *t* de año en
18.22 ellos juzgarán al pueblo en todo *t*; y
18.26 juzgaban al pueblo en todo *t*; el asunto
21.29,36 el buey. . acorneador desde *t* atrás
23.15 sin levadura. . en el *t* del mes de Abib
34.18 según te he mandado, en el *t* señalado
Lv. 15.25 días fuera del *t* de su costumbre, o
15.25 el *t* de su flujo será inmunda como en
15.26 en que durmiere todo el *t* de su flujo
16.2 que no en todo *t* entre en el santuario
23.4 fiestas. . las cuales convocaréis en sus *t*
23.37 ofrecer. . libaciones, cada cosa en su *t*
24.10 aquel *t* el hijo de una mujer israelita
25.32 podrán rescatar en cualquier *t* las casas
25.50 y se contará el *t* que estuvo con él
25.50 conforme al *t* de un criado asalariado
25.52 y si quedare poco *t* hasta el año del
26.4 y yo daré vuestra lluvia en su *t*, y la
26.10 comeréis. . añejo de mucho *t*, y pondréis
26.35 el *t* que esté asolada, descansará por
Nm. 6.4 todo el *t* de su nazareato, de todo lo
6.5 todo el *t* del voto de. . no pasará navaja
6.6 todo el *t* que se aparte para Jehová, no
6.8 todo el *t* de su nazareato, será santo
6.13 que se cumpliere el *t* de su nazareato
9.2 de Israel celebrarán la pascua a su *t*
9.3 entre. . dos tardes, la celebraréis a su *t*
9.7 de ofrecer ofrenda a Jehová a su *t* entre
9.13 no ofreció a su *t* la ofrenda de Jehová
13.20 fruto. . Y era el *t* de las primeras uvas
20.15 a Egipto, y estuvimos en Egipto largo *t*
28.2 mi. . guardaréis, ofreciéndomelo a su *t*
Dt. 1.6 habéis estado bastante *t* en este monte
1.9 en aquel *t* yo os hablé diciendo: Yo solo
1.18 mandé. . en aquel *t*, todo lo que habíais
2.1 y rodeamos el monte de Seir por mucho *t*
2.20 habitaron en ella gigantes en otro *t*, a
3.21 ordené. . a Josué en aquel *t*, diciendo
3.23 y oré a Jehová en aquel *t*, diciendo
4.14 mandó Jehová en aquel *t* que os enseñase
4.32 pregunta. . si en los *t* pasados que han
10.1 en aquel *t* Jehová me dijo: Lábrate dos
10.8 aquel *t* apartó Jehová la tribu de Leví
11.14 yo daré la lluvia. . a su *t*, la temprana
28.12 para enviar la lluvia a tu tierra en su *t*
32.7 acuérdate de los *t* antiguos, considera
32.35 a su *t* su pie resbalará, porque el día
Jos. 3.15 suele desbordarse. . el *t* de la siega
5.2 en aquel *t* Jehová dijo a Josué: Hazte
6.26 en aquel *t* hizo Josué un juramento
8.14 y al *t* señalado. . salieron al encuentro
11.10 tomó en el mismo *t* a Hazor, y mató a
11.18 mucho *t* tuvo guerra Josué con. . reyes
11.21 en aquel *t* vino Josué y destruyó a los
14.10 el *t* que Jehová habló estas palabras a
20.6 la muerte del que. . sacerdote en aquel *t*
22.3 este largo *t* hasta el día de hoy, sino
24.31 sirvió Israel a Jehová. . el *t* de Josué
24.31 *t* de los ancianos que sobrevivieron a
Jue. 2.7 el *t* de Josué, y. . el *t* de los ancianos
2.18 y los libraba. . todo el *t* de aquel juez
3.29 en aquel *t* mataron a los moabitas como
4.4 gobernaba en aquel *t*. . una mujer, Débora
10.8 oprimieron y. . Israel en aquel *t* 18 años
10.14 os libren ellos en el *t* de. . aflicción
11.4 aconteció andando el *t*, que los hijos de
11.26 qué no las habéis recobrado en ese *t*?
15.1 aconteció después de algún *t*, que en los
18.31 *t* que la casa de Dios estuvo en Silo
19.30 desde el *t* en que los hijos de Israel
20.15 contados en aquel *t* los. . 26.000 hombres
Rt. 4.7 había ya desde hacía *t* esta costumbre
1 S. 1.20 al cumplirse el *t*. . dio a luz un hijo
2.32 y en ningún *t* habrá anciano en tu casa
4.1 por aquel *t* salió Israel a encontrar en
4.20 que moría, le decían las que estaban
7.15 y juzgó Samuel a Israel todo el *t* que
14.21 hebreos. . con los filisteos de *t* atrás
14.52 guerra encarnizada. . todo el *t* de Saúl
17.12 en el *t* de Saúl este hombre era viejo
18.19 llegado el *t* en que Merab. . se había de
20.31 todo el *t* que el hijo de Isaí viviere
20.35 salió Jonatán. . al *t* señalado con David
22.4 habitaron. . todo el *t* que David estuvo en
25.7 ni les faltó nada en todo el *t* que han
25.15 ni nos faltó nada. . el *t* que estuvimos
27.8 éstos habitaban de largo *t* la tierra
27.11 fue su costumbre todo el *t* que moró en
2 S. 3.17 hace. . *t* procurabais que David fuese
11.1 en el *t* que salen los reyes a la guerra
14.2 mujer que desde mucho *t* está de duelo
18.14 no malgastaré mi *t* contigo. Y tomando
20.5 Amasa. . se detuvo más del *t*. . señalado
23.13 vinieron en *t* de la siega a David en
24.15 y Jehová envió la peste. . el *t* señalado
1 R. 2.5 derramando en *t* de paz la sangre de
3.2 no había casa. . Jehová hasta aquellos *t*
3.16 en aquel *t* vinieron al rey dos mujeres
8.59 para que él proteja. . cada cosa en su *t*
8.65 en aquel *t* Salomón hizo fiesta, y con
10.21 plata. . *t* de Salomón no era apreciada
11.29 en aquel *t*, que saliendo Jeroboam de
14.1 en aquel *t* Abías hijo de Jeroboam cayó
14.20 el *t* que reinó Jeroboam fue de 22 años
15.16,32 guerra entre Asa y Baasa. . todo el *t*
16.34 su *t* Hiel de Bet-el reedificó a Jericó
22.46 había quedado en el *t* de su padre Asa
2 R. 4.16 él dijo: El año que viene, por este *t*
4.17 y dio a luz un hijo. . el *t* que Eliseo le
5.26 ¿es *t* de tomar plata, y. . viñas, ovejas
8.20 en el *t* de él se rebeló Edom contra el
8.22 también se rebeló Libna en el mismo *t*
10.36 *t* que reinó Jehú sobre. . fue de 28 años
12.2 y Joás hizo lo recto. . todo el *t* que le
13.3 los entregó en mano de Hazael. . largo *t*

TIEMPO *(Continúa)*
Zac. 13.1 aquel *t* habrá un manantial abierto para
13.4 en aquel *t*. .los profetas se avergonzarán
Mal. 3.2 quién podrá soportar el *t*. .su venida?
Mt. 1.11 engendró. .en el *t* de la deportación a
2.7 indagó. .*t* de la aparición de la estrella
2.16 al *t* que había inquirido de los magos
8.29 venido. .para atormentarnos antes de *t*?
11.21 *t* ha que se hubieran arrepentido en
11.25 en aquel *t*, respondiendo Jesús, dijo
12.1 en aquel *t* iba Jesús por los sembrados
13.30 *t* de la siega yo diré a los segadores
14.1 aquel *t* Herodes el tetrarca oyó la fama
16.2 cuando anochece, decís: Buen *t*; porque
16.3 ¡mas las señales de los *t* no podéis!
18.1 aquel *t* los discípulos vinieron a Jesús
21.34 y cuando se acercó el *t* de los frutos
21.41 a otros. .que le paguen el fruto a su *t*
24.45 puso. .para que les dé el alimento a *t*?
25.19 después de mucho *t* vino el señor de
26.18 el Maestro dice: Mi *t* está cerca; en
Mr. 1.15 *t* se ha cumplido, y el reino de Dios
6.31 de manera que ni aun tenían *t* para comer
9.21 ¿cuánto *t* hace que le sucede esto? Y él
10.30 reciba cien veces más ahora en este *t*
11.13 nada halló sino. .pues no era *t* de higos
12.2 a su *t* envió un siervo a los labradores
13.19 desde el principio de la. .hasta este *t*
13.33 y orad, porque no sabéis cuándo. .el *t*
Lc. 1.20 palabras. .cuales se cumplirán a su *t*
1.57 cuando a Elisabet se le cumplió el *t* de
4.13 diablo hubo. .se apartó de él por un *t*
4.27 muchos leprosos había. .en *t* del profeta
8.13 por algún *t*, y en el *t* de la prueba se
8.27 endemoniado desde hacía mucho *t*; y no
8.29 hacía. .*t* que se había apoderado de él
9.51 se cumplió el *t* en que él había de ser
10.13 *t* ha que sentadas en cilicio y ceniza
12.42 casa, para que a *t* les dé su ración?
12.56 sabéis. .¿y cómo no distinguís este *t*?
13.1 en este mismo *t* estaban allí algunos que
13.35 llegue el *t* en que digáis: Bendito el
17.22 *t* vendrá cuando desearéis ver uno de
18.4 él no quiso por algún *t*; pero después
18.30 que no haya de recibir. .más en este *t*
19.44 no conociste el *t* de tu visitación
20.9 la arrendó a. .y se ausentó por mucho *t*
20.10 su *t* envió un siervo a los labradores
21.8 diciendo: Yo soy el. .y: El *t* está cerca
21.24 que los *t* de los gentiles se cumplan
21.36 en todo *t* orando que seáis tenidos por
23.8 se alegró. .hacía *t* que deseaba verle
Jn. 5.4 ángel descendía de *t* en *t* al estanque
5.6 supo que llevaba ya mucho *t* así, le dijo
5.35 quisisteis regocijaros por un *t* en su luz
7.6 mi *t* aún no ha llegado, mas vuestro *t*
7.8 yo no subo. .mi *t* aún no se ha cumplido
7.33 un poco de *t* estaré con vosotros, e iré
14.9 ¿tanto *t* hace que estoy con vosotros, y
Hch. 1.6 ¿restaurarás el reino a Israel en. .*t*?
1.7 no os toca a vosotros saber los *t* o las
1.21 todo el *t* que el Señor Jesús entraba y
3.19 para que vengan de la. .*t* de refrigerio
3.21 que el cielo reciba hasta los *t* de la
3.21 profetas que han sido desde *t* antiguo
7.17 cuando se acercaba el *t* de la promesa
7.20 en aquel mismo *t* nació Moisés, y fue
8.11 sus artes mágicas les había engañado. .*t*
11.28 gran hambre. .sucedió en *t* de Claudio
12.1 aquel mismo *t* el rey Herodes echó mano
13.11 ciego, y no verás el sol por algún *t*
13.18 y por un *t* como de cuarenta años los
14.3 se detuvieron allí mucho *t*, hablando con
14.17 dándonos lluvias del. .y *t* fructíferos
14.28 quedaron allí mucho *t* con los discípulos
15.7 ya hace algún *t* que Dios escogió que los
15.18 hace conocer todo esto desde *t* antiguos
15.21 Moisés desde *t* antiguos tiene en cada
15.33 algún *t* allí, fueron despedidos en paz
17.26 y les ha prefijado el orden de los *t*
17.30 habiendo pasado por alto los *t* de esta
18.20 se quedase con ellos por más *t*; mas no
18.23 y después de estar allí algún *t*, salió
19.22 enviando. .se quedó por algún *t* en Asia
19.23 aquel *t* un disturbio no pequeño acerca
20.18 sabéis cómo me he comportado. .todo el *t*
24.3 lo recibimos en todo *t* y en todo lugar
27.9 pasado mucho *t*, y siendo ya peligrosa la
Ro. 3.26 de manifestar en este *t* su justicia
5.6 aún éramos débiles, a su *t* murió por los
7.9 yo sin la ley vivía en un *t*; pero venido
8.18 que las aflicciones del *t* presente no son
8.36 por causa de ti somos muertos todo el *t*
9.9 por este *t* vendré, y Sara tendrá un hijo
11.5 aun en este *t* ha quedado un remanente
11.30 en otro *t* erais desobedientes a Dios
13.11 esto, conociendo el *t*, que es ya hora
16.25 se ha mantenido oculto desde *t* eternos
1 Co. 4.5 así que, no juzguéis nada antes de *t*
7.5 no os neguéis. .a no ser por algún *t* de
7.29 esto digo, hermanos: que el *t* es corto
16.7 pues espero estar con vosotros algún *t*
2 Co. 6.2 en *t* aceptable te he oído, y en día
6.2 aquí ahora el *t* aceptable; he aquí ahora
7.8 carta, aunque por algún *t*, os contristó
8.14 para que en este *t*. .la abundancia. .supla
Gá. 1.13 oído acerca de mi conducta en otro *t*
1.23 aquel que en otro *t* nos perseguía, ahora
1.23 ahora predica la fe que. .otro *t* asolaba
2.6 que hayan sido en otro *t* nada me importa
4.2 bajo tutores. .hasta el *t* señalado por el
4.4 pero cuando vino el cumplimiento del *t*
4.8 otro *t*, no conociendo a Dios, servíais
4.10 guardáis. .los meses, los *t* y los años
6.9 a su *t* segaremos, si no desmayamos
Ef. 1.10 dispensación del cumplimiento de los *t*
2.2 cuales anduvisteis en otro *t*, siguiendo
2.3 en otro *t* en los deseos de nuestra carne
2.11 acordaos de que en otro *t* vosotros, los
2.12 en aquel *t* estabais sin Cristo, alejados
2.13 vosotros que en otro *t* estabais lejos
5.8 en otro *t* erais tinieblas, mas ahora sois
5.16 aprovechando bien el *t*, porque los días
6.18 orando en todo *t* con. .oración y súplica
Col. 1.21 erais en otro *t* extraños y enemigos
3.7 las cuales. .anduvisteis en otro *t* cuando
4.3 orando también al mismo *t* por nosotros
4.5 andad sabiamente para. .redimiendo el *t*
1 Ts. 2.17 separados de. .por un poco de *t*, de
5.1 pero acerca de los *t* y de las ocasiones
2 Ts. 2.6 fin de que a su debido *t* se manifieste
1 Ti. 2.6 de lo cual se dio testimonio a su. .*t*
4.1 en los postreros *t* algunos apostatarán de
6.15 cual a su *t* mostrará el bienaventurado
2 Ti. 1.9 dada en. .antes de los *t* de los siglos
3.1 los postreros días vendrán *t* peligrosos
4.2 que instes a *t* y fuera de *t*; redarguye
4.3 *t* cuando no sufrirán la sana doctrina
4.6 porque. .el *t* de mi partida está cercano
Tit. 1.3 y a su debido *t* manifestó su palabra
3.3 éramos en otro *t* insensatos, rebeldes
Flm. 11 el cual en otro *t* te fue inútil, pero
15 quizás para esto se apartó. .por algún *t*
He. 1.1 habiendo hablado. .otro *t* a los padres
4.7 vez determina un día. .después de tanto *t*
5.12 ser ya maestros, después de tanto *t*
9.9 es símbolo para el *t* presente, según el
9.10 impuestas hasta el *t* de reformar. .cosas
11.11 y dio a luz aun fuera del *t* de la edad
11.15 pues si. .ciertamente tenían *t* de volver
11.32 el *t* me faltaría contando de Gedeón, de
Stg. 4.14 es neblina que se aparece por un. .*t*
1 P. 1.5 para ser manifestada en el *t* postrero
1.6 un poco de *t*. .tengáis que ser afligidos
1.11 y qué *t* indicaba el Espíritu de Cristo
1.17 conducíos en temor todo el *t* de vuestra
1.20 pero manifestado en los postreros *t* por
2.10 vosotros que en otro *t* no erais pueblo
2.10 otro *t* no habíais alcanzado misericordia
3.5 se ataviaban en otro *t* aquellas santas
3.20 los que en otro *t* desobedecieron, cuando
4.2 para no vivir el *t* que resta en la carne
4.3 baste ya el *t* pasado para haber hecho lo
4.17 *t* de que el juicio comience por la casa
5.6 Dios, para que él os exalte cuando fuere *t*
5.10 después que hayáis padecido. .poco de *t*
2 P. 2.3 de largo *t* la condenación no se tarda
3.5 que en el *t* antiguo fueron hechos por la
1 Jn. 2.18 hijitos, ya es el último *t*; y según
2.18 por esto conocemos que es el último *t*
Jud. 18 en el postrer *t* habrá burladores, que
Ap. 1.3 bienaventurado. .porque el *t* está cerca
2.21 y le he dado *t* para que se arrepienta
6.11 descansasen todavía un poco de *t*, hasta
10.6 juró por el que vive. .el *t* no sería más
11.18 y el *t* de juzgar a los muertos, y de
12.12 el diablo ha descendido. .tiene poco *t*
12.14 por un *t*, y *t*, y la mitad de un *t*
17.10 venga, es necesario que dure breve *t*
20.3 después. .debe ser desatado. .un poco de *t*
22.10 no selles las. .porque el *t* está cerca

TIENDA
Gn. 4.20 Jabal. .padre de los que habitan en *t*
9.21 y estaba descubierto en medio de su *t*
9.27 habite en las *t* de Sem, y sea Canaán su
12.8 su *t*, teniendo a Bet-el al occidente y
13.3 el lugar donde había estado antes su *t*
13.5 también Lot. .tenía ovejas, vacas y *t*
13.12 Lot. .y fue poniendo sus *t* hasta Sodoma
13.18 Abram. .removiendo su *t*, vino y moró en
18.1 estando él sentado a la puerta de su *t*
18.2 salió corriendo de la puerta de su *t*, a
18.6 Abraham fue de prisa a la *t* a Sara, y le
18.9 ¿dónde está. .él respondió: Aquí en la *t*
18.10 y Sara escuchaba a la puerta de la *t*
24.67 la trajo Isaac a la *t* de su madre Sara
25.27 Jacob era varón quieto. .habitaba en *t*
26.25 plantó allí su *t*; y abrieron allí los
31.25 y éste había fijado su *t* en el monte
31.33 entró Labán en la *t* de Jacob, en la
31.33 en la *t* de Lea, y en la *t* de las siervas
31.33 salió de la *t* de Lea, y entró en la *t*
31.34 y buscó Labán en toda la *t*, y no halló
33.19 compró. .parte del campo. .plantó su *t*
35.21 y plantó su *t* más allá de Migdal-edar
Éx. 16.16 cada uno para los que están en su *t*
18.7 Moisés. .a su suegro. .y vinieron a la *t*
26.12 la parte que sobra. .cortinas de la *t*
26.13 codo. .a lo largo de las cortinas de la *t*
26.14 harás también a la *t* una cubierta de
33.8 cada. .estaba en pie a la puerta de su *t*
33.10 levantaba cada uno a la puerta de su *t*
35.11 su *t*, su cubierta, sus corchetes, sus
35.12 el arca. .propiciatorio, el velo de la *t*
36.14 cortinas de pelo de cabra para una *t*
36.18 corchetes de bronce para enlazar la *t*
36.19 hizo para la *t* una cubierta de pieles
40.19 levantó la *t* sobre el tabernáculo, y
Lv. 14.8 y morará fuera de su *t* siete días
Nm. 3.25 cargo. .la *t* y su cubierta, la cortina
4.5 desarmarán el velo de la *t*, y cubrirán
9.15 nube cubrió el tabernáculo sobre la *t*
11.10 lloraba. .cada uno a la puerta de su *t*
16.24 apartaos de. .de la *t* de Coré, Datán y
16.26 apartaos. .de las *t* de estos hombres
16.27 apartaron de las *t* de Coré, de Datán
16.27 se pusieron a las puertas de sus *t*, con
19.14 la ley para cuando alguno muera en la *t*
19.14 cualquiera que entre en la *t*, y todo el
19.18 mojará en el agua. .rociará sobre la *t*
24.5 ¡cuán hermosas son tus *t*, oh Jacob, tus
25.8 fue tras. .a la *t*, y los alanceó a ambos
Dt. 1.27 murmurasteis en vuestras *t*, diciendo
5.30 vé y diles: Volveos a vuestras *t*
11.6 los tragó con. .sus *t*, y todo su ganado
33.18 alégrate, Zabulón. .tú, Isacar, en tus *t*
Jos. 3.14 partió el pueblo de sus *t* para pasar
7.21 escondido bajo tierra en medio de mi *t*
7.22 corriendo a la *t*, y. .escondido en su *t*
7.23 y tomándolo de en. .la *t*, lo trajeron a
7.24 tomaron a Acán. .*t* y todo cuanto tenía
22.4 regresad a vuestras *t*, a la tierra de
22.6 y bendiciéndolos. .y se fueron a sus *t*
22.7 de Manasés. .a éstos envió Josué a sus *t*
22.8 volved a vuestras *t* con. .riquezas, con
Jue. 4.11 y Heber ceneo. .había plantado sus *t*
4.17 y Sísara huyó. .a la *t* de Jael mujer de
4.18 él vino a ella a la *t*, y ella le cubrió
4.20 él le dijo: Estate a la puerta de la *t*
4.21 Jael mujer de. .tomó una estaca de la *t*
5.24 sobre las mujeres bendita sea en la *t*
6.5 venían con sus *t* en grande multitud como
7.8 envió a todos. .cada uno a su *t*, y retuvo
7.13 y llegó a la *t*, y la golpeó. .la *t* cayó
8.11 por el camino de los que habitaban en *t*
20.8 dijeron: Ninguno de nosotros irá a su *t*
1 S. 4.10 vencido, y huyeron cada cual a sus *t*
13.2 envió al resto del pueblo. .uno a sus *t*
17.54 pero las armas de él las puso en su *t*
2 S. 6.17 el arca. .pusieron. .en medio de una *t*
7.6 sino que he andado en *t* y en tabernáculo
11.11 el arca e Israel y Judá están bajo *t*, y
16.22 pusieron para Absalón una *t* sobre el
18.17 y todo Israel huyó, cada uno a su *t*
19.8 pero Israel había huido, cada uno a su *t*
20.1 tocó. .y dijo. .¡Cada uno a su *t*, Israel!
20.22 se retiraron. .cada uno a su *t*. Y Joab
1 R. 12.16 ¡Israel, a tus *t*!. .se fue a sus *t*
20.12 estando bebiendo con los reyes en las *t*
20.16 Ben-adad. .embriagándose en las *t*, él y
2 R. 7.7 huyeron. .abandonando sus *t*. .caballos
7.8 entraron en una *t* y comieron y bebieron
7.8 vueltos, entraron en otra *t*, y de allí
7.12 han salido de las *t* y se han escondido
8.21 atacó. .Edom. .y el pueblo huyó a sus *t*
13.5 habitaron. .Israel en sus *t*, como antes
14.12 Judá cayó. .y huyeron, cada uno a su *t*
23.7 cuales tejían las mujeres *t* para Asera
1 Cr. 4.41 y desbarataron sus *t* y cabañas que
5.10 habitaron en sus *t* en toda la región
6.32 servían delante de la *t* del tabernáculo
15.1 lugar para el arca. .y le levantó una *t*
16.1 el arca. .y la pusieron en medio de la *t*
17.5 estuve de *t* en *t*, y de tabernáculo en
2 Cr. 1.4 el arca. .él le había levantado una *t*
10.16 cada uno a sus *t*. .todo Israel a sus *t*
Job 5.24 sabrás que hay paz en tu *t*; visitarás
12.6 prosperan las *t* de los ladrones, y los
15.34 y fuego consumirá las *t* de soborno
18.6 luz se oscurecerá en su *t*, y se apagará
18.14 su confianza será arrancada de su *t*, y
18.15 en su *t* morará como si no fuese suya
20.26 fuego. .devorará lo que quede en su *t*
21.28 de la *t* de las moradas de los impíos?
22.23 serás. .alejarás de tu *t* la aflicción
29.4 cuando el favor de Dios velaba sobre mi *t*
Sal. 69.25 asolado; en sus *t* no haya morador
78.28 las hizo caer en. .alrededor de sus *t*
78.51 las primicias de su fuerza en las *t* de
78.60 la *t* en que habitó entre los hombres
78.67 desechó la *t* de José, y no escogió la
83.6 *t* de los edomitas y de los ismaelitas
106.25 murmuraron en sus *t*, y no oyeron la
118.15 voz de júbilo. .en las *t* de los justos
120.5 Mesec, y habito entre las *t* de Cedar!
Pr. 14.11 pero florecerá la *t* de los rectos
24.15 no aceches la *t* del justo, no saquees
Cnt. 1.5 codiciable como las *t* de Cedar, como
Is. 13.20 nunca. .ni levantará allí *t* el árabe
33.20 de quietud, *t* que no será desarmada, ni
38.12 y traspasada de mí, como *t* de pastor

TIENDA *(Continúa)*
Is. 40.22 los despliega como una t para morar
54.2 ensancha el sitio de tu t, y..cortinas
Jer. 4.20 de repente son destruidas mis t, en
6.3 junto a ella plantarán sus t alrededor
10.20 t está destruida, y todas mis cuerdas
10.20 no hay ya más quien levante mi t, ni
30.18 hago volver los cautivos de las t de
30.18 Jacob, y de sus t tendré misericordia
35.7 que moraréis en t todos vuestros días
35.10 moramos, pues, en t, y hemos obedecido
37.10 heridos, cada uno se levantará de su t
49.29 sus t y sus ganados tomarán..para sí
Lm. 2.2 destruyó en su furor..las t de Jacob
2.4 en la t de la hija de Sion derramó como
2.6 su t como enramada de huerto; destruyó
Ez. 25.4 plantarán en ti sus t; ellos comerán
Dn. 11.45 y plantará las t de su palacio entre
Os. 12.9 te haré morar en t, como en los días
Hab. 3.7 he visto las t de Cusán en aflicción
3.7 las t de la tierra de Madián temblaron
Zac. 12.7 librará Jehová las t de Judá primero
Mal. 2.12 cortará de las t de Jacob al hombre
Hch. 18.3 pues el oficio de ellos era hacer t
He. 11.9 en t con Isaac y Jacob, coherederos de

TIENTAS *(m. adv.)*
Job 5.14 y a mediodía andan a t como de noche
12.25 van a t, como en tinieblas y sin luz
Is. 59.10 ciegos, y andamos a t como sin ojos

TIERNO, NA
Gn. 18.7 Abraham..tomó un becerro t y bueno
33.13 mi señor sabe que los niños son t, y
Dt. 28.54 el hombre t en medio de ti, y el muy
1 Cr. 22.5 Salomón mi..es muchacho y de t edad
29.1 es joven y t de edad, y la obra grande
Job 33.25 su carne será más t que la del niño
38.27 para saciar..hacer brotar la t hierba?
Is. 47.1 nunca más te llamarán t y delicada
Lm. 2.20 de comer..pequeñitos a su t cuidado?
Mt. 24.32; Mr. 13.28 cuando ya su rama está t
1 Ts. 2.7 antes fuimos t entre vosotros, como

TIERRA
Gn. 1.1 el principio creó Dios los cielos y la t
1.2 y la t estaba desordenada y vacía, y las
1.10 y llamó Dios a lo seco t, y a..las aguas
1.11 después dijo Dios: Produzca la t hierba
1.11 que su semilla esté en él, sobre la t
1.12 produjo, pues, la t hierba verde que da
1.15 lumbreras en..para alumbrar sobre la t
1.17 puso Dios en..para alumbrar sobre la t
1.20 produzcan..aves que vuelen sobre la t
1.22 mares, y multiplíquense las aves en la t
1.24 produzca la t seres vivientes según su
1.24 serpientes y animales de la t según su
1.25 hizo Dios animales de la t..sobre la t
1.26 señoree en los..en toda la t..sobre la t
1.28 llenad la t, y sojuzgadla, y señoread
1.28 en..las bestias que se mueven sobre la t
1.29 toda planta..que está sobre toda la t
1.30 bestia de la t, y..arrastra sobre la t
2.1 fueron, pues, acabados los cielos y la t
2.4 estos son los orígenes de los..y de la t
2.4 el día que Jehová Dios hizo la t y los
2.5 toda planta del..antes que fuese en la t
2.5 aún no había hecho llover sobre la t, ni
2.5 ni había hombre para que labrase la t
2.6 subía de la t un vapor, el cual regaba
2.6 un vapor, el cual regaba..la faz de la t
2.7 Dios formó al hombre del polvo de la t
2.9 y Jehová Dios hizo nacer de la t..árbol
2.11 el que rodea toda la t de Havila, donde
2.12 el oro de aquella t es bueno; hay allí
2.13 Gihón..es el que rodea toda la t de Cus
2.19 Jehová Dios formó..de la t toda bestia
3.17 maldita será la t por tu causa..dolor
3.19 con el sudor..hasta que vuelvas a la t
3.23 para que labrase la t de que fue tomado
4.2 fue pastor..y Caín fue labrador de la t
4.3 Caín trajo del fruto de la t una ofrenda
4.10 la sangre de tu..clama a mí desde la t
4.11 maldito seas tú de la t, que abrió su
4.12 cuando labres la t, no te volverá a dar
4.12 errante y extranjero serás en la t
4.14 me echas hoy de la t, y de tu presencia
4.14 y seré errante y extranjero en la t
4.16 Caín..habitó en t de Nod, al oriente de
5.29 Noé..a causa de la t que Jehová maldijo
6.1 a multiplicarse sobre la faz de la t, y
6.4 había gigantes en la t en aquellos días
6.5 maldad de los hombres era mucha en la t
6.6 arrepintió Jehová..hecho hombre en la t
6.7 raeré de sobre la faz de la t a..hombres
6.11 se corrompió la t..y estaba la t llena
6.12 y miró Dios la t, y..estaba corrompida
6.12 había corrompido su camino sobre la t
6.13 la t está llena de violencia a causa de
6.13 he aquí que yo los destruiré con la t
6.17 traigo un diluvio de aguas sobre la t
6.17 aguas..todo lo que hay en la t morirá
6.20 de todo reptil de la t según su especie
7.3 conservar..especie sobre la faz de la t
7.4 haré llover sobre la t cuarenta días y
7.4 raeré de sobre la faz de la t a todo ser
7.6 el diluvio de las aguas vino sobre la t
7.8 y de todo lo que se arrastra sobre la t
7.10 aguas del diluvio vinieron sobre la t
7.12 lluvia sobre la t 40 días y 40 noches
7.14 todo reptil que se arrastra sobre la t
7.17 fue el diluvio cuarenta días sobre la t
7.17 alzaron el arca, y se elevó sobre la t
7.18 y crecieron en gran manera sobre la t
7.19 y las aguas subieron mucho sobre la t
7.21 murió toda carne que..mueve sobre la t
7.21 todo reptil que se arrastra sobre la t
7.22 vida..todo lo que había en la t, murió
7.23 fue destruido todo ser..la faz de la t
7.23 raídos de la t; y quedó solamente Noé
7.24 prevalecieron las aguas sobre la t 150
8.1 e hizo pasar Dios un viento sobre la t
8.3 las aguas decrecían..de sobre la t; y se
8.7 hasta que las aguas se secaron sobre la t
8.8 habían retirado de sobre la faz de la t
8.9 aguas estaban aún sobre la faz de..la t
8.11 aguas se habían retirado de sobre la t
8.13 del mes, las aguas se secaron sobre la t
8.13 he aquí que la faz de la t estaba seca
8.14 veintisiete días del mes, se secó la t
8.17 todo reptil que se arrastra sobre la t
8.17 y vayan por la t, y fructifiquen..la t
8.19 todo lo que se mueve sobre la t
8.21 dijo Jehová..No volveré a maldecir la t
8.22 mientras la t permanezca, no cesarán la
9.1 y les dijo..multiplicaos, y llenad la t
9.2 sobre todo animal de la t, y sobre toda
9.2 en todo lo que se mueve sobre la t, y en
9.7 mas..procread abundantemente en la t, y
9.10 animales y toda bestia de la t que está
9.10 salieron del arca..todo animal de la t
9.11 ni habrá más diluvio para destruir la t
9.13 será por señal del pacto entre mí y la t
9.14 que cuando haga venir nubes sobre la t
9.16 pacto..con toda carne que hay sobre la t
9.17 entre mí y toda carne que..sobre la t
9.19 de Noé, y de ellos fue llena toda la t
9.20 comenzó Noé a labrar la t, y plantó una
10.8 Nimrod..ser el primer poderoso en la t
10.10 Erec, Acad y Calne, en la t de Sinar
10.11 de esta t salió para Asiria, y..Nínive
10.20,30 por sus lenguas, en sus t, en sus
10.25 porque en sus días fue repartida la t
10.30 la t en que habitaron fue desde Mesa
10.32 de..se esparcieron las naciones en la t
11.1 tenía..toda la t una sola lengua y unas
11.2 hallaron una llanura en la t de Sinar
11.4 esparcidos sobre la faz de toda la t
11.8,9 esparció..sobre la faz de toda la t
11.9 confundió Jehová el lenguaje de..la t
11.28 murió Harán..en la t de su nacimiento
11.31 y salió con..para ir a la t de Canaán
12.1 vete de tu t y..a la t que te mostraré
12.3 serán benditas en ti..familias de la t
12.5 salieron para ir a t de Canaán; y a t de
12.6 pasó Abram por aquella t hasta el lugar
12.6 y el cananeo estaba entonces en la t
12.7 le dijo: A tu descendencia daré esta t
12.10 hambre en la t, y descendió Abram a
12.10 porque era grande el hambre en la t
13.6 la t no era suficiente para que..juntos
13.7 el cananeo y el ferezeo habitaban..la t
13.9 ¿no está toda la t delante de ti? Yo te
13.10 como la t de Egipto en la dirección de
13.12 Abram acampó en la t de Canaán, en
13.15 toda la t que ves, la daré a ti y a tu
13.16 tu descendencia como el polvo de la t
13.16 si alguno puede contar el polvo de la t
13.17 vé por la t a lo largo de ella y a su
14.19,22 Dios..creador de los cielos y de la t
15.7 te saqué..para darte a heredar esta t
15.13 que tu descendencia morará en t ajena
15.18 a tu descendencia daré esta t, desde
15.19 la t de los ceneos, los cenezeos, los
16.3 había habitado Abram en la t de Canaán
17.8 daré..la t en que moras..la t de Canaán
18.2 salió..a recibirlos, y se postró en t
18.18 benditas en él..las naciones de la t?
18.25 el Juez de toda la t, ¿no ha de hacer
19.23 sol salía sobre la t, cuando Lot llegó
19.25 destruyó..ciudades, y el fruto de la t
19.28 hacia toda la t de aquella llanura miró
19.28 el humo subía de la t como el humo de
19.31 y no queda varón en la t que entre a
19.31 conforme a la costumbre de toda la t
20.1 allí partió Abraham a la t del Neguev
20.15 he aquí mi t está delante de ti; habita
21.21 y su madre le tomó mujer de la t de
21.23 harás tú..con la t en donde has morado
21.32 y Ficol..volvieron a t de los filisteos
21.34 y moró Abraham en t de los filisteos
22.2 y vete a t de Moriah, y ofrécelo allí
22.18 serán benditas..las naciones de la t
23.2 murió Sara..Hebrón, en la t de Canaán
23.7 se inclinó al pueblo de aquella t, a los
23.12 se inclinó delante del pueblo de la t
23.13 Efrón en presencia del pueblo de la t
23.15 la t vale 400 siclos de plata; ¿qué es
23.19 de Mamre, que es Hebrón, en la t de
24.3 Dios de los cielos y Dios de la t, que
24.4 sino que irás a mi t y a mi parentela
24.5 quizá la mujer no querrá venir..esta t
24.5 ¿volveré, pues, tu hijo a la t de donde
24.7 me tomó de la..y de la t de mi parentela
24.7 me juró..A tu descendencia daré esta t
24.37 no..de los cananeos, en cuya t habito
24.52 el criado..se inclinó en t ante Jehová
25.6 los envió..el oriente, a la t oriental
26.1 después hubo hambre en la t, además de
26.2 y le dijo..habita en la t que yo te diré
26.3 habita..en esta t..daré todas estas t
26.4 y daré a tu descendencia todas estas t
26.4 las naciones de la t serán benditas en
26.12 sembró Isaac en aquella t, y cosechó
26.15 los pozos..habían cegado y llenado de t
26.22 prosperado, y fructificaremos en la t
27.28 Dios..te dé..de las grosuras de la t
27.39 será tu habitación en grosuras de la t
27.46 si..toma mujer..de las hijas de esta t
28.4 heredes la t en que moras, que Dios dio
28.12 una escalera que estaba apoyada en t
28.13 la t en que estás acostado te la daré
28.14 tu descendencia como el polvo de la t
28.14 las familias de la t serán benditas en
28.15 traerte a esta t; porque no te dejaré
29.1 Jacob..y fue a la t de los orientales
30.25 envíame, e iré a mi lugar, y a mi t
31.3 vuélvete a la t de tus padres, y a tu
31.13 sal de esta t, y vuélvete a la t de tu
31.18 volverse a..su padre en la t de Canaán
32.3 a Esaú..a la t de Seir, campo de Edom
32.9 vuélvete a tu t y a tu parentela, y yo
33.3 y se inclinó a t siete veces, hasta que
33.18 de Siquem, que está en la t de Canaán
34.2 Siquem..príncipe de aquella t..la tomó
34.10 t estará delante de vosotros; morad y
34.21 aquí la t es bastante ancha para ellos
34.30 abominable a los moradores de esta t
35.6 llegó Jacob a Luz..está en t de Canaán
35.12 la t que he dado a Abraham y a Isaac
35.12 a ti, y a tu descendencia..daré la t
35.16 había aún como media legua de t para
35.22 que cuando moraba Israel en aquella t
36.5 Esaú, que le nacieron en la t de Canaán
36.6 todo cuanto había adquirido en la t de
36.6 se fue a otra t, separándose de Jacob
36.7 ni la t..los podía sostener a causa de
36.16 los jefes de Elifaz en la t de Edom
36.17 los jefes de..de Reuel en la t de Edom
36.20 hijos de Seir..moradores de aquella t
36.21 jefes..hijos de Seir, en la t de Edom
36.30 los jefes de los horeos..en la t de Seir
36.31 los reyes que reinaron en la t de Edom
36.34 en su lugar reinó Husam, de t de Temán
36.43 los jefes..según sus moradas en la t de
37.1 habitó Jacob en la t donde..t de Canaán
37.10 vendremos..a postrarnos en t ante ti?
38.9 cuando se llegaba a la mujer..vertía en t
40.15 porque fui hurtado de la t de..hebreos
41.19 que no he visto..en toda la t de Egipto
41.29 gran abundancia en toda la t de Egipto
41.30 la abundancia será olvidada en la t de
41.30 de Egipto, y el hambre consumirá la t
41.33 varón..y póngalo sobre la t de Egipto
41.34 y quinte la t de Egipto en los siete
41.36 de hambre que habrá en la t de Egipto
41.41 aquí yo te he puesto sobre toda la t
41.43 y lo puso sobre toda la t de Egipto
41.44 ninguno alzará su mano..en toda la t
41.45 y salió José por toda la t de Egipto
41.46 José..y recorrió toda la t de Egipto
41.47 siete años de..la t produjo a montones
41.48 años de abundancia que hubo en la t de
41.52 Dios me hizo fructificar en la t de mi
41.53 años de abundancia que hubo en la t de
41.54 mas en toda la t de Egipto había pan
41.55 cuando se sintió el hambre en toda la t
41.56 porque había crecido el hambre en la t
41.57 y de toda la t venían a Egipto para
41.57 por toda la t había crecido el hambre
42.5 porque había hambre en la t de Canaán
42.6 y José era el señor de la t, quien le
42.6 le vendía a todo el pueblo de la t
42.6 de José, y se inclinaron a él rostro a t
42.7 ellos respondieron: De la t de Canaán
42.13 hijos de un varón en la t de Canaán
42.29 y venidos a Jacob..en t de Canaán, le
42.30 el señor de la t, nos habló ásperamente
42.30 varón..nos trató como a espías de la t
42.32 hoy con nuestro padre en la t de Canaán
42.33 aquel varón, el señor de la t, nos dijo
42.34 vuestro hermano, y negociaréis en la t
43.1 el hambre era grande en la t
43.11 tomad de lo mejor de la t..un presente
43.26 vino..y se inclinaron ante él hasta la t
43.28 lo volvimos a traer desde la t de Canaán
44.11 y derribando cada uno su costal en t
44.14 José..y se postraron delante de él en t
45.6 dos años de hambre en medio de la t, y
45.7 para preservaros posteridad sobre la t
45.8 por gobernador en toda la t de Egipto

TIERRA *(Continúa)*
Gn. 45.10 habitarás en la *t* de Gosén..cerca de
45.17 cargad..e id, volved a la *t* de Canaán
45.18 yo os daré lo bueno de la *t* de Egipto
45.18 y comeréis de la abundancia de la *t*
45.19 tomaos de la *t* de Egipto carros para
45.20 porque la riqueza de la *t* de Egipto
45.25 y llegaron a la *t* de Canaán a Jacob su
45.26 José..es señor en toda la *t* de Egipto
46.6 que habían adquirido en la *t* de Canaán
46.12 Er y Onán murieron en la *t* de Canaán
46.20 y nacieron a José en la *t* de Egipto
46.28 envió Jacob..llegaron a la *t* de Gosén
46.31 padre, que estaban en la *t* de Canaán
46.34 a fin de que moréis en la *t* de Gosén
47.1 mi padre..han venido de la *t* de Canaán
47.1 y mis hermanos..están en la *t* de Gosén
47.4 morar en esta *t* hemos venido; porque no
47.4 el hambre es grave en la *t* de Canaán; por
47.4 que habiten tus siervos en la *t* de Gosén
47.6 la *t* de Egipto..en lo mejor de la *t* haz
47.6 habiten en la *t* de Gosén; y si entiendes
47.11 les dio posesión en la *t* de Egipto, en
47.11 lo mejor de la *t*, en la *t* de Ramesés
47.13 no había pan en toda la *t*..muy grave
47.13 hambre la *t* de Egipto y la *t* de Canaán
47.14 dinero..*t* de Egipto y en la *t* de Canaán
47.15 dinero de la *t* de Egipto y de la *t* de
47.18 nada..sino nuestros cuerpos y nuestra *t*
47.19 moriremos..así nosotros como nuestra *t*?
47.19 cómpranos a nosotros y a..*t* por pan, y
47.19 y seremos nosotros y nuestra *t* siervos
47.19 para que vivamos..no sea asolada la *t*
47.20 compró José toda la *t*..*t* vino a ser de
47.20 los egipcios vendieron cada uno sus *t*
47.22 la *t* de los sacerdotes no compró, por
47.22 sacerdotes..por eso no vendieron su *t*
47.23 he aquí os he comprado..y a vuestra *t*
47.23 ved aquí semilla, y sembraréis la *t*
47.24 serán vuestras para sembrar las *t*, y
47.26 lo puso por ley..sobre la *t* de Egipto
47.26 excepto sólo la *t* de los sacerdotes, que
47.27 Israel en la *t* de Egipto..la *t* de Gosén
47.28 vivió Jacob en la *t* de Egipto 17 años
48.3 el Dios..me apareció..en la *t* de Canaán
48.4 daré esta *t* a tu descendencia después de
48.5 tus dos hijos..que te nacieron en la *t*
48.5 antes que viniese a ti a la *t* de Egipto
48.7 se me murió Raquel en la *t* de Canaán, en
48.7 como media legua de *t* viniendo a Efrata
48.12 José los sacó de entre..se inclinó a *t*
48.16 y multiplíquense en..en medio de la *t*
48.21 Dios estará..os hará volver a la *t* de
49.15 vio..que la *t* era deleitosa; y bajó su
49.30 al oriente de Mamre en la *t* de Canaán
50.5 el sepulcro que cavé para mí en la *t* de
50.7 y todos los ancianos de la *t* de Egipto
50.8 dejaron en la *t* de Gosén sus niños, y
50.11 viendo los moradores de la *t*..el llanto
50.13 lo llevaron sus hijos a la *t* de Canaán
50.24 os hará subir de esta *t* a la *t* que juró
Éx. 1.7 hijos de Israel..llenó de ellos la *t*
1.10 pelee contra nosotros, y se vaya de la *t*
2.15 Moisés huyó de..y habitó en *t* de Madián
2.22 porque dijo: Forastero soy en *t* ajena
3.5 porque el lugar en que tú estás, *t* santa
3.8 y sacarlos de aquella *t* a una *t* buena y
3.8 sacarlos de..a *t* que fluye leche y miel
3.17 yo os sacaré de..a la *t* del cananeo, del
3.17 sacaré..a una *t* que fluye leche y miel
4.3 le dijo: Échala en *t*. Y él la echó en *t*
4.9 derramarás en *t*..se harán sangre en la *t*
4.20 tomó su mujer y..y volvió a *t* de Egipto
5.5 he aquí el pueblo de la *t* es ahora mucho
5.12 el pueblo se esparció por toda la *t* de
6.1 ir, y con mano fuerte los echará de su *t*
6.4 darles la *t* de Canaán, la *t* en que fueron
6.8 y os meteré en la *t* por la cual alcé mi
6.11 deje ir de su *t* a los hijos de Israel
6.13 sacasen a..de Israel de la *t* de Egipto
6.26 sacad a los hijos de Israel de la *t* de
6.28 cuando Jehová habló a Moisés en la *t* de
7.2 que deje ir de su *t* a los hijos de Israel
7.3 y yo..multiplicaré en la *t* de Egipto mis
7.4 sacaré..de la *t* de Egipto, con grandes
7.21 y hubo sangre por toda la *t* de Egipto
8.5 que haga subir ranas sobre la *t* de Egipto
8.6 y subieron ranas que cubrieron la *t* de
8.7 e hicieron venir ranas..la *t* de Egipto
8.14 juntaron en montones, y apestaba la *t*
8.16 y golpea el polvo de la *t*, para que se
8.17 y golpeó el polvo de la *t*, el cual se
8.17 todo el polvo de la *t* se volvió piojos
8.21 de moscas, y asimismo la *t* donde ellos
8.22 y aquel día yo apartaré la *t* de Gosén
8.22 sepas que yo soy Jehová en medio de la *t*
8.24 y la *t* fue corrompida a causa de ellas
8.25 andad, ofreced sacrificio..Dios en la *t*
9.5 mañana hará Jehová esta cosa en la *t*
9.9 y vendrá a ser polvo sobre toda la *t* de
9.14 que no hay otro como yo en toda la *t*
9.15 herirte..plaga, y serás quitado de la *t*
9.16 que mi nombre sea anunciado en toda la *t*
9.22 que venga granizo en toda la *t* de Egipto
9.23 hizo..y el fuego se descargó sobre la *t*
9.23 hizo llover granizo sobre la *t* de Egipto
9.24 cual nunca hubo en toda la *t* de Egipto
9.25 granizo hirió en toda la *t* de Egipto todo
9.26 la *t* de Gosén, donde estaban los hijos
9.29 para que sepas que de Jehová es la *t*
9.33 cesaron..la lluvia no cayó más sobre la *t*
10.5 la cual cubrirá la faz de la *t*, de modo
10.5 de modo que no pueda verse la *t*; y ella
10.6 desde que..fueron sobre la *t* hasta hoy
10.12 extiende tu mano sobre la *t* de Egipto
10.13 extendió Moisés su vara sobre la *t* de
10.14 subió la langosta sobre..la *t* de Egipto
10.15 cubrió..todo el país, y oscureció la *t*
10.15 consumió toda la hierba de la *t*, y todo
10.15 no quedó cosa verde en..en toda la *t* de
10.21 que haya tinieblas sobre la *t* de Egipto
10.22 densas tinieblas sobre..la *t* de Egipto
11.3 tenido por gran varón en la *t* de Egipto
11.5 morirá todo primogénito en *t* de Egipto
11.6 habrá gran clamor por..la *t* de Egipto
11.9 que mis maravillas se..en la *t* de Egipto
12.1 Jehová a Moisés y a..en la *t* de Egipto
12.12 pues yo pasaré aquella noche por la *t*
12.12 y heriré a todo primogénito en la *t* de
12.13 mortandad cuando hiera la *t* de Egipto
12.17 saqué vuestras huestes de..*t* de Egipto
12.25 cuando entréis en la *t* que Jehová os
12.29 Jehová hirió a todo primogénito en la *t*
12.33 prisa a echarlos de la *t*; porque decían
12.41 las huestes de Jehová salieron de la *t*
12.42 por haberlos sacado en ella de la *t* de
12.51 sacó Jehová a..Israel de la *t* de Egipto
13.5 te hubiere metido en la *t* del cananeo
13.5 que te daría, *t* que destila leche y miel
13.11 haya metido en la *t* del cananeo, como
13.15 Jehová hizo morir en la *t* de Egipto a
13.17 no los llevó por el camino de la *t* de
14.3 encerrados están en la *t*, el desierto
15.12 extendiste tu diestra; la *t* los tragó
15.14 apoderará dolor de la *t* de los filisteos
16.1 después que salieron de la *t* de Egipto
16.3 hubiéramos muerto por mano de..en la *t*
16.6 Jehová os ha sacado de la *t* de Egipto
16.14 menuda como una escarcha sobre la *t*
16.32 cuando yo os saqué de la *t* de Egipto
16.35 hasta que llegaron a *t* habitada; maná
16.35 que llegaron a los límites de la *t* de
18.3 Gersón..Forastero he sido en *t* ajena
18.27 despidió Moisés a su suegro..fue a su *t*
19.1 la salida de los hijos de Israel de la *t*
19.5 especial tesoro..porque mía es toda la *t*
20.2 Jehová tu Dios, que te saqué de la *t* de
20.4 ni ninguna semejanza..ni abajo en la *t*
20.4 que esté..ni en las aguas debajo de la *t*
20.11 seis días hizo Jehová los cielos y la *t*
20.12 para que tus días se alarguen en la *t*
20.24 altar de *t* harás..y sacrificarás sobre
22.21; 23.9 extranjeros fuisteis..*t* de Egipto
23.10 seis años sembrarás tu *t*, y recogerás
23.19 primicias..de tu *t* traerás a la casa
23.23 y te llevará a la *t* del amorreo, del
23.26 no habrá mujer que..ni estéril en tu *t*
23.29 para que no quede la *t* desierta, y se
23.30 multipliques y tomes posesión de la *t*
23.31 en tus manos a los moradores de la *t*, y
23.33 tu *t* no habitarán, no sea que te hagan
29.46 Dios, que los saqué de la *t* de Egipto
31.17 en seis días hizo Jehová los..y la *t*
32.1 Moisés..que nos sacó de la *t* de Egipto
32.4,8 tus dioses, que te sacaron de la *t* de
32.7 tu pueblo que sacaste de la *t* de Egipto
32.11 que tú sacaste de la *t* de Egipto con
32.12 para raerlos de sobre la faz de la *t*?
32.13 y daré..toda esta *t* de que he hablado
32.23 varón que nos sacó de la *t* de Egipto
33.1 el pueblo que sacaste de la *t* de Egipto
33.1 sube..a la *t* de la cual juré a Abraham
33.3 (a la *t* que fluye leche y miel); pero yo
33.16 pueblos que están sobre la faz de la *t*?
34.10 que no han sido hechas en toda la *t*, ni
34.12 hacer alianza con los moradores de la *t*
34.15 no harás alianza con los..de aquella *t*
34.24 y ninguno codiciará tu *t*, cuando subas
34.26 los primeros frutos de tu *t* llevarás a
Lv. 11.2 de entre..animales que hay sobre la *t*
11.21 patas para saltar con ellas sobre la *t*
11.29 estos animales que se mueven sobre la *t*
11.41 todo reptil que se arrastra sobre la *t*
11.42,44,46 animal que se arrastra sobre la *t*
11.45 yo..que os hago subir de la *t* de Egipto
14.34 cuando hayáis entrado en la *t* de Canaán
14.34 plaga de lepra en alguna casa de la *t*
16.22 llevará..las iniquidades..a *t* inhabitada
17.13 derramará su sangre y la cubrirá con *t*
18.3 no haréis como hacen en la *t* de Egipto
18.3 como hacen en la *t* de Canaán, a la cual
18.25 la *t* fue contaminada..la *t* vomitó sus
18.27 hicieron los hombres de aquella *t* que
18.27 abominaciones..y la *t* fue contaminada
18.28 la *t* os vomite por haberla contaminado
19.9 siegues la mies de tu *t*, no segarás hasta
19.9 rincón de ella, ni espigarás tu *t* segada
19.23 cuando entréis en la *t*, y plantéis toda
19.29 que no se prostituya la *t* y se llene de
19.33 el extranjero morare con..en vuestra *t*
19.34 extranjeros fuisteis en la *t* de Egipto
19.35 en medida de *t*, en peso ni en..medida
19.36 Dios, que os saqué de la *t* de Egipto
20.2 morirá; el pueblo de la *t* lo apedreará
20.4 si el pueblo de la *t* cerrare sus ojos
20.22 no sea que os vomite la *t* en la cual
20.24 vosotros poseeréis la *t* de ellos, y yo
20.24 por heredad, *t* que fluye leche y miel
20.25 ni con nada que se arrastra sobre la *t*
22.24 animal..ni en vuestra *t* lo ofreceréis
22.33 os saqué de la *t* de Egipto, para ser
23.10 hayáis entrado en la *t* que yo os doy
23.22 cuando segareis la mies de vuestra *t*
23.39 recogido el fruto de la *t*, haréis fiesta
23.43 los saqué de la *t* de Egipto. Yo Jehová
25.2 entrado en la *t*..la *t* guardará reposo
25.3 seis años sembrarás tu *t*, y seis años
25.4 la *t* tendrá descanso..no sembrarás tu *t*
25.5 lo que de suyo naciere en tu *t* segada
25.5 tu viñedo..año de reposo será para la *t*
25.6 el descanso de la *t* te dará para comer
25.7 y a la bestia que hubiere en tu *t*, será
25.9 haréis tocar la trompeta por..vuestra *t*
25.10 y pregonaréis libertad en la *t* a todos
25.11 ni segaréis lo que naciere de..en la *t*
25.12 jubileo..el producto de la *t* comeréis
25.18 guardad..y habitaréis en la *t* seguros
25.19 y la *t* dará su fruto, y comeréis hasta
25.23 la *t* no se venderá..porque la *t* mía es
25.24 toda la *t*..otorgaréis rescate a la *t*
25.34 la *t* del ejido de sus ciudades no se
25.38 Dios, que os saqué de la *t* de Egipto
25.38 la *t* de Canaán, para ser vuestro Dios
25.42,55 los cuales saqué..de la *t* de Egipto
25.45 de las familias..nacidos en vuestra *t*
26.1 ni pondréis en vuestra *t* piedra pintada
26.4 la *t* rendirá sus productos, y el árbol
26.5 pan..y habitaréis seguros en vuestra *t*
26.6 yo daré paz en la *t*, y dormiréis, y no
26.6 quitar de vuestra *t* las malas bestias
26.13 Dios, que os saqué de la *t* de Egipto
26.19 como hierro, y vuestra *t* como bronce
26.20 porque vuestra *t* no dará su producto
26.20 los árboles de la *t* no darán su fruto
26.32 asolaré también la *t*, y se pasmarán
26.33 vuestra *t* estará asolada, y desiertas
26.34 la *t* gozará sus días..la *t* descansará
26.34 estéis en la *t* de vuestros enemigos
26.36 tal cobardía, en la *t* de sus enemigos
26.38 la *t* de vuestros enemigos os consumirá
26.39 decaerán en las *t* de vuestros enemigos
26.41 hecho entrar en la *t* de sus enemigos
26.42 me acordaré, y haré memoria de la *t*
26.43 pero la *t* será abandonada por ellos, y
26.44 estando ellos en *t* de sus enemigos, yo
26.45 cuando los saqué de la *t* de Egipto a
27.16 alguno dedicare de la *t* de su posesión
27.17 dedicare su *t* desde el año del jubileo
27.18 si después del jubileo dedicare su *t*
27.19 el que dedicó la *t* quisiere redimirla
27.20 no rescatare la *t* y la *t* se vendiere
27.21 la *t* será santa para..como *t* consagrada
27.22 la *t*..que no era de la *t* de su herencia
27.24 volverá la *t* a aquel de quien él la
27.24 a aquel..cuya es la herencia de la *t*
27.28 *t* de su posesión, todo lo consagrado
27.30 diezmo de la *t* de la simiente de la *t*
Nm. 1.1 el segundo año de su salida de la *t* de
3.13 hice morir a..los primogénitos en la *t*
8.17 herí a..primogénito en la *t* de Egipto
9.1 año de su salida de la *t* de Egipto, en el
9.14 el extranjero como el natural de la *t*
10.9 cuando saliereis a la guerra en vuestra *t*
10.30 me marcharé a mi *t* y a mi parentela
11.12 llévalo en tu..a la *t* de la cual juraste
11.31 y casi dos codos sobre la faz de la *t*
12.3 más que todos los hombres..sobre la *t*
13.2 envía tú hombres que reconozcan la *t* de
13.16 los varones que..envió a reconocer la *t*
13.17 los envió..a reconocer la *t* de Canaán
13.18 observad la *t* cómo es, y el pueblo que
13.19 cómo es la *t* habitada, si es buena o
13.21 reconocieron la *t* desde el desierto de
13.25 volvieron de reconocer la *t* al fin de
13.26 dieron..les mostraron el fruto de la *t*
13.27 llegamos a la *t* a la cual nos enviaste
13.28 pueblo que habita aquella *t* es fuerte
13.32 hablaron mal..*t* que habían reconocido
13.32 *t* por donde pasamos..es *t* que traga a
14.2 ¡ojalá muriéramos en la *t* de Egipto; o
14.3 ¿y por qué nos trae..a esta *t* para caer
14.6 eran de los que habían reconocido la *t*
14.7 la *t* por donde pasamos para..es *t*..buena
14.8 Jehová..él nos llevará a esta *t*, y nos
14.8 la entregará; *t* que fluye leche y miel
14.9 ni temáis al pueblo de esta *t*; porque
14.14 y lo dirán a los habitantes de esta *t*
14.16 este pueblo en la *t* de la cual les había
14.21 vivo yo, y mi gloria llena toda la *t*
14.23 no verán la *t* de la cual juré a..padres
14.24 Caleb..yo le meteré en la *t* donde entró
14.30 no entraréis en la *t*, por la cual alcé

TIERRA *(Continúa)*

TIERRA ***(Continúa)***

Jos. 2.2 han venido..esta noche para espiar la *t*
2.3 porque han venido para espiar toda la *t*
2.9 sé que Jehová os ha dado esta *t*; porque
2.11 vuestro Dios es Dios..y abajo en la *t*
2.14 nos haya dado la *t*, nosotros haremos
2.18 entremos en la *t*, tú atarás este cordón
2.24 ha entregado toda la *t* en nuestras manos
3.11 el arca del pacto del Señor de toda la *t*
3.13 el arca de Jehová, Señor de toda la *t*
4.24 todos los pueblos de la *t* conozcan que
5.6 les juró que no les dejaría ver la *t* que
5.6 nos la daría, *t* que fluye leche y miel
5.11 al otro día..comieron del fruto de la *t*
5.12 que comenzaron a comer del fruto de la *t*
5.12 que comieron de los frutos de la *t* de
5.14 Josué, postrándose sobre..*t*, le adoró
6.22 dijo a los..que habían reconocido la *t*
6.27 y su nombre se divulgó por toda la *t*
7.2 habló diciendo: Subid y reconoced la *t*
7.6 Josué..y se postró en *t* sobre su rostro
7.9 los cananeos..los moradores de la *t* oirán
7.9 y borrarán nuestro nombre de sobre la *t*
7.21 codicié y tomé..está escondido bajo *t*
8.1 yo he entregado..Hai..su ciudad y a su *t*
9.6 nosotros venimos de *t* muy lejana; haced
9.9 tus siervos han venido de *t* muy lejana
9.11 los moradores de nuestra *t* nos dijeron
9.24 tu Dios..que os había de dar toda la *t*
9.24 destruir a todos los moradores de la *t*
10.41 hirió..toda la *t* de Gosén hasta Gabaón
10.42 estos reyes y sus *t* los tomó Josué de
11.3 al heveo al pie de Hermón en *t* de Mizpa
11.16 tomó, pues, Josué toda aquella *t*, las
11.16 tomó..toda la *t* de Gosén, los llanos
11.22 ninguno de los anaceos quedó en la *t* de
11.23 tomó, pues, Josué toda la *t*, conforme
11.23 entregó..y la *t* descansó de la guerra
12.1 reyes de la *t* que los hijos de Israel
12.1 reyes..cuya *t* poseyeron al otro lado del
12.6 aquella *t* en posesión a los rubenitas, a
12.7 los reyes de la *t* que derrotaron Josué
12.7 Josué dio la *t*..a las tribus de Israel
13.1 ya viejo..queda aún mucha *t* por poseer
13.2 la *t* que queda: todos los territorios de
13.4 sur toda la *t* de los cananeos, y Mehara
13.5 la *t* de los giblitas, y todo el Líbano
13.7 reparte, pues, ahora esta *t* en heredad
13.11 Galaad, y..la *t* de Basán hasta Salca
13.21 príncipes..que habitaban en aquella *t*
13.25 la mitad de la *t* de los hijos de Amón
14.1 tomaron por heredad en la *t* de Canaán
14.4 no dieron parte a los levitas en la *t*
14.5 hicieron..en el repartimiento de la *t*
14.7 envió de Cades-barnea a reconocer la *t*
14.9 la *t* que holló tu pie será para ti, y
14.15 Hebrón..Y la *t* descansó de la guerra
15.18 que pidiese a su padre *t* para labrar
15.19 puesto que me has dado *t* del Neguev
17.5 diez partes además de la *t* de Galaad y
17.6 la *t* de Galaad fue de los otros hijos de
17.8 la *t* de Tapúa fue de Manasés; pero Tapúa
17.12 y el cananeo persistió en habitar en..*t*
17.15 desmontes allí..en la *t* de los ferezeos
17.16 todos los cananeos que habitan la *t* de
18.1 Silo..después que la *t* les fue sometida
18.3 para venir a poseer la *t* que os ha dado
18.4 recorran la *t*, y la describan conforme
18.6 delinearéis la *t* en siete partes, y me
18.8 Josué a los que iban para delinear la *t*
18.8 recorred la *t* y delineadla, y volved a
18.9 y recorrieron la *t*, delineándola por
18.10 repartió..la *t* a los hijos de Israel
19.49 después que acabaron de repartir la *t*
19.51 Josué hijo..acabaron de repartir la *t*
21.2 les hablaron en Silo en la *t* de Canaán
21.43 dio Jehová..la *t* que había jurado dar a
22.4 regresad..a la *t* de vuestras posesiones
22.9 desde Silo, que está en la *t* de Canaán
22.9 para ir a la *t* de Galaad, a la *t* de sus
22.10 llegando..límites..en la *t* de Canaán
22.11 un altar frente a la *t* de Canaán, en
22.13 y a la media tribu de..en la *t* de Galaad
22.15 los cuales fueron a..en la *t* de Galaad
22.19 si os parece que la *t* de..es inmunda
22.19 pasaos a la *t* de la posesión de Jehová
22.32 de la *t* de Galaad a la *t* de Canaán, a
22.33 para destruir la *t* en que habitaban los
23.5 y vosotros poseeréis sus *t*, como Jehová
23.13 hasta que perezcáis de esta buena *t* que
23.14 entrar hoy por el camino de toda la *t*
23.15 hasta destruiros de sobre la buena *t*
23.16 pereceréis..de esta buena *t* que él os
24.3 río, y lo traje por toda la *t* de Canaán
24.8 yo os introduje en la *t* de los amorreos
24.8 yo los entregué en..y poseísteis su *t*
24.13 di la *t* por la cual nada trabajasteis
24.15 dioses de..amorreos en cuya *t* habitáis
24.17 nos sacó..a nuestros padres de la *t* de
24.18 arrojó..al amorreo que habitaba en la *t*

Jue. 1.2 que yo he entregado la *t* en sus manos
1.15 me has dado *t*..dame también fuentes de
1.26 y se fue el hombre a la *t* de los heteos
1.27 y el cananeo persistía en habitar en..*t*
1.32 Aser entre los..que habitaban en la *t*
1.33 Neftalí..moró entre los cananeos..la *t*
2.1 os introduje en la *t* de la cual..jurado
2.2 que..no hagáis pacto con los..de esta *t*
2.12 que los había sacado de la *t* de Egipto
3.11 y reposó la *t* 40 años; y murió Otoniel
3.25 y he aquí su señor caído en *t*, muerto
3.30 subyugado..y reposó la *t* ochenta años
4.21 metió la estaca..y la enclavó en la *t*
5.4 *t* tembló, y los cielos destilaron, y las
5.31 sean como..Y la *t* reposó cuarenta años
6.4 destruían los frutos de la *t*, hasta..Gaza
6.5 subían..así venían a la *t* para devastarla
6.9 cuales eché de delante de..y os di su *t*
6.10 dioses de..amorreos, en cuya *t* habitáis
6.37 el vellón..quedando seca toda la otra *t*
6.39 el vellón..seco, y el rocío sobre la *t*
6.40 vellón..seco, y en toda la *t* hubo rocío
8.28 reposó la *t* cuarenta años en los días de
9.37 gente..desciende de en medio de la *t*, y
10.4 y tenían treinta ciudades..*t* de Galaad
10.8 en la *t* del amorreo, que está en Galaad
11.3 huyó, pues, Jefté..y habitó en *t* de Tob
11.5 fueron a traer a Jefté de la *t* de Tob
11.12 venido..para hacer guerra contra mi *t*?
11.13 cuanto Israel tomó mi *t*, cuando subió
11.15 Israel no tomó *t* de Moab, ni *t*..Amón
11.17 te ruego que me dejes pasar por tu *t*
11.18 rodeó la *t* de Edom y la *t* de Moab, y
11.18 lado oriental de la *t* de Moab, acampó
11.19 ruego..me dejes pasar por tu *t* hasta
11.21 se apoderó Israel de toda la *t* de los
12.12 fue sepultado en..en la *t* de Zabulón
12.15 fue sepultado en..la *t* de Efraín, en el
13.20 Manoa y..su mujer..se postraron en *t*
16.24 entregó en..al destruidor de nuestra *t*
18.2 que reconociesen y explorasen bien la *t*
18.2 les dijeron: Id y reconoced la *t*. Estos
18.9 en marcha..ir a tomar posesión de la *t*
18.10 llegaréis a un..a una *t* muy espaciosa
18.10 falta de cosa alguna que haya en la *t*
18.14,17 que habían ido a reconocer la *t*
18.30 hasta el día del cautiverio de la *t*
19.30 subieron de la *t* de Egipto hasta hoy
20.1 se reunió..desde Dan..y la *t* de Galaad
20.21 derribaron por *t*..22.000 hombres de los
20.25 derribaron por *t* otros 18.000 hombres
21.12 en Silo, que está en la *t* de Canaán
21.21 arrebatad cada..e idos a *t* de Benjamín

Rt. 1.1 aconteció en..que hubo hambre en la *t*
1.7 a caminar para volverse a la *t* de Judá
2.10 ella..bajando su rostro se inclinó a *t*
2.11 dejando..la *t* donde naciste, has venido
4.3 Noemí..vende una parte de las *t* que tuvo
4.5 día que compres las *t* de mano de Noemí

1 S. 2.8 de Jehová son las columnas de la *t*, y
2.10 juzgará los confines de la *t*; dará poder
3.19 no dejó caer a *t* ninguna de sus palabras
4.5 Israel gritó con..júbilo que la *t* tembló
4.12 rotos sus vestidos y *t* sobre su cabeza
5.3 Dagón postrado en *t* delante del arca de
5.4 Dagón había caído..en *t* delante del arca
6.1 estuvo el arca..en la *t* de los filisteos
6.5 de vuestros ratones que destruyen la *t*
6.5 quizá aliviará su mano..sobre vuestra *t*
6.9 sube por el camino de su *t* a Bet-semes
8.14 asimismo tomará lo mejor de vuestras *t*
9.4 de allí a la *t* de Salisa..la *t* de Saalim
9.4 la *t* de Benjamín, y no las encontraron
9.5 cuando vinieron a la *t* de Zuf, Saúl dijo
9.16 mañana..enviaré a ti un varón de la *t*
12.6 que..sacó a vuestros padres de la *t* de
13.7 hebreos pasaron el Jordán a la *t* de Gad
13.17 un escuadrón marchaba por..la *t* de Sual
13.19 la *t* de Israel no se hallaba herrero
14.14 en el espacio de una media yugada de *t*
14.15 la *t* tembló; hubo..gran consternación
14.45 no ha de caer un cabello de su..en *t*
17.46 los cuerpos de..a las bestias de la *t*
17.46 toda la *t* sabrá que hay Dios en Israel
17.49 al filisteo..cayó sobre su rostro en *t*
20.15 cortado..los enemigos de David de la *t*
20.31 que el hijo de Isaí viviere sobre la *t*
20.41 se inclinó tres..postrándose hasta la *t*
21.11 ¿no es éste David, el rey de la *t*? ¿no
22.5 dijo a David..anda y vete a *t* de Judá
22.7 ¿os dará..el hijo de Isaí *t* y viñas, y
23.19 ¿no está David escondido en nuestra *t*
23.23 si él estuviere en la *t*, yo le buscaré
24.8 Saúl miró..David inclinó su rostro a *t*
25.23 Abigail vio a David..se inclinó a *t*
25.41 ella..inclinó su rostro a *t*, diciendo
26.7 y su lanza clavada en *t* a su cabecera
26.8 lo enclavaré en la *t* de un golpe, y no
26.20 no caiga, pues, ahora mi sangre en *t*
27.1 fugarme a la *t* de los filisteos, para
27.7 David habitó en la *t* de los filisteos
27.8 habitaban de largo tiempo la *t*, desde
27.8 quien va a Shur hasta la *t* de Egipto
27.11 el tiempo que moró en la *t*..filisteos
28.3 Saúl había arrojado de la *t* a..adivinos
28.9 cómo ha cortado de la *t* a..evocadores y
28.13 Saúl: He visto dioses que suben de la *t*
28.14 Saúl..humillando el rostro a *t*, hizo
28.20 Saúl cayó en *t* cuan grande era, y tuvo
29.11 irse y volver a la *t* de los filisteos
30.16 estaban desparramados sobre toda..*t*
30.16 todo aquel gran botín..de la *t* de Judá
30.16 habían tomado de la *t* de los filisteos
31.9 mensajeros por toda la *t* de los filisteos

2 S. 1.2 sucedió que vino..y *t* sobre su cabeza
1.2 llegando a David, se postró en *t* e hizo
1.21 ni lluvia caiga..ni seáis *t* de ofrendas
3.12 a David..diciendo: ¿De quién es la *t*?
4.11 de demandar yo su..y quitaros de la *t*?
5.6 contra..jebuseos que moraban en aquella *t*
7.9 el nombre de los grandes que hay en la *t*
7.23 como Israel, nación singular en la *t*?
7.23 y obras terribles a tu *t*, por amor de
8.2 los midió con..haciéndolos tender por *t*
9.7 devolveré todas las *t* de Saúl tu padre
9.10 le labrarás las *t*, tú con tus hijos y
10.2 llegados..a la *t* de los hijos de Amón
12.16 y ayunó..y pasó la noche acostado en *t*
12.17 para hacerlo levantar de la *t*; mas él
12.20 David se levantó de la *t*, y se lavó y
13.31 se echó en *t*, y todos sus criados que
14.4 y postrándose en *t*..hizo reverencia, y
14.7 no dejando a mi..ni reliquia sobre la *t*
14.11 no caerá ni un cabello..de tu hijo en *t*
14.14 y somos como aguas derramadas por *t*
14.20 sabio..para conocer lo que hay en la *t*
14.22 y Joab se postró en *t* sobre su rostro
14.33 inclinó su rostro a *t* delante del rey
15.4 ¡quién me pusiera por juez en la *t*, para
15.32 rasgados sus vestidos, y *t* sobre su
17.12 como cuando el rocío cae sobre la *t*
17.26 y acampó Israel con Absalón en *t* de
18.9 quedó suspendido entre el cielo y la *t*
18.11 ¿por qué no le mataste..echándole a *t*?
18.28 se inclinó a *t* delante del rey, y dijo
19.29 he determinado que..os dividáis las *t*
20.10 y derramó sus entrañas por *t*, y cayó
21.14 sepultaron..en *t* de Benjamín, en Zela
21.14 y Dios fue propicio a la *t* después de
22.8 la *t* fue conmovida, y tembló..cimientos
22.43 como polvo de la *t* los molí; como lodo
23.4 lluvia que hace brotar la hierba de la *t*
24.6 fueron a Galaad y a la *t* baja de Hodsi
24.8 después..hubieron recorrido toda la *t*
24.13 ¿quieres..siete años de hambre en tu *t*?
24.13 ¿o que tres días haya peste en tu *t*?
24.20 se inclinó delante del rey rostro a *t*
24.25 y Jehová oyó las súplicas de la *t*, y

1 R. 1.3 buscaron una joven..por toda la *t* de
1.23 delante del rey inclinando..rostro a *t*
1.31 Betsabé se inclinó..con su rostro a *t*
1.40 que parecía que la *t* se hundía con el
1.52 ni uno de sus cabellos caerá en *t*; mas
2.2 yo sigo el camino de todos en la *t*
4.10 éste tenía..Soco y toda la *t* de Hefer
4.19 en la *t* de Galaad, la *t* de Sehón rey de
4.19 era el único gobernador en aquella *t*
4.21 señoreaba..hasta la *t* de los filisteos
4.34 venían de..de todos los reyes de la *t*
7.46 lo hizo fundir el rey en..en *t* arcillosa
8.9 hizo pacto..salieron de la *t* de Egipto
8.21 está el pacto..cuando los sacó de la *t*
8.23 ni arriba en los cielos ni abajo en la *t*
8.27 ¿es verdad que Dios morará sobre la *t*?
8.34 y los volverás a la *t* que diste a sus
8.36 darás lluvias sobre tu *t*, la cual diste
8.37 si en la *t* hubiere hambre, pestilencia
8.37 los sitiaren en la *t* en donde habiten
8.40 días que vivan sobre la faz de la *t* que
8.41 el extranjero..que viniere de lejanas *t*
8.43 que todos los pueblos de la *t* conozcan
8.46 para que los cautive y lleve a *t* enemiga
8.47 si ellos volvieren en sí en la *t* donde
8.47 a ti en la *t* de los que los cautivaron
8.48 se convirtieren..en la *t* de sus enemigos
8.48 y oraren a ti con el rostro hacia su *t*
8.53 entre todos los pueblos de la *t*, como
8.60 los pueblos de la *t* sepan que Jehová es
9.7 cortaré a Israel de..la faz de la *t* que
9.8 ¿por qué ha hecho así Jehová a esta *t* y
9.9 había sacado a sus padres de *t* de Egipto
9.11 dio a Hiram veinte ciudades en *t* de
9.13 y les puso por nombre, la *t* de Cabul
9.18 a Baalat, y a Tadmor en *t* del desierto
9.19 ciudades..y en toda la *t* de su señorío
9.21 hijos que quedaron en la *t* después de
9.26 que está junto a Elot..en la *t* de Edom
10.6 al rey: Verdad es lo que oí en mi *t* de
10.13 y ella..se fue a su *t* con sus criados
10.15 y lo de todos los..principales de la *t*
10.23 así excedía..a todos los reyes de la *t*
10.24 la *t* procuraba ver la cara de Salomón
11.18 Faraón rey de Egipto..y aun les dio *t*
11.21 Hadad dijo a Faraón: Déjame ir a mi *t*
11.22 ¿qué te falta..procuras irte a tu *t*?
12.28 tus dioses..te hicieron subir de la *t*
13.34 fue cortada y..de sobre la faz de la *t*
14.15 él arrancará a Israel de esta buena *t*
14.24 también sodomitas en la *t*, e hicieron
15.20 toda Cineret, con toda la *t* de Neftalí
17.7 se secó el..no había llovido sobre la *t*
17.14 que Jehová haga llover..la faz de la *t*

TIERRA ***(Continúa)***
1 R. 18.1 y yo haré llover sobre la faz de la *t*
18.42 postrándose en *t*, puso su rostro entre
20.27 de Israel. . y los sirios llenaban la *t*
22.36 un pregón. . diciendo. . cada cual a su *t!*
22.46 de la *t* el resto de los sodomitas que
2 R. 2.19 las aguas son malas, y la *t* es estéril
3.19 y destruiréis con piedras toda *t* fértil
3.20 vinieron aguas. . la *t* se llenó de aguas
3.25 en todas las *t* fértiles echó cada uno su
3.27 apartaron de él, y se volvieron a su *t*
4.37 inclinó a *t;* y después tomó a su hijo
4.38 cuando había una grande hambre en la *t*
5.2 habían llevado cautiva de la *t* de Israel
5.4 ha dicho una muchacha que es de la *t* de
5.15 no hay Dios en toda la *t*, sino en Israel
5.17 ruego. . ¿de esta *t* no se dará a tu siervo
5.19 se fue. . y caminó como media legua de *t*
6.23 y nunca más vinieron bandas. . a la *t* de
8.1 el hambre. . vendrá sobre la *t* por 7 años
8.2 fue ella. . y vivió en *t* de los filisteos
8.3 la mujer volvió de la *t* de los filisteos
8.3,5 implorar al rey por su casa y. . sus *t*
8.6 hazle devolver. . todos los frutos de sus *t*
9.37 Jezabel será como estiércol sobre. . la *t*
10.10 que de la palabra de. . nada caerá en *t*
10.33 toda la *t* de Galaad, de Gad, de Rubén
11.18 el pueblo de la *t* entró en el templo de
11.19 el pueblo de la *t*, y llevaron al rey
11.20 todo el pueblo de la *t* se regocijó, y
13.18 las hubo tomado, le dijo: Golpea la *t*
13.20 vinieron bandas. . de moabitas a la *t*
15.19 y vino Pul rey de Asiria a atacar la *t*
15.29 y tomó a Ijón. . y toda la *t* de Neftalí
16.15 holocausto de todo el pueblo de la *t*
17.7 Jehová su. . que los sacó de *t* de Egipto
17.23 e Israel fue llevado cautivo de su *t*
17.26 no conocen la ley del Dios de la *t*, y él
17.36 a Jehová, que os sacó de *t* de Egipto
18.25 ha dicho: Sube a esta *t*, y destrúyela
18.32 yo. . os lleve a una *t* como la vuestra
18.32 *t* de grano y de vino, *t* de pan y de
18.32 viñas, *t* de olivas, de aceite, y de miel
18.33 ha librado su *t* de la mano del rey de
18.35 ¿qué dios. . de estas *t* ha librado su *t*
19.7 volverá a su *t*. . en su *t* caiga a espada
19.11 has oído lo que han hecho. . a todas las *t*
19.15 eres Dios de todos los reinos de la *t*
19.15 sólo tú eres. . hiciste el cielo y la *t*
19.17 han destruido las naciones y sus *t*
19.19 sepan. . los reinos de la *t* que sólo tú
19.37 lo hirieron. . y huyeron a *t* de Ararat
20.14 de lejanas *t* han venido, de Babilonia
21.8 pie de Israel sea movido de la *t* que di
21.24 el pueblo de la *t* mató a todos los que
21.24 puso el pueblo de la *t*. . Josías su hijo
23.24 barrió. . abominaciones. . en la *t* de Judá
23.30 pueblo de la *t* tomó a Joacaz. . por rey
23.33 Faraón. . e impuso sobre la *t* una multa
23.35 hizo avaluar la *t* para dar. . a Faraón
23.35 sacando la plata. . del pueblo de la *t*
24.7 nunca. . el rey de Egipto salió de su *t*
24.14 no quedó. . excepto los pobres. . de la *t*
24.15 llevó cautivos. . a los poderosos de la *t*
25.3 que no hubo pan para el pueblo de la *t*
25.12 de los pobres de la *t* dejó Nabuzaradán
25.12 dejó. . para que labrasen las viñas y la *t*
25.19 tomó. . y 60 varones del pueblo de la *t*
25.21 rey. . los hirió y mató. . en *t* de Hamat
25.21 fue llevado cautivo Judá de sobre su *t*
25.22 al pueblo que. . rey. . dejó en *t* de Judá
25.24 habitad en la *t*, y servid al rey de
1 Cr. 1.10 éste llegó a ser poderoso en la *t*
1.19 fue Peleg. . en sus días fue dividida la *t*
1.43 los reyes que reinaron en la *t* de Edom
1.45 reinó en su lugar Husam, de la *t* de los
2.22 cual tuvo 23 ciudades en la *t* de Galaad
4.40 y buenos pastos, y *t* ancha y espaciosa
5.9 tenía mucho ganado en la *t* de Galaad
5.11 hijos de Gad habitaron. . la *t* de Basán
5.23 Manasés. . habitaron en la *t* desde Basán
5.25 los dioses de los pueblos de la *t*, a los
6.55 les dieron, pues, Hebrón en *t* de Judá
7.21 los hijos de Gat, naturales de aquella *t*
10.9 enviaron mensajeros por toda la *t* de los
11.4 y los jebuseos habitaban en aquella *t*
11.13 allí una parcela de *t* llena de cebada
13.2 enviaremos a. . en todas las *t* de Israel
14.17 la fama de David. . por todas aquellas. . *t*
16.14 Dios; sus juicios están en toda la *t*
16.18 a ti daré la *t* de Canaán, porción de
16.23 cantad a Jehová toda la *t*, proclamad
16.30 temed en su presencia, toda la *t;* el
16.31 alégrense los cielos, y gócese la *t*, y
16.33 de Jehová, porque viene a juzgar la *t*
17.8 como el nombre de los grandes en la *t*
19.2 llegaron. . a la *t* de los hijos de Amón
19.3 ¿no vienen más bien. . y reconocer la *t?*
20.1 y destruyó la *t* de los hijos de Amón, y
21.12 tres días. . esto es, la peste en la *t*
21.16 vio al ángel de. . entre el cielo y la *t*
21.21 miró Ornán. . se postró en *t* ante David
22.2 a los extranjeros que había en la *t* de
22.5 la casa. . renombre y honra en todas las *t*
22.8 tú has derramado mucha sangre. . en la *t*
22.18 en mi mano a los moradores de la *t*, y
22.18 *t* ha sido sometida delante de Jehová
27.26 de los que trabajaban en la. . de las *t*
28.8 preceptos. . para que poseáis la buena *t*
29.11 las cosas que están. . en la *t* son tuyas
29.15 nuestros días sobre la *t*, cual sombra
29.30 sobre todos los reinos de aquellas *t*
2 Cr. 1.9 un pueblo numeroso como el polvo. . *t*
2.12 que hizo los cielos y la *t*, y que dio
2.17 hombres extranjeros que había en la *t*
4.17 los fundió el rey. . en *t* arcillosa, entre
6.5 el día que saqué a mi pueblo de la *t* de
6.14 no hay Dios semejante a ti. . ni en la *t*
6.18 que Dios habitará con el hombre en la *t?*
6.25 y les harás volver a la *t* que diste a
6.27 darás lluvia sobre tu *t*, que diste por
6.28 si hubiere hambre en la *t*, o. . langosta
6.28 o si los sitiaren sus enemigos en la *t*
6.31 días que vivieren sobre la faz de la *t*
6.32 al extranjero que. . venido de lejanas *t*
6.33 los pueblos de la *t* conozcan tu nombre
6.36 lleven cautivos a *t* de enemigos, lejos
6.37 y ellos volvieren en sí en la *t* donde
6.37 y oraren a ti en la *t* de su cautividad
6.38 convirtieren. . en la *t* de su cautividad
6.38 y oraren hacia la *t* que tú diste a sus
7.13 mandare a la langosta que consuma la *t*
7.14 y perdonaré sus pecados, y sanaré su *t*
7.20 yo os arrancaré de mi *t* que os he dado
7.21 ¿por qué ha hecho así Jehová a esta *t*
7.22 que los sacó de la *t* de Egipto, y han
8.6 edificar en. . en toda la *t* de su dominio
8.8 los hijos. . los que habían quedado en la *t*
8.17 Salomón fue. . a Elot. . en la *t* de Edom
9.5 rey: Verdad es lo que había oído en mi *t*
9.11 nunca en la *t* de Judá se había visto
9.12 la reina de Sabá. . se fue a su *t* con sus
9.14 los gobernadores de la *t* traían oro y
9.22 excedió. . a todos los reyes de la *t* en
9.23 todos los reyes de la *t* procuraban ver
9.26 el Eufrates hasta la *t* de los filisteos
11.23 esparció a. . sus hijos por todas las *t*
13.9 sacerdotes a la manera de. . de otras *t*
14.6 edificó. . por cuanto había paz en la *t*
14.7 estas ciudades. . ya que la *t* es nuestra
15.5 sino muchas aflicciones sobre. . de las *t*
15.8 y quitó los ídolos. . de toda la *t* de Judá
16.9 los ojos de Jehová contemplan toda la *t*
17.2 colocó gente de guarnición en *t* de Judá
17.10 el pavor de Jehová. . los reinos de las *t*
19.3 quitado de la *t* las imágenes de Asera
20.7 ¿no echaste tú los moradores de esta *t*
20.10 a cuya *t* no quisiste que pasase Israel
20.10 Israel cuando venía de la *t* de Egipto
20.18 entonces Josafat se inclinó rostro a *t*
20.24 he aquí yacían ellos en *t* muertos, pues
20.29 pavor. . sobre. . los reinos de aquella *t*
21.17 e invadieron la *t*, y tomaron todos los
23.13 el pueblo de la *t* mostraba alegría, y
23.20 llamó. . a todo el pueblo de la *t*, para
26.6 y edificó. . y en la *t* de los filisteos
26.21 Jotam su. . gobernando al pueblo de la *t*
30.9 y volverán a esta *t*. . es misericordioso
30.10 pasaron. . correos. . por la *t* de Efraín
30.25 los. . que habían venido de la *t* de Israel
31.5 primicias de todos los frutos de la *t*
32.13 padres hemos hecho a. . pueblos de la *t?*
32.13 los dioses de. . esas *t*. . librar su *t* de
32.19 como contra los dioses de los. . de la *t*
32.21 volvió, por tanto, avergonzado a su *t*
33.8 la *t* que yo entregué a vuestros padres
33.25 el pueblo de la *t* mató a todos los que
33.25 el pueblo de la *t* puso por rey en su
34.7 y destruido. . los ídolos por toda la *t*
34.8 después de haber limpiado la *t* y la casa
34.33 quitó Josías. . abominaciones de. . la *t*
36.1 el pueblo de la *t* tomó a Joacaz hijo de
36.3 y condenó la *t* a pagar cien talentos de
36.21 hasta que la *t* hubo gozado de reposo
36.23; Esd. 1.2 dado todos los reinos de la *t*
Esd. 3.3 tenían miedo de los pueblos de las *t*
4.4 el pueblo de la *t* intimidó al pueblo de
5.11 siervos del Dios del cielo y de la *t*, y
6.21 de las inmundicias de las gentes de la *t*
9.1 no se han separado de los. . de las *t*, de
9.2 sido mezclado con los pueblos de las *t*
9.7 entregados en manos de. . reyes de las *t*
9.11 la *t* a la cual entráis. . *t* inmunda es a
9.12 seáis fuertes y comáis el bien de la *t*
10.2 tomamos mujeres. . de los pueblos de la *t*
10.11 apartaos de los pueblos de las *t*, y de
Neh. 4.4 por despojo en la *t* de su cautiverio
5.3 decían: Hemos empeñado nuestras *t*. . viñas
5.4 hemos tomado prestado. . sobre nuestras *t*
5.5 nuestras *t* y nuestras viñas son de otros
5.11 ruego que les devolváis hoy sus *t*, sus
5.14 que fuese gobernador. . en la *t* de Judá
8.6 ¡amén!. . adoraron a Jehová inclinados a *t*
9.1 se reunieron los. . con cilicio y *t* sobre sí
9.6 hiciste. . la *t* y todo lo que está en ella
9.8 pacto con él para darle la *t* del cananeo
9.10 señales y. . contra todo el pueblo de su *t*
9.15 les dijiste que entrasen a poseer la *t*
9.22 y poseyeron la *t* de Sehón, la *t* del rey
9.22 rey de Hesbón, y la *t* de Og rey de Basán
9.23 *t* de la cual habías dicho a sus padres
9.24 los hijos vinieron y poseyeron la *t*, y
9.24 entregaste. . los pueblos de la *t*, para
9.25 y tomaron. . *t* fértil, y heredaron casas
9.30 los entregaste en. . los pueblos de la *t*
9.35 en la *t* espaciosa. . no te sirvieron, ni
9.36 siervos en la *t* que diste a. . padres para
10.28 apartado de los pueblos de las *t* a la
10.30 que no daríamos. . los pueblos de la *t*
10.31 los pueblos de la *t* trajesen a vender
10.31 año séptimo dejaríamos descansar la *t*
10.35 traeríamos. . las primicias de nuestra *t*
10.37 el diezmo de nuestra *t* para los levitas
11.25 tocante a las aldeas y sus *t*, algunos
11.30 aldeas, en Laquis y sus *t*, y en Azeca y
Est. 8.17 muchos de entre los pueblos de la *t*
10.1 el rey Asuero impuso tributo sobre la *t*
Job 1.1 hubo en *t* de Uz un varón llamado Job
1.7 dijo: De rodear la *t* y de andar por ella
1.8 que no hay otro como él en la *t*, varón
1.10 por. . sus bienes han aumentado sobre la *t*
1.20 Job se levantó. . se postró en *t* y adoró
2.2 respondió Satanás. . De rodear la *t*, y de
2.3 que no hay otro como él en la *t*, varón
2.13 se sentaron con él en *t* por siete días
3.14 los consejeros de la *t*, que reedifican
5.6 aflicción. . ni la molestia brota de la *t*
5.10 que da la lluvia sobre la faz de la *t*
5.25 de ver. . tu prole como la hierba de la *t*
7.1 ¿no es acaso brega la vida. . sobre la *t*
8.9 siendo nuestros días. . la *t* como sombra
9.6 remueve la *t* de su lugar, y hace temblar
9.24 *t* es entregada en manos de los impíos
10.21 *t* de tinieblas y de sombra de muerte
10.22 *t* de oscuridad, lóbrega, como sombra
11.9 su dimensión es más extensa que la *t*
12.8 habla a la *t*, y ella te enseñará; los
12.15 se seca; si las envía, destruyen la *t*
12.24 quita. . a los jefes del pueblo de la *t*
14.8 si se envejeciere en la *t* su raíz, y su
14.19 el agua. . que se lleva el polvo de la *t*
15.19 a quienes únicamente fue dada la *t*, y
15.29 no. . ni extenderá por la *t* su hermosura
16.13 y no perdonó; mi hiel derramó por *t*
16.18 ¡oh *t!* no cubras mi sangre, y no haya
18.4 ¿será abandonada la *t* por tu causa, y
18.10 su cuerda está escondida en la *t*, y una
18.17 memoria perecerá de la *t*, y no tendrá
20.4 desde. . fue puesto el hombre sobre la *t*
20.27 cielos. . y la *t* se levantarán contra él
22.8 el hombre pudiente tuvo la *t*, y habitó
22.24 tendrás más oro que *t*, y como piedras
24.4 y todos los pobres de la *t* se esconden
24.18 huyen. . su porción es maldita en la *t*
26.7 él extiende el. . cuelga la *t* sobre nada
28.5 de la *t* nace el pan, y debajo de ella
28.13 ni se halla en la *t* de los vivientes
28.24 él mira hasta los fines de la *t*, y ve
30.6 habitaban. . en las cavernas de la *t*, y
30.8 sin nombre, más bajos que la misma *t*
31.38 si mi *t* clama contra mí, y lloran todos
34.13 ¿quién visitó por él la *t?* ¿Y quién
35.11 enseña más que a las bestias de la *t*
37.3 dirige, y su luz hasta los fines de la *t*
37.6 porque a la nieve dice: Desciende a la *t*
37.12 para hacer. . en la *t*, lo que él les mande
37.13 unas veces por azote. . por causa de su *t*
37.17 él sosiega la *t* con el viento del sur
38.4 dónde estabas tú cuando yo fundaba la *t?*
38.13 para que ocupe los fines de la *t*, y
38.18 ¿has considerado tú. . anchuras de la *t?*
38.24 se esparce el viento solano sobre la *t?*
38.26 haciendo llover sobre la *t* deshabitada
38.27 para saciar la *t* desierta e inculta, y
38.33 ¿dispondrás tú de su potestad en la *t?*
39.14 el cual desampara en la *t* sus huevos
39.21 escarba la *t*, se alegra en su fuerza
39.24 y él con ímpetu y furor escarba la *t*
41.33 no hay sobre la *t* quien se le parezca
42.15 como las hijas de Job en toda la *t;* y
Sal. 2.2 se levantarán los reyes de la *t*, y
2.8 como posesión tuya los confines de la *t*
2.10 admitid amonestación, jueces de la *t*
7.5 huelle en *t* mi vida, y mi honra ponga en
8.1 cuán glorioso es tu nombre en toda la *t!*
8.9 cuán grande es tu nombre en toda la *t!*
10.16 Rey. . de su *t* han perecido las naciones
10.18 más a hacer violencia el hombre de la *t*
12.6 plata refinada en horno de *t*, purificada
16.3 para los santos que están en la *t*, y
17.11 puestos sus ojos para echarnos por *t*
18.7 la *t* fue conmovida y tembló. . los montes
19.4 por toda la *t* salió su voz, y hasta el
21.10 su fruto destruirás de la *t*, y su
22.27 se volverán a Jehová. . confines de la *t*
22.29 adorarán todos los poderosos de la *t*
24.1 de Jehová es la *t* y su plenitud; el
25.13 gozará. . su descendencia heredará la *t*
27.13 que veré la. . en la *t* de los vivientes
33.5 de la misericordia de. . está llena la *t*
33.8 tema a Jehová toda la *t;* teman delante
33.14 miró sobre todos los moradores de la *t*

TIERRA *(Continúa)*

Sal. 34.16 para cortar de la *t* la memoria de ellos
35.20 y contra los mansos de la *t* piensan
37.3 habitarás en la *t*, y te apacentarás de
37.9 que esperan en Jehová. .heredarán la *t*
37.11 pero los mansos heredarán la *t*, y se
37.22 los benditos de él heredarán la *t;* y los
37.29 los justos heredarán la *t*, y vivirán
37.34 te exaltará para heredar la *t;* cuando
41.2 será bienaventurado en la *t*, y no lo
42.6 me acordaré. .de ti desde la *t* del Jordán
44.3 no se apoderaron de la *t* por su espada
44.25 y nuestro cuerpo. .postrado hasta la *t*
45.16 quienes harás príncipes en toda la *t*
46.2 no temeremos, aunque la *t* sea removida
46.6 bramaron. .dio. .su voz, se derritió la *t*
46.8 ved. .que ha puesto asolamientos en la *t*
46.9 hace cesar las. .hasta los fines de la *t*
46.10 seré exaltado. .enaltecido seré en la *t*
47.2 es temible; Rey grande sobre toda la *t*
47.7 Dios es el Rey de toda la *t;* cantad con
47.10 de Dios son los escudos de la *t;* él es
48.2 gozo de toda la *t*, es el monte de Sion
48.4 he aquí los reyes de la *t* se reunieron
48.10 así es tu loor hasta los fines de la *t*
49.11 serán eternas. .dan sus nombres a sus *t*
50.1 ha hablado, y convocado la *t*, desde el
50.4 convocará a los cielos. .y a la *t*, para
52.5 te desarraigará de la *t* de los vivientes
54 *tít.* está David escondido en nuestra *t?*
57.5,11 Dios; sobre toda la *t* sea tu gloria
58.2 la violencia de vuestras manos en la *t*
58.11 ciertamente hay Dios que juzga en la *t*
59.13 gobierna en. .hasta los fines de la *t*
60.2 hiciste temblar la *t*, la has hendido
61.2 desde el cabo de la *t* clamaré a ti
63.1 en *t* seca y árida donde no hay aguas
63.9 pero. .caerán en los sitios bajos de la *t*
65.5 esperanza de todos los términos de la *t*
65.8 habitantes de los fines de la *t* temen
65.9 visitas la *t*, y la riegas; en gran
66.1 aclamad a Dios con alegría, toda la *t*
66.4 toda la *t* te adorará, y cantará a ti
67.2 que sea conocido en la *t* tu camino, en
67.4 y pastorearás las naciones en la *t*
67.6 la *t* dará su fruto; nos bendecirá Dios
67.7 y témanlo todos los términos de la *t*
68.6 saca. .mas los rebeldes habitan en *t* seca
68.8 *t* tembló; también destilaron los cielos
68.32 reinos de la *t*, cantad a Dios, cantad
69.34 alábenle los cielos y la *t*, los mares
71.20 me levantarás de los abismos de la *t*
72.6 como el rocío que destila sobre la *t*
72.8 desde el río hasta los confines de la *t*
72.16 será echado un puñado de grano en la *t*
72.16 los. .florecerán como la hierba de la *t*
72.19 toda la *t* sea llena de su gloria. Amén
73.9 ponen su boca. .y su lengua pasea la *t*
73.25 a ti? Y fuera de ti nada deseo en la *t*
74.7 profanado el tabernáculo. .echándolo a *t*
74.8 quemado. .las sinagogas de Dios en la *t*
74.12 el que obra salvación en medio de la *t*
74.17 tú fijaste todos los términos de la *t*
74.20 los lugares tenebrosos de la *t* están
75.3 se arruinaban la *t* y sus moradores; yo
75.8 y lo beberán todos los impíos de la *t*
76.8 oír. .la *t* tuvo temor y quedó suspensa
76.9 para salvar a todos los mansos de la *t*
76.12 cortará. .temible es a. .reyes de la *t*
77.18 el mundo; se estremeció y tembló la *t*
78.12 hizo maravillas en la *t* de Egipto, en
78.20 torrentes inundaron la *t;* ¿podrá dar
78.54 trajo. .a las fronteras de su *t* santa
78.55 con cuerdas repartió sus *t* en heredad
78.69 como la *t* que cimentó para siempre
79.2 carne de tus santos a. .bestias de la *t*
80.9 e hiciste arraigar. .raíces, y llenó la *t*
81.5 en José cuando salió por la *t* de Egipto
81.10 yo soy. .te hice subir de la *t* de Egipto
82.5 tiemblan todos los cimientos de la *t*
82.8 levántate, oh Dios, juzga la *t;* porque
83.10 fueron hechos como estiércol para la *t*
83.18 Jehová. .solo Altísimo sobre toda la *t*
85.1 fuiste propicio a tu *t*, oh Jehová
85.9 para que habite la gloria en nuestra *t*
85.11 verdad brotará de la *t*, y la justicia
85.12 el bien, y nuestra *t* dará su fruto
88.12 y tu justicia en la *t* del olvido?
89.11 tuyos son los cielos. .la *t;* el mundo
89.27 el más excelso de los reyes de la *t*
89.39 has profanado su corona hasta la *t*
89.44 hiciste cesar. .echaste su trono por *t*
90.2 antes que. .y formases la *t* y el mundo
94.2 engrandécete, oh Juez de la *t;* da el
95.4 en su mano. .las profundidades de la *t*
95.5 lo hizo; y sus manos formaron la *t* seca
96.1 cantad a Jehová cántico nuevo. .toda la *t*
96.9 adorad. .temed delante de él, toda la *t*
96.11 alégrense los cielos, y gócese la *t*
96.13 porque vino a juzgar la *t*. Juzgará al
97.1 Jehová reina; regocíjese la *t*. .costas
97.4 relámpagos. .la *t* vio y se estremeció
97.5 montes. .delante del Señor de toda la *t*
97.9 tú Jehová, eres excelso sobre toda la *t*
98.3 todos los términos de la *t* han visto la
98.4 cantad. .a Jehová, toda la *t;* levantad la
98.9 de Jehová, porque vino a juzgar la *t*
99.1 él está sentado sobre. .se conmoverá la *t*
100.1 cantad alegres a. .habitantes de. .la *t*
101.6 mis ojos pondré en los fieles de la *t*
101.8 destruiré a todos los impíos de la *t*
102.15 y todos los reyes de la *t* tu gloria
102.19 Jehová miró desde los cielos a la *t*
102.25 desde el principio tú fundaste la *t*
103.11 porque como. .de los cielos sobre la *t*
104.5 él fundó la *t* sobre sus cimientos; no
104.9 traspasarán, ni volverán a cubrir la *t*
104.13 del fruto de sus obras se sacia la *t*
104.14 la hierba para. .sacando el pan de la *t*
104.24 la *t* está llena de tus beneficios
104.30 son creados, y renuevas la faz de la *t*
104.32 él mira a la *t*, y ella tiembla; toca
104.35 sean consumidos de la *t* los pecadores
105.7 Dios; en toda la *t* están sus juicios
105.11 diciendo: A ti te daré la *t* de Canaán
105.16 trajo hambre sobre la *t*, y quebrantó
105.23 Egipto, y Jacob moró en la *t* de Cam
105.27 puso en. .sus prodigios en la *t* de Cam
105.30 *t* produjo ranas hasta en las cámaras
105.32 dio granizo. .llamas de fuego en su *t*
105.35 su país, y devoraron el fruto de su *t*
105.36 hirió. .los primogénitos en su *t*, las
105.44 les dio las *t* de las naciones, y las
106.17 abrió la *t* y tragó a Datán, y cubrió
106.22 maravillas en la *t* de Cam. .formidables
106.24 pero aborrecieron la *t* deseable; no
106.27 humillar su. .y esparcirlos por las *t*
106.38 y la *t* fue contaminada con sangre
107.3 los ha congregado de las *t*, del oriente
107.34 *t* fructífera en estéril, por la maldad
107.35 desierto. .y la *t* seca en manantiales
108.5 sobre. .la *t* sea enaltecida tu gloria
109.15 Jehová, y él corte de la *t* su memoria
110.6 quebrantará las cabezas en muchas *t*
112.2 su descendencia será poderosa en la *t*
113.6 que se humilla a mirar en. .y en la *t?*
114.7 a la presencia de Jehová tiembla la *t*
115.15 de Jehová, que hizo los cielos y la *t*
115.16 dado la *t* a los hijos de los hombres
116.9 andaré delante de Jehová en la *t* de los
119.19 forastero soy yo en la *t;* no encubras
119.64 de tu misericordia. .está llena la *t*
119.87 casi me han echado por *t*, pero no he
119.90 fidelidad. .afirmaste la *t*, y subsiste
119.119 consumir a todos los impíos de la *t*
121.2 de Jehová, que hizo los cielos y la *t*
124.8 de Jehová, que hizo el cielo y la *t*
134.3 el cual ha hecho los cielos y la *t*
135.6 en los cielos y en la *t*, en los mares
135.7 subir las nubes de los extremos de la *t*
135.12 y dio la *t* de ellos en heredad, en
136.6 al que extendió la *t* sobre las aguas
136.21 dio la *t* de ellos en heredad, porque
137.4 ¿cómo cantaremos. .en *t* de extraños?
138.4 te alabarán. .todos los reyes de la *t*
139.15 entretejido en lo. .profundo de la *t*
140.11 el. .deslenguado no será firme en la *t*
141.7 como quien hiende y rompe la *t*, son
142.5 y mi porción en la *t* de los vivientes
143.3 ha postrado en *t* mi vida; me ha hecho
143.6 a ti, mi alma a ti como la *t* sedienta
143.10 buen espíritu me guíe a *t* de rectitud
146.4 pues sale su aliento, y vuelve a la *t*
146.6 el cual hizo los cielos y la *t*, el mar
147.6 Jehová. .humilla a los impíos hasta la *t*
147.8 el que prepara la lluvia para la *t*, el
147.15 envía su palabra a la *t;* velozmente
148.7 alabad a Jehová desde la *t*. .abismos
148.11 los reyes de la *t* y todos los pueblos
148.11 príncipes y todos los jueces de la *t*
148.13 porque. .su gloria es sobre *t* y cielos

Pr. 2.21 porque los rectos habitarán la *t*, y
2.22 mas los impíos serán cortados de la *t*
3.19 Jehová con sabiduría fundó la *t;* afirmó
8.16 y todos los gobernadores juzgan la *t*
8.23 tuve el principado, desde. .antes de la *t*
8.26 no había aún hecho la *t*, ni los campos
8.29 cuando establecía. .fundamentos de la *t*
8.31 regocijo en la parte habitable de su *t*
10.30 el justo. .los impíos no habitarán la *t*
11.31 el justo será recompensado en la *t*
12.11; 28.19 el que labra su *t* se saciará de pan
17.24 ojos del necio vagan. .extremo de la *t*
21.19 mejor es morar en *t* desierta que con
25.3 para la profundidad de la *t*, y para el
25.25 así son las buenas nuevas de lejanas *t*
28.2 por la rebelión de la *t* sus príncipes
29.4 el rey con el juicio afirma la *t;* mas
30.4 ¿quién afirmó. .los términos de la *t?*
30.14 para devorar a los pobres de la *t*, y
30.16 *t* que no se sacia de aguas, y el fuego
30.21 por tres cosas se alborota la *t*, y la
30.24 cuatro cosas son de. .pequeñas de la *t*
31.23 se sienta con los ancianos de la *t*

Ec. 1.4 generación va. .la *t* siempre permanece
3.21 el. .del animal desciende abajo a la *t?*
5.2 Dios está en el cielo, y tú sobre la *t*
5.9 provecho de la *t* es para todos; el rey
7.20 no hay hombre justo en la *t*, que haga
8.14 hay vanidad que se hace sobre la *t:* que
8.16 a ver la faena que se hace sobre la *t*
10.7 vi. .príncipes que andaban. .sobre la *t*
10.16 ¡ay de ti, *t*, cuando. .rey es muchacho
10.17 bienaventurada tú, *t*, cuando tu rey es
11.2 no sabes el mal que vendrá sobre la *t*
11.3 sobre la *t* la derramarán; y si el árbol
12.7 y el polvo vuelva a la *t*, como era, y

Cnt. 2.12 se han mostrado las flores en la *t*

Is. 1.2 y escucha tú, *t;* porque habla Jehová
1.7 vuestra *t*. .destruida, vuestras ciudades
1.7 *t* delante de. .comida por extranjeros, y
1.19 si quisiereis. .comeréis el bien de la *t*
2.7 *t* está llena de plata y oro, sus tesoros
2.7 también está su *t* llena de caballos, y
2.8 además su *t* está llena de ídolos, y se
2.19 y se meterán. .en las aberturas de la *t*
2.19,21 él se levante para castigar la *t*
3.26 y ella, desamparada, se sentará en *t*
4.2 el fruto de la *t* para grandeza y honra
5.8 ¿habitaréis vosotros solos en medio. .*t?*
5.26 al que está en el extremo de la *t;* y he
5.30 mirará hacia la *t*, y he aquí tinieblas
6.3 santo. .toda la *t* está llena de su gloria
6.11 hasta que. .la *t* esté hecha un desierto
6.12 lugares abandonados en medio de la *t*
7.16 la *t* de los dos reyes que tú temes será
7.18 a la abeja que está en la *t* de Asiria
7.22 comerá el que quede en medio de la *t*
7.24 porque toda la *t* será espinos y cardos
8.8 llenará la anchura de tu *t*, oh Emanuel
8.9 todos los que sois de lejanas *t;* ceñíos
8.21 pasarán. .la *t* fatigados y hambrientos
8.22 y mirarán a la *t*, y he aquí tribulación
9.1 vez a la *t* de Zabulón y a la *t* de Neftalí
9.2 los que moraban en *t* de sombra de muerte
9.19 por la ira de Jehová. .se oscureció la *t*
10.14 así me apoderé yo de toda la *t;* y no
10.23 hará consumación ya. .en medio de la *t*
11.4 y argüirá con. .por los mansos de la *t*
11.4 y herirá la *t* con la vara de su boca, y
11.9 *t* será llena del conocimiento de Jehová
11.12 reunirá los esparcidos de Judá. .la *t*
11.16 el día que subió de la *t* de Egipto
12.5 ha hecho. .sea sabido esto por toda la *t*
13.5 vienen de lejana *t*, de lo postrero de
13.5 Jehová y los. .para destruir toda la *t*
13.9 para convertir la *t* en soledad, y raer
13.13 cielos, y la *t* se moverá de su lugar
13.14 y como gacela. .cada uno huirá a su *t*
14.1 escogerá a. .y lo hará reposar en su *t*
14.2 poseerá por siervos. .en la *t* de Jehová
14.7 toda la *t* está en reposo y en paz; se
14.9 levantar. .todos los príncipes de la *t*
14.12 cortado fuiste por *t*. .que debilitabas
14.16 aquel varón que hacía temblar la *t*, que
14.20 destruiste tu *t*, mataste a tu pueblo
14.21 ni posean la *t*, ni llenen de ciudades
14.25 que quebrantaré al asirio en mi *t*, y
14.26 está acordado sobre toda la *t*, y esta
15.9 sobre Dimón. .los sobrevivientes de la *t*
16.1 enviad cordero al señor de la *t*, desde
16.4 pisoteador será consumido de sobre la *t*
18.1 ¡ay de la *t* que hace sombra con las alas
18.2,7 gente fuerte y. .*t* es surcada por ríos
18.3 todos los. .y habitantes de la *t*. .mirad
18.4 como nube de rocío en el calor de la *t*
18.6 serán dejados. .para las bestias de la *t*
19.17 la *t* de Judá será de espanto a Egipto
19.18 habrá cinco ciudades en la *t* de Egipto
19.19 habrá altar. .en medio de la *t* de Egipto
19.20 y será por señal y. .en la *t* de Egipto
19.24 Asiria para bendición en medio de la *t*
21.1 así viene del desierto, de la *t* horrenda
21.9 los ídolos de sus dioses quebrantó en *t*
21.14 moradores de *t* de Tema, socorred con
22.18 a rodar con ímpetu, como a bola por *t*
23.1 desde la *t* de Quitim les es revelado
23.8 cuyos mercaderes. .los nobles de la *t?*
23.9 para abatir a todos los ilustres de la *t*
23.10 pasa cual río de tu *t*. .hija de Tarsis
23.13 mira la *t* de los caldeos. Este pueblo
23.17 Tiro. .fornicará. .sobre la faz de la *t*
24.1 aquí que Jehová vacía la *t* y la desnuda
24.3 la *t* será enteramente vaciada. .saqueada
24.4 se destruyó, cayó la *t;* enfermó, cayó
24.4 enfermaron los altos pueblos de la *t*
24.5 y la *t* se contaminó bajo sus moradores
24.6 esta causa la maldición consumió la *t*
24.6 fueron consumidos. .habitantes de la *t*
24.11 gozo. .se desterró la alegría de la *t*
24.13 así será en medio de la *t*, en medio
24.16 de lo postrero de la *t* oímos cánticos
24.17 terror. .sobre ti, oh morador de la *t*
24.18 red. .y temblarán los cimientos de la *t*
24.19 será quebrantada del todo la *t*. .será
24.19 enteramente desmenuzada será la *t*, en
24.19 en gran manera será la *t* conmovida
24.20 temblará la *t* como un ebrio, y será
24.21 castigará. .los reyes de la *t* sobre la *t*
25.8 y quitará la afrenta de su pueblo de. .*t*
25.12 la humillará y la echará a *t*, hasta
26.1 día cantarán este cántico en *t* de Judá

TIERRA *(Continúa)*

Is. 26.5 la humilló hasta la *t*, la derribó hasta
26.9 luego que hay juicios tuyos en la *t*, los
26.10 en *t* de rectitud hará iniquidad, y no
26.15 ensanchaste todos los confines de la *t*
26.18 ninguna liberación hicimos en la *t*, ni
26.19 muertos vivirán. .la *t* dará sus muertos
26.21 sale. .para castigar al morador de la *t*
26.21 y la *t* descubrirá la sangre derramada
27.13 que habían sido esparcidos en la *t* de
28.2 como turbión de granizo y. .derriba a *t*
28.22 destrucción ya determinada sobre. .la *t*
28.24 ¿romperá y quebrará. .terrones de la *t?*
29.4 hablarás desde la *t*, y tu habla saldrá
29.4 tu voz de la *t* como la de un fantasma
30.6 por *t* de tribulación y de angustia, de
30.23 dará el Señor lluvia a. .siembres la *t*
30.23 y dará pan del fruto de la *t*, y será
30.24 asnos que labran la *t* comerán grano
32.2 como arroyos de aguas en *t* de sequedad
32.2 como sombra de. .peñasco en *t* calurosa
32.13 la *t* de mi pueblo subirán espinos y
33.9 enfermó la *t;* el Líbano se avergonzó, y
33.17 hermosura; verán la *t* que está lejos
34.1 oiga la *t* y cuanto hay en ella. .y todo
34.6 en Bosra, y grande matanza en *t* de Edom
34.7 *t* se embriagará de sangre, y su polvo
34.9 convertirán. .en azufre, y su *t* en brea
36.10 vine yo ahora a esta *t* para destruirla
36.10 me dijo: Sube a esta *t* y destrúyela
36.17 yo. .os lleve a una *t* como la vuestra
36.17 *t* de grano y de vino, *t* de pan y de
36.18 libraron los dioses. .su *t* de la mano
36.20 ¿qué dios hay entre. .dioses de estas *t*
36.20 ¿qué dios hay. .que haya librado su *t*
37.7 yo. .haré que en su *t* perezca a espada
37.11 han hecho los reyes de. .a todas las *t*
37.16 eres Dios de todos los reinos de la *t*
37.16 eres Dios. .hiciste los cielos y la *t*
37.18 destruyeron todas las *t* y sus comarcas
37.20 que todos los reinos de la *t* conozcan
37.38 le mataron. .y huyeron a la *t* de Ararat
38.11 no veré a JAH. .la *t* de los vivientes
39.3 de *t* muy lejana han venido. .Babilonia
40.12 con tres dedos juntó el polvo de la *t*
40.21 ¿no habéis sido enseñados. .*t* se fundó?
40.22 está sentado sobre el círculo de la *t*
40.23 que gobiernan la *t* hace como cosa vana
40.24 su tronco hubiera tenido raíz en la *t*
40.28 el cual creó los confines de la *t?* No
41.5 los confines de la *t* se espantaron; se
41.9 de los confines de la *t*, y de *t* lejanas
41.18 y manantiales de aguas en la *t* seca
42.4 hasta que establezca en la *t* justicia
42.5 el que extiende la *t* y sus productos
42.10 su alabanza desde el fin de la *t;* los
43.6 trae. .mis hijas de los confines de la *t*
44.3 derramaré aguas. .ríos sobre la *t* árida
44.23 gritad. .júbilo, profundidades de la *t*
44.24 cielos, que extiendo la *t* por mí mismo
45.8 ábrase la *t*, y prodúzcanse la salvación
45.9 tiesto con los tiestos de la *t!* ¿Dirá
45.12 yo hice la *t*, y. .sobre ella al hombre
45.18 él es Dios, el que formó la *t*, el que
45.19 no hablé. .en un lugar oscuro de la *t*
45.22 sed salvos, todos los términos de la *t*
46.11 que llamo. .de *t* lejana al varón de mi
47.1 siéntate en la *t*, sin trono, hija de los
48.13 mi mano fundó también la *t*, y mi mano
48.20 llevadlo hasta lo postrero de la *t*
49.6 mi salvación hasta lo postrero de la *t*
49.8 te daré. .para que restaures la *t*, para
49.12 del occidente, y éstos de la *t* de Sinim
49.13 cantad. .y alégrate, *t;* y prorrumpid en
49.19 tu *t* devastada, arruinada y desierta
49.23 con el rostro inclinado a *t* te adorarán
51.6 alzad. .vuestros ojos, y mirad. .a la *t*
51.6 la *t* se envejecerá como ropa de vestir
51.13 que extendió los cielos y fundó la *t*
51.16 cielos y echando los cimientos de la *t*
51.23 y tú pusiste tu cuerpo como *t*, y como
52.10 los confines de la *t* verán la salvación
53.8 fue cortado de la *t* de los vivientes, y
54.5 Hacedor. .Dios de toda la *t* será llamado
54.9 nunca más las aguas de Noé. .sobre la *t*
55.9 como son más altos los cielos que la *t*
55.10 que riega la *t*, y la hace germinar y
57.13 en mí confía tendrá la *t* por heredad
58.14 te haré subir sobre las alturas de la *t*
60.2 he aquí que tinieblas cubrirán la *t*, y
60.18 nunca más se oirá en tu *t* violencia
60.21 tu pueblo. .para siempre heredarán la *t*
61.7 lo cual en sus *t* poseerán doble honra
61.11 como la *t* produce su renuevo, y como
62.4 Desamparada, ni tu *t* se dirá. .Desolada
62.4 serás llamada Hefzi-bá, y tu *t*, Beula
62.4 estará en ti, y tu *t* será desposada
62.7 hasta que. .ponga por alabanza en la *t*
62.11 hizo oir hasta lo último de la *t:* Decid
63.6 los embriagué. .derramé en *t* su sangre
65.9 escogidos poseerán por heredad la *t*, y
65.16 que se bendijere en la *t*, en el Dios
65.16 y el que jurare en la *t*, por el Dios
65.17 que yo crearé nuevos cielos y nueva *t*
66.1 es mi trono, y la *t* estrado de mis pies
66.8 ¿concebirá la *t* en un día? ¿Nacerá una
66.22 cielos nuevos y la nueva *t* que yo hago

Jer. 1.1 palabras de Jeremías. .*t* de Benjamín
1.14 soltará el mal sobre todos. .de esta *t*
1.18 como muro de bronce contra toda esta *t*
1.18 contra los reyes. .y el pueblo de la *t*
2.2 andabas en pos de mí. .en *t* no sembrada
2.6 que nos hizo subir de la *t* de Egipto, que
2.6 nos condujo. .por una *t* desierta. .*t* seca
2.6 por una *t* por la cual no pasó varón, ni
2.7 y os introduje en *t* de abundancia, para
2.7 pero entrasteis y contaminasteis mi *t*, e
2.15 león. .alzaron su voz, y asolaron su *t*
2.31 ¿he sido. .desierto para Israel, o *t* de
3.1 si. .¿no será tal *t* del todo amancillada?
3.2 y con tu maldad has contaminado la *t*
3.9 la *t* fue contaminada, y adulteró con la
3.16 os multipliquéis y crezcáis en la *t*, en
3.18 y vendrán. .de la *t* del norte a la *t* que
3.19 os daré la *t* deseable, la rica heredad
4.5 decid: Tocad trompeta en la *t;* pregonad
4.7 poner tu *t* en desolación; tus ciudades
4.16 guardas vienen de *t* lejana, y lanzarán
4.20 toda la *t* es destruida; de repente son
4.23 miré a la *t*, y. .estaba asolada y vacía
4.27 la *t* será asolada; pero no la destruiré
4.28 por esto se enlutará la *t*, y los cielos
5.19 servisteis a dioses. .en vuestra *t*, así
5.19 manera. .serviréis a extraños en *t* ajena
5.30 cosa espantosa y fea es hecha en la *t*
6.8 para que no te convierta. .*t* inhabitada
6.12 mano sobre los moradores de la *t*, dice
6.19 oye, *t:* He aquí yo traigo mal sobre este
6.20 a mí. .la buena caña olorosa de *t* lejana?
6.22 viene pueblo de la *t* del norte, y una
6.22 se levantará de los confines de la *t*
7.7 y os haré morar en este lugar, en la *t*
7.20 se derramarán. .sobre los frutos de la *t*
7.22 el día que los saqué de la *t* de Egipto
7.25 el día que. .salieron de la *t* de Egipto
7.33 para comida de. .de las bestias de la *t*
7.34 y haré cesar. .porque la *t* será desolada
8.2 serán como estiércol sobre. .faz de la *t*
8.16 al sonido de. .corceles tembló toda la *t*
8.16 y devoraron la *t* y su abundancia, a la
8.19 voz del clamor de. .viene de la *t* lejana
9.3 y no se fortalecieron. .la verdad en la *t*
9.10 hasta las bestias de la *t* huyeron, y se
9.12 por qué causa la *t* ha perecido, ha sido
9.19 abandonamos la *t*, porque han destruido
9.24 soy Jehová, que hago. .justicia en la *t*
10.10 a su ira tiembla la *t*, y las naciones
10.11 los dioses que no hicieron los. .ni la *t*
10.11 desaparezcan de la *t* y de debajo de los
10.12 el que hizo la *t* con su poder, el que
10.13 subir las nubes de lo postrero de la *t*
10.17 recoge de las *t* tus mercaderías, la que
10.18 arrojaré con honda. .moradores de la *t*
10.22 rumor viene, y alboroto grande de la *t*
11.4 el día que los saqué de la *t* de Egipto
11.5 les daría la *t* que fluye leche y miel
11.7 día que les hice subir de la *t* de Egipto
11.19 y cortémoslo de la *t* de los vivientes
12.4 ¿hasta cuándo estará desierta la *t*, y
12.5 y si en la *t* de paz no estabas seguro
12.11 fue asolada toda la *t*, porque no hubo
12.12 desde un extremo de la *t* hasta el otro
12.14 yo los arrancaré de su *t*, y arrancaré
12.15 y los haré volver. .y cada cual a su *t*
13.13 a todos los moradores de esta *t*, y a
13.18 dí al rey y. .Humillaos, sentaos en *t*
14.2 se enlutó Judá. .se sentaron tristes en *t*
14.4 resquebrajó la *t* por no haber llovido
14.8 qué te has hecho como forastero en la *t*
14.15 dicen: Ni espada ni hambre. .en esta *t*
14.18 el profeta. .sacerdote. .vagando en la *t*
15.3 aves del cielo y bestias de la *t* para
15.4 para terror a todos los reinos de la *t*
15.7 los aventé. .hasta las puertas de la *t*
15.10 y hombre de discordia para toda la *t!*
15.14 te haré servir a. .en *t* que no conoces
16.3 los padres que los engendren en esta *t*
16.4 serán como estiércol sobre. .faz de la *t*
16.4 servirán de comida a. .bestias de la *t*
16.6 morirán en esta *t* grandes y pequeños
16.13 yo os arrojaré de esta *t* a una *t* que
16.14 que hizo subir. .Israel de *t* de Egipto
16.15 de la *t* del norte, y de todas las *t*
16.15 los volveré a su *t*, la cual di a sus
16.18 contaminaron mi *t* con los cadáveres de
16.19 naciones desde los extremos de la *t*
17.4 te haré servir a tus enemigos en *t* que
17.6 morará. .en *t* despoblada y deshabitada
17.26 vendrán. .*t* de Benjamín, de la Sefela
18.14 aguas frías que corren de lejanas *t?*
18.16 para poner su *t* en desolación, objeto
19.7 daré sus cuerpos. .a las bestias de la *t*
22.10 no volverá. .ni verá la *t* donde nació
22.12 sino que morirá. .y no verá más esta *t*
22.26 haré llevar cautiva. .a *t* ajena en que
22.27 la *t* a la cual ellos con toda el alma
22.28 y echados a *t* que no habían conocido?
22.29 ¡*T*, *t*, *t!* oye palabra de Jehová
23.3 recogeré el remanente. .de todas las *t*
23.5 será dichoso, y hará juicio y. .en la *t*
23.7 hizo subir a. .Israel de la *t* de Egipto
23.8 trajo. .la casa de Israel de *t* del norte
23.8 todas las *t* adonde yo los había echado
23.8 que hizo subir a. .y habitarán en su *t*
23.10 la *t* está llena de adúlteros; a causa
23.10 a causa de la maldición la *t*. .desierta
23.15 salió la hipocresía sobre toda la *t*
23.24 ¿no lleno yo, dice. .el cielo y la *t?*
24.5 a los cuales eché de este lugar a la *t*
24.6 los volveré a esta *t*, y los edificaré
24.8 en esta *t*, y a los que moran en la *t* de
24.9 daré. .por mal a todos los reinos de la *t*
24.10 sean exterminados de la *t* que les di a
25.5 y moraréis en la *t* que os dio Jehová a
25.9 los traeré contra esta *t* y contra sus
25.11 toda esta *t* será puesta en ruinas y en
25.12 castigaré. .la *t* de los caldeos; y la
25.13 sobre aquella *t* todas mis palabras que
25.20 reyes de *t* de Uz. .de la *t* de Filistea
25.26 los reinos del. .sobre la faz de la *t*
25.29 espada traigo. .los moradores de la *t*
25.30 cantará contra. .los moradores de la *t*
25.31 llegará el estruendo hasta el fin. .*t*
25.32 tempestad se levantará. .fines de la *t*
25.33 los muertos. .desde un extremo de la *t*
25.33 como estiércol. .sobre la faz de la *t*
25.38 asolada fue la *t* de ellos por la ira
26.6 maldición a todas las naciones de la *t*
26.17 se levantaron. .de los ancianos de la *t*
26.20 Urías hijo. .profetizó. .contra esta *t*
27.5 yo hice la *t*. .las bestias. .sobre. .la *t*
27.6 yo he puesto todas estas *t* en mano de
27.7 venga también el tiempo de su misma *t*
27.10 os. .para haceros alejar de vuestra *t*
27.11 mas a la nación que. .la dejaré en su *t*
28.8 profetizaron. .contra muchas *t* y contra
28.16 que yo te quito de sobre la faz de la *t*
29.18 por escarnio a todos los reinos de la *t*
30.3 los traeré a la *t* que di a sus padres
30.10 el que te salvo. .de la *t* de cautividad
31.8 los hago volver de la *t* del norte, y los
31.8 y los reuniré de los fines de la *t*, y
31.16 salario hay para tu. .volverán de la *t*
31.17 dice. .los hijos volverán a su propia *t*
31.22 Jehová creará una cosa nueva sobre la *t*
31.23 aún dirán esta palabra en la *t* de Judá
31.32 tomé su mano para sacarlos de la *t* de
31.37 y explorarse. .los fundamentos de la *t*
32.8 compra ahora mi heredad. .*t* de Benjamín
32.15 comprarán casas, heredades. .en esta *t*
32.17 tú hiciste el cielo y la *t* con tu gran
32.20 hiciste señales. .en *t* de Egipto hasta
32.21 y sacaste a. .Israel de la *t* de Egipto
32.22 les diste esta *t*. .*t* que fluye leche y
32.37 que yo los reuniré de todas las *t* a las
32.41 los plantaré en esta *t* en verdad, de
32.43 poseerán heredad en esta *t* de la cual
32.44 y pondrán testigos, en *t* de Benjamín
33.2 ha dicho Jehová, que hizo la *t*, Jehová
33.9 las naciones de la *t*, que habrán oído
33.11 volveré a traer los cautivos de la *t*
33.13 en la *t* de Benjamín, y alrededor de
33.15 un Renuevo. .juicio y justicia en la *t*
33.25 si yo no he puesto las leyes. .y la *t*
34.1 los reinos de la *t* bajo el señorío de su
34.13 pacto. .día que los saqué de *t* de Egipto
34.17 afrenta ante todos los reinos de la *t*
34.19 a todo el pueblo de la *t*, que pasaron
34.20 serán comida. .de las bestias de la *t*
35.7 viváis muchos días sobre la faz de la *t*
35.11 Nabucodonosor. .subió a la *t*, dijimos
35.15 viviréis en la *t* que di a vosotros y a
36.29 cierto vendrá el rey. .destruirá esta *t*
37.1 rey. .constituyó por rey en la *t* de Judá
37.2 pero no obedeció. .ni el pueblo de la *t*
37.7 el ejército. .se volvió a su *t* en Egipto
37.12 a *t* de Benjamín, para apartarse de en
37.19 diciendo: No vendrá el. .contra esta *t?*
39.5 le hicieron subir a Ribla en *t* de Hamat
39.10 hizo quedar en *t* de Judá a los pobres
40.4 mira, toda la *t* está delante de ti; vé
40.6 en medio del pueblo que había. .en la *t*
40.7 había puesto a Gedalías. .gobernar la *t*
40.7 pobres de la *t* que no. .transportados a
40.9 habitad en la *t*, y servid. .os irá bien
40.11 los judíos. .que estaban en todas las *t*
40.12 y vinieron a *t* de Judá, a Gedalías en
41.2,18 rey. .había puesto para gobernar la *t*
42.10 si os quedareis quietos en esta *t*, os
42.12 misericordia. .y os hará regresar a. .*t*
42.13 no moraremos en esta *t*, no obedeciendo
42.14 sino que entraremos en la *t* de Egipto
42.16 os alcanzará allí en la *t* de Egipto, y
43.4 no obedeció. .para quedarse en *t* de Judá
43.5 había vuelto. .para morar en *t* de Judá
43.7 y entraron en *t* de Egipto, porque no
43.11 vendrá y asolará la *t* de Egipto; los
43.12 limpiará la *t* de Egipto, como el pastor
43.13 las estatuas. .que está en *t* de Egipto
44.1 moraban en la *t* de Egipto. .*t* de Patros
44.8 dioses ajenos en la *t* de Egipto, adonde
44.8 por maldición y por oprobio a. .de la *t?*

TIERRA *(Continúa)*

Jer. 44.9 maldades. .que hicieron en la *t* de Judá
44.12 ir a *t* de Egipto. .en *t* de Egipto serán
44.13 castigaré a. .que moran en *t* de Egipto
44.14 de Judá que entraron en la *t* de Egipto
44.14 quede vivo para volver a la *t* de Judá
44.15 que habitaba en *t* de Egipto, en Patros
44.21 vuestros príncipes y el pueblo de la *t*?
44.22 vuestra *t* fue puesta en asolamiento, en
44.24 los de Judá que estáis en *t* de Egipto
44.26 todo Judá que habitáis en *t* de Egipto
44.26 no será invocado más en. .*t* de Egipto
44.27 los hombres. .que están en *t* de Egipto
44.28 volverán. .*t* de Egipto a la *t* de Judá
45.4 yo destruyo. .y arranco. .a toda esta *t*
46.8 cubriré la *t*, destruiré a la ciudad y
46.10 sacrificio será. .en *t* del norte junto
46.12 oyeron tu afrenta. .clamor llenó la *t*
46.13 venida de. .para asolar la *t* de Egipto
46.16 volvámonos a. .*t* de nuestro nacimiento
46.27 salvaré. .a tu descendencia de la *t* de
47.2 inundarán la *t* y su plenitud, la ciudad
47.2 norte. .lamentará todo morador de la *t*
48.18 siéntate en *t* seca, moradora hija de
48.21 vino juicio sobre la *t* de la llanura
48.24 sobre todas las ciudades de *t* de Moab
48.33 los campos fértiles, de la *t* de Moab
49.21 de la caída de ellos la *t* temblará, y
50.1 habló Jehová contra. .*t* de los caldeos
50.3 una nación. .pondrá su *t* en asolamiento
50.8 huid de. .salid de la *t* de los caldeos
50.9 reunión de grandes pueblos de la *t* del
50.16 cada uno volverá el. .huirá hacia su *t*
50.18 yo castigo al rey de Babilonia y *a* su *t*
50.21 sube contra la *t* de Merataim, contra
50.22 estruendo de guerra en la *t*, y. .grande
50.23 fue. .quebrado el martillo de toda la *t*!
50.25 obra de Jehová. .en la *t* de los caldeos
50.26 contra ella desde el extremo de la *t*
50.28 los que. .escapan de la *t* de Babilonia
50.34 la causa de. .para hacer reposar la *t*
50.38 es *t* de ídolos, y se entontecen con
50.41 reyes se levantarán. .extremos de la *t*
50.45 ha formado contra la *t* de los caldeos
50.46 la *t* tembló, y el clamor se oyó entre
51.2 enviaré. .aventadores. .y vaciarán su *t*
51.4 caerán muertos en la *t* de los caldeos
51.5 aunque su *t* fue llena de pecado contra
51.7 copa de oro. .que embriagó a toda la *t*
51.9 y vámonos cada uno a su *t*; porque ha
51.15 él es el que hizo la *t* con su poder
51.16 subir las nubes de lo último de la *t*
51.25 contra ti. .que destruiste toda la *t*
51.27 alzad bandera en la *t*, tocad trompeta
51.29 temblará la *t*, y se afligirá; porque
51.29 para poner la *t* de Babilonia en soledad
51.41 tomada la que. .alabada por toda la *t*!
51.43 *t* seca y desierta, *t* en que no morará
51.46 causa del rumor que se oirá por la *t*
51.46 y habrá violencia en la *t*, dominador
51.47 y toda su *t* será avergonzada, y todos
51.48 los cielos y la *t* y. .cantarán de gozo
51.49 por Babilonia cayeron. .muertos de. .*t*
51.52 y en toda su *t* gemirán los heridos
51.54 y gran quebrantamiento de la *t* de los
52.9 a Ribla en *t* de Hamat, donde pronunció
52.25 pasaba revista al pueblo de la *t* para
52.27 rey. .los mató en Ribla en *t* de Hamat
52.27 así Judá fue transportada de su *t*
Lm. 2.1 derribó del cielo a la *t* la hermosura
2.2 echó por *t* las fortalezas de la hija de
2.9 puertas fueron echadas por *t*, destruyó
2.10 se sentaron en *t*, callaron los ancianos
2.10 las vírgenes. .bajaron sus cabezas a *t*
2.11 mi hígado se derramó por *t* a causa del
2.15 ¿es esta la ciudad. .gozo de toda la *t*?
2.21 niños y viejos yacían por *t* en. .calles
3.34 bajo los pies. .los encarcelados de la *t*
4.9 murieron. .por falta de los frutos de la *t*
4.12 nunca los reyes de la *t*, ni todos los
4.21 hija de Edom, la que habitas en *t* de Uz
Ez. 1.3 *t* de los caldeos, junto al río Quebar
1.15 una rueda sobre la *t* junto a los seres
1.19 seres vivientes se levantaban de la *t*
1.21 cuando se levantaban de la *t*, las ruedas
5.5 puse en medio de las naciones y de las *t*
5.6 más que las *t* que están alrededor de ella
6.8 resto. .cuando seáis esparcidos por las *t*
6.14 haré la *t* más asolada y devastada que
7.2 ha dicho Jehová. .a la *t* de Israel: El fin
7.2 viene sobre los cuatro extremos de la *t*
7.7 mañana viene para ti, oh morador de la *t*
7.21 será presa de los impíos de la *t*, y la
7.23 la *t* está llena de delitos de sangre, y
7.27 las manos del pueblo de la *t* temblarán
8.3 alzó entre el cielo y la *t*, y me llevó
8.12 no nos ve. .Jehová ha abandonado la *t*
8.17 después que han llenado de maldad la *t*
9.9 la *t* está llena de sangre, y la ciudad
9.9 abandonado Jehová la *t*, y Jehová no ve
10.16 alzaban. .alas para levantarse de la *t*
10.19 se levantaron de la *t* delante de mis
11.13 me postré rostro a *t* y clamé con gran
11.15 a nosotros es dada la *t* en posesión
11.16 y les he esparcido por las *t*, con todo
11.16 seré por un pequeño santuario en las *t*
11.17 os congregaré de las *t*. .y os daré la *t*
11.24 volvió a llevar. .a la *t* de los caldeos
12.6 cubrirás tu rostro, y no mirarás la *t*
12.12 cubrirá. .para no ver con sus ojos la *t*
12.13 y haré llevarlo. .a *t* de caldeos, pero
12.15 esparciere. .y los dispersare por la *t*
12.19 y dí al pueblo de la *t*. .la *t* de Israel
12.19 *t* será despojada de su plenitud, por la
12.20 y la *t* será asolada; y sabréis que yo
12.22 refrán. .que tenéis. .en la *t* de Israel
13.9 ni a la *t* de Israel volverán; y sabréis
13.14 y la echaré a *t*, y será descubierto su
14.13 hijo de hombre, cuando la *t* pecare
14.15 hiciere pasar bestias feroces por la *t*
14.16 solos serían librados, y la *t* quedaría
14.17 yo trajere espada sobre la *t*, y dijere
14.17 o si yo. .dijere: Espada, pasa por la *t*
14.19 o si enviare pestilencia sobre esa *t* y
16.3 origen. .es de la *t* de Canaán; tu padre
16.29 tu fornicación en la *t* de Canaán y de
17.4 lo llevó a *t* de mercaderes, y lo puso
17.5 tomó también de la simiente de la *t*, y
17.13 llevó consigo a los poderosos de la *t*
18.2 los que usáis este refrán sobre la *t* de
19.4 lo llevaron con grillos a la *t* de Egipto
19.7 y la *t* fue desolada, y cuanto había en
19.12 pero fue. .derribada en *t*, y el viento
19.13 ahora está plantada. .en *t* de sequedad
20.5 cuando me di a conocer a ellos en la *t*
20.6 que los sacaría de la *t* de Egipto a la
20.6 sacaría. .a la *t* que les había provisto
20.6,15 cual es la más hermosa de todas las *t*
20.8 mi enojo en ellos en medio de la *t* de
20.9 actué para sacarlos de la *t* de Egipto
20.10 saqué de la *t* de Egipto, y los traje
20.15 que no los traería a la *t* que les había
20.23 jurando. .que los dispersaría por las *t*
20.28 los traje a la *t* sobre la cual había
20.32 seamos como. .las demás familias de la *t*
20.34 y os reuniré de las *t* en que estáis
20.36 como litigué. .en el desierto de la *t*
20.38 la *t* de sus peregrinaciones los sacaré
20.38 la *t* de Israel no entrarán; y sabréis
20.40 toda ella en la *t*; allí los aceptaré
20.41 os haya congregado de entre las *t* en
20.42 cuando os haya traído a la *t* de Israel
20.42 la *t* por la cual alcé mi mano jurando
21.2 hijo. .profetiza contra la *t* de Israel
21.3 a la *t* de Israel: Así ha dicho Jehová
21.19 caminos. .de una misma *t* salgan ambos
21.30 en la *t* donde has vivido, te juzgaré
21.32 fuego, se empapará la *t* de tu sangre
22.4 te he dado. .en escarnio a todas las *t*
22.15 te esparciré por las *t*; y haré fenecer
22.24 dí a. .Tú no eres *t* limpia, ni rociada
22.29 el pueblo de la *t* usaba de opresión y
22.30 que se pusiese en la. .a favor de la *t*
23.15 manera de. .Caldea, *t* de su nacimiento
23.16 envió mensajeros a la *t* de los caldeos
23.19 días. .había fornicado en la *t* de Egipto
23.27 cesar. .tu fornicación de la *t* de Egipto
23.48 y haré cesar la lujuria de la *t*, y
24.7 no la derramó sobre la *t* para que fuese
25.3 y la *t* de Israel era asolada, y llevada
25.6 todo tu menosprecio para la *t* de Israel
25.7 cortaré. .y te destruiré de entre las *t*
25.9 *t* deseables de Bet-jesimot, Baal-meón
26.11 todas. .tus fuertes columnas caerán a *t*
26.16 se sentarán sobre la *t*, y temblarán a
26.20 te pondré en las profundidades de la *t*
26.20 y daré gloria en la *t* de los vivientes
27.17 y la *t* de Israel comerciaban contigo
27.29 y todos los pilotos. .se quedarán en *t*
27.33 los reyes de la *t* enriqueciste con la
28.17 yo te arrojaré por *t*; delante de los
28.18 puse en ceniza sobre la *t* a los ojos
28.25 y habitarán en su *t*, la cual di a mi
29.5 a las fieras de la *t* y. .te he dado por
29.9 la *t* de Egipto será asolada y desierta
29.10 y pondré la *t* de Egipto en desolación
29.12 y pondré a la *t* de Egipto en soledad
29.12 Egipto en soledad entre las *t* asoladas
29.12 Egipto entre. .lo dispersaré por las *t*
29.14 llevaré a la *t* de Patros, a la *t* de su
29.19 yo doy a Nabucodonosor. .la *t* de Egipto
29.20 por su trabajo. .he dado la *t* de Egipto
30.5 los hijos de las *t* aliadas, caerán con
30.7 serán asolados entre las *t* asoladas, y
30.11 él, y. .serán traídos para destruir la *t*
30.11 destruir. .y llenarán de muertos la *t*
30.12 y entregaré la *t* en manos de malos, y
30.12 destruiré la *t* y cuanto en ella hay
30.13 no habrá. .príncipe de la *t* de Egipto
30.13 ídolos. .en la *t* de Egipto pondré temor
30.23 a los egipcios. .dispersaré por las *t*
30.25 él la extienda contra la *t* de Egipto
30.26 los dispersaré por las *t*; y sabrán que
31.12 por. .los arroyos de la *t* será quebrado
31.12 irán de su sombra. .los pueblos de la *t*
31.14 están destinados. .lo profundo de la *t*
31.16 fueron consolados en lo profundo. .la *t*
31.18 derribado serás. .en lo profundo de la *t*
32.4 te dejaré en *t*, te echaré sobre la faz
32.4 saciaré de ti a las fieras de toda la *t*
32.6 y regaré de tu sangre la *t* donde nadas
32.8 por ti, y pondré tinieblas sobre tu *t*
32.9 cautiverio. .por las *t* que no conociste
32.15 asuele la *t* de Egipto, y la *t* quede
32.18 despéñalo a él. .a lo profundo de la *t*
32.23,24,26,32 terror en la *t* de. .vivientes
32.24 descendieron. .lo más profundo de la *t*
32.25 su espanto en la *t* de los vivientes
32.27 fueron terror de fuertes en la *t* de los
33.2 cuando trajere yo espada sobre la *t*, y
33.2 y el pueblo de la *t* tomare un hombre de
33.3 él viere la espada sobre la *t*, y tocare
33.24 que habitan. .lugares asolados en la *t*
33.24 Abraham era uno, y poseyó la *t*; pues
33.24 nosotros nos es dada la *t* en posesión
33.25 comeréis. .y poseeréis vosotros la *t*?
33.26 hicisteis. .¿y habréis de poseer la *t*?
33.28 convertiré la *t* en desierto y. .soledad
33.29 convierta la *t* en soledad y desierto
34.6 toda la faz de la *t* fueron esparcidas
34.13 las juntaré de las *t*; las traeré a su
34.13 traeré a su propia *t*, y las apacentaré
34.25 de paz, y quitaré de la *t* las fieras
34.27 árbol del campo. .y la *t* dará su fruto
34.27 sobre su *t* con seguridad; y sabrán que
34.28 no. .ni las fieras de la *t* las devorarán
34.29 no serán. .consumidos de hambre en la *t*
35.10 las dos *t* serán mías, y tomaré posesión
35.14 para que toda la *t* se regocije, yo te
36.6 profetiza sobre la *t* de Israel, y dí a
36.17 mientras la. .de Israel moraba en su *t*
36.18 por la sangre que derramaron sobre la *t*
36.19 esparcí. .fueron dispersados por las *t*
36.20 son pueblo de Jehová, y de la *t* de él
36.24 recogeré de todas las *t*, y os traeré a
36.28 habitaréis en la *t* que di a vuestros
36.34 la *t* asolada será labrada, en lugar de
36.35 esta *t* que era asolada ha venido a ser
37.12 os haré. .y os traeré a la *t* de Israel
37.14 y os haré reposar sobre vuestra *t*; y
37.21 los recogeré de. .y los traeré a su *t*
37.22 y los haré una nación en la *t*, en los
37.25 habitarán en la *t* que di a mi siervo
38.2 pon tu rostro contra Gog en *t* de Magog
38.8 años vendrás a la *t* salvada de la espada
38.9 como nublado para cubrir la *t* serás tú
38.11 y dirás: Subiré contra una *t* indefensa
38.12 poner tus manos sobre las *t* desiertas
38.12 que mora en la parte central de la *t*
38.16 contra. .como nublado para cubrir la *t*
38.16 y te traeré sobre mi *t*, para que las
38.18 cuando venga Gog contra la *t* de Israel
38.19 habrá gran temblor sobre la *t* de Israel
38.20 serpiente que se arrastra sobre la *t*
38.20 los hombres que. .sobre la faz de la *t*
38.20 y los vallados. .y todo muro caerá a *t*
39.12 estará enterrando. .para limpiar la *t*
39.13 los enterrará todo el pueblo de la *t*
39.14 a los que queden sobre la faz de la *t*
39.16 la ciudad será Hamona; y limpiarán la *t*
39.18 y beberéis sangre de príncipes de la *t*
39.26 cuando habiten en su *t* con seguridad
39.27 y los reúna de la *t* de sus enemigos, y
39.28 los reúna sobre su *t*, sin dejar allí a
40.2 llevó a la *t* de Israel, y me puso sobre
43.2 la *t* resplandecía a causa de su gloria
45.1 repartáis por suertes la *t* en heredad
45.1 la porción. .que le consagraréis en la *t*
45.4 lo consagrado de esta *t* será para los
45.8 esta *t* tendrá por posesión en Israel, y
45.8 darán la *t* a la casa de Israel conforme
45.16 pueblo de la *t* estará obligado a dar
45.22 sacrificará por sí. .el pueblo de la *t*
46.3 adorará el pueblo de la *t* delante de
46.9 mas cuando el pueblo de la *t* entrare
47.13 repartiréis la *t* por heredad entre las
47.14 por tanto, esta será la *t* de vuestra
47.15 este será el límite de la *t* hacia el
47.18 medio. .de Galaad y de la *t* de Israel
47.21 repartiréis. .*t* entre vosotros según las
48.12 tendrán. .la porción de la *t* reservada
48.14 ni traspasarán las primicias de la *t*
48.29 es la *t* que repartiréis por suertes
Dn. 1.2 los trajo a *t* de Sinar, a la casa de
2.10 dijeron: No hay hombre sobre la *t* que
2.35 hecha un gran monte que llenó toda la *t*
2.39 reino. .el cual dominará sobre toda la *t*
4.1 a todos. .que moran en toda la *t*: Paz os
4.10 me parecía ver en medio de la *t* un árbol
4.11,20 desde todos los confines de la *t*
4.15,23 cepa de sus raíces dejaréis en la *t*
4.15 sea su parte entre la hierba de la *t*
4.22 tu dominio hasta los confines de la *t*
4.26 de dejar en la *t* la cepa de las raíces
4.35 todos los habitantes de la *t*. .como nada
4.35 su voluntad. .en los habitantes de la *t*
6.25 escribió a todos. .que habitan en. .la *t*
6.27 hace. .maravillas en el cielo y en la *t*
7.17 cuatro reyes que se levantarán en la *t*
7.23 será un cuarto reino en la *t*, el cual
7.23 reino. .y a toda la *t* devorará, trillará
8.5 sobre la faz de toda la *t*, sin tocar *t*

TIERRA *(Continúa)*

Dn. 8.7 lo derribó, por tanto, en *t*, y lo pisoteó
8.9 creció mucho al sur. .hacia la *t* gloriosa
8.10 parte del ejército y de las. .echó por *t*
8.11 lugar de su santuario fue echado por *t*
8.12 y echó por *t* la verdad, e hizo cuanto
8.18 caí dormido en *t* sobre mi rostro; y él
9.6 que hablaron. .y a todo el pueblo de la *t*
9.7 las *t* adonde los has echado a causa de su
9.15 sacaste tu pueblo de la *t* de Egipto con
10.9 caí sobre mi rostro. .con mi rostro en *t*
10.15 estaba yo con los ojos puestos en *t*, y
11.9 así entrará en el reino. .volverá a su *t*
11.16 estará en la *t* gloriosa, la cual será
11.19 volverá su. .a las fortalezas de su *t*
11.28 volverá a su *t* con gran riqueza, y su
11.28 hará su voluntad, y volverá a su *t*
11.39 honores. .y por precio repartirá la *t*
11.40 el rey. .entrará por las *t*, e inundará
11.41 entrará a la *t* gloriosa, y. .provincias
11.42 extenderá su mano contra las *t*, y no
12.2 de los que duermen en el polvo de la *t*
Os. 1.2 la *t* fornica apartándose de Jehová
1.11 un solo jefe, y subirán de la *t*; porque
2.3 la deje como *t* seca, y la mate de sed
2.15 el día de su subida de la *t* de Egipto
2.18 pacto con. .con las serpientes de la *t*
2.18 quitaré de la *t* arco y espada y guerra
2.21 responderé. .y ellos responderán a la *t*
2.22 la *t* responderá al trigo, al vino y al
2.23 la sembraré para mí en la *t*, y tendré
4.1 Jehová contiende con. .moradores de la *t*
4.1 no hay. .ni conocimiento de Dios en la *t*
4.3 se enlutará la *t*, y se extenuará. .morador
6.3 como la lluvia tardía y temprana a la *t*
7.16 esto será su escarnio en la *t* de Egipto
9.3 no quedarán en la *t* de Jehová, sino que
10.1 a la bondad de su *t* aumentaron. .ídolos
11.5 no volverá a *t* de Egipto, sino que el
11.11 y de la *t* de Asiria como paloma; y los
12.9 soy Jehová tu Dios desde la *t* de Egipto
12.12 Jacob huyó a *t* de Aram, Israel sirvió
13.4 mas yo soy Jehová tu Dios desde la *t* de
13.5 yo te conocí en el desierto, en *t* seca
Jl. 1.2 escuchad, todos los moradores de la *t*
1.6 porque pueblo fuerte. .subió a mi *t*; sus
1.10 se enlutó la *t*. .el trigo fue destruido
1.14 congregad a los. .moradores de la *t* en
2.1 tiemblen. .los moradores de la *t*, porque
2.3 huerto del Edén será la *t* delante de él
2.10 delante de él temblará la *t*. .los cielos
2.18 Jehová, solícito por su *t*, perdonará a
2.20 lo echaré en *t* seca y desierta; su faz
2.21 *t*, no temas; alégrate y gózate, porque
2.30 y daré prodigios en el cielo y en la *t*
3.2 esparcieron entre las. .y repartieron mi *t*
3.6 vendisteis los. .para alejarlos de su *t*
3.16 su voz. .y temblarán los cielos y la *t*
3.19 derramaron en su *t* sangre inocente
Am. 1.13 para ensanchar sus *t* abrieron a las
2.7 pisotean en el polvo de la *t* las cabezas
2.10 os hice subir de la *t* de Egipto, y os
2.10 para que entraseis en posesión de la *t*
3.1 familia que hice subir de la *t* de Egipto
3.2 conocido de todas las familias de la *t*
3.5 ¿caerá el ave en lazo sobre la *t*, sin
3.5 ¿se levantará el lazo de la *t*, si no ha
3.9 proclamad en. .en los palacios de la *t* de
3.11 enemigo vendrá por todos lados de la *t*
3.14 serán cortados los cuernos. .caerán a *t*
4.13 hace. .y pasa sobre las alturas de la *t*
5.2 fue dejada sobre su *t*, no hay quien la
5.7 el juicio, y la justicia la echáis por *t*
5.8 aguas. .las derrama sobre la faz de la *t*
7.2 cuando acabó de comer la hierba de la *t*
7.4 con fuego. .y consumió una parte de la *t*
7.10 la *t* no puede sufrir todas sus palabras
7.11 Israel será llevado de su *t*. .cautiverio
7.12 huye a *t* de Judá, y come allá tu pan, y
7.17 tu *t* será repartida por suertes; y tú
7.17 tú morirás en *t* inmunda, e Israel será
7.17 e Israel será llevado cautivo. .de su *t*
8.4 los que. .arruináis a los pobres de la *t*
8.8 ¿no se estremecerá la *t* sobre esto? ¿No
8.9 cubriré de tinieblas la *t* en el día claro
8.11 en los cuales enviaré hambre a la *t*, no
9.5 el Señor, Jehová de. .es el que toca la *t*
9.6 ha establecido su expansión sobre la *t*
9.6 aguas. .sobre la faz de la *t* las derrama
9.7 ¿no hice yo subir a Israel de la *t* de
9.8 el reino. .lo asolaré de la faz de la *t*
9.9 se zarandea. .y no cae un granito en la *t*
9.15 pues los plantaré sobre su *t*, y nunca
9.15 nunca más serán arrancados de su *t* que
Abd. 3 que dices en. .¿Quién me derribará a *t*?
Jon. 1.8 ¿cuál es tu *t*, y de qué pueblo eres?
1.9 y temo a Jehová. .que hizo el mar y la *t*
1.13 para hacer volver la nave a *t*; mas no
2.6 la *t* echó sus cerrojos sobre mí. .siempre
2.10 y mandó Jehová. .y vomitó a Jonás en *t*
4.2 es. .lo que yo decía estando aún en mi *t*?
Mi. 1.2 está atenta, *t*, y cuanto hay en ti; y
1.3 Jehová sale. .hollará las alturas de la *t*
1.6 haré. .de Samaria. .*t* para plantar viñas
4.13 y sus riquezas al Señor de toda la *t*
5.4 será engrandecido hasta los fines de la *t*
5.5 cuando el asirio viniere a nuestra *t*, y
5.6 y devastarán la *t* de Asiria a espada, y
5.6 y con sus espadas la *t* de Nimrod; y nos
5.6 asirio, cuando viniere contra nuestra *t*
5.11 haré. .destruir las ciudades de tu *t*, y
6.2 oíd. .fuertes cimientos de la *t*. .pleito
6.4 yo te hice subir de la *t* de Egipto, y de
7.2 faltó el misericordioso de la *t*. .recto
7.13 asolada la *t* a causa de sus moradores
7.17 como las serpientes de la *t*, temblarán
Nah. 1.5 la *t* se conmueve a su presencia, y el
2.13 y cortaré de la *t* tu robo, y nunca más
3.13 las puertas de tu *t* se abrirán de par a
Hab. 1.6 que camina por la anchura de la *t* para
2.8 a causa de. .de los robos de la *t*, de las
2.14 la *t* será llena. .de la gloria de Jehová
2.17 del robo de la *t*, de las ciudades y de
2.20 templo; calle delante de él toda la *t*
3.3 cielos, y la *t* se llenó de su alabanza
3.6 se levantó, y midió la *t*; miró, e hizo
3.7 las tiendas de la *t* de Madián temblaron
3.9 palabra segura. Hendiste la *t* con ríos
3.12 con ira hollaste la *t*, con furor trillaste
Sof. 1.2 destruiré. .sobre la faz de la *t*, dice
1.3 y raeré a los hombres de sobre la. .la *t*
1.18 la *t* será consumida con el fuego de su
1.18 hará de todos los habitantes de la *t*
2.3 buscad a Jehová. .los humildes de la *t*
2.5 es contra vosotros, oh. .*t* de los filisteos
2.11 destruirá a todos los dioses de la *t*, y
2.11 se inclinarán a él todas las *t* de las
3.8 por el fuego. .será consumida toda la *t*
3.19 os pondré por alabanza y. .en toda la *t*
3.20 y para alabanza entre. .pueblos de la *t*
Hag. 1.10 la lluvia, y la *t* detuvo sus frutos
1.11 llamé la sequía sobre esta *t*, y sobre
1.11 sobre todo lo que la *t* produce, sobre
2.4 cobrad ánimo, pueblo todo de la *t*, dice
2.6 a poco yo haré temblar los cielos y la *t*
2.6 temblar los cielos. .el mar y la *t* seca
2.21 habla. .haré temblar los cielos y la *t*
Zac. 1.10 los que. .ha enviado a recorrer la *t*
1.11 y dijeron: Hemos recorrido la *t*, y he
1.11 he aquí toda la *t* está reposada y quieta
1.21 que alzaron el cuerno sobre la *t* de Judá
2.6 eh, huid de la *t* del norte, dice Jehová
2.12 poseerá a Judá su heredad en la *t* santa
3.9 y quitaré el pecado de la *t* en un día
4.10 ojos de Jehová, que recorren toda la *t*
4.14 están delante del Señor de toda la *t*
5.3 es la maldición que sale sobre la. .la *t*
5.6 esta es la iniquidad de ellos en toda la *t*
5.9 y alzaron el efa entre la *t* y los cielos
5.11 que le sea edificada casa en *t* de Sinar
6.5 de presentarse delante del Señor de. .la *t*
6.6 el carro con. .salía hacia la *t* del norte
6.6 y los overos salieron hacia la *t* del sur
6.7 afanaron por ir a recorrer la *t*. Y dijo
6.7 id, recorred la *t*. Y recorrieron la *t*
6.8 los que salieron hacia la *t* del norte
6.8 hicieron reposar mi Espíritu en la *t* del
7.14 *t* fue desolada tras ellos, sin quedar
7.14 convirtieron en desierto la *t* deseable
8.7 yo salvo a mi pueblo de la *t* del oriente
8.7 yo salvo. .de la *t* donde se pone el sol
8.12 y dará su producto la *t*, y los cielos
9.1 la profecía. .está contra la *t* de Hadrac
9.10 y desde el río hasta los fines de la *t*
9.16 los salvará. .serán enaltecidos en su *t*
10.10 porque yo los traeré de la *t* de Egipto
10.10 traeré a la *t* de Galaad y del Líbano
11.6 no tendré. .piedad de. .moradores de la *t*
11.6 asolarán la *t*, y yo no los libraré de
11.16 yo levanto en la *t* a un pastor que no
12.1 Jehová, que extiende los. .y funda la *t*
12.3 todas las naciones de la *t* se juntarán
12.12 y la *t* lamentará, cada linaje aparte
13.2 quitaré de la *t*. .nombres de. .imágenes
13.2 haré cortar de la *t* a los profetas y al
13.5 no soy profeta; labrador soy de la *t*
13.8 y acontecerá en toda la *t*. .que las dos
14.9 y Jehová será rey sobre toda la *t*
14.10 la *t* se volverá como llanura desde Geba
14.17 las familias de la *t* que no subieren a
Mal. 3.11 y no os destruirá el fruto de la *t*
3.12 porque seréis *t* deseable, dice Jehová
4.6 no sea que yo. .hiera la *t* con maldición
Mt. 2.6 y tú, Belén, de la *t* de Judá, no eres
2.12 pero. .regresaron a su *t* por otro camino
2.20 vete a *t* de Israel, porque han muerto
2.21 tomó al niño y a. .y vino a *t* de Israel
4.15 *t* de Zabulón y *t* de Neftalí, camino del
5.5 porque ellos recibirán la *t* por heredad
5.13 vosotros sois la sal de la *t*; pero si
5.18 que pasen el cielo y la *t*, ni una jota
5.35 ni por la *t*. .es el estrado de sus pies
6.19 no os hagáis tesoros en la *t*, donde la
8.28 cuando llegó. .a la *t* de los gadarenos
9.6 Hijo del Hombre tiene potestad en la *t*
9.26 se difundió la fama. .por toda aquella *t*
9.31 divulgaron la fama de él por. .aquella *t*
10.15 más tolerable el. .para la *t* de Sodoma
10.29 ni uno de. .cae a *t* sin vuestro Padre
10.34 que he venido para traer paz a la *t*; no
11.24 más tolerable el. .para la *t* de Sodoma
11.25 te alabo. .Señor del cielo y de la *t*
12.40 estará el Hijo. .en el corazón de la *t*
12.42 porque ella vino de los fines de la *t*
13.5 cayó. .donde no había mucha *t*; y brotó
13.5 brotó pronto. .no tenía profundidad de *t*
13.23 el que fue sembrado en buena *t*, éste es
13.54 y venido a su *t*, les enseñaba en la
13.57 profeta sin honra, sino en su propia *t*
14.34 terminada la travesía. .a *t* de Genesaret
14.35 noticia por toda aquella *t* alrededor, y
15.35 y mandó a la multitud. .recostase en *t*
16.19 todo lo que atares en la *t* será atado
16.19 lo que desatares en la *t* será desatado
17.25 los reyes de la *t*, ¿de quiénes cobran
18.18 todo lo que atéis en la *t*, será atado
18.18 y todo lo que desatéis en la *t*, será
18.19 se pusieren de acuerdo en la *t* acerca
19.29 haya dejado casas. .o *t*, por mi nombre
23.9 llaméis padre vuestro a nadie en la *t*
23.15 recorréis. .*t* para hacer un prosélito
23.35 sangre justa que se ha derramado. .la *t*
24.30 lamentarán todas las tribus de la *t*, y
24.35 y la *t* pasarán, pero mis palabras no
25.18 cavó en la *t*, y escondió el dinero de
25.25 fui y escondí tu talento en la *t*; aquí
27.45 hubo tinieblas sobre toda la *t* hasta
27.51 la *t* tembló, y las rocas se partieron
28.18 toda potestad me es dada en. .y en la *t*
Mr. 2.10 tiene potestad en la *t* para perdonar
4.1 toda la gente estaba en *t* junto al mar
4.5 cayó en. .donde no tenía mucha *t*; y brotó
4.5 brotó. .porque no tenía profundidad de *t*
4.8 otra parte cayó en buena *t*, y dio fruto
4.20 y éstos son los. .sembrados en buena *t*
4.26 cuando un hombre echa semilla en la *t*
4.28 porque de suyo lleva fruto la *t*. .grano
4.31 de mostaza, que cuando se siembra en *t*
4.31 más pequeña de todas. .que hay en la *t*
6.1 salió Jesús de allí y vino a su *t*, y le
6.4 no hay profeta sin honra sino en su. .*t*
6.47 al venir la noche. .estaba. .él solo en *t*
6.53 vinieron a *t* de Genesaret, y arribaron
6.55 y recorriendo toda la *t* de alrededor
8.6 mandó. .que se recostase en *t*; y tomando
9.3 ningún lavador en la *t* los puede hacer
9.20 al muchacho. .cayendo en *t* se revolcaba
10.29 dejado casa, o. .*t*, por causa de mí y
10.30 y *t*, con persecuciones; y en el siglo
13.27 desde el extremo de la *t* hasta. .cielo
13.31 y la *t* pasarán, pero mis palabras no
14.35 postró en *t*, y oró que si fuese posible
15.33 hubo tinieblas sobre toda la *t* hasta la
Lc. 2.14 en la *t* paz, buena voluntad para con
4.5 en un momento todos los reinos de la *t*
4.14 y se difundió su fama por toda la *t* de
4.23 tantas cosas. .haz también aquí en tu *t*
4.24 ningún profeta es acepto en su propia *t*
4.25 y hubo una gran hambre en toda la *t*
5.3 le rogó que la apartase de *t* un poco; y
5.11 trajeron a *t* las barcas, dejándolo todo
5.12 se postró con el rostro en *t* y le rogó
5.24 potestad en la *t* para perdonar pecados
6.49 hombre que edificó su casa sobre *t*
8.8 y otra parte cayó en buena *t*, y nació y
8.15 mas la que cayó en buena *t*, éstos son
8.26 arribaron a la *t* de los gadarenos, que
8.27 al llegar él a *t*, vino a su encuentro
10.21 oh Padre, Señor del cielo y de la *t*
11.2 como en el cielo, así también en la *t*
11.31 vino de los fines de la *t* para oir la
12.49 fuego vine a echar en la *t*; ¿y qué
12.51 venido para dar paz en la *t*? Os digo
12.56 sabéis distinguir el aspecto de. .la *t*
13.7 córtala; ¿para qué inutiliza. .la *t*?
14.35 ni para la *t* ni para el muladar es útil
15.15 se arrimó a uno de los. .de aquella *t*
16.17 más fácil es que pasen el cielo y la *t*
17.16 y se postró rostro en *t* a sus pies
18.8 cuando venga el. .¿hallará fe en la *t*?
19.44 te derribarán a *t*, y a tus hijos dentro
21.23 habrá gran calamidad en la *t*, e ira
21.25 habrá. .en la *t* angustia de las gentes
21.26 de las cosas que sobrevendrán en la *t*
21.33 cielo y la *t* pasarán, pero mis palabras
21.35 que habitan sobre la faz de toda la *t*
22.44 gotas de sangre que caían hasta la *t*
23.44 hubo tinieblas sobre toda la *t* hasta la
24.5 tuvieron temor, y bajaron el rostro a *t*
Jn. 3.22 vino. .a la *t* de Judea, y estuvo allí
3.31 el que es de la *t*, es terrenal, y cosas
4.44 el profeta no tiene honra en su propia *t*
6.21 barca, la cual llegó. .a la *t* adonde iban
8.6 pero Jesús. .escribía en *t* con el dedo
8.8 e inclinándose. .siguió escribiendo en *t*
9.6 escupió en *t*, e hizo lodo con la saliva
12.24 grano de trigo no cae en la *t* y muere
12.32 yo, si fuere levantado de la *t*, a todos
17.4 te he glorificado en la *t*; he acabado la
18.6 cuando les dijo: Yo soy. .y cayeron a *t*
21.8 no distaban de *t* sino como doscientos
21.9 al descender a *t*, vieron brasas puestas

TIERRA ***(Continúa)***

Jn. 21.11 sacó la red a *t*, llena de grandes peces
Hch. 1.8 testigos en . . hasta lo último de la *t*
2.19 daré prodigios . . señales abajo en la *t*
3.25 serán benditas todas . . familias de la *t*
4.24 el Dios que hiciste el cielo y la *t*, el
4.26 se reunieron los reyes de la *t*, y los
7.3 le dijo: Sal de tu *t* . . y ven a la *t* que
7.4 salió de la *t* de los caldeos y habitó en
7.4 Dios le trasladó a esta *t*, en la cual
7.6 descendencia sería extranjera en *t* ajena
7.11 vino . . hambre en toda la *t* de Egipto y
7.29 y vivió como extranjero en *t* de Madián
7.33 porque el lugar en que estás es *t* santa
7.36 habiendo hecho prodigios y señales en *t*
7.40 Moisés, que nos sacó de la *t* de Egipto
7.45 tomar posesión de la *t* de los gentiles
7.49 mi trono, y la *t* el estrado de mis pies
8.1 fueron esparcidos por las *t* de Judea y
8.33 mas . . porque fue quitada de la *t* su vida
9.4 cayendo en *t*, oyó una voz que le decía
9.8 Saulo se levantó de *t*, y abriendo . . ojos
10.11 atado de las . . puntas era bajado a la *t*
10.39 cosas que Jesús hizo en la *t* de Judea
11.28 vendría una gran hambre en toda la *t*
13.17 pueblo, siendo ellos extranjeros en *t*
13.19 destruido siete naciones en la *t* de
13.47 para salvación hasta lo último de la *t*
14.15 al Dios vivo, que hizo el cielo y la *t*
17.24 siendo Señor del cielo y de la *t*, no
17.26 que habiten sobre toda la faz de la *t*
20.13 Pablo, ya que . . queriendo él ir por *t*
22.22 quita de la *t* a tal hombre, porque no
26.14 caído todos nosotros en *t*, oí una voz
26.20 anuncié . . por toda la *t* de Judea, y a
27.27 sospecharon que estaban cerca de *t*
27.39 de día, no reconocían la *t*, pero veían
27.43 echasen los primeros, y saliesen a *t*
27.44 y así . . todos se salvaron saliendo a *t*
Ro. 9.17 mi nombre sea anunciado por toda la *t*
9.28 Señor ejecutará su sentencia sobre la *t*
10.18 por toda la *t* ha salido la voz de ellos
10.18 y hasta los fines de la *t* sus palabras
1 Co. 8.5 dioses, sea en el cielo, o en la *t*
10.26,28 del Señor es la *t* y su plenitud
15.47 el primer hombre es de la *t*, terrenal
Ef. 1.10 así las . . como las que están en la *t*
3.15 toma nombre toda familia en . . y en la *t*
4.9 primero a las partes más bajas de la *t*?
6.3 bien, y seas de larga vida sobre la *t*
Fil. 2.10 que están . . en la *t*, y debajo de la *t*
Col. 1.16 en los cielos y las que hay en la *t*
1.20 así las que están en la *t* como las que
3.2 poned la mira . . arriba, no en las de la *t*
He. 1.10 Señor, en el principio fundaste la *t*
6.7 la *t* que bebe la lluvia . . cae sobre ella
8.4 estuviese sobre la *t*, ni siquiera sería
8.9 tomé de . . para sacarlos de la *t* de Egipto
11.9 la *t* prometida como en *t* ajena, morando
11.13 extranjeros y peregrinos sobre la *t*
11.29 fe pasaron el Mar Rojo como por *t* seca
11.38 errando por . . cuevas . . cavernas de la *t*
12.25 si no . . al que los amonestaba en la *t*
12.26 la voz del cual conmovió entonces la *t*
12.26 conmoveré no solamente la *t* . . el cielo
Stg. 5.4 obreros que han cosechado vuestras *t*
5.5 habéis vivido en deleites sobre la *t*, y
5.7 cómo el labrador espera . . fruto de la *t*
5.12 hermanos míos, no juréis . . ni por la *t*
5.17 y no llovió sobre la *t* por tres años y
5.18 el cielo dio lluvia, y la *t* produjo su
2 P. 3.5 fueron hechos por . . los cielos y . . la *t*
3.7 pero los cielos y la *t* que existen ahora
3.10 la *t* y las obras . . en ella serán quemadas
3.13 esperamos . . cielos nuevos y *t* nueva, en
1 Jn. 5.8 son los que dan testimonio en la *t*
Ap. 1.5 y el soberano de los reyes de la *t*
1.7 linajes de la *t* harán lamentación por él
3.10 para probar a los que moran sobre la *t*
5.3 en la *t* ni debajo de la *t*, podía abrir
5.6 espíritus de Dios enviados por toda la *t*
5.10 nos has hecho . . y reinaremos sobre la *t*
5.13 y sobre la *t*, y debajo de la *t*, y en el
6.4 fue dado poder de quitar de la *t* la paz
6.8 potestad sobre la cuarta parte de la *t*
6.8 potestad . . para matar con . . fieras de la *t*
6.10 no juzgas y . . en los que moran en la *t*?
6.13 las estrellas del . . cayeron sobre la *t*
6.15 y los reyes de la *t* . . se escondieron en
7.1 ángeles en pie sobre los . . ángulos de la *t*
7.1 que detenían los cuatro vientos de la *t*
7.1 para que no soplase viento . . sobre la *t*
7.2 el poder de hacer daño a la *t* y al mar
7.3 no hagáis daño a la *t*, ni al mar, ni a
8.5 lo llenó del fuego . . y lo arrojó a la *t*
8.7 granizo . . que fueron lanzados sobre la *t*
8.13 ¡ay . . de los que moran en la *t*, a causa
9.1 una estrella que cayó del cielo a la *t*
9.3 del humo salieron langostas sobre la *t*
9.3 como tienen poder . . escorpiones de la *t*
9.4 que no dañasen a la hierba de la *t*, ni
10.2 puso su pie . . y el izquierdo sobre la *t*
10.5 ángel que vi en pie sobre . . sobre la *t*
10.6 la *t* y las cosas que están en ella, y el
10.8 del ángel que está en pie sobre . . la *t*
11.4 están en pie delante del Dios de la *t*
11.6 poder . . para herir la *t* con toda plaga
11.10 los moradores de la *t* se regocijarán
11.10 atormentado a los moradores de la *t*
11.18 de destruir a los que destruyen la *t*
12.4 las estrellas . . y las arrojó sobre la *t*
12.9 arrojado a la *t*, y sus ángeles fueron
12.12 ¡ay de los moradores de la *t* y del mar!
12.13 cuando vio . . había sido arrojado a la *t*
12.16 la *t* ayudó a la mujer, pues la *t* abrió
13.3 maravilló toda la *t* en pos de la bestia
13.8 la adoraron todos los moradores de la *t*
13.11 otra bestia que subía de la *t*; y tenía
13.12 hace que la *t* y . . adoren a la primera
13.13 hace descender fuego del cielo a la *t*
13.14 engaña a los moradores de la *t* con las
13.14 mandando a los moradores de la *t* que
14.3 fueron redimidos de entre los de la *t*
14.6 predicarlo a los moradores de la *t*, a
14.7 adorad a aquel que hizo el cielo y la *t*
14.15 y siega . . la mies de la *t* está madura
14.16 metió su hoz en la *t*, y la *t* fue segada
14.18 y vendimia los racimos de la *t*, porque
14.19 arrojó su hoz en la *t*, y vendimió la
14.19 y vendimió la viña de la *t*, y echó las
16.1 derramad sobre la *t* las siete copas de
16.2 el primero, y derramó su copa sobre la *t*
16.14 y van a los reyes de la *t* en todo el
16.18 hubo . . truenos, y un gran temblor de *t*
16.18 jamás desde que . . han estado sobre la *t*
17.2 la cual han fornicado los reyes de la *t*
17.2 los moradores de la *t* se han embriagado
17.5 la madre . . de las abominaciones de la *t*
17.8 moradores de la *t* . . se asombrarán viendo
17.18 ciudad que reina sobre . . reyes de la *t*
18.1 gran poder, y la *t* fue alumbrada con su
18.3 los reyes de la *t* han fornicado con ella
18.3 mercaderes de la *t* se han enriquecido de
18.9 los reyes de la *t* que han fornicado con
18.11 los mercaderes de la *t* lloran y hacen
18.23 tus mercaderes eran los grandes de la *t*
18.24 todos los que han sido muertos en la *t*
19.2 ha corrompido a la *t* con su fornicación
19.4 se postraron en *t* y adoraron a Dios, que
19.19 y vi a la bestia, a los reyes de la *t*
20.8 engañar . . en los cuatro ángulos de la *t*
20.9 y subieron sobre la anchura de la *t*, y
20.11 de delante del cual huyeron la *t* y el
21.1 vi . . una *t* nueva . . y la primera *t* pasaron
21.24 los reyes de la *t* traerán su gloria y

TIESTO

Job 2.8 tomaba Job un *t* para rascarse con él
Sal. 22.15 como un *t* se secó mi vigor, y mi
68.13 bien que fuisteis echados entre los *t*
Pr. 26.23 escoria de plata echada sobre el *t*
Is. 30.14 que entre los pedazos no se halla *t*
45.9 pleitea . . ¡el *t* con los *t* de la tierra!
Ez. 23.34 lo beberás, pues . . y quebrarás sus *t*

TIFSA

1. ***Ciudad en la orilla del Éufrates,*** **1 R. 4.24**
2. ***Ciudad cerca de Samaria,*** **2 R. 15.16**

TIGLAT-PILESER ***Rey de Asiria (=Pul)***

2 R. 15.29 en los días de Peka . . vino *T* rey de
16.7 Acaz envió embajadores a *T* . . de Asiria
16.10 fue el rey Acaz a encontrar a *T* rey de
1 Cr. 5.6 Beera su hijo . . transportado por *T* rey
5.26 Dios . . excitó el espíritu . . de *T* rey de
2 Cr. 28.20 vino contra él *T* . . quien lo redujo

TILDE

Mt. 5.18 ni una jota ni una *t* pasará de la ley
Lc. 16.17 más fácil . . se frustre una *t* de la ley

TILÓN ***Descendiente de Judá,*** **1 Cr. 4.20**

TIMEO ***Padre del ciego Bartimeo,*** **Mr. 10.46**

TIMNA

1. ***Concubina de Elifaz No. 1 y hermana de Lotán,*** **Gn. 36.12,22; 1 Cr. 1.39**
2. ***Jefe de Esaú,*** **Gn. 36.40; 1 Cr. 1.51**
3. ***Ciudad en la frontera de Judá (=Timnat No. 2),*** **Jos. 15.10; 2 Cr. 28.18**
4. ***Aldea en Judá (=Timnat No. 1),*** **Jos. 15.57**
5. ***Hijo de Elifaz No. 1,*** **1 Cr. 1.36**

TIMNAT

1. ***Aldea cananea (=Timna No. 4)***

Gn. 38.12 Judá . . subía a los trasquiladores . . *T*
38.13 he aquí tu suegro sube a *T* a trasquilar
38.14 se puso a la entrada . . al camino de *T*

2. ***Ciudad en Dan ocupada por los filisteos (=Timna No. 3)***

Jos. 19.43 Elón, *T*, Ecrón
Jue. 14.1 descendió Sansón a *T*, y vio en *T* a
14.2 yo he visto en *T* una mujer de las hijas
14.5 Sansón descendió . . a *T* . . las viñas de *T*

TIMNATEO ***Habitante de Timnat No. 2,*** **Jue. 15.6**

TIMNAT-SERA ***Heredad de Josué***

Jos. 19.50 le dieron . . *T*, en el monte de Efraín
24.30 le sepultaron en su heredad en *T*, que
Jue. 2.9 lo sepultaron en su heredad en *T*, en

TIMÓN ***Uno de los siete diáconos de Jerusalén,*** **Hch. 6.5**

TIMÓN ***(s.)***

Hch. 27.40 largando también las amarras del *t*
Stg. 3.4 son gobernadas con un muy pequeño *t*

TIMOTEO ***Hijo espiritual y compañero de Pablo***

Hch. 16.1 había allí cierto discípulo llamado *T*
17.14 que fuese . . y Silas y *T* se quedaron allí
17.15 recibido orden para Silas y *T*, de que
18.5 cuando Silas y *T* vinieron de Macedonia
19.22 y enviando a Macedonia a . . *T* y Erasto
20.4 acompañaron hasta . . Gayo de Derbe, y *T*
Ro. 16.21 saludan *T*, mi colaborador, y Lucio
1 Co. 4.17 por esto mismo os he enviado a *T*
16.10 llega *T*, mirad que esté con vosotros
2 Co. 1.1 Pablo . . y el hermano *T*, a la iglesia
1.19 ha sido predicado . . por mí, Silvano y *T*
Fil. 1.1 Pablo y *T*, siervos de Jesucristo, a
2.19 espero . . enviaros pronto a *T*, para que
Col. 1.1 apóstol de Jesucristo . . y el hermano *T*
1 Ts. 1.1 Pablo, Silvano y *T*, a la iglesia de
3.2 enviamos a *T* nuestro hermano, servidor
3.6 cuando *T* volvió de vosotros . . y nos dio
2 Ts. 1.1 Pablo, Silvano y *T*, a la iglesia de
1 Ti. 1.2 a *T*, verdadero hijo en la fe: Gracia
1.18 este mandamiento, hijo *T*, te encargo
6.20 *T*, guarda lo que se te ha encomendado
2 Ti. 1.2 a *T*, amado hijo: Gracia . . y paz, de
Flm. 1 Pablo . . el hermano *T*, al amado Filemón
He. 13.23 sabed que está en libertad . . *T*, con

TINAJA

1 R. 17.12 un puñado de harina tengo en la *t*
17.14 la harina de la *t* no escaseará, ni el
17.16 y la harina de la *t* no escaseó, ni el
Jer. 13.12 ha dicho . . Toda *t* se llenará de vino
13.12 ¿no sabemos que toda *t* se llenará de
Jn. 2.6 y estaban allí seis *t* de piedra para
2.7 llenad estas *t* de agua. Y las llenaron

TINIEBLA

Gn. 1.2 las *t* estaban sobre la faz del abismo
1.4 era buena; y separó Dios la luz de las *t*
1.5 y a las *t* llamó Noche. Y fue la tarde y
1.18 noche, y para separar la luz de las *t*
Éx. 10.21 que haya *t* sobre la tierra de Egipto
10.22 hubo densas *t* sobre toda la tierra de
14.20 era nube y *t* . . y alumbraba a Israel de
Dt. 4.11 monte ardía . . con *t*, nube y oscuridad
5.23 oísteis la voz de en medio de las *t*, y
1 S. 2.9 santos, mas los impíos perecen en *t*
2 S. 22.10 cielos . . y había *t* debajo de sus pies
22.12 puso *t* por su escondedero alrededor de
22.29 mi lámpara . . mi Dios alumbrará mis *t*
Job 3.5 aféenlo *t* y sombra de muerte . . nublado
5.14 de día tropiezan con *t*, y a mediodía
10.21 la tierra de *t* y de sombra de muerte
10.22 tierra de . . cuya luz es como densas *t*
12.22 él descubre las profundidades de las *t*
12.25 van a tientas, como en *t* y sin luz, y
15.22 él no cree que volverá de las *t*, y
15.23 sabe que le está preparado día de *t*
15.30 no escapará de las *t*; la llama secará
17.12 y la luz se acorta delante de las *t*
17.13 el Seol es mi . . haré mi cama en las *t*
18.18 de la luz . . lanzado a las *t*, y echado
19.8 de vallado . . y sobre mis veredas puso *t*
20.26 las *t* están reservadas para sus tesoros
22.11 *t*, para que no veas, y abundancia de
23.17 que no fui yo cortado delante de las *t*
24.16 en las *t* minan las casas que de día
26.10 aguas, hasta el fin de la luz y las *t*
28.3 a las *t* ponen término, y examinan todo
34.22 no hay *t* ni sombra de muerte donde se
37.19 no podemos ordenar . . a causa de las *t*
38.19 la luz, y dónde está el lugar de las *t*
Sal. 18.9 y había densas *t* debajo de sus pies
18.11 puso *t* por su escondedero, por cortina
18.28 tú encenderás . . mi Dios alumbrará mis *t*
82.5 no entienden, andan en *t*; tiemblan todos
88.6 has puesto . . en *t*, en lugares profundos
88.12 reconocidas en las *t* tus maravillas
88.18 has . . a mis conocidos has puesto en *t*
104.20 pones las *t*, y es la noche; en ella
105.28 envió *t* que lo oscurecieron todo; no
107.10 algunos moraban en *t* y sombra de
107.14 los sacó de las *t* y de la sombra de
112.4 resplandeció en las *t* luz a los rectos
139.11 si . . ciertamente las *t* me encubrirán
139.12 las *t* no encubren de ti, y la noche
139.12 día; lo mismo te son las *t* que la luz
143.3 me ha hecho habitar en *t* como los ya

TINIEBLA *(Continúa)*

Pr. 7.9 tarde. .en la oscuridad y *t* de la noche
Ec. 2.13 sobrepasa a la. .como la luz a las *t*
2.14 el sabio tiene. .mas el necio anda en *t*
5.17 todos los días de su vida comerá en *t*
6.4 las *t* va, y con *t* su nombre es cubierto
11.8 acuérdese. .los días de las *t* serán muchos
Is. 5.20 que hacen de la luz *t*, y de las *t* luz
5.30 aquí *t* de tribulación, y en sus cielos
8.22 mirarán a la. .y he aquí tribulación y *t*
8.22 a la tierra. .y serán sumidos en las *t*
9.2 el pueblo que andaba en *t* vio gran luz
29.15 sus obras están en *t*, y dicen: ¿Quién
29.18 verán en medio. .oscuridad y de las *t*
42.7 para que saques. .a los que moran en *t*
42.16 delante de ellos cambiaré las *t* en luz
45.7 que formo la luz y creo las *t*, que hago
47.5 entra en *t*, hija de los caldeos; porque
49.9 digas. .a los que están en *t:* Mostraos
50.10 que anda en *t* y carece de luz, confíe
58.10 en las *t* nacerá tu luz, y tu oscuridad
59.9 esperamos luz. .he aquí *t;* resplandores
60.2 porque he aquí que *t* cubrirán la tierra
Jer. 2.31 ¿he sido. .desierto. .o tierra de *t?*
13.16 dad gloria a. .antes que haga venir *t*
13.16 os la vuelva en sombra de muerte y *t*
Lm. 3.2 me guio y me llevó en *t*, y no en luz
Ez. 8.12 ancianos. .hacen en *t*. .en sus cámaras
30.18 *t* la cubrirá y los moradores de sus
31.15 al Líbano cubrí de *t* por él, y todos
32.8 pondré *t* sobre tu tierra, dice Jehová
Dn. 2.22 él. .conoce lo que está en *t*, y con él
Jl. 2.2 día de *t* y de oscuridad, día de nube y
2.31 el sol se convertirá en *t*, y la luna en
Am. 4.13 hace de las *t* mañana, y pasa sobre las
5.8 buscad al que. .vuelve las *t* en mañana
5.18 día de Jehová? Será de *t*, y no de luz
5.20 ¿no será el día de Jehová *t*, y no luz
8.9 cubriré de *t* la tierra en el día claro
Mi. 7.8 aunque more en *t*, Jehová será mi luz
Nah. 1.8 con. .y *t* perseguirán a sus enemigos
Sof. 1.15 de *t* y de oscuridad, día de nublado
Mt. 4.16 el pueblo asentado en *t* vio gran luz
6.23 es maligno, todo tu cuerpo estará en *t*
6.23 la luz que en ti hay es *t*. .las mismas *t?*
8.12 hijos del reino serán echados a las *t*
10.27 lo que os digo en *t*, decidlo en la luz
22.13 echadle en las *t* de afuera; allí será
25.30 y al siervo inútil echadle en las *t* de
27.45 desde la hora sexta hubo *t* sobre toda
Mr. 15.33 *t* sobre toda la tierra hasta la hora
Lc. 1.79 para dar luz a los que habitan en *t* y
11.34 tu ojo es maligno. .tu cuerpo está en *t*
11.35 no suceda. .la luz que en ti hay, sea *t*
11.36 de luz, no teniendo parte alguna de *t*
12.3 que habéis dicho en *t*, a la luz se oirá
22.53 es vuestra hora, y la potestad de las *t*
23.44 hubo *t* sobre toda la tierra hasta la
Jn. 1.5 la luz en las *t* resplandece, y las *t* no
3.19 los hombres amaron más las *t* que la luz
8.12 el que me sigue, no andará en *t*, sino
12.35 luz, para que no os sorprendan las *t*
12.35 el que anda en *t*, no sabe adónde va
12.46 todo aquel que cree. .no permanezca en *t*
Hch. 2.20 el sol se convertirá en *t*, y la luna
13.11 ciego. .cayeron sobre él oscuridad y *t*
26.18 se conviertan de las *t* a la luz, y de
Ro. 2.19 eres guía. .luz de los que están en *t*
13.12 desechemos, pues, las obras de las *t*
1 Co. 4.5 aclarará también lo oculto de las *t*
2 Co. 4.6 mandó que de las *t* resplandeciese la
6.14 ¿qué. .y qué comunión la luz con las *t?*
Ef. 5.8 en otro tiempo erais *t*, mas ahora sois
5.11 las obras infructuosas de las *t*, sino
6.12 los gobernadores de las *t* de este siglo
Col. 1.13 ha librado de la potestad de las *t*
1 Ts. 5.4 vosotros, hermanos, no estáis en *t*
5.5 del día; no somos de la noche ni de las *t*
He. 12.18 oscuridad, a las *t* y a la tempestad
1 P. 2.9 os llamó de las *t* a su luz admirable
1 Jn. 1.5 Dios es luz, y no hay ningunas *t* en
1.6 si decimos. .y andamos en *t*, mentimos, y
2.8 las *t* van pasando, y la luz verdadera ya
2.9 que dice. .y aborrece a su hermano. .en *t*
2.11 en *t*, y anda en *t*, y no sabe a dónde va
2.11 porque las *t* le han cegado los ojos
Jud. 13 está reservada. .la oscuridad de las *t*
Ap. 16.10 su reino se cubrió de *t*, y mordían

TINTA

Jer. 36.18 él me dictaba. .y yo escribía con *t*
2 Co. 3.3 no con *t*, sino con el Espíritu del
2 Jn. 12 no he querido. .por medio de papel y *t*
3 Jn. 13 no quiero escribírtelas con *t* y pluma

TINTERO

Ez. 9.2 varón. .el cual traía a su cintura un *t*
9.3 al varón. .que tenía a su cintura el *t* de
9.11 el varón. .que tenía el *t* a su cintura

TIÑA

Lv. 13.30 es *t*, es lepra de la cabeza o de la
13.31 hubiere mirado la llaga de la *t*, y no
13.31 encerrará por. .días al llagado de la *t*
13.32 si la *t* no pareciere haberse extendido
13.32 ni pareciere la *t* más profunda que la
13.33 por otros siete días al que tiene la *t*
13.34 mirará el sacerdote la *t;* y si la *t* no
13.35 si la *t* se hubiere ido extendiendo en
13.36 si la *t* hubiere cundido en la piel, no
13.37 la *t* está detenida. .la *t* está sanada
14.54 esta es la ley acerca de toda plaga. .*t*

TÍO *Véase también Tía*

Lv. 10.4 y llamó Moisés a. .hijos de Uziel *t* de
25.49 o su *t* o el hijo de su *t* lo rescatará
Nm. 36.11 casaron con hijos de sus *t* paternos
1 S. 10.14 y el *t* de Saúl dijo a él y a su criado
10.15 el *t* de Saúl: Yo te ruego me declares
10.16 y Saúl respondió a su *t:* Nos declaró
14.50 general. .era Abner, hijo de Ner *t* de
2 R. 24.17 por rey en lugar. .a Matanías su *t*
1 Cr. 27.32 Jonatán *t* de David era consejero
Est. 2.7 había criado a. .Ester, hija de su *t*
2.15 Ester, hija de Abihail *t* de Mardoqueo
Jer. 32.7 Hanameel hijo de Salum tu *t* viene a
32.8 vino. .Hanameel hijo de mi *t*, conforme
32.9 la heredad de Hanameel, hijo de mi *t*
32.12 delante de Hanameel el hijo de mi *t*

TÍQUICO *Compañero de Pablo*

Hch. 20.4 le acompañaron. .de Asia, *T* y Trófimo
Ef. 6.21 lo que hago, todo os lo hará saber *T*
Col. 4.7 a mí se refiere, os lo hará saber *T*
2 Ti. 4.12 a *T* lo envié a Efeso
Tit. 3.12 cuando envíe a ti. .a *T*, apresúrate a

TIRADOR

Gn. 21.20 y habitó. .desierto, y fue *t* de arco

TIRANÍA

Sal. 107.39 a causa de *t*, de males y congojas
Is. 10.1 ¡ay de los que dictan. .y prescriben *t*

TIRANNO *Dueño de una escuela en Efeso,* **Hch. 19.9**

TIRANO

Job 12.18 él rompe las cadenas de los *t*, y les
Is. 49.7 ha dicho Jehová. .al siervo de los *t*
49.24 ¿será rescatado el cautivo de un *t?*
49.25 el botín será arrebatado al *t*. .salvaré

TIRAR

Dt. 32.15 pero engordó Jesurún, y *tiró* coces
Jue. 20.16 *tiraban* una piedra con la honda a
1 S. 17.49 tomó. .la *tiró* con la honda, e hirió
20.20 yo *tiraré* tres saetas hacia aquel lado
20.36 dijo. .busca las saetas que yo *tirare*
20.36 él *tiraba* la saeta de modo que pasara
20.37 estaba la saeta. .Jonatán había *tirado*
2 S. 11.24 pero los flecheros *tiraron* contra
2 R. 13.17 dijo Eliseo: *Tira*. Y *tirando* él, dijo
1 Cr. 12.2 y usaban de ambas manos para *tirar*
2 Cr. 26.14 Uzías preparó. .hondas para *tirar*
35.23 y los flecheros *tiraron* contra el rey
Ec. 1.6 el viento *tira* hacia el sur, y rodea
Is. 13.18 con arco *tirarán* a los niños, y no
Jer. 50.14 *tirad* contra ella, no escatiméis las
Mt. 9.16 porque tal remiendo *tira* del vestido
Mr. 2.21 el. .remiendo nuevo *tira* de lo viejo

TIRAS *Hijo de Jafet,* **Gn. 10.2; 1 Cr. 1.5**

TIRATEO *Familia de escribas en Jabes,* **1 Cr. 2.55**

TIRHACA *Rey de Etiopía*

2 R. 19.9 *T*. .había salido para hacerle guerra
Is. 37.9 mas oyendo decir de *T* rey de Etiopía

TIRHANA *Hijo de Caleb,* **1 Cr. 2.48**

TIRIAS *Descendiente de Judá,* **1 Cr. 4.16**

TIRIO *Habitante de Tiro*

1 Cr. 22.4 *t* habían traído a David. .madera de
Esd. 3.7 y dieron. .aceite a los sidonios y *t*
Neh. 13.16 había. .*t* que traían pescado y toda

TIRO *Ciudad y puerto de Fenicia*

Jos. 19.29 hasta la ciudad fortificada de *T*
2 S. 5.11 Hiram rey de *T* envió embajadores a
24.7 fueron luego a la fortaleza de *T*, y a
1 R. 5.1 Hiram rey de *T* envió. .sus siervos a
7.13 envió el rey. .hizo venir de *T* a Hiram
7.14 su padre. .era de *T;* e Hiram era lleno
9.11 Hiram rey de *T* había traído a Salomón
9.12 salió Hiram de *T* para ver las ciudades
1 Cr. 14.1 rey de *T* envió a David embajadores
2 Cr. 2.3 y envió a decir Salomón a. .rey de *T*
2.11 Hiram rey de *T* respondió por escrito
2.14 hijo de. .de Dan, mas su padre fue de *T*
Sal. 45.12 las hijas de *T* vendrán con presentes
83.7 los filisteos y los habitantes de *T*
87.4 Filistea y *T*, con Etiopía; éste nació
Is. 23.1 profecía sobre *T*. Aullad, naves de
23.1 destruida es *T* hasta no quedar casa, ni
23.5 cuando llegue. .dolor de las nuevas de *T*
23.8 esto sobre *T*, la que repartía coronas
23.15 aquel día, que *T* será puesta en olvido
23.15 años, cantará *T* canción como de ramera
23.17 fin de los 70 años visitará Jehová a *T*
Jer. 25.22 los reyes de *T*, a todos los reyes
27.3 Amón, y al rey de *T*, y al rey de Sidón
47.4 destruir a *T* y a Sidón todo aliado que
Ez. 26.2 cuanto dijo *T* contra Jerusalén: Ea
26.3 yo estoy contra ti, oh *T*, y haré subir
26.4 demolerán los muros de *T*, y. .sus torres
26.7 traigo yo contra *T* a Nabucodonosor rey
26.15 ha dicho Jehová el Señor a *T:* ¿No se
27.2 tú, hijo de hombre, levanta endechas. .*T*
27.3 dirás a *T*. .*T*, tú has dicho: Yo soy de
27.8 tus labios, oh *T*, estaban en ti; ellos
27.32 ¿quién como *T*. .destruida en medio del
28.2 al príncipe de *T:* Así ha dicho Jehová
28.12 levanta endechas sobre el rey de *T*, y
29.18 prestar un arduo servicio contra *T*
29.18 para él ni. .su ejército hubo paga de *T*
Os. 9.13 Efraín. .es semejante a *T*, situado en
Jl. 3.4 ¿qué tengo yo con vosotras, *T* y Sidón
Am. 1.9 por tres pecados de *T*, y por el cuarto
1.10 prenderé fuego. .muro de *T*, y consumirá
Zac. 9.2 *T* y Sidón, aunque sean muy sabias
9.3 que *T* se edificó fortaleza, y amontonó
Mt. 11.21 si en *T*. .hubieran hecho los milagros
11.22 será más tolerable el castigo para *T*
15.21 Jesús. .se fue a la región de *T* y de
Mr. 3.8 y de los alrededores de *T* y de Sidón
7.24 se fue a la región de *T* y de Sidón; y
7.31 volviendo a salir de la región de *T*
Lc. 6.17 de gente. .de la costa de *T* y de Sidón
10.13 en *T*. .se hubieran hecho los milagros
10.14 será más tolerable el castigo para *T*
Hch. 12.20 Herodes. .enojado contra los de *T* y
21.3 navegamos a Siria, y arribamos a *T*
21.7 saliendo de *T* y arribando a Tolemaida

TIRO *(s.)*

Gn. 21.16 a distancia de un *t* de arco; porque
Lc. 22.41 a distancia como de un *t* de piedra

TIRSA

1. ***Hija de Zelofehad,*** **Nm. 26.33; 27.1; 36.11; Jos. 17.3**
2. ***Ciudad cananea; posteriormente la capital del reino de Israel antes de edificarse Samaria***

Jos. 12.24 rey de *T*, otro; 31 reyes por todos
1 R. 14.17 la mujer de Jeroboam se. .vino a *T*
15.21 dejó de edificar a. .y se quedó en *T*
15.33 comenzó a reinar Baasa hijo de. .en *T*
16.6 fue sepultado en *T*, y reinó en su lugar
16.8 a reinar Ela hijo de Baasa sobre. .en *T*
16.9 y estando él en *T*, bebiendo y. .en *T*
16.15 reinar Zimri, y reinó siete días en *T*
16.17 y subió. .todo Israel, y sitiaron a *T*
16.23 reinó doce años; en *T* reinó seis años
2 R. 15.14 Manahem hijo de Gadi subió de *T* y
15.16 saqueó a Tifsa, y. .alrededores desde *T*
Cnt. 6.4 hermosa eres tú, oh amiga mía, como *T*

TISBITA *Sobrenombre del profeta Elías*

1 R. 17.1 Elías *t*, que era de los moradores de
21.17,28 vino palabra de Jehová a Elías *t*
2 R. 1.3 el ángel de Jehová habló a Elías *t*
1.8 un varón. .Entonces él dijo: Es Elías *t*
9.36 habló por medio de su siervo Elías *t*

TISIS

Dt. 28.22 Jehová te herirá de *t*, de fiebre, de

TITO *Compañero del apóstol Pablo*

2 Co. 2.13 reposo. .por no haber hallado a. .*T*
7.6 pero Dios. .nos consoló con la venida de *T*
7.13 mucho más nos gozamos por el gozo de *T*
7.14 nuestro gloriarnos con *T* resultó verdad
8.6 manera que exhortamos a *T* para que tal
8.16 en el corazón de *T* la misma solicitud
8.23 *T*, es mi compañero y colaborador para
12.18 rogué a *T*, y envié con él al hermano
12.18 os engañó acaso *T?* ¿No hemos procedido
Gá. 2.1 subí otra vez a. .también conmigo a *T*
2.3 ni aun *T*. .fue obligado a circuncidarse
2 Ti. 4.10 Crescente fue a Galacia, y *T* a
Tit. 1.4 a *T*, verdadero hijo en la común fe

TITUBEAR

Sal. 26.1 he confiado. .en Jehová sin *titubear*
46.6 *titubearon* los reinos; dio él su voz
60.2 sana sus roturas, porque *titubea*
107.27 tiemblan y *titubean* como ebrios, y
Lm. 4.14 *titubearon* como ciegos en las calles

TÍTULO

Job 32.21 ni usaré con nadie de *t* lisonjeros
Mr. 15.26 el *t* escrito de su causa era: EL REY
Lc. 23.38 había también sobre él un *t* escrito

TÍTULO *(Continúa)*
Jn. 19.19 escribió..*t*, que puso sobre la cruz
19.20 y muchos de los judíos leyeron este *t*
19.20 *t* estaba escrito en hebreo, en griego

TIZITA *Sobrenombre de Joha, valiente de David,* 1 Cr. 11.45

TIZÓN
Sal. 102.3 y mis huesos cual *t* están quemados
Is. 7.4 estos dos cabos de *t* que humean, por el
Am. 4.11 y fuisteis como *t* escapado del fuego
Zac. 3.2 ¿no es..un *t* arrebatado del incendio?

TIZONCILLO
1 R. 8.37 si en la tierra hubiere..*t*, añublo
2 Cr. 6.28 si hubiere *t* o añublo, langosta o
Hag. 2.17 os herí con viento..*t* y con granizo

TOA *Levita descendiente de Coat,* 1 Cr. 6.34

TOALLA
Jn. 13.4 levantó..y tomando una *t*, se la ciñó
13.5 y a enjugarlos con la *t* con que estaba

TOB *Distrito en Haurán* (=*Is-Tob*)
Jue. 11.3 huyó..Jefté..habitó en tierra de *T*
11.5 fueron a traer a Jefté de..tierra de *T*

TOBADONÍAS *Levita en el servicio del rey Josafat,* 2 Cr. 17.8

TOBÍAS
1. Levita en el servicio del rey Josafat, 2 Cr. 17.8
2. Padre de una familia que regresó de Babilonia, Esd. 2.60; Neh. 7.62
3. Amonita que se opuso a Nehemías
Neh. 2.10 pero oyéndolo..*T* el siervo amonita
2.19 cuando lo oyeron..*T* el siervo amonita
4.3 y estaba junto a él *T* amonita, el cual
4.7 oyendo Sanbalat y *T*, y los árabes, los
6.1 oyeron Sanbalat y *T* y Gesem el árabe, y
6.12 porque *T* y Sanbalat lo habían sobornado
6.14 acuérdate, Dios mío, de *T* y de Sanbalat
6.17 cartas..de Judá a *T*, y las de *T* venían
6.19 y enviaba *T* cartas para atemorizarme
13.4 Eliasib..jefe..había emparentado con *T*
13.7 que había hecho..por consideración a *T*
13.8 y arrojé..los muebles de la casa de *T*
4. Uno que regresó de Babilonia, Zac. 6.10,14

TOBILLO
Ez. 47.3 hizo pasar por las aguas hasta los *t*
Hch. 3.7 momento se le afirmaron los pies y *t*

TOCADO
Is. 3.23 espejos, el lino fino..gasas y los *t*

TOCAR
Gn. 3.3 no comeréis de él, ni le *tocaréis*, para
4.21 fue padre de todos los que *tocan* arpa
20.6 le dijo..no te permití que la *tocases*
26.11 que *tocare* a este hombre o a su mujer
26.29 como nosotros no te hemos *tocado*, y
28.12 tierra, y su extremo *tocaba* en el cielo
32.25 *tocó*..el sitio del encaje de su muslo
32.32 *tocó* a Jacob este sitio de su muslo en
Éx. 19.12 no subáis al..ni *toquéis* sus límites
19.12 que *tocare* el monte, de seguro morirá
19.13 no lo *tocará* mano, porque será apedreado
19.15 estad preparados para..no *toquéis* mujer
29.37 que *tocare* el altar, será santificada
30.29 que *tocare* en ellos, será santificado
Lv. 5.2 hubiere *tocado* cualquiera cosa inmunda
5.3 si *tocare* inmundicia de hombre..y no lo
6.18 cosa que *tocare* en ellas será santificada
6.27 lo que *tocare* su carne, será santificado
7.19 la carne que *tocare* alguna cosa inmunda
7.21 persona que *tocare* alguna cosa inmunda
11.8 comeréis, ni *tocaréis* su cuerpo muerto
11.24 *tocare* sus cuerpos..será inmundo hasta
11.26 cualquiera que los *tocare* será inmundo
11.27,39 *tocare* sus cadáveres será inmundo
11.31 los *tocare* cuando estuvieren muertos
11.36 *tocado* en los cadáveres será inmundo
12.4 ninguna cosa santa *tocará*, ni vendrá al
15.5 y cualquiera que *tocare* su cama lavará
15.7 que *tocare* el cuerpo del que tiene flujo
15.10 *tocare* cualquiera cosa que haya estado
15.11 quien *tocare* el que tiene flujo, y no
15.12 vasija..que *tocare* el que tiene flujo
15.19 cualquiera que la *tocare* será inmundo
15.21 cualquiera que *tocare* su cama, lavará
15.22 cualquiera que *tocare* cualquier mueble
15.23 lo *tocare* será inmundo hasta la noche
15.27 cualquiera que *tocare* esas cosas será
22.4 que *tocare* cualquiera cosa de cadáveres
22.5 el varón que hubiere *tocado*..reptil por
22.6 la persona que lo *tocare* será inmunda
25.9 harás *tocar*..trompeta en el mes séptimo
25.9 *tocar* la trompeta por..vuestra tierra
Nm. 4.15 pero no *tocarán* cosa santa, no sea que
10.3 cuando las *tocaren*..la congregación se
10.4 mas cuando *tocaren* sólo una, entonces
10.5 cuando *tocareis* alarma, entonces moverán
10.6 y cuando *tocareis* alarma la segunda vez
10.6 al sur; alarma *tocarán* para sus partidas
10.7 *tocaréis*, mas no con sonido de alarma
10.8 los sacerdotes, *tocarán* las trompetas
10.9 guerra..*tocaréis* alarma con las trompetas
10.10 *tocaréis*..sobre vuestros holocaustos
16.26 y no *toquéis* ninguna cosa suya, para
19.11,13 el que *tocare* cadáver de..persona
19.16 y cualquiera que *tocare* algún muerto
19.18 y sobre..que hubiere *tocado* el hueso
19.21 que *tocare* el agua de la purificación
19.22 y todo lo que el inmundo *tocare*, será
19.22 la persona que lo *tocare* será inmunda
31.6 con las trompetas en su mano para *tocar*
31.19 haya *tocado* muerto, permaneced fuera
Dt. 14.8 no..ni *tocaréis* sus cuerpos muertos
32.9 pueblo; Jacob la heredad que le *tocó*
Jos. 2.19 sangre será sobre..si mano le *tocare*
6.4 arca..los sacerdotes *tocarán* las bocinas
6.5 cuando *toquen* prolongadamente el cuerno
6.8 pasaron..*tocaron* las bocinas; y el arca
6.9 los sacerdotes que *tocaban* las bocinas
6.13 andando siempre y *tocando* las bocinas
6.13 iba..las bocinas *tocaban* continuamente
6.16 cuando..*tocaron* las bocinas la séptima
6.18 ni *toquéis*, ni toméis alguna cosa del
6.20 y los sacerdotes *tocaron* las bocinas
9.19 por tanto, ahora no les podemos *tocar*
15.1 la parte que *tocó* en suerte a la..Judá
16.1 *tocó* en suerte a los hijos de José desde
16.7 Naarat, y *toca* Jericó y sale al Jordán
17.5 *tocaron* a Manasés diez partes además de
19.1 la segunda suerte *tocó* a Simeón, para la
19.10 tercera suerte *tocó* a los..de Zabulón
Jue. 3.27 *tocó* el cuerno en el monte de Efraín
6.21 *tocó* con la punta la carne y los panes
6.34 sobre Gedeón, y cuando..*tocó* el cuerno
7.18 *tocaré* la trompeta..vosotros *tocaréis*
7.19 *tocaron* las trompetas, y quebraron los
7.20 tres escuadrones *tocaron* las trompetas
7.20 *tocaban*, y gritaron: ¡Por la espada de
7.22 los trescientos *tocaban* las trompetas
16.9 rompe una cuerda..cuando *toca* el fuego
1 S. 2.3 Dios..a él *toca* el pesar las acciones
10.26 hombres..corazones Dios había *tocado*
13.3 hizo..*tocar* trompeta por todo el país
16.16 busquen a alguno..sepa *tocar* el arpa
16.16 él *toque* con su mano, y tengas alivio
16.17 buscadme, pues..alguno que *toque* bien
16.18 hijo de Isaí de Belén, que sabe *tocar*
16.23 David tomaba el arpa y *tocaba* con su
18.10 David *tocaba* con..como los otros días
19.9 sentado..mientras David estaba *tocando*
30.24 así ha de ser..les *tocará* parte igual
2 S. 2.28 Joab *tocó* el cuerno..pueblo se detuvo
14.10 dijo..tráelo a mí, y no te *tocará* más
18.12 que ninguno *toque* al joven Absalón
18.16 Joab *tocó* la trompeta, y el pueblo se
20.1 Seba..el cual *tocó* la trompeta, y dijo
20.22 y él *tocó* la trompeta, y se retiraron
23.7 el que quiere *tocarlos* se arma de lanza
1 R. 1.34 *tocaréis* trompeta, diciendo: ¡Viva el
1.39 *tocaron* trompeta, y dijo todo el pueblo
6.27 ala de uno *tocaba* una pared..*t* la otra
6.27 las otras dos alas se *tocaban* la una a
19.5 un ángel le *tocó*, y le dijo: Levántate
19.7 y volviendo el ángel..lo *tocó*, diciendo
2 R. 3.15 mientras el tañedor *tocaba*, la mano
5.11 y alzará su mano y *tocará* el lugar, y
9.13 *tocaron* corneta, y dijeron: Jehú es rey
11.14 todo el pueblo..*tocaban* las trompetas
13.21 a *tocar* el muerto los huesos de Eliseo
1 Cr. 6.54 de los coatitas..les *tocó* en suerte
15.24 *tocaban* las trompetas delante del arca
16.22 no *toquéis*, dijo, a mis ungidos, ni
16.42 y címbalos para los que *tocaban*, y con
24.7 la primera suerte *tocó* a Joiarib, la
2 Cr. 3.11,12 *tocaba* el ala del otro querubín
5.12 y con ellos 120 sacerdotes que *tocaban*
7.6 sacerdotes *tocaban* trompetas delante de
13.14 los sacerdotes *tocaron* las trompetas
Neh. 4.18 que *tocaba* la trompeta..junto a mí
Est. 5.2 vino Ester y *tocó* la punta del cetro
9.10 hijos de Amán..no *tocaron* sus bienes
9.15,16 mataron..pero no *tocaron* sus bienes
Job 1.11 *toca* todo lo que tiene, y verás si no
2.5 *toca* su hueso y su carne, y verás si no
5.19 seis..en la séptima no te *tocará* el mal
6.7 las cosas que mi alma no quería *tocar* son
19.21 porque la mano de Dios me ha *tocado*
20.6 cielo, y su cabeza *tocare* en las nubes
Sal. 16.6 hermosa la heredad que me ha *tocado*
81.3 *tocad* la trompeta en la nueva luna, en
91.10 no te..mal, ni plaga *tocará* tu morada
104.32 tiembla; *toca* los montes, y humean
105.15 no *toquéis*, dijo, a mis ungidos, ni
144.5 y desciende; *toca* los montes, y humeen
Pr. 6.29 así no quedará impune..que la *tocare*
Is. 6.7 y *tocando* con él sobre mi boca, dijo
6.7 *tocó* tus labios, y es quitada tu culpa
9.1 que livianamente *tocaron*..a la tierra de
18.3 y cuando se *toque* trompeta, escuchad
27.13 se *tocará* con gran trompeta, y vendrán
52.11 salid de ahí, no *toquéis* cosa inmunda
Jer. 1.9 extendió Jehová su mano y *tocó* mi boca
4.5 *tocad* trompeta en la tierra; pregonad
6.1 *tocad* bocina en Tecoa, y alzad por señal
12.14 que *tocan* la heredad que hice poseer a
26.14 en lo que a mí *toca*, he aquí estoy en
51.27 alzad..*tocad* trompeta en las naciones
Lm. 4.14 que no pudiesen *tocarse* sus vestiduras
4.15 ¡apartaos!..les gritaban..no *toquéis!*
Ez. 7.14 *tocarán* trompeta, y prepararán todas
17.10 se secará..cuando el viento..la *toque?*
33.3 y *tocare* trompeta y avisare al pueblo
33.6 venir la espada y no *tocare* la trompeta
Dn. 8.5 un macho cabrío venía..sin *tocar* tierra
8.18 y él me *tocó*, y me hizo estar en pie
10.10 me *tocó*, e hizo que me pusiese sobre
10.16 con semejanza..hombre *tocó* mis labios
10.18 aquel..me *tocó* otra vez, y me fortaleció
Os. 5.8 *tocad* bocina en Gabaa, trompeta en Ramá
Jl. 2.1 *tocad* trompeta en Sion, y dad alarma en
2.15 *tocad* trompeta en Sion, proclamad ayuno
Am. 3.6 ¿se *tocará* la trompeta en la ciudad, y
9.5 el Señor..es el que *toca* la tierra, y se
Hag. 2.12 y con el vuelo de ella *tocare* pan, o
2.13 un inmundo..*tocare* alguna cosa de estas
Zac. 2.8 el que os *toca*, *t* a la niña de su ojo
9.14 Jehová el Señor *tocará* trompeta, e irá
Mt. 6.2 des limosna, no hagas *tocar* trompeta
8.3 extendió la mano y le *tocó*, diciendo
8.15 y *tocó* su mano, y la fiebre la dejó
9.20 se le acercó..*tocó* el borde de su manto
9.21 si *tocare* solamente su manto, seré salva
9.23 viendo a los que *tocaban* flautas, y la
9.29 les *tocó* los ojos, diciendo..os sea hecho
11.17 os *tocamos* flauta, y no bailasteis; os
14.36 rogaban que les dejase *tocar*..manto
14.36 todos los que lo *tocaron*, quedaron sanos
17.7 los *tocó*, y dijo: Levantaos, y no temáis
20.34 Jesús, compadecido, les *tocó* los ojos
Mr. 1.41 le *tocó*, y le dijo: Quiero, sé limpio
3.10 manera que por *tocarle*..caían sobre él
5.27 vino por detrás entre..y *tocó* su manto
5.28 decía: Si *tocare*..su manto, seré salva
5.30 dijo: ¿Quién ha *tocado* mis vestidos?
5.31 ves que..y dices: ¿Quién me ha *tocado?*
6.56 rogaban que les dejase *tocar*..su manto
6.56 todos los que le *tocaban* quedaban sanos
7.33 las orejas..y escupiendo, *tocó* su lengua
8.22 un ciego, y le rogaron que le *tocase*
10.13 presentaban niños para que los *tocase*
Lc. 1.9 le *tocó* en suerte ofrecer el incienso
5.13 le *tocó*, diciendo: Quiero; sé limpio
6.19 toda la gente procuraba *tocarle*, porque
7.14 *tocó* el féretro; y los que lo llevaban
7.32 os *tocamos* flauta, y no bailasteis; os
7.39 conocería quién..le *toca*..es pecadora
8.44 acercó por detrás y *tocó* el borde de
8.45(2) ¿quién es el que me ha *tocado?*
8.46 pero Jesús dijo: Alguien me ha *tocado*
8.47 por qué causa le había *tocado*, y cómo
11.46 vosotros ni aun con un dedo las *tocáis*
18.15 traían..los niños para que los *tocase*
22.51 ya; dejad. Y *tocando* su oreja, le sanó
Jn. 20.17 no me *toques*, porque..no he subido
Hch. 1.7 no os *toca* a vosotros saber..tiempos
12.7 un ángel..*tocando* a Pedro en el costado
27.2 una nave..que iba a *tocar* en los puertos
1 Co. 7.1 bueno le..al hombre no *tocar* mujer
14.7 ¿cómo se sabrá lo que se *toca* con la
15.52 se *tocará* la trompeta, y los muertos
2 Co. 6.17 salid de en..y no *toquéis* lo inmundo
Col. 2.21 no manejes, ni gustes, ni aun *toques*
He. 11.28 para que el..no los *tocase* a ellos
12.20 si..una bestia *tocare* el monte, será
1 Jn. 5.18 le guarda, y el maligno no le *toca*
Ap. 8.6 siete ángeles..dispusieron a *tocarlas*
8.7 el primer ángel *tocó* la trompeta, y hubo
8.8 el segundo ángel *tocó* la trompeta, y como
8.10 *tocó* la trompeta, y cayó del cielo una
8.12 ángel *tocó* la trompeta, y fue herida la
9.1 quinto ángel *tocó* la trompeta, y vi una
9.13 sexto ángel *tocó* la trompeta, y oí una
10.7 cuando él comience a *tocar* la trompeta
11.15 séptimo ángel *tocó* la trompeta, y hubo
14.2 que oí era como de arpistas que *tocaban*

TODO
Gn. 16.12 su mano será contra *t*, y..*t* contra él
20.16 velo para los ojos de *t*..y para con *t*
1 S. 25.22 *t* lo que fuere suyo no he de dejar
Ec. 2.7,9 más que *t* los que fueron antes de
12.13 teme a Dios..esto es el *t* del hombre
1 Co. 3.21 ninguno se gloríe en..*t* es vuestro
Col. 3.11 libre, sino que Cristo es el *t*, y en *t*

TODOPODEROSO
Gn. 17.1 dijo: Yo soy el Dios *T;* anda delante
Rt. 1.20 en grande amargura me ha puesto el *T*
1.21 Jehová ha dado..y el *T* me ha afligido?
Job 5.17 no menosprecies la corrección del *T*

TODOPODEROSO *(Continúa)*
Job 6.4 las saetas del *T* están en mí, cuyo veneno
8.3 ¿acaso. .o pervertirá el *T* la justicia?
8.5 si tú de mañana buscares. .y rogares al *T*
11.7 ¿llegarás tú a la perfección del *T*?
13.3 yo hablaría con el *T*, y querría razonar
15.25 él. .se portó con soberbia contra el *T*
21.15 ¿quién es el *T*, para que le sirvamos?
21.20 su quebranto, y beberá de la ira del *T*
22.25 el *T* será tu defensa, y tendrás plata
24.1 puesto que no son ocultos. .tiempos al *T*
37.23 él es *T*, al cual no alcanzamos, grande
Is. 13.6 el día. .vendrá como asolamiento del *T*
Jl. 1.15 día. .vendrá como destrucción por el *T*
2 Co. 6.18 me seréis hijos e. .dice el Señor *T*
Ap. 1.8 es y que era, y que ha de venir, el *T*
4.8 santo, santo, santo es el Señor Dios *T*
11.17 te damos gracias, Señor Dios *T*, el que
15.3 y maravillosas. .tus obras, Señor Dios *T*
16.7 Señor Dios *T*, tus juicios son verdaderos
16.14 batalla de aquel gran día del Dios *T*
19.6 porque el Señor nuestro Dios *T* reina!
19.15 él pisa el lagar. .de la ira del Dios *T*
21.22 el Señor Dios *T* es el templo de ella

TOFEL *Lugar en el Arabá,* **Dt. 1.1**

TOFET *Lugar en el valle del hijo de Hinom*
2 R. 23.10 profanó a *T*, que está en el valle del
Is. 30.33 porque *T* ya de tiempo está dispuesto
Jer. 7.31 han edificado los lugares altos de *T*
7.32 vendrán días. .en que no se diga más, *T*
7.32 y serán enterrados en *T*, por no haber
19.6 que este lugar no se llamará más *T*, ni
19.11 y en *T* se enterrarán, porque no habrá
19.12 así haré. .poniendo esta ciudad como *T*
19.13 las casas de. .serán como el lugar de *T*
19.14 volvió Jeremías de *T*, adonde le envió

TOGARMA *Hijo de Gomer No. 1,* **Gn. 10.3; 1 Cr. 1.6; Ez. 27.14; 38.6**

TOHU *Ascendiente de Samuel,* **1 S. 1.1**

TOI *Rey de Hamat y amigo de David*
2 S. 8.9 oyendo *T*. .que David había derrotado
8.10 envió *T* a Joram su hijo al rey David
8.10 porque *T* era enemigo de Hadad-ezer
1 Cr. 18.9 oyendo *T*. .que David había deshecho
18.10 porque *T* tenía guerra contra Hadad-ezer

TOLA
1. ***Hijo de Isacar,*** **Gn. 46.13; Nm. 26.23; 1 Cr. 7.1,2(2)**
2. ***Juez de Israel,*** **Jue. 10.1**

TOLAD *Ciudad en Simeón (=Eltolad),* **1 Cr. 4.29**

TOLAITA *Descendiente de Tola No. 1,* **Nm. 26.23**

TOLEMAIDA *Ciudad y puerto en Palestina,* **Hch. 21.7**

TOLERABLE
Mt. 10.15 será más *t* el castigo para. .Sodoma
11.22 día del juicio, será más *t* el castigo
11.24 será más *t* el castigo para. .Sodoma, que
Mr. 6.11 será más *t* el castigo para. .de Sodoma
Lc. 10.12 será más *t* el castigo para Sodoma
10.14 será más *t* el castigo para Tiro y Sidón

TOLERAR
Job 21.3 *toleradme*, y yo hablaré; y después
Am. 7.8; 8.2 mi pueblo Israel; no lo *toleraré*
Hch. 18.14 conforme a derecho yo os *toleraría*
2 Co. 11.1 ¡ojalá me *toleraseis*. .Sí, *toleradme*
11.4 otro evangelio que el. .bien lo *toleráis*
11.19 de buena gana *toleráis* a los necios
11.20 pues *toleráis* si alguno os esclaviza
Ap. 2.20 que *toleras* que esa mujer Jezabel, que

TOMA
Jer. 50.46 al grito de la *t*. .la tierra tembló

TOMAR
Gn. 2.15 *tomó*, pues, Jehová Dios al hombre, y
2.21 *tomó* una de sus costillas, y cerró la
2.22 la costilla que. .Dios *tomó* del hombre
2.23 Varona, porque del varón fue *tomada*
3.6 *tomó* de su fruto, y comió; y dio también
3.19 la tierra, porque de ella fuiste *tomado*
3.22 y *tome* también del árbol de la vida, y
3.23 que labrase la tierra de que fue *tomado*
4.19 Lamec *tomó* para sí dos mujeres. .fue Ada
6.2 eran hermosas, *tomaron* para sí mujeres
6.21 y *toma* contigo de todo alimento que se
7.2 todo animal limpio *tomarás* siete parejas
8.9 y *tomándola*, la hizo entrar. .en el arca
8.20 y *tomó* de todo animal limpio y de toda
9.23 y Jafet *tomaron* la ropa, y la pusieron
11.29 y *tomaron* Abram y Nacor. .mujeres; el
11.31 y *tomó* Taré a Abram su hijo, y a Lot
12.5 *tomó*. .Abram a Sarai su mujer, y a Lot
12.19 poniéndome en ocasión de *tomarla* para
12.19 pues, he aquí tu mujer; *tómala*, y vete
14.11 y *tomaron* toda la riqueza de Sodoma y
14.12 *tomaron* también a Lot, hijo del hermano
14.21 dame las personas, y *toma* para ti los
14.23 nada *tomaré* de todo lo que es tuyo, para
14.24 y Mamre, los cuales *tomarán* su parte
15.10 *tomó* él todo esto, y los partió por la
16.3 Sarai mujer de. .*tomó* a Agar su sierva
17.23 entonces *tomó* Abraham a Ismael su hijo
18.6 *toma*. .tres medidas de flor de harina
18.7 y *tomó* un becerro tierno y bueno, y lo
18.8 *tomó*. .mantequilla y leche, y el becerro
19.14 los que habían de *tomar* sus hijas, y les
19.15 *toma* tu mujer, y tus dos hijas que se
20.2 Abimelec. .de Gerar envió y *tomó* a Sara
20.3 a causa de la mujer que has *tomado*, la
20.12 es mi hermana, hija. .la *tomé* por mujer
20.14 Abimelec *tomó* ovejas y vacas, y. .dio
21.14 Abraham. .*tomó* pan, y un odre de agua
21.21 y su madre le *tomó* mujer de. .de Egipto
21.27 y *tomó* Abraham ovejas y vacas, y dio a
21.30 que estas siete corderas *tomarás* de mi
22.2 *toma* ahora tu hijo, tu único, Isaac, a
22.3 asno, y *tomó* consigo dos siervos suyos
22.6 y *tomó* Abraham la leña del holocausto
22.6 *tomó* en su mano el fuego y el cuchillo
22.10 y *tomó* el cuchillo para degollar a su
22.13 Abraham. .*tomó* el carnero, y lo ofreció
23.13 *tómalo* de mí, y sepultaré en ella mi
24.3 que no *tomarás* para mi hijo mujer de las
24.4 irás. .*tomarás* mujer para mi hijo Isaac
24.7 me *tomó* de la casa de mi padre y de la
24.10 y el criado *tomó* diez camellos de los
24.10 se fue, *tomando* toda clase de regalos
24.37 no *tomarás* para mi hijo mujer de las
24.38 irás a. .y *tomarás* mujer para mi hijo
24.40 y *tomarás* para mi hijo mujer de mi
24.48 para *tomar* la hija del hermano de mi
24.51 he aquí Rebeca. .*tómala* y vete, y sea
24.61 y el criado *tomó* a Rebeca, y se fue
24.65 ella entonces *tomó* el velo, y se cubrió
24.67 y *tomó* a Rebeca por mujer, y la amó
25.1 Abraham *tomó* otra mujer, cuyo nombre
25.20 cuando *tomó* por mujer a Rebeca, hija
26.34 Esaú. .*tomó* por mujer a Judit hija de
27.3 *toma*. .tus armas, tu aljaba y tu arco
27.14 fue y los *tomó*, y los trajo a su madre
27.15 y *tomó* Rebeca los vestidos de Esaú su
27.35 vino tu hermano. .y *tomó* tu bendición
27.36 se apoderó de. .ha *tomado* mi bendición
27.46 si Jacob *toma* mujer de las hijas de Het
28.1 no *tomes* mujer de las hijas de Canaán
28.2 y *toma* allí mujer de las hijas de Labán
28.6 le había enviado a. .*tomar* para sí mujer
28.6 no *tomarás* mujer de las hijas de Canaán
28.9 se fue Esaú. .y *tomó* para sí por mujer a
28.11 *tomó* de las piedras de aquel paraje y
28.18 y *tomó* la piedra que había puesto de
29.23 a la noche *tomó* a Lea su hija, y se la
30.9 Lea. .*tomó* a Zilpa su sierva, y la dio a
30.15 ¿es poco que hayas *tomado* mi marido
30.37 *tomó*. .Jacob varas verdes de álamo, de
31.1 Jacob ha *tomado*. .lo que era de. .padre
31.23 Labán *tomó* a sus parientes consigo, y
31.34 *tomó* Raquel los ídolos y los puso en
31.45 Jacob *tomó* una piedra, y la levantó por
31.46 *tomaron* piedras e hicieron un majano
31.50 o si *tomares* otras mujeres además de
32.13 y *tomó* de lo que le vino a la mano un
32.22 y *tomó* sus dos mujeres, y sus. .siervas
32.23 les *tomó*. .hizo pasar el arroyo a ellos
33.11 ruego. .insistió con él, y Esaú lo *tomó*
34.2 Siquem. .y la *tomó*, y se acostó con ella
34.4 a Hamor. .*Tómame* por mujer a esta joven
34.9 dadnos vuestras hijas, y *tomad* vosotros
34.10 morad. .ella, y *tomad* en ella posesión
34.16 hijas, y *tomaremos* nosotros. .vuestras
34.17 *tomaremos* nuestra hija y nos iremos
34.21 *tomaremos* sus hijas por mujeres, y les
34.25 Simeón y. .*tomaron* cada uno su espada
34.26 *tomaron* a Dina de casa de Siquem, y se
34.28 *tomaron* sus ovejas y vacas y sus asnos
36.2 Esaú *tomó* sus mujeres de las hijas de
36.6 Esaú *tomó* sus mujeres, sus hijos y sus
37.24 le *tomaron* y le echaron en la cisterna
37.31 *tomaron*. .la túnica de José, y. .cabrito
38.2 y vio allí Judá la hija. .Súa; y la *tomó*
38.6 Judá *tomó* mujer para su primogénito Er
38.23 *tómeselo* para sí, para que no seamos
38.28 la partera *tomó* y ató a su mano un hilo
39.20 y *tomó* su amo a José, y lo puso en la
40.11 *tomaba* yo las uvas y las exprimía en la
42.24 y *tomó* de entre ellos a Simeón, y lo
42.33 *tomad* para el hambre de vuestras casas
43.11 *tomad* de lo mejor de la. .un presente
43.12 y *tomad* en. .doble cantidad de dinero
43.13 *tomad* también a vuestro hermano, y
43.15 *tomaron*. .el presente, y *t*. .dinero, y a
43.18 para. .*tomarnos* por siervos a nosotros
43.34 y José *tomó* viandas de delante de sí
44.29 si *tomáis* también a éste de delante de
45.18 y *tomad* a vuestro padre y a vuestras
45.19 *tomaos* de la tierra de Egipto carros
46.5 *tomaron* los hijos de Israel a su padre
46.6 y *tomaron* sus ganados, y sus bienes que
47.2 de sus hermanos *tomó* cinco varones, y
47.27 la tierra de Gosén; y *tomaron* posesión
48.1 *tomó* consigo a sus dos hijos, Manasés
48.13 y los *tomó* José a ambos, Efraín a su
48.22 la cual *tomé* yo de mano del amorreo
Éx. 2.1 fue y *tomó* por mujer a una hija de Leví
2.3 *tomó* una arquilla de juncos y. .calafateó
2.5 y envió una criada suya a que la *tomase*
2.9 dijo. .Y la mujer *tomó* al niño y lo crio
4.4 *tómala* por la cola. .la tomó, y se volvió
4.9 *tomarás* de las aguas. .y las derramarás
4.9 se cambiarán aquellas aguas que *tomarás*
4.17 y *tomarás* en tu mano esta vara, con la
4.20 Moisés *tomó* a su mujer y sus hijos, y
4.20 *tomó* también Moisés la vara de Dios en
4.25 Séfora *tomó* un pedernal afilado y cortó
6.7 *tomaré* por mi pueblo y seré vuestro Dios
6.20 Amram *tomó* por mujer a Jocabed su tía
6.23 y *tomó* Aarón por mujer a Elisabet hija
6.25 Eleazar hijo de. .*tomó* para sí mujer de
7.9 a Aarón: *Toma* tu vara, y échala delante
7.15 *toma* en tu mano la vara que se volvió
7.19 *toma* tu vara, y extiende tu mano sobre
9.8 *tomad* puñados de ceniza de un horno, y la
9.10 *tomaron* ceniza del horno. .y la esparció
10.26 de ellos hemos de *tomar* para servir a
12.3 *tómese* cada uno un cordero según las
12.4 no baste. .*tomarán* uno según el número de
12.5 *tomaréis* de las ovejas o de las cabras
12.7 y *tomarán* de la sangre, y la pondrán en
12.21 sacad y *tomaos* corderos por. .familias
12.22 *tomad* un manojo de hisopo, y mojadlo en
12.32 *tomad* también vuestras ovejas. .vacas
13.19 *tomó* también consigo Moisés los huesos
14.6 y unció su carro, y *tomó* consigo a su
14.7 *tomó* 600 carros escogidos, y todos los
15.20 y María la. .*tomó* un pandero en su mano
16.16 *tomaréis* cada uno para los que están en
16.33 *toma* una vasija y pon en ella un gomer
17.5 *toma* contigo de los ancianos de Israel
17.5 *toma*. .tu vara con que golpeaste el río
17.12 *tomaron* una piedra. .pusieron debajo de
18.2 *tomó* Jetro. .a Séfora la mujer de Moisés
18.12 *tomó* Jetro. .holocaustos y sacrificios
19.4 cómo os *tomé* sobre alas de águilas, y os
20.7 no *tomarás* el nombre de. .Dios en vano
20.7 Jehová al que *tomare* su nombre en vano
21.8 si no agradare. .no la *tomó* por esposa
21.10 si *tomare*. .otra mujer, no disminuirá
22.14 *tomado* prestada bestia de su prójimo
22.16 engañare a. .deberá dotarla y *tomarla*
22.26 si *tomares* en prenda el vestido de tu
23.12 y *tome* refrigerio el hijo de tu sierva
23.30 hasta que. .*tomes* posesión de la tierra
24.6 *tomó* la mitad de la sangre, y la puso
24.7 y *tomó* el libro del pacto y lo leyó a
24.8 *tomó* la sangre y roció sobre el pueblo
25.2 dí a. .Israel que *tomen* para mí ofrenda
25.2 diere. .de corazón, *tomaréis* mi ofrenda
25.3 es la ofrenda que *tomaréis* de ellos: oro
28.5 *tomarán* oro, azul, púrpura, carmesí y
28.9 *tomarás*. .piedras de ónice, y grabarás
29.1 *toma* un becerro de la vacada. .carneros
29.5 y *tomarás* las vestiduras, y vestirás a
29.7 luego *tomarás* el aceite de la unción, y
29.12 sangre del becerro *tomarás* y pondrás
29.13 *tomarás* también. .la grosura que cubre
29.15 *tomarás* uno de los carneros, y Aarón y
29.19 *tomarás* luego el otro carnero, y Aarón
29.20 *tomarás* de su sangre y la pondrás sobre
29.22 luego *tomarás* del carnero la grosura
29.25 *tomarás* de sus manos y lo harás arder
29.26 *tomarás* el pecho del carnero. .mecerás
29.30 el que de sus hijos *tome* su lugar como
29.31 *tomarás* el carnero de. .consagraciones
30.12 cuando *tomes* el número de los hijos de
30.16 y *tomarás* de los. .de Israel el dinero
30.23 *tomarás* especias. .de mirra excelente
30.34 *toma* especias aromáticas, estacte y uña
32.4 él los *tomó* de las manos de ellos, y le
32.13 y la *tomarán* por heredad para siempre
32.20 *tomó* el becerro que habían hecho, y lo
33.7 *tomó* el tabernáculo, y lo levantó lejos
34.9 vaya ahora el. .y *tómanos* por tu heredad
34.16 o *tomando* de sus hijas para tus hijos
35.5 *tomad* de entre vosotros ofrenda para
36.3 *tomaron* de delante de Moisés. .ofrenda
40.9 *tomarás* el aceite. .unción y ungirás el
40.20 *tomó* el testimonio y lo puso dentro del
Lv. 2.2 *tomará* el sacerdote su puño lleno de
2.9 *tomará* el sacerdote de aquella ofrenda
4.5 el sacerdote ungido *tomará* de la sangre
4.8 y *tomará* del becerro para la expiación
4.25,30,34 el sacerdote *tomará* de la sangre
5.12 sacerdote *tomará* de ella su puño lleno
6.15 *tomará*. .un puñado de la flor de harina
7.34 he *tomado* de los sacrificios de paz de
8.2 *toma* a Aarón y a sus hijos con él, y las
8.10 y *tomó* Moisés el aceite de la unción y

TOMAR *(Continúa)*
Lv. 8.15 y Moisés *tomó* la sangre, y puso con su
8.16 *tomó* toda la grosura que estaba sobre
8.23 y *tomó* Moisés de la sangre, y la puso
8.25 después *tomó* la grosura, la cola, toda
8.26 *tomó* una torta sin levadura, y..de pan
8.28 *tomó* aquellas cosas Moisés de las manos
8.29 y *tomó* Moisés el pecho, y lo meció
8.30 *tomó* Moisés del aceite de la unción, y
9.2 *toma* de la vacada un becerro..expiación
9.3 *tomad* un macho cabrío para expiación, y
9.15 y *tomó* el macho cabrío que era para la
10.1 Nadab..*tomaron* cada uno su incensario
10.12 dijo a..*Tomad* la ofrenda que queda de
12.8 *tomará*..dos tórtolas o dos palominos
14.4 que se *tomen* para el que se purifica dos
14.6 *tomará* la avecilla viva, el cedro, la
14.10 *tomará* dos corderos sin defecto, y una
14.12 y *tomará* el sacerdote un cordero y lo
14.14 el sacerdote *tomará* de la sangre de la
14.15 el sacerdote *tomará* del log de aceite
14.21 *tomará* un cordero para ser ofrecido
14.24 *tomará* el cordero de la expiación por
14.25 *tomará* de la sangre de la culpa, y la
14.42 y *tomarán* otras piedras y las pondrán
14.42 y *tomarán*..barro y recubrirán la casa
14.49 entonces *tomará* para limpiar la casa
14.51 *tomará* el cedro, el hisopo, la grana
15.14,29 *tomará*..tórtolas o dos palominos
16.5 *tomará*..machos cabríos para expiación
16.7 después *tomará* los dos machos cabríos
16.12 *tomará* un incensario lleno de brasas
16.14 *tomará* luego de la sangre del becerro
16.18 *tomará* de la sangre del becerro y de
18.17 no *tomarás* la hija de su hijo, ni la
18.18 no *tomarás* mujer..con su hermana, para
20.14 que *tomare* mujer y a la madre de ella
20.17 si alguno *tomare* a su hermana, hija de
20.21 el que *tomare* la mujer de su hermano
21.13 *tomará* por esposa a una mujer virgen
21.14 no *tomará* viuda, ni repudiada..infame
21.14 sino *tomará* de su pueblo una virgen por
22.25 ni de mano de..*tomarás* estos animales
23.40 *tomaréis* el primer día ramas con fruto
24.5 y *tomarás* flor de harina, y cocerás de
25.36 no *tomarás* de él usura ni ganancia
25.53 como con el *tomado* a salario..hará con
Nm. 1.2 *tomad* el censo de toda la congregación
1.17 *tomaron*, pues, Moisés y Aarón..varones
1.49 ni *tomarás* la cuenta de ellos entre los
3.12 yo he *tomado* a los levitas de entre los
3.41 *tomarás* a los levitas para mí en lugar
3.45 *toma* los levitas en lugar de todos los
3.47 *tomarás*..al siclo del santuario los *t*
3.49 *tomó*, pues, Moisés el dinero del rescate
4.2 *toma* la cuenta de los hijos de Coat de
4.9 *tomarán* un paño..y cubrirán el candelero
4.12 *tomarán*..los utensilios del servicio de
4.22 *toma*..el número de los hijos de Gersón
5.17 *tomará* el sacerdote del agua santa en
5.17 *tomará*..polvo que hubiere en el suelo
5.25 *tomará*..de la mujer la ofrenda de los
5.26 y *tomará* el..un puñado de la ofrenda en
6.18 raerá..*tomará* los cabellos de su cabeza
6.19 *tomará* el sacerdote la espaldilla cocida
7.5 *tómalos* de..y serán para el servicio del
8.6 *toma* a los levitas de entre los..Israel
8.8 luego *tomarán* un novillo, con su ofrenda
8.8 y *tomarás* otro novillo para expiación
8.16 los he *tomado* para mí en lugar de los
8.18 y he *tomado* a los levitas en lugar de
11.17 *tomaré* del espíritu que está en ti, y
11.25 y *tomó* del espíritu que estaba en él
12.1 causa de la mujer cusita..había *tomado*
12.1 porque él había *tomado* mujer cusita
13.20 esforzaos, y *tomad* del fruto del país
13.30 subamos luego, y *tomemos* posesión de
16.1 Coré..y Datán y Abiram..*tomaron* gente
16.6 *tomaos* incensarios, Coré y..su séquito
16.15 ni aun un asno he *tomado* de ellos, ni
16.17 y *tomad* cada uno su incensario y poned
16.18 *tomó* cada uno su incensario, y pusieron
16.37 *tome* los incensarios de..del incendio
16.39 Eleazar *tomó* los incensarios de bronce
16.46 *toma* el incensario, y pon en él fuego
16.47 *tomó* Aarón el incensario, como Moisés
17.2 y *toma* de ellos una vara por cada casa
17.9 lo vieron, y *tomaron* cada uno su vara
18.6 he *tomado* a vuestros hermanos..levitas
18.26 cuando *toméis* de..Israel los diezmos
19.4 el sacerdote *tomará* de la sangre con su
19.6 *tomará* el sacerdote madera de cedro, e
19.17 para el inmundo *tomarán* de la ceniza
19.18 un hombre limpio *tomará* hisopo, y lo
20.8 *toma* la vara, y reúne la congregación
20.9 entonces Moisés *tomó* la vara de delante
20.25 *toma* a Aarón y a Eleazar su hijo..Hor
21.1 Arad..peleó..y *tomó* de él prisioneros
21.24 *tomó* su tierra desde Arnón hasta Jaboc
21.25 y *tomó* Israel todas estas ciudades, y
21.26 y *tomado*..toda su tierra hasta Arnón
21.32 envió Moisés a..y *tomaron* sus aldeas
22.41 Balac *tomó* a Balaam y lo hizo subir a
23.7,18; 24.3,15,20,21,23 *tomó* su parábola, y
24.18 será *tomada* Edom, será también *t* Seir
25.4 *toma* a todos los príncipes del pueblo
25.7 se levantó..y *tomó* una lanza en su mano
26.2 *tomad* el censo de toda la congregación
27.18 Jehová dijo..*Toma* a Josué hijo de Nun
27.22 pues *tomó* a Josué y lo puso delante
31.11 *tomaron* todo el despojo, y..el botín
31.26 *toma* la cuenta..botín que se ha hecho
31.29 la mitad de ellos lo *tomarás;* y darás
31.30 y de la mitad..*tomarás* uno de cada 50
31.32 del botín que *tomaron* los hombres de
31.47 la mitad..*tomó* Moisés uno de cada 50
31.49 *tomado* razón de los hombres de guerra
31.53 habían *tomado* botín cada uno para sí
32.19 no *tomaremos* heredad..el otro lado del
32.39 hijos..fueron a Galaad, y la *tomaron*
32.41 Jair hijo de Manasés fue y *tomó* sus
32.42 Noba fue y *tomó* Kenat y sus aldeas, y
34.14 la media tribu..han *tomado* su heredad
34.15 dos tribus y media *tomaron* su heredad
34.18 *tomaréis*..cada tribu un príncipe, para
35.8 del que tiene mucho *tomaréis* mucho, y
35.8 del que tiene poco *tomaréis* poco; cada
35.31 y no *tomaréis* precio por la vida del
35.32 tampoco *tomaréis* precio del que huyó a
Dt. 1.15 *tomé*..principales de vuestras tribus
1.21 *toma* posesión de..como Jehová..ha dicho
1.23 y *tomé* doce varones de entre vosotros
1.25 *tomaron* en sus manos del fruto del país
2.8 *tomamos* el camino del desierto de Moab
2.24,31 comienza a *tomar* posesión de ella
2.34 *tomamos* entonces todas sus ciudades, y
2.35 *tomamos* para nosotros los ganados, y los
2.35 de las ciudades que habíamos *tomado*
3.4 y *tomamos* entonces todas sus ciudades
3.4 no quedó ciudad que no les *tomásemos;* 60
3.7 y *tomamos* para nosotros todo el ganado
3.8 *tomamos*..tierra desde el arroyo de Arnón
3.14 de Manasés *tomó* toda la tierra de Argob
4.5 en la cual entráis para *tomar* posesión de
4.14 la cual pasáis a *tomar* posesión de ella
4.20 pero a vosotros Jehová os *tomó*, y os ha
4.26 pasáis el Jordán para *tomar* posesión de
4.34 venir a *tomar* para sí una nación de en
5.11 no *tomarás* el nombre de Jehová tu Dios
5.11 inocente al que *tome* su nombre en vano
6.1 la tierra a la cual pasáis..para *tomarla*
7.1 tierra en la cual entrarás para *tomarla*
7.3 hijo, ni *tomarás* a su hija para tu hijo
7.25 no codiciarás plata..para *tomarlo* para
9.6 Dios te da esta buena tierra para *tomarla*
9.17 *tomé* las dos tablas y las arrojé de mis
9.21 *tomé* el objeto de..pecado, el becerro
10.17 que no hace acepción..ni *toma* cohecho
11.8,10,11,29 a la cual pasáis para *tomarla*
11.31 y la *tomaréis*, y habitaréis en ella
12.1 ha dado para que *tomes* posesión de ella
12.26 *tomarás*, y vendrás con ellas al lugar
15.4 heredad para que la *tomes* en posesión
15.6 tú no *tomarás* prestado; tendrás dominio
15.17 *tomarás*..lesna, y horadarás su oreja
16.19 ni *tomes* soborno..el soborno ciega los
17.14 y *tomes* posesión de ella y la habites
17.17 ni *tomará* para sí muchas mujeres para
19.15 no se *tomará* en cuenta a un..testigo
20.7 se ha desposado con..y no la ha *tomado?*
20.7 no sea que muera..y algún otro la *tome*
20.9 capitanes del ejército *tomarán* el mando
20.14 su botín *tomarás* para ti; y comerás del
20.19 contra ella muchos días para *tomarla*
21.3 *tomarán*..becerra que no haya trabajado
21.10 salieres..y *tomares* de ellos cautivos
21.11 vieres..y la *tomares* para ti por mujer
21.19 lo *tomarán*..sacarán ante los ancianos
22.6 ave..no *tomarás* la madre con los hijos
22.7 dejarás ir..*tomarás* los pollos para ti
22.13 cuando alguno *tomare* mujer, y después
22.14 a esta mujer *tomé*, y me llegué a ella
22.15 *tomarán*..las señales de la virginidad
22.18 *tomarán* al hombre y lo castigarán
22.28 virgen..*tomare* y se acostare con ella
22.30 ninguno *tomará* la mujer de su padre, ni
23.20 donde vas para *tomar* posesión de ella
24.1 cuando alguno *tomare* mujer y se casare
24.3 muerto el postrer hombre que la *tomó*
24.4 volverla a *tomar* para que sea su mujer
24.5 año, para alegrar a la mujer que *tomó*
24.6 no *tomarás* en prenda la muela..molino
24.6 porque sería *tomar* en prenda la vida del
24.10 no entrarás en su..para *tomarle* prenda
24.17 ni *tomarás* en prenda la..de la viuda
25.5 cuñado se llegará a ella, y la *tomará*
25.7 hombre no quisiere *tomar* a su cuñada
25.8 levantare y dijere: No quiero *tomarla*
26.1 y *tomes* posesión de ella y la habites
26.2 *tomarás* de las primicias de..los frutos
26.4 y el sacerdote *tomará* la canasta de tu
28.21,63 entráis para *tomar* posesión de ella
29.8 *tomamos* su tierra..la dimos por heredad
30.4 te recogerá..Dios, y de allá te *tomará*
30.16 a la cual entras para *tomar* posesión
31.13 pasando..para *tomar* posesión de ella
31.26 *tomad* este libro de la ley, y ponedlo
32.11 extiende sus alas, los *toma*, los lleva
32.41 yo *tomaré* venganza de mis enemigos, y
32.43 él..y *tomará* venganza de sus enemigos
32.47 pasando el..para *tomar* posesión de ella
Jos. 2.4 pero la mujer había *tomado* a los dos
3.6 *tomad* el arca..Y ellos *tomaron* el arca
3.12 *tomad*..ahora doce hombres de las tribus
4.2 *tomad*..doce hombres, uno de cada tribu
4.3 *tomad* de aquí de en medio del Jordán, del
4.5 y cada uno de vosotros *tome* una piedra
4.8 *tomaron* doce piedras de en..del Jordán
6.12 los sacerdotes *tomaron* el arca de Jehová
6.18 ni *toméis* alguna cosa del anatema, no
6.20 subió luego a la ciudad..y la *tomaron*
7.1 Acán hijo de Carmi..*tomó* del anatema
7.3 sino suban como dos mil..y *tomarán* a Hai
7.11 Israel ha pecado..han *tomado* del anatema
7.14 la tribu que Jehová *tomare*, se acercará
7.14 familia que Jehová *tomare*..casa que..*t*
7.16 acercar..y fue *tomada* la tribu de Judá
7.17 fue *tomada* la familia de..fue *t* Zabdi
7.18 y fue *tomado* Acán hijo de Carmi, hijo
7.21 lingote de oro..lo cual codicié y *tomé*
7.23 y *tomándolo* de en..lo trajeron a Josué
7.24 *tomaron* a Acán hijo de Zera, el dinero
8.1 *toma* contigo toda la gente de guerra, y
8.2 que..sus bestias *tomaréis* para vosotros
8.7 os levantaréis de..y *tomaréis* la ciudad
8.8 cuando la hayáis *tomado*, le prenderéis
8.12 *tomó* como cinco mil hombres, y los puso
8.19 y vinieron a la ciudad, y la *tomaron*
8.21 viendo que los..habían *tomado* la ciudad
8.23 pero *tomaron* vivo al rey de Hai, y lo
8.27 pero los israelitas *tomaron*..las bestias
9.4 y *tomaron* sacos viejos sobre sus asnos
9.11 *tomad*..provisión para el camino, e id
9.12 este nuestro pan lo *tomamos* caliente de
9.14 *tomaron* de las provisiones de ellos, y
10.1 rey de..oyó que Josué había *tomado* a Hai
10.28 *tomó* Josué a Maceda, y la hirió a filo
10.32 a Laquis..y la *tomó* al día siguiente
10.35 la *tomaron* el mismo día, y la hirieron
10.37 *tomándola*, la hirieron a filo de espada
10.39 y la *tomó*, y a su rey, y a todas sus
10.42 estos reyes..los *tomó* Josué de una vez
11.10 *tomó*..Hazor, y mató a espada a su rey
11.12 asimismo *tomó* Josué todas las ciudades
11.14 los hijos de Israel *tomaron*..el botín
11.16 *tomó*, pues, Josué toda aquella tierra
11.17 *tomó*..todos sus reyes, y los hirió y
11.19 ciudad que..todo lo *tomaron* en guerra
11.23 *tomó*..toda la tierra, conforme a todo
14.1 lo que los hijos de Israel *tomaron* por
15.16 al que atacare..la *tomare*, yo le daré
15.17 la *tomó* Otoniel, hijo de Cenaz hermano
19.47 *tomándola* la hirieron a filo de espada
19.47 *tomaron* posesión..y habitaron en ella
22.19 y *tomad* posesión entre nosotros; pero
24.3 *tomé* a vuestro padre Abraham del otro
24.26 y *tomando* una gran piedra, la levantó
Jue. 1.8 *tomaron*, y pasaron a sus habitantes a
1.12 atacare a..y la *tomare*, yo le daré Acsa
1.13 la *tomó* Otoniel hijo de Cenaz, hermano
1.18 *tomó*..Judá a Gaza con su territorio y
3.6 y *tomaron* de sus hijas por mujeres, y
3.13 hirió..y *tomó* la ciudad de las palmeras
3.21 Aod..*tomó* el puñal de su lado derecho
3.25 *tomaron* la llave y abrieron; y he aquí
3.28 y *tomaron* los vados del Jordán a Moab
4.6 y *toma*..diez mil hombres de la tribu de
4.21 Jael..*tomó* una estaca de la tienda, y
5.30 los jefes de los que *tomaron* el botín
6.20 *toma* la carne y los panes..sin levadura
6.25 dijo..*Toma* un toro del hato de tu padre
6.26 y *tomando* el segundo toro, sacrifícalo
6.27 Gedeón *tomó* 10 hombres de sus siervos
7.8 y habiendo *tomado* provisiones para el
7.20 *tomaron* en la mano izquierda las teas
7.24 *tomad* los vados..*tomaron* los vados de
7.25 *tomaron* a dos príncipes de..madianitas
8.14 *tomó* a un joven de los hombres de Sucot
8.16 y *tomó* a los ancianos de la ciudad, y
8.21 y *tomó* los adornos..sus camellos traían
9.43 el cual, *tomando* gente, la repartió en
9.45 y *tomó* la ciudad, y mató al pueblo que
9.48 y *tomó* Abimelec un hacha en su mano, y
9.50 Abimelec..puso sitio a Tebes, y la *tomó*
11.13 Israel *tomó* mi tierra, cuando subió de
11.15 así: Israel no *tomó* tierra de Moab, ni
12.5 galaaditas *tomaron* los vados del Jordán
12.9 y *tomó* de fuera 30 hijas para sus hijos
13.14 no *tomará* nada que proceda de la vid
13.19 y Manoa *tomó* un cabrito y una ofrenda
14.2 una..os ruego que me la *toméis* por mujer
14.3 para que vayas tú a *tomar* mujer de los
14.3 *tómame* ésta por mujer, porque ella me
14.8 volviendo..para *tomarla*, se apartó del
14.9 y *tomándolo*..se fue comiéndolo por el
14.9 *tomado* aquella miel del cuerpo del león
14.11 *tomaron* treinta compañeros para..con él
14.19 y *tomando* sus despojos, dio las mudas
15.2 su hermana..*Tómala*, pues, en su lugar
15.4 y *tomó* teas, y juntó cola con cola, y
15.15 una quijada..extendió la mano y la *tomó*
16.3 *tomando* las puertas..las echó al hombro

TOMAR *(Continúa)*
Jue. 16.12 y Dalila *tomó* cuerdas nuevas, y le ató
16.28 una vez *tome* venganza de los filisteos
16.31 le *tomaron*. .y le sepultaron entre Zora
17.2 el dinero está en mi poder; yo lo *tomé*
17.4 *tomó* su madre 200 siclos de plata y los
18.4 me ha *tomado* para que sea su sacerdote
18.9 para ir a *tomar* posesión de la tierra
18.17 entraron. .y *tomaron* la imagen de talla
18.18 entrando. .*tomaron* la imagen de talla
18.20 el cual *tomó* el efod y los terafines y
18.24 él respondió: *Tomasteis* mis dioses que
19.1 había *tomado* para sí mujer concubina de
19.25 *tomando* aquel. .a su concubina, la sacó
19.29 y llegando a su casa, *tomó* un cuchillo
19.30 considerad. .*tomad* consejo, y hablad
20.6 *tomando* yo mi concubina, la corté en
20.10 *tomaremos* diez hombres de cada ciento
21.22 en la guerra no *tomamos* mujeres para
21.23 *tomaron* mujeres conforme a su número
Rt. 1.4 los cuales *tomaron*. .mujeres moabitas
2.18 lo *tomó*, y se fue. .su suegra vio lo que
4.2 *tomó* a diez varones de los ancianos de la
4.5 día. .debes *tomar* también a Rut la moabita
4.8 el pariente dijo. .*Tómalo* tú. Y se quitó
4.10 que también *tomo* por mi mujer a Rut la
4.13 Booz. .*tomó* a Rut, y ella fue su mujer
4.16 y *tomando* Noemí el hijo, lo puso en su
1 S. 2.14 todo lo que sacaba. .*tomaba* para sí
2.15 no *tomará* de ti carne cocida, sino cruda
2.16 *toma* tanto como quieras; él respondía
2.16 dámela ahora. .la *tomaré* por la fuerza
4.11 el arca de Dios fue *tomada*, y muertos
4.17 diciendo. .el arca de Dios ha sido *tomada*
4.19 oyendo. .que el arca. .había sido *tomada*
4.21 por haber sido *tomada* el arca de Dios
4.22 porque ha sido *tomada* el arca de Dios
5.2 y *tomaron* los filisteos el arca de Dios
5.3 y *tomaron* a Dagón y lo volvieron a su
6.7 *tomad* luego dos vacas que críen, a las
6.8 *tomaréis* luego el arca de Jehová, y la
7.9 Samuel *tomó* un cordero. .y lo sacrificó
7.12 *tomó* luego Samuel una piedra y la puso
7.14 ciudades que. .filisteos habían *tomado*
8.11 *tomará* vuestros hijos, y los pondrá en
8.13 *tomará*. .a vuestras hijas para que sean
8.14 *tomará* lo mejor de vuestras tierras, de
8.16 *tomará* vuestros siervos. .vuestros asnos
9.3 *toma* ahora contigo alguno de los criados
9.22 Samuel *tomó* a Saúl y a su criado, los
10.1 *tomando*. .Samuel una redoma de aceite
10.4 dos panes, los que *tomarás* de mano de
10.20 tribus de Israel, fue *tomada* la tribu
10.21 *tomada* la familia de. .fue *tomado* Saúl
11.7 y *tomando* un par de bueyes, los cortó
12.3 si he *tomado* el buey. .si he *t* el asno
12.3 si. .*tomado* cohecho para cegar mis ojos
12.4 ni has *tomado* algo de mano de. .hombre
14.24 coma. .antes que haya *tomado* venganza
14.28 maldito sea el. .que *tome* hoy alimento
14.30 hoy del botín *tomado* de sus enemigos?
14.32 y *tomaron* ovejas y vacas y becerros
14.47 después de haber *tomado* posesión del
15.8 *tomó* vivo a Agag rey de Amalec, pero a
15.21 pueblo *tomó* del botín ovejas y vacas
16.2 *toma* contigo una becerra de la vacada
16.13 y Samuel *tomó* el cuerno del aceite, y
16.20 *tomó* Isaí un asno cargado de pan, una
16.23 David *tomaba* el arpa y tocaba con su
17.17 *toma* ahora para tus hermanos un efa de
17.18 tus hermanos. .y *toma* prendas de ellos
17.34 y *tomaba* algún cordero de la manada
17.40 y *tomó* su cayado en su mano, y escogió
17.40 *tomó* su honda. .se fue hacia el filisteo
17.49 *tomó* de allí una piedra, y la tiró con
17.51 y *tomando* la espada de él. .de su vaina
17.54 y David *tomó* la cabeza del filisteo y
17.57 Abner lo *tomó* y lo llevó delante de Saúl
18.2 y Saúl le *tomó* aquel día, y no le dejó
18.10 que un espíritu malo de. .*tomó* a Saúl
18.25 sea *tomada* venganza de los enemigos del
19.5 él *tomó* su vida en su mano, y mató al
19.13 *tomó* luego Mical una estatua, y la puso
20.21 allí las saetas. .*tómalas;* tú vendrás
21.8 no *tomé* en mi. .mi espada ni mis armas
21.9 la espada. .si quieres *tomarla, tómala*
24.2 y *tomando* Saúl 3.000 hombres escogidos
25.11 ¿he de *tomar* yo ahora mi pan, mi agua
25.18 Abigail *tomó*. .panes, dos cueros de vino
25.39 envió David a. .*tomarla* por su mujer
25.40 ha enviado. .para *tomarte* por su mujer
25.43 *tomó* David a Ahinoam de Jezreel
26.11 *toma*. .la lanza que está a su cabecera
26.22 pase acá uno de los criados y *tómela*
28.24 y *tomó* harina y la amasó, y coció de
30.16 aquel gran botín que habían *tomado* de
30.18 libró David todo lo que. .habían *tomado*
30.19 todas las cosas que les habían *tomado*
30.20 *tomó* también David todas las ovejas y
30.22 su mujer y. .que los *tomen* y se vayan
31.4 *tomó* Saúl su propia espada y se echó
31.13 y *tomando* sus huesos, los sepultaron
2 S. 1.10 y *tomé* la corona que. .en su cabeza
2.8 Abner. .*tomó* a Is-boset hijo de Saúl, y
2.21 echa mano. .y *toma* para ti sus despojos
2.32 *tomaron* luego a Asael, y lo sepultaron
4.4 su nodriza le *tomó* y huyó; y mientras
4.7 cortaron la cabeza, y habiéndola *tomado*
4.12 luego *tomaron* la cabeza de Is-boset, y
5.7 David *tomó* la fortaleza de Sion, la cual
5.13 *tomó* David más concubinas y mujeres de
7.8 yo te *tomé* del redil, de detrás de las
8.1 *tomó* David a Meteg-ama de. .los filisteos
8.4 *tomó* David. .1.700 hombres de a caballo
8.7 *tomó* David los escudos de oro que traían
8.8 de Beta. .*tomó*. .gran cantidad de bronce
10.4 Hanún *tomó* los siervos. .rapó la. .barba
10.6 de Amón. .*tomaron* a sueldo a los sirios
11.4 y envió David mensajeros, y la *tomó*
12.4 éste no quiso *tomar* de sus ovejas y de
12.4 *tomó* la oveja de aquel hombre pobre, y
12.9 y *tomaste* por mujer a su mujer, y a él
12.10 *tomaste* la mujer de Urías heteo para
12.11 *tomaré* tus mujeres delante de tus ojos
12.26 Joab peleaba contra. .y *tomó* la ciudad
12.27 yo he. .*tomado* la ciudad de las aguas
12.28 *tómala,* no sea que *tome* yo la ciudad
12.29 fue. .combatió contra ella, y la *tomó*
13.8 *tomó* harina, y amasó, e hizo hojuelas
13.9 *tomó*. .la sartén, y las sacó delante de él
13.10 *tomando* Tamar las hojuelas. .las llevó
13.19 Tamar *tomó* ceniza y la esparció sobre
14.2 envió. .y *tomó* de allá una mujer astuta
15.5 se acercaba. .y lo *tomaba,* y lo besaba
17.19 *tomando* la mujer de la casa una manta
18.14 y *tomando* tres dardos en su mano, los
18.17 *tomando*. .a Absalón, le echaron en un
18.18 en vida, Absalón había *tomado* y erigido
19.30 deja que él las *tome* todas, pues que
19.35 ¿*tomará* gusto ahora tu siervo en lo que
20.3 *tomó* el rey las diez mujeres concubinas
20.6 *toma,* pues, tú los siervos de tu señor
20.9 *tomó*. .la barba de Amasa, para besarlo
21.8 pero *tomó* el rey a dos hijos de Rizpa
21.10 Rizpa. .*tomó* una tela de cilicio y la
21.12 David fue y *tomó* los huesos de Saúl y
22.17 envió desde lo alto y me *tomó;* me sacó
23.6 espinos. .cuales nadie *toma* con la mano
23.16 *tomaron,* y la trajeron a David; mas él
24.22 *tome* y ofrezca mi señor el rey lo que
1 R. 1.12 *toma* mi consejo, para que conserves
1.33 *tomad*. .los siervos de vuestro señor, y
1.39 y *tomando* el sacerdote Sadoc el cuerno
3.1 *tomó* la hija de Faraón, y la trajo a la
3.20 se levantó. .y *tomó* a mi hijo de junto a
4.15 Ahimaas. .*tomó*. .por mujer a Basemat hija
5.9 en balsas. .se desatará, y tú la *tomarás*
7.8 hija de Faraón. .había *tomado* por mujer
8.3 vinieron. .los sacerdotes *tomaron* el arca
8.31 y le *tomaren* juramento haciéndole jurar
9.16 Faraón. .había subido y *tomado* a Gezer
9.28 *tomaron* de allí oro, 420 talentos, y lo
11.18 *tomando*. .hombres de Parán, vinieron a
11.30 *tomando* Ahías la capa nueva que tenía
11.31 dijo a. .*Toma* para ti los diez pedazos
11.37 te *tomaré* a ti, y tú reinarás en todas
13.29 *tomó* el profeta el cuerpo del varón de
14.3 y *toma* en tu mano diez panes, y tortas
14.26 *tomó* los tesoros de la casa de Jehová
15.18 *tomando* Asa toda la plata y el oro que
16.18 mas viendo Zimri *tomada* la ciudad, se
16.31 y *tomó* por mujer a Jezabel, hija de
17.19 él lo *tomó* de su regazo, y lo llevó al
17.23 *tomando*. .Elías al niño, lo trajo del
18.4 *tomó* a cien profetas y los escondió de
18.26 ellos *tomaron* el buey que les fue dado
18.31 *tomando* Elías doce piedras, conforme
19.21 y *tomó* un par de bueyes y los mató, y
20.6 y *tomarán*. .todo lo precioso que tengas
20.18 si han salido por paz, *tomadlos* vivos
20.18 han salido para pelear, *tomadlos* vivos
20.27 *tomando* provisiones fueron al encuentro
20.33 esto *tomaron*. .por buen augurio, y se
20.33 apresuraron a *tomar* la palabra de su
20.34 las ciudades que mi padre *tomó* al tuyo
21.15 *toma* la viña de Nabot de Jezreel, que
21.16 a la viña. .para *tomar* posesión de ella
21.18 descendido para *tomar* posesión de ella
22.3 no hemos hecho nada para *tomarla* de
22.26 *toma* a Micaías, y llévalo. .a Joás hijo
2 R. 2.8 *tomando*. .Elías su manto, lo dobló, y
2.12 y *tomando* sus vestidos, los rompió en
2.14 y *tomando* el manto de Elías que se le
3.26 *tomó*. .700 hombres que manejaban espada
4.1 el acreedor para *tomarse* dos hijos míos
4.20 habiéndole. .*tomado* y traído a su madre
4.29 dijo él. .*toma* mi báculo en tu mano, y vé
4.36 entrando ella, él le dijo: *Toma* tu hijo
4.37 entró. .después *tomó* a su hijo, y salió
5.6 *tomó*. .cartas para el rey de Israel, que
5.20 no *tomando*. .las cosas que había traído
5.20 correré yo. .y *tomaré* de él alguna cosa
5.23 te ruego que *tomes* dos talentos. Y le
5.24 él lo *tomó* de. .y lo guardó en la casa
5.26 ¿es tiempo de *tomar* plata. .*t* vestidos
6.2 y *tomemos* de allí cada uno una viga, y
6.7 *tómalo.* Y el extendió la mano, lo *tomó*
6.22 ¿matarías. .a los que *tomaste* cautivos
7.6 ha *tomado* a sueldo. .a los reyes de los
7.8 *tomaron* de allí plata y oro y vestidos
7.8 otra tienda, y de allí también *tomaron*
7.12 los *tomaremos* vivos, y entraremos en
7.13 *tomen* ahora cinco de los caballos que
7.14 *tomaron,* pues, dos caballos de un carro
8.8 dijo. .*Toma* en tu mano un presente, y vé
8.9 *tomó*. .Hazael en su mano un presente de
8.15 *tomó* un paño y lo metió en agua, y lo
9.1 y *toma* esta redoma de aceite en tu mano
9.3 *toma*. .la redoma de aceite, y derrámala
9.13 *tomó*. .manto, y lo puso debajo de Jehú
9.25 *tómalo,* y échalo a un extremo. .heredad
9.26 *tómalo*. .y échalo en la heredad de Nabot
10.6 *tomad* las cabezas de los hijos varones
10.7 *tomaron*. .hijos del rey, y degollaron a
10.14 que los *tomaron* vivos, los degollaron
11.2 Josaba. .*tomó* a Joás hijo de Ocozías y
11.4 envió Joiada y *tomó* jefes de centenas
11.9 *tomando* cada uno a los suyos, esto es
11.19 después *tomó* a los jefes de centenas
12.7 ahora, pues, no *toméis* más el dinero de
12.8 consintieron en no *tomar* más dinero del
12.9 Joiada *tomó* un arca e hizo en la tapa un
12.15 y no se *tomaba* cuenta a los hombres en
12.17 Hazael. .y peleó contra Gat, y la *tomó*
12.18 por lo cual *tomó* Joás rey. .las ofrendas
13.15 *toma* un arco y. .saetas. *Tomó* él. .arco
13.18 y le volvió a decir: *Toma* las saetas
13.18 luego que el rey. .las hubo *tomado,* le
13.25 *tomó*. .ciudades que éste había *tomado*
14.7 y *tomó* a Sela en batalla, y la llamó
14.13 Joás rey. .*tomó* a Amasías rey de Judá
14.14 *tomó* todo el oro, y la plata, y todos
14.14 los hijos *tomó* en rehenes, y volvió a
14.21 el pueblo de Judá *tomó* a Azarías, que
15.29 vino Tiglat-pileser rey. .y *tomó* a Ijón
16.5 para sitiar a. .mas no pudieron *tomarla*
16.8 *tomando* Acaz la plata. .que se halló en
16.9 *tomó*, y llevó cautivos a los moradores
17.6 el rey de Asiria *tomó* Samaria, y llevó
18.10 la *tomaron* al cabo de tres años. En el
18.10 era el año noveno. .fue *tomada* Samaria
18.13 contra todas las ciudades. .y las *tomó*
19.14 y *tomó* Ezequías las cartas de mano de
20.7 dijo. .*Tomad* masa de higos. Y *tomándola*
20.18 de tus hijos. .*tomarán,* y serán eunucos
22.7 y que no se les *tome* cuenta del dinero
23.30 pueblo. .*tomó* a Joacaz hijo de Josías
23.34 y *tomó* a Joacaz y lo llevó a Egipto
24.7 rey de Babilonia le *tomó* todo lo. .suyo
25.18 *tomó*. .el capitán. .al primer sacerdote
25.19 de la ciudad *tomó* un oficial que tenía
25.20 éstos *tomó* Nabuzaradán, capitán de la
1 Cr. 2.19 *tomó* Caleb por mujer a Efrata, la
2.21 a la hija de Maquir padre. .la cual *tomó*
2.23 pero Gesur y Aram *tomaron*. .las ciudades
5.21 y *tomaron* sus ganados, 50.000 camellos
7.15 y Maquir *tomó* mujer de Hupim y Supim
7.21 de Gat. .vinieron a *tomarles* sus ganados
7.40 entre los que podían *tomar* las armas, el
10.4 Saúl *tomó* la espada, y se echó sobre ella
10.9 y luego. .*tomaron* su cabeza y sus armas
10.12 *tomaron* el cuerpo de Saúl y. .sus hijos
11.5 David *tomó* la fortaleza de Sion, que es
11.18 agua del pozo de Belén. .y la *tomaron*
12.31 Manasés. .*tomados* por lista para venir
13.1 David *tomó* consejo con los capitanes de
14.3 David *tomó* también mujeres en Jerusalén
17.7 yo te *tomé* del redil, de detrás de las
18.1 David. .*tomó* a Gat y sus villas de mano
18.4 y le *tomó* David mil carros, siete mil
18.7 *tomó* también David los escudos de oro
18.8 y de Cun. .*tomó* David muchísimo bronce
18.11 la plata y el oro que había *tomado* de
19.4 Hanún *tomó* los siervos de David y los
19.6 para *tomar* a sueldo carros y gente de a
19.7 *tomaron* a sueldo 32.000 carros, y al rey
20.2 y *tomó* David la corona de encima de la
21.23 Ornán respondió a David: *Tómala* para
21.24 no *tomaré* para Jehová lo que es tuyo
23.22 sus parientes, las *tomaron* por mujeres
27.23 y no *tomó* David el número de los que
2 Cr. 5.4 vinieron. .los levitas *tomaron* el arca
6.36 los que los *tomaren* los lleven cautivos
8.3 vino Salomón a Hamat de Soba, y la *tomó*
8.18 a Ofir, y *tomaron*. .450 talentos de oro
10.6 rey Roboam *tomó* consejo con los ancianos
10.8 él. .*tomó* consejo con los jóvenes que se
11.18 *tomó* Roboam por mujer a Mahalat hija
11.20 *tomó* a Maaca hija de Absalón, la cual
11.21 *tomó* 18 mujeres y sesenta concubinas
12.4 *tomó* las ciudades fortificadas de Judá
12.9 Sisac. .*tomó* los tesoros de la casa de
12.9 y *tomó* los escudos de oro que Salomón
13.19 le *tomó* algunas ciudades, a Bet-el con
13.21 Abías. .*Tomó* catorce mujeres, y engendró
14.13 y Asa, y. .les *tomaron* muy grande botín
15.8 las ciudades que él había *tomado* en la
16.6 Asa *tomó* a todo Judá, y se llevaron la
17.2 las ciudades de Efraín. .Asa había *tomado*
18.25 *tomad* a Micaías, y llevadlo. .a Joás hijo
20.25 riquezas. .vestidos. .que *tomaron* para sí
21.17 *tomaron* todos los bienes que hallaron

TOMAR ***(Continúa)***
2 Cr. 22.11 Josabet. . *tomó* a Joás. . escondiéndolo
23.1 *tomó* consigo en alianza a los jefes de
23.8 y *tomó* cada jefe a los suyos, los que
24.3 y Joiada *tomó* para él dos mujeres; y
24.12 y *tomaban* canteros y carpinteros que
25.6 y de Israel *tomó* a sueldo. . a cien mil
25.12 los hijos de Judá *tomaron* vivos a otros
25.13 mataron a 3.000. . *tomaron* gran despojo
25.17 Amasías rey. . después de *tomar* consejo
25.24 *tomó* todo el oro y la plata, y todos
26.1 el pueblo de Judá *tomó* a Uzías, el cual
28.5 le *tomaron* gran número de prisioneros
28.8 los hijos de Israel *tomaron* cautivos de
28.8 además de haber *tomado*. . mucho botín
28.11 cautivos que habéis *tomado* de vuestros
28.15 los varones. . y *tomaron* a los cautivos
28.18 los filisteos. . habían *tomado* Bet-semes
30.2 había *tomado* consejo con sus príncipes
30.16 y *tomaron* su lugar en los turnos de
32.18 espantarles y. . poder *tomar* la ciudad
35.12 *tomaron* luego del holocausto, para dar
35.12 dar. . y asimismo *tomaron* de los bueyes
35.25 y las *tomaron* por norma para endechar
36.1 el pueblo. . *tomó* a Joacaz. . y lo hizo rey
36.4 Joacaz. . *tomó* Necao, y lo llevó a Egipto
Esd. 2.61 *tomó* mujer de las hijas de Barzilai
5.15 *toma* estos utensilios, vé, y llévalos a
9.2 han *tomado* de las hijas de ellos para sí
9.12 hijas *tomaréis* para vuestros hijos, ni
10.2 pues *tomamos* mujeres extranjeras de los
10.10 cuanto *tomasteis* mujeres extranjeras
10.14 aquellos que en. . hayan *tomado* mujeres
10.17,18,44 habían *tomado* mujeres extranjeras
Neh. 2.1 de él, *tomé* el vino y lo serví al rey
5.4 *tomado* prestado dinero para el tributo del
5.15 y *tomaron* de ellos. . más de 40 siclos de
6.18 su hijo había *tomado* por mujer a la hija
7.63 cual *tomó* mujer de las hijas de Barzilai
9.25 *tomaron* ciudades fortificadas y tierra
10.30 ni *tomaríamos* sus hijas para nuestros
10.31 nada *tomaríamos* de ellos en ese día ni
13.23 a judíos que habían *tomado* mujeres de
13.25 y no *tomaréis* de sus hijas para. . hijos
13.27 este mal. . *tomando* mujeres extranjeras?
Est. 2.15 de Mardoqueo, quien la había *tomado*
6.10 rey dijo. . *toma* el vestido y el caballo
6.11 y Amán *tomó* el vestido y el caballo, y
9.27 *tomaron* sobre sí, sobre su descendencia
9.31 y según ellos habían *tomado* sobre sí y
Job 1.15 acometieron los sabeos y los *tomaron*
2.8 *tomaba* Job un tiesto para rascarse con
9.18 no me ha concedido que *tome* aliento, sino
13.14 ¿por qué. . y *tomaré* mi vida en mi mano?
20.18 restituirá. . conforme. . bienes que *tomó*
22.22 *toma* ahora la ley de su boca, y pon sus
24.3 y *toman* en prenda el buey de la viuda
24.9 y de sobre el pobre *toman* la prenda
24.17 terrores de sombra de muerte los *toman*
36.3 *tomaré* mi saber. . y atribuiré justicia a
40.24 ¿lo *tomará* alguno cuando está vigilante
41.4 para que lo *tomes* por siervo perpetuo?
42.8 *tomaos* siete becerros y siete carneros
Sal. 9.15 en la red que escondieron fue *tomado*
16.4 no. . ni en mis labios *tomaré* sus nombres
18.16 me *tomó*, me sacó de las muchas aguas
31.24 todos. . y *toma* aliento vuestro corazón
39.13 déjame, y *tomaré* fuerzas, antes que
48.6 *tomó* allí temblor; dolor como de mujer
49.15 del Seol, porque él me *tomará* consigo
50.9 no *tomaré* de tu casa becerros. . machos
50.16 qué tienes. . *tomar* mi pacto en tu boca?
50.20 *tomabas* asiento, y hablabas contra tu
68.18 lo alto. . *tomaste* dones para los hombres
71.11 *tomadle*, porque no hay quien le libre
73.23 con todo. . *tomaste* de la mano derecha
78.70 eligió a David su siervo, y lo *tomó* de
109.8 sus días pocos; *tome* otro su oficio
116.13 *tomaré* la copa de la salvación, e
119.111 por heredad he *tomado* tus testimonios
137.9 el que *tomare* y estrellare tus niños
139.9 si *tomare* las alas del alba y habitare
139.20 tus enemigos *toman* en vano tu nombre
140.12 Jehová *tomará*. . la causa del afligido
Pr. 6.27 ¿*tomará* el hombre fuego en su seno
16.32 mejor es. . que el que *toma* una ciudad
17.23 el impío *toma* soborno del seno para
18.2 no *toma* placer el. . en la inteligencia
20.16 y *toma* prenda del que sale fiador por
21.22 *tomó* el sabio la ciudad de los fuertes
22.7 el que *toma* prestado es siervo del que
22.25 no sea que. . y *tomes* lazo para tu alma
24.32 lo puse en mi corazón. . y *tomé* consejo
26.10 es el que *toma* a sueldo insensatos y
26.17 es como el que *toma* al perro por las
27.13 al que fía a la extraña, *tómale* prenda
Ec. 2.11 y el trabajo que *tomé* para hacerlas
5.19 facultad para que coma. . y *tome* su parte
7.18 bueno es que *tomes* esto, y también de
11.9 *tome* placer tu corazón en los días de tu
Is. 1.24 *tomaré* satisfacción de mis enemigos
3.6 alguno *tomare* de la mano a su hermano
3.6 le dijere. . *toma* en tus manos esta ruina
3.7 jurará. . diciendo: No *tomaré* ese cuidado
5.27 ninguno se dormirá, ni le *tomará* sueño
6.6 un carbón encendido, *tomado* del altar
7.1 combatirla; pero no la pudieron *tomar*
8.1 me dijo Jehová: *Toma* una tabla. . escribe
8.10 *tomad* consejo, y será anulado; proferid
9.17 el Señor no *tomará* contentamiento en sus
13.15 y cualquiera que por ellos sea *tomado*
14.2 los *tomarán* los pueblos, y los traerán
20.1 el Tartán. . peleó contra Asdod y la *tomó*
22.6 Elam *tomó* aljaba. . y Kir sacó el escudo
23.16 *toma* arpa, y rodea la ciudad, oh ramera
24.2 como al que presta, al que *toma* prestado
30.1 se apartan. . para *tomar* consejo, y no de
36.1 todas las ciudades. . de Judá, y las *tomó*
37.14 y *tomó* Ezequías las cartas de mano de
38.21 *tomen* masa de higos, y pónganla en la
39.7 tus hijos. . *tomarán*, y serán eunucos en
41.9 te *tomé* de los confines de la tierra, y
44.12 el herrero *toma* la tenaza, trabaja en
44.14 corta cedros, y *toma* ciprés y encina
44.15 *toma* de ellos para calentarse. . cuece
45.1 cual *tomé* yo por su mano derecha, para
47.2 *toma* el molino y muele harina; descubre
51.18 ni quien la *tome* de la mano, de todos
56.12 *tomemos* vino, embriaguémonos de sidra
59.17 *tomó* ropas de venganza por vestidura
66.13 así. . y en Jerusalén *tomaréis* consuelo
66.21 *tomaré* también de ellos para. . levitas
Jer. 3.14 os *tomaré* uno de cada ciudad, y dos
13.4 *toma* el cinto que compraste, que está
13.6 y *toma*. . el cinto que te mandé esconder
13.7 fui. . *tomé* el cinto del lugar donde lo
15.10 nunca he dado ni *tomado* en préstamo
16.2 no *tomarás*. . mujer, ni tendrás hijos ni
20.5 los *tomarán* y los llevarán a Babilonia
20.10 quizá. . *tomaremos* de él nuestra venganza
25.9 y *tomaré* a todas las tribus del norte
25.15 *toma* de mi mano la copa del vino. . furor
25.17 *tomé* la copa de la mano de Jehová, y di
25.28 si no quieren *tomar* la copa de tu mano
31.32 el día que *tomé* su mano para sacarlos
32.3 yo entrego esta ciudad en. . y la *tomará*
32.11 *tomé* luego la carta de venta, sellada
32.14 *toma* estas cartas, esta carta de venta
32.24 han acometido la ciudad para *tomarla*
32.28 voy a entregar esta ciudad. . la *tomará*
33.26 no *tomar* de su descendencia quien sea
34.16 vuelto a *tomar* cada uno a su siervo y
34.22 pelearán. . y la *tomarán*, y la quemarán
35.3 *tomé*. . a Jaazanías hijo. . a sus hermanos
36.2 *toma* un rollo de libro, y escribe en él
36.14 *toma* el rollo. . Y Baruc. . *tomó* el rollo
36.21 a que *tomase* el rollo, el cual lo *tomó*
36.28 vuelve a *tomar* otro rollo, y escribe en
36.32 y *tomó* Jeremías otro rollo y lo dio a
37.8 ciudad. . la *tomarán* y la pondrán a fuego
38.3 será entregada esta ciudad. . y la *tomará*
38.6 *tomaron* ellos a Jeremías y lo hicieron
38.10 *toma* en tu poder treinta hombres de aquí
38.11 *tomó*. . los hombres. . y *t*. . trapos viejos
38.28 hasta el día que fue *tomada* Jerusalén
38.28 fue *tomada* Jerusalén. . Jerusalén fue *t*
39.5 le *tomaron*, y le hicieron subir a Ribla
39.12 *tómale* y vela por él, y no le hagas mal
39.14 enviaron. . *tomaron* a Jeremías del patio
40.1 le *tomó* estando atado con cadenas entre
40.2 *tomó*. . el capitán. . a Jeremías y le dijo
40.10 *tomad* el vino, los frutos del verano y
40.10 quedaos en. . ciudades que habéis *tomado*
41.12 *tomaron* a. . hombres y fueron a pelear
41.16 *tomaron* a todo el resto del pueblo que
43.5 *tomó* Johanán. . todo el remanente de Judá
43.9 *toma* con tu mano piedras grandes, y
43.10 enviaré y *tomaré* a Nabucodonosor rey
44.12 *tomaré* el resto de Judá que volvieron
46.9 los de Put que *toman* escudo. . que *t*. . arco
46.11 y *toma* bálsamo, virgen hija de Egipto
48.1 Quiriataim fue *tomada;* fue confundida
48.7 por cuanto confiaste en. . serás *tomada*
48.27 fue. . Israel. . como si lo *tomaran* entre
48.41 *tomadas* serán las ciudades, y *t* serán
49.2 e Israel *tomará*. . a los que los *tomaron*
49.9 ¿no habrían *tomado* lo que les bastase?
49.24 le *tomó* temblor. . y dolores le *tomaron*
49.29 y sus ganados *tomarán*. . sus camellos *t*
49.30 *tomó* consejo contra vosotros. . rey de
50.2 *tomada* es Babilonia, Bel es confundido
50.9 prepararán contra ella, y será *tomada*
50.15 *tomad* venganza de ella; haced con ella
50.24 te puse lazos, y fuiste *tomada*. . presa
50.33 todos los que los *tomaron* cautivos los
50.43 angustia le *tomó*, dolor como de mujer
51.8 gemid sobre ella; *tomad* bálsamo para su
51.26 nadie *tomará* de ti piedra para esquina
51.31 su ciudad es *tomada* por todas partes
51.32 los vados fueron *tomados*. . quemados a
51.41 fue *tomada* la que era alabada por toda
52.24 *tomó* también el capitán de la guardia
52.25 y de la ciudad *tomó* a un oficial que
52.26 *tomó*. . Nabuzaradán. . y los llevó al rey
Ez. 3.10 *toma* en tu corazón todas mis palabras
3.14 levantó, pues, el Espíritu, y me *tomó*
4.1 *tómate* un adobe, y ponlo delante de ti
4.3 *tómate* también una plancha de hierro, y
4.9 *toma* para ti trigo, cebada, habas. . millo
5.1 *tómate* un cuchillo. . *toma* una navaja de
5.1 *toma*. . una balanza de pesar y divide los
5.2 *tomarás* una tecera parte y la cortarás
5.3 *tomarás*. . de allí unos pocos en número
5.4 *tomarás* otra vez de ellos, y los echarás
5.13 saciaré. . mi enojo. . *tomaré* satisfacción
8.3 figura extendió la mano, y me *tomó* por
10.6 *toma* fuego de entre las ruedas. . entró
10.7 *tomó* de él y lo puso en manos del que
10.7 estaba vestido de lino. . lo *tomó* y salió
14.5 para *tomar* a la casa de Israel por el
15.3 ¿*tomarán* de ella madera para. . obra
15.3 ¿*tomarán* de ella una estaca para colgar
16.16 *tomaste* de tus vestidos, y te hiciste
16.17 *tomaste*. . tus hermosas alhajas de oro
16.18 *tomaste* tus vestidos. . y las cubriste
16.20 *tomaste* tus hijos. . y los sacrificaste
16.37 tus enamorados con los. . *tomaste* placer
17.3 al Líbano, y *tomó* el cogollo del cedro
17.5 *tomó*. . de la simiente de la tierra, y la
17.12 *tomó* a tu rey y a sus príncipes, y los
17.13 *tomó*. . a uno de la descendencia real e
17.22 *tomaré* yo del cogollo de aquel. . cedro
18.8 no prestare a interés ni *tomare* usura
18.13 *tomare* usura; ¿vivirá éste? No vivirá
19.4 fue *tomado* en la trampa de ellas, y lo
19.5 *tomó* otro de sus cachorros, y lo puso
22.12 interés y. . *tomaste*, y a tus prójimos
22.25 devoraron. . *tomaron* haciendas y honra
23.10 *tomaron* sus hijos y sus hijas, y a ella
23.25 *tomarán* a tus hijos y a tus hijas, y
23.29 y *tomarán* todo el fruto de tu labor, y
24.5 *toma* una oveja escogida, y. . enciende
25.12 *tomando* venganza de la casa de Judá
27.5 *tomaron* cedros del Líbano para. . mástil
27.15 muchas costas *tomaban* mercadería de
27.29 descenderán. . todos los que *toman* remo
29.7 te *tomaron* con la mano, te quebraste
29.19 y él *tomará* sus riquezas, y recogerá
30.4 vendrá espada a. . y *tomarán* sus riquezas
33.2 el pueblo de la tierra *tomare* un hombre
33.6 éste fue *tomado* por causa de su pecado
35.10 *tomaré* posesión de ellas; estando allí
36.12 y *tomarán* posesión de ti, y les serás
36.24 y yo os *tomaré* de las naciones, y os
37.16 *toma* ahora un palo, y escribe en él
37.16 *toma*. . otro palo, y escribe en él: Para
37.19 yo *tomo* el palo de José que está en la
37.21 yo *tomo* a los hijos de Israel de entre
38.12 arrebatar despojos y para *tomar* botín
38.13 reunido tu multitud para *tomar* botín
38.13 *tomar* ganados y. . *t* grandes despojos?
39.14 *tomarán* hombres a jornal que vayan por
41.17 por encima de la puerta. . *tomó* medidas
43.20 y *tomarás* de su sangre, y pondrás en
43.21 *tomarás* luego. . becerro de la expiación
44.22 ni viuda ni repudiada *tomará* por mujer
44.22 *tomará* virgen del linaje de la casa de
45.18 *tomarás* de la vacada un becerro sin
45.19 el sacerdote *tomará* de la sangre de la
46.18 príncipe no *tomará* nada de la herencia
Dn. 5.31 Darío de Media *tomó* el reino, siendo
11.15 vendrá. . rey. . y *tomará* la ciudad fuerte
11.18 su rostro a las costas, y *tomará* muchas
11.21 vendrá. . y *tomará* el reino con halagos
Os. 1.2 *tómate* una mujer fornicaria, e hijos
1.3 y *tomó* a Gomer hija de Diblaim, la cual
2.9 *tomaré* mi trigo a su tiempo, y mi vino
3.3 tú. . no fornicarás, ni *tomarás* otro varón
5.14 iré; *tomaré*, y no habrá quien liberte
9.15 les *tomé* aversión; por la perversidad de
10.9 no los *tomó* la batalla en Gabaa contra
11.3 yo. . enseñaba a. . *tomándole* de los brazos
12.3 *tomó* por el calcañar a su hermano, y con
Am. 6.10 un pariente *tomará* a cada uno, y lo
7.15 Jehová me *tomó* de detrás del ganado, y
9.2 hasta el Seol, de allá los *tomará* mi mano
9.3 allí los buscaré y los *tomaré;* y aunque
Jon. 1.12 *tomadme* y echadme al mar, y el mar
1.15 y *tomaron* a Jonás, y lo echaron al mar
Mi. 2.2 codician. . casas, y las *toman;* oprimen
4.9 que te ha *tomado* dolor como de mujer de
Nah. 1.9 no *tomará* venganza dos veces de sus
Hab. 1.10 y levantará terraplén y la *tomará*
2.10 *tomaste* consejo vergonzoso para tu casa
Hag. 2.23 aquel día. . te *tomaré*, oh Zorobabel
Zac. 6.10 *toma* de los del cautiverio a Heldai
6.11 *tomarás*. . plata y oro, y harás coronas
8.23 *tomarán* del manto a un judío, diciendo
9.15 y harán estrépito como *tomados* de vino
11.7 *tomé* para mí dos cayados: al uno puse
11.10 *tomé*. . mi cayado Gracia, y lo quebré
11.13 y *tomé* las treinta piezas de plata, y
11.15 *toma*. . los aperos de un pastor insensato
14.2 ciudad será *tomada*, y serán saqueadas
14.21 que sacrificaren. . *tomarán* de ellas, y
Mt. 2.13 *toma* al niño y a su madre, y huye a
2.14 el. . *tomó* de noche al niño y a su madre
2.20 levántate, *toma* al niño y a su madre, y
2.21 se levantó, y *tomó* al niño y a su madre
5.42 al que quiera *tomar* de ti prestado, no
8.17 él mismo *tomó* nuestras enfermedades, y
9.6 levántate, *toma* tu cama, y vete a. . casa

TOMAR *(Continúa)*

Mt. 9.25 y *tomó* de la mano a la niña, y ella se
10.38 el que no *toma* su cruz y sigue en pos
12.45 *toma*..otros siete espíritus peores que
13.31 grano de mostaza, que un hombre *tomó*
13.33 es semejante a la levadura que *tomó* una
14.12 y *tomaron* el cuerpo y lo enterraron
14.19 *tomando* los cinco panes y los dos peces
15.26 no está bien *tomar* el pan de los hijos
15.36 y *tomando* los siete panes..dio gracias
16.22 Pedro, *tomándolo* aparte, comenzó a
16.24 niéguese a sí mismo, y *tome* su cruz, y
17.1 Jesús *tomó* a Pedro, a Jacobo y a Juan
17.27 *tómalo*, y al abrirle la boca, hallarás
17.27 un estatero; *tómalo*, y dáselo por mí
18.16 si no te oyere, *toma* aún contigo a uno
20.14 *toma* lo..tuyo, y vete; pero quiero dar
20.17 *tomó* a sus doce discípulos aparte en el
21.35 *tomando* a los siervos, a uno golpearon
21.39 *tomándole*, le echaron fuera de la viña
22.6 *tomando* a los siervos, los afrentaron
24.17 no descienda para *tomar* algo de su casa
24.18 no vuelva atrás para *tomar* su capa
24.40 uno será *tomado*, y el otro será dejado
24.41 la una será *tomada*, y la otra..dejada
25.1 diez vírgenes que *tomando* sus lámparas
25.3 *tomando*..lámparas, no *tomaron*..aceite
25.4 prudentes *tomaron* aceite en sus vasijas
26.26 *tomó* Jesús el pan, y bendijo..partió
26.26 dijo: *Tomad*, comed; esto es mi cuerpo
26.27 *tomando*..copa, y habiendo dado gracias
26.37 *tomando* a Pedro, y a los dos hijos de
26.52 todos los que *tomen* espada, a espada
27.6 *tomando* las piezas de plata, dijeron: No
27.9 y *tomaron* las treinta piezas de plata
27.24 Pilato..*tomó* agua y se lavó las manos
27.30 *tomaban* la caña y le golpeaban en la
27.48 *tomó* una esponja..la empapó de vinagre
27.59 y *tomando* José el cuerpo, lo envolvió
28.15 *tomando* el dinero, hicieron como se les
Mr. 1.31 él..la *tomó* de la mano y la levantó
2.9 decirle: Levántate, *toma* tu lecho y anda?
2.11 digo: Levántate, *toma* tu lecho, y vete
2.12 *tomando* su lecho, salió..se asombraron
3.6 y salidos los fariseos, *tomaron* consejo
4.36 le *tomaron* como estaba, en la barca
5.40 *tomó* al padre y a la madre de la niña
5.41 y *tomando* la mano de la niña, le dijo
6.17 Felipe..pues la había *tomado* por mujer
6.29 *tomaron* su cuerpo, y lo pusieron en un
6.41 *tomó* los cinco panes y los dos peces
7.4 muchas cosas..que *tomaron* para guardar
7.27 no está bien *tomar* el pan de los hijos
7.33 *tomándole* aparte de la gente, metió los
8.6 *tomando* los siete panes, habiendo dado
8.23 *tomando* la mano del ciego, le sacó fuera
8.32 Pedro le *tomó*..comenzó a reconvenirle
8.34 niéguese a sí..y *tome* su cruz, y sígame
9.2 Jesús *tomó* a Pedro, a Jacobo y a Juan
9.18 cual, dondequiera que le *toma*, le sacude
9.27 pero Jesús, *tomándole* de la mano, le
9.36 *tomó* a un niño, y lo puso en medio de
9.36 y *tomándole* en sus brazos, les dijo
10.16 y *tomándolos* en los brazos, poniendo
10.32 volviendo a *tomar* a los doce aparte
12.3 mas ellos, *tomándole*, le golpearon, y
12.8 y *tomándole*, le mataron, y le echaron
12.20 primero *tomó* esposa, y murió sin dejar
13.15 ni entre para *tomar* algo de su casa
13.16 en el campo, no vuelva atrás a *tomar*
14.22 Jesús *tomó* pan y bendijo, y lo partió
14.22 dio, diciendo: *Tomad*, esto es mi cuerpo
14.23 *tomando*..copa, y habiendo dado gracias
14.33 y *tomó* consigo a Pedro, a Jacobo y a
15.23 le dieron a beber vino..él no lo *tomó*
16.8 fueron huyendo..les había *tomado* temblor
16.18 *tomarán* en las manos serpientes, y si
Lc. 2.28 *tomó* en sus brazos, y bendijo a Dios
5.24 levántate, *toma* tu lecho, y vete a tu
5.25 y *tomando* el lecho en que..acostado, se
6.4 entró..*tomó* los panes de la proposición
6.30 al que *tome* lo que es tuyo, no pidas que
8.54 *tomándola* de la mano, clamó diciendo
9.3 les dijo: No *toméis* nada para el camino
9.10 *tomándolos*, se retiró aparte, a un lugar
9.16 *tomando* los cinco panes..dos pescados
9.23 mismo, *tome* su cruz cada día, y sígame
9.28 *tomó* a Pedro, a Juan..y subió al monte
9.39 que un espíritu le *toma*, y de repente
9.47 Jesús..*tomó* a un niño y lo puso junto a
11.26 *toma* otros siete espíritus peores que
13.19 un hombre *tomó* y sembró en su huerto
13.21 levadura que una mujer *tomó* y escondió
14.4 él, *tomándole*, le sanó, y le despidió
16.6 dijo: *Toma* tu cuenta, siéntate pronto
16.7 dijo: *Toma* tu cuenta, y escribe ochenta
17.31 y sus bienes..no descienda a *tomarlos*
17.34 uno será *tomado*, y el otro será dejado
17.35 la una será *tomada*, y la otra dejada
17.36 dos..uno será *tomado*, y el otro dejado
18.31 *tomando* Jesús a los doce, les dijo: He
19.21 que *tomas* lo que no pusiste, y siegas
19.22 que *tomo* lo que no puse, y que siego
20.29 primero *tomó* esposa, y murió sin hijos
20.30 y la *tomó* el segundo, el cual..murió
20.31 la *tomó* el tercero, y así todos..siete
22.17 habiendo *tomado* la copa..dijo: *Tomad*
22.19 *tomó* el pan y dio gracias, y lo partió
22.20 *tomó* la copa, diciendo: Esta copa es el
22.36 el que tiene bolsa, *tómela*, y también
23.26 *tomaron* a cierto Simón de Cirene, que
24.30 *tomó* el pan y lo bendijo, lo partió, y
24.43 y él lo *tomó*, y comió delante de ellos
Jn. 1.16 de su plenitud *tomamos* todos, y gracia
5.8 le dijo: Levántate, *toma* tu lecho, y anda
5.9 y *tomó* su lecho, y anduvo. Y era día de
5.11 él mismo me dijo: *Toma* tu lecho y anda
5.12 es el que te dijo: *Toma* tu lecho y anda?
6.7 para que cada uno de ellos *tomase* un poco
6.11 *tomó* Jesús aquellos panes, y habiendo
8.59 *tomaron*..piedras para arrojárselas; pero
10.17 pongo mi vida, para volverla a *tomar*
10.18 y tengo poder para volverla a *tomar*
10.31 judíos volvieron a *tomar* piedras para
12.3 María *tomó* una libra de perfume de nardo
12.13 *tomaron* ramas de palmera y salieron a
13.4 se quitó su manto, y *tomando* una toalla
13.12 *tomó* su manto, volvió a la mesa, y les
13.30 cuando él, pues, hubo *tomado* el bocado
14.3 os *tomaré* a mí mismo, para que donde yo
16.14 *tomará* de lo mío, y os lo hará saber
16.15 por eso dije que *tomará* de lo mío, y os
18.3 Judas, pues, *tomando* una compañía de
18.31 Pilato: *Tomadle* vosotros, y juzgadle
19.1 así que..*tomó* Pilato a Jesús, y le azotó
19.6 dijo: *Tomadle* vosotros, y crucificadle
19.16 *tomaron*, pues, a Jesús, y le llevaron
19.23 los soldados..*tomaron* sus vestidos, e
19.23 *tomaron* también su túnica, la cual era
19.30 cuando Jesús hubo *tomado* el vinagre
19.40 *tomaron*, pues, el cuerpo de Jesús, y lo
21.13 *tomó* el pan y les dio, y..del pescado
Hch. 1.11 este mismo Jesús, que ha sido *tomado*
1.20 no haya quien..y: *Tome* otro su oficio
1.25 que *toma* la parte de este ministerio y
3.7 *tomándole* por la mano derecha le levantó
7.45 al *tomar* posesión de la tierra de los
7.60 no les *tomes* en cuenta este pecado
9.19 y habiendo *tomado* alimento, recobró
9.25 *tomándole* de noche, le bajaron por el
9.27 *tomándole*, lo trajo a los apóstoles, y
12.4 habiéndole *tomado* preso, le puso en la
15.14 *tomar* de ellos pueblo para su nombre
15.39 Bernabé, *tomando* a Marcos, navegó a
16.3 *tomándole*, le circuncidó por causa de
16.33 él, *tomándolos* en aquella misma hora
17.5 *tomaron* consigo a algunos ociosos..malos
17.19 y *tomándole*, le trajeron al Areópago
18.26 le *tomaron* aparte y le expusieron más
20.3 *tomó* la decisión de volver..Macedonia
20.14 *tomándole* a bordo, vinimos a Mitilene
20.15 y al otro día *tomamos* puerto en Samos
21.11 *tomó* el cinto de Pablo, y atándose los
21.24 *tómalos*..purifícate con ellos, y paga
21.26 Pablo *tomó* consigo a aquellos hombres
21.32 *tomando* luego soldados..corrió a ellos
23.18 *tomándole*, le llevó al tribuno, y dijo
23.19 el tribuno, *tomándole* de la..le preguntó
23.31 *tomando* a Pablo como se les ordenó, le
27.35 *tomó* el pan y dio gracias a Dios en
Ro. 7.8,11 *tomando* ocasión por el mandamiento
1 Co. 9.7 apacienta..y no *toma* de la leche del
11.21 uno se adelanta a *tomar* su propia cena
11.23 la noche que fue entregado, *tomó* pan
11.24 *tomad*, comed; esto es mi cuerpo que
11.25 *tomó* también la copa, después de haber
2 Co. 5.19 no *tomándoles* en cuenta..sus pecados
11.20 toleráis si..si alguno *toma* lo vuestro
Ef. 3.15 de quien *toma* nombre toda familia en
6.13 *tomad* toda la armadura de Dios, para que
6.16 sobre todo, *tomad* el escudo de la fe
6.17 y *tomad* el yelmo de la salvación, y la
Fil. 2.7 se despojó..*tomando* forma de siervo
1 Ti. 4.4 todo..si se *toma* con acción de gracias
6.5 *toman* la piedad como fuente de ganancia
2 Ti. 2.4 a fin de agradar a aquel que lo *tomó*
4.11 *toma* a Marcos y tráelo contigo, porque
4.16 todos me..no les sea *tomado* en cuenta
He. 5.1 todo sumo sacerdote *tomado* de entre los
5.4 y nadie *toma* para sí esta honra, sino el
7.5 *tomar* del pueblo los diezmos según la ley
7.6 *tomó* de Abraham los diezmos, y bendijo al
8.9 el día que los *tomé* de la..para sacarlos
9.19 *tomó* la sangre de los becerros..roció
Stg. 5.10 *tomad* como ejemplo de aflicción y de
Ap. 3.11 retén lo..que ninguno *tome* tu corona
5.7 *tomó* el libro de la mano derecha del que
5.8 cuando hubo *tomado* el libro, los cuatro
5.9 digno eres de *tomar* el libro y de abrir
5 12 el Cordero..es digno de *tomar* el poder
8.5 el ángel *tomó* el incensario, y lo llenó
10.8 y *toma* el librito que está abierto en
10.9 me dijo: *Toma*, y cómelo; y te amargará
10.10 *tomé* el librito de la mano del ángel
11.17 has *tomado* tu gran poder, y has reinado
18.21 y un ángel poderoso *tomó* una piedra
22.17 *tome* del agua de la vida gratuitamente

TOMÁS *Apóstol de Jesucristo*

Mt. 10.3 *T*, Mateo el publicano, Jacobo hijo
Mr. 3.18; Lc. 6.15 *T*, Jacobo hijo de Alfeo
Jn. 11.16 dijo entonces *T*..a sus condiscípulos
14.5 le dijo *T*: Señor, no sabemos a dónde vas
20.24 *T*..no estaba con ellos cuando Jesús vino
20.26 estaban..sus discípulos..y con ellos *T*
20.27 dijo a *T*: Pon aquí tu dedo, y mira mis
20.28 *T* respondió y le dijo: ¡Señor mío, y
20.29 dijo: Porque me has visto, *T*, creíste
21.2 estaban..*T* llamado el Dídimo, Natanael
Hch. 1.13 donde moraban..*T*, Bartolomé, Mateo

TONO

Sal. 92.3 el salterio, en *t* suave con el arpa
Gá. 4.20 estar con vosotros..y cambiar de *t*

TONSURA

Lv. 19.27 no haréis *t* en vuestras cabezas, ni
21.5 no harán *t* en su cabeza, ni raerán la

TOPACIO

Éx. 28.17 piedra sárdica, un *t* y un carbunclo
39.10 la primera hilera..un *t* y un carbunclo
Job 28.19 no se igualará con ella *t* de Etiopía
Ez. 28.13 de cornerina, *t*, jaspe, crisólito
Ap. 21.20 el noveno, *t*, el décimo, crisopraso

TOPAR

1 R. 13.24 yéndose, le *topó* un león..le mató

TOPO

Is. 2.20 arrojará el hombre a los *t*..ídolos

TOQUE

Ap. 8.13 causa de los otros *t* de trompeta que

TOQUÉN *Aldea en Simeón*, 1 Cr. 4.32

TORBELLINO

2 R. 2.1 quiso..alzar a Elías en un *t* al cielo
2.11 apartó..y Elías subió al cielo en un *t*
Job 21.18 serán como..tamo que arrebata el *t*
27.20 apoderarán de..*t* lo arrebatará de noche
37.9 sur viene el *t*, y el frío de los vientos
38.1; 40.6 respondió Jehová a Job desde..*t*
Sal. 77.18 la voz de tu trueno estaba en el *t*
83.13 Dios..ponlos como *t*, como hojarascas
83.15 persíguelos así..y atérralos con tu *t*
Pr. 1.27 vuestra calamidad llegare como un *t*
10.25 como pasa el *t*..el malo no permanece
Is. 5.28 y las ruedas de sus carros como *t*
17.13 huirán..y como el polvo delante del *t*
21.1 como *t* del Neguev..viene del desierto
28.2 y como *t* trastornador, como ímpetu de
29.6 visitada con truenos..*t* y tempestad, y
30.30 con *t*, tempestad y piedra de granizo
40.24 sacan, y el *t* los lleva como hojarasca
41.16 llevará el viento, y los esparcirá el *t*
66.15 carros como *t*, para descargar su ira
Jer. 4.13 subirá como nube, y su carro como *t*
Os. 8.7 porque sembraron viento, y *t* segarán
Nah. 1.3 Jehová marcha en la tempestad y el *t*
Zac. 7.14 esparcí con *t* por todas las naciones
9.14 Jehová será..e irá entre *t* del austro

TORCER

Dt. 16.19 no *tuerzas* el derecho..acepción de
24.17 no *torcerás* el derecho del extranjero
Jos. 18.14 y *tuerce* hacia el oeste por el lado
19.29 de allí este límite *tuerce* hacia Ramá
Job 8.3 ¿acaso *torcerá*..derecho, o pervertirá
Pr. 19.3 la insensatez del..*tuerce* su camino
Ec. 7.13 ¿quién..enderezar lo que él *torció?*
Is. 3.12 te..y *tuercen* el curso de tus caminos
30.21 ni tampoco *torzáis* a la mano izquierda
Jer. 2.23 dromedaria ligera..*tuerce* su camino
3.21 porque han *torcido* su camino, de Jehová
Lm. 3.9 cercó mis caminos..*torció* mis senderos
3.11 *torció* mis caminos, y..me dejó desolado
3.35 *torcer* el derecho del hombre delante de
Jl. 2.7 marchará por su..no *torcerá* su rumbo
Am. 2.7 *tuercen* el camino de los humildes; y el
2 P. 3.16 los indoctos e inconstantes *tuercen*

TORCIDO, DA

Éx. 26.1 tabernáculo de diez cortinas de lino *t*
26.31 harás un velo de azul..y lino *t*; será
26.36 una cortina de azul, púrpura..y lino *t*
27.9 tendrá el atrio cortinas de lino *t*, de
27.16 una cortina de..carmesí, y lino *t*, de
27.18 sus cortinas de lino *t*, y sus basas de
28.6 y harán el efod de oro, azul..y lino *t*
28.8 su cinto de..será de..carmesí y lino *t*
28.15 el pectoral del..de oro, azul..y lino *t*
36.8 tabernáculo de diez cortinas de lino *t*
36.35 hizo asimismo el velo de azul..y lino *t*
36.37 el velo para la puerta..de azul..lino *t*
38.9,16 cortinas del atrio eran..de lino *t*
38.18 cortina de la entrada..era de..lino *t*
39.2 hizo también el efod de oro..y lino *t*
39.5 cinto..de oro, azul, púrpura..y lino *t*

TORCIDO, DA *(Continúa)*

Éx. 39.8 hizo también el pectoral..oro..y lino *t*
39.24 e hicieron..granadas de azul..y lino *t*
39.28 y los calzoncillos de lino, de lino *t*
39.29 el cinto de lino *t*, de azul, púrpura
Dt. 32.5 de sus hijos..generación *t* y perversa
Jue. 5.6 andaban..se apartaban por senderos *t*
Sal. 10.5 sus caminos son *t* en todo tiempo; tus
Pr. 2.15 cuyas veredas son *t*, y *t* sus caminos
8.8 son..no hay en ellas cosa perversa ni *t*
21.8 el camino del..perverso es *t* y extraño
Ec. 1.15 lo *t* no se puede enderezar..contarse
Is. 40.4 *t* se enderece, y lo áspero se allane
45.2 enderezaré los lugares *t;* quebrantaré
59.8 sus veredas son *t;* cualquiera que por
Ez. 18.25 Israel..¿no son vuestros caminos *t?*
Hab. 1.4 ley es debilitada..sale *t* la justicia
Lc. 3.5 los caminos *t* serán enderezados, y los

TORMENTA

2 P. 2.17 son fuentes..nubes empujadas por la *t*

TORMENTO

Job 6.2 pesasen justamente mi queja y mi *t*, y
6.21 como ellas..habéis visto el *t*, y teméis
Pr. 13.12 la esperanza que se demora es *t* del
Mt. 4.24 todos..los afligidos por diversos..*t*
Lc. 16.23 en el Hades alzó sus..estando en *t*
16.28 que no vengan ellos..a este lugar de *t*
Hch. 22.29 apartaron..los que le iban a dar *t*
Ap. 9.5 *t* era como *t* de escorpión cuando hiere
14.11 el humo de su *t* sube por los siglos de
18.7 tanto dadle de *t* y llanto; porque dice
18.10 parándose lejos por el temor de su *t*
18.15 se pararán lejos por el temor de su *t*

TORNAR

Is. 42.15 los ríos *tornaré* en islas, y secaré

TORO

Gn. 49.6 furor..en su temeridad desjarretaron *t*
Dt. 33.17 como el primogénito de su *t* es su
Jue. 6.25 toma un *t* del hato..el segundo *t* de
6.26 y tomando el segundo *t*, sacrifícalo en
6.28 y el segundo *t* había sido ofrecido en
Job 21.10 sus *t* engendran, y no fallan; paren
Sal. 22.12 me han rodeado muchos *t*..*t* de Basán
50.13 ¿he de comer yo carne de *t*, o de beber
68.30 la multitud de *t* con los becerros de
Is. 34.7 con..caerán búfalos, y *t* con becerros
Ez. 39.18 y de *t*, engordados todos en Basán
Mt. 22.4 mis *t* y animales engordados han sido
Hch. 14.13 sacerdote de..trajo *t* y guirnaldas
He. 9.13 si la sangre de los *t* y..santifican
10.4 la sangre de los *t* y..no puede quitar

TORPE

Éx. 4.10 soy tardo en el habla y *t* de lengua
6.12 cómo..escuchará..siendo yo *t* de labios?
6.30 yo soy *t* de labios; ¿cómo..me ha de oir
Sal. 73.22 tan *t* era yo, que no entendía; era
Is. 35.8 que..por *t* que sea, no se extraviará

TORPEZA

Jer. 23.14 los profetas de Jerusalén he visto *t*

TORRE

Gn. 11.4 edifiquémonos una ciudad y una *t*, cuya
11.5 descendió..para ver la ciudad y la *t* que
Jue. 8.9 cuando yo vuelva en..derribaré esta *t*
8.17 derribó la *t* de Peniel, y mató a los de
9.46 los que estaban en la *t* de Siquem, se
9.47 reunidos..los hombres de la *t* de Siquem
9.49 que todos los de la *t* de Siquem murieron
9.51 había una *t*..subieron al techo de la *t*
9.52 vino Abimelec a la *t*..la puerta de la *t*
2 R. 9.17 y el atalaya que estaba en la *t* de
17.9; 18.8 las *t* de las atalayas hasta las
25.1 sitió, y levantó *t* contra ella alrededor
1 Cr. 27.25 Jonatán..los tesoros de..de las *t*
2 Cr. 14.7 cerquémoslas de muros con *t*, puertas
20.24 vino Judá a la *t* del desierto, miraron
26.9 edificó también Uzías *t* en Jerusalén
26.10 asimismo edificó *t* en el desierto, y
26.15 para que estuviesen en las *t* y en los
27.4 construyó fortalezas y *t* en los bosques
32.5 hizo alzar las *t*, y otro muro por fuera
Neh. 3.1 levantaron sus puertas hasta la *t* de
3.1 ellos..edificaron hasta la *t* de Hananeel
3.11 restauraron otro..y la *t* de los Hornos
3.25 y la *t* alta que sale de la casa del rey
3.26 restauraron hasta..la *t* que sobresalía
3.27 la gran *t* que sobresale, hasta el muro
12.38 la *t* de los Hornos hasta el muro ancho
12.39 *t* de Hananeel, y la *t* de Hamea, hasta
Sal. 48.12 alrededor de Sion, y..contad sus *t*
61.3 refugio, y *t* fuerte delante del enemigo
Pr. 18.10 *t* fuerte es el nombre de Jehová; a él
Cnt. 4.4 cuello, como la *t* de David, edificada
7.4 cuello, como *t* de marfil; tus ojos, como
7.4 tu nariz, como la *t* del Líbano, que mira
8.10 yo soy muro, y mis pechos como *t*, desde
Is. 2.15 sobre toda *t* alta..todo muro fuerte
5.2 había edificado en medio de ella una *t*
30.25 la gran matanza, cuando caerán las *t*
32.14 las *t* y fortalezas se volverán cuevas
Jer. 6.27 por fortaleza te he puesto en..por *t*
31.38 la ciudad será edificada..desde la *t*
Ez. 17.17 edifiquen *t* para cortar muchas vidas
21.22 poner arietes..y edificar *t* de sitio
26.4 los muros de Tiro, y derribarán sus *t*
26.8 pondrá contra ti *t* de sitio..baluarte
26.9 tus muros, y tus *t* destruirá con hachas
27.11 y los gamadeos en tus *t;* sus escudos
Mi. 4.8 tú, oh *t* del rebaño, fortaleza de la
Sof. 1.16 día de trompeta..sobre las altas *t*
Zac. 14.10 la *t* de Hananeel hasta los lagares
Mt. 21.33 edificó una *t*, y la arrendó a unos
Mr. 12.1 un lagar, edificó una *t*, y la arrendó
Lc. 13.4 sobre los cuales cayó la *t* en Siloé
14.28 ¿quién de..queriendo edificar una *t*

TORRENCIAL

Job 37.6 dice..a la llovizna, y a los aguaceros *t*
Pr. 28.3 pobre..como lluvia *t* que deja sin pan
Ez. 13.11 vendrá lluvia *t*, y enviaré piedras
13.13 mi ira, y lluvia *t* vendrá con mi furor

TORRENTE

Nm. 32.9 el *t* de Escol, y después que vieron
34.5 rodeará..límite..hasta el *t* de Egipto
Jue. 5.21 barrió el *t* de Cisón, el antiguo *t*
1 S. 30.9 partió..llegaron hasta el *t* de Besor
30.10 que cansados no pudieron pasar el *t* de
30.21 habían hecho quedar en el *t* de Besor
2 S. 15.23 pasó..toda la gente el *t* de Cedrón
22.5 ondas..*t* de perversidad me atemorizaron
22.16 entonces aparecieron los *t* de las aguas
1 R. 2.37 y pasares el *t* de Cedrón..morirás
15.13 el ídolo..lo quemó junto al *t* de Cedrón
2 Cr. 15.16 Asa..la quemó junto al *t* de Cedrón
29.16 los levitas la llevaron fuera al *t* de
30.14 altares..y los echaron al *t* de Cedrón
Neh. 2.15 subí de noche por el *t* y observé el
Job 6.15 hermanos me traicionaron como un *t*
20.17 no verá los..los *t* de miel y de leche
Sal. 18.4 y *t* de perversidad me atemorizaron
36.8 tú los abrevarás del *t* de tus delicias
78.20 aguas, y *t* inundaron la tierra; ¿podrá
90.5 los arrebatas como con *t* de aguas; son
124.4 sobre nuestra alma hubiera pasado el *t*
Is. 15.7 riquezas..llevarán al *t* de los sauces
27.12 trillará Jehová..hasta el *t* de Egipto
30.28 su aliento, cual *t* que inunda; llegará
30.33 el soplo de Jehová, como *t* de azufre
35.6 aguas serán cavadas..y *t* en la soledad
66.12 y la gloria de las naciones como *t* que
Jer. 47.2 suben aguas del norte, y se harán *t*
Jn. 18.1 salió..al otro lado del *t* de Cedrón

TORTA

Éx. 12.39 cocieron *t* sin levadura de la masa
29.2 y *t* sin levadura amasadas con aceite, y
29.23 una *t* grande de pan, y una *t* de pan de
Lv. 2.4 de *t* de flor de harina sin levadura
7.12 ofrecerá..*t* sin levadura amasadas con
7.12 flor de harina frita en *t* amasadas con
7.13 con *t* de pan leudo presentará su ofrenda
8.26 una *t* sin levadura, y una *t* de pan de
24.5 cocerás de ella doce *t;* cada *t* será de
Nm. 6.15 un canastillo de *t* sin levadura, de
6.19 tomará..*t* sin levadura del canastillo
11.8 y lo cocía en caldera o hacía de él *t*
15.20 ofreceréis una *t* en ofrenda; como la
1 S. 10.3 llevando..otro tres *t* de pan, y el
2 S. 6.19 un pedazo de carne y una *t* de pasas
1 R. 14.3 toma..*t*, y una vasija de miel, y vé
17.13 de ello una pequeña *t* cocida debajo de
19.6 he aquí..una *t* cocida sobre las ascuas
1 Cr. 12.40 trajeron..*t* de higos, pasas, vino
16.3 a cada uno una *t* de pan..una *t* de pasas
Is. 16.7 gemiréis..las *t* de uvas de Kir-hareset
Jer. 7.18 para hacer *t* a la reina del cielo y
37.21 dar una *t* de pan al día, de la calle de
44.19 ¿acaso le hicimos..*t* para tributarle
Os. 3.1 los hijos de Israel..aman *t* de pasas
7.8 mezclado con..Efraín fue *t* no volteada

TÓRTOLA

Gn. 15.9 tráeme..una *t* también, y un palomino
Lv. 1.14 de aves, presentará su ofrenda de *t*
5.7 traerá a Jehová..dos *t* o dos palominos
5.11 si no tuviere lo suficiente para dos *t*
12.6 traerá..*t* para expiación, a la puerta
12.8 tomará entonces dos *t* o dos palominos
14.22 y dos *t* o dos palominos, según pueda
14.30 asimismo ofrecerá una de las *t* o uno
15.14 tomará dos *t* o dos palominos, y vendrá
15.29 tomará consigo dos *t* o dos palominos
Nm. 6.10 octavo traerá dos *t* o dos palominos
Sal. 74.19 no entregues a las..el alma de tu *t*
Cnt. 2.12 en..país se ha oído la voz de la *t*
Jer. 8.7 la *t*..guardan el tiempo de su venida
Lc. 2.24 ofrecer..un par de *t*, o dos palominos

TORTUOSA

Job 26.13 cielos; su mano creó la serpiente *t*
Is. 27.1 castigará..al leviatán serpiente *t*, y

TOSCO

2 Co. 11.6 aunque sea *t* en la palabra, no..soy

TOSQUEDAD

Ec. 8.1 rostro, y la *t* de su semblante se mudará

TOSTAR

Lv. 2.14 *tostarás* al fuego las espigas verdes
23.14 no comeréis..grano *tostado*, ni espiga
Jos. 5.11 comieron del..espigas nuevas *tostadas*
1 S. 17.17 toma..un efa de este grano *tostado*
25.18 tomó..cinco medidas de grano *tostado*
2 S. 17.28 a David..grano *tostado*..garbanzos *t*
1 Cr. 23.29 para lo *tostado*, y para toda medida

TOTAL

Jer. 52.30 todas las personas en *t* fueron 4.600

TRABADO *Véase Trabar*

TRABAJADO

Dt. 25.18 salió..cuando tú estabas cansado y *t*
Job 3.20 ¿por qué se da luz al *t*, y vida a los
Mt. 11.28 venid a mí todos los que estáis *t* y

TRABAJADOR

Jue. 5.26 su mano a..su diestra al mazo de *t*
2 Cr. 2.10 para los *t* tus siervos, cortadores
Ec. 5.12 dulce es el sueño del *t*, coma mucho
Is. 58.3 propio gusto, y oprimís a..vuestros *t*

TRABAJAR

Gn. 30.30 ¿cuándo *trabajaré*..mi propia casa?
Éx. 5.18 id pues, ahora, y *trabajad*. No se os
20.9 seis días *trabajarás*, y harás toda tu
21.19 por lo que estuvo sin *trabajar*, y hará
23.12 seis días *trabajarás*, y al séptimo día
31.4 *trabajar* en oro, en plata y en bronce
31.5 para *trabajar* en toda clase de labor
31.15 seis días se *trabajará*..día séptimo es
31.15 cualquiera que *trabaje* en el día de
34.21 seis días *trabajarás*, mas en el séptimo
35.2 seis días se *trabajará*..día séptimo os
35.32 *trabajar* en oro, en plata y en bronce
35.33 para *trabajar* en toda labor ingeniosa
36.2 venir a la obra para *trabajar* en ella
Lv. 11.32 sea..instrumento con que se *trabaja*
23.3 seis días se *trabajará*, mas el séptimo
Dt. 5.13 seis días *trabajarás*, y harás toda tu
16.8 fiesta..a Jehová..no *trabajarás* en él
21.3 una becerra que no haya *trabajado*, que
Jos. 24.13 la tierra por la..nada *trabajasteis*
Rt. 2.19 dónde has *trabajado?*..contó..había *t*
2.19 el..con quien hoy he *trabajado* es Booz
2 S. 12.31 los puso a *trabajar*..los hizo *t* en
20.15 el pueblo..*trabajaba* por derribar la
1 R. 7.14 su padre, que *trabajaba* en bronce
9.23 estaban sobre el pueblo que *trabajaba* en
1 Cr. 4.21 los que *trabajan* lino en Bet-asbea
20.3 y lo puso a *trabajar* con sierras, con
23.24 de Leví..*trabajaban* en el ministerio
27.26 de los que *trabajaban* en la labranza
2 Cr. 2.7 un hombre hábil que sepa *trabajar* en
2.14 sabe *trabajar* en oro, plata, bronce y
2.18 capataces para hacer *trabajar* al pueblo
34.10 *trabajaban* en la casa de Jehová, para
Neh. 4.6 el pueblo tuvo ánimo para *trabajar*
4.16 mitad..*trabajaba* en la obra, y la otra
4.17 con una mano *trabajaban* en la obra, y en
4.21 nosotros, pues, *trabajábamos* en la obra
Job 9.29 soy impío; ¿para qué *trabajaré* en vano?
Sal. 127.1 en vano *trabajan* los que la edifican
Pr. 16.26 el alma del que *trabaja*, *t* para sí
21.25 porque sus manos no quieren *trabajar*
31.13 y con voluntad *trabaja* con sus manos
Ec. 2.15 ¿para qué..*trabajado* hasta ahora para
2.21 ¡que el hombre *trabaje* con sabiduría, y
2.21 su hacienda a hombre que nunca *trabajó*
3.9 ¿qué provecho tiene el que *trabaja*, de
4.8 nunca cesa de *trabajar*, ni sus ojos se
4.8 ¿para quién *trabajo* yo, y defraudo..alma
5.16 ¿y de qué le aprovechó *trabajar* en vano?
8.17 por mucho que *trabaje* el..no la hallará
Is. 44.12 el herrero toma la tenaza, *trabaja* en
44.12 y *trabaja* en ello con la fuerza de su
49.4 por demás he *trabajado*, en vano y sin
65.23 no *trabajarán* en vano, ni darán a luz
Jer. 18.3 alfarero..él *trabajaba* sobre la rueda
51.58 en vano *trabajaron* los pueblos, y las
Ez. 29.20 porque *trabajaron* para mí, dice Jehová
Dn. 6.14 el rey oyó el..*trabajó* para librarle
Jon. 1.13 *trabajaron* para hacer volver la nave
4.10 la calabacera, en la cual no *trabajaste*
Hab. 2.13 los pueblos..*trabajarán* para el fuego
Hag. 1.6 que *trabaja*..recibe su jornal en saco
1.14 *trabajaron* en la casa de Jehová de los
2.4 y *trabajad;* porque yo estoy con vosotros
Mt. 6.28 los lirios del campo..no *trabajan* ni

TRABAJAR ***(Continúa)***

Mt. 20.12 postreros han *trabajado* una sola hora
21.28 hijo, vé hoy a *trabajar* en mi viña
Lc. 5.5 toda la noche hemos estado *trabajando*
12.27 no *trabajan*, ni hilan; mas os digo, que
13.14 seis días hay en que se debe *trabajar*
Jn. 5.17 mi Padre. .ahora *trabaja*, y yo *trabajo*
6.27 *trabajad*, no por la comida que perece
9.4 noche viene, cuando nadie puede *trabajar*
Hch. 18.3 *trabajaban* juntos, pues el oficio de
20.35 que, *trabajando* así, se debe ayudar a
Ro. 16.6 a María, la cual ha *trabajado* mucho
16.12 y a Trifosa, las cuales *trabajan* en el
16.12 la cual ha *trabajado* mucho en el Señor
1 Co. 4.12 fatigamos *trabajando* con nuestras
9.6 yo y. .no tenemos derecho de no *trabajar?*
9.13 los que *trabajan* en las cosas sagradas
15.10 he *trabajado* más que todos ellos; pero
16.16 y a todos los que ayudan y *trabajan*
Gá. 4.11 me temo. .que haya *trabajado* en vano
Ef. 4.28 sino *trabaje*, haciendo con sus manos
Fil. 2.16 he corrido. .ni en vano he *trabajado*
Col. 1.29 para lo cual también *trabajo*, luchando
1 Ts. 2.9 *trabajando* de noche y de día, para
4.11 ocuparos. .y *trabajar* con vuestras manos
5.12 que reconozcáis a los que *trabajan* entre
2 Ts. 3.8 *trabajamos* con. .y fatiga día y noche
3.10 alguno no quiere *trabajar*, tampoco coma
3.11 no *trabajando* en nada, sino. .lo ajeno
3.12 que *trabajando*. .coman su propio pan
1 Ti. 4.10 por esto mismo *trabajamos* y sufrimos
5.17 los que *trabajan* en predicar y enseñar
2 Ti. 2.6 el labrador. .debe *trabajar* primero
Ap. 2.3 y has *trabajado*. .por amor de mi nombre
18.17 y todos los que *trabajan* en el mar, se

TRABAJO

Gn. 5.29 aliviará de nuestras obras y del *t* de
31.42 pero Dios vio mi aflicción y el *t* de
35.16 dio a luz Raquel, y hubo *t* en su parto
35.17 como había *t* en su parto, que le dijo
41.51 dijo: Dios me hizo olvidar todo mi *t*
Éx. 5.4 por qué hacéis cesar al pueblo de su *t?*
18.8 el *t* que habían pasado en el camino, y
18.18 el *t* es demasiado pesado para ti; no
35.2 cualquiera que en él hiciere *t* alguno
Lv. 23.3 ningún *t* haréis; día de reposo es de
23.7 primer día. .ningún *t* de siervos haréis
23.8 el séptimo. .ningún *t* de siervo haréis
23.21 ningún *t* de siervos haréis; estatuto
23.25 ningún *t* de siervos haréis. .ofreceréis
23.28 ningún *t* haréis en este día; porque es
23.30 que hiciere *t* alguno en este día, yo
23.31 ningún *t* haréis; estatuto perpetuo es
23.35 primer día. .ningún *t* de siervos haréis
23.36 es fiesta, ningún *t* de siervos haréis
Nm. 20.14 has sabido. .el *t* que nos ha venido
Dt. 26.7 y vio. .nuestro *t* y nuestra opresión
28.33 y de todo tu *t* comerá pueblo que no
Jue. 19.16 un hombre viejo que venía de su *t*
1 R. 18.27 está meditando, o tiene algún *t*, o
2 Cr. 24.12 a los que hacían el *t* del servicio
Neh. 5.13 sacuda Dios. .de su *t* a todo hombre
Job 1.10 al *t* de sus manos has dado bendición
7.2 el jornalero espera el reposo de su *t*
7.3 así. .y noches de *t* me dieron por cuenta
20.18 restituirá el *t* conforme a los bienes
39.16 no temiendo que su *t* haya sido en vano
Sal. 10.14 miras el *t* y la vejación, para dar
25.18 mira mi aflicción y mi *t*, y perdona
55.10 e iniquidad y *t* hay en medio de ella
73.5 no pasan *t* como los otros mortales, ni
73.16 pensé para saber esto, fue duro *t* para
90.10 con todo, su fortaleza es molestia y *t*
107.12 esto quebrantó con el *t* sus corazones
109.11 el acreedor. .y extraños saqueen su *t*
128.2 cuando comieres el *t* de tus manos
144.14 nuestros bueyes están fuertes para. .*t*
Pr. 5.10 sea. .tus *t* estén en casa del extraño
18.9 que es negligente en su *t* es hermano del
22.29 ¿has visto hombre solícito en su *t?*
24.10 fueres flojo en el día de *t*, tu fuerza
Ec. 1.3 ¿qué provecho tiene. .de todo su *t* con
1.13 este penoso *t* dio Dios a los hijos de
2.10 mi corazón gozó de todo mi *t;* y esta fue
2.11 el *t* que tomé para hacerlas; y he aquí
2.18 aborrecí. .mi *t* que había hecho debajo del
2.19 el que se enseñoreará de todo mi *t* en que
2.20 a desesperanzarse. .acerca de todo el *t*
2.22 ¿qué tiene el hombre de todo su *t*, y de
2.23 no son sino dolores, y sus *t* molestias
2.24 beba, y que su alma se alegre en su *t*
2.26 mas al pecador da el *t* de recoger y
3.10 yo he visto el *t* que Dios ha dado a los
3.22 cosa mejor para. .que alegrarse en su *t*
4.4 todo *t*. .despierta la envidia del hombre
4.6 que ambos puños llenos con *t* y aflicción
4.8 bien? También esto es vanidad, y duro *t*
4.9 mejores son. .tienen mejor paga de su *t*
5.15 y nada tiene de su *t* para llevar en su
5.18 gozar uno del bien de todo su *t* con que
5.19 que. .goce de su *t*, esto es don de Dios
6.7 todo el *t* del hombre es para su boca, y
8.15 que esto le quede de su *t* los días de su
9.9 en tu *t* con que te afanas debajo del sol
9.10 en el Seol, adonde vas, no hay obra. .*t*
10.15 el *t* de los necios los fatiga; porque
Is. 14.3 día que Jehová te dé reposo de tu *t* y
45.14 el *t* de Egipto. .pasarán a ti y serán
55.2 gastáis. .vuestro *t* en lo que no sacia?
62.8 ni beberán. .el vino que es fruto de tu *t*
Jer. 3.24 confusión consumió el *t* de. .padres
17.22 ni hagáis *t* alguno, sino santificad el
17.24 de reposo, no haciendo en él ningún *t*
20.5 entregaré. .todo su *t* y todas sus cosas
20.18 ¿para ver *t* y dolor, y que mis días se
22.13 casa. .no dándole el salario de su *t!*
31.16 salario hay para tu *t*, dice Jehová, y
Lm. 3.5 edificó. .y me rodeó de amargura y de *t*
Ez. 29.20 por su *t* con que sirvió contra ella
46.1 estará cerrada los seis días de *t*, y el
Os. 12.8 nadie hallará. .pecado en todos mis *t*
Hag. 1.11 sequía sobre. .sobre todo *t* de manos
Hch. 6.3 siete varones. .encarguemos de este *t*
1 Co. 15.58 vuestro *t* en el Señor no es. .vano
2 Co. 6.5 en tumultos, en *t*, en desvelos, en
10.15 no nos gloriamos. .en *t* ajenos, sino que
11.23 yo más; en *t* más abundante; en azotes
11.27 en *t* y fatiga, en muchos desvelos, en
1 Ts. 1.3 acordándonos. .del *t* de vuestro amor
2.9 porque os acordáis. .de nuestro *t* y fatiga
3.5 no sea. .que nuestro *t* resultase en vano
He. 6.10 para olvidar. .obra y el *t* de amor que
2 Jn. 8 no perdáis el fruto de vuestro *t*, sino
Ap. 2.2 yo conozco tus. .tu arduo *t* y paciencia
14.13 descansarán de sus *t*, porque sus obras

TRABAR

Gn. 22.13 un carnero *trabado* en un zarzal por
25.26 *trabada* su mano al calcañar de Esaú
1 S. 4.2 y *trabándose* el combate. .fue vencido
2 Cr. 20.35 Josafat. .*trabó* amistad con Ocozías
Job 41.17 están *trabados* entre sí, que no se
Zac. 14.13 *trabará* cada uno de la mano de su

TRACONITE ***Provincia romana de Palestina (=Basán)*, Lc. 3.1**

TRADICIÓN

Mt. 15.2 tus. .quebrantan la *t* de los ancianos?
15.3 quebrantáis el mandamiento. .vuestra *t?*
15.6 invalidado el mandamiento. .vuestra *t*
Mr. 7.3 aferrándose a la *t* de los ancianos, si
7.5 no andan conforme a la *t* de los ancianos
7.8 os aferráis a la *t* de los hombres: los
7.9 bien invalidáis. .para guardar vuestra *t*
7.13 invalidando. .con vuestra *t* que habéis
Gá. 1.14 mucho más celoso de las *t* de. .padres
Col. 2.8 según las *t* de los hombres, conforme

TRADUCIR

Mt. 1.23 que *traducido* es: Dios con nosotros
Mr. 5.41 que *traducido* es: Niña, a ti te digo
15.22 que *traducido* es: Lugar de la Calavera
15.34 que *traducido* es: Dios mío, Dios mío
Jn. 1.38 Rabí (que *traducido* es, Maestro)
1.41 al Mesías (que *traducido* es, el Cristo)
9.7 de Siloé (que *traducido* es, Enviado). Fue
Hch. 4.36 que *traducido* es, Hijo de consolación
9.36 que *traducido* quiere decir, Dorcas. Esta
13.8 Elimas. .pues así se *traduce* su nombre)

TRAER

Gn. 2.19 toda bestia. .toda ave. .*trajo* a Adán
2.22 hizo una mujer, y la *trajo* al hombre
4.3 que Caín *trajo* del fruto de la tierra una
4.4 y Abel *trajo*. .de los primogénitos de sus
6.17 yo *traigo* un diluvio de aguas sobre la
8.11 la paloma. .*traía* una hoja de olivo en el
15.9 le dijo: *Tráeme* una becerra de tres años
18.4 que se *traiga*. .un poco de agua, y lavad
18.5 y *traeré* un bocado de pan, y sustentad
24.7 y tú *traerás* de allá mujer para mi hijo
24.67 la *trajo* Isaac a la tienda de su madre
26.10 y hubieras *traído* sobre nosotros el
27.3 tu arco, y sal al campo y *tráeme* caza
27.4 y hazme un guisado. .y *tráemelo*, y comeré
27.5 para buscar la caza que había de *traer*
27.7 *tráeme* caza y hazme un guisado, para que
27.9 y *tráeme* de allí dos buenos cabritos de
27.12 burlador, y *traeré* sobre mí maldición
27.13 hijo. .obedece a mi voz y vé y *tráemelos*
27.14 fue y los tomó, y los *trajo* a su madre
27.25 comió; le *trajo* también vino, y bebió
27.31 hizo él. .guisados, y *trajo* a su padre
27.33 ¿quién es el que. .*trajo* caza, y me dio
27.45 enviaré entonces, y te *traeré* de allá
28.15 y te. .volveré a *traerte* a esta tierra
29.13 Labán. .lo besó, y lo *trajo* a su casa
29.23 tomó a Lea su hija, y se la *trajo;* y él
30.14 mandrágoras. .las *trajo* a Lea su madre
31.26 *traído* a mis hijas como prisioneras de
31.39 nunca te *traje* lo arrebatado por las
33.11 acepta. .mi presente que te he *traído*
37.14 mira cómo están. .*tráeme* la respuesta
37.25 sus camellos *traían* aromas, bálsamo y
37.28 sacaron ellos a José. .*trajeron* arriba
37.32 la túnica de. .y la *trajeron* a su padre
39.14 ha *traído* un hebreo para que hiciese
39.17 el siervo hebreo que nos *trajiste*, vino
42.16 enviad a uno. .*traiga* a vuestro hermano
42.20 pero *traeréis* a vuestro hermano menor
42.34 y *traedme* a vuestro hermano el menor
43.2 comer el trigo que *trajeron* de Egipto
43.3 rostro si no *traéis* a vuestro hermano
43.5 dijo: No veréis mi rostro si no *traéis*
43.9 si yo te lo vuelvo a *traer*, y si no lo
43.18 han *traído* aquí, para tendernos lazo
43.21 lo hemos vuelto a *traer* con nosotros
43.22 *traído* en nuestras manos otro dinero
43.26 y ellos le *trajeron* el presente que
44.8 lo volvimos a *traer* desde la tierra de
44.21 dijiste. .*Traédmelo*, y pondré mis ojos
44.32 no te lo vuelvo a *traer*. .seré culpable
45.13 y daos prisa, y *traed* a mi padre acá
45.19 manda. .*traed* a vuestro padre, y venid
46.7 a toda su descendencia *trajo* consigo a
46.32 y han *traído* sus ovejas y sus vacas, y
47.17 y ellos *trajeron* sus ganados a José, y
Éx. 2.10 lo *trajo* a la hija de Faraón, la cual
10.4 mañana yo *traeré* sobre tu. .la langosta
10.12 extiende tu mano. .para *traer* la langosta
10.13 *trajo* un viento oriental sobre el país
10.13 el viento oriental *trajo* la langosta
10.19 *trajo* un fortísimo viento occidental
11.1 dijo. .Una plaga *traeré* aún sobre Faraón
18.22 asunto grave lo *traerán* a ti, y ellos
18.26 el asunto difícil lo *traían* a Moisés
19.4 os tomé sobre alas. .y os he *traído* a mí
22.13 le *traerá* testimonio, y no pagará lo
23.19 las primicias. .de tu tierra *traerás* a
27.20 que te *traigan* aceite puro de olivas
32.2 apartad los zarcillos de. .y *traédmelos*
32.3 zarcillos de oro. .los *trajeron* a Aarón
32.15 *trayendo* en su mano las dos tablas del
32.21 has *traído* sobre él tan gran pecado?
35.5 generoso de corazón la *traerá* a Jehová
35.22 *trajeron* cadenas y zarcillos, anillos
35.23 que tenía. .pieles de tejones, lo *traía*
35.24 todo el que. .*traía* a Jehová la ofrenda
35.24 el que tenía madera de acacia la *traía*
35.25 mujeres. .*traían* lo que habían hilado
35.27 príncipes *trajeron* piedras de ónice, y
35.29 tuvieron corazón voluntario para *traer*
35.29 *trajeron* ofrenda voluntaria a Jehová
36.3 ofrenda que. .habían *traído* para la obra
36.3 seguían *trayéndole* ofrenda voluntaria
36.5 el pueblo *trae* mucho más de lo que se
39.33 y *trajeron* el tabernáculo a Moisés, el
Lv. 2.2 y la *traerá* a los sacerdotes, hijos de
2.8 *traerás* a Jehová la ofrenda que se hará
4.4 *traerá* el becerro a la. .del tabernáculo
4.5 de la sangre. .y la *traerá* al tabernáculo
4.14 y lo *traerán* delante del tabernáculo de
4.28 pecado. .*traerá* por su ofrenda una cabra
4.32 si. .*trajere* cordero. .sin defecto *traerá*
5.6 y para su expiación *traerá*. .una cordera
5.7 *traerá* a Jehová en expiación. .tórtolas
5.8 los *traerá* el sacerdote, el cual ofrecerá
5.11 *traerá* como ofrenda. .de flor de harina
5.12 la *traerá*, pues, al sacerdote, y. .tomará
5.15 *traerá* por su culpa a Jehová un carnero
5.18 *traerá*, pues, al sacerdote para expiación
6.6 expiación de. .*traerá* a Jehová un carnero
6.21 frita la *traerás*, y los pedazos cocidos
7.29 *traerá* su ofrenda. .de paz ante Jehová
7.30 sus manos *traerán* las ofrendas que se
7.30 *traerá* la grosura con el pecho. .mecido
8.14 hizo *traer* el becerro de la expiación
8.18 después hizo que *trajeran* el carnero del
8.22 hizo que *trajeran* el otro carnero, el
9.9 los hijos de Aarón le *trajeron* la sangre
10.15 *traerán* la espaldilla. .se ha de elevar
12.6 *traerá* un cordero de un año. .holocausto
13.2 *traído* a Aarón el sacerdote o a uno de
13.9 llaga de lepra. .será *traído* al sacerdote
14.2 se limpiare: Será *traído* al sacerdote
14.23 al octavo día de. .*traerá* estas cosas al
15.29 dos tórtolas. .los *traerá* al sacerdote
16.6 *traer* Aarón el becerro de la expiación
16.9 hará *traer* Aarón el macho cabrío sobre
16.11 y hará *traer* Aarón el becerro que era
16.20 altar, hará *traer* el macho cabrío vivo
17.4,9 no lo *trajere* a la. .del tabernáculo
17.5 a fin de que *traigan* los hijos de Israel
17.5 que los *traigan* a Jehová a la puerta del
19.21 *traerá*. .un carnero en expiación por su
23.10 *traeréis* al sacerdote una gavilla por
23.17 *traeréis* dos panes para ofrenda mecida
24.2 que te *traigan* para el alumbrado aceite
26.25 *traeré* sobre vosotros espada vengadora
Nm. 5.15 marido *traerá* su mujer. .*t* su ofrenda
5.15 recordativa, que *trae* a la memoria el
5.19 libre seas de estas. .que *traen* maldición
5.24 a beber. .las aguas. .que *traen* maldición
6.10 el día octavo *traerá* dos tórtolas o dos
6.12 *traerá* un cordero. .en expiación por la
7.3 *trajeron* sus ofrendas delante de Jehová
7.10 y los príncipes *trajeron* ofrendas para
11.16 *tráelos* a la puerta del tabernáculo de

TRAER *(Continúa)*

Nm. 11.31 vino un viento. .*y trajo* codornices del
13.23 un racimo de uvas, el cual *trajeron* dos
14.3 ¿y por qué nos *trae* Jehová a esta tierra
15.4 *traerá* como ofrenda la décima parte de
15.25 y ellos *traerán* sus ofrendas, ofrenda
15.33 le hallaron. .lo *trajeron* a Moisés y a
18.13 primicias. .las cuales *traerán* a Jehová
19.2 Israel que te *traigan* una vaca alazana
20.5 subir. .para *traernos* a este mal lugar?
23.7 de Aram me *trajo* Balac, rey de Moab, de
23.11 te he *traído* para que maldigas a mis
25.6 un varón de. .vino y *trajo* una madianita
31.12 *trajeron* a Moisés. .cautivos y el botín
31.54 lo *trajeron* al tabernáculo de reunión
Dt. 1.17 y la causa. .difícil, la *traeréis* a mí
1.22 nos *traigan* razón del camino por donde
1.25 tomaron. .del fruto del. .nos lo *trajeron*
1.31 Jehová tu Dios te ha *traído*, como *trae*
6.23 *traernos* y darnos la tierra que juró a
7.26 y no *traerás* cosa abominable a tu casa
8.2 el camino por donde te ha *traído* Jehová
8.17 la fuerza de mi. .han *traído* esta riqueza
9.4 me ha *traído* Jehová a poseer esta tierra
21.4 y los ancianos. .*traerán* la becerra a un
23.18 no *traerás* la paga de una ramera ni el
26.9 nos *trajo* a este lugar, y nos dio esta
26.10 he *traído* las primicias del fruto de
28.21 Jehová *traerá* sobre ti mortandad. .que
28.49 *traerá* contra ti una nación de lejos
28.60 *traerá* sobre ti. .los males de Egipto
29.5 yo os he *traído* 40 años en el desierto
29.27 para *traer* sobre ella. .las maldiciones
30.12 ¿quién subirá. .al cielo, y. .lo *traerá*
30.13 para que nos lo *traiga* y nos lo haga oir
32.10 lo *trajo* alrededor, lo instruyó. .guardó
Jos. 4.20 piedras que habían *traído* del Jordán
7.23 tomándolo. .tienda, lo *trajeron* a Josué
8.23 tomaron vivo al rey. .*trajeron* a Josué
9.5 todo el pan que *traían*. .era seco y mohoso
14.7 yo le *traje* noticias como lo sentía en
18.6 me *traeréis* la descripción aquí, y yo os
23.15 *traerá* Jehová sobre. .toda palabra mala
24.3 lo *traje* por toda la tierra de Canaán
24.32 huesos de José. .habían *traído* de Egipto
Jue. 3.18 despidió. .gente que lo había *traído*
7.25 *trajeron* las cabezas de Oreb y de Zeeb
8.4 él y los 300 hombres que *traía* consigo
8.21 adornos. .sus camellos *traían* al cuello
8.24 pues *traían* zarcillos de oro, porque eran
8.26 vestidos de. .*traían* los reyes de Madián
8.26 sin los collares que *traían* sus camellos
11.5 fueron a *traer* a Jefté de la tierra de
16.8 los filisteos le *trajeron* siete mimbres
16.18 vinieron a ella, *trayendo* en. .el dinero
18.3 le dijeron: ¿Quién te ha *traído* acá?
19.21 los *trajo* a su casa, y dio de comer a
21.12 y las *trajeron* al campamento en Silo
Rt. 3.15 quítate el manto que *traes* sobre ti
1 S. 1.24 lo *trajo* a la casa de Jehová en Silo
1.25 matando el becerro, *trajeron* el niño a
2.13 el criado. .*trayendo* en su mano un garfio
2.19 le hacía. .túnica. .se la *traía* cada año
4.3 *traigamos* a nosotros. .el arca del pacto
4.4 y *trajeron*. .el arca del pacto de Jehová
4.6 que el arca de Jehová había sido *traída* al
9.23 cocinero: *Trae* acá la porción que te di
10.23 lo *trajeron* de allí; y puesto en medio
10.27 y no le *trajeron* presente. .él disimuló
13.9 *traedme* holocausto y ofrendas de paz
14.1 dijo a su criado que le *traía* las armas
14.18 y Saúl dijo a Ahías: *Trae* el arca de
14.27 alargó la punta de una vara que *traía*
14.34 que me *traigan* cada uno su vaca, y cada
14.34 *trajo* todo el pueblo cada cual. .su vaca
14.43 un poco de miel con. .la vara que *traía*
15.15 respondió: De Amalec los han *traído*
15.20 he *traído* a Agag rey de Amalec, y he
15.32 Samuel: *Traedme* a Agag rey de Amalec
16.17 buscadme. .que toque bien, y *traédmelo*
17.5 *traía* un casco de bronce en su cabeza
17.6 sobre. .piernas *traía* grebas de bronce
17.40 y las puso. .en el zurrón que *traía*, y
17.54 tomó la cabeza. .la *trajo* a Jerusalén
18.27 y *trajo* David los prepucios de ellos
19.7 Jonatán. .él mismo *trajo* a David a Saúl
19.15 *traédmelo* en la cama para que lo mate
19.20 Saúl envió. .para que *trajeran* a David
20.31 envía. .*tráemelo*, porque ha de morir
21.14 es demente, ¿por qué lo habéis *traído*
21.15 locos, para que hayáis *traído* a éste
22.4 los *trajo*, pues, a la presencia del rey
23.9 dijo a Abiatar sacerdote: *Trae* el efod
25.27 este presente que tu sierva ha *traído*
25.35 recibió David. .lo que le había *traído*
28.25 *trajo* delante de Saúl y de sus siervos
30.11 a un hombre. .el cual *trajeron* a David
30.20 y *trayéndolo*. .decían: Este es el botín
2 S. 1.10 la argolla que *traía* en su brazo, y las
1.10 y tomé. .y las he *traído* acá a mi señor
1.13 aquel joven que le había *traído* las nuevas
3.13 no me vengas a ver sin. .*traigas* a Mical
3.22 los siervos. .*traían* consigo gran botín
4.8 y *trajeron* la cabeza de Is-boset a David
4.10 imaginándose que *traía* buenas nuevas
5.2 eras tú quien sacabas. .volvías a *traer*
6.10 David no quiso *traer* para sí el arca de
7.18 ¿quién soy yo. .que tú me hayas *traído*
8.7 tomó David los escudos de oro que *traían*
9.5 envió. .y le *trajo* de la casa de Maquir
11.27 envió David y la *trajo* a su casa; y
13.10 *trae* la comida a la alcoba, para que
14.10 al que hablare. .*tráelo* a mí, y no te
14.23 fue a. .y *trajo* a Absalón a Jerusalén
17.28 *trajeron* a David. .tazas, vasijas de
18.25 dijo: Si viene solo, buenas nuevas *trae*
23.16 *trajeron* a David; mas él no la quiso
1 R. 1.3 Abisag sunamita, y la *trajeron* al rey
1.42 eres. .valiente, y *traerás* buenas nuevas
1.53 envió el rey. .y lo *trajeron* del altar
2.19 hizo *traer* una silla para su madre, la
2.40 fue. .Simei, y *trajo* sus siervos de Gat
3.1 la hija de Faraón, y la *trajo* a la ciudad
3.24 *traedme* una espada. Y *trajeron*. .espada
4.21 *traían* presentes, y sirvieron a Salomón
4.28 *traer* cebada y paja para los caballos y
5.17 mandó el rey. .*trajesen* piedras grandes
6.7 de piedras que *traían* ya acabadas, de tal
8.1 para *traer* el arca del pacto de Jehová de
9.9 por eso ha *traído* Jehová. .todo este mal
9.11 había *traído* a Salomón madera de ciprés
9.28 a Ofir y. .y lo *trajeron* al rey Salomón
10.11 la flota. .había *traído* el oro de Ofir
10.11 *traía* también de Ofir mucha madera de
10.22 de Tarsis, y *traía* oro, plata, marfil
10.28 *traían* de Egipto caballos y lienzos a
13.18 *tráele* contigo a tu casa, para que coma
14.10 *traigo* mal sobre la casa de Jeroboam
17.6 los cuervos le *traían* pan y carne por la
17.10 te ruego que me *traigas* un poco de agua
17.11 yendo. .para *traérsela*, él la volvió a
17.11 te ruego que me *traigas*. .un bocado de
17.13 una pequeña torta cocida. .y *tráemela*
17.18 para *traer* a memoria mis iniquidades
17.23 lo *trajo* del aposento a la casa, y lo
20.33 dijo: Id y *traedle*. Ben-adad entonces
20.39 se me acercó un. .y me *trajo* un hombre
21.21 yo *traigo* mal sobre ti, y barreré tu
21.29 no *traeré* el mal en sus días; en los
21.29 en los días de su hijo *traeré* el mal
22.9 le dijo: *Trae* pronto a Micaías hijo de
22.37 murió. .el rey, y fue *traído* a Samaria
2 R. 2.20 *traedme* una vasija nueva. .la *trajeron*
3.15 ahora *traedme* un tañedor. Y mientras el
4.5 le *traían* las vasijas, y ella echaba del
4.6 *tráeme* aún otras vasijas. Y él dijo: No
4.20 habiéndole él. .*traído* a su madre, estuvo
4.41 *traed* harina. Y la esparció en la olla
4.42 el cual *trajo* al varón de Dios panes de
5.20 no tomando. .las cosas que había *traído*
6.30 rey. .y el pueblo vio el cilicio que *traía*
10.8 *traído* las cabezas de los hijos del rey
12.4 el dinero. .que se suele *traer* a la casa
12.4 el dinero que cada uno. .*trae* a la casa
12.9 todo el dinero que se *traía* a la casa de
12.13 de aquel dinero que se *traía* a la casa
14.20 lo *trajeron* luego sobre caballos, y lo
17.24 y *trajo* el rey de Asiria gente de. .Ava
17.27 los sacerdotes que *trajisteis* de allá
21.12 *traigo* tal mal sobre Jerusalén y sobre
22.4 que recoja el dinero que han *traído* a la
22.16 *traigo* sobre este lugar. .todo el mal de
22.20 no verán. .mal que yo *traigo* sobre este
23.30 siervos. .lo *trajeron* muerto de Meguido
25.6 preso. .le *trajeron* al rey de Babilonia
1 Cr. 5.18 hombres que *traían* escudo y espada
10.12 el cuerpo de Saúl y. .*trajeron* a Jabes
11.2 sacaba a la guerra. .y la volvía a *traer*
11.18 agua del pozo. .y la *trajeron* a David
11.19 con peligro de sus vidas la han *traído*?
11.23 y el egipcio *traía* una lanza como un
12.24 los hijos de Judá que *traían* escudo y
12.40 eran vecinos. .*trajeron* víveres en asnos
13.3 *traigamos* el arca de. .Dios a nosotros
13.5 Israel. .que *trajesen* el arca de Dios de
13.12 ¿cómo he de *traer* a mi casa el arca de
13.13 no *trajo* David el arca a su casa en la
15.14 se santificaron para *traer* el arca de
15.15 los levitas *trajeron* el arca de Dios
15.25 a *traer* el arca del pacto de Jehová, de
16.1 *trajeron* el arca de Dios, y la pusieron
16.29 *traed* ofrenda, y venid delante de él
17.16 ¿quién soy yo. .me hayas *traído* hasta
18.2,6 siervos de David, *trayéndole* presentes
18.7 tomó. .David los escudos. .y los *trajo* a
19.16 y *trajeron* a los sirios que estaban al
22.4 habían *traído* a David. .madera de cedro
22.19 para *traer* el arca del pacto de Jehová
2 Cr. 1.4 David había *traído* el arca de Dios de
2.16 la *traeremos* en balsas por el mar hasta
5.2 para que *trajesen* el arca del pacto de
7.22 él ha *traído* todo este mal sobre ellos
8.18 de oro, y los *trajeron* al rey Salomón
9.10 los. .que habían *traído* el oro de Ofir
9.10 *trajeron* madera de sándalo, y piedras
9.12 más de lo que ella había *traído* al rey
9.14 sin lo que *traían* los mercaderes. .t oro
9.21 de Tarsis, y *traían* oro, plata, marfil
9.24 cada uno de éstos *traía* su presente. .oro
9.28 *traían* también caballos para Salomón, de
14.8 Asa ejército que *traía* escudos y lanzas
14.8 *traían* escudos y entesaban arcos, todos
15.11 del botín que habían *traído*, 700 bueyes
15.18 *trajo* a la casa de Dios lo que su padre
17.11 y *traían* de los filisteos presentes a
17.11 los árabes también le *trajeron* ganados
22.9 lo hallaron y lo *trajeron* a Jehú, y le
24.6 levitas *traigan* de Judá y de Jerusalén
24.9 pregonar. .*trajesen* a Jehová la ofrenda
24.10 *trajeron* ofrendas, y las echaron en el
24.14 *trajeron*. .lo que quedaba del dinero, e
25.14 *trajo*. .los dioses de los hijos de Seir
25.28 *trajeron*. .lo sepultaron con sus padres
28.13 no *traigáis* aquí a los cautivos, porque
29.31 los generosos de. .*trajeron* holocaustos
29.32 holocaustos que *trajo*. .setenta bueyes
30.15 *trajeron* los holocaustos a la casa de
31.5 *trajeron*. .los diezmos de todas las cosas
31.6 *trajeron* los diezmos de lo santificado
31.10 que comenzaron a *traer* las ofrendas a
32.23 muchos *trajeron* a Jerusalén ofrenda a
33.11 *trajo* contra ellos los generales del
34.9,14 el dinero que había sido *traído* a la
34.24 he aquí yo *traigo* mal sobre este lugar
34.28 el mal que yo *traigo* sobre este lugar
36.17 por lo cual *trajo* contra ellos al rey
Esd. 3.7 que *trajesen* madera de cedro desde el
8.17 que nos *trajesen* ministros para la casa
8.18 y nos *trajeron*. .un varon entendido, de
8.30 para *traerlo* a Jerusalén a la casa de
Neh. 1.9 y os *traeré* al lugar que escogí para
8.1 dijeron. .que *trajese* el libro de la ley
8.2 *trajo* la ley delante de la congregación
8.15 salid. .y *traed* ramas de olivo, de olivo
8.16 *trajeron* ramas e hicieron tabernáculos
10.31 *trajesen* a vender. .en día de reposo
10.34 leña, para *traerla* a la casa de. .Dios
10.35 y que cada año *traeríamos* a la casa de
10.36 *traeríamos* los primogénitos de nuestras
10.37 que *traeríamos* también las primicias de
11.1 *traer* uno de cada diez para que morase
12.27 para *traerlos* a Jerusalén, para hacer
13.12 y todo Judá *trajo* el diezmo del grano
13.15 que *traían* a Jerusalén en día de reposo
13.16 tirios que *traían* pescado. .mercadería
13.18 *trajo* nuestro Dios todo este mal sobre
Est. 1.11 que *trajesen* a la reina Vasti a. .rey
1.17 el rey Asuero mandó *traer*. .a la reina
3.9 que sean *traídos* a los tesoros del rey
6.1 que le *trajesen* el libro de las memorias
6.8 *traigan* el vestido real de que el rey se
Job 6.22 ¿os he dicho yo: *Traedme*, y pagad por
14.3 tus ojos, y me *traes* a juicio contigo?
22.2 ¿*traerá* el hombre provecho a Dios? Al
42.11 mal que Jehová había *traído* sobre él
Sal. 10.9 arrebata al pobre *trayéndolo* a su red
35.14 el que *trae* luto por madre, enlutado
45.14 compañeras suyas serán *traídas* a ti
45.15 *traídas* con alegría y gozo; entrarán en
72.10 los reyes de Tarsis. .*traerán* presentes
76.11 los que. .*traigan* ofrendas al Temible
77.10 *traeré*, pues, a la memoria los años de
78.26 y *trajo* con su poder el viento sur
78.54 los *trajo*. .a las fronteras de su tierra
78.71 de tras las paridas lo *trajo*, para que
90.12 que *traigamos* al corazón sabiduría
96.8 *traed* ofrendas, y venid a sus atrios
105.16 *trajo* hambre sobre la tierra, y. .pan
126.6 mas volverá a. .*trayendo* sus gavillas
Pr. 18.6 los labios del necio *traen* contienda
19.4 las riquezas *traen* muchos amigos; mas el
31.14 es como nave de. .*trae* su pan de lejos
Ec. 12.14 porque Dios *traerá*. .obra a juicio
Cnt. 8.11 debía *traer* mil monedas de plata por
Is. 1.13 no me *traigáis* más vana ofrenda; el
2.6 llenos de costumbres *traídas* del oriente
5.18 ¡ay de los que *traen* la iniquidad con
14.2 y los tomarán. .y los *traerán* a su lugar
15.9 yo *traeré* sobre Dimón males mayores
18.7 tiempo será *traída* ofrenda a Jehová de
30.5 ni los socorre, ni les *trae* provecho
30.14 no se halla tiesto para *traer* fuego del
31.2 *traerá*. .mal, y no retirará sus palabras
41.22 *traigan*, anúnciennos lo que ha de venir
42.1 siervo. .*traerá* justicia a las naciones
42.3 por medio de la verdad *traerá* justicia
43.5 del oriente *traeré* tu generación, y del
43.6 *trae* de lejos mis hijos, y mis hijas de
43.18 ni *traigáis* a memoria. .cosas antiguas
43.23 no me *trajiste* a mí los animales de tus
46.3 que sois *traídos* por mí desde el vientre
48.15 yo hablé, y le llamé y le *traje*; por
49.22 *traerán*. .hijos, y. .hijas serán *traídas*
52.7 los pies del que *trae* alegres nuevas, del
52.7 del que *trae* nuevas del bien, del que
52.8 verán que Jehová vuelve a *traer* a Sion
60.6 *traerán* oro e incienso, y publicarán
60.9 para *traer* tus hijos de lejos, su plata
60.11 a ti sean *traídas* las riquezas de las
60.17 vez de bronce *traeré* oro, y por hierro
63.9 en su amor y. .los redimió, y los *trajo*
65.18 yo *traigo* a Jerusalén alegría, y a su

TRAER *(Continúa)*

Is. 66.4 yo. .*traeré* sobre ellos lo que temieron
66.12 en los brazos seréis *traídos*, y sobre
66.20 *traerán* a todos vuestros hermanos de
66.20 al modo que los hijos de Israel *traen*
Jer. 4.15 una voz *trae* las nuevas desde Dan, y
5.15 yo *traigo* sobre vosotros gente de lejos
6.19 *traigo* mal sobre este pueblo, el fruto
10.9 *traerán* plata batida de Tarsis y oro de
11.8 *traeré* sobre ellos todas las palabras de
11.11 aquí yo *traigo* sobre ellos mal del que
11.23 pues yo *traeré* mal sobre los varones de
15.8 *traje* contra ellos destruidor a mediodía
17.18 *trae* sobre. .día malo, y quebrántalos
17.26 y vendrán de las. .*trayendo* holocausto
17.26 y *trayendo* sacrificio de alabanza a la
17.27 para no *traer* carga ni meterla por las
18.22 cuando *traigas* sobre ellos ejército de
19.3 yo *traigo* mal sobre este lugar, tal que
19.15 *traigo* sobre esta ciudad y sobre todas
23.8 y *trajo* la descendencia de la casa de
23.12 *traeré* mal sobre ellos en el año de su
25.9 los *traeré* contra esta tierra y contra
25.13 *traeré* sobre aquella tierra todas mis
25.29 porque espada *traigo* sobre todos los
26.23 sacaron a Urías. .y lo *trajeron* al rey
27.22 después los *traeré* y los restauraré a
30.3 *traeré* a la tierra que di a sus padres
32.42 como traje. .mal. .*traeré*. .todo el bien
33.6 yo les *traeré* sanidad y medicina; y les
33.11 los que *traigan* ofrendas de acción de
33.11 porque volveré a *traer* los cautivos de
35.17 *traeré* yo sobre Judá y sobre todos los
36.31 *traeré* sobre ellos. .los moradores de
38.14 envió el rey. .e hizo *traer* al profeta
39.16 *traigo* mis palabras sobre esta ciudad
40.3 y lo ha *traído* y hecho Jehová según lo
41.5 *traían* en sus manos ofrenda e incienso
41.14 Ismael había *traído* cautivo de Mizpa
41.16 hombres de. .que Johanán había *traído* de
42.17 quien escape delante del mal que *traeré*
44.2 todo el mal que *traje* sobre Jerusalén
45.5 *traigo* mal sobre toda carne. .pero a ti
48.44 *traeré* sobre él, sobre Moab, el año de
49.5 he aquí yo *traigo* sobre ti espanto, dice
49.8 el quebrantamiento de. .*traeré* sobre él
49.36 *traeré* sobre Elam los cuatro vientos de
49.37 *traeré* sobre ellos mal, y el ardor de
50.19 volveré a *traer* a Israel a su morada
51.40 haré *traer* como corderos al matadero
51.64 no se levantará del mal que yo *traigo*
Lm. 2.13 ¿qué testigo te *traeré*, o a quién te
5.9 con peligro. .vidas *traíamos* nuestro pan
Ez. 7.24 *traeré*, por tanto, los más perversos
9.1 cada uno *trae* en su mano su instrumento
9.2 cada uno *traía* en su mano su instrumento
9.2 el cual *traía* a su cintura un tintero de
11.8 temido, y espada *traeré* sobre vosotros
11.21 yo *traigo* su camino sobre sus propias
14.17 o si yo *trajere* espada sobre la tierra
14.22 de todas las cosas que *traje* sobre ella
16.38 y *traeré* sobre ti sangre de ira y de
16.43 *traeré* tu camino sobre tu cabeza, dice
17.19 mi pacto. .*traeré* sobre su misma cabeza
20.10 los saqué de. .y los *traje* al desierto
20.15 que no los *traería* a la tierra que les
20.28 yo los *traje* a la tierra sobre la cual
20.35 y os *traeré* al desierto de los pueblos
20.42 cuando os haya *traído* a la tierra de
21.23 *trae* a la memoria la maldad de ellos
21.24 cuanto habéis hecho *traer* a la memoria
23.19 *trayendo* en memoria los días de su
23.21 *trajiste*. .a la memoria la lujuria de
23.42 y con los varones. .*traídos* los sabeos
24.26 vendrá a ti. .para *traer* las noticias
26.7 *traigo* yo contra Tiro a Nabucodonosor
27.25 eran como tus caravanas que *traían* tus
28.7 he aquí yo *traigo* sobre ti extranjeros
29.8 *traigo* contra ti espada, y cortaré de
29.14 volveré a *traer* los cautivos de Egipto
30.11 serán *traídos* para destruir la tierra
32.20 *traedlo* a él y a todos sus pueblos
33.2 diles: Cuando *trajere* yo espada sobre la
34.13 las *traeré* a su propia tierra, y las
36.24 os recogeré. .y os *traeré* a vuestro país
37.12 diles. .os *traeré* a la tierra de Israel
37.21 los recogeré. .y los *traeré* a su tierra
38.17 que yo te había de *traer* sobre ellos?
39.2 y te *traeré* sobre los montes de Israel
39.10 no *traerán* leña del campo, ni cortarán
40.4 yo te las mostrase has sido *traído* aquí
42.1 me *trajo* luego al atrio exterior hacia
44.7 de *traer* extranjeros, incircuncisos de
46.19 *trajo*. .por la entrada que estaba hacia
Dn. 1.2 los *trajo* a tierra de Sinar, a la casa
1.3 que *trajese* de los hijos de Israel, del
1.18 había dicho el rey que los *trajesen*, el
1.18 jefe. .los *trajo* delante de Nabucodonosor
3.13 con ira. .que *trajesen* a Sadrac, Mesac y
3.13 fueron *traídos* estos varones delante de
5.2 que *trajesen* los vasos de oro y de plata
5.2 Nabucodonosor. .había *traído* del templo de
5.3 entonces fueron *traídos* los vasos de oro
5.3 los vasos. .que habían *traído* del templo
5.13 entonces Daniel fue *traído* delante del
5.13 de Judá, que mi padre *trajo* de Judea?
5.15 fueron *traídos* delante de mí sabios y
5.23 e hiciste *traer*. .los vasos de su casa
6.16 y *trajeron* a Daniel, y le echaron en el
6.17 fue *traída* una piedra y puesta sobre la
6.18 ni instrumentos. .música fueron *traídos*
6.24 fueron *traídos*. .habían acusado a Daniel
9.12 *trayendo* sobre nosotros tan grande mal
9.14 sobre el mal y lo *trajo* sobre nosotros
9.24 *traer* la justicia perdurable, y sellar
11.6 entregada. .y los que la habían *traído*
Am. 4.1 decís a. .señores: *Traed*, y beberemos
4.4 y *traed* de mañana vuestros sacrificios
9.14 *traeré* del cautiverio a. .pueblo Israel
Mi. 1.15 *traeré* nuevo poseedor, oh moradores
Nah. 1.15 los pies del que *trae* buenas nuevas
Sof. 1.11 destruidos son. .los que *traían* dinero
3.10 la hija de. .esparcidos *traerá* mi ofrenda
3.20 en aquel tiempo yo os *traeré*. .os reuniré
Hag. 1.8 *traed* madera, y reedificad la casa
Zac. 3.8 aquí, yo *traigo* a mi siervo el Renuevo
5.9 *traían* viento en sus alas, y tenían alas
8.8 los *traeré*, y habitarán en. .de Jerusalén
10.10 los *traeré* de la tierra de Egipto, y los
10.10 los *traeré* a la tierra de Galaad y del
Mal. 1.13 y *trajisteis* lo hurtado, o cojo, o
3.3 y *traerán* a Jehová ofrenda en justicia
3.10 *traed* todos los diezmos al alfolí y haya
4.2 el Sol de. .en sus alas *traerá* salvación
Mt. 4.24 le *trajeron*. .los que tenían dolencias
5.23 si *traes* tu ofrenda. .y allí te acuerdas
6.34 porque el día de mañana *traerá* su afán
8.16 noche, *trajeron* a él muchos endemoniados
9.2 le *trajeron* un paralítico, tendido sobre
9.32 aquí, le *trajeron* un mudo, endemoniado
10.34 *traer* paz a la tierra; no. .para *t* paz
12.22 fue *traído* a él un endemoniado, ciego
14.11 y fue *traída* su cabeza en un plato, y
14.18 él les dijo: *Traédmelos* acá
14.35 y *trajeron* a él todos los enfermos
15.30 mucha gente que *traía* consigo a cojos
16.5 llegando. .habían olvidado de *traer* pan
16.7 pensaban. .dice porque no *trajimos* pan
17.16 y lo he *traído* a tus discípulos, pero
17.17 respondiendo Jesús, dijo. .*Traédmelo* acá
21.2 hallaréis una asna atada. .y *traédmelos*
21.7 *trajeron* el asna. .y él se sentó encima
25.20 *trajo* otros cinco talentos, diciendo
Mr. 1.32 *trajeron*. .los que tenían enfermedades
2.3 vinieron a él unos *trayendo* un paralítico
4.21 se *trae* la luz para ponerla debajo del
6.27 mandó. .fuese *traída* la cabeza de Juan
6.28 el guarda. .*trajo* su cabeza en un plato
6.55 comenzaron a *traer*. .enfermos en lechos
7.32 y le *trajeron* un sordo y tartamudo, y le
8.14 habían olvidado de *traer* pan, y no tenían
8.16 sí diciendo: Es porque no *trajimos* pan
8.22 le *trajeron* un ciego, y le rogaron que
9.17 *traje* a ti mi hijo. .tiene un espíritu
9.19 ¡oh generación incrédula!. .*Traédmelo*
9.20 se lo *trajeron*; y cuando el espíritu vio
11.2 hallaréis un pollino atado. .y *traedlo*
11.7 *trajeron* el pollino a Jesús, y echaron
12.15 por qué me tentáis? *Traedme* la moneda
12.16 ellos se la *trajeron*; y les dijo: ¿De
13.11 cuando os *trajeren* para entregaros, no
14.53 *trajeron*. .a Jesús al sumo sacerdote
Lc. 2.22 le *trajeron*. .para presentarle al Señor
2.27 los padres del. .lo *trajeron* al templo
4.40 todos los que tenían enfermos. .*traían*
5.11 y cuando *trajeron* a tierra las barcas
5.18 que *traían* en un lecho a un hombre que
7.37 pecadora. .*trajo* un frasco de alabastro
9.41 ¿hasta cuándo he de. .*Trae* acá a tu hijo
11.27 bienaventurado el vientre que te *trajo*
12.11 cuando os *trajeren* a las sinagogas, y
14.21 *trae* acá a los pobres, los mancos, los
15.23 y *traed* el becerro gordo y matadlo, y
18.15 *traían* a él. .niños para que los tocase
18.40 mandó *traerle* a su presencia; y cuando
19.27 *traedlos* acá, y decapitadlos delante de
19.30 hallaréis un pollino atado. .y *traedlo*
19.35 lo *trajeron* a Jesús; y habiendo echado
22.66 se juntaron. .y le *trajeron* al concilio
24.1 *trayendo* las especias aromáticas que
Jn. 1.42 le *trajo* a Jesús. Y mirándole Jesús
4.33 unos. .¿Le habrá *traído* alguien de comer?
6.44 si el Padre que me envió no le *trajere*
7.45 dijeron: ¿Por qué no le habéis *traído?*
8.3 le *trajeron* una mujer sorprendida en
10.16 aquéllas también debo *traer*, y oirán
18.29 acusación *traéis* contra este hombre?
19.4 os lo *traigo* fuera, para que entendáis
19.39 vino *trayendo* un compuesto de mirra y
21.10 dijo: *Traed* de los peces que acabáis
Hch. 3.2 *traído* un hombre cojo de nacimiento
4.34 los vendían, y *traían* el precio de lo
4.37 la vendió y *trajo* el precio y lo puso
5.2 *trayendo* sólo una parte, la puso a los
5.16 venían a Jerusalén, *trayendo* enfermos
5.21 enviaron a la. .para que fuesen *traídos*
5.26 fue el jefe. .y los *trajo* sin violencia
5.27 cuando los *trajeron*, los presentaron en
6.12 arrebataron, y le *trajeron* al concilio
9.2 hombres. .los *trajese* presos a Jerusalén
9.27 tomándole, lo *trajo* a los apóstoles, y
11.25 y hallándole, le *trajo* a Antioquía
14.13 el sacerdote. .*trajo* toros y guirnaldas
16.19 *trajeron* al foro, ante las autoridades
17.6 *trajeron* a Jasón. .ante las autoridades
17.19 y tomándole, le *trajeron* al Areópago
17.20 *traes* a nuestros oídos cosas extrañas
19.19 *trajeron* los libros y los quemaron
19.37 habéis *traído* a estos hombres, sin ser
21.16 *trayendo* consigo a uno llamado Mnasón
22.5 a Damasco para *traer* presos a Jerusalén
23.15 al tribuno que le *traiga* mañana ante
23.18 rogó que *trajese* ante ti a este joven
25.3 pidiendo. .le hiciese *traer* a Jerusalén
25.6 sentó. .y mandó que fuese *traído* Pablo
25.17 día siguiente. .mandé *traer* al hombre
25.23 por mandato de Festo fue *traído* Pablo
25.26 le he *traído* ante vosotros. .ante ti, oh
Ro. 10.6 esto es, para *traer* abajo a Cristo
1 Co. 9.5 *traer* con nosotros una hermana por
15.49 hemos *traído* la imagen del terrenal
15.49 *traeremos* también la imagen. .celestial
Gá. 6.17 yo *traigo* en mi cuerpo las marcas del
1 Ts. 4.14 *traerá* Dios. .a los que durmieron en
1 Ti. 6.7 porque nada hemos *traído* a este mundo
2 Ti. 1.5 *trayendo* a. .memoria la fe no fingida
4.11 toma a Marcos y *tráele* contigo. .es útil
4.13 *trae*. .capote que dejé en Troas en casa
He. 10.32 *traed* a la memoria los días pasados
Stg. 2.3 miráis. .que *trae* la ropa espléndida
1 P. 1.13 en la gracia que se os *traerá* cuando
2 P. 1.21 porque nunca la profecía fue *traída*
2.5 *trayendo* el diluvio sobre el mundo de los
2 Jn. 10 alguno viene. .y no *trae* esta doctrina
Ap. 17.7 el misterio. .de la bestia que la *trae*
21.24 los reyes de. .*traerán* su gloria y honor
22.18 Dios *traerá* sobre él las plagas que

TRAFICAR

Gn. 34.21 habitarán en el país, y *traficarán* en
Is. 47.15 *traficaron* contigo desde tu juventud
Ez. 27.3 que *trafica* con los pueblos de muchas
27.15 los hijos de Dedán *traficaban* contigo
27.16 Edom *traficaba* contigo por. .productos
27.21 *traficaban*. .en corderos y carneros y
Stg. 4.13 iremos a tal ciudad. .y *traficaremos*

TRÁFICO

Ez. 27.27 tu *t*, tus remeros, tus pilotos, tus

TRAGAR

Éx. 15.12 extendiste tu. .la tierra los *tragó*
Nm. 13.32 es tierra que *traga* a sus moradores
16.30 la tierra abriere su boca y los *tragare*
16.32 *tragó* a ellos, a sus casas, a todos los
16.34 decían: No nos *trague* también la tierra
26.10 la tierra abrió su boca y los *tragó* a
Dt. 11.6 abrió su boca la tierra, y los *tragó*
Job 7.19 no me soltarás. .hasta que *trague* mi
20.18 restituirá. .y no los *tragará* ni gozará
Sal. 69.15 ni me *trague* el abismo, ni el pozo
106.17 se abrió la tierra y *tragó* a Datán, y
124.3 vivos nos habrían *tragado* entonces
Pr. 1.12 los *tragaremos* vivos como el Seol, y
Is. 28.4 apenas la ve el que la. .se la *traga*
Jer. 51.34 *tragó* como dragón, llenó su vientre
51.44 sacaré de su boca lo que se ha *tragado*
Ez. 36.3 cuanto os asolaron y os *tragaron* de
Jon. 1.17 preparado un. .pez que *tragase* a Jonás
Mt. 23.24 que coláis el. .y *tragáis* el camello!
Ap. 12.16 la tierra. .*tragó* el río que el dragón

TRAICIÓN

Jos. 22.31 no habéis intentado esta *t* contra
1 S. 24.11 ve que no hay mal ni *t* en mi mano
2 S. 18.13 habría. .hecho *t* contra mi vida, pues
2 R. 9.23 huyó, y dijo a Ocozías: ¡*T*, Ocozías!
11.14 Atalía. .clamó a voz en cuello: *T*, *t*!
2 Cr. 23.13 Atalía rasgó sus. .y dijo: ¡*T*, *t*!
Ez. 21.24 maldades, manifestando vuestras *t*
Dn. 11.25 no prevalecerá, porque le harán *t*

TRAICIONAR

Job 6.15 mis hermanos me *traicionaron* como un

TRAICIONERO

Hab. 2.5 también, el que es dado al vino es *t*

TRAIDOR

Lc. 6.16 Judas Iscariote, que llegó a ser el *t*
2 Ti. 3.4 *t*, impetuosos infatuados, amadores

TRAJE

Dt. 22.5 no vestirá la mujer *t* de hombre, ni
2 S. 13.18 *t* que vestían las hijas vírgenes de

TRAMA

Lv. 13.48 en *t* de lino o de lana, o en cuero
13.49 o en *t*, o en cualquiera obra de cuero
13.51,53 extendido. .en la urdimbre o en la *t*

TRAMA *(Continúa)*

Lv. 13.52 será quemado el. .*t* de lana o de lino, o
13.56 cortará del. .de la urdimbre o de la *t*
13.57 apareciere de nuevo en el vestido. .o *t*
13.58 vestido. .o la *t*. . se lavará segunda vez
13.59 o de *t*, o de cualquiera cosa de cuero
Est. 8.5 cartas que autorizan la *t* de Amán hijo

TRAMAR

2 R. 15.15 la conspiración que *tramó*, he aquí
Est. 8.3 que había *tramado* contra los judíos
Job 15.35 dolor. .en sus entrañas *traman* engaño
Is. 32.7 *trama* intrigas inicuas para enredar a
Hch. 23.12 los judíos *tramaron* un complot y se

TRAMO

2 Cr. 25.23 derribó el muro. .un *t* de 400 codos
Neh. 3.11 restauraron otro *t*, y la torre de los
3.19 restauró. .otro *t* frente a la subida de
3.20 Baruc hijo. .restauró otro *t*, desde la
3.21 restauró Meremot hijo de Urías. .otro *t*
3.24 restauró Binúi. .otro *t*, desde la casa
3.27 restauraron los tecoítas. .*t*, enfrente
3.30 Hanún hijo sexto de. .restauraron otro *t*

TRAMPA

Job 18.9 calcañar; se afirmará la *t* contra él
18.10 cuerda. .y una *t* le aguarda en la senda
Sal. 141.9 de las *t* de los que hacen iniquidad
Jer. 5.26 lazos, pusieron *t* para cazar hombres
Ez. 12.13 caerá preso en mi *t*, y haré llevarlo
19.4 tomado en la *t* de ellas, y lo llevaron
Ro. 11.9 dice: Sea vuelto su convite en *t* y en

TRAMPOSO

Is. 32.5 ruin. .ni el *t* será llamado espléndido
32.7 armas del *t* son malas; trama intrigas

TRANQUILIDAD

Dn. 4.27 vez será eso una prolongación de tu *t*
1 Co. 16.10 mirad que esté con vosotros con *t*
1 Ts. 4.11 que procuréis tener *t*, y ocuparos en

TRANQUILO, LA

Éx. 14.14 peleará por. .y vosotros estaréis *t*
Jue. 18.27 llegaron a. .al pueblo *t* y confiado
2 Cr. 23.21 se regocijó. .y la ciudad estuvo *t*
Job 40.23 *t* está, aunque. .un Jordán se estrelle
Pr. 1.33 me oyere. .vivirá *t*, sin temor del mal
Jer. 30.10 Jacob. .descansará y vivirá *t*, y no
Ez. 38.11 dirás: Subiré. .iré contra gentes *t*
Dn. 4.4 yo Nabucodonosor estaba *t* en mi casa
Sof. 1.12 castigaré a los. .que reposan *t* como
Zac. 7.7 cuando Jerusalén estaba habitada y *t*

TRANSEÚNTE

Ez. 5.14 convertiré en. .a los ojos de todo *t*
39.11 daré a Gog. .obstruirá el paso a los *t*

TRANSFIGURAR

Mt. 17.2; Mr. 9.2 *transfiguró* delante de ellos

TRANSFORMAR

Job 36.27 al *transformarse* el vapor en lluvia
Is. 51.10 que *transformó* en camino las. .del mar
Ro. 12.2 *transformaos* por medio. .la renovación
1 Co. 15.51 pero todos seremos *transformados*
15.52 serán. .y nosotros seremos *transformados*
2 Co. 3.18 *transformados* de gloria en gloria
Fil. 3.21 el cual *transformará* el cuerpo de la

TRANSGREDIR

Dt. 26.13 no he *transgredido* tus mandamientos

TRANSGRESIÓN

Gn. 31.36 y dijo a Labán: ¿Qué *t* es la mía?
Jos. 22.16 ¿qué *t* es esta con que prevaricáis
Job 13.23 yo? Hazme entender mi *t* y mi pecado
31.33 si encubrí como. .mis *t*, escondiendo en
34.6 dolorosa es mi. .sin haber hecho yo *t*
Sal. 5.10 por la multitud de. .*t* échalos fuera
17.3 me has. .he resuelto que mi boca no haga *t*
32.1 bienaventurado aquel cuya *t* ha sido
32.5 dije: Confesaré mis *t* a Jehová; y tú
39.8 líbrame de todas mis *t*; no me pongas por
Pr. 17.19 el que ama la disputa, ama la *t*; y el
29.6 en la *t* del hombre malo hay lazo; mas el
29.16 los impíos son muchos, mucha es la *t*
Ez. 18.22 todas las *t* que cometió, no le serán
18.28 se apartó de. .sus *t* que había cometido
18.30 apartaos de todas vuestras *t*, y no os
18.31 echad de vosotros todas vuestras *t* con
Hch. 1.25 de que cayó Judas por *t*, para irse a
Ro. 4.15 pero donde no hay ley, tampoco hay *t*
4.25 el cual fue entregado por nuestras *t*, y
5.14 no pecaron a la manera de la *t* de Adán
5.15 pero el don no fue como la *t*; porque si
5.15 porque si por la *t* de aquel uno murieron
5.16 pero el don vino a causa de muchas *t* para
5.17 si por la *t* de uno solo reinó la muerte
5.18 por la *t* de uno vino la condenación a
11.11 pero por su *t* vino la salvación a los
11.12 si su *t* es la riqueza del mundo, y su
Gá. 3.19 fue añadida a causa de las *t*, hasta
1 Ti. 2.14 la mujer. .engañada, incurrió en *t*
He. 2.2 y toda *t* y. .recibió justa retribución
9.15 la remisión de las *t* que había bajo el
10.17 nunca. .me acordaré de sus pecados y *t*

TRANSGRESOR

Sal. 37.38 los *t* serán todos a una destruidos
51.13 entonces enseñaré a los *t* tus caminos
Pr. 13.15 mas el camino de los *t* es duro
Is. 53.12 llevado el pecado. .y orado por los *t*
Dn. 8.23 al fin. .cuando los *t* lleguen al colmo
Ro. 2.25 si eres *t* de la ley, tu circuncisión
2.27 te condenará a ti, que. .eres *t* de la ley
Gá. 2.18 destruí. .vuelvo a edificar, *t* me hago
1 Ti. 1.9 para los *t* y desobedientes, para los
Stg. 2.9 y quedáis convictos por la ley como *t*
2.11 pero matas, ya te has hecho *t* de la ley

TRANSITADO

Jer. 18.15 camine por sendas y no por camino *t*

TRANSMITIR

Mr. 7.13 con. .tradición que habéis *transmitido*

TRANSPARENTE

Ap. 21.21 calle de la ciudad era de oro puro, *t*

TRANSPORTAR

Nm. 4.32 utensilios que. .tienen que *transportar*
1 Cr. 5.6 Beera. .el cual fue *transportado* por
5.26 *transportó* a los rubenitas y gaditas y
6.15 Jehová *transportó* a Judá y a Jerusalén
8.6 los hijos de Aod. .*transportados* a Manahat
8.7 Gera. .los *transportó*, y engendró a Uza y
9.1 de Judá fueron *transportados* a Babilonia
Esd. 4.10 que el. .glorioso Asnapar *transportó*
Est. 2.6 había sido *transportado* de Jerusalén
2.6 quien hizo *transportar* Nabucodonosor rey
Job 20.28 los renuevos de su casa. .*transportados*
Is. 22.17 te *transportará* en duro cautiverio
Jer. 13.19 toda Judá fue *transportada*, llevada
24.1 *transportado* Nabucodonosor. .a Jeconías
24.5 así miraré a los *transportados* de Judá
27.20 *transportó* de Jerusalén a Babilonia a
27.22 a Babilonia serán *transportados*, y allí
28.4 yo haré volver a. .*transportados* de Judá
28.6 los *transportados*, han de ser devueltos
29.1 ancianos. .los que fueron *transportados*
29.4 los. .que hice *transportar* de Jerusalén a
29.7 la ciudad a la cual os hice *transportar*
29.20 oíd. .todos los *transportados* que envié
29.22 los *transportados* de Judá que están en
39.9 capitán de la guardia los *transportó* a
40.7 los pobres. .que no fueron *transportados*
43.3 para matarnos y hacernos *transportar* a
52.15 e hizo *transportar* Nabuzaradán. .pobres
52.27 así Judá fue *transportada* de su tierra
Am. 1.5 el pueblo de Siria será *transportado* a
5.27 os haré. .*transportar* más allá de Damasco
Hch. 7.43 *transportaré*. .más allá de Babilonia

TRAPO

Is. 30.22 las apartarás como *t* asqueroso; ¡Sal
64.6 nuestras justicias como *t* de inmundicia
Jer. 38.11 tomó de allí *t* viejos y ropas raídas
38.12 pon ahora esos *t* viejos y ropas raídas

TRASLADAR

Nm. 1.51 el tabernáculo haya de *trasladarse*, los
2 S. 3.10 *trasladando* el reino de la casa de
2 R. 17.26 gentes que tú *trasladaste* y pusiste
17.33 las. .de donde habían sido *trasladados*
Sal. 9.17 los malos serán *trasladados* al Seol
Hch. 7.4 Dios le *trasladó* a esta tierra, en la
7.16 fueron *trasladados* a Siquem, y puestos
1 Co. 13.2 tal manera que *trasladase* los montes
Col. 1.13 *trasladado* al reino de su amado Hijo

TRASPASAR

Éx. 19.21 ordena al pueblo que no *traspase* los
19.24 no *traspasen* el límite. .subir a Jehová
Nm. 22.18 no puedo *traspasar* la palabra. .Dios
24.8 desmenuzará. .*traspasará* con sus saetas
24.13 no podré *traspasar* el dicho de Jehová
27.7 y *traspasarás* la heredad de su padre a
27.8 sin hijos, *traspasaréis* su herencia a
36.7 la heredad. .no sea *traspasada* de tribu
Dt. 17.2 haya hecho mal. .*traspasando* su pacto
Jos. 23.16 si *traspasareis* el pacto de Jehová
Jue. 2.20 dijo: Por cuanto. .*traspasa* mi pacto
1 S. 4.21 ¡*traspasada* es la gloria de Israel!
4.22 dijo. .*Traspasada* es la gloria de Israel
31.4 saca tu espada, y *traspásame* con ella
31.4 no vengan estos. .y me *traspasen*, y me
1 R. 2.15 mas el reino fue *traspasado*, y vino
2 R. 18.21 entrará por la mano y la *traspasará*
1 Cr. 10.4 saca tu espada y *traspásame* con ella
10.14 lo mató, y *traspasó* el reino a David
12.23 *traspasarle* el reino de Saúl, conforme
Est. 3.3 ¿por qué *traspasas* el mandamiento del
Job 20.25 la saeta le *traspasará* y saldrá de su
24.2 *traspasan* los linderos, roban. .ganados
Sal. 46.2 *traspasen* los montes al corazón del
104.9 pusiste término, el cual no *traspasarán*
Pr. 7.23 hasta. .la saeta *traspasa* su corazón
8.29 las aguas no *traspasasen* su mandamiento
22.28 no *traspases* los linderos antiguos que
23.10 no *traspases* el lindero antiguo, ni
Is. 24.5 *traspasaron* las leyes, falsearon el
38.12 mi morada ha sido. .*traspasada* de mí
Jer. 6.12 sus casas serán *traspasadas* a otros
34.18 los hombres que *traspasaron* mi pacto
Ez. 21.14 la gran matanza que los *traspasará*
48.14 no. .ni *traspasarán* las primicias de la
Dn. 9.11 todo Israel *traspasó* tu ley apartándose
Os. 5.10 como los que *traspasan* los linderos
6.7 ellos, cual Adán, *traspasaron* el pacto
8.1 *traspasaron*. .pacto, y se rebelaron contra
Hab. 3.13 *traspasaste* la cabeza de. .del impío
Zac. 12.10 mirarán a mí, a quien *traspasaron*
13.3 padre. .le *traspasarán* cuando profetizare
Lc. 2.35 una espada *traspasará* tu misma alma
Jn. 19.37 dice: Mirarán al que *traspasaron*
1 Ti. 6.10 fueron *traspasados*. .muchos dolores
He. 4.14 un. .sacerdote que *traspasó* los cielos
Ap. 1.7 ojo le verá, y los que le *traspasaron*

TRASPONER

2 R. 17.11 Jehová había *traspuesto* de delante
He. 11.5 Enoc fue *traspuesto*. .lo *traspuso* Dios
11.5 Enoc. .antes que fuese *traspuesto*, tuvo

TRASQUILADOR

Gn. 38.12 Ju[illegible]nsoló, y subía a los *t* de
Is. 53.7 com[illegible]delante de. .*t*, enmudeció

TRASQUILAR

Gn. 31.19 pero Labán había ido a *trasquilar* sus
38.13 sube a Timnat a *trasquilar* sus ovejas
Dt. 15.19 ni *trasquilarás* el primogénito de tus
Cnt. 4.2 como manadas de ovejas *trasquiladas*
Mi. 1.16 *trasquílate* por los hijos de. .delicias
Hch. 8.32 cordero mudo delante. .lo *trasquila*

TRASTO

Jer. 22.28 ¿es un *t* que nadie estima? ¿Por qué

TRASTORNADOR

Is. 28.2 torbellino *t*, como ímpetu de recias

TRASTORNAR

Éx. 14.24 *trastornó* el campamento de. .egipcios
14.25 quitó las ruedas de. .y los *trastornó*
Jue. 7.13 tienda. .la *trastornó* de arriba abajo
Job 9.5 montes. .y no saben quien los *trastornó*
12.19 él lleva. .y *trastorna* a los poderosos
28.9 su mano, y *trastornó* de raíz los montes
34.25 ellos, cuando los *trastorne* en la noche
Sal. 140.4 que han pensado *trastornar* mis pasos
146.9 y el camino de los impíos *trastorna*
Pr. 11.11 por la boca. .impíos será *trastornada*
12.7 *trastornará* a los impíos, y no serán más
13.6 mas la impiedad *trastornará* al pecador
21.12 los impíos son *trastornados* por el mal
22.12 *trastorna* las. .de los prevaricadores
Is. 13.19 como Sodoma. .las que *trastornó* Dios
14.16 ¿es éste. .que *trastornaba* los reinos
24.1 que Jehová vacía la tierra. .y *trastorna*
28.7 sidra, fueron *trastornados* por el vino
Jer. 31.28 para. .*trastornar* y perder y afligir
Lm. 1.20 mi corazón se *trastorna* dentro de mí
3.36 *trastornar* al hombre en su causa, el
Am. 4.11 *trastorné* como cuando Dios *trastornó*
Hag. 2.22 *trastornaré* el trono de los reinos
2.22 *trastornaré* los carros y los que en ellos
Hch. 13.10 cesarás de *trastornar* los caminos
2 Ti. 2.18 se desviaron de. .y *trastornan* la fe
Tit. 1.11 *trastornan* casas enteras, enseñando

TRASVASADOR

Jer. 48.12 vienen días. .en que yo le enviaré *t*

TRASVASAR

Jer. 48.12 yo le enviaré. .que le *trasvasarán*

TRATADO

Hch. 1.1 en el primer *t*. .hablé acerca de todas

TRATAR

Gn. 18.25 sea el justo *tratado* como el impío
34.31 ¿había él de *tratar* a nuestra hermana
39.19 diciendo: Así me ha *tratado* tu siervo
42.30 nos *trató* como a espías de la tierra
50.17 perdones ahora. .porque mal te *trataron*
Dt. 21.14 dinero, ni la *tratarás* como esclava
Jue. 14.20 cual él había *tratado* como su amigo
16.13 engañas, y *tratas* conmigo con mentiras
1 S. 6.6 después que los había *tratado* así, ¿no
8.9 muéstrales cómo les *tratará* el rey que
20.39 David entendían de lo que se *trataba*
25.7 no les *tratamos* mal, ni les faltó nada

TRATAR *(Continúa)*

1 S. 25.15 nunca nos *trataron* mal, ni nos faltó
Est. 2.11 saber cómo le iba..cómo la *trataban*
Job 42.8 para no *trataros* afrentosamente, por
Pr. 25.9 *trata* tu causa con tu compañero, y no
Ez. 22.7 al extranjero *trataron* con violencia
31.11 de cierto le *tratará* según su maldad
Zac. 1.6 pensó *tratarnos* conforme a nuestros
Jn. 4.9 judíos y samaritanos no se *tratan* entre
Hch. 15.2 subiesen..para *tratar* esta cuestión
23.30 que *traten* delante de ti lo que tengan
27.3 Julio, *tratando* humanamente a Pablo, le
28.2 *trataron* con no poca humanidad; porque
1 Co. 12.23 y los..menos decorosos, se *tratan*
He. 12.7 Dios os *trata* como a hijos; porque

TRATO

Lc. 16.8 más sagaces en el *t* con sus semejantes
Col. 2.23 en humildad y en duro *t* del cuerpo

TRAVESÍA

Mt. 14.34; Mr. 6.53 terminada la *t*, vinieron a

TRAZAR

Nm. 34.7 desde el..*trazaréis* al monte de Hor
34.8 de Hor *trazaréis* a la entrada de Hamat
34.10 *trazaréis* desde Hazar-enán hasta Sefam
1 Cr. 28.19 me fueron *trazadas* por la mano de
Est. 9.25 el perverso designio que aquel *trazó*
Job 13.27 *trazando* un límite para las plantas
Pr. 8.27 cuando *trazaba* el círculo sobre la faz
Jer. 18.11 yo..*trazo* contra vosotros designios
Ez. 21.19 *traza* dos caminos por donde venga la
Dn. 5.24 enviada la mano que *trazó*..escritura
5.25 la escritura que *trazó* es: MENE, MENE

TREGUA

Job 6.10 me asaltase con dolor sin dar más *t*
14.16 me cuentas los..no das *t* a mi pecado
Is. 62.7 ni le deis *t*, hasta que restablezca a

TRECE

Gn. 17.25 Ismael su hijo era de *t* años, cuando
Nm. 29.13 ofreceréis..*t* becerros de la vacada
29.14 tres décimas de..con cada uno de los *t*
Jos. 19.6 y Saruhen; *t* ciudades con sus aldeas
21.4,6 obtuvieron por suerte..*t* ciudades
21.19 ciudades de los sacerdotes..son *t* con
21.33 gersonitas..*t* ciudades con sus ejidos
1 R. 7.1 edificó..su propia casa en *t* años, y
1 Cr. 6.60 sus ciudades fueron *t*..repartidas
6.62 a los hijos de Gersón, por..*t* ciudades
26.11 los hijos de..y sus hermanos fueron *t*
Est. 3.12 el mes primero, al día *t* del mismo
3.13; 8.12 el día *t* del mes duodécimo, que es
9.1 mes de Adar, a los *t* días del mismo mes
9.17 esto fue en el día *t* del mes de Adar
9.18 se juntaron el día *t* y el 14 del mismo
Jer. 25.3 el año *t* de Josías hijo de Amón, rey
Ez. 40.11 y la longitud del portal, de *t* codos

TREINTA *Véase Treinta mil, Treinta y dos, etc.*

Gn. 6.15 harás..arca..y de *t* codos su altura
11.14 Sala vivió *t* años, y engendró a Heber
11.18 Peleg vivió *t* años, y engendró a Reu
11.22 Serug vivió *t* años, y engendró a Nacor
18.30 quizá se hallarán allí *t*. Y respondió
18.30 respondió: No lo haré si hallare allí *t*
32.15 *t* camellas paridas con sus crías, 40
41.46 era José de edad de *t* años cuando fue
Éx. 21.32 pagará su dueño *t* siclos de plata, y
26.8 la longitud de cada cortina..de *t* codos
36.15 longitud de una cortina era de *t* codos
Lv. 27.4 fuere mujer, la estimarás en *t* siclos
Nm. 4.3,23,30,35,39,43,47 *t* años arriba hasta 50
20.29 le hicieron duelo por *t* días todas las
Dt. 34.8 lloraron..Israel a Moisés en..*t* días
Jue. 10.4 *t* hijos, que cabalgaban sobre *t* asnos
10.4 y tenían *t* ciudades, que se llaman las
12.9 tuvo *t* hijos y *t* hijas, las cuales casó
12.9 y tomó de fuera *t* hijas para sus hijos
12.14 hijos y *t* nietos, que cabalgaban sobre
14.11 ellos le vieron, tomaron *t* compañeros
14.12 daré *t* vestidos de lino y *t*..de fiesta
14.13 me daréis a mí los *t* vestidos de lino
14.19 descendió..y mató a *t* hombres de ellos
20.31 herir..y mataron unos *t* hombres de Israel
20.39 y matar a la gente de Israel..*t* hombres
1 S. 9.22 convidados, que eran unos *t* hombres
2 S. 5.4 era David de *t* años cuando comenzó a
23.13 y tres de los *t* jefes descendieron y
23.18 Abisai hermano..el principal de los *t*
23.19 era el más renombrado de los *t*, y llegó
23.23 renombrado entre los *t*, pero no igualó
23.24 Asael hermano..de Joab fue de los *t*
1 R. 4.22 la provisión..de *t* coros de..harina
6.2 tenía sesenta codos..y *t* codos de alto
7.2 *t* codos de altura, sobre cuatro hileras
7.6 un pórtico..que tenía..*t* codos de ancho
7.23 un mar..lo ceñía..un cordón de *t* codos
2 R. 18.14 impuso a Ezequías rey..*t* talentos
1 Cr. 11.11 Jasobeam hijo..caudillo de los *t*
11.15 tres de los *t*..descendieron a la peña
11.20 Abisai, hermano de..era jefe de los *t*
11.21 el más ilustre de los *t*, y fue el jefe
11.25 fue el más distinguido de los *t*, pero
11.42 Adina hijo..los rubenitas, y con él *t*
12.4 valiente entre los *t*, y más que los *t*
12.18 vino sobre Amasai, jefe de los *t*, y dijo
23.3 fueron contados los levitas de *t* años
27.6 era valiente entre los *t* y sobre los *t*
2 Cr. 4.2 cordón de *t* codos de largo lo ceñía
Esd. 1.9 y esta es la cuenta..*t* tazones de oro
1.10 *t* tazas de oro..410 tazas de plata, y
Est. 4.11 yo no he sido llamada..estos *t* días
Jer. 38.10 toma en tu poder *t* hombres de aquí
Ez. 1.1 en el año *t*, en el mes cuarto, a los
40.17 *t* cámaras había alrededor..aquel atrio
41.6 otras, *t* en cada uno de los tres pisos
46.22 había patios cercados, de..*t* de ancho
Dn. 6.7 el espacio de *t* días demande petición
6.12 cualquiera que en el espacio de *t* días
Zac. 11.12 pesaron por mi salario *t* piezas de
11.13 tomé las *t* piezas de plata, y las eché
Mt. 13.8 ciento, cuál a sesenta, y cuál a *t* por
13.23 y produce a..a sesenta, y a *t* por uno
26.15 y ellos le asignaron *t* piezas de plata
27.3 devolvió..las *t* piezas de plata a los
27.9 y tomaron las *t* piezas de plata, precio
Mr. 4.8 produjo a *t*, a sesenta, y a ciento por
4.20 y dan fruto a *t*, a sesenta, y a ciento
Lc. 3.23 Jesús mismo..era como de *t* años, hijo
Jn. 6.19 habían remado como 25 o *t* estadios

TREINTA MIL

Jos. 8.3 escogió Josué *30.000* hombres fuertes
1 S. 4.10 cayeron de..*30.000* hombres de a pie
11.8 fueron los..y *30.000* los hombres de Judá
13.5 los filisteos se juntaron..*30.000* carros
2 S. 6.1 volvió a reunir..de Israel, *30.000*
1 R. 5.13 leva.. la leva fue de *30.000* hombres
2 Cr. 35.7 dio..ovejas..en número de *30.000* y

TREINTA MIL QUINIENTOS

Nm. 31.39,45 de los asnos, *30.500*

TREINTA Y CINCO

Gn. 11.12 Arfaxad vivió *35* años, y engendró a
1 R. 22.42 Josafat de *35* años cuando comenzó a
2 Cr. 3.15 dos columnas de *35* codos de altura
15.19 y no hubo más guerra hasta los *35* años
20.31 Josafat..*35* años era cuando comenzó a

TREINTA Y CINCO MIL CUATROCIENTOS

Nm. 1.37 contados..de Benjamín fueron *35.400*
2.23 de ejército, con sus contados, *35.400*

TREINTA Y CUATRO

Gn. 11.16 Heber vivió *34* años, y engendró a

TREINTA Y DOS

Gn. 11.20 Reu vivió *32* años, y engendró a Serug
Nm. 31.40 y de ellas el tributo..*32* personas
1 R. 20.1 juntó..ejército, y con él a *32* reyes
20.16 los *32* reyes que habían venido en su
22.31 mandado a sus *32* capitanes de carros
2 R. 8.17 de *32* años..cuando comenzó a reinar
2 Cr. 21.5,20 comenzó a reinar era de *32* años
Neh. 5.14 hasta el año *32*..yo ni mis hermanos
13.6 porque en el año *32* de Artajerjes rey

TREINTA Y DOS MIL

Nm. 31.35 de mujeres que..eran por todas *32.000*
1 Cr. 19.7 tomaron a sueldo *32.000* carros, y al

TREINTA Y DOS MIL DOSCIENTOS

Nm. 1.35 los contados..de Manasés fueron *32.200*
2.21 de ejército, con sus contados, *32.200*

TREINTA Y DOS MIL QUINIENTOS

Nm. 26.37 de Efraín..contados de ellas *32.500*

TREINTA Y NUEVE

2 R. 15.13 a reinar en el año *39* de Uzías rey
15.17 año *39* de Azarías rey de Judá, reinó
2 Cr. 16.12 año *39* de su reinado, Asa enfermó

TREINTA Y OCHO

Dt. 2.14 los días que anduvimos..fueron *38* años
1 R. 16.29 comenzó a reinar Acab..el año *38* de
2 R. 15.8 el año *38* de Azarías..reinó Zacarías
Jn. 5.5 que hacía *38* años que estaba enfermo

TREINTA Y OCHO MIL

1 Cr. 23.3 levitas..el número de ellos..*38.000*

TREINTA Y SEIS

Jos. 7.5 los de Hai mataron..a unos *36* hombres
2 Cr. 16.1 el año *36* del reinado de Asa, subió

TREINTA Y SEIS MIL

Nm. 31.38,44 de los bueyes, *36.000*
1 Cr. 7.4 con ellos..*36.000* hombres de guerra

TREINTA Y SIETE

2 S. 23.39 Urías heteo; *37* por todos
2 R. 13.10 año *37* de Joás rey..comenzó a reinar
25.27 a los *37* años del cautiverio de..rey
Jer. 52.31 el año *37* del cautiverio de Joaquín

TREINTA Y SIETE MIL

1 Cr. 12.34 con ellos *37.000* con escudo y lanza

TREINTA Y TRES

Gn. 46.15 hijos de Lea..*33* las personas todas
Lv. 12.4 permanecerá *33* días purificándose de
2 S. 5.5 en Jerusalén reinó *33* años sobre todo
1 R. 2.11 en Hebrón, y *33* años..en Jerusalén
1 Cr. 3.4 Hebrón..y en Jerusalén reinó *33* años
29.27 siete años..y *33* reinó en Jerusalén

TREINTA Y UN

Jos. 12.24 el rey de Tirsa, otro; *31* reyes por
1 R. 16.23 año *31* de Asa rey de Judá, comenzó
2 R. 22.1 Josías..reinó en Jerusalén *31* años
2 Cr. 34.1 Josías..*31* años reinó en Jerusalén

TREMENDA

Éx. 34.10 será cosa *t* la que yo haré contigo
Sal. 65.5 con *t* cosas nos responderás tú en

TRENZA

Éx. 28.14 cordones de oro..harás en forma de *t*
28.14 fijarás los cordones de forma de *t* en
28.22 cordones de hechura de *t* de oro fino
39.15 los cordones de forma de *t*, de oro puro
1 R. 7.17 había *t* a manera de red, y..cordones

TREPAR

1 S. 14.13 y subió Jonatán *trepando* con..manos

TRES *Véase también Tres mil, etc.*

Gn. 6.10 engendró Noé *t* hijos: a Sem, a Cam y
7.13 entraron..y las *t* mujeres de sus hijos
9.19 *t* son los hijos de Noé, y de ellos fue
15.9 le dijo: Tráeme una becerra de *t* años
15.9 una cabra de *t* años..carnero de *t* años
18.2 he aquí *t* varones que estaban junto a él
18.6 toma pronto *t* medidas de flor de harina
29.2 he aquí *t* rebaños de ovejas que yacían
29.34 conmigo, porque le he dado a luz *t* hijos
30.36 puso *t* días de camino entre sí y Jacob
38.24 al cabo de unos *t* meses fue dado aviso
40.10 y en la vid *t* sarmientos; y ella como
40.12 le dijo José..*t* sarmientos son *t* días
40.13 al cabo de *t* días levantará Faraón tu
40.16 yo soñé que veía *t* canastillos blancos
40.18 respondió..Los *t* canastillos *t* días son
40.19 cabo de *t* días quitará Faraón tu cabeza
42.17 los puso juntos en la cárcel por *t* días
Éx. 2.2 era hermoso, le tuvo escondido *t* meses
3.18; 5.3 camino de *t* días por el desierto
8.27 camino de *t* días iremos por el desierto
10.22 hubo densas tinieblas sobre..por *t* días
10.23 nadie se levantó de su lugar en *t* días
15.22 anduvieron *t* días por el desierto sin
21.11 y si ninguna de estas *t* cosas hiciere
23.14 *t* veces en el año..celebraréis fiesta
23.17 *t* veces en el año se presentará todo
25.32 *t* brazos..un lado, y *t* brazos al otro
25.33 *t* copas en forma de flor de almendro
25.33 *t* copas..en un brazo..y *t* copas..en otro
27.1 será cuadrado el..y su altura de *t* codos
27.14 cortinas..sus columnas *t*, con sus *t* basas
27.15 lado..sus columnas *t*, con sus *t* basas
34.23 *t* veces en el año se presentará todo
34.24 presentarte delante..*t* veces en el año
37.18 *t* brazos de un lado..*t* brazos del otro
37.19 *t* copas en..y en otro brazo *t* copas en
38.1 de acacia el altar..de *t* codos de altura
38.14 un lado sus..*t* columnas y sus *t* basas
38.15 del atrio..sus *t* columnas y sus *t* basas
Lv. 14.10 y *t* décimas de efa de flor de harina
19.23 su fruto; *t* años os será incircunciso
25.21 mi bendición..hará..fruto por *t* años
27.6 estimarás..mujer en *t* siclos de plata
Nm. 10.33 así partieron del..camino de *t* días
10.33 el arca..fue delante..camino de *t* días
12.4 salid vosotros *t* al..Y salieron ellos *t*
15.9 ofrecerás..*t* décimas de flor de harina
22.28 al asna..me has azotado estas *t* veces?
22.32 ¿por qué has azotado tu asna..*t* veces?
22.33 y se ha apartado..de mí estas *t* veces
24.10 y he aquí los has bendecido ya *t* veces
28.12 y *t* décimas de flor de harina amasada
28.20,28 de harina..*t* décimas con cada becerro
29.3,9 *t* décimas de efa con cada becerro, dos
29.14 *t* décimas de efa con cada uno de los
33.8 anduvieron *t* días..el desierto de Etam
35.14 *t* ciudades daréis a..lado del Jordán
35.14 *t* ciudades daréis en la tierra..Canaán
Dt. 4.41 apartó Moisés *t* ciudades a este lado
14.28 fin de cada *t* años sacarás..el diezmo
16.16 *t* veces cada año aparecerá todo varón
17.6 por dicho de dos o de *t* testigos morirá
19.2 te apartarás *t* ciudades en medio de la

TRES *(Continúa)*

Dt. 19.3 y dividirás en t partes la tierra que
19.7 te mando, diciendo: Separarás t ciudades
19.9 que..añadirás t ciudades más a estas t
19.15 testimonio de dos o t..se mantendrá la
Jos. 1.11 dentro de t días pasaréis el Jordán
2.16 y estad escondidos allí t días, hasta
2.22 monte, y estuvieron allí t días, hasta
3.2 después de t días..oficiales recorrieron
9.16 t días después que hicieron alianza con
15.14 Caleb echó de allí a los t hijos de Anac
17.11 tuvo también Manasés en..t provincias
18.4 señalad t varones de cada tribu, para
21.32 y Cartán con sus ejidos; t ciudades
Jue. 1.20 arrojó de allí a los t hijos de Anac
7.16 repartiendo..hombres en t escuadrones
7.20 los t escuadrones tocaron las trompetas
9.22 Abimelec hubo dominado..Israel t años
9.43 gente, la repartió en t compañías, y puso
14.14 ellos no pudieron declararle..en t días
16.15 ya me has engañado t veces, y no me has
19.4 le detuvo su..y quedó en su casa t días
1 S. 1.24 lo llevó..con t becerros, un efa de
2.13 trayendo en su..un garfio de t dientes
2.21 a Ana, y..dio a luz t hijos y dos hijas
9.20 asnas que se te perdieron hace ya t días
10.3 saldrán al encuentro t hombres que suben
10.3 llevando uno t cabritos, otro t tortas
11.11 dispuso Saúl al pueblo en t compañías
13.17 y salieron..filisteos en t escuadrones
17.13 los t hijos mayores de Isaí habían ido
17.13 nombres de sus t hijos que habían ido
17.14 siguieron, pues, los t mayores a Saúl
20.19 estarás..t días, y luego descenderás
20.20 y yo tiraré t saetas hacia aquel lado
20.41 se inclinó t veces postrándose hasta
30.12 pan ni bebido agua en t días y t noches
30.13 siervo..me dejó mi amo hoy hace t días
31.6 así murió Saúl..con sus t hijos, y su
31.8 hallaron a Saúl y..t hijos tendidos en
2 S. 2.18 estaban allí los t hijos de Sarvia
6.11 el arca de Jehová en casa de..t meses
13.38 así huyó Absalón..estuvo allá t años
14.27 le nacieron a Absalón t hijos, y una
18.14 tomando t dardos en..los clavó en el
20.4 convócame a los..para dentro de t días
21.1 hubo hambre en..por t años consecutivos
23.9 uno de los t valientes que estaban con
23.13 t de los treinta jefes descendieron y
23.16 entonces los t valientes irrumpieron
23.17 ¿he de..Los t valientes hicieron esto
23.18 y Abisai hermano..renombre con los t
23.19 su jefe; mas no igualó a los t primeros
23.22 hizo..ganó renombre con los t valientes
23.23 entre..pero no igualó a los t primeros
24.12 t cosas te ofrezco; tú escogerás una
24.13 huyas t meses delante de tus enemigos
24.13 ¿o que t días haya peste en tu tierra?
1 R. 2.39 pasados t años..dos siervos de Simei
6.36 edificó el atrio..t hileras de piedras
7.4 había t hileras de ventanas..en t hileras
7.5 ventanas estaban frente a..en t hileras
7.12 gran atrio..había t hileras de piedras
7.25 t miraban al norte..t miraban al sur, y
7.25 t miraban al occidente..y t miraban al
7.27 la anchura de..y de t codos la altura
9.25 Salomón t veces cada año holocaustos
10.17 en cada uno de..gastó t libras de oro
10.22 cada t años venía la flota de Tarsis
12.5 idos, y de aquí a t días volved a mí
15.2 y reinó t años en..su madre fue Maaca
17.21 tendió sobre el niño t veces, y clamó
22.1 t años pasaron sin guerra..los sirios
2 R. 2.17 buscaron t días, mas no lo hallaron
3.10,13 a estos t reyes para entregarlos en
9.32 se inclinaron hacia él dos o t eunucos
13.18 golpea..la golpeó t veces, y se detuvo
13.19 ahora sólo t veces derrotarás a Siria
13.25 t veces lo derrotó Joás, y restituyó
17.5 sitió a Samaria, y estuvo..ella t años
18.10 y la tomaron al cabo de t años. En el
23.31 Joacaz..y reinó t meses en Jerusalén
24.1 Joacim vino a ser su siervo por t años
24.8 Joaquín..y reinó en Jerusalén t meses
25.17 la altura del capitel era de t codos
25.18 tomó entonces..t guardas de la vajilla
1 Cr. 2.3 estos t le nacieron de la hija de Súa
2.16 hijos de Sarvia fueron t: Abisai, Joab
3.23 los hijos de Nearías fueron estos t
7.6 hijos de Benjamín fueron t: Bela, Bequer
10.6 murieron Saúl y sus t hijos, y toda su
11.12 Eleazar..el cual era de los t valientes
11.15 t de los 30..descendieron a la peña a
11.18 y aquellos t rompieron..campamento de
11.19 esto hicieron aquellos t valientes
11.20 y los mató, y ganó renombre con los t
11.21 jefe..pero no igualó a los t primeros
11.24 hizo..y fue nombrado con los t valientes
11.25 no igualó a los t primeros. A éste puso
12.39 con David t días comiendo y bebiendo
13.14 el arca de Dios..en su casa, t meses
21.10 t cosas te propongo; escoge de ellas
21.12 o t años de hambre, o por t meses ser
21.12 por t días la espada de Jehová..peste
23.8 hijos de Laadán, t: Jehiel el primero
23.9 los hijos de Simei, t: Selomit, Haziel
23.23 Musi: Mahlí, Edar y Jeremot, ellos t
25.5 y Dios dio a Hemán 14 hijos y t hijas
2 Cr. 4.4 t..miraban al norte, t al occidente
4.4 doce bueyes..t al sur, y t al oriente
6.13 un estrado..de altura de t codos, y lo
8.13 para que ofreciesen..t veces en el año
9.21 cada t años solían venir las naves de
10.5 les dijo: Volved a mí de aquí a t días
10.12 había mandado..volved..aquí a t días
11.17 confirmaron a Roboam hijo..por t años
11.17 porque t años anduvieron en el camino
13.2 reinó t años en Jerusalén. El nombre de
20.25 t días estuvieron recogiendo el botín
31.16 de t años arriba, a..los que entraban
36.2 Joacaz..y t meses reinó en Jerusalén
36.9 Joaquín..y reinó t meses y 10 días en
Esd. 6.4 y t hileras de piedras grandes, y una
8.15 junto al río que..acampamos allí t días
8.32 y llegamos a..y reposamos allí t días
10.8 que el que no viniera dentro de t días
10.9 se reunieron en..dentro de los t días
Neh. 2.11 llegué..después de estar allí t días
Est. 4.16 no comáis ni bebáis en t días, noche
Job 1.2 y le nacieron siete hijos y t hijas
1.4 enviaban a llamar a sus t hermanas para
1.17 dijo: Los caldeos hicieron t escuadrones
2.11 t amigos de Job..vinieron cada uno de su
2.12 t esparcieron polvo sobre sus cabezas
32.1 cesaron estos t varones de responder a
32.3 se encendió en ira contra sus t amigos
32.5 respuesta en la boca de..t varones, se
33.29 hace Dios dos y t veces con el hombre
42.13 y tuvo siete hijos y t hijas
Pr. 22.20 ¿no te he escrito t veces en consejos
30.15 t cosas hay que nunca se sacian; aun la
30.18 t cosas me son ocultas; aun tampoco sé
30.21 por t cosas se alborota la tierra, y la
30.29 t cosas hay de hermoso andar, y..pasea
Ec. 4.12 y cordón de t dobleces no se rompe
Is. 15.5 huirán hasta Zoar, como novilla de t
16.14 dentro de t años, como los años de un
17.6 dos o t frutos en la punta de la rama
20.3 que anduvo..desnudo y descalzo t años
40.12 con t dedos juntó el polvo de la tierra
Jer. 36.23 leído t o cuatro planas, lo rasgó
48.34 Zoar hasta Horonaim, becerra de t años
52.24 tomó también a..y t guardas del atrio
Ez. 14.14 estuviesen en..ella estos t varones
14.16 estos t varones estuviesen en medio de
14.18 y estos t varones estuviesen en medio
40.10 tenía t cámaras a..las t de una medida
40.21 sus cámaras eran t de un lado, y t del
40.48 puerta t codos de un lado, y t codos de
41.6 unas..treinta en cada uno de los t pisos
41.16 las cámaras alrededor de los t pisos
41.22 la altura del altar..era de t codos, y
42.3 cámaras, las unas enfrente..en t pisos
42.6 porque estaban en t pisos, y no tenían
48.31 t puertas al norte; la puerta de Rubén
48.32 lado oriental 4.500 cañas y t puertas
48.33 y t puertas: la puerta de Simeón, una
48.34 y sus t puertas: la puerta de Gad, una
Dn. 1.5 que los criase t años, para que al fin
3.23 estos t varones..cayeron atados dentro
3.24 ¿no echaron a t varones atados dentro
6.2 t gobernadores, de los cuales Daniel era
6.10 se arrodillaba t veces al día, y oraba
6.13 sino que t veces al día hace su petición
7.5 y tenía en su boca t costillas entre los
7.8 delante de él fueron arrancados t cuernos
7.20 del otro..delante del cual habían caído t
7.24 se levantará otro..a t reyes derribará
10.2 estuve afligido por espacio de t semanas
10.3 hasta que se cumplieron las t semanas
11.2 habrá t reyes en Persia, y el cuarto se
Am. 1.3,6,9,13; 2.1,4,6 por t pecados de..y por el cuarto
4.4 de mañana..vuestros diezmos cada t días
4.7 os detuve la lluvia t meses antes de la
4.8 venían dos o t ciudades..para beber agua
Jon. 1.17 y estuvo Jonás en..t días y t noches
3.3 era Nínive..grande..de t días de camino
Zac. 11.8 destruí a t pastores en un mes; pues
Mt. 12.40 como estuvo Jonás..t días y t noches
12.40 estará el Hijo del..t días y t noches
13.33 escondió en t medidas de harina, hasta
15.32 ya hace t días que están conmigo, y no
17.4 hagamos aquí t enramadas; una para ti
18.16 que en boca de dos o t testigos conste
18.20 están dos o t congregados en mi nombre
26.34 que el gallo cante, me negarás t veces
26.61 puedo derribar..en t días reedificarlo
26.75 antes que cante el gallo, me negarás t
27.40 en t días lo reedificas, sálvate a ti
27.63 que..dijo..Después de t días resucitaré
Mr. 8.2 ya hace t días que están conmigo, y no
8.31 muerto, y resucitar después de t días
9.5 y hagamos t enramadas, una para ti, otra
14.30 digo que tú, hoy..me negarás t veces
14.58 y en t días edificaré otro hecho sin
14.72 antes que el gallo cante..me negarás t
15.29 que derribas..en t días lo reedificas
Lc. 1.56 se quedó María con ella como t meses
2.46 t días después le hallaron en el templo
4.25 cuando el cielo fue cerrado por t años
9.33 y hagamos t enramadas, una para ti, una
10.36 ¿quién..de estos t te parece que fue
11.5 va..y le dice: Amigo, préstame t panes
12.52 estarán..t contra dos, y dos contra t
13.7 hace t años que vengo a buscar fruto en
13.21 que una mujer..escondió en t medidas de
22.34 que tú niegues t veces que me conoces
22.61 que el gallo cante, me negarás t veces
Jn. 2.6 en cada una de..cabían dos o t cántaros
2.19 este templo, y en t días lo levantaré
2.20 templo, ¿y tú en t días lo levantarás?
13.38 gallo, sin que me hayas negado t veces
Hch. 5.7 pasado..de t horas..entró su mujer, no
7.20 fue criado t meses en casa de su padre
9.9 donde estuvo t días sin ver, y no comió
10.16 esto se hizo t veces; y aquel lienzo
10.19 le dijo..He aquí, t hombres te buscan
11.10 esto se hizo t veces, y volvió todo a
11.11 llegaron t hombres a la casa donde yo
17.2 por t días de reposo discutió con ellos
19.8 habló con denuedo por espacio de t meses
20.3 después de haber estado allí t meses
20.31 por t años..no he cesado de amonestar
25.1 de Cesarea a Jerusalén t días después
28.7 recibió y hospedó solícitamente t días
28.11 pasados t meses, nos hicimos a la vela
28.12 llegados a Siracusa, estuvimos..t días
28.15 hasta el Foro de Apio y las *T* Tabernas
28.17 que t días después, Pablo convocó a los
1 Co. 13.13 permanecen la fe..el amor, estos t
14.27 por dos, o a lo más t, y por turno; y
14.29 profetas hablen dos o t, y los demás
2 Co. 11.25 t veces he sido azotado con varas
11.25 t veces he padecido naufragio; una vez
12.8 t veces he rogado al..que lo quite de mí
13.1 por boca de..t testigos se decidirá todo
Gá. 1.18 pasados t años, subí a Jerusalén para
1 Ti. 5.19 acusación sino con dos o t testigos
He. 10.28 por el testimonio..t testigos muere
11.23 escondido por sus padres por t meses
Stg. 5.17 oró..no llovió..t años y seis meses
1 Jn. 5.7 porque t son los que dan testimonio
5.7 dan testimonio en el..y estos t son uno
5.8 t son los que dan..y estos t concuerdan
Ap. 8.13 de trompeta que están para sonar los t
9.18 t plagas fue muerta la tercera parte de
11.9 verán sus cadáveres por t días y medio
11.11 después de t días y medio entró en ellos
16.13 y vi salir de la..t espíritus inmundos
16.19 la gran ciudad fue dividida en t partes
21.13 oriente t puertas; al norte t puertas
21.13 sur t puertas; al occidente t puertas

TRESCIENTOS *Véase también Trescientos cincuenta, etc.*

Gn. 5.22 caminó Enoc con Dios, después..t años
6.15 de t codos de longitud del arca, de 50
45.22 y a Benjamín dio t piezas de plata, y
Jue. 7.6 que lamieron..con la mano a su boca, t
7.7 con estos t hombres que lamieron el agua
7.8 retuvo a aquellos t hombres; y tenía el
7.16 repartiendo los t hombres en tres..dio
7.22 los t tocaban las trompetas; y Jehová
8.4 vino Gedeón..y pasó él y los t hombres
11.26 estado habitando por t años a Hebrón
15.4 fue Sansón y cazó t zorras, y tomó teas
2 S. 21.16 lanza pesaba t siclos de bronce, y
23.18 su lanza contra t, a quienes mató, y
1 R. 10.17 hizo t escudos de oro batido, en cada
11.3 tuvo 700 mujeres reinas, y t concubinas
2 R. 18.14 impuso a Ezequías rey..t talentos
1 Cr. 11.11 blandió su lanza una vez contra t
11.20 y Abisai..blandió su lanza contra t y
2 Cr. 9.16 t escudos de..cada escudo t siclos
14.9 Zera etíope..un ejército de..y t carros
35.8 los sacerdotes..2.700 ovejas y t bueyes
Esd. 8.5 hijo de Jahaziel, y con él t varones
Est. 9.15 y mataron en Susa a t hombres; pero
Mr. 14.5 haberse vendido por más de t denarios
Jn. 12.5 vendido por t denarios, y dado a los

TRESCIENTOS CINCUENTA

Gn. 9.28 vivió Noé después del diluvio *350* años

TRESCIENTOS CUARENTA Y CINCO

Esd. 2.34; Neh. 7.36 los hijos de Jericó, *345*

TRESCIENTOS DIECIOCHO

Gn. 14.14 oyó Abram..y armó a sus criados..*318*

TRESCIENTOS MIL

1 S. 11.8 fueron los hijos de Israel *300.000*
2 Cr. 14.8 tuvo..Asa ejército..de Judá *300.000*
17.14 con él *300.000* hombres muy valientes
25.5 fueron hallados *300.000* escogidos para

TRESCIENTOS NOVENTA

Ez. 4.5 años..el número de los días, *390* días
4.9 hazte pan de ellos..*390* días comerás de

TRESCIENTOS NOVENTA Y DOS
Esd. 2.58; Neh. 7.60 siervos de Salomón, *392*

TRESCIENTOS SESENTA
2 S. 2.31 hirieron de..de Abner, a *360* hombres

TRESCIENTOS SESENTA Y CINCO
Gn. 5.23 fueron todos los días de Enoc *365* años

TRESCIENTOS SETENTA Y DOS
Esd. 2.4; Neh. 7.9 los hijos de Sefatías, *372*

TRESCIENTOS SIETE MIL QUINIENTOS
2 Cr. 26.13 el ejército..de *307.500* guerreros

TRESCIENTOS TREINTA Y SIETE MIL QUINIENTOS
Nm. 31.36 la mitad..el número de *337.500* ovejas
31.43 la mitad..fue: de las ovejas, *337.500*

TRESCIENTOS VEINTE
Esd. 2.32; Neh. 7.35 los hijos de Harim, *320*

TRESCIENTOS VEINTICUATRO
Neh. 7.23 los hijos de Bezai, *324*

TRESCIENTOS VEINTIOCHO
Neh. 7.22 los hijos de Hasum, *328*

TRESCIENTOS VEINTITRÉS
Esd. 2.17 los hijos de Bezai, *323*

TRES MIL
Éx. 32.28 y cayeron del pueblo..*3.000* hombres
Jos. 7.3 suban como dos mil o *3.000* hombres
7.4 subieron..del pueblo como *3.000* hombres
Jue. 15.11 vinieron *3.000* hombres de Judá a la
16.27 el piso alto había como *3.000* hombres
1 S. 13.2 escogió..a *3.000* hombres de Israel
24.2 tomando Saúl *3.000* hombres escogidos de
25.2 rico, y tenía *3.000* ovejas y mil cabras
26.2 de Zif, llevando consigo *3.000* hombres
1 R. 4.32 compuso *3.000* proverbios..cantares
1 Cr. 12.29 de los hijos de Benjamín..*3.000*
29.4 *3.000* talentos de oro, de oro de Ofir
2 Cr. 4.5 flor de lis, y le cabían *3.000* batos
25.13 y mataron a *3.000* de ellos, y tomaron
29.33 y las ofrendas fueron..y *3.000* ovejas
35.7 dio el rey Josías..*3.000* bueyes, todo
Job 1.3 hacienda era..ovejas, *3.000* camellos
Hch. 2.41 y se añadieron aquel día como *3.000*

TRES MIL DOSCIENTOS
Nm. 4.44 contados..sus familias, fueron *3.200*

TRES MIL NOVECIENTOS TREINTA
Neh. 7.38 los hijos de Senaa, *3.930*

TRES MIL SEISCIENTOS
2 Cr. 2.2 cortasen..y *3.600* que los vigilasen
2.18 y señaló de ellos..*3.600* por capataces

TRES MIL SEISCIENTOS TREINTA
Esd. 2.35 los hijos de Senaa, *3.630*

TRES MIL SETECIENTOS
1 Cr. 12.27 Joiada, príncipe de..y con él *3.700*

TRES MIL TRESCIENTOS
1 R. 5.16 sin los principales oficiales..*3.300*

TRES MIL VEINTITRÉS
Jer. 52.28 cautivo..a *3.023* hombres de Judá

TRIBU
Gn. 49.16 pueblo, como una de las t de Israel
49.28 todos éstos fueron las doce t de Israel
Éx. 24.4 y doce columnas..las doce t de Israel
28.21 y las piedras serán..según las doce t
31.2 Bezaleel..hijo de Hur, de la t de Judá
31.6 a Aholiab hijo de Ahisamac, de la t de
35.30 Bezaleel hijo de Uri..de la t de Judá
35.34 Aholiab hijo de Ahisamac, de la t de
38.22 Bezaleel..de la t de Judá, hizo todas
38.23 de la t de Dan, artífice, diseñador y
39.14 cada una con su nombre, según las 12 t
Lv. 24.11 Selomit, hija de Dibri, de la t de
Nm. 1.4 estará con vosotros un varón de cada t
1.5 de la t de Rubén, Elisur hijo de Sedeur
1.16 eran..príncipes de las t de sus padres
1.21,23,25,27,29,31,33,35,37,39,41,43 los contados de la t de..fueron
1.47 los levitas, según la t de sus padres, no
1.49 no contarás la t de Leví, ni tomarás la
2.5 junto a él acamparán..de la t de Isacar
2.7 la t de Zabulón; y el jefe de los hijos
2.12 acamparán junto a él..de la t de Simeón
2.14 la t de Gad; y el jefe de los..de Gad
2.20 junto a él estará la t de Manasés; y el
2.22 la t de Benjamín; y el jefe de los hijos
2.27 junto a él acamparán..la t de Aser; y el
2.29 la t de Neftalí; y el jefe de..Neftalí
3.6 haz que se acerque la t de Leví, y hazla
4.18 no haréis que perezca la t de..de Coat
7.2 los cuales eran los príncipes de las t
7.12 fue Naasón hijo de Aminadab..t de Judá
10.15 sobre el..ejército de la t de..Isacar
10.16 sobre el..ejército de la t de..Zabulón
10.19 sobre..de la t de los hijos de Simeón
10.20 sobre el..ejército de la t de..de Gad
10.23 sobre..de la t de los hijos de Manasés
10.24 sobre..de la t de los hijos de Benjamín
10.26 sobre..t de los hijos de Aser, Pagiel
10.27 sobre..de la t de los hijos de Neftalí
13.2 de cada t..enviaréis un varón..príncipe
13.4 de la t de Rubén, Samúa hijo de Zacur
13.5 de la t de Simeón, Safat hijo de Hori
13.6 de la t de Judá, Caleb hijo de Jefone
13.7 de la t de Isacar, Igal hijo de José
13.8 de la t de Efraín, Oseas hijo de Nun
13.9 de la t de Benjamín, Palti hijo de Rafú
13.10 la t de Zabulón, Gadiel hijo de Sodi
13.11 de la t de José: de la t de Manasés
13.12 de la t de Dan, Amiel hijo de Gemali
13.13 de la t de Aser, Setur hijo de Micael
13.14 la t de Neftalí, Nahbi hijo de Vapsi
13.15 de la t de Gad, Geuel hijo de Maqui
18.2 la t de Leví, la t de tu padre, haz que
24.2 sus ojos, vio a Israel alojado por sus t
25.14 jefe de una familia de la t de Simeón
26.55 por los nombres de las t de..heredarán
30.1 habló Moisés a los príncipes de las t
31.4 mil de cada t de todas las t..de Israel
31.5 fueron dados..mil por cada t, doce mil
31.6 mil de cada t envió; y Finees hijo del
32.28 encomendó..a los príncipes..de las t
32.33 dio..a la media t de Manasés hijo de
33.54 por..t de vuestros padres heredaréis
34.13 que diese a las nueve t, y a la media t
34.14 la t de los..de Rubén..y la t de..Gad
34.14 y la media t de Manasés, han tomado su
34.15 dos t y media tomaron su heredad a este
34.18 tomaréis..de cada t un príncipe, para
34.19 de la t de Judá, Caleb hijo de Jefone
34.20 de la t de los hijos de Simeón, Semuel
34.21 t de Benjamín, Elidad hijo de Quislón
34.22 de la t de los hijos de Dan, el..Buqui
34.23 de la t de los hijos de Manasés..Haniel
34.24 de la t de los hijos de Efraín..Kemuel
34.25 de la t de los..de Zabulón..Elizafán
34.26 de la t de los hijos de Isacar..Paltiel
34.27 la t de los hijos de Aser..Ahiud hijo
34.28 de la t de los hijos de Neftalí..Pedael
36.3 casaren con..los hijos de las otras t
36.3,4 herencia..añadida a la herencia de la t
36.4 será quitada de la heredad de la t de
36.5 t de los hijos de José habla rectamente
36.6 pero en la familia de la t..se casarán
36.7 la heredad..no sea traspasada de t en t
36.7 estará ligado a la heredad de la t de
36.8 hija que tenga heredad en las t de los
36.8 con alguno de..t de su padre se casará
36.9 y no ande la heredad..de una t a otra
36.9 cada una de las t..ligada a su heredad
36.12 y la heredad de ellas quedó en la t de
Dt. 1.13 dadme..de vuestras t, varones sabios
1.15 y tomé a los principales de vuestras t
1.15 por jefes..gobernadores de vuestras t
1.23 tomé doce varones..un varón por cada t
3.13 Galaad..lo di a la media t de Manasés
5.23 vinisteis a mí..príncipes de vuestras t
10.8 tiempo apartó Jehová la t de Leví para
12.5 escogiere de entre..t, para poner allí
12.14 lugar..en una de tus t, allí ofrecerás
16.18 ciudades que Jehová..te dará en tus t
18.1 toda la t de Leví, no tendrán parte ni
18.5 ha escogido..Dios de entre todas tus t
29.8 la dimos por..a la media t de Manasés
29.10 los cabezas de vuestras t..ancianos
29.18 haya..o t, cuyo corazón se aparte hoy
29.21 lo apartará Jehová de todas las t de
31.28 congregad..los ancianos de vuestras t
33.5 se congregaron los..con las t de Israel
Jos. 1.12 habló Josué..a la media t de Manasés
3.12 doce hombres de las t..uno de cada t
4.2 tomad del..doce hombres, uno de cada t
4.4 llamó a los doce hombres..uno de cada t
4.5,8 conforme al número de las t de los
4.12 y la media t de Manasés pasaron armados
7.1 Acán..de la t de Judá, tomó del anatema
7.14 por vuestras t..la t que Jehová tomare
7.16 Israel por sus t, y fue tomada la t de
7.17 y haciendo acercar a la t de Judá, fue
7.18 tomado Acán hijo de Carmi..la t de Judá
11.23 la entregó..por herencia..según sus t
12.6 aquella tierra..la media t de Manasés
12.7 Josué dio la tierra..a las t de Israel
13.7 heredad a las nueve t, y a la media t
13.14 pero a la t de Leví no dio heredad; los
13.15 a la t de los hijos de Rubén conforme
13.24 dio..a la t de Gad, a los hijos de Gad
13.29 dio..heredad a la media t de Manasés
13.29 para la media t de los hijos de Manasés
13.33 a la t de Leví no dio Moisés heredad
14.1 los cabezas de los padres de las t de
14.2 se diera a las nueve t y a la media t
14.3 las dos t y a la media t les había dado
14.4 de José fueron dos t, Manasés y Efraín
15.1 que tocó..a la t de los hijos de Judá
15.20 es la heredad de la t..hijos de Judá
15.21 las ciudades de la t de los hijos de
16.8 esta es la heredad de la t de..Efraín
17.1 echaron..suertes para la t de Manasés
18.2 habían quedado..siete t a las cuales aún
18.4 señalad tres varones de cada t, para que
18.7 la media t de Manasés, ya han recibido
18.11 y se sacó la suerte de la t..Benjamín
18.21 las ciudades de la t de los..de Benjamín
19.1 tocó..para la t de los hijos de Simeón
19.8 la heredad de la t de los hijos Simeón
19.23 esta es la heredad de la t..de Isacar
19.24 la quinta suerte..a la t de..de Aser
19.31 la heredad de la t de los hijos de Aser
19.39 esta es la heredad de la t..de Neftalí
19.40 séptima suerte correspondió a la t..Dan
19.48 la heredad de la t de los hijos de Dan
19.51 entregaron por suerte..a las t de los
20.8 Beser..en la llanura de la t de Rubén
20.8 Ramot en Galaad de la t de Gad, y Golán
20.8 y Golán en Basán de la t de Manasés
21.1 vinieron..a los cabezas..de las t de los
21.4 obtuvieron por suerte de la t de Judá
21.4 de la t de Simeón y de la t de Benjamín
21.5 diez ciudades de las..de la t de Efraín
21.5 la t de Dan y de la media t de Manasés
21.6 de la t de Isacar, de la t de Aser, de la
21.6 t de Neftalí y de la media t de Manasés
21.7 de Merari..obtuvieron de la t de Rubén
21.7 la t de Gad y de la t de Zabulón, doce
21.9 de la t de..Judá, y de la t de..Simeón
21.16 ejidos; nueve ciudades de estas dos t
21.17 t de Benjamín, Gabaón con sus ejidos
21.20 por suerte ciudades de la t de Efraín
21.23 de la t de Dan, Elteque con sus ejidos
21.25 de la media t de Manasés, Taanac con
21.27 de la media t de Manasés a Golán con
21.28 la t de Isacar, Cisón con sus ejidos
21.30 de la t de Aser, Miseal con sus ejidos
21.32 de la t de Neftalí, Cedes en Galilea
21.34 la t de Zabulón, Carta con sus ejidos
21.36 y de la t de Rubén, Beser con sus ejidos
21.38 de la t de Gad, Ramot de Galaad con sus
22.1 Josué llamó a..a la media t de Manasés
22.7 la media t de Manasés había dado Moisés
22.9 y la media t de Manasés, se volvieron
22.10 la media t de Manasés edificaron allí
22.11 la media t de Manasés habían..un altar
22.13 enviaron..a la media t de Manasés en
22.14 un príncipe..de todas las t de Israel
22.15 cuales fueron..a la media t de Manasés
22.21 y la media t de Manasés respondieron y
23.4 por suerte, en herencia para vuestras t
24.1 reunió Josué a todas las t de Israel en
Jue. 4.6 la t de Neftalí y de la t de Zabulón
13.2 había un hombre de Zora, de la t de Dan
17.7 un joven de Belén de..de la t de Judá
18.1 t de Dan buscaba posesión entre las t
18.2 de Dan enviaron de su t cinco hombres de
18.19 es mejor..de una t y familia de Israel?
18.30 fueron sacerdotes en la t de Dan, hasta
20.2 y los jefes..de todas las t de Israel
20.10 por todas las t..y ciento de cada mil
20.12 t de Israel enviaron..la t de Benjamín
21.3 ¿por qué..que falte hoy de Israel una t?
21.5 ¿quién de..las t de Israel no subió a
21.6 dijeron: Cortada es hoy de Israel una t
21.8 ¿hay alguno de las t..no haya subido a
21.15 había abierto una brecha entre las t
21.17 y no sea exterminada una t de Israel
21.24 entonces..se fueron..cada uno a su t
1 S. 2.28 escogí..entre todas la t de Israel
9.21 de la más pequeña de las t de Israel?
9.21 todas las familias de la t de Benjamín?
10.19 presentaos delante de..por vuestras t
10.20 todas las t..tomada la t de Benjamín
10.21 e hizo llegar la t..por sus familias
15.17 has sido hecho jefe de las t de Israel
2 S. 5.1 vinieron todas las t de Israel a David
7.7 ¿he hablado..a alguna de las t de Israel
15.2 tu siervo es de una de las t de Israel
15.10 envió..mensajeros por todas las t de
19.9 el pueblo disputaba en todas las t de
20.14 él pasó por todas las t de Israel hasta
24.2 recorre..t de Israel..haz un censo del
1 R. 7.14 hijo de una viuda de la t de Neftalí
8.1 Salomón reunió..los jefes de las t, y a
8.16 no he escogido ciudad de todas las t de
11.13 una t a tu hijo, por amor a David mi
11.31 yo rompo el reino..y a ti daré diez t
11.32 y él tendrá una t por amor a David mi
11.32 yo he elegido de todas las t de Israel
11.35 el reino..y lo daré a ti, las diez t
11.36 su hijo daré una t, para que mi siervo
12.20 sin quedar t..sino sólo la t de Judá
12.21 Roboam..reunió..y a la t de Benjamín
14.21 ciudad que..eligió de todas las t de
18.31 conforme al número de las t..de Jacob
2 R. 17.18 y no quedó sino sólo la t de Judá

TRIBU *(Continúa)*
2 R. 21.7 la cual escogí de todas las *t* de Israel
1 Cr. 5.18 y de Gad, y la media *t* de Manasés
5.23 la media *t* de Manasés, multiplicados en
5.26 transportó a. . y a la media *t* de Manasés
6.60 la *t* de Benjamín, Geba con sus ejidos
6.61 dieron. . diez ciudades de la media *t* de
6.62 de la *t* de Isacar, de la *t* de Aser, de
6.62 de la *t* de Neftalí y de la *t* de Manasés
6.63 de la *t* de Rubén, de la *t* de Gad y de la
6.63 de la *t* de Zabulón, dieron por suerte
6.65 por suerte de la *t* de los hijos de Judá
6.65 de la *t* de. . Simeón y de la *t*. . Benjamín
6.66 ciudades con. . ejidos de la *t* de Efraín
6.70 de la media *t* de Manasés, Aner con sus
6.71 la media *t* de Manasés, Golán en Basán
6.72 de la *t* de Isacar, Cedes con sus ejidos
6.74 de la *t* de Aser, Masal con sus ejidos
6.76 de la *t* de Neftalí, Cedes en Galilea con
6.77 dieron de la *t* de Zabulón, Rimón con
6.78 de la *t* de Rubén, Beser en el desierto
6.80 y de la *t* de Gad, Ramot de Galaad
12.31 la media *t* de Manasés, dieciocho mil
12.37 de la media *t* de Manasés, 120.000 con
23.14 los hijos de Moisés. . en la *t* de Leví
26.32 constituyó sobre. . la media *t* de Manasés
27.16 sobre las *t* de Israel: el jefe de los
27.20 de la media *t* de Manasés, Joel hijo de
27.21 de la otra media *t* de Manasés, en Galaad
27.22 fueron los jefes de las *t* de Israel
28.1 reunió David en. . los jefes de las *t*, lo
29.6 los príncipes de las *t* de Israel, jefes
2 Cr. 5.2 Salomón reunió. . los príncipes de las *t*
6.5 ninguna ciudad he elegido de todas las *t*
11.16 acudieron. . de todas las *t* de Israel los
12.13 escogió Jehová de todas las *t* de Israel
33.7 la cual yo elegí sobre todas las *t* de
Esd. 6.17 conforme al número de las *t* de Israel
Sal. 74.2 la que redimiste para hacerla la *t* de
78.55 hizo habitar en sus. . las *t* de Israel
78.67 desechó. . y no escogió la *t* de Efraín
78.68 que escogió la *t* de Judá, el monte de
105.37 los sacó. . y no hubo en sus *t* enfermo
122.4 y allá subieron las *t*, las *t* de JAH
Is. 49.6 siervo para levantar las *t* de Jacob
63.17 vuélvete por. . por las *t* de tu heredad
Jer. 25.9 tomaré a todas las *t* del norte, dice
Ez. 37.19 las *t* de Israel sus compañeros, y los
45.8 darán la tierra a la. . conforme a sus *t*
47.13 la tierra. . entre las doce *t* de Israel
47.21 repartiréis, pues. . según las *t* de Israel
47.22 para tener heredad entre las *t* de Israel
47.23 en la *t* en que morare el extranjero
48.1 estos son los nombres de las *t*: Desde
48.19 los que sirvan. . serán de todas las *t*
48.23 *t*, desde el lado del oriente hasta el
48.29 es la tierra que repartiréis. . a las *t*
48.31 puertas. . según los nombres de las *t* de
Os. 5.9 las *t* de Israel hice conocer la verdad
Hab. 3.9 los juramentos a las *t* fueron palabra
Zac. 9.1 a Jehová deben mirar. . las *t* de Israel
Mt. 19.28 para juzgar a las doce *t* de Israel
24.30 lamentarán todas las *t* de la tierra, y
Lc. 2.36 Ana. . hija de Fanuel, de la *t* de Aser
22.30 tronos juzgando a las doce *t* de Israel
Hch. 13.21 Saúl hijo. . varón de la *t* de Benjamín
26.7 que han de alcanzar nuestras doce *t*
Ro. 11.1 yo soy israelita. . de la *t* de Benjamín
Fil. 3.5 la *t* de Benjamín, hebreo de hebreos
He. 7.13 de quien se dice esto, es de otra *t*
7.14 que nuestro Señor vino de la *t* de Judá
Stg. 1.1 Santiago. . a las doce *t* que están en la
Ap. 5.5 he aquí que el León de la *t* de Judá, la
7.4 sellados de todas las *t* de los hijos de
7.5(3),6(3),7(3),8(3) de la *t* de. . doce mil sellados
7.9 una gran multitud. . de todas naciones y *t*
11.9 los pueblos, *t*, lenguas y naciones verán
13.7 le dio autoridad sobre toda *t*, pueblo
14.6 predicarlo a. . toda. . *t*, lengua y pueblo
21.12 son los de las doce *t* de los hijos de

TRIBULACIÓN
2 Cr. 15.4 su *t* se convirtieron a Jehová Dios
20.9 a causa de nuestras *t* clamaremos a ti
Neh. 9.27 en el tiempo de su *t* clamaron a ti
Job 5.19 en seis *t* te librará, y en la séptima
15.24 *t* y angustia le turbarán, y. . contra él
27.9 su clamor cuando la *t* viniere sobre él?
Sal. 10.1 y te escondes en el tiempo de la *t*?
46.1 Dios. . nuestro pronto auxilio en las *t*
78.33 consumió sus días en. . y sus años en *t*
Pr. 1.27 sobre vosotros viniere *t* y angustia
11.8 justo es librado de la *t*; mas el impío
12.13 el impío. . mas el justo saldrá de la *t*
Is. 5.30 mirará hacia. . he aquí tinieblas de *t*
8.22 y he aquí *t* y tinieblas, oscuridad y
26.16 en la *t* te buscaron; derramaron oración
30.6 por tierra de *t* y de angustia, de donde
33.2 sé. . nuestra salvación en tiempo de la *t*
46.7 y tampoco responde, ni libra de la *t*
Zac. 10.11 y la *t* pasará por el mar, y herirá
Mt. 24.9 entregarán a *t*, y os matarán, y seréis
24.21 porque habrá entonces gran *t*, cual no
24.29 después de la *t* de aquellos días, el
Mr. 4.17 cuando viene la *t* o. . luego tropiezan
13.19 aquellos días serán de *t* cual nunca ha
13.24 en aquellos días, después de aquella *t*
Hch. 7.10 y le libró de todas sus *t*, y le dio
7.11 vino entonces hambre en la. . y grande *t*
14.22 que a través de muchas *t* entremos en el
20.23 diciendo que me esperan prisiones y *t*
Ro. 2.9 *t* y angustia sobre todo ser humano que
5.3 gloriamos en las *t*. . *t* produce paciencia
8.35 ¿*t*, o angustia, o persecución, o hambre
12.12 sufridos en la *t*; constantes. . oración
2 Co. 1.4 cual nos consuela en todas nuestras *t*
1.4 consolar a los que están en cualquier *t*
1.8 que ignoréis acerca de nuestra *t* que nos
2.4 pues por la mucha *t*. . escribí con muchas
4.17 leve *t* momentánea produce en nosotros
6.4 en mucha paciencia, en *t*, en necesidades
7.4 sobreabundo de gozo en todas nuestras *t*
8.2 grande prueba de *t*, la abundancia de
Ef. 3.13 pido que no desmayéis a causa de mis *t*
Fil. 4.14 bien hicisteis en participar. . en mi *t*
1 Ts. 1.6 recibiendo la palabra en medio de. . *t*
3.3 fin de que nadie se inquiete por estas *t*
3.4 que íbamos a pasar *t*, como ha acontecido
2 Ts. 1.4 en. . persecuciones y *t* que soportáis
1.6 porque es justo. . pagar con *t* a los que
He. 10.33 con. . *t* fuisteis hechos espectáculo
Stg. 1.27 visitar a. . y a las viudas en sus *t*
Ap. 1.9 y copartícipe vuestro en la *t*, en el
2.9 yo conozco. . tu *t*, y tu pobreza (pero tú
2.10 para que seáis probados, y tendréis *t*
2.22 en gran *t* a los que con ella adulteran
7.14 son los que han salido de la gran *t*, y

TRIBUNAL
Dt. 25.1 hubiere pleito. . y acudieren al *t* para
Am. 5.12 en los *t* hacéis perder su causa a los
Mt. 27.19 estando él sentado en el *t*, su mujer
Jn. 19.13 Pilato. . se sentó en el *t* en el lugar
Hch. 12.21 Herodes. . sentó en el *t* y les arengó
18.12 judíos se levantaron. . le llevaron al *t*
18.16 y los echó del *t*
18.17 Sóstenes. . le golpeaban delante del *t*
25.6 al siguiente día se sentó en el *t*, y
25.10 Pablo dijo: Ante el *t* de César estoy
25.17 sentado en el *t*, mandé traer al hombre
Ro. 14.10 compareceremos ante el *t* de Cristo
1 Co. 4.3 tengo el ser juzgado. . o por *t* humano
2 Co. 5.10 comparezcamos ante el *t* de Cristo
Stg. 2.6 los ricos. . que os arrastran a los *t*?

TRIBUNO
Mr. 6.21 daba una cena a sus príncipes y *t* y a
Jn. 18.12 el *t*. . prendieron a Jesús y le ataron
Hch. 21.31 se le avisó al *t* de la compañía, que
21.32 cuando. . vieron al *t* y a los soldados
21.33 llegando el *t*, le prendió y le mandó
21.37 dijo al *t*: ¿Se me permite decirte algo?
22.24 el *t* que le metiesen en la fortaleza
22.26 dio aviso al *t*, diciendo: ¿Qué vas a
22.27 vino el *t* y le dijo: Dime, ¿eres tú
22.28 respondió el *t*: Yo con una gran suma
22.29 aun el *t*. . tuvo temor por haberle atado
23.10 *t*, teniendo temor de que Pablo fuese
23.15 requerid al *t* que le traiga mañana ante
23.17 lleva a este joven ante el *t*, porque
23.18 le llevó al *t*, y dijo: El preso Pablo
23.19 *t*, tomándole de la mano y retirándose
23.22 el *t* despidió al joven, mandándole que
24.7 interviniendo el *t* Lisias. . le quitó de
24.22 descendiere el *t*. . acabaré de conocer
25.23 entrando en la audiencia con los *t* y

TRIBUTAR
1 Cr. 16.28 *tributad* a Jehová, oh familias de
23.5 instrumentos. . para *tributar* alabanzas
23.30 gracias y *tributar* alabanzas a Jehová
Sal. 29.1 *tributad* a Jehová, oh hijos de los
56.12 están tus votos; te *tributaré* alabanzas
96.7 *tributad* a Jehová. . la gloria y el poder
Jer. 44.19 tortas para *tributarle* culto, y le
He. 10.2 los que *tributan* este culto, limpios

TRIBUTARIO, RIA
Dt. 20.11 pueblo que. . fuere hallado te será *t*
Jos. 16.10 quedó el cananeo en medio. . y fue *t*
17.13 los. . de Israel. . hicieron *t* al cananeo
Jue. 1.28 hizo al cananeo *t*, mas no lo arrojó
1.30 el cananeo habitó en. . de él, y le fue *t*
1.33 le fueron *t* los moradores de Bet-semes
1.35 cuando. . José cobró fuerzas, lo hizo *t*
2 Cr. 8.8 los hijos. . hizo Salomón *t* hasta hoy
Pr. 12.24 señoreará; mas la negligencia será *t*
Is. 31.8 caerá Asiria. . y sus jóvenes serán *t*
Lm. 1.1 la señora de provincias ha sido hecha *t*

TRIBUTO
Gn. 49.15 su hombro para llevar, y sirvió en *t*
Éx. 1.11 pusieron sobre ellos comisarios de *t*
Nm. 31.28 y apartarás para Jehová el *t* de los
31.37 el *t* de las ovejas para Jehová fue 675
31.38 bueyes. . y de ellos el *t* para Jehová, 72
31.39 asnos. . y de ellos el *t* para Jehová, 61
31.40 de ellas el *t* para Jehová, 32 personas
31.41 dio Moisés el *t*, para ofrenda elevada
1 S. 17.25 eximirá de *t* a la casa de su padre
2 S. 8.2 los moabitas siervos de. . y pagaron *t*
8.6 los sirios fueron. . siervos. . sujetos a *t*
20.24 y Adoram sobre los *t*, y Josafat hijo
1 R. 4.6 y Adoniram hijo de Abda, sobre el *t*
9.21 hizo Salomón que sirviesen con *t* hasta
12.18 Adoram, que estaba sobre los *t*; pero
2 R. 17.3 Oseas fue. . su siervo, y le pagaba *t*
17.4 no pagaba *t* al rey de Asiria, como lo
2 Cr. 10.18 Adoram, que tenía cargo de los *t*
17.11 y traían de los filisteos. . *t* de plata
Esd. 4.13 no pagarán *t*, impuesto y rentas, y
4.20 que se les pagaba *t*, impuesto y rentas
6.8 hacienda. . que tiene del *t* del otro lado
7.24 ninguno podrá imponerles *t*, contribución
Neh. 5.4 tomado prestado dinero para el *t* del
Est. 2.18 disminuyó *t* a las provincias, e hizo
10.1 el rey Asuero impuso *t* sobre la tierra
Is. 33.18 ¿qué del pesador del *t*? ¿qué del que
60.17 y pondré paz por tu *t*, y justicia por
Dn. 11.20 uno que hará pasar un cobrador de *t*
Mt. 9.9 sentado al banco de los *t* públicos, y
17.25 ¿de quiénes cobran los *t* o. . impuestos?
22.17 dinos. . ¿Es lícito dar *t* a César, o no?
22.19 mostradme la moneda del *t*. Y ellos le
Mr. 2.14 sentado al banco de los *t* públicos, y
12.14 es lícito dar *t* a César, o no? ¿Daremos
Lc. 5.27 vio. . Leví, sentado al banco de los *t*
20.22 ¿nos es lícito dar *t* a César, o no?
23.2 que prohíbe dar *t* a César, diciendo que
Ro. 13.6 por esto pagáis también los *t*, porque
13.7 pagad a todos lo que debéis: al que *t*, *t*

TRIFENA *Cristiana saludada por Pablo*, **Ro. 16.12**

TRIFOSA *Cristiana saludada por Pablo*, **Ro. 16.12**

TRIGO
Gn. 27.28 te dé. . y abundancia de *t* y de mosto
27.37 de *t* y de vino le he provisto; ¿qué
30.14 Rubén en tiempo de la siega de los *t*
41.35 y recojan el *t* bajo la mano de Faraón
41.49 recogió José *t* como arena del mar
42.3 descendieron los. . a comprar *t* en Egipto
42.25 mandó. . que llenaran sus sacos de *t*, y
42.26 y ellos pusieron su *t* sobre sus asnos
43.2 acabaron de comer el *t* que trajeron de
44.2 pondrás mi copa. . con el dinero de su *t*
45.23 diez asnos. . y diez asnas cargadas de *t*
Éx. 9.32 *t* y el centeno no fueron destrozados
29.2 panes. . las harás de flor de harina de *t*
34.22 la de las primicias de la siega del *t*
Nm. 18.12 de aceite, de mosto y de *t*, todo lo
Dt. 8.8 tierra de *t* y cebada, de vides, higueras
32.14 con lo mejor del *t*; y de la sangre de
Jue. 6.11 su hijo Gedeón estaba sacudiendo el *t*
15.1 que en los días de la siega del *t* Sansón
Rt. 2.23 hasta que se acabó la siega. . la del *t*
1 S. 6.13 los de Bet-semes segaban el *t* en el
12.17 ¿no es ahora la siega del *t*?. . clamaré
2 S. 4.6 la portera. . había estado limpiando *t*
17.28 trajeron a David y. . *t*, cebada, harina
1 R. 5.11 daba a Hiram 20.000 coros de *t* para
2 R. 4.42 trajo al varón. . *t* nuevo en su espiga
1 Cr. 21.20 vio al ángel. . Ornán trillaba el *t*
21.23 bueyes. . y *t* para la ofrenda; yo lo doy
2 Cr. 2.10 he dado 20.000 coros de *t* en grano
2.15 envíe mi señor. . el *t* y cebada, y aceite
27.5 dieron los. . de Amón. . diez mil coros de
Esd. 6.9 *t*, sal, vino y aceite, conforme a lo
7.22 cien coros de *t*, cien batos de vino, y
Job 5.26 gavilla de *t* que se recoge a su tiempo
31.40 lugar de *t* me nazcan abrojos, y espinos
Sal. 78.24 hizo llover. . les dio *t* de los cielos
81.16 les sustentaría Dios con lo mejor del *t*
147.14 él. . te hará saciar con lo mejor del *t*
Pr. 27.22 majes al necio en. . entre granos de *t*
Cnt. 7.2 tu vientre como montón de *t* cercado de
Is. 28.25 pone el *t* en hileras, y la cebada en
62.8 jamás daré tu *t* por comida a. . enemigos
Jer. 12.13 sembraron *t*, y segaron espinos
23.28 ¿qué tiene que ver la paja con el *t*?
41.8 porque tenemos en el campo tesoros de *t*
Lm. 2.12 decían. . ¿Dónde está el *t* y el vino?
Ez. 4.9 toma para ti *t*, cebada, habas, lentejas
16.13 comiste flor de harina de *t*, miel y
27.17 con *t* de Minit y Panag. . negociaban en
36.29 llamaré al *t*, y lo multiplicaré, y no
45.13 la sexta parte. . por cada homer del *t*
Os. 2.8 ella no reconoció que yo le daba el *t*
2.9 volveré y tomaré mi *t* a su tiempo, y mi
2.22 la tierra responderá al *t*, al vino y al
7.14 para el *t* y el mosto se congregaron
9.1 salario de ramera en todas las eras de *t*
14.7 serán vivificados como *t*, y florecerán
Jl. 1.10 el *t* fue destruido, se secó el mosto
1.11 gemid, vineros, por el *t* y la cebada
1.17 los alfolíes destruidos. . se secó el *t*
2.24 las eras se llenarán de *t*, y los lagares

TRIGO *(Continúa)*

Am. 5.11 que vejáis al pobre y recibís de él. .*t*
8.5 ¿cuándo pasará el mes, y venderemos el *t*
8.6 dinero. .y venderemos los desechos del *t*?
Hag. 1.11 y llamé la sequía. .sobre el *t*, sobre
Zac. 9.17 *t* alegrará a los jóvenes, y el vino
Mt. 3.12 su era; y recogerá su *t* en el granero
13.25 su enemigo y sembró cizaña entre el *t*
13.29 que. .arranquéis también con ella el *t*
13.30 diré. .pero recoged el *t* en mi granero
Lc. 3.17 su era, y recogerá el *t* en su granero
16.7 él dijo: Cien medidas de *t*. El le dijo
22.31 os ha pedido para zarandearos como a *t*
Jn. 12.24 si el grano de *t* no cae en la tierra
Hch. 7.12 oyó Jacob que había *t* en Egipto, envió
27.38 aligeraron la nave, echando el *t* al mar
1 Co. 15.37 el grano desnudo, ya sea de *t* o de
Ap. 6.6 dos libras de *t* por un denario, y seis
18.13 *t*, bestias, ovejas, caballos y carros

TRILLA

Lv. 26.5 vuestra *t* alcanzará a la vendimia, y

TRILLAR

Dt. 25.4 no pondrás bozal al buey. .*trillare*
Jue. 8.7 *trillaré* vuestra carne con espinos y
2 S. 17.19 tendió sobre ella el grano *trillado*
1 Cr. 21.20 Ornán vio. .Ornán *trillaba* el trigo
Is. 21.10 pueblo mío, *trillado* y aventado, os
27.12 *trillará* Jehová desde el río Eufrates
28.27 el eneldo no se *trilla* con trillo, ni
28.28 el grano se *trilla*; pero no lo *trillará*
41.15 he aquí. .*trillarás* montes y los molerás
Jer. 51.33 como una era cuando está de *trillar*
Dn. 7.23 a toda la tierra devorará, *trillará* y
Os. 10.11 Efraín es novilla. .que le gusta *trillar*
Am. 1.3 porque *trillaron* a Galaad con trillos de
Mi. 4.13 *trilla*, hija de Sion, porque haré tu
Hab. 3.12 con ira. .furor *trillaste* las naciones
1 Co. 9.9 no pondrás bozal al buey que *trilla*
9.10 el que *trilla*, con esperanza de recibir
1 Ti. 5.18 no pondrás bozal al buey que *trilla*

TRILLO

2 S. 12.31 puso a trabajar. .y con *t* de hierro
24.22 *t* y los yugos de los bueyes para leña
1 Cr. 20.3 puso a trabajar. .con *t* de hierro y
21.23 daré. .los *t* para leña, y trigo para la
Is. 28.27 eneldo no se trilla con *t*, ni sobre
28.28 ni lo quebranta con los dientes de su *t*
41.15 yo te he puesto por *t*, *t* nuevo, lleno
Am. 1.3 porque trillaron a Galaad con *t* de hierro

TRIPLICAR

Ez. 21.14 y *triplíquese* el furor de la espada

TRISTE

Gn. 40.6 vino a ellos José. .aquí que estaban *t*
50.10 y endecharon allí con grande y muy *t*
1 S. 1.18 y se fue la mujer. .y no estuvo más *t*
1 R. 20.43 el rey. .se fue a su casa *t* y enojado
21.4 y vino Acab a su casa *t* y enojado, por
Neh. 2.1 como yo no había estado antes *t* en su
2.2 dijo el rey: ¿Por qué está *t* tu rostro?
2.3 ¿cómo no estará *t* mi rostro, cuando la
Job 9.27 si yo dijere. .Dejaré mi *t* semblante
Pr. 17.22 mas el espíritu *t* seca los huesos
Is. 29.2 pondré a Ariel. .será desconsolada y *t*
54.6 como a mujer abandonada y *t* de espíritu
Jer. 14.2 se sentaron *t* en tierra, y subió el
Dn. 6.20 llamó a voces a Daniel con voz *t*, y le
Mt. 19.22 fue *t*, porque tenía muchas posesiones
26.38 les dijo: Mi alma está muy *t*, hasta la
Mr. 10.22 afligido por esta palabra, se fue *t*
14.34 mi alma está muy *t*, hasta la muerte
16.10 lo hizo saber a los que. .que estaban *t*
Lc. 18.23 se puso muy *t*, porque era muy rico
24.17 ¿qué pláticas son. .y por qué estáis *t*?
Jn. 16.20 aunque. .estéis *t*, vuestra tristeza

TRISTEZA

Dt. 28.65 pues allí te dará Jehová. .*t* de alma
Est. 9.22 mes que de *t* se les cambió en alegría
Sal. 13.2 alma, con *t* en mi corazón cada día?
31.9 se han consumido de *t* mis ojos, mi alma
Pr. 10.1 pero el hijo necio es *t* de su madre
10.10 el que guiña el ojo acarrea *t*; y el
10.22 que enriquece, y no añade *t* con ella
17.21 que engendra al insensato, para su *t* lo
Ec. 7.3 *t* del rostro se enmendará el corazón
Is. 35.10 alegría, y huirán la *t* y el gemido
Jer. 45.3 porque ha añadido Jehová *t* a mi dolor
Lm. 2.5 multiplicó en. .Judá la *t* y el lamento
Ez. 7.27 el rey. .y el príncipe se vestirá de *t*
Lc. 22.45 los halló durmiendo a causa de la *t*
Jn. 16.6 he dicho. .*t* ha llenado vuestro corazón
16.20 pero. .vuestra *t* se convertirá en gozo
16.22 también vosotros ahora tenéis *t*; pero
Ro. 9.2 que tengo gran *t*, y continuo dolor en mi
2 Co. 2.1 pues. .no ir otra vez a vosotros con *t*
2.3 que cuando llegue no tenga *t* de parte de
2.5 pero si alguno me ha causado *t*, no me la
2.7 para que no sea consumido de demasiada *t*
7.10 la *t* que es según Dios. .arrepentimiento
7.10 pero la *t* del mundo produce muerte
9.7 cada uno dé. .no con *t*, ni por necesidad
Fil. 2.27 mí, para que yo no tuviese *t* sobre *t*
2.28 verle. .os gocéis, y yo esté con menos *t*
He. 12.11 parece ser causa de gozo, sino de *t*
Stg. 4.9 risa se convierta. .vuestro gozo en *t*

TRITURAR

2 S. 22.43 como lodo. .los pisé y los *trituré*

TRIUNFAR

Col. 2.15 los exhibió. .*triunfando* sobre ellos
Stg. 2.13 misericordia *triunfa* sobre el juicio

TRIUNFO

Dt. 33.29 escudo de tu socorro, y espada de. .*t*?
Jue. 5.11 repetirán los *t* de Jehová, los *t* de
1 Cr. 18.13 daba el *t* a David dondequiera que
Sal. 18.50 *t* da a su rey, y hace misericordia
2 Co. 2.14 lleva siempre en *t* en Cristo Jesús

TROAS *Ciudad y puerto del Mar Egeo*

Hch. 16.8 pasando. .a Misia, descendieron a *T*
16.11 de *T*, vinimos con rumbo. .a Samotracia
20.5 habiéndose adelantado. .esperaron en *T*
20.6 cinco días nos reunimos con ellos en *T*
2 Co. 2.12 cuando llegué a *T* para predicar el
2 Ti. 4.13 el capote que dejé en *T* en casa de

TROCAR

Lv. 27.10 no será. .ni *trocado*, bueno por malo
Jer. 2.11 mi pueblo ha *trocado* su gloria por lo

TRÓFIMO *Compañero del apóstol Pablo*

Hch. 20.4 le acompañaron. .de Asia, Tíquico y *T*
21.29 habían visto con él en la ciudad a *T*
2 Ti. 4.20 quedó. .y a *T* dejé en Mileto enfermo

TROGILIO *Promontorio en el Mar Egeo, Hch. 20.15*

TROMPETA

Lv. 23.24 tendréis. .conmemoración al son de *t*
25.9 harás tocar. .*t* en el mes séptimo a los
25.9 el día de la expiación haréis tocar la *t*
Nm. 10.2 dos *t* de plata; de obra de martillo las
10.8 los sacerdotes tocarán las *t*; y las
10.9 la guerra en. .tocaréis alarma con las *t*
10.10 tocaréis. .*t* sobre vuestros holocaustos
29.1 el primero. .os será día de sonar las *t*
31.6 fue a la guerra. .con las *t* en su mano
Jue. 7.8 habiendo tomado. .sus *t*, envió a todos
7.16 todos ellos *t* en sus manos, y cántaros
7.18 yo tocaré la *t*. .vosotros tocaréis. .las *t*
7.19 tocaron las *t*, y quebraron los cántaros
7.20 tocaron las *t*. .y en la derecha las *t*, y
7.22 los trescientos tocaban las *t*; y Jehová
1 S. 13.3 e hizo Saúl tocar *t* por todo el país
2 S. 6.15 el arca de. .con júbilo y sonido de *t*
15.10 cuando oigáis el sonido de la *t* diréis
18.16 Joab tocó la *t*, y el pueblo se volvió de
20.1 el cual tocó la *t*, y dijo: No tenemos
20.22 y él tocó la *t*, y se retiraron de la
1 R. 1.34 y tocaréis *t*, diciendo: ¡Viva el rey
1.39 tocaron *t*, y dijo todo el pueblo: ¡Viva
1.41 y oyendo Joab el sonido de la *t*, dijo
2 R. 11.14 país se regocijaba, y tocaban las *t*
12.13 mas de aquel dinero. .no se hacían. .ni *t*
1 Cr. 13.8 David y. .regocijaban. .címbalos y *t*
15.24 tocaban las *t* delante del arca de Dios
15.28 todo Israel el arca. .con. .*t* y címbalos
16.6 sonaban. .*t* delante del arca del pacto
16.42 a Hemán y a Jedutún con *t* y címbalos
2 Cr. 5.12 cantores. .sacerdotes que tocaban *t*
5.13 cuando sonaban. .las *t*, y cantaban todos
5.13 que alzaban la voz con *t* y címbalos y
7.6 sacerdotes tocaban *t* delante de ellos, y
13.12 sacerdotes con las *t* del júbilo para
13.14 Judá. .y los sacerdotes tocaron las *t*
15.14 y juraron a Jehová. .al son de *t* y de
20.28 a Jerusalén con salterios, arpas y *t*
29.26 y los levitas. .y los sacerdotes con *t*
29.27 comenzó también el cántico. .con las *t*
29.28 y los trompeteros sonaban las *t*; todo
Esd. 3.10 con *t*, y a los levitas hijos de Asaf
Neh. 4.18 el que tocaba la *t* estaba junto a mí
4.20 el lugar donde oyereis el sonido de la *t*
12.35 iban con *t* Zacarías hijo de Jonatán
12.41 los sacerdotes Eliacim. .Hananías, con *t*
Job 39.24 él. .sin importarle el sonido de la *t*
Sal. 47.5 subió Dios. .Jehová con sonido de *t*
81.3 tocad la *t* en la nueva luna, en el día
98.6 con *t* y sonidos de bocina, delante del
Is. 18.3 mirad; y cuando se toque *t*, escuchad
27.13 se tocará con gran *t*, y vendrán los que
58.1 tu voz como *t*, y anuncia a mi pueblo su
Jer. 4.5 decid: Tocad *t* en la tierra; pregonad
4.19 porque sonido de *t* has oído, oh alma mía
4.21 ¿hasta cuándo he de. .de oir sonido de *t*?
6.17 que dijesen: Escuchad al sonido de la *t*
42.14 no veremos guerra, ni oiremos sonido. .*t*
51.27 alzad bandera. .tocad *t* en las naciones
Ez. 7.14 tocarán *t*, y prepararán. .las cosas
33.3 él viere. .tocare *t* y avisare al pueblo
33.4 cualquiera que oyere el sonido de la *t*
33.5 sonido de la *t* oyó, y no se apercibió
33.6 viere venir la espada y no tocare la *t*
Os. 5.8 tocad bocina. .*t* en Ramá: sonad alarma
8.1 pon a tu boca *t*. Como águila. .contra la
Jl. 2.1 tocad *t* en Sion. .alarma en mi. .monte
2.15 tocad *t* en Sion. .convocad asamblea
Am. 2.2 y morirá Moab. .estrépito y sonido de *t*
3.6 ¿se tocará la *t* en la ciudad, y no se
Sof. 1.16 de *t* y de algazara sobre las ciudades
Zac. 9.14 Jehová el Señor tocará *t*, e irá entre
Mt. 6.2 cuando. .des limosna, no hagas tocar *t*
24.31 enviará sus ángeles con gran voz de *t*
1 Co. 14.8 *t* diere sonido incierto, ¿quién se
15.52 a la final *t*; porque se tocará la *t*, y
1 Ts. 4.16 con *t* de Dios, descenderá del cielo
He. 12.19 al sonido de la *t*, y a la voz que
Ap. 1.10 detrás de mí una gran voz como de *t*
4.1 y la primera voz que oí, como de *t*. .dijo
8.2 a los siete ángeles. .les dieron siete *t*
8.6 los. .que tenían las 7 *t* se dispusieron a
8.7 el primer ángel tocó la *t*, y hubo granizo
8.8 el segundo ángel tocó la *t*, y como una
8.10 tercer ángel tocó la *t*, y cayó del cielo
8.12 el cuarto ángel tocó la *t*, y fue herida
8.13 ¡ay, ay. .a causa de los otros toques de *t*
9.1 el quinto ángel tocó la *t*, y. .estrella
9.13 el sexto ángel tocó la *t*, y oí una voz
9.14 diciendo el sexto ángel que tenía la *t*
10.7 comience a tocar la *t*, el misterio de
11.15 el séptimo ángel tocó la *t*, y. .voces

TROMPETERO

2 R. 11.14 los *t* junto al rey; y todo el pueblo
2 Cr. 23.13 vio al rey. .y los *t* junto al rey
29.28 los *t* sonaban las trompetas; todo esto
Ap. 18.22 voz de arpistas. .y de *t* no se oirá

TRONANTE

Éx. 19.19 Moisés. .Dios le respondía con voz *t*

TRONAR

Éx. 9.23 y Jehová hizo *tronar* y granizar, y el
1 S. 2.10 sobre ellos *tronará* desde los cielos
7.10 mas Jehová *tronó*. .sobre los filisteos
2 S. 22.14 *tronó* desde los cielos Jehová, y el
Job 37.4 sonido; *truena* él con voz majestuosa
37.5 *truena* Dios maravillosamente con su voz
40.9 brazo. .¿y *truenas* con voz como la suya?
Sal. 18.13 *tronó* en los cielos Jehová. .su voz
29.3 *truena* el Dios de gloria, Jehová sobre
77.17 *tronaron* los cielos, y discurrieron tus

TRONCO

1 S. 5.4 habiéndole quedado a Dagón el *t*
Job 14.8 raíz, y su *t* fuere muerto en el polvo
Is. 6.13 queda el *t*, así será el *t*, la simiente
11.1 una vara del *t* de Isaí, y un vástago
40.24 como si nunca su *t* hubiera tenido raíz
44.19 me postraré delante de un *t* de árbol?

TRONO

Gn. 41.40 solamente en el *t* seré yo mayor que
Éx. 11.5 el primogénito. .que se sienta en su *t*
12.29 el primogénito. .se sentaba sobre su *t*
17.16 mano de Amalec se levantó contra el *t*
Dt. 17.18 y cuando se siente sobre el *t* de su
2 S. 3.10 y confirmando el *t* de David. .Israel
7.13 afirmaré para siempre el *t* de su reino
7.16 tu casa. .y tu *t* será estable eternamente
14.9 sea. .mas el rey y su *t* sean sin culpa
1 R. 1.13,17 Salomón tu hijo. .se sentará en. .*t*
1.20 declares quién se ha de sentar en el *t*
1.24 Adonías reinará. .él se sentará en mi *t*?
1.27 se había de sentar en el *t* de mi señor
1.30 él se sentará en mi *t* en lugar mío; que
1.35 y se sentará en mi *t*, y él reinará por
1.37 haga mayor su *t* que el *t* de mi señor el
1.46 también Salomón se ha sentado en el *t*
1.47 nombre, y haga mayor su *t* que el tuyo
1.48 que ha dado hoy quien se siente en mi *t*
2.4 jamás, dice, faltará a ti varón en el *t*
2.12 y se sentó Salomón en el *t* de David su
2.19 el rey se. .y volvió a sentarse en su *t*
2.24 ha puesto sobre el *t* de David mi padre
2.33 y sobre su *t*, habrá perpetuamente paz
2.45 el *t* de David será firme perpetuamente
3.6 y le diste hijo que se sentase en su *t*
5.5 quien yo pondré. .en tu *t*, él edificará
7.7 el pórtico del *t* en que había de juzgar
8.20 y me he sentado en el *t* de Israel, como
8.25 que se siente en el *t* de Israel, con tal
9.5 yo afirmaré el *t* de tu reino sobre Israel
9.5 no faltará varón de tu. .en el *t* de Israel
10.9 se agradó de ti para ponerte en el *t* de
10.18 hizo también el rey un gran *t* de marfil
10.19 seis gradas tenía el *t*, y. .dos leones
10.20 en ningún otro reino. .hecho *t* semejante
16.11 y estuvo sentado en su *t*, mató a toda
22.19 vi a Jehová sentado en su *t*, y todo el
2 R. 9.13 lo puso debajo de Jehú en un *t* alto

TRONO *(Continúa)*
2 R. 10.3 y ponedlo en el t de su padre, y pelead
10.30 hijos se sentarán sobre el t de Israel
11.19 se sentó el rey en el t de los reyes
13.13 se sentó Jeroboam sobre su t; y Joás
15.12 hijos. .se sentarán en el t de Israel
25.28 y puso su t más alto que los t de los
1 Cr. 17.12 y yo confirmaré su t eternamente
17.14 lo confirmaré. .y su t será firme para
22.10 afirmaré el t de su reino sobre Israel
28.5 Salomón para que se siente en el t del
29.23 y se sentó Salomón por rey en el t de
2 Cr. 6.10 y me he sentado en el t de Israel
6.16 varón. .que se siente en el t de Israel
7.18 confirmaré el t de tu reino, como pacté
9.8 ponerte sobre su t como rey para Jehová
9.17 hizo además el rey un gran t de marfil
9.18 el t. .y un estrado de oro fijado al t
9.19 jamás fue hecho t semejante en reino
18.9 sentados cada uno en su t, vestidos con
18.18 yo he visto a Jehová sentado en su t
23.20 sentaron al rey sobre el t del reino
Est. 1.2 fue afirmado el rey Asuero sobre el t
5.1 entró. .y estaba el rey sentado en su t
Job 26.9 él encubre la faz de su t, y sobre él
36.7 con los reyes los pondrá en t. .siempre
Sal. 9.4 te has sentado en el t juzgando con
9.7 Jehová. .ha dispuesto su t para juicio
11.4 Jehová tiene en el cielo su t; sus ojos
45.6 tu t, oh Dios, es eterno y para siempre
47.8 reinó. .se sentó Dios sobre su santo t
89.4 edificaré tu t por todas. .generaciones
89.14 justicia y juicio. .el cimiento de tu t
89.29 pondré. .t como los días de los cielos
89.36 será. .y su t como el sol delante de mí
89.44 hiciste cesar. .echaste su t por tierra
93.2 firme es tu t desde entonces; tú eres
94.20 el t de iniquidades, que hace agravio
97.2 justicia y juicio. .el cimiento de su t
103.19 Jehová estableció en los cielos su t
122.5 allá están. .los t de la casa de David
132.11 de tu descendencia pondré sobre tu t
132.12 se sentarán sobre tu t para siempre
Pr. 16.12 porque con justicia será afirmado el t
20.8 el rey que se sienta en el t de juicio
20.28 rey, y con clemencia se sustenta su t
25.5 del rey, y su t se afirmará en justicia
29.14 que juzga con verdad. .el t será firme
Is. 6.1 al Señor sentado. .un t alto y sublime
9.7 no tendrán límite, sobre el t de David
14.13 junto a las estrellas. .levantaré mi t
16.5 dispondrá el t en misericordia; y sobre
47.1 siéntate en. .sin t, hija de los caldeos
66.1 dijo así: El cielo es mi t, y la tierra
Jer. 3.17 llamarán a Jerusalén: T de Jehová, y
13.13 los reyes. .que se sientan sobre su t
14.21 nos deseches, ni deshonres tu glorioso t
17.12 t de gloria, excelso. .es el lugar de
17.25 se sientan sobre el t de David, ellos
22.2 oh rey. .que estás sentado sobre el t de
22.4 los reyes que en. .se sientan sobre su t
22.30 logrará sentarse sobre el t de David
29.16 del rey que está sentado sobre el t de
33.17 varón que se siente sobre el t de la
33.21 deje de tener hijo que reine sobre su t
36.30 no tendrá quien se siente sobre el t
43.10 y pondré su t sobre estas piedras que
49.38 pondré mi t en Elam, y destruiré a su
52.32 poner su t sobre los t de los reyes
Lm. 5.19 permanecerás. .tu t de generación en
Ez. 1.26 se veía la figura de un t que parecía
1.26 sobre la figura del t había. .semejanza
10.1 semejanza de un t que se mostró sobre
26.16 príncipes del mar descenderán de sus t
28.2 en el t de Dios estoy sentado en medio
43.7 este es el lugar de mi t. .donde posaré
Dn. 5.20 mas. .fue depuesto del t de su reino
7.9 estuve mirando hasta. .fueron puestos t
7.9 t llama de fuego, y las ruedas del mismo
11.7 un renuevo de. .se levantará sobre su t
Hag. 2.22 y trastornaré el t de los reinos, y
Zac. 6.13 él. .se sentará y dominará en su t, y
Mt. 5.34 por el cielo, porque es el t de Dios
19.28 el Hijo. .se siente en el t de su gloria
19.28 os sentaréis sobre doce t, para juzgar
23.22 jura por el t de Dios, y por aquel que
25.31 entonces se sentará en su t de gloria
Lc. 1.32 Dios le dará el t de David su padre
1.52 quitó de los t a los poderosos, y exaltó
22.30 y os sentéis en t juzgando a las doce
Hch. 2.30 al Cristo para que se sentase en su t
7.49 el cielo es mi t, y la tierra el estrado
Col. 1.16 t, sean dominios, sean principados
He. 1.8 tu t, oh Dios, por el siglo del siglo
4.16 acerquémonos, pues. .al t de la gracia
8.1 el cual se sentó a la diestra del t de
12.2 y se sentó a la diestra del t de Dios
Ap. 1.4 los siete espíritus. .delante de su t
2.13 donde moras, donde está el t de Satanás
3.21 le daré que se siente conmigo en mi t
3.21 y me he sentado con mi Padre en su t
4.2 un t establecido. .en el t, uno sentado
4.3 alrededor del t un arco iris, semejante
4.4 y alrededor del t había veinticuatro t
4.4 sentados en los t a 24 ancianos, vestidos
4.5 del t salían relámpagos y truenos y voces
4.5 y delante del t ardían siete lámparas de
4.6 delante del t había como un mar de vidrio
4.6 y junto al t, y alrededor del t, cuatro
4.9 dan gloria. .al que está sentado en el t
4.10 delante del que está sentado en el t
4.10 adoran. .y echan. .coronas delante del t
5.1 la mano derecha del que estaba. .en el t
5.6 que en medio del t y de los cuatro seres
5.7 el libro. .del que estaba sentado en el t
5.11 y oí la voz de. .ángeles alrededor del t
5.13 oí decir: Al que está sentado en el t
6.16 de aquel que está sentado sobre el t, y
7.9 estaban delante del t y en la presencia
7.10 a nuestro Dios que está sentado en el t
7.11 ángeles estaban en pie alrededor del t
7.11 y se postraron sobre sus. .delante del t
7.15 por esto están delante del t de Dios, y
7.15 y el que está. .sobre el t extenderá su
7.17 que está en medio del t los pastoreará
8.3 el altar de oro que estaba delante del t
11.16 delante de Dios en sus t, se postraron
12.5 hijo fue arrebatado para Dios y para su t
13.2 y el dragón le dio su poder y su t, y
14.3 cantaban un cántico nuevo delante del t
14.5 son sin mancha delante del t de Dios
16.10 el quinto. .derramó su copa sobre el t
16.17 salió una gran voz del templo. .del t
19.4 a Dios, que estaba sentado en el t, y
19.5 salió del t una voz que decía: Alabad a
20.4 vi t, y se sentaron sobre ellos los que
20.11 vi un gran t. .y al que estaba sentado
21.5 el que estaba sentado en el t dijo: He
22.1 un río limpio. .que salía del t de Dios
22.3 t de Dios y del Cordero estará en ella

TROPA
Jue. 9.37 t viene por el camino de la encina
1 S. 30.15 dijo David: ¿Me llevarás tú a esa t?
2 R. 9.17 y el atalaya. .vio la t de. .Veo una t
24.2 contra Joacim t de caldeos, t de sirios
24.2 envió. .t de moabitas y t de amonitas
1 Cr. 12.18 puso entre los capitanes de la t
19.17 David hubo ordenado su t contra ellos
Esd. 8.22 tuve vergüenza de pedir al rey t y
Job 10.17 aumentas conmigo tu furor como t de
Is. 13.4 Jehová. .pasa revista a las t para la
Ez. 12.14 todas sus t, esparciré a todos los
17.21 sus fugitivos. .sus t, caerán a espada
23.46 yo haré subir contra ellos t. .rapiña
26.7 carros y jinetes, y t y mucho pueblo
38.6 Gomer, y todas sus t. .de Togarma. .sus t
38.9 como nublado. .serás tú y todas tus t
38.22 y haré llover. .sobre sus t y sobre los
39.4 caerás tú y todas tus t, y los pueblos
Dn. 11.15 ni sus t escogidas, porque no habrá
11.31 su parte t que profanarán el santuario
Hab. 3.16 suba al. .el que lo invadirá con sus t
Hch. 23.27 a este. .libré yo acudiendo con la t

TROPEL
Is. 31.4 ni se acobardará por el t de ellos; así

TROPEZADERO
Éx. 34.12 para que no sean t en medio de ti
Jue. 2.3 serán azotes. .y sus dioses os serán t
8.27 un efod. .y fue t a Gedeón y a su casa
Is. 8.14 él será. .por t para caer, y por lazo
Ez. 44.12 a la casa de Israel por t de maldad
Ro. 11.9 sea vuelto su. .en t y en retribución
1 Co. 1.23 para los judíos ciertamente t, y
8.9 esta libertad vuestra no venga a ser t

TROPEZAR
Lv. 26.37 *tropezarán*. .como si huyeran ante la
Dt. 7.25 para que no *tropieces* en ello, pues es
12.30 que no *tropieces* yendo en pos de ellas
2 S. 6.6 sostuvo; porque los bueyes *tropezaban*
1 Cr. 13.9 arca. .porque los bueyes *tropezaban*
Job 4.4 que *tropezaba* enderezaban tus palabras
5.14 *tropiezan* con tinieblas, y a mediodía
Sal. 27.2 juntaron. .ellos *tropezaron* y cayeron
91.12 para que tu pie no *tropiece* en piedra
Pr. 3.23 andarás por tu. .y tu pie no *tropezará*
4.12 tus pasos, y si corrieres, no *tropezarás*
4.19 los impíos. .no saben en qué *tropiezan*
24.17 y cuando *tropezare*, no se alegre tu
Is. 5.27 no habrá entre ellos. .quien *tropiece*
8.14 él será. .por piedra para *tropezar*, y por
8.15 muchos *tropezarán* entre ellos. y caerán
28.7 erraron en la. .*tropezaron* en el juicio
59.10 *tropezamos* a mediodía como de noche
59.14 porque la verdad *tropezó* en la plaza
63.13 el que los condujo. .sin que *tropezaran*?
Jer. 13.16 antes que vuestros pies *tropiecen* en
18.15 mi pueblo. .ha *tropezado* en sus caminos
18.23 y *tropiecen* delante de ti; haz así con
20.11 los que me persiguen *tropezarán*, y no
31.9 camino derecho en el cual no *tropezarán*
46.6 al norte junto a. .*tropezaron* y cayeron
46.12 porque valiente *tropezó* contra valiente
50.32 y el soberbio *tropezará* y caerá, y no
Dn. 11.19 *tropezará* y caerá, y no será hallado
Os. 5.5 Efraín *tropezarán* en su pecado, y Judá
5.5 Israel. .Judá *tropezará* también con ellos
Nah. 3.3 cadáveres sin fin, y en. .*tropezarán*
Mal. 2.8 habéis hecho *tropezar* a muchos en la
Mt. 4.6 que no *tropieces* con tu pie en piedra
13.21 al venir la aflicción. .luego *tropieza*
18.6 cualquiera que haga *tropezar* a alguno de
24.10 muchos *tropezarán*. .se entregarán unos
Mr. 4.17 viene la tribulación. .luego *tropiezan*
9.42 cualquiera que haga *tropezar* a uno de
Lc. 4.11 que no *tropieces* con tu pie en piedra
17.2 mejor le fuera. .que hacer *tropezar* a uno
Jn. 11.9 que anda de día, no *tropieza*, porque
11.10 el que anda de noche, *tropieza*, porque
Ro. 9.32 *tropezaron* en la piedra de tropiezo
11.11 ¿han *tropezado* los de Israel para que
14.20 es malo que el hombre haga *tropezar* a
14.21 nada en que tu hermano *tropiece*, o se
2 Co. 11.29 ¿a quién se le hace *tropezar*, y yo
1 P. 2.8 *tropiezan* en la. .siendo desobedientes

TROPIEZO
Éx. 23.33 pecar. .sirviendo a sus dioses. .será t
Lv. 19.14 delante del ciego no pondrás t, sino
Dt. 7.16 ni servirás a sus dioses. .te será t
Jos. 23.13 os serán por lazo, por t, por azote
1 S. 28.9 ¿por qué, pues, pones t a mi vida
Sal. 69.22 lazo, y lo que es para bien, por t
119.165 paz tienen los. .y no hay para ellos t
Is. 57.14 quitad los t del camino de mi pueblo
Jer. 6.21 pongo a este pueblo t, y caerán en
Ez. 3.20 pusiere yo t delante de él, él morirá
7.19 plata. .porque ha sido t para su maldad
14.3,4,7 t de su maldad delante de su rostro
Mt. 11.6 bienaventurado es el que no halle t
13.41 recogerán. .a todos los que sirven de t
16.23 me eres t, porque no pones la mira en
18.7 ¡ay del mundo por los t!. .vengan t, pero
18.7 ay de aquel hombre por quien viene el t!
Lc. 7.23 y bienaventurado es. .que no halle t
17.1 imposible es que no vengan t; mas ¡ay
Jn. 16.1 os he hablado, para que no tengáis t
Ro. 9.32 por qué?. .tropezaron en la piedra de t
9.33 he aquí pongo en Sion piedra de t y roca
14.13 decidid no poner t u ocasión de caer
16.17 que os fijéis en los que causan. .y t
1 Co. 8.13 no comeré. .no poner t a mi hermano
10.32 no seáis t ni a judíos, ni a gentiles
2 Co. 6.3 damos a nadie ninguna ocasión de t
Gá. 5.11 en tal caso se ha quitado el t de la
1 P. 2.8 y: Piedra de t, y roca que hace caer
1 Jn. 2.10 ama a su hermano. .y en él no hay t
Ap. 2.14 que enseñaba a Balac a poner t ante

TROVAR
Sal. 57.7 oh Dios. .cantaré, y *trovaré* salmos

TROZO
Éx. 29.17 y las pondrás sobre sus t y sobre su
Lv. 8.20 cortó el carnero en t. .hizo arder. .t
1 S. 11.7 tomando un par de bueyes. .cortó en t

TRUENO
Éx. 9.28 orad a. .para que cesen los t de Dios
9.29 y los t cesarán, y no habrá más granizo
9.33 cesaron los t y el granizo, y la lluvia
9.34 había cesado, y el granizo y los t, se
19.16 al tercer día. .vinieron t y relámpagos
1 S. 12.17 yo clamaré a Jehová, y él dará t y
12.18 Samuel clamó a Jehová, y Jehová dio t
Job 26.14 pero el t de su poder, ¿quién lo puede
28.26 dio ley. .camino al relámpago de los t
36.33 el t declara su indignación, y. .su ira
38.25 repartió conducto. .y camino a los. .y t
Sal. 77.18 voz de tu t estaba en el torbellino
81.7 respondí en lo secreto del t; te probé
104.7 huyeron; al sonido. .t se apresuraron
Is. 29.6 serás visitada con t, con terremotos
Mr. 3.17 apellidó Boanerges. .es, Hijos del t
Jn. 12.29 oído la voz, decía. .había sido un t
Ap. 4.5 del trono salían relámpagos y t y voces
6.1 oí. .decir como con voz de t: Ven y mira
8.5 t, y voces, y relámpagos, y un terremoto
10.3 hubo clamado, siete t emitieron sus voces
10.4 los siete t hubieron emitido sus voces
10.4 las cosas que los siete t han dicho, y
11.19 hubo. .voces, t, un terremoto y grande
14.2 voz del cielo. .como sonido de un gran t
16.18 voces y t, y un gran temblor de tierra
19.6 oí. .como la voz de grandes t, que decía

TRUHÁN
Sal. 35.16 t, crujieron contra mí sus dientes

TRUHANERÍA
Ef. 5.4 ni t, que no convienen, sino antes bien

TUBAL
1. Hijo de Jafet, Gn. 10.2; 1 Cr. 1.5
2. Región antigua de Asia Menor
Is. 66.19 enviaré. .a T y a Javán, a las costas

TUBAL *(Continúa)*

Ez. 27.13 Javán, *T* y Mesec comerciaban también
32.26 allí Mesec y *T*, y toda su multitud; sus
38.2 Magog, príncipe soberano de Mesec y *T*
38.3; 39.1 Gog, príncipe soberano de Mesec y *T*

TUBAL-CAÍN *Hijo de Lamec No. 1 y Zila*

Gn. 4.22 *T*, artífice en toda obra de bronce
4.22 y de hierro; y la hermana de *T* fue Naama

TUBO

Zac. 4.2 siete *t* para las lámparas que están
4.12 que por medio de dos *t* de oro vierten

TUÉTANO

Job 21.24 leche, y sus huesos serán regados de *t*
Is. 25.6 banquete de manjares. .de gruesos *t* y
He. 4.12 hasta partir. .las coyunturas y los *t*

TUMIM

Éx. 28.30 en el pectoral del juicio Urim y *T*
Lv. 8.8 y puso dentro del mismo los Urim y *T*
Dt. 33.8 a Leví dijo: Tu *T* y tu Urim sean para
Esd. 2.63; Neh. 7.65 sacerdote. .con Urim y *T*

TUMOR

Lv. 13.10 y si apareciere *t* blanco en la piel
Dt. 28.27 Jehová te herirá. .con *t*, con sarna
1 S. 5.6 destruyó y los hirió con *t* en Asdod y
5.9 afligió a los hombres. .se llenaron de *t*
5.12 y los que no morían, eran heridos de *t*
6.4 cinco *t* de oro, y cinco ratones de oro
6.5 haréis, pues, figuras de vuestros *t*, y de
6.11 la caja con los. .y las figuras de sus *t*
6.17 estos fueron los *t* de oro que pagaron

TÚMULO

Job 21.32 llevado. .sobre su *t* estarán velando

TUMULTO

Is. 9.5 calzado que lleva el guerrero en el *t*
Jer. 51.16 a su voz se producen *t* de aguas en
Ez. 7.7 día de *t*, y no de alegría, sobre los
Am. 2.2 y morirá Moab con *t*, con estrépito y
2 Co. 6.5 en *t*, en trabajos, en desvelos, en

TUMULTUOSA

Is. 30.32 y en batalla *t* peleará contra ellos

TÚNICA

Gn. 3.21 Dios hizo al hombre y a su mujer *t* de
37.3 a José. .hizo una *t* de diversos colores
37.23 quitaron a José su *t*, la *t* de colores
37.31 tomaron ellos la *t*. .y tiñeron la *t* con
37.32 enviaron la *t*. .la trajeron a su padre
37.32 reconoce. .si es la *t* de tu hijo, o no
37.33 la *t* de mi hijo es; alguna mala bestia
Éx. 28.4 la *t* bordada, la mitra y el cinturón
28.39 y bordarás una *t* de lino, y harás una
28.40 para los hijos de Aarón harás *t*. .cintos
29.5 vestirás a Aarón la *t*, el manto del efod
29.8 que se acerquen sus. .les vestirás las *t*
39.27 hicieron las *t* de lino fino de obra de
40.14 acerquen. .hijos, y les vestirás las *t*
Lv. 8.7 y puso sobre él la *t*, y le ciñó con el
8.13 y les vistió las *t*, les ciñó con cintos
10.5 acercaron y los sacaron con sus *t* fuera
16.4 se vestirá la *t* santa de lino, y sobre
1 S. 2.19 le hacía su madre una *t* pequeña y se
Esd. 2.69 dieron. .plata, y cien *t* sacerdotales
Job 30.18 deforma. .ciñe como el cuello de mi *t*
Mt. 5.40 quitarte la *t*, déjale también la capa
10.10 de dos *t*, ni de calzado, ni de bordón
Mr. 6.9 sino. .sandalias, y no vistiesen dos *t*
Lc. 3.11 el que tiene dos *t*, dé al que no tiene
6.29 y al que te quite la capa, ni aun la *t*
9.3 no toméis nada para el. .ni llevéis dos *t*
Jn. 19.23 su *t*, la cual era sin costura, de un
Hch. 9.39 y mostrando las *t*. .que Dorcas hacía

TUPIDO

Sal. 74.5 que levantan el hacha en. .de *t* bosque

TURBA

Ez. 23.47 *t* las apedrearán, y las atravesarán
Lc. 22.47 aún hablaba, se presentó una *t*; y el
Hch. 17.5 juntando una *t*, alborotaron la ciudad

TURBACIÓN

Dt. 28.28 te herirá con locura. .*t* de espíritu
2 Cr. 29.8 los ha entregado a *t*, a execración
Job 3.26 no he tenido. .no obstante, me vino *t*
30.15 han revuelto *t* sobre mí; combatieron
Pr. 15.6 hay. .pero *t* en las ganancias del impío
15.16 mejor. .que el gran tesoro donde hay *t*
Is. 17.14 al tiempo de la tarde, he aquí la *t*
Jer. 8.15 esperamos. .de curación, y he aquí *t*
14.19 bien; tiempo de curación, y he aquí *t*
Ez. 22.5 amancillada de nombre, y de grande *t*
23.46 tropas, las entregaré a *t* y a rapiña

TURBADO *Véase Turbar*

TURBANTE

Ez. 24.17 ata tu *t* sobre ti, y pon tus zapatos
24.23 vuestros *t* estarán sobre. .cabezas, y
44.18 *t* de lino tendrán sobre sus cabezas
Dn. 3.21 fueron atados con sus mantos. .sus *t*

TURBAR

Gn. 34.30 dijo. .Me habéis *turbado* con hacerme
45.3 porque estaban *turbados* delante de él
Éx. 15.15 caudillos de Edom se *turbarán*; a los
Jos. 6.18 no sea que hagáis anatema. .lo *turbéis*
7.25 qué nos has *turbado*? *Túrbete* Jehová en
1 S. 14.16 vieron. .la multitud estaba *turbada*
14.29 Jonatán: Mi padre ha *turbado* el país
17.11 oyendo. .*turbaron* y tuvieron gran miedo
24.5 *turbó* el corazón de David, porque había
28.5 y se *turbó* su corazón en gran manera
28.21 mujer vino a Saúl, y viéndole *turbado*
2 S. 18.33 el rey se *turbó*, y subió a la sala
1 R. 18.17 ¿eres tú el que *turbas* a Israel?
18.18 yo no he *turbado* a Israel, sino tú y la
2 R. 6.11 el corazón del rey de Siria se *turbó*
2 Cr. 15.6 *turbó* con toda clase de calamidades
Est. 7.6 se *turbó* Amán delante del rey y de la
Job 4.5 cuando ha llegado hasta ti, te *turbas*
9.28 me *turban* todos mis dolores; sé que no
15.24 tribulación y angustia le *turbarán*, y
22.10 por tanto. .te *turba* espanto repentino
23.16 Dios ha. .me ha *turbado* el Omnipotente
Sal. 2.5 en su furor, y los *turbará* con su ira
6.3 mi alma también está muy *turbada*; y tú
6.10 y se *turbarán* mucho todos mis enemigos
30.7 tú. .escondiste tu rostro, fui *turbado*
42.5,11; 43.5 alma. .te *turbas* dentro de mí?
46.3 bramen y se *turben* sus aguas, y tiemblen
48.5 así. .se *turbaron*, se apresuraron a huir
73.12 estos impíos, sin ser *turbados* del mundo
83.17 sean afrentados y *turbados* para siempre
90.7 consumidos, y con tu ira somos *turbados*
104.29 escondes tu rostro, se *turban*; les
144.6 disípalos, envía tus saetas y *túrbalos*
Pr. 11.29 el que *turba* su casa heredará viento
Is. 7.4 ni se *turbe* tu corazón a causa de estos
20.5 se *turbarán* y avergonzarán de Etiopía su
32.11 oh indolentes; *turbaos*, oh confiadas
Jer. 50.34 *turbar* a los moradores de Babilonia
Dn. 2.3 y mi espíritu se ha *turbado* por saber
4.5 vi. .y visiones de mi cabeza me *turbaron*
4.19 atónito. .y sus pensamientos lo *turbaban*
4.19 Beltsasar, no te *turben* ni el sueño ni
5.6 el rey. .y sus pensamientos lo *turbaron*
5.9 el rey Belsasar se *turbó*. .y palideció
5.10 rey. .no te *turben* tus pensamientos, ni
7.15 se me *turbó* el espíritu a mí, Daniel, en
7.28 pensamientos me *turbaron* y mi rostro se
Jl. 1.18 ¡cuán *turbados* anduvieron los hatos
Mt. 2.3 oyendo esto, el rey Herodes se *turbó*
14.26 los discípulos, viéndole. .se *turbaron*
24.6 y oiréis de guerras. .que no os *turbéis*
Mr. 6.50 todos le veían, y se *turbaron*. Pero
13.7 oigáis de guerras y de. .no os *turbéis*
Lc. 1.12 *turbó* Zacarías. .le sobrecogió temor
1.29 mas ella. .se *turbó* por sus palabras, y
10.41 Marta. .*turbada* estás con muchas cosas
24.38 ¿por qué estáis *turbados*, y vienen a
Jn. 10.24 ¿hasta cuándo nos *turbarás* el alma?
12.27 ahora está *turbada* mi alma. .qué diré?
14.1 no se *turbe* vuestro corazón; creéis en
14.27 no se *turbe* vuestro corazón, ni tenga

TURBIA

Pr. 25.26 como fuente *t* y manantial corrompido

TURBIÓN

Job 38.25 ¿quién repartió conducto al *t*, y
Is. 4.6 para refugio y escondedero contra el *t*
25.4 refugio contra el *t*, sombra contra el
25.4 el ímpetu de los violentos es como *t*
28.2 como *t* de granizo y como torbellino
28.15,18 el Seol. .cuando pase el *t* del azote
32.2 aquel varón. .como refugio contra el *t*

TURBULENTO, TA

Is. 22.2 tú, llena de. .ciudad *t*, ciudad alegre
Dn. 11.14 hombres *t* de tu pueblo se levantarán

TURNO

1 R. 4.28 cada uno conforme al *t* que tenía
5.14 los. .enviaba al Líbano. .cada mes por *t*
1 Cr. 9.23 porteros por sus *t* a las puertas de
9.25 venían cada siete días según su *t* para
24.3 David, con. .los repartió por sus *t* en el
25.8 suertes para servir por *t*, entrando el
2 Cr. 5.11 los sacerdotes. .no guardaban sus *t*
8.14 y constituyó los *t* de los sacerdotes en
30.16 tomaron su lugar en los *t* de costumbre
31.2 conforme a. .*t*, cada uno según su oficio
35.4 por vuestros *t*, como lo ordenaron David
35.10 los sacerdotes. .los levitas en sus *t*
Esd. 6.18 y pusieron a los sacerdotes en sus *t*
Neh. 7.3 señalé guardas de. .cada cual en su *t*
12.24 alabar y dar gracias. .guardando su *t*
Job 1.5 pasado en *t* los días del convite, Job
1 Co. 14.27 si habla alguno en lengua. .por *t*

TUTOR

Gá. 4.2 que está bajo *t* y curadores hasta el

TUYO, YA

Gn. 33.9 y dijo Esaú. .sea para ti lo que es *t*
Nm. 18.11 también será *t*: la ofrenda elevada
1 R. 20.4 como tú dices. .yo soy *t*, y todo lo
1 Cr. 29.11 *t* es, oh Jehová, la magnificencia
29.11 todas las cosas. .son *t*. *T*. .es el reino
29.14 todo es *t*, y de lo recibido de tu mano
Sal. 74.16 *t* es el día, *t* también es la noche
89.11 *t* son los cielos, *t* también la tierra

U

UCAL *Discípulo del proverbista Agur*, Pr. 30.1

UEL *Uno de los que se casaron con mujeres extranjeras en tiempo de Esdras*, Esd. 10.34

UFAZ *Lugar donde había oro (posiblemente =Ofir)*

Jer. 10.9 traerán plata. .de Tarsis y oro de *U*
Dn. 10.5 varón. .ceñidos sus lomos de oro de *U*

ULA *Descendiente de Aser*, 1 Cr. 7.39

ULAI *Canal cerca de Susa*, Dn. 8.2,16

ULAM

1. *Descendiente de Manasés*, 1 Cr. 7.16,17
2. *Descendiente de Benjamín, padre de una familia de flecheros*, 1 Cr. 8.39,40

ÚLCERA

Éx. 9.9 producirá sarpullido con *ú* en. .hombres
9.10 produjo *ú* tanto en los hombres como en
Dt. 28.27 Jehová te herirá con la *ú* de Egipto
Ap. 16.2 vino una *ú* maligna y pestilente sobre
16.11 blasfemaron. .por sus dolores y. .sus *ú*

ÚLTIMO, MA

Gn. 33.2 las siervas. .a Raquel y a José los *ú*
Éx. 26.4 de azul en la orilla de la *ú* cortina
Lv. 19.9 no segarás hasta el *ú* rincón de ella
Nm. 2.31 de Dan. .irán los *ú* tras sus banderas
Dt. 24.3 pero si la aborreciere este *ú*, y le
Neh. 8.18 leyó. .desde el primer día hasta el *ú*
Job 11.20 su esperanza será dar su *ú* suspiro
27.19 rico se acuesta, pero por *ú* vez. .nada

ÚLTIMO, MA *(Continúa)*
Is. 62.11 que Jehová hizo oír hasta lo *ú* de la
Jer. 49.32 arrojados hasta el *ú* rincón..ruina
49.39 *ú* días, que haré volver a los cautivos
50.12 aquí será la *ú* de las naciones; desierto
51.16 subir las nubes de lo *ú* de la tierra
Mt. 5.26 no..hasta que pagues el *ú* cuadrante
Mr. 12.6 por *ú*, teniendo..un hijo suyo, amado
Lc. 14.9 y comiences con..a ocupar el *ú* lugar
14.10 convidado, vé y siéntate en el *ú* lugar
Jn. 7.37 en el *ú* y gran día de la fiesta, Jesús
Hch. 1.8 me seréis testigos..lo *ú* de la tierra
13.47 para salvación hasta lo *ú* de la tierra
1 Co. 15.8 y al *ú* de todos..me apareció a mí
He. 10.9 quita lo primero, para establecer lo *ú*
1 Jn. 2.18 hijitos, ya es el *ú* tiempo; y según
2.18 por esto conocemos que es el *ú* tiempo
Ap. 1.11,17; 22.13 yo soy..el primero y el *ú*

ULTRAJAR
Nm. 15.30 algo con soberbia..*ultraja* a Jehová
Mt. 5.44 y orad por los que os *ultrajan* y os
1 Ts. 2.2 habiendo..padecido y sido *ultrajados*
1 P. 4.4 les parece cosa extraña..os *ultrajan*

ULTRAJE
Is. 51.7 no temáis afrenta de hombre..sus *u*

UMA *Población en Aser,* Jos. 19.30

UMBRAL
Jue. 19.27 tendida..con las manos sobre el *u*
1 S. 5.4 cabeza de Dagón..cortadas sobre el *u*
5.5 los que entran..no pisan el *u* de Dagón
1 R. 6.31 el *u* y los postes..de cinco esquinas
14.17 ella por el *u* de la casa, el niño murió
2 Cr. 3.7 cubrió..sus *u*, sus paredes..con oro
Is. 57.8 tras la puerta..*u* pusiste tu recuerdo
Ez. 9.3 la gloria del Dios..se elevó de..al *u*
10.4 encima del querubín al *u* de la puerta
10.18 se elevó de encima del *u* de la casa, y
41.16 los *u* y las ventanas estrechas y las
41.26 así eran las cámaras de la casa y los *u*
43.8 poniendo ellos su *u* junto a mi *u*, y su
46.2 estará en pie junto al *u* de la puerta
47.1 aguas que salían de debajo del *u* de la

UN, UNA *Véase Uno*

UNÁNIME
Hch. 1.14 todos éstos perseveraban *u* en oración
2.1 de Pentecostés, estaban todos *u* juntos
2.46 y perseverando *u* cada día en el templo
4.24 ellos..alzaron *u* la voz a Dios, y dijeron
5.12 y estaban..*u* en el pórtico de Salomón
8.6 *u*, escuchaba..las cosas que decía Felipe
Ro. 12.16 *u* entre vosotros; no altivos, sino
15.6 que *u*, a una voz, glorifiquéis al Dios
Fil. 1.27 combatiendo *u* por la fe del evangelio
2.2 teniendo el mismo amor, *u*, sintiendo una

UNCIÓN
Éx. 25.6 especias para el aceite de la *u* y para
29.7 tomarás el aceite de la *u*..y le ungirás
29.21 el aceite de la *u*, rociarás sobre Aarón
30.25 harás de ello el aceite de la santa *u*
30.25 según el arte..el aceite de la *u* santa
30.31 este será mi aceite de la santa *u* por
31.11 aceite de la *u*, y el incienso aromático
35.8 especias para el aceite de la *u* y para
35.15 el altar..aceite de la *u*, el incienso
35.28 el alumbrado, y para el aceite de la *u*
37.29 hizo asimismo el aceite santo de la *u*
39.38 altar..el aceite de la *u*, el incienso
40.9 tomarás el aceite de la *u* y ungirás el
40.15 *u* les servirá por sacerdocio perpetuo
Lv. 8.2 toma a Aarón y a sus..el aceite de la *u*
8.10 tomó Moisés el aceite de la *u* y ungió
8.12 y derramó del aceite de la *u* sobre la
8.30 tomó Moisés del aceite de la *u*, y de la
10.7 el aceite de la *u*..está sobre vosotros
21.10 fue derramado el aceite de la *u*, y que
21.12 la consagración por el aceite de la *u*
Nm. 4.16 ofrenda continua y el aceite de la *u*
18.8 cosas..te he dado por razón de la *u*, y
Sal. 89.20 hallé a David..ungí con mi santa *u*
Is. 10.27 y el yugo se pudrirá a causa de la *u*
1 Jn. 2.20 pero vosotros tenéis la *u* del Santo
2.27 pero la *u*..permanece en vosotros, y no
2.27 la *u* misma os enseña todas las cosas

UNCIR
Gn. 46.29 José *unció* su carro y vino a recibir
Éx. 14.6 y *unció* su carro, y tomó consigo su
1 S. 6.7 y *uncid* las vacas al carro, y haced
6.10 tomando dos vacas que..*uncieron* al carro
1 R. 18.44 *unce* tu carro y desciende, para que
2 R. 9.21 *unce* el carro. Y cuando estaba *uncido*
Jer. 46.4 *uncid* caballos y subid, vosotros los
Mi. 1.13 *uncid*..bestias veloces, oh moradores

UNDÉCIMO, MA
Nm. 7.72 el *u* día, el príncipe..hijos de Aser
Dt. 1.3 el mes *u*, el primero del mes, Moisés
1 R. 6.38 en el *u* año..fue acabada la casa con
2 R. 9.29 el *u* año de Joram..comenzó a reinar
25.2 estuvo..sitiada hasta el año *u* del rey
1 Cr. 12.13 Jeremías el décimo y Macbanai el *u*
24.12 la *u* a Eliasib, la duodécima a Jaquim
25.18 la *u* para Azareel, con sus hijos y sus
27.14 *u* para el *u* mes era Benaía piratonita
Jer. 1.3 el fin del año *u* de Sedequías hijo de
39.2 y en el *u* año de Sedequías, en el mes
52.5 estuvo sitiada..hasta el *u* año del rey
Ez. 26.1 el *u* año, en el día primero del mes
30.20 en el año *u*, en el mes primero, a los
31.1 en el año *u*, en el mes tercero, el día
Zac. 1.7 los 24 días del mes *u*, que es el mes
Mt. 20.6 saliendo cerca de la hora *u*, halló a
20.9 los que habían ido cerca de la hora *u*
Ap. 21.20 *u*, jacinto; el duodécimo, amatista

UNGIDO *Véase también Ungir*
Lv. 4.3 el sacerdote *u* pecare según el pecado
4.5 y el sacerdote *u* tomará de la sangre del
4.16 el sacerdote *u* meterá de la sangre del
Nm. 3.3 sacerdotes *u*, a los cuales consagró
1 S. 2.10 Jehová..exaltará el poderío de su *U*
2.35 andará delante de mi *u* todos los días
12.3 atestiguad contra mí..delante de su *u*
12.5 y su *u* también es testigo en este día
16.6 de cierto delante de Jehová está su *u*
24.6 hacer tal cosa contra..el *u* de Jehová
24.6 mano contra él; porque es el *u* de Jehová
24.10 no extenderé mi mano..el *u* de Jehová
26.9 contra el *u* de Jehová, y será inocente?
26.11 extender mi mano contra el *u* de Jehová
26.16 no habéis guardado a..al *u* de Jehová
26.23 no quise extender mi mano contra el *u*
2 S. 1.14 tu mano para matar al *u* de Jehová?
1.16 tu misma boca..Yo maté al *u* de Jehová
19.21 Simei, que maldijo al *u* de Jehová?
22.51 y usa de misericordia para con su *u*, a
23.1 aquel varón que..el *u* del Dios de Jacob
1 Cr. 16.22 no toquéis, dijo, a mis *u*, ni..mal
2 Cr. 6.42 Dios, no rechaces a tu *u*; acuérdate
Sal. 2.2 contra Jehová y contra su *u*, diciendo
18.50 hace misericordia a su *u*, a David y a
20.6 ahora conozco que Jehová salva a su *u*
28.8 Jehová es..el refugio salvador de su *u*
84.9 Dios..pon los ojos en el rostro de tu *u*
89.38 tú desechaste y menospreciaste a tu *u*
89.51 porque tus enemigos..los pasos de tu *u*
105.15 no toquéis..a mis *u*, ni hagáis mal a
132.10 amor de..no vuelvas de tu *u* el rostro
132.17 de David; he dispuesto lámpara a mi *u*
Is. 45.1 dice Jehová a su *u*, a Ciro, al cual
Lm. 4.20 *u* de Jehová, de quien habíamos dicho
Hab. 3.13 saliste para socorrer a tu..a tu *u*
Zac. 4.14 son los dos *u* que están delante del
Lc. 2.26 muerte antes que viese al *U* del Señor

UNGIR
Gn. 31.13 Bet-el, donde tú *ungiste* la piedra
Éx. 28.41 a Aarón..*ungirás*, y los consagrarás
29.7 el aceite..lo derramarás..y le *ungirás*
29.29 ser *ungidos* en ellas, y..consagrados
29.36 el altar..lo *ungirás* para santificarlo
30.26 *ungirás* el tabernáculo de reunión, el
30.30 *ungirás* también a Aarón y a sus hijos
40.9 el aceite de..y *ungirás* el tabernáculo
40.10 *ungirás* también altar del holocausto y
40.11 asimismo *ungirás* la fuente y su base
40.13 a Aarón..lo *ungirás*, y lo consagrarás
40.15 y los *ungirás*, como *ungiste* a su padre
Lv. 6.20 ofrecerán..el día que fueren *ungidos*
6.22 en lugar de Aarón fuere *ungido* de entre
7.36 desde el día que él los *ungió* de entre
8.10 Moisés..*ungió* el tabernáculo y todas las
8.11 y *ungió* el altar y todos sus utensilios
8.12 de Aarón, y lo *ungió* para santificarlo
16.32 hará la..el sacerdote que fuere *ungido*
Nm. 7.1 Moisés..y lo hubo *ungido* y santificado
7.1 y asimismo *ungido* y santificado el altar
7.10,84 del altar el día en que fue *ungido*
7.88 dedicación del..después que fue *ungido*
35.25 el cual fue *ungido* con el aceite santo
Dt. 28.40 olivos..no te *ungirás* con el aceite
Rt. 3.3 te lavarás..te *ungirás*..irás a la era
1 S. 9.16 al cual *ungirás* por príncipe sobre
10.1 te ha *ungido* Jehová por príncipe sobre
15.1 Jehová me envió a que te *ungiese*..rey
15.17 ¿no..te ha *ungido* por rey sobre Israel?
16.3 llama..y me *ungirás* al que yo te dijere
16.12 dijo: Levántate y *úngelo*, porque éste
16.13 tomó el cuerno del aceite, y lo *ungió*
2 S. 1.21 Saúl, como si no hubiera sido *ungido*
2.4 vinieron los varones de Judá y *ungieron*
2.7 de Judá me han *ungido* por rey sobre ellos
3.39 y yo soy débil hoy, aunque *ungido* rey
5.3 y *ungieron* a David por rey sobre Israel
5.17 oyendo..David había sido *ungido* por rey
12.7 te *ungí* por rey sobre Israel, y te libré
12.20 David se..se *ungió*, y cambió sus ropas
14.2 y no te *unjas* con óleo, sino preséntate
19.10 Absalón, a quien habíamos *ungido* sobre
1 R. 1.34 allí lo *ungirán* el sacerdote Sadoc y
1.39 el cuerno del aceite..*ungió* a Salomón
1.45 Sadoc y..lo han *ungido* por rey en Gihón
5.1 que lo habían *ungido* por rey en lugar de
19.15 y *ungirás* a Hazael por rey de Siria
19.16 a Jehú hijo de Nimsi *ungirás* por rey
19.16 a Eliseo..*ungirás* para que sea profeta
2 R. 9.3,6,12 yo te he *ungido* por rey sobre
11.12 le hicieron rey *ungiéndole*; y batiendo
23.30 el pueblo..tomó a Joacaz..y lo *ungieron*
1 Cr. 11.3 *ungieron* a David..rey sobre Israel
14.8 oyendo..que David había sido *ungido* rey
29.22 y ante Jehová le *ungieron* por príncipe
2 Cr. 22.7 había *ungido* para que exterminara la
23.11 lo *ungieron*, diciendo..¡Viva el rey!
28.15 *ungieron*, y condujeron en asnos todos
Sal. 23.5 *unges* mi cabeza con aceite; mi copa
45.7 por tanto, te *ungió* Dios, el Dios tuyo
89.20 a David..lo *ungí* con mi santa unción
92.10 búfalo; seré *ungido* con aceite fresco
Is. 21.5 ¡levantaos, oh príncipes, *ungid* el
61.1 porque me *ungió* Jehová; me ha enviado
Ez. 16.9 lavé tus sangres..te *ungí* con aceite
Dn. 9.24 para..y *ungir* al Santo de los santos
10.3 ni me *ungí* con ungüento, hasta que se
Am. 6.6 *ungen* con los ungüentos más preciosos
Mi. 6.15 pisarás aceitunas, mas no te *ungirás*
Mt. 6.17 tú, cuando ayunes, *unge* tu cabeza y
Mr. 6.13 y *ungían* con aceite a muchos enfermos
14.8 se ha anticipado a *ungir* mi cuerpo para
16.1 especias aromáticas para ir a *ungirle*
Lc. 4.18 me ha *ungido* para dar buenas nuevas a
7.38 y besaba sus pies, y los *ungía*..perfume
7.46 no *ungiste* mi cabeza con..ésta ha *ungido*
Jn. 11.2 María..fue la que *ungió* al Señor con
12.3 y *ungió* los pies de Jesús, y los enjugó
Hch. 4.27 tu santo Hijo Jesús, a quien *ungiste*
10.38 Dios *ungió* con el Espíritu Santo y con
2 Co. 1.21 nos confirma..que nos *ungió*, es Dios
He. 1.9 te *ungió* Dios, el Dios tuyo, con óleo
Stg. 5.14 *ungiéndole* con aceite en el nombre
Ap. 3.18 y *unge* tus ojos con colirio..que veas

UNGÜENTO
Éx. 30.25 aceite..superior *u*, según el arte del
30.33 cualquiera que compusiere *u* semejante
2 R. 20.13 Ezequías..les mostró..*u* preciosos
Job 41.31 el mar..lo vuelve como una olla de *u*
Pr. 21.17 ama el vino y..*u* no se enriquecerá
27.9 el *u* y el perfume alegran el corazón
Ec. 7.1 mejor es la buena fama que el buen *u*
9.8 blancos..y nunca falte *u* sobre tu cabeza
Cnt. 1.3 de tus suaves *u*, tu nombre es como *u*
4.10 mejores..tus *u* que todas las especias
Is. 39.2 les mostró..*u* preciosos, toda su casa
57.9 y fuiste al rey con *u*, y multiplicaste
Dn. 10.3 no comí..ni me ungí con *u*, hasta que
Am. 6.6 se ungen con los *u* más preciosos; y no
Lc. 23.56 prepararon especias aromáticas y *u*

UNI
1. ***Levita, músico en tiempo de David,* 1 Cr. 15.20**
2. ***Levita que regresó del exilio con* Zorobabel, Neh. 12.9**

ÚNICO, CA
Gn. 22.2 tu hijo, tu *ú*, Isaac, a quien amas, y
22.12 cuanto no me rehusaste tu hijo, tu *ú*
22.16 no me has rehusado tu hijo, tu *ú* hijo
Dt. 14.2 para que le seas un pueblo *ú* de entre
Jue. 11.34 ella era sola, su hija *ú*; no tenía
1 R. 4.19 éste era el *ú* gobernador en aquella
Neh. 2.12 ni..excepto la *ú* en que yo cabalgaba
Sal. 72.18 Jehová Dios..*ú* que hace maravillas
136.4 *ú* que hace grandes maravillas, porque
Pr. 4.3 hijo..delicado y *ú* delante de mi madre
Cnt. 6.9 una es..la *ú* de su madre, la escogida
Jer. 6.26 ponte luto como por hijo *ú*, llanto de
Lc. 7.12 hijo *ú* de su madre, la cual era viuda
8.42 y tenía una hija *ú*, como de doce años
9.38 ruego que veas a mi hijo, pues es el *ú*
Jn. 5.44 no buscáis la gloria que..del Dios *ú*?
17.3 te conozcan a ti, el *ú* Dios verdadero
Ro. 16.27 al *ú* y sabio Dios, sea gloria..Amén
Col. 4.11 los *ú* de la circuncisión que me ayudan
1 Ti. 1.17 *ú* y sabio Dios, sea honor y gloria
Jud. 4 niegan a Dios el *ú* soberano, y a..Señor
25 al *ú* y sabio Dios..sea gloria y majestad

UNIDAD
Jn. 17.23 para que sean perfectos en *u*, para
Ef. 4.3 solícitos en guardar la *u* del Espíritu
4.13 que todos lleguemos a la *u* de la fe y del

UNIDO *Véase Unir*

UNIGÉNITO
Am. 8.10 la volveré como en llanto de *u*, y su
Zac. 12.10 y llorarán como se llora por hijo *u*
Jn. 1.14 gloria, gloria como del *u* del Padre
1.18 el *u* Hijo, que está en el seno del Padre
3.16 que ha dado a su Hijo *u*, para que todo
3.18 porque no ha creído en el nombre del *u*

UNIGÉNITO *(Continúa)*

He. 11.17 la fe Abraham. . probado, ofrecía su *u*
1 Jn. 4.9 que Dios envió a su Hijo *u* al mundo

UNIÓN

Éx. 26.4 cortina de la primera *u*. . la segunda *u*
26.5 de la cortina que está en la segunda *u*
26.10 harás 50 lazadas en. . al borde en la *u*
26.10 la orilla de la cortina de la segunda *u*
26.11 enlazarás la *u* para que se haga una sola

UNIR

Gn. 2.24 se *unirá* a su mujer, y serán una sola
25.8 murió Abraham. . y fue *unido* a su pueblo
25.17 Ismael, y murió, y. . *unido* a su pueblo
29.21 porque mi tiempo se. . para *unirme* a ella
29.34 se *unirá* mi marido conmigo, porque le
Éx. 1.10 se *una* a nuestros enemigos y pelee
26.3 cortinas estarán *unidas* una con la otra
26.3 otras cinco cortinas *unidas* una con la
26.9 *unirás* 5 cortinas aparte y las otras 6
26.17 dos espigas. . para *unirlas* una con otra
26.24 se *unirán* desde abajo. . se juntarán por
36.10 cinco de las cortinas las *unió* entre sí
36.10 *unió* las otras cinco cortinas entre sí
36.16 *unió* cinco de las cortinas aparte, y las
36.22 dos espigas, para *unirlas* una con otra
36.29 las cuales se *unían* desde abajo, y por
39.4 hombreras. . se *unían* en sus dos extremos
Nm. 36.3 añadida a. . de la tribu a que se *unan*
Dt. 32.50 sé *unido* a tu pueblo, así como murió
32.50 murió Aarón. . y fue *unido* a su pueblo
Jos. 10.6 reyes. . se han *unido* contra nosotros
11.5 todos estos reyes se *unieron*, y vinieron
11.5 acamparon *unidos* junto a las aguas de
23.12 y os *uniereis* a lo que resta de estas
1 Cr. 12.17 mi corazón será *unido* con vosotros
Esd. 2.64 la congregación, *unida* como un solo
Sal. 2.2 y príncipes consultarán *unidos* contra
106.28 se *unieron* asimismo a Baal-peor, y
122.3 una ciudad que está bien *unida* entre sí
Pr. 18.24 amigo hay más *unido* que un hermano
Is. 14.1 y a ellos se *unirán* extranjeros, y se
Dn. 2.43 pero no se *unirán* el uno con el otro
Zac. 2.11 se *unirán* muchas naciones a Jehová
Mt. 19.5 se *unirá* a su mujer, y los dos serán
Mr. 10.7 dejará el hombre. . se *unirá* a su mujer
Hch. 4.27 *unieron*. . contra tu santo Hijo Jesús
5.36 se *unió* un número como de 400 hombres
Ro. 7.3 se *uniere* a otro varón, será llamada
7.3 que si se *uniere* a otro marido, no será
1 Co. 1.10 que estéis perfectamente *unidos* en
6.16 que el que se *une* con una ramera, es un
6.17 el que se *une* al Señor, un espíritu es
7.10 a los que están *unidos* en matrimonio
2 Co. 6.14 no os *unáis* en yugo desigual con los
Ef. 4.16 cuerpo, bien concertado y *unido* entre
5.31 dejará el hombre. . y se *unirá* a su mujer
Col. 2.2 *unidos* en amor, hasta alcanzar todas
2.19 el cuerpo, nutriéndose y *uniéndose* por

UNIVERSO

He. 1.2 el Hijo. . por quien asimismo hizo el *u*
11.3 constituido el *u* por la palabra de Dios

UN MILLÓN CIEN MIL

1 Cr. 21.5 había en todo Israel *1.100.000* que

UNO, NA

Gn. 2.24 y se unirá a su mujer, y serán *u* sola
Dt. 6.4 oye. . Jehová nuestro Dios, Jehová *u* es
32.30 ¿cómo podría perseguir *u* a mil, y dos
Sal. 14.3 no hay quien haga lo. . ni siquiera *u*
53.3 cada *u* se había vuelto atrás; todos se
53.3 no hay quien haga lo bueno, no. . ni aun *u*
Is. 30.17 un millar huirá a la amenaza de *u*; a
Mt. 19.6 no son ya más dos, sino *u* sola carne
Mr. 10.8 los dos serán *u* sola carne; así que
10.18 ninguno hay bueno, sino sólo *u*, Dios
12.29 el Señor nuestro Dios, el Señor *u* es
12.32 verdad has dicho, que *u* es Dios, y no
Jn. 10.30 yo y el Padre *u* somos
17.11 guárdalos en tu nombre. . que sean *u*, así
17.21 todos sean *u*. . también ellos sean *u* en
17.22 que sean *u*, así como nosotros somos *u*
Ro. 3.10 está escrito: No hay justo, ni aun *u*
3.12 no hay quien haga lo bueno. . siquiera *u*
5.17 mucho más reinarán en vida por *u* solo
5.18 por la transgresion de *u*. . justicia de *u*
Gá. 3.20 mediador no lo es de *u*. . pero Dios es *u*
3.28 todos vosotros sois *u* en Cristo Jesús
Fil. 3.13 *u* cosa hago: olvidando ciertamente lo
1 Ti. 2.5 hay *u* solo Dios, y *u* solo mediador
He. 7.27 porque esto. . hizo *u* vez para siempre
9.12 entró *u* vez para siempre en el Lugar
9.26 se presentó *u* vez para siempre por el
9.26 está establecido. . que mueran *u* sola vez
9.28 también Cristo fue ofrecido *u* sola vez
10.10 ofrenda del cuerpo. . *u* vez para siempre
10.12 *u* vez para siempre *u* solo sacrificio
1 Jn. 5.7 el Padre, el Verbo. . estos tres son *u*

UNTAR

Éx. 12.22 *untad* el dintel y los dos postes con
29.2; Lv. 2.4; 7.12; Nm. 6.15 hojaldres sin levadura *untadas* con aceite
Jn. 9.6 y *untó* con el lodo los ojos del ciego
9.11 hizo lodo, me *untó* los ojos, y me dijo

UÑA

Éx. 30.34 toma. . *u* aromática y gálbano aromático
Dt. 14.6 animal. . que tiene hendidura de dos *u*
21.12 ella rapará su cabeza, y cortará sus *u*
Dn. 4.33 creció. . y sus *u* como las de las aves
7.19 que tenía. . *u* de bronce, que devoraba y
Mi. 4.13 haré tu cuerno de. . y tus *u* de bronce

UPARSÍN

Dn. 5.25 escritura. . MENE, MENE, TEKEL, *U*

UR

1. ***Ciudad antigua en Mesopotamia***

Gn. 11.28 y murió Harán. . en *U* de los caldeos
11.31 tomó Taré a Abram su. . y salió. . de *U*
15.7 yo soy Jehová, que te saqué de *U* de los
Neh. 9.7 lo sacaste de *U* de los caldeos, y le

2. ***Padre de Elifal,* 1 Cr. 11.35**

URBANO ***Cristiano saludado por Pablo,* Ro. 16.9**

URDIMBRE

Lv. 13.48 o en *u* o en trama de lino o de lana
13.49 en *u* o en trama, o en cualquiera obra
13.51,53 extendido. . en la *u* o en la trama, en
13.52 será quemado el. . la *u* o trama de lana
13.56 la cortará del. . de la *u* o de la trama
13.57 apareciere de nuevo en. . la *u* o trama
13.58 la *u* o la trama. . se lavará segunda vez
13.59 la ley para. . la lepra del vestido. . de *u*

URDIR

Sal. 140.2 maquinan. . cada día *urden* contiendas

URI

1. ***Padre de Bezaleel No. 1,* Éx. 31.2; 35.30; 38.22; 1 Cr. 2.20(2); 2 Cr. 1.5**

2. ***Padre de Geber,* 1 R. 4.19**

3. ***Portero en el templo,* Esd. 10.24**

URÍAS

1. ***Uno de los treinta valientes de David***

2 S. 11.3 es Betsabé hija de Eliam, mujer de *U*
11.6 envíame a *U*. . Y Joab envió a *U* a David
11.7 cuando *U* vino a él, David le preguntó
11.8 dijo David a *U:* Desciende a tu casa, y
11.8 saliendo *U* de la casa del rey, le fue
11.9 *U* durmió a la puerta de la casa del rey
11.10 *U* no ha descendido a. . Y dijo David a *U*
11.11 *U* respondió. . El arca e Israel y Judá
11.12 David dijo a *U:* Quédate aquí aún hoy
11.12 se quedó *U* en Jerusalén aquel día y el
11.14 una carta, la cual envió por mano de *U*
11.15 poned a *U* al frente, en lo más recio
11.16 a *U* en el lugar donde sabía que estaban
11.17 cayeron algunos. . murió también *U* heteo
11.21 también tu siervo *U* heteo es muerto
11.24 tiraron. . y murió también tu siervo *U*
11.26 oyendo la mujer de *U* que. . *U* era muerto
12.9 a *U* heteo heriste a espada, y tomaste
12.10 tomaste la mujer de *U* heteo para que
12.15 al niño que la mujer de *U* había dado a
23.39 *U* heteo; treinta y siete por todos
1 R. 15.5 vida, salvo en lo tocante a *U* heteo
1 Cr. 11.41 *U* heteo, Zabad hijo de Ahlai
Mt. 1.6 engendró a. . de la que fue mujer de *U*

2. ***Sacerdote en tiempo del rey Acaz***

2 R. 16.10 envió al sacerdote *U* el diseño y la
16.11 sacerdote *U* edificó el altar; conforme
16.11 así lo hizo el sacerdote *U*, entre tanto
16.15 mandó el rey. . al sacerdote *U*, diciendo
16.16 e hizo. . *U* conforme a todas las cosas
Is. 8.2 conmigo por testigos. . al sacerdote *U*

3. ***Padre de Meremot No. 1,* Esd. 8.33; Neh. 3.4,21**

4. ***Varón que ayudó a Esdras en la lectura de la ley,* Neh. 8.4**

5. ***Profeta a quien mató el rey Joacim***

Jer. 26.20 *U*. . profetizó contra esta ciudad y
26.21 entendiendo lo cual *U*, tuvo temor, y
26.23 sacaron a *U* de Egipto y lo trajeron al

URIEL

1. ***Jefe de los hijos de Coat en tiempo de David,* 1 Cr. 6.24; 15.5,11**

2. ***Padre de Micaías madre del rey Joacaz,* 2 Cr. 13.2**

URIM

Éx. 28.30 pondrás en el pectoral del juicio *U*
Lv. 8.8 y puso dentro del mismo los *U* y Tumim
Nm. 27.21 y le consultará por el juicio del *U*
Dt. 33.8 y tu *U* sean para tu varón piadoso, a
1 S. 28.6 Jehová no le respondió ni. . ni por *U*
Esd. 2.63 hasta. . sacerdote para consultar con *U*
Neh. 7.65 que hubiese sacerdote con *U* y Tumim

URNA

He. 9.4 en la que estaba una *u* de oro. . el maná

USAR

Gn. 32.10 la verdad que has *usado* para con tu
40.14 y te ruego que *uses*. . de misericordia
Jos. 9.4 *usaron* de astucia; pues. . se fingieron
Jue. 16.11 con cuerdas. . que no se hayan *usado*
Rt. 4.6 sea. . Redime tú, *usando* de mi derecho
2 S. 22.51 *usa* de misericordia. . con su ungido
1 Cr. 12.2 y *usaban* de ambas manos para tirar
Job 32.21 ni *usaré* con. . de títulos lisonjeros
Pr. 19.19 y si *usa* de violencias. . nuevos males
Jer. 34.9 ninguno *usase* a los judíos. . siervos
34.10 que ninguno los *usase* más como siervos
Ez. 4.15 te permito *usar* estiércol de bueyes en
16.44 el que *usa* de refranes te aplicará a ti
18.2 que *usáis* este refrán sobre la tierra de
18.3 nunca más tendréis por qué *usar*. . refrán
21.21 para *usar* de adivinación; ha sacudido
22.29 pueblo de la tierra *usaba* de opresión
Mt. 6.7 y orando, no *uséis* vanas repeticiones
Lc. 10.37 dijo: El que *usó* de misericordia con
Hch. 7.19 *usando* de astucia con nuestro pueblo
27.17 *usaron* de refuerzos para ceñir la nave
Ro. 12.6 *úsese* conforme a la medida de la fe
1 Co. 9.12 pero no hemos *usado* de este derecho
2 Co. 1.17 *¿usé* quizá de ligereza? ¿O lo que
3.12 tal esperanza, *usamos* de mucha franqueza
13.10 para no *usar* de severidad cuando esté
Gá. 5.13 que no *uséis* la libertad como ocasión
1 Ts. 2.5 nunca *usamos* de palabras lisonjeras
1 Ti. 1.8 la ley. . si uno la *usa* legítimamente
5.23 sino *usa* de un poco de vino por causa
2 Ti. 2.15 que *usa* bien la palabra de verdad

USO

Nm. 4.12 de que hacen *u* en el santuario, y los
Sal. 76.5 no hizo *u* de sus manos ninguno de los
Ro. 1.26 aun sus mujeres cambiaron el *u* natural
1.27 dejando el *u* natural de la mujer, se
Col. 2.22 cosas. . todas se destruyen con el *u?*
2 Ti. 2.20 *u* honrosos, y otros para *u* viles
He. 5.14 los que por el *u* tienen los sentidos

USURA

Éx. 22.25 prestares dinero. . ni le impondrás *u*
Lv. 25.36 no tomarás de él *u* ni ganancia, sino
25.37 no le darás tu dinero a *u*, ni. . ganancia
Sal. 15.5 quien su dinero no dio a *u*, ni contra
Pr. 28.8 el que aumenta sus riquezas con *u* y
Ez. 18.8 que no prestare a interés ni tomare *u*
18.13 prestare a interés y tomare *u;* ¿vivirá
18.17 interés y *u* no recibiere; guardare mis
22.12 interés y *u* tomaste, y a tus prójimos

USURERO

Pr. 29.13 pobre y el *u* se encuentran; Jehová

UTAI

1. ***Descendiente de Judá,* 1 Cr. 9.4**

2. ***Uno que regresó de Babilonia con Esdras,* Esd. 8.14**

UTENSILIO

Éx. 25.9 diseño de todos los *u*, así lo haréis
25.39 de oro fino lo harás, con todos estos *u*
27.3 braseros; harás todos sus *u* de bronce
27.19 los *u* del tabernáculo. . serán de bronce
30.27 mesa con todos sus *u*, el candelero. . *u*
30.28 el altar del holocausto con todos sus *u*
31.7 el arca. . y todos los *u* del tabernáculo
31.8 mesa y sus *u*, el candelero. . todos sus *u*
31.9 el altar del holocausto y todos sus *u*
35.13 la mesa y sus varas, y todos sus *u*, y
35.14 el candelero del alumbrado y sus *u*, sus
35.16 todos sus *u*, y la fuente con su base
37.16 hizo los *u* que habían. . sobre la mesa
37.24 de oro puro lo hizo, con todos sus *u*
38.3 hizo. . todos los *u* del altar; calderos
38.3 altar. . todos sus *u* los hizo de bronce
38.30 fueron hechas. . todos los *u* del altar
39.33 trajeron el tabernáculo. . todos sus *u*
39.37 lamparillas. . y todos sus *u*, el aceite
39.39 sus varas y todos sus *u*, la fuente y
39.40 los *u* del servicio del tabernáculo, del
40.9 lo santificarás con todos sus *u*, y será
40.10 ungirás también el altar. . todos sus *u*
Lv. 8.11 y ungió el altar y todos sus *u*, y la
Nm. 1.50 sobre todos sus *u*, y sobre todas las
3.8 guarden todos los *u* del tabernáculo de
3.31 los *u* del santuario con que ministran
4.9 todos sus *u* del aceite con que se sirve
4.10 pondrán con todos sus *u* en una cubierta
4.12 tomarán todos los *u* del servicio de que
4.14 pondrán sobre él todos. . los *u* del altar

UTENSILIO *(Continúa)*
Nm. 4.15 de cubrir el..todos los *u* del santuario
4.16 el cargo de..del santuario y de sus *u*
4.32 consignarás por sus nombres todos los *u*
7.1 ungido y santificado, con todos sus *u*
7.1 ungido y santificado el altar y..sus *u*
18.3 mas no se acercarán a los *u* santos ni al
31.20 purificaréis todo vestido..*u* de madera
Jos. 6.19 los *u* de..sean consagrados a Jehová
6.24 pusieron en el tesoro..los *u* de bronce
2 S. 8.10 Joram llevaba..*u* de plata, de oro y
1 R. 7.45 y todos los *u* que Hiram hizo al rey
7.47 y no inquirió..del bronce de todos los *u*
7.51 y metió Salomón lo que..plata, oro y *u*
8.4 llevaron..los *u* sagrados que estaban en
2 R. 12.13 no se hacían..ningún otro *u* de oro
14.14 tomó..todos los *u* que fueron hallados
23.4 que sacasen..todos los *u* que habían sido
24.13 rompió..los *u* de oro que había hecho
25.14 llevaron..todos los *u* de bronce con que
1 Cr. 9.28 éstos tenían a su cargo los *u* para
9.29 tenían el cargo de..de todos los *u* del
18.8 con el que Salomón hizo..y *u* de bronce
18.10 le envió..toda clase de *u* de oro, de
22.19 para traer..los *u* consagrados a Dios
23.26 levitas no tendrán que llevar..los *u*
26.18 en la cámara de los *u* al occidente, 4
28.13 todos los *u* del ministerio de la casa
28.14 oro, para todos los *u* de cada servicio
28.14 plata en peso..los *u* de cada servicio
2 Cr. 4.19 así hizo Salomón los *u* para la casa
5.1 los *u*, en los tesoros de la casa de Dios
5.5 llevaron..todos los *u* del santuario que
15.18 y trajo a la casa de Dios lo..oro y *u*
24.14 *u* para la casa de..*u* para el servicio
25.24 todos los *u* que se hallaron en la casa
28.24 recogió Acaz los *u* de la casa de Dios
29.18 limpiado..el altar del..con todos sus *u*
29.19 los *u* que..había desechado el rey Acaz
36.7 llevó..los *u* de la casa de Jehová, y los
36.18 todos los *u* de la casa de Dios..llevó
Esd. 1.7 Ciro sacó los *u* de la casa de Jehová
1.10 tazas de oro..de plata, y otros mil *u*
1.11 todos los *u* de oro y de plata eran 5.400
5.14 los *u* de oro y de plata de la casa de
5.15 toma estos *u*, vé, y llévalos al templo
6.5 los *u* de oro y de plata de la casa de Dios
7.19 los *u* que te son entregados para..Dios
8.25 pesé la plata, el oro y los *u*, ofrenda
8.26 pesé, pues..*u* de plata por cien talentos
8.28 y son santos los *u*, y la plata y el oro
8.30 levitas recibieron el peso..y de los *u*
8.33 fue luego pesada..los *u*, en la casa de
Neh. 10.39 y allí estarán los *u* del santuario
13.5 en la cual guardaban..los *u*, el diezmo
13.9 hice volver..los *u* de la casa de Dios
Is. 52.11 purificaos los que lleváis los *u* de
66.20 Israel traen la ofrenda en *u* limpios
Jer. 27.16 *u* de la casa de Jehová volverán de
27.18 para que los *u*..no vayan a Babilonia
27.19 acerca..del resto de los *u* que quedan
27.21 de los *u* que quedaron en la casa de
28.3 haré volver..todos los *u* de la casa de
28.6 con las cuales profetizaste que los *u*
49.29 sus cortinas y todos sus *u* y..tomarán
52.18 los *u* de bronce con que se ministraba
Ez. 27.13 con *u* de bronce comerciaban en tus
40.42 éstas pondrán los *u* con que degollarán
Dn. 1.2 entregó..parte de los *u* de la casa de
1.2 y colocó los *u* en la casa del tesoro de
Mr. 7.4 lavamientos..de los *u* de metal, y de
11.16 nadie atravesase el templo llevando *u*
2 Ti. 2.20 no solamente hay *u* de oro y de plata

ÚTIL
Is. 44.9 más precioso de ellos para nada es *ú*
Lc. 14.35 ni para el muladar es *ú*; la arrojan
Hch. 20.20 cómo nada que fuese *ú* he rehuido de
2 Ti. 2.21 instrumento para honra..*ú* al Señor
3.16 y *ú* para enseñar, para redargüir, para
4.11 toma a Marcos..es *ú* para el ministerio
Tit. 3.8 estas cosas son buenas y *ú* a..hombres
Flm. 11 inútil..pero ahora a ti y a mí nos es *ú*

UVA
Gn. 40.10 viniendo a madurar sus racimos de *ú*
40.11 tomaba yo las *u* y las exprimía en la
49.11 lavó en..y en la sangre de *u* su manto
Lv. 25.5 y las *u* de tu viñedo no vendimiarás
Nm. 6.3 ni beberá ningún licor de *u*, ni tampoco
6.3 no..ni tampoco comerá *u* frescas ni secas
13.20 país. Y era el tiempo de las primeras *u*
13.23 un racimo de *u*, el cual trajeron dos
Dt. 23.24 podrás comer *u* hasta saciarte; mas
28.39 labrarás, pero no..recogerás *u*, porque
32.14 y de la sangre de la *u* bebiste vino
32.32 *u* de ellos son *u* ponzoñosas; racimos
Jue. 9.27 y pisaron la *u* e hicieron fiesta
1 S. 25.18 Abigail tomó..100 racimos de *u* pasas
Neh. 13.15 cargaban asnos con vino, y..de *u*, de
Is. 5.2 esperaba..diese *u*, y dio *u* silvestres
5.4 ¿cómo, esperando..*u*, ha dado *u* silvestres?
16.7 abatidos..las tortas de *u* de Kir-hareset
Jer. 8.13 no quedarán *u* en la vid, ni higos en
31.29 los padres comieron las *u* agrias y los
31.30 todo hombre que comiere las *u* agrias
Ez. 18.2 los padres comieron las *u* agrias, y
Os. 9.10 como *u* en el desierto hallé a Israel
Am. 9.13 y el pisador de las *u* al que lleve la
Mt. 7.16 ¿acaso se recogen *u* de los espinos, o
Lc. 6.44 pues..ni de las zarzas se vendimian *u*
Ap. 14.18 y vendimia los..sus *u* están maduras
14.19 echó las *u* en el gran lagar de la ira

UZ
1. ***Descendiente de Sem*, Gn. 10.23; 1 Cr. 1.17**
2. ***Primogénito de Nacor*, Gn. 22.21**
3. ***Hijo de Disán*, Gn. 36.28; 1 Cr. 1.42**
4. ***Región desértica al este de Palestina***

Job 1.1 en tierra de *U* un varón llamado Job
Jer. 25.20 a todos los reyes de *U*, y a todos
Lm. 4.21 hija de Edom..habitas en tierra de *U*

UZA
1. ***Hijo de Abinadab No. 1***

2 S. 6.3 *U* y Ahío, hijos de..guiaban el carro
6.6 *U* extendió su mano al arca de Dios, y la
6.7 el furor de Jehová se encendió contra *U*
6.8 se entristeció..haber herido Jehová a *U*
1 Cr. 13.7 nuevo; y *U* y Ahío guiaban el carro
13.9 la era..*U* extendió su mano al arca para
13.10 furor de Jehová se encendió contra *U*
13.11 porque Jehová había quebrantado a *U*

2. ***Dueño del huerto donde fue sepultado el rey Manasés*, 2 R. 21.18,26**
3. ***Descendiente de Merari*, 1 Cr. 6.29**
4. ***Descendiente de Benjamín*, 1 Cr. 8.7**
5. ***Padre de una familia de sirvientes del templo*, Esd. 2.49; Neh. 7.51**

UZAI ***Padre de Palal*, Neh. 3.25**

UZAL ***Hijo de Joctán*, Gn. 10.27; 1 Cr. 1.21**

UZEN-SEERA ***Aldea edificada por Seera*, 1 Cr. 7.24**

UZI
1. ***Sacerdote, ascendiente de Esdras*, 1 Cr. 6.5,6,51; Esd. 7.4**
2. ***Descendiente de Isacar*, 1 Cr. 7.2,3**
3. ***Descendiente de Benjamín*, 1 Cr. 7.7**
4. ***Padre de Ela, varón que regresó de Babilonia*, 1 Cr. 9.8**
5. ***Jefe de levitas en Jerusalén*, Neh. 11.22**
6. ***Sacerdote en tiempo de Joiacim*, Neh. 12.19**
7. ***Sacerdote que ayudó en la dedicación del muro de Jerusalén*, Neh. 12.42**

UZIAS
1. ***Rey de Judá (=Azarías)***

2 R. 15.13 comenzó a reinar en el año 39 de *U*
15.30 a los veinte años de Jotam hijo de *U*
15.32 comenzó a reinar Jotam hijo de *U* rey
15.34 él hizo..las cosas que había hecho..*U*
2 Cr. 26.1 el pueblo de Judá tomó a *U*..por rey
26.2 *U* edificó a Elot, y la restituyó a Judá
26.3 de dieciséis años era *U* cuando comenzó
26.8 y dieron los amonitas presentes a *U*, y
26.9 edificó también *U* torres en Jerusalén
26.11 tuvo..*U* un ejército de guerreros, los
26.14 y *U* preparó para..el ejército escudos
26.18 pusieron contra el rey *U*, y le dijeron
26.18 no te corresponde a ti, oh *U*, el quemar
26.19 *U*, teniendo en la mano un incensario
26.21 así el rey *U* fue leproso hasta el día
26.22 los demás hechos de *U*..fueron escritos
26.23 durmió *U* con sus padres..lo sepultaron
27.2 conforme a..que había hecho *U* su padre
Is. 1.1 visión de Isaías..en días de *U*, Jotam
6.1 en el año que murió el rey *U* vi yo al
7.1 los días de Acaz hijo de Jotam, hijo de *U*
Os. 1.1 en días de *U*, Jotam, Acaz y Ezequías
Am. 1.1 profetizó acerca de Israel en días de *U*
Zac. 14.5 causa del terremoto en los días de *U*
Mt. 1.8 Asa engendró a..a Joram, y Joram a *U*
1.9 *U* engendró a Jotam, Jotam a Acaz, y Acaz

2. ***Levita, descendiente de Coat*, 1 Cr. 6.24**
3. ***Uno de los valientes de David*, 1 Cr. 11.44**
4. ***Padre de Jonatán No. 7*, 1 Cr. 27.25**
5. ***Sacerdote de entre los que se casaron con mujeres extranjeras en tiempo de Esdras*, Esd. 10.21**
6. ***Padre de Ataías*, Neh. 11.4**

UZIEL
1. ***Hijo de Coat y nieto de Leví*, Éx. 6.18,22; Lv. 10.4; Nm. 3.19,30; 1 Cr. 6.2,18; 15.10; 23.12,20; 24.24**
2. ***Capitán entre los simeonitas*, 1 Cr. 4.42**
3. ***Descendiente de Benjamín*, 1 Cr. 7.7**
4. ***Cantor, descendiente de Hemán*, 1 Cr. 25.4**
5. ***Levita en tiempo del rey Ezequías*, 2 Cr. 29.14**
6. ***Uno que ayudó en la reparación del muro de Jerusalén*, Neh. 3.8**

UZIELITA ***Descendiente de Uziel No. 1*, Nm. 3.27; 1 Cr. 26.23**

V

VACA
Gn. 12.16 y él tuvo ovejas, *v*, asnos, siervos
13.5 también Lot..tenía ovejas, *v* y tiendas
18.7 y corrió Abraham a las *v*, y tomó un
20.14 tomó ovejas y *v*, y siervos y siervas
21.27 y tomó Abraham..*v*, y dio a Abimelec
24.35 y le ha dado ovejas y *v*, plata y oro
26.14 y tuvo..hato de *v*, y mucha labranza
32.5 y tengo *v*, asnos y ovejas, y siervos y
32.7 y distribuyó..las *v* y los camellos, en
32.15 cuarenta *v* y diez novillos, 20 asnas
33.13 y que tengo ovejas y *v* paridas; y si
34.28 tomaron sus ovejas y *v* y sus asnos, y
41.2,18 que del río subían siete *v*..pacían
41.3 tras ellas subían..siete *v* de feo aspecto
41.3 se pararon cerca de las *v* hermosas a la
41.4 y que las *v* de feo aspecto y enjutas de
41.4 devoraban a las siete *v* hermosas y muy
41.19 y que otras siete *v* subían después de
41.20 y las *v* flacas..devoraban a..*v* gordas
41.26 las siete *v* hermosas siete años son; y
41.27 las siete *v* flacas y feas..siete años
45.10 ganados y tus *v*, y todo lo que tienes
46.32 han traído sus ovejas y sus *v*, y todo
47.1 mi padre..sus ovejas y sus vacas..venido
47.17 José les dio..por el ganado de las *v*
50.8 dejaron en..Gosén..sus ovejas y sus *v*
Éx. 9.3 sobre tus..asnos, camellos, *v* y ovejas
10.9 con nuestras ovejas y con..*v* hemos de ir
10.24 id..queden vuestras ovejas y vuestras *v*
12.32 también vuestras *v*, como habéis dicho
20.24 sacrificarás sobre él..ovejas y tus *v*
34.19 mío..todo primogénito de *v* o de oveja
Lv. 22.21 como ofrenda..sea de *v* o de ovejas
22.28 *v* u oveja, no degollaréis en un mismo
27.32 todo diezmo de *v* o de..será consagrado
Nm. 15.3 ofrecer..olor grato..de *v* o de ovejas
18.17 mas el primogénito de *v*..no redimirás
19.2 de Israel que te traigan una *v* alazana
19.5 hará quemar la *v* ante sus ojos; su cuero
19.6 y lo echará en..fuego en que arde la *v*
19.9 un hombre..recogerá las cenizas de la *v*

VACA *(Continúa)*
Nm. 19.10 y el que recogió las cenizas de la *v*
19.17 la ceniza de la *v*..de la expiación
Dt. 7.13 bendecirá..aceite, la cría de tus *v*
8.13 y tus *v* y tus ovejas se aumenten, y la
12.6 primicias de vuestras *v* y de vuestras
12.17 ni las primicias de tus *v*, ni de tus
12.21 podrás matar de tus *v* y de tus ovejas
14.26 y darás el dinero..por *v*, por ovejas
15.19 consagrarás..todo primogénito..tus *v*
15.19 no te servirás..primogénito de tus *v*
16.2 sacrificarás la pascua..de las *v*, en el
21.3 tomarán de las *v* una becerra que no haya
28.4 bendito..la cría de tus *v* y los rebaños
28.18 maldito el fruto de..la cría de tus *v*
28.51 no te dejará..ni la cría de tus *v*, ni
32.14 mantequilla de *v* y leche de ovejas, con
1 S. 6.7 tomad luego dos *v*..uncid las *v* al carro
6.10 dos *v* que criaban, las uncieron al carro
6.12 y las *v* se encaminaron por el camino de
6.14 ofrecieron las *v* en holocausto a Jehová
14.32 y tomaron ovejas y *v* y becerros, y los
14.34 me traigan cada uno su *v*..Y trajo..su *v*
15.3 mata a hombres..*v*, ovejas, camellos y
15.14 qué bramido de *v* es este que yo oigo
15.15 el pueblo perdonó lo mejor..y de las *v*
15.21 mas el pueblo tomó del botín ovejas y *v*
27.9 David..se llevaba las ovejas, las *v*, los
2 S. 12.2 el rico tenía numerosas ovejas y *v*
12.4 no quiso tomar de sus ovejas y de sus *v*
17.29 quesos de *v*, para que comiesen; porque
1 R. 1.9 matando Adonías..*v* y animales gordos
2 Cr. 31.6 dieron..los diezmos de las *v* y de las
32.29 hatos de ovejas y de *v* en..abundancia
Neh. 10.36 los primogénitos de nuestras *v* y de
Job 21.10 paren sus *v*, y no malogran su cría
Ec. 2.7 tuve posesión grande de *v* y de ovejas
Is. 7.21 criará un hombre una *v* y dos ovejas
11.7 *v* y la osa pacerán, sus crías..juntas
22.13 gozo y alegría, matando *v* y degollando
65.10 valle de Acor para majada de *v*, para
Jer. 3.24 consumió..ovejas, sus *v*, sus hijos
5.17 comerá tus ovejas y tus *v*, comerá tus
31.12 correrán al bien..las ovejas y de las *v*
Os. 5.6 con sus *v* andarán buscando a Jehová, y
Am. 4.1 oíd..palabra, *v* de Basán, que estáis
Hab. 3.17 quitadas..no haya *v* en los corrales

VACADA
Éx. 29.1 un becerro de la *v*, y dos carneros sin
Lv. 9.2 toma de la *v* un becerro para expiación
23.18 ofreceréis..un becerro de la *v*, y dos
Nm. 28.11,19,27 ofreceréis..becerros de la *v*
29.2,8 ofreceréis..un becerro de la *v*, un
29.13 trece becerros de la *v*, dos carneros
29.17 doce becerros de la *v*, dos carneros, 14
1 S. 16.2 toma contigo una becerra de la *v*, y
Ez. 43.19 darás un becerro de la *v*..expiación
43.23 acabes..ofrecerás un becerro de la *v*
43.25 sacrificarán el becerro de la *v* y un
45.18 tomarás de la *v* un becerro sin defecto
46.6 el día de..un becerro sin tacha de la *v*

VACIAR
Gn. 24.20 *vació* su cántaro en la pila, y corrió
42.35 aconteció que *vaciando* ellos sus sacos
1 R. 7.15 y *vació* dos columnas de bronce; la
2 Cr. 24.11 llevaban el arca, y la *vaciaban*, y
Job 10.10 me *vaciaste* como leche, y como queso
Is. 24.1 Jehová *vacía* la tierra y la desnuda
24.3 la tierra será enteramente *vaciada*, y
Jer. 48.11 no fue *vaciado* de vasija en vasija
48.12 *vaciarán* sus vasijas, y romperán sus
51.2 que la avienten, y *vaciarán* su tierra
Hab. 1.17 ¿*vaciará* por eso su red, y no tendrá
Ap. 14.10 ha sido *vaciado* puro en el cáliz de

VACÍO, CÍA
Gn. 1.2 la tierra estaba desordenada y *v*, y las
31.42 cierto me enviarías ahora con..manos *v*
37.24 la cisterna estaba *v*, no había en ella
Éx. 3.21 cuando salgáis, no vayáis con..manos *v*
23.15; 34.20 delante de mí con las manos *v*
Dt. 15.13 despidieres libre, no le enviarás..*v*
16.16 ninguno se presentará..con las manos *v*
Jue. 7.16 cántaros *v* con teas ardiendo dentro
Rt. 1.21 Jehová me ha vuelto con las manos *v*
3.17 que no vayas a tu suegra con las manos *v*
1 S. 6.3 arca..no la enviéis *v*, sino pagadle
20.18 echado de menos..tu asiento estará *v*
20.25 se sentó..y el lugar de David quedó *v*
20.27 aconteció..el asiento de David quedó *v*
2 S. 1.22 arco..ni la espada de Saúl volvió *v*
2 R. 4.3 pide para ti prestadas de..vasijas *v*
18.20 dices (pero son palabras *v*): Consejo
Neh. 5.13 sacuda Dios..y así sea sacudido y *v*
Job 16.3 ¿tendrán fin las palabras *v*? ¿O qué te
22.9 a las viudas enviaste *v*, y los brazos
26.7 él extiende el norte sobre *v*, cuelga la
Pr. 14.4 sin bueyes el granero está *v*; mas por
Is. 29.8 cuando despierta, su estómago está *v*
32.6 fabricará iniquidad..dejando *v* el alma
36.5 el consejo..no son más que palabras *v*
55.11 no volverá a mí *v*, sino que hará lo que
Jer. 4.23 miré a la tierra..estaba asolada y *v*
14.3 al agua..volvieron con sus vasijas *v*; se
50.9 de valiente diestro, que no volverá *v*
51.34 me desmenuzó..y me dejó como vaso *v*
Ez. 24.11 asentando..la olla *v* sobre sus brasas
Nah. 2.10 *v*, agotada y desolada..y el corazón
Mr. 12.3 mas ellos..enviaron con las manos *v*
Lc. 1.53 colmó de bienes, y a los ricos envió *v*
20.10 un siervo..le enviaron con las manos *v*
20.11 afrentado, le enviaron con las manos *v*

VACUNO
Lv. 1.2 ofrece ofrenda..de ganado *v* u ovejuno
1.3 si su ofrenda fuere holocausto *v*, macho
3.1 si hubiere de ofrecerla de ganado *v*, sea
22.19 macho..de entre el ganado *v*, de entre

VADO
Gn. 32.22 tomó..y sus once hijos, y pasó el *v*
Jos. 2.7 fueron tras ellos..hasta los *v*; y la
Jue. 3.28 tomaron los *v* del Jordán a Moab, y
7.24 tomad los *v*..tomaron los *v* de Bet-bara
12.5 galaaditas tomaron los *v* del Jordán a
12.6 le degollaban junto a los *v* del Jordán
2 S. 15.28 me detendré en los *v* del desierto
17.16 no te quedes esta noche en los *v* del
17.20 mujer..Ya han pasado el *v* de las aguas
19.18 cruzaron el *v* para pasar a la familia
Is. 10.29 pasaron el *v*; se alojaron en Geba
16.2 así serán las hijas de Moab en los *v* de
Jer. 51.32 *v* fueron tomados, y los baluartes

VAGABUNDO
Jue. 9.4 Abimelec alquiló hombres ociosos y *v*
Sal. 107.40 los hace andar perdidos, *v* y sin
109.10 anden sus hijos *v*, y mendiguen..pan
Pr. 12.11 mas el que sigue a los *v* es falto de
26.10 es el que toma a sueldo insensatos y *v*

VAGAR
Job 12.24 y los hace *vagar* como por un yermo
15.23 *vaga* alrededor tras el pan, diciendo
Pr. 17.24 mas los ojos del necio *vagan* hasta el
26.2 como el gorrión en su *vagar*, y como la
Jer. 14.10 se deleitaron en *vagar*, y no dieron
14.18 anduvieron *vagando* en la tierra, y no
Zac. 10.2 el pueblo *vaga* como ovejas, y sufre
He. 3.10 siempre andan *vagando* en su corazón

VAINA
1 S. 17.51 tomó la espada..sacándola de su *v*
2 S. 20.8 una daga en su *v*, la cual se le cayó
1 Cr. 21.27 al ángel..volvió su espada a la *v*
Jer. 47.6 vuelve a tu *v*, reposa y sosiégate
Ez. 21.3 sacaré mi espada de su *v*, y cortaré
21.4 mi espada saldrá de su *v* contra..carne
21.5 que yo Jehová saqué mi espada de su *v*
21.30 ¿la volveré a su *v*? En el lugar donde
Jn. 18.11 mete tu espada en la *v*; la copa que

VAIZATA *Hijo de Amán*, Est. 9.9

VAJILLA
Nm. 7.85 toda la plata de la *v*, 2.400 siclos
1 R. 10.21 *v* de la casa del bosque del Líbano
2 R. 25.18 tomó entonces..tres guardas de la *v*
1 Cr. 9.29 de ellos tenían el cargo de la *v*, y
2 Cr. 9.20 la *v* del rey Salomón era de oro, y
9.20 la *v* de la casa del bosque..de oro puro

VALENTÍA
Jue. 8.21 porque como es el varón, tal es su *v*
1 R. 16.27 *v* que ejecutó, ¿no está todo escrito
2 R. 10.34 y toda su *v*, ¿no está escrito en el
13.8 y sus *v*, ¿no está escrito en el libro de
14.28 y su *v*, y todas las guerras que hizo
Sal. 65.6 que afirma los montes..ceñido de *v*
118.16 sublime; la diestra de Jehová hace *v*
Jer. 9.23 ni en su *v* se alabe el valiente, ni
23.10 carrera..fue mala, y su *v* no es recta

VALER
Gn. 23.15 la tierra *vale* 400 siclos de plata
2 S. 18.3 tú ahora *vales* tanto como diez mil
2 R. 7.1 mañana a estas horas *valdrá* el seah
Job 6.13 que ni aun a mí mismo me puedo *valer*
Pr. 12.9 más *vale* el despreciado que tiene
16.16 adquirir inteligencia *vale* más que la
Ec. 4.6 más *vale* un puño lleno con descanso
6.9 más *vale* vista..ojos que deseo que pasa
8.8 y no *valen* armas en tal guerra, ni la
Is. 7.23 vides que *valían* mil siclos de plata
16.12 cuando venga a..a orar, no le *valdrá*
Mt. 6.26 *valéis* vosotros mucho más que ellas?
10.31 más *valéis* vosotros..muchos pajarillos
12.12 ¿cuánto más *vale* un hombre que..oveja?
Lc. 12.7 más *valéis* vosotros que..pajarillos
12.24 ¿no *valéis* vosotros mucho más que las
Gá. 5.6 en..Jesús ni la circuncisión *vale* algo
6.15 en Cristo Jesús ni la circuncisión *vale*

VALEROSO
Jue. 11.1 Jefté galaadita era esforzado y *v*; era
1 S. 9.1 había un varón de Benjamín, hombre *v*
2 R. 5.1 era este hombre *v* en extremo..leproso
1 Cr. 7.2 sus linajes en..22.600 hombres muy *v*
7.11 muy *v*, 17.200 que salían a combatir en
26.6 hijos que..eran varones *v* y esforzados
2 Cr. 13.3 un ejército de 400.000 hombres..*v*
13.3 con ochocientos mil hombres..fuertes y *v*
17.17 Eliada, hombre muy *v*..con él 200.000

VÁLIDO
He. 9.17 no es *v* entre tanto..el testador vive

VALIENTE
Gn. 6.4 fueron los *v* que desde la antigüedad
Éx. 15.15 los *v* de Moab les sobrecogerá temblor
Dt. 3.18 iréis armados todos los *v* delante de
Jos. 1.6 esfuérzate y sé *v*..repartirás a este
1.7 esfuérzate y sé muy *v*, para cuidar de
1.9 que te mando que te esfuerces y seas *v*
1.14 todos los *v* y fuertes, pasaréis armados
1.18 solamente que te esfuerces y seas *v*
10.7 subió Josué..y todos los hombres *v* con
10.25 no temáis..sed fuertes y *v*, porque así
Jue. 3.29 todos *v* y todos hombres de guerra; no
5.22 los caballos..por el galopar de sus *v*
6.12 Jehová..contigo, varón esforzado y *v*
18.2 los hijos de Dan enviaron de..hombres *v*
21.10 envió..a doce mil hombres de los más *v*
1 S. 16.18 que sabe tocar, y es *v* y vigoroso
18.17 seas hombre *v*, y pelees las batallas de
31.12 todos los hombres *v* se levantaron, y
2 S. 1.19 ¡ha perecido..cómo han caído los *v*!
1.21 allí fue desechado el escudo de los *v*
1.22 sin sangre de los..sin grosura de los *v*
1.25 ¡cómo han caído los *v* en..de la batalla!
1.27 ¡cómo han caído los *v*, han perecido las
2.7 esfuércense..y sed *v*; pues muerto Saúl
10.7 envió a Joab con..el ejército de los *v*
11.16 sabía que estaban los hombres más *v*
13.28 matadle, y..Esforzaos, pues, y sed *v*
16.6 los hombres *v* estaban a su derecha y a
17.8 tú sabes que tu padre y..son hombres *v*
17.10 hombre *v*, cuyo corazón sea como león
17.10 Israel sabe que tu padre es hombre *v*
20.7 salieron en pos de él los..y todos los *v*
23.8 son los nombres de los *v* que tuvo David
23.9 uno de los tres *v* que estaban con David
23.16 tres *v* irrumpieron por el campamento
23.17 ¿he de beber..Los tres *v* hicieron esto
23.22 Joiada, y ganó renombre con los tres *v*
1 R. 1.42 tú eres hombre *v*, y traerás buenas
11.28 Jeroboam era *v* y esforzado; y viendo
2 R. 24.14 en cautiverio..a todos los hombres *v*
24.16 a todos los *v*..llevó cautivos el rey de
1 Cr. 5.18 hijos de Rubén y de Gad..hombres *v*
5.24 fueron los jefes..hombres *v* y esforzados
7.5 las familias de Isacar..87.000 hombres *v*
8.40 y fueron los hijos de Ulam hombres *v* y
10.12 se levantaron todos los hombres *v*, y
11.10 los principales de los *v* que David tuvo
11.11 es el número de los *v* que David tuvo
11.12 Eleazar hijo de Dodo..era de los tres *v*
11.19 vidas..Esto hicieron aquellos tres *v*
11.22 Benaía..hijo de un varón *v* de Cabseel
11.24 Benaía..y fue nombrado con los tres *v*
11.26 los *v* de los ejércitos: Asael hermano
12.1 de los *v* que le ayudaron en la guerra
12.4 Ismaías..*v* entre los 30, y más que los
12.8 hombres de guerra muy *v* para pelear
12.21 eran hombres *v*, y fueron capitanes en
12.25 los hijos de Simeón, 7.100 hombres, *v*
12.28 Sadoc, joven *v* y esforzado, con 22 de
12.30 de Efraín..muy *v*, varones ilustres en
19.8 a Joab con todo el ejército de los..*v*
26.9 los hijos de Meselemías..18 hombres *v*
26.32 y sus hermanos, hombres *v*, eran 2.700
27.6 Benaía era *v* entre los treinta y sobre
28.1 reunió David..los más poderosos y *v* de
2 Cr. 17.13 tuvo..hombres de guerra muy *v* en
17.16 Amasías hijo..con él 200.000 hombres *v*
25.6 tomó a sueldo por..cien mil hombres *v*
26.12 el número de los jefes de familia, *v*
26.17 con él ochenta sacerdotes..varones *v*
28.6 Peka..mató en Judá..120.000 hombres *v*
32.3 tuvo consejo..con sus hombres *v*, para
32.21 el cual destruyó a todo *v* y esforzado
Neh. 3.16 restauró..y hasta la casa de los *V*
Sal. 24.8 el fuerte y *v*; Jehová el poderoso en
33.16 no..ni escapa el *v* por la mucha fuerza
45.3 ciñe tu espada..oh *v*, con tu gloria y
78.65 despertó el Señor como..un *v* que grita
120.4 agudas saetas de *v*..brasas de enebro
127.4 como saetas en mano del *v*, así son los
Cnt. 3.7 sesenta *v* la rodean, de los fuertes
4.4 mil escudos están colgados..escudos de *v*
Is. 3.2 el *v* y el hombre de guerra, el juez y
5.22 ¡ay de los que son *v* para beber vino
10.13 y derribé como *v* a los que..sentados
13.3 llamé a mis *v* para mi ira, a los que se
21.17 los sobrevivientes de los *v* flecheros

VALIENTE *(Continúa)*

Is. 31.1 su esperanza ponen..en jinetes..son v
49.25 el cautivo será rescatado del v, y el
Jer. 5.16 su aljaba como sepulcro abierto..v
14.9 ¿por qué..como v que no puede librar?
46.5 sus v fueron deshechos, y huyeron sin
46.6 no huya el ligero, ni el v escape; al
46.9 alborotaos, carros, y salgan los v; los
46.12 v tropezó contra v, y cayeron ambos
48.41 aquel día el corazón de los v de Moab
49.22 y el corazón de los v de Edom será en
50.9 sus flechas son como de v diestro, que
50.36 espada contra sus v, y..quebrantados
51.30 los v de Babilonia dejaron de pelear
51.56 destruidor..y sus v fueron apresados
Dn. 11.3 se levantará luego un rey v, el cual
Os. 10.13 confiaste..en la multitud de tus v
Jl. 2.7 como v correrán..subirán el muro; cada
3.9 despertad a los v, acérquense, vengan
Am. 2.14 el ligero no..ni el v librará su vida
2.16 esforzado de entre los v huirá desnudo
Abd. 9 y tus v, oh Temán, serán amedrentados
Nah. 2.3 el escudo de sus v estará enrojecido
2.5 se acordará él de sus v; se atropellarán
3.18 reposaron tus v; tu pueblo se derramó
Sof. 1.14 es amarga la voz..gritará allí el v
Zac. 9.13 oh Sion..te pondré como espada de v
10.5 serán como v que en la batalla huellan
10.7 y será Efraín como v, y se alegrará su

VALOR

Lv. 27.15 añadirá..quinta parte del v de ella
Rt. 4.15 es de más v para ti que siete hijos
2 S. 7.27 hallado..v para hacer..esta súplica
1 R. 21.2 dame tu viña..pagaré su v en dinero
2 R. 1.13 te ruego que sea de v delante de tus
1 Cr. 7.7 los hijos de Bela..hombres de gran v
Job 11.6 que son de doble v que las riquezas!
28.13 no conoce su v el hombre, ni se halla
1 Co. 14.11 si yo ignoro el v de las palabras
Col. 2.23 no tienen v..contra los apetitos de

VALORAR

Lv. 27.12 y el sacerdote lo *valorará*, sea bueno
27.14 la *valorará* el sacerdote, sea buena o
27.14 casa..según la *valorare*..así quedará
27.16 un homer..se *valorará* en 50 siclos de
27.25 lo que *valorares* será conforme al siclo

VALUACIÓN

Lv. 27.13 añadirá sobre tu v la quinta parte
27.15 mas si..añadirá a tu v la quinta parte

VALLADO

Job 19.8 cercó de v mi camino, y no pasaré
Sal. 80.12 ¿por qué aportillaste sus v, y la
89.40 aportillaste todos sus v..fortalezas
Ec. 10.8 aportillare v, le morderá la serpiente
Is. 5.5 mi viña: Le quitaré su v, y..consumida
Jer. 6.6 cortad..y levantad v contra Jerusalén
49.3 rodead los v, porque Milcom fue llevado
Ez. 17.17 se levanten v y se edifiquen torres
21.22 para levantar v, y edificar torres de
22.30 busqué entre ellos hombre que hiciese v
38.20 v caerán, y todo muro caerá a tierra
Nah. 3.17 langostas que se sientan en v en día
Mt. 21.33 la cercó de v, cavó en ella un lagar
Mr. 12.1 plantó una viña, la cercó de v, cavó
Lc. 14.23 dijo..Vé por los caminos y por los v
19.43 tus enemigos te rodearán con v, y te

VALLE

Gn. 14.3 se juntaron en el v de Sidim, que es
14.8 y ordenaron..batalla en el v de Sidim
14.10 el v de Sidim estaba lleno de pozos de
14.17 salió..v de Save, que es el V del Rey
26.17 fue de allí, y acampó en el v de Gerar
26.19 cavaron en el v, y hallaron allí un pozo
37.14 y lo envió del v de Hebrón, y llegó a
Nm. 14.25 amalecita y el cananeo habitan..el v
21.12 partieron..acamparon en el v de Zered
21.20 de Bamot al v que está en los campos
Dt. 1.7 en los v, en el Neguev, y junto a la
1.24 hasta el v de Escol, y reconocieron la
2.36 de Arnón, y la ciudad que está en el v
3.16 límite el medio del v, hasta el arroyo
3.29 y paramos en el v delante de Bet-peor
4.46 el v delante de Bet-peor, en la tierra
21.4 traerán la becerra a un v escabroso, que
21.4 y quebrarán la cerviz de..allí en el v
21.6 becerra cuya cerviz fue quebrada en el v
34.6 y lo enterró en el v, en la tierra de
Jos. 7.24 Acán..y lo llevaron todo al v de Acor
7.26 lugar se llama el V de Acor, hasta hoy
8.11 acamparon..el v estaba entre él y Hai
8.13 y Josué avanzó..hasta la mitad del v
10.12 detente..tú, luna, en el v de Ajalón
11.16 tomó..las montañas de Israel y sus v
12.2 y desde en medio del v, y la mitad de
12.8 en los v, en el Arabá, en las laderas
13.9,16 la ciudad que está en medio del v
13.19 Sibma, Zaret-sahar en el monte del v
13.27 y en el v, Bet-aram, Bet-nimra, Sucot
15.7 luego sube a Debir desde el v de Acor
15.8 este límite por el v del hijo de Hinom
15.8 luego sube por..enfrente del v de Hinom
15.8 al extremo del v de Refaim, por el lado
17.16 cananeos..que están en el v de Jezreel
18.16 del monte que está delante del v del
18.16 que está al norte en el v de Refaim
18.16 desciende luego al v de Hinom, al lado
18.21 de Benjamín..Bet-hogla, el v de Casis
19.14 hacia Hanatón, viniendo a salir al v
19.27 y llega a Zabulón, al v de Jefte-el al
Jue. 4.11 había plantado sus tiendas en el v
5.15 como Barac..se precipitó a pie en el v
6.33 y pasando acamparon en el v de Jezreel
7.1 más allá del collado de More, en el v
7.8 el campamento de Madián abajo en el v
7.12 tendidos..v como langostas en multitud
16.4 enamoró de una mujer en el v de Sorec
18.28 ciudad estaba en el v que hay junto a
1 S. 6.13 Bet-semes segaban el trigo en el v
13.18 hacia la región que mira al v de Zeboim
15.5 viniendo Saúl..puso emboscada en el v
17.2 también Saúl..acamparon en el v de Ela
17.3 Israel..al otro lado, y el v entre ellos
17.19 Saúl y ellos..estaban en el v de Ela
17.52 siguieron..hasta llegar al v, y hasta
21.9 Goliat..que tú venciste en el v de Ela
31.7 de Israel que eran del otro lado del v
2 S. 5.18 filisteos, y se extendieron por el v
5.22 y se extendieron en el v de Refaim
8.13 destrozó a..edomitas en el V de la Sal
18.18 erigido una columna..en el v del rey
23.13 campamento..estaba en el v de Refaim
24.5 la ciudad que está en medio del v de Gad
1 R. 20.28 de los montes, y no Dios de los v
2 R. 2.16 echado en algún monte o en algún v
3.16 dijo..Haced en este v muchos estanques
3.17 este v será lleno de agua, y beberéis
14.7 éste mató a..edomitas en el V de la Sal
23.6 sacar la imagen de Asera..al v de Cedrón
23.6 y la quemó en el v del Cedrón..en polvo
23.10 Tofet..está en el v del hijo de Hinom
1 Cr. 4.14 de los habitantes del v de Carisim
4.39 llegaron hasta..Gedor..el oriente del v
10.7 los de Israel que habitaban en el v, que
11.15 estando..filisteos en el v de Refaim
12.15 hicieron huir a todos los de los v al
14.9 y se extendieron por el v de Refaim
14.13 volviendo los..a extenderse por el v
18.12 en el v de la Sal a 18.000 edomitas
27.29 del ganado que estaba en los v, Safat
2 Cr. 14.10 Asa..ordenaron la batalla en el v
20.26 se juntaron en el v..el v de Beraca
25.11 y vino al V de la Sal, y mató de los
26.9 junto a la puerta del v, y junto a las
28.3 incienso en el v de los hijos de Hinom
33.6 sus hijos por fuego en el v del hijo de
33.14 edificó el muro..en el v, a la entrada
Neh. 2.13 por la puerta del V hacia la fuente
2.15 entré por la puerta del V, y me volví
3.13 la puerta del V la restauró Hanún con
11.30 habitaron desde Beerseba hasta el v de
11.35 Lod, y Ono, v de los artífices
Job 21.33 los terrones del v le serán dulces
39.10 al búfalo..labrará los v en pos de ti?
Sal. 23.4 aunque ande en v de sombra de muerte
60 *tít.* doce mil de Edom en el v de la Sal
60.6 repartiré a Siquem, y mediré el v de
65.13 los v se cubren de grano; dan voces
84.6 atravesando el v de lágrimas lo cambian
104.8 subieron los montes, descendieron los v
108.7 repartiré a Siquem, y mediré el v de
Cnt. 2.1 yo soy la rosa de..el lirio de los v
6.11 descendí a ver los frutos del v, y para
Is. 7.19 acamparán todos en los v desiertos, y
17.5 el que recoge espigas en el v de Refaim
22.1 profecía sobre el v de la visión. ¿Qué
22.5 en el v de la visión, para derribar el
22.7 tus hermosos v fueron llenos de carros
24.15 glorificad por esto a Jehová en los v
28.1,4 sobre la cabeza del v fértil de los
28.21 como en el v de Gabaón se enojará; para
40.4 todo v sea alzado, y bájese todo monte
41.18 abriré ríos, y fuentes en medio de..v
57.5 sacrificáis los hijos en los v, debajo
57.6 las piedras lisas del v está tu parte
63.14 como a una bestia que desciende al v
65.10 el v de Acor para majada de vacas, para
Jer. 2.23 mira tu proceder en el v, conoce lo
7.31 de Tofet, que está en el v del..de Hinom
7.32 Tofet, ni v..de Hinom..V de la Matanza
19.2 y saldrás al v del hijo de Hinom, que
19.6 ni v del hijo de Hinom..V de la Matanza
21.13 yo estoy contra ti, moradora del v, y
31.40 todo el v de los cuerpos muertos y de
32.35 Baal..están en el v del hijo de Hinom
47.5 Ascalón ha perecido, y el resto de su v
48.8 se arruinará..el v, y será destruida la
49.4 ¿por qué te glorías de los v? Tu v se
Ez. 6.3 dicho Jehová..a los arroyos y a los v
7.16 sobre los montes como palomas de los v
31.12 sus ramas caerán..por todos los v, y
32.5 montes, y llenaré los v de..cadáveres
35.8 en tus v y en..caerán muertos a espada
36.4 ha dicho Jehová..a los v, a las ruinas
36.6 dí a los montes..los arroyos y a los v
37.1 y me puso en medio de un v..de huesos
39.11 el v de los que pasan al oriente del
39.11 a Gog..lo llamarán el V de Hamón-gog
39.15 los entierren..en el v de Hamón-gog
Os. 2.15 el v de Acor por puerta de esperanza
Jl. 3.2 las haré descender al v de Josafat, y
3.12 las naciones, y suban al v de Josafat
3.14 muchos pueblos en el v de la decisión
3.14 cercano está el día de Jehová en el v de
3.18 saldrá una fuente..regará el v de Sitim
Am. 1.5 y destruiré a los moradores del v de
Mi. 1.4 los v se hendirán como la cera delante
1.6 viñas; y derramaré sus piedras por el v
Zac. 12.11 el llanto de Hadad-rimón en el v de
14.4 se partirá por..haciendo un v muy grande
14.5 huiréis al v de los montes, porque el
14.5 el v de los montes llegará hasta Azal
Lc. 3.5 todo v se rellenará, y se bajará todo

VANAGLORIA

Fil. 2.3 nada hagáis por contienda o por v
1 Jn. 2.16 y la v de la vida, no proviene del

VANAGLORIAR

Sal. 94.4 *vanagloriarán*..que hacen iniquidad?

VANAGLORIOSO

Gá. 5.26 no nos hagamos v, irritándonos unos
2 Ti. 3.2 hombres..v, soberbios, blasfemos

VANAMENTE

Job 35.16 eso Job abre su boca v; y multiplica
Col. 2.18 v hinchado por su propia mente carnal

VANÍAS *Uno de los que se casaron con mujeres extranjeras en tiempo de Esdras*, Esd. 10.36

VANIDAD

1 S. 12.21 no os apartéis en pos de v que no
1 R. 16.13 provocando..con sus v a Jehová Dios
2 R. 17.15 siguieron la v, y se hicieron vanos
Job 7.16 déjame, pues, porque mis días son v
15.31 no confíe el iluso en la v, porque ella
35.13 ciertamente Dios no oirá la v, ni la
Sal. 4.2 amaréis la v, y buscaréis la mentira?
31.6 aborrezco a los que..en v ilusorias; mas
39.5 ciertamente es completa v todo hombre
39.11 deshaces..ciertamente v es todo hombre
62.9 cierto, v son los hijos de los hombres
78.33 consumió sus días en v, y sus años en
94.11 pensamientos de los hombres, que son v
119.37 aparta mis ojos, que no vean la v
144.4 el hombre es semejante a la v; sus días
144.8 cuya boca habla v, y cuya diestra es
144.11 hombres extraños, cuya boca habla v
Pr. 13.11 las riquezas de v disminuirán; pero
30.8 v y palabra mentirosa aparta de mí; no
Ec. 1.2 v de v, dijo el..v de v, todo es v
1.14 todo ello es v y aflicción de espíritu
2.1 bienes. Mas he aquí esto también era v
2.11,17,26 v y aflicción de espíritu
2.15 en mi corazón, que también esto era v
2.19 será sabio o necio..Esto también es v
2.21 dar su..También es esto v y mal grande
2.23 corazón no reposa. Esto también es v
3.19 ni tiene más el hombre que..todo es v
4.4,16 también..v y aflicción de espíritu
4.7 me volví otra vez, y vi v debajo del sol
4.8 defraudo mi alma del..También esto es v
5.7 abundan los sueños, también abundan las v
5.10 ama el mucho tener..También esto es v
6.2 lo disfrutan..Esto es v, y mal doloroso
6.9 también..es v y aflicción de espíritu
6.11 las muchas palabras multiplican la v
6.12 todos los días de la vida de su v, los
7.6 la risa del necio es..también esto es v
7.15 todo esto he visto en los días de mi v
8.10 puestos en olvido en..Esto también es v
8.14 hay v que se hace sobre la tierra: que
8.14 de justos. Digo que esto también es v
9.9 días de la vida de tu v que te son dados
9.9 goza de la vida..todos los días de tu v
11.8 serán muchos. Todo cuanto viene es v
11.10 la adolescencia y la juventud son v
12.8 v de v, dijo el Predicador, todo es v
Is. 5.18 traen la iniquidad con cuerdas de v
24.10 quebrantada está la ciudad por la v
29.21 y pervierten la causa del justo con v
41.24 vosotros sois nada, y vuestras obras v
41.29 todos son v, y las obras de ellos nada
41.29 viento y v son sus imágenes fundidas
44.9 formadores de imágenes de talla..son v
58.9 yugo, el dedo amenazador, y el hablar v
59.4 confían en v, y hablan v..maldades, y
Jer. 2.5 fueron tras la v y se hicieron vanos?
3.23 v son los collados, y el bullicio sobre
8.19 me hicieron airar con sus..con v ajenas?
10.3 porque las costumbres de..pueblos son v
10.8 infatuarán..Enseñanza de v es el leño
10.15 v son, obra vana; al tiempo..castigo
14.14 adivinación, v y engaño de su corazón

VANIDAD *(Continúa)*

Jer. 16.19 mentira poseyeron nuestros padres, *v*
18.15 ha olvidado, incensando a lo que es *v*
51.18 *v* son, obra digna de burla. . perecerán
Lm. 2.14 profetas vieron para ti *v* y locura
Ez. 13.6 vieron *v* y adivinación mentirosa
13.8 por cuanto vosotros habéis hablado *v*, y
13.9 mi mano contra los profetas que ven *v*
21.29 te profetizan *v*, te adivinan mentira
22.28 con lodo suelto, profetizándoles *v* y
Os. 5.11 Efraín es vejado. . andar en pos de *v*
12.11 *v* han sido; en Gilgal sacrificaron
Jon. 2.8 siguen *v* ilusorias, su misericordia
Hch. 14.15 que de estas *v* os convirtáis al Dios
Ro. 8.20 porque la creación fue sujetada a *v*
Ef. 4.17 gentiles. . andan en la *v* de su mente
Tit. 1.10 hay. . habladores de *v* y engañadores

VANIDOSO

Sal. 101.5 no sufriré al de ojos. . de corazón *v*

VANO, NA

Éx. 20.7 no tomarás el. . de Jehová tu Dios en *v*
20.7 inocente. . al que tomare su nombre en *v*
Lv. 26.16 y sembraréis en *v* vuestra semilla
26.20 vuestra fuerza se consumirá en *v*, porque
Dt. 5.11 no tomarás el nombre de Jehová. . en *v*
5.11 por inocente al que tome su nombre en *v*
32.47 no os es cosa *v*; es vuestra vida, y por
1 S. 25.21 en *v* he guardado todo lo que éste
2 R. 17.15 se hicieron *v*, y fueron en pos de
2 Cr. 13.7 se juntaron con él. . *v* y perversos
Job 9.29 soy impío; ¿para qué trabajaré en *v*?
11.11 porque él conoce a los hombres *v*; ve
11.12 el hombre *v* se hará entendido, cuando
15.2 proferirá el sabio *v* sabiduría. . viento
21.34 ¿cómo. . me consoláis en *v*. . en falacia?
27.12 ¿por qué, pues, os. . tan enteramente *v*?
39.16 no temiendo. . su trabajo haya sido en *v*
Sal. 2.1 ¿por qué. . los pueblos piensan cosas *v*?
24.4 el que no ha elevado su alma a cosas *v*
33.17 *v* para salvarse es el caballo. . librar
39.6 el hombre; ciertamente en *v* se afana
60.11 porque *v* es la ayuda de los hombres
73.13 en *v* he limpiado mi corazón, y lavado
89.47 qué habrás creado en *v* a todo hombre?
108.12 danos socorro. . *v* es la ayuda del hombre
127.1 en *v* trabajan los. . en *v* vela la guardia
139.20 tus enemigos toman en *v* tu nombre
Pr. 1.17 en *v* se tenderá la red ante los ojos
14.23 las *v* palabras de los labios empobrecen
31.30 engañosa. . la gracia, y *v* la hermosura
Ec. 5.16 ¿y de qué le aprovechó trabajar en *v*?
6.4 éste en *v* viene, y a las tinieblas va, y
Is. 1.13 no me traigáis más *v* ofrenda. . incienso
30.7 Egipto en *v* e inútilmente dará ayuda
40.23 a los que gobiernan. . hace como cosa *v*
45.18 que formó la tierra. . no la creó en *v*
45.19 no dije a la. . En *v* me buscáis. Yo soy
49.4 en *v* y sin provecho he consumido mis
65.23 no trabajarán en *v*, ni. . para maldición
Jer. 2.5 se fueron tras la vanidad. . hicieron *v*?
2.30 en *v* he azotado a vuestros hijos; no han
4.30 aunque pintes. . ojos, en *v* te engalanas
6.29 *v* fundió el fundidor, pues la escoria
10.15 vanidad son, obra *v*; al tiempo de su
18.12 y dijeron: Es en *v*; porque en pos de
23.16 os alimentan con *v* esperanzas; hablan
51.58 a fuego; en *v* trabajaron los pueblos
Lm. 2.14 te predicaron *v* profecías y extravíos
4.17 desfallecido. . esperando en *v*. . socorro
Ez. 6.10 no en *v* dije que les había de hacer
12.24 porque no habrá más visión *v*, ni habrá
13.7 ¿no habéis visto visión *v*, y no habéis
13.23 no veréis más visión *v*, ni practicaréis
24.12 en *v* se cansó, y no salió de ella su
Os. 10.4 hablado. . jurando en *v* al hacer pacto
Hab. 2.13 pueblos. . naciones se fatigarán en *v*
Zac. 10.2 los terafines han dado *v* oráculos, y
10.2 han hablado sueños *v*, y *v* es su consuelo
Mt. 6.7 orando, no uséis *v* repeticiones, como
15.9; Mr. 7.7 en *v* me honran, enseñando como
Hch. 4.25 ¿por qué. . los pueblos piensan cosas *v*?
Ro. 4.14 porque. . *v* resulta la fe, y anulada la
13.4 no en *v* lleva la espada. . es servidor de
1 Co. 1.17 que no se haga *v* la cruz de Cristo
3.20 pensamientos de los sabios, que son *v*
15.2 por. . sois salvos, si no creísteis en *v*
15.14 *v* es. . nuestra predicación, *v* es también
15.17 si Cristo no resucitó, vuestra fe es *v*
15.58 que vuestro trabajo en el. . no es en *v*
2 Co. 6.1 a que no recibáis en *v* la gracia de
9.3 que nuestro gloriarnos de. . no sea *v* en
Gá. 2.2 y para no correr o haber corrido en *v*
3.4 cosas habéis padecido en *v*? si es. . en *v*
4.11 temo. . haya trabajado en *v* con vosotros
Ef. 5.6 nadie os engañe con palabras *v*; porque
1 Ts. 2.1 que nuestra visita a. . no resultó *v*
3.5 sea que. . nuestro trabajo resultase en *v*
1 Ti. 1.6 algunos, se apartaron a *v* palabrería
6.20 las profanas pláticas sobre cosas *v*, y
2 Ti. 2.16 mas evita profanas y *v* palabrerías
Tit. 3.9 cuestiones necias. . *v* y sin provecho
Stg. 1.26 engaña su. . la religión del tal es *v*
2.20 quieres saber. . hombre *v*, que la fe sin
4.5 ¿o pensáis que la Escritura dice en *v*
1 P. 1.18 rescatados de vuestra *v* manera de
2 P. 2.18 palabras infladas y *v*, seducen con

VAPOR

Gn. 2.6 subía de la tierra un *v*, el cual regaba
Job 36.27 las aguas, al transformarse el *v* en
Sal. 148.8 fuego y el granizo, la nieve y el *v*
Hch. 2.19 señales. . sangre y fuego y *v* de humo

VAPSI *Padre de Nahbi*, Nm. 13.14

VARA

Gn. 30.37 tomó luego Jacob *v* verdes de álamo
30.37 descubriendo así lo blanco de las *v*
30.38 puso las *v* que había mondado delante
30.39 concebían las ovejas delante de las *v*
30.41 ponía las *v* delante de las ovejas en
30.41 que concibiesen a la vista de las *v*
Éx. 4.2 ¿qué. . tu mano? Y él respondió: Una *v*
4.4 él extendió. . y la tomó, y se volvió *v*
4.17 tomarás en tu mano esta *v*, con la cual
4.20 tomó también Moisés la *v* de Dios en su
7.9 toma tu *v*, y échala delante de Faraón
7.10 echó Aarón su *v* delante de Faraón y de
7.12 pues echó cada uno su *v*, las cuales se
7.12 mas la *v* de Aarón devoró las *v* de ellos
7.15 en tu mano la *v* que se volvió culebra
7.17 golpearé con la *v* que tengo en mi mano
7.19 a Aarón: Toma tu *v*, y extiende tu mano
7.20 alzando la *v* golpeó las aguas. . en el río
8.5 extiende tu mano con tu *v* sobre los ríos
8.16 extiende tu *v* y golpea el polvo de la
8.17 extendió su mano con su *v*, y golpeó el
9.23 y Moisés extendió su *v* hacia el cielo
10.13 extendió Moisés su *v* sobre. . de Egipto
14.16 alza tu *v*, y extiende tu mano sobre el
17.5 toma también en tu mano tu *v* con que
17.9 estaré sobre. . y la *v* de Dios en mi mano
25.13 harás unas *v* de madera de acacia, las
25.14 y meterás las *v* por los anillos a los
25.15 las *v* quedarán en los anillos del arca
25.27 lugares de las *v* para llevar la mesa
25.28 harás las *v* de madera de acacia, y las
27.6 *v* para el altar, *v* de madera de acacia
27.7 las *v* se meterán. . aquellas *v*. . del altar
30.4 para meter las *v* con que será llevado
30.5 harás las *v* de madera de acacia, y las
35.12 el arca y sus *v*, el propiciatorio, el
35.13 mesa y sus *v*, y todos sus utensilios
35.15 altar del incienso y sus *v*, el aceite
35.16 su enrejado de bronce y sus *v*, y todos
37.4 hizo también *v* de madera de acacia, y
37.5 metió las *v* por los anillos a los lados
37.14 se metían las *v* para llevar la mesa
37.15 e hizo las *v* de madera de acacia para
37.27 las *v* con que había de ser conducido
37.28 hizo las *v* de madera de acacia. . de oro
38.5 fundió cuatro anillos. . para meter las *v*
38.6 hizo las *v* de madera de acacia, y las
38.7 metió las *v* por los anillos a los lados
39.35 el arca del. . y sus *v*, el propiciatorio
39.39 el altar. . sus *v* y todos sus utensilios
40.20 colocó las varas en el arca, y encima
Lv. 27.32 de. . lo que pasa bajo la *v*, el diezmo
Nm. 4.6 sobre ella la cubierta. . pondrán sus *v*
4.8,11 cubrirán con. . pieles. . pondrán sus *v*
4.14 los utensilios. . le pondrán además las *v*
17.2 y toma de ellos una *v* por cada casa de
17.2 doce *v*. . nombre de cada uno sobre su *v*
17.3 y escribirás. . Aarón sobre la *v* de Leví
17.3 cada jefe de familia de. . tendrá una *v*
17.5 florecerá la *v* del varón que yo escoja
17.6 y todos los príncipes de. . le dieron *v*
17.6 cada príncipe. . una *v*, en total doce *v*
17.6 y la *v* de Aarón estaba entre las *v* de
17.7 y Moisés puso las *v* delante de Jehová
17.8 la *v* de Aarón de la. . había reverdecido
17.9 sacó. . las *v* de. . y tomaron cada uno su *v*
17.10 la *v* de Aarón delante del testimonio
20.8 toma la *v*, y reúne la congregación, tú
20.9 Moisés tomó la *v* de delante de Jehová
20.11 alzó Moisés. . golpeó la peña con su *v*
Jue. 5.14 de Zabulón los que tenían *v* de mando
1 S. 14.27 alargó la punta de una *v* que traía
14.43 un poco de miel con la punta de la *v*
2 S. 7.14 yo le castigaré con *v* de hombres, y
1 R. 8.7 así cubrían. . arca y sus *v* por encima
8.8 sacaron. . *v*, de manera que sus extremos
Job 9.34 quite de sobre mí su *v*, y su terror
Sal. 2.9 quebrantarás con *v* de hierro; como
23.4 tu *v* y tu cayado me infundirán aliento
89.32 entonces castigaré con *v* su rebelión
110.2 Jehová enviará desde Sion la *v* de tu
125.3 no reposará la *v* de la impiedad sobre
Pr. 10.13 la *v* es para las espaldas del falto
14.3 en la boca del necio está la *v* de la
22.8 y la *v* de su insolencia se quebrará
22.15 la *v* de la corrección la. . alejará de él
23.13 porque si lo castigas con *v*, no morirá
23.14 lo castigarás con *v*, y librarás su alma
26.3 asno, y la *v* para la espalda del necio
29.15 la *v* y la corrección dan sabiduría; mas
Is. 9.4 tú quebraste. . la *v* de su hombro, y el
10.5 Asiria, *v* y báculo de mi furor, en su
10.15 como si levantase la *v* al que no es leño
10.24 con *v* te herirá, y contra ti alzará su
10.26 alzará su *v* sobre el mar como hizo por
11.1 una *v* del tronco de Isaí, y un vástago
11.4 y herirá la tierra con la *v* de su boca
14.29 por haberse quebrado la *v* del que te
28.27 con un palo se. . y el comino con una *v*
30.31 Asiria que hirió con *v*, con la voz de
30.32 y cada golpe de la *v* justiciera que
Jer. 1.11 ¿qué. . Y dije: Veo una *v* de almendro
10.16 e Israel es la *v* de su heredad; Jehová
48.17 cómo se quebró la *v* fuerte, el báculo
Ez. 7.10 ha florecido la *v*, ha reverdecido la
7.11 violencia se ha levantado en *v* de
19.11 tuvo *v* fuertes para cetros de reyes
19.14 ha salido fuego de la *v* de sus ramas
19.14 y no ha quedado en ella *v* fuerte para
20.37 haré pasar bajo la *v*, y os haré entrar
Mi. 5.1 con *v* herirán en la mejilla al juez de
Hch. 16.22 las ropas, ordenaron azotarles con *v*
1 Co. 4.21 ¿iré a vosotros con *v*, o con amor
2 Co. 11.25 tres veces he sido azotado con *v*
He. 9.4 el maná, la *v* de Aarón que reverdeció
Ap. 2.27 las regirá con *v* de hierro, y serán
11.1 una caña semejante a una *v* de medir, y
12.5 hijo varón, que regirá con *v* de hierro
19.15 y él las regirá con *v* de hierro; y él

VARAR

Hch. 27.39 en la cual acordaron *varar*. . la nave

VARIACIÓN

Stg. 1.17 en el cual no hay. . ni sombra de *v*

VARÓN

Gn. 1.27 creó Dios al hombre. . *v* y hembra los
2.23 será llamada Varona. . del *v* fue tomada
4.1 por voluntad de Jehová he adquirido *v*
4.23 un *v* mataré por mi herida, y un joven
5.2 *v* y hembra los creó; y los bendijo, y
6.4 desde la antigüedad fueron *v* de renombre
6.9 Noé, *v*. . era perfecto en sus generaciones
9.5 del *v* su hermano demandaré la vida del
14.24 la parte de los *v* que fueron conmigo
17.10 circuncidado todo *v* de entre vosotros
17.12 de ocho días será circuncidado todo *v*
17.14 el *v* incircunciso, el que no hubiere
17.23 a todo *v* entre los domésticos de la
17.27 y todos los *v* de su casa, el siervo
18.2 he aquí tres *v* que estaban junto a él
18.16 los *v* se levantaron de allí. . Sodoma
18.22 se apartaron de allí los *v*, y fueron
19.4 rodearon la casa los. . los *v* de Sodoma
19.5 ¿dónde están los *v* que vinieron a ti
19.8 tengo dos hijas que no han conocido *v*
19.8 que a estos *v* no hagáis nada, pues que
19.9 hacían gran violencia al *v*, a Lot, y se
19.10 los *v* alargaron la mano, y metieron a
19.12 y dijeron los *v* a Lot: ¿Tienes aquí
19.16 los *v* asieron de su mano, y de la mano
19.31 y no queda *v* en la tierra que entre a
24.13 las hijas de los *v* de. . salen por agua
24.16 virgen, a la que *v* no había conocido
24.54 comieron. . él y los *v* que venían con él
24.58 le dijeron: ¿Irás tú con este *v*? Y ella
24.65 ¿quién. . este *v* que viene por el campo
25.27 pero Jacob era *v* quieto, que habitaba
26.13 el *v* se enriqueció, y fue prosperado
29.22 entonces Labán juntó a todos los *v* de
30.43 se enriqueció el *v* muchísimo y tuvo
32.24 luchó con él un *v* hasta que rayaba el
32.25 y cuando el *v* vio que no podía con él
32.27 y el *v* le dijo: ¿Cuál es tu nombre?
32.28 el *v* le dijo: No se dirá más tu nombre
32.29 el *v* respondió: ¿Por qué. . mi nombre?
34.7 se entristecieron los *v*, y se enojaron
34.15 se circuncide entre vosotros todo *v*
34.20 Hamor. . hablaron a los *v* de su ciudad
34.21 estos *v* son pacíficos con nosotros, y
34.22 se circuncide todo *v* entre nosotros
34.24 y circuncidaron a todo *v*, a cuantos
34.25 contra la ciudad. . y mataron a todo *v*
38.1 Judá. . se fue a un *v* adulamita que se
38.25 a su suegro: Del *v* cuyas son estas cosas
39.1 Potifar oficial de. . *v* egipcio, lo compró
39.2 Jehová estaba con José, y fue *v* próspero
41.33 provéase ahora Faraón de un *v* prudente
42.11 nosotros somos hijos de un *v*. . honrados
42.13 hijos de un *v* en la tierra de Canaán
42.30,33 aquel *v*, el señor de la tierra, nos
43.3 aquel *v* nos protestó con ánimo resuelto
43.5 aquel *v* nos dijo: No veréis mi rostro si
43.6 tanto mal, declarando al *v* que tenías
43.7 aquel *v* nos preguntó expresamente por
43.11 y llevad a aquel *v* un presente. . miel
43.13 tomad. . y levantaos, y volved a aquel *v*
43.14 os dé misericordia delante de aquel *v*
43.15 entonces tomaron aquellos *v* el presente
43.24 llevó aquel *v* a los hombres a casa de
44.1 llena. . los costales de estos *v*, cuanto
44.17 el *v* en cuyo poder fue hallada la copa
44.26 no podremos ver el rostro del *v*, si no
47.2 tomó cinco *v*, y los presentó delante de

VARÓN *(Continúa)*

Éx. 2.1 un v de la familia de Leví fue y tomó
2.19 un v egipcio nos defendió de mano de los
2.21 y Moisés convino en morar con aquel v
10.11 id ahora vosotros los v, y servid a
11.3 Moisés era tenido por gran v en..Egipto
12.48 séale circuncidado todo v, y entonces
15.3 Jehová es v de guerra; Jehová es su
17.9 dijo Moisés a Josué: Escógenos v, y sal
18.21 escoge tú de..v de virtud..v de verdad
18.25 escogió Moisés v de virtud de..Israel
22.31 me seréis v santos. No comeréis carne
23.17 veces en el año se presentará todo v
25.2 de todo v que la diere de su voluntad
32.1,23 este Moisés, el v que nos sacó de
34.23 tres veces..año se presentará todo v
35.21 vino..v a quien su corazón estimuló
36.2 Moisés llamó..todo v sabio de corazón
Lv. 6.18 los v de los hijos de Aarón comerán
6.29; 7.6 todo v de..sacerdotes la comerá
12.2 la mujer cuando conciba y dé a luz v
15.2 v, cuando tuviere flujo de semen, será
15.33 para el que tuviere flujo, sea v o mujer
17.3 v de la casa de Israel que degollare buey
17.4 será culpado..el tal v..cortado el tal v
17.8 cualquier v de la casa de Israel, o de
17.9 el tal v será igualmente cortado de su
17.10 v de la casa de Israel, o..extranjeros
17.13 cualquier v de los hijos de Israel, o
18.6 ningún v se llegue a parienta próxima
18.22 no te echarás con v como con mujer; es
20.2 v..que ofreciere alguno de sus hijos a
20.3 pondré mi rostro contra el tal v, y lo
20.4 cerrare sus ojos respecto de aquel v que
20.5 pondré mi rostro contra aquel v y contra
20.13 si alguno se ayuntare con v como con
21.18 v en el cual haya defecto..v ciego, o
21.19 v que tenga quebradura de pie o rotura
21.21 ningún v de la descendencia del..Aarón
22.3 todo v de toda vuestra descendencia en
22.4 v de la descendencia de Aarón..leproso
22.4 el v que hubiere tenido derramamiento de
22.5 el v que hubiere tocado cualquier reptil
22.12 si se casare con v extraño, no comerá
22.18 v de la casa de Israel..que ofreciere
25.27 y pagará lo que quedare al v a quien
25.29 el v que vendiere casa de habitación
27.3 al v de veinte años hasta sesenta, lo
27.5 al v lo estimarás en veinte siclos, y a
27.6 estimarás al v en cinco siclos de plata
27.7 al v lo estimarás en quince siclos, y a
Nm. 1.2 el censo..todos los v por sus cabezas
1.4 estará con vosotros un v de cada tribu
1.5 nombres de..v que estarán con vosotros
1.17 tomaron, pues, Moisés y Aarón a estos v
1.20,22 todos los v de veinte años arriba
1.44 doce v, uno por cada casa de sus padres
3.15,22,28,34,39 todos los v de un mes arriba
3.40 cuenta todos los primogénitos v de los
3.43 los primogénitos v, conforme al número
11.16 reúneme setenta v de los ancianos de
11.24 reunió a los 70 v de los ancianos del
11.25 del espíritu..y lo puso en los setenta v
11.26 habían quedado..dos v, llamados el uno
12.3 y aquel v Moisés era muy manso, más que
13.2 de cada tribu..enviaréis un v..príncipe
13.3 todos aquellos v eran príncipes de los
13.16 los nombres de los v que Moisés envió
13.31 los v que subieron con él, dijeron: No
14.36 y los v que Moisés envió a reconocer la
14.37 aquellos v..murieron de plaga delante
16.2 se levantaron..con 250 v..v de renombre
16.7 y el v a quien Jehová escogiere, aquel
17.5 florecerá la vara del v que yo escoja
22.9 dijo: ¿Qué v son estos que están contigo?
24.3,15 dijo Balaam..el v de ojos abiertos
25.6 un v de los hijos de Israel vino y trajo
25.8 fue tras el v de Israel a la tienda, y
25.8 alanceó a..al v de Israel, y a la mujer
25.14 el nombre del v que fue muerto..Zimri
26.10 cuando consumió el fuego a 250 v, para
26.62 los levitas fueron contados 23.000..v
26.65 no quedó v de ellos, sino Caleb hijo
27.16 ponga Jehová..v sobre la congregación
27.18 a Josué..v en el cual hay espíritu, y
30.16 las ordenanzas..entre el v y su mujer
31.7 y pelearon contra..y mataron a todo v
31.17 matad..todos los v de entre los niños
31.17 matad..toda mujer que haya conocido v
31.18 que no hayan conocido v, las dejaréis
31.35 mujeres que no habían conocido v, eran
32.11 no verán los v..la tierra que prometí
34.17 nombres de los v que os repartirán la
34.19 son los nombres de los v: De la tribu
Dt. 1.13 dadme de entre..v sabios y entendidos
1.15 tomé..v sabios y expertos, y los puse
1.22 enviemos v..que nos reconozcan la tierra
1.23 tomé doce v de entre vosotros, un v por
4.16 que no os..hagáis..efigie de v o hembra
7.14 no habrá en ti v ni hembra estéril, ni
16.16 tres veces cada año aparecerá todo v
20.13 herirás a todo v suyo a filo de espada
25.9 será hecho al v que no quiere edificar
27.14 y dirán a todo v de Israel en alta voz
28.30 desposarás..y otro v dormirá con ella
29.10 y vuestros oficiales..los v de Israel
29.18 no sea que haya..v o mujer, o familia
31.12 harás congregar..v y mujeres y niños
33.1 con la cual bendijo Moisés v de Dios
33.6 viva Rubén, y no..y no sean pocos sus v
33.8 tu Tumim y tu..sean para tu v piadoso
Jos. 5.4 los v..habían muerto en el desierto
5.13 Josué..vio un v que estaba delante de él
6.2 yo he entregado..a Jericó..con sus v de
7.14 casa que..tomare, se acercará por los v
7.17 acercar a la familia..de Zera por los v
7.18 acercar su casa por los v, y fue tomado
10.24 llamó Josué a todos los v de Israel, y
14.6 lo que Jehová dijo a Moisés, v de Dios
17.2 estos fueron los hijos v de Manasés hijo
18.4 señalad tres v de cada tribu, para que
18.8 levantándose, pues, aquellos v, fueron
18.9 fueron, pues, aquellos v y recorrieron
23.10 v de vosotros perseguirá a mil; porque
Jue. 4.22 ven, y te mostraré al v que tú buscas
6.8 envió a..un v profeta, el cual les dijo
6.12 dijo: Jehová está contigo, v esforzado
7.14 sino la espada de Gedeón..v de Israel
8.14 le dio..los nombres..setenta y siete v
8.21 porque como es el v, tal es su valentía
9.5 mató a sus hermanos..setenta v, sobre una
9.7 oídme, v de Siquem, y así os oiga Dios
9.18 matado a..70 v sobre una misma piedra
9.28 servid a los v de Hamor padre de Siquem
10.1 Tola..v de Isacar..habitaba en Samir en
11.39 hizo de ella..Y ella nunca conoció v
12.1 se reunieron los v de Efraín, y pasaron
12.4 reunió Jefté a todos los v de Galaad, y
13.6 v de Dios vino a mí, cuyo aspecto era
13.8 yo te ruego que aquel v..que enviaste
13.10 se me ha aparecido aquel v que vino a
13.11 vino al v y le dijo: ¿Eres tú aquel v
15.10 y los v de Judá les dijeron: ¿Por qué
19.6 el padre de la joven dijo al v: Yo te
19.7 se levantó el v para irse, pero insistió
19.9 luego se levantó el v para irse, él y su
19.28 entonces la levantó el v, y echándola
20.4 el v levita, marido de la mujer muerta
20.12 Israel enviaron v por toda la tribu
20.17 fueron contados los v de Israel, fuera
20.20 los v de Israel ordenaron la batalla
20.22 los v de Israel volvieron a ordenar la
21.1 los v de Israel habían jurado en Mizpa
21.9 y no hubo allí v de los moradores de
21.11 de esta manera: mataréis a todo v, y a
21.11 y a toda mujer que haya conocido..de v
21.12 doncellas que no habían conocido..de v
Rt. 1.1 y un v..a morar en los campos de Moab
1.2 el nombre de aquel v era Elimelec, y el
2.19 y contó ella..El nombre del v..es Booz
2.20 dijo Noemí: Nuestro pariente es aquel v
3.3 no te darás a conocer al v hasta que él
3.16 lo que con aquel v le había acontecido
4.2 entonces él tomó a diez v de los ancianos
1 S. 1.1 hubo un v de Ramataim de Zofim, del
1.3 aquel v subía de su ciudad para adorar y
1.11 sino que dieres a tu sierva un hijo v
1.21 subió el v Elcana con toda su familia
2.27 vino un v de Dios a Elí, y le dijo: Así
2.33 el v..que yo no corte de mi altar, será
8.22 entonces dijo Samuel a los v de Israel
9.1 había un v de Benjamín, hombre valeroso
9.6 hay en esta ciudad un v de Dios, que es
9.7 ¿qué llevaremos al v?..qué ofrecerle al v
9.8 daré al v de Dios, para que nos declare
9.10 fueron a la..donde estaba el v de Dios
9.16 enviaré..un v de la tierra de Benjamín
9.17 he aquí este es el v del cual te hablé
10.22 si aún no había venido allí aquel v
13.14 Jehová se ha buscado un v conforme a su
17.24 los v de Israel..huían de su presencia
22.18 mató..a 85 v que vestían efod de lino
25.3 y aquel v se llamaba Nabal, y su mujer
25.22 suyo no he de dejar con vida ni un v
25.34 no le hubiera quedado con vida..un v
31.6 murió Saúl..tres hijos..y todos sus v
2 S. 2.4 vinieron los v de Judá y ungieron allí
16.18 de aquel que eligiere..los v de Israel
17.25 Amasa era hijo de un v..llamado Itra
19.14 así inclinó el corazón de todos los v de
21.6 dénsenos siete v de sus hijos, para que
22.49 me exalta..me libraste del v violento
23.1 dijo aquel v que fue levantado en alto
23.17 ¿he de beber yo la sangre de los v que
23.20 Benaía hijo de..hijo de un v esforzado
1 R. 1.9 convidó a todos..todos los v de Judá
2.4 jamás, dice, faltará a ti v en el trono
2.32 él ha dado muerte a dos v más justos y
8.2 se reunieron con el rey Salomón..los v
8.25 no te faltará v delante de mí, que se
9.5 no faltará v de..en el trono de Israel
11.15 y subió..y mató a todos los v de Edom
11.17 Hadad huyó, y..algunos v edomitas de
11.28 v Jeroboam era valiente y esforzado
12.22 palabra de Jehová a Semaías v de Dios
13.1 que un v de Dios..vino de Judá a Bet-el
13.4 Jeroboam oyó la palabra del v de Dios
13.5 a la señal que el v de Dios había dado
13.6 respondiendo el rey, dijo al v de Dios
13.6 el v de Dios oró a Jehová, y la mano del
13.7 el rey dijo al v de Dios: Ven conmigo a
13.8 pero el v de Dios dijo al rey: Aunque me
13.11 le contó todo lo que el v..había hecho
13.12 por donde había regresado el v de Dios
13.14 yendo tras el v de Dios..¿Eres tú el v
13.21 clamó al v..que había venido de Judá
13.26 el v de Dios es, que fue rebelde al
13.29 tomó..cuerpo del v de Dios, y lo puso
13.31 sepulcro en que está sepultado el v
14.10 y destruiré de Jeroboam todo v, así el
16.11 la casa de Baasa, sin dejar en ella v
17.18 dijo a Elías: ¿Qué tengo yo contigo, v
17.24 conozco que tú eres v de Dios, y que la
18.13 escondí a cien v de..profetas de Jehová
20.28 vino..el v de Dios al rey de Israel, y
20.35 v de los hijos de los profetas dijo a
21.21 destruiré hasta el último v de la casa
22.8 un v por el cual podríamos consultar a
2 R. 1.6 encontramos a un v que nos dijo: Id
1.7 ¿cómo era aquel v que encontrasteis, y os
1.8 un v que tenía vestido de pelo, y ceñía
1.9,11 dijo: V de Dios, el rey ha dicho
1.10,12 si yo soy v de Dios, descienda fuego
1.13 v de Dios, te ruego que sea de valor
2.7 vinieron 50 v de..hijos de los profetas
2.16 he aquí hay con tus siervos 50 v fuertes
4.7 vino ella luego y lo contó al v de Dios
4.9 éste que siempre pasa por..es v de Dios
4.16 no, señor..v de Dios, no hagas burla de
4.21 y lo puso sobre la cama del v de Dios
4.22 que yo vaya corriendo al v de Dios, y
4.25 y vino al v de Dios, al monte Carmelo
4.25 y cuando el v de Dios la vio de lejos
4.27 que llegó a donde estaba el v de Dios
4.27 pero el v de Dios le dijo: Déjala, porque
4.40 ¡v de Dios, hay muerte en esa olla!
4.42 trajo al v de Dios panes de primicias
5.1 Naamán..v grande delante de su señor, y
5.8 cuando Eliseo el v de Dios oyó que el rey
5.14 conforme a la palabra del v de Dios; y
5.15 volvió al v de Dios, él y..su compañía
5.20 Giezi, criado de Eliseo el v de Dios
6.6 el v de Dios preguntó: ¿Dónde cayó? Y él
6.9 v de Dios envió a decir al rey de Israel
6.10 aquel lugar que el v de Dios había dicho
6.15 salió el que servía al v de Dios, y he
7.2 y un príncipe..respondió al v de Dios, y
7.17 lo que había dicho el v de Dios, cuando
7.18 manera que el v de Dios había hablado
7.19 príncipe había respondido al v de Dios
8.2 la mujer..hizo como el v de Dios le dijo
8.4 el rey hablado con Giezi, criado del v de
8.7 aviso, diciendo: El v de Dios ha venido
8.8 y vé a recibir al v de Dios, y consulta
8.11 el v de Dios le miró..luego lloró el v
9.8 destruiré de Acab todo v, así al siervo
10.6 las cabezas de los hijos v de vuestro
10.6 los hijos del rey, setenta v, estaban
10.7 degollaron a los 70 v, y pusieron sus
10.14 degollaron..42 v, sin dejar ninguno de
13.19 el v de Dios..le dijo: Al dar cinco
20.14 ¿qué dijeron aquellos v, y de dónde
22.15 así ha dicho..Decid al v que os envió
23.2 subió el rey..con todos los v de Judá
23.16 que había profetizado el v de Dios, el
23.17 es el sepulcro del v de Dios que vino
25.19 tomó..cinco v de los consejeros del rey
25.19 sesenta v del pueblo de la tierra, que
25.25 vino Ismael hijo de..y con él diez v
1 Cr. 4.12 de Nahas; estos son los v de Reca
4.22 Joacim, y los v de Cozeba, Joás, y Saraf
5.24 v de nombre y jefes de las casas de sus
11.19 ¿había yo de beber..la vida de estos v
11.22 Benaía hijo de..hijo de un v valiente
12.30 valientes, v ilustres en las casas de
19.5 llegó a David la noticia sobre aquellos v
22.9 nacerá un hijo, el cual será v de paz
23.14 y los hijos de Moisés v de Dios fueron
24.4 más v principales que de los..de Itamar
26.6 porque eran v valerosos y esforzados
26.12 alternando los principales de los v en
27.32 y Jonatán tío de David era..v prudente
2 Cr. 5.3 congregaron con el rey..v de Israel
6.5 he escogido v que fuese príncipe sobre
6.16 no faltará de ti v delante de mí, que
7.18 no te faltará v que gobierne en Israel
8.14 así lo había mandado David, v de Dios
11.2 palabra de Jehová a Semaías v de Dios
25.7 un v de Dios vino a él y le dijo: Rey, no
25.9 y Amasías dijo al v de Dios: ¿Qué, pues
25.9 y el v de Dios respondió: Jehová puede
26.17 con él ochenta sacerdotes..v valientes
28.12 se levantaron algunos v de los..Efraín
28.15 v nombrados, y tomaron a los cautivos
30.16 conforme a la ley de Moisés v de Dios
31.16 a los v anotados por sus linajes, de
31.19 los v nombrados tenían cargo de dar sus
34.23 decid al v que os ha enviado a mí, que
34.30 subió el..y con él todos los v de Judá
Esd. 2.2 número de los v del pueblo de Israel
2.22 los v de Netofa, cincuenta y seis
2.23 los v de Anatot, ciento veintiocho

VARÓN *(Continúa)*
Esd. 2.27 los *v* de Micmas, ciento veintidós
2.28 los *v* de Bet-el y..doscientos veintitrés
3.2 como está escrito en la ley de Moisés *v*
6.8 sean dados..a esos *v* los gastos, para
8.3 con él, en la línea de *v*, ciento cincuenta
8.4 Elioenai hijo de..y con él doscientos *v*
8.5 el hijo de Jahaziel, y con él 300 *v*
8.6 hijo de Jonatán, y con él cincuenta *v*
8.7 Elam, Jesaías hijo de..y con él setenta *v*
8.8 Zebadías hijo de Micael, y con él 80 *v*
8.9 Obadías hijo de Jehiel, y con él 218 *v*
8.10 el hijo de Josifías, y con él 160 *v*
8.11 hijo de Bebai, y con él veintiocho *v*
8.12 Johanán hijo de Hacatán, y con él 110 *v*
8.13 los postreros..Semaías, y con ellos 60 *v*
8.14 Utai y Zabud, y con ellos sesenta *v*
8.18 trajeron..un *v* entendido, de los hijos
10.16 apartados..Esdras, y ciertos *v* jefes
Neh. 1.2 vino Hanani..con algunos *v* de Judá
1.11 te ruego..dale gracia delante de aquel *v*
2.12 levanté de noche..y unos pocos *v* conmigo
3.2 junto a ella edificaron los *v* de Jericó
3.7 *v* de Gabaón y de Mizpa, que estaban bajo
3.22 de él restauraron..los *v* de la llanura
7.2 éste era *v* de verdad y temeroso de Dios
7.7 el número de los *v* del pueblo de Israel
7.26 los *v* de Belén y de Netofa, 188
7.27 los *v* de Anatot, ciento veintiocho
7.28 los *v* de Bet-azmavet, cuarenta y dos
7.29 los *v* de Quiriat-jearim, Cafira y..743
7.30 los *v* de Ramá y de Geba, 621
7.31 los *v* de Micmas, ciento veintidós
7.32 *v* de Bet-el y de Hai, ciento veintitrés
7.33 los *v* del otro Nebo, cincuenta y dos
11.2 y bendijo el pueblo a todos los *v* que
12.24 conforme al estatuto de David *v* de Dios
12.36 los instrumentos..de David *v* de Dios
12.44 fueron puestos *v* sobre las cámaras de
Est. 2.5 un *v* judío cuyo nombre era Mardoqueo
6.7 rey: Para el *v* cuya honra desea el rey
6.9 vistan a aquel *v* cuya honra desea el rey
6.9,11 se hará al *v* cuya honra desea el rey
Job 1.1 hubo en tierra de Uz un *v* llamado Job
1.3 y era aquel *v* más grande que todos los
1.8; 2.3 a mi siervo Job..*v* perfecto y recto
3.3 la noche en que se dijo: *V* es concebido
4.17 ¿será..*v* más limpio que el que lo hizo?
32.1 cesaron estos tres *v* de responder a Job
32.5 respuesta en la boca de aquellos tres *v*
33.17 quitar al..y apartar del *v* la soberbia
34.10 *v* de inteligencia, oídme: Lejos esté
38.3; 40.7 como *v* tus lomos; yo te preguntaré
Sal. 1.1 bienaventurado el *v* que no anduvo en
18.48 eleva sobre..me libraste de *v* violento
62.9 vanidad son los..mentira los hijos de *v*
76.5 no hizo uso de..ninguno de los *v* fuertes
80.17 sea tu mano sobre el *v* de tu diestra
90 *tít.* oración de Moisés, *v* de Dios
105.17 envió un *v* delante de ellos; a José
Pr. 6.26 la mujer caza la preciosa alma del *v*
25.1 los cuales copiaron los *v* de Ezequías
30.1 profecía que dijo el *v* a Itiel, a Itiel
Is. 2.9 el *v* se ha humillado; por tanto, no los
3.25 tus *v* caerán a espada, y tu fuerza en
5.3 vecinos de Jerusalén y *v* de Judá, juzgad
5.15 el *v* será abatido, y serán bajados los
13.12 haré más precioso que el oro fino al *v*
14.16 ¿es éste aquel *v* que hacía temblar la
28.14 por tanto, *v* burladores que gobernáis
31.8 caerá Asiria por espada no de *v*, y la
32.2 y será aquel *v* como escondedero contra
44.13 lo hace en forma de *v*, a semejanza de
46.11 y de tierra lejana al *v* de mi consejo
53.3 *v* de dolores, experimentado en quebranto
Jer. 2.6 por una tierra por la cual no pasó *v*
4.3 porque así dice Jehová a todo *v* de Judá
4.4 quitad el prepucio de vuestro corazón, *v*
9.12 ¿quién es *v* sabio que entienda esto?
11.2 este pacto, y hablad a todo *v* de Judá
11.3 maldito el *v* que no obedeciere..pacto
11.9 conspiración se ha..entre los *v* de Judá
11.21 de los *v* de Anatot que buscan tu vida
11.23 yo traeré mal sobre los *v* de Anatot, el
17.5 maldito el *v* que confía en el hombre, y
17.7 bendito el *v* que confía en Jehová, y cuya
17.25 entrarán..sus príncipes, los *v* de Judá
19.10 quebrarás la..ante los ojos de los *v*
20.15 nuevas..diciendo: Hijo *v* te ha nacido
29.32 no tendrá *v* que more entre este pueblo
30.6 inquirid ahora, y mirad si el *v* da a luz
31.22 una cosa nueva..la mujer rodeará al *v*
32.32 por toda la maldad de..los *v* de Judá
33.17 así..No faltará a David *v* que se siente
33.18 ni a..sacerdotes y levitas faltará *v*
35.4 de Hanán hijo de Igdalías, *v* de Dios, el
35.13 vé y dí a los *v* de Judá, y..Jerusalén
35.19 un *v* que esté en mi presencia todos los
36.31 sobre los *v* de Judá, todo el mal que
38.9 mal hicieron estos *v* en todo lo que han
38.16 ni te entregaré en mano de estos *v* que
43.2 todos los *v* soberbios dijeron a Jeremías
Ez. 3.26 no serás a ellos *v* que reprende; porque
8.11 estaban setenta *v* de los ancianos de la
8.16 veinticinco *v*, sus espaldas vueltas al
9.2 seis *v* venían del camino de la puerta de
9.2 y entre ellos había un *v* vestido de lino
9.3 y llamó Jehová al *v* vestido de lino, que
9.6 comenzaron, pues, desde los *v* ancianos
9.11 *v* vestido de lino, que tenía el tintero
10.2 habló al *v* vestido de lino, y le dijo
10.3 derecha de la casa cuando este *v* entró
10.6 mandar al *v* vestido de lino, diciendo
14.14 estuviesen..tres *v*, Noé, Daniel y Job
14.16,18 estos tres *v* estuviesen en medio
23.23 y *v* de renombre, que montan a caballo
23.42 y con los *v* de la gente común fueron
40.3 un *v*, cuyo aspecto era como..de bronce
40.4 me habló aquel *v*..Hijo de hombre, mira
40.5 la caña..que aquel *v* tenía en la mano
43.6 que me hablaba..un *v* estaba junto a mí
47.3 salió el *v* hacia el oriente, llevando
Dn. 2.25 he hallado un *v* de los deportados de
3.8 algunos *v* caldeos vinieron y acusaron
3.12 hay unos *v* judíos, los cuales pusiste
3.12 estos *v*, oh rey, no te han respetado
3.13 fueron traídos estos *v* delante del rey
3.21 estos *v* fueron atados con sus mantos
3.23 estos tres *v*..cayeron atados dentro del
3.24 ¿no echaron a tres *v*..dentro del fuego?
3.25 yo veo cuatro *v* sueltos, que se pasean
3.27 se juntaron los..para mirar a estos *v*
9.21 el *v* Gabriel, a quien había visto en la
10.5 *v* vestido de lino, y ceñidos sus lomos
10.11 Daniel, *v* muy amado, está atento a las
12.6 y dijo uno al *v* vestido de lino, que
12.7 y oí al *v* vestido de lino, que estaba
Os. 3.3 días; no fornicarás, ni tomarás otro *v*
9.7 insensato es el *v* de espíritu, a causa
Mi. 5.7 las lluvias..las cuales no esperan a *v*
Nah. 2.3 los *v* de su ejército vestidos de grana
3.10 y sobre sus *v* echaron suertes, y todos
Zac. 1.8 un *v* que cabalgaba sobre un caballo
1.10 aquel *v*..respondió y dijo: Estos son los
2.1 un *v* que tenía en su mano un cordel de
3.8 tú y tus amigos..porque son *v* simbólicos
6.12 he aquí el *v* cuyo nombre es el Renuevo
Mt. 19.4 el que los hizo..*v* y hembra los hizo
Mr. 6.20 sabiendo que era *v* justo y santo, y le
10.6 al principio..*v* y hembra los hizo Dios
Lc. 1.27 una virgen desposada con un *v* que se
1.34 dijo..¿Cómo será esto? pues no conozco *v*
2.23 *v* que abriere la matriz será..santo al
8.41 un *v* llamado Jairo, que era principal de
9.30 he aquí dos *v* que hablaban con él, los
9.32 vieron..a los dos *v* que estaban con él
19.2 que un *v* llamado Zaqueo, que era jefe
23.50 había un *v* llamado José, de Arimatea
23.50 miembro del concilio, *v* bueno y justo
24.4 he aquí se pararon junto a ellas dos *v*
24.19 que fue *v* profeta, poderoso en obra y
Jn. 1.13 sangre, ni de voluntad de *v*, sino de
1.30 después de mí viene un *v*, el cual es
6.10 se recostaron como en número de 5.000 *v*
Hch. 1.10 se pusieron junto a ellos dos *v* con
1.11 *v* galileos, ¿por qué estáis mirando al
1.16 *v* hermanos..necesario que se cumpliese
2.5 moraban..en Jerusalén judíos, *v* piadosos
2.14 *v* judíos, y todos los que habitáis en
2.22 *v* israelitas, oíd estas palabras: Jesús
2.22 Jesús nazareno, *v* aprobado por Dios
2.29 *v* hermanos..puede decir libremente del
2.37 y dijeron a..*V* hermanos, ¿qué haremos?
3.12 *v* israelitas, ¿por qué os maravilláis
4.4 y el número de los *v* era como cinco mil
5.25 los *v* que pusisteis en la cárcel están
5.35 dijo: *V* israelitas, mirad por vosotros
6.3 buscad, pues..siete *v* de buen testimonio
6,5 eligieron a Esteban, *v* lleno de fe y del
7.2 *v* hermanos y padres, oíd: El Dios de la
7.26 *v*, hermanos..¿por qué os maltratáis el
9.12 visto en visión a un *v* llamado Ananías
10.22 Cornelio..*v* justo y temeroso de Dios
10.28 abominable es para un *v* judío juntarse
10.30 vi..un *v* con vestido resplandeciente
11.12 hermanos, y entramos en casa de un *v*
11.20 entre ellos unos *v* de Chipre y de Cirene
11.24 era *v* bueno, y lleno del Espíritu Santo
13.7 el procónsul Sergio Paulo, *v* prudente
13.15 *v* hermanos, si tenéis alguna palabra de
13.16 *v* israelitas, y los que teméis a Dios
13.21 a Saúl hijo..*v* de la tribu de Benjamín
13.22 a David hijo..*v* conforme a mi corazón
13.26 *v* hermanos..del linaje de Abraham, y
13.38 sabed, pues, esto, *v* hermanos: que por
14.15 y diciendo: *V*, ¿por qué hacéis esto?
15.7 *v*..vosotros sabéis cómo ya hace algún
15.13 Jacobo..diciendo: *V* hermanos, oídme
15.22 elegir..*v* y enviarlos a Antioquía con
15.22 Silas, *v* principales entre los hermanos
15.25 bien..elegir *v* y enviarlos a vosotros
16.9 un *v* macedonio estaba en pie, rogándole
17.22 *v* atenienses, en todo observo que sois
17.31 por aquel *v* a quien designó, dando fe
18.24 *v* elocuente, poderoso en..Escrituras
19.25 *v*, sabéis que de este oficio obtenemos
19.35 *v* efesios, ¿y quién es el hombre que
21.11 así atarán..al *v* de quien es este cinto
21.28 dando voces: ¡*V* israelitas, ayudad!
22.1 *v* hermanos y padres, oíd..defensa ante
22.12 Ananías, *v* piadoso según la ley, que
23.1 *v* hermanos, yo con..buena conciencia he
23.6 la voz..*v* hermanos, yo soy fariseo, hijo
25.24 rey Agripa, y todos los *v* que estáis
27.10 *v*, veo que la navegación va a ser con
27.21 dijo: Habría sido..conveniente, oh *v*
27.25 tanto, oh *v*, tened buen ánimo; porque
28.17 yo, *v* hermanos, no habiendo hecho nada
Ro. 4.8 bienaventurado el *v* a quien el Señor
7.3 se uniere a otro *v*, será llamada adúltera
1 Co. 6.9 afeminados, ni los que se echan con *v*
11.3 Cristo es la cabeza de todo *v*, y el *v*
11.4 todo *v* que ora..con la cabeza cubierta
11.7 el *v* no debe cubrirse la cabeza, pues
11.7 de Dios; pero la mujer es gloria del *v*
11.8 el *v* no procede de..sino la mujer del *v*
11.9 tampoco el *v* fue creado por causa de la
11.9 la mujer, sino la mujer por causa del *v*
11.11 ni el *v* es sin la..ni la mujer sin el *v*
11.12 la mujer procede del *v*..el *v* nace de la
11.14 ¿no os enseña que al *v* le es deshonroso
Gá. 3.28 no hay *v* ni mujer; porque..sois uno en
Ef. 4.13 a un *v* perfecto, a la medida de la
Stg. 1.12 bienaventurado el *v* que soporta la
3.2 no ofende en palabra, éste es *v* perfecto
Ap. 12.5 dio a luz un hijo *v*, que regirá con
12.13 la mujer que había dado a luz al hijo *v*

VARONA
Gn. 2.23 será llamada *V*..del varón fue tomada

VARONILMENTE
Nm. 24.18 tomada Seir..e Israel se portará *v*
1 Co. 16.13 velad, estad firmes..portaos *v*, y

VASIJA
Éx. 16.33 toma una *v* y pon en ella un gomer de
Lv. 6.28 y la *v* de barro en que fuere cocida
6.28 y si fuere cocida en *v* de bronce, será
11.33 *v* de barro..inmunda..y quebraréis la *v*
11.34 el cual cayere el agua..*v*, será inmundo
11.34 toda bebida que hubiere en esas *v* será
14.50 y degollará una avecilla en una *v* de
15.12 la *v* de barro que tocare el que tiene
15.12 toda *v* de madera será lavada con agua
Nm. 19.15 y toda *v* abierta, cuya tapa no esté
Rt. 2.9 cuando tengas sed, vé a las *v*, y bebe
1 S. 1.24 una *v* de vino, y lo trajo a la casa
10.3 llevando uno..el tercero una *v* de vino
16.20 tomó Isaí..una *v* de vino y un cabrito
26.11 toma ahora..y la *v* de agua, y vámonos
26.12 llevó..David la lanza y la *v* de agua
26.16 mira..ahora, dónde está..la *v* de agua
2 S. 17.28 trajeron a David..*v* de barro, trigo
1 R. 14.3 toma..una *v* de miel, y vé a él, para
17.12 harina..y un poco de aceite en una *v*
17.14 ni el aceite de la *v* disminuirá, hasta
17.16 la harina..ni el aceite de la *v* menguó
19.6 él miró, y he aquí a su..una *v* de agua
2 R. 2.20 traedme una *v* nueva, y poned en ella
4.2 ninguna cosa tiene..sino una *v* de aceite
4.3 vé y pide para ti *v*..*v* vacías, no pocas
4.4 en todas las *v*, y cuando una esté llena
4.5 ellos le traían las *v*, y ella echaba del
4.6 cuando las *v* estuvieron llenas, dijo a un
4.6 dijo a..Tráeme aún otras *v*..No hay más *v*
Job 21.24 sus *v* estarán llenas de leche, y sus
Sal. 2.9 como *v* de alfarero los desmenuzarás
60.8; 108.9 Moab, *v* para lavarme; sobre Edom
Is. 29.16 ¿dirá la *v* de aquel que la ha formado
Jer. 14.3 no hallaron agua..volvieron con sus *v*
18.4 la *v* de barro..la hizo otra *v*, según le
19.1 vé y compra una *v* de barro del alfarero
19.10 quebrarás la *v* ante los ojos de los
19.11 como quien quiebra una *v* de barro, que
22.28 ¿es este..Conías una *v* despreciada y
32.14 ponlas en una *v* de barro, para que se
48.11 y no fue vaciado de *v* en *v*, ni nunca
48.12 vaciarán sus *v*, y romperán sus odres
48.38 quebranté a Moab como a *v* que no
Lm. 4.2 ¡cómo son tenidos por *v* de barro, obra
Ez. 4.9 y ponlos en una *v*, y hazte pan de ellos
Os. 8.8 será entre las naciones como *v* que no
Mt. 25.4 las prudentes tomaron aceite en sus *v*
Lc. 8.16 enciende una luz la cubre con una *v*
Jn. 19.29 y estaba allí una *v* llena de vinagre

VASNI *Primogénito de Samuel*, 1 Cr. 6.28

VASO
Éx. 7.19 así en los *v* de madera como en los de
39.36 todos sus *v*, el pan de la proposición
Lv. 14.5 matar una avecilla en un *v* de barro
Nm. 5.17 tomará..agua santa en un *v* de barro
31.6 fue a la guerra con los *v* del santuario
1 S. 21.5 ya los *v* de los jóvenes eran santos
21.5 ¿cuánto más no serán santos hoy sus *v*?
2 S. 12.3 bebiendo de su *v*, y durmiendo en su
1 R. 10.21 todos los *v* de beber..eran de oro
17.10 te ruego que me traigas..agua en un *v*
2 Cr. 24.14 hicieron de él..*v* de oro y de plata
Esd. 8.27 y dos *v* de bronce bruñido muy bueno

VASO *(Continúa)*
Est. 1.7 a beber en *v* de oro, y *v* diferentes
Sal. 31.12 he venido a ser como un *v* quebrado
Is. 22.24 colgarán de él. .todos los *v* menores
30.14 y se quebrará como se quiebra un *v* de
Jer. 16.7 en el luto para. .ni les darán a beber *v*
25.34 que seáis degollados. .y caeréis como *v*
51.34 y me dejó como *v* vacío; me tragó como
Dn. 5.2 que trajesen los *v* de oro y de plata
5.3 fueron traídos los *v* de oro que habían
5.23 hiciste traer. .los *v* de su casa, y tú y
Mt. 10.42 que dé a uno de estos. .un *v* de agua
20.22 ¿podéis beber del *v* que yo he de beber
20.23 a la verdad, de mi *v* beberéis, y con el
23.25 limpiáis lo de fuera del *v* y del plato
23.26 limpia primero lo de dentro del *v* y del
26.7 vino. .una mujer, con un *v* de alabastro
Mr. 7.4 como los lavamientos de los *v* de bebuno
7.8 lavamientos de los jarros y de los *v* de
9.41 que os diere un *v* de agua en mi nombre
10.38 ¿podéis beber del *v* que yo bebo, o ser
10.39 del *v* que yo bebo, beberéis, y con el
14.3 vino una mujer con un *v* de alabastro de
14.3 quebrando el *v*. .se lo derramó sobre su
Lc. 11.39 limpiáis lo de fuera del *v* y del plato
Ro. 9.20 ¿dirá el *v* de barro al que lo formó
9.21 un *v* para honra y otro para deshonra?
9.22 soportó. .los *v* de ira preparados para
9.23 los *v* de misericordia que él preparó de
2 Co. 4.7 tenemos este tesoro en *v* de barro
He. 9.21 roció. .y todos los *v* del ministerio
1 P. 3.7 honor a la mujer como a *v* más frágil
Ap. 2.27 y serán quebrados como *v* de alfarero

VASTA
2 Cr. 30.13 se reunió en Jerusalén. .*v* reunión

VÁSTAGO
Gn. 49.22 cuyos *v* se extienden sobre el muro
Sal. 80.11 extendió sus *v* hasta el mar, y hasta
Is. 11.1 saldrá. .y un *v* retoñará de sus raíces
14.19 echado eres de tu. .como *v* abominable
27.8 con medida lo castigarás en sus *v*. El los
Ez. 19.10 echando *v* a causa de. .muchas aguas

VASTI ***Primera esposa del rey Asuero***
Est. 1.9 asimismo la reina *V* hizo banquete para
1.11 a la reina *V* a la presencia del rey con
1.12 mas la reina *V* no quiso comparecer a la
1.15 se había de hacer con la reina *V* según
1.16 no. .contra el rey ha pecado la reina *V*
1.17 el rey Asuero mandó traer. .la reina *V*
1.19 *V* no venga más delante del rey Asuero
2.1 se acordó de *V* y de lo que. .había hecho
2.4 doncella que agrade. .reine en lugar de *V*
2.17 la corona. .y la hizo reina en lugar de *V*

VECINO, NA
Éx. 3.22 sino que pedirá cada mujer a su *v* y a
11.2 pida a su *v*, y cada una a su *v*, alhajas
12.4 él y su *v*. .tomarán uno según el número
Dt. 22.2 si tu hermano no fuere tu *v*, o no lo
Jos. 9.16 oyeron que eran sus *v*, y. .habitaban
Rt. 4.17 dieron nombre las *v*, diciendo: Le ha
1 S. 23.11,12 ¿me entregarán los *v* de Keila en
2 R. 4.3 pide. .vasijas prestadas de todos tus *v*
1 Cr. 12.40 eran *v*. .trajeron víveres en asnos
Est. 9.19,22 enviar porciones cada uno a su *v*
Sal. 15.3 ni admite reproche alguno contra su *v*
31.11 de mis *v* mucho más, y el horror de mis
44.13 nos pones por afrenta de nuestros *v*
79.4 afrentados de nuestros *v*, escarnecidos
79.12 y devuelve a nuestros *v*. .siete tantos
80.6 nos pusiste por escarnio a nuestros *v*
89.41 lo saquean todos. .es oprobio a sus *v*
Pr. 25.17 detén tu pie de la casa de tu *v*, no
27.10 mejor. .el *v* cerca que el hermano lejos
Is. 3.5 hará violencia. .cada cual contra su *v*
5.3 *v* de Jerusalén y varones de Judá, juzgad
41.6 cada cual ayudó a su *v*, y a su hermano
Jer. 6.21 caerán. .*v* y su compañero perecerán
12.14 dijo Jehová contra todos mis malos *v*
49.10 será destruida. .sus hermanos y sus *v*
49.18; 50.40 destrucción. .de sus ciudades *v*
Lm. 1.17 dio mandamiento. .*v* fuesen. .enemigos
Ez. 16.26 y fornicaste con los. .Egipto, tus *v*
23.5 y se enamoró de. .los asirios, *v* suyos
23.12 enamoró de los hijos de. .asirios sus *v*
Mr. 1.38 vamos a los lugares *v*. .que predique
Lc. 1.58 cuando oyeron los *v*. .se regocijaron
1.65 y se llenaron de temor todos sus *v*
14.12 no llames a tus amigos. .ni a *v* ricos
15.6 llegar a casa, reúne a sus amigos y *v*
15.9 reúne a. .amigas y *v*, diciendo: Gozaos
Jn. 9.8 los *v*, y los que antes le habían visto
Hch. 5.16 aun de las ciudades *v* muchos venían
Jud. 7 como Sodoma y Gomorra y las ciudades *v*

VEDAR
Nm. 30.5 su padre le *vedare* el día que oyere
30.5 perdonará, por cuanto su padre. .lo *vedó*
30.8 pero si cuando su marido lo oyó, le *vedó*
30.11 si. .oyó, y calló a ello y no le *vedó*

VEGA
Dt. 8.7 manantiales, que brotan en *v* y montes
11.11 tierra de montes y de *v*, que bebe las
34.3 la *v* de Jericó, ciudad de las palmeras
Jue. 11.33 hasta la *v* de las viñas, los derrotó
2 Cr. 26.10 la Sefela como en las *v*, y viñas

VEHEMENCIA
2 S. 23.15 David dijo con *v*: ¡Quién me diera
Lc. 23.10 los escribas acusándole con gran *v*
Hch. 18.28 con gran *v* refutaba. .a los judíos

VEHEMENTE
Jer. 4.12 viento más *v* que este vendrá a mí

VEINTE ***Véase también Veintiuno, Viente Mil, etc.***
Gn. 18.31 he aquí. .quizá se hallarán allí *v*
18.31 no la destruiré. .por amor a los *v*
31.38 *v* años he estado contigo; tus ovejas
31.41 he estado *v* años en tu casa; catorce
32.14 *v* machos cabríos. .ovejas y *v* carneros
32.15 diez novillos, *v* asnas y diez borricos
37.28 le vendieron a. .por *v* piezas de plata
Éx. 26.18 *v* tablas al lado del mediodía, al sur
26.19 basas de plata debajo de las *v* tablas
26.20 al otro lado del tabernáculo. .*v* tablas
27.10 sus *v* columnas y sus *v* basas serán de
27.11 *v* columnas con sus *v* basas de bronce
27.16 y para la puerta. .cortina de *v* codos
30.13 el siclo es de *v* geras. La mitad de un
30.14 el que sea contado, de *v* años arriba
36.23 *v* tablas al lado del sur, al mediodía
36.24 cuarenta basas. .debajo de las *v* tablas
36.25 para. .lado norte, hizo otras *v* tablas
38.10 sus columnas eran *v*, con sus *v* basas
38.11 columnas, *v*, con sus *v* basas de bronce
38.18 la cortina. .era de *v* codos de longitud
38.26 a todos los. .de edad de *v* años arriba
Lv. 27.3 al varón de *v* años hasta sesenta, lo
27.5 si fuere de cinco años hasta *v*, al varón
27.5 al varón lo estimarás en *v* siclos, y a
27.25 será conforme al siclo. .tiene *v* geras
Nm. 1.3,18,20,22,24,26,28,30,32,34,36,38,40,
42,45 de *v* años arriba, todos los que
3.47 siclos por cabeza. .siclo tiene *v* geras
10.11 a los *v* días del mes, la nube se alzó
11.19 no comeréis un día, ni dos. .ni *v* días
14.29 que fueron contados. .de *v* años arriba
18.16 siclo del santuario, que es de *v* geras
26.2 tomad el censo de toda. .de *v* años arriba
26.4 contaréis el pueblo de *v* años arriba
32.11 no verán los varones. .de *v* años arriba
Jue. 4.3 oprimido. .hijos de Israel por *v* años
11.33 Aroer hasta llegar a Minit, *v* ciudades
15.20 juzgó a Israel en los días de. .*v* años
16.31 sepultaron. .Y él juzgó a Israel *v* años
1 S. 7.2 que llegó el arca a. .pasaron. .*v* años
14.14 matanza que hicieron. .como *v* hombres
2 S. 3.20 vino, pues, Abner. .con él *v* hombres
9.10 y tenía Siba quince hijos y *v* siervos
19.17 venían. .asimismo Siba. .y sus *v* siervos
24.8 volvieron. .al cabo de 9 meses y *v* días
1 R. 4.23 diez bueyes gordos, *v* bueyes de pasto
5.11 daba a Hiram. .y *v* coros de aceite puro
6.2 la casa. .*v* de ancho, y 30 codos de alto
6.3 el pórtico. .tenía *v* codos de largo a lo
6.16 final de la casa un edificio de *v* codos
6.20 *v* codos de largo, *v* de ancho, y *v* de
9.10 cabo de *v* años, cuando Salomón ya había
9.11 el rey Salomón dio a Hiram *v* ciudades
15.9 en el año *v* de Jeroboam rey de Israel
2 R. 4.42 *v* panes de cebada, y trigo nuevo en
15.27 Peka hijo de Remalías. :y reinó *v* años
15.30 a los *v* años de Jotam hijo de Uzías
16.2 comenzó a reinar Acaz era de *v* años, y
1 Cr. 23.24 los hijos de Leví. .*v* años arriba
23.27 cuenta de los hijos de Leví de *v* años
27.23 no tomó. .los que eran de *v* años abajo
2 Cr. 3.3 casa de Dios. .la anchura de *v* codos
3.4 el pórtico que. .era de *v* codos de largo
3.8 el lugar santísimo, cuya. .era de *v* codos
3.8 anchura de *v* codos; y lo cubrió de oro
3.11 la longitud de las alas. .era de *v* codos
3.13 tenían las alas extendidas por *v* codos
4.1 un altar de bronce de *v* codos de longitud
4.1 altar. .*v* codos de anchura, y diez codos
8.1 *v* años, durante los cuales Salomón había
25.5 en lista a todos los de *v* años arriba
28.1 *v* años era Acaz cuando comenzó a reinar
31.17 a los levitas de edad de *v* años arriba
Esd. 3.8 pusieron a los levitas de *v* años arriba
8.19 y con él a. .sus hermanos y a sus hijos, *v*
8.27 *v* tazones de oro de mil dracmas, y dos
10.9 se reunieron. .a los *v* días del mes, que
Neh. 1.1 el año *v*, estando yo en Susa, capital
2.1 sucedió. .en el año *v* del rey Artajerjes
5.14 el año *v* del rey Artajerjes hasta el año
Ez. 4.10 la comida. .de peso de *v* siclos al día
40.49 la longitud del pórtico, *v* codos, y el
41.2 midió su longitud. .la anchura de *v* codos
41.4 su longitud, de *v* codos, y. .anchura de *v*
41.10 y entre las cámaras había anchura de *v*
42.3 frente a. .*v* codos que había en el atrio
45.5 cual será para los levitas. .con *v* cámaras
45.12 y el siclo será de *v* geras. *V* siclos
Hag. 2.16 venían al montón de *v* efas, y había
2.16 lagar para sacar 50 cántaros, y había *v*
Zac. 5.2 veo un rollo que vuela, de *v* codos de
Hch. 27.28 echando la sonda, hallaron *v* brazas

VEINTE MIL
2 S. 8.4 y tomó David. .*20.000* hombres de a pie
10.6 y tomaron a sueldo. .*20.000* hombres de a
18.7 se hizo allí. .matanza de *20.000* hombres
1 R. 5.11 daba a Hiram *20.000* coros de trigo
1 Cr. 18.4 tomó David. .*20.000* hombres de a pie
2 Cr. 2.10 dado *20.000* coros de trigo, *20.000*. .
cebada, *20.000*. .de vino, y *20.000*. .de aceite
Neh. 7.71 dieron para. .*20.000* dracmas de oro
Lc. 14.31 rey. .que viene contra él con *20.000*

VEINTE MIL DOSCIENTOS
1 Cr. 7.9 contados. .resultaron *20.200* hombres

VEINTE MIL OCHOCIENTOS
1 Cr. 12.30 hijos de Efraín, *20.800*. .valientes

VEINTENA
Sal. 68.17 carros de Dios se cuentan por *v* de

VEINTICINCO
Nm. 8.24 los levitas de *v* años arriba entrarán
1 R. 22.42 Josafat. .reinó *v* años en Jerusalén
2 R. 14.2; 15.33; 18.2 cuando comenzó a reinar
era de *v* años
23.36 de *v* años era Joacim cuando comenzó a
2 Cr. 20.31 Josafat. .reinó *v* años en Jerusalén
25.1 de *v* años era Amasías cuando. .a reinar
27.1 de *v* años era Jotam cuando comenzó a
27.8 comenzó a reinar era de *v* años, y 16
29.1 comenzó a reinar Ezequías siendo de *v*
36.5 comenzó a reinar Joacim era de *v* años
Neh. 6.15 fue terminado. .el muro, el *v* del mes
Jer. 52.31 el mes duodécimo, a los *v* días del
Ez. 8.16 como *v* varones, sus espaldas vueltas
11.1 y a la entrada de la puerta *v* hombres
40.1 en el año *v* de nuestro cautiverio, al
40.13 de una cámara hasta. .*v* codos de ancho
40.21 cincuenta codos de longitud, y *v* de
40.25,29,33,36 la longitud era de 50 codos,
y el ancho de *v*
40.30 los arcos. .eran de *v* codos de largo, y
45.12 *v* siclos, quince siclos, os serán una
Jn. 6.19 cuando habían remado como *v*. .estadios

VEINTICINCO MIL
Jue. 20.46 de Benjamín murieron. .*25.000* hombres
Ez. 45.1 de longitud de *25.000* cañas y diez mil
45.3 medirás en longitud *25.000* cañas, y en
45.5 *25.000* cañas de longitud y diez mil de
45.6 señalaréis. .*25.000* de longitud, delante
48.8 la porción. .de *25.000* cañas de anchura
48.9 de longitud *25.000* cañas, y diez mil de
48.10 la porción santa. .será de *25.000* cañas
48.10 y de *25.000* de longitud al sur; y el
48.13 será de *25.000* cañas de longitud, y de
48.13 la longitud de *25.000*, y la anchura de
48.15 las 5.000 cañas. .quedan de las *25.000*
48.20 porción. .de *25.000* cañas por *25.000* en
48.21 esto es, delante de las *25.000* cañas
48.21 occidente delante de las *25.000* hasta

VEINTICINCO MIL CIEN
Jue. 20.35 mataron. .*25.100* hombres de Benjamín

VEINTICUATRO ***Véase también Veinticuatro Mil***
Nm. 7.88 la ofrenda de paz, *v* novillos; doce
2 S. 21.20 doce dedos. .en los pies, *v* por todos
1 R. 15.33 Baasa hijo de Ahías. .reinó *v* años
1 Cr. 20.6 tenía seis dedos en pies y manos, *v*
Neh. 9.1 el día *v* del mismo mes se reunieron
Dn. 10.4 el día *v* del mes primero estaba yo a
Hag. 1.15 el día *v* del mes sexto, en el segundo
2.10 los *v* días del noveno mes, en el segundo
2.18 desde el día *v* del noveno mes, desde el
2.20 palabra de Jehová a. .a los *v* días del
Zac. 1.7 los *v* días del mes undécimo, que es
Ap. 4.4 y alrededor del trono había *v* tronos
4.4 vi sentados en los tronos a *v* ancianos
4.10; 5.8,14 los *v* ancianos se postraron
11.16 y los *v* ancianos que estaban sentados
19.4 los *v* ancianos. .se postraron en tierra

VEINTICUATRO MIL
Nm. 25.9 murieron de aquella mortandad *24.000*
1 Cr. 23.4 éstos, *24.000* para dirigir la obra
27.1 el año, siendo cada división de *24.000*
27.2 Jasobeam. .había en su división *24.000*
27.4 en su división, en la que. .había *24.000*
27.5,7,8,9,10,11,12,13,14,15 y en su
división había *24.000*

VEINTIDÓS *Véase también Veintidós Mil, etc.*
Jos. 19.30 abarca..v ciudades con sus aldeas
Jue. 10.3 Jair..el cual juzgó a Israel v años
1 R. 14.20 el tiempo que reinó Jeroboam..v años
16.30 reinó Acab hijo de..en Samaria v años
2 R. 8.26 de v años era Ocozías cuando comenzó
21.19 de v años era Amón..comenzó a reinar
1 Cr. 12.28 Sadoc..con v de los principales de
2 Cr. 13.21 Abías..engendró v hijos y 16 hijas
33.21 de v años era Amón cuando comenzó a

VEINTIDÓS MIL
Nm. 3.39 los varones de un mes arriba..*22.000*
Jue. 7.3 devolvieron de los del pueblo *22.000*
20.21 derribaron por tierra..*22.000* hombres
2 S. 8.5 hirió de los sirios a *22.000* hombres
1 R. 8.63 ofreció a Jehová, *22.000* bueyes y
1 Cr. 18.5 sirios..David hirió de ellos *22.000*
2 Cr. 7.5 ofreció..en sacrificio *22.000* bueyes

VEINTIDÓS MIL DOSCIENTOS
Nm. 26.14 las familias de los simeonitas, *22.200*

VEINTIDÓS MIL DOSCIENTOS SETENTA Y TRES
Nm. 3.43 primogénitos varones..fueron *22.273*

VEINTIDÓS MIL SEISCIENTOS
1 Cr. 7.2 los hijos de Tola..*22.600* hombres

VEINTIDÓS MIL TREINTA Y CUATRO
1 Cr. 7.7 los hijos de Bela..contados *22.034*

VEINTINUEVE
Gn. 11.24 Nacor vivió v años, y engendró a Taré
Éx. 38.24 el oro..fue v talentos y 730 siclos
Jos. 15.32 por todas v ciudades con sus aldeas
2 R. 14.2 comenzó..y v años reinó en Jerusalén
18.2 a reinar..y reinó en Jerusalén v años
2 Cr. 25.1 Amasías..v años reinó en Jerusalén
29.1 a reinar Ezequías..v años en Jerusalén
Esd. 1.9 mil tazones de plata, v cuchillos

VEINTIOCHO
Éx. 26.2 la longitud de una cortina de v codos
36.9 longitud de una cortina era de v codos
2 R. 10.36 reinó Jehú sobre Israel..de v años
2 Cr. 11.21 tomó..engendró v hijos y 60 hijas
Esd. 8.11 Zacarías hijo de Bebai, y con él v

VEINTIOCHO MIL SEISCIENTOS
1 Cr. 12.35 Dan, dispuestos a pelear, *28.600*

VEINTISÉIS
1 R. 16.8 el año v de Asa rey de Judá comenzó

VEINTISÉIS MIL
Jue. 20.15 fueron contados..*26.000* hombres que
1 Cr. 7.40 número de ellos fue *26.000* hombres

VEINTISIETE
Gn. 8.14 el mes segundo, a los v días del mes
1 R. 16.10 Zimri..lo mató, en el año v de Asa
16.15 el año v de Asa rey de Judá, comenzó
2 R. 15.1 año v de Jeroboam..comenzó a reinar
25.27 a los v días del mes, que Evil-merodac
Ez. 29.17 el año v, en el mes primero, el día

VEINTISIETE MIL
1 R. 20.30 el muro cayó sobre *27.000* hombres

VEINTITRÉS
Jue. 10.2 y juzgó a Israel v años; y murió
2 R. 12.6 el año v del rey Joás aún no habían
13.1 el año v de Joás hijo de Ocozías, rey
23.31 de v años era Joacaz..y reinó 3 meses
1 Cr. 2.22 a Jair, el cual tuvo v ciudades en
2 Cr. 7.10 a los v días del mes séptimo envió
36.2 de v años era Joacaz cuando comenzó a
Est. 8.9 escribanos..a los v días de ese mes
Jer. 25.3 hasta este día, que son v años, ha
52.30 año v de Nabucodonosor..745 personas

VEINTITRÉS MIL
Nm. 26.62 los levitas fueron contados *23.000*
1 Co. 10.8 ellos..y cayeron en un día *23.000*

VEINTIUNO
Éx. 12.18 panes sin levadura..hasta el v del
2 R. 24.18 v años era Sedequías cuando comenzó
2 Cr. 36.11 de v años era Sedequías..reinó en
Jer. 52.1 Sedequías de edad de v años cuando
Dn. 10.13 se me opuso durante v días; pero he
Hag. 2.1 a los v días del mes, vino palabra de

VEJACIÓN
Job 34.30 no reine el..impío para v del pueblo
Sal. 10.7 debajo de su lengua hay v y maldad
10.14 miras el trabajo y la v, para dar la

VEJAR
Dt. 28.25 serás *vejado* por todos los reinos de
Os. 5.11 Efraín..*vejado*, quebrantado en juicio
Am. 5.11 puesto que *vejáis* al pobre y recibís

VEJEZ
Gn. 15.15 en paz, y serás sepultado en buena v
21.2 y dio a Abraham un hijo en su v, en el
21.7 Sara..pues le he dado un hijo en su v
24.36 Sara..dio a luz en su v un hijo a mi
25.8 y murió Abraham en buena v, anciano y
37.3 y amaba..porque lo había tenido en su v
44.20 un hermano joven..que le nació en su v
48.10 estaban tan agravados por la v, que no
Jue. 8.32 murió Gedeón hijo de Joás en buena v
Rt. 4.15 de tu alma, y sustentará tu v; pues tu
1 R. 14.4 se habían oscurecido a causa de su v
15.23 en los días de su v enfermó de los pies
1 Cr. 29.28 y murió en buena v, lleno de días
Job 5.26 vendrás en la v a la sepultura, como
Sal. 71.9 no me deseches en el tiempo de la v
71.18 aun en la v y..Dios, no me desampares
92.14 la v fructificarán; estarán vigorosos
Pr. 16.31 corona de honra es la v que se halla
19.20 escucha..para que seas sabio en tu v
20.29 la hermosura de los ancianos es su v
Is. 46.4 y hasta la v yo mismo..os soportaré
Lc. 1.36 Elisabet..ha concebido hijo en su v

VELA
Is. 33.23 no afirmaron su..ni entesaron la v
Ez. 27.7 lino fino..para que te sirviese de v
Hch. 27.4 haciéndonos a la v desde..navegamos
27.17 arriaron las v y quedaron a la deriva
27.40 timón; e izada al viento la v de proa
28.11 meses, nos hicimos a la v en una nave

VELAR
Éx. 38.8 las mujeres que *velaban* a la puerta
1 S. 2.22 dormían con las mujeres que *velaban*
26.12 y no hubo nadie que viese, ni..*velase*
2 Cr. 34.13 también *velaban* sobre..cargadores
Job 21.32 y sobre su túmulo estarán *velando*
29.4 el favor de Dios *velaba* sobre mi tienda
Sal. 102.7 *velo*, y soy como el pájaro solitario
127.1 no guardare la..en vano *vela* la guardia
Pr. 8.34 escucha, *velando* a mis puertas cada
22.12 los ojos de Jehová *velan* por la ciencia
Cnt. 2.7; 3.5 ni hagáis *velar* al amor, hasta
5.2 yo dormía, pero mi corazón *velaba*. Es la
8.4 que no..hagáis *velar* al amor, hasta que
Jer. 39.12 y *vela* por él, y no le hagas mal
40.4 si te parece bien venir..*velaré* por ti
44.27 *velo* sobre ellos para mal, y no para
Dn. 9.14 Jehová *veló* sobre el mal y lo trajo
Hab. 2.1 y *velaré* para ver lo que se me dirá
Mal. 2.12 Jehová cortará..al que *vela* y al que
Mt. 24.42 *velad*..porque no sabéis a qué hora
24.43 *velaría*, y no dejaría minar su casa
25.13 *velad*, pues, porque no sabéis el día
26.38 les dijo..quedaos aquí, y *velad* conmigo
26.40 que no habéis podido *velar*..una hora?
26.41 *velad* y orad, para que no entréis en
Mr. 13.33 *velad*..porque no sabéis cuándo será
13.34 su obra, y al portero mandó que *velase*
13.35 *velad*, pues, porque no sabéis cuándo
13.37 y lo que..digo, a todos lo digo: *Velad*
14.34 está muy triste..quedaos aquí y *velad*
14.37 Simón..¿No has podido *velar* una hora?
14.38 *velad* y orad, para que no entréis en
Lc. 2.8 había pastores..que *velaban* y guardaban
9.45 *veladas* para que no las entendiesen
12.37 siervos a los cuales su..halle *velando*
12.39 *velaría*..y no dejaría minar su casa
21.36 *velad*, pues, en todo tiempo orando que
24.16 mas los ojos de ellos estaban *velados*
Hch. 20.31 *velad*, acordándoos..no he cesado de
27.33 este es el decimocuarto día que *veláis*
1 Co. 15.34 *velad* debidamente, y no pequéis
16.13 *velad*, estad firmes en la fe; portaos
Ef. 6.18 *velando* en ello con toda perseverancia
Col. 4.2 *velando* en ella con acción de gracias
1 Ts. 5.6 demás, sino *velemos* y seamos sobrios
5.10 que ya sea que *velemos*, o que durmamos
He. 13.17 ellos *velan* por vuestras almas, como
1 P. 4.7 sed, pues, sobrios, y *velad* en oración
5.8 sed sobrios, y *velad*; porque vuestro
Ap. 3.3 no *velas*, vendré sobre ti como ladrón
16.15 yo vengo..Bienaventurado el que *vela*

VELEIDOSO
Pr. 24.21 hijo mío..no te entremetas con los v

VELO
Gn. 20.16 que él te es como un v para los ojos
24.65 ella entonces tomó el v, y se cubrió
38.14 y se cubrió con un v, y se arrebozó, y
38.19 se fue, y se quitó el v de sobre sí, y
Éx. 26.31 también harás un v de azul, púrpura
26.33 pondrás el v..y meterás..del v adentro
26.33 v..hará separación entre el lugar santo
26.35 la mesa fuera del v, y el candelero
27.21 el tabernáculo de reunión, afuera del v
30.6 pondrás delante del v que está junto al
34.33 cuando acabó Moisés..v sobre su rostro
34.34 Moisés..quitaba el v hasta que salía
34.35 y volvía Moisés a poner el v sobre su
35.12 el arca..propiciatorio, el v de la tienda
36.35 hizo asimismo el v de azul, púrpura
36.37 el v para la puerta del tabernáculo, de
38.27 para fundir las basas..las basas del v
39.34 la cubierta de pieles..el v del frente
40.3 arca del testimonio..cubrirás con el v
40.21 puso el v extendido, y ocultó el arca
40.22 puso la mesa..lado norte..fuera del v
40.26 el altar de oro en el..delante del v
Lv. 4.6 rociará de aquella sangre..hacia el v
4.17 dedo..y rociará siete veces..hacia el v
16.2 no..entre en el santuario detrás del v
16.12 del perfume..y lo llevará detrás del v
16.15 llevará la sangre detrás del v adentro
21.23 no se acercará tras el v, ni..al altar
24.3 fuera del v del testimonio..dispondrá
Nm. 3.31 a cargo de..el v con todo su servicio
4.5 vendrán..y desarmarán el v de la tienda
18.7 todo lo relacionado con..del v adentro
1 S. 21.9 la espada..está aquí envuelta en un v
2 Cr. 3.14 hizo también el v de azul, púrpura
Cnt. 4.3 como cachos de granada detrás de tu v
6.7 cachos..son tus mejillas detrás de tu v
Is. 3.22 los mantoncillos, los v, las bolsas
25.7 el v que envuelve a todas las naciones
29.10 puso v sobre las cabezas de vuestros
Ez. 13.18 y hacen v mágicos para la cabeza de
13.21 romperé..vuestros v mágicos, y libraré
Mt. 27.51; Mr. 15.38 el v del templo se rasgó
Lc. 23.45 v del templo se rasgó por la mitad
1 Co. 11.15 en lugar de v le es dado el cabello
2 Co. 3.13 Moisés..ponía un v sobre su rostro
3.14 les queda el mismo v no descubierto, el
3.15 se lee a Moisés, el v está puesto sobre
3.16 cuando se conviertan..el v se quitará
He. 6.19 ancla..que penetra hasta dentro del v
9.3 tras el segundo v estaba la parte del
10.20 el camino..él nos abrió a través del v

VELOZ
Est. 8.10 envió cartas..montados en caballos v
8.14 correos, pues, montados en caballos v
Job 7.6 mis días fueron más v que la lanzadera
9.26 pasaron cual naves v; como el águila que
Is. 18.2 andad, mensajeros v, a la nación de
27.1 castigará..al leviatán serpiente v, y al
30.16 dijisteis..Sobre corceles v cabalgaremos
30.16 tanto, serán v vuestros perseguidores
Mi. 1.13 uncid al carro bestias v, oh moradores

VELOZMENTE
Sal. 147.15 él envía su..v corre su palabra
Is. 5.26 silbará..aquí que vendrá pronto y v
Os. 11.11 como ave acudirán v de Egipto, y de

VELLO
Gn. 27.16 parte de su cuello donde no tenía v

VELLÓN
Jue. 6.37 que yo pondré un v de lana en la era
6.37 si el rocío estuviere en el v solamente
6.38 exprimió el v y sacó de él el rocío, un
6.39 otra vez con el v..el v quede seco, y el
6.40 v quedó seco, y en toda la tierra hubo
2 R. 3.4 pagaba..cien mil carneros con sus v
Job 31.20 y del v de mis ovejas se calentaron

VELLOSO, SA
Gn. 27.11 he aquí, Esaú mi hermano es hombre v
27.23 manos eran v como las manos de Esaú
Zac. 13.4 ni..vestirán el manto v para mentir

VELLUDO
Gn. 25.25 rubio, y era todo v como una pelliza

VENCEDOR, RA
1 S. 14.47 y adondequiera que se volvía, era v
Jer. 46.16 levántate..huyamos ante la espada v
Dn. 11.23 y subirá, y saldrá v con poca gente
Ro. 8.37 somos más que v por medio de aquel que

VENCER
Gn. 30.8 he contendido con mi..y he *vencido*
32.28 has luchado con Dios y..y has *vencido*
Jos. 8.15 todo Israel se fingieron *vencidos* y
Jue. 16.5 cómo lo podríamos *vencer*, para que
20.32 *vencidos* son delante de nosotros, como
1 S. 4.2 fue *vencido* delante de los filisteos
4.10 pelearon..Israel fue *vencido*, y huyeron
7.10 los atemorizó, y fueron *vencidos* delante
17.9 y me *venciere*..seremos vuestros siervos
17.9 y lo *venciere*, vosotros seréis..siervos
17.25 lo *venciere*, el rey le enriquecerá con
17.26 al hombre que *venciere* a este filisteo
17.27 así se hará al hombre que le *venciere*
17.46 yo te *venceré*, y te cortaré la cabeza
17.50 así *venció* David al filisteo con honda
21.9 la espada de Goliat..al que tú *venciste*

VENCER *(Continúa)*
2 S. 2.17 *vencidos* por los siervos de David
5.20 vino David. .y allí los *venció* David, y
8.10 porque había peleado. .lo había *vencido*
1 R. 20.23 nos han *vencido;* mas si peleáremos
20.23 la llanura, se verá si no los *vencemos*
20.25 y veremos si no los *vencemos.* Y él les
2 R. 3.26 el rey de Moab vio que era *vencido* en
1 Cr. 11.14 y *vencieron* a los filisteos, porque
11.22 Benaía. .él *venció* a los dos leones de
11.23 *venció* a un egipcio. .de cinco codos de
18.10 haber peleado con. .y haberle *vencido*
2 Cr. 27.5 tuvo él guerra. .a los cuales *venció*
Est. 6.13 no lo *vencerás,* sino que caerás por
Job 32.13 digáis. .Lo *vence* Dios, no el hombre
Sal. 13.4 para que no diga mi enemigo: Lo *vencí*
Cnt. 6.5 aparta tus ojos. .ellos me *vencieron*
Jer. 1.19; 15.20 pelearán. .mas no te *vencerán*
20.7 más fuerte fuiste que yo, y me *venciste*
Dn. 7.21 guerra contra los santos, y. .*vencía*
Os. 12.3 tomó. .y con su poder *venció* al ángel
12.4 *venció* al ángel, y prevaleció; lloró, y
Lc. 11.22 viene otro. .le *vence,* le quita todas
Jn. 16.33 pero confiad, yo he *vencido* al mundo
Hch. 20.9 un joven. .*vencido* del sueño cayó del
Ro. 3.4 para que. .*venzas* cuando fueres juzgado
12.21 no seas *vencido*. .*vence* con el bien el
2 P. 2.19 es *vencido*. .esclavo del que lo *venció*
2.20 enredándose otra vez. .son *vencidos,* su
1 Jn. 2.13 os escribo. .porque habéis *vencido* al
2.14 sois fuertes. .habéis *vencido* al maligno
4.4 vosotros sois de Dios. .los habéis *vencido*
5.4 lo que es nacido de Dios *vence* al mundo
5.4 es la victoria que ha *vencido* al mundo
5.5 ¿quién es el que *vence* al mundo, sino el
Ap. 2.7 que *venciere,* le daré a comer del árbol
2.11 el que *venciere,* no sufrirá daño de la
2.17 al que *venciere,* daré a comer del maná
2.26 que *venciere* y guardare mis obras hasta
3.5 que *venciere* será vestido de vestiduras
3.12 al que *venciere,* yo lo haré columna en
3.21 al que *venciere,* le daré que se siente
3.21 así como yo he *vencido,* y me he sentado
5.5 el León. .ha *vencido* para abrir el libro
6.2 corona, y salió venciendo, y para *vencer*
11.7 hará guerra contra ellos, y los *vencerá*
12.11 han *vencido* por medio de la sangre del
13.7 guerra contra los santos, y *vencerlos*
17.14 y el Cordero los *vencerá,* porque él es
21.7 el que *venciere* heredará todas las cosas

VENDA
1 R. 20.38 se disfrazó, poniéndose una *v* sobre
20.41 quitó de pronto la *v* de sobre sus ojos
Ez. 13.18 ¡ay de aquellas que cosen *v* mágicas
13.20 dicho. .estoy contra vuestras *v* mágicas
Jn. 11.44 atadas las manos y los pies con *v*

VENDAR
Job 5.18 quien hace la llaga, y él la *vendará*
Sal. 147.3 él sana a los. .y *venda* sus heridas
Is. 1.6 llaga; no están curadas, ni *vendadas*
30.26 *vendare* Jehová la herida de su pueblo
61.1 a *vendar* a los quebrantados de corazón
Ez. 30.21 brazo de Faraón. .no ha sido *vendado*
34.4 enferma; no *vendasteis* la perniquebrada
34.16 yo buscaré. .*vendaré* la perniquebrada
Os. 6.1 porque. .curará; hirió, y nos *vendará*
Lc. 10.34 *vendó* sus heridas, echándoles aceite
22.64 *vendándole* los ojos, le golpeaban el

VENDEDORA
Hch. 16.14 Lidia, *v* de púrpura, de la ciudad

VENDER
Gn. 25.31 *véndeme* en este día tu primogenitura
25.33 juró, y *vendió* a Jacob su primogenitura
31.15 como por extrañas, pues que nos *vendió*
37.27 venid, y *vendámosle* a los ismaelitas
37.28 y le *vendieron* a los ismaelitas por 20
37.36 los madianitas lo *vendieron* en Egipto
41.56 abrió José todo granero. .*vendía* a los
42.6 le *vendía* a todo el pueblo de la tierra
45.4 soy José. .el que *vendisteis* para Egipto
45.5 no os. .ni os pese de haberme *vendido* acá
47.20 *vendieron* cada uno sus tierras, porque
47.22 los sacerdotes. .no *vendieron* su tierra
Éx. 21.7 *vendiere* su hija por sierva, no saldrá
21.8 y no la podrá *vender* a pueblo extraño
21.16 el que robare una persona y la *vendiere*
21.35 *venderán* el buey vivo y partirán el
22.1 hurtare buey. .y lo degollare o *vendiere*
22.3 si no tuviere. .será *vendido* por su hurto
Lv. 25.14 y cuando *vendiereis* algo a. .prójimo
25.15 conforme al número. .te *venderá* él a ti
25.16 según el número de las. .te *venderá* el
25.23 la tierra no se *venderá* a perpetuidad
25.25 tu hermano. .*vendiere*. .de su posesión
25.25 rescatará lo que su hermano. .*vendido*
25.27 contará los años desde que *vendió,* y
25.27 y pagará. .al varón a quien *vendió,* y
25.28 lo que *vendió* estará en poder del que
25.29 varón que *vendiere* casa de habitación
25.33 comprare de. .saldrá de la casa *vendida*
25.34 la tierra del ejido de. .no se *venderá*
25.39 hermano empobreciere. .se *vendiere* a ti
25.42 no serán *vendidos* a manera de esclavos
25.47 se *vendiere* al forastero o extranjero
25.48 después que se hubiere *vendido,* podrá
25.50 desde el año que se *vendió* a él hasta
25.51 años. .del dinero por el cual se *vendió*
27.20 y la tierra se *vendiere* a otro, no la
27.27 se *venderá* conforme a tu estimación
27.28 no se *venderá* ni se. .cosa consagrada
Dt. 2.28 la comida me *venderás* por dinero, y
14.21 *véndela* a un extranjero. .eres. .santo
14.25 lo *venderás* y guardarás el dinero en
15.12 si se *vendiere* a ti tu hermano hebreo
21.14 en libertad; no la *venderás* por dinero
24.7 hubiere *vendido,* morirá el tal ladrón
28.68 allí seréis *vendidos* a vuestros enemigos
32.30 mil, si su Roca no los hubiese *vendido*
Jue. 2.14 los *vendió* en mano de sus enemigos
3.8 y los *vendió* en manos de Cusan-risataim
4.2 y Jehová los *vendió* en mano de Jabín rey
4.9 en mano de mujer *venderá* Jehová a Sísara
Rt. 4.3 Noemí. .*vende* una parte de las tierras
1 S. 12.9 los *vendió* en mano de Sísara jefe del
1 R. 21.20 has *vendido* a hacer lo malo delante
21.25 que se *vendió* para hacer lo malo ante
2 R. 4.7 dijo: Vé y *vende* el aceite, y paga a
6.25 cabeza. .asno se *vendía* por 80 piezas de
7.16 fue *vendido* un seah de flor de harina
7.18 el seah de. .harina será *vendido* por un
Neh. 5.8 habían sido *vendidos* a las naciones
5.8 *vendéis* aun. .hermanos, y serán *vendidos*
10.31 si los pueblos de. .trajesen a *vender*
13.15 del día en que *vendían* las provisiones
13.16 pescado. .y *vendían* en día de reposo a
13.20 y se quedaron fuera. .los que *vendían*
Est. 7.4 hemos sido *vendidos,* yo y mi pueblo
7.4 si para siervos y. .fuéramos *vendidos,* me
Sal. 44.12 has *vendido* a tu pueblo de balde
105.17 a José, que fue *vendido* por siervo
Pr. 11.26 bendición será sobre. .que lo *vende*
23.23 compra la verdad, y no la *vendas;* la
31.24 hace telas, y *vende,* y da cintas al
Is. 24.2 así. .como al que compra, al que *vende*
50.1 acreedores, a quienes yo os he *vendido?*
50.1 por vuestras maldades sois *vendidos,* y
52.3 de balde fuisteis *vendidos;* por tanto
Jer. 34.14 hermano hebreo que le fuere *vendido*
Ez. 7.12 el que *vende,* no llore, porque la ira
7.13 el que *vende* no volverá a lo *vendido*
48.14 no *venderán* nada de. .ni lo permutarán
Jl. 3.3 *vendieron* las niñas por vino para beber
3.6 *vendisteis* los hijos de Judá. .Jerusalén
3.7 levantaré del lugar donde los *vendisteis*
3.8 y *venderé* vuestros hijos. .a los hijos de
3.8 ellos los *venderán* a los sabeos, nación
Am. 2.6 porque *vendieron* por dinero al justo
8.5 pasará el mes, y *venderemos* el trigo
8.6 y *venderemos* los desechos del trigo?
Zac. 11.5 el que las *vende,* dice: Bendito sea
Mt. 10.29 ¿no se *venden* dos pajarillos por un
13.44 *vende*. .que tiene, y compra aquel campo
13.46 *vendió* todo lo que tenía, y la compró
18.25 a éste. .ordenó su señor *venderle,* y a
19.21 anda, *vende* lo que tienes, y dalo a los
21.12 y echó fuera a todos los que *vendían* y
21.12 volcó las. .las sillas de los que *vendían*
25.9 id más bien a los que *venden,* y comprad
26.9 esto podía haberse *vendido* a gran precio
Mr. 10.21 *vende* todo lo que tienes, y dalo a los
11.15 comenzó a echar fuera a los que *vendían*
11.15 y volcó. .las sillas de los que *vendían*
14.5 esto podía haberse *vendido* por más de 300
Lc. 12.6 ¿no se *venden* cinco pajarillos por dos
12.33 *vended* lo que poseéis, y dad limosna
17.28 en los días de Lot. .*vendían,* plantaban
18.22 *vende* todo lo que tienes, y dalo a los
19.45 echar fuera a. .que *vendían* y compraban
22.36 y el que no tiene espada, *venda* su capa
Jn. 2.14 en el templo a los que *vendían* bueyes
2.16 y dijo a los que *vendían*. .Quitad de aquí
12.5 ¿por qué no fue este perfume *vendido* por
Hch. 2.45 *vendían* sus propiedades y sus bienes
4.34 las vendían, y. .el precio de lo *vendido*
4.37 la *vendió* y trajo el precio y lo puso a
5.1 Ananías, con Safira. .*vendió* una heredad
5.4 y *vendida,* ¿no estaba en tu poder? ¿Por
5.8 ¿*vendisteis* en tanto la heredad? Y ella
7.9 *vendieron* a José para Egipto; pero Dios
Ro. 7.14 mas yo soy carnal, *vendido* al pecado
1 Co. 10.25 que se *vende* en la carnicería, comed
He. 12.16 sola comida *vendió* su primogenitura
Ap. 13.17 que ninguno pudiese comprar ni *vender*

VENDIMIA
Lv. 26.5 alcanzará a la *v,* y la *v* alcanzará a
Jue. 8.2 no es el rebusco de. .mejor que la *v* de
Is. 24.13 será. .como rebuscos después de la *v*
32.10 la *v* faltará, y la cosecha no vendrá
Jer. 48.32 vid. .y sobre tu *v* vino el destruidor
Mi. 7.1 cuando han rebuscado después de la *v,* y

VENDIMIADOR
Jer. 6.9 tu mano como *v* entre los sarmientos
49.9 *v* hubieran venido contra ti, ¿no habrían
Abd. 5 si entraran a ti *v,* ¿no dejarían algún

VENDIMIAR
Lv. 25.5 las uvas de tu viñedo no *vendimiarás*
25.11 la tierra, ni *vendimiaréis* sus viñedos
Dt. 24.21 *vendimies* tu viña, no rebuscarás tras
Jue. 9.27 *vendimiaron* sus viñedos, y pisaron la
Job 24.6 y los impíos *vendimian* la viña ajena
Sal. 80.12 y la *vendimian* todos los que pasan
Is. 62.9 y los que lo *vendimian,* lo beberán en
Lc. 6.44 no. .ni de las zarzas se *vendimian* uvas
Ap. 14.18 y *vendimia* los racimos de la tierra
14.19 *vendimió* la viña de la tierra, y echó

VENENO
Dt. 32.24 fieras. .*v* de serpientes de la tierra
32.33 *v* de serpientes es su vino, y ponzoña
Job 6.4 las saetas del. .cuyo *v* bebe mi espíritu
20.16 *v* de áspides chupará; lo matará lengua
Sal. 58.4 *v* tienen como *v* de serpiente. .áspid
140.3 *v* de áspid hay debajo de sus labios
Am. 6.12 vosotros convertido el juicio en *v*
Ro. 3.13 *v* de áspides hay debajo de sus labios
Stg. 3.8 la lengua, que es. .llena de *v* mortal

VENERABLE
Is. 9.15 el anciano y *v* de rostro es la cabeza

VENERAR
Is. 58.13 día santo. .y lo *venerares,* no andando
Hch. 5.34 Gamaliel. .*venerado* de todo el pueblo
19.27 de aquella a quien *venera* toda Asia, y
He. 12.9 nos disciplinaban, y los *venerábamos*

VENERO
Job 28.1 la plata tiene sus *v,* y el oro lugar

VENGADOR, RA
Lv. 26.25 traeré sobre vosotros espada *v,* en
Nm. 35.12 serán. .ciudades para refugiarse del *v*
35.19 el *v* de la sangre, él dará muerte al
35.21 el *v* de la sangre matará al homicida
35.24 entre el que causó la muerte y el *v* de
35.25 librará al. .de mano del *v* de la sangre
35.27 el *v* de la sangre le hallare fuera del
35.27 y el *v* de la sangre matare al homicida
Dt. 19.6 no sea que el *v* de la sangre. .persiga
19.12 entregarán en mano del *v* de la sangre
Jos. 20.3 os servirán de refugio contra el *v* de
20.5 si el *v* de la sangre le siguiere, no
20.9 no muriese por mano del *v* de la sangre
2 S. 14.11 el *v* de la sangre no aumente el daño
Nah. 1.2 Jehová es Dios celoso y *v*. .*v* y lleno
Ro. 13.4 *v* para castigar al que hace lo malo
1 Ts. 4.6 el Señor es *v* de todo esto, como ya

VENGANZA
Nm. 31.2 haz la *v* de los hijos de Israel contra
31.3 vayan. .y hagan la *v* de Jehová en Madián
Dt. 32.35 mía es la *v* y la retribución; a su
32.41 yo tomaré *v* de mis enemigos, y daré la
32.43 él vengará la. .tomará *v* de sus enemigos
Jue. 11.36 Jehová ha hecho *v* en tus enemigos
16.28 que de una vez. .tome *v* de los filisteos
1 S. 14.24 coma pan. .antes que haya tomado *v* de
18.25 que sea tomada *v* de los enemigos del rey
2 S. 3.27 en *v* de la muerte de Asael su hermano
Sal. 58.10 alegrará el justo cuando viere la *v*
79.10 la *v* de la sangre de tus siervos que fue
94.1 Dios de las *v,* Dios de las *v,* muéstrate
149.7 ejecutar *v* entre las naciones, y castigo
Pr. 6.34 celos. .no perdonará en el día de la *v*
Is. 34.8 porque es día de *v* de Jehová, año de
59.17 cabeza; tomó ropas de *v* por vestidura
61.2 el año de. .y el día de *v* del Dios nuestro
63.4 el día de la *v* está en mi corazón, y el
Jer. 11.20 vea yo tu *v* de ellos; porque ante ti
20.10 contra él. .y tomaremos de él nuestra *v*
20.12 vea yo tu *v* de ellos; porque a ti he
50.15 porque es *v* de Jehová. Tomad *v* de ella
50.28 la retribución de. .de la *v* de su templo
51.6 el tiempo es de *v* de Jehová; le dará su
51.11 porque *v* es de Jehová, y *v* de su templo
51.36 yo juzgo tu causa y haré tu *v;* y secaré
Lm. 3.60 has visto toda su *v*. .sus pensamientos
Ez. 24.8 pues, hecho subir la ira para hacer *v*
25.12 hizo Edom, tomando *v* de la casa de Judá
25.14 y pondré mi *v* contra Edom en manos de
25.14 y conocerán mi *v,* dice Jehová el Señor
25.15 por lo que hicieron los filisteos con *v*
25.17 haré. .grandes *v* con reprensiones de ira
25.17 sabrán que. .cuando haga mi *v* en ellos
Mi. 5.15 con ira y con. .haré *v* en las naciones
Nah. 1.9 no tomará *v* dos veces de sus enemigos
Ro. 12.19 mía es la *v,* yo pagaré, dice el Señor
He. 10.30 mía es la *v,* yo daré el pago, dice el

VENGAR
Gn. 4.24 siete veces será *vengado* Caín, Lamec
Lv. 19.18 no te *vengarás,* ni guardarás rencor

VENGAR ***(Continúa)***

Dt. 32.43 él *vengará* la sangre de sus siervos
Jos. 10.13 hasta que la gente se hubo *vengado* de
Jue. 15.7 me *vengaré* de vosotros, y. .desistiré
1 S. 24.12 juzgue Jehová. .*véngueme* de ti Jehová
25.26 el venir. .y *vengarte* por tu propia mano
25.31 por. .o por haberte *vengado* por ti mismo
25.33 de ir. .a *vengarme* por mi propia mano
2 S. 4.8 y Jehová ha *vengado* hoy a mi señor el
22.48 Dios que *venga* mis agravios, y sujeta
2 R. 9.7 para que yo *vengue* la sangre de mis
Est. 8.13 aquel día. .*vengarse* de sus enemigos
Sal. 18.47 el Dios que *venga* mis agravios, y
Pr. 20.22 no digas: Yo me *vengaré;* espera a
Is. 1.24 dice el. .me *vengaré* de mis adversarios
Jer. 5.9 dijo. .¿no se había de *vengar* mi alma?
5.29 ¿y de tal gente no se *vengará* mi alma?
9.9 de tal nación, ¿no se *vengará* mi alma?
15.15 y visítame, y *véngame* de mis enemigos
46.10 día será. .para *vengarse* de sus enemigos
Ez. 25.12 que hizo Edom. .se *vengaron* de ellos
25.15 los filisteos. .se *vengaron* con despecho
Jl. 3.4 ¿queréis vengaros. .si de mí os *vengáis*
Nah. 1.2 se *venga* de sus adversarios, y guarda
Hch. 7.24 e hiriendo al. .*vengó* al oprimido
Ro. 12.19 no os *venguéis* vosotros mismos
Ap. 6.10 no juzgas y *vengas* nuestra sangre en
19.2 ha *vengado* la sangre de sus siervos de

VENGATIVO

Sal. 8.2 para hacer callar al enemigo y al *v*
44.16 la voz. .por razón del enemigo y del *v*

VENIDA

Gn. 30.30 porque poco tenías antes de mi *v*, y
1 S. 16.4 miedo, y dijeron: ¿Es pacífica tu *v?*
1 R. 2.13 a Betsabé. .le dijo: ¿Es tu *v* de paz?
2 Cr. 32.2 viendo. .Ezequías la *v* de Senaquerib
Esd. 3.8 año segundo de su *v* a la casa de Dios
Is. 14.9 despertó muertos que en tu *v* saliesen
Jer. 8.7 la grulla. .guardan el tiempo de su *v*
46.13 acerca de la *v* de Nabucodonosor rey de
Dn. 8.17 con su *v* me asombré, y me postré sobre
11.29 no será la postrera *v* como la primera
Mal. 3.2 ¿y quién. .soportar el tiempo de su *v?*
Mt. 24.3 qué señal habrá de tu *v*, y del fin del
24.27,39 también la *v* del Hijo del Hombre
24.37 Noé, así será la *v* del Hijo del Hombre
Hch. 7.52 a los que anunciaron. .la *v* del Justo
13.24 antes de su *v*, predicó Juan el bautismo
1 Co. 15.23 luego los que son de Cristo, en su *v*
16.17 me regocijo con la *v* de Estéfanas, de
2 Co. 7.6 pero Dios. .consoló con la *v* de Tito
7.7 y no sólo con su *v*, sino también con la
1 Ts. 2.19 lo sois vosotros, delante. .en su *v?*
3.13 en la *v* de nuestro Señor Jesucristo con
4.15 habremos quedado hasta la *v* del Señor
5.23 sea guardado irreprensible para la *v* de
2 Ts. 2.1 con respecto a la *v* de nuestro Señor
2.8 y destruirá con el resplandor de su *v*
2 Ti. 4.8 sino también a todos los que aman su *v*
Stg. 5.7 tened paciencia hasta la *v* del Señor
5.8 tened. .paciencia. .*v* del Señor se acerca
2 P. 1.16 hemos dado a conocer el poder y la *v*
3.12 esperando. .*v* del día de Dios, en el cual
1 Jn. 2.28 para que en su *v* no nos alejemos de él

VENIDERO, RA

Gn. 49.1 que os ha de acontecer en los días *v*
Dt. 29.22 y dirán las generaciones *v*, vuestros
Sal. 48.13 para que lo contéis a la generación *v*
78.4 contando a la generación *v* las alabanzas
78.6 para que lo sepa la generación *v*, y los
102.18 se escribirá esto para la generación *v*
Ec. 2.16 pues en los días *v* ya todo será olvidado
Is. 44.7 ¿y quién proclamará lo *v*, lo declarará
Mt. 3.7 ¿quién os enseñó a huir de la ira *v?*
12.32 no le será. .ni en este siglo ni en el *v*
Mr. 10.30 reciba. .en el siglo *v* la vida eterna
Lc. 3.7 ¿quién os enseñó a huir de la ira *v?*
18.30 recibir. .en el siglo *v* la vida eterna
Hch. 24.25 al disertar. .del juicio *v*, Félix se
Ro. 8.18 no son comparables con la gloria *v* que
Ef. 1.21 no sólo en este siglo, sino. .en el *v*
2.7 en los siglos *v* las abundantes riquezas de
1 Ts. 1.10 Jesús, quien nos libra de la ira *v*
1 Ti. 4.8 tiene promesa de esta vida. .y de la *v*
He. 2.5 no sujetó a los ángeles el mundo *v*
6.5 gustaron de la. .y los poderes del siglo *v*
9.11 Cristo, sumo sacerdote de los bienes *v*
10.1 ley, teniendo la sombra de los bienes *v*
11.20 fe bendijo Isaac a. .respecto a cosas *v*

VENIR

Gn. 7.6 el diluvio de las aguas *vino* sobre la
7.10 las aguas del diluvio *vinieron* sobre la
7.15 *vinieron*. .con Noé al arca, de dos en dos
7.16 los que *vinieron*, macho y hembra de. .*v*
9.14 cuando haga *venir* nubes sobre la tierra
11.31 y *vinieron* hasta Harán, y se quedaron
13.18 Abram, pues. .*vino* y moró en el encinar
14.5 en el año decimocuarto *vino* Quedorlaomer
14.7 volvieron y *vinieron* a En-mispat, que es
14.13 y *vino* uno de los que escaparon, y lo
15.1 *vino* la palabra de Jehová a Abram en
15.4 *vino* a él palabra de Jehová, diciendo: No
15.15 tú *vendrás* a tus padres en paz, y serás
16.8 dijo. .¿de dónde *vienes* tú, y a dónde vas?
17.16 madre. .reyes de pueblos *vendrán* de ella
17.21 Sara. .te dará a luz. .el año que *viene*
18.19 haga *venir* Jehová sobre Abraham lo que
18.21 según el clamor que ha *venido* hasta mí
19.2 os ruego que *vengáis* a casa de vuestro
19.5 ¿dónde están los varones que *vinieron* a
19.8 que *vinieron* a la sombra de mi tejado
19.9 *vino* este extraño para habitar entre
19.32 *ven*, demos de beber vino a nuestro padre
20.3 *vino* a Abimelec en sueños de noche, y le
23.2 y *vino* Abraham a hacer duelo por Sara
24.5 quizá la mujer no querrá *venir* en pos de
24.8 la mujer no quisiere *venir* en pos de ti
24.30 *vino* a él; y he aquí que estaba con los
24.31 dijo: *Ven*, bendito de Jehová; ¿por qué
24.32 el hombre *vino* a casa, y Labán desató
24.32 pies de los hombres que con él *venían*
24.62 *venía*. .del pozo del Viviente-que-me-ve
24.63 miró, y he aquí los camellos que *venían*
24.65 ¿quién es este varón que *viene* por el
25.18 enfrente de Egipto *viniendo* a Asiria
26.26 Abimelec *vino* a él desde Gerar. .Ficol
26.27 y les dijo Isaac: ¿Por qué *venís* a mí
26.32 que *vinieron* los criados de Isaac, y le
27.33 ¿quién es el que *vino* aquí, que trajo
27.33 y comí de todo antes que tú *vinieses?*
27.35 *vino* tu hermano con engaño, y tomó tu
29.6 aquí Raquel su hija *viene* con las ovejas
29.9 Raquel *vino* con el rebaño de su padre
29.25 *venida* la mañana, he aquí que era Lea
30.11 y dijo Lea: *Vino* la ventura; y llamó su
30.33 cuando *vengas* a reconocer mi salario
30.38 *venían* a beber las. .procreaban cuando *v*
30.42 cuando *venían* las ovejas más débiles, no
31.24 y *vino* Dios a Labán arameo en sueños
31.36 ardor hayas *venido* en mi persecución?
31.44 *ven*, pues, ahora, y hagamos pacto tú y
32.6 *vinimos* a tu hermano Esaú, y el. .*viene*
32.8 si *viene* Esaú contra un campamento y lo
32.11 no *venga* acaso y me hiera la madre con
32.13 de lo que le *vino* a la mano un presente
32.18 Esaú; y también él *viene* tras nosotros
32.20 aquí tu siervo Jacob *viene* tras nosotros
33.1 y he aquí *venía* Esaú, y los 400 hombres
33.6 *vinieron* las siervas, ellas y sus niños
33.7 *vino* Lea con sus niños, y se inclinaron
33.15 contigo de la gente que *viene* conmigo
33.18 cuando *venía* de Padan-aram; y acampó
34.5 oyó. .calló Jacob hasta que ellos *viniesen*
34.7 y los hijos de Jacob *vinieron* del campo
34.20 hijo *vinieron* a la puerta de su ciudad
34.25 *vinieron* contra la ciudad, que estaba
34.27 hijos de Jacob *vinieron* a los muertos
35.27 *vino* Jacob a Isaac su padre a Mamre, a
36.17 estos hijos *vienen* de Basemat mujer de
37.10 *vendremos* yo y. .a postrarnos en tierra
37.13 tus hermanos. .*ven*, y te enviaré a ellos
37.19 uno al otro: He aquí *viene* el soñador
37.20 *venid*, y matémosle y echémosle en una
37.25 una compañía de ismaelitas que *venía* de
37.27 *venid*, y vendámosle a los ismaelitas
39.14 *vino* él a mí para dormir conmigo, y yo
39.16 la ropa de José, hasta que *vino* su señor
39.17 el siervo. .*vino* a mí para deshonrarme
40.6 *vino* a ellos José por la mañana, y los
41.14 y mudó sus vestidos, y *vino* a Faraón
41.29 *vienen* siete años de gran abundancia en
41.35 junten. .de estos buenos años que *vienen*
41.50 nacieron. .dos hijos antes que *viniese*
41.54 comenzaron a *venir* los siete años del
41.57 *venían* a Egipto para comprar de José
42.5 *vinieron* los hijos de Israel a comprar
42.5 a comprar entre los que *venían;* porque
42.7 y les dijo: ¿De dónde habéis *venido?*
42.9,12 ver lo descubierto del. .habéis *venido*
42.10 siervos han *venido* a comprar alimentos
42.15 cuando vuestro hermano menor *viniere*
42.21 ha *venido* sobre nosotros esta angustia
42.29 *venidos* a Jacob su padre en tierra de
43.7 nos diría: Haced *venir* a vuestro hermano?
43.25 prepararon. .entretanto que *venía* José
43.26 *vino* José a casa, y ellos le trajeron
44.3 *venida* la mañana, los hombres fueron
44.14 *vino* Judá con sus hermanos a casa de
45.9 dice tu hijo. .*ven* a mí, no te detengas
45.16 los hermanos de José han *venido*. Y esto
45.18 tomad a vuestro padre y a. .y *venid* a mí
45.19 manda. .y traed a vuestro padre, y *venid*
46.1 salió Israel con todo. .*vino* a Beerseba
46.6 tomaron sus ganados. .*vinieron* a Egipto
46.26 las personas que *vinieron* con Jacob a
46.28 para que le *viniese* a ver en Gosén; y
46.29 José. .*vino* a recibir a Israel su padre
46.31 mis hermanos. .padre. .han *venido* a mí
47.1 *vino* José y lo hizo saber a Faraón, y
47.1 mi padre y. .han *venido* de la tierra de
47.4 para morar en esta tierra hemos *venido*
47.5 tu padre y tus hermanos han *venido* a ti
47.15 *vino* todo Egipto a José, diciendo: Danos
47.18 año, *vinieron* a él el segundo año, y le
48.2 le hizo saber. .tu hijo José *viene* a ti
48.5 que te nacieron. .antes que *viniese* a ti
48.7 porque cuando yo *venía* de Padan-aram, se
48.7 como media legua de. .*viniendo* a Efrata
49.10 no será quitado. .hasta que *venga* Siloh
50.18 *vinieron*. .sus hermanos y se postraron
Éx. 1.10 acontezca que *viniendo* guerra. .se una a
1.19 y dan a luz antes que la partera *venga*
2.16 *vinieron* a sacar agua para llenar las
2.17 los pastores *vinieron* y las echaron de
2.18 ¿por qué habéis *venido* hoy tan pronto?
3.9 el clamor, pues. .ha *venido* delante de mí
5.3 que no *venga* sobre nosotros con peste o
5.15 los capataces de los. .*vinieron* a Faraón
5.23 desde que yo *vine* a Faraón para hablarle
7.10 *vinieron*, pues, Moisés y Aarón a Faraón
8.7 hicieron *venir* ranas sobre la tierra de
8.24 *vino* toda clase de moscas molestísimas
9.22 que *venga* granizo en toda la tierra de
10.3 *vinieron* Moisés y Aarón a Faraón, y le
10.13 y al *venir* la mañana el viento oriental
14.10 aquí que los egipcios *venían* tras ellos
16.1 la congregación. .*vino* al desierto de Sin
16.13 y *venida* la tarde, subieron codornices
16.22 *vinieron* y. .lo hicieron saber a Moisés
17.8 *vino* Amalec y peleó contra Israel en
18.5 y Jetro el. .*vino* a Moisés en el desierto
18.6 yo tu suegro. .*vengo* a ti, con tu mujer
18.7 salió a recibir. .y *vinieron* a la tienda
18.15 pueblo *viene* a mí para consultar a Dios
18.16 *vienen* a mí; y yo juzgo entre el uno y
19.7 *vino* Moisés, y llamó a los ancianos del
19.9 yo *vengo*. .en una nube. .que el pueblo oiga
19.16 cuando *vino* la mañana, *vinieron* truenos
20.20 no temáis. .para probaros *vino* Dios, y
20.24 mi nombre, *vendré* a ti y te bendeciré
22.9 la causa. .*vendrá* delante de los jueces
24.3 Moisés *vino* y contó al pueblo. .palabras
29.30 cuando *venga* al tabernáculo de reunión
34.34 cuando *venía* Moisés delante de Jehová
35.10 sabio de. .*vendrá* y hará todas las cosas
35.21 y *vino* todo varón a quien su corazón
35.22 *vinieron*. .hombres como mujeres, todos
36.2 le movió a *venir* a la obra para trabajar
36.4 *vinieron* todos los maestros que hacían
Lv. 9.5 y *vino* toda la congregación y se puso
12.4 ni *vendrá* al santuario, hasta cuando sean
13.16 la carne. .entonces *vendrá* al sacerdote
14.35 *vendrá* aquel de quien fuere la casa y
15.14 *vendrá* delante de Jehová a la puerta del
15.32 *viniendo* a ser inmundo a causa de ello
16.23 después *vendrá* Aarón al tabernáculo de
22.5 hombre por el cual *venga* a ser inmundo
25.8 de años *vendrán* a serte cuarenta y nueve
25.22 que *venga* su fruto, comeréis del añejo
25.25 *vendrá* y rescatará lo que su hermano
Nm. 4.5 *vendrán* Aarón. .y desarmarán el velo de
4.15 *vendrán* después de ello. .hijos de Coat
4.19 Aarón. .*vendrán* y los pondrán. .su oficio
5.14 si *viniere* sobre él espíritu de celos
6.13 *vendrá* a la puerta del tabernáculo de
8.15 de eso *vendrán* los levitas a ministrar en
8.22 *vinieron* después los levitas para ejercer
9.6 y *vinieron* delante de Moisés y. .de Aarón
10.29 *ven* con nosotros, y te haremos bien
10.32 si *vienes* con nosotros. .te haremos bien
11.26 éstos. .no habían *venido* al tabernáculo
11.31 y *vino* un viento de Jehová. .codornices
13.22 y subieron al. .y *vinieron* hasta Hebrón
13.26 *vinieron* a Moisés y a Aarón, y a toda la
16.13 que nos hayas hecho *venir* de una tierra
16.43 y *vinieron* Moisés y Aarón delante del
17.8 aconteció. .el día siguiente *vino* Moisés
17.13 el que *viniere* al tabernáculo. .morirá
18.5 que no *venga* más la ira sobre. .de Israel
20.4 ¿por qué hiciste *venir* la congregación
20.14 has sabido. .trabajo que nos ha *venido*
20.22 partiendo de. .*vinieron* al monte de Hor
21.1 que *venía* Israel por el camino de Atarim
21.7 *vino* a Moisés y dijo: Hemos pecado por
21.16 de allí *vinieron* a Beer. .es el pozo del
21.18 cavaron. .Del desierto *vinieron* a Matana
21.23 y *vino* a Jahaza y peleó contra Israel
21.27 dicen los proverbistas: *Venid* a Hesbón
22.6,11,17 *ven*, pues. .maldíceme este pueblo
22.9 y *vino* Dios a Balaam, y le dijo: ¿Qué
22.14 príncipes de Moab. .*vinieron* a Balac y
22.14 Balac y dijeron: Balaam no quiso *venir*
22.16 cuales *vinieron* a Balaam, y le dijeron
22.16 te ruego que no dejes de *venir* a mí
22.20 *vino* Dios a Balaam de noche, y le dijo
22.20 si *vinieron* para llamarte estos hombres
22.36 oyendo Balac que Balaam *venía*, salió a
22.37 ¿por qué no has *venido* a mí? ¿No puedo
22.38 Balaam respondió. .yo he *venido* a ti; mas
23.3 quizá Jehová me *vendrá* al encuentro, y
23.4 *vino* Dios al encuentro de Balaam, y éste
23.7 *ven*, maldíceme a Jacob, y *v*, execra a
23.13 ruego que *vengas* conmigo a otro lugar
23.17 *vino* a él, y he aquí que él estaba junto
23.27 te ruego que *vengas*, te llevaré a otro
24.2 vio. .y el Espíritu de Dios *vino* sobre él
24.14 *ven*, te indicaré lo que. .ha de hacer a

VENIR *(Continúa)*

Nm. 24.24 *vendrán* naves de la costa de Quitim, y
25.6 un varón de. .*vino* y trajo una madianita
27.1 *vinieron* las hijas de Zelofehad hijo de
31.21 a los hombres. .que *venían* de la guerra
31.48 *vinieron* a Moisés los jefes de. .millares
32.2 *vinieron*, pues, los hijos de Gad y los
32.9 desalentaron. .que no *viniesen* a la tierra
32.16 entonces. .*vinieron* a Moisés y dijeron
33.9 de Mara y *vinieron* a Elim, donde había
33.40 que habían *venido* los hijos de Israel
36.4 y cuando *viniere* el jubileo de. .Israel
Dt. 1.22 *vinisteis* a mí. .vosotros, y dijisteis
2.15 la mano de Jehová *vino* sobre ellos para
4.34 ha intentado Dios *venir* a tomar para sí
5.23 *vinisteis* a mí, todos los príncipes de
11.4 aguas del Mar Rojo, cuando *venían* tras
12.26 *vendrás* con ellas al lugar que Jehová
14.25 y *vendrás* al lugar que Jehová tu Dios
14.29 *vendrá* el levita, que no tiene parte
17.9 *vendrás* a los sacerdotes levitas, y al
18.6 *viniere*. .al lugar que Jehová escogiere
20.19 no es hombre para *venir* contra ti en el
21.5 entonces *vendrán* los sacerdotes hijos de
25.8 los ancianos. .lo harán *venir*, y hablarán
27.9 hoy has *venido* a ser pueblo de Jehová tu
28.2 *vendrán* sobre ti todas estas bendiciones
28.15,45 y *vendrán*. .todas estas maldiciones
29.22 y el extranjero que *vendrá* de lejanas
30.1 que cuando hubieren *venido*. .estas cosas
31.11 *viniere*. .Israel a presentarse delante de
31.17 y *vendrán* sobre ellos muchos males y
31.17 ¿no me han *venido* estos males porque no
31.21 les *vinieren* muchos males y angustias
31.29 os ha de *venir* mal en los postreros días
32.17 a nuevos dioses *venidos* de cerca, que no
32.44 *vino* Moisés y recitó todas las palabras
33.2 *vino* de Sinaí, y de Seir les esclareció
33.2 y *vino* de entre diez millares de santos
33.16 la gracia. .*venga* sobre la cabeza de José
33.21 y *vino* en la delantera del pueblo; con
Jos. 2.2 hombres de. .hijos de Israel han *venido*
2.3 a Rahab: Saca a los hombres que han *venido*
2.3 han *venido* para espiar toda la tierra
2.4 es verdad que unos hombres *vinieron* a mí
2.23 y *vinieron* a Josué hijo. .y le contaron
3.1 partieron de. .y *vinieron* hasta el Jordán
3.13 las aguas que *vienen*. .se detendrán en
3.16 las aguas que *venían* de. .se detuvieron
5.14 mas como Príncipe del. .he *venido* ahora
8.19 *vinieron* a la ciudad, y la tomaron, y se
9.6 *vinieron* a Josué al campamento en Gilgal
9.6 *venimos* de tierra muy lejana; haced, pues
9.8 y Josué. .¿Quiénes sois. .y de dónde *venís?*
9.9 siervos han *venido* de tierra muy lejana
9.12 el día que salimos para *venir* a vosotros
9.20 no *venga* ira sobre nosotros por causa del
10.9 Josué *vino* a ellos de repente, habiendo
10.24 y dijo a los. .que habían *venido* con él
11.5 todos estos reyes. .*vinieron* y acamparon
11.7 y Josué. .*vino* de repente contra ellos
11.20 esto *vino* de Jehová, que endurecía el
11.21 *vino* Josué y destruyó a los anaceos de
14.6 hijos de Judá *vinieron* a Josué en Gilgal
14.14 Hebrón *vino* a ser heredad de Caleb hijo
17.4 *vinieron* delante del sacerdote Eleazar
21.1 los levitas *vinieron* al sacerdote Eleazar
22.17 este día, por la cual *vino* la mortandad
22.20 y *vino* ira sobre toda la congregación
22.27 sea un testimonio. .entre los que *vendrán*
22.28 digan a nosotros, o a. .en lo por *venir*
23.15 así como ha *venido*. .toda palabra buena
24.7 hizo *venir* sobre ellos el mar, el cual
24.11 pasasteis el. .*vinisteis* a Jericó, y los
Jue. 3.10 el Espíritu de Jehová *vino* sobre él
3.13 *vino* e hirió a Israel, y tomó la ciudad
3.24 *vinieron* todos los siervos del rey, los
4.12 *vinieron*, pues, a Sísara las nuevas de que
4.18 ven, señor mío, *ven* a mí. .Y él *vino* a ella
4.20 y si alguien *viniere*, y te preguntare
4.22 y le dijo: *Ven*, y te mostraré al varón
5.14 *vinieron* los radicados en Amalec, en pos
5.19 *vinieron* reyes y pelearon; entonces
5.23 porque no *vinieron* al socorro de Jehová
5.28 dice: ¿Por qué tarda su carro en *venir?*
6.5 *venían* con sus tiendas. .así *v* a la tierra
6.11 y *vino* el ángel de Jehová, y se sentó
6.34 el Espíritu de Jehová *vino* sobre Gedeón
8.4 y *vino* Gedeón al Jordán, y pasó él y los
9.5 y *viniendo* a la casa de su padre en Ofra
9.12 la vid: Pues *ven* tú, reina sobre nosotros
9.15 *venid*, abrigaos bajo de mi sombra; y si
9.26 Gaal hijo de Ebed *vino* con sus hermanos
9.31 Gaal hijo de Ebed. .han *venido* a Siquem
9.37 tropa *viene* por el camino de la encina
9.52 *vino* Abimelec a la torre, y. .prenderle
9.57 *vino* sobre ellos la maldición de Jotam
11.6 y dijeron a Jefté: *Ven*, y serás nuestro
11.7 ¿por qué, pues, *venís* ahora a mí cuando
11.8 *vengas*. .y pelees contra los hijos de Amón
11.11 Jefté *vino* con los ancianos de Galaad
11.12 que has *venido* a mí para hacer guerra
11.18 *viniendo* por el lado oriental de. .Moab
11.29 el Espíritu de Jehová *vino* sobre Jefté
11.35 tú. .has *venido* a ser causa de mi dolor
13.6 la mujer *vino* y se lo contó a su marido
13.6 un varón de Dios *vino* a mí, cuyo aspecto
13.8 aquel varón de Dios. .vuelva ahora a *venir*
13.10 aquel varón que *vino* a mí el otro día
13.11 *vino* al varón, y le dijo: ¿Eres tú aquel
14.4 madre no sabían que esto *venía* de Jehová
14.5 un león joven que *venía* rugiendo hacia
14.6 el Espíritu de Jehová *vino* sobre Sansón
14.10 *vino*. .su padre adonde estaba la mujer
14.19 y el Espíritu de Jehová *vino* sobre él
15.6 y *vinieron* los filisteos y la quemaron a
15.11 *vinieron* tres mil hombres de Judá a la
15.12 nosotros hemos *venido* para prenderte y
15.13 ataron. .y le hicieron *venir* de la peña
15.14 así que *vino* hasta Lehi, los filisteos
15.14 el Espíritu de Jehová *vino* sobre él, y
16.2 fue dicho a los de Gaza: Sansón ha *venido*
16.5 y *vinieron* a ella los príncipes de los
16.18 *venid* esta vez. .me ha descubierto todo
16.18 *vinieron* a ella, trayendo en. .el dinero
17.8 este hombre partió. .*vino* a casa de Micaía
17.9 Micaía le dijo: ¿De dónde *vienes?* Y el
18.2 éstos *vinieron* al monte de Efraín, hasta
18.7 salieron, y *vinieron* a Lais; y vieron que
18.13 de allí. .*vinieron* hasta la casa de Micaía
18.15 *vinieron* a la casa del joven levita, en
18.19 pon la mano sobre tu boca, y *vente* con
19.11 *ven*. .y vámonos a esta. .de los jebuseos
19.13 *ven*, sigamos hasta uno de esos lugares
19.16 un hombre viejo que *venía* de su trabajo
19.17 dijo: ¿A dónde vas, y de dónde *vienes?*
19.26 y cuando ya amanecía, *vino* la mujer, y
20.26 subieron. .y *vinieron* a la casa de Dios
20.34 *vinieron* contra Gabaa diez mil hombres
20.41 que el desastre había *venido* sobre ellos
21.2 y *vino* el pueblo a la casa de Dios, y se
21.8 que ninguno de Jabes-galaad había *venido*
21.22 si *vinieren* los padres de ellas o sus
Rt. 2.4 *vino* de Belén, y dijo a los segadores
2.11 has *venido* a un pueblo que no conociste
2.12 bajo cuyas alas has *venido* a refugiarte
2.14 *ven*. .y come del pan, y moja tu bocado en
3.7 *vino*. .y le descubrió los pies y se acostó
3.14 dijo: No se sepa que *vino* mujer a la era
4.1 eh, fulano, *ven* acá. .Y él *vino* y se sentó
1 S. 2.13 *venía* el criado del sacerdote. .cocía
2.14 hacían con todo israelita que *venía* a
2.15 *venía* el criado del sacerdote, y decía
2.27 *vino* un varón de Dios a Elí, y le dijo
2.31 *vienen* días en que cortaré tu brazo y el
2.36 quedado en tu casa *vendrá* a postrarse
3.6,8 *vino* a Elí y dijo: Heme aquí; ¿para qué
3.10 *vino* Jehová y se paró, y llamó como las
4.3 para que *viniendo* entre nosotros nos salve
4.7 decían: Ha *venido* Dios al campamento
4.14 hombre *vino* aprisa y dio las nuevas a Elí
4.16 dijo. .a Elí. .Yo *vengo* de la batalla, he
5.10 cuando el arca de Dios *vino* a Ecrón, los
6.14 y el carro *vino* al campo de Josué de
7.1 *vinieron* los de Quiriat-jearim y llevaron
8.4 todos. .*vinieron* a Ramá para ver a Samuel
9.5 cuando *vinieron* a la tierra de Zuf, Saúl
9.5 *ven*, volvámonos; porque quizá mi padre
9.9 decía. .*Venid* y vamos al vidente; porque
9.12 ha *venido*. .en atención a que el pueblo
9.14 Samuel *venía*. .para subir al lugar alto
9.15 día antes que Saúl *viniese*, Jehová había
10.6 el Espíritu de Jehová *vendrá* sobre ti con
10.7 haz lo que te *viniere* a la mano, porque
10.8 espera siete días, hasta que yo *venga* a
10.10 una compañía. .que *venía* a encontrarse
10.10 el Espíritu de Dios *vino* sobre él con
10.22 preguntaron. .aún no había *venido* aquel
11.5 Saúl. .*venía* del campo, tras los bueyes
11.6 Espíritu de Dios *vino* sobre él con poder
11.9 y respondieron a los. .que habían *venido*
11.9 *vinieron*. .y lo anunciaron a los de Jabes
11.14 *venid*, vamos a Gilgal. .renovemos allí el
12.12 que Nahas rey de. .*venía* contra vosotros
13.8 Samuel no *venía* a Gilgal, y el pueblo se
13.10 él acababa de. .he aquí Samuel que *venía*
13.11 no *venías* dentro del plazo señalado, y
14.1 Jonatán. .*Ven* y pasemos a la guarnición de
14.6 *ven*, pasemos a la guarnición de estos
14.21 los hebreos que. .habían *venido* con ellos
14.38 Saúl: *Venid* acá todos los principales
15.5 y *viniendo* Saúl a la ciudad de Amalec
15.10 y *vino* palabra de Jehová a. .diciendo
15.12 Saúl ha *venido* a Carmel, y he aquí se
15.13 *vino*. .Samuel a Saúl, y Saúl le dijo
15.32 Agag *vino* a él alegremente. Y dijo Agag
16.1 *ven*, te enviaré a Isaí de Belén, porque
16.2 a ofrecer sacrificio a Jehová he *venido*
16.5 sí, *vengo* a ofrecer sacrificio a. .*venid*
16.6 que cuando ellos *vinieron*, él vio a Eliab
16.11 no nos sentaremos. .hasta que él *venga*
16.13 el Espíritu de Jehová *vino* sobre David
16.21 *viniendo* David a Saúl, estuvo delante de
16.23 cuando el espíritu. .*venía* sobre Saúl
17.8 escoged. .un hombre que *venga* contra mí
17.16 *venía*, pues, aquel filisteo por la mañana
17.28 conozco. .para ver la batalla has *venido*
17.31 las refirieron. .Saúl; y él lo hizo *venir*
17.34 *venía* un león, o. .y tomaba algún cordero
17.41 el filisteo *venía*. .acercándose a David
17.43 ¿soy yo perro, para que *vengas* a mí con
17.44 *ven* a mí, y daré tu carne a las aves del
17.45 tú *vienes* a. .yo *vengo* a ti en el nombre
19.9 y el espíritu malo de. .*vino* sobre Saúl
19.18 y escapó, y *vino* a Samuel en Ramá, y le
19.20 y *vino* el Espíritu de Dios sobre los
19.23 y también *vino* sobre él el Espíritu de
20.1 David. .*vino* delante de Jonatán, y dijo
20.11 y Jonatán dijo. .*Ven*, salgamos al campo
20.19 luego. .*vendrás* al lugar donde estabas
20.21 tú *vendrás*, porque paz tienes, y nada
20.27 ¿por qué no ha *venido* a comer el hijo
20.29 por esto, pues, no ha *venido* a la mesa
20.38 recogió las saetas, y *vino* a su señor
21.1 *vino* David a Nob, al sacerdote Ahimelec
21.1 ¿cómo *vienes* tú solo, y nadie contigo?
22.1 su padre lo supieron, *vinieron* allí a él
22.5 David se fue, y *vino* al bosque de Haret
22.9 yo vi al hijo de Isaí que *vino* a Nob, a
22.11 el rey envió. .y todos *vinieron* al rey
23.7 dado aviso a. .David había *venido* a Keila
23.10 que Saúl trata de *venir* contra Keila, a
23.13 y *vino* a Saúl la nueva de que David se
23.16 se levantó Jonatán hijo. .y *vino* a David
23.27 *vino* un mensajero a Saúl, diciendo: *Ven*
25.8 hemos *venido* en buen día; te ruego que
25.12 *vinieron* y dijeron a David todas estas
25.20 David y sus hombres *venían* frente a ella
25.26 que Jehová te ha impedido el *venir* a
25.34 si no te hubieras dado prisa en *venir*
25.40 siervos. .*vinieron* a Abigail en Carmel
26.1 *vinieron* los zifeos a Saúl en Gabaa
26.4 supo con certeza que Saúl había *venido*
26.5 *vino* al sitio donde Saúl había acampado
27.4 *vino* a Saúl la nueva de que David había
27.11 para que *viniesen* a Gat; diciendo: No
28.4 filisteos, y *vinieron* y acamparon en Sunem
28.8 y *vinieron* a aquella mujer de noche; y él
28.10 vive Jehová, que ningún mal te *vendrá*
28.11 la mujer. .dijo: ¿A quién te haré *venir?*
28.11 y él respondió: Hazme *venir* a Samuel
28.14 un hombre anciano *viene*, cubierto de un
28.15 qué me has inquietado haciéndome *venir?*
28.21 la mujer *vino* a Saúl, y viéndole turbado
29.4,9 no *venga* con nosotros a la batalla
29.6 desde el día que *viniste* a mí hasta hoy
29.10 los siervos de. .que han *venido* contigo
30.1 David. .*vinieron* a Siclag al tercer día
30.3 *vino*. .David con los suyos a la ciudad
30.21 y *vino* David a los doscientos hombres
30.23 ha entregado. .merodeadores que *vinieron*
31.4 que no *vengan* estos. .y me traspasen, y
31.7 filisteos *vinieron* y habitaron en ellas
31.8 *viniendo* los filisteos a despojar a los
31.12 y *viniendo* a Jabes, los quemaron allí
2 S. 1.2 *vino* uno del campamento de Saúl, rotos
1.3 y le preguntó David: ¿De dónde *vienes?*
1.6 *vine* al monte de Gilboa, y hallé a Saúl
1.6 a Saúl. .y *venían* tras él carros y gente
2.4 *vinieron* los varones de Judá y ungieron a
2.23 *venían* por aquel lugar donde Asael había
3.13 no me *vengas* a ver sin que. .traigas a
3.20 *vino*, pues, Abner a David en Hebrón, y
3.20 hizo banquete a Abner y a los que. .*venido*
3.22 los siervos de David. .*venían* del campo
3.23 Abner hijo de Ner ha *venido* al rey, y él
3.24 *vino* al rey, y le dijo: ¿Qué has hecho?
3.24 Abner *vino* a ti; ¿por qué. .le dejaste que
3.25 Abner. .No ha *venido* sino para engañarte
3.35 el pueblo *vino* para persuadir a David que
5.1 *vinieron*. .las tribus de Israel a David en
5.3 *vinieron*. .los ancianos de Israel al rey
5.13 y mujeres de. .después que *vino* de Hebrón
5.18 *vinieron* los filisteos, y se extendieron
5.20 *vino* David a Baal-perazim, y allí los
5.22 y los filisteos volvieron a *venir*, y se
5.23 y *vendrás* a ellos enfrente. .balsameras
6.9 ¿cómo ha de *venir a* mí el arca de Jehová?
7.4 *vino* palabra de Jehová a Natán, diciendo
7.19 has hablado de la casa. .en lo por *venir*
8.5 *vinieron* los sirios de. .para dar ayuda a
9.2 al cual llamaron para que *viniese* a David
9.6 *vino* Mefi-boset, hijo. .y se postró sobre
10.14 volvió, pues, Joab. .y *vino* a Jerusalén
10.16 los sirios. .*vinieron* a Helam, llevando
10.17 pasando el Jordán *vino* a Helam; y los
11.4 envió. .*vino* a él, y él durmió con ella
11.7 Urías *vino* a él, David le preguntó por
11.10 dijo David. .¿No has *venido* de camino?
11.14 *venida* la mañana, escribió David a Joab
12.1 *viniendo*. .le dijo: Había dos hombres en
12.4 y *vino* uno de camino al hombre rico; y
12.4 para el caminante que había *venido* a él
12.4 la preparó para aquel que había *venido*
12.20 después *vino* a su casa, y pidió, y le
13.5 y cuando tu padre *viniere*. .dile: Te ruego
13.5 que *venga* mi hermana Tamar, para que me
13.6 acostó, pues. .y *vino* el rey a visitarle
13.6 yo te ruego que *venga* mi hermana Tamar
13.11 *ven*, hermana mía, acuéstate conmigo
13.24 y *vino* Absalón al rey, y dijo: He aquí

VENIR ***(Continúa)***

2 S. 13.24 yo ruego que *venga* el rey y sus siervos
13.26 ruego que *venga*..Amnón mi hermano
13.34 mucha gente que *venía* por el camino a
13.35 he allí los hijos del rey que *vienen;* es
13.36 he aquí los hijos del rey que *vinieron*
14.15 haber yo *venido* ahora para decir esto
14.29 mandó Absalón por Joab..no quiso *venir*
14.29 aun por segunda vez, y no quiso *venir*
14.31 levantó Joab y *vino* a casa de Absalón
14.32 *vinieses* acá..¿Para qué *vine* de Gesur?
14.33 *vino*, pues, Joab al rey..lo hizo saber
14.33 el cual *vino* al rey, e inclinó su rostro
15.2 a cualquiera que..*venía* al rey a juicio
15.4 para que *viniesen* a mí..los que tienen
15.6 hacía con..israelitas que *venían* al rey
15.13 y un mensajero *vino* a David, diciendo
15.18 hombres que habían *venido* a pie desde
15.19 dijo..¿Para qué *vienes* tú también con
15.22 *ven*, pues, y pasa. Y pasó Itai geteo, y
15.28 hasta que *venga* respuesta de vosotros
15.37 *vino* Husai amigo de David a la ciudad
16.5 y *vino* el rey David hasta Bahurim; y he
16.16 que cuando Husai..*vino* al encuentro de
17.6 Husai *vino* a Absalón, le habló Absalón
17.14 que Jehová hiciese *venir* el mal sobre
17.17 ellos no podían mostrarse *viniendo* a la
18.25 rey dijo: Si *viene* solo, buenas nuevas
18.27 es hombre de..y *viene* con buenas nuevas
18.31 *vino* el etíope, y dijo: Reciba nuevas
19.5 entonces Joab *vino* al rey en la casa, y
19.8 y *vino* todo el pueblo delante del rey
19.11 palabra de todo Israel ha *venido* al rey
19.15 volvió..el rey, y *vino* hasta el Jordán
19.15 Judá *vino* a Gilgal para recibir al rey
19.17 con él *venían* mil hombres de Benjamín
19.20 he *venido*..a recibir a mi señor el rey
19.25 que *vino* él a Jerusalén a recibir al rey
19.41 los hombres de Israel *vinieron* al rey
20.15 *vinieron* y lo sitiaron en Abel-bet-maaca
20.16 ruego que digáis a Joab que *venga* acá
23.13 tres de..*vinieron* en tiempo de la siega
24.11 *vino* palabra de Jehová al profeta Gad
24.13 *vino*..Gad a David, y se lo hizo saber
24.13 ¿quieres que te *vengan* siete años de
24.18 Gad *vino* a David..día, y le dijo: Sube
24.20 y Arauna..vio al rey..*venían* hacia él
24.21 ¿por qué *viene* mi señor..a su siervo?

1 R. 1.12 *ven* pues, ahora, y toma mi consejo
1.22 aún hablaba ella..*vino* el profeta Natán
1.35 y *vendrá* y se sentará en mi trono, y él
1.42 *vino* Jonatán hijo del sacerdote Abiatar
1.47 los siervos del rey han *venido* a bendecir
1.53 él *vino*, y se inclinó ante el rey Salomón
2.7 ellos *vinieron*..a mí, cuando iba huyendo
2.13 Adonías hijo de..*vino* a Betsabé madre de
2.19 *vino* Betsabé al rey..para hablarle por
2.28 y *vino* la noticia a Joab; porque también
2.36 envió el rey e hizo *venir* a Simei, y le
2.42 el rey envió e hizo *venir* a Simei, y le
3.15 y *vino* a Jerusalén..delante del arca del
3.16 *vinieron* al rey dos mujeres rameras, y
4.27 los que a la mesa del rey Salomón *venían*
4.34 para oir la..*venían* de todos los pueblos
5.14 *viniendo* así a estar un mes en el Líbano
6.11 y *vino* palabra de Jehová a Salomón
7.13 envió el rey..hizo *venir* de Tiro a Hiram
7.14 *vino* al rey Salomón, e hizo toda su obra
8.3 y *vinieron* todos los ancianos de Israel
8.31 *viniere* el juramento delante de tu altar
8.41 el extranjero..que *viniere* de lejanas
8.42 oirán de..y *viniere* a orar a esta casa
10.2 *vino* a Jerusalén..cuando *v* a Salomón, le
10.7 pero yo no lo creía, hasta que he *venido*
10.10 nunca *vino*..gran cantidad de especias
10.12 nunca *vino* semejante madera..ni se ha
10.22 cada tres años *venía* la flota de Tarsis
10.29 y *venía* y salía de Egipto, el carro por
11.18 y se levantaron de..y *vinieron* a Parán
11.18 de Parán, *vinieron* a Egipto, a Faraón rey
12.1 todo Israel había *venido* a Siquem para
12.3 *vino*..Jeroboam, y toda la congregación
12.12 al tercer día *vino* Jeroboam con todo el
12.21 cuando Roboam *vino* a Jerusalén, reunió
12.22 pero *vino* palabra de Jehová a Semaías
13.1 un varón de Dios..*vino* de Judá a Bet-el
13.7 el rey dijo al varón..*Ven* conmigo a casa
13.10 camino por donde había *venido* a Bet-el
13.11 un viejo profeta, al cual *vino* su hijo y
13.12,21 varón de Dios que había *venido* de
13.14 ¿eres tú el varón de..que *vino* de Judá?
13.15 le dijo: *Ven* conmigo a casa, y come pan
13.20 *vino* palabra de Jehová al profeta que
13.25 y *vinieron* y lo dijeron en la ciudad
13.29 el profeta viejo *vino* a la ciudad, para
13.32 porque sin duda *vendrá* lo que él dijo
14.4 la mujer..a Silo, y *vino* a casa de Ahías
14.5 mujer de Jeroboam *vendrá* a consultarte
14.5 cuando ella *viniere, vendrá* disfrazada
14.17 la mujer de Jeroboam se..y *vino* a Tirsa
15.29 cuando él *vino* al reino, mató a toda la
16.1 y *vino* palabra de Jehová a Jehú hijo de
16.10 *vino* Zimri y lo hirió y lo mató, en el
17.2,8 *vino*..a él palabra de Jehová, diciendo
17.18 ¿has *venido*..para traer a memoria mis
18.1 días, *vino* palabra de Jehová a Elías en
18.12 al *venir* yo y dar las nuevas a Acab, al
18.16 y Acab *vino* a encontrarse con Elías
18.45 lluvia. Y subiendo Acab, *vino* a Jezreel
19.3 *vino* a Beerseba, que está en Judá, y dejó
19.4 y *vino* y se sentó debajo de un enebro
19.9 y *vino* a él palabra de Jehová, el cual
19.13 y he aquí *vino* a él una voz, diciendo
19.20 *vino* corriendo en pos de Elías, y dijo
20.13 un profeta *vino* a Acab rey de Israel, y
20.16 los 32 reyes que habían *venido* en su
20.20 y mató cada uno al que *venía* contra él
20.22 *vino*..el profeta al rey de Israel y le
20.22 un año, el rey de Siria *vendrá* contra ti
20.26 y *vino* a Afec para pelear contra Israel
20.28 *vino*..el varón de Dios al rey de Israel
20.30 Ben-adad *vino* huyendo a la ciudad, y se
20.32 *vinieron* al rey de Israel y le dijeron
21.4 y *vino* Acab a su casa triste y enojado
21.5 *vino* a él su mujer Jezabel, y le dijo
21.13 *vinieron* entonces dos hombres perversos
21.17,28 *vino* palabra de Jehová a Elías tisbita
22.4 ¿quieres *venir*..a pelear contra Ramot de
22.15 *vino*, pues, al rey, y el rey le dijo
22.32 y *vinieron* contra él para pelear con él

2 R. 2.1 cielo, Elías *venía* con Eliseo de Gilgal
2.4 que no te dejaré..*Vinieron*, pues, a Jericó
2.7 *vinieron* 50 varones de los hijos de los
2.15 y *vinieron* a recibirle, y se postraron
3.15 la mano de Jehová *vino* sobre Eliseo
3.20 aquí *vinieron* aguas por el camino de Edom
4.1 y ha *venido* el acreedor para tomarse dos
4.7 *vino* ella..y lo contó al varón de Dios
4.8 Eliseo..*venía* a la casa de ella a comer
4.10 para que cuando él *viniere*..quede en él
4.11 un día *vino* él por allí, y se quedó en
4.12 cuando la llamó, *vino* ella delante de él
4.16 el año que *viene*, por..abrazarás un hijo
4.18 que *vino* a su padre, que estaba con los
4.25 partió, pues, y *vino* al varón de Dios
4.32 y *venido* Eliseo a la casa, he aquí que
4.42 *vino* entonces un hombre de Baal-salisa
5.8 *venga*..a mí, y sabrá que hay profeta en
5.9 y *vino* Naamán con sus caballos y con su
5.21 vio Naamán que *venía* corriendo tras él
5.22 *vinieron* a mí..del monte de Efraín dos
5.25 le dijo: ¿De dónde *vienes*, Giezi? Y él
6.3 uno: Te rogamos que *vengas* con tus siervos
6.14 los cuales *vinieron* de noche, y sitiaron
6.23 y nunca más *vinieron* bandas armadas de
6.32 antes que el mensajero *viniese* a él, dijo
6.32 y cuando *viniere* el mensajero, cerrad la
6.33 este mal de Jehová *viene.* ¿Para qué he de
7.6 los reyes..para que *vengan* contra nosotros
7.10 *vinieron*..y gritaron a los guardas de la
8.1 el hambre, la cual *vendrá* sobre la tierra
8.5 la mujer..*vino* para implorar al rey por
8.7 diciendo: El varón de Dios ha *venido* aquí
8.14 y Hazael se fue, y *vino* a su señor, el
9.11 ¿para qué *vino* a ti aquel loco? Y él les
9.17 vio la tropa de Jehú que *venía*, y dijo
9.20 marchar del que *viene* es como el marchar
9.20 Jehú hijo..porque *viene* impetuosamente
9.30 *vino* después Jehú a Jezreel; y cuando
10.6 tomad las cabezas..y *venid* a mí mañana
10.8 *vino* un mensajero que le dio las nuevas
10.9 *venida* la mañana, salió él, y estando en
10.13 hemos *venido* a saludar a los hijos del
10.16 dijo: *Ven*..y verás mi celo por Jehová
10.21 y *vinieron* todos los siervos de Baal, de
10.21 manera..no hubo ninguno que no *viniese*
11.9 los jefes..*vinieron* al sacerdote Joiada
11.19 *vinieron* por el camino de la puerta de
12.10 *venía* el sacerdote del rey..y contaban
13.20 *vinieron* bandas armadas de moabitas a
14.8 diciendo: *Ven*, para que nos veamos las
14.13 y *vino* a Jerusalén, y rompió el muro de
15.14 Manahem hijo..*vino* a Samaria, e hirió a
15.19 y *vino* Pul rey de..a atacar la tierra
15.29 *vino* Tiglat-pileser rey..y tomó a Ijón
16.6 los de Edom *vinieron* a Elat y habitaron
16.11 entre tanto que el rey Acaz *venía* de
16.12 el rey *vino* de Damasco, y vio el altar
17.28 *vino* uno de los sacerdotes..y habitó en
18.17 y subieron y *vinieron* a Jerusalén
18.17 y habiendo subido, *vinieron* y acamparon
18.25 ¿acaso he *venido* yo ahora sin Jehová a
18.32 yo *venga* y os lleve a una tierra como
18.37 *vinieron* a Ezequías..y le contaron las
19.5 *vinieron*..los siervos del rey..a Isaías
19.25 y ahora lo he hecho *venir*, y tú serás
19.28 y te haré volver por..por donde *viniste*
19.32 ni *vendrá* delante de ella con escudo, ni
19.33 por el mismo camino que *vino*, volverá
20.1 Ezequías cayó enfermo..*vino* a él..Isaías
20.4 y antes que Isaías saliese..*vino* palabra
20.14 Isaías *vino* al rey Ezequías, y le dijo
20.14 ¿qué dijeron..y de dónde *vinieron* a ti?
20.14 de dónde..De lejanas tierras han *venido*
20.17 *vienen* días en que todo lo que está en
22.9 *viniendo* luego..Safán al rey, dio cuenta
22.19 que *vendrán* a ser asolados y malditos
23.8 e hizo *venir* todos los sacerdotes de la
23.17 el sepulcro del varón de Dios que *vino*
23.18 los huesos del profeta que había *venido*
24.1 Joacim *vino* a ser su siervo por tres años
24.3 *vino*..contra Judá por mandato de Jehová
24.11 *vino*..Nabucodonosor..contra la ciudad
24.20 *vino*..la ira de Jehová contra Jerusalén
25.1 Nabucodonosor rey de..*vino* con..ejército
25.8 *vino* a Jerusalén Nabuzaradán, capitán de
25.23 gobernador a Gedalías, *vinieron* a él en
25.25 mas en el mes séptimo *vino* Ismael hijo

1 Cr. 2.55 son los ceneos que *vinieron* de Hamat
4.41 *vinieron* en días de Ezequías rey de Judá
7.21 porque *vinieron* a tomarles sus ganados
7.22 y *vinieron* sus hermanos a consolarlo
9.25 *venían* cada siete días según su turno
10.4 no sea que *vengan* estos incircuncisos y
10.7 y *vinieron* los filisteos y habitaron en
10.8 al *venir* los filisteos a despojar a los
11.3 *vinieron*..los ancianos de Israel al rey
12.1 son los que *vinieron* a David en Siclag
12.16 algunos de los..de Judá *vinieron* a David
12.17 si habéis *venido* a mí para paz y para
12.18 el Espíritu *vino* sobre Amasai, jefe de
12.19 cuando *vino* con los filisteos a la batalla
12.20 *viniendo* él a Siclag, se pasaron a él
12.22 todos los días *venía* ayuda a David, hasta
12.23 el número..*vinieron* a David en Hebrón
12.31 lista para *venir* a poner a David por rey
12.38 *vinieron* con..para poner a David por rey
14.9 *vinieron* los filisteos..valle de Refaim
14.14 para *venir* a ellos por delante de las
14.15 así que oigas *venir* un estruendo por las
16.29 traed ofrenda, y *venid* delante de él
16.33 cantarán..porque *viene* a juzgar la tierra
17.3 *vino* palabra de Dios a Natán, diciendo
18.5 *viniendo* los sirios de Damasco en ayuda
19.3 ¿no *vienen* más bien sus..a ti para espiar
19.7 *vinieron* y acamparon..los hijos de Amón
19.7 los hijos de Amón..y *vinieron* a la guerra
19.9 reyes que habían *venido* estaban aparte en
19.17 *vino* a..y ordenó batalla contra ellos
20.1 que Joab..*vino* y sitió a Rabá. Mas David
21.11 *viniendo* Gad a David, le dijo: Así ha
21.17 mí..y no *venga* la peste sobre tu pueblo
21.21 y *viniendo* David a Ornán, miró Ornán
22.8 *vino* a mí palabra de Jehová, diciendo
27.24 por esto *vino* el castigo sobre Israel

2 Cr. 1.12 ni tendrán los que *vengan* después de
5.4 *vinieron*..todos los ancianos de Israel, y
6.22 y *viniere* a jurar ante tu altar en esta
6.32 que hubiere *venido* de lejanas tierras a
6.32 extranjero..si *viniere* y orare hacia esta
8.3 *vino* Salomón a Hamat de Soba, y la tomó
9.1 la reina de Sabá..*vino* a Jerusalén con un
9.1 y luego que *vino* a Salomón, habló con él
9.6 no creía..hasta que he *venido*, y mis ojos
9.13 peso del oro que *venía* a Salomón cada año
9.21 cada tres años solían *venir* las naves de
10.3 le llamaron. *Vino*, pues, Jeroboam, y todo
10.12 *vino*, pues, Jeroboam con todo el pueblo
11.1 cuando *vino* Roboam a Jerusalén, reunió
11.2 *vino* palabra de Jehová a Semaías varón
11.14 los levitas..*venían* a Judá y a Jerusalén
11.16 y *vinieron* a Jerusalén para ofrecer
12.3 mas el pueblo que *venía* con él de Egipto
12.5 *vino* el profeta Semaías a Roboam y a los
12.7 cuando..*vino* palabra de Jehová a Semaías
12.11 el rey iba a..*venían* los de la guardia
13.9 *venga* a consagrarse con un becerro y
13.13 tender una emboscada para *venir* a ellos
14.9 contra ellos Zera..y *vino* hasta Maresa
14.11 tu nombre *venimos* contra este ejército
15.1 *vino* el Espíritu de Dios sobre Azarías
16.3 para que *vengas* y deshagas la alianza que
16.7 *vino* el vidente Hanani a Asa rey de Judá
18.2 para él y para la gente que con él *venía*
18.3 ¿quieres *venir* conmigo contra Ramot de
18.8 haz *venir* luego a Micaías hijo de Imla
18.13 me dijere, eso hablaré. Y *vino* al rey
19.10 cualquier causa que *viniere* a vosotros
19.10 para que no *venga* ira sobre vosotros
20.1 Moab..*vinieron* contra Josafat a la guerra
20.2 *viene* una gran multitud del otro lado del
20.4 de Judá *vinieron* a pedir ayuda a Jehová
20.9 si mal *viniere* sobre..clamaremos a ti, y
20.10 pasase Israel cuando *venía* de la tierra
20.11 *viniendo* a arrojarnos de la heredad que
20.12 multitud que *viene* contra nosotros; no
20.14 de Asaf, sobre el cual *vino* el Espíritu
20.22 emboscadas de..que *venían* contra Judá
20.24 que *vino* Judá a la torre del desierto
20.25 *viniendo*..Josafat y su..a despojarlos
20.28 y *vinieron* a Jerusalén con salterios
22.1 una banda armada que había *venido* con
22.7 pero esto *venía* de Dios, para que Ocozías
22.7 Ocozías..fuese destruido *viniendo* a Joram
22.7 habiendo *venido*, salió con..contra Jehú
23.2 recorrieron el..y *vinieron* a Jerusalén
23.12 Atalía oyó..*vino* al pueblo a la casa de
24.11 cuando *venía* el tiempo para llevar el
24.11 mucho dinero, *venía* el escriba del rey
24.17 *vinieron* los príncipes..el rey los oyó
24.18 la ira de Dios *vino*..por este su pecado

VENIR ***(Continúa)***

2 Cr. 24.20 el Espíritu de Dios *vino* sobre Zacarías
24.20 no os *vendrá* bien por ello; porque por
24.23 de Siria. . *vinieron* a Judá y a Jerusalén
24.24 el ejército de Siria había *venido* con
25.7 mas un varón de Dios *vino* a él y le dijo
25.10 ejército de la gente que había *venido*
25.11 *vino* al Valle de la Sal, y mató de los
25.17 Joás hijo. . *Ven,* y veámonos cara a cara
28.12 contra los que *venían* de la guerra
28.17 los edomitas habían *venido* y atacado a
28.20 también *vino* contra él Tiglat-pileser
29.4 e hizo *venir* a los sacerdotes y levitas
29.8 la ira de Jehová ha *venido* sobre Judá y
29.17 mismo mes *vinieron* al pórtico de Jehová
29.18 *vinieron* al rey Ezequías y le dijeron
30.1 escribió cartas. . que *viniesen* a Jerusalén
30.5 *viniesen* a celebrar la pascua a Jehová
30.8 y *venid* a su santuario, el cual él ha
30.11 se humillaron, y *vinieron* a Jerusalén
30.25 la multitud que había *venido* de Israel
30.25 forasteros que habían *venido* de. . Israel
31.8 Ezequías. . *vinieron* y vieron los montones
32.1 *vino* Senaquerib rey de los asirios e
32.4 de hallar. . muchas aguas cuando *vengan?*
32.7 ni de toda la multitud que con él *viene*
32.25 y *vino* la ira contra él, y. . Jerusalén
32.26 no *vino* sobre ellos la ira de Jehová en
34.9 *vinieron*. . al sumo sacerdote Hilcías, y
35.21 no *vengo* contra ti hoy, sino contra la
35.22 *vino* a darle batalla en el. . de Meguido
36.20 siervos de él. . hasta que *vino* el reino de
Esd. 2.2 *vinieron* con Zorobabel, Jesúa, Nehemías
2.68 cuando *vinieron* a la casa de Jehová que
3.8 los que habían *venido* de la cautividad a
4.1 los *venidos* de la cautividad edificaban el
4.2 *vinieron* a Zorobabel y a los jefes de casas
4.2 Esar-hadón rey. . que nos hizo *venir* aquí
4.12 que los judíos que. . *vinieron* a Jerusalén
5.3 *vino* a ellos Tatnai gobernador del otro
5.16 Sesbasar *vino* y puso los cimientos de la
6.16 demás que habían *venido* de la cautividad
8.15 los reuní junto al río que *viene* a Ahava
8.35 los que habían *venido* del cautiverio
9.1 los príncipes *vinieron* a mí, diciendo: El
10.8 que el que no *viniera* dentro de tres días
10.14 *vengan* en tiempos determinados, y con
Neh. 1.2 que *vino* Hanani, uno de mis hermanos
2.9 *vine* luego a los gobernadores del otro lado
2.10 que *viniese* alguno para procurar el bien
2.17 les dije. . *venid,* y edifiquemos el muro de
4.8 conspiraron todos. . para *venir* a atacar a
4.12 cuando *venían* los judíos que habitaban
5.17 los que *venían* de las naciones que había
6.2 a decirme: *Ven* y reunámonos en alguna de
6.7 oídas. . *ven,* por tanto, y consultemos juntos
6.10 *vine* luego a casa de Semaías hijo de
6.10 *vienen* para matarte. . *vendrán* a matarte
6.17 cartas de. . y las de Tobías *venían* a ellos
7.7 los cuales *vinieron* con Zorobabel, Jesúa
7.73 *venido* el mes séptimo. . en sus ciudades
9.24 hijos *vinieron* y poseyeron la tierra, y
9.33 tú eres justo en todo lo que ha *venido*
13.21 entonces no *vinieron* en día de reposo
13.22 y *viniesen* a guardar las puertas, para
Est. 1.17 traer. . la reina Vasti, y ella no *vino*
1.19 que Vasti no *venga* más delante del rey
2.12 llegaba el tiempo. . *venir* al rey Asuero
2.13 entonces la doncella *venía* así al rey
2.13 *venir* ataviada con ello desde la casa de
2.14 ella *venía* por la tarde, y a la. . volvía
2.14 no *venía* más al rey, salvo si el rey la
2.15 llegó a Ester. . el tiempo de *venir* al rey
4.2 *vino* hasta delante de la puerta del rey
4.4 y *vinieron* las doncellas de Ester, y sus
4.9 *vino* Hatac y contó a Ester las palabras
4.14 liberación *vendrá* de alguna otra parte a
5.2 entonces *vino* Ester y tocó la punta del
5.4 *vengan* hoy el rey y Amán al banquete que
5.5 *vino,* pues, el rey con Amán al banquete
5.8 *venga* el rey con Amán a otro banquete que
5.10 pero se refrenó Amán y *vino* a su casa, y
5.12 la reina Ester a ninguno hizo *venir* con
6.4 Amán había *venido* al patio exterior de la
8.1 y Mardoqueo *vino* delante del rey, porque
8.11 fuerza armada. . que *viniese* contra ellos
9.25 cuando Ester *vino* a la presencia del rey
Job 1.6 *vinieron* a presentarse. . hijos de Dios
1.6 entre los cuales *vino* también Satanás
1.7 dijo Jehová a Satanás: ¿De dónde *vienes?*
1.14 y *vino* un mensajero a Job, y le dijo
1.16 *vino* otro que dijo: Fuego de Dios cayó
1.17 aún estaba éste hablando, y *vino* otro que
1.18 *vino* otro que dijo: Tus hijos y tus hijas
1.19 un gran viento *vino* del lado del desierto
2.1 *vinieron* los hijos de Dios. . y Satanás *vino*
2.2 dijo Jehová a Satanás: ¿De dónde *vienes?*
2.11 que oyeron. . *vinieron* cada uno de su lugar
2.11 porque habían convenido en *venir* juntos
3.6 año, ni *venga* en el número de los meses
3.7 que no *viniera* canción alguna en ella!
3.9 espere la luz, y no *venga,* ni vea los
3.24 pues antes que mi pan *viene* mi suspiro
3.25 el temor que me espantaba me ha *venido*
3.26 no he. . no obstante, me *vino* turbación
4.5 mas ahora que el mal ha *venido* sobre ti
5.21 no temerás la destrucción cuando *viniere*
5.26 *vendrás* en la vejez a la sepultura, como
6.8 ¡quién me diera que *viniese* mi petición
6.20 *vinieron* hasta. . y se hallaron confusos
9.32 para que. . *vengamos* juntamente a juicio
13.13 y que me *venga* después lo que *viniere*
14.14 esperaré hasta que *venga* mi liberación
15.21 en la prosperidad el asolador *vendrá*
16.22 los años contados *vendrán,* y yo iré por
17.10 volved todos vosotros, y *venid* ahora, y
19.12 *vinieron* sus ejércitos a una. . contra mí
20.22 mano de. . los malvados *vendrá* sobre él
20.25 traspasará. . sobre él *vendrán* terrores
21.9 salvo de temor, ni *viene* azote de Dios
21.17 impíos. . *viene* sobre ellos su quebranto
22.4 o *viene* a juicio contigo, a causa de tu
22.21 tendrás paz; y por ello te *vendrá* bien
27.9 cuando la tribulación *viniere* sobre él?
28.20 ¿de dónde, pues, *vendrá* la sabiduría
29.13 del que se iba a perder *venía* sobre mí
30.14 *vinieron* como por portillo ancho, se
30.26 esperaba. . el bien, entonces *vino* el mal
30.26 cuando esperaba luz, *vino* la oscuridad
30.29 he *venido* a ser hermano de chacales, y
34.28 haciendo *venir*. . el clamor del pobre, y
37.9 del sur *viene* el torbellino, y el frío de
37.13 otras por misericordia las hará *venir*
37.22 *viniendo*. . del norte la dorada claridad
38.14 ella. . *viene* a estar como con vestidura
42.11 y *vinieron* a él todos sus hermanos y
Sal. 22.31 *vendrán,* y anunciarán su justicia
30.5 el lloro, y a la mañana *vendrá* la alegría
34.11 *venid,* hijos, oídme; el temor de Jehová
35.8 *véngale* el quebrantamiento sin que. . sepa
36.11 no *venga* pie de soberbia contra mí, y
37.13 reirá de él, porque ve que *viene* su día
40.7 dije: He aquí, *vengo;* en el rollo del libro
41.6 y si *vienen* a verme, hablan mentira; su
42.2 ¿cuándo *vendré,* y me presentaré delante
44.17 nos ha *venido,* y no nos hemos olvidado
45.12 las hijas de Tiro *vendrán* con presentes
46.8 *venid,* ved las obras de Jehová, que ha
50.3 *vendrá* nuestro Dios, y no callará; fuego
51 *tít.* cuando después que. . *vino* a él Natán el
52 *tít.* cuando *vino* Doeg edomita y dio cuenta
52 *tít.* a Saúl diciéndole: David ha *venido* a
54 *tít.* cuando *vinieron* los zifeos y dijeron
55.5 temor y temblor *vinieron* sobre mí, y
59.4 despierta para *venir* a mi encuentro, y
62.1 en Dios. . alma; de él *viene* mi salvación
65.2 oyes la oración; a ti *vendrá* toda carne
66.5 *venid,* y ved las obras de Dios. . hechos
66.16 *venid,* oíd todos los que teméis a Dios
68.17 el Señor *viene* del Sinaí a su santuario
68.31 *vendrán* príncipes de Egipto; Etiopía se
69.2 en cieno. . he *venido* a abismos de aguas
71.16 *vendré* a los hechos poderosos de Jehová
71.18 potencia a todos los que han de *venir*
75.6 ni del desierto *viene* el enaltecimiento
78.31 cuando *vino* sobre ellos el furor de Dios
79.1 Dios, *vinieron* las naciones a tu heredad
79.8 *vengan*. . tus misericordias a encontrarnos
80.2 despierta tu poder. . y *ven* a salvarnos
80.8 hiciste *venir* una vid de Egipto; echaste
83.4 *venid,* y destruyámoslos para que no sean
86.9 las naciones que. . *vendrán*. . delante de ti
95.1 *venid,* aclamemos alegremente a Jehová
95.6 *venid,* adoremos y postrémonos. . delante
96.8 dad. . traed ofrendas, y *venid* a sus atrios
96.13 Jehová que *vino*. . *v* a juzgar la tierra
98.9 Jehová, porque *vino* a juzgar la tierra
100.2 *venid* ante su presencia con regocijo
101.2 entenderé el camino de. . cuando *vengas*
105.31 habló, y *vinieron* enjambres de moscas
105.34 habló, y *vinieron* langostas, y pulgón
105.40 e hizo *venir* codornices, y los sació
107.7 para que *viniesen* a ciudad habitable
109.14 *venga* en memoria ante Jehová. . maldad
114.2 Judá *vino* a ser su santuario, e Israel
118.22 piedra. . *venido* a ser cabeza del ángulo
118.26 bendito el que *viene* en el nombre de
119.41 *venga* a mí tu misericordia, oh Jehová
119.77 *vengan* a mí tus misericordias, para que
121.1 los montes; ¿de dónde *vendrá* mi socorro?
121.2 mi socorro *viene* de Jehová, que hizo los
126.6 volverá a *venir*. . trayendo sus gavillas
143.7 no *venga* yo a ser semejante a los que
Pr. 1.11 *ven* con nosotros; pongamos asechanzas
1.26 burlaré cuando os *viniere* lo que teméis
1.27 cuando *viniere* como una. . lo que teméis
1.27 cuando. . *viniere* tribulación y angustia
2.6 y de su boca *viene* el conocimiento y la
3.25 de la ruina de los impíos cuando *viniere*
6.11 así *vendrá* tu necesidad como caminante
6.15 por tanto, su calamidad *vendrá* de repente
7.18 *ven,* embriaguémonos de amores hasta la
9.4,16 dice a cualquier simple: *Ven* acá; a los
9.5 *venid,* comed mi pan, y bebed del vino que
10.24 lo que el impío teme, eso le *vendrá*
11.2 cuando *viene* la soberbia, *v* también la
11.24 retienen más de. . pero *vienen* a pobreza
11.27 mas al que busca el mal, éste le *vendrá*
18.3 *viene* el impío, *v* también el menosprecio
18.17 pero *viene* su adversario, y le descubre
24.22 su quebrantamiento *vendrá* de repente
24.25 mas. . sobre ellos *vendrá* gran bendición
24.34 así *vendrá* como caminante tu necesidad
26.2 así la maldición nunca *vendrá* sin causa
28.22 y no sabe que le ha de *venir* pobreza
29.26 de Jehová *viene* el juicio de cada uno
31.25 su vestidura; y se ríe de lo por *venir*
Ec. 1.4 generación va, y generación *viene;* mas
1.7 de donde los ríos *vinieron,* allí vuelven
2.1 dije. . *Ven* ahora, te probaré con alegría
2.12 ¿qué podrá hacer el hombre que *venga*
2.18 dejar a otro que *vendrá* después de mí
4.16 los que *vengan* después tampoco estarán
5.3 de la mucha ocupación *viene* el sueño, y
5.15 yéndose tal como *vino;* y nada tiene de
5.16 mal, que como *vino,* así haya de volver
6.4 éste en vano *viene,* y a las tinieblas va
9.10 lo que te *viniere* a la mano para hacer
9.14 y *viene* contra ella un gran rey, y la
11.2 porque no sabes el mal que *vendrá* sobre
11.8 tinieblas. Todo cuanto *viene* es vanidad
12.1 que *vengan* los días malos, y lleguen los
Cnt. 2.8 aquí él *viene* saltando sobre los montes
2.10,13 levántate, oh amiga mía. . mía, y *ven*
2.12 el tiempo de la canción ha *venido,* y en
4.8 *ven* conmigo desde. . esposa mía; *v* conmigo
4.16 levántate, Aquilón, y *ven,* Austro; soplad
4.16 *venga* mi amado a su huerto, y coma de su
5.1 *vine* a mi huerto, oh hermana, esposa mía
7.11 *ven,* oh amado mío, salgamos al campo
Is. 1.12 cuando *venís* a presentaros delante de
1.18 *venid* luego, dice Jehová, y estemos a
2.3 *vendrán* muchos pueblos, y dirán: *Venid*
2.5 *venid,* oh casa de Jacob, y caminaremos a
2.12 porque día de Jehová. . *vendrá* sobre todo
3.14 Jehová *vendrá* a juicio contra. . ancianos
3.24 y en lugar de los. . *vendrá* hediondez; y
5.19 *venga* ya, apresúrese su obra, y veamos
5.19 y *venga* el consejo del Santo de Israel
5.26 he aquí que *vendrá* pronto y velozmente
7.2 *vino* la nueva a la casa de David. . Siria
7.17 Jehová hará *venir* sobre ti, sobre tu
7.17 días cuales nunca *vinieron* desde el día
7.19 *vendrán* y acamparán todos en los valles
9.1 tal como la aflicción que le *vino* en el
10.3 cuando *venga* de lejos el asolamiento?
10.28 *vino* hasta Ajat, pasó hasta Migrón; en
10.32 aún *vendrá* día cuando reposará en Nob
13.5 *vienen* de lejana tierra, de lo postrero
13.6 *vendrá* como asolamiento. . Todopoderoso
13.9 el día de Jehová *viene,* terrible, y de
14.31 humo *vendrá* del norte, no quedará uno
16.12 cuando *venga* a su santuario a orar, no
20.1 en el año en que *vino* el Tartán a Asdod
21.1 *viene* del desierto, de la tierra horrenda
21.9 he aquí *vienen* hombres montados, jinetes
21.12 la mañana *viene,* y después la noche
21.12 si queréis, preguntad; volved, *venid*
27.6 días *vendrán* cuando Jacob echará raíces
27.11 mujeres *vendrán* a encenderlos; porque
27.13 *vendrán* los que habían sido esparcidos
30.13 pared elevada, cuya caída *viene* súbita
30.27 que el nombre de Jehová *viene* de lejos
30.29 el que va con flauta para *venir* al monte
32.10 vendimia faltará, y la cosecha no *vendrá*
35.4 que vuestro Dios *viene* con retribución
35.4 pago; Dios mismo *vendrá,* y os salvará
35.10 volverán, y *vendrán* a Sion con alegría
36.10 ¿acaso *vine*. . a esta tierra sin Jehová?
36.17 yo *venga* y os lleve a una tierra como
36.22 *vinieron* a Ezequías. . y le contaron las
37.1 y cubierto de cilicio *vino* a la casa de
37.5 *vinieron,* pues, los siervos de Ezequías
37.28 y ahora lo he hecho *venir,* y tú serás
37.29 te haré volver por. . por donde *viniste*
37.33 no *vendrá* delante de ella con escudo
37.34 por el camino que *vino,* volverá, y no
38.1 *vino* a él el profeta Isaías hijo de Amoz
38.4 entonces *vino* palabra de Jehová a Isaías
39.3 el profeta Isaías *vino* al rey Ezequías
39.3 ¿qué dicen. . y de dónde han *venido* a ti?
39.3 de tierra muy lejana han *venido* a mí, de
39.6 he aquí *vienen* días en que será llevado
40.10 Jehová el Señor *vendrá* con poder, y su
40.10 su recompensa *viene* con él, y su paga
41.5 espantaron; se congregaron, y *vinieron*
41.22 anúnciennos lo que. . *venir,* dígannos lo
41.22 y hacednos entender lo que ha de *venir*
41.25 del norte levanté a uno, y *vendrá;* del
44.7 lo que *viene,* y lo que está por *venir*
45.11 dice. . Preguntadme de las cosas por *venir*
45.20 *venid;* juntaos todos los sobrevivientes
45.24 a él *vendrán,* y todos los que contra él
46.10 anuncio lo por *venir* desde el principio
46.11 hablé, y lo haré *venir;* lo he pensado
47.9 estas dos cosas te *vendrán* de repente en
47.9 en toda su fuerza *vendrán* sobre ti, a
47.11 *vendrá*. . sobre ti. . *v* de repente sobre ti
47.13 para pronosticar lo que *vendrá* sobre ti
49.12 aquí éstos *vendrán* de lejos. . del norte
49.17 tus edificadores *vendrán* aprisa; tus

VENIR *(Continúa)*

Is. 49.18 y mira: todos éstos se..han *venido* a ti
50.2 ¿por qué cuando *vine*, no hallé a nadie
50.11 de mi mano os *vendrá* esto; en dolor
52.1 porque nunca más *vendrá* a ti incircunciso
54.17 su salvación de mí *vendrá*, dijo Jehová
55.1 todos los sedientos: *Venid* a las aguas
55.1 *venid*, comprad y comed. *V*, comprad sin
55.3 inclinad vuestro oído, y *venid* a mí; oíd
56.1 cercana está mi salvación para *venir*, y
56.9 las fieras del bosque, *venid* a devorar
56.12 *venid*..tomemos vino, embriaguémonos
57.11 y no te has acordado de mí, ni te *vino*
59.14 se retiró..y la equidad no pudo *venir*
59.19 porque *vendrá* el enemigo como río, mas
59.20 *vendrá* el Redentor a Sion, y a los que
60.1 porque ha *venido* tu luz, y la gloria de
60.4 *vinieron* a ti; tus hijos *vendrán* de lejos
60.5 riquezas de las naciones hayan *venido* a
60.6 *vendrán* todos los de Sabá; traerán oro e
60.13 gloria del Líbano *vendrá* a ti; cipreses
60.14 y *vendrán* a ti humillados los hijos de
60.22 el pequeño *vendrá* a ser mil, el menor
62.11 he aquí *viene* tu Salvador; he aquí su
63.1 ¿quién es éste que *viene* de Edom..Bosra
63.19 *venido* a ser como aquellos de quienes
65.17 memoria, ni más *vendrá* al pensamiento
66.7 que le *viniesen* dolores, dio a luz hijo
66.15 Jehová *vendrá* con fuego, y sus carros
66.18 tiempo *vendrá* para juntar a..naciones
66.23 *vendrán* todos a adorar delante de mí

Jer. 1.2 palabra de Jehová que le *vino* en los
1.3 le *vino* también en días de Joacim hijo de
1.4 *vino*..palabra de Jehová a mí, diciendo
1.11 la palabra de Jehová *vino* a mí, diciendo
1.13 *vino*..palabra de Jehová por segunda vez
1.15 *vendrán*..pondrá cada uno su campamento
2.1; 13.8; 16.1; 18.5; 24.4 *vino* a mí palabra de
Jehová, diciendo
2.3 eran culpables; mal *venía* sobre ellos
2.31 somos libres; nunca más *vendremos* a ti?
3.16 no se dirá..ni *vendrá* al pensamiento, ni
3.17 y todas las naciones *vendrán* a ella en
3.18 y *vendrán* juntamente de la tierra del
3.22 *venimos* a ti, porque..eres nuestro Dios
4.6 huid..porque yo hago *venir* mal del norte
4.10 pues la espada ha *venido* hasta el alma
4.11 viento seco de las alturas del..*vino* a
4.12 viento más vehemente que este *vendrá* a
4.16 decid..Guardas *vienen* de tierra lejana
5.12 él no es, y no *vendrá* mal sobre nosotros
6.3 contra ella *vendrán* pastores y..rebaños
6.22 *viene* pueblo de la tierra del norte, y
6.26 porque pronto *vendrá* sobre nosotros el
7.1; 11.1; 14.1; 18.1; 21.1; 30.1; 32.1; 34.1,8;
35.1; 40.1 palabra..que *vino* a Jeremías
7.10 ¿*vendréis* y os pondréis delante de mí en
7.32 aquí *vendrán* días..en que no se diga más
8.16 y *vinieron* y devoraron la tierra y su
8.19 clamor de..que *viene* de la tierra lejana
9.17 llamad plañideras que *vengan;* buscad a
9.25 que *vienen* días..en que castigaré a todo
10.22 voz de rumor *viene*, y alboroto grande
12.9 *venid*..todas las fieras del campo, *v* a
12.12 sobre..alturas..*vinieron* destruidores
13.3 *vino* a mí segunda vez palabra de Jehová
13.10 *vendrá* a ser como este cinto, que para
13.16 antes que haga *venir* tinieblas, y antes
13.20 ojos, y ved a los que *vienen* del norte
14.3 *vinieron* a..lagunas, y no hallaron agua
16.14 *vienen* días, dice Jehová, en que no se
16.19 *vendrán* naciones desde los extremos de
17.6 no verá cuando *viene* el bien, sino que
17.8 no verá cuando *viene* el calor, sino que
17.26 *vendrán* de las ciudades de Judá, de los
18.18 *venid* y maquinemos contra Jeremías
18.18 Jeremías..*Venid* e hirámoslo de lengua
19.5 no les mandé..ni me *vino* al pensamiento
19.6 *vienen* días..no se llamará más Tofet, ni
22.23 ¡cómo gemirás..*vinieren* dolores, dolor
23.5 que *vienen* días..en que levantaré a David
23.7 *vienen* días, dice..en que no dirán más
23.17 dicen: No *vendrá* mal sobre vosotros
23.36 nunca más os *vendrá* a la memoria decir
25.1 palabra que *vino* a Jeremías acerca de
25.3 ha *venido* a mí palabra de Jehová, y he
26.1 en el principio del..*vino* esta palabra
26.2 habla a todas las..que *vienen* para adorar
27.1 *vino* esta palabra de Jehová a Jeremías
27.3 los mensajeros que *vienen* a Jerusalén a
27.7 que *venga*..el tiempo de su misma tierra
28.12; 29.30; 32.26; 33.1,19,23; 34.12; 35.12;
36.1,27; 42.7; 43.8 *vino* palabra de Jehová
a Jeremías
29.12 me invocaréis, y *vendréis* y oraréis a mí
30.3 *vienen* días, dice..en que haré volver
30.17 haré *venir* santidad para ti, y sanaré
31.12 *vendrán* con gritos de gozo en lo alto
31.27 *vienen* días..en que sembraré la casa de
31.31 *vienen* días..haré nuevo pacto con la
31.38 *vienen* días..la ciudad será edificada a
32.6 palabra de Jehová *vino* a mí, diciendo
32.7 Hanameel hijo de Salum tu tío *viene* a ti
32.8 y *vino* a mí Hanameel hijo de mi tío..dijo
32.23 hecho *venir* sobre ellos todo este mal
32.29 y *vendrán* los caldeos que atacan esta
32.35 no les mandé, ni me *vino* al pensamiento
33.5 *vinieron* para pelear contra los caldeos
33.14 *vienen* días..en que yo confirmaré la
35.11 *venid*, y ocultémonos en Jerusalén, de
36.6 los de Judá que *vienen* de sus ciudades
36.9 pueblo que *venía* de las ciudades de Judá
36.14 toma el rollo en..y *ven*..y *vino* a ellos
36.29 de cierto *vendrá* el rey de Babilonia
37.6 *vino* palabra de Jehová al profeta
37.19 diciendo: No *vendrá* el rey de Babilonia
38.25 *vinieren* a ti y te dijeren: Decláranos
38.27 *vinieron*..los príncipes a Jeremías, y
39.1 *vino* Nabucodonosor..con todo su ejército
39.15 había *venido* palabra de Jehová..diciendo
40.3 y no oísteis su voz; por eso os ha *venido*
40.4 si te parece bien *venir* conmigo a..*ven*
40.4 pero si no te parece bien *venir* conmigo
40.8 *vinieron*..a Gedalías en Mizpa; esto es
40.10 de los caldeos que *vendrán* a nosotros
40.12 *vinieron* a tierra de Judá, a Gedalías
40.13 los príncipes..*vinieron* a Gedalías en
41.1 *vino* Ismael..a Gedalías hijo de Ahicam
41.5 *venían* unos hombres de Siquem, de Silo
41.6 les dijo: *Venid* a Gedalías hijo de Ahicam
42.1 *vinieron*..los oficiales de la gente de
43.11 y *vendrá* y asolará la tierra de Egipto
44.1 palabra que *vino* a Jeremías acerca de
44.21 no ha *venido* a su memoria el incienso
44.23 ha *venido* sobre vosotros este mal, como
46.1; 47.1; 49.34 palabra de Jehová que *vino* al
profeta Jeremías
46.3 preparad escudo y pavés, y *venid* a la
46.18 Tabor..y como Carmelo..así *vendrá*
46.20 Egipto..*viene* destrucción, del norte *v*
46.21 *vino*..el día de su quebrantamiento, el
46.22 *vendrán* los enemigos, y con hachas *v* a
47.4 causa del día que *viene* para destrucción
48.2 *venid*, y quitémosla de entre..naciones
48.8 y *vendrá* destruidor a cada una de las
48.12 *vienen* días..le enviaré trasvasadores
48.16 cercano..el quebrantamiento para *venir*
48.21 *vino* juicio sobre la tierra de..llanura
48.32 y sobre tu vendimia *vino* el destruidor
49.2 *vienen* días, ha dicho..en que haré oir
49.4 la que dice: ¿Quién *vendrá* contra mí?
49.9 si vendimiadores hubieran *venido* contra
49.14 juntaos y *venid* contra ella, y subid a
50.4 *vendrán*..hijos de Israel..hijos de Judá
50.5 *venid*, y juntémonos a Jehová con pacto
50.26 *venid* contra ella desde el extremo de
50.27 *venido* su día, el tiempo de su castigo
50.31 tu día ha *venido*, el tiempo en que te
50.41 *viene* un pueblo del norte, y una nación
51.10 *venid*, y contemos en Sion la obra de
51.13 *venido* tu fin, la medida de tu codicia
51.33 a poco le *vendrá* el tiempo de la siega
51.41 ¡cómo *vino* a ser Babilonia objeto de
51.44 juzgaré..y no *vendrán* más naciones a él
51.46 en un año *vendrá* el rumor, y después en
51.47 he aquí *vienen* días en que yo destruiré
51.48 norte *vendrán* contra ella destruidores
51.51 *vinieron* extranjeros contra..la casa de
51.52 *vienen* días..que yo destruiré sus ídolos
51.53 de mí *vendrán* a ella destruidores, dice
51.56 *vino* destruidor contra ella..Babilonia
51.60 escribió..todo el mal que había de *venir*
52.4 *vino* Nabucodonosor..y todo su ejército
52.9 y le hicieron *venir* al rey de Babilonia
52.12 *vino* a Jerusalén Nabuzaradán capitán de
52.14 el ejército..que *venía* con el capitán

Lm. 1.4 porque no hay quien *venga* a las fiestas
1.12 si hay dolor como mi..que me ha *venido*
1.21 harás *venir* el día que has anunciado, y
1.22 *venga* delante de ti toda su maldad, y haz

Ez. 1.3 *vino* palabra de Jehová al..Ezequiel hijo
1.3 río..*vino* allí sobre él la mano de Jehová
1.4 aquí *venía* del norte un viento tempestuoso
3.15 y *vine* a los cautivos en Tel-abib, que
3.16; 6.1; 7.1; 11.14; 12.1,8,17,21,26; 13.1;
14.2,12; 15.1; 16.1; 17.1,11; 18.1; 20.2,45;
21.1,8,18; 22.1,17,23; 23.1; 24.1,15,20; 25.1;
26.1; 27.1; 28.1,11,20; 29.1,17; 30.1,20; 31.1;
32.1,17; 33.1,23; 34.1; 35.1; 36.16; 37.15;
38.1 *vino* a mí palabra de Jehová, diciendo
3.20 y sus justicias..no *vendrán* en memoria
3.22 *vino* allí la mano de Jehová sobre mí, y
6.3 yo, yo haré *venir* sobre vosotros espada
7.2 el fin *viene* sobre los cuatro extremos de
7.5 ha dicho Jehová..he aquí que *viene* un mal
7.6 *viene* el fin, el fin *v;* se ha..aquí que *v*
7.7 la mañana *viene* para ti..el tiempo *v*
7.10 el día, he aquí que *viene;* ha salido la
7.12 el tiempo ha *venido*, se acercó el día; el
7.25 destrucción *viene;* y buscarán la paz, y
7.26 quebrantamiento *vendrá*..y habrá rumor
9.2 que seis varones *venían* del camino de la
11.5 *vino* sobre mí el Espíritu de Jehová, y
13.11 dí..*vendrá* lluvia torrencial, y enviaré
13.13 lluvia torrencial *vendrá* con mi furor
14.1 *vinieron* a mí algunos de los ancianos de
14.4 *viniere* al profeta..yo Jehová responderé
14.4 responderé al que *viniere* conforme a la
14.7 *viniere* al profeta para preguntarle por
14.22 *vendrán* a vosotros, y veréis su camino
14.22 del mal que hice *venir* sobre Jerusalén
17.3 una gran águila..*vino* al Líbano, y tomó
17.12 el rey de Babilonia *vino* a Jerusalén
17.20 en mi lazo, y lo haré *venir* a Babilonia
19.3 *vino* a ser leoncillo, y aprendió..presa
20.1 que *vinieron* algunos de los ancianos de
20.3 diles..¿A consultarme *venís* vosotros?
21.19 dos caminos por donde *venga* la espada
21.20 señalarás por donde *venga* la espada a
21.24 por cuanto habéis *venido* en memoria
21.27 que *venga* aquel cuyo es el derecho
21.29 malos..cuyo día *vino* en el tiempo de la
22.3 para que *venga* su hora, y que hizo ídolos
23.10 y *vino* a ser famosa entre las mujeres
23.22 y les haré *venir* contra ti en derredor
23.24 *vendrán* contra ti carros, carretas y
23.40 enviaron por hombres que *viniesen* de
23.40 he aquí *vinieron;* y por amor de ellos
23.44 *venido* a ella como quien *viene* a mujer
23.44 *vinieron* a Ahola y a Aholiba, mujeres
24.14 Jehová he hablado; *vendrá*, y yo lo haré
24.26 *vendrá* a ti uno que haya escapado para
27.16 corales y rubíes *venía* a tus ferias
27.19 Dan y el errante Javán *vinieron* a tus
27.22 preciosa, y oro, *vinieron* a tus ferias
27.36 *vendrás* a ser espanto, y para siempre
30.4 *vendrá* espada a Egipto, y habrá miedo en
30.9 y tendrán espanto..porque he aquí *viene*
32.11 la espada del rey de..*vendrá* sobre ti
33.3 él viere *venir* la espada sobre la tierra
33.4 oyere..y *viniendo* la espada lo hiriere
33.6 si el..viere *venir* la espada y no tocare
33.6 y *viniendo* la espada, hiriere de él a
33.21 que *vino* a mí un fugitivo de Jerusalén
33.22 boca, hasta que *vino* a mí por la mañana
33.30 *venid* ahora, y oíd qué palabra *viene* de
33.31 y *vendrán* a ti como *viene* el pueblo, y
33.33 cuando..*viniere* (y *viene* ya), sabrán que
35.7 cortaré de él al que vaya y al que *venga*
36.8 Israel; porque cerca están para *venir*
36.35 ha *venido* a ser como huerto del Edén
37.1 mano de Jehová *vino* sobre mí, y me llevó
37.9 así..Espíritu, *ven* de los cuatro vientos
38.8 *vendrás* a la tierra salvada de la espada
38.9 subirás tú, y *vendrás* como tempestad
38.13 ¿has *venido* a arrebatar despojos? ¿Has
38.15 *vendrás* de tu lugar, de las regiones del
38.18 cuando *venga* Gog contra la tierra de
39.8 aquí *viene*, y se cumplirá, dice Jehová
39.17 y *venid;* reuníos de todas partes a mí
40.1 *vino* sobre mí la mano de Jehová, y me
40.6 después *vino* a la puerta que mira hacia
43.2 la gloria del Dios de Israel, que *venía*
43.3 vi cuando *vine* para destruir la ciudad
47.15 Mar Grande, camino de Hetlón *viniendo* a
48.1 por la vía de Hetlón *viniendo* a Hamat

Dn. 1.1 *vino* Nabucodonosor rey de Babilonia a
2.2 *vinieron*..se presentaron delante del rey
2.29 *vinieron* pensamientos por saber lo que
2.29 lo que había de ser en lo por *venir;* y el
2.45 lo que ha de acontecer en lo por *venir*
3.2 para que *viniesen* a la dedicación de la
3.8 caldeos *vinieron* y acusaron..los judíos
3.26 siervos del Dios Altísimo, salid y *venid*
4.6 mandé que *vinieran*..todos los sabios de
4.7 y *vinieron* magos, astrólogos, caldeos y
4.24 sentencia..que ha *venido* sobre mi señor
4.28 todo esto *vino* sobre el rey Nabucodonosor
4.31 cuando *vino* una voz del cielo: A ti se
5.7 gritó..que hiciesen *venir* magos, caldeos
7.13 cielo *venía* uno como un hijo de hombre
7.13 que *vino* hasta el Anciano de días, y le
7.22 hasta que *vino* el Anciano de días, y se
8.5 macho cabrío *venía* del lado del poniente
8.6 *vino* hasta el carnero de dos cuernos, que
8.17 *vino* luego cerca de donde yo estaba; y
8.19 yo te enseñaré lo que ha de *venir* al fin
9.13 todo este mal *vino* sobre nosotros; y no
9.21 *vino* a mí como a la hora del sacrificio
9.23 yo he *venido* para enseñártela, porque tú
9.26 que ha de *venir* destruirá la ciudad y el
9.27 *vendrá* el desolador, hasta que *venga* la
10.12 y a causa de tus palabras yo he *venido*
10.13 *vino* para ayudarme, y quedé allí con los
10.14 he *venido* para hacerte saber lo que ha
10.14 saber lo que ha de *venir* a tu pueblo en
10.20 él me dijo: ¿Sabes por qué he *venido* a
10.20 y al terminar con él..de Grecia *vendrá*
11.6 *vendrá* al rey del norte para hacer..paz
11.7 y *vendrá* con ejército contra el rey del
11.10 *vendrá*..e inundará, y pasará adelante
11.13 *vendrá*..con gran ejército y..riquezas
11.15 *vendrá*..el rey del norte, y levantará
11.16 que *vendrá* contra él hará su voluntad
11.17 para *venir* con el poder de todo su reino
11.21 *vendrá* sin aviso y tomará el reino con
11.30 *vendrán* contra él naves de Quitim, y él

Os. 1.1 palabra de Jehová que *vino* a Oseas hijo
6.1 *venid* y volvamos a Jehová..y nos curará
6.3 *vendrá* a nosotros como la lluvia, como la
7.13 destrucción *vendrá* sobre ellos, porque
8.1 como águila *viene* contra la casa de Jehová

VENIR *(Continúa)*
Os. 9.7 *vinieron* los días del castigo, *v* los días
10.12 hasta que *venga* y os enseñe justicia
11.10 los hijos *vendrán* temblando desde el
13.13 dolores de mujer que da a. .le *vendrán*
13.15 *vendrá* el solano, viento de Jehová; se
Jl. 1.1 palabra de Jehová que *vino* a Joel, hijo
1.13 *venid,* dormid en cilicio, ministros de
1.15 *vendrá*. .destrucción por el Todopoderoso
2.1 porque *viene* el día de Jehová. .cercano
2.2 *vendrá* un pueblo grande. .semejante a él
2.31 que *venga* el día grande y espantoso de
3.9 acérquense, *vengan*. .los hombres de guerra
3.11 juntaos y *venid,* naciones. .de alrededor
3.11 haz *venir* allí, oh Jehová, a tus fuertes
3.13 *venid,* descended, porque el lagar está
Am. 3.11 un enemigo *vendrá* por todos lados de
4.2 aquí, *vienen* sobre vosotras días en que
4.8 *venían* dos o tres ciudades a. .para beber
4.12 prepárate para *venir* al encuentro de tu
5.9 y hace que el despojador *venga* sobre la
8.2 ha *venido* el fin sobre mi pueblo Israel
8.11 *vienen* días. .los cuales enviaré hambre a
9.13 *vienen* días. .que el que ara alcanzará al
Abd. 5 si ladrones *vinieran* a ti. .¿no hurtarían
Jon. 1.1 *vino* palabra de Jehová a Jonás hijo de
1.7 *venid* y echemos suertes. .causa de quién
1.7 por causa de quién nos ha *venido* este mal
1.8 decláranos. .por qué nos ha *venido* este mal
1.8 ¿qué oficio tienes, y de dónde *vienes?*
1.12 sé que por mi causa ha *venido*. .tempestad
3.1 *vino* palabra de Jehová por segunda vez a
4.7 pero al *venir* el alba del día siguiente
Mi. 1.1 palabra de Jehová que *vino* a Miqueas de
3.11 ¿no está. .No *vendrá* mal sobre nosotros
3.12 *vendrá* a ser montones de ruinas, y el
4.2 *vendrán* muchas naciones, y dirán: *Venid*
4.8 Sion, hasta ti *vendrá* el señorío primero
5.5 cuando el asirio *viniere*. .cuando hollare
5.6 y nos librará del asirio, cuando *viniere*
7.4 día de tu castigo *viene,* el que anunciaron
7.11 *viene* el día en que se edificarán tus
7.12 en ese día *vendrán* hasta ti desde Asiria
Hab. 1.8 feroces. .*vendrán* de lejos sus jinetes
1.9 toda ella *vendrá* a la presa; el terror va
2.3 aunque tardare, espéralo. .sin duda *vendrá*
2.16 el cáliz de. .de Jehová *vendrá* hasta ti
3.3 Dios *vendrá* de Temán, y el Santo desde el
Sof. 1.1 palabra de Jehová que *vino* a Sofonías
2.2 que *venga*. .el furor de la ira de Jehová
2.2 antes que el día de la ira. .*venga* sobre
2.10 esto les *vendrá* por su soberbia, porque
Hag. 1.1,3 *vino* palabra de Jehová por. .Hageo
1.14 y *vinieron* y trabajaron en la casa de
2.1 mes, *vino* palabra de Jehová por medio del
2.7 *vendrá* el Deseado de todas las naciones
2.10 *vino* palabra de. .medio del profeta Hageo
2.16 antes. .*venían* al montón de veinte efas
2.16 *venían* al lagar para sacar 50 cántaros, y
2.20 *vino* por segunda vez palabra de. .a Hageo
2.22 *vendrán* abajo los caballos y sus jinetes
Zac. 1.1,7 *vino* palabra. .al profeta Zacarías
1.21 éstos han *venido* para hacerlos temblar
2.10 he aquí *vengo,* y moraré en medio de ti
4.8 *vino* palabra de Jehová a mí, diciendo
5.4 *vendrá* a la casa del ladrón, y a la casa
6.9; 8.1,18 *vino* a mí palabra de Jehová
6.15 los que están lejos *vendrán* y ayudarán
7.1,8 *vino* palabra de Jehová a Zacarías, a
7.4 *vino,* pues a mí palabra de Jehová de los
7.12 *vino*. .gran enojo de parte de Jehová de
7.14 ellos, sin quedar quien fuese ni *viniese*
8.20 *vendrán* pueblos, y habitantes de muchas
8.21 *vendrán* los habitantes de una ciudad a
8.22 *vendrán* muchos pueblos. .buscar a Jehová
9.8 acamparé. .para que ninguno vaya ni *venga*
9.9 aquí tu rey *vendrá* a ti, justo y salvador
12.9 destruir a. .las naciones que *vinieren*
14.1 el día de Jehová *viene,* y en medio de ti
14.5 *vendrá* Jehová. .y con él todos los santos
14.16 naciones que *vinieron* contra Jerusalén
14.17 no subieren a. .no *vendrá* sobre ellos
14.18 y si la familia de Egipto. .no *viniere*
14.18 *vendrá* la plaga con que Jehová herirá
14.21 los que sacrificaren *vendrán* y tomarán
Mal. 3.1 y *vendrá* súbitamente a su templo el
3.1 *viene,* ha dicho Jehová de los ejércitos
3.5 y *vendré* a vosotros para juicio; y seré
4.1 aquí, *viene* el día ardiente como un horno
4.1 día que *vendrá* los abrasará, ha dicho
4.5 Elías, antes que *venga* el día de Jehová
4.6 no sea que yo *venga* y hiera la tierra con
Mt. 2.1 nació en Belén. .*vinieron* del oriente
2.2 ¿dónde está el rey de. .*venimos* a adorarle
2.21 tomó al niño. .y *vino* a tierra de Israel
2.23 *vino* y habitó en la ciudad que. .Nazaret
3.1 en aquellos días *vino* Juan el Bautista
3.7 al ver él. .saduceos *venían* a su bautismo
3.11 el que *viene* tras mí. .es más poderoso
3.13 Jesús *vino* de Galilea a Juan al Jordán
3.14 ser bautizado por ti, ¿y tú *vienes* a mí?
3.16 descendía como paloma, y *venía* sobre él
4.3 *vino* a él el tentador, y le dijo: Si eres
4.11 y he aquí *vinieron* ángeles y le servían
4.13 *vino* y habitó en Capernaum. .en la región
4.19 les dijo: *Venid* en pos de mí, y os haré
5.1 sentándose, *vinieron* a él sus discípulos
5.17 que he *venido* para abrogar la ley o los
5.17 no he *venido* para abrogar, sino. .cumplir
5.24 deja. .entonces *ven* y presenta tu ofrenda
6.10 *venga* tu reino. Hágase tu voluntad, como
7.15 falsos profetas, que *vienen*. .son lobos
7.25,27 y *vinieron* ríos, y soplaron vientos
8.2 y *vino* un leproso y se postró. .diciendo
8.5 entrando Jesús. .*vino* a él un centurión
8.9 y al otro: *Ven,* y *viene;* y a mi siervo
8.11 os digo que *vendrán* muchos del oriente
8.14 *vino* Jesús a casa de Pedro, y vio a la
8.19 *vino* un escriba y le dijo: Maestro, te
8.25 *vinieron* sus discípulos y le despertaron
8.28 *vinieron* a su encuentro. .endemoniados
8.29 ¿has *venido* acá para atormentarnos antes
8.33 y *viniendo* a la ciudad, contaron todas
9.1 en la barca, pasó al otro lado y *vino* a
9.10 muchos publicanos y. .que habían *venido*
9.13 no he *venido* a llamar a justos, sino a
9.14 *vinieron* a él los discípulos de Juan
9.15 *vendrán* días cuando el esposo les será
9.18 *vino* un hombre principal y se postró
9.18 *ven* y pon tu mano sobre ella, y vivirá
9.28 llegado a la. .*vinieron* a él los ciegos
10.13 vuestra paz *vendrá* sobre ella; mas si
10.23 no. .antes que *venga* el Hijo del Hombre
10.34 no penséis que he *venido* para traer paz
10.34 no. .*venido* para traer paz, sino espada
10.35 he *venido* para poner en disensión al
11.3 ¿eres tú aquel que había de *venir,* o
11.14 él es aquel Elías que había de *venir*
11.18 porque *vino* Juan, que ni comía ni bebía
11.19 *vino* el Hijo del Hombre. .come y bebe
11.28 *venid* a mí. .los que estáis trabajados
12.9 pasando de allí, *vino* a la sinagoga de
12.42 *vino* de los fines de la tierra para oir
12.45 el postrer estado de. .*viene* a ser peor
13.4 parte. .*vinieron* las aves y la comieron
13.19 *viene* el malo, y arrebata lo que fue
13.21 al *venir* la aflicción o. .luego tropieza
13.25 *vino* su enemigo y sembró cizaña entre
13.27 *vinieron*. .los siervos del. .y le dijeron
13.32 que *vienen* las aves del cielo y hacen
13.54 *venido* a su tierra, les enseñaba en la
14.25 Jesús *vino* a ellos andando sobre el mar
14.29 él dijo: *Ven.* Y descendiendo Pedro de
14.33 *vinieron* y le adoraron. .Hijo de Dios
14.34 y terminada la travesía, *vinieron* a la
15.25 ella *vino* y se postró. .¡Señor, socórreme!
15.29 pasó Jesús de allí y *vino* junto al mar
15.39 la barca, y *vino* a la región de Magdala
16.1 *vinieron* los fariseos y. .para tentarle
16.13 *viniendo* Jesús a la región de Cesarea
16.24 si alguno quiere *venir* en pos de mí
16.27 porque el Hijo. .*vendrá* en la gloria de
16.28 el Hijo del Hombre *viniendo* en su reino
17.10 es necesario que Elías *venga* primero?
17.11 *viene* primero, y restaurará todas las
17.12 que Elías ya *vino,* y no le conocieron
17.14 *vino* a él un hombre que se arrodilló
17.19 *viniendo* entonces. .discípulos a Jesús
17.24 *vinieron* a Pedro los que cobraban las
18.1 los discípulos *vinieron* a Jesús, diciendo
18.7 es necesario que *vengan* tropiezos, pero
18.7 ¡ay de aquel hombre por quien *viene* el
18.11 el Hijo. .ha *venido* para salvar lo que
19.3 *vinieron* a él los fariseos, tentándole
19.14 dejad a los niños *venir* a mí, y no se
19.16 entonces *vino* uno y le dijo: Maestro
19.21 vende lo que tienes. .y *ven* y sígueme
20.9 al *venir* los que habían ido cerca de la
20.10 al *venir* también los primeros, pensaron
20.28 como el Hijo del Hombre no *vino* para
21.1 cuando. .*vinieron* a Betfagé, al monte de
21.5 he aquí, tu Rey *viene* a ti, manso, y
21.9 ¡bendito el que *viene* en el nombre del
21.14 *vinieron* a. .ciegos y cojos, y los sanó
21.19 *vino* a ella, y no halló nada en ella, sino
21.23 cuando *vino* al templo, los principales
21.32 *vino*. .Juan en camino de justicia, y no
21.38 *venid,* matémosle, y apoderémonos de su
21.40 cuando *venga,* pues, el señor de la viña
21.42 piedra. .*venido* a ser cabeza del ángulo
22.3 y envió a. .mas éstos no quisieron *venir*
22.4 todo está dispuesto; *venid* a las bodas
22.23 *vinieron* a él los saduceos, que dicen
23.35 que *venga* sobre vosotros toda la sangre
23.36 todo esto *vendrá* sobre esta generación
23.39 bendito el que *viene* en el nombre del
24.5 *vendrán* muchos en mi nombre, diciendo
24.14 será predicado. .entonces *vendrá* el fin
24.30 *viniendo* sobre las nubes del cielo, con
24.39 no entendieron hasta. .*vino* el diluvio
24.42 porque no sabéis a qué hora ha de *venir*
24.43 a qué hora el ladrón habría de *venir*
24.44 Hijo. .*vendrá* a la hora que no pensáis
24.46 su señor *venga,* le halle haciendo así
24.48 malo dijere. .Mi señor tarda en *venir*
24.50 *vendrá* el señor de aquel siervo en día
25.6 se oyó un clamor: ¡Aquí *viene* el esposo
25.10 mientras ellas iban a. .*vino* el esposo
25.11 *vinieron*. .las otras vírgenes, diciendo
25.13 en que el Hijo del Hombre ha de *venir*
25.19 *vino* el señor de aquellos siervos, y
25.27 al *venir* yo, hubiera recibido lo que es
25.31 cuando el Hijo del. .*venga* en su gloria
25.34 Rey dirá. .*Venid,* benditos de mi Padre
25.36 estuve. .en la cárcel, y *vinisteis* a mí
25.39 te vimos. .en la cárcel, y *vinimos* a ti?
26.7 *vino* a él una mujer, con un. .de perfume
26.17 el primer día. .*vinieron* los discípulos a
26.40 *vino* luego a sus discípulos, y los halló
26.43 *vino* otra vez y los halló durmiendo
26.45 *vino* a sus discípulos. .dijo: Dormid ya
26.47 *vino* Judas. .y con él mucha gente con
26.50 y Jesús le dijo: Amigo, ¿a qué *vienes?*
26.60 pero al fin *vinieron* dos testigos falsos
26.64 Hijo. .*viniendo* en las nubes del cielo
27.1 *venida* la mañana, todos los. .sacerdotes
27.49 deja, veamos si *viene* Elías a librarle
27.53 y saliendo. .*vinieron* a la santa ciudad
27.57 *vino* un hombre rico de Arimatea. .José
27.64 no sea que *vengan*. .lo hurten, y digan
28.1 *vinieron* María Magdalena y. .otra María
28.6 *venid,* ved el lugar donde fue puesto el
28.13 sus discípulos *vinieron* de noche, y lo
Mr. 1.7 *viene* tras mí el que es más poderoso
1.9 que Jesús *vino* de Nazaret de Galilea, y
1.11 y *vino* una voz de los cielos que decía
1.14 Jesús *vino*. .predicando el evangelio del
1.17 dijo Jesús: *Venid* en pos de mí, y haré
1.24 ¿has *venido* para destruirnos? Sé quién
1.29 *vinieron* a casa de Simón y Andrés, con
1.38 para que predique. .para esto he *venido*
1.40 *vino* a él un leproso, rogándole. .le dijo
1.45 quedaba. .y *venían* a él de todas partes
2.3 *vinieron* a él unos trayendo un paralítico
2.13 toda la gente *venía* a él, y les enseñaba
2.17 no he *venido* a llamar a justos, sino a
2.18 y *vinieron,* y le dijeron: ¿Por qué los
2.20 *vendrán* días cuando el esposo les será
3.8 de Jerusalén. .grandes multitudes *vinieron*
3.13 llamó a. .a los que él quiso; y *vinieron*
3.19 y Judas Iscariote, el. .Y *vinieron* a casa
3.21 *vinieron* para prenderle; porque decían
3.22 pero los escribas que habían *venido* de
3.31 *vienen* después sus hermanos y su madre
4.4 *vinieron* las aves del cielo y la comieron
4.15 *viene* Satanás, y quita la palabra que se
4.17 cuando *viene* la tribulación. .tropiezan
5.1 *vinieron* al otro lado del mar. .gadarenos
5.2 *vino* a su encuentro, de los sepulcros, un
5.15 *vienen* a Jesús, y ven al que había sido
5.22 *vino*. .de los principales de la sinagoga
5.23 *ven* y pon las manos sobre ella para que
5.27 *vino* por detrás entre. .y tocó su manto
5.33 la mujer. .*vino* y se postró delante de él
5.35 hablaba, *vinieron* de casa del principal
5.38 *vino* a casa del principal de la sinagoga
6.1 salió Jesús de allí y *vino* a su tierra, y
6.21 *venido* un día oportuno, en que Herodes
6.29 oyeron esto. .*vinieron* y tomaron su cuerpo
6.31 dijo: *Venid* vosotros aparte a un lugar
6.31 porque eran muchos los que iban y *venían*
6.47 y al *venir* la noche, la barca estaba en
6.48 *vino* a ellos andando sobre el mar, y
6.53 *vinieron* a. .Genesaret, y arribaron a la
7.1 escribas, que habían *venido* de Jerusalén
7.25 una mujer. .*vino* y se postró a sus pies
7.31 Tiro, *vino* por Sidón al mar de Galilea
8.3 pues algunos de ellos han *venido* de lejos
8.10 y luego. .*vino* a la región de Dalmanuta
8.11 *vinieron*. .los fariseos y comenzaron a
8.22 *vino* luego a Betsaida; y le trajeron un
8.34 quiere *venir* en pos de mí, niéguese a sí
8.38 se avergonzará. .de él, cuando *venga* en la
9.1 visto el reino de Dios *venido* con poder
9.7 *vino* una nube que les hizo sombra, y desde
9.11 que es necesario que Elías *venga* primero?
9.12 Elías a la. .*vendrá* primero, y restaurará
9.13 que Elías ya *vino,* y le hicieron todo lo
10.1 de allí, *vino* a la región de Judea y al
10.14 dejad a los niños *venir* a mí, y no se
10.17 *vino* uno corriendo. .Maestro bueno, ¿qué
10.21 dalo a. .y *ven,* sígueme, tomando tu cruz
10.45 porque el Hijo del Hombre no *vino* para
10.46 entonces *vinieron* a Jericó; y al salir
10.50 él entonces. .se levantó y *vino* a Jesús
11.9 que *venían* detrás daban voces, diciendo
11.9 ¡bendito el que *viene* en el nombre del
11.10 reino de nuestro padre David que *viene!*
11.15 *vinieron,* pues, a Jerusalén; y entrando
11.24 creed que lo recibiréis, y os *vendrá*
11.27 *vinieron* a. .los principales sacerdotes
12.7 este es el heredero: *venid,* matémosle
12.9 *vendrá,* y destruirá a los labradores, y
12.10 piedra. .*venido* a ser cabeza del ángulo
12.14 *viniendo*. .le dijeron: Maestro, sabemos
12.18 *vinieron* a él los saduceos, que dicen
12.42 *vino* una viuda. .y echó dos blancas, o
13.6 *vendrán* muchos en mi nombre, diciendo
13.26 *vendrá* en las nubes con gran poder y
13.35 no sabéis cuándo *vendrá* el señor de la
13.36 *venga* de repente, no os halle durmiendo
14.3 *vino* una mujer con un vaso de alabastro

VENIR *(Continúa)*

Mr. 14.17 cuando llegó la noche, *vino* él con los
14.32 *vinieron*..lugar que se llama Getsemaní
14.37 *vino*..y los halló durmiendo; y dijo a
14.41 *vino* la tercera vez, y les dijo: Dormid
14.41 basta, la hora ha *venido;* he aquí, el
14.43 *vino* Judas, que era uno de los doce, y
14.45 cuando *vino*, se acercó luego a él, y le
14.62 Hijo..*viniendo* en las nubes del cielo
14.66 *vino* una de las criadas del..sacerdote
15.8 y *viniendo* la multitud, comenzó a pedir
15.21 que *venía* del campo, a que le llevase
15.33 *vino* la hora sexta, hubo tinieblas sobre
15.36 dejad, veamos si *viene* Elías a bajarle
15.43 José..*vino* y entró osadamente a Pilato
15.44 Pilato..haciendo *venir* al centurión, le
16.2 *vinieron* al sepulcro, ya salido el sol
Lc. 1.35 el Espíritu Santo *vendrá* sobre ti, y
1.43 que la madre de mi Señor *venga* a mí?
1.59 *vinieron* para circuncidar al niño; y le
2.16 *vinieron*..y hallaron a María y a José
2.27 movido por el Espíritu, *vino* al templo
3.2 *vino* palabra de Dios a Juan..en el desierto
3.12 *vinieron* también unos publicanos para
3.16 pero *viene* uno más poderoso que yo, de
3.22 *vino* una voz del cielo que decía: Tú eres
4.16 *vino* a Nazaret, donde se había criado
4.34 nazareno? ¿Has *venido* para destruirnos?
5.7 que *viniesen* a ayudarles; y *vinieron*, y
5.17 *venido* de todas las aldeas de Galilea
5.32 no he *venido* a llamar a justos, sino a
5.35 *vendrán* días cuando el esposo les será
6.17 que había *venido* para oírle, y para ser
6.47 aquel que *viene* a mí, y oye mis palabras
6.48 cuando *vino* una inundación, el río dio
7.3 envió..rogándole que *viniese* y sanase a
7.4 ellos *vinieron* a Jesús y le rogaron con
7.7 que ni aun me tuve por digno de *venir* a ti
7.8 y digo a éste: Vé..al otro: *Ven*, y *viene*
7.19 a Jesús..¿Eres tú el que había de *venir*
7.20 cuando..*vinieron* a él, dijeron: Juan el
7.20 dijeron..¿Eres tú el que había de *venir*
7.33 *vino* Juan el Bautista, que ni comía pan
7.34 *vino* el Hijo del Hombre, que come y bebe
8.4 los que de cada ciudad *venían* a él, les
8.12 *viene* el diablo y quita de su corazón
8.19 su madre y sus hermanos *vinieron* a él
8.24 *vinieron* a él y le despertaron, diciendo
8.27 *vino* a su encuentro..endemoniado desde
8.35 *vinieron* a Jesús, y hallaron al hombre
8.41 *vino* un varón llamado Jairo, que era
8.47 *vino* temblando, y..sus pies, le declaró
8.49 cuando *vino* uno de casa del principal de
9.23 quiere *venir* en pos de mí, niéguese a sí
9.26 de éste se avergonzará..cuando *venga* en
9.34 decía esto, *vino* una nube que los cubrió
9.35 y *vino* una voz desde la nube, que decía
9.56 porque el Hijo..no ha *venido* para perder
10.33 pero un samaritano..*vino* cerca de él
11.2 *venga* tu reino. Hágase tu voluntad, como
11.6 un amigo mío ha *venido* a mí de viaje, y
11.22 *viene* otro más fuerte que él..le quita
11.26 estado de aquel hombre *viene* a ser peor
11.31 ella *vino*..oir la sabiduría de Salomón
12.20 esta noche *vienen* a pedirte tu alma; y
12.37 su señor, cuando *venga*, halle velando
12.37 que se sienten a..y *vendrá* a servirles
12.38 *venga* a la segunda vigilia, y aunque *v*
12.39 hora el ladrón había de *venir*, velaría
12.40 no penséis, el Hijo del Hombre *vendrá*
12.43 su señor *venga*, le halle haciendo así
12.45 siervo dijere..Mi señor tarda en *venir*
12.46 *vendrá* el señor de aquel siervo en día
12.49 fuego *vine* a echar en la tierra; ¿y qué
12.51 ¿pensáis que he *venido* para dar paz en
12.54 luego decís: Agua *viene;* y así sucede
13.6 y *vino* a buscar fruto en ella, y no lo
13.7 hace tres años que *vengo* a buscar fruto
13.14 en éstos, pues, *venid* y sed sanados
13.29 *vendrán* del oriente y del occidente, del
13.35 digáis: Bendito el que *viene* en nombre
14.9 *viniendo* el que te convidó a ti y a él
14.10 que cuando *venga* el que te convidó, te
14.17 hora..*Venid*, que ya todo está preparado
14.26 si alguno *viene* a mí, y no aborrece a
14.27 no lleva su cruz y *viene* en pos de mí
14.31 hacer frente con..al que *viene* contra él
15.14 *vino*..gran hambre en aquella provincia
15.20 levantándose, *vino* a su padre..lo vio
15.25 cuando *vino*, y llegó cerca de la casa
15.27 dijo: Tu hermano ha *venido;* y tu padre
15.30 *vino* este tu hijo, que ha consumido tus
16.21 perros *venían* y le lamían las llagas
16.28 no *vengan* ellos también a este lugar de
17.1 imposible es que no *vengan* tropiezos
17.1 mas ¡ay de aquel por quien *vienen!*
17.20 cuándo había de *venir* el reino de Dios
17.20 el reino de..no *vendrá* con advertencia
17.22 tiempo *vendrá* cuando desearéis ver uno
17.27 *vino* el diluvio y los destruyó a todos
18.3 una viuda, la cual *venía* a él, diciendo
18.5 sea que *viniendo*..me agote la paciencia
18.8 *venga* el Hijo del Hombre, ¿hallará fe en
18.16 dejad a los niños *venir* a mí, y no se
18.22 y tendrás tesoro en el..y *ven*, sígueme
19.9 hoy ha *venido* la salvación a esta casa
19.10 *vino* a buscar..lo que se había perdido
19.13 dijo: Negociad entre tanto que *vengo*
19.16 *vino* el primero, diciendo: Señor, tu
19.18 *vino* otro, diciendo: Señor, tu mina ha
19.20 *vino* otro, diciendo: Señor, aquí está
19.38 ¡bendito el rey que *viene* en el nombre
19.43 porque *vendrán* días sobre ti, cuando
20.14 *venid*, matémosle, para que la heredad
20.16 *vendrá* y destruirá a estos labradores
20.17 piedra..*venido* a ser cabeza del ángulo?
21.6 días *vendrán* en que no quedará piedra
21.8 *vendrán* muchos en mi nombre, diciendo
21.27 que *vendrá* en una nube con poder y gran
21.34 *venga* de repente sobre vosotros aquel
21.35 como un lazo *vendrá* sobre todos los que
21.36 de escapar de..estas cosas que *vendrán*
21.38 pueblo *venía* a él por la mañana, para
22.18 vid, hasta que el reino de Dios *venga*
22.45 *vino* a..discípulos, los halló durmiendo
22.52 ancianos, que habían *venido* contra él
23.26 Simón de Cirene, que *venía* del campo
23.29 porque he aquí *vendrán* días en que dirán
23.42 a Jesús: Acuérdate de mí cuando *vengas*
23.55 las mujeres que habían *venido* con él
24.1 el primer día de..*vinieron* al sepulcro
24.23 *vinieron* diciendo que..visto visión de
24.38 *vienen* a..corazón estos pensamientos?
Jn. 1.7 éste *vino* por testimonio, para que diese
1.9 la luz verdadera, que..*venía* a este mundo
1.11 a lo suyo *vino*..suyos no le recibieron
1.15 el que *viene* después de mí, es antes de
1.17 verdad *vinieron* por medio de Jesucristo
1.27 este es el que *viene* después de mí, el
1.29 vio Juan a Jesús que *venía* a él, y dijo
1.30 después de mí *viene* un varón, el cual es
1.31 por esto *vine* yo bautizando con agua
1.39 les dijo: *Venid* y ved. Fueron, y vieron
1.46 algo de bueno? Le dijo Felipe: *Ven* y ve
2.4 Jesús le dijo..Aún no ha *venido* mi hora
3.2 *vino* a Jesús de noche, y le dijo: Rabí
3.2 Rabí, sabemos que has *venido* de Dios como
3.8 ni sabes de dónde *viene*, ni a dónde va
3.19 que la luz *vino* al mundo, y los hombres
3.21 *viene* a la luz, para que sea manifiesto
3.22 después..*vino* Jesús con sus discípulos
3.23 bautizaba..y *venían*, y eran bautizados
3.26 *vinieron* a Juan y le dijeron: Rabí, mira
3.26 mira que..bautiza, y todos *vienen* a él
3.31 el que de arriba *viene*, es sobre todos
3.31 el que *viene* del cielo, es sobre todos
4.5 *vino*..una ciudad de Samaria llamada Sicar
4.7 *vino* una mujer de Samaria a sacar agua
4.15 no tenga yo sed, ni *venga* aquí a sacarla
4.16 dijo: Vé, llama a tu marido, y *ven* acá
4.21 la hora *viene* cuando ni en este monte ni
4.22 porque la salvación *viene* de los judíos
4.23 mas la hora *viene*..cuando los verdaderos
4.25 sé que ha de *venir* el Mesías, llamado el
4.25 cuando él *venga* nos declarará todas las
4.27 en esto *vinieron* sus discípulos, y se
4.29 *venid*, ved a un hombre que me ha dicho
4.30 salieron de la ciudad, y *vinieron* a él
4.40 *vinieron* los samaritanos..y le rogaron
4.45 *vino* a Galilea..galileos le recibieron
4.46 *vino*..Jesús otra vez a Caná de Galilea
4.47 *vino* a él y le rogó que descendiese y
5.14 para que no te *venga* alguna cosa peor
5.24 no *vendrá* a condenación, mas ha pasado
5.25 *viene* la hora..cuando los muertos oirán
5.28 *vendrá* hora cuando todos los que están
5.40 no queréis *venir* a mí..que tengáis vida
5.43 yo he *venido* en nombre de mi Padre, y no
5.43 si otro *viniere* en su propio nombre, a
5.44 no buscáis la gloria que *viene* del Dios
6.5 vio que había *venido* a él gran multitud
6.14 es el profeta que había de *venir* al mundo
6.15 que iban a *venir* para apoderarse de él
6.17 oscuro, y Jesús no había *venido* a ellos
6.35 el que a mí *viene*, nunca tendrá hambre
6.37 *vendrá* a mí; y al que a mí *viene*, no le
6.44 ninguno puede *venir* a mí, si el Padre
6.45 todo aquel que oyó al Padre..*viene* a mí
6.46 aquel que *vino* de Dios; éste ha visto al
6.65 que ninguno puede *venir* a mí, si no le
7.27 cuando *venga* el Cristo, nadie sabrá de
7.28 y no he *venido* de mí mismo, pero el que
7.31 decían: El Cristo, cuando *venga*, ¿hará
7.34,36 y a donde yo estaré..no podréis *venir*
7.37 si alguno tiene sed, *venga* a mí y beba
7.39 aún no había *venido* el Espíritu Santo
7.41 pero..¿De Galilea ha de *venir* el Cristo?
7.42 aldea de Belén..ha de *venir* el Cristo?
7.45 los alguaciles *vinieron* a los principales
7.50 Nicodemo, el que *vino* a él de noche, el
8.2 y todo el pueblo *vino* a él; y sentado él
8.14 porque sé de dónde he *venido* y a dónde
8.14 no sabéis de dónde *vengo*, ni a dónde voy
8.21,22 donde yo voy, vosotros no podéis *venir*
8.42 yo de Dios he salido, y he *venido;* pues
8.42 no he *venido* de mí mismo, sino que él me
9.4 noche *viene*, cuando nadie puede trabajar
9.33 si éste no *viniera* de Dios, nada podría
9.39 para juicio he *venido* yo a este mundo
10.8 los que antes de mí *vinieron*, ladrones
10.10 el ladrón no *viene* sino para hurtar y
10.10 he *venido* para que tengan vida, y para
10.12 ve *venir* al lobo y deja las ovejas y
10.35 a quienes *vino* la palabra de Dios (y la
10.41 muchos *venían* a él, y decían: Juan, a la
11.17 *vino*, pues, Jesús, y halló que hacía
11.19 muchos de..judíos habían *venido* a Marta
11.20 Marta, cuando oyó que Jesús *venía*, salió
11.27 Hijo de Dios, que has *venido* al mundo
11.29 lo oyó, se levantó de prisa y *vino* a él
11.34 pusisteis? Le dijeron: Señor, *ven* y ve
11.43 clamó a gran voz: ¡Lázaro, *ven* fuera!
11.45 habían *venido* para acompañar a María
11.48 y *vendrán* los romanos, y destruirán
11.56 se preguntaban..¿No *vendrá* a la fiesta?
12.1 antes de la pascua, *vino* Jesús a Betania
12.9 *vinieron*, no..por causa de Jesús, sino
12.12 que habían *venido* a la fiesta, al oir
12.12 día..al oir que Jesús *venía* a Jerusalén
12.13 ¡bendito el que *viene* en el nombre del
12.15 tu Rey *viene*, montado sobre un pollino
12.18 cual..había *venido* la gente a recibirle
12.28 entonces *vino* una voz del cielo: Lo he
12.30 no ha *venido* esta voz por causa mía
12.46 yo, la luz, he *venido* al mundo, para que
12.47 porque no he *venido* a juzgar al mundo
13.6 entonces *vino* a Simón Pedro; y Pedro le
14.3 si me fuere y os..lugar..*vendré* otra vez
14.6 vida; nadie *viene* al Padre, sino por mí
14.18 no..dejaré huérfanos; *vendré* a vosotros
14.23 *vendremos* a él, y haremos morada con él
14.28 os he dicho: Voy, y *vengo* a vosotros
14.30 porque *viene* el príncipe de este mundo
15.22 si yo no hubiera *venido*, ni les hubiera
15.26 cuando *venga* el Consolador, a quien yo
16.2 *viene* la hora cuando cualquiera que os
16.7 si no me fuere, el Consolador no *vendría*
16.8 cuando él *venga*, convencerá al mundo de
16.13 cuando *venga* el Espíritu de verdad, él
16.13 saber las cosas que habrán de *venir*
16.25 la hora *viene*..no os hablaré..alegorías
16.28 salí del Padre, y he *venido* al mundo
16.32 he aquí la hora *viene*, y ha *venido* ya
18.37 y para esto he *venido* al..dar testimonio
19.32 *vinieron*..los soldados, y quebraron las
19.38 *vino*, y se llevó el cuerpo de Jesús
19.39 *vino* trayendo un compuesto de mirra y
20.8 el..que había *venido* primero al sepulcro
20.19 *vino* Jesús, y puesto en medio, les dijo
20.24 no estaba con ellos cuando Jesús *vino*
21.8 otros discípulos *vinieron* con la barca
21.12 dijo Jesús: *Venid*, comed. Y ninguno de
21.13 *vino*..Jesús, y tomó el pan y les dio
21.22,23 quede hasta que yo *venga*, ¿qué a ti?
Hch. 1.8 recibiréis poder, cuando haya *venido*
1.11 *vendrá* como le habéis visto ir al cielo
2.2 de repente *vino* del cielo un estruendo
2.20 antes que *venga* el día del Señor, grande
3.19 *vengan*..del Señor tiempos de refrigerio
4.1 *vinieron* sobre ellos los sacerdotes con
4.23 *vinieron* a los suyos y contaron todo lo
5.5 y *vino* un gran temor sobre todos los que
5.11 y *vino* gran temor sobre toda la iglesia
5.16 *venían* a Jerusalén, trayendo enfermos
5.21 entre tanto, *vinieron* el sumo sacerdote y
5.25 pero *viniendo* uno, les dio esta noticia
7.3 sal..y *ven* a la tierra que yo te mostraré
7.11 *vino* entonces hambre en toda la tierra
7.14 José, hizo *venir* a su padre Jacob, y a
7.23 años, le *vino* el corazón el visitar a sus
7.31 acercándose..*vino* a él la voz del Señor
7.34 ahora, pues, *ven*, te enviaré a Egipto
8.15 habiendo *venido*, oraron por ellos para
8.24 que nada de esto..dicho *venga* sobre mí
8.27 y había *venido* a Jerusalén para adorar
9.1 Saulo, respirando aún amenazas..*vino* al
9.17 se te apareció en el..por donde *venías*
9.21 y a eso *vino* acá, para llevarlos presos
9.32 que Pedro..*vino* también a los santos que
9.38 a rogarle: No tardes en *venir* a nosotros
10.5,32 haz *venir* a Simón, el que tiene por
10.13 *vino* una voz: Levántate, Pedro, mata y
10.21 ¿cuál es la causa..que habéis *venido?*
10.22 de hacerte *venir* a su casa para oír tus
10.29 al ser llamado, *vine* sin replicar. Así
10.29 ¿por qué causa me habéis hecho *venir?*
10.33 envié por ti..has hecho bien en *venir*
10.45 los fieles..que habían *venido* con Pedro
11.5 era bajado del cielo y *venía* hasta mí
11.13 y haz *venir* a Simón, el que tiene por
11.28 que *vendría* una gran hambre en toda la
12.20 pero ellos *vinieron* de acuerdo ante él
13.25 pero *viene* tras mí uno de quien no soy
13.40 que no *venga* sobre vosotros lo que está
14.19 *vinieron* unos judíos de Antioquía y de
14.24 pasando luego por..*vinieron* a Panfilia
15.1 algunos que *venían* de Judea enseñaban a
16.11 *vinimos* con rumbo directo a Samotracia
16.37 no..sino *vengan* ellos mismos a sacarnos
16.39 *viniendo*, les rogaron; y sacándolos, les
17.6 estos que trastornan el..han *venido* acá

VENIR *(Continúa)*
Hch. 17.15 orden. .que *viniesen* a él lo más pronto
18.2 a un judío. .recién *venido* de Italia con
18.5 Silas y Timoteo *vinieron* de Macedonia
18.21 guarde en Jerusalén la fiesta que *viene*
19.1 *vino* a Efeso, y hallando a. .discípulos
19.4 creyesen en aquel que *vendría* después de
19.6 manos, *vino* sobre ellos el Espíritu Santo
19.18 *venían*, confesando y dando cuenta de
19.27 nuestro negocio *venga* a desacreditarse
19.35 es guardiana. .de la imagen *venida* de
20.14 tomándole a bordo, *vinimos* a Mitilene
20.18 *vinieron* a. .les dijo: Vosotros sabéis
20.19 han *venido* por las asechanzas de los
21.11 quien *viniendo* a vernos, tomó el cinto
21.16 y *vinieron*. .algunos de los discípulos
21.22 reunirá. .porque oirán que has *venido*
21.36 la muchedumbre del pueblo *venía* detrás
22.13 *vino* a mí, y. .me dijo: Hermano Saulo
22.27 *vino* el tribuno y le dijo: Dime, ¿eres
22.30 mandó *venir* a. .principales sacerdotes
23.12 *venido* el día, algunos de los judíos
23.35 te oiré cuando *vengan* tus acusadores
24.8 mandando. .acusadores que *viniesen* a ti
24.17 años, *vine* a hacer limosnas a mi nación
24.23 no impidiese a ninguno de. .*venir* a él
24.24 *viniendo* Félix con Drusila su mujer
24.26 veces lo hacía *venir* y hablaba con él
25.6 *venido* a Cesarea, al siguiente día se
25.7 lo rodearon los. .que habían *venido* de
25.13 Agripa y Berenice *vinieron* a Cesarea
25.17 habiendo *venido* ellos juntos acá, sin
25.23 al otro día, *viniendo* Agripa y Berenice
27.27 *venida* la decimacuarta noche, y siendo
28.6 mucho, y viendo que ningún mal le *venía*
28.9 otros que en la. .*venían*, y eran sanados
28.21 ni ha *venido* alguno de los hermanos que
28.23 *vinieron* a él muchos a la posada, a los
28.30 y recibía a todos los que a él *venían*
Ro. 2.25 tu circuncisión *viene*. .incircuncisión
2.29 la alabanza del cual no *viene* de los
3.8 hagamos males para que *vengan* bienes?
5.14 Adán. .es figura del que había de *venir*
5.16 el juicio *vino* a causa de un solo pecado
5.16 el don *vino* a causa de. .transgresiones
5.18 como por la transgresión de uno *vino* la
5.18 por la justicia de uno *vino* a todos los
7.9 *venido* el mandamiento, el pecado revivió
7.13 lo que es bueno, *vino* a ser muerte para
8.38 ni la. .ni lo presente, ni lo por *venir*
9.5 y de los cuales. .*vino* Cristo, el cual es
9.9 por este tiempo *vendré*, y Sara tendrá un
9.29 como Sodoma habríamos *venido* a ser, y
11.11 por su transgresión *vino* la salvación
11.26 escrito: *Vendrá* de Sion el Libertador
15.8 que Cristo Jesús *vino* a ser siervo de la
16.19 obediencia ha *venido* a ser notoria a
1 Co. 3.22 sea lo por *venir*, todo es vuestro
4.5 no juzguéis. .hasta que *venga* el Señor
4.13 hemos *venido* a ser. .como la escoria del
8.9 que esta libertad vuestra no *venga* a ser
9.27 sea que. .yo mismo *venga* a ser eliminado
11.26 muerte. .anunciáis hasta que él *venga*
13.1 *vengo* a ser como metal que resuena, o
13.10 cuando *venga* lo perfecto, entonces lo
15.35 los muertos? ¿Con qué cuerpo *vendrán?*
16.11 encaminadle en paz, para que *venga* a
16.22 no amare. .sea anatema. El Señor *viene*
2 Co. 1.16 desde Macedonia *venir*. .a vosotros
7.5 de cierto, cuando *vinimos* a Macedonia
9.4 si *vinieren* conmigo algunos macedonios
11.4 si *viene* alguno predicando a otro Jesús
11.9 lo suplieron los hermanos que *vinieron*
12.1 pero *vendré* a las visiones y. .del Señor
Gá. 2.11 pero cuando Pedro *vino* a Antioquía, le
2.12 que *viniesen* algunos de parte de Jacobo
2.12 pero después que *vinieron*, se retraía y
3.17 la ley que *vino* 430 años después, no lo
3.19 hasta que *viniese* la simiente a quien
3.23 pero antes que *viniese* la fe, estábamos
3.25 pero *venida* la fe, ya no estamos bajo ayo
4.4 cuando *vino* el cumplimiento del tiempo
Ef. 2.17 y *vino* y anunció las buenas nuevas de
5.6 estas cosas *viene* la ira de Dios sobre
Col. 2.17 cual es sombra de lo que ha de *venir*
3.6 la ira de Dios *viene* sobre los hijos de
1 Ts. 2.16 pues *vino* sobre ellos la ira hasta
5.2 día del Señor *vendrá* así como ladrón en
5.3 paz y. .*vendrá* sobre ellos destrucción
2 Ts. 1.10 cuando *venga*. .para ser glorificado
2.3 porque no *vendrá* sin que antes *venga* la
1 Ti. 1.15 que Cristo Jesús *vino* al mundo para
2.4 y *vengan* al conocimiento de la verdad
5.24 hacen patentes antes. .*vengan* a juicio
6.19 buen fundamento para lo por *venir*, que
2 Ti. 3.1 en los. .*vendrán* tiempos peligrosos
4.3 *vendrá* tiempo cuando no sufrirán la sana
4.9 procura *venir* pronto a verme
4.13 trae, cuando *vengas*, el capote que dejé
4.21 procura *venir* antes del invierno
Tit. 3.7 *viniésemos* a ser herederos conforme a
3.12 apresúrate a *venir* a mí en Nicópolis
He. 2.17 para *venir* a ser misericordioso y fiel
5.9 *vino* a ser autor de eterna salvación para
7.14 nuestro Señor *vino* de la tribu de Judá
8.8 *vienen* días. .que estableceré con la casa
10.7,9 he aquí que *vengo*, oh Dios, para hacer
10.37 el que ha de *venir vendrá*, y no tardará
11.7 heredero de la justicia que *viene* por la
13.14 ciudad. .sino que buscamos la por *venir*
13.23 con el cual, si *viniere*. .iré a veros
Stg. 2.4 *venís* a ser jueces con. .pensamientos
4.1 ¿de dónde *vienen* las guerras y. .pleitos
5.1 llorad. .por las miserias que os *vendrán*
1 P. 1.11 anunciaba. .las glorias que *vendrían*
2.7 piedra. .*venido* a ser la cabeza del ángulo
3.6 de la cual. .habéis *venido* a ser hijas, si
2 P. 2.20 postrer estado *viene* a ser peor que
3.3 días *vendrán* burladores, andando según
3.10 el día del Señor *vendrá* como ladrón en
1 Jn. 2.18 oísteis que el anticristo *viene*, así
4.2 que confiesa que Jesucristo ha *venido* en
4.3 no confiesa que Jesucristo ha *venido* en
4.3 habéis oído que *viene*, y que ahora ya
5.6 es Jesucristo, que *vino* mediante agua y
5.20 sabemos que el Hijo de Dios ha *venido*
2 Jn. 7 no confiesan que Jesucristo ha *venido*
10 si alguno *viene* a vosotros, y no trae esta
3 Jn. 3 regocijé cuando *vinieron* los hermanos
Jud. 14 *vino* el Señor con sus santas decenas de
Ap. 1.4,8 que es y que era y que ha de *venir*
1.7 aquí que *viene* con las nubes, y todo ojo
2.5 si no, *vendré* pronto a ti, y quitaré tu
2.16 *vendré* a ti. .y pelearé contra ellos con
2.25 que tenéis, retenedlo hasta que yo *venga*
3.3 si no velas, *vendré* sobre ti como ladrón
3.3 y no sabrás a qué hora *vendré* sobre ti
3.9 haré que *vengan* y se postren a tus pies
3.10 te guardaré de la hora. .que *venir*
3.11 he aquí, yo *vengo* pronto; retén lo que
4.8 que era, el que es, y el que ha de *venir*
5.7 *vino*, y tomó el libro de la mano derecha
6.1 oí a uno de los cuatro seres. .*Ven* y mira
6.3,5,7 ser viviente, que decía: *Ven* y mira
7.13 ¿quiénes son, y de dónde han *venido?*
8.3 otro ángel *vino*. .y se paró ante el altar
9.12 he aquí, *vienen* aún dos ayes después de
11.14 pasó; he aquí, el tercer ay *viene* pronto
11.15 los reinos del mundo han *venido* a ser de
11.17 que eres y que eras y que has de *venir*
11.18 tu ira ha *venido*, y el tiempo de juzgar
12.10 ha *venido* la salvación, el poder, y el
15.4 naciones *vendrán* y te adorarán, porque
16.2 y *vino* una úlcera maligna y pestilente
16.15 yo *vengo* como ladrón. Bienaventurado el
16.19 gran Babilonia *vino* en memoria delante
17.1 *vino* entonces uno de los siete ángeles
17.1 *ven* acá, y te mostraré la sentencia
17.10 otro aún no ha *venido;* y cuando *venga*
18.8 un sólo día *vendrán* sus plagas; muerte
18.10 ¡ay. .porque en una hora *vino* tu juicio!
19.17 *venid*, y congregaos a la gran cena de
21.9 *vino* entonces. .uno de los siete ángeles
21.9 *ven* acá, yo te mostraré la desposada, la
22.7 ¡he aquí, *vengo* pronto! Bienaventurado
22.12 he aquí yo *vengo* pronto, y mi galardón
22.17 dicen: *Ven*. Y el que oye, diga: *V*. Y el
22.17 que tiene sed, *venga;* y el que quiera
22.20 *vengo* en breve. Amén; sí, *ven*. .Jesús

VENTA
Lv. 25.29 hasta el término de un año desde la *v*
25.50 y ha de apreciarse el precio de su *v*
Jer. 32.11 tomé. .la carta de *v* sellada según
32.12 di la carta de *v* a Baruc hijo de Nerías
32.12 los. .que habían suscrito la carta de *v*
32.14 estas cartas, esta carta de *v* sellada
32.16 después que di la carta de *v* a Baruc

VENTAJA
Job 35.3 porque dijiste: ¿Qué *v* sacaré de ello?
Ro. 3.1 ¿qué *v* tiene, pues, el judío? ¿o de qué
2 Co. 2.11 Satanás no gane *v*. .sobre nosotros

VENTANA
Gn. 6.16 una *v* harás al arca, y la acabarás a
8.6 abrió Noé la *v* del arca que había hecho
26.8 rey de. .mirando por una *v*, vio a Isaac
Jos. 2.15 ella los hizo descender con. .por la *v*
2.18 tú atarás este cordón de grana a la *v*
2.21 y ella ató el cordón de grana a la *v*
Jue. 5.28 la madre de Sísara se asoma a la *v*
1 S. 19.12 y descolgó Mical a David por una *v*
2 S. 6.16 Mical hija de Saúl miró desde una *v*
1 R. 6.4 hizo a la casa *v* anchas por dentro y
7.4 y había tres hileras de *v*, una *v* contra
7.5 unas *v* estaban frente a las otras en tres
2 R. 1.2 Ocozías cayó por la *v* de una sala de
7.2,19 si Jehová hiciese. .*v* en el cielo
9.30 cuando Jezabel lo oyó. .se asomó a una *v*
9.32 alzando él. .su rostro hacia la *v*, dijo
13.17 y dijo: Abre la *v* que da al oriente
1 Cr. 15.29 Mical. .mirando por una *v*, vio al
Pr. 7.6 mirando yo por la *v* de mi casa, por mi
Ec. 12.3 se oscurecerán los que miran por las *v*
Cnt. 2.9 helo aquí. .mirando por las *v*, atisbando
Is. 24.18 de lo alto se abrirán *v*, y temblarán
54.12 tus *v* pondré de piedras preciosas, tus
60.8 vuelan como nubes, y. .palomas a sus *v?*
Jer. 9.21 la muerte ha subido por nuestras *v*
22.14 y le abre *v*, y la cubre de cedro, y la
Ez. 40.16 había *v* estrechas en las cámaras, y
40.16 y las *v* estaban alrededor por dentro
40.22 *v*. .conforme a la medida de la puerta
40.25 sus *v* y sus. .alrededor, como las otras *v*
40.29,33 tenía sus *v* y sus arcos alrededor
40.36 arcos y sus *v* alrededor; la longitud
41.16 las *v* estrechas y las cámaras alrededor
41.16 el suelo hasta las *v;* y las *v* también
41.26 había *v* estrechas, y palmeras de uno y
Dn. 6.10 abiertas las *v* de su cámara que daban
Jl. 2.9 entrarán. .las *v* a manera de ladrones
Sof. 2.14 cantará en las *v;* habrá desolación
Mal. 3.10 si no os abriré las *v* de los cielos
Hch. 20.9 y un joven llamado Eutico. .en la *v*
2 Co. 11.33 descolgado del muro. .por una *v*

VENTANILLA
Cnt. 5.4 mi amado metió su mano por la *v*, y mi

VENTURA
Gn. 30.11 dijo Lea: Vino la *v;* y llamó su. .Gad
Nm. 23.27 por *v* parecerá bien a Dios que desde
1 R. 20.31 rey. .a ver si por *v* te salva la vida
22.34 hombre disparó su arco a la *v* e hirió
2 Cr. 18.33 mas disparando uno el arco a la *v*
1 Co. 9.26 esta manera corro, no como a la *v*

VER
Gn. 1.4 *vio* Dios que la luz era buena; y separó
1.10,12,18,21,25 y *vio* Dios que era bueno
1.31 *vio* Dios todo lo que había hecho, y he
2.19 para que *viese* cómo las había de llamar
3.6 *vio* la mujer que el árbol era bueno para
6.2 *viendo* los hijos de Dios que las hijas de
6.5 *vio* Jehová que la maldad de los hombres
7.1 porque a ti he *visto* justo delante de mí
8.8 para *ver* si las aguas se habían retirado
9.14 se dejará *ver* entonces mi arco en las
9.16 el arco. .*veré*, y me acordaré del pacto
9.22 *vio* la desnudez de su padre, y lo dijo
9.23 así no *vieron* la desnudez de su padre
11.5 descendió Jehová para *ver* la ciudad y
12.12 y cuando te *vean* los egipcios, dirán
12.14 los egipcios *vieron* que la mujer era
12.15 la *vieron* los príncipes de Faraón, y
13.10 Lot. .y *vio* toda la llanura del Jordán
13.15 toda la tierra que *ves*, la daré a ti y
15.17 *veía* un horno humeando, y una antorcha
16.2 ya *ves* que Jehová me ha hecho estéril
16.4 Agar. .y cuando *vio* que había concebido
16.5 *viéndose* encinta, me mira con desprecio
16.13 llamó el nombre. .Tú eres Dios que *ve*
16.13 ¿no he *visto* también aquí al que me *ve?*
18.2 y cuando los *vio*, salió corriendo de la
18.21 y *veré* si han consumado su obra según
19.1 *viéndolos* Lot, se levantó a recibirlos
19.35 él no echó de *ver* cuándo se acostó ella
21.9 *vio* Sara que el hijo de Agar la egipcia
21.16 decía: No *veré* cuando el muchacho muera
21.19 le abrió los ojos, y *vio* una fuente de
22.4 alzó Abraham sus ojos, y *vio* el lugar
24.30 *vio* el pendiente y los brazaletes en
24.64 Rebeca. .alzó sus ojos, y *vio* a Isaac
26.8 *vio* a Isaac que acariciaba a Rebeca su
26.28 hemos *visto* que Jehová está contigo
28.6 *vio* Esaú cómo Isaac había bendecido a
28.8 *vio*. .Esaú que las hijas de Canaán. .mal
29.2 miró, y *vio* un pozo en el campo; y he
29.10 sucedió que cuando Jacob *vio* a Raquel
29.31 *vio* Jehová que Lea era menospreciada
30.1 *viendo* Raquel que no daba hijos a Jacob
30.9 *viendo*, pues, Lea, que había dejado de
31.2 *veía* que no era para con él como había
31.5 *veo* que el semblante de vuestro padre no
31.10 *vi* en sueños, y he aquí los machos que
31.12 *verás* que todos los machos que cubren
31.12 he *visto* todo lo que Labán te ha hecho
31.42 Dios *vio* mi aflicción y el trabajo de
31.43 las hijas. .y todo lo que tú *ves* es mío
32.2 y dijo Jacob cuando los *vio:* Campamento
32.20 después *veré* su rostro; quizá le seré
32.25 cuando el varón *vio* que no podía con él
32.30 porque dijo: *Vi* a Dios cara a cara, y
33.5 alzó sus ojos y *vio* a las mujeres y los
33.10 he *visto* tu rostro, como si hubiera *v*
34.1 salió Dina. .a *ver* a las hijas del país
34.2 y la *vio* Siquem hijo de. .y la deshonró
37.4 y *viendo* sus hermanos que su padre lo
37.18 cuando ellos lo *vieron* de lejos, antes
37.20 venid. .y *veremos* qué será de sus sueños
38.2 *vio* allí Judá la hija de un hombre. .Súa
38.14 porque *veía* que había crecido Sela, y
38.15 *vio* Judá, y la tuvo por ramera, porque
39.3 y *vio* su amo que Jehová estaba con él
39.13 *vio* ella que le había dejado su ropa en
39.15 *viendo* que yo alzaba la voz y gritaba
40.9 yo soñaba que *veía* una vid delante de mí
40.16 *viendo* el. .había interpretado para bien
40.16 soñé que *veía* tres canastillos blancos

VER *(Continúa)*

Gn. 41.19 tan extenuadas, que no he *visto* otras
41.22 *vi*..soñando, que siete espigas crecían
41.31 aquella abundancia no se echará de *ver*
42.1 *viendo* Jacob que en Egipto..alimentos
42.7 cuando *vio* a sus hermanos, los conoció
42.9,12 *ver* lo descubierto del país habéis
42.21 *vimos* la angustia de su alma cuando nos
42.27 *vio* su dinero que estaba en la boca de
42.35 *viendo* ellos..los atados de su dinero
43.3,5 no *veréis* mi rostro si no traéis a
43.16 *vio* José a Benjamín con ellos, y dijo
43.29 alzando José sus ojos *vio* a Benjamín
44.23 no desciende..no *veréis* más mi rostro
44.26 no podremos *ver* el rostro del varón, si
44.28 uno salió..y hasta ahora no lo he *visto*
44.31 cuando no *vea* al joven, morirá; y tus
44.34 no podré, por no *ver* el mal..mi padre
45.12 he aquí vuestros ojos *ven*, y los ojos de
45.13 saber a mi padre..lo que habéis *visto*
45.27 y *viendo*..los carros que José enviaba
45.28 vive..iré, y le *veré* antes que yo muera
46.28 José, para que le viniese a *ver* en Gosén
46.30 he *visto* tu rostro, y sé que aún vives
47.23 *ved*..semilla, y sembraréis la tierra
48.8 y *vio* Israel los hijos de José, y dijo
48.10 agravados por la vejez..no podía *ver*
48.11 no pensaba yo *ver*..Dios me ha hecho *v*
48.17 pero *viendo* José que su padre ponía la
49.15 y *vio* que el descanso era bueno, y que
50.11 *viendo* los moradores de la tierra, los
50.15 *viendo* los hermanos de José que su padre
50.20 a bien, para hacer lo que *vemos* hoy
50.23 *vio* José los hijos de Efraín hasta la
Éx. 1.16 y *veáis* el sexo, si es hijo, matadlo
2.2 dio a luz un..y *viéndole* que era hermoso
2.4 lo lejos, para *ver* lo que le acontecería
2.5 río, *vio* ella la arquilla en el carrizal
2.6 cuando la abrió, *vio* al niño; y..lloraba
2.11 salió a..y los *vio* en sus duras tareas
2.12 y *viendo* que no parecía nadie, mató al
2.13 *vio* a dos hebreos que reñían; entonces
3.2 miró, y *vio* que la zarza ardía en fuego
3.3 iré yo ahora y *veré* esta grande visión
3.4 *viendo* Jehová que él iba a *ver*, lo llamó
3.7 bien he *visto* la aflicción de mi pueblo
3.9 he *visto* la opresión con que los egipcios
3.16 y he *visto* lo que se os hace en Egipto
4.11 ¿o quién hizo al..al que *ve* y al ciego?
4.14 y al *verte* se alegrará en su corazón
4.18 volveré..Egipto, para *ver* si aún viven
4.31 oyendo..que había *visto* su aflicción
5.19 los capataces..se *vieron* en aflicción
6.1 *verás* lo que yo haré a Faraón; porque con
8.15 pero *viendo* Faraón que le habían dado
9.34 y *viendo* Faraón que la lluvia..cesado
10.5 de modo que no pueda *verse* la tierra
10.6 nunca *vieron* tus padres ni tus abuelos
10.23 ninguno *vio* a su prójimo, ni nadie se
10.28 que no *veas*..día que *vieres* mi rostro
10.29 bien has dicho; no *veré* más tu rostro
12.13 y *veré* la sangre y pasaré de vosotros
12.23 *vea* la sangre en el dintel y..pasará
13.7 panes..no se *verá* contigo nada leudado
13.17 *vea* la guerra, y se vuelva a Egipto
14.13 y *ved* la salvación que Jehová hará hoy
14.13 hoy habéis *visto*, nunca más..los *veréis*
14.30 *vio* a los egipcios muertos a la orilla
14.31 y *vio* Israel..grande hecho que Jehová
16.7 *veréis* la gloria de Jehová..él ha oído
16.15 y *viéndolo* los..de Israel, se dijeron
16.32 *vean* el pan que yo os di a comer en el
18.14 *viendo* el suegro de Moisés todo lo que
19.4 *visteis* lo que hice a los egipcios, y
19.21 que no traspase los límites para *ver* a
20.18 monte..y *viéndolo* el pueblo, temblaron
20.22 habéis *visto* que he hablado desde el
22.8 *vea* si ha metido su mano en los bienes
22.10 animal..fuere llevado sin *verlo* nadie
23.5 si *vieres* el asno del que te aborrece
23.8 porque el presente ciega a los que *ven*
24.10 y *vieron* al Dios de Israel; y había
24.11 *vieron* a Dios, y comieron y bebieron
32.1 *viendo* el pueblo que Moisés tardaba en
32.5 y *viendo* esto Aarón, edificó un altar
32.9 he *visto* a este pueblo, que por cierto
32.19 él llegó..*vio* el becerro y las danzas
32.25 *viendo* Moisés..el pueblo..desenfrenado
33.10 *viendo*..el pueblo la columna de nube
33.20 no podrás *ver* mi rostro..no me *verá*
33.23 *verás* mis espaldas; mas no se *verá* mi
34.10 *verá* todo el pueblo en medio del cual
34.35 el rostro de Moisés, *veían* que la piel
39.43 *vio* Moisés toda la obra..habían hecho
Lv. 5.1 y fuere testigo que *vio*, o supo, y no
5.3 no lo echare de *ver*, si después llegare
9.24 *viéndolo* todo el pueblo, alabaron, y se
10.18 *ved* que la sangre no fue llevada dentro
13.8 *ve* que la erupción se ha extendido en la
13.12 si brotare la..hasta donde pueda *ver* el
13.56 si el sacerdote la *viere*, y pareciere
14.3 *ve* que está sana la plaga de la lepra
14.37 y si se *vieren* manchas en las paredes
14.48 *viere* que la plaga no se ha extendido
20.17 y *viere* su desnudez, y ella *v* la suya
Nm. 4.20 no entrarán para *ver* cuando cubran las
5.13 marido no lo hubiese *visto* por haberse
11.6 nada sino este maná *ven* nuestros ojos
11.15 me des muerte..y que yo no *vea* mi mal
11.23 ahora *verás* si se cumple mi palabra, o
12.8 hablaré..y *verá* la apariencia de Jehová
13.28 también *vimos* allí a los hijos de Anac
13.32 el pueblo que *vimos*..de grande estatura
13.33 también *vimos* allí gigantes, hijos de
14.22 los que *vieron* mi gloria y mis señales
14.23 no *verán* la tierra de la cual juré a sus
14.23 ninguno de..que me han irritado la *verá*
15.39 cuando lo *veáis* os acordéis de todos
17.9 lo *vieron*, y tomaron cada uno su vara
20.29 *viendo* toda la congregación que Aarón
22.2 *vio* Balac..lo que Israel había hecho al
22.23 y el asna *vio* al ángel de Jehová, que
22.25 *viendo* el asna al ángel..se pegó a la
22.27 *viendo* el asna al ángel..se echó debajo
22.31 abrió..ojos de Balaam, y *vio* al ángel
22.33 el asna me ha *visto*, y se ha apartado
22.41 desde allí *vio* a los más cercanos del
23.9 porque de la cumbre de las peñas lo *veré*
23.13 a otro lugar desde el cual los *veas*
23.13 más cercanos *verás*, y no los *v* todos
23.21 no..ni ha *visto* perversidad en Israel
24.1 *vio* Balaam que parecía bien a Jehová
24.2 *vio* a Israel alojado por sus tribus; y
24.4,16 que *vio* la visión del Omnipotente
24.17 lo *veré*, mas no ahora; lo miraré, mas
24.20 y *viendo* a Amalec, tomó su parábola y
24.21 y *viendo* al ceneo, tomó su parábola y
25.7 lo *vio* Finees hijo de Eleazar, hijo del
27.12 sube..y *verás* la tierra que he dado a
27.13 después que la hayas *visto*, tú también
32.1 *vieron* la tierra de Jazer y de Galaad
32.8 envié desde..para que *viesen* la tierra
32.9 que *vieron* la tierra, desalentaron a los
32.11 no *verán* los varones que subieron de
35.23 sin *verlo* hizo caer sobre él alguna
Dt. 1.19 todo aquel..desierto que habéis *visto*
1.28 también *vimos* allí a los hijos de Anac
1.31 has *visto* que Jehová tu Dios te ha traído
1.35 no *verá* hombre alguno..la buena tierra
1.36 Caleb hijo de Jefone; él la *verá*, y a él
3.21 tus ojos *vieron*..lo que Jehová vuestro
3.25 pase yo, te ruego, y *vea* aquella tierra
3.28 él les hará heredar la tierra que *verás*
4.3 vuestros ojos *vieron* lo que hizo Jehová
4.9 de las cosas que tus ojos han *visto*, ni
4.12 de oír la voz, ninguna figura *visteis*
4.15 pues ninguna figura *visteis* el día que
4.19 *viendo* el sol y la luna..te inclines a
4.28 serviréis allí a dioses..que no *ven*, ni
5.23 y *visteis* al monte que ardía en fuego
5.24 hemos *visto* que Jehová habla al hombre
7.19 las grandes pruebas que *vieron* tus ojos
10.21 cosas grandes..que tus ojos han *visto*
11.2 que no han..*visto* el castigo de Jehová
11.7 vuestros ojos han *visto*..grandes obras
12.13 tus holocaustos en..lugar que *vieres*
16.4 no se *verá* levadura contigo en todo tu
18.16 ni *vea* yo más este gran fuego, para que
20.1 si *vieres* caballos y carros, y un pueblo
21.7 sangre, ni nuestros ojos lo han *visto*
21.11 y *vieres* entre los cautivos a..mujer
22.1 *vieres* extraviado el buey de tu hermano
22.4 si *vieres* el asno de tu hermano..caído
22.17 *ved* aquí las señales de la virginidad
23.14 para que él no *vea* en ti cosa inmunda
26.7 Jehová..*vio* nuestra aflicción, nuestro
28.10 *verán*..el nombre de Jehová es invocado
28.32 tus ojos lo *verán*, y desfallecerán por
28.34 enloquecerás a causa de lo que *verás*
28.67 el miedo..y por lo que *verán* tus ojos
29.2 vosotros habéis *visto*..lo que Jehová ha
29.3 grandes pruebas que *vieron* vuestros ojos
29.4 Jehová no os ha dado..ojos para *ver*, ni
29.17 habéis *visto* sus abominaciones y sus
29.22 *vieren* las plagas de aquella tierra, y
29.28 arrojó a otra tierra, como hoy se *ve*
32.19 y lo *vio* Jehová, y se encendió en ira
32.20 dijo: Esconderé..*veré* cuál será su fin
32.36 *viere* que la fuerza pereció, y que no
32.39 *ved* ahora que yo, yo soy, y no hay
32.52 *verás*..delante de ti la tierra; mas no
33.9 dijo de su padre y..Nunca los he *visto*
34.4 te he permitido *verla* con tus ojos, mas
Jos. 3.3 *veáis* el arca del pacto..vuestro Dios
5.6 juró que no les dejaría *ver* la tierra de
5.13 Josué..*vio* un varón que estaba delante
7.21 *vi* entre..despojos un manto babilónico
8.14 *viéndolo* el rey de Hai, él y su pueblo
8.21 Josué y..*viendo* que los de la emboscada
23.3 habéis *visto* todo lo que Jehová vuestro
24.7 y vuestros ojos *vieron*..hice en Egipto
Jue. 1.24 los que espiaban *vieron* a un hombre
2.7 habían *visto* todas las grandes obras de
3.24 *viendo* las puertas de la sala cerradas
5.8 ¿se *veía* escudo o lanza entre 40.000 en
6.22 *viendo* entonces Gedeón que era el ángel
6.22 he *visto* al ángel de Jehová cara a cara
7.13 *veía* un pan de cebada que rodaba hasta
9.36 *viendo* Gaal al pueblo, dijo a Zebul: He
9.48 lo que me habéis *visto* hacer..a hacerlo
9.55 y cuando..*vieron* muerto a Abimelec, se
11.35 cuando él la *vio*, rompió sus vestidos
12.3 *viendo*..que no me defendíais, arriesgué
13.22 moriremos, porque a Dios hemos *visto*
14.1 Sansón..*vio* en Timnat a una mujer de las
14.2 yo he *visto* en Timnat una mujer de las
14.8 para *ver* el cuerpo muerto del león; y he
14.11 cuando ellos le *vieron*, tomaron 30
16.1 fue Sansón..*vio* allí a una mujer ramera
16.18 *viendo* Dalila que..le había descubierto
16.24 *viéndolo* el pueblo, alabaron a su dios
18.7 y *vieron* que el pueblo..estaba seguro
18.9 región, y hemos *visto* que es muy buena
18.26 y Micaía, *viendo* que eran más fuertes
19.4 *viéndole* el padre de..salió a recibirle
19.17 *vio* a aquel caminante en la plaza de la
19.30 todo el que *veía* aquello, decía: Jamás
19.30 jamás se ha hecho ni *visto* tal cosa
20.36 y *vieron*..Benjamín que eran derrotados
20.41 *vieron* que el desastre había venido
21.21 cuando *veáis* salir a las hijas de Silo
Rt. 1.18 *viendo*..que estaba tan resuelta a ir
2.18 y su suegra *vio* lo que había recogido
1 S. 2.32 *verás* tu casa humillada, mientras
3.2 a oscurecerse de modo que no podía *ver*
4.15 ojos..habían oscurecido..no podía *ver*
5.7 y *viendo* esto los de Asdod, dijeron: No
6.13 alzando los ojos *vieron* el arca, y se
6.13 arca, y se regocijaron cuando la *vieron*
6.16 cuando *vieron* esto los cinco príncipes
8.4 todos..*vinieron* a Ramá para ver a Samuel
9.17 luego que Samuel *vio* a Saúl, Jehová le
10.11 *vieron* que profetizaba con..profetas
10.14 como *vimos* que no parecían, fuimos a
10.24 ¿habéis *visto* al que ha elegido Jehová
12.12 habiendo *visto* que Nahas rey de..venía
12.13 ya *veis* que Jehová ha puesto rey sobre
12.17 y *veáis* que es grande vuestra maldad
13.6 cuando..*vieron* que estaban en estrecho
13.11 *vi* que el pueblo se me desertaba, y que
14.16 *vieron*..la multitud estaba turbada, e
14.17 *ved* quién se haya ido de los nuestros
14.29 *ved*..cómo han sido aclarados mis ojos
14.38 y *ved* en qué ha consistido este pecado
14.52 que Saúl *veía* que era hombre esforzado
15.35 y nunca después *vio* Samuel a Saúl en
16.6 *vio* a Eliab, y dijo: De cierto delante
16.18 yo he *visto* a un hijo de Isaí de Belén
17.24 los varones de..que *veían* aquel hombre
17.25 ¿no habéis *visto* aquel hombre que ha
17.28 tu..que para *ver* la batalla has venido
17.42 cuando el filisteo miró y *vio* a David
17.51 filisteos *vieron* a su paladín muerto
17.55 y cuando Saúl *vio* a David que salía a
18.15 *viendo* Saúl que se..tan prudentemente
18.28 *viendo* y..que Jehová estaba con David
19.5 tú lo *viste*, y te alegraste, ¿por qué
19.15 volvió Saúl a enviar..*viesen* a David
19.20 cuales *vieron* una compañía de profetas
21.14 dijo..*veis* que este hombre es demente
22.9 yo *vi* al hijo de Isaí que vino a Nob, a
23.15 *viendo*..David que Saúl había salido en
23.22 id..y *ved* el lugar de su escondite, y
23.22 y quién lo haya *visto* allí; porque se
24.10 han *visto*..Jehová te ha puesto hoy en
24.11 *ve* que no hay mal..en mi mano, ni he
24.15 Jehová..*vea* y sustente mi causa, y me
25.17 reflexiona y *ve* lo que has de hacer
25.23 y cuando Abigail *vio* a David, se bajó
25.25 yo tu sierva no *vi* a los jóvenes que
26.12 no hubo nadie que *viese*, ni entendiese
28.5 y cuando *vio* Saúl el campamento de los
28.12 y *viendo* la mujer a Samuel, clamó en
28.13 ¿qué has *visto*? Y la mujer respondió
28.13 he *visto* dioses que suben de la tierra
28.21 mujer vino a Saúl, y *viéndole* turbado
31.5 y *viendo* su escudero a Saúl muerto, él
31.7 *viendo* que Israel había huido y..Saúl
2 S. 1.7 mirando..me *vio* y me llamó; y yo dije
3.13 no me vengas a *ver* sin..traigas a Mical
3.13 la hija de Saúl, cuando vengas a *verme*
6.16 que Mical..*vio* al rey David que saltaba
10.6 *viendo* los hijos de Amón que se habían
10.9 *viendo*, pues, Joab que se le presentaba
10.14 *viendo* que los sirios habían huido
10.15 *viendo* que habían sido derrotados por
10.19 *viendo*..todos los reyes que ayudaban a
11.2 *vio* desde el terrado a una mujer que se
12.19 *viendo* a sus siervos hablar entre sí
13.5 para que al *verla* yo la coma de su mano
13.39 y el rey David deseaba *ver* a Absalón
14.24 no *vea* mi rostro..y no *vio* el rostro
14.28 dos años..y no *vio* el rostro del rey
14.32 *vea* yo ahora el rostro del rey; y si
15.25 y me dejará *verla* y a su tabernáculo
17.18 fueron *vistos* por un joven, el cual lo
17.23 pero Ahitofel, *viendo* que no se había
18.10 *viéndolo* uno, avisó a Joab, diciendo
18.10 *visto* a Absalón colgado de una encina
18.11 y *viéndolo* tú, ¿por qué no le mataste
18.21 vé tú, y dí al rey lo que has *visto*
18.24 sus ojos, miró, y *vio* a uno que corría

VER *(Continúa)*
2 S. 18.26 *vio* el atalaya a otro que corría; y dio
18.29 *vi*..gran alboroto cuando envió Joab al
19.6 has hecho *ver*..que si Absalón viviera
20.12 al *verle*, se detenía; y *viendo* aquel
24.3 añada Jehová..que lo *vea* mi señor el rey
24.17 David dijo a Jehová..*vio* al ángel que
24.20 y Arauna..*vio* al rey y a sus siervos
1 R. 1.48 quien se siente..*viéndolo* mis ojos
3.15 cuando..despertó, *vio* que era sueño; y
3.21 lo observé..y *vi* que no era mi hijo, el
3.28 *vieron* que había en él sabiduría..para
6.18 todo era cedro; ninguna piedra se *veía*
8.8 que sus extremos se dejaban *ver* desde el
8.8 pero no se dejaban *ver* desde más afuera
9.12 salió Hiram..para *ver* las ciudades que
10.4 la reina de Sabá *vio* toda la sabiduría
10.7 han *visto* que ni aun se me dijo la mitad
10.12 semejante madera..ni se ha *visto*..hoy
10.24 procuraba *ver* la cara de Salomón, para
11.28 *viendo* Salomón..que era hombre activo
12.16 el pueblo *vio* que el rey no les había
13.25 *vieron* el cuerpo..echado en el camino
14.4 ya no podía *ver* Ahías, porque sus ojos
16.18 mas *viendo* Zimri tomada la ciudad, se
18.5 *ver* si acaso hallaremos hierba con que
18.17 Acab *vio* a Elías, le dijo: ¿Eres tú el
18.39 *viéndolo* todo el pueblo, se postraron
18.44 *veo* una pequeña nube como la palma de
19.3 *viendo*, pues, el peligro, se levantó y
20.7 *ved* ahora cómo éste no busca sino mal
20.13 dicho..¿Has *visto* esta gran multitud?
20.23 si peleáremos..*verá* si no los vencemos
20.25 *veremos* si no los vencemos. Y él les
20.31 a *ver* si por ventura te salva la vida
21.29 ¿no..*visto* cómo Acab se ha humillado
22.17 yo *vi* a todo Israel esparcido por los
22.19 yo *vi* a Jehová sentado en su trono, y
22.25 lo *verás* en aquel día, cuando te irás
22.32 capitanes..*vieron* a Josafat, dijeron
22.33 *viendo*..que no era el rey de Israel, se
2 R. 2.10 si me *vieres* cuando fuere quitado de
2.12 *viéndolo* Eliseo, clamaba: ¡Padre mío
2.12 nunca más le *vio*; y tomando..vestidos
2.15 *viéndole* los hijos de los profetas que
2.19 el lugar en..es bueno, como mi señor *ve*
2.24 los *vio*, y los maldijo en el nombre de
3.14 si no..no te mirara a ti, ni te *viera*
3.17 no *veréis* viento, ni *v* lluvia; pero este
3.22 *vieron* los de Moab..rojas como sangre
3.26 el rey de Moab *vio* que era vencido en
4.23 dijo: ¿Para qué vas a *verle* hoy? No es
4.25 el varón de Dios la *vio* de lejos, dijo
5.7 lepra..*ved* cómo busca ocasión contra mí
5.21 *vio* Naamán que venía corriendo tras él
6.17 ruego..que abras sus ojos para que *vea*
6.20 abre los ojos de éstos, para que *vean*
6.21 cuando el rey de Israel los hubo *visto*
6.30 y el pueblo *vio* el cilicio que traía
6.32 ¿no habéis *visto*..este hijo de homicida
7.2,19 lo *verás* con tus ojos, mas no comerás
7.13 los caballos..enviemos y *veamos* qué hay
7.14 envió el rey al campamento..Id y *ved*
9.2 *verás* allí a Jehú hijo de Josafat hijo de
9.17 atalaya..*vio* la tropa de Jehú que venía
9.17 *veo* una tropa. Y Joram dijo: Ordena a
9.18,19 ¿qué tienes tú que *ver* con la paz?
9.22 cuando *vio* Joram a Jehú, dijo: ¿Hay paz
9.26 yo he *visto* ayer la sangre de Nabot, y
9.27 *viendo* esto Ocozías rey de Judá, huyó
9.34 dijo: Id ahora a *ver* a aquella maldita
10.16 dijo: Ven..y *verás* mi celo por Jehová
10.23 y *ved* que no haya..siervos de Jehová
11.1 Atalía..*vio* que su hijo era muerto, se
12.10 cuando *veían* que había mucho dinero en
13.21 *vieron* una banda armada, y arrojaron el
14.8 Joás..Ven, para que nos *veamos* las caras
14.11 subió Joás..y se *vieron* las caras él y
16.10 *vio* el rey Acaz el altar que estaba en
16.12 el rey *vino* de Damasco, y vio el altar
20.5 y he *visto* tus lágrimas..que yo te sano
20.15 ¿qué *vieron* en tu casa?..*V* todo lo que
22.20 no *verán* tus ojos todo el mal que yo
23.16 *viendo* los sepulcros que estaban allí
23.17 dijo: ¿Qué monumento es este que *veo?*
23.24 barrió..abominaciones que se *veían* en
23.29 pero aquél, así que le *vio*, lo mató en
1 Cr. 10.5 cuando su escudero *vio* a Saúl muerto
10.7 *viendo* todos los de Israel que..huido
12.17 *véalo* el Dios de nuestros padres, y lo
15.29 Mical..*vio* al rey David que saltaba y
19.6 *viendo*..se habían hecho odiosos a David
19.10 y *viendo* Joab que el ataque contra él
19.15 *viendo*..los sirios habían huido, huyeron
19.16,19 *viendo* los sirios que habían caído
21.16 y alzando David sus ojos, *vio* al ángel
21.20 y volviéndose Ornán, *vio* al ángel, por
21.21 miró Ornán, y *vio* a David; y saliendo
21.28 *viendo* David que Jehová le había oído
29.17 ahora he *visto* con alegría que tu pueblo
2 Cr. 5.9 se *viesen* las cabezas de las barras
5.9 las barras del arca..no se *veían*..fuera
6.15 lo has cumplido, como se *ve* en este día
7.3 cuando *vieron*..Israel descender el fuego
9.3 *viendo* la reina de Sabá la sabiduría de
9.6 hasta que he venido, y mis ojos han *visto*
9.11 nunca en..había *visto* madera semejante
9.23 procuraban *ver* el rostro de Salomón
10.16 *viendo*..que el rey no les había oído
12.7 Jehová *vio* que se habían humillado, vino
15.9 *viendo* que Jehová su Dios estaba con él
18.16 he *visto* a todo Israel derramado por
18.18 he *visto* a Jehová sentado en su trono
18.24 tú lo *verás* aquel día, cuando entres de
18.31 cuando los capitanes..*vieron* a Josafat
18.32 *viendo* los capitanes..no era el rey de
20.17 quietos, y *ved* la salvación de Jehová
22.10 Atalía..*viendo* que su hijo era muerto
23.13 mirando, *vio* al rey que estaba junto a
24.11 cuando *veían* que había mucho dinero
24.22 al morir: Jehová lo *vea* y lo demande
25.17 a decir a..Ven, y *veámonos* cara a cara
25.21 y se *vieron* cara a cara él y Amasías
29.8 como *veis* vosotros con vuestros ojos
30.7 él los entregó a desolación, como..*veis*
31.8 cuando Ezequías y..*vieron* los montones
32.2 *viendo*, pues..la venida de Senaquerib
34.28 tus ojos no *verán* todo el mal que yo
Esd. 3.12 muchos..habían *visto* la casa primera
3.12 *viendo* echar los cimientos de..lloraban
4.14 no nos es justo *ver* el menosprecio del
Neh. 2.17 vosotros *veis* el mal en que estamos
4.11 ni *vean*, hasta que entremos en medio de
13.15 *vi*..a algunos que pisaban en lagares
13.23 *vi*..judíos que habían tomado mujeres
Est. 1.14 príncipes..que *veían* la cara del rey
2.15 ganaba..el favor de..los que la *veían*
3.4 *ver* si Mardoqueo se mantendría firme en
3.5 *vio* Amán que Mardoqueo ni se..humillaba
4.6 salió, pues, Hatac a *ver* a Mardoqueo, a
4.11 en el patio interior para *ver* al rey
4.11 yo no he sido llamada para *ver* al rey
4.16 entonces entraré a *ver* al rey, aunque
5.2 *vio* a la reina..que estaba en el patio
5.9 pero cuando *vio* a Mardoqueo a la puerta
5.13 que *veo* al judío Mardoqueo sentado a
7.7 *vio* que estaba resuelto para él el mal de
8.6 ¿cómo podré yo *ver* el mal..a mi pueblo?
8.6 ¿cómo podré yo *ver* la destrucción de mi
9.26 por lo que ellos *vieron* sobre esto, y lo
Job 1.11; 2.5 *verás* si no blasfema contra ti en
2.13 así..*veían* que su dolor era muy grande
3.9 venga, ni *vea* los párpados de la mañana
3.16 los pequeñitos que nunca *vieron* la luz?
4.8 como yo he *visto*, los que aran iniquidad
5.3 yo he *visto* al necio que echaba raíces
5.25 echarás de *ver* que tu descendencia es
6.21 pues habéis *visto* el tormento, y teméis
6.28 *ved* si digo mentira delante de vosotros
7.7 que mis ojos no volverán a *ver* el bien
7.8 los ojos de los que me *ven*, no me *verán*
8.18 negará entonces, diciendo: Nunca te *vi*
9.11 pasará delante de mí, y yo no lo *veré*
9.25 mis días..huyeron, y no *vieron* el bien
10.4 ¿tienes tú..¿*ves* tú como *ve* el hombre?
10.15 hastiado de deshonra y..*verme* afligido
10.18 expirado, y ningún ojo me habría *visto*
11.11 *ve* asimismo la inquidad, ¿y no hará
13.1 estas cosas han *visto* mis ojos, y oído
15.17 te mostraré..contaré lo que he *visto*
17.15 ¿dónde..mi esperanza, ¿quién la *verá?*
19.26 mi piel, en mi carne he de *ver* a Dios
19.27 al cual *veré* por mí mismo, y mis ojos
19.27 y mis ojos lo *verán*, y no otro, aunque
20.7 los que le hubieren *visto* dirán: ¿Qué
20.9 el ojo que le *veía*, nunca más le *verá*
20.17 no *verá* los arroyos, los ríos..de leche
21.20 *verán* sus ojos su quebranto, y beberá
22.11 tinieblas, para que no *veas*..te cubre
22.14 las nubes le rodearon, y no *ve*; y por
22.19 *verán* los justos y se gozarán; y el
23.9 muestra su poder al norte..no lo *veré*
23.9 si..al sur se esconderá, y no lo *veré*
24.1 qué los que le conocen no *ven* sus días?
24.15 no me *verá* nadie; y esconde su rostro
27.12 he aquí que..vosotros lo habéis *visto*
28.7 la conoció ave, ni ojo de buitre la *vio*
28.10 y sus ojos *vieron* todo lo preciado
28.27 entonces la *veía* él, y la manifestaba
29.8 los jóvenes me *veían*, y se escondían
29.11 ojos que me *veían* me daban testimonio
31.4 ¿no *ve* él mis caminos, y cuenta todos
31.19 si he *visto* que pereciera alguno sin
31.21 si..*viese* que me ayudaran en la puerta
32.5 *viendo* Eliú que no había respuesta en
33.21 desfallece, de manera que no se *ve*, y
33.21 y sus huesos, que antes no se *veían*
33.26 *verá* su faz con júbilo; y restaurará
34.21 ojos están sobre..y *ve* todos sus pasos
34.26 los herirá en lugar donde sean *vistos*
34.32 enséñame tú lo que yo no *veo*; si hice
35.5 *ve*, y considera que las nubes son más
36.25 los hombres todos la *ven*, la mira el
38.17 has *visto* las puertas de la sombra de
38.22 o has *visto* los tesoros del granizo
42.5 había oído; mas ahora mis ojos te *ven*
42.16 *vio* a sus hijos, y a los hijos de sus
Sal. 8.3 cuando *veo* tus cielos, obra de tus
10.11 encubierto su rostro; nunca lo *verá*
10.14 tú lo has *visto*..miras el trabajo y la
11.4 sus ojos *ven*, sus párpados examinan a
14.2 para *ver* si había algún entendido, que
16.10 ni permitirás..tu santo *vea* corrupción
17.2 vindicación; *vean* tus ojos la rectitud
17.15 cuanto a mí, *veré* tu rostro en justicia
22.7 los que me *ven*, me escarnecen; estiran
27.13 no creyese que *veré* la bondad de Jehová
31.7 gozaré..porque has *visto* mi aflicción
31.11 soy..los que me *ven* fuera huyen de mí
33.13 *vio* a todos los hijos de los hombres
34.8 gustad, y *ved* que es bueno Jehová
34.12 que desea muchos días para *ver* el bien?
35.17 ¿hasta cuándo *verás* esto? Rescata mi
35.21 dijeron..nuestros ojos lo han *visto!*
35.22 tú lo has *visto*, oh Jehová; no calles
36.9 contigo está..en tu luz *veremos* la luz
37.13 se reirá..porque *ve* que viene su día
37.25 no he *visto* justo desamparado, ni su
37.34 sean destruidos..pecadores, lo *verás*
37.35 *vi* yo al impío sumamente enaltecido, y
40.3 *verán*..y temerán, y confiarán en Jehová
41.6 y si vienen a *verme*, hablan mentira; su
44.14 nos..todos al *vernos* menean la cabeza
46.8 venid, *ved* las obras de Jehová, que ha
48.5 y *viéndola* ellos así, se maravillaron
48.8 lo hemos *visto* en la ciudad de Jehová
49.9 para que viva..y nunca *vea* corrupción
49.10 pues *verá* que aun los sabios mueren
49.19 entrará en la..y nunca más *verá* la luz
50.18 si *veías* al ladrón, tú corrías con él
52.6 *verán* los justos, y temerán; se reirán
53.2 para *ver* si había algún entendido que
54.7 ojos han *visto* la ruina de mis enemigos
55.9 *visto* violencia y rencilla en la ciudad
58.8 como el que nace muerto, no *vean* el sol
58.10 se alegrará..cuando *viere* la venganza
59.10 hará que *vea* en mis enemigos mi deseo
60.3 has hecho *ver* a tu pueblo cosas duras
63.2 para *ver* tu poder y tu gloria, así como
64.5 lazos, y dicen: ¿Quién los ha de *ver?*
64.8 se espantarán todos los que los *vean*
66.5 venid, y *ved* las obras de Dios, temible
68.24 *vieron* tus caminos, oh Dios..de mi Rey
69.23 oscurecidos sus ojos para que no *vean*
69.32 lo *verán* los oprimidos, y se gozarán
71.20 que me has hecho *ver* muchas angustias
73.3 tuve..*viendo* la prosperidad de los impíos
74.9 no *vemos* ya nuestras señales..profeta
77.16 te *vieron* las aguas..las aguas te *v*, y
84.7 irán de poder en..*verán* a Dios en Sion
86.17 y *véanla* los que me aborrecen, y sean
89.48 ¿qué hombre vivirá y no *verá* muerte?
90.15 conforme a..años en que *vimos* el mal
91.8 ojos..*verás* la recompensa de los impíos
94.7 dijeron: No *verá* JAH, ni entenderá el
94.9 oirá? El que formó el ojo, ¿no *verá?*
95.9 donde..me probaron, y *vieron* mis obras
97.4 el mundo; la tierra *vio* y se estremeció
97.6 y todos los pueblos *vieron* su gloria
98.3 han *visto* la salvación de nuestro Dios
102.16 edificado..y en su gloria será *visto*
106.5 para que yo *vea* el bien de tus escogidos
107.24 ellos han *visto* las obras de Jehová
107.42 *véanlo* los rectos, y alégrense, y todos
112.8 hasta que *vea* en sus enemigos su deseo
112.10 *verá* el impío y se irritará; crujirá
114.3 mar lo *vio*, y huyó; el Jordán se volvió
115.5 mas no hablan; tienen ojos, mas no *ven*
118.7 *veré* mi deseo en los que me aborrecen
119.37 aparta mis ojos..no *vean* la vanidad
119.74 los que te temen me *verán*..alegrarán
119.96 toda perfección he *visto* fin; amplio
119.158 *veía* a los prevaricadores..disgustaba
128.5 y *veas* el bien de Jerusalén todos los
128.6 *veas* a los hijos de tus hijos. Paz sea
135.16 y no hablan; tienen ojos, y no *ven*
139.16 mi embrión *vieron* tus ojos, y en tu
139.24 *ve* si hay en mí camino de perversidad
Pr. 7.7 *vi* entre los simples, consideré entre
20.12 y el ojo que *ve*, ambas cosas..ha hecho
22.3 el avisado *ve* el mal y se esconde; mas
22.29 ¿has *visto* hombre solícito..trabajo?
24.32 en mi corazón; lo *vi*, y tomé consejo
26.12 ¿has *visto* hombre sabio en su propia
27.12 el avisado *ve* el mal y se esconde; mas
29.16 mas los justos *verán* la ruina de ellos
29.20 ¿has *visto* hombre ligero en..palabras?
31.18 *ve* que van bien sus negocios..lámpara
Ec. 1.8 nunca se sacia el ojo de *ver*, ni el oído
2.3 hasta *ver* cuál fuese el bien de los hijos
2.12 volví yo a mirar para *ver* la sabiduría
2.13 y he *visto* que la sabiduría sobrepasa a
2.24 he *visto* que esto es de la mano de Dios
3.10 he *visto* el trabajo que Dios ha dado a
3.16 *vi*..debajo del sol: en lugar del juicio
3.18 *vean* que ellos mismos son semejantes a
3.22 he *visto* que no hay cosa mejor para el
3.22 que *vea* lo que ha de ser después de él?
4.1 y *vi*..las violencias que se hacen debajo
4.3 no ha *visto* las malas obras que debajo
4.4 he *visto*..que todo..despierta la envidia
4.7 yo me volví..y *vi* vanidad debajo del sol

VER *(Continúa)*
Ec. 4.15 *vi* a todos los que viven debajo del sol
5.8 si opresión..*vieres* en la provincia, no
5.11 ¿qué bien..sino *verlos* con sus ojos?
5.13 hay un mal..que he *visto* debajo del sol
5.18 he aquí, pues, el bien que yo he *visto*
6.1 hay un mal que he *visto* debajo del cielo
6.5 no ha *visto* el sol, ni lo ha conocido
7.11 y provechosa para los que *ven* el sol
7.15 esto he *visto* en los días de mi vanidad
8.9 esto he *visto*, y he puesto mi corazón en
8.10 he *visto* a los inicuos sepultados con
8.16 y a *ver* la faena que se hace sobre la
8.16 hay quien ni de noche..*ve* sueño en sus
8.17 he *visto* todas las obras de Dios, que
9.11 y *vi* debajo del sol, que ni es de los
9.13 también *vi* esta sabiduría debajo del sol
10.5 hay un mal que he *visto* debajo del sol
10.7 *vi* siervos a caballo, y príncipes que
11.7 luz, y agradable a los ojos *ver* el sol
Cnt. 3.3 dije: ¿Habéis *visto* al que..mi alma?
3.11 y *ved* al rey Salomón con la corona con
6.9 la *vieron* las doncellas, y la llamaron
6.11 descendí a *ver* los frutos del valle, y
6.11 *ver* si brotaban las vides, si florecían
6.13 ¿qué *veréis* en la sulamita? Algo como
7.12 *veamos* si brotan las vides, si están en
Is. 1.1 la cual *vio* acerca de Judá..en días de
2.1 lo que *vio* Isaías hijo de Amoz acerca de
5.19 venga ya, apresúrese su obra, y *veamos*
6.1 *vi* yo al Señor sentado sobre un trono alto
6.5 han *visto* mis ojos al Rey, Jehová de los
6.9 oíd..*ved* por cierto, mas no comprendáis
6.10 que no *vea* con sus ojos, ni oiga con sus
9.2 el pueblo que..en tinieblas *vio* gran luz
14.16 que te *vean*, te contemplarán, diciendo
21.3 agobié oyendo, y al *ver* me he espantado
21.6 pon centinela que haga saber lo que *vea*
21.7 y *vio* hombres montados, jinetes de dos
22.9 *visteis*..brechas de la ciudad de David
26.11 tu mano está alzada, pero ellos no *ven*
26.11 *verán* al fin, y se avergonzarán los que
28.4 la cual, apenas la *ve* el que la mira, se
29.15 ¿quién nos *ve*, y quién nos conoce?
29.18 ciegos *verán* en medio de la oscuridad
29.23 *verá* a sus hijos, obra de mis manos en
30.10 que dicen a los videntes: No *veáis;* y a
30.20 sino que tus ojos *verán* a tus maestros
30.30 hará *ver* el descenso de su brazo, con
32.3 no se ofuscarán..los ojos de los que *ven*
33.15 cierra sus ojos para no *ver* cosa mala
33.17 tus ojos *verán* al rey..y la tierra que
33.19 no *verás* a aquel pueblo orgulloso, pueblo
33.20 tus ojos *verán* a Jerusalén, morada de
35.2 *verán* la gloria de Jehová..Dios nuestro
38.5 he oído tu oración, y *visto* tus lágrimas
38.11 no *veré* a JAH, a JAH en la tierra de
38.11 ya no *veré* más hombre con..del mundo
39.4 ¿qué han *visto* en tu casa?..Todo lo que
39.4 todo lo que hay en mi casa han *visto*, y
40.5 toda carne juntamente la *verá;* porque la
40.9 di a..Judá: *¡Ved* aquí al Dios vuestro!
41.5 las costas *vieron*, y tuvieron temor; los
41.20 para que *vean* y conozcan, y adviertan
42.18 sordos, oíd, y..ciegos, mirad para *ver*
42.20 que *ve* muchas cosas y no advierte, que
44.9 de que los ídolos no *ven* ni entienden
44.16 ¡oh! me he calentado, he *visto* el fuego
44.18 cerrados están sus ojos para no *ver*, y
47.3 descubierta, y tu deshonra será *vista*
47.10 te confiaste en..diciendo: Nadie me *ve*
48.6 lo oíste, y lo *viste* todo..he hecho oir
49.7 *verán* reyes, y se levantarán príncipes
52.8 *verán* que Jehová vuelve a traer a Sion
52.10 los confines de la..*verán* la salvación
52.15 *verán* lo que nunca les fue contado, y
53.2 le *veremos*, mas sin atractivo para que
53.10 *verá* linaje, vivirá por largos días, y
53.11 *verá* el fruto de la aflicción de su alma
57.8 amaste su cama dondequiera que la *veías*
57.18 he *visto* sus caminos; pero le sanaré, y
58.7 cuando *veas* al desnudo, lo cubras, y no
58.8 tu salvación se dejará *ver* pronto; e irá
59.15 lo *vio* Jehová, y desagradó a sus ojos
59.16 *vio* que no había hombre, y se maravilló
60.2 Jehová, y sobre ti será *vista* su gloria
61.9 todos los que los *vieren*, reconocerán
62.2 *verán* las gentes tu justicia, y todos
64.4 ni ojo ha *visto* a Dios fuera de ti, que
66.8 ¿quién oyó cosa..¿quién *vio* tal cosa?
66.14 *veréis*, y se alegrará vuestro corazón
66.19 las costas..que no..*vieron* mi gloria
66.24 saldrán, y *verán* los cadáveres de los
Jer. 1.11 ¿qué *ves* tú..*Veo* una vara de almendro
1.12 bien has *visto;* porque yo apresuro mi
1.13 *ves* tú? Y Dije: *Veo* una olla que hierve
2.10 *ved* si se ha hecho cosa semejante a esta
2.19 sabe, pues, y *ve* cuán malo y amargo es
2.28 levántense ellos, a *ver* si te podrán
3.2 *ve* en qué lugar no te hayas prostituido
3.6 *visto* lo que ha hecho la rebelde Israel?
3.7 no..y lo *vio* su hermana la rebelde Judá
3.8 *vio* que por haber fornicado la rebelde
4.21 ¿hasta cuándo he de *ver* bandera, he de
5.1 en sus plazas a *ver* si halláis hombre, si
5.12 nosotros, ni *veremos* espada ni hambre
5.21 pueblo necio y..que tiene ojos y no *ve*
6.1 huid..porque del norte se ha *visto* mal
7.11 aquí que también yo lo *veo*, dice Jehová
7.12 y *ved* lo que le hice por la maldad de
7.17 ¿no *ves* lo que éstos hacen en..de Judá
11.18 y lo conocí..me hiciste *ver* sus obras
11.20 oh Jehová..*vea* yo tu venganza de ellos
12.3 conoces; me *viste*, y probaste mi corazón
12.4 porque dijeron: No *verá* Dios nuestro fin
13.20 alzad vuestros ojos, y *ved* a los que
14.13 no *veréis* espada, ni habrá hambre entre
17.6 será como la retama..y no *verá* cuando
17.8 no *verá* cuando viene el calor, sino que
20.4 caerán por la espada..tus ojos lo *verán*
20.12 que *ves* los pensamientos y el corazón
20.12 *vea* yo tu venganza de ellos; porque a
20.18 ¿para *ver* trabajo y dolor, y que mis
22.10 volverá jamás, ni *verá* la tierra..nació
22.12 morirá en el..y no *verá* más esta tierra
23.13 profetas de Samaria he *visto* desatinos
23.14 en los profetas de Jerusalén he *visto*
23.18 ¿quién estuvo en el secreto de..y *vio*
23.24 ¿se ocultará alguno..que yo no lo *vea?*
23.28 qué tiene que *ver* la paja con el trigo?
24.3 *ves* tú, Jeremías? Y dije: Higos; higos
29.32 ni *verá* el bien..haré yo a mi pueblo
30.6 *visto* que todo hombre tenía las manos
31.26 en esto me desperté, y *vi*, y mi sueño
32.4 hablará con él..sus ojos *verán* sus ojos
32.20 te has hecho nombre, como se *ve* en el
32.24 lo que tú dijiste, y..lo estás *viendo*
33.24 ¿no has echado de *ver* lo que habla este
39.4 y *viéndolos* Sedequías rey de..huyeron
41.13 cuando todo el pueblo..*vio* a Johanán
42.2 hemos quedado unos pocos, como nos *ven*
42.14 Egipto, en la cual no *veremos* guerra
42.18 se derramará mi ira..no *veréis* más este
44.2 vosotros habéis *visto* todo el mal que
44.17 y estuvimos alegres, y no *vimos* mal
46.5 ¿por qué los *vi* medrosos, retrocediendo?
51.61 cuando llegues a Babilonia, y *veas* y
Lm. 1.8 la han menospreciado, porque *vieron* su
1.10 ella ha *visto* entrar en su santuario a
1.11 mira, oh Jehová, y *ve* que estoy abatida
1.12 mirad, y *ved* si hay dolor como mi dolor
1.18 oíd ahora, pueblos todos, y *ved* mi dolor
2.14 profetas *vieron* para ti vanidad y locura
2.16 el día..lo hemos hallado, lo hemos *visto*
3.1 yo soy el hombre que ha *visto* aflicción
3.50 hasta que Jehová..*vea* desde los cielos
3.59 tú has *visto*..mi agravio; defiende mi
3.60 has *visto* toda su venganza, todos sus
5.1 acuérdate, oh..mira, y *ve* nuestro oprobio
5.14 los ancianos no se *ven* más en la puerta
Ez. 1.1 los cielos se abrieron, y *vi* visiones
1.26 y sobre la expansión..se *veía* la figura
1.27 *vi* apariencia como de bronce refulgente
1.27 *vi* que parecía como fuego, y que tenía
1.28 y cuando yo la *vi*, me postré sobre mi
3.23 la gloria que había *visto* junto al río
8.4 como la visión que yo había *visto* en el
8.6 ¿no *ves* lo..*verás* abominaciones mayores
8.9 *ve* las malvadas abominaciones que éstos
8.12 ¿has *visto* las cosas que los ancianos
8.12 porque dicen ellos: No nos *ve* Jehová
8.13 *verás* abominaciones mayores que hacen
8.15 ¿no *ves*..*verás* abominaciones mayores que
8.17 me dijo: ¿No has *visto*, hijo de hombre?
9.9 ha abandonado Jehová la tierra, y..no *ve*
10.15 este es el ser viviente que *vi* en el río
10.20 eran los mismos seres vivientes que *vi*
10.22 los rostros que *vi* junto al río Quebar
11.1 entre los cuales *vi* a Jaazanías hijo de
11.24 se fue de mí la visión que había *visto*
12.2 los cuales tienen ojos para *ver* y no *ven*
12.12 cubrirá su rostro para no *ver* con sus
12.13 a tierra de caldeos, pero no la *verá*
12.27 dicen: La visión que éste *ve* es para
13.3 profetas insensatos..y nada han *visto!*
13.6 *vieron* vanidad y adivinación mentirosa
13.7 ¿no habéis *visto* visión vana, y no habéis
13.8 cuanto vosotros..y habéis *visto* mentira
13.9 mano contra los profetas que *ven* vanidad
13.16 profetas..*ven* para ella visión de paz
13.23 no *veréis* más visión..ni practicaréis
14.22 y *veréis* su camino y..hechos, y seréis
14.23 os consolarán cuando *viereis* su camino
16.6 y te *vi* sucia en tus sangres, y cuando
16.37 los que amaste..*verán* toda tu desnudez
16.50 abominación..y cuando lo *vi* las quité
18.14 *viere* todos los pecados..su padre hizo
18.14 hizo, y *viéndolos* no hiciere según ellos
19.5 *viendo* ella que había esperado mucho, y
19.11 fue *vista* por causa de su altura y la
20.48 *verá* toda carne que yo..lo encendí; no
23.11 lo *vio* su hermana Aholiba, y enloqueció
23.13 *vi* que se había contaminado; un mismo
23.14 pues cuando *vio* a hombres pintados en
32.31 éstos *verá* Faraón, y se consolará sobre
33.6 si el atalaya *viere* venir la espada y no
36.21 al *ver* mi santo nombre profanado entre
39.15 el que *vea* los huesos de algún hombre
39.21 las naciones *verán* mi juicio que habré
40.4 cuenta..lo que *ves* a la casa de Israel
43.3 aspecto de lo que *vi* era como una visión
43.3 como aquella visión que *vi* cuando vine
43.3 eran como la visión que *vi* junto al río
46.19 *vi* que había allí un lugar en el fondo
47.2 y *vi* que las aguas salían del..derecho
47.6 y me dijo: ¿Has *visto*, hijo de hombre?
47.7 yo, *vi* que en la ribera del río..árboles
Dn. 1.10 *vea* vuestros rostros más pálidos que
1.13 haz después con tus siervos según *veas*
2.8 porque *veis* que el asunto se me ha ido
2.26 tú hacerme conocer el sueño que *vi*, y su
2.31 oh rey, *veías*, y he aquí una gran imagen
2.41 lo que *viste* de los pies y los dedos, en
2.41,43 *viste* hierro mezclado con barro
2.45 de la manera que *viste* que del monte fue
3.25 aquí yo *veo* cuatro varones sueltos, que
4.5 *vi* un sueño que me espantó, y tendido en
4.9 declárame las visiones..que he *visto*, y
4.10 me parecía *ver* en medio de la tierra un
4.11 se le alcanzaba a *ver* desde todos los
4.13 *vi* en las visiones de mi cabeza mientras
4.18 el rey Nabucodonosor he *visto* este sueño
4.20 árbol que *viste*, que crecía y se hacía
4.20 y que se *veía* desde todos los confines
4.23 lo que *vio* el rey, un vigilante y santo
5.5 una mano..rey *veía* la mano que escribía
5.23 a dioses..que ni *ven*, ni oyen, ni saben
7.7 muy diferente de todas las bestias que *vi*
7.21 y *veía* yo que este cuerno hacía guerra
8.2 *vi* en visión; y cuando la *vi*, yo estaba
8.2 *vi*..en visión, estando junto al río Ulai
8.4 *vi* que el carnero hería con sus cuernos
8.6 carnero..que yo había *visto* en la ribera
8.7 y lo *vi* que llegó junto al carnero, y se
8.20 cuanto al carnero que *viste*, que tenía
9.21 el varón Gabriel, a quien había *visto* en
10.7 sólo yo, Daniel, *vi* aquella visión, y no
10.7 no la *vieron* los..que estaban conmigo
10.8 quedé..yo solo, y *vi* esta gran visión
Os. 5.13 *verá* Efraín su enfermedad, y Judá su
6.10 en la casa de Israel he *visto* inmundicia
9.10 como la fruta temprana de..*vi* a..padres
9.13 Efraín, según *veo*, es semejante a Tiro
Jl. 2.28 hijos..vuestros jóvenes *verán* visiones
Am. 3.9 y *ved* las..opresiones en medio de ella
6.2 *ved* si son aquellos reinos mejores que
7.8 ¿qué *ves*, Amós? Y dije: Una plomada de
8.2 y dijo: ¿Qué *ves*, Amós? Y respondí: Un
9.1 *vi* al Señor que estaba sobre el altar, y
Jon. 2.4 desechado..aún *veré* tu santo templo
3.10 *vio* Dios lo que hicieron..convirtieron
4.5 hasta *ver* qué acontecería en la ciudad
Mi. 1.1 lo que *vio* sobre Samaria y Jerusalén
4.11 y *vean* nuestros ojos su deseo en Sion
7.9 Jehová..me sacará a luz; *veré* su justicia
7.10 enemiga lo *verá*, y la cubrirá vergüenza
7.10 mis ojos la *verán;* ahora será hollada
7.16 las naciones *verán*, y se avergonzarán
Nah. 3.7 los que te *vieren* se apartarán de ti
Hab. 1.1 profecía que *vio* el profeta Habacuc
1.3 ¿por qué me haces *ver* iniquidad, y haces
1.3 ¿por qué me..y haces que *vea* molestia?
1.5 entre las naciones, y *ved*, y asombraos
1.13 muy limpio eres de ojos para *ver* el mal
1.13 ni puedes *ver* el agravio; por qué *ves*
2.1 velaré para *ver* lo que se me dirá, y qué
3.7 *visto* las tiendas de Cusán en aflicción
3.10 te *vieron* y tuvieron temor los montes
Sof. 3.15 Jehová es Rey..nunca más *verás* el mal
Hag. 2.3 *visto* esta casa..cómo la *veis* ahora?
Zac. 1.8 *vi* de noche, y he aquí un varón que
2.2 para *ver* cuánta es su anchura, y cuánta
4.2 me dijo: ¿Qué *ves?* Y respondí: He mirado
4.10 *verán* la plomada en la mano de Zorobabel
5.2 dijo: ¿Que *ves?* Y respondí: *Veo* un rollo
9.5 *verá* Ascalón, y temerá; Gaza también, y
9.14 y Jehová será *visto* sobre ellos, y su
10.2 adivinos han *visto* mentira, han hablado
10.7 sus hijos también *verán*, y se alegrarán
Mal. 1.5 vuestros ojos lo *verán*, y diréis: Sea
Mt. 2.2 su estrella hemos *visto* en el oriente
2.9 estrella que habían *visto* en el oriente
2.10 al *ver* la estrella, se regocijaron con
2.11 al entrar..*vieron* al niño con su madre
2.16 Herodes entonces, cuando se *vio* burlado
3.7 al *ver* él que muchos de los fariseos y
3.16 y *vio* al Espíritu de Dios que descendía
4.16 el pueblo..en tinieblas *vio* gran luz, y a
4.18 Jesús junto al mar..*vio* a dos hermanos
4.21 de allí, *vio* a otros dos hermanos, Jacobo
5.1 *viendo* la multitud, subió al monte; y
5.8 los de limpio corazón..ellos *verán* a Dios
5.16 para que *vean* vuestras buenas obras, y
6.1 para ser *vistos* de ellos; de otra manera
6.4,6,18 tu Padre que *ve*..te recompensará
6.5 en pie..para ser *vistos* de los hombres
7.3 no echas de *ver* la viga..tu propio ojo?
7.5 entonces *verás* bien para sacar la paja
8.14 y *vio* a la suegra de éste postrada en
8.18 *viéndose* Jesús rodeado de mucha gente
8.34 *vieron*, le rogaron que se fuera de sus
9.2 y al *ver* Jesús la fe de ellos, dijo al

VER *(Continúa)*
Mt. 9.8 al *verlo*, se maravilló y glorificó a Dios
9.9 Jesús. . *vio* a un hombre llamado Mateo, que
9.11 cuando *vieron* esto los fariseos, dijeron
9.23 *viendo* a los que tocaban flautas, y la
9.33 decía: Nunca se ha *visto* cosa semejante
9.36 y al *ver* las multitudes, tuvo compasión
11.4 saber a Juan las cosas que oís y *veis*
11.5 los ciegos *ven*, los cojos andan, los
11.7 ¿qué salisteis a *ver* al desierto? ¿Una
11.8 ¿o qué salisteis a *ver*? ¿A un hombre
11.9 ¿qué salisteis a *ver*? ¿A un profeta? Sí
12.2 *viéndolo* los fariseos, le dijeron: He
12.22 tal manera que el ciego y mudo *veía* y
12.38 Maestro, deseamos *ver* de ti señal
13.13 porque *viendo* no *ven*, y oyendo no oyen
13.14 de oído. . *viendo veréis*, y no percibiréis
13.15 que no *vean* con los ojos, y oigan con
13.16 pero bienaventurados. . ojos, porque *ven*
13.17 *ver* lo que *veis*, y no lo *vieron*; y oir
14.14 saliendo Jesús, *vio* una gran multitud
14.26 y los discípulos, *viéndole* andar sobre
14.30 pero al *ver* el fuerte viento, tuvo miedo
15.31 *viendo* a los mudos hablar, a. . mancos
15.31 y a los ciegos *ver*; y glorificaban al
16.28 *visto* al Hijo del Hombre viniendo en
17.8 alzando ellos los ojos, a nadie *vieron*
18.10 sus ángeles. . *ven* siempre el rostro de
18.31 *viendo* sus consiervos lo que pasaba, se
20.3 saliendo. . *vio* a otros que estaban en la
21.15 *viendo* las maravillas que hacía, y a los
21.19 y *viendo* una higuera cerca del camino
21.20 *viendo*. . los discípulos, decían. . se secó
21.32 vosotros, *viendo*. . no os arrepentisteis
21.38 los labradores, cuando *vieron* al hijo
22.11 entró el rey para *ver*. . y *vio* allí a un
23.5 obras para ser *vistos* por los hombres
23.39 que desde ahora no me *veréis*, hasta que
24.2 ¿*veis* todo esto? De cierto os digo, que
24.15 cuando *veáis*. . la abominación desoladora
24.30 y *verán* al Hijo del Hombre viniendo
24.33 cuando *veáis* todas estas cosas, conoced
25.37 Señor, ¿cuándo te *vimos* hambriento, y
25.38 ¿y cuándo te *vimos* forastero. . o desnudo
25.39 ¿o cuándo te *vimos* enfermo, o en la
25.44 ¿cuándo te *vimos* hambriento, sediento
26.8 al *ver* esto, los discípulos se enojaron
26.46 levantaos, vamos; *ved*, se acerca el que
26.58 y entrando, se sentó. . para *ver* el fin
26.64 desde ahora *veréis* al Hijo del Hombre
26.71 saliendo él. . le *vio* otra, y dijo a los
27.3 Judas, el que. . *viendo* que era condenado
27.19 decir: No tengas nada que *ver* con ese
27.24 *viendo* Pilato que nada adelantaba, sino
27.49 deja, *veamos* si viene Elías a librarle
27.54 *visto* el terremoto. . temieron en gran
28.1 vinieron. . otra María, a *ver* el sepulcro
28.6 *ved* el lugar donde fue puesto el Señor
28.7 va delante de. . a Galilea; allí le *veréis*
28.10 que vayan a Galilea, y allí me *verán*
28.17 y cuando le *vieron*, le adoraron; pero
Mr. 1.10 *vio* abrirse los cielos, y al Espíritu
1.16 junto al mar de. . *vio* a Simón y a Andrés
1.19 *vio* a Jacobo hijo de Zebedeo, y a Juan
2.5 al *ver* Jesús la fe. . dijo al paralítico
2.12 diciendo: Nunca hemos *visto* tal cosa
2.14 y al pasar, *vio* a Leví hijo de Alfeo
2.16 *viéndole* comer con los publicanos y con
3.2 y le acechaban para *ver* si en el día de
3.11 y los espíritus inmundos, al *verle*, se
4.12 para que *viendo*, *vean* y no perciban; y
5.6 cuando *vio*, pues, a Jesús de lejos, corrió
5.14 salieron a *ver* qué era. . había sucedido
5.15 y *ven* al que había sido atormentado del
5.16 contaron los que lo habían *visto*, cómo
5.22 luego que le *vio*, se postró a sus pies
5.31 *ves* que la multitud te aprieta, y dices
5.32 miraba. . para *ver* quién había hecho esto
5.38 y *vio* el alboroto y a los que lloraban
6.33 muchos los *vieron* ir, y le reconocieron
6.34 salió Jesús y *vio* una gran multitud, y
6.38 dijo: ¿Cuántos panes tenéis? Id y *vedlo*
6.48 *viéndoles* remar con gran fatiga, porque
6.49 *viéndole*. . andar sobre el mar, pensaron
6.50 todos le *veían*, y se turbaron. Pero en
7.2 cuales, *viendo* a algunos de los discípulos
8.18 ¿teniendo. . no *veis*, y teniendo oídos no
8.23 las manos encima, y le preguntó si *veía*
8.24 *veo* los hombres. . pero los *v* que andan
8.25 hizo. . *vio* de lejos y claramente a todos
9.1 no gustarán la muerte. . *visto* el reino de
9.8 cuando miraron, no *vieron* más a nadie
9.9 que a nadie dijesen lo que habían *visto*
9.14 *vio* una gran multitud alrededor de ellos
9.15 toda la gente, *viéndole*, se asombró, y
9.20 y cuando el espíritu *vio* a Jesús, sacudió
9.25 Jesús *vio* que la multitud se agolpaba
9.38 *visto* a uno. . en tu nombre echaba fuera
10.14 *viéndolo* Jesús, se indignó, y les dijo
11.13 *viendo* de lejos una higuera que tenía
11.13 a *ver* si tal vez hallaba en ella algo
11.20 *vieron* que la higuera se había secado
12.15 dijo. . Traedme la moneda para que la *vea*
12.34 *viendo* que había respondido. . le dijo
13.2 dijo: ¿*Ves* estos grandes edificios? No
13.14 *veáis* la abominación desoladora de que
13.26 *verán* al Hijo del Hombre, que vendrá en
13.29 cuando *veáis* que suceden estas cosas
14.62 *veréis* al Hijo del Hombre sentado a la
14.67 cuando *vio* a Pedro. . dijo: Tú también
14.69 la criada, *viéndole* otra vez, comenzó
15.24 suertes. . *ver* qué se llevaría cada uno
15.32 descienda. . para que *veamos* y creamos
15.36 dejad, *veamos* si viene Elías a bajarle
15.39 *viendo* que. . había expirado así, dijo
16.4 *vieron* removida la piedra. . muy grande
16.5 *vieron* a un joven sentado al. . derecho
16.7 a Galilea; allí le *veréis*, como os dijo
16.11 vivía, y que había sido *visto* por ella
16.14 no habían creído. . que le habían *visto*
Lc. 1.2 enseñaron los que. . *vieron* con sus ojos
1.12 y se turbó Zacarías al *verle*, y. . temor
1.22 y comprendieron que había *visto* visión
1.29 mas ella, cuando le *vio*, se turbó por
2.15 pasemos. . y *veamos* esto que ha sucedido
2.17 y al *verlo*, dieron a conocer lo que se
2.20 todas las cosas que habían oído y *visto*
2.26 no *vería* la muerte antes que *viese* al
2.30 porque han *visto* mis ojos tu salvación
2.48 cuando le *vieron*, se sorprendieron; y
3.6 y *verá* toda carne la salvación de Dios
5.2 *vio* dos barcas que estaban cerca de la
5.8 *viendo* esto Simón Pedro, cayó de rodillas
5.12 lepra, el cual, *viendo* a Jesús, se postró
5.20 *ver* él la fe de ellos, le dijo: Hombre
5.26 todos. . decían: Hoy hemos *visto* maravillas
5.27 *vio* a un publicano llamado Leví, sentado
6.7 *ver* si en el día de reposo lo sanaría, a
6.41 y no echas de *ver* la viga que está en tu
6.42 *verás* bien para sacar la paja que está
7.13 cuando el Señor la *vio*, se compadeció
7.22 id, haced saber a Juan lo. . *visto* y oído
7.22 los ciegos *ven*, los cojos andan, los
7.24 ¿qué salisteis a *ver* al desierto? ¿Una
7.25 mas ¿qué salisteis a *ver*? ¿A un hombre
7.26 ¿qué salisteis a *ver*? ¿A un profeta? Sí
7.39 cuando *vio* esto el fariseo. . dijo para sí
7.44 ¿*ves* esta mujer? Entré en tu casa, y no
8.10 *viendo* no *vean*, y oyendo no entiendan
8.16 para que los que entran *vean* la luz
8.20 tu madre y tus hermanos. . quieren *verte*
8.28 al *ver* a Jesús, lanzó un gran grito, y
8.34 cuando *vieron* lo. . acontecido, huyeron
8.35 y salieron a *ver* lo que había sucedido
8.36 los que lo habían *visto*, les contaron
8.47 cuando. . *vio* que no había quedado oculta
9.9 ¿quién, pues, es éste. . Y procuraba *verle*
9.27 muerte hasta que *vean* el reino de Dios
9.32 *vieron* la gloria de Jesús, y a los dos
9.36 no dijeron nada a nadie de lo que. . *visto*
9.38 te ruego que *veas* a mi hijo, pues es el
9.49 *visto* a uno que echaba fuera demonios en
9.54 *viendo* esto. . discípulos Jacobo y Juan
10.18 yo *veía* a Satanás caer del cielo como
10.23 los ojos que *ven* lo que vosotros *veis*
10.24 desearon *ver* lo. . *veis*, y no lo *vieron*
10.31 un sacerdote. . *viéndole*, pasó de largo
10.32 un levita. . y *viéndole*, pasó de largo
10.33 y *viéndole*, fue movido a misericordia
11.33 para que los que entran *vean* la luz
11.38 el fariseo, cuando lo *vio*, se extrañó
11.44 que sois como sepulcros que no se *ven*
12.54 decía. . Cuando *veis* la nube que sale del
13.12 cuando Jesús la *vio*, la llamó y le dijo
13.28 *veáis* a Abraham, a Isaac, a Jacob y a
13.35 que no me *veréis*, hasta que llegue el
14.18 una hacienda, y necesito ir a *verla*
14.28 calcula. . *ver* si tiene lo que necesita
14.29 lo *vean* comiencen a hacer burla de él
15.20 lejos, lo *vio* su padre, y fue movido a
16.23 *vio* de lejos a Abraham, y a Lázaro en
17.14 cuando él los *vio*. . dijo: Id, mostraos
17.15 uno de. . *viendo* que había sido sanado
17.22 desearéis *ver* uno de. . y no lo *veréis*
18.15 *viendo* los discípulos les reprendieron
18.24 al *ver* Jesús que se había entristecido
18.43 luego *vio*, y le seguía, glorificando a
18.43 el pueblo, cuando *vio*. . dio alabanza a
19.3 procuraba *ver* quién era Jesús; pero no
19.4 subió a un árbol sicómoro para *verle*
19.5 Jesús. . le *vio*, y le dijo: Zaqueo, date
19.7 al *ver* esto, todos murmuraban, diciendo
19.37 todas las maravillas que habían *visto*
19.41 cuando llegó cerca de. . al *verla*, lloró
20.13 quizás cuando le *vean* a él, le tendrán
20.14 al *verle*, discutían entre sí, diciendo
21.1 *vio* a los ricos que echaban sus ofrendas
21.2 *vio* también a una viuda muy pobre, que
21.6 en cuanto a estas cosas que *veis*, días
21.20 cuando *viereis* a Jerusalén rodeada de
21.27 *verán* al Hijo del Hombre, que vendrá
21.30 *viéndolo*, sabéis. . que el verano está
21.31 cuando *veáis* que suceden estas cosas
22.49 *viendo* los que estaban con él lo que
22.56 al *verle* sentado al fuego, se fijó en
22.58 *viéndole* otro, dijo: Tú también eres
23.8 *viendo* a Jesús, se alegró mucho, porque
23.8 porque hacía tiempo que deseaba *verle*
23.8 él, y esperaba *verle* hacer alguna señal
23.47 centurión *vio* lo que había acontecido
23.48 multitud. . *viendo* lo que había acontecido
23.55 *vieron* el sepulcro, y cómo fue puesto
24.12 *vio* los lienzos solos, y se fue a casa
24.23 también habían *visto* visión de ángeles
24.24 hallaron así. . pero a él no le *vieron*
24.37 entonces. . pensaban que *veían* espíritu
24.39 palpad, y *ved*; porque un espíritu no
24.39 carne ni huesos, como *veis* que. . tengo
Jn. 1.14 Verbo. . (y *vimos* su gloria, gloria como
1.18 a Dios nadie le *vio* jamás; el unigénito
1.29 *vio* Juan a Jesús que venía a él, y dijo
1.32 *vi* al Espíritu que descendía del cielo
1.33 sobre quien *veas* descender el Espíritu
1.34 y yo le *vi*, y he dado testimonio de que
1.38 *viendo* que le seguían, les dijo: ¿Qué
1.39 les dijo: Venid y *ved*. Fueron, y *vieron*
1.46 algo de bueno? Le dijo Felipe: Ven y *ve*
1.47 Jesús *vio* a Natanael que se le acercaba
1.48 cuando estabas debajo de la higuera. . *vi*
1.50 dijo: ¿Porque te dije: Te *vi* debajo de
1.50 crees? Cosas mayores que éstas *verás*
1.51 de aquí adelante *veréis* el cielo abierto
2.23 creyeron. . *viendo* las señales que hacía
3.3 no naciere. . no puede *ver* el reino de Dios
3.11 lo que hemos *visto*, testificamos; y no
3.32 lo que *vio* y oyó, esto testifica; y nadie
3.36 rehúsa creer en el Hijo no *verá* la vida
4.29 venid, *ved* a un hombre que me ha dicho
4.45 habiendo *visto* todas las cosas que había
4.48 dijo: Si no *viereis* señales. . no creeréis
5.6 cuando Jesús lo *vio* acostado, y supo que
5.19 lo que *ve* hacer al Padre; porque todo lo
5.37 oído su voz, ni habéis *visto* su aspecto
6.2 *veían* las señales que hacía en. . enfermos
6.5 *vio* que había venido a él gran multitud
6.14 *viendo* la señal que Jesús había hecho
6.19 *vieron* a Jesús que andaba sobre el mar
6.22 *vio* que no había allí más que una sola
6.24 *vio*, pues, la gente que Jesús no estaba
6.26 me buscáis, no porque habéis *visto* las
6.30 señal. . para que *veamos*, y te creamos?
6.36 que aunque me habéis *visto*, no creéis
6.40 todo aquel que *ve* al Hijo, y cree en él
6.46 no que alguno haya *visto* al Padre, sino
6.46 aquel que vino de Dios; éste ha *visto*
6.62 *viereis* al Hijo del Hombre subir adonde
7.3 tus discípulos *vean* las obras que haces
7.52 *ve* que de Galilea nunca se ha levantado
8.10 y no *viendo* a nadie sino a la mujer, le
8.38 yo hablo lo que he *visto* cerca del Padre
8.51 que guarda mi palabra, nunca *verá* muerte
8.56 de que había de *ver* mi día; y lo *vio*, y
8.57 aún no tienes. . ¿y has *visto* a Abraham?
9.1 al pasar Jesús, *vio* a un hombre ciego de
9.7 fue entonces, y se lavó y regresó *viendo*
9.8 que antes le habían *visto* que era ciego
9.15 puso lodo sobre los ojos. . lavé, y *veo*
9.19 les preguntaron. . ¿Cómo, pues, *ve* ahora?
9.21 cómo *vea* ahora, no lo sabemos; o quién
9.25 sé, que habiendo yo sido ciego, ahora *veo*
9.37 has *visto*, y el que habla contigo, él es
9.39 que los que no *ven*, *vean*, y los que *ven*
9.41 decís: *Vemos*, vuestro pecado permanece
10.12 *ve* venir. . lobo y deja las ovejas y huye
11.9 no tropieza, porque *ve* la luz de este
11.31 *vieron* que María se había levantado de
11.32 María. . al *verle*, se postró a sus pies
11.33 al *verla* llorando, y a. . se estremeció en
11.34 pusisteis? Le dijeron: Señor, ven y *ve*
11.40 que si crees, *verás* la gloria de Dios?
11.45 *vieron* lo que hizo Jesús, creyeron en
12.9 vinieron. . también para *ver* a Lázaro, a
12.19 ya *veis* que no conseguís nada. Mirad
12.21 rogaron. . Señor, quisiéramos *ver* a Jesús
12.40 que no *vean* con los ojos, y entiendan
12.41 Isaías dijo esto cuando *vio* su gloria
12.45 y el que me *ve*, *v* al que me envió
14.7 ahora le conocéis, y le habéis *visto*
14.9 el que me ha *visto* a mí, ha *v* al Padre
14.17 no puede recibir, porque no le *ve*, ni
14.19 mundo no me *verá*. . vosotros me *veréis*
15.24 ahora han *visto* y han aborrecido a mí
16.10 por cuanto voy al Padre, y no me *veréis*
16.16,17,19 no me *veréis*; y de nuevo. . me *v*
16.22 os volveré a *ver*, y se gozará vuestro
17.24 para que *vean* mi gloria que me has dado
18.26 dijo: ¿No te *vi* yo en el huerto con él?
19.6 le *vieron*. . dieron voces. . ¡Crucifícale!
19.24 echemos suertes. . a *ver* de quién será
19.26 *vio* Jesús a su madre, y al discípulo
19.33 a Jesús, como le *vieron* ya muerto, no
19.35 y el que lo *vio* da testimonio, y su
20.1 y *vio* quitada la piedra del sepulcro
20.5 *vio* los lienzos puestos allí, pero no
20.6 Simón Pedro. . y *vio* los lienzos puestos
20.8 entró también el otro. . y *vio*, y creyó
20.12 y *vio* a dos ángeles. . estaban sentados
20.14 volvió, y *vio* a Jesús que estaba allí
20.18 nuevas de que había *visto* al Señor, y
20.20 y los. . se regocijaron *viendo* al Señor
20.25 le dijeron, pues. . Al Señor hemos *visto*
20.25 si no *viere* en sus manos la señal de

VER *(Continúa)*

Jn. 20.29 porque me has *visto*, Tomás, creíste
20.29 bienaventurados los que no *vieron*, y
21.9 *vieron* brasas puestas, y un pez encima
21.20 Pedro, *vio* que les seguía el discípulo
21.21 Pedro le *vio*, dijo a Jesús: Señor, ¿y qué
Hch. 1.9 *viéndolo* ellos, fue alzado, y le recibió
1.11 vendrá como le habéis *visto* ir al cielo
2.17 dicho. .vuestros jóvenes *verán* visiones
2.25 dice de él: *Veía* al Señor siempre delante
2.31 *viéndolo*. .habló de la resurrección de
2.31 en el Hades, ni su carne *vio* corrupción
2.33 ha derramado esto que vosotros *veis* y
3.3 *vio* a Pedro y a Juan que iban a entrar en
3.9 el pueblo le *vio* andar y alabar a Dios
3.12 *viendo* esto Pedro, respondió al pueblo
3.16 a éste, que vosotros *veis* y conocéis, le
4.13 *viendo* el denuedo de Pedro y. .sabiendo
4.14 *viendo* al. .que había sido sanado, que
4.20 dejar de decir lo que hemos *visto* y oído
6.15 *vieron* su rostro como el. .de un ángel
7.24 y al *ver* a uno que era maltratado, lo
7.34 he *visto* la aflicción de mi pueblo que
7.44 hiciese conforme al modelo. .había *visto*
7.55 *vio* la gloria de Dios, y a Jesús que
7.56 *veo* los cielos abiertos, y al Hijo del
8.6 oyendo y *viendo* las señales que hacía
8.13 y *viendo* las señales y. .que se hacían
8.18 cuando *vio* Simón que por la imposición
8.23 y en prisión de maldad *veo* que estás
8.39 eunuco no le *vio* más, y siguió gozoso
9.7 oyendo a la. .la voz, mas sin *ver* a nadie
9.8 abriendo los ojos, no *veía* a nadie; así
9.9 estuvo tres días sin *ver*, y no comió ni
9.12 ha *visto* en visión a un varón llamado
9.27 Saulo había *visto* en el camino al Señor
9.35 *vieron* todos los que habitaban en Lida
9.40 los ojos, y al *ver* a Pedro, se incorporó
10.3 *vio*. .una visión, como a la hora novena
10.11 *vio* el cielo abierto, y que descendía
10.17 que significaría la. .que había *visto*
10.30 *vi* que se puso delante de mí un varón
11.5 *vi* en éxtasis una visión. .un gran lienzo
11.6 y *vi* cuadrúpedos terrestres, y fieras
11.13 había *visto* en su casa un ángel, que se
11.23 cuando llegó, y *vio* la gracia de Dios
12.3 y *viendo* que esto había agradado a los
12.9 sino que pensaba que *veía* una visión
12.16 cuando. .*vieron*, se quedaron atónitos
13.11 serás ciego, y no *verás* el sol por algún
13.12 el procónsul, *viendo* lo que. .sucedido
13.35 no permitirás que tu. .*vea* corrupción
13.36 fue reunido con sus. .y *vio* corrupción
13.37 quien Dios levantó, no *vio* corrupción
13.45 *viendo* los judíos la muchedumbre, se
14.9 y *viendo* que tenía fe para ser sanado
14.11 gente, *visto* lo que Pablo había hecho
15.36 volvamos a visitar a. .*ver* cómo están
16.10 *vio* la visión, en seguida procuramos
16.19 pero *viendo* sus amos que había salido
16.27 carcelero, y *viendo* abiertas las puertas
16.40 *visto* a los hermanos, los consolaron
17.11 las Escrituras para *ver* si estas cosas
17.16 espíritu se enardecía *viendo* la ciudad
18.15 *vedlo* vosotros; porque yo no quiero ser
19.21 me será necesario *ver* también a Roma
19.26 *veis* y oís que este Pablo, no solamente
20.25 yo sé que ninguno. .*verá* más mi rostro
20.38 dijo, de que no *verían* más su rostro
21.11 quien viniendo a *vernos*, tomó el cinto
21.18 Pablo entró con. .a *ver* a Jacobo, y se
21.20 ya *ves*, hermano, cuántos millares de
21.27 judíos de Asia, al *verle* en el templo
21.29 antes habían *visto* con él. .a Trófimo
21.32 cuando ellos *vieron* al tribuno y a los
22.9 *vieron* .verdad la luz, y se espantaron
22.11 y como yo no *veía* a causa de la gloria
22.14 y *veas* al Justo, y oigas la voz de su
22.15 serás testigo. .lo que has *visto* y oído
22.18 le *vi* que me decía: Date prisa, y sal
26.13 *vi* una luz del cielo que sobrepasaba
26.16 testigo de las cosas que has *visto*, y
27.10 varones, *veo* que la navegación va a ser
27.39 *veían* una ensenada que tenía playa, en
28.4 cuando los naturales *vieron* la víbora
28.6 mucho, y *viendo* que ningún mal le venía
28.8 entró Pablo a *verle*, y después de haber
28.15 al *verlos*, Pablo dio gracias a Dios y
28.20 por esta causa os he llamado para *veros*
28.26 diles. .*viendo veréis*, y no percibiréis
28.27 que no *vean* con los ojos, y oigan con
Ro. 1.11 deseo *veros*, para comunicaros algún
8.24 la esperanza que se *ve*, no es esperanza
8.24 lo que alguno *ve*, ¿a qué esperarlo?
8.25 pero si esperamos lo que no *vemos*, con
11.8 les dio. .ojos con que no *vean* y oídos
11.10 oscurecidos sus ojos para que no *vean*
15.21 nunca les fue anunciado. .de él, *verán*
15.24 a España. .porque espero *veros* al pasar
1 Co. 2.9 cosas que ojo no *vio*, ni oído oyó, ni
8.10 si. .te *ve* a ti, que tienes conocimiento
9.1 ¿no he *visto* a Jesús el Señor nuestro?
13.12 ahora *vemos* por espejo, oscuramente
13.12 mas entonces *veremos* cara a cara. Ahora
16.7 porque no quiero *veros* ahora de paso
2 Co. 4.18 que se *ven*, sino las que no se *ven*
4.18 las cosas que se *ven* son temporales
4.18 pero las que no se *ven* son eternas
7.8 porque *veo* que aquella carta. .contristó
12.6 nadie piense de mí más de lo que en mí *ve*
Gá. 1.18 subí a Jerusalén para *ver* a Pedro, y
1.19 no *vi* a ningún otro de los apóstoles
2.7 *vieron* que me había sido encomendado el
2.14 *vi* que no andaban rectamente conforme
Fil. 1.27 que vaya a *veros*, o que esté ausente
1.30 el mismo conflicto que habéis *visto* en
2.23 luego que yo *vea* cómo van mis asuntos
2.26 porque él tenía gran deseo de *veros* a
2.28 para que al *verle* de nuevo, os gocéis
3.12 prosigo, por *ver* si logro asir aquello
4.9 lo que. .*visteis* en mí, esto haced; y el
Col. 2.1 por todos los que nunca han *visto* mi
2.18 entremetiéndose en lo que no ha *visto*
1 Ts. 2.17 procuramos con. .*ver* vuestro rostro
3.6 nos recordáis con cariño, deseando *vernos*
3.10 orando. .para que *veamos* vuestro rostro
1 Ti. 3.14 tengo la esperanza de ir. .a *verte*
3.16 fue manifestado. .*visto* de los ángeles
6.16 a quien ninguno. .ha *visto* ni puede *ver*
2 Ti. 1.4 deseando *verte*, al acordarme de tus
4.9 procura venir pronto a *verme*
He. 2.8 no *vemos* que todas las cosas le sean
2.9 pero *vemos* a aquel que fue hecho un poco
3.9 me probaron, y *vieron* mis obras 40 años
3.19 *vemos* que no pudieron entrar a causa de
10.25 cuanto *veis* que aquel día se acerca
11.1 la fe. .la convicción de lo que no se *ve*
11.3 lo que se *ve* fue. .de lo que no se *veía*
11.5 Enoc fue traspuesto para no *ver* muerte
11.7 advertido. .cosas que aún no se *veían*
11.23 le *vieron* niño hermoso, y no temieron
11.27 se sostuvo como *viendo* al Invisible
12.14 la santidad sin la cual nadie *verá* al
12.21 y tan terrible era lo que se *veía*, que
13.23 con el cual, si viniere. .iré a *veros*
Stg. 2.22 ¿no *ves* que la fe actuó juntamente
2.24 *veis*. .que el hombre es justificado por
5.11 y habéis *visto* el fin del Señor, que el
1 P. 1.8 a quien amáis sin haberle *visto*, en
1.8 quien creyendo, aunque ahora no lo *veáis*
3.10 quiere amar la vida, y *ver* días buenos
2 P. 1.16 como habiendo *visto* con. .propios ojos
2.8 *viendo* y oyendo. .hechos inicuos de ellos
1 Jn. 1.1 lo que hemos *visto* con nuestros ojos
1.2 la vida fue manifestada, y la hemos *visto*
1.3 lo que hemos *visto* y. .eso os anunciamos
3.2 a él, porque le *veremos* tal como él es
3.6 todo aquel que peca, no le ha *visto*, ni
3.17 el que. .*ve* a su hermano tener necesidad
4.12 nadie ha *visto* jamás a Dios. Si nos
4.14 hemos *visto*. .que el Padre ha enviado al
4.20 y no ama a su hermano a quien ha *visto*
4.20 puede amar a Dios a quien no ha *visto?*
5.16 *viere* a su hermano cometer pecado que
3 Jn. 11 que hace lo malo, no ha *visto* a Dios
14 *verte* en breve, y hablaremos cara a cara
Ap. 1.2 dado testimono de. .cosas que ha *visto*
1.7 viene con las nubes, y todo ojo le *verá*
1.11 decía. .Escribe en un libro lo que *ves*
1.12 y me volví para *ver* la voz que hablaba
1.12 y vuelto, *vi* siete candeleros de oro
1.17 cuando le *vi*, caí como muerto a sus pies
1.19 escribe las cosas que has *visto*, y las
1.20 misterio de. .estrellas que has *visto*
1.20 los siete candeleros que has *visto*, son
3.18 unge tus ojos con colirio, para que *veas*
4.4 *vi* sentados en los tronos a 24 ancianos
5.1 y *vi* en la mano derecha del que estaba
5.2 y *vi* a un ángel fuerte que pregonaba a
5.6 y miré, y *vi* que en medio del trono y de
6.1 *vi* cuando el Cordero abrió uno de los
6.9 *vi* bajo el altar las almas de los que
7.1 después de esto *vi* a cuatro ángeles en
7.2 *vi*. .a otro ángel que subía de donde sale
8.2 *vi*. a los siete ángeles. .en pie ante Dios
9.1 *vi* una estrella que cayó del cielo a la
9.17 así *vi* en visión los caballos y a sus
9.20 imágenes. .cuales no pueden *ver*, ni oir
10.1 *vi* descender. .cielo a otro ángel fuerte
10.5 el ángel que *vi* en pie. .levantó su mano
11.9 *verán* sus cadáveres. .tres días y medio
11.11 cayó gran temor sobre los que. .*vieron*
11.12 subieron al. .y sus enemigos los *vieron*
11.19 arca de su pacto se *veía* en el templo
12.13 y cuando *vio* el dragón que había sido
13.1 y *vi* subir del mar una bestia que tenía
13.2 y la bestia que *vi* era semejante a un
13.3 *vi* una de sus cabezas como herida de
13.11 después *vi* otra bestia que subía de la
14.6 *vi* volar por en medio del cielo a otro
15.1 *vi* en el cielo otra señal, grande y
15.2 *vi*. .como un mar de vidrio mezclado con
16.13 *vi* salir de la boca del dragón, y de
16.15 no ande desnudo, y *vean* su vergüenza
17.3 *vi* a una mujer sentada sobre una bestia
17.6 *vi* a la mujer ebria de la sangre de los
17.6 cuando la *vi*, quedé asombrado con gran
17.8 la bestia que has *visto*, era, y no es; y
17.8 se asombrarán *viendo* la bestia que era
17.12 y los diez cuernos que has *visto*, son
17.15 las aguas que has *visto* donde la ramera
17.16 los diez cuernos que *viste* en la bestia
17.18 mujer que has *visto* es la gran ciudad
18.1 *vi* a otro ángel descender del cielo con
18.7 reina, y no soy viuda, y no *veré* llanto
18.9 ella, cuando *vean* el humo de su incendio
18.18 *viendo* el humo de su incendio, dieron
19.11 *vi* el cielo abierto; y he. .un caballo
19.17 *vi* a un ángel que estaba en pie en el
19.19 y *vi* a la bestia, a los reyes de la
20.1 *vi* a un ángel que descendía del cielo
20.4 y *vi* tronos, y se sentaron sobre ellos
20.4 y *vi* las almas de los decapitados por
20.11 *vi* un gran trono blanco y al que estaba
20.12 *vi* a los muertos, grandes y pequeños
21.1 *vi* un cielo nuevo y una tierra nueva
21.2 y yo Juan *vi* la santa ciudad, la nueva
21.22 no *vi* en ella templo; porque el Señor
22.4 *verán* su rostro, y su nombre estará en
22.8 Juan soy el que oyó y *vio* estas cosas
22.8 después que las hube. .*visto*, me postré

VERANO

Gn. 8.22 no cesarán. .el frío y el calor, el *v*
Jue. 3.20 estando él sentado. .en su sala de *v*
3.24 duda él cubre sus pies en la sala de *v*
Sal. 32.4 volvió mi verdor en sequedades de *v*
74.17 tú. .el *v* y el invierno tú los formaste
Pr. 6.8 prepara en el *v* su comida, y recoge en
10.5 que recoge en el *v* es hombre entendido
26.1 como no conviene la nieve en el *v*, ni la
30.25 hormigas. .en el *v* preparan su comida
Is. 18.6 sobre ellos tendrán el *v* las aves, e
28.4 la fruta temprana, la primera del *v*, la
Jer. 8.20 terminó el *v*, y nosotros no hemos
40.10 el vino, los frutos del *v* y el aceite
Dn. 2.35 fueron como tamo de las eras del *v*, y
Am. 3.15 la casa de invierno con la casa de *v*
8.1 ha mostrado. .un canastillo de fruta de *v*
8.2 y respondí: Un canastillo de fruta de *v*
Mi. 7.1 cuando han recogido los frutos del *v*
Zac. 14.8 Jerusalén. .aguas. .en *v* y en invierno
Mt. 24.32; Mr. 13.28 sabéis que el *v* está cerca
Lc. 21.30 viéndolo, sabéis. .el *v* está ya cerca

VERAZ

Pr. 12.19 el labio *v* permanecerá para siempre
Mr. 12.14 Maestro, sabemos que eres hombre *v*
Jn. 3.33 recibe. .éste atestigua que Dios es *v*
Ro. 3.4 antes bien sea Dios *v*, y todo hombre
2 Co. 6.8 buena fama; como engañadores, pero *v*

VERBO

Jn. 1.1 era el *V*, y el *V* era con Dios, y el *V*
1.14 aquel *V* fue hecho carne, y habitó entre
1 Jn. 1.1 palparon. .manos tocante al *V* de vida
5.7 cielo: el Padre, el *V* y el Espíritu Santo
Ap. 19.13 sangre; y su nombre es: el *V* de Dios

VERDAD

Gn. 24.27 que no apartó de mi amo su. .y su *v*
24.48 me había guiado por camino de *v* para
24.49 hacéis misericordia y *v* con mi señor
30.16 porque a la *v* te he alquilado por las
32.10 menor soy. .que toda la *v* que has usado
42.16 serán probadas, si hay *v* en vosotros
47.29 muslo, y harás conmigo misericordia y *v*
Éx. 9.16 y a la *v* yo te he puesto para mostrar
18.21 virtud, temerosos de Dios, varones de *v*
34.6 tardo para. .grande en misericordia y *v*
Nm. 14.30 la *v* no entraréis en la tierra, por
Dt. 13.14 si pareciere *v*, cosa cierta, que tal
17.4 pareciere de *v* cierta. .tal abominación
22.20 mas si resultare ser *v* que no se halló
32.4 Dios de *v*, y sin ninguna iniquidad en él
Jos. 2.4 es *v* que unos hombres vinieron a mí
2.14 si no. .haremos contigo misericordia y *v*
24.14 temed. .y servidle con integridad y en *v*
Jue. 9.15 si en *v* me. .por rey sobre vosotros
9.16 si con *v*. .habéis procedido en hacer rey
9.19 si con *v* y. .procedido hoy con Jerobaal
11.35 ¡ay, hija mía! en *v* me has abatido, y
17.3 en *v* he dedicado el dinero a Jehová por
1 S. 12.24 servidle de *v*. .todo vuestro corazón
21.5 dijo: En *v* las mujeres han estado lejos
2 S. 2.6 haga con vosotros misericordia y *v*
7.28 tus palabras son *v*, y tú has prometido
9.7 yo a la *v* haré contigo misericordia por
14.5 a la *v* soy una mujer viuda y mi marido
1 R. 2.4 andando delante de mí con *v*, de todo
3.6 porque él anduvo delante de ti en *v*, en
8.27 ¿es *v* que Dios morará sobre la tierra?
10.6 *v* es lo que oí en mi tierra de. .cosas
17.24 la palabra de Jehová es *v* en tu boca
21.25 a la *v* ninguno fue como Acab, que se
22.16 exigirte que no me digas sino la *v* en
2 R. 19.17 es *v*. .que los reyes de Asiria han
20.3 que he andado delante de ti en *v* y con
2 Cr. 6.18 mas ¿es *v* que Dios habitará con el
9.5 dijo al rey: *V* es lo que había oído en mi
18.15 conjuraré. .que no me hables sino la *v?*

VERDAD *(Continúa)*
2 Cr. 19.9 procederéis. . v, y con corazón íntegro
Neh. 7.2 éste era varón de v y temeroso de Dios
Est. 9.30 cartas a. . con palabras de paz y de v
Job 12.20 priva del habla a los que dicen v, y
19.4 aun siendo v que yo haya errado, sobre
Sal. 15.2 el que anda. . y habla v en su corazón
19.9 juicios de Jehová son v, todos justos
25.5 encamíname en tu v, y enséñame, porque
25.10 sendas de Jehová son misericordia y v
26.3 porque tu misericordia. . y ando en tu v
30.9 te alabará el polvo? ¿Anunciará tu v?
31.5 me has redimido, oh Jehová, Dios de v
37.3 habitarás en. . y te apacentarás de la v
40.10 no oculté tu. . tu v en grande asamblea
40.11 tu misercordia. . v me guarden siempre
43.3 envía tu luz y tu v; éstas me guiarán
45.4 cabalga sobre palabra de v. . de justicia
51.6 he aquí, tú amas la v en lo íntimo, y en
52.3 amaste el mal. . la mentira más que la v
54.5 él devolverá el mal a. . córtalos por tu v
57.3 Dios enviará su misericordia y su v
57.10 porque grande. . y hasta las nubes tu v
58.1 congregación, ¿pronunciáis en v justicia?
60.4 dado. . bandera que alcen por causa de la v
61.7 misericordia y v para que lo conserven
69.13 oh. . por la v de tu salvacón, escúchame
71.22 tu v cantaré a ti en el arpa, oh Santo
85.10 la misercordia y la v se encontraron
85.11 v brotará de la tierra, y la justicia
86.11 enséñame. . camino; caminaré yo en tu v
86.15 tú, Señor. . grande en misericordia y v
88.11 ¿será contada en. . o tu v en el Abadón?
89.2 en los cielos mismos afirmarás tu v
89.5 tu v. . en la congregación de los santos
89.14 juicio. . y v van delante de tu rostro
89.24 mi v y mi misericordia estarán con él
89.33 no quitaré de él mi. . ni falsearé mi v
89.49 ¿dónde. . que juraste a David por tu v?
91.4 estarás seguro; escudo y adarga es su v
96.13 juzgará al mundo. . pueblos con su v
98.3 se ha acordado de. . y de su v para con
100.5 bueno. . su v por todas las generaciones
108.4 misericordia, y hasta los cielos tu v
111.7 las obras de sus manos son v y juicio
111.8 para siempre, hechos en v y en rectitud
115.1 sino a tu nombre da gloria. . por tu v
119.30 escogí el camino de la v; he puesto
119.43 no quites de mi boca. . la palabra de v
119.86 tus mandamientos son v; sin causa me
119.142 es justicia eterna, y tu ley la v
119.151 estás. . y todos tus mandamientos son v
119.160 la suma de tu palabra es v, y eterno
131.2 v que me he comportado y he acallado
132.11 en v juró Jehová a David, y no. . de ello
143.1 respóndeme por tu v, por tu justicia
146.6 hizo los cielos. . guarda v para siempre
Pr. 3.3 nunca se aparten de ti. . la v; átalas a
8.7 porque mi boca hablará v, y la impiedad
12.17 el que habla v declara justicia; mas el
12.22 los que hacen v son su contentamiento
14.22 y v alcanzarán los que piensan el bien
16.6 misericordia y v se corrige el pecado
20.6 pero hombre de v, ¿quién lo hallará?
20.28 misericordia y v guardan al rey, y con
22.21 la certidumbre de las palabras de v
22.21 vuelvas a llevar palabras de v a los
23.23 compra la v, y no la vendas; la
28.20 hombre de v tendrá muchas bendiciones
29.14 del rey que juzga con v a los pobres
Ec. 12.10 y escribir rectamente palabras de v
Is. 10.20 apoyarán con v en Jehová, el Santo
25.1 tus consejos antiguos son v y firmeza
26.2 entrará la gente justa, guardadora de v
38.3 he andado delante de ti en v y. . íntegro
38.18 ni los que descienden. . esperarán tu v
38.19 el padre hará notoria tu v a los hijos
42.3 caña. . por medio de la v traerá justicia
43.9 y justifíquense; oigan, y digan: V es
48.1 hacen memoria del Dios. . mas no en v ni
59.4 no hay. . quien juzgue por la v; confían
59.14 porque la v tropezó en la plaza, y la
59.15 la v fue detenida, y el que se apartó
61.8 afirmaré en v su obra, y haré con ellos
65.16 en el Dios de v se bendecirá. . v jurará
Jer. 4.2 jurares: Vive Jehová, en v, en juicio
5.1 alguno que. . busque v; y yo la perdonaré
5.3 ¿no miran tus ojos a la v? Los azotaste
7.5 con v hiciereis justicia entre el hombre
7.28 pereció la v, y de la boca de ellos fue
9.3 y no se fortalecieron para la v en la
9.5 cada uno engaña a su. . y ninguno habla v
26.15 porque en v Jehová me envió a vosotros
28.9 como el profeta que Jehová en v envió
32.41 y los plantaré en esta tierra en v, de
33.6 les revelaré abundancia de paz y de v
38.15 lo declarare, ¿no es v que me matarás?
42.5 Jehová sea entre. . testigo de la v y de
44.25 confirmarás a la v vuestros votos, y
Dn. 3.14 ¿es v. . vosotros no honráis a mi dios
6.12 v es, conforme a la ley de Media y de
7.16 y le pregunté la v acerca de todo esto
7.19 saber la v acerca de la cuarta bestia
8.12 y echó por tierra la v, e hizo cuanto
9.13 para convertirnos de. . y entender tu v
10.21 que está escrito en el libro de la v
11.2 y ahora yo te mostraré la v. He aquí que
Os. 4.1 porque no hay v, ni misericordia, ni
5.9 las tribus de Israel hice conocer la v
Mi. 7.20 cumplirás la v a Jacob, y a Abraham
Hab. 1.4 el juicio no sale según la v; por lo
Zac. 7.9 diciendo: Juzgad conforme a la v, y
8.3 Jerusalén se llamará Ciudad de la V, y el
8.8 seré a ellos por Dios en v y en justicia
8.16 hablad v cada cual. . juzgad según la v
8.19 solemnidades. Amad, pues, la v y la paz
Mal. 2.6 la ley de v estuvo en su boca. . labios
Mt. 3.11 yo a la v os bautizo en agua. . pero el
9.37 la v la mies es mucha, mas los obreros
13.32 a la v es la más pequeña de todas las
17.11 les dijo: A la v, Elías viene primero
20.23 a la v, de mi vaso beberéis, y con el
22.8 las bodas a la v están preparadas; mas
22.16 sabemos que eres amante de la v, y que
22.16 y que enseñas con v el camino de Dios
23.27 por fuera, a la v, se muestran hermosos
23.28 por fuera, a la v, os mostráis justos
26.24 la v el Hijo del Hombre va, según está
26.41 el espíritu a la v está dispuesto, pero
Mr. 1.8 a la v os he bautizado con agua; pero
5.33 la mujer. . vino y. . y le dijo toda la v
9.12 les dijo: Elías a la v vendrá primero
10.39 a la v, del vaso que yo bebo, beberéis
12.14 que con v enseñas el camino de Dios
12.32 v has dicho, que uno es Dios, y no hay
14.21 la v el Hijo del Hombre va, según está
14.38 el espíritu a la v está dispuesto, pero
Lc. 1.4 que conozcas bien la v de las cosas en
3.16 yo a la v os bautizo en agua; pero viene
4.25 en v os digo que muchas viudas había en
9.27 en v, que hay algunos de los que están
10.2 la mies a la v es mucha, mas los obreros
11.48 a la v ellos los mataron, y vosotros
12.44 en v os digo que le pondrá sobre todos
20.21 que enseñas el camino de Dios con v
21.3 en v os digo, que esta viuda pobre echó
22.22 a la v el Hijo del Hombre va, según lo
23.41 nosotros, a la v, justamente padecemos
Jn. 1.14 aquel Verbo. . lleno de gracia y de v
1.17 y la v vinieron por medio de Jesucristo
3.21 mas el que practica la v viene a la luz
4.18 no es tu marido; esto has dicho con v
4.23 adorarán al Padre en espíritu y en v
4.24 espíritu y en v es necesario que adoren
5.33 a Juan, y él dio testimonio de la v
7.26 reconocido en v. . que éste es el Cristo?
8.32 conoceréis la v, y la v os hará libres
8.40 matarme a mí. . que os ha hablado la v, la
8.44 no ha permanecido en la v. . no hay v en
8.45 y a mí, porque digo la v, no me creéis
8.46 si digo la v, ¿por qué vosotros no me
10.41 Juan, a la v, ninguna señal hizo; pero
10.41 todo lo que Juan dijo de éste, era v
14.6 dijo: Yo soy el camino, y la v, y la vida
14.17 el Espíritu de v, al cual el mundo no
15.26 el Espíritu de v, el cual procede del
16.7 yo os digo la v: Os conviene que yo me
16.13 el Espírtu de v. . guiará a toda la v
17.17 santifícalos en tu v; tu palabra es v
17.19 también ellos sean santificados en la v
18.37 he venido. . para dar testimonio a la v
18.37 todo aquel que es de la v, oye mi voz
18.38 le dijo Pilato: ¿Qué es la v? Y cuando
19.35 él sabe que dice v, para que vosotros
Hch. 9.7 oyendo a la v la voz, mas sin ver a
10.34 v comprendo que Dios no hace acepción
12.9 pero no sabía que era v lo que hacía el
13.36 porque a la v David, habiendo servido a
13.46 a vosotros a la v era necesario que se
22.9 vieron a la v la luz, y se espantaron
26.25 que hablo palabras de v y de cordura
Ro. 1.18 hombres. . detienen con injusticia la v
1.25 cambiaron la v de Dios por la mentira
2.2 que el juicio de Dios contra. . es según v
2.8 y enojo a los que. . y no obedecen a la v
2.20 la ley la forma de la ciencia y de la v
2.25 pues en v la circuncisión aprovecha, si
3.7 por mi mentira la v de Dios abundó para
7.12 de manera que la ley a la v es santa, y
8.10 el cuerpo en v está muerto a causa del
9.1 v digo en Cristo, no miento, y mi
14.20 todas las cosas a la v son limpias; pero
15.8 mostrar la v de Dios, para confirmar las
1 Co. 5.8 sino con panes. . de sinceridad y de v
7.7 uno a la v de un modo, y otro de otro
9.24 todos a la v corren, pero uno sólo se
9.25 ellos, a la v, para recibir una corona
13.6 de la injusticia, mas se goza de la v
14.17 tú, a la v, bien das gracias; pero el
15.15 cual no resucitó, si en v los muertos
2 Co. 4.2 sino por la manifestación de la v
6.7 en palabra de v, en poder de Dios, con
7.14 así como en todo os hemos hablado con v
7.14 nuestro gloriarnos con Tito resultó v
8.17 pues a la v recibió la exhortación; pero
10.10 a la v, dicen, las cartas son duras y
11.10 por la v de Cristo que está en mí, que
12.6 no sería insensato, porque diría la v
13.8 nada podemos contra la v, sino por la v
Gá. 2.5 que la v del evangelio permaneciese con
2.14 no andaban rectamente conforme a la v
3.1 ¿quién os fascinó para no obedecer a la v
4.16 he. . vuestro enemigo, por deciros la v?
5.7 ¿quién os estorbó. . no obedecer a la v?
Ef. 1.13 oído la palabra de v, el evangelio de
4.15 que siguiendo la v en amor, crezcamos
4.21 si en v le habéis oído, y habéis sido
4.21 enseñados, conforme a la v. . en Jesús
4.24 según. . la justicia y santidad de la v
4.25 desechando la mentira, hablad v cada uno
5.9 el fruto del Espíritu es en. . justicia y v
6.14 firmes, ceñidos vuestros lomos con la v
Fil. 1.15 algunos, a la v, predican a Cristo
1.18 pretexto o por v, Cristo es anunciado
2.27 en v estuvo enfermo, a punto de morir
Col. 1.6 y conocisteis la gracia de Dios en v
1.23 si en v permanecéis fundados y firmes
2.23 cosas tienen a la v cierta reputación
1 Ts. 2.13 recibisteis no. . sino según es en v
2 Ts. 2.10 no recibieron el amor de la v para
2.12 condenados. . los que no creyeron a la v
2.13 mediante. . el Espíritu y la fe en la v
1 Ti. 2.4 salvos y vengan al conocimiento. . v
2.7 y apóstol (digo v en Cristo, no miento)
2.7 yo fui. . maestro de los gentiles en fe y v
3.15 la iglesia. . columna y baluarte de la v
4.3 participasen. . los que han conocido la v
5.3 honra a las viudas que en v lo son
5.5 la que en v es viuda y ha quedado sola
5.16 suficiente para las que en v son viudas
6.5 hombres corruptos de. . privados de la v
2 Ti. 2.15 aprobado. . usa bien la palabra de v
2.18 que se desviaron de la v, diciendo que
2.25 que se arrepientan para conocer la v
3.7 nunca pueden llegar al conocimiento. . v
3.8 también éstos resisten a la v; hombres
4.4 apartarán de la v el oído y se volverán
Tit. 1.1 el conocimiento de la v que es según
1.14 a mandamientos de. . se apartan de la v
He. 3.5 Moisés a la v fue fiel en toda la casa
6.3 y esto haremos, si Dios en v lo permite
10.26 haber recibido el conocimiento de la v
12.11 es v que ninguna disciplina al presente
Stg. 1.18 nos hizo nacer por la palabra de v
2.8 si en v cumplís la ley real, conforme a
3.14 no os jactéis, ni mintáis contra la v
5.19 si alguno de. . se ha extraviado de la v
1 P. 1.22 por la obediencia a la v, mediante
3.18 siendo a la v muerto en la carne, pero
2 P. 1.12 estéis confirmados en la v presente
2.2 cuales el camino de la v será blasfemado
1 Jn. 1.6 si. . mentimos, y no practicamos la v
1.8 nos engañamos. . y la v no está en nosotros
2.4 el tal es mentiroso, y la v no está en él
2.21 no. . he escrito como si ignoraseis la v
2.21 porque ninguna mentira procede de la v
3.18 no amemos de palabra ni de lengua. . en v
3.19 en esto conocemos que somos de la v, y
4.6 en esto conocemos el espíritu de v y el
5.6 es que da testimonio. . el Espíritu es la v
2 Jn. 1 a sus hijos, a quienes yo amo en la v
1 también todos los que han conocido la v
2 a causa de la v que permanece en nosotros
3 paz, de Dios Padre y del. . en v y en amor
4 he hallado a algunos de. . andando en la v
3 Jn. 1 el anciano a Gayo. . quien amo en la v
3 testimonio de tu v, de cómo andas en la v
4 gozo. . el oir que mis hijos andan en la v
8 debemos acoger a. . que cooperemos con la v
12 todos dan testimonio de. . aun la v misma

VERDADERAMENTE
Dt. 16.15 habrá bendecido. . y estarás v alegre
Jos. 7.20 v yo he pecado contra Jehová el Dios
Sal. 73.13 v en vano he limpiado mi corazón, y
Is. 45.15 v tú eres Dios que te encubres, Dios
Jer. 4.10 v en gran manera has engañado a este
Mt. 14.33 le adoraron, diciendo: V eres Hijo de
26.73 v también tú eres de ellos, porque aun
27.54 y dijeron: V éste era Hijo de Dios
Mr. 14.70 dijeron. . a Pedro: V tú eres de ellos
15.39 dijo: V este hombre era Hijo de Dios
Lc. 22.59 v también éste estaba con él, porque
23.47 el centurión. . V este hombre era justo
24.34 que decían: Ha resucitado el Señor v
Jn. 4.42 sabemos que v éste es el Salvador del
6.14 este v es el profeta que había de venir
7.40 algunos. . decían: V éste es el profeta
8.31 en mi palabra, seréis v mis discípulos
8.36 el Hijo os libertare, seréis v libres
17.8 y han conocido v que salí de ti, y han
Hch. 4.27 v se unieron en esta ciudad contra
12.11 entiendo v que el Señor ha enviado su
1 Co. 14.25 declarando que v Dios está entre
Gá. 3.21 si la ley. . justicia fuera v por la ley
2 P. 2.18 seducen. . a los que v habían huido de
1 Jn. 1.3 y nuestra comunión v es con el Padre
2.5 en éste v el amor de. . se ha perfeccionado

VERDADERO, RA
2 Cr. 15.3 días ha estado Israel sin v Dios y
31.20 ejecutó. . v delante de Jehová su Dios

VERDADERO, RA *(Continúa)*
Neh. 9.13 diste juicios. .leyes *v*, y estatutos
Sal. 141.6 jueces, y oirán mis palabras. .son *v*
Pr. 14.5 testigo *v* no mentirá; mas el testigo
14.25 el testigo *v* libra las almas; mas el
Jer. 2.21 de vid escogida, simiente *v* toda ella
10.10 Jehová es el Dios *v*; él es Dios vivo
14.13 sino que en este lugar os daré paz *v*
23.28 a quien fuere mi. .cuente mi palabra *v*
Ez. 18.8 e hiciere juicio *v*. .hombre y hombre
Dn. 2.45 sueño es *v*, y fiel su interpretación
4.37 sus obras son *v*, y sus caminos justos
8.26 la visión de. .que se ha referido es *v*
10.1 la palabra era *v*, y el conflicto grande
Mr. 11.32 todos tenían a Juan como. .*v* profeta
Lc. 16.11 si en las. .¿quién os confiará lo *v*?
Jn. 1.9 luz *v*, que alumbra a todo hombre, venía
1.47 dijo de él: He aquí un *v* israelita, en
4.23 la hora viene. .cuando los *v* adoradores
4.37 porque en esto es *v* el dicho: Uno es el
5.31 doy testimonio. .mi testimonio no es *v*
5.32 sé que el testimonio que da de mí es *v*
6.32 mas mi Padre os da el *v* pan del cielo
6.55 mi carne es *v* comida, y mi sangre es *v*
7.18 la gloria del que le envió, éste es *v*
7.28 el que me envió es *v*, a quien vosotros
8.13 das testimonio. .tu testimonio no es *v*
8.14 mi testimonio es *v*, porque sé de dónde
8.16 si yo juzgo, mi juicio es *v*; porque no
8.17 que el testimonio de dos hombres es *v*
8.26 pero el que me envió es *v*; y yo, lo que
15.1 soy la vid *v*, y mi Padre es el labrador
17.3 que te conozcan a ti, el único Dios *v*
19.35 da testimonio, y su testimonio es *v*; y
21.24 éste. .sabemos que su testimonio es *v*
Fil. 4.8 lo que es *v*, todo lo honesto, todo lo
Col. 1.5 oído por la palabra *v* del evangelio
1 Ts. 1.9 Dios, para servir al Dios vivo y *v*
1 Ti. 1.2 a Timoteo, *v* hijo en la fe: Gracia
Tit. 1.4 a Tito, *v* hijo en la común fe: Gracia
1.13 testimonio es *v*; por tanto, repréndelos
He. 8.2 de aquel *v* tabernáculo que levantó el
9.24 figura del *v*, sino en el cielo mismo
1 P. 5.12 que esta es la *v* gracia de Dios, en
2 P. 2.22 les ha acontecido lo del *v* proverbio
1 Jn. 2.8 un mandamiento. .que es *v* en él y en
2.8 tinieblas. .pasando, y la luz *v* ya alumbra
2.27 la unción misma. .es *v*, y no es mentira
5.20 conocer al que es *v*; y estamos en el *v*
5.20 su Hijo. .es el *v* Dios, y la vida eterna
3 Jn. 12 sabéis que nuestro testimonio es *v*
Ap. 3.7 esto dice el Santo, el *V*, el que tiene
3.14 el testigo fiel y *v*, el principio de la
6.10 voz. .¿Hasta cuándo, Señor, santo y *v*, no
15.3 justos y *v* son tus caminos, Rey de los
16.7 Señor Dios. .tus juicios son *v* y justos
19.2 porque sus juicios son *v* y justos; pues
19.9 y me dijo: Estas son palabras *v* de Dios
19.11 el que lo montaba se llamaba Fiel y *V*
21.5; 22.6 estas palabras son fieles y *v*

VERDE
Gn. 1.11 produzca la tierra hierba *v*, hierba que
1.12 produjo, pues, la tierra hierba *v*, hierba
1.30 vida, toda planta *v* les será para comer
9.3 así como. .plantas *v*, os lo he dado todo
30.37 tomó luego Jacob varas *v* de álamo, de
Éx. 10.15 no quedó cosa *v* en árboles ni. .hierba
Lv. 2.14 tostarás al fuego las espigas *v*, y el
Jue. 16.7 si me ataren con siete mimbres *v* que
16.8 trajeron siete mimbres *v*. .y ella le ató
2 R. 19.26 vinieron a ser. .y como hortaliza *v*
Est. 1.6 el pabellón era de blanco, *v* y azul
Job 8.16 a manera de un. .está *v* delante del sol
39.8 su pasto, y anda buscando toda cosa *v*
Sal. 37.2 porque. .como la hierba *v* se secarán
37.35 impío. .que se extendía como laurel *v*
52.8 estoy como olivo *v* en la casa de Dios
92.14 aun en la vejez. .estarán vigorosos y *v*
Is. 37.27 fueron como hierba del. .hortaliza *v*
Jer. 11.16 olivo *v*, hermoso en su fruto y en su
17.8 su hoja estará *v*; y en el año de sequía
Ez. 17.24 secar el árbol *v*, e hice reverdecer
20.47 el cual consumirá en ti todo árbol *v*
Os. 14.8 seré a él como la haya *v*; de mí será
Zac. 10.1 os dará. .hierba *v* en el campo a cada
Mr. 6.39 recostar a todos. .sobre la hierba *v*
Lc. 23.31 si en el árbol *v* hacen estas cosas
Ap. 8.7 árboles. .y se quemó toda la hierba *v*
9.4 les mandó que no dañasen. .cosa *v* alguna

VERDOR
Job 8.12 aun en su *v*, y sin haber sido cortado
Sal. 32.4 volvió mi *v* en sequedades de verano
Is. 15.6 se secará la hierba. .todo *v* perecerá
Ez. 17.10 solano. .los surcos de su *v* se secará

VERDOSA
Lv. 13.49 plaga fuere *v*, o rojiza, en vestido
14.37 si se vieren. .manchas *v* o rojizas, las

VERDUGO
Ez. 9.1 los *v* de la ciudad han llegado, y cada
Mt. 18.34 su señor, enojado, le entregó a los *v*

VEREDA
Job 19.8 camino, y sobre mis *v* puso tinieblas
24.13 conocieron sus. .ni estuvieron en sus *v*
Pr. 1.15 no andes en. .Aparta tu pie de sus *v*
2.8 que guarda las *v* del juicio, y preserva
2.15 *v* son torcidas, y torcidos sus caminos
2.18 a la muerte, y sus *v* hacia los muertos
2.20 buenos, y seguirás las *v* de los justos
3.6 todos tus caminos, y él enderezará tus *v*
3.17 caminos deleitosos, y todas sus *v* paz
4.11 el camino. .*v* derechas te he hecho andar
4.14 no entres. .la *v* de los impíos, ni vayas
5.21 de Jehová, y él considera todas sus *v*
7.25 no. .a sus caminos; no yerres en sus *v*
8.2 las alturas. .a las encrucijadas de las *v*
8.20 por *v* de justicia guiaré, por en medio
15.19 la *v* de los rectos, como una calzada
Is. 59.8 camino de paz, ni. .sus *v* son torcidas
Mi. 4.2 y andaremos por sus *v*; porque de Sion

VERGONZOSO, SA
Dt. 25.11 y alargando. .asiere de sus partes *v*
Jer. 6.10 la palabra de Jehová les es cosa *v*
Hab. 2.10 tomaste consejo *v*. .tu casa, asolaste
Ro. 1.26 Dios los entregó a pasiones *v*; pues
1.27 cometiendo hechos *v* hombres con hombres
1 Co. 11.6 si le es *v* a la. .cortarse el cabello
2 Co. 4.2 bien renunciamos a lo oculto y *v*, no
Ef. 5.12 *v* es aun hablar de lo que ellos hacen

VERGÜENZA
Éx. 32.25 Aarón lo había permitido, para *v* entre
1 S. 20.30 para confusión de la *v* de tu madre
2 Cr. 30.15 levitas llenos de *v* se santificaron
Esd. 8.22 tuve *v* de pedir al rey tropa y gente
9.7 entregados. .a *v* que cubre nuestro rostro
Sal. 35.26 vístanse de *v* y de confusión los que
44.15 cada día mi *v* está delante de mí, y la
71.13 sean cubiertos de *v* y de confusión los
83.16 llena sus rostros de *v*, y busquen tu
Pr. 6.33 heridas y *v* hallará, y su afrenta
13.18 *v* tendrá el que menosprecia el consejo
19.26 roba a su padre y. .es hijo que causa *v*
Is. 3.17 raerá la. .y Jehová descubrirá sus *v*
20.4 llevará. .descubiertas las nalgas para *v*
22.18 tu gloria, oh *v* de la casa de tu señor
30.3 fuerza de Faraón se os cambiará en *v*, y
30.5 antes les será para *v* y aun para oprobio
46.8 acordaos de esto, y tened *v*; volved en
47.3 tu *v* descubierta, y tu deshonra. .vista
54.4 que te olvidarás de la *v* de tu juventud
Jer. 3.3 y has tenido. .y no quisiste tener *v*
6.15 no. .avergonzado, ni aun saben tener *v*
Lm. 1.8 han menospreciado, porque vieron su *v*
Ez. 7.18 en todo rostro habrá *v*, y todas sus
16.52 lleva tu *v*. . los pecados que tú hiciste
16.63 nunca. .abras la boca, a causa de tu *v*
39.26 sentirán su *v*, y toda su rebelión con
44.13 que llevarán su *v* y las abominaciones
Dn. 12.2 y otros para *v* y confusión perpetua
Os. 9.10 se apartaron para *v*, y se hicieron
Abd. 10 por la injuria a. .Jacob te cubrirá *v*
Mi. 1.11 pásate, oh morador de Safir. .y con *v*
2.6 no les profeticen. .no les alcanzará *v*
7.10 mi enemiga lo verá, y la cubrirá *v*; la
Nah. 3.5 y mostraré a las. .y a los reinos tu *v*
Sof. 3.5 es justo. .el perverso no conoce la *v*
Lc. 14.9 y comiences con *v* a ocupar el último
16.3 dijo. .Cavar, no puedo; mendigar, me da *v*
1 Co. 15.34 no conocen. .para *v* vuestra lo digo
2 Co. 11.21 para *v* mía lo digo, para eso fuimos
Fil. 3.19 es el vientre, y cuya gloria es su *v*
Jud. 13 fieras ondas. .que espuman su propia *v*
Ap. 3.18 que no se descubra la *v* de tu desnudez
16.15 para que no ande desnudo, y vean su *v*

VERIFICAR
Gn. 42.20 serán *verificadas* vuestras palabras

VERRUGOSO
Lv. 22.22 *v*, sarnoso o roñoso, no ofreceréis

VERSADO
Esd. 7.11 Esdras, escriba *v* en los mandamientos

VERTER
Gn. 38.9 cuando se llegaba a la mujer. .*vertía*
Jue. 6.20 y *vierte* el caldo. Y él lo hizo así
Jer. 19.13 *vertieron* libaciones a dioses ajenos
Zac. 4.12 que. .*vierten* de sí aceite como oro?

VÉRTIGO
Is. 19.14 Jehová mezcló espíritu de *v* en medio

VESTÍBULO
Ez. 44.3 por el *v* de la puerta entrará, y por

VESTIDO *Véase también Vestir*
Gn. 24.53 sacó. .alhajas. .y *v*, y dio a Rebeca
27.15 y tomó Rebeca los *v* de Esaú su hijo
27.27 olió Isaac el olor de sus *v*. .bendijo
28.20 diere pan para comer y *v* para vestir
35.2 quitad. .y limpiaos, y mudad vuestros *v*
37.29 Rubén. .no halló a José. .y rasgó sus *v*
37.34 Jacob rasgó sus *v*, y puso cilicio sobre
38.14 se quitó ella los *v* de su viudez, y se
41.14 afeitó, y mudó sus *v*, y vino a Faraón
44.13 ellos rasgaron sus *v*, y cargó cada uno
45.22 dio mudas de *v*, y a Benjamín dio. .de *v*
49.11 lavó en el vino su *v*, y en la sangre
Éx. 3.22 pedirá. .*v*, los cuales pondréis sobre
12.35 pidiendo de los egipcios. .de oro, y *v*
19.10 al pueblo, y santifícalos. .laven sus *v*
19.14 y santificó al pueblo; y lavaron sus *v*
21.10 no disminuirá su alimento, ni su *v*, ni
22.9 en toda clase de fraude, sobre buey. .*v*
22.26 tomares en prenda el *v* de tu prójimo
22.27 eso es su. .su *v* para cubrir su cuerpo
31.10 *v* del servicio, las vestiduras santas
Lv. 6.27 y si salpicare su sangre sobre el *v*
10.6 ni rasguéis vuestros *v* en señal de duelo
11.25,28,40(2) lavará sus *v*, y será inmundo
11.32 cosa de. .*v*, piel, saco, sea cualquier
13.6,34 y lavará sus *v*, y será limpio
13.45 y el leproso. .llevará *v* rasgados y su
13.47 en un *v*. .ya sea *v* de lana, o de hilo
13.49 en *v* o en cuero, en urdimbre o en trama
13.51 si se hubiere extendido. .en el *v*, en la
13.52 será quemado el *v*, la urdimbre o trama
13.53 que la plaga se haya extendido en el *v*
13.56 la plaga. .la cortará del *v*, del cuero
13.57 y si apareciere de nuevo en el *v*, la
13.58 el *v*. .se lavará segunda vez, y entonces
13.59 la ley para la plaga de la lepra del *v*
14.8 que se purifica lavará sus *v*, y raerá
14.9 lavará sus *v*, y lavará su cuerpo en agua
14.47 durmiere en aquella casa, lavará sus *v*
14.47 el que comiere en la casa lavará sus *v*
14.55 y de la lepra del *v*, y de la casa
15.5,6,7,8,10,11,21,22,27 lavará sus *v*. .será
inmundo hasta la noche
15.13 lavará sus *v*, y lavará su cuerpo en
16.24 y después de ponerse sus *v* saldrá, y
16.26 llevado el macho cabrío. .lavará sus *v*
16.28 el que los quemare lavará sus *v*, lavará
17.15 lavará sus *v* y a sí misma se lavará con
19.19 y no te pondrás *v* con mezcla de hilos
21.10 y el sumo sacerdote. .ni rasgará sus *v*
Nm. 8.7 y lavarán sus *v*, y serán purificados
8.21 levitas se purificaron, y lavaron sus *v*
14.6 y Josué hijo. .y Caleb. .rompieron sus *v*
15.38 hagan franjas en los bordes de sus *v*
19.7 el sacerdote lavará luego sus *v*, lavará
19.8 asimismo el que la quemó lavará sus *v* en
19.10 lavará sus *v*, y será inmundo hasta la
19.19 él lavará luego sus *v*, y a sí mismo se
19.21 el que rociare el agua. .lavará sus *v*
31.20 purificaréis todo *v*, y toda prenda de
31.24 lavaréis vuestros *v* el séptimo día, y
Dt. 8.4 tu *v* nunca se envejeció sobre ti, ni el
10.18 ama. .al extranjero dándole pan y *v*
21.13 se quitará el *v* de su cautiverio, y se
22.3 así harás también con su *v*, y lo mismo
29.5 vuestros *v* no se han envejecido sobre
Jos. 7.6 Josué rompió sus *v*, y se postró en
9.5 con *v* viejos sobre sí; y todo el pan que
9.13 nuestros *v*. .están ya viejos a causa de
22.8 volved. .con plata, con oro. .y muchos *v*
Jue. 3.16 se lo ciñó debajo de sus *v* a su lado
8.26 y *v* de púrpura que traían los reyes de
11.35 rompió sus *v*, diciendo: ¡Ay, hija mía
14.12 treinta *v* de lino y treinta *v* de fiesta
14.13 mí los 30 *v* de lino y los *v* de fiesta
14.19 mudas de *v* a los que habían explicado
17.10 daré diez siclos de plata. .*v* y comida
Rt. 3.3 vistiéndote tus *v*, irás a la era; mas
1 S. 4.12 rotos sus *v* y tierra sobre su cabeza
17.39 ciñó. .su espada sobre sus *v*, y probó
19.24 y él. .se despojó de sus *v*, y profetizó
28.8 y se disfrazó Saúl, y se puso otros *v*, y
2 S. 1.2 vino uno del campamento. .rotos sus *v*
1.11 David, asiendo de sus *v*, los rasgó; y lo
3.31 dijo David a Joab. .Rasgad vuestros *v*
10.4 les cortó los *v* por la mitad hasta las
13.18 llevaba ella un *v* de diversos colores
13.31 David, rasgó sus *v*, y. .rasgaron sus *v*
15.32 Husai. .rasgados sus *v*, y tierra sobre
19.24 ni tampoco había lavado sus *v*, desde
1 R. 10.5 estado y los *v* de los que le servían
10.25 todos le llevaban. .*v*, armas, especias
21.27 rasgó sus *v* y puso cilicio sobre su
22.30 tú ponte tus *v*. Y el rey de Israel se
2 R. 1.8 un varón que tenía *v* de pelo, y ceñía
2.12 vio; y tomando sus *v*, los rompió en dos
5.5 llevando consigo. .oro, y diez mudas de *v*
5.7 leyó. .rasgó sus *v*, y dijo: ¿Soy yo Dios
5.8 que el rey de Israel había rasgado sus *v*
5.8 ¿por qué has rasgado tus *v*? Venga ahora
5.22 te ruego que les des un. .y dos *v* nuevos
5.23 y dos *v* nuevos, y lo puso. .a cuestas a
5.26 ¿es tiempo de tomar plata. .*v*, olivares
6.30 rey. .rasgó sus *v*, y pasó así por el muro
7.8 y tomaron de allí plata. .y *v*, y fueron
7.15 el camino estaba lleno de *v* y enseres
11.14 Atalía, rasgando sus *v*, clamó a voz en
18.37 vinieron a Ezequías, rasgados sus *v*, y le

VESTIDO *(Continúa)*
2 R. 19.1 oyó, rasgó sus *v* y se cubrió de cilicio
22.11 el rey hubo oído. .la ley, rasgó sus *v*
22.19 rasgaste tus *v*, y lloraste. .te he oído
25.29 le cambió los *v* de prisionero, y comió
1 Cr. 19.4 Hanún. .les cortó los *v* por la mitad
2 Cr. 9.4 *v* de ellos, sus maestresalas y sus *v*
9.24 cada uno de éstos traía. .oro, *v*, armas
20.25 entre los cadáveres. .así *v* como alhajas
23.13 Atalía rasgó sus *v*, y dijo: ¡Traición!
34.19 luego que el rey oyó. .ley, rasgó sus *v*
34.27 humillaste. .rasgaste tus *v* y lloraste
Esd. 9.3 oí. .rasgué mi *v* y mi manto, y arranqué
9.5 y habiendo rasgado mi *v* y mi manto, me
Neh. 4.23 ni la gente. .nos quitamos nuestro *v*
5.13 sacudí mi *v*, y dije: Así sacuda Dios de
9.21 *v* no se envejecieron, ni se hincharon
Est. 4.1 rasgó sus *v*, se vistió de cilicio y de
4.2 no era lícito pasar adentro *v* de cilicio
4.4 y envió *v* para hacer vestir a Mardoqueo
5.1 se vistió Ester su *v* real, y entró en el
6.8 traigan el *v* real de que el rey se viste
6.9 den el *v* y el caballo en mano de alguno
6.10 prisa, toma el *v* y el caballo, como tú
6.11 Amán tomó el *v* y el caballo, y vistió a
8.15 salió Mardoqueo de. .con *v* real de azul
Job 9.31 hoyo, y mis propios *v* me abominarán
13.28 y mi cuerpo. .como *v* que roe la polilla
24.10 al desnudo hacen andar sin *v*, y a los
31.19 si he visto que pereciera alguno sin *v*
37.17 ¿por qué están calientes tus *v* cuando
41.15 la gloria de su *v* son escudos fuertes
Sal. 22.18 repartieron entre sí mis *v*, y sobre
45.8 mirra, áloe y casia exhalan todos tus *v*
45.13 es la hija. .de brocado de oro es su *v*
45.14 con *v* bordados será llevada al rey
69.11 puse además cilicio por mi *v*, y vine a
73.6 por tanto. .se cubren de *v* de violencia
102.26 como. .*v* los mudarás, y serán mudados
104.6 con el abismo, como con *v*, la cubriste
109.18 se vistió de maldición como de su *v*
109.19 como *v* con que se cubra, y en lugar de
Pr. 6.27 tomará. .fuego. .sin que sus *v* ardan?
23.21 porque. .el sueño hará vestir *v* rotos
27.26 corderos son para tus *v*, y los cabritos
31.22 hace tapices; de lino y púrpura es su *v*
Ec. 9.8 en todo tiempo sean blancos tus *v*, y
Cnt. 4.11 y el olor de tus *v* como el olor del
Is. 3.6 tú tienes *v*, tú serás nuestro príncipe
14.19 echado eres de tu sepulcro. .como *v* de
36.22 vinieron a Ezequías, rasgados sus *v*, y
37.1 cuando el rey Ezequías oyó. .rasgó sus *v*
63.1 es éste que viene de Edom. .con *v* rojos?
63.1 ¿éste hermoso en su *v*, que marcha en la
63.2 ¿por qué es rojo tu *v*, y tus ropas como
63.3 su sangre salpicó mis *v*, y manché todas
Jer. 36.24 no. .temor ni rasgaron sus *v* el rey
52.33 le hizo mudar. .los *v* de prisionero, y
Ez. 16.13 *v* era de lino fino, seda y bordado
16.16 tomaste de tus *v*, y te hiciste. .altos
16.18 y tomaste tus *v*. .y las cubriste; y mi
18.7 hambriento y cubriere al desnudo con *v*
18.16 de su pan, y cubriere con *v* al desnudo
23.26 despojarán de tus *v*, y te arrebatarán
27.16 con perlas, púrpura, *v* bordados, linos
42.14 vestirán otros *v*, y así se acercarán
44.19 otros *v*, para no santificar al pueblo
Dn. 3.21 atados con sus mantos. .y sus *v*
7.9 *v* era blanco como la nieve, y el pelo de
Jl. 2.13 rasgad vuestro corazón, y no vuestros *v*
Jon. 3.6 rey. .se despojó de su *v*, y se cubrió
Mi. 2.8 de sobre el *v* quitasteis las capas
Sof. 1.8 y a todos los que visten *v* extranjero
Mal. 2.16 al que cubre de iniquidad su *v*, dijo
Mt. 6.25 ¿no es la. .y el cuerpo más que el *v*?
6.28 el *v*, ¿por qué os afanáis? Considerad
7.15 que vienen a vosotros con *v* de ovejas
9.16 pone remiendo de paño nuevo en *v* viejo
9.16 tal remiendo tira del *v*, y se hace peor
17.2 y sus *v* se hicieron blancos como la luz
27.31 le pusieron sus *v*, y le llevaron para
27.35 crucificado, repartieron entre sí sus *v*
27.35 partieron entre sí mis *v*, y sobre mi
28.3 su aspecto. .su *v* blanco como la nieve
Mr. 2.21 remiendo de paño nuevo en *v* viejo; de
5.30 Jesús. .dijo: ¿Quién ha tocado mis *v*?
9.3 sus *v* se volvieron resplandecientes, muy
15.20 pusieron sus propios *v*, y le sacaron
15.24 crucificado, repartieron entre sí sus *v*
Lc. 5.36 pedazo de un *v* nuevo. .en un *v* viejo
9.29 otra, y su *v* blanco y resplandeciente
12.23 vida es más que. .y el cuerpo que el *v*
15.22 sacad el mejor *v*, y vestidle; y poned
23.34 y repartieron entre sí sus *v*, echando
Jn. 19.23 tomaron. .*v*, e hicieron cuatro partes
19.24 repartieron entre sí mis *v*, y sobre mi
Hch. 9.39 y mostrando. .los *v* que Dorcas hacía
10.30 puso. .un varón con *v* resplandeciente
18.6 les dijo, sacudiéndose los *v*: Vuestra
20.33 plata ni oro ni *v* de nadie he codiciado
1 Ti. 2.9 con. .oro, ni perlas, ni *v* costosos
He. 1.12 y como un *v* los envolverás, y serán
Stg. 2.2 también entra un pobre con *v* andrajoso
1 P. 3.3 no sea. .adornos de oro o de *v* lujosos

VESTIDURA
Éx. 28.2 y harás *v* sagradas a Aarón tu hermano
28.3 hablarás. .para que hagan las *v* de Aarón
28.4 las *v* que harán son estas: el pectoral
28.4 hagan, pues, las *v* sagradas para Aarón
29.5 y tomarás las *v*, y vestirás a Aarón la
29.21 sobre Aarón, sobre sus *v*. .*v* de éstos
29.21 y sus *v*. .y las *v* de sus hijos con él
29.29 *v* santas. .de Aarón, serán de sus hijos
31.10 las *v* santas para Aarón el sacerdote
31.10 las *v* de sus hijos para que ejerzan el
35.19 las *v* del servicio para ministrar en
35.19 las sagradas *v*. .y las *v* de sus hijos
35.21 con ofrenda para. .para las sagradas *v*
39.1 del azul. .hicieron las *v* del ministerio
39.1 hicieron las *v* sagradas para Aarón, como
39.41 las *v* del servicio para ministrar en
39.41 las sagradas *v*. .y las *v* de sus hijos
40.13 harás vestir a Aarón las *v* sagradas, y
Lv. 6.10 el sacerdote se pondrá su *v* de lino
6.11 quitará sus *v* y se pondrá otras ropas
8.2 toma. .las *v*, el aceite de la unción, el
8.30 roció. .sobre sus *v*. .las *v* de sus hijos
8.30 santificó. .sus *v*. .y las *v* de sus hijos
15.17 *v*, o toda piel sobre la cual cayere la
16.4 las santas *v*; con ellas se ha de vestir
16.23 vendrá Aarón. .se quitará las *v* de lino
16.32 vestirá las *v* de lino, las *v* sagradas
21.10 que fue consagrado para llevar las *v*
Nm. 20.26 y desnuda a Aarón de sus *v*, y viste
20.28 Moisés desnudó a Aarón de sus *v*, y se
Dt. 22.17 extenderán la *v* delante de. .ancianos
Jue. 5.30 *v* de colores para Sísara. .*v* bordadas
2 S. 20.12 apartó a Amasa. .echó sobre él una *v*
2 R. 10.22 dijo al que tenía el cargo de las *v*
10.22 *v* para todos los. .de Baal. .les sacó *v*
22.14 mujer de Salum hijo. .guarda de las *v*
2 Cr. 34.22 de Harhas, guarda de las *v*, la cual
Neh. 7.70 el gobernador dio. .530 *v* sacerdotales
7.72 el resto del pueblo. .67 *v* sacerdotales
Job 30.18 la violencia deforma mi *v*; me ciñe
38.9 cuando puse yo nubes por *v* suya, y por
38.14 como barro. .viene a estar como con *v*
41.13 ¿quién descubrirá la. .de su *v*? ¿Quién
Sal. 102.26 como una *v* se envejecerán, como un
104.2 el que se cubre de luz como de *v*, que
133.2 Aarón, y baja hasta el borde de sus *v*
Pr. 31.25 fuerza y honor son su *v*; y se ríe de
Is. 22.21 y lo vestiré de tus *v*, y lo ceñiré de
30.22 profanarás la. .y la *v* de tus imágenes
49.18 como de *v* de honra, serás vestida; y de
51.8 como a *v* los comerá polilla, como a lana
59.17 ropas de venganza por *v*, y se cubrió de
61.10 me vistió con *v* de salvación, me rodeó
Lm. 4.14 de modo que no pudiesen tocarse sus *v*
Ez. 28.13 de toda piedra preciosa era tu *v*; de
42.14 allí dejarán sus *v* con que ministran
44.17 vestirán *v* de lino; no llevarán sobre
44.19 se quitarán las *v* con que ministraron
44.19 para no santificar al pueblo con sus *v*
Zac. 3.3 y Josué estaba vestido de *v* viles, y
3.4 habló. .diciendo: Quitadle esas *v* viles
Mt. 11.8 ¿a un hombre cubierto de *v* delicadas?
11.8 que llevan *v* delicadas, en las casas de
26.65 sumo sacerdote rasgó sus *v*, diciendo
Mr. 14.63 sumo sacerdote, rasgando su *v*, dijo
Lc. 7.25 ¿a un hombre cubierto de *v* delicadas?
7.25 los que tienen *v* preciosa y viven en
24.4 aquí. .dos varones con *v* resplandecientes
Jn. 20.12 vio a dos ángeles con *v* blancas, que
Hch. 1.10 junto a. .dos varones con *v* blancas
He. 1.11 todos ellos se envejecerán como una *v*
Ap. 3.4 unas pocas. .que no han manchado sus *v*
3.4 andarán conmigo en *v* blancas, porque son
3.5 el que venciere será vestido de *v* blancas
3.18 de mí compres. .*v* blancas para vestirte
6.11 se les dieron *v* blancas, y se les dijo
19.16 y en su *v*. .tiene escrito este nombre

VESTIR
Gn. 3.21 Dios hizo al. .túnicas de. .y los *vistió*
27.15 Rebeca. .*vistió* a Jacob su hijo menor
28.20 y me diere pan. .y vestido para *vestir*
38.19 sí, y se *vistió* las ropas de su viudez
41.42 hizo *vestir* de ropas de lino finísimo
Éx. 28.41 con ellos *vestirás* a Aarón tu hermano
29.5 y *vestirás* a Aarón la túnica, el manto
29.8 sus hijos, y les *vestirás* las túnicas
29.30 siete días las *vestirá* el que de sus
33.4 *vistieron* luto, y ninguno se puso sus
40.13 y harás *vestir* a Aarón las vestiduras
40.14 sus hijos, y les *vestirás* las túnicas
Lv. 6.10 *vestirá* calzoncillos de lino sobre su
8.7 le *vistió* después el manto, y puso sobre
8.13 hizo acercarse. .les *vistió* las túnicas
16.4 *vestirá* la túnica santa de lino, y sobre
16.4 ellas se ha de *vestir* después de lavar
16.23 las vestiduras de lino que había *vestido*
16.32 se *vestirá* las vestiduras de lino, las
Nm. 20.26 y *viste* con ellas a Eleazar su hijo
20.28 las *vistió* a Eleazar su hijo; y Aarón
Dt. 22.5 no *vestirá* la mujer traje de hombre
22.5 ni el hombre *vestirá*. .de mujer; porque es
22.11 no *vestirás*. .de lana y lino juntamente
Rt. 3.3 y *vistiéndote* tus vestidos, irás a la
1 S. 2.18 ministraba en la. .*vestido* de un efod
17.38 y Saúl *vistió* a David con sus ropas, y
22.18 mató. .a 85 varones que *vestían* efod de
2 S. 1.24 os *vestía* de escarlata con deleites
6.14 estaba David *vestido* con un efod de lino
13.18 *vestían* las hijas vírgenes de los reyes
13.19 ropa de colores de que estaba *vestida*
14.2 te *vistas* ropas de luto, y no te unjas
1 R. 22.10 *vestidos* de sus ropas reales, en la
1 Cr. 15.27 y David iba *vestido* de lino fino
2 Cr. 5.12 levitas cantores. .*vestidos* de lino
6.41 *vestidos* de salvación tus sacerdotes, y
18.9 su trono, *vestidos* con sus ropas reales
18.29 yo me. .pero tú *vístete* tus ropas reales
20.21 que cantasen y. .*vestidos* de ornamentos
28.15 del despojo *vistieron* a los. .desnudos
28.15 *vistieron*, los calzaron, y les dieron
Esd. 3.10 los sacerdotes *vestidos* de sus ropas
Est. 4.1 se *vistió* de cilicio y de ceniza, y se
4.4 vestidos para hacer *vestir* a Mardoqueo
5.1 se *vistió* Ester su vestido real, y entró
6.8 el vestido real de que el rey se *viste*
6.9 *vistan* a aquel varón cuya honra desea el
6.11 Amán. .*vistió* a Mardoqueo, y lo condujo
Job 7.5 mi carne está *vestida* de gusanos, y de
8.22 los que te aborrecen serán *vestidos* de
10.11 *vestiste* de piel y carne, y me tejiste
27.17 preparado él, mas el justo se *vestirá*
29.14 *vestía* de justicia, y ella me cubría
39.19 ¿diste. .¿*vestiste* tú su cuello de crines
40.10 y *vístete* de honra y de hermosura
Sal. 35.13 *vestí* de cilicio; afligí con ayuno
35.26 *vístanse* de vergüenza y de confusión
65.13 se *visten* de manadas los llanos, y los
93.1 Jehová reina; se *vistió*. .se *v*, se ciñó
104.1 Jehová Dios. .te has *vestido* de gloria
109.18 se *vistió* de maldición como. .vestido
109.29 sean *vestidos* de ignominia los que me
132.9 tus sacerdotes se *vistan* de justicia
132.16 *vestiré* de salvación a sus sacerdotes
132.18 a sus enemigos *vestiré* de confusión
Pr. 23.21 el sueño hará *vestir* vestidos rotos
31.21 familia está *vestida* de ropas dobles
Cnt. 5.3 he desnudado. .¿cómo me he de *vestir?*
Is. 3.7 en mi casa ni hay pan, ni qué *vestir*
4.1 pan, y nos *vestiremos* de nuestras ropas
22.12 a raparse el cabello y a *vestir* cilicio
22.21 *vestiré* de tus vestiduras, y lo ceñiré
23.18 para que coman hasta saciarse, y *vistan*
49.18 de vestidura de honra, serás *vestida*
50.3 *visto* de oscuridad los cielos, y hago
50.9 envejecerán como ropa de *vestir*, serán
51.6 la tierra se envejecerá como. .de *vestir*
51.9 *vístete* de poder, oh brazo de Jehová
52.1 *vístete* de poder, oh Sion; *v* tu ropa
59.6 sus telas no servirán para *vestir*, ni
59.17 de justicia se *vistió* como de. .coraza
61.10 me *vistió* con vestiduras de salvación
Jer. 4.8 por esto *vestíos* de cilicio, endechad
4.30 aunque te *vistas* de grana. .adornes con
10.9 los *vestirán* de azul y de púrpura, obra
46.4 limpiad las lanzas, *vestíos* las corazas
49.3 de Rabá, *vestíos* de cilicio, endechad
Ez. 7.27 el príncipe se *vestirá* de tristeza, y
9.2 un varón *vestido* de lino, el cual traía
9.3 y llamó Jehová al varón *vestido* de lino
9.11 el varón *vestido* de lino, que tenía el
10.2 y habló al varón *vestido* de lino, y le
10.6 que al mandar al varón *vestido* de lino
10.7 las manos del que estaba *vestido* de lino
16.10 te *vestí* de bordado, te calcé de tejón
23.6 *vestidos* de púrpura, gobernadores y
23.12 asirios. .capitanes, *vestidos* de ropas
26.16 ropas bordadas; de espanto se *vestirán*
34.3 la grosura, y os *vestís* de la lana; la
42.14 se *vestirán* otros vestidos, y así se
44.17 entren. .se *vestirán* vestiduras de lino
44.19 y se *vestirán* de otros vestidos, para
Dn. 5.7,16 *vestido* de púrpura, y un collar de
5.29 *vestir* a Daniel de púrpura, y poner en
10.5 un varón *vestido* de lino, y ceñidos sus
12.6 dijo uno al varón *vestido* de lino, que
Jl. 1.8 llora tú como joven *vestida* de cilicio
Jon. 3.5 *vistieron* de cilicio desde el mayor
Nah. 2.3 los varones de su. .*vestidos* de grana
Sof. 1.8 a. .los que *visten* vestido extranjero
Hag. 1.6 os *vestís*, y no os calentáis; y el que
Zac. 3.3 estaba *vestido* de vestiduras viles, y
3.4 que. .te he hecho *vestir* de ropas de gala
3.5 y le *vistieron* las ropas. Y el ángel de
13.4 ni nunca más *vestirán* el manto velloso
14.14 y ropas de *vestir*, en gran abundancia
Mt. 3.4 Juan estaba *vestido* de pelo de camello
6.25 por vuestro cuerpo, qué habéis de *vestir*
6.29 ni aun Salomón. .se *vistió* así como uno
6.30 la hierba del campo. .Dios la *viste* así
6.31 no os. .qué beberemos, o qué *vestiremos?*
22.11 hombre que no estaba *vestido* de boda
22.12 entraste. .sin estar *vestido* de boda?
Mr. 1.6 Juan estaba *vestido* de pelo de camello
5.15 sentado, *vestido*, y en su juicio cabal
6.9 sandalias, y no *vistiesen* dos túnicas

VESTIR ***(Continúa)***

Mr. 15.17 le *vistieron* de púrpura, y . . una corona
Lc. 8.27 y no *vestía* ropa, ni moraba en casa
8.35 sentado . . *vestido*, y en su cabal juicio
12.22 no os afanéis . . el cuerpo, qué *vestiréis*
12.27 ni aun Salomón . . se *vistió* como uno de
12.28 y si así *viste* Dios la hierba que hoy
15.22 dijo . . Sacad el mejor vestido, y *vestidle*
16.19 hombre rico, que se *vestía* de púrpura
23.11 *vistiéndole* de una ropa espléndida; y
Jn. 19.2 le *vistieron* con un manto de púrpura
Hch. 12.21 Herodes, *vestido* de ropas reales, se
Ro. 13.12 obras . . *vistámonos* las armas de la luz
13.14 sino *vestíos* del Señor Jesucristo, y no
1 Co. 12.23 éstos *vestimos* más dignamente; y los
15.53 corruptible se *vista* de incorrupción
15.53 y esto mortal se *vista* de inmortalidad
15.54 cuando esto corruptible se haya *vestido*
15.54 mortal se haya *vestido* de inmortalidad
2 Co. 5.3 así seremos hallados *vestidos*, y no
Ef. 4.24 y *vestíos* del nuevo hombre, creado
6.11 *vestíos* . . toda la armadura de Dios, para
6.14 y *vestidos* con la coraza de justicia
Col. 3.12 *vestíos*, pues, como escogidos de Dios
3.14 sobre todas estas cosas *vestíos* de amor
1 Ts. 5.8 habiéndonos *vestido* con la coraza de
Ap. 1.13 *vestido* de una ropa que llegaba hasta
3.5 que venciere será *vestido* de vestiduras
3.18 vestiduras blancas para *vestirte*, y que
4.4 vi . . ancianos, *vestidos* de ropas blancas
7.9 *vestidos* de ropas blancas, y con palmas
7.13 éstos que . . *vestidos* de ropas blancas
11.3 dos testigos que profeticen . . *vestidos* de
12.1 una mujer *vestida* del sol, con la luna
15.6 siete ángeles . . *vestidos* de lino limpio
17.4 y la mujer estaba *vestida* de púrpura y
18.16 la gran ciudad, que estaba *vestida* de
19.8 se le ha concedido que se *vista* de lino
19.13 *vestido* de una ropa teñida en sangre
19.14 *vestidos* de lino finísimo . . le seguían

VEZ

Gn. 4.15 matare a Caín, siete v será castigado
4.24 si siete v será vengado Caín, Lamec en
4.24 Lamec en verdad setenta v siete lo será
18.32 si hablare solamente una v; quizá se
22.15 llamó el ángel de . . a Abraham segunda v
24.20 corrió otra v al pozo para sacar agua
27.36 Jacob, pues ya me ha suplantado dos v
29.33,34,35 concibió otra v, y dio a luz un
29.34 ahora esta v se unirá mi marido conmigo
29.35 y dijo: Esta v alabaré a Jehová; por
30.7 concibió otra v Bilha . . sierva de Raquel
30.19 concibió Lea otra v, y dio a luz el
30.41 que cuantas v se hallaban en celo las
31.7 me ha cambiado el salario diez v; pero
31.41 así . . y has cambiado mi salario diez v
33.3 se inclinó a tierra siete v, hasta que
35.9 apareció otra v Dios a Jacob, cuando
38.4 concibió otra v, y dio a luz un hijo, y
41.5 se durmió de nuevo, y soñó la segunda v
41.32 el suceder el sueño . . dos v, significa
43.10 si no nos . . hubiéramos ya vuelto dos v
43.18 por el dinero . . devuelto . . la primera v
43.34 porción de Benjamín era cinco v mayor
Éx. 8.32 Faraón endureció aun esta v su corazón
9.14 yo enviaré esta v todas mis plagas a tu
9.27 dijo: He pecado esta v; Jehová es justo
10.17 perdonéis mi pecado solamente esta v
23.14 tres v en el año me celebraréis fiesta
23.17 tres v en el año se presentará . . varón
30.10 hará Aarón expiación una v en el año
30.10 una v en el año hará expiación sobre él
34.23 tres v en el año . . presentará todo varón
34.24 subas para presentarte . . tres v en el año
Lv. 4.6 rociará de . . siete v delante de Jehová
4.17 rociará siete v delante de Jehová hacia
8.11 y roció de él sobre el altar siete v
13.7 deberá mostrarse otra v al sacerdote
13.54 y lo encerrará otra v por siete días
13.58 se lavará segunda v, y . . será limpia
14.16 esparcirá . . aceite con su dedo siete v
14.27 del aceite . . siete v delante de Jehová
14.51 los mojará . . y rociará la casa siete v
16.14 esparcirá . . siete v de aquella sangre
16.19 esparcirá sobre él . . la sangre . . siete v
16.34 para hacer expiación una v al año por
25.8 y contarás . . siete v siete años, de modo
26.18 volveré a castigaros siete v más por
26.21 añadiré sobre . . siete v más plagas según
26.24 y os heriré aún siete v por . . pecados
26.28 os castigaré aún siete v por . . pecados
Nm. 10.6 y cuando tocareis alarma la segunda v
10.13 partieron la primera v al mandato de
19.4 rociará . . con la sangre de ella siete v
20.11 alzó Moisés . . y golpeó la peña . . dos v
22.15 Balac a enviar otra v más príncipes, y
22.28 ¿qué . . que me has azotado estas tres v?
22.32 ¿por qué has azotado tu asna . . tres v?
22.33 se ha apartado luego . . mí estas tres v
24.1 no fue, como la . . segunda v, en busca de
24.10 y he aquí los has bendecido ya tres v
24.23 tomó su parábola otra v, y dijo: ¡Ay!
Dt. 1.11 os haga mil v más de lo que ahora sois
5.25 si oyéremos otra v la voz de . . moriremos
9.19 ira . . pero Jehová me escuchó aun esta v
10.10 y Jehová también me escuchó esta v, y
16.16 tres v cada año aparecerá todo varón
Jos. 5.2 y vuelve a circuncidar la segunda v a
6.3 yendo alrededor de la ciudad una v; y esto
6.15 al séptimo día . . dieron vuelta . . siete v
6.15 dieron vuelta alrededor de la . . siete v
6.16 cuando . . tocaron la bocina la séptima v
8.6 dirán: Huyen de nosotros como la primera v
10.42 todos estos reyes . . tomó Josué de una v
Jue. 2.23 dejó Jehová . . sin arrojarlas de una v
9.8 fueron una v los árboles a elegir rey
15.3 sin culpa seré esta v respecto de los
16.15 ya me has engañado tres v, y no me has
16.18 venid esta v . . me ha descubierto todo su
16.20 se dijo: Esta v saldré como las otras
16.28 solamente esta v . . una v tome venganza
20.30 ordenaron la batalla . . como las otras v
20.31 matándolos como las otras v por los
Rt. 1.14 ellas alzaron otra v su voz y lloraron
1 S. 3.6 y Jehová volvió a llamar . . v a Samuel
3.8 Jehová, pues, llamó la tercera v a Samuel
3.10 y vino Jehová . . y llamó como las otras v
10.22 preguntaron, pues, otra v a Jehová si
18.11 enclavaré . . Pero David lo evadió dos v
18.21 dijo . . Saúl a David por segunda v: Tú
18.30 v que salían, David tenía más exito que
19.21 y Saúl volvió a enviar . . por tercera v
20.17 y Jonatán hizo jurar a David otra v
20.41 se inclinó tres v postrándose hasta la
2 S. 14.29 envió . . segunda v, y no quiso venir
17.7 el consejo que ha dado esta v Ahitofel
21.19 hubo otra v guerra en Gob contra los
24.3 añada . . al pueblo cien v tanto como son
1 R. 9.2 apareció a Salomón la segunda v, como
9.25 ofrecía Salomón tres v cada año . . de paz
10.22 una v cada tres años venía la flota de
11.9 Jehová . . que se le había aparecido dos v
17.21 tendió sobre el niño tres v, y clamó a
18.34 hacedlo otra v; y otra v lo hicieron
18.34 tercera v; y lo hicieron la tercera v
18.43 él le volvió a decir: Vuelve siete v
18.44 a la séptima v dijo: Yo veo una . . nube
19.7 y volviendo el ángel . . la segunda v, lo
20.5 los mensajeros otra v, dijeron: Así dijo
22.16 ¿hasta cuántas v he de exigirte que no
2 R. 4.35 el niño estornudó siete v, y abrió
5.10 vé y lávate siete v en el Jordán, y tu
5.14 descendió, y se zambulló siete v en el
6.10 así lo hizo una y otra v con el fin de
10.6 les escribió la segunda v, diciendo: Si
13.18 golpea . . la golpeó tres v, y se detuvo
13.19 ahora sólo tres v derrotarás a Siria
13.25 tres v lo derrotó Joás, y restituyó las
1 Cr. 11.11 blandió su lanza una v contra 300
29.22 dieron por segunda v la investidura del
2 Cr. 8.13 las fiestas solemnes tres v en el año
18.15 le dijo: ¿Hasta cuántas v te conjuraré
Neh. 4.12 nos decían hasta diez v: De todos los
6.4 enviaron a mí . . hasta cuatro v, y yo les
6.5 para decir lo mismo por quinta v, con una
9.28 una v que tenían paz, volvían a hacer
9.28 clamaban otra v . . muchas v los libraste
13.21 si lo hacéis otra v, os echaré mano
Job 16.2 muchas v he oído cosas como estas
19.3 ya me habéis vituperado diez v; ¿no os
21.17 cuántas v la lámpara de los impíos es
24.22 v que se levante, ninguno está seguro
27.19 rico se acuesta, pero por última v
33.29 hace Dios dos y tres v con el hombre
37.13 unas v por azote, otras por causa de
Sal. 12.6 plata refinada . . purificada siete v
62.11 una v habló Dios; dos v he oído esto
74.8 dijeron en su . . Destruyámoslos de una v
78.38 perdonaba la . . y apartó muchas v su ira
78.40 ¡cuántas v se rebelaron contra él en
89.35 una v he jurado por mi santidad, y no
106.43 muchas v los libró; mas . . se rebelaron
119.164 siete v al día te alabo a causa de
Pr. 2.19 ni seguirán otra v los senderos de la
6.31 pero si es sorprendido, pagará siete v
7.12 unas v está en la calle, otras v en las
22.20 ¿no te he escrito tres v en consejos
24.16 porque siete v cae el justo, y vuelve
29.22 contiendas, y el furioso muchas v peca
Ec. 4.7 volví otra v, y vi vanidad debajo del
6.6 si . . viviere mil años dos v, sin gustar
7.22 que tú . . dijiste mal de otros muchas v
8.12 el pecador haga mal cien v, y prolongue
Is. 11.11 alzará otra v su mano para recobrar
30.26 la luz del sol siete v mayor, como la
43.19 otra v abriré camino en el desierto, y
60.15 en v de estar abandonada y aborrecida
60.17 en v de bronce traer oro, y por hierro
66.8 ¿nacerá una nación de una v? Pues en
Jer. 1.13 vino a mí la palabra . . por segunda v
10.18 he aquí que esta v arrojaré con honda
13.3 vino a mí segunda v palabra de Jehová
16.21 les enseñaré esta v, les haré conocer
20.8 cuantas v hablo, doy voces . . Violencia
28.13 mas en v de ellos harás yugos de hierro
33.1 vino palabra . . a Jeremías la segunda v
Ez. 4.6 te acostarás . . tu lado derecho segunda v
5.4 tomarás otra v de ellos, y los echarás en
12.3 por si tal v atienden, porque son casa
16.8 y pasé yo otra v junto a ti, y te miré
Dn. 2.7 por segunda v, y dijeron: Diga el rey
3.19 el horno se calentase siete v más de lo
6.10 se arrodillaba tres v al día, y oraba y
6.13 sino que tres v al día hace su petición
10.18 aquel . . me tocó otra v, y me fortaleció
Os. 1.6 concibió ella otra v, y dio a luz una
3.1 dijo otra v Jehová: Ve, ama a una mujer
Jon. 3.1 vino palabra de . . por segunda v a Jonás
Nah. 1.9 no tomará venganza dos v de . . enemigos
Hag. 2.20 vino por segunda v palabra . . a Hageo
Zac. 12.6 Jerusalén será otra v habitada en su
Mal. 2.13 y esta otra v haréis cubrir el altar
Mt. 4.8 otra v le llevó el diablo a un monte
9.14 ¿por qué nosotros y . . ayunamos muchas v
13.48 y una v llena, la sacan a la orilla; y
17.15 muchas v cae en el fuego, y muchas en
18.19 otra v os digo, que si dos de vosotros
18.21 ¿cuántas v perdonaré a mi hermano que
18.22 siete, sino aun hasta setenta v siete
19.24 otra v os digo, que es más fácil pasar
19.29 recibirá cien v más, y heredará la vida
20.5 salió otra v cerca de las horas sexta y
23.15 una v hecho, le hacéis dos v más hijo
23.37 ¡cuántas v quise juntar a tus hijos
26.34 que el gallo cante, me negarás tres v
26.42 otra v fue, y oró por segunda v . . Padre
26.43 otra v y los halló durmiendo, porque los
26.44 oró por tercera v, diciendo las mismas
26.75 que cante el gallo, me negarás tres v
27.50 Jesús, habiendo otra v clamado a gran
Mr. 2.1 Jesús otra v en Capernaum después de
3.1 otra v entró Jesús en la sinagoga; y había
4.1 otra v comenzó Jesús a enseñar junto al
5.4 muchas v había sido atado con grillos y
5.21 pasando otra v Jesús en una barca a la
7.3 si muchas v no se lavan las manos, no
8.25 le puso otra v las manos sobre los ojos
9.22 muchas v le echa en el fuego y . . el agua
10.30 que no reciba cien v más ahora en este
11.13 fue a ver si tal v hallaba en ella algo
14.30 haya cantado dos v, me negarás tres v
14.39 otra v fue y oró, diciendo las mismas
14.40 otra v los halló durmiendo, porque los
14.41 vino la tercera v, y les dijo: Dormid
14.69 viéndole otra v, comenzó a decir a los
14.70 él negó otra v. Y poco después, los que
14.70 que estaban allí dijeron otra v a Pedro
14.72 y el gallo cantó la segunda v. Entonces
14.72 gallo cante dos v, me negarás tres v
15.4 otra v le preguntó Pilato, diciendo
15.12 les dijo otra v: ¿Qué, pues, queréis
Lc. 5.33 ayunan muchas v y hacen oraciones, y
13.34 ¡cuántas v quise juntar a tus hijos
14.12 que ellos a su v te vuelvan a convidar
17.4 si siete v al día pecare contra ti, y
17.4 siete v al día volviere a ti, diciendo
18.12 ayuno dos v a la semana, doy diezmos
22.32 una v vuelto, confirma a tus hermanos
22.34 que tú niegues tres v que me conoces
22.61 que el gallo cante, me negarás tres v
23.20 habló otra v Pilato, queriendo soltar
23.22 dijo por tercera v: ¿Pues qué mal ha
Jn. 1.35 el siguiente día otra v estaba Juan
3.4 ¿puede acaso entrar por segunda v en el
4.3 salió de Judea, y se fue otra v a Galilea
4.46 vino, pues, Jesús otra v a Caná de Galilea
8.12 otra v Jesús les habló, diciendo: Yo soy
8.21 otra v les dijo Jesús: Yo me voy, y me
9.27 he dicho . . ¿por qué lo queréis oír otra v?
10.39 procuraron otra v prenderle, pero él se
11.7 a los discípulos: Vamos a Judea otra v
11.8 judíos apedrearte, ¿y otra v vas allá?
11.38 Jesús, profundamente conmovido otra v
12.28 glorificado, y lo glorificaré otra v
13.38 gallo, sin que me hayas negado tres v
14.3 si me fuere . . vendré otra v, y os tomaré
16.28 otra v dejo el mundo, y voy al Padre
18.2 muchas v Jesús se había reunido allí con
18.27 negó Pedro otra v; y en seguida cantó
18.38 salió otra v a los judíos, y les dijo
19.4 Pilato salió otra v, y les dijo: Mirad
19.9 y entró otra v en el pretorio, y dijo a
20.21 Jesús les dijo otra v: Paz a vosotros
20.26 estaban otra v sus discípulos dentro, y
21.1 se manifestó otra v a sus discípulos
21.14 esta era ya la tercera v que Jesús se
21.16 decirle la segunda v: Simón, hijo de
21.17 le dijo la tercera v: Simón, hijo de
21.17 que le dijese la tercera v: ¿Me amas?
Hch. 5.39 seáis tal v hallados luchando contra
7.12 oyó . . envió a nuestros padres la primera v
7.45 recibido a su v por nuestros padres, lo
10.15 volvió la voz a él la segunda v: Lo que
10.16 se hizo tres v; y aquel lienzo volvió a
11.9 la voz me respondió del . . por segunda v
11.10 y esto se hizo tres v, y volvió todo a
15.14 contado cómo Dios visitó por primera v
17:32 ya te oiremos acerca de esto otra v
18.21 pero otra v volveré a vosotros, si Dios
24.26 muchas v lo hacía venir y hablaba con

VEZ *(Continúa)*
Hch. 26.11 y muchas *v*, castigándolos. .los forcé a
27.17 y una *v* subido a bordo usaron de
Ro. 1.13 muchas *v*. .he propuesto ir a vosotros
6.10 al pecado murió una *v* por todas; mas en
8.15 de esclavitud para estar otra *v* en temor
15.10 otra *v* dice: Alegraos, gentiles, con su
15.11 otra *v*: Alabad al Señor. .los gentiles
15.12 otra *v* dice Isaías: Estará la raíz de
15.22 me he visto impedido muchas *v* de ir a
15.24 iré. .una *v* que haya gozado con vosotros
1 Co. 3.20 *v*: El Señor conoce los pensamientos
11.25 haced esto. .las *v* que la bebiereis, en
11.26 todas las *v* que comiereis este pan, y
15.6 apareció a más de quinientos. .a la *v*, de
2 Co. 1.16 pasar. .desde Macedonia venir otra *v*
2.1 no ir otra *v* a vosotros con tristeza
3.1 ¿comenzamos otra *v* a recomendarnos a
4.17 un cada *v* más excelente y eterno peso de
5.12 no nos recomendamos, pues, otra *v*. .sino
8.22 comprobado repetidas *v* en muchas cosas
11.16 otra *v* digo: Que nadie me tenga por loco
11.23 azotes. .en peligros de muerte muchas *v*
11.24 cinco *v* he recibido cuarenta azotes
11.25 tres *v* he sido azotado con varas; una
11.25 una *v* apedreado; tres *v* he. .naufragio
11.26 caminos muchas *v*; en peligros de ríos
12.8 tres *v* he rogado al Señor, que lo quite
12.14 por tercera *v* estoy preparado para ir
13.1 esta es la tercera *v* que voy a vosotros
13.2 digo otra *v* como si estuviera presente
13.2 que si voy otra *v*, no seré indulgente
Gá. 3.15 un pacto. .una *v* ratificado, nadie lo
5.1 libres, y no estéis otra *v* sujetos al yugo
5.3 y otra *v* testifico a todo hombre que se
Fil. 1.26 mi presencia otra *v* entre vosotros
3.18 dije muchas *v*. .son enemigos de la cruz
4.4 regocijaos en. .Otra *v* digo: ¡Regocijaos!
4.16 a Tesalónica me enviasteis una y otra *v*
1 Ts. 2.18 quisimos ir. .yo Pablo. .una y otra *v*
2 Ts. 2.7 que él a su *v* sea quitado de en medio
2 Ti. 1.16 porque muchas *v* me confortó, y no se
He. 1.1 habiendo hablado muchas *v* y de muchas
1.5 otra *v*: Yo seré a él padre, y él me será
1.6 otra *v*, cuando introduce al Primogénito en
2.13 y otra *v*: Yo confiaré en él. Y de nuevo
4.5 y otra *v* aquí: No entrarán en mi reposo
4.7 otra *v* determina un día: Hoy, diciendo
6.1 adelante. .no echando otra *v* el fundamento
6.4 que una *v* fueron iluminados y gustaron de
6.6 otra *v* renovados para arrepentimiento
6.7 bebe la lluvia que muchas *v* cae sobre ella
7.27 porque esto lo hizo una *v* para siempre
9.7 sólo el sumo sacerdote una *v* al año, no
9.12 entró una *v* para siempre en el Lugar
9.25 no para ofrecerse muchas *v*, como entra
9.26 padecer muchas *v* desde el principio del
9.26 una *v* para siempre por el sacrificio de
9.27 mueran una sola *v*, y después de esto el
9.28 fue ofrecido una sola *v* para llevar los
9.28 y aparecerá por segunda *v*, sin relación
10.2 limpios una *v*, no tendrían. .conciencia
10.10 ofrenda del cuerpo de Jesucristo una *v*
10.11 y ofreciendo muchas *v* los. .sacrificios
10.12 habiendo ofrecido una *v* para siempre un
10.30 y otra *v*: El Señor juzgará a su pueblo
12.26 aún una *v*, y conmoveré no solamente la
12.27 frase: Aún una *v*, indica la remoción de
Stg. 3.2 todos ofendemos muchas *v*. Si alguno no
5.18 otra *v* oró, y el cielo dio lluvia, y la
1 P. 3.18 también Cristo padeció una sola *v* por
3.20 cuando una *v* esperaba la paciencia de
2 P. 2.20 enredándose otra *v* en. .son vencidos
Jud. 3 por la fe que ha sido una *v* dada a los
5 que una *v* lo habéis sabido, que el Señor
Ap. 10.8 la voz. .habló otra *v* conmigo, y dijo
10.11 necesario que profetices otra *v* sobre
11.6 para herir la tierra. .cuantas *v* quieran
19.3 otra *v* dijeron: ¡Aleluya! Y el humo de

VIA
2 Cr. 23.19 ninguna *v* entrase ningún inmundo
Is. 10.26 vara. .como hizo por la *v* de Egipto
Ez. 42.4 había un corredor. .una *v* de un codo
43.4 la gloria. .entró. .por la *v* de la puerta
48.1 por la *v* de Hetlón viniendo a Hamat
1 Co. 7.6 esto digo por *v* de concesión, no por

VIAJAR
Jue. 5.10 y vosotros los que *viajáis*, hablad
Ez. 39.14 vayan por el país con los que *viajen*
Ap. 18.17 y todos los que *viajan* en naves, y

VIAJE
Gn. 24.21 si Jehová había prosperado su *v*, o no
28.20 y me guardare en este *v* en que voy, y
Nm. 9.10 o estuviere de *v* lejos, celebrará la
9.13 que estuviere limpio, y no estuviere de *v*
Jue. 18.5 si ha de prosperar este *v* que hacemos
1 S. 21.5 aunque el *v* es profano; ¿cuánto más
Neh. 2.6 cuánto durará tu *v*, y cuándo volverás?
Pr. 7.19 el marido no está. .ha ido a un largo *v*
Lc. 11.6 un amigo mío ha venido a mí de *v*, y no
Ro. 1.10 tenga. .próspero *v* para ir a vosotros
3 Jn. 6 encaminarlos. .para que continúen su *v*

VIANDA
Gn. 27.9 haré de ellos *v* para tu padre, como a
43.34 José tomó *v* de delante de sí para ellos
Lv. 3.11 *v* es de ofrenda encendida para Jehová
3.16 *v* es de ofrenda. .se quema en olor grato
5.13 será del sacerdote, como la ofrenda de *v*
Nm. 28.24 *v* y ofrenda encendida en olor grato
2 S. 13.5 prepare delante de mí alguna *v*, para
2 Cr. 9.4 y las *v* de su mesa, las habitaciones
Job 12.11 las palabras, y el paladar gusta las *v*
Os. 9.3 que volverá Efraín. .comerán *v* inmunda
Hag. 2.12 con el vuelo de ella tocare pan, o *v*
1 Co. 3.2 os di a beber leche, y no *v*; porque
6.13 las *v* para el. .y el vientre para las *v*
8.4 de las *v* que se sacrifican a los ídolos
8.8 si bien la *v* no nos hace más aceptos ante
He. 13.9 no con *v*, que nunca aprovecharon a los

VÍBORA
Gn. 49.17 Dan. .*v* junto a la senda, que muerde
Job 20.16 veneno de áspides. .matará lengua de *v*
Is. 11.8 extenderá su mano. .la caverna de la *v*
30.6 el león, la *v* y la serpiente que vuela
59.5 huevos de. .y si los apretaren, saldrán *v*
Mt. 3.7 ¡generación de *v*! ¿Quién os enseñó a huir
12.34 ¡generación de *v*! ¿Cómo podéis hablar
23.33 generación de *v*! ¿Cómo escaparéis de la
Lc. 3.7 ¡oh generación de *v*! ¿Quién os enseñó
Hch. 28.3 *v*, huyendo del calor, se le prendió
28.4 los naturales vieron la *v* colgando de su
28.5 él, sacudiendo la *v* en el fuego, ningún

VIBRAR
Is. 16.11 mis entrañas *vibrarán* como arpa por

VICIADO
Ef. 4.22 despojaos del viejo hombre. .está *v*

VICIO
Pr. 2.14 se huelgan en las perversidades del *v*
Dn. 6.4 y ningún *v* ni falta fue hallado en él
Jud. 7 ido en pos de *v* contra naturaleza, fueron

VÍCTIMA
Gn. 31.54 Jacob inmoló *v* en el monte, y llamó
Éx. 12.27 la *v* de la pascua de Jehová, el cual
23.18 ni la grosura de mi *v* quedará. .mañana
Lv. 7.2 el lugar. .degollarán la *v* por la culpa
14.13 la *v* por el pecado. .la *v* por la culpa
14.14 sacerdote tomará de la sangre de la *v*
1 S. 15.22 ¿se complace Jehová tanto en los. .*v*
1 R. 8.62 rey. .sacrificaron *v* delante de Jehová
1 Cr. 29.21 y sacrificaron *v* a. .y ofrecieron a
2 Cr. 7.1 consumió el holocausto y las *v*; y la
7.4 rey y. .sacrificaron *v* delante de Jehová
35.11 pascua. .y los levitas desollaban las *v*
Neh. 12.43 sacrificaron aquel día numerosas *v*
Sal. 118.27 atad *v* con. .a los cuernos del altar
Pr. 9.2 mató sus *v*, mezcló su vino, y puso su
Jer. 7.22 no hablé. .de *v* el día que los saqué
11.15 de las *v* pueden evitarte el castigo?
Ez. 20.28 sacrificaron sus *v*, y allí presentaron
21.10 para degollar *v* está afilada, pulida
39.17 de todas partes a mi *v* que sacrifico
39.19 hasta embriagaros de sangre de las *v*
40.41 mesas sobre las cuales degollarán las *v*
40.43 y sobre las mesas la carne de las *v*
44.11 matarán el holocausto y la *v* para el
Os. 5.2 y haciendo *v* han bajado. .lo profundo
Hch. 7.42 me ofrecisteis *v* y sacrificios en el

VICTORIA
2 S. 8.6,14 dio la *v* a David. .dondequiera que
19.2 y se volvió aquel día la *v* en luto para
23.10 aquel día Jehová dio una gran *v*, y el
23.12 y lo defendió. .y Jehová dio una gran *v*
1 Cr. 11.14 Jehová los favoreció con una gran *v*
18.6 Jehová daba la *v* a David dondequiera que
29.11 tuya es. .el poder, la gloria, la *v* y el
Sal. 144.10 tú, el que da *v* a los reyes, el que
Pr. 21.31 alista. .mas Jehová es el que da la *v*
24.6 en la multitud de consejeros está la *v*
Hab. 3.8 cuando montaste en. .tus carros de *v*?
Mt. 12.20 caña. .hasta que saque a *v* el juicio
1 Co. 15.54 escrita: Sorbida es la muerte en *v*
15.55 tu aguijón? ¿Dónde, oh sepulcro, tu *v*?
15.57 nos da la *v* por medio de nuestro Señor
1 Jn. 5.4 esta es la *v* que ha vencido al mundo
Ap. 15.2 habían alcanzado la *v* sobre la bestia

VICTORIOSO
Jue. 11.31 a recibirme, cuando regrese *v* de los

VID
Gn. 40.9 yo soñaba que veía una *v* delante de mí
40.10 y en la *v* tres sarmientos; y ella como
49.11 atando a la *v* su pollino, y a la cepa
Nm. 6.4 todo lo que se hace de la *v*. .no comerá
Dt. 8.8 de trigo y cebada, de *v*, higueras y
32.32 de la *v* de Sodoma es la *v* de ellos, y
Jue. 9.12 dijeron luego los árboles a la *v*. .ven
9.13 *v* les respondió: ¿He de dejar mi mosto
13.14 no tomará nada que proceda de la *v*; no
2 R. 18.31 a mí, y coma cada uno de su *v*
Job 15.33 perderá su agraz como la *v*, y. .flor
Sal. 80.8 hiciste venir una *v* de Egipto; echaste
128.3 tu mujer será como *v* que lleva fruto a
Cnt. 2.13 higos, y las *v* en cierne dieron olor
6.11 ver si brotaban las *v*, si florecían los
7.8 que tus pechos sean como racimos de *v*, y
Is. 5.2 despedregado y plantado de *v* escogidas
7.23 lugar donde había mil *v* que valían mil
16.8 Hesbón fueron talados, y las *v* de Sibma
24.7 perdió el vino, enfermó la *v*, gimieron
32.12 los campos deleitosos, por la *v* fértil
Jer. 2.21 te planté de *v* escogida, simiente
2.21 te me has vuelto sarmiento de *v* extraña?
6.9 rebuscarán como a *v* el resto de Israel
8.13 no quedarán uvas en la *v*, ni higos en la
48.32 con llanto de. .lloraré por ti, oh *v* de
Ez. 15.2 hijo de. .¿qué es la madera de la *v* más
15.6 la madera de la *v* entre los árboles del
17.6 brotó, y se hizo una *v* de mucho ramaje
17.6 que se hizo una *v*, y arrojó sarmientos
17.7 esta *v* juntó cerca de ella sus raíces, y
17.8 diese fruto, y para que fuese *v* robusta
19.10 tu madre fue como una *v* en medio de la
Os. 2.12 haré talar su *v* y sus higueras, de
14.7 como trigo, y florecerán como la *v*; su
Jl. 1.7 asoló mi *v*, y descortezó mi higuera
1.12 la *v* está seca, y pereció la higuera; el
2.22 fruto, la higuera y la *v* darán sus frutos
Mi. 4.4 y se sentará cada uno debajo de su *v* y
Hab. 3.17 la higuera no florezca, ni en las *v*
Hag. 2.19 ni la *v*, ni la higuera. .florecido
Zac. 3.10 convidará a. .debajo de su *v* y debajo
8.12 *v* dará su fruto, y dará su producto la
Mal. 3.11 ni vuestra *v* en el campo será estéril
Mt. 26.29 no beberé más de este fruto de la *v*
Mr. 14.25; Lc. 22.18 no beberé más. .de la *v*
Jn. 15.1 yo soy la *v* verdadera, y mi Padre es
15.4 llevar fruto. .si no permanece en la *v*
15.5 yo soy la *v*, vosotros los pámpanos; el
Stg. 3.12 ¿puede acaso producir. .la *v* higos?

VIDA
Gn. 1.30 y a toda bestia de la. .en que hay *v*
2.7 Jehová. .sopló en su nariz aliento de *v*
2.9 el árbol de *v* en medio del huerto, y el
3.14 y polvo comerás todos los días de tu *v*
3.17 con dolor comerás de. .los días de tu *v*
3.22 tome. .del árbol de la *v*, y coma, y viva
3.24 para guardar el camino del árbol de la *v*
6.17 carne en que haya espíritu de *v* debajo
6.19 en el arca, para que tengan *v* contigo
6.20 dos. .entrarán contigo, para que tengan *v*
7.11 el año seiscientos de la *v* de Noé, en el
7.15 toda carne en que había espíritu de *v*
7.22 tenía aliento de espíritu de *v*. .murió
9.4 carne con su *v*. .su sangre, no comeréis
9.5 porque. .demandaré la sangre de vuestras *v*
9.5 del varón su. .demandaré la *v* del hombre
12.12 me matarán. .y a ti te reservarán la *v*
18.10 y según el tiempo de la *v*, he aquí que
18.14 y según el tiempo de la *v*, Sara tendrá
19.17 escapa por tu *v*; no mires tras ti, ni
19.19 que habéis hecho conmigo dándome la *v*
19.20 dejadme escapar ahora. .y salvaré mi *v*
23.1 fue la *v* de Sara 127 años. .la *v* de Sara
25.17 fueron los años de la *v* de Ismael 137
27.46 fastidio tengo de mi *v*. .qué quiero la *v*?
38.7 Er. .fue malo ante. .le quitó Jehová la *v*
38.10 desagradó. .a él también le quitó la *v*
44.30 si. .como su *v* está ligada a la *v* de él
45.5 porque para preservación de *v* me envió
45.7 daros *v* por medio de gran liberación
47.8 ¿cuántos son los días. .los años de tu *v*?
47.9 pocos y malos han sido. .los años de mi *v*
47.9 y no han llegado a. .los años de la *v* de
47.25 ellos respondieron: La *v* nos has dado
50.20 Dios. .mantener en *v* a mucho pueblo
Éx. 1.14 amargaron su *v* con dura servidumbre
1.17 sino que preservaron la *v* a los niños
1.18 que habéis preservado la *v* a los niños?
1.22 nazca, y a toda hija preservad la *v*
6.16 los años de la *v* de Leví fueron 137 años
6.18 los años de la *v* de Coat fueron 133 años
6.20 años de la *v* de Amram fueron 137 años
21.23 mas si hubiere muerte. .pagarás *v* por *v*
Lv. 17.11 la *v* de la carne en la sangre está
17.14 porque la *v* de toda carne es su sangre
19.16 no atentarás contra la *v* de tu prójimo
Nm. 14.38 Josué hijo. .y Caleb. .quedaron con *v*
31.15 ¿por qué habéis dejado con *v*. .mujeres?
31.18 a todas las niñas. .las dejaréis con *v*
35.31 no tomaréis precio por la *v*. .homicida
Dt. 4.9 ni se aparten. .todos los días de tu *v*
4.42 que huyendo a una de estas. .salvase su *v*
6.2 sus estatutos y. .todos los días de tu *v*
6.24 que nos conserve la *v*, como hasta hoy
12.23 la sangre es la *v*, y no comerás la *v*
16.3 que todos los días de tu *v* te acuerdes
17.19 y leerá en él todos los días de su *v*

VIDA *(Continúa)*
Dt. 19.21 y no le compadecerás; v por v, ojo por
20.16 de las..ninguna persona dejarás con v
22.26 se levanta contra su..y le quita la v
24.6 sería tomar en prenda la v del hombre
24.15 pues es pobre, y con él sustenta su v
27.25 soborno para quitar la v al inocente
28.66 tu v como algo que pende delante de ti
28.66 pende..y no tendrás seguridad de tu v
30.15 he puesto delante de ti hoy la v y el
30.19 escoge, pues, la v, para que vivas tú
30.20 él es v para ti, y prolongación de tus
32.47 porque no es cosa vana; es vuestra v
Jos. 1.5 hacer frente en todos los días de tu v
2.13 salvaréis la v a mi padre y a mi padre
2.13 y que libraréis nuestras v de la muerte
2.14 nuestra v responderá por la vuestra, si
4.14 y le temieron..todos los días de su v
6.25 Josué salvó la v de Rahab la ramera, y
9.15 Josué hizo paz con..concediéndoles la v
9.21 concediéndoles la v, según les habían
9.24 temimos..nuestras v a causa de vosotros
10.28,30,32,35,37(2) todo lo que en ella tenía v
10.39 destruyeron todo lo que allí..tenía v
10.40 lo que tenía v lo mató, como Jehová
11.11 mataron a..todo cuanto en ella tenía v
11.14 destruirlos, sin dejar alguno con v
Jue. 5.18 de Zabulón expuso su v a la muerte
8.19 que si les hubierais conservado la v, yo
9.17 y expuso su v al peligro para libraros
12.3 arriesgué mi v, y pasé contra..de Amón
16.30 que los que había matado durante su v
18.25 y pierdas también tu v y la v de los
1 S. 1.11 dedicaré a Jehová..los días de su v
2.6 Jehová mata, y él da v..hace descender al
15.35 nunca..vio Samuel a Saúl en toda su v
18.18 qué es mi v..que yo sea yerno del rey?
19.5 pues él tomó su v en su mano, y mató al
19.11 si no salvas tu v esta noche, mañana
20.1 cuál mi pecado..para que busque mi v?
22.23 quien buscare mi v, buscará..la tuya
23.15 que Saúl había salido en busca de su v
24.11 sin embargo, tú andas a caza de mi v
25.22 suyo no he de dejar con v ni un varón
25.29 atentar contra tu v..la v de mi señor
25.29 él arrojará la v de tus enemigos como
25.34 no le hubiera quedado con v a Nabal ni
26.21 porque mi v ha sido estimada preciosa
26.24 tu v ha sido estimada..así sea mi v a
27.9 David..no dejaba con v hombre ni mujer
27.11 ni hombre ni mujer dejaba David con v
28.2 yo te constituiré guarda de..toda mi v
28.9 ¿por qué, pues, pones tropiezo a mi v
28.21 he aquí..he arriesgado mi v, y he oído
2 S. 1.9 y me mates..mi v está aún toda en mí
1.23 Saúl y..inseparables en su v, tampoco en
8.2 un cordel entero para preservarles la v
11.11 por v tuya, y por v de tu alma, que yo
14.7 para que le hagamos morir por la v de
14.14 ni Dios quita la v, sino que provee
15.21 o para muerte o para v, donde mi señor
16.11 mi hijo que..acecha mi v; ¿cuánto más
17.3 tú buscas solamente la v de un hombre
18.13 habría yo hecho traición contra mi v
18.18 y en v, Absalón había tomado y erigido
19.5 han librado tu v, y la v de tus hijos y
19.5 librado..v de tus mujeres, y la v de tus
23.17 varones que fueron con peligro de su v?
1 R. 1.12 mi consejo, para que conserves tu v
2.23 que contra su v ha hablado Adonías estas
3.11 ni pediste la v de tus enemigos, sino
11.34 lo retendré por rey..los días de su v
15.5 en todos los días de su v, salvo en lo
15.6 hubo guerra entre..todos los días de su v
15.14 corazón de Asa fue perfecto..toda su v
16.34 a precio de la v de Abiram..v de Segub
18.5 que conservemos la v a los caballos y a
19.3 se levantó y se fue para salvar su v, y
19.4 quítame la v, pues no soy yo mejor que
19.10,14 sólo..y me buscan para quitarme la v
20.31 rey..a ver si por ventura te salva la v
20.39 llegare a huir, tu v será por la suya
20.42 tu v será por la suya, y tu pueblo por
2 R. 1.13 sea de valor..mi v, y la v de estos
1.14 sea estimada..mi v delante de tus ojos
5.7 ¿soy yo Dios, que mate y dé v, para que
7.4 si ellos nos dieren la v, viviremos; y si
7.7 y así se..habían huido para salvar sus v
10.24 dejare vivo a..v será por la del otro
25.29 y comió..delante de él..días de su v
25.30 fue dada su comida..los días de su v
1 Cr. 11.19 ¿había yo de beber..la v de estos
11.19 que con peligro de sus v la han traído?
2 Cr. 1.11 y no pediste..ni la v de los que te
Esd. 6.10 oren por la v del rey y por sus hijos
9.8 y darnos un..de v en nuestra servidumbre
9.9 se nos diese v para levantar la casa de
Neh. 6.11 entraría al templo..salvarse la v?
Est. 7.3 séame dada mi v por mi petición, y mi
7.7 para suplicarle a la reina Ester por su v
8.11 que se..estuviesen a la defensa de su v
9.16 también..se pusieron en defensa de su v
Job 2.4 lo que el hombre tiene dará por su v
2.6 aquí, él está en tu mano; mas guarda su v
3.20 se da luz..y v a los de ánimo amargado
3.23 ¿por qué se da v al hombre que no sabe
7.1 ¿no es..brega la v del hombre sobre la
7.7 acuérdate que mi v es un soplo, y que mis
7.16 abomino de mi v; no he de vivir..siempre
9.21 no haría caso de mí..despreciaría mi v
10.1 está mi alma hastiada de mi v; daré libre
10.12 v y misericordia me concediste, y tu
11.17 la v te será más clara que el mediodía
13.14 mis dientes, y tomaré mi v en mi mano?
24.22 levante, ninguno está seguro de la v
27.8 ¿cuál es..cuando Dios le quitare la v?
33.4 hizo, y el soplo del Omnipotente me dio v
33.18 su alma..su v de que perezca a espada
33.20 que le hace que su v aborrezca el pan
33.22 alma..su v a los que causan la muerte
33.28 redimirá su alma..su v se verá en luz
36.6 no otorgará v al impío, pero a los..dará
36.14 fallecerá..y su v entre los sodomitas
Sal. 7.5 el enemigo..huelle en tierra mi v, y
16.11 me mostrarás la senda de la v; en tu
17.9 de la vista de..enemigos que buscan mi v
17.14 cuya porción la tienen en esta v, y cuyo
21.4 v te demandó, y se la diste; largura de
22.20 libra..alma, del poder del perro mi v
22.29 que no puede conservar la v a su propia
23.6 me seguirán todos los días de mi v, y en
26.9 alma, ni mi v con hombres sanguinarios
27.1 temeré? Jehová es la fortaleza de mi v
27.4 en la casa de Jehová..los días de mi v
30.3 me diste v, para que no descendiese a
30.5 será su ira, pero su favor dura toda la v
31.10 porque mi v se va gastando de dolor, y
31.13 consultan juntos..idean quitarme la v
33.19 y para darles v en tiempo de hambre
34.12 ¿quién es el hombre que desea v, que
35.4 sean avergonzados..los que buscan mi v
35.17 rescata mi alma de..mi v de los leones
36.9 contigo está el manantial de la v; en tu
38.12 los que buscan mi v arman lazos, y los
40.14 confundidos..los que buscan mi v para
41.2 Jehová lo guardará, y le dará v; será
42.8 conmigo, y mi oración al Dios de mi v
49.8 la redención de su v es de gran precio
49.15 Dios redimirá mi v del poder del Seol
54.3 hombres violentos buscan mi v; no han
54.4 Señor está con los que sostienen mi v
57.4 v está entre leones; estoy echado entre
59.3 están acechando mi v; se han juntado
63.3 mejor es tu misericordia que la v; mis
63.4 así te bendeciré en mi v; en tu nombre
64.1 queja; guarda mi v del temor del enemigo
66.9 es quien preservó la v a nuestra alma
70.2 sean..confundidos los que buscan mi v
71.20 volverás a darme v..me levantarás de los
72.13 tendrá..y salvará la v de los pobres
78.50 no eximió la v de ellos de la muerte
78.50 sino que entregó su v a la mortandad
80.18 v nos darás, e invocaremos tu nombre
85.6 ¿no volverás a darnos v, para que tu
86.14 y conspiración de..ha buscado mi v, y
88.3 está hastiada..y mi v cercana al Seol
89.48 ¿librará su v del poder del Seol?
91.16 lo saciaré de larga v, y le mostraré
94.6 matan, y a los huérfanos quitan la v
94.21 se juntan contra la v del justo, y
103.4 el que rescata del hoyo tu v, el que
104.15 el pan que sustenta la v del hombre
104.33 a Jehová cantaré en mi v; a mi Dios
119.109 mi v está de continuo en peligro, mas
128.5 veas el bien de..todos los días de tu v
133.3 allí envía Jehová bendición, y v eterna
142.4 no..refugio, ni hay quien cuide de mi v
143.3 el enemigo..ha postrado en tierra mi v
146.2 alabaré a Jehová en mi v; cantaré..Dios
Pr. 1.19 la cual quita la v de sus poseedores
2.19 ni seguirán otra vez..senderos de la v
3.2 de días y años de v y paz te aumentarán
3.18 árbol de v a los que de ella echan mano
3.22 serán v a tu alma, y gracia a tu cuello
4.10 hijo mío..se te multiplicarán años de v
4.13 retén el consejo..porque eso es tu v
4.22 son v a los que las hallan, y medicina
4.23 guarda tu corazón; porque de él..la v
5.6 no los..si no considerares el camino de v
6.23 y camino de v las reprensiones que te
7.23 no sabe que es contra su v, hasta que
8.35 el que me halle, hallará la v, y..favor
9.11 aumentarán..y años de v se te añadirán
10.11 manantial de v es la boca del justo
10.16 obra del justo es para v; mas el fruto
11.19 como la justicia conduce a la v, así el
11.30 el fruto del justo es árbol de v; y el
12.10 el justo cuida de la v de su bestia; mas
12.28 en el camino de la justicia está la v
13.8 el rescate de la v del hombre está en
13.12 pero árbol de v es el deseo cumplido
13.14 la ley del sabio es manantial de v para
14.27 el temor de Jehová es manantial de v
14.30 el corazón apacible es v de la carne
15.4 la lengua apacible es árbol de v; mas
15.24 el camino de la v es hacia arriba al
15.31 que escucha las amonestaciones de la v
16.15 alegría del rostro del rey está la v
16.17 su v guarda el que guarda su camino
16.22 manantial de v es el entendimiento al
18.21 la muerte y la v están en poder de la
19.23 el temor de Jehová es para v, y con él
21.21 hallará la v, la justicia y la honra
22.4 riqueza, honra y v son la remuneración
31.12 da ella bien..todos los días de su v
Ec. 2.3 en el cual se ocuparan..días de su v
2.17 aborrecí, por tanto, la v, porque la obra
3.12 cosa mejor que..y hacer bien en su v
5.18 todos los días de su v que Dios le ha
5.20 porque no se acordará..los días de su v
6.12 sabe cuál es el bien del hombre en la v
6.12 todos los días de la v de su vanidad, los
7.12 sabiduría excede..da v a sus poseedores
8.15 que esto le quede de..los días de su v
9.3 de insensatez en su corazón durante su v
9.9 goza de la v con la mujer que amas, todos
9.9 todos los días de la v de tu vanidad que
9.9 porque esta es tu parte en la v, y en tu
Is. 38.12 como tejedor corté mi v; me cortará
38.16 en todas ellas está la v de mi espíritu
38.17 mas a ti agradó librar mi v del hoyo
38.20 cánticos..todos los días de nuestra v
43.4 daré, pues, hombres..naciones por tu v
47.14 no salvarán sus v del poder de la llama
53.10 puesto su v en expiación por el pecado
53.12 cuanto derramó su v hasta la muerte, y
Jer. 4.30 te menospreciarán tus..buscarán tu v
8.3 escogerá la muerte antes que la v todo el
11.21 los varones de Anatot que buscan tu v
17.21 guardaos por..v de llevar carga en el
19.7 y en las manos de los que buscan sus v
19.9 los estrecharán..los que buscan sus v
21.7 en mano de..y de los que buscan sus v
21.8 pongo delante de vosotros camino de v
21.9 el que..vivirá, y su v le será por despojo
22.25 en mano de los que buscan tu v, y en
22.30 nada próspero..en todos los días de su v
34.20,21 y en mano de los que buscan su v
38.2 vivirá..su v le será por botín..vivirá
38.16 mano de estos varones que buscan tu v
39.18 te libraré, y..tu v te será por botín
44.30 los que buscan su v..que buscaba su v
45.5 a ti te daré tu v por botín en todos los
46.26 en mano de los que buscan su v, en mano
48.6 salvad vuestra v..y sed como retama en
49.37 Elam se intimide delante..buscan su v
51.6 huid..y librad cada uno su v, para que
51.45 y salvad cada uno su v del ardor de la
52.33 comía..mesa del rey..los días de su v
52.34 durante todos los días de su v, hasta
Lm. 1.11 dieron..cosas..para entretener la v
1.19 buscando comida..con que entretener su v
2.19 a él implorando la v de tus pequeñitos
3.53 mi v en cisterna, pusieron piedra sobre
3.58 abogaste..la causa de..redimiste mi v
4.20 el aliento de nuestras v, el ungido de
4.20 dicho: A su sombra tendremos v entre las
5.9 con peligro de nuestras v traíamos..pan
Ez. 7.13 iniquidad ninguno podrá amparar su v
13.18 para mantener así vuestra propia v?
13.19 dando v a..personas que no deben vivir
14.14 librarían únicamente sus propias v
14.20 ellos..librarían solamente sus propias v
16.5 arrojada sobre..con menosprecio de tu v
17.17 edifiquen torres para cortar muchas v
33.5 mas el que se apercibiere librará su v
33.9 él morirá por su..pero tú libraste tu v
33.15 caminare en los estatutos de la v, no
Dn. 5.19 y a quien quería daba v; engrandecía
5.23 el Dios en cuya mano está tu v, y cuyos
7.12 había sido prolongada la v hasta cierto
9.26 y después de..se quitará la v al Mesías
12.2 serán despertados, unos para v eterna
Os. 6.2 nos dará v después de dos días; en el
Am. 2.14 el ligero..ni el valiente librará su v
2.15 ni el que cabalga en caballo salvará su v
Jon. 1.14 perezcamos nosotros por la v de este
2.6 mas tú sacaste mi v de la sepultura, oh
4.3 me quites la v..mejor..muerte que la v
4.8 mejor sería para mí la muerte que la v
Hab. 2.10 asolaste..y has pecado contra tu v
Mal. 2.5 mi pacto con él fue de v y de paz, las
Mt. 6.25 os digo: No os afanéis por vuestra v
6.25 ¿no es la v más que el alimento, y el
7.14 y angosto el camino que lleva a la v, y
10.39 que halla su v..pierde su v por causa
16.25 el que quiera salvar su v, la perderá
16.25 el que pierda su v por causa de mí, la
18.8 mejor te es entrar en la v cojo o manco
18.9 mejor..es entrar con un solo ojo en la v
19.16 ¿qué bien haré para tener la v eterna?
19.17 si quieres entrar en la v, guarda los
19.29 cien veces más, y heredará la v eterna
20.28 y para dar su v en rescate por muchos
25.46 irán éstos..y los justos a la v eterna
Mr. 3.4 ¿es lícito en..salvar la v, o quitarla?
8.35 el que quiera salvar su v, la perderá; y
8.35 el que pierda su v por causa de mí y del
9.43 mejor te es entrar en la v manco, que
9.45 córtalo; mejor te es entrar a la v cojo
10.17 ¿qué haré para heredar la v eterna?
10.30 reciba..en el siglo venidero la v eterna

VIDA *(Continúa)*
Mr. 10.45 y para dar su *v* en rescate por muchos
Lc. 6.9 ¿es lícito en..salvar la *v*, o quitarla?
8.14 son ahogados por los..placeres de la *v*
9.24 quiera salvar su *v*..el que pierda su *v*
12.5 aquel que después de haber quitado la *v*
12.15 la *v*..no consiste en la abundancia de
12.22 os digo: No os afanéis por vuestra *v*
12.23 la *v* es más que la comida, y el cuerpo
14.26 no aborrece..su propia *v*, no puede ser
16.25 recibiste tus bienes en tu *v*, y Lázaro
17.33 el que procure salvar su *v*, la perderá
18.18 ¿qué haré para heredar la *v* eterna?
18.30 recibir..el siglo venidero la *v* eterna
21.34 no se carguen..de los afanes de esta *v*
Jn. 1.4 en él estaba la *v*, y la *v* era la luz de
3.15,16 cree, no se pierda, mas tenga *v* eterna
3.36 el que cree en el Hijo tiene *v* eterna
3.36 que rehúsa creer en el Hijo no verá la *v*
4.14 fuente de agua que salte para *v* eterna
4.36 el que siega..recoge fruto para *v* eterna
5.21 levanta a los muertos, y les da *v*, así
5.21 también el Hijo a los que quiere da *v*
5.24 y cree al que me envió, tiene *v* eterna
5.24 no vendrá..mas ha pasado de muerte a *v*
5.26 como el Padre tiene *v* en sí mismo, así
5.26 así también ha dado al Hijo el tener *v*
5.29 lo bueno, saldrán a resurrección de *v*
5.39 porque..os parece que en ellas tenéis la *v*
5.40 no queréis venir a mí para que tengáis *v*
6.27 por la comida que a *v* eterna permanece
6.33 que descendió del cielo y da *v* al mundo
6.35 yo soy el pan de *v*; el que a mí viene
6.40 al Hijo, y cree en él, tenga *v* eterna
6.47 digo: El que cree en mí, tiene *v* eterna
6.48 yo soy el pan de *v*
6.51 mi carne, la cual yo daré por la *v* del
6.53 carne..y bebéis su sangre, no tenéis *v*
6.63 el espíritu es el que da *v*; la carne
6.63 yo os he hablado son espíritu y son *v*
6.68 Señor..Tú tienes palabras de *v* eterna
8.12 el que me sigue..tendrá la luz de la *v*
10.10 yo he venido para que tengan *v*, y para
10.11 el buen pastor su *v* da por las ovejas
10.15 al Padre; y pongo mi *v* por las ovejas
10.17 ama el Padre, porque yo pongo mi *v*
10.28 y yo les doy *v* eterna; y no perecerán
11.25 yo soy la resurrección y la *v*; el que
12.25 el que ama su *v*, la perderá; y el que
12.25 el que aborrece su *v*..para *v* eterna la
12.50 sé que su mandamiento es *v* eterna. Así
13.37 puedo seguir ahora? Mi *v* pondré por ti
13.38 ¿tu *v* pondrás por mí? De cierto..digo
14.6 yo soy el camino, y la verdad, y la *v*
15.13 amor..que uno ponga su *v* por sus amigos
17.2 potestad..para que dé *v* eterna a todos
17.3 esta es la *v* eterna: que te conozcan a
20.31 que creyendo, tengáis *v* en su nombre
Hch. 2.28 hiciste conocer los caminos de la *v*
3.15 y matasteis al Autor de la *v*, a quien
5.20 anunciad..todas las palabras de esta *v*
7.38 y que recibió palabras de *v* que darnos
8.33 porque fue quitada de la tierra su *v*
11.18 ha dado Dios arrepentimiento para *v!*
13.46 y no os juzgáis dignos de la *v* eterna
13.48 los que estaban ordenados para *v* eterna
15.26 que han expuesto su *v* por el nombre de
17.25 él es quien da a todos *v* y aliento y
20.24 caso, ni estimo preciosa mi *v* para mí
26.4 mi *v*, pues..la conocen todos los judíos
27.22 no habrá ninguna pérdida de *v* entre
Ro. 2.7 *v* eterna a los..buscan gloria y honra
4.17 de Dios..el cual da *v* a los muertos, y
5.10 reconciliados, seremos salvos por su *v*
5.17 mucho más reinarán en *v* por uno solo
5.18 vino a todos los..la justificación de *v*
5.21 la gracia reine por la justicia para *v*
6.4 así también nosotros andemos en *v* nueva
6.22 santificación, y como fin, la *v* eterna
6.23 la dádiva de Dios es *v* eterna en Cristo
7.3 si en *v* del marido se uniere a otro varón
7.10 el mismo mandamiento que era para *v*, a
8.2 la ley del Espíritu de *v* en Cristo Jesús
8.6 pero el ocuparse del Espíritu es *v* y paz
8.38 ni la *v*, ni ángeles, ni principados, ni
11.15 ¿qué será su admisión, sino *v* de entre
16.4 expusieron su *v* por mí; a los cuales no
1 Co. 3.22 la *v*, sea la muerte, sea lo presente
6.3 ¿o no..¿cuánto más las cosas de esta *v?*
6.4 si..tenéis juicios sobre cosas de esta *v*
15.19 si en esta *v* solamente esperamos en
2 Co. 1.8 aun perdimos la esperanza de..la *v*
2.16 muerte, y a aquéllos olor de *v* para *v*
4.10 también la *v* de Jesús se manifieste en
4.11 la *v* de Jesús se manifieste en nuestra
4.12 la muerte actúa en..y en vosotros la *v*
5.4 para que lo mortal sea absorbido por la *v*
Gá. 6.8 siembra..del Espíritu segará *v* eterna
Ef. 2.1 y él os dio *v*..cuando estabais muertos
2.5 muertos..nos dio *v* juntamente con Cristo
4.18 ajenos de la *v* de Dios por la ignorancia
6.3 para que te vaya bien, y seas de larga *v*
Fil. 1.20 será magnificado..por *v* o por muerte
2.16 asidos de la palabra de *v*, para que en
2.30 exponiendo su *v* para suplir lo que faltaba
4.3 cuyos nombres están en el libro de la *v*
Col. 2.13 muertos..os dio *v* juntamente con él
3.3 vuestra *v* está escondida con Cristo en
3.4 cuando Cristo, vuestra *v*, se manifieste
1 Ts. 2.8 no sólo..también nuestras propias *v*
1 Ti. 1.16 que habrían de creer en él para *v*
4.8 pues tiene promesa de esta *v* presente, y
6.12 la fe, echa mano de la *v* eterna, a la cual
6.13 de Dios, que da *v* a todas las cosas, y de
6.19 por venir, que echen mano de la *v* eterna
2 Ti. 1.1 según la promesa de la *v* que es en
1.10 sacó a luz la *v* y la inmortalidad por el
2.4 milita se enreda en los negocios de la *v*
Tit. 3.7 conforme a la esperanza de..*v* eterna
He. 2.15 estaban durante toda la *v* sujetos a
7.3 ni tiene principio de días, ni fin de *v*
7.16 según el poder de una *v* indestructible
Stg. 1.12 recibirá la corona de *v*, que Dios ha
4.14 qué es vuestra *v?* Ciertamente es neblina
1 P. 3.7 como a coherederas de la gracia de la *v*
3.10 que quiere amar la *v* y ver días buenos
2 P. 1.3 todas las cosas que pertenecen a la *v*
1 Jn. 1.1 hemos visto..tocante al Verbo de *v*
1.2 la *v* fue manifestada, y la hemos visto
2.16 la vanagloria de la *v*, no proviene del
2.25 y esta es la promesa que..la *v* eterna
3.14 sabemos que hemos pasado de muerte a *v*
3.16 él puso su *v*..debemos poner nuestras *v*
5.11 dado *v* eterna; y esta *v* está en su Hijo
5.12 el que tiene al Hijo, tiene la *v*; el que
5.13 para que sepáis que tenéis *v* eterna, y
5.16 alguno viere..pedirá, y Dios le dará *v*
Jud. 21 misericordia..Jesucristo para *v* eterna
Ap. 2.7 le daré a comer del árbol de la *v*, el
2.10 sé fiel..y yo te daré la corona de la *v*
3.5 y no borraré su nombre del libro de la *v*
7.17 Cordero..guiará a fuentes de aguas de *v*
11.11 pero..entró en ellos el espíritu de *v*
12.11 y menospreciaron sus *v* hasta la muerte
13.8 no estaban escritos en el libro de la *v*
17.8 no están escritos..en el libro de la *v*
20.12 fue abierto, el cual es el libro de la *v*
20.15 el que no se halló..en el libro de la *v*
21.6 le daré..de la fuente del agua de la *v*
21.27 que están inscritos en el libro de la *v*
22.1 me mostró un río limpio de agua de *v*
22.2 en medio de la calle..el árbol de la *v*
22.14 para tener derecho al árbol de la *v*, y
22.17 tome del agua de la *v* gratuitamente
22.19 Dios quitará su parte del libro de la *v*

VIDENTE
1 S. 9.9 decía así: Venid y vamos al *v*; porque
9.9 llama profeta, entonces se le llamaba *v*
9.11 a las cuales dijeron..en este lugar el *v?*
9.18 que me enseñes dónde está la casa del *v*
9.19 yo soy el *v*; sube delante de mí al..alto
2 S. 15.27 ¿no eres tú el *v?* Vuelve en paz a
24.11 palabra de Jehová al..Gad, *v* de David
2 R. 17.13 amonestó..por medio de todos..los *v*
1 Cr. 9.22 los cuales constituyó..Samuel el *v*
21.9 habló Jehová a Gad, *v* de David, diciendo
25.5 Hemán, *v* del rey en las cosas de Dios
26.28 había consagrado el *v* Samuel, y Saúl
29.29 el libro de las crónicas de Samuel *v*
29.29 escritos..y en las crónicas de Gad *v*
2 Cr. 9.29 escritos..en la profecía del *v* Iddo
12.15 escritas en los libros..y del *v* Iddo
16.7 vino el *v* Hanani a Asa rey de Judá, y le
16.10 se enojó Asa contra el *v* y lo echó en
19.2 le salió al encuentro el *v* Jehú hijo de
29.25 mandamiento..de Gad *v* del rey, y del
29.30 con las palabras de David y de Asaf *v*
33.18 de Manasés..y las palabras de los *v* que
33.19 están escritas en las palabras de los *v*
35.15 al mandamiento..de Jedutún *v* del rey
Is. 29.10 velo sobre las cabezas de vuestros *v*
30.10 que dicen a los *v*: No veáis; y a los
Am. 7.12 Amasías dijo..*V*, vete, huye a..Judá

VIDRIO
Ap. 4.6 delante del trono había..un mar de *v*
15.2 vi..como un mar de *v* mezclado con fuego
15.2 en pie sobre el mar de *v*, con las arpas
21.18 la ciudad era de oro..semejante al *v*
21.21 era de oro puro, transparente como *v*

VIEJO, JA
Gn. 18.11 Abraham y Sara eran *v*..edad avanzada
18.12 tendré deleite, siendo..mi señor ya *v?*
18.13 cierto que he de dar a luz siendo ya *v?*
19.4 los varones..el más joven hasta el más *v*
19.31 nuestro padre es *v*, y no queda varón en
24.1 Abraham ya *v*, y bien avanzado en años
24.2 dijo Abraham a un criado suyo, el más *v*
27.2 aquí ya soy *v*, no sé el día de mi muerte
35.29 y exhaló Isaac el..*v* y lleno de días
49.9 así como león *v*: ¿quién lo despertará?
Éx. 10.9 hemos de ir..niños y con nuestros *v*
Jos. 6.21 y destruyeron..mujeres, jóvenes y *v*
9.4 tomaron sacos *v* sobre..y cueros *v* de vino
9.5 y zapatos *v* y recosidos..con vestidos *v*
9.13 nuestros vestidos..zapatos están ya *v*
13.1 Josué ya *v*..Jehová le dijo..eres ya *v*
23.1 Josué, siendo ya *v* y avanzado en años
23.2 les dijo: Yo ya soy *v* y avanzado en años
Jue. 19.16 un hombre *v* que venía de su trabajo
19.17 y alzando el *v* los ojos, vio a aquel
Rt. 1.12 porque yo ya soy *v* para tener marido
1 S. 2.22 Elí era muy *v*; y oía..que sus hijos
4.18 Elí cayó..porque era hombre *v* y pesado
12.2 yo soy ya *v* y lleno de canas; pero mis
17.12 era *v* y de gran edad entre los hombres
1 R. 1.1 el rey David era *v* y avanzado en días
1.15 y el rey era muy *v*, y Abisag..le servía
11.4 Salomón era ya *v*, sus mujeres inclinaron
13.11 moraba..en Bet-el un *v* profeta, al cual
13.25 en la ciudad donde el *v* profeta habitaba
13.29 y el profeta *v* vino a la ciudad, para
2 R. 4.14 ella no tiene hijo, y su marido es *v*
1 Cr. 23.1 siendo..David ya *v* y lleno de días
Neh. 3.6 la puerta *V* fue restaurada por Joiada
12.39 puerta de Efraín hasta la puerta *V* y a
Job 4.11 el león *v* perece por falta de presa
32.4 había esperado..otros eran más *v* que él
42.17 y murió Job *v* y lleno de días
Sal. 119.100 más que los *v* he entendido, porque
Pr. 17.6 corona de los *v* son los nietos, y la
22.6 aun cuando fuere *v* no se apartará de él
Ec. 4.13 rey *v* y necio que no admite consejos
Cnt. 7.9 vino..hace hablar los labios de los *v*
Is. 22.11 foso..para las aguas del estanque *v*
65.20 no habrá..ni *v* que sus días no cumpla
Jer. 6.11 será preso..el *v* como el muy anciano
31.13 alegrará..los jóvenes y los *v* juntamente
38.11 tomó de allí trapos *v* y ropas raídas y
38.12 pon ahora esos trapos *v* y ropas raídas
51.22 medio de ti quebrantaré *v* y jóvenes, y
Lm. 2.21 niños y *v* yacían por tierra en..calles
4.16 apartó..ni tuvieron compasión de los *v*
5.12 manos; no respetaron el rostro de los *v*
Ez. 9.6 matad a *v*, jóvenes y vírgenes, niños
Mt. 9.16 remiendo de paño nuevo en vestido *v*
9.17 ni echan vino nuevo en odres *v*; de otra
13.52 saca de..tesoro cosas nuevas y cosas *v*
Mr. 2.21 remiendo de paño nuevo en vestido *v*
2.21 el mismo remiendo nuevo tira de lo *v*, y
2.22 y nadie echa vino nuevo en odres *v*; de
Lc. 1.18 soy *v*, y mi mujer es de edad avanzada
5.36 nadie..lo pone en un vestido *v*; pues si
5.36 que el remiendo..no armoniza con el *v*
5.37 y nadie echa vino nuevo en odres *v*; de
Jn. 3.4 ¿cómo puede un hombre nacer siendo *v?*
8.9 salían..comenzando desde los más *v* hasta
21.18 cuando ya seas *v*, extenderás tus manos
Ro. 6.6 *v* hombre fue crucificado juntamente con
7.6 nuevo..no bajo el régimen *v* de la letra
1 Co. 5.7 limpiaos, pues, de la *v* levadura, para
5.8 que celebremos la..no con la *v* levadura
2 Co. 5.17 las cosas *v* pasaron; he aquí todas
Ef. 4.22 de vivir, despojaos del *v* hombre, que
Col. 3.9 habiéndoos despojado del *v* hombre con
1 Ti. 4.7 desecha las fábulas profanas y de *v*
He. 8.13 al decir: Nuevo pacto, ha dado por *v*
8.13 lo que se da por *v* y se envejece, está

VIENTO
Gn. 8.1 e hizo pasar Dios un *v* sobre la tierra
41.6,23 siete espigas menudas y abatidas del *v*
41.27 siete espigas..marchitas del *v* solano
Éx. 10.13 Jehová trajo un *v* oriental sobre el
10.13 al venir la mañana el *v* oriental trajo
10.19 Jehová trajo un fortísimo *v* occidental
14.21 el mar se retirase por recio *v* oriental
15.10 soplaste con tu *v*; los cubrió el mar
Nm. 11.31 vino un *v*..trajo codornices del mar
2 S. 22.11 cabalgó..voló sobre las alas del *v*
1 R. 18.45 cielos se oscurecieron con nubes y *v*
19.11 un poderoso *v*..Jehová no estaba en el *v*
19.11 y tras el *v* un terremoto; pero Jehová
2 R. 3.17 no veréis *v*, ni veréis lluvia; pero
Job 1.19 un gran *v* vino del lado del desierto
6.26 los discursos de un..que son como el *v?*
8.2 palabras de tu boca..como *v* impetuoso?
15.2 sabio..llenará su vientre de *v* solano?
21.18 como la paja delante del *v*, y como el
28.25 al dar paso al *v*, y poner las aguas por
30.15 sobre mí; combatieron como *v* mi honor
30.22 sobre el *v*, me hiciste cabalgar en él
37.9 torbellino, y el frío de los *v* del norte
37.17 él sosiega la tierra con el *v* del sur?
37.21 luz..luego que pasa el *v* y los limpia
38.24 se esparce el *v* solano sobre la tierra?
41.16 se junta con el..*v* no entra entre ellos
Sal. 1.4 que son como el tamo que arrebata el *v*
11.6 y *v* abrasador será la porción del cáliz
18.10 cabalgó..y voló..sobre las alas del *v*
18.42 y los molí como polvo delante del *v*
35.5 sean como el tamo delante del *v*, y el
48.7 con *v* solano quiebras tú las naves de
55.8 apresuraría a escapar del *v* borrascoso
78.26 cielo, y trajo con su poder el *v* sur
83.13 ponlos..como hojarascas delante del *v*
103.16 que pasó el *v* por ella, y pereció, y
104.3 nubes..que anda sobre las alas del *v*
104.4 el que hace a los *v* sus mensajeros, y

VIENTO *(Continúa)*
Sal. 107.25 hizo levantar un *v* tempestuoso, que
135.7 hace los. .saca de sus depósitos los *v*
147.18 soplará su *v*, y fluirán las aguas
148.8 *v* de tempestad que ejecuta su palabra
Pr. 11.29 el que turba su casa heredará *v*; y el
25.14 nubes y *v* sin lluvia, así es el hombre
25.23 el *v* del norte ahuyenta la lluvia, y el
27.16 pretender contenerla es. .refrenar el *v*
30.4 ¿quién encerró los *v* en sus puños. .ató
Ec. 1.6 *v* tira hacia el sur, y rodea al norte
1.6 va. .y a sus giros vuelve el *v* de nuevo
11.4 el que al *v* observa, no sembrará; y el
11.5 tú no sabes cuál es el camino del *v*, o
Is. 7.2 como. .árboles del monte a causa del *v*
17.13 el tamo de los montes delante del *v*, y
26.18 tuvimos dolores de parto, dimos a luz *v*
27.8 los remueve con su recio *v* en el día del
32.2 escondedero contra el *v*, y como refugio
40.7 flor se marchita. .el *v* de Jehová sopló
41.16 y los llevará el *v*, y los esparcirá el
41.29 *v* y vanidad son sus imágenes fundidas
57.13 a todos ellos llevará el *v*, un soplo los
64.6 y nuestras maldades nos llevaron como *v*
Jer. 2.24 asna montés. .en su ardor olfatea el *v*
4.11 *v* seco de las alturas del desierto vino
4.12 *v* más vehemente que este vendrá a mí
5.13 los profetas serán como *v*, porque no hay
10.13 la lluvia, y saca el *v* de sus depósitos
13.24 los esparciré al *v* del desierto, como
14.6 los asnos. .aspiraban el *v* como chacales
18.17 como *v* solano los esparciré delante del
22.22 a todos tus pastores pastoreará el *v*
49.32 y los esparciré por todos los *v*. .ruina
49.36 traeré sobre Elam los cuatro *v* de los
49.36 y los aventaré a todos estos *v*; y no
51.1 levanto un *v*,destruidor contra Babilonia
51.16 él hace relámpagos. .y saca el *v* de sus
Ez. 1.4 y miré, y he aquí venía del norte un *v*
5.2 una tercera parte esparcirás al *v*, y yo
5.10 y esparciré a todos los *v* todo lo que
5.12 tercera parte esparciré a todos los *v*
12.14 sus tropas, esparciré a todos los *v*
13.11 hagan caer, y *v* tempestuoso la romperá
13.13 que la rompa *v* tempestuoso con mi ira
17.10 ¿no se secará. .cuando el *v*. .la toque?
17.21 queden serán esparcidos a todos los *v*
19.12 el *v* solano secó su fruto; sus ramas
27.26 *v* solano te quebrantó en medio de los
37.9 espíritu, ven de los cuatro *v*, y sopla
Dn. 2.35 los llevó el *v* sin que de ellos quedara
7.2 que los cuatro *v* del cielo combatían en
8.8 salieron. .hacia los cuatro *v* del cielo
11.4 repartido hacia los cuatro *v* del cielo
Os. 4.19 el *v* los ató en sus alas, y de sus
8.7 porque sembraron *v*, y torbellino segarán
12.1 Efraín. .apacienta de *v*, y sigue al solano
13.15 aunque. .vendrá el solano, *v* de Jehová
Am. 4.9 os herí con *v* solano y con oruga; la
4.13 el que forma los montes, y crea el *v*
Jon. 1.4 Jehová hizo levantar un gran *v* en el
4.8 preparó Dios un recio *v* solano, y el sol
Hag. 2.17 os herí con *v* solano, con tizoncillo
Zac. 2.6 por los cuatro *v* de. .cielos os esparcí
5.9 traían *v* en sus alas, y tenían alas como
6.5 son los cuatro *v* de los cielos, que salen
Mt. 7.25 soplaron *v*, y golpearon contra. .casa
7.27 soplaron *v*, y dieron con ímpetu contra
8.26 levantándose, reprendió a los *v* y al mar
8.27 éste, que aun los *v* y el mar le obedecen?
11.7 a ver al. .¿Una caña sacudida por el *v*?
14.24 por las olas; porque el *v* era contrario
14.30 al ver el. .*v*, tuvo miedo; y comenzando
14.32 cuando ellos subieron en. .se calmó el *v*
24.31 juntarán a. .escogidos, de los cuatro *v*
Mr. 4.37 se levantó una gran tempestad de *v*, y
4.39 y levantándose, reprendió al *v*, y dijo
4.39 y cesó el *v*, y se hizo grande bonanza
4.41 éste, que aun el *v* y el mar le obedecen?
6.48 fatiga, porque el *v* les era contrario
6.51 y se calmó el *v*; y ellos se asombraron
13.27 juntará a. .escogidos de los cuatro *v*
Lc. 7.24 de Juan. .¿Una caña sacudida por el *v*?
8.23 se desencadenó una tempestad de *v* en el
8.24 reprendió al *v* y a las olas; y cesaron
8.25 que aun a los *v* y a las aguas manda, y
12.55 cuando sopla el *v* del sur, decís: Hará
Jn. 3.8 el *v* sopla de donde quiere, y oyes su
6.18 y se levantaba el mar con un gran *v* que
Hch. 2.2 vino. .un estruendo como de un *v* recio
27.4 de Chipre, porque los *v* eran contrarios
27.7 nos impedía el *v*, navegamos a sotavento
27.14 dio contra la nave un *v* huracanado
27.15 la nave, y no pudiendo poner proa al *v*
27.40 izada al *v* la vela de proa, enfilaron
28.13 soplando el *v* sur, llegamos. .a Puteoli
Ef. 4.14 llevados por doquiera de todo *v* de
Stg. 1.6 que es arrastrada por el *v* y echada de
3.4 las naves. .llevadas de impetuosos *v*, son
Jud. 12 nubes sin agua, llevadas de. .por los *v*
Ap. 6.13 la higuera. .sacudida por un fuerte *v*
7.1 que detenían los cuatro *v* de la tierra
7.1 para que no soplase *v*. .sobre la tierra

VIENTRE
Gn. 25.24 de dar a luz. .había gemelos en su *v*
30.2 ¿soy yo Dios,. .te impidió el fruto de tu *v*?
49.25 con bendiciones de los pechos y del *v*
Nm. 5.21 tu muslo caiga y que tu *v* se hinche
5.22 y hagan hinchar tu *v* y caer tu muslo
5.27 su *v* se hinchará y caerá su muslo; y la
12.12 que al salir del *v* de su madre, tiene
25.8 alanceó a ambos. .y a la mujer por su *v*
Dt. 7.13 bendecirá el fruto de tu *v* y el fruto
28.4 bendito el fruto de tu *v*, el fruto de tu
28.11 sobreabundar en. .en el fruto de tu *v* en
28.18 maldito el fruto de tu *v*, el fruto de
28.53 comerás el fruto de tu *v*, la carne de
30.9 y te hará. .abundar. .en el fruto de tu *v*
Jue. 3.21 tomó el puñal. .se lo metió por el *v*
3.22 porque no sacó el puñal de su *v*; y salió
16.17 porque soy nazareo de Dios desde el *v* de
Rt. 1.11 volveos. .¿Tengo yo más hijos en el *v*
2 R. 8.12 abrirás el *v* a sus mujeres que estén
15.16 abrió el *v* a. .sus mujeres que estaban
Job 1.21 dijo: Desnudo salí del *v* de mi madre
3.10 no cerró las puertas del *v* donde. .estaba
3.11 ¿por qué no morí. .expiré al salir del *v*?
10.19 como si. .llevado del *v* a la sepultura
15.2 el sabio. .llenará su *v* de viento solano?
20.15 las vomitará; de su *v* las sacará Dios
20.20 no tendrá sosiego en su *v*, ni salvará
20.23 cuando se pusiere a llenar su *v*, Dios
31.15 que en el *v* me hizo a mí, ¿no lo hizo
31.18 desde el *v* de mi madre fui guía de la
38.29 ¿de qué *v* salió el hielo? Y la escarcha
40.16 aquí. .su vigor en los músculos de su *v*
Sal. 17.14 y cuyo *v* está lleno de tu tesoro
22.9 tú eres el que me sacó del *v*; el que me
22.10 desde el *v* de mi madre, tú eres mi Dios
71.6 en ti he sido sustentado desde el *v* de
127.3 hijos; cosa de estima el fruto del *v*
139.13 tú me hiciste en el *v* de mi madre
Pr. 13.25 el *v* de los impíos tendrá necesidad
18.20 del fruto de la boca. .se llenará su *v*
31.2 ¿qué, hijo mío? ¿y qué, hijo de mi *v*?
Ec. 5.15 como salió del *v*. .desnudo, así vuelve
11.5 o cómo crecen los huesos en el *v* de la
Cnt. 7.2 tu *v* como montón de trigo cercado de
Is. 13.18 no tendrán misericordia del. .del *v*
44.2 el que te formó desde el *v*, el cual te
44.24 tu Redentor, que te formó desde el *v*
46.3 los que sois traídos por mí desde el *v*
48.8 por tanto te llamé rebelde desde el *v*
49.1 Jehová me llamó desde el *v*, desde las
49.5 me formó desde el *v* para ser su siervo
49.15 olvidará la mujer. .del hijo de su *v*?
Jer. 1.5 antes que te formase en el *v* te conocí
20.17 porque no me mató en el *v*, y mi madre
20.17 madre. .y su *v* embarazado para siempre
20.18 ¿para qué salí del *v*? ¿Para. .trabajo
51.34 llenó su *v* de mis delicadezas, y me echó
Ez. 3.3 alimenta tu *v*, y llena tus entrañas de
Dn. 2.32 de plata; su *v* y sus muslos, de bronce
Os. 9.16 Efraín. .yo mataré lo deseable de su *v*
Jon. 1.17 estuvo Jonás en el *v*. .pez tres días
2.1 oró Jonás a Jehová. .desde el *v* del pez
Mt. 12.40 como estuvo Jonás en el *v* del. .pez
15.17 todo lo que entra a la boca va al *v*, y
19.12 hay eunucos que nacieron así del *v* de
Mr. 7.19 no entra en su corazón, sino en el *v*
Lc. 1.15 será lleno del Espíritu. .desde el *v*
1.31 concebirás en tu *v*, y darás a luz un hijo
1.41 que cuando oyó. .la criatura saltó en su *v*
1.42 bendita tú. .y bendito el fruto de tu *v*
1.44 la criatura saltó de alegría en mi *v*
11.27 bienaventurado el *v* que te trajo, y los
15.16 deseaba llenar su *v* de las algarrobas
23.29 los *v* que no concibieron, y los pechos
Jn. 3.4 ¿puede. .entrar. .en el *v* de su madre, y
Ro. 16.18 no sirven a. .sino a sus propios *v*, y
1 Co. 6.13 las viandas para el *v*, y el *v* para
Gá. 1.15 que me apartó desde el *v* de mi madre
Fil. 3.19 cuyo dios es el *v*, y cuya gloria es
Ap. 10.9 te amargará el *v*, pero en tu boca será
10.10 pero cuando lo hube comido, amargó mi *v*

VIGA
1 R. 6.6 para no empotrar las *v* en las paredes
6.15 desde el suelo de la casa hasta las *v* de
6.36 el atrio. .de una hilera de *v* de cedro
7.2 cedro, con *v* de cedro sobre las columnas
7.3 cubierta de tablas. .arriba sobre las *v*
7.12 había. .una hilera de *v* de cedro; y así
2 R. 6.2 cada uno una *v*, y hagamos allí lugar
2 Cr. 3.7 cubrió la casa, sus *v*, sus umbrales
Cnt. 1.17 las *v* de nuestra casa son de cedro, y
Mt. 7.3 no echas de ver la *v* que está en. .ojo?
7.4 la paja. .y he aquí la *v* en el ojo tuyo?
7.5 saca primero la *v* de tu propio ojo, y
Lc. 6.41 y no echas de ver la *v* que está en tu
6.42 no mirando tú la *v* que. .en el ojo tuyo?
6.42 saca primero la *v* de tu propio ojo, y

VIGÉSIMA
1 Cr. 24.16 la decimanovena. .la *v* a Hezequiel
25.27 la *v* para Eliata, con sus hijos y sus

VIGESIMACUARTA
1 Cr. 24.18 la vigesimatercera. .la *v* a Maasías
25.31 la *v* para Romanti-ezer, con sus hijos

VIGESIMAPRIMERA
1 Cr. 24.17 la *v* a Jaquín, la vigesimasegunda
25.28 la *v* para Hotir, con sus hijos y sus

VIGESIMASEGUNDA
1 Cr. 24.17 la vigesimaprimera. .la *v* a Gamul
25.29 *v* para Gidalti, con sus hijos y sus

VIGESIMATERCERA
1 Cr. 24.18 la *v* a Delaía, la vigesimacuarta
25.30 *v* para Mahaziot, con sus hijos y sus

VIGILANTE
1 R. 9.23 jefes y *v* sobre las obras eran 550
Job 40.24 ¿lo tomará alguno cuando está *v*, y
Sal. 130.6 espera. .más que los *v* a la mañana
Dn. 4.13 que. .un *v* y santo descendía del cielo
4.17 la sentencia es por decreto de los *v*, y
4.23 un *v* y santo que descendía del cielo y
Ap. 3.2 *v*, y afirma las otras cosas que están

VIGILAR
1 S. 4.13 Elí estaba. .*vigilando* junto al camino
19.11 a casa de David para que lo *vigilasen*, y
2 Cr. 2.2 cortasen. .y 3.600 que los *vigilasen*
Esd. 8.29 *vigilad* y guardadlos, hasta que los
Job 33.11 en el cepo, y *vigiló* todas mis sendas
Sal. 59 *tít.* envió Saúl, y *vigilaron* la casa
Ec. 5.8 sobre el alto *vigila* otro más alto, y
Nah. 2.1 *vigila* el camino, cíñete los lomos

VIGILIA
Éx. 14.24 a la *v* de la mañana, que Jehová miró
1 S. 11.11 entraron en medio. .la *v* de la mañana
Sal. 63.6 cuando medite en ti en las *v* de la
90.4 como el. .como una de las *v* de la noche
119.148 se anticiparon. .a las *v* de la noche
Lm. 2.19 levántate, da voces. .al comenzar las *v*
Mt. 14.25 la cuarta *v* de la noche, Jesús vino
Mr. 6.48 cerca de la cuarta *v* de la noche vino
Lc. 2.8 y guardaban las *v* de la noche sobre su
12.38 venga a la segunda *v*, y. .a la tercera *v*

VIGOR
Gn. 49.3 mi fortaleza, y el principio de mi *v*
Dt. 21.17 porque él es el principio de su *v*, y
34.7 Moisés de edad de. .nunca. .ni perdió su *v*
1 Cr. 26.30 los hebronitas. .hombres de *v*, 1.700
Neh. 11.14 y sus hermanos, hombres de gran *v*
Job 21.23 éste morirá en el *v* de su hermosura
40.16 y su *v* en los músculos de su vientre
Sal. 22.15 como un tiesto se secó mi *v*, y mi
38.10 me ha dejado mi *v*, y aun la luz de mis
68.35 el Dios de Israel, él da. .*v* a su pueblo
73.4 no tienen congojas por. .su *v* está entero
138.3 el día que clamé. .me fortaleciste con *v*
Pr. 24.5 es fuerte, y de pujante *v* el hombre
Is. 57.10 dijiste. .hallaste nuevo *v* en tu mano
58.11 *v* a tus huesos; y serás como huerto de
Dn. 10.8 quedé, pues, yo solo. .no tuve *v* alguno

VIGOROSO
Gn. 10.9 éste fue *v*. .*v* cazador delante de Jehová
1 S. 16.18 es valiente y *v* y hombre de guerra
1 Cr. 8.40 fueron los hijos de Ulam hombres. .*v*
26.31 fueron hallados. .fuertes y *v* en Jaezer
Job 18.7 pasos *v* serán acortados, y su mismo
Sal. 92.14 fructificarán; estarán *v* y verdes
Dn. 3.20 a hombres muy *v*. .que atasen a Sadrac

VIHUELA
Is. 5.12 en sus banquetes hay arpas, *v*. .y vino

VIL
1 S. 15.9 que era *v* y despreciable destruyeron
2 S. 6.22 y aun me haré más *v* que esta vez, y
Job 15.16 menos el hombre abominable y *v*
18.3 por bestias, y a vuestros ojos somos *v*?
30.8 hijos de *v*, y hombres sin nombre, más
40.4 aquí que yo soy *v*; ¿qué te responderé?
Sal. 15.4 a cuyos ojos el *v* es menospreciado
Jer. 15.19 si entresacares lo precioso de lo *v*
Nah. 1.14 pondré tu sepulcro, porque fuiste *v*
Zac. 3.3 Josué estaba vestido de vestiduras *v*
3.4 diciendo: Quitadle esas vestiduras *v*. Y a
Mal. 2.9 yo también os he hecho *v* y bajos ante
1 Co. 1.28 lo *v* del mundo y lo menospreciado
2 Ti. 2.20 usos honrosos, y otros para usos *v*

VILEZA
Gn. 34.7 *v* en Israel acostándose con la hija de
Lv. 20.14 mujer y la madre de ella, comete *v*
20.14 quemarán con fuego. .para que no haya *v*
Dt. 22.21 morirá, por cuanto hizo *v* en Israel
2 S. 13.12 no se debe hacer así. .No hagas tal *v*
Sal. 12.8 la *v* es exaltada entre los hijos de
Is. 5.7 esperaba juicio, y he aquí *v*; justicia

VILLA
Gn. 25.16 estos sus nombres, por sus *v* y por
Jos. 15.45 Ecrón con sus *v* y sus aldeas
15.47 Asdod con sus *v*. . Gaza con sus *v* y sus
2 R. 3.19 y destruiréis toda ciudad. . *v* hermosa
1 Cr. 9.22 por el orden de sus linajes en sus *v*
18.1 David. . tomó a Gat y sus *v* de mano de los
Est. 9.19 judíos. . que habitan en las *v* sin muro
Jer. 19.15 traigo. . sobre todas sus *v* todo el mal

VILLANO
2 S. 3.33 ¿había de morir Abner. . muere un *v?*
Is. 3.5 levantará contra. . el *v* contra el noble

VINAGRE
Nm. 6.3 no beberá *v* de vino, ni *v* de sidra, ni
Rt. 2.14 come del pan, y moja tu bocado en el *v*
Sal. 69.21 hiel. . y en mi sed me dieron a beber *v*
Pr. 10.26 el *v* a los dientes, y como el humo a
25.20 es como. . el que sobre el jabón echa *v*
Mt. 27.34 le dieron a beber *v* mezclado con hiel
27.48 tomó una esponja, y la empapó de *v*, y
Mr. 15.36 corrió. . y empapando una esponja en *v*
Lc. 23.36 los soldados también. . presentándole *v*
Jn. 19.29 y estaba allí una vasija llena de *v*
19.29 entonces. . empaparon en *v* una esponja
19.30 hubo tomado el *v*, dijo: Consumado es

VÍNCULO
Ez. 20.37 y os haré entrar en los *v* del pacto
Ef. 4.3 unidad del Espíritu en el *v* de la paz
Col. 3.14 vestíos de amor, que es el *v* perfecto

VINDICACIÓN
Lv. 26.25 espada vengadora, en *v* del pacto; y si
Sal. 17.2 de tu presencia proceda mi *v;* vean
Is. 59.18 para *v*, como para retribuir con ira
2 Co. 7.11 ardiente afecto, qué celo, y qué *v!*

VINDICAR
Gn. 20.16 dado mil monedas. . así fue *vindicada*

VINO
Gn. 9.21 bebió del *v*, y se embriagó, y estaba
14.18 Melquisedec. . sacerdote. . sacó pan y *v*
19.32 ven, demos a beber *v* a nuestro padre, y
19.33 y dieron a beber *v* a su padre. . noche
19.34 démosle a beber *v* también esta noche, y
19.35 y dieron a beber *v* a su padre también
27.25 Isaac comió; le trajo también *v*, y bebió
27.37 de trigo y de *v* le he provisto; ¿qué
49.11 lavó en el *v* su vestido, y en. . de uvas
49.12 sus ojos, rojos de *v*, y sus dientes
Éx. 29.40 libación, la cuarta parte de un. . de *v*
Lv. 10.9 tú, y tus hijos contigo, no beberéis *v*
23.13 su libación será de *v*, la cuarta parte
Nm. 6.3 abstendrá de *v*. . no beberá vinagre de *v*
6.20 mecerá aquello. . el nazareo podrá beber *v*
15.5,7,10 de *v* para la libación ofrecerás la
28.7 derramarás libación de *v* superior ante
28.14 sus libaciones de *v*, medio hin con cada
Dt. 11.14 recogerás tu grano, tu *v* y tu aceite
12.17; 14.23 el diezmo de tu grano, de tu *v*
14.26 darás el dinero por. . por *v*, por sidra
18.4 las primicias. . de tu *v* y de tu aceite
28.39 plantarás viñas y. . pero no beberás *v*
29.6 no habéis comido pan, ni bebisteis *v* ni
32.14 trigo, y de la sangre de la uva bebiste *v*
32.33 veneno de serpientes es su *v*. . áspides
32.38 comían. . bebían el *v* de sus libaciones?
33.28 habitará sola en tierra de grano y de *v*
Jos. 9.4 tomaron. . cueros viejos de *v*, rotos y
9.13 estos cueros de *v*. . los llenamos nuevos
Jue. 13.4 ahora, pues, no bebas *v* ni sidra, ni
13.7 ahora no bebas *v*, ni sidra, ni comas cosa
13.14 no beberá *v* ni sidra, y no comerá cosa
19.19 tenemos pan y *v* para mí y. . tu sierva
1 S. 1.14 ¿hasta cuándo. . ebria? Digiere tu *v*
1.15 señor mío. . no he bebido *v* ni sidra, sino
1.24 y una vasija de *v*, y lo trajo a la casa
10.3 llevando uno. . el tercero una vasija de *v*
16.20 tomó Isaí. . una vasija de *v* y un cabrito
25.18 tomó. . dos cueros de *v*, cinco ovejas
25.37 se le habían pasado los efectos del *v*
2 S. 13.28 cuando. . Amnón esté alegre por el *v*
16.1 panes de higos secos, y un cuero de *v*
16.2 el *v* para que beban los que se cansen en
2 R. 18.32 tierra de grano y de *v*, tierra de
1 Cr. 9.29 tenían el cargo. . del *v*, del aceite
12.40 trajeron. . tortas de higos, pasas, *v* y
2 Cr. 2.10 dado. . 20.000 batos de *v*, y. . aceite
2.15 envíe. . cebada, y aceite y *v* que ha dicho
11.11 puso en ellas capitanes, y. . *v* y aceite
31.5 dieron. . primicias de grano, *v*, aceite, miel
32.28 hizo depósitos para las rentas del. . *v*
Esd. 6.9 *v* y aceite, conforme a lo que dijeren
Neh. 2.1 estando ya el *v* delante. . tomé el *v* y lo
5.11 la centésima parte. . del *v* y del aceite
5.15 por el pan y por el *v* más de 40 siclos
5.18 y cada diez días *v* en toda abundancia
8.10 bebed *v* dulce, y enviad porciones a los
10.37 del *v* y del aceite, para los sacerdotes
10.39 han de llevar. . la ofrenda. . del *v* y del
13.5 guardaban. . el diezmo del grano, del *v* y
13.12 Judá trajo el diezmo del grano, del *v*
13.15 vi en Judá. . que. . cargaban asnos con *v*
Est. 1.7 daban. . mucho *v* real, de acuerdo con la
1.10 estando. . alegre del *v*, mandó a Mehumán
5.6 dijo el rey a Ester. . mientras bebían *v*
7.2 mientras bebían *v*, dijo el rey a Ester
Job 1.13 que sus hijos. . bebían *v* en casa de su
1.18 estaban comiendo y bebiendo *v* en casa de
32.19 como el *v* que no tiene respiradero, y
Sal. 60.3 nos hiciste beber *v* de aturdimiento
75.8 el *v* está fermentado, lleno de mistura
78.65 un valiente que grita excitado del *v*
104.15 el *v* que alegra el corazón del hombre
Pr. 4.17 porque comen pan. . y beben *v* de robos
9.2 sus víctimas, mezcló su *v*, y puso su mesa
9.5 venid. . y bebed del *v* que yo he mezclado
20.1 el *v* es escarnecedor, la. . alborotadora
21.17 el que ama el *v* y los. . no enriquecerá
23.20 no estés con los bebedores de *v*, ni con
23.30 para los que se detienen mucho en el *v*
23.31 no mires al *v* cuando rojea. . en la copa
31.4 no es de los reyes beber *v*, ni de los
31.6 la sidra. . el *v* a los de amargado ánimo
Ec. 2.3 en mi corazón agasajar mi carne con *v*
9.7 come tu. . y bebe tu *v* con alegre corazón
10.19 el banquete, y el *v* alegra a los vivos
Cnt. 1.2 porque mejores. . tus amores que el *v*
1.4 acordaremos de tus amores más que del *v*
4.10 ¡cuánto mejores que el *v* tus amores, y
5.1 comido mi pan y mi miel, mi *v* y me leche
7.9 tu paladar como el buen *v*, que se entra
8.2 yo te haría beber *v* adobado del mosto de
Is. 1.22 escorias, tu *v* está mezclado con agua
5.11 la noche, hasta que el *v* los enciende!
5.12 en sus banquetes hay arpas. . flautas y *v*
5.22 ay de los que son valientes para beber *v*
16.10 no pisará *v* en los lagares el pisador
22.13 comiendo carne y bebiendo *v*, diciendo
24.7 se perdió el *v*, enfermó la vid, gimieron
24.9 no beberán *v* con cantar; la sidra les
24.11 clamores por falta de *v* en las calles
25.6 banquete de *v* refinados. . *v* purificados
27.2 día cantad acerca de la viña del *v* rojo
28.1 del valle fértil de los aturdidos del *v*
28.7 pero también éstos erraron con el *v*, y
28.7 el profeta. . fueron trastornados por el *v*
29.9 embriagaos, y no de *v;* tambalead, y no
36.17 tierra de grano y de *v*, tierra de pan
49.26 su sangre serán embriagados como con *v*
51.21 oye, pues. . afligida, ebria, y no de *v*
55.1 venid, comprad sin dinero y sin precio, *v*
56.12 venid, dicen, tomemos *v*, embriaguémonos
62.8 ni beberán. . extraños el *v* que es fruto
Jer. 13.12(2) toda tinaja se llenará de *v*
23.9 como hombre a quien dominó el *v*, delante
25.15 toma de mi mano la copa del *v* de este
31.12 al pan, al *v*, al aceite, y al ganado de
35.2 casa de los recabitas. . dales a beber *v*
35.5 copas llenas de *v*, y les dije: Bebed *v*
35.6 mas ellos dijeron: No beberemos *v;* porque
35.6 no beberéis jamás *v* vosotros ni vuestros
35.8 de no beber *v* en todos nuestros días, ni
35.14 que no bebiesen *v*, y no lo han bebido
40.10 tomad el *v*, los frutos del verano y el
40.12 Judá. . recogieron *v* y abundantes frutos
48.33 y de los lagares haré que falte el *v*
51.7 embriagó. . la tierra; de su *v* bebieron
Lm. 2.12 decían. . ¿Dónde está el trigo y el *v?*
Ez. 27.18 Damasco comerciaba. . con *v* de Helbón
44.21 ninguno de los sacerdotes beberá *v*
Dn. 1.5 ración. . de la comida. . del *v* que él bebía
1.8 no contaminarse. . ni con el *v* que él bebía
1.16 Melsar se llevaba. . *v* que habían de beber
5.1 el rey. . y en presencia de los mil bebía *v*
5.2 Belsasar, con el gusto del *v*, mandó que
5.4 bebieron *v*, y alabaron a los dioses de
5.23 tú y tus grandes. . bebisteis *v* en ellos
10.3 ni entró en mi boca carne ni *v*, ni me
Os. 2.8 yo le daba el trigo, el *v* y el aceite
2.9 tomaré. . mi *v* a su sazón, y quitaré mi lana
2.22 la tierra responderá. . al *v* y al aceite
4.11 fornicación, *v* y mosto quitan el juicio
7.5 rey. . lo hicieron enfermar con copas de *v*
14.7 vid; su olor será como de *v* del Líbano
Jl. 1.5 llorad; gemid, todos los que bebéis *v*
2.24 y los lagares rebosarán de *v* y aceite
3.3 y vendieron las niñas por *v* para beber
Am. 2.8 el *v* de los multados beben en la casa
2.12 disteis de beber *v* a los nazareos, y a
5.11 viñas, mas no beberéis el *v* de ellas
6.6 beben *v* en tazones, y se ungen con los
9.14 plantarán viñas, y beberán el *v* de ellas
Mi. 2.11 profetizaré de *v* y de sidra; este tal
6.15 el aceite; y mosto, mas no beberás el *v*
Hab. 2.5 el que es dado al *v* es traicionero
Sof. 1.12 los. . que reposan tranquilos como el *v*
1.13 plantarán viñas, mas no beberán el *v* de
Hag. 1.11 y llamé la sequía. . sobre el *v*, sobre
2.12 el vuelo de ella tocare pan. . *v*, o aceite
Zac. 9.15 y harán estrépito como tomados de *v*
9.17 trigo alegrará. . y el *v* a las doncellas
10.7 alegrará su corazón como a causa del *v*
Mt. 9.17 ni echan *v* nuevo en odres viejos; de
9.17 los odres se rompen, y el *v* se derrama
9.17 pero echan el *v* nuevo en odres nuevos, y
11.19 dicen: He aquí un hombre. . bebedor de *v*
Mr. 2.22 y nadie echa *v* nuevo en odres viejos
2.22 el *v* nuevo rompe los odres, y el *v* se
2.22 *v* nuevo en odres nuevos se ha de echar
15.23 le dieron a beber *v* mezclado con mirra
Lc. 1.15 no beberá *v* ni sidra, y será lleno del
5.37 nadie echa *v* nuevo en odres viejos; de
5.37 manera, el *v* nuevo romperá los odres y
5.38 *v* nuevo en odres nuevos se ha de echar
7.33 vino Juan. . que ni comía pan ni bebía *v*
7.34 hombre comilón y bebedor de *v*, amigo de
10.34 vendó. . heridas, echándoles aceite y *v*
Jn. 2.3 y faltando el *v*. . le dijo: No tienen *v*
2.9 el maestresala probó el agua hecha *v*, sin
2.10 todo hombre sirve primero el buen *v*, y
2.10 tú has reservado el buen *v* hasta ahora
4.46 Caná. . donde había convertido el agua en *v*
Ro. 14.21 bueno es no comer carne, ni beber *v*
Ef. 5.18 no os embriaguéis con *v*, en lo cual hay
1 Ti. 3.3 no dado al *v*, no pendenciero. . no avaro
3.8 los diáconos asimismo. . no dados a mucho *v*
5.23 sino usa de un poco de *v* por causa de tu
Tit. 1.7 obispo. . no dado al *v*, no pendenciero
2.3 no esclavas del *v*, maestras del bien
Ap. 6.6 decía. . pero no dañes al aceite ni el *v*
14.8 ha hecho beber. . del *v* del furor de su
14.10 beberá del *v* de la ira de Dios, que ha
16.19 para darle el cáliz del *v* del ardor de
17.2 embriagado con el *v* de su fornicación
18.3 han bebido del *v* del. . de su fornicación
18.13 olíbano, *v*, aceite, flor de harina
19.15 él pisa el lagar del *v* del furor y de

VIÑA
Gn. 9.20 comenzó Noé a labrar. . y plantó una *v*
Éx. 22.5 alguno hiciere pastar en campo o *v*, y
22.5 de lo mejor de su campo y. . su *v* pagará
23.11 coman los pobres de. . así harás con tu *v*
Lv. 19.10 no rebuscarás tu *v*, ni recogerás el
19.10 ni recogerás el fruto caído de tu *v*
25.3 seis años podarás tu *v* y recogerás sus
25.4 no sembrarás tu tierra, ni podarás tu *v*
Nm. 16.14 ni nos has. . heredades de tierras y *v*
20.5 no es lugar de. . *v* ni de granadas; ni aun
20.17 no pasaremos por labranza, ni por *v*, ni
21.22 no nos iremos. . sembrados, ni por las *v*
22.24 el ángel de. . se puso en una senda de *v*
Dt. 6.11 casas. . *v* y olivares que no plantaste
20.6 plantado *v*, y no ha disfrutado de ella?
22.9 no sembrarás tu *v* con semillas diversas
22.9 no sea que se pierda todo. . fruto de la *v*
23.24 la *v* de tu prójimo, podrás comer uvas
24.21 cuando vendimies tu *v*, no rebuscarás
28.30 casa. . plantarás *v*, y no la disfrutarás
28.39 plantarás *v*. . pero no beberás vino, ni
Jos. 24.13 las *v* y olivares que no plantasteis
Jue. 11.33 hasta la vega de las *v*, los derrotó
14.5 cuando llegaron a las *v* de Timnat, he
15.5 quemó las mieses. . en pie, y olivares
21.20 mandaron a. . poned emboscadas en las *v*
21.21 salid de las *v*, y arrebatad cada. . mujer
1 S. 8.14 tomará lo mejor. . de vuestras *v* y de
8.15 diezmará. . grano y vuestras *v* para dar a
22.7 ¿os dará. . el hijo de Isaí tierras y *v*
1 R. 21.1 que Nabot. . tenía allí una *v* junto al
21.2 dame tu *v* para un huerto de legumbres
21.2 te daré por ella otra *v* mejor que esta
21.6 me diera su *v*. . le daría otra *v* por ella
21.6 Nabot. . él respondió: Yo no te daré mi *v*
21.7 rey. . yo te daré la *v* de Nabot de Jezreel
21.15 toma la *v* de Nabot de Jezreel, que no
21.16 levantó para descender a la *v* de Nabot
21.18 él está en la *v* de Nabot, a la cual ha
2 R. 5.26 de tomar. . *v*, ovejas, bueyes, siervos
18.32 tierra de pan y de *v*, tierra de olivas
19.29 y plantaréis *v*, y comeréis el fruto de
25.12 los pobres. . para que labrasen las *v* y
1 Cr. 27.27 las *v*, Simei. . y del fruto de las *v*
2 Cr. 26.10 y *v* y labranzas, así en los montes
Neh. 5.3 empeñado. . nuestras *v* y nuestras casas
5.4 hemos tomado. . sobre nuestras tierras y *v*
5.5 porque nuestras tierras y nuestras *v* son
5.11 os ruego que les devolváis hoy. . sus *v*
9.25 heredaron casas llenas de todo bien. . *v*
Job 24.6 siegan. . impíos vendimian la *v* ajena
24.18 huyen. . no andarán por el camino de las *v*
Sal. 78.47 sus *v* destruyó con granizo, y sus
80.14 mira desde. . considera, y visita esta *v*
105.33 destrozó sus *v* y sus higueras, y quebró
107.37 plantan *v*, y rinden abundante fruto
Pr. 24.30 pasé. . junto a la *v* del hombre falto de
31.16 compra. . planta *v* del fruto de sus manos
Ec. 2.4 edifiqué para mí casas, planté para mí *v*
Cnt. 1.6 guardar las *v;* y mi *v*. . mía, no guardé
1.14 racimo de flores de alheña en las *v* es
2.15 echan a perder las *v*. . *v* están en cierne
7.12 levantémonos de mañana a las *v;* veamos
8.11 Salomón tuvo una *v* en Baal-hamón, la cual
8.12 mi *v*, que es mía, está delante de mí

VIÑA *(Continúa)*
Is. 1.8 la hija de Sion como enramada en v, y
3.14 habéis devorado la v, y el despojo del
5.1 ahora cantaré. .cantar de mi amado a su v
5.1 tenía mi amado una v en una ladera fértil
5.3 y varones. .juzgad ahora entre mí y mi v
5.4 ¿qué más se podía hacer a mi v, que yo no
5.5 os mostraré. .ahora lo que haré yo a mi v
5.7 v de Jehová de los. .es la casa de Israel
5.10 y diez yugadas de v producirán un bato
16.9 con lloro de Jazer por la v de Sibma; te
16.10 las v no cantarán, ni se regocijarán
27.2 día cantad acerca de la v del vino rojo
36.16 y coma cada uno de su v, y cada uno de
36.17 y os lleve a una tierra. .de pan y de v
37.30 año. .plantaréis v, y comeréis su fruto
65.21 plantarán v, y comerán el fruto de ellas
Jer. 5.17 vacas, comerá tus v y tus higueras
12.10 pastores han destruido mi v, hollaron
31.5 aún plantarás v en los montes de Samaria
32.15 aún se comprarán casas, heredades y v
35.7 ni plantaréis v, ni la retendréis; sino
35.9 de no tener v, ni heredad, ni sementera
39.10 a los pobres del. .les dio v y heredades
Ez. 19.10 madre fue. .una vid en medio de la v
28.26 plantarán v, y vivirán confiadamente
Os. 2.15 le daré sus v desde allí, y el valle
10.1 Israel es una frondosa v, que da. .fruto
Am. 4.9 langosta devoró. .huertos y vuestras v
5.11 plantasteis. .v, mas no beberéis el vino
5.17 y en todas las v habrá llanto; porque
9.14 plantarán v, y beberán el vino de ellas
Mi. 1.6 haré. .Samaria. .tierra para plantar v
Sof. 1.13 plantarán v, mas no beberán el vino
Mt. 20.1 salió. .a contratar obreros para su v
20.2 y habiendo convenido. .los envió a su v
20.4 id también vosotros a mi v, y os daré
20.7 id también vosotros a la v, y recibiréis
20.8 el señor de la v dijo a su mayordomo
21.28 dijo: Hijo, vé hoy a trabajar en mi v
21.33 plantó una v, la cercó de vallado, cavó
21.39 le echaron fuera de la v, y le mataron
21.40 cuando venga, pues, el señor de la v
21.41 arrendará su v a otros labradores, que
Mr. 12.1 un hombre plantó una v, la cercó de
12.2 para que recibiese. .del fruto de la v
12.8 le mataron, y le echaron fuera de la v
12.9 ¿qué. .hará el señor de la v? Vendrá, y
12.9 a los labradores, y dará su v a otros
Lc. 13.6 tenía. .una higuera plantada en su v
20.9 plantó una v, la arrendó a labradores, y
20.10 para que le diesen del fruto de la v
20.13 entonces el señor de la v. .¿Qué haré?
20.15 le echaron fuera de la v, y le mataron
20.15 ¿qué, pues, les hará el señor de la v?
20.16 vendrá y destruirá. .dará su v a otros
1 Co. 9.7 ¿quién planta v y no come de. .fruto?
Ap. 14.19 el ángel. .vendimió la v de la tierra

VIÑADOR
Is. 61.5 extraños serán vuestros. .y vuestros v
Jer. 52.16 pobres del país. .para v y labradores
Lc. 13.7 y dijo al v: He aquí, hace tres años

VIÑEDO
Lv. 25.5 las uvas de tu v no vendimiarás; año
25.11 ni segaréis lo. .ni vendimiaréis sus v
Jue. 9.27 vendimiaron sus v, y pisaron la uva

VIÑERO
Jl. 1.11 gemid, v, por el trigo y la cebada

VIOLADOR
Dn. 11.32 lisonjas seducirá a los v del pacto

VIOLAR
Gn. 17.14 será cortada de. .ha *violado* mi pacto
1 Cr. 5.1 como *violó* el lecho de su padre, sus
Est. 7.8 ¿querrás también *violar* a la reina en
Sal. 55.20 extendió. .sus manos. .*violó* su pacto
Is. 13.16 casas serán saqueadas, y *violadas* sus
Lm. 5.11 *violaron* a las mujeres en Sion, a las
Ez. 7.22 apartaré de. .mi rostro, y será *violado*
18.6,11,15 *violare* la mujer de su prójimo
22.11 cada uno *violó* en ti a su hermana, hija
22.26 *violaron* mi ley, y contaminaron mis
Am. 1.11 hermano, y *violó* todo afecto natural
Zac. 14.2 saqueadas las. .y *violadas* las mujeres
He. 10.28 el que *viola* la ley de Moisés, por el

VIOLENCIA
Gn. 6.11 corrompió. .estaba la tierra llena de v
6.13 tierra está llena de v a causa de ellos
19.9 y hacían gran v al varón, a Lot, y se
Jue. 9.24 para que la v hecha a los 70 hijos de
2 S. 13.12 no me hagas v. .no se debe hacer así
22.3 refugio; Salvador mío; de v me libraste
Esd. 4.23 y les hicieron cesar con poder y v
Job 21.19 guardará para los hijos de ellos su v
30.18 v deforma mi vestidura; me ciñe como
35.9 a causa de la multitud de las v claman
Sal. 10.18 no vuelva más a hacer v el hombre
11.5 al malo y al que ama la v, su alma los
55.9 porque he visto v y rencilla en la ciudad
58.2 hacéis pesar la v de vuestras manos en
62.10 no confiéis en la v, ni en la rapiña
72.14 de engaño y de v redimirá sus almas
73.6 los corona; se cubren de vestido de v
73.8 se mofan y hablan con maldad de hacer v
74.20 la tierra. .llenas de habitaciones de v
103.6 hace. .derecho a todos los que padecen v
118.13 me empujaste con v para que cayese
119.134 líbrame. .v de los hombres, y guardaré
Pr. 10.6,11 pero v cubrirá la boca de los impíos
19.19 ira. .si usa de v, añadirá nuevos males
Ec. 4.1 vi. .las v que se hacen debajo del sol
Is. 3.5 el pueblo se hará v unos a otros, cada
10.33 Jehová de. .desgajará el ramaje con v
30.12 confiasteis en v y en iniquidad, y en
33.15 el que aborrece la ganancia de v, el
38.14 gemía. .Jehová, v padezco; fortaléceme
60.18 nunca más se oirá en tu tierra v. .ni
Jer. 6.6 ha de ser castigada. .está llena de v
20.8 hablo, doy voces, grito: V y destrucción
51.35 sobre Babilonia caiga la v hecha a mí
51.46 habrá v en la tierra, dominador contra
Ez. 7.11 v se ha levantado en vara de maldad
7.23 la tierra. .y la ciudad está llena de v
22.7 al extranjero trataron con v en medio
22.10 hicieron v a la que estaba inmunda por
22.12 y a tus prójimos defraudaste con v; te
22.29 al afligido y menesteroso hacía v, y al
34.4 habéis enseñoreado de ellas. .y con v
45.9 dejad la v y la rapiña. Haced juicio y
Am. 3.9 ved las. .y las v cometidas en su medio
Hab. 1.2 daré voces a ti a causa de la v, y no
1.3 destrucción y v están delante de mí, y
Mt. 11.12 el reino de los cielos sufre v, y los
Mr. 1.26 sacudiéndole con v, y clamando a gran
9.20 el espíritu. .sacudió con v al muchacho
9.26 sacudiéndole con v, salió; y él quedó
Lc. 9.39 sacude con v, y le hace echar espuma
9.42 demonio le derribó y le sacudió con v
Hch. 5.26 los trajo sin v, porque temían ser
21.35 era llevado en peso. .a causa de la v
24.7 con gran v le quitó de nuestras manos
27.41 y la popa se abría con la v del mar

VIOLENTO, TA
2 S. 19.43 palabras. .de Judá fueron más v que
22.49 exalta sobre. .me libraste del varón v
Job 5.15 así libra de la espada. .de la mano v
6.23 libradme. .redimidme del poder de los v?
15.20 de sus años está escondido para el v
27.13 y la herencia que los v han de recibir
Sal. 17.4 me he guardado de las sendas de los v
18.48 me eleva sobre. .me libraste de varón v
25.19 mis enemigos. .con odio v me aborrecen
54.3 levantado. .y hombres v buscan mi vida
71.4 líbrame. .de la mano del perverso y v
86.14 y conspiración de v ha buscado mi vida
140.1 líbrame. .malo; guárdame de hombres v
Is. 19.4 y rey v se enseñoreará de ellos, dice
25.4 ímpetu de los v es como turbión contra
29.20 el v será acabado, y el escarnecedor
Mal. 3.13 palabras contra mí han sido v, dice
Mt. 11.12 sufre violencia, y los v lo arrebatan

VIRGEN
Gn. 24.16 v, a la que varón no había conocido
Éx. 22.17 pesará. .conforme a la dote de las v
Lv. 21.3 hermana v, a él cercana, la cual no
21.13 tomará por esposa a una mujer v
21.14 tomará de su pueblo una v por mujer
Dt. 22.14 y me llegué a ella, y no la hallé v
22.17 no he hallado v a tu hija; pero ved aquí
22.19 cuanto esparció mala fama sobre una v
22.23 hubiere una muchacha v desposada con
22.28 a una joven v que no fuere desposada
Jue. 19.24 he aquí mi hija v, y. .os las sacaré
2 S. 13.2 por ser ella v, le parecía a Amnón
13.18 traje que vestían las hijas v de los
1 R. 1.2 busquen para. .el rey una joven v, para
2 R. 19.21 la v hija de Sion te menosprecia, te
Est. 2.2 busquen para el rey jóvenes v de buen
2.3 lleven a. .las jóvenes v de buen parecer
2.17 ella gracia. .más que todas las demás v
2.19 cuando las v eran reunidas la segunda
Job 31.1 ¿cómo pues, había yo de mirar a una v?
Sal. 45.14 v irán en pos de ella, compañeras
78.63 v no fueron loadas en cantos nupciales
Is. 7.14 la v concebirá, y dará a luz un hijo
23.4 ni di a. .ni crie jóvenes, ni levanté v
23.12 no te alegrarás más, oh oprimida v hija
37.22 la v hija de Sion te menosprecia, te
47.1 y siéntate en el polvo, v. .de Babilonia
62.5 pues como el joven se desposa con la v
Jer. 2.32 ¿se olvida la v de su atavío, o la
14.17 es quebrantada la v hija de mi pueblo
18.13 gran fealdad ha hecho la v de Israel
31.4 te edificaré, y serás edificada, oh v de
31.13 entonces la v se alegrará en la danza
31.21 vuélvete. .por donde fuiste, v de Israel
46.11 sube. .y toma bálsamo, v, hija de Egipto
51.22 y por tu medio quebrantaré jóvenes y v
Lm. 1.4 sus v están afligidas, y ella tiene
1.15 ha hollado el Señor a la v hija de Judá
1.18 mis v y mis jóvenes fueron llevados en
2.10 las v de Jerusalén bajaron sus cabezas
2.13 ¿a quién te compararé. .v hija de Sion?
2.21 mis v y mis jóvenes cayeron a espada
5.11 violaron. .las v en las ciudades de Judá
Ez. 9.6 matad a viejos, jóvenes y v, niños y
44.22 que tomará v del linaje de la casa de
Am. 5.2 cayó la v. .no podrá levantarse ya más
Mt. 1.23 una v concebirá y dará a luz un hijo
25.1 reino de los. .será semejante a diez v
25.7 aquellas v se levantaron, y arreglaron
25.11 vinieron también las otras v, diciendo
Lc. 1.27 a una v. .el nombre de la v era María
1 Co. 7.25 cuanto a las v no tengo mandamiento
7.36 es impropio para su hija v que pase ya
7.37 ha resuelto en su. .guardar a su hija v
2 Co. 11.2 presentaros como una v pura a Cristo
Ap. 14.4 que no se contaminaron con. .pues son v

VIRGINAL
Ez. 23.3 allí fueron estrujados sus pechos v
23.8 Egipto. .ellos comprimieron sus pechos v

VIRGINIDAD
Dt. 22.15 y sacarán las señales de la v de la
22.17 ved aquí las señales de la v de mi hija
22.20 verdad que no se halló v en la joven
Jue. 11.37 y llore mi v, yo y mis compañeras
11.38 ella fue. .y lloró su v por los montes
Lc. 2.36 con su marido siete años desde su v

VIRIL
Dt. 23.1 el que tenga. .amputado su miembro v
1 S. 2.33 todos. .tu casa morirán en la edad v

VIRTUD
Éx. 18.21 escoge tú de. .el pueblo varones de v
18.25 escogió Moisés varones de v de entre
Fil. 4.8 todo lo justo. .si hay v alguna, si algo
Col. 2.19 en v de quien todo el cuerpo. .crece
1 P. 2.9 para que anunciéis las v de aquel que
2 P. 1.5 añadid a. .fe v; a la v, conocimiento

VIRTUOSA
Rt. 3.11 toda la gente. .sabe que eres mujer v
Pr. 12.4 la mujer v es corona de su marido; mas
31.10 mujer v, ¿quién la hallará? Porque su

VISIBLE
Ro. 1.20 hacen. .v desde la creación del mundo
Col. 1.16 visibles e invisibles; sean tronos

VISIÓN
Gn. 15.1 vino la palabra de Jehová a Abram en v
46.2 y habló Dios a Israel en v de noche, y
Éx. 3.3 iré yo ahora y veré esta grande v, por
Nm. 12.6 le apareceré en v, en sueños hablaré
24.4,16 dijo. .el que vio la v del Omnipotente
1 S. 3.1 escaseaba. .no había v con frecuencia
3.15 y Samuel temía descubrir la v a Elí
2 S. 7.17 conforme a toda esta v. .habló Natán
1 Cr. 17.15 conforme a toda esta v, así habló
2 Cr. 26.5 de Zacarías, entendido en v de Dios
Job 4.13 imaginaciones de v nocturnas, cuando
7.14 asustas con sueños, y me aterras con v
20.8 hallado, y se disipará como v nocturna
33.15 v nocturna, cuando el sueño cae sobre
Sal. 89.19 hablaste en v a tu santo, y dijiste
Is. 1.1 v de Isaías hijo de Amoz, la cual vio
21.2 v dura me ha sido mostrada. .prevarica
22.1 profecía sobre el valle de la v. ¿Qué
22.5 en el valle de la v, para derribar el
28.7 erraron en la v, tropezaron en el juicio
29.7 como sueño de v nocturna la multitud de
29.11 os será toda v como palabras de libro
30.8 escribe esta v en una tabla delante de
Jer. 14.14 v mentirosa. .vanidad. .os profetizan
23.16 hablan v de su propio corazón, no de la
Lm. 2.9 profetas tampoco hallaron v de Jehová
Ez. 1.1 los cielos se abrieron, y vi v de Dios
1.13 aspecto. .como v de hachones encendidos
1.28 fue la v de la semejanza de la gloria de
7.13 porque la v sobre toda la multitud no se
8.3 me llevó en v de Dios a Jerusalén, a la
8.4 como la v que yo había visto en el campo
11.24 el Espíritu y me volvió a llevar en v
11.24 y se fue de mí la v que había visto
12.22 van prolongando. .desaparecerá toda v?
12.23 han acercado. .el cumplimiento de toda v
12.24 no habrá más v vana, ni. .adivinación
12.27 v que éste ve es para de aquí a muchos
13.7 ¿no habéis visto v vana, y no habéis
13.16 y ven para ella v de paz, no habiendo
13.23 no veréis más v vana, ni practicaréis
40.2 en v de. .me llevó a la tierra de Israel
43.3 lo que vi era como una v, como aquella v
43.3 y las v eran como la v que vi junto al
Dn. 1.17 Daniel tuvo entendimiento en toda v y
2.19 el secreto fue revelado a Daniel en v de
2.28 he aquí. .las v que has tenido en tu cama
4.5 vi un sueño. .v de mi cabeza me turbaron
4.9 declárame las v de mi sueño que he visto

VISIÓN *(Continúa)*
Dn. 4.10 las v de mi cabeza mientras estaba en
4.13 vi en las v de mi cabeza. .un vigilante
7.1 tuvo. .v de su cabeza mientras estaba en
7.2 Daniel dijo: Miraba yo en mi v de noche
7.7,13 miraba yo en las v de la noche, y he
7.15 turbó. .las v de mi cabeza me asombraron
8.1 el año tercero del rey. .me apareció una v
8.2 vi en v. .vi, pues, en v, estando junto al
8.13 ¿hasta cuándo durará la v del continuo
8.15 mientras yo Daniel consideraba las v y
8.16 gritó y dijo: Gabriel, enseña a éste la v
8.17 porque la v es para el tiempo del fin
8.26 la v de las tardes. .es verdadera; y tú
8.26 guarda la v, porque es para muchos días
8.27 pero estaba espantado a causa de la v
9.21 Gabriel, a quien había visto en la v al
9.23 entiende. .la orden, y entiende la v
9.24 y sellar la v y la profecía, y ungir al
10.1 comprendió. .y tuvo inteligencia en la v
10.7 sólo yo, Daniel, vi aquella v, y no la
10.8 quedé, pues, yo solo, y vi esta gran v
10.14 hacerte saber. .la v es para esos días
10.16 con la v me han sobrevenido dolores, y
11.14 se levantarán para cumplir la v, pero
Jl. 2.28 Espíritu. .y vuestros jóvenes verán v
Abd. 1 v de Abdías. Jehová el Señor ha dicho
Nah. 1.1 sobre Nínive. Libro de la v de Nahum
Hab. 2.2 escribe la v, y declárala en tablas
2.3 la v tardará aún por un tiempo, mas se
Zac. 13.4 los profetas se avergonzarán de su v
Mt. 17.9 no digáis a nadie la v, hasta que el
Lc. 1.22 comprendieron que había visto v en el
24.23 que también habían visto v de ángeles
Hch. 2.17 vuestros jóvenes verán v, y vuestros
7.31 Moisés, mirando, se maravilló de la v
9.10 a quien el Señor dijo en v: Ananías. Y él
9.12 ha visto en v a un varón llamado Ananías
10.3 este vio claramente en una v, como a la
10.17 que significaría la v que había visto
10.19 y mientras Pedro pensaba en la v, le
11.5 vi en éxtasis una v; algo semejante a
12.9 ángel, sino que pensaba que veía una v
16.9 se le mostró a Pablo una v de noche; un
16.10 cuando vio la v. .procuramos partir para
18.9 el Señor dijo a Pablo en v de noche: No
26.19 oh rey. .no fui rebelde a la v celestial
2 Co. 12.1 vendré a las v y a las revelaciones
Ap. 9.17 vi en v los caballos y a sus jinetes

VISITA

1 Ts. 2.1 nuestra v a vosotros no resultó vana

VISITACIÓN

Lc. 19.44 cuanto no conociste el tiempo de tu v
1 P. 2.12 glorfiquen a Dios en el día de la v

VISITAR

Gn. 21.1 *visitó* Jehová a. .hizo Jehová con Sara
50.24 Dios. .os *visitará*, y os hará subir de
50.25 Dios. .os *visitará*, y haréis llevar de
Éx. 3.16 os he *visitado*, y he visto lo que se
4.31 oyendo que Jehová había *visitado* a los
13.19 Dios. .os *visitará*, y haréis subir mis
20.5 *visito* la maldad de los padres sobre los
34.7 que *visita* la iniquidad de los padres
Lv. 18.25 yo *visité* su maldad sobre ella, y la
Nm. 14.18 *visita* la maldad de los padres sobre
16.29 ellos al ser *visitados* siguen la suerte
Dt. 5.9 yo soy Jehová. .que *visito* la maldad de
Jue. 15.1 después de. .Sansón *visitó* a su mujer
Rt. 1.6 Jehová había *visitado* a su pueblo para
1 S. 2.21 *visitó* Jehová a Ana, y ella concibió
20.29 permíteme ir ahora para *visitar* a mis
2 S. 13.5 cuando tu padre viniere a *visitarte*
13.6 acostó, pues. .y vino el rey a *visitarle*
2 R. 8.29 Ocozías. .a *visitar* a Joram hijo de
9.16 que había descendido a *visitar* a Joram
2 Cr. 18.2 descendió. .para *visitar* a Acab; por
22.6 descendió Ocozías. .para *visitar* a Joram
Esd. 7.14 eres enviado a *visitar* a. .Jerusalén
Job 5.24 en tu tienda; *visitarás* tu morada, y
7.18 y lo *visites* todas las mañanas, y todos
34.13 ¿quién *visitó* por él la tierra? ¿y quién
Sal. 8.4 hijo del hombre, para que lo *visites?*
17.3 tú has probado. .me has *visitado* de noche
65.9 *visitas* la tierra, y la riegas; en gran
80.14 mira. .y considera, y *visita* esta viña
106.4 tu pueblo; *visítame* con tu salvación
Pr. 19.23 el hombre; no será *visitado* de mal
Is. 23.17 fin de los 70 años *visitará* Jehová a
29.6 por Jehová. .serás *visitada* con truenos
Jer. 15.15 *visítame*, y véngame de mis enemigos
27.22 allí. .hasta el día en que yo los *visite*
29.10 *visitaré*, y despertaré sobre vosotros
32.5 allá estará hasta que yo le *visite;* y si
Ez. 38.8 de aquí a muchos días serás *visitado*
Sof. 2.7 porque Jehová su Dios los *visitará*, y
Zac. 10.3 Jehová. .*visitará* su rebaño, la casa
11.16 un pastor que no *visitará* las perdidas
Mt. 25.36 estuve. .enfermo, y me *visitasteis;* en
25.43 y en la cárcel, y no me *visitasteis*
Lc. 1.68 que ha *visitado* y redimido a su pueblo
1.78 que nos *visitó* desde lo alto la aurora
7.16 diciendo. .Dios ha *visitado* a su pueblo
Jn. 19.39 el que antes había *visitado* a Jesús
Hch. 7.23 le vino al. .el *visitar* a sus hermanos
9.32 Pedro, *visitando* a todos, vino también
15.14 cómo Dios *visitó* por primera vez a los
15.36 volvamos a *visitar* a los hermanos en
He. 2.6 hijo del hombre, para que le *visites?*
Stg. 1.27 es esta: *Visitar* a los huérfanos y

VÍSPERA

Mr. 15.42 llegó la noche. .v del día de reposo
Lc. 23.54 día de la v de la pascua, y estaba
Jn. 19.14 era la v de la pascua, y como la hora
19.31 cuanto era la v de la pascua, a fin de

VISTA

Gn. 2.9 de la tierra todo árbol delicioso a la v
27.1 sus ojos se oscurecieron quedando sin v
30.41 para que concibiesen a la v de las varas
41.2 río subían siete vacas, hermosas a la v
42.24 a Simeón, y lo aprisionó a v de ellos
Éx. 5.20 estaban a la v de ellos cuando salían
40.38 el fuego estaba. .a v de toda la casa de
Nm. 20.8 hablad a la peña a v de ellos; y ella
20.27 subieron. .la v de toda la congregación
33.3 salieron los. .a v de todos los egipcios
Dt. 34.12 que Moisés hizo a la v de todo Israel
Jue. 6.21 ángel de Jehová desapareció de su v
2 S. 12.11 yacerá con tus mujeres a la v del
22.25 limpieza de mis manos delante de su v
Job 21.8 su descendencia se robustece a su v
41.9 porque aun a su sola v se desmayarán
Sal. 10.5 juicios los tiene muy lejos de su v
17.9 escóndeme. .de la v de los malos que me
18.24 limpieza de mis manos delante de su v
40.12 mis maldades, y no puedo levantar la v
98.2 a v de las naciones ha descubierto su
Ec. 6.9 más vale v de ojos que deseo que pasa
11.9 y anda. .en la v de tus ojos; pero sabe
Is. 11.3 no juzgará según la v de sus ojos, ni
Jer. 22.25 y en mano de aquellos cuya v temes
43.9 cúbrelas de barro. .a v de los. .de Judá
Ez. 4.12 y lo cocerás a v de ellos al fuego de
10.2 entra. .llena tus manos. .Y entró a v mía
12.3 y te pasarás. .a otro lugar a v de ellos
12.4 saldrás por la tarde a v de ellos, como
20.14,22 no se infamase a la v de. .naciones
22.16 serás degradada a la v de las naciones
23.16 se enamoró de ellos a primera v, y les
Os. 13.14 la compasión será escondida de mi v
Mt. 20.34 les tocó. .en seguida recibieron la v
Mr. 10.51 le dijo: Maestro, que recobre la v
10.52 recobró la v, y seguía a Jesús en el
Lc. 4.18 a pregonar libertad. .y v a los ciegos
7.21 sanó a. .y a muchos ciegos les dio la v
18.41 ¿qué. .Y él dijo: Señor, que reciba la v
24.31 le reconocieron. .se desapareció de su v
Jn. 9.11 lávate; y fui, y me lavé, y recibí la v
9.15 a preguntarle. .cómo había recibido la v
9.18 sido ciego, y que había recibido la v
9.18 los padres del que había recibido la v
Hch. 9.12 le pone las manos. .que recobre la v
9.17 para que recibas la v y seas lleno del
9.18 escamas, y recibió al instante la v; y
22.13 dijo: Hermano Saulo, recibe la v. Y yo
22.13 yo en aquella misma hora recobré la v
2 Co. 3.7 no pudieron fijar la v en. .de Moisés
3.13 no fijaran la v en el fin de aquello que
5.7 porque por fe andamos, no por v
Gá. 1.22 y no era conocido de v a las iglesias
1 Ts. 2.17 separados. .de v pero no de corazón
2 P. 1.9 pero. .tiene la v muy corta; es ciego

VITUPERAR

2 R. 19.4 para *vituperar* con palabras, las cuales
19.22 ¿a quién has *vituperado* y blasfemado?
19.23 has *vituperado* a Jehová, y has dicho
Job 19.3 me habéis *vituperado* diez veces: ¿no os
Sal. 44.16 voz del que me *vitupera* y deshonra
69.9 los denuestos de los que te *vituperaban*
Is. 37.4 envió para *vituperar* con las palabras
37.23 ¿a quién *vituperaste*, y. .blasfemaste?
37.24 por mano de tus siervos has *vituperado*
Mt. 5.11 cuando por mi causa os *vituperen* y os
Lc. 6.22 cuando os aparten de sí, y os *vituperen*
Ro. 14.16 no sea, pues, *vituperado* vuestro bien
15.3 de los que te *vituperaban*, cayeron sobre
2 Co. 6.3 nuestro ministerio no sea *vituperado*
1 P. 4.14 si sois *vituperados* por el nombre de

VITUPERIO

Ro. 15.3 v de los que te vituperaban, cayeron
He. 6.6 crucificando de nuevo. .exponiéndole a v
10.33 con v y. .fuisteis hechos espectáculo
11.26 teniendo por mayores riquezas el v de
11.36 experimentaron v y azotes, y a más de
13.13 salgamos, pues, a él. .llevando su v

VIUDA

Gn. 38.11 dijo a Tamar su nuera: Quédate v en
Éx. 22.22 a ninguna v ni huérfano afligiréis
22.24 vuestras mujeres serán v, y huérfanos
Lv. 21.14 no tomará v, ni repudiada, ni infame
22.13 pero si la hija del sacerdote fuere v
Nm. 30.9 todo voto de v o repudiada. .será firme
Dt. 10.18 hace justicia al huérfano y a la v
14.29 y la v que hubiere en tus poblaciones
16.11 tú. .y la v que estuviere en medio de ti
16.14 tú. .y la v que viven en tus poblaciones
24.17 ni tomarás en prenda la ropa de la v
24.19,20,21 será para. .huérfano y para la v
26.12 darás. .al huérfano y a la v; y comerán
26.13 he dado al levita. .al huérfano y a la v
27.19 el que pervirtiere el derecho. .de la v
2 S. 14.5 yo a la verdad soy una mujer v, y mi
1 R. 7.14 hijo de una v de la tribu de Neftalí
11.26 cuya madre. .era v, alzó su mano contra
17.9 he dado orden allí a una mujer v que te
17.10 aquí una mujer v. .allí recogiendo leña
17.20 Dios mío, ¿aun a la v en. .has afligido
Job 22.9 a las v enviaste vacías, y los brazos
24.3 el asno. .toman en prenda el buey de la v
24.21 mujer estéril. .y a la v nunca hizo bien
27.15 sepultados, y no los llorarán sus v
29.13 y al corazón de la v yo daba alegría
31.16 si. .e hice desfallecer los ojos de la v
31.18 desde el vientre de. .fui guía de la v
Sal. 68.5 padre de huérfanos y defensor de v
78.64 cayeron. .sus v no hicieron lamentación
94.6 a la v y al extranjero matan, y a los
109.9 sean sus hijos huérfanos, y su mujer v
146.9 Jehová. .al huérfano y a la v sostiene
Pr. 15.25 Jehová. .afirmará la heredad de la v
Is. 1.17 justicia al huérfano, amparad a la v
1.23 van. .ni llega a ellos la causa de la v
9.17 ni. .huérfanos y v tendrá misericordia
10.2 para despojar a las v, y robar a los
47.8 yo. .no quedaré v, ni conoceré orfandad
Jer. 7.6 no oprimiereis. .al huérfano y a la v
15.8 v se me multiplicaron más que la arena
18.21 queden sus mujeres sin hijos, y v; y sus
22.3 no engañéis. .al huérfano ni a la v, ni
49.11 yo los criaré; y en mí confiarán tus v
Lm. 1.1 la grande entre las. .se ha vuelto como v
5.3 huérfanos somos sin. .madres son como v
Ez. 22.7 al huérfano y a la v despojaron en ti
22.25 multiplicaron sus v en medio de ella
44.22 v ni repudiada tomará por mujer, sino
44.22 que tomará. .v que fuere v de sacerdote
Zac. 7.10 no oprimáis a la v, al huérfano, al
Mal. 3.5 los que defraudan. .la v y al huérfano
Mt. 23.14 porque devoráis las casas de las v
Mr. 12.40 que devoran las casas de las v, y por
12.42 vino una v pobre, y echó dos blancas
12.43 os digo que esta v pobre echó más que
Lc. 2.37 era v hacía ochenta y cuatro años; y
4.25 muchas v había en Israel en los días de
4.26 enviado. .sino a una mujer v en Sarepta
7.12 hijo único de su madre, la cual era v
18.3 había también. .una v, la cual venía a él
18.5 esta v me es molesta, le haré justicia
20.47 que devoran las casas de las v, y por
21.2 vio. .a una v muy pobre, que echaba allí
21.3 digo, que esta v pobre echó más que todos
Hch. 6.1 las v de aquéllos eran desatendidas en
9.39 donde le rodearon todas las v, llorando
9.41 llamando a. .y a las v, la presentó viva
1 Co. 7.8 digo. .a los solteros y a las v, que
1 Ti. 5.3 honra a las v que en verdad lo son
5.4 pero si alguna v tiene hijos, o nietos
5.5 la que en verdad es v y ha quedado sola
5.9 puesta en la lista sólo la v no menor de
5.11 pero v más jóvenes no admitáis; porque
5.14 que las v jóvenes se casen, crien hijos
5.16 creyente tiene v, que las mantenga, y
5.16 suficiente para las que en verdad son v
Stg. 1.27 visitar. .las v en sus tribulaciones
Ap. 18.7 estoy sentada como reina, y no soy v

VIUDEZ

Gn. 38.14 se quitó ella los vestidos de su v
38.19 se fue. .y se vistió las ropas de su v
2 S. 20.3 quedaron encerradas. .en v perpetua
Is. 47.9 dos cosas te vendrán de. .orfandad y v
54.4 y de la afrenta de tu v no tendrás más

VÍVERES

Gn. 42.2 aquí, yo he oído que hay v en Egipto
45.21 dio. .les suministró v para el camino
Lv. 25.37 dinero a usura, ni tus v a ganancia
Jue. 20.10 que lleven v para el pueblo, para
1 Cr. 12.40 eran vecinos. .trajeron v en asnos

VIVERO

Is. 19.10 todos los que hacen v para peces

VIVIENTE

Gn. 1.20 produzcan las aguas seres v, y aves que
1.21 creó Dios. .todo ser v que se mueve, que
1.24 dijo Dios: Produzca la tierra seres v
2.7 Dios formó al. .y fue el hombre un ser v
2.19 todo lo que Adán llamó a los animales v
3.20 por cuanto ella era madre de todos los v
7.4 raeré. .de la tierra a todo ser v que hice
8.21 no. .ni volveré más a destruir todo ser v

VIVIENTE *(Continúa)*
Gn. 9.10 y con todo ser *v* que está con vosotros
9.12 pacto. .entre mí. .y todo ser *v* que está
9.15 pacto mío, que hay entre. .y todo ser *v*
9.16 del pacto. .entre Dios y todo ser *v*, con
Lv. 11.10 de toda cosa *v* que está en las aguas
11.46 ley acerca de. .todo ser *v* que se mueve
Dt. 5.26 que oiga la voz del Dios *v* que habla de
Jos. 3.10 en esto conoceréis que el Dios *v* está
1 S. 17.26 provoque. .los escuadrones del Dios *v?*
17.36 porque ha provocado al ejército. .Dios *v*
1 R. 15.29 sin dejar alma *v* de los de Jeroboam
2 R. 19.4,16 enviado para blasfemar al Dios *v*
Job 12.10 en su mano está el alma de todo *v*, y
28.13 no. .ni se halla en la tierra de los *v*
28.21 encubierta está a los ojos de todo *v*
30.23 conduces a. .casa determinada a todo *v*
33.30 y para iluminarlo con la luz de los *v*
Sal. 17.13 veré la bondad. .la tierra de los *v*
52.5 te desarraigará de la tierra de los *v*
69.28 sean raídos del libro de los *v*, y no
116.9 andaré delante. .en la tierra de los *v*
136.25 que da alimento a todo ser *v*, porque
142.5 eres. .mi porción en la tierra de los *v*
145.16 y colmas de bendición a todo ser *v*
Ec. 4.2 más que a los *v*, los que viven todavía
Is. 4.3 los que. .estén registrados entre los *v*
37.17 que ha enviado a blasfemar al Dios *v*
38.11 no veré a JAH, a. .en la tierra de los *v*
53.8 fue cortado de la tierra de los *v*, y por
Jer. 11.19 y cortémoslo de la tierra de los *v*
23.36 pervertisteis las palabras del Dios *v*
Lm. 3.39 qué se lamenta el hombre *v?* Laméntese
Ez. 1.5 en medio de ella la figura de. .seres *v*
1.13 cuanto a la semejanza de los seres *v*, su
1.13 hachones. .que andaba entre los seres *v*
1.14 seres *v* corrían y volvían a semejanza de
1.15 mientras yo miraba los seres *v*, he aquí
1.15 he aquí una rueda. .junto a los seres *v*
1.19 cuando los seres *v* andaban, las ruedas
1.19 cuando los seres *v* se levantaban de la
1.20,21 el espíritu de los seres *v* estaba en
1.22 sobre las cabezas de. .seres *v* aparecía
3.13 el sonido de las alas de los seres *v* que
10.15 este es el ser *v* que vi en el río Quebar
10.17 espíritu de los seres *v* estaba en ellas
10.20 eran los mismos seres *v* que vi debajo
26.20 y daré gloria en la tierra de los *v*
32.23,24,26,27,32 terror en la tierra de los *v*
32.25 puesto su espanto en la tierra de los *v*
47.9 toda alma *v* que nadare por dondequiera
Dn. 2.30 haya más sabiduría que en todos los *v*
4.17 conozcan los *v* que el Altísimo gobierna
6.20 Daniel, siervo del Dios *v*, el Dios tuyo
6.26 porque él es el Dios *v* y permanece por
Os. 1.10 les será dicho: Sois hijos del Dios *v*
Mt. 16.16 tú eres el Cristo, el Hijo del Dios *v*
26.63 te conjuro por el Dios *v*, que nos digas
Jn. 6.57 me envió el Padre *v*, y yo vivo por él
6.69 tú eres el Cristo, el Hijo del Dios *v*
Ro. 9.26 allí serán llamados hijos del Dios *v*
1 Co. 15.45 fue hecho el primer hombre. .alma *v*
2 Co. 6.16 vosotros sois el templo del Dios *v*
1 Ti. 3.15 casa. .que es la iglesia del Dios *v*
4.10 porque esperamos en el Dios *v*, que es el
Ap. 4.6 y alrededor del trono, cuatro seres *v*
4.7 el primer ser *v* era semejante a un león
4.8 cuatro seres *v* tenían cada uno seis alas
4.9 siempre que aquellos seres *v* dan gloria
5.6 medio del trono y de los cuatro seres *v*
5.8 los cuatro seres *v* y los 24 ancianos se
5.11 alrededor del trono, y de los seres *v*
5.14 los cuatro seres *v* decían: Amén; y los
6.1 y oí a uno de los cuatro seres *v* decir
6.3 al segundo ser *v*, que decía: Ven y mira
6.5 al tercer ser *v*, que decía: Ven y mira
6.6 oí una voz de en medio de los 4 seres *v*
6.7 la voz del cuarto ser *v*, que decía: Ven
7.11 alrededor del. .y de los cuatro seres *v*
8.9 y murió la tercera parte de los seres *v*
14.3 cantaban. .delante de los cuatro seres *v*
15.7 uno de los cuatro seres *v* dio a los siete
19.4 los cuatro seres *v* se postraron en tierra

VIVIENTE-QUE-ME-VE
Gn. 16.14 por lo cual llamó al pozo: Pozo del *V*
24.62 y venía Isaac del pozo del *V;* porque él
25.11 hijo; y habitó Isaac junto al pozo del *V*

VIVIFICANTE
1 Co. 15.45 hecho. .el postrer Adán, espíritu *v*

VIVIFICAR
Neh. 9.6 tú *vivificas* todas estas cosas, y los
Sal. 119.25 alma; *vivifícame* según tu palabra
119.40 anhelado. .*vivifícame* en tu justicia
119.50 mi consuelo. .tu dicho me ha *vivificado*
119.88 *vivifícame*. .guardaré los testimonios
119.93 porque con ellos me has *vivificado*
119.107 *vivifícame*, oh. .conforme a tu palabra
119.149 oh. .*vivifícame* conforme a tu juicio
119.154 defiende. .*vivifícame* con tu palabra
119.156 son. .*vivifícame* conforme a tus juicios
119.159 *vivifícame* conforme a tu misericordia
138.7 si anduviere yo en. .tú me *vivificarás*
143.11 tu nombre, oh Jehová, me *vivificarás*
Is. 57.15 *vivificar* el corazón. .quebrantados
Os. 14.7 *vivificados* como trigo, y florecerán
Ro. 8.11 *vivificará* también vuestros cuerpos
1 Co. 15.22 en Cristo todos serán *vivificados*
15.36 lo que tú siembras no se *vivifica*, si
2 Co. 3.6 letra mata, mas el espíritu *vivifica*
Gá. 3.21 si la ley dada pudiera *vivificar*, la
1 P. 3.18 muerto. .pero *vivificado* en espíritu

VIVIR
Gn. 3.22 del árbol de la vida, y coma, y *viva*
5.3 *vivió* Adán 130 años, y engendró un hijo
5.5 los días que *vivió* Adán 930 años; y murió
5.6 *vivió* Set 105 años, y engendró a Enós
5.7 y *vivió* Set, después que engendró a Enós
5.9 *vivió* Enós 90 años, y engendró a Cainán
5.10 *vivió* Enós. .815 años, y engendró hijos
5.12 *vivió* Cainán setenta años, y engendró a
5.13 y *vivió* Cainán, después que engendró a
5.15 *vivió* Mahalaleel 65 años, y engendró a
5.16 *vivió* Mahalaleel, después que engendró a
5.18 *vivió* Jared 162 años, y engendró a Enoc
5.19 *vivió* Jared, después que engendró a Enoc
5.21 *vivió* Enoc. .años, y engendró a Matusalén
5.25 *vivió* Matusalén 187 años, y engendró a
5.26 *vivió* Matusalén, después que engendró a
5.28 *vivió* Lamec 182 años, y engendró un hijo
5.30 *vivió* Lamec, después que engendró a Noé
6.19 de todo lo que *vive*, de toda carne, dos
7.23 fue destruido todo ser que *vivía* sobre
9.3 todo lo que se mueve y *vive*, os será para
9.28 y *vivió* Noé después del diluvio 350 años
11.11 y *vivió* Sem, después que engendró a
11.12 Arfaxad *vivió* 35 años, y engendró a Sala
11.13 y *vivió* Arfaxad, después que engendró a
11.14 Sala *vivió* 30 años, y engendró a Heber
11.15 *vivió* Sala, después. .engendró a Heber
11.16 Heber *vivió* 34 años, y engendró a Peleg
11.17 y *vivió* Heber, después que engendró a
11.18 Peleg *vivió* 30 años, y engendró a Reu
11.19 *vivió* Peleg, después que engendró a Reu
11.20 Reu *vivió* 32 años, y engendró a Serug
11.21 *vivió* Reu, después que engendró a Serug
11.22 Serug *vivió* 30 años, engendró a Nacor
11.23 y *vivió* Serug, después que engendró a
11.24 Nacor *vivió* 29 años, y engendró a Taré
11.25 y *vivió* Nacor, después que engendró a
11.26 Taré *vivió* 70 años, y engendró a Abram
12.13 dí que. .y *viva* mi alma por causa de ti
17.18 dijo. .Ojalá Ismael *viva* delante de ti
20.7 es profeta, y orará por ti, y *vivirás*
25.6 y los envió lejos de. .mientras él *vivía*
25.7 estos fueron los días que *vivió* Abraham
25.22 y dijo: Si es así, ¿para qué *vivo* yo?
27.40 por tu espada *vivirás*, y a tu hermano
31.32 cuyo poder hallares tus dioses, no *viva*
42.2 para que podamos *vivir*, y no muramos
42.15 *vive* Faraón, que no saldréis de aquí
42.16 y si no, *vive* Faraón, que sois espías
42.18 haced esto, y *vivid:* Yo temo a Dios
43.7 nos preguntó. .¿*Vive* aún vuestro padre?
43.8 fin de que *vivamos* y no muramos nosotros
43.27 dijo: ¿Vuestro padre. .¿*Vive* todavía?
43.28 bien va a tu siervo. .padre; aún *vive*
45.3 yo soy José: ¿*vive* aún mi padre? Y sus
45.26 José *vive* aún; y él es señor en toda la
45.28 basta; José mi hijo *vive* todavía; iré
46.30 he visto tu rostro, y sé que aún *vives*
47.19 y danos semilla para que *vivamos* y no
47.28 y *vivió* Jacob en la tierra de Egipto 17
50.22 habitó. .y *vivió* José ciento diez años
Éx. 1.16 es hijo, matadlo; y si es hija. .*viva*
4.18 volveré. .Egipto, para ver si aún *viven*
19.13 asaeteado; sea animal o sea. .no *vivirá*
22.18 a la hechicera no dejarás que *viva*
33.20 no. .porque no me verá hombre, y *vivirá*
Lv. 11.9 los animales que *viven* en las aguas
18.5 los cuales haciendo el hombre, *vivirá*
25.35 forastero y extranjero *vivirá* contigo
25.36 temor de. .y tu hermano *vivirá* contigo
25.45 los hijos de los forasteros que *viven*
Nm. 4.19 se acerquen al lugar santísimo *vivan*
14.21 *vivo* yo, y mi gloria llena. .la tierra
14.28 vivo yo, dice Jehová, que según habéis
21.8 fuere mordido y mirare a ella, *vivirá*
21.9 mordía. .miraba a la serpiente. .y *vivía*
24.23 ¡ay! ¿quién *vivirá* cuando hiciere Dios
35.32 que vuelva a *vivir* en su tierra, hasta
Dt. 4.1 *viváis*, y entréis y poseáis la tierra
4.10 temerme todos los días que *vivieren* sobre
5.24 Jehová habla al hombre, y éste aún *vive*
5.26 oiga. .como nosotros la oímos, y aún *viva?*
5.33 *viváis* y os vaya bien, y tengáis largos
8.1 para que *viváis*, y seáis multiplicados
8.3 no sólo de pan *vivirá* el hombre, mas de
8.3 sale de la boca de Jehová *vivirá* el hombre
12.1 los días que. .*viviereis* sobre la tierra
13.12 que. .tu Dios te da para *vivir* en ellas
16.14 la viuda que *viven* en tus poblaciones
16.20 la justicia seguirás, para que *vivas* y
18.6 saliere un levita. .donde hubiere *vivido*
19.4 caso del homicida que huirá allí, y *vivirá*
19.5 huirá a una de estas ciudades, y *vivirá*
21.19 ante. .a la puerta del lugar donde *viva*
30.6 que ames a Jehová tu. .a fin de que *vivas*
30.16 para que *vivas* y seas multiplicado, y
30.19 escoge, pues, la vida, para que *vivas*
31.13 a temer. .todos los días que *viviereis*
31.27 aun *viviendo* yo. .sois rebeldes a Jehová
32.39 hago morir, y yo hago *vivir;* yo hiero
32.40 mi mano, y diré: *Vivo* yo para siempre
33.6 *viva* Rubén, y no muera; y no sean pocos
Jos. 2.15 su casa estaba. .ella *vivía* en el muro
6.17 solamente Rahab la ramera *vivirá*, con
9.20 dejaremos *vivir*, para que no venga ira
9.21 dejadlos *vivir;* y fueron. .leñadores y
14.10 Jehová me ha hecho *vivir*, como él dijo
Jue. 8.19 ¡*vive* Jehová, que si les hubierais
13.12 debe ser la manera de *vivir* del niño, y
17.8 ir a *vivir* donde pudiera encontrar lugar
17.9 voy a *vivir* donde pueda encontrar lugar
Rt. 1.16 yo, y dondequiera que *vivieres*, *viviré*
2.23 estuvo. .espigando. .*vivía* con su suegra
3.13 si él no te. .yo te redimiré, *vive* Jehová
1 S. 1.26 y ella dijo. .*Vive* tu alma, señor mío
1.28 todos los días que *viva*, será de Jehová
7.15 juzgó Samuel. .todo el tiempo que *vivió*
10.24 pueblo clamó. .diciendo. ¡*Viva* el rey!
14.39 *vive* Jehová. .aunque fuere en Jonatán mi
14.45 *vive* Jehová. .no ha de caer un cabello de
17.56 *vive* tu alma, oh rey, que no lo sé. Y el
19.6 y juró Saúl: *Vive* Jehová, que no morirá
20.3 *vive* Jehová y *v* tu alma, que apenas hay
20.14 y si yo *viviere*, harás. .misericordia de
20.21 vendrás. .y nada malo hay, *vive* Jehová
20.31 el hijo de Isaí *viviere* sobre la tierra
25.26 *vive* Jehová, y *v* tu alma, que Jehová te
25.29 será ligada en el haz de los que *viven*
25.34 *vive* Jehová Dios. .que me ha defendido
26.10 *vive* Jehová. .si Jehová no lo hiriere, o
26.16 *vive* Jehová, que sois dignos de muerte
28.10 *vive* Jehová, que ningún mal te vendrá
29.6 *vive* Jehová, que tú has sido recto, y que
2 S. 1.10 que no podía *vivir* después de su caída
2.27 *vive* Dios, que si no hubieses hablado
4.9 *vive* Jehová que ha redimido mi alma de
12.5 dijo. .*Vive* Jehová que el que tal hizo
12.18 el niño aún *vivía*, le hablábamos, y no
12.21 por el niño, *viviendo* aún, ayunabas y
12.22 *viviendo*. .el niño, yo ayunaba y lloraba
12.22 Dios tendrá compasión. .y *vivirá* el niño
14.11 *vive* Jehová, que no caerá ni un cabello
14.19 *vive* tu alma. .que no hay que apartarse
15.21 *vive* Dios, y *v* mi señor el rey, que o
16.16 que. .dijo Husai: ¡*Viva* el rey, *v* el rey!
19.6 me has hecho ver. .que si Absalón *viviera*
19.34 ¿cuántos años más habré de *vivir*, para
22.47 *viva* Jehová, y bendita sea mi roca, y
1 R. 1.25 y han dicho: ¡*Viva* el rey Adonías!
1.29 *vive* Jehová, que ha redimido mi alma de
1.31 *viva* mi señor el rey David para siempre
1.34 y tocaréis trompeta, diciendo: ¡*Viva* el
1.39 dijo. .el pueblo: ¡*Viva* el rey Salomón!
2.24 *vive* Jehová, quien me ha confirmado y me
3.22,23 mi hijo es el que *vive*, y tu hijo es
3.22,23 es el muerto, y mi hijo es el que *vive*
4.21 sirvieron a Salomón. .los días que *vivió*
4.25 Judá e Israel *vivían* seguros, cada uno
8.40 que te teman todos los días que *vivan*
12.6 delante de Salomón su padre cuando *vivía*
17.1 a Acab: *Vive* Jehová Dios de Israel, en
17.5 se fue y *vivió* junto al arroyo de Querit
17.12 *vive* Jehová tu Dios, que no tengo pan
17.23 y le dijo Elías: Mira, tu hijo *vive*
18.10 *vive* Jehová. .que no ha habido nación ni
18.15 *vive* Jehová de. .en cuya presencia estoy
20.32 Ben-adad dice: Te ruego que *viva* mi alma
20.32 él respondió: Si él *vive*. .mi hermano es
20.33 y dijeron: Tu hermano Ben-adad *vive*
21.15 porque Nabot no *vive*, sino que ha muerto
22.14 *vive* Jehová, que lo que Jehová. .diré
2 R. 2.2,4,6 *vive* Jehová, y *v* tu. .no te dejaré
3.14 *vive* Jehová de los ejércitos, en cuya
4.7 y tú y tus hijos *vivid* de lo que quede
4.30 *vive* Jehová, y *v* tu alma. .no te dejaré
5.16 dijo: *Vive* Jehová. .que no lo aceptaré
5.20 *vive* Jehová, que correré yo tras él y
7.4 si ellos nos dieren la vida, *viviremos;* y
8.1 mujer a cuyo hijo él había hecho *vivir*
8.1 vete tú y. .tu casa a *vivir* donde puedas
8.2 fue. .y *vivió* en tierra de los filisteos
8.5 contando. .había hecho *vivir* a un muerto
8.5 la mujer, a cuyo hijo él había hecho *vivir*
8.5 este es su hijo, al cual Eliseo hizo *vivir*
10.19 Baal; cualquiera que faltare no *vivirá*
11.12 batiendo. .manos dijeron: ¡*Viva* el rey!
14.17 *vivió* después de la muerte de Joás hijo
18.32 y *viviréis*, y no moriréis. No oigáis a
20.1 ordena tu casa. .morirás, y no *vivirás*
2 Cr. 6.31 teman. .todos los días que *vivieren*
10.6 delante de Salomón. .cuando *vivía*, y les
11.13 se juntaron a él desde. .donde *vivían*
18.13 *vive* Jehová. .lo que mi Dios me dijere
23.11 ungieron, diciendo luego: ¡*Viva* el rey!
25.25 y *vivió* Amasías. .15 años después de la

VIVIR *(Continúa)*
2 Cr. 34.33 no se apartaron de..que él *vivió*
Esd. 9.7 este día hemos *vivido* en gran pecado
Neh. 2.3 dije al rey: Para siempre *viva* el rey
5.2 hemos pedido..grano para comer y *vivir*
9.29 los..si el hombre hiciere, en ellos *vivirá*
Est. 3.8 rey nada le beneficia el dejarlos *vivir*
4.11 el rey extendiere el cetro de oro..*vivirá*
Job 7.16 abomino de mi vida; no he de *vivir* para
12.6 y los que provocan a Dios *viven* seguros
14.14 si el hombre muriere, ¿volverá a *vivir?*
19.25 yo sé que mi Redentor *vive*, y al fin se
21.7 ¿por qué *viven* los impíos, y..envejecen
27.2 *vive* Dios, que ha quitado mi derecho, y
42.16 *vivió* Job 140 años, y vio a sus hijos
Sal. 4.8 tú, Jehová, me haces *vivir* confiado
18.46 *viva* Jehová, y bendita sea mi roca, y
22.26 *vivirá* vuestro corazón para siempre
37.27 y haz el bien, y *vivirás* para siempre
37.29 tierra, y *vivirán* para siempre sobre ella
39.5 completa vanidad todo hombre que *vive*
49.9 para que *viva* en adelante para siempre
49.18 aunque mientras *viva*, llame dichosa a
56.13 delante de..en la luz de los que *viven*
69.32 buscad a Dios, y *vivirá* vuestro corazón
72.15 *vivirá*, y se le dará del oro de Sabá
89.48 ¿qué hombre *vivirá* y no verá muerte?
104.33 a..Dios cantaré salmos mientras *viva*
107.4 por..sin hallar ciudad en donde *vivir*
107.36 allí..y fundan ciudad en donde *vivir*
118.17 no moriré, sino que *viviré*, y contaré
119.17 bien a tu siervo; que *viva*, y guarde
119.77 vengan a mí tus misericordias..*viva*
119.116 susténtame conforme a tu..y *viviré*
119.144 eterna..dame entendimento, y *viviré*
119.175 *viva* mi..y te alabe, y tus juicios me
146.2 cantaré salmos a..Dios mientras *viva*
Pr. 1.33 y *vivirá* tranquilo, sin temor del mal
4.4; 7.2 guarda mis mandamientos y *vivirás*
9.6 dejad las simplezas, y *vivid*, y andad por
11.15 aborreciere las fianzas *vivirá* seguro
15.27 mas el que aborrece el soborno *vivirá*
19.23 con él *vivirá* lleno de reposo el hombre
21.9 mejor es *vivir* en un rincón del terrado
Ec. 4.2 más que a los vivientes, los que *viven*
4.15 vi a todos los que *viven* debajo del sol
6.3 y *viviere* muchos años, y los días de su
6.6 si aquel *viviere* mil años dos veces, sin
7.2 el que *vive* lo pondrá en su corazón
9.5 los que *viven* saben que han de morir; pero
11.8 aunque un hombre *viva* muchos años, y en
Is. 26.14 muertos son, no *vivirán;* han fallecido
26.19 tus muertos *vivirán;* sus cadáveres
38.1 ordena tu casa..morirás, y no *vivirás*
38.16 por..estas cosas los hombres *vivirán*
38.16 tú me restablecerás, y harás que *viva*
38.19 el que *vive*, el que *v*..te dará alabanza
49.18 han venido a ti. *Vivo* yo, dice Jehová
53.10 verá linaje, *vivirá* por largos días, y
55.3 venid a mí; oíd, y *vivirá* vuestra alma
57.15 hacer *vivir* el espíritu de los humildes
Jer. 4.2 y jurares: *Vive* Jehová, en verdad, en
5.2 digan: *Vive* Jehová, juran falsamente
12.16 *vive* Jehová, así como enseñaron a mi
16.14 no se dirá más: *Vive* Jehová, que hizo
16.15 sino: *Vive* Jehová, que hizo subir a los
21.9 que saliere..*vivirá*, y su vida le será
22.24 *vivo* yo, dice Jehová, que si Conías hijo
23.7 que no dirán más: *Vive* Jehová que hizo
23.8 sino: *Vive* Jehová que hizo subir y trajo
27.12 servidle a él y a su pueblo, y *vivid*
27.17 servid al rey de Babilonia y *vivid;* ¿por
30.10 y Jacob..descansará y *vivirá* tranquilo
35.7 para que *viváis* muchos días sobre la faz
35.15 *viviréis* en la tierra que di a..padres
38.2 el que se pasare a los caldeos *vivirá*
38.2 pues su vida le será por botín, y *vivirá*
38.16 *vive* Jehová que nos hizo esta alma, que
38.17 tu alma *vivirá*..y *vivirás* tú y tu casa
38.20 oye ahora la..y te irá bien y *vivirás*
39.14 que lo sacase a casa; y *vivió* entre el
40.5 y *vive* con él en medio del pueblo; o vé
44.1 todos los judíos..que *vivían* en Migdol
44.8 de Egipto, adonde habéis entrado..*vivir*
44.26 de Judá, diciendo: *Vive* Jehová el Señor
46.18 *vivo* yo, dice el Rey, cuyo nombre es
49.31 que *vive* confiadamente..que *v* solitaria
Ez. 3.18 impío sea apercibido..fin de que *viva*
3.21 no peque, y no pecare, de cierto *vivirá*
5.11 *vivo* yo, dice Jehová..haber profanado
13.19 vida a las personas que no deben *vivir*
14.16 *vivo* yo, dice Jehová el Señor, ni a sus
14.18,20 *vivo* yo, dice Jehová..no librarían
16.6 te dije: *¡Vive!* Sí, te dije, cuando..*¡V!*
16.48 *vivo* yo, dice Jehová el..que Sodoma tu
17.16 *vivo* yo, dice Jehová el..que morirá en
17.19 ha dicho..*Vivo* yo, que el juramento mío
18.3 *vivo* yo, dice Jehová el..que nunca más
18.9 es justo..*vivirá*, dice Jehová el Señor
18.13 prestare a interés..*¿vivirá* éste? No *v*
18.17 éste no morirá por la..de cierto *vivirá*
18.19 guardó..estatutos y..de cierto *vivirá*
18.21 apartare de..pecados..de cierto *vivirá*
18.22 no le..en su justicia que hizo *vivirá*
18.23 del impío..¿No *vivirá*, si se apartare de
18.24 e hiciere..abominaciones..*¿vivirá* él?
18.27 y apartándose el impío..*vivir* su alma
18.28 se apartó..de cierto *vivirá;* no morirá
18.32 no quiero..convertíos, pues, y *viviréis*
20.3 *vivo* yo..no os responderé, dice Jehová
20.11,13,21 hombre que los cumpliere *vivirá*
20.25 decretos por los cuales no podrían *vivir*
20.31 *vivo* yo..el Señor, que no os responderé
20.33 *vivo* yo, dice Jehová..con mano fuerte
21.30 el lugar..en la tierra donde has *vivido*
28.26 *vivirán* confiadamente, cuando yo haga
33.10 somos consumidos; ¿cómo..*viviremos?*
33.11 *vivo* yo..no quiero la muerte del impío
33.11 que se vuelva el impío de su..y que *viva*
33.12 el justo no podrá *vivir* por su justicia
33.13 yo dijere al justo: De cierto *vivirás*
33.15 vida, no haciendo iniquidad, *vivirá*
33.16 según el derecho y la justicia; *vivirá*
33.19 hiciere según el derecho y la..*vivirá*
33.27 *vivo* yo, que los que están en aquellos
34.8 *vivo* yo, ha dicho..por cuanto mi rebaño
35.6 *vivo* yo, dice Jehová..que a sangre te
35.11 *vivo* yo, dice..haré conforme a tu ira
37.3 me dijo: Hijo de..*¿vivirán* estos huesos?
37.5 yo hago entrar espíritu en..y *viviréis*
37.6 y *viviréis;* y sabréis que yo soy Jehová
37.9 y sopla sobre estos muertos, y *vivirán*
37.10 *vivieron*, y estuvieron sobre sus pies
37.14 y pondré mi Espíritu..y *viviréis*, y os
47.9 y toda alma viviente que nadare..*vivirá*
47.9 *vivirá* todo lo que entrare en este río
Dn. 2.4 rey, para siempre *vive;* dí el sueño a
3.9 dijeron al rey..Rey, para siempre *vive*
4.34 y glorifiqué al que *vive* para siempre
5.10 rey, *vive* para siempre; no te turben tus
6.6 dijeron..¡Rey Darío, para siempre *vive!*
12.7 y juró por el que *vive* por los siglos
Os. 4.15 no entréis en..ni juréis: *Vive* Jehová
6.2 nos resucitará, y *viviremos* delante de él
Am. 5.4 así dice Jehová..Buscadme, y *viviréis*
5.6 buscad a Jehová, y *vivid;* no sea que
5.14 buscad lo bueno, y no..para que *viváis*
Hab. 2.4 he aquí que..el justo por su fe *vivirá*
Sof. 2.9 *vivo* yo, dice Jehová..Moab será como
Zac. 1.5 profetas, ¿han de *vivir* para siempre?
10.9 mi; y *vivirán* con sus hijos, y volverán
13.3 no *vivirás*, porque has hablado mentira
Mt. 4.4 no sólo de pan *vivirá* el hombre, sino
9.18 ven y pon tu mano sobre ella, y *vivirá*
23.30 decís: Si hubiésemos *vivido* en los días
27.63 dijo, *viviendo* aún: Después de tres días
Mr. 5.23 y pon las manos sobre ella..y *vivirá*
16.11 oyeron que *vivía*, y que había sido visto
Lc. 2.36 había *vivido* con su marido siete años
4.4 no sólo de pan *vivirá* el hombre, sino de
7.25 y *viven* en deleites, en los palacios de
10.28 le dijo: Bien has..haz esto, y *vivirás*
15.13 desperdició sus..*viviendo* perdidamente
20.38 es Dios..de vivos..para él todos *viven*
24.5 buscáis entre los muertos al que *vive?*
24.23 de ángeles, quienes dijeron que él *vive*
Jn. 4.50 Jesús le dijo: Vé, tu hijo *vive*. Y el
4.51 le dieron nuevas, diciendo: Tu hijo *vive*
4.53 que Jesús le había dicho: Tu hijo *vive*
5.25 oirán la voz..los que la oyeren *vivirán*
6.51 comiere de este pan, *vivirá* para siempre
6.57 Padre viviente, y yo *vivo* por el Padre
6.57 el que me come, él también *vivirá* por mí
6.58 que come de este pan, *vivirá* eternamente
11.25 cree en mí, aunque esté muerto, *vivirá*
11.26 aquel que *vive* y cree en mí, no morirá
14.19 porque yo *vivo*, vosotros..*viviréis*
Hch. 7.29 Moisés huyó, y *vivió* como extranjero
17.28 en él *vivimos*, y nos movemos, y somos
22.22 quita de..porque no conviene que *viva*
23.1 yo con toda buena conciencia he *vivido*
25.24 y aquí, dando voces que no debe *vivir*
26.5 que yo desde el principio..*viví* fariseo
28.4 es homicida..la justicia no deja *vivir*
28.16 pero a Pablo se le permitió *vivir* aparte
Ro. 1.17 escrito: Mas el justo por la fe *vivirá*
6.2 muerto al pecado, ¿cómo *viviremos* aún en
6.8 si..creemos que también *viviremos* con él
6.10 todas; mas en cuanto *vive*, para Dios *v*
7.1 enseñorea del hombre entre tanto..*vive?*
7.2 está sujeta..marido mientras éste *vive*
7.9 y yo sin la ley *vivía* en un tiempo; pero
8.8 los que *viven* según la carne no pueden
8.9 vosotros no *vivís* según la carne, sino
8.10 el espíritu *vive* a causa de la justicia
8.12 no..para que *vivamos* conforme a la carne
8.13 si *vivís* conforme a la carne, moriréis
8.13 por el Espíritu hacéis morir..*viviréis*
10.5 el hombre que haga estas cosas, *vivirá*
14.7 porque ninguno de nosotros *vive* para sí
14.8 pues si *vivimos*, para el Señor *v;* y si
14.8 que *vivamos*, o que muramos, del Señor
14.9 volvió a *vivir*, para ser Señor así de los
14.9 así de los muertos como de los que *viven*
14.11 *vivo* yo, dice el Señor, que ante mí se
1 Co. 7.12 ella consiente en *vivir* con él, no
7.13 y él consiente en *vivir* con ella, no lo
7.39 ligada a la ley mientras su marido *vive*
9.14 los que anuncian el..*vivan* del evangelio
15.6 500 hermanos..de los cuales muchos *viven*
2 Co. 4.11 que *vivimos*..entregados a muerte por
5.6 *vivimos* confiados..y sabiendo que entre
5.15 que los que *viven*, ya no *vivan* para sí
6.9 como moribundos, mas he aquí *vivimos*
7.3 nuestro corazón, para morir y para *vivir*
13.4 en debilidad, *vive* por el poder de Dios
13.4 *viviremos* con él por el poder de Dios
13.11 sed de un mismo sentir, y *vivid* en paz
Gá. 2.14 siendo judío, *vives* como los gentiles
2.19 muerto para la..a fin de *vivir* para Dios
2.20 y ya no *vivo* yo, mas *vive* Cristo en mí
2.20 lo que ahora *vivo*..lo *v* en la fe del Hijo
3.11 es evidente..El justo por la fe *vivirá*
3.12 que hiciere estas cosas *vivirá* por ellas
5.25 *vivimos* por el Espíritu, andemos también
Ef. 2.3 entre los cuales..nosotros *vivimos* en
4.22 en cuanto a la pasada manera de *vivir*
Fil. 1.21 porque para mí el *vivir* es Cristo, y
1.22 si el *vivir* en la carne resulta para mí
4.12 sé *vivir* humildemente, y sé..abundancia
Col. 2.20 ¿por qué, como si *vivieseis* en el mundo
3.7 anduvisteis en..cuando *vivíais* en ellas
1 Ts. 3.8 *vivimos*, si vosotros estáis firmes
4.15 nosotros que *vivimos*..no precederemos a
4.17 luego nosotros los que *vivimos*, los que
5.10 que velemos..*vivamos* juntamente con él
1 Ti. 2.2 que *vivamos* quieta y reposadamente en
5.6 la que se entrega a..*viviendo* está muerta
2 Ti. 2.11 si somos muertos con él..*viviremos*
3.12 todos los que quieren *vivir* piadosamente
Tit. 2.12 *vivamos* en este siglo sobria, justa y
3.3 deleites..*viviendo* en malicia y envidia
He. 7.8 uno de quien da testimonio de que *vive*
7.25 a Dios, *viviendo* siempre para interceder
9.17 no..válido entre tanto el testador *vive*
10.38 justo *vivirá* por fe; y si retrocediere
12.9 obedeceremos..al Padre de..y *viviremos?*
Stg. 4.15 el Señor quiere, *viviremos* y haremos
5.5 habéis *vivido* en deleites sobre la tierra
1 P. 1.15 santos en..vuestra manera de *vivir*
1.18 rescatados de vuestra..manera de *vivir*
1.23 la palabra de Dios que *vive* y permanece
2.12 buena vuestra manera de *vivir* entre los
2.24 estando muertos a los pecados, *vivamos*
3.7 *vivid* con ellas sabiamente, dando honor
4.2 para no *vivir* el tiempo que resta en la
4.6 carne..pero *vivan* en espíritu según Dios
2 P. 2.6 a los que habían de *vivir* impíamente
2.18 habían huido de los que *viven* en error
3.11 andar en santa y piadosa manera de *vivir*
1 Jn. 4.9 envió a su Hijo..que *vivamos* por él
Ap. 1.18 *vivo*, y estuve muerto..he aquí que *v*
2.8 el que estuvo muerto y *vivió*, dice esto
3.1 que tienes nombre de que *vives*, y estás
4.9,10; 5.14 al que *vive* por los siglos de
10.6 juró por el que *vive* por los siglos de
13.14 la bestia que tiene la herida..y *vivió*
15.7 oro, llenos de la ira de Dios, que *vive*
18.7 y ha *vivido* en deleites, tanto dadle de
18.9 reyes..con ella han *vivido* en deleites
20.4 *vivieron* y reinaron con Cristo mil años
20.5 los otros muertos no volvieron a *vivir*

VIVO, VA

Gn. 7.3 para conservar *v* la especie sobre la
26.19 cavaron..y hallaron..un pozo de aguas *v*
Éx. 21.35 venderán el buey *v* y partirán..dinero
22.4 con el hurto en la mano, *v*, sea buey o
Lv. 13.10 si..y se descubre asimismo la carne *v*
13.14 el día que apareciere en él la carne *v*
13.15 mirará la carne *v*..inmunda la carne *v*
13.16 carne *v* cambiare y se volviere blanca
14.4 que se tomen..dos avecillas *v*, limpias
14.6 después tomará la avecilla *v*, el cedro
14.6 mojará con la avecilla *v* en la sangre
14.7 lepra..soltará la avecilla *v* en el campo
14.51 tomará..la avecilla *v*, y los mojará en
14.52 purificará la casa..con la avecilla *v*
14.53 luego soltará la avecilla *v* fuera de la
16.10 lo presentará *v* delante de Jehová para
16.20 acabado..hará traer el macho cabrío *v*
16.21 sobre la cabeza del macho cabrío *v*, y
Nm. 11.4 la gente extranjera..tuvo un *v* deseo
16.30 los tragare..y descendieren *v* al Seol
16.33 descendieron *v* al Seol, y los cubrió
16.48 puso entre los muertos y los *v;* y cesó
22.33 te mataría a ti, y a ella dejaría *v*
Dt. 4.4 que seguisteis a Jehová..estáis *v* hoy
5.3 con nosotros todos que estamos aquí hoy *v*
Jos. 8.23 pero tomaron *v* al rey de Hai, y lo
Jue. 21.14 les dieron..las que habían guardado *v*
Rt. 2.20 no ha rehusado a los *v* la benevolencia
1 S. 15.8 tomó *v* a Agag rey de Amalec, pero a
2 S. 18.14 Absalón..estaba aún *v* en medio de la
1 R. 3.25 el rey dijo: Partid..al niño *v*, y dad
3.26 la mujer de quien era el hijo *v*, habló
3.26 rey..Dad a ésta el niño *v*, y no lo matéis
3.27 respondió..Dad a aquélla el hijo *v*, y no
19.10,14 he sentido un *v* celo por Jehová Dios
20.18 si han salido por paz, tomadlos *v;* y si
20.18 si han salido para pelear, tomadlos *v*
2 R. 7.12 los tomaremos *v*, y entraremos en la

VIVO, VA *(Continúa)*
2 R. 10.14 él dijo: Prendedlos *v*. Y. . los tomaron *v*
10.24 dejare *v* a alguno de aquellos hombres
2 Cr. 25.12 de Judá tomaron *v* a otros diez mil
Sal. 38.19 mis enemigos están *v* y fuertes, y se
42.2 mi alma tiene sed de Dios, del Dios *v*
55.15 muerte les sorprenda; desciendan *v* al
58.9 así *v*, así airados, los arrebatará él
84.2 mi corazón y mi carne cantan al Dios *v*
124.3 *v* nos habrían tragado entonces. . furor
Pr. 1.12 tragaremos *v* como el Seol, y enteros
Ec. 6.8 el pobre que supo caminar entre los *v?*
9.4 hay esperanza para. . que está entre los *v*
9.4 porque mejor es perro *v* que león muerto
10.19 el banquete, y el vino alegra a los *v*
Cnt. 4.15 pozo de aguas *v*, que corren del Líbano
Is. 8.19 ¿consultará a los muertos por los *v?*
37.4 su señor envió para blasfemar al Dios *v*
Jer. 2.13 me dejaron a mí, fuente de agua *v*, y
10.10 mas Jehová es el. . es Dios *v* y Rey eterno
17.13 dejaron a Jehová, manantial de aguas *v*
42.17 todos. . no habrá de ellos quien quede *v*
44.14 quien quede *v* para volver a la tierra
Lm. 2.22 no hubo quien escapase ni quedase *v*
Ez. 7.13 no volverá. . vendido, aunque queden *v*
Zac. 14.8 que saldrán de Jerusalén aguas *v*, la
Mt. 22.32; Mr. 12.27; Lc. 20.38 Dios no es Dios de muertos, sino de *v*
Jn. 4.10 tú le pedirías, y él te daría agua *v*
4.11 pozo. . ¿De dónde, pues, tienes el agua *v?*
6.51 yo soy el pan *v* que descendió del cielo
7.38 de su interior correrán ríos de agua *v*
Hch. 1.3 presentó *v* con. . pruebas indubitables
9.41 llamando a los santos y. . la presentó *v*
10.42 el que Dios ha puesto por Juez de *v* y
14.15 convirtáis al Dios *v*, que hizo el cielo
20.10 Pablo. . dijo: No os alarméis, pues está *v*
20.12 y llevaron al joven *v*, y. . consolados
25.19 Jesús. . el que Pablo afirmaba estar *v*
Ro. 6.11 pero *v* para Dios en Cristo Jesús, Señor
6.13 presentaos. . a Dios como *v* de entre los
12.1 vuestros cuerpos en sacrificio *v*, santo
2 Co. 3.3 escrita. . con el Espíritu del Dios *v*
1 Ts. 1.9 Dios, para servir al Dios *v* y verdadero
1 Ti. 6.17 sino en el Dios *v*, que nos da todas
2 Ti. 4.1 que juzgará a los *v* y a los muertos
He. 3.12 corazón malo de. . apartarse del Dios *v*
4.12 la palabra de Dios es *v* y eficaz, y más
9.14 obras muertas para que sirváis al Dios *v?*
10.20 por el camino nuevo y *v* que él nos abrió
10.31 cosa es caer en las manos del Dios *v!*
12.22 monte de Sion, a la ciudad del Dios *v*
1 P. 1.3 nos hizo renacer para una esperanza *v*
2.4 acercándoos a él, piedra *v*, desechada
2.5 como piedras *v*, sed edificados como casa
4.5 está preparado para juzgar a los *v* y a los
Ap. 7.2 y tenía el sello del Dios *v;* y clamó a
16.3 y murió todo ser *v* que había en el mar
19.20 lanzados *v* dentro de un lago de fuego

VOCACIÓN
1 Co. 1.26 pues mirad, hermanos, vuestra *v*, que
Ef. 4.1 que andéis como es digno de la *v* con que
4.4 llamados. . misma esperanza de vuestra *v*
2 P. 1.10 más procurad hacer firme vuestra *v*

VOCEAR
Is. 42.13 gritará, *voceará*, se esforzará sobre
Mt. 12.19 no contenderá, ni *voceará*, ni nadie

VOCERIO
Jos. 6.20 gritó con. . *v*, y el muro se derrumbó
Job 39.25 el grito de los capitanes, y el *v*
Hch. 23.9 y hubo un gran *v;* y levantándose los

VOCIFERAR
Sal. 74.4 tus enemigos *vociferan* en medio de tus

VOLADORA
Is. 14.29 saldrá áspid, y su fruto, serpiente *v*

VOLAR
Gn. 1.20 y aves que *vuelen* sobre la tierra, en
Dt. 4.17 figura de ave alguna alada que *vuele*
28.49 nación de lejos. . que *vuele* como águila
2 S. 22.11 cabalgó. . querubín, y *voló; v* sobre
Job 5.7 las chispas se levantan para *volar* por
20.8 como sueño *volará* y no será hallado, y se
39.26 *¿vuela* el gavilán por tu sabiduría, y
Sal. 18.10 sobre un querubín, y *voló; v* sobre
55.6 me diese alas. . *volaría* yo, y descansaría
78.27 como arena del mar, aves que *vuelan*
90.10 días de. . edad. . pronto pasan, y *volamos*
91.5 no temerás el. . ni saeta que *vuele* de día
Pr. 23.5 se harán alas como. . y *volarán* al cielo
Is. 6.2 dos cubrían sus pies, y con dos *volaban*
6.6 y *voló* hacia mí uno de los serafines
11.14 *volarán* sobre. . hombros de los filisteos
30.6 león, la víbora y la serpiente que *vuela*
31.5 como las aves que *vuelan*, así amparará
60.8 ¿quiénes son éstos que *vuelan* como nubes
Jer. 48.9 dad alas a Moab. . que se vaya *volando*
48.40; 49.22 como águila *volará*, y extenderá
Ez. 13.20 y soltaré para que *vuelen* como aves
13.20 las almas que vosotras cazáis *volando*
Dn. 9.21 Gabriel. . *volando* con presteza, vino a
Os. 9.11 la gloria de Efraín *volará* cual ave, de
Nah. 3.16 cielo; la langosta hizo presa, y *voló*
Hab. 1.8 *volarán* como águilas que se apresuran
Zac. 5.1 y miré, y he aquí un rollo que *volaba*
5.2 veo un rollo que *vuela*, de veinte codos
Ap. 4.7 cuarto era semejante a. . águila *volando*
8.13 y oí a un ángel *volar* por en medio del
12.14 que *volase* de delante de la serpiente
14.6 vi *volar* por en medio del cielo a otro
19.17 diciendo a todas las aves que *vuelan*

VOLÁTIL
Sal. 148.10 bestia y todo animal, reptiles y *v*

VOLCAR
Mt. 21.12; Mr. 11.15; Jn. 2.15 y *volcó* las mesas

VOLTEAR
Os. 7.8 Efraín. . fue torta no *volteada*

VOLUNTAD
Gn. 4.1 dijo: Por *v* de Jehová he adquirido varón
23.8 si tenéis *v* de que yo sepulte mi muerta
Éx. 25.2 de todo varón que la diere de su *v*, de
35.21 aquel a quien su espíritu le dio *v*
Lv. 1.3 fuere. . de su *v* lo ofrecerá a la puerta
Nm. 15.3 por especial voto, o de vuestra *v*, o
16.28 que hiciese. . no las hice de mi propia *v*
1 S. 14.7 vé, pues aquí estoy contigo a tu *v*
2 R. 9.15 si es vuestra *v*, ninguno escape de
12.4 dinero que cada uno de su propia *v* trae
1 Cr. 13.2 y si es la *v* de Jehová nuestro Dios
29.18 conserva. . *v* del corazón de tu pueblo
2 Cr. 15.15 y de toda su *v* lo buscaban, y fue
25.20 la *v* de Dios, que los quería entregar
Esd. 3.7 conforme a la *v* de Ciro rey de Persia
5.17 envíe a decir la *v* del rey sobre esto
7.18 hacedlo conforme a la *v* de vuestro Dios
10.11 haced su *v*, y apartaos de los pueblos
Neh. 9.37 se enseñorean sobre. . conforme a su *v*
Est. 1.8 que se hiciese según la *v* de cada uno
Job 34.9 de nada servirá. . conformar su *v* a Dios
Sal. 27.12 me entregues a la *v* de mis enemigos
40.8 el hacer tu *v*, Dios mío, me ha agradado
41.2 y no lo entregarás a la *v* de. . enemigos
69.13 yo a ti oraba. . al tiempo de tu buena *v*
89.17 tu buena *v* acrecentarás nuestro poder
103.21 todos. . ministros suyos, que hacéis su *v*
119.35 guíame por. . porque en ella tengo mi *v*
143.10 enséñame a hacer tu *v*, porque tú eres
Pr. 14.9 los necios. . entre los rectos hay buena *v*
31.13 y lino, y con *v* trabaja con sus manos
Is. 48.14 a quien Jehová amó ejecutará su *v* en
53.10 la *v* de Jehová será en su. . prosperada
58.13 retrajeres tu. . de hacer tu *v* en mi día
58.13 buscando tu *v*, ni hablando tus propias
60.10 mi buena *v* tendré de ti misericordia
61.2 el año de la buena *v* de Jehová, y el día
Jer. 15.1 si. . no estaría mi *v* con este pueblo
34.16 su siervo. . habíais dejado libres a su *v*
Ez. 16.27 y te entregué a la *v* de las hijas de
Dn. 1.9 puso Dios a Daniel. . en buena *v* con el
4.35 él hace según su *v* en el ejército del
8.4 hacía conforme a su *v*, y se engrandecía
11.3 cual dominará con gran poder y hará su *v*
11.16 y el que vendrá contra él hará su *v*, y
11.28 será. . hará su *v*, y volverá a su tierra
11.30 y hará según su *v;* volverá, pues, y se
11.36 y el rey hará su *v*, y se ensoberbecerá
Hag. 1.8 pondré en ella mi *v*. . seré glorificado
Mt. 6.10 hágase tu *v*, como en el cielo, así en
7.21 el que hace la *v* de mi Padre que está en
12.50 aquel que hace la *v* de mi Padre, ése es
18.14 no es la *v* de vuestro Padre que está en
21.31 cuál de los dos hizo la *v* de su padre?
26.42 copa sin que yo la beba, hágase tu *v*
Mr. 3.35 aquel que hace la *v* de Dios, ése es mi
Lc. 2.14 gloria. . buena *v* para con los hombres!
11.2 tu reino. Hágase tu *v*, como en el cielo
12.47 que conociendo la *v* de su señor, no se
12.47 no se preparó, ni hizo conforme a su *v*
22.42 pasa. . pero no se haga mi *v*, sino la tuya
23.25 soltó. . entregó a Jesús a la *v* de ellos
Jn. 1.13 de *v* de carne, ni de *v* de varón, sino
4.34 comida es que haga la *v* del que me envió
5.30; 6.38 mi *v*, sino la *v* del que me envió
6.39 esta es la *v* del Padre, el que me envió
6.40 esta es la *v* del que me ha enviado: Que
7.17 quiera hacer la *v* de Dios, conocerá si
9.31 es temeroso de Dios, y hace su *v*, a ése
Hch. 13.36 habiendo servido. . según la *v* de Dios
21.14 desistimos, diciendo: Hágase la *v* del
22.14 te ha escogido para que conozcas su *v*
Ro. 1.10 por la *v* de Dios, un próspero viaje
2.18 y conoces su *v*, e instruido por la ley
8.20 sujetada a vanidad, no por su propia *v*
8.27 conforme a la *v* de Dios intercede por
9.19 me dirás. . ¿quién ha resistido a su *v?*
12.2 cuál sea la buena *v* de Dios, agradable
15.32 llegue a vosotros por la *v* de Dios, y
1 Co. 1.1 a ser apóstol de. . por la *v* de Dios
7.37 sino que es dueño de su propia *v*, y ha
9.17 lo hago de buena *v*, recompensa tendré
9.17 pero si de mala *v*, la comisión me ha sido
16.12 ninguna manera tuvo *v* de ir por ahora
2 Co. 1.1 Pablo, apóstol de. . por la *v* de Dios
8.5 dieron. . luego a nosotros por la *v* de Dios
8.12 porque si primero hay la *v* dispuesta
8.17 su propia *v* partió para ir a vosotros
8.19 Señor. . y para demostrar vuestra buena *v*
9.2 conozco vuestra buena *v*, de la cual yo
Gá. 1.4 conforme a la *v* de nuestro Dios y Padre
Ef. 1.1 Pablo, apóstol de. . por la *v* de Dios, a
1.5 adoptados. . según el puro afecto de su *v*
1.9 dándonos a conocer el misterio de su *v*
1.11 hace todas. . según el designio de su *v*
2.3 la *v* de la carne y de los pensamientos
5.17 entendidos de cuál sea la *v* del Señor
6.6 como. . de corazón haciendo la *v* de Dios
6.7 sirviendo de buena *v*, como al Señor y no
Fil. 1.15 por envidia. . pero otros de buena *v*
2.13 el querer como el hacer, por su buena *v*
Col. 1.1 Pablo, apóstol de Jesucristo por la *v*
1.9 que seáis llenos del conocimiento de su *v*
1 Ts. 4.3 la *v* de Dios es vuestra santificación
5.18 gracias en todo. . esta es la *v* de Dios
2 Ti. 1.1 Pablo, apóstol de. . por la *v* de Dios
2.26 lazo. . en que están cautivos a *v* de él
He. 2.4 repartimientos del Espíritu. . según su *v*
10.7,9 que vengo, oh Dios, para hacer tu *v*.
10.10 en esa *v* somos santificados mediante
10.36 habiendo hecho la *v* de Dios, obtengáis
13.21 os haga aptos en. . para que hagáis su *v*
Stg. 1.18 él, de su *v*, nos hizo nacer por la
1 P. 2.15 es la *v* de Dios: que haciendo bien
3.17 el bien, si la *v* de Dios así lo quiere
4.2 no vivir el. . sino conforme a la *v* de Dios
4.19 que los que padecen según la *v* de Dios
2 P. 1.21 nunca la profecía fue traída por *v*
1 Jn. 2.17 el que hace la *v* de Dios permanece
5.14 si pedimos alguna cosa conforme a su *v*
Ap. 4.11 y por tu *v* existen y fueron creadas

VOLUNTARIAMENTE
Jue. 5.2 por haberse ofrecido *v* el pueblo, load
5.9 para los que *v* os ofrecisteis entre el
1 Cr. 29.6 los jefes de familia. . ofrecieron *v*
29.9 se alegró el. . por haber contribuido *v*
29.9 de todo corazón ofrecieron a Jehová *v*
29.14 pudiésemos ofrecer *v* cosas semejantes?
29.17 con rectitud de. . *v* te he ofrecido todo
2 Cr. 17.16 cual se había ofrecido *v* a Jehová
Esd. 1.6 además de todo lo que se ofreció *v*
7.15 que el rey. . *v* ofrecen al Dios de Israel
7.16 *v* ofrecieren para la casa de su Dios
Neh. 11.2 *v* se ofrecieron. . morar en Jerusalén
Sal. 54.6 *v* sacrificaré. . alabaré tu nombre, oh
110.3 tu pueblo se te ofrecerá *v* en el día
He. 10.26 si pecáremos *v* después de. . recibido
1 P. 5.2 cuidando de ella, no por fuerza, sino *v*
2 P. 3.5 ignoran *v*, que en el tiempo antiguo

VOLUNTARIO, RIA
Éx. 35.22 vinieron. . todos los *v* de corazón, y
35.29 los que tuvieron corazón *v* para traer
35.29 hijos de. . trajeron ofrenda *v* a Jehová
36.3 ellos seguían trayéndole ofrenda *v* cada
Lv. 7.16 si el sacrificio de. . fuere voto, o *v*
22.18 ofrendas *v* ofrecidas en holocausto a
22.21 ofreciere sacrificio. . o como ofrenda *v*
22.23 carnero. . podrás ofrecer por ofrenda *v*
23.38 además de. . todas vuestras ofrendas *v*
Nm. 29.39 ofreceréis a Jehová en. . ofrendas *v*
Dt. 12.6 y allí llevaréis. . vuestras ofrendas *v*
12.17 ni las ofrendas *v*, ni las. . elevadas
16.10 de la abundancia *v* de tu mano será lo
23.23 pagando la ofrenda *v* que prometiste
1 Cr. 28.9 con corazón perfecto y con ánimo *v*
28.21 los *v* e inteligentes para toda forma de
29.5 ¿y quién quiere hacer hoy ofrenda *v* a
2 Cr. 31.14 tenía cargo de las ofrendas *v* para
Esd. 1.4 además de ofrendas *v* para la casa de
2.68 ofrendas *v* para la casa de Dios, para
3.5 además de esto. . toda ofrenda *v* a Jehová
7.16 con las ofrendas *v* del pueblo y de los
8.28 oro, ofrenda *v* a Jehová Dios de nuestros
Sal. 119.108 sean agradables los sacrificios *v*
Am. 4.5 publicad ofrendas *v*. . que así lo queréis
Col. 2.23 reputación de sabiduría en culto *v*
Flm. 14 no fuese como de necesidad, sino *v*

VOLUPTUOSA
Is. 47.8 oye, pues, ahora esto, mujer *v*, tú que

VOLVER
Gn. 3.19 el pan hasta que *vuelvas* a la tierra
3.19 pues polvo eres, y al polvo *volverás*
4.12 cuando labres. . no te *volverá* a dar su
8.7 cuervo. . estuvo yendo y *volviendo* hasta
8.9 y *volvió* a él al arca, porque las aguas
8.10 días, y *volvió* a enviar la paloma fuera
8.11 la paloma *volvió* a él a la hora de la

VOLVER *(Continúa)*
Gn. 8.12 envió la paloma, la cual no *volvió* ya
8.21 no *volveré* más a maldecir la tierra por
8.21 no. . ni *volveré* más a destruir todo ser
9.23 *vueltos* sus rostros, y así no vieron la
13.3 *volvió* por sus jornadas desde el Neguev
14.7 *volvieron* y vinieron a En-mispat, que es
14.17 *volvía* de la derrota de Quedorlaomer
15.16 en la cuarta generación *volverán* acá
16.9 *vuélvete* a tu señora, y ponte sumisa
18.10 *volveré* a ti; y según el tiempo de la
18.14 tiempo señalado *volveré* a ti, y según
18.29 y *volvió* a hablarle, y dijo: Quizá se
18.32 *volvió* a decir: No se enoje ahora mi
18.33 Jehová se. . y Abraham *volvió* a su lugar
19.26 miró atrás. . y se *volvió* estatua de sal
21.32 y *volvieron* a tierra de los filisteos
22.5 y adoraremos, y *volveremos* a vosotros
22.19 y *volvió* Abraham a sus siervos, y se
24.5 ¿*volveré*. . tu hijo a la tierra de donde
24.6 guárdate que no *vuelvas* a mi hijo allá
24.8 solamente que no *vuelvas* allá a mi hijo
24.16 la cual. . llenó su cántaro, y se *volvía*
25.29 y *volviendo* Esaú del campo, cansado
26.18 *volvió* a abrir Isaac los pozos de agua
27.30 luego. . Esaú su hermano *volvió* de cazar
28.15 *volveré* a traerte a esta tierra; porque
28.21 si *volviere* en paz a casa de mi padre
29.3 *volvían* la piedra sobre la boca del pozo
30.16 Jacob *volvía* del campo, salió Lea a él
30.31 esto, *volveré* a apacentar tus ovejas
31.3 *vuélvete* a la tierra de tus padres, y a
31.13 *vuélvete* a la tierra de tu nacimiento
31.18 para *volverse* a Isaac su padre en la
31.55 Labán. . regresó y se *volvió* a su lugar
32.6 mensajeros *volvieron* a Jacob, diciendo
32.9 me dijiste: *Vuélvete* a tu tierra y a tu
33.16 *volvió* Esaú aquel día por su camino a
35.9 cuando había *vuelto* de Padan-aram, y le
37.22 librarlo. . y hacerlo *volver* a su padre
37.29 Rubén *volvió*. . y no halló a José dentro
37.30 *volvió* a sus hermanos, y dijo: El joven
38.5 *volvió* a concebir, y dio a luz un hijo
38.22 él se *volvió* a Judá, y dijo: No la he
38.29 *volviendo* él a meter la mano, he aquí
40.21 e hizo *volver* a su oficio al jefe de
42.24 después *volvió* a ellos, y les habló
43.2 *volved*, y comprad. . un poco de alimento
43.10 si no. . hubiéramos ya *vuelto* dos veces
43.12 el dinero *vuelto* en. . vuestros costales
43.13 y levantaos, y *volved* a aquel varón
44.4 ¿por qué habéis *vuelto* mal por bien?
44.13 cargó. . su asno, y *volvieron* a la ciudad
44.25 *volved* a comprarnos un poco. . alimento
44.30 cuando *vuelva* yo a tu siervo mi padre
44.32 si no te lo *vuelvo* a traer. . culpable
44.34 *volveré* yo a mi padre sin el joven?
45.17 e id, *volved* a la tierra de Canaán
46.4 contigo a. . y yo también te haré *volver*
48.21 pero Dios. . os hará *volver* a la tierra
50.5 vaya. . y sepulte a mi padre, y *volveré*
50.14 y *volvió* José a Egipto. . y sus hermanos
Éx. 2.18 y *volviendo* ellas a Reuel su padre, él
4.4 y la tomó, y se *volvió* vara en su mano
4.7 que se había *vuelto* como la otra carne
4.18 y *volviendo* a su suegro Jetro, le dijo
4.18 iré ahora, y *volveré* a mis hermanos que
4.19 y *vuélvete* a Egipto, porque han muerto
4.20 Moisés tomó. . *volvió* a tierra de Egipto
4.21 cuando hayas *vuelto* a Egipto, mira que
5.4 hacéis cesar. . *Volved* a vuestras tareas
5.22 entonces Moisés se *volvió* a Jehová, y
7.12 vara, las cuales se *volvieron* culebras
7.15 tu mano la vara que se *volvió* culebra
7.23 Faraón se *volvió* y fue a su casa, y no
8.16 que se *vuelva* piojos por todo el país
8.17 y golpeó el polvo de. . se *volvió* piojos
10.6 se *volvió* y salió de delante de Faraón
13.17 no se arrepienta. . y se *vuelva* a Egipto
14.5 el corazón. . se *volvió* contra el pueblo
14.21 y *volvió* el mar en seco, y las aguas
14.26 las aguas *vuelvan* sobre los egipcios
14.27 el mar se *volvió* en toda su fuerza, y
14.28 y *volvieron* las aguas, y cubrieron los
15.19 Jehová hizo *volver* las aguas del mar
24.14 esperadnos aquí hasta que *volvamos* a
32.12 *vuélvete* del ardor de tu ira. . este mal
32.15 y *volvió* Moisés y descendió del monte
32.27 pasad y *volved* de puerta a puerta por
32.31 *volvió* Moisés a Jehová, y dijo. . ruego
33.11 él *volvía* al campamento; pero. . Josué
34.31 Aarón y todos los príncipes. . *volvieron*
Lv. 13.3 pelo en la llaga se ha *vuelto* blanco
13.4,20,25 pelo se hubiere *vuelto* blanco
13.5 el sacerdote le *volverá* a encerrar por
13.13 ella se ha *vuelto* blanca, y él es limpio
13.16 cuando la carne viva. . *volviere* blanca
13.17 y si la llaga se hubiere *vuelto* blanca
14.39 *volverá* el sacerdote, y la examinará
19.4 no os *volveréis* a los ídolos, ni haréis
19.31 no os *volváis* a los encantadores ni a
22.13 hubiere *vuelto* a la casa de su padre
25.10 *volveréis* cada uno. . cada cual *volverá*
25.13 *volveréis* cada uno a vuestra posesión
25.27 pagará lo que. . y *volverá* a su posesión
25.28 y al jubileo saldrá, y él *volverá* a su
25.41 *volverá* a su familia, y a la posesión
26.9 me *volveré* a vosotros, y os haré crecer
26.18 *volveré* a castigaros siete veces más
27.24 *volverá* la tierra a aquél de quien él
Nm. 10.36 *vuelve*, oh Jehová, a los millares de
11.30 Moisés *volvió* al campamento, él y los
12.14 y después *volverá* a la congregación
13.25 *volvieron* de reconocer la tierra al fin
14.3 ¿no nos sería mejor *volvernos* a Egipto?
14.4 designemos un capitán, y *volvámonos* a
14.25 *volveos* mañana y salid al desierto
14.36 al *volver* habían hecho murmurar contra
16.50 *volvió* Aarón a Moisés a la puerta del
17.10 *vuelve* la vara de Aarón delante del
21.33 *volvieron*, y subieron camino de Basán
22.13 Balaam. . dijo. . *Volveos* a vuestra tierra
22.15 *volvió* Balac a enviar. . más príncipes
22.19 para que yo sepa qué me *vuelve* a decir
22.23 azotó. . al asna para hacerla *volver* al
22.25 apretó. . el pie. . y él *volvió* a azotarla
22.34 ahora, si te parece mal, yo me *volveré*
23.5,16 le dijo: *Vuelve* a Balac, y dile así
23.6 *volvió* a él, y he aquí estaba él junto
24.25 se levantó Balaam. . y *volvió* a su lugar
31.14 los jefes de. . que *volvían* de la guerra
32.15 si os *volviereis* de en pos. . él *volverá*
32.18 no *volveremos* a nuestras casas hasta
32.22 *volveréis*, y seréis libres de culpa para
33.7 salieron. . y *volvieron* sobre Pi-hahirot
35.25 lo hará *volver* a su ciudad de refugio
35.28 el homicida *volverá* a la tierra de su
35.32 para que *vuelva* a vivir en su tierra
Dt. 1.7 *volveos* e id al monte del amorreo y a
1.40 pero vosotros *volveos* e id al desierto
1.45 y *volvisteis* y llorasteis delante de
2.1 *volvimos* y salimos al desierto, camino
2.3 habéis rodeado. . monte; *volveos* al norte
2.8 *volvimos*, y tomamos el camino. . de Moab
3.1 *volvimos*. . y subimos camino de Basán, y
3.20 os *volveréis* cada uno a la heredad que
4.30 si en los postreros días te *volvieres*
5.30 vé y diles: *Volveos* a vuestras tiendas
9.15 y *volví* y descendí del monte, el cual
10.5 *volví* y descendí del monte, y puse las
16.7 por la mañana. . *volverás* a tu habitación
17.16 ni hará *volver* al pueblo a Egipto con
17.16 ha dicho: No *volváis*. . por este camino
20.5,6,7,8 vaya, y *vuélvase* a su casa
22.1 extraviado el. . lo *volverás* a tu hermano
23.13 al *volverte* cubrirás tu excremento
23.14 él no vea. . y se *vuelva* de en pos de ti
24.4 *volverla* a tomar para que sea su mujer
24.19 no *volverás* para recogerla; será para
28.68 te hará *volver* a Egipto en naves, por
28.68 cual te ha dicho: Nunca más *volverás*
30.3 Jehová hará *volver* a tus cautivos, y
30.3 *volverá* a recogerte de entre. . pueblos
30.5 te hará *volver* Jehová. . a la tierra que
30.8 y tú *volverás*, y oirás la voz de Jehová
30.9 Jehová *volverá* a gozarse sobre ti para
31.18 por haberse *vuelto* a dioses ajenos
31.20 *volverán* a dioses ajenos y les servirán
Jos. 1.15 *volveréis*. . a la tierra de. . herencia
2.16 hasta que los que os siguen hayan *vuelto*
2.22 que *volvieron* los que los perseguían
2.23 *volvieron* los dos hombres. . a Josué hijo
4.18 las aguas del Jordán se *volvieron* a su
6.11 y *volvieron* luego al campamento, y allí
6.14 segundo día, y *volvieron* al campamento
7.3 y *volviendo* a Josué, le dijeron: No suba
7.8 diré, ya que Israel ha *vuelto* la espalda
7.12 los hijos de Israel. . *volverán* la espalda
7.26 y Jehová se *volvió* del ardor de su ira
8.20 los hombres de Hai *volvieron* el rostro
8.20 pueblo que iba huyendo hacia. . se *volvió*
8.21 se *volvieron* y atacaron a los de Hai
8.24 todos los israelitas *volvieron* a Hai
10.15 Josué. . *volvió* al campamento en Gilgal
10.21 el pueblo *volvió* sano y salvo a Josué
10.38 después *volvió* Josué. . sobre Debir, y
10.43 *volvió* Josué. . al campamento en Gilgal
11.10 *volviendo* Josué, tomó. . Hazor, y mató
16.8 y de Tapúa se *vuelve* hacia el mar, al
18.4 recorran. . la describan. . y *vuelvan* a mí
18.8 y *volved*. . para que yo os eche suertes
18.9 *volvieron* a Josué al campamento en Silo
20.6 el homicida podrá *volver* a su ciudad y
22.4 *volved*, regresad a vuestras tiendas, a
22.8 *volved* a vuestras tiendas con grandes
22.9 Rubén y. . Gad. . se *volvieron*, separándose
22.23 edificado altar para *volvernos* de en
24.20 *volverá* y os hará mal, y os consumirá
Jue. 2.19 al morir el juez, ellos *volvían* atrás
2.21 tampoco yo *volveré* más a arrojar de
3.12 *volvieron* los. . de Israel a hacer lo malo
3.19 él se *volvió*. . y dijo: Rey, una palabra
4.1 *volvieron* a hacer lo malo ante los ojos
6.18 que no te vayas. . hasta que *vuelva* a ti
6.18 él respondió. . esperaré hasta que *vuelvas*
7.15 y *vuelto* al campamento de Israel, dijo
8.9 cuando yo *vuelva* en paz, derribaré esta
8.13 Gedeón. . *volvió* de la batalla antes que
8.33 los. . de Israel *volvieron* a prostituirse
9.37 *volvió* Gaal a hablar, y dijo: He allí
9.57 lo hizo Dios *volver* sobre sus cabezas
10.6 Israel *volvieron* a hacer lo malo ante
11.8 por esta misma causa *volvemos* ahora a
11.9 si me hacéis *volver* para que pelee contra
11.14 Jefté *volvió* a enviar. . mensajeros al
11.34 *volvió* Jefté a Mizpa, a su casa; y he
11.37 *volvió* a decir a su padre: Concédeme
11.39 pasados. . dos meses *volvió* a su padre
13.8 te ruego que aquel varón. . *vuelva* ahora
13.9 y el ángel. . *volvió* otra vez a la mujer
14.8 *volviendo*. . para tomarla, se apartó del
14.19 dio. . y se *volvió* a la casa de su padre
15.14 y las cuerdas. . se *volvieron* como lino
18.8 *volviendo*. . ellos a sus hermanos en Zora
18.21 se *volvieron* y partieron, y pusieron los
18.23 y dando voces a. . *volvieron* sus rostros
18.26 y Micaía. . *volvió* y regresó a su casa
19.3 y se levantó su marido. . hacerla *volver*
19.7 insistió. . *volvió* a pasar allí la noche
20.8 dijeron. . ni *volverá* ninguno. . a su casa
20.28 ¿*volveremos*. . a salir contra. . Benjamín
20.41 *volvieron* los hombres de Israel, y los
20.42 *volvieron*. . espalda delante de Israel
20.45 *volviéndose*. . huyeron hacia el desierto
20.47 se *volvieron* y huyeron al desierto a la
20.48 los hombres de Israel *volvieron* sobre
21.14 *volvieron* entonces los de Benjamín, y
21.23 y se fueron, y *volvieron* a su heredad
Rt. 1.7 caminar para *volverse* a la tierra de
1.8 *volveos* cada una a la casa de su madre
1.11 y Noemí respondió: *Volveos*, hijas mías
1.12 *volveos*, hijas mías, e idos. . soy vieja
1.15 tu cuñada se ha vuelto a. . *vuélvete* tú
1.21 me fui llena, pero Jehová me ha *vuelto*
1.22 *volvió* Noemí, y Rut. . *v* de los. . de Moab
2.6 es la joven moabita que *volvió* con Noemí
3.8 se estremeció aquel hombre, y se *volvió*
4.3 Noemí, que ha *vuelto* del campo de Moab
1 S. 1.19 *volvieron* y fueron a su casa en Ramá
2.11 Elcana se *volvió* a su casa en Ramá; y el
2.20 Elí bendijo a. . Y se *volvieron* a su casa
3.5 *vuelve* y acuéstate. Y él se *volvió* y se
3.6 hijo. . no he llamado; *vuelve* y acuéstate
4.3 cuando *volvió* el pueblo al campamento
5.3 tomaron a Dagón y lo *volvieron* a su lugar
5.4 *volviéndose* a levantar de mañana. . Dagón
5.11 enviad el arca del. . *vuélvase* a su lugar
6.2 de qué manera la hemos de *volver* a enviar
6.7 y haced *volver* sus becerros de detrás de
6.16 cuando vieron esto. . *volvieron* a Ecrón
7.3 si de todo. . corazón os *volvéis* a Jehová
7.13 y no *volvieron* más a entrar en. . Israel
7.17 *volvía* a Ramá. . allí estaba su casa, y
8.3 se *volvieron* tras la avaricia. . sobornar
9.5 Saúl dijo. . Ven, *volvámonos*; porque quizá
9.8 *volvió* el criado a responder a Saúl. . He
10.9 al *volver* él la espalda para apartarse
14.20 la espada. . *vuelta* contra su compañero
14.47 y adondequiera que se *volvía*. . vencedor
15.11 Saúl. . se ha *vuelto* de en pos de mí, y
15.19 que *vuelto* al botín has hecho lo malo
15.25 y *vuelve* conmigo. . que adore a Jehová
15.26 Samuel respondió. . No *volveré* contigo
15.27 y *volviéndose* Samuel para irse, él se
15.30 y *vuelvas* conmigo. . que adore a Jehová
15.31 *volvió* Samuel tras Saúl, y adoró Saúl
16.13 se levantó luego Samuel, y se *volvió*
17.15 pero David había ido y *vuelto*, dejando
17.53 *volvieron*. . de seguir tras los filisteos
17.57 y cuando. . *volvía* de matar al filisteo
18.2 y no le dejó *volver* a casa de su padre
18.6 *volvían* ellos, cuando David *volvió* de
19.15 *volvió* Saúl a enviar mensajeros para
19.21 y Saúl *volvió* a enviar mensajeros por
22.17 rey. . *Volveos* y matad a los sacerdotes
22.18 *vuelve* tú, y arremete. . se *volvió* Doeg
23.18 Hores, y Jonatán se *volvió* a su casa
23.23 y *volved* a mí con información segura
23.28 *volvió*. . Saúl de perseguir a David, y
24.1 cuando Saúl *volvió* de perseguir a los
25.12 los jóvenes. . *volvieron* por su camino
25.21 vano. . y él me ha *vuelto* mal por bien
25.36 Abigail *volvió* a Nabal, y he aquí que
25.39 y Jehová ha *vuelto* la maldad de Nabal
26.21 dijo Saúl. . *vuélvete*, hijo mío David
26.25 David se. . y Saúl se *volvió* a su lugar
29.4 *vuelva* al lugar que le señalaste, y no
29.4 que en la batalla se nos *vuelva* enemigo
29.4 *volvería* mejor a la gracia de su señor
29.7 *vuélvete*, pues, y vete en paz, para no
29.11 se levantó David. . para irse y *volver* a
30.12 comió, *volvió* en él su espíritu; porque
2 S. 1.1 que *vuelto* David de la derrota de los
1.9 me *volvió* a decir: Te ruego que te pongas
1.22 el arco de Jonatán no *volvía* atrás, ni
1.22 arco. . ni la espada de Saúl *volvió* vacía
2.26 no dirás. . que se *vuelva* de perseguir a
2.30 *volvió* de perseguir a Abner, y juntando
3.12 mi mano. . para *volver* a ti todo Israel
3.16 anda, *vuélvete*. Entonces él se *volvió*
3.26 le hicieron *volver* desde el pozo de Sira
3.27 y cuando Abner *volvió* a Hebrón, Joab lo

VOLVER *(Continúa)*

2 S. 6.20 *volvió*. .David para bendecir su casa; y
10.5 *vuelva* a nacer. .barba. .entonces *volved*
10.14 se *volvió*. .Joab de luchar contra. .Amón
10.15 pero los sirios. .se *volvieron* a reunir
11.4 ella se purificó. .y se *volvió* a su casa
12.15 y Natán se *volvió* a su casa. Y Jehová
12.23 ¿podré yo hacerle *volver*? Yo voy a él
12.23 yo voy a él, mas él no *volverá* a mí
12.31 *volvió* David con. .el pueblo a Jerusalén
14.13 el rey no hace *volver* a su desterrado
14.14 aguas. .que no pueden *volver* a recogerse
14.21 rey dijo. .haz *volver* al joven Absalón
14.24 *volvió* Absalón a su casa, y no vio el
15.8 si Jehová me hiciere *volver* a Jerusalén
15.19 *vuélvete* y quédate con el rey; porque
15.20 *vuélvete*, y haz volver a tus hermanos
15.25 rey. .*Vuelve* el arca de Dios a la ciudad
15.25 él hará que *vuelva*, y me dejará verla
15.27 ¿no eres tú. .*Vuelve* en paz a la ciudad
15.29 *volvieron* el arca de Dios a Jerusalén
15.34 mas si *volvieres* a la ciudad, y dijeres
17.3 haré *volver* a ti todo el pueblo (pues tú
17.3 y cuando ellos hayan *vuelto*. .el pueblo
17.20 no los hallaron, *volvieron* a Jerusalén
18.16 el pueblo se *volvió* de seguir a Israel
19.2 se *volvió* aquel día la victoria en luto
19.10 estáis callados. .hacer *volver* al rey?
19.11 *volver* el rey a. .hacerle *v* a su casa?
19.12 los postreros en hacer *volver* al rey?
19.14 al rey: *Vuelve* tú, y todos tus siervos
19.15 *volvió*, pues, el rey, y vino hasta el
19.24 el rey salió hasta el día en que *volvió*
19.30 que mi señor el rey ha *vuelto* en paz
19.37 te ruego que dejes *volver* a tu siervo
19.39 lo bendijo; y él se *volvió* a su casa
19.43 respecto de hacer *volver* a nuestro rey?
20.18 entonces *volvió* ella a hablar, diciendo
20.22 y Joab se *volvió* al rey a Jerusalén
21.15 *volvieron*. .filisteos a hacer la guerra
22.38 destruiré, y no *volveré* hasta acabarlos
22.41 mis enemigos me *vuelvan* las espaldas
23.10 se *volvió* el pueblo. .recoger el botín
24.8 *volvieron* a Jerusalén al cabo de nueve
24.17 tu mano se *vuelva* contra mí, y contra
1 R. 2.19 y *volvió* a sentarse en su trono, e
2.30 Benaía *volvió* con esta respuesta al rey
2.32 y Jehová hará *volver* su sangre sobre su
2.41 había ido. .hasta Gat, y que había *vuelto*
2.44 Jehová. .ha hecho *volver* el mal sobre tu
8.14 y *volviendo* el rey su rostro, bendijo a
8.33 se *volvieren* a ti y confesaren tu nombre
8.34 y los *volverás* a la tierra que diste a
8.35 confesaren tu. .y se *volvieren* del pecado
8.47 ellos *volvieren* en sí en la tierra donde
10.13 y ella se *volvió*, y se fue a su tierra
12.5 idos, y de aquí a tres días *volved* a mí
12.12 rey. .diciendo: *Volved* a mí al tercer día
12.20 todo Israel que Jeroboam había *vuelto*
12.21 y hacer *volver* el reino a Roboam hijo
12.24 *volveos* cada. .y *volvieron* y se fueron
12.26 se *volverá* el reino a la casa de David
12.27 pueblo se *volverá* a. .*volverán* a Roboam
13.10 no *volvió* por. .por donde había venido
13.16 él respondió: No podré *volver* contigo
13.19 *volvió* con él, y comió pan en su casa
13.20,26 profeta que le había hecho *volver*
13.22 que *volviste*, y comiste pan y bebiste
13.23 el que le había hecho *volver* le ensilló
13.33 *volvió* a hacer sacerdotes de los. .altos
17.3 apártate de aquí, y *vuélvete* al oriente
17.21 ruego que hagas *volver* el alma de este
17.22 el alma del niño *volvió* a él, y revivió
18.37 que tú *vuelves* a ti el corazón de ellos
18.43 le *volvió* a decir. .*Vuelve* siete veces
19.7 y *volviendo* el ángel de. .la segunda vez
19.15 *vuélvete* por tu camino, por el desierto
19.20 dijo: Vé, *vuelve*; ¿qué te he hecho yo?
19.21 y se *volvió*, y tomó un par de bueyes
20.5 *volviendo* los mensajeros. .dijeron: Así
21.4 acostó en su cama, y *volvió* su rostro
21.19 *volverás* a hablarle, diciendo: Así ha
22.17 no tienen. .*vuélvase* cada uno a su casa
22.27 la cárcel. .hasta que yo *vuelva* en paz
22.28 si llegas a *volver* en paz, Jehová no
2 R. 1.5 cuando los mensajeros se *volvieron* al
1.5 él les dijo: ¿Por qué os habéis *vuelto*?
1.6 y *volveos* al rey que os envió, y decidle
2.13 *volvió*, y se paró a la orilla del Jordán
2.18 cuando *volvieron* a Eliseo, que se había
2.25 fue al monte Carmelo. .*volvió* a Samaria
3.23 los reyes se han *vuelto* uno contra otro
3.27 se apartaron. .se *volvieron* a su tierra
4.31 se había *vuelto* para encontrar a Eliseo
4.35 *volviéndose*. .se paseó por la casa a una
4.38 Eliseo *volvió* a Gilgal cuando había una
4.39 y *volvió*, y las cortó en la olla. .potaje
5.12 limpio? Y se *volvió*, y se fue enojado
5.14 su carne se *volvió* como la. .de un niño
5.15 *volvió* al varón de Dios, él y toda su
5.26 cuando el hombre *volvió*. .a recibirte?
6.22 coman y beban, y *vuelvan* a sus señores
6.23 envió, y ellos se *volvieron* a su señor
7.8 *vueltos*, entraron en otra tienda, y de
7.15 y *volvieron*. .y lo hicieron saber al rey
8.3 la mujer *volvió* de la tierra. .filisteos
8.29 el rey Joram se *volvió* a Jezreel para
9.15 se había *vuelto* el rey Joram a Jezreel
9.18 *vuélvete* conmigo. El atalaya dio luego
9.18 el mensajero. .hasta ellos, y no *vuelve*
9.19 ¿qué tienes tú. .ver con la paz? *Vuélvete*
9.20 también éste llegó a ellos y no *vuelve*
9.23 Joram *volvió* las riendas y huyó, y dijo
9.36 y *volvieron*, y se lo dijeron. Y él dijo
13.25 *volvió* Joás. .y tomó. .las ciudades que
14.14 a los hijos tomó en rehenes, y *volvió*
15.20 y el rey de Asiria se *volvió*, y no se
17.13 *volveos* de vuestros malos caminos, y
19.7 y oirá rumor, y se *volverá* a su tierra
19.9 *volvió* él y envió embajadores a Ezequías
19.28 te haré *volver* por el camino por donde
19.33 por el mismo camino que vino, *volverá*
19.36 Senaquerib. .se fue, y *volvió* a Nínive
20.2 él *volvió* su rostro a la pared, y oró a
20.5 *vuelve*, y dí a Ezequías, príncipe de mi
20.10 que la sombra *vuelva* atrás diez grados
20.11 e hizo *volver* la sombra por los grados
21.13 que se friega y se *vuelve* boca abajo
23.16 *volvió* Josías, y viendo los sepulcros
23.20 quemó. .huesos de. .y *volvió* a Jerusalén
24.1 pero luego *volvió* y se rebeló contra él
1 Cr. 4.22 dominaron en. .y *volvieron* a Lehem
14.13 *volviendo* los filisteos. .por el valle
14.14 *volvió* a consultar a Dios, y Dios le
16.43 David se *volvió* para bendecir su casa
19.5 crezca la barba, y entonces *volveréis*
19.15 habían huido. .Joab *volvió* a Jerusalén
20.3 *volvió* David con. .el pueblo a Jerusalén
20.5 *volvió* a levantarse guerra contra los
20.6 y *volvió* a haber guerra en Gat, donde
21.4 *volvió* a Jerusalén y dio la cuenta del
21.20 *volviéndose* Ornán, vio al ángel, por
21.27 al ángel. .*volvió* su espada a la vaina
2 Cr. 1.13 *volvió* Salomón a Jerusalén, y reinó
6.3 y *volviendo* el rey su rostro, bendijo a
6.25 Israel, y les harás *volver* a la tierra
6.37 ellos *volvieren* en sí en la tierra donde
7.19 vosotros os *volviereis*, y dejareis mis
9.12 la reina de Sabá. .se *volvió* y se fue a
10.2 lo oyó Jeroboam hijo. .*volvió* de Egipto
10.5 les dijo: *Volved* a mí de aquí a tres días
10.12 mandado. .*Volved* a. .de aquí a tres días
11.1 pelear. .hacer *volver* el reino a Roboam
11.4 *vuélvase* cada uno a su casa, porque yo
11.4 oyeron la. .y se *volvieron*, y no fueron
12.11 y después los *volvían* a la cámara de
14.15 y se llevaron. .y *volvieron* a Jerusalén
18.16 *vuélvase* cada uno en paz a su casa
18.26 la cárcel. .hasta que yo *vuelva* en paz
18.27 Micaías dijo: Si tú *volvieres* en paz
18.33 *vuelve* las riendas. .estoy mal herido
19.1 Josafat rey de. .*volvió* en paz a su casa
19.8 puso. .sacerdotes. .*volvieron* a Jerusalén
20.12 no sabemos. .y a ti *volvemos* nuestros
20.27 y todo Judá. .*volvieron* para regresar
22.6 y *volvió* para curarse. .de las heridas
24.11 la vaciaban, y la *volvían* a su lugar
24.19 envió profetas para que los *volviesen*
25.10 y *volvieron* a sus casas encolerizados
25.14 *volviendo*. .Amasías de la matanza de los
25.24 tomó todo el. .después *volvió* a Samaria
28.15 llevaron. .y ellos *volvieron* a Samaria
29.6 apartaron. .y le *volvieron* las espaldas
30.6 Israel, *volveos* a Jehová. .y él se *volverá*
30.9 *volviereis* a Jehová, vuestros hermanos
30.9 *volverán* a esta tierra; porque Jehová
30.9 su rostro, si vosotros os *volviereis* a
31.1 se *volvieron* todos los hijos de Israel
32.21 rey de Asiria. .se *volvió*. .avergonzado
34.7 hubo derribado los. .*volvió* a Jerusalén
36.13 para no *volverse* a Jehová el Dios de
Esd. 2.1 y que *volvieron* a Jerusalén y a Judá
6.21 comieron los hijos. .que habían *vuelto*
6.22 había *vuelto* el corazón de. .hacia ellos
9.14 de *volver* a infringir tus mandamientos
Neh. 1.9 si os *volviereis* a mí, y guardareis mis
2.6 ¿cuánto durará. .viaje, y cuándo *volverás*?
2.15 y entré por la puerta del. .y me *volví*
4.4 *vuelve* el baldón de ellos sobre su cabeza
4.12 de donde *volviereis*, ellos caerán sobre
4.15 nos *volvimos* todos al muro, cada uno a
7.6 *volvieron* a Jerusalén y a Judá, cada uno
8.17 congregación que *volvió*. .tabernáculos
9.17 caudillo para *volverse* a su servidumbre
9.28 *volvían* a hacer lo malo delante de ti
9.28 *volvían* y clamaban otra vez a ti, y tú
9.29 a que se *volviesen* a tu ley; mas ellos
13.2 Dios *volvió* la maldición en bendición
13.7 *volver* a Jerusalén; y entonces supe del
13.9 hice *volver* allí los utensilios de la casa
Est. 2.14 *volvía* a la casa segunda de. .mujeres
6.12 esto Mardoqueo *volvió* a la puerta real
7.8 el rey *volvió* del huerto del palacio al
8.3 *volvió*. .Ester a hablar delante del rey
Job 1.21 desnudo salí. .y desnudo *volveré* allá
5.1 voces. .a cuál de los santos te *volverás*?
6.29 *volved* ahora, y no haya iniquidad; *v* aún
7.7 que mis ojos no *volverán* a ver el bien
7.10 no *volverá* más a su casa, ni su lugar le
9.13 Dios no *volverá* atrás su ira, y debajo
10.8 me formaron. .te *vuelves* y me deshaces?
10.9 diste forma. .en polvo me has de *volver*?
10.16 y *vuelves* a hacer en mí maravillas
10.21 que vaya para no *volver*, a la tierra de
12.23 a las naciones, y las *vuelve* a reunir
14.12 el hombre yace y no *vuelve* a levantarse
14.14 si el hombre muriere, ¿*volverá* a vivir?
15.13 para que contra Dios *vuelvas* tu espíritu
15.22 él no cree que *volverá* de las tinieblas
16.22 iré por el camino de donde no *volveré*
17.10 *volved* todos vosotros, y venid ahora, y
19.19 los que yo amaba se *volvieron* contra mí
22.21 *vuelve*. .en amistad con él, y tendrás
22.23 si te *volvieres* al Omnipotente, serás
29.2 ¡quién me *volviese* como en los meses
30.21 has *vuelto* cruel para mí; con el poder
33.25 niño; *volverá* a los días de su juventud
34.15 perecería. .el hombre *volvería* al polvo
36.21 guárdate, no te *vuelvas* a la iniquidad
39.4 sus hijos. .salen, y no *vuelven* a ellas
39.22 ni *vuelve* el rostro delante de. .espada
40.5 aun dos veces, mas no *volveré* a hablar
41.8 te acordarás de. .y nunca más *volverás*
41.31 y lo vuelve como una olla de ungüento
Sal. 4.2 cuándo *volveréis* mi honra en infamia
6.4 *vuélvete*, oh Jehová, libra mi alma
6.10 *volverán* y serán avergonzados de repente
7.7 y sobre ella *vuélvete* a sentar en alto
7.16 su iniquidad *volverá* sobre su cabeza
9.3 mis enemigos *volvieron* atrás; cayeron y
10.18 que no *vuelva* más a hacer violencia el
14.7 Jehová hiciere *volver* a los cautivos de
18.37 perseguí a. .y no *volví* hasta acabarlos
18.40 has hecho que. .me *vuelvan* las espaldas
22.27 se acordarán, y se *volverán* a Jehová
32.4 *volvió* mi verdor en sequedades de verano
35.4 *vueltos* atrás. .los que mi mal intentan
35.13 alma, y mi oración se *volvía* a mi seno
40.14 *vuelvan* atrás. .los que mi mal desean
44.18 no se ha *vuelto* atrás nuestro corazón
51.12 *vuélveme* el gozo de tu salvación, y
53.3 cada uno se había *vuelto* atrás; todos se
53.6 Dios hiciere *volver* de la cautividad de
56.9 serán luego *vueltos* atrás mis enemigos
59.6 *volverán* a la. .ladrarán como perros, y
59.14 *vuelvan*, pues, a la tarde, y ladren como
60 *tít*. y *volvió* Joab, y destrozó a doce mil
60.1 oh. .te has airado; ¡*vuélvete* a nosotros!
66.6 *volvió* el mar en seco. .río pasaron a pie
68.22 de Basán te haré *volver*; te haré *v* de
70.2 sean *vueltos* atrás y avergonzados los que
70.3 *vueltos* atrás, en pago de su afrenta, los
73.10 por eso Dios hará *volver* a su pueblo
74.21 no *vuelva* avergonzado el abatido; el
77.7 Señor. .no *volverá* más a sernos propicio?
78.9 *volvieron* las espaldas en el día de la
78.17 pero aún *volvieron* a pecar contra él
78.34 entonces se *volvían* solícitos en busca
78.39 que eran carne, soplo que va y no *vuelve*
78.41 y *volvían*, y tentaban a Dios. .al Santo
78.44 *volvió* sus ríos en sangre. .no bebiesen
78.57 se *volvieron* y se rebelaron como sus
80.14 Dios. .*vuelve* ahora; mira desde el cielo
81.14 *vuelto* mi mano contra sus adversarios
85.1 Jehová; *volviste* la cautividad de Jacob
85.8 paz. .para que no se *vuelvan* a la locura
90.3 *vuelves* al hombre hasta ser quebrantado
90.13 *vuélvete*, oh Jehová; ¿hasta cuándo?
94.15 que el juicio será *vuelto* a la justicia
94.23 él hará *volver* sobre ellos su iniquidad
104.9 el cual no traspasarán, ni *volverán* a
104.29 quitas. .dejan de ser, y *vuelven* al polvo
105.29 *volvió* sus aguas en sangre, y mató sus
107.35 *vuelve* el desierto en estanques de
114.3 el mar lo vio. .Jordán se *volvió* atrás
114.5 ¿y tú. .Jordán, que te *volviste* atrás?
116.7 *vuelve*. .alma mía, a tu reposo, porque
119.59 y *volví* mis pies a tus testimonios
119.79 *vuélvanse* a mí los que te temen y
126.1 Jehová hiciere *volver* la cautividad de
126.4 *volver* nuestra cautividad, oh Jehová
126.6 *volverá* a venir. .trayendo sus gavillas
129.5 *vueltos* atrás todos los que aborrecen
132.10 no *vuelvas* de tu ungido el rostro
146.4 sale su aliento, y *vuelve* a la tierra
Pr. 1.23 *volveos* a mi reprensión; he aquí yo
2.19 los que a ella se lleguen, no *volverán*
3.28 no digas a tu prójimo: Anda, y *vuelve*, y
7.20 mano; el día señalado *volverá* a su casa
17.8 adondequiera que se *vuelve*. .prosperidad
23.35 cuando despertare. .lo *volveré* a buscar
26.11 como perro que *vuelve* a su vómito, así
26.14 así el perezoso se *vuelve* en su cama
26.27 al que revuelve. .sobre él le *volverá*
30.30 el león. .que no *vuelve* atrás por nada
Ec. 1.5 apresura a *volver*. .de donde se levanta
1.6 y a sus giros *vuelve* el viento de nuevo
1.7 ríos. .allí *vuelven* para correr de nuevo
2.20 *volvió*. .a desesperanzarse mi corazón
3.20 del polvo, y todo *volverá* al mismo polvo
4.1 me *volví* y vi todas las violencias que se
4.7 yo me *volví* otra vez, y vi vanidad debajo

VOLVER *(Continúa)*

Ec. 5.15 como salió del vientre de su. . así *vuelve*
5.16 mal, que como vino, así haya de *volver*
7.25 me *volví* y fijé mi corazón para saber y
9.11 me *volví* y vi debajo del sol, que ni es
12.2 luz. . y *vuelvan* las nubes tras la lluvia
12.7 y el polvo *vuelva* a la tierra, como era
12.7 y el espíritu *vuelva* a Dios que lo dio
Cnt. 2.17 *vuélvete*, amado mío; sé semejante al
6.13 *vuélvete*, *v*, oh sulamita; *v*, *v*, y te
Is. 1.4 dejaron a Jehová. . se *volvieron* atrás
1.25 y *volveré* mi mano contra ti, y limpiaré
2.4 y *volverán* sus espadas en rejas de arado
6.13 si quedare. . ésta *volverá* a ser destruida
8.5 vez *volvió* Jehová a hablarme, diciendo
10.21 el remanente *volverá*. . *v* al Dios fuerte
10.22 tu pueblo. . el remanente de él *volverá*
21.4 noche de mi deseo se me *volvió*. . espanto
21.12 si queréis, preguntad; *volved*, venid
23.17 *volverá* a comerciar, y. . fornicará con
31.6 *volved* a aquel contra quien se rebelaron
32.14 torres y fortalezas se *volverán* cuevas
33.9 Sarón se ha *vuelto*. . desierto, y Basán y
35.10 y los redimidos de Jehová *volverán*, y
37.7 y oirá un rumor, y *volverá* a su tierra
37.8 *vuelto*, pues, el Rabsaces, halló al rey
37.29 te haré *volver* por el camino por donde
37.34 por el camino que vino, *volverá*, y no
38.2 entonces *volvió* Ezequías su rostro a la
38.8 yo haré *volver* la sombra por los grados
38.8 y *volvió* el sol diez grados atrás, por
42.17 serán *vueltos* atrás y en. . confundidos
44.22 *vuélvete* a mí, porque yo te redimí
44.25 que hago *volver* atrás a los sabios, y
46.8 *volved* en vosotros, prevaricadores
49.5 para hacer *volver* a él a Jacob y para
50.5 y yo no fui rebelde, ni me *volví* atrás
51.11 *volverán* los redimidos de. . *v* a Sion
52.8 verán que Jehová *vuelve* a traer a Sion
55.7 y *vuélvase* a Jehová, el cual tendrá de
55.10 lluvia. . no *vuelve* allá, sino que riega
55.11 mi palabra. . no *volverá* a mí vacía, sino
55.12 y con paz seréis *vueltos;* los montes y
59.20 a los que se *volvieren* de la iniquidad
60.5 se haya *vuelto* a ti la multitud del mar
63.10 por lo cual se les *volvió* enemigo, y él
63.17 *vuélvete* por amor de tus siervos, por
Jer. 2.21 has *vuelto* sarmiento de vid extraña?
2.27 me *volvieron* la cerviz, y no el rostro
3.1 se juntare a otro. . *¿volverá* a ella más?
3.1 tú, pues. . *¡vuélvete* a mí! dice Jehová
3.7 se *volverá* a mí; pero no se *volvió*, y lo
3.10 Judá no se *volvió* a mí de todo corazón
3.12 *vuélvete*. . rebelde Israel, dice Jehová
4.1 si te *volvieres*, oh Israel. . vuélvete a mí
6.9 *vuelve* tu mano como vendimiador entre los
8.4 el que se desvía, ¿no *vuelve* al camino?
8.5 abrazaron el. . y no han querido *volverse*
8.6 cada cual se *volvió* a su propia carrera
11.10 se han *vuelto* a las maldades de. . padres
12.15 *volveré* y tendré misericordia de ellos
12.15 los haré *volver* cada uno a su heredad
13.16 luz y os la *vuelva* en sombra de muerte
14.3 agua; *volvieron* con sus vasijas vacías
15.6 me dejaste. . te *volviste* atrás; por tanto
15.7 pueblo. . no se *volvieron* de sus caminos
16.15 los *volveré* a su tierra, la cual di a
18.4 *volvió* y la hizo otra vasija, según le
19.14 y *volvió* Jeremías de Tofet, adonde le
21.4 yo *vuelvo* atrás las armas de guerra que
22.10 llorad. . por el que se va. . no *volverá*
22.11 Salum hijo de Josías. . No *volverá* más
22.27 a la. . anhelan *volver*, allá no *volverán*
23.3 ovejas. . y las haré *volver* a sus moradas
23.22 habrían hecho *volver* de su mal camino
24.6 para bien, y los *volveré* a esta tierra
24.7 seré. . se *volverán* a mí de todo su corazón
25.5 *volveos* ahora de vuestro mal camino y de
26.3 y se *vuelvan* cada uno de su mal camino
27.16 los utensilios. . *volverán* de Babilonia
28.3 dentro de dos años haré *volver* a este
28.4 yo haré *volver* a este lugar a Jeconías
29.10 buena palabra, para haceros *volver* a
29.14 haré *volver*. . haré *v* al lugar de donde
30.3 haré *volver* a los cautivos de mi pueblo
30.6 se han *vuelto* pálidos todos los rostros
30.8 extranjeros no lo *volverán* más a poner
30.10 y Jacob *volverá*, descansará y vivirá
30.18 *volver* los cautivos de las tiendas de
31.8 los hago *volver*. . gran compañía *volverán*
31.9 con misericordia los haré *volver*, y los
31.16 y *volverán* de la tierra del enemigo
31.17 los hijos *volverán* a su propia tierra
31.21 *vuélvete* por el camino por donde fuiste
31.21 de Israel, *vuelve* a estas tus ciudades
31.23 cuando yo haga *volver* sus cautivos
32.33 me *volvieron* la cerviz, y no el rostro
32.37 y los haré *volver* a este lugar, y los
32.40 no me *volveré* atrás de hacerles bien
33.7 haré *volver* los cautivos de Judá y los
33.26 haré *volver* sus cautivos, y tendré de
34.11 hicieron *volver* a los siervos y a las
34.16 habéis *vuelto* y profanado. . habéis *v* a
34.22 haré *volver* a esta ciudad. . la tomarán
35.15 *volveos* ahora. . de vuestro mal camino
36.7 y se *vuelva* cada uno de su mal camino
36.16 oyeron. . cada uno se *volvió* espantado
36.28 *vuelve* a tomar otro rollo, y escribe
37.7 el ejército. . se *volvió* a su tierra en
37.8 y *volverán* los caldeos y atacarán esta
37.20 no me hagas *volver* a casa del escriba
38.22 hundieron en el cieno. . *volvieron* atrás
38.26 supliqué al rey. . no me hiciese *volver*
40.5 prefieres quedarte, *vuélvete*. . vive con él
41.14 el pueblo. . se *volvió* y fue con Johanán
42.15 *volviereis* vuestros rostros para entrar
42.17 los hombres que *volvieren* sus rostros
43.5 remanente de Judá que se había *vuelto*
44.11 *vuelvo* mi rostro contra vosotros para
44.12 *volvieron* sus rostros para ir a tierra
44.14 *volver* a la tierra de Judá, por *v* a la
44.14 no *volverán* sino algunos fugitivos
46.16 levántate y *volvámonos* a. . pueblo, y a
46.21 sus soldados. . *volvieron* atrás, huyeron
46.27 y *volverá* Jacob, y descansará y será
47.6 *vuelve* a tu vaina, reposa y sosiégate
48.39 ¡lamentad! ¡Cómo *volvió* la espalda
48.47 haré *volver* a los cautivos de Moab en
49.6 haré *volver* a los cautivos de. . de Amón
49.8 huid, *volveos* atrás, habitad en lugares
49.24 se *volvió* para huir, y le tomó temblor
49.39 que haré *volver* a los cautivos de Elam
50.5 el camino de Sion, hacia donde *volverán*
50.9 valiente diestro, que no *volverá* vacío
50.16 uno *volverá* el rostro hacia su pueblo
50.19 y *volveré* a traer a Israel a su morada
51.30 les faltaron las fuerzas, se *volvieron*
Lm. 1.1 grande entre las naciones se ha *vuelto*
1.2 sus amigos le. . se le *volvieron* enemigos
1.8 Jerusalén. . ella suspira, y se *vuelve* atrás
1.13 ha extendido red a mis pies, me *volvió*
3.3 contra mí *volvió* y revolvió su mano todo
3.40 y busquemos, y *volvámonos* a Jehová
3.45 nos *volviste* en oprobio y abominación
5.21 *vuélvenos*, oh Jehová. . y nos *volveremos*
Ez. 1.9 no se *volvían* cuando andaban, sino que
1.12 derecho. . cuando andaban, no se *volvían*
1.14 seres. . corrían y *volvían* a semejanza de
1.17 costados; no se *volvían* cuando andaban
4.8 no te *volverás* de un lado a otro, hasta
7.13 que vende no *volverá* a lo vendido, aunque
8.6,13,15 *vuélvete* aún. . verás abominaciones
8.16 sus espaldas *vueltas* al templo de Jehová
8.17 después. . *volvieron* a mí para irritarme
10.11 no se *volvían* cuando andaban, sino que
10.11 al lugar adonde se *volvía* la primera, en
10.11 pos. . iban; ni se *volvían* cuando andaban
11.18 *volverán* allá, y quitarán. . idolatrías
13.9 Israel, ni a la tierra de Israel *volverán*
14.6 dice. . Convertíos, y *volveos* de. . ídolos
16.53 haré *volver* a sus cautivos. . de Sodoma
16.53 *volver* los cautivos de tus cautiverios
16.55 sus hijas, *volverán* a su primer estado
16.55 tú. . *volveréis* a vuestro primer estado
21.16 hiere a. . adonde quiera que te *vuelvas*
21.30 ¿la *volveré* a su vaina? En. . te juzgaré
22.31 hice *volver* el camino de ellos sobre su
24.14 *volveré* atrás, ni tendré misericordia
26.2 dijo Tiro. . a mí se *volvió;* yo seré llena
29.14 *volveré* a traer los cautivos de Egipto
29.15 que no *vuelvan* a tener dominio sobre
33.11 que se *vuelva* el impío de su camino, y
33.11 *volveos*, *v* de vuestros malos caminos
33.12 el día que se *volviere* de su impiedad
34.4 ni *volvisteis* al redil la descarriada, ni
34.16 y haré *volver* al redil la descarriada
36.9 por vosotros, y a vosotros me *volveré*
39.25 *volveré* la cautividad de Jacob, y tendré
44.1 me hizo *volver* hacia la puerta exterior
46.9 no *volverá* por la puerta por donde entró
46.17 hasta el año del. . *volverá* al príncipe
47.1 me hizo *volver*. . a la entrada de la casa
47.6 y me hizo *volver* por la ribera del río
47.7 *volviendo* yo, vi que en la ribera del río
Dn. 4.36 y mi grandeza *volvieron* a mí, y mis
9.3 y *volví* mi rostro a Dios. . buscándole en
9.25 se *volverá* a edificar la plaza y el muro
10.20 tengo que *volver* para pelear contra el
11.9 así entrará en. . y *volverá* a su tierra
11.10 luego *volverá* y llevará la guerra hasta
11.18 *volverá* después su rostro a las costas
11.18 y aun hará *volver* sobre él su oprobio
11.19 *volverá* su rostro a las fortalezas de
11.28 y *volverá* a su tierra con gran riqueza
11.28 hará su voluntad, y *volverá* a su tierra
11.29 al tiempo señalado *volverá* al sur; mas
11.30 *volverá*, y se enojará contra el pacto
11.30 *volverá*, pues, y se entenderá con los
Os. 2.7 iré y me *volveré* a mi primer marido
2.9 yo *volveré* y tomaré mi trigo a su tiempo
3.5 *volverán* los hijos de Israel, y buscarán
5.15 andaré y *volveré* a mi lugar, hasta que
6.1 venid y *volvamos* a Jehová. . y nos curará
6.11 cuando yo haga *volver* el cautiverio de
7.10 no se *volvieron* a Jehová su Dios, ni lo
7.16 *volvieron*, pero no al Altísimo; fueron
8.13 y castigará su. . ellos *volverán* a Egipto
9.3 que *volverá* Efraín a Egipto y a Asiria
11.5 no *volverá* a tierra de Egipto, sino que
11.9 no. . ni *volveré* para destruir a Efraín
12.6 *vuélvete* a tu Dios; guarda misericordia
14.1 *vuelve*. . Israel, a Jehová tu Dios; porque
14.2 *volved* a Jehová, y decidle: Quita toda
14.7 *volverán* y se sentarán bajo su sombra
Jl. 2.14 si *volverá* y se arrepentirá y dejará
3.1 en que haré *volver* la cautividad de Judá y
3.7 *volveré* vuestra paga sobre vuestra cabeza
3.19 Edom será *vuelto* en desierto asolado, por
Am. 1.8 *volveré* mi mano contra Ecrón, y el resto
4.6,8,9,10,11 no os *volvisteis* a mí, dice
5.3 que salga con mil, *volverá* con ciento, y
5.3 la que salga con ciento *volverá* con diez
5.8 y *vuelve* las tinieblas en mañana, y hace
8.10 la *volveré* como en llanto de unigénito
Abd. 15 tu recompensa *volverá* sobre tu cabeza
Jon. 1.13 para hacer *volver* la nave a tierra
3.9 sabe si se *volverá* y se arrepentirá Dios
Mi. 1.7 juntó, y a dones de rameras *volverán*
5.3 el resto. . *volverá* con los hijos de Israel
7.17 *volverán* amedrentados ante Jehová. . Dios
7.19 él *volverá* a. . misericordia de nosotros
Nah. 1.15 nunca más *volverá* a pasar por ti el
Zac. 1.3 *volveos* a mí. . me *volveré* a vosotros
1.4 *volveos* ahora de vuestros malos caminos
1.6 por eso *volvieron* ellos y dijeron: Como
1.16 he *vuelto* a Jerusalén con misericordia
4.1 *volvió* el ángel que hablaba conmigo, y
6.10 Heldai. . los cuales *volvieron* de Babilonia
7.11 antes *volvieron* la espalda, y taparon
9.12 *volveos* a la fortaleza, oh prisioneros
10.6 guardaré la casa de. . y los haré *volver*
10.9 mí; y vivirán con sus hijos, y *volverán*
13.7 *volver* mi mano contra los pequeñitos
14.10 la tierra se *volverá* como llanura desde
Mal. 1.4 *volveremos* a edificar lo arruinado
3.7 *volveos* a mí, y yo me *volveré* a vosotros
3.7 dijisteis: ¿En qué hemos de *volvernos?*
3.18 *volveréis*, y discerniréis la diferencia
4.6 él hará *volver* el corazón de los padres
Mt. 2.12 que no *volviesen* a Herodes, regresaron
4.12 Jesús oyó que Juan estaba preso, *volvió*
5.39 que te hiera. . *vuélvele* también la otra
7.6 no sea que. . y se *vuelvan* y os despedacen
9.22 *volviéndose*. . dijo: Ten ánimo, hija; tu
10.13 mas. . vuestra paz se *volverá* a vosotros
12.44 dice: *Volveré* a mi casa de donde salí
16.23 *volviéndose*, dijo a Pedro: ¡Quítate de
18.3 si no os *volvéis* y os hacéis como niños
21.18 la mañana, *volviendo* a la ciudad, tuvo
22.1 *volvió* a hablar en parábolas, diciendo
22.4 *volvió* a enviar otros siervos, diciendo
24.18 que. . no *vuelva* atrás para tomar su capa
26.52 le dijo: *Vuelve* tu espada a su lugar
Mr. 2.13 *volvió* a salir al mar; y toda la gente
5.30 luego. . *volviéndose* a la multitud, dijo
7.4 y *volviendo* de la plaza, si no se lavan
7.31 *volviendo* a salir de la región de Tiro
8.13 *volvió* a entrar en la barca, y se fue a
8.33 *volviéndose* y mirando a los discípulos
9.3 y sus vestidos se *volvieron*. . muy blancos
10.1 *volvió* el pueblo a juntarse a él, y de
10.10 *volvieron* los discípulos a preguntarle
10.24 *volvió* a decirles: Hijos, ¡cuán difícil
10.32 *volviendo* a tomar a los doce aparte, les
11.27 *volvieron*. . a Jerusalén; y andando él por
13.16 campo, no *vuelva* atrás a tomar su capa
14.40 al *volver*. . los halló durmiendo, porque
14.61 el sumo sacerdote le *volvió* a preguntar
15.13 *volvieron* a dar voces: ¡Crucifícale!
Lc. 1.17 *volver* los corazones de los padres a
1.56 tres meses; después se *volvió* a su casa
2.20 y *volvieron* los pastores glorificando y
2.39 después. . *volvieron* a Galilea, a su ciudad
2.45 pero. . *volvieron* a Jerusalén buscándole
2.51 descendió con ellos, y *volvió* a Nazaret
4.1 Jesús. . *volvió* del Jordán, y fue llevado
4.14 Jesús *volvió* en el poder del Espíritu a
6.38 con la misma medida. . *volverán* a medir
7.9 *volviéndose*, dijo a la gente. . le seguía
7.44 y *vuelto* a la mujer, dijo a Simón: ¿Ves
8.37 Jesús, entrando en la barca, se *volvió*
8.39 *vuélvete* a tu casa, y cuenta. . ha hecho
8.40 *volvió* Jesús, le recibió la multitud con
8.55 su espíritu *volvió*, e inmediatamente se
9.10 *vueltos* los apóstoles, le contaron todo
9.55 *volviéndose* él, los reprendió, diciendo
10.6 sobre él; y si no, se *volverá* a vosotros
10.17 *volvieron* los setenta con gozo, diciendo
10.23 *volviéndose* a los discípulos, les dijo
11.24 dice: *Volveré* a mi casa de donde salí
13.20 y *volvió* a decir: ¿A qué compararé el
14.21 *vuelto* el siervo, hizo saber estas cosas
14.25 iban con él; y *volviéndose*, les dijo
15.17 y *volviendo* en sí. . ¡Cuántos jornaleros
17.4 *volviere* a ti, diciendo: Me arrepiento
17.7 al *volver* él del campo, luego le dice
17.15 *volvió*, glorificando a Dios a gran voz
17.18 ¿no hubo quien *volviese* y diese gloria
17.31 en el campo, asimismo no *vuelva* atrás
19.12 lejano, para recibir un reino y *volver*
19.15 *vuelto* él, después de recibir el reino

VOLVER *(Continúa)*

Lc. 19.23 que al *volver* yo, lo hubiera recibido
22.32 y tú. .*vuelto*, confirma a tus hermanos
22.61 *vuelto* el Señor. .Pedro se acordó de la
23.11 Herodes. .y *volvió* a enviarle a Pilato
23.28 *vuelto* hacia ellas, les dijo: Hijas de
23.48 viendo. .*volvían* golpeándose el pecho
23.56 *vueltas*, prepararon especias aromáticas
24.9 *volviendo* del sepulcro, dieron nuevas de
24.33 *volvieron* a Jerusalén, y hallaron a los
24.53 *volvieron* a Jerusalén con gran gozo
Jn. 1.38 *volviéndose* Jesús. .dijo:¿Qué buscáis?
6.15 pero *volvió* a retirarse al monte él solo
6.66 *volvieron* atrás, y ya no andaban con él
8.2 y por la mañana *volvió* al templo, y todo
9.24 *volvieron* a llamar al. .había sido ciego
10.7 *volvió*. .Jesús a decirles: De cierto, de
13.12 después. .*volvió* a la mesa, y les dijo
20.10 *volvieron* los discípulos a los suyos
20.14 *volvió*, y vio a Jesús que estaba allí
20.16 *volviéndose* ella, le dijo: ¡Raboni!
21.20 *volviéndose* Pedro, vio que les seguía
Hch. 1.12 *volvieron* a Jerusalén desde el monte
5.22 los alguaciles. .*volvieron* y dieron aviso
7.39 en sus corazones se *volvieron* a Egipto
8.25 se *volvieron* a Jerusalén, y en muchas
8.28 *volvía* sentado en su carro, y leyendo
9.40 y *volviéndose* al cuerpo, dijo: Tabita
10.15 *volvió* la voz a él la segunda vez: Lo
10.16 aquel lienzo *volvió* a ser recogido en
11.10 y *volvió* todo a ser llevado arriba al
12.11 *volviendo* en sí, dijo: Ahora entiendo
12.25 *volvieron* de Jerusalén, llevando. .Juan
13.13 Juan, apartándose de ellos, *volvió* a
13.34 nunca más *volver* a corrupción, lo dijo
13.46 he aquí, nos *volvemos* a los gentiles
14.21 *volvieron* a Listra, a. .y a Antioquía
15.16 *volveré* y reedificaré el tabernáculo
15.16 repararé sus. .y lo *volveré* a levantar
15.33 para *volver* a aquellos que los habían
15.36 *volvamos* a visitar a los hermanos en
16.18 se *volvió* y dijo al espíritu: Te mando
18.21 vez *volveré* a vosotros, si Dios quiere
20.3 tomó la decisión de *volver* por Macedonia
21.6 barco, y ellos se *volvieron* a sus casas
22.17 *vuelto* a Jerusalén. .me sobrevino un
23.32 dejando a los. .*volvieron* a la fortaleza
26.24 loco. .las muchas letras te *vuelven* loco
27.28 *volviendo* a echar la sonda, hallaron 15
Ro. 11.9 sea *vuelto* su convite en trampa y en
11.23 poderoso es. .para *volverlos* a injertar
14.9 *volvió* a vivir, para ser Señor así de los
2 Co. 12.21 que cuando *vuelva*, me humille Dios
Gá. 1.17 a Arabia, y *volví* de nuevo a Damasco
4.9 ¿cómo. .os *volvéis* de nuevo a los débiles
4.9 los cuales os queréis *volver* a esclavizar?
4.19 hijitos míos, por quienes *vuelvo* a sufrir
1 Ts. 3.6 cuando Timoteo *volvió* de vosotros a
2 Ti. 4.4 apartarán. .se *volverán* a las fábulas
Flm. 12 el cual *vuelvo* a enviarte; tú. .recíbele
He. 7.1 a Abraham que *volvía* de la derrota de
11.15 ciertamente tenían tiempo de *volver*
Stg. 5.19 extraviado. .y alguno le hace *volver*
5.20 sepa que el que haga *volver* al pecador
1 P. 2.25 pero ahora habéis *vuelto* al Pastor y
2 P. 2.21 *volverse* atrás del santo mandamiento
2.22 el perro *vuelve* a su vómito, y la puerca
Ap. 1.12 me *volví*. .*vuelto*, vi siete candeleros
6.12 sol. .la luna se *volvió* toda como sangre

VOMITAR

Lv. 18.25 maldad. .la tierra *vomitó* sus moradores
18.28 la tierra os *vomite*. .como *vomitó* a la
20.22 sea que os *vomite* la tierra en la cual
Job 20.15 devoró riquezas, pero las *vomitará*
Sal. 57.4 hijos de hombres que *vomitan* llamas
Pr. 23.8 *vomitarás* la parte que comiste, y
25.16 no sea que hastiado de ella la *vomites*
Jer. 25.27 y embriagaos, y *vomitad*, y caed, y
Lm. 4.21 la copa; te embriagarás, y *vomitarás*
Jon. 2.10 mandó Jehová al pez. . *vomitó* a Jonás
Ap. 3.16 eres tibio, y. .te *vomitaré* de mi boca

VÓMITO

Pr. 26.11 como perro que vuelve a su *v*, así es
Is. 19.14 de vértigo. .tambalea el ebrio en su *v*
28.8 toda mesa está llena de *v* y suciedad
Jer. 48.26 revuélquese Moab sobre su *v*, y sea
Hab. 2.16 cáliz. .*v* de afrenta sobre tu gloria
2 P. 2.22 el perro vuelve a su *v*, y la puerca

VOTIVA

Lc. 21.5 adornado. .piedras y ofrendas *v*, dijo

VOTO

Gn. 28.20 hizo Jacob *v*, diciendo: Si fuere Dios
31.13 ungiste la piedra, y. .me hiciste un *v*
Lv. 7.16 si el sacrificio de su ofrenda fuere *v*
22.18 ofreciere su ofrenda en pago de sus *v*
22.21 ofreciere. .a Jehová para cumplir un *v*
22.23 que tenga. .en pago de *v* no será acepto
23.38 todos vuestros *v*, y. .vuestras ofrendas
27.2 alguno hiciere especial *v* a Jehová, según
27.8 a la posibilidad del que hizo el *v*, le
Nm. 6.2 que se apartare haciendo *v* de nazareo
6.5 todo el tiempo del *v* de. .no pasará navaja
6.21 del nazareo que hiciere *v* de su ofrenda
6.21 según el *v* que hiciere. .hará, conforme a
15.3 holocausto, o sacrificio, por especial *v*
15.8 cuando ofrecieres novillo en. .especial *v*
18.14 lo consagrado por *v* en Israel será tuyo
21.2 Israel hizo *v* a Jehová, y dijo: Si en
29.39 ofreceréis. .además de vuestros *v*, y de
30.2 hiciere *v* a Jehová, o hiciere juramento
30.3 mas la mujer, cuando hiciere *v* a Jehová
30.4 si su padre oyere su *v*, y la obligación
30.4 todos los *v* de ella serán firmes, y toda
30.5 le vedare el día que oyere todos sus *v*
30.6 fuere casada e hiciere *v*, o pronunciare
30.7 callare a. .los *v* de ella serán firmes
30.8 entonces el *v* que ella hizo. .será nulo
30.9 todo *v* de viuda o repudiada. .será firme
30.10 si hubiere hecho *v* en casa de su marido
30.11 y no le vedó. .todos sus *v* serán firmes
30.12 su marido los anuló. .sus *v*. .será nulo
30.13 todo *v*. .obligándose a afligir el alma
30.14 marido callare. .confirmó todos sus *v*
Dt. 12.6 allí llevaréis. .vuestros *v*. .ofrendas
12.11 llevaréis. .todo lo escogido de los *v*
12.17 no comerás. .ni los *v* que prometieres
12.26 *v*, las tomarás, y vendrás con ellas al
23.18 no traerás la paga de una. .por ningún *v*
23.21 haces *v* a Jehová. .no tardes en pagarlo
Jue. 11.30 Jefté hizo *v* a Jehová, diciendo: Si
11.39 hizo de ella conforme al *v* que había
1 S. 1.11 *v*, diciendo: Jehová de los ejércitos
1.21 Elcana. .para ofrecer a Jehová el. .y su *v*
2 S. 15.7 pagar mi *v* que he prometido a Jehová
15.8 tu siervo hizo *v* cuando estaba en Gesur
Job 22.27 él, y él te oirá; y tú pagarás tus *v*
Sal. 22.25 mis *v* pagaré delante de los que le
50.14 Dios alabanza, y paga tus *v* al Altísimo
56.12 sobre mí, oh Dios, están tus *v*; te
61.5 oh Dios, has oído mis *v*; me has dado la
61.8 así cantaré tu. .pagando mis *v* cada día
65.1 tuya es. .Dios, y a ti se pagarán los *v*
66.13 entraré en tu casa con. .te pagaré mis *v*
116.14 ahora pagaré mis *v* a Jehová delante de
116.18 a Jehová pagaré ahora mis *v* delante de
Pr. 7.14 había prometido, hoy he pagado mis *v*
20.25 lazo es al hombre. .apresuradamente *v* de
Is. 19.21 y harán *v* a Jehová, y los cumplirán
Jer. 44.25 cumpliremos. .nuestros *v* que hicimos
44.25 confirmáis. .*v*, y ponéis vuestros *v* por
Jon. 1.16 ofrecieron sacrificio. .e hicieron *v*
Nah. 1.15 celebra. .tus fiestas, cumple tus *v*
Hch. 18.18 rapado la cabeza. .porque tenía. .*v*
21.23 cuatro. .tienen obligación de cumplir *v*
26.10 encerré. .cuando los mataron, yo di mi *v*

VOZ

Gn. 3.8 y oyeron la *v* de. .Dios que se paseaba
3.10 y él respondió: Oí tu *v* en el huerto, y
3.17 cuanto obedeciste a la *v* de tu mujer, y
4.10 la *v* de la sangre de tu hermano clama a
4.23 dijo Lamec a sus. .Ada y Zila, oíd mi *v*
21.12 en todo lo que te dijere Sara, oye su *v*
21.16 enfrente, el muchacho alzó su *v* y lloró
21.17 oyó Dios la *v* del muchacho; y el ángel
21.17 porque Dios ha oído la *v* del muchacho
22.11 ángel de Jehová le dio *v* desde el cielo
22.18 benditas. .por cuanto obedeciste a mi *v*
26.5 por cuanto oyó Abraham mi *v*, y guardó
27.8 mío, obedece a mi *v* en lo que te mando
27.13 hijo. .obedece a mi *v* y vé y tráemelos
27.22 la *v* es la *v* de Jacob, pero las manos
27.38 bendíceme. .Y alzó Esaú su *v*, y lloró
27.43 hijo mío, obedece a mi *v*; levántate y
29.11 y Jacob besó a Raquel, y alzó su *v* y
30.6 también oyó mi *v*, y me dio un hijo. Por
39.14 para dormir conmigo, y yo di grandes *v*
39.15 y viendo que yo alzaba la *v* y gritaba
39.18 cuando yo alcé mi *v* y grité, él dejó su
Éx. 3.18 oirán tu *v*; e irás tú, y los ancianos
4.1 que ellos no me creerán, ni oirán mi *v*
4.8 ni obedecieren a la *v*. .creerán a la *v* de
4.9 ni oyeren tu *v*, tomarás de las aguas del
5.2 ¿quién es Jehová, para que yo oiga su *v*
5.8 ociosos, por eso levantan la *v* diciendo
15.26 si oyeres atentamente la *v* de Jehová
18.19 oye ahora mi *v*; yo te aconsejaré, y
18.24 y oyó Moisés la *v* de su suegro, e hizo
19.5 si diereis oído a mi *v*, y guardareis mi
19.19 y Dios le respondía con *v* tronante
23.21 guárdate delante de él, y oye su *v*, no
23.22 oyeres su *v* e hicieres. .yo te dijere
24.3 todo el pueblo respondió a una *v*, y dijo
32.18 él. .No es *v* de alaridos de fuertes, ni
32.18 ni *v* de alaridos. .*v* de cantar oigo yo
Nm. 7.89 oía la *v* que le hablaba de encima del
14.1 toda la congregación gritó, y dio *v*; y el
14.22 me han tentado ya. .y no han oído mi *v*
20.16 y clamamos a Jehová. .oyó nuestra *v*, y
21.3 Jehová escuchó la *v* de Israel, y entregó
Dt. 1.34 oyó Jehová la *v* de vuestras palabras
1.45 pero Jehová no escuchó vuestra *v*, ni os
4.12 habló. .oísteis la *v* de sus palabras, mas
4.12 a excepción de oír la *v*, ninguna figura
4.30 te volvieres a Jehová tu. .y oyeres su *v*
4.33 ¿ha oído pueblo alguno la *v* de Dios
4.36 desde los cielos te hizo oír su *v*, para
5.22 estas palabras habló Jehová. .a gran *v*
5.23 oísteis la *v* de en medio de. .tinieblas
5.24 hemos oído su *v* de en medio del fuego
5.25 si oyéremos otra vez la *v* de. .moriremos
5.26 ¿qué es el. .para que oiga la *v* del Dios
5.28 oyó Jehová la *v*. .me dijo. .He oído la *v*
8.20 no habréis atendido a la *v* de Jehová
9.23 rebeldes. .Dios. .ni obedecisteis a su *v*
13.4 a él temeréis. .y escucharéis su *v*, y a
13.18 cuando obedecieres a la *v* de Jehová tu
15.5 si escuchares. .la *v* de Jehová tu Dios
18.16 no vuelva yo a oír la *v* de Jehová mi
21.18 no. .a la *v* de su padre. .*v* de su madre
21.20 es contumaz y. .no obedece a nuestra *v*
22.24 la joven porque no dio *v* en la ciudad
22.27 dio *v* la joven desposada, y no hubo
26.7 y Jehová oyó nuestra *v*, y vio nuestra
26.14 he obedecido a la *v* de Jehová mi Dios
26.17 has declarado. .y que escucharás su *v*
27.10 oirás, pues, la *v* de Jehová tu Dios, y
27.14 dirán a todo varón de Israel en alta *v*
28.1 que si oyeres. .la *v* de Jehová tu Dios
28.2 bendiciones. .si oyeres la *v* de Jehová
28.15 no oyeres la *v* de Jehová tu Dios, para
28.45 no habrás atendido a la *v* de Jehová tu
28.62 cuanto no obedecisteis a la *v* de Jehová
30.2 y obedecieres a su *v* conforme a todo lo
30.8 y tú volverás, y oirás la *v* de Jehová
30.10 cuando obedecieres a la *v* de Jehová tu
30.20 atendiendo a su *v*, y siguiéndole a él
33.7 oye, oh Jehová, la *v* de Judá, y llévalo
Jos. 5.6 cuanto no obedecieron a la *v* de Jehová
6.5 el pueblo gritará a gran *v*, y el muro de
6.10 ni se oirá vuestra *v*, ni saldrá palabra
10.14 habiendo atendido Jehová a la *v* de un
22.2 habéis obedecido a mi *v* en todo lo que
24.24 Dios serviremos, y a su *v* obedeceremos
Jue. 2.2 mas vosotros no habéis atendido a mi *v*
2.4 el ángel. .habló. .pueblo alzó su *v* y lloró
2.20 traspasa mi pacto. .y no obedece a mi *v*
5.28 madre. .por entre las celosías a *v* dice
6.10 dije. .pero no habéis obedecido a mi *v*
9.7 y alzando su *v* clamó y les dijo: Oídme
13.9 Dios oyó la *v* de Manoa; y el ángel de
18.3 casa. .reconocieron la *v* del joven levita
18.23 dando *v* a los de Dan, éstos volvieron
18.25 no des *v* tras nosotros, no sea que los
20.13 no quisieron oír la *v* de sus hermanos
21.2 y alzando su *v* hicieron gran llanto, y
Rt. 1.9 besó, y ellas alzaron su *v* y lloraron
1.14 ellas alzaron otra vez su *v* y lloraron
1 S. 1.13 *v* no se oía; y Elí la tuvo por ebria
2.25 pero ellos no oyeron la *v* de su padre
4.6 oyeron la *v* de. .¿Qué *v* de gran júbilo es
5.10 los ecronitas dieron *v*, diciendo: Han
8.7 dijo Jehová. .Oye la *v* del pueblo en todo
8.9 oye su *v*; mas protesta. .contra ellos, y
8.19 el pueblo no quiso oír la *v* de Samuel
8.22 dijo a. .Oye su *v*, y pon rey sobre ellos
11.4 Gabaa. .todo el pueblo alzó su *v* y lloró
12.1 yo he oído vuestra *v* en todo cuánto me
12.14 si temiereis a Jehová. .y oyereis su *v*
12.15 mas si no oyereis la *v* de Jehová, y si
15.19 ¿por qué. .no has oído la *v* de Jehová
15.20 he obedecido la *v* de Jehová, y fui a la
15.24 yo he pecado. .consentí a la *v* de ellos
17.8 y se paró y dio *v* a los escuadrones de
19.6 y escuchó Saúl la *v* de Jonatán, y juró
20.37 dio *v* tras el muchacho, diciendo: ¿No
24.8 David. .dio *v* detrás de Saúl, diciendo
24.16 Saúl dijo: ¿No es esta la *v* tuya, hijo
24.16 mío David? Y alzó Saúl su *v* y lloró
25.35 he oído tu *v*, y te he tenido respeto
26.14 dio *v* David al pueblo, y a Abner hijo
26.17 y conociendo Saúl la *v* de David, dijo
26.17 ¿no es esta tu *v*. .Mi *v* es, rey señor
28.12 y viendo la mujer a. .clamó en alta *v*
28.18 tú no obedeciste a la *v* de Jehová, ni
28.21 he aquí. .tu sierva ha obedecido a tu *v*
28.22 te ruego, pues. .oigas la *v* de tu sierva
30.4 David y. .alzaron su *v* y lloraron, hasta
2 S. 2.26 Abner dio *v*. .diciendo: ¿Consumirá la
3.32 y alzando el rey su *v*, lloró junto al
12.18 hablábamos, y no quería oír nuestra *v*
13.36 los hijos del rey. .alzando su *v* lloraron
15.23 y todo el país lloró en alta *v*; pasó
18.25 el atalaya dio luego *v*, y lo hizo saber
18.26 dio *v* el atalaya al portero, diciendo
18.28 Ahimaas dijo en alta *v* al rey: Paz. Y se
19.4 mas el rey. .clamaba en alta *v*: ¡Hijo mío
19.35 ¿oiré más la *v* de los cantores y de las
20.16 una mujer sabia dio *v* en la ciudad
22.7 oyó mi *v* desde su templo, y mi clamor
22.14 tronó desde los. .y el Altísimo dio su *v*
1 R. 8.55 bendijo. .Israel, diciendo en alta *v*
13.32 sin duda vendrá lo que él dijo a *v* por
17.22 y Jehová oyó la *v* de Elías, y el alma
18.26,29 no había *v*, ni quien respondiese
18.27 gritad en alta *v*. .hay que despertarle

VOZ ***(Continúa)***

1 R. 18.28 clamaban a grandes *v*, y se sajaban con
19.13 vino a él una *v*, diciendo: ¿Qué haces
20.39 cuando el rey pasaba, él dio *v* al rey
22.13 profetas a una *v* anuncian al rey cosas
2 R. 4.31 pero no tenía *v* ni sentido, y así se
7.10 que no había allí nadie, ni *v* de hombre
11.14 a *v* en cuello: ¡Traición, traición!
18.12 no habían atendido a la *v* de Jehová su
18.28 el Rabsaces. .clamó a gran *v* en lengua
19.22 ¿a quién. .contra quién has alzado la *v*
1 Cr. 15.16 cantores. .alzasen la *v* con alegría
2 Cr. 5.13 que alzaban la *v* con trompetas y
15.14 y juraron a Jehová con gran *v* y júbilo
18.12 profetas a una *v* anuncian al rey cosas
20.19 alabar a Jehová el. .con fuerte y alta *v*
30.27 y la *v* de ellos fue oída, y su oración
32.18 clamaron a gran *v* en judaico al pueblo
Esd. 3.12 lloraban en alta *v*, mientras muchos
3.13 los gritos de alegría, de la *v* del lloro
10.12 dijeron en alta *v*: Así se haga conforme
Neh. 9.4 y clamaron en *v* alta a Jehová su Dios
12.42 y los cantores cantaban en alta *v*, e
Job 3.18 los cautivos; no oyen la *v* del capataz
5.1 ahora. .da *v*; ¿habrá quien te responda?
9.16 aún no creeré que haya escuchado mi *v*
19.7 no seré oído; daré *v*, y no habrá juicio
29.10 la *v* de los principales se apagaba, y
30.31 luto, y mi flauta en *v* de lamentadores
33.8 y yo oí la *v* de tus palabras que decían
34.16 oye esto; escucha la *v* de mis palabras
37.2 oíd. .el estrépito de su *v*, y el sonido
37.4 el sonido, truena él con *v* majestuosa, y
37.4 y aunque sea oída su *v*, no los detiene
37.5 truena Dios. .con su *v*; él hace grandes
38.34 ¿alzarás tú a. .tu *v*, para que te cubra
39.7 se burla de la. .no oye las *v* del arriero
40.9 un brazo. .y truenas con *v* como la suya?
Sal. 3.4 con mi *v* clamé a Jehová, y. .respondió
5.2 está atento a la *v* de mi clamor, Rey mío
5.3 Jehová, de mañana oirás mi *v*; de mañana
5.11 den *v* de júbilo para siempre, porque tú
6.8 porque Jehová ha oído la *v* de mi lloro
18.6 él oyó mi *v* desde su templo, y mi clamor
18.13 tronó en los. .y el Altísimo dio su *v*
19.3 no hay lenguaje, ni. .ni es oída su *v*
19.4 por toda la tierra salió su *v*, y hasta
26.7 exclamar con *v* de acción de gracias, y
27.7 oh Jehová, mi *v* con que a ti clamo; ten
28.2 oye la *v* de mis ruegos cuando clamo a ti
28.6 bendito sea. .que oyó la *v* de mis ruegos
29.3 *v* de Jehová sobre las aguas; truena el
29.4 *v* de Jehová con potencia; *v* de Jehová
29.5 *v* de Jehová que quebranta los cedros
29.7 *v* de Jehová que derrama llamas de fuego
29.8 *v* de Jehová que hace temblar el desierto
29.9 *v* de Jehová que desgaja las encinas, y
31.22 tú oíste la *v* de mis ruegos cuando a ti
42.4 *v* de alegría y de alabanza del pueblo en
42.7 un abismo llama a otro a la *v* de tus
44.16 por la *v* del que me vitupera y deshonra
46.6 reinos; dio él su *v*, se derritió la tierra
47.1 manos; aclamad a Dios con *v* de júbilo
55.3 de la *v* del enemigo, por la opresión del
55.17 y mañana y a. .clamaré, y él oirá mi *v*
58.5 que no oye la *v* de los que encantan, por
64.1 escucha. .Dios, la *v* de mi queja; guarda
65.13 valles. .dan *v* de júbilo, y aun cantan
66.8 Dios, y haced oir la *v* de su alabanza
66.19 me escuchó Dios; atendió a la *v* de mi
68.33 cielos. .he aquí dará su *v*, poderosa *v*
74.23 no olvides las *v* de tus enemigos; el
77.1 con mi *v* clamé a Dios, a Dios clamé, y
77.18 *v* de tu trueno estaba en el torbellino
81.11 pero mi pueblo no oyó mi *v*, e Israel no
86.6 mi oración. .atento a la *v* de mis ruegos
95.7-8 si oyereis hoy su *v*, no endurezcáis
98.4 cantad alegres. .levantad la *v*, y aplaudid
98.5 cantad salmos. .con arpa y *v* de cántico
102.5 por la *v* de mi gemido mis huesos se han
103.20 obedeciendo a la *v* de su precepto
106.25 tiendas, y no oyeron la *v* de Jehová
116.1 amo a Jehová, pues ha oído mi *v* y mis
118.15 *v* de júbilo y de salvación hay en las
119.149 oye mi *v* conforme a tu misericordia
130.2 Señor, oye mi *v*; estén atentos tus
130.2 atentos tus oídos a la *v* de mi súplica
132.16 vestiré. .sus santos darán *v* de júbilo
140.6 escucha, oh Jehová, la *v* de mis ruegos
141.1 a mí; escucha mi *v* cuando te invocare
142.1 con mi *v* clamaré a. .con mi *v* pediré a
Pr. 1.20 la sabiduría. .alza su *v* en las plazas
2.3 si clamares. .a la prudencia dieres tu *v*
5.13 no oí la *v* de los que me instruían, y a
8.1 ¿no clama la. .y da su *v* la inteligencia?
8.3 ciudad, a la entrada de las puertas da *v*
8.4 dirijo mi *v* a los hijos de los hombres
27.14 el que bendice a su amigo en alta *v*
Ec. 5.3 multitud de las palabras la *v* del necio
5.6 que Dios se enoje a causa de tu *v*, y que
10.20 las aves del cielo llevarán la *v*, y las
12.4 se levantará a la *v* del ave, y todas las
Cnt. 2.8 ¡la *v* de mi amado! He aquí él viene
2.12 y en nuestro país se ha oído la *v* de la
2.14 hazme oir tu *v*; porque dulce es la *v*
5.2 es la *v* de mi amado que llama: Ábreme
8.13 compañeros escuchan tu *v*; házmela oir
Is. 6.3 el uno al otro daba *v*, diciendo: Santo
6.4 estremecieron con la *v* del que clamaba
6.8 oí la *v* del Señor, que decía: ¿A quién
10.30 grita en alta *v*, hija de Galim; haz
13.2 alzad la *v* a ellos, alzad la mano, para
14.10 todos ellos darán *v*, y te dirán: ¿Tú
15.4 gritarán, hasta Jahaza se oirá su *v*; por
21.11 me dan *v* de Seir: Guarda, ¿qué de la
24.14 alzarán su *v*. .desde el mar darán *v*
24.18 el que huyere de la *v* del terror caerá
29.4 y será tu *v* de la tierra como la de un
30.7 le di *v*, que su fortaleza sería estarse
30.19 al oir la *v* de tu clamor te responderá
30.30 y Jehová hará oir su potente *v*, y hará
30.31 con la *v* de Jehová será quebrantada
31.4 como el león y. .no lo espantarán sus *v*
32.9 mujeres indolentes, levantaos, oíd mi *v*
33.3 los pueblos huyeron a la *v* del estruendo
33.7 aquí que sus embajadores darán *v* afuera
36.13 el Rabsaces. .en pie y gritó a gran *v*
37.23 ¿contra quién has alzado tu *v*, y. .ojos
40.2 decidle a *v*. .su tiempo es ya cumplido
40.3 *v* que clama en el desierto: Preparad
40.6 *v* que decía: Da *v*. .tengo que decir a *v*?
40.9 levanta. .tu *v*, anunciadora de Jerusalén
42.2 no gritará, ni alzará su *v*, ni la hará
42.11 alcen la *v* el desierto y sus ciudades
42.11 cumbre de los montes den *v* de júbilo
42.14 *v* como la que está de parto; asolaré
48.20 dad nuevas de esto con *v* de alegría
50.10 teme a Jehová, y. .la *v* de su siervo?
51.3 hallará en ella. .alabanza y *v* de canto
52.8 ¡*v* de tus atalayas! Alzarán la *v*. .*v* de
54.1 levanta canción y da *v* de júbilo, la que
58.1 clama a *v* en cuello. .tu *v* como trompeta
58.4 para que vuestra *v* sea oída en lo alto
63.19 nunca más. .*v* de lloro, ni *v* de clamor
66.6 *v* de alboroto de la ciudad, *v* del templo
66.6 *v* de Jehová. .da el pago a sus enemigos
Jer. 2.15 alzaron su *v*, y asolaron su tierra
3.13 fornicaste. .no oíste mi *v*, dice Jehová
3.21 *v* fue oída sobre las alturas, llanto de
3.25 día, y no hemos escuchado la *v* de Jehová
4.15 porque una *v* trae las nuevas desde Dan
4.16 lanzarán su *v* contra. .ciudades de Judá
4.31 una *v* como de mujer que está de parto
4.31 oí. .*v* de la hija de Sion que lamenta y
7.23 escuchad mi *v*, y seré a vosotros. .Dios
7.28 nación que no escuchó la *v* de Jehová su
7.34 cesar. .la *v* de gozo y la *v* de alegría
7.34 *v* del esposo y la *v* de la esposa; porque
8.19 *v* del clamor de la hija de mi pueblo
9.13 y no obedecieron a mi *v*, ni caminaron
9.19 porque de Sion fue oída *v* de endecha
10.13 a su *v* se produce muchedumbre de aguas
10.22 *v* de rumor viene, y alboroto grande de
11.4 oíd mi *v*, y cumplid mis palabras. .y me
11.7 hasta el día de hoy, diciendo: Oíd mi *v*
11.16 la *v* de recio estrépito hizo encender
16.9 cesar. .*v* de gozo y toda *v* de alegría
16.9 cesar. .*v* de esposo y toda *v* de esposa
18.10 si hiciere lo malo. .no oyendo mi *v*, me
18.19 oh Jehová, mira por mí, y oye la *v* de
20.8 doy *v*, grito: Violencia y destrucción
20.16 oiga gritos de mañana, y *v* a mediodía
22.20 en Basán da tu *v*, y grita hacia todas
22.21 este fue tu camino. .nunca oíste mi *v*
25.10 que desaparezca. .la *v* de gozo y la *v*
25.10 la *v* de desposado y la *v* de desposada
25.30 alto, y desde su morada santa dará su *v*
25.36 ¡*v* de la gritería de los pastores, y
26.13 oíd la *v* de Jehová vuestro Dios, y se
30.5 hemos oído *v* de temblor; de espanto, y
30.19 saldrá de ellos. .*v* de nación que está
31.7 dad *v* de júbilo a la cabeza de naciones
31.15 *v* fue oída en Ramá, llanto y lloro
31.16 ha dicho. .Reprime del llanto tu *v*, y
32.23 y la disfrutaron; pero no oyeron tu *v*
33.11 oirse. .*v* de gozo. .*v* de desposado y *v* de
33.11 *v* de los que digan. .*v* de los que traigan
35.8 hemos obedecido a la *v* de nuestro padre
38.20 oye. .la *v* de Jehová que yo te hablo, y
40.3 pecasteis. .no oísteis su *v*, por eso os
42.6 a la *v* de Jehová. .obedeciendo a la *v* de
42.13 tierra, no obedeciendo así. .*v* de Jehová
42.21 no habéis obedecido a la *v* de Jehová
43.4 no obedeció. .pueblo, a la *v* de Jehová
43.7 porque no obedecieron a la *v* de Jehová
44.23 no obedecisteis a la *v* de Jehová, ni
46.22 su *v* saldrá como de serpiente; porque
48.3 ¡*v* de clamor de Horonaim, destrucción
48.34 hasta Jahaza dieron su *v*; desde Zoar
49.21 grito de su *v* se oirá en el Mar Rojo
50.28 *v* de los que huyen y escapan de la
50.42 su *v* rugirá como el mar, y montarán
51.16 a su *v* se producen tumultos de aguas
51.55 como sonido de muchas aguas será la *v*
Lm. 1.19 di *v* a mis amantes, mas ellos me han
2.7 resonar su *v* en la casa de Jehová como
2.19 levántate, da *v* en la noche. .vigilias
3.8 aun cuando clamé y di *v*, cerró los oídos
3.56 oíste mi *v*; no escondas tu oído al. .mis
Ez. 1.24 como la *v* del Omnipotente, como ruido
1.25 se oía una *v* de arriba de la expansión
1.28 mi rostro, y oí la *v* de uno que hablaba
3.12 oí detrás de mí una *v* de gran estruendo
8.18 gritarán a mis oídos con gran *v*, y no
9.1 clamó en mis oídos con gran *v*, diciendo
10.5 se oía. .como la *v* del Dios Omnipotente
11.13 clamé con gran *v*, y dije: ¡Ah, Señor
19.9 su *v* no se oyese más sobre los montes
21.22 para levantar la *v* en grito de guerra
23.42 y se oyó en ella *v* de compañía que se
27.28 al estrépito de las *v* de tus marineros
27.30 y harán oir su *v* sobre ti, y gritarán
33.32 cantor. .hermoso de *v* y que canta bien
Dn. 3.4 pregonero anunciaba en alta *v*: Mándase
4.31 vino una *v* del cielo: A ti se te dice
5.7 rey gritó en alta *v* que hiciesen venir
6.20 llamó a *v* a Daniel con *v* triste, y le
8.16 y oí una *v* de hombre entre las riberas
9.10 no obedecimos a la *v* de Jehová nuestro
9.11 Israel traspasó. .para no obedecer tu *v*
9.14 lo trajo. .porque no obedecimos a su *v*
Jl. 3.16 y Jehová. .dará su *v* desde Jerusalén
Am. 1.2 Sion, y dará su *v* desde Jerusalén, y
Jon. 2.2 el seno del Seol clamé, y mi *v* oíste
2.9 con *v* de alabanza te ofreceré sacrificios
Mi. 6.1 contiende. .y oigan los collados tu *v*
6.9 *v* de Jehová clama a la ciudad; es sabio
Nah. 2.13 nunca. .oirá la *v* de tus mensajeros
Hab. 1.2 y daré *v* a ti a causa de la violencia
3.10 el abismo dio su *v*, a lo alto alzó sus
3.16 a la *v* temblaron mis labios; pudrición
Sof. 1.10 habrá. .*v* de clamor desde la puerta
1.14 amarga la *v* del día de Jehová; gritará
2.14 dinteles; su *v* cantará en las ventanas
3.2 no escuchó la *v*, ni. .la corrección; no
3.14 da *v* de júbilo. .gózate y regocíjate de
Hag. 1.12 oyó Zorobabel. .*v* de Jehová su Dios
Zac. 6.15 si oyereis obedientes la *v* de Jehová
9.9 da *v* de júbilo, hija de Jerusalén; he
11.3 *v* de aullido de pastores. .estruendo de
Mt. 2.18 *v* fue. .en Ramá, grande lamentación
3.3 Isaías. .*V* del que clama en el desierto
3.17 y hubo una *v* de los cielos, que decía
9.27 allí, le siguieron dos ciegos, dando *v*
11.16 muchachos que. .dan *v* a sus compañeros
12.19 no. .ni nadie oirá en las calles su *v*
14.26 y los discípulos. .y dieron *v* de miedo
14.30 tuvo miedo. .dio *v*. .¡Señor, sálvame!
15.23 despídela, pues da *v* tras nosotros
17.5 he aquí una *v* desde la nube, que decía
24.31 y enviará sus ángeles con gran *v* de
27.46 Jesús clamó a gran *v*, diciendo: Elí
27.50 clamado a gran *v*, entregó el espíritu
Mr. 1.3 *v* del que clama en. .desierto: Preparad
1.11 vino una *v* de los cielos que decía: Tú
1.26 espíritu. .clamando a gran *v*, salió de
3.11 daban *v*, diciendo: Tú eres el Hijo de
5.5 andaba dando *v* en los montes y. .sepulcros
5.7 y clamando a gran *v*, dijo: ¿Qué tienes
9.7 desde la nube una *v* que decía: Este es
10.47 oyendo que. .comenzó a dar *v* y a decir
11.9 daban *v*, diciendo: ¡Hosanna! Bendito el
15.13 ellos volvieron a dar *v*: ¡Crucifícale!
15.34 Jesús clamó a gran *v*, diciendo: Eloi
15.37 mas Jesús, dando una gran *v*, expiró
Lc. 1.42 y exclamó a gran *v*. .Bendita tú entre
1.44 porque tan pronto como llegó la *v* de tu
3.4 que dice: *V* del que clama en el desierto
3.22 vino una *v* del cielo que decía: Tú eres
4.33 un espíritu. .el cual exclamó a gran *v*
4.41 dando *v* y diciendo: Tú eres el Hijo de
7.32 dan *v* unos a otros y dicen: Os tocamos
8.8 decía a gran *v*: El que tiene oídos para
8.28 exclamó a gran *v*: ¿Qué tienes conmigo
9.35 vino. .*v* desde la nube, que decía: Este
9.36 y cuando cesó la *v*, Jesús fue hallado
9.39 de repente da *v*, y le sacude con violencia
11.27 levantó la *v* y le dijo: Bienaventurado
16.24 él, dando *v*, dijo: Padre Abraham, ten
17.13 y alzaron la *v*, diciendo. .misericordia
17.15 volvió, glorificando a Dios a gran *v*
18.38 dio *v*, diciendo: ¡Jesús, Hijo de David
19.37 comenzó a alabar a Dios a grandes *v*
23.18 la multitud dio *v* a. .diciendo: ¡Fuera
23.21 pero ellos volvieron a dar *v*, diciendo
23.23 ellos instaban a grandes *v*, pidiendo
23.23 las *v* de ellos y de los. .prevalecieron
23.46 clamando a gran *v*, dijo: Padre, en tus
Jn. 1.23 la *v* de uno que clama en el desierto
3.29 el amigo. .se goza. .de la *v* del esposo
5.25 muertos oirán la *v* del Hijo de Dios; y
5.28 que están en los sepulcros oirán su *v*
5.37 nunca habéis oído su *v*, ni habéis visto
7.28 alzó la *v* y dijo: A mí me conocéis, y
7.37 puso en pie y alzó la *v*, diciendo: Si
10.3 y las ovejas oyen su *v*; y a sus ovejas
10.4 ovejas le siguen, porque conocen su *v*
10.5 porque no conocen la *v* de los extraños
10.16 y oirán mi *v*; y habrá un rebaño, y un
10.27 mis ovejas oyen mi *v*, y yo las conozco
11.43 y. .clamó a gran *v*: ¡Lázaro, ven fuera!
12.28 entonces vino una *v* del cielo: Lo he

VOZ *(Continúa)*
Jn. 12.29 había oído la *v*, decía que había sido
12.30 no ha venido esta *v* por causa mía, sino
18.37 aque! que es de la verdad, oye mi *v*
18.40 dieron *v* de nuevo, diciendo: No a éste
19.6 dieron *v*. . ¡Crucifícale! ¡Crucifícale!
19.12 pero los judíos daban *v*, diciendo: Si
Hch. 2.14 Pedro. . alzó la *v* y les habló diciendo
4.24 oído, alzaron. . la *v* a Dios, y dijeron
7.31 acercándose. . vino a él la *v* del Señor
7.57 dando grandes *v*, se taparon los oídos
7.60 clamó a gran *v*: Señor, no les tomes en
8.7 salían éstos dando grandes *v*: y muchos
9.4 oyó una *v* que le decía: Saulo. . ¿por qué
9.7 oyendo a la verdad la *v*, mas sin ver a
10.13 una *v*: Levántate, Pedro, mata y come
10.15 volvió la *v* a él la segunda vez: Lo
11.7 oí una *v* que me decía: Levántate, Pedro
11.9 la *v* me respondió del cielo por segunda
12.14 cuando reconoció la *v* de Pedro, de gozo
12.22 clamaba. . ¡*V* de Dios, y no de hombre!
14.10 a gran *v*: Levántate derecho sobre tus
14.11 la *v*, diciendo. . Dioses. . han descendido
14.14 y Pablo, rasgaron sus ropas. . dando *v*
16.17 daba *v*, diciendo: Estos hombres son
16.28 Pablo clamó a gran *v*, diciendo: No te
19.34 a una *v* gritaron. . ¡Grande es Diana de
21.28 dando *v*: ¡Varones israelitas, ayudad!
22.7 y oí una *v* que me decía: Saulo, Saulo
22.9 no entendieron la *v* del que hablaba
22.22 alzaron la *v*. . Quita de la tierra a tal
23.6 la *v* en el concilio: Varones hermanos
24.21 en alta *v*: Acerca de la resurrección
25.24 y aquí, dando *v* que no debe vivir más
26.14 oí una *v* que me hablaba. . Saulo, ¿por qué
26.24 Festo a gran *v* dijo: Estás loco, Pablo
Ro. 10.18 por toda la tierra ha salido la *v* de
15.6 a una *v*, glorifiquéis al Dios y Padre
1 Co. 14.7 si no dieren distinción de *v*, ¿cómo
1 Ts. 4.16 con *v* de mando, con *v* de arcángel
He. 3.7,15; 4.7 si oyereis hoy su *v*
12.19 y a la *v* que hablaba, la cual los que
12.26 la *v* del cual conmovió. . la tierra, pero
2 P. 1.17 fue enviada. . una *v* que decía: Este
1.18 oímos esta *v* enviada del cielo, cuando
2.16 muda bestia. . hablando con *v* de hombre
Ap. 1.10 detrás de mí una. . *v* como de trompeta
1.12 volví para ver la *v* que hablaba conmigo
1.15 y su *v* como estruendo de muchas aguas
3.20 si alguno oye mi *v* y abre. . entraré a él
4.1 y la primera *v* que oí. . dijo: Sube acá, y
4.5 trono salían relámpagos y truenos y *v*
5.2 un ángel fuerte que pregonaba a gran *v*
5.11 oí la *v* de muchos ángeles alrededor del
5.12 que decían a gran *v*: El Cordero que fue
6.1 decir como con *v* de trueno: Ven y mira
6.6 oí una *v*. . que decía: Dos libras de trigo
6.7 oí la *v* del cuarto ser. . que decía: Ven
6.10 y clamaban a gran *v*, diciendo: ¿Hasta
7.2 clamó a gran *v* a los cuatro ángeles, a
7.10 clamaban a gran *v*, diciendo. . salvación
8.5 y hubo. . *v*, y relámpagos, y un terremoto
8.13 diciendo a gran *v*: ¡Ay, ay, ay, de los
9.13 una *v* de entre los cuatro cuernos del
10.3 clamó a gran *v*. . truenos emitieron sus *v*
10.4 truenos hubieron emitido sus *v*, yo iba
10.4 oí una *v* del cielo que me decía: Sella
10.7 en los días de la *v* del séptimo ángel
10.8 la *v* que oí. . habló otra vez conmigo, y
11.12 *v* del cielo, que les decía: Subid acá
11.15 *v* en el cielo, que decían: Los reinos
11.19 relámpagos, *v*, truenos, un terremoto
12.10 oí una gran *v* en el cielo, que decía
14.2 una *v*. . como estruendo de muchas aguas
14.2 y la *v* que oí era como de arpistas que
14.7 a gran *v*: Temed a Dios, y dadle gloria
14.9 a gran *v*: Si alguno adora a la bestia y
14.13 oí una *v* que desde el cielo me decía
14.15 salió otro ángel, clamando a gran *v* al
14.18 y llamó a gran *v* al que tenía la hoz
16.1 gran *v* que decía. . a los siete ángeles
16.17 salió una gran *v* del templo del cielo
16.18 hubo. . *v* y truenos, y un gran temblor
18.2 clamó con *v* potente, diciendo: Ha caído
18.4 y oí otra *v* del cielo, que decía: Salid
18.18 dieron *v*. . ¿Qué ciudad era semejante a
18.19 y dieron *v*, llorando y. . diciendo: ¡Ay
18.22 y *v* de arpistas. . no se oirá más en ti
18.23 ni *v* de esposo y de esposa se oirá más
19.1 una gran *v* de gran multitud en el cielo
19.5 salió del trono una *v* que decía: Alabad
19.6 como la *v* de una gran multitud, como
19.6 y oí. . como la *v* de grandes truenos, que
19.17 clamó a gran *v*, diciendo a todas las
21.3 oí una gran *v* del cielo que decía: He

VUELO
Pr. 26.2 y como la golondrina en su *v*, así la
Ez. 13.20 mágicas, con que cazáis las almas al *v*
Hag. 2.12 el *v* de ella tocare pan, o vianda, o

VUELTA
Éx. 14.2 a los hijos de Israel que den la *v*
Jos. 6.4 séptimo día daréis siete *v* a la ciudad
6.11 que el arca. . diera una *v* alrededor de
6.14 dieron. . *v* a la ciudad el segundo día
6.15 dieron *v*. . la misma manera siete veces
6.15 al séptimo día. . dieron *v*. . siete veces
16.6 el límite. . da *v* hacia el oriente hasta
19.27 da *v* hacia el oriente a Bet-dagón y
1 S. 7.16 todos los años iba y daba *v* a Bet-el
15.12 dio la *v*, y pasó adelante y descendió
1 R. 22.34 da la *v*, y sácame del campo, pues
1 Cr. 20.1 la *v* del año, en el tiempo que los
2 Cr. 19.4 Josafat. . daba *v* y salía al pueblo
24.23 *v* del año subió contra él el ejército
36.10 *v* del año el rey Nabucodonosor envió
Neh. 2.15 y di la *v* y entré por la puerta del
Ez. 47.2 hizo dar la *v* por el camino exterior

VUELTO *Véase Volver*

VUESTRO
1 Co. 3.22 presente, sea lo por venir, todo es *v*
6.19 cual tenéis de Dios, y que no sois *v*?

VULGO
Jer. 26.23 su cuerpo en los sepulcros del *v*
Hch. 4.13 que eran hombres sin letras y del *v*

Y

YACER
Gn. 29.2 rebaños de ovejas que *yacían* cerca de
Lv. 15.18 y cuando un hombre *yaciere* con una
19.20 *yaciere* con una mujer que fuere sierva
20.11 que *yaciere* con la mujer de su padre
Jue. 4.22 Sísara *yacía* muerto con la estaca
2 S. 12.11 *yacerá* con tus mujeres a la vista
20.12 Amasa *yacía* revolcándose en su sangre
2 Cr. 20.24 aquí *yacían* ellos en tierra muertos
Job 14.12 hombre *yace* y no vuelve a levantarse
20.11 sus huesos. . con él en el polvo *yacerán*
21.26 igualmente *yacerán* ellos en el polvo
Sal. 88.5 como los. . que *yacen* en el sepulcro
Pr. 23.34 serás como el que *yace* en medio del
Is. 14.18 ellos *yacen* con honra cada uno en su
Jer. 3.25 *yacemos* en nuestra confusión. . cubre
25.33 *yacerán* los muertos de Jehová en aquel
Lm. 2.21 niños y viejos *yacían* por tierra en
Ez. 29.3 dragón que *yace* en medio de sus ríos
31.18 entre los incircuncisos *yacerás*, con
32.19 desciende, y *yace* con. . incircuncisos
32.21 y *yacen* con los incircuncisos muertos
32.27 y no *yacerán* con los fuertes de los
32.28 incircuncisos, y *yacerás* con los muertos
32.29 *yacerán* con los incircuncisos, y con
32.30 *yacen*. . incircuncisos con los muertos
32.32 Faraón. . *yacerán* entre. . incircuncisos
Mr. 2.4 bajaron el lecho. . *yacía* el paralítico
Jn. 5.3 *yacía* una multitud de enfermos, ciegos

YEGUA
Cnt. 1.9 a *y* de los carros de. . te he comparado

YELMO
2 Cr. 26.14 Uzías preparó. . *y*, coseletes, arcos
Is. 59.17 con *y* de salvación en su cabeza; tomó
Jer. 46.4 vosotros los jinetes, y poneos con *y*
Ez. 23.24 escudos, paveses y *y* pondrán contra
27.10 escudos y *y* colgaron en ti; ellos te
38.5 Cus y Fut. . todos ellos con escudo y *y*
Ef. 6.17 y tomad el *y* de la salvación. . espada
1 Ts. 5.8 con la esperanza de salvación como *y*

YERMO
Dt. 32.10 le halló. . en *y* de horrible soledad
Job 12.24 hace vagar como por un *y* sin camino
Sal. 78.40 ¡cuántas veces. . lo enojaron en el *y*
Is. 35.1 *y* se gozará y florecerá como la rosa

YERNO
Gn. 19.12 *y*, y tus hijos y tus hijas, y todo
19.14 Lot. . habló a sus *y*. . pareció a sus *y*
Jue. 15.6 Sansón, el *y* del timnateo, porque le
19.5 padre de la joven dijo a su *y*: Conforta
1 S. 18.18 qué es mi vida. . para que yo sea *y*
18.21 dijo. . Saúl a David. . Tú serás mi *y* hoy
18.22,23,26,27 *y* del rey
22.14 *y*. . del rey, que sirve a tus órdenes y
2 R. 8.27 hizo. . porque era *y* de la casa de Acab
Neh. 6.18 porque era *y* de Secanías hijo de Ara
13.28 era *y* de Sanbalat horonita; por tanto

YERRO
Lv. 4.2 cuando alguna persona pecare por *y* en
4.13 y el *y* estuviere oculto a los ojos del
4.22 e hiciere por *y* algo contra alguno de
4.27 alguna persona del pueblo pecare por *y*
5.15 y pecare por *y* en las cosas santas de
5.18 le hará expiación por el *y* que cometió
22.14 y el que por *y* comiere cosa sagrada
Nm. 15.24 si el pecado fue hecho por *y* con
15.25 y les será perdonado, porque *y* es; y
15.25 traerán. . sus expiaciones. . por sus *y*
15.26 y será perdonado. . por cuanto es *y* de
15.27 si una persona pecare por *y*, ofrecerá
15.28 hará expiación. . que haya pecado por *y*
15.28 cuando pecare por *y* delante de Jehová
15.29 tendréis. . para el que hiciere algo por *y*
Sal. 90.8 nuestros *y* a la luz de tu rostro

YO
Is. 45.6 que *y*; *y* Jehová, y ninguno más que *y*
Mr. 14.19 decirle. . Seré *y*? Y el otro: ¿Seré *y*?
Jn. 17.23 *y* en ellos, y tú en mí, para que sean
17.26 el amor. . esté en ellos, y *y* en ellos

YUGADA
1 S. 14.14 espacio de una media *y* de tierra
Is. 5.10 diez *y* de viña producirán un bato, y

YUGO
Gn. 27.40 que descargarás su *y* de tu cerviz
Lv. 26.13 rompí las coyundas de vuestro *y*, y
Nm. 19.2 una vaca. . la cual no se haya puesto *y*
Dt. 21.3 una becerra. . que no haya llevado *y*
28.48 él pondrá *y* de hierro sobre tu cuello
1 S. 6.7 a las cuales no haya sido puesto *y*, y
2 S. 24.22 trillos. . *y* de los bueyes para leña
1 R. 12.4 padre agravó nuestro *y*. . *y* pesado
12.9,10 disminuye algo del *y*. . agravó nuestro *y*
12.11 pesado *y*, mas yo añadiré a vuestro *y*
12.14 vuestro *y*, pero yo añadiré a vuestro *y*
2 Cr. 10.4 padre agravó nuestro *y*. . pesado *y*
10.9,10 alivia algo del *y*. . agravó nuestro *y*
10.11 cargó de *y*. . yo añadiré a vuestro *y*
10.14 hizo pesado vuestro *y*. . añadiré a. . *y*
Is. 9.4 porque tú quebraste su pesado *y*, y la
10.27 su *y* de tu cerviz, y el *y* se pudrirá
14.25 *y* será apartado de ellos, y su carga
47.6 sobre el anciano agravaste mucho tu *y*
58.6 dejar ir libres. . *y* que rompáis todo *y*?
58.9 si quitares de en medio de ti el *y*, el
Jer. 2.20 desde muy atrás rompiste tu *y* y tus
5.5 quebraron el *y*, rompieron las coyundas
27.2 hazte coyundas y *y*, y ponlos sobre tu
27.8 no pusiere su cuello debajo del *y* del
27.11 que sometiere su cuello al *y* del rey
27.12 someted vuestros cuellos al *y* del rey
28.2 quebranté el *y* del rey de Babilonia

YUGO *(Continúa)*
Jer. 28.4 quebrantaré el *y* del rey de Babilonia
28.10 Hananías quitó el *y*..profeta Jeremías
28.11 romperé el *y* de Nabucodonosor rey de
28.12 Hananías rompió el *y* del cuello del
28.13 *y* de madera quebraste..harás *y* de hierro
28.14 *y* de hierro..sobre el cuello de todas
30.8 quebraré su *y* de tu cuello, y romperé
Lm. 1.14 el *y* de mis rebeliones ha sido atado
3.27 al hombre llevar el *y* desde su juventud
Ez. 34.27 cuando rompa las coyundas de su *y*, y
Os. 10.11 haré llevar *y* a Efraín; arará Judá
11.4 fui..como los que alzan el *y* de sobre
Nah. 1.13 ahora quebraré su *y* de sobre ti, y
Mt. 11.29 mi *y* sobre vosotros, y aprended de
11.30 porque mi *y* es fácil, y ligera..carga
Hch. 15.10 poniendo..y que ni nuestros padres
2 Co. 6.14 no os unáis en *y* desigual con los
Gá. 5.1 no estéis..sujetos al *y* de esclavitud
1 Ti. 6.1 están bajo el *y* de esclavitud, tengan

YUNQUE
Is. 41.7 animó..al que batía en el *y*, diciendo

YUNTA
1 R. 19.19 halló a Eliseo..araba con doce *y*
Job 1.3 hacienda era..quinientas *y* de bueyes
42.12 porque tuvo..mil *y* de bueyes y mil asnas
Jer. 51.23 quebrantaré..labradores y a sus *y*
Lc. 14.19 he comprado cinco *y* de bueyes, y voy

Z

ZAANAIM *Valle en Neftalí (=Alón-saananim)*, Jue. 4.11

ZAANÁN *Población en Judá (=Zenán)*, Mi. 1.11

ZAAVÁN *Hijo de Ezer No. 1*, Gn. 36.27; 1 Cr. 1.42

ZABAD
1. *Descendiente de Judá*, 1 Cr. 2.36,37
2. *Descendiente de Efraín*, 1 Cr. 7.21
3. *Uno de los valientes de David*, 1 Cr. 11.41
4. *Uno de los asesinos del rey Joás*, 2 Cr. 24.26
5. *Nombre de tres varones entre los que se casaron con mujeres extranjeras en tiempo de Esdras*, Esd. 10.27,33,43

ZABAI
1. *Uno de los que se casaron con mujeres extranjeras en tiempo de Esdras*, Esd. 10.28
2. *Padre de Baruc No. 1*, Neh. 3.20

ZABDI
1. *Ascendiente de Acán No. 2*, Jos. 7.1,17,18
2. *Descendiente de Benjamín*, 1 Cr. 8.19
3. *Funcionario del rey David*, 1 Cr. 27.27
4. *Descendiente de Asaf*, Neh. 11.17

ZABDIEL
1. *Padre de Jasobeam No. 1*, 1 Cr. 27.2
2. *Jefe de un grupo de sacerdotes*, Neh. 11.14

ZABUD
1. *Amigo y ministro principal del rey Salomón*, 1 R. 4.5
2. *Uno que regresó de Babilonia con Esdras*, Esd. 8.14

ZABULÓN *Hijo del patriarca Jacob y la tribu que formó su posteridad*
Gn. 30.20 buena dote..y llamó su nombre *Z*
35.23 los hijos de Lea..Judá, Isacar y *Z*
46.14 hijos de *Z*: Sered, Elón y Jahleel
49.13 *Z* en puertos de mar habitará; será
Éx. 1.3 Isacar, *Z*, Benjamín
Nm. 1.9 de *Z*, Eliab hijo de Helón
1.30 de los hijos de *Z*, por su descendencia
1.31 los contados de la tribu de *Z* fueron
2.7 la tribu de *Z*; y el jefe de los..de *Z*
7.24 Eliab hijo..príncipe de los hijos de *Z*
10.16 sobre..los hijos de *Z*, Eliab hijo de
13.10 de la tribu de *Z*, Gadiel hijo de Sodi
26.26 hijos de *Z* por sus familias: de Sered
34.25 hijos de *Z*, el príncipe Elizafán hijo
Dt. 27.13 éstos estarán sobre..Ebal..*Z*, Dan y
33.18 a *Z* dijo: Alégrate, *Z*, cuando salieres
Jos. 19.10 la tercera suerte tocó a los..de *Z*
19.16 esta es la heredad de los hijos de *Z*
19.27 y llega a *Z*, al valle de Jefte-el al
19.34 el límite..llegaba hasta *Z* al sur, y
21.7 obtuvieron de la..de *Z*, doce ciudades
21.34 levitas..se les dio de la tribu de *Z*
Jue. 1.30 tampoco *Z* arrojó a los que habitaban
4.6 toma..diez mil hombres..de la tribu de *Z*
4.10 juntó Barac a *Z* y a Neftalí en Cedes, y
5.14 y de *Z* los que tenían vara de mando
5.18 pueblo de *Z* expuso su vida a la muerte
6.35 mensajeros a Aser, a *Z* y a Neftalí, los
12.12 sepultado en Ajalón en la tierra de *Z*
1 Cr. 2.1 hijos de Israel: Rubén..Isacar, *Z*
6.63 de la tribu de *Z*, dieron por suerte 12
6.77 dieron de la tribu de *Z*, Rimón con sus
12.33 de *Z* 50.000, que salían a campaña..con
27.19 de los de *Z*, Ismaías hijo de Abdías; de
2 Cr. 30.10 pasaron, pues..los correos..hasta *Z*
30.11 algunos hombres..de *Z* se humillaron, y
30.18 de Isacar y *Z*, no se habían purificado
Sal. 68.27 allí estaba..los príncipes de *Z*, los
Is. 9.1 tierra de *Z* y a la tierra de Neftalí
Ez. 48.26 del oriente hasta el lado del mar, *Z*
48.27 junto al límite de *Z*, desde el lado del
48.33 de Isacar, una; la puerta de *Z*, otra
Mt. 4.13 habitó..la región de *Z* y de Neftalí
4.15 tierra de *Z* y tierra de Neftalí, camino
Ap. 7.8 de la tribu de *Z*, 12.000 sellados. De

ZABULONITA *Descendiente de Zabulón*, Nm. 26.27; Jue. 12.11,12

ZACAI *Padre de una familia que regresó de Babilonia*, Esd. 2.9; Neh. 7.14

ZACARÍAS
1. *Rey de Israel, hijo y sucesor de Jeroboam II*, 2 R. 14.29; 15.8,11
2. *Abuelo del rey Ezequías*, 2 R. 18.2; 2 Cr. 29.1
3. *Jefe de una familia de rubenitas*, 1 Cr. 5.7
4. *Portero del tabernáculo en tiempo del rey David*, 1 Cr. 9.21; 26.2,14
5. *Descendiente de Benjamín (=Zequer)*, 1 Cr. 9.37
6. *Músico, levita en tiempo del rey David*, 1 Cr. 15.18,20; 16.5
7. *Sacerdote, músico en tiempo del rey David*, 1 Cr. 15.24
8. *Levita descendiente de Uziel No. 1*, 1 Cr. 24.25
9. *Levita portero, descendiente de Merari*, 1 Cr. 26.11
10. *Descendiente de Manasés*, 1 Cr. 27.21
11. *Príncipe del rey Josafat*, 2 Cr. 17.7
12. *Levita descendiente de Asaf, en tiempo del rey Josafat*, 2 Cr. 20.14
13. *Hijo del rey Josafat*, 2 Cr. 21.2
14. *Hijo del sacerdote Joiada*, 2 Cr. 24.20,22
15. *Varón de Dios en tiempo del rey Uzías*, 2 Cr. 26.5
16. *Levita descendiente de Asaf, en tiempo del rey Ezequías*, 2 Cr. 29.13
17. *Levita en tiempo del rey Josías*, 2 Cr. 34.12
18. *Sacerdote, oficial del rey Josías*, 2 Cr. 35.8
19. *Profeta (probablemente =No. 30)*
Esd. 5.1 profetizaron Hageo y *Z* hijo de Iddo
6.14 conforme a la profecía..*Z* hijo de Iddo
Zac. 1.1,7; 7.1,8 vino palabra de Jehová al profeta *Z*,
20. *Jefe de una familia que regresó de Babilonia*, Esd. 8.3
21. *"Hombre principal" que regresó de Babilonia con Esdras*, Esd. 8.11,16
22. *Uno de los que se casaron con mujeres extranjeras en tiempo de Esdras*, Esd. 10.26
23. *Varón que ayudó a Esdras en la lectura de la ley*, Neh. 8.4
24. *Descendiente de Judá*, Neh. 11.4
25. *Otro descendiente de Judá*, Neh. 11.5
26. *Sacerdote en tiempo de Nehemías*, Neh. 11.12
27. *Sacerdote en tiempo del sumo sacerdote Joiacim*, Neh. 12.16
28. *Sacerdote, músico que ayudó en la dedicación del muro de Jerusalén*, Neh. 12.35,41
29. *Sacerdote en tiempo del profeta Isaías*, Is. 8.2
30. *Hijo de Berequías (probablemente =No. 19)*, Mt. 23.35; Lc. 11.51
31. *Padre de Juan el Bautista*
Lc. 1.5 un sacerdote llamado *Z*, de la clase de
1.8 que ejerciendo *Z* el sacerdocio delante
1.12 y se turbó *Z* al verle, y le sobrecogió
1.13 *Z*, no temas; porque tu oración ha sido
1.18 dijo *Z* al ángel: ¿En qué conoceré esto
1.21 y el pueblo estaba esperando a *Z*, y se
1.40 entró en casa de *Z*, y saludó a Elisabet
1.59 llamaban con el nombre de su padre, *Z*
1.67 y *Z* su padre fue lleno del Espíritu
3.2 vino palabra de Dios a Juan, hijo de *Z*

ZACUR
1. *Padre de Samúa No. 1*, Nm. 13.4
2. *Descendiente de Simeón*, 1 Cr. 4.26
3. *Levita, descendiente de Merari*, 1 Cr. 24.27
4. *Músico, descendiente de Asaf*, 1 Cr. 25.2,10; Neh. 12.35
5. *Uno que ayudó en la restauración del muro de Jerusalén*, Neh. 3.2
6. *Levita que firmó el pacto de Nehemías*, Neh. 10.12
7. *Padre de Hanán No. 7*, Neh. 13.13

ZAFIRO
Éx. 24.10 debajo de sus pies..embaldosado de *z*
28.18; 39.11 la segunda..un *z* y un diamante
Job 28.6 lugar hay cuyas piedras son *z*, y sus
28.16 Ofir, ni con ónice precioso, ni con *z*
Cnt. 5.14 cuerpo..claro marfil cubierto de *z*
Is. 54.11 cimentaré tus..y sobre *z* te fundaré
Lm. 4.7 coral, su talle más hermoso que el *z*
Ez. 1.26 un trono que parecía de piedra de *z*
10.1 como una piedra de *z*, que parecía como
28.13 de *z*, carbunclo, esmeralda y oro; los
Ap. 9.17 los cuales tenían corazas de..*z* y de
21.19 el segundo, *z*; el tercero, ágata; el

ZAFNAT-PANEA *Nombre que Faraón dio a José*, Gn. 41.45

ZAFÓN *Población en el territorio de Gad*, Jos. 13.27

ZAHAM *Hijo del rey Roboam*, 2 Cr. 11.19

ZAHERIR
Jue. 8.15 acerca de los cuales me *zaheristeis*
Sal. 69.12 y me *zaherían* en sus canciones los

ZAIR *Lugar en Edom*, 2 R. 8.21

ZALAMERÍA
Pr. 7.21 le obligó con la *z* de sus labios

ZALMONA *Lugar en donde acampó Israel*, Nm. 33.41,42

ZALMUNA *Rey de Madián*
Jue. 8.5 persigo a Zeba y *Z*, reyes de Madián
8.6,15 ¿están ya Zeba y *Z* en tu mano, para
8.7 Jehová haya entregado en mi mano..a *Z*
8.10 Zeba y *Z* estaban en Carcor, y con ellos
8.12 y huyendo Zeba y *Z*..prendió..Zeba y *Z*

ZALMUNA *(Continúa)*
Jue. 8.15 entrando. .Sucot. .He aquí a Zeba y a Z
8.18 dijo a Zeba y a Z: ¿Qué aspecto tenían
8.21 dijeron Zeba y Z. .mató a Zeba y a Z
Sal. 83.11 como a. .y Z a todos sus príncipes

ZAMBULLIR
2 R. 5.14 *zambulló* siete veces en el Jordán

ZAMPOÑA
Dn. 3.5,7,10,15 al oir el son. .de la *z*

ZANJA
1 R. 18.32 hizo una *z* alrededor del altar, en
18.35 también se había llenado de agua la *z*
18.38 aun lamió el agua que estaba en la *z*

ZANOA
1. Población en la Sefela de Judá, **Jos. 15.34; Neh. 3.13; 11.30**
2. Población en los cerros de Judá, **Jos. 15.56**
3. Descendiente de Judá, **1 Cr. 4.18**

ZAPATO
Jos. 9.5 *z* viejos y recosidos en sus pies, con
9.13 nuestros *z* están ya viejos a causa de
Rt. 4.7 el uno se quitaba el *z* y lo daba a su
4.8 pariente dijo a Booz. .Y se quitó el *z*
1 R. 2.5 sangre. .los *z* que tenían en sus pies
Ez. 24.17 pon tus *z* en tus pies, y no te cubras
24.23 cabezas, y vuestros *z* en vuestros pies
Am. 2.6 vendieron. .y al pobre por un par de *z*
8.6 pobres. .los necesitados por un par de *z*

ZAQUEO *Publicano de Jericó*
Lc. 19.2 un varón llamado Z, que era jefe de
19.5 Z, date prisa, desciende, porque hoy
19.8 Z, puesto en pie, dijo al Señor: He

ZARA *Hijo de Judá y Tamar (=Zera No. 4)*, **Gn. 38.30; 46.12; Mt. 1.3**

ZARANDEAR
Is. 30.28 *zarandear* a las naciones con criba
Am. 9.9 *zarandeaba*. .como se *zarandea* el grano
Lc. 22.31 Satanás os ha pedido. .*zarandearos*

ZARCILLO
Gn. 35.4 dieron a Jacob todos los dioses. .los *z*
Éx. 32.2 apartad los *z* de oro que están en las
32.3 apartó los *z* de oro que tenían en sus
35.22 *z*, anillos y brazaletes y toda clase
Nm. 31.50 hemos ofrecido a Jehová. .anillos, *z*
Jue. 8.24 me dé los *z*. .pues traían *z* de oro
8.25 echó allí cada uno los *z* de su botín
8.26 el peso de los *z* de oro que él pidió
Pr. 11.22 *z* de oro en el hocico de un cerdo es
25.12 como *z* de oro y joyel de oro fino es
Cnt. 1.11 *z* de oro te haremos, tachonados de
Is. 3.20 del pelo, los pomitos de olor y los *z*
Ez. 16.12 puse joyas en tu. .y *z* en tus orejas
Os. 2.13 se adornaba de sus *z* y de sus joyeles

ZARET-SAHAR *Ciudad en el territorio de Rubén*, **Jos. 13.19**

ZARPAR
Hch. 13.13 habiendo *zarpado* de Pafos, Pablo y
16.11 *zarpando*, pues, de Troas, vinimos con
18.21 se despidió de ellos. .*zarpó* de Efeso
21.1 *zarpamos* y fuimos con rumbo. .a Cos
21.2 un barco. .nos embarcamos, y *zarpamos*
27.2 en una nave adramitena que. .*zarpamos*
27.6 una nave. .que *zarpaba* para Italia, nos
27.12 mayoría acordó *zarpar* también de allí
27.21 y no *zarpar* de Creta tan sólo. .recibir
28.10 cuando *zarpamos*, nos cargaron de las

ZARZA
Éx. 3.2 una llama de fuego en medio de una *z*
3.2 la *z* ardía en fuego. .*z* no se consumía
3.3 y veré. .por qué causa la *z* no se quema
3.4 llamó Dios de en medio de la *z*, y dijo
Dt. 33.16 gracia del que habitó en la *z* venga
Jue. 9.14 dijeron. .todos los árboles a la *z*
9.15 y la *z* respondió a los árboles: Si en
9.15 salga fuego de la *z* y devore. .cedros
Is. 55.13 en lugar de la *z* crecerá ciprés, y
Ez. 2.6 aunque te hallas entre *z* y espinos
Mr. 12.26 Moisés cómo le habló Dios en la *z*
Lc. 6.44 higos. .ni de las *z* se vendimian uvas
20.37 Moisés lo enseñó en el pasaje de la *z*
Hch. 7.30 ángel. .en la llama de fuego de una *z*
7.35 del ángel que se le apareció en la *z*

ZARZAL
Gn. 22.13 y miró. .un carnero trabado en un *z*
Is. 7.19 en todos los *z*, y en todas las matas
Mi. 7.4 el mejor de ellos. .más recto, como *z*

ZATU
1. Ascendiente de una familia que regresó de Babilonia, **Esd. 2.8; 10.27; Neh. 7.13**
2. Firmante del pacto de Nehemías, **Neh. 10.14**

ZAZA *Descendiente de Jerameel*, **1 Cr. 2.33**

ZEBA *Rey de Madián*
Jue. 8.5 yo persigo a Z y Zalmuna, reyes de
8.6,15 ¿están ya Z y Zalmuna en tu mano, para
8.7 Jehová haya entregado en mi mano a Z y
8.10 Z y Zalmuna estaban en Carcor, y con
8.12 y huyendo Z y Zalmuna, él. .prendió a. .Z
8.15 he aquí a Z y a Zalmuna, acerca de los
8.18 a Z y a Zalmuna: ¿Qué aspecto tenían
8.21 dijeron Z y Zalmuna. .y mató a Z y a
Sal. 83.11 como a Z y Zalmuna. .sus príncipes

ZEBADÍAS
1. Nombre de dos descendientes de Benjamín, **1 Cr. 8.15,17**
2. Guerrero que se unió a David en Siclag, **1 Cr. 12.7**
3. Coreíta. portero en tiempo de David, **1 Cr. 26.2**
4. Oficial del rey David, **1 Cr. 27.7**
5. Levita comisionado por el rey Josafat, **2 Cr. 17.8**
6. Alto funcionario del rey Josafat, **2 Cr. 19.11**
7. Uno que regresó de Babilonia con Esdras, **Esd. 8.8**
8. Sacerdote entre los que se casaron con mujeres extranjeras en tiempo de Esdras, **Esd. 10.20**

ZEBEDEO *Padre de los apóstoles Jacobo y Juan*
Mt. 4.21 vio a otros dos. .Jacobo hijo de Z
4.21 en la barca con Z su padre. .los llamó
10.2 Jacobo hijo de Z, y Juan su hermano
20.20 le acercó la madre de los hijos de Z
26.37 tomando a Pedro, y a los. .hijos de Z
27.56 María. .y la madre de los hijos de Z
Mr. 1.19 vio a Jacobo hijo de Z, y a Juan su
1.20 y dejando a su padre Z en. .le siguieron
3.17 Jacobo hijo de Z, y a Juan hermano de
10.35 entonces Jacobo y Juan, hijos de Z, se
Lc. 5.10 Jacobo y Juan, hijos de Z, que eran
Jn. 21.2 estaban. .los hijos de Z, y otros dos

ZEBINA *Uno de los que se casaron con mujeres extranjeras en tiempo de Esdras*, **Esd. 10.43**

ZEBOIM
1. Ciudad vecina de Sodoma y Gomorra
Gn. 10.19 en dirección de Sodoma. .y Z, hasta
14.2 contra Semeber rey de Z, y contra el
14.8 el rey de Z y el rey de Bela, que es
Dt. 29.23 en la destrucción. .de Adma y de Z
Os. 11.8 ¿cómo podré yo. .o ponerte como a Z?
2. Valle en Benjamín, **1 S. 13.18**

ZEBUDA *Madre del rey Joacim*, **2 R. 23.36**

ZEBUL *Gobernador de la ciudad de Siquem*
Jue. 9.28 ¿no es hijo. .no es Z ayudante suyo?
9.30 Z gobernador. .oyó las palabras de Gaal
9.36 viendo Gaal. .dijo a Z. .Z le respondió
9.38 Z le respondió: ¿Dónde está. .tu boca
9.41 Z echó fuera a Gaal y a sus hermanos

ZEDAD *Lugar en la frontera de Canaán*, **Nm. 34.8; Ez. 47.15**

ZEEB *Príncipe de Madián*
Jue. 7.25 tomaron a dos príncipes. .Oreb y Z
7.25 y a Z lo mataron en el lagar de Z; y
7.25 trajeron las cabezas de Oreb y de Z a
8.3 Dios ha entregado en vuestras manos. .Z
Sal. 83.11 a sus capitanes como a Oreb y a Z

ZEFO *Tercer hijo de Elifaz edomita*, **Gn. 36.11,15; 1 Cr. 1.36**

ZEFÓN *Primogénito de Gad*, **Nm. 26.15**

ZEFONITAS *Descendientes de Zefón*, **Nm. 26.15**

ZELA *Ciudad de Benjamín donde sepultaron los huesos de Saúl y Jonatán*, **Jos. 18.28; 2 S. 21.14**

ZELOFEHAD *Descendiente de Manasés*
Nm. 26.33 Z hijo de. .no tuvo hijos sino hijas
26.33 los nombres de las hijas de Z fueron
27.1 vinieron las hijas de Z hijo de Hefer
27.7 bien dicen las hijas de Z; les darás la
36.2 que dé la posesión de Z. .a sus hijas
36.6 mandado Jehová acerca de las hijas de Z
36.10 Jehová mandó. .hicieron las hijas de Z
36.11 hijas de Z, se casaron con hijos de sus
Jos. 17.3 pero Z hijo de Hefer. .no tuvo hijos
1 Cr. 7.15 el. .segundo fue Z. Y Z tuvo hijas

ZELOTE *Apellido de Simón No. 3*, **Lc. 6.15; Hch. 1.13**

ZEMARAIM
1. Lugar en la frontera de Benjamín, **Jos. 18.22**
2. Monte en Efraín, **2 Cr. 13.4**

ZEMAREO *Tribu cananita*, **Gn. 10.18; 1 Cr. 1.16**

ZEMIRA *Descendiente de Benjamín*, **1 Cr. 7.8**

ZENÁN *Población en Judá*, **Jos. 15.37**

ZENAS *"Intérprete de la ley"*, **Tit. 3.13**

ZEQUER *Descendiente de Benjamín (=Zacarías No. 5)*, **1 Cr. 8.31**

ZER *Ciudad fortificada en Neftalí*, **Jos. 19.35**

ZERA
1. Descendiente de Esaú, **Gn. 36.13,17; 1 Cr. 1.37**
2. Padre de Jobab No. 2, **Gn. 36.33; 1 Cr. 1.44**
3. Hijo de Simeón, **Nm. 26.13; 1 Cr. 4.24**
4. Hijo de Judá (=Zara)
Nm. 26.20 los hijos de Judá. .de Z, la familia
Jos. 7.1 Acán hijo. .de Z, de la tribu de Judá
7.17 fue tomada. .Z. .la familia de los de Z
7.18 varones. .hijo de Z, de la tribu de Judá
7.24 tomaron a Acán hijo de Z, el dinero, el
22.20 cometió Acán hijo de Z prevaricación
1 Cr. 2.4 y Tamar su. .dio a luz a Fares y a Z
2.6 los hijos de Z: Zimri, Etán, Hemán, Calcol
9.6 de los hijos de Z, Jeuel y sus hermanos
Neh. 11.24 de los hijos de Z hijo de Judá
5. Levita, descendiente de Gersón, **1 Cr. 6.21**
6. Cantor del templo, **1 Cr. 6.41**
7. Etíope que guerreó contra el rey Asa, **2 Cr. 14.9**

ZERAÍAS
1. Sacerdote, **1 Cr. 6.6,51; Esd. 7.4**
2. Padre de Elioenai, **Esd. 8.4**

ZERAÍTA
1. Descendiente de Zera No. 3, **Nm. 26.13**
2. Descendiente de Zera No. 4, **Nm. 26.20; 1 Cr. 27.11,13**

ZERED *Arroyo que formó la frontera de Edom y Moab*, **Nm. 21.12; Dt. 2.13,14**

ZERERA *Lugar en el valle del Jordán*, **Jue. 7.22**

ZERES *Mujer de Amán*, **Est. 5.10,14; 6.13(2)**

ZERET *Descendiente de Judá*, **1 Cr. 4.7**

ZERI *Músico entre los hijos de Jedutún*, **1 Cr. 25.3**

ZEROR *Ascendiente del rey Saúl*, **1 S. 9.1**

ZERÚA *Madre de Jeroboam No. 1*, **1 R. 11.26**

ZETAM *Levita, descendiente de Gersón*, **1 Cr. 23.8; 26.22**

ZETÁN *Descendiente de Benjamín*, **1 Cr. 7.10**

ZETAR *Eunuco del rey Asuero*, **Est. 1.10**

ZÍA *Descendiente de Gad*, **1 Cr. 5.13**

ZIBEÓN
1. Ascendiente de Aholibama, mujer de Esaú, **Gn. 36.2,14**
2. Descendiente de Seir horeo, **Gn. 36.20,24(2),29; 1 Cr. 1.38,40**

ZICRI
1. Levita, hijo de Izhar, **Éx. 6.21**
2. Nombre de varios descendientes de Benjamín, **1 Cr. 8.19,23,27**
3. Levita, descendiente de Asaf, **1 Cr. 9.15**
4. Padre de Selomit No. 5, **1 Cr. 26.25**
5. Padre de Eliezer No. 5, **1 Cr. 27.16**
6. Padre de Amasías No. 4, **2 Cr. 17.16**
7. Padre de Elisafat, **2 Cr. 23.1**

ZICRI *(Continúa)*
8. *"Hombre poderoso" en el ejército de Peka,* 2 Cr. 28.7
9. *Padre de Joel No. 13,* Neh. 11.9
10. *Sacerdote en tiempo de Joiacim,* Neh. 12.17

ZIF
1. *Población en el Neguev de Judá*

Jos. 15.24 Z, Telem, Bealot
1 S. 23.15 se estuvo en..en el desierto de Z
23.19 subieron los de Z para decirle a Saúl
23.24 ellos..se fueron a Z delante de Saúl
26.2 para buscar a David en el desierto de Z

2. *Segundo mes del año en el calendario hebreo,* 1 R. 6.1,37; 2 Cr. 11.8
3. *Población en los cerros de Judá,* Jos. 15.55
4. *Descendiente de Caleb,* 1 Cr. 2.42
5. *Descendiente de Judá,* 1 Cr. 4.16

ZIFA *Descendiente de Judá,* 1 Cr. 4.16

ZIFEOS *Habitantes de Zif No. 3,* 1 S. 26.1 Sal. 54 *tít.*

ZIFIÓN *Primogénito de Gad,* Gn. 46.16

ZIFRÓN *Lugar en el norte de Canaán,* Nm. 34.9

ZIHA
1. *Padre de una familia que regresó de Babilonia con Zorobabel,* Esd. 2.43; Neh. 7.46
2. *Oficial del templo en tiempo de Nehemías,* Neh. 11.21

ZILA *Mujer de Lamec No. 1,* Gn. 4.19,22,23

ZILETAI
1. *Descendiente de Benjamín,* 1 Cr. 8.20
2. *Guerrero que se unió a David en Siclag,* 1 Cr. 12.20

ZILPA *Sierva de Lea*

Gn. 29.24 dio Labán su sierva Z a su hija Lea
30.9 tomó a Z..y la dio a Jacob por mujer
30.10 y Z sierva de Lea dio a luz un hijo a
30.12 Z la sierva de Lea dio a luz otro hijo
35.26 los hijos de Z, sierva de Lea: Gad y
37.2 con los hijos de Z, mujeres de su padre
46.18 los hijos de Z, la que Labán dio a su

ZIMA *Nombre de varios levitas,* 1 Cr. 6.20,42; 2 Cr. 29.12

ZIMRAM *Hijo de Abraham y Cetura,* Gn. 25.2; 1 Cr. 1.32

ZIMRI
1. *Hijo de Salu, príncipe de Simeón,* Nm. 25.14
2. *Rey de Israel*

1 R. 16.9 conspiró contra él..Z, comandante
16.10 vino Z y lo hirió y lo mató, en el año
16.12 exterminó Z a toda la casa de Baasa
16.15 el año 27 de Asa..comenzó a reinar Z
16.16 el pueblo..oyó decir: Z ha conspirado
16.18 viendo Z tomada la ciudad, se metió
16.20 de los hechos de Z, y la conspiración
2 R. 9.31 ¿sucedió bien a Z..mató a su señor?

3. *Hijo de Zera No. 4,* 1 Cr. 2.6
4. *Descendiente del rey Saúl,* 1 Cr. 8.36; 9.42
5. *Lugar al noreste de Babilonia,* Jer. 25.25

ZIN *Desierto al sudoeste del Mar Muerto*

Nm. 13.21 desde el desierto de Z hasta Rehob
20.1 llegaron..al desierto de Z, en el mes
27.14 fuisteis rebeldes..el desierto de Z
27.14 rencilla de Cades en el desierto de Z
33.36 acamparon en el desierto de Z, que es
34.3 tendréis..desde el desierto de Z hasta
34.4 irá rodeando desde..y pasará hasta Z
Dt. 32.51 cuanto pecasteis..el desierto de Z
Jos. 15.1 teniendo el desierto de Z al sur como
15.3 salía hacia el sur de..pasando hasta Z

ZINA *Hijo de Simei No. 1,* 1 Cr. 23.10,11

ZIPOR *Padre de Balac rey de Moab*

Nm. 22.2 vio Balac hijo de Z..lo que Israel
22.4 Balac hijo de Z..entonces rey de Moab
22.10 a Dios: Balac hijo de Z, rey de Moab
22.16 dice Balac, hijo de Z: Te ruego que
23.18 oye; escucha mis palabras, hijo de Z
Jos. 24.9 después se levantó Balac hijo de Z
Jue. 11.25 ¿eres..mejor..que Balac hijo de Z

ZIZA
1. *Descendiente de Simeón,* 1 Cr. 4.37
2. *Hijo del rey Roboam,* 2 Cr. 11.20

ZOÁN *Ciudad en Egipto*

Nm. 13.22 Hebrón fue edificada..antes de Z en
Sal. 78.12 hizo maravillas..en el campo de Z
78.43 señales, maravillas en el campo de Z
Is. 19.11 ciertamente son necios los..de Z; el
19.13 se han desvanecido los príncipes de Z
30.4 cuando estén sus príncipes en Z, y sus
Ez. 30.14 pondré fuego a Z..juicios en Tebas

ZOAR *Ciudad vecina de Sodoma y Gomorra*

Gn. 13.10 tierra de Egipto en la dirección de Z
14.2 y contra el rey de Bela, la cual es Z
14.8 el rey de Bela, que es Z, y ordenaron
19.22 fue llamado el nombre de la ciudad, Z
19.23 sol salía sobre..cuando Lot llegó a Z
19.30 Lot subió de Z y moró en el monte, y
19.30 tuvo miedo de quedarse en Z, y habitó
Dt. 34.3 llanura, la vega de Jericó..hasta Z
Is. 15.5 sus fugitivos huirán hasta Z, como
Jer. 48.34 desde Z hasta Horonaim, becerra de

ZOBEBA *Descendiente de Judá,* 1 Cr. 4.8

ZÓCALO

Ez. 43.13 medidas..Este será el z del altar

ZODÍACO

2 R. 23.5 quemaban incienso..los signos del z

ZOFA *Descendiente de Aser,* 1 Cr. 7.35,36

ZOFAI *Levita, descendiente de Coat,* 1 Cr. 6.26

ZOFAR *Uno de los tres amigos de Job,* Job 2.11; 11.1; 20.1; 42.9

ZOFIM
1. *Lugar elevado cerca del Mar Muerto,* Nm. 23.14
2. *Ciudad del profeta Samuel (=Ramá No. 4),* 1 S. 1.1

ZOHAR
1. *Padre de Efrón heteo,* Gn. 23.8; 25.9
2. *Hijo de Simeón,* Gn. 46.10; Éx. 6.15

ZOHELET *Peña en el valle de Cedrón,* 1 R. 1.9

ZOHET *Descendiente de Judá,* 1 Cr. 4.20

ZOMZOMEOS *Gigantes de la antigüedad en tierra de los amonitas,* Dt. 2.20

ZORA *Ciudad de Dan o de Judá*

Jos. 15.33 en las llanuras, Estaol, Z, Asena
19.41 el territorio de..Z, Estaol, Ir-semes
Jue. 13.2 un hombre de Z, de la tribu de Dan
13.25 en los campamentos..entre Z y Estaol
16.31 le sepultaron entre Z y Estaol, en el
18.2 cinco hombres valientes, de Z y Estaol
18.8 volviendo..ellos a sus hermanos en Z
18.11 entonces salieron..de Z..600 hombres
2 Cr. 11.10 Z, Ajalón y Hebron..eran..de Judá
Neh. 11.29 en En-rimón, en Z, en Jarmut

ZORAÍTA *Habitante de Zora (=Zoratita),* 1 Cr. 2.54

ZORATITA *Habitante de Zora (=Zoraíta),* 1 Cr. 2.53; 4.2

ZOROBABEL *Descendiente de David que regresó de Babilonia y fue gobernador en Jerusalén después del exilio*

1 Cr. 3.19 hijos de Pedaías: Z..hijos de Z
Esd. 2.2 los cuales vinieron con Z..Mardoqueo
3.2 levantaron Jesúa..y Z hijo de Salatiel
3.8 comenzaron Z hijo de Salatiel..la obra
4.2 vinieron a Z y a los jefes de casas, y
4.3 Z, Jesúa, y los demás jefes..dijeron
5.2 levantaron Z hijo de Salatiel y Jesúa
Neh. 7.7 los cuales vinieron con Z..Mardoqueo
12.1 y levitas que subieron con Z hijo de
12.47 todo Israel en días de Z y en días de
Hag. 1.1 palabra..medio del profeta Hageo a Z
1.12 oyó Z hijo..y Josué..la voz de Jehová
1.14 despertó Jehová el espíritu de Z hijo
2.2 habla..a Z hijo de Salatiel, gobernador
2.4 pues ahora, Z, esfuérzate, dice Jehová
2.21 habla a Z gobernador de Judá, diciendo
2.23 en aquel día..te tomaré, oh Z hijo de
Zac. 4.6 es palabra de Jehová a Z, que dice
4.7 delante de Z serás reducido a llanura
4.9 las manos de Z echarán el cimiento de
4.10 y verán la plomada en la mano de Z
Mt. 1.12 Jeconías engendró a..y Salatiel a Z
1.13 Z engendró a Abiud, Abiud a Eliaquim
Lc. 3.27 hijo de Z, hijo de Salatiel, hijo de

ZORRA

Jue. 15.4 fue Sansón y cazó trescientas z, y
15.5 las z en los sembrados de los filisteos
Neh. 4.3 muro..si subiere una z lo derribará
Cnt. 2.15 cazadnos las z, las z pequeñas, que
Lm. 5.18 por el monte de Sion..z andan por él
Ez. 13.4 z en..fueron tus profetas, oh Israel
Mt. 8.20; Lc. 9.58 las z tienen guaridas, y
Lc. 13.32 decid a aquella z: He aquí, echo fuera

ZUAR *Padre de Natanael No. 1,* Nm. 1.8; 2.5; 7.18,23; 10.15

ZUF
1. *Ascendiente de Elcana y Samuel,* 1 S. 1.1; 1 Cr. 6.35
2. *Tierra habitada por los descendientes de No. 1,* 1 S. 9.5

ZUR
1. *Príncipe madianita,* Nm. 25.15; 31.8; Jos. 13.21
2. *Benjamita, tío del rey Saúl,* 1 Cr. 8.30; 9.36

ZURDO

Jue. 3.15 Aod hijo de Gera, benjamita..era z
20.16 setecientos hombres escogidos..eran z

ZURIEL *Jefe de la casa de Merari,* Nm. 3.35

ZURISADAI *Padre de Selumiel,* Nm. 1.6; 2.12; 7.36,41; 10.19

ZURRÓN

1 S. 17.40 puso en el saco..en el z que traía

ZUZITA *Habitante de la región de Ham,* Gn. 14.5